特集2149

| | | | | | |
|---|---|---|---|---|---|
| ア a あ 1 | イ i い 85 | ウ u う 156 | エ e え 195 | オ o お 231 | ン n ん 2147 |
| カ ka か 295 | キ ki き 437 | ク ku く 532 | ケ ke け 583 | コ ko こ 632 | |
| サ sa さ 743 | シ si し 813 | ス su す 1016 | セ se せ 1058 | ソ so そ 1121 | |
| タ ta た 1155 | チ ti ち 1234 | ツ tu つ 1286 | テ te て 1312 | ト to と 1359 | |
| ナ na な 1431 | ニ ni に 1464 | ヌ nu ぬ 1492 | ネ ne ね 1496 | ノ no の 1510 | |
| ハ ha は 1525 | ヒ hi ひ 1617 | フ hu ふ 1678 | ヘ he へ 1754 | ホ ho ほ 1786 | |
| マ ma ま 1840 | ミ mi み 1878 | ム mu む 1912 | メ me め 1928 | モ mo も 1946 | |
| ヤ ya や 1970 | | ユ yu ゆ 1997 | | ヨ yo よ 2016 | |
| ラ ra ら 2041 | リ ri り 2058 | ル ru る 2088 | レ re れ 2095 | ロ ro ろ 2110 | |
| ワ wa わ 2129 | ゐ 2146 | | ゑ 2146 | ヲ wo を 2146 | |

本文組版　株式会社シーティーエス大日本
写植　大日本アート株式会社
本文用紙　本州製紙株式会社
巻末口絵　三菱製紙株式会社
巻末特集　北越製紙株式会社
表紙　東洋クロス株式会社
製函　株式会社岡山紙器所

# アルファベット略語集

●今日，マスメディア等を通じて接することの多い欧文の略語を，約3,600語収録した。
●配列はアルファベット順とし，ACの次にAc, acのように，大文字の次に小文字を配した。
●略語に対応する綴りを付し，その綴りが英語以外の場合にはその語の所属を小さく示した。またOPECをオペックというように，一般に用いられている通称がある場合にはアンチック体で示した。
●本文項目への参照語については，語の右上に*を付して，さらに情報が得られるようにした。



## A

**A** ①(alto伊) アルト*。②(ampere) アンペア*。電流の強さを表す単位。③(analog) アナログ*。④(answer) 答え。⑤(army) 陸軍。
**A型** ①インフルエンザの分類の一つ。②ABO式血液型の一つ。 「体。
**A体** 洋服・ワイシャツなどの既製服の寸法で，普通
**A判*** 印刷で，紙の仕上がり寸法の一つ。
**Å** (angstrom) オングストローム*。長さの単位。
**&** (ampersand) and の意味を表す記号。
**a** ①(acceleration) 加速度を表す記号。②(are仏) アール*。面積の単位。③(atto-) アト*。単位につく接頭語。
**@** (at, ad羅) 単価…で。…について。
**AA** ①(absolute altitude) 絶対高度。②(Alcoholics Anonymous) アルコール中毒者自主治療協会。③(advance attrition) 航空機損耗見込み。④(Asian-African; Afro-Asian) アジアとアフリカの。⑤(American Airlines Inc.) アメリカン航空。エアラインコードも同じ。⑥(anti-aircraft) 対空。⑦(author's alteration)著者訂正。⑧(automatic approval) 自動承認。
**AA会議** (Afro-Asian Conference) アジア-アフリカ会議*。
**AA作家会議** (Afro-Asian Writers Association) アジア-アフリカ作家会議*。
**AAA** ①(American Arbitration Association) 米国仲裁協会。②(American Automobile Association) **トリプルA**。米国自動車協会。③(anti-aircraft armament) 対空火器。④(anti-aircraft artillery) 高射砲兵。⑤(Asia, Africa, Latin America) アジア，アフリカ，ラテンアメリカ。
**AAAS** (American Association for the Advancement of Science) 米国科学振興協会。
**A-ACE** (Association of Advocators for Consumer Everyday-life) 全国消費生活相談員会。
**AACM** (Afro-Asian Common Market) アジア-アフリカ共同市場。
**AAF** (Army Air Forces) 米国陸軍航空隊。
**AAH** (advanced attack helicopter) 新型攻撃ヘリコプター。
**AAIAL** (American Academy and Institute of Arts and Letters) 米国芸術院。
**AALA** ①(Asia, Africa, Latin America) **アーラ**。アジア，アフリカ，ラテンアメリカ。②(Asian-African Latin-American Peoples' Conference) アジア-アフリカ-ラテンアメリカ諸国民連帯会議。
**AAM** (air-to-air missile) 空対空ミサイル*。
**A&R** ①(artists and repertory) レコード会社所属の歌手と曲目。②(assembly and repair) 組み立てと修理。
**AAP** (Australian Associated Press) オーストラリアAP通信。
**AAPSO** (Afro-Asian Peoples' Solidarity Organization) アジア-アフリカ人民連帯機構。
**AAR** ①(against all risks) 海上保険で，全危険担保。②(air-to-air rocket) 空対空ロケット。
**AATC** (automatic air traffic control) 自動航空管制。
**AAW** (anti-aircraft warfare) 対航空戦。
**AB** (air base) 空軍基地。
**AB型** ABO式血液型の一つ。
**AB体** 洋服・ワイシャツなどの既製服で，A体とB体の中間型。
**AB判** 印刷で，紙の仕上がり寸法の一つ。
**ab** (at bat) 野球で，打数。
**ABC** ①(ABC World Airways Guide) ABC航空時刻表。②(advance booking charter) 航空便で，アドバンスブッキングチャーター。③(American Broadcasting Companies, Inc.) アメリカ放送会社。④(Audit Bureau of Circulations) 新聞雑誌部数監査機構。⑤(automatic brightness control) 自動輝度調節。
**ABC調査*** 日本ABC協会がおこなっている雑誌の発行部数調査。
**ABC兵器*** (atomic, biological and chemical weapons) 原子・生物・化学兵器。
**ABCC** (Atomic Bomb Casualty Commission) 原爆傷害調査委員会。
**ABCD包囲陣*** ABCDは，米国(America)，英国(British Empire)，中国(China)，オランダ(Dutch)の4か国。第二次大戦前の対日包囲網。
**ABCS** (Automatic Broadcasting Control System) NHKの番組自動選出システム。
**ABEDA** (Arab Bank for Economic Development in Africa) アフリカ経済開発アラブ銀行。
**ABEND** (abnormal end of task) **アベンド**。コンピューターが，プログラムの誤りを検出し，作業をやめてしまうこと。 「ル。
**ABM** (anti-ballistic missile) 弾道弾迎撃ミサイ
**ABO式** 血液型の分類方式の一つ。
**ABS** (alkyl benzene sulfonate) アルキルベンゼンスルホン酸塩*。
**ABS樹脂*** (acrylonitrile butadiene styrene resin) アクリロニトリル，ブタジエン，スチレンの共重合体の合成樹脂。
**ABWR** (advanced boiling water reactor) 新型の沸騰水型原子炉。
**AC** ①(adapting control) 適応制御。②(Atlantic Charter) 大西洋憲章。③(Air Canada) カナダ航空。エアラインコードもAC。④(air corps) 航空隊。⑤(alternating current) 交流電流。⑥(analog computer) アナログコンピューター。⑦(ante Christum羅) 西暦紀元前。⑧(army corps) 軍団。
**Ac** (actinium) アクチニウム*の元素記号。 「位。
**ac** (acre) エーカー*。ヤード-ポンド法で面積の単
**a/c** (account) 簿記で，勘定科目を表すときの記号。 「ード。
**ACA** (Acapulco) メキシコ，アカプルコの空港コ
**ACAP** (Association of Consumers Affairs Professionals) **エイキャップ**。日本の消費者関連専門家会議。
**ACC** ①(accumulator) アキュムレーター*。②(Administrative Committee on Coordination) 国連行政調整委員会。③(area control center) 航空路管制センター。④(automatic combustion control system) 自動燃焼制御装置。
**accel** (accelerando伊) アッチェレランド。音楽で速度記号の一つ。
**ACCU** (Asian Culture Center of UNESCO) ユネスコ-アジア文化センター。
**ACDA** (Arms Control and Disarmament Agency) 米，軍備管理軍縮局。
**AC/DC** (alternating current/direct current) 電気器具で，交流・直流両用の記号。
**ACE** ①(Allied Command Europe) ヨーロッパ連合軍。②(automatic calling equipment) 電話の自動呼び出し装置。
**ACES** (annual circulate energy system) 年間循環エネルギーシステム。
**ACh** (acetylcholine) アセチルコリン*。
**ACIA** (asynchronous communications interface adapter) コンピューターで，非同期通信用のインターフェイス装置。
**ACL** (allowable cabin load) 旅客機の許容客室積載量。
**ACLANT** (Allied Command Atlantic) 大西洋連合軍。
**ACM** ① (advanced composite material) 先進的複合材料。②(African Common Market) アフリカ共同市場。③(air combat maneuvering) 空中戦。④(Arab Common Market) アラブ共同市場。
**ACMI** (air combat maneuvering instrumentation) 空中機動戦闘用計器。
**ACP*** (African, Caribbean and Pacific Countries Associables) アフリカ-カリブ-太平洋諸国連合。
**ACR** ①(airfield control radar) 空港監視レーダー。②(approach control radar) 航空機進入管制レーダー。
**ACRR** (American Council on Race Relations) 米国人種問題協議会。
**ACRS** (Advisory Committee on Reactor Safeguards) 米国原子炉安全諮問委員会。
**ACS** (American Cancer Society) 米国癌協会。
**ACT** ①(American College Test) 米，大学入学能力テスト。②(automatically controlled transportation system) 自動制御交通システム。
**ACU** ①(arithmetic and control unit) コンピューターで，演算制御装置。②(Asian Clearing Union) アジア決済同盟*。③(automatic calling unit) 電話の自動呼び出し装置。
**ACV** ①(actual cash value) 現金換算価値。②(air cushion vessel) ホバークラフト*。
**ACW** ①(access control word) コンピューターで，アクセス制御語。②(aircraft control and warning) 航空警戒管制部隊。
**AD** ①(active duty) 軍隊で，現役。②(addict of a drug) 麻薬常用者。③(aerodrome) 飛行場。④(air defense) 防空。⑤(ampere demand meter) アンペア需要メーター。⑥(analog-to-digital) アナログからデジタルへ。⑦(Anno Domini羅) 西暦紀元後。⑧(art director) アートディレクター*。⑨(assistant director) アシスタントディレクター。⑩(automated design) 自動設計。
**ADコンバーター** (analog-to-digital converter) A/D変換する装置。AD変換器*。
**A/D変換** (analog-to-digital conversion) アナログ量をデジタル量に変換すること。
**ad** (advertisement) **アド***。広告。
**ADA** (automatic data acquisition) コンピューターによる自動データ収集。
**Ada** **エイダ**。米国国防総省が実用化をすすめているコンピューターのプログラミング言語。
**ADB** ①(African Development Bank) アフリカ開発銀行*。AFDBとも。②(Asian Development Bank) アジア開発銀行*。
**ADC** ①(Aerospace Defense Command) 米，防空空軍。②(aide-de-camp仏) 副官。③(Air Defense Command) 航空自衛隊の航空総隊。④(assured destruction capability) 確証破壊能力。
**ADCC** (air defense control center) 防空管制所。 「所。
**ADDC** (air defense direction center) 防空司令
**ADE** (automated design engineering) 自動設計エンジニアリング。
**ADEOS** (advanced earth observing satellite) **アデオス**。地球観測プラットホーム衛星。
**ADESS** (automatic data editing and switching system) **アデス**。気象庁の気象資料自動編集中継システム。
**ADF** ①(Air Defense Force) 自衛隊の航空方面隊。②(African Development Fund) アフリカ開発基金。③(Asian Development Fund) アジア開発基金。④(automatic direction finder) 自動方向探知器*。
**ADH** (antidiuretic hormone) 抗利尿ホルモン*。
**ADI** ①(acceptable daily intake) 1日摂取許容量。②(area of dominant influence) 特定の放送局が大多数の住民に視聴されている地域。
**ADIZ** (air defense identification zone) 防空識別圏*。 「空港コード。
**ADL** (Adelaide) オーストラリア，アデレードの

**ADM** (admiral) アドミラル。海軍大将。
**ADMD** (Association for Dignified Mental Death) 米,尊厳死のための協会。
**ADN** (Allegemeiner Deutscher Nachrichtendienst独) 東ドイツの国営通信社。
**ADP** ①(adenosine diphosphate) アデノシン二燐酸。②(automatic data processing) コンピューターで,自動データ処理。
**ADR** (American Depositary Receipt) アメリカ預託証券*。
**ADS** (atmospheric diving suit) 大気圧潜水服。
**ADSM** (air defense suppression missile) 防空制圧ミサイル。
**AE** ①(aeronautical engineer) 航空技師。②(aeronautical engineering) 航空工学*。③(atomic energy) 原子力*。④(automatic exposure) カメラの自動露出調整。
**AEカメラ*** (automatic exposure camera) 自動露出調整カメラ。EEカメラとも。
**AE剤** (air entraining agent) 空気連行剤。
**AEA** (Atomic Energy Authority) 英,原子力公社。
**A. E. and P.** (ambassador extraordinary and plenipotentiary) 特命全権大使。全権大使*。
**AEC** ①(Atomic Energy Commission) 日本原子力委員会。②(Atomic Energy Commission) アメリカ原子力委員会。③(automatic exposure control) カメラで,自動露出調整。
**AEP** (Buenos Aires-Newbery) アルゼンチン,ブエノスアイレス,ニューベリーの空港コード。
**AEROSAT** (aeronautical satellite) **エアロサット**。地上と航空機との通信に用いる航空衛星。
**AEW** (airborne early warning) 空中早期警戒機*。
**AF** ①(air force) 空軍。②(Air France) エールフランス*。フランス航空。エアラインコードもAF。
**AF 2** 食品添加物。合成殺菌・防腐剤。 「ラ。
**AFカメラ*** (automatic focusing) 自動焦点カメ
**AFA** (Advertising Federation of America) アメリカ広告連盟。
**AFAP** (artillery-fired atomic projectiles) 砲射撃用核兵器。
**AFB** (air force base) 空軍基地。
**AFC** ①(air/fuel ratio control) 空燃費制御。②(automatic flight control) 自動飛行装置。③(automatic frequency control) 自動周波数制御*。④(automatic fuel control) 自動燃料管制装置。
**AFCENT** (Allied Forces Central Europe) NATOの中欧連合軍。 「操縦装置。
**AFCS** (automatic flight control system) 自動
**AFDB** (African Development Bank) アフリカ開発銀行*。 「開発基金*。
**AfDF** (African Development Fund) アフリカ
**AFESD** (Arab Fund for Economic & Social Development) アラブ経済社会開発基金。
**AFK** (Arbeitsgemeinschaft für Friedens-und Konfliktforschung独) 西ドイツの平和・紛争研究所。
**AFL** (American Federation of Labor) アメリカ労働総同盟。
**AFL-CIO*** (American Federation of Labor and Congress of Industrial Organizations) アメリカ労働総同盟産業別組合会議。
**AFNORTH** (Allied Forces Northern Europe) NATOの北欧連合軍。 「社。
**AFP*** (Agence France Presse仏) フランス通信
**AFR** (accident frequency rate) 事故発生頻度。
**AFRASEC** (Afro-Asian Organization for Economic Cooperation) **アフラセック**。アジア-アフリカ経済協力機関。
**AFRS** (Armed Forces Radio Service) 海外駐在米軍放送。
**AFS*** (American Field Service) アメリカンフィールドサービス。世界の高校生の交換留学をすすめる民間団体。
**AFSATCOM** (Air Force Satellite Communications System) 米,空軍衛星通信システム。
**AFSOUTH** (Allied Forces Southern Europe) NATOの南欧連合軍。
**AFT** (automatic frequency tuning) テレビのチューナーの自動同調装置。
**AFV** (armored fighting vehicle) 装甲戦闘車。
**AG** (Aktiengesellschaft独) 株式会社。 「月。
**Ag** ①(argentum) 銀*の元素記号。②(August) 8
**AGC** (automatic gain control) 自動利得制御。電波の強弱に関係なく出力を一定に保つ制御。
**AGCA** (automatic ground-controlled approach) 自動地上管制進入。
**AGCL** (automatic ground-controlled landing) 自動地上管制着陸。
**AGE** (aerospace ground equipment) 航空宇宙用地上装置。
**AGL** (above ground level) 地面からの高度。
**AGM** ①(air-launched guided missile) 空中発射誘導ミサイル。②(air-to-ground missile) 空対地ミサイル*。ASMとも。
**AGR** (advanced gas-cooled reactor) 改良型ガス冷却原子炉。
**AGS** ①(abort guidance system) NASAのロケット補助誘導システム。②(airport ground service) 空港地上整備員。③(Army General Staff) 米,陸軍参謀本部。
**AGT** (Automated Guideway Transit) 自動運転軌道システム*。
**AGZ** (actual ground zero) 実ゼロ地点。実際の爆心の直下・直上の地点。
**AH** (airfield heliport) 飛行場兼ヘリポート。
**Ah** (ampere hour) アンペア時。電気量の単位。
**AHH** (anti-helicopter helicopter) 対ヘリコプターヘリコプター。 「原子炉。
**AHR** (aqueous homogeneous reactor) 水均質
**AHSR** (air height surveillance radar) 飛行高度監視レーダー。
**AI** ①(Air India) インド航空。エアラインコードもAI。②(analog input) アナログ入力。③(Amnesty International) アムネスティインターナショナル*。④(artificial insemination) 人工授精*。⑤(artificial intelligence) 人工知能*。
**AIBD** (Association of International Bond Dealers) 国際債券ディーラーズ協会。 「国。
**AIC** (advanced industrial country) 先進工業
**AID** ①(Agency for International Development) 米,国際開発局。②(artificial insemination by donors) 非配偶者間人工授精。
**AIDCA** (attention, interest, desire, conviction, action) **アイドカ**。注意,興味,欲求,確信,購買行動。購買心理の動きをいう。
**AIDS** (acquired immune deficiency syndrome) **エイズ***。後天性免疫不全症候群。
**AIH** (artificial insemination by husband) 配偶者間人工授精。
**AILAS** (automatic instrument landing approach system) 自動計器着陸進入システム。
**AIM*** (air-lanuched intercept missile; air interceptor missile) 空対空迎撃ミサイル。
**AIOEC** (Association of Iron Ore Exporting Countries) 鉄鉱石輸出国連合。
**AIPS** (Association Internationale de la Presse Sportive仏) 国際スポーツ記者協会。
**AIQ** (automatic import quota system) 自動輸入割当制度。
**AIR** (All India Radio) インド国営放送。
**AIS** ①(accounting information system) 会計情報システム*。②(Advanced Information System) 高度情報システム。③(automatic interplanetary station) ソ連の自動惑星間ステーション。
**AIU** (American International Underwriters) 米国国際保険会社。
**AK** (Alaska) 米,アラスカ州の郵便コード。
**AKL** (Auckland) ニュージーランド,オークランドの空港コード。
**AL** ①(Alabama) 米,アラバマ州の郵便コード。②(American League) アメリカンリーグ*。③(Arab League) アラブ連盟*。
**Al** (aluminium) アルミニウム*の元素記号。
**ALA** (Alliance for Labor Action) 米,労働行動同盟。
**Ala** (Alabama) 米,アラバマ州。
**ALADI** (Associación Latino-Americana de Integración西) 中南米統合連合。
**ALARA** (As Low As Reasonably Achievable) 「合理的に達成可能な限り低くすること」の意。原子力発電所周辺の住民ができる限り被曝しないようにすること。
**Alas** (Alaska) 米,アラスカ州。
**ALBM** (air-launched ballistic missile) 空中発射弾道ミサイル。
**ALC** (antoclaved lightweight concrete) 軽量気泡コンクリート。
**ALCM** (airborne launched cruising missile; air-launched cruise missile) 空中発射巡航ミサイル*。
**ALF** (Arab Liberation Front) アラブ解放戦線。
**ALG** (Algiers) アルジェリア,アルジェの空港コード。
**ALGOL** (algorithmic language) **アルゴル***。コンピューターの高級プログラミング言語。
**ALM*** (assets and liabilities management) 資産・負債管理。
**ALPS** ①(advanced linear programming system) 高度線形計画システム。②(automatic linearmotor pneumatic system) 自動リニアモーター空気タイヤシステム。
**ALRT** (Advanced Light Rapid Transit) カナダ独自の都市用の革新的な交通・軌道システム。
**ALS** ①(antilymphocyte serum) 抗リンパ球血清。②(autograph letter signed) 自筆自署の手紙。③(automatic landing system) 自動着陸装置。
**ALU** (arithmetic and logic unit) コンピューターで,算術演算・論理演算を行う装置。 「両。
**ALV** (autonomous land vehicle) ロボット車
**A-LWR** (advanced light water reactor) 新型軽水炉。
**AM*** (amplitude modulation) 振幅変調*。
**Am** (americium) アメリシウム*の元素記号。
**am, AM** (ante meridiem羅) 午前。
**AMC** ①(American Motors Corporation) アメリカンモーターズ。②(automatic mixture control) 自動混合比調整装置。
**AMeDAS** (Automated Meteorological Data Acquisition System) **アメダス***。気象庁の地域気象観測システム。
**AMEX** (American Stock Exchange) アメリカン証券取引所。 「機関。
**AMF** (Arab Monetary Fund) アラブ開発援助
**AMHTS** (automated multiphasic health testing and service system) 自動化総合健康診断システム。
**AMI** ①(airspeed mach indicator) 速度マッハ計。②(alpha/Mach indicator) 迎角・マッハ計。
**AMM** ①(Amman) ヨルダン,アンマンの空港コード。②(antimissile missile) ミサイル迎撃ミサイル*。
**AMOS** (automatic meteorological observing station) 自動気象観測ステーション。
**amp** (ampere) アンペア*。電流の強さを表す単位。
**AMRAAM** (advanced medium-range air-to-air missile) 新型中距離空対空ミサイル。
**AMS** (Amsterdam) オランダ,アムステルダムの空港コード。
**AMSA** (advanced manned strategic aircraft) 新型有人戦略爆撃機。
**AMSAM** (anti-missile surface-to-air missile) ミサイル攻撃地対空ミサイル。
**AMSAT** (amateur satellite) **アムサット**。アマチュア無線通信用衛星。 「度。
**AMSL** (above mean sea level) 平均海面上高
**AMST** (Advanced Medium STOL Transport) 新型STOL(短距離離着陸)輸送機。
**AMTICS** (Advanced Mobil Traffic Information and Communication System) 日本の新自動車交通情報システム。
**AMTRAK** (American Track) **アムトラック**。全米鉄道旅客公社。
**AMU** ①(Asian Monetary Unit) アジア通貨単位。②(astronaut maneuvering unit) 宇宙遊泳用操縦装置。③(atomic mass unit) 原子質量単位*。
**AN** (Air Nauru) エアナウル。ナウルの航空会社。
**An** (actinon) アクチノンの元素記号。
**ANA** ①(All Nippon Airways) **アナ***。全日本空

輪。全日空*。②(anti-nuclear anti-body) 抗核抗体。

**ANC** ①(African National Congress) アフリカ民族会議。②(Anchorage) 米,アンカレッジの空港コード。

**ANCOM** (Andean Common Market) アンデス共同市場。

**AND** **アンド**。論理積演算の呼称。

**ANERI** (Advanced Nuclear Equipment Research Institute) 原子力用次世代機器開発研究所。

**ANF** (Atlantic nuclear forces) 大西洋核戦力。

**ANK** (Ankara) トルコ,アンカラの空港コード。

**ANN** (All Nippon News Network) テレビ朝日系のニュース放送網。

**ANOC** (Association of National Olympic Committee) 各国オリンピック委員会連合。

**ANSA** (Agenzia Nazionale Stampa Associata 伊) **アンサ***。イタリア国営通信社。

**ANSER** (Automatic Answer Network System for Electrical Request) **アンサー**。NTTによる音声照会通知システム。

**ANSI** (American National Standard Institute) **アンシ**。米国国家規格協会。

**ANSP** (Agency for National Security Planning) 韓国の国家安全企画部。

**ANZUK** (Australia, New Zealand and the United Kingdom) **アンザク**。オーストラリア・ニュージーランド・イギリスの連合軍。

**ANZUS** (Australia, New Zealand and the United States Treaty) **アンザス**。太平洋安全保障条約*。

**AO郵便物** (autres objets 仏) 書状・葉書以外の外国通常郵便物。

**A/O, a/o** (account of) …の勘定。

**AOC** (Association of Olympic Committee) 各国オリンピック委員会協会。

**AONB** (Area of Outstanding Natural Beauty) 英,特別景勝地域。

**AOTS** (Association for Overseas Technical Scholarship) 日本で,海外技術者研修協会。

**AP** ①(advise and pay) 送金為替で,通知払い。②(auto pilot) オートパイロット。自動操縦。③(application program) コンピューターの応用プログラム。④(Associated Press) アメリカの通信社。

**APC** ①(automatic phase control) 自動位相制御。②(automatic power control) 自動電力制御。③(auto pallet changer) 自動加工物交換装置。

**AP-DJ** (AP-Dow Jones & Co. Inc.) APダウジョーンズ通信。

**APEX** (advance purchase excursion) **アペックス**。先払い低料金外国旅行。

**API** ①(air position indicator) 空中位置指示器。②(American Petroleum Institute) アメリカ石油協会。

**APIC** (Association for Promotion of International Cooperation) **アピック**。日本で,国際協力推進協会。

**APL** (A Programming Language) プログラミング言語の一つ。

**APN** (Agjentstvo Pečati Novosti 露) ソ連,ノーボスチ通信社*。

**APO** (Asian Productivity Organization; Asian Producting Organization) アジア生産性機構*。

**APP** (approach control office) 空港への航空機の進入管制所。

**APPA** (African Petroleum Producers' Association) アフリカ産油国連合。

**APR** (annual percentage rate) 年率。

**Apr** (April) 4月。

**APS** ①(advertising promise system) 広告被害限定保証システム。②(AIDS Panic Syndrome) エイズによるパニック症候群。

**APT** ①(Advanced Passenger Train) 英,超特急。②(Asia Pacific Telecommunication Community) アジア太平洋電気通信共同体。③(automatically programmed tool) **アプト**。工作機械の数値制御用に用いられるプログラミング言語。④(automatic picture transmission) 自動送画装置。

**APWR** (advanced pressurized water reactor) 新型の加圧水型原子炉。

**AQ***(achievement quotient) 成就指数。

**AQL** (acceptable quality level) 合格品質水準。

**AR** ①(acknowledgment of receipt) 受領通知。②(aircraft rocket) 航空機搭載ロケット。③(all risks) 海上保険でいう,全危険担保。④(analytical reagent) 分析用試薬。⑤(annual report) 年報。⑥(Arkansas) 米,アーカンソー州の郵便コード。⑦(autonomous republic) 自治共和国*。

**Ar** (argon) アルゴン*の元素記号。

**ARAMCO** (Arabian-American Oil Company) **アラムコ***。アラビアーアメリカ石油会社。

**ARB** (Asian Reserve Bank) アジア準備銀行。

**ARC** ①(AIDS-related complex) エイズ関連コンプレックス。②(airborne radio communication) 機上無線通信。③(automatic relay calculator) 自動リレー計算機。

**ARH** (active radar homing) ミサイルから輻射する電波や超音波の,反射波をとらえて目標を追跡,命中させる方式。

**Ariz** (Arizona) 米,アリゾナ州。

**Ark** (Arkansas) 米,アーカンソー州。

**ARM** (anti-radiation missile) 対レーダーミサイル。

**ARMS** (atmospheric roving manipulator system) 大気圧移動マニピュレーター システム。

**ARN** (Stockholm-Arlanda) スウェーデン,ストックホルム,アルランダの空港コード。

**ARP** (air raid precautions) 英,空襲警報。

**ARPANET** (Advanced Research Project Agency computer network) **アーパネット**。米国国防省高等研究計画局のコンピューター ネットワーク。

**ARS** (audio response system) コンピューターの,音声応答システム。

**ARSR** (air route surveillance radar) 航空路監視レーダー。

**ARTC** (air route traffic control) 航空路交通管制。

**ARTS** (automated radar terminal system) ターミナル管制情報処理システム。

**ARU** (audio response unit) コンピューターで,音声応答装置。

**AS** ①(airspeed) 対気速度。②(alkyl sulfate) 硫酸エステル塩。

**AS洗剤** 硫酸エステル塩 (alkyl sulfate) を界面活性剤として用いた洗剤。

**As** (arsenic) 砒素*の元素記号。

**ASA** (Association of Southeast Asia) 東南アジア連合。

**ASAT** (anti-satellite) **エーサット***。対衛星攻撃兵器。

**ASBM** (air-to-surface ballistic missile) 空対地弾道ミサイル。

**ASCA** ①(advisory specialist consumer's affairs)消費生活アドバイザー。②(Asian Students Cultural Association) 日本で,アジア学生文化協会。

**ASCII** (American Standard Code for Information Interchange) **アスキー**。コンピューターで,米国情報交換標準コード。アスキーコード*。

**ASCM** (anti-ship cruise missile) 対艦巡航ミサイル。

**ASE** (American Stock Exchange) 米国証券取引所。

**ASEAN** (Association of Southeast Asian Nations) **アセアン***。東南アジア諸国連合。

**ASG** (acrylonitrile styrene glass fiber) ガラス強化スチレン樹脂。

**ASI** (airspeed indicator) 航空機の対気速度計。

**ASIC** (application-specific integrated circuits) 特定用途IC。

**ASM** (air-to-surface missile) 空対地ミサイル。

**ASME** (American Society of Mechanical Engineers) アメリカ機械技師協会。

**ASN** (Agjentstvo Sovijetskih Njus 露) ソビエトニュース。

**ASPAC** (Asian and Pacific Council) **アスパック***。アジア太平洋協議会。

**ASR** ①(airport surveillance radar) 空港監視レーダー。②(air-sea rescue) 空海共同救助。③(automatic send-receive set) コンピューターで,自動送受信装置。

**ASRAAM** (advanced short range air-to-air missile) **アスラム**。新型短射程空対空ミサイル。

**ASROC** (anti-submarine rocket) **アスロック***。対潜水艦攻撃用ロケット。

**ASSR***(Avtonomays Sovetskaya Sotsialisticheskaya Respublica 露) 自治ソビエト社会主義共和国。

**AST** ①(Alaskan Standard Time) 米,アラスカ標準時。②(Atlantic Standard Time) 米,大西洋標準時。

**ASTP** (Apollo-Soyuz Test Project) アポローソユーズ共同宇宙飛行計画。

**ASW** ①(anti-submarine warfare) 対潜水艦作戦*。②(anti-submarine weapon) 対潜兵器*。

**AT** ①(achievement test) 学力テスト。②(anti-tank) 対戦車の。③(art theater) アートシアター*。

**AT運動** (Alternative Technology-Movement) オールタナティブ テクノロジー運動。

**AT車*** (ATは automatic transmission の略) オートマチック車。

**At** (astatine) アスタチン*の元素記号。

**ATA** (actual time of arrival) 実到着時間。

**ATAR** (anti-tank aircraft rocket) 航空機搭載対戦車用ロケット。

**ATB** (Advanced Technology Bomber) 高度技術爆撃機。

**ATC** ①(air traffic control) 航空交通管制*。②(air traffic controller) 航空交通管制官。③(agro-techno complex) 農業・技術複合体。④(automatic train control) 自動列車制御装置。⑤(air traffic control service) 航空交通管制業務。

**ATD** ①(actual time of departure) 実出発時刻。②(advanced technology development) 先進技術開発。

**ATG** (Art Theater Guild) 日本アートシアターギルド。

**ATGM** (anti-tank guided missile) 対戦車誘導ミサイル。

**ATH** (Athens) ギリシア,アテネの空港コード。

**ATL***①(adult T-cell leukemia) 成人T細胞白血病。②(Atlanta) 米,アトランタの空港コード。

**ATM** ①(anti-tank mine) 対戦車地雷。②(anti-tank missile) 対戦車ミサイル*。MATとも。③(automatic teller machine) 現金自動支払預入装置。

**ATO***(automatic train operation) 列車自動運転装置*。

**ATP** (adenosine triphosphate) アデノシン三燐酸*。

**ATR** (advanced thermal converter reactor) 新型転換炉*。

**ATS** ①(air traffic services) 航空交通業務。②(applications technology satellite; application technological satellite) 米,応用技術衛星。③(automatic train stopper) 自動列車停止装置。

**ATT*** (American Telephone & Telegraph Co.) アメリカ電話電信会社*。正しくはAT&T。

**ATTM** (automatic trunk testing and transmission measuring equipment) 市外回線自動試験装置。

**AU** (astronomical unit) 天文単位*。

**Au** (aurum) 金*の元素記号。

**AUH** (Abu Dhabi) アラブ首長国連邦,アブダビの空港コード。

**AUM** (air-to-underwater missile) 空対水中ミサイル。

**AUS** (Army of the United States) 米国陸軍。

**AUTODIN** (automatic digital network) **オートディン**。自動デジタル通信網。

**AUW** (all up weight) 総重量。

**AV** ①(ad valorem 羅) 価格に比例した,の意。ad valとも。②(audio video) オーディオとビデオ。③(audiovisual) 視聴覚の。④(Authorized Version) 欽定英訳聖書*。⑤(aperture value) カメラの絞り指数。

**AV機器** (audio-visual aids) 視聴覚機器。

**AV教育***(audio-visual education) 視聴覚教育*。

**AVテレビ** (audio-visual television) オーディオ (音声) 信号とビデオ (映像) 信号をそれぞれ直接入力できる端子があるテレビ。

**AVC** (automatic volume control) 自動音量調節。

**Ave** (Avenue) アベニュー*。並木道。大通り。
**AVMシステム** (automatic vehicle monitoring system) 車両位置自動表示システム。
**AVN** (Air Vietnam) ベトナム航空。
**AVT** (added value tax) 付加価値税*。
**AWA*** (American Wrestling Association) アメリカレスリング協議会。
**AWACS** (airborne warning and control system) **エーワックス***。空中警戒管制機。
**AWLS** (all-weather landing systems) 全天候着陸装置。
**AWU** (atomic weight unit) 原子量単位。
**AZ** (Arizona) 米, アリゾナ州の郵便コード。
**AZLK** (Automobilnyj Zavod imeni Ljeninskogo Komsomolaﾛｼｱ) ソ連の, 国営自動車工場。
**AZT** (azido-deoxy-timidine) アジドデオキシチミジン。ジドブジン。

# B

**B** ①(ball) 野球のボールカウントで, ボールを示す。②(basement) 地階。③(black) 鉛筆の芯の軟度を示す。④(blue) 色相の記号で, 青を示す。⑤(boron) 硼素ほうそ の元素記号。⑥(bulb) 写真で, バルブの記号。⑦(bust) 胸囲またはバスト。
**B-** ①(Boeing) 米, ボーイング社製の航空機の機種の記号。②(bomber) 爆撃機。
**B型** ①インフルエンザの分類の一つ。②ABO式血液型の一つ。
**B型肝炎*** ウイルス (HB抗原) の感染によりおこる肝炎の一種。
**B細胞*** (B cell; bone-marrow-derived cell; B lymphocyte) 骨髄内から分化し, 免疫反応をつかさどる細胞の一つ。
**B体** 洋服・ワイシャツなどの寸法で, 肥満体。
**B判***印刷で, 紙の仕上がり寸法の一つ。
**b** (broad) 幅を表す記号。
**BA** ①(banker's acceptance) 銀行引受手形。②(bank automation) 銀行自動化。③(British Airways) 英国航空*。
**Ba** (barium) バリウム*の元素記号。
**BADGES** (base air defense ground environment system) **バッジス**。航空自衛隊における自動警戒管制組織。バッジシステム。　「ード。
**BAH** (Bahrain) バーレーン, バーレーンの空港コ
**BAL** ①(basic assembly language) コンピューターの基本アセンブリー言語。②(blood alcohol level) 血中アルコール濃度。
**BAM** ①(Baikal-Amur Mainline) **バム**。ソ連で, バイカル-アムール鉄道。②(basic access method) コンピューターの基本アクセス方式。
**B&C** (broadcasting and communication) 放送と電気通信。
**B&S** (brandy and soda) ブランデーのソーダ割り。
**B&W** (black and white) 黒と白。
**bar** バール*。圧力の単位。
**BART** (Bay Area Rapid Transit) **バート***。米, サンフランシスコ湾岸通勤高速鉄道。
**BASIC** (Beginner's All-Purpose Symbolic Instruction Code) **ベーシック***。米国で開発された, コンピューターの初級プログラム言語。
**BB** (brokers' broker) 仲介証券会社。　「会。
**BBC*** (British Broadcasting Corp.) 英国放送協
**bbl** (barrel) バーレル*。液量・乾量の単位。
**BBS** (Bulletin Board Service) 電子掲示板サービス。
**BBU** (Bucharest-Baneasa) ルーマニア, ブカレスト, バネアーサの空港コード。
**BC** ①(back center) バレーボールで, 後衛の中央のポジション。②(before Christ) 西暦紀元前。③(basic control) コンピューターで, 基本制御。④(birth control) 産児制限。⑤(British Columbia) カナダ, ブリティッシュコロンビア州。⑥(buyer's credit) バイヤーズ クレジット*。
**BC兵器*** (biological and chemical weapons) 生物化学兵器。
**BCD*** (binary-coded decimal) 2進化10進数。
**BCG*** (bacille bilié de Calmette et de Guérin ﾌﾗ) 結核予防に用いられるワクチン。
**BCN** (broadband communications network) 広帯域通信網。
**BCS** (British Computer Society) 英国コンピューター協会。
**BCW** (buffer control word) コンピューターで, 緩衝記憶装置の制御語。
**BD** ①(bank draft) 銀行手形。②(bill discounted) 割引手形。
**BDAM** (basic direct access method) コンピューターで, 基本直接アクセス方式。　「券。
**BDR** (bearer depositary receipt) 無記名預託証
**BE** ①(bill of exchange) 為替手形*。B/Eとも。②(bio-engineering; biological engineering) 生体工学。③(bonus export) 輸出優遇制度。④(break-even point) 損益分岐点*。
**Be** (beryllium) ベリリウム*の元素記号。
**Bé** (bauméﾌﾗ) ボーメ度。液体の比重の単位。
**Beds** (Bedfordshire) 英, ベッドフォードシャー州。
**BEG** (Belgrade) ユーゴスラビア, ベオグラードの空港コード。
**BENELUX** (België, Nederland, Luxembourg) **ベネルクス***。ベルギー, オランダ, ルクセンブルグの3国の総称。
**BER** (Berlin) ドイツ, ベルリンの空港コード。
**BETA** (battlefield exploitation and target acquisition) 戦場探索目標捕捉システム。
**BETRO** (British Export Trade Research Organization) **ベトロ**。英国貿易振興会。
**BEY** (Beirut) レバノン, ベイルートの空港コード。
**BF** ①(bold face) ボールド活字。②(boyfriend) ボーイフレンド。男の友人。
**B/F** (brought forward) 前期からの繰り越し。
**bfl** (Blockflöteﾄﾞｲ) 縦笛。ブロックフレーテ。リコーダー*。
**BGM*** (background music) 背景音楽。バックグラウンドミュージック*。
**BGV** (background video) バックグラウンドビデオ。　「ド。
**BGW** (Baghdad) イラク, バグダッドの空港コー
**BH** (bill of health) 健康証明書。
**BHC*** (benzene hexachloride) ベンゼンヘキサクロライド。
**BHN** (basic human needs) 基本的人間ニーズ。
**BHP** (brake horsepower) 制御馬力。　「ード。
**BHX** (Birmingham) 英, バーミンガムの空港コ
**Bi** (bismuth) ビスマス*の元素記号。
**BIAC** (Business and Industry Advisory Committee) **ビアク**。OECDの経済産業諮問委員会。
**bid** (bis in dieﾗﾃﾝ) 1日2回薬を処方すること。
**BIE** (Bureau International des Expositionsﾌﾗ) 博覧会国際事務局。
**BIEM** (Bureau International de l'Édition Mécaniqueﾌﾗ) 国際レコード著作権協会事務局。
**BIOS** (biosatellite; biological satellite) **バイオス**。米国が打ち上げた生物衛星。
**BIPM** (Bureau International des Poids et Mesuresﾌﾗ) 国際度量衡局。
**BIPS** (billion instructions per second) コンピューターが命令を1秒に10億回実行すること。
**BIS** ①(Bank for International Settlements) 国際決済銀行*。②(British Information Services) 英国情報部。
**BIT, bit** (binary digit) **ビット***。2進法で0または1の状態。
**Bk** (berkelium) バークリウム*の元素記号。
**BKK** (Bangkok) タイ, バンコクの空港コード。
**BL** ①(back left) バレーボールで, 後衛の左のポジション。②(bill of lading) 船荷証券*。③(black) 色相の記号で, 黒を示す。
**BLマーク** (better-living mark) 優良な住宅部品の認定マーク。
**bl** ①(bale) 梱こり。②(barrel) バーレル*。
**BLS** (Bus Location System) バスロケーションシステム*。
**blvd** (boulevard) ブールバール。大通り。
**BM** ①(ballistic missile)弾道ミサイル*。②(basal metabolism) 基礎代謝*。③(bench mark) 水準基標。
**BMD** (Ballistic Missile Defense) 弾道ミサイル防御。
**BMEWS***(Ballistic Missile Early Warning System) **ビーミューズ**。弾道ミサイル早期警戒システム。
**BMR** (basal metabolic rate) 基礎代謝率。
**BMT** (Brooklyn-Manhattan Transit) ニューヨークの地下鉄, ブルックリン-マンハッタン線。
**BMW** (Bayerische Motoren Werkeﾄﾞｲ) **ベーエムベー**。西ドイツの自動車メーカー。
**BMX** (bicycle motocross) オフロード用自転車。
**BN** (boron nitride) 窒化ホウ素。
**BNE** (Brisbane) オーストラリア, ブリスベーンの空港コード。
**BNJ** (Bonn) 西ドイツ, ボンの空港コード。
**BNOC** (British National Oil Corporation) 英国ナショナル石油公社。
**BNSC** (British National Space Center) 英国国立宇宙センター。
**B/O** (brought over) 繰り越し。
**BOA** (Bank of America) バンク オブ アメリカ*。アメリカ銀行。
**BOD*** (biological oxygen demand) 生物学的酸素要求量。
**BOE** (Bank of England) イングランド銀行*。
**BOG** (Bogota) コロンビア, ボゴタの空港コード。
**BOJ** (Bank of Japan) 日本銀行*。
**BOM** (Bombay) インド, ボンベイの空港コード。
**BOS** (Boston) 米, ボストンの空港コード。
**BOSS** (Bureau of State Security) 南アフリカ, 国家秘密情報局。
**BOT** ①(balance of time) 残りの刑期。②(balance of trade) 貿易収支*。
**BP** ①(beautiful people) 上流社会の人々。②(bill payable) 支払手形*。B/Pとも。③(boiling point) 沸点。
**BPI** ①(brainpower index) 国民の総合的な知能水準の指標。②(bit per inch) コンピューターで, 1インチ当たりのビット数。磁気メモリーの記録密度。③(byte per inch) コンピューターで, 1インチ当たりのバイト数。
**BPO** ①(Berliner Philharmonisches Orchester ﾄﾞｲ) ベルリン フィル ハーモニー管弦楽団*。②(British Post Office) 英国郵便公社。
**BPS** ①(bit per second) コンピューターが, 1秒間に伝送可能なビット数。②(byte per second) コンピューターが, 1秒間に伝送可能なバイト数。
**BR** ①(back right) バレーボールで, 後衛の右のポジション。②(bill receivable) 受取手形*。③(breeder reactor) 増殖炉*。④(Brigate Rosseｲﾀ) 赤い旅団。
**Br** ①(Baritonﾄﾞｲ) バリトン*。②(Britain) 大ブリテン島。③(British) 英国の, 英国人の。英国民。④(bromine) 臭素の元素記号。
**BRD** (Bundesrepublik Deutschlandﾄﾞｲ) ドイツ連邦共和国。西ドイツ。FRGとも。
**BRM** (Biological Response Modifier) 生物学的応答調節物質。
**BRU** (Brussels) ベルギー, ブリュッセルの空港コード。
**BS** ①(Experimental Medium Capacity Broadcasting Satellites) 実験用静止放送衛星。通称「ゆり」。②(balance sheet) 貸借対照表。③(broadcasting satellite) 放送衛星*。
**BSアンテナ** 衛星放送を受信するための専用アンテナ。　「ト。
**B/S** (balance sheet) 貸借対照表*。バランスシー
**Bs** (Bassﾄﾞｲ) 男声で, バス*。
**BSB** (Brasilia) ブラジル, ブラジリアの空港コード。
**BSI** (British Standards Institution) 英国規格協会。
**BSO** ①(blue-stellar object) 準々星。QSGとも。②(Boston Symphony Orchestra) ボストン交響楽団*。
**BST** ①(British Standard Time) 英国標準時。②(British Summer Time) 英国夏時間。
**BT** (British Telecommunications Corp.) 英国電気通信株式会社。
**BTA** (best time available) テレビやラジオで広告をするために, 取得可能な最適時間帯。

**BTAM** (Basic Telecommunication Access Method) **ビータム**。IBM社の基本遠距離通信アクセス方式。

**BTN** (Brussels Tariff Nomenclature) ブリュッセル関税品目分類表。

**BTU** (British Thermal Unit) 英国熱量単位。

**BTX** ①(benzene, toluene, xylene) ベンゼン*, トルエン*, キシレン*の総称。②(Bildschirmtextドイツ) 西ドイツの文字図形情報通信システム。

**Bucks** (Buckinghamshire) 英, バッキンガムシャー州。

**BUD** (Budapest) ハンガリー, ブダペストの空港コード。

**BUE** (Buenos Aires) アルゼンチン, ブエノスアイレスの空港コード。

**BUF** (Buffalo) 米, バッファローの空港コード。

**BUH** (Bucharest) ルーマニア, ブカレストの空港コード。

**BUP** (British United Press) 英国連合通信社。

**BVD** (Bradley, Voorhees, Day) 男性用下着の商標名。

**BVM** (Blessed Virgin Mary) 聖母マリア。

**BVR** (beyond visual range) 有視界外。

**BW** ①(bacteriological warfare) 細菌戦。②(biological warfare) 細菌や薬物などによる生物戦。③(bonded warehouse) 保税倉庫*。

**B/W** (black and white) 写真, 映画で, カラーに対しての白黒。B&Wとも。

**BWC** (Biological Weapons Convention) 生物兵器条約。

**BWI** (Baltimore) 米, ボルチモアの空港コード。

**BWR** (boiling water reactor) 沸騰水型原子炉。

**BWV** (Bach-Werke-Verzeichnisドイツ) ドイツの大作曲家バッハの作品目録。

**BYTE, byte バイト**。コンピューターの情報量の単位。

# C

**C** ①(carbon) 炭素*の元素記号。②(catcher) 野球で, 捕手。③(Celsius) セ氏温度を示す記号。④(chest) 胸囲またはチェスト。⑤(chroma) 色を表す三属性値の一つ。⑥(coulomb) クーロン*。電荷の単位。⑦(cyan) シアン*。色相の記号で, 青緑色を示す。

**C型** インフルエンザのタイプの一つ。

**c** ①(centiラテン) センチ*。②(century) 世紀。③(curie) キュリー*。放射能の強さの単位。Ci とも。④(cycle) サイクル*。周波数の単位。c/s, ∞とも。

**©** (copyright) **マルシー**。コピーライト*。版権・著作権*を示す記号。

**CA** ①中国民航*のエアラインコード。②(California) 米, カリフォルニア州の郵便コード。③(Central America) 中米。④(certificate of airworthiness) 耐空証明書。⑤(current account) 当座勘定*。

**Ca** (calcium) カルシウム*の元素記号。

**CAAC** (Civil Aviation Administration of China) 中国民間航空総局。中国民航*。

**CACEU** (Central African Customs and Economic Union) 中部アフリカ関税経済同盟。

**CACM** (Central American Common Market) 中米共同市場*。MCCAとも。

**CAD** (computer-aided design) **キャド**。コンピューターの援用による設計。

**CAD/CAM** (computer-aided design/computer-aided manufacture) **キャドキャム***。コンピューターによる設計と製造。

**CAE** ①(computer-aided education) コンピューターを利用して行う教育。②(computer-aided engineering) コンピューターを利用したエンジニアリング。

**CAF** ①(cost and freight) 輸出港渡し運賃込み値段。②(currency adjustment factor) 通貨相場変動割り増し料。

**CAFEA** (Commission on Asian and Far Eastern Affairs) **カフェア***。アジア極東問題委員会。

**CAI*** ①(Cairo) エジプト, カイロの空港コード。②(computer-assisted instruction) コンピューターを利用して行う個別学習指導。

**CAL** ①(China Airlines, Ltd.) 中華航空公司。台湾の民営航空会社。②(computer-assisted learning) コンピューター利用による学習。③(Continental Airlines) コンチネンタル航空。

**Cal, cal** (calorie) ①(cal) 熱量の単位であるカロリー*の記号。②(Cal) 1000カロリー。

**Calif** (California) 米, カリフォルニア州。

**CAM** (computer-aided munufacturing) **キャム**。コンピューター支援製造。

**CAMAC** (computer-aided measurement and control) **カマック**。コンピューター支援による計測・制御。

**CAMO** (Common Afro-Mauritian Organization) アフリカーモーリシャス共同機構。

**Can** ①(Canada) カナダ。②(Canadian) カナダの, カナダ人の。

**C&C** ①(cash and carry) 現金払い持ち帰り制。cc とも。②(computer and communications) コンピューターと通信の関連技術が統合された情報技術。

**C&F** (cost and freight) 運賃込み値段。

**CANDU** (Canadian Deuterium Uranium Reactor) **キャンドゥー**。カナダ重水型発電用原子炉。

**C&W** (country and western) カントリー アンド ウエスタン*。

**CAP** ①(combat air patrol) **キャップ**。戦闘空中哨戒。②(Common Agricultural Policy) ECの共通農業政策。③(computer-aided printing) コンピューター導入印刷。④(computer-aided production) コンピューター導入製造。

**CAPD** (continuous ambulatory peritoneal dialysis) 連続携行式腹膜透析。

**CAPM** (capital asset pricing model) 資本資産評価モデル。

**CAPTAIN** (character and pattern telephone access information network system) **キャプテン**。文字図形情報ネットワーク。キャプテンシステム*とも。

**CAR** ①(Central African Republic) 中央アフリカ共和国。②(computer-aided retrieval) コンピューター支援による情報検索。③(Civil Air Regulation) 米, 民間航空規則。

**CARD** (Campaign Against Racial Discrimination) 英, 人種差別撤廃運動。

**CARICOM** (Caribbean Community) **カリコム**。カリブ共同体*。

**CARIFTA** (Caribbean Free Trade Association) **カリフタ**。カリブ自由貿易連合。

**CAS** (calibrated air speed) 航空路で, 修正対気速度。

**CAT** ①(city air terminal) 空港専用バスターミナル。②(computer-aided teaching) コンピューターによる教育。③(computer-aided testing) コンピューターによる製品検査。④(computer-aided translation) コンピューターによる翻訳。⑤(computerized axial tomography; computer-assisted tomography) コンピューター化体軸断層写真。⑥(credit authorization terminal) クレジットカード加盟店に設置するオンライン端末機。

**Cath** (Catholic) カトリック教の。カトリック教徒。

**cath** (cathedral) 大聖堂。大寺院。

**CATS** (computer-aided teaching system) コンピューターを利用した教育システム。

**CATV*** ①(community antenna television) 共同受信施設による有線テレビ。②(cable television) ①を活用し自主放送などを行うシステム。

**CB** ①(Citizens Band) 米, 市民ラジオ。②(cornerback) アメリカンフットボールで, コーナーバック。

**C/B** (charter base) 用船契約で, チャーターベース。

**CB兵器** (chemical and biological weapons) 生物化学兵器*。

**cb** (contrabbassoイタリア) コントラバス*。

**CBC** (Canadian Broadcasting Corporation) カナダ放送協会*。

**CBD** (cash before delivery) 前金払い。

**CBE** (computer-based education) コンピューターを使った教育。

**CBF** (cancer breaking factor) 癌破壊因子。

**CBG** (Carrier Battle Group) 空母戦闘軍。

**CBI** ①(computer-based instruction) コンピューターを使った個別学習システム。②(Confederation of British Industry) イギリス産業連盟。

**CBR** (Canberra) オーストラリア, キャンベラの空港コード。

**CBR戦争** (chemical, biological and radioactive warfare) 化学・生物・放射能戦争。

**CBR兵器*** (chemical, biological and radioactive weapons) 化学・生物・放射能兵器。

**CBS*** (CBS Inc.; Columbia Broadcasting System Inc.) 米国の放送会社の一つ。

**CBT** (Chicago Board of Trade) シカゴ商品取引所。

**CBU** (cluster bomb unit) 親子爆弾。

**CBW** ①(chemical and biological warfare) 生物化学戦争。②(chemical and biological weapons) 生物化学兵器。

**CC** ①(carbon copy) カーボン紙による写し。②(cash and carry) 現金払い持ち帰り制。③(commercial card) 短いテレビ広告, またそのためのテロップなど。④(country club) ゴルフ・テニスなどのカントリークラブ*。

**cc*** (cubic centimeter) 立方センチメートル。$cm^3$。体積の単位。

**CCC** ①(command, control, communications) 指揮, 統制, 通信。②(Commodity Credit Corp.) 米国の商品金融公社。③(Customs Cooperation Council) 関税協力理事会。

**CCCN** (Customs Cooperation Council Nomenclature) 関税協力理事会品目分類表。

**CCCP** (Soyuz Sovetchikh Sotsialistichechikh Republikロシア) ソビエト社会主義共和国連邦*。

**CCD** ①(charge coupled device) 電荷結合素子*。電子ディスク。②(Conference of Committee on Disarmament) 軍縮委員会会議。

**CCI** (Chamber of Commerce and Industry) 商工会議所*。

**CCIR** (Comité Consultaif International des Radio-communicationsフランス) 国際無線通信諮問委員会。

**CCIS** ①(coaxial cable information system) 同軸ケーブル情報システム。②(command, control and information system) 指揮・統制・情報システム。

**CCITT** (Comité Consultatif International Télégraphique et Téléphoniqueフランス) 国際電信電話諮問委員会。

**CCM** (Caribbean Common Market) カリブ共同市場。

**CCMS** (checkout, control and monitor subsystem) ロケットの, 点検と発射管制のためのシステム。

**CCNP** (Computer Communication Network Protocol) 郵政省のコンピューター間通信標準プロトコル。

**CCP** ①(Chinese Communist Party) 中国共産党*。②(communication control processor) 通信制御処理装置。

**CCPS** (computer-aided cartographic processing system) コンピューター地図処理システム。

**CCS** ①(Caracas) ベネズエラ, カラカスの空港コード。②(Civil Communications Section) GHQの民間情報局。

**CCTV** (Closed-Circuit Television) 閉回路テレビ。

**CCU** ①(Calcutta) インド, カルカッタの空港コード。②(coronary care unit) 冠状動脈疾患集中治療施設。

**CCV** (configure-controlled vehicle; control-configured vehicle) 形態変換制御航空機。

**CD** ①(cash dispenser) カードによる, 現金自動支払機*。②(certificate of deposit) 譲渡性定期預金証書*。NCDとも。③(civil defense) 民間防衛。④(Committee on Disarmament) 軍縮委員会*。⑤(compact disc) コンパクトディスク*。⑥(contagious disease) 伝染病。⑦(corps diplomatiqueフランス) 外交団。

**Cd** (cadmium) カドミウム*の元素記号。

**cd** ①(candelaラ) カンデラ*。光度の単位。②(cord) 木材などの体積の単位。

**CDC** (Center for Disease Control) 米,疫病予防センター。

**CDE** (Conference on Confidence & Security-Building Measures Disarmament in Europe) ヨーロッパ軍縮会議。

**CDG** (Paris-de Gaulle) フランス,パリ,ドゴール空港の空港コード。

**CDI** (Conventional Defense Initiative) 通常戦力防衛構想。

**CD-I** (compact disc interactive media) 音声・画像・文字の情報を収録できるコンパクトディスク。

**CDP** ①(career development program) 経歴開発計画。②(certificate in data processing) データ処理免許証。

**CDR** (Continental Depositary Receipt) 大陸預託証券。

**CD-ROM** (compact disc read-only memory) **シーディーロム**。コンパクトディスクを利用した読み出し専用記憶装置。

**CDS** (central data system) 中央データシステム。

**CDT** (Central Daylight Time) 米,中央夏時間。

**CDV** (Compact Disc Video) ビデオ付きCD。

**CE** (Council of Europe) ヨーロッパ会議。

**Ce** (cerium) セリウム*の元素記号。

**CEA*** (Council of Economic Advisers) アメリカ大統領経済諮問委員会。

**CEB** (Cebu) フィリピン,セブの空港コード。

**CEC** (Commission of European Community) ヨーロッパ共同体委員会。

**CEDEL** (Centrale de Livraison de Valeurs Mobilières S. A.仏) **セデル**。ユーロ債の集中預託・決済機関。

**cemb** (cembalo伊) チェンバロ*。

**cent** (centigrade) ①百分度の。②セ氏の。

**CENTO** (Central Treaty Organization) **セントー**。中央条約機構*。

**CEO** (chief executive officer) 最高経営責任者。

**CEP** (circular error probable) 円形半数必中径。確率上,弾丸の半数が必ず命中する半径。

**CERDS** (Charter of Economic Rights and Duties among States) 国家間経済権利義務憲章。

**CERI** (Center for Educational Research and Innovation) OECDの教育研究革新センター。

**CERN** (Conseil Européen pour la Recherche Nucléaire仏) **セルン***。ヨーロッパ合同原子核研究機関。

**CET** (Central European Time) ヨーロッパ標準時。

**CETI** (communication with extra-terrestrial intelligence) **セチ**。地球外知的生物との交信。

**CF** ①(carried forward) 繰り越し。②(center fielder) 野球で,センター。中堅手。③(center forward) サッカーなどで,センターフォワード。FCとも。④(Common Fund) 共通基金。⑤(commercial film) コマーシャルフィルム。

**Cf** (californium) カリホルニウム*の元素記号。

**cf** (conferラ) 「…を参照せよ」の意。

**CFA** (certified financial analyst) 公認財務アナリスト。

**CFC** (chlorofluoro carbon) フロンの化学名。

**CFF** (compensatory financing facility) IMFの補償融資制度。

**CFI** (cost, freight and insurance) 運賃保険料込み値段。

**CFM** (cubic feet per minute) 毎分～立方フィート。

**CFRC** (carbon fiber reinforced concrete) 炭素繊維強化コンクリート。

**CFRP** (carbon fiber reinforced plastic) 炭素繊維強化プラスチック*。

**CFS** ①(container freight station) コンテナ貨物センター。②(cubic feet per second) 毎秒～立方フィート。

**CFTC** (Commodity Futures Trading Commission) 米,商品先物取引委員会。

**CFWマウス** (cancer-free white mouse) 無癌マウス。

**CG** ①(center of gravity) 重心。②(character generator) 文字信号発生器。③(consultative group) 諮問委員会。④(computer graphics) コンピューター グラフィックス*。

**cg** (centigramme仏) センチグラム*。質量の単位の一つ。cgm とも。

**CGE** (Compagnie Générale d'Electricité仏) ゼネラルデレクトリシテ*。フランスの総合電機メーカー。

**CGK** (Jakarta Soekarno) インドネシア,ジャカルタ,ゾカモハッタの空港コード。

**CGN** (Cologne/Bonn) 西ドイツ,ケルン-ボンの空港コード。

**CGRT** (compensated gross registered tonnage) 補償総登録トン。

**CGS** (Chief of the General Staff) 英,参謀総長。

**CGS単位系***(centimeter-gram-second system of units) 基本単位として,長さにセンチメートル,質量にグラム,時間に秒を用いる単位系。

**CH** (center half) サッカーなどで,センターハーフ。中衛の中央。

**Ch** ①(Chinese) 中国人の。中国語の。中国人。中国語。②(church) 教会。

**CHI** (Chicago) 米,シカゴの空港コード。

**CHS** (Century Housing System) センチュリーハウジング システム。

**CI** ①台湾,中華航空公司のエアラインコード。②(Consumer Interpol) 国際消費者監視行動網。③(corporate identity; corporate identification) コーポレイト アイデンティティ*。企業認識。④(cut-in) 映画やテレビで,カットイン*。

**Ci** (curie) キュリー*。放射能の強さを示す単位。cとも。

**CIA*** (Central Intelligence Agency) 米,中央情報局。

**CIB** (continuously issuable bonds) 連続発行債。

**CIC** ①(Cinema International Corporation) 米国の映画配給会社。②(Counterintelligence Corps) 対防諜部隊。

**CICT** (Commission on International Commodity Trade) 国連の国際商品貿易委員会。

**CID** (Criminal Investigation Department) ロンドン警視庁捜査課。

**CIE** ①(Civil Information and Education Section) 第二次大戦後,日本に置かれたGHQの民間情報教育局。②(Commission on Invisible Exports) OECDの貿易外取引委員会。

**CIEC** (Conference on International Economic Cooperation) 国際経済協力会議。

**CIF*** (cost, insurance and freight) **シフ**。外国貿易で,運賃・保険料込みの貿易取引条件。

**CIF&C** (cost, insurance, freight and commission) 外国貿易で,運賃・保険料・手数料込み条件。

**CIF&CI** (cost, insurance, freight and commission and interest) 外国貿易で,運賃・保険料・手数料・利息込み条件。

**CIF&E** (cost, insurance, freight and exchange) 運賃保険料為替相場込み条件。

**CIM** ①(computer input from microfilm) マイクロフィルムの情報を読み取り,それを直接コンピューターに入力する装置。②(computer-integrated manufacturing) コンピューター統合生産。

**CINC** (Commander-in-Chief) 総司令官。司令長官。

**CINCCFC** (Commander-in-Chief, Combined Forces Command) 連合軍総司令官。

**CINCLANT** (Commander-in-Chief, Atlantic) 米,大西洋軍総司令官。

**CIO** (Congress of Industrial Organizations) 米,産業別組合会議。

**CIPEC** (Conseil Intergouvernmental des Pays Exportateurs de Cuivre仏) 銅輸出国政府間協議会。

**CIQ** (customs, immigration and quarantine) 税関,出入国管理,検疫のこと。出入国の際の必要な手続きの総称。

**CIS** ①(community information system) 地域情報化システム。②(corporate identification system) 企業宣伝用デザイン統一。

**CIT** (California Institute of Technology) カリフォルニア工科大学。

**CITES** (Convention on International Trade in Endangered Species) 絶滅に瀕する野生動植物の種の国際取引に関する条約。

**CITO** (Charter of International Trade Organization) 国際貿易憲章*。

**CIWS** (close-in weapon system) **シーウス**。艦艇に装備する近接防御武器システム。最終段階の防御システム。

**CK** (corner kick) サッカーで,コーナーキック*。

**CKD** (complete knocked down) 完全現地組み立て。

**CL** (container load) コンテナ1個に満載の貨物。

**Cl** (chlorine) 塩素*の元素記号。

**cl** ①(clarinette仏) クラリネット*。②(col legno伊) 弦楽器の演奏法で,コルレーニョ。

**CLE** (Cleveland) 米,クリーブランドの空港コード。

**CLGP** (cannon-launched guided projectile) 砲発射型誘導砲弾。

**CLI** (computer-led instruction) コンピューターを利用した一斉授業システム。

**CM** ①(command module) アポロ宇宙船の司令船。②(commercial message) 商業放送での広告,宣伝。③(court-martial) 軍法会議*。

**Cm** (curium) キュリウム*の元素記号。

**cm** (centimètre仏) センチメートル*。

**CMA** (Cash Management Accounts) 米,現金管理勘定。

**CMB** (Colombo) スリランカ,コロンボの空港コード。

**CMEA** (Council for Mutual Economic Assistance) 東欧経済相互援助会議。コメコン*のこと。

**CMI** (computer-managed instruction) コンピューター管理による授業システム。

**CMOS** (complementary metal-oxide semiconductor) **シーモス**。相補型金属酸化膜半導体。

**CMS** (cash management service) 企業に対する銀行の資金管理サービス。

**CN** (chloroacetophenone) クロロアセトフェノン。

**CNガス** クロロアセトフェノンを主成分とした催涙性ガス。

**CN率** 植物体で,炭素と窒素の比率。

**CNA** (Central News Agency) 台湾の中央通信社。

**CNC** (computer numerical control) コンピューター数値制御。

**CNES** (Centre National d'Etudes Spatiales仏) フランス国立宇宙開発センター。

**CNG** (compressed natural gas) 圧縮天然ガス。

**CNN** (Cable News Network) ニュースだけを放送するアメリカの有線テレビ。

**CNS** ①(Cairns) オーストラリア,ケアンズの空港コード。②(China News Service) 中国通信。

**CNX** (Chiang Mai) タイ,チェンマイの空港コード。

**CO** ①コンチネンタル航空のエアラインコード。②(carbon monoxide) 一酸化炭素*。③(Colorado) コロラド州の郵便コード。④(conscientious objector) 米国で,良心的兵役拒否者。

**Co** (Cobalt) コバルト*の元素記号。

**Co.** (company) 会社。株式会社*。

**Co., Ltd.** (company, limited) 有限会社*。

**c/o** (care of) 手紙で,…方,…気付け。

**COBOL** (Common Business Oriented Language) **コボル***。コンピューターで,事務処理をするために開発されたプログラミング言語。

**COC** (combat operations center) 空軍,戦闘指揮所。

**COCOM** (Coordinating Committee for Export to Communist Countries) **ココム***。対共産圏輸出統制委員会。

**COD** ①(cash on delivery; collect on delivery) 代金引き換え払い。②(chemical oxygen demand) 化学的酸素要求量*。

**CODASYL** (Conference on Data System Language) データシステム言語会議。

**COINS** (computerized information system) コンピューター情報システム。

**COL** ①(computer-oriented language) コンピューター向き言語。②(cost of living) 生活費。

**Col** (Colorado) 米,コロラド州。

**COLA** ①(cost of living adjustments) 生活費調整。②(cost of living allowance) 生活費手当。

**COM** ①(Collateralized Mortgage Obligations) 米国の貸付・債券担保証券の一種。②(computer-output microfilm) コンピューターから出

力された情報を直接マイクロフィルムに記録する方式。記録したもの。また,その装置。

**COM燃料** (coal-oil mixture) 石炭石油混合燃料。

**COMECON** (Communist Economic Conference; Council for Mutual Economic Assistance) **コメコン***。東欧経済相互援助会議。CMEAとも。

**COMEX** (Commodity Exchange) **コメックス**。ニューヨーク商品取引所*。

**COMINT** (communications intelligence) **コミント**。通信傍受による情報収集。そうして得られた技術的知識。通信情報。

**COMSAT** (Communications Satellite Corporation) **コムサット***。アメリカ通信衛星会社。

**COMSEC** (communications security) **コムセック**。通信保全。

**COMTRAC** (computer-aided traffic control) **コムトラック***。コンピューターによる列車運転制御システム。

**CONEFO** (Conference of Newly Emerging Forces) **コネフォ**。新興勢力会議。

**Conn** (Connecticut) 米,コネティカット州。

**COO** (Chief Operating Officer) 最高執行責任者。

**co-op** **コープ**。①(cooperative society) 消費生活協同組合*。②(cooperative store) 生活協同組合売店。③(cooperative advertising) 協同広告。

**COPRED** (Consortium on Peace Research, Education and Development) アメリカ・カナダの平和研究・教育・発展連絡協議会。

**COPUOS** (U.N. Committee on the Peaceful Uses of Outer Space) 国連の宇宙空間平和利用委員会。

**CORE** (Congress of Racial Equality) 米,人種「平等会議。

**Corp.** (corporation) コーポレーション*。株式会社,有限会社,法人,組合,団体。

**CORSA** (Cosmic Radiation Satellite) コルサ「衛星。

**COS** ①(cash on shipment) 船積み払い。②(chief of staff) 参謀長。

**cos** (cosine) コサイン。三角関数で,余弦*。

**cosec** (cosecant) コセカント。三角関数で,余割*。

**COSMETS** (Computer System Meteorological Services) **コスメッツ**。気象資料総合処理システム。

**COSPAR** (Committee on Space Research) **コスパール**。国際宇宙空間研究委員会。

**cot** (cotangent) コタンジェント。三角関数で,余「接*。

**COZI** (communications zone indicator) 通信帯域表示器。

**CP** ①カナディアン航空のエアラインコード。②(Canadian Press) カナダ通信。③(card punch) コンピューターで,カード穿孔機。④(cerebral paralysis; cerebral palsy) 脳性麻痺*。⑤(charter party) 用船契約。⑥(commercial paper) 手形で,コマーシャルペーパー*。⑦(counter purchase) カウンターパーチェス*。見返り輸入。

**CP制御** (continuous path control) ロボットの連続経路制御。

**CPA** ①(Canadian Pacific Airlines) カナディアン航空。②(Cathay Pacific Airways) キャセイパシフィック航空*。③(critical path analysis) 計画時に,最適なスケジュールを分析すること。

**CPAL** (Canadian Pacific Airlines Limited) カナダ太平洋航空。

**CPD** (Comprehensive Program on Disarmament) 国連による包括的軍縮計画。

**CPH** (Copenhagen) デンマーク,コペンハーゲンの空港コード。

**CPI** (consumer's price index) 消費者物価指数*。

**CPL** (Combined Program Language) コンピューターで,非数値問題においてALGOL型言語の適用範囲を拡大するための言語。

**CPM***(critical path method) 経営の計画や管理「の手法。

**CP/M** (monitor control program for microcomputer) マイクロコンピューターのためのオペレーティングシステムの一つ。

**CPR** ①(Canadian Pacific Railway) カナダ太平洋鉄道。②(cardiopulmonary resuscitation) 心肺機能の蘇生。③(cost per response) 広告の効率を,コストの面から算出した指標。

**CPS** ①(consumer's price survey) 消費者物価調査。②(critical path scheduling) 計画をある一定の目標に適合した形に調整するように組み込んだ管理手法。

**CPSU** (Communist Party of the Soviet Union) ソ連共産党。

**CPT** (cost per thousand) 広告効果を,1,000人当たりの広告費の経費効率で示した一指標。

**CPU***(central processing unit) コンピューターで,中央処理装置。

**CPX***(command post exercise) 軍事用語で,指揮所実設演習。

**CQ***①(call to quarters) アマチュア無線で,呼び出しの合図。②(conditionally qualified) 条件付きの合格。

**CR** ①(card reader) コンピューターで,カード読み取り機。②(consumers research) 消費者調査。市場調査*。

**C/R** (combat radius) 戦闘行動半径。

**Cr** (Chrom[ドイ]) クロム*の元素記号。

**CRAM** (card random access memory) コンピューターで,磁気カード式磁気記憶装置。

**cresc** (crescendo[イタ]) クレシェンド*。

**CRL** (Communication Research Laboratory) 通信総合研究所。

**CRP** (Committee to Reelect the President) 大統領再選委員会。

**CRT** (cathode ray tube) 陰極線管。ブラウン管*。

**CS** ①(communications satellite) 実用静止通信衛星。②(container ship) コンテナ船*。③(core spray system) 原子炉の炉心スプレー。

**Cs** (cesium) セシウム*の元素記号。

**c/s** (cycle per second) サイクル*。振動数・周波数の単位。cとも表す。

**CSBM** (confidence and security building measures) 偶発戦争を防止するための,保証・保全の強化措置。

**CSC** (Civil Service Commission) 米,文官任用委員会。

**CSCE** (Conference on Security and Cooperation in Europe) 欧州安全保障協力会議。ヘルシンキ会議とも。

**CSF** (cerebrospinal fluid) 髄液*。

**CSK** (Cooperative Study of the Kuroshio) 国際黒潮共同調査。

**CSM** (command and service module) アポロ宇宙船の司令船CMと機械船SMとが合体した母船。

**CSMA/CD** (carrier sense multiple access with collision detect) 情報回路の同時発信処理。

**CSNI** (Committee on the Safety of Nuclear Installations) OECDの原子力施設安全委員会。

**CST** (Central Standard Time) 米,中央標準時*。

**CT** ①(combat team) 戦闘団。②(computer tomography) コンピュータートモグラフィー*。X線断層撮影装置。③(Connecticut) コネチカット州の郵便コード。④(corner throw) ハンドボール・水球で,コーナースロー。

**CTスキャナー***(computed tomography scanner) コンピューター断層撮影装置。コンピューターで体内の断層X線写真を写し出すもの。

**C/T** (cable transfer) 電信・電報為替。

**ct** (carat) カラット*。宝石の重さの単位。また,金の純度の単位。Kとも。

**CTA** (control area) 航空用語で,管制区。

**CTB** (Comprehensive Test Ban) 包括的核実験禁止。

**CTBT** (Comprehensive Test Ban Treaty) 包括的核実験禁止条約。

**CTC*** (centralized traffic control) 列車集中制御装置。

**CTD** (Committee on Trade and Development) GATTの貿易開発委員会。

**CTK** (Ceskoslovenská Tisková Kancelár[チェコ]) チェコスロバキア国営通信。

**CTOL** (conventional take-off and landing) 通常型固定翼航空機。通常離着陸機。

**CTR** (controlled thermonuclear reactor) 制御熱核融合炉。

**CTS*** ①(central terminal station) 原油の中央貯蔵基地。②(cold type system) 鋳造活字を組版材料に用いない印刷方式。③(computerized typesetting system) コンピューター制御による写植組版システム。

**CTV** (commercial television) 商業テレビ放送。

**CTZ** (control zone) 航空用語で,管制圏。

**CU** (close-up) ①映画・テレビで,クローズアップ。②(Consumers Union) コンシュマーズユニオン*。消費者同盟。

**Cu** (cuprum[ラテ]) 銅*の元素記号。

**CUG** (closed user group) 情報サービスで,特定「契約者。

**CULCON** (Japan-United States Conference on Cultural and Educational Interchange) **カルコン**。日米文化教育交流会議。

**CUP** (Cambridge University Press) ケンブリッジ大学出版局。

**CV** (curriculum vitae[ラテ]) 履歴書。

**CVA** ①(cerebrovascular accident) 脳卒中。②(Columbia Valley Authority) 米,コロンビア川流域開発公社。

**CVCC** (compound vortex controlled combustion engine) 複合渦流調速燃料方式低公害エンジン。

**CVCF** (constant voltage and constant frequency unit) 定電圧定周波電源装置。

**CVG** (Cincinnati) 米,シンシナティの空港コー「ド。

**CVN** (carrier vehicle nuclear) 原子力空母*。

**CVS** ①(computer-controlled vehicle system) コンピューターにより自動制御された輸送システム。②(convenience store) コンビニエンスストア*。

**CVT** (continuously variable transmission) 無「段変速機。

**CW** ①(chemical warfare) 化学兵器による戦争。②(continuous wave) 連続波。

**CWO** (cash with order) 現金払い注文。

**CWPS** (Council on Wage and Price Stability) 米,賃金物価安定委員会。

**cwt** ハンドレッドウェート。重量単位の一つ。

**CX** キャセイパシフィック航空のエアラインコード。

**CZ** (Canal Zone) パナマ運河のアメリカ領地帯。

# D

**D** ①(denier[フラ]) デニール*。繊維の太さを示す単位。②(deuterium) 重水素*の化学記号。③(digital) デジタル*。④(Dioptrie[ドイ]) ジオプトリー*。メートル単位で表したレンズの焦点距離の逆数。眼鏡レンズの度数を示す。

**Dレンジ** (dynamic range) 録音で,ダイナミックレンジ。

**d** ①(déci-[フラ]) デシ*。単位につく接頭語。②(denarii; denarius[ラテ]) ペンス*,ペニー*を表す。③(depth) 奥行きを示す記号。④(diameter) 直径を示す記号。

**DA** ①(Defense Agency) 日本で,防衛庁*。②(deposit account) 通知預金*。③(design automation) デザイン自動化。④(digital-to-analog) デジタルからアナログへの変換。⑤(documents against acceptance) 引受渡し*。

**Da** (décare[フラ]) デカール。デカアール。メートル法で,面積の単位の一つ。

**da** (déca[フラ]) デカ*。単位につく接頭語。

**DAC** ①(Development Assistance Committee) OECDの開発援助委員会。②(digital-analog converter) デジタル信号のアナログ信号への変換装置。

**DAD** (digital audio disc) デジタルオーディオディスク。

**dag** (décagramme[フラ]) デカグラム*。

**dal** (décalitre[フラ]) デカリットル*。

**dal s.** (dal segno[イタ]) 音楽記号で,ダルセーニョ。

**DAM** ①(Damascus) シリア,ダマスカスの空港コード。②(direct access method) 直接アクセス法。

**dam** (décamètre[フラ]) デカメートル。

**DAR** ①(Dar es Salaam) タンザニア,ダルエスサラームの空港コード。②(Defense Acquisition Radar) 防衛用目標捕捉レーダー。

**DAR-COM** (Development and Readiness Command) **ダーコム。**米陸軍の開発・即応部隊。
**DAR-PA** (Defense Advanced Research Projects Agency) **ダーパ。**米,国防総省の国防高等研究企画庁。
**DASD** (direct access storage device) コンピューターで,直接アクセス記憶装置。
**DASH** (drone anti-submarine helicopter) **ダッシュ。**米海軍が開発した,潜水艦攻撃用の無人ヘリコプター。
**dast** (décastère仏) デカステール。
**DAT** ①(differential aptitude test)適性判別テスト。②(digital audio tape recorder) デジタルオーディオテープレコーダー。
**dB, db** (decibel) デシベル*。音の強さの測定単位。dBa, dba とも。
**DBH** (diameter at breast height) 胸高直径。
**DBMS** (data base management system) データベース管理システム。　「星。
**DBS** (direct broadcasting satellite) 直接放送衛
**DC** ①(da capo伊) ダカーポ*。②(dark change) 舞台芸術で,暗転。③(date communication) データ通信。④(damage control) 損害管理。⑤(Dewey classification) 図書デューイ分類法。⑥(direct current) 直流*。⑦(District of Columbia) 米,コロンビア特別区。⑧(draft card) 米,徴兵カード。
**DC-** (Douglas) 米国ダグラス社の輸送機・旅客機の記号。
**DCブランド***(designer's and character brand) デザイナー アンド キャラクター ブランド。
**DCA** ①(Washington) 米,ワシントンの空港コード。②(Defense Communications Agency) 米,国防総省の国防通信局。
**DCB** (data control block) コンピューターで,データ制御ブロック。
**DCNA** (Data Communication Network Architecture) 日本で,データ通信網アーキテクチャー。
**DCS** ①(data collection system) コンピューターで,データ収集システム。②(data control system) コンピューターで,データ制御システム。③(Defense Communication System) 防衛通信システム*。
**DCT** (digital communication terminal) デジタル通信端末機。
**DCTL** (direct-coupled transistor logic) 直結型トランジスター論理回路。
**DD** ①(demand draft) 参着払い為替手形。②(Department of Defense) 米,国防総省*。③(direct deal) 直接取引。
**DD原油***(direct deal crude oil) 産油国と直接取引きして購入する原油。　「ト。
**DDロボット** (direct drive robot) 直動型ロボッ
**DDB** (double declining balance method) 残高低減法。
**DDC** ①(Dewey decimal classification) 図書デューイ十進分類法。②(direct digital control) 直接計数制御。各種工業装置をコンピューターで直接制御することをいう。
**DDD** ①(deadline delivery date) 引き渡し締め切り日。②(direct distant dialing) 遠距離即時通話。　「タ処理。
**DDP** (distributed data processing) 分散型デー
**DDR** (Deutsche Demokratische Republik独) ドイツ民主共和国。東ドイツ。GDRとも。
**DDT*** (dichloro diphenyl trichloroethane) 殺虫剤の一種。
**DDX** (digital data exchange) デジタルデータ交換装置。
**DE** (Delaware) 米,デラウェア州の郵便コード。
**deb** (debenture) 無担保社債*。
**Dec** (December) 12月。
**decresc** (decrescendo伊) デクレシェンド*。
**DEFCON** (Defense Readiness Condition) **デフコン***。米,防衛準備態勢。
**Del** (Delaware) 米,デラウェア州。
**DEMOS** (Dendenkosha Multiaccess Online System) **デモス。**NTTの科学技術計算サービス。
**DEN** (Denver) 米,デンバーの空港コード。
**Den** (Denmark) デンマーク。
**DET** (Detroit City) 米,デトロイト・シティの空港コード。
**DETAB** (Decision Table Language) コンピューターで,COBOLに基づいたプログラミング言語。
**DEW** **デュー。**①(direct energy weapon) エネルギー指向型兵器。②(Distant Early Warning) 遠距離早期警戒。
**DEWライン** 米国北部国境の遠距離早期警戒線。
**DF** ①(defense) ラグビー・サッカーなどで,ディフェンス*。②(direction finder) 方向探知器。
**DFLP** (Democratic Front for the Liberation of Palestine) パレスチナ解放民主戦線。
**DFVLR** (Deutsche Forschungs-und Versuchsanstalt für Luft-und Raumfahrt独) ドイツ航空宇宙研究所。
**DFW** (Dallas/Fort Worth) 米,ダラス-フォートワースの空港コード。
**DG** (drop goal) ラグビーで,ドロップゴール。
**Dg** (décagramme仏) デカグラム*。メートル法で,重量の単位。
**dg** (décigramme仏) デシグラム*。メートル法で,重量の単位。
**DH** (designated hitter) 野球で,指名打者*。
**DHC** (District Heat and Cooling) 地域熱供給。
**DHL** (diesel hydraulic locomotive) 液圧ディーゼル機関車。
**DI** ①(dial in) ダイヤルイン。直通電話。②(diffusion index) 景気動向指数*。拡散指数。③(discomfort index) 不快指数*。
**DIA** ①(Defense Intelligence Agency) 米,国防情報局。②(Diapason仏) ディアパゾン。フランスの人工衛星。③(document information accessing) 情報検索システム。NTTが開発。
**DID** (densely inhabited district) 人口集中地区。
**dim** (diminuendo伊) ディミヌエンド*。
**DIN** (Deutsche Industrie-Norm独) ドイツ工業規格。
**DINKS** (double income no kids) **ディンクス。**共働きで子供をつくらないライフスタイル。
**DIP** (dual-in-line package) 集積回路を収納する容器。
**DIPS*** (Dendenkosha information processing system) **ディップス。**タイムシェアリング方式の超高性能情報処理システム。NTTが開発。
**DITI** (Department of International Trade and Industry) 米,通商産業省。
**DIY** (Do it yourself)「自分でやろう」の意。日曜大工などの活動をいう。
**DJ** ①(disk jockey) ディスクジョッキー*。②(Dow-Jones & Co., Inc.) 米国の経済報道会社のダウジョーンズ。
**DJA** (Dow-Jones Average) ダウジョーンズ式平均株価。
**DK** ①(dining+kitchen) ダイニングキッチン*。②(drop kick) ラグビーで,ドロップキック。
**DKグループ*** (don't know group) 世論調査で,わからないと答える人。
**DKR** (Dakar) セネガル,ダカールの空港コード。
**DL** ①(diesel locomotive) ディーゼル機関車*。②(difference of latitude) 緯度差。
**Dl** (décalitre仏) デカリットル*。メートル法で,容積の単位。
**dl** (décilitre仏) デシリットル*。メートル法で,容積の単位。
**DLH** (Deutsche Lufthansa独) 西ドイツ,ルフトハンザドイツ航空*。
**DLO** (difference of longitude) 経度差。
**DM** ①(Deutsche Mark独) マルク*。西ドイツの貨幣単位。②(direct mail) ダイレクトメール*。
**Dm** (décamètre仏) デカメートル。メートル法で,長さの単位。
**dm** (décimètre仏) デシメートル*。メートル法で,長さの単位。
**DMA** (direct memory access) 直接メモリーアクセス。
**DME** ①(distance measuring equipment) 距離測定装置。②(Moscow-Domodedovo) ソビエト,モスクワ,ドモデードヴォの空港コード。
**DMG** (direct marketing) ダイレクト マーケティング。
**DMZ** (demilitarized zone) 非武装地帯。
**DNA*** (deoxyribonucleic acid) デオキシリボ核酸。
**DNB** ①(Deutsches Nachrichtenbüro独) ドイツ通信社。②(Dictionary of National Biography) 英国人名辞典。
**DNC** (Direct Numerical Control) 直接数値制御。
**DO** (dissolved oxygen) 溶存酸素*。
**DOA** ①(dead on arrival) 来院時心肺停止。②(Department of the Army) 米,陸軍省。DAとも。
**dob** (date of birth) 生年月日。
**DOD** (Department of Defense) 米,国防総省*。DDとも。
**DOE** ①(Department of Energy) 米,エネルギー省。②(Department of the Environment) 英,環境省。
**DOHC*** (double overhead camshaft) ツインカム。二頭上カム軸型。
**dol** (dollar) ドル*。
**DOMP** (disease of medical practice) 医原病。
**DON** (Department of Navy) 米,海軍省。
**DOP** (developing-out paper) 現像紙。
**DOS** (disc operating system) **ドス。**ディスクを組み込んだコンピューターシステムのためのソフトウエア体系。
**DOT** (Department of Transport) 米・カナダ,運輸省。
**doz** (dozen) ダース*。数え方の単位の一つ。dzとも。
**DP** ①(data processing) コンピューターで,データ処理*。②(displaced person) 難民。③(documents against payment) 支払い渡し*。④(double play) 野球で,ダブルプレー。⑤(dynamic programming) 動的計画法。ダイナミック プログラム*。
**DPB** (deposit pass book) 預金通帳。
**DPC** ①(direct program control) 直接プログラム制御。②(data processing consultant) 情報処理コンサルタント。③(Defense Planning Committee) NATOの防衛計画委員会。
**DPE*** (developing printing enlarging (enlargement)) 写真で,現像・焼き付け・引き伸ばし。
**DPI** (Disabled People's International) 障害者インターナショナル。
**DPM** (disintegration per minute) 放射性物質の,1分間当たりの崩壊数。
**DPS** (Denpasar Bali) インドネシア,バリ島,デンパサルの空港コード。
**DR** ①(Depositary Receipts) 株式発行に際して,原株券の代わりに発行される預託証券*の一種。②(digital radiography) デジタルレントゲン装置。③(Dominican Republic) ドミニカ共和国。
**DRAM** (dynamic random access memory) **ディーラム。**記憶保持動作が必要である,随時書き込み,読み出しメモリー。
**DRC** (data recording control) コンピューターで,データ記録制御機構。
**DRD** (data recording device) コンピューターで,データ記録装置。
**DRI** (Data Resources, Inc.) 米国の調査会社。データリソース。　「位。
**DRX** (drachma希) ドラクマ*。ギリシアの貨幣単
**DSC** (Distinguished Service Cross) 米・英,殊勲十字章。
**DSCS*** (Defense Satellite Communications System) 米,防衛衛星通信システム。
**DSL** (deep scatterng layer) 深海音波散乱層。
**DSN** (deep space network) 深宇宙通信網。
**DSR** (debt service ratio) 債務返済比率。
**DSS** (decision support system) 意思決定支援システム*。
**DST** (daylight saving time) 夏時間。　「装置。
**DSW** (direct step on the wafer) 高解像度露光
**DT** (delirium tremens) 振顫譫妄症。アルコール中毒による,禁断時の精神障害。
**DTE** (data terminal equipment) コンピューターで,データ端末装置。
**DTL** (diode transistor logic) ダイオードトランジスター論理回路。

**DTP** (desktop publishing) 電子出版の一分野で,デスクトップ パブリッシング。
**DTT** (Detroit) 米,デトロイトの空港コード。
**DTW** (Detroit Wayne Co.) 米,デトロイト(ウェイン郡)の空港コード。
**Du** (Dutch) オランダ人。オランダ語。　「ード。
**DUB** (Dublin) アイルランド,ダブリンの空港コ
**Dub** (Dublin) アイルランド,ダブリン市。
**DUI** (driving under the influence (of alcohol and/or drugs)) 酒や麻薬の影響を受けている状態で自動車を運転すること。
**DUS** (Dusseldorf) 西ドイツ,デュッセルドルフの空港コード。　「転。
**DWI** (driving while intoxicated) 酔っぱらい運
**DWM** (deadweight machine) 実荷重標準機。はかりの強度や精度などを測定するはかり。「ン。
**DWT** (deadweight tonnage) 重量トン*。載貨ト
**DX** ①(de luxe) デラックス。②(long distance reception) 海外放送などで,遠距離受信。
**DXT** (deep X-ray therapy) 深部X線治療。
**Dy** (dysprosium) ジスプロシウム*の元素記号。
**dyn** (dyne) ダイン*。力の単位。
**dz** (dozen) ダース*。doz とも。

# E

**E** ①(East) 東,東経を示す記号。②(Energieドイ) エネルギー*を表す記号。③(exaギリ) エクサ*。単位につく接頭語。
**EA** イースタン航空のエアラインコード。
**EAC** (East African Community) 東アフリカ共同体*。
**EAEC** (European Atomic Energy Community) ヨーロッパ原子力共同体*。EURATOMとも。
**EAL** (Eastern Air Lines) 米,イースタン航空。
**EANDC** (European-American Nuclear Data Committee) 欧米核データ委員会。
**EAR** (Enlarged Access to Fund Resources) IMFの融資制度で,増枠融資制度。
**EAROM** (electrically alterable read-only memory) **イーエーロム**。コンピューターで,一度書き込まれた内容を電気的に,再び書き直すことの可能な,読み出し専用記憶装置。
**EASSS** (engine automatic stop and start system) エンジン自動停止始動装置。
**EB** (emergency brake) 緊急自動列車停止装置。
**EBウイルス** (Epstein-Barr virus) ヘルペスウイルスの一種。
**EBCDIC** (Extended Binary-Coded Decimal Interchange Code) **エブセディック**。コンピューターで,拡張2進化10進コード。
**EBIC** (European Bank's International Company) ヨーロッパ国際銀行。
**EBU** (European Broadcasting Union) ヨーロッパ放送連盟*。
**EC*** (European Community) ヨーロッパ共同体。
**ECA** (Economic Commission for Africa) 国連のアフリカ経済委員会*。
**ECAFE** (Economic Commission for Asia and Far East) **エカフェ***。国連アジア極東経済委員会。1947年設立。
**ECAT*** (Emergency Committee for American Trade) 米国貿易緊急委員会。
**ECCAS** (Economic Community of Central African States) 中部アフリカ諸国経済共同体。
**ECCM*** (electronic counter-countermeasure) 対電子対策。
**ECCS*** (emergency core cooling system) 原子炉の非常用炉心冷却装置。
**ECE** (Economic Commission for Europe) 国連のヨーロッパ経済委員会*。
**ECG** ①(electrocardiogram) 心電図*。②(electrocardiograph) 心電計*。
**ECIP** (Energy Conservation Investment Program) 米,エネルギー保存投資計画。
**ECLA*** (Economic Commission for Latin America) 国連のラテンアメリカ経済委員会。
**ECM*** ①(electronic countermeasure) 電子対策。電子妨害。②(European Common Market) ヨーロッパ共同市場。
**E-COM** (electronic computer-originated mail) 米,電子郵便サービス。
**ECOSOC** (Economic and Social Council) **エコソック**。国連の経済社会理事会*。ESCとも。
**ECOWAS** (Economic Community of West African States) **エコワス**。西アフリカ経済共同体。
**ECPNL** (equivalent continuous perceived noise level) 航空機の騒音の度合いを表す,等価平均騒音レベル。
**ECR** (electronic cash register) 電子レジスター。電子金銭登録器。
**ECRH** (electron cyclotron resonance heating) 電子サイクロトロン共鳴加熱。
**ECS** ①(environmental control system) 環境制御システム。②(experimental communications satellite) 実務用通信衛星。
**ECSC*** (European Coal and Steel Community) ヨーロッパ石炭鉄鋼共同体*。
**ECT** (electroconvulsive therapy) 電気衝撃療法。
**ECU** ①(electrical control unit) 電子制御装置。②(European Currency Unit) **エキュー**。ヨーロッパ通貨単位*。
**ECWA** (Economic Commission for Western Asia) 国連の西アジア経済委員会*。
**ECWAS** (Economic Community of West African States) 西アフリカ諸国経済共同体*。ECOWASとも。
**ED** ①(effective dose) 薬などの有効量。②(Environmental Disruption) 公害。環境破壊。③(export declaration) 輸出申告書。
**EDB** (ethylene dibromide) 二臭化エチレン。
**EDF** (emergency decontamination facility) 放射能を浴びた人のための緊急浄化施設。
**EDI** (Edinburgh) 英,エジンバラの空港コード。
**EDM** (electric discharge machining) 放電加工*。
**EDP** (electronic data processing) 電子式データ処理。
**EDPM** (electronic data processing machine) 電子データ処理機械装置。
**EDPS** (electronic data processing system) 電子データ処理システム。
**EDR** (European Depositary Receipt) ヨーロッパ預託証券*。
**EDRC** (Economic and Development Review Committee) OECDの経済開発検討委員会。
**EDSAC** (electronic delay storage automatic calculator) **エドサック**。ケンブリッジ大学で開発されたプログラム内蔵計算機。
**EDTA** (ethylenediaminetetra acetic acid) エチレンジアミン四酢酸*。
**EE** ①(electric engineer) 電気技師。②(electronic engineer) 電子技師。
**EEカメラ** (electric eye camera) 自動露出調整カメラ。AEカメラとも。
**EEC** ①(Electronic Engine Control) 電子制御気化器。②(European Economic Community) ヨーロッパ経済共同体*。
**EEG** ①(electroencephalogram) 脳波図。②(electroencephalograph) 脳波計*。
**EEI** (essential element of information) 軍事用語で,情報主要素。
**EEO** (equal employment opportunity) 雇用機会均等。
**EEPROM** (electrically erasable programmable read-only memory) **イーイーピーロム**。コンピューターで,データを電気的に消去し,新たにプログラムできる,読み出し専用記憶装置。
**EER** (energy efficiency ratio) エネルギー効率比。エアコンの電気的効率を表す値。　「域*。
**EEZ** (exclusive economic zone) 排他的経済水
**EF** (electro fax) 直接式静電転写方式複写機。
**EFA** (European Fighter Aircraft) 欧州共同開発の次期戦闘機。
**EFC** (emergency fuel control) 航空機で,非常燃料管制装置。
**EFI** (electronic fuel injection) 電子式燃料噴射。
**EFTA** (European Free Trade Association) **エフタ***。ヨーロッパ自由貿易連合。
**EFTS** (electronic funds transfer system) 電子式資金移動・決済・搬送システム。
**EG** 日本アジア航空のエアラインコード。
**eg** (exempli gratiaラテ) 「たとえば」の意。
**EGI** (electronic-gasoline injection) 自動車エンジンのガソリン噴射を,電子制御により行う方式。
**EGO** (eccentric orbiting geophysical observatory) 偏心軌道地球圏観測衛星。　「環装置。
**EGR** (exhaust gas recirculation) 排気ガス再循
**EGT** (exhaust gas temperature) 排気ガス温度。
**EHF** (extremely high frequency) 超高周波。ミリメートル波*。
**EHP** ①(effective horsepower) 有効馬力。②(equivalent horsepower) 相当馬力。
**EHV** (extra high voltage) 超高電圧。
**EI感度** (Exposure Index) 撮影で,露出計をセットするときの,目安となる数値。
**EIA** (Environmental Impact Assessment) 環境アセスメント*。
**EIB** ①(European Investment Bank) ヨーロッパ投資銀行。②(Export-Import Bank of Japan) 日本輸出入銀行*。③(Export-Import Bank of Washington) ワシントン輸出入銀行。
**EJ** (electronic journalism) 電波ジャーナリズム。
**EKG** (Elektrokardiogrammドイ) 心電図*。
**EL** ①(electroluminescence) 電子ルミネッセンス。②(export license) 輸出許可。③(extra large) 衣服で,極大のサイズを示す記号。　「分。
**ELD** (economic load dispatching) 経済負荷配
**ELF** (extremely low frequency) 超低周波。周波数が1キロヘルツ内外の電磁波。
**ELINT** (electronic intelligence) **エリント***。電子情報。
**ELR** (emergency locking retractor) 自動車のシートベルトで,緊急時ロック式巻き取り装置。
**ELSEC** (electronic security) 電子保全。
**ELSS** (extravehicular life support system) 宇宙船外生命維持装置。　「法。
**ELT** (English Language Teaching) 英語教授
**ELV** (Expendable Launch Vechicle) 使い捨てロケット。
**EM** ①(electronic mail) 電子郵便*。②(electron microscope) 電子顕微鏡*。
**Em** (Emanationドイ) エマネーション。
**EMA** (European Monetary Agreement) ヨーロッパ通貨協定*。
**EMCF** (European Monetary Cooperation Fund) ヨーロッパ通貨協力基金*。
**EMF** ①(electro-magnetic flowmeter) 電磁流量計。②(electromotive force) 起電力。③(European Monetary Fund) ヨーロッパ通貨基金。
**EMG** (electromyograph) 筋電記録装置。　「害。
**EMI** (electro-magnetic interference) 電磁波障
**EMIF** (Emerging Markets Investment Funds) 途上国市場ファンド。
**EMP** ①(electro-magnetic pulse) 電磁パルス*。②(electro-magnetic pump) 電磁ポンプ*。
**EMS** ①(Express Mail Service) 国際ビジネス郵便。②(European Monetary System) ヨーロッパ通貨制度*。　「数。
**EMT** (equivalent megatonnage) 等価メガトン
**EMU** ①(electro-magnetic unit) 電磁単位の記号。②(European Monetary Unit) ヨーロッパ通貨単位。③(Economic and Monetary Union) 経済通貨統合。
**ENA** (École Nationale d'Administrationフラ) **エナ**。フランス,国立行政学院。
**END** (European Nuclear Disarmament) ヨーロッパ核兵器完全廃絶運動。
**ENE** (east-northeast) 東北東。
**ENEA** (European Nuclear Energy Agency) OECDのヨーロッパ原子力機関*。
**ENG** (electronic news gathering) テレビで,電子式ニュース取材方式。
**ENIAC** (electronic numerical integrator and computer) **エニアック***。世界で最初に開発されたコンピューター。
**Ens** (ensign) 米,海軍の少尉。
**EO** (executive order) エグゼクティブオーダー。大統領命令。
**EOD** (explosive ordnance disposal) 爆発物処理。また,不発弾処理。

**EOF** (end of file) コンピューターで, ファイルの終わり。

**EOR** (explosive ordnance reconnaissance) 爆発物の捜索。

**EOS** (electronic ordering system) コンピューターによる補充発注システム。

**EP***(extended playing record) 1分間に45回転するレコード。

**EPホルモン*** (estrogen progesterone hormone) 卵胞ホルモンと黄体ホルモンとの混合製剤。

**EPA** (Environmental Protection Agency) 米, 環境保護局。

**EPBX** (electronic private branch exchange) 電子式構内電話交換機。

**EPC** ①(Economic Policy Committee) OECDの経済政策委員会。②(European Patent Convention) ヨーロッパ特許条約。

**EPD** (excess profits duty) 超過利得税。

**EPO** (erythropoietin) エリスロポエチン*。

**EPR** ①(ecological planning region) 生態地域計画。②(electron paramagnetic resonance) 電子常磁性共鳴。

**EPROM** (erasable and programmable read-only memory) **イーピーロム**。コンピューターで, 内容を消去して, 再度書き込みすることが可能な, 読み出し専用記憶装置。

**EPS** ①(earnings per share) 1株あたり利益。②(electrical power system) 電力システム。

**EPT** (excess profits tax) 超過利得税。

**EPTA** (Expanded Program of Technical Assistance) **エプタ**。国連の拡大援助計画。ETAPとも。

**EQ*** (educational quotient) 教育指数。学力検査を通して見た学力年齢を生活年齢で割り100を掛けた数値。学力の発達の度合いを表す。

**EQUAPAC** (Equatorial Pacific) **エクアパック**。太平洋赤道付近の国際共同海洋観測。

**ER** ①(earned run) 野球で, 投手の自責点。②(electronic reconnaissance) 電子偵察。③(emergency room) 救急治療室。

**Er** (erbium) エルビウム*の元素記号。

**ERAM** (extended range anti-tank mine) 遠距離対戦車地雷散布システム。

**ERB** (enhanced radiation bomb) 放射能強化爆弾。中性子爆弾*。

**ERCS** (emergency rocket communication system) 緊急ロケット通信システム。

**ERDA** (Energy Research and Development Administration) **アーダ**。米, エネルギー研究開発局。

**ERIS** (Exoatmospheric re-entry vehicle interceptor system) **エリス**。米, 大気圏外再突入体迎撃システム。

**EROA** (Economic Rehabilitation in Occupied Area Fund) **エロア***。第二次大戦後, 米国が設けた占領地経済復興資金。

**EROS** (Earth Resources Observational Satellite) **エロス**。地球資源観測衛星。

**ER/RB** (enhanced radiation/reduced blast bomb) 中性子爆弾*。

**ERS-1** (Earth Resources Satellite-1) 地球資源衛星1号。

**ERTS** ①(Earth Resources Technology Satellite) **アーツ**。地球資源技術衛星。②(European Rapid Train System) ヨーロッパ快速列車組織。

**ERW** (enhanced radiation weapon) 放射能強化型兵器。中性子爆弾*。

**Es** (einsteinium) アインスタイニウム*の元素記号。

**ESA** (European Space Agency) ヨーロッパ宇宙機関。

**ESB** ①(Ankara-Esenboga) トルコ, アンカラ, エセンボガ空港の空港コード。②(electrical stimulation of brain) 脳電気刺激。

**ESC** ①(Economic and Social Council) 国連の経済社会理事会*。ECOSOCとも。②(European Security Conference) ヨーロッパ安全保障会議。

**ESCAP** (Economic and Social Commission for Asia and the Pacific) **エスカップ***。国連のアジア太平洋経済社会委員会。

**ESD** (extra super duralumin) 超超ジュラルミン。

**ESE** (east-southeast) 東南東。

**ESI** (extremely sensitive information) 最高軍事機密情報。

**ESL** (English as a second language) 第2言語としての英語。

**ESOL** (English for speakers of other languages) 外国語としての英語。

**ESOP** (employee stock ownership plan) 従業員持株制度*。

**ESP*** (extrasensory perception) 超感覚的知覚。

**esp** (especially) 特に。

**ESPRIT** (European Strategic Program for Research and Development in Information Technology) **エスプリ**。欧州情報通信開発戦略。エスプリ計画とも。

**Esq** (Esquire) …殿。…様。

**ESR** ①(electron-spin resonance) 電子スピン共鳴*。②(erythrocyte sedimentation rate) 赤血球沈降速度。血沈*。

**ESRO** (European Space Research Organization) ヨーロッパ宇宙研究機構。

**ESS** (English Speaking Society) 日本で, 英会話クラブ。

**ESSA** **エッサ**。①(Environmental Science Services Administration) 米, 環境科学事業庁。②(Environmental Survey Satellite) 米国環境科学事業庁が打ち上げた気象衛星。エッサ衛星*。

**EST** (Eastern Standard Time) 米, 東部標準時。

**esu** (electrostatic unit) 静電単位*。

**ET** ①(elapsed time) 経過時間。②(embryo transfer) 受精卵移植。③(engineering test) 技術試験。④(ephemeris time) 暦表時。⑤(extra-terrestrial) 地球外生物。E.T.とも。

**ETA** ①(estimated time of arrival) 到着予定時刻。②(Euzkadi ta Azktasuna バスク) バスク民族主義者団体。

**ETAP** (Expanded Technical Assistance Program) **エタップ**。国連の拡大援助計画。

**etc** (et cetera ラテ) エトセトラ*。「…など」の意。

**ETD** (estimated time of departure) 出発予定時刻。

**ETNF** (Euro-Theater Nuclear Forces) ヨーロッパ戦域核戦力。

**ETR** (engineering testing reactor) 工学試験炉。

**ETS** (engineering technology satellite) 技術試験衛星*。

**ETV** (educational television) 教育テレビ。

**EU** (enriched uranium) 濃縮ウラン*。

**Eu** (europium) ユウロピウム*の元素記号。

**EUA** (European Unit of Account) ヨーロッパ計算単位。

**EURATOM** (European Atomic Energy Community) **ユーラトム**。ヨーロッパ原子力共同体*。EAECとも。

**Eurosat** (European Satellite) **ユーロサット**。ヨーロッパ通信衛星公社。

**Eurospace** (Committee for European Space-Research) **ユーロスペース**。ヨーロッパ宇宙産業連合会。

**EUROTRA** (European Translation) **ユーロトラ**。ヨーロッパ多言語間コンピューター翻訳。

**Eurovision** (Europe Television) **ユーロビジョン***。欧州放送連盟が運営する, ニュースとテレビ番組のネットワーク。

**EUV** (extreme ultraviolet rays) 極紫外線。

**EV** (electric vehicle) 電気自動車*。

**EV値** (exposure value) 写真撮影で, 露光指数。

**eV** (electron volt) 電子ボルト*。

**EVA** (extravehicular activity) 宇宙船外活動。

**EVCS** (extravehicular communications system) 宇宙船外通信装置。

**EVR** ①(electronic video recorder) 電子式録画再生機。②(electronic video recording) 電子式録画再生。

**EW** (electronic warfare) 電子戦*。

**EWR** (New York Newark) 米, ニューヨーク ニューアーク空港の空港コード。

**EWS** (Emergency Warning System) 緊急警報放送。

**ex** (example) 例。

**EXEC** (executive control program) **エクゼック**。オペレーティングシステム (os) で, 全体を制御する主プログラム。

**EXIM** (Export-Import Bank of the United States) アメリカ輸出入銀行*。

**EXPO, expo** (exposition) **エクスポ**。博覧会。

**EZE** (Buenos Aires-Pistarini) アルゼンチン, ブエノスアイレス, ピスタリニの空港コード。

# F

**F** ①(Fahrenheit ドイ) カ氏温度を表示する記号。②(farad) ファラド。静電容量の単位。③(female) 雌。女性。④(figure フラ) 油絵のキャンバスの寸法の一系列。⑤(fine) 鉛筆の芯の硬さを示す記号。⑥(fleet) 艦隊。⑦(floor) 建物などで, 地上の階を示す記号。⑧(fluorine) 弗素ふっそ*の元素記号。⑨(focal) レンズの明るさ, またその絞りの大きさを表す記号。⑩(force) 力の強さ・量を示す記号。⑪(franc フラ) フラン*。フランス・ベルギー・スイス・ルクセンブルクの通貨単位。Frとも。

**F-** (fighter) 戦闘機の記号。

**F1** ①1代雑種。②(Formula 1) エフワン*。自動車レースの一つ。

**F層** 地上からの高さ約200kmから300kmの間にある電離層。

**f** ①(fire) 火。火災。発熱。②(focus) 写真撮影で, 焦点距離を示す記号。③(forte イタ) フォルテ*。④(frequency) 周波数を示す記号。⑤(function) $f(x)$の形で, $x$に関する関数を示す。

**FA** ①(factory automation) ファクトリーオートメーション*。工場自動化。②(focus aid) カメラで, 焦点が合っていることを表す機能。

**FAA** ①(Federal Aviation Administration) 米, 連邦航空局。②(Fleet Air Arm) 英, 海軍航空隊。③(free of all average) 全損したときにだけ塡補てんされる海上保険。

**fac** (facsimile) ファクシミリ*。写真電送。

**FACOM** (Fujitsu Automatic Computer) **ファコム**。富士通製のコンピューターの機種。

**FADM** (Fleet Admiral) 米, 海軍元帥。

**FAE** (fuel air explosive) **フェイ**。気化爆弾。

**fag** (fagotto イタ) ファゴット*。fgとも。

**FAIS** (Foundation for Advancement of International Science) 日本の国際科学振興財団。

**FAK** (freight all kinds rate) 貿易用語で, 品目無差別運賃。

**FAM** (foreign airmail) 外国航空郵便。

**FAME** (Forecasts and Appraisals for Management Evaluation) 経営評価予測査定方法。

**FAO***(Food and Agriculture Organization of the United Nations) 国連食糧農業機関。

**FAQ** (fair average quality) 貿易用語で, 平均中等品質。

**FAS** ①(Fetal Alcohol Syndrome) 胎児性アルコール症候群。②(Federation of American Scientists) 米国科学者連盟。③(free alongside ship) 舷側げんそく渡し。

**FASCAM** (family of scatterable mines) **ファスカム**。散布地雷。

**FASE** (fundamentally analyzable simplified English) 情報処理をするための簡易英語。

**fax** (facsimile) ファックス。ファクシミリ*。

**FB** (fullback) フルバック*。サッカー・ラグビーなどの, 最後衛。

**FBA** (Fellow of the British Academy) 英国学士院会員。

**FBE** (foreign bill of exchange) 外国為替*。

**FBI*** (Federal Bureau of Investigation) アメリカ連邦捜査局。

**FBM** (fleet ballistic missile) 艦隊用弾道ミサイル。潜水艦発射弾道ミサイル*。

**FBR** (fast breeder reactor) 高速増殖炉*。

**FBS** ①(fasting blood sugar) 空腹時血糖。②(forward base system) 米, 前進基地システム。

**FBU** (Oslo-Fornebu) ノルウェー, オスロ, フォルネブ空港の空港コード。

**FC** ①(fine ceramics) ファインセラミックス*。②(forward center) フォワードセンター。バレーボールなどの, 前衛の中央。③(franchise chain) フランチャイズチェーン。

**fc** (fielder's choice) 野球で, 野手選択。野選。フィルダースチョイス*。
**FCAP** (facsimile signal conversion and procedure control equipment) ファクシミリ信号変換制御装置。
**FCBP** (Foreign Currency Bills Payable) 外貨支払手形。
**FCC*** (Federal Communications Commission) 米, 連邦通信委員会。
**FCCJ** (Foreign Correspondents' Club of Japan) 在日外国特派員協会。通称プレスクラブ。
**FCO** (Rome-Da Vinci) イタリア, ローマ, ダヴィンチ空港の空港コード。
**FCS** ①(fire control system) 射撃・火器管制装置。②(flight computer system; flight control system) 飛行操縦コンピューターシステム。
**FD** ①(floor director) フロアディレクター。②(floppy disk) フロッピーディスク*。③(freezed dry) フリーズドライ*。食品で, 凍結乾燥法。
**FDA** (Food and Drug Administration) 米, 食品医薬品局。
**FDD** (floppy disk device) フロッピーディスクの駆動装置。
**FDIC** (facsimile data conversion and interface control equipment) ファクシミリデータ変換接続装置。
**FDM** (frequency division multiplexing) 周波数分割多重伝送方式。
**FDMA** (frequency division multiple access) 周波数分割多重アクセス。
**FDOS** (floppy disk operating system) フロッピーディスク使用のオペレーティングシステム。
**FDR** ①(flight data recorder) 飛行記録装置。②(formal design review) 公式設計審査。
**FDX** (full duplex) 通信方式で, 全二重。
**Fe** (ferrum) 鉄*の元素記号。
**FEAF** (Far East Air Force) 米, 極東空軍。
**Feb** (February) 2月。 「網。
**FEN***(Far East Network) **フェン**。米軍極東放送
**FEOGA** (Fonds Européen d'Orientation et de Garantie Agricoleフランス) 欧州農業指導保証基金。
**FESPIC** (Far Eastern and South Pacific Paralympics) **フェスピック**。極東-南太平洋身体障害者スポーツ大会。 「スター。
**FET** (field effect transistor) 電界効果トランジ
**FF式石油ストーブ** (forced flue type kerosene space heaters) 強制給排気方式の石油ストーブ。
**FF車*** (front-engine front-drive) 前部エンジン, 前輪駆動の自動車。 「と表示する。
**ff** (fortissimo; forte forteイタリア) フォルティシモ*。*ff*
**FFH運動** (Freedom from Hunger Campaign) 世界飢餓救済運動。
**FI** (fade-in) フェードイン*。溶明。
**FIA** (Fédération Internationale de l'Automobileフランス) 国際自動車連盟。
**FIAT** (Fabbrica Italiana Automobili Torinoイタリア) **フィアット**。イタリアの自動車会社。またその乗用車名。
**FIBA** (Fédération Internationale de Basket-ball Amateurフランス) 国際バスケットボール連盟。
**FIC** (flight information center) 飛行情報センター。
**FIDO ファイドー**。①(flight dynamics officer) 宇宙船操縦技士。②(fog investigation and dispersal operations) 空港の霧の消散装置。
**FIEJ** (Fédération Internationale des Éditeurs de Journaux et Publicationsフランス) 国際新聞発行者協会。
**FIEP** (Fédération Internationale d'Éducation Physiqueフランス) 国際体育学会。
**FIFA** (Fédération Internationale de Football Associationフランス) 国際サッカー連盟。
**FIFO** (first-in, first-out) ①会計で, 先入れ先出し計算法。②コンピューターで, 先入れ先出し処理法。
**FIJ** (Fédération Internationale des Journalistesフランス) 国際ジャーナリスト連盟*。
**FIMS** (Fédération Internationale de Médecine Sportiveフランス) 国際スポーツ医学連盟。
**FINA** (Fédération Internationale de Natation Amateurフランス) 国際水泳連盟。
**FIO** (free in and out) 積み卸し費荷主負担。
**FIQ** (Fédération Internationale des Quilleursフランス) 国際ボウリング連盟。
**FIR** ①(far infrared rays) 遠赤外線。②(flight information region) 飛行情報区。 「格。
**FIS** (Foreign Industrial Standard) 海外工業規
**FISP** (Fédération Internationale des Sociétés de Philosophieフランス) 国際哲学会連盟。
**FISU***(Fédération Internationale du Sport Universitaireフランス) 国際大学スポーツ連盟。
**FITA** (Fédération Internationale de Tir à l'Arcフランス) 国際アーチェリー連盟。
**FIVB** (Fédération Internationale de Volley-Ballフランス) 国際バレーボール連盟。
**FK** (free kick) サッカーで, フリーキック*。
**FL** ①(Florida) 米, フロリダ州の郵便コード。②(fluorescent luminescence) 蛍光ルミネセンス。③(forward left) フォワードレフト。バレーボールなどで, 前衛の左。
**fl** (flute) フルート*。
**Fla** (Florida) 米, フロリダ州。
**FLEA** (Flux Logic Element Array) コンピューターで, 集束論理回路素子群。
**FLIR** (forward-looking infrared radar) 赤外線前方監視装置。
**FLN** (Front de Libération Nationaleフランス) アルジェリアの民族解放戦線。
**FM** ①(facility management) 企業のコンピューター室管理運営のための要員派遣。②(Frequency Modulation) 周波数変調。
**FM放送***(frequency modulation broadcasting) FM方式による音声放送。
**Fm** (fermium) フェルミウム*の元素記号。
**FMC** (flexible machining cell) フレキシブル加工セル。
**FMS*** ①(flexible manufacturing system) フレキシブル生産システム。②(foreign military sales) 米, 対外有償軍事援助。
**FMVSS** (Federal Motor-Vehicle Safety Standard) 米, 連邦自動車安全基準。
**FNN** (Fuji News Network) 日本で, フジテレビ系ネットワーク。
**FO** (fade-out) フェードアウト*。溶暗。
**FOB** (free on board) 本船渡し。
**FOBS** (fractional orbital bombardment system) **フォブス***。部分軌道爆撃方式。
**FOC** (free of charge) 無料。
**FOD** (free of damage) 損害免除。
**FOG-M** (fiber optic guide missile) 光ファイバー誘導ミサイル。
**FOI** ①(freedom of information) 情報の自由。②(free of interest) 無利子。
**FOQ** (free on quay) 埠頭渡し値段。
**FOR** ①(Fellowship of Reconciliation) キリスト教系反戦団体の友和会。②(free on rail) 鉄道貨車積み渡し値段。
**FORTRAN** (formula translation) **フォートラン***。IBM社が開発した科学技術計算用のプログラミング言語。
**forz** (forzandoイタリア) フォルツァンド。
**FOT** (free on truck) トラック積み渡し値段。
**FP** (fission product) 核分裂生成物。
**fp** ①(freezing point) 氷点*。②(forte-pianoイタリア) フォルテピアノ。*fp* と表示する。
**FPB** (fast patrol boat) 高速哨戒艇。
**FPC** ①(Federal Power Commission) 米, 連邦電力委員会。②(fish protein concentrate) 魚類濃縮たんぱく。
**FPU** (field pickup unit) マイクロ波送受信機。
**FR** (forward right) フォワードライト。バレーボールなどで, 前衛の右。
**FR車***(front-engine rear-drive) 前部エンジン, 後輪駆動の自動車。
**Fr** ①(francフランス) フラン*。フランス・スイスなどの通貨単位。②(francium) フランシウム*の元素記号。③(French) フランス人, フランス語。
**FRA** (Frankfurt) 西ドイツ, フランクフルトの空港コード。
**FRB*** ①(Federal Reserve Bank) 米, 連邦準備銀行。②(Federal Reserve Board) 米, 連邦準備制度理事会。
**FRCD** (floating rate certificate of deposit) 変動利付譲渡可能定期預金証書。
**FRG** (Federal Republic of Germany) ドイツ連邦共和国。西ドイツ。BRDとも。
**Fri** (Friday) 金曜日。
**FRM** ①(fiberglass reinforced metal) ガラス繊維強化金属。②(fiber reinforced metal) 繊維強化金属。
**FRN** (floating rate note) 変動利付債。
**FRP*** (fiber reinforced plastics) ガラス繊維などで強化したプラスチック。 「度*。
**FRS** (Federal Reserve System) 米, 連邦準備制
**FRSI** (flexible reusable surface insulation) 柔軟性耐熱材。
**FRTP** (fiber reinforced thermoplastic) 繊維強化熱可塑性樹脂。
**FS** (Fabian Society) 英, フェビアン協会*。
**FSH** (follicle-stimulating hormone) 卵胞刺激ホルモン。
**FSLN** (Frente Sandinista de Liberación Nacionalスペイン) ニカラグアのサンディニスタ民族解放戦線。
**FSO** (foreign service officer) 米, 国防省の海外勤務職員。
**FSTOC** (facsimile storage and conversion system) ファクシミリ蓄積変換装置。
**FSX** (fighter support X) 自衛隊の次期主力支援戦闘機。
**FT** ①(Financial Times) 英, 経済紙のファイナンシャルタイムズ。②(free throw) バスケットボールなどで, フリースロー*。
**FTA** (fluorescent treponemal antibody) 蛍光抗体法*。
**FTC** (Federal Trade Commission) 米, 連邦取引委員会*。
**FUV** (far ultraviolet rays) 遠紫外線。
**FW** (forward) サッカーやラグビーなどで, フォワード*。前衛。
**FWD** ①(four-wheel drive car) 四輪駆動車*。4WDとも。②(front-wheel drive) 前輪駆動。
**FWY** (freeway) 米, 高速道路。
**FX*** (fighter experimental; fighter-plane X) 自衛隊の次期主力戦闘機。
**fz** (forzatoイタリア) フォルツァート。

# G

**G** ①(gas) ガスまたはガス栓を表す。②(Gaussドイツ) ガウス*。磁束密度のCGS電磁単位。③(general) 米, 一般向き映画。④(German) ドイツ人。ドイツ語。⑤(gigaギリシア) ギガ*。単位に冠する接頭語。⑥(glass) ガラスの材質を示す記号。⑦(goal) ラグビーなどで, ゴールによる得点を表す。⑧(grain) グレーン*。ヤード-ポンド法の質量の単位。⑨(gravity) 地球の重力加速度を示す記号。*g* と表す。⑩(green) 色相で, 緑を示す記号。⑪(gulf)湾を示す略記号。⑫(girder) 建築用語で, けた。
**G5** (Group of Five) 先進5か国蔵相会議。
**G7** (Group of Seven) 先進7か国蔵相会議。
**G10*** (Group of Ten) 先進10か国蔵相会議。
**Gマーク***(G-mark; good design mark) グッドデザインマーク。
**g** (gram) グラム。メートル法で質量の単位。
**GA** ①ガルーダ-インドネシア航空のエアラインコード。②(general agent) 総代理店。③(general assembly) 総会。
**Ga** (gallium) ガリウム*の元素記号。
**GAAP** (generally accepted accounting principles) 一般に認められた会計原則。
**GAB** (General Arrangements to Borrow) IMFで, 一般借入取決め*。
**GABA** (gamma-aminobutyric acid) **ギャバ**。ガンマアミノ酪酸。
**gal** ①(galileo) ガル*。加速度の単位。②(gallon) ガロン*。ヤード-ポンド法で液体体積の単位。
**GAN** (global area network) 遠隔地間のコンピューターネットワーク。
**GARIOA** (Government Appropriation for Relief in Occupied Areas Fund) **ガリオア***。第二次大戦後の米国の占領地救済資金。

**GARP** (Global Atmospheric Research Program) **ガープ**。地球大気調査計画。

**GATT** (General Agreement on Tariffs and Trade) **ガット***。関税及び貿易に関する一般協定。

**GAZ** (Gorkovskij Avtomobilnyj Zavodロシア) **ガザ**。ソ連の国営自動車工場。

**GB** ①(games behind) 野球で，ゲーム差。②(giga byte) コンピューターで，10億バイト。③(Great Britain) 英国。④(gunboat) 砲艦。

**GBガス** 有機燐からなる致死性の高いガス。GBはサリンの米軍コードネーム。

**GBE** (Knight (Dame) Grand Cross of the Order of the British Empire) 大英帝国勲章。

**GCA** (ground-controlled approach) 地上誘導着陸方式。

**GCC** (Gulf Cooperation Council) ペルシアの湾岸協力会議*。

**GCD** (greatest common divisor) 最大公約数。GCM, HCFとも。

**GCF** (greatest common factor) 最大公因数。

**GCFBR** (gas-cooled fast breeder reactor) ガス冷却高速増殖炉。GFRとも。

**GCI** (ground-controlled interception) 地上迎撃管制。

**GCM** (greatest common measure)最大公約数。GCD, HCFとも。

**GCP** (gas centrifuge plant) ガス遠心分離プラント。

**GCR** ①(gas-cooled reactor) ガス冷却炉*。②(ground controlled radar) 地上管制レーダー。③(group coded recording) 高密度磁気テープ記録方式。

**Gd** (gadolinium) ガドリニウム*の元素記号。

**GDE** (gross domestic expenditure) 国内総支出。

**GDP** ①(Geodynamics Project) 地球内部ダイナミックス計画。②(gross domestic product) 国内総生産。

**GDR** (German Democratic Republic) ドイツ民主共和国*。東ドイツ。DDRとも。

**GDSS** (Group Decision Support System) 集団意思決定支援システム。

**GE** (General Electric Co.) ゼネラルエレクトリック*。米国の電気機械メーカー。

**Ge** (germanium) ゲルマニウム*の元素記号。

**GEC** (General Electric Co.) 英国のゼネラルエレクトリック社。

**GEM** (ground-effect machine) **ジェム**。ホバークラフトなどのエアークッション船。

**GEN** (Oslo-Gardemoen) ノルウェー，オスロ，ガーデモン空港の空港コード。

**GEOS** (Geodetic Satellite) 米，測地衛星。

**Ger** ①(German) ドイツ人。ドイツ語。②(Germany) ドイツ。

**GF** (General Foods Corp.) ゼネラルフーズ。米国の食品メーカー。

**GFP** (government-furnished property) 官給品。

**GFR** ①(gas-cooled fast breeder reactor) ガス冷却高速増殖炉。GCFBRとも。②(glomerular filtration rate) 糸球体の濾過量。

**GFRP** (glass fiber reinforced plastics) 繊維強化プラスチック。FRP*とも。

**GG原油*** (government-to-government crude oil) 政府間取引原油。

**GH** (growth hormone) 成長ホルモン*。

**GHA** (Greenwich hour angle) グリニッジ時角。

**GHOST** (Global Horizontal Sounding Technique) **ゴースト**。定点高空気象観測法。

**GHQ***(General Headquarters) 連合国最高司令官総司令部。

**GI*** (Government Issue)「官給品」の意から，アメリカの兵士の俗称。

**GIA** (Garuda Indonesian Airways) ガルーダーインドネシア航空。

**GIF** (global infrastructure fund) 世界公共投資基金。

**GIG** (Rio de Janeiro Intl.) ブラジル，リオデジャネイロの空港コード。

**GIGO** (garbage in, garbage out) **ガイゴー**。コンピューターで，不完全なデータを入力すれば不完全な答えしか出力しないこと。

**GIS** (global information system) 地球全体が対象の情報システム。

**GIT** (group inclusive tour) 航空券から宿泊・観光まで一括されている団体の周遊旅行。ITCとも。

**GK** ①(goal keeper) ゴールキーパー*。②(goal kick) サッカーで，ゴールキック。

**Gk** (Greek) ギリシア人。ギリシア語。

**GLA** (Glasgow) 英，グラスゴーの空港コード。

**GLCM***(ground-launched cruise missile) 地上発射巡航ミサイル。

**GLLD** (ground laser locator designator) 地上レーザー目標表示装置。

**Glos** (Gloucestershire) 英，グロスターシャー州。

**GLP** (good laboratory practice) 動物実験規準。

**GM** ①(general manager) 総支配人。②(General Motors Corporation) 米国の自動車会社で，ゼネラルモーターズ*。③(guided missile) 誘導ミサイル*。

**GM管** (Geiger-Müller counter) ガイガー-ミュラー計数管*。

**gm** (gram) グラム。

**Gメン** (Government man) **ジーメン***。FBIの捜査官。

**GmbH** (Gesellschaft mit beschränkter Haftungドイ) ドイツの有限責任会社。

**GMDSS** (global maritime distress and safety system) IMOの全世界的な海上遭難安全システム。

**GMQ** (good merchantable quality) 販売適性品質。

**GMS** ①(general merchandise store) 総合小売業。②(Geostational Meteorological Satellite) 日本の静止気象衛星。

**GMT** (Greenwich Mean Time) グリニッジ標準時。

**GN** (global negotiation) 国連での，包括的南北交渉。

**GND** (gross national demand) 国民総需要。

**GNE** (gross national expenditure) 国民総支出*。

**GNP** (gross national product) 国民総生産*。

**GNS** (gross national supply) 国民総供給。

**GNW***(gross national welfare) 国民総福祉。

**GOES** (Geostationary Operational Environmental Satellite) **ゴーズ**。米国の静止気象衛星。

**GOP** (Grand Old Party) 米，共和党の別称。

**GOSPLAN** (Gosudarstvjennyj Planovyj Kommitit Sovjeta Ministrov SSSRロシア) **ゴスプラン***。ソ連国家計画委員会。

**GOST** (Gosudarstvennyj Obscjesojuznyj Standartロシア) **ゴスト**。ソ連の工業製品規格。

**GOT*** (glutamic oxaloacetic transaminase) グルタミン酸オキサロ酢酸転移酵素。

**GP** ①(Gallup poll) 米国のギャラップ世論調査。②(general practitioner) 一般開業医。③(grand prix) グランプリ。大賞。

**GPA** (grade-point average) 学業成績平均値。

**GPS** (Global Position System) 全地球位置把握システム。

**GPT** (glutamic pyruvic transaminase) グルタミン酸ピルビン酸転移酵素。

**GPU*** (Gosudarstvennoe Politicheskoe Upravlenieロシア) **ゲーペーウー**。ソ連の国家政治保安部。

**Gr** (Greek) ギリシア人。ギリシア語。

**gr** ①(grain) グレーン*。ヤード-ポンド法の重量の単位。Gとも。②(gramme仏) グラム。メートル法の質量の単位。③(gross) グロス*。数量をはかる単位。④(grade) 品質等級。

**GRASリスト** (generally recognized as safe list) **グラスリスト**。米国食品医薬品局が市販を認めた安全食品リスト。

**Gr Br** (Great Britain) グレートブリテン島。英国。

**GRC** ①(glass fiber reinforced cement) ガラス繊維強化セメント。②(glass fiber reinforced concrete) ガラス繊維強化コンクリート。

**GRE** (Graduate Record Examination) 米，大学院受験者のテスト。

**GRF** (growth-hormone releasing factor) 成長ホルモン放出因子。

**GRP** (gross rating point) 電波媒体で，延べ聴取・視聴率。印刷媒体で，延べ注目率。

**GRT** ①(gross register tonnage) 船舶の総登録トン数。②(group rapid transit system) 自動運転の軌道高速輸送システム。

**GRU** (São Paulo Guarulhos) ブラジル，サンパウロ，グアルーリョスの空港コード。

**GS** (group sounds) グループサウンズ*。

**GSE** (ground-support equipment) 航空機の地上支援装置。

**GSFC** (Goddard Space Flight Center) 米国航空宇宙局のゴダード宇宙飛行センター。

**GSI** (giant scale integration) 巨大規模集積回路。

**GSP** (official government selling prices) 政府公式販売価格。

**GSR*** (galvanic skin response) 皮膚電流反射。

**GST** (Greenwich Sidereal Time) グリニッジ恒星時。

**GSTDN** (ground space tracking and data network) 宇宙追跡データ網地上局。

**GSV** (guided space vehicle) 飛行経路制御装置の付いた宇宙飛行艇。

**GT** ①(Greenwich time) グリニッジ時。②(grand touring car) グランドツーリングカー*。高速長距離用乗用車。③(goal throw) 水球などのゴールスロー。④(group technology) グループテクノロジー*。類似部品加工法。

**GTC** (good till cancelled) 注文で，取り消しがあるまで有効。

**GTM** (good this month) 注文で，当月限り有効。

**GT-R** (grand touring-racing version) レーシング仕様のグランドツーリングカー。

**GTW** (good this week) 注文で，今週限り有効。

**GU** (Guam) 米，グアムの郵便コード。

**GUM** ①(Guam) 米，グアムの空港コード。②(Gosudarstvennyj Univjersalnyj Magazinロシア) **グム**。モスクワにあるソ連の国営百貨店。

**GVA** (Geneva) スイス，ジュネーブの空港コード。

**GVH反応** (graft-versus-host reaction) 移植片対宿主反応。

**GVT** (Gravity Vacuum Transit) 重力真空列車。

**gw** (gram-weight) グラム重*。力の単位の一つ。gwtとも。

**GZ** (ground zero) ゼロ地点。爆心地。

# H

**H** ①(hard) 鉛筆の芯の硬さを表す記号。②(henry) ヘンリー*。電磁感応のインダクタンスの単位。③(heroin) ヘロイン。④(high) 高気圧。⑤(hip) ヒップ。腰回り。⑥(hot) 熱湯。⑦(hue) 色相を示す記号。⑧(hydrogen) 水素*の元素記号。

**H-1ロケット** (Hは hydrogen＝水素の意) 宇宙開発事業団が開発した三段式ロケット。

**H-2ロケット** 日本の次期国産大型ロケット。

**H型鋼** 断面がH型の型鋼。

**H氏賞** 詩人の平沢貞二郎の名にちなむ，新人の詩集に与えられる賞。

**h** ①(hecto) ヘクト*。単位に冠する接頭語。②(height) 高さを表す記号。③(hour) 時間を表す記号。

**HA** ①(Hawaiian Airlines) ハワイ航空。②(home automation) ホームオートメーション*。

**HA抗原** (Hepatitis A antigen) 血清肝炎を引き起こすとされるウイルス。

**ha** (hectare仏) ヘクタール*。メートル法の面積の単位。

**HAB** (high altitude bombing) 高高度爆撃。

**HABITAT** (The United Nations Conference on Human Settlements) **ハビタット**。国連人間居住会議。

**HAI** (health action international) 健康のための国際行動。

**HAL** (high-order assembly language) 高位アセンブリー言語。

**HALO** (high altitude large optics) 高高度大型光学装置。

**HAM** (Hamburg) 西ドイツ，ハンブルクの空港コード。

**HAN** (Hanoi) ベトナム，ハノイの空港コード。

**HAPI** (The Japan health-living apparatus industrial association) **ハピ**。日本健康治療機器工業会を表すマーク。

**HARM** (high-speed anti-radiation missile) **ハーム**。高速対放射線ミサイル。

**haut** (hautbois仏) オーボエ*。obとも。

**HAV** (Havana) キューバ，ハバナの空港コード。

**HAW** (high activity waste) 高放射性廃棄物。
**HB** ①(halfback) サッカー・ラグビーなどで，ハーフバック*。②(hard and black) 鉛筆の芯で，ふつうの硬さを表す記号。③(heavy bomber) 重爆撃機*。
**HB抗原*** (Hepatitis B antigen) B型肝炎と関係が深いと考えられているウイルス。
**HB抗体** (HB antibody) HB抗原に対する抗体。
**HBプロセス** (Huebner-Bleistein process) 写真製版の一種で，ヒューブナー-ブライシュタイン法。
**Hb** (hemoglobin) ヘモグロビン*。 「ビ。
**HBO** (Home Box Office) 米国の有料有線テレ
**HBS** (Harvard Business School) ハーバード経営学大学院。
**HC** ①(hard copy) コンピューターで，ハードコピー*。②(House of Commons) 英，下院。③(hydrocarbon) 炭化水素*。 「ゼン。
**HCB** (hexacholorobenzene) ヘキサクロロベン
**HCF** (highest common factor) 最大公約数*。GCM, GCDとも。 「隊。
**HD** (honorable discharge) 名誉除隊。無事故除
**HDL*** (highdensity lipoprotein) 高密度リポたんぱく質。
**HDLC** (high-level data link control) データ通信で，高水準データリンク制御。
**HDTV** (high-definition television) 高品位テレビ*。ハイビジョン。
**HDW** (hardware) ハードウエア*。
**HE** ①(high explosive) 高性能爆薬。榴弾。②(home electronics) ホームエレクトロニクス。③(human engineering) ヒューマンエンジニアリング。人間工学*。
**He** (helium) ヘリウム*の元素記号。
**HEAO** (high energy astronomy observatory) 米国の高エネルギー天体観測衛星。
**HEIB** (home economist in business) ヒーブ*。企業内エコノミスト。
**HEL** ①(helicopter) ヘリコプター。②(Helsinki) フィンランド，ヘルシンキの空港コード。
**HELW** (high energy laser weapon) 高エネルギーレーザー兵器。
**HEMT** (high electron mobility transistor) ヘムト。富士通の高電子移動度トランジスター。
**HEOS** (Highly Eccentric Orbit Satellite) ヘオス。超偏心軌道衛星。 「ー州。
**Herts** (Hertfordshire) 英，ハートフォードシャ
**HESH** (high explosive squash head) 粘着榴弾。
**HEW** (Department of Health, Education and Welfare) 米，保健教育厚生省。
**HF** (high frequency) 高周波。
**Hf** (hafnium) ハフニウム*の元素記号。
**HFBR** (high-flux beam reactor) 高中性子束ビーム原子炉。 「器。
**HFF** (high pressure fuel filter) 高圧燃料濾過
**HFSP** (Human Frontier Science Program) 日本のヒューマン フロンティア サイエンス プログラム。
**Hg** (hydrargyrum) 水銀*の元素記号。 「ン*。
**HGH** (human growth hormone) ヒト成長ホルモ
**HI** ①(Hawaii) 米，ハワイ州の郵便コード。②(home improvement) 家庭改善。
**HIC** (high indebted countries) 高債務国。
**HID** (high-intensity discharge lamp) 高輝度・高出力ランプ。 「装置。
**hi-fi** (high fidelity) ハイファイ*。高忠実度音再生
**HILAC** (heavy ion linear accelerator) ハイラック。重イオン線形加速器。
**HIMES** (Highly Maneuverable Experimental Space Vehicle) ハイメス。宇宙科学研究所が開発を進めている有翼ロケット。
**HITAC** (Hitachi Automatic Computer) ハイタック。日立製作所が製造しているコンピューターの商標名。
**HIV** (human immunodeficiency virus) ヒト免疫不全ウイルス。
**HK** (Hong Kong) 香港*。
**HKD** (Hong Kong dollar) 香港ドル。 「ド。
**HKG** (Hong Kong) 香港，ホンコンの空港コー
**HL** (House of Lords) 英，上院。
**HLA** (human leucocyte antigen) ヒトの組織適合抗原。
**HLD** (high lift device) 高揚力装置。
**HM** (heavy mortar) 重迫撃砲。 「府。
**HMG** (His/Her Majesty's Government)英国政
**HMS** (His/Her Majesty's Service) 英国の官庁で使う郵便物に印刷されている言葉。 「ード。
**HND** (Tokyo Haneda) 東京，羽田空港の空港コ
**HNL** (Honolulu) 米，ホノルルの空港コード。
**HO** ①(head office) 本社。②(Home Office) 英，内務省。
**Ho** (holmium) ホルミウム*の元素記号。
**HOU** (Houston) 米，ヒューストンの空港コード。
**HOW** (howitzer) 榴弾砲*。
**HP** ①(Hewlett-Packard Co.) 米国のヒューレットーパッカード社。②(horsepower) 馬力。
**hp** (harp) ハープ*。
**hPa** (hecto-Pascal) ヘクトパスカル。気圧の大きさを表す単位。
**HPU** (hydraulic power unit) 水力発電装置。
**HQ** (headquarters) 本部。司令部。
**HR** ①(House of Representatives) 衆議院。米・オーストラリアの下院。②(human relations) 経営管理学で，人間関係。
**hr** ①(Horn[独]) ホルン。hrn とも。②(hour) 時間。
**HRSI** (high-temperature reusable surface insulation) スペースシャトルの高温用耐熱材。
**HS** (high school) 高等学校。
**HSFK** (Hessische Stiftung für Friedens-und Konfliktforschung[独]) ヘッセン平和・紛争研究所。
**HSGT** (high speed ground transportation) 超高速陸上輸送機関。
**HSP** (high speed printer) コンピューターで，高速印字装置。 「表輸送機。
**HSST** (high speed surface transport) 超高速地
**HST** ①(Hawaii Standard Time) ハワイ標準時。②(hypersonic transport) 極超音速旅客機。
**HSYNC** (horizontal synchronization signal) テレビの水平同期信号。
**HTA** (heavier-than-aircraft) 気球や飛行船と違い，空気より重い一般の飛行機のこと。
**HTGR** (high-temperature gas cooled reactor) 高温ガス冷却炉。
**HTR** (high temperature reactor) 高温原子炉。
**HUT** (households using television) 総世帯視聴率。ある区域内で，一定の時間内にテレビをつけていた世帯の割合。
**HUMINT** (human intelligence) ヒューミント。スパイによる情報収集。
**Hung** ①(Hungarian) ハンガリー人。ハンガリー語。②(Hungary) ハンガリー人民共和国。
**HVAP** (hypervelocity armor-piercing) 高速徹甲弾。
**HVAR** (high velocity aircraft rocket) 航空機搭載高速ロケット。
**HVJ** (Hemagglutinating Virus of Japan) 日本赤血球凝集ウイルス。
**HVN** (Home Video Network) ホームビデオネットワーク。 「主要道路。
**HW** ①(hardware) ハードウエア*。②(highway)
**HWGCR** (heavy water gas-cooled reactor) 重水減速ガス冷却炉。
**HWL** (high-water level) 満潮面。
**HWM** (high-water mark) 高潮標。
**HWR** (heavy water reactor) 重水炉。
**Hz** (Hertz[独]) ヘルツ*。1秒間の振動数の単位。

# I

**I** ①(impulse) 物の力積を示す記号。②(intensity of current) 電流の強さを示す記号。③(iodine)沃素*の元素記号。
**IA** ①(Iowa) 米，アイオワ州の郵便コード。②(Iraq Airways) イラク航空。エアラインコードもIA。
**IAA** ①(International Academy of Astronautics) 国際宇宙航行学会。②(International Agricultural Adjustment) 国際農業調整。
**IAAF*** (International Amateur Athletic Federation) 国際陸上競技連盟。
**IAAP** (International Association of Applied Psychology) 国際応用心理学会。
**IAC** (International Apprentice Competition) 国際職業訓練競技大会。通称，技能オリンピック*。
**IAD** ①(International Authority Depository) 国際寄託機関。微生物銀行とも。②(Washington, DC-Dulles) 米，ワシントンDC，ダレス空港の空港コード。
**IADB** ①(Inter-American Defense Board) 米州防衛委員会。②(Inter-American Development Bank) 米州開発銀行。IDBとも。 「組織。
**IADS** (integrated air defense system) 統合防空
**IAEA** (International Atomic Energy Agency) 国際原子力機関*。
**IAESTE** (International Association for the Exchange of Students for Technical Experience) イアエステ。国際学生技術研修協会。
**IAF** ①(International Aeronautical Federation) 国際航空連盟。②(International Astronautical Federation) 国際宇宙航行連盟。
**IAGC** (International Association of Geochemistry and Cosmochemistry) 国際地球化学・宇宙化学協会。
**IAH** (Houston Intercontinental) 米，ヒューストン空港の空港コード。
**IARU** (International Amateur Radio Union) 国際アマチュア無線連盟。
**IATA** (International Air Transport Association) イアタ*，アイアタ。国際航空運送協会。
**IAU** (International Association of Universities) ユネスコの国際大学協会。
**IB** (International Baccalaureate) 国際共通大学入学資格。 「学会。
**IBA** (International Bar Association) 国際法曹
**IBF** ①(international banking facilities) ニューヨーク自由金融市場。②(International Boxing Federation) 国際ボクシング連盟。
**IBI** (International Bank for Investment) 国際投資銀行*。
**IBM***(International Business Machines Corp.) 米国のコンピューターメーカー。
**IBRD** (International Bank for Reconstruction and Development) 国連の国際復興開発銀行*。通称，世界銀行。
**IBWM** (International Bureau of Weights and Measures) 国際度量衡局。
**IC** ①(inspected and condemned) 検査不合格。②(integrated circuit) 集積回路*。③(interchange) 高速道路で，インターチェンジ。④(island countries) 島嶼国。
**ICカード*** (integrated circuit card) プラスチックなどのカードにICを組み込んだもの。
**ICA** ①(International Coffee Agreement) 国際コーヒー協定。②(International Commodity Agreement) 国際商品協定*。
**ICAO** (International Civil Aviation Organization) イカオ*。国際民間航空機関。
**ICBM** (Intercontinental ballistic missile) 大陸間弾道ミサイル*。
**ICBP** (International Council for Bird Preservation) 国際鳥類保護会議。
**ICC** ①(integrated communication controller) 通信制御機構。②(International Chamber of Commerce) 国際商業会議所*。
**ICCP** (Committee for Information, Computer and Communications Policy) OECDの情報電算機通信政策委員会。
**ICFTU** (International Confederation of Free Trade Unions) 国際自由労働組合連合。国際自由労連*。
**ICG** (indocyanine green) インドシアニングリーン。肝機能の検査に用いる色素。
**ICI***(Imperial Chemical Industries Ltd.) 英国の総合化学会社。
**ICJ** ①(International Commission of Jurists) 国際法律家委員会。②(International Court of Justice) 国連の国際司法裁判所*。
**ICM** (Intergovernmental Committee for Migration) 国際移民委員会。
**ICO** (Islamic Conference Organization) イスラム諸国会議機構*。

**ICOMOS** (International Council of Monuments and Sites) **イコモス**。国際記念物遺跡会議。

**ICOT** (Institute for New Generation Computer Technology) **アイコット**。日本の新世代コンピューター技術開発機構*。

**ICP** (integrated communication control processor) 通信制御処理機構。

**ICPO** (International Criminal Police Organization) 国際刑事警察機構*。通称, インターポール(Interpol)。

**ICPUAE** (International Conference on the Peaceful Uses of Atomic Energy) 原子力平和利用国際会議。APCとも。

**ICR** (International Congress of Radiology) 国際放射線医学会議。

**ICRC** (International Committee of the Red Cross) 赤十字国際委員会*。

**ICRP** (International Commission on Radiological Protection) 国際放射線防護委員会*。

**ICSC** (Interim Communications Satellite Committee) 通信衛星暫定委員会。

**ICSU** (International Council of Scientific Unions) 国際学術連合会議。

**ICSW** (International Conference of Social Welfare) 国際社会福祉会議。

**ICU** ①(intensive care unit) 集中治療室。②(interface control unit) コンピューターで, インターフェース制御装置。③(International Christian University) 国際基督教大学。

**ID** ①(Idaho) 米, アイダホ州の郵便コード。②(identification) 局名告知。③(identification) 身分証明。④(industrial design) インダストリアルデザイン*。工業デザイン。

**IDカード***(identification card) 身分証明書。

**Id** (Idaho) 米, アイダホ州。

**IDA** (International Development Association) 国際開発協会*。

**IDB***(Inter-American Development Bank) 米州開発銀行。IADBとも。

**IDDD** (international direct distance dialing) 国際直接ダイヤル通話。

**IDDN** (Integrated Defence Digital Network) 日本の防衛統合デジタル通信網。

**IDL** (international date line) 国際日付変更線。

**IDP** ①(integrated data processing) 統合データ処理。②(international driving permit) 国際運転免許証。

**IDR** (international depositary receipt) 国際預託証券。

**IE** (industrial engineering) インダストリアル エンジニアリング*。産業工学。生産工学。

**IEA** (International Energy Agency) 国際エネルギー機関。

**IEP** (International Energy Program) 国際エネルギー計画。

**IEV** (Kiev) ソ連, キエフの空港コード。

**IF** ①(interferon) インターフェロン*。②(intermediate frequency) 中間周波。中波*。③(International Sports Federation) 国際競技連盟。ISF*とも。

**IFAD** (International Fund for Agricultural Development) 国際農業開発基金。

**IFAW** (International Fund for Animal Welfare) 国際動物愛護基金。

**IFC** (International Finance Corp.) 国際金融公社*。

**IFF** (identification, friend or foe) 敵味方識別装置。

**IFIP** (International Federation for Information Processing) 情報処理学会国際連合。

**IFJ** (International Federation of Journalists) 国際ジャーナリスト連盟*。

**IFO*** (identifiable flying object) **アイフォー**。確認済み飛行物体。

**IFP** (Institut Français de Polémologie㋫) フランス戦争学研究所。

**IFV** (infantry fighting vehicle) 歩兵戦闘車両。

**Ig** (immunoglobulin) 免疫グロブリン*。

**IGF** (International Genetics Federation) 国際遺伝学連合。

**IGGI** (Inter-Governmental Group on Indonesia) インドネシア債権国会議。

**IGO** (Inter-Governmental Organization) 政府間組織。

**IGY** (International Geophysical Year) 国際地球観測年*。

**IHP** (indicated horsepower) 指示馬力。

**IIL** (integrated injection logic) **アイスクエアエル**。半導体論理集積回路の一形式。

**IIP** ①(index of industrial production) 鉱工業生産指数*。②(International Institute of Philosophy) 国際哲学会。

**IISEE** (International Institute of Seismology and Earthquake Engineering) 国際地震工学研究所。

**IISI** (International Iron Steel Institute) 国際鉄鋼協会。

**IISS** (International Institute for Strategic Studies) 英, 国際戦略研究所。

**IJF** (International Judo Federation) 国際柔道連盟。

**IJPC** (Iran and Japan Petrochemicals Co.) イラン-ジャパン石油化学。

**IL** (Illinois) 米, イリノイ州の郵便コード。

**ILA** (International Law Association) 国際法協会。

**ILAS** (instrument low approach system) 航空用語で, 計器着陸誘導方式。

**ILC** (International Labor Conference) 国際労働会議。

**ILHR** (International League for Human Rights) 国際人権連盟。

**ILI** (index of linguistic insecurity) 言語的不安定度指数。

**Ill** (Illinois) 米, イリノイ州。

**ILO*** (International Labor Organization) 国連の国際労働機関。

**ILS*** (instrument landing system) 航空機への無線着陸援助装置。

**ILTF** (International Lawn Tennis Federation) 国際庭球連盟。

**ILY** (International Literacy Year) 国際識字年。

**IM** (intercept missile) 迎撃ミサイル。

**IMC** ①(instrument meteorological condition) 航空用語で, 計器気象状態。②(International Monetary Conference) 国際通貨・金融会議。

**IMF** ①(International Metal-workers Federation) 国際金属労働組合連合*。②(International Monetary Fund) 国際通貨基金*。

**IMFJ** (International Medical Federation of Japan) 日本国際医療団。

**IMF-JC*** (International Metal-workers Federation-Japan Council) 全日本金属産業労働組合協議会。金属労協。

**IMIS** (integrated management information system) 集中経営情報システム。

**IMO** (International Maritime Organization) 国際海事機関*。

**IMP** (Interplanetary Monitoring Platform) 米国の惑星間調査衛星。エクスプローラー衛星。

**IMPACT** (Inventory Management Program and Control Technique) **インパクト**。コンピューターで, 在庫管理用プログラムパッケージ。

**IMR** (infant mortality rate) 幼児死亡率。

**IMS** ①(integrated manufacturing system) コンピューターによる総合生産管理システム。②(International Magnetic System) 磁気圏観測事業計画。③(inventory management system) 在庫管理システム。

**IN** (Indiana) 米, インジアナ州の郵便コード。

**in** (inch) インチ*。

**Inc** (incorporated) 米国で, 有限会社。

**IND** ①(Indianapolis) 米, インジアナポリスの空港コード。②(investigational new drug) 研究用新薬。

**Ind** (Indiana) 米, インジアナ州。

**INF** (intermediate-range nuclear forces) 中距離核戦力*。

**INFCE** (International Nuclear Fuel Cycle Evaluation) 国際核燃料サイクル評価。

**INGO** (International Non-Governmental Organization) 非政府間国際機構。

**INIS** (International Nuclear Information System) 国際原子力情報システム。

**INMARSAT** (International Maritime Satellite Organization) **インマルサット***。国際海事衛星機構。

**INN** (Independent Network News) 米, 独立テレビ局ニュース供給機関。

**INP** (index number of prices) 物価指数*。

**INRO** (International Natural Rubber Organization) 国際天然ゴム機構。

**INS** ①(inertial navigational system) 慣性航法装置。②(Information Network System) 高度情報通信システム*。

**INSTRAW** (International Research and Training Institute for the Advancement of Women) 女性の向上のための国際訓練研修所。

**INTELPOST インテルポスト**。インテルサット衛星利用の国際電子郵便。

**INTELSAT** (International Telecommunications Satellite Organization) **インテルサット***。国際電気通信衛星機構。また, その静止衛星。

**I/O装置** (input/output unit) コンピューターで, 入出力装置*。

**IOC** ①(Intergovernmental Oceanographic Commission) ユネスコの政府間海洋学委員会。②(input-output controller) コンピューターで, 入出力制御装置。③(International Olympic Committee) 国際オリンピック委員会*。

**IOCS** (input-output control system) コンピューターで, 入出力制御システム。

**IOCU** (International Organization of Consumers' Union) 国際消費者連盟*。

**IOF** (Internationale Orientierungslauf-Föderation㋦) 国際オリエンテーリング連盟。

**IOJ** (International Organization of Journalists) 国際ジャーナリスト機構*。

**IOS** (Investors Overseas Services) 国際投資信託会社。

**IOU** ①(input-output control unit) コンピューターで, 入出力制御ユニット。②(I owe you)「私はあなたに借りがある」の意より, 借用証書。

**IP** ①(industrial policy) 産業政策*。②(instruction processer) コンピューターで, 命令処理装置。③(installment plan) 分割払い方式*。④(information producer) 情報作成者。

**IPA** ①(information process analysis) 情報処理分析。②(Inter-American Press Association) 米州新聞協会。③(International Phonetic Alphabet) 国際音声記号。

**IPAL** (IPA Lexicon of the Japanese Language for Computers-Basic Verbs) **アイパル**。計算機用日本語基本動詞辞書。

**IPC** ①(International Patent Classification) 国際特許分類。②(Iraq Petroleum Co.) イラク石油会社。

**IPI** (International Press Institute) 国際新聞編集者協会*。

**IPL** (initial program loader) コンピューターで, 初期プログラムローダー。

**IPPF** (International Planned Parenthood Federation) 国際家族計画連盟。

**IPPNW** (International Physicians for the Prevention of Nuclear War) 核戦争防止国際医師の会。

**IPRI** (Industrial Products Research Institute) 通産省工業技術院の製品科学研究所。

**IPS** (International Plutonium Storage) 国際プルトニウム貯蔵。

**IPTC** (International Press Telecommunications Committee) 国際新聞通信委員会。

**IQ** ①(import quota) 輸入割当*。②(improved quality) 品質向上。③(intelligence quotient) 知能指数*。

**IR** ①イラン航空のエアラインコード。②(information retrieval) 情報検索*。

**Ir** ①(iridium) イリジウム*の元素記号。②(Irish) アイルランド語。

**IRA** ①(Iranian Airways) イラン航空。②(Irish Republican Army) アイルランド共和国軍*。

**IRAS** (infrared astronomical satellite) 赤外線天文衛星*。

**IRBM** (intermediate-range ballistic missile) 中距離弾道ミサイル*。

**IRC** (International Red Cross) 国際赤十字*。

**IRIS** (infrared intruder system) **アイリス**。赤外線潜入探知装置。

**IRM** (information resource management) 情報資源管理。
**IRNA** (Islamic Republic News Agency) イランの国営イスラム共和国通信。
**IRO** (International Refugee Organization) 国際難民機構*。
**IS** (information system) 情報システム。
**I/S** (income statement) 損益計算書*。
**ISA** ①(information system audit) 情報システム監査。コンピューター監査。②(International Sociological Association) 国際社会学会。③(International Student Association of Japan) 日本国際学生協会。
**ISAM** (Indexed Sequential Access Method) コンピューターで, 索引順アクセス法。
**ISAS** (Institute of Space and Astronautical Science) 宇宙科学研究所。
**ISBN*** (International Standard Book Number) 国際標準図書番号。
**ISCM** (International Society of Contemporary Music) 国際現代音楽協会。
**ISCO** (international standard classification of occupations) 国際職業分類。
**ISD** (international subscriber dialing) 国際ダイヤル通話。
**ISDN** (integrated services digital network) 統合サービスデジタルネットワーク。
**ISF*** (International Sports Federation) 国際競技連盟。ＩＦとも。
**ISI** (International Statistical Institute) 国際統計協会。
**ISIC** (international standard industry classification) 国際標準産業分類。
**ISIS** (International Satellite for Ionospheric Studies) カナダの国際電離層研究衛星。
**ISO** (International Organization for Standardization) **イソ**。国際標準化機構*。
**ISO-IS** (International Organization for Standardization-International Standard) 国際標準化機構の国際規格。
**ISOTYPE** (international system of typographic picture education) **アイソタイプ***。絵ことばの国際的なシステム化。
**ISPA** (International Society for the Protection of Animals) 国際動物愛護協会。
**ISR** (information storage and retrieval) 情報の蓄積と検索。
**ISRO** (Indian Space Research Organization) インド宇宙研究機構。
**ISS** (interception and surveillance system) 迎撃監視システム。
**IST** (information science technology) 情報科学技術。
**ISTEC** (International Superconductivity Technology Center) 国際超電導産業技術研究センター。
**ISV** (International Scientific Vocabulary) 国際科学用語。
**ISY** (International Space Year) 国際宇宙年。
**IT** (information technology) 情報技術。
**It** (Italian) イタリア人。イタリア語。
**ITC** ①(inclusive tour charter) 包括旅行チャーター。②(International Trade Commission) 米, 国際貿易委員会*。
**ITF** (International Trade Fair) 国際見本市*。
**ITI** (International Theater Institute) 国際演劇協会*。
**ITIRC** (IBM Technical Information Retrieval Center) ＩＢＭ技術情報検索センター。
**ITO** ①(Hilo Hawaii) 米, ハワイ, ヒロの空港コード。②(International Trade Organization) 国際貿易機関。
**ITOS** (Improved TIROS Operation Satellite) **アイトス**。米, 気象衛星計画改良型タイロス実用衛星。
**ITS** (International Trade Secretariat) 国際産業組織。
**ITT*** (International Telephone & Telegraph Corp.) 米国の国際電話電信会社。
**ITTF** (International Table Tennis Federation) 国際卓球連盟。
**ITTO** (International Tropical Timber Organization) 国際熱帯木材機関。
**ITU** ①(intensive therapy unit) 病院の集中治療部。②(International Telecommunication Union) 国際電気通信連合*。
**ITV** ①(Industrial Television) 工業用テレビ。②(instructional television) 教育テレビ。
**IU** (international unit) 食物中のビタミンなどの生理的効力の強さを表示する国際単位。
**IUCN** (International Union for Conservation of Nature and Natural Resources) 国際自然保護連合*。
**IUD** (intrauterine device) 子宮内避妊リング。ＩＵＣＤとも。
**IUGG** (International Union of Geodesy and Geophysics) 国際測地学・地球物理学連合。
**IUOTO** (International Union of Official Travel Organizations) 国連の官設観光機関国際同盟。
**IUPAC** (International Union of Pure and Applied Chemistry) 国際純粋応用化学連合。
**IUS** (International Union of Students) 国際学生連盟。
**IUSSP** (International Union for the Scientific Study of Population) 国際人口問題研究連合。
**IVA** (intravehicular activity) 宇宙船内活動。
**IVBF** (International Volleyball Federation) 国際バレーボール連盟。 「受精。
**IVF** (in vitro fertilization) 試験管内受精。体外
**IVT** (integrated video terminal) 総合ビデオターミナル。
**IWA** ①(International Whaling Agreement) 国際捕鯨協定。②(International Wheat Agreement) 国際小麦協定。
**IWC** ①(International Whaling Commission) 国際捕鯨委員会*。②(International Whaling Convention) 国際捕鯨会議。③(International Wheat Committee) 国際小麦委員会。
**IWS** (International Wool Secretariat) 国際羊毛事務局。
**IYAS** (International Years of the Active Sun) 太陽活動期国際観測年。

# J

**J** (joule) ジュール*。仕事・熱量の単位。
**JA** (Japan) 日本国籍の航空機を示す記号。
**JAA** ①(Japan Aeronautic Association) 日本航空協会。②(Japan Asia Airways) 日本アジア航空。
**JABC** (Japan Audit Bureau of Circulations) 日本ＡＢＣ協会。日本新聞雑誌部数公査機構。
**JAC** (Japanese Alpine Club) 日本山岳会。
**JACET** (Japan Association of College English Teachers) 大学英語教育学会。
**JADACS** (Japanese Self-Defense Force Automatic Data Communication System) 自衛隊データ通信システム。
**JAERI** (Japan Atomic Energy Research Institute) **ジャエリ**。日本原子力研究所*。
**JAF*** (Japan Automobile Federation) **ジャフ**。日本自動車連盟。
**JAIF** (Japan Atomic Industrial Forum) **ジャイフ**。日本原子力産業会議。
**JAL** (Japan Air Lines) **ジャル**。日本航空㈱*。
**JALPAK** **ジャルパック**。日本航空企画の海外向け団体旅行の商標名。
**Jam** (Jamaica) ジャマイカ。
**JAMA** (Japan Automobile Manufacturers' Association) **ジャマ**。日本自動車工業会。
**JAMSTEC** (Japan Marine Science and Technology Center) **ジャムステック**。日本海洋科学技術センター。
**JAN** (Japanese article number code) 日本工業規格 (JIS) 制定の標準商品表示。
**Jan** (January) １月。
**JANA** (Jamahiriya News Agency) **ジャナ**。リビア国営通信社。
**JAPIA** (Japan Auto-Parts Industries Association) **ジャピア**。日本自動車部品工業会。
**JAPIC** (Japan Project Industry Council) **ジャピック**。日本プロジェクト産業協議会。
**JAPIO** (Japan Patent Information Organization) **ジャピオ**。日本特許情報機構。
**JARE** (Japanese Antarctic Research Expedition) 日本南極探検。
**JARL** (Japan Amateur Radio League) **ジャール**。日本アマチュア無線連盟。
**JARO** (Japan Advertising Review Organization) **ジャロ**。日本広告審査機構*。
**JARTS** (Japan Railway Technical Service) **ジャーツ**。海外鉄道技術協力協会。
**JAS** ①(Japan Air System) 日本エアシステム。②(Japanese Agriculture and Forestry Standard) **ジャス**。日本農林規格。
**JASDF** (Japan Air Self-Defense Force) 航空自衛隊*。ＡＳＤＦとも。
**JASRAC** (Japanese Society for Rights of Authors, Composers and Publishers) **ジャスラック**。日本音楽著作権協会*。
**JASTRO** (Japan Association for Simplification of International Trade Procedures) **ジャストロ**。日本貿易関係手続簡易化協会。
**JATMA** (Japan Automobile Tire Manufacturers Association) **ジャトマ**。日本自動車タイヤ工業会。
**JATTAS** (Japan Technology Transfer Association) 日本工業技術振興協会。
**JBA** ①(All Japan Boxing Association) 全日本ボクシング協会。②(Japan Business Association) 日本貿易懇話会。
**JC** ①(Japan Certificate) 日本身代わり証券。②(Japan Junior Chamber, Inc.) 日本青年会議所。
**JCA** (Japan Consumer Association) 日本消費者協会。 「空局。
**JCAB** (Japan Civil Aviation Bureau) 運輸省航
**JCCI** (Japan Chamber of Commerce and Industry) 日本商工会議所*。
**JCIA** (Japan Chemical Industry Association) 日本化学工業協会。
**JCL** (job control language) コンピューターで, ジョブ制御言語。
**JCP** (job control program) コンピューターで, ジョブ制御プログラム。
**JCS** (Joint Chiefs of Staff) 米, 統合参謀本部*。
**JCST** (Japan Central Standard Time) 日本中央標準時。 「ビ。
**JCTV** (Japan Cable Television) 日本有線テレ
**JD** ①日本エアシステムのエアラインコード。②(Julian Day) ユリウス日*。③(juvenile delinquency) 少年少女の非行。 「券。
**JDR** (Japan Depositary Receipts) 日本預託証
**Je** (June) ６月。
**JEC** (Junior Executive Council of Japan) 日本経済青年協議会。 「ド。
**JED** (Jedda) サウジアラビア, ジッダの空港コー
**JERC** (Japan Economic Research Center) 日本経済研究センター。 「準規格。
**JES** (Japan Engineering Standard) 日本技術標
**JET** (Joint European Torus) 欧州共同体が共同開発中のトカマク型核融合実験装置。
**JETRO** (Japan External Trade Organization) **ジェトロ***。日本貿易振興会。
**JFIO** (Japan Federation of Importers' Organizations) 日本輸入団体連合会。
**JFK** (New York J. F. Kennedy Intl.) 米, ニューヨーク, ケネディ空港の空港コード。 「会。
**JGA** (Japan Golf Association) 日本ゴルフ協
**JGSDF** (Japan Ground Self-Defense Force) 陸上自衛隊*。ＧＳＤＦとも。
**JHFA** (Japan Health Food Association) 日本健康食品協会の「健康食品規格基準」に合格した食品に付ける認定マーク。
**JHS** (junior high school) 中学校。
**JICA** (Japan International Cooperation Agency) **ジャイカ**。国際協力事業団。ＪＡＩＣＡともいう。
**JICST** (Japan Information Center of Science and Technology) **ジクスト**。日本科学技術情報センター*。

**JIOA** (Japan Institute of Office Automation) 日本オフィスオートメーション協会。
**JIPDEC** (Japan Information Processing Development Center) **ジプデック**。日本情報処理開発協会。
**JIRA** (Japan Industrial Robot Association) 日本産業用ロボット工業会。
**JIS** (Japanese Industrial Standard) **ジス***。日本工業規格。
**JISマーク** 日本工業規格に合格した鉱工業製品につけられるマーク。
**JISA** (Japan Information Service Industry Association) **ジサ**。情報サービス産業協会。
**JIT** (job instruction training) 職業訓練。
**JJY** 郵政省電波研究所が発信する電波呼び出し符号。 「コード。
**JKT** (Jakarta) インドネシア, ジャカルタの空港
**JL** 日本航空のエアラインコード。
**JMA** ①(Japan Management Association) 日本能率協会。②(Japan Marketing Association) 日本マーケティング協会。③(Japan Medical Association) 日本医師会*。
**JMI** (Japan Machinery and Metal Inspection Institute) 機械電子検査検定協会。
**JMSDF** (Japan Maritime Self-Defense Force) 海上自衛隊*。MSDFとも。
**JMTBA** (Japan Machine Tool Builder's Association) 日本工作機械工業会。
**JMTR** (Japan Material Test Reactor) 日本原子力研究所の材料試験用原子炉。
**JNN** (Japan News Network) 東京放送系の日本ニュース放送網。
**JNTA** (Japan National Tourist Association) 日本観光協会。 「ピック委員会。
**JOC***(Japan Olympic Committee) 日本オリン
**JOCV** (Japan Overseas Cooperation Volunteers) 青年海外協力隊*。
**JODC** (Japan Overseas Development Corp.) 海外貿易開発協会。
**JOES** (Japan Overseas Educational Services) 海外子女教育振興財団。 「市場。
**JOM** (Japan offshore market) 東京オフショア
**JP** (jet propulsion) ジェット推進。 「部*。
**JPC** (Japan Productivity Center) 日本生産性本
**JPGA** (Japan Professional Golfers Association) 日本プロゴルファー協会。
**JPL** (Jet Propulsion Laboratory) ジェット推進研究所*。
**Jpn** ①(Japan) 日本。②(Japanese) 日本人。日本語。
**JPS** ①(Japan Philatelic Society, Foundation) 日本郵趣協会。②(Japan Photographers Society) 日本写真家協会。
**JR** (Japan Railways) 旧国鉄を分割した民営旅客鉄道6社と貨物鉄道1社の総称。
**JRCS** (Japanese Red Cross Society) 日本赤十字社*。
**JRN** (Japan Radio Network) 東京放送系の日本ラジオ放送網。
**JRR** (Japan Research Reactor) 日本原子力研究所の研究用原子炉。 「会議。
**JSA** (Japan Scientists Association) 日本科学者
**JSC** ①(Japan Science Council) 日本学術会議*。②(Joint Staff Council) 自衛隊の統合幕僚会議*。
**JSDマーク** (Japan Special Labeling Diet) 日本栄養食品協会が認定した加工食品の栄養成分表示マーク。
**JSDF** (Japan Self-Defense Forces) 自衛隊*。SDFとも。
**JSF** (Japan Science Foundation) 日本科学技術振興財団。
**JSIC** (Japan Standard Industry Classification) 日本標準産業分類。
**JSPS** (Japan Society for the Promotion of Science) 日本学術振興会*。
**JST** (Japan Standard Time) 日本標準時*。
**JT-60*** (JAERI Tokamak-60) 日本原子力研究所のトカマク型臨界プラズマ実験装置。
**JTB** (Japan Travel Bureau) 日本交通公社*。
**JTC** (Japanese trust certificate) 日本信託証券。外国株が国内で流通するための方法。
**JTTA** (Japan Table Tennis Association) 日本卓球協会。
**JTU** (Japan Teachers Union) 日本教職員組合*。日教組。
**JUST** (Japanese Unified Standards for Telecommunications) 日本通信規格。
**JV** (joint venture) 共同企業体*。
**Jy** (July) 7月。

# K

**K** ①(kalium) カリウム*の元素記号。②(karat) カラット*。宝石の重量の単位。ctとも。③(kelvin) 絶対温度*の記号。④(kilo) キロ。⑤(kitchen) キッチン。⑥(Köchelドイ) ケッヘル番号*。K.V.とも。
**K点*** (Kritischer Punktドイ) スキーのジャンプ競技で, 最大飛距離の目安を示す, 極限点。
**k** (kiloフラ) キロ*。単位に冠する接頭語。
**KA** (kiloampere) キロアンペア。電流の強さを表す単位。
**KAL** (Korean Air Lines) 大韓航空*。
**Kans** (Kansas) 米, カンザス州。
**KB** ①(kilobyte) キロバイト。コンピューターで, 記憶装置の容量の単位。②(Kontrabassドイ) コントラバス*。cbとも。
**kc** (kilocycle) キロサイクル*。周波数の単位。
**kcal** (kilocalorie) キロカロリー。熱量の単位。
**kCi** (kilocurie) キロキュリー。放射能放射性物質の質量を表す単位。
**KCNA** (Korean Central News Agency) 朝鮮中央通信社。朝鮮民主主義人民共和国の国営通信社。
**KD** (knocked-down) ノックダウン。部品を輸出し, 現地で組み立てを行う方式。ノックダウン方式とも。
**KDD*** (Kokusai Denshin Denwa Co., Ltd.) 国際電信電話㈱。
**KE** ①大韓航空のエアラインコード。②(knowledge engineering) 知識工学。
**KEF** (Reykjavik-Keflavik) アイスランド, レイキャビーク, ケフラビーク空港の空港コード。
**kerg** (kiloerg) キロエルグ。仕事およびエネルギーの単位。
**KEW** (kinetic energy weapon) 運動エネルギーを利用する兵器。
**kg** (kilogrammeフラ) キログラム*。メートル法の重さの単位。
**KGB** (Komitet Gosudarstvcnnoy Bezopasnostiロシ) **カーゲーベー***。ソ連の国家保安委員会。
**kgc** (kilogram-calorie) キログラムカロリー。
**kgm** (kilogram-meter) キログラムメートル。仕事およびエネルギーの単位。
**kgr** (kilograin) キログレーン。質量の単位。
**kgw** (kilogram-weight) キログラム重*。力の単位。
**KHI** (Karachi) パキスタン, カラチの空港コード。
**kHz** (kilohertz) キロヘルツ。周波数の単位。
**KIA** (killed in action) 戦死。
**KID** (key industry duty) 基幹産業保護関税。
**KIN** (Kingston) ジャマイカ, キングストンの空港コード。
**kj** (kilojoule) キロジュール。仕事およびエネルギーの単位。
**KK** (kabushiki kaisha) 株式会社*の略記。
**KKK** (Ku Klux Klan) 米, KKK団。クークラックスクラン*。黒人に対して白人優越をとなえる秘密結社。
**KL** オランダ航空のエアラインコード。
**kl** (kilolitreフラ) キロリットル。メートル法の容積・体積の単位。
**KLM** (Koninklijke Luchtvaart Maatschappij オラ) オランダ航空会社。
**km** (kilomètreフラ) キロメートル。メートル法の長さの単位。
**KO** (knockout) ボクシングで, ノックアウト*。
**KOC** (Kuwait Oil Company) クウェート石油会社。
**KOPF** (Federacio de Proletaj Kulturaj-Organizoj Japanajエスペ) **コップ***。日本プロレタリア文化連盟。
**KP** (Kommunisticjeskaja partijaロシ) **カーペー**。共産党*。
**Kr** (Krypton) クリプトンの元素記号。
**KS** (Kansas) 米, カンザス州の郵便コード。
**KS鋼*** 磁性の強い永久磁石鋼。
**KSC** (Kennedy Space Center) 米, ケネディ宇宙センター。
**KT** (kiloton) キロトン。核爆弾の爆発力を表す単位。
**kt** (knot) ノット*。船舶の速さの単位。
**KTM** (Kathmandu) ネパール, カトマンズの空港コード。
**KUL** (Kuala Lumpur) マレーシア, クアラルンプールの空港コード。 「も。
**K.V.** (Köchelverzeichnisドイ) ケッヘル番号*。Kと
**kV** (kilovolt) キロボルト。電圧の単位。
**kVA** (kilovolt ampere) キロボルトアンペア。
**kW** (kilowatt) キロワット。電力の単位。
**kWh** (kilowatt hour) キロワット時*。電力量の単位。
**KWI** (Kuwait) クウェート, クウェートの空港コード。
**KWIC** (keyword in context) **クイック**。情報検索で, キーワードを文脈の中に入れたまま検索できるようにしたもの。
**KWOC** (keyword out of context) **クウォック**。情報検索で, キーワードを文脈の外に出して検索できるようにしたもの。 「ド。
**KY** (Kentucky) 米, ケンタッキー州の郵便コー
**Ky** (Kentucky) 米, ケンタッキー州。

# L

**L** ①(lambert) ランベルト。輝度を表す単位。②(large) 衣料品などで, 大型サイズを表す記号。③(left) レフト。左。④(linesman) 球技で, ラインズマン。線審。
**L-** (Lockheed Corp.) 米, ロッキード社製輸送機の記号。
**L特急*** JR各社の在来線特急列車の愛称。
**L波** (long wave) 地震波の一つ。
**£** (libraラテ) 英国の通貨で, ポンド*の記号。
**l** ①(length) 長さを示す記号。②(litreフラ) リットル*。メートル法による体積・容積の単位。
**LA** ①(Latin America) 中南米。②(Los Angeles) ロサンゼルス*。③(Louisiana) 米, ルイジアナ州の郵便コード。
**La** ①(laboratory automation) 実験・研究部門の自動化。②(lanthanum) ランタン*の元素記号。③(Louisiana) 米, ルイジアナ州。
**LACE** (lysergic acid diethylamide) 幻覚剤の一種のリゼルグ酸ジエチルアミド。
**LAES** (Latin America Economic System) ラテンアメリカ経済機構。
**LAGEOS** (laser geodetic satellite) **ラジェオス**。米国の測地衛星。 「信網。
**LAN** (local area network) **ラン***。企業内情報通
**Lancs** (Lancashire) 英, ランカシャー州。
**LANDSAT** (land satellite) **ランドサット***。米国の地球資源探査衛星。
**LARA** (Licensed Agency for Relief of Asia) **ララ**。アジア救済連盟。
**LAS** ①(Las Vegas) 米, ラスベガスの空港コード。②(linear alkyl benzensulfonic acid) リニアアルキルベンゼンスルホン酸。
**LASA** (large aperture seismic array) 地下核実験の探知用に開発された超遠距離地震検出装置。
**LASER** (light amplification by stimulated emission of radiation) レーザー*。
**LASH** (lighter aboard ship) ラッシュ船。船上にはしけをのせた船。
**LASL** (Los Alamos Scientific Laboratory) 米, ロスアラモス科学研究所。 「物。
**LAW** (low active waste) 低レベル放射性廃棄
**LAX** (Los Angeles) 米, ロサンゼルスの空港コード。
**LB** (left back) バレーボールで, レフトバック。後衛の左。
**LBフィルター** (light balancing filter) 色温度変換フィルター。 「位。
**lb** (libraラテ) ポンド*。ヤード-ポンド法の重量の単
**LBG** (liquefied butane gas) 液化ブタンガス。

**LBO** (leveraged-buyout) 企業買収の一種。経営者買収とも。

**LBP** (laser beam printer) レーザー光を用いたプリンター。

**LC** ①(landing craft) 上陸用舟艇。②(letter of credit) 信用状*。外国間の取引で，輸入業者の信用を保証するために銀行が発行する信用証書。③(Library of Congress) 米，議会図書館。④(light change) 舞台で，照明が明るいままの場面変換。明転。

**LC郵便物** (lettres et cartes postalesﾌﾗ) 外国通常郵便物の書状や葉書。

**LCC** (launch control center) スペースシャトル打上げ用の発射管制センター。

**LCD** ①(liquid crystal display) 液晶表示装置。②(lowest common denominator) 最小公分母。

**LCM** (least common multiple) 最小公倍数。

**LCVG** (liquid cooling and ventilation garment) 液体冷却式の通気服。

**LD** ①(laser disc) レーザーディスク*。②(learning disability) 脳障害による学習能力障害。③(lethal dose) 薬物の致死量。

**$LD_{50}$** (lethal dose for 50% of the animals tested) 実験動物の半数が死に至る薬物の量。

**LDC** (less-developed country) 発展途上国*。

**LDDC** (least developed among developing countries) 後発発展途上国*。ＬＬＤＣとも。

**LDEF** (long duration exposure facility) 長時間露出衛星。

**LDK***(living room, dining room, kitchen) 居間と食堂兼台所の間取りを示す語。

**LDL*** (low density lipoprotein) 低密度リポたんぱく質。

**L-DOPA** (L dihydroxyphenylalanine) **エルドーパ**。L型ジオキシフェニルアラニン。アミノ酸の一種。

**LDR*** (London Depositary Receipts) ロンドン預託証券*。

**LDV** ①(light duty vehicle) 軽量車。②(liquid crystal video display) 液晶画像ディスプレイ。

**LED** ①(Leningrad) ソ連，レニングラードの空港コード。②(light-emitting diode) 発光ダイオード*。

**LEED** (low energy electron diffraction) **リード**。低エネルギー電子回折。

**leg** (legatoｲﾀ) 音楽用語で，レガート*。

**legg** (leggieroｲﾀ) 音楽用語で，レジェーロ。

**Leics** (Leicestershire) 英，レスターシャー州。

**LEM** (lunar excursion module) ＮＡＳＡのアポロ計画の月着陸船。

**LETF** (launch equipment test facility) 米国ケネディ宇宙センターのロケット発射装置試験施設。

**LF** ①(left fielder) 野球で，レフト。②(left forward) バレーボールで，レフトフォワード。前衛の左。③(low frequency) キロメートル波。

**LG** (letter of guarantee) 支払保証状。

**LGA** (New York-La Guardia) 米，ニューヨーク，ラガーディア空港の空港コード。

**LGM** (silo launched guided missile) 米，サイロ発射誘導ミサイル。

**LGW** (London-Gatwick) 英，ロンドン，ガトウィック空港の空港コード。

**LH** ①ルフトハンザ・ドイツ航空のエアラインコード。②(luteinizing hormone) 黄体形成ホルモン。

**LHテープ** (low-noise high-output tape) 雑音が低く高出力のオーディオテープ。

**LHR** (London-Heathrow) 英，ロンドン，ヒースロー空港の空港コード。

**Li** (lithium) リチウム*の元素記号。

**lib** (liberation) **リブ**。女性解放運動。

**LIBOR** (London Interbank Offered Rate) **リボ**。ロンドン銀行間取引金利。

**LIFFE** (London International Financial Futures Exchange) ロンドン金融先物取引所。

**LIFO** (last-in, first-out) **ライフォ**。①棚卸し資産の評価法で，後入れ先出し法。②コンピューターで，最後に格納したデータが最初に取り出される方法のこと。ＦＩＦＯとも。

**LIM** ①(Lima) ペルー，リマの空港コード。②(linear induction motor) リニアモーター*。

**LIN** (Milan Linate) イタリア，ミラノ，リナーテ空港の空港コード。

**Lincs** (Lincolnshire) 英，リンカーンシャー州。

**LIS** (Lisbon) ポルトガル，リスボンの空港コード。

**LISP** (List Processing) **リスプ***。マサチューセッツ工科大学開発の高級プログラミング言語。

**LK** (living+kitchen) リビングキッチン*。居間兼台所の間取りを示す語。

**LL*** ①衣料品などのサイズで，特大型。②(language laboratory) 機械装備の語学練習室

**LLA** (Language Laboratory Association) 日本で，語学ラボラトリー学会。

**LLDC** (least less-developed countries) 後発発展途上国*。ＬＤＤＣとも。

**LLLTV** (low light level TV) 低光量テレビ。

**LM** ①衣料品のサイズで，ＬとＭの中間。②(light music) 軽音楽*。③(lunar module) 月着陸船。

**lm** (lumen) ルーメン*。光束の単位。

**LME** (London Metal Exchange) ロンドン金属取引所。

**LMFBR** (liquid metal fast breeder reactor) 液体金属層の高速増殖炉。

**LMG*** (liquefied methane gas) 液化メタンガス。

**LNG*** (liquefied natural gas) 液化天然ガス。

**LO** ①(light open) 舞台に照明がある状態で幕を開けること。②(light operator) ライトオペレーター。

**LOC** (lines of communication) 兵站線*。

**LOFT** **ロフト**。①(loss of fluid test) 原子炉の流体喪失試験。②(low frequency radio telescope) 低周波無線望遠鏡。

**log** (logarithm) **ログ**。対数*。

**Logo** **ロゴ***。マサチューセッツ工科大学が開発したパソコン用のプログラミング言語。

**Lo-Lo** (lift on, lift off) **ローロー**。垂直型荷役方式。

**LON** (London) 英，ロンドンの空港コード。

**LORAN** (long range navigation) 遠距離航法。ロラン航法*。

**LOS** ①(Lagos) ナイジェリア，ラゴスの空港コード。②(land observation satellite) 陸地観測衛星。

**LOX** (liquid oxygen) 液体酸素*。

**LP** ①(Labour Party) 英，労働党*。②(linear programming) 線形計画法。リニアプログラミング*。③(line printer) ラインプリンター*。行印字装置。ＬＰＴとも。④(long-playing record) １分間に33と３分の１回転のレコード。

**LPG***(liquefied petroleum gas) 液化石油ガス。プロパンガス。

**LPGA** (Ladies' Professional Golf Association) 女子プロゴルフ協会。

**LPS** (launch processing system) ロケットの発射準備作業システム。

**LPT** (line printer) ラインプリンター。行印字機。

**LPTV** (low power television) 低出力テレビ。米国で人気のあるミニテレビ局。

**LR** ①(Lloyd's Register) 英，ロイド船級協会。②(Lloyd's Register of Shipping) 英，ロイド船籍簿。

**Lr** (lawrencium) ローレンシウム*の元素記号。

**LRF** ①(laser range finder) レーザー照準機。②(luteinizing hormone-releasing factor) 黄体形成ホルモン放出因子。

**LRSI** (low-temperature reusable surface insulation) 低温用耐熱タイル。

**LRV** (lunar roving vehicle) 月面移動車。

**LS*** (long shot) 映画や写真撮影で，遠写。

**LS原料** (low sulphur crude oil) 低硫黄原油。

**LSA** (Linguistic Society of America) 米国言語学会。

**LSAT** (Law School Admission Test) 米，法律を専攻する者のための大学入試。

**LSD** ①(landing ship dock) 米，ドック型揚陸艦。②(D-lysergic acid diethylamide) ライムギのかびから作った幻覚剤。

**LSE** (London Stock Exchange) ロンドン証券取引所*。

**LSI*** (large scale integration) 大規模集積回路。

**LSS** (life support system) 宇宙飛行士の生命維持装置。

**LST** ①(landing ship tank) 米，戦車揚陸艦*。②(local standard time) 地方標準時*。

**LT** ①(letter telegram) 書信電報。②(local time) 地方時。

**LTA** (lighter than air) 飛行船や気球など空気より軽い飛行機。

**Ltd** (limited) 英国で，有限会社。

**LTP** (low temperature passivation) 低温処理。

**LTTE** (Liberation Tiger for Tamil Eelam) タミル・イーラム解放の虎。

**LU** (loudness unit) ラウドネス単位。音量の単位。

**Lu** (lutetium) ルテチウム*の元素記号。

**LUA** (letter of undertaking and authorization) 保証授権書。

**LVD** (Laservision Video Disk) ビデオディスクの形式の一つ。

**LVM** (Luna, Venus and Mars Program) ソ連の月・金星・火星の探査計画。

**LW** (left wing) サッカー・ラグビーなどで，レフトウイング。前衛の左。

**LWL** (low water level) 干潮面。低水位。

**LWM** (low-water mark) 低水界。低潮標。

**LWR** (light water reactor) 軽水原子炉。

**lx** (lux) ルクス*。照度の単位。

# M

**M** ①(Machﾄﾞｲ) マッハ*。高速飛行物体の速度を示す単位。②(magenta) マゼンタ*。色相で赤紫を示す。③(magnitude) マグニチュード*。地震の強さを表す単位。④(male) 雄，または男性。⑤(Markﾄﾞｲ)マルク*。ドイツの貨幣単位を表す記号。⑥(medium) 衣料品などのサイズが標準であることを示す記号。⑦(megaｷﾞﾘ) メガ*。百万倍を示す単位。⑧(menses) 月経。⑨(money) 金。

**MΩ** (megohm) メグオーム。電気抵抗の単位。

**m** ①(mètreﾌﾗ) メートル。②(milliﾌﾗ) ミリ。千分の一を示す単位。

**MA** ①(Massachusetts) 米，マサチューセッツ州の郵便コード。②(mental age) 精神年齢。

**mA** (milliampere) ミリアンペア。電流の単位。

**MAB** (Man and the Biosphere Program) **マブ**。人間と生態圏計画。

**MAC** (Military Airlift Command) **マック***。米，輸送空軍。

**MACシステム** (multi-access computing system) 多接続コンピューターシステム。

**MAD** ①(Madrid) スペイン，マドリッドの空港コード。②(magnetic airborne detector) 機上磁気探知機。③(magnetic anomaly detector) 磁気探知装置。④(Mutual Assured Destruction) **マッド**。相互確証破壊。

**M&A*** (mergers and acquisitions) 他の企業を合併・買収すること。

**MAP** ①(Middle Atmosphere Program) 中層大気観測計画。②(Military Assistance Program) **マップ**。米国の軍事援助計画。

**MAR** (multifunction array radar) 多目的群列レーダー。

**Mar** (March) ３月。

**MARC** (machine readable catalog) **マーク**。図書館のコンピューター読み取り可能目録法。

**marc** (marcatoｲﾀ) マルカート。

**Marisat** (maritime satellite) **マリサット**。米国の海事通信衛星。

**MARS** ①(magnetic electronic automatic reservation system) 電子磁気自動予約装置。②(manned astronautical research station) 有人宇宙飛行研究所。

**MARV*, MaRV** (Maneuverable Re-entry Vehicle) **マーブ**。機動核弾頭。

**MAS** (Malaysian Airline System Berhad) マレーシア航空。

**MASER** (microwave amplification by stimulated emission of radiation) **メーザー**。メーザー分子増幅器。誘導放射によるマイクロ波の波増幅器または発振器。

**MASH** ①(manned anti-submarine helicopter) 有人対潜ヘリコプター。②(mobile army surgical hospital) **マッシュ**。米国の陸軍移動外科病院。

**Mass** (Massachusetts) 米,マサチューセッツ州。
**MAST** (military antishock trousers) 宇宙飛行士用耐衝撃ズボン。
**MAT** (missile anti-tank) 対戦車ミサイル*。ATMとも。
**MATV** (master antenna television) テレビの共同聴視施設。
**MAVR** (modulating amplifier by variable reactance) マイクロ波増幅装置。
**max** (maximum) 数学で,最大,極大。
**MB** (megabyte) メガバイト。
**mb** (millibar) ミリバール*。大気圧などの圧力の単位。
**MBD** (minimal brain dysfunction) 微細脳機能障害症候群。
**MBE** (molecular-beam epitaxy) 分子線エピタキシー。
**MBFR** (mutual and balanced force reduction) 中部ヨーロッパ相互兵力削減交渉。
**MBO** (management by objectives) 目標管理*。
**MBT** (main battle tank) 主力戦車。
**MC** ①(machining center) 複合加工工作機械。②(Marine Commission) 海事委員会。③(Member of Congress) 米,国会議員。
**Mc** (megacycle) メガサイクル*。周波数の単位。
**MCA** ①(manufacturers' consumer advertising) メーカーの消費者向け広告。②(multi-channel access system) マルチチャンネルアクセスシステム。
**MCCA** (Mercado Común Centroamericano スペ) 中米共同市場*。CACMとも。
**MCI** ①(Kansas City Intl) 米,カンザスシティーの空港コード。②(Microwave Communications of America, Inc.) 米国マイクロウェーブ通信社。
**MCLS** (mucocutaneous lymph node syndrome) 急性熱性皮膚粘膜リンパ節症候群。川崎病*。
**MCO** (Miscellaneous Charges Order) 航空会社や旅行代理店が発行する海外旅行用の有価証票。
**MCR** ①(magnetic character reader) 磁気文字読み取り装置。②(mark card reader) マークカード読み取り装置。
**MCS** (missile control system) ミサイル制御システム。
**MD** ①(magnetic disc) 磁気ディスク。②(Maryland) 米,メリーランド州の郵便コード。
**Md** ①(Maryland) 米,メリーランド州。②(mendelevium) メンデレビウム*の元素記号。
**MDA** (Mutual Defense Assistance) 日米相互防衛援助協定*。
**MDAP** (Mutual Defense Assistance Program) 米,相互防衛援助計画。
**MDC** (more developed country) 経済的には比較的豊かな発展途上国。中進国。
**MDS** ①(microcomputer development software) マイクロコンピューター開発用ソフトウエア。②(microcomputer development system) マイクロコンピューター開発システム。③(management decision system) 経営意思決定システム。④(multipoint distribution system) 多点配線システム。
**MDT** (Mountain Daylight Time) 米,山地夏時間。
**MDU** (mobile diving unit) 移動式潜水装置。
**MDW** (Chicago Midway) 米,シカゴ,ミッドウェイ空港の空港コード。
**Mdyn** (mega dyne) メガダイン。力のCGS単位。
**ME** ①(Maine) 米,メーン州の郵便コード。②(medical electronics) 医療用電子機械。医用電子工学。③(medical engineering) 医療用工業。医用工学。④(medical equipment) 医療機器。⑤(microelectronics) マイクロエレクトロニクス*。微小電子工学。
**Me** (Maine) 米,メーン州。
**MEA** (Middle East Airlines) 中東航空。
**MEB** (Melbourne Essendon) オーストラリア,メルボルン,エセンドン空港の空港コード。
**Med** (Mediterranean) 地中海*。
**MEDLARS** (Medical Literature Analysis and Retrieval System) **メドラーズ**。米,医学情報提供システム。
**MEL** (Melbourne) オーストラリア,メルボルンの空港コード。
**MEM** (Memphis) 米,メンフィスの空港コード。
**MENA** (Middle East News Agency) 中東通信社。
**MEP** (macro engineering project) 大型技術計画。
**MeV** (million electron volts) 100万電子ボルト。
**MEW** (microwave early warning radar) マイクロ波早期警戒レーダー。
**MEX** (Mexico City) メキシコ,メキシコシティーの空港コード。
**Mex** ①(Mexican) メキシコ人。②(Mexico) メキシコ。
**MF** (medium frequency) ヘクトメートル波。
**mf** ①(mezzo forteイタ) メゾフォルテ*。*mf*と表示する。②(millifarad) ミリファラッド。静電容量の単位。
**MFA** (Multi national Fiber Agreement) 多国間繊維取り決め。
**MFLOPS** (million floating point operations per second) **エムフロップス**。コンピューターで,毎秒100万回の浮動小数点演算。
**MFN** (most favored nation) 最恵国*。
**MFO** (Multinational Force and Observers) 多国籍監視軍。
**MG** ①(machine gun)機関銃*。②(middle guard) ミドルガード。アメリカンフットボールで,守備ラインのセンターに位置する選手。
**Mg** (magnesium) マグネシウム*の元素記号。
**mg** (milligrammeフラ) ミリグラム*。メートル法の質量の単位。
**MGM***(Metro-Goldwyn-Mayer, Inc.) 米国の映画会社で,メトロゴールドウィンメイヤー社。
**MH** マレーシア航空のエアラインコード。
**MHD** (magnetohydrodynamics)電磁流体力学。
**MHD発電*** (magnetohydrodynamic power generation) 電磁流体発電。
**MHW** (mean high water) 平均高水位。
**MHz** (megahertz) メガヘルツ*。周波数の単位。
**MI** ①(Michigan) 米,ミシガン州の郵便コード。②(magnet induced cartridge) オーディオのマグネチック型カートリッジの一種。
**MIA** ①(Miami) 米,マイアミの空港コード。②(missing in action) 戦闘中の行方不明者。
**MIC** ①(management of indirect costs) **ミック**。間接部門効率化計画。②(military-industrial complex) 軍産複合体*。
**Mich** (Michigan) 米,ミシガン州。
**MICOS** (meteorological information confidential online system) 気象情報提供システム。
**MICR** ①(magnetic ink character reader) 磁気インク文字読み取り装置*。②(magnetic ink character recognition) 磁気インク文字認識。
**MIDAS** (Missile Defense Alarm System) **ミダス**。ミサイル防衛警戒組織。
**MIDI** (musical instrument digital interface) **ミディ**。デジタル方式の電子楽器を相互連動させるための統一規格。
**MIG** (Micojan i Gurjevicロシ)**ミグ***。ミグ戦闘機。
**MIGA** (Multilateral Investment Guarantee Agency) 国際投資保証機構。
**MIL** (Milan) イタリア,ミラノの空港コード。
**mil** (million) ミリオン*。100万。
**min** ①(minimum) 数学で,最小,極小。②(minute) 分。
**Minn** (Minnesota) 米,ミネソタ州。
**MINS** (Minor In Need of Supervision) 監督を必要とする未成年者。
**MIP** ①(Monthly Investment Plan) 月賦式積立投資法。②(most important person) 最重要人物。
**MIPS** (million instructions per second) **ミップス**。コンピューターの処理能力単位。
**MIRV*** (multiple independently-targetable reentry vehicle) **マーブ**。個別誘導式複数目標弾頭。
**MIS*** (Management Information System) 経営情報システム。
**Miss** (Mississippi) 米,ミシシッピ州。
**MIT** ①(market if touched) 株式で,一定の値がついたら売れという指示。②(Massachusetts Institute of Technology) マサチューセッツ工科大学。③(master instruction tape) コンピューターで,特定のプログラミングに必要なすべてを記憶している磁気テープ。
**MITI** (Ministry of International Trade and Industry) **ミティ**。日本の通商産業省*。
**MJB** (Max, Joseph, Bransten) 米国のコーヒー製造会社。
**MK鋼*** 鉄・ニッケル・アルミニウム・銅・コバルトなどの合金。
**MKC** (Kansas City) 米,カンザスシティーの空港コード。
**MKE** (Milwaukee) 米,ミルウォーキーの空港コード。
**MKS単位系*** 基本単位として,長さにメートル,質量にキログラム,時間に秒を用いる単位系。
**MKSA単位系*** MKS単位系に電流の単位アンペアを加えた単位系。
**ml** (millilitreフラ) ミリリットル。メートル法の体積・容積の単位。
**MLD** ①(median lethal dose) 半数致死量。②(minimum lethal dose) 最小致死量。
**MLE** (Male) モルディブ,マレの空港コード。
**MLS** (microwave landing system) マイクロ波着陸誘導装置。
**MLT** (median lethal time) 半数致死時間。
**MM** (moving magnet) 可動磁石。
**mm** (millimètreフラ) ミリメートル。メートル法の長さの単位。
**MMA** (money market deposit accounts) 短期金融市場預金勘定。
**MMC*** ①(money market certificates) 金融市場金利連動型預金。②(mytomycine) マイトマイシン。
**MMD** (maximum mixing depth) 大気の最大混合層高度。
**MMF** ①(magnetomotive force) 起磁力*。②(money market fund) 米,証券会社が売り出している金利の高い投資信託。
**MMMF** (money market mutual fund) 米,短期金融資産投資信託。
**MMN** (Money Market Note) 米,変動利付中期債券。
**MMO** (music minus one) 伴奏のみ録音した練習用レコード。
**MMT** (multiple mirror telescope) 多面反射望遠鏡。
**MMU** (manned maneuvering unit) 宇宙船の船外活動用操縦装置。
**MN** (Minnesota) 米,ミネソタ州の郵便コード。
**Mn** (Manganドイ) マンガン*の元素記号。
**MNC** (multinational corporation) 多国籍企業*。
**MNL** (Manila) フィリピン,マニラの空港コード。
**MO** (Missouri) 米,ミズーリ州の郵便コード。
**Mo** ①(Missouri) 米,ミズーリ州。②(Molybdänドイ) モリブデン*の元素記号。
**MOBS** (multiple orbital bombardment system) 多数軌道爆撃システム。
**MOD** (Ministry of Defence) 英,国防省。
**MODEM** (modulator-demodulator) **モデム***。コンピューターのデータ伝送用変調装置。
**MOF** ①(Minister of Finance) 大蔵大臣。②(mixed oxide fuel) 混合酸化物燃料。
**MOF勘定** (Minister of Finance account) 大蔵大臣勘定。
**MOL** ①(manned orbiting laboratory) **モル**。有人軌道実験室。②(maximum output level) 最高出力値。
**MOMA** (Museum of Modern Art) ニューヨーク近代美術館。
**Mon** (Monday) 月曜日。
**Mont** (Montana) 米,モンタナ州。
**MOR** (middle-of-the-road) 気軽に聴けるポップミュージック。
**MOS** ①(management operating system) 標準経営管理方式。②(metal-oxide-semiconductor) **モス**。金属酸化膜半導体。
**MOSシリーズ** (marine observation satellite series) 日本のリモートセンシング衛星計画の中の海洋観測衛星シリーズ。

**MOSFET** (metal oxide semiconductor field-effect transistor) モス素子。
**MOSIC** (metal oxide semiconductor integrated circuit) 金属酸化膜半導体集積回路。
**MOSS** (market oriented sector selective) **モス***。市場重視型個別協議方式。
**MOT** (Ministry of Transport) 日・英,運輸省*。
**MOW** (Moscow) ソ連,モスクワの空港コード。
**MOX** (mixed oxide fuel) 混合酸化物燃料。
**MP** ①(Member of Parliament) 英,下院議員。②(military police) 米,陸軍の憲兵。
**mp** (mezzo piano イタ) メゾピアノ*。*mp* と表示する。
**MPA** (maritime patrol aircraft) 海洋哨戒機*。
**MPC** ①(mathematics, physics, chemistry) 数学,物理学,化学。②(military policy currency) 軍票*。
**MPD** (maximum permissible dose) 放射能の最大許容線量。
**mpg** (miles per gallon) 1ガロン当たりの走行マイル数。
**mph** (miles per hour) 1時間当たりの走行マイル数。
**MPL** (maximum permissible level) 最大許容レベル。
**MPN** (most probable number) 最確数。
**MPS** (mail preference service) メールプレファランスサービス。DMの受け取りを拒否することのできる制度。
**MPST** (multipurpose support team) 宇宙飛行をさせるための多目的支援チーム。
**MPU** (microprocessing unit) 超小型中央演算処理装置。
**MQ** (metol hydroquinone) 写真現像液の一つ。
**MRシリーズ** (Mercury-Redstone series) NASAの,マーキュリー計画。
**MRBM** (medium range ballistic missile) 準中距離弾道ミサイル*。
**MRCA** (multi-role combat aircraft) 多目的戦術機。
**MRFA** (mutual reduction of forces and armaments) 中部ヨーロッパ相互兵力軍備削減交渉。MBFRとも。
**MRI** (magnetic resonance imaging) 磁気共鳴イメージング装置。
**mRNA** (messenger RNA) メッセンジャーRNA*。伝令リボ核酸。
**MRP** (material requirements planning) 資材所要量計画。
**MRS** (Marseilles) フランス,マルセイユの空港コード。
**MRV** ①(moon roving vehicle) 月面車。②(multiple re-entry vehicle) 多弾頭再突入ミサイル。
**MS** ①(manuscript) 原稿,写本。②(Mississippi) 米,ミシシッピー州の郵便コード。③(motorship) 電動機船。
**Ms** ①(miz) **ミズ***。未婚,既婚を問わない女性の敬称。②(mezzo soprano イタ) メゾソプラノ*。
**MSA** ①(Malaysia-Singapore Airlines) マレーシアーシンガポール航空。②(Mutual Security Act) 米,相互安全保障法*。
**MSA協定** MSAに基づいて,米国が自由主義陣営諸国と締結した協定。
**MSAC*** (most seriously affected countries) 最貧国。石油危機でもっとも大きな経済的打撃を受けた開発途上国。
**MSC** (Manned Spacecraft Center) 米,有人宇宙飛行センター。
**MSc** (Master of Science) 理学修士。
**MSDF** (Maritime Self-Defense Force) 海上自衛隊*。
**MS-DOS** (Micro Soft Disk Operating System) **エムエスドス**。米国マイクロソフト社で開発されたマイクロコンピューター用のオペレーティングシステム。
**MSF**① (mass storage facility) コンピューターで,大記憶装置。②(message stock file) コンピューターで,メッセージストックファイル。
**MSFC** (Marshall Space Flight Center) 米,マーシャル宇宙飛行センター。
**MSG** (Madison Square Garden) マジソンスクエアガーデン。米,ニューヨーク市にあるスポーツセンター。
**MSI** (medium scale integration) 中規模集積回路。
**MSL** (mean sea level) 平均潮位。平均海水面*。
**MSR** ①(missile site radar) ミサイル配置レーダー。②(molten salt reactor) 溶融塩原子炉。
**MSS** ①(manned space station) 有人宇宙ステーション。②(mass storage system) 大量記憶装置。
**MST** (Mountain Standard Time) 米,山地標準時。
**MSW** (medical social worker) 医療ソーシャルワーカー。
**MSX** (Micro-Soft X) パーソナルコンピューターの一つの規格。
**MSY** (New Orleans) 米,ニューオーリンズの空港コード。
**MT** ①(medical technologist) 衛生検査技師。②(megaton) メガトン*。質量の単位。③(magnetic tape) 磁気テープ*。④(metric ton) メートルトン*。質量・重量の単位。⑤(Montana) 米,モンタナ州の郵便コード。
**MT車** (manual transmission) マニュアル車。手動変速機車。
**Mt** (mountain ) 山。
**MTA** (medical technology assessment) 医療テクノロジーアセスメント。
**MTB** (motor torpedo-boat) 魚雷艇*。
**MTBF** (mean time between failure) 平均故障間隔。
**MTI** ①(Magyar Tavirati Iroda ハンガ) ハンガリー通信社。②(moving target indicator) 移動目標表示レーダー。
**MTN** ①(multilateral trade negotiations) GATTの多角的貿易交渉。東京ラウンドとも。②(multilateral tariff negotiations) 多国間関税引き下げ交渉。
**MTP** ①(management training program) 管理者訓練計画。②(minimum tour price) 海外パック旅行最低公示価格。
**MTR** ①(material testing reactor) 材料試験炉。②(missile tracking radar) ミサイル追跡レーダー。
**MTS系** メートル系単位。基本単位として長さにメートル(m),質量にトン(t),時間に秒(s)を用いる。
**MTT** (minimum time track) 航空機の最短時間航路。
**MTTF** (mean time to failure) 故障がおきるまでの平均時間。
**MTTFF** (mean time to first failure) 機械・部品などで,最初の故障までの作動時間の平均値。
**MTTR** (mean time to repair) 機械類が故障したさいの,修復するのに必要な平均時間。
**MTV** (Music Television) 米,ロックミュージックを放送する有線テレビ。
**MTX** (middle trainer X) 次期中間ジェット練習機。
**MUC** (Munich) 西ドイツ,ミュンヘンの空港コード。
**MUF** (material unaccounted-for) **マフ**。一定の期間内におきる,核物質の行方不明の量。
**MUSE方式** (multiple sub-nyquist sampling encoding) **ミューズ方式**。NHKが開発した多重サブサンプル方式。
**MV** ①(megavolt) メガボルト。電圧の単位。②(motor vessel) 発動機船。
**mV** (millivolt) ミリボルト。電圧の単位。
**mv** (mezza voce イタ) メザボーチェ。
**MVA** ①(megavolt-ampere) メガボルトアンペア。皮相電圧単位。②(Missouri Valley Authority) 米,ミズーリ川流域開発公社。
**MVD** (Ministjerstvo Vnutrjennih Del ロシ) ソ連内務省。
**MVP** (most valuable player) 最優秀選手*。
**MW** (megawatt) メガワット。電力の単位。
**MWh** (megawatt-hour) メガワット時。電力量の単位。
**MWS** (management work station) 管理者用ワークステーション。
**MX** (missile experimental) 米,次期新型の大陸間弾道ミサイル。ピースキーパー*の仮称。
**MXP** (Milan-Malpensa) イタリア,ミラノ,マルペンサ空港の空港コード。

# N

**N** ①(newton) ニュートン*。MKS単位での力の単位。②(nitrogen) 窒素*の元素記号。③(North) 磁石・コンパスで,北を示す記号。④(North Pole) 北極を表す記号。⑤(nuclear) 原子力の。核の。
**n** ①(nano ギリ) ナノ*。単位につく接頭語。②(neutral) 無彩色であることを示す記号。
**NA** (North America) 北米。
**Na** (natrium) ナトリウム*の元素記号。
**NAC** (National Advisory Council on International Monetary and Financial Problems) 米,国際通貨金融問題国家諮問委員会。
**NAD** (nicotinamide adenine dinucleotide) ニコチンアミドアデニンジヌクレオチド。
**NADGE** (NATO air defense ground environment) **ナッジ***。NATOの自動防空警戒管制組織。
**NAFSA** (National Association of Foreign Student Affairs) 米,外国人学生援助協会。
**NAK** (negative acknowledgement) テレタイプで,否定応答。
**NAL** (national aerospace laboratory) 日本の航空宇宙技術研究所*。
**NAMFREL** (National Citizens Movement for Free Elections) **ナムフレル**。フィリピンの自由選挙のための全国市民運動。
**NAMUCAR** (Naviera Multinacional del Caribe スペ) カリブ共同海運会社。
**NANA** (North American Newspaper Alliance) **ナナ**。北米新聞連合。
**NAND** (not AND) **ナンド**。否定論理積。
**NAP** (Naples) イタリア,ナポリの空港コード。
**NAPF** (Nippona Artista Proleta Federacio エスペ) **ナップ***。全日本無産者芸術連盟。
**NAS** (National Aerospace Standard) 米国航空宇宙規格。
**NASA** (National Aeronautics and Space Administration) **ナサ***。アメリカ航空宇宙局。
**NASD** (National Association of Securities Dealers) 全米証券業者協会。
**NASDA** (National Space Development Agency) **ナスダ**。日本の宇宙開発事業団*。
**NASDAQ** (National Association of Securities Dealers Automated Quotations) **ナスダック**。NASDによる,アメリカ店頭市場の相場報道システム。
**NATO** (North Atlantic Treaty Organization) **ナトー**。北大西洋条約機構*。
**NB** ①(national brand) 一流メーカーのブランド。②(Nebraska) 米,ネブラスカ州の郵便コード。③(nota bene ラテ)「よく注意しろ」の意。
**Nb** (Niob ドイ) ニオブ*の元素記号。
**NBC** ①(National Broadcasting Co.) 米国の放送会社。②(nuclear, biological, chemical) 核・生物・化学。
**NBC兵器*** (nuclear, biological and chemical weapons) 核・生物・化学兵器。
**NBI** (neutral beam injection) 中性粒子加熱装置。
**NBO** (Nairobi) ケニア,ナイロビの空港コード。
**NBR** (nitril-butadiene rubber) ニトリルブタジエンゴム。合成ゴムの一つ。
**NBS** (National Bureau of Standards) 米,商務省基準局。
**NC** ①(North Carolina) 米,ノースカロライナ州の郵便コード。②(numerical control) コンピューターで,数値制御*。
**NCロボット** (numerical control robot) 数値制御することのできる産業用ロボット。
**n/c** (no change)「変更事項はない」の意。
**NCA** (National Command Authority) 米,国家指揮最高部。
**NCB** (National Coal Board) 英,石炭公社。
**NCC** ①(National Computer Conference) 米国コンピューター会議。②(New Common Carrier) 電気通信事業に新規参入した会社。
**NCD***(negotiable certificate of deposit) 譲渡性定期預金証書。CDとも。
**NCE** (Nice) フランス,ニースの空港コード。
**NCNA** (New China News Agency) 新華通訊社。新華社*。中国の国営通信社。

**NCPAC** (National Conservative Political Action Committee) **ニックパック**。米,全国保守政治行動委員会。
**NCR** (National Cash Register Corp.) アメリカの金銭登録機会社。
**NCS** (National Commission on Space) 米,国家宇宙委員会。
**NCU** ①(nervous care unit) 集中治療施設のうち,脳神経疾患などの治療ができる設備のある所。②(network control unit) コンピューターで,ネットワーク制御装置。
**NCW** (not complied with) 未実施。
**ND** (North Dakota) 米,ノースダコタ州の郵便コード。
**Nd** (Neodymドイ) ネオジム*の元素記号。
**NDAC** (Nuclear Defense Affairs Committee) NATOの核防衛問題委員会。
**N Dak** (North Dakota) 米,ノースダコタ州。
**NDB** (non-directional radio beacon) 無指向性無線標識。
**NDC*** (Nippon Decimal Classification) 日本十進分類法。
**NDE** (near death experience) 臨死体験。
**NDP** (net domestic product) 国内純生産。
**NDT** (non destructive testing) 非破壊試験*。
**NE** ①(New England) 米,ニューイングランド地方。②(northeast) 北東。
**Ne** (neon) ネオンの元素記号。
**NEA** (Nuclear Energy Agency) OECDの原子力機関。
**NEAC** (Nippon Electric's Automatic Computer) **ニアック**。日本電気製コンピューターの商標名。
**NEB** (New English Bible) カトリックとプロテスタントとの協同による新英訳聖書。
**Neb** (Nebraska) 米,ネブラスカ州。
**NED** (New English Dictionary) 新英語大辞典。OEDと改称。
**NEDO** (New Energy and Industrial Technology Development Organization) 日本の新エネルギー産業技術総合開発機構。
**NEEDS** (Nikkei Economic Electronic Databank System) **ニーズ**。日本経済新聞社の総合経済データバンクシステムの総称。
**NELSON** (New Editing and Layout System of Newspapers) **ネルソン**。大型コンピューターを使用した新聞写植の組版システム。
**NEO** (near-earth orbit) 地球近傍軌道。
**NEP** (Novaya Ekonomicheskaya Politikaロシ) **ネップ***。ソ連の新経済政策。
**nes** (not elsewhere specified) 「別に特別の記載がない場合は」の意。
**NEST** (Nuclear Emergency Search Team) 米,放射性物質緊急探査チーム。
**NESTOR** (Neutron Data Storage and Retrieval System) 日本で,中性子データ格納検索システム。
**Neth** (Netherlands) オランダ。
**Nev** (Nevada) 米,ネバダ州。
**NEW** (net economic welfare) 純経済福祉。
**NF** ①(nonfiction) ノンフィクション*。②(Norme Françaiseフラ) フランスの国家規格。
**NFC** (nuclear fuel cycle) 核燃料サイクル。
**NFCS** (nuclear forces communications satellite) 核戦力通信衛星。
**NFL** (National Football League) 米,ナショナルフットボールリーグ。
**NFS** (not for sale) 「売り物ではない」の意。
**NFTC** (National Foreign Trade Council) 米,全国貿易振興会。
**NG** (no good) エヌジー*。撮影などで,「だめ」の「意。
**NGC** (New General Catalogue of Nebulae and Clusters of Stars) 星雲目録。
**NGL** (natural gas liquid) 天然ガス液。
**NGO** ①(Nagoya) 名古屋の空港コード。②(non-governmental organization) 非政府組織*。
**NH** 全日本空輸のエアラインコード。
**NHK** (Nippon Hoso Kyokai) 日本放送協会*。
**NHS** (National Health Service) 英,国民健康保険制度。
**NI** (national income) 国民所得*。
**Ni** (nickel) ニッケルの元素記号。
**NICB** (National Industrial Conference Board) 全米産業会議。
**NICS** (Newly Industrializing Countries) **ニックス***。新興工業国。
**NICU*** (neonatal intensive care unit) 新生児集中治療処置室。
**NIEO** (New International Economic Order) 新国際経済秩序*。
**NIES** (Newly Industrializing Economies) **ニーズ***。新興工業経済群。
**NIH*** (National Institutes of Health) 米国立衛生研究所。アメリカ連邦政府の医学研究機関。
**NIOC** (National Iranian Oil Company) 国営イラン石油会社。
**NIRA** (National Institute for Research Advancement) **ニラ**。日本の総合研究開発機構*。
**NIRS** (National Institute of Radiological Science) 日本で,放射線医学総合研究所。
**NIS** (not in stock) 「在庫がない」の意。
**NIST** (National Information Service for Science and Technology) **ニスト**。日本の全国科学情報技術システム。
**NJ** (New Jersey) 米,ニュージャージー州の郵便コード。
**NK細胞** (natural killer cell) ナチュラルキラー細胞。腫瘍細胞,特に,ウイルスに感染したがん細胞を殺す働きをもつ有核のリンパ球。
**NL** ①(National League) 米,大リーグのナショナルリーグ*。②(north latitude) 北緯。
**NLP*** (night landing practice) 空母艦載機の夜間着陸訓練。
**NM** (New Mexico) 米,ニューメキシコ州の郵便コード。
**nm, n.m.** (nautical mile) 海里*。
**NMC** (nuclear material control) 核物質管理。
**N Mex** (New Mexico) 米,ニューメキシコ州。
**NMOS** (N-channel metal oxide semiconductor) N型金属酸化膜半導体。「鳴*。
**NMR** (nuclear magnetic resonance) 核磁気共
**NMR-CT** (nuclear magnetic resonance-computer tomography) 核磁気共鳴コンピューター処理断層撮影装置。
**NNE** (north-northeast) 北北東。
**NNK** (non-nuclear kill) 非核破壊。
**NNN** (Nihon News Network) 日本テレビ系のニュース放送網。
**NNP** (net national product) 国民純生産*。
**NNSS** (Navy Navigational Satellite System) 米,海軍の航行衛星システム。
**NNW*** ①(net national welfare) 純国民福祉。国民福祉指標。②(north-northwest) 北北西。
**No** ①(nobelium) ノーベリウムの元素記号。②(number) ナンバー。番号。番。
**$NO_2$汚染** 二酸化窒素の汚染。Nは nitrogen で Oは oxygen。
**NOAA** (National Oceanic and Atmospheric Administration) **ノア**。米,海洋大気圏局。
**NOC*** (National Olympic Committee) 国内オリンピック委員会。
**NoHo** (North of Houston Street) **ノーホー**。米,ニューヨーク市マンハッタン南部の地域。
**NOK** (next of kin) 最近親者。「級。
**non-U** (not upper class) **ノンユー**。英,非上流階
**nop** (not otherwise provided) 「別段の定めがないときは」の意。
**NOR** **ノア**。否定論理和。
**NORAD** **ノラド**。①(North American Aerospace Defense Command) 北米航空宇宙防衛司令部。②(North American Air Defense Command) 北米防空軍。
**Norf** (Norfolk) 英,ノーフォーク州。
**Northants** (Northamptonshire) 英,ノーサンプトンシャー州。
**Norw** ①(Norway) ノルウェー。②(Norwegian) ノルウェー人。ノルウェー語。「報。
**NOTAM** (notice to airmen) **ノータム***。航空情
**NOU** (Nouméaフラ) ニューカレドニア,ヌメアの空港コード。
**NOW** (National Organization for Women) **ナウ**。全米女性機構。女性の権利向上をめざす組織。
**NOW勘定*** (negotiated order of withdrawal account) 米国の貯蓄預金の一種。
**NOx** (nitrogen oxide) 窒素酸化物。
**Np** (neptunium) ネプツニウムの元素記号。
**NPA** (New People's Army) フィリピンの新人民軍。
**NPL** (National Physical Laboratory) 英,国立物理学研究所。
**NPN** (nonprotein nitrogen) 非たんぱく窒素。
**NPP** (nuclear power plant) 原子力発電所*。
**NPSC** (National Public Safety Commission) 日本の国家公安委員会*。
**NPT** (Treaty on the Non-proliferation of Nuclear Weapons) 核拡散防止条約*。
**NPV** (net present value) 正味現在価値。
**NR** ①(natural rubber) 天然ゴム*。②(noise reduction) ノイズリダクション。
**NR数** (noise rating number) 騒音評価数。
**NRC** (Nuclear Regulatory Commission) 米,原子力規制委員会。
**NRI** (Nomura Research Institute) 野村総合研究所。
**NRN** (National Radio Network) 文化放送とニッポン放送との2局を中心とした全国ネットワーク。「ード。
**NRT** (Tokyo-Narita) 新東京国際空港の空港コ
**NRZ** (non-return-to-zero) 磁気記録の方式で,非ゼロ復帰。
**NS** ①(nano second) ナノセカンド。時間の単位。②(nuclear powered ship) 原子力船*。「級。
**NSクラス** (Nippon Standard class) 日本標準船
**NSA** (National Security Agency) 米,国家安全保障局。
**NSB** (Nippon Short-wave Broadcasting) 日本短波放送。
**NSC** (National Security Council) 米,国家安全保障会議*。
**NSF** (National Science Foundation) 全米科学財団。
**NSI** (new social indicators) 国民生活指標。
**NSRT** (North South Round Table) 南北円卓会議。
**NSSS** (nuclear steam supply system) 原子力蒸気供給設備。
**NT** (New Testament) 新約聖書*。
**NTB** (non-tariff barrier) 非関税障壁*。「気圧。
**NTP** (normal temperature and pressure) 標準
**NTSC方式*** (national television system committee) カラーテレビの標準方式の一種。
**NTT*** (Nippon Telegraph and Telephone Company) 日本電信電話㈱。
**NTV** (Nippon Television Network) 日本テレビ放送網㈱。
**NV** (Nevada) 米,ネバダ州の郵便コード。
**NVOCC** (non-vessel-operating common carrier) 輸送手段をもっていない海上貨物運送業者。
**NW** ①ノースウェスト航空のエアラインコード。②(northwest) 北西。
**NWA*** (Northwest Airlines) 米,ノースウェスト航空。
**NWWシステム** (national weather watch system) 日本の国内気象監視システム。「ク市。
**NY** (New York) 米,ニューヨーク州。ニューヨー
**NYC** (New York City) 米,ニューヨーク市。
**NYP** (not yet published) 未発行。
**NYSE** (New York Stock Exchange) ニューヨーク証券取引所*。「ズ*。
**NYT** (New York Times) ニューヨークタイム
**NZ** (New Zealand) ニュージーランド。

# O

**O** ①(Ohio) 米,オハイオ州。②(orange) 色相で,橙色を表す記号。③(over flow) オーバーフロー。④(out) 野球で,アウトを示す記号。⑤(oxygen) 酸素*の元素記号。
**O型** ABO式血液型の一つ。
**O脚*** 膝のところで内側に曲がって,O字形になっている脚。
**o** (orchestra) オーケストラ*。管弦楽団。

**OA** ①(office automation) オフィスオートメーション*。②(on the air) オンジエア*。放送中。
**OAG** (Official Airline Guide) 旅客定期航空時刻表。
**OANA** (Organization of Asian News Agencies) アジア通信社連盟。
**OAO** (Orbiting Astronomical Observatory) 米,天体観測衛星。
**OAPEC** (Organization of Arab Petroleum Exporting Countries) **オアペック***。アラブ石油輸出国機構。
**OAS** (Organization of American States) 米州機構*。
**OAU*** (Organization of African Unity) アフリカ統一機構。
**OB*** ①(old boy) その学校の卒業生。先輩。②(out of bounds) ゴルフで競技禁止の区域。
**OBサミット** (the interaction council for government) 元大統領や首相による国際会議。
**ob** (oboe伊) オーボエ*。
**obb, obbl** (obbligato伊) オブリガート。助奏*。
**OBS** (operational bioinstrumentation system) 生体計測システム。
**OC** ①(oral contraceptive) 経口避妊薬*。②(organizational climate) 組織環境。
**OCA***(Olympic Council of Asia) アジアオリンピック評議会。
**OCAS** (Organization of Central American States) 中米機構*。
**OCC** (Other Common Carrier) 米,電気通信事業に新規参入した会社。NCCとも。
**OCD** (Office of Civil Defense) 米,民間防衛局。
**OCI** (Overseas Consultants Incorporated) 米,海外技術顧問団。
**OCLC** (Online Computer Library Center) 米,オンラインコンピューター図書館センター。
**OCR** (optical character reader) 光学式文字読み取り装置*。
**OCRタグ** (Optical Character Reader tag) 光学式文字読み取り装置用値札。
**OCS** (operation control system) コンピューターによる,総合的な工場管理。
**Oct** (October) 10月。
**OCTV** (open-circuit television) 開回路テレビジョン。
**OD** ①(observable difference in weapons system) 兵器類の外形的な変化。②(orthostatische Dysregulation独) 起立性調節障害*。③(official documents) 公文書。④(optical density) 光学密度。⑤(overdraft) 当座貸越*。⑥(overdue) 期限超過。
**ODA*** (official development assistance) 政府開発援助。
**ODP** (Ocean Drilling Program) 大洋底掘削計画。
**OE** ①(Old English) 古英語。②(optoelectronics) オプトエレクトロニクス*。光学技術 (Optics) と電子工学 (Electronics) の融合技術。
**Oe** (oersted) エルステッド*。磁場の強さを表す単位。
**OECD** (Organization for Economic Cooperation and Development) 経済協力開発機構*。
**OECD-CCP** (OECD Committee on Consumer Policy) OECDの消費者政策委員会。
**OECD-NEA** (OECD Nuclear Energy Agency) OECDの原子力機関。
**OECF** (Overseas Economic Cooperation Fund) 日本の海外経済協力基金*。
**OECS** (Organization of Eastern Caribbean States) 東カリブ海諸国機構*。
**OED*** (Oxford English Dictionary) オックスフォード英語辞典。
**OEEC** (Organization for European Economic Cooperation) ヨーロッパ経済協力機構*。
**OEIC** (optoelectronic integrated circuit) 光電子集積回路。
**OEM** ①(original equipment manufacturing) 相手先商標製造製品。②(original equipment manufacturer) 相手先商標製造会社。
**OEOA** (Office for Emergency operation in Africa) 国連アフリカ緊急活動本部。
**OEP** (Office of Emergency Planning) 米,緊急計画局。
**OERN** (Organisation européene pour la recherche nucléaire仏) 欧州原子核研究機関。
**OFケーブル*** (oil filled cable) 油入りケーブル。
**OFF-JT** (off-the-job training) 職場外訓練。
**OFTEL** (Office of Telecommunications) **オフテル**。英,貿易産業省の中にある,電気通信事業を監督する行政機関。
**OG*** ①(office girl) オフィスガール。②(old girl) 日本で,その学校の女性の卒業生。
**OGL** (open general license) 総括輸入許可制。
**OGO** (Orbiting Geophysical Observatory) **オゴ**。米,地球物理観測衛星。
**OH** (Ohio) 米,オハイオ州の郵便コード。
**OH通信** (over-the-horizon communication) 見通し外通信。
**OHC*** (overhead camshaft) シリンダー頭部にカム軸のあるエンジン。
**OHP** (overhead projector) 視聴覚教育機器で,オーバーヘッドプロジェクター*。
**OHV*** (overhead valve) 吸排気弁頭部型エンジン。
**OIML** (Organisation Internationale de Métrologie Légale仏) 国際法定計量機関。
**OJT** (on-the-job training) 職場内訓練。
**OK** (Oklahoma) 米,オクラホマ州の郵便コード。
**OKB** (Organization for the Management and Development of the Kagera River Basis) カジェラ川開発機関。
**Okla** (Oklahoma) 米,オクラホマ州。
**OL** ①(office lady) オフィスレディ。②(Orientierungslauf独) オリエンテーリング*。③(overlap) オーバーラップ。映画で,画面や音を重ねること。
**OLAS** (Organization for Latin American Solidarity) **オラス**。中南米連帯機構。
**OLRT** (on line real time operation) コンピューターのオンラインリアルタイム操作。
**OM制** (organization and methods) 行政機関に,組織運営の改善を図る研究職員を配する制度。
**OMA** (orderly marketing agreement) 米,市場秩序維持協定。
**OMR** ①(optical mark reader) 光学式マーク読み取り装置。②(organic moderated reactor) 有機材減速原子炉。
**OMS** (orbital maneuvering system) オービター軌道操縦システム。軌道修正エンジン。
**OMSF** (Office of Manned Space Flight) 米,NASAの有人宇宙飛行局。
**ONA** (open network architecture) 米,コンピューターと電気通信の高度サービスへの内部相互補助の禁止と,平等なアクセスの保証。
**ONO** (Organization of News Ombudsmans) ニュースオンブズマン協会。
**Ont** (Ontario) カナダ,オンタリオ州。
**OP** (out of print) 絶版*。
**OPアンプ** (operational amplifier) オペアンプ。コンピューターの演算増幅器。
**op** (opus羅) 音楽作品や作品番号を表す記号。
**OPCODE** (operations code) 作戦通信用暗号。
**OPEC** (Organization of Petroleum Exporting Countries) **オペック***。石油輸出国機構。
**OPM** ①(other people's money) 投資のために集めた他人の金。②(output per man) 1人当たり生産量。
**OPP** (out of print at present) 目下絶版。
**OR** ①(Oregon) 米,オレゴン州の郵便コード。②(operations research) オペレーションズリサーチ*。③(operating room) 手術室。
**orch** (orchestra) オーケストラ*。管弦楽団。
**ORD** (Chicago O' Hare Intl) 米,シカゴ,オヘアの空港コード。
**Ore** (Oregon) 米,オレゴン州。
**org** (organ) オルガン。
**Ork** (Orkney) 英,オークニー州。
**ORY** (Orly) フランス,パリ,オルリー空港の空港コード。
**OS** ①(old style) オールドスタイル。旧式。②(operating system) オペレーティングシステム*。③(out of stock) 「品切れ」の意。
**Os** (osmium) オスミウム*の元素記号。
**OSA** (Osaka) 大阪の空港コード。
**OSI** (Open Systems Interconnection) 開放型システム間相互接続。
**OSL** (Oslo) ノルウェー,オスロの空港コード。
**OT** ①(occupational therapist) 作業療法士*。②(occupational therapy) 作業療法*。③(Old Testament) 旧約聖書*。
**OTA** (Office of Technology Assessment) 米,技術評価局。
**OTC** ①(one-stop inclusive tour charter) 唯一目的地包括旅行チャーター制。②(Organization for Trade Cooperation) 貿易協力機構。③(over-the-counter drug) 一般用医薬品。
**OTEC** (ocean thermal energy conversion) 海洋温度差発電*。
**OTF** (optical transfer function) レスポンス関数。
**OTHレーダー*** (over-the-horizon radar) 超水平線レーダー。
**OTM** (on-line teller machine) オンライン預金支払い機。
**OTV** (orbital transfer vehicle) 軌道間運搬船。
**OU** (Oxford University) 英,オックスフォード大学*。
**OUP** (Oxford University Press) 英,オックスフォード大学出版局。
**OV** (orbiter vehicle) オービター。軌道船。
**Ox** ①(Oxford) 英,オックスフォード*。②(oxidant) オキシダント*。強酸化性物質。
**OY** (optimum yield) 最適生産量。
**oz** (ons伊, ounce) オンス*。ヤード-ポンド法の重量の単位。
**OZMA計画** (Project Ozma) **オズマ計画**。地球外の知的生物の存在を,電波探査によって確かめようとする米国の宇宙実験計画の一つ。

## P

**P** ①(parking) 駐車場を示す記号。②(poor) 欠陥のある。品質の劣った。③(penalty) スポーツで,ペナルティ*。④(pence, penny, pennies) 英国貨幣単位のペンス*またはペニー*の記号。⑤(peta独) ペタ*。単位に付ける接頭語。⑥(phosphorus) 燐の元素記号。⑦(pitcher) 野球で,ピッチャーを表す記号。⑧(plastics) プラスチック*。材質を示す記号。⑨(point) 印刷で,ポイント活字の単位記号。⑩(purple) 色相で,紫色を表す記号。
**Pタイル** (plastic tile) プラスタイル。
**P波*** (primary wave) 地震で,初期微動を起こす波。
**p** ①(page) ページ。②(piano) ピアノ*。音楽で,弱く,静かに。*p*と表記。③(piano) 楽器の,ピアノ*。④(pico仏) ピコ*。単位に付ける接頭語。1兆分の1。
**PA** ①パンアメリカン航空のエアラインコード。②(particular average) 海上保険で,航海中の事故による単独の船や荷物の損害。③(Pennsylvania) 米,ペンシルベニア州の郵便コード。④(performance analysis) 作業分析。⑤(personal assistant) 個人秘書。⑥(power of attorney) 委任権。委任状。⑦(public address system) 劇場・ホールなどで大衆に呼びかけること。また拡声装置。
**Pa** (protactinium) プロトアクチニウム*の元素記号。
**PAA** (Pan American World Airways, Inc.) 米国のパンアメリカン航空。PANAMとも。
**PABA** (para-aminobenzoic acid) パラアミノ安息香酸*。
**PABX** (private automatic branch exchange) 電話で,自動式構内交換設備。
**PAC** ①(Pan-Africanist Congress) 汎アフリカ主義者会議。②(Pan-American Congress) 汎アメリカ会議。
**Pac** (Pacific) 太平洋の。
**PAGEOS** (passive geodetic satellite) **パジェオス**。米,測地用風船衛星。
**PAL** ①(phase alternation line) カラーテレビ放送で,ヨーロッパ規格の一つ。②(Philippine Airlines) フィリピン航空*。
**PAM** (pulse amplitude modulation) パルス振幅変調。
**PAN** ①(peroxyacetylnitrate) 硝酸過酸化アセチル。オキシダント*の一種。②(Pesticide Action Network international) 国際農薬行動ネットワーク。③(polyacrylonitrile) アクリロニトリル*の重合体。

**Pan** (Panama) パナマ。

**PANA** (Pan Asia Newspaper Alliance) **パナ**。パナ通信。

**P&F** (point and figure) 株式で, 非時系列チャートの一種。

**P&G** (The Procter and Gamble Co.) 米国のプロクターアンドギャンブル社。

**P&L** (profit and loss) 損益*。

**PAP** ①(People's Action Party) シンガポール, 国民行動党。②(Polska Agencja Prasowa ポーラ) ポーランド通信。③(Port au Prince) ハイチ, ポルトープランスの空港コード。④(positive adjustment policy) 積極的調整政策。

**PAPI** (Precision Approach Path Indicator) 精密進入経路指示器。

**PAR** ①(Paris) フランス, パリの空港コード。②(perimeter acquisition radar) 周辺捕捉レーダー。③(precision approach radar) 空港で, 精測進入レーダー。

**PARCS** (perimeter acquisition radar characterization system) **パークス**。周辺捕捉レーダー特性化システム。

**PARS** (Pars News Agency) イラン, パルス通信。

**PAS** (para-aminosalicylic acid) **パス**。パラアミノサリチル酸。結核治療剤。

**PASCAL** **パスカル**。コンピューターで, 必要な処理がすべて可能なように設計された万能プログラミング言語。

**PAU** (Pan American Union) 汎アメリカ連合。

**PAX** (private automatic exchange) **パックス**。電話で, 構内専用交換機。

**PB** ①(passed ball) 野球で, パスボール*。②(Particle Beam) 粒子ビーム。③(policebox) 交番。④(private brand) プライベート ブランド*。自家商標。

**Pb** (plumbum) 鉛の元素記号。

**PBB** (polybrominated biphenyl) 環境汚染物質で, 多臭化ビフェニル。

**PBEC** (Pacific Basin Economic Council) 太平洋経済委員会。

**PBI** (protein-bound iodine) 血漿(けっしょう)たんぱくと結合したヨード。

**PBR** (price book-value ratio) 株価純資産倍率。

**PBS** (Public Broadcasting Service) 米, 公共放送網。

**PBW** (particle beam weapon) 粒子ビーム兵器。PBとも。

**PBX** (private branch exchange) 電話で, 構内交換設備。

**PC** ①(patrol car) パトロールカー。パトカー。②(personal computer) パーソナルコンピューター*。パソコン。③(polycarbonate) 熱可塑(かそ)性樹脂の一つで, ポリカーボネート*。④(precast concrete) プレキャストコンクリート*。⑤(prestressed concrete) プレストレストコンクリート*。⑥(programmable controller) コンピューターで, プログラムが可能な制御装置。

**pc** ①(parsec) **パーセク***。天文学で, 距離を表す単位。②(percent) パーセント*。百分率。

**PCA** (patient-controlled analgesia) 鎮痛剤を自動的に注入するポンプ。

**PCB*** ①(polychlorinated biphenyl) ポリ塩化ビフェニル*。②(printed circuit board) プリント配線回路用基板。

**PCBA剤** (pentachlorobenzyl alcohol) 塩素系非水銀農薬。

**PCC** ①(Pacific Cooperation Committee) 太平洋委員会。②(pure car carrier) 自動車専用運搬船。

**PCCV** (prestressed concrete containment vessel) コンクリート製の原子炉格納容器。

**PCDF** (polychlorinated dibenzofuran) 環境汚染物質で, ポリ塩化ジベンゾフラン。

**PCE** (personal consumption expenditure) 個人消費支出。

**PCM** ①(protein calorie malnutrition) たんぱく質やカロリーの不足による栄養失調。②(pulse code modulation) パルス符号変調*。

**PCM放送** (pulse code modulation broadcasting) アナログ信号をデジタル信号に変換して放送する方式。

**PCP** ①(pentachlorophenol) ペンタクロロフェノール。防腐剤の一種。②(phenylcyclohexyl piperidine) 鎮痛剤フェンシクリディンの商標名。

**PCPV** (prestressed concrete pressure vessel) プレストレストコンクリート圧力容器。

**PD** ①(physical distribution) 物的流通*。物流。②(program design) プログラム設計。③(protective device) コンピューターで, 回線保護装置。④(public domain) 公有財産*。

**Pd** (palladium) パラジウム*の元素記号。

**PDB** (paradichlorobenzene) パラジクロロベンゼン*。衣料の防虫剤などとして使用。

**PDD** (past due date) 支払期日超過。

**PDF** (point detonating fuze) 弾頭信管。

**PDL** (poverty datum line) 最低所得の基準線。

**PDM** (pulse duration modulation) パルス幅変調。

**PDP** (plasma display panel) プラズマ放電を利用して画像を得るパネル型ディスプレー。

**PDR** (process date rate) 情報処理能力の単位。

**PDS** (Public Domain Software) 無料公開のソフトウエア。

**PDT** (Pacific Daylight Time) 米, 太平洋夏時間。

**PDVAN** (Physical Distribution Value Added Network) 物流合理化に伴う情報処理通信網。

**PE** ①(phase encoded) コンピューターで, 位相変コード化方式。②(port of embarkation) 乗船港。③(price-earning) 株価収益率*。PERとも。④(physical education) 体操教育。

**PEC** ①(Pacific Economic Community) 太平洋経済共同体。②(photoelectrochemical cell) 光電気化学電池。

**PECC** (Pacific Economic Cooperation Council) 太平洋経済協力会議。

**ped** (pedal イタ) ペダル。ピアノの演奏で, ペダルを踏みなさい。

**PEK** (Beijing) 中国, 北京の空港コード。

**PEMEX** (Petroleos Mexicanos スペ) **ペメックス**。メキシコの公営石油会社。

**PEN** ①(International Association of Poets, Playwrights, Editors, Essayists and Novelists) **ペン**。国際ペンクラブ*。②(Penang) マレーシア, ペナンの空港コード。

**pen** (peninsula) 半島。

**Penn** (Pennsylvania) 米, ペンシルベニア州。

**PER** ①(Perth) オーストラリア, パースの空港コード。②(price earnings ratio) 株価収益率*。PEとも。

**perc** (percussion) パーカッション*。打楽器の総称。

**PERT** (program evaluation and review technique) **パート***。ORの一つで, プロジェクトを管理するための科学的手法。

**PET** ①(polyethylene terephthalate) ポリエチレンテレフタレート。ポリエステルの一つ。②(positron emission tomography) 陽電子放射断層X線写真法。

**PF** ①(panchromatic film) 写真で, パンクロマチックフィルム*。②(political fiction) 政治・社会的空想小説。

**Pf** (Pfennig ドイ) ペニッヒ。ドイツの通貨単位。

**PFC熱量比** (protein, fat, carbohydrate) たんぱく質, 脂肪, 炭水化物から取り入れる熱量の割合。

**PFLP***(Popular Front for the Liberation of Palestine) パレスチナ解放人民戦線。

**PFM** (pulse frequency modulation) パルス周波数変調。

**PG** ①(parental guidance suggested) 保護者の付添いが望まれる映画。米国では13歳未満, 英国では15歳未満。②(paying guest) 下宿人。③(penalty goal) ラグビーで, ペナルティゴール。④(post graduate) 大学院学生。⑤(propane gas) プロパンガス*。⑥(prostaglandin) プロスタグランジン*。脂肪性カルボン酸。

**Pg** ①(Portugal) ポルトガル。②(Portuguese) ポルトガル人。ポルトガル語。

**PGA** (Professional Golfers' Association of America) 米国プロゴルフ協会。

**PGD²** (prostaglandin $D^2$) 生理活性物質で, プロスタグランジン$D^2$。

**PGM** (precision-guided munition) 精密誘導兵器。

**PGR** (psychogalvanic response) 精神電流反応測定器。嘘(うそ)発見器*。

**PH** (pinch hitter) 野球で, 代打*。ピンチヒッター。

**pH*** (pondus Hydrogenii ラテ) **ペーハー**。溶液中の水素イオンの濃度を示す指数。ピーエイチ。

**PHC** (primary health care) 初期診療。一次医療。

**PHL** (Philadelphia) 米, フィラデルフィアの空港コード。

**PHS** (Public Health Service) 米, 公衆衛生局。

**PHX** (Phoenix) 米, フェニックスの空港コード。

**PI** ①(Pasteur Institute) フランスのパスツール研究所*。②(Philippine Islands) フィリピン諸島。③(principal investigator) 主任研究員。

**PIA** ①(Pakistan International Airlines) パキスタン国際航空。②(peripheral interface adapter) コンピューターの並列入力用インターフェースアダプター。

**PIARC** (Permanent International Association of Road Congresses) 国連の常設国際道路会議協会。

**PICA** (Private Investment Company for Asia) **ピカ**。アジア民間投資会社*。

**PIM** (parallel inference machine) コンピューターの並列推論マシン。

**PINS** (person in need of supervision) 米, 要監督少年。

**PIO** (process input-output) コンピューターのプロセスの入力と出力。

**PIS** (personal investory system) 個別管理システム。人事管理の方法の一つ。

**PIT** (Pittsburgh) 米, ピッツバーグの空港コード。

**pizz** (pizzicato イタ) 弦楽器の奏法で, ピチカート*。

**PK** ①パキスタン航空のエアラインコード。②(penalty kick) サッカーで, ペナルティキック*。

**PKO** (peace-keeping operation) 国連の平和維持活動。

**PKU** (phenylketonuria) フェニルケトン尿症*。

**PL** (product liability) 企業の, 製造物責任。

**P/L** (profit and loss statement) 損益計算書*。

**PL1** (programming language 1) **ピーエルワン**。コンピューターで, 統一汎用言語として開発された高級プログラミング言語。

**PLA** ①(Palestine Liberation Army) パレスチナ解放軍。パレスチナ解放機構の正規軍。②(People's Liberation Army) 中国人民解放軍*。

**PLATO** (Programmed Logic for Automatic Teaching Operations) **プラトー**。コンピューターによる自動教育システム。

**PL/M** (Programming Language for Microcomputer) マイコン用のプログラミング言語。米国インテル社が開発。

**PLO** (Palestine Liberation Organization) パレスチナ解放機構*。

**PLP** (pay later plan) 航空運賃後払い制度。

**PLSS** ①(portable life support system) 生命維持装置付き胴体着。②(precision location strike system) 精密照準攻撃装置。

**PM** ①(phase modulation) コンピューターで, 位相変調*。②(physical medicine) 物理療法学。③(preventive medicine) 予防医学*。④(Prime Minister) 首相。⑤(productive maintenance) 生産保全。

**Pm** (promethium) プロメチウム*の元素記号。

**pm, PM** (post meridiem ラテ) 午後。

**PMA** (personnel management analysis) 人事管理の有効性分析。

**pmh** (production per man hour) 1時間1人当たりの生産高。

**pn接合** (positive-negative junction) p型半導体とn型半導体の二つが接合して作る部分。またその効果。

**PNC** (Palestine National Council) パレスチナ民族評議会。

**PNdB** (perceived noise decibel) 感覚騒音デシベル記号。航空機による騒音の評価基準。

**PNG** (persona non grata ラテ) 好ましくない人物。

**PNL** (perceived noise level) 航空機1機の感覚騒音基準。

**PNM** (pulse number modulation) パルス密度変調。

**PO** ①(post office) 郵便局。②(postal order) 郵便為替*。③(purchase order) 購入注文。

**Po** (polonium) ポロニウム*の元素記号。

**POB** (post office box) 郵便局の私書箱。
**POC** (port of call) 寄港地。
**POD** ①(payable on death) 死後払い。②(pay on delivery) 現物引き換え払い。③(port of debarkation) 陸揚げ港。
**POE** ①(port of embarkation) 船積み港。②(port of entry) 到着港渡し。
**POGO** (polar orbiting geophysical observatory) 極軌道観測衛星。
**POL** (problem oriented language) コンピューターで, 問題向き言語。
**Pol** ①(Poland) ポーランド。②(Polish) ポーランド人。ポーランド語。
**POM** (Port Moresby) パプアニューギニア, ポートモレスビーの空港コード。
**POMCUS** (Pre-positioning of Material Configured to Unit Sets) 米, 軍需物資事前配備。
**POP** ①(point of purchase) 店頭。店頭広告。②(printing-out paper) 日光焼き付け印画紙。
**POP広告*** 購買時点広告。消費者の購買欲をそそるため, 店の内外で展示する広告やディスプレー。ＰＰ広告とも。
**PORSHE** (Plan of Ocean Raft System for Hydrogen Economy) **ポルシェ。**水素経済のための大洋筏システム計画。ポルシェ計画とも。
**POS** (point of sales) **ポス***。コンピューターを利用した販売時点情報管理システム。
**POW** (prisoner of war) 戦時捕虜。
**PP*** ①(polypropylene) ポリプロピレン。高分子化合物。②(producer's price) 生産者価格。
**pp** ①(pages) ページ。②(piano piano; pianissimo ｲﾀ) ピアニシモ*。ごく弱く演奏せよ。
**ppb*** (parts per billion) 10億分の１。微量単位の一つ。
**PPBS** (planning-programming-budgeting system) 企画計画予算制度。
**PPC** ①(plain paper copier) 普通紙複写機。②(pour prendre congé ﾌﾗ) 「お別れの挨拶に」の意。名刺に記す略号。
**PPD** (purified protein derivative) 精製ツベルクリン。
**pphm** (parts per hundred million) 微量単位の一つ。１億分の１。 「一。
**PPI** (plan position indicator) 空港監視レーダ
**PPM** ①(product portfolio management) 長期の資源配分を行う理論で, 製品ポートフォリオマネジメント。②(pulse position modulation) パルス位置変調。パルス位相変調とも。
**ppm*** (parts per million) 100万分の１。微量単位の一つ。
**PPP** (Polluter Pays Principle) 汚染者負担原則*。
**PPS** (post postscriptum ﾗﾃ) 追追伸。再追伸。pps とも。
**PPT** (Papeete) タヒチ, パペエテの空港コード。
**PQ** (Province of Quebec) カナダ, ケベック州。
**PQS** (percentage quota system) 輸出で, 比例割当制。
**PR** ①フィリピン航空のエアラインコード。②(ply rating) タイヤのプライ数。③(press release) 新聞発表。④(public relations) パブリックリフレーションズ*。広報活動。⑤(Puerto Rico) 米, プエルトリコの郵便コード。
**Pr** (Praseodym ﾄﾞｲ) プラセオジムの元素記号。
**PRA** (political-risk assessment) 米国の多国籍企業が行っている各国の政治的危険度。
**PRC** (People's Republic of China) 中華人民共和国*。
**pref** (preface) 序文。 「コード。
**PRG** (Prague) チェコスロバキア, プラハの空港
**PRIO** (International Peace Research Institute, Oslo) ノルウェーのオスロ国際平和研究所。
**PRO** ①(Public Record Office) 英, 公立記録保管所。②(public relations officer) 広報担当者。
**PROLOG** (programming in logic) **プロログ。**フランスと英国で開発されたコンピューター用の高級プログラミング言語。
**PROM** (programmable read-only memory) **ピーロム。**コンピューターで, ユーザーが自分でデータを書き込み, 保存することができるロム。
**PRT** (personal rapid transit) 個人用の高速輸送システム。
**PS** ①(Parti Socialiste ﾌﾗ) フランス社会党。②(passenger ship) 旅客船。③(Pferdestärke ﾄﾞｲ) 馬力。④(postscript) 二伸*。追伸。psとも。⑤(production sharing) 生産物分与。⑥(public school) 米, 公立学校。英, 全寮制私立高校。
**PSコンクリート***(prestressed concrete) プレストレストコンクリート製品。
**PS版** (presensitized plate) 感光液が塗布してある版材。 「与方式。
**PS方式** (production sharing system) 生産物分
**PSA** ①(Pisa) イタリア, ピサの空港コード。②(public service announcement) 公共サービス情報。
**PSAT** (Preliminary Scholastic Aptitude test) 米, 進学適性予備試験。
**PSD** (psychosomatic disease) 心身症*。
**PSE** (Producer Subsidy Equivalent) 農業保護水準指標。ＯＥＣＤが測定し, 指数化。
**PSIマシン** (Personal Sequential Inference Machine) コンピューターで, 個人用のワークステーション。
**PSM** (Psychosomatic Medicine) 心身医学。
**PSSI** (Peace Science Society International) 米, 国際平和科学協会。
**PST** (Pacific Standard Time) 米, 太平洋標準時。
**PT** ①(physical therapy) 物理療法*。②(potential transformer) 計器用変圧器。
**Pt** (platinum) 白金*の元素記号。
**PTA** ①(Eastern and Southern African Preferential Trade Area) 東・南部アフリカ特恵貿易地帯。②(Parent-Teacher Association) 父母と教師の協力団体。③(preferential trading agreement) 特恵貿易協定。④(purified terephtalic acid) 高純度テレフタル酸。⑤(prepaid ticket advice) 航空旅客運賃先払い制度。
**PTO** (please turn over)「裏面へ続く」「裏面参照」の意。pt または PT とも。
**PTP** (paper tape punch) コンピューターの紙テープ穿孔器。
**PTP制御** (point-to-point control) ロボットの各点制御。
**PTR** ①(paper tape reader) コンピューターの紙テープ読み取り機。②(photoelectric tape reader) コンピューターの光電テープ読み取り機。③(pressure tube reactor) 圧力管型原子炉。
**PTSD** (post traumatic stress disorders) 心的外傷後ストレス精神障害。
**PTV** (public television) 非営利的公共テレビ放送。
**Pu** (plutonium) プルトニウム*の元素記号。
**PUS** (Pusan) 韓国, 釜山の空港コード。 「ル*。
**PVA** (polyvinyl alcohol) ポリビニルアルコー
**PVC** (polyvinyl chloride) ポリ塩化ビニル。
**PVS** (post-Vietnam syndrome) 米, ベトナム後症候群。
**PW** ①(prisoner of war) 戦時捕虜。②(policewoman) 婦人警察官。
**PWM** (pulse width modulation) コンピューターで, パルス幅変調。 「炉*。
**PWR** (pressurized water reactor) 加圧水型原子
**PX** ①(patrol X) 次期対潜哨戒機。②(post exchange) 米軍の基地内売店。
**PXL** (patrol X landing base) 次期対潜哨戒機。

# Q

**Q** ①(quadrillion) 熱エネルギーを表す単位。②(Queen) 女王。③(question) 質問。
**Qマーク***(quality mark) 通産省の行政指導のもとに, Ｑマーク管理委員会が繊維製品の品質保証をするマーク。
**QA** (quality assurance) 品質保証。
**Q&A** (question and answer) 質問と答え。
**QAS** (quality assurance control) 品質保証管理。
**QB** (quarterback) アメリカンフットボールで, クォーターバック*。
**QC** (quality control) 品質管理*。 「る運動。
**QC運動** 従業員が品質管理や生産性向上に参加す
**QCD** (quantum chromodynamics) 量子色力学。
**QE** (quick estimation) 国民経済計算速報。
**QED** ①(quantum electrodynamics) 量子電気力学。②(quod erat demonstrandum ﾗﾃ) 「以上のことが証明されるべきであった」従って「証明終了」の意。
**QEF** (quod erat faciendum ﾗﾃ) 「以上のことが行われるべきであった」従って「以上終了」の意。
**QF** カンタス航空。エアラインコードもＱＦ。
**QIP** ①(quality improvement program) 品質改善計画。②(quality inspection point) 品質検査所。
**QNS** (quantity not sufficient) 分量不足。 「体。
**QSBO** (quasi-stellar blue object) 恒星状青色天
**QSG** (quasi-stellar galaxy) 恒星状銀河。
**QSO** (quasi-stellar object) 準恒星状天体*。クエーサー。
**QSS** (quasi-stellar radio source) 恒星状電波源。
**QSTOL** (quiet short take off and landing) **キューストール。**無騒音短距離離着陸機。
**QT** (qualification test) 認定試験。
**qt** (quart) クォート*。ヤード-ポンド法の液量の単位の一つ。
**QTAM** (queued telecommunication access method) 同期通信アクセス方式。
**Que** (Québec ﾌﾗ) カナダ, ケベック州。

# R

**R** ①(Röntgen ﾄﾞｲ) レントゲン*。Ｘ線およびγ線の照射線量。②(recipe) 処方箋。③(referee) サッカーなどで, レフェリー*。④(right) ライト。右。⑤(roof) 屋上を表す記号。
**R-** (reconnaissance) 偵察機を表す記号。
**R因子** (resistance factor) 薬剤に対する抵抗能を伝達する細菌中の遺伝因子。
**®** (registered trademark) 登録商標*。
**r** ①数学で, 半径(radius), 比(ratio)の記号。②(red) 赤を表す記号。③(resistance) 断熱性, また電気抵抗を表す記号。④(river) 川を表す記号。
**RA** ①(repurchase agreement) 買い戻し契約。②(Royal Academy) 英, 王立美術院。
**Ra** (radium) ラジウム*の元素記号。
**RAAF** (Royal Australian Air Force) オーストラリア空軍。
**RACON** (radar beacon) **レーコン。**レーダービーコン。
**rad** (radiation) ラド*。物質が吸収した放射線量の旧単位。
**RADAR** (radio detecting and ranging) **レーダー***。電波探知機。
**RAF** (Royal Air Force) 英国空軍。 「奏せよ。
**rall** (rallentando ｲﾀ) ラレンタンド。次第に遅く演
**RAM** (random access memory) **ラム***。コンピューターで, 随時書き込み読み出しメモリー。
**RAND** (Research and Development Corporation) 米, ランド研究所。米国政府系のシンクタンク。 「ス*。
**R&B** (rhythm and blues) リズムアンドブルー
**R&D** (research and development) 研究開発。
**R&R** (rock'n roll) ロックンロール*。
**R&T** (research and technology) 研究と技術。
**RAOB** (radiosonde observation) ラジオゾンデ観測。
**RAPCON** (radar approach control) **ラプコン***。レーダーを利用した航空機の進入管制。
**RAPP** (Rossyskaya assotsiatsiya proletarskikh pisateley ﾛｼ) **ラップ***。ソ連の文芸団体。
**RAS** (reliability, availability, serviceability) 信頼性・利用性・保守性。コンピューターの能力評価の主要素。
**RATCON** (radar air traffic control) **ラトコン。**レーダー航空管制。
**RATO** (rocket-assisted takeoff) ロケット推進離陸。
**RAWIN** (radio wind detection finding) 送信機付きの気球を使った高層風の測定。
**RB** ①(reconnaissance bomber) 偵察爆撃機を表す記号。②(right back) ライトバック。サッカーやアメリカンフットボールなどで, 後衛の右。
**Rb** (rubidium) ルビジウム*の元素記号。

**RBC** (red blood cell) 赤血球*。
**RBE** (relative biological effectiveness) 生物学的効果比率。
**RC** ①(Red Cross) 赤十字社*。②(reinforced concrete)鉄筋コンクリート。③(remote control) 遠隔制御。
**RCA*** (Radio Corporation of America) 米国の電気器機メーカー・放送会社。 「軍。
**RCAF** (Royal Canadian Air Force) カナダ空
**RCM** (radar countermeasures) レーダー妨害。
**RCS** ①(reaction control system) スペースシャトルオービターの姿勢制御装置。②(Remote Computing Service) 有料でコンピューターの処理能力を提供するサービス。 「し。
**R/D** (refer to drawer) 不渡手形などの振出人回
**rd** (rutherford) ラザフォード。放射性物質の量を示す単位。
**RDF** ①(radio direction finder) 無線方向探知機。②(Rapid Deployment Forces) 米，緊急展開部隊。
**RDS** (respiratory distress syndrome) 新生児呼吸窮迫症候群。
**RE** (rotary engine) ロータリーエンジン*。
**Re** (rhenium) レニウム*の元素記号。
**REB** (relativistic electron beam) 相対論的電子ビーム。
**recit** (recitativo伊) レチタティーボ*。叙唱。
**RECOVER** (Remote Continual Verification) 常時遠隔監視システム。国際原子力機関による核物質の軍事転用防止のための監視システム。
**Rec-V** (recreation vehicle) レクリエーション用自動車。RVとも。
**ref** (reference) 参照。
**REINS** (Real Estate Information Network System) **レインズ**。建設省が構築を進めている全国的な不動産流通システム。
**REK** (Reykjavik) アイスランド，レイキャビクの空港コード。 「動。
**REM** (rapid eye movement) **レム**。急速眼球運
**rem** (roentgen equivalent man) **レム***。人がどれくらいの量の放射線を浴びたかを表す単位。
**REP** (reporting point) 航空機の，位置通報点。
**Rep** ①(Representative) 米，下院議員。②(Republic) 共和国*。③(Republican) 米，共和党員。④(Republican Party) 米，共和党*。
**REV** (reentry vehicle) 大気圏再突入体。「衛星。
**REXS** (Radio Exploration Satellite)電波探測
**RF** ①(right fielder) 野球で，ライト。右翼手。②(right forward) ライトフォワード。水球などで，前衛の右。
**rf** ①(radio frequency) 無線周波数。②(rinforzando伊) リンフォルツァンド。特に強く演奏せよ。
**RFP** ①(request for proposals) 提案書提出依頼。使用者側が設計案の提出を開発側に求めること。②(reverse field pinch) 逆磁場ピンチ装置。原子力でプラズマ閉じ込めのための装置。
**RG** バリグブラジル航空のエアラインコード。
**RGB** (red, green, blue) カラーテレビの三原色。
**RGN** (Rangoon) ビルマ，ラングーンの空港コード。
**RH** ①(relative humidity) 相対湿度*。②(right halfback) ライトハーフ。サッカーなどで，中衛の右。③(Royal Highness) 殿下。
**Rh** (rhodium) ロジウム*の元素記号。
**Rh因子*** (Rh-factor) 血球中の抗原。Rh はアカゲザル (rhesus monkey) の頭文字に由来。 「置。
**RHI** (range height indicator) 距離高度指示装
**RI** ①(radioisotope) ラジオアイソトープ。放射性同位体*。②(Rhode Island) 米，ロードアイランド州の郵便コード。③(right inner; right inside) ライトインナー。サッカーなどで，前衛の右中。
**RIAA** (Recording Industry Association of America, Inc.) 米国レコード工業会。
**RIC** (Royal Institute of Chemistry) 英，王立化学協会。
**RIF** (reduction in force) **リフ**。軍事削減。
**RIMPAC** (Rim of the Pacific Exercise) **リムパック***。環太平洋諸国海軍合同演習。
**RIO** (Rio de Janeiro) ブラジル，リオデジャネイロの空港コード。

**RIT** (rate of information throughput) 情報受信機へ伝達される単位時間内の情報量。
**rit** (ritardando伊) リタルダンド。次第に緩やかに演奏せよ。
**RJE** (remote job entry) コンピューターで，遠隔ジョブ入力。
**RM** ①(record management) 企業の情報機器導入に伴う情報の記録管理。②(Royal Marines) 英国海兵隊。
**RMA** ①(random multiple access) 任意多重同時交信方式。②(Rice Millers Association) 全米精米業者協会。 「気象中枢。
**RMC** (Regional Meteorological Center) 地域
**RMI** (radio magnetic indicator) 無線磁方位指示器。 「率*。
**RMR** (relative metabolic rate) エネルギー代謝
**RMS** ①(recovery management support) コンピューターで，回復管理機能。②(remote manipulator system) 遠隔操作システム。③(root mean square) 自乗平均。
**RN** (Royal Navy) 英国海軍。
**Rn** (radon) ラドン*の元素記号。
**RNA***(ribonucleic acid) リボ核酸。
**RO** (reverse osmosis operation) 逆浸透法。
**ROBECO** (Rotterdamsch Beleggings Consortium N.V. 蘭) **ロベコ**。オランダにある投資信託銀行。
**ROC** (Republic of China) 中華民国。台湾。「率。
**ROE** (rate of return on equity) 自己資本利益
**ROFOR** (route forecast) 航空路予報。
**ROG** (receipt of goods) 商品受領証。
**ROI** (return on investment) 投下資本収益率。
**ROK** (Republic of Korea) 大韓民国*。
**ROM** ①(read-only memory) **ロム***。読み出し専用記憶装置。②(Rome) イタリア，ローマの空港コード。 「刷。
**ROPカラー** (run of paper color) 凸版の多色印
**RORO船** (roll on, roll off ship) **ローロー船**。フォークリフトなどにより荷役を行う船。
**ROV** (remotely-operated vehicle) 海中作業用の遠隔操作ビークル。
**ROW** (right of way) 通行権。
**RP** ①(received pronunciation) 英，容認標準発音。②(Republic of the Philippines) フィリピン共和国。③(repurchase agreement) 買い戻し契約。
**RPG** (report program generator) コンピューターで，事務計算向きの汎用プログラミング言語。
**RPI** (row per inch) 磁気テープの記録密度の単位。
**RPM** ①(revolutions per minute) 1分間当たりの回転数。rpm とも。②(resale price maintenance) 再販売価格維持のこと。
**RPOA** (recognized private operating agency) 国際電気通信業務を営むことのできる私企業。
**RPROM** (reprogrammable read-only memory) **アールピーロム**。ユーザーが自分で再プログラムすることが可能な読み出し専用記憶装置。
**RPS** ① (reactor protection system) 原子炉保護システム。②(Retail Price Survey) 小売物価統計調査。
**RPV** ①(reactor pressure vessel) 原子炉圧力容器。②(remotely piloted vehicle) 無人遠隔操縦機。
**RR** ①(railroad) 鉄道。②(Rolls-Royce Ltd.) ロールスロイス*。英国の自動車会社。
**RR車*** (rear-engine, rear-drive) 後部エンジン後輪駆動の自動車。
**rRNA** (ribosomal RNA) リボゾームRNA。
**RS** ①(remote sensing) 遠隔探査。②(Royal Society) ロイヤルソサエティー。英，王立協会。
**RSA暗号** (Rivest-Shamir-Adeleman) 代表的な公開鍵暗号体系。
**RSC*** (referee stop contest) アマチュアボクシングの試合で，試合続行が危険を伴うとみなされたときに，レフェリーの判断で中止すること。レフェリーストップコンテスト。
**RSV** (Rous sarcoma virus) 癌ウイルスの一種で，ラウス肉腫ウイルス。
**RSVP** (réponse s'il vous plaît仏)「どうぞご返事をお願いします」の意。

**RT** ①(radio television) 同じ番組をラジオとテレビで同時に放送すること。②(right tackle) アメリカンフットボールで，ライトタックル。 「約。
**RTA** (reciprocal trade agreement) 互恵通商条
**RTCC** (real time computer complex) 実時間処理コンピューター複合体。
**RTOL** (reduced takeoff and landing) 短距離離着陸機。
**RTW** (ready-to-wear) 既製服。
**Ru** (ruthenium) ルテニウム*の元素記号。
**RV** ①(reactor vessel) 原子炉容器。②(recreational vehicle) レクリエーション用自動車。③(reentry vehicle) 大気圏再突入体。④(remote viewing) 遠隔知覚。
**RWD** ①(rear wheel drive) 後輪駆動の自動車。②(rewind) テープレコーダーなどで，巻き戻し。
**RWR** (radar warning receiver) レーダー警報受信機。
**RWY** (runway) 空港の滑走路。

# S

**S** ①(second) 時間の単位の秒を表す記号。②(Siemens独) ジーメンス*。電気伝導率の単位。③(slow) 時計の調節レバーで，「遅く」の意を表す記号。④(small) 衣料品などで，小サイズであることを示す記号。S判。⑤(soprano伊) ソプラノ*。⑥(South) 磁石やコンパスで，南を示す記号。⑦(South Pole) 南極を示す記号。⑧(sport type)「スポーツタイプ」の自動車を表す記号。⑨(strike) 野球でストライクを表す記号。⑩(stroke) 競漕用ボートで，ストローク*，整調。⑪(sulfur) 硫黄*の元素記号。 「生する横波。
**S波*** (secondary wave) 地震のとき地球内部に発
**Sマーク*** (safety mark) 高い安全性が求められる生活用品につける安全基準合格マーク。
**$,$** (dollars) 米国の通貨で，ドルの記号。
**s** (shilling, Schilling独) シリング*。英国・オーストリアなどの貨幣単位。英シリングは1971年廃止。
**SA** ①(Salvation Army) 救世軍*。プロテスタントの一教派。②(shop automation) 製造現場のオートメーション。③(service area) サービスエリア。④(South Africa) 南アフリカ。⑤(South America) 南米。⑥(store automation) 小売店のオートメーション。⑦(system analysis) 経営工学用語で，システム分析*。
**SAARC** (South Asian Association for Regional Cooperation) 南アジア地域協力連合。
**SABENA** (Société Anonyme Belge d'Exploitation de la Navigation Aérienne仏) サベナ-ベルギー航空*。
**SABER***(Semi Automatic Business Environment Research) コンピューターによる旅客の座席予約システム。
**SAC** ①(Space Activities Commission) 日本の宇宙開発委員会。②(Strategic Air Command) 米，戦略空軍*。
**SACU** (Southern African Customs Union) 南部アフリカ関税同盟。
**SADARM** (Search and Destroy Armor) **サダーム**。対戦車兵器の一つ。
**SADCC** (Southern African Development Coordination Conference) 南部アフリカ開発調整会議。
**SADR** (Sahara Arab Democratic Republic) サハラ-アラブ民主共和国。
**SAE** (self-addressed envelope) 自分の住所を記した返信用封筒。
**SAGE** (semiautomatic ground environment) **セージ***。半自動式防空警戒管制組織。
**SAL小包郵便** (surface air lifted mail) 航空路によって運送される平面路(船便)小包。
**SALT** (Strategic Arms Limitation Talks) **ソルト***。米ソ戦略兵器制限交渉。
**SAM** ①(Sequential Access Method) コンピューターで，磁気テープの一端から順に記憶データを探索する方式。②(surface-to-air missile) **サム**。地対空ミサイル*。
**SAMA** (Saudi Arabian Monetary Agency) サウジアラビア通貨庁。

**SAN** (San Diego) 米, サンディエゴの空港コード。
**SAO** (São Paulo) ブラジル, サンパウロの空港コード。
**SAR** ①(search and rescue) **サー**。海難救助に関する国際条約。②(synthetic aperture radar) 合成開口レーダー。
**SAS** ①(Scandinavian Airlines System) スカンジナビア航空。②(small astronomical satellite) **サス**。米, 小型天文衛星。
**SASE** (self-addressed stamped envelope) 受取人の住所が記された切手付き返信用封筒。
**SAT** ①(San Antonio) 米, サンアントニオの空港コード。②(Scholastic Aptitude Test) 米, 大学進学適性検査。
**Sat** (Saturday) 土曜日。
**SATB** (soprano, alto, tenor, bass) ソプラノ, アルト, テナー, バス。
**SAW** (surface acoustic wave) 表面弾性波。
**Sb** (stibiumラテ) アンチモン*の元素記号。
**SBC** ①(single board computer) 1枚のプリント基板の上に必要な機能を搭載して構成されたコンピューター。②(small business computer) オフィスコンピューター*。
**SBR** (styrene butadiene rubber) スチレンブタジエンゴム*。
**SBS** (Satellite Business Systems) 商用衛星通信システム。
**SBU** (Strategic Business Unit) 戦略事業単位。
**SC** ①(Security Council) 国連で, 安全保障理事会*。UNSCとも。②(South Carolina) 米, サウスカロライナ州の郵便コード。③(Supreme Court) 米, 最高裁判所。
**Sc** ①(scandium) スカンジウム*の元素記号。②(Scotch) スコットランド人。スコットランド語。
**Scand** (Scandinavia) スカンジナビア。北欧。
**SCAP** (Supreme Commander for the Allied Powers) **スキャップ**。連合国最高司令官*。第二次大戦後, 日本占領・管理の最高責任者。
**SCAPE** (self-contained atmospheric pressure ensemble) 宇宙工学で, 大気圧自給システム。
**SCAR** (Scientific Committee on Antarctic Research) 国際学術連合南極科学委員会。
**SCARAB** (Submersible Craft Assisting Repair and Burial) **スカラブ**。水中ケーブル敷設用潜水機械艇。
**SCHWR** (steam-cooled heavy water reactor) 蒸気冷却重水原子炉。
**SCID** (severe combined immunodeficiency) 重度複合免疫不全症。
**SCL** (Santiago) チリ, サンティアゴの空港コード。
**SCN** (self-contained navigation) 慣性航法装置で航空機が自立航行する方法。
**SCORPIO** (submersible craft for ocean repair, positioning, inspection and observation) **スコーピオ**。有索式無人潜水作業装置。
**Scot** ①(Scotland) スコットランド。②(Scottish) スコットランド人。スコットランド語。
**SCP** (single cell protein) 単細胞たんぱく質。
**SCR** (silicon controlled rectifier) シリコン制御整流素子。サイリスタ。
**SCSE** (State Commission for Space Exploration) ソ連国家宇宙探査委員会。
**SCT** (sentence completion technique) 文章完成法。
**SCUBA** (self-contained underwater breathing apparatus) **スキューバ***。タンクとレギュレーターからなる潜水用の呼吸装置。
**SD** ①(South Dakota) 米, サウスダコタ州の郵便コード。②(standard deviation) 標準偏差*。
**SD法*** (semantic differential method) 意味微分法。
**SDA** (Baghdad-Saddam Intl.) イラク, バグダッド, サダム空港の空港コード。
**S Dak** (South Dakota) 米, サウスダコタ州。
**SDECE** (Service de Documentation Extérieure et Contre-Espionnageフラ) フランス情報局。
**SDF** (Self-Defense Forces) 自衛隊*。
**SDI** ①(selective dissemination of information) 依頼に応じ情報を選択提供するシステム。②(Strategic Defense Initiative) 米, 戦略防衛構想*。
**SDP** ①(self-development program) 自己啓発計画。②(Social Democratic Party) 英国の社会民主党。
**SDQ** (Santo Domingo) ドミニカ, サントドミンゴの空港コード。
**SDR** (special drawing rights) IMFで, 特別引き出し権。
**SDS** (Satellite Data System) 米空軍の, 衛星データシステム。
**SDU** (Rio de Janeiro RJ-Dumont) ブラジル, リオデジャネイロ, ドゥモン空港の空港コード。
**SE** ①(sales engineer) 販売担当技術者。②(sound effects) 音響効果*。③(southeast) 南東。④(split end) アメリカンフットボールで, スプリットエンド。⑤(standard English) 標準英語。⑥(system engineer) システムエンジニア*。⑦(systems engineering) システムエンジニアリング*。
**Se** (Selenドイ) セレン*の元素記号。
**SEA** ①(Seattle/Tacoma) 米, シアトル-タコーマの空港コード。②(South East Asia) 東南アジア。
**SEANZA** (Southeast Asia, New Zealand and Australia) **セアンザ**。東南アジア・ニュージーランド・オーストラリアの中央銀行総裁会議。
**SEASAT** (sea satellite) **シーサット**。NASAの海洋観測衛星。
**SEATO** (Southeast Asia Treaty Organization) **シアトー***。東南アジア条約機構。
**SEC** (Securities and Exchange Commission) 米, 証券取引委員会*。
**sec** ①(secant) セカント。三角関数の正割*。②(second) 秒。
**SEF** (steam energy flow) 蒸気エネルギー流量。
**SEL** (Seoul) 韓国, ソウルの空港コード。
**SELA** (Sistema Económico Latinoamericano スペ) **セラ**。ラテンアメリカ経済機構*。LAESとも。
**SEM** (scanning electron microscope) 走査電子顕微鏡。
**SEMATECH** (Semiconductor Manufacturing Technology Institute) **セマテック**。米, 官民共同による, 半導体製造技術研究組合。
**SEMI** (Semiconductor Equipment and Material Institute) **セミ**。米, 半導体製造装置材料協会。
**Sep** (September) 9月。
**SEPAC** (Space Experiments with Particle Accelerators) **セパック**。粒子加速器による宇宙科学実験。通称, 人工オーロラ計画。
**SER** (Solar Energy Resources) 太陽エネルギー資源。
**SERT** (Space Electric Rocket Test) **サート**。電気推進ロケット実験機。
**SES** (surface effect ship) 高速浮上滑走船。
**SETI** (Search for Extra-Terrestrial Intelligence) **セティ**。地球外文明探査計画*。
**SF** ①(San Francisco) 米, サンフランシスコ。②(science fiction) エスエフ*。空想科学小説。
**sf** (sforzandoイタ) 音楽で, スフォルツァンド。
**SFF** (Supplementary Financing Facility) IMFの, 補充的融資制度。
**SFO** (San Francisco/Oakland) 米, サンフランシスコ-オークランドの空港コード。
**SFRC** (steel fiber reinforced concrete) 鋼繊維強化コンクリート。
**SFX** (special effects) テレビや映画などでの特殊効果。特撮。
**SG** ①(secretary general) 事務局長。②(Solicitor General) 法務次官。③(specific gravity) 比重。④(surgeon general) 軍医総監。
**SGマーク*** (safety goods) 消費生活用製品安全法で, 製品安全協会の認定基準に合格したものにつけるマーク。
**SGHWR** (steam generating heavy water reactor) 蒸気発生重水原子炉。
**SH** (scrum half) ラグビーで, スクラムハーフ。
**SHA** ①(Shanghai) 中国, 上海の空港コード。②(sidereal hour angle) 恒星時角。
**SHED** (solar heat exchanger drive) **シェド**。宇宙工学で, 太陽熱交換推進。
**SHF** (superhigh frequency) センチメートル波。
**SI** (Système International des Unitésフラ) SI単位。度量衡の国際単位系。
**Si** (silicon) 珪素(けいそ)*の元素記号。
**SIA** ①(Semiconductor Industry Association) 米国で, 半導体工業会。②(Singapore Airlines) シンガポール航空。
**SIC** (specific inductive capacity) 比誘電率。
**SIDS** (sudden infant death syndrome) 乳幼児急死症候群*。
**sig** (signature) 署名。
**SIMEX** (Singapore International Monetary Exchange) シンガポール国際金融取引所。
**SIMSCRIPT** (Simulation Scriptor) **シムスクリプト**。RAND社の開発によるシミュレーション専用のコンピューター言語。
**SIN** (Singapore) シンガポール, シンガポールの空港コード。
**sin** (sine) サイン。三角関数の正弦*。
**SINS** (ship inertial navigation system) 慣性航法。
**SIS** ①(safety injection system) 原子炉の安全注入システム。②(Secret Intelligence Service) 英, 秘密情報局。
**SIT** (static induction transistor) 静電誘導トランジスター。
**SITC** (Standard International Trade Classification) 標準国際貿易分類。
**SJU** (San Juan) プエルトリコ, サンフアンの空港コード。
**SK** スカンジナビア航空*のエアラインコード。
**SKD** ①(Semi Knock Down) ノックダウン方式で, 輸入部品を一部に用いて製品を組み立てること。②松竹歌劇団。
**SL** ①(sleep learning) 睡眠学習法。②(steam locomotive) 蒸気機関車*。
**SLAC** (Stanford Linear Accelerator Center) スタンフォード線型加速器センター。
**SLBM** (submarine-launched ballistic missile) 潜水艦発射弾道ミサイル*。
**SLCM*** (sea-launched cruise missile) 海上・海中発射巡航ミサイル。潜水艦発射巡航ミサイル。
**SLE** (systemic lupus erythematodes) 全身性エリテマトーデス*。膠原(こうげん)病の一種。
**SLM** (sea-launched missile) 海上発射ミサイル。
**SLOC** (sea line of communication) **スロック**。海上交通路。シーレーン*。
**SLT** (single lane transit) 自動運転の軌道シャトルバス。
**SLV** (satellite launching vehicle) 人工衛星打ち上げ用ロケット。
**SM** ①(sadism and masochism; sadomasochism) サディズムとマゾヒズム。サドマゾ*。②(sound monitor) サウンドモニター。③(systems management) システム管理。
**Sm** (samarium) サマリウム*の元素記号。
**SMA** (superplastic metal alloy) 形状記憶合金*。
**SMART** (Scheduling Management and Allocating Resources Technique) **スマート**。NHKの, コンピューター利用による番組制作スケジュール管理方法。
**SMATV** (Satellite Master Antenna Television) 衛星放送共同受信。
**SMD** (symbol manipulation device) コンピューターの別称。
**SMM** (solar maximum mission) 太陽観測装置。
**SMON** (subacute myelo-optico neuropathy) 亜急性脊髄視神経神経病。スモン病*。
**smorz** (smorzandoイタ) 音楽で, スモルツァンド。
**SMS** (stationary meteorological satellite) 静止気象衛星。
**SMSA** (Standard Metropolitan Statistical Area) 米, 標準大都市圏。
**SN** サベナ-ベルギー航空*のエアラインコード。
**SN比*** (signal to noise ratio) 信号対雑音比。
**Sn** (stannumラテ) 錫(すず)*の元素記号。
**SNA** (System of National Account of the United Nations) 国連の国民所得計算方式。
**SNAP** (Systems for Nuclear Auxiliary Power) **スナップ**。米国の小型原子力発電装置開発計画。
**SNCC** (Student Nonviolence Coordinating Committee) 米, 学生非暴力調整委員会。
**SNCF** (Société Nationale des Chemins de Fer Françaisフラ) フランス国有鉄道。
**SNF** (short-range nuclear forces) 短距離核戦力。

**SNG** ①(satellite news gathering) 通信衛星を使った,ニュース現場からの映像伝送システム。②(synthetic natural gas) 合成天然ガス。代替天然ガス。
**SNM** (special nuclear material) 特定核物質。
**SNOBOL** (String Orientated Symbolic Language) **スノーボル**。コンピューターで,記号列処理用高級プログラミング言語。
**SO** ①(shipping order) 船積指図書。出荷指令。②(stand off) ラグビーで,スタンドオフ*。
**so** (symphony orchestra) 交響楽団*。
**SOCAL** (Standard Oil Co. of California) **ソーカル**。カリフォルニアスタンダード石油会社。
**SOCAP** (Society of Consumers Affairs Professionals in Business) **ソーキャップ**。米,企業内消費者問題専門家集団。
**SOD** (superoxide dismutase) スーパーオキサイドディスムターゼ。インターフェロン二世とも。
**SOED** (Shorter Oxford English Dictionary) ショーターオックスフォード英語辞典。
**SOF** (Sofia) ブルガリア,ソフィアの空港コード。
**SOI** (Southern Oscillation Index) 南方振動の指数。赤道西太平洋と赤道東太平洋の地上気圧差。
**SOI素子** (silicon on insulating substrate) 絶縁体の結晶基板上にシリコンの集積回路を作った素子。
**SONAR** (sound navigation ranging) **ソナー***。水中音響探知機。
**SOP** (standard operating procedure) 管理運用規定。
**SOR** (Synchrotron orbital radiation) シンクロトロン軌道放射。
**SOS*** 国際的な無電による遭難信号。
**sost, sosten** (sostenuto伊) 音楽で,ソステヌート。
**SOSUS** (sound underwater surveillance system) 米海軍の水中音響監視システム。
**SOWETO** (South West Township) **ソウェト**。南アフリカの黒人居住地区。
**SOx** (sulfur oxides) 硫黄酸化物*。
**SP** ①(sales promotion) セールスプロモーション。販売促進。②(Security Police) 要人の身辺警護のための私服の警官。③(shore patrol) 米海軍の憲兵。④(standard playing record) 1分間78回転のレコード。⑤(space platform) 宇宙プラットホーム。
**SP株価指数** (Standard and Poor's stock price indexes) アメリカのスタンダード アンド プアーズ社が発表する株価指数。
**Sp** ①(Spain) スペイン。②(Spanish) スペイン人。スペイン語。
**sp** (senza pedale伊) 音楽でセンツァペダーレ。
**SPADATS** (space detection and tracking system) **スパダッツ**。宇宙空間探知追跡網*。
**SPADOC** (Space Defense Operation Center) **スパダック**。米,宇宙防衛作戦本部。
**SPB** (still picture broadcasting) 静止画放送*。
**SPC** (South Pacific Commission) 南太平洋委員会*。
**SPDPM** (Subcommission on Prevention of Discrimination and Protection of Minorities) 国連の差別防止・少数者保護委員会。
**SPEC** (South Pacific Bureau for Economic Cooperation) **スペック**。南太平洋経済協力局。
**SPECT** (single photon emission computed tomography) **スペクト**。単光子放射型コンピューター断層撮影法。
**SPEEDI** (system for prediction of environmental emergency dose information) 日本で,緊急時環境線量情報予測システム。
**SPF** ①(South Pacific Forum) 南太平洋フォーラム*。②(specific pathogen free)「有用菌以外の病菌を持たない」の意。
**SPF動物** (specific pathogen free animal) 純無菌化動物。
**SPM** (solar proton monitor) 太陽プロトン監視装置。
**SPN** (Saipan) 米,サイパンの空港コード。
**SPOOL** (simultaneous peripheral operation on line) **スプール**。コンピューターで,補助記憶装置を用いて複数のデータの入出力を同時に行う処理方式。
**SPQR** (small profits and quick returns) 薄利多売。
**SPRFA** (South Pacific Regional Fishing Agency) 南太平洋地域漁業機関。
**SPS** (Super Proton Synchrotron) ヨーロッパ合同原子核研究機関の超大型陽子加速炉。
**SQ** ①シンガポール航空のエアラインコード。②(strings quartet) 弦楽四重奏*。
**SQC** (statistical quality control) 統計的品質管理*。
**SQUID** (superconducting quantum interference device) **スクイド**。超電導量子干渉装置。
**SR** (scanning radiometer) 走査放射計。
**SR説** (stimulus-response theory) 学習を刺激と反応の結合によって説明する心理学の理論。
**Sr** (strontium) ストロンチウム*の元素記号。
**SRAM** ①(short-range attack missile) **スラム**。短距離攻撃用空対地ミサイル。②(static random access memory) **エスラム**。コンピューターで,DRAMのようにデータ保持動作がいらない,随時書き込み読み出しメモリー。
**SR&CC** (strike, riot and civil commotion) 同盟罷業,暴動および騒擾。
**SRATS** (Solar Radiation and Thermospheric Structure) 熱圏探査衛星。
**SRB** (solid rocket booster) 固体燃料ロケットブースター。
**SRBM** (short-range ballistic missile) 短距離弾道ミサイル*。
**SRDO** (Senegal River Development Organization) セネガル川開発機構。
**SRE** (surveillance radar element) 監視レーダー部。
**SRM** (solid rocket motor) 固体推進剤ロケットモーターのこと。
**SRO** (standing room only)「立見席以外満員」
**SS** ①(Schutzstaffel独) ナチス親衛隊。②(service station) ガソリンスタンド*。③(short stop) 野球で,ショート。④(speed sensitive) 白黒フィルムの感度標示係数の一つ。⑤(steamship) 汽船。商船。⑥(submarine) 潜水艦を表す記号。
**SS20*** (surface-to-surface 20) ソ連,中距離弾道ミサイル。
**SS24** (surface-to-surface 24) ソ連,新型移動式大陸間弾道ミサイル。
**SS通信** (spread spectrum system) スペクトラム通信。多重通信の一方式。
**Ss** (stainless) ステンレス*。材質を示す記号。
**ss** (senza sordino伊) 音楽で,センツァソルディーノ。
**SSBN*** (submarine ballistic missile nuclear-powered) 戦略核ミサイルを搭載した原子力潜水艦につける艦種記号。
**SSC** (Superconducting Super Collider) 米,次期大型粒子加速器計画。
**SSD** ①(solid state detector) 半導体検出器。②(Special Session of United Nations General Assembly on Disarmament) 国連軍縮特別総会。③(solid state storage device) 固体記憶装置。
**SSDDS** (self-service discount department-store) セルフサービス方式のスーパーマーケット。
**SSDS** ①(self-service discount sale) セルフサービス式の安売り。②(system of social and demographic statistics) 社会人口統計体系。
**SSE** ①(south-southeast) 南南東。②(supply side economics) 供給面を重視した経済政策。
**SSGW** (strategic surface-to-surface guided weapon system) 戦略地対地誘導兵器システム。
**SSI** ①(small scale integration) 小規模集積回路。②(Space Services Inc. of America) アメリカ宇宙サービス会社。
**SSIP** (Space Station Integrated Project) 日本の宇宙ステーション統合計画。
**SSM** (surface-to-surface missile) 地対地ミサイル*。艦対艦ミサイル。
**SSME** (space shuttle main engine) スペースシャトルの主力エンジン。
**SSN***(submarine nuclear powered) 攻撃型原子力潜水艦。
**SSR** ①(secondary surveillance radar) 2次監視レーダー。②(Sojuz Sovetskich Socialisticeskish Respublika露) ソビエト社会主義共和国*。③(solid state record) 固体レコード。
**SSS** ①(Selective Service System) 米,選抜徴兵制度。②(super speed sensitive) 白黒フィルムの感度標示係数の一つ。
**SST*** (supersonic transport) 超音速旅客機。
**SSTV** (satellite subscription television) 衛星放送による有料テレビサービス。
**SSUS** (spinning solid upper stage) スピン型固体上段ロケット。
**SSW** (south-southwest) 南南西。
**ST** ①(safety toy) 日本で,安全玩具の記号。②(Saint) 聖。③(speech therapist) 言語治療士。
**ST法*** (sensitivity training) 感受性訓練。センシティビティトレーニング。
**St** ①(Saturday) 土曜日。②(street) 通り。…街。
**st** (senza tempo伊) 音楽で,センツァテンポ。
**STABEX** (stabilization of export earnings) **スタベックス**。輸出所得補償融資制度。
**stacc** (staccato伊) 音楽で,スタッカート*。
**Staffs** (Staffordshire) 英,スタッフォードシャー州。
**STAR** (satellite telecommunication with automatic routing) **スター**。通信衛星を中継局とする衛星電話通信。
**START** (Strategic Arms Reduction Talks) **スタート***。米ソ戦略兵器削減交渉。
**STAT** (status) コンピューターで,周辺装置の動作状態。
**STD** (Sexually tranamitted disease) 性行為感染症*。
**Std** (standard) 自動車で,標準仕様車。
**STDN** (space tracking and data network) 宇宙追跡データ通信網。
**STEP** (Society for Testing English Proficiency) 日本英語検定協会。英検。
**STL** (Saint Louis) 米,セントルイスの空港コード。
**STM** (scanning tunneling microscope) 電子工学で,走査トンネル顕微鏡。
**STO** (Stockholm) スウェーデン,ストックホルムの空港コード。
**STOL** (short takeoff and landing) **ストール**。**エストール***。短距離離着陸機。
**STP** (standard temperature and pressure) 標準温度と気圧。
**STS** ①(serological test for syphilis) 梅毒血清反応*。②(space transportation system) スペースシャトル。
**STV** (subscription television) 空中波利用有料テレビサービス。
**STX** (start of text) データ通信で,テキスト開始を示す符号。
**SUB** (supplemental unemployment benefits) 失業給付補助。
**SUBROC** (submarine rocket) **サブロック***。潜航中の潜水艦から発射される対潜核爆雷。
**SUM***(surface-to-underwater missile) 艦・地対水中ミサイル。
**SUNFED** (Special United Nations Fund for Economic Development) 国連経済開発特別基金。
**SUV** (Suva) フィジー,スヴァの空港コード。
**Sv** (sievelt) シーベルト。人がどれくらいの量の放射線を浴びたかを表す単位。
**sv** (sotto voce伊) 音楽で,ソットボーチェ。
**S-VHS** VHS方式VTRの新しい録画・再生技術。Sは super の意。
**SVO** (Moscow-Sheremetyevo) ソ連,モスクワ,シェレヌティエボ空港の空港コード。
**SVS** (slide vanbody system) トラックと鉄道の協同一貫輸送方式。
**SW** ①(short wave) 短波*。②(southwest) 南西。
**Sw** ①(Sweden) スウェーデン。②(Swedish) スウェーデン人。スウェーデン語。
**SWAL** (Southwest Airlines Co., Ltd.) 南西航空㈱*。沖縄県の民営航空会社。
**SWAPO** (South-West African People's Organization) **スワポ**。南西アフリカ人民機構。
**SWIFT** (Society for Worldwide Interbank Financial Telecommunication) **スウィフト***。国際銀行間通信協会。
**Switz** (Switzerland) スイス。
**SWU** (separate work unit) 分離作業単位。天然ウランから濃縮ウランを製造するときの仕事量の単位。

**SXF** (Berlin) 東ドイツ，ベルリンの空港コード。
**SYD** (Sydney) オーストラリア，シドニーの空港コード。
**SYNCOM** (synchronous communication satellite) **シンコム**。米，静止通信衛星。

# T

**T** ①(tank) 戦車を表す記号。②(temperature) 温度を表す記号。③(tenor) テノール*。テナー。④(tēraギ) テラ*。単位につく接頭語。⑤(ton) トン。⑥(trainer) 練習機を表す記号。⑦(tritium) トリチウム。三重水素*。⑧(try) ラグビーで，トライ。
**T細胞*** (thymus-derived cell) 免疫担当細胞の一つ。
**Tシャツ*** 丸くび，半そでのスポーツシャツ。
**T定規*** T字形の定規。
**t** ①(time) 時間を表す記号。②(ton) トン*。重量の単位。
**TA** ①(teaching assistant) 教員の助手。②(technology assessment) テクノロジーアセスメント*。技術開発による公害などの社会的影響を事前に調査・分析すること。
**Ta** (Tantalドイ) タンタル*の元素記号。
**TAA** (Technical Assistance Administration) 国連技術援助局。
**TAB** (Technical Assistance Board) 国連の委員会で，技術援助評議会。
**TAC** **タック**。①(Tactical Air Command) 米，戦術空軍。②(Technical Assistance Committee) 国連の技術援助委員会。③(total allowable catch) 魚獲許容量。
**TACAN** (tactical airnavigation system) **タカン**。戦術航法装置。
**TACV** (tracked air cushion vehicle) コンクリートの軌道上を空気浮上方式で走る高速電車。
**TAD** (Thrust Augmented-Delta) **タッド**。米，人工衛星打ち上げ用ロケットで，推力強化デルタ。
**TAF** (terminal aerodrome forecast) 飛行場気象予報。
**tan** (tangent) タンジェント。三角関数の正接*。
**TAP** (Transportes Aéreos Portuguesesポル) **タップ**。ポルトガル航空。
**TAPRI** (Tampere Peace Research Institute) フィンランドのタンペレ平和研究所。
**TAPS** (Trans-Alaska Pipeline System) **タップス**。アラスカ横断石油輸送管網。
**TARAN方式** (test and repair as necessary form) 明らかな故障でないかぎり，修理をしない方式。
**TAS** (telephone answering service) 電話応答サービス。
**TASS** ①(Telegrafnoe Agentstvo Sovetskovo Soyuzaロシ) **タス**。タス通信。ソ連の国営通信社。②(towed array sonar system) えい航式の水中音響監視システム。
**TAT*** (thematic apperception test) 投影法による性格検査の一つ。
**TB** ①(Three-quarter back) ラグビーで，スリークォーターバック。②(torpedo boat) 魚雷艇*。③(treasury bill) 短期証券。④(Tuberkuloseドイ) 肺結核*。
**Tb** (terbium) テルビウム*の元素記号。
**tb** (trombone) トロンボーン*。
**TBC** (time base corrector) ビデオで，タイムベース コレクター。ビデオ信号の安定装置。
**TBO** (time between overhauls) 航空機で，オーバーホール間隔。
**TBS** ①(talk between ships) 船舶間無線通話。②(Tokyo Broadcasting System) 東京放送。
**TC** ①(traveler's check) トラベラーズチェック*。②(Trusteeship Council) 国連の信託統治理事会*。③(type certificate) 航空機で，形式証明。④(total cost) 総費用。
**Tc** (technetium) テクネチウム*の元素記号。
**tc** (tre corde伊) トレコルデ。ピアノで左のペダルの使用を禁ずる意。
**TCA** (total company automation) 全社的自動化。
**TCA回路*** (tricarboxylic acid cycle) 生体内で，ブドウ糖を分解しエネルギーを得る回路。拘櫞酸(くえんさん)回路とも。
**TCAS** (traffic alert and collision avoidance system) 空中衝突警報システム。
**TCAT** (Tokyo City Air Terminal) 東京シティエアターミナル。
**TD** ①(technical director) 放送で，テクニカルディレクター。②(touchdown) アメリカンフットボールで，タッチダウン*。
**TDB** (Trade and Development Board) 国連の貿易開発理事会。
**TDD** (Telecommunications device for the deaf) 聾唖者用遠隔通信装置。
**TDE** (telephone data entry) 電話利用データ入力。
**TDF** (transborder data flow) 国際間データ流通。
**TDL** (Tokyo Disneyland) 東京ディズニーランド*。
**TDMA** (time division multiple access) コンピューターで，時分割多重アクセス。
**TDN** (total digestible nutrients) 総消化可能栄養素。
**TDRS** (tracking and data relay satellite) 追跡データ中継衛星。
**TDRSS** (tracking and data relay satellite system) 追跡データ中継衛星システム。
**TDS** (total dissolved solids) ミネラルウオーターなどで，全容含有濃度。
**TDY** (temporary duty) 派遣勤務。
**TE** (transitional enterprise) 多国籍企業。超国家企業。
**Te** (Tellurドイ) テルル*の元素記号。
**TEE** (Trans European Express) ヨーロッパ横断国際急行列車*。
**TEFL** (teaching English as a foreign language) **テフル**。外国語としての英語教育。
**TEL** ①(telephone) 電話。Tel, tel とも。②(transporter-erector-launcher) **テル**。ミサイルの運搬・装架・発射装置。
**tel** ①(telegram) 電報。②(telegraph) 電信。③(telephone) 電話。
**tem** (tempo伊) テンポ。演奏の速度。
**temp prim** (tempo primo伊) テンポプリモ。最初の速度で。
**TEMPO** (Technology Management Planning Operation) **テンポ**。米国のシンクタンク。
**ten** (tenuto伊) テヌート*。音を，音符の長さをじゅうぶん保って。
**Tenn** (Tennessee) 米，テネシー州。
**TEPP** (tetraethyl pyrophosphate) テップ剤。人畜に有害な有機燐剤。
**TERCOM** (terrain contour matching guidance system) **ターコム**。巡航ミサイルの地形照合誘導装置。
**TESL** (teaching English as a second language) 第２言語としての英語教育。
**TESOL** (teaching of English to speakers of other languages) **テソール**。他言語話者に対しての英語教育。
**Tex** (Texas) 米，テキサス州。
**TF** (task force) 機動部隊。
**TFE** (tetrafluoroethylene) フッ素樹脂の原料で，テトラフルオロエチレン。
**TFLT** (task fleet) 特定の任務を持った艦隊。
**TFP** (try-for-point) アメリカンフットボールで，トライフォアポイント。
**TFTR** (TOKAMAK Fusion Test Reactor) トカマク型核融合試験炉。
**TG** タイ国際航空のエアラインコード。
**TGV*** (Train à Grande Vitesse仏) **テージェーベー**。フランス国鉄が製作した超高速列車。
**Th** ①(thorium) トリウム*の元素記号。②(Thursday) 木曜日。
**THAI** (Thai Airways International Ltd.) タイ国際航空。エアラインコードはTG。
**THF** (Trust Houses Forte Ltd.) 英国の世界的なホテル・観光・娯楽業のグループ。
**THR** (Tehran) イラン，テヘランの空港コード。
**TI** (Texas Instruments Inc.) テキサスインスツルメンツ*。米国の半導体メーカー。
**Ti** (Titanドイ) チタン*の元素記号。
**TIBOR** (Tokyo Interbank Offered Rate) 東京銀行間取引金利。
**TIH** (Their Imperial Highnesses) 殿下。
**TIM** (Their Imperial Majesties) 陛下。
**TIR** (Transport International Routier仏) 国際道路輸送。
**TIROS** (television and infrared observation satellite) 気象衛星のタイロス衛星。
**TK** (tank) 戦車。
**TKO*** (technical knockout) ボクシングで，テクニカルノックアウト*。
**Tl** (thallium) タリウム*の元素記号。
**TLO** (total loss only) 海上保険で，全損のみ担保。
**TLU** (table look-up) テーブル索引。コンピューターで，項目を見つけ出すために表をさがす方法。
**TLV** (Tel Aviv-Yafo) イスラエル，テルアビブ，ヤッファの空港コード。
**TM** ①(teacher's manual) 教師用便覧。②(teaching machine) ティーチングマシン*。教育機器。③(table marker) 磁気テープで，テーブルマーカー。④(theme music) テーマミュージック。⑤(trade mark) 商標*。
**Tm** (thulium) ツリウム*の元素記号。
**TMI** (Three Mile Island Nuclear Power Plant) 米，スリーマイル島原子力発電所。
**TMV** (tabacco mosaic virus) タバコモザイクウイルス。
**TN** (Tennessee) 米，テネシー州の郵便コード。
**TNB** (trinitrobenzene) 起爆剤などに使用される，トリニトロベンゼン。
**TNF** ①(theater nuclear force) 戦域核戦力。②(tumor necrosis factor) 腫瘍壊死因子*。
**TNO** (Trade Negotiation Organization) GATTで，貿易交渉委員会。
**TNR** (thermal neutron reactor) 熱中性子原子炉。
**TNT** (trinitrotoluene) トリニトロトルエン*。TNT火薬。
**TNW** (theater nuclear weapon) 戦域核兵器。
**TO** ①(technical order) 技術指令書。②(turn over) 「裏面へ続く」「めくれ」の意。
**TOB** (take-over bid) 株式公開買付制度*。
**TOD** (total oxygen demand) 水の汚れの程度を表す数値で，全酸素要求量*。
**TOEBC** (Test of English for Business Communication) 商業通信英語テスト。
**TOEFL** (Test of English as a Foreign Language) **トーフル**。**トイフル**。米国で研究や仕事をしようとする外国人のための英語の試験。
**TOEIC** (Test of English for International Communication) **トーイック**。国際コミュニケーション英語能力テスト。
**TOGA計画** (Tropical Ocean Global Atmosphere) **トーガ計画**。熱帯海洋地球大気計画。
**TOKAMAK** (Toroidal Kamera Magnetic) **トカマク***。ソ連が開発した核融合装置。
**TOP** (temporarily out of print) 一時絶版。
**TOPEX** (Typhoon Operational Experiment) 台風業務実験。
**TOPIX** (Tokyo Stock Price Index and Average) 東京証券取引所株価指数。
**TOPS** **トップス**。①(teletype order processing) 日常業務管理のための経営情報システム。②(thermoelectric outer planet spacecraft) 熱電式外惑星探査宇宙船。
**TOS** ①(tape operating system) **トス**。記憶装置として磁気テープを使用するオペレーティングシステム。②(temporarily out of stock) 一時的在庫切れ。
**TOW** (tube-launched optically-tracked, wire-guided (antitank missile)) **トウ**。光学照準式有線誘導対戦車ミサイル。
**TP** ①ポルトガル航空のエアラインコード。②(transforming principle) 遺伝子の形質転換因子。
**tp** (trumpet) トランペット*。
**TPA** (tissue plasminogen activator) 組織プラスミノーゲン活性化物質。
**TPE** (Taipei) 台湾，台北の空港コード。
**TPHA** (treponema pallidum hemagglutination test) 梅毒の病原体赤血球凝集反応。
**TPM** (total productive maintenance) 総合生産保全。
**TPO** (time, place and occasion) 時と場所と機会。
**TPR** (thermoplastic rubber) 熱可塑性ゴム。
**TPS** (thermal protection system) スペースシャトルオービターの耐熱システム。

**TPU** (thermoplastic polyurethane) 熱可塑性ポリウレタン樹脂。
**TQC** (total quality control) 総合的品質管理*。
**TR** (trust receipt) 輸入担保荷物保管証。
**tr** (trill) トリル*。顫音(せんおん)。
**TRAFFIC** (Trade Records Analysis of Flora and Fauna in Commerce) 野生動植物国際取引調査記録特別委員会。
**TRANSPO** (International Transportation Exposition) **トランスポ**。国際交通博覧会。
**TRF** (thyrotropin-releasing factor) チロトロピン放出因子。
**TRH** (Their Royal Highnesses) 殿下。
**TRIPS** (Travel Reservation, Information and Planning System) **トリップス**。日本交通公社で，コンピューターによる総合旅行情報システム。
**TRISTAN** (Transposable Ring Storage Accelerator in Nippon) **トリスタン**。日本で，高エネルギー物理学研究所のリング型巨大加速器。
**TRMM** (Tropical Rainfall Measuring Mission) 熱帯降雨観測衛星。日米共同構想の衛星。
**tRNA** (transfer RNA) 転移リボ核酸。
**TRON** (The Realtime Operating System Nucleus) **トロン**。日本独自のマイクロプロセッサーとオペレーティングシステムを作りあげることを目的とした計画。
**TRT** (Trademark Registration Treaty) 商標登録条約。 「表示板。
**TSマーク** (Traffic Safety mark) 自動車で，停止
**TSCJ** (Telecommunications Satellite Corporations of Japan) 日本通信放送衛星機構。
**TSE** (Tokyo Stock Exchange) 東京証券取引所*。
**TSH** (thyroid stimulating hormone) 甲状腺刺激ホルモン*。
**TSS** ①(time-sharing system) コンピューターで，時分割方式。②(traffic separation scheme) 船舶の衝突防止のための往復航行分離方式。
**TT** ①(table tennis) 卓球*。②(telegraphic transfer) 電信為替*。③(teletypewriter) テレタイプ*。④(time trial) 自転車競技の一種で，タイムトライアル*。⑤(tuberculin test) ツベルクリンテスト。
**TTBレート*** (Telegraphic Transfer Buying Rate) 為替銀行が顧客から外国為替を買い取るときの相場。 「置。
**TTC*** (total traffic control) 列車運行総合制御装
**TTL** (transistor transistor logic) トランジスターランジスター論理。バイポーラ型ＩＣの論理回路のこと。
**TTL方式*** (through-the-lens metering) レンズを通った光を，カメラに内蔵した露出計ではかる測光方式。
**TTR** (target tracking radar) ミサイル誘導で，目標追跡レーダー。
**TTS** ①(teletypesetter) テレタイプセッター。②(temporary threshold shift) 航空機騒音によっておこる一時的聴力低下。
**TTSレート*** (Telegraphic Transfer selling Rate) 為替銀行が顧客に外国為替を売るときの相場。
**TTT** ①(thymol turbidity test) チモール混濁反応。肝臓機能検査の方法の一つ。②(time temperature tolerance) 食品の新鮮度を表す数値で，許容温度時間。
**TTY** (teletypewriter) テレタイプ*。
**TU** ①(Trade Union) 労働組合。②(Tupolev(ロシア)) ツポレフ。ソ連のジェット機の機種名。
**Tu** (Tuesday) 火曜日。
**tub** (tuba) チューバ*。 「合会議*。
**TUC** (Trade Union Congress) イギリス労働組
**TULF** (Tamil United Liberation Front) タミル統一解放戦線。
**Turk** ①(Turkey) トルコ。②(Turkish) トルコ人。トルコ語。
**TV** ①(television) テレビ。②(transvestite; transvestist) 異性服装倒錯者。
**TVA***(Tennessee Valley Authority) テネシー川流域開発公社。
**TVC** (thrust vector control) ロケットの推力方向制御。
**TVD** (Teart Voennykh Deistvii(ロシア)) 軍事作戦区域。
**TVI** (television interference) テレビ電波障害。
**TVP** (textured vegetable protein) 大豆たんぱく製の人造肉。
**TW** トランスワールド航空のエアラインコード。
**TWA** (Trans World Airlines) 米国のトランスワールド航空。 「訓練。
**TWI*** (training within industry) 職場内監督者
**TX** ①(Texas) 米，テキサス州の郵便コード。②(training plane experimental) 次期採用予定練習機。
**TXL** (Berlin-Tegel(ドイ)) 西ドイツ，ベルリン，テーゲル空港の空港コード。

# U

**U** ①(universal; unrestricted) 英，一般向き映画。②(university) 総合大学。③(Uran(ドイ)) ウラン*の元素記号。
**Uボート*** (Unterseeboot(ドイ)) ドイツの潜水艦。第一次・第二次大戦中に使用された。
**UA** ユナイテッド航空のエアラインコード。
**UAA** (Unite Arab Airlines) アラブ連合航空。
**UAE** (United Arab Emirates) アラブ首長国連邦。
**UAL** (United Airlines, Inc.) 米国のユナイテッド航空*。
**UAM** (underwater-to-air missile) 水中発射対空ミサイル。
**UATP** (universal air travel plan) 共通航空券信用販売制度。
**UAW** (United Automobile Workers) 全米自動車労働組合*。
**UB** (under bust) アンダーバスト。乳房の下の胸囲。
**UC** (Unité Communautaire(フラ)) ヨーロッパ計算単位。
**uc** (uppercase) 印刷で，大文字。
**UCB** (University of California at Berkeley) 米，カリフォルニア大学バークレー校。
**UCLA** (University of California at Los Angeles) 米，カリフォルニア大学ロサンゼルス校。
**UCSD** (University of California at San Diego) 米，カリフォルニア大学サンディエゴ校。
**UDC** (Universal Decimal Classification) 国際十進分類法。
**UDF** (Union pour la Démocratie Française(フラ)) フランス民主連合*。
**UDPG** (uridine diphosphate glucose) ウリジン二燐酸グルコース。糖代謝の補酵素の一つ。
**UEA** (Universala Esperanto Asocio(エスペ)) 万国エスペラント協会。
**UER** (Union Européenne de Radiodiffusion(フラ)) ヨーロッパ放送連盟。ＥＢＵとも。
**UFO** (unidentified flying object) **ユーフォー***。未確認飛行物体。
**UGM** (underwater-to-ground missile) 水中発射対地ミサイル。
**UHF*** (ultrahigh frequency) 極超短波*。デシメートル波。
**UHV** (ultrahigh voltage) 超々高圧。
**UK** (United Kingdom) 連合王国。英国。
**UKAEA** (United Kingdom Atomic Energy Authority) 英国原子力公社。
**ULCC** (ultra-large crude carrier) 超大型石油輸送船。25万トン以上を指す。
**ULF** (ultra low frequency) 極低周波。
**ULMS** (underwater long-range missile system) 海中発射長距離ミサイルシステム。
**ULSI*** (ultra large scale integration) 超ＬＳＩよりさらに集積度の高いＬＳＩ。
**UMP** (International Upper Mantle Project) 国際地球内部開発計画。
**ump** (umpire) アンパイア*。審判員。
**UN** (United Nations) 国際連合*。国連。
**UNAFEI** (United Nations Asia and Far-East Institute for the prevention of crime and the treatment of offenders) **ユナフェイ**。東京のアジア極東犯罪防止研修所。
**UNC** (United Nations Charter) 国際連合憲章。国連憲章*。
**UNCA** (United Nations Correspondents Association) 国連記者協会。
**UNCD** (United Nations Conference on Desertification) 国連砂漠化防止会議。
**UNCHS** (United Nations Center for Human Settlements) 国連人間居住センター。
**UNCPUOS** (United Nations Committee on the Peaceful Uses of Outer Space) 国連大気圏外平和利用委員会。
**UNCRD** (United Nations Center for Regional Development) 国連地域開発センター。
**UNCSTD** (United Nations Conference on Science and Technology for Development) 国連科学技術開発会議。
**UNCTAD** (United Nations Conference on Trade and Development) **アンクタッド**。国連貿易開発会議*。
**UNDC** (United Nations Disarmament Commission) 国連軍縮委員会*。
**UNDD** (United Nations Development Decade) 国連開発の10年。
**UNDP** (United Nations Development Program) 国連開発計画*。
**UNDRO** (United Nations Disaster Relief Organization) **アンドゥロー***。国連災害救済機関。
**UNEF*** (United Nations Emergency Forces) **ユネフ**。国際連合緊急軍。
**UNEP** (United Nations Environment Program) **ユネプ**。国連環境計画*。
**UNESCO** (United Nations Educational, Scientific and Cultural Organization) **ユネスコ***。国連教育科学文化機関。 「連軍*。
**UNF** (United Nations Forces) 国際連合軍。国
**UNFDAC** (United Nations Fund for Drug Abuse Control) 国連麻薬統制基金。
**UNFICYP** (United Nations Peace-keeping Force in Cyprus) 国連キプロス平和維持軍。
**UNFPA** (United Nations Fund for Population Activities) 国連人口活動基金。
**UNGA** (United Nations General Assembly) 国連総会*。
**UNGOMAP** (United Nations Good Offices Mission for Afghanistan and Pakistan) 国連アフガニスタン-パキスタン仲介ミッション。
**UNHCR** (Office of the United Nations High Commissioner for Refugees) 国連難民高等弁務官事務所*。
**UNIC** (United Nations Information Center) 国連広報センター。
**UNICE** (Union des Industries de la Communauté Européenne(フラ)) ヨーロッパ共同体産業連盟。
**UNICEF** (United Nations International Children's Emergency Fund) **ユニセフ***。国連児童基金。
**UNIDO** (United Nations Industrial Development Organization) **ユニド**。国連工業開発機関*。
**UNIFEM** (United Nations Development Fund for Women) 国連婦人開発基金。
**UNIFIL** (United Nations Interim Force in Lebanon) 国連レバノン暫定軍。
**UNIPOM** (United Nations India-Pakistan Observation Mission) 国連インド-パキスタン監視団。
**UNISIST** (United Nations Intergovernmental System of Information in Science and Technology) **ユニシスト***。国連科学技術交流機関。
**UNISPACE** (United Nations Conference on Exploration and Peaceful Uses of Outer Space) 国連宇宙平和利用会議。
**UNITAR** (United Nations Institute for Training and Research) 国連訓練調査研修所。
**UNIVAC** (Universal automatic computer) **ユニバック**。米国のレミントンスペリーランド社製の電子計算機。
**UNIX** **ユニックス**。コンピューターで，ミニコン用のオペレーティングシステム。

**UNMOGIP** (United Nations Military Observer Group in India and Pakistan) 国連インド-パキスタン軍事監視団。
**UNRISD** (United Nations Research Institute for Social Development) 国連社会開発研究所。
**UNRRA** (United Nations Relief and Rehabilitation Administration) **アンラ***。国連救済復興機関。
**UNRWA** (United Nations Relief and Works Agency) **アンルワー**。国連難民救済事業機関。
**UNSC** (United Nations Security Council) 国連安全保障理事会。安全保障理事会*。SCとも。
**UNSCEAR** (United Nations Scientific Committee on the Effects of Atomic Radiation) 原子放射線の影響に関する国連科学委員会。
**UNSF** ①(United Nations Security Force) 国連平和軍。②(United Nations Special Fund) 国連特別基金。
**UNSO** (United Nations Sudano-Sahelian Office) 国連スーダン-サヘル事務所。
**UNTAG** (United Nations Transition Assistance Group for Namibia) 国連ナミビア支援グループ。
**UNTC** (United Nations Trusteeship Council) 国連信託統治理事会。信託統治理事会*。TCとも。
**UNTDB** (United Nations Trade and Development Board) 国連貿易開発理事会。
**UNTSO** (United Nations Truce Supervision Organization) 国連休戦監視機構。
**UNU** (United Nations University) 国連大学*。
**UNV** (United Nations Volunteers) 国連平和部隊。
**UPC** (Universal Product Code) 米,万国製品コード。製品の包装に印刷された,電子読み取り式のコード。
**UPI***(United Press International) 米国の世界的通信社。
**UPOV条約** (United Protection of Vegetation Act) 植物新品種保護に関する国際条約。
**UPS** (United Parcel Service) 米国の小口貨物輸送会社。
**URSI** (Union Radio Scientifique Internationale仏) **ウルシ**。国際電波科学連合*。
**UPU** (Universal Postal Union) 万国郵便連合*。
**US** (United States of America) アメリカ合衆国。米国。
**USスチール** (United States Steel Corp.) 米国の鉄鋼企業。USX*と改称。
**USA** ①(United States of America) アメリカ合衆国。②(United States Army) 米国陸軍。
**USAF** (United States Air Force) 米国空軍。
**USC** (United States Code) 米国連邦法規集。
**USF-J** (United States Forces, Japan) 在日米軍。
**USIA** (United States Information Agency) 米国情報庁。
**USM** ①(underwater-to-surface missile) 水中対水上ミサイル*。②(United States Mail) 米国郵便。
**USMC** (United States Marine Corps) 米国海兵隊。
**USN** (United States Navy) 米国海軍。
**USNG** (United States National Guard) 米国国防軍。
**USP** (University of South Pacific) 南太平洋大学。
**USPS** (United States Postal Service) 米国郵便公社。
**USS** (United States Senate) 米国上院。
**USSR** (Union of Soviet Socialist Republics) ソビエト社会主義共和国連邦。ソ連。
**USTOL** (ultrashort takeoff and landing) 超短距離離着陸機。
**USTR** (Office of the United States Trade Representative) アメリカ通商代表部*。
**USWA** (United Steelworkers of America) 全米鉄鋼労働組合*。
**USX***(USX Corp.) 米国の鉄鋼会社。
**UT** ①フランス航空のエアラインコード。②(universal time) 世界時*。グリニッジ平均太陽時。③(Utah) 米,ユタ州の郵便コード。
**Ut** (Utah) 米,ユタ州。
**UTA** (Union des Transports Aériens仏) フランス航空*。
**UTC** (Universal Time Coordinated) 協定世界時*。
**UUM** (underwater-to-underwater missile) 水中対水中ミサイル*。
**UV** (ultraviolet rays) 紫外線*。
**UXB** (unexploded bomb) 不発爆弾。

# V

**V** ①(vanadium) バナジウム*の元素記号。②(victory) 勝利。③(volt) ボルト*。電圧を表す単位。
**Vサイン** (victory sign) 手の指でV字形をつくり示す勝利の印。
**V字谷*** 河川の浸食作用によって生じる,横断面がV字形をした谷。
**Vデー** (Victory Day) 戦勝記念日。
**Vネック** V字形に開いた襟ぐり。
**V兵器*** (V-Waffe; Vergeltungswaffe独) ドイツ軍が第二次大戦末期に使った兵器。
**v** ①(versus) 競技などで,…対…。vsとも。②(volume) 容積を表す記号。
**VA** ①(value analysis) バリューアナルシス。価値分析。②(Veterans Administration) 米,退役軍人管理局。③(Virginia) 米,バージニア州の郵便コード。④(visual aid) 視覚教材。⑤(voltampere) ボルトアンペア。
**Va** (Virginia) 米,バージニア州。
**va** (viola伊) ビオラ。
**VADM** (Vice Admiral) 海軍中将。
**VALS** (value and life-style) 価値観と生活様式。
**VAN** (value-added network) **バン***。付加価値通信網。
**VAR** (visual-aural range) 可視可聴式無線航空路標式。
**VARIG** (Empresa de Viação Aerea Rio Grandense葡) バリグ-ブラジル航空。
**VASCAR** (Visual Average Speed Computer And Recorder) **バスカー**。自動車にとりつける,距離・平均速度・所要時間などの計算・記録ができるコンピューター装置。
**VAT** (value-added tax) 付加価値税*。
**VB** (venture business) ベンチャービジネス*。
**VBL** (Vertical Blanking Line) 垂直帰線消去期間。テレビ電波の時間的透き間。
**VC** ①(venture capital) ベンチャーキャピタル*。②(vice-chancellor) 大学の副総長。③(vice-consul) 副領事。④(voluntary chain) 任意チェーン店。
**vc** (violoncello伊) チェロ*。
**VCE** (Venice) イタリア,ヴェニスの空港コード。
**VCO** (voltage controlled oscillator) 電圧制御発振器。
**VCP** ①(São Paulo Viracopos) ブラジル,サンパウロ,ビラコポス空港の空港コード。②(video cassette player) ビデオカセットプレイヤー。
**VCR** (video cassette recorder) ビデオカセット記録再生装置。
**VD** ①(venereal disease) 性病。②(videodisk) ビデオディスク*。
**VDP** (videodisk player) ビデオディスクプレーヤー。
**VDS** (variable depth sonar) 可変深度音波探知機。
**VDT** (visual display terminal) コンピューターやワードプロセッサーなどの表示装置。
**VDU** (visual display unit) 画面に文字・図形で出力情報を表す装置。
**VE** (value engineering) 価値工学。「ジリアリング*。バリューエン。
**vel** (velocity) 速度。
**VENUS-P** (valuable and efficient network utility service) **ビーナスピー**。KDDの国際公衆データ伝送サービス。
**VFP** (variable factor programming) コンピューターの,変動要因プログラミング。
**VFR** (visual flight rules) 有視界飛行方式。
**VG** (very good)「たいへんよい」の意。
**vg** (verbi gratia羅)「たとえば」の意。
**VHD** (video high-density) ビデオディスク方式の一つ。日本ビクターが開発。
**VHF** (very high frequency) 超短波*。メートル波。
**VHS*** (video home system) 家庭用ビデオテープレコーダーの方式の一つ。
**VHSIC** (very high speed integrated circuit) **ビジック**。超高速集積回路。
**VI** ①(Virgin Islands) 米,バージン諸島の郵便コード。②(viscosity index) 潤滑油の粘度指数。
**VIE** (Vienna) オーストリア,ウィーンの空港コード。
**VIN** (vehicle identification number) 自動車登録番号。
**VIP** (very important person) **ビップ**。国家などにとって重要人物。要人*。
**VIS** (visibility) 視距,視界。
**VJ** (video jockey) DJのテレビ版。
**VKO** (Moscow-Vnukovo) ソ連,モスクワ,ビコボ空港の空港コード。
**VLBI** (Very Long Baseline Interferometer) 超長基線電波干渉計。
**VLCC** (very large crude carrier) 大型タンカーの,16万～30万重量トンのもの。
**VLDL** (very low-density lipoprotein) 極低比重リポたんぱく質。
**VLSI*** (very large-scale integration) 超LSI。超大型集積回路。
**VMC** (visual meteorological condition) 有視界気象状態。
**VMX** (voice mail-box) ボイスメールボックス。電話回線とコンピューターをつないだ,音声メッセージ伝達システム。
**VNA** (Vietnam News Agency) ベトナム通信社。
**VO** (Very Old) 貯蔵年数からみたブランデーの階級の一つ。
**vo** (vocal) ボーカル*。
**VOA***(Voice of America) 米国国営の国際放送。
**VOD** (vacuum oxygen decarburization) 真空中で溶鋼し,酸素を吹き込み脱炭する方法。
**VOKS** (Vsesoyuznoe Obshchestvo Kuliturnoi Svyasi s zagranitsei露) **ボックス**。全ソ連対外文化交流協会。
**vol** (volume) ①ボリューム。音量。②巻。
**VONA** (vehicles of new age) **ボナ**。日本で,自動車運転中量軌道交通機関。モノレールシステムの一つ。
**VOR*** (very high frequency omnidirectional radio range) 超短波全方位無線標識。
**VORDME** (VOR distance measuring equipment) 距離測定装置付きの超短波全方位無線標識。
**VP** (Vice President) 副大統領。副社長。
**VPシューズ** (volcanizing press shoes) 高温圧着機によりつくられた合成ゴムの靴。
**VPO** (Vienna Philharmonic Orchestra) ウィーンフィルハーモニー管弦楽団*。
**VRAM** (video random access memory) ビデオラム。図形データを数字データの形で記憶しておくメモリー。
**VRS** (video response system) NTTの会話型画像応答システム。
**vs** (versus) 対すること。…対…。バーサス。
**VSAM** (virtual storage access method) コンピューターの,仮想記憶アクセス方式。
**VSO** (Very Superior Old) 貯蔵年数からみたブランデーの階級の一つ。VOの上。
**VSOP** (Very Superior Old Pale) 貯蔵年数からみたブランデーの階級の一つ。VSOの上。
**V-STOL** (vertical short takeoff and landing) **ビストール**。垂直・短距離離着陸機。
**VSYNC** (vertical synchronizing signal) テレビの垂直同期信号。
**VT** ①(video tape) ビデオテープ。②(Vermont) 米,バーモント州の郵便コード。
**Vt** (Vermont) 米,バーモント州。
**VTOL** (vertical takeoff and landing) **ブイトール***。垂直離着陸機。
**VTP** (video tape player) ビデオテーププレーヤー。
**VTR** ①(video tape recording) ビデオテープ録画。②(video tape recorder) ビデオテープレコーダー*。
**VU** (volume unit) 音声・音系に対しての電気信号の単位。
**VVSOP** (Very Very Superior Old Pale) 貯蔵年数からみたブランデーの階級の一つ。

**VW** (Volkswagen[ドイツ]) フォルクスワーゲン*。西ドイツの自動車メーカー。
**VX** (venom toxic) 毒ガスの一つ。

## W

**W** ①(waist) ウエスト。胴回り。②(watt) ワット*。仕事率および電力の単位。③(West) 西,西経を表す記号。④(white) 色相で,白を示す記号。⑤(Wolfram[ドイツ]) タングステン*の元素記号。⑥(woman) 女性。
**W杯** (World Cup) ワールドカップ*。
**WA** ①(Washington) 米,ワシントン州の郵便コード。②(Western Airlines) 米国のウエスタン航空。
**WAEC** (West African Economic Community) 西アフリカ経済共同体。
**WAS** (Washington, DC) 米,ワシントンDCの空港コード。
**WASP** (White Anglo-Saxon Protestant) **ワスプ***。米国のアングロサクソン系白人プロテスタント。
**WATS** (Wide Area Telecommunications Service) 長距離電話サービス。
**WAW** (Warsaw) ポーランド,ワルシャワの空港コード。
**WAWF** (World Association of World Federations) 世界連邦主義者世界協会。
**WB** (Warner Brothers Pictures) ワーナーブラザーズ*。米国の映画会社。
**W/B** (waybill) 運送状。貨物輸送目録。
**WBA*** (World Boxing Association) 世界ボクシング協会。
**WBC** ①(white blood cell) 白血球*。②(World Boxing Council) 世界ボクシング評議会。
**WC** (water closet) 便所。手洗所。
**WCC** (World Council of Churches) 世界教会協議会。
**WCL** (World Confederation of Labour) 国際労働組合連合。国際労連。
**WCP** ①(World Climate Program) 世界気候計画。②(World Congress of Peace) 世界平和評議会*。
**WCRP** (World Conference of Religious People) 世界宗教者会議。
**WCT** (World Championship of Tennis) 世界テニス選手権大会。
**WDI** (wind direction indicator) 風向指示器。
**WECPNL** (weighted equivalent continuous perceived noise level) 加重等価感覚騒音基準。
**Wed** (Wednesday) 水曜日。
**WESTPAC** (Western Pacific Missile Defense Architecture Study) **ウエストパック**。西太平洋防衛構想。
**WEU** (Western European Union) 西ヨーロッパ連合*。
**WFB** (World Fellowship of Buddhists) 世界仏教徒連盟。
**WFC** (World Food Conference) 世界食糧会議。
**WFP** (World Food Plan) 国連の,世界食糧計画*。
**WFTU** (World Federation of Trade Unions) 世界労働組合連盟。世界労連*。
**WFUNA** (World Federation of United Nations Associations) 国連協会世界連盟。
**WH** (White House) ホワイトハウス*。米国大統領官邸。
**Wh** (watt hour) ワット時。電力量の使用単位。
**WHO*** (World Health Organization) 国連の,世界保健機関。
**WI** ①(West Indies) 西インド諸島。②(Wisconsin) 米,ウィスコンシン州の郵便コード。
**WIA** (wounded in action) 戦傷者。
**WIDER** (World Institute for Development Economics Research) 世界開発経済研究所。
**WIPO*** (World Intellectual Property Organization) 世界知的所有権機関。
**Wis** (Wisconsin) 米,ウィスコンシン州。
**WISC** (Wechsler intelligence scale for children) **ウィスク**。米国の精神病理学者の作成した児童知能検査。
**WJC** (World Jewish Congress) 世界ユダヤ人会議。
**WLG** (Wellington) ニュージーランド,ウェリントンの空港コード。
**WLM** (Women's Liberation Movement) 女性解放運動*。
**WMC** (World Muslim Congress) 世界イスラム協議会。
**WMO** (World Meteorological Organization) 国連の世界気象機関*。
**WNW** (west-northwest) 西北西。
**WO** (warning order) 軍隊の準備命令。
**WOCE** (World Ocean Circulation Experiment) 世界海洋循環実験計画。
**WP** (word processor) ワードプロセッサー*。
**WPA** (with particular average) 海上保険の単独海損担保。
**WPC** ①(World Petroleum Congress) 世界石油会議。②(World Population Conference) 世界人口会議。
**WPI** (wholesale price index) 卸売物価指数*。
**wpm** (words per minute) 毎分〜語。1分間における送信語数。
**WR** (warehouse receipt) 倉庫証券*。
**WRENDA** (World Request List for Nuclear Data Measurement) 核データの測定要請リスト。
**WRESAT** (Weapons Research Establishment Satellite) オーストラリアのレサット衛星。
**WRI** (war risk insurance) 戦争保険。
**WS** (world scale) タンカーの基準運賃率。
**WSJ** (Wall Street Journal) 米,ウォールストリートジャーナル*。
**WSP** (Women Strike for Peace) 米,平和のための婦人運動。
**WSW** (west-southwest) 西南西。
**WT** (walkie-talkie) ウォーキートーキー*。携帯用の小型無線送受信機。
**WTC** (World Trade Center) 米,世界貿易センター。
**WTO** ①(Warsaw Treaty Organization) ワルシャワ条約機構*。②(World Tourism Organization) 世界観光機関。
**WV** (West Virginia) 米,ウエストバージニア州の郵便コード。
**WVa** (West Virginia) 米,ウエストバージニア州。
**WW** (wash-and-wear) ウオッシュアンドウエア。洗っても型崩れせずに着られる衣類。
**WWⅠ** (World War One) 第一次世界大戦*。
**WWⅡ** (World War Two) 第二次世界大戦*。
**WWF** (World Wildlife Fund) 世界野生生物基金*。
**WWMCCS** (World-Wide Military Command and Control System) 米,世界的軍事指揮管制システム。
**WWP** (Wide World Photos) ワイドワールドフォト。米国の写真通信社。
**WWW** (World Weather Watch) 世界気象監視計画。
**WY** (Wyoming) 米,ワイオミング州の郵便コード。
**Wy** (Wyoming) 米,ワイオミング州。

## X

**X** (experimental) 航空機などの試作機。あるいはまた次期採用検討中の航空機に付ける記号。
**X脚*** 足が膝の部分で外側に曲がってX字形になっている脚。
**X線*** (X-Strahlen[ドイツ]) レントゲン線。
**X染色体*** 雌が同型の性染色体を二つもつさいの性染色体。
**x** ①未知数を表す記号。②染色体基本数を示す記号。
**x軸** xy 座標の横軸。
**Xe** (xenon) キセノン*の元素記号。
**Xmas** (Christmas) クリスマス*。
**XO** ①(exchange order) 航空券引き換え証。②(executive officer) 行政官*。③(Extra Old) ブランデーの階級の一つ。VSOPの上。
**XR** (ex rights) 新株特権落ち。
**XY型** 性染色体にX・Yの2つの型があるもの。

## Y

**Y** ①(yellow) 黄色を示す記号。②(yttrium) イットリウム*の元素記号。③(yukawa) ユカワ。原子物理学で用いられる長さの単位。
**Y-** (yusoki) 日本で,輸送機を表す記号。
**Y染色体*** 性染色体の一つ。
**Y体** 洋服・ワイシャツなどの既製服の寸法で,やせ型。
**¥** (yen) 日本のお金の単位,円の記号。
**y軸** xy 座標の縦軸。
**YA体** 洋服・ワイシャツなどの既製服の寸法で,A型よりやせ型。
**YAC** (Young Astronauts Club) 日本宇宙少年団。
**YB** (yearbook) 年鑑*。年報。
**Yb** (ytterbium) イッテルビウム*の元素記号。
**YCAT** (Yokohama City Air Terminal) 横浜シティーエアターミナル。
**yd** (yard) ヤード。ヤード-ポンド法における長さの基本単位。
**YH** (youth hostel) ユースホステル*。
**YHA** (Youth Hostels Association) ユースホステル協会。
**YMCA*** (Young Men's Christian Association) キリスト教青年会。
**YMX** (Montreal Mirabel) カナダ,モントリオール,ミラベル空港の空港コード。
**YNA** (Yonhap News Agency) 韓国の,連合通信。
**yob** (year of birth) 生年。
**YOW** (Ottawa) カナダ,オタワの空港コード。
**YQB** (Quebec) カナダ,ケベックの空港コード。
**YS 11** (Yは輸送機, Sは設計研究協会から)国産双発ターボプロップ中型旅客機。
**YUL** (Montreal) カナダ,モントリオールの空港コード。
**YVR** (Vancouver) カナダ,バンクーバーの空港コード。
**YWCA*** (Young Women's Christian Association) キリスト教女子青年会。
**YYC** (Calgary) カナダ,カルガリーの空港コード。
**YYZ** (Toronto) カナダ,トロントの空港コード。

## Z

**Z** インピーダンス*を表す記号。
**Z旗*** 万国船舶信号旗で,Zを示す旗。
**Z項*** 緯度変化のうち,地球の極の移動で表される補正項。
**ZANU PF** (Zimbabwe African National Union, Patriotic Front) ジンバブエ-アフリカ民族同盟愛国戦線。
**ZAPU PE** (Zimbabwe African People's Union, Patriotic Front) ジンバブエ-アフリカ人民同盟愛国戦線。
**ZAZ** (Zaporzhsky Avtomobilny Zavod[ロシア]) **ザズ**。ソ連の国営自動車メーカー。
**ZBB** (zero-based budgeting) 政府予算で,ゼロベース予算。
**ZD** ①(zenith distance) 天頂距離*。②(zero defect) 無欠点。
**ZEG** (zero economic growth) **ゼッグ**。経済で,ゼロ成長。
**ZETA** (zero energy thermonuclear assembly) **ジータ**。制御熱核反応装置。
**ZIP** (Zone Improvement Program) **ジップ**。米国の郵便番号制度。ジップコードとも。
**Zn** (zinc) 亜鉛*の元素記号。
**ZOPFAN** (Zone of Peace, Freedom and Neutrality) 東南アジア中立地帯構想。
**ZPG** (zero population growth) 人口の増加をゼロにする計画。
**Zr** (zirkonium) ジルコニウム*の元素記号。
**ZRH** (Zurich) スイス,チューリッヒの空港コード。
**ZTT** (Zinktrübungstest[ドイツ]) 硫酸亜鉛混濁反応。肝臓機能検査の方法の一つ。

特集2149

| | | | | | |
|---|---|---|---|---|---|
| あ ア a 1 | い イ i 85 | う ウ u 156 | え エ e 195 | お オ o 231 | ん ン n 2147 |
| か カ ka 295 | き キ ki 437 | く ク ku 532 | け ケ ke 583 | こ コ ko 632 | |
| さ サ sa 743 | し シ si 813 | す ス su 1016 | せ セ se 1058 | そ ソ so 1121 | |
| た タ ta 1155 | ち チ ti 1234 | つ ツ tu 1286 | て テ te 1312 | と ト to 1359 | |
| な ナ na 1431 | に ニ ni 1464 | ぬ ヌ nu 1492 | ね ネ ne 1496 | の ノ no 1510 | |
| は ハ ha 1525 | ひ ヒ hi 1617 | ふ フ hu 1678 | へ ヘ he 1754 | ほ ホ ho 1786 | |
| ま マ ma 1840 | み ミ mi 1878 | む ム mu 1912 | め メ me 1928 | も モ mo 1946 | |
| や ヤ ya 1970 | | ゆ ユ yu 1997 | | よ ヨ yo 2016 | |
| ら ラ ra 2041 | り リ ri 2058 | る ル ru 2088 | れ レ re 2095 | ろ ロ ro 2110 | |
| わ ワ wa 2129 | ゐ 2146 | | ゑ 2146 | を ヲ wo 2146 | |

講談社

カラー版

# 日本語大辞典

梅棹忠夫　金田一春彦　阪倉篤義　日野原重明　監修

装幀　山崎　登

講談社 カラー版

# 日本語大辞典

目次

# 序

いま、世界の各国で日本語を勉強しようという人々は年々急速にふえてきて、その数は三百万をこえている。これが、今世紀末にはアジア・太平洋地域だけでも一千万人に達するだろうという。これまで、この島国の仲間うちだけで通用することばとして、比較的無反省にすごしてきたわれわれの母語に対して、あらためて、世界に開かれた言語として今後どうあるべきかを、深く考えてみなければならないときがきているようである。

一方、日常の言語生活でも、たとえばワープロの普及によって、われわれの「かく」という行為にいちじるしい変化が生じつつある。「よむ」ことはできても、自身ペンをもって「かく」ことのできない漢字が、あたらしい世代の人々にはどんどんふえていく傾向にある。それで果たして本当にその漢字、あるいは語の意味をしっているといえるかが問題であるし、すくなくとも、あらかじめ用意された語句だけを使って文章を書く安易さになれた人々に、あたらしい表現の創造を期待することはむずかしいことになるだろう。すでに現在、はなはだセンスに欠けた新語や、必然性のないカタカナ語がむやみに氾濫しつつある。その中のどれが真に時代の要請に応じうる、必然性をもった新語・カタカナ語であるか、どれが単なる根無し草的流行語であるかを判断する能力を、われわれ一人一人がもたなければならなくなっている。

現代の辞典は、単に日本語の現状を記録し解説するだけではなく、国際化のすすむなかでの日本語の将来を考え、また、高度に情報化された現代社会における情報処理の能率という点までをも考案するための、材料を提供するものでなくてはならない。しかし、同時に言語は歴史的なものである。現代の日本語も、過去の日本語なしにはありえない。日本語の現状は、日本語の過去をしることによって、より正確に、より豊かに理解しうるし、また、

それが将来の日本語を考えるうえでの大きな手がかりともなるであろう。

本辞典は現代語を中心にし、それも単にことばの解釈だけではなく、ことがらの解説をも含めて、いわゆる「事典」的な性格をも加味したものである。あわせて、右のような意味から、ある程度の古語をもとりいれた。時代の先端を行く専門領域の用語の解説と、古典に用いられている文学用語の解釈とが、同じ一冊の辞典に共存するというのは、やや混雑した感じを与えるかもしれない。しかし、これはむしろ現代の日本社会の実情の反映でもあって、その要求に広く応じようとするからなのである。この種の辞典としては初めての、カラーによる図版や写真六千余点を挿入し、ことばによる抽象的説明にとどめず、視覚による具体的な理解が得られるように努めたのも、こういう趣旨に基づいている。

来るべき新世紀をめざして、時代の流れを見通しつつ、その要請にこたえる辞典づくりを心がけた編者の意図を汲みとっていただければ幸いである。

平成元年六月


監修

国立民族学博物館長 理学博士 梅棹忠夫
前上智大学教授 文学博士 金田一春彦
京都大学名誉教授 文学博士 阪倉篤義
聖路加看護大学長 医学博士 日野原重明

（五十音順）

# 凡例（はんれい）　特色と使い方

## この辞典の特色

### 一　あらゆる疑問にこたえる「日本語」辞典

この辞典は、日常身近に接する「ことば」と「用語・事項名」の一七万五〇〇〇余語を、引きやすく、読みやすく解説したものです。

「ことば」の項目は、現代語を重視して、日常生活にまた中学・高校の学習に、必要十分な内容を収めました。

「用語・事項名」の項目は、あらゆる分野の専門用語から、人名・地名・作品名などの固有名詞にまでおよんでいます。

### 二　現代語を大切にした分かりやすい記述と役に立つ用例

解説はだれにも分かる表現で簡潔・平明にしました。「ことば」の項目は、現代語の慣用例をできる限り採録し、用法の理解や文章の作成に役立つよう配慮しました。さらに、必要な語には、同義語・類似表現・対義語などを多数示し、ことばを多角的に理解できるようにしました。

### 三　故事・ことわざ・慣用句を豊富に収録

故事・ことわざ・慣用句など八八〇〇余と、そのうえに必要十分な量の古語とを収録しました。これは、古来伝えられてきた祖先の言語表現をしり、理解することによって、豊かな言語生活の糧となることを願ったものです。

### 四　漢和辞典としても使える「ＪＩＳコード」付き漢字項目

日本語の造語成分としても大切な漢字八六〇〇余字を採り上げ、文字本来の意味と熟語例を示しました。

すべての教育漢字に筆順を付けて、おろそかにされがちな正しい書法理解の一助としました。

ワープロ時代に即応して、ＪＩＳ第二水準までの文字はすべて採録し、それぞれにＪＩＳコード（区点コード）を付けました。

さらに、漢字の見出しを大きくし、字形を読み取りやすくしました。

巻頭の「漢字音訓一覧」では、本文に収めたすべての漢字を画数・部首の順に配列し、音訓と難読の熟字訓・当て字などの読み方を示しました。これにより、読めない漢字からも引くことができ、漢和辞典としても使えるようになっています。

### 五　国際化時代に即した英語情報

古語などを除き、それぞれの語釈の末尾にできる限りその意味にあたる英語を付けました。この一〇万語におよぶ英語は、軽便な和英辞典としての役割をもつばかりでなく、日本語の語義の微妙な違いを理解する一助となるものです。

### 六　辞典で初めてのフルカラーによる写真と図解

一枚のカラー写真は、膨大な量の文字情報に相当するといわれます。本辞典では、六〇〇〇点を超える写真と図解をすべてカラーで収録しました。とくに動物・植物は、専門の図鑑にも匹敵するものです。さらに図解では、部分名称・用語などを詳細に添え、図と文字とが相助けあうことによって、より理解を深める助けとなるようにしました。

### 七　「書く」「話す」「使いこなす」ための実用情報をまとめた特集ページ

日常生活に実際に役立つように、特集を設けました。手紙・はがきの文例、スピーチ例、敬語の使い方などを豊富に採録し、暮らしに欠かせない実際的なことばの使い方をテーマ別に示しました。

さらに、『色名辞典』の項では、日本古来の伝統色を中心に三五〇色を再現し、そのすべてに名称の由来などにかかわる解説を添えました。

『日本の伝統文様』の項では、各文様に最適な写真をそろえ、ことばの意味と実際の形とを明確に示しました。

『略語集』の項では、アルファベットの略語約三六〇〇を厳選収録し、簡潔な日本語訳を載せました。

# この辞典の使い方

## 見出し

### 一　見出しの仮名遣い

1　見出しには、平仮名と片仮名を用いています。
片仮名の見出しは、外来語、アイヌ語、および語をつくる成分としてとりあげた漢字の音などです。
平仮名の見出しは、和語、漢語などです。

2　見出しは、現代仮名遣いで表示しました。

3　仮名遣いのわかりにくい語、たとえば、「ずくし」か「づくし」かなどという場合は、両者の見出しを立て、矢印で説明のあるところを示しました。

**ずくし**【尽(く)し】(接尾)　→づくし(尽くし)

4　もっとも基礎的と思われる語を約一三〇〇語選び、見出しを大きな文字で示しました。

**かならず**【必ず】

### 二　歴史的仮名遣い

1　和語は、現代仮名遣いで示した見出しと歴史的仮名遣いが違う語に、小さく歴史的仮名遣いを入れました。

**あじ**(あぢ)【味】
**にお・う**(にほ・ふ)【▼匂う】

2　古語も、現代仮名遣いで見出しを立てて解説しましたが、歴史的仮名遣いは、和語、字音語ともに入れました。

**あいぎょう-づ・く**(あいぎやう-)【愛▽敬付く】 古語

3　古語で、歴史的仮名遣いが、現代仮名遣いと著しく異なる場合、歴史的仮名遣いの見出しも立て、説明のあるところを示しました。

**おほけ-な・し** 古語 (形ク)　→おおけなし

### 三　見出しの構成

1　語の組み立てからみて、成分に分けられるものは、大きな分かれめに「-」を入れて、組み立てがわかるようにしました。

**か-じ**【火事】
**こと-の-は**【言の葉】
**せい-ひれい**【正比例】
**とりい-きよのぶ**(とりゐ-)【鳥居清▽信】

2　活用があって、語幹と語尾に分けられるものは、その間に「・」を入れました。

**うら・む**【恨む・▽怨む】(五他)
**くみ-い・れる**【組(み)入れる】(下一他)

ただし、助動詞には入れませんでした。

**させる**(助動 下一型)

3　語の組み立てを示すことができないものは、そのままにしました。

**しぐれ**【時雨】

また、地名・年号・梵語(ぼん)の漢訳語などには、入れませんでした。

**めいわ**【明和】
**あみだ**【▼阿▼弥▼陀】
**いずも**(いづも)【▽出▽雲】

### 四　見出しにあてられる漢字表記

1　一般に広く用いられているものを、【　】の中に示しました。表記が二つ以上ある場合は、「・」でつないで並記しました。

2　漢字の右肩には、次のような印を用いて、漢字を使う際の参考としました。

▼　常用漢字表にないもの。
▽　常用漢字表にない音訓であるもの。

**あいさつ-にん**【▼挨▼拶人】
**え-ぼし**【▼烏▽帽子】
**しん-り**【心裏・心▼裡】

### 五　送り仮名

1　送り仮名は、昭和四八年内閣告示『送り仮名の付け方』の通則に基づき、表示しました。送り仮名を省くことのできる語は、(　)の中に、小さく示しました。

## 六　外来語

1　外来語は、片仮名を見出しとし、その表記は昭和二九年の国語審議会報告に準拠しました。

**いけ-どり【**生(け)捕り**】**
**うち-あわせ**はせ―あ**【**打(ち)合わせ**】**
**はち-まき【**鉢巻(き)**】**

また、アルファベットの読みは、次のような表記によっています。

| | | | | | |
|---|---|---|---|---|---|
| A | エー | B | ビー | C | シー |
| D | ディー | E | イー | F | エフ |
| G | ジー | H | エイチ | I | アイ |
| J | ジェー | K | ケー | L | エル |
| M | エム | N | エヌ | O | オー |
| P | ピー | Q | キュー | R | アール |
| S | エス | T | ティー | U | ユー |
| V | ブイ | W | ダブリュー | X | エックス |
| Y | ワイ | Z | ゼット | | |

2　外来語の表記で、望ましくないとされているものは、望ましい表記を矢印で示したり、また説明文の末尾に記しました。

**ヴァイオリン【**violin**】**↓バイオリン
**チーム【**team**】**……。ティーム。

3　外来語の原つづりは、原則としてローマ字に転写したものを、【　】の中に示しました。

**オペラ**【opera イタリア】
**カフェイン**【caffeine】

4　見出し語がアルファベットつづりの略であるものは**【　】**の中に示し、次に《　》の中にその原つづりを記しました。

**アイ-イー【**ＩＥ**】**《industrial engineeringの略》
**エスティー-マーク【**ＳＴマーク**】**《ＳＴはsafety toyの略》

5　片仮名見出しで出ているもので、和製英語であったり、日本で略したりしているものは、《　》の中で説明しました。

**エン-スト**《和製語。「エンジン-ストップ」の略》
**スーパー-ストア**《和製語》

6　外来語などの原語の所属は、つづりの後に置き、

英　米　ドイツ　フランス　イタリア　スペイン　ロシア

などとしました。

何も指定しない語は、英語、固有名詞、もしくは原語不明の語です。

7　この辞典の英語は、アメリカ英語をとりました。とくに米または英とあるものは、その国でだけその意味に用いられるか、またはその国に起源を持つとされる語です。

8　中国語・朝鮮語および梵語(ぼんご)は、それぞれ中　朝　梵と示し、漢字があたるものは、**【　】**の中に示し、さらにローマ字で表記したものを（　）で示しました。

**あらんにゃ【**阿蘭若**】**《aranya梵 の音写。山林、の意》
**キムチ**(kimchi 朝)
**マージャン【**麻雀 中**】**(májiàng)

## 品詞

見出し語の品詞等は、つぎのように表示しました。

名詞・固有名詞　　表示を省略しました。
ただし、語義により品詞区分が名詞の他にある場合は、(名)と表示しました。

| | |
|---|---|
| 代名詞 | (代) |
| 形容詞 | (形) |
| 形容動詞 | (形動) |
| 副詞 | (副) |
| 連体詞 | (連体) |
| 接続詞 | (接続) |
| 感動詞 | (感) |
| 助動詞 | (助動) |
| 助詞 | (助) |
| 接頭語 | (接頭) |
| 接尾語 | (接尾) |
| 動詞 | |
| 五段活用 | (五) |

文語、四段活用　（四）
上一段活用　（上一）
文語、上二段活用　（上二）
下一段活用　（下一）
文語、下二段活用　（下二）
カ行変格活用　（カ変）
サ行変格活用　（サ変）
文語、ナ行変格活用　（ナ変）
文語、ラ行変格活用　（ラ変）

補助動詞　（補助）

文語形容詞ク活用　（形ク）
文語形容詞シク活用　（形シク）

形容動詞
ニ・ナル活用　（形動ニナル）
ト・タル活用　（形動トタル）
文語、ナリ活用　（形動ナリ）
文語、タリ活用　（形動タリ）

格助詞　（格助）
副助詞　（副助）
係助詞　（係助）
接続助詞　（接助）
終助詞　（終助）
間投助詞　（間助）

自動詞　（自）
他動詞　（他）

連語　（連語）

## 見出しの配列

一　見出しは、五十音順に並べました。

1　仮名の組み合わせが同じである場合は、次の順序にしました。

清音・濁音・半濁音の順
きき　きぎ　ぎき　ぎぎ
はは　はば　ばば　ぱぱ

「つ」は、小字（促音）を先にしました。
かって　かつて
さっき　さつき

「や」「ゆ」「よ」は、小字（拗音）を先にしました。
いしゃ　いしや
りょう　りよう

外来語の「ア」「イ」「ウ」「エ」「オ」は、小字を先にしました。
ファン　フアン

外来語の長音符号「ー」は、直前の母音がもう一度あるものとして、それぞれの母音のあとにしました。
きい　キー
じゃあく　ジャーク

2　同音のことば（仮名の清濁や大小も全く同じもの）は、次に示す品詞順に並べました。

造語成分としての一字漢字
名詞（普通名詞・固有名詞・代名詞）
動詞（五段・四段・ナ変・ラ変・上一・上二・下一・下二・カ変・サ変・補助・自他・自・他）
形容詞　形容動詞　副詞　連体詞　接続詞　感動詞　助動詞　助詞　接頭語
接尾語　助数詞　枕詞　連語　句の順

3　同音で、品詞も同じことばは、次の順に並べました。

和語　漢語　外来語の順
和語や外来語では、語の組み立てを示すことができないものが先
同じ音訓の漢字は、画数の順
ただし、続けて並べた方が、ことばを識別するのに役立つ場合は、この原則から

外れても、続けて並べるようにしました。

威容　偉容
志向　指向
校外　構外

4 項目はすべて、独立した見出し語を掲げました。複合語であっても最初の部分の語にまとめることはせず、一目でわかるようにしました。

5 故事・成句・ことわざの類は、句の冒頭にある語（または、句中の主要な語）の語釈のあとに、五十音順に並べました。

# 本文記述

## 一 語釈の表記

1 原則として、現代仮名遣いにしたがい、常用漢字を用い、現在通用している文章体で記述しました。

2 常用漢字表にない漢字を用いた場合は、読みを付けました。

## 二 語釈の記述

1 「ことば」の項目は、現代の語義を重視し、現代の用法を主として記述しました。

2 事物名・専門用語等の項目は、ことばの意味を説明し、次にそれぞれの専門分野の定義を記述しました。

3 語釈の末尾には、同義語・別称・異名などを、必要に応じて記しました。

## 三 語釈中の英語

1 英語は、平明かつ実用的な内容を心がけ、次に示す範囲内にしました。
自立語（名詞・動詞・形容詞・形容動詞・副詞・連体詞・接続詞）に、入れました。

語義が複数あるものは、語義ごとに入れました。

故事・成句・ことわざの類は、対応する類似の英語の句があるものに限り入れました。

　日本語の語義に二つ以上の意味が含まれている場合や、日本語がいくつかの英語で表現でき、どれか一つに特定することが難しい場合は、二つ以上の英語を入れました。

　米・英で表現が、いちじるしく異なるときは、英語の単語の末尾に小さく米または英と表示し、両者のつづりを入れました。

2 造語成分としての一字漢字項目、古語、動植物の種名等には、入れませんでした。

## 四 語釈の区分

1 一つの見出しのなかで、品詞がちがうときは、
㊀ ㊁ ㊂ ……
とし、その中の語義の小分けは、
① ② ③ ……
とし、さらにその中の小分けは、
㋐ ㋑ ㋒ ……
としました。

2 助詞の四分類を示すときは、品詞のちがいに準じて、
㊀ ㊁ ㊂ ……
で示しました。

3 品詞などの注記のないものは、次のことを示しています。
ことばの成分としてだけのもの。普通、造語成分とか語素とか、言われるものです。片仮名見出しの一字漢字項目に多く見られます。

名詞もしくは固有名詞項目。一つの見出しの中で、普通名詞と固有名詞とに意味が分かれる場合は、
㊀ ㊁ ㊂ ……

と区分しました。

なお、百科項目で、文法的には連語とすべきものであっても、その表示にあまり必要性が認められないもの（ボイル－シャルルの法則、天正の少年遣欧使節など）には付けてありません。

## 五 語釈に先立つ注記

1 語釈の冒頭に《　》を用いて、次のような注記を必要に応じて入れました。
語源・原義等の説明。

表記・用法の注記、品詞に準ずる表示。

音便・方言等の表示。

俗語・卑語等の表示。

外国語に模して日本でつくられた語には、和製語と表示。

商品名には、商標名と表示。

故事・成句などの説明。

外国の作品名（中国・朝鮮の作品を除く）のローマ字表記を示し、原語名を注記。

2 また、（　）を用いて、次のような注記を入れました。

外国の組織・機関名や地名・人名などの、ローマ字表記を示し、原語名を注記。
世界の国名の英語表記を、外務省編『世界の国一覧表』により注記。
人名の場合は、生没年を西暦で注記。

## 六　語釈に用いた記号

・は、語や名詞が並ぶときに用いました。

「　」は、その語・句をとくに強調したいときに用いました。

『　』は、書名等の作品名を示すときに用いました。

―は、例としてあげた語句や文の中で、見出し語に代わるものとして用いました。ただし、活用のある語については、その終止形と連体形とだけに代わるものとし、その他の活用形については、語幹を示すものとしました。

↓は、この記号の下の語を見てほしいことを、または ↓図 ↓写 のように、図や写真があることを示しています。

＝は、この記号の次にある語が、①②③……を通じて、意味の同じ語であることを示しています。

-は、人名以外の外来語で、長いことばの場合、その語の組み立てを示したいときに用いました。

=は、外国の人名で、姓と名との区切りなどに用いました。

（＝　）は、その直前にある語句の同義語・言いかえ、および簡単な説明を加えたときに用いました。

この辞典では、右記以外の記号として次のようなものを用いています。

[用例] 見出し語の使い方の例。
[類似] 似た意味の語、または句。
[対義] 意味が反対であったり、相対したりしている語、または句。
[比較] 比較することで、理解に役だつ語、または句。
[古語] 活用のちがいなどで、とくに古語であることを示す必要があるもの。
[参照] 参照することで、より理解が深まる語、または句。
[派生] 形容詞の派生語。
[参考] 語義・品詞の補足的説明。
[文語的] 文章語的表現であることを、とくに注意するもの。
[数え方] 見出し語（名詞項目）を数えるときに用いられる助数詞を示すもの。
単位を表す語（円・メートルなど）の類も示しました。
[図] 図もしくは表を載せているもの。
[写] 写真を載せているもの。

## 七　その他

1　数字は、漢数字 〇一二三四五…… を用いました。単位文字は万以上にしました。ただし、慣用的に単位文字を入れて表記している語は、十・百・千を用いました。

2　単位は原則として国際単位系によりました。
計量の単位は、メートル法を用い、次のものは略号で表示しました。

m　km　cm　mm
m²　km²　cm²　mm²　a　ha
m³　km³　cm³　cc　ℓ　kℓ　mℓ
g　kg　t（船のトンは除く）
%　℃

右以外の単位は、ニュートンやオングストロームのように示しました。

3　日本の地名に用いた面積・人口などは、自治省行政局編『全国市町村要覧』によりました。

4　世界の国名・地名に用いた面積・人口などは、国際連合統計局編『世界人口年鑑』および、当該国の広報資料によりました。

## 図および写真

1　動物・植物・機器・建造物・調度・服飾などに、カラーの図や写真を付け、図鑑としても役に立つものにしました。
2　絵画・彫刻・工芸品など、著名な美術品を載せて、語釈の助けとしました。
3　著しい業績を残した人物（歴史・社会・文学・自然科学など）には、肖像画や写真を載せました。
4　図解には、できるかぎり「各部の名称」を記し、必要なものには英語を付けました。
5　小学校から高等学校までの、基礎的な学習内容にかかわる組織図・体制模式図などを載せ、学習の助けとしました。
6　語釈中に、多数の事例を羅列することはやめ、表で一覧できるものにしました。
7　図・写真は、個別の項目ごとに載せましたが、同類のものは一つにまとめ、比較、対照できるようにしました。

## 漢字項目

### 一　仮名見出し

『常用漢字表』の音を含む、よく使用されるものを、音は片仮名で、訓だけの漢字は平仮名で掲げました。

### 二　漢字見出し

1　字形をはっきりさせるため、とくに大きい活字を用いました。

2　常用漢字のうち、いわゆる教育漢字は、教科書体になっています。

### 三　漢字の解説

1　仮名見出しの下の数字は、その漢字の総画数です。

2　部首は、原則として『康熙字典』に従いました。

3　教育漢字の学年配当、常用漢字、人名用漢字、和製漢字の別を示しました。

4　また、↓の下に、平成四年以降実施される新しい『小学校学習指導要領』で、教育漢字の学年配当などが変更されるものは、その変更先を示しました。

5　[JIS]の下の四けたの数字は、日本工業規格における『情報交換用漢字符号系』の区点コードです。

6　旧字や異体字は、その項目の左下に掲げてあります。

7　音は片仮名で、訓は平仮名で示しました。

8　訓として取り出してあるのは、『常用漢字表』に掲げられているものです。

9　太字は、『常用漢字表』に掲げられている音訓です。なお、活用語尾の送りの部分は細くなっています。

10　教育漢字には、筆順を示しました。

### 四　本文記述

1　「　」で示したのは、その意味でその漢字を用いる熟語例です。

2　[用例]の下にあるのは、その漢字が単独で語として使用される例です。

3　なお、[筆順]の下の↓は、その下にある仮名見出しのところに筆順が示されてあることを、また、本文記述の最後の↓は、別の仮名見出しのところにも、その漢字の項目があることを示しています。

## 漢字音訓一覧

1　漢字は、類書中最大の八六〇〇余を収録しました。

2　総画数順に並べ、同じ画数のものは部首順としました。さらに検索の便のために、「部首表」を付けています。

3　熟字訓・当て字・音訳など、難読語の類は、漢字の左に並べました。使い方は、「漢字音訓一覧」の一ページ目を参照してください。

## 特集

1　特集は『言葉のきまり』『言葉の使い方』『言葉の資料便覧』『略語集』の四部からなります。

2　『言葉のきまり』では、「活用表」「送り仮名の付け方」など言葉の基本的なきまりを収録しました。中学・高校の学習はもとより、一般の社会生活に十分参考となるものです。

3　『言葉の使い方』では、書いたり話したりするときの適切な例を紹介しました。「手紙の書き方」には書式の具体例、時候のあいさつ、目的別の文例を示すなどして、実際に役立つ内容になっています。

4　『言葉の資料便覧』では、日常の暮らしや情報媒体でよく使われる言葉のうちから、集積し比較することによっていっそう理解が深まるものを選び出して、一覧できるものにしました。とくに、三五〇にのぼる色を再現した「色名辞典」やカラー写真を添付して文様を紹介した「日本の伝統文様」などは、そのすべてにビジュアル化をはかり、一目でわかる資料になっています。

5　『略語集』には、身のまわりにはんらんするローマ字略語のなかから、社会生活に欠かせない約三六〇〇を厳選し収録しました。それぞれに元のつづりを示し、簡潔な日本語訳を添えています。

# この辞典のなりたち

## 仮名見出し

（詳しくは、凡例7ページ）

- 和語、漢語は、平仮名。
- 外来語、アイヌ語、漢字項目の音は、片仮名。

## 見出し語の表記

（詳しくは、凡例7～8ページ）

- 和語、漢語は、漢字・仮名表記。
- 外来語は、ローマ字表記。

## 品詞

（詳しくは、凡例8～9ページ）

- 見出し語の品詞を表示。

## 見出しの配列

（詳しくは、凡例9ページ）

- すべて独立項目で、五十音順に配列。

**かい-あわせ**【貝合(わ)せ】①物合わせの一つ。平安時代、美しい貝や珍しい貝を左右の組に分かれて出し合い、優劣を競ったもの。②平安時代末からの遊び。蛤の貝殻三六〇個を地貝と出貝に分け、合わせた数を競う。貝覆い。↓写

**かい-あん**【改案】(名・サ変自) これまでの案を改めること。また、その案。modified plan

**かい-い**【介意】(名・サ変他) 気にすること。

**ガイーヌ**【Gayne】バレエ音楽。ハチャトゥリヤン作曲。一九四二年初演。その中から演奏会用組曲が編まれ、とくに『剣の舞』が有名。

**かいいれ-しょうきゃく**【買入消却】債券償還の方法の一つ。発行者が、自分で公社債・株式を買い戻すことによって債務を消滅させること。資本を減少させる手段ともなる。買入償還。redemption by purchase

**かい-い・れる**【買(い)入れる】(下一他) お金を払って品物を手に入れる。買いこむ。仕入れる。purchase; lay in

**カイエン-ペッパー**【cayenne pepper】香辛料の一つ。トウガラシの一種で非常に辛い。市販品は粉末状。肉料理やソースに少量使う。カイエンヌペッパー。

**かい-か**【開花】(名・サ変自) ①種子植物で、成熟したつぼみが開く現象。日照時間・温度・湿度などに影響される。bloom ②努力などがむくいられること。be rewarded ③文化的な物事がさかんになること。flourishing

**かい-がい**【海外】外国。海の向こうの国々。foreign countries 対義 国内。用例 ―旅行。

**かいがい-はへい**【海外派兵】自国の軍隊・軍艦・軍用機を、軍事目的で他国の領土・領海・領空に派遣すること。

**かいがい-りょこう**【海外旅行】海を隔てている外国へ旅行すること。用務や学術研究・留学などで行く業務渡航と、観光渡航がある。go abroad

**かいがいりょこう-せいめいほけん**【海外旅行生命保険】海外旅行中の事故・疾病に対する生命保険。災害型と総合型とがある。overseas travel life insurance

**かいか-どんぶり**【開化▼丼】《文明開化期に入ってきたタマネギを使ったことから》どんぶり物の一つ。ご飯に、牛肉または豚肉とタマネギを煮て卵でとじたものをのせたもの。

**かいがら-ついほう**【貝殻追放】《オストラキスモスの誤訳》陶片追放。

**かいけい**【快慶】(生没年未詳) 鎌倉前期の仏師。康慶の弟子。慶派（＝七条仏所）の中核として活躍。温雅秀麗な作風。作品に東大寺『地蔵菩薩像』など。

**かいこう-けん**【開高健】(一九三〇～八九) 小説家。大阪市生まれ。大阪市大卒。作品『パニック』『裸の王様』『輝ける闇』など。

**かいせい**【開成】〈町〉 神奈川県南西部、小田原市北隣の町。稲作のほか、ナシ・イチゴ栽培がさかん。人口一万一四六〇（一九八八）。

**かいづか**【貝塚】〈市〉 大阪府南部、大阪湾に臨む市。願泉寺の寺内町から始まる。繊維工業がさかん。人口七万八三一六（一九八八）。

**かい-ちゅう**【懐中】㊀(名・サ変他) ふところ。ふところやポケットに入れること。携帯すること。pocket 用例 ―時計。―電灯。㊁(名) 財布。紙入れ。wallet

**かい-てい**【階▼梯】①階段。②学芸などの学ぶべき順序。段階。③学芸などの手引き。入門書。

回転の中心、$l$を回転軸という。rotation ③車・機械・資金が回ること。turn ④↓かいてんきょうぎ（回転競技）↓図

**かい-てん**【開店】(名・サ変自) 対義 閉店。①新しく店を始めること。みせびらき。open a store ②その日の営業を始めること。be open 用例 ―時間。

**かい-でん**【皆伝】師から技芸・武術などのすべてを伝授されること。比較 奥許し。用例 免許―。

**かえる-また**【▼蛙▼股・▼蟇▼股】①梁の上に置いた受け木。カエルの股を開いたような形をし、複雑な装飾的彫刻は建築物の年代判定に使われる。②魚網の編み方の一つ。刺し網や合成繊維の網に用いる。↓写 ↓寺院建築図

## 本文記述

（詳しくは、凡例10～11ページ）

- 語源、外来語のつづりなど、本文に先立つ注記。
- 人名項目の生没年。
- 地名項目の行政区分名。
- 品詞が異なる場合の区分。
- 語義が分かれる場合の区分。
- 本文語釈、用例・対義語・参照項目など多彩な内容。

## 英語

（詳しくは、凡例10ページ）

- 語釈ごとにつけられた英語。

## 図および写真

（詳しくは、凡例11ページ）

- 図や表があることを示す。
- 写真があることを示す。
- 矢印で示した箇所に、図や写真があることを示す。

# 漢字項目の実例

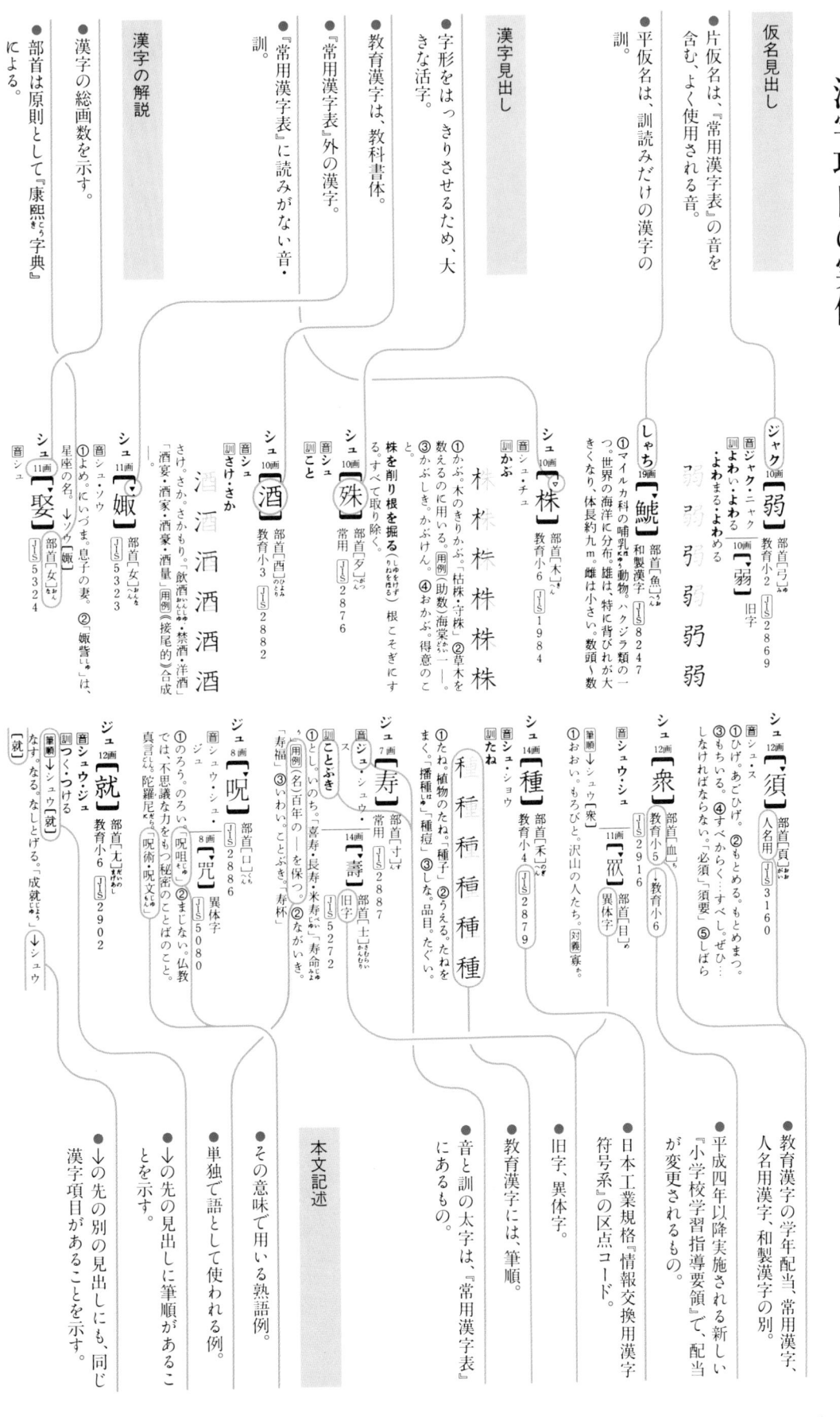

### 仮名見出し

●片仮名は、『常用漢字表』の音を含む、よく使用される音。

●平仮名は、訓読みだけの漢字の訓。

### 漢字見出し

●字形をはっきりさせるため、大きな活字。

●教育漢字は、教科書体。

●『常用漢字表』外の漢字。

●『常用漢字表』に読みがない音・訓。

### 漢字の解説

●漢字の総画数を示す。

●部首は原則として『康熙字典』による。

---

**ジャク** 10画【弱】 部首［弓］ 教育小2 JIS 2869
10画【弱】 旧字
音 **ジャク**・ニャク
訓 **よわい・よわる**・**よわまる・よわめる**

**しゃち** 19画【鯱】 部首［魚］ 和製漢字 JIS 8247
①マイルカ科の哺乳動物。ハクジラ類の一つ。世界の海洋に分布。雄は、特に背びれが大きくなり、体長約九m。雌は小さい。数頭～数

**シュ** 10画【株】 部首［木］ 教育小6 JIS 1984
音 シュ・チュ
訓 **かぶ**
①かぶ。木のきりかぶ。「枯株・守株」②草木を数えるのに用いる。用例（助数）海棠一―。③かぶしき。かぶけん。④おかぶ。得意のこと。

**シュ** 10画【殊】 部首［歹］ 常用 JIS 2876
音 **シュ**
訓 **こと**
**株を削り根を掘る**（しゅをけずりねをほる） 根こそぎにする。すべて取り除く。

**シュ** 10画【酒】 部首［酉］ 教育小3 JIS 2882
音 **シュ**
訓 **さけ・さか**
さけ。さか。さかもり。「飲酒・禁酒・洋酒」「酒宴・酒家・酒豪・酒量」用例《接尾的》合成―。

**シュ** 11画【娵】 部首［女］ JIS 5323
音 シュ・ソウ
①よめ。にいづま。息子の妻。②「娵訾」は、星座の名。↓ソウ［娵］

**シュ** 11画【娶】 部首［女］ JIS 5324
音 シュ

**シュ** 12画【須】 部首［頁］ 人名用 JIS 3160
音 シュ・ス
①ひげ。あごひげ。②もとめる。もとめまつ。③もちいる。④すべからく…すべし。ぜひ…しなければならない。「必須」「須要」⑤しばら

**シュ** 12画【衆】 部首［血］ 教育小5 →教育小6 JIS 2916
11画【眾】 部首［目］ 異体字
音 **シュウ・シュ**
筆順 ↓シュウ［衆］
①おおい。もろびと。沢山の人たち。対義 寡。

**シュ** 14画【種】 部首［禾］ 教育小4 JIS 2879
音 **シュ**・ショウ
訓 **たね**
①たね。植物のたね。「種子」②うえる。たねをまく。「播種」「種痘」③しな。品目。たぐい。

**ジュ** 7画【寿】 部首［寸］ 常用 JIS 2887
14画【壽】 部首［士］ 旧字 JIS 5272
音 **ジュ**・シュウ・ス
訓 **ことぶき**
①とし。いのち。「喜寿・長寿・米寿」「寿命」用例（名）百年の―を保つ。②ながいき。③いわい。ことぶき。「寿杯」「寿福」

**ジュ** 8画【呪】 部首［口］ JIS 2886
8画【咒】 異体字 JIS 5080
音 シュウ・シュ・ジュ
①のろう。のろい。「呪咀」②まじない。仏教では、不思議な力をもつ秘密のことばのこと。真言。陀羅尼。「呪術・呪文」

**ジュ** 12画【就】 部首［尢］ 教育小6 JIS 2902
音 **シュウ・ジュ**
訓 **つく・つける**
筆順 ↓シュウ［就］
なす。なる。なしとげる。「成就」↓シュウ［就］

---

●教育漢字の学年配当、常用漢字、人名用漢字、和製漢字の別。

●平成四年以降実施される新しい『小学校学習指導要領』で、配当が変更されるもの。

●日本工業規格『情報交換用漢字符号系』の区点コード。

●旧字、異体字。

●教育漢字には、筆順。

●音と訓の太字は、『常用漢字表』にあるもの。

### 本文記述

●その意味で用いる熟語例。

●単独で語として使われる例。

●↓の先の見出しに筆順があることを示す。

●↓の先の別の見出しにも、同じ漢字項目があることを示す。

# 日本語に強くなる……この辞典の活用法1

## 現代語を中心にした解説

●現代仮名遣いに基づく表音による仮名見出し。

**こころ-ぜわし・い**(ーぜはしい)【心▽忙しい】(形) 気がせく。気が気でない。restless
**こころ-ぞえ**(ーぞへ)【心添え】注意を与えること。為(ため)を思って忠告すること。
**こころ-だて**【心立て】心のあり方。気だて。気性。disposition
**こころ-だのみ**【心頼み】期待すること。re-

●現代仮名遣いの表記基準に準じた見出し語の表記。

swer 用例 ―を返す。②問題の解答。answer 用例 ―が合う。―が違っている。
**こた・える**(こたへる)【▽応える・▽対える】(下一自) ①強くひびく。強く感じとる。さわる。tell on 用例 寒さが身に―。忠告が身に―。②応じる。反応する。報いる。reward 用例 期待に―。応援に―。

●正確に、分かりやすく、簡潔に、ことばを定義。

**こちん**(副) ①かたいものがぶつかり合って立てる音。click 用例 ゆで卵を―と割る。②かたく固まるさま。solidify ③他人の言動がしゃくに障るさま。get on one's nerves 用例 頭に―とくる。
**ご-ちん**【呉鎮】(一二八〇～一三五四) 中国、元(げん)代の文人画家。竹を描くのにすぐれ梅にも巧みだった。元

●現代日常語としての慣用例を、豊富に採録。実用性に富んだ用例集。

**ごつ-ごつ**(副・サ変自) ①かたくて、角張っているさま。rugged 用例 ―とした岩。②ぶこつなさま。また、うるおいのないさま。stiff; inflexible 用例 ―した人間。
**こつ-こつ**(と)【▼兀▼兀(と)・▼矻▼矻(と)】(副) 怠けずに努力するさま。一心不乱。steadily

●現代仮名遣いの送り仮名の付け方にのっとった表示。( )の中にあるものは、省くこともできる。

**こね-どり**【▼捏(ね)取り】もちつきで、側について、こねかえすこと・人。
**こね-まわ・す**(ーまはす)【▼捏(ね)回す】(五他) ①こねかえす。knead ②さんざんいじくりまわす。tamper
**コネリー**【Sean Connery】(一九三〇～) イギリスの映画俳優。「007シリーズ」のボンド役で

## 豊富なことば情報

●語義に基づく表記の違いを、見出し語を分けて表示。

**はや-ま・る**【早まる】(五自) ①時間が早くなる。be advanced 用例 開会が―。予定が―。②時間をかけないで、または、よく考えないで判断する。be hasty 用例 判断を―・ってはいけない。
**はや-ま・る**【速まる】(五自) 動き・速度が速くなる。speed up 用例 回転が―。

●同義語の表示。ことばを豊かに、自由自在に使いこなすために。

**さがり-め**【下がり目】対義 上がり目。①目尻の下がった目。垂れ目。eyes slanting downward ②物価などの下がり始め。falling ③勢いなどが衰えかけたとき。落ち目。declining trend
**さか・る**【盛る】(五自) ①勢いがさかんになる。たけなわになる。be prosperous ②はや

●対義語・比較語の表示。ことばの知識を広げ、理解を深めるために。
類似語・関連語の案内。多彩な言語表現の助けとなるために。

**ざ-しょう**【座礁・▼坐礁】(名・サ変自) 船が暗礁に乗り上げて動かなくなること。running aground 比較 座州(ざす)。対義 離礁。
**さく-し**【錯視】視覚における錯覚のことで、ある物体の実際の形・大小・色彩などが、ちがったものや、ゆがんだ形として知覚されること。optical illusion 参照 幾何(きか)学的錯視。→図

●ものの数え方(助数詞)を採録。必要なことばには、単位を表す語(円・メートルなど)も表示。

**さか-ずき**(さかづき)【杯・▼盃・▼盞】酒を注いで飲むための容器。古くは土器(かわらけ)。のち木器・漆器(しっき)・陶器・金属器・ガラス器と発達。数え方 一個・一盞(さん)・一組み。
**杯を返す**(さかずきをかえす) ①返杯する。offer a cup in return ②子分が、親分との縁を切る。対義 杯を貰(もら)う。

●故事・成句を多数収録。先人の含蓄に富んだことば遣いに触れ、より豊かな言語生活のために。

**さい-ふ**【財布】金銭を入れ携行する袋物の総称。札入れ・小銭入れ・がまぐちなどがある。江戸時代、貨幣経済が発達し、使われた布製の財宝入れが語源。purse; wallet
**財布の口が堅い**(さいふのくちがかたい) けちで、なかなか金を出さない。締まり屋である。economical
**財布の口を締める**(さいふのくちをしめる) 支出を切り詰め

# 国際化の時代に向けて…この辞典の活用法2

## 外来語の表記

●原語のつづりをローマ字で表記。

**シアン**〔cyaan オランダ〕①青酸カリなどシアン化物の通称。cyanide ②化学式(CN)₂ 特異臭のある無色の気体。可燃性があり、猛毒。ジシアン。青素。シアノーゲン。cyanogen ③一価のシアン基−C≡Nのこと。
**シアン**〔cyan〕緑がかった鮮やかな青色。印刷インキなどに用いる三原色の一つ。シアンブ

●人名・地名などは、原地音に従い、ローマ字で表記。

**シアトル**〔Seattle〕アメリカ北西部、ワシントン州にある商工業都市。太平洋岸にあり貿易港として発展。鉄道・航空など交通上の要地。航空機生産で知られるボーイング社の大工場がある。人口四九・四万(一九八〇)。
**シアヌーク**〔Norodom Sihanouk〕(一九二二)カンボジアの政治家。一九四一年王位につき

●アルファベットの略であるものは、見出し語のあとに、原つづりを表示。

**シー・アイ・エー**【CIA】《Central Intelligence Agencyの略》アメリカ中央情報局。他国の国家機密探索・情報収集や政治工作にあたる大統領の直属機関。一九四七年国家安全保障法により設置。
**シー・アイ・エス・エル**【CISL】《Confederazione Italiano Sindacati Lavoratori イタリア

●中国語・朝鮮語などは、漢字があたるものは、本見出しとして示し、そのあとに表音をローマ字で表記。

**シーツァン**〔西蔵〕(Xizàng) →チベット
**シーツァン-じちく**【シーツァン自治区・西蔵自治区】(Xizàng) 中国南西部、ヒマラヤ山脈・崑崙山脈などに囲まれたチベット高原上の自治区。中心都市はラサ(拉薩)。北部では家畜の遊牧、南部では農耕が行われており、ラサを中心に近代工業も発達。人口一八

●外国の地名・機関名・団体名などは、その正称をローマ字で表記。

**ジェノサイド**〔genocide〕人種の差別や宗教上の偏見による皆殺し。
**ジェノサイド-じょうやく**【ジェノサイド条約】(Genocide Convention) ナチスによるユダヤ人虐殺のような集団殺害を防止し、その処罰を定めた条約。一九四八年国連総会で採択。

●作品名などは、原題をローマ字で表記。

**しばられたプロメテウス**【縛られたプロメテウス】《原題 Promētheus Desmōtēs ギリシア》アイスキュロス作の悲劇。神々の火を盗んで人類に与えたため、ゼウスから過酷な刑をかせられたプロメテウスを軸に、神界と人類の発展を壮麗雄大に描く。

●国名には、外務省資料による英語の正式名称を表示。

**ジブチ**〔Djibouti〕(Republic of Djibouti) アフリカ東部、紅海の入り口にある共和国。首都ジブチ。もとフランス植民地。一九七七年独立。砂漠や半砂漠が国土の大部分を占め遊牧民が多い。面積二・二万km²。人口四六万(一九八六)。正称ジブチ共和国。

## 本文中の英語

●ことばの語義ごとに英語を表示。簡便な和英辞典としても使える。日本語の微妙な違いも分かる。

**じ-へん**【事変】①天災・地異などの変わったできごと。accident ②警察力で鎮圧できない騒乱。disturbance ③宣戦布告のない国家間の戦闘行為。trouble
**じ-べん**【自弁・自辨】(名・サ変他) 費用を自分で負担すること。paying one's own ex-

●専門用語にも英語。ビジネスの現場でも、十分に活用できる。

**しほう-さいばん**【司法裁判】民事および刑事についての裁判。judicial trial
**しぼう-さいぼう**【脂肪細胞】内部に多量の脂肪を含む細胞。組織間に散在することもあるが、毛細血管に沿って脂肪組織を形成することが多い。fat cell

●和製英語にも、それに相当する英語表現があるものは表示。

**シャープ-ペンシル**《和製語。一八三七年、アメリカでエバーシャープの名で発売されたことから》芯のくり出し式鉛筆。機械鉛筆。ノック式や回転式がある。mechanical pencil
**シャーベット**〔sherbet〕果汁にシロップやリキュールなどを加え、凍らせた冷菓。食品衛

# 協力者一覧

## 編纂・執筆・校訂

阪倉篤義　国語
林大　国語
桐原徳重　国語

## 本文

天沼寧　国語
岡崎和彦　国語
加藤敏　国語
島田良二　国語
中島尚　国語
山口仲美　国語
新井重三　地学
安藤幸　芸術
石山彰　衣生活
磯部成志　マスコミ
井之口章次　民俗
今泉忠明　動物
内山明彦　電気
江川卓　ロシア・ソビエト文学
大塚力　民俗
大場一郎　物理
岡田芳朗　民俗
小川修　資源
小倉通男　水産
加藤洋治　船舶
河島英昭　イタリア文学
草下英明　地学
草間時武　数学
工藤幸雄　東欧文学
久保正彰　ギリシア・ローマ文学
栗田健　社会
香西洋樹　地学
小島道也　農業
五条英司　地理
斎藤孝　政治
佐藤保　中国文学
清水碩　植物
須賀恭一　化学・化学工業
椙山林継　考古学
鈴木幸夫　文学
清家清　建築
千蔵八郎　音楽
鼓直　スペイン・ポルトガル・ラテンアメリカ文学
鶴田俊正　産業
永田仁　音楽
中村瑞穂　経営
新関滋也　植物
西尾孝明　政治
根本順吉　地学
信定宏郎　美術
萩原稔　経済・統計
蓮見音彦　社会思想
花岡忠昭　工学
林陸朗　日本史
福島康人　軍事
星旭　音楽
別技篤彦　地理
宮下充正　スポーツ
三好行雄　日本文学
山岡亜夫　印刷・写真
山神康　キリスト教
山口梅太郎　資源
山野愛子　生活
渡辺友市　西洋史
青木清彦
青葉高
浅川昭
安達裕之
阿部宗明
荒井千秋
阿波田禾積
粟田義彦
五十嵐豊一
石上七鞘
石井謙二
石田一志
伊藤正治
稲葉三千男
井上順孝
岩下裕一
岩瀬徹
岩田好宏
植村和堂
内山茂
江村潤郎
遠藤克己
遠藤武
遠藤文雄
大熊栄
大関邦男
大森貞雄
岡野友彦
岡本雅清
小川和久
小田晟
奥村健二
奥山周司
尾上純一
掛川一幸
加藤哲太
加納一郎
加茂圭一
河崎俊夫
川野正裕
河原敏明
川村二郎
菅野覚明
北原正宣
草場純
倉石忠彦
小泉和子
古賀弘人
小島芳夫
小林純子
小松直行
小山鎮男
黒田楯彦
斎藤憲司
斎藤良輔
坂倉京子
佐々木勝
佐藤順子
佐藤節子
坂本和雄
茂田良光
柴沼武
秦宏一
菅原理二
杉原泰雄
鈴木順一
鈴木治子
鈴木真理子
住友和子
清藤多加子
関雄二
千石英世
高野陽
高橋節子
高橋秀行
高橋浩明
高橋芳美
高間徹
高本美和子
武田一美
多田信作
田中次郎
田原輝夫
沈徹
津城寛文
筒井紘一
角田恵理子
寺島佳子
留目祐光
外ノ池善一
内藤錦樹
内藤次郎
永井俊
中川博夫
中込八郎
中沢宣也
中村孔一
中村浩治
中山公男
中山晃一
西内裕一
丹羽基二
長谷川三郎
蜂屋欣二
八田秀雄
浜田耕策
林京平
林茂樹
林もも子
原田耕三
東千尋
久松育子
兵頭与一郎
平井紀子
平岡豊
平野卓治
平野雅章
廣瀬克哉
深見輝明
福田邦夫
藤田浩司
古屋かおる
本多静芳
本多周爾
正野泰周
町田誠之
松崎雨香
真山達志
三井田達雄
三浦宏之
三隅治雄
宮崎誠一
宮中正寿
宮元啓一
村石利夫
村田哲朗
茂手木潔子
盛川宏
森寛一
森茂太郎
森田欣一
森本敬司
森幸夫
八木一郎
矢野誠一
山口孝
山崎龍明
山科正平
山田健二
吉岡伸彦
吉田企世子
吉成勇
吉野孝一
渡辺修

## 特集

浅井清
大井みさほ
大隈秀夫
岡田芳朗
河上繁樹
河田貞
黒沢弘光
香西洋樹
島田良二
真藤建志郎
関根俊一
高田倭男
鷹羽狩行
長崎巌
夏目通利
難波田徹
林完次
福田邦夫
別技篤彦
松井英明
松尾光

森重民造
矢嶋弥四郎
安井正
山口仲美
㈶全日本聾唖連盟
㈶日本地図センター
日本点字図書館

## 編集協力者

**本文・特集**

池松乙
水野一乗
大江秀房
大森政虎
川上泰雄
斎藤多香子
菅生ふさ代
高島直美
田村和子
辻ますみ
中沢利郎
能澤慧子
速水隆
平野裕子
岡田浩海
多田千尋
泉宣道
加藤秀行
駒野陽子
近藤守孝
佐藤節子
白井孝昌
杉山とみ子
田上節子
津野輔猷
中田庸男
中道真木男
長谷川三郎
浜憲治
原田興一郎
広田靚子
松尾光
吉清真次
日本アイアール㈱
㈱アイピーエー
㈲アドスリー
㈱アトリエ・ヴィ
㈱エディターズ
㈱現代企画
㈱研文社
㈱講談社出版サービスセンター（校閲部）
㈲樹林出版
㈲真英社
㈱東京ジャーナルセンター
㈱同成社
㈱同文社
㈱バイオ・メディカ編集事務所
㈱ファースト
㈲プロダクション匠
㈲平凡社校閲センター
㈱編集館
㈲編集者集団あーる
㈲無限
㈱メイホウ外語センター
㈱ライクウォーターエプロン舎

## 図版作製

**本文・特集**

浅井粂男
天木茂晴
有藤寛一郎
石川美枝子
石田武雄
石戸忠
今井桂三
遠藤孝悦
大片忠明
太田洋愛
奥村定一
河村譲二
河村鉄雄
小出剛郎
佐々木啓祐
佐藤広喜
島添敏
白尾三男
須貝稔
杉山葉子
鈴木雅也
関口俊雄
大聖寺慶
立石鉄臣
張仁誠
奈良島知行
布田右石
橋爪雅彦
福田敏朗
藤島淳三
藤原芳春
二口善雄
堀啓二
前田浩利
牧野四子吉
増田庄一郎
松井孝爾
松原巌樹
丸山元博
三谷一馬
宮本孝
村上金三郎
森重民造
藪内正幸
山崎錬三
山下史人
渡辺修
渡辺可久
渡辺友市
渡辺富士雄
エジマ企画
㈲木村図芸社
㈳全国道路標識・標示協会
日本工房
㈳日本道路協会

## 写真撮影・資料提供

**本文**

青木信二
姉崎一馬
飯島正広
伊沢正名
石丸洋
今泉忠明
今森光彦
岩田彰
海野和男
江崎義一
大倉乾吾
大塚高雄
岡本茂男
柿沼隆
風間久子
亀田龍吉
川部紘太郎
鬼頭清明
木原浩
行田哲夫
草野慎二
久保田幸夫
熊谷嘉尚
熊切圭介
熊瀬川紀
熊田達夫
栗林慧
桜井淳史
佐藤憲太郎
清水和良
鈴木庸夫
高井潔
高野潤
高野伸二
高橋孜
立松光好
徳野雅仁
冨成忠夫
永田信一
並河萬里
野上透
萩原秀三郎

埴沙萠
浜野栄次
林嘉吉
原秀年
平尾博
平野隆久
堀恵介
前山裕司
増田戻樹
真野徹
丸山勇
水越武
水野克比古
満田新一郎
宮崎学
茂木透
八木祥光
矢沢邑一
矢野勇
山形則男
山田裕三
山本正勝
吉野信
講談社写真部
　副島泰　川井秀晃
　早川正　菊池敏之
　矢崎直樹
青山ダイヤモンドホール写真室
赤間神宮
秋田マイクロ写真印刷㈱
秋篠寺
旭硝子㈱
㈱飛鳥園
飛鳥寺
㈶アルカンシェール美術財団
㈱アルスフォト企画
あわや
㈱石亀商店
石橋美術館
石山寺
出雲大社
石上神宮
井関農機㈱
伊勢丹写真室
板硝子協会
厳島神社

出光美術館
茨城県観光協会
茨城県近代美術館
伊予鉄道㈱
岩城硝子㈱
㈲岩合写真事務所
上杉神社
上杉隆憲
内山晟動物写真事務所
㈱ウララネオン
㈶宇和島伊達文化保存会
運輸省航海訓練所
㈶永青文庫
エールフランス国営航空会社
頴川美術館
MOA美術館
延暦寺
大倉集古館
大阪城天守閣
大高動物写真事務所
大津絵美術館
大塚花利
大原美術館
大宮市立漫画会館
㈱小黒企画
オリオンプレス
オリンパス光学工業㈱
海上保安庁
㈶柿衞文庫
神奈川県立近代美術館
神奈川県立博物館
㈶紙の博物館
㈱河合楽器製作所
㈱河野ローソク製造所
㈶川端康成記念会
河本嘉久蔵
歓喜光寺
観心寺
関東運輸局
カンペ家庭塗料㈱
㈱キグレサーカス
気象庁
北澤美術館
九霞園
㈱キュウ・フォト・インターナショナル

教王護国寺
協育歯車工業㈱
行政管理研究センター
㈱共同通信社
京都国立近代美術館
京都国立博物館
京都市水道局
京都市埋蔵文化財研究所
銀閣寺
近代航空㈱
櫛引八幡宮
宮内庁
建仁寺
耕雲寺
向源寺
高山寺
合成ゴム工業会
高台寺
講談社資料センター
江東区深川江戸資料館
豪徳寺
興福寺
神戸市立博物館
㈶高野山文化財保存会
広隆寺
国際羊毛事務局
国際連合東京広報センター
国立西洋美術館
国立民族学博物館
国立歴史民俗博物館
㈶五島美術館
五洋産業㈱
金地院
埼玉県立近代美術館
埼玉県立さきたま資料館
斎年寺
坂本万七写真研究所
佐藤石材㈱
サロン・ド・シャポー学院
㈱三栄製作所
㈱サンエイフォトライブラリー
三十三間堂
サンセット
三千院
サントリー美術館
サントリーホール

㈱CBS・ソニーファミリークラブ
㈲ジェイ・オー
JR日本貨物
㈱ジオグラフィック　フォト
四天王寺
芝東照宮
島田美術館
清水学園専門学校　清水とき
㈱清水光芸社
聚光院
相国寺
清浄光寺
商船三井客船㈱
聖衆来迎寺
正倉院
浄土寺(兵庫県)
浄土寺(広島県)
浄土真宗本願寺派
上品蓮台寺
常楽院
浄瑠璃寺
市立函館博物館
神護寺
神照寺
新薬師寺
吹田貿易㈱
㈶水府明徳会徳川博物館
瑞峯院
㈱スタッフ・テス
隅田八幡神社
ストックアンドゼノック
スピリット・フォトス
㈱スポーツダイワ
スポーツフォトライフ
㈱世界文化フォト
石油化学工業協会
世田谷区立郷土資料館
仙台市博物館
全日本空輸㈱
㈶全日本スキー連盟
禅林寺
早雲寺
曽田香料㈱
大成建設㈱
退蔵院

㈶大東急記念文庫
台東区立下町風俗資料館
大徳寺
大名時計博物館
高松市教育委員会
武田幸男
㈱龍村美術織物
㈱ダンディ・フォト
智積院
㈱中央公論社
中宮寺
中尊寺
中日新聞社
長興寺
朝護孫子寺
CHOYA㈱
千代田のきもの㈱
滴翠美術館
電子技術総合研究所
東海銀行本社貨幣展示室
東海大学附属図書館
㈱東急ハンズ渋谷店
東京芸術大学
東京国立近代美術館
東京国立博物館
東京国立文化財研究所
東京大学国文学研究室
東京大学史料編纂所
㈱東京堂出版
東芝メディカル㈱
唐招提寺
東大寺
㈱東和フォトフォーラム
㈶遠山記念館
トキワ手芸㈱
徳川美術館
㈶徳川黎明会
土佐闘犬センター
冨成写真工房
トヨタ自動車㈱
トラヤ
長崎県観光協会
長崎県立長崎図書館
長崎市立博物館
奈良県立橿原考古学研究所
奈良国立博物館

奈良国立文化財研究所
成田山霊光館
南蛮文化館
日光東照宮
日産自動車㈱
㈳日本乾電池工業会
日本ゲートボール連合
日本ゲートボール普及会
㈳日本雑誌協会
日本色彩研究所
日本食鳥協会
㈳日本食肉格付協会
日本食品添加物協会
日本水中映像㈱
㈶日本相撲協会
日本石油㈱
日本接着剤工業会
日本体育協会
日本電気㈱
日本塗料普及会
㈳日本美術家連盟
日本フィルハーモニー交響楽団
日本プラスチック工業連盟
日本プロボクシングコミッション
日本民芸館
㈶日本ヨット協会
ネイチャー・プロダクション
根津美術館
ノーボスチ通信社
㈱芳賀ライブラリー
芭蕉翁記念館
畠山記念館
八王子市郷土資料館
PANA通信社
㈶林原美術館
蓄老本多蔵品館
㈱PPS通信社
平等院
Fin
ビタミン広報センター
姫路市経済局観光課
㈱ファインフォトエイジェンシー
㈱フォート・キシモト

㈱フォトアトリエSADANO
RI
㈱フォトオフィス　プラスワン
㈱フォト・リサーチ
福岡市美術館
藤岡市教育委員会
藤田美術館
富士通㈱
㈶不審庵
フランス大使館
㈱フランス著作権事務所
ブリヂストンサイクル㈱
ブリヂストン美術館
㈻文化学園出版局
文化庁
㈱平凡社
㈶防衛弘済会
防衛庁海上幕僚監部広報課
㈶防府毛利報公会
法輪寺
法隆寺
北海道開拓記念館
HOYA㈱
㈱ボルボックス
㈱ボンカラー・フォトエイジェンシー
毎日新聞社
真壁幸歳
㈶松井文庫
松浦史料博物館
松嶋文化刺繍
曼殊院
万福寺
㈱ミキモト
㈶三井文庫
美津濃㈱
㈱ミナミスポーツ
㈱宮本卯之助商店
妙心寺
㈲ミラージュ
武蔵野音楽大学楽器博物館
本居宣長記念館
薬師寺
山種美術館
大和文華館
ヤマハ㈱
山久チェイン㈱
郵政省電気通信局
湯木美術館
㈱ユニ・フォトス
リッカー美術館
栗棘庵
竜泉庵
㈶良寛記念館
輪王寺
六波羅蜜寺
㈱ワールド・フォト・サービス
㈱ワコール
早稲田大学演劇博物館
渡辺昭
ADAGP & SPADEM, Paris, 1989
ADAGP, Paris, 1989
ARS, New York, 1989
BEELDRECHT, Amsterdam, 1989
COSMOPRESS, Genève, 1989
DEMART PRO ARTE
Erich Lessing
S.I.A.E., Roma, 1989
SPADEM & MAYA
WIDMAIER PICASSO
SPADEM, Paris, 1989
SUCCESSION MATISSE, Paris, 1989
THE HENRY MOORE FOUNDATION
VAGA, New York, 1989
Waddington Galleries Ltd

**特集**
伊藤郁太郎
岡本太郎
川端香男里
北川太一
吉川重喜
小林洋
高村規
谷崎松子
玉林一雄
林緑敏
湯山生
講談社写真部
　金子正志
厳島神社
大井町教育委員会
大峯本宮天河大辨財天社
㈱学習研究社
加古川市教育委員会
鐘紡㈱
宮内庁
熊野速玉大社
国立劇場
国立歴史民俗博物館
㈶五島美術館
西大寺(奈良)
サントリー美術館
修学院離宮
正倉院
松竹衣裳㈱
浄土真宗本願寺派
神照寺
仙台市博物館
㈶大東急記念文庫
高田装束研究所
たばこと塩の博物館
㈱中央公論社
東京国立博物館
㈱東京放送(TBS)
東大寺
徳川美術館
奈良県立美術館
奈良国立博物館
㈶日本近代文学館
仁和寺
㈶林原美術館
㈶彦根城博物館
㈱フォトアトリエSADANO
RI
㈱婦人画報社
文京区立鷗外記念本郷図書館
㈱ボンカラー・フォトエイジェンシー
宗像大社
友禅史会
吉水神社
早稲田大学演劇博物館

デザイン

**アートディレクション**
榊原加助
杉本幸夫
山口克巳
山本けん
　(集合デン)

**デザイン**
新井康子
小澤裕美
小林以和
佐々木健治
佐藤裕久
高橋みほ子
西岡祐二
矢崎進
陽奥武志
吉岡春美
　(集合デン)

# 漢字音訓一覧

一　この漢字音訓一覧は、本文収録の漢字八〇〇〇余について、それぞれの音と訓を掲げ、また、熟語の読みにくいものの読み方を示したものです。

二　漢字の並べ方は、総画数の順です。

1　総画数の同じものは、部首順です。部首は、原則として『康熙字典』に従いました。

2　総画数・部首ともに同じものは、ほぼ『康熙字典』の掲載順になっています。

三　1　『康熙字典』によらない部首は、次のものです。

艹(艸)　⻌(辵)　辶(辵)　阝(邑)　阝(阜)　月(肉)

2　また、字形に従って、適宜部首分けがしてあります。

四　漢字の音は片仮名、訓は平仮名で示しました。ただし、外来語にあてたものは片仮名です。

五　熟語は、一字めの漢字のところにまとめてあります。

1　並べ方は、表記の漢字の数の順です。漢字数が同じものは、二字めの総画数順になっています。

2　読み方は平仮名で示しましたが、外来語にあてたものは、片仮名です。

## 部首表

### 一画

- 一　いち
- 丨　たてぼう／ぼう
- 丶　てん
- 丿　の(かんむり)／はらいぼう
- 乙　おつ(にょう)
- 乚　おつ／つりばり
- 亅　はねぼう

### 二画

- 二　に
- 亠　なべぶた／けいさんかんむり
- 人　ひと
- 亻　にんべん
- 𠆢　ひとがしら／ひとやね
- 儿　にんにょう／ひとあし
- 入　いる／いりがしら
- 八　はち(がしら)
- 冂　まきがまえ／けいがまえ
- 冖　わかんむり
- 冫　にすい
- 几　きにょう／つくえ
- 𠘨　かぜかんむり
- 凵　かん(にょう)／うけばこ
- 刀　かたな
- 刂　りっとう
- 力　ちから／りきづくり
- 勹　つつみがまえ／ほうがまえ
- 匕　ひ／さじ
- 匚　はこがまえ
- 匸　かくしがまえ
- 十　じゅう
- 卜　ぼく
- 卩　ふしづくり／わりふ
- 㔾　ふしづくり
- 厂　がんだれ
- 厶　む
- 又　また

### 三画

- 口　くち(へん)
- 囗　くにがまえ
- 土　つち(へん)
- 士　さむらい(かんむり)
- 夂　のまた(かんむり)／ちかんむり
- 夊　すいにょう／なつあし
- 夕　ゆうべ／ゆう
- 大　だい(かんむり)／だいがしら
- 女　おんな(へん)
- 子　こ(へん)
- 宀　うかんむり
- 寸　すん(づくり)
- 小　しょう(かんむり)／ちいさい
- ⺌　しょうかんむり
- 尢　だいのまげあし
- 尣　だいのまげあし
- 兀　だいのまげあし
- 尸　しかばね(かんむり)
- 屮　くさのめ／てつ
- 山　やま(へん)／やまかんむり
- 巛　まがりがわ
- 川　さんぼんがわ
- 工　たくみ(へん)／こう
- 己　おのれ
- 巾　はば(へん)
- 干　かん／いちじゅう
- 幺　いとがしら／よう
- 广　まだれ
- 廴　えんにょう／いんにょう
- 廾　にじゅうあし／きょう
- 弋　いぐるみ／しきがまえ
- 弓　ゆみ(へん)
- 彐　けい(がしら)
- 彑　けい(がしら)
- ⺕　けい(がしら)
- 彡　さんづくり／けかざり
- 彳　ぎょうにんべん
- 艹　くさかんむり／そうこう
- ⺿　くさかんむり／そうこう
- ⻌　しんにゅう／しんにょう
- 辶　しんにゅう／しんにょう
- 阝　(邑・右)おおざと
- 阝　(阜・左)こざとへん
- 忄　りっしんべん　↓四画へ
- 扌　てへん　↓四画へ
- 氵　さんずい　↓四画へ
- 犭　けものへん　↓四画へ

### 四画

- 心　こころ
- 忄　りっしんべん
- ⺗　したごころ
- 戈　ほこ(づくり)／ほこがまえ
- 戶　と(だれ)／とかんむり
- 戸　とだれ／とかんむり
- 手　て
- 扌　てへん
- 支　し(にょう)／えだにょう
- 攴　ぼくにょう／ぼくづくり
- 攵　ぼくにょう／ぼくづくり
- 文　ぶん(にょう)
- 斗　とます／ますづくり
- 斤　おのづくり
- 方　ほう(へん)／かたへん
- 无　む(にょう)／なし
- 旡　むにょう／すでのつくり
- 旡　むにょう／すでのつくり
- 日　ひ(へん)／にちへん
- 曰　ひらび／いわく
- 月　つき(へん)
- 月　にくづき
- 木　き(へん)
- 欠　あくび／けんづくり
- 止　とめる
- 歹　がつ(へん)／かばねへん
- 歺　がつへん／かばねへん
- 殳　るまた／ほこづくり
- 毋　なかれ／ははのかん
- 比　くらべる／ならびひ
- 毛　け
- 氏　うじ
- 气　きがまえ
- 水　みず
- 氵　さんずい
- 氺　したみず
- 火　ひ(へん)
- 灬　れっか／れんが
- 爪　つめ／そうにょう
- 爫　つめかんむり／つめがしら
- ⺤　つめかんむり／つめがしら
- 父　ちち
- 爻　こう
- 爿　しょうへん
- 片　かた(へん)
- 牙　きば(へん)
- 牛　うし(へん)
- 犬　いぬ
- 犭　けものへん
- 尣　だいのまげあし　↓三画へ
- 艹　くさかんむり　↓三画へ
- 辶　しんにゅう　↓三画へ
- 王　たま(へん)　↓五画へ
- 礻　しめすへん　↓五画へ
- 罒　あみがしら　↓六画へ
- 耂　おいかんむり　↓六画へ

### 五画

- 玄　げん
- 玉　たま
- 王　たま(へん)／おうへん
- 瓜　うり
- 瓜　うり
- 瓦　かわら
- 甘　あまい／かん
- 生　うまれる／せい
- 用　もちいる／よう
- 田　た(へん)
- 疋　ひき
- ⺪　ひきへん
- 疒　やまいだれ
- 癶　はつがしら

白 しろ／はくへん
皮 けがわ／ひのかわ
皿 さら
目 め(へん)
罒 よこめ
矛 ほこ(へん)
矢 や(へん)
石 いし(へん)
示 しめす(へん)
礻 しめすへん
禸 じゅうのあし
禾 のぎ(へん)
穴 あな(かんむり)
立 たつ(へん)
旡 むにょう／↓四画へ
歹 がつへん／↓四画へ
氺 したみず／↓四画へ
罒 あみがしら／↓六画へ
罓 あみがしら／↓六画へ
衤 ころもへん／↓六画へ

**六画**

竹 たけ(かんむり)
米 こめ(へん)
糸 いと(へん)
缶 ほとぎ(へん)／みずがめ
网 あみがしら／あみめ
罒 あみがしら
罓 あみがしら
⺳ あみがしら
羊 ひつじ(へん)
⺷ ひつじ
羽 はね
羽 はね
老 おい(かんむり)／おいがしら
耂 おいかんむり／おいがしら
而 しこうして
耒 らいすき／すきへん
耒 らいすき／すきへん
耳 みみ(へん)
聿 ふでづくり／いつ
肉 にく
月 にくづき／↓四画へ
臣 しん／おみ
自 みずから
至 いたる(へん)
臼 うす
臼 きょく
舌 した(へん)
舌 した
舛 まいあし
舛 まいあし
舟 ふね(へん)
艮 こん(づくり)
色 いろ
艸 くさ
艹 くさかんむり／↓三画へ
艹 くさかんむり／↓三画へ
虍 とらがしら／とらかんむり
虫 むし(へん)
血 ち
行 ゆきがまえ／ぎょうがまえ
衣 ころも
衤 ころもへん
襾 あがしら／にし
西 あがしら／にし
瓜 うり／↓五画へ

**七画**

見 みる
角 つの(へん)
言 げん／ごんべん
谷 たに(へん)
豆 まめ(へん)
豕 いのこ(へん)
豸 むじなへん
貝 かい(へん)
赤 あか
走 そうにょう／はしる
足 あし(へん)
⻊ あしへん
身 み(へん)
車 くるま(へん)
辛 からい
辰 しん／しんのたつ
辵 しんにゅう／しんにょう
辶 しんにゅう／↓三画へ
辶 しんにゅう／↓三画へ
邑 おおざと／むら
阝 (右)　おおざと　↓三画へ
酉 ひよみのとり／とりへん
釆 のごめ(へん)
里 さと(へん)
臣 しん／↓六画へ
臼 きょく／↓六画へ
舛 まいあし／↓六画へ
麦 むぎ／↓十一画へ

**八画**

金 かね(へん)
長 ながい
門 もん(がまえ)
阜 おか／こざとへん
阝 (左)　こざとへん　↓三画へ
隶 れいづくり
隹 ふるとり
雨 あめ(かんむり)
青 あお
青 あお
非 あらず
飠 しょくへん／↓九画へ
斉 せい／↓十四画へ

**九画**

面 めん
革 つくりがわ／かくのかわ
韋 なめしがわ
韋 なめしがわ
韭 にら
音 おと
音 おと
頁 おおがい
風 かぜ
飛 とぶ
食 しょく(へん)
食 しょく
飠 しょくへん
飠 しょくへん
首 くび
香 かおり

**十画**

馬 うま(へん)
骨 ほね(へん)
高 たかい
髟 かみかんむり／かみがしら
鬥 たたかいがまえ／とうがまえ
鬯 においざけ／ちょう
鬲 れき／かなえ
鬼 おに／きにょう
韋 なめしがわ／↓九画へ
竜 りゅう／↓十六画へ

**十一画**

魚 うお(へん)／さかな(へん)
鳥 とり(へん)／とりづくり
鹵 しお
鹿 しか
麥 むぎ／ばくにょう
麦 むぎ
麻 あさ(かんむり)
麻 あさ(かんむり)
黄 き／↓十二画へ
黒 くろ／↓十二画へ
亀 かめ／↓十六画へ

**十二画**

黃 き
黄 き
黍 きび
黑 くろ
黒 くろ
黹 ぬいとり
歯 は／↓十五画へ

**十三画**

黽 かえる／べんあし
鼎 かなえ
鼓 つづみ
鼠 ねずみ

**十四画**

鼻 はな
鼻 はな
齊 せい
斉 せい

**十五画**

齒 は
歯 は

**十六画**

龍 りゅう
竜 りゅう
龜 かめ
亀 かめ

**十七画**

龠 やく

## 一画

●部首1画

【一】イチ・イツ ひと・ひとつ・ひい・ひとたび・はじめ
一人 いちにん ひとり
一入 ひとしお
一寸 いっすん ちょっと
一日 いちじつ いちにち ついたち
一向 いっこう ひたすら ひたぶる
一行 いちぎょう いっこう ひとくだり
一見 いちげん いっけん
一角 いっかく いっかど ひとかど
一枚 いちまい ひとひら
一途 いちず いっと
一頃 ひところ
一廉 いっかど ひとかど
一叢 ひとむら
一齣 ひとくさり ひとこま
一昨日 いっさくじつ おとつい おととい
一昨年 いっさくねん おととし
一言居士 いちげんこじ
一昨昨日 いっさくさくじつ さきおとつい さきおととい
一昨昨年 いっさくさくねん さきおととし
一期一会 いちごいちえ
丨【丨】コン たてぼう・ぼう
丶【丶】チュ てん
丿【丿】ヘツ・エイ のかんむり・はらいぼう
乙【乙】オツ・イツ・オチ きのと・おと
乙女 おとめ
乙巳 いっし おつし きのとみ
乙丑 いっちゅう おっちゅう きのとうし
乙卯 いつぼう おつぼう きのとう
乙未 いつび おつび きのとひつじ
乙亥 いつがい おつがい きのとい
乙酉 いつゆう おつゆう きのととり
乙甲 めりかり
乙夜 いつや
亅【亅】ケツ はねぼう

## 二画

●部首1画

一【丁】チョウ・テイ ひのと・あたる・よぼろ
丁巳 ていし ひのとみ
丁丑 ていちゅう ひのとうし
丁卯 ていぼう ひのとう
丁未 ていび ひのとひつじ
丁亥 ていがい ひのとい
丁酉 ていゆう ひのととり
丁抹 デンマーク
丁稚 でっち
丁髷 ちょんまげ
【七】シチ・シツ なな・ななつ・なの
七夕 しちせき たなばた
七種 しちしゅ ななしゅ ななくさ
七七日 しちしちにち なななのか なななぬか
七五三縄 しめなわ
丿【乂】ガイ・ゲ かる・おさめる
【乃】ダイ・ナイ の・すなわち・なんじ
乃至 ないし
乙【九】キュウ・ク ここの・ここのつ
九品 くほん
九十九髪 つくもがみ
亅【了】リョウ おわる・さとる・あきらか・ついに
了簡 りょうけん

●部首2画

二【二】ニ・ジ ふた・ふたつ・ふう・ふたたび
二人 ににん ふたり
二十 にじゅう はたち
二日 ふつか
二布 ふたの
二形 ふたなり
二幅 ふたの
二七日 ふたなぬか
二十日 はつか
二十重 はたえ
二十歳 はたち はたとせ
二千石 じせんせき にせんごく にせんせき
二合半 こなから
亠【亠】トウ なべぶた・けいさんかんむり
人【人】ジン・ニン ひと
人日 じんじつ
人伝 ひとづて
人参 にんじん
人攫 ひとさらい
人身御供 ひとみごくう
儿【儿】ジン・ニン にんにょう・ひとあし
入【入】ニュウ・ジュウ・ジュ いる・いれる・はいる・いり・しお
入内 じゅだい
入水 じゅすい
入会 にゅうかい いりあい
入声 にっしょう
入来 じゅらい にゅうらい
入魂 じっこん じゅこん にゅうこん
入木道 じゅぼくどう
入母屋 いりもや
八【八】ハチ・ハツ や・やつ・やっつ・よう
八十 やそ やそじ
八州 やしま
八重 やえ
八幡 はちまん ばはん やはた やわた
八衢 やちまた
八千種 やちぐさ
八百万 やおよろず
八百長 やおちょう
八百屋 やおや
冂【冂】ケイ・キョウ まきがまえ・けいがまえ・どうがまえ
冖【冖】ベキ わかんむり
冫【冫】ヒョウ こおり・にすい
几【几】キ つくえ・きにょう
凵【凵】カン かんにょう・うけばこ
刀【刀】トウ かたな
刀自 とじ
刀豆 なたまめ
刀禰 とね
刂【刂】トウ りっとう
力【力】リョク・リキ ちから・りきむ・つとめる
勹【勹】ホウ つつむ・つつみがまえ
匕【匕】ヒ さじ
匕首 ひしゅ あいくち
匚【匚】ホウ はこ・はこがまえ
匸【匸】ケイ かくす・かくしがまえ
十【十】ジュウ・ジッ・シュウ とお・と
十二単 じゅうにひとえ
十八番 おはこ
十六夜 いざよい いさよい
十日戎 とおかえびす
十日夜 とおかんや
十姉妹 じゅうしまつ
十露盤 そろばん
十重二十重 とえはたえ
卜【卜】ボク うらなう・うらない
卜兆 うらかた
卩【卩】セツ わりふ・ふしづくり
厂【厂】カン がけ・がんだれ
厶【厶】シ・ボウ ござる・む
又【又】ユウ また
又候 またぞろ

## 三画

●部首1画

一【万】マン・バン よろず
万年青 おもと
【丈】ジョウ・チョウ たけ・だけ
丈夫 じょうぶ じょうふ ますらお
【三】サン み・みつ・みっつ・みたび
三一 さんぴん
三河 みかわ
三椏 みつまた
三十日 みそか
三行半 みくだりはん
三味線 さみせん しゃみせん
三和土 たたき
三毬杖 さぎちょう
三番叟 さんばそう
三稜草 みくり
三鞭酒 シャンパン シャンペン
三十一文字 みそひともじ
【上】ジョウ・ショウ うえ・うわ・かみ・あげる・あがる・のぼる・のぼせる・のぼす・たっとぶ・たてまつる・ほとり
上下 かるめる
上巳 じょうし じょうみ
上戸 じょうご
上手 じょうず うわて かみて
上枝 ほつえ
上野 こうずけ
上総 かずさ かみつふさ
上達部 かんだちべ かんだちめ
【下】カ・ゲ した・しも・もと・さげる・さがる・くだる・くだす・くださる・おろす・おりる
下戸 げこ
下手 したて しもて へた
下枝 しずえ したえ
下品 げひん げぼん
下野 げや しもつけ
下衆 げす
下種 げす
下総 しもうさ しもつふさ
下手物 げてもの
【与】ヨ あたえる・くみする・ゆるす・くみ・ともに・あずかる・と・より・ため・に・か・や・かな
与太 よた
【廿】↓廿（四画廾部 部首3画）
丨【个】カ・コ
【丫】ア ふたまた・あげまき
丶【丸】ガン まる・まるい・まるめる・たま
丿【久】キュウ・ク ひさしい
久遠 くおん
【之】シ ゆく・これ・この・の・おいて
之繞 しんにょう しんにゅう
【及】キュウ およぶ・および・およぼす
乙【乞】キツ・コチ・コツ こう
乞丐 かたい
乞児 ほいと
乞食 こじき こつじき ほいと
乞巧奠 きこうでん きっこうでん
【也】ヤ・エ なり・か・また

●部首2画

二【于】ウ・ク ああ・ここに・に・を・と・おいて・より・か
【亖】↓三（一部 部首1画）
亠【亡】ボウ・モウ・ブ・ム ない・なくなる・なくす・ほろびる・ほろぼす・にげる
【亡】↓亡
亡骸 なきがら
儿【兀】ゴツ・コツ
几【凡】ボン・ハン およそ・おおよそ・すべて
【凡】↓凡

刀[刃]ジン・ニン　は・やいば
刃傷　にんじょう
[刄]↓刃
[刅]↓刃
勹[勺]シャク・セキ　ひしゃく・くむ
[勺]↓勺
十[千]セン　ち
千万　ちよろず
千尋　せんじん　ちひろ
千種　ちくさ　ちぐさ
千五百秋　ちいおあき　ちいほあき
[卄]↓廿（四画廾部 部首3画）
又[叉]サ・シャ・サイ　また・はさむ・さす
叉焼　チャーシュー
叉手網　さであみ

●部首3画

口[口]コウ・ク　くち・あな・ふり
口伝　くでん　くちづて
口説　くぜち　くぜつ
囗[囗]イ・コク　かこむ・くに
土[土]ド・ト　つち・ひじ
土方　どかた　ひじかた
土圭　とけい
土佐　とさ
土師　はじ　はにし
土竜　うごろもち　むぐら　むぐらもち　もぐら　もぐらもち
土産　みやげ
土筆　つくし　つくづくし
土塊　どかい　つちくれ
土器　どき　かわらけ
土当帰　うど
土耳古　トルコ
士[士]シ・ジ　おとこ・さむらい
夂[夂]チ　のまたかんむり・ちかんむり
夊[夊]スイ　すいにょう・なつあし
夕[夕]セキ　ゆう・ゆうべ
夕立　ゆうだち
夕餉　ゆうげ
大[大]ダイ・タイ・タ・ダ　おお・おおきい・おおいに
大人　たいじん　うし　おとな
大凡　おおよそ
大安　たいあん　だいあん
大臣　だいじん　おおいもうちぎみ　おおまえつぎみ　おとど
大豆　だいず
大和　やまと
大蚊　ががんぼ
大晦　おおつごもり
大蛇　だいじゃ　おろち
大雪　たいせつ
大寒　たいかん　だいかん
大隅　おおすみ
大暑　たいしょ
大童　おおわらわ
大蒜　にんにく
大鼓　おおかわ　おおつづみ
大八洲　おおやしま
大口魚　たら
大角豆　ささげ　ささぎ
大原女　おおはらめ　おはらめ
大晦日　おおつごもり　おおみそか
大鋸屑　おがくず
[丈]↓丈（一部 部首1画）
女[女]ジョ・ニョ・ニョウ　おんな・め・むすめ・なんじ・めあわす
女形　おやま　おんながた
女将　じょしょう　おかみ
女衒　ぜげん
女郎花　おみなえし　おみなめし
子[子]シ・ス　こ・み・ね
子規　しき　ほととぎす
[孑]ケツ・ゲツ
孑孑　ぼうふら　ぼうふり
宀[宀]ベン・メン　うかんむり
寸[寸]スン・ソン　はかる・とき・き
寸寸　ずたずた
寸莎　すさ　すた　つた
寸胴　ずんどう
小[小]ショウ　ちいさい・こ・お・さ
小人　しょうじん　しょうにん　こびと
小火　ぼや
小父　おじ
小半　こなから
小母　おば
小豆　あずき
小夜　さよ
小波　さざなみ
小雀　こがら　こがらめ
小雪　しょうせつ
小寒　しょうかん
小暑　しょうしょ
小満　しょうまん
小鰭　こはだ
小女子　こうなご
小灰蝶　しじみ　しじみちょう
尢[尢]オウ　だいのまげあし
尸[尸]シ　しかばね・かたしろ
屮[屮]テツ・ソウ　くさのめ
[屮]サ
山[山]サン・セン　やま
山女　やまべ　やまめ
山羊　やぎ
山車　だし　だんじり
山城　さんじょう　やましろ　やまじろ
山峡　さんきょう　やまかい
山祇　やまつみ
山雀　やまがら
山葵　わさび
山椒　さんしょ　さんしょう
山賤　やまがつ
山毛欅　ぶな
山茶花　さざんか
山査子　さんざし
山梔子　くちなし
山棟蛇　やまかがし
山樝子　さんざし
巛[巛]セン　まがりがわ
[川]セン　かわ・さんぼんがわ
川原　かわら
川獺　かわうそ　かわおそ
工[工]コウ・ク　たくみ・わざ・つかさ
己[己]コ・キ　おのれ・つちのと
己巳　きし　つちのとみ
己丑　きちゅう　つちのとうし
己卯　きぼう　つちのとう
己未　きび　つちのとひつじ
己亥　きがい　つちのとい
己酉　きゆう　つちのととり
己惚　うぬぼれ
己等　おいら
[已]イ　やむ・いえる・のみ・はなはだ・すでに
[巳]シ　み
巾[巾]キン　きれ・はば
干[干]カン　ほす・ひる・おかす・もとめる・あずかる・たて
干支　かんし　えと
幺[幺]ヨウ　ちいさい・いとがしら
广[广]ゲン　まだれ
廴[廴]イン　えんにょう・いんにょう
廾[廾]キョウ・ク　にじゅうあし
弋[弋]ヨク　いぐるみ・しきがまえ
弓[弓]キュウ　ゆみ
弓手　ゆんで
弓弦　ゆづる
弓削　ゆげ
弓勢　ゆんぜい
彐[彐]ケイ　けいがしら
彑[彑]↓彐
ヨ[ヨ]↓彐
彡[彡]サン・セン　さんづくり・けかざり
彳[彳]テキ　ぎょうにんべん
艹[艹]ソウ　くさかんむり・そうこう
⻌[⻌]チャク　しんにゅう・しんにょう
阝[阝]　おおざと（文字の右側）
[阝]↓邑（七画）
阝[阝]　こざとへん（文字の左側）↓阜（八画）
忄↓部首4画へ
扌↓部首4画へ
氵↓部首4画へ
犭↓部首4画へ

●部首4画

忄[忄]シン　りっしんべん
扌[扌]シュ　てへん
[才]サイ・ザイ・ザエ　わずかに
氵[氵]　さんずい　↓水（四画）
犭[犭]　けものへん　↓犬（四画）

●部首6画

艹↓部首3画へ

●部首7画

⻌↓部首3画へ
阝↓部首3画へ

●部首8画

阝↓部首3画へ

## 四画

●部首1画

一[不]フ・ブ・フウ・フツ・ヒ　ず・せず・しからず・いなや
不束　ふつつか
不埒　ふらち
不請　ふしょう
不生女　うまずめ
不如帰　ふじょき　ほととぎす
不見転　みずてん
不知火　しらぬい　しらぬひ
不貞寝　ふてね
不惜身命　ふしゃくしんみょう
[丐]カツ・カイ　こう
[丑]チュウ・チュ　うし
[尹]↓尹（尸部 部首3画）
[廿]↓廿（廾部 部首3画）
[丗]↓世（五画）
丨[中]チュウ・ジュウ　なか・うち・あたる・あてる
中務　なかつかさ
中山道　なかせんどう
中仙道　なかせんどう
中宮職　ちゅうぐうしき　なかのみやのつかさ
[丰]ホウ・フウ　しげる・すがた
丶[丹]タン　あか・あかい・に
丹波　たんば
丹後　たんご
[卞]↓卞（卜部 部首2画）
丿[之]↓之（三画）
[乏]ボウ・ホウ　とぼしい
[屯]↓屯（屮部 部首3画）
乙[乢]↓蓋（十三画艹部 部首3画）
亅[予]ヨ　あたえる・われ・かねて・あらかじめ
予予　かねがね

●部首2画

二[云]ウン　いう・ここに
云云　うんぬん　しかじか
云爾　しかいう
[互]ゴ・コ　たがい
[五]ゴ　いつ・いつつ・いつたび
五十　いそ

いそじ
五月　ごがつ　さつき
五加　ごか　うこぎ
五節　ごせち　ごせつ
五濁　ごじょく
五十路　いそじ
五月雨　さつきあめ　さみだれ
五加木　うこぎ
五倍子　ごばいし　ふし
【井】セイ・ショウ　い・いど
亠【亢】コウ　のど・たかぶる
人【什】ジュウ・シュウ
什麼　いんも
什麼生　そもさん
【仁】ジン・ニ・ニン　なさけ・ひと・さね
仁座鯛　にざだい
仁輪加　にわか
【仂】ロク・リョク・リキ
【仄】ショク・シキ・ソク　ほのか・かたむく・いやしい
仄仄　ほのぼの
【仆】フ・ホク　たおれる
【仇】キュウ・グ　つれあい・あだ・かた
【今】コン・キン　いま
今日　こんにち　きょう
今年　こんねん　ことし
今宵　こよい
今朝　こんちょう　けさ
今際　いまわ
【介】カイ・ケ　たすける・なかだち・なこうど・すけ・ひとり・こうら・かい
介錯　かいしゃく
【仍】ジョウ・ニョウ　よる・しきりに・なお

【从】→従（十画彳部 部首3画）
【仏】ブツ・フツ　ほとけ
仏供　ぶく　ぶっく　ぶつぐ
仏陀　ぶっだ
仏滅　ぶつめつ
仏手柑　ぶしゅかん
仏桑華　ぶっそうげ
仏掌薯　つくいも　つくねいも
仏蘭西　フランス
【内】ナイ・ダイ・ドウ・ノ　うち・いる・いれる
内外　ないがい　ないげ　うちと
内侍　ないし
内法　うちのり
内裏　だいり
内障　そこひ
儿【允】イン　まこと・まことに・ゆるす・じょう
【元】ゲン・ガン　もと・はじめ・こうべ
元日　がんじつ　がんにち
入【內】→内（入部 部首2画）
八【公】コウ・ク　おおやけ・きみ・きん
公方　くぼう
公司　こうし　コンス
公事　くじ
公家　くげ　こうけ
公魚　わかさぎ
公卿　くぎょう　こうけい　まえつきみ　もうちきみ
公達　きんだち
公孫樹　いちょう
【六】ロク・リク　む・むつ・むっつ・むい
六十　むそ　むそじ
六書　りくしょ

六十路　むそじ
【兮】ケイ
冂【円】エン　まるい・まる・まろい・つぶら・まどか
円居　まとい　まどい
冖【冗】ジョウ　むだ・あまる
凵【凶】キョウ　わるい
刀【分】ブン・フン・ブ　わける・わかれる・わかる・わかつ
分限　ぶげん　ぶんげん
分葱　わけぎ
【切】セツ・サイ　きる・きれる・きれ・しきりに
切支丹　キリシタン
切羽　せっぱ
刂【刈】ガイ・ゲ・カイ　かる
刈萱　かるかや
勹【勾】コウ・ク　かぎ・まがる
勾玉　まがたま
【勿】ブツ・モチ　なかれ・なし・ない
勿体　もたい　もったい
勿来　なこそ
勿怪　もっけ
勿論　もちろん
勿忘草　わすれなぐさ
【匁】もんめ・め
【匂】におう・におい
匕【化】カ・ケ　ばける・ばかす・かわる
化粧　けしょう　けそう　けわい
【化】→化
匚【巨】→巨（五画一部 部首1画）
匸【匹】ヒツ・ヒキ　ひき・たぐい
匹如身　するすみ

【匹】→匹
【区】ク・オウ
区区　くく　まちまち
十【卅】ソウ　みそ
【卆】→卒（八画）
【升】ショウ　ます・のぼる
【午】ゴ　うま
【卝】→丱（五画丨部 部首1画）
卜【卞】ヘン・ベン
厂【厄】ヤク・アク　わざわい
又【及】→及（三画丿部 部首1画）
【友】ユウ　とも
友引　ともびき
友達　ともだち
【双】ソウ　ふた・たぐい・ならぶ
双六　すごろく　すぐろく
双面　ふたおもて
【反】ハン・ホン・タン・ヘン　そる・そらす・かえす・かえる・かえって・かえりみる・そむく
反古　ほうぐ　ほうご　ほぐ　ほご
反吐　へど
反故　ほうぐ　ほうご　ほぐ　ほご
反歯　そっぱ
【収】シュウ　おさめる・おさまる
●部首3画
士【壬】ジン・ニン　みずのえ
壬子　じんし　みずのえね

壬午　じんご　みずのえうま
壬申　じんしん　みずのえさる
壬戌　じんじゅつ　みずのえいぬ
壬辰　じんしん　みずのえたつ
壬寅　じんいん　みずのえとら
大【天】テン　あめ・あま・そら
天牛　かみきりむし
天辺　てっぺん　てへん
天竺　てんじく
天皇　てんのう　すべらぎ　すめらぎ　すめらみこと　すめろぎ
天秤　てんびん
天蚕糸　てぐす
天鵞絨　ビロード
天照大神　あまてらすおおみかみ
【太】タイ・タ・ダ　ふとい・ふとる・はなはだ
太刀　たち
太夫　たいふ　たゆう
太占　ふとまに
太兆　ふとまに
太政官　だいじょうかん　だじょうかん　おおいまつりごとのつかさ
【夫】フ・フウ・ブ　おっと・おとこ・それ・その・か・かな
夫子　ふうし
夫役　ぶえき　ぶやく
夫婦　ふうふ　みょうと　めおと
【央】ケツ・カイ　ゆがけ・わける
【夭】ヨウ・オウ　わかい・のびやか・わざわい・わかじに
子【孔】コウ・ク　あな・はなはだ

孔雀　くじゃく
小【少】ショウ　すくない・すこし・しばらく・わかい
少女　しょうじょ　おとめ
尢【尤】ユウ　もっとも・とがめる・とが
尣【尣】→尢（三画）
尸【尹】イン　ただす・おさ
【尺】シャク・セキ
尺蠖　しゃくとりむし
屮【屯】トン・チュン　たむろ・なやむ
屯田　とんでん　みた
屯倉　みやけ
屯家　みやけ
己【巴】ハ　ともえ
巴布　パップ
巴里　パリ
巴旦杏　はたんきょう
巾【帀】ソウ　めぐる
幺【幻】ゲン・カン　まぼろし
廾【廿】ジュウ・ニュウ　はたち・にじゅう
廿日　はつか
弋【弌】→一（一画一部 部首1画）
弓【弔】チョウ・テキ　とむらう・つる
【引】イン　ひく・ひける
【弖】て
弖爾乎波　てにをは
彑【互】→互（二部 部首2画）
艹【艹】ソウ　くさかんむり・そうこう
辶【辶】チャク　しんにゅう・しんにょう
扌→部首4画へ

●部首4画
心【心】シン　こころ・むね
心太　こころぶと　ところてん
心天　ところてん
心地　ここち
心算　つもり
戈【戈】カ　ほこ
戸【戸】コ　と・へ
【戶】→戸
手【手】シュ・シュウ・ス　て・た・てずから
手水　ちょうず　てみず
手向　たむけ
手足　てあし　てだり　てだれ
手斧　ちょうな　ちょうの　ちょんの　ておの
手枕　たまくら　てまくら
手許　てもと
手絡　てがら
手練　しゅれん　てだれ
手弱女　たおやめ　たわやめ
手薬煉　てぐすね
扌【扎】サツ・アツ　ぬく・かまえる
支【支】シ　ささえる・わかれる・えだ・つかえる・つかえ
攴【攴】ホク・ボク　うつ・ぼくにょう・ぼくづくり
攵【攵】ボク　ぼくにょう・ぼくづくり
文【文】ブン・モン　ふみ・あや・かざる
文月　ふづき　ふみづき
文旦　ぶんたん　ぼんたん
文目　あやめ

文机 ふづくえ
文身 いれずみ
文箱 ふばこ
斗［斗］ト・トウ
ます・ひしゃく
斗枡 とます
斤［斤］キン
おの
方［方］ホウ
かた・ならべる・くら
べる・あたる・まさに
方人 かたうど
方舟 はこぶね
方便 ほうべん
たずき
たつき
无［无］ブ・ム
ない
［旡］キ・ケ
むせぶ
日［日］ニチ・ジツ
ひ・か・ひび
日吉 ひえ
ひよし
日向 ひなた
ひゅうが
日次 ひなみ
日和 ひより
日雀 ひがら
［日］→日
曰［曰］エツ
いう・のたまう・いわ
く・のたまわく・ここ
に・ひらび
月［月］ゲツ・ガツ
つき
月代 つきしろ
さかやき
月次 つきなみ
［月］→月
月［月］ニク
にくづき
木［木］ボク・モク
き・こ
木末 こずえ
こぬれ
木瓜 もこう
もっか
もっこう

木耳 きくらげ
ぼけ
木通 あけび
木偶 でく
でこ
木菟 ずく
みみずく
木犀 もくせい
木賊 とくさ
木綿 きわた
もめん
ゆう
パンヤ
木履 きぐつ
ぼくり
ぼっくり
ぽくり
ぽっくり
木槿 はちす
むくげ
もくげ
木乃伊 ミイラ
木天蓼 またたび
木槵子 もくげんじ
欠［欠］ケツ・ケン
かける・かく・あくび
欠伸 あくび
止［止］シ
とまる・とめる・と
まる・とどめる・やめ
る・やむ・ただ・とど
め
歹［歹］ガツ・タイ
がつへん・かばねへ
ん・いちたへん
殳［殳］シュ
ほこ・るまた
毋［毋］ブ・ム
ない・なかれ
比［比］ヒ・ビ
くらべる・たぐい・な
らぶ・したしむ・しき
りに・ころ・ころおい
・このごろ
比丘 びく
比目魚 ひらめ
比律賓 フィリピン
毛［毛］モウ・ボウ
け
毛莨 うまのあしがた
毛蚕 けご
氏［氏］シ
うじ

气［气］キ・ケ
きがまえ
水［水］スイ
みず
水夫 すいふ
かこ
水戸 みと
水母 くらげ
水松 みる
水泡 みなわ
水門 みと
みなと
水面 みのも
水屑 みくず
水脈 みお
水蚤 みじんこ
水雲 もずく
水黽 あめんぼ
水蠆 やご
水鶏 くいな
水垢離 みずごり
水無月 みなづき
火［火］カ・コ
ひ・ほ
火傷 やけど
火燵 こたつ
灬［灬］ヒョウ・カ
れっか・れんが
爪［爪］ソウ
つめ
爪哇 ジャワ
爫［爫］つめかんむり・つめ
がしら
→爪
父［父］フ・ホ
ちち
爻［爻］コウ
まじわる
爿［爿］ショウ
しょうへん
片［片］ヘン
かた・きれ・ひら・ペ
ンス
片方 かたえ
かたかた
かたほう
片木 へぎ
牙［牙］ガ・ゲ
きば・は
牛［牛］ギュウ・ゴ
うし
牛王 ごおう

牛車 ぎっしゃ
ぎゅうしゃ
牛蒡 ごぼう
牛膝 いのこずち
牛頭 ごず
犬［犬］ケン
いぬ
犬蓼 いぬたで
犬追物 いぬおうもの
尣→部首3画へ
辶→部首3画へ
王→部首5画へ
ネ→部首5画へ
⺳→部首6画へ
耂→部首6画へ
●部首5画
玉［王］オウ
きみ
王［王］たまへん
→玉(五画)
ネ［ネ］シ
しめすへん
内［内］→内(五画)
●部首6画
⺳［⺳］モウ
あみがしら
耂［耂］おいかんむり
→老(六画)
艹→部首3画へ
⺼→部首4画へ
●部首7画
⻍→部首3画へ

## 五画

●部首1画
一［且］シャ・ショ・ソ
かつ・しばらく・まさ
に…す
［丕］ヒ
おおきい
［世］セイ・セ
よ・よよ
［丘］キュウ・ク
おか

［丙］ヘイ・ヒョウ
ひのえ
丙子 へいし
ひのえね
丙午 へいご
ひのえうま
丙申 へいしん
ひのえさる
丙戌 へいじゅつ
ひのえいぬ
丙辰 へいしん
ひのえたつ
丙寅 へいいん
ひのえとら
［丙］→丙
丨［丱］カン
あげまき
［巨］キョ・ゴ
おおきい
［半］→半(十部部首2画)
丶［主］シュ・ス・シュウ
ぬし・おも・あるじ・
つかさどる
主典 さかん
［主］→主
［丼］セイ・ショウ・タン・
トン
どんぶり
［以］→以(人部部首2画)
［朮］→朮(木部部首4画)
丿［乍］サ
たちまち・ながら
［乎］コ
か・や・を・よ・かな・
ああ
乎古止点 をことてん
［乏］→乏(四画)
●部首2画
人［仔］シ
たえる・こ
［仕］シ・ジ
つかえる・つかまつ
る
仕丁 じちょう
してい
仕度 したく
仕業 しわざ

仕種 しぐさ
仕舞屋 しもたや
［他］タ
ほか・ひと
他人 たにん
あだびと
他所 よそ
［仗］ジョウ
よる・つえ
［付］フ
つける・つく・あたえ
る
付子 ぶし
ぶす
［仙］セン
やまびと・セント
仙人掌 サボテン
シャボテン
［仝］→同(六画口部部首3画)
［仞］ジン
ひろ・はかる
［仭］→仞
［仟］セン
［仡］ギツ・キツ・ゴツ・コ
ツ
［代］ダイ・タイ
かわる・かえる・よ・
しろ
代赭 たいしゃ
［令］レイ・リョウ
おおす・いいつけ・の
り・おさ・しむ・もし・
たとい
令法 りょうぶ
［以］イ
もちいる・ひきいる・
もって・もってする・
ゆえ・おもう・おもえ
らく
儿［兄］ケイ・キョウ
あにえ
兄子 せこ
兄矢 はや
［充］→充(六画)
冂［冉］ゼン・ネン
［冄］→冉
［冊］サツ・サク
ふみ

冊子 さっし
そうし
［册］→冊
［囘］→回(六画囗部部首3画)
冖［写］シャ
うつす・うつる
冫［冬］トウ
ふゆ
冬瓜 とうが
とうがん
冬至 とうじ
［冬］→冬
几［処］ショ
いる・おる・おく・と
ころ
処暑 しょしょ
［凧］たこ・いかのぼり
凵［凸］トツ
でこ
凸凹 でこぼこ
とつおう
凸柑 ポンカン
［凹］オウ
くぼむ・へこむ・くぼ
み・ぼこ
［出］シュツ・スイ
でる・だす・で
出来 しゅったい
でき
出湯 いでゆ
出雲 いずも
出鱈目 でたらめ
刂［刊］カン
けずる・きる・きざむ
［刋］セン
きる
力［功］コウ・ク
いさお
［加］カ
くわえる・くわわる
加之 しかのみならず
加賀 かが
加奈陀 カナダ
加特力 カトリック
加答児 カタル
勹［包］ホウ
つつむ・パオ
包子 パオズ
［包］→包

【匆】ソウ いそがしい
ヒ【北】ホク きた・そむく・にげる
匚【匝】→市（四画巾部 部首3画）
十【卉】キ くさ
【半】ハン なかば・わかつ
半被 はっぴ
半蔀 はじとみ
半夏生 はんげしょう
【半】→半
【丗】→世（一部 部首1画）
卜【占】セン しめる・うらなう・うらない
占地 しめじ
卩【卮】シ さかずき
【卯】ボウ う
卯月 うづき
卯木 うつぎ
【夘】→卯
【印】→印（六画）
ム【去】キョ・コ さる
去年 きょねん こぞ
又【収】→収（四画）
●部首3画
口【古】コ ふるい・ふるす・いにしえ
【句】ク・コウ くぎり
句読 くとう
【叨】トウ みだりに
【叩】コウ たたく・ひかえる
叩頭虫 こめつきむし ぬかずきむし
【只】シ ただ
只管 ひたすら ひたぶる

【叫】→叫（六画）
【召】ショウ めす・まねく
召人 めしうど めしゅうど
【叭】ハツ・ハ
【叮】テイ
【可】カ・カク・コク よい・きく・べし
可惜 あたら あったら
【台】ダイ・タイ・イ うてな・よろこぶ・われ
台詞 せりふ
【叱】シツ・シチ しかる
【史】シ ふびと・ふみ・さかん
【右】ウ・ユウ みぎ・とうとぶ・たすける
右手 みぎて めて
【叶】キョウ かなう
【号】ゴウ・コウ さけぶ・よぶ・よびな・しるし
【司】シ・ス つかさどる・つかさ
【叺】かます
【占】→占（卜部 部首2画）
囗【囚】シュウ とらえる
囚人 しゅうじん めしうど めしゅうど
【四】シ よ・よつ・よっつ・よん・よも
四方 しほう よも
四阿 あずまや
四幅 よの
四十雀 しじゅうから
土【圧】アツ・オウ おさえる・おす

【圦】いり
夂【冬】→冬（冫部 部首2画）
夕【外】ガイ・ゲ・ウイ そと・ほか・はずす・はずれる・と・それる
外方 そっぽ そっぽう
外郎 ういろう
外面 がいめん げめん そとづら
外様 とざま
大【央】オウ・ヨウ・エイ なかば・つきる
【失】シツ・イツ うしなう・あやまち
【本】トウ・ホン
女【奴】ド・ヌ やっこ・やつ・め
子【孕】ヨウ はらむ
宀【宁】チョ たたずむ
【宂】→冗（四画冖部 部首2画）
【它】タ へび
小【尓】→爾（十四画爻部 部首4画）
尸【尻】コウ しり
【尼】ニ・ジ あま
山【屶】なた
【出】→出（凵部 部首2画）
工【左】サ ひだり・たすける
左手 ひだりて ゆんで
左右 さう さゆう とかく とこう
左見右見 とみこうみ
【巧】コウ たくみ
【巨】→巨（丨部 部首1画）

巾【市】シ いち・まち・うる・かう
市女笠 いちめがさ
【布】フ・ホ ぬの・しく
布令 ふれ
布団 ふとん
布衣 ふい ほい ほうい
布哇 ハワイ
布袋 ほてい
干【平】ヘイ・ビョウ・ヒョウ・ベン たいら・ひら・ひらたい・たいらげる
平仄 ひょうそく
平声 ひょうしょう
【平】→平
幺【幼】ヨウ・ユウ おさない・いとけない・わかい
幼気 いたいけ
广【庁】チョウ・テイ
【広】コウ ひろい・ひろまる・ひろめる・ひろがる・ひろげる・ひろさ
廾【弁】ベン かんむり・わける・わきまえる・はなびら
弁柄 ベンガラ
弋【弍】→二（二画二部 部首2画）
弓【弗】フツ ず・ドル
【弘】コウ・グ ひろい・ひろめる
弘法 ぐほう こうぼう
弘通 ぐつう
弘誓 ぐぜい
弘徽殿 こきでん
艹【艾】ガイ・ゲイ よもぎ・もぐさ
辶【辺】ヘン あたり・べ・ほとり
【込】こむ・こめる
【辻】→辻（六画）

辶【辶】すべる
忄→部首4画へ
扌→部首4画へ
氵→部首4画へ
犭→部首4画へ
●部首4画
心【必】ヒツ かならず
忄【忉】トウ
戈【戉】エツ まさかり
【戊】ボウ・ボ つちのえ
戊子 ぼし つちのえね
戊午 ぼご つちのえうま
戊申 ぼしん つちのえさる
戊戌 ぼじゅつ つちのえいぬ
戊辰 ぼしん つちのえたつ
戊寅 ぼいん つちのえとら
扌【打】ダ・テイ・チョウ うつ・うち・ダース
打衣 うちぎぬ
打擲 ちょうちゃく
【払】フツ・ホツ・ヒツ はらう・はらい
払子 ほっす
払拭 ふっしき ふっしょく
斤【斥】セキ しりぞける・さす・うかがう・ひらく
旡【旡】→旡（四画）
日【旦】タン あした
【旧】キュウ・グ ふるい・もと
木【未】ミ・ビ いまだ・いまだ…ず・いまだし・ひつじ
未草 ひつじぐさ
未曾有 みぞう
【末】マツ・バツ すえ
末葉 うらば

【本】ホン もと
本意 ほい ほんい
【札】サツ ふだ
【朮】シュツ・チュツ・ジュツ もちあわ・おけら
止【正】セイ・ショウ ただしい・ただす・まさ・かみ
正面 しょうめん まとも
【此】→此（六画）
歹【歺】ガツ がつへん・かばねへん
毋【母】ボ・ボウ・モ はは
母衣 ほろ
母屋 おもや
母家 おもや
比【比】→比（四画）
氏【氐】テイ・タイ
【民】ミン たみ
民部 みんぶ かきべ
水【氷】ヒョウ こおり・ひ・こおる
氷雨 ひさめ
氷室 ひむろ
氷柱 つらら
氷魚 ひうお ひお
【永】エイ・ヨウ ながい・とこしえ
永久 えいきゅう とこしえ とわ
氵【氾】ハン あふれる・ひろがる
【汀】テイ みぎわ・なぎさ
【汁】ジュウ・シュウ しる
氺【氷】スイ したみず

牙【牙】→牙（四画）
犭【犯】ハン・ボン おかす
⻏→部首3画へ
ネ→部首5画へ
●部首5画
玄【玄】ゲン・ケン くろ・くろい
玄人 くろうと
玄孫 げんそん やしゃご やしわご
玉【玉】ギョク・ゴク たま
玉珧 たいらぎ
玉梓 たまずさ
玉章 たまずさ
玉響 たまゆら
玉筋魚 いかなご
玉蜀黍 とうもろこし
瓜【瓜】カ うり
瓜哇 ジャワ
瓦【瓦】ガ かわら・グラム
瓦落 がら
瓦斯 ガス
瓦落多 がらくた
甘【甘】カン あまい・あまえる・あまやかす・あまんずる・うまい
甘葛 あまずら
甘藷 かんしゃ かんしょ さつまいも
生【生】セイ・ショウ いきる・いかす・いける・うまれる・うむ・おう・はえる・はやす・き・なま・なる・うぶ・いき
生姜 しょうが
生粋 きっすい
生飯 さば さんば
生業 せいぎょう すぎわい なりわい
生絹 きぎぬ すずし

生憎　あいにく
生薑　しょうが
用 [用] ヨウ　もちいる・もって
田 [田] デン・テン　た・かり
田作　ごまめ
田舎　いなか
田圃　たんぼ
田螺　たにし
田鶴　たず
田平子　たびらこ
[由] ユ・ユウ・ユイ　よし・よる・より・なお
由緒　ゆいしょ
[甲] コウ・カン　よろい・かぶと・きのえ
甲乙　こうおつ
甲子　かっし
　こうし
　きのえね
甲午　こうご
　きのえうま
甲申　こうしん
　きのえさる
甲戌　こうじゅつ
　きのえいぬ
甲辰　こうしん
　きのえたつ
甲寅　こういん
　きのえとら
甲矢　はや
甲冑　かっちゅう
　よろいかぶと
甲斐　かい
[申] シン　もうす・さる・のびる・のばす・かさねる・のべる
申楽　さるがく
疋 [疋] ショ・ソ・ガ・ヒツ　あし・ひき
疒 [疒] ダク・ソウ　やまいだれ
癶 [癶] ハツ・ハチ　はつがしら
白 [白] ハク・ビャク　しろ・しら・しろい・しらむ・しらげる・もうす

白子　しらす
　しろこ
白衣　はくい
　びゃくい
　びゃくえ
白面　はくめん
　しらふ
白粉　おしろい
白馬　はくば
　あおうま
　しろうま
白湯　さゆ
白楊　はくよう
　どろのき
　どろやなぎ
白髪　はくはつ
　しらが
白露　はくろ
白癬　はくせん
　しらくも
白鑞　しろめ
白耳義　ベルギー
白南風　しらはえ
白膠木　ぬで
　ぬるで
皮 [皮] ヒ　かわ
皿 [皿] ベイ　さら
目 [目] モク・ボク　め・ま
目処　めど
目眩　めまい
目論　もくろみ
目論見　もくろみ
矛 [矛] ム・ボウ　ほこ
矢 [矢] シ　や・ちかう
矢作　やはぎ
矢矧　やはぎ
矢幹　やがら
矢鱈　やたら
石 [石] セキ・シャク・コク・ジャク　いし・いわ
石女　うまずめ
石見　いわみ
石蓴　あおさ
石榴　ざくろ
　じゃくろ
石蕗　つわ
　つわぶき
石南花　しゃくなげ

石首魚　いしもち
石竜子　とかげ
石楠花　しゃくなげ
示 [示] ジ・シ・キ・ギ　しめす・しめし
ネ [礼] レイ・ライ　いや・あや
内 [内] ジュウ　じゅうのあし
禾 [禾] カ　いね・のぎ
穴 [穴] ケツ　あな
穴賢　あなかしこ
立 [立] リツ・リュウ　たつ・たてる・たちどころに・リットル
立冬　りっとう
立坪　りゅうつぼ
　たてつぼ
立春　りっしゅん
立秋　りっしゅう
立夏　りっか
氺→部首4画へ
罒→部首6画へ
円→部首6画へ
ネ→部首6画へ

●部首6画
罒 [罒] モウ　あみがしら
円 [円] モウ　あみがしら
ネ [ネ] ころもへん　→衣（六画）
艹→部首3画へ

●部首7画
辶→部首3画へ
辶→部首3画へ

## 六画

●部首1画
一 [丞] ショウ・ジョウ　すくう・たすける
丞相　しょうじょう
　じょうしょう
[両] リョウ　ふたつ・ふたつながら・テール

[再] →再（冂部部首2画）
[夷] →夷（大部部首3画）
[西] →西（襾部部首6画）
丿 [年] →年（干部部首3画）
亅 [争] ソウ　あらそう・あらそい・いかでか

●部首2画
二 [亘] セン・ゼン・カン・ガン・コウ　わたる
[互] コウ　わたる
亠 [交] コウ・キョウ　まじわる・まざる・まぜる・かう・かわす・こもごも
交交　こもごも
交喙　いすか
交譲木　ゆずりは
[亥] カイ・ガイ　い
[亥] →亥
[亦] エキ・ヤク　また
人 [仮] カ・ケ・カク　かり・かりに・かす・かりる
仮令　たとい
　たとえ
仮字　かな
仮名　かめい
　けみょう
　かな
　かりな
　かんな
仮漆　ニス
[仰] ギョウ・コウ・ゴウ　あおぐ・おおせ・おっしゃる
仰山　ぎょうさん
[仲] チュウ　なか
仲人　ちゅうにん
　なこうど
[件] ケン　くだん・くだり

[价] カイ　よい・おおきい
[任] ニン・ジン　まかせる・まかす・になう・たえる
任那　みまな
任大臣　にんだいじん
[仿] ホウ・ボウ　さまよう・ならう
[企] キ　くわだてる
[伉] コウ
[伊] イ　これ・かれ・ただ
伊予　いよ
伊豆　いず
伊達　だて
伊賀　いが
伊勢　いせ
伊太利　イタリア
[伍] ゴ　いつつ・くみ
[伎] キ・ギ　わざ
[伏] フク・ブク　ふせる・ふす
[伐] バツ　うつ・きる・ほこる
[休] キュウ・ク　やすむ・やすまる・やすめる・やむ・やめる
[会] カイ・エ　あう・たまたま・かならず
会釈　えしゃく
[伜] →倅（十画）
[伝] デン・テン　つたわる・つたえる・つたう・つたえ・つて
伝手　つて
伝播　でんぱ
伝馬船　てんません
[全] ゼン・セン　まったく・まっとうする・まったい
全手葉椎　まてばしい
儿 [充] ジュウ・シュウ　あてる・あたる・みちる・みたす
[兆] チョウ　きざす・きざし

[兇] キョウ　おそれる
[先] セン　さき・まず
先負　せんぶ
　せんまけ
先勝　せんしょう
　せんがち
[光] コウ　ひかる・ひかり・てる・みつ
光一　ぴかいち
入 [全] →全（人部部首2画）
八 [共] キョウ・グ・ク　とも・ともに・ども
冂 [再] サイ・サ　ふたたび
再来月　さらいげつ
再来年　さらいねん
再従兄弟　はとこ
再従姉妹　はとこ
[冎] カ
[同] →同（口部部首3画）
冫 [冰] →氷（五画水部部首4画）
[冱] コ・ゴ　こおる
[冴] →冴（七画）
[冲] チュウ　むなしい・おき
[决] →決（七画氵部部首4画へ）
几 [凩] こがらし
[凪] なぐ・なぎ
[夙] →夙（夕部部首3画）
刂 [刎] ブン・フン　はねる・くびはねる
[刑] ケイ・ギョウ　のり
[刓] ガン　けずる・えぐる
[刔] →抉（七画扌部部首4画へ）
[刖] ゲツ　きる・あしきる
[列] レツ　つらなる・つらねる・ならべる・つら
力 [劣] レツ　おとる
勹 [匈] キョウ　むね
匚 [匠] ショウ　たくみ
[匡] キョウ　ただす・すくう
十 [卍] バン・マン　まんじ
卩 [印] イン　しるし・かね
印度　インド
[印] →印
[危] キ　あぶない・あやうい・あやぶむ・たかい
[危] →危

●部首3画
口 [吁] ク・ウ　ああ
[吃] キツ　どもる
吃逆　しゃっくり
　しゃくり
吃驚　びっくり
[各] カク　おのおの
[合] ゴウ・ガッ・カッ・コウ　あう・あわす・あわせる・まさに…べし
合羽　カッパ
合歓　ねぶ
　ねむ
[吉] キチ・キツ　よい
吉方　えほう
吉備　きび
吉利支丹　キリシタン
[吊] チョウ　つる・つるす
[吋] トウ・スン　インチ
[同] ドウ・トウ　おなじ・おなじく・おなじくする・ともに・ともにする
同胞　どうほう
　はらから

夕【名】メイ・ミョウ　な・なのる・なづける
名残　なごり
【后】コウ・ゴ　きみ・きさき・のち
【吏】リ　つかさ
吏吐　りと
吏道　りと
吏読　りと
【吐】ト　はく・へど
【向】コウ・キョウ・ショウ　むく・むける・むかう・むこう・むき・むかい・さきに
向日葵　ひぐるま　ひまわり
【叫】キョウ　さけぶ
【吸】キュウ　すう
口【回】カイ・エ・ウイ　まわる・まわす・めぐる・かえる・たび
回向　えこう
回回教　フイフイきょう
【因】イン　よる・よりて・ちなむ・ちなみに
因幡　いなば
【団】ダン・トン・ドン　まる・まろい・まどか
団居　まどい　まとい
団扇　うちわ
団栗　どんぐり
土【在】ザイ・サイ　ある・います・おわす
【圭】ケイ　たま・かど
【圮】ヒ　やぶれる
【圯】イ　つちばし
【地】チ・ジ　つち
地銭　ぜにごけ
【圷】あくつ
【圸】まま
士【壮】ソウ　さかん

夕【夙】シュク　つとに・はやい・まだき
【多】タ　おおい・さわ
【夛】→多
大【夷】イ　えびす・たいらか・たいらげる・ころす
【夸】カ・コ　おごる・ほこる
女【奸】カン　おかす
【好】コウ　このむ・すく・よい・よしみ
好事家　こうずか
【妁】シャク　なこうど
【如】ジョ・ニョ　ごとくする・ごとし・しく・ゆく・もし
如月　きさらぎ
如何　いかが　いかん　どう
如雨露　じょうろ
【妃】ヒ・ハイ　きさき・きさい
【妄】モウ・ボウ　みだり・みだりに
【妄】→妄
子【字】ジ　あざ・あざな
【存】ソン・ゾン　ある
宀【宅】タク　いえ・やけ・やか
【宇】ウ　いえ・のき
【守】シュ・ス・シュウ　まもる・もり・まもり・かみ
守宮　やもり
【安】アン　やすい・やすんずる・いずくんぞ・いずくにか
安宅　あたか　あたけ
安芸　あき
安居　あんきょ　あんご
安房　あわ

寸【寺】ジ・シ　てら
小【尖】セン　とがる・さき
【当】トウ　あたる・あてる・あて・あたり・まさに…べし
尸【尽】ジン・シン　つくす・つきる・つかす・ことごとく
山【屹】ギツ・キツ　そばだつ
屹度　きっと
【出】→出（五画凵部 部首2画）
巛【州】シュウ・ス　す・しま
【巡】ジュン　めぐる
巾【帆】ハン　ほ
【帆】→帆
干【年】ネン　とし・みのる
年魚　あゆ
【幵】ケン・ゲン　たいら
【并】→幷（八画）
广【庄】ソウ・ショウ
弋【弍】→二（二画一部 部首1画）
【式】シキ・ショク　のり・のっとる
【弐】ニ・ジ　ふたつ・ふたたび
弓【弛】シ・チ　ゆるむ
艹【芋】ウ　いも
芋苗　ずいき
芋茎　いもがら　ずいき
芋幹　いもがら
【芍】シャク
【芒】ボウ　ほさき・のぎ・くらい・すすき

芒種　ぼうしゅ
【芝】シ　しば
芝生　しばふ
辶【辿】→辿（七画）
【迂】→迂（七画）
【迄】→迄（七画）
【迅】ジン・シン　はやい
【巡】→巡（巛部 部首3画）
【辻】つじ
【込】→込（五画）
阝【邙】ボウ・モウ
阝【阡】セン　あぜ・あぜみち
忄→部首4画へ
扌→部首4画へ
氵→部首4画へ
犭→部首4画へ

●部首4画

⺗【忖】ソン　はかる
忖度　そんたく
【忙】ボウ　いそがしい
【忙】→忙
戈【戌】ジュツ　いぬ
【戍】シュ・ジュ　まもる
【戎】ジュウ　えびす
戎克　ジャンク
【成】セイ・ジョウ　なる・なす・なり・たいらげる
成就　じょうじゅ
成吉思汗　ジンギスカン　チンギスハン
【戉】→戉（五画）
扌【托】タク　たのむ
托鉢　たくはつ

【扛】コウ　あげる
扛秤　ちぎ　ちきり　ちぎばかり　ちぎり
【扞】カン　ふせぐ
【扠】サ　さす・やす・さて
扠首　さす
【扣】コウ　ひかえる・たたく・ボタン
【扱】ソウ・キュウ　あつかう・こく・おさめる
【扨】さて
攵【收】→収（四画又部 部首2画）
【攷】コウ　かんがえる
日【旨】シ　むね・うまい
【早】ソウ・サッ　はやい・はやまる・はやめる・はや・さ
早生　そうせい　わせ
早矢　はや
早苗　さなえ
早稲　わせ
早蕨　さわらび
早乙女　さおとめ
早少女　さおとめ
【旬】ジュン・シュン
【旭】キョク　あさひ
曰【曲】キョク　まがる・まげる・くま・つぶさに・ふし・くせ
曲尺　きょくしゃく　かねじゃく
曲玉　まがたま
曲者　くせもの
曲舞　くせまい
【曳】エイ　ひく
月【有】ユウ・ウ　ある・もつ・たもつ・また

有卦　うけ
有職　ゆうそく　ゆうしょく
有平糖　アルヘイとう
【有】→有
月【肋】ロク　あばら
【肌】キ　はだ
肌理　きめ
木【朱】シュ　あか・あけ
朱雀　しゅじゃく　すざく
朱鷺　とき
朱欒　ザボン　ザンボア
【朴】ボク・ハク・ホク　ほお
朴念仁　ぼくねんじん
【朶】タ・ダ　えだ
【朷】トウ
【朸】リョク　おうご
【机】キ　つくえ
【朽】キュウ　くちる
【朿】シ　とげ
【朳】ハツ・ヘチ　いり・えぶり
欠【次】ジ・シ　つぐ・つぎ・ついで・ついず
次官　じかん　すけ
【次】→次
止【此】シ　ここ・この・これ・かく
此方　こち　こちら　こっち　こなた
此処　ここ
此奴　こいつ　こやつ

此所　ここ
歹【死】シ　しぬ・ころす
毋【毎】マイ・バイ　つね・ごとに
气【気】キ・ケ　いき
気色　きしょく　けしき
気配　きはい　けはい
気障　きざ
気質　きしつ　かたぎ
氵【汎】ハン　ただよう・ひろい
【汐】セキ　しお・うしお
【汕】サン
汕頭　スワトウ
【汗】カン　あせ
汗衫　かんさん　かざみ
汗疣　あせぼ　あせも
汗疹　あせぼ　あせも
【汚】オ・ウ　けがす・けがれる・けがらわしい・よごす・よごれる・きたない
汚穢　おあい　おわい
【汙】→汚
【汝】ジョ　なんじ・な・なれ
【江】コウ・ゴウ　え・かわ
【池】チ　いけ
【汢】ト
【汲】→汲（七画）
火【灯】トウ・テイ・チョウ・チン　ひ・ともしび
灯心　とうしみ　とうしん　とうすみ

[灰] カイ はい
灰汁 あく
[灰]→灰
牛 [牝] ヒン めす
[牟] ボウ・ム
犭 [犲]→豺（十画豸部 部首7画）
辶→部首3画へ
⺹→部首6画へ

●部首5画
瓜 [瓜]→瓜（五画）
白 [百] ヒャク・ハク もも
百合 ゆり
百舌 もず
百足 むかで
百済 くだら
百日紅 ひゃくじつこう さるすべり

●部首6画
竹 [竹] チク たけ
竹刀 しない
竹篦 しっぺ しっぺい たけべら
竹麦魚 ほうぼう
米 [米] ベイ・マイ こめ・よね・メートル
米利堅 メリケン
糸 [糸] シ・ベキ いと
糸瓜 いとうり へちま
糸遊 いとゆう
缶 [缶] カン・フ ほとぎ
网 [网] ボウ・モウ あみ
羊 [羊] ヨウ ひつじ
羊歯 しだ
羊蹄 ぎしぎし
羊栖菜 ひじき
羽 [羽] ウ は・はね・ば・わ
羽前 うぜん
羽後 うご
[羽]→羽
老 [老] ロウ おいる・ふける・おい
老酒 ラオチュー
老舗 しにせ
老麺 ラーメン
老海鼠 ほや
老頭児 ロートル
⺹ [考] コウ かんがえる・かんがえ
而 [而] ジ・ニ しこうして・しかして・しかも・しかれども・しかるに・なんじ・すなわち
而已 のみ
耒 [耒] ライ・ルイ すき
耳 [耳] ジ・ニ・ジョウ みみ・のみ
耳朶 じだ みみたぶ みみたぼ
耳門 くぐり
聿 [聿] イツ・イチ ふで・ここに
肉 [肉] ニク・ジク しし
肉刺 まめ
肉髻 にっけい
肉叢 ししむら
肉豆蔲 にくずく ししずく
臣 [臣]→臣（七画）
自 [自] ジ・シ みずから・おのずから・より
自棄 じき やけ
自然薯 じねんじょ
至 [至] シ いたる・いたり
臼 [臼] キュウ うす
舌 [舌] ゼツ・セツ した
舛 [舛] セン そむく・まいあし
舟 [舟] シュウ ふね・ふな
艮 [艮] コン・ゴン うしとら
色 [色] ショク・シキ いろ
艸 [艸] ソウ くさ
虍 [虍] コ とらがしら・とらかんむり
虫 [虫] チュウ・キ むし
虫唾 むしず
虫酸 むしず
虫螻 むしけら
血 [血] ケツ・ケチ ち
行 [行] コウ・ギョウ・アン いく・ゆく・おこなう・みち・めぐる・ゆくゆく・おこない・つら
行方 ゆくえ
行火 あんか
行灯 あんどう あんどん
行幸 ぎょうこう みゆき
行宮 あんぐう かりみや
行脚 あんぎゃ
行縢 むかばき
行纏 はばき
衣 [衣] イ・エ ころも・きぬ・きる
衣更 ころもがえ
衣魚 しみ
襾 [襾] ア・カ あがしら
[西] セイ・サイ にし
西瓜 すいか
西貢 サイゴン
西蔵 チベット
西班牙 イスパニア スペイン
艹→部首3画へ
月→部首4画へ

●部首7画
走 [辵]→辵（七画）
⻌→部首3画へ
⻍→部首3画へ
阝→部首3画へ

●部首8画
阝→部首3画へ

## 七画

●部首1画
丨 [串] セン・カン くし・つらぬく
丶 [卵]→卵（卩部 部首2画）
丿 [甫]→甫（用部 部首5画）
丿 [乕]→虎（八画虍部 部首6画）
乙 [乱] ラン・ロン みだれる・みだす・みだれ・おさめる・わたる
亅 [争]→事（八画）

●部首2画
二 [况]→況（八画氵部 部首4画へ）
[些] シャ・サ いささか・ちと・すこし
[亜] ア つぐ
亜細亜 アジア
亜米利加 アメリカ
亜刺比亜 アラビア
亜爾然丁 アルゼンチン
亠 [亨] キョウ・コウ・ホウ たてまつる・とおる
人 [伯] ハク・ハ
伯父 おじ
伯母 おば
伯林 ベルリン
伯耆 ほうき
伯楽 はくらく ばくろう
伯剌西爾 ブラジル
[估] コ あきなう・あたい
[伴] ハン・バン ともなう・とも
伴造 とものみやつこ
伴天連 バテレン
[伴]→伴
[伶] レイ・リョウ わざおぎ
[伸] シン のびる・のばす
[伺] シ うかがう
[似] ジ・シ にる・にせる・ごとし
似非 えせ
似而非 えせ にてひ
[伽] カ・ガ・キャ とぎ
伽羅 きゃら
[佃] テン・デン つくだ
[但] タン・ダン ただし・ただ
但馬 たじま
[佇] チョ たたずむ
[位] イ くらい
[低] テイ ひくい・ひくめる・ひくまる
[住] ジュウ・チュ・ジュ すむ・すまう・とどまる・やむ
住処 すみか
[住]→住
[佐] サ たすける・すけ
佐渡 さど
[佑] ユウ・ウ たすける
[体] タイ・テイ・ホン からだ
[何] カ・ガ なに・なん・なんぞ・いずく・いずれ・いくばく
何方 いずかた いずち どちら どっち どなた
何処 いずく いずこ いずち どこ
何卒 どうぞ なにとぞ
何所 どこ
何故 なぜ なにゆえ
何某 なにがし
何時 いつ なんじ なんどき
[佗] タ ほか・わびる・わびしい・わび
[余] ヨ あまる・あます・あまり・われ
余所 よそ
余波 よは なごり
[佚] イツ・テツ のがれる・たのしむ・やすんずる
[佛]→仏（四画）
[作] サク・サ つくる・つくり・なす・なる・おこす・おこる
作麼生 そもさん
[佝] コウ・ク
[佞] デイ・ネイ おもねる・よこしま
儿 [克] コク よい・よく・かつ
[兌] タイ・ダ・エイ・エツ よろこぶ・とりかえる
[免]→免（八画）
[兎]→兎（八画）
[児] ジ・ニ・ゲイ こ
八 [兵] ヘイ・ヒョウ つわもの・いくさ
兵衛 ひょうえ
兵児帯 へこおび
冂 [冏] ケイ・キョウ あきらか
冫 [况]→況（八画氵部 部首4画へ）
[冶] ヤ いる
[冷] レイ・リョウ つめたい・ひえる・ひや・ひやす・ひやかす・さめる・さます・ひややか
[冴] コ・ゴ さえる・こおる
刀 [初] ショ・ソ はじめ・はじめて・はつ・うい・そめる・はじめる・うぶ
初心 しょしん うぶ
[刧]→劫（力部 部首2画）
刂 [删] サン けずる
[判] ハン・バン・ホウ わかつ・わける
判官 はんがん ほうがん
[判]→判
[別] ベツ・ベチ わかれる・わかれ・わける・わかつ
[利] リ きく・とし
利鎌 とがま
力 [助] ジョ・ショ たすける・たすかる・すけ
[努] ド つとめる・ゆめ
[劫] キョウ・コウ・ゴウ おびやかす
[劬] ク つかれる
[劭] ショウ つとめる
[励] レイ はげむ・はげます
[労] ロウ つかれる・いたわる・ねぎらう
匚 [匣] コウ・ゴウ はこ
匸 [医] イ くすし・いやす
卩 [即] ソク・ショク つく・すなわち・もし
[却] キャク しりぞく・しりぞける・かえって
[卵] ラン たまご

●部首3画

口【君】クン　きみ
【吝】リン　おしむ・やぶさか
吝嗇　りんしょく　けち
【吞】トン・テン・ドン　のむ
吞気　のんき
【吟】ギン　うたう・なく
【吠】ハイ・バイ・ベイ　ほえる
吠陀　ベーダ
【否】ヒ・フ　いな・いなむ・あらず・しからず・いなや
否否　いやいや
否応　いやおう
【吩】フン
【含】ガン・カン・ゴン　ふくむ・ふくめる
含嗽　がんそう　うがい
含羞草　おじぎそう
【听】キン・ギン　わらう・ポンド
【吭】コウ　のど
【吮】セン・シュン　すう
【呈】テイ　あらわす・あらわれる・しめす
【呈】→呈
【呉】ゴ　くれ・くれる
呉織　くれはとり
【吳】→呉
【吶】ドツ・トツ　どもる
【吸】→吸（六画）
【吹】スイ　ふく
吹革　ふいご
吹雪　ふぶき
吹聴　ふいちょう
【吻】ブン・フン　くちさき
【吼】コウ・ク　ほえる
【吽】ゴウ・グ・ウン　ほえる
【吾】ゴ　わ・われ・わが
吾妻　あずま
吾木香　われもこう
吾亦紅　われもこう
吾妹子　わぎもこ
【告】コク・コウ　つげる・のる
告天子　こうてんし
【吿】→告
【呀】ガ・カ　あ
【呂】リョ・ロ
呂宋　ルソン
呂律　ろれつ
【呆】ホウ・ボウ・タイ　おろか・あきれる
呆気　あっけ
【呎】セキ・シャク　フート・フィート
口【囮】ユウ・カ　おとり
【困】コン　こまる・くるしむ
【囲】イ　かこむ・かこう・かこい
囲炉裏　いろり
【図】ズ・ト　はかる・えがく
図体　ずうたい
土【圻】キ・ギン　さかい
【址】シ　もとい・あと
【坂】ハン・バン　さか
【均】キン　ひとしい・ととのえる
【坊】ボウ・ボッ・ホウ　まち・へや
【坎】カン　あな
【坏】ハイ　おか・つき
【坐】ザ　すわる・いながらに・そぞろに・おわす・います・まします
【坑】コウ　あな
士【壯】→壮（六画）
【声】セイ・ショウ　こえ・こわ
声色　せいしょく　こわいろ
【壱】イチ・イツ　ひとつ
壱岐　いき
【売】バイ・マイ　うる・うれる
売女　ばいた
売僧　まいす
大【夾】コウ・キョウ　はさむ・さしはさむ
女【妊】ニン・ジン　はらむ
【姸】→妍（九画）
【妒】→妬（八画）
【妓】キ・ギ　うたいめ・わざおぎ
妓生　キーサン　キーセン
【妖】ヨウ　なまめかしい・あやしい・わざわい
【妙】ミョウ・ビョウ　たえ
【妛】シ　あなどる・おろか
【妟】→妛
【妝】ソウ・ショウ　よそおう
【妣】ヒ　なきはは
【妤】ヨ
【妥】ダ・タ　やすい・おだやか
【妥】→妥
【妨】ボウ・ホウ　さまたげる
子【孚】フ　はぐくむ・まこと
【孛】ハイ・ボッ
【孜】シ　つとめる
【孝】コウ・キョウ
【斈】→学（八画）
宀【宋】ソウ
【完】カン　まったい・まっとうする
【宍】ジク・ニク　しし
【宏】コウ　ひろい
寸【対】タイ・ツイ　むかう・こたえる
対馬　つしま
【寿】ジュ・シュウ・ス　ことぶき・ことほぐ・とし
寿司　すし
寿詞　よごと
尢【尨】ボウ　むくいぬ・おおきい
【尪】→尫（八画）
尸【尾】ビ　お
尾張　おわり
尾籠　おこ　びろう
【尿】ニョウ　しと・いばり・ゆばり
【局】キョク　つぼね
【屁】ヒ　へ
山【岌】ギュウ・キュウ　たかい
【岐】キ・ギ　えだみち
【岑】シン　みね
【岔】タ
巛【巡】→巡（六画）
工【巫】ブ・フ　みこ・かんなぎ
巫女　ふじょ　みこ
巫覡　ふげき
己【巵】→卮（五画卩部　部首2画）
巾【帋】→紙（十画糸部　部首6画）
【希】キ・ケ　まれ・のぞむ・こいねがう
希有　けう
希臘　ギリシア　ギリシャ
广【庇】ヒ　おおう・かばう・ひさし
【床】ショウ・ソウ　とこ・ゆか・ゆかしい
【序】ジョ　ついで・ついず・のべる
廴【延】→延（八画）
【廷】テイ　にわ
廾【弃】→棄（十三画木部　部首4画）
【弄】ロウ　もてあそぶ
弓【弟】テイ・ダイ・デ　おとうと
弟子　ていし　でし
彡【形】ケイ・ギョウ　かた・かたち・なり・あらわれる
【彤】トウ　あか・あかい・あかぬり
彳【彷】ホウ　さまよう
【役】ヤク・エキ　え・えだち
役行者　えんのぎょうじゃ
艹【芙】フ　はす
【芝】→芝（六画）
【芟】サン・セン　かる
【芥】カイ・ケ　からし・あくた
芥子　かいし　からし　けし
【芦】→蘆（十九画）
【芫】ゲン・ガン　さつまふじ
【芬】フン　かおる・かんばしい
芬蘭　フィンランド
【芭】ハ・バ
芭蕉　ばしょう
【芯】シン
【花】カ・ケ　はな
花車　きゃしゃ
花梨　かりん
花魁　おいらん
花鶏　あとり
花剌子模　ホラズム
【花】→花
【芳】ホウ　かんばしい・かおり・かおる
【芷】シ　よろいぐさ
【芸】ウン　くさぎる
芸香　うんこう　ヘンルーダ
【芸】ゲイ　うえる・わざ
【芹】キン　せり
【芽】→芽（八画）
【苅】→刈（四画刂部　部首2画）
【苆】すさ
辶【迎】ゲイ・ギョウ・ゴウ　むかえる
【近】キン・コン・キ　ちかい・ちかづく
近江　おうみ
近衛　このえ　こんえ
【返】ヘン・ハン・ホン　かえす・かえる・かえし
辶【辿】テン　たどる
【迂】ウ　まがる・うとい
【迄】キツ　およぶ・いたる・まで
【迅】→迅（六画）
阝【那】ダ・ナ　なに・いかんぞ・なんぞ
【那】→那
【邦】ホウ　くに
【邦】→邦
【邨】ソン・トン　むら
【邪】→邪（八画）
阝【阨】アイ・アク・ヤク　せまい・ふさがる・くるしむ
【阪】ハン　さか
【阬】コウ　あな・あなにする
【阮】ゲン
【阯】→址（土部　部首3画）
【阱】→穽（九画穴部　部首5画）
【防】ボウ・ホウ　ふせぐ・つつみ
防人　さきもり
忄→部首4画へ
扌→部首4画へ
氵→部首4画へ
犭→部首4画へ

●部首4画

心【忌】キ　いむ・いまわしい・いみ
忌寸　いみき
【忍】ニン・ジン　しのぶ・しのばせる
忍冬　にんどう　すいかずら
忍辱　にんにく
【忍】→忍
【忒】トク　たがう
【志】シ　こころざす・こころざし・しるす・さかん
志摩　しま

【忘】ボウ わすれる
【忘】↓忘
【応】オウ・ヨウ こたえる・まさに…べし
忄
【忡】チュウ うれえる
【忤】ゴ さからう
【怉】↓怕(八画)
【快】カイ・ケ こころよい
快楽 けらく
【忭】ヘン・ベン よろこぶ・たのしむ
【忰】↓悴(十一画)
【忱】シン まこと
【忸】ジク・ジュウ はじる・なれる
忸怩 じくじ
【忻】キン よろこぶ
【忼】↓慷(十四画)
戈
【成】↓成(六画)
【我】ガ われ・わ・わが
我儘 わがまま
我妹子 わぎもこ
我武者羅 がむしゃら
【戒】カイ いましめる・いましめ
戒飭 かいちょく
戸
【戻】レイ もどす・もどる・もとる・つみ・いたる
扌
【扮】フン・ハン よそおう・いでたち
【扱】↓扱(六画)
【扶】フ たすける
扶持 ふち
【批】ヒ・ヘイ うつ

【扼】アク・ヤク くびき・おさえる
【找】カ・ソウ さがす
【技】ギ わざ
【抂】キョウ みだれる
【抃】ヘン・ベン うつ
【抄】ショウ かすめる・うつす
【抅】↓拘(八画)
【抉】ケツ えぐる
【把】ハ・ワ とる・たば
把手 ハンドル
【抑】ヨク おさえる・そもそも
【抒】ジョ・ショ のべる
【抓】ソウ つねる・つまむ
【抔】ホウ・ハイ すくう・など
【投】トウ なげる
投網 とあみ
【抖】トウ・ト ふるう
【抗】コウ あげる・あたる
【折】セツ・シャク おる・おり・おれる・くじく
折伏 しゃくぶく
折角 せっかく
折板 へぎ へぎいた
折柄 おりから
折敷 おしき
【抛】↓抛(八画)
【抜】バツ・ハツ ぬく・ぬける・ぬかす・ぬかる
【択】タク えらぶ・よる
【拒】↓拒(八画)
攵
【攸】ユウ ところ

【改】カイ あらためる・あらたまる
【攻】コウ せめる・おさめる
日
【旰】カン くれる
【旱】カン ひでり
旱魃 かんばつ ひでり
曰
【更】コウ さら・ふける・ふかす・かえる・あらためる・かわる・こもごも
更衣 こうい ころもがえ
更科 さらしな
更級 さらしな
更紗 サラサ
月
【肓】コウ
【曵】↓曳(六画)
【肖】ショウ にる・あやかる
肖者 あやかりもの
【肖】↓肖
【肘】チュウ ひじ
【肚】ト はら
【肛】コウ
【肝】カン きも
【育】↓育(八画)
木
【杅】ウ ゆあみだらい・ゆのみ
【杆】カン てこ
【杈】サ えだ・また・やす・やらい
【杉】サン すぎ
【李】リ すもも
【杏】コウ・アン・キョウ あんず
杏子 あんず

【材】ザイ・サイ き
【村】ソン むら
村主 すぐり
【杓】シャク・ヒョウ ひしゃく
杓文字 しゃもじ
【杖】ジョウ つえ
【杙】ヨク くい
【杜】ト・ズ・ド もり・やまなし・ふさぐ
杜氏 とうじ とじ
杜若 かきつばた
杜松 ねず むろ
杜撰 ずさん
杜鵑 とけん ほととぎす
【杞】キ・コ
【束】ソク たば・たばねる・つかねる・つか
束子 たわし
【杠】コウ ちぎ
【条】ジョウ すじ・えだ
【来】ライ くる・きたる・きたす
【杢】もく
【杣】そま
【杤】↓栃(九画)
止
【歩】↓歩(八画)
毋
【毎】↓毎(六画)
水
【汞】コウ みずがね
氵
【汨】ベキ・コツ
【汩】イツ・コツ ながれる・おさめる
【汪】オウ

【汭】ゼイ うら・いりえ
【汰】タイ・タ おごる・なみ・よなげる
【汲】キュウ くむ
【汴】ヘン・ベン
【汳】↓汴
【決】ケツ・ケチ きめる・きまる
【汽】キ
【汾】フン
【沁】シン しみる
【沂】ギ・キ・ギン
【沃】オク・ヨク・ヨウ そそぐ・こえる
沃度 ヨード
【沈】チン・ジン・シン しずむ・しずめる
沈香 じんこう
沈丁花 じんちょうげ ちんちょうげ
【沌】トン
【沍】コ・ゴ ふさぐ・かれる
【沐】ボク・モク あらう
【没】ボツ・モツ しずむ・しぬ・ない
没義道 もぎどう
没分暁漢 わからずや
【沒】↓没
【沖】チュウ おき
【沙】サ・シャ すな・いさご
沙蚕 ごかい
沙魚 はぜ
【沚】シ なぎさ
【沛】ハイ さかん
【沢】タク さわ・つや・うるおす・うるおう・うるおい

沢瀉 おもだか
沢鵟 ちゅうひ
【泛】↓泛(八画)
【泄】↓泄(八画)
氺
【求】キュウ・グ もとめる
求肥 ぎゅうひ
火
【灵】↓霊(十五画雨部 部首8画)
【灸】キュウ やいと
【灼】シャク やく・あきらか
【災】サイ わざわい
【灾】↓災
牛
【牡】ボウ・モ・ボ おす
牡丹 ぼたん
牡蠣 かき
牡丹餅 ぼたもち
【牢】ロウ おり・ひとや・かたい
犬
【状】ジョウ かたち・さま
犭
【犹】↓猶(十二画)
【狂】キョウ くるう・くるおしい
【狃】ジュウ なれる
【狄】テキ えびす
【狆】チュウ ちん
辶↓部首3画へ
王↓部首5画へ
ネ↓部首5画へ
罒↓部首6画へ
●部首5画
王
【玖】キュウ・ク
玖馬 キューバ
瓦
【瓩】デカグラム
用
【甫】フ・ホ はじめ・すけ
【甬】ヨウ

田
【男】ダン・ナン おとこ・お
男郎花 おとこえし
【甸】テン・デン かり
【町】チョウ・テイ まち
【甼】↓町
疒
【疔】チョウ かさ
白
【皀】キョウ・コウ かんばしい・つぶ
【皁】ソウ くろ
皁莢 さいかち
【皂】↓皁
【皃】↓貌(十四画豸部 部首7画)
矢
【矣】イ
石
【矴】↓碇(十三画)
ネ
【社】シャ・ジャ やしろ・こそ
【祁】↓祁(八画)
禾
【禿】トク はげ・かむろ・かぶろ
禿筆 とくひつ ちびふで
【秀】シュウ ひいでる
【私】シ わたくし・わたし・わたくしする・ひそかに
私語 しご ささめき ささめきごと ささめごと ささやき
穴
【究】キュウ・ク きわめる・きわまる
究竟 きゅうきょう くきょう くっきょう
立
【竍】デカリットル
氺↓部首4画へ
●部首6画

糸【糺】↓糾(九画)
【系】ケイ　かける・つなぐ・つながる・すじ
罒【罕】カン　まれ
臣【臣】シン・ジン　おみ・けらい
臼【臼】キョク・コク
舛【舛】↓舛(六画)
艮【良】リョウ・ロウ・ラ　よい・やや
良人　りょうじん　おっと
虫【虬】↓虯(八画)
艹→部首3画へ
月→部首4画へ
●部首7画
見【見】ケン・ゲン　みる・みえる・みせる・まみえる・る・らる・あらわす・あらわれる
見参　げんざん
見栄　みえ
見幕　けんまく
角【角】カク・ロク　かど・つの・すみ・くらべる
角力　すもう
角子　みずら
角髪　みずら
言【言】ゲン・ゴン・ギン　いう・こと・ことば・ここに
言伝　ことづて
言質　げんち
言霊　ことだま
谷【谷】コク・ヨク　たに・やつ・や・きわまる
豆【豆】トウ・ズ　まめ・たかつき
豕【豕】シ　い・いのこ
豸【豸】チ・タイ　むじなへん
貝【貝】ハイ・バイ　かい
貝独楽　ばいごま　べいごま
赤【赤】セキ・シャク　あか・あかい・あからむ・あからめる
赤口　しゃっく　しゃっこう
赤熊　しゃぐま
赤鱏　あかえい
赤魚鯛　あこうだい
走【走】ソウ　はしる・はせる
足【足】ソク・ショク・シュ・スウ　あし・たりる・たる・たす
足袋　たび
身【身】シン・ケン　み・みずから
身体　しんたい　からだ
車【車】シャ・キョ・コ　くるま
車前草　おおばこ　おんばこ
辛【辛】シン　からい・つらい・かのと・からし・かろうじて
辛子　からし
辛巳　しんし　かのとみ
辛丑　しんちゅう　かのとうし
辛卯　しんぼう　かのとう
辛未　しんび　かのとひつじ
辛亥　しんがい　かのとい
辛酉　しんゆう　かのととり
辛夷　こぶし
辰【辰】シン　たつ・とき
辵【辵】チャク　しんにゅう・しんにょう
邑【邑】ユウ・オウ　むら・おおざと・うれえる
酉【酉】ユウ　とり
釆【釆】ハン・ベン　のごめへん
里【里】リ　さと
⻌→部首3画へ
阝→部首3画へ
麦→部首11画へ
●部首8画
阝→部首3画へ
●部首11画
麦【麦】バク　むぎ
麦酒　ビール

## 八画

●部首1画
丿【乖】カイ　もとる・そむく
【垂】↓垂(土部 部首3画)
【秉】↓秉(禾部 部首5画)
乙【乳】ニュウ・ジュ・ニュ　ちち・ち
乳母　うば　おんば　めのと
【乳】↓乳
亅【事】ジ・ズ・シ　こと・ことと・ことする・つかう・つかえる
●部首2画
二【亞】↓亜(七画)
【並】ヘイ　なみ・ならべる・ならぶ・ならびに
【些】↓些(七画)
【亟】↓亟(九画)
亠【享】キョウ　すすめる・うける
【京】キョウ・ケイ・キン　みやこ
【夜】↓夜(夕部 部首3画)
人【佩】ハイ　おびだま・おびる・はく
佩刀　はいとう　はかし　はかせ
【佪】カイ
【佯】ヨウ　いつわる
【佰】ハク・ビャク・ヒャク
【佳】カ・カイ・ケ　よい
【併】ヘイ　あわせる・ならぶ・しかし・しかしながら
【佶】キツ　すこやか・かたい・つよい
【佷】↓很(九画彳部 部首3画)
【佻】チョウ　かるい
【佼】コウ・キョウ　みめよい
【使】シ　つかう・つかわす・しむ
【侃】カン　つよい
【來】↓来(七画木部 部首4画)
【侈】シ　おごる
【例】レイ　たとえる・たとえ・たとえば・たぐい・ためし
【侍】ジ・シ　さむらい・はべる・さぶらう
【侏】シュ
【侑】ユウ・ウ　すすめる・たすける
【侖】ロン・リン
【侗】トウ・ドウ　おろか
【侘】タ　ほこる・わびる・わびしい・わび
【供】キョウ・ク・グ　そなえる・とも・ども
供奉　ぐぶ
【依】イ・エ　よる
依怙地　いこじ　えこじ
【侠】↓俠(九画)
【価】カ・ケ　あたい
【侮】ブ　あなどる
【侫】↓佞(七画)
【侭】↓儘(十六画)
【命】↓命(口部 部首3画)
儿【兒】↓児(七画)
【兎】ト　うさぎ
【兔】↓兎
【免】メン・ベン　まぬかれる・ゆるす
【尭】↓尭(土部 部首3画)
入【兩】↓両(六画一部 部首1画)
八【其】キ　その・それ
其方　そち　そちら　そっち　そなた
其処　そこ
其所　そこ
【具】グ・ク　そなわる・そなえる・つぶさに・ともに
【具】↓具
【典】テン　つかさどる・のり・さかん・すけ
冂【冒】↓冒(九画目部 部首5画)
【周】↓周(口部 部首3画)
【岡】↓岡(山部 部首3画)
【罔】↓罔(円部 部首6画へ)
冫【冽】レツ・レイ　さむい・はげしい
几【凭】ヒョウ　よる・もたれる
凵【函】カン　はこ
【画】ガ・カク・カイ・エ　かぎる・えがく・はかる・はかりごと
刀【刱】ソウ・ショウ　はじめ・はじめる・やぶれる
【券】ケン　てがた
【劵】↓券
【兔】↓兔(儿部 部首2画)
刂【刮】カツ　けずる
【到】トウ　いたる
【刑】↓刑(六画)
【刳】コ　えぐる・くる
【刵】ジ　みみきる・みみきり
【制】セイ　きる・つくる・おさえる・とどめる・さだめ・おきて
制吒迦　せいたか
【刷】サツ　する・はく・はらう
刷子　はけ
刷毛　はけ
【刹】サツ・セチ・セツ　てら
刹那　せちな　せつな
刹帝利　せっていり　クシャトリア
【刺】シ・セキ　さす・ささる・とげ・そしる
刺青　いれずみ
刺草　いらくさ
【刻】コク　きざむ・とき
【刻】↓刻
力【劵】↓倦(十画人部 部首2画)
【効】コウ　きく・ならう・いたす・ききめ
【劼】カツ・キツ　つつしむ
【劾】ガイ　さばく
【劾】↓劾
十【卑】↓卑(九画)
【卒】ソツ・シュツ　にわか・おわる・おえる・ついに
卒都婆　そとば
卒塔婆　そとうば　そとば
【卓】タク・ショク　ぬきんでる・すぐれる
卓袱　しっぽく
卓袱台　ちゃぶだい
【協】キョウ　かなう
卜【卦】カ・ケ　うらかた
卩【卷】↓巻(九画己部 部首3画)
【卸】↓卸(九画)
【卹】シュツ・ジュツ　あわれむ・うれえる・めぐむ
厂【厓】ガイ　がけ・きし
厶【参】サン・シン　まいる・まじわる・みつ・みっつ
又【叔】シュク　おじ
叔父　しゅくふ　おじ
叔母　しゅくぼ　おば
【取】シュ　とる・めとる
【受】ジュ・シュウ・ズ　うける・うかる
受領　じゅりょう　ずりょう　ずろう
●部首3画

口
【呟】ゲン　つぶやく
【呦】ユウ　なく
【周】シュウ・シュ　まわり・めぐる・めぐらす・あまねし
周防　すおう
【周】→周
【呪】シュウ・シュ・ジュ　のろう・まじなう
【咒】→呪
【呫】チョウ・ショウ　なめる・ささやく
【呰】シ・サ　そしる・これ・この
【呱】コ　なく
【味】ミ・ビ　あじ・あじわう・あじわい
【呵】カ　しかる・わらう
呵責　かしゃく
【呶】ドウ・ド　かまびすしい
【呷】コウ　すう・あおる
【呻】シン　うめく
【呼】コ　よぶ
呼倫貝爾　フルンブイル
【命】メイ・ミョウ・ベイ　いのち・みこと
命婦　みょうぶ
【咀】ショ・ソ　かむ
【咄】トツ　しかる・はなす・はなし
咄家　はなしか
咄嗟　とっさ
【咆】ホウ　ほえる
【咋】サク・サ　かむ・くう・くらう
【和】ワ・オ・カ　やわらぐ・やわらげる・なごむ・なごやか・こたえる・なぎ・あえる
和毛　にこげ
和布　にぎめ
わかめ
和尚　おしょう
かしょう
わじょう
和物　あえもの
和泉　いずみ
和蘭　オランダ
和御魂　にきみたま
にぎみたま
【咎】キュウ　とが・とがめる
【咏】エイ　うたう
【咐】ホ・フ　いいつける
【舎】シャ・セキ　いえ・やど・やどる・おく・すてる
舎人　とねり
舎密　セイミ
【呀】→呀（七画）
囗
【囹】レイ　ひとや
【固】コ　かためる・かたまる・かたい・かたく・もとより・まことに
固唾　かたず
【国】コク　くに
国府　こう
こくふ
こくぶ
国風　こくふう
くにぶり
国造　くにのみやつこ
国府寺　こうでら
土
【坡】ハ・ヒ　つつみ
【坤】コン　つち・ひつじさる
【坦】タン　たいら
【坩】カン　つぼ
坩堝　るつぼ
【坪】ヘイ・ビョウ　つぼ
【坪】→坪
【坼】タク　さく・さける・ひび
【坿】フ　つける・ます
【垂】スイ　たれる・たらす・なんなんとする
垂氷　たるひ
垂髪　すべらかし
垂乳根　たらちね
【尭】ギョウ　たかい
【垉】ホウ
【垈】ぬた
【幸】→幸（干部 部首3画）
夕
【夜】ヤ　よ・よる
夜叉　やしゃ
夜半　やはん
よわ
夜伽　よとぎ
夜業　やぎょう
よなべ
大
【奄】エン　おおいに・おおう・たちまち
【奇】キ　くし・くすしい・めずらしい・あやしい
奇天烈　きてれつ
【奈】ダイ・ナ　いかん・いかんせん
奈何　いかん
【奉】ホウ・ブ　たてまつる
【奔】ホン　はしる
女
【妬】ト　ねたむ・やく
【妲】ダツ
【妹】マイ・バイ　いもうと・いも
【妺】バツ・マツ
【妻】サイ・セイ　つま・めあわす
妻子　さいし
めこ
妻夫　めおと
【妾】ショウ　めかけ・わらわ
【姆】ボ・モ　うば・あによめ
【姉】シ　あね
【始】シ　はじめる・はじまる・はじめ・はじめて
【姐】シャ・ソ　あね
姐御　あねご
【姑】コ　しゅうとめ・おば・しばらく
姑娘　クーニャン
【姒】シ・ジ　あによめ・あね
【姓】セイ・ショウ　かばね
【委】イ　まかせる・ゆだねる・すてる・くわしい・つぶさ
【妣】→妣（七画）
子
【孟】ボウ・マン・モウ　かしら・おさ・はじめ
【季】キ　すえ・とき
【孤】→孤（九画）
【孥】ド・ヌ　つまこ・おさなご・やっこ
【学】ガク　まなぶ
宀
【宕】トウ　いわや・すぎる
【宗】シュウ・ソウ　むね
【官】カン　つかさ
【宙】チュウ　そら
宙水　ちゅうみず
【定】テイ・ジョウ　さだめる・さだまる・さだか・さだめ・きめる・きまる
定斎　じょうさい
じょさい
【宛】エン　あたかも・あて・ずつ・あてる・あてがう
宛行　あてがい
【宜】ギ　よい・よろしい・うべ・むべ・よろしく…べし
【宝】ホウ　たから
【実】ジツ・シツ　み・みのる・みちる・みたす・まこと・さね
実生　みしょう
みばえ
実否　じっぴ
じっぷ
実葛　さねかずら
小
【尚】ショウ　こいねがう・くわえる・たっとぶ・たかい・なお・ひさしい
【尙】→尚
尢
【尩】オウ　よわい
尸
【居】キョ・コ・キ　いる・おる・おく・や
居士　こじ
居候　いそうろう
【届】カイ　とどける・とどく・とどけ
【屆】→届
【屈】クツ　かがむ・まげる
【屁】→屁（七画）
山
【岡】コウ　おか
【岨】ショ・ソ　いしやま・そば・そわ
【岩】ガン　いわ・いわお
岩代　いわしろ
岩魚　いわな
【岫】シュウ・ユウ　くき・みね
【岬】コウ　みさき
【岱】タイ
【岳】ガク　たけ
【岶】ハク・ヒャク
【岷】ビン・ミン
【岸】ガン　きし
【岻】ジ・チ
【岼】ゆり
【峅】くら
【岾】やま
巾
【帑】トウ・ド　かねぐら
【帒】→袋（十一画衣部 部首6画）
【帔】ヒ　もすそ・むしのたれぎぬ
【帕】バツ・ハ・バク・ハク　はちまき
【帖】チョウ・ジョウ　はりがみ・さだめる
帖紙　たとうがみ
【帙】チツ
【帚】シュウ・ソウ　はく・ほうき
帚木　ははきぎ
帚星　ほうきぼし
【帛】ハク　きぬ・ぬさ
帛紗　ふくさ
干
【幷】ヘイ・ヒョウ　あわせる・ならぶ・ならびに
【幸】コウ　さいわい・さち・しあわせ・さきわう・ねがう・みゆき
幸先　さいさき
广
【底】テイ　そこ
底翳　そこひ
【庖】ホウ　くりや
【店】テン　みせ・たな
店子　たなこ
店卸　たなおろし
店屋物　てんやもの
【庚】コウ　かのえ
庚子　こうし
かのえね
庚午　こうご
かのえうま
庚申　こうしん
かのえさる
庚戌　こうじゅつ
かのえいぬ
庚辰　こうしん
かのえたつ
庚寅　こういん
かのえとら
【府】フ　くら
【庛】→庇（七画）
廴
【延】エン　のびる・のべる・のばす・のべ・ひく
延縄　はえなわ
【廸】→迪（辶部 部首3画）
弋
【武】→武（止部 部首4画）
弓
【弥】ビ・ミ　ひさしい・わたる・おわる・おえる・あまねし・いよいよ・いや・や
弥生　いやおい
やよい
弥次　やじ
弥栄　いやさか
弥勒　みろく
弥撒　ミサ
【弦】ゲン　つる
【弧】→弧（九画）
【弩】ド　いしゆみ
彳
【彼】ヒ　かれ・かの・か
彼方　あち
あちら
あっち
あなた
おち
かなた
彼処　あすこ
あそこ
かしこ

彼奴 あいつ・あやつ・かやつ・きゃつ
彼岸 ひがん
彼者誰時 かわたれどき
【詆】テイ
【彿】→髴（十五画髟部 部首10画）
【往】オウ いく・ゆく・さきに
【徃】→往
【徍】→往
【征】セイ ゆく・うつ・とる
征矢 そや
征箭 そや
【徂】ソ ゆく
【径】ケイ こみち・みち・さしわたし・ただちに
艹【苑】エン・オン・ウツ その
【苒】ゼン
【苓】レイ・リョウ みみなぐさ
【苔】タイ こけ
【茗】チョウ えんどう・のうぜんかずら
【苗】ビョウ・ミョウ なえ・なわ
苗代 なえしろ・なわしろ
【苙】リュウ・キュウ よろいぐさ
【苛】カ からい・いらだつ
【苜】ボク・モク
苜蓿 もくしゅく・うまごやし・おおい
【苞】ホウ つと
苞苴 つと
【苟】コウ・ク かりそめ・いやしくも
苟且 こうしょ・かりそめ
【苡】イ・シ
【苣】キョ
【若】ジャク・ニャク・ニャ わかい・もしくは・したがう・なんじ・しく・ごとし・もし
若人 わこうど
若干 じゃっかん・そくばく・そこば・そこばく・そこばこ
若布 わかめ
若狭 わかさ
【苦】ク・コ くるしい・くるしむ・くるしめる・にがい・にがる・くるしみ
苦力 クーリー
苦汁 くじゅう・にがり
苦竹 まだけ
苦参 くらら
苦塩 にがり
【苧】チョ お・からむし
苧殻 おがら
苧麻 ちょま・からむし
苧環 おだまき
【苫】セン とま
【英】エイ はな・はなぶさ・ひいでる
英吉利 イギリス
【苳】トウ ふき
【苴】ショ・ソ・サ つと・あさ
【苹】ヘイ・ビョウ・ヒョウ うきくさ
苹果 ひょうか・へいか・りんご
【苺】→莓（十画）
【苻】フ さや
【苾】ヒツ
【茂】モ・ボウ しげる
【范】ハン いがた
【茄】カ なす
茄子 なす・なすび
【茅】ボウ かや・ち・ちがや
茅花 ちばな・つばな
茅蜩 ひぐらし
【茆】ボウ かや・ぬなわ
【茈】シ・サイ むらさき
【茉】バツ・マツ・マ
【芽】ガ・ゲ め・めぐむ
【茎】ケイ・コウ くき
辶【迦】→迦（九画）
【迩】→邇（十八画）
【迪】テキ みち・すすむ・ふむ・いたる
【迫】ハク・ヒャク せまる
迫間 はざま
【迭】テツ かわる・たがいに
【述】ジュツ・シュツ のべる
辶【迎】→迎（七画）
【近】→近（七画）
【返】→返（七画）
【迕】ゴ さからう
【迚】とても・とて
⻏【邯】カン
【邱】キュウ おか
【邵】ショウ
【邸】テイ・タイ やしき
【邪】ジャ・シャ・ヤ よこしま・や・か
邪馬台 やばたい・やまたい
⻖【阻】ソ・ショ はばむ・けわしい・へだてる
【阿】ア おか・くま・おもねる・お
阿吽 あうん
阿呆 あほう
阿呍 あうん
阿国 おくに
阿房 あほう
阿波 あわ
阿漕 あこぎ
阿多福 おたふく
阿弥陀 あみだ
阿修羅 あしゅら
阿闍梨 あじゃり
阿蘭陀 オランダ
阿弗利加 アフリカ
【陀】タ・ダ
陀羅尼 だらに
【陂】ヒ・ハ さか・つつみ
【附】フ・ブ つく・つける
附子 ぶし・ぶす
●部首4画
忄↓部首4画へ
扌↓部首4画へ
氵↓部首4画へ
犭↓部首4画へ
心【忝】テン かたじけない・かたじけなくする
【忠】チュウ まごころ・じょう
忠実 ちゅうじつ・まめ
【怱】→怱（九画）
【念】ネン おもう
念珠 ねんじゅ・ねんず
念誦 ねんじゅ・ねんず
【忽】コツ たちまち・ゆるがせにする
忽必烈 フビライ
【忿】フン いかる
忿怒 ふんど・ふんぬ
忄【怍】サク はじる
【怏】ヨウ・オウ うらむ
【怐】コウ・ク おろか・おそれる
【怕】ハ・ハク おそれる
【怖】フ・ホ こわい・おじる・おそれる・おそろしい
怖気 おぞけ
怖怖 こわごわ
怖面 こわもて
【怙】コ たのむ
【怛】タツ・ダツ いたむ
【怜】レイ・レン さとい・あわれむ
【怡】イ よろこぶ
【怦】ホウ・ヒョウ こころせく
【性】セイ・ショウ さが
性根 しょうね
【怩】ジ はじる
【怪】カイ・ケ あやしい・あやしむ
怪我 けが
怪訝 かいが・けげん
【怫】フツ・ヒ いかる・ふさぐ
【怯】キョウ おじる・おそれる・おびえる
【怳】コウ・キョウ
【怵】チュツ・シュツ・ジュツ
【怺】こらえる
戈【戔】サン・セン
【戕】ショウ そこなう・ころす
【或】イキ・ワク あるいは・ある
戸【戾】→戻（七画）
【房】ボウ・ホウ ふさ・へや
【房】→房
【所】ショ・ソ ところ・る・らる
所以 ゆえん
所為 しょい・せい
所縁 しょえん・ゆかり
所謂 いわゆる
【所】→所
手【承】ショウ・ジョウ うけたまわる・うける
扌【披】ヒ ひらく
披露 ひろう
披露目 ひろめ
【抬】→擡（十七画）
【抱】ホウ だく・いだく・かかえる・かかえ
【抱】→抱
【抵】テイ・シ あたる・あてる
抵牾 もどき
【抹】マツ・バツ ぬる・する
【抻】シン・チン のべる・のばす
【押】オウ・コウ おす・おさえる・おし
【抽】チュウ ぬく・ひく
抽斗 ひきだし
【拂】→払（五画）
【拄】チュ・チュウ ささえる
【担】タン・ケツ かつぐ・になう
担桶 たご
【拆】タク ひらく・さく
【拇】ボ・ボウ おやゆび
拇指 ぼし・おやゆび
【拈】デン・ネン ひねる・つまむ
【拉】ロウ・ラ・ラツ くだく・ひく
拉丁 ラテン
拉致 らち・らっち
【拊】フ なでる・うつ
【抛】ホウ なげうつ
【拌】ハン かきまぜる
【拍】ハク・ヒョウ うつ
拍手 はくしゅ・かしわで
拍板 びんざさら
【拐】カイ かたる・かどわかす
【拐】→拐
【拑】ケン・カン はさむ
【拒】キョ こばむ・ふせぐ
【拒】→拒
【拓】タク・セキ ひらく
【拔】→抜（七画）
【拗】オウ・ヨウ ねじける・すねる
【拘】コウ・ク とらえる・かかわる・なずむ
【拙】セツ つたない
【拚】ヘン・ベン・フン
【招】ショウ まねく・まねき

【拝】ハイ おがむ
【拠】キョ・コ よる・よりどころ
【拡】カク ひろめる・ひろげる・ひろがる
【批】↓批(七画)
文
【放】ホウ はなす・はなつ・はなれる・ほしいまま・いたる
【政】↓政(九画)
斤
【斧】フ おの・よき
方
【於】オ・ヨ ああ・おいて・おける
日
【旺】オウ さかん
【旻】ビン・ミン そら・あきぞら
【昂】ゴウ・コウ あがる・たかい
【昃】ショク・ソク かたむく
【昆】コン あに
昆布 こぶ こんぶ
【昇】ショウ のぼる
【昊】コウ そら
【昌】ショウ さかん・あきらか
【明】メイ・ミョウ・ミン あかり・あかるい・あかるむ・あからむ・あきらか・あける・あく・あくる・あかす・あき・あけ
明太 めんたい
明日 みょうにち あした あす
明星 みょうじょう あかぼし
明烏 あけがらす
明経 みょうぎょう めいけい
明礬 みょうばん
明後日 みょうごにち あさって あさて
明明後日 しあさって
【明】↓明
【昏】コン くれ・くらい
【易】エキ・イ やさしい・かえる・かわる・やすい・おさめる・あなどる
【昔】セキ・シャク むかし
月
【朋】ホウ とも
【朋】↓朋
【服】フク
服部 はっとり はとり
【服】↓服
月
【股】コ もも・また
股座 またぐら
【肢】シ てあし
【肥】ヒ こえる・こえ・こやす・こやし
肥前 ひぜん
肥後 ひご
【肩】ケン かた
肩巾 ひれ
肩衣 かたぎぬ
【肩】↓肩
【肪】ボウ・ホウ あぶら
【肬】ユウ いぼ
【肭】ドツ・トツ こえる
【肯】コウ・カイ がえんじる・うべなう・あえて
【肱】コウ ひじ
【育】イク そだつ・そだてる・はぐくむ
【肴】コウ さかな
【肺】↓肺(九画)
木
【杪】ビョウ こずえ
【杭】コウ わたる・くい
【杮】ハイ こけら
【柿】↓杮
【杯】ハイ さかずき
【杰】↓傑(十三画人部 部首2画)
【東】トウ ひがし・ひんがし・はる・あずま
東風 とうふう こち こちかぜ
東宮 とうぐう みこのみや
東雲 しののめ
【杲】コウ あきらか・たかい
【杳】ヨウ くらい・はるか
【杵】ショ きね
【杷】ハ さらい・つか
【杻】ジュウ・チュウ もち・てかせ
【杼】チョ・ショ・ジョ ひ・どんぐり
【松】ショウ まつ
松明 たいまつ
松脂 まつやに
松毬 まつかさ まつふぐり まつぼくり まつぼっくり
松魚 かつお
【枩】↓松
【板】ハン・バン いた
【枅】↓枅(十画)
【枇】ヒ・ビ
枇杷 びわ
【枉】オウ まがる・まげる・まげて
【枋】ホウ・ヘイ
【枌】フン そぎ
【析】セキ さく
【枓】シュ・トウ ひしゃく・ますがた・とがた
【枕】シン・チン まくら
【林】リン はやし
林檎 りんご
【枘】ゼイ ほぞ
【枚】マイ・バイ ひら
【果】カ はたす・はてる・はて・はたして
果物 くだもの
【枝】シ・キ えだ・え
【枢】スウ・シュ とぼそ・くるる・からくり・かなめ
【枦】↓櫨(二十画)
【枠】わく
【枡】ます
【釆】↓釆(釆部 部首7画)
【枻】↓枻(九画)
欠
【欣】キン・ゴン よろこぶ
欣求 ごんぐ
【欧】オウ はく・うたう
欧羅巴 ヨーロッパ
止
【武】ブ・ム たけし
武士 ぶし もののふ
武蔵 むさし
【歩】ホ・ブ・フ あるく・あゆむ
歩射 ぶしゃ かちゆみ
歹
【歿】ボツ しぬ
【殀】ヨウ わかじに・ころす
殳
【殴】オウ なぐる・うつ
毋
【毒】ドク・トク
毛
【毟】むしる
氏
【氓】ボウ たみ
气
【氛】フン
水
【沓】トウ くつ
氵
【沫】バツ・マツ あわ・つばき
【沬】バイ・マイ
【沮】ショ・ソ はばむ
【沱】タ・ダ
【河】カ・ガ かわ
河内 かわち こうち
河岸 かがん かし
河原 かわら
河骨 こうほね
河豚 ふく ふぐ
河鹿 かじか
河童 かっぱ
河貝子 にな
【沸】フツ・ヒ わく・わかす・たぎる
【油】ユ・ユウ あぶら
【沺】テン・デン
【治】ジ・チ おさめる・おさまる・なおる・なおす
【沼】ショウ ぬま
【沽】コ うる・かう・あたい
【沾】テン・セン うるおす・うるおう
【沿】エン そう
【沿】↓沿
【況】キョウ いわんや・たとえる・ここに
【泄】セツ・エイ もれる・もらす
【泅】シュウ およぐ
【泊】ハク とまる・とめる・とまり
【泌】ヒツ・ヒ にじむ・しみる
【泓】オウ ふかい・ふち
【法】ホウ・ハッ・ホッ のり・のっとる・フラン
法主 ほうしゅ ほっす
法度 はっと
法華 ほけ ほっけ
法被 はっぴ
法橋 ほっきょう
法螺 ほら
【泗】シ なみだ
【泙】ホウ
【泛】ハン・ホウ うかぶ・うかべる
泛子 うき
【泝】ソ さかのぼる
【泠】レイ・リョウ きよらか・きよい
【泡】ホウ あわ
泡沫 ほうまつ うたかた
泡銭 あぶくぜに
【泡】↓泡
【波】ハ なみ
波斯 はし ペルシア
波蘭 ポーランド
波止場 はとば
波斯菊 はるしゃぎく
波羅夷 はらい
【泣】キュウ なく・なみだ
【泥】デイ・ナイ・デツ どろ・ひじ・なずむ
泥障 あおり
泥濘 でいねい ぬかるみ
泥鰌 どじょう
【注】チュウ・シュ・チュ そそぐ・つぐ・さす
注連縄 しめなわ
【注】↓注
【泪】↓涙(十画)
【泮】ハン とける・わかれる
【泯】ビン・ミン ほろびる
【泱】オウ
【泳】エイ およぐ
【沛】↓沛(七画)
火
【炉】ロ いろり
炉辺 ろへん ろばた
【炊】スイ たく・かしぐ
【炎】エン ほのお・もえる・ほむら
【炒】ソウ・ショウ いる・いためる
炒飯 チャーハン
【炕】コウ あぶる
【炙】シャ・セキ あぶる
爪
【爬】ハ かく・はう
爫
【争】↓争(六画亅部 部首1画)
爿
【牀】ソウ・ショウ ゆか
片
【版】ハン いた・ふだ
牛
【牧】ボク・モク まき・やしなう・つかさ

【物】ブツ・モツ・モチ もの
物体 ぶったい もったい
物怪 もっけ
犬【狀】↓状(七画)
犭【狎】コウ なれる・あなどる
【狐】コ きつね
狐臭 わきが
【狒】ヒ
【狗】コウ・ク いぬ
狗尾草 えのころぐさ
【狙】ショ・ソ ねらう
【狛】ハク こま
辶→部首3画へ
王→部首5画へ
ネ→部首5画へ
⺹→部首6画へ

●部首5画
王【玦】ケツ おびだま・ゆがけ
【玩】ガン もてあそぶ
玩具 がんぐ おもちゃ
瓦【瓩】キログラム
田【畄】↓留(十画)
疒【疚】キュウ やむ・やまい・やましい
【疝】サン・セン
白【的】テキ まと・あきらか
的屋 てきや
【的】↓的
皿【盂】ウ はち
盂蘭盆 うらぼん
目【盲】モウ・ボウ くらい
【盲】↓盲

【直】チョク・ジキ・チ ただちに・なおす・なおる・なおい・あたる・ただ・あたい・ひた・じきに
直会 なおらい
直衣 のうし
直垂 ひたたれ
直面 ちょくめん ひたおもて ひためん
矢【知】チ しる・しらせる
石【矻】コツ
【矼】コウ とびいし・かたい
示【社】↓社(七画)
【祀】シ・ジ まつる・まつり
【祁】キ おおいに
ネ【祇】↓祇(九画)
【祈】キ いのる・いのり
祈年 きねん としごい
【祉】シ・チ さいわい
禾【秉】ヘイ とる
【和】↓和(口部部首3画)
穴【穹】キュウ そら
【空】クウ・コウ・ク そら・あく・あける・から・むなしい・むなしく
空木 うつぎ
空風 からかぜ
空穂 うつぼ
空蟬 うつせみ
【空】↓空
【突】トツ つく
突慳貪 つっけんどん
立【竏】キロリットル
罒→部首6画へ
ネ→部首6画へ

●部首6画
竹【竺】チク・ジク・トク
米【籵】ハン デカメートル
糸【糺】↓糾(九画)
罒【罔】ボウ・モウ あみ・ない・なかれ・なみする・しいる・くらい
羊【羌】キョウ えびす・ああ
耂【者】シャ もの・は・ば
耳【耵】テイ・チョウ
臣【臥】ガ ふす
臥所 ふしど
舌【舍】↓舎(口部部首3画)
虍【虎】コ とら
虎杖 いたどり
虎魚 おこぜ
虎落 もがり
虎列剌 コレラ
虫【虬】キュウ みずち
【虱】↓蝨(十五画)
衣【表】ヒョウ おもて・あらわす・あらわれる・しるし
表衣 うわぎ
ネ【衫】サン ころも
⺾→部首3画へ
月→部首4画へ

●部首7画
車【軋】アツ きしる
釆【采】サイ とる
采女 うねめ
辶→部首3画へ
辶→部首3画へ
阝→部首3画へ

●部首8画
金【金】キン・コン・ゴン かね・かな
金子 きんす
金巾 カナキン
金打 きんちょう
金泥 きんでい こんでい
金釦 きんボタン
金椀 かなまり
金米糖 こんぺいとう
金糸雀 カナリア
金花虫 はむし
金毘羅 こんぴら
金海鼠 きんこ
金雀児 エニシダ
金亀子 こがねむし
長【長】チョウ ながい・たけ・とこしえに・たける・おさ
長刀 なぎなた
長月 ながつき
長官 ちょうかん かみ
長庚 ちょうこう ゆうずつ
長押 なげし
長門 ながと
長閑 のどか
門【門】モン・ボン かど
阜【阜】フ おか
隶【隶】タイ・ダイ およぶ
隹【隹】スイ・サイ とり
雨【雨】ウ あめ・あま・ふる
雨水 うすい あまみず
青【青】セイ・ショウ あお・あおい
青丹 あおに
青柳 あおやぎ
青梅 あおうめ おうめ
【靑】↓青
非【非】ヒ そしる・あらず
阝→部首3画へ
斉→部首14画へ

●部首13画
鼠【鼡】↓鼠(十三画)

●部首14画
斉【斉】セイ・サイ・シ ととのえる・ととのう・ひとしい・ひとしく

## 九画

●部首1画
丿【乗】ジョウ・ショウ のる・のせる
【重】↓重(里部部首7画)

●部首2画
二【亟】キョク すみやか
亠【亭】テイ・チョウ・チン とどまる・あずまや
【亮】リョウ あきらか・すけ
【京】↓京(八画)
人【侮】↓侮(八画)
【侯】コウ まと・きみ
【侵】シン おかす
【侵】↓侵
【侶】リョ・ロ とも
【便】ベン・ビン・ヘン たより・すなわち
【係】ケイ かかる・かかり・かける・つなぐ・かかわる
【促】ソク うながす・せまる
【俄】ガ にわか
【俊】シュン すぐれる
【俎】ショ・ソ まないた
【俏】ショウ にる・やつす
【俐】リ かしこい
【俑】ヨウ・トウ ひとがた
【俔】ケン うかがう・たとえる
【俗】ゾク ならわし
【俘】フ とりこ
俘虜 ふりょ
【俚】リ いやしい
【俛】ベン・フ ふせる・ふす・つとめる
【保】ホ・ホウ たもつ・やすんずる
保合 もちあい
保食神 うけもちのかみ
【俟】シ まつ
【俠】キョウ・キャン おとこだて
【信】シン のびる・のぶ・まこと・たより・おとずれ・まかせる
信太 しのだ
信田 しのだ
信楽 しがらき
信濃 しなの
信天翁 あほうどり
信夫文字摺 しのぶもじずり
【俣】また
【俤】おもかげ
【俥】くるま
入【兪】ユ しかり
冂【冑】チュウ かぶと・よろい
【冒】↓冒(目部部首5画)
冖【冠】カン かんむり
冠木 かぶき
冠者 かじゃ かんじゃ
几【風】↓風(風部部首9画)
凵【凾】↓函(八画)
刀【刱】↓剏(八画)
【兎】↓兎(八画儿部部首2画)
刂【剃】テイ そる・する
剃刀 かみそり
剃刀菜 こうぞりな
【剄】ケイ くびきる
【則】ソク のり・のっとる・すなわち
【剉】サ・ザ きる・きざむ・くじける
【削】サク・シャク・ショウ けずる・そぐ
【削】↓削
【剋】コク かつ・よくする
【剌】ラツ もとる
剌麻 ラマ
【前】ゼン・セン まえ・さき・すすむ
前栽 せんざい
【前】↓前
力【勁】ケイ つよい
【勃】ホツ・ボツ おこる・にわか
勃牙利 ブルガリア
【勅】チョク いましめる・みことのり
【勇】ユウ・ヨウ いさむ・いさましい・いさみ
勇魚 いさな
【勇】↓勇
【勉】↓勉(十画)
勹【匍】ホ はう・はらばう
十【南】ナン・ナ・ダン みなみ
南瓜 カボチャ
南風 なんぷう

はえ
みなみ
南無 なむ
なも
【単】タン・セン・ゼン ひとえ
単衣 ひとえ ひとえぎぬ
【卑】ヒ いやしい・いやしむ・いやしめる・ひくい
卩
【卻】→却(七画)
【卽】→即(七画)
【卸】シャ おろす・おろし
厂
【厖】ボウ おおきい
【厘】リン・リ・テン みせ
【厚】コウ あつい
又
【叙】ジョ ついず・ついで・のべる
【叛】ハン・ホン そむく
【叟】→叟(十画)
●部首3画
口
【咡】ジ ささやく
【咢】ガク おどろく
【咤】タ しかる
【咥】キ・テツ わらう・かむ
【咨】シ はかる・ああ
【咫】シ た・あた
咫尺 しせき
【咬】ゴウ・コウ かむ
咬𠺕吧 ジャガタラ
【咯】ラク・カク
【咲】ショウ さく・わらう・えむ
【咲】→咲

【咳】カイ・ガイ せき・しわぶき
【咸】カン みな
【咼】カイ・カ ゆがむ・よこしま
【咽】エン・イン・エツ のど・のむ・むせぶ
【咾】ロウ こえ
【哀】アイ あわれ・あわれむ・かなしい・かなしむ
【品】ヒン・ホン しな
品部 しなべ ともべ
【哂】シン わらう
【哄】コウ どよめく
【哇】アイ・ワ
【哈】ゴウ・ハ・ソウ すする
【哉】サイ かな・や
【呱】→呱(八画)
【哘】コウ さそう・いざなう・さけび
【呰】→呰(八画)
囗
【囿】ユウ その
【圀】→国(八画)
土
【型】ケイ かた
型録 カタログ
【垓】カイ・ガイ さかい
【垜】タ・ダ あずち
【垠】ギン・ゴン かぎり・さかい
【垢】コウ・ク あか・はじ
垢離 こり
【垣】エン かき
垣内 かいち かいと

かきつ
【垤】テツ ありづか
【城】ジョウ・セイ しろ・きずく
【垳】がけ
【垪】は
【垰】たわ・たお・とう・とうげ・あくつ
夂
【変】ヘン かわる・かえる
変易生死 へんにゃくしょうじ
大
【奎】ケイ・キ
【奏】ソウ かなでる・すすめる・もうす
【奐】カン とりかえる・あきらか
【契】ケイ・セツ・ケツ・キツ ちぎる・ちぎり・きざむ・わりふ
【契】→契
【奔】→奔(八画)
【奕】エキ・ヤク かさなる
女
【姙】→妊(七画)
【姚】ヨウ うつくしい
【姜】キョウ
【姝】シュ
【姤】コウ・ク あう・ゆきあう・うつくしい
【姥】ボ・モ うば
【姦】カン・ケン よこしま・みだら・かしましい
【姨】イ おば
【姪】テツ・チツ めい・おい

【姫】→姫(十画)
【姮】コウ・ゴウ
【姶】オウ みめよい・あい
【姸】ゲン・ケン うつくしい
【姻】イン とつぐ
【姿】シ すがた
【姿】→姿
【威】イ たけし・おどす
【娃】アイ・ア うつくしい
子
【孩】カイ・ガイ ちのみご
【孤】コ みなしご・ひとり
孤児 こじ みなしご
宀
【客】キャク・カク まろうど
客人 きゃくじん まれびと まろうど
【宣】セン のべる・のる・のたまう
宣下 せんげ
宣旨 せんじ
宣命 せんみょう
【室】シツ むろ・へや
【宥】ユウ ゆるす・なだめる
【宦】カン つかさ・つかえる
寸
【封】フウ・ホウ とじる・ポンド
封戸 ふこ ほうこ
封度 ポンド
【専】セン もっぱら
尸
【屋】オク や
【屍】シ かばね・しかばね
【屎】シ・キ くそ

【屏】→屏(十一画)
山
【峇】コウ ほらあな
【峙】ジ そばだつ
【峡】キョウ・コウ はざま
【峠】とうげ
己
【巷】コウ ちまた
【巻】カン・ケン まく・まき
巻繊 けんちん
巻子本 かんすぼん
巾
【帝】テイ・タイ みかど
帝釈天 たいしゃくてん
【帝】→帝
【帥】スイ・シュツ・ソツ・ソチ ひきいる
幺
【幽】ユウ くらい・かすか・かくれる
广
【庠】ショウ まなびや
【度】ド・ト・タク たび・ものさし・のり・わたる・はかる・たい
度度 どど たびたび よりより
廴
【建】ケン・コン たてる・たつ
建立 こんりゅう
【廻】カイ・エ まわる・めぐる・もとおる
【廼】→迺(十画辶部首3画へ)
廾
【弇】エン おおう
【弈】エキ
弓
【弭】ビ・ミ ゆはず
【弧】コ ゆみ・きゆみ
【弯】→彎(二十二画)

彑
【彖】タン
彡
【彦】ゲン ひこ
【彥】→彦
彳
【待】タイ まつ
【徇】シュン・ジュン となえる・したがう・あまねし
【很】コン もとる
【徉】ヨウ さまよう
【徊】カイ めぐる・もとおる・さまよう
【律】リツ・リチ のり
律義 りちぎ
【後】ゴ・コウ のち・うしろ・あと・おくれる・しり
後方 こうほう しりえ
後妻 ごさい うわなり
後朝 きぬぎぬ
後輪 こうりん しずわ
艹
【茖】カク やまにら
【茗】ベイ・ミョウ・メイ ちゃ・よう
茗荷 みょうが
【茘】リ・レイ
【茜】セン あかね
【荘】ソウ・ショウ おごそか
【茨】シ・ジ いばら
【茫】ボウ
【茯】フク・ブク
茯苓 ぶくりょう
【茱】シュ
茱萸 ぐみ
【茲】シ・ジ しげる・ここ・ここに

【茴】カイ・ウイ
茴香 ういきょう
【茵】イン しとね
【茶】チャ・サ・タ
【茸】ジョウ しげる・たけ・きのこ
【茹】ジョ・ニョ くう・くらう・ゆでる・ゆだる
【荀】シュン・ジュン
【荃】セン
【荅】トウ あずき・こたえる
【荊】ケイ いばら
荊棘 けいきょく いばら ばら
【荇】コウ あさざ
【草】ソウ・ゾウ くさ
草履 ぞうり
草鞋 わらじ わらんじ
草石蚕 ちょろぎ
【荏】ジン・ニン え
【荐】セン・ゼン しきむしろ・しきりに
【荑】テイ・イ
【荒】コウ あらい・あれる・あらす・すさむ
荒布 あらめ
荒磯 あらいそ ありそ
【荒】→荒
【莾】→莽(十一画)
【茈】→茈(八画)
辶
【迷】メイ・ベイ まよう・まよわす・まよい
迷子 まいご

【追】ツイ・タイ　おう
追従　ついじゅう　ついしょう
追儺　ついな　おにやらい　なやらい
【退】タイ・トン　しりぞく・しりぞける・のく・のける
【送】ソウ　おくる・おくり
【逃】トウ　にげる・にがす・のがす・のがれる
逃散　ちょうさん
【逆】ギャク・ゲキ　さか・さからう・むかえる・あらかじめ・さかしま・さかさ
逆上　ぎゃくじょう　のぼせ
逆旅　げきりょ
逆鱗　げきりん
逆茂木　さかもぎ
辶
【迢】チョウ　とおい・はるか
【迤】イ・タ　ゆく・つらなる
【迥】ケイ・ギョウ　はるか
【迦】カ
迦陵頻伽　かりょうびんが
【迨】タイ　およぶ・いたる
【迪】→迪（八画）
【迫】→迫（八画）
【迭】→迭（八画）
【迯】→逃
【述】→述（八画）
【迱】→迤
阝
【郁】イク
郁子　うべ　むべ
【郊】コウ

【郎】ロウ　おとこ・おっと
郎女　いらつめ
郎子　いらつこ
阝
【陋】ロウ　せまい・ひくい・いやしい
【陌】バク・ハク・ヒャク　あぜ・あぜみち・みち
【降】→降（十画）
【陏】タ・ダ　うり・つつむ
【限】ゲン・カン　かぎる・かぎり
忄→部首4画へ
扌→部首4画へ
氵→部首4画へ
犭→部首4画へ
●部首4画
心
【怎】シン・ソ　いかでなんぞ
【怒】ド・ヌ　いかる・おこる
【思】シ　おもう・おもえらく・おぼす
思惑　おもわく
【怠】タイ　おこたる・なまける・おこたり
【急】キュウ　いそぐ・せく・せかす
急度　きっと
急焼　きびしょ
急須　きゅうす
【急】→急
【怨】エン・オン　うらむ
【怱】ソウ　にわか・あわてる
忄
【恂】シュン・ジュン　まこと
【恃】シ・ジ　たのむ
【恒】コウ・ゴウ　つね
【恆】→恒
【協】→協（八画十部　部首2画）

【恍】コウ
【恟】キョウ　おそれる
【恠】→怪（八画）
【恢】カイ　ひろい
【恤】シュツ・ジュツ　うれえる・あわれむ
【恨】コン　うらむ・うらめしい
【恪】カク　つつしむ・うやまう
【恫】トウ・ドウ　いたむ・おどす
【恬】テン　しずか・やすらか
【恰】コウ・カツ　あたかも
恰好　かっこう　かっこ
恰幅　かっぷく
【悔】カイ・ケ　くいる・くやむ・くやしい
戈
【咸】→咸（口部　部首3画）
【哉】→哉（口部　部首3画）
【威】→威（女部　部首3画）
戸
【扁】ヘン　ひらたい
扁螺　きしゃご
【扃】ケイ　かんぬき
手
【拏】ダ・ナ　ひく・つかむ
【拜】→拝（八画）
扌
【括】カツ　くくる
【拭】ショク・シキ　ぬぐう・ふく
【拮】キツ・ケツ　はたらく
【拯】ショウ・ジョウ　すくう
【拱】キョウ　こまぬく
【拵】ソン　すえる・こしらえる

【拶】サツ　せまる
【拷】ゴウ・コウ　うつ
【拾】シュウ・ジュウ　ひろう・とお
【持】ジ・チ　もつ・たもつ
【挂】カイ・ケ・ケイ　かける
【指】シ　ゆび・さす・ゆびさす
指貫　さしぬき　ゆびぬき
【按】アン　おさえる
按察使　あぜち
【挊】→弄（七画廾部　部首3画）
【挌】カク　うつ
【挍】コウ
【挑】チョウ・トウ　いどむ・かかげる
【挧】ウ・ク
【挟】キョウ・ショウ　はさむ・はさまる
【挘】むしる
文
【故】コ　ゆえ・ゆえに・もと・ふるい・こと・ことさらに
【政】セイ・ショウ　まつりごと
政所　まんどころ
斤
【斫】シャク　きる
方
【施】シ・セ・イ　ほどこす・しく
日
【昜】ヨウ　あがる
【星】セイ・ショウ　ほし
【映】エイ　うつる・うつす・はえる・はえ
【春】シュン　はる
春分　しゅんぶん
春日　かすが
春宮　とうぐう　みこのみや
春蚕　はるご
春女苑　はるじょおん
【昧】バイ・マイ　くらい
【昨】サク　きのう
昨日　さくじつ　きのう　きぞ
昨年　さくねん　こぞ
昨夜　さくや　ゆうべ　ゆんべ　よべ　よんべ
【昭】ショウ　あきらか・てる
【是】ゼ・シ　これ・この・ここ・よい
【昴】ボウ　すばる
【昵】ジツ・デイ・ショク　なれる・ちかづく
【昶】チョウ　あきらか
【昻】→昂（八画）
【昼】チュウ　ひる
昼餉　ひるげ
【昿】→曠（十九画）
【昆】→昆（八画）
曰
【曷】カツ　なに・なんぞ・いずくんぞ・いずれの
月
【朏】ヒ　みかづき
月
【胃】イ
【胄】チュウ　よつぎ
【胆】タン・ダン　きも・い
【背】ハイ　せ・せい・そむく・そむける・うしろ
背面　はいめん　そとも
背負子　しょいこ

【胎】タイ　はらむ
【胖】ハン　ゆたか
【胙】ソ・サク　ひもろぎ
【胚】ハイ　はらむ
【胛】コウ　かいがね・かいがら
【胝】チ　たこ・あかぎれ
【胞】ホウ　え・えな
胞衣　えな
【胞】→胞
【胡】コ・ゴ・ウ　なんぞ・えびす
胡瓜　きゅうり
胡乱　うろん
胡坐　こざ　あぐら
胡床　こしょう　あぐら
胡座　こざ　あぐら
胡桃　くるみ
胡麻　ごま
胡散　うさん
胡蜂　すずめばち
胡獱　とど
胡籙　やなぐい
胡頹子　ぐみ
【胤】イン　たね・つぐ
【胥】ショ・ソ　あい・みな・みる・まつ
【脉】→脈（十画）
【肺】ハイ
【冑】→冑（冂部　部首2画）
木
【枯】コ　かれる・からす
枯露柿　ころがき
【枲】シ　からむし
【枳】キ・シ　からたち

枳殻　きこく　からたち
【枴】カイ・ケ　つえ
【柺】→枴
【架】カ　かける・かかる・たな
【枷】カ　かせ
【枸】ク・コウ
枸杞　くこ
枸橘　からたち
枸櫞酸　くえんさん
【枹】ホウ・フ　ばち
【枻】エイ・セツ　かい
【柁】タ・ダ　かじ
【柄】ヘイ　がら・え・つか
柄杓　ひしゃく
【柄】→柄
【柆】ロウ
【柊】シュウ　ひいらぎ
【柎】フ　うてな・いかだ
【柏】ハク　かしわ
【某】ボウ　それがし
【柑】カン　こうじ
柑子　こうじ
【柒】→漆（十四画氵部　部首4画へ）
【染】セン・ゼン　そめる・そまる・しみる・しみ
【柔】ジュウ・ニュウ　やわらか・やわらかい・やわらげる・やわら
【柘】シャ　やまぐわ・つみ・つげ
柘植　つげ
柘榴　ざくろ
【柙】コウ　おり

【柚】ユウ・ユ ゆず
柚子 ゆず
柚餅子 ゆべし
【柝】タク き・ひょうしぎ
【柞】サク ははそ
【柢】テイ ね
【柤】サ・ソ
【査】サ しらべる
【柧】コ・カ かど・さかずき
【柩】キュウ ひつぎ
【柬】カン えらぶ
【柮】トツ
【柯】カ えだ・え
【柰】→奈（八画大部 部首3画）
【柱】チュウ・チュ・ジュウ はしら・ことじ
【柱】→柱
【柳】リュウ やなぎ
柳葉魚 シシャモ
【柴】サイ・シ しば
柴棍 サイゴン
柴折戸 しおりど
【柵】サク しがらみ
【柿】シ かき
【杮】→柿
【柹】→柿
【栄】エイ・ヨウ さかえる・はえ・はえる・さかえ
栄螺 さざい さざえ
【柾】まさ・まさめ
【栂】とが・つが

【栃】とち
【枇】→枇（八画）
【相】→相（目部 部首5画）
止
【歪】ワイ ゆがむ・ひずみ
歹
【殂】ソ ゆく・しぬ
【殃】ヨウ・オウ わざわい
【殄】テン つきる・つくす・たえる・たつ
【殆】タイ あやうい・ほとんど
殳
【段】ダン・タン きざはし
比
【毘】ヒ・ビ たすける
毘沙門天 びしゃもんてん
毘盧遮那仏 びるしゃなぶつ
【毗】→毘
水
【泉】セン いずみ
氵
【洋】ヨウ
洋灯 ランプ
洋妾 ラシャメン
【洌】レツ きよい
【洎】キ およぶ
洎夫藍 サフラン
【洒】セイ・サイ・シャ あらう・そそぐ・すすぐ
洒落 しゃらく しゃれ
【洗】セン・セイ あらう・すすぐ
【洙】シュ
【洚】コウ おおみず
【洛】ラク
【洞】ドウ・トウ ほら
【洟】イ・テイ はなじる

【津】シン つ
【洩】セツ・エイ もれる・もらす
【洪】コウ おおみず・おおいに
洪牙利 ハンガリー
【洫】キョク みぞ・ほり
【洲】シュウ・ス しま・くに
【洳】ジョ・ニョ
【洵】シュン・ジュン まことに
【洶】キョウ わく
【洸】コウ
【活】カツ いきる・いかす・いける
活計 かっけい たずき たつき
【洽】コウ うるおす・あまねし
【派】ハ・ハイ わかれ・わかれる
派手 はで
【浱】→派
【洿】オ・コ くぼたまり・みずたまり・けがす・けがれる
【流】→流（十画）
【海】カイ うみ・み
海人 あま
海女 あま
海月 くらげ
海老 えび
海参 いりこ
海苔 のり
海松 みる
海星 ひとで
海神 かいしん かいじん わたつみ わだつみ
海胆 うに
海原 うなばら
海豹 あざらし
海馬 せいうち
海豚 いるか
海蛆 ふなむし
海象 せいうち
海鼠 なまこ
海嘯 かいしょう つなみ
海鞘 ほや
海蘊 もずく
海獺 らっこ
海蘿 ふのり
海驢 あしか
海人草 かいにんそう まくり
海鼠腸 このわた
【浄】ジョウ・セイ きよい・きよめる
【浅】セン あさい
浅茅 あさじ
浅葱 あさぎ あさつき
浅蜊 あさり
火
【炫】ケン・ゲン かがやく・てらう
【炬】キョ・コ たいまつ
炬火 きょか たいまつ
炬燵 こたつ
【炭】タン すみ
炭団 たどん
炭櫃 すびつ
【炭】→炭
【炮】ホウ あぶる
炮烙 ほうろく
【炯】ケイ・キョウ あきらか
【炳】ヘイ あきらか
【炷】シュ ともす・たく
【炸】サク・サ・ソウ はじける・あげる
灬
【点】テン ぽち
点火 てんか とぼし
点前 たてまえ てまえ

【為】イ つくる・おさめる・なす・する・なる・しわざ・たり・ため
為人 ひととなり
為体 えたい ていたらく
為替 かわせ
爫
【爰】エン ここに
爻
【爼】→俎（人部 部首2画）
牛
【牲】セイ・ショウ いけにえ
【牴】テイ ふれる
牴牾 もどき
犭
【狠】ガン・コン もとる・ねじける
【狡】コウ・キョウ ずるい
【狢】→貉（十三画豸部 部首7画）
【狩】シュ・シュウ かる・かり
狩人 かりうど かりゅうど
狩衣 かりぎぬ かりごろも
【独】ドク・トク ひとり
独乙 ドイツ
独活 うど
独逸 ドイツ
独楽 こま こまつぶり
独鈷 とこ とっこ どっこ
【狭】キョウ・コウ せまい・せばめる・せばまる・せ・さ
狭衣 さごろも
狭間 はざま
【狐】→狐（八画）
辶→部首3画へ
王→部首5画へ
ネ→部首5画へ
耂→部首6画へ

●部首5画
王
【玲】レイ
【玳】→瑇（十二画）
【玻】ハ
【珀】ハク・ヒャク
【珂】カ
【珈】カ
珈琲 コーヒー
【珊】サン サンチ
【珍】チン めずらしい
【珎】→珍
瓦
【瓮】オウ かめ・もたい
【瓰】デシグラム
【瓱】ミリグラム
【瓲】トン
甘
【甚】ジン・シン はなはだ・はなはだしい
田
【畆】→畝（十画）
【畉】フ たがやす
【畊】→耕（十画耒部 部首6画）
【畋】テン・デン かり
【界】カイ さかい
【畍】→界
【畎】ケン みぞ
【畏】イ おそれる・かしこし・かしこむ・かしこまる・かしこ
【畑】はた・はたけ
【畚】→卑（十部 部首2画）
疒
【疣】→肬（八画月部 部首4画）
【疥】カイ おこり
【疫】エキ・ヤク えやみ
疫病 えきびょう えやみ
癶
【癸】キ みずのと
癸巳 きし みずのとみ
癸丑 きちゅう みずのとうし
癸卯 きぼう みずのとう
癸未 きび みずのとひつじ
癸亥 きがい みずのとい
癸酉 きゆう みずのととり
【発】ハツ・ホツ・ホチ あばく・ひらく・おこる・はなつ
発心 ほっしん
発句 ほっく
発条 はつじょう ぜんまい ばね
白
【皆】カイ みな
【皇】コウ・オウ きみ・すべらぎ・すめらぎ・すべら・すめら・みかど
皇女 みこ
皇子 すめみこ みこ
皇神 すべがみ すめかみ すめがみ
皇尊 すめらみこと
【皈】→帰（十画巾部 部首3画）
皿
【盃】→杯（八画木部 部首4画）
【盆】ボン・ホン
【盈】エイ みちる
目
【相】ソウ・ショウ あい・みる・たすける・すけ・すがた
相生 あいおい
相好 そうごう
相伴 しょうばん
相国 しょうこく

相殺 そうさい そうさつ
相模 さがみ
相聞 そうもん
相撲 すまい すもう
【盻】ケイ・ゲイ にらむ
【盾】ジュン・トン たて
【省】セイ・ショウ かえりみる・はぶく・みる
【眄】ベン・メン ながしめ・みる
【眇】ビョウ・ミョウ
【眈】タン にらむ
【眉】ビ・ミ まゆ
眉目 びもく みめ
眉庇 まびさし
眉唾 まゆつば
眉間 びかん みけん
【看】カン みる
看経 かんきん
【県】ケン かける・かかる・あがた
県主 あがたぬし
【冒】ボウ・モウ・ボク・マイ おかす・おおう
矛
【矜】キン・キョウ・カン あわれむ・つつしむ・ほこる
矜羯羅 こんがら
矢
【矧】シン いわんや・はぐ
【矩】↓矩(十画)
石
【砂】サ・シャ すな
砂子 いさご
砂利 じゃり
砂蚕 ごかい
【砉】ケキ・カク
【砌】セイ・サイ みぎり

【砒】ヘイ・ヒ
【研】ケン・ゲン とぐ・みがく
【砕】サイ くだく・くだける
【砭】↓砭(十画)
示
【祅】ヨウ わざわい
【祆】ケン
【祇】キ・ギ・シ くにつかみ・ただ・まさに
祇園 ぎおん
【祈】↓祈(八画)
【祉】↓祉(八画)
ネ
【祐】ユウ たすける
【祖】ソ おや
祖父 そふ おおじ じい じじ
祖母 そぼ おおば ばあ ばば
【祝】シュク・シュウ いわう・いわい・はふり・のりと
祝詞 しゅくし のっと のと のりと
【神】シン・ジン かみ・かん・こう
神子 みこ よりまし
神主 かんぬし
神巫 いちこ
神酒 みき
神楽 かぐら
神嘗 かんなめ
神輿 しんよ みこし
神籬 ひもろき ひもろぎ
神馬藻 なのりそ ほんだわら

神無月 かみなづき かんなづき
【祢】↓禰(十九画)
内
【禹】ウ
【禺】グ・グウ おながざる
禾
【秋】シュウ あき・とき
秋分 しゅうぶん
秋刀魚 さんま
【秌】↓秋
【秏】↓耗(十画耒部 部首6画)
【科】カ しな・とが
科人 とがにん
科白 せりふ
【秒】ビョウ
【秔】↓粳(十三画米部 部首6画)
【秕】ヒ しいな
穴
【穽】セイ おとしあな
【穿】セン うがつ・はく
【突】↓突(八画)
【窃】セツ ぬすむ・ひそかに
立
【奇】↓奇(八画大部 部首3画)
【竓】ミリリットル
【竕】デシリットル
罒↓部首6画へ
ネ↓部首6画へ
●部首6画
竹
【竽】ウ
【竿】カン さお
【笈】↓笈(十画)
【笂】うつぼ
米
【籾】もみ

【粁】キロメートル
【粂】くめ
糸
【紀】キ もとい・のり・しるす
紀伊 きい
【紂】チュウ
【約】ヤク つづめる・つづまやか
【約】↓約
【紅】コウ・ク・グ べに・くれない・あかい
紅殻 べにがら ベンガラ
紅葉 こうよう もみじ
紅絹 もみ
紅蓮 ぐれん
紅藍花 べにばな
【紆】ウ まがる・めぐる・うねる
【紇】コツ
【紈】カン・ガン しろぎぬ
【級】キュウ しな
【糾】キュウ あざなう・なう・ただす
缶
【缸】コウ かめ・もたい
罒
【罘】フ うさぎあみ・かさねる
羊
【美】ビ・ミ うつくしい・うまい・うるわしい・よい・ほめる
美作 みまさか
美濃 みの
美人局 つつもたせ
耂
【者】↓者(八画)
而
【耎】ゼン・ネン よわい・やわらかい
【耐】タイ・ダイ・ナイ・ドウ・ノウ たえる・よく

耳
【耶】ヤ・ジャ や・か・よこしま
耶蘇 やそ
臣
【臥】↓臥(八画)
自
【臭】シュウ・キュウ くさい・におい・かぐ
臭木 くさぎ
至
【致】↓致(十画)
臼
【臾】ユ
【舁】↓舁(十画)
舟
【舡】コウ ふね
【舢】サン
舢板 サンパン
虍
【虐】ギャク しいたげる
【虐】↓虐
虫
【虹】コウ にじ
【虺】キ・カイ まむし
【虻】ボウ あぶ
【虬】↓虬(八画)
【衂】↓衄(十画)
行
【衍】エン あまる・はびこる・しく
衣
【衷】チュウ うち・まごころ
ネ
【衱】キョウ しごき
【衲】ドウ・ノウ ころも
【衵】ジツ あこめ
【衽】ジン・ニン おくみ・えり
【衿】キン えり
【袂】ベイ たもと
西
【要】ヨウ いる・ちかう・もとめる・かなめ・かならず

【要】↓要
艹↓部首3画へ
月↓部首4画へ
●部首7画
言
【訂】テイ ただす・はかる
【訃】フ しらせ・つげる
訃音 ふいん
【訇】コウ・キン
【計】ケイ はかる・はからう・かぞえる・はかりごと・ばかり
貝
【貞】テイ・ジョウ ただしい
【負】フ・ブ まける・まかす・おう・そむく
【負】↓負
走
【赳】↓赳(十画)
【赴】フ おもむく
車
【軌】キ わだち
【軍】グン・クン いくさ
軍鶏 シャモ
酉
【酊】テイ よう
【酋】シュウ おさ
里
【重】ジュウ・チョウ え・おもい・かさねる・かさなる・おもんじる
重石 おもいし おもし
重陽 ちょうよう
重傷 じゅうしょう おもで
重籐 しげどう
辶↓部首3画へ
辶↓部首3画へ
阝↓部首3画へ
●部首8画
門
【閂】サン かんぬき

阝↓部首3画へ
●部首9画
面
【面】メン・ベン おも・おもて・つら
面子 めんこ メンツ
面白 おもしろ
面倒 めんどう
面皰 にきび
面桶 めんつう
面舵 おもかじ
面繋 おもがい
革
【革】カク かわ・あらためる
革茸 こうたけ
韋
【韋】イ なめしがわ
韋駄天 いだてん
韭
【韭】キュウ・ク にら
音
【音】オン・イン おと・ね
音頭 おんど
【音】↓音
頁
【頁】ケツ・ヨウ かしら・こうべ・ページ
風
【風】フウ・フ かぜ・かざ・ふり
風体 ふうたい ふうてい
風呂 ふろ
風邪 ふうじゃ かぜ
風炉 ふろ
風炎 フェーン
風流 ふうりゅう ふりゅう
風情 ふぜい
風土記 ふどき
風信子 ヒヤシンス
飛
【飛】ヒ とぶ・とばす
飛白 ひはく かすり
飛沫 ひまつ しぶき
飛鳥 ひちょう あすか
飛蝗 ばった
飛礫 つぶて
飛騨 ひだ

食 【食】ショク・ジキ・シ・イ くう・くらう・たべる・はむ・おす・うけ・やしなう
食封 じきふ
食堂 じきどう しょくどう
【食】→食
首 【首】シュ・シュウ くび・こうべ・しるし・はじめ・かしら・おびと・かみ
首途 かどで
首級 しゅきゅう しるし
香 【香】コウ・キョウ か・かおり・かおる・かぐわしい・かんばしい
香車 きょうしゃ きょうす
香魚 あゆ
香港 ホンコン
香具師 やし
●部首11画
鳥 【鳬】→鳧(十三画)

## 十画

●部首1画
丿 【乘】→乗(九画)
●部首2画
亠 【亳】ハク・バク
人 【修】シュウ・シュ おさめる・おさまる
修法 しゅほう すほう ずほう
修験 しゅげん
修羅 しゅら すら
【俯】フ ふす・ふせる・うつむく
【俱】ク・グ ともに
俱舎宗 くしゃしゅう
俱楽部 クラブ
俱利迦羅 くりから
【俳】ハイ わざおぎ
俳優 はいゆう わざおぎ わざびと
【俵】ヒョウ たわら
【俶】シュク・テキ よい
【俸】ホウ
【俺】エン われ・おれ
【俾】ヒ・ヘイ しむ
【倂】→併(八画)
【倅】サイ・ソツ せがれ
【倆】リョウ わざ・たくみ
【倉】ソウ くら・にわか
【個】コ・カ
【倍】バイ・ハイ ます・そむく
倍良 べら
【倐】→倏(十一画)
【們】モン など・ら
【倒】トウ たおれる・たおす・さかさま
【倔】クツ つよい
【倖】コウ さいわい
【倘】ショウ・トウ もし
【候】コウ そうろう・うかがう・まつ・さぶらう
【倚】イ・キ よる・たのむ
【倜】テキ・チャク
【借】シャク・セキ・シャ かりる・かす・かり
借問 しゃくもん しゃもん
【倡】ショウ わざおぎ・となえる
【倣】ホウ ならう・まねる
【値】チ・チョク ね・あたい・あう
【倥】コウ ぬかる
【倦】ケン うむ・つかれる
【倨】キョ おごる
【倩】セン・セイ うるわしい・つらつら
【倪】ゲイ・ガイ きわ
【倫】リン たぐい・みち
倫敦 ロンドン
【倬】タク
【倭】ワ・イ やまと
倭文 しず
【倮】ラ・カ はだか
【倹】ケン つづまやか
【俛】→俛(九画)
儿 【党】トウ なかま
八 【兼】ケン かねる・かねて
【兼】→兼
冂 【冓】コウ
【冓】→冓
冖 【冡】ボウ・モウ おおう
【冢】チョウ つか
【冤】エン うらみ
【冥】ベイ・ミョウ・メイ くらい・やみ
冥加 みょうが
冥途 めいど
【冦】→寇(十一画宀部 部首3画)
冫 【凄】セイ すさまじい・すごい
【凅】コ こおる
【准】ジュン・シュン なぞらえる
准后 じゅごう
【凉】→涼(十一画氵部 部首4画へ)
【凊】セイ・ショウ すずしい
【凋】チョウ しぼむ
【凌】リョウ しのぐ
凌霄花 のうぜんかずら
【凍】トウ こおる・こごえる・いてる
刀 【[illegible]】→[illegible](八画)
刂 【剔】テキ・テイ えぐる
【剕】ヒ あしきる・あしきり
【剖】ボウ・ホウ・フ さく・わける
【剛】ゴウ・コウ つよい・こわい
【剝】ハク はぐ・むく・はげる・はがれる
【剥】→剝
【剞】キ きざむ
【剟】テツ・タツ けずる
【剣】ケン つるぎ
剣呑 けんのん
剣幕 けんまく
【剤】ザイ・セイ・スイ
力 【勍】ケイ つよい
【勑】ライ・チョク ねぎらう・いましめる
【勉】ベン つとめる
勹 【芻】→芻(艸部 部首6画)
匚 【匪】ヒ あらず・はこ
匸 【匿】トク・ジョク かくれる・かくまう・かくす
【匿】→匿
卩 【卿】→卿(十二画)
厂 【原】ゲン はら・もと・たずねる
又 【叟】ソウ おきな
●部首3画
口 【員】イン・エン・ウン かず
【哢】ロウ さえずる
【哥】カ うたう・うた
哥倫比亜 コロンビア
【哦】ガ うたう
【哨】ショウ みはり
【哩】リ マイル
【哭】コク なく
【哮】コウ ほえる・たけぶ・たける
【哲】テツ あきらか・さとい
【哺】ホ ふくむ・はぐくむ
【哽】コウ むせぶ
【唄】バイ うた
【唆】サ そそのかす
【唇】シン くちびる
【唏】キ なげく
【唐】トウ から・もろこし
唐土 もろこし
唐黍 とうきび もろこし
唐櫃 からうど からと からびつ かろうず かろうと
唐辛子 とうがらし
唐変木 とうへんぼく
【唐】→唐
【唔】→吾(七画)
【唳】→唳(十一画)
【啄】→啄(十一画)
【唖】→啞(十一画)
囗 【圃】ホ はたけ
【圄】ギョ・ゴ ひとや
土 【埀】→垂(八画)
【埃】アイ ちり・ほこり
埃及 エジプト
【埆】カク やせち・そね
【埋】マイ・バイ うめる・うまる・うもれる・うずめる・うずまる・うずもれる
埋火 うずみび
埋炭 いけずみ
【城】→城(九画)
【埏】エン・セン はて
【埒】レツ・ラチ・ラツ かこい
【埓】→埒
【埔】ホ
【埖】ごみ
【袁】→袁(衣部 部首6画)
夊 【夏】カ・ゲ なつ
夏至 げし
夏蚕 なつご
夏越 なごし
夏安居 げあんご
大 【套】トウ かさねる
【奘】ソウ・ゾウ・ジョウ
【奚】ケイ なんぞ
女 【娉】ヘイ・ホウ とう・めとる
【娑】サ・シャ
娑婆 しゃば
【娘】ジョウ むすめ
娘子軍 じょうしぐん ろうしぐん
【娚】ナン・ノウ
【娯】ゴ たのしむ
【娛】→娯
【娜】ダ・ナ
【娟】ケン・エン あでやか
【娠】シン はらむ
【娥】ガ みめよい
【娩】ベン うむ
【姫】キ ひめ
姫御前 ひめごぜ ひめごぜん
子 【孫】ソン まご
宀 【宮】キュウ・グウ・ク・クウ みや
【宰】サイ つかさどる・つかさ
【害】ガイ・カイ・カツ そこなう
【害】→害
【宴】エン うたげ・さかもり
【宵】ショウ よい
【宵】→宵
【家】カ・ケ・コ いえ・や・うち
家来 けらい
家苞 いえづと

家鴨 あひる
【宸】シン のき
【容】ヨウ いれる・かたち・まさに…べし
【宦】→宦(九画)
寸
【射】シャ・セキ・エキ・ヤ いる・さす
射干 しゃが
射干玉 ぬばたま
【尅】→剋(九画刂部 部首2画)
【将】ショウ ひきいる・まさに…す・はた・もって
将又 はたまた
尸
【屐】ケキ・ゲキ はきもの
【屑】セツ いさぎよい・くず
【屓】キ
【展】テン のびる・のべる・ひらく
山
【峨】ガ
【峩】→峨
【峪】ヨク たに
【峭】ショウ けわしい・きびしい
【峰】ホウ・フ みね・ね
【峯】→峰
【島】トウ しま
【峺】コウ・キョウ さえぎる
【峻】シュン けわしい・たかい・きびしい
【峽】→峡(九画)
【崋】→華(十一画)
工
【差】サ・シャ・シ・サイ さす・たがう・つかわす・やや・いえる・さし

巾
【師】シ いくさ
師走 しはす しわす
【席】セキ むしろ
席巻 せっけん
【帯】タイ おびる・おび
帯刀 たいとう たちはき たてはき たてわき
【帰】キ かえる・かえす・とつぐ・おくる
帰依 きえ
广
【座】ザ すわる・くら・います
座主 ざす
【庫】コ・ク くら
庫裡 くり
庫裏 くり
【庭】テイ にわ
庭訓 ていきん
【唐】→唐(口部 部首3画)
廾
【弉】→奘(大部 部首3画)
弓
【弱】ジャク・ニャク よわい・よわる・よわまる・よわめる
弱竹 なよたけ
弱法師 よろぼうし よろぼし
【弱】→弱
彐
【兼】→兼(八部 部首2画)
彳
【徐】ジョ おもむろ・おそい・ゆるやか
【徑】→径(八画)
【徒】ト・ズ かち・ともがら・とも・いたずらに・あだ・ただ
徒弓 かちゆみ
徒花 あだばな
徒事 ただごと
徒歩 とほ かち

徒波 あだなみ
徒然 つれづれ
【従】ジュウ・ショウ・ジュ したがう・したがえる・したがって・よる・より
従容 しょうよう
従兄弟 いとこ
従姉妹 いとこ
艹
【荳】トウ・ズ まめ
【荵】ジン・ニン しのぶ
【荷】カ に・はす・になう
荷前 のさき
【荻】テキ おぎ
【荼】ト・タ・ダ にがな・けしあざみ
荼毘 だび
【莅】リ のぞむ
【莇】チョ・ジョ くこ・あさがら
【莉】レイ・ライ・リ
【莊】→荘(九画)
【莎】サ はますげ
莎草 くぐ
【莒】キョ いも
【莓】バイ・マイ いちご
【莖】→茎(八画)
【莘】シン
【莚】エン むしろ
【莞】カン いぐさ・い
【莟】カン・ガン つぼみ
【莠】ユウ はぐさ
【莢】キョウ さや
【莧】カン・ゲン ひゆ

【莨】ロウ タバコ
【莩】フ・ヒョウ うすかわ・うえじに
【莪】ガ つのよもぎ
【莫】ボ・モ・バク・マク ない・なかれ
莫迦 ばか
莫大小 メリヤス
莫告藻 なのりそ
莫臥児 モール
莫臥爾 モール
莫斯科 モスクワ
【莮】ダン・ナン
【莫】ゴ
【華】カ・ケ・ゲ はな・はなやか
華奢 かしゃ きゃしゃ
華厳 けごん
華鬘 けまん
華盛頓 ワシントン
【莽】→莽(十一画)
【菟】→菟(十一画)
【萊】→莱(十一画)
辶
【透】トウ すく・すかす・すける・とおる・とおす
【逐】チク おう
【逓】テイ たがいに・かわる
【途】ト・ズ みち
【逗】→逗(十一画)
【這】→這(十一画)
【通】ツウ・ツ・トウ とおる・とおす・かよう・とおり・かよい
通夜 つや
通草 あけび
【逝】セイ ゆく・いく
【速】ソク はやい・はやめる・すみやか

速歩 そくほ はやあし
【造】ゾウ・ソウ つくる・なる・いたる・みやつこ
【逢】→逢(十一画)
【連】レン つらなる・つらねる・つれる・しきりに・むらじ
連枷 からざお
辶
【迴】カイ・エ めぐる・さける
【迷】→迷(九画)
【迹】→跡(十三画足部 部首7画)
【迺】ダイ・ナイ すなわち・の
【追】→追(九画)
【退】→退(九画)
【送】→送(九画)
【逃】→逃(九画)
【逅】コウ・グ あう・であう
【逆】→逆(九画)
【迸】→迸(十二画)
阝
【郛】フ くるわ
【郎】→郎(九画)
【郡】グン・クン こおり
【郢】エイ
【郤】ケキ・キャク・ゲキ ひま・すきま
阝
【陗】→峭(山部 部首3画)
【陛】ヘイ きざはし
【陜】コウ・キョウ
【陝】セン せまい
【陞】ショウ のぼる

【陟】チョク のぼる
【院】イン・カン・エン
【陣】ジン・チン つらねる
【除】ジョ・ジ・チョ のぞく・さる・はらう
除目 じもく
【降】コウ・ゴウ おりる・おろす・ふる・くだる・くだす
降伏 こうふく ごうぶく
降誕 こうたん ごうたん
降魔 ごうま
【陦】→島(山部 部首3画)
【陥】カン おちいる・おとしいれる
忄→部首4画へ
扌→部首4画へ
氵→部首4画へ
犭→部首4画へ

●部首4画
心
【恁】ジン・ニン・イン
恁麼 いんも
【恋】レン こう・こい・こいしい
【恐】キョウ おそれる・おそろしい
【恐】→恐
【恕】ショ・ジョ ゆるす
【恙】ヨウ つつが
【恚】イ いかる・うらむ
【恣】シ ほしいまま
【恥】チ はじる・はじ・はじらう・はずかしい
【恩】オン めぐみ・めぐむ
【恭】キョウ うやうやしい
恭菜 ふだんそう

【息】ソク いき・いこう・やむ・やすむ
息子 むすこ
息吹 いぶき
【恷】キュウ
【恵】ケイ・エ めぐむ・さとい
恵方 えほう
恵比寿 えびす
恵比須 えびす
忄
【悁】エン・ケン いかる・うれえる
【悃】コン まこと
【悄】ショウ うれえる
悄悄 しょうしょう しおしお すごすご
【悦】エツ よろこぶ
【悅】→悦
【悋】リン けち・やぶさか・ねたむ
【悌】テイ
【悍】カン たけし・あらい
【悒】ユウ うれえる
【悔】→悔(九画)
【悖】ハイ・ボツ もとる
【悗】バン・ボン まどう・わすれる・すなお
【悚】ショウ おそれる
【悛】シュン・セン あらためる
【悟】ゴ さとる・さとり
【悧】リ さかしい
【悩】ノウ なやむ・なやます・なやみ
戈
【栽】→栽(木部 部首4画)

戸【扇】セン　おうぎ・あおぐ
【扇】→扇
手【拳】ケン・ゲン　こぶし
【拿】→拏（九画）
【挈】ケツ・ケイ　ひっさげる
【挙】キョ・コ　あげる・あがる・こぞる
扌【挨】アイ
挨拶　あいさつ
【挫】サ・ザ　くじく・くじける
【振】シン　ふる・ふるう・ふり
【挵】→弄（七画廾部　部首3画）
【挹】ユウ　くむ・とる
【挺】テイ・チョウ　ぬく・ぬきんでる
挺銀　ちょうぎん
【挽】バン　ひく
【挾】→挟（九画）
【挿】ソウ　さす
挿頭　かざし
【捃】クン　ひろう
【捉】サク・ソク　とる・とらえる
【捌】ハツ・ハチ・ベツ　さばく・やぶる
【捍】カン　ふせぐ
【捏】デツ・ネチ・ネツ　こねる
【捐】エン　すてる
【捕】ホ・ブ　とらえる・とらわれる・とる・つかまえる・つかまる
【捗】ホ・チョク　はかどる
【捜】ソウ・シュウ　さがす

【捩】→捩（十一画）
文【效】→効（八画力部　部首2画）
【敏】ビン　とし・さとい・つとめる
斗【料】リョウ　はかる
料簡　りょうけん
方【旁】ホウ・ボウ　かたわら・つくり・かたがた
【旃】セン　はた・これ
【旄】ボウ・モウ　はた・はたかざり
【旅】リョ　たび
旅籠　はたご
【旅】→旅
【旆】ハイ　はた
无【既】キ　すでに・つきる
日【晁】チョウ　あさ
【時】ジ・シ　とき・これ
時化　しけ
時雨　しぐれ
時計　とけい
時鳥　ほととぎす
【晃】コウ　あきらか
【晄】→晃
【晋】シン　すすむ
【晉】→晋
【晏】アン　おそい・やすらか
【晒】→曬（二十三画）
【晦】→晦（十一画）
【晟】→晟（十一画）
曰【書】ショ　かく・ふみ
書眉鳥　ほおじろ

月【朔】サク　ついたち・きた
朔日　さくじつ　ついたち
【朕】チン　われ・きざし
【朕】→朕
【朗】ロウ　ほがらか
【胭】→臙（二十画）
【胯】コ・カ　また
【胱】コウ
【胴】ドウ・トウ
胴衣　どうぎ
【胸】キョウ　むね・むな
胸座　むなぐら
胸繋　むながい
【胷】→胸
【胼】→胼（十二画）
【能】ノウ・ドウ・ダイ　よく・よくする・あたう・たえる
能化　のうけ　のうげ
能登　のと
【脂】シ　あぶら・やに・べに
【脅】キョウ・キュウ　おびやかす・おどす・おどかす
【脇】キョウ　わき
脇士　きょうじ　わきじ
【脆】セイ・ゼイ　もろい
【脈】ミャク・バク　すじ
【脈】→脈
【脊】セキ　せ・せい
脊椎　せきつい
脊黄青鸚哥　せきせいいんこ
木【栓】セン

【栓】→栓
【栖】セイ・サイ　すむ・す
【栗】リツ　くり
栗鼠　りす
【栝】カツ　びゃくしん・ためぎ
【栞】カン　しおり
【枅】ケイ・ケン　とがた・ひじき
【校】コウ・キョウ　かせ・くらべる・かんがえる・あぜ
校合　きょうごう　こうごう
校倉　あぜくら　あぜりくら
【栢】→柏（九画）
【栧】→枻（九画）
【栩】ク　くぬぎ
【株】シュ・チュ　かぶ・くい・くいぜ
【栫】ソン・セン　ふしづけ
【栰】→筏（十二画竹部　部首6画）
【栱】キョウ
【栲】コウ・ゴウ　たえ
【栲】→栲
【栴】セン
【核】カク　さね
【核】→核
【根】コン　ね
【格】カク・コウ・キャク　いたる・ただす・のり
格子　こうし
格式　かくしき　きゃくしき
格天井　ごうてんじょう
【栽】サイ　うえる

【桀】ケツ
【桁】コウ　けた
【桂】ケイ　かつら
【桃】トウ　もも
桃花鳥　とき
【框】キョウ　かまち
【案】アン　つくえ・かんがえる
案山子　かかし　かがし
【桉】→案
【桍】コ・ク　むなしい
【桎】シツ　あしかせ
【桐】トウ・ドウ　きり
【桑】ソウ　くわ
桑港　サンフランシスコ
【桒】→桑
【桓】カン
【桔】ケツ・キツ
桔梗　ききょう　きちこう
【桙】ウ・ボウ　ほこ
【梅】バイ　うめ
梅雨　ばいう　つゆ
梅桃　ゆすらうめ
【桜】オウ　さくら
【梳】ソ　くし・くしけずる
【桟】サン　かけはし
桟敷　さじき
桟留縞　サントメじま
【桧】→檜（十七画）
【档】→檔（十七画）

【桛】かせ
【桝】→枡（八画）
【柴】→柴（九画）
【柧】→柧（九画）
欠【欬】カイ・ガイ　せき・しわぶき
歹【殉】ジュン　したがう
【殊】シュ　こと・ことなる・たつ
【残】ザン・サン　のこる・のこす・そこなう
殳【殷】イン・アン　さかん
【殺】サツ・サイ・セツ　ころす・そぐ
殺生　せっしょう
殺陣　たて
比【毘】→毘（九画）
气【氣】→気（六画）
【氤】イン
氵【浙】セツ
【浚】シュン　さらう
【浜】ヒン・ホウ　はま
浜木綿　はまゆう
【浣】カン　あらう・すすぐ
【浤】コウ
【浦】ホ　うら
浦回　うらみ　うらわ
浦廻　うらみ　うらわ
【浩】コウ　ひろい・おおきい
【浩】→浩
【浪】ロウ　なみ
浪花　なにわ
浪華　なにわ
浪速　なにわ
浪漫　ローマン
【浬】リ　かいり・ノット
【浮】フ　うく・うかれる・うかぶ・うかべる・うかす・うき
浮子　ふし　うき　うけ
浮立　ふりゅう
浮気　うわき
浮図　ふと
浮屠　ふと
浮腫　ふしゅ　むくみ
浮塵子　うんか
【浮】→浮
【浴】ヨク　あびる・あびせる・ゆあみ
浴衣　ゆかた
【海】→海（九画）
【浸】シン　ひたす・ひたる・やや
【浸】→浸
【浹】ショウ　あまねし
【涅】デツ・ネツ・ネ　くろめる・くろつち
涅槃　ねはん
【涇】ケイ
【消】ショウ　きえる・けす
【消】→消
【涉】→渉（十一画）
【涌】→湧（十二画）
【涎】セン・ゼン・エン　よだれ
【涓】ケン　しずく
【涕】テイ　なみだ
【涖】リ・レイ　のぞむ

[流] リュウ・ル ながれる・ながす・ながれ
流石 さすが
流行 りゅうこう はやり
流浪 るろう
流離 りゅうり さすらい
流鏑馬 やぶさめ
[涙] ルイ なみだ
[涛]→濤(十七画)
[涜]→瀆(十八画)
[浄]→浄(九画)
[酒]→酒(酉部首7画)
氺
[泰] タイ やすい・やすらか・おおきい・おごる
火
[烖]→災(七画)
[烘] コウ たく・あぶる
[烙] ラク・カク やく
[烟]→煙(十三画)
灬
[烈] レツ はげしい
[烋] コウ・キュウ めでたい・よい
[烏] オ・ウ からす・なんぞ・いずくんぞ
烏賊 いか
烏滸 うこ おこ
烏竜茶 ウーロンちゃ
烏帽子 えぼし
[烝] ショウ・ジョウ むす・もろもろ
爿
[牂] ソウ・ショウ めひつじ
牛
[特] トク・ドク おうし・ひとり・ただ
犭
[狷] ケン
[狸] リ たぬき

[狭]→狭(九画)
[狼] ロウ おおかみ
狼煙 ろうえん のろし
狼藉 ろうぜき
[狽] ハイ・バイ おおかみ
氵→部首3画へ
王→部首5画へ
ネ→部首5画へ
●部首5画
玄
[玆] シ・ケン・ゲン くろい・にごる・これ・ここ
王
[珞] ラク
[珠] シュ・ジュ・ズ たま
珠鶏 ほろほろちょう
[珥] ジ みみだま
[珪] ケイ・キ
[班] ハン わける・わかつ・ひとしい
[珮] ハイ おびだま
[琉] リュウ・ル
琉璃 るり
[珱]→瓔(二十一画)
田
[畔] ハン あぜ・くろ・ほとり・そむく
[畔]→畔
[留] リュウ・ル とめる・とまる・とどめる・とどまる・ルーブル
留守 るす
[畚] ホン ふご・もっこ
[畛] シン あぜ
[畜] チク・キク・キュウ たくわえる・やしなう・かう

[畝] ボウ・ホ せ・うね・あぜ
[畠] はた・はたけ
[毘]→毘(九画比部 部首4画)
疒
[疱] ホウ もがさ
疱瘡 ほうそう いもがさ
[疲] ヒ つかれる・つからす・つかれ
[疳] カン
[疵] シ きず
[疸] タン
[疹] シン・チン はしか
[疼] トウ いたむ・うずく
[疽] ショ・ソ かさ
[疾] シツ やまい・やむ・にくむ・はやい
疾風 しっぷう はやち はやて
疾病 しっぺい
[疴] ク
[痂] カ かさぶた
[痃] ケン・ゲン
[病] ビョウ・ヘイ やむ・やまい・うれえ
病葉 わくらば
[病]→病
[症] ショウ
白
[皋] コウ ああ・さつき
皋月 さつき
[皆]→皆(九画)
皮
[皰] ホウ にきび
皿
[益] エキ・ヤク ます・ますます

益体 やくたい
益荒男 ますらお
[益]→益
[盌] ワン こばち
[盍] コウ・ゴウ おおう・なんぞ…ざる
目
[眛] バイ・マイ くらい
[眜] バツ・マツ・ベツ くらい
[真] シン ま・まこと・まことに
真名 まな まんな
真字 まな まんな
真似 まね
真秀 まほ
真砂 まさご まなご
真面 まとも まほ
真風 まじ
真葛 さねかずら
真面目 しんめんもく まじめ
真魚板 まないた
真魚鰹 まながつお
[眞]→真
[眠] ミン・ベン・メン ねむる・ねむい・ねむり
[眥] シ・セイ・サイ まなじり
[眦]→眥
[眩] ケン・ゲン くらむ・めまい・まばゆい・まぶしい
眩暈 げんうん めまい
[眙] イ・テイ
[眤]→眤
矢
[矩] ク かね・さしがね・のり
[矩]→矩

石
[砠] ショ・ソ いしやま
[砥] シ・テイ と・といし・みがく・とぐ
[砦] サイ とりで
[砧] チン きぬた
[砭] ヘン いしばり
[砮] ド やじり
[砲] ホウ おおづつ
[砲]→砲
[破] ハ やぶる・やぶれる・やぶく・やる・やれ
破子 わりご
破風 はふ
破籠 わりご
破落戸 ごろつき ならずもの
[砿]→鉱(十三画金部 部首8画)
[砺]→礪(十九画)
[砒]→砒(九画)
示
[祐]→祐(九画)
[祓] フツ はらう・はらい
[祕]→秘(禾部 部首5画)
[祖]→祖(九画)
[祗] シ つつしむ・まさに
[祚] ソ さいわい
[祜] コ さいわい
[祝]→祝(九画)
[神]→神(九画)
[祟] スイ たたる・たたり
[祠] シ まつる・ほこら

ネ
[祥] ショウ さいわい
祥月 しょうつき
禾
[秘] ヒ ひめる・かくす
秘露 ペルー
[租] ソ みつぎ
[秡] ハツ
[秣] バツ・マツ まぐさ・まぐさかう
[秤] ショウ はかり
[秦] シン はた
秦皮 とねりこ
[秧] オウ なえ
秧鶏 くいな
[秩] チツ ついで・ふち・つね
[秬] キョ くろきび
[称] ショウ はかる・となえる・あげる・たたえる・ほめる・かなう
[秕]→秕(九画)
穴
[窄] サク せまい・すぼめる・すぼまり
[窈] ヨウ ふかい
[穿]→穿(九画)
立
[站] タン たつ
[竚]→佇(七画人部 部首2画)
[竝]→並(八画二部 部首2画)
氺→部首4画へ
罒→部首6画へ
ネ→部首6画へ
●部首6画
竹
[笄]→笄(十一画)
[笆] ハ いばらだけ
[笈] キュウ おい

[笊] ソウ ざる
笊籬 いかき
[笋]→筍(十二画)
[笏] コツ・シャク
[笑] ショウ わらう・えむ・わらい
笑顔 えがお
[笹]→笹(十一画)
米
[粃]→秕(九画禾部 部首5画)
[粉] フン こ・こな・デシメートル
[粋] スイ いき
[粍] ミリメートル
[粔] コ よねど
糸
[紊] ブン・ビン みだす・みだれる
[紋] モン・ブン あや
[納] ノウ・ナッ・ナ・ナン・トウ・ドウ おさめる・おさまる・いれる
納戸 なんど
納言 なごん
納豆 なっとう
納屋 なや
[納]→納
[紐] ジュウ・チュウ ひも
紐育 ニューヨーク
[純] ジュン・シュン・トン もっぱら
[紕] ヒ ふちかざり・あやまり
[紗] サ・シャ うすぎぬ
[紘] コウ おおづな
[紙] シ かみ
紙衣 かみこ
紙捻 かみより こうより

こより
紙魚 しみ
紙搓 かみより こうより こより
紙鳶 いか いかのぼり
紙撚 かみより こうより こより
〔級〕→級（九画）
〔紛〕 フン まぎれる・まぎらす・まぎらわす・まぎらわしい・みだれる・まがう
〔紜〕 ウン みだれる
〔紝〕 ジン・ニン おる
〔素〕 ソ・ス しろい・もと・もとより
素人 しろうと
素地 そじ きじ
素姓 すじょう
素性 すじょう
素的 すてき
素面 すめん しらふ
素袍 すおう
素敵 すてき
素襖 すおう
素麺 そうめん
〔紡〕 ボウ・ホウ つむぐ
紡錘 ぼうすい つむ
〔索〕 サク なわ・つな・もとめる
索麺 そうめん
〔紲〕→紲（十一画）
缶〔缺〕→欠（四画欠部 部首4画）
罒〔罟〕 コ あみ
〔罠〕 ビン・ミン あみ・わな
羊〔羔〕 コウ こひつじ

〔羌〕→羌（八画）
羽〔翁〕 オウ おきな
〔翁〕→翁
〔翅〕 シ はね・つばさ・ただ
〔翆〕→翠（十四画）
老〔耄〕 ボウ・モウ おいぼれる
〔耆〕 キ・ギ・シ おいる・たしなむ
耆那教 ジナきょう ジャイナきょう
耒〔耕〕 コウ たがやす
〔耕〕→耕
〔耗〕 モウ・コウ・ボウ へる
〔耗〕→耗
〔耘〕 ウン くさぎる
〔耙〕 ハ まぐわ
耳〔耻〕→恥（心部 部首4画）
〔耽〕 タン ふける
〔耿〕 コウ・ケイ ひかる・あきらか
自〔臭〕→臭（九画）
至〔致〕 チ いたす
臼〔舁〕 ヨ かく・かつぐ
舌〔舐〕 シ なめる・ねぶる・なめずる
舟〔舩〕→船（十一画）
〔航〕 コウ ふね・わたる
〔舫〕 ホウ もやいぶね・もやう
〔般〕 ハン めぐる
般若 はんにゃ
〔舮〕→艫（二十二画）

艸〔芻〕 ス・シュウ・スウ まぐさ
虍〔虔〕 ケン つつしむ
虫〔蚊〕 ブン か
蚊帳 かや
蚊遣 かやり
〔蚉〕→蚊
〔蚋〕→蜹（十三画）
〔蚌〕 ホウ・ボウ どぶがい・はまぐり
〔蚓〕 イン みみず
〔蚕〕 サン・テン かいこ・こ
蚕豆 そらまめ
蚕簿 えびら まぶし
〔蚜〕 カ あぶらむし
〔蚣〕 コウ・ショウ
〔蚤〕 ソウ のみ・つとに・はやい
〔蚩〕 シ おろか・あなどる
〔蚪〕 トウ・ト
血〔衄〕 ジク はなぢ
衣〔衮〕 コン
〔衰〕 スイ・サ・サイ おとろえる
〔衰〕→衰
〔衷〕→衷（九画）
〔衾〕 キン ふすま
〔袁〕 エン・オン
衤〔袍〕 ホウ・ボウ わたいれ
〔衹〕 シ ふき
〔袒〕 タン かたぬぐ・はだぬぐ
〔袖〕 シュウ そで

〔袗〕 シン ひとえ
〔袘〕 イ ふき
〔袙〕 ハ・バツ あこめ
〔袢〕 ハン・バン
〔袪〕 キョ・コ そで・たもと
〔被〕 ヒ こうむる・おおう・かぶせる・かずく・る・らる
被衣 かずき かつぎ
〔祢〕→禰（十九画示部 部首5画）
艹→部首3画へ
月→部首4画へ
●部首7画
言〔訊〕 シン・ジン とう・たずねる・きき・ただす・おとずれ
〔訌〕 コウ みだれる
〔討〕 トウ うつ・たずねる
〔訏〕 ク おおきい・ほこる・ああ
〔訐〕 ケツ あばく
〔訓〕 クン・キン おしえ・おしえる・よみ・よむ
〔訕〕 サン・セン そしる
〔訖〕 キツ おわる・ついに
〔託〕 タク よる・かこつける・かこつ
〔記〕 キ しるす
豆〔豇〕 コウ ささげ
豇豆 ささげ
〔豈〕 キ・カイ・ガイ あに
豸〔豹〕 ホウ・ヒョウ

〔豺〕 サイ やまいぬ
貝〔財〕 ザイ・サイ たから・わずか
〔貢〕 コウ・ク みつぐ・みつぎ
走〔起〕 キ おきる・おこる・おこす・たつ
起居 ききょ たちい
起請 きしょう
〔起〕→起
〔赳〕 キュウ
身〔躬〕 キュウ み・みずから
車〔軒〕 ケン のき
〔軔〕 ジン とめぎ
辰〔辱〕 ジョク・ニク はずかしめる・はずかしめ・はじ・かたじけない
酉〔酌〕 シャク くむ・さけ
〔酌〕→酌
〔配〕 ハイ くばる・ならぶ・ならべる・つれあい
〔酎〕 チュウ
〔酒〕 シュ さけ・さか
辶→部首3画へ
辶→部首3画へ
阝→部首3画へ
●部首8画
金〔釖〕→刀（二画刀部 部首2画）
〔釘〕 テイ・チョウ くぎ
〔釛〕 コク・ゴク かね
〔釜〕 フ かま
〔釡〕→釜
〔針〕 シン はり

針孔 みぞ めど
針魚 さより はりよ
〔釟〕 ハツ・ヘチ きたえる
門〔閃〕 セン ひらめく
隹〔隻〕 セキ ひとつ
〔隼〕 シュン・ジュン はやぶさ
隼人 はいと はやと はやひと
阝→部首3画へ
●部首9画
韋〔韋〕→韋（九画）
食〔飢〕 キ うえる
●部首10画
馬〔馬〕 バ・メ・マ うま・ま
馬手 めて
馬陸 やすで
馬喰 ばくろう
馬銜 はみ
馬頭 めず
馬刀貝 まてがい
馬尼剌 マニラ
馬尾藻 ほんだわら
馬酔木 あしび あせび
骨〔骨〕 コツ ほね
骨牌 こっぱい カルタ
高〔高〕 コウ たかい・たか・たかまる・たかめる
高砂 たかさご
高粱 コーリャン
高麗 こうらい こま
高加索 コーカサス
高御座 たかみくら
髟〔髟〕 ヒョウ・ヒュウ かみかんむり・かみがしら
鬥〔鬥〕 トウ・ツ たたかう

鬯〔鬯〕 チョウ においざけ・のびる
鬲〔鬲〕 レキ・カク かなえ・へだてる・へだたる
鬼〔鬼〕 キ おに
鬼灯 ほおずき
鬼薊 おにあざみ
竜→部首16画へ
●部首11画
鳥〔鳥〕→鳥（灬部 部首4画）
●部首16画
竜〔竜〕 リュウ・リョウ たつ
竜胆 りゅうたん りんどう
竜頭 りゅうず りょうとう

## 十一画

●部首1画
乙〔乾〕 カン・ケン・ゲン かわく・かわかす・ほす・いぬい
乾物 かんぶつ ひもの
乾飯 かれいい ほしいい
乾瘡 はたけ
乾海鼠 ほしこ ほしなまこ
●部首2画
亠〔商〕→商（口部 部首3画）
〔率〕→率（玄部 部首5画）
人〔偃〕 エン ふせる・たおす・やすむ
〔假〕→仮（六画）
〔偈〕 ケツ・ケイ・ゲ
〔偉〕→偉（十二画）
〔偏〕 ヘン かたよる・ひとえに

【偏】→偏
【修】ガン・ゲン にせ
【偓】アク
【偕】カイ ともに・かなう
【偖】シャ さて
【做】→作(七画)
【停】テイ・チョウ とどまる・とどめる・とまる・とめる
【偟】コウ さまよう・いとま
【健】ケン すこやか・たけし・したたか
健気 けなげ
健児 けんじ こんでい
【偪】ヒョク・ヒツ・フク せまる
【偬】ソウ
【偲】シ・サイ しのぶ
【側】ソク・ショク かわ・かたわら・そば・そばめる・そばだてる
側女 そばめ
側妻 そばめ
【偵】テイ うかがう
【偶】グウ・ゴウ・グ たぐい・たまたま
【偸】トウ・チュウ ぬすむ
偸盗 ちゅうとう
【倏】シュク たちまち
【倐】→倏
【偽】ギ・カ いつわる・にせ
【倦】→倦(十画)
【俾】→俾(十画)
【脩】→脩(月部 部首4画)

儿
【兜】トウ・ト かぶと
兜巾 ときん
兜率天 とそつてん
冂
【冕】ベン・メン かんむり
冖
【冨】→富(十二画宀部 部首3画)
【寃】→冤(十画)
几
【凰】コウ・オウ おおとり
刀
【剪】セン きる
剪刀 せんとう はさみ
【劔】→剣(十画)
刂
【副】フク・フ そう・そえ
副司 ふうす
副寺 ふうす
【剰】ジョウ あまる・あまり・あまつさえ
【剳】トウ かぎ・かま
力
【勒】ロク くつわ・おさえる
【動】ドウ・トウ うごく・うごかす・ややもすれば
【勗】キョク・ボウ つとめる
【勖】→勗
【勘】カン かんがえる
勘解由使 かげゆし
【務】ム・ブ つとめる・つとめ
勹
【匏】ホウ ひさご・ふくべ
【匐】ホク・フク はう・はらばう
匕
【匙】シ・ジ さじ
匚
【區】→区(四画)
十
【率】→率(玄部 部首5画)
厂
【厠】→厠(十二画广部 部首3画)

ム
【參】→参(八画)
●部首3画
口
【售】シュウ うる
【唯】ユイ・イ ただ
【唱】ショウ となえる・うたう・うたた
【唳】レイ なく
【唵】アン・オン ふくむ・ほおばる
【唸】テン うなる・うなり
【唹】ヨ・オ わらう
【唾】タ・ダ つば
【啀】ガイ いがむ
【啄】タク ついばむ
啄木鳥 きつつき けらつつき けら
【啅】タク・トウ かまびすしい
【商】ショウ あきなう・はかる・あき
商人 しょうにん あきうど あきびと あきゅうど あきんど
【啇】→商
【啌】コウ しかる・くちすすぐ
【問】モン・ブン とう・とい・とん
【啓】ケイ ひらく・もうす
啓蟄 けいちつ
【啟】→啓
【啖】タン くう・くらう
【啗】タン くらう・くらわす

【啜】セツ・テツ すする・なく
【啝】カ・ワ したがう
【啞】ア・アク
【啣】→銜(十四画金部 部首8画)
【喝】カツ しかる
【喋】→喋(十二画)
囗
【圈】→圏(十二画)
【圉】ギョ・ゴ ひとや・うまかい
【圊】セイ かわや
【國】→国(八画)
土
【埜】→野(里部 部首7画)
【域】イキ さかい
【埠】ホ・フ はとば・つか
【埣】サイ・ソツ かれつち
【埤】ヒ・ヘイ かき・ひめがき
【埦】ワン・オウ
埦飯 おうばん
【埴】ショク はに
埴生 はにゅう
埴輪 はにわ
【執】シツ・シュウ・シュ とる・とらえる
執行 しっこう しゅぎょう
執念 しゅうねん
執拗 しつおう しつよう
【埸】エキ さかい・あぜ
【培】バイ・ハイ・ホウ つちかう・ます
【基】キ もと・もとい・もとづく
基督 キリスト クリスト

【埼】キ さき
【埿】→泥(八画氵部 部首4画へ)
【堀】クツ・コツ ほり・ほる
【堂】ドウ・トウ
【堅】→堅(十二画)
【堆】タイ・ツイ うずたかい
堆朱 ついしゅ
堆肥 たいひ つみごえ
【堊】アク・ア しろつち・いろつち
【堋】ホウ ほうむる
【堵】→堵(十二画)
【埏】→埏(十画)
士
【壼】コ つぼ
夕
【梦】→夢(十三画)
大
【爽】→爽(爻部 部首4画)
女
【娵】シュ・ソウ よめ
【娶】シュ めとる
【娼】ショウ あそびめ
【婀】ア
婀娜 あだ
【婁】ロウ・ル つなぐ・ひく
【婆】バ・ハ・ホ ばば・ばあ
婆娑羅 ばさら
婆羅門 バラモン
【婉】エン したがう・うつくしい
【婚】コン
【婢】ヒ はしため・わらわ
【婣】→姻(九画)

【婦】フ つま・よめ・おんな
【婦】→婦
【婪】ラン むさぼる
【婬】イン みだら
【娩】→娩(十画)
【媟】→媟(十二画)
子
【孰】ジュク たれ・いずれ
宀
【宿】シュク・スク やど・やどる・やどす
宿世 しゅくせ すくせ
宿直 しゅくちょく とのい
宿酔 ふつかよい
宿禰 すくね
【寂】ジャク・セキ さび・さびしい・さびれる・しずか
寂然 じゃくねん せきぜん
寂寞 じゃくまく せきばく
【寃】→冤(十画冖部 部首2画)
【寄】キ よる・よせる・よせ
寄人 よりうど よりゅうど
寄木 やどりぎ
寄生 きせい ほや
寄席 よせ
寄生木 やどりぎ
【寅】イン とら
【密】ミツ・ビツ ひそか・みそか
【寇】コウ あだ・あだする
【寉】つる
寸
【將】→将(十画)
【專】→専(九画)
【尉】イ・ウツ じょう

尸
【屏】ヘイ・ビョウ おおう・しりぞく・しりぞける
屏風 びょうぶ
【屠】→屠(十二画)
山
【崇】スウ・シュウ・ス たかい・たっとぶ・あがめる
【崋】カ
【崎】キ さき
【崑】コン
【崐】→崑
【崔】サイ・スイ たかい
【崖】ガイ がけ・きりぎし
【崕】→崖
【崙】ロン
【崘】→崙
【崚】リョウ
【崛】クツ そばだつ
【崟】ギン けわしい・みね
【崢】ソウ けわしい
【崩】ホウ くずれる・くずす・かくれる
【崩】→崩
【崗】→岡(八画)
巛
【巣】→巣(木部 部首4画)
巾
【帳】チョウ とばり・はり
【帶】→帯(十画)
【帷】イ とばり
帷子 かたびら
【常】ジョウ・ショウ つね・とこ・とこしえ
常世 とこよ

常夏 とこなつ
常陸 ひたち
常節 とこぶし
常磐 ときわ

广
【庵】アン いおり・いお
【庶】ショ もろもろ・こいねが う・ちかい
【康】コウ やすい
【庸】ヨウ もちいる・つね・なん ぞ・あに
【廇】↓廟（十五画）

弓
【張】チョウ はる・はり
【強】キョウ・ゴウ つよい・つよまる・つ よめる・しいる・つと める・こわい
強盗 がんどう ごうとう
強飯 こわいい こわめし
強請 ねだり ゆすり
【弸】ホウ みちる
【弽】↓弽（十二画）

ヨ
【彗】スイ・ケイ ははき・ほうき

彡
【彩】サイ いろどる・あや・いろ
彩画 だみえ
【彩】↓彩
【彪】ヒュウ・ヒョウ まだら・あや
【彫】チョウ ほる・える
【彫】↓彫
【彬】ヒン

彳
【得】トク える・うる
【徘】ハイ さまよう
【徙】シ うつる・うつす

【徜】ショウ さまよう
【從】↓従（十画）
【徠】↓来（七画木部 部首4画）
【御】↓御（十二画）

艹
【莽】ボウ・モウ くさ
【莿】シ のぎ・とげ・いら
【菁】セイ・ショウ かぶ・かぶら
【菅】カン すげ
【菊】キク
【菌】キン きのこ
【菎】コン
【菓】カ このみ・くだもの
【菔】フク
【菖】ショウ
菖蒲 しょうぶ そうぶ あやめ
【菘】シュウ・スウ とうな・すずな
【菜】サイ な
【菜】↓菜
【菝】ハツ・バツ
【菟】ト
【菠】ハ・ホウ
菠薐草 ほうれんそう
【菩】ハイ・バイ・ホ・ブ・ボ
菩提 ぼだい
菩薩 ぼさつ
【菫】キン すみれ
【華】↓華（十画）
【菰】コ まこも

【菱】リョウ ひし
【菲】ヒ うすい
【菴】アン いおり・いお
【菷】↓帚（八画巾部 部首3画）
【菻】リン きつねあざみ
【菽】シュク まめ
【萁】キ まめがら
【萃】スイ あつまる
【萄】トウ・ドウ
【萇】チョウ
【萊】ライ あかざ
【萋】セイ・サイ
【萌】ボウ・ホウ めばえ・きざす・もえ る
萌黄 もえぎ
萌葱 もえぎ
【萠】↓萌
【萍】ヘイ・ビョウ うきくさ
【萎】イ なえる・しなびる
【萱】ギ わすれぐさ
【著】チョ・チャク・ジャク あらわす・いちじる しい・あらわれる・つ くきる
【葛】↓葛（十二画）
【萢】やち・やつ
【莚】↓莚（十画）
【葉】↓葉（十二画）

辶
【逮】タイ・テイ およぶ
【週】シュウ めぐる

【進】シン すすむ・すすめる
【逸】イツ・イチ はやい・はやる・それ る・うしなう
逸矢 それや
逸物 いちぶつ いちもつ

辶
【逋】ホ・フ のがれる
【逍】ショウ さまよう
【逎】↓遒（十三画）
【透】↓透（十画）
【逐】↓逐（十画）
【逑】キュウ つれあい
【途】↓途（十画）
【逕】↓径（八画彳部 部首3画）
【逖】テキ とおい
【逗】トウ・ズ とどまる
【這】シャ この・はう
【通】↓通（十画）
【逝】↓逝（十画）
【逞】テイ たくましい
【速】↓速（十画）
【造】↓造（十画）
【逡】シュン しりぞく・しざる
【逢】ホウ あう・むかえる
逢瀬 おうせ
【連】↓連（十画）
【逧】さこ・はざま

阝
【部】ブ・ホ わける・べ
部曲 ぶきょく かき かきべ

部屋 へや
【郭】カク くるわ
【郯】タン
【郵】ユウ しゅくば
【都】ト・ツ みやこ・すべて
都寺 つうす
都都逸 どどいつ
【郷】キョウ・ゴウ さと・さきに

阝
【陪】バイ・ハイ したがう
陪堂 ほいと ほいとう
【陬】ソウ・シュウ・スウ すみ
【陰】イン・オン かげ・かげる・くもる ・ひそかに・ほと
陰陽 いんよう おんみょう おんよう
陰嚢 いんのう ふぐり
【陲】スイ ほとり
【陳】チン・ジン つらねる・のべる・ふ るい
陳者 のぶれば
【陵】リョウ みささぎ・おか・しの ぐ
【陶】トウ・ヨウ すえ
【陷】↓陥（十画）
【陸】リク・ロク おか・くが
陸中 りくちゅう
陸前 りくぜん
陸奥 みちのく むつ
陸路 りくろ くがじ
陸稲 りくとう おかぼ
【隆】リュウ たかい
【険】ケン けわしい・あやうい

【陞】↓陞（十画）
忄↓部首4画へ
扌↓部首4画へ
氵↓部首4画へ
犭↓部首4画へ

●部首4画

心
【悉】シツ つくす・ことごとく
悉曇 しったん
悉達多 しったるた
【悠】ユウ とおい・はるか
悠紀 ゆき
【患】カン・ゲン わずらう・わずらい・ うれえる・うれい
【悤】↓怱（九画）
【悪】アク・オ わるい・にくむ・いず くんぞ・ああ
悪阻 おそ つわり
悪戯 いたずら

忄
【悱】ヒ
【悴】スイ やつれる・せがれ
【悵】チョウ うらむ・いたむ
【悸】キ おそれる
【悼】トウ いたむ
【悽】セイ いたむ
【悾】コウ まこと
【情】ジョウ・セイ なさけ・まこと・ここ ろ
【情】↓情
【惆】チュウ うらむ
【惇】トン・ジュン まこと・あつい
【惋】ワン・エン うらむ・なげく
【惏】ラン・リン むさぼる

【惓】ケン つつしむ
【惕】テキ つつしむ・おそれる・ うれえる
【惘】ボウ・モウ あきれる
【惙】テツ うれえる
【惚】コツ ほれる・ぼける
惚気 のろけ
【惛】コン くらい
【惜】セキ・シャク おしい・おしむ
【惟】イ・ユイ おもう・ただ・これ
惟神 かみながら かむながら かんながら
【惧】↓懼（二十一画）
【惨】サン・ザン みじめ・いたむ・むご い
【悗】↓悗（十画）

戈
【戚】セキ うれえる・いたむ・み うち
【戛】カツ

戸
【扈】コ したがう

扌
【捥】ワン
【捧】ホウ ささげる
【捨】シャ すてる
【捨】↓捨
【捩】レツ・レイ ねじる・ねじ・もじる
捩子 ねじ
【捫】ボン・モン なでる・とる
【据】キョ すえる・すわる
【捲】ケン まく・まくる
【捶】スイ むちうつ・むち

【捷】ショウ　かつ・はやい
【捺】ダツ・ナツ　おす
【捻】ジョウ・デン・ネン　ひねる・ねじる
捻子　ねじ
【掀】キン　かかげる
【掃】ソウ　はく・はらう
掃除　そうじ
掃部　かもん
【掃】→掃
【掇】テツ・タツ　ひろう・とる
【授】ジュ　さずける・さずかる
【掉】チョウ・トウ　ふる・ふるう
【掊】ホウ・フ　かく・うつ
【掎】キ　ひく
【掏】トウ　えらぶ・する
掏摸　すり
【排】ハイ　ひらく・おす・しりぞける・つらねる
【掖】エキ　わきばさむ・わき
【掘】クツ　ほる
【掛】カイ・ケ・カ　かける・かかる・かかり・かけ・がけ
【掟】テイ・ジョウ　おきて
【掠】リャク・リョウ　かすめる
【採】サイ　とる
【採】→採
【探】タン　さぐる・さがす
探湯　くかたち　くがたち
【接】セツ・ショウ　つぐ・はぐ・まじわる
接骨木　にわとこ

【接】→接
【控】コウ　ひかえる・ひかえ
【控】→控
【推】スイ・タイ　おす
【掩】エン　おおう
【措】ソ・サク　おく
【掫】ソウ・シュウ
【掬】キク　すくう・むすぶ
【掲】ケイ・ケツ　かかげる
【描】ビョウ　えがく・かく
【挽】→挽（十画）
【捗】→捗（十画）
【掻】→搔（十三画）
【掴】→摑（十四画）
【掵】はば
支
【敍】→叙（九画又部 部首2画）
攵
【敘】→叙（九画又部 部首2画）
【教】キョウ・コウ　おしえる・おそわる・しむ
【教】→教
【敏】→敏（十画）
【救】キュウ・ク・グ　すくう・すくい
救世　きゅうせい　くせ　くぜ　ぐせ　ぐぜ
【敕】→勅（九画力部 部首2画）
【敖】ゴウ　あそぶ・おごる
【敗】ハイ　やぶれる・やぶる

斗
【斛】コク
【斜】シャ・ヤ　ななめ・なのめ
斜子　ななこ
斤
【斬】サン・ザン　きる
【断】ダン　たつ・ことわる・さだめる
方
【旋】セン　めぐる
旋毛　つじ　つむじ
旋風　せんぷう　つじかぜ　つむじ　つむじかぜ
旋網　まきあみ
旋頭歌　せどうか
【旌】セイ・ショウ　はた・あらわす
【族】ゾク・ゾウ・ソウ　やから
【旆】→旆（十画）
无
【既】→既（十画）
日
【晩】→晩（十二画）
【書】→昼（九画）
【晞】キ　かわく
【晟】セイ・ジョウ　あきらか・さかん
【晡】ホ　ひぐれ
【晢】セツ・セイ　あきらか
【晤】ゴ　あきらか
【晦】カイ　くらい・くらます・みそか・つごもり
晦日　かいじつ　つごもり　みそか
【晧】コウ　あきらか
【晨】シン　あした・あさ
曰
【曹】ソウ・ゾウ　つかさ・ともがら・へや
曹司　ぞうし
曹達　ソーダ

【曼】バン・マン
曼陀羅　まんだら
曼荼羅　まんだら
【曽】→曾（十二画）
月
【朖】→朗（十画）
【朗】→朗（十画）
【望】ボウ・モウ　のぞむ・もち
望月　もちづき
【望】→望
月
【脗】→吻（七画口部 部首3画）
【脚】キャク・キャ・カク　あし
脚立　きゃたつ
脚半　きゃはん
脚気　かっけ
脚絆　きゃはん
脚榻　きゃたつ
【脛】ケイ　すね・はぎ
脛巾　はばき
【脣】シュン・シン　くちびる
【脩】シュウ　ほじし・おさめる・ながい
【脫】→脱
【脱】ダツ・タツ・タイ　ぬぐ・ぬげる・もし
【脯】フ・ホ　ほじし
【脳】ノウ・ドウ　なずき
木
【桴】フ　ばち・いかだ
【桶】トウ・ツウ　おけ
【桷】カク　たるき・すみぎ
【桾】クン
【桿】カン　てこ・ボール

【梁】リョウ　うつばり・はり・やな
【梃】テイ・チョウ
梃子　てこ
梃銀　ちょうぎん
【梅】→梅（十画）
【梍】ソウ・ゾウ　さいかち
【梏】コク・カク　てかせ
【梓】シ　あずさ
【梔】シ　くちなし
梔子　くちなし
【梗】コウ・キョウ　ふさがる
【梛】ダ・ナ　なぎ
【條】→条（七画）
【梟】キョウ　ふくろう・さらす・たけし
【梠】リョ・ロ　ひさし
【梢】ショウ　こずえ
【梢】→梢
【梣】シン　とねりこ
【梧】ゴ　あおぎり
梧桐　ごとう　ごどう　あおぎり
【梨】リ　なし
【梭】サ　ひ
梭子魚　かます
【梯】テイ・タイ　はしご
梯子　はしご
【械】カイ　かせ
【梱】コン　しきみ・こり
【梲】セツ・タツ　うだつ・うだち

【梳】→梳（十画）
【梵】ボン
梵唄　ぼんばい
梵論　ぼろ
梵論字　ぼろんじ
【梶】ビ　かじ・こずえ
【梹】→檳（十八画）
【桀】→桀（十画）
【巣】ソウ　す
【梼】→檮（十八画）
【梺】ふもと
【梻】しきみ
【桝】→枡（八画）
【椛】もみじ・かば
欠
【欲】ヨク　ほっする・ほしい
【欵】→款（十二画）
【欷】キ　むせびなく・すすりなく
【欸】アイ・カイ　なげく・ああ
歹
【殍】ヒョウ・フ　うえじに
殳
【殺】→殺（十画）
【殻】カク・コク　から
毛
【毫】コウ・ゴウ　け・わずか
【毬】キュウ　まり・いが
毬打　ぎちょう　ぎっちょう
毬杖　ぎちょう　ぎっちょう
毬栗　いがぐり
氵
【涯】ガイ　みぎわ・きし・かぎり・はて
【液】エキ　しる

【涵】カン　ひたす
【涸】コ　かれる
【涼】リョウ　すずしい・すずむ・まことに
【淀】テン・デン　よど・よどむ
【淅】セキ　よなげる・かしよね
【淆】コウ　にごる・まじる
【淇】キ
【淋】リン　さびしい・ながあめ
淋巴　リンパ
【淌】ショウ・トウ　おおなみ
【淑】シュク　しとやか・よい
淑景舎　しげいさ　しげいしゃ
【凄】セイ・サイ　すごい・さむい
【淕】リク・ロク
【淘】トウ　よなげる
【淙】ソウ
【淚】→涙（十画）
【淞】ショウ
【淡】タン　あわい・うすい
淡竹　はちく
淡路　あわじ
【淤】ヨ・オ　どろ
【淦】カン・コン　あか
【淨】→浄（九画）
【淪】リン・ロン　しずむ
【淫】イン　みだら・みだれる・ひたる・ひたす
【淬】サイ　にらぐ

〔淮〕カイ・エ・ワイ
〔深〕シン　ふかい・ふかまる・ふかめる
深山　しんざん　みやま
深田　ふかだ　ふけだ
深雪　みゆき
深傷　ふかで
〔淳〕シュン・ジュン　あつい・きよい・すなお・まこと
〔淵〕エン　ふち
〔渊〕↓淵
〔渕〕↓淵
〔混〕コン　まじる・まざる・まぜる
混凝土　コンクリート
〔清〕セイ・ショウ・シン　きよい・きよまる・きよめる・すむ
清水　せいすい　きよみず　しみず
清白　すずしろ
清明　せいめい
清浄　しょうじょう　せいじょう
清搔　すががき
〔淸〕↓清
〔淹〕エン　とどまる・ひたす・おおう
〔淺〕↓浅（九画）
〔添〕テン　そえる・そう
添水　そうず
〔添〕↓添
〔渴〕カツ・ケツ　かわく・かれる
〔濟〕サイ・セイ　すむ・すます・わたる・すくう・なす
〔涉〕ショウ　わたる

〔澁〕ジュウ・シュウ　しぶ・しぶい・しぶる
〔渚〕ショ　なぎさ・す
〔渮〕カ
〔渓〕ケイ　たに
〔涎〕↓涎（十画）
〔渫〕↓渫（十二画）
火〔烱〕↓炯（九画）
〔烽〕ホウ　のろし・とぶひ
烽火　ほうか　のろし
〔焰〕↓焰（十二画）
灬〔烹〕ホウ　にる
〔焄〕クン　くすべる・ふすべる・いぶす・におう
〔焉〕エン　いずくんぞ・ここに・これ・ここ
爻〔爽〕ソウ　あきらか・さわやか・たがう
牛〔牽〕ケン　ひく
〔牾〕ゴ
〔犁〕↓犂（十二画）
犭〔猊〕ゲイ
〔猖〕ショウ
〔猗〕イ　ああ
〔猛〕モウ・ボウ　たけだけしい・たけし
猛者　もさ
〔猜〕サイ　そねむ・ねたむ
〔猝〕ソツ　にわか
〔猪〕チョ　いのしし・い・しし・いのこ
猪口　ちょく　ちょこ
猪口才　ちょこざい
猪牙舟　ちょきぶね
〔猟〕リョウ　かり・かる
猟夫　さつお
猟男　さつお
猟虎　らっこ
〔猫〕ビョウ・ミョウ　ねこ
猫糞　ねこばば
⻌↓部首3画へ
王↓部首5画へ
ネ↓部首5画へ

●部首5画
玄〔率〕ソツ・リツ・シュツ・スイ　ひきいる・したがう・おおむね
率塔婆　そとうば　そとば
〔𤣥〕↓率
王〔琄〕ゴ
〔現〕ゲン・ケン　あらわれる・あらわす・うつつ・うつし
現身　げんしん　うつせみ　うつそみ
現人神　あらひとがみ
〔球〕キュウ・グ　たま
〔琅〕ロウ
〔理〕リ　すじ・あや・きめ・ことわり・おさめる
〔琉〕↓琉（十画）
〔琢〕タク　みがく
〔望〕↓望（月部部首4画）
瓜〔瓠〕コ・カク　ひさご・ふくべ
瓦〔瓶〕ビン・ヘイ・ビョウ　かめ・つるべ・こしき
〔瓷〕シ・ジ　かめ

〔甅〕ヘクトグラム
甘〔甜〕テン　あまい・うまい
甜瓜　まくわ　まくわうり
生〔産〕サン　うむ・うまれる・うぶ
産土　うぶしな　うぶすな
産日　むすひ　むすび
産衣　うぶぎ　うぶぎぬ
産魂　むすひ　むすび
産霊　むすひ　むすび
産巣日　むすひ　むすび
〔產〕↓産
田〔畢〕ヒツ　おわる・おえる・ことごとく・ついに
〔時〕シ・ジ
〔略〕リャク　おさめる・はかる・はかりごと・ほぼ・はぶく・おかす
〔畧〕↓略
〔畦〕ケイ　あぜ・うね
〔異〕イ　こと・ことなる・ことにする・あやしむ
〔眭〕けさ
疋〔疏〕ショ・ソ　とおる・とおす・うとい・うとんじる・あらい・まばら
疒〔痊〕セン　いえる・いやす
〔痍〕イ　きず・きずつく
〔痎〕カイ・ガイ
〔痒〕ヨウ　かゆい・かさ
〔痔〕ジ

〔痕〕コン　あと
〔疵〕↓疵（十画）
白〔皎〕キョウ・コウ　しろい・あきらか・きよい
〔皐〕↓皋（十画）
皿〔盒〕コウ・ゴウ　さら・ふたもの
〔盖〕↓蓋（十三画艹部部首3画）
〔盗〕トウ　ぬすむ・ぬすみ
盗汗　ねあせ
〔盛〕セイ・ジョウ　もる・さかる・さかん・さかり
盛相飯　もっそうめし
目〔眴〕ケン・シュン・ジュン　めくばせ
〔眶〕キョウ　まぶた
〔眷〕ケン　かえりみる
〔眸〕ボウ・ム　ひとみ
〔眺〕チョウ　ながめる
〔眼〕ガン・ゲン　まなこ・め
眼間　まなかい
眼鏡　がんきょう　めがね
〔衆〕↓衆（十二画血部部首6画）
〔眥〕↓眥（十画）
矛〔務〕↓務（力部部首2画）
石〔硅〕カク・キャク・ケイ
〔研〕↓研（九画）
〔硫〕↓硫（十二画）
〔砦〕↓砦（十画）
示〔祥〕↓祥（十画）
〔票〕ヒョウ　ふだ・てがた

〔祭〕サイ・セイ　まつる・まつり
ネ〔祷〕↓禱（十九画）
禾〔移〕イ　うつる・うつす・うつろう
穴〔窒〕チツ　ふさがる・ふさぐ
窒扶斯　チフス
〔窓〕ソウ　まど
〔窕〕チョウ・ヨウ　しずか・うつくしい
立〔竟〕ケイ・キョウ　つきる・おわる・ついに
〔章〕ショウ　ふみ・あや・しるし・あきらか・のり
章魚　たこ
〔章〕↓章
〔竡〕ヘクトリットル
ネ↓部首6画へ

●部首6画
竹〔笘〕セン・チョウ　むち・ふだ
〔笙〕ソウ・ショウ　ふえ・しょうのふえ
〔笛〕テキ・ジャク　ふえ
〔笞〕チ　むち
〔笠〕リュウ　かさ
〔笥〕シ・ス　はこ
〔符〕フ　わりふ
〔笧〕サク　しがらみ
〔笨〕ホン　あらい
〔第〕ダイ・テイ　ついで・やしき・ただ
〔笭〕レイ・リョウ　びく
〔笯〕ド　うえ・うけ
〔笳〕カ　あしぶえ

〔笵〕ハン　かた
〔笑〕↓矢（五画矢部部首5画）
〔笹〕ささ
米〔粒〕リュウ　つぶ
〔粔〕キョ
粔籹　おこし
〔粕〕ハク　かす
〔粗〕ソ　あらい・ほぼ
粗目　ざらめ
粗紙　ざらがみ
〔粘〕ネン・デン　ねばる
粘土　ねんど　へなつち
粘葉　でっちょう
〔粛〕↓粛（聿部部首6画）
糸〔紫〕シ　むらさき
紫苑　しおん
紫宸殿　ししいでん　ししんでん
紫陽花　あじさい
紫雲英　げんげ　れんげ　れんげそう
紫羅欄花　あらせいとう
〔紬〕チュウ　つむぎ
〔紮〕サツ　からげる
〔累〕ルイ　かさなる・かさねる・しきりに・わずらわす・わずらい
〔細〕サイ・セイ　ほそい・ほそる・こまか・こまかい・ささやか・ささら・くわしい
細波　さざなみ　さざなみ
細雪　ささめゆき
細螺　きさご　きしゃご
〔紲〕セツ　きずな・つなぐ

【紳】シン　おおおび
【紵】チョ
【紹】ショウ　つぐ・たすける
【紺】コン・カン
紺青　こんじょう
紺屋　こうや　こんや
【紿】タイ　あざむく
【絀】チュツ　しりぞける
【終】シュウ・シュ　おわる・おえる・おわり・ついに
終日　しゅうじつ　ひすがら　ひねもす　ひもすがら
終夜　しゅうや　よすがら　よもすがら
【終】→終
【絃】ケン・ゲン　いと
【組】ソ　くむ・くみ・くみひも
【絅】ケイ　ひきしめる・うすぎぬ
【絆】ハン・バン　きずな・ほだし・つなぐ
【経】ケイ・キョウ　へる・たて・すじ・つね・はかる・おさめる
経緯　けいい　いきさつ　たてぬき
経帷子　きょうかたびら
【統】→統(十二画)
【紘】→纊(二十一画)
【紕】→紕(十画)
缶【缻】→缶(六画)
羊【羚】レイ・リョウ　かもしか
羚羊　れいよう　かもしか　かもしし
【羝】テイ　おひつじ
【羞】シュウ　すすめる・はじる
羽【翊】ヨク　たすける・あくるひ
【翌】ヨク　あくる
翌檜　あすなろ　あすなろう　あすはひのき
【翌】→翌
【翎】レイ・リョウ　はね
【習】シュウ・ジュウ　ならう・ならい・ならわし
【習】→習
耒【耜】シ　すき
耳【聆】レイ・リョウ　きく・さとる
【聊】リョウ　いささか
聿【粛】シュク　つつしむ
臼【舂】ショウ　うすづく・つく
舟【舳】チク・チュウ・ジク　とも・へさき・みよし
【舵】タ・ダ　かじ
【舵】→舵
【舶】ハク　ふね・おおぶね
【舷】ケン・ゲン　ふなばた・ふなべり
【舸】カ　ふね・おおぶね
【船】セン　ふね・ふな
船首　せんしゅ　みよし
【船】→船
色【艴】フツ　いかる
虍【處】→処(五画几部 部首2画)
【虚】キョ・コ　むなしい・そら
虚仮　こけ
虚言　きょげん　そらごと
虚栗　みなしぐり
虚無僧　こむそう
虫【蚯】キュウ　みみず
蚯蚓　みみず　めめず
【蚰】ユウ
蚰蜒　げじ　げじげじ
【蚶】カン　あかがい
【蛄】コ
【蛆】ショ・ソ　うじ
【蛇】ジャ・ダ・タ・イ　へび・くちなわ
蛇籠　じゃかご
【蛈】テツ・テイ
【蛉】レイ
【蛋】タン
【蛍】ケイ　ほたる
【蛎】→蠣(二十画)
【蚫】ホウ　あわび
【蚜】→蚜(十画)
行【衒】ケン・ゲン　てらう
【術】ジュツ・シュツ　みち・すべ・わざ
【術】→術
衣【袈】カ・ケ
袈裟　けさ
【袋】タイ・テイ　ふくろ
【袞】→衮(十画)
【袤】ボウ　ひろさ・ながさ
【袰】ほろ
衤【袱】フク　ふくさ
【袴】コ　はかま
【袵】→衽(九画)
【袷】コウ・キョウ　あわせ
【袿】ケイ　うちかけ・うちぎ
【裀】イン　みごろ・しとね
【裃】かみしも
【裄】ゆき
【衤比】→衤比(十画)
艹→部首3画へ
月→部首4画へ
●部首7画
見【規】キ　ぶんまわし・のり・ただす
規那　キナ
【覓】ベキ　もとめる
【視】シ　みる
言【訛】ガ・カ　あやまる・なまる・なまり
【訝】ガ・ゲ・ゲン　いぶかる
【訟】ショウ　あらそう・うったえる・うったえ
【訣】ケツ　わかれる・わかれ
【訥】トツ・ドツ　どもる
【訪】ホウ　おとずれる・たずねる・とう・とぶらう
【設】セツ・セチ　もうける・しつらえる・もうけ・もし
【許】キョ・コ　ゆるす・ばかり・もと
許多　あまた
許婚　いいなずけ
許嫁　いいなずけ
【訳】ヤク・エキ　わけ
谷【谺】カ　こだま
豕【豚】トン　ぶた
豸【豼】→貔(十七画)
貝【貧】ヒン・ビン　まずしい
【貨】カ　たから
【貨】→貨
【販】ハン　ひさぐ・あきなう
【貪】タン・トン・ドン　むさぼる
【貫】カン・ワン　つらぬく・ぬき
貫木　かんぬき
貫主　かんじゅ　かんす
貫首　かんじゅ　かんす
【責】セキ・サク・シャク・サイ　せめる・せめ
【貭】→質(十五画)
【貳】→弐(六画弋部 部首3画)
【戝】→財(十画)
【貰】→貰(十二画)
【貶】→貶(十二画)
赤【赦】シャ　ゆるす
足【趺】フ　あし
趺坐　ふざ　あぐら
【趾】シ　あし・あと
【跂】キ　つまだつ
【距】→距(十二画)
身【躯】→軀(十八画)
車【軛】アク・ヤク　くびき
【軟】ナン・ゼン・ネン　やわらか・やわらかい
【転】テン　ころがる・ころげる・ころがす・ころぶ・めぐる・うたた
転心　うたたごころ
転柿　ころがき
転寝　うたたね　ごろね
酉【酖】タン・チン　ふける
【酘】トウ・ズ
【酔】スイ　よう・よい
釆【釈】シャク・セキ　とく・すてる・ゆるす・おく
釈迦　しゃか
釈奠　さくてん　しゃくてん　せきてん
里【野】ヤ　の
野老　ところ
野良　のら
野点　のだて
野面　のづら　のもせ
野暮　やぼ
辶→部首3画へ
辶→部首3画へ
阝→部首3画へ
麦→部首11画へ
●部首8画
金【釣】チョウ　つる・つり
釣瓶　つるべ
【釣】→釣
【釦】コウ・ク　ボタン
【釧】セン　くしろ・たまき
【釼】→剣(十画刂部 部首2画)
【釵】サイ・サ　かんざし
【釶】シ　ほこ
門【閉】ヘイ　とじる・とざす・しめる・しまる
【閇】→閉
【閊】つかえる
【問】→問(口部 部首3画)
隹【雀】シャク・ジャク　すずめ
雀斑　じゃくはん　そばかす
雨【雩】ウ　あまごい
【雪】セツ　ゆき・すすぐ
雪洞　せっとう　せつどう　ぼんぼり
雪消　ゆきげ
雪崩　なだれ
雪隠　せついん　せっちん
雪駄　せった
雪踏　せった
雪花菜　おから　きらず
【雪】→雪
【雫】ダ　しずく
阝→部首3画へ
斉→部首14画へ
●部首9画
頁【頂】チョウ・テイ　いただく・いただき
頂辺　てっぺん　てへん
頂戴　ちょうだい
【頃】ケイ・キョウ　ころ・しばらく
食【飢】→飢(十画)

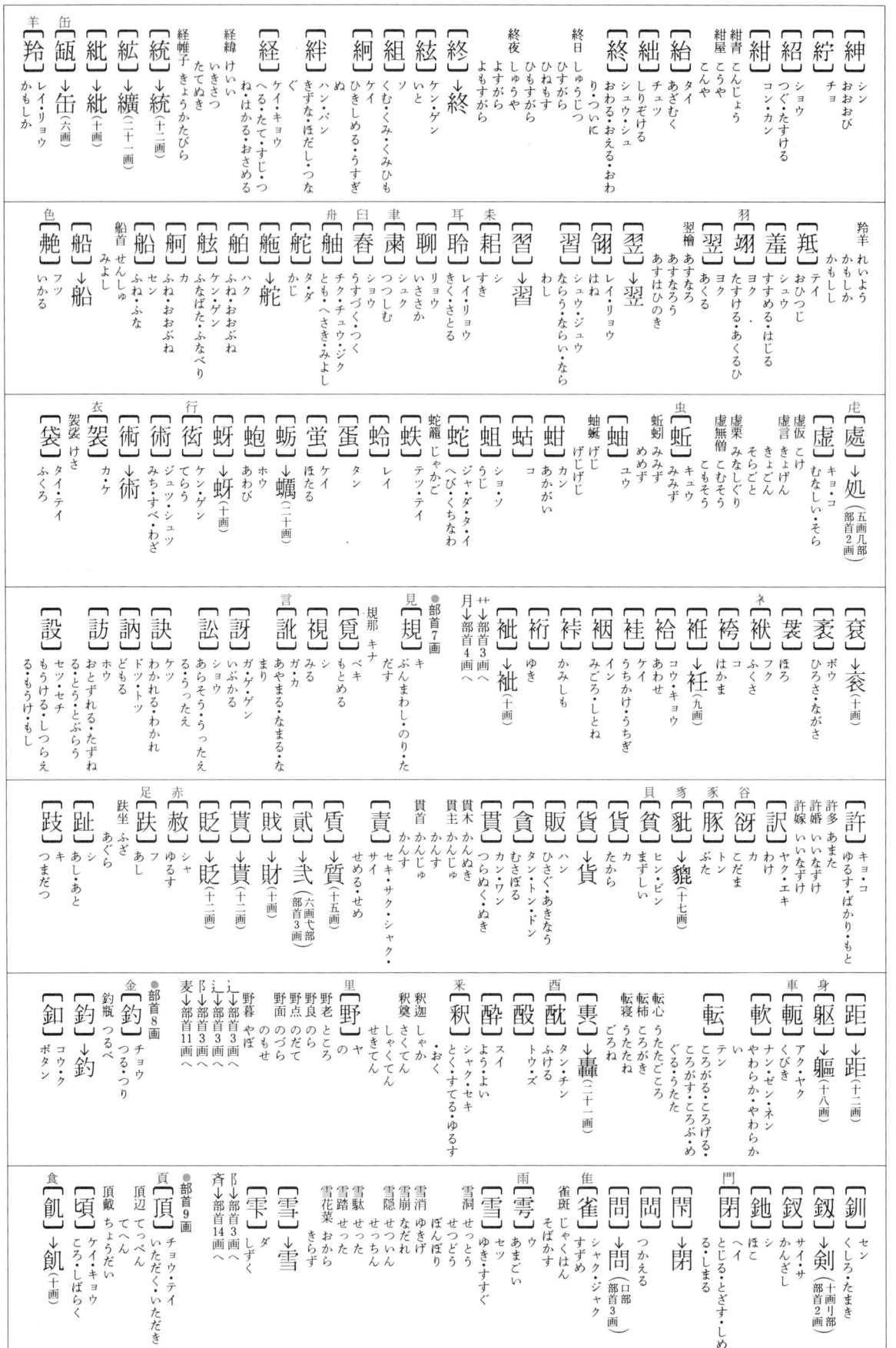

首 〔馗〕 キ みち
●部首11画
魚 〔魚〕 ギョ・ゴ うお・さかな・すなどる
魚子 ななこ
魚蝨 ちょう
魚籠 びく
鳥 〔鳥〕 チョウ とり
鳥屋 とや とりや
鳥柴 としば
鳥渡 ちょっと
鹵 〔鹵〕 ロ しお・しおち・たて
鹿 〔鹿〕 ロク しか・か・しし
鹿尾菜 ひじき
麥 〔麥〕→麦（七画）
麦 〔麸〕→麩（十五画）
麻 〔麻〕 マ・バ あさ
麻疹 ましん はしか
麻笥 おけ
麻雀 マージャン
麻幹 あさがら おがら
〔麻〕→麻
黄→部首12画へ
黒→部首12画へ
亀→部首16画へ
●部首12画
黄 〔黄〕 コウ・オウ き・こ
黄昏 こうこん たそがれ
黄泉 こうせん よみ
黄葉 もみじ
黄楊 つげ
黄槿 はまぼう
黄蘗 おうばく きはだ きわだ
黄櫨 はじ はじのき はぜ はぜのき
黄泉路 よみじ
黄道眉 ほおじろ
黄蜀葵 とろろあおい
黄櫨色 はじいろ
黒 〔黒〕 コク くろ・くろい
黒子 くろこ くろご ははくそ ははくろ ほくろ
黒衣 こくえ くろこ くろご
黒初 くろはつ
黒酒 くろき
●部首14画
斉 〔斎〕 サイ・シ ものいみ・とき・いつく・いつき
斎串 いぐし
斎垣 いがき
斎宮 さいぐう いつきのみや
斎部 いみべ いむべ
斎場 さいじょう ゆにわ
●部首16画
亀 〔亀〕 キ・キュウ・キン かめ

## 十二画

●部首2画
人 〔傀〕 カイ おおきい・あやしい
傀儡 かいらい くぐつ
〔傅〕 フ もり・かしずく
〔傍〕 ボウ・ホウ かたわら・わき・そば・つくり・そう
傍目 あからめ おかめ はため
傍居 かたい
〔傍〕→傍
〔傑〕→傑（十三画）
〔傔〕 ケン はべる・つかえる・したがう
〔傖〕 ソウ いやしい
〔傘〕 サン かさ・からかさ
〔備〕 ビ そなえる・そなわる・つぶさに
備中 びっちゅう
備前 びぜん
備後 びんご
〔傚〕 コウ ならう
〔偉〕 イ えらい
〔僅〕→僅（十三画）
〔偕〕→偕（十一画）
〔舒〕→舒（舌部 部首6画）
〔禽〕→禽（十三画内部 部首5画）
冫 〔凓〕 リツ さむい
〔凔〕 ソウ さむい
〔凖〕→準（十三画氵部 部首4画へ）
几 〔凱〕 カイ・ガイ かちどき・やわらぐ
刂 〔剩〕→剰（十一画）
〔割〕 カツ わる・わり・われる・さく
割烹 かっぽう
〔割〕→割
〔剴〕 カイ・ガイ あてはまる
〔創〕 ソウ きず・はじめる・つくる
力 〔勝〕 ショウ かつ・まさる・たえる・あげて
〔勝〕→勝
〔勞〕→労（七画）
〔勤〕 キン・ゴン つとめる・つとまる・いそしむ
〔募〕 ボ・モ つのる
十 〔博〕 ハク・バク ひろい
博士 はかせ はくし
博打 ばくち
博労 ばくろう
博奕 ばくち
〔博〕→博
卩 〔卿〕 ケイ・キョウ きみ
厂 〔厥〕 ケツ・クツ その・それ
〔厦〕→廈（十三画广部 部首3画）
〔厨〕→廚（十五画广部 部首3画）
〔厩〕→廏（十四画广部 部首3画）
〔雁〕→雁（隹部 部首8画）
●部首3画
口 〔啻〕 シ ただ
〔啼〕 テイ なく
〔啾〕 シュウ なく
〔喀〕 カク はく
喀爾喀 ハルハ
〔喁〕 ギョウ・グ・グウ あぎとう
〔喃〕 ダン・ナン のう
〔善〕 ゼン よい
善知鳥 うとう
〔喇〕 ラツ・ラ
喇叭 らっぱ
喇嘛 ラマ
〔喈〕 カイ
〔喉〕 コウ のど
〔喊〕 カン さけぶ
〔喋〕 チョウ・トウ しゃべる・ついばむ
〔喑〕 イン・オン なく
〔喔〕 アク わらう
〔喘〕 セン・ゼン あえぐ・せき
〔喙〕 カイ くちばし
〔喚〕 カン よぶ
〔喜〕 キ よろこぶ・よろこび
〔喝〕→喝（十一画）
〔喞〕 ショク・ソク かこつ
喞筒 しょくとう ポンプ
〔喟〕 キ
〔喣〕 ク いき
〔喧〕 ケン かまびすしい・やかましい
〔喨〕 リョウ
〔喩〕 ユ さとす・さとる・たとえる
〔喪〕 ソウ も・うしなう・ほろびる
〔喫〕 キツ・ケキ くう・くらう・のむ
喫驚 びっくり
〔喫〕→喫
〔喬〕 キョウ たかい
〔喭〕 ゲン・ガン とう
〔單〕→単（九画十部 部首2画）
〔営〕 エイ いとなむ
〔啣〕→銜（十四画金部 部首8画）
〔喰〕 くう・くらう
囗 〔圍〕→囲（七画）
〔圏〕 ケン かこい
土 〔堙〕 イン ふさぐ
〔堝〕 カ るつぼ
〔堡〕 ホウ・ホ とりで
〔堤〕 テイ つつみ
〔堪〕 カン・タン たえる
堪能 かんのう たんのう
〔堯〕→尭（八画）
〔堰〕 エン せき・いぜき
〔報〕 ホウ むくいる・しらせる・しらせ
〔場〕 ジョウ ば・にわ
〔堵〕 ト かき
〔堺〕 カイ さかい
〔堽〕→岡（八画山部 部首3画）
〔塀〕 ヘイ
〔塁〕 ルイ とりで
〔堅〕 ケン かたい・かためる
堅魚 かつお
〔塔〕 トウ
塔頭 たっちゅう
〔塚〕 チョウ つか
〔堕〕 ダ おちる
〔埠〕→埠（十一画）
士 〔壹〕→壱（七画）
〔壺〕→壷（十一画）
〔壻〕→婿（女部 部首3画）
大 〔奠〕 テン・デン まつる・さだめる
〔奢〕 シャ おごる
〔奥〕 オウ・オク・イク おく・くま
奥州 おうしゅう
女 〔婿〕 セイ むこ
〔媒〕 バイ なかだち
媒鳥 おとり
〔媚〕 ビ こびる
〔媛〕 エン ひめ
〔媟〕 セツ なれる・けがす
〔嫂〕→嫂（十三画）
〔婢〕→婢（十一画）
子 〔孱〕 セン よわい
〔孳〕 シ・ジ うむ・しげる
宀 〔富〕 フ・フウ とむ・とみ
〔寐〕 ビ ねる
〔寒〕 カン さむい
寒露 かんろ
寒垢離 かんごり
〔寒〕→寒
〔寓〕 グ・グウ よる・よせる
〔寔〕 ショク まことに
寸 〔尊〕 ソン たっとい・とうとい・たっとぶ・とうとぶ・みこと
〔尊〕→尊
〔尋〕 ジン たずねる・つぐ・ついで・ひろ
〔尋〕→尋

尢
【就】シュウ・ジュ つく・つける・なる・なす・すなわち・たとい・ついては
就中 なかんずく
尸
【属】ゾク・ショク やから・つく・さかん
【屠】ト ほふる
【屡】→屢(十四画)
山
【嵆】ケイ
【嵋】ビ
【嵌】カン はめる
嵌頓 かんとん
【嵎】グ・グウ くま
【嵐】ラン あらし
【嵒】ガン いわ・いわお
【嵜】→崎(十一画)
【崑】→崑(十一画)
己
【巽】ソン たつみ
巾
【帽】ボウ・モウ
【帽】→帽
【幀】トウ・テイ はる
【幃】イ・キ とばり
【幄】アク とばり
【幅】フク はば・の
【幇】ホウ たすける
幇間 ほうかん たいこもち
幺
【幾】キ いく・きざし・ちかい・ほとんど・こいねがう
幾何 きか いくばく
幾許 いくばく ここだ ここだく ここら
【幾】→幾
广
【庾】ユ くら
【廁】シ・ショク かわや
【廂】ショウ・ソウ ひさし
廂間 ひあわい
【廃】ハイ すたれる・すたる
【廊】ロウ
【鹿】→鹿(十一画鹿部 部首11画)
弋
【弑】シ・シイ ころす
弓
【强】→強(十一画)
【弼】ヒツ たすける・すけ
【弽】ショウ・キョウ ゆがけ
【弾】ダン・タン ひく・はずむ・たま・はじく
【粥】→粥(米部 部首6画)
彡
【彭】ホウ
彳
【徧】ヘン あまねし・あまねく
【徨】コウ さまよう
【復】フク かえる・かえす・また
【循】ジュン したがう・めぐる
【御】ギョ・ゴ おん・お・み・おさめる
御衣 ぎょい おんぞ みけし みぞ
御形 ごぎょう おぎょう
御祖 みおや
御座 おまし みまし
御髪 みぐし
御内儀 おないぎ おかみ
御手洗 みたらい みたらし
御神籤 おみくじ
御息所 みやすどころ みやすんどころ
御御籤 おみくじ
御御鬮 おみくじ
御稜威 みいつ
御影供 みえいく みえく
艹
【萩】シュウ はぎ・よもぎ
【萪】カ
【萬】→万(三画一部 部首1画)
【蒄】カン
【萱】ケン わすれぐさ・かんぞう・かや
萱草 かんぞう
【萵】ワ ちしゃ
萵苣 ちさ ちしゃ
【萸】ユ
【萼】ガク うてな
【落】ラク おちる・おとす・おち
落人 おちうど おちゅうど
落忌 としみ
落葉松 からまつ
【葆】ホウ・ホ しげる・まもる・とりで
【葉】ヨウ・ショウ は
葉月 はづき
葉書 はがき
【葎】リツ むぐら
【著】→著(十一画)
【葛】カツ・カチ くず・つづら
葛籠 つづら つづらこ
【葡】ホ・ブ
葡萄 ぶどう
葡萄牙 ポルトガル
葡萄茶 えびちゃ
【葢】→蓋(十三画)
【董】トウ ただす・はかる
【葦】イ あし・よし
葦雀 よしきり
【葩】ハ はな
【葫】コ にんにく
【葬】ソウ ほうむる・はぶり
【葭】カ あし・よし
葭簀 よしず
【葮】タン・ダン むくげ
【葯】ヤク くすり
【葱】ソウ ねぎ
【葵】キ あおい
【葷】クン・グン
【葹】シ おなもみ
【葺】シュウ ふく
【蒂】→蔕(十四画)
【菰】→菰(十一画)
【菟】→菟(十一画)
【蓖】→蓖(十一画)
【募】→募(力部 部首2画)
辶
【逼】→逼(十三画)
【遁】→遁(十三画)
【遂】スイ とげる・ついに
【遅】チ おくれる・おくらす・おそい・まつ
【遇】グウ・グ あう・もてなす・たまたま
【遊】ユウ・ユ あそぶ・あそび・あそばす
遊山 ゆさん
遊行 ゆうこう ゆぎょう
【運】ウン はこぶ・めぐる・めぐらす
【遍】ヘン あまねし
遍羅 べら
【過】カ すぎる・すごす・あやまつ・あやまち・よぎる
【道】ドウ・トウ みち・みちびく・いう
道祖神 どうそじん さいのかみ さえのかみ
道産子 どさんこ
【達】タツ・ダチ・タチ とおる・いたる
達磨 だるま
【遥】ヨウ はるか
辶
【迸】ホウ・ヘイ ほとばしる
【逭】カン のがれる
【逮】→逮(十一画)
【週】→週(十一画)
【進】→進(十一画)
【逵】キ おおどおり
【逶】イ
【逸】→逸(十一画)
【達】→達
阝
【都】→都(十一画)
【鄂】ガク
阝
【陽】ヨウ ひ・ひなた・いつわる
陽炎 かぎろい かげろう
【隄】テイ つつみ
【隅】グウ・グ すみ
【隆】→隆(十一画)
【隈】ワイ・エ くま
【隊】タイ・ツイ くみ
【隊】→隊
【隋】タ・ダ・ズイ
【隍】コウ ほり・からぼり
【階】カイ きざはし・はし・はしご・しな
階子 はしご
【随】ズイ・スイ したがう
随神 かみながら かむながら かんながら
忄→部首4画へ
扌→部首4画へ
氵→部首4画へ
犭→部首4画へ
●部首4画
心
【悲】ヒ かなしい・かなしむ
【悳】→徳(十四画彳部 部首3画)
【悶】モン もだえる
【惑】ワク まどう・まどわす
【惠】→恵(十画)
【惡】→悪(十一画)
【惣】ソウ すべて
惣菜 そうざい
【惹】ジャ・ジャク ひく
忄
【惰】ダ・タ おこたる
【惱】→悩(十画)
【惴】スイ・ズイ おそれる
【惶】コウ おそれる・かしこまる
【惸】ケイ うれえる・ひとり
【惺】セイ さとる・しずか
【惻】ショク・ソク いたむ
【愀】シュウ・ショウ うれえる
【愃】ケン・セン ゆたか・ひろい
【愉】ユ たのしむ・たのしい
【愈】→愉
【愎】ヒョク・フク もとる
【愕】ガク おどろく
【慍】ウン・オン うらむ・いきどおる・いかる
【惚】→惚(十四画)
【慌】コウ あわてる・あわただしい
【慌】→慌
戈
【戞】→戛(十一画)
【戟】ゲキ ほこ
【裁】→裁(衣部 部首6画)
戸
【扉】ヒ とびら
【扉】→扉
【雇】→雇(隹部 部首8画)
手
【掌】ショウ たなごころ・つかさどる
【掣】セイ ひく
扌
【掾】エン じょう
【揀】カン えらぶ
【揃】セン きる・そろう・そろえ

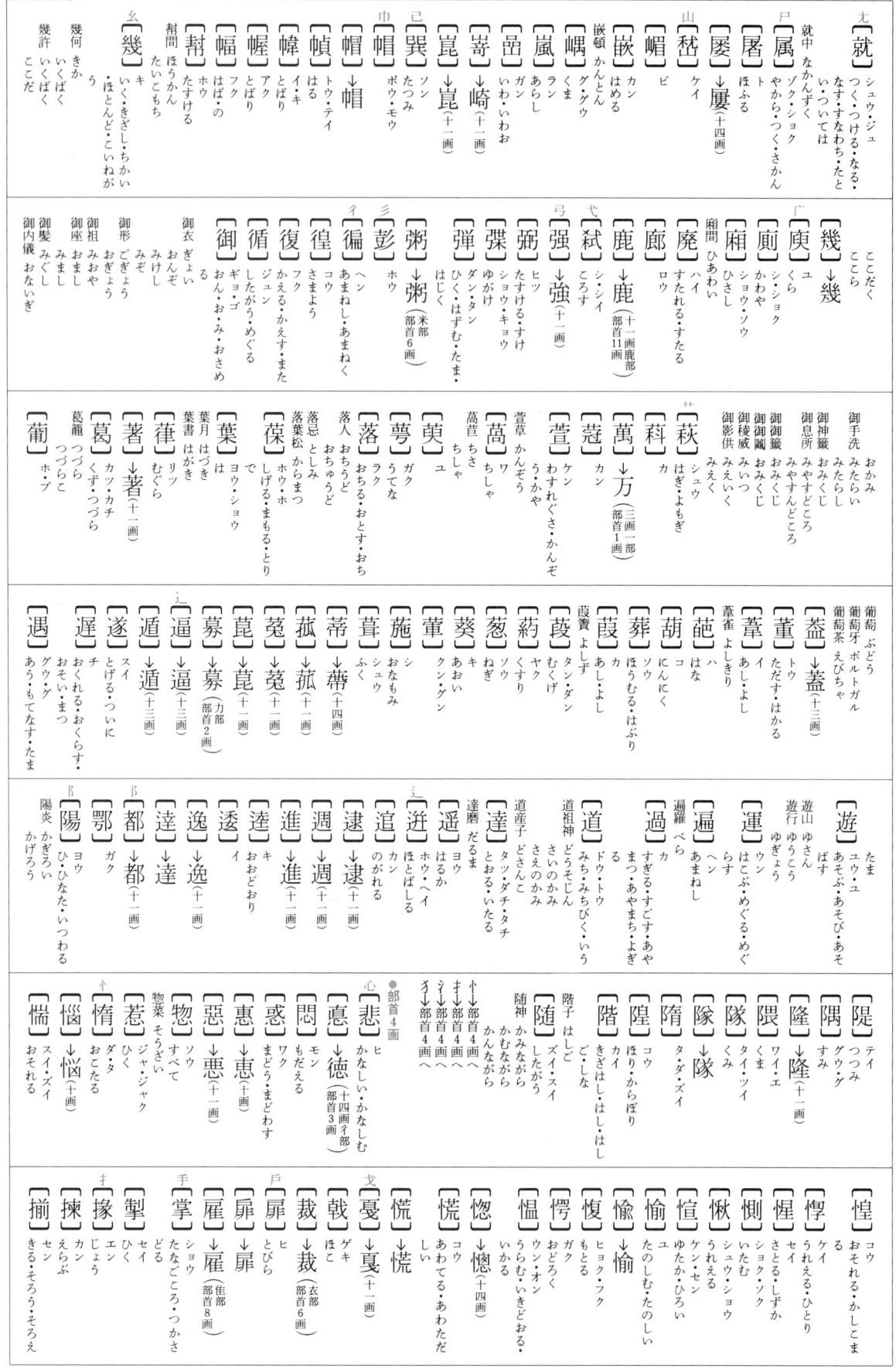

る・そろい
〔揄〕ユ なぶる・からかう
〔揆〕キ はかる
〔揉〕ジュウ もむ
〔提〕テイ・ダイ・チョウ さげる・ひっさげる 提子 ひさげ 提灯 ちょうちん
〔揑〕→捏(十画)
〔插〕→挿(十画)
〔揖〕ユウ・シュウ
〔揚〕ヨウ あげる・あがる 揚繰網 あぐりあみ
〔換〕カン かえる・かわる
〔揜〕エン・アン とる・おおう
〔握〕アク にぎる・にぎり
〔揣〕スイ・シ はかる・おしはかる
〔揩〕カイ する・ぬぐう
〔揭〕→掲(十一画)
〔揮〕キ ふるう
〔援〕エン ひく・たすける
〔援〕→援
〔揶〕ヤ からかう
〔揺〕ヨウ ゆれる・ゆる・ゆらぐ・ゆるぐ・ゆする・ゆさぶる・ゆすぶる
〔捲〕→捲(十一画)
〔搭〕トウ のる
〔搜〕→捜(十画)
支〔敧〕キ そばだてる
文〔敝〕ヘイ やぶれる

〔敞〕ショウ たかい・ひろい
〔敢〕カン あえて
〔散〕サン ちる・ちらす・ちらかす・ちらかる 散楽 さんがく さるがく さるごう
〔敦〕トン・タイ あつい
〔敬〕ケイ・キョウ うやまう・つつしむ
文〔斌〕ヒン
〔斐〕ヒ あや
〔斑〕ハン まだら・はだら・ぶち・ふ 斑雪 はだれゆき まだらゆき 斑鳩 いかるが 斑枝花 パンヤ
斤〔斯〕シ これ・この・ここ・かく・すなわち
方〔旒〕リュウ はたあし
日〔普〕フ・ホ あまねし 普請 ふしん 普賢 ふげん 普化宗 ふけしゅう
〔景〕ケイ・エイ かげ 景色 けしき
〔晢〕セキ あきらか
〔晣〕→晢
〔晴〕セイ はれる・はらす・はれ
〔晴〕→晴
〔晶〕ショウ・セイ あきらか
〔晷〕キ ひかげ
〔智〕チ さとる・さとい 智利 チリ

〔晻〕アン・エン くらい
〔暃〕ヒ
〔晩〕バン くれ・おそい 晩生 ばんせい おくて おしね 晩稲 ばんとう おくて おしね
〔暁〕ギョウ・キョウ あかつき・さとる
〔暑〕ショ あつい
〔暎〕→映(九画)
曰〔曾〕ソウ・ゾウ・ソ すなわち・かつて 曾孫 そうそん ひいまご ひこ ひこまご ひまご 曾祖父 そうそふ ひいじじ 曾祖母 そうそぼ ひいばば
〔替〕タイ・テイ かえる・かわる・すたれる
〔最〕サイ もっとも・も 最中 さいちゅう さなか もなか 最手 ほて 最早 もはや
〔冕〕→冕(十一画冂部 部首2画)
月〔朝〕チョウ あさ・あした 朝臣 ちょうしん あそみ あそん あっそん 朝餉 あさげ あさけ
〔朝〕→朝
〔朞〕キ とき・ひとまわり

〔期〕キ・ゴ とき
〔期〕→期
月〔脹〕チョウ ふくれる・はれる
〔脾〕ヒ
〔胼〕ヘン たこ・あかぎれ 胼胝 へんち たこ
〔腆〕テン あつい・てあつい・おおい
〔腊〕セキ・シャク
〔腋〕エキ わき 腋臭 えきしゅう わきが わきくさ わきくそ
〔腎〕ジン
〔腑〕フ はらわた
〔腓〕ヒ こむら
〔腔〕コウ
〔腕〕ワン うで・かいな
〔勝〕→勝(力部 部首2画)
木〔棄〕→棄(十三画)
〔棆〕リン
〔棉〕メン わた
〔棋〕キ
〔棊〕→棋
〔棍〕コン
〔棒〕ボウ・ホウ
〔棔〕コン
〔棕〕ソウ・シュ 棕櫚 しゅろ

〔棗〕ソウ なつめ
〔棘〕キョク いばら・とげ
〔棙〕レイ ばち・ねじ
〔棚〕ホウ たな 棚機 たなばた
〔棚〕→棚
〔棟〕トウ むね・むな
〔棠〕トウ・ドウ やまなし
〔棡〕コウ
〔棣〕テイ・タイ にわざくら
〔棧〕→桟(十画)
〔棨〕ケイ わりふ
〔棬〕ケン まげもの・わげもの
〔森〕シン もり
〔棯〕ジン・デン・ネン
〔棰〕スイ むち
〔棲〕セイ すむ
〔棹〕トウ・タク さお
〔棺〕カン ひつぎ
〔椀〕ワン 椀飯 おうばん
〔椁〕カク ひつぎ
〔椄〕ショウ・セツ つぐ
〔椅〕イ 椅子 いし いす
〔椈〕キク
〔椋〕リョウ むく
〔椌〕コウ

〔植〕ショク・チ うえる・うわる・たてる
〔椎〕ツイ・スイ つち・うつ・しい
〔椏〕ア また
〔椒〕ショウ はじかみ・さんしょう
〔椪〕ボン くぬぎ・なみき 椪柑 ぽんかん
〔椡〕トウ くぬぎ
〔検〕ケン しらべる 検見 けみ けんみ 検校 けんぎょう 検非違使 けびいし
〔椢〕→槶(十五画)
〔楉〕ジャク・ニャク ざくろ・しもと・すわえ
〔椙〕すぎ
〔椚〕くぬぎ
〔椦〕ケン
〔椥〕なぎ
〔椨〕たぶ
〔椣〕しで
〔渠〕→渠(氵部 部首4画へ)
〔楪〕→楪(十三画)
〔極〕→極(十三画)
欠〔欹〕イ・キ ああ・かたむく・そばだつ
〔欺〕ギ・キ あざむく
〔欽〕キン つつしむ
〔款〕カン よろこぶ・まこと

〔欿〕カン
歹〔殕〕フウ・フ くさる
〔殖〕ショク ふえる・ふやす・うえる
〔殘〕→残(十画)
〔殛〕→殛(十三画)
殳〔殼〕→殻(十一画)
比〔毘〕→毘(十一画鹿部 部首11画)
毛〔毯〕タン けむしろ
〔毬〕キク まり・けまり
〔毳〕セイ・ゼイ むくげ
水〔淼〕ビョウ ひろい
氵〔渙〕カン とける・ちる
〔渚〕→渚(十一画)
〔減〕ゲン・カン へる・へらす
〔渝〕ユ かわる・かえる
〔渟〕テイ たまる・とどまる
〔渠〕キョ・ゴ かれ・みぞ・なんぞ
〔渡〕ト わたる・わたす・わたし 渡殿 わたどの
〔渣〕サ かす・おり
〔渤〕ホッ・ボツ
〔渥〕アク あつい・うるおう
〔渦〕カ うず
〔温〕オン・ウン あたたか・あたたかい・あたたまる・あたためる・たずねる・ぬるむ・ぬるい 温石 おんじゃく 温突 オンドル

## 十二画

温泉 おんせん いでゆ
温明殿 うんめいでん
【渫】セツ・チョウ さらう
【測】ソク・ショク はかる
【渭】イ
【港】コウ みなと
【港】→港
【渴】→渇(十一画)
【游】ユウ・ユ およぐ・あそぶ
【渺】ビョウ ちいさい・はるか
【渾】コン すべて・にごる
渾名 あだな
【湃】ハイ
【湊】ソウ あつまる・みなと
【湍】タン はやせ・はやい
【湎】ベン・メン おぼれる・しずむ
【湑】ショ したむ・こす
【湖】コ みずうみ・うみ
【湘】ショウ
【湛】タン・チン たたえる・しずむ
【湟】コウ
【湧】ヨウ・ユウ わく
【湫】シュウ・ショウ ひくい・せまい・くて
【湮】イン・エン しずむ・ほろびる・ふさぐ
【湯】トウ・タン・ショウ ゆ
湯女 ゆな
湯婆 たんぽ
湯桶 ゆとう
湯麺 タンメン
湯湯婆 ゆたんぽ

【湲】エン・カン
【湶】→泉(九画)
【溂】ラツ
【滋】ジ・シ ますます・ます・しげる・しげし
【滋】→滋
【湾】ワン いりえ
【湿】シツ・シュウ しめる・しめす・うるおう
湿地 しめじ
湿婆 シバ
【満】マン・バン みちる・みたす
満天星 どうだん どうだんつつじ
【溌】→潑(十五画)
【渕】→淵(十一画)
【混】→混(十一画)
火【焙】ハイ・ホイ・ホウ あぶる
焙炉 ほいろ
焙烙 ほうろく
【焚】フン やく・たく
【焜】コン かがやく
【焠】サイ にらぐ
【焰】エン ほのお
【焼】ショウ やく・やける・やき
焼売 シューマイ
焼酎 しょうちゅう
【煉】→煉(十三画)
【煠】→煠(十三画)
灬【無】ム・ブ ない・なかれ
無礼 ぶらい ぶれい むらい
無言 むごん しじま
無花果 いちじく
無患子 むくろじ
【焦】ショウ こげる・こがす・こがれる・あせる
【然】ゼン・ネン しかり・しかし・しかして・しかるに・しかれども・しからば・しかれば・もえる
【煮】シャ・ショ にる・にえる・にやす
煮麺 にゅうめん
【呴】→呴(口部 部首3画)
爫【爲】→為(九画灬部 部首4画)
片【牋】→箋(十四画竹部 部首6画)
【牌】ハイ ふだ
【牒】→牒(十三画)
牛【犀】セイ・サイ
【犂】リ・レイ すき・からすき
【犇】ホン はしる・ひしめく
犭【猥】ワイ みだりに・みだりがわしい
【猨】→猿(十三画)
【猩】セイ・ショウ
【猪】→猪(十一画)
【猬】イ はりねずみ
【猯】タン いのしし
【猴】コウ さる
【猶】ユウ ためらう・なお・なお…ごとし
猶予 ゆうよ たゆたい
猶太 ユダヤ
辶→部首3画へ
【猶】→猶

王→部首5画へ
ネ→部首5画へ
●部首5画
王【琢】→琢(十一画)
【琥】コ
【琱】チョウ きざむ・ほる
【琲】ハイ・ヒ つらぬく
【琳】リン
【琴】キン・ゴン こと
琴柱 ことじ
【琵】ヒ・ビ
【琶】ハ
【琺】ホウ
【瑇】タイ
【瑛】エイ・ヨウ
瑇瑁 たいまい
【斑】→斑(文部 部首4画)
瓜【瓠】→瓠(十一画)
生【甥】セイ おい
【甦】ソ よみがえる
田【番】バン・ハン つがえる・つがい・つがう
【畫】→画(八画凵部 部首2画)
【畬】ヨ・シャ あらた・やきた
【畭】→畬
【異】→異(十一画)
【畱】→留(十画)
【畳】ジョウ・チョウ たたむ・たたみ
畳紙 たとう たとうがみ

【畴】→疇(十九画)
疋【疎】ソ・ショ うとい・うとむ・うとんずる・おろそか・あらい・まばら
【疏】→疏(十一画)
疒【痘】トウ もがさ
痘痕 とうこん あばた
痘瘡 とうそう もがさ
【痙】ケイ ひきつる
【痛】ツウ・トウ いたい・いたむ・いためる・いたみ
【痞】ヒ つかえ
【痢】リ はらくだし
【痣】シ あざ・ほくろ
【痩】→瘦(十五画)
癶【登】トウ・ト のぼる・みのる
【發】→発(九画)
白【皓】コウ しろい・あきらか
【皓】→皓
【皖】カン
皮【皴】シュン ひび・しわ
皿【盛】→盛(十一画)
【盜】→盗(十一画)
目【睆】カン
【睇】テイ・ダイ ぬすみみる
【着】チャク・ジャク きる・きせる・つく・つける
矢【短】タン みじかい
石【硜】コウ・キョウ

【硝】ショウ
【硝】→硝
硝子 ガラス
【硨】シャ
硨磲 しゃこ
【硫】リュウ・ル いおう・ゆおう
硫黄 いおう ゆおう
【硬】コウ・ゴウ かたい・つよい
【确】カク やせち・そね・たしか・きそう
【硯】ゲン・ケン すずり
【硲】はざま・たにあい
【硴】かき
ネ【禄】ロク さいわい・ふち
禾【稀】キ・ケ まれ
稀有 きゆう けう
【税】ゼイ・セイ・タツ・ダツ みつぎ
【稅】→税
【稈】カン わら
【稉】→粳(十三画米部 部首6画)
【程】テイ ほど・のり・はかる
【程】→程
【稍】ソウ・ショウ やや・ようやく
穴【窖】コウ あなぐら
【窗】→窓(十一画)
【窘】キン くるしむ・たしなめる
立【竢】シ まつ

【竣】シュン おわる・おえる
【童】ドウ・トウ わらべ・わらわ
童謡 どうよう わざうた
【童】→童
【竦】ショウ つつしむ・おそれる・すくむ
ネ→部首6画へ
●部首6画
竹【筅】セン ささら
【筆】ヒツ ふで
筆頭菜 つくし つくつくし つくづくし
【筈】カツ やはず・はず
【等】トウ ひとしい・など・ら
等閑 とうかん なおざり
【筋】キン・コン すじ
筋骨草 みずすぎ
【筌】セン うえ
【筍】シュン・ジュン たけのこ・たかんな
【筏】ハツ・バツ いかだ
【筐】キョウ かご・かたみ
【筑】チク
筑前 ちくぜん
筑後 ちくご
筑紫 ちくし つくし
【筒】トウ つつ
筒元 どうもと
【筓】ケイ こうがい・かんざし
【答】トウ こたえる・こたえ
【策】サク むち・つえ・ふだ・はかりごと

【筬】→筬（十三画）
【箏】→箏（十四画）
米【粟】ショク・ソク・ゾク　あわ
【粡】トウ・ズ　ちまき
【粢】シ・セイ　きび・しとぎ
【粤】エツ　ここに・ああ
【粥】シュク・イク　かゆ・ひさぐ
【粧】ショウ・ソウ　よそおう・よそおい
【糆】→麪（十五画麥部 部首11画）
【粨】ヘクトメートル
【粭】すくも
糸【絎】コウ　くける
【絏】セツ　きずな
【結】ケツ・ケチ　むすぶ・ゆう・ゆわえる・むすび
結納　ゆいのう
結縁　けちえん
結願　けちがん
結跏趺坐　けっかふざ
【絓】カイ・カ　しけ・しけいと
【絶】ゼツ・セツ・ゼチ　たえる・たやす・たつ・たえて
【絕】→絶
【絖】コウ　ぬめ
【絝】コ　はかま
【絞】コウ・キョウ　しぼる・しめる・しまる・くびる・くくる・しぼり
【絡】ラク　からむ・からまる・まとう
【絢】ケン　あや

【絣】ホウ　かすり
【給】キュウ　たまう
【絨】ジュウ
【絮】ショ・ジョ　わた
【統】トウ　すべる
【絲】→糸（六画）
【絳】コウ　あか
【絵】カイ・エ　えがく
【紫】→紫（十一画）
缶【缾】→瓶（十一画瓦部 部首5画）
羽【翔】ショウ　かける・とぶ
【翔】→翔
【翕】キュウ　あう・あつめる
老【耋】テツ　としより
耳【聒】カツ　かまびすしい
舌【舒】ショ・ジョ　のべる
舛【舜】シュン　あさがお・むくげ
虍【虚】→虚（十一画）
【虜】→虜（十三画）
虫【蛔】カイ
【蛙】ワ・ア　かえる・かわず
【蛚】レツ
【蛛】チュ・シュ
【蛞】カツ
蛞蝓　なめくじ　なめくじら
【蛟】コウ・キョウ　みずち
【蛤】コウ　はまぐり

【蛩】キョウ　こおろぎ・いなご
【蛮】バン　えびす
【蛬】キョウ　こおろぎ・きりぎりす
【蛭】シツ・チツ　ひる
蛭子　えびす　ひるこ
【蛯】えび
血【衆】シュウ・シュ　おおい・もろもろ
行【街】ガイ・カイ　まち
衣【裁】サイ・ザイ　たつ・さばく
【裂】レツ　さく・さける・きれ
【装】ソウ・ショウ　よそおう・よそう・よそおい
衤【裎】テイ　はだか
【裡】→裏（十三画）
【裑】シン　みごろ
【裕】コウ・ユ　ゆたか・ひろい
【裙】クン　もすそ・すそ
【補】ホ・フ　おぎなう
補任　ふにん　ぶにん　ほにん
襾【覃】タン・エン　うまい・およぶ・ふかい
艹→部首3画へ
月→部首4画へ
●部首7画
見【視】→視（十一画）
【覗】シ　のぞく・うかがう
【覘】テン　うかがう
【覚】カク・コウ　おぼえる・さます・さめる・さとる・さとり・おぼえ

角【觚】コ　さかずき
【觜】シ・スイ　くちばし・はし
【觝】テイ　ふれる
言【訴】ソ　うったえる・うったえ
【訶】カ　しかる・せめる
【診】シン　みる
【註】チュ・チュウ　とく・しるす
【証】ショウ・セイ　あかし・しるし
【訾】シ　そしる
【詁】コ　よみ・とく
【詆】テイ　そしる
【詈】リ　ののしる・のる
【詎】キョ　なんぞ・いずくんぞ
【詐】サ　いつわる
【詑】タ・イ　あざむく
【詒】タイ・イ　あざむく・おくる・のこす
【詔】ショウ　みことのり・つげる
【評】ヒョウ・ヘイ　はかる・あげつらう
【評】→評
【詘】クツ・チュツ　かがむ・しりぞける
【詛】ソ・ショ　ちかう・のろう・そしる
【詞】シ・ジ　ことば
【詠】エイ　よむ・うたう・うた・ながめる
【訝】→訝（十一画）

谷【谺】→谺（十一画）
豕【象】ショウ・ゾウ　かたち・かた・かたどる
象牙　ぞうげ
象潟　きさかた
豸【貂】チョウ　てん
貝【貯】チョ　たくわえる
【貰】セイ　もらう
【貲】シ　あがなう・たから
【貳】→弐（六画弋部 部首3画）
【貴】キ　たっとい・とうとい・たっとぶ・とうとぶ
貴人　きじん　あてびと
貴下　きか　あなた
貴女　きじょ　あなた
貴方　きほう　あなた　あんた
【貶】ヘン　おとす・おとしめる・けなす
【買】バイ　かう
【貸】タイ・トク　かす
【貺】キョウ　たまもの・たまう
【費】ヒ・フツ　ついやす・ついえる・ついえ
【貼】チョウ・テン　つける・はる・つく
【貽】イ　おくる
【貿】ボウ・モ　かえる・あきなう
【賀】ガ・カ　いわう・よろこぶ
【賁】→賁（十三画）
赤【赧】ダン・タン　はじる・あからめる

走【趁】チン　おう・はしる
【超】チョウ　こえる・こす
【越】エツ・オチ・オツ・カツ　こす・こえる・ここに・こし
越中　えっちゅう
越前　えちぜん
越南　ベトナム
越度　おちど　おつど
越後　えちご
足【跈】デン・セン　ふむ
【跋】ハツ・バツ　ふむ・おくがき・あとがき
【跌】テツ　つまずく・あやまつ
【跎】タ・ダ　つまずく
【跏】カ
【跑】ホウ　あがく・だく
【跕】チョウ　ふむ
【跖】セキ
【跗】フ　くびす
【跚】サン
【跛】ハ・ヒ
【距】キョ　けづめ・へだてる・ふせぐ
【距】→距
身【躰】→体（七画人部 部首2画）
車【軫】シン　よこぎ・いたむ
【輩】→輩（十五画）
【軸】ジク・チク
【軻】カ
【軼】イツ・テツ　すぎる・すぐれる・なくなる

【軽】ケイ・キョウ・キン　かるい・かろやか・かろんずる
軽衫　カルサン
軽袗　カルサン
軽業　かるわざ
辛【辜】コ　つみ
酉【酢】サク・ソ　す
酢橘　すだち
酢漿草　かたばみ
【酣】カン　たけなわ
【酤】コ
【酥】ソ
釆【釉】ユウ　うわぐすり
釉薬　ゆうやく　うわぐすり
里【量】リョウ　はかる・ます・かさ
辶→部首3画へ
⻌→部首3画へ
阝→部首3画へ
●部首8画
金【釿】キン・ギン　おの
【鈇】フ　おの
【鈍】ドン・トン　にぶい・にぶる・なまくら・おそい・にび
鈍色　にびいろ　にぶいろ
鈍間　のろま
【鈎】→鉤（十三画）
【鈐】ケン・キン　くさび
【鈑】ハン　いたがね
【鈔】ソウ・ショウ　うつす・かすめる・とる
【鈕】ジュウ・チュウ　つまみ・ボタン
【鈞】キン　ひとしい

【鈬】↓鐸（二十一画）
【鈩】↓鑪（二十四画）
門【開】カイ　ひらく・ひらける・あく・あける・ひらき　開眼　かいげん
【閏】ジュン　うるう
【閑】カン　しずか・ひま　閑人　かんじん　ひまじん
【間】カン・ケン　あいだ・ま・はざま・ひま・ころおい・しずか・うかがう・へだてる・あい　間夫　まぶ　間竿　けんざお　間狂言　あいきょうげん
【閒】↓間
【閔】ビン・ミン　いたむ・あわれむ・うれえる
【閖】ゆり・ゆる・ゆれる
【悶】↓悶（心部部首4画）
隹【雁】ガン　かり・かりがね　雁瘡　がんがさ
【雄】ユウ　お・おす
【雅】↓雅（十三画）
【集】シュウ・ジュウ　あつまる・あつめる・つどう・あつまり
【雇】コ　やとう・やとい　雇女　やとな
【雇】↓雇
雨【雰】フン　きり
【雲】ウン　くも　雲丹　うに　雲母　うんも　きら　きらら　雲呑　ワンタン　雲脂　ふけ　雲雀　ひばり

阝↓部首3画へ

●部首9画

革【靫】サイ・サ　うつぼ・ゆぎ　靫負　ゆげい
【靭】ジン　しなやか・うつぼ・ゆぎ
【靱】↓靭
【靱】↓靭
韭【韮】↓韭（九画）
頁【項】コウ　うなじ
【順】ジュン・シュン　したがう・すなお
【須】シュ・ス　ひげ・まつ・もちいる・もとめる・すべからく…べし　須臾　しゅゆ　すゆ　しばらく　須弥山　しゅみせん
風【颪】おろし
食【飲】イン・オン　のむ　飲食　いんしょく　おんじき
【飯】ハン・ボン　めし・いい　飯事　ままごと　飯匙倩　はぶ

●部首10画

馬【馭】ギョ・ゴ
【馮】ヒョウ・フウ　しのぐ・よる・たのむ
髟【髠】↓髡（十三画）

●部首11画

鳥【鳦】イツ　つばめ
鹿【鹿】↓鹿（十一画）

●部首12画

黄【黃】↓黄（十一画）
黍【黍】ショ　きび
黑【黑】↓黒（十一画）
黹【黹】チ　ぬう・ぬいとり

歯↓部首15画へ

●部首15画

歯【歯】シ　は・よわい・よわいする　歯朶　しだ

## 十三画

●部首1画

乙【亂】↓乱（七画）

●部首2画

亠【亶】タン・セン　まこと・あつい・ほしいまま
【雍】↓雍（隹部部首8画）
人【催】サイ　もよおす・うながす　催馬楽　さいばら
【傭】ヨウ　やとう
【傲】ゴウ　おごる
【傳】↓伝（六画）
【傴】ウ
【債】サイ　かり・かし
【傷】ショウ　きず・いたむ・いためる・やぶる・やぶれる
【傾】ケイ　かたむく・かたむける　傾城　けいせい
【僂】ロウ・ル
【僄】ヒョウ　かるい・はやい・すばやい
【僅】キン　わずか
【僉】セン　みな
【僊】セン　やまびと
【僧】ソウ　僧都　そうず
【傑】ケツ　すぐれる
【働】ドウ　はたらく
【條】↓絛（糸部部首6画）
刀【剿】ショウ・ソウ　たつ・かすめとる
刂【剽】ヒョウ　おびやかす・かすめる　剽軽　ひょうきん
【剿】↓剿
力【勠】リク　あわせる
【勢】セイ・セ・ゼイ　いきおい　勢子　せこ
【勣】セキ　いさお
【勤】↓勤（十二画）
【勦】ソウ　つかれる・ころす
【勧】カン・ケン　すすめる
匚【匯】カイ・ワイ　めぐる
十【準】↓準（氵部部首4画へ）
厂【厩】↓廏（十四画广部部首3画）

●部首3画

口【嗄】サ　かれる
【嗅】キュウ　かぐ
【嗇】ショク　おしむ・やぶさか
【嗉】ソ
【嗔】シン　いかる
【嗚】オ・ウ　ああ　嗚呼　ああ　嗚咽　おえつ
【嗛】ケン・カン・キョウ　ふくむ
【嗜】シ　たしなむ・このむ・たしなみ
【嗟】シャ・サ　ああ・なげく　嗟乎　ああ
【嗣】シ　つぐ・よつぎ
【嗤】シ　わらう
【嘆】タン　なげく・なげかわしい
【嘩】↓譁（十八画言部部首7画）
【喈】↓喈（十二画）
囗【園】エン・オン　その　園生　そのう
【圓】↓円（四画冂部部首2画）
土【塊】カイ　かたまり・つちくれ
【塋】エイ　はか
【塑】ソ　でく
【塑】↓塑
【塒】シ・ジ　ねぐら
【塗】ト　ぬる・どろ・まみれる・みち　塗師　ぬし
【塘】トウ　つつみ
【塙】カク・コウ　かたい・はなわ
【塚】↓塚（十二画）
【塞】ソク・サイ　とりで・ふさぐ
【塡】テン・チン　ふさぐ・うずめる・うめる・しずめる・はめる・こめる
【填】↓塡
【塢】オ・ウ　どて
【塩】エン　しお　塩梅　あんばい
【墓】ボ　はか
【塰】あま・おか
士【壼】コン
夂【愛】↓愛（心部部首4画）
夕【夢】ム・ボウ　ゆめ　夢現　ゆめうつつ
大【奧】↓奥（十二画）
【奬】ショウ　すすめる・たすける
女【媳】ショク・ソク　よめ
【媼】オウ　おうな
【媽】ボ・モ　はは
【媾】コウ　よしみ・まじわる　媾曳　あいびき
【嫁】カ・ケ　よめ・とつぐ
【嫂】ソウ　あによめ
【嫉】シツ　ねたむ・にくむ
【嫋】ジョウ・ジャク　たおやか
【嫌】ケン・ゲン　きらう・いや・うたがう
【嫌】↓嫌
【嫐】ドウ　なぶる・たわむれる
宀【寖】↓浸（十画氵部部首4画へ）
【寘】シ　おく
【寛】カン　ひろい・ゆるやか・くつろぐ
【寝】シン　ねる・ねかす・やめる　寝刃　ねたば
【寞】バク・マク　さびしい・しずか
【塞】↓塞（土部部首3画）
小【尠】セン　すくない
【尟】↓尠
山【嵩】シュウ・スウ　たかい・かさ・かさむ
【嵬】ガイ・カイ
【嵯】サ
【嵳】↓嵯
【嵶】たわ・たお
巾【幌】コウ　ほろ・とばり　幌向草　ほろむいそう
【幎】ベキ　とばり・おおう
【幕】マク・バク　とばり
【幃】↓幃（十二画）
干【幹】カン　みき
广【廈】カ　いえ　廈門　アモイ
【廉】レン　かど・いさぎよい・やすい
【廉】↓廉
【廊】↓廊（十二画）
【廋】ソウ・シュウ　かくす
弓【彁】カ・セイ
彑【彙】イ　あつめる・はりねずみ
彳【徭】ヨウ　えだち

【微】 ビ・ミ かすか・ひそか・ない
微風 びふう そよかぜ
微塵 みじん
微温湯 びおんとう ぬるまゆ
【微】→微
艹【蒐】 シュウ あつめる・かくす
【蒔】 シ・ジ うえる・まく
蒔絵 まきえ
【蒙】 ボウ・モウ こうむる・おおう・くらい
【蒜】 サン ひる・のびる・にんにく
【蒟】 ク・コン
蒟蒻 こんにゃく
【蒡】 ホウ・ボウ
【蒭】→芻(十画)
【蒲】 ホ・ブ・フ・ボ かま・がま・かば
蒲団 ふとん
蒲葵 びろう
蒲公英 たんぽぽ
【蒸】 ジョウ・ショウ むす・むれる・むらす・ふかす
蒸籠 せいろ せいろう
【蒹】 ケン おぎ
【蒻】 ジャク・ニャク
【蓖】 ヘイ・ヒ
蓖麻 ひま
【蒼】 ソウ あお・あおい
【蒿】 コウ よもぎ
【蓁】 シン
【蓂】 ベイ・ミョウ・メイ
【蓄】 チク たくわえる
【蓆】 セキ むしろ
【蓉】 ヨウ
【蓊】 オウ
【蓋】 カイ・ガイ・コウ おおう・ふた・かさ・けだし
【蓍】 シ めどぎ
【蓐】 ジョク しとね
【蓑】 サ・サイ みの
【蓙】→蓙(十二画)
【蓧】 チョウ・テキ・シュウ ぎしぎし・よろこぶ
【蓬】→蓬(十四画)
【蓮】→蓮(十四画)
【蒋】→蔣(十四画)
【蓙】 ザ ござ
【墓】→墓(土部 部首3画)
【夢】→夢(夕部 部首3画)
【幕】→幕(巾部 部首3画)
辶【遜】→遜(十四画)
【遠】 エン・オン とおい・とおざかる・とおざける
遠江 とおとうみ
遠近 えんきん おちこち
遠流 おんる
【遡】→遡(十四画)
【遣】 ケン つかう・つかわす・やる・つかい・しむ
【違】 イ ちがう・ちがえる・たがう
辶【逼】 ヒョク・ヒツ せまる
【逾】 ユ こえる・いよいよ
【遁】 トン・シュン にげる・のがれる
【遂】→遂(十二画)
【遇】→遇(十二画)
【逭】 テイ さすが・うかがう
【遊】→遊(十二画)
【運】→運(十二画)
【遍】→遍(十二画)
【過】→過(十二画)
【遏】 アツ とどめる
【遐】 カ とおい・なんぞ
【遑】 コウ いとま
【遒】 シュウ せまる・つよい
【道】→道(十二画)
【達】→達(十二画)
【違】→違
【適】 あっぱれ
阝【鄒】 シュウ・シュ・スウ
【郷】→郷(十一画)
阝【隔】 カク へだてる・へだたる・へだたり
【隔】→隔
【隕】 イン おちる
【隗】 ガイ・カイ けわしい
【隘】 アイ せまい
【隙】 ケキ・ゲキ ひま・すき
【階】→階(十二画)
忄→部首4画へ
扌→部首4画へ
氵→部首4画へ
犭→部首4画へ
●部首4画
心【想】 ソウ・ソ おもう
【惷】 シュン みだれる
【愁】 シュウ うれえる・うれい
【愆】 ケン あやまる・あやまち
【愈】 ユ まさる・いよいよ
【愍】 ビン・ミン あわれむ
【意】 イ こころ・おもう・おもい
意気地 いきじ いくじ
【意】→意
【愚】 グ おろか
【愛】 アイ めぐむ・いつくしむ・めでる・おしむ・うるわしい・いとしい・かなしい
愛娘 まなむすめ
愛蘭 アイルランド
【感】 カン
【慈】 ジ いつくしむ
慈姑 くわい
【慈】→慈
忄【愧】 キ はじる・はじ
【愴】 ソウ いたむ・かなしむ
【愷】 カイ・ガイ たのしむ・やわらぐ
【慎】 シン つつしむ
【愼】→慎
【愽】→博(十二画十部 部首2画)
【愾】 キ・ガイ なげく・ためいき・いかる
【慄】 リツ おそれる・おののく
【慊】 ケン・キョウ あきたりる
【慍】→慍(十二画)
【慨】 ガイ・カイ なげく
戈【戡】 カン かつ・ころす
【戦】 セン いくさ・たたかう・おののく・わななく・そよぐ
【載】→載(車部 部首7画)
扌【搆】 コウ ひく・かまえる
【損】 ソン そこなう・そこねる
【搏】 ハク うつ・とる
搏風 はふ
【搒】 ホウ こぐ・むちうつ
【搓】 サ もむ・よる
【搔】 ソウ かく
【搖】→揺(十二画)
【搗】 トウ かてて・つく・うつ
搗布 かじめ かちめ
搗栗 かちぐり
【捜】→捜(十画)
【搢】 シン はさむ・さしはさむ
【搤】 アク・ヤク おさえる
【搦】 ダク・ニャク・ジャク からめる
【搨】 トウ うつ・する・うつす
【搬】 ハン うつす・はこぶ
【搶】 ショウ・ソウ つく・かすめる
【携】 ケイ たずさえる・たずさわる
【摂】 セツ・ショウ とる・かわる・かねる・おさめる
摂政 せっしょう
摂津 せっつ
【摸】 バク・マク・ボ・モ さぐる・うつす・まねる
【搾】 サク しぼる
【揩】→揩(十二画)
攵【敬】→敬(十二画)
【数】 スウ・ス・シュ・サク・ソク かず・かぞえる・せめる・しばしば
数多 あまた
数奇 さっき すうき すき
数珠 じゅず ずず
数寄 すき
文【斒】 ハン まだら
斗【斟】 シン くむ
斤【新】 シン あたらしい・あらた・にい・あら
新治 にいばり
新開 しんかい あらき
新墾 あらき にいばり
新羅 しらぎ
新西蘭 ニュージーランド
新発意 しぼち しんぼち
新嘉波 シンガポール
新嘗祭 しんじょうさい にいなめさい
方【旒】→旒(十二画)
日【暄】 ケン あたたかい
【暇】 カ ひま・いとま
【暈】 ウン かさ・くま・めまい・ぼかす
【暉】 キ ひかり・かがやき
【暍】 エッ・カツ
【暑】→暑(十二画)
【暖】 ダン・ノン・ケン あたたか・あたたかい・あたたまる・あためる
暖気 のんき
暖簾 のうれん のれん のんれん
【煖】→暖
【暗】 アン くらい・やみ
【暗】→暗
【暘】 ヨウ
曰【會】→会(六画人部 部首2画)
月【腟】→膣(十五画)
【腥】 セイ・ショウ なまぐさい
【腦】→脳(十一画)
【腫】 ショウ・シュ はれもの・はれる
【腭】→齶(二十四画歯部 部首15画)
【腮】→顋(十八画頁部 部首9画)
【腰】 ヨウ こし
【腰】→腰
【腱】 ケン すじ
【脚】→脚(十一画)
【腴】 ユ こえる・あぶら
【腸】 チョウ はらわた
【腹】 フク はら
腹帯 ふくたい はらおび はるび

【腿】→腿（十四画）
【腺】セン
【腎】→腎（十二画）
【脾】→脾（十二画）
木
【椰】ヤ　やし
椰子　やし
【椴】タン・ダン　むくげ・とどまつ
【椶】→棕（十二画）
【椹】チン・ジン　あてぎ・さわら
【椽】テン　たるき
【椿】チュン・チン　つばき
【楂】サ　いかだ
【楊】ヨウ　やなぎ
楊枝　ようじ
楊柳　ようりゅう　やなぎ
楊梅　ようばい　やまもも
【楓】フウ　かえで
【楔】セツ・ケツ　くさび
【楕】→橢（十六画）
【楙】ボウ・モ
【楚】ソ　いばら・しもと・すわえ
【楜】コ・ゴ
【楝】レン　おうち
【楞】ロウ・リョウ
【楠】ダン・ナン　くすのき・くす
【楡】ユ　にれ
【楢】シュウ・ユウ　なら

【楣】ビ　のき・まぐさ
【楤】ソウ　たらのき・たら
【楨】テイ　ねずみもち
【楪】ヨウ・チョウ・チャ
【楫】シュウ　かじ
【業】ギョウ・ゴウ　わざ・なりわい・すでに
業腹　ごうはら
【楮】チョ　こうぞ
【楯】シュン・ジュン　たて・てすり
【楳】→梅（十画）
【楴】テイ　かんざし
【極】キョク・ゴク　きわめる・きわまる・きわみ・きわめて・きめる・きめ
極道　ごくどう
【楷】カイ
【楸】シュウ　ひさぎ
【楹】エイ　はしら
【楼】ロウ　たかどの・やぐら
【楽】ガク・ラク・ゴウ　たのしい・たのしむ・このむ
楽府　がふ
【棄】キ　すてる
【榔】→榔（十四画）
【槌】→槌（十四画）
【楾】はんぞう
【榁】むろ
【榊】→榊（十四画）
【棍】→棍（十二画）

欠
【歃】ソウ　すする
【歇】ケツ　やむ・やめる・つきる
止
【歳】サイ・セイ　とし
【歳】→歳
歹
【殛】キョク　ころす
殳
【殿】デン・テン　との・どの・しんがり
【毀】キ　こぼつ・やぶる・そしる
毋
【毓】→育（八画月部 部首4画）
比
【琵】→琵（十二画王部 部首5画へ）
氵
【溏】トウ　いけ
【源】ゲン　みなもと・もと
【溓】→濂（十六画）
【準】ジュン・セツ　みずもり・のり・ひとしい・なぞらえる
【溘】コウ　たちまち
【溜】リュウ　ため・たまり・たまる・したたる
【溝】コウ　みぞ・どぶ
溝鼠　どぶねずみ
【溝】→溝
【溟】ベイ・メイ　くらい・うみ
【溢】イツ　みちる・あふれる
【溥】ホ・フ　ひろい・あまねし
【渓】→渓（十一画）
【溫】→温（十二画）
【溯】ソ　さかのぼる
【溲】シュウ・ソウ　そそぐ・ひたす・いばり
溲瓶　しびん

しゅびん
【溶】ヨウ　とける・とかす・とく
【溷】コン　みだれる・にごる・けがれる・かわや
【溺】デキ・ジョウ・ニョウ　おぼれる・いばり
【溼】→湿（十二画）
【溽】ジョク
【滂】ホウ・ボウ　さかん
【滄】ソウ
【滅】メツ・ベツ　ほろびる・ほろぼす
滅金　めっき
滅茶　めちゃ
【滇】テン
【滉】コウ　ひろい・ふかい
【滑】カツ・コツ　すべる・なめらか・ぬめる
滑子　なめこ
【滓】シ・サイ　おり・かす
【滔】トウ　はびこる
【滙】→匯（匚部 部首2画）
【滝】ロウ・ソウ　たき
【滞】タイ・テイ　とどこおる
【漢】カン　から
漢意　からごころ
漢織　あやはとり
【漠】バク・マク　ひろい・さびしい・すなはら
【漣】→漣（十四画）
【滴】→滴（十四画）
火
【煉】レン　ねる
【煌】コウ　かがやく

【煒】イ・キ　あきらか・ひかる・かがやく
【煖】ダン・ナン・ケン・カン　あたたか・あたためる
【煗】ダン・ナン　あたたか・あたためる
【煙】エン　けむる・けむり・けむい
煙火　はなび
煙草　タバコ
煙管　キセル
【煙】→煙
【煜】イク　かがやく・ひかる
【煠】ヨウ・ソウ　やく・ゆでる
【煢】ケイ
【煤】バイ・マイ　すす・すみ
【煥】カン　あきらか・かがやく
【煨】ワイ　うずみび・おき
【煩】ハン・ボン　わずらう・わずらわす・わずらわしい
煩悩　ぼんのう
【煬】ヨウ　あぶる・やく
【焜】→焜（十二画）
灬
【煎】セン　いる・にる
【煮】→煮（十二画）
【熙】キ　ひかる・ひろい・やわらぐ
【熈】→熙
【煦】ク　あたためる
【照】ショウ　てる・てらす・てれる・てり
父
【爺】ヤ　ちち・じじ・おやじ

片
【牒】チョウ・ジョウ　ふだ
【牌】→牌（十二画）
牛
【犍】ケン
犬
【献】ケン・コン　たてまつる・ささげる
【猷】ユウ　はかる・はかりごと
犭
【猾】カツ　わるがしこい
【猿】エン　さる・ましら
猿子　ましこ
【獅】シ
獅子　しし
【獏】→貘（十七画豸部 部首7画）
辶→部首3画へ
王→部首5画へ
ネ→部首5画へ

●部首5画
王
【琿】コン
【瑁】ボウ・モウ・バイ・マイ
【瑕】カ　きず
【瑙】ドウ・ノウ
【瑚】コ・ゴ
【瑜】ユ　たま
瑜伽　ゆが
【瑞】ズイ　みず・しるし
瑞西　スイス
瑞典　スウェーデン
瑞垣　みずがき
【瑟】シツ　こと・おおごと
【瑶】ヨウ　たま
【聖】→聖（耳部 部首6画）
瓦
【瓶】→瓶（十一画）
甘
【甞】→嘗（十四画口部 部首3画）

田
【當】→当（六画小部 部首3画）
【畷】テツ　なわて
【畸】キ
疋
【楚】→楚（木部 部首4画）
疒
【痰】タン
【痲】バ・マ　しびれる・しびれ
痲疹　ましん　はしか
【痳】リン
【痴】チ　おろか・しれる
【痹】ヒ　しびれ・しびれる
【痺】→痹
【痼】コ
【痾】ア　やまい
【痿】イ　なえる
【瘀】ヨ・オ
【瘁】スイ　やむ・つかれる
白
【皙】セキ　しろい
皿
【盞】サン・セン　さかずき
【盟】メイ・ベイ・モウ　ちかう・ちかい
盟神探湯　くかたち
目
【睚】ガイ　まなじり
【睛】セイ・ショウ　ひとみ
【睟】スイ
【睡】スイ　ねむる・ねむり
【督】トク　みる・うながす・ただす・かみ
【睥】ヘイ　にらむ

【瞑】→瞑
【睦】ボク・モク　むつまじい・むつぶ　睦月 むつき
【睨】ゲイ　にらむ
【睫】ショウ　まつげ
矢【矮】アイ・ワイ　ひくい　矮鶏 チャボ
石【硼】ホウ
【碁】ゴ・キ・ギ　碁笥 ごけ
【碆】ハ・バ
【碇】テイ　いかり
【碌】ロク
【碍】ガイ・ゲ　さまたげる
【碎】→砕（九画）
【碑】→碑（十四画）
【碓】タイ　うす
【碕】キ
【碗】→盌（十画皿部 部首5画）
【碚】ハイ・バイ
示【祺】キ　さいわい
【祿】→禄（十二画）
【禀】→稟（禾部 部首5画）
【禁】キン・コン　とどめる・たえる　禁厭 きんえん きんよう
ネ【禍】カ　まが・わざわい
【禎】テイ　さいわい・よい・ただしい
【福】フク　さいわい

【禅】ゼン・セン　ゆずる　禅定 ぜんじょう
内【禽】キン　とり・とりこ
禾【稔】ジン・ニン　みのる・とし
【稗】ハイ　ひえ
【稘】キ
【稙】チョク・ショク
【稚】チ　いとけない・おさない　稚子 みずこ みずご　稚児 ちご ややこ
【稜】ロウ・リョウ　かど　稜威 りょうい いつ
【稟】ヒン・リン　ふち・うける・こめぐら
【稠】チュウ・チョウ　おおい・しげる
穴【窟】コツ・クツ　あな・いわや
【窠】カ　す・あな
立【竪】→豎（十五画豆部 部首7画）
罒→部首6画へ
ネ→部首6画へ
●部首6画
竹【筠】イン　たけ
【筥】キョ　はこ　筥迫 はこせこ　筥狭子 はこせこ
【筧】ケン　かけい
【筩】トウ　たけづつ
【筬】セイ・ジョウ　おさ
【筭】→算（十四画）

【筮】セイ・ゼイ　めどぎ・うらない
【筰】サク
【筱】→篠（十七画）
【筲】ソウ・ショウ
【筴】キョウ・サク　めどぎ
【筵】エン　むしろ
【節】セツ・セチ　ふし・とき・みさお・ノット　節会 せちえ　節供 せちく せっく
【筐】→筐（十二画）
米【粮】リョウ　→糧（十八画）
【粱】リョウ　あわ
【粲】サン　しらげよね
【粳】コウ　うるち・うるしね・ぬか　粳稲 うるしね
【糀】こうじ
糸【絛】トウ・ジョウ　さなだ
【絹】ケン　きぬ
【絽】リョ・ロ
【綉】トウ・シュウ　ぬいとり
【綏】スイ・タ　やすい
【經】→経（十一画）
【継】ケイ　つぐ・つぎ・まま　継子 ままこ
【続】ゾク・ショク　つづく・つづける・つぐ　続飯 そくい そくいい そっくい

【綟】→綟（十四画）
【綛】かすり・かせ
【絳】→絳（十二画）
罒【罧】シン・リン　ふしづけ
【罨】エン・アン　あみ
【罩】トウ　こめる
【罪】ザイ・サイ　つみ・つみする
【罫】カイ・ケ・ケイ
【置】チ　おく
【署】ショ　しるす
【蜀】→蜀（虫部 部首6画）
羊【群】グン・クン　むれる・むれ・むら・むらがる　群雀 むらすずめ
【羣】→群
【羨】セン・エン　うらやむ・あまり
【義】ギ　ただしい・よい・わけ
耒【耡】ジョ　すき・すく
耳【聖】セイ・ショウ　ひじり・セント　聖林 ハリウッド
【聖】→聖
【聘】ヘイ　とう・めす・つまどう
聿【肄】イ　ならう
【肅】→粛（十一画）
【肆】シ　ほしいまま・つらねる・みせ
臼【舅】キュウ　しゅうと
舛【舜】→舜（十二画）
舟【艀】フ　はしけ

【艇】テイ　ふね・こぶね
虍【虜】リョ・ロ　とりこ
【虞】グ　おそれ
【虞】→虞
【號】→号（五画口部 部首3画）
虫【蛸】ショウ　たこ
【蛹】ヨウ　さなぎ
【蛻】セイ・ゼイ　ぬけがら
【蛽】→貝（七画貝部 部首7画）
【蛾】ガ・ギ　ひむし・ひひる
【蜀】ショク　いもむし　蜀黍 もろこし もろこしきび
【蜂】ホウ　はち
【蜃】シン
【蜆】ケン・ゲン　しじみ
【蜈】ゴ　蜈蚣 むかで
【蜉】フ　蜉蝣 ふゆう かげろう
【蜊】リ　あさり　蜊蛄 ざりがに
【蜋】ロウ・リョウ
【蜍】ショ・ジョ
【蜑】タン　あま
【蜒】エン・タン
【蜓】テン・テイ
【蜹】ゼイ　ぶゆ・ぶよ・ぶと・か
行【衙】ガ・ギョ　やくしょ

衣【裊】ジョウ　たおやか・しなやか
【裏】リ　うら・うち
【裔】エイ　すそ・すえ
【裘】キュウ　かわごろも
【裝】→装（十二画）
【裟】サ
ネ【裨】ヒ　おぎなう・たすける・たすけ
【裲】リョウ　うちかけ　裲襠 うちかけ
【裸】ラ　はだか　裸足 はだし
【裼】セキ・テイ　はだぬぐ・むつき
【裾】キョ　すそ
【褂】カイ・ケ　うわぎ・うちかけ
【褐】カツ・カチ　ぬのこ
【褄】つま
艹→部首3画へ
月→部首4画へ
●部首7画
角【解】カイ・ゲ　とく・とかす・とける　解由 げゆ
【觧】→解
【触】ショク・ソク　ふれる・さわる・ふれ
【觚】→觚（十二画）
【觜】→觜（十二画）
言【詢】シュン・ジュン　とう・はかる・まこと
【詣】ゲイ・ケイ　いたる・もうでる
【試】シ　こころみる・ためす・こころみ

【詩】シ　からうた　詩歌 しいか しか
【詫】タ　かこつ・わびる
【詬】コウ・ク　ののしる・はずかしめる・はじ
【詭】キ　いつわる
【詮】セン　そなわる・のり
【詰】キツ　つめる・つまる・つむ・なじる・つめ・つまり
【話】ワ・カイ　はなす・はなし
【該】ガイ・カイ　かねる・その
【該】→該
【詳】ショウ・ヨウ　くわしい・つまびらか
【詼】カイ　たわむれる・おどける
【詿】カイ・ケ　あやまる・あざむく
【誂】チョウ　あつらえる・あつらえ・いどむ
【誄】ルイ　しのびごと
【誅】チュ・チュウ　せめる・うつ・ころす
【誇】コ・カ　ほこる・ほこり
【誠】セイ・ジョウ　まこと・まことに
【誉】ヨ　ほまれ・ほめる
【訾】→訾（十二画）
豆【豊】ホウ・フウ・ブ　ゆたか・とよ　豊明 とよのあかり　豊前 ぶぜん　豊後 ぶんご　豊山派 ぶざんは
【登】トウ

豕【豢】カン・ケン　やしなう
豸【貅】キュウ
【貉】カク・バク　むじな・えびす
【貊】バク　えびす
貝【賁】ヒ・フン・ホン　かざる
【賂】ロ　まいない・まいなう
【賃】チン・ジン　やとう
【賄】ワイ・カイ　まかなう・たから・まいなう・まかない
賄賂　わいろ　まいない
【資】シ　たから・もと・もとで・たすける・とる・たち
【資】→資
【賈】コ・カ　あきなう・あきない・あきんど・うる・かう
【賊】ゾク　そこなう
【賊】→賊
【賍】→贓(二十一画)
【賎】→賤(十五画)
【賛】→贊(十二画)
走【越】→越(十二画)
足【跟】コン　くびす・かかと
【跡】セキ・シャク　あと
【跣】セン　はだし・すあし
【跨】カ・コ　またぐ・またがる
【跪】キ　ひざまずく
【跫】キョウ　あしおと
【路】ロ　じ・みち

【跳】チョウ　はねる・とぶ・おどる・はね
【践】セン　ふむ
身【躱】タ　かわす
車【軾】ショク・シキ　しきみ
【輀】→轜(二十一画)
【較】カク・コウ　くらべる・やや
【輅】ロ　くるま・よこぎ
【載】サイ　のせる・のる・こと・はじめ・すなわち・とし
【輊】チ
【輌】→輛(十五画)
辛【辞】ジ・シ　やめる・ことば・ことわる・いなむ
【辟】ヘキ・ヒ　つみ・きみ・のぞく・ひらく・さける・たとえる・たとえば
【辠】→罪(罒部 部首6画へ)
辰【農】ノウ・ドウ
酉【酩】ベイ・メイ　よう・あまざけ
【酪】ラク　ちちじる・ちちざけ
【酬】シュウ　むくいる・むくい
⻌→部首3画へ
⻍→部首3画へ
阝→部首3画へ

●部首8画
金【鈴】レイ・リン・リョウ　すず
【鈷】コ
【鈿】テン・デン　かんざし
【鉄】テツ・テチ　くろがね・かね
鉄床　かなとこ
鉄漿　おはぐろ　かね　はぐろ
【鉅】キョ　はがね・つりばり・なんぞ
鉄刀木　たがやさん
【鉈】シャ・タ　なた
【鉉】ケン・ゲン　つる
【鉋】ホウ　かんな
【鉏】ショ・ソ　すき・さい・すく
【鉐】セキ
【鉗】ケン・カン　くびかせ
【鉚】リュウ
【鉛】エン　なまり
【鉛】→鉛
【鉞】エツ　まさかり
【鉢】ハチ・ハツ
【鉤】コウ・ク・コ　かぎ・はり・かける
【鉦】セイ・ショウ　かね
【鉱】コウ　あらがね
【銃】→銃(十四画)
門【閘】コウ・オウ　ひのくち
【閙】→鬧(十五画鬥部 部首10画)
【閠】ギョク
隹【雉】チ・ジ　きじ・きぎす
雉子　きぎし　きぎす　きじ
【雋】セン・シュン　すぐれる
【雌】シ　め・めす
【雍】ヨウ・ユ　ふさぐ・やわらぐ

【雎】ショ　みさご
雎鳩　しょきゅう　みさご
【雅】ガ　みやびやか・つねに・もとより
雅典　アテネ
雨【零】レイ　おちる・ふる・ゼロ・こぼれる・こぼす
零余子　ぬかご　むかご
【雷】ライ　かみなり・いかずち
【雹】ハク・ホク　ひょう・あられ
【電】デン・テン　いなずま
青【靖】セイ・ジョウ　やすんずる・やすい
【靖】→靖
阝→部首3画へ

●部首9画
革【靴】カ　くつ
【靴】→靴
【靹】→鞆(十四画)
音【韵】→韻(十九画)
頁【頌】ショウ・ジュ・ヨウ　ほめる
【頏】コウ　のど
【預】ヨ　あずける・あずかる・あらかじめ
【頑】ガン　かたくな
【頒】ハン　わける
【頓】トン・トツ　ぬかずく・つまずく・とみに
頓馬　とんま
食【飩】トン・ドン
【飪】ジン・ニン　にる
【飫】ヨ・オ　あきる
【飭】チョク・チキ　ただす・いましめる
【飮】→飲(十二画)
【飯】→飯(十二画)
【飴】→飴(十四画)
【飼】シ・ジ　かう
【飽】ホウ　あきる・あかす
【飾】ショク・シキ　かざる・かざり

●部首10画
馬【馳】チ・ジ　はせる・はしる
【馴】シュン・ジュン　なれる・ならす・したがう
馴鹿　じゅんろく　トナカイ
骨【骭】カン　はぎ・すね
髟【髡】コン　そる
【髢】テイ　かもじ

●部首11画
魚【魛】トウ　たちうお・えつ
【魞】えり
鳥【鳧】フ　かも・けり
【鳩】キュウ・ク　はと・あつまる・あつめる
鳩尾　みずおち　みぞおち
【鳫】→雁(十二画隹部 部首8画)
【鳰】にお
鹿【麁】→麤(三十三画)

●部首13画
黽【黽】ボウ・ビン・ベン・メン　あおがえる・かえる・つとめる
鼎【鼎】テイ　かなえ・まさに
鼓【鼓】コ　つづみ
鼠【鼠】ショ・ソ　ねずみ・ねず

## 十四画

●部首2画
人【像】ゾウ・ショウ　かたどる・かたち
【僑】キョウ　かりずまい
【僕】ボク　しもべ・ともがら・やつがれ・われ
【僖】キ　よろこぶ・たのしむ
【僚】リョウ　つかさ・とも
【僞】→偽(十一画)
【僥】キョウ・ギョウ　むさぼる
【僦】シュウ　やとう
【僧】→僧(十三画)
【僩】カン
【僭】セン　おごる
【僣】→僭
【僮】トウ・ドウ　わらべ・しもべ
【僊】→僊(十三画)
儿【兢】キョウ　つつしむ
冖【冩】→写(五画)
刂【劂】ケツ　ほる
【劃】カク　かぎる
【劄】→箚(竹部 部首6画)
匚【匱】キ　ひつ・とぼしい
厂【厭】ヨウ・エン　あきる・いや・いとう
【厮】→廝(十五画广部 部首3画)
【厰】→廠(十五画广部 部首3画)
【厲】レイ・ライ　とぐ・みがく・はげしい
【曆】→暦(日部 部首4画)
【歷】→歴(止部 部首4画)

●部首3画
口【嗷】ゴウ　かまびすしい
【嗹】レン
【嗽】ソク・ソウ　すう・せく・くちすすぐ・うがい
【嗾】ソウ　けしかける・そそのかす
【嘆】→嘆(十三画)
【嘉】カ　よい・よみする
【嘑】コ　さけぶ
【嘔】オウ・ク　うたう・はく
嘔吐　おうと　へど
【嘖】サク　さけぶ・かまびすしい
【嘗】ショウ・ジョウ　なめる・こころみる・かつて
【噓】→嘘(十五画)
【嘛】マ
【噌】→噌(十五画)
【嘩】→譁(十八画言部 部首7画)
【嗚】→鳴(鳥部 部首11画)
囗【圖】→図(七画)

土【團】→団（六画）
【塲】→場（十二画）
【塵】ジン ちり 塵芥 じんかい ちりあくた
【塹】セン・ザン ほり
【塼】セン・タン かわら
【塾】ジュク まなびや
【境】キョウ・ケイ さかい
【境】→境
【墅】ショ・ヤ しもやしき
【增】ゾウ・ソウ ます・ふえる・ふやす
【墨】ボク・モク すみ 墨西哥 メキシコ
【塀】→塀（十二画）
士【壽】→寿（七画寸部 部首3画）
【嘉】→嘉（口部 部首3画）
夊【夐】ケイ はるか
夕【夢】→夢（十三画）
【夤】イン つつしむ・つて・たよる
【夥】カ おびただしい
大【奩】→奩（十五画匚部 部首2画）
【奪】ダツ うばう
【奬】→奨（十三画）
女【嫖】ヒョウ かるい
【嫗】ウ・オウ おうな・あたためる
【嫚】バン・マン あなどる・けがす
【嫠】リ やもめ

【嫡】チャク・テキ よつぎ・むかいめ
【嫡】→嫡
【嫣】エン
【嫦】ジョウ・コウ
【嫩】ドン わかい
【嫩】→嫩
子【孵】フ かえす・かえる
宀【察】サツ・セチ みる・あきらか・おしはかる
【寠】→窶（十六画穴部 部首5画）
【寡】カ すくない 寡夫 やもめ 寡男 やもお 寡婦 かふ やもめ
【寢】→寝（十三画）
【寤】ゴ さめる
【寥】リョウ さびしい
【實】→実（八画）
【寧】ネイ・デイ・ニョウ やすい・やすんずる・ねんごろ・むしろ・なんぞ・いずくんぞ
【寗】→寧
【寨】サイ とりで
【搴】→搴（手部 部首4画）
寸【對】→対（七画）
尸【屢】ル しばしば
【屣】シ くつ
【層】ソウ かさなる・かさなり
山【嶂】ショウ みね

【嶄】サン・ザン たかい・きりたつ
【嶇】ク けわしい
【嶋】→島（十画）
【嶋】→島（十画）
【嶌】→島（十画）
巾【幔】バン・マン まく
【幗】カク
广【廄】キュウ うまや
【廐】→廄
【廓】カク くるわ・むなしい・ひろい
【廖】リョウ
【腐】→腐（肉部 部首6画）
彡【彰】ショウ あや・あきらか・あらわれる
【彰】→彰
彳【德】トク
【徵】チョウ・チ めす・しるし・きざし・あらわれる
艹【蓧】ジョウ あじか
【蓬】ホウ よもぎ 蓬生 よもぎふ
【蓮】レン はす・はちす 蓮華 れんげ
【蓴】シュン・ジュン ぬなわ
【蓼】リョウ・リク たで
【蓿】シュク
【蔀】ホウ・ブ しとみ
【蔆】→菱（十一画）

【蔑】→蔑（十五画）
【蔓】バン・マン つる
【蔔】→菔（十一画）
【蔕】テイ・タイ へた
【蔗】シャ・ショ さとうきび
【蔘】シン・サン
【蔚】イ・ウツ
【蔟】ソク・ゾク・ソウ まぶし・あつまる
【蔡】サイ・サツ
【蔣】ショウ
【蔦】チョウ つた
【蔬】ソ な・あおもの
【蔭】イン かげ
【蔴】→麻（十一画麻部 部首11画）
【蓖】→蓖（十三画）
【慕】→慕（心部 部首4画）
【摹】→摹（手部 部首4画）
【暮】→暮（日部 部首4画）
辶【適】テキ・セキ・チャク・シ ゆく・かなう・まさに・たまたま
【遭】ソウ あう
【遮】シャ さえぎる 遮莫 さばれ さもあらばあれ さわれ
辶【遘】コウ あう
【遙】→遥（十二画）
【遜】ソン ゆずる・へりくだる

【遞】→逓（十画）
【遠】→遠（十三画）
【遡】ソ さかのぼる
【遣】→遣（十三画）
阝【鄙】ヒ ひな・いやしい
阝【隙】→隙（十三画）
【際】サイ・セイ きわ・あいだ
【障】ショウ・ソウ さわる・へだてる・ふせぐ・さわり・さまたげ 障泥 あおり
【障】→障
【隱】イン・オン かくす・かくれる・よる 隠岐 おき 隠密 おんみつ
忄→部首4画へ
扌→部首4画へ
氵→部首4画へ
犭→部首4画へ
●部首4画
心【慤】カク まこと・つつしむ
【愬】ソ・サク うったえる
【愿】ゲン つつしむ
【慁】コン うれえる
【慂】ヨウ
【慇】イン いたむ・ねんごろ 慇懃 いんぎん
【態】タイ さま・すがた・わざわざ
【慕】ボ したう・したわしい
【慝】トク わるい・よこしま
忄【慓】ヒョウ はやい

【慘】→惨（十一画）
【慚】→慙（十五画）
【慟】トウ・ドウ なげく
【慠】ゴウ おごる
【慢】マン おこたる・あなどる・おごる
【慣】カン なれる・ならす・ならわし
【慥】ソウ・ゾウ たしか
【慨】→慨（十三画）
【慯】ショウ
【慱】タン
【慳】カン・ケン おしむ・やぶさか 慳貪 けんどん
【慴】ショウ おそれる
【慵】ショウ・ヨウ ものうい
【慷】コウ なげく
【慽】ソウ
【憎】ゾウ にくむ・にくい・にくらしい・にくしみ
戈【戧】→創（十二画刂部 部首2画）
【截】セツ たつ・きる
手【搴】ケン かかげる・とる
【摹】ボ・モ のっとる・うつす
扌【摎】キュウ・コウ まつわる
【摑】カク つかむ
【摘】テキ つむ・つまむ・あばく・ゆびさす
【摘】→摘

【摠】→総（糸部 部首6画）
【摧】サイ くだく・くじく
【摭】セキ ひろう
【摶】タン・セン まるめる・まるい・もっぱら
【摺】ショウ・ロウ ひだ・する
支【敲】コウ たたく・うつ
攵【敲】→敲
斗【斡】ワツ・アツ・カン めぐる
方【旗】キ はた 旗魚 かじき
日【暝】ベイ・ミョウ・メイ くらい
【暢】チョウ のびる・のべる・のばす 暢気 のんき
【曆】レキ・リャク こよみ
【暮】ボ くれる・くらす・くれ・くらし
【暱】ジツ ちかづく・なれる
【曄】→曄（十五画）
【嘗】→嘗（口部 部首3画）
月【腿】タイ もも
【膀】ホウ・ボウ
【膂】リョ・ロ せぼね・ちから
【膃】オツ 膃肭臍 おっとせい
【膈】カク
【膊】ハク ほじし・うで
【膏】コウ こえる・あぶら
【膜】マク・バク・ボ・モ

木
【榎】カ　え・えのき
【榑】フ　くれ
【榔】ロウ
【榕】ヨウ　あこう
榕樹　ようじゅ　がじまる　がじゅまる
【榛】シン　はしばみ・はり
【榜】ホウ・ボウ　むちうつ・ふだ・かじ
【榠】ベイ・メイ
【梭】サイ　ふし
【榧】ヒ　かや
【榮】↓栄（九画）
【榱】スイ　たるき
【榱】↓榱
【榲】オツ
【榴】リュウ　ざくろ
【榻】トウ　こしかけ・しじ
【榼】コウ　たる・ふた
【榾】コツ　ほた
【榿】キ
【槁】コウ　かれる
【槃】ハン・バン　たらい
【槇】テン・シン　まき
【槙】↓槇
【槊】サク　ほこ
【構】コウ　かまえる・かまう・かまえ
【構】↓構

【槌】ツイ　つち
【槍】ソウ　やり
【槎】サ　いかだ
【槐】カイ　えんじゅ
【槓】コウ　てこ
【槖】↓橐（十六画）
【様】ヨウ　さま・さん
【概】ガイ・カイ　とかき・おおむね・おもむき
【[illegible]】↓槱（十五画）
【樋】↓樋（十五画）
【模】モ・ボ　のり・かた・のっとる
【樺】↓樺（十五画）
【槞】↓櫳（二十画）
【榊】さかき
【樢】かし
【楷】↓楷（十三画）
欠
【歉】ケン・カン　あきたりない
【歌】カ　うた・うたう
歌留多　カルタ
【歎】↓歎（十五画）
止
【歴】レキ・リャク　へる
歹
【殞】イン　しぬ・おちる
殳
【毃】カク・コウ　うつ・たたく
【穀】↓穀（禾部　部首5画）
毋
【毓】↓育（八画月部　部首4画）
氵
【滌】テキ・デキ・ジョウ　あらう・すすぐ
【滬】コ

【滯】↓滞（十三画）
【滲】シン　しみる・にじむ
【滴】テキ　しずく・したたる
【滴】↓滴
【滷】ロ　にがり
【滸】コ　ほとり
【滾】コン　たぎる
【滿】↓満（十二画）
【漁】ギョ・リョウ　すなどる・いさる・あさる
【漂】ヒョウ　ただよう・さらす
漂泊　ひょうはく　さすらい
【漆】シツ　うるし
漆喰　しっくい
【漉】ロク　したむ・こす・すく
【漏】ロウ・ロ　もる・もれる・もらす
漏斗　ろうと　じょうご
【漑】カイ・ガイ　そそぐ
【漓】リ　したたる
【演】エン　のべる・やる
【漕】ソウ　こぐ
【漢】↓漢（十三画）
【漣】レン　さざなみ
【漥】↓窪（穴部　部首5画）
【漪】イ　さざなみ
【漫】マン・バン　ひろい・みだりに・そぞろに
【漬】シ　つける・つかる・ひたす・ひたる

【漱】ソウ　すすぐ・うがい
【漲】チョウ　みなぎる
【漸】ゼン　すすむ・ようやく
【漾】ヨウ　ただよう
【漼】↓灌（二十一画）
火
【煽】セン　あおる・そそのかす・おだてる
【熄】ショク・ソク　きえる・やむ
【熅】ウン　うずみび・おき
【熒】ケイ・エイ　ひかり・あきらか
【熔】↓鎔（十八画金部　部首8画）
【熕】コウ
【熗】↓煒（十三画）
【熚】↓燁（十五画）
灬
【熈】↓熙（十三画）
【態】ユウ　くま
熊襲　くまそ
【熏】クン　ふすぶる・ふすべる・くすぶる・くすべる・くゆらす・かおる
【熙】↓熙（十三画）
爻
【爾】ジ・ニ　なんじ・かれ・しかり・のみ
片
【牓】ホウ・ボウ　ふだ
牛
【犒】コウ　ねぎらう
【犖】ラク　まだらうし
犬
【獄】ゴク・ギョク　ひとや
犭
【獐】↓麞（二十二画鹿部　部首11画）
辶↓部首3画へ
王↓部首5画へ

●部首5画
王
【瑠】リュウ・ル
【瑣】サ　ちいさい・くさり
【瑣】↓瑣
【瑤】↓瑶（十三画）
【瑪】バ・メ
瑪瑙　めのう
【瑯】↓琅（十一画）
【瑰】カイ　たま・めずらしい
【瑳】サ　みがく
【璃】↓璃（十五画）
瓦
【甃】シュウ　しきがわら・いしだたみ
【甄】ケン・シン　すえ
【甅】センチグラム
疋
【疑】ギ　うたがう・うたがい・うたがわしい・うたごうらくは
疒
【瘉】↓癒（十八画）
【瘋】フウ
【瘍】ヨウ　かさ
【瘖】イン・オン
皮
【皷】↓鼓（十三画鼓部　部首13画）
【皸】クン・キン　ひび・あかぎれ
【皹】↓皸
皿
【盡】↓尽（六画尸部　部首3画）
【監】↓監（十五画）
目
【睹】ト　みる
【睽】ケイ・キ　そむく・そむける

【睾】コウ　きんたま
【睿】エイ　さとい・かしこい
【睥】↓睥（十三画）
石
【碣】ケツ　いしぶみ
【碧】ヘキ　みどり・あお
【碩】セキ　おおきい
【碵】↓碩
【碪】チン・ガン　きぬた
【碯】↓瑙（十三画王部　部首5画へ）
【磁】ジ・シ
【磁】↓磁
【碑】ヒ　いしぶみ
示
【禊】ケイ　みそぎ
【禍】↓禍（十三画）
【禎】↓禎（十三画）
【福】↓福（十三画）
【禘】テイ
禾
【稭】カイ・カツ　みご・しべ
【種】シュ・ショウ　たね・くさ・うえる
種姓　すじょう
【稱】↓称（十画）
【稲】トウ　いね・いな
稲架　はさ　はざ
稲荷　いなり
稲熱　いもち
稲積　にお
【穀】コク　たなつもの・もみ
穀雨　こくう
【稗】↓稗（十三画）

穴
【窩】ワ・カ　あな・むろ
【窪】ワ・ア　くぼむ・くぼ
立
【竭】ケツ　つきる・つくす
【端】タン　はし・は・はた・はじめ・まさに・はした
端午　たんご
端唄　はうた
【竰】センチリットル
罒↓部首6画へ
ネ↓部首6画へ
●部首6画
竹
【箆】↓篦（十六画）
【箇】カ・コ
【箋】セン　ふだ
【箍】コ　たが
【箏】ソウ　こと
【箒】シュウ・ソウ　ほうき・ははき
【箔】ハク　すだれ・まぶし・のべがね
【箕】キ　み
【算】サン　かぞえる・かず
算盤　そろばん
【箘】キン　しのだけ
【箟】↓箘
【箙】フク　えびら・やなぐい
【箚】トウ・サツ　さす・しるす
箚記　さっき
【箜】コウ・ク
箜篌　くうご　くご　こうこう
【箝】ケン・カン　はさむ・くびかせ

【管】カン　くだ・ふえ　管領　かんれい
【箸】→箸（十五画）
【筵】→筵（十三画）
米【粋】→粋（十画）
【粽】ソウ　ちまき
【精】セイ・ショウ　しらげる・くわしい・あきらか・こころ　精進　しょうじん
【精】→精
糸【綜】ソウ　すべる・まじえる・おさ
【綟】レイ　もじ・もじり
【緑】リョク・ロク　みどり　緑子　わくご　緑青　ろくしょう
【緑】→緑
【綢】チュウ　まとう
【綣】ケン・カン
【綫】→線（十五画）
【綬】ジュ　ひも・くみひも
【維】イ・ユイ　つな・つなぐ・これ　維納　ウィーン　維摩　ゆいま
【緊】ケイ
【絣】→絣（十二画）
【綯】トウ　なう・なわ
【綰】ワン　たく・わがねる　綰物　わげもの
【綱】コウ　つな
【網】モウ・ボウ　あみ

【網】→網　網代　あじろ
【綴】テイ・テツ　つづる・つづり・とじる
【綵】サイ　あや・あやぎぬ
【綸】リン・カン　いと　綸子　りんず
【綺】キ　あや
【綻】タン　ほころびる
【綽】シャク　ゆるやか・しなやか　綽名　あだな
【綾】リョウ　あや　綾子　りんず
【綿】メン・ベン　わた・つらなる
【緂】タン・セン・ダン
【緇】シ　くろ・くろむ
【緋】ヒ　あか
【綏】スイ　おいかけ
【総】ソウ　ふさ・すべる・すべて　総角　あげまき　チョンガー　総楊枝　ふさようじ
【練】レン　ねる・ねりぎぬ　練貫　ねりぬき
【緒】ショ・チョ　お・いとぐち
【繍】→繍（二十画）
【緤】→緤（十五画）
【緊】→緊（十五画）
罒【罰】バツ・バチ・ハツ
【署】→署（十三画）
羽【翟】テキ・タク　きじ

【翠】スイ　かわせみ・みどり
【翠】→翠
【翡】ヒ　かわせみ　翡翠　ひすい　かわせみ
耳【聚】シュ・ジュ・シュウ　あつまる・あつめる　聚落　しゅうらく　じゅらく　聚楽第　じゅらくだい　じゅらくてい
【聞】ブン・モン　きく・きこえる　聞道　きくならく　聞説　きくならく
【聟】→婿（十二画女部　部首3画）
【聡】ソウ　さとい
【聢】しかと・たしかに
聿【肇】チョウ　はじめる・はじめ
【肇】→肇
肉【腐】フ　くさる・くされる・くさらす・くたす
臣【臧】ソウ・ゾウ　よい
至【臺】→台（五画口部　部首3画）
臼【與】→与（三画一部　部首1画）
舛【舞】→舞（十五画）
虫【蜘】チ　蜘蛛　くも
【蜚】ヒ　とぶ・あぶらむし　蜚蠊　ごきぶり
【蜜】ビツ・ミツ　蜜柑　みかん
【蛆】ショ・サ　うじ
【蜥】セキ　蜥蜴　とかげ

【蜩】チョウ　せみ・ひぐらし
【蜴】エキ
【蜷】ケン　にな　蜷局　とぐろ
【蜻】セイ　蜻蛉　せいれい　あきつ　かげろう　とんぼ　やんま　蜻蜓　とんぼ
【蜾】カ・ラ　蜾蠃　すがる
【蜿】エン
【蝕】→蝕（十五画）
【蝋】→蠟（二十一画）
【蜒】→蜒（十三画）
【蜑】→蜑（十三画）
【蝶】→蝶（十五画）
行【銜】→銜（金部　部首8画）
衣【裳】ショウ　も・もすそ
【裴】ハイ
【裹】カ　つつむ
【製】セイ　つくる・たつ
ネ【複】フク　かさねる・ふたたび
【褊】ヘン　せまい
【褌】コン　ふんどし
【褐】→褐（十三画）
【褓】ホウ・ホ
【褚】チョ・シャ
【禅】→禪（十七画）

【裨】→裨（十三画）
艹→部首3画へ
月→部首4画へ
●部首7画
見【覡】ケキ・ゲキ　みこ・かんなぎ
言【誌】シ　しるす
【認】ニン　みとめる・したためる・みとめ
【認】→認
【誑】キョウ　たぶらかす・たらす
【誓】セイ・ゼイ　ちかう・ちかい　誓約　せいやく　うけい
【誕】→誕（十五画）
【誖】ホツ・ハイ　もとる
【誘】ユウ　さそう・いざなう
【誼】→誼（十五画）
【誚】ショウ　せめる
【語】ゴ・ギョ　かたる・かたらう・ことば・つげる　語部　かたりべ
【誠】→誠（十三画）
【誡】カイ　いましめる
【誣】ブ・フ　しいる
【誤】ゴ　あやまる・あやまり
【誤】→誤
【誥】コウ・コク　つげる
【誦】ショウ・ジュ・ズ　となえる・よむ
【誨】カイ　おしえる・おしえ
【説】セツ・ゼイ・エツ　とく・よろこぶ　説道　いうならく

【説】→説
【読】ドク・トク・トウ　よむ・よみ　読師　とくじ　どくし　どくじ　読経　どきょう
豕【豨】キ　いのこ・いのしし
【豪】ゴウ・コウ　つよい・たけし・すぐれる　豪猪　やまあらし　豪太剌利　オーストラリア
豸【貌】ボウ・バク　かたち・かお・かたどる
【貍】→狸（十画犭部　部首4画へ）
貝【賑】シン　にぎわう・にぎやか・にぎわい・にぎわす
【賒】シャ　おきのる
【賓】→賓（十五画）
赤【赫】カク　あかい・かがやく
走【趙】チョウ
足【跼】キョク　せぐくまる・かがむ
【跿】ト
【踈】→疎（十二画疋部　部首5画）
【踉】リョウ・ロウ
【踊】ヨウ　おどる・おどり
身【躬】→躬（十画）
車【輒】チョウ　すなわち
【輓】バン　ひく
【輔】フ・ブ・ホ　たすける・たすけ
【輕】→軽（十二画）
辛【辣】ラツ　からい

辣韮　らっきょう
酉【酲】テイ　ふつかよい
【酳】イン
【酵】コウ
【酷】コク　むごい・きびしい・はなはだしい
【酷】→酷
【酸】サン　すい・す　酸模　すかんぽ　すいば　酸漿　ぬかずき　ほおずき　酸漿草　かたばみ
辶→部首3画へ
辶→部首3画へ
阝→部首3画へ
●部首8画
金【鉸】コウ　はさみ
【鉾】ボウ・ム　ほこ
【銀】ギン・ゴン　しろがね　銀杏　ぎんなん　いちょう
【銃】ジュウ・シュウ　こづつ・つつ
【銅】ドウ・トウ　あかがね　銅鑼　どら
【銑】セン　ずく
【銓】セン　はかり・はかる
【銕】→鉄（十三画）
【銖】シュ・ジュ　わずか
【銘】メイ・ベイ・ミョウ　しるす
【銚】チョウ　銚釐　ちろり
【銛】セン　もり
【銜】カン・ガン　くつわ・くつばみ・ふ

くむ
[銭] セン ぜに・かね
[鋩] ボウ・モウ きっさき
[鉞]→鉞（十三画）
門
[関] カン・ワン せき・とざす・かかわる・あずかる
[閣] カク たかどの
[閤] コウ くぐりど
[閥] バツ・ハツ いえがら
[閧] コウ
[閨] ケイ ねや
[閩] ビン
[聞]→聞（耳部部首6画）
隹
[雑] ザツ・ゾウ・ソウ まじる・まじえる 雑巾 ぞうきん 雑木 ざつぼく ぞうき 雑魚 ざこ じゃこ
[雌]→雌（十三画）
雨
[需] ジュ・シュ まつ・もとめる
青
[静] セイ・ジョウ しず・しずか・しずまる・しずめる 静寂 せいじゃく しじま
阝→部首3画へ
●部首9画
面
[靤]→皰（十画皮部部首5画）
革
[靺] バツ・マツ
[靼] タン・タツ なめしがわ
[靽] ハン きずな・ほだし
[鞁] ヒ むながい

[鞄] ホウ・ハク なめしがわ・かばん
[鞅] オウ むながい
[鞆] とも
音
[韶] ショウ つぐ
頁
[頗] ハ かたよる・すこぶる
[領] リョウ・レイ うなじ・くび・えり・おさめる 領巾 ひれ
[頚]→頸（十六画）
風
[颯] ソウ・サツ
[颱] タイ
食
[飴] イ・シ あめ
[飼]→飼（十三画）
[飽]→飽（十三画）
[飾]→飾（十三画）
[餅]→餅（十七画）
[餌]→餌（十五画）
●部首10画
馬
[駇] ブン・モン
[駮] ハク・バク まだら・ぶち・まじる
[駄] ダ・タ のせる
[駅] エキ うまや
[駆] ク かける・かる
骨
[骰] トウ さい 骰子 さいころ
髟
[髣] ホウ 髣髴 ほうふつ
[髯] ゼン ほおひげ・ひげ
[髦] ボウ・モウ たれがみ・たてがみ

[髩]→鬢（二十四画）
[髪] ハツ かみ 髪剃 こうぞり 髪剃菜 こうぞりな
鬼
[魁] カイ さきがけ・かしら
[魂] コン・ゴン たましい・たま
●部首11画
鳥
[鳳] フウ・ホウ おおとり 鳳蝶 あげはちょう
[鳴] メイ・ミョウ なく・なる・ならす 鳴戸 なると 鳴門 なると
[鳶] エン とび・とんび 鳶尾 いちはつ
麻
[麼] バ・マ・モ
[麽]→麼
●部首14画
鼻
[鼻] ビ・ヒ はな・はじめ
[鼻]→鼻
齊
[齊]→斉（八画）

## 十五画

●部首2画
人
[僵] キョウ たおれる・たおす
[僶] ビン つとめる
[價]→価（八画）
[僻] ヘキ・ヒ ひがむ・いやしい
[儀] ギ さだめ・のり
[儁] シュン すぐれる
[儂] ドウ・ノウ われ・わし・かれ

[億] オク・ヨク 億劫 おくこう おっくう
[億]→億
[儆] ケイ いましめる・いましめ
[儉]→倹（十画）
[儋] タン になう
[儚]→儚（十六画）
冖
[冪] ベキ たれぬの・おおう
冫
[凜] リン さむい
[凛]→凜
刀
[劈] ヘキ・ヒャク さく・つんざく
刂
[劇] ゲキ・ケキ はげしい
[劉] リュウ ころす
[劍]→剣（十画）
力
[勲] クン いさお・いさおし
匚
[匳] レン くしげ
●部首3画
口
[嘬] サイ かむ・くらう
[嘱] ショク たのむ・よせる
[嘲] トウ・チョウ あざける
[嘴] シ くちばし・はし
[嘶] セイ いななく・いばえる
[嘸] ブ さぞ
[嘻] キ ああ
[噂] ソン うわさ
[噉] タン くらう

[噌] ソウ・ソ かまびすしい
[噎] エツ・イツ むせぶ・むせる
[噴] フン・ホン ふく・はく
[器] キ うつわ
[器]→器
[噓] キョ ふく・うそ
[舗] ホ・フ しく・みせ
[噛]→嚙（十八画）
土
[墜] ツイ おちる・おとす
[墜]→墜
[墝] コウ・キョウ やせち・あれち
[增]→増（十四画）
[墟] キョ おか・あと
[墦] ハン はか・つか
[墨]→墨（十四画）
[墫] シュン
[墮]→堕（十二画）
[墯]→堕（十二画）
[墳] フン はか・つか
[墀] チ にわ
[墸] チョ まま
[墹] まま・ま
夊
[憂]→憂（心部部首4画）
大
[樊]→樊（木部部首4画）
女
[嫺] カン みやびやか・ならう
[嫻]→嫺
[嬀] キ・ギ

[嬈] ジョウ・ニョウ みだれる・たわむれる
[嬉] キ うれしい・たのしむ
[嬋] セン・ゼン
[嬌] キョウ なまめかしい
宀
[審] シン つまびらか
[寫]→写（五画冖部部首2画）
[寬]→寛（十三画）
[寮] リョウ つかさ
寸
[導] ドウ みちびく
尸
[層]→層（十四画）
[履] リ はく・ふむ・くつ
山
[嶐] リュウ
[嶝] トウ さかみち
[嶠] キョウ やまみち
[嶢] ギョウ けわしい
巾
[幞] ボク ずきん
[幟] シ のぼり
[幡] ハン・ホン・バン・マン のぼり・はた
[幢] トウ はた・ほろ
[幣] ヘイ ぬさ・にぎて・みてぐら
[幤]→幣
[幣]→幣
广
[廚] チュ・チュウ・ズ くりや 廚子 ずし
[廛] テン みせ・やしき
[廝] シ こもの・めしつかい

[廟] ビョウ たまや・みたまや・やしろ
[廠] ショウ うまや
[廡] ブ ひさし
[廢]→廃（十二画）
[廣]→広（五画）
[慶]→慶（心部部首4画）
廾
[弊] ヘイ たおれる・つかれる・やぶれる
[弊]→弊
弋
[𢏳]→矰（十七画矢部部首5画）
弓
[彈]→弾（十二画）
彡
[影] エイ・ヨウ かげ 影向 えいごう ようごう
彳
[徵]→徴（十四画）
[德]→徳（十四画）
[徹] テツ とおる・とおす
艹
[蔽] ヘイ おおう・おおい
[蕀] キョク
[蕁] タン・ジン いらくさ 蕁草 いらくさ 蕁麻 じんま いらくさ
[蕃] ハン・バン しげる・ふえる・えびす 蕃椒 とうがらし
[蕈] シン・ジン きのこ・たけ
[蕉] ショウ
[蕊] ズイ しべ
[蕋]→蕊

[蕎] キョウ
蕎麦 そば そばむぎ
[蕓] ウン
[蕕] ユウ・ユ かりがねそう
[蕘] ジョウ たきぎ・しばかり
[蕙] ケイ・エ かおりぐさ
[蕚] ↓萼(十二画)
[蕞] サイ・セツ
[蕣] シュン むくげ・あさがお
[蕨] ケツ わらび
[蕩] トウ うごく・ほしいまま・ひろい
[蕪] ブ・ム あれる・かぶ・かぶら
蕪菁 かぶら
[蔑] ベツ さげすむ・なみする・ないがしろ・ない
[蔬] ↓蔬(十四画)
[蔵] ゾウ・ソウ くら・かくす・かくれる・おさめる
蔵人 くらんど くろうど
蔵王 ざおう
⻌ [遵] ジュン・シュン したがう
[遷] セン うつる・うつす
[選] セン えらぶ・よる・える
[遺] イ・ユイ のこす・わすれる・すてる・おくる
[遼] リョウ はるか
⻌ [遨] ゴウ あそぶ
[適] ↓適(十四画)
[遭] ↓遭(十四画)

[遮] ↓遮(十四画)
[遯] トン・ドン にげる・のがれる
阝 [鄭] テイ・ジョウ
鄭重 ていちょう
[鄰] ↓隣(十六画)
[鄲] タン
阝 [隣] ↓隣(十六画)
忄↓部首4画へ
扌↓部首4画へ
氵↓部首4画へ
犭↓部首4画へ
●部首4画
心 [慙] ザン はじる・はじ
[慧] ケイ・エ さとい・さかしい
[慧] ↓慧
[慫] ショウ すすめる
慫慂 しょうよう
[慮] リョ おもんぱかる・おもんぱかり
[慰] イ なぐさめる・なぐさむ
[慶] ケイ・キョウ よろこぶ・よい
[慼] セキ いたむ・うれえる
[慾] ヨク
[憂] ユウ・ウ うれえる・うれい・うい
[憇] ↓憩(十六画)
忄 [憎] ↓憎(十四画)
[憐] レン あわれむ
憐愍 れんびん
憐憫 れんびん
[憔] ショウ やつれる

[憚] タン はばかる・はばかり
[憤] フン いきどおる・むずかる・いかる
憤怒 ふんど ふんぬ
[憧] ショウ・トウ・ドウ
[憫] ビン・ミン あわれむ・うれえる
[憬] ケイ
[憮] ブ・ム
[慳] ↓慳(十四画)
戈 [戮] リク ころす・あわせる
[戲] ギ・キ・ゲ たわむれる
戯作 げさく
戯言 ざれごと たわごと
[臧] ↓臧(十四画臣部 部首6画)
手 [摩] マ する・こする
摩訶 まか
[摩] ↓摩
[摯] シ にえ・とる・いたる・てあつい
[撃] ゲキ・ケキ うつ
扌 [撇] ヘツ・ヘイ はらう
[撈] ロウ・リョウ とる
[撒] サツ・サン まく
[撓] ドウ・トウ みだす・たわめる・まげる・しなう
[撕] セイ・シ さく
[撚] デン・ネン ひねる・よる・より
[撞] トウ・ドウ・シュ つく
撞木 しもく しゅもく
撞着 どうちゃく

[撤] テツ ひらく・すてる
[撥] ハツ・バチ はねる・おさめる
撥条 ぜんまい ばね
[撩] リョウ みだれる・いどむ
[撫] フ・ブ なでる
撫子 なでしこ
[播] ハ・バン まく
播磨 はりま
[撮] サツ・サイ とる・つまむ・つまみ
[撰] セン・サン えらぶ
[撲] ボク・ハク・ホク うつ・なぐる
[撹] ↓攪(二十三画)
[擒] ↓擒(十六画)
攵 [敵] テキ かたき・あだ
敵娼 あいかた
[敵] ↓敵
[敷] フ しく・しき
敷布 しきふ
敷衍 ふえん
敷島 しきしま
[敷] ↓敷
[數] ↓数(十三画)
日 [暫] ザン しばらく・しばし
[暴] ボウ・バク・ホウ・ホク・ボク あばく・あばれる・あらい・にわか・さらす
暴露 ばくろ
[曄] ヨウ かがやく
月 [滕] ↓滕(水部 部首4画へ)
月 [腸] ↓腸(十三画)
[膕] カク ひかがみ

[膚] フ はだ・はだえ
[膝] シツ ひざ
膝行 しっこう
[膠] コウ にかわ
[膣] チツ
[膤] セツ たら
[膵] スイ
木 [槧] サン・ザン・セン ふだ
[槨] ↓椁(十二画)
[槪] ↓概(十四画)
[槩] ↓概(十四画)
[槫] タン・セン
[槭] シュク・セキ かえで
槭樹 かえで
[槱] ユウ やく・かがりび
[槲] コク かしわ
[槳] ショウ かい・かじ
[槶] カイ・ケ そこ・はこ・くぬぎ
[槹] コウ
[槻] キ つき
[槽] ソウ かいばおけ・おけ
[槿] キン むくげ・あさがお
[樂] ↓楽(十三画)
[樅] ショウ もみ
[樊] ハン まがき・かき・かご
[樋] トウ ひ・とい
[樌] カン
[樏] ルイ かんじき・かじき

[樒] ビツ・ミツ しきみ
[樓] ↓楼(十三画)
[樔] ソウ すくう・す
[樗] チョ おうち
樗蒲 ちょぼ かりうち
[標] ヒョウ しるし・しめ
標縄 しめなわ
[樛] キュウ まがる・つが・とが
[樝] サ・シャ しどみ・くさぼけ
[樞] ↓枢(八画)
[樟] ショウ くす・くすのき
[樢] チョウ つた
[樣] ↓様(十四画)
[権] ケン・ゴン おもり・はかる・かり
権化 ごんげ
[横] オウ・コウ よこ・よこたわる・よこたえる・よこしま
[樺] カ かば
[樫] かし
欠 [歎] タン なげく
[歐] ↓欧(八画)
[歓] カン よろこぶ
歹 [殤] ショウ わかじに
殳 [毅] ギ・キ つよい・たけし
[毆] ↓殴(八画)
水 [漿] ショウ しる・こんず
[潁] エイ
氵 [潑] ハツ そそぐ・はねる
潑剌 はつらつ

潑溂 はつらつ
[潔] ケツ いさぎよい
[潔] ↓潔
[潘] ハン しろみず・とぎみず
[潜] セン ひそむ・もぐる・ひそめる・くぐる・ひそかに
[潛] ↓潜
[潟] セキ かた・ひがた
[潢] コウ・オウ みずたまり
[澗] カン たに・たにがわ
[潤] ジュン うるおう・うるおす・うるむ
[潦] ロウ にわたずみ
[潭] タン ふち・ふかい
[潮] チョウ しお・うしお
潮騒 しおさい
[潮] ↓潮
[潯] ジン ふち・ほとり
[潰] カイ ついえる・くずれる・やぶれる・つぶれる
[潴] ↓瀦(十九画)
[潸] サン
[潺] セン・サン
潺湲 せんかん
[潼] トウ・ドウ
[澀] ↓渋(十一画)
[澁] ↓渋(十一画)
[澄] チョウ すむ・すます
[澂] ↓澄

【澆】キョウ・ギョウ　そそぐ・うすい
【澌】シ　つきる
【澎】ホウ
澎湃　ほうはい
【澑】→溜（十三画）
【瀆】→瀆（十六画）
【漑】→漑（十四画）
【漉】→漉（十四画）
氺
【滕】トウ
【黎】→黎（黍部首12画）
火
【熛】ヒョウ
【熠】ユウ・シュウ　ひかり・かがやく・あきらか
【熨】イ・ウツ　おさえる・のす・のし・ひのし
熨斗　のし
【熯】ゼン・カン　やく・かわく
【燁】ヨウ　かがやく
灬
【熟】ジュク　うれる・にる・つらつら
熟寝　うまい
熟熟　つらつら
熟田津　にきたつ　にきたづ
【熬】ゴウ　いる
【熱】ネツ・ゼツ・ネチ　あつい・いきれ
【勲】→勳（力部首2画）
【標】→標（木部首4画）
【默】→默（黒部首12画へ）
片
【窓】→窓（十一画穴部首5画）
【牖】ユウ　まど

牛
【犛】ボウ・リ　からうし
犬
【獎】→奨（十三画大部首3画）
犭
【獗】ケツ
辶→部首3画へ
王→部首5画へ
●部首5画
玉
【瑩】エイ
王
【瑾】キン　たま
【璃】リ
【璋】ショウ　たま
瓦
【甍】→甍（十六画）
田
【畿】キ　さかい・みやこ
疒
【瘞】エイ　うずめる
【瘟】オン　えやみ
【瘠】セキ　やせる
【瘡】ソウ・ショウ　かさ・きず
【瘢】ハン　きず・きずあと
【瘤】リュウ・ル　こぶ・しいね
【瘦】シュウ・ソウ　やせる
【瘧】ギャク　わらわやみ・おこり
白
【皚】ガイ　しろい
【皜】コウ　しろい
皮
【皺】シュウ・スウ　しわ
皿
【盤】バン・ハン　さら・はち
盤石　ばんじゃく
盤陀　はんだ
【監】カン・ケン　みる・みはり
監寺　かんす
目
【瞋】シン　いかる・いからす
瞋恚　しんい
しんに

【瞎】カツ
【瞑】ベイ・ミョウ・メイ　つぶる・くらい
石
【確】カク　たしか・たしかめる・かたい・たしかに・しかと
【碼】バ・メ・マ　ヤール・ヤード
【碾】デン・テン　うす・ひく・きしる
【磅】ホウ　ポンド
【磆】カツ
【磈】カイ・イ
【磊】ライ
【磋】サ　みがく
【磐】ハン・バン　いわ
磐石　ばんじゃく
磐城　いわき
【磑】ガイ　ひきうす
【磔】タク　さく・はりつけ
示
【禝】ショク
禾
【稷】ショク　きび
【稺】→稚（十三画）
【稻】→稲（十四画）
【稼】カ　かせぐ・うえる・みのり
【稽】ケイ　とどめる・かんがえる
【稿】コウ　わら・したがき
【稾】→稿
【穀】→穀（十四画）
【穃】ヨウ

【穗】スイ　ほ
【稽】→稽（十四画）
穴
【窮】キュウ　きわめる・きわまる
【窯】ヨウ　かま
【窰】→窯
【窳】ユ　ゆがむ
氺→部首4画へ
罒→部首6画へ
衤→部首6画へ
●部首6画
竹
【箭】セン　や・やだけ
【箱】ショウ・ソウ　はこ
【箴】シン　はり・いましめ
【箸】チョ・チャク　はし
【節】→節（十三画）
【篁】コウ　たかむら・たけ
【範】ハン　のり・てほん
【篆】テン
【篇】ヘン　ふみ・まき
【篊】コウ　ひび
【篋】キョウ　はこ
【篌】コウ・ゴ
【篏】→嵌（十二画山部首3画）
【箪】→簞（十八画）
米
【糂】サン・ジン　こながき
【糄】ヘン
【糅】ジュウ　まじる
糅飯　かてめし
【糆】→麪（麦部首11画）

【糇】→餱（十八画食部首9画）
【糈】ショ・ソ　しとぎ
【糉】→粽（十四画）
【糊】コ・ゴ　のり・かゆ
【糎】センチメートル
糸
【緖】→緒（十四画）
【緘】カン　とじる
【線】セン　すじ・いとすじ
【緜】→綿（十四画）
【緝】シュウ　つむぐ・あつめる・やわらぐ
【緞】タン・ダン・ドン
緞子　どんす
【締】テイ　しまる・しめる・しまり・むすぶ
【締】→締
【緡】ビン・ミン　いと・ぜにさし
【縁】エン　ふち・へり・よる・えにし・よすが・ゆかり・よし
【緣】→縁
【緤】セツ　きずな・つなぐ
【緥】→褓（十四画衤部首6画へ）
【編】ヘン　あむ・とじいと
編木　びんざさら
【編】→編
【緩】カン　ゆるい・ゆるやか・ゆるむ・ゆるめる
【緩】→緩
【緬】ベン・メン　とおい・はるか
緬甸　ビルマ

【緯】→緯（十六画）
【緲】ビョウ・ミョウ　かすか
【練】→練（十四画）
【緻】チ　こまかい
【縄】ジョウ　なわ・ただす
【緊】キン　きびしい・しまる・しめる
【縅】おどし
罒
【罵】バ　ののしる・のる
罵詈　ばり
【罷】ヒ・ハイ　やめる・つかれる・まかる
【罸】→罰（十四画）
羊
【羮】→羹（十九画）
【羯】ケツ・カツ　ひつじ・えびす
羽
【翥】ショ
【翦】セン　きる
【翩】ヘン　ひるがえる
【翫】ガン　もてあそぶ
翫弄　がんろう
耒
【耦】ゴウ・グウ　たぐい
耳
【聰】→聡（十四画）
【聨】→聯（十七画）
舌
【舗】→舖（口部首3画）
舛
【舞】ブ　まう・まい
舞妓　まいこ
舟
【艘】→艘（十六画）
虍
【慮】→慮（心部首4画）
【膚】→膚（月部首4画）

虫
【蝌】カ
【蝍】ショク・ソク
【蝎】カツ　さそり
【蝓】ユ
【蝕】ショク　むしばむ
【蝗】コウ　いなご
【蝘】エン
蝘蜓　とかげ
【蝙】ヘン
蝙蝠　かわほり　こうぼり　こうもり
【蝟】イ　はりねずみ
【蝠】フク
【蝡】→蠕（二十画）
【蝣】ユウ
【蝤】シュウ・ユウ
【蝦】カ　えび・がま
蝦夷　えぞ　えみし
蝦蛄　しゃこ
蝦蟇　がま
【蝨】シツ　しらみ
【蝪】トウ
【蝮】フク　まむし
【蝱】→虻（九画）
【蝴】コ
【蝶】チョウ
蝶番　ちょうつがい
【蝸】カ・ラ　かたつむり
蝸牛　かぎゅう　かたつぶり　かたつむり

でてむし でんでんむし まいまい まいまいつぶろ
蝸螺 にな
【蟒】→蟒(十七画)
【蟬】→蟬(十八画)
【蠅】→蠅(十九画)
行【衝】ショウ つく
衣【褒】ホウ ほめる
ネ【褞】オン・ウン ぬのこ・どてら
褞袍 おんぽう どてら
【褥】ジョク しとね
【褪】トン・タイ ぬぐ・あせる・さめる
【褫】チ うばう
艹→部首3画へ
月→部首4画へ
●部首7画
言【誰】スイ だれ・たれ・た
誰何 すいか
【課】カ こころみる・わりあて
課役 かえき かやく
【誹】ヒ そしる
【誼】ギ よい・よしみ
【誾】ギン
【調】チョウ しらべる・ととのう・ととのえる・しらべ・みつぎ
【調】→調
【諂】テン へつらう・へつらい
【諄】シュン・ジュン くどくど・ねんごろ・あつい
【談】ダン・タン はなし・かたる
【請】セイ・シン・ショウ こう・うける・こい
【請】→請
【諍】ソウ・ショウ いさめる・うったえる・あらそう・いさかい
【諏】シュ・ス・ソウ はかる
【諒】リョウ まこと・まことに
【論】ロン・リン あげつらう
【諾】ダク こたえる・うべなう・うべ
諾威 ノルウェー
【謁】エツ まみえる
【諸】ショ もろもろ・これ
諸子 もろこ
諸肌 もろはだ
諸膚 もろはだ
【誕】タン うまれる・いつわる
【諫】→諫(十六画)
【諛】→諛(十六画)
【諚】ジョウ
【諜】→諜(十六画)
豆【豌】ワン・エン
豌豆 えんどう
【豎】シュ・ジュ たつ・たて・こども
豸【貎】ゲイ からじし
貝【賚】ライ たまう・たまもの
【賜】シ たまわる・たまう・たまもの
賜物 たまもの
賜賚 たまもの
【賞】ショウ ほめる・めでる
【賠】バイ・ハイ つぐなう
【賣】→売(七画士部 部首3画)
【賤】セン・ゼン いやしい・しず
【質】シツ・シチ・チ たち・ただす・かた
質種 しちぐさ
【賛】サン たすける・ほめる
【賓】ヒン まろうど
賓頭盧 びんずる
【賦】フ みつぎ
【賭】→賭(十六画)
【賢】→賢(十六画)
走【趣】シュ・ソク おもむき・おもむく
足【踏】トウ ふむ・ふまえる
踏歌 とうか
踏鞴 たたら
【踐】→践(十三画)
【踝】カ くるぶし・くびす
【踞】キョ うずくまる
【踟】チ
踟躕 ちちゅ ちちゅう
【踠】エン・オン かがむ・もがく
【踦】キ・イ
【踪】ショウ・ソウ あしあと
身【躶】→裸(十三画ネ部 部首6画へ)
車【輗】ゲイ
【輘】リョウ・ロウ きしる
【輙】→輒(十四画)
【輛】リョウ
【輜】シ
【輝】キ かがやく・てる・かがやかしい
【輞】ボウ・モウ
【輟】テツ とどめる・やめる
【輦】レン てぐるま・てごし・たごし
【輩】ハイ ともがら・やから
【輪】リン わ
輪廻 りんね
【輓】→輓(十四画)
酉【醁】リョク・ロク うまざけ
【醂】ラン・リン さわす
【醅】ハイ・バイ にごりざけ
【醇】シュン・ジュン もっぱら・あつい
【醉】→酔(十一画)
【醋】ソ・サク す・むくいる
辶→部首3画へ
辶→部首3画へ
阝→部首3画へ
麦→部首11画へ
●部首8画
金【鋭】エイ するどい
【銳】→鋭
【銷】ショウ とける・とかす・きえる・けす
【銹】シュウ さび
【鋋】セン・エン てぼこ
【鋌】テイ あらがね
【鋏】キョウ はさみ
【鋒】ホウ ほこさき・ほこ
【鋟】セン・シン きざむ
【鋤】ショ・ジョ すき
【鋪】→舗(口部 部首3画)
【鋳】チュウ・シュ いる
鋳銭 じゅせん ちゅうせん
【鋲】ビョウ
【錵】にえ
【錺】かざり
門【閫】コン しきみ・しきい
【閭】リョ・ロ むら・さと
【閲】エツ けみする・へる
【閱】→閲
【誾】→誾(言部 部首7画)
雨【霄】ショウ そら
【霆】テイ いかずち・いなずま
【震】シン ふるう・ふるえる
【霈】ハイ おおあめ
【霊】レイ・リョウ たま・たましい
非【靠】コウ よる・もたれる・たがう
阝→部首3画へ
●部首9画
革【鞋】カイ・アイ わらじ
【鞍】アン くら
【鞏】キョウ つかねる・かたい
【鞐】こはぜ
頁【頞】アツ・アン はなすじ
【頡】ケツ・キツ
【頤】イ おとがい
【頰】→頬(十六画)
【頴】→穎(水部 部首4画)
食【飪】→飪(十三画)
【餃】コウ・キョウ・ギョウ
餃子 ギョーザ チャオズ
【餅】→餅(十七画)
【餉】ショウ かれいい
【養】ヨウ やしなう・かう・やしない
【養】→養
【餌】ジ え・えさ
餌食 えじき
【餓】ガ うえる
●部首10画
馬【駈】→駆(十四画)
【駐】チュウ・チュ とどまる・とどめる
【駐】→駐
【駑】ド・ヌ
【駒】ク こま
【駕】カ・ガ のる・しのぐ
駕籠 かご
【駘】タイ にぶい
駘蕩 たいとう
【駛】シ はやい・はせる
【駝】タ・ダ
【駟】シ
髟【髫】チョウ うない
【髭】シ ひげ・くちひげ
【髮】→髪(十四画)
【髥】→髯(十四画)
【髱】ホウ たぼ
【髴】フツ
門【鬧】ドウ・トウ さわがしい
鬼【魃】ハツ・バツ ひでり
【魄】ハク・タク たましい
【魅】ミ・ビ みいる
●部首11画
魚【魣】ショ かます
【魥】ゴウ・キョウ ひもの・こち
【魦】サ・シャ はぜ・いさざ
【魨】トン
【魪】カイ かれい
【魭】ゲン・ガン おおうみがめ
【魯】ロ おろか
魯西亜 ロシア
【魳】シ かます
【魴】ホウ おしきうお
魴鮄 ほうぼう
【魸】なまず
鳥【鳷】シ
【鴃】ケキ・ゲキ もず
【鴆】チン
【鴇】ホウ のがん・とき
【鴈】→雁(十二画隹部 部首8画)
【鴉】ア からす
鴉片 あへん
【鴎】→鷗(二十二画)

鹿【麈】↓麈（十四画土部 部首3画）
麦【麨】ショウ むぎこがし
【麩】フ ふすま
【麪】ベン・メン むぎこ 麪麭 パン
麦【麴】↓麴（十九画）
麻【麾】キ さしずばた・さしまねく
【摩】↓摩（手部 部首4画）
黒↓部首12画へ
●部首12画
黍【黎】レイ・リ おおい・くろい
黒【默】モク・ボク だまる・もだす
●部首13画
鼠【鼠】↓鼠（十三画）
●部首15画
齒【齒】↓歯（十二画）

## 十六画

●部首2画
人【儐】ヒン みちびく
【儒】ジュ
【儔】チュウ・ジュ たぐい・ともがら
【儕】サイ・セイ ともがら・ひとしく
【儖】ラン
【儘】ジン まま・たとえ・ことごとく
【儚】ボウ はかない
【僭】↓僭（十四画）

八【冀】キ こいねがう
冫【凝】ギョウ こる・こらす
刀【劒】↓剣（十画）
【劔】↓剣（十画）
刂【劑】↓剤（十画）
【劓】ギ はなきる
力【勳】↓勲（十五画）
【勵】↓励（七画）
又【叡】エイ かしこい・あきらか
●部首3画
口【噞】ゲン あぎとう
【噡】セン
【噤】キン つぐむ
【噦】エッ・カイ しゃっくり・えずく
【噐】↓器（十五画）
【噩】ガク おどろく
【噪】ソウ さわぐ・さわがしい・かしましい
【噫】イ・アイ ああ・おくび
【噬】セイ・ゼイ かむ・くらう
【噯】アイ おくび 噯気 おくび
【噱】キャク・キョ わらう
【噴】↓噴（十五画）
【嘯】ショウ うそぶく
【嗃】コウ
【噸】トン
【噺】はなし

【嘴】↓嘴（十五画）
囗【圜】カン・エン めぐる・かこむ・まるい
土【墺】オウ・イク おか・きし 墺太利 オーストリア
【墻】↓牆（十七画爿部 部首4画）
【墾】コン ひらく・はる
【壁】ヘキ かべ 壁蝨 だに
【壅】ヨウ ふさぐ
【壇】ダン・タン
【墳】↓墳（十五画）
【壊】カイ・エ こわす・こわれる・やぶれる・くずれる 壊疽 えそ
【壌】ジョウ つち
大【奮】フン ふるう
女【嬖】ヘイ きにいり
【嬴】エイ みちる・あまる
【嬢】ジョウ むすめ
子【學】↓学（八画）
宀【寰】カン
【褰】↓褰（衣部 部首6画）
寸【導】↓導（十五画）
山【嶬】ギ けわしい
【嶮】ケン けわしい
【嶼】↓嶼（十七画）
广【廨】カイ
【廩】リン くら

弓【彊】キョウ・ゴウ つよい
彑【彝】↓彝（十八画）
彳【徼】キョウ・ギョウ・ヨウ めぐる・もとめる
【徽】↓徽（十七画）
艹【蕷】ヨ
【蕺】シュウ どくだみ 蕺草 どくだみ
【蕾】ライ つぼみ
【薀】↓蘊（十九画）
【薁】イク
【薄】ハク うすい・うすめる・うすまる・うすらぐ・うすれる・せまる・すすき 薄荷 はっか 薄翅蜉蝣 うすばかげろう
【薄】↓薄
【薇】ビ ぜんまい
【薈】ワイ・カイ
【薊】ケイ あざみ
【薐】ロウ・レン
【薑】キョウ・コウ しょうが・はじかみ
【薔】ショク・ショウ・ソウ みずたで・ばら 薔薇 しょうび・そうび・いばら・ばら
【薗】↓園（十三画囗部 部首3画）
【薙】テイ・チ なぐ・かる・そる 薙刀 なぎなた
【薛】セツ
【薜】ヘイ まさきのかずら

【薤】カイ にら・らっきょう
【薦】セン すすめる・こも・しきりに
【薨】↓薨（十七画）
【薪】シン たきぎ・まき
【薫】クン かおる・かおり 薫物 たきもの 薫衣香 くぬえこう・くのえこう
【薬】ヤク くすり 薬玉 くすだま 薬缶 やかん 薬研 やげん 薬師 くすし 薬罐 やかん
【蕗】ロ ふき
【蕭】ショウ かわらよもぎ
【薯】↓薯（十七画）
【薮】↓藪（十八画）
【蕣】↓蕣（十五画）
【瞢】↓瞢（目部 部首5画）
【蟇】↓蟇（虫部 部首6画）
辶【避】ヒ・ビ さける・よける
【還】カン・ゲン・セン かえる・かえす・また・めぐる 還俗 げんぞく
辶【遲】↓遅（十二画）
【遴】リン むさぼる・なやむ
【遵】↓遵（十五画）
【遶】ジョウ・ニョウ めぐる
【遷】↓遷（十五画）
【選】↓選（十五画）

【遺】↓遺（十五画）
【遼】↓遼（十五画）
【邁】バイ・マイ ゆく
【暹】↓暹（日部 部首4画）
阝【鄴】ギョウ
阝【隧】スイ・ズイ はかみち 隧道 すいどう・ずいどう・トンネル
【隨】↓随（十二画）
【險】↓険（十一画）
【隣】リン となる・となり
忄↓部首4画へ
扌↓部首4画へ
氵↓部首4画へ
犭↓部首4画へ
●部首4画
心【憊】ハイ つかれる
【憑】ヒョウ よる・たのむ・つく 憑人 よりまし
【憖】ギン・キン なまじいに
【憙】キ よろこぶ
【憩】ケイ いこい・いこう・やすむ
【憲】ケン のり・のっとる
【憲】↓憲
忄【憶】オク おぼえる・おもう
【憶】↓憶
【憺】タン やすらか
【憾】カン うらみ・うらむ
【懆】ソウ うれえる・むさぼる

【懈】カイ・ケ おこたる 懈怠 かいたい・けたい
【懊】オウ なやむ・じれる
【懌】エキ よろこぶ
【懍】リン おそれる
【憤】↓憤（十五画）
【懐】カイ ふところ・なつかしい・なつかしむ・なつく・なつける・おもう・おもい・いだく
【憐】↓憐（十五画）
戈【戰】↓戦（十三画）
扌【撻】タツ むちうつ
【撼】カン うごかす
【撿】レン・ケン ただす・しらべる
【擁】ヨウ いだく
【擂】ライ する
【擅】セン・ゼン ほしいまま
【擇】↓択（七画）
【操】ソウ みさお・あやつる・とる
【擒】キン とりこ・とらえる
【擔】↓担（八画）
【擗】ヘキ むねうつ
【據】↓拠（八画）
攵【整】セイ ととのえる・ととのう
方【旛】↓旛（十八画）
日【暸】リョウ あきらか

〔暹〕セン　暹羅 シャム
〔瞥〕ヘツ
〔暾〕トン　あさひ
〔曀〕エイ　くもる・おおう
〔曁〕キ　およぶ
〔曆〕↓暦（十四画）
〔曇〕ドン・タン　くもる・くもり
〔曉〕↓暁（十二画）
月
〔朣〕トウ・ドウ　つきしろ
月
〔縢〕↓縢（糸部 部首6画）
〔膨〕ボウ・ホウ　ふくらむ・ふくれる
〔膩〕ジ・ニ　あぶら
〔膰〕ハン　ひもろぎ
〔膳〕セン・ゼン　すすめる・そなえる　膳夫 かしわで
〔臈〕↓臘（十九画）
木
〔樲〕ジ　さねぶとなつめ
〔樵〕ショウ　きこる・きこり・たきぎ
〔橵〕↓梭（十四画）
〔叢〕↓叢（十八画又部 部首2画）
〔樸〕ハク・ホク・ボク
〔樹〕ジュ　き・うえる・たてる　樹懶 なまけもの
〔樽〕ソン　たる
〔樾〕エツ　こかげ
〔橄〕カン
〔橅〕ボ・モ　ぶな

〔橇〕セイ・ゼイ・キョウ　そり・かんじき
〔橈〕ドウ・ジョウ・ニョウ　たわむ・たわめる・かい・かじ
〔橊〕↓榴（十四画）
〔橋〕キョウ　はし
〔橐〕タク　ふくろ・ふいごう　橐吾 つわぶき
〔橘〕キツ　たちばな
〔橙〕トウ　だいだい
〔橛〕ケツ　くい・くつわ
〔機〕キ　はた・からくり・おり　機関 きかん からくり
〔機〕↓機
〔橡〕ショウ・ゾウ　とち・くぬぎ・つるばみ
〔橢〕タ・ダ
〔橤〕ズイ　しべ
〔橦〕トウ・ショウ・シュ
〔横〕↓横（十五画）
〔檠〕↓檠（十七画）
〔楅〕ショウ　すぎ
〔橲〕じさ
〔樫〕↓樫（十五画）
〔檎〕↓檎（十七画）
欠
〔歔〕キョ　すすりなく・むせびなく
〔歙〕キュウ　すう・あわす
止
〔歷〕↓歴（十四画）
〔整〕↓整（攵部 部首4画）

歹
〔殪〕エイ　たおす・たおれる
〔殫〕タン　つきる・つくす
氵
〔澡〕ソウ　あらう・すすぐ
〔澣〕カン　すすぐ・あらう
〔澤〕↓沢（七画）
〔澪〕レイ　みお　澪標 みおじるし みおつくし みおのしるし
〔澱〕テン・デン　よどむ・よど・おり
〔澳〕イク・オク・オウ　くま・おき
〔澹〕タン　しずか・やすらか・あわい
〔激〕ゲキ・ケキ　はげしい
〔濁〕ダク・タク・ジョク　にごる・にごす　濁声 だみごえ　濁酒 だくしゅ どぶろく　濁醪 どぶろく
〔濂〕レン
〔濃〕ノウ・ジョウ　こい・こまやか　濃絵 だみえ　濃餅 のっぺい
〔濆〕フン　わく・みぎわ
〔濛〕ボウ・モウ　くらい
火
〔熾〕シ　さかん
〔燃〕ネン・ゼン　もえる・もやす・もす
〔燄〕↓焔（十二画）
〔燈〕↓灯（六画）
〔燉〕トン
〔燋〕ショウ・シャク　こげる・こがす・たいまつ

〔燎〕リョウ　かがりび・にわび・やく
〔燐〕リン　おにび　燐寸 マッチ
〔燒〕↓焼（十二画）
〔燔〕ハン　やく・あぶる
〔燗〕ラン　かん
〔燗〕↓燗
灬
〔熹〕キ
〔燕〕エン　つばめ・つばくろ　燕子花 かきつばた
犬
〔獸〕ジュウ　けもの・けだもの
犭
〔獨〕↓独（九画）
〔獪〕カイ　わるがしこい
〔獲〕カク　える・とる
辶→部首3画へ
王→部首5画へ

●部首5画
王
〔璞〕ハク　あらたま
〔瑠〕↓瑠（十四画）
瓜
〔瓢〕ヒョウ　ひさご・ふくべ　瓢虫 てんとうむし
瓦
〔甌〕オウ　かめ・ほとぎ
〔甍〕ボウ　いらか
〔甎〕セン　かわら・しきがわら
〔甑〕↓甑（十七画）
田
〔疊〕↓畳（十二画）
疒
〔瘭〕ヒョウ　瘭疽 ひょうそ
〔瘰〕ラ・ライ・ルイ

〔瘴〕ショウ　瘴癘 しょうれい
〔瘻〕ロウ・ル
皿
〔盥〕カン　たらい
〔盧〕ロ　盧遮那仏 るしゃなぶつ
目
〔瞖〕エイ
〔瞚〕↓瞬（十八画）
〔瞞〕バン・マン・ボン・モン　だます・あざむく
〔瞠〕トウ・ドウ　みはる
〔瞢〕ボウ・ム・モウ　くらい
石
〔磚〕↓甎（瓦部 部首5画）
〔磔〕ソク・サク　やじり
〔磧〕セキ　かわら・すなはら
〔磨〕マ・バ　みがく・する・ひきうす
〔磨〕↓磨
〔磬〕ケイ
〔磔〕↓磔（十五画）
示
〔禦〕ギョ　ふせぐ・あたる
〔穎〕↓穎（禾部 部首5画）
禾
〔穅〕↓糠（十七画米部 部首6画）
〔穆〕ボク・モク　やわらぐ・つつしむ
〔積〕セキ・シャク・シ　つむ・つもる・つもり
〔穎〕エイ　のぎ・ほさき
〔穏〕オン　おだやか
〔穐〕↓秋（九画）
穴
〔窶〕ク・ロウ　やつれる・やつす

〔窺〕キ　うかがう・のぞく
罒→部首6画へ
衤→部首6画へ

●部首6画
竹
〔築〕チク　きずく・つく　築山 つきやま　築地 ついじ つきじ
〔築〕↓築
〔篦〕ヒ　かたみ・はこ・かご
〔篝〕コウ　ふせご・かがり
〔篡〕サン・セン　うばう
〔篤〕トク　あつい
〔篥〕リツ・リキ
〔篦〕ヘイ　の・やがら・へら
篦深 のぶか
〔篩〕シ・サイ　ふるい
〔篭〕↓籠（二十二画）
〔簑〕↓蓑（十三画艹部 部首3画）
〔篳〕↓篳（十七画）
米
〔糒〕ヒ・ビ　ほしいい
〔糘〕サク　ゆとり
〔穀〕↓穀（十四画禾部 部首5画）
〔糕〕↓餻（十九画食部 部首9画）
〔糖〕トウ　あめ
〔糖〕↓糖
〔糗〕キュウ　ほしいい
〔糢〕↓模（十四画木部 部首4画）
〔糘〕すくも・かせぎ
糸
〔縈〕エイ・ヨウ　めぐる・めぐらす

〔縉〕シン　さしはさむ
〔縊〕エイ・イ　くびる・くびれる
〔縋〕ツイ　すがる
〔縑〕ケン　かとり
〔縒〕シ　よる・より
〔縕〕ウン・オン　縕袍 うんぽう どてら
〔縛〕バク・ハク　しばる・くくる・いましめる
〔縛〕↓縛
〔縞〕コウ　しま・しろぎぬ
〔縟〕ジョク　かざり・しげし
〔縡〕サイ　こと・いき
〔縢〕トウ　からげる・むかばき・はばき・かな
〔縣〕↓県（九画目部 部首5画）
〔繁〕ハン　しげし・しげる　繁縷 はこべ
〔縱〕ジュウ・ショウ　たて・はなつ・ゆるす・ほしいまま・たとい・たとえ
縱令 たとい たとえ
〔縫〕ホウ　ぬう・ぬいめ
〔緯〕イ　ぬき・よこいと
〔緻〕↓緻（十五画）
罒
〔罹〕リ　かかる
羊
〔羲〕キ・ギ
羽
〔翰〕カン　ふで・ふみ
耒
〔耨〕ドウ・ジョク　くわ・すき・くさぎる

【臻】シン　いたる
【興】コウ・キョウ　おこる・おこす・おきる
【舘】→館（食部 部首9画）
【艘】ソウ　ふね
【艙】ソウ
【盧】→盧（皿部 部首5画）
【螂】→蜋（十三画）
【螈】ゲン　なつご
【融】ユウ　とける・とおる
【螘】→蟻（十九画）
【螟】ベイ・ミョウ・メイ　ずいむし
螟虫　めいちゅう　ずいむし
【螠】イ　ゆむし
【螢】→蛍（十一画）
【蟇】バ・マ　ひき・ひきがえる・ぶゆ・ぶと
【蟆】→蟇
蟇蛙　ひきがえる
【螭】→螭（十七画）
【衛】エイ・エ　まもる・まもり
衛士　えじ
【衞】→衛
【衡】コウ　はかり・はかる・くびき
【褰】ケン　はかま・かかげる
【褶】チョウ・シュウ　ひだ・あわせ
【褸】ル・ロウ　つづれ
【襁】キョウ　むつき
襁褓　おしめ　むつき

艹→部首3画へ
月→部首4画へ

●部首7画

【覦】ユ　ねがう・のぞむ・うかがう
【覩】→睹（十四画目部 部首5画）
【親】シン　おや・したしい・したしむ・ちかしい・したしみ・みずから
親父　おやじ
親爺　おやじ
【諛】ユ　へつらう
【諜】チョウ　しめす・うかがう
【諞】ヘン
【諠】ケン　わすれる・いつわる・かまびすしい
【謚】シ　おくりな
【諢】ゴン・コン　たわむれ
諢名　あだな
【諤】ガク
【諦】テイ・タイ　あきらめる・あきらか・つまびらか
【諧】カイ　かなう・やわらぐ
諧謔　かいぎゃく　おどけ
【諫】カン　いさめる・いさめ
【諭】ユ　さとす・たとえ
【諭】→諭
【諮】シ　はかる・とう
【諮】→諮
【諱】キ　いむ・いみな
【諳】アン　そらんじる

【諵】→喃（十二画口部 部首3画）
【諷】フウ　そらんじる
諷誦文　ふじゅもん
【諸】→諸（十五画）
【諺】ゲン　ことわざ
諺文　オンムン　オンモン
【諺】→諺
【諼】ケン　わすれる・いつわる
【謀】ボウ・ム　はかる・はかりごと
謀反　むほん
謀叛　むほん
【謁】→謁（十五画）
【謂】イ　いう・おもう・おもえらく・いい・いわれ
【謡】ヨウ　うたい・うたう
謡歌　わざうた
【謎】→謎（十七画）
【豎】→豎（十五画）
【豫】→予（四画亅部 部首1画）
【豬】→猪（十一画犭部 部首4画へ）
【賭】ト　かける・かけ
【賴】→頼（頁部 部首9画）
【賢】ケン・ゲン　かしこい・まさる
【赭】シャ　あかつち・あか
【踰】ユ・ヨウ　こえる
【踴】→踊（十四画）
【踵】ショウ　くびす・かかと・つぐ
【蹂】ジュウ　ふむ
蹂躙　じゅうりん
【蹄】テイ　ひづめ

【躾】しつけ
【輭】→軟（十一画）
【輯】シュウ　あつめる・あつまる・やわらぐ
【輳】ソウ　あつまる
【輶】ユウ　かるい
【輸】ユ・シュ　おくる・いたす
【輸】→輸
【輹】フク
【輜】→輜（十五画）
【輻】フク　や
【辦】ハン・ベン　つとめる
【辨】→弁（五画廾部 部首3画）
【辧】→弁（五画廾部 部首3画）
【醍】テイ・ダイ
醍醐　だいご
【醎】→鹹（二十画鹵部 部首11画）
【醐】コ・ゴ
【醒】セイ　さめる・さます
【醗】→醱（十九画）

辶→部首3画へ
辶→部首3画へ
阝→部首3画へ
麦→部首11画へ

●部首8画

【鋸】キョ　のこぎり
鋸屑　のこくず
【錵】エン　かなまり
【鋼】コウ　はがね
鋼鋳物　はがねいもの
【録】ロク・リョク　しるす

【錄】→録
【錆】ショウ・セイ　くわしい・さび
【錆】→錆
【錏】ア　しころ
【錐】スイ　きり
【錑】ライ　かんな・もじり
【錕】コン
【錘】スイ・ツイ　つむ・おもり
【錙】シ　わずか
【錚】ソウ　かね・どら
【錠】ジョウ・テイ
【錢】→銭（十四画）
【錣】テツ・テイ　しころ
【錦】キン　にしき
錦葵　ぜにあおい
【錫】セキ・シャク　すず・たまもの
【錬】レン　ねる
【錮】コ　ふさぐ
【錯】サク・ソ　まじる・まじわる・たがう・あやまる・おく
【鍄】→京（八画亠部 部首2画）
【錨】ビョウ　いかり
【錻】ブ
【鋋】→鋋（十五画）
【閵】リン・レン
【閹】エン
【閻】エン
閻魔　えんま
閻浮提　えんぶだい

【閼】アツ・ア・エン　とどめる・ふさぐ
閼伽　あか
【閾】ヨク・イキ　しきみ・しきい
【隷】レイ　しもべ・したがう・つく
【雕】チョウ　わし・きざむ・ほる
【霍】カク　はやい・にわか
【霎】ソウ・ショウ　こさめ・しばし
【霏】ヒ　きり・もや
【霑】テン　うるおう・うるおす
【霓】ゲイ　にじ
【霖】リン　ながあめ
【霙】エイ・ヨウ　みぞれ・あられ
【霑】→霑（十五画）
【靛】テン・デン　あい
【靜】→静（十四画）

阝→部首3画へ

●部首9画

【靦】テン
【鞘】ソウ・ショウ　さや
【頭】トウ・ズ・ト　あたま・かしら・こうべ・ほとり・かみ
頭巾　ずきん　ときん
頭垢　ふけ
頭陀袋　ずだぶくろ
【頰】キョウ　ほお
【頷】カン・ガン　あご・うなずく
【頸】ケイ　くび・うなじ
【頹】タイ　くずれる・くずおれる

【頻】→頻（十七画）
【頤】→頤（十五画）
【頼】ライ　たのむ・たのもしい・たよる・よる
頼母子　たのもし
【穎】→穎（禾部 部首5画）
【餐】サン
【餒】ダイ　うえる
【餓】→餓（十五画）
【餔】ホ・フ　ゆうめし・くらう
【餘】→余（七画人部 部首2画）
【餝】→飾（十三画）
【館】カン　たて・たち・やかた

●部首10画

【駢】→駢（十八画）
【駭】カイ・ガイ　おどろく
【駮】ハク　まだら・ぶち
【駱】ラク
駱駝　らくだ
【駲】シュウ・ジュン
【骸】カイ・ガイ　ほね・むくろ・かばね
【骼】カク　ほね
【髷】キョク　まげ・わげ
【髻】ケイ・キツ　たぶさ・もとどり・みずら
髻華　うず
【髭】→髭（十五画）
【鬨】コウ　とき

●部首11画

魚
【鮃】ヘイ・ヒョウ　ひらめ
【鮎】デン・ネン　なまず・あゆ
鮎並　あいなめ
鮎魚女　あいなめ
【鮏】セイ・ショウ　なまぐさい・さけ
【鮐】タイ・イ　ふぐ
【鮑】ホウ　あわび
【鮒】フ・ブ　ふな
【鮓】サ　くらげ・すし
【鮖】かじか
【鮴】いさざ
【鮗】このしろ
鳥
【鴒】レイ
【鴕】タ・ダ
【鴛】エン　おしどり
鴛鴦　えんおう　おし　おしどり
【鴞】ヨウ・キョウ　ふくろう
【鴟】シ　とび・ふくろう
鴟尾　しび　くつがた
【鴡】→睢（十三画隹部 部首8画）
【鴣】コ
【鴥】イツ　はやい
【鴪】→鴥
【鴦】オウ　おしどり
【鴨】オウ　かも・あひる
鴨脚樹　いちょう
【鴉】→鴉（十五画）
【鴬】→鶯（二十一画）

【鴫】しぎ
鹿
【麇】キン・クン・グン　のろ・くじか
【麈】シュ・ス　おおしか
麥
【麩】→麸（十五画）
【麭】ホウ　こなもち・だんご
麦
【麺】→麪（十五画）
麻
【磨】→磨（石部 部首5画）
黒→部首12画へ
●部首12画
黒
【黔】ケン・キン　くろい
【默】→黙（十五画）
黒
【黛】→黛（十七画）
●部首16画
龍
【龍】→竜（十画）
龜
【龜】→亀（十一画）

## 十七画

●部首2画
人
【償】ショウ　つぐなう・あがなう
【儡】ライ
【優】ユウ・ウ　やさしい・すぐれる・まさる・ゆたか・わざ　おぎ
優婆夷　うばい
優婆塞　うばそく
優曇華　うどんげ
【儲】→儲（十八画）
【儖】→儖（十六画）
【儐】→儐（十六画）
八
【輿】→輿（車部 部首7画）

厂
【厳】ゲン・ゴン　おごそか・きびしい・いかめしい・いつくし
又
【燮】→燮（火部 部首4画）
●部首3画
口
【嚀】デイ・ネイ　ねんごろ
【嚇】カク　おどす
【嚊】ヒ　かか
【嚏】→嚏（十八画）
【噦】→噦（十六画）
土
【壍】→塹（十四画）
【壑】カク・ガク　たに・みぞ
【壓】→圧（五画）
【壕】ゴウ　ほり
【壗】まま
女
【嬥】チョウ　みめよい
嬥歌　かがい
【嬪】ヒン　ひめ
【嬬】ジュ　つま・そばめ
【嬰】エイ　あかご・みどりご・めぐる・めぐらす・かかる・かける・ふれる
嬰児　えいじ　みどりご
【嬲】ジョウ　なぶる
【嬶】かか・かかあ
子
【孺】ジュ　ちのみご・おさない
宀
【謇】→謇（言部 部首7画）
【賽】→賽（貝部 部首7画）
【蹇】→蹇（足部 部首7画）

尸
【屨】ク　くつ
山
【嶷】ギ・ギョク　たかい・さとい
【嶸】コウ・エイ
【嶺】レイ・リョウ　みね・ね
【嶼】ショ　しま
【嶽】→岳（八画）
巾
【幫】→幇（十二画）
【幬】チュウ・トウ　とばり
广
【膺】→膺（月部 部首4画）
弓
【彌】→弥（八画）
彳
【徽】キ　よい・しるし
艹
【薨】コウ　みまかる・かくれる
【薩】サツ・サチ
薩摩　さつま
【薩】→薩
【薯】ショ・ジョ　いも
薯蕷　とろろ　やまいも　やまのいも
【薰】→薫（十六画）
【薹】タイ・ダイ　とう・あぶらな
【薺】セイ・ザイ　なずな
【藁】コウ　わら
藁沓　わらぐつ　わろうず
【藉】シャ・セキ・ジャク　しく・かりる・かす・なぐさめる・ふむ
【藋】チョウ・タク　あかざ
【藍】→藍（十八画）
【藎】シン・ジン　かりやす

【藏】→蔵（十五画）
【藐】ビョウ・バク　かろんじる
辶
【遽】キョ　にわか・あわただしい
【避】→避（十六画）
【邀】ヨウ　むかえる・もとめる
【邂】カイ　あう
【還】→還（十六画）
【邉】→辺（五画）
【遴】→遴（十六画）
阝
【隲】→騭（二十画馬部 部首10画）
【隮】セイ・サイ　のぼる
【隯】→島（十画山部 部首3画）
【隰】シュウ・シツ　さわ
【隱】→隠（十四画）
忄→部首4画へ
扌→部首4画へ
氵→部首4画へ
犭→部首4画へ
●部首4画
心
【懃】キン・ゴン　ねんごろ
【懇】コン　ねんごろ
【應】→応（七画）
【懋】ボウ　つとめる
忄
【懦】ダ・ジュ　よわい
戈
【戲】→戯（十五画）
【戴】→戴（十八画）
手
【擊】→撃（十五画）
【擎】ケイ　ささげる

【擘】ハク・ヘキ　さく・つんざく・おやゆび
扌
【擠】セイ・サイ　おす
【擡】タイ・ダイ　もたげる
【擢】タク・テキ　ぬく・ぬきんでる
【擣】トウ　つく・うつ
【擤】コウ　かむ
【擦】サツ　する・すれる・さする
【擬】ギ　なぞらえる・はかる・まがい
擬宝珠　ぎぼうし　ぎぼうしゅ　ぎぼし
【擯】ヒン　しりぞける
【擱】カク　おく・さしおく
文
【斂】レン　おさめる
日
【曖】アイ　くらい
曖昧　あいまい
【曙】→曙（十八画）
【曚】ボウ・モウ　くらい
曚昧　もうまい
【暨】→暨（十六画）
月
【朦】ボウ・モウ　おぼろ
月
【膸】→髄（十九画骨部 部首10画）
【膺】ヨウ・オウ　むね・うつ
【膻】タン・セン　なまぐさい
【膽】→胆（九画）
【膾】カイ　なます
膾炙　かいしゃ
【膿】ドウ・ノウ　うみ
【臀】トン・デン　しり

【臂】ヒ　ひじ
【臆】ヨク・オク　むね
【臉】ケン・レン　まぶた・ほお
木
【橿】キョウ　かし・もちのき
【檀】タン・ダン　まゆみ
檀那　だんな
檀家　だんか
檀越　だんおち　だんおつ　だんのつ
【檃】イン　ためぎ・ためる
【檄】ケキ・ゲキ　ふれぶみ
【檉】テイ
【檍】ヨク・イ・オク　もち・あわき
【檎】キン・ゴ
【檐】エン・タン　のき・ひさし
【檔】トウ　こしかけ・ふち・かまち
【檗】ハク・バク　きはだ
【檜】カイ　ひのき
檜皮　ひわだ
檜扇　ひおうぎ
【檝】→楫（十三画）
【檞】カイ　かしわ
【檟】カ　ひさぎ
【檠】ケイ　ゆだめ・ともしび
【檢】→検（十二画）
【檣】ショウ　ほばしら
【檬】ボウ・モウ　マンゴー
【櫛】→櫛（十九画）
【櫟】→櫟（十九画）

【樾】↓樾（十六画）
欠
【歛】 カン
【歟】↓歟（十八画）
歹
【殭】 キョウ たおれる・しろこ
【殮】 レン おさめる・かりもがり
殳
【轂】↓轂（車部 部首7画）
毛
【氈】 セン もうせん
氈鹿 かもしか
氵
【瀰】↓瀰（二十画）
【濕】↓湿（十二画）
【濘】 デイ・ネイ ぬかる・ぬかるみ
【濟】↓済（十一画）
【濠】 ゴウ ほり
濠太剌利 オーストラリア
【濡】 ジュ うるおう・うるおす・ぬれる・ぬらす
【濤】 トウ おおなみ・なみ
【瀞】↓瀞（十九画）
【濫】↓濫（十八画）
【濬】 シュン ふかい・さらう
【濮】 ホク・ボク
【濯】 タク あらう・すすぐ
【濯】↓濯
【濱】↓浜（十画）
【濶】↓闊（門部 部首8画）
火
【營】↓営（十二画口部 部首3画）
【燠】 イク・オウ・ウ あたたかい
【燥】 ソウ かわく

【燦】 サン あきらか・あざやか・きらめく
【燧】 スイ ひうち・のろし
【燬】 キ やく・ひ
【燭】 ショク・ソク ひ・ともしび
燭魚 はたはた
【燮】 ショウ やわらげる
【燐】↓燐（十六画）
【燵】 タツ
爫
【爵】 シャク さかずき・すずめ
爿
【牆】 ショウ かき
牛
【犠】 ギ・キ いけにえ
犠牲 ぎせい いけにえ
犭
【獰】 ドウ わるい
【獲】↓獲（十六画）
辶↓部首3画へ
王↓部首5画へ
●部首5画
王
【環】 カン たまき・わ・めぐる
【環】↓環
瓜
【瓢】↓瓢（十六画）
瓦
【甑】 ショウ・ソウ こしき
疒
【療】 リョウ いやす
【瘤】↓瘤（十五画）
【癆】 ロウ
【癇】 カン
癇癪 かんしゃく
【癈】 ハイ
【癌】 ガン

【癘】 レイ・ライ えやみ
白
【皤】 ハ しろい
皿
【盪】 トウ あらう・うごく
目
【瞥】 ヘツ・ベツ
【瞬】↓瞬（十八画）
【瞭】 リョウ あきらか
【瞯】 カン・ケン うかがう
【瞰】 カン みる
【瞳】 トウ・ドウ ひとみ
【瞳】↓瞳
【瞶】 キ・ユイ
矢
【矯】 キョウ ためる・いつわる
【矰】 ソウ いぐるみ
矰繳 いぐるみ
石
【磯】 キ いそ
磯回 いそみ いそわ
磯馴松 そなれまつ
【磯】↓磯
【磴】 トウ いしだん・いしばし
【磷】 リン
【磽】 コウ・キョウ やせち
【礁】 ショウ かくれいわ
示
【禧】 キ さいわい・ひもろぎ
【禪】↓禅（十三画）
【禦】↓禦（十六画）
禾
【穗】↓穂（十五画）
【穉】↓稚（十三画）
【麇】↓麇（十六画鹿部 部首11画）

穴
【窿】 リュウ
【竈】↓竈（二十一画）
【窳】↓窳（十五画）
衤↓部首6画へ
●部首6画
竹
【篳】 ヒツ・ヒチ まがき
篳篥 ひちりき
【篶】 エン
【篷】 ホウ とま・こぶね
【簀】 サク す・すのこ
【簁】 シ ふるい・ふるう
【簇】 ソウ・ソク・ゾク むらがる
【簍】 ロウ・ル
【簒】↓簒（十六画）
【簑】↓蓑（十三画艹部 部首3画）
【篠】 ショウ しの・ささ
【簓】 セン ささら
【簗】 やな
【篦】↓箆（十六画）
米
【糙】 ソウ・ゾウ あらい・くろごめ
【糜】 ビ かゆ・ただれる
【糝】 シン・ジン・サン
【糞】 フン くそ
【糟】 ソウ かす・もろみ
【糠】 コウ ぬか
糸
【縫】↓縫（十六画）
【縮】 シュク ちぢむ・ちぢまる・ちぢめる・ちぢれる・ちぢらす・なおい
縮緬 ちりめん
【縱】↓縦（十六画）
【縲】 ルイ
縲紲 るいせつ
【縵】 バン・マン
【縷】 ル・ロウ いと・つづれ
【縹】 ヒョウ はなだ
縹渺 ひょうびょう
【縺】 レン もつれる・もつれ
【縻】 ビ きずな
【總】↓総（十四画）
【績】 セキ うむ・つむぐ・いさお
【繁】↓繁（十六画）
【繃】 ホウ・ヒョウ つかねる・まく
【繆】 ビュウ・キュウ・リョウ・ボク まとう・あやまる・もとる
【繇】 ヨウ・ユウ したがう・よる
【繦】 キョウ ぜにさし・むつき
【纖】 セン ほそい
纖弱 せんじゃく あえか
【繡】↓繡（十九画）
【繫】↓繫（十九画）
缶
【罄】 ケイ むなしい・つきる
【罅】 カ ひび
羽
【翳】 エイ かざす・かげる・かげ
【翼】 ヨク つばさ・たすける
耳
【聯】 レン つらなる・つらねる
【聰】↓聡（十四画）

【聱】 ゴウ
【聲】↓声（七画士部 部首3画）
【聳】 ショウ そびえる・そばだつ
【聴】 チョウ・テイ きく・ゆるす
臣
【臨】↓臨（十八画）
臼
【擧】↓挙（十画手部 部首4画）
【舊】↓旧（五画日部 部首4画）
舟
【艚】 ソウ ふね・こぶね
【艝】 そり
艮
【艱】 カン・ケン かたい・なやむ
虍
【虧】 キ かける
虫
【螫】 セキ さす
【螬】 ソウ
【螭】 チ みずち
【螯】 ゴウ はさみ
【螳】 トウ
螳螂 とうろう かまきり
【螺】 ラ にし・にな
螺子 ねじ
螺旋 らせん ねじ
【螻】 ロウ・ル けら
螻蛄 おけら けら
【螽】 シュウ いなご
螽斯 きりぎりす
【螾】↓蚓（十画）
【蟀】 シュツ
【蟄】 チュウ・チツ かくれる
【蟋】 シツ
蟋蟀 きりぎりす こおろぎ
【蟐】 ジョウ
【蟒】 ボウ・モウ うわばみ・おろち
蟒蛇 うわばみ やまかがち
【蟒】↓蟒
行
【衞】↓衞（鳥部 部首11画）
衣
【褻】 セツ けがれる・なれる
【襃】↓褒（十五画）
【襄】 ショウ・ジョウ のぼる・はらう
衤
【襌】 タン ひとえ
【襍】↓雑（十四画隹部 部首8画）
【襖】↓襖（十八画）
艹↓部首3画へ
月↓部首4画へ
●部首7画
見
【覬】 キ ねがう・のぞむ
【覯】 コウ あう
【覧】 ラン みる
言
【謄】 トウ うつす
【謄】↓謄
【謇】 ケン どもる
【謌】↓歌（十四画欠部 部首4画）
【謎】 ベイ・メイ なぞ
【謐】 ビツ・ヒツ しずか
【謔】 キャク・ギャク たわむれる・おどける
【謖】 シュク・ショク たつ
【謗】 ホウ・ボウ そしる

【謙】ケン へりくだる
【謙】→謙
【謚】→諡(十六画)
【講】コウ
【講】→講
【謝】シャ あやまる・ことわる
【謠】→謡(十六画)
【謹】キン つつしむ
【諱】→諱(十六画)
【謨】ボ・モ はかりごと・はかる
【謹】→謹(十八画)
【諧】→諧(十六画)
谷
【谿】ケイ たに・たにがわ
【豁】カツ ひらける・ひろい
豸
【貔】ヒ
【貘】バク・ミャク
貝
【賺】タン すかす
【賻】フ おくる・おくりもの
【購】コウ あがなう
【購】→購
【賽】サイ むくいる 賽子 さいころ
走
【趨】シュ・スウ・ショク・ソク はしる・おもむく
足
【蹇】ケン
【蹈】トウ ふむ 蹈鞴 たたら
【蹉】サ つまずく 蹉跌 さてつ
【蹊】ケイ こみち
【蹋】→踏(十五画)
【蹌】ショウ・ソウ よろめく 蹌踉 そうろう
【蹏】→蹄(十六画)
【蹐】セキ ぬきあし
車
【輾】テン・デン・ネン めぐる・きしる
【輿】ヨ こし・てごし
【轂】コク こしき・くるま
【轄】カツ くさび
【轄】→轄
【轅】エン ながえ
酉
【醜】シュウ みにくい・はじる・たぐい・しこ 醜女 しこめ ぶおんな 醜名 しこな 醜男 ぶおとこ
【醞】ウン かもす
【醢】カイ ししびしお
【醤】→醬(十八画)
【醨】→醨(十八画)
辶→部首3画へ
●部首8画
金
【鍊】→錬(十六画)
【鍋】カ なべ
【鍍】ト めっき 鍍金 ときん めっき
【鍔】ガク つば
【鍖】チン
【鍛】タン きたえる 鍛冶 たんや かじ かぬち
【鍜】カ
【鍠】コウ
【鍤】ソウ すき
【鍬】ショウ・シュウ すき・くわ
【鍮】トウ・チュウ
【鍰】カン からみ
【鍵】ケン かぎ
【鍼】シン はり
【鍾】ショウ あつめる 鍾馗 しょうき
【鎚】→鎚(十八画)
【錕】→錕(十六画)
門
【闃】ケキ・ゲキ しずか・ひっそり
【闇】アン くらい・やみ
【闉】イン ふさぐ
【闊】カツ ひろい・うとい
【闋】ケツ やむ
【闌】ラン てすり・おばしま・さえぎる・たけなわ
【闍】ト・シャ・ジャ
隶
【隸】→隷(十六画)
隹
【雖】スイ いえども
雨
【霜】ソウ しも 霜月 しもつき 霜降 そうこう
【霞】カ かすみ・かすむ
阝→部首3画へ
●部首9画
革
【鞚】コウ おもがい
【鞉】ヨウ・トウ つづみ
【鞜】トウ くつ・かわぐつ
【鞞】ヘイ・ヒ さや
【鞠】キク まり・けまり
韋
【韓】カン いげた
【韘】→韘(十八画)
頁
【頿】→髭(十五画髟部 部首10画)
【顆】カ つぶ
【顇】スイ やつれる
【頻】ヒン・ビン しきりに
風
【颶】ク・グ つむじかぜ
食
【餚】→肴(八画月部 部首4画)
【餞】セン おくる・はなむけ
【餅】ヘイ・ヒョウ もち
【餡】カン・アン
【餉】→餉(十五画)
【餤】タン すすむ・くらう・くらわす
【餧】イ・ダイ かう・うえる
【館】→館(十六画)
首
【馘】カク みみきる・くびきる
●部首10画
馬
【駸】シン
【駻】カン
【駿】シュン すぐれる・はやい 駿河 するが 駿馬 しゅんめ
【騁】テイ はせる
骨
【骾】コウ
髟
【鬂】→鬢(二十四画)
●部首11画
魚
【鮞】ジ・ジク はららご
【鮟】アン
【鮠】ガイ はや
【鮨】シ・キ すし
【鮩】ホウ・ヘイ にごい・みごい・あみ
【鮪】イ・ユウ しび・まぐろ
【鮫】コウ さめ
【鮭】ケイ・カイ ふぐ・さけ
【鮮】セン あざやか・あたらしい・すくない
【鮱】おおぼら
【鮲】まて・こち
【鮴】ごり・めばる
【鰔】→鰔(十八画)
鳥
【鵄】→鴟(十六画)
【鴲】シ しめ
【鴴】コウ ちどり
【鴻】コウ おおとり
【鴾】ボウ とき
【鴿】コウ はと
【鵁】コウ
【鵂】キュウ
【鵈】チョウ
【鵆】ちどり
【鴇】とき
鹿
【麋】ビ・ミ なれしか
【麈】→麈(十六画)
【麇】→麇(十六画)
麥
【麯】→麴(十九画)
麻
【糜】→糜(米部 部首6画)
【縻】→縻(糸部 部首6画)
●部首12画
黍
【黏】→粘(十一画米部 部首6画)
黑
【黛】タイ まゆずみ
【黜】チュツ しりぞける
【黝】ユウ あおぐろい
【點】→点(九画灬部 部首4画)
黹
【黻】フツ あや・ひざかけ
歯→部首15画へ
●部首14画
鼻
【鼾】カン いびき
齊
【齋】→斎(十一画)
●部首15画
齒
【齔】シン
【齡】レイ よわい・とし
●部首17画
龠
【龠】ヤク ふえ

## 十八画

●部首2画
人
【儲】チョ たくわえる・もうける
【儵】→鯈(魚部 部首11画)
又
【叢】ソウ くさむら・むらがる 叢雨 むらさめ 叢祠 ほこら 叢雲 むらくも
●部首3画
口
【嚔】テイ くさめ・くしゃみ
【嚙】ゴウ かむ
【嚠】リュウ
【嚢】→囊(二十二画)
土
【壥】→廛(十五画广部 部首3画)
【壘】→塁(十二画)
【壙】コウ あな・むなしい
女
【嬪】→嬪(十七画)
彐
【彝】イ つね
艹
【藕】ゴウ・グ・グウ はちす・はす
【藜】レイ あかざ
【藝】→芸(七画)
【藤】トウ・ドウ ふじ
【藤】→藤
【藥】→薬(十六画)
【藩】ハン まがき 藩屛 はんぺい
【藪】ソウ やぶ
【藷】→藷(十九画)
【藍】ラン あい
【繭】→繭(糸部 部首6画)
辶
【邃】スイ ふかい

[邇] ジ・ニ ちかい
[邈] バク・マク はるか・とおい
忄→部首4画へ
扌→部首4画へ
氵→部首4画へ
犭→部首4画へ

●部首4画

心 [懟] ツイ・タイ うらむ
[懣] モン・マン もだえる
[懲] チョウ こりる・こらす・こらしめる
忄 [懴] →懺(二十画)
戈 [戳] タク さす・つく
[戴] タイ いただく
手 [擥] ラン とる
[擧] →挙(十画)
扌 [擲] テキ・チャク なげうつ・なぐる
[擴] →拡(八画)
[擶] セン ただす
[擺] ハイ ひらく・ふるう
[擻] ソウ ふるえる・ふるう
[擽] レキ・リャク・ラク うつ・くすぐる
[擾] ジョウ みだれる・みだす
[擿] テキ あばく・なげうつ
[攅] →攢(二十二画)
[擯] →擯(十七画)
文 [斃] ヘイ たおす・たおれる
斤 [斷] →断(十一画)
方 [旛] ハン・バン はた

日 [曙] ショ あけぼの
[曛] クン たそがれ
[曜] ヨウ かがやく・ひかり
[曜] →曜
月 [臍] セイ・サイ ほぞ・へそ
[臏] ヒン あわた・あしきる
[臑] ドウ・ジュ・ジ すね
木 [檮] トウ
[檳] ヒン・ビン 檳榔毛 びろうげ 檳榔樹 びんろうじゅ
[檸] ドウ・ネイ 檸檬 レモン
[檻] カン おり・てすり・おばしま
[櫁] →樒(十五画)
[櫂] トウ かい・かじ
[櫃] キ ひつ・はこ
欠 [歟] ヨ か・や
止 [歸] →帰(十画巾部 部首3画)
歹 [殯] ヒン かりもがり
氵 [濺] セン そそぐ
[濾] リョ・ロ こす
[瀁] ヨウ
[瀆] トク・トウ けがす・みぞ
[瀉] シャ そそぐ・はく・くだす
[瀋] シン
[瀏] リュウ きよい
[瀑] ボウ・ボク・バク にわかあめ・たき

[濫] ラン・カン みだれる・みだりに 濫觴 らんしょう
[瀦] →瀦(十九画)
火 [燹] セン のび・のろし
[燻] →薫(十四画)
[燼] ジン もえのこり
[燿] ヨウ かがやく・かがやき
爫 [爵] →爵(十七画)
犭 [獵] →猟(十一画)
辶→部首3画へ
礻→部首5画へ

●部首5画

玉 [璧] ヘキ たま
瓦 [甕] オウ かめ・みか・もたい
[甓] ヘキ かわら
疒 [癒] ユ いえる・いやす・なおる
[癒] →癒
[癖] ヘキ くせ
[癜] テン・デン なまず
目 [瞹] アイ かくれる
[瞻] セン みる
[瞼] ケン まぶた
[瞽] コ・ゴ 瞽女 ごぜ
[瞿] ク みる・おそれる 瞿麦 くばく なでしこ
[瞬] シュン またたく・まじろぐ・またたき
[矇] ボウ・モウ

石 [礇] イク
[礌] ライ
[礎] ソ・ショ いしずえ
[礑] トウ そこ・はたと・はったと
[礒] ギ いそ
[磷] →磷(十七画)
示 [禮] →礼(五画)
礻 [禰] →禰(十九画)
禾 [穠] ジョウ さかん
[穡] ショク とりいれ
[穢] ワイ・エ・アイ けがれ・けがれる・けがらわしい・きたない 穢土 えど
[穫] カク かる・かりいれ・とりいれる
[穣] ジョウ ゆたか・みのる
穴 [竄] サン・ザン かくれる・かくす・のがれる
[竅] キョウ あな
罒→部首6画へ
衤→部首6画へ

●部首6画

竹 [簞] タン わりご・はこ 簞笥 たんす
[簟] テン たかむしろ
[簡] カン・ケン ふだ・ふみ・えらぶ
[簡] →簡
[簣] キ あじか・もっこ
[簧] コウ した

[簪] シン・サン かんざし
米 [糧] リョウ・ロウ かて 糧秣 りょうまつ
[麋] →麋(十七画鹿部 部首11画)
糸 [繒] ショウ・ソウ きぬ
[織] ショク・シキ おる・はた
[織] →織
[繕] ゼン・セン つくろう
[繖] サン かさ・きぬがさ
[繙] ハン・ホン ひもとく
[繚] リョウ まとう・まつわる・めぐる
[繝] カン・ケン
[繞] ジョウ・ニョウ まとう・まつわる・めぐる
[繧] ウン 繧繝 うんげん
[繦] →繈(十七画)
[繭] ケン まゆ
缶 [罇] ソン
罒 [羂] ケン わな
[羃] →冪(十五画冖部 部首2画)
羽 [翹] ギョウ あげる・つまだつ
[翺] ゴウ・コウ かける
[翻] ホン・ハン ひるがえる・ひるがえす 翻車魚 まんぼう 翻筋斗 もんどり
[翻] →翻
[翼] →翼(十七画)

耳 [聶] ジョウ・ショウ ささやく
[職] ショク・シキ つかさどる・つかさ・もとより
[職] →職
臣 [臨] リン のぞむ
臼 [舊] →旧(五画日部 部首4画)
舟 [艟] トウ・ショウ・ドウ いくさぶね
[艣] →艪(二十一画)
虫 [蟠] ハン・バン わだかまる
[蟪] ケイ
[蟫] イン・タン・シン しみ
[蟬] セン・ゼン せみ 蟬蛻 せんぜい 蟬時雨 せみしぐれ
[蟯] ジョウ・ギョウ
[蟲] →虫(六画)
[蠆] タイ さそり
[蠎] →蟒(十七画)
衤 [襖] オウ ふすま・あお
[襛] ジョウ
[襟] キン えり
[襠] トウ まち
襾 [覆] フク・フ・フウ おおう・くつがえす・くつがえる・おおい 覆轍 ふくてつ
[覆] →覆
艹→部首3画へ
月→部首4画へ

●部首7画

見 [覲] キン まみえる

[観] カン みる・しめす・たかどの
角 [觴] ショウ さかずき
言 [謦] ケイ しわぶき 謦咳 けいがい
[謫] タク・チャク せめる
[謬] ビュウ あやまり・あやまる
[謳] オウ・ウ うたう
[謷] ゴウ そしる
[謸] →謷
[謹] →謹(十七画)
[譸] →幬(十四画口部 部首3画)
[謾] バン・マン あざむく・あなどる
[譁] カ かまびすしい
豆 [豐] →豊(十三画)
豸 [貘] →貌(十七画)
貝 [贄] シ にえ
[贅] セイ・ゼイ いぼ・ふすべ・こぶ
[贈] ゾウ・ソウ おくる・おくりもの
足 [蹔] ザン しばらく
[蹕] ヒツ さきばらい
[蹙] シュク・セキ せまる
[蹟] →跡(十三画)
[蹠] →跖(十二画)
[蹢] テキ ひずめ
[蹣] ハン・バン・マン よろめく 蹣跚 まんさん
[蹤] ショウ あと

身【軀】ク からだ・み
車【轆】ロク 轆轤 ろくろ
【轉】↓転（十一画）
【轌】そり
酉【醨】リ しる・もそろ
【醪】ロウ にごりざけ
【醫】↓医（七画匸部 部首2画）
【醬】ショウ ひしお 醬蝦 あみ
【醯】ケイ す・すし
里【釐】リ・リン・キ おさめる 釐等具 れいてんぐ
辶↓部首3画へ
●部首8画
金【鎌】レン かま
【鎌】↓鎌
【鎔】ヨウ いがた・とかす・とける
【鎖】サ くさり・とざす
【鎖】↓鎖
【鎗】ショウ・ソウ やり
【鎚】ツイ・タイ つち・かなづち
【鎧】カイ・ガイ よろい 鎧袖一触 がいしゅういっしょく
【鎬】コウ なべ・しのぎ
【鎮】チン しずめる・しずまる・おさえ
【鎭】↓鎮
【鎰】イツ かぎ

【鎹】かすがい
門【闐】テン・デン みちる
【闔】コウ とじる・とびら
【闕】ケツ かける
【闖】チン うかがう
【闘】トウ たたかう
隹【雙】↓双（四画又部 部首2画）
【雛】ス・ジュ・スウ ひな・ひよこ 雛罌粟 ひなげし
【雜】↓雑（十四画）
【雞】↓鶏（十九画鳥部 部首11画）
【難】ナン・ダン・ダ・ナ かたい・むずかしい 難波 なにわ なんば
【瞿】↓瞿（目部 部首5画）
【離】↓離（十九画）
雨【霤】リュウ あまだれ
●部首9画
革【鞣】ジュウ なめしがわ
【鞦】シュウ しりがい 鞦韆 しゅうせん ぶらんこ ゆさわり
【鞨】カツ
【鞫】キク きわめる
【鞭】ヘン・ベン むち・むちうつ 鞭撻 べんたつ
【鞳】トウ
【鞸】↓韠（十七画）
韋【韘】ショウ ゆがけ

【韓】↓韓（十七画）
頁【顋】サイ あご・えら 顋門 ひよめき
【題】ダイ・テイ ひたい・しるす
【額】ガク ひたい・ぬか
【顎】ガク あご・あぎと
【顏】ガン・ゲン かお・かんばせ
【顔】↓顔
【顓】セン もっぱら
【類】ルイ たぐい
【顕】ケン あらわれる・いちじるしい・あきらか
風【颺】ヨウ あげる・あがる
食【餬】コ かゆ
【餮】テツ むさぼる
【餱】コウ ほしいい
【饂】↓饂（十九画）
香【馥】フク か・かおり・かんばしい
●部首10画
馬【騐】↓驗（二十一画）
【騅】スイ あしげ
【騈】ヘン・ベン ならぶ
【騎】キ のる
【騏】キ
【騒】ソウ さわぐ・さわがしい
【験】ケン・ゲン しるし・ためす
骨【髀】ヒ・ヘイ もも

髟【鬆】ショウ・ソウ す
門【鬩】ケキ・ゲキ せめぐ
鬼【魍】ボウ・モウ
【魎】リョウ
【魏】ギ たかい
●部首11画
魚【鮸】ベン・メン にべ
【鮹】ショウ・ソウ たこ
【鮿】チョウ
【鯀】コン
【鯁】コウ のぎ・かたい
【鯆】ホ・フ いるか・さば
【鯇】カン あめのうお・あめ
【鯈】ユウ・チュウ・ジョウ はや・はえ
【鯉】リ こい
【鯊】サ・シャ はぜ・さめ
【鯎】うぐい
【鯏】あさり
【鯐】すばしり
【鯑】かずのこ
【鯒】こち
鳥【鵐】ブ しとど
【鵑】ケン
【鵙】ケキ・ゲキ もず
【鵜】テイ う
【鵝】ガ がちょう
【鵞】↓鵝

【鵠】コク・コウ くぐい・まと
【鵡】ブ・ム
【鵤】いかる
【鵥】かけす
鹿【麌】グ・ゴ おじか
【麋】↓麋（十七画）
麻【麿】まろ
【麿】↓麿
●部首12画
黑【黠】カツ わるがしこい
●部首13画
鼓【鼕】トウ
鼠【鼦】↓貂（十二画豸部 部首7画）
【鼬】ユウ・ユ いたち 鼬鼠 いたち

## 十九画

●部首2画
人【儵】シュク すみやか・にわか
力【勸】↓勧（十三画）
厂【厴】エン へた・ふた
【贗】↓贋（貝部 部首7画）
●部首3画
口【嚥】エン のど・のむ
【嚬】ヒン ひそめる
【嚮】キョウ・コウ むかう・さきに
土【壚】ロ いろり
【壜】タン・ドン びん

【壞】↓壊（十六画）
【壟】リョウ・ロウ おか・うね
【壠】↓壟
女【嬾】ラン おこたる・ものうい
子【孼】ゲツ わざわい
【孽】↓孽
宀【寶】↓宝（八画）
【寵】チョウ めぐむ・めぐみ
广【廬】リョ・ロ いおり
艹【藷】ショ いも
【藹】アイ さかん・しげる
【藺】リン い・いぐさ
【藻】ソウ も
【藾】ライ
【藿】カク まめのは
【蘂】↓蕊（十五画）
【蘆】ロ あし・よし
【蘇】ソ・ス よみがえる 蘇方 すおう 蘇芳 すおう 蘇格蘭 スコットランド
【蘓】↓蘇
【蘊】ウン つむ
【蘋】ヒン かたばみも・うきくさ
【蘢】ロウ いぬたで
【蘐】ケン わすれぐさ・かんぞう
【蘭】ラン ふじばかま 蘭貢 ラングーン

辶【邊】↓辺（五画）
【邌】レイ・ライ・チ ねる
阝【隴】リョウ・ロウ うね・おか
忄↓部首4画へ
氵↓部首4画へ
犭↓部首4画へ
●部首4画
心【懲】↓懲（十八画）
忄【懶】ラン・ライ おこたる・ものうい
【懷】↓懐（十六画）
手【攀】ハン よじる
【擊】↓撃（十八画）
日【曝】ホク・ボク・バク さらす
【曠】コウ あきらか・むなしい 曠野 こうや あらの
月【朧】ロウ
【臟】ゾウ・ソウ はらわた
【臏】↓臏（十八画）
木【櫑】ライ さかだる
【櫓】ロ やぐら
【櫚】リョ・ロ かりん
【櫛】シツ くし・くしけずる
【櫝】トク ひつ・ひつぎ
【櫞】エン
【櫟】レキ・ロウ・ヤク くぬぎ
【檻】↓檻（十八画）
【檳】↓檳（十八画）
欠【歠】セツ すする

歹【殲】→殲(二十一画)
【殯】→殯(十八画)
氵【瀕】ヒン ほとり
【瀘】ロ
【瀚】カン ひろい
【瀛】エイ うみ・おおうみ
【瀝】レキ したたる
瀝青 れきせい チャン
【瀞】セイ・ジョウ とろ
【瀟】ショウ きよい
瀟洒 しょうしゃ
【瀦】チョ みずたまり
【瀧】→滝(十三画)
【瀬】ライ せ
【瀨】→瀬
【潛】→潜(十五画)
火【爆】バク・ホウ・ハク さける・はぜる
【爍】シャク ひかる・とかす
片【牘】トク ふだ・ふみ
牛【犢】トク こうし
犢鼻褌 とくびこん たふさぎ とうさぎ ふんどし
犬【獸】→獣(十六画)
犭【獺】タツ・ダツ かわうそ
辶→部首3画へ
王→部首5画へ
●部首5画
玉【璽】ジ・シ しるし

王【瓊】ケイ たま・に
瓊矛 ぬぼこ
瓊脂 ところてん
瓜【瓣】→弁(五画廾部 部首3画)
田【疆】キョウ さかい・かぎり
【疇】チュウ たぐい・うね
疒【癡】→痴(十三画)
石【礙】→碍(十三画)
【礪】レイ と・とぐ・みがく
示【禰】デイ・ナイ・ネ
禰宜 ねぎ
【禱】トウ いのり・いのる
禾【穩】→穏(十六画)
【穫】→穫(十八画)
【穢】→穢(十八画)
穴【竆】→窮(十五画)
罒→部首6画へ
ネ→部首6画へ
●部首6画
竹【簳】カン やがら
【簶】ロク
【簷】エン のき・ひさし
【簸】ハ ひる・あげる
【簽】セン ふだ・かご
【簾】レン すだれ・す
【簿】ボ・ホ・ブ・ハク
【簿】→簿
【籀】→籀(二十一画)
【簫】ショウ ふえ

糸【繩】→縄(十五画)
【繪】→絵(十二画)
【繫】ケイ つなぐ・かける
繫縛 けばく
【繭】→繭(十八画)
【繰】ソウ くる
【繳】シャク・キョウ いぐるみ・まとう
【繹】エキ・ヤク ぬく・たずねる・つらねる
【繡】シュウ ぬいとり
繡眼児 めじろ
罒【羅】ラ あみ・つらねる・うすぎぬ
羅甸 ラテン
羅紗 ラシャ
羅馬 ローマ
羅馬尼 ルーマニア
羅馬尼亜 ルーマニア
【羆】ヒ ひぐま
羊【羶】セン なまぐさい
【羸】ルイ よわい・つかれる
【羹】コウ・カン あつもの
舟【艢】→檣(十七画木部 部首4画)
【艤】ギ ふなよそい
【艨】ボウ・モウ いくさぶね
色【艶】エン なまめかしい・つや
艶冶 えんや
虫【蟶】テイ まて・まてがい
【蟷】トウ
蟷螂 とうろう かまきり
【蟹】カイ かに
【蠏】→蟹

【蟻】ギ あり
【蟾】セン
蟾蜍 せんじょ ひきがえる
【蠃】→螺(十七画)
【蠅】ヨウ はえ
【蠍】ケツ・カツ さそり
【蠖】→蠖(二十画)
衣【襞】ヘキ・ヒャク ひだ・たたむ
ネ【襣】ヒ・ビ ふんどし
【襤】ラン ぼろ
襤褸 らんる ぼろ
【襦】ジュ はだぎ
襦袢 ジバン じゅばん
【襪】→襪(二十画)
襾【覇】ハ はたがしら
覇王樹 サボテン
【覇】→覇
【覈】カク・ケツ しらべる
艹→部首3画へ
月→部首4画へ
●部首7画
言【譆】キ ああ
【證】→証(十二画)
【譌】→訛(十一画)
【譎】ケツ・キツ いつわる
【譏】キ そしる
【譖】シン・セン そしる・いつわる
【譛】→譖

【識】シキ・ショク・シ しる・しるし・しるす
【識】→識
【譚】タン・ダン はなし・ものがたり
【警】ケイ・キョウ いましめる・いましめ
【譜】フ
貝【贈】→贈(十八画)
【贊】→賛(十五画)
【贋】ガン にせ
【贇】イン うつくしい
走【趫】キョウ すばやい
足【蹸】→躙(二十三画)
【蹲】ソン・シュン うずくまる・つくばう
【蹴】シュク・シュウ ける
蹴鞠 しゅうきく けまり
【蹶】ケツ・ケイ つまずく・たおれる
【蹷】→蹶
【蹹】→踏(十五画)
【蹼】ホク・ボク みずかき
【躇】チョ・チャク ためらう
身【軅】→軈(二十四画)
車【轍】テツ わだち
【轎】キョウ やまかご・かご
【轔】リン きしる・とどろく
【轆】→轆(十八画)
辛【辭】→辞(十三画)
酉【醯】→醯(十八画)

【醱】ハツ かもす
辶→部首3画へ
●部首8画
金【鏁】→鎖(十八画)
【鏃】ソク・ゾク やじり
【鏈】レン くさり
【鏐】リュウ
【鏑】テキ やじり・かぶらや
【鏖】オウ みなごろし
【鏗】コウ
【鏘】ショウ・ソウ
【鏜】トウ
【鏝】バン・マン こて
【鏟】サン・セン かんな・ならし
【鏡】キョウ・ケイ かがみ
【鏡】→鏡
【鏤】ロウ・ル ちりばめる・きざむ・える
【鏥】→銹(十五画)
【鏨】サン・ザン たがね
門【闚】キ うかがう
【關】→関(十四画)
隹【離】リ はなれる・はなす・つく・かかる
【難】→難(十八画)
雨【霧】ム・ブ きり
【霪】イン ながあめ
非【靡】ビ・ミ・ヒ なびく・ない
阝→部首3画へ

●部首9画
革【鞴】ヒ・ビ・フク ふいご・うつぼ
韋【韜】トウ つつむ・かくす・ゆみぶくろ
韜晦 とうかい
韭【韲】セイ・サイ なます
【韲】→韲
音【韻】イン・ウン ひびき
【韻】→韻
頁【顖】シン
顖門 しんもん ひよめき
【願】ガン・ゲン ねがう・ねがい
【顙】ソウ ひたい
【顚】テン いただき・たおれる
顚沛 てんぱい
【顛】→顚
【顛】→顚
【類】→類(十八画)
食【餹】→糖(十六画米部 部首6画)
【餻】コウ
【餼】キ・ケ おくる
【餽】キ おくる
【餾】リュウ むす
【饂】ウン
饂飩 うどん うんどん ワンタン
●部首10画
馬【騙】ヘン かたる・だます
【騨】→驒(二十二画)
骨【髄】ズイ・スイ

〔髓〕↓髄
〔髀〕↓髀(十八画)
●部首11画
魚〔鯔〕シ ぼら・いな
鯔背 いなせ
〔鯖〕セイ・ショウ さば
〔鯖〕↓鯖
〔鯗〕↓鱶(二十六画)
〔鯛〕チョウ たい
〔鯛〕↓鯛
〔鯡〕ヒ にしん
〔鯢〕ゲイ さんしょううお
〔鯣〕エキ するめ
〔鯤〕コン
〔鯥〕リク・ロク むつ
〔鯧〕ショウ まながつお
〔鯨〕ゲイ・ケイ くじら
鯨波 げいは とき
〔鯫〕ソウ・シュ・シュウ ざこ・にごい・みごい
〔鯵〕↓鰺(二十二画)
〔鯰〕ネン なまず
〔鯱〕しゃち・しゃちほこ
〔鯲〕どじょう
〔鰙〕わかさぎ・はえ・はや
〔鮸〕↓鮸(十八画)
〔鰈〕↓鰈(二十画)
鳥〔鵬〕ホウ おおとり

〔鵯〕ヒ・ヒツ ひよどり
〔鵲〕シャク・ジャク かささぎ
鵲豆 ふじまめ
〔鵶〕↓鴉(十五画)
〔鵺〕ヤ ぬえ
〔鵼〕コウ ぬえ
〔鶄〕セイ・ショウ
〔鶇〕トウ つぐみ
〔鶉〕シュン・ジュン うずら
〔鶏〕ケイ にわとり・とり
鶏冠 けいかん けいとう とさか とりさか
鶏魚 いさき いさぎ
〔鶍〕いすか
〔鵡〕↓鵡(十八画)
鹵〔鹸〕↓鹼(二十四画)
鹿〔麑〕ゲイ・ベイ かのこ・しかのこ
〔麒〕キ
麒麟 きりん
〔麓〕ロク ふもと
〔麕〕↓麇(十六画)
〔麗〕レイ・リ うるわしい・うららか
〔麞〕↓麞(十八画)
麦〔麴〕キク こうじ
麻〔靡〕↓靡(非部 部首8画)
●部首12画
黹〔黼〕フ・ホ あや・ぬいとり

# 二十画

●部首2画
力〔勸〕↓勧(十三画)
又〔矍〕↓矍(目部 部首5画)
●部首3画
口〔嚴〕↓厳(十七画厂部 部首2画)
〔嚶〕オウ なく
〔嚬〕↓嚬(十九画)
土〔壤〕↓壌(十六画)
〔壥〕↓廛(十五画广部 部首3画)
女〔孀〕ソウ やもめ
〔孃〕↓嬢(十六画)
〔孅〕セン かよわい・たおやか
宀〔寶〕↓宝(八画)
〔騫〕↓騫(馬部 部首10画)
山〔巉〕サン・ザン
〔巖〕ガン いわお・いわ
广〔廳〕↓庁(五画)
艹〔蘖〕↓櫱(木部 部首4画)
〔蘗〕↓檗(十七画木部 部首4画)
〔蘘〕ジョウ
蘘荷 みょうが
〔蘙〕エイ しげる
〔蘚〕セン こけ
蘚苔 せんたい
〔蘞〕レン えぐい・えごい
〔蘡〕オウ・ヨウ
〔蘧〕キョ

〔蘩〕ハン しろよもぎ
蘩蔞 はこべ はこべら
〔蘭〕↓蘭(十九画)
〔蘯〕↓蕩(十五画)
〔蘰〕かつら
〔蘋〕↓蘋(十九画)
〔驀〕↓驀(馬部 部首10画)
忄↓部首4画へ
扌↓部首4画へ
氵↓部首4画へ
●部首4画
心〔懸〕ケン・ケ かける・かかる
懸念 けねん
懸魚 げぎょ
懸想 けそう
忄〔懺〕サン・セン・ザン くいる
懺悔 さんげ ざんげ
〔懽〕↓懽(二十一画)
扌〔攘〕ジョウ はらう・ぬすむ
〔攙〕サン・ザン さす・まぜる
攴〔斆〕コウ・ガク おしえる
日〔曦〕キ・ギ
月〔朧〕ロウ おぼろ
月〔臙〕エン
臙脂 えんじ
〔臚〕リョ・ロ つらねる
〔騰〕↓騰(馬部 部首10画)
木〔櫧〕ショ かし
〔櫨〕ロ はぜ・はじ
〔櫪〕レキ くぬぎ・かいばおけ

〔櫬〕シン ひつぎ
〔櫱〕ゲツ ひこばえ
〔櫳〕ロウ おり・れんじまど
〔欄〕ラン おばしま・てすり
〔麓〕↓麓(十九画鹿部 部首11画)
氵〔瀰〕ビ・ミ
〔瀲〕レン
〔瀾〕ラン なみ
〔瀬〕↓瀬(十九画)
〔灌〕↓灌(二十一画)
火〔爐〕↓炉(八画)
牛〔犧〕↓犠(十七画)
犬〔獻〕↓献(十三画)
王↓部首5画へ
●部首5画
王〔瓏〕ロウ
瓜〔瓣〕↓弁(五画廾部 部首3画)
疒〔癤〕セツ・セチ ねぶと
〔癢〕ヨウ かゆい
白〔皪〕レキ・ラク・ハク しろい・あきらか
目〔矍〕カク
矍鑠 かくしゃく
石〔礦〕↓鉱(十三画金部 部首8画)
〔礧〕ライ
〔礫〕レキ こいし
〔礬〕ハン・バン
礬水 どうさ
穴〔竇〕トウ・トク あな

〔竄〕↓竄(十八画)
立〔競〕キョウ・ケイ きそう・せる・せり
衤↓部首6画へ
●部首6画
竹〔籃〕ラン かご
〔籆〕ワク いとわく
〔籌〕チュウ かずとり・はかりごと
〔籍〕セキ・ジャク・シャ ふみ
〔籍〕↓籍
〔簪〕↓簪(十八画)
〔籏〕キ はた
〔纂〕↓纂(糸部 部首6画)
米〔糯〕ダ・ナ もちごめ・もち
〔糲〕レイ・ライ あらい・くろごめ
糸〔辮〕ヘン・ベン くむ・あむ
〔繻〕シュ・ジュ
繻子 しゅす
〔繼〕↓継(十三画)
〔繽〕ヒン
〔繿〕↓襤(十九画衤部 部首6画へ)
〔纂〕サン あつめる
〔纃〕かすり
缶〔罌〕オウ・エイ かめ・もたい
罌粟 けし
羽〔耀〕ヨウ かがやく・かがやき
耳〔聹〕デイ・ネイ みみあか
舟〔艦〕↓艦(二十一画)
虫〔蠐〕セイ

〔蠑〕エイ
蠑螈 いもり
〔蠒〕↓繭(十八画糸部 部首6画)
〔蠕〕ゼン・ジュ うごめく
〔蠖〕ワク・カク
〔蠣〕レイ かき
衤〔襪〕バツ・ベツ たび
〔襭〕ケツ
〔襤〕↓襤(十九画)
艹↓部首3画へ
月↓部首4画へ
●部首7画
見〔覺〕↓覚(十二画)
角〔觸〕↓触(十三画)
言〔譟〕ソウ さわぐ・さわがしい
〔警〕↓警(十九画)
〔譫〕セン たわごと
譫言 うわごと
〔譬〕ヒ たとえる・たとえ
〔譯〕↓訳(十一画)
〔議〕ギ はかる
〔譱〕↓善(十二画口部 部首3画)
〔譲〕ジョウ ゆずる・せめる
〔護〕ゴ・コ まもる
護謨 ゴム
護田鳥 うすべ おすめどり
〔譜〕↓譜(十九画)
貝〔贍〕セン たす・たりる
〔賺〕↓賺(十七画)

【羸】エイ あまる・あまり
足【躁】ソウ さわぐ・さわがしい
【躄】ヘキ
【躃】→躄
【躅】チョク・タク ふむ・あと
身【體】→体（七画人部 部首2画）
車【轗】カン
【轘】カン
【轔】→轔（十九画）
辛【辮】→辮（糸部 部首6画）
酉【醲】ジョウ こい
【醴】レイ・ライ あまざけ
【醵】キョ
【釀】ジョウ かもす・かむ
釆【釋】→釈（十一画）

●部首8画
金【鐃】ドウ・ニョウ どら 鐃鈸 にょうはち
【鐇】ハン ちょうな
【鐐】リョウ しろがね
【鐓】タイ いしづき
【鐔】シン・タン つば
【鐘】ショウ かね・つりがね 鐘楼 しゅろう しょうろう
【鐘】→鐘
【鐙】トウ あぶみ・たかつき・ひともし
【鐚】ア しころ・びた

【鐵】→鉄（十三画）
【鑒】→鑒（十九画）
【鏗】→鏗（十九画）
門【闞】カン のぞむ・みる
【闡】セン ひらく
雨【霰】セン・サン あられ

●部首9画
革【鞺】→鼞（二十四画鼓部 部首13画）
【鞾】→靴（十三画）
韋【韜】→韜（十九画）
音【響】キョウ ひびく・ひびき・おと・なる
風【飂】リュウ・リョウ
【飄】ヒョウ つむじかぜ・ひるがえる・さすらう
【飃】→飄
食【饅】バン・マン 饅頭 まんじゅう マントー
【饉】キン うえる・かつえる
【饗】→饗（二十二画）
香【馨】ケイ・キョウ かおる・かぐわしい・かおり

●部首10画
馬【騫】ケン
【騭】シツ・チョク のぼる
【騰】トウ あがる・のぼる
【騰】→騰
【騶】シュウ・スウ うまかい

【騷】→騒（十八画）
【驀】バク こえる 驀地 ましぐら まっしぐら
門【鬪】→闘（十八画門部 部首8画）
鬼【魑】→魑（二十一画）

●部首11画
魚【鯷】テイ・ダイ ひしこ
【鯽】セキ・ショク・ソク ふな
【鰄】イ
【鰆】シュン さわら
【鰈】チョウ・トウ かれい
【鰉】コウ ひがい
【鰊】レン にしん
【鰋】エン なまず
【鰌】シュウ どじょう
【鰍】シュウ どじょう・いなだ・かじか
【鰐】ガク わに
【鰑】ヨウ するめ
【鰒】フク あわび・ふぐ
【鰓】サイ・シ あぎと・えら
【鰔】カン たら・かれい
【鰕】カ えび・さんしょううお
【鰛】→鰮（二十一画）
【鯤】→鯤（十九画）
鳥【鶚】ガク みさご
【鶡】カツ やまどり

【鶤】コン・ウン
【鶩】ボク・ブ あひる
【鶪】→鵙（十八画）
【鶿】シ・ジ う
【鷀】→鶿
【鶫】つぐみ
【鶬】→鶬（十九画）
鹵【鹹】カン しおからい
鹿【鏖】→鏖（十九画金部 部首8画）
【麑】→麑（十九画）
【麒】→麒（十九画）
【麓】→麓（十九画）
【麗】→麗（十九画）
麦【麵】→麪（十五画）

●部首12画
黑【黥】ケイ・ゲイ いれずみ
【黧】リ・レイ くろい
【黨】→党（十画儿部 部首2画）

●部首13画
鼠【鼯】ゴ むささび 鼯鼠 むささび ももんが
【鼬】→鼬（十八画）

●部首15画
齒【齟】ショ・ソ かむ・くいちがう
【齠】チョウ
【齡】→齢（十七画）
【齣】セキ・シュツ

## 二十一画

●部首2画
亠【羸】→羸（月部 部首4画）
人【儷】レイ ならぶ・たぐい
【儺】ダ・ナ おにやらい

●部首3画
口【嚼】シャク かむ
【囀】テン さえずる
【囁】ショウ ささやく
【囂】キョウ・ゴウ かまびすしい
【囃】ソウ はやす・はやし 囃子 はやし
【囈】ゲイ うわごと 囈語 うわごと
尸【屬】→属（十二画）
山【巍】ギ たかい
广【廱】ヨウ
艹【蘼】→蘼（二十二画）
忄→部首4画へ
扌→部首4画へ
氵→部首4画へ

●部首4画
忄【懼】ク・グ おそれる
【懽】カン よろこぶ
【懾】ショウ おそれる
扌【攜】→携（十三画）
【攝】→摂（十三画）
日【曩】ドウ・ノウ さき・さきに・むかし
月【鰧】→鰧（魚部 部首11画）

月【臝】ラ はだか
【臟】→臓（十九画）
【臘】→臘（十九画）
木【櫸】キョ けやき
【櫺】レイ・リョウ れんじ 櫺子窓 れんじまど
【櫻】→桜（十画）
【隱】→隱（十七画）
【欄】→欄（二十画）
【權】→権（十五画）
欠【歡】→歓（十五画）
歹【殲】セン つきる・つくす
氵【灋】→法（八画）
【灌】カン そそぐ・あらう
【灘】→灘（二十二画）
火【爛】ラン ただれる
王→部首5画へ

●部首5画
王【瓔】エイ・ヨウ 瓔珞 ようらく
疒【癧】レキ
【癨】カク
【癩】ライ
【癪】シャク
石【礮】→砲（十画）
禾【穐】→秋（九画）
穴【竈】ソウ かまど・かま・へっつい 竈突 くど
衤→部首6画へ

●部首6画
竹【籐】トウ
【籀】チュウ
【籔】ソウ・ス
【籖】→籤（二十三画）
【籃】→籃（二十画）
糸【纈】ケツ・ケチ しぼり・ゆいはた・ゆはた・きくとじ
【纘】→纘（二十五画）
【纊】コウ わた
【續】→続（十三画）
【纍】→累（十一画）
【纎】→纖（十七画）
【纏】テン まとう・まつわる・まとい 纏頭 てんとう はな
【纐】コウ くくりぞめ・しぼりぞめ 纐纈 こうけち
【繽】→繽（二十画）
缶【罍】ライ さかだる
舟【艪】ロ
【艦】カン いくさぶね
虫【蠟】ロウ 蠟燭 ろうそく 蠟纈 ろうけち ろうけつ
【蠡】レイ・ラ ひさご・にな
【蠢】シュン うごめく
血【衊】ベツ けがす・はなぢ
衤【襯】シン はだぎ

艹→部首3画へ
月→部首4画へ

●部首7画

見【覽】→覧(十七画)
言【讉】ケン せめる・とがめる・せめ
【護】→護(二十画)
【譽】→誉(十三画)
【譜】→譜(十九画)
貝【贐】シン・ジン はなむけ
【贓】ソウ・ゾウ かくす
【贔】ヒ・ヒイ
贔負 ひいき
贔屓 ひいき
走【趯】ヤク・テキ おどる
足【躊】チュウ ためらう
【躋】セイ・サイ のぼる
【躍】ヤク・テキ おどる
躍起 やっき
【躍】→躍
車【轜】ジ ひつぎぐるま
【轝】→輿(十七画)
【轟】コウ・ゴウ とどろき・とどろく
辛【辯】→弁(五画廾部 部首3画)
酉【醺】クン よう
【醻】→酬(十三画)

●部首8画

金【鐫】セン ほる・える・うがつ
【鐵】→鉄(十三画)
【鐶】カン わ・たまき
【鐸】タク すず
【鐺】トウ・ソウ なべ・あしがなえ・こじり・こて
【鏽】→銹(十五画)
【鑁】ばん
【鑓】→鑓(二十二画)
門【闢】ヘキ・ビャク ひらく
【闥】タツ
雨【霸】ハク・ハ はたがしら
【霹】ヘキ
霹靂 へきれき
【露】ロ・ロウ つゆ・あらわす・あらわれる
露西亜 ロシア

●部首9画

頁【顥】コウ しろい・おおきい
【顦】ショウ やつれる
【顧】コ かえりみる・みる
【顧】→顧
風【飆】ヒョウ つむじかぜ
【飈】→飆
飛【飜】→翻(十八画羽部 部首6画)
食【饋】キ おくる
【饌】サン・セン そなえる
【饍】→膳(十六画月部 部首4画)
【饐】イ・エツ すえる・むせぶ
【饑】キ うえる・かつえる
【饒】ジョウ・ニョウ ゆたか・たとい

●部首10画

馬【騾】ラ らば
【驁】ゴウ おごる
【驂】サン そえうま
【驃】ヒョウ
【驄】ソウ あしげ
【驅】→駆(十四画)
【驚】→驚(二十画)
骨【髏】ロウ・ロ
髟【鬘】バン・マン かずら・かつら
鬼【魑】チ すだま
魑魅 ちみ すだま
魑魅魍魎 ちみもうりょう
【魔】マ・バ
【魔】→魔

●部首11画

魚【鰡】リュウ ぼら
【鰣】シ・ジ ひら・はす・えそ
【鰤】シ ぶり
【鰥】カン やもお
鰥夫 やもお やもめ
【鰧】トウ おこぜ
【鰩】ヨウ えい・とびうお
【鰭】キ ひれ・はた
【鰮】オン いわし
【鰯】いわし
【鰰】はたはた
鳥【鶬】ソウ・ショウ まなづる
【鶯】オウ うぐいす
【鶲】オウ ひたき
【鶴】カク つる・たず
【鶸】ジャク ひわ
【鶺】セキ
【鶻】コツ はやぶさ
鶺鴒 せきれい
【鷁】ゲキ
【鷂】ヨウ はいたか・はしたか
【鷃】アン
【鷄】→鶏(十九画)
【鷆】テン・シン かすい・よたか
【鷏】→鷆
鹿【麝】シャ・ジャ じゃこうじか
麻【魔】→魔(鬼部 部首10画)

●部首12画

黒【黯】アン くろい・くらい

●部首13画

鼓【鼙】ヘイ・ビ せめつづみ

●部首14画

齊【齎】セイ・サイ・シ もたらす

●部首15画

齒【齦】ギン・コン はぐき
【齧】ゲツ・ケツ かむ・かじる
【齩】ゴウ・コウ かむ

## 二十二画

●部首2画

人【儻】トウ もし
【儼】ゲン
【儷】→儷(二十一画)

●部首3画

口【囊】ノウ ふくろ
【囎】ソ・ショウ
【轡】→轡(車部 部首7画)
女【孌】レン うつくしい
山【巑】サン
【巒】ラン みね
【巓】テン いただき
【巉】→巉(二十画)
弓【彎】ワン ひく・まがる
艹【蘺】リ まがき
【蘿】ラ つた
蘿蔔 らふく すずしろ
【韲】→韲(十九画韭部 部首9画)
扌→部首4画へ
氵→部首4画へ

●部首4画

心【懿】イ うるわしい・よい
扌【攢】サン あつまる
【攤】タン・ダン ひらく
【攙】→攙(二十画)
月【臞】ク やせる
木【權】→権(十五画)
欠【歡】→歓(十五画)
氵【灑】サイ・サ・シャ そそぐ
【灕】リ したたる・うすい
【灘】タン・ダン せ・なだ
火【爝】シャク かがりび

●部首5画

田【疊】→畳(十二画)
【疉】→畳(十二画)
疒【癬】セン たむし
【癭】エイ こぶ
示【禳】ジョウ はらう
禾【穰】→穣(十八画)
穴【竊】→窃(九画)
立【竸】→競(二十画)
罒→部首6画へ
衤→部首6画へ

●部首6画

竹【籐】→籐(二十一画)
【籙】ロク
【籜】タク
【籞】ギョ
【籟】ライ ふえ
【籠】ロウ かご・こ・こめる・こもる
籠手 こて
【籡】しんし
米【糵】ゲツ もやし・こうじ
【糴】テキ かいよね
糸【纏】→纏(二十一画)
缶【罎】タン・ドン びん
罒【羈】キ たび・たびずまい
耳【聽】→聴(十七画)
【聾】ロウ
舟【艫】ロ とも・へさき
虫【蠹】→蠹(二十四画)
衣【襲】シュウ おそう・つぐ・かさねる・かさね
【襲】→襲
衤【襴】ラン
【襷】たすき
艹→部首3画へ
月→部首4画へ

●部首7画

見【覿】テキ あう
【覽】→覧(十七画)
言【讀】→読(十四画)
【讁】→謫(十八画)
【讖】→讖(二十四画)
【讃】→讚(二十六画)
貝【贖】ショク あがなう
【贓】→贓(二十一画)
足【躑】テキ
躑躅 つつじ
【躓】チ つまずく
【躔】テン ふむ・めぐる
車【轡】ヒ たづな・くつわ・くつばみ
【轢】レキ ひく・きしる

●部首8画

金【鑄】→鋳(十五画)

【鑊】カク かなえ
【鑑】→鑑(二十三画)
【鑒】→鑑(二十三画)
【鑓】やり
雨【霽】セイ・サイ はれる
【霾】バイ つちふる・よな
●部首9画
革【韁】キョウ きずな・たづな
【韃】タツ・ダツ 韃靼 だったん
音【響】→響(二十画)
頁【顫】セン ふるえる
食【饕】トウ むさぼる
【饗】キョウ あえ・もてなす・うける
【饘】セン かゆ
●部首10画
馬【驍】キョウ・ギョウ つよい・たけし
【驎】リン
【驒】タン・ダン・タ・ダ・テン
【驕】キョウ おごる
【驚】キョウ・ケイ おどろく・おどろかす
高【髝】ロウ
髟【鬚】シュ・ス ひげ
鬲【鬻】シュク・イク かゆ・ひさぐ・やしなう
●部首11画
魚【鰱】レン たなご
【鰲】→鼇(二十四画黽部 部首13画)
【鰶】セイ・サイ このしろ
【鰷】→鯈(十八画)
【鰹】ケン かつお
【鰺】ソウ あじ
【鰻】バン・マン うなぎ
【鰾】ヒョウ うきぶくろ・ふえ 鰾膠 にべ
【鱁】チク
【鱆】ショウ たこ
【鱇】コウ
【鱈】セツ たら 鱈腹 たらふく
鳥【鷓】シャ 鷓鴣 しゃこ
【鷗】オウ かもめ
【鷙】シ あらどり・たけし
鹿【麞】ショウ くじか・のろ
【麏】→麏(二十一画)
●部首12画
黍【黐】→黐(二十三画)
●部首13画
鼓【鼙】→鼙(二十一画)
鼠【鼹】エン もぐら
【鼴】→鼴(二十画)
●部首15画
齒【齪】サク・セク・シュク
【齬】ギョ・ゴ
●部首16画
龍【龕】カン・ガン ずし 龕灯 がんどう
●部首17画
龠【龢】→和(八画口部 部首3画)

## 二十三画

●部首2画
厂【靨】→靨(面部 部首9画)
●部首3画
夊【夔】キ
山【巖】→巌(二十画)
彳【黴】→黴(黒部 部首12画)
辶【邏】ラ めぐる・みまわり
【邐】リ つらなる・つづく
扌→部首4画へ
氵→部首4画へ
●部首4画
心【戀】→恋(十画)
手【攣】レン つる・ひきつる・ひく
扌【攩】トウ・コウ
【攪】コウ・カク かきまぜる・みだす
【攫】カク つかむ・さらう
日【曬】サイ・シ さらす
木【欒】ラン おうち・まどか
氵【灑】→灑(二十二画)
辶→部首3画へ
疒【癯】ク やせる
【癭】ヨウ はれもの
●部首6画
竹【籤】セン くじ
【籥】ヤク ふえ・かぎ
【籞】→籞(二十二画)
糸【纓】エイ・ヨウ
【纔】サン・サイ わずか
【纖】→繊(十七画)
缶【罐】→缶(六画)
虫【蠱】コ・ヤ
【蠲】ケン・ケイ やすで
【蠟】→蠟(二十一画)
襾【覊】→覊(二十二画罒部 部首6画へ)
●部首7画
言【變】→変(九画夊部 部首3画)
【讌】エン
【讎】シュウ あだ・むくいる
【讐】→讎
足【躙】リン ふむ・ふみにじる
【躚】セン
車【轢】レキ
【轤】ロ
酉【醼】→讌(言部 部首7画)
辶→部首3画へ
●部首8画
金【鑚】→鑽(二十七画)
【鑛】→鉱(十三画)
【鑞】ロウ
【鑠】シャク とかす
【鑢】リョ・ロ やすり
【鑣】ヒョウ くつばみ・くつわ
【鑑】カン かんがみる・かがみ
隹【讎】→讎(言部 部首7画)
●部首9画
面【靨】ヨウ えくぼ
革【韈】→襪(二十画衤部 部首6画へ)
頁【顯】→顕(十八画)
食【饜】エン あきる
●部首10画
馬【驗】→験(十八画)
【驚】→驚(二十二画)
【驛】→駅(十四画)
【驎】→驎(二十二画)
骨【髑】トク・ドク
【髓】→髄(十九画)
【體】→体(七画人部 部首2画)
高【髞】ソウ
髟【鬟】カン わげ・みずら
●部首11画
魚【鱉】→鼈(二十五画黽部 部首13画)
【鱏】シン・ジン えい
【鱒】ソン ます
【鱓】セン・ゼン・タ・ダ ごまめ・うつぼ
【鱖】ケイ・ケツ
【鱗】リン うろこ
【鱚】きす
【鱛】えそ
【鰹】→鰹(二十二画)
鳥【鷦】ショウ
【鷭】ハン・バン
【鷯】リョウ
【鷲】シュウ・ジュ わし
【鷸】イツ しぎ・かわせみ
鹿【麟】リン
【麞】→麞(二十二画)
●部首12画
黍【黐】チ・リ もち
黑【黴】ビ・ミ・バイ かび
●部首13画
鼠【鼷】ケイ はつかねずみ
【鼴】→鼴(二十二画)
●部首14画
齊【齏】→韲(十九画韭部 部首9画)

## 二十四画

●部首2画
厂【魘】→魘(鬼部 部首10画)
●部首3画
口【囑】→嘱(十五画)
【囓】→齧(二十一画齒部 部首15画)
广【鷹】→鷹(鳥部 部首11画)
辶【邐】→邐(二十三画)
扌→部首4画へ
●部首4画
扌【攬】→擥(十八画)
日【曬】→曬(二十三画)
辶→部首3画へ
●部首5画
疒【癲】テン
目【矗】チク・シュク なおい
【矕】バン みる
罒→部首6画へ
●部首6画
竹【籬】→籬(二十五画)
糸【纛】トウ・トク はた・はたぼこ
缶【罐】→缶(六画)
罒【羈】キ おもがい・たづな・つなぐ・たび
色【艷】→艶(十九画)
虫【蠶】→蚕(十画)
【蠹】ト きくいむし
行【衢】ク みち・ちまた
●部首7画
見【觀】→観(十八画)
言【讒】サン・ザン そしる
【讓】→譲(二十画)
【讕】ラン いつわる
【讖】シン しるし
【讙】→讙(二十五画)
身【軈】やがて
酉【醽】レイ こしざけ
【釀】→醸(二十画)
辶→部首3画へ

●部首8画
金【鑪】ロ いろり・やすり
【鑣】→鑣(二十三画)
雨【靂】レキ
【靄】アイ もや
【靆】タイ
【靈】→霊(十五画)

●部首9画
革【韆】セン
【韈】→襪(二十画ネ部 部首6画へ)
韋【韤】→襪(二十画ネ部 部首6画へ)
頁【顰】ヒン・ビン しかめる・ひそめる・ひそみ

●部首10画
馬【驟】シュウ はしる・にわか
骨【髕】→臏(十八画月部 部首4画)
髟【鬢】ヒン・ビン
門【鬭】→闘(十八画門部 部首8画)
鬼【魘】エン うなされる・おそわれる

●部首11画
魚【鱝】フン えい
【鱟】コウ かぶとがに
【鱠】→膾(十七画月部 部首4画)
【鱣】テン・タン・セン ちょうざめ・たうなぎ・かわへび
【鱧】レイ はも
【鱐】シュク ほしうお
【鱗】→鱗(二十三画)
【鱩】はたはた
【鱰】しいら
【鱮】→鱮(二十五画)
鳥【鷹】ヨウ・オウ たか
【鷽】カク・ガク うそ
【鸊】ヘキ
【鷺】ロ さぎ
鹵【鹼】カン・ケン・セン・ケン
【鹽】→塩(十三画土部 部首3画)
鹿【麟】→麟(二十三画)

●部首13画
黽【鼇】ゴウ おおがめ
鼓【鼕】トウ
鼠【鼴】→鼴(二十二画)

●部首15画
齒【齲】ク・ウ むしば
【齶】ガク はぐき
【齷】アク

## 二十五画

●部首2画
刀【釁】→釁(酉部 部首7画)

●部首3画
广【廳】→庁(五画)
氵→部首4画へ

●部首4画
木【欖】ラン
【欙】→樏(十五画)
【欝】→鬱(二十九画鬯部 部首10画)
氵【灣】→湾(十二画)

●部首6画
竹【籬】リ まがき
【籭】→篩(十六画)
米【糶】チョウ うりよね・せり
糸【纘】サン つぐ
【纔】→纔(二十三画)
肉【臠】レン みそなわす
虫【蠻】→蛮(十二画)
襾【覊】→羈(二十四画罒部 部首6画へ)

●部首7画
見【觀】→観(十八画)
角【觿】ケイ くじり
言【讙】カン・ケン かまびすしい・よろこぶ
豸【貛】カン あなぐま・まみ
足【躡】ジョウ ふむ
酉【釁】キン ちぬる・ちまつり・ひま
【釂】ショウ のむ

●部首8画
金【鑰】ヤク かぎ
【鑵】→鑵(二十六画)
【鑯】→鑯(二十三画)
雨【靉】アイ

●部首9画
頁【顱】ロ かしら・どくろ

●部首10画
髟【鬣】リョウ たてがみ
【鬛】→鬣(二十四画)

●部首11画
魚【鱨】ショウ ぎばち・ぎぎ
【鱮】ショ たなご
【鱰】→鱰(二十四画)
鳥【鸎】→鶯(二十一画)
鹿【麟】→麟(二十三画)

●部首12画
黃【黌】コウ まなびや

●部首13画
黽【鼈】ヘツ・ベツ すっぽん
鼠【鼷】→鼷(二十三画)

## 二十六画

●部首4画
木【欝】→鬱(二十九画鬯部 部首10画)
【欖】→欖(二十五画)

●部首5画
目【矚】ショク・ソク みる・ながめる

●部首6画
虫【蠶】→蚕(十画)

●部首7画
言【讚】サン ほめる・たたえる 讃岐 さぬき
【讒】→讒(二十四画)
足【躪】→躙(二十三画)
酉【釃】シ・リ したむ

●部首8画
金【鑵】カン
【鑷】ジョウ けぬき

●部首9画
頁【顰】→顰(二十四画)
【顴】→顴(二十七画)
食【饟】ショウ・ジョウ かれいい

●部首10画
馬【驢】リョ・ロ ろば
【驥】→驥(二十七画)
門【鬮】キュウ くじ

●部首11画
魚【鱲】リョウ からすみ
【鱵】シン さより
【鱶】ショウ ひもの・ふか

●部首12画
黑【黶】エン・アン ほくろ・ふすべ・くろい

## 二十七画

●部首6画
糸【纜】ラン ともづな

●部首7画
酉【釃】→釃(二十六画)

●部首8画
金【鑼】ラ どら
【鑽】サン きり・きる・うがつ
【鑾】ラン すず

●部首9画
頁【顳】ジョウ・ショウ
【顴】ケン・カン ほおぼね

●部首10画
馬【驤】ショウ・ジョウ あがる・はせる
【驥】キ
【驩】→驩(二十八画)
髟【鬣】→鬣(二十五画)

●部首11画
魚【鱷】→鰐(二十画)
【鱸】ロ すずき

●部首12画
黑【黷】トク けがす・けがれる

## 二十八画

●部首4画
木【欟】→欟(二十九画)

●部首6画
糸【纜】→纜(二十七画)

●部首7画
豆【豔】→艶(十九画色部 部首6画)

●部首8画
金【鑿】サク・ソウ うがつ・のみ
【钁】カク くわ

●部首10画
馬【驩】カン よろこぶ

●部首11画
魚【鱲】→鱲(二十六画)
鳥【鸚】オウ・ヨウ・イン
【鸛】→鸛(二十九画)

## 二十九画

●部首4画
木【欟】つき・かたくみ
火【爨】サン かしぐ・かまど

●部首10画
馬【驪】リ・レイ くろうま
鬯【鬱】ウツ しげる・むすぼれる

●部首11画
鳥【鸛】カン こうのとり

## 三十画

●部首10画
馬【驪】→驪(二十九画)
【驫】ヒョウ・ヒュウ・シュウ

●部首11画
鳥【鸞】ラン

## 三十三画

●部首11画
鹿【麤】ソ あらい

# あ ア

**あ【あ・ア】** 五十音図あ行第一の仮名。平仮名「あ」は「安」の草体。片仮名「ア」は「阿」の左の変形。

**ア 3画【丫】** 部首［丨］
音 ア
①また。ふたまた。木のまた。②あげまき。つのがみ。昔のこどもの髪の結い方の一つ。

**ア 6画【襾】** 部首［襾］ JIS 7508
音 ア・カ
①おおう。おおいかくす。②部首の一つ。あがしら。

**ア 7画【亜】** 部首［二］ 常用 JIS 1601 ｜ 8画【亞】 旧字 JIS 4819
音 ア
①つぐ。つぎ。それに次ぐ。その下に位する。「亜聖・亜流」用例(接頭)―寒帯。②無機酸で酸素のふくまれている割合が少ないこと。「亜硫酸」③アジア(亜細亜)のこと。「東亜」④《堊とも》白い土。しっくい。また、ぬりかざったかべ。「白亜」

**ア 8画【阿】** 部首［阝］ 人名用 JIS 1604
音 ア
①くま。すみ。山や川などがおれまがって、はいりこんだところ。②おもねる。へつらう。こびる。「曲学阿世・阿諛」③梵語のaの音訳字。「阿吽」④「阿片」は、英語opiumの音訳。ケシの実からつくる麻薬。鴉片。⑤アフリカ(阿弗利加)のこと。「南阿」⑥阿波国のこと。「阿州」

**ア 11画【啞】** 部首［口］ ｜ 10画【唖】 異体字 JIS 1602
音 ア・アク
①ことばをしゃべれない人。「盲啞・聾啞」②おどろいて、ことばのでないさま。「啞然」

**ア 11画【堊】** 部首［土］ JIS 5233
音 アク・ア
①しろつち。白い色の土。しっくい。「白堊」②いろつち。いろいろの色の土。③ぬる。いろつちをぬる。ぬりかざる。④かべ。ぬりかざったかべ。

**ア 11画【婀】** 部首［女］ JIS 5320
音 ア
しなやか。女性の容姿がたおやかで、うつくしいさま。「婀娜」

**ア 12画【椏】** 部首［木］ JIS 5983
音 ア
また。木のまた。木の枝のわかれめ。

**ア 12画【蛙】** 部首［虫］ JIS 1931
音 ワ・ア
カエル。カエル目に属する両生類。かわず。「蛙鳴蟬噪」

**ア 13画【痾】** 部首［疒］ JIS 6562
音 ア
やまい。深くすすんだやまい。こじれた病気。「宿痾」

**ア 15画【鴉】** 部首［鳥］ ｜ 16画【鴉】 異体字 JIS 8277 ｜ 19画【鵶】 異体字
音 ア
①カラス。スズメ目に属する鳥。②くろ。まっくろ。黒い色のたとえ。③「鴉片」は、英語opiumの音訳。ケシの実からつくる麻薬。阿片。

**ア 16画【錏】** 部首［金］ JIS 7891
音 ア
しころ。かぶとの鉢の左右・後方にたれさがって、首筋をおおうもの。

**ア 20画【鐚】** 部首［金］ JIS 7928
音 ア
①しころ。かぶとの鉢の左右・後方にたれさがって、首筋をおおうもの。②びた。質のよくないぜに。鐚銭。

**あ【我・吾】** 古語(代) わたくし。自分。わ。用例うち靡き独りや寝らむ―を待ちかねて(万葉・一四・三五六二)。

**あ【彼】** 古語(代) 話し手からも相手からも、離れているものをさして言う語。あれ。かれ。比較あの。

**あ**(感) ①軽い呼びかけの声。用例―、ちょっと、君。②急に思い出したり、おどろいたりしたとき出す声。

**ああ**(副) あのように。like that 用例―は言ったが。―だこうだと、うるさく言う。

**ああ言えば斯う言う**(ああいえばこういう) 人の言うことに、理屈を並べ立てて、なかなか従おうとしないさま。always talk back

**ああでもない斯うでもない**(ああでもないこうでもない) あれも駄目、これも駄目と、思案に暮れている、また、わがままを言っているさま。be lost in thought

**ああ**(感) ①軽く呼びかける語。ah 用例―、もしもし。②親しい間柄で、同意や肯定の意を表す語。yes 用例君も行くだろ。―、行くよ。

**ああ【嗚呼・噫・嗟・嗟乎】**(感) 物事に感じて発する語。ah; oh

**ああ-いう**(連体) あんな。あのような。like that 用例―ことはやめよう。

**アーヴィング【Irving】** ↓アービング

**アーカイブス【archives】** 古文書・古記録をはじめ、種々の記録物、歴史的な資料・情報など。また、それらを保管する所。不時の災害などで失われるのを防ぐためのもの。

**アーカンソー【Arkansas】** アメリカ南部ミシシッピ川下流右岸の州。州都はリトルロック。綿花栽培がさかん。人口二二八・五万(一九八〇)。

**アーキテクチャー【architecture】** ①建築学。建築術。建築様式。②コンピューターの設計に関する仕様または思想。ハードウエアの論理構造、メモリーの種類など。

**アーク-せつだん【アーク切断】** 金属などの切断法の一つ。アーク放電による高熱で溶かして切断する。arc cutting

**アーク-とう【アーク灯】** 向かい合った二本の炭素棒に電流を通じ、その間に白熱の光を出す電灯。映写機などの強い光源として使われたが、高圧ガス放電灯に置き換えられてきている。アークライト。弧光灯。arc lamp

**アーク-ほうでん【アーク放電】** 気体内での低電圧、大電流による放電。強い光と熱を発生する。アーク溶接・高圧水銀灯・アーク炉などに応用。arc discharge

**アーク-ようせつ【アーク溶接】** 金属の溶接法の一つ。アーク放電による高熱で金属の接合部を溶かし、結合する。arc welding ↓写

●アーク溶接 必ず遮光マスクで目を守る。

**アーグラ【Agra】** インド中部、ウッタルプラデシュ州西部の商工業都市。ヤムナ川右岸にあり、タージ＝マハルなどインド＝イスラム文化の代表建築が多い。人口七七万(一九八一)。

●アーチェリー

**アークライト【Richard Arkwright】**(一七三二～一七九二) イギリスの発明家・実業家。水力を利用した紡績機械を開発し、産業上の功績により「サー」の称号を授けられた。

**アーク-ろ【アーク炉】** 電気炉の一種。二つの炭素電極、または炭素電極と金属原料の間のアーク放電で加熱し、炭素鋼・合金鋼などを製造する。arc furnace

**アーケイズム【archaism】**《擬古主義の意。フランス語でアルカイスム》①荘重な趣をだすため、ことさら古風な語句やいいまわしを用いる文芸上の技法。②美術で、古代芸術の単純・素朴を理想とする主義。

**アーケード【arcade】** ①西洋建築で、柱でささえられたアーチの連続。および、アーチを連続させた空間。②屋根のついた商店街の通路。用例―街。

**アーサーおう-でんせつ【アーサー王伝説】** アーサー王と円卓の騎士たちをめぐるブリテン系の中世伝説。一二世紀初め以来、各国語で作品化され、一五世紀にマロリーの『アーサー王の死』によって集大成された。武勲・恋愛や聖杯伝説などの説話を集め合わせ、特異なロマンスの世界を形成。アーサー王物語。Arthurian legend

**アーサ-かんど【アーサ感度】** ↓アサかんこうど(アサ感光度)

**あおさ-じる【あおさ汁】** 沖縄料理の汁物の一つ。海藻のアーサ(＝ヒトエグサ)を具にした、すまし仕立ての汁。

**アース【earth】**《地球・大地、の意》電気機器を電線によって地面に接続すること、また、その装置。機器の電位の安定をはかるもの。接地。用例洗濯機の―を取りつける。

**アース-せん【アース線】** 電気機器または電子機器のアース(接地)を行うための電線。earthed line

**アーチ【arch】** ①弓形。弧。用例白球が―を描く。②門・出入口・窓の上部を石・れんがなどで弓形や半円形に造ったもの。半円アーチ・馬蹄アーチ・尖頭アーチなどがある。迫持ち。③弧状の構造体。用例―式のダム。④スギ・ヒノキなどの青葉で全体をつつんだ門。緑門。用例歓迎の―。↓写(次ページ)

**アーチェリー【archery】** 洋弓を用い、標的への的中率や、矢の飛距離を争う西洋の弓術。一九世紀になってスポーツ化。標的競技・野外競技・射流し競技の三種目がある。洋弓。↓写

**アーチ-きょう【アーチ橋】** 弧状の構造を主体としてつくられる橋。ローゼ橋・ランガー橋など。拱橋。めがね橋。arch bridge

**アーチスト【artist】** 芸術家。

**アーチ-ダム【arch dam】** 堤が水を貯えた側に弧状にそり、水圧を両岸の岩盤でささえる構造のダム。↓写

●アーチダム 富山県、黒部ダム。

**アーチャー【William Archer】**(一八五六～一九二四) イギリスの演劇評論家。イプセンの翻訳などにより二〇世紀初めの近代劇運動を推進。著書『劇作法』、戯曲『緑の女神』など。

**アーツ-アンド-クラフツ-うんどう【アーツ-アンド-クラフツ運動】** 一九世紀後半におこったイギリスの芸術運動。機械文明に抵抗し、芸術における手仕事の重要性、工芸の実用性・社会性を強調した。ウィリアム＝モリスの指導下にアシュビーやクレインらが推進。二〇世紀初めに消滅したが、近代デザインが展開していく母体の一つとして、大きな役割を果たした。Arts and Crafts Movement

**アーティチョーク【artichoke】** キク科の多年草。高さ一・五m余で、葉はアザミに似る。開

●アーティチョーク

↓ 行き先項目、図版・写真参照印。 JIS 日本工業規格情報交換用漢字符号コード(区点コード)。

●アーチ②

半円アーチ　パリ市内。

楕円アーチ　ウィーン、国立歌劇場。

馬蹄形アーチ　モロッコ。

チューダーアーチ　イランのモスク。

尖頭アーチ　パリ、ノートルダム寺院。

フラットアーチ　イギリス。

花直前のつぼみの肉質部を食用。切り花にも利用。地中海原産。チョウセンアザミ。→写

**アート**[art] 芸術。美術。

**アート-アンサンブル-オブ-シカゴ**[Art Ensemble of Chicago] 一九六九年から活動するアメリカの黒人の前衛ジャズグループ。五人編成。

**アードウルフ**[aardwolf] シマハイエナに似たハイエナ科の食肉類。体長五五〜八〇cm、尾長二〇〜三〇cm。日中は岩の割れ目や地中の穴にひそみ、夜出てシロアリなどの昆虫を食べる。アフリカ東・南部に分布。ツチオオカミ。

**アート-し**【アート紙】 写真版や原色版印刷用の高級紙。白土などの顔料とカゼインなどの糊の材料を混ぜて原紙に塗り、乾燥後に強い光沢をつける。art paper

**アート-シアター**[art theater] 芸術性や社会性にすぐれた映画作品のみを上映する組織または映画館。

**アート-ディレクター**[art director] ①映画・テレビ・演劇で小道具・衣装・背景など美的効果面を統轄する人。美術監督。②広告・デザイン・出版物の美術面を担当する人。AD。

**アートマン**[ātman梵] 古代インド哲学の根本原理の一つ。個人の本体(我)を意味し、宇宙の根本原理ブラフマン(梵)の概念に対応するもの。ウパニシャッドでは両者の融合(梵我一如)を説く。

**アーノルド**[Matthew Arnold](一八二二〜八八) イギリスの、ビクトリア朝を代表する詩人・批評家。トーマス=アーノルドの長男。長詩『エトナ山上のエンペドクレス』、批評『批評論集』『教養と無秩序』など。

**アーノルド**[Thomas Arnold](一七九五〜一八四二) イギリスの教育家。ラグビー校校長としてパブリックスクールの教育改革に貢献。

**アーバス**[Diane Arbus](一九二三〜七一) アメリカの女流写真家。ファッション写真家として出発したのち、特異な人物写真を発表、ニューヨーク近代美術館の三人展で評価された。

**アーバニズム**[urbanism] 都市に典型的にみられる生活様式。血縁・地縁的結合の解体、流動性・匿名性・個人主義的傾向の増大などを特徴とする。

**アーバン**[urban]《接頭的》都会。都市。

**アーバン-デザイン**[urban design] 都市の設計。とくに、近代の都市計画で、建築物群・交通施設などに対する統合的かつ合理的な設計と構成を行うこと。

**アーバン-ライフ**[urban life] 都市生活。

**アービング**[Henry Irving](一八三八〜一九〇五) イギリスの俳優・劇場支配人。『ハムレット』などシェークスピア劇にすぐれた。俳優として初の「サー」の称号を受ける。

**アービング**[Washington Irving](一七八三〜一八五九) アメリカの小説家・随筆家。ユーモアに満ちた典雅な文体の作品を残す。短編・随筆集『スケッチ-ブック』など。

**アーベル**[Niels Henrik Abel](一八〇二〜二九) ノルウェーの数学者。大学在学中に五次以上の方程式が代数的に解けないことを証明。楕円関数論、アーベル関数論を創始。代数学と解析学に優れた業績がある。

**アーヘン**[Aachen] 西ドイツ西部、オランダとベルギーの国境に近い工業都市。交通の要地で、周辺には炭田がある。人口二三・九万(一九八五)。

**アーベント**[Abendドイツ]《晩・夕方、の意》晩に開く、演奏会や映写会など。用例ショパン——。

**アーマゲドン**[Armageddon] →ハルマゲドン

**アーミー**[army] ①軍隊。用例——ナイフ。②《海軍・空軍に対し》陸軍。

**アーミー-ルック**[army look] 軍服調の洋服のスタイル。色・生地・形もしくはそれらの総体についていう。

**アーミテージ**[Kenneth Armitage](一九一六〜) イギリスの彫刻家。極度に単純化した形態の、異様な人間像を制作。作品『二人坐像』など。

**アーム**[arm] ①腕。肩から手首までの間。②腕に似た形状のもの。用例レコードプレーヤーの——。

**アームコ**[Armco Inc.] アメリカの大手鉄鋼会社。おもに炭素鋼・特殊金属を製造。一九一七年設立。

**ああむじょう**【▼噫無情】《原題Les Misérablesフランス》ユゴーの小説『レ-ミゼラブル』の黒岩涙香による邦訳題名。

**アームズ-コントロール**[arms control] 軍備管理。

**アームストロング**[Louis Daniel Armstrong](一九〇〇〜七一) アメリカのトランペット奏者・歌手。ジャズを芸術にたかめる契機をつくった天才。愛称はサッチモ。

**アームストロング**[Neil Alden Armstrong](一九三〇〜) アメリカの宇宙飛行士。一九六九年、アポロ一一号で月に到着、人類ではじめて月面に立った。

**アームチェア**[armchair] 背もたれと肘掛けのついた椅子。肘掛け椅子。

**アームバンド**[armband] ①喪章や特定の集団または仕事・役割などの標識として腕に巻いて用いるもの。腕章。②ワイシャツなどの袖をたくし上げるのに用いる、ゴムなどのバンド。

**アームホール**[armhole] 袖と身ごろの接合部の腕を通す穴。袖ぐり。また、袖ぐり寸法。

**アームレット**[armlet] ①二の腕にはめる腕輪・腕飾り。手首にかけるのは、ブレスレットという。②小さくて短い袖。

**アーメダバード**[Ahmedabad] インド中西部の、同国産業史上重要な工業都市。綿紡績業がさかん。国内イスラム勢力の大きな拠点。人口二五一・五万(一九八一)。

**アーメン**[āmenヘブライ]《まことに、たしかに、かくあれかし、の意》キリスト教で祈禱・賛美歌・信仰告白などの終わりに唱える、神の恵みに対する応答のことば。amen

**アーモリー-ショー**[Armory Show] 一九一三年ニューヨークで開かれた大規模な絵画・彫刻の国際現代美術展。近代ヨーロッパ美術の諸様式を組織的にはじめて紹介し、アメリカ美術発展の契機となる。

**アーモンド**[almond] バラ科の落葉高木。乾燥性の暖地で栽培。花は淡紅色で、果実はモモに似る。種子内の仁は食用・薬用。地中海沿岸・カリフォルニアなどが主産地。アメンドウ。アマンド。ハタンキョウ。ヘントウ。→写

**ああら**(感)「あら」を強めて言った語。

**アーラニヤカ**[Āraṇyaka梵]《サンスクリット語で、森林の書、の意》バラモン教のベーダ聖典の一部で、「ブラーフマナ」に続くベーダの釈義書。祭式の象徴的・哲学的解明を扱っていて、これは森林に隠遁して学ぶべきであるとしている。

**アーランガー**[Joseph Erlanger](一八七四〜一九六五) アメリカの生理学者。同じ神経系の神経線維の一本一本が、高度に分化し、それぞれ特性をもつことを発見した業績で、ガッサーとともに、一九四四年ノーベル生理学医学賞を受賞。

**アーリア-じん**【アーリア人】《「アーリア」は、高貴な、の意のārya梵から》①インド-ヨーロッパ語族のインド-イラン語派の言語(ヒンドスタン語・ベンガル語など)を用いる民族。Aryan ②ナチスの政策で、ユダヤ人を除いたコーカサス人種。Aryan

**アーリマン**[Ahriman] ゾロアスター教の「悪と暗黒」の神。「善と光明」の神アフラ-マズダと戦い、最後に滅ぼされる。

**アーリヤ-サマージ**[Ārya Samājヒンディー] インドの宗教・社会改革を推進したヒンズー教改革派の協会。一八七五年、ダヤーナンダ=サラスバティーが創設。

**アーリントン-ぼち**【アーリントン墓地】(Arlington National Cemetery) アメリカ合衆国バージニア州にある国立墓地。首都ワシントンと、ポトマック川を隔てて対岸に位置し、リー将軍からケネディ大統領に至る知名人や無名戦士の墓がある。

**アール**[R・r] ①アルファベットの第一八文字。②《小文字で》幾何学で、半径を表す記号。③《大文字で》X線の照射線量を示す記号。

**アール**[areフランス] メートル法の面積の単位。一アールは一〇〇m²。約三〇・二五坪。記号a。

**アール-アール-しゃ**【RR車】《RRはrear engine rear drive(後部エンジン後輪駆動)の略》エンジンと駆動装置を車体の後部に配置した自動車。

**アール-アイ**[RI]《Rotary Internationalの略》国際ロータリー。実業家や知識人などによる社会福祉・親善活動を目的とするロータリークラブの世界組織。一九一二年設立。

●アーモンド

**アールエイチ-いんし【Rh因子】**《Rhは rhesus monkey(アカゲザル)に由来》アカゲザルと人間の血球に存在する抗原。一九四〇年にラントシュタイナーとウィナーが発見。Rh factor

**アールエイチしき-けつえきがた【Rh式血液型】** 血液型の一つ。Rh抗原の有無で、Rhプラス型とRhマイナス型に区別する。日本人の約九九%、欧米人の約八五%がRhプラス型。プラス型とマイナス型の間では輸血できない。Rh system of blood groups

**アール-エス-シー【RSC】**《referee stop contestの略》アマチュアボクシングで、格段の実力差や負傷などのため、試合の続行が危険を伴うとみなされる場合、レフェリーの判断で中止すること。勝負は判定で決める。

**アール-エヌ-エー【RNA】**《ribonucleic acidの略》リボ核酸。DNAとともに生物の遺伝情報をたくわえた核酸の一種。機能によってリボソームRNA、メッセンジャーRNA、トランスファーRNA、ウイルスRNAに分けられる。

**アール-オー-アイ【ROI】**《return on investmentの略》投資収益率。

**アール-オー-ケー【ROK】**《Republic of Koreaの略》大韓民国の英語名の略称。

●アールヌーボー

ワーグナー『マヨリカ-ハウス』の階段室。一八九八〜一九一〇年(オーストリア)。

ミュシャ『ジョブ』(ポスター)。一八九六年、ビクトリア-アンド-アルバート美術館(イギリス)。

ガレ『蜉蝣に蟬文花瓶』。一八八九年ごろ、北澤美術館(長野県)。

**アール-シー【RC】**《Red Crossの略》赤十字社。

**アール-シー-エー【RCA Corporation】** アメリカの代表的電子機器メーカー・放送会社。NBCなどの会社を傘下にもつ。一九一九年設立。

**アールジェーアール-ナビスコ【RJR Nabisco, Inc.】** アメリカ最大手のタバコ会社。ウィンストンやセーラムなどの銘柄で知られる。一八九九年設立。

**アール-ディー-エス-エス【RDSS】**《Rapid Deployment Surveillance Systemの略》緊急展開監視システム。必要な海域に航空機・潜水艦などから係留式水中音波探知ブイを投入し、相手潜水艦の情報を得るもの。

**アール-ディー-エフ【RDF】** ①《Rapid Deployment Forcesの略》緊急展開部隊。②《radio direction finderの略》無線方向探知機。

**アール-デコ【art déco フランス】**《装飾美術、の意》フランスを中心とした一九二〇〜三〇年代の装飾様式。「一九二五年様式」とも呼ばれる。幾何学的形態などに特色を示す。

**アール-ヌーボー【art nouveau フランス】**《新芸術、の意》歴史的様式の否定と流動的装飾様式をめざした芸術運動。一八九〇〜一九〇五年ごろ、ベルギー・フランス・ドイツ・オーストリアなどで建築や装飾美術を中心に流行。のちに形式主義に陥り短期間で衰えた。立体デザインのバン=デ=ベルデ、建築家オルタ、工芸家ガレなど。ユーゲントシュティール(ドイツ・オーストリア)などの呼び名がある。↓写

**アールヌーボー-がら【アールヌーボー柄】** 布地や壁紙用のプリント模様の一つ。アールヌーボーのデザインから草花のモチーフを様式化したもの。流れるような曲線が特徴。

**アールバール【Alvar】** 七〜八世紀ごろインドのタミル地方にあらわれた一群の吟遊宗教詩人。ヒンズー教の最高神であるビシュヌ神への熱烈な賛歌を作り、人々を教化した。

**アール-ピー【RP】**《Radio Pressの略》↓ラジオプレス

**アール-ピー-アール【RPR】**《Rassemblement pour la République フランスの略》フランス共和国連合。

**アール-ピー-エム【r.p.m.】**《revolutions per minuteの略》毎分の回転数を示す記号。

**アール-ピー-ブイ【RPV】**《remotely piloted vehicleの略》無人遠隔操縦航空機。遠隔地から電波・光線による制御で飛行させる。おもに偵察などの任務に使用。

**アーレント【Hannah Arendt】**(一九〇六〜七五) アメリカの政治思想家。ドイツ生まれのユダヤ人女性。ナチズムやスターリニズムを生みだした社会的原因を追究し、現代社会の危機に対抗しようと努めた。著書『全体主義の起源』など。

**アーロン【Henry Arron】**(一九三四〜) アメリカプロ野球のアトランタ-ブレーブスの外野手。一九七四年ベーブ=ルースの生涯本塁打記録七一四本を破る。七六年引退。自己の生涯記録は七五五本。

**アーロン-マンビー-ごう【アーロン-マンビー号】**《「アーロン-マンビー」は、船主Aaron と Mambyの名にちなむ》一八二二年イギリスで建造された世界最初の鋼鉄汽船。のちにセーヌ川の航行に使用。長さ四三m、幅一四m。総トン数一一六トン。

**アーン【Reynaldo Hahn】**(一八七四〜一九四七) フランスの作曲家。ベネズエラ生まれ。マスネーらに学ぶ。優美で甘美な歌曲が有名。

**アーンド-ラン【earned run】** 野球で、相手方のエラーによらずに奪った得点。投手の自責点。

**アイ 7画【阨】** 部首[阝こざとへん] JIS 7985
音アイ・アク・ヤク
せまい。けわしい。せまい道。↓ヤク[阨]

**アイ 9画【哀】** 部首[口くち] 常用 JIS 1605
音アイ
訓あわれ・あわれむ
①かなしい。かなしむ。かなしみ。「悲哀」「哀願・哀悼」②あわれむ。あわれ。対義 楽・歓 「哀史」

**アイ 9画【哇】** 部首[口くちへん] JIS 5087
音アイ・ワ
①へつらう声。②みだらな声。みだりがわしい声。③はく。口から外へだす。↓ワ[哇]

**アイ 9画【娃】** 部首[女おんなへん] JIS 1603
音アイ・ア
①うつくしい。みめよい。②美女。美人。

**アイ 10画【埃】** 部首[土つちへん] JIS 5228
音アイ
①ちり。ごみ。ほこり。「塵埃」②エジプト(埃及)のこと。「日埃関係」

**アイ 10画【挨】** 部首[扌てへん] JIS 1607
音アイ
①ひらく。おす。おしひらく。②せまる。ちかづく。③「挨拶」は、礼儀として、ことばをかけ、また、それに応答すること。応対。また、お辞儀。

**アイ 11画【欸】** 部首[欠あくび] JIS 6123
音アイ・カイ
ああ。なげく声。なげく。

**アイ 13画【隘】** 部首[阝こざとへん] JIS 8007
音アイ
せまい。けわしい。場所・度量がせまい。「狭隘」「隘路」

**アイ 13画【愛】** 部首[心こころ] 教育小4 JIS 1606
音アイ

愛 愛 愛 愛 愛 愛

①かわいがる。いつくしむ。いつくしみ。対義 憎。「母性愛」「愛情」用例(名)母の―。②こいしたう。異性をしたうこと・気持ち。「相愛・恋愛」用例(名)―を知る。③めでる。このむ。おしむ。大切にする。「愛好・愛惜・愛読」用例(名)芸術への―。④いとしい。かわいらしい。「愛敬・愛犬・愛鳥」⑤神の、あるいは神に対する、または純粋に理想的な、深いいとおしみ。「慈愛・仁愛」用例(名)神の―。⑥倫理学で、他に対して自己を主張せず、惜しみなく自己をあたえるという、生の根本態度をいうのに用いる。人格としての自己が、他を人格としていとおしむこと。用例(名)至高の―。参照 エロス・アガペー。⑦仏教で、種々の欲望をおこすこと。ものに執着すること。「愛染」⑧キリスト教で、他に対して善きことを望み、喜ばせようとする感情。

**愛、屋烏に及ぶ**(あい、おくうにおよぶ) 人を愛すると、その人の屋根の上にいるカラスまでが好ましいものに見えてくる。屋烏の愛。

**愛に愛持つ**(あいにあいもつ) 愛敬たっぷりにかわいらしく振るまうさま。愛に愛らし。

**愛は惜しみなく与う**(あいはおしみなくあたう)《旧約聖書『エレミヤ書』にあることば》愛すれば、自分の持つすべてのものを相手に与えても惜しくはない。

**愛は惜しみなく奪う**(あいはおしみなくうばう) 愛すると、相手のものすべてを自分のものにしたいと求める。

**アイ 15画【鞋】** 部首[革つくりがわ] JIS 8062
音カイ・アイ
①くつ。はきもの。②わらじ。わらんじ。わらでつくったはきもの。

**アイ 16画【噫】** 部首[口くちへん] JIS 5164
音イ・アイ
おくび。げっぷ。げっぷをする。↓イ[噫]

**アイ 16画【噯】** 部首[口くちへん]
音アイ
おくび。げっぷ。胃のなかのガス・空気が口から外にでるもの。

**アイ 17画【曖】** 部首[日ひへん] JIS 5903
音アイ
①くらい。うすぐらい。おぼろげ。「曖昧」②おおう。さえぎる。

**アイ 18画【瞹】** 部首[目めへん] JIS 6657
音アイ
①かくれる。②くらい。うすぐらい。おぼろげ。

**アイ 18画【穢】** 部首[禾のぎへん] JIS 6750
音ワイ・エ・アイ
①雑草がおいしげる。あれる。また、雑草。②けがれる。よごれる。けがす。よごす。けがれ。よごれ。「汚穢」③けがらわしい。きたない。「汚穢」↓エ・ワイ[穢]

**アイ 19画【藹】** 部首[艹くさかんむり] JIS 7329
音アイ
①さかん。草や木が繁茂するさま。「藹々」②おだやかなさま。なごやかなさま。「藹々」

**アイ 24画【靄】** 部首[雨あめかんむり] JIS 8043
音アイ
①もや。かすみ。雲などがたなびく。②おだやかなさま。なごやかなさま。

**アイ 25画【靉】** 部首[雨あめ] JIS 8047
音アイ



↓行き先項目、図版・写真参照印。 JIS 日本工業規格情報交換用漢字符号コード(区点コード)。

「靉靆(あいたい)」は、①雲やかすみのたなびくさま。②雲が日をおおって、くらいさま。

**あい【合い】**①「合い服」の略。用例夏も冬も――で通す。②《接尾的》語調をととのえるのに使う語。用例意味――。義理――。

**あい【▽間】**①あいだ。用例谷――。②間狂言(あいきょうげん)。

**あい【▼鮎】**→あゆ(鮎)

**あい【▼藍】**①タデ科の一年草。栽培植物で、青色染料をとる。高さ約六〇cm、夏に紅色の小花をつける。奈良時代に中国から渡来。アイタデ。タデアイ。②①からとった青色染料。インジゴ。indigo ③濃い青色。あい色。indigo blue →写

●アイ①

**あい**(感) 呼びかけに答えたり、同意を示す語。はい。参考かつて主として女性が使った。

**あい【相】**(接頭) ①《名詞の上に付く》ともに。いっしょの。用例――客。②《動詞の上に付く》㋐互いに。用例――対する。㋑語勢を添え、または語調をととのえる語。用例――成る。――済みません。

**アイ【I・i】**①アルファベットの第九文字。②《大文字で》沃素(ようそ)(iodine)の元素記号。③《大文字で》電流の強さ(intensity of current)を表す記号。④《大文字で》物理の力積(impulse)の記号。

**アイ【eye】**目。

**アイ-アール【IR】**《information retrieval の略》情報検索。

**アイ-アール-エー【IRA】**《The Irish Republican Army の略》アイルランド共和国軍。カトリック系住民による民族主義的非合法武装組織。北アイルランドのイギリス支配からの解放をめざす。

**アイ-アール-オー【IRO】**《International Refugee Organization の略》国際難民機構。

**アイ-アール-シー【IRC】**《International Red Cross の略》国際赤十字。

**アイ-アール-ビー-エム【IRBM】**《intermediate-range ballistic missile の略》中距離弾道ミサイル。

**あい-あい【▼藹▼藹】**(形動トタル) うちとけたさま。なごやかなさま。friendly 用例和気――とした会合。

**アイ-アイ【aye-aye】**マダガスカル島産の原始的なサルの一種。本種だけでアイアイ科を形成。体長約四〇cm、尾長約六〇cm。指が細長い。森林で樹上生活をし、夜行性で、おもに昆虫食。ユビザル。→写

●アイアイ

**アイ-アイ-エス-エス【IISS】**《International Institute for Strategic Studies の略》国際戦略研究所。

**あいあい-がさ【相合(い)傘】**男女ふたりで、一本の傘をさすこと。

**アイ-アイ-ピー【IIP】**《index of industrial production の略》鉱工業生産指数。

**アイアコス【Aiakos ギリシア】**ギリシア神話の英雄。ゼウスとアイギナとの子。正義を重んじ、死後には冥府(めいふ)で裁判官となる。Aeacus

**あい-あし【▽間▼葦】**《にせのアシ、の意》イネ科の多年草。海辺などの湿地に群生し、高さ一五〇cm前後。六~一〇月、稈頂(かんちょう)に分枝した穂状花序をつける。

**アイアス【Aiās ギリシア】**ギリシア神話の英雄。①サラミス王テラモンの子。勇敢で寡黙(かもく)剛直、トロヤ戦争で活躍するが、武勲が認められず自殺。大アイアス。Great Ajax ②オイレウスの子。大アイアスとともにトロヤを攻めるが、女神アテネに罰されて溺死(できし)。小アイアス。Ajax the Lesser →写

●アイアス① アイアス(右)とアキレウス(左)。

**アイアン【iron】**《iron club の略》ゴルフで、ヘッドが金属製のクラブ。ロングアイアン(一~三番)・ミドルアイアン(四~六番)・ショートアイアン(七~九番)など。比較ウッド。

**アイアン-トライアングル【iron triangle】**鉄の三角形。アメリカ政府の政策に強力な影響を与える兵器メーカー・国防総省・議会の三勢力をさす。

**アイアン-マン-レース【iron man race】**→トライアスロン

**アイ-イー【IE】**《industrial engineering の略》→インダストリアルエンジニアリング

**あい-いく【愛育】**(名・サ変他) かわいがってだいじに育てること。

**アイーダ【Aida イタリア】**ベルディ作曲のオペラ。全四幕。台本ギスランツォーニ。古代エジプトを舞台に、エチオピアの王女アイーダ、エジプトの将軍ラダメス、エジプトの王女アムネリスの三角関係を描く。一八七一年カイロで初演。→写

●アイーダ

**あい-いれな・い【相▽容れない】**(形) 主張・性質などが異なっていて、互いに一致しない。incompatible 用例――仲。

**あい-いん【合(い)印】**帳簿と別の書類などを照合して、合っているしるしに押す印。あいじるし。あいはん。check mark

**あい-いん【愛飲】**(名・サ変他) 好んで飲むこと。habitual drinking

**アイヴァンホー【Ivanhoe】**→アイバンホー

**あい-うち【相打(ち)・相討(ち)】**①剣道などで、両方が同時に相手を打つこと。②あいこ。draw; tie

**アイ-エー-アール-シー【IARC】**《International Agency of Research on Cancer の略》国際癌(がん)研究機関。

**アイ-エー-イー-エー【IAEA】**《International Atomic Energy Agency の略》国際原子力機関。

**アイ-エー-エー-エフ【IAAF】**《International Amateur Athletic Federation の略》国際陸上競技連盟。IOCの加盟団体の一つで、世界の陸上競技の統轄団体。一九一三年創立。わが国の加盟団体はJAAF(日本陸上競技連盟)。

**アイ-エー-ディー-ビー【IADB】**《Inter-American Development Bank の略》米州開発銀行。アメリカと中南米二〇か国が中南米諸国への開発資金融資のために設立した国際金融機関。一九六〇年発足。IDB。

**アイ-エス-エフ【ISF】**《International Sports Federation の略》国際競技連盟。各国の競技別統轄団体が加盟する国際組織で、IOCの協力団体。競技運営、規則の改訂、選手資格の審査、世界記録の公認などを行う。IF。

**アイ-エス-オー【ISO】**《International Organization for Standardization から》国際標準化機構。イソ。

**アイ-エス-ビー-エヌ【ISBN】**《International Standard Book Number の略》国際標準図書番号。図書・資料整理のために作られた国際的な記号。ISBNの四文字に続いて一〇桁(けた)の番号で構成する。国籍(日本は4)・出版社・書名・チェック用の四部からなる。日本ではこれに分類コード・価格コードを加えた日本図書コードとして、昭和五七年(一九八二)七月から実用化。

**アイ-エヌ-エス【INS】**《information network system の略》高度情報通信システム。

**アイ-エヌ-エフ【INF】**《intermediate-range nuclear forces の略》中距離核戦力。

**アイエヌエフぜんぱい-じょうやく【INF全廃条約】**(INF Treaty) アメリカとソ連が保有する中距離核戦力(INF)を三年以内に廃棄し、将来も保有しないことに合意した条約。一九八七年一二月にワシントンでレーガンとゴルバチョフによって調印。

**アイ-エヌ-ジー-オー【INGO】**《International Non-Governmental Organization の略》非政府間国際機構。

**アイ-エヌ-ピー【INP】**《index number of prices の略》物価指数。

**アイ-エフ【IF】**《International Sports Federation の略》→アイエスエフ(ISF)

**アイ-エフ-オー【IFO】**《identified flying object の略》アイフォー。確認済み飛行物体。一九六九年、アメリカ空軍によって空飛ぶ円盤のうち、風船・サーチライト・鳥などの誤認とされたもの。比較UFO(ユーフォー)。

**アイ-エフ-シー【IFC】**《International Finance Corporation の略》国際金融公社。

**アイ-エフ-ジェー【IFJ】**《International Federation of Journalists の略》国際ジャーナリスト連盟。

**アイ-エフ-ティー-ユー【IFTU】**《International Federation of Trade Unions の略》国際労働組合連盟。

**アイ-エム-エフ【IMF】**①《International Monetary Fund の略》国際通貨基金。②《International Metal-workers Federation の略》国際金属労連。

**アイエムエフ-ジェーシー【IMF-JC】**《International Metal-workers Federation-Japan Council の略》全日本金属産業労働組合協議会。昭和三九年(一九六四)国際金属労連(IMF)の日本協議会として、国内の労働四団体を統合する形でつくられた組織。労働運動の主導的勢力で、国際交流の窓口としての役割も果たす。金属労協。

**アイエムエフ-はちじょうこく【IMF八条国】**国際通貨基金(IMF)協定第八条により、国際収支上の理由で為替制限をしないなどの一般的な義務を負う国。Article 8 nation of IMF

**アイエムエフ-ポジション【IMF position】**国際通貨基金(IMF)の加盟国が無条件で引き出せる資金の限度額。ふつうは出資額の二五%に相当する額をさすが、一般借入取り決め(GAB)による加盟国の貸出額を加えることもある。準備ポジション。リザーブポジション。

**アイ-エム-オー【IMO】**《International Maritime Organization の略》国際海事機関。

**アイ-エム-シー-オー【IMCO】**《Inter-Governmental Maritime Consultative Organization の略》政府間海事協議機関。

**アイ-エル-エス【ILS】**《instrument landing system の略》計器着陸装置。地上から指向性のある電波を送って滑走路に進入する航空機を誘導し、正しく着陸させる装置。

**アイ-エル-オー【ILO】**《International Labor Organization の略》国際労働機関。一九一九年ベルサイユ条約により国際連盟の一機構として創立され、四六年から国際連合の専門機関となった。労働者の国際的保護をめざし、調査研究や技術援助、国際労働基準の設定や各国への勧告を行う。加盟一五〇か国。

**アイエルオー-けんしょう【ILO憲章】**(Constitution of ILO) 国際労働憲章。労働者の団結権・団体交渉権・八時間労働制など、公平で人道的な労働条件の原則を示している。

**アイエルオー-じょうやく【ILO条約】**国際労働機関(ILO)の総会で採択された労働条件や社会保障などに関する国際条約の総称。国際労働条約。

**あい-えん【合(い)縁】**互いに結ばれる運にあること。

**合縁奇縁(あいえんきえん)** 人と人の間には、気心の合う合わないというものがあるが、それはふしぎな縁というものだ。

**あい-えん【哀▼婉】**(名・形動) あわれに美しく、しとやかなこと・さま。

**あいえん-か【愛煙家】** タバコの好きな人。smoker

**あいお【▽秋▽穂】**〈町〉 山口県南部、周防灘に臨む町。農・漁業の町で、クルマエビ養殖で知られる。人口九〇七一(一九八八)。

**あい-おい【相生い】** よりそい、そろって生長すること。双生。

**相生いの松**(あいおいのまつ) ①根元から二本の幹を出している松。②アカマツとクロマツの幹が、自然にくっついて生長した双生樹。兵庫県高砂神社の天然記念物「高砂の松」など。③《「相老い」にかけて》夫婦がともに年をとることのたとえ。④能楽の『高砂』に出てくる、「高砂の松」と「住吉の松」。

**あい-おい【相老い】** 夫婦がそろって長生きであること。

**あいおい【相生】**〈市〉 兵庫県南西部、播磨灘に臨む市。一般機械器具製造業中心の重工業都市。人口三万八二四四(一九八八)。

**あいおい【相生】**〈町〉 徳島県南東部、那賀川中流の町。林業がさかん。県の電源地帯の中心。人口四一一六(一九八八)。

**あいおい-ざし【相生(い)挿し】** 婚礼の席を飾る生花の形式。床に長板を置き、その上に対の花瓶をならべて女松と男松を左右に挿す。

**アイ-オー-シー【ＩＯＣ】**《International Olympic Committeeの略》国際オリンピック委員会。オリンピック大会の主催団体。一八九四年創立。本部はスイスのローザンヌ。比較 NOC・JOC。

**アイオーシー-いいん【ＩＯＣ委員】** IOC(国際オリンピック委員会)を構成しているメンバー。会長・副会長・理事・委員からなる。member of IOC

**アイ-オー-シー-ユー【ＩＯＣＵ】**《International Organization of Consumers' Unionの略》国際消費者連盟。

**アイ-オー-ジェー【ＩＯＪ】**《International Organization of Journalistsの略》国際ジャーナリスト機構。

**アイオー-そうち【Ｉ／Ｏ装置】**《I／Oはinput-outputの略》↓にゅうしゅつりょくそうち(入出力装置)

**アイ-オー-ユー【ＩＯＵ】**《I owe you.の略で、わたしは、あなたから借りている、の意》①借用証の冒頭に書く語。②借用証書。

**あいおもい-ぐさ【相思草】** タバコの異名。

**アイオロス【Aiolos ギリシア】** ギリシア神話の風の神。Aeolus

**アイオワ【Iowa】** アメリカ中部の州。州都デモイン。ミシシッピ川とミズーリ川の間にあり、農業がさかん。人口二九一・四万(一九八〇)。

**アイオン-たいふう【アイオン台風】** 昭和二三年(一九四八)に日本に上陸した台風。九月一六日に紀伊半島沖から伊豆半島をかすめ、仙台沖に去った。東北地方に被害を与え、全国の死者五一二名。

**あい-か【哀歌】** 悲しみの歌。悲歌。エレジー。elegy

**アイガー【Eiger】** スイス中部、ベルンアルプスの高峰。標高三九七〇m。ほとんど垂直な一八〇〇mの北壁で知られる。

**あい-がかり【相懸(か)り】** ①敵味方が同時に攻めかかること。対義 相引き。②平手の将棋の序盤で、両方が居飛車の陣形で対すること。

**あい-かぎ【合(い)▼鍵】** 同じ錠に合う別のかぎ。duplicate key

**あい-かた【合(い)方】** 日本音楽で、①長唄で唄の間に長く入る三味線だけの演奏部分。②歌舞伎の下座囃子で、三味線の入るものすべて。

**あい-かた【相方】** ①相手。相手方。partner ②《「敵娼」とも》遊里で、その客の相手となった遊女。

**あい-かた【相肩】** ふたりで物を担ぐときの一方の者。相棒。

**あい-かまえて【相構えて】** 文語的 (副) よく気をつけて。必ず。構えて。用例 ―ゆだんすな。

**アイ-カメラ【eye-camera】** 眼球の動きを記録し、視線の注視点と移動経路および注視時間を測定する機械。広告効果の測定や運転者の科学分析などに使用。

**あい-がも【▽間▼鴨・合▼鴨】** カモの代用とされる家禽で、マガモとアヒルの雑種。マガモに似るが、やや大形で、脚は太い。食用。また、カモ鳥屋猟のおとりにも使われる。ナキアヒル。

**あいかわ【合川】**〈町〉 秋田県北部、阿仁川と小阿仁川合流点の町。秋田杉の製材や、畜産・酪農がさかん。人口九一九五(一九八八)。

**あいかわ【相川】**〈町〉 新潟県、佐渡島西部の町。江戸幕府直轄の金山の町として発展。金山跡・鉱山博物館のほか、尖閣湾・七浦海岸などの景勝地がある。人口一万一八〇一(一九八八)。

**あいかわ【愛川】**〈町〉 神奈川県北部、相模川と中津川に沿う町。絹の撚糸業と工業団地がある。人口三万七二五七(一九八八)。

**あいかわ-おんど【相川音頭】** 佐渡の相川に伝わる盆踊り唄。歌詞は源平軍談からとる。寛文一〇年(一六七〇)ごろからあり、御前踊りといわれた。

**あいかわ-よしすけ【▼鮎川▽義▽介】**(一八八〇〜一九六七) 実業家・政治家。山口県生まれ。東大卒。日産コンツェルンの創始者。のち満州(現在の中国東北部)にも事業を展開。第二次大戦後、中小企業政治連盟総裁。参議院議員。

**あい-かわらず【相変(わ)らず】**(副) 今までと変わりない。いつものとおり。as usual

**あい-かん【哀感】** あわれな感じ。悲しい感じ。pathos 用例 ―をそそる。

**あい-かん【哀歓】** 悲しみと喜び。joy and sorrow 用例 人生の―。

**あい-がん【哀願】**(名・サ変自他) 相手の情に訴えて、心から頼むこと。哀訴。嘆願。entreaty

**あい-がん【愛▼玩】**(名・サ変他) だいじにして、かわいがること。なぐさみ。pamper 用例 ―品。

**あいがん-どうぶつ【愛▼玩動物】** 家庭内で、かわいがって飼育する小動物。ペット。pet

**あい-き【愛機】** たいせつに使っている飛行機・写真機など。

**あいき【愛輝】** 中国東北地区、黒竜江省北部の県。ソ連国境に接し黒竜江の右岸に位置。旧称愛琿。アイホイ。

**あい-ぎ【合(い)着・▽間着】** ①春・秋に着る衣服。合い服。②上着と下着の中間に着る衣服。中着。③花嫁衣装の打ち掛けの下に着る長着。

**アイギストス【Aigisthos ギリシア】** ギリシア神話の人物。従兄のアガメムノンの妻クリュタイムネストラと通じ、従兄を殺したが、その子に殺される。Aegisthus

**あいき-どう【合気道】** 当て身技と関節技を中心とする柔術の一派。また、それによって心身をきたえる道。大東流合気柔術の流れを汲んだ植芝盛平が、大正一五年(一九二六)に一派をおこし、昭和二三年(一九四八)ごろ、合気道と称した。↓写

● 合気道

**あい-きゃく【相客】** ①同席の客。fellow guest ②同室に泊まり合わせた人。相部屋の人。fellow lodger

**アイ-キャッチャー**《和製語》広告の中で見る人の目をひきつけるポイント。写真やイラストなど。

**アイ-キュー【ＩＱ】**《intelligence quotientの略》知能指数。

**アイキュー-せいど【ＩＱ制度】**《IQはimport quotaの略》↓ゆにゅうわりあてせいど(輸入割当制度)

**あい-きょう【愛郷】** 自分の生まれ育った土地を愛すること。love for one's hometown 用例 ―心。

**あい-きょう【愛▽敬・愛▼嬌】** ①にこやかで人付きがよいこと。amiable 用例 ―がある。②あいそ。おせじ。charm 用例 ―をふりまく。③売り物に添える、おまけ。④興を添えるもの。用例 とんだご―だ。

**あい-ぎょう【愛▽敬】** 古語 ①顔つきなどのかわいらしさ。用例 ―こぼるるやうにて(源氏・紅葉賀)。②情愛。あいきょう。用例 ―なく人をもて離るる心ある人(源氏・若菜上)。③結婚を遠回しにいう表現。用例 げに―のはじめは(源氏・葵)。

**あい-ぎょう【愛▽楽】** ①《仏教語》法の教えなどを心から願い求めること。②愛し好むこと。loving

**あい-きょうげん【▽間狂言】** ①能で狂言方が演じる部分。またその役。間。②文楽や歌舞伎の幕間の劇。

**あいきょう-じゅく【愛郷塾】** 橘孝三郎が昭和六年(一九三一)水戸市郊外に設立した農本主義による私塾。五・一五事件に農民決死隊を組織して参加。

**あいぎょう-づ・く【愛▽敬付く】** 古語 (四自) かわいらしくなる。魅力的なやさしさがある。用例 男児の声―・き(枕・正月に寺にこもりたるは)。

**あいく-おう【▼阿育王】** アショーカ王の漢名。

**あい-くち【合(い)口】** ①話や気性などが合うこと。congeniality 用例 彼とは―がいい。②物と物の合わせめ。joint

**あい-くち【合口・▼匕▽首】** 短刀で鐔のないもの。鯉口と柄口が合うように作られ、飾りがない。九寸五分。どす。ひしゅ。dagger

**あい-ぐま【▼藍▼隈】** 歌舞伎の隈どりの一つ。幽霊・悪公家などにふんする場合に、あいで顔を青くくまどること。あおぐま。↓写

● 藍隈

**あい-くるし・い【愛くるしい】**(形) たいへんかわいらしい。lovely; cute 派生 あいくるしげ(形動) あいくるしさ(名)

**あいぐん【愛▼琿・▼瑷▼琿】** 愛輝の旧称。アイフン。

**あいぐん-じょうやく【愛▼琿条約】** 一八五八年、中国黒竜江省の愛琿で結ばれたロシア・清国間の条約。黒竜江を国境とし、ロシアはその以北を領有して航行権を獲得。

**あい-けん【合(い)▼拳】** 拳で、両方が同じ手を出すこと。

**あい-けん【愛犬】** ①飼い主がだいじにしている犬。pet dog ②犬をかわいがること。用例 ―家。

**アイゲン【Manfred Eigen】**(一九二七〜) 西ドイツの化学者。ポーターおよびノーリッシュとともに、高速化学反応を研究し、化学緩和法を開発。一九六七年ノーベル化学賞受賞。

**あい-こ【相子】** 勝ち負けなし。引き分け。draw; tie

**あい-こ【愛顧】**(名・サ変他) ひいき。ひきたて。patronage 比較 恩顧。用例 よろしくご―のほどを。

**あい-ご【▼藍子】** アイゴ科の海水魚。全長約三〇cm。黄褐色の地に小白斑が散在。体は楕円形で平たく、微小な円鱗でおおわれる。鰭のとげに毒腺があり、刺されると激痛。食用。本州中部以南に分布。↓図

● アイゴ

**あい-ご【相碁】** 互いに実力の同じぐらいな碁。

**あい-ご【愛護】**(名・サ変他) だいじに保護すること。protection 用例 動物―。

**あい-こう【愛好】**(名・サ変他) 愛し、好むこと。love 対義 嫌悪。用例 音楽を―する。

**あい-ごう【哀号】**(名・サ変自) ①悲しんで泣きさけぶこと。②中国・朝鮮の葬式で悲しみ泣きさけぶこと。その声やことば。

**あい-こく【愛国】** 自分の国を愛すること。patriotism 用例 ―者。

**あいこく-こうとう【愛国公党】** ①明治七年(一八七四)板垣退助らが結成した政治結社。民選議院設立建白書を左院に提出、日本の政党の萌芽となった。②明治二三年(一八九〇)に板垣退助が組織した政党。同年立憲自由党に発展。

**あいこく-しゃ【愛国社】** 明治八年(一八七五)立志社を中心に結成された最初の全国的政治結社。同一三年(一八八〇)国会期成同盟と改称し、国会開設運動を推進。

**あいこく-しん【愛国心】** 自分の国を愛する心。祖国愛。patriotism

**あいこく-ふじんかい【愛国婦人会】** 明治

三四年(一九〇一)奥村五百子が軍人遺族の救済などを目的に結成した日本最大の婦人団体。昭和一七年(一九四二)大日本婦人会に統合。

**アイコット【ＩＣＯＴ】**《Institute for New Generation Computer Technology の略》新世代コンピューター技術開発機構。

**あい-ことば【合(い)言葉】** ①お互いが味方どうしであることを確かめるために、あらかじめ決めておく合図のことば。「山」に「川」、「火」に「水」と答えるなど。password ②ある主張や行動の中心を表すことば。標語。モットー。slogan; motto 用例暴力追放の―。

**あいごのわか【愛護の若】** 説経節の曲名。また、その主人公。愛護の若は継母の恋を振り切ったため、盗賊に仕立てられ、自殺する。浄瑠璃に『愛護若塒箱』がある。

**あい-さ【▽秋▼沙】** 潜水して採食する海ガモの一群。嘴は細長く先が鉤状に曲がり、短い脚が体の後方についている。魚が主食。北アジアで繁殖し、冬は南下する渡り鳥。日本では冬鳥として各地の江湾にカワアイサ・ウミアイサ・ミコアイサの三種がみられるが、ウミアイサがもっともふつう。

**あい-さい【愛妻】** ①愛している妻。beloved wife 用例―弁当。②妻をだいじにすること。to cherish one's wife 比較恐妻。用例―家。

**あい-さつ【▼挨▼拶】**（名・サ変自）①礼儀として、ことばをかけること。また、それに応答すること。応対。greeting ②おじぎ。返礼。bow ③儀礼的なことばを述べること。address ④そらぞらしいことば。empty words 用例ご―だね。⑤仲裁。mediation 用例彼の―でことを納める。

**挨拶切る(あいさつきる)** 人との関係を絶つ。

**あいさつ-にん【▼挨▼拶人】** とりなしをする人。仲裁人。

**あい-ざめ【▼藍▼鮫】** 深海にすむツノザメ科のサメ。卵胎生。全長約一・五m、灰色で白色の鱗が散在し、背びれの前にとげをもつ。肝臓から肝油中の不飽和炭化水素(＝スクアレン)をとり、肉は練り製品の原料など。本州中部以南に分布。ヒレザメ。

**あいざわ-じけん【相沢事件】** 昭和一〇年(一九三五)八月、軍部内の対立から、皇道派の陸軍中佐相沢三郎が統制派の陸軍省軍務局長永田鉄山少将を斬殺した事件。

**あいざわ-せいしさい【会沢正志斎】**（一七八二―一八六三）幕末の水戸藩の儒者。名は安。字は伯民。正志斎は号。彰考館総裁。水戸学の発展に貢献。主著『新論』。

**あいざんけい-おんせん【愛山渓温泉】** 北海道中部、上川町にある温泉。大雪山北麓にあり、大雪登山基地。近くに雲井原湿原。

**あい-し【哀史】** 悲しい歴史や物語。悲史。tragic history 用例女工―。

**あい-じ【愛児】** 親の愛する子。いとしご。まなご。beloved child

**アイ-シー【ＩＣ】**《integrated circuit の略》集積回路。

**アイ-シー-アール-シー【ＩＣＲＣ】**《International Committee of the Red Cross の略》赤十字国際委員会。

**アイ-シー-アール-ピー【ＩＣＲＰ】**《International Commission on Radiological Protection の略》国際放射線防護委員会。

**アイ-シー-アイ【ＩＣＩ】**《Imperial Chemical Industries Ltd. の略》イギリスの世界的な総合化学会社。一九二六年設立。

**アイ-シー-エー【ＩＣＡ】**《International Commodity Agreement の略》国際商品協定。

**アイ-シー-エフ-ティー-ユー【ＩＣＦＴＵ】**《International Confederation of Free Trade Unions の略》国際自由労連。

**アイ-シー-カード【ＩＣ card】** ＩＣを組み込んだプラスチック製カード。磁気カードより記憶容量が大きく、処理機能もそなえる。残高処理も含めた各種の支払いや、病歴を記録したカルテ用など。

**アイ-シー-シー【ＩＣＣ】**《International Chamber of Commerce の略》国際商業会議所。

**アイ-シー-ジェー【ＩＣＪ】**《International Court of Justice の略》国際司法裁判所。

**アイ-シー-ビー-エム【ＩＣＢＭ】**《intercontinental ballistic missile の略》大陸間弾道ミサイル。

**アイ-シー-ピー-オー【ＩＣＰＯ】**《International Criminal Police Organization の略》国際刑事警察機構。

**アイ-シー-ユー【ＩＣＵ】**《intensive care unit の略》集中治療室。一般病室では十分な治療と看護が困難な重症患者を、各種医療機器を完備した一室に集め、二四時間態勢で高度に集中して監視・治療を行う。

**あい-じつ【愛日】** ①冬の日光。対義畏日。②日時をおしむこと。③孝行すること。

**あい-しゃ【愛社】** 自分の勤めている会社をたいせつにすること。用例―精神。

**あい-しゃ【愛車】** たいせつに使っている自動車・自転車。one's cherished car

**あい-じゃく【愛着・愛▽著】**（名・サ変自）《仏教語》人や物に強く執着すること。愛執。あいちゃく。attachment

**アイ-シャドー【eye shadow】** 目を美しくみせるために、まぶたに塗る化粧品。

**あい-しゅう【哀愁】** もの悲しさ。哀感。憂愁。pathos 用例―がただよう。

**あい-しゅう【愛執】**（名・サ変自）《仏教語》人や物に深く執着すること。愛着。attachment

**あい-しょう【相性・合(い)性】** 人間同士が共同生活や仕事をしていくうえでの性格適合の良否。affinity 用例―がよい。

**あい-しょう【哀傷】**（名・サ変他）悲しみ、心をいためること。とくに、人の死を悲しみ、いたむこと。mourning

**あい-しょう【愛▼妾】** 気にいっているめかけ。「・愛人。」

**あい-しょう【愛称】** 親愛の気持ちをこめて呼ぶ、本名以外の呼び名。nickname

**あい-しょう【愛唱・愛▼誦】**（名・サ変他）好んでうたい、または口ずさむこと。fondness for singing

**あい-じょう【愛情】** 愛する気持ち。love; affection 用例―をいだく。

**あい-じょう【愛嬢】** 親がかわいがって、だいじにしているむすめ。まなむすめ。one's beloved daughter 対義愛息。

**あい-しらう** 古語（四他）応対する。相手にする。あえしらう。用例いと深からずとも、なだらかなるほどに―・はむ人もがな(源氏・末摘花)。

**あい-じるし【合(い)印】** ①他と紛れないように付けておくしるし。distinguishing mark ②物のつぎめを正しく合わせるためのしるし。guide mark ③あいいん。check mark

**あい-じん【愛人】** ①人間をたいせつにすること。用例敬天―。②愛している異性。こいびと。情人。lover; love

**あいしんかくら【愛新覚羅】**↓アイシンギョロ

**アイシンギョロ【Aisin gioro・愛新覚羅】**《満州語で、アイシンは金、ギョロは骨族・名門、の意》中国の清王室の姓。

**あい・す【愛す】**（五他）↓あいする(愛する)

**アイス【ice】** ①氷。②「アイスクリーム」「アイスキャンディー」などの略。③《「氷菓子」のしゃれ》高利貸し。

**あい-ず【合図】**（名・サ変自他）前もって約束した特別のことばや、色・形・音などで、ある事柄を伝えること。また、その方法。信号。サイン。signal; sign 用例―の鐘。

**アイスキネス【Aischinēs】**（BC三九〇ごろ―BC三三〇ごろ）古代ギリシア、アテネの雄弁家・政治家。デモステネスに対抗して、親マケドニア政策を唱え、敗れて引退。

**アイス-キャンデー**《和製語》氷菓子。果汁・脱脂乳や水に、甘味料・香料・着色料などを混ぜ、型に入れて凍結させる。popsicle

**アイスキュロス【Aischylos】**（BC五二五―BC四五六）ソフォクレス、エウリピデスとともに、古代ギリシア悲劇三大詩人の一人。敬虔な精神と愛国心を雄大な劇的構想で語る。『ペルシアの人々』『縛られたプロメテウス』『オレステイア三部作』など七編が残る。

**アイス-クリーム【ice cream】** 牛乳・卵黄・砂糖・香料などを混ぜて凍結させた冷菓。食品衛生法では乳脂肪八%以上含むもの。比較ソフトクリーム。↓図

●アイスクリーム　成分規格

| 分類 | 乳固形分 | うち乳脂肪分 |
|---|---|---|
| アイスクリーム | 一五%以上 | 八%以上 |
| アイスミルク | 一〇%以上 | 三%以上 |
| ラクトアイス | 三%以上 | * |
| 氷菓 | * | * |

*食品衛生法に成分の規定はされていないがアイスクリーム類として扱っている

**アイス-コーヒー【iced coffee】** 氷などで冷やしたコーヒー。

**アイス-ショー【ice show】** フィギュアスケートから発達したショー。スケートリンクを舞台に、音楽に合わせてミュージカル風の舞踊・曲芸・軽演劇などを演じる。

**アイス-スケート**《ice-skating から》スケート靴をはいて氷上を滑るスポーツ。スピードスケート・フィギュアスケート・アイスホッケーの三つの競技がある。

**アイス-ダンス**《ice dancing から》フィギュアスケート種目の一つ。男女二人が、ダンスステップを主体に音楽に合わせて演技する。リフト・ジャンプ・スピンなどの要素は制限されている。比較ペアスケーティング。

**アイス-ティー【iced tea】** 氷などで冷やした紅茶。

**アイスバーン【Eisbahnドイ】** スキー場のゲレンデの雪面が凍ってかたくなった状態。また、その場所。

**アイスバイン【Eisbeinドイ】** ドイツ料理の一つ。塩漬けにした豚の骨つきすね肉を塩出しして、軟らかく煮込んだもの。

**アイス-ピック【ice pick】** 氷を砕く器具。とがった先端で割り、柄の部分でたたいて砕く。

**アイスフォール【icefall】** 氷河の表面が急傾斜となり、絶壁状となって凍った滝のようにみえるところ。氷瀑。

**アイスボックス【icebox】** ①氷で冷やす冷蔵庫。②行楽用の飲食物や、釣りの獲物を冷やしたりする、携帯用の冷蔵箱。

**アイス-ホッケー【ice hockey】** 氷上スポーツの一つ。氷上で一チーム六人ずつの競技者がスケートをはいて行うホッケー。L字形のスティックで、パックを相手ゴールにシュートし、得点を競う。比較ホッケー。↓図

**あいずみ【▼藍住】**〈町〉徳島県北東部、吉野川下流の町。近郊農業と金属・食品などの工業がさかん。かつて藍栽培の中心地。人口二万四四九二(一九九八)。

**アイスランド【Iceland】**（Republic of Iceland）北大西洋上、北極圏に接する共和国。首都レイキャビーク。一九四四年デンマークから独立。大部分は不毛地の火山島で、氷河の面積が一割以上を占める。水産業が主。面積一〇・三万km²。人口二四・二万(一九九六)。正称アイスランド共和国。

**アイスランドしき-ふんか【アイスランド式噴火】** 火山帯に平行にできた火口列や割れ目に起こる噴火。玄武岩質溶岩を噴出する。

**アイスランド-ポピー【Iceland poppy】** ケシ科の多年草。耐寒性が強い。四、五月に赤・橙・黄の花をつける。切り花・花壇用。シベリア地方原産。↓写

●アイスランドポピー

**あい・する【愛する】**（サ変他）＝愛す。①かわいがる。love 対義にくむ。用例母が子を―。②恋する。用例彼女を―。③好む。care for 用例書を―。④大切にする。用例国を―。⑤精神的にうちこむ。用例神を―。

**あい-せい【愛婿】** 気にいりのむこ。

**あい-せき【相席・合(い)席】** 飲食店などで、他人と同じ席につくこと。share a table 用例―でお願いします。

**あい-せき【哀惜】**（名・サ変他）人の死などを悲しみ、おしむこと。哀悼。mourning 用例―の念にたえない。

**あい-せき【愛惜】**（名・サ変他）①おしんでたいせつにすること。深く愛すること。to love deeply 用例―おくあたわざる逸品。②なごりおしいこと。to be reluctant to part 用例―の情、切なるものがある。

**あい-せつ【哀切】**（名・形動）たいそうあわれでもの悲しいこと・さま。sorrowfulness

**アイゼナハ【Eisenach】** 東ドイツ南西部、チューリンガーバルト北西麓の工業都市。作曲家バッハの生地。人口五・一万(一九八〇)。

**アイセル-こ【アイセル湖】**（IJsselmeer）オランダ北西部の湖。三二㎞の堤防でゾイデル海を締め切った人造湖。一四五〇km²の干拓地がある。

**あい-せん【相先】** 碁・将棋で、一局ごとに



▼常用漢字表外。　▽常用漢字表の音訓外。

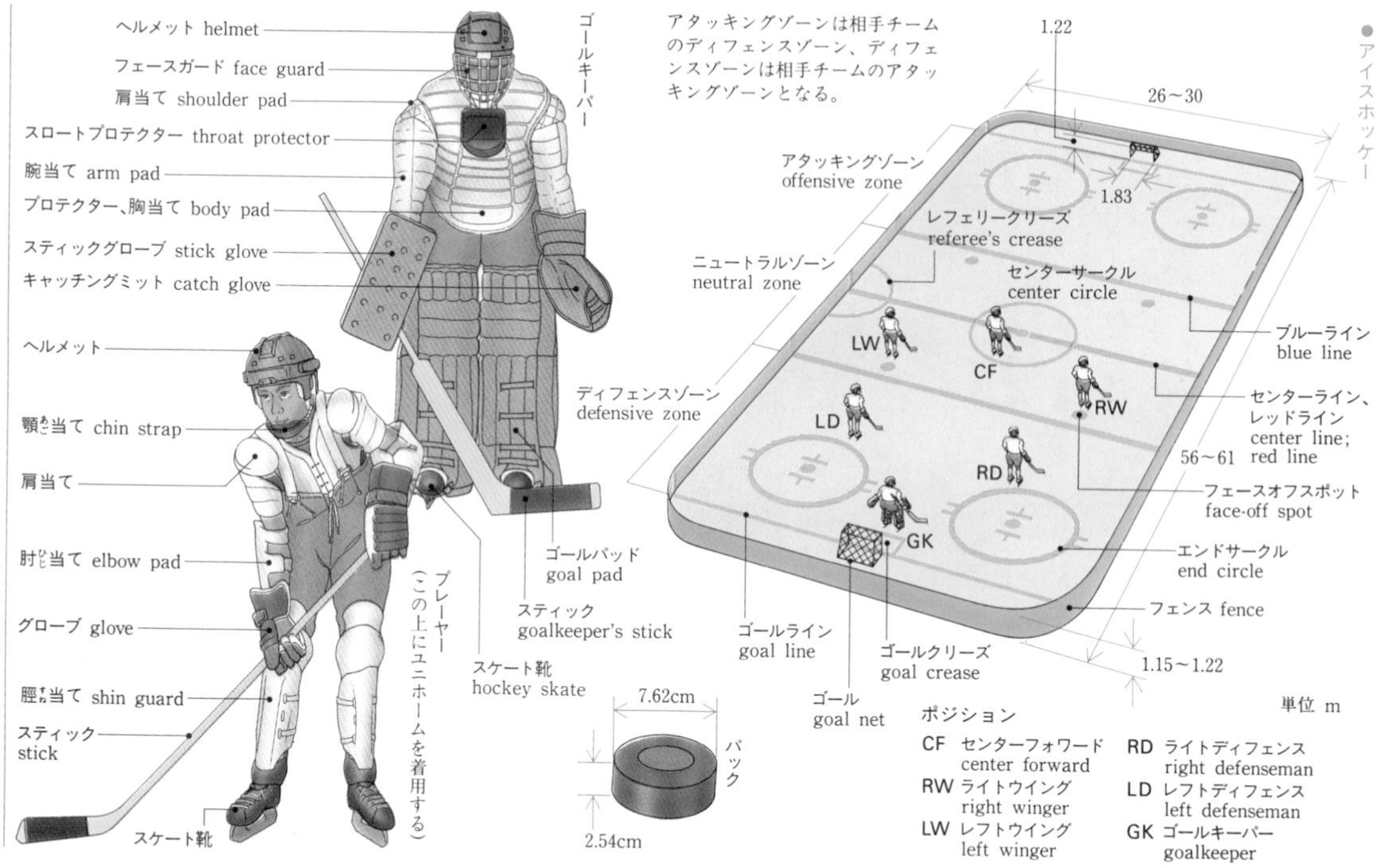

●アイスホッケー

互いに先番となること。互い先。

**あい-ぜん【愛染】**《仏教語》①愛欲に心が染まっていること。愛着。煩悩。②「愛染明王」の略。

**アイゼン**《Steigeisenドイから》登山用具の一つ。靴の底につけ、氷雪斜面の登り降りに使用する爪をつけた滑り止め。↓写

●アイゼン

**あいぜんかつら【愛染かつら】**川口松太郎の小説。昭和一一〜一三年(一九三六〜三八)発表。青年医師と未亡人の看護婦との恋愛を描き、大衆的人気を博した。同一三年(一九三八)映画化。

**アイゼンク【Hans Jürgen Eysenck】**(一九一六〜) イギリスの心理学者。ドイツ生まれ。パーソナリティーの実験的・統計的研究で知られる。行動療法の発展に寄与。

**アイゼンシュテット【Alfred Eisenstaedt】**(一八九八〜) アメリカの報道写真家。ドイツ生まれ。『ライフ』誌のスタッフでフォトストーリーの名手。

**アイゼンハワー【Dwight David Eisenhower】**(一八九〇〜一九六九) アメリカの政治家・軍人。第二次大戦中の連合軍総司令官。戦後、NATO軍最高司令官をへて、一九五三年、共和党から第三四代大統領に就任。東西冷戦の雪解けをうながした。

**アイゼンヒュッテンシュタット【Eisenhüttenstadt】**東ドイツ東部、オーデル川に沿う新興住宅都市。人口四・八万(一九八一)。

**あいぜん-みょうおう【愛染明王】**密教の明王の一尊。愛欲と悟りが表裏一体であることを示す。金剛薩埵の化身とされ、三目六臂、全身真紅の忿怒の相で表される。

**アイゼンメンジャー-しょうこうぐん【アイゼンメンジャー症候群】**先天性心疾患の一つ。心室中隔欠損が原因で肺高血圧症が進行し、血液が心臓の短絡孔から逆流し、チアノーゼを生じた状態。Eisenmenger complex

**あい-そ【哀訴】**(名・サ変自他) なげきうったえること。愁訴。appeal 用例 ―嘆願。

**あい-そ【愛想】**《「あいそう」の転》①人あしらいのよいこと。あいきょうがあること。amiability 用例 ―のよい主人。②もてなし。応対。hospitality 用例 なんのお―もなくてすみません。③親しみ。好意。favor 用例 ―がつきる。④《上に「お」を付けて》料理屋などで客に請求する勘定。

**愛想も小想も尽き果てる**(あいそもこそもつきはてる) まったく嫌になる。

**愛想を尽かす**(あいそをつかす) 嫌になって、見放す。be disgusted with

**あい-そう【愛想】**↓あいそ(愛想)

**あい-ぞう【愛憎】**愛することと、にくむこと。love and hate

**あい-ぞう【愛蔵】**(名・サ変他) だいじにしまっておくこと。treasure

**あい-そく【愛息】**親がかわいがり、だいじにしているむすこ。one's beloved son 対義 愛嬢。

**アイソザイム【isozyme】**同じ作用をもつ酵素のうち、その構造や組成が二種以上あるもの。イソ酵素。イソチーム。

**アイソスタシー【isostasy】**地球の最外部である地殻の上に大山脈や海があり、大山脈の下では地殻が厚く、海洋の下では薄い。これは、地殻が密度の大きいマントルの上に浮かんで釣りあっているとする説。地殻平衡。地殻均衡説。↓図

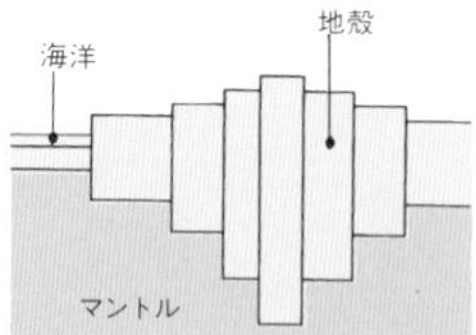

●アイソスタシー 地殻の密度は一様で、高い山ほどマントルの中に深く沈みこんでいる。

**アイソタイプ【isotype】**《International System of Typographic Picture Educationの略》図。図表。また、図化した記号。とくに視覚的な絵ことば(=サイン-ランゲージ)の国際的なシステム化をいう。簡潔で明快な図形を用いる。オットー=ノイラートの創案により、子どもの視覚教育を目的として始まった。道路標識の国際的統一など。↓図

**あいそ-づかし【愛想尽(か)し】**①つきあいがいやになって、つらくあたること。②すげなくして、取り合わないことば・動作。用例 ―を言う。

**アイソトープ【isotope】**①元素の同位体。②ラジオアイソトープ(=放射性同位体)の略称。参照 同位体。

**アイソトープ-しんだん【アイソトープ診断】**ラジオアイソトープ(=放射性同位元素)が出す放射線を利用した病気の診断。シンチグラム・レノグラム・ラジオイムノアッセイなど多様な方法がある。isotope diagnosis

**アイソトープ-ちりょう【アイソトープ治療】**放射線治療の一種。ラジオアイソトープ(=放射性同位元素)から出る放射線で癌などの治療を行う。放射線は癌細胞ばかりでなく正常細胞も破壊するので、照射線量が厳しく決められる。isotope therapy

**アイソポス【Aisōposギリシア】**(BC六二〇ごろ〜BC五六〇ごろ)《英語名、イソップ》ギリシアの寓話作家。奴隷の出身で、のち自由の身になったといわれているが、実在の人物であるかどうかは不明。『イソップ物語』の作者とされる。

**あいそ-わらい【愛想笑い】**相手の機嫌をとるための笑い。

**あい-そん【愛孫】**かわいがって、だいじにしているまご。

**あいだ【間】**㊀(名) ①物と物とにはさまれたすきま。opening; gap 用例 ―をあける。ビルの―から富士が見える。②時間のへだたり。during 用例 二時から八時までの―。③ひと続きの時間や距離。between 用例 朝の―。東京から広島までの―。④中間。あい。middle 用例 ―をとる。⑤関係。間柄。relationship 用例 親子の―。⑥仲間の範囲。among 用例 友人の―で知らない者はない。㊁文語的(接助)…ので。…だから。用例 伺いたき事候―一筆したため候。

**間に立つ**(あいだにたつ) 両方の間に入って、仲を取り持つ。仲介をする。mediate between

**間へ入る**(あいだへはいる) 相対する両者の中間に立つ。両者のとりなしをする。mediate between

**あいだ【▼英田】**〈町〉岡山県東部山間の町。農業中心で茶が特産。人口三八五八(一九八八)。

**あい-たい【相対】**①第三者をまじえず、当事者間で事を処理すること。直接交渉。face-to-face negotiation ②対等で事を行うこと。to be on equal terms

**あい-たい【▼靉▼靆】**(形動トタル) かすみや雲のたなびくさま。

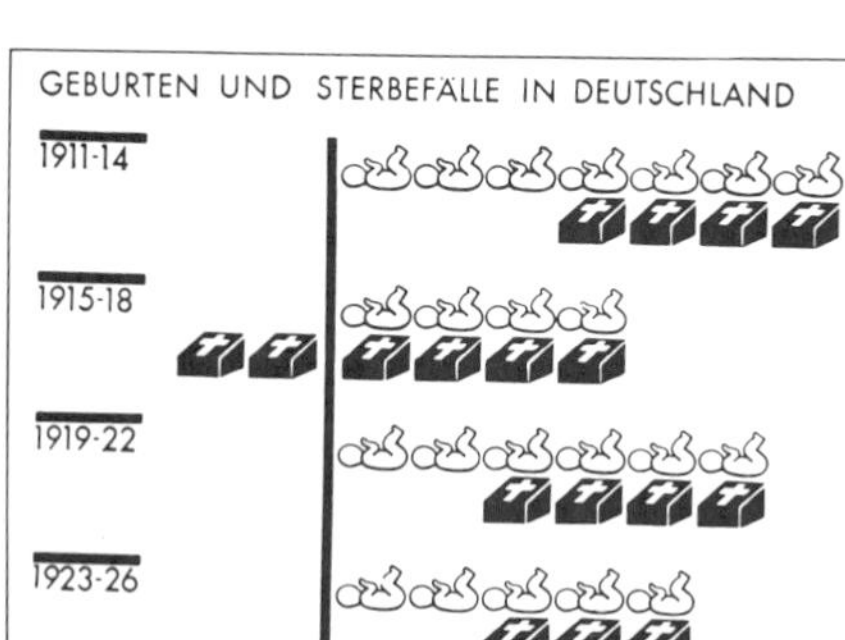

●アイソタイプ O=ノイラートらによるドイツの出生数と死亡数の表(一九二八年)。



↓行き先項目、図版・写真参照印。 JIS 日本工業規格情報交換用漢字符号コード(区点コード)。

あいたい-じに【相対死に】情死。心中。

あいたい-ずく【相対▽尽く】互いに承知の上のこと。納得ずく。用例―で別れる。

あい-たい・する【相対する】(サ変自) ①互いに向かいあう。face each other 用例―山々。②反対の立場にある。対立する。oppose 用例―考え。

あいたい-ばいばい【相対売買】売り手と買い手が直接交渉して値段や取引量を決める取引方法。negotiated transaction 比較競売買。

あいだ-がら【間柄】①人と人との続きあい・関係。relationship 用例親類の―。②交際。つきあい。keep company
あいだ-ぐい【間食い】(名・サ変自) 間食すること。eat between meals
あいた-しゅぎ【愛他主義】他人の幸福・利益を目的として行動する主義。利他主義。altruism
あい-たで【▼藍▼蓼】アイの別名。

アイ-ダブリュー-ダブリュー【IWW】《Industrial Workers of the World の略》世界産業労働者同盟。一九〇五年に結成されたアメリカの急進的な産業別労働組合連合体。第一次大戦に反対の立場をとったため弾圧されて解体。

アイダホ【Idaho】アメリカ北西部、ロッキー山脈西麓の州。州都ボイシ。州の大部分は山地。灌漑農業が中心。自然に恵まれ、行楽地が多い。人口九四・四万(一九八〇)。

あい-だま【▼藍玉】開花期のアイの葉を発酵させ、つき固めた染料。主成分はインジゴ。インジゴが合成されて以来、特殊な工芸染色以外にはあまり用いられない。玉藍。indigo leaf ball
あい-だ・る 古語(下二自) ①あまえる。②なよなよとしている。用例若やかになまめき―・れてものし給ひし(源氏・柏木)。

あいち【愛知】〈県〉中部地方南西部、太平洋側の県。県庁所在地は名古屋市。西部から南東にかけて平地が広がる。中京工業地帯の中心で、生産台数全国一の自動車をはじめ鉄鋼・繊維産業がさかん。また、野菜・果樹などの近郊農業も行われている。面積五一三八㎢、人口六四九万九七八二(一九八八)。

あい-ちゃく【愛着】(名・サ変自) 愛情があるために思い切れないこと。あいじゃく。attachment 用例―がある。

あい-ちょう【哀調】もの悲しい調子。mournful tone 用例―をおびた歌声。

あい-ちょう【愛重】(名・サ変他) 愛してだいじにすること。

あい-ちょう【愛鳥】①鳥、おもに、野鳥をだいじにすること。②かわいがっている鳥。pet bird

あいちょう-しゅうかん【愛鳥週間】↓バードウイーク
あいち-ようすい【愛知用水】愛知県を南流する用水。幹線延長一一二㎞。木曽川の水を尾張丘陵と知多半島へ送るもので、農業・工業・上水道に利用されている。昭和三六年(一九六一)完成。

あ-いつ【▽彼▽奴】(代)《「あやつ」の転。ぞんざいな言い方》あの者。that fellow
あいづ【会津】福島県西部の地域名。会津盆地が中心。江戸時代には会津藩領。

あい-ついで【相次いで】(副) あとからあとから続いて。one after another 用例―発言する。

あい-つ・ぐ【相次ぐ】(五自) 次々に起こる。succeed one another 用例―勝利。

あい-つ・ぐ【相継ぐ】(五他) 受け継ぐ。相続する。inherit 用例領地を―。

あいづ-しもつけ【会津下▽野】バラ科の落葉低木。葉は卵形で薄く、縁に二重鋸歯があり、互生。五月ごろ枝の先に小さな白色花を散房状につける。

あいづたかだ【会津高田】〈町〉福島県、会津盆地南部の町。旧宿場町。身不知柿・梅が特産。人口一万六七六一(一九八八)。

あい-づち【相▼槌】刀を鍛えるときなどに、師の打つつちの間に弟子が打つつち。また、向かい合って相手と交互に打つつち。

**相槌を打つ** 人の話に、調子を合わせる。chime in
あいづ-ぬり【会津塗】会津若松市を中心につくられる漆器。天正年間(一五七三～九二)にはじまるといわれる。蒔絵技法に特色がある。

あいづ-はん【会津藩】江戸時代の親藩。徳川家門。寛永二〇年(一六四三)三代将軍徳川家光の弟保科正之が入封。三代正容から松平氏を称す。主城は鶴ケ城。二三万石。幕末、九代容保は京都守護職、佐幕派の中心として活躍。戊辰戦争で官軍に敗北し廃藩。

あいづばんげ【会津坂下】〈町〉福島県、会津盆地西部の町。旧宿場町。稲作中心の農業地域。人口二万八六六四(一九八八)。

あいづばんだいさん【会津▼磐▼梯山】福島県の民謡。もとは『会津盆踊り唄』といわれ明治初年ごろ流行していたが、昭和一〇年(一九三五)レコード化にさいし改題、小唄勝太郎により全国的に流行した。

あいづ-ぼんち【会津盆地】福島県、会津地方中央部の盆地。阿賀川が西流、県内一の米どころとなっている。中心都市は会津若松市。

あいづま-はば【合(い)▼褄幅】和服長着の、襟先の付け止まりでの衽幅。通常衽幅から一・五㎝減じた寸法。


あいづ-やいち【会津八一】(一八八一～一九五六) 歌人・書家。新潟市生まれ。早大教授。号は秋艸道人。『万葉集』と良寛に親しみ、独自の歌境を示す。歌集『南京新唱』『鹿鳴集』など。

あいづわかまつ【会津若松】〈市〉福島県西部の市。松平氏の旧城下町で会津盆地の中心都市。鶴ケ城、飯盛山の白虎隊士の墓などの史跡が多い。会津塗が特産。人口一一万七五八九(一九八八)。

あいづわかまつ-じょう【会津若松城】福島県会津若松市にある旧会津藩主、松平(保科)氏の旧居城の通称。戊辰戦争で落城し、維新後取り壊される。昭和四〇年(一九六五)天守閣を再建。会津城。若松城。鶴ケ城。

あい-て【相手】①つれ。なかま。companion 用例遊び―。②敵。競争者。opponent; competitor 用例―に取って不足はない。③対象。object 用例学生―の商売。まったく―にしてくれない。

**相手変われど主変わらず** 相手は次々に変わっても、こちらはいつも同じことを繰り返している。

**相手のさする功名** 自分の力がすぐれているのではなくて、相手が劣っていたり、失敗したりしたために得た手柄。

アイディア【idea】①思いつき。着想。アイデア。用例すばらしい―だ。②↓イデア
アイディアリスト【idealist】①理想主義者。②観念論者。唯心論者。

アイディアリズム【idealism】①理想主義。②観念論。唯心論。

アイディアル【ideal】(形動) ①理想的。②「観念的。

アイ-ディー-エー【IDA】《International Development Association の略》国際開発協会。

アイ-ティー-エフ【ITF】《International Trade Fair の略》国際見本市。

アイディー-カード【IDカード】《identification card の略》身分証明書。

アイ-ティー-シー【ITC】《International Trade Commission の略》国際貿易委員会。

アイ-ティー-ティー【ITT Corp.】アメリカに本拠を置く多国籍のコングロマリット。一九二〇年設立。通信事業・通信機器製造で知られていたが、現在は保険・金融サービス部門が主力。

アイ-ディー-ビー【IDB】《Inter-American Development Bank の略》↓アイエーディービー(IADB)

あいて-かた【相手方】①相手のほう。the other party ②法律で、事件における他方の当事者。the other party
あい-でし【相弟子】同じ師・親方のもとで学ぶ者どうし。同門。fellow apprentices

あいて-しだい【相手次第】相手の出方によって、こちらの態度を決めること。

あいて-ど・る【相手取る】(五他) 相手として争う。

アイテム【item】①項目。事項。品目。②コンピューターで、磁気テープに収められた一件分のデータ。

あい-てら・す【相照らす】(五他) 互いによく知る。用例肝胆―。

アイデンティティ【identity】①同じものであること。同一性。②エリクソンが提唱した精神分析概念。他者とは違う本当の自分、自分であること、自分らしさ、自己の存在証明、主体性。自己の単一性・連続性・不変性・独自性の感覚があること、ある特定の対象や集団との間で是認された役割と連帯感がもてること、などの特質がある。エゴ-アイデンティティ。自己同一性。自我同一性。

あい-とう【哀悼】(名・サ変他) 人の死を悲しみ、いたむこと。哀惜。mourning
あいとう【愛東】〈町〉滋賀県東部、愛知川に沿う町。稲作がさかん。聖徳太子が建てたとされる百済寺がある。人口五九二五(一九八八)。

あい-どく【愛読】(名・サ変他) 本を好んで読むこと。be fond of reading
あい-どの【相殿】神道で、一つの社殿に二神以上を同時に祭ること。また、その社殿。あいでん。

アイドホール【eidophor】テレビ画像をスクリーンに拡大投写する装置。

アイトマートフ【Chingiz Aytmatov】(一九二八～) ソ連、キルギスの小説家。民族色豊かな叙情的散文で社会問題を描く。作品『ジャミーリャ』『世紀より長い一日』『処刑台』など。

あい-とむら・う【相弔う】(五他) 互いになぐさめあう。あいとぶらう。用例形影―。

あい-ともな・う【相伴う】(五自) ①つれだつ。go together ②いっしょに現れる。come together 用例戦争と悪徳は―。

あい-ともに【相共に】(副) いっしょに。together
アイドリング【idling】自動車などを走らせない状態で、エンジンを低速で回転させること。無負荷回転。

アイドル【idol】崇拝される人・もの。偶像。あこがれのまと。用例―歌手。

アイドル-コスト【idle cost】工場の生産設備や労働力が十分に利用されないことによる損失。休業費。

アイドル-タイム【idle time】遊び時間。コンピューターの入出力待ちやオペレーターの操作待ちなどの時間。

あい-なかば・する【相半ばする】(サ変自) 半々である。五分五分である。be fifty-fifty chance 用例功罪―。

あい-な・し 古語(形ク) ①つまらない。用例世に語り伝ふること、まことは―・きにや(徒然・七三)。②無益である。用例かかる所をわざとつくろふも、―・きわざなり(源氏・松風)。③《連用形「あいなく」で》わけもなく。むやみに。用例愛敬おくれたる人などは―・くかたきにして(枕・職の御曹司の西面の)。

あいな-だのみ【あいな頼み】古語 あてにならない頼みごと。また、度を過ぎた無理な期待。用例年月をかさねむ―はいと苦しくなむ(源氏・帚木)。

あい-なめ【▼鮎▽魚女・▼鮎▽並】海藻の多い浅海にすむアイナメ科の海水魚。全長約四〇㎝。体色は黄色から褐色まで変異に富む。五本の側線が特徴。磯釣りの好対象。刺身・照り焼きにする。日本全土に分布。アブラメ。アブラコ。アユナメ。↓図
あいなめ-さい【相▼嘗祭】古代、天皇が新穀を神に奉献した祭り。陰暦一一月の卯の日、新嘗祭の前に行う。あいんべのまつり。あいにえのまつり。

●アイナメ

あい-な・る【相成る】文語的(五自)「成る」の改まった言い方。

あいなる-べくは【相成る▽可くは】(連語)《「なるべくは」の改まった言い方》できることなら。

あい-にく【▽生憎】(副・形動)《「あやにく」の転》期待や目的と合わず、つごうの悪いさま。unfortunately 用例―品切れです。―な風だ。お―さま。

アイヌ(Ainu アイヌ)《人の意》北海道・樺太などに住む一民族。言語はアイヌ語。かつては東北地方北部などにも居住。狩猟・漁労に従事。近世以降の植民・同化政策によりその言語・文化は失われつつある。古くは、「えぞ」「えみし」とよばれた。

アイヌ-いぬ【アイヌ犬】北海道土着のイヌ。肩高五〇㎝内外。被毛の厚い中形の日本犬。天然記念物。北海道犬。

アイヌ-ご【アイヌ語】アイヌの言語。系統は不明。文字をもたず、口語とユーカラなどに用いられる雅語がある。生活の変化により日常使用されなくなり、失われようとしている。

アイヌ-ぼり【アイヌ彫り】アイヌの伝統的


▼常用漢字表外。　▽常用漢字表の音訓外。

な木彫り。現在はアイヌの風俗を主題にした観光向きのものをさす。マスコット人形のニポポ、クマ彫りなど。

**アイヌ-モシリ** アイヌの民族叙事詩ユーカラの一つ。セキレイが天から降りてきて北海道の地を初めて作ったと物語る。

**アイネイアス**【Aineiās《ギリシア》】ギリシア神話の英雄。アンキセスとアフロディテとの子。トロヤ落城の際ローマにのがれ、ローマ建国の基礎を築いた。ラテン名アエネアス。[参照]アエネーイス。

**アイネ-クライネ-ナハトムジーク**【Eine Kleine Nachtmusik《ドイツ》】モーツァルト作曲の弦楽のためのセレナード第一三番、ト長調、K五二五。四楽章。一七八七年作。明快な旋律・優雅な雰囲気があり愛好者が多い。

**あいの**【愛野】〈町〉長崎県島原半島基部の扇状地にある町。西側の緩斜面はジャガイモの産地。雲仙を望む愛野展望台がある。人口四四四五(一九八八)。

**あい-の-かぜ**【あいの風】夏に吹く穏やかな風。日本海沿岸地方で使われることば。地方によっては北西ないし北東風となる。

**あいのがっこう**【愛の学校】《原題Cuore《イタリア》》デ=アミーチスの小説『クオレ』の邦訳名。

**あい-の-こ**【合(い)の子・▽間の子】①《卑語》種族のちがったものの間に生まれた子。混血児。racially mixed person ②異種の間に生まれた生物。雑種。hybrid ③どちらともつかない中間のもの。

**あいのこ-ぶし**【合(い)の子節】浪花節の節まわし。高調子の関東節に、間が早くてころがるような、名古屋ふうの節を加味したもの。

**あいのさんか**【愛の賛歌】《原題 Hymne à l'amour《フランス》》エディット=ピアフ作詞、モノー作曲のシャンソン。激しく美しい愛の歌。

**あい-の-しゅく**【▽間の宿】江戸時代、街道の宿駅と宿駅の中間にあって、茶屋などの休憩施設や人足のたまり場を置いた所。本来、宿泊は禁止されていたが有名無実化。

**あいのしょうり**【愛の勝利】《原題 Le Triomphe de l'amour《フランス》》ルイ一四世時代のバレエ作品。リュリが作曲。一六八一年初演。

**あい-の-たけ**【▽間ノ岳】赤石山脈北部の山。標高三一八九m。北岳・農鳥岳と合わせ白根三山とよぶ。氷河地形がある。

**あい-の-て**【合(い)の手・▽間の手】①三味線音楽で、唄と唄の間をつなぐための間奏となる三味線の旋律。あい。②会話や物事の進行中にはさむ、別の言葉や物事。[用例]――を入れる。

**あいのみょうやく**【愛の妙薬】《原題 L'Elisir d'Amore《イタリア》》ドニゼッティ作曲の喜歌劇。全二幕。一八三二年初演。ロマーニ台本による恋愛喜劇。アリア『人知れぬ涙』が有名。

**あいのゆめ**【愛の夢】《原題Liebesträume《ドイツ》》リスト作曲の三曲からなるピアノ曲集。一八五〇年作。自作の歌曲からの編曲。第三番が有名。

**あい-のり**【相乗り】(名・サ変自)①車などにいっしょに乗ること。その車や人。share a rise ②馬術で、ふたりが馬を並べて乗って行くこと。ride side by side ③共同で物事を行うこと。

**あい-ば**【愛馬】①飼い主のだいじにしているウマ。②ウマをかわいがること。

**あい-ばさみ**【相挟み】(名・サ変他)ふたりで一つの物を、はしで挟み合うこと。火葬のさいの骨揚げにすることなので、それ以外のことにはきらわれる。

**あい-ばな**【▼藍花】ツユクサの異名。

**あい-はん**【合(い)判】↓あいいん(合い印)

**あい-ばん**【合(い)判・相判】紙の寸法の一つ。普通のノート大。縦二一cm、横一五cm。

**アイ-バンク**【eye bank】角膜移植のための眼球を斡旋・提供する機関。眼球銀行。

**アイバンホー**【Ivanhoe】ウォルター=スコットの小説。一八二〇年刊。中世の英国騎士道に材を取った恋と武勇の物語。アイバンホーを中心に獅子王リチャードやロビン=フッドなどが登場。

**アイビー**【ivy】①ウコギ科、つる性または半つる性の常緑小低木。観葉植物。節間から吸着根を出してはいのぼる。園芸品種が多く一〇〇種ほどある。②蔦類。

**アイ-ピー-アール**【IPR】《Institute of Pacific Relationsの略》太平洋問題調査会。

**アイ-ビー-アール-ディー**【IBRD】《International Bank for Reconstruction and Developmentの略》国際復興開発銀行。

**アイ-ビー-アイ**【IBI】《International Bank for Investmentの略》国際投資銀行。

**アイ-ピー-アイ**【IPI】《International Press Instituteの略》国際新聞編集者協会。

**アイ-ビー-エム**【IBM】《International Business Machines Corp.の略》アメリカにある世界最大のコンピューター・情報処理システムメーカー。一九一一年設立。

**アイビー-カット**【ivy cut】男性の髪型の一つ。アメリカのアイビーリーグ校の学生のあいだで流行した髪型。全体的に短めで、とくに頭頂を短くしたもの。Ivy League cut; crew cut

**アイ-ピース**【eye piece】↓せつがんレンズ(接眼レンズ)

**アイ-ピー-ビー**【IPB】《International Peace Bureauの略》国際平和ビューロー。完全軍縮の実現と国際紛争の平和的解決をめざす国際組織。一八九二年設立。事務局はジュネーブ。一九一〇年ノーベル平和賞受賞。

**アイ-ピー-ユー**【IPU】《Inter-Parliamentary Unionの略》列国議会同盟。

**アイビー-リーグ**【Ivy League】《校舎の外壁が、アイビー(=蔦)でおおわれていたことから》アメリカ北東部の名門八大学。イェール・コーネル・コロンビア・ダートマス・ハーバード・ブラウン・プリンストン・ペンシルベニアの各大学。

**アイビー-リーグ-モデル**【Ivy League model】アイビーリーグの学生や卒業生が好んで着用する背広スタイル。ブレザー風三つボタンで胸ダーツのないもの。

**アイビー-ルック**【ivy look】アイビー風の装い。アイビーリーグの学生たちの流行を取り入れた服装。

**アイヒェンドルフ**【Joseph von Eichendorff】(一七八八〜一八五七)ドイツの叙情詩人・小説家。後期ロマン派の代表的作家。叙情詩『さすらいの歌』『春と恋』、小説『予感と現在』『のらくらものの生活から』など。

**あい-びき**【合(い)▼挽き】牛肉と豚肉を混ぜてひいた、ひき肉。合い挽き肉。

**あい-びき**【相引き・相▽退き】敵味方、ともに引き退くこと。[対義]相懸かり。

**あい-びき**【▼逢(い)引き・▼逢引・▼媾▼曳】㊀(名・サ変自)男女がこっそり会うこと。密会。ランデブー。assignation ㊁(名)《あひゞき》二葉亭四迷の翻訳小説。明治二一年(一八八八)発表。ツルゲーネフの短篇集『猟人日記』中の一篇。

**アイヒマン**【Adolf Eichmann】(一九〇六〜一九六二)ナチスドイツの親衛隊中のユダヤ人虐殺の責任者。イスラエル政府の追及をうけ、一九六〇年アルゼンチンで逮捕。エルサレムの裁判で死刑を宣告された。

**あい-びょう**【愛猫】①飼い主のだいじにしているネコ。pet cat ②ネコをかわいがること。

**あい-ぶ**【愛▼撫】(名・サ変他)①やさしくなでること。caress ②たいへんかわいがること。caress

**アイフェル-こうげん**【アイフェル高原】(Eifel)西ドイツ西部、ベルギー・ルクセンブルク国境に接する丘陵地帯。標高四五〇〜六〇〇m。火口湖の景観が異色。

**あい-ふく**【合(い)服・▽間服】①春・秋に着る服。合い着。あい。[対義]夏服・冬服。②上着と下着のあいだに着る服。中着。

**アイブズ**【Charles Edward Ives】(一八七四〜一九五四)アメリカの作曲家。近・現代の革新的手法を先駆的に試みた異色の存在。作品に交響曲など。

**あい-ふだ**【合(い)札】①品物を預かった証拠に渡す札。ひきかえ札。claim check ②二枚に切った一方の札。わりふ。tally

**アイフン**【瑷琿】(Aihui)↓あいぐん(愛琿)

**あいべつ**【愛別】〈町〉北海道中部、上川盆地の北東にある町。稲作中心で酪農なども行われる。人口五二〇二(一九八八)。

**アイベックス**【ibex】刻みのある大きな角をもつ野生ヤギ。肩高九〇cm内外。体色は灰褐色または茶色。高山の岩場にすみ、草食。ユーラシア大陸・アフリカの山岳地帯に分布。↓[写]

●アイベックス　アルプスアイベックス

**あいべつり-く**【愛別離苦】《仏教語》八苦の一つ。身内や愛する者と生別・死別する苦しみ。

**あい-べや**【相部屋】他人と同じ部屋に寝泊まりすること。share a room

**あい-ぼ**【愛慕】(名・サ変他)愛し、したうこと。love [用例]――の情。

**あい-ぼう**【相棒】①かご・もっこなどを担ぐ相手。partner ②いっしょに物事をする仲間。companion

**アイボリー**【ivory】①象牙。②象牙に似た、うるんだ感じの白色。象牙色。③「アイボリー板紙」の略。

**アイボリー-いたがみ**【アイボリー板紙】さらし化学パルプを用いた象牙色の板紙。顔料を塗布したものは強い光沢がある。カードなどに使用。アイボリーペーパー。ivory paper

**アイボリー-コースト**【Ivory Coast】象牙海岸の別称。

**あい-ま**【合間】時間や仕事の、あいだ。手すき。interval

**あい-まい**【▼曖▼昧】(形動)①はっきりしないさま。あやふや。ambiguity [対義]明白・明確。②うしろぐらいさま。being suspicious ③いかがわしいさま。questionable [用例]――屋。

**あいまい-もこ**【▼曖▼昧模▼糊】(形動トタル)ぼんやりしていて物事がはっきりしないさま。obscure

**あいまい-や**【▼曖▼昧屋】明治時代の秘密売春宿。表向きでは料理屋などを営み、裏で売春のあっせんや場所の提供を行った。銘酒屋・矢場などもこれに類する。

**あいまい-りろん**【あいまい理論】↓ファジーりろん(ファジー理論)

**あい-まって**【相▼俟って】(副)互いに作用し合って。together [用例]両々――。

**アイマラ-ぞく**【アイマラ族】ペルーとボリビアにまたがるチチカカ盆地に住むインディオ。アイマラ語を使用。祖先はティアワナコ文化の担い手と推定される。農耕・牧畜に従事。Aymara

**あいみ**【会見】〈町〉鳥取県西部、米子平野南部の町。稲作、ナシ・柿栽培がさかん。畜産なども行われる。人口四二二三(一九八八)。

**あいみ-たがい**【相身互い・相見互い】互いに助け合うこと・間柄。お互いさま。help each other [用例]武士は――。

**あい-みつ**【▼靉▽光】(一九〇七〜一九四六)洋画家。広島県生まれ。本名、石村日郎。東洋画的なシュールレアリスムを志向。作品『眼のある風景』『自画像』など。

**あい-みどろ**【▼藍▽美泥】藍藻植物スチゴネマ目の藻。植物体は大きな糸状で、これが無性的に繁殖して、寒天質に包まれた群体となる。全体は五cmほどの球形。暖海に分布。中国では食用。

**アイモ**【Eyemo】アメリカのベル=ハウエル社製三五ミリフィルム用の携帯用小型撮影機。かつては、とくにニュース撮影に使用された。

**あい-もち**【相持(ち)】①互いに持ち合うこと。共有。own jointly ②費用を平等に負担すること。割り勘。Dutch treat ③あいこ。もち。draw

**あい-もの**【相物・合(い)物・▽間物・▽四▽十物】①干魚・塩魚類。②鮮魚と塩魚の中間の物、次の採取期までの間の食物の意ともいう。干魚、塩魚を商う人や店を五十集屋という。

**あ-いや**(感)相手を呼び止めたり、制したりする語。[用例]――、しばらく。

**あい-やく**【相役】同じ役。同僚。

**あい-やど**【相宿】同じ宿に泊まり合わせること・人。同宿。room together

**アイユーブ-ちょう**【アイユーブ朝】エジプト・シリア・メソポタミア・アラビアを支配したイスラム王朝。一一六九〜一二五〇年存続。始祖はサラディン。首都はダマスカス、のちカイロ。十字軍を撃退するなど、治績もあがったが、サラディンの死後は衰退、マムルーク朝にとって代わられた。Ayyubid dynasty

**あい-よう**【愛用】(名・サ変他)気に入っていて、よく使うこと。use regularly

**あい-よく**【愛欲・愛▼慾】①《仏教語》貪り



↓行き先項目、図版・写真参照印。 [JIS]日本工業規格情報交換用漢字符号コード(区点コード)。

愛する欲望。②とくに、異性への強い愛。情欲。sexual desire 用例 ―におぼれる。

**あい-よつ【相四つ】** 相撲で、両力士の得意の差し手が、右差しどうし、また左差しどうしのように、同じであること。対義 喧嘩四つ。

**あいら【▽吾▽平】**〈町〉鹿児島県大隅半島中部の町。稲作・野菜栽培・畜産などがさかん。人口七七四九(一九八八)。

**あいら【▼姶▽良】**〈町〉鹿児島県中部、鹿児島湾に臨む町。稲作・養鶏がさかん。鹿児島市のベッドタウン。人口三万六二八五(一九八八)。

**アイライナー【eyeliner】** アイライン(目張り)をひくために用いる化粧品。

**アイライン【eyeline】** 目を大きく見せるために、上下のまつげに沿ってまゆずみで入れる線。目張り。

**あいら-かざん【▼姶▽良火山】** かつて鹿児島湾の北部で活動した火山。約二万年前の大爆発のさい、火山灰を噴出して陥没し、桜島を外輪山とするカルデラを残した。

**あい-らし・い【愛らしい】**(形) かわいらしい。lovely 派生 あいらしげ(形動) あいらしさ(名)

**アイラッシュ【eyelash】** まつげ。

**アイリス【iris】** ①眼球の虹彩。②カメラなどで、虹彩様の絞り。③《Iris(ギリシア)》ギリシア神話の虹の女神。神々の使者。イリス。④アヤメ科植物の属名の一つ。一般に外国種をアイリスという。約二〇〇種あり、ダッチアイリスとジャーマンアイリスなどが代表的。↓写

●アイリス④ ジャーマンアイリス

**アイリッシュ-ウルフハウンド【Irish wolfhound】** イヌの一品種。背の高い大形犬で肩高八〇cm余り。体は細く長毛。古くはキツネ・クマ猟に用いられたが、現在は競技用。アイルランド原産。

**アイリッシュ-かい【アイリッシュ海】**(Irish Sea) グレートブリテン島とアイルランド島の間にある海。面積一・八万km²。北はノース海峡、南はセントジョージズ海峡で大西洋に接する。

**アイリッシュ-レース【Irish lace】** アイルランド産レースの総称。刺繡した網レース。カットワークやモチーフをつないだカリクマクロスレースなどがある。

**アイルランド【Ireland・愛蘭】** 大西洋北東部、アイルランド島のうち北東部を除いた地域を占める共和国。首都ダブリン。一九四九年イギリスから独立。小麦・ジャガイモ栽培や酪農がさかん。ケルト族の子孫でカトリック教徒が多い。北アイルランドとの区別から Republic of Ireland とすることもある。面積七万km²。人口三五四万(一九八六)。

**アイルランド-きょうわこくぐん【アイルランド共和国軍】** ↓アイアールエー(IRA)

**アイルランド-じゆうこく【アイルランド自由国】**(Irish Free State) 一九二二年一月イギリス統治下で成立した自治領としてのアイルランド。四九年アイルランド共和国として完全に独立。

**アイルランド-とう【アイルランド島】**(Ireland Island) 大西洋北東部にあり、イギリス諸島中第二の大島。アイルランド共和国と、イギリス連合王国に属する北アイルランドに分かれる。

**アイルランド-ぶんげいふっこう【アイルランド文芸復興】** 一九世紀末から二〇世紀初めのアイルランドの国民文学運動。固有のケルト文化と民族精神の復活をめざした。代表作家イェーツ・シング・オケーシーなど。Irish literary renaissance

**アイルランド-もんだい【アイルランド問題】** アイルランド民族の、イギリスからの独立と自治をめぐる宗教・政治・経済問題。中世以降イングランドの圧制下にあったアイルランドでは、一七〜一八世紀には反乱が多発し、弾圧を受けたが、一九世紀後半から自治獲得運動が激化。一九二二年自治領の自由国が成立、四九年共和国として独立を達成。Irish problems

**アイレット-ワーク【eyelet work】**《「アイレット」は、鳩目、穴、の意》カットワークやドロンワークの手法の一つ。基布を切り抜いたり、糸を切らずに押してあけた穴の周囲をかがって小円をあける。

**あい-れん【愛▼憐】** いつくしみ。情け。

**あい-ろ【▼隘路】** ①せまくてけわしい道。narrow path ②行きづまり。さしさわり。困難。難関。支障。bottleneck 用例 事業の―。

**アイロニー【irony】** ①皮肉。あてこすり。風刺。②無知をよそおいながら、知者を自認する相手の無知を暴露し、真の認識に至らせるソクラテスの問答法。イロニー。

**アイロン【iron】**《鉄の意》①布のしわをのばす鉄製の道具。②熱して髪の毛の形を整える道具。はさみの形をしている。

**あい-わ【哀話】** あわれな話。悲話。

**アインシュタイン【Albert Einstein】**(一八七九〜一九五五) アメリカの理論物理学者。ドイツ生まれのユダヤ人。相対性理論や光量子説および統一場の理論など、その後の新しい物理学発展の芽となる研究を発表。一九二一年ノーベル物理学賞受賞。↓写

●アインシュタイン 左はエルザ夫人。

**アインスタイニウム【einsteinium】** 人工放射性元素の一つ。元素記号Es 原子番号九九。質量数二五二。一九五二年水爆実験の灰から発見。アインシュタインにちなむ名。

**アイントホーフェン【Eindhoven】** オランダ南部の工業都市。総合電機メーカー、フィリップス社の本拠地。エイントホーフェン。人口一九・八万(一九八六)。

**アイントホーフェン【Willem Einthoven】**(一八六〇〜一九二七) オランダの生理学者。微弱な電気的変動を測定する正弦電流計を一九〇六年に創案し、心電計の基礎を築いた。二四年ノーベル生理学医学賞受賞。

**あ・う【合う】**(五自) ①一つになる。合する。meet 対義 分かれる・離れる。用例 川の支流が本流と―。②一致する。適合する。agree 用例 話が―。答えが―。③調和する。つりあう。match 用例 ネクタイが服の色に―。④引きあう。pay 用例 そう安く売っては―・わない。⑤《動詞の連用形に付いて》㋐一つになる。用例 落ち―。㋑互いに…する。用例 愛し―。

**合うも不思議、合わぬも不思議**(あうもふしぎ、あわぬもふしぎ) 夢見や占いには根拠がないのだから、当たるとも当たらないとも言えない。合うも夢、合わぬも夢。

**合うたり叶うたり**(おうたりかのうたり) 「願ったり叶ったり」と同意。

**あ・う【会う・▼逢う】**(五自) ①顔を合わせる。面会する。see; meet 対義 別れる。用例 客に―。②↓あう(遭う)

**会い度い見度い**(あいたいみたい) 恋い慕う気持ちが非常に強いこと。

**逢うは別れの始め**(あうはわかれのはじめ) あった者とは、必ずいつかは別れるということ。人生の無常のたとえ。逢うは別れの基。meet only to part

**逢うた時に笠を脱げ**(おうたときにかさをぬげ)《知人に会ったら、必ず笠をとってあいさつをせよ、の意から》出会った機会は、必ず利用せよということ。逢うた時に笠脱げ。

**あ・う【遭う・▽遇う】**(五自) 物事に出会う。経験する。encounter 用例 事故に―。参考 多く、好ましくない場合に用いる。

**あ・う【▽敢う】** 古語(下二自) ①耐える。こらえきる。がまんする。用例 秋されば置く露霜に―・へずして(万葉・一五・三六九九)。②《動詞の連用形に付いて》完全にそうする。用例 人の心は守り―・へぬもの(万葉・一一・二六五七)。

**アウアー【Leopold Auer】**(一八四五〜一九三〇) ハンガリーのバイオリン奏者・音楽教育家。門下にハイフェッツなど。渡米して定住。

**アヴィニョン【Avignon】** ↓アビニヨン

**アウエーゾフ【Mukhtar Omarkhanovich Auyezov】**(一八九七〜一九六一) ソ連、カザフ共和国の小説家。民間伝承を研究。作品『アバイ』など。

**アウエルバハ【Erich Auerbach】**(一八九二〜一九五七) ドイツの文学研究家。著書『ミメーシス』など。

**アウエンブルッガー【Joseph Leopold von Auenbrugger】**(一七二二〜一八〇九) オーストリアの医師。近代臨床医学の開拓者で、とくに胸部・肺の疾患打診法の発明(一七六一)で有名。

**アウグスティヌス【Aurelius Augustinus(ラテン)】**(三五四〜四三〇) 初期キリスト教会の教父。北アフリカ生まれ。マニ教・新プラトン主義などを経てキリスト教に回心。ヒッポの司教。新プラトン派の哲学とキリスト教を総合し、中世思想の基礎を作った。著書『告白』『神の国』など。聖オーガスチン。Augustine of Hippo

**アウグストゥス【Caesar Augustus】**(BC六三〜AD一四) ローマの初代皇帝(在位BC二七〜AD一四)。本名はオクタヴィアヌス。カエサルの養子。アントニウス・レピドゥスとともに第二回三頭政治を結成。紀元前三一年、アントニウスをアクティウムの海戦で破って政権を掌握。アウグストゥス(尊厳者)の称号をうけ、事実上の皇帝となった。↓写

●アウグストゥス

**アウグスブルク【Augsburg】** 西ドイツ南東部の商工業都市。近世初期にはフッガー家などの富豪が活躍、ヨーロッパ商業・金融の中心であった。一五五五年の宗教和議が、この地で開かれたことでも著名。人口二四・八万(一九八二)。

**アウグスブルク-しんこうこくはく【アウグスブルク信仰告白】** ルター派教会の重要な信仰告白。一五三〇年ルターの助言でメランヒトンが起草。ドイツのアウグスブルク国会で成立。Augsburg Confession

**アウグスブルク-の-しゅうきょうわぎ【アウグスブルクの宗教和議】** 一五五五年、アウグスブルクの帝国議会でルター派の信仰を認めた決議。カトリックとルター派の間に和議が成立。the Peace of Augsburg

**アウシュビッツ【Auschwitz(ドイツ)】** ポーランド南部の工業都市。第二次大戦中のドイツ軍占領下に、強制収容所が設置され、四〇〇万人を越すユダヤ人が虐殺されたことで知られる。ポーランド名はオシフィエンチム。

**アウステルリッツ【Austerlitz】** チェコスロバキア中部の町。一八〇五年、フランス軍とオーストリア・ロシア連合軍とが戦った古戦場。チェコ名はスラフコフ-ウ-ブルナ。

**アウステルリッツ-の-たたかい【アウステルリッツの戦い】** 一八〇五年ナポレオン一世軍が、オーストリアのフランツ二世とロシアのアレクサンドル一世の連合軍をウィーン北方のアウステルリッツに撃破した戦い。第三回対仏同盟は崩壊。三帝会戦。the Battle of Austerlitz

**アウストラロピテクス【Australo pithecus(ラテン)】** 南アフリカ出土の洪積世初期に属する化石人類で、猿人の段階。一九二四年ベチュアナランド(現ボツワナ共和国)のタウングで初めて発見。直立二足歩行したと考えられている。

**アウストロアジア-ごぞく【アウストロアジア語族】** インドシナ半島のモン-クメール語族、マレー半島のセマング語とサカイ語、インドのムンダ諸語などを含めた言語の総称。南アジア語族。Austro-Asiatic languages

**アウストロネシア-ごぞく【アウストロネシア語族】** 太平洋の大部分の島からインド洋のマダガスカル島までに分布する言語群。インドネシア・メラネシア・ポリネシアの三語派に大別される。マレー-ポリネシア語族。南島語族。Austronesian languages

**アウソニウス【Decimus Magnus Ausonius】**(三一〇ごろ〜三九五ごろ) ローマの政治家・詩人。グラティアヌス帝の教育係など要職を歴任。引退後詩作に専念。田園叙事詩『モセラ』がある。

**アウタルキー【Autarkie(ドイツ)】** 経済的自給自足。対外貿易にたよらず、自国経済の自立をめざす体制をいう。

**アウト【out】** ①野球で、打者や走者がルールにより攻撃権や塁の占有権を失うこと。対義 セーフ。②テニスや卓球などで、打球がはずれてコートの外に落ちること。対義 イン。③

▼常用漢字表外。 ▽常用漢字表の音訓外。

ゴルフコース一八ホールのうち、前半の九ホール。フロントナイン。対義 イン。

**アウト-ウエア**《和製語》上着類の総称。コート・セーター・カーディガンなど。

**アウトカーブ**[outcurve] 野球で、投手の投球の種類の一つ。打者から離れるほうへ曲がるたま。対義 インカーブ。

**アウト-コース**《和製語》①陸上競技などで、競技場のトラックの外側のコース。outside track ②野球で、打者のアウトコーナーを通る投球のコース。outside pitch

**アウト-コーナー**《outside cornerから》野球で、打者からみてホームベース中央より外側(遠い側)。また、その一角。アウトサイド。

**アウトサイダー**[outsider] ①当面問題となっている事柄に対して、直接の関係をもっていない人。局外者。②特定の協定に加盟していない人・団体。③既成秩序の内側にいるものを拒否する意識をもつ人。

**アウトサイダー-ユニオン**[outsider union] ↓ほうがいくみあい(法外組合)

**アウトサイド**[outside] ①外部。外側。②テニスなどの球技で、ボールがコートの外側に落ちること。

**アウトシュート**[outshoot] 野球で、投手の投球の種類の一つ。打者の外側へ曲がるシュートボール。対義 インシュート。

**アウトドア-ライフ**[outdoor life] 戸外で自然にふれながらスポーツや趣味を楽しむこと。キャンプ・釣り・バードウオッチングなど。

**アウトバーン**[Autobahn] 東西ドイツとオーストリアにまたがる高速自動車道路網。一九三二年ケルンとボン間が初めて開通。建設は現在も進行中で、総延長は最終的に一万km余となる予定。

**アウトプット**[output]《出力、あるいは出力する、の意》①原動機・発電機などが、一定時間に出す有効エネルギー。②電気用語で、信号を回路の外へ出すこと。対義 インプット。③コンピューターの中央処理装置から、出力装置を通じて機械の外に情報を出すこと。また、その情報。対義 インプット。

**アウト-ボクシング**《和製語》ボクシングの戦法の一つ。相手と一定の距離を保ちながらフットワークを使って打ち合う。比較 インファイト。

**アウトライト-とりひき**【アウトライト取引】外国為替銀行が為替取引のさい、買い戻し・売り戻しの条件をつけず一方的な売りまたは買いを行う方式。outright transaction 対義 スワップ取引。

**アウトライン**[outline] ①輪郭。②大要。あらまし。

**アウトライン-ステッチ**[outline stitch] 刺繡の図案の輪郭などの線を表現する主要な刺し方の一つ。ステムステッチ。

**アウトロー**[outlaw] ①法律の保護を奪われた人。②無法者。悪漢。

**アウフヘーベン**[Aufheben ドイツ] ↓しよう(止揚)

**アウランガバード**[Aurangābād] インド中西部、マハラシュトラ州北部の商工業都市。デカン地方統治の中心。人口三一・六万(八一)。

**アウランゼーブ**[Aurangzeb](一六一八〜一七〇七) インド、ムガール帝国第六代皇帝(在位一六五九〜一七〇七)。狂信的イスラム教徒で異教徒を圧迫。シク教徒やラージプート族の反乱を招き、帝国の崩壊を早めた。

**アウロス**[aulos ギリシア] 古代ギリシアの縦笛。数個の指穴のある一対の管で、先端にダブルリードがつく。材質は木・象牙など。音は鋭くてよく通り、勇壮な野外音楽に適する。オーボエの祖先。

**アウロラ**[Aurōra ラテン] ローマ神話の曙の女神。ギリシア神話のエオス。オーロラ。

**あ-うん**【▼阿▼吽・▼阿▼呍】《a-hūṃ 梵 の音写。梵字の字母の初音と終音で、阿は口を開き、吽は口を閉じて発する》①密教で、宇宙生成の本源と窮極。②寺院山門の仁王や狛犬の相。③呼気と吸気。inhalation and exhalation

**阿吽の呼吸** ①いっしょになにかをするときの、両者の気持ちの、微妙な調子。また、それの合うこと。用例 そこはそれ—で。②相撲の仕切りなどで、両者の立ち上がろうとする気合い。また、それの一致すること。用例 立ち合いの—が合わない。

**あえ-か**(形動) かよわく、なよなよしたさま。たよりないさま。たおやかなさま。

**あえ・ぐ**【▼喘ぐ】(五自) ①せわしく呼吸する。息をきらす。gasp ②苦しむ。suffer 用例 借金に—。

**あえ-しら・う** 古語(四他) =あいしらう。①相手をする。うけこたえする。用例 をさ—・はず(源氏・若紫)。②ほどよくもてなす。用例 ただこれをさまざまに—・ひ(紫式部日記)。③付け合わせる。とり添える。用例 物の汁して—・ひて(蜻蛉・上)。

**あえ-ず**【▽敢えず】(連語)《「敢う」の未然形に打ち消しの助動詞「ず」が付いたもの》①こらえられない。用例 なみだせき—。②しきれない。用例 言いも—。

**あえ-て**【▽敢えて】(副) ①しいて。おしきって。わざわざ。daringly 用例 —申し上げます。②《下に打ち消しをともなって》別に。少しも。必ずしも。not particularly 用例 —おどろくに及ばない。

**あえ-な・い**【▽敢え無い】(形) あっけない。もろい。tragically 用例 —最期をとげる。

**敢え無くなる** 死ぬ。

**あえ-な・し**【▽敢え無し】古語(形ク) ①どうにもならない。はりあいがない。がっかりする。用例 御使ひも、いと—・くて帰り参りぬ(源氏・桐壺)。②頼みにならない。あっけない。もろい。用例 粟田殿の御有り様、ことのほかに—・くおはしましき(大鏡・道兼)。

**アエネーイス**[Aenēis] ローマの詩人ウェルギリウスの叙事詩。紀元前一九年未完のまま刊行。ローマ建国の英雄アイネイアスの冒険譚で、格調高い詩句はラテン文学の粋とされる。

**あえば-こうそん**【▼饗▽庭▼篁村】(一八五五〜一九二二) 小説家・劇評家。江戸の生まれ。江戸文学の素養を生かした軽妙な短編で活躍、のち劇評に転向。作品『当世商人気質』など。

**あえ-もの**【▽和(え)物・▼韲物】野菜・魚介類などの材料を下ごしらえし、調味した酢・みそ・ゴマ・からしなどでまぜ合わせた料理。

**あ・える**【▽和える】(下一他) 野菜や魚や貝などを、調味したみそ・ゴマ・からしなどでまぜ合わせる。

**アエロスパシアル**[Aérospatiale] フランスの国営航空機メーカー。コンコルドの開発、エアバスの共同生産で有名。一九七〇年設立。

**アエロフロート-ソビエトれんぽうこくえいこうくう**【アエロフロート-ソビエト連邦国営航空】ソ連の国営航空会社。旅客・貨物だけではなく、すべての航空業務を行う世界最大の航空会社。一九三二年設立。AFL。Aeroflot Soviet Airlines

**あ-えん**【亜鉛】周期表2B族の元素。元素記号Zn 原子番号三〇。原子量六五・四。青白色を帯びた金属。常温で腐食しにくく、希酸に溶けて水素を発生する。黄銅の製造、亜鉛鉄板の製造に用いる。zinc

**あえん-か**【亜鉛華】化学式ZnO 白色顔料。無毒で水に不溶。両性酸化物。塗料・化粧品・医薬品など。亜鉛白。酸化亜鉛。zinc white

**あえんか-なんこう**【亜鉛華軟▼膏】酸化亜鉛にラノリンや白色軟膏を加え混和した半固形状の外用薬。湿疹などの患部に用いる。防腐作用もある。zinc oxide ointment

**あえん-ごうきん**【亜鉛合金】亜鉛を主体にした合金。比較的融点が低いので、鋳物・軸受け・電球の口金などに用いる。zinc alloy

**あえん-ちゅうどく**【亜鉛中毒】亜鉛やその化合物による中毒。症状は、筋肉痛・発熱・震え・嘔吐・胃痛など。zinc poisoning

**あえん-てっぱん**【亜鉛鉄板】亜鉛めっきを施した薄い鋼板。平板と波板があり、屋根など建築用に多用。トタン板。galvanized sheet iron

**あえん-とっぱん**【亜鉛凸版】亜鉛板を材料とする印刷用の凸版。感光液を塗った亜鉛板にネガを焼きつけ、現像後、硝酸で腐食して凸版とする。さし絵などの製版に用いる。zinc relief plate

**あお**【青】㊀(名) ①色の名。よく晴れた空や海の色。藍・群青・浅葱など緑色の感じを含む寒色系の総称。加法・減法混色の基本三原色の一つ。ブルー。blue ②「あおうま」「あおげ」の略。転じて、馬の俗称。③「青信号」の略。対義 赤。㊁(接頭的) 若くて未熟の意。用例 —二才。

**青は藍より出でて藍より青し**《『荀子』勧学篇にある語》弟子が師よりもすぐれること。出藍の誉れ。exceed one's master

**あお**【▼襖】①わきのあいた袍で、武官の朝服。けってき。②あわせ、または綿入れ。③かりぎぬ。

**あお-あお**【青青】(副) いかにも青いさま。一面に青いさま。fresh and green

**あおあし-しぎ**【青脚▼鷸】脚が長く青いシギ。全長約三五cm。背面は灰褐色、下面は白い。ユーラシア北部で繁殖し、冬はその南部、アフリカ・オーストラリアに渡る。日本では旅鳥で、春秋二回各地の干潟などに渡来。greenshank

**あお-あらし**【青▼嵐】青葉を吹きわたるやや強い風。五月ごろ日本海を低気圧が通過するとき、各地に吹きわたる南風。せいらん。

**あおい**【▼葵】①アオイ科の多年草の総称。ゼニアオイ・フユアオイ・タチアオイ・トロロアオイなど。mallow ②ウマノスズクサ科のカンアオイ・フタバアオイなど。asavabacca; wild ginger ③フウロソウ科のテンジクアオイなど。geranium ④紋所の名。フタバアオイを紋章化したもの。立ち葵と巴形の葵巴がある。前者は本多氏の、後者は徳川氏の代表紋。⑤襲の色目の名。表は薄青、裏は薄紫。↓図 ↓襲の色目図 ↓立葵図

**あお・い**【青い・▼蒼い】(形) ①青い色である。blue ②草や木が緑色である。green 用例 麦が—。③若い。未熟である。immature 用例 彼はまだ—。—梅の実。④病気などで顔色が悪い。pale ⑤心配やおそれで血の気がなくなる。pale 派生 あおさ(名) あおみ(名)

**青い目**《ひとみが青い色をした人、の意》欧米人または白色人種のこと。用例 —の人形。

**青くなる** 驚き・恐れなどのために、顔が青ざめる。一瞬、どきっとする。turn pale

**あおい-がい**【▼葵貝】雌に殻があるアオイガイ科のタコ。雌は体長約三〇cmで、膜状に広がった左右第一腕からの分泌物でつくった、アオイの葉形の薄くて白い殻(長径約二七cm)があり、体をその中に収める。雄は小さく体長約一・五cmで、殻をつくらない。世界の温・熱帯海域に広く分布。カイダコ。paper nautilus

●アオイ① ゼニアオイ

●アオイ② フタバアオイ

●葵④ 徳川葵

花付き三つ葵

**あお-いき**【青息】なげくとき・苦しいときにはく息。用例 —をつく。

**あおいき-といき**【青息吐息】弱りきってはくためいき。困りきっているようす。have a hard time 用例 —で帰って行く。

**あおい-ごけ**【▼葵▼苔】ヒルガオ科の多年草。暖地の道ばたにはえる。細い茎は地をはい、葉はフタバアオイに似る。四〜八月に黄緑色の小花をつける。

**あおいさんみゃく**【青い山脈】石坂洋次郎の小説。昭和二二年(一九四七)刊。地方の高等女学校を舞台に戦後の解放された青春を描く。同二四年(一九四九)映画化。

**あおい-すみれ**【▼葵▼菫】スミレ科の多年草。道ばたにはえる。茎は分枝して地上をはう。葉は心臓形。春に淡紫色の花をつける。

**あおいた-こんぶ**【青板昆布】棒昆布などを一定の大きさに切りそろえ、煮つめて緑色に発色させたもの。昆布巻きなどに用いる。

**あお-いととんぼ**【青糸▼蜻▼蛉】アオイトトンボ科のトンボ。翅が淡黄色の地で緑色斑がある。体長約三㎝、後翅の長さ約二㎝。七〜九月に出現。ヨーロッパからシベリアにかけて分布する。北海道・東北では平地にも多いが、近畿以西ではまれ。

**あおい-とり**【青い鳥】①《原題L'Oiseau Bleuフランス》メーテルリンク作の童話劇。六幕。一九〇八年初演。チルチル・ミチル兄妹が幸福の鳥を求めて歩く幻想的な象徴主義の作品。②《転じて》身近にあるのに気づかない幸福。「幸福」の代名詞のように使われる。

**あおいとり-しょうこうぐん**【青い鳥症候群】一九八〇年代の若者にみられる、夢想的で社会の現実から逃避しがちな傾向。就職しても努力せずに、この職場は自分に向いていないと簡単にやめてしまうなど。blue-bird syndrome

**あおい-の-うえ**【▼葵上】①『源氏物語』中の人物。左大臣の娘で光源氏の正妻。生霊となった六条御息所に苦しめられ、夕霧を生んだのち急死する。②能の曲名。四番目物。『源氏物語』による。古い能を世阿弥が改作。六条御息所の生霊が鬼の姿で現れるが、調伏される。箏曲、一中節・河東節、長唄にもある。↓写

●葵上②

**あおい-はな**【青い花】《原題Heinrich von Ofterdingenドイ》ノバーリスの小説。一八〇二年刊。夢に見た青い花を探し求める青年の遍歴をメルヘン風に綴った、典型的なロマン派小説。

**あおい-まつり**【▼葵祭(り)】《供奉者の冠や牛車にアオイを飾ることから》京都市の下鴨神社・上賀茂神社で五月一五日に行われる祭り。京都の代表的な祭りの一つ。賀茂祭り。北祭り。祭り。みあれ。↓写

**あおいろ-しんこく**【青色申告】申告納税制度の一つ。所得税または法人税の納税者が、大蔵省規定の帳簿書類をそろえ、青色の用紙を使って申告すること。税務計算上、多くの特典が受けられる。blue return 比較白色申告。

**あ-おう**【亜欧】↓おうあ(欧亜)

●葵祭り

**あお-うきくさ**【青浮草・青▼萍】水田や池沼に群生するウキクサ科の多年草。扁平で広楕円形。下面は淡緑色で根は一本。夏から秋に白花を開く。温帯から熱帯に分布。

**あおう-こうみょうじ**【▼粟▿生光明寺】京都府長岡京市粟生にある西山浄土宗総本山。建久九年(一一九八)、蓮生坊(熊谷直実)が創建し、師法然を招き開山とする。法然の廟所。念仏三昧院。

**あおうどう-でんぜん**【亜欧堂田善】(一七四八〜一八二二) 江戸後期の代表的洋風画家。陸奥の人。本名永田善吉。銅版画をつくり江戸風景・世界地図などを描く。銅版画『金竜山浅草寺図』、肉筆画『浅間山真景図』など。

**あお-うなばら**【青海原】青く、広々とした海。blue waters

**あお-うま**【青馬・▿白馬】①黒い、つやつやした毛の馬。青毛の馬。あお。②白馬。③あし毛の馬。

**あおうま-の-せちえ**【▿白馬の節会】五節会の一つ。正月七日に、天皇が紫宸殿で白馬を見て、宴を開く。奈良時代以降の宮廷行事。本来は青毛(=青みをおびた黒)の馬であったが、のち白馬となった。一年の邪気を払うという、中国の故事によるもの。七日の節会。

**あお-うみがめ**【青海▼亀】夏、日本近海にも来遊するウミガメ。甲長約一・四m、体重約一五〇kg余。背甲はオリーブ色から黄褐色。アマモなどの海草を食べるが、幼時は肉食性。世界の熱帯・亜熱帯海域に分布。正覚坊。ウミボウズ。green turtle ↓図

●アオウミガメ

**あお-うめ**【青梅】まだ熟していない青いウメの実。unripe plum

**あお-え**【青絵】陶器に藍色の釉で文様を描いて焼いたもの。比較赤絵。↓写

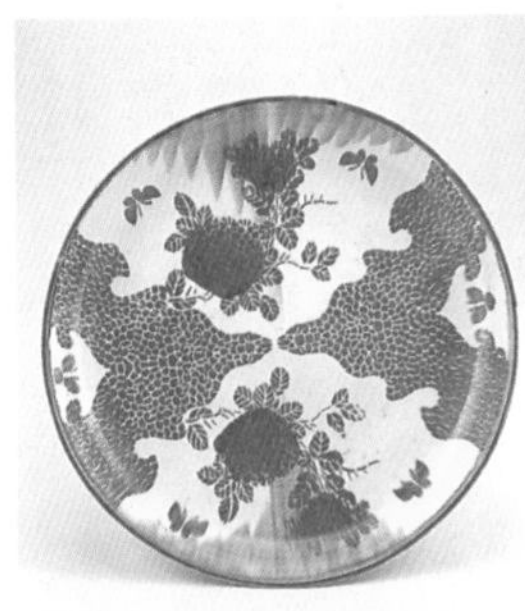

●青絵　砥部焼の染め付け皿。

**あお-えんどう**【青▼豌豆】エンドウの一品種。秋に種子をまく二年草。ヨーロッパ原産。グリーンピース。

**あお-おさむし**【青▿歩▿行虫】オサムシ科の甲虫。東北や関東でふつうにみられる。体長約二・五㎝。金緑色または赤銅色に光る。本州の東半分に分布し、西半分と四国・九州には本種に代わってオオオサムシが分布。

**あお-がい**【青貝】①オウムガイなど、螺鈿に使う美しい貝。②殻が低い笠状で、内面が乳青色のユキノカサガイ科の巻き貝。卵形で、殻口の長径約三㎝、短径約二㎝、殻高約〇・五㎝。殻の表面は緑色を帯びた黒青色で濃淡斑が散在。潮間帯の岩礁にすむ。本州以南に分布。

**あお-がえる**【青▼蛙】アオガエル科のカエルの総称。体長五㎝内外。草緑色のものが多い。指先に吸盤が発達。日本にはモリアオガエル・シュレーゲルアオガエルなどがいる。水辺にあわ状の卵塊を産む。green frog ↓写

●アオガエル　モリアオガエル

**あお-がき**【青垣】①青々とした木がしげっている垣根。②周囲を取り巻く青々とした山の形容。

**あおがき**【青垣】〈町〉兵庫県中部、加古川上流の町。稲作・製材・アマゴ(ヤマメ)養殖・繊維工業がさかん。人口八四九七(一九八八)。

**あお-が-しま**【青ケ島】東京都伊豆諸島、八丈島南方約七〇㎞にある火山島。面積五・二㎢。海食崖に囲まれ、良港がない。

**あおがしま**【青ケ島】〈村〉東京都、伊豆諸島の青ケ島からなる村。肉牛の飼育・観葉植物の栽培などを行う。人口一八七(一九八八)。

**あお-かずら**【青▼葛】①アワブキ科の落葉つる植物。四国・九州の暖地に分布。枝は緑色。葉は互生し卵状楕円形。三〜四月に黄色の花を咲かせ、果実は約六㎜で青色。②ツヅラフジの別名。

**あお-かなぶん**【青金▼蚉】コガネムシ科の甲虫。カナブンによく似るが、体がやや細長い。光沢のある緑色の虫で、体長約二・五㎝。日本全土・朝鮮半島に分布。

**あお-かび**【青▼黴】アオカビ属のカビの総称。パン・もち・ミカンなどにつく緑がかった普通のカビ。ペニシリンの生産やチーズの熟成に役立つものもある。blue mold; penicillium

**あおかび-びょう**【青▼黴病】ペニシリウム属のカビの寄生によって生じる植物の病気。柑橘類の果実、チューリップの球根などに発生する。blue mold

**あお-がり**【青刈(り)】穀類を肥料・飼料などにするために、葉の青いうちに刈り取ること。

**あおがり-しりょう**【青刈(り)飼料】青刈りして茎・葉を飼料とするために、栽培するダイズ・エンバクなどの作物。soilage

**あおがれ-びょう**【青枯(れ)病】植物の病気の一つ。病原細菌が土中で根から侵入して導管を侵す。植物は青いまましおれて枯れる。トマト・ナスなどに多い。bacterial wilt

**あお-き**【青木】①なま木。live tree ②常緑の木。ときわ木。evergreen tree ③ミズキ科の常緑低木。山地にはえ、庭木としても栽培。葉は厚く、光沢がある。雌雄異株。春に紫褐色の小花、冬に赤い実をつける。宮城県以西に分布。葉は薬用。↓写

**あおき**【青木】〈村〉長野県中部、上田盆地西端の村。稲作、リンゴ・ブドウ栽培、畜産が主体。人口五一六〇(一九八八)。

**あおき-が-はら**【青木ケ原】富士山の北西斜面に広がる原生林地帯。標高九〇〇〜一二〇〇m。樹林面積三〇㎢。

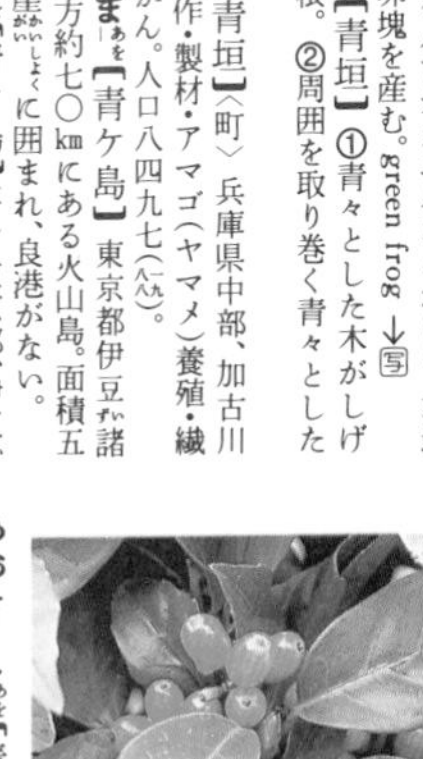

●アオキ③

**あおき-こ**【青木湖】長野県北西部の湖。面積二㎢。最深六二m。木崎湖・中綱湖とともに仁科三湖の一つ。避暑地。

**あおき-こんよう**【青木昆陽】(一六九八〜一七六九) 江戸中期の蘭学者。名は敦甫。通称文蔵。幕府の書物奉行。『蕃薯考』により飢饉に備えてのサツマイモの普及を上書。没後、甘藷先生と呼ばれる。

**あお-きし**【青騎士】(Der Blaue Reiterドイ) 美術におけるドイツ表現主義運動の集団名。一九一一年「新芸術家同盟」を脱退したカンディンスキーやマルクらが、ミュンヘンで結成。他にクビン・クレー・マッケなどが参加。

**あおき-しげる**【青木▿繁】(一八八二〜一九一一) 洋画家。久留米市生まれ。東京美術学校卒。明治の浪漫主義を代表する画家。作品『海の幸』『わだつみのいろこの宮』など。↓写

●青木繁『海の幸』(部分)。明治三七年(一九〇四)、石橋美術館(福岡県)。

**あおき-しゅうぞう**【青木周蔵】(一八四四

明治の外交官・政治家。長州藩出身。ドイツ公使、外務大臣などを歴任。

**あおき-しゅくや**【青木▼夙夜】(?～一八〇二) 江戸中・後期の南画家。細巧な画風で有名。作品『渓山清暁図』。

**あお-ぎす**【青▼鱚】 キス科の海水魚。シロギスに似ているが、より大きく、体色に青みが強い。全長約四五cm。本州中部以南に分布。

**あお-ぎた**【青▽北▽風】 西日本で秋に吹く北風。これが吹くと、夏が去って海も空も青むことからいう。雁渡し。

**あおぎ-た・てる**【▽扇ぎ立てる・▼煽ぎ立てる】(下一他) ①絶えずあおぐ。むやみにあおぐ。fan incessantly ②おだてる。そそのかす。prompt

**あおき-まさる**【青木正▽児】(一八八七～一九六四) 中国文学者。山口県生まれ。京大卒。明清時代の戯曲や『楚辞』を研究。著書『支那近世戯曲史』『青木正児全集』など。

**あおき-もくべい**【青木木米】(一七六七～一八三三) 江戸後期の京焼の名工・画人。京都の人。通称木屋佐兵衛。粟田に築窯。金沢の春日山窯のほかに関係。煎茶器が多く、青磁・染付け・赤絵などの中国の手法を用いた。絵画も独自の品格を示す。

**あお-ぎり**【青▼桐・▼梧▼桐】 アオギリ科の落葉高木。高さ約一五m、幹は緑色。葉は大形で欠刻があり、六、七月に淡黄色の花が咲く。庭木・街路樹などとして植えられ、材は家具用。中国原産。ゴトウ。↓[写]

●アオギリ

**あお・ぐ**【仰ぐ】(五他) ①上を向く。look up [対義]伏す・うつむく。[用例]空を—。②尊敬する。うやまう。respect [用例]師と—。③教えや命令を求める。ask [用例]指図を—。④たよる。depend on [用例]用水を玉川に—。⑤毒などをぐっと飲む。take [用例]毒を—。

**仰いで天に愧じず俯して地に怍じず** 心に少しもやましいことがないから、天に対しても地に対しても、何ら恥ずべきところがない。俯仰、天地に愧じず。

**あお・ぐ**【▽扇ぐ・▼煽ぐ】(五他) せんす・うちわなどで風を送る。fan

**あお-くさ・い**【青臭い】(形) ①青草のにおいがする。grassy-smelling ②未熟である。immature [用例]—議論。[派生]あおくささ(名)

**あおくさ-かめむし**【青臭▼亀虫・青草▼椿▽象】 カメムシ科の昆虫。緑色で、体長一・五cm内外。ダイズ・アワ・ナスなどの作物に害を与える。日本全土・朝鮮半島・中国などに分布。green stinkbug

**あお-くちば**【青朽(ち)葉】 ①染め色の一つ。青みのある朽ち葉色。②襲の色目の名。表はもえ黄または青、裏は朽ち葉色で、夏に用いた。

**あお-くび**【青首】「アオクビアヒル」の略。

**あおくび-あひる**【青首▼鶩】 ①アヒルの一品種。原種マガモとほぼ同じ羽色。明治初年に中国から移入されたもので、体重三・五kg内外。肉用種。この品種に野生のマガモを交配してつくった雑種がアイガモ。②マガモの雄の俗称。

**あお-くも**【青雲】[古語] ①空がよく晴れわたって青く見えるさまをいう語。青空。②青みを帯びた灰色の雲。[用例]—の棚引く日すら(万葉・一六・三八八三)。

**あおくも-の**【青雲の】[枕ことば]《青空はあざやかなこと、また、青空になることを望むことから》「白・出で来」にかかる。あおぐもの。[用例]汝が母に嘖られ吾は行く—いで来吾妹子逢ひ見て行かむ(万葉・一四・三五一九)。

**あお-ぐろ・い**【青黒い】(形) 青みをおびて黒い。dark blue [用例]—あざ。

**あお-げ**【青毛】 ①《青みをおびて見えることから》馬の毛色の一つ。つやのある黒色。あお。②まだ熟していないイネ。

**あお-げいとう**【青鶏頭】 ヒユ科の一年草。高さ一～二mで茎は太く、八～九月に淡緑色の小花が密生した穂をつける。熱帯アメリカ原産の帰化植物。

**あお-げら**【▽緑▼啄▽木▽鳥】 日本特産の中形のキツツキ。翼長約一五cm。背は緑色で頭は赤い。低山の森林に留鳥としてすむ。本州以南から種子島まで分布。↓[図]

●アオゲラ

**あお-こ**【青粉】 ①食物を青く着色するこな。アオノリの粉末など。②池・沼・湖などに発生し、水を青緑色にする微生物。藍藻類・緑藻類の増殖によるもので、大量に発生すると魚介類に被害を与える。water bloom

**あお-ごち**【青▽東▽風】 初夏のころ、青葉を吹き渡る東風。

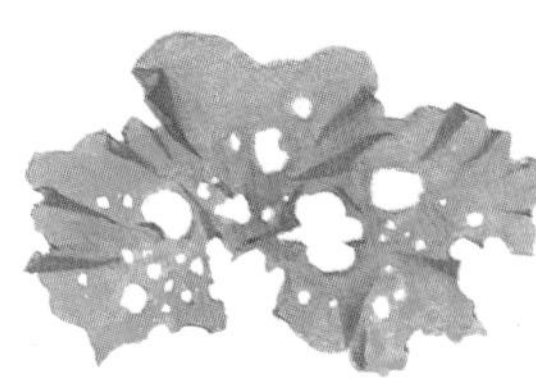
●アオサ　アナアオサ

**あお-さ**【青さ】 青いこと・程度。blue [比較]青み。

**あお-さ**【▽石▼蓴】 緑藻植物アオサ科の海藻の総称。藻体は葉状で、二層の細胞層からなる。浅海の岩上に多い。アナアオサなどがあり、食用。↓[図]

**アオ-ザイ**【ao dai ベトナム】《「アオ」は着物、「ザイ」は長い、の意》ベトナム婦人の民族衣装。絹製が多く、立て襟で、スリットが入るなど中国婦人服の影響がある。クワンというズボンと組み合わせる。↓[写]

●アオザイ

**あお-ざかな**【青魚】 背側の青いさかな。イワシ・サバ・サンマなど。

**あお-さぎ**【青▼鷺・▼蒼▼鷺】 日本で最大のサギ。全長約九〇cm。体全体は白く、背は灰青色。後頭に黒色の長い飾り羽をもつ。集団で樹上に営巣。魚・カエルなどを捕食。日本全土・ユーラシア・アフリカに分布。gray heron

**あお-ざむらい**【青侍】 ①《青い袍を着ていたことから》公卿に仕えた六位の侍。②官位の低い侍。

**あお-ざめ**【青▼鮫】 ネズミザメ科の大形のサメ。全長五m余に達する。背側は青く、腹側は白い。魚やイカを食べるが、凶暴で人間に害を加えることもある。卵胎生で一腹一〇子ほど。練り製品の材料。太平洋に広く分布。mako shark

**あお-ざ・める**【青▼褪める・▼蒼▼褪める】(下一自) ①おそれなどで、青くなる。turn pale ②病気などで、顔色が青白くなる。turn pale

**あお・し**【青し】[古語](形ク) ↓あおい(青い)

**あお-じ**【青地】 青い色の下地。blue ground

**あお-じ**【青磁・青▼瓷】 ↓せいじ(青磁)

**あおじ**【▼蒿▼雀】 ホオジロ科の鳥。翼長約七cm。背面が緑色。夏に北海道や本州中部以北の草原で繁殖し、冬は中部以西の平野の茂みなどにすむ。さえずりは美しい。日本全土からアジア東部に分布。black-faced bunting ↓[図]

●アオジ

**あお-じく**【青軸】 ①ウメの栽培品種の一つ。幹も若葉も緑色。一重または八重の白い花が咲く。緑萼梅。②クワの栽培品種の一つ。③テッポウユリの品種の一つ。

**あお-じそ**【青紫▼蘇】 シソの品種の一つ。茎・葉とも緑色で花は白色。葉・果実は料理の薬味として用いられる。西洋では観賞用として栽培。↓[写]

●アオジソ

**あお-しま**【青島】 宮崎市の南部にある小島。島の周囲には、鬼の洗濯板とよばれる波食された泥岩の奇観がみられ、二〇〇種以上の亜熱帯植物が茂る。

**あお-じゃしん**【青写真】 ①枸櫞酸・蓚酸などの鉄(Ⅲ)塩を感光材料とした写真。文字や線が青地に白く現れる。古くから技術用図面などの複製に多用。シアノタイプ。blueprint ②《青写真が建築設計図に用いられるところから》未来の計画・抱負。future plan [用例]新規事業の—。

**あお-じろ・い**【青白い・▼蒼白い】(形) ①青みをおびて白い。pale [用例]—月光。②顔が青ざめて血色が悪い。pallid [派生]あおじろさ(名)

**あお-じろ・し**【青白し・▼蒼白し】[古語](形ク) ↓あおじろい(青白い)

**青白きインテリ** 室内にこもりがちで顔色の青白い知識人の、行動力のとぼしいことをあざけって言うことば。

**あお-しんごう**【青信号】[対義]赤信号。①交通機関で、進行・安全の意を表す信号。緑色の旗や緑色灯を用いる。green light ②安全信号。green light

**あお-すじ**【青筋】 ①青い筋。blue line ②皮膚の上からすけて見える静脈。blue vein

**青筋を立てる** ひどくおこる。かんしゃくを起こす。turn purple with rage

**あおすじ-あげは**【青筋揚羽▼蝶】 アゲハチョウ科のチョウ。開張約六～七cm。黒い翅の中央に青い方形紋がある。年に二、三回発生。食草はクスノキなど。本州・四国・九州の暖地に広く分布。↓[図]

●アオスジアゲハ

**あお-すそご**【青▼裾濃】 青色で、すそのほうほど、こく染めた織物。

**あお-ず・む**【青ずむ】(五自) 青みを帯びる。

**あお-せん**【青線】《警察が地図に青線で囲って示したことから》第二次大戦後、営業許可だけでもぐりの売春を行った飲食店街。[比較]赤線。

**あお-そこひ**【青底▼翳】 ↓りょくないしょう(緑内障)

**あお-ぞら**【青空】 よく晴れた空。blue sky

**あおぞら-きょうしつ**【青空教室】 野外で授業をすること。また、その授業の場。open-air classes

**あお-た**【青田】[対義]黒田・白田。①イネの青々とした田。green paddy field ②まだ実らないイネの田。green paddy field

**あお-だいしょう**【青大将】 ナミヘビ科の無毒のヘビ。全長約二mで日本産のヘビでは最大。体に特有のにおいがある。体色は緑色が基調。性質は温和。小鳥・カエルなどのほか鶏卵を好む。山口県の白変種シロヘビは天然記念物。日本全土に分布。ネズミトリ。サトメグリ。↓[写](次ページ)

**あおた-うり**【青田売り】 イネの成熟前に、収穫を見越して米を先売りすること。転じて、米以外の作物にもいう。selling crops before the harvest [参照]青田買い。

**あおた-がい**【青田買い】 ①イネの成熟前に、その田の収穫量を見積もって先買いすること。②企業などが、優秀な人材を確保す



↓行き先項目、図版・写真参照印。 JIS 日本工業規格情報交換用漢字符号コード(区点コード)。

●アオダイショウ

るために、卒業前の学生・生徒の採用を決めること。青田刈り。

**あおた-がり**【青田刈(り)】①青田を刈ること。②「青田買い」②と同意。

**あお-たご**【青たご】アオダモの別名。

**あお-だたみ**【青畳】青々とした新しい畳。用例 ―のような海上。

**あお-だち**【青立ち】植物の生育がある段階でとまり、穂や花をつけないで未成熟のまま枯死する現象。また、その作物。冷害のときのイネにみられる。

**あお-たてはもどき**【青立羽▽擬▼蝶】南方系の優美なタテハチョウ。開張約五cm。雄は後翅が青藍色(雌は淡褐色)で、眼の形をした斑紋は雌のほうが大きい。食草はキツネノマゴ。奄美諸島以南の東洋熱帯に分布。

**あお-だも**【 】山地にはえるモクセイ科の落葉高木。葉は五～七個の小葉からなる羽状複葉。春、細い四弁の小花を密生。材はバット・ラケットの材料。コバノトネリコ。アオタゴ。

**あお-たん**【青短・青丹】花札で、青い短冊の描かれている牡丹・菊・紅葉の札。また、花合わせ・八八などの遊びで、その三枚をそろえた出来役。

**あおち-りんそう**【青地林宗】(一七七五～一八三三)江戸後期の蘭学者。松山藩医快庵の子。名は盈。字は子遠、号は芳滸。文政五年(一八二二)幕府の天文台訳官となり、同一〇年(一八二七)日本最初の物理学書とされる『気海観瀾』を出版。

**あお-づけ**【青漬(け)】青い野菜類を、なまの色を失わないように漬けたもの。

**あお-つづら**【青▼葛】①アオツヅラフジの別名。②［枕ことば］《つる性植物、アオツヅラフジの古名。その蔓を「繰る」ことから》「来る・暮るる・苦し」などにかかる。用例 山がつのかきほにはへる―人はくれども言づてもなし(古今・恋四)。

**あお-つづらふじ**【青▼葛▼藤】ツヅラフジ科のつる性落葉植物。山野にはえる。蔓は長く伸び葉は広卵形。夏に黄白色の小花をつけ、果実は球形で黒熟。根・茎を漢方で木防已といい、利尿・鎮痛・解熱薬とする。カミエビ。アオツヅラ。

**あお-てんじょう**【青天井】①青々とした空を天井にみたてた語。青空。blue sky ②屋外。野天。outdoor ③どこまでも果てしなく上がること。用例 株価は―。

**青天井の下**(あおてんじょうのした) 何もおおわれていず、広く開けた所。屋外。野外。野天。青天井。outdoor

**あお-でんわ**【青電話】青色の街頭公衆電話。

**あお-どうしん**【青道心】①出家したばかりで、修行の未熟な僧。今道心。しんぼち。②なまはんかな出家心。なま道心。

**あおとぞうしはなのにしきえ**【青▼砥▽稿花▽紅▽彩▽画】歌舞伎世話物。通称『白浪五人男』。河竹黙阿弥作。盗賊を主人公とする白浪物の代表作。文久二年(一八六二)初演。

**あお-とどまつ**【青▼椴松】マツ科の常緑針葉高木。アカトドマツの変種。北海道南西部に分布。葉は線形。樹皮は平滑。材はパルプ・建築用。

**あおと-ふじつな**【青▼砥▼藤綱】(生没年未詳)鎌倉中期の武士。上総の人。北条時頼に仕え、引付衆となる。権威に屈せず公正な裁判を行ったことや、鎌倉の滑川に落とした銭一〇文を五〇文かけて探させたという『太平記』の逸話は有名。

**あお-な**【青菜】なまの青い色の菜の総称。なっぱ。かぶらな・あぶらななど。greens

**青菜に塩**(あおなにしお) ひどくしょげかえるさま。crestfallen

**あお-ナイル**【青ナイル】(Blue Nile) ナイル川の支流。エチオピアのタナ湖を水源とし、スーダンのハルツームで白ナイルと合流、ナイル川となる。長さ二〇三〇km。

**あおなが-だいこん**【青長大根】皮およびの半分ぐらいまでが緑色のダイコン。径約五cm、長さ約二五cm。糖分を多く含む。生食や漬物に利用。中国原産。ビタミンダイコン。

**あお-に**【青煮】調理法の一つ。野菜などの青みを失わないように煮る。

**あお-にさい**【青二才】年が若く未熟な男。青年を軽蔑していい、また、青年がけんそんしていう語。greenhorn

**あおに-よし**【青▽丹よし】［枕ことば］《「青丹」は、顔料の青味のある土で、奈良はその産地という。「よ」「し」は、強めの助詞》「奈良・国内」にかかる。用例 ―寧楽の京師は咲く花の薫ふがごとく今盛りなり(万葉・三・三二八)。

**あおね-おんせん**【青根温泉】宮城県南西部、蔵王山東斜面にある温泉。太平洋や金華山が遠望できる。

**あお-の・く**【▽仰のく】(五自)→あおむく「(仰向く)」

**あお-の・ける**【▽仰のける】(下一他)→あおむける(仰向ける)

**あおの-すえきち**【青野▽季吉】(一八九〇～一九六一)文芸評論家。新潟県生まれ。早大卒。初期のプロレタリア文学理論を推進し、のちには幅広い評論で活躍。著書『転換期の文学』など。

**あお-の-つがざくら**【青の▼栂桜】ツツジ科の常緑低木。高山帯の水湿地に群生。葉は線形または披針形で、枝の上部に密に互生。淡黄色のつぼ形の花が下向きに咲く。開花期は七、八月。

**あお-の-どうもん**【青の洞門】大分県北部、耶馬渓町にあるトンネル。江戸中期、僧禅海が三〇年かけて掘削したという。

**あお-のり**【青▽海▼苔】緑藻植物アオノリ属の海藻の総称。体は一層の細胞からなり、形は葉状、ひも状など。磯辺の岩に着生。広く日本の沿岸に分布。スジアオノリ・ヒラアオノリなど。ほして食用にする。アオバ。リョクタイ。→緑藻植物図

**あお-ば**【青葉】初夏の青々とした木の葉。新緑。若葉。fresh leaves

**あおばありがた-はねかくし**【青▼翅▼蟻形▽隠▼翅▽虫】草地にすむハネカクシ科の小形の甲虫。体長七mm内外。黄赤褐色で、頭・腹端は黒く、上翅が緑藍色に輝く。体液が人の皮膚につくと炎症を起こす。日本全土に分布。→図

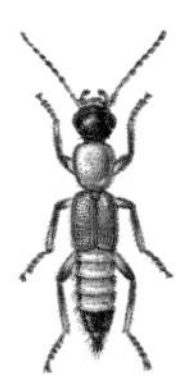
●アオバアリガタハネカクシ

**あお-ばえ**【青▼蠅・▼蒼▼蠅】①体が青緑色のハエの俗称的総称。代表的なオオクロバエは、体長一cm余と大きく、胸部が灰黒色、腹部が金属光沢のある藍色。腐肉や便池などに発生し、重要な衛生害虫。②うるさくつきまとう者。dangler

**あおば-じょう**【青葉城】仙台市の青葉山に本丸がおかれていた、仙台藩主伊達氏の居城。伊達政宗が築城。石垣と堀の一部が現存。仙台城。

**あおば-ずく**【青葉▽木▼菟】青葉のころ日本に渡来する中形のフクロウ。全長約三〇cm。体上面は黒褐色、下面は淡褐色地に黒褐色の縦斑が走る。耳状の羽はない。夜間ホーホーと鳴く。大樹の洞内で繁殖。日本全土で繁殖。中国南部・フィリピンで越冬。brown hawk-owl →写

**あおば-せせり**【青▼翅▼挵▼蝶】日本で最大の緑色のセセリチョウ。開張約四・五cm。食草はアワブキ類。さなぎで越冬。樹上を敏速に飛ぶ。本州以南・東南アジアに分布。→写

●アオバセセリ　雄。

**あお-はた**【青羽太】スズキ科の海水魚。体長約四五cm。黄褐色の地に黄色の斑点が散在する。美味。南日本から台湾に分布。

**あお-はた**【青旗】①青い色の旗。blue flag ②緑色の旗。安全信号の旗。green flag 対義 赤旗。

**あお-はだ**【青▽膚】モチノキ科の落葉高木。高さ約一〇m。雌雄異株。葉は広卵形。秋に球形の赤い果実をつける。木材は細工用。

**あお-ばと**【青▼鳩】ハト科の鳥。頭首の部分は黄緑色、背面は濃緑色で腹は白い。低山の林にすみ、冬は温暖な地方に移動。沖縄・台湾などに産する亜種は、その鳴き声から尺八バトともいう。→ハト図

**あお-ばな**【青花】ツユクサの別名。

**あお-ばな**【青▼洟】子どもなどのたらす、青い鼻汁。あおっぱな。greenish nasal mucus

**あおば-はごろも**【青▼翅羽衣】アオバハゴロモ科の昆虫。体長約八mm。体・翅ともに淡緑色。幼虫は果樹の害虫。本州以南に分布。

**あお-はぶ**【青波布】クサリヘビ科の毒ヘビ。体長約五〇cm。体は暗緑または草緑色。人畜をかむが死ぬものは少ない。台湾から東南アジアに分布。

**あお-ば・む**【青ばむ】(五自) 青みをおびる。青ざめる。

**あお-び**【青火】鬼火。幽霊火。燐火。

**あお-ひげ**【青▼髯】㊀芝居の隈取りの一種。剃りたてのほおひげのように青く塗り敵役・色敵の顔をつくる。㊁《青ひげ。原題 Barbe-Bleue フランス》フランスのペローの童話。一六九七年刊。六人の妻を殺害する話。また、その主人公。

●アオバズク

**あお-ひとぐさ**【青人草・▼蒼▽生】《人のふえるのを草の生長にたとえた語》民草。人民。

**あお-ひとで**【青▽海▽星】熱帯地方にふつうにみられる青藍色の大形のヒトデ。腕長二〇cm以上。四国以南に分布。

**あお-びゆ**【青▼莧】ヒユ科の一年草。高さ一～二m。夏から秋に緑白色の密生した穂状の花が咲く。熱帯アメリカ原産の帰化植物。アオゲイトウに近似。

**あお-ひょう**【青票】→せいひょう(青票)

**あお-びょうし**【青表紙】①青い色の表紙。②浄瑠璃のけいこ本。③経書の古名。④『源氏物語』の、藤原定家が校訂した系統の本。

**あお-びょうたん**【青▼瓢▼箪】①熟していない、青いヒョウタン。青ふくべ。②顔色の青白い人を、ばかにして言う語。

**あお-ぶくれ**【青膨れ】(名・サ変自) 顔などが青くむくんでいること。また、そのような人。pale swollen face

**あおふしがき-の-しんじ**【青▼柴垣の神事】島根県美保関町の美保神社に伝わる神事。事代主神が海中に青柴垣を作って神去ったという国譲り神話に基づくもので、豊漁や航海安全を祈るものという。例祭は四月七日。

**あお-ふだ**【青札】①青い札。②株式で、買い物をさそうために付ける札。対義 赤札。

**あお-ふどう**【青不動】青で彩色された不動明王の絵をさす。とくに、京都青蓮院蔵の不動明王。平安中期の作。赤不動・黄不動とともに、日本三大不動の一つ。

**あお-べら**【青▽倍▽良・青▽遍羅】《成魚になると体が青みを帯びることから》キュウセンの雄の異称。

**あお-ほん**【青本】江戸時代の草双紙の一種。表紙が萌黄色。黒本と同じく赤本の変化したもの。黒本よりやや現実の世相を題材とした。延享から安永ごろに江戸で流行。

**あお-まつむし**【青松虫】夏から秋に鳴くマツムシ科の昆虫。体長約二・四cm。体は緑色。八月下旬から樹上でリュウリュウと鳴く。中国からの移入種とされる。→写

**あお-まめ**【青豆】①大豆の品種の一つ。果実

●アオマツムシ　雄。



▼常用漢字表外。　▽常用漢字表の音訓外。

は緑色で粒も大きい。おもに豆粉などにする。②グリーンピース。green peas

**あお-み**【青み】①青いこと・色・感じ。比較青さ。②料理のつけ合わせやあしらいに使う緑色の野菜。生で、またはゆでて使う。

**あお-みず**【青みず】イラクサ科の一年草。原野の湿地にはえる。茎の高さ三〇〜五〇cm。葉は対生。秋、淡緑色の小花をつける。

**あお-みずひき**【青水引】↓くろみずひき(黒水引)

**あおみ-だいこん**【青身大根】ダイコンの一品種。根は径が三〜四cm、長さ二〇〜二五cmの小形で、首が青い。和歌山市周辺で雑煮用として栽培する。

**あお-みどろ**【青味泥・水綿】緑藻植物スピロギラ属の総称。池や水田にみられる糸状の淡水藻。体は一列の細胞からなり、葉緑体は帯状でらせん形。生理学・細胞学の実験材料。↓写

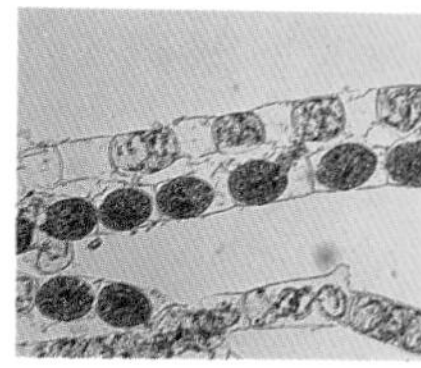

●アオミドロ

**あおみ-ばし・る**【青みばしる】(五自)青く色づく。青みをおびる。

**あおみ-わた・る**【青み渡る】(五自)一面に青くなる。

**あお・む**【青む】(五自)青くなる。青ざめる。

**あお-む・く**【仰向く】(五自)上を向く。あおのく。look up 対義うつむく。

**あお-む・ける**【仰向ける】(下一他)上に向ける。あおのける。turn up

**あお-むし**【青虫】チョウ・ガの幼虫で、体が緑色のものの俗名。モンキチョウ・スジグロチョウなどの幼虫をさす場合が多い。菜の害虫。螟蛉。green caterpillar ↓写

●青虫　モンキチョウ

**あおむし-こまゆばち**【青虫小繭蜂】モンシロチョウ類の幼虫(青虫)に寄生するコマユバチ科のハチ。黒色で、体長約三mm。青虫の体内で成熟し、宿主の体壁を破って脱出する。日本全土に分布。

**あおめ-あぶ**【青眼虻】ムシヒキアブ科のアブ。体長二一〜三cm。体は細長く、黄褐色の粉と黄色毛をもつ。目は緑色に光る。他の昆虫を捕らえ体液を吸収する。本州以南・インドに分布。

**あお-もの**【青物】①野菜類の総称。vegetables; greens 用例—市場。②背の青い魚の総称。イワシやサバなど。

**あお-もみじ**【青紅葉】①まだ赤く色づかないカエデ。②襲の色目の名。表は青、裏は朽ち葉色。

**あおもり**【青森】〈県〉東北地方北端の県。県庁所在地は青森市。おおむね南高北低の地形で、津軽海峡をへだてて北海道に対する。米とリンゴに代表される農業県だが、東部は北東風「やませ」の冷害に悩む。沿岸部では水産業・加工業がさかん。面積九六一九km²、人口一五三万六三二〇(一九八八)。

**あおもり**【青森】〈市〉青森県、青森湾に臨む市。県庁所在地。江戸時代から開けた港町で、長い間、青函連絡船で北海道の函館と結ばれていた、交通と商業の要地。「ねぶた」は東北三大祭りの一つ。人口二九万二二六四(一九八八)。

**あおもり-とどまつ**【青森椴松】オオシラビソの別名。

**あおもり-へいや**【青森平野】青森県中部、青森湾沿いの沖積平野。県の中心地青森市などがある。

**あおや**【青谷】〈町〉鳥取県中部の町。因州和紙で古くから知られた。夏泊の海女も有名。人口九二八三(一九八八)。

**あお-やがら**【青簳魚】体が細長いうえに、吻も長く突き出しているヤガラ科の海水魚。尾びれの中央も、むち状に伸びる。全長約一・五m。青みのあるオリーブ色。食用。本州中部以南と、太平洋・インド洋に分布。rough cornetfish

**あお-やき**【青焼(き)】感光剤としてジアゾ化合物を使用する複写法。現像すると、ジアゾ化合物がフェノールなどと反応し青色に発色。印刷物の仮の体裁をみることなどに使われる。青写真。Ozalid

**あお-やぎ**【青柳】①青々としげったヤナギ。②襲の色目の名。表裏ともに、こい青。春着用。③海産の二枚貝、バカガイのむき身。千葉県青柳村(現在は市原市内)産のバカガイが有名だったため、産地名が通称となる。太平洋岸に多く、旬は冬。

**あおやぎ-そう**【青柳草】ユリ科の多年草。山地にはえる。高さ約六〇cm。数枚の長楕円形の葉が直立する茎の下方から出る。夏に、径約一cmの緑色の花を総状花序につける。根茎は有毒。

**あおやぎ-の**【青柳の】[枕ことば]《細いヤナギの枝を糸に見たてることから》「いと」・「いとど」などにかかる。用例君なくてよるかたもなき—いとど憂き世ぞ思ひみだるる(新古今・哀傷)。

**あおやま**【青山】東京都、港区北西部にある地区。高層建築の商店街や住宅地となっている。

**あおやま**【青山】〈町〉三重県西部、上野盆地南東の町。旧宿場町。農林業が中心。青山高原がある。人口九三八五(一九八八)。

**あおやま-すぎさく**【青山杉作】(一八八九〜一九五六)演出家。新潟県生まれ。早大中退。築地小劇場などを経て俳優座の創立に参加。多くの新劇俳優を育成した。

**あおやま-たねみち**【青山胤通】(一八五九〜一九一七)内科学の大家。美濃の人。東大教授、東大伝染病研究所所長。財団法人癌研究会を創立。

**あお-やまぶき**【青山吹】襲の色目の名。春に用いたもので、表は青、裏は黄色。

**あお-よせ**【青寄せ】あえ物などの色つけに使う青み。ホウレンソウなどをすって裏ごしし、なべに入れてさっと煮立て、表面に集まり寄ったものを使う。

**あおり**【煽り】①あおること。fan ②あまった勢い。余勢。influence 用例—をくらう。

**あおり**【障泥・泥障】馬具の一種。鞍の下にさし込んで馬の腹をおおう泥よけのための皮革。実用のためのものだが、のちに装飾用となった。↓馬具図

**障泥を打つ**(あおりをうつ)馬を速く走らせるため、鐙であおりをける。

**あおり-あし**【煽り足】水泳の足の動作の一つ。横泳ぎで、両脚の間の水を煽るようにしておしだす泳法。

**あおり-いか**【障泥烏賊】イカの一種。胴長約四五cmで、灰褐色で横縞がある。ひれが幅広く、あおり(馬具の泥よけ)に似る。食用。本州中部から四国・九州・太平洋に分布。ミズイカ。↓イカ写

**あお・る**【呷る】(五他)酒などを、ぐっと飲む。あおむいて、ひと息に飲む。gulp down

**あお・る**【煽る】(五自他)①(他)㋐吹き動かす。flap 用例風がカーテンを—。㋑扇などで、あおぐ。fan 用例扇で火種を—。㋒おだてる。そそのかす。agitate 用例人を—。㋓馬を急がせる。rush 用例馬を—。㋔カメラを上向きの角度にして写す。②(自)風に吹かれて動く。flap 用例木戸が—。

**あか**【赤】㊀(名)①色の名。新しい血の色。紅色・緋色・朱色などの総称。加法・減法混色の基本三原色の一つ。レッド。red ②あかご。あかんぼう。baby ③あかがね。銅。copper ④赤字。red figures 対義黒。⑤「赤信号」の略。red light 対義青。⑥共産主義・共産主義者の俗称。a Red 用例—狩り。㊁(接頭)まったくの。純然たる。用例—恥。

**赤の他人**(あかのたにん)まったく関係ない人。perfect stranger

**あか**【垢】皮膚の死滅した表皮細胞が汗・脂肪・ほこりなどとともに、皮膚の表面にたまったもの。dirt

**垢で死んだ者は居ない**(あかでしんだものはいない)《ふろに入るのが嫌いな者が言い訳に使う語。また、ふろ嫌いをからかって言う語》垢がたまったことが原因で死んだ者はない。

**あか**【淦】船底にたまった水。bilge water

**あか**【銅】銅。あかがね。copper 用例—の花器。

**あ-か**【亜科】生物分類の一階級。科と属の間におき、科を小さく区分する必要がある場合に設ける。

**あか**【閼伽】《仏教語。arghya梵の音写で、価値あるもの、の意》①仏に供えるもの。一般に、仏前に捧げる清らかな水。用例—棚。②神仏への供えものを入れる器。閼伽の具。

**あか**【赤】〈村〉福岡県東部、田川市東隣の村。良質米・杉材・ナシの産地。人口四一三二(一九八八)。

**あ-が**【吾が・我が】古語(連語)①《「が」が主格のとき》私が。自分が。用例家に行きていかにか—せむ(万葉・五・七九五)。②《「が」が連体格のとき》私の。自分の。用例—為は狭くやなりぬる(万葉・五・八九二)。

**あかあか-と**【赤赤と】(副)いかにも赤いさま。flaming red

**あかあか-と**【明明と】(副)いかにも明るいさま。brightly

**あかあし-しぎ**【赤脚鷸】脚が赤いシギ。全長約二八cm。背面は褐色の地に黒斑があり、腹面は白い。ユーラシア中・北部で繁殖し、冬は東南アジアなどに渡る。日本では旅鳥で、春秋二回本州の海岸・河口に渡来するが、数は少ない。Eastern redshank

**あか-あり**【赤蟻】赤褐色または赤黄色の小形のアリの俗称。

**あか・い**【赤い】(形)①《「紅い」とも》赤色である。red 用例顔が—・くなる。②共産主義的である。左翼的である。red; communistic 用例—思想に染まる。派生あかさ(名)あかみ(名)

**赤い気焔**(あかいきえん)女性の、盛んな意気。

**赤い着物を着る**(あかいきものをきる)《もと、囚人服が赤かったことから》刑務所にはいる。

**赤い心**(あかいこころ)まごころ。赤心。

**赤い信女**(あかいしんにょ)《生きている妻の戒名を、死んだ夫の名と並べて墓石に刻むとき、その字を赤く塗ることから》夫に死なれた妻。未亡人。

**赤くなる**(あかくなる)①赤い色になる。turn red ②はずかしくて顔に血がさす。blush ③俗に、左翼的になる。turn red

**あか-いえか**【赤家蚊】カの一種。赤褐色のイエカ。体長約五mm。屋内に多く、下水や貯水槽に発生する。雌が夜間に吸血し、日本脳炎やフィラリアを媒介。日本全土に分布。

**あかいがわ**【赤井川】〈村〉北海道西部、小樽市南西隣の村。稲作を中心に、スイカ・メロンなどを栽培。人口一三六二(一九八八)。

**あかい-クメール**【赤いクメール】↓クメールルージュ

**あかいけ**【赤池】〈町〉福岡県北部、直方市南隣の町。炭鉱町だったが、昭和四四年(一九六九)全鉱閉山。人口一万一四四(一九八八)。

**あかいし-さんみゃく**【赤石山脈】山梨・長野・静岡の県境に連なる山脈。最高峰は北岳三一九二m。南アルプス。

**あかいし-だけ**【赤石岳】長野・静岡県境にそびえる、赤石山脈の山。標高三一二〇m。古生層の赤色砂岩からなる。

**あかいとり**【赤い鳥】鈴木三重吉主宰の児童文学雑誌。芸術的な童話・童謡運動を旗印にし、児童文学史上に大きな足跡を残す。大正七〜昭和一一年(一九一八〜三六)刊行。

**あかい-はね**【赤い羽根】共同募金に参加した人に贈られる赤い羽根飾り。昭和二二年(一九四七)以来社会福祉事業の発展を目的に行われている共同募金のシンボル。

**あかいろうそくとにんぎょ**【赤い蠟燭と人魚】小川未明の童話。大正一〇年(一九二一)作。人魚の娘を拾い育てた蠟燭屋の老夫婦が、娘を売ったため海が荒れて町は滅ぶという話。

**あか-いわし**【赤鰯】①ぬかをまぶして塩漬けにしたイワシ。また、干したイワシ。肉が赤みを帯びることから言う。②さびて赤い刀、また、その刀を持った侍をあざけって言う語。

**あか-うお**【赤魚】①鮮紅色のカサゴ科の深海魚。全長約六〇cm。本州中部に分布。②紅色の細長いハゼ科の魚類。全長約一五cm。河口に生息。和歌山県以西に分布。③ウグイの別名。

**あか-うきくさ**【赤浮草】水田や池などに浮かぶサンショウモ科の水生シダ。茎は短く、鱗片状の赤い葉が密生。近畿以西に分布。

**あか-うに**【赤海胆】沿岸岩礁帯にすむラッパウニ科のウニ。殻径約六cm、殻高約三cm。殻は平たく、赤色のやや短いとげをもつ。卵巣が食用。房総半島以南九州まで分布。ヒラタウニ。↓ウニ図

**あか-うみがめ**【赤海亀】日本本土の沿岸で産卵する唯一のウミガメ。甲長約一m。背甲は心臓形で赤褐色。雑食性。産卵期は六〜八月。太平洋・インド洋・大西洋に分布。logger-



↓行き先項目、図版・写真参照印。　JIS 日本工業規格情報交換用漢字符号コード(区点コード)。

head turtle →図

●アカウミガメ

**アカウンタビリティ**【accountability】会計のもつ管理責任。財産管理者が資金提供者に対して財産の変動結果を正確に記録・伝達する責任。株式会社の株主に対する責任は、簿記から作成された財務諸表の開示と株主総会での承認をもってはたされる。会計責任。

**あか-え**【赤絵】①陶磁器に赤色の釉で文様を描いて焼いたもの。色絵ともいう。比較 青絵。②ギリシア陶器の絵付けの様式の一つ。赤絵式。③江戸時代、疱瘡の難をのがれるとされた赤刷りの版画。④江戸末期から明治の初めにかけて流行した、どぎつい赤を用いた錦絵。→写

●赤絵① 野々村仁清『色絵月梅図壺』。江戸時代(一七世紀後半)、東京国立博物館。

**あか-えい**【赤▼鱝・赤▼鱏】エイの一種。全長約一m。背面は灰褐色で腹面はうすいが、体の周辺部や尾部は橙黄色。背びれ・しりびれがない。尾部に大きなとげをもち、刺されると激痛を覚える。砂質の海底にすむ。卵胎生。夏季に美味。本州中部以南に分布。stingray →図

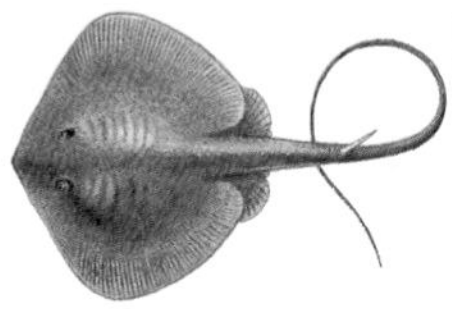
●アカエイ

**あか-えそ**【赤▽狗▽母▽魚】浅海の砂地にすむエソ科の海水魚。全長約二五cm。背は灰赤色、腹は白い。本州中部以南からインド洋に分布。

**あかえぞふうせつこう**【赤▼蝦▼夷風説考】仙台藩医工藤平助の著書。ロシア勢力の南下と密貿易の現状を述べ、対ロシア貿易と蝦夷地開発の必要性を説いた。天明三年(一七八三)老中田沼意次に献上。

**あか-えぞまつ**【赤▼蝦▼夷松】マツ科の常緑針葉高木。エゾマツに似るが、若芽や若い球果は赤みを帯びる。北海道・サハリン・千島に分布。パルプ材用・木工用など。→写

●アカエゾマツ

**あか-えび**【赤▽海▽老】クルマエビ科のエビ。体長約一二cm。体に赤紫色の斑紋がある。高級食用種で、むきエビ・干しエビに利用。三河湾以西の内湾に多い。

**あか-えぼし**【赤▼烏▽帽子】①赤く塗った烏帽子。②物好きが好む変わったもののたとえ。烏帽子は黒塗りがふつうなのに、物好きな大名が赤く塗ったものを用いたことから。用例 亭主の好きな――。

**あかおか**【赤▼岡】〈町〉高知県東部の町。旧宿場町。野菜栽培などの農業や、水産物の加工がさかん。人口四〇九五(一九八)。

**あか-がい**【赤貝】①内湾の砂泥底に生息するフネガイ科の二枚貝。殻長約一二cm、殻高約九cm。殻表には四二本前後の凸状のすじが放射状に走る。軟体は橙色。美味。北海道南部以南の日本全土・朝鮮半島に分布。キサガイ。②《俗語》成人の女性の性器。

**あか-がえる**【赤▼蛙】アカガエル科のカエルのうち、赤みがかった体色のカエルの総称。ニホンアカガエルは体長約五cm。産卵期は一二～三月で、産卵後仮眠する。水田などにブドウのふさ状の卵塊を産む。本州以南、中国大陸に分布。ほかにエゾアカガエル・ヤマアカガエルなど。brown frog

**あか-かがち**【赤▽酸▼漿】ホオズキの古名。

**あかがき-げんぞう**【赤垣源蔵】赤穂義士の一人、赤埴重賢の忠臣蔵狂言などでの名。

**あか-がし**【赤▼樫】ブナ科の常緑高木。山地に分布。葉は大きく長楕円形。五月ごろ緑褐色の雄花と雌花を開き、翌年の秋に楕円形の実をつける。木材は堅くて赤色を帯び、用途が広い。オオガシ。オオバガシ。

**あかがしら-からすばと**【赤頭▼烏▼鳩】淡赤褐色の頭上以外は全身黒色の大形のハト。本州・四国・九州の南部沿岸各地にいるカラスバトの一亜種。翼長約二四cm。密林にすみ、木の実を食べる。小笠原諸島・硫黄島に分布。

**あか-がね**【▽銅】銅。しゃくどう。あか。copper

**あかがね-いろ**【▽銅色】つやのある赤黒い色。しゃくどういろ。copper-color

**あか-かぶ**【赤▼蕪】カブの品種の一つ。根の表皮や全体が赤く、酢の物やサラダなどに用いる。ラディッシュ・ビーツもこの種類。アカカブラ。red turnip

**あか-がみ**【赤紙】①赤い紙。②《淡紅色の紙を使ったことから》召集令状の俗称。

**あか-がり**【赤狩(り)】国家権力が共産主義者や社会主義者を捕らえたり、公職や会社などから追放して弾圧することをいう俗語。red-bait

**あか-がれい**【赤▼鰈】カレイ科の海水魚。全長約四〇cm。目のある側は暗褐色。食用。日本海、金華山以北の太平洋に分布し、底引き網で大量に漁獲される。

**あかがれ-びょう**【赤枯(れ)病】スギの苗木や若い木の針葉や茎が菌に侵され、赤茶色になって枯れる木の病気。

**あかがわ-じろう**【赤川次郎】(一九四八― )小説家。軽妙な推理小説で人気を博する。著書『幽霊列車』『三毛猫ホームズの推理』など。

**あかき**【赤き】文語的《「赤し」の連体形》色が赤いこと。

**あか-ぎ**【赤木】皮をはいだ丸木の材木。対義 黒木。

**あかぎ**【赤来】〈町〉島根県中部、神戸川上流の町。農林業がさかんで、島根牛の本場。人口四一九八(一九八)。

**あかぎ**【赤▽城】〈村〉群馬県中部、赤城山西斜面にある村。畜産とコンニャク栽培が中心。人口一万三八六五(一九八)。

**あ-がき**【▽足▼掻き】あがくこと。struggling

用例 悪――。

**足掻きが取れない** 救済されるあてもまた解決する方法がなく、どうしようもない。be in great straits

**あかぎ-さん**【赤▽城山】群馬県東部にある火山。標高一八二八m。円錐形二重式火山で、山頂の火口原湖大沼は、観光の中心でスケートができる。あかぎやま。

**あか-キャベツ**【赤キャベツ】→むらさきキャベツ(紫キャベツ)

**あかぎれ**【▼皸・▼皹】指や足の角質の厚い部分が乾燥して割れ目を生じた状態。housewife dermatitis

**あ-が・く**【▽足▼掻く】(五自)①馬などが、足で地面をかく。paw the ground ②じたばたする。もがく。struggle ③あくせくする。

**あか-ぐつ**【赤靴】アカグツ科の海水魚。頭はアンコウよりも平たく円形かつ体との比率で大きく、尾部が短くて細い。体も赤い。全長三〇cm余。岩手県以南に分布。

**あかくら-おんせん**【赤倉温泉】山形県北東部、最上町にある温泉。小国川上流の、山の温泉で、冬はスキーでにぎわう。

**あかくら-おんせん**【赤倉温泉】新潟県南西部、妙高高原町にある温泉。妙高山麓のスキー場の一つ。

**あか-くらげ**【赤▽水▽母】暖流域に広く生息するオキクラゲ科のクラゲ。かさの直径約一二cm。半球状のかさの表面には一六本の赤褐色の条紋がある。触手に猛毒の刺胞をもち人を刺す。本州以南に分布。レンタイキクラゲ。→クラゲ図

**あか-げ**【赤毛】①赤みをおびた毛髪。red hair ②馬の毛色で、赤茶のもの。栗色。chestnut; reddish-brown

**あかげ-ざる**【赤毛猿】オナガザル科のサル。体長約五〇cm、尾長約二五cm。白い腹部以外は赤褐色。森林に群棲し、泳ぎが巧み。このサルの赤血球からRh因子(Rhは本種の英名rhesus monkeyに由来)が発見された。アジア南部に分布。

**あか-ゲット**【赤ゲット】①《「ゲット」はblanketの略》①赤い色の毛布。red blanket ②《それをかけて歩いたので》都見物の、田舎者。おのぼりさん。country visitor to town

**あかげのアン**【赤毛のアン】《原題Anne of Green Gables》モンゴメリーの小説。一九〇八年刊。孤児アンの成長と周囲の人々との心の交流を描く。シリーズ第一作。

**あか-げら**【赤▽啄▽木▽鳥】キツツキの一種。全長約二四cm。下腹と雄の後頭に赤斑。山地の森林にすみ、樹皮下の虫を食う。北海道・本州に分布。

**あかげ-わしゅ**【▽褐毛和種】和牛の一品種。毛色は赤褐色。肉用種。九州の阿蘇地方と四国が主産地。かつげわしゅ。かつもうわしゅ。

**あか-ご**【赤子・赤▽児】①《体の色が赤みをおびていることから》生まれて間のない子供。赤ん坊。小児。乳児。嬰児。baby ②イトミミズの異称。

**赤子の手を捩じる** =赤子の手を拈る。①弱い者をいじめる。bully the weak ②たやすくできることのたとえ。twist a baby's arm

**赤子を裸にする** 無力で弱い者を、よりいっそう孤立無援にしてしまう。

**あか-ごうのう**【赤行▼嚢】書留などを入れて運んだ、ふくろ。現在の赤郵袋。

**あ-が-こころ**【▼吾が心】[枕ことば]《「我が心赤(明)し」また、「我が心尽くし」の意から》「明石・筑紫」などにかかる。用例 ――明石の浦に船泊めて浮寝をしつつ(万葉・一五・三六二七)。

**あか-こっこ**【赤▽鳥▽赤▽腹】体側がキツネ色で頭と尾が黒いヒタキ科の鳥。翼長約一二cm。森林にすみ、ミミズ・昆虫・タブノキの実などを食べる。伊豆七島と屋久島に分布。→写

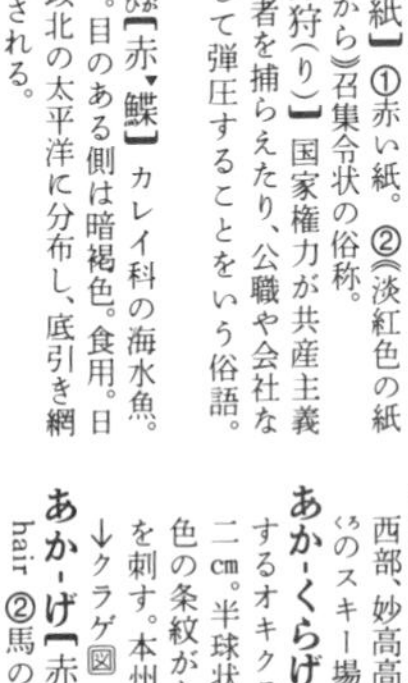
●アカコッコ

**あか-ごめ**【赤米】種皮の赤い米。大唐米など江戸時代にはさかんに栽培された。地方によっては祭祀用。

**あかざ**【▼藜】アカザ科の一年草。山野にはえる。高さ約一m。葉は卵形、鋸歯がある。夏、黄緑色の小花を穂状につける。若葉は食用・薬用。茎は杖などに用いる。若葉に赤い粉粒が付くことからの名。→写

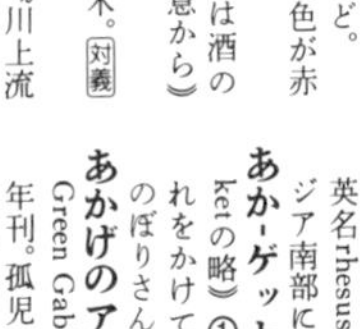
●アカザ

**藜の羹** アカザの吸い物。そまつな食べ物のたとえ。

**あかざ-えび**【▼藜▽海▽老】アカザエビ科の大形のエビ。全身黄赤色をし、大きなはさみは細長く、その先端は白い。体長二五cm内外。美味。銚子沖から日向灘に分布。

**あかさか**【赤坂】東京都、港区北部の地区。江戸時代は武家屋敷の町、今日では高層ビル・ホテルや高級料亭も多く、夜は歓楽街。

**あかさか**【赤坂】〈町〉岡山県東部、吉井川と旭川との間にある町。酒造米・桃・ブドウの産地。人口五六七五(一九八)。

**あかさか-じょう**【赤坂城】鎌倉末期、楠木正成が現在の大阪府南河内郡に築いた上・下二つの城。

**あかさか-りきゅう**【赤坂離宮】東京の赤坂にある旧東宮御所。明治四二年(一九〇



▼常用漢字表外。 ▽常用漢字表の音訓外。

九)落成。ネオバロック様式の鉄骨石造れんが建築。昭和四九年(一九七四)迎賓館として改修。

**あかさき【赤▼碕】**〈町〉鳥取県、大山北麓の町。農業・沿岸漁業がさかん。古戦場の船上山がある。人口九四二八(一九八八)。

**あか-ざとう【赤砂糖】**薄い赤褐色で糖蜜を含む粗製の砂糖。特有の風味がある。brown sugar

**あか-さび【赤▼錆】**鉄分に生じる赤茶色のさび。rust

**あか-ざら【赤皿】**アズマニシキガイの北海道・東北地方での呼び名。

**あか-さんご【赤▼珊▼瑚】**装飾用サンゴの一つ。高さ五〇cmほどの群体は樹状。骨軸は暗赤色。小笠原・四国・九州に分布。

**あかし【▽灯】**あかり。ともしび。灯明。light

**あかし【▽証】**①証拠。proof ②潔白であるという証明。vindication 用例——を立てる。

**あか-し【赤し】**古語(形ク)↓あかい(赤い)

**あか-し【明かし】**古語(形ク)①あかるい。あかい。あきらかだ。用例日月は——といへど吾が為は照りや給はぬ(万葉・五・八九二)。②心が清い。いつわりがない。用例隠さはぬ——き心を皇辺に(万葉・二〇・四四六五)。

**あかし【明▽石】**〈市〉兵庫県南部、明石海峡に臨む市。旧城下町。淡路島への連絡船の基地。住宅地として発展。日本標準時子午線(東経一三五度)が通る。人口二六万一〇三五(一九八八)。

**あか-じ【赤地】**赤い色の下地。red ground

**あか-じ【赤字】**①《不足額の数字を赤色で書くことから》収入より支出が多いこと。欠損。deficit 対義黒字。②《多く赤色で書くので》校正のとき、書き入れる文字。用例——を入れる。

**アカシア【acacia】**①マメ科アカシア属の常緑高木の総称。幹や枝にとげがあり、黄色か白色の小花が球形に密集して咲く。オーストラリアをはじめ、熱帯・亜熱帯に多い。②ニセアカシアの俗称。↓写

**あか-しお【赤潮】**海水または汽水中でプランクトンが爆発的に増殖し、水が塊状または帯状に赤褐色や桃色に色づく現象。魚介類に大きな被害を与える。red tide

●アカシア① ギンヨウアカシア

**あか-しか【赤▼鹿】**日本のシカに似るが、肩高約一・二mと大きく、枝角も一mを超す大形のシカ。赤褐色で腹面は黄色。森林にすみ、夜行性で、木の葉や若枝を食べる。ヨーロッパ・西アジア・北アフリカに分布。アメリカでエルク。北米産の近縁種ワピチも含めることもある。red deer

**あかし-かいきょう【明▽石海峡】**兵庫県明石市と淡路島との間の海峡。大阪湾と播磨灘を結んでいて、通航の船舶が多いが、潮流が速く海の難所として知られる。

**あかしかいきょう-おおはし【明▽石海峡大橋】**本四架橋の三ルートの一つ、神戸～鳴門ルートに建設予定の道路専用吊り橋。神戸市垂水区と淡路島を結ぶ。長さ三九一〇m。一九九八年完成予定。

**あかし-くら・す【明(か)し暮らす】**(五自)月日を送る。用例なみだのうちに——。

**あかし-げんじん【明▽石原人】**昭和六年(一九三一)兵庫県明石市西八木海岸で発見された人骨から推定された化石人類。原人と命名されたが、現在では旧人段階以後のものと考えられている。

**あかじ-こうさい【赤字公債】**国・地方公共団体が歳入不足による赤字を補うために発行する国債・地方債などの総称。deficit-covering bond 比較建設公債。

**あかじ-ざいせい【赤字財政】**歳出が歳入を超過している財政状態。景気後退防止の積極的施策とすることもある。deficit finance

**あか-しじみ【赤▽小▽灰▼蝶】**黄橙色の大形シジミチョウ。開張約四cm。食草はコナラ・ミズナラなどのブナ科植物。九州以北の日本全土・朝鮮半島などに分布。↓写

●アカシジミ

**あかし-じんこつ【明▽石人骨】**昭和六年(一九三一)兵庫県明石市西八木海岸で直良信夫が発見した化石人類の左腰骨。戦災で消失。参照明石原人。

**あか-じそ【赤紫▼蘇】**シソの品種の一つ。茎も葉も赤紫色をして香りがある。梅干しの色つけなどに利用される。

**あかし-ちぢみ【明▽石縮】**絹の縮み織りの一種。夏用の高級和服地。京都市西陣と新潟県十日町が産地。明石次郎が寛文年間(一六六一～七三)に創作したと伝えられる。あかし。

**あか-しで【赤四手】**カバノキ科の落葉高木。山地に分布。高さ約一五m、葉は卵状楕円形で、新芽は赤みを帯びる。シデノキ。ソロノキ。

**あかしな【明▽科】**〈町〉長野県、松本盆地北部の町。稲作中心の農業のほか、精密機械工業もある。人口一万一八三(一九八八)。

**あか-じ・みる【▼垢染みる】**(上一自)あかでよごれる。become dirty

**あか-しょうびん【赤▼翡▼翠】**カワセミ科の鳥。ツグミ大で翼長約一二cm。全身赤褐色。ミミズ・カタツムリなどを捕食。キョロロと鳴く。台湾・中国南部・フィリピンで越冬し、夏、日本全土に渡来。↓図

●アカショウビン

**あか-しんごう【赤信号】**対義青信号。①交通機関で、危険・停止の意を表す。赤旗や赤色灯を用いる。red light ②危険信号。red light 用例財政の——。

**あか-しんぶん【赤新聞】**《明治中期に暴露記事を売り物にした『万朝報』の用紙が淡紅色だったことから》個人のプライバシーやスキャンダルを、興味本位に書きたてたり、ゆすりたかりの種にする低俗な大衆紙。yellow journalism; yellow press

**あか・す【明(か)す】**㊀(五他)①夜を過ごす。spend a night ②うちあける。confide 用例秘密を——。③《「証す」とも》証明する。prove 用例身の潔白を——。㊁古語(四他)①あかるくする。用例漁る火は——・してともせ(万葉・一五・三六四八)。②あきらかにする。用例大臣の御つづきは——・さむ(大鏡・後一条院)。③秘密や事情を打ち明ける。用例さなむありしなど——・し給はむことは(源氏・手習)。

**あか・す【飽かす】**(五他)=飽かせる。①あきさせる。bore 用例人を——・さない話し方。②十分にさせる。用例ひまに——・して遊ぶ。

**あか-ず【開かず】**(連語)《「開く」の未然形に打ち消しの助動詞「ず」が付いたもの》開くことのない。用例——の間。——のとびら。

**あか-ず【飽かず】**(連語)《「飽く」の未然形に打ち消しの助動詞「ず」が付いたもの》飽きないで。じっくり。untiringly 用例——眺める。

**あか-すぐり【赤▽酸▽塊】**ユキノシタ科の落葉低木。高さ約一m、葉は掌状に三～五裂。赤い球形の液果は食用となる。ヨーロッパ原産の帰化植物。

**あか・せる【飽かせる】**(下一他)↓あかす(飽かす)

**あか-せん【赤線】**《警察が地図に赤線を引いて示したことから》第二次大戦後、売春が公認されていた地域。昭和三一年(一九五六)の売春防止法で廃止。比較青線。

**あか-そ【赤▽麻】**イラクサ科の多年草。本州中部以北の山地にはえる。高さ六〇～八〇cm。茎と葉柄が赤色を帯び、卵円形の葉の先は三裂。夏、葉腋に雄花・雌花の穂をつける。

**アカ-ぞく【アカ族】**ラオス北部山地に住む民族。チベット・ビルマ語系言語を使用。稲作に従事。Aka

**あかぞめ-えもん【赤染▽衛門】**(生没年未詳)平安中期の女流歌人。才学にすぐれ、歌才は和泉式部と並び称された。家集『赤染衛門集』。古来『栄花物語』の作者とされる。

**あがた【▽県】**①古代、大和政権下の地方組織。国造の支配する国の下部の組織で、県主が支配。朝廷の直轄領として大和にあったものは、とくに御県という。②国司の任国。

**あか-だいこん【赤大根】**ダイコンの一品種。根は球形で皮が赤く、肉質は緻密。岩国市周辺で栽培する。岩国赤。

**あか-だし【赤出し】**赤みそ仕立てのみそ汁。大阪風で、天満の桜みそに、魚肉など入れたみそ汁が始まり。白みそ仕立てに対していう。

**あか-たち【赤太刀】**体が細長く、平たいひも状のアカタチ科の海水魚。全長約四〇cm。赤色で、背側に淡黄色の円点が並ぶ。浅い砂泥底にすむ。南日本以南に分布。

**あか-たては【赤立羽▼蝶】**タテハチョウ科のチョウ。開張約六cm。赤橙色の斑紋がめだつ。成虫で越冬。食草はイラクサ類やニレ類。日本全土・朝鮮半島・中国・インド・オーストラリアに分布。↓図

●アカタテハ

**あか-だな【▼閼▼伽棚】**仏に供える水や花を入れる器や桶を置く棚。

**あか-だに【赤▼蜱】**植物に寄生するハダニ類の俗称。ダニの仲間。体長は〇・八mm以下。赤い種類が多い。リンゴなどの果樹や野菜につき、液汁を吸う種類は害虫。日本全土に分布。

**あがた-ぬし【▽県主】**大和政権の地方行政組織の一つであった県の首長。

**あがためし-の-じもく【▽県召の除目】**除目の一つ。地方官を任命する公事。正月に行われることから、春の除目ともいう。県召し。対義司召の除目。

**あか-たん【赤短・赤丹】**花札で、赤い短冊の描かれている松・梅・桜の札。また、花合わせ・八八などでその三枚をそろえた出来役。

**あか-ちゃ・ける【赤茶ける】**(下一自)色があせたりして、赤みがかった茶色になる。turn reddish-brown 用例——・けたカーテン。

**あか-ちゃん【赤ちゃん】**「赤ん坊」の、親しみをこめた呼び名。

**あか-ちょうちん【赤▽提▽灯】**①張ってある紙が赤いちょうちん。②看板がわりに①をぶら下げている飲み屋。「称。

**あか-チン【赤チン】**マーキュロクロムの俗称。

**あか・つ【▽頒つ・▽分つ】**古語(四他)①放つ。すてる。②分配する。くばり与える。

**あか-つき【暁】**《「あかとき(明時)」の転》①夜明け方。daybreak ②物事が成就したとき。用例成功の——には。

**あかつき-やみ【暁▼闇】**月の出ていない夜明け方。そのころの暗さ。

**あがっ-たり【上がったり】**商売や事業などが、だめになること。come to a standstill 用例商売が——だ。

**あか-つち【赤土・▼赭土】**①赤みの強い土。一般に腐植含量が少なく、鉄分が多い。赤色土・ラテライト土壌・火山灰土の下層の黄褐色の心土など。red clay 対義黒土。②赤黒色の絵の具。dark-red paint

**あがつま【▼吾妻】**〈町〉群馬県北西部、榛名山の北斜面にある町。農業のほか、自動車・電子機器関係の工場も進出。景勝地吾妻渓谷がある。人口一万六九五〇(一九八八)。

**あがつま-がわ【▼吾妻川】**群馬県北西部を流れる川。長さ七四km。利根川の支流。酸性が強い川のため、中和処理している。

**あがつま-けいこく【▼吾妻渓谷】**群馬県北西部、吾妻川中流の渓谷。川原湯温泉を中心に約四km。新緑と紅葉の美しさで有名。

**あか-つめくさ【赤詰草・赤▽漆▼姑草】**マメ科の多年草。路傍などにはえ、クローバーに似る。夏に紅紫色の小花が咲く。牧草や緑肥として利用。ムラサキツメクサ。red clover

**あか-つら【赤面・▼赭面】**①赤い顔。red face ②《顔を赤く塗ることから》歌舞伎で、敵役、悪形のこと。

**あかて-がに【赤手▼蟹】**河口や湿地にすむイワガニ科のカニ。甲長約三・五cm、甲幅約四cm。はさみが赤色で大きい。産卵は海中でする。東北地方以南に分布。↓カニ図

**あか-てつ【赤鉄】**アカテツ科の常緑高木。熱帯にはえる。小枝や葉に茶褐色の密毛。葉は楕円形で径約一〇cm。花は小形の鐘形。心材は建材や器具材。

**アカデミー【academy】**①アカデメイアの英訳。②学問や芸術などの協会・学会。学士院・芸術院・翰林院など。

**アカデミー-しょう【アカデミー賞】**アメ

リカの映画芸術科学アカデミーが選ぶ年次映画賞。一九二八年創始。作品・監督・演技・音楽・外国映画など多部門が対象となる。オスカーは受賞者に贈られるトロフィーの愛称。Academy Award

**アカデミー-フランセーズ**【Académie française(フランス)】フランス学士院の一部会。フランス語の純正、文化伝統保持のため、辞典編纂と研究・著作・芸術作品への授賞などを行っている。一六三五年宰相リシュリューが創設。

**アカデミシャン**【academician】①アカデミー会員。②学者。学究。

**アカデミズム**【academism】①学究主義。②官学風。③内容のともなわない理論。空理空論。対義ジャーナリズム。

**アカデミック**【academic】(形動)①学問的。学究的。対義ジャーナリスティック。②官学的。③型にはまって実用的でないさま。④絵画・彫刻などで、古い形式にこだわって、新しさ・生気がないさま。

**アカデメイア**【Akadēmeia(ギリシア)】紀元前三八七年ごろ、プラトンがアテネ郊外アカデモスの神苑に設立した学校。死後、その学派の名称となった。アカデミー。the Academy

**あか-でん**【赤電】①「赤電車」の略。②「赤電話」の略。

**あか-でんしゃ**【赤電車】《標識に赤い電灯をつけることから》最終電車。last train

**あか-でんわ**【赤電話】赤色の公衆電話機。商店などに委託して置かれている。また、公衆電話の通称。public phone

**あか-とき**【▽暁】古語《「明時」の意》夜明け方。あかつき。用例 ―の潮みち来れば(万葉・一五・三六二七)。

**あかとくろ**【赤と黒】《原題Le Rouge et le Noir(フランス)》スタンダールの小説。一八三〇年刊。立身の野望を、赤い軍服から黒い僧衣に切りかえて託した青年ジュリアン=ソレルの心理の葛藤を描く。

アカトドマツ

**あか-とどまつ**【赤▼椴松】マツ科の常緑針葉高木。高さ約三〇m、直径約一mに達する。大木になると樹皮が紫褐色を帯びて裂け目を生じる。球果は赤褐色。北海道の北部と東部、サハリンに分布。パルプ・土木建築用材。トドマツ。↓写

**あかどまり**【赤泊】〈村〉新潟県、佐渡島南部の村。港町で、藩政時代北海道との交易で栄えた。おけさ柿の産地。人口三五六七(一九八八)。

**あか-とんぼ**【赤▼蜻▼蛉】体の赤い小形トンボの総称。羽化直後は黄色いが、成長すると雄はとくに赤くなる。日本にはアキアカネ・ミヤマアカネなど約二〇種がいる。↓写

アカトンボ　アキアカネ

**あか-な**【赤菜】ヒノナの別名。

**あがない**【▼贖い】罪のつぐないをすること。とくに聖書で、救い・許し・解放・和解などの意。atonement; redemption

**あがない-ぬし**【▼贖い主】『旧約聖書』で、救済者ヤハウェの呼称。『新約聖書』では自分の生命を代価に、罪の奴隷状態から人類をあがなったキリストに適用する。

**あがな・う**【▽購う】(五他)買い求める。「buy

**あがな・う**【▼贖う】(五他)①金品で罪をつぐなう。compensate ②うめあわせをする。make up for

**あか-なくに**【飽かなくに】古語(連語)まだなごりおしいのに。用例 ―まだきも月のかくるるか(伊勢・八二)。

**あか-なす**【赤▼茄子】トマトの別称。

**あか-なべ**【▽銅▼鍋】銅製のなべ。熱が伝わりやすく、卵焼き・煮込みなどに適する。copper pan; copper pot

**あか-にし**【赤▼螺】アクキガイ科の海産巻き貝。殻高約二〇cm、殻径約一七cm。殻口は広く、濃紅色。卵嚢をなぎなたほおずきと呼ぶ。食用。殻は貝細工用。北海道南部から九州・朝鮮半島に分布。↓図

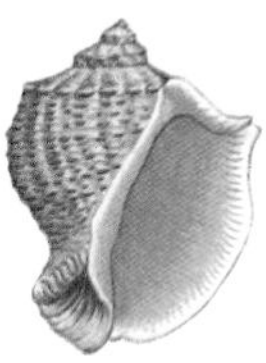
アカニシ

**あか-ぬけ**【▼垢抜け】洗練されていること。粋なこと。refinement 用例 ―した話術。

**あか-ぬ・ける**【▼垢抜ける】(下一自)容姿や技術などが洗練されて、やぼくさくなくなる。refine

**あかね**【▼茜】①アカネ科のつる性多年草。山野にはえる。茎は方形で下向きのとげがある。夏から秋に小さい五弁花をつける。根は細く赤黄色で、染料や漢方薬として利用。②①の根からとった染料。また、それによる染色。③あかね色。暗赤色。↓写

アカネ①

**あかね**【▼茜▼蜻▼蛉】アカネトンボの総称。ナツアカネやアキアカネなどのように成熟すると体が赤くなり、アカトンボと通称されるものが多いが、ナニワトンボなどのように赤くならない種類もある。

**あかね-さす**【▼茜さす】「枕ことば」《あかね色に照り映える意から太陽や美しいものを連想して》「日・昼・照る・紫・君」などにかかる。用例 ―昼は物思ひぬばたまの夜はすがらに哭のみし泣かゆ(万葉・一五・三七三二)。―紫野行き標野行き(万葉・一・二〇)。

**あか-ねずみ**【赤▼鼠】代表的な日本の野ネズミ。体長約一〇cm、尾長約八cm。体上面は赤褐色で、下面は白い。種子や果実を好み、農作物を荒らす。森林にすみ、地下にドングリなどをためる。本州・四国・九州に分布。

**あかね-すみれ**【▼茜▼菫】スミレ科の多年草。山地・原野などにはえる。地上茎はなく、全体に細毛が多い。根元から長い葉柄をのばし、葉は心臓状卵形。春に紅紫色の花が横向きに咲く。↓写

アカネスミレ

**あかね-だすき**【▼茜▼襷】あかね色に染めた、たすき。用例 ―にすげのかさ。

**あがの-がわ**【▼阿賀野川】福島県西部・新潟県北部を西流する川。長さ二一〇km。日橋川・大川・只見川を合わせて阿賀川となり、新潟県に入り阿賀野川と名を変え、日本海に注ぐ。発電・農業・工業・上水に利用。

**あか-の-ひろば**【赤の広場】(Krasnaya Ploshchad'(ロシア))ソ連の首都モスクワの中央広場。壮大なクレムリン城やレーニン廟、寺院などに囲まれた長さ五〇〇m、幅一二〇mの広場。国家行事の主会場。赤い広場。↓写

赤の広場

**あか-の-まんま**【赤の▽飯】①赤飯。②イヌタデの別名。小さな紅色の花を赤飯にみたてた名称。あかまんま。

**アカバ**【'Aqaba】ヨルダン南部、アカバ湾の最奥部に位置する同国唯一の港湾都市。回教巡礼者の乗船地。人口一・五万(一九七三)。

**あか-はじ**【赤恥】恥を強めて言う語。大恥。まる恥。あかっぱじ。shame 用例 ―をかく。

**あか-はじろ**【赤羽白】ガンカモ科の鳥。頭・頸は緑色、背面は暗褐色、腹面は白く、翼の一部に黒縁の白色斑がある。全長約四〇cm。東シベリアで繁殖し、冬は南下。日本へは冬鳥として、少数が北海道などの池沼・河川に渡来する。Siberian pochard

**あか-はた**【赤羽太】体が赤く、背びれの外縁が黒いスズキ科の海水魚。全長約三〇cm。岩礁に生息し、中部・南部日本の沿岸にふつうにみられる。食用。太平洋、インド洋の熱帯、温帯に広く分布。

**あか-はた**【赤旗】①赤い色の旗。red flag 対義白旗。②危険信号の旗。red flag 対義青旗。③競技などで無効を示す旗。red flag ④労働者の旗。red flag ⑤平氏の旗。red flag 対義白旗。⑥共産党の旗。Red Flag ⑦日本共産党の中央機関紙。昭和三年(一九二八)『赤旗』として創刊。弾圧による発行停止をへて同二〇年(一九四五)復刊。同二一年(一九四六)『アカハタ』、同四一年(一九六六)『赤旗』と改称。

**あか-はだ**【赤肌・赤▽膚】①むけて赤くなった皮膚。grazed skin ②山に草木がないこと。bare of trees

**あか-はだか**【赤裸】すっぱだか。全裸。赤裸々。stark-naked

**あかはた-じけん**【赤旗事件】明治四一年(一九〇八)六月、大杉栄ら一四名の社会主義者が、東京神田で「無政府共産」の赤旗を掲げて示威運動を試み、逮捕された事件。

**あか-はつたけ**【赤初▼茸】マツタケ科のキノコ。かさは漏斗状で橙黄色。表面に数個の淡い環紋がある。夏、湿地に発生する。食用。

**あか-ばな**【赤花】アカバナ科の多年草。山地の湿地にはえる。高さ約五〇cm。葉にまばらに鋸歯がある。夏に紅紫色の四弁の小花を開花。種子は冠毛をもち、飛散する。↓図

アカバナ

**あかばね**【赤羽】東京都、北区北部の地区。赤羽駅を中心に商店街が発達、駅西方の丘陵地一帯は住宅団地が広がる。

**あかばね**【赤羽根】〈町〉愛知県、渥美半島南岸の町。園芸農業がさかん。電照菊やサヤエンドウを多く産出する。人口六七三五(一九八八)。

**あかはね-むし**【赤▼翅虫】黒色で、西洋ナシ形の上翅だけが赤いアカハネムシ科の甲虫。体長約一・五cm。幼虫は朽ち木を食べる。日本全土に分布。

**あか-はら**【赤腹】①体側部が黄褐色のヒタキ科の鳥。ツグミ大で、翼長約一二cm。本州中部以北の山林で繁殖。冬は関東以南・東南アジアへ渡る。昆虫・木の実を食べる。キョロンキュルと鳴く。日本全土に分布。②イモリ。③ウグイ。④俗語で赤痢。↓図

アカハラ①

**アカバ-わん**【アカバ湾】(Gulf of 'Aqaba) 紅海最北部、シナイ半島東側の湾。イスラエル・サウジアラビア・ヨルダン・エジプトに接する要地。イスラエル名はエイラト湾。

**あか-パンかび**【赤パン▼黴】パンやトウモロコシの表面に生じるだいだい色のカビ。生化学および遺伝学の研究に用いる。熱に強い。

**アガパンサス**【agapanthus】ユリ科の多年生宿根草。観賞用に栽培。葉は長線形で約五〇cm。六〜七月、花茎に淡青色の小花をつける。南アフリカ原産。ムラサキクンシラン。アフリカンリリー。↓写

●アガパンサス

**あか-びかり**【▼垢光り】(名・サ変自) あかがついて光ること。

**あか-ひげ**【赤▼鬚】コマドリに似たヒタキ科の小鳥。翼長約七・五cm。雄の体上面が赤褐色、のどから胸が黒、腹が白い。深い森林中にひそみ、昆虫やクモが主食。美声でさえずる。天然記念物。南西諸島に分布。↓図

●アカヒゲ

**あか-ひとで**【赤▽海▽星】朱紅色のヒトデ。腕長約一〇cm。体表面は堅く、骨片は規則的に並ぶ。潮間帯下の岩礁にすみ、房総・能登の半島以南からインドネシアの暖海域に分布。

**あかびら**【赤平】〈市〉北海道中部、空知川沿いの市。炭鉱都市として発展したが、閉山があい次ぎ衰微。人口二万一一四二(一九八八)。

**あか-ふじ**【赤富士】秋の始めごろ、夜明けにまっかになって見える富士。葛飾北斎の錦絵シリーズ『富嶽三十六景』に、「赤富士」とよばれて著名な作品「凱風快晴」がある。

**あか-ふじょう**【赤不浄】出産や月経による穢れのこと。血に対する忌みの観念で、一定の期間は神事を遠慮したり、出漁などの仕事を休んだりする。比較黒不浄。

**あか-ふだ**【赤札】①赤い札。見切り品であることや、売約済みなどの印に付ける。clearance tag ②株式で、売り物をさそうために付ける札。対義青札。

**あか-ふどう**【赤不動】赤で彩色された不動明王。とくに高野山明王院蔵の不動明王の絵をさす。青不動・黄不動とともに、日本三大不動の一つ。

**アカプルコ**【Acapulco】メキシコ南部、太平洋岸の港湾都市。海水浴に適した良港をもつ同国第一の保養地。人口四〇・九万(一九八〇)。

**アガベ**【agave】リュウゼツランの別名。

**アガペー**【agápē ギリシア】①キリスト教における神の愛。②しばしば自己犠牲をともなう無私の愛。『新約聖書』の中でキリストが体現。agape ③初期キリスト教徒の宗教的会食。愛餐。

**あか-べこ**【赤べこ】郷土玩具の一つ。福島県会津若松市で作られる、張り子製赤塗りの首振り牛。「べこ」は方言で牛のこと。幼児成長を願う縁起物。↓写

●赤べこ

**あか-べら**【赤▽倍▽良・赤▽遍羅】①《成魚になると体が赤みを帯びることから》キュウセンの雌の異称。②ササノハベラの別名。

**ア-カペラ**【a cappella イタリア】《礼拝堂風に、の意》音楽用語。独立した器楽声部がなく、各声部を人声で歌っても楽器で奏しても、両者の重複で演奏してもよい様式。

**あか-ぼう**【赤帽】①赤い帽子。red cap ②《赤い帽子を着用することから》手回り品運搬営業人。駅構内で旅客の依頼によって手回り品を運ぶ。ポーター。porter

**あかぼう-くじら**【赤坊鯨】下唇が上唇より長く突出しているアカボウクジラ科のクジラ。全長六m余。背面が青黒色、腹面が白いが、個体差が大きい。南北両極を除く世界の海洋に分布。goosebeaked whale

**あか-ぼし**【明星】①あけの明星。金星。②《「赤星」とも》さそり座のアンタレス。赤く輝いている。

**あかぼし-ごまだら**【赤星碁▼斑▼蝶】日本では奄美大島にだけ産する大形のタテハチョウ。開張約七cm。黒褐色の地に青白色の斑紋が散在し、後翅にある点状の赤斑が目立つ。食草はリュウキュウエノキ。朝鮮半島・中国・台湾に分布。

**あかぼし-の**【明星の】[枕ことば]《明け方に輝く星、の意。また、同音を繰り返すことから》「明く・飽く」にかかる。用例——明くる朝は敷栲の床の辺去らず(万葉・五・九〇四)。

**あかぼし-びょう**【赤星病】植物の病気で、さび病の一種。五月ごろ、リンゴやナシの若い葉や果実にだいだい色の斑点を生ずる。

**あ-が-ほとけ**【▼吾が仏・▽我が仏】①自分の信仰する仏。持仏。②僧を尊敬して呼びかける語。③自分の敬愛する人を呼ぶ語。あがきみ。④自分が大切に思っている品物。たからもの。

**吾が仏尊し**(あがほとけとうとし) 自分がありがたく思っているものだけを尊いとし、他をかえりみない偏狭な心のたとえ。

**あかぼり**【赤堀】〈町〉群馬県南東部、赤城山南麓の町。スイカ・大根などの畑作と畜産がさかん。人口一万二二〇六(一九八八)。

**あかぼり-しろう**【赤堀四郎】(一九〇〇〜) 化学者。静岡県生まれ。東北大卒。大阪大学教授。同学長。たんぱく質・酵素の研究で著名。昭和四〇年(一九六五)文化勲章受章。

**あか-ほん**【赤本】①江戸時代の草双紙の一種。表紙が朱色。昔話や童話などの、絵を主としたもの。元禄から寛保ごろ江戸で子どもを対象に出版された。②明治時代の少年向き講談本。表紙が極彩色。③そまつで、ねだんの安い本。低俗な本。

**あかま-いし**【赤間石】山口県厚狭郡に産する輝緑凝灰岩。紫色・紫青色・赤褐色などで緻密。硯に利用する。あかま。

**あかまが-せき**【赤間関】山口県下関の旧称。

**あか-ましこ**【赤▽猿子】アトリ科の鳥。雄は頭背から胸にかけて鮮紅色、雌は灰褐色。全長約一六cm。ユーラシア北部とヒマラヤで繁殖し、日本には迷鳥としてまれに渡来。scarlet finch

**あかま-じんぐう**【赤間神宮】山口県下関市阿弥陀寺町にある旧官幣大社。祭神は安徳天皇。

**あかまた** 赤褐色の地に多くの大黒斑の並ぶ、まだら模様のナミヘビ科のヘビ。無毒。全長約一・七m。ハブの子その他のヘビやネズミを捕食。奄美諸島・沖縄諸島に分布。マッタブ。

**あか-まだら**【赤▼斑▽蛇】ナミヘビ科のヘビ。桃色と黒の横縞がある。無毒。全長一m内外。畑や山林でカエルやネズミなどを食べる。中国・朝鮮半島などのほか、日本では対馬に分布。

**あか-まだら**【赤▼斑▼蝶】北海道特産の小形のタテハチョウ。開張約三・五cm。翅は春型では橙色と黒褐色のまだら、夏型では黒褐色に白色の一文字帯。食草はイラクサ類。

**あか-まつ**【赤松】マツ科の常緑針葉高木。山地に多い。高さ約三五mに達する。樹皮は赤褐色、葉は二針葉。材は建築・土木用。また、庭木として利用。メマツ。↓マツ図

**あかまつ-かつまろ**【赤松▽克▼麿】(一八九四〜一九五五) 社会運動家。山口県生まれ。東京大学在学中に新人会を創立。卒業後、日本労働総同盟幹部となり、日本共産党創立にも参画。のち転向して大政翼賛会に参加。

**あかまつ-のりむら**【赤松▽則村】(一二七七〜一三五〇) 南北朝時代の武将。法名円心。足利尊氏の覇業を助けて播磨守護となり、赤松氏繁栄の基礎を築いた。

**あかまつ-みつすけ**【赤松満▼祐】(一三八一〜一四四一) 室町中期の武将。播磨など五か国の守護。嘉吉元年(一四四一)将軍足利義教を殺害したが、幕府軍に攻められて自殺。

**あか-まんぼう**【赤▽翻▽車▽魚】↓まんだい(万鯛)

**あか-まんま**【赤▽飯】イヌタデの別名。あかのまんま。

**あか-み**【赤み】赤い程度・感じ。reddish tinge 用例——がさす。

**あか-み**【赤身】対義白身。①おもに魚肉の赤いもの。マグロ・カツオ・イワシなど。dark 比較血合い。②材木の中心の、質の密な赤い部分。心材。heartwood ↓木材図

**あか-みそ**【赤味▼噌】赤みを帯びた褐色のみそ。長期間、熟成させている間に色が着き、同時に濃厚な味と香りを生ずる。仙台みそなど。

**あが・む**【▽崇む】古語(下二他) ↓あがめる(崇める)

**あか-むかで**【赤▽百▽足】アカムカデ属の動物の総称。目がなく、歩脚が二三対あるムカデ。体長約四cm。暗褐色から黄褐色。草むらや落ち葉の下にすむ。セスジアカムカデ・ヨスジアカムカデなど日本全土に分布。

**あか-むけ**【赤▼剝け】(名・サ変自) 皮膚がすりむけて赤くなること。scraped skin

**あか-むし**【赤虫】①ゴカイに近縁のイソメ科の環形動物。イソメの一種。ひも状で体長六〇〜九〇cm、幅約一cm。橙紅色。前方背面は蛍光を発する。タイの釣り餌用。本州南部の砂泥地にすむ。モドキ。ヤスリムシ。②淡水産ユスリカ類の幼虫の俗称。釣り餌用。アカボウフラ。③ツツガムシ病を媒介するダニ、アカツツガムシの俗称。↓イソメ図

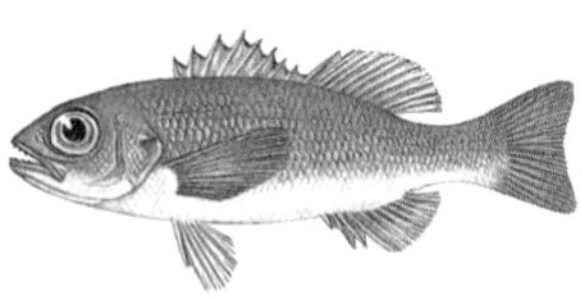

●アカムツ

**あか-むつ**【赤▼鯥】目が大きいスズキ科の海水魚。全長約五〇cm。体は赤色で、口の中は黒い。水深一〇〇〜二〇〇mにすむ。食用。北海道・山陰の沖合いでよく獲れる。↓図

**あか-め**【赤目】①充血した赤い目。②飼いウサギの目のように、外から血の色が透けて見える目。③メナダの別称。④あかんべえ。

**あかめ-がしわ**【赤芽▼柏】《若葉が鮮紅色であることから》トウダイグサ科の落葉高木。山野にはえ、若芽には紅色の短毛が密生。緑色広卵形の葉に生長する。初夏に淡黄色の小花が多数総状になって咲く。葉と皮は薬用。アズサ。ヒサギ。↓写

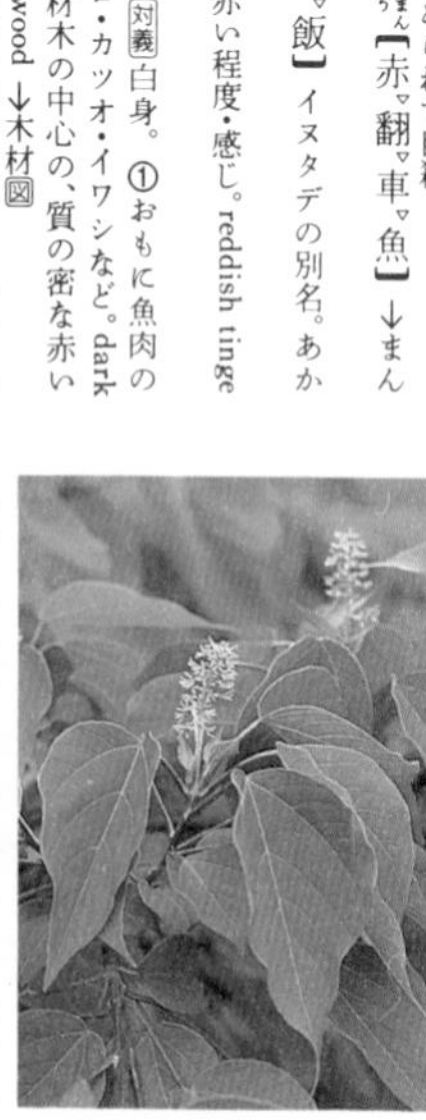

●アカメガシワ

**あかめ-しじゅうはったき**【赤目四十八滝】三重県名張市南部、名張川支流の丈六川にある多数の滝。新緑・紅葉のころが美しい。

**あかめ-ふぐ**【赤目▽河▽豚】目が赤いフグ。体は赤褐色、全長約三〇cm。卵巣に猛毒をもつ。本州中部以南の太平洋沿岸に分布。

**アガメムノン**【Agamemnōn ギリシア】ギリシア神話の英雄。ミケーネ王でギリシア世界随一の権力者。トロヤ遠征軍の総帥。トロヤを落とし帰国するが、妻と情夫に殺される。Agamemnon

**あかめ-もち**【赤芽▼黐】カナメモチの別名。

**あか・める**【赤める】(下一他) 赤くする。赤らめる。blush

**あが・める**【▽崇める】(下一他) うやまう。たっとぶ。respect 用例神を——。

**あか-もく**【赤藻▼屑】褐藻植物ホンダワラ科の海藻。長大なものは約四m、葉は線形で羽状に切れこみがある。質は軟らかい。肥料やヨードの原料。干潮線下の浅海に繁茂。

**あか-もず**【赤▽百▽舌・赤▼鵙】背面が赤褐色のモズ科の鳥。翼長約九cm。低地から山地の林にすむ。昆虫食。東アジアに分布し、冬はインド・東南アジアに渡る。日本には夏鳥として北海道・本州・九州に渡来。

**あか-もの**【赤物】ツツジ科の常緑小低木。山地や高山にはえる。高さ一五〜三〇cm。五〜七月に白い鐘形の小花をつけ、八〜一〇月に赤く熟する。果実は食用。観賞用に栽培もする。イワハゼ。

**あが-もの**【▼贖物】神道で、罪やけがれを祓



↓行き先項目、図版・写真参照印。 JIS日本工業規格情報交換用漢字符号コード(区点コード)。

い清めるための形代とするもの。また、代償として差し出す物品。

**あか‐もん【赤門】** ①朱塗りの門。②東京大学にのこる旧加賀前田家上屋敷の門。③東京大学の俗称。

**あか‐やがら【赤矢柄】** 体が細長く、吻も長く突き出ているヤガラ科の海水魚。尾びれの中央も、むち状に伸びる。全長約一・五m。赤褐色で、腹側はしだいに白くなる。食用。本州中部以南と太平洋・インド洋に分布。

**あか‐やしお【赤八▼汐】** 山地の岩場にはえるツツジ科の落葉低木。枝先に五枚の楕円葉が輪生。春、浅い鐘形をした濃桃色の花が咲く。アカギツツジ。↓ツツジ[図]

**あかゆ‐おんせん【赤湯温泉】** 山形県南部、南陽市にある温泉。古くから知られた温泉で、地上水を注入し、くみあげ方式で配湯。

**あか‐ゆき【赤雪】** 氷雪藻のスファエレナ・クラミドモナスなどの藻類が繁殖して、赤く染まった雪。春の高山などにみられる。[参照]氷雪プランクトン。

**あから‐がお【赤ら顔・▼赭ら顔】** 赤みをおびた顔。ruddy face

**あから‐さま【▽明▽白】** ㊀(形動) はっきり。ありのまま。ろこつ。plainly; frankly [用例]—に言う。㊁[古語](形動ナリ) ①にわか。急。②ついちょっと。かり。かりそめ。[用例]ここなるところに—にまかりてまゐらむ(枕・殿などのおはしまさで後)。③(「あからさまにも…ず」の形で)かりにも。…しない。[用例]大将の君は、二条院にだに、—にも渡り給はず(源氏・葵)。④あらわなさま。あきらか。[用例]山蟻の—なり白牡丹(蕪村)。

**アガラス‐みさき【アガラス岬】** (Cape Agulhas) アフリカ大陸最南端の岬。喜望峰の南東一六〇kmにある。アグラス岬。

**あから‐ひく【赤ら引く】** [枕ことば](「赤くなる」の意から)「日・朝・昼・月・子・肌」などにかかる。[用例]ぬばたまの夜はすがらに—日も暮るるまで嘆けども(万葉・四・六一九)。

**あから・む【赤らむ】** (五自) 赤みをおびる。赤くなる。turn red [用例]顔が—。

**あから・む【明らむ】** (五自) 夜が明けて空が明るくなる。get light [用例]東の空が—。

**あから‐め【▽傍目】** [古語]目をそらすこと。わき目。よそ見。[用例]—もせずまもりて(徒然・一三七)。

**あから・める【赤らめる】** (下一他) 赤くする。赤める。blush [用例]顔を—。

**あかり【明(か)り】** ①光。明るさ。light [用例]雪—。②ともしび。light [用例]—をともす。③証拠。あかし。evidence

**明かりが立つ**(あかりがたつ) 無実であることが明白になる。後ろ暗いところのないことが、はっきり証明される。

**明かりを走る**(あかりをはしる) 物事が明らかである。また、明白に物事を知る。

**あがり【上がり】** ①上がること。rise [対義]下がり。②売り上げ。利益。収穫。profit [用例]—の多い仕事。③でき上がり。また、できばえ。workmanship [用例]写真の—がよい。染め—。④腕前が進むこと。advance [用例]手の—が速い。⑤すごろくで、最終の所にゆきつくこと。トランプ・マージャンなどで、役ができて勝つこと。finish ⑥高くなること。increase [用例]物価の—下がり。⑦「上がり花」の略。⑧演芸などの、終わり。[用例]—のおはやし。⑨(接尾的)㋐前にその職業であったことを表す。[比較]くずれ。[用例]軍人—。役人—。㋑続いていたことが終わった状態。[用例]雨—。湯—。病気—。

**上がりを請く**(あがりをうく) 値の下がった時に商品を買っておき、上がった時にそれを売って差額をもうける。上がりを得る。[対義]下がりを請く。

**あがり【揚(が)り】** 揚がること・ぐあい。[用例]てんぷらの—はどうですか。

**あがり‐がまち【上がり▼框】** 家の上がり口にある床の横木。あがりかまち。↓[写] ↓寄せ棟造り[図]

●上がり框 千葉県の民家。

**あがり‐ぐち【上がり口】** =あがりくち。①家の玄関などの、土間より一段高くなったところ。上がりはな。②階段の登りはじめのところ。

**あがり‐こ・む【上がり込む】** (五自) 人の家に上がって、すわりこむ。enter

**あがり‐さがり【上がり下がり】** (名・サ変自) ①上がることと下がること。go up and down [用例]—を数える。②上がったり下がったりすること。go up and down [用例]株価の—。③高低。rise and fall [用例]気温の—に注意する。

**あかり‐さき【明(か)り先】** 光のさしてくるほう。

**あがり‐ざしき【揚(が)り座敷】** 江戸時代、江戸伝馬町にあった牢屋のうち、五〇〇石以下御目見以上の旗本とそれに準じる士分の未決囚を収容した施設。

**あかり‐しょうじ【明(か)り障子】** 障子の一種。木の枠の内に桟で格子を組み、和紙を張った採光性のある障子。和風家屋の間仕切りや、窓に用いる。障子。[比較]襖。

**あがり‐だか【上がり高】** みいり。売り上げ高。収穫高。

**あかり‐とり【明(か)り取り】** 日の光を取り入れる窓。skylight

**あがり‐はな【上がり▽端】** ①家の上がり口。②入り口。entrance

**あがり‐ばな【上がり花】** せんじたての茶。でばな。また、茶。あがり。

**アカリファ【Acalypha ラテ】** トウダイグサ科エノキグサ属の属名。赤く美しい葉のニシキアカリファ、長い花穂をつけるベニヒモノキなどがある。日照と、冬は保温が必要。熱帯・亜熱帯原産。↓[写]

●アカリファ ベニヒモノキ

**あがり‐め【上がり目】** ①目じりのつり上がった目。[対義]下がり目。almond eyes ②物価などが上がりはじめたとき。upward tendency ③勢いなどが調子づいたとき。lucky turn

**あがりめ‐さがりめ【上がり目下がり目】** 子どもの遊びの一つ。また、そのはやしことば。「上がり目下がり目ぐるっと回って猫の目」と歌いはやしながら、その通りに両方の目尻を指で上げ下げしたり、回したりして遊ぶ。

**あがり‐もの【上がり物】** ①神や仏に供える物。②飲食物の尊敬語。めし上がり物。

**あがり‐や【揚(が)り屋】** 江戸時代、江戸小伝馬町にあった牢屋敷の一部。御目見以下の御家人・陪臣・僧侶・医師などの未決囚を入れた雑居房。

**あがり‐ゆ【上がり湯】** ふろから上がるときにあびる、きれいな湯。おか湯。かかり湯。

**あか・る【開かる】** (五自) ①戸などが、自然にひらく。open ②あけることができる。

**あか・る【明かる】** [古語](四自) 明るくなる。[用例]山ぎは少し—・りて(枕・春はあけぼの)。

**あか・る【▽散る・▽別る】** [古語](下二自) ちりぢりになる。別れる。[用例]人々も皆所々に—・れ散りつつ(源氏・宿木)。

**あが・る【上がる】** (五自他) ①(自)㋐下から上へ移動する。のぼる。rise [対義]下がる。[用例]階段を—。座敷に—。幕が—。㋑高まる。よくなる。make progress [対義]落ちる・下がる。[用例]うでが—。人気が—。㋒高くなる。[対義]下がる。[用例]気温が—。㋓船・田・ふろなどから出る。step out of [用例]田から—。㋔上の段階へ進む意から、とくに、入学する。はいる。enter [用例]学校に—。㋕物事が、すべて済む。finish [用例]仕事が—。一丁—・り。㋖物事が、終わりになる。つきる。[用例]雨が—。母乳が—。㋗勝負事などで、勝って終わる。[用例]すごろくで—。㋘利益・収入・効果などが、得られる。produce [用例]利益が—。㋙値段が高くなる。rise [対義]下がる。[用例]物価が—。㋚のぼせる。逆上する。lose self-control [用例]人前ですっかり—。㋛神仏に供えられる。place [用例]灯明が—。㋜時代がさかのぼる。go back in time [対義]下る・下がる。[用例]—・りての世にも(大鏡・道長上)。㋝「たずねる・おとずれる」の謙譲語。参上する。[用例]ごあいさつに—。㋞(内裏が北にあったので)京都で、北へ行く。[対義]下がる。[用例]河原町三条上ル。②(他)「飲食する」の尊敬語。めし上がる。[用例]粗茶ですが、お—・りください。③(動詞の連用形に付いて)㋐動作が強く、または、はげしく行われる。[用例]ふるえ—。㋑できあがる。…し終わる。[用例]書き—。刷り—。

**あが・る【挙(が)る】** (五自) ①あらわれる。利益・収入・効果などが、得られる。produce [用例]成果が—。②犯人がつかまる。証拠がみつかる。③例になるものとして示される。be given [用例]名前が—。

**あが・る【揚(が)る】** (五自) ①高くかかげられる。be hoisted [用例]旗が—。②揚げ物ができる。fry [用例]てんぷらが—。③上等になる。きわだつ。improve [用例]ふうさいが—。④高まり、強くなる。[用例]意気が—。

**あかる・い【明るい】** (形) [対義]暗い。①光がじゅうぶんにさして物がよく見える。bright [用例]—部屋。②ほがらかだ。陽気だ。cheerful [用例]—性質。③よく知っている。通じている。be versed in [用例]歴史に—。④色がくすんでいない。light [派生]あかるさ(名)

**あかる・し【明るし】** [古語](形ク) ↓あかるい(明るい)

**あかる‐み【明るみ】** ①明るい所。light ②表だった所。the open [用例]事件が—に出る。

**あかる・む【明るむ】** (五自) ①明るくなる。brighten [用例]空が—。②晴れやかになる。be refreshed [用例]心が—。

**あがわ【▼吾川】** 〈村〉高知県北西部、仁淀川上流の村。農林業主体。茶の栽培・畜産などがさかん。人口四一〇四(一九八八)。

**あがわ‐ひろゆき【▼阿川▼弘▼之】** (一九二〇) 小説家。広島市生まれ。東大卒。志賀直哉に師事。海軍予備学生の体験を創作化。作品『雲の墓標』『舷燈』『暗い波濤』など。

**あかん【▼阿寒】** 〈町〉北海道東部、釧路市北隣の町。阿寒湖・雄阿寒岳・アイヌコタン・タンチョウヅル生息地などのある観光と農林業の町。人口七四二二(一九八八)。

**あかん‐こ【▼阿寒湖】** 北海道東部の湖。面積一三$km^2$、最深四四・八m。火山堰止め湖。阿寒国立公園の中心で、マリモの湖として有名。

**あかん‐こくりつこうえん【▼阿寒国立公園】** 北海道東部の国立公園。屈斜路湖・硫黄山・摩周湖・雄阿寒岳・雌阿寒岳・阿寒湖などが含まれ、雄大な景観が特色。昭和九年(一九三四)指定。

**アカンサス【acanthus】** 観賞用に栽培されるキツネノマゴ科の多年草。光沢のある葉は大きく、とげがある。穂状花序の花は淡紅色または白色。南ヨーロッパ原産で、約二〇種ある。↓[写]

●アカンサス

**あ‐かんたい【亜寒帯】** 温帯と寒帯の中間、緯度五〇〜七〇度くらいの気候帯。冬は寒冷で長期間積雪におおわれ、夏の期間が短い。ユーラシア・北アメリカ両大陸の北部。subpolar zone [参照]冷帯。

**あかんたい‐りん【亜寒帯林】** 亜寒帯に成立する森林。エゾマツ・トドマツ・カラマツなどの常緑針葉樹林をいう。subarctic forest

**あかん‐べえ** 指で下まぶたの裏の赤い所を出して見せ、軽蔑・拒絶の気持ちを表す動作。赤目。あかんべ。あかんべい。

**あかん‐ぼう【赤ん坊】** ①生まれて間もない子。あかご。あかちゃん。baby ②世の中のことをまるで知らない人。naive person

**あき【空き・明き】** ①あいた所。余地。room ②時間があいていること。ひま。time to spare

▼常用漢字表外。 ▽常用漢字表の音訓外。

用例手の—もない。③中が、からなこと。emptiness 用例がら—。④人が住んでいないこと。vacant

**あき【開き】** ①あくこと。ひらき。用例戸の—が悪い。②ひらいていること。用例すその—。

**あき【飽き・▼厭き】** 飽きること。いやになること。weariness 用例—がくる。

**あき【秋】** ①四季の一つ。北半球では、九・一〇・一一月、南半球では、三・四・五月。天文学では秋分から冬至まで、二十四節気では立秋から立冬まで。陰暦の七・八・九月。autumn; fall 対義春。②穀物のみのりの時。harvest season 用例麦の—。③終わりに近いころ。autumn of life 用例人生の—。

**秋立つ**(あきたつ) 秋になる。

**秋の鹿は笛に寄る**(あきのしかはふえによる) 秋のシカは、鹿笛に簡単にだまされて寄ってくる。転じて、自ら危険な状態に身を投じる意や、弱みにつけいられやすい意に用いる。

**秋の空**(あきのそら) 《秋の天気が変わりやすいことから》人の心が変わりやすいことのたとえ。用例男心と—。

**秋の日は釣瓶落とし**(あきのひはつるべおとし) 秋の日の、くれやすいたとえ。

**あき【▽安▽芸】** ↓あきのくに(安芸国)

**あき【▽安▽芸】**〈市〉高知県東部、土佐湾に臨む市。野菜栽培がさかん。安芸瓦・内原野焼が特産。人口二万四九六二(一九八八)。

**あき【▽安岐】**〈町〉大分県北東部、国東半島東岸の町。稲作、ミカン栽培など。両子寺がある。海岸埋立地に大分空港。人口一万六三三五(一九八八)。

**あき-あかね【秋▼茜】** ナツアカネとともにアカトンボの代表。体長約四cm。六月ごろ平地の水田などで羽化し、高地へ移動。そのころは体色も黄色で、夏成熟すると赤くなる。秋冷とともに平地に戻って産卵。ナツアカネはこのような移動はしない。日本全土・朝鮮半島に分布。

**あき-あき【飽き飽き】**(名・サ変自) すっかりいやになること。その気持ち。be bored 用例相手のじまん話に—する。

**あき-あじ【秋味】** 《アイヌ語のアキアチップの転という》秋、産卵のために川をのぼってくるサケをいう。主として北海道・東北地方北部などで用いる。

**あき-あじ【秋▼鯵】** 秋にとれるアジ。美味。

**あき-あみ【秋▼醤▼蝦】** 浅海に産するサクラエビ科の小さなエビ。体長約四cm。体は半透明。著しく長い第二触角は途中で折れ曲がり、そこから先には毛が対生する。干しエビ、塩漬けなどにする。瀬戸内海・有明海・富山湾・朝鮮半島西岸などに分布。

**あきう-おんせん【秋▽保温泉】** 宮城県仙台市西部にある温泉。飯坂・鳴子とならび、古くから奥州三名湯の一つ。付近に奇勝の磊々峡がある。

**あき-うんか【秋▽浮▼塵▽子】** イネの害虫トビイロウンカの別名。年数回発生するが、とくに秋に多いことからそうよばれる。

**あき-おち【秋落ち】** ①順調に育っていたイネが穂を出すころになって生育が衰え、収量が減少する現象。老朽化した水田で起こりやすい。②秋に、豊作のため米価が下がること。

**あき-かぜ【秋風】** 秋に吹く風。冬に向けての季節の移り変わりが感じとれる。autumn wind

**秋風が立つ**(あきかぜがたつ) 《秋を「飽き」にかけて》男女の愛情がさめること。love starts to cool

**秋風に薄の穂**(あきかぜにすすきのほ) よくなびくこと、なびきやすいことのたとえ。

**あきかぜのきょく【秋風の曲】** 箏曲名。天保のころ光崎検校が作曲。箏曲の復興・革新運動の帰結的作品。

**あき-がら【空(き)殻】** 中がからになった入れ物。中身のない貝殻。

**あき-からまつ【秋唐松】** キンポウゲ科の多年草。カラマツソウの近縁種で、高さ約一m。山野にはえ、晩夏から初秋にかけて黄白色の小花が無数に咲く。

**あきがわ【秋川】**〈市〉東京都西部、秋川と多摩川の合流点にある市。宅地化・工業化が進んでいる。人口四万七六二九(一九八八)。

**あき-かん【空(き)缶】** 中が、からの缶。empty can

**あき-き【秋▼葱】** 葱の古名「き」から秋のねぎを「あきき」と呼んだもの。二本の茎が一つの皮に包まれていることから、「ふたごもり」と歌に詠まれる。

**あきぎり-の【秋霧の】** [枕ことば]《霧の状態から》「立つ・晴る・おぼつかなし」などにかかる。用例—ともに立ち出でて別れなば晴れぬ思ひに恋ひやわたらむ(古今・離別)。

**あき-くさ【秋草】** 秋に花がさく草。

**あきくさ-の【秋草の】** [枕ことば]《草を結んで心変わりのないことを誓いあった習慣から》「結ぶ」にかかる。用例神さぶと不許ぶにはあらね—結びし紐を解くは悲しも(万葉・八・一六一二)。

**あきくさ-の-はな【秋草の花】** キクの異名。

**あき-ぐち【秋口】** 秋の初め。初秋。early autumn 用例—のすずしさ。

**あき-ぐみ【秋▼胡▼頽▽子】** グミ科の落葉低木。山野にはえる。葉は長楕円形で鱗毛が多く、裏面は銀白色。秋に球形の赤い果実をつけ、食用。

**あき-ご【秋▽蚕】** 七月下旬から晩秋までに孵化し飼育されるカイコ。初秋のものを初秋蚕、晩秋のものを晩秋蚕という。しゅうさん。対義春蚕・夏蚕。

**あき-さく【秋作】** ①秋に栽培する作物。autumn-sown crops ②秋に取り入れる作物。autumn crops ③稲。rice

**あき-ざくら【秋桜】** コスモスの和名。

**あき-さめ【秋雨】** 秋に降る雨。九月中旬から一〇月中旬には前線が停滞し、長雨をもたらす。秋霖。autumn rain 対義春雨。

**あきさめ-ぜんせん【秋雨前線】** 九月中旬〜一〇月中旬ごろに本州南岸に停滞し、秋の長雨をもたらす前線。

**あき-さ・る【秋さる】** 古語(四自) 秋が来る。秋になる。用例—・らば今も見るごと(万葉・一・八四)。

**あき-しぐれ【秋時雨】** 晩秋から初冬に、風の乱れとともに通りすぎてゆくにわか雨。

**あきしの-でら【秋▼篠寺】** 奈良市秋篠町にある単立寺院。宝亀一一年(七八〇)善珠の開創と伝えられる。木造の伎芸天立像で知られる。

**あきしま【▽昭島】**〈市〉東京都西部、立川市西隣の市。昭和初期までは農村地域。以後、宅地化・工業化。人口一〇万一五〇九(一九八八)。

**あき-しょう【飽き性・▼厭き性】** ものにすぐに飽きてしまう性分・人。三日坊主。

**あきしり-ぐさ【秋知草】** ハギの古名。

**あき-す【空(き)巣】** ①鳥のいない巣。empty nest ②留守の家。absence ③《「空き巣ねらい」の略》留守の家にはいるどろぼう。こそどろ。sneak thief

**あきた【秋田】**〈県〉東北地方中部、日本海側の県。県庁所在地は秋田市。東縁を奥羽山脈が走り、中西部には出羽山地がある。稲作・林業がさかんで秋田杉の産地。日本海側は、秋田市を中心に工業が発達。面積一万一六一二$km^2$、人口一二五万二八四(一九八八)。

**あきた【秋田】**〈市〉秋田県中部、雄物川河口、日本海に臨む市。県庁所在地。佐竹氏の旧城下町。秋田湾臨海工業地域を中心に工業化が進む。東北三大祭りの一つ竿灯が有名。人口二九万四五三六(一九八八)。

**あきた【飽田】**〈町〉熊本県中部、有明海に臨む町。近郊農業地域。海苔の養殖もさかん。人口一万一六一二(一九八八)。

**あき-だいこん【秋大根】** 晩夏から初秋までに種をまき、秋から冬に、収穫するダイコン。品種も多く、品質・収量とも優れている。

**あきた-いぬ【秋田犬】** 秋田県大館地方原産の日本犬。体高六〇〜七〇cm。骨格ががんじょうで筋肉がよく発達。性質は温和で従順。純血種は全国で十数万頭。天然記念物。アキタケン。比較土佐犬。↓犬写

**あきた-うじゃく【秋田雨▼雀】**(一八八三〜一九六二) 劇作家・児童文学者。青森県生まれ。早大卒。プロレタリア演劇運動に参加。戯曲『埋れた春』『国境の夜』など。

**あきた-おばこ【秋田おばこ】** ①秋田県の民謡。山形県の『庄内おばこ』から転じた曲で、県中部の仙北郡でうたわれ、大正ごろ全国に普及。②秋田の娘。

**あきた-じょう【秋田城】** ①秋田市寺内にあった天平五年(七三三)築造の城。奈良時代から平安時代にかけて蝦夷経略に重要な役割を果たした。②江戸時代、佐竹氏の居城。

**あきたじょう-の-すけ【秋田城▽介】** 平安末期以降、秋田城の警固をつとめた長官。出羽国司の次官出羽介が兼務し、天元三年(九八〇)から平兼忠の子孫が世襲。武門の栄誉称号として重んぜられた。

**あきた-すぎ【秋田杉】** 秋田県北部で産出される杉。良質な建築材として知られる。

**あき-だな【空(き)▽店・明(き)▽店】** ①人の住んでいない店。あきみせ。②人の住んでいない家。あきや。

**空き店の恵比寿(▼様)**(あきだなのえびす(さま)) そばに人もいないのにひとりで悦にいっている人。だれもいない所で、ひとりがんばっている人。

**あきた-は【秋田派】** 江戸時代後半、秋田地方におこった洋風画の一派。西洋銅版画の技法と中国写生派の影響を受けた。

**あきた-ぶき【秋田▼蕗】** 秋田をはじめ東北地方で食用として栽培されるフキ。葉柄は長さ約二m、葉は直径一・五mにも達する。葉柄は砂糖漬けなどにする。オオブキ。

**あきた-へいや【秋田平野】** 秋田県中部の沖積平野。秋田市があり、県経済の中心地域。秋田運河付近は工業化が著しく、秋田市周辺の稲作地帯は宅地化が進む。

**あきた-みんよう【秋田民謡】** 秋田地方の民謡の総称。『秋田おばこ』『秋田音頭』『たんと節』など明るく陽気なものが多い。

**あきた-ゆでん【秋田油田】** 秋田県西部の海岸地帯から海底にかけて分布する油田群。八橋・中川油田などがある。

**あき-たらな・い【飽き足らない・▼慊らない】**(形) ↓あきたりない(飽き足りない)

**あき-たりな・い【飽き足りない・▼慊りない】**(形) もの足りない。満足できない。飽き足らない。unsatisfied 派生あきたりなげ(形動) あきたりなさ(名)

**あき-た・りる【飽き足りる・▼慊りる】**(上一自) 満足する。満ち足りる。あきたる。be satisfied

**あき-た・る【飽き足る・▼慊る】**(五自) ↓あきたりる(飽き足りる)

**あき-ち【空(き)地・明(き)地】** 建物が立っていない土地。何にも利用されていない土地。vacant land

**あき-ちょうじ【秋丁字】** シソ科の多年草。中部地方以西の山地にはえる。高さ六〇cm〜一m。秋に青紫色の花が多数咲く。名前は、秋に咲く花が丁字形であることから。茎・葉は駆虫剤・香料。

**あき-つ【秋津・▼蜻▼蛉】** トンボの古名。

**あきつ【▽安▽芸津】**〈町〉広島県南部、瀬戸内海に臨む町。古くは内海交通の要地。ミカン・ビワ栽培、カキ・海苔の養殖、酒造などがさかん。人口一万三五七七(一九八八)。

**あき-つ-かみ【▽現つ神】** 《「つ」は、「の」の意の格助詞。この世に姿を現している神、の意》神道で、人の姿をとって現れた神。とくに天皇を尊んでいう。あきつみかみ。あらひとがみ。

**あきづき【秋月】** 福岡県、甘木市北部にある地名。旧城下町で、城跡は桜・紅葉の名所。明治九年(一八七六)の秋月の乱でも知られる。

**あきづき-の-らん【秋月の乱】** 明治九年(一八七六)一〇月、福岡県秋月で起こった不平士族の反乱。旧秋月藩士宮崎車之助らが武士的特権の維持と征韓断行を要求、神風連の乱に呼応して蜂起。同年一一月、小倉鎮台により制圧。

**あきつ-しま【秋津島・秋津▼洲】** ①㋐日本国の古称。やしま。あきつくに。㋑大和。②[枕ことば]「やまと」にかかる。用例—日本の国は神からと言挙せぬ国(万葉・一三・三二五〇)。

**あきっ-ぽ・い【飽きっぽい】**(形) 物事に集中しないで、すぐあきる。根気が続かない。capricious 用例—性格。派生あきっぽさ(名)

**アキテーヌ-ぼんち【アキテーヌ盆地】**(Bassin d'Aquitaine) フランス南西部の三角形の大盆地。中央をガロンヌ川が流れ、農産物が豊富。ぶどう酒の生産もさかん。中心都市ボルドー。

**あぎ-と【▼腭▽門・▼腭・▼腮】** ①あご。②魚のえら。

**あきない【商い】** ①品物の売り買い。商売。business ②売り上げ高。sales

**商いは牛の涎**(あきないはうしのよだれ) 《牛のよだれが細く長く垂れることから》商売は、気長に辛抱強く営んで、もうけをあせってはいけないということ。

**商いは草の種**(あきないはくさのたね) 商売の種類は多く、さまざまであるということ。

**あきない-がみ【商い神】** 商家などで、商売が繁盛するようにと祭る神。主として夷をいう。

**あきない-ぐち【商い口】** ①商売のための口上。sales talk ②とくいさき。customer

**あきな・う【商う】**(五他) 品物を売り買いする。商売する。deal in

**あき-なすび【秋▼茄▽子】** 秋にみのるナス。秋なす。

**秋茄子、嫁に食わすな**(あきなすび、よめにくわすな) 《江戸時代中期ごろから言われたことば》秋なすは、嫁に食べさせるな。その理由については、秋なす

●アキノキリンソウ

は、食べると体が冷えるからとか、食べると子ができないからなどの諸説がある。一般的なのは、おいしいので、姑にしてみれば嫁に食べさせるのがおしいから、というもの。

**あき-なだ【▽安▽芸▼灘】** 広島・山口・愛媛三県の間にある海域。東限は来島海峡、南限は防予諸島。内海航路の要地。

**アギナルド【Emilio Aguinaldo】**(一八六九〜一九六四) フィリピン独立運動の指導者。一八九六年以降スペインに、アメリカ-スペイン戦争後はアメリカに対し独立を宣して反乱、革命政府大統領となったがいずれも失敗。一九〇一年以後は政界を引退。

**あぎに【▼阿▼耆尼】**《Agni 梵 の音写》↓アグニ

**あき-にれ【秋▼楡】** ニレ科の落葉高木。山地・平野にはえる。高さ約一〇m。葉は小形で互生。花や実は秋につく。街路樹や盆栽として、また材は硬いので、細工物・車軸などに使用する。↓写

●アキニレ

**アキノ【Maria Corazon Aquino】**(一九三三〜) フィリピンの女性政治家。夫ベニグノ=アキノ元上院議員の暗殺によって反マルコス陣営のスター的存在となり、一九八六年の大統領選挙に立候補。選挙後の動乱のなかで大統領に就任。コリー。

**あきのいろくさ【秋色▽種】** 長唄の曲名。一〇世杵屋六左衛門作曲。弘化二年(一八四五)初演。南部利済の凝った歌詞に、秋の気分を巧みに描写した曲。

**あき-の-うなぎつかみ【秋の▼鰻▼攫】** タデ科の一年草。湿地や水辺にはえる。高さ約一m。茎はつる状に四方に広がって分枝。茎・葉にとげがあってウナギをつかみやすいとしてこの名がある。秋に赤い小花が咲く。

**あき-の-きりんそう【秋の▼麒▼麟草】** 山野にはえるキク科の多年草。高さ四〇〜八〇cm。葉は互生し、卵形。初秋に小さな黄色の花が穂状になって咲く。アワダチソウ。↓写

**あき-の-くに【▽安▽芸国】** 旧国名。現在の広島県西半部。山陽道の一国。「延喜式」では上国、八郡。国府は安芸郡府中町、国分寺は東広島市西条町。明治四年(一八七一)廃藩置県により広島県。芸州。安芸。

**あき-の-たむらそう【秋の田村草】** 道ばたに自生するシソ科の多年草。葉は対生し羽状。夏から秋に、淡紫色の小花が枝先に総状に咲く。↓図

●アキノタムラソウ

**あき-の-ななくさ【秋の七草】** 古くから日本の秋を代表するとされる、七種類の草花。萩・薄(尾花)・葛・撫子・女郎花・藤袴・朝顔をいうが、五番目以下を木槿・桔梗・昼顔とする説もある。対義 春の七草。

**あき-の-のげし【秋の野▼芥子】** キク科の一、二年草。山野にはえる。高さ八〇〜一五〇cm。葉は羽状に分裂。茎を切ると白い乳液が出る。秋に淡黄色の花が咲く。↓写

●アキノノゲシ

**あきのひ【秋の日】** 加藤暁台編の俳諧集。安永元年(一七七二)刊。『冬の日』をふまえ蕉風復興を意図した歌仙集。

**あきのみや-おんせん【秋ノ宮温泉】** 秋田県南端、雄勝町にある温泉郷。雄物川の支流役内川上流の渓谷に沿って点在。

**あきのよのながものがたり【秋夜長物語】** 南北朝時代の御伽草子。作者未詳。稚児梅若をめぐる比叡山と三井寺の争いを描く。

**あきはぎ-の【秋▼萩の】**[枕ことば]《ハギの枝や茎がしなやかで、また、その花の色が変わりやすく散りやすいことから》「しなふ・うつる」などにかかる。用例 ゆくりなく今も見が欲し——しなひにあらむ妹が姿を(万葉・一〇・二二八四)。

**あき-ばしょ【秋場所】** 大相撲本場所の一つ。毎年九月に東京で行われる興行。九月場所。参照 本場所。

**あきば-しんこう【秋葉信仰】** 静岡県秋葉山の秋葉神社から起こった主として鎮火・防火に起因する信仰。秋葉神社の勧請、秋葉講がひろく各地に分布する。

**あきば-じんじゃ【秋葉神社】** 静岡県周智郡春野町領家秋葉山にある旧県社。古来防火の神として信仰された。祭神は火之迦具土神。正称は秋葉山本宮秋葉神社。

**あきはばら【秋葉原】** 東京都千代田区北東部の地区。大型電器店が密集する商業地として有名。

**あきば-はんさく【秋場半作】**(連語) 秋の天候次第で、その年のイネの収穫の半ばは決まるということ。・秋日和半作。

**あきはま-さとし【秋浜▽悟▽史】**(一九三五〜) 劇作家。岩手県生まれ。早大卒。戯曲『ほらんばか』『しらけおばけ』など。

**あきば-まつり【秋葉祭(り)】** 静岡県周智郡春野町秋葉神社で、一二月一五、一六日に行われる火防の神事。一五日の祈禱、一六日深夜の弓・剣・火の舞の奉納など古式にのっとった儀式が行われる。秋葉の火祭り。

**あき-ばれ【秋晴(れ)】** 秋の晴れた天気。空は深く、すがすがしい。fine autumn day

**あきひと【明▽仁】**(一九三三〜) 今上天皇(第一二五代)。昭和天皇の第一皇子。昭和六四年(一九八九)一月七日践祚し、平成と改元。↓写

●明仁 今上天皇。

**あき-びより【秋日和】** 秋のすっきりしたいい天気。lovely autumn day 比較 小春日和。

**あき-ま【空き間・明(き)間】** ①すきま。opening ②あきべや。room for rent

**あき-まき【秋▼蒔き】** 植物の種子を秋にまくこと。またその種類。seeding in autumn

**あき-まつり【秋祭(り)】** 秋に行われる祭りの総称。神に収穫を感謝する祭り。喜びの表現として舞や芸能の奉納、各種の行事が行われる。秋社。在祭り。比較 春祭り・夏祭り。【祭り。

**あき-まめ【秋豆】** ダイズの別名。

**あき-め・く【秋めく】**(五自) 秋らしくなる。become autumnlike

**あき-めくら【明(き)▽盲】**《卑語》①目はひらいているが、視力のない人。②目は見えるが、気がつかない人。③無学の人。文字が読めない人を軽んじていう。文盲。

**アキメネス【Achimenes】** 春植えの球根草。アキメネス属の総称。高さ約三〇cmで茎や葉に毛が多い。夏秋に、紫桃色、赤色などの筒状の長い花をつける。観賞用に栽培。熱帯アメリカ原産。

**あきもと-こ【秋元湖】** 福島県北部、磐梯高原入り口にある湖。面積四$km^2$。最深三四・五m。磐梯山の爆発による堰止め湖。

**あきもと-ふじお【秋元不死▽男】**(一九〇一〜一九七七) 俳人。横浜生まれ。本名、不二雄。俳誌『氷海』を創刊。「もの」に即した表現を主張。句集『瘤』『万座』など。

**あきもと-まつよ【秋元松代】**(一九一一〜) 劇作家。神奈川県生まれ。戯曲『常陸坊海尊』『かさぶた式部考』など。

**あき-や【空(き)家・空(き)屋・明(き)家】** 人の住んでいない家。vacant house

**あきやま【秋山】**〈村〉 山梨県東端の村。農林業が主体。過疎のため里親制度に力を入れている。人口二五〇六(一九八九)。

**あきやま-ごう【秋山郷】** 新潟県津南町から長野県栄村までの県境付近の山村地帯。秘境で、江戸時代鈴木牧之が『秋山紀行』で紹介。

**あきやま-さねゆき【秋山▽真▼之】**(一八六八〜一九一八) 海軍中将・戦術家。愛媛県生まれ。日露戦争で連合艦隊の作戦参謀として活躍。↓写

●秋山真之

**あきやま-しょうたろう【秋山▼庄太郎】**(一九二〇〜) 写真家。東京生まれ。早大卒。女性ポートレートに定評がある。作品集『裸のレンズ』など。

**あきやま-ていすけ【秋山定▼輔】**(一八六八〜一九五〇) 明治・大正期の政治家。岡山県生まれ。明治二六年(一八九三)大井憲太郎らと『二六新報』を創刊。宮崎滔天・孫文らと親交があった。

**あきやま-の【秋山の】**[枕ことば]《秋の山々が美しく紅葉することから》「したふ(=赤く色づく)・色なつかし」にかかる。用例 ——したへる妹なよ竹のとをよる子らはいかさまに思ひをれか(万葉・二・二一七)。

**あきゅうせいでん【▼阿Q正伝】** 魯迅の小説。一九二一〜二二年発表。中国の旧農村社会と民衆のさまざまな問題を浮き彫りにした。中国近代文学の出発といわれる。

**あきゅうど【▽商▽人】** あきんど。しょうにん。merchant

**アキュムレーター【accumulator】** ①水力機械で、圧縮ガスの形でエネルギーを蓄える装置。蓄圧器。②蓄電池。③コンピューターで、演算やデータ転送などを容易にするため、演算結果を一時記憶させておく装置。累算器。

**あ-きょう【▼阿▼膠】** 生薬の一つ。毛を取ったロバ、またはウシの皮を水で煮つめた膠。止血薬に利用。

**あきよし-ぞうざんうんどう【秋▽吉造山運動】** 古生代末期から三畳紀にかけて、西南日本の大陸側に起こった造山運動。

**あきよし-だい【秋▽吉台】** 山口県西部にある石灰岩地域。面積一三〇$km^2$。標高二〇〇〜四〇〇mの日本最大のカルスト地形の高原で、秋芳洞など鍾乳洞が多い。

**あきよし-どう【秋▽芳洞】** 山口県秋芳町、秋吉台の南部にある日本有数の鍾乳洞。全長推定一〇km。特別天然記念物。百枚皿などの奇観が有名。

**あきよし-としこ【秋▽吉▽敏子】**(一九二九〜) ジャズ-ピアニスト・作曲家。中国生まれ。アメリカを中心に活躍。

**あきら-か【明らか】**(形動) ①《「昭か」とも》明るいさま。clear 用例 月——。②《「顕か」とも》はっきりしているさま。疑いがないさま。obvious 用例 事実によって——だ。

**あきらけ・し【明らけし】** 古語(形ク) ①はっきりしている。明らかだ。用例 ——・くわが知ることを(万葉・一六・三八八六)。②汚れがない。清い。用例 ——・き名に負ふ伴の緒を心つとめよ(万葉・二〇・四四六六)。③賢明である。用例 かく末の世の——・き君として(源氏・若菜上)。

**あきら・む【明らむ】** 古語(下二他) ①明らかにする。くわしく知る。用例 物ごとに栄ゆる時と見し給ひ——・め給ひ(万葉・二〇・四三六〇)。②心を明るくする。用例 御心を——・め給ひ(万葉・一八・四〇九四)。③事情・理由を説明する。用例 何事なりとも——・め申さむ(徒然・一三五)。

**あきら・む【▼諦む】** 古語(下二他) ↓あきらめる(諦める) 「める(諦める)」

**あきらめ【▼諦め】** 断念。abandonment 用例 ——の悪い人。

**諦めが付く(あきらめがつく)** 思い切ることができる。

思い切ろという気持ちになる。resign oneself to

**あきら・める【明らめる】**(下一他) ①明らかにする。用例 語義を—。②さとる。用例 古道を—。

**あきら・める【▼諦める】**(下一他) 思いきる。断念する。諦む。give up

**アキランサス[Achyranthes]** テランセラの別名。

**あ・きる【飽きる・▼厭きる・▼倦きる】** ①(上一自) じゅうぶんすぎて、いやになる。飽く。get tired of 用例 乗り物に—。②《動詞の連用形について》じゅうぶんに…する。用例 その話は聞き—・きた。

**あき・る【▼呆る】** 古語(下二自) ↓あきれる(呆れる)

**あきれ【▼呆れ】** あきれること。amazement 用例 —顔。

**呆れが宙返りをする** 《「あきれかえる」を、しゃれて、強めたことば》まったくあきれはてる。

**呆れが礼に来る** 《あきれかえることをおおげさに言ったことば》ひどくあきれる。呆れが御礼。

**呆れもせぬ** あきれはてて、なんとも言いようもない。

**アキレア[Achillea]** キク科ノコギリソウ属の総称。

**あきれ-い・る【▼呆れ入る】**(五自) ひどくあきれる。あきれかえる。be dumbfounded

**アキレウス[Achilleusギリシア]** ギリシア神話の英雄。ペレウスと女神テティスとの子。トロヤ戦争でギリシア軍随一の勇将。敵将ヘクトルを討つが、不死身ながら唯一の弱点である踵をパリスの矢で射られ死ぬ。ホメロスの『イリアス』の主人公。ラテン名アキレス。

**アキレウス-タティオス[Achilleus Tatios]**(生没年未詳) ギリシア擬古典時代最後の作家。三〇〇年ごろ活躍。恋物語『レウキッペーとクレイトフォン』。

**あきれ-かえ・る【▼呆れ返る】**(五自) すっかりあきれる。あきれはてる。be dumbfounded

**アキレス[Achillesラテン]** ↓アキレウス

**アキレス-けん【アキレス▼腱】** ①足のふくらはぎの屈筋(腓腹筋とひらめ筋)をかかとの骨に結び付けているすじ。②《アキレウスの故事から》強者のもったった一つの弱点。Achilles tendon ↓足図

**アキレスけん-だんれつ【アキレス▼腱断裂】** 急激な跳躍などによりアキレス腱が切れること。ほとんどが完全断裂で、歩行困難となる。rupture of Achilles tendon

**あきれ-は・てる【▼呆れ果てる】**(下一自) ほとほと、あきれてしまう。あきれかえる。be dumbfounded

**あき・れる【▼呆れる】**(下一自) 意外なのにおどろく。あっけにとられる。be amazed

**あきんど【▽商▽人】** 《「あきびと」の転》しょうにん。あきゅうど。merchant

**商人の空誓文** 商人の言動はかけひきが多いため、信用しがたいということ。あきんどのからせいもん。

**商人は腹を売り客は下より這う** 商人は、まず商品の掛値を言って、それを次第に引き下げられて売り、客は、底値を言って、徐々に値を上げられて買う。

**あきんど-かたぎ【▽商▽人▽気▽質】** 商売人らしい、利益にさとい気質。commercialism

**アク** 11画 **【▼偓】** 部首[人・亻]にんべん

音 アク かかわる。こだわる。

**アク** 11画 **【悪】** 部首[心]こころ 教育小3 JIS 1613
12画 **【▼惡】** 旧字 JIS 5608

音 **アク・オ** 訓 **わるい**

悪 悪 悪 悪 悪 悪

①わるい。わる。わるいこと・人。対義 善。「凶悪・最悪・罪悪」「悪事・悪質」用例 (名)—の権化。あの—が、またやったか。②粗末な。「粗悪」「悪衣・悪食」③へたな。「悪筆・悪文」④みにくい。「醜悪」⑤いやな。きらいな。「悪感情」⑥ののしる。そしる。「悪口・悪態」⑦くるしい。「悪戦苦闘」⑧芝居の敵役。⑨強い・無道の意を表すのに用いる。用例 (接頭)—源太。↓オ【悪】

**悪に強いは善にも強い** 大悪を犯すほどの者は、いったん悔い改めるとふつうの者以上の善をなすものである。悪に強きは善の種。

**悪に走る** 悪事をはたらくようになる。fall into evil ways

**アク** 12画 **【▼喔】** 部首[口]くちへん

音 アク ①ニワトリがなく。また、その声。②わらう。こびわらう。

**アク** 12画 **【▼幄】** 部首[巾]はばへん JIS 5474

音 アク とばり。たれぎぬ。幕。テント。「帷幄」

**アク** 12画 **【握】** 部首[扌]てへん 常用 JIS 1614

音 **アク** 訓 **にぎる**

①にぎる。つかむ。もつ。「掌握・把握」「握手・握力」②にぎり。㋐ひとにぎりの分量。「一握の砂」㋑にぎりめし。にぎりずし。㋒器物などのとって。柄。

**アク** 12画 **【▼渥】** 部首[氵]さんずい 人名用 JIS 1615

音 アク あつい。めぐみがあつい。うるおう。うるおす。「優渥」

**アク** 24画 **【▼齷】** 部首[齒]は JIS 8389

音 アク 「齷齪」は、くよくよするさま。こせこせするさま。

**あく【▽灰▽汁】** ①わらや木の灰を水に浸して取った上ずみ液。アルカリ性。洗濯・染め物などに使用。lye ②野菜などの食品中に含まれる苦味や渋味。harshness 用例 —をぬく。③人の性質や文章にある一種のねばっこさ。pushiness

**灰汁が強い** 物の考え方や、性質・文章などに、あくどさや、独特の強い癖が感じられる。be harsh to the taste

**灰汁が抜ける** しつこさやあくどさがなくなって、洗練される。さばけた性質になる。refined person

**あ・く【空く】**(五自) ①からになる。become empty 用例 席が—。②欠員ができる。become vacant 用例 部長のポストが—。③空間やすきまができる。leave a small space 用例 本だなが半分ほど—。④ひまになる。用がすむ。be free 対義 ふさがる。用例 手が—。

**あ・く【明く】**(五自) ①閉じていたものが開く。用例 戸が—。②開いて見えるようになる。open 用例 目が—。③かたがつく。be settled 用例 埒が—・かない。

**あ・く【開く】**(五自) ①仕切り・おおいなどが除かれる。閉まっていたものがひらく。ひらく。open 対義 閉まる・ふさがる。用例 幕が—。②へだたりができる。apart 用例 一位と二位との差が—。

**開いた口が塞がらぬ** あきれてものも言えないさま、あっけにとられるさまに言う。be flabbergasted

**開いた口へ餅** 思いもかけない幸運などがめぐってくることのたとえ。棚からぼた餅。

**あ・く【飽く】**(五自) ↓あきる(飽きる)

**あ・ぐ【上ぐ・挙ぐ・揚ぐ】** 古語(下二他) ↓あげる(上げる) ↓あげる(挙げる) ↓あげる(揚げる)

**アグアスカリエンテス[Aguascalientes]** メキシコ中部、アナワク高原中腹の商工業都市。同名州の州都。人口三五・九万(一九八〇)。

**アクアノート[aquanaut]** 海中基地で生活する潜水技術者や科学者。居住実験や資源開発のための調査・研究を行う。オセアノート。

**アクアビット[aquavit]** スカンジナビア諸国で作られている蒸留酒。ジャガイモ・穀類が原料で、キャラウェイやフェンネルの香味をつける。冷やして飲む。シュナップス。

**アクアマリン[aquamarine]** 《aquaラテン(水)、marinusラテン(海)から》緑柱石の一種。三月の誕生石。淡青色から無色に近いものまであり、宝石として使用。↓誕生石写

**アクアラング[aqualung]** 《フランス製品の商標名から》潜水に用いる水中呼吸器。水中呼吸マスク・圧縮空気ボンベ・気圧調節弁からなる。スキューバ。

**アクアリウム[aquarium]** ①水族館。②養魚槽。養魚池。

**あく-い【悪衣】** そまつな着物。あくえ。shabby clothes

**あく-い【悪意】** ①悪い考え。ill will ②他人をにくみ害を与えようとする気持ち。ill will 対義 好意。③悪い意味。ill will 対義 善意。用例 —に取る。④法律で、ある事実を知っていること。道徳的な意味での善悪とは関係ない。malice 対義 善意。

**あぐい【▼阿久比】**〈町〉 愛知県知多半島北部の町。知多木綿の伝統をもつ繊維工業の町。宅地化が進む。人口二万三七四五(一九八八)。

**あくい-あくしょく【悪衣悪食】** そまつな衣食。shabby clothes and plain foods

**あく-いん【悪因】** 悪いことになるもと。

**あくいん-あっか【悪因悪果】** 悪行による、当然の、悪い結果。

**アグーチ[agouti]** アグーチ科の哺乳動物。ウサギに似るが耳が短い齧歯類。体長五〇cm内外。森林や草原に穴を掘ってすむ。サトウキビの害獣。中南米・西インド諸島に分布。

**あく-うん【悪運】** ①悪い運命。不運。逆運。ill luck 比較 幸運。②悪いことをして、そのむくいを受けずにすむこと。devil's luck 用例 —が強い。

**あく-えき【悪疫】** たちの悪い流行病。plague

**あくえき-しつ【悪液質】** 悪性腫瘍・慢性感染症などの末期にみられる重度の全身衰弱。悪態症。cachexy

**あく-えん【悪縁】** ①《仏教語》悪い結果を招く因縁。②悪いつながり・結びつき。用例 不良との—をたつ。③別れようとしても別れられない結びつき。多く男女間のことをいう。

**あく-おけ【▽灰▽汁▼桶】** 灰汁をとるために作られた桶。水を満たして灰を入れ、下にある栓口から上澄みの灰汁がしたたるようになっている。

**あく-か【悪貨】** 品質の悪い貨幣。あっか。bad money 対義 良貨。

**悪貨は良貨を駆逐する** 《「グレシャムの法則」と同じ》良貨はしまわれ、悪貨だけが流通する。悪人がはびこることにもたとえる。Bad money drives out good.

**あく-がた【悪形】** 芝居で、悪人の役。かたき役。あくやく。

**あくが・る【▼憧る】** 古語(下二自) ①物事に心をひかれて、ふらふら歩く。用例 明月にむちをあげ、そこともなく—・れ行く(平家・六・小督)。②心ひかれて、落ちつかなくなる。思いこがれる。用例 うぐひすの声にやいとど—・れむ(源氏・梅枝)。

**あく-かんじょう【悪感情】** 人に対する不快な気持ち。悪意。ill feeling 用例 —をいだく。

**あくき-がい【悪鬼貝】** 殻に長短のとげがたくさんある海産の巻き貝。殻高約一七cm、殻径約五cm。殻表は淡黄色。魔除けに門口に飾られた。房総以南・西太平洋・インド洋に分布。アッキガイ。

**あく-ぎゃく【悪逆】** 人の道にそむいた、悪い行いをすること。atrocity 用例 —無道。

**あく-ぎょう【悪行】** 悪い行い。悪事。evil-doing 対義 善行。

**あく-げんた【悪源太】** 源義平の別称。

**あく-ごう【悪業】** 《仏教語》苦の報いを受ける原因となる、身・口・意によるすべての悪事。対義 善業。

**アクサーコフ[Sergey Timofeyevich Aksakov]**(一七九一〜一八五九) ロシアの小説家。回想録と小説とをないまぜたような形式を用いる。作品『家族の記録』『孫バグロフの少年時代』。

**あく-さい【悪才】** 悪事をうまく行う才能。genius for evil 用例 —に長けた男。

**あく-さい【悪妻】** 夫のためにならない妻。bad wife 対義 良妻。

**悪妻は百年の不作** 悪妻を持つと、終生の不幸である。悪妻は六十年の不作。A bad wife is the shipwreck of her husband.

**あく-じ【悪事】** 悪い行い。evil deed 対義 善事。用例 —をはたらく。

**悪事、千里を走る** 悪事は、すぐ世間に知れわたる。悪事、千里を行く。Bad news travels quickly.

**あく-じき【悪食】** ①そまつな食事。あくしょく。plain food 対義 美食。②ふつうの人なら食べないものを食べること。いかもの食い。gross feeding

**あく-しちびょうえ【悪七兵▽衛】** 平景清の別称。

**あく-しつ【悪疾】** たちの悪い病気。なおりにくい病気。malignant disease

**あく-しつ【悪質】**(名・形動) ①性質が悪いこと・さま。wickedness 比較 悪性。対義 善良。用例 —ないたずら。②品質の悪いこと・さま。bad quality 対義 良質。

**アクシデント[accident]** 突然のできごと。事故。

**あく-しば【▽灰▽汁▼柴】** 山地の林の下にはえるツツジ科の落葉低木。葉は卵形で先がと



↓ 行き先項目、図版・写真参照印。 JIS 日本工業規格情報交換用漢字符号コード(区点コード)。

がる。初夏に上部の葉腋に淡紅色の鐘形の花が咲く。花冠は深く四裂して外側に巻き、おしべは突出する。

**あく-しゅ【悪手】** 碁・将棋などで、悪い手。あくて。bad move

**あく-しゅ【悪趣】** →あくどう(悪道)①

**あく-しゅ【握手】**(名・サ変自) ①あいさつに手をにぎりあうこと。handshake 用例 ―をかわす。②《比喩的に》仲なおりすること。和解。shaking hands 用例 米ソの―を望む。

**あく-しゅう【悪臭】** いやなにおい。においは、個人の主観的要因によるが、悪臭防止法では、アンモニア・硫化水素・メチルメルカプタン・硫化メチル・トリメチルアミン・二硫化メチル・アセトアルデヒド・スチレンの八種類を悪臭を出す物質としている。foul smell

**あく-しゅう【悪習】** 悪いならわし・くせ。悪風。悪弊。bad custom

**あく-しゅみ【悪趣味】**(名・形動) ①品の悪い趣味。bad taste ②人が不快に思うようなことを平気でする性質。bad nature

**あく-じゅんかん【悪循環】** 悪い原因が悪い結果を生み、その結果がまた原因となって、いつまでもたがいに悪く作用し合うこと。vicious circle

**あく-しょ【悪所・悪処】** ①道のけわしい、危険な所。難所。dangerous spot ②遊里。色里。用例 ―通い。

**あく-しょ【悪書】** 読んで、害にしかならない本。harmful book 比較 駄本。対義 良書。用例 ―追放。

**あく-じょ【悪女】** ①性質の悪い女。evil woman ②ぶきりょうな女。ugly woman

**悪女の深情け**(あくじょのふかなさけ) ①ぶきりょうな女の愛情が深く、ねたみ深いこと。ugly woman's persistent attention ②ありがためいわく。unwelcome favor

**あく-しょう【悪性】**(名・形動)《「あくせい」は別語》性質のよくないこと・人。とくに、素行の悪いこと。wickedness 用例 ―の女。

**アクショーノフ【Vasily Pavlovich Aksyonov】**(一九三二) ソ連の小説家。スターリン批判後の新世代の代表の一人、アメリカへ亡命。作品『同期生』『モロッコの蜜柑』など。

**あく-しょく【悪食】** →あくじき(悪食)①

**アクション【action】** ①動作・活動。用例 ―をおこす。②俳優・歌手などの演技。特に、大立ちまわりや格闘・追跡などの演技や場面。活劇。用例 ―ドラマ。

**アクション-ペインティング【action painting】** 一九五〇年代のアメリカ絵画の独自の様式。描くべきイメージより描くアクションを強調するのが特徴。純粋抽象や幾何学的抽象などの「冷たい抽象」様式に対し、「熱い抽象」の典型とされる。ポロック・デ＝クーニング・クラインらが代表作家。

**あく-しん【悪心】** 悪事をしようとする心。ねじけた心。evil intention 対義 善心。

**アクス【ACTH】**《adrenocorticotropic hormoneの略》副腎皮質刺激ホルモン。

**あく-せい【悪声】** ①響きの悪い声。bad voice ②悪い評判。bad reputation 用例 ―を放つ。

**あく-せい【悪性】**(名・形動)《「あくしょう」は別語》病気などのたちのよくないこと・さま。害のあること・さま。malignant 比較 悪質。用例 ―腫瘍。―インフレ。

**あく-せい【悪政】** 国民を苦しめる政治。misgovernment 対義 善政。

**あく-ぜい【悪税】** ①割り当てが不当な税。irrational tax 比較 重税。②取り立てるのがむりな税。bad tax ③生活や営業をおびやかす税。unreasonable tax

**あくせい-こくしょくしゅ【悪性黒色▼腫】** →メラノーマ

**あくせい-しゅよう【悪性▼腫▼瘍】** 腫瘍のうち、浸潤や転移を起こし、生命の危険を招くもの。皮膚や消化管の内面など上皮性の癌と非上皮性の肉腫がある。malignant tumor

**あくせい-ひんけつ【悪性貧血】** 慢性の貧血。高度の貧血症状・胃腸障害・神経障害のほか、脊髄癆に似た症状がおこる。pernicious anemia

**あくせい-リンパしゅ【悪性リンパ▼腫】** リンパ系の腫瘍。全身のリンパ節がはれる。malignant lymphoma 参照 ホジキン病。

**あく-せく【▼齷▼齪】**(副・サ変自)《「あくさく」の転》心にゆとりがなく、こせこせして落ちつかないさま。busily 用例 ―と働く。

**アクセサリー【accessory】** ①車・カメラなどにつける付属品。②ネックレス・ブレスレット・イヤリングなどの装身具。

**アクセス【access】**《接近の意》①利用。手に入れること。②コンピューターで、必要とする記憶位置をつきとめる過程。③情報検索で、文書を探し出すための装置。また、その方法。

**アクセス-けん【アクセス権】**《「アクセス」は、接近の意》①市民が国・公共機関に対して情報の公開を求める権利。②マスメディアを利用して情報の収集や意見の発表をする権利。反論権はその一側面。right of access

**アクセス-タイム【access time】** コンピューターの記憶装置からデータを呼び出すのに必要な時間。

**アクセス-ばんぐみ【アクセス番組】** 視聴者自らが番組を企画・演出・出演する番組。視聴者の媒体利用権(＝アクセス権)を認めることによる。access program

**アクセプター【acceptor】** 半導体中で正孔をつくる不純物または格子欠陥。

**アクセル**《和製語》自動車などの速度を調節する装置。この装置のペダルを踏むと、気化器から流入する混合ガスがふえ、エンジンの回転数が増し、加速される。加速装置。accelerator

**アクセル-ジャンプ**《考案者であるノルウェーのアクセル＝パウルゼンの名から》フィギュアスケートで、ジャンプの種類の一つ。前に進みながら外側エッジで踏み切り、空中で回転し、反対足の外側エッジで着地して後ろに進む。

**アクセルロッド【Julius Axelrod】**(一九一二) アメリカの薬理学者。神経系内でのカテコールアミンの生合成・作用・代謝などを明らかにした。一九七〇年ノーベル生理学医学賞受賞。

**あく-せん【悪戦】** 苦しい戦い。hard fighting 比較 善戦。用例 ―苦闘。

**あく-せん【悪銭】** ①品質の粗悪な貨幣。bad money ②不正な手段で得たお金。ill-gotten money 用例 ―身につかず。

**アクセント【accent】** ①一語一語の発音について、きまっている音の高まりや強まり。日本語は、高低のアクセントであり、英語は強弱のアクセントである。②発音の調子。語調。③美容・服飾・文芸作品などで、重点。強調部。用例 えり元に―をつける。―をおく。

**アクセント-しょうめい【アクセント照明】** 主照明以外に、室内の空間に美的効果を与えるように用いる照明。機能より装飾としての役割が中心となる。ブラケット・シャンデリア・スポットライトなど。accent lighting

**アクセント-ファニチャー**《和製語》家具で、室内の空間に美的効果を作ること。また、その役割を果たす家具。和室の床の間・玄関ホールの電話台・応接間のサイドボードなど。

**アクゾ【AKZO NV】** オランダの国際的な化学製品・合成繊維会社。一九一一年設立。

**あく-そう【悪相】** ①よくない顔かたち。悪い人相。evil look ②縁起の悪いけはい。bad omen

**あくた【▼芥】** ごみ。ちり。くず。dust 用例 ちり「―」。

**アグダ【Agūda・阿骨打】**(一〇六八-一一二三) 中国、金の初代皇帝(在位一一一五-一一二三)。廟号は太祖。女真の完顔部出身。遼の支配を脱し一一一五年建国。会寧を都とし、宋と結び遼を挟撃して、その勢力を駆逐した。

**アクターズ-スタジオ【Actors' Studio】** ニューヨークにある俳優学校。一九四七年演出家カザンとストラスバーグが創設。スタニスラフスキー-システムを採用。

**あく-たい【悪態】** 悪たれ口。にくまれ口。abusive language 用例 ―をつく。

**アクタイオン【Aktaiōn ギリシア】** ギリシア神話の敏捷な狩人。アリスタイオスの子。女神アルテミスの沐浴をかいま見てシカの姿に変えられ、自分の猟犬に殺された。Actaeon

**あくたい-まつり【悪態祭(り)】** 参詣者がたがいに悪口を言い合い、相手を言い負かした者が福運を得るといわれる祭り。茨城県西茨城郡岩間町の愛宕神社などで行われる。悪口祭り。

**あくたがわ-しょう【▼芥川賞】** 芥川竜之介を記念する文学賞。新人作家を世に送ることを目的に、昭和一〇年(一九三五)文芸春秋社設定。第一回受賞は、石川達三の『蒼氓』。年二回授賞。

**あくたがわ-ひろし【▼芥川比▼呂志】**(一九二〇-一九八一) 俳優・演出家。東京生まれ。慶大卒。竜之介の長男。文学座で『ハムレット』などに主演。のち劇団雲、円を結成。

**あくたがわ-やすし【▼芥川▼也▽寸志】**(一九二五-一九八九) 作曲家。東京生まれ。竜之介の三男。東京音楽学校卒。現代的で明快な作風。作品『エローラ交響曲』など。

**あくたがわ-りゅうのすけ【▼芥川竜▼之▽介】**(一八九二-一九二七) 小説家。大正期の市民文学を代表。東京生まれ。東大卒。別号澄江堂主人。第三次・第四次『新思潮』同人。夏目漱石に師事。自殺。作品『羅生門』『鼻』『地獄変』『玄鶴山房』『河童』『歯車』など。→写

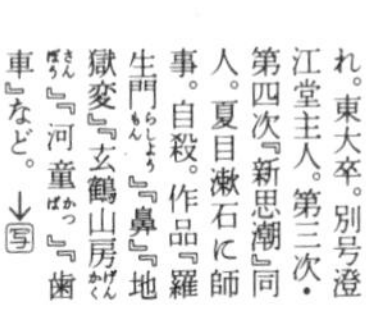
●芥川竜之介

**あく-だま【悪玉】**《江戸時代、草双紙などの絵で、人の顔の丸に「悪」の字を入れて悪人を表したことから》悪人。villain 対義 善玉。

**あく-たれ【悪たれ】** ①無理を言って乱暴すること・人。naughty boy ②悪いいたずら。mischief 用例 ―小僧。③悪たれ口。abusive language 用例 ―を言う。

**あくたれ-ぐち【悪たれ口】** にくまれ口。悪態。あくたれ。abusive language 用例 ―をたたく。

**あく-た・れる【悪たれる】**(下一自) ①やんちゃを言って暴れる。言うことを聞かない。do mischief ②悪たれ口をきく。use abusive language

**あく-たろう【悪太郎】**《人名めかした語》いたずらな男の子。bad boy

**あ-くち** ①ひな鳥の、嘴のつけ根あたりにある黄色い部分。②子供の口のあたりにできるはれもの。

**あくちも切れぬ**(あくちもきれぬ) まだ一人前でない年若い者に対し、経験の浅いことをあざけって言うことば。

**あく-ち【悪血】** 病毒をふくんだ血。

**アクチニウム【actinium】** 放射性元素の一つ。元素記号Ac 原子番号八九。質量数二二七。ウラン鉱物中に存在。銀白色の金属。

**アクチニウム-けいれつ【アクチニウム系列】** 質量数二三五のウランから始まる放射性核種の崩壊系列。質量数二〇七の鉛で終わるもの。この系列の核種の質量数はすべて四の倍数に三を加えた数となる。actinium series

**アクチノイド【actinoids】** 原子番号八九のアクチニウムから一〇三のローレンシウムまでの一五個の元素の総称。九三のネプツニウム以下は人工元素。化学的性質はランタノイドによく似る。

**アクチノマイシン【actinomycin】** 放線菌が産出する抗生物質。赤色板状結晶。悪性腫瘍、とくにホジキン病に有効。

**アクチブ【active】** ＝アクティブ。㊀(形動) 積極的。能動的。活動的。対義 パッシブ。用例 ―に行動する。㊁(名) 左翼政党・団体などの活動分子。

**アクチュアリー【actuary】** 保険計理人。保険数理をはじめ、保険経営に必要な法律・会計・財政知識も豊富な専門家。

**アクチュアリティー【actuality】**《現実・現実性、の意》日本の文芸批評用語で、社会的現実に対する文学の関わり方を示す語として用いられる。

**アクチュアル【actual】**(形動) 実際的。現実の。

**アクチュビンスク【Aktyubinsk】** ソ連、カザフ共和国北西部の工業都市。イレク川の左岸にある。最良のクロム鉱産地。人口二三・九万(一九八九)。

**アクチン【actin】** ミオシンとともに、筋肉線維を構成するたんぱく質。

**あくつ【▼圷】** 6画 部首［土］つちへん 和製漢字 JIS 5210 川ぞいの低い平地のこと。地名や姓氏にも用いられる。

**アクティウム-の-かいせん【アクティウムの海戦】** 紀元前三一年、アウグストゥスがアントニウスとクレオパトラの連合艦隊をギリシア北西部のアクティウム岬沖に破った海戦。以後アウグストゥスがローマの政権を掌握。the Battle of Actium

**アクティビティー【activity】** 積極性。活動力。用例 ―に富む。

**アクティビティー-アナリシス【activity analysis】** 活動分析。

**あく-てん【悪天】** 風雨などで天候がよくないこと。悪天候。bad weather 対義 好天。用例 ―をついて出発する。

**あくど・い**(形) ①色や味がたいへんくどい。しつこい。gaudy ②たちが悪い。あくらつだ。

▼常用漢字表外。　▽常用漢字表の音訓外。

vicious 派生 あくどさ(名)

**あく-とう【悪投】**(名・サ変自) 野球で、投手が捕手の取れないような投球をして、走者を進塁させること。走者がいるときにだけ記録される。ワイルドピッチ。wild pitch

**あく-とう【悪党】** ①悪人のなかま。悪人。wicked man ②鎌倉後期から南北朝にかけて、荘園領主や幕府に反抗した武装集団。

**あく-どう【悪道】** ①《仏教語》現世で悪事を行った者が、死後に落ちていく苦難の世界。地獄道・餓鬼道・畜生道など。三悪道。悪趣。参照 六道。②不正な行い。unrighteousness 用例 —者。

**あく-どう【悪童】** いたずらっ子。わんぱく。naughty child

**あく-とく【悪徳】** 悪い心がけ・行い。不道徳。vice 対義 美徳。用例 —業者。

**アクトミオシン【actomyosin】** 筋肉の収縮にかかわるたんぱく質。アクチンとミオシンとの複合体。ATP(=アデノシン三燐酸)との相互作用により筋収縮を起こす。

**あく-なき【飽く無き】**(連体) 満足することのない。きりがない。insatiable

**あぐに【▼粟国】**〈村〉 沖縄県沖縄島の西、粟国島からなる村。サトウキビや野菜を栽培。人口一一〇三(一九八八)。

**アグニ【Agni梵】** インド神話の火の神。仏教では火天。阿耆尼。

**あく-にち【悪日】** ↓あくび(悪日)

**あく-にん【悪人】** 心のねじけた人。わるもの。wicked person 対義 善人。

**悪人は畳の上では死ねない**(あくにんはたたみのうえではしねない) 悪人は、自分のしてきたことの報いで、みじめな死に方しかできない。A bad person does not deserve to die in his own bed.

**あくにんしょうき-せつ【悪人正機説】** 親鸞の教えの根本思想。阿弥陀仏の本願は、自力をたのむ善人ではなく、自力をもってはいかんともしがたい悪人を救うことにある、という説。

**あく-ぬき【▽灰▽汁抜き】**(名・サ変他) 野菜などのあくを取り去ること。removal of harshness

**あく-ぬけ【▽灰▽汁抜け】**(名・サ変自) ①野菜類のあくがとれること。removal of harshness ②いやみがなく、さっぱりしたさまになること。あかぬけ。refined 用例 —した顔。

**あくね【▼阿久根】**〈市〉 鹿児島県北西部、東シナ海に臨む市。エンドウ・ミカン・ボンタン栽培のほか、漁業もさかん。人口二万九〇六九(一九八八)。

**あぐ・ねる【▼倦ねる】**(下一自) いやになる。あぐむ。be tired of 用例 さがし—。参考「待ちあぐねる」のように、多く、動詞の連用形に付けて用いる。

**あくのはな【悪の華】**《原題 Les Fleurs du Mal仏》ボードレールの詩集。一八五七年初版。憂愁・反逆・死・退廃の美などのテーマによって、フランス象徴主義、また近代詩全体の扉を開いたといわれる。

**あく-ば【悪▼罵】**(名・サ変他) 口ぎたなくののしること。悪たれ口。abuse

**アクバル【Akbar】**(一五四二〜一六〇五) インド、ムガール帝国の第三代皇帝(在位一五五六〜一六〇五)。イスラム教徒の立場からヒンズー教徒などとの融和をはかり、法制・税制・貨幣制度を整え、帝国の体制を確立。↓写

●アクバル　ビクトリア王室博物館(イギリス)。

**あくび【▽欠・▽欠▽伸】** ㊀(名・サ変自) 眠気や疲労・退屈したときにおこる無意識的な呼吸運動。血液中の酸素不足が原因。yawning ㊁(名) 漢字を組み立てている部分の名。「次・欧・飲」の右にある「欠」。

**欠伸を噛み殺す**(あくびをかみころす) 《出そうになった欠伸を、無理に口を閉じて押さえる、の意》非常に退屈でいる。また、たいそうつまらながっている。stifle a yawn

**あく-び【悪日】** 運の悪い日。凶日。あくにち。unlucky day 対義 吉日・吉日。

**あくび-がた【▽欠形】** 竹製の花入れの一つ。一重切りで、竹の胴にあけられた生け口の形が、人のあくびをした形に似ているため。

**あく-ひつ【悪筆】** ①悪い筆。対義 良筆。②へたな字。字のまずいこと。bad handwriting 対義 能書・達筆。

**あく-ひょう【悪評】**(名) けなすこと。悪い評判。evil reputation 対義 好評。用例 —を買う。

**あく-びょうどう【悪平等】**(名・形動) 内容の実際にかまわないで、形の上だけで平等にすること・さま。perverted equality

**あく-ふ【握▼斧】** 旧石器時代の石器の一つ。通常は礫の周囲を打ちかいて作る石核石器。形状は、巴旦杏形・卵形など。

**あく-ふう【悪風】** 悪いならわし。悪習。悪弊。bad custom 対義 美風。

**あく-ぶん【悪文】** ①意味の通らない文章。表現のしかたのへたな文章。bad style 比較 拙文。対義 達文・名文。②自分の文章をけんそんして言う語。へたな文。拙文。poor writing

**あく-へい【悪弊】** 社会の害になるような悪いしきたり。悪習。悪風。vicious practice

**あく-へき【悪癖】** 悪いくせ。bad habit

**あく-ほう【悪法】** ①国民のためにならない法律。bad law ②人心をまどわす宗教の教え。

**悪法も亦、法也**(あくほうもまた、ほうなり) 《ソクラテスのことば》悪法だからといって、法律であることに変わりはなく、人はこれに従わなければならない。悪法も法なり。A law is a law, however undesirable it may be.

**あく-ほう【悪報】** 《仏教語》悪事を行ったむくい。悪果。

**あく-ま【悪魔】** ①善を妨げ悪と苦しみをもたらすと信じられる霊的存在。devil; demon ②キリスト教・ユダヤ教で、神に反逆し、人を悪に誘うもの。サタン。Satan ③仏教で、仏道を妨げる悪神の総称。魔。魔羅。④ひどい悪者。wicked man

**あくま-しゅぎ【悪魔主義】** 一九世紀末文学に顕著な耽美的な傾向の一つ。醜・悪・倒錯などに官能美を追求する。ボードレールの『悪の華』、ワイルドの『サロメ』、谷崎潤一郎の『悪魔』など。satanism

**あく-まで(も)【飽く▼迄(も)】**(副) どうしても。どこまでも。persistently

**あく-みょう【悪名】** 悪い評判。悪評。汚名。あくめい。bad reputation

**あく-む【悪夢】** 不吉な夢。恐ろしい夢。nightmare

**悪夢から覚める**(あくむからさめる) 過ちをさとる。come to one's senses

**あぐ・む【▼倦む】**(五自) いやになる。もてあます。あぐねる。用例 考え—。

**アクメ【akmē ギリシア】** 絶頂。極点。極致。

**あく-めい【悪名】** ↓あくみょう(悪名)

**あく-やく【悪役】** ①芝居で、悪人の役。かたき役。あくがた。悪玉。villain's role ②仕事の上でにくまれる役割。villain's role

**あく-ゆう【悪友】** ①悪い友だち。bad friend 対義 良友・善友。②《反語的に》悪さもいっしょにするほど親しい友人。close friend

**あく-よう【悪用】**(名・サ変他) 悪いことに利用すること。abuse 対義 善用。

**アクラ【Accra】** アフリカ西部、ギニア湾に臨む港湾都市で、ガーナの首都。近郊にガーナ大学・国際空港がある。野口英世の没地。人口八六万(一九八四)。

**あぐら【▼胡▽床】** ↓こしょう(胡床)

**あ-ぐら【▼胡▽座・▼趺▼坐】** ①足を前に組んだ、らくな座り方。way of sitting with one's legs crossed 用例 —をかいて、お楽にどうぞ。②古語 足場。用例 —を結ひ上げて(竹取)。↓写

**胡座をかく**(あぐらをかく) ずうずうしくも、いい気になっていて、努力・改善などをしないことのたとえ。rest on one's laurels

●胡座①

**アグラオネマ【Aglaonema】** サトイモ科の多年草。葉は長楕円形で、仏焔苞をもつ花が咲く。最近、葉形や模様の美しいものが多く、リョクチク・セスジグサなどが代表種。観賞用。インド・マレー・アフリカ原産。

**あく-らつ【悪▼辣】**(形動) たちの悪いやり方・性質であるさま。mean 用例 —な手段。

**あぐらなべ【▽安愚▽楽▼鍋】** 仮名垣魯文の滑稽小説。明治四〜五年(一八七一〜七二)刊。牛鍋店に出入りする庶民の会話を通して、文明開化期の風俗を描く。

**あぐら-ばな【▼胡▽座鼻】** 鼻孔が大きく開いて、横に張った鼻。

**アグリアス-たては【アグリアス立羽▼蝶】** 南アメリカ産のアグリアス属のタテハチョウの総称。赤・青などの原色に彩られた中形のタテハチョウで、成虫は腐果・糞便などに集まる。ミイロタテハ。

**あぐり-あみ【▽揚繰(り)網】** 長方形の巻き網。魚群を包囲し、沈子綱を二そうの船でくり揚げて漁獲する。イワシ・アジ・サバなどに用いる。あぐり。lamp net

**アグリーメント【agreement】** ①合意。承諾。用例 —が得られる。②契約。協定。

**アグリジェント【Agrigento】** イタリア、シチリア島南西部の丘陵斜面にある都市。ギリシア神殿の遺跡があり、観光地として有名。人口四・九万(一九七一)。

**アグリッパ【Marcus Vipsānius Agrippa】**(BC六三〜BC一二) ローマの政治家・将軍。アウグストゥスの友人。アクティウムの海戦で功をあげ、ローマの内政・軍事に貢献。

**アクリノール【acrinol】** 殺菌消毒剤。黄色い粉末で、とくに連鎖球菌・ブドウ球菌に有効。商標名、リバノール。

**アグリビジネス【agribusiness】** ①農業関連産業。農業生産、農作物の加工・流通、化学肥料・農機具製造の三部門を統合した概念。②農業のほかに農作物の加工・流通も行う企業体。

**あく-りょう【悪霊】** ㊀たたりをする死人のたましい。evil spirit 比較 怨霊。㊁《原題 Bjesy ロシア》ドストエフスキーの小説。一八七一〜七二年発表。無神論と革命の問題を追求した思想小説。

**あく-りょく【握力】** 物を握りしめる力。握力計により測定された力。grip strength

**アクリル** 《acrylicから》アクリル繊維・アクリル樹脂などの略称。

**アクリル-さん【アクリル酸】** 化学式$CH_2=CHCOOH$ 酢酸に似た刺激臭のある無色の液体。非常に重合しやすい。アクリル樹脂などの原料。acrylic acid

**アクリル-じゅし【アクリル樹脂】** アクリル酸の誘導体を重合して得られる熱可塑性樹脂。無色透明で軽く、板材料・接着剤・塗料などに使用。アクリル。acrylic resin

**アクリル-せんい【アクリル繊維】** アクリロニトリルを主成分とする合成繊維の総称。酢酸ビニルやアクリルアミドなどと共重合させたものが多い。羊毛に似て軽く、やわらかく、保温性がよい。酸・塩基に強い。アクリル。acrylic fiber

**アクリロニトリル【acrylonitrile】** 化学式$CH_2=CHCN$ 特異臭のある無色の液体。引火性で猛毒。重合しやすく、アクリル繊維などの製造原料・接着剤などに利用。

**あくる【明くる】**(連体) 次の。翌。用例 —朝。—年。—日。

**あく-れい【悪例】** よくない例。好ましくない先例。bad example

**あく-れい【悪霊】** ↓あくりょう(悪霊)㊀

**アグレマン【agrément フランス】** 《同意・承諾の意》大使・公使を任命する前に、その人物を相手国に照会して求める受け入れの承認。

**あく-ろ【悪路】** 通るのに苦労する道。難路。悪道。bad road

**アクロバチック【acrobatic】**(形動) 軽業のような。曲芸的。

**アクロバット【acrobat】** 軽業。跳躍、とんぼがえりなど身軽に動くわざを見せる芸。また、それをする人。軽業師。曲芸師。

**アクロポリス【akropolis ギリシア】** 《高地の都市、の意》古代ギリシアのポリスの宗教的・政治的中心となる丘。守護神をまつる神殿を配し、非常時には城砦となった。アテネのほかコリントス・テーベなどが有名。

**アクロン【Akron】** アメリカ中北部、オハイオ州北東部の工業都市。自動車用タイヤ生産など、世界最大のゴム工業地の中心。人口二三・七万(一九八〇)。

**アグン-さん【アグン山】**(Gunung Agung) インドネシア、バリ島北東部の火山。標高三一四二m。同島の最高峰。ヒンズー教信仰と密接に結びつく。

**あけ【明け】** ①明けること。beginning ②夜明け。dawn 対義 暮れ。用例 —の明星。③明けたそのとき。next 用例 —の日(=翌日)。④

終わること。end 用例年季—。いみ—。休み—。

**あけ【▽朱・▼緋】**①赤色。red ②朱色。cinnabar

**朱に染まる** 斬られるなどして、血を多量に流す。be smeared with blood

**あげ【上げ】**①上げること。対義下げ。用例賃—。②終わって取りはらうこと。用例床—。

**あげ【揚げ】**①揚げること。deep-frying ②衣服の長さの余分を縫いとめておくこと。縫い揚げ。和服では肩揚げや腰揚げのように、外側にする揚げと、裏側に縫い込む内揚げがある。tuck 用例肩—。③油で揚げたもの。てんぷら。用例精進—。④あぶらあげ。

**あげ-あし【揚(げ)足】**①足を揚げること。揚げた足。②ことばじり。

**揚げ足を取る** 《相撲・柔道などで、相手の揚げた足を取って、たおすことから》他人の言いそこないにつけこむ。ことばじりをとらえて、いじめる。find fault with

**あげ-あぶら【揚(げ)油】** 揚げ物に使う食用油。動物性ではラード、植物性では大豆油・綿実油・ごま油・トウモロコシ油などを精製する。frying oil

**あげ-いた【上(げ)板・揚(げ)板】**①取りはずしのできる板の間の床板。床下の貯蔵庫の蓋など。あげぶた。movable floorboard ②劇場で舞台と花道をつなぐ板敷き。

**あげお【上尾】**〈市〉埼玉県東部の市。旧宿場町。自動車・非鉄金属などの工場が進出、新興工業都市となっている。宅地化も進む。人口一八万六二六九(一九八八)。

**あげ-おろし【上げ下ろし】**(名・サ変他)①上げたり下ろしたりすること。raising and lowering ②荷物を積んだり下ろしたりすること。loading and unloading

**箸の上げ下ろし** ↓はし(箸)

**あげ-がい【▽朱貝】** 浅海の砂底にすむ卵形のマルスダレガイ科の二枚貝。殻長約六・五cm、殻高約二・五cm。殻表に黄色～紅褐色の殻皮をかぶる。食用。北海道南部以南に分布。

**あげ-かじ【上(げ)▼舵】** 飛行機の機首を上に向ける、かじのとり方。対義下げ舵。

**あげ-かす【揚(げ)▼滓】** 揚げ物のあと、油の中に残るころものくず。揚げ玉。てんかす。

**あけ-がた【明(け)方】** 夜明け。あかつき。dawn 対義暮れ方。

**あけ-がらす【明(け)▼烏】**㊀①夜明けに鳴くカラス。また、その声。morning crow ②《隠語》墨。India ink ㊁①《明烏》邦楽の曲名。㋐新内『明烏夢泡雪』の通称。安永元年(一七七二)初世鶴賀若狭掾の作詞作曲。遊女三吉野と町人伊之助との心中事件を脚色した新内初期の名作。㋑新内をもとにした、清元『明烏花濡衣』や常磐津『明烏夢泡雪』などの通称。②《明烏》落語の題名。新内の『明烏』から、浦里・時次郎の登場人物名を借りた廓噺の代表作。大店の若旦那が、町内の若い衆にだまされて吉原に登楼するはなし。③《あけ烏》高井几董編の俳諧集。安永二年(一七七三)刊。蕪村一門による蕉風復興運動の書。『蕪村七部集』の第二集。

**あけがらす-はや【▽暁▼烏▽敏】**(一八七七〜一九五四) 浄土真宗大谷派の僧。石川県の人。清沢満之に師事、雑誌『精神界』の編集に携わり、精神主義運動に参加した。

**あげ-く【挙(げ)句・揚(げ)句】**①連歌・俳諧の一連の最後の句。対義発句。②よくない結果のこと。finally 用例病んだ—、さびしく死ぬ。

**挙げ句の果て** 《「挙げ句」②を強めた語。よくない結果に言う》行きつくところ。とどのつまり。結局。finally

**あげ-くだし【上げ下し】**(名・サ変他) 食べた物をはいたり、下したりすること。

**あけ-く・る【明け暮る】** 古語(下二自)↓あけくれる(明け暮れる)

**あけ-くれ【明け暮れ】**㊀(名) 朝晩。日夜。day and night ㊁(名・サ変自)①時がたつこと。time passing ②物事に熱中すること。be absorbed in 用例勉学に—する。㊂(副) いつも。しじゅう。

**あけ-ぐれ【明け▽暗れ】** 古語 夜が明けようとして、まだ暗いころ。用例—のほどにいでたまひぬ(源氏・須磨)。

**あけ-く・れる【明け暮れる】**(下一自)①月日が過ぎる。Time passes. ②物事に熱中して日を送る。be absorbed in 用例看病に—。

**あけ-ごろも【▼緋▼袍・▼緋衣】**[枕ことば]《同音を繰り返すことから》「明け」にかかる。用例むばたまのこよひばかりぞ—明けなば人をよそにこそ見め(後撰・雑一)。

**あげ-さげ【上げ下げ】**(名・サ変他)①上げることと下げること。raising and lowering ②ほめたり、けなしたりすること。praise and blame 用例人を—する。③上げ潮と引き潮。ebb and flow ④値段の騰貴と下落。up and down 用例株価の—がはげしい。

**上げ下げを取る** 相手にうまく調子をあわせて、とりつくろう。

**あげ-しお【上(げ)潮・上(げ)▼汐】**①だんだんに満ちてくる潮。干潮から満潮にむかう潮。high tide 対義下げ潮。②物事が順調に進んでいるさま。状況が盛んなこと。rise 用例—に乗る。

**あけ-しめ【開け閉め】**(名・サ変他) 戸などを開けたり、しめたりすること。あけたて。

**あげ-ず【上げず】**(連語) 間を置かないで。用例三日に—飲みに来る。

**あけ-すけ【明け透け】**(形動) 遠慮や包みかくしがなくて、あけっぱなしなようす。ありのまま。frankly 用例—な態度。

**あげ-ぜん【上(げ)▼膳】** 客に膳を出すこと。また、下げること。その膳。

**上げ膳、据え膳** 何もしないでいて、人からよくもてなされること。

**あげ-ぞこ【上げ底・揚(げ)底】** 実際の量より中身が多くはいっているように見せるため、見かけより容器の底を高く上げて作ったもの。

**あけ-そ・める【明(け)初める】**(下一自) 夜が明け始める。

**あげ-だい【揚(げ)代】** 芸者などを呼んで遊ぶときに支払うお金。玉代。

**あげ-だし【揚(げ)出し】** 豆腐・ナスなどにかたくり粉をまぶして油で揚げた料理。

**あけ-たて【開け▽閉て】**(名・サ変他) 戸などを開けたり、しめたりすること。handling of doors 用例—しにくい戸。

**あげ-だま【揚(げ)玉】** 揚げ油の中で、てんぷらの衣が小さく散ってできたもの。うどん・みそ汁・お好み焼きなどに入れる。てんかす。

**あけち【明▼智】**〈町〉岐阜県南東部の町。耐火れんが・碍子・タイルなどの窯業、製材がさかん。人口七六八一(一九八八)。

**あけち-みつひで【明▼智▽光▽秀】**(一五二八〜一五八二) 戦国時代の武将。織田信長に仕え、丹波亀山城主となる。天正一〇年(一五八二)本能寺に信長を急襲して自殺させる。羽柴秀吉に山崎の戦いで敗れ、敗走中に土民により殺害。

**あげ-ちょう【揚(げ)超】**《「引揚超過」の略》財政収支のうえで政府収入が支出を上回り、その分民間資金を吸い上げて受取超過になる現象。対義散超。

**あげち-れい【上(げ)地令・上(げ)知令】** 天保の改革の一つ。天保一四年(一八四三)に公布した、徳川幕府の直轄領を江戸・大坂周辺に統合する法令。まもなく廃止され、老中水野忠邦の失脚の原因となる。

**あげつち-もん【上(げ)土門】** 厚板で平らな屋根を造り、その上にかまぼこ形に土をのせてかためた門。武家屋敷に多く、後世は土をのせない形式だけのものもできた。垜門。安土門。

**あけっ-ぱなし【開けっ放し】**(名・形動)↓あけはなし(開け放し)

**あけっ-ぴろげ【開けっ広げ】**(名・形動)↓あけひろげ(開け広げ)

**あげ-つらい【▽論い】** 議論。

**あげ-つら・う【▽論う】** 文語的(五他) 可否・善悪について論じ合う。また、ささいなことを言い立てる。discuss; criticize

**あけ-て【明けて】**(副) 新年になって。用例—二〇歳。

**あげ-て【挙げて】**(副) のこらず。みんな。all 用例責任は—与党にある。

**あげ-ど【揚(げ)戸】** 上に押してあける戸。push-up door

**あげ-どうふ【揚(げ)豆腐】** 豆腐を油で揚げたもの。いため物・煮物・わんだねなどにして使う。あぶらあげ・生揚げなど。

**あげ-なべ【揚(げ)▼鍋】** 揚げ物用のなべ。厚手で、口径が広く、油が深さ三cm以上入るもの。てんぷらなべ。

**あけ-に【明(け)荷】** 相撲で、十両以上の力士が場所入りするときに使う長方形の箱。まわしなどを入れる。

**あけの【明野】**〈町〉茨城県西部、筑波山北西の町。農業地帯。人口一万八四四〇(一九八八)。

**あけの【明野】**〈村〉山梨県北西部の村。ブドウ・リンゴ・モモ・スモモなどの果樹栽培がさかん。人口四七八八(一九八八)。

**あけのかね【明の鐘】** 長唄の曲名。入門曲として有名。暁に別れを惜しむ女の気持ちをうたう。作曲年・作詞者・作曲者ともに不明。

**あけの-がはら【明野ケ原】** 三重県、伊勢平野南部の櫛田川と宮川にはさまれた洪積台地。第二次大戦前は軍の飛行場として利用されたが、戦後は大部分が耕地化された。

**あけ-のこ・る【明(け)残る】**(五自) 夜明けの空に星や月が残る。

**あけのべ-こうざん【明延鉱山】** 兵庫県北部、大屋町の鉱山。日本唯一の錫鉱山であったが、昭和六二年(一九八七)閉山。

**あけ-の-みょうじょう【明けの明▽星】** 明け方の東の空にマイナス四等ほどの明るさで、ひときわ輝いて見える金星。morning star 対義宵の明星。

**あげは-ちょう【揚羽▼蝶・▼鳳▼蝶】**①アゲハチョウ科に属するチョウの総称。クロアゲハ・モンキアゲハなど世界に五百余種を産する。アゲハ。swallowtail butterfly ②アゲハチョウ科のチョウの一種。開張約八cm。黄色の地に黒斑がある。年三～六回発生。人家のまわりに多い。食草はサンショウ・ミカンなど。日本全土に分布。アゲハ。ナミアゲハ。↓図

●アゲハチョウ② ナミアゲハ、成虫(上)と幼虫(下)。

**あけ-はなし【開け放し】**(名・形動)＝あけっぱなし。①戸・窓などを開けたままにしておくこと・さま。leave open ②かくしだてをしないさま。あけすけ。frankness

**あけ-はな・す【開け放す】**(五他) 戸・窓などを広く開ける。また、開けたままでおく。あけはなつ。leave open

**あけ-はな・つ【開け放つ】**(五他)↓あけはなす(開け放す)

**あけ-はな・れる【明(け)放れる・明(け)離れる】**(下一自) 夜がすっかり明ける。明けわたる。

**あげは-の-ちょう【揚羽の▼蝶】** 紋所の名。蝶紋の一種。翅を揚げた形の蝶を紋章化したもの。織田蝶や、池田氏の用いた因州蝶など。↓図

●揚羽の蝶 丸に揚羽の蝶　因州蝶

**あけはま【明浜】**〈町〉愛媛県南西部、宇和海に臨む町。ミカン・ポンカン栽培、ハマチ・真珠養殖がさかん。人口五八四六(一九八八)。

**あげ-はま【揚(げ)浜】**《「揚げ浜式塩田」の略》人力や機械力などで、海水をくみ上げて塩をつくる塩田。また、その方法。比較入り浜。

**あげは-もどき【揚羽▽擬▼蛾】** アゲハチョウに似たガ。開張約五・五cm。翅は灰黒色で黒色の尾状突起がある。日本全国に分布。

**あけ-はら・う【開け払う・明(け)払う】**(五他)①戸・窓などを残らずあける。open ②家や城などから立ちのく。明け渡す。vacate

**あけ-ばん【明(け)番】**①宿直などを終えて勤務から解放されること。下番。off duty ②勤務した次の日の休み。day off ③半夜交替の勤務で、後半の番。graveyard shift

**あけび【▽通▽草・▽木▽通】** アケビ科のつる性落葉低木。山地にはえる。葉は五小葉に分かれ、雌雄同株。秋に実る紫色の果実を食用とし、茎を薬用、つるで籠などを作る。本州以南に分布。アケビカズラ。アケビヅル。ヤマヒメ。↓写

**あけび-このは【▽通▽草木の葉▼蛾】** 枯れ葉状の前翅をもつヤガ科のガ。開張約一〇cm。後翅は鮮黄色で黒い斑紋がある。夏、出現し、果実の汁を吸う。食草はムベ・アケビなど。日本全土に分布。↓写

**あげ-びさし【上(げ)▼庇・揚(げ)▼庇】** 上縁を蝶番などで窓枠や鴨居に取り付け、

▼常用漢字表外。　▽常用漢字表の音訓外。

●アケビ　花(右)と実(左)。

外に開けると庇の役目をする戸。開口時は棒で支えるか、金物で吊る。突き上げ庇。trap door

**あげ-ひばり【揚(げ)▽雲▾雀】** ヒバリが空高くまい上がって鳴くこと。また、そのヒバリ。

**あけ-ひろげ【開け広げ】**(名・形動) 内情をかくさず出すこと・さま。あけっぴろげ。

**あげ-ぶた【上(げ)▾蓋】** ↓あげいた(上げ板)①

**あけ-ぼの【▾曙】** 夜がほのぼのと明けるころ。しらしらあけ。あかつき。dawn

**あけぼの-ぐさ【▾曙草】** サクラの異名。

**あけぼの-そう【▾曙草】** リンドウ科の二年草。山野の湿地にはえる。高さ約八〇cm。葉は長卵形で、三本の主脈がある。秋にクリーム色の花が咲く。花冠は深く五裂し、裂片の長さ約一cm。

**あけぼの-つつじ【▾曙▾躑▾躅】** ツツジ科の落葉小高木または低木。山地にはえ、庭木用に栽培もされる。葉は五枚ずつ輪生。四～五月に先が分かれた鐘形の花が咲く。色は濃桃色か淡紅色で、黄褐色の斑点がある。

●アケビコノハ

**あげ-まい【上(げ)米】** 享保の改革の一つ。享保七年(一七二二)将軍徳川吉宗が幕府の財政再建のために諸大名に課した献上米。一万石につき一〇〇石の割で上納。

**あげ-まき【揚(げ)巻き・揚巻・▽総▽角】** ①古代の少年の髪型。左右に分けた髪を巻き上げて頭上に角のように輪を作ったもの。角髪。②明治時代の女性の髪型。後ろ髪を一つにまとめ、三～四回ねじって髷を作り、頭上にピンで留める。↓図

●揚げ巻き①

**あげまき【揚巻】** 歌舞伎の「助六物」で、助六の相手の遊女。

**あげまき-がい【▽総▽角貝・揚巻貝】** 殻がほぼ長方形のナタマメガイ科の二枚貝。殻長約一〇cm、殻高約三cm。殻表は黄色の殻皮でおおわれる。浅海の泥底にすむ。産卵期は一〇～二月。食用。主産地は有明海・児島湾。瀬戸内海・九州沿岸・朝鮮半島・中国に分布。↓図

●アゲマキガイ
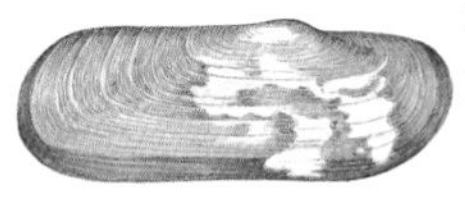

**あげ-まく【揚(げ)幕】** 能舞台の橋懸かりや、歌舞伎の花道の出入り口などに下げてある幕。↓写　↓歌舞伎図　↓能楽図

**あげまつ【上松】**〈町〉 長野県南西部、木曽谷の町。ヒノキなど木材の集散地。寝覚ノ床など名勝が多い。人口七二一二(一八一九)。

**あけ-むつ【明(け)六つ】** 江戸時代の時刻法で、夜明けの六つ時。現在の午前六時ごろ。また、その時刻を知らせる鐘の音。卯の刻。あさむつ。対義 暮れ六つ。

**アケメネス-ちょう【アケメネス朝】** 古代ペルシアの王朝。紀元前六世紀半ば、帝国を創建したキュロス二世が始祖。ダレイオス一世の世に最盛期を迎えた。前三三一年ダレイオス三世がアレクサンドロス大王に敗死して滅亡。Achaemenian dynasty

●揚げ幕　観世能楽堂(東京都)。

**あげ-もの【揚(げ)物】** ①野菜・魚貝・鳥獣肉などを油で揚げた食物。衣揚げと、から揚げに大別される。fry ②《俗語》ぬすんだ品物。

**あげ-や【揚屋】** 江戸時代、置屋から太夫・格子女郎など上級の遊女を招いて客を遊興させた店。

**揚屋柄を握る** (「柄を握る」は、その道の達人となる意)揚屋遊びに通じている。

**あげや-いり【揚屋入り】** 遊女が客に招かれて、置屋から揚屋に行くこと。また、その儀式。盛装した遊女は高下駄をはき八文字をふんで、供を連れ練り歩いた。太夫道中。花魁道中。

**あけ-やらぬ【明けやらぬ】**(連語) まだ明けてしまわない。用例 ―空。

**アゲラータム【ageratum】** キク科カッコウアザミ属の春まき一年草。高さ約五〇cm前後。夏から秋に、紫・白・桃などの小花を散房花序に数多くつける。メキシコ原産。カッコウアザミ。↓写

●アゲラータム

**あけら-かんこう【▽朱▽楽▾菅江】**(一七四〇～一八〇〇) 江戸後期の戯作者・狂歌師。本名山崎景貫。唐衣橘洲・四方赤良とともに狂歌の三大家。赤良らと共編の狂歌集『狂言鶯蛙集』、洒落本『売花新駅』など。

**あ・ける【明ける】**(下一自) ①朝になる。Day breaks. 対義 暮れる。用例 夜が―。②日・月・年などが、改まる。begin 対義 暮れる。用例 年が―。③ある期間が終わる。end 用例 梅雨が―。

**明けても暮れても** いつも例外なく。毎日毎日。始終。しょっちゅう。day in and day out 用例 ―愚痴ばかり言う。

**あ・ける【空ける】**(下一他) ①からにする。make room 用例 席を―。②器をかたむけて中の物を他に移す。empty 用例 コップの水を―。③使わないようにする。ひまをつくる。keep open 用例 時間を―。日程を―・けておく。④間をおく。space 対義 詰める。用例 間隔を―。⑤留守にする。stay out 用例 家を―。

**あ・ける【開ける】**(下一他) ①ひらく。open 対義 立てる・締める・閉じる。用例 本を―。窓を―。②始める。open 対義 締める・閉じる。用例 店を―。

**開けて悔しき玉手箱** 《浦島太郎が、竜宮の乙姫からもらって帰った箱を開けたとき、出たのは白い煙だけだったという伝説から》期待はずれなことのたとえ。

**あ・げる【上げる】** ㊀(下一自他) 対義 下げる。①(他)㋐場所を下から上へ移す。raise 用例 本を棚に―。腰を―。㋑程度を高める。状態をよくする。improve 用例 生活水準を―。うでを―。㋒価を高くする。raise 用例 値段を―。運賃を―。㋓物音や名声などを高くする。用例 名を―。大声を―。㋔はっきり、それと示す。用例 証拠を―。㋕食べた物をはく。もどす。vomit ㋖進級・進学させる。send to school 用例 子を高校に―。㋗物事をなしとげる。仕上げる。finish 用例 仕事を月末までに―。㋘神仏に供える。offer 用例 おみきを―。灯明を―。㋙客を座敷などにみちびく。show in 用例 座敷へ―。㋚すべて済むようにする。用例 一〇〇〇円で―。㋛《「与える」の丁寧語》進呈する。用例 本を―。②(自)潮がさす。rise 用例 潮が―・げてくる。③《動詞の連用形に付いて》丁寧な言い方。用例 存じ―。申し―。㊁(補動)《動詞の連用形＋助詞「て」の形で》「…てやる」の丁寧な言い方。用例 教えて―。つれて―。

**あ・げる【挙げる】**(下一他) ①式をとり行う。hold 用例 結婚式を―。②例として、示す。give 用例 一例を―。③得る。おさめる。用例 収穫を―。④犯人などを捕える。用例 星を―。⑤全部を出しつくす。do one's best 用例 全力を―。⑥世に知らせる。用例 名を―。⑦いくさを始める。用例 兵を―。⑧手を上へ動かす。用例 手を―。

**あ・げる【揚げる】**(下一他) ①船から陸に移す。unload 用例 積み荷を―。②水中から取り出す。用例 タイを一匹―。菜をゆでてざるに―。③旗などを、高くかかげる。hoist 用例 国旗を―。④たこなどを、高く飛ばす。fly 用例 気球を―。⑤揚げ物をつくる。fry 用例 天ぷらを―。⑥芸者などを座に呼んで遊興する。用例 芸者を―。

**アケルナル【Achernar】** 《もとはアラビア語で、川の果て、の意》エリダヌス座のα星。青白く光る一等星。北緯三二・五度以北では見えない。距離は約八〇光年。

**アケロン【Acherōn ギリシア】** ギリシア神話の冥府にみちびく川。死者に対する託宣がここで行われた。

**あけ-わたし【明(け)渡し】** 明け渡すこと。vacate 用例 江戸城―。

**あけ-わた・す【明(け)渡す】**(五他) 自分の住んでいる家や城などを、他人の手に渡す。vacate

**あけ-わた・る【明(け)渡る】**(五自) 夜がすっかり明ける。明け放れる。become broad daylight

**アゲンスト【against】** ゴルフなどで、向かい風。

**あ-こ【▾吾子】** 古語 (代) ①わが子を親しんで呼ぶ語。②他人の子、または他人を親しんで呼ぶ語。あご。わこ。

**あご【▾顎・▾腭・▾頤】** ①上顎と下顎の総称。それぞれの歯をささえている骨などからなる部分をさす。jaws ②下顎。おとがい。chin ③《方言》しゃべるという意味の舌。用例 えらい―じゃな(＝よくまわる舌だな)。

**顎が落ちる** たいへんおいしいさま。

**顎が食い違う** 見込みが違う。あてがはずれる。

**顎が外れる** 大笑いする。顎を外す。

**顎が干上がる** 貧しくて食えなくなる。lose one's means of livelihood

**顎で使う** おうへいな態度で人を使う。have a person at one's beck

**顎で蠅を追う** 手でハエを追うこともできないほど体力のおとろえた人のようすを言う。

**顎振り三年** 尺八の稽古が容易でなく、年月を要すること。転じて、何事も身につくまでには、長い年月がかかるということ。首振り三年。

**顎を出す** たいへんつかれる。まいる。「get tired out

**顎を撫でる** 得意なさま。

**顎を外す** 「顎が外れる」と同意。

**顎を養う** 食っていく。生活する。

**あご【▾阿▽児】**〈町〉 三重県志摩半島の町。英虞湾の真珠養殖と先志摩観光の町。人口二万一一四三(一九八八)。

**あごあし-つき【▾顎足付き】** 旅公演などで、食費・交通費・宿泊費を主催者側が負担すること。

**あこう【▾雀▾榕】** クワ科の常緑高木。暖地の海岸にはえる。高さ約二〇m。枝・幹から気根を出す。葉は長楕円形。春にイチジクに似た花序をつける。雌雄異株。果実は球形。アコギ。

**あこう【▽赤▽魚】** ↓あこうだい(赤魚鯛)

**あ-こう【亜綱】** 生物分類の一階級。綱と目の間におき、綱を小さく区分する必要がある場合に設ける。subclass

**あ-こう【▾阿衡】** 摂政・関白の別称。

**あこう【▽赤▽穂】**〈市〉 兵庫県南西部、播磨灘に臨む市。旧城下町。赤穂義士の町で知られ、かつては日本屈指の塩田があった。近代

工業が進出。人口五万二一九三(一九八八)。

**あこう-ぎし**【▽赤▽穂義士】元禄一五年一二月一四日(西暦では一七〇三年一月三〇日)、江戸本所の吉良上野介の邸に討ち入って主君浅野長矩の仇を討った元赤穂藩の四七人の家臣。四十七士。赤穂浪士。↓図

**あ-こうざんたい**【亜高山帯】主として植物分布による高度区分の一つ。山地帯と高山帯の間に位置し、日本の本州中部では二〇〇〇m前後で、トウヒ・シラビソなどマツ科の森林からなる。subalpine zone

**あこう-だい**【▽赤▽魚▼鯛・▼阿候▼鯛】深海の岩礁にすむカサゴ科の海水魚。全長約六〇cm。鮮赤色。肉は水分が多く、切り身やかすづけにする。アコウ。↓図

●アコウダイ

**あ-こうぼく**【亜高木】高木のうち、高さが約二～八mのもの。ウメ・ウルシなど。

**あこう-ろうし**【▽赤▽穂浪士】赤穂義士の別称。

**アコーディオン**【accordion】箱形の蛇腹式ふいごを両手で伸縮させながら、鍵盤やボタンを押して鳴らす小型リードオルガン。手風琴。

**アコーディオン-ドア**【accordion door】アコーディオンの胴のように伸び縮みが可能な間仕切り。

**アコーディオン-プリーツ**【accordion pleats】アコーディオンの蛇腹のような形に折りたたまれているひだ。立体的で華やかな印象を与え、主にスカートに用いる。

**あこがれ**【▼憧れ・▼憬れ】あこがれること。yearning 用例 —のまと。

**あこが・れる**【▼憧れる・▼憬れる】(下一自)心をひかれる。思いをよせる。むねをこがす。あくがれる。yearn

**あこぎ** ↓あこう(雀榕)

**あこぎ**【▼阿▼漕】(名・形動)《三重県津市にある浦の名。平安時代の歌に「逢ふことをあこぎの島に引く鯛のたびかさならば人も知りなむ(古今和歌六帖・三)」とあるところから》①同じことを幾度もすること。②際限なく欲ふかなさま。greed ③強引。無情。cruelty ④しつこいこと。insistent

**あこぎ-が-うら**【▼阿▼漕ケ浦】三重県津市にある海岸。かつて殺生の禁じられた海で、禁を破って刑死した漁師平治を供養する阿漕塚がある。あこぎうら。

**あこだ-うり**【▼阿古▼陀▼瓜】ウリ科の一年草。セイヨウカボチャの変種。果実は赤褐色に熟し、滑らかで光沢がある。長楕円形のものをキントウガ、平たく丸いものをアコダウリ、小形で形や色に変化の多いものをコナタウリという。

**アコニチン**【aconitine】アコニットアルカロイドの一種。トリカブト属植物に多く含まれ、激しい神経麻痺作用を示す。

**あご-はぜ**【▼顎▼鯊】潮だまりなどにすむ、口が大きなハゼ。全長約七cm。日本全国の沿岸に分布。ダボハゼ。

**あご-ひも**【▼顎▼紐】あごにかけるひも。帽子などに付いている。chin strap

**あこめ**【▼衵・▼袙】①古代、男子用衣装の一つ。束帯のときに単と下襲のあいだに着た衣。②婦人・童女が着た袿の一種。丈は袿より短く、単と上の衣との間に着た。

**あこや-がい**【▼阿古屋貝】水のきれいな内湾にすむウグイスガイ科の二枚貝。真珠養殖の母貝。殻長・殻高とも約七cm。殻表はよごれた灰褐色。殻は細工用。山形県・房総から奄美大島まで分布。シンジュガイ。

●アコヤガイ

**アゴラ**【agora ギリシア】古代ギリシアのポリスの中心となった広場・市場。その周囲には政庁など公共建築物が設けられ、市民の集会所でもあった。古代ローマのフォルムにあたる。↓図

**あご-わん**【▽英▽虞湾】三重県南東部、志摩半島にある湾。海食台地の沈水でできた湾で、多数の溺れ谷と島がある。真珠養殖で有名。伊勢志摩国立公園に属する。

**アコンカグア**【Cerro Aconcagua】アルゼンチン中西部、チリ国境に近いアンデス山脈中の最高峰。標高六九六〇m。

**あごん**【▼阿▽含】《仏教語。āgama 梵の音写で、来ること・伝承、の意》①原始経典の『阿含経』の略。②伝承された教えのことから、転じて仏説として伝承されてきた聖教の総称。

**あごん-ぎょう**【▼阿▽含経】《「阿含」は āgama 梵の音写。伝承の意》原始仏教における経典群の総称。北伝漢訳経典は四部、南伝パーリ語経典は五部からなる。阿含。

**あさ**【浅】(接頭) 程度が小さいさま。用例 —づけ。

**あさ**【麻】①強靱で長い繊維がとれる植物の総称。アマ・カラムシ・コウマ・マニラアサなど。また、その植物繊維。狭義にはタイマをさす。hemp ②麻の布。↓写

●赤穂義士

| 姓名 | 禄高扶持 | 討ち入り当時の年齢*1 |
|---|---|---|
| 大石内蔵助良雄 | 千五百石 | 四四 |
| 大石主税良金 | (部屋住み) | 一五 |
| 片岡源五右衛門高房 | 三百石 | 三六 |
| 原惣右衛門元辰 | 三百石 | 五五 |
| 堀部弥兵衛金丸 | 三百石　隠居料二十石 | 七六 |
| 近松勘六行重 | 二百五十石 | 三三 |
| 吉田忠左衛門兼亮 | 二百石　役料五十石 | 六二 |
| 吉田沢右衛門兼貞 | 十三両三人扶持 | 二八 |
| 間瀬久太夫正明 | 二百石 | 六二 |
| 間瀬孫九郎正辰 | (部屋住み) | 二二 |
| 堀部安兵衛武庸 | 二百石 | 三三 |
| 潮田又之丞高教 | 二百石 | 三四 |
| 冨森助右衛門正因 | 二百石 | 三三 |
| 赤埴源蔵重賢 | 二百石 | 三四 |
| 不破数右衛門正種 | 二百石 | 三三 |
| 岡野金右衛門包秀 | (部屋住み) | 二三 |
| 小野寺十内秀和 | 百五十石　役料七十石 | 六〇 |
| 小野寺幸右衛門秀富 | (部屋住み) | 二七 |
| 奥田孫太夫重盛 | 百五十石 | 五六 |
| 奥田貞右衛門行高 | 九石二人扶持 | 二五 |
| 大石瀬左衛門信清 | 百五十石 | 二六 |
| 木村岡右衛門貞行 | 百五十石 | 四五 |
| 矢田五郎右衛門助武 | 百五十石 | 二八 |
| 早水藤左衛門満尭 | 百五十石 | 三九 |
| 磯貝十郎左衛門正久 | 百五十石 | 二四 |

| 姓名 | 禄高扶持 | 討ち入り当時の年齢*1 |
|---|---|---|
| 間喜兵衛光延 | 百石 | 六八 |
| 間十次郎光興 | (部屋住み) | 二五 |
| 間新六光風 | (部屋住み) | 二三 |
| 中村勘助正辰 | 百石 | 四四 |
| 菅谷半之丞政利 | 百石 | 四三 |
| 千馬三郎兵衛光忠 | 百石 | 五〇 |
| 村松喜兵衛秀直 | 二十石五人扶持 | 六一 |
| 村松三太夫高直 | (部屋住み) | 二六 |
| 岡嶋八十右衛門常樹 | 二十石五人扶持 | 三七 |
| 大高源吾忠雄 | 二十石五人扶持 | 三一 |
| 倉橋伝助武幸 | 二十石五人扶持 | 三三 |
| 矢頭右衛門七教兼 | (部屋住み) | 一七 |
| 勝田新左衛門武尭 | 十五石三人扶持 | 二三 |
| 前原伊助宗房 | 十石三人扶持 | 三九 |
| 貝賀弥左衛門友信 | 十両五人扶持 | 五三 |
| 武林唯七隆重 | 十五両三人扶持 | 三一 |
| 杉野十平次次房 | 八両三人扶持 | 二七 |
| 神崎与五郎則休 | 五両三人扶持　役料五石 | 三七 |
| 茅野和助常成 | 五両三人扶持 | 三六 |
| 横川勘平宗利 | 五両三人扶持 | 三六 |
| 三村次郎左衛門包常 | 七石二人扶持 | 三六 |
| 寺坂吉右衛門信行*2 | 三両二分二人扶持 | 三八 |

*1 泉岳寺調べ
*2 討ち入りに加わらなかったが四十七士として名を連ねている

**麻の如く乱れる** 国情や世の中が、麻糸がもつれて絡まり合うように、大いに乱れる。be in a chaotic state 用例 天下—。

**麻の中の蓬** アサはまっすぐに生長するところから、その中に育ったヨモギも、まっすぐに育つ。よい人とつき合っていると、悪い人も自然によい人になるたとえ。比較 朱に交われば赤くなる。

●アサ① マニラアサ

**あさ**【朝】①夜明けから数時間のあいだ。early morning 比較 昼・夕・晩。②夜明けから正午までのあいだ。morning

**朝が早い** 早起きをする。朝早くから何かをする。get up early

**朝観音に夕薬師** 江戸時代の信仰で、毎月一八日の朝は観音に、八日の夕方には薬師に参詣した風習を言う。

**朝題目に夕念仏** 《「題目」は、日蓮宗で唱える「南無妙法蓮華経」。「念仏」は、浄土宗で唱える「南無阿弥陀仏」》朝は題目を唱え、夕方には念仏を唱えること。定見がないことのたとえ。

**あざ**【字】町・村の中の区画の名。大字と、それをさらに細分した小字とがある。

**あざ**【▼痣】皮膚の一部にみられる変色。多くは外傷性の内出血などによるが、先天性ものは母斑という。nevus 比較 母斑。

**あさ-あけ**【朝明け】朝、あたりが明るくなること。そのころ。daybreak

**あさ-あめ**【朝雨】朝降る雨。

**朝雨、馬に鞍置け** 朝降りだした雨はすぐにあがるから、外出の支度をしておけ。

**朝雨に傘要らず** 朝降りだした雨はすぐにあがるから、傘の用意はいらない。

**アザール**【Paul Gustave Marie Camille Hazard】(一八七八～一九四四) フランスの比較文学者。著書『ヨーロッパ意識の危機』『児童文学論』など。

**あさ-い**【朝▽寝】古語 ↓あさね(朝寝)

**あさ・い**【浅い】(形) 対義 深い。①底・奥までの距離が短い。shallow 用例 —海。根が—。②物事の程度・度数・分量などが小さい。light; slight; short 用例 —眠り。始めてから日が—。③色がうすい。light 用例 —緑色。④あさはかである。shallow 用例 思慮が—。派生 あささ(名) あさめ(名)

**あざい**【▽浅井】〈町〉滋賀県北東部、姉川の支流草野川流域の町。稲作中心の農業が行われる。人口一万二四〇二(一九八八)。

**あさ-いち**【朝市】朝開く魚・野菜などの市。morning fair

**あさい-ちゅう**【浅井忠】(一八五六～一九〇七) 明治の代表的洋画家。江戸の生まれ。フォンタネージに学び、明治美術会を組織。東京美術学校教授。晩年は関西洋画壇の発展に貢献。作品『収穫』『グレーの秋』など。↓写

**あさ-いと**【麻糸】亜麻・大麻・ラミー・ジュートなどの繊維から作った糸の総称。硬く伸びにくい。hemp thread

**あさい-ながまさ**【浅井長▽政】(一五四五～一五七三) 戦国大名。近江小谷城主。朝倉義景と結び織田信長に敵対、姉川の戦いで敗れ、

●浅井忠『収穫』明治二三年(一八九〇)、東京芸術大学。

のち再び攻められて自殺。

**あさい-りょうい【浅井了意】**(一六一二ごろ〜九一) 江戸前期の仮名草子の代表的作者。京都本性寺の住職。作品『浮世物語』『堪忍記』『御伽婢子』など。

**あさ-うたい【朝謡】** 朝から謡をうたうこと。

**朝謡は貧乏の相**(あさうたいはびんぼうのそう) 朝から仕事もしないで謡をうたっているようでは、いまに貧乏になるという戒め。

**あさ-うら【麻裏】** ①麻の裏地。②《「麻裏ぞうり」の略》平たく編んだ麻を裏一面にぬいつけたぞうり。

**あさ-うり【浅▼瓜】** シロウリの別名。

**あさ-おき【朝起き】**(名・サ変自) 朝早く起きること。早起き。early to rise 対義 朝寝。

**朝起きは三文の徳**(あさおきはさんもんのとく) 早起きすると、なんらかの利益があるということ。The early bird catches the worm.

**あさ-おりもの【麻織物】** 麻糸を用いた織物地の総称。強くて耐久力があり、熱伝導性が大きい。リネン・上布などがある。hemp fabric

**あさか【朝▼霞】**〈市〉 埼玉県南東部の市。交通の便がよく、宅地化・工業化が進む。人口九万六三三二(一八八)。

**あさ-がえり【朝帰り】**(名・サ変自) よそへとまって、または夜勤があけて、朝、家へ帰ること。もともとは、多く遊里や女性の所から帰る場合に使われた。

**あさ-がお【朝顔】** ①ヒルガオ科のつる性一年草。園芸植物の一つ。茎のつるは左まき。ラッパ状の花が咲き、色は白・紫・あい・茶・紅など種類が多い。開花は七〜八月が最盛。熱帯アジア原産。morning glory ②キキョウ・ムクゲの異名。③小便所の便器。④金管楽器の音の出口のラッパ状の部分。↓クラリネット図 ↓トランペット図 ⑤紋所の名。↓写

**朝顔の花一時**(あさがおのはなひととき) ものの衰えやすいこと、はかないことのたとえ。

**あさがお-いち【朝顔市】** 朝顔などを売る市。毎年七月上旬に、東京都台東区入谷の鬼子母神境内周辺で行われるものが有名。↓写

**あさがお-がい【朝顔貝】** 暖流に乗って浮遊生活をする巻き貝。殻高約二cm。足から泡状の袋を分泌して浮遊。世界の温・熱帯海域に分布。

**あさがお-ぐも【朝顔雲】** 発達した積乱雲の雲頂が横に広がり、その部分がアサガオの花のように開いた形をした雲。

**あさがお-な【朝顔菜】** ヨウサイの別名。

**あさ-がけ【朝駆け・朝▼駈け】**(名・サ変自) 朝早く攻める、また出かけること。対義 夜駆け・夜討ち。

**朝駆けの駄賃**(あさがけのだちん) 《朝は馬も元気で、少しぐらい荷物が多くても平気なことから言った語。「行き掛けの駄賃」のもじり》物事のたやすいことのたとえ。

●アサガオ①

中輪

大輪

変わり朝顔 桔梗咲き。

変わり朝顔 撫子咲き。

変わり朝顔 台咲き。

●朝顔市 東京都台東区入谷。

**あさか-ごんさい【▽安▽積▼艮斎】**(一七九一〜一八六〇) 江戸後期の儒者。岩代の人。名は信。昌平黌教授。著書『艮斎文略』など。

**あさか-しゃ【あさ香社・浅香社】** 落合直文の私塾的な短歌結社。大町桂月・与謝野鉄幹ら約三〇名で明治二六年(一八九三)発足。新派和歌運動の母体となる。

**あさ-がすみ【朝▼霞】** ①朝立つかすみ。②[枕ことば]「ほのか・八重」などにかかる。用例 殺目山往反道の――ほのかにだにや妹に逢はざらむ(万葉・一二・三〇三七)。

**あさか-そすい【▽安▽積疎水】** 福島県猪苗代湖から郡山盆地に導かれた水路。旧疎水は明治一五年(一八八二)、新疎水は昭和二六年(一九五一)通水。灌漑・発電・上水道・工業用水に利用。

**あさ-がた【朝方】** 朝のわりあい早いころ。対義 晩方・夕方。

**あさか-たんぱく【▽安▽積▼澹泊】**(一六五六〜一七三七) 江戸中期の儒者。水戸の人。名は覚。朱舜水に学び史学に精通、彰考館総裁として『大日本史』の編纂に尽力。

**あさか-の-みや【朝香宮】** 元宮家の一つ。明治三九年(一九〇六)久邇宮朝彦親王の第八王子鳩彦王に始まる。昭和二二年(一九四七)に臣籍降下。

**あさがみ-の【朝髪の】** [枕ことば]「乱る」にかかる。用例 ――思ひ乱れてかくばかりなねが恋ふれそ夢に見えける(万葉・四・七二四)。

**あさ-がら【▽白▽辛▽樹】** エゴノキ科の落葉高木。山地にはえる。葉は広楕円形。六月ごろ、多数の白い花が咲く。

**あさかわ【浅川】**〈町〉 福島県南部の町。稲作を中心に、タバコ栽培・畜産がさかん。人口七八〇四(一八八)。

**アサ-かんこうど【ASA感光度】** 《ASAはAmerican Standards Associationの略》アメリカ規格協会の規格によって表示した写真感光材料の感度。数値の多いほど感度が高い。現在は、ISO感光度に変更。ASA speed

**あさ-かんむり【麻冠】** 漢字を組み立てている部分の名。「摩」などの「广」。

**あさ-ぎ【浅黄】** うすい黄色。light yellow 用例 ――色。

**あさ-ぎ【浅▼葱・浅黄】** ①緑がかったうすいあい色。水色。light blue ②「浅葱裏」の略。

**あさぎ-うら【浅▼葱裏】** ①浅葱色の裏地。②《多くが羽織の裏にあさぎ木綿を使っていたので》遊里で、いなか武士をあざけって言う語。

**あさぎ-ざくら【浅▼葱桜】** バラ科の落葉高木。サトザクラの一品種。花は白いが、がくが萌葱色で、全体に薄い青色に見えるものをいう。

**あさぎ-まだら【浅黄▼斑▼蝶】** マダラチョウ科のチョウ。開張約一〇cm。黒い前翅と褐色の後翅に青白色の半透明紋があり、林間をゆるやかに飛ぶ。発生は暖地で年数回。食草はキジョランなど。日本全土から東アジアに分布。↓写

**あさ-ぎり【朝霧】** 朝立ちこめる霧。morning mist 対義 夕霧・夜霧。

**あさぎり-こうげん【朝霧高原】** 静岡県北東部、富士山西麓の高原。キャンプ場や野外活動施設がある。

**あさぎり-そう【朝霧草】** キク科の多年草。本州中部以北の海岸の岩場や高山にはえる。高さ二〇〜六〇cm。葉は羽状に細裂。茎・葉とも白い絹毛が密生。秋に多数の黄白色の小花が咲く。

**あさぎり-の【朝霧の】** [枕ことば]《霧の状態から、また、霧が立ちこめると、ものがはっきり見えないことから》「乱る・まどふ」などにかかる。用例 ――乱るる心言に出でて言はばゆゆしみ(万葉・一七・四〇〇八)。

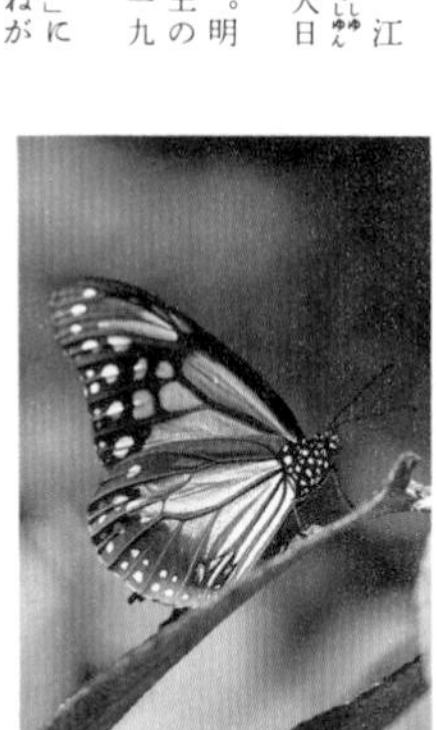

●アサギマダラ

**あさくさ【浅草】** 東京都台東区東部の地区。浅草寺の門前町として発達した。商店街・問屋街・興行街が集まる。

**あさくさ-オペラ【浅草オペラ】** 大正中期から末期まで、東京の浅草で盛んに行われた日本のオペラ。オペラを大衆に広めた。

**あさくさ-がみ【浅草紙】** 近世に江戸の浅草で作られたすき返し紙。下級品で主に落とし紙や卑俗本の用紙に使われた。

**あさくさ-かんのん【浅草観音】** 東京都台東区浅草にある聖観音宗の総本山。もと天台宗。正称は金竜山浅草寺。推古朝に隅田川から出たと伝えられる聖観音像を本尊とする。古来の観音霊場で、坂東三十三所第一三番の札所。

**あさくさ-のり【浅草▽海▼苔】** ①《隅田川口の浅草でとれたことから》紅藻植物ウシケノリ目の海藻。紫紅色で薄く葉状。冬春に繁茂。良質のたんぱく質やビタミンに富み、乾燥して食用とする。②干し海苔の名称。

**あさくさ-ぶんこ【浅草文庫】** 江戸時代、幕医板坂卜斎や御家人木村重助らが、それぞれ浅草に設けた私設の文庫。

**あさ-ぐつ【浅▼沓・浅靴】** 公卿・殿上人が束帯・冠・直衣・狩衣を着るときにはいた、足が深くはかくれない木製のくつ。革製のものもあったが、多くは桐の木をくりぬいて黒漆で塗り、底に敷き皮を、内側に絹入れの絹布または紙を張った。対義 深沓。↓写

●浅沓

**あさ-ぐもり【朝曇(り)】** 朝、曇っている天候。cloudy morning

**あさくら【朝倉】**

〈町〉福岡県中部、筑後川中流の町。旧宿場町。富有柿・万能ネギ(＝青ネギ)の産地。人口一万一七(一九八八)。

**あさくら【朝倉】**〈村〉愛媛県、高縄半島東部山間の村。キュウリなどの野菜栽培を主とする。人口四八三一(一九八八)。

**あさくら-ざんしょう【朝倉山▼椒】** サンショウの一品種。とげが少なく、葉・実とも普通のサンショウより大きい。兵庫県八鹿町朝倉で多く栽培される。果実は食用・健胃薬。

**あさくら-としかげ【朝倉▽敏▽景】**(一四二八～八一) 戦国大名。別名孝景・政景。越前国守護代から後に同国守護となり、一乗谷に城を築く。家法「朝倉敏景十七箇条」を制定。

**あさくらとしかげ-じゅうしちかじょう【朝倉▽敏▽景十七箇条】** 戦国大名朝倉氏の家法。一五世紀末、朝倉敏景が制定。分国法の先駆。朝倉孝景条々。

**あさくら-ふみお【朝倉文▽夫】**(一八八三～一九六四) 彫刻家。大分県生まれ。東京美術学校卒。自然主義的な作風で官展彫刻の主流をなした。昭和二三年(一九四八)文化勲章受章。作品『墓守』『若き日のかげ』など。

**あさくら-よしかげ【朝倉▽義▽景】**(一五三三～七三) 戦国大名。越前一乗谷城主。浅井長政と結んで織田信長と争い、再三の合戦に敗れて自殺。

**あさ-ぐろ・い【浅黒い】**(形) 日やけしたように、少し黒い。dark-colored 用例 ―肌。

**あさ-け【朝け】**《「朝あけ」の約》夜明け。明けがた。

**あさ-げ【朝▼餉】** 朝の食事。朝はん。あさけ。「breakfast 比較 昼げ・夕げ。

**あざけ・る【▼嘲る】** 一(五他) ばかにして笑う。けいべつする。sneer 二 古語 (四自) 詩歌を吟ずる。用例 月に―・り風にあざむくことたえず(後拾遺・序)。

**あさご【朝来】**〈町〉兵庫県中部、円山川上流の町。大規模な揚水式の奥多々良木発電所がある。人口七六八五(一九八八)。

**あさざ【▼莕▽菜・▼荇▽菜】** リンドウ科の多年生水草。本州・四国・九州の池・沼などにはえる。地下茎は泥の中をはい、長い茎を出して卵円形の葉をつける。夏、三～四cmの黄色の花が水上に咲く。本州以南に分布。若葉は食用となる。ハナジュンサイ。↓図

●アサザ

**あさ-ざけ【朝酒】** 朝のうちから飲む酒。用例 朝寝、―。

**あさ・し【浅し】** 古語 (形ク) ↓あさい(浅い)

**あさ-じ【浅▼茅】** ①まばらにはえたチガヤ。また、丈の低いチガヤ。②「浅茅生」の略。

**あさじ【朝地】**〈町〉大分県中部、山間の町。野菜・シイタケ栽培、肉牛飼育がさかん。人口四四八四(一九八八)。

**あさじ-う【浅▼茅▽生】** チガヤのはえている所。あさじがはら。用例 ―の露のやどりに(源氏・賢木)。

**あさじう-の【浅▼茅▽生の】**[枕ことば]《丈の低いチガヤのはえている場所の意から》「小野(＝野原)」にかかる。用例 ―小野の篠原しのぶれど余りてなどか人の恋しき(後撰・恋一)。

**あさ-しお【朝潮】** 朝、満ちてくる潮。morning tide 対義 夕潮。

**あさじ-が-はら【浅▼茅が原】** チガヤのはえている野原。また、荒れた野原。用例 古き都を来て見れば―とぞ荒れにける(平家・五・月見)。

**あさしな【浅▽科】**〈村〉長野県東部、小諸市南隣の村。農村で、薬用ニンジン・凍り豆腐が特産。人口六三〇七(一九八八)。

**あさ-じめり【朝湿り】**(名・サ変自) 朝、夜つゆ・きりなどで、物がしっとり湿っていること。

**あさしも-の【朝霜の】**[枕ことば]《朝霜の消えやすいところから》「消ゆ・消ゆ」などにかかる。用例 ―消やすき命誰がために千歳もがもとわが思はなくに(万葉・七・一三七五)。

**あさしらげ** ハコベの別名。朝日が当たると花が開くことから「朝開け」といい、それが転訛したという。

**アサシン【Assassin】** イスラム教シーア派のイスマイル派に属する秘密結社に対してヨーロッパ人の用いた異称。一一～一三世紀、あらゆる敵を暗殺で倒すという過激な行動で知られ、後世、暗殺者の通称となった。かれらが用いたという麻薬ハシーシュに由来するハシーシーン(麻薬を使う人)からきたことば。

**あさ-せ【浅瀬】** 川や海の水の浅い所。shoal; shallow 対義 ふち。

**浅瀬に仇波**(あさせにあだなみ)《『古今集』恋四の歌「そこひなきふちやはさわぐ山河の浅き瀬にこそあだなみはたて」から》思慮の浅い者は、いたずらに大騒ぎをするというたとえ。

**あさだ** カバノキ科の落葉高木。山地にはえる。高さは約二〇m。葉は互生し、長楕円形で二重鋸歯がある。春に開花、雄花序を下垂。日本全土に分布。

**あさだ-ごうりゅう【麻田剛立】**(一七三四～九九) 江戸中期の天文学者・医者。豊後杵築藩医であったが脱藩し、大坂で西洋天文学・暦学を研究。

**あさだ-そうはく【浅田宗伯】**(一八一五～九四) 幕末から明治にかけての漢方医。名は、惟常。漢方を集成した。せきどめ「浅田飴」の創始者。

**あさ-だち【朝立ち】**(名・サ変自) 朝早く旅立つこと。早立ち。early morning departure 対義 夜立ち。

**あさ-ぢえ【浅知恵】** あさはかな知恵。猿知恵。shallow wit

**アザチオプリン【azathioprine】** ↓イムラン

**あさ-つき【浅▼葱】** 山地などにはえるユリ科の多年草で、野菜としても栽培。高さ約三〇cm。ワケギに似るがさらに細く小さい。鱗茎は灰白色。六～七月に紅紫色の花が咲く。↓写

●アサツキ

**あさ-づくひ【朝付く日】**[枕ことば]《朝日の意。かかりかた未詳》「向かふ」にかかる。用例 ―向かふ黄楊櫛旧りぬれど何しか君が見れど飽かざらむ(万葉・一一・二五〇〇)。

**あさ-づくよ【朝▽月夜】** ①月がさしている夜明け。②明けがたの月。有り明けの月。対義 夕月夜。

**あさ-づけ【浅漬(け)】** 薄塩で、淡泊につける漬物。東京のべったら漬けが有名。そのほか、早漬けたくあん、当座漬けなどがある。

**あさって【▽明▽後▽日】** あすの翌日。あしたの次の日。みょうごにち。あさて。the day after tomorrow

**明後日の方を向く**(あさってのほうをむく) 見当ちがいのほうを向く。

**あさっ-ぱら【朝っぱら】**《俗語。朝の、すきっぱらの意から、とがめる気持ちで言う》朝の早い時刻。

**あさづま-ぶね【朝妻船】** 琵琶湖北東岸の朝妻港(現在の滋賀県米原町付近)と大津を結ぶ渡し船。古くから京・大坂へ向かう旅人が利用。遊女が船旅をなぐさめたことでも知られる。

**あさ-づみ【朝摘み】** ①朝のうちに摘むこと。②その日の朝早く摘んだ、野菜や草花。用例 ―イチゴ。

**あさ-つゆ【朝露】** 朝、降りている露。morning dew

**あさつゆ-の【朝露の】**[枕ことば]《朝露がすぐ消えること、また、露置く、と言うことから》「消・消ゆ・置く・起く」などにかかる。用例 ―消なば消ぬべく恋ふらくもしるくも逢へる隠妻かも(万葉・一二・三二六六)。

**あさ-で【浅手】** 軽いきず。うすで。軽傷。微傷。slight wound 対義 深手。

**あざと・い**(形) ①こりこうだ。②あくどい。ぬけめがない。用例 ―商法。派生 あざとさ(名)

**あざと・し** 古語 (形ク) ↓あざとい

**あさどり-の【朝鳥の】**[枕ことば]《朝の鳥の動作から》「朝立つ・通ふ・鳴く」などにかかる。用例 ―朝立ちしつつ群鳥の群立ち行けば(万葉・九・一七八五)。

**あざな【▽字】** ①中国で、成年男子が本名のほかに用いる別名。日本でも明治初期まで主として学者・文人が使用。②実名以外に呼びならわされている名。あだな。③字。

**あさな-あさな【朝な朝な】**(名・副) 毎朝。あさなさな。every morning

**あざな・う【▽糾う】**(五他) かわるがわる交え合わせる。なわをなう。糸などをより合わせる。twist 用例 禍福は―・える縄の如し。

**あさ-なぎ【朝▼凪】** 海岸地方で、夜間の陸風から昼間の海風に変わるときの無風状態。morning calm

**あさな-ゆうな【朝な夕な】**(名・副) 朝晩。毎日。

**あさ-なわ【麻縄】** 麻糸で作った縄。hemp rope

**あさぬま-いねじろう【浅沼稲次郎】**(一八九八～一九六〇) 政治家。東京生まれ。早大卒。農民労働党書記長。第二次大戦後、日本社会党書記長・委員長。安保闘争の指導者の一人。日比谷公会堂で演説中に刺殺された。↓写

●浅沼稲次郎

**あさ-ね【朝寝】**(名・サ変自) 朝おそくまで寝ていること。寝坊すること。late rising 対義 朝起き。

**朝寝朝酒、貧乏の元**(あさねあさざけ、びんぼうのもと) 朝寝や朝酒をするような怠け者は、いずれは貧乏になる。

**あさね-ぼう【朝寝坊】**(名・サ変自) 寝坊をすること・人。late riser

**朝寝坊の宵っ張り**(あさねぼうのよいっぱり) 朝寝坊の者は、夜遅くまで起きている。夜更かしをするから、朝起きられないこと。

**あさの-ながのり【浅野長▼矩】**(一六六七～一七〇一) 江戸中期の大名。播州赤穂藩主。内匠頭。元禄一四年(一七〇一)勅使接待の件で侮辱をうけ、吉良上野介を江戸城中で斬りつけ、即日切腹。

**あさの-ながまさ【浅野長▽政】**(一五四七～一六一一) 安土桃山時代の大名。尾張の人。織田信長に仕えた後、豊臣秀吉配下で五奉行の首座。関ケ原の戦いでは東軍。

**あさのは-かえで【麻の葉▼楓】** カエデ科の落葉高木。深山にはえる。高さ七～一〇m。葉は麻の葉に似て掌状に五裂。五～六月に淡黄色の総状の花が咲く。

**あさのは-もよう【麻の葉模様】** 古典模様の一つ。麻の葉に見立てた正六角形を基本とした、連続させた文様。麻のように丈夫に育つようにと、産着の柄などに使用。↓写

●麻の葉模様

**あさば【浅羽】**〈町〉静岡県南西部、遠州灘に臨む町。稲作、スイカ・温室メロン栽培などがさかん。人口一万四四五六(一九八八)。

**あさ-はか【浅墓】**(形動)《当て字》①考えが足りないさま。浅薄。thoughtless ②古語 おく深くないさま。かりそめ。用例 ―なるひさしの軒は(源氏・夕霧)。

**あさば-がれい【浅場▼鰈】** カレイの一種。全長約三〇cm。目のついている側は暗褐色で、乳白色と暗黄色の斑紋が散在する。福井県小浜・宮城県金華山以北に分布。食用。

**あさ-はら【朝腹】** 朝食前のすきっ腹。あさっぱら。

**朝腹の丸薬**(あさはらのがんやく) 朝の空腹を満たすには、丸薬ぐらいでは何の足しにもならないということ。転じて、物事が少しもこたえないこと。

**あさ-はん【朝飯】** 朝めし。朝食。breakfast 対義 夕飯。

**あさ-ばん【朝晩】**(名・副) 朝と晩。明けくれ。day and night

**あさ-ひ【朝日・▼旭】** ①朝の太陽。morning sun 対義 夕日。②《「旭」で》関東以南で栽培

されるイネの品種。米質は中位。イモチ病に弱い。③《「旭」で》リンゴの早生種。
**朝日が西から昇る**(あさひがにしからでる)《朝日が西から昇ることはないことから》起こり得ないこと、あり得ないことのたとえ。the sun rises in the west; impossible
**あさひ【▼旭】**〈市〉千葉県北東部、太平洋に臨む市。近郊農業のほか、工業も発達。イワシ漁がさかん。人口三万八二七四(一九八八)。
**あさひ【▼旭】**〈町〉愛知県北部、矢作川沿いの山間の町。林業がさかん。矢作渓谷・矢作ダムがある。人口四三三五(一九八八)。
**あさひ【▼旭】**〈町〉島根県中西部、広島県に隣接する山間の町。クリ・シイタケ・ワサビなどを産する。人口三八六五(一九八八)。
**あさひ【▼旭】**〈町〉岡山県中部、旭川に沿う町。林業とタバコなどの農業の町。旭川ダム付近は桜の名所。人口四二一八(一九八八)。
**あさひ【▼旭】**〈村〉茨城県東部、鹿島灘に臨む村。養豚とメロンなどの園芸農業がさかん。人口一万九五六(一九八八)。
**あさひ【▼旭】**〈村〉山口県中部、山口市北隣の村。農林業主体でシイタケ栽培がさかん。人口二七〇八(一九八八)。
**あさひ【朝日】**〈町〉北海道中部、士別市東隣の町。農林業中心。人口二六六二(一九八八)。
**あさひ【朝日】**〈町〉山形県中部、最上川中流の町。リンゴ・ブドウ栽培がさかんで、朝日町ワインが特産。人口一万九五八(一九八八)。
**あさひ【朝日】**〈町〉富山県北東端、日本海に臨む町。耕地のほとんどが水田で、早場米の産地。人口一万八四七五(一九八八)。
**あさひ【朝日】**〈町〉福井県、鯖江市西隣の町。スギの良材を産し、木工業・繊維工業がさかん。人口八八九二(一九八八)。
**あさひ【朝日】**〈町〉三重県、桑名市南隣の町。交通の便に恵まれ、農業地帯から工業・住宅の町へと変化。人口六八五四(一九八八)。
**あさひ【朝日】**〈村〉山形県西部、鶴岡市南隣の村。稲作・林業の村。出羽三山のうちの月山と湯殿山がある。人口六八一〇(一九八八)。
**あさひ【朝日】**〈村〉新潟県北部、朝日山地西麓の村。平家の落人集落といわれる奥三面があった。人口一万三六七八(一九八八)。
**あさひ【朝日】**〈村〉長野県、松本盆地南西端の村。稲作や、トマト・サヤエンドウなどの野菜栽培がさかん。人口四四〇八(一九八八)。
**あさひ【朝日】**〈村〉岐阜県、高山市南東の村。ヒノキを主とする林業地帯。鈴蘭高原がある。人口二三〇五(一九八八)。
**あさひ-かげ【朝日影】** 朝日の光。[対義]夕日影。
**あさひ-かせいこうぎょう【▼旭化成工業(株)】** 化学繊維中心の大手総合化学会社。昭和六年(一九三一)設立。

**あさひ-がに【▼旭▼蟹】** アサヒガニ科の橙色の海産のカニ。甲長約二〇cm。後進しながら移動。食用。相模湾以南の沿岸に分布。red frog crab ↓[図]

●アサヒガニ

**あさひ-ガラス【▼旭▼硝子(株)】** 板ガラスの最大手のメーカー。昭和二五年(一九五〇)設立。

**あさひかわ【▼旭川】**〈市〉北海道中部、上川盆地の市。明治中期より軍都として発展。鉄道が集中する交通の要地。製紙工業や機械工業などがさかんで、道央部の中心。人口三六万二五二三(一九八八)。

**あさひ-がわ【▼旭川】** 岡山県中部を南流する川。長さ一四二km。蒜山に発し、岡山市で児島湾に注ぐ。下流部は岡山平野。

**あさひ-さんち【朝日山地】** 山形・新潟両県にまたがる山地。最高峰は大朝日岳一八七〇m。ブナの原生林でおおわれ、尾根付近は高山植物が多い。

**あさひ-しょうぐん【朝日将軍】** 源義仲の別称。

**あさひ-しんぶん【朝日新聞】** 日本の代表的な全国紙の一つ。明治一二年(一八七九)『大阪朝日新聞』として創刊。同二一年(一八八八)に『東京朝日新聞』を刊行。昭和一五年(一九四〇)両者を統合して現紙名。

**あさひ-そしょう【朝日訴訟】** 生活扶助の停止処分を受けた朝日茂が憲法第二五条の生存権を根拠に、昭和三二年(一九五七)国を相手どって起こした訴訟。原告の死亡により同四二年(一九六七)訴訟終了。

**あさひ-だけ【▼旭岳】** 北海道中央部にある大雪山の主峰。標高二二九〇m、北海道の最高峰。円錐形の活火山。

**あさひな-ちせん【朝比▼奈知泉】**(一八六二〜一九三九) ジャーナリスト。茨城県生まれ。東大中退。『東京日日新聞』論説主筆。長州閥の立場を代弁した。

**あさひな-やすひこ【朝比▼奈▼泰▼彦】**(一八八一〜一九七五) 薬学者。東京生まれ。日本近代薬学の確立に貢献。植物成分の化学構造、ビタカンファーの研究などに業績を残した。昭和一八年(一九四三)文化勲章受章。

**あさひ-ひょうもん【▼旭▼豹紋▼蝶】** タテハチョウ科の高山チョウ。開張約四cm。食草はキバナシャクナゲ。大雪山にのみ分布。特別天然記念物。

**あさ-びらき【朝開き】** [古語]朝の船出。[用例]珠洲の海に——して漕ぎ来れば(万葉・一七・四〇二九)。

●浅間山

**あざぶ【▽麻▽布】** 東京都港区西部の地区。高級住宅・外国公館が多い。江戸中期には武家屋敷の町であった。
**麻布の御方て気が知れぬ**(あざぶのおかたできがしれぬ)《「木が知れぬ」を「気が知れぬ」にかけたしゃれことば》本心がわからない。麻布の近くには六本木という地名があるが、どこにその六本の木があるのかわからないことから。
**あざぶ-たで【▽麻▽布▼蓼】** タデ科の一年草。ヤナギタデよりやや小形。栽培種で葉は香辛料となる。エドタデ。
**あさ-ぶろ【朝風▼呂】** 朝、ふろにはいること。朝湯。
**朝風呂丹前長火鉢**(あさぶろたんぜんながひばち) 朝、ふろにはいり、丹前を着て、長火鉢の前にすわること。遊び暮らせる、気楽な生活を言う。
**あさ-ぼらけ【朝▽朗け】** 朝、空がうす明るくなるころ。あけぼの。夜明け。
**あさ-ま【朝間】** 朝のあいだ。朝。
**あさ-まいり【朝参り】**(名・サ変自) 朝早く、神社や寺にお参りすること。
**あさま-おんせん【浅間温泉】** 長野県、松本市郊外にある温泉。日本アルプス観光の基地。
**あさま-が-たけ【朝▼熊ケ岳】** 三重県、伊勢市東部の山。標高五五五m。山上に金剛証寺。伊勢志摩スカイラインが通る。
**あさま・し【浅まし】** [古語](形シク) ①《よいことにも悪いことにも用いる》意外で、あきれるほどである。意外だ。[用例]——・しう、犬などもかかる心あるものなりけり(枕・うへにさぶらふ御猫は)。②興ざめだ。情けない。[用例]物のあはれも知らずなりゆくなむ——・しき(徒然・七)。
**あさまし・い【浅ましい】**(形) ①あまりにひどい。みじめだ。miserable ②いやしい。さもしい。情けない。shameless [用例]——了見。[派生]あさましが・る(五自) あさましげ(形動) あさましさ(名)
**あさま-じんじゃ【浅間神社】** ↓せんげんじんじゃ(浅間神社)

**あさ-まだき【朝▽未き】**(名・副) 夜のまだ明けきらないころ。早朝。before dawn
**あさま-つげ【朝▼熊▽黄▼楊】** ツゲの別名。三重県の朝熊山に多いことから。
**あさま-ぶどう【浅間▼葡▼萄】** クロマメノキの別名。浅間山麓での呼び名。ジャムなどにする。
**あさま-やま【浅間山】** 群馬・長野の県境にそびえる火山。標高二五六八m。三重式成層活火山で、有史以来五十数回爆発。上信越高原国立公園南部の中心。↓[写]
**あざみ【▼薊】** キク科アザミ属の多年草の総称。野山にはえ、種類が多い。葉は羽状に切れこみ、裂片に鋭いとげがある。紅紫色の頭花をつける。オニアザミ・モリアザミ・ノアザミ・フジアザミなど。食用や薬用になるものが多い。世界に約二五〇種、日本に約六〇種ある。thistle ↓[写]

●アザミ　フジアザミ

**あざみ-うま【▼薊馬】** 草木の葉や花の間にひそむ、アザミウマ目の昆虫の一群。翅が細長く、周縁にふさ状の長い毛が並ぶ。害虫の天敵となるものもあるが、農作物・果樹などに害をあたえるもののほうが多い。世界に約三〇〇〇種、日本に約一〇〇種がある。スリップス。thrips ↓[図]

●アザミウマ　ハナアザミウマ

**あさみ-けいさい【浅見▼絅斎】**(一六五二〜一七一一) 江戸中期の儒者。近江の人。名は安正。尊王論を提唱。主著『靖献遺言』。
**あざみ-げし【▼薊▼芥子】**《葉がアザミに似るための名》ケシ科の観賞用一年草。高さ七〇cm前後。夏に、花弁四〜六枚のケシに似た黄色の花が咲く。観賞用に栽培。メキシコ原産。
**あさ-みどり【浅緑】** うすい緑色。
**あさみ-ゆ【麻実油】** クワ科のタイマの実から得られる油。食用または工業用。酸化・変質しやすく用途は少ない。hempseed oil

**あさ・む【浅む】** [古語](四自) 意外なことにあきれ返る。あっけにとられる。[用例]おどろき——・み笑ひあざける者どももあり(更級)。
**あざむ・く【欺く】** 一(五他) ①《「詐く」とも》だます。いつわる。deceive ②《「…を欺く」の形で》…と、まぎれるほどだ。[用例]昼を——月光。二[古語](四他) ①あざける。あなどる。[用例]小勢なりといへども、——・きがたし(太平記・八)。②興にのって吟ずる。[用例]月にあざけり、風に——(後拾遺・序)。
**あさ-むこいり【朝婿入り】** 婚礼の日に、式に先だって、婿が仲人や親族などとともに新婦の実家を訪れ、その両親と杯を交わす習俗。
**あさむし-おんせん【浅虫温泉】** 青森市東部、青森湾に臨む温泉。東北地方有数の温泉地。風光明媚な海岸で有名。
**あさ-むつ【朝六つ】** ↓あけむつ(明け六つ)
**あさ-めし【朝飯】** 朝食。朝はん。breakfast [対義]夕飯・晩飯。
**あさめし-まえ【朝飯前】** 一(名) 朝飯を食べる前。before breakfast 二(形動) 仕事などが、たやすくできるさま。as easy as pie
**朝飯前の茶漬け**(あさめしまえのちゃづけ)《朝飯前に食べる茶漬けは簡単に腹におさまるところから》物事が容易なことのたとえ。
**あさ-もや【朝▼靄】** 早朝立ちこめるもや。morning haze [対義]夕もや。
**あさも-よし【麻▼裳よし】** [枕ことば]《紀伊国が麻の産地だったことからとも、また、麻布で作った裳を「着る」ということからとも》「き(紀・城)」にかかる。[用例]——紀路に入り立ち真土山越ゆらむ君は(万葉・四・五四三)。
**あざ-やか【鮮やか】**(形動) ①色や形などが美しくはっきりしているさま。鮮明なさま。vivid [用例]——な緑。②動作や技術などがすっきりとみごとなさま。excellent [用例]——なできばえ。[派生]あざやかさ(名)
**あさ-やけ【朝焼け】** 日の出前、東の地平線近くの空が赤く見える現象。太陽光線が大気層を斜めに通過すると光の散乱が大きくなり、青紫色が散乱によって減少し、赤色が残るために生じる。あさあけ。暁紅。dawn [対義]夕焼け。
**朝焼けは雨、夕焼けは晴れ**(あさやけはあめ、ゆうやけははれ)《天候についての言い伝え》朝焼けがあれば、その日は雨が降り、夕焼けのときは、その翌日は晴天であるというもの。
**あさ-ゆ【朝湯】** 朝、ふろにはいること。朝ぶろ。
**あさ-ゆう【朝夕】** 一(名) 朝と夕方。day and night 二(副) いつも。明けくれ。always
**あざらし【▽海▼豹】** ひれ状の四肢があるアザラシ科の海獣の総称。体長約一〜六・五m。体重は最大のゾウアザラシで四t近くある。


↓ 行き先項目、図版・写真参照印。 [JIS] 日本工業規格情報交換用漢字符号コード(区点コード)。

●アザラシ　ゴマフアザラシ

ほかにゴマフアザラシ・アゴヒゲアザラシなど一九種。魚・イカ・タコなどを捕食し、漁業に害をあたえることも多い。南北両極・太平洋・大西洋などに分布。カイヒョウ。seal ↓写

**あざらしし-しょう【▽海▼豹肢症】** 四肢の長骨の発育不良による先天性奇形。腕・脚がなく、手足が直接からだについた形になる。妊婦のサリドマイド系睡眠薬使用で発生し、社会問題化した。phocomelia

**あさり** 18画【▼鯏】 部首［魚］ 和製漢字 JIS 8237
↓あさり［浅蜊・鯏］

**あさり【浅▼蜊・▼鯏】** マルスダレガイ科の二枚貝。食用貝の代表の一つ。殻長約四cm、殻高約三cm。貝殻の模様が左右で異なる。内湾の砂質底に生息する。産卵期は四～五月、一〇～一一月。サハリン・日本・台湾・朝鮮半島に分布。アサリガイ。↓図

●アサリ

**あざり【▼阿▼闍▼梨】** ↓あじゃり（阿闍梨）

**あさり-けいた【浅利慶太】**（一九三三）劇団四季の主宰者・演出家。東京生まれ。慶大卒。アヌイやジロドゥの劇などを上演。演出作『アプローズ』『キャッツ』など。

**あさ・る【▽漁る】**（五他）①魚貝をとる。すなどる。fish ②えさをさがし求める。③さがし求める。hunt for 用例 古本を―。資料を―。

**あざ・る【▽狂る・▽戯る】** 古語 ㊀（四自）うろたえる。とり乱す。用例 神のまにまにと立ち―・りわれ乞ひ祈のめど（万葉・五・九〇四）。㊁（下二自）①ふざける。たわむれる。用例 しほうみのほとりにて―・れあへり（土佐）。②うちとける。用例 ―・れたる袿姿にて（源氏・紅葉賀）。

**アザレア【azalea】** ツツジ科の常緑または半常緑低木。鉢植えなどの観賞用に栽培。八重咲きが多く、色は桃・紅・白など多彩。半耐寒性。↓写

**あさ-ロープ【麻ロープ】** 麻の繊維束を用いてよった綱または縄。マニラロープ・白麻ロープなど。油・タールをしみこませたものは、漁業・船舶などに用いる。hemp rope

**あざ-わら・う【▼嘲笑う】**（五他）ばかにして笑う。あざけり笑う。せせら笑う。sneer

**アサンガ【Asaṅga】** インドの僧、無着の梵語名。

**あさんか-ちっそ【亜酸化窒素】** ↓いっさんかにちっそ（一酸化二窒素）

**アサンソール【Asansol】** インド中東部、西ベンガル州北西部の鉱工業都市。ラーニーガンジ炭田の中心地。人口二六・五万（一九八一）。

**あし【足】** 官。脚部。leg 対義 手。②解剖学上は、足首から先の部分。足底・足背（＝足の甲）・足指に分かれる。foot 対義 手。③あゆみ。歩行。walking; step 用例 お父さんは―が速い。④《「脚」とも》物の過ぎゆくこと。passing 用例 ふな―。雲―。⑤《多く、上に「お」を付けて》ぜに。お金。money ⑥ねばり。stickiness 用例 ―の強い餅。⑦船の水につかる部分。draft ⑧航空機の飛べる距離。distance 用例 ―が長い。⑨共同しておこなう行動。足並み。pace 用例 ―が乱れる。⑩出かけたついで。on one's way 用例 その―で銀行に寄る。⑪走ることが速い。swift-footed 用例 ―のある内野手。↓図

①ヒトの下肢。歩く働きをする器

**足が上がる**（あしがあがる） たよりとするものをなくす。職を失う。

**足が地に着かない**（あしがちにつかない） ①喜びで有頂天になり、そわそわしている。walk on air ②主張などが、しっかりしていない。do not stand one's ground

**足が付く**（あしがつく） にげた人の行く先が知れる。また、犯罪事実の手がかりをみつけられる。be traced

**足が出る**（あしがでる） 勘定がたりなくなる。足を出す。exceed the budget

**足が速い**（あしがはやい） ①歩いたりかけたりするのが速い。walk quickly ②売れ足が速い。売れゆきがよい。sell well ③食べ物がくさりやすい。be perishable

**足が棒になる**（あしがぼうになる） 長時間歩き続けたり、立っていたりしたために、足が疲れ、こわばる。足が擂り粉木になる。walk till one's feet get stiff

**足が向く**（あしがむく） 自分で気づかないうちに、足がその方へ行く。direct one's steps toward

●アザレア

用例 故郷へ―。

**足で書く**（あしでかく） 実際に自分がこまめに歩き回って知り得たことを書く。

**足に任す**（あしにまかす） ①はっきりした目的も行く先もなく、足の向いた方へ歩く。walk aimlessly ②足の力の続くかぎり進む。

**足の踏み場も無い**（あしのふみばもない） ひどく散らかっている。There's no place to stand in.

**足を上げて待つ**（あしをあげてまつ） 機会がやってくるのを、つまさき立つようにして、今か今かと待つ。

**足を洗う**（あしをあらう） それまでのよくない職・行いをきっぱりやめる。wash one's hands of

**足を入れる**（あしをいれる） はいりこむ。

**足を奪われる**（あしをうばわれる） 事故などで交通機関がとまる。be stranded

**足を限りに**（あしをかぎりに） 脚力の続く限り。足の限り。足を量りに。

**足を重ねて立ち目を側だてて視る**（あしをかさねてたちめをそばだててみる） 足を重ね合わせ身をちぢめ、横目でうかがう。ひじょうに相手を恐れるさまに言う。

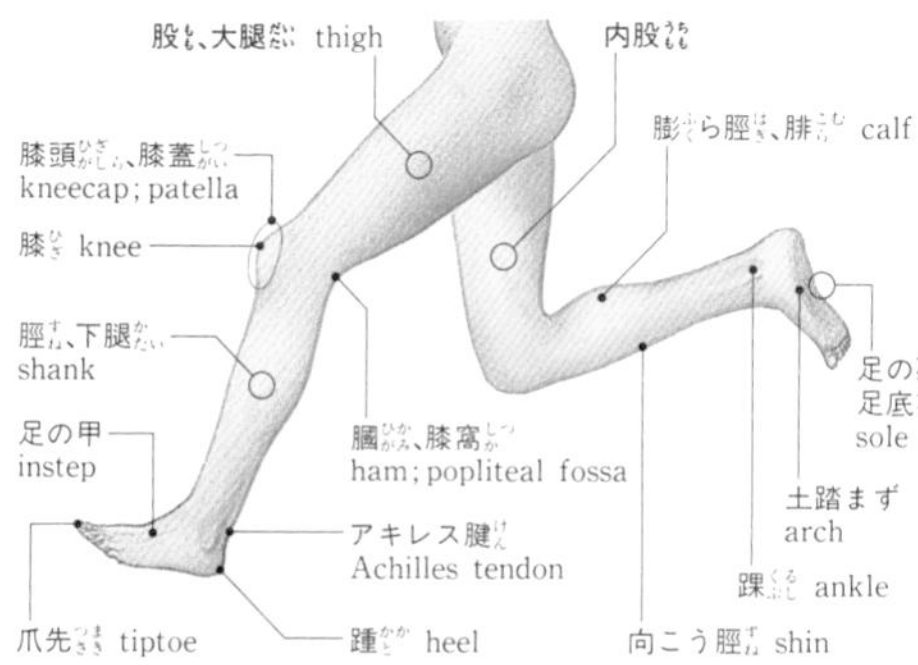

●足①

**足を組む**（あしをくむ） 腰をかけるとき、一方の股を他方のひざの上にのせて、両足を交差させるようにする。cross one's legs

**足を食われる**（あしをくわれる） 履物の鼻緒で足がすれて、傷ができる。

**足を掬う**（あしをすくう） 相手のすきにつけこんで、裏をかく。油断させておいて、倒す。trip up

**足を擂り粉木にする**（あしをすりこぎにする） 足がすりへるほど、あちこちかけ回って疲れはてる。足を棒にする。

**足を空に**（あしをそらに） 足も地につかないくらい、あわてて落ちつかないさま。

**足を出す**（あしをだす） お金がたりなくなる。赤字を出す。足が出る。be short of money

**足を付ける**（あしをつける） 手がかり・とっかかりをつける。関係があるようにする。

**足を止める**（あしをとめる） ①立ち止まる。stop ②出かけないように、足留めをする。禁足する。force to stay

**足を取られる**（あしをとられる） ①酒に酔って、思うままに歩けない。be unsteady ②交通機関が動かない。足を奪われる。be stranded

**足を抜く**（あしをぬく） 悪いなかまと、関係を断つ。

**足を伸ばす**（あしをのばす） ①楽な姿勢になって、くつろぐ。make oneself comfortable ②ある所から、さらに遠くまで行く。extend one's journey

**足を量りに**（あしをはかりに） 「足を限りに」と同意。

**足を運ぶ**（あしをはこぶ） ある場所へわざわざ出向く。訪ねて行く。visit

**足を引っ張る**（あしをひっぱる） 他人、または自分が所属する組織などの、成功や前進をさまたげる。

**足を向けて寝られない**（あしをむけてねられない） 《恩人に足を向けるのは失礼にあたるところから》恩人への感謝の気持ちを持っていることのたとえ。try to stand in one's way

**あし【脚】** ①ヒトや動物の歩く働きをする器官。leg ②物をささえる形の部分。leg 用例 机の―。③↓あし（足）④

**あし【▼葦・▼蘆・▼葭】** イネ科の多年草で水辺に群生。高さ約二m。茎は中空。葉はかたく、線形。夏から秋に紫褐色の多数の小花からなる穂をつける。根は漢方薬、茎はすだれなどの材料。ヨシ。ハマオギ。ナニワグサ。reed

**葦を含む雁**（あしをふくむかり） 海をわたるとき、途中で海上に浮かべ、その上にとまって翼を休めるための葦を口にくわえたガン。

**あ・し【▽悪し】** 古語（形シク）《「わろし」とちがう。積極的に「悪い」というとき使う。「あし・わろし・よろし・よし」の順》①悪い。用例 おほやけのみけしき―・しかりけり（伊勢・一一四）。②みにくい。まずい。用例 真名も仮名も―・しう書くを（枕・雨のうちはへ降るころ）。

**あじ【味】** ㊀（名）①飲食物などが舌や口中の味覚神経に与える感覚。味覚。基本は塩味・甘味・酸味・苦味。中国では辛味を加えて五味という。渋味・うま味などもある。taste ②おもむき。感じ。用例 詩の―。貧乏の―。taste ㊁（名・形動）気のきいたこと。乙なさま。tastiness 用例 ―なことをやる。

**味も素っ気も無い**（あじもそっけもない） 全然おもしろみがない。まったくつまらない。prosaic; dull

**味を占める**（あじをしめる） 一度やって得たよさがわすれられず、再びそうならないかと期待する。get a taste of success

**あじ【▼鯵】** アジ科の海水魚マアジ・ムロアジ・シマアジなどの総称。しりびれの前方に二本のとげ、側線上に「ぜんご」または「ぜえご」と呼ばれる硬いうろこがある。食用。北海道から東シナ海に分布。horse mackerel ↓図

●アジ

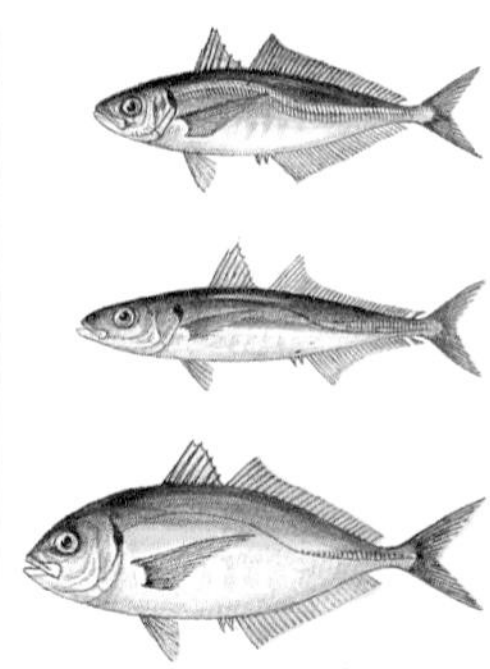


**あ-じ【▼阿字】** サンスクリット（梵語）の字母の最初の文字。仏教、とくに密教で宇宙万有の根源を象徴するものとされる。

**あじ【▼庵治】**〈町〉香川県、屋島の東方対岸にある町。漁業のほか庵治石（＝花崗岩）の産地。人口七九二四（一九八八）。

**アジ** 「アジテーション」の略。用例 ―演説。―ビラ。

**アジア【Asia・亜細亜】** 六大州の一つ。東半球東北部、世界の陸地の三分の一を占め、東は日本、西は中近東、南はインドネシア、北はシベリアを含む地域。世界人口の半分以上が住む。

**アジア-アフリカ-かいぎ【アジア-アフリカ会議】**（Afro-Asian Conference）一九五五年インドネシアのバンドンで開かれた、史上初のアジア-アフリカ諸国の会議。反植民地主義などの平和十原則を採択。AA会議。バンドン会議。

**アジア-アフリカ-さっかかいぎ【アジア-**

▼常用漢字表外。　▽常用漢字表の音訓外。

アフリカ作家会議】(Afro-Asian Writers' Association)文化交流と表現の自由を目的として、アジア-アフリカ諸国の作家・評論家・ジャーナリストによって組織された会議。一九五六年ニューデリーでのアジア作家会議が始まり。五八年第一回大会。

**アジア-かいはつぎんこう【アジア開発銀行】**(Asian Development Bank) アジアの経済開発を促進するための国際銀行。加盟国は四五か国、本店はマニラ。一九六六年設立。ADB。

**アジアきゅうさい-れんめい【アジア救済連盟】**(Licensed Agency for Relief of Asia) アメリカの宗教・教育・労働団体などが第二次大戦後のアジアを援助するために結成した組織。日本にも学校給食用ミルクなどの救援物資を提供した。一九四六年設立。LARA。

**アジア-きょうぎたいかい【アジア競技大会】** アジア諸国の友好と親善を目的とするスポーツの祭典。オリンピックの中間年度に行われ、第一回は一九五一年(当初、一九五〇年開催予定)にニューデリーで開催。Asian Games

**アジアきょくとう-けいざいいいんかい【アジア極東経済委員会】** ↓エカフェ(ECAFE)

**アジア-けいざいきょうりょくきこう【アジア経済協力機構】**(Organization for Asian Economic Cooperation) エカフェ(アジア極東経済委員会)が、一九六〇年末から検討していた域内各国の地域総合計画。OAEC。

**アジアけいざい-けんきゅうじょ【アジア経済研究所】** アジアを中心とする発展途上諸国の経済・社会状況を調査研究するために設けられた通産省所管の特殊法人。昭和三三年(一九五八)設立。

**アジア-けっさいどうめい【アジア決済同盟】**(Asian Clearing Union) 地域的清算・支払い機構の一つ。一九七四年、イラン・パキスタン・スリランカ・インド・ネパール・バングラデシュの六か国によって結成。アジア清算同盟。ACU。

**アジア-しゅぎ【アジア主義】** 日本のアジア諸国との連帯と欧米の圧力からのアジアの解放を唱える思想と運動。

**アジア-せいさんせいきこう【アジア生産性機構】**(Asian Productivity Organization) アジア諸国の生産性向上運動の連合体。本部は東京。一九六一年設立。APO。

**アジア-ぞう【アジア象】** ↓インドぞう(インド象)

**アジアたいへいよう-けいざいしゃかいいいんかい【アジア太平洋経済社会委員会】** ↓エスカップ(ESCAP)

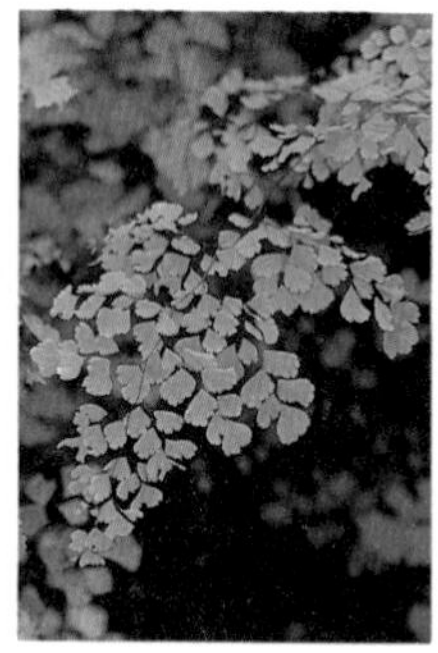
●アジアンタム

**アジアたいへいよう-ほうそうれんごう【アジア太平洋放送連合】**(Asia-Pacific Broadcasting Union 略称ABU) アジア太平洋地域諸国の代表的放送機関の相互協力を目的とする連合組織。一九六四年発足。日本ではNHKが正会員、民放連が準会員。

**アジアてき-せいさんようしき【アジア的生産様式】** マルクスが古代的・封建的生産様式などとともに提唱した、経済社会の発展段階にみられる典型的な生産様式。その内容規定については一九二〇年代以降論争されている。

**アジアてき-せんせい【アジア的専制】** アジア的生産様式のもとで、灌漑治水を手がかりに首長が絶対的支配権をもって共同体の成員を抑圧・支配する政治形態。

**アジアてき-ていたい【アジア的停滞】** アジア的専制のもとでは生産力が発展しないこと。生産力が拡大発展するヨーロッパ社会と対比していわれる概念。

**あし-あと【足跡】** ①歩いたあとに残る、足や履物の跡。footstep 用例 イタチの―を見つける。②逃げた行方。trace 用例 犯人の―を追う。③業績。achievement

**あしあと-いし【足跡石】** 足跡のようなくぼみのある石。多くは、特定の神仏や人と結びついた由来を伴う。弁慶の足跡石など。

**アジア-ハイウエー【Asian Highways】** 東南アジアと西アジア諸国を結ぶ国際計画道路網。イラン、ベトナム、インドネシアなど一五か国を結ぶ。総延長六万六〇〇〇㎞。一九五九年、エカフェにより提唱され、現在も道路整備が進行中。

**あし-あぶり【足▼焙り】** 土製の火入れに炭火を入れ、足をあぶって温める器具。上蓋に火気の出る穴をあけたものや、桐製の箱で中に土製の火入れを入れ、簀の子の蓋をしたものなどがある。

**アジア-みんかんとうしがいしゃ【アジア民間投資会社】**(Private Investment Company for Asia 略称PICA) アメリカ・カナダ・イギリス・フランスなどの欧米諸国とオーストラリア・日本の財界が協力して設立した会社。援助国の投資を一元化し、アジア地域の経済発展のため効率的投資を行うのが目的。一九六九年設立。

**アジア-わた【アジア綿】** 古くインドで栽培されたワタ。東洋の在来種のほとんどがこの種。種子の綿毛は太く短く、紡績用には不適で、脱脂綿・詰め綿などに利用。

**アジアンタム【adiantum】** シダ植物クジャクシダ属のうち、観葉植物として栽培されるものの総称。ホウライシダ・クジャクシダ・ハコネシダなど。熱帯から温帯に分布。↓写

**あじ-いし【▼庵治石】** 香川県木田郡庵治町に産出する黒雲母花崗岩。青灰色で、灯籠・墓石材に利用。

**アシース【Joaquim Maria Machado de Assis】**(一八三九〜一九〇八) ブラジルの小説家。人間不信に根ざしたペシミスティックな作風。作品『ブラス-クーバスの回想』など。

**アシール【Asir】** サウジアラビア南西海岸の地方。中心都市アブハ。海岸部は平原、内陸は高地で気候もよい。

**アジール【Asyl(ドイ)】** 法律が未整備な社会で、法的保護を欠いた犯罪者・奴隷などをきびしすぎる制裁から保護するため自然発生的に生じた法的制度。宗教的なもので、聖地・寺院などが保護する場所であったとされる。現在は赤十字や外交官特権として残る。聖庇。

**アシール-みさき【アシール岬】**(Ras Asir) アフリカ大陸北東端、インド洋に突出する岬。旧称グアダルフィ岬。

**あしいれ-こん【足入(れ)婚】** 婚姻の祝いは婿方で行うが、夫婦は嫁の生家で生活し、ある期間を経てから婿方へ移る婚姻方式。儀式のない試験婚的な嫁入りをいうことも多い。

**アシェット【Hachette】** フランス最大手の出版社・取次店。教育出版で成功。一八二六年設立。

**アシェンダ【hacienda(スペ)】** メキシコやパラグアイなどでスペインの植民地時代に発達した大地主による大農場。スペイン人やその混血者が、原住民などを労働力として経営。現在では、小規模経営に移行。ファゼンダ。

**アジェンデ【Salvador Allende Gossens】**(一九〇八〜七三) チリの政治家。一九七〇年大統領に当選。南米における最初の社会主義政権を樹立。諸般の社会主義政策を推進したが、七三年軍部による反革命クーデターにあい、抗戦中に殺害された。↓写

●アジェンデ

**あしお【足尾】**〈町〉栃木県西部、渡良瀬川上流の町。足尾銅山やその鉱害で知られたが、昭和四八年(一九七三)閉山。人口五〇六四(八九)。

**あし-おと【足音】** 歩くとき足のたてる音。footstep 用例 ―をしのばせる。

**足音を殺す** 足音をたてないようにそっと歩く。忍び足で歩く。walk stealthily 類似 足音を窃む。

**あしお-どうざん【足尾銅山】** 栃木県西部、足尾町にあった銅山。江戸初期に発見された日本有数の銅鉱山で、明治中期の足尾銅山鉱毒事件は有名。昭和四八年(一九七三)閉山。

**あしおどうざん-こうどくじけん【足尾銅山鉱毒事件】** 明治中期に社会問題化した公害事件。足尾銅山の鉱毒が渡良瀬川に流出して農民に被害を与え、明治二四年(一八九一)代議士田中正造が帝国議会で対策を追及。農民も大規模な鉱毒反対の請願運動を展開。

**あしおどうざん-そうぎ【足尾銅山争議】** 明治四〇年(一九〇七)、古河鉱業足尾銅山に起こった大争議。坑夫が賃上げ、飯場の廃止などを要求して暴動に発展した。

**あし-か【▽海▼驢・▼葦▼鹿】** アシカ科の海獣。雄は体長二〜三m、体重約三〇〇kg。黄褐色からこげ茶色。雌ははるかに小さい。耳介がある。六〜八月に一子を出産。魚・イカなどを捕食。北太平洋に分布。なおアシカ科にはこの種のほか、トド・オットセイなどが属する。ウミオソ。ミチ。sea lion ↓写

**あじか【▼簣】** 竹やアシ、わらなどで編んだ、ざるのようなもの。土などを入れて運ぶ道具として用いた。

**あしかが【足▽利】**〈市〉栃木県南西端の市。足利銘仙で知られ、繊維工業がさかん。足利氏発祥の地で、足利学校跡がある。人口一六万八三六五(八九)。

**あしかが-うじみつ【足▽利氏満】**(一三五九〜九八) 南北朝時代の武将。第二代鎌倉公方。基氏の子。関東平定につとめ、奥羽を支配下に入れた。

**あしかが-がっこう【足▽利学校】** 栃木県足利市にあった室町時代の学問所。創設は、諸説があり不明だが、永享四年(一四三二)上杉憲実が学校として整備。明治五年(一八七二)まで存続し、その遺構・図書館が現存する。

**あしかが-し【足▽利氏】** 下野国の足利庄を本拠とした武家。清和源氏。源義家の孫の義康が家祖。一四世紀に尊氏が政権を掌握し室町幕府を開くが、応仁の乱後衰退し、義昭に至って織田信長に滅ぼされた。

**あしかが-しげうじ【足▽利▽成氏】**(一四三四〜九七) 室町中期の武将。持氏の子。鎌倉公方となったが、幕府と対立、下総古河に移り、古河公方と称して足利政知の堀越公方に対抗。

●アシカ

**あしかが-じだい【足▽利時代】** 室町時代の別称。

**あしかが-たかうじ【足▽利▽尊氏】**(一三〇五〜五八) 室町幕府の初代将軍(在位一三三八〜五八)。初名高氏。元弘の乱のさい鎌倉幕府の命で上京したが、途中、後醍醐天皇の綸旨を受けて六波羅探題を滅ぼし、建武新政の契機を作った。のちに新政府と対立、光明天皇を擁立。暦応元年(一三三八)征夷大将軍に任ぜられて室町幕府を開く。↓写

●足利尊氏 浄土寺(広島県)。

**あしかが-ただよし【足▽利直▽義】**(一三〇六〜五二) 室町初期の武将。尊氏の弟。尊氏に協力して室町幕府を開くが、尊氏の執事高師直と対立して兄弟不和となり、観応の擾乱へ発展。敗れて鎌倉で毒殺された。

**あしかが-ばくふ【足▽利幕府】** 室町幕府の別称。

**あしかが-ぶんこ【足▽利文庫】** 足利学校付設の文庫。上杉憲実が易学を中心に集めた和漢書を基礎とする。明治三六年(一九〇

三)図書館を開設。

**あしかが‐まさとも【足▽利▽政▽知】**(一四三五〜九一)室町中期の武将。将軍義教の子。伊豆堀越で堀越公方となって古河公方の成氏と対立。

**あしかが‐もちうじ【足▽利持氏】**(一三九八〜一四三九)室町前期の武将。第四代鎌倉公方。室町幕府に離反、鎌倉幕府独自の支配体制を確立しようとして失敗、自殺(＝永享の乱)。

**あしかが‐もとうじ【足▽利基氏】**(一三四〇〜六七)南北朝時代の武将。尊氏の四男。初代鎌倉公方。室町幕府の関東支配機関としての鎌倉府を確立。

**あしかが‐よしあき【足▽利▽義▽昭】**(一五三七〜九七)室町幕府最後の第一五代将軍(在位一五六八〜七三)。一二代将軍義晴の子。織田信長の援助で将軍となるが、のち信長打倒を企てて失敗、天正元年(一五七三)京都から追放され、幕府は滅亡。

**あしかが‐よしあきら【足▽利▽義▼詮】**(一三三〇〜六七)室町幕府第二代将軍(在位一三五八〜六六)。尊氏の三男。足利幕府の基礎を固める。

**あしかが‐よしたね【足▽利▽義▼稙】**(一四六六〜一五二三)室町幕府第一〇代将軍(在位一四九〇〜九三・一五〇八〜二一)。義視の子。義政の養子。一時将軍職を追われた後復職したが、細川氏の横暴に憤慨して淡路に出奔、阿波で没。島公方。

**あしかが‐よしてる【足▽利▽義▽輝】**(一五三六〜六五)室町幕府第一三代将軍(在位一五四六〜六五)。義晴の子。将軍としての実権をもてないまま松永久秀に攻め殺された。

**あしかが‐よしのり【足▽利▽義▽教】**(一三九四〜一四四一)室町幕府第六代将軍(在位一四二九〜四一)。義満の子。はじめ義円と称し天台座主であったが、義持の死後還俗し将軍となった。鎌倉公方足利持氏を討ち、諸大名にも強圧的態度で臨み赤松満祐により謀殺(嘉吉の乱)。

**あしかが‐よしひさ【足▽利▽義▽尚】**(一四六五〜八九)室町幕府第九代将軍(在位一四七三〜八九)。義政の子。母は日野富子。叔父義視との後継争いが応仁の乱の一因となる。

**あしかが‐よしまさ【足▽利▽義▽政】**(一四三六〜九〇)室町幕府第八代将軍(在位一四四九〜七三)。義教の子。一代で徳政令を一三回も発し社会の混乱を招く。応仁の乱のさなか、東山殿(＝銀閣)を建て、風雅な東山文化をはぐくんだ。

**あしかが‐よしみ【足▽利▽義▽視】**(一四三九〜九一)室町中期の武将。義教の子。兄の八代将軍義政の養子となるが、義政に実子義尚が誕生して後継争いが生じ、応仁の乱で義政と対立。

**あしかが‐よしみつ【足▽利▽義満】**(一三五八〜一四〇八)室町幕府第三代将軍(在位一三六八〜九四)。義詮の長男。天授(永和)四年(一三七八)室町に新邸(＝花の御所)を建て移住。太政大臣となり専制政治を行う。南北朝を統一して幕府の全盛期を築く。北山に別荘として北山殿(＝金閣)を建て北山文化をおこした。

**あしかが‐よしもち【足▽利▽義持】**(一三八六〜一四二八)室町幕府第四代将軍(在位一三九四〜一四二三)。義満の長男。義満の死後、日明貿易を停止。

**あし‐がかり【足掛(か)り】**①高い所にのぼるとき、足をかけるささえ。足場。foothold ②物事をする、いとぐち。手がかり。clue

**あしがき‐の【▼葦垣の】**[枕ことば]《アシで作った垣根は、古くなると乱れやすく、また、結び目が狭いことなどから》「乱る・間近し」などにかかる。用例 人知れぬ思ひやなぞと―まぢかけれども逢ふよしのなき(古今・恋一)。

**あし‐かけ【足掛(け)】**①相撲・柔道などで、相手の足に自分の足を掛ける技。②鉄棒などに足をかけること。用例 ―上がり。③年月日の計算で、端数も一とする数え方。対義 満。用例 ―五年。

**あじ‐かげん【味加減】**味のぐあい。味の付け方。taste 用例 ―を見る。

**あじがさわ【▼鰺ケ沢】**〈町〉青森県西部、日本海に臨む町。津軽氏発祥の地とされ、西回り航路の要港であった。イカの生干しが名産。人口一万六九七七(一九八八)。

**あし‐かせ【足▼枷】**①罪人の足にはめて、動作を自由にさせない刑具。fetters 対義 手かせ。②行動の自由を縛るもの。encumbrance 用例 手かせ―となる。↓枷図

**あし‐がた【足形・足型】**①地面などに残った足や、くつの形。②《「足型」で》足袋・くつなどを作るときの、木型。

**あじかた【味方】**〈村〉新潟県中部、白根市西隣の村。蒲原穀倉地帯の米どころ。大凧合戦は有名。人口四八三四(一九八八)。

**あし‐がため【足固め】**(名・サ変自)①足を丈夫にするための、歩く練習。足ならし。walking practice ②これからのための用意。地固め。preparation 用例 出世の―。③柔道・レスリングで、決めわざの一つ。leg hold ④建築で、柱と柱との下部をつなぐ横木。

**あし‐が‐ちる【▼葦が散る】**[枕ことば]《アシが多く繁茂する土地であったことから》「難波」にかかる。用例 海原のゆたけき見つつ―難波に年は経ぬべく思ほゆ(万葉・二〇・四三六二)。

**あし‐がなえ【足▼鼎】**底に足が三本ある金属の器。

**アジか‐なまり【アジ化鉛】**化学式$Pb(N_3)_2$ わずかな衝撃や摩擦によって爆発する。雷管・信管の点火薬として使用。窒化鉛。lead azide

**あし‐かび【▼葦▼牙】**古語《「牙」は植物の芽、の意》アシの若い芽。用例 ―のごとく萌えあがる物によりて成れる神の名は(古事記・上)。

**あしから‐ず【▽悪しからず】**(副)《相手の意向に添えなくて、申し訳ないという気持ちで》悪く思わないで(ください)。用例 ―ご了承ください。

**あし‐がらみ【足▼搦み】**相撲・柔道などで、相手の足に自分の足をからませるわざ。

**あしがら‐やま【足柄山】**神奈川・静岡県境、箱根の金時山北麓、足柄峠付近の呼称。坂田金時(＝金太郎)と山姥の伝説の地。

**あしかり【▼蘆刈】**能の曲名。四番目物。世阿弥作か。葦売りに零落した難波の日下左衛門を妻が訪ね、ともに都に帰る。

**あしかり【▼芦刈】**〈町〉佐賀県中部、有明海に臨む町。大半が中世以来の干拓地。稲作と海苔の養殖が中心。人口七一九四(一九八八)。

**あし‐がる【足軽】**ふだんは雑役をつとめ、戦時は歩兵となる者。南北朝時代の動乱前後からあらわれ、戦国時代には槍隊・鉄砲隊などに組織化。江戸時代は武士の最下位に位置。雑兵。徒士同心。

**あしがる‐だいしょう【足軽大将】**弓組・鉄砲組・槍組など、足軽部隊の指揮者。

**あしがわ【▼芦川】**〈村〉山梨県中部、御坂山地にある村。高冷地野菜やコンニャクを栽培。人口九一四(一九八八)。

**あじ‐かわ【▽安治川】**大阪市西部、旧淀川の下流部。中之島の西端から大阪湾まで六km。江戸時代河村瑞軒が開いた。

**あじ‐かん【▼阿字観】**密教で行う観法で、三観の一つ。梵語の第一字母の阿字を観じて宇宙の全事象の本源を感得するという瞑想法。

**アしき‐しゅうきゅう【ア式▼蹴球】**《「アソシエーションフットボール」から》サッカー。

**あしきた【▼芦北】**〈町〉熊本県南部、八代海に臨む町。打瀬網漁の基地。果樹栽培もさかん。人口一万九九三二(一九八八)。

**あじき‐な・い【味気ない】**(形)《「あじけない」のやや古い言い方》味わいに欠けて風情や面白みがない。わびしく情けない。wearisome; insipid 用例 ―世の中。

**あじき‐な・し【味気なし】**古語(形ク)①かいがなく、つまらない。おもしろくない。用例 ―・くぞはべる(方丈記)。②情けない。つらい。用例 やうやう天の下にも―・う人のもてなやみぐさになりて(源氏・桐壺)。

**あし‐きり【足切(り)】**①足を切ること。中国古代の刑罰。②ある基準以下を切り捨てること。特に、共通一次試験の低得点者に、二次試験を受験させないこと。

**あじきり‐ぼうちょう【▼鰺切(り)包丁】**《アジなどの小魚を処理しやすいことから》小型の出刃包丁。刃渡りがほぼ一八cm以下。小出刃。

**あし‐くせ【足癖】**①座り方や歩くときの足のくせ。gait ②相撲で、足わざ。

**あし‐くび【足首】**くるぶしの上の、少し細くなった部分。ankle

**あし‐げ【足▼蹴】**足でけること。kick

**足蹴にする**(あしげにする) 人にひどい仕打ちをする。

**あし‐げ【▼葦毛】**馬の毛色の一つ。白い毛に黒・茶などのまじったもの。あし毛の馬。

**あし‐げい【足芸】**足を思いのままに使ってする曲芸。主として、あお向けになって、あげた足で物をあやつる芸。

**あじけ‐な・い【味気ない】**(形)つまらない。おもしろみがない。あじきない。dull; uninteresting 派生 あじけなげ(形動)あじけなさ(名)

**あし‐こし【足腰】**足と腰。下半身の筋力。legs and waist 用例 ―をきたえる。

**足腰が立たない**(あしこしがたたない) 体を思うように動かせない。病気・老衰などで、体の自由がきかない。become disabled

**あし‐ごしらえ【足▼拵え】**(名・サ変自)山登りやスキーなどに行くとき、足に付けるものを整えること。outfit footgears

**あじさい【▽紫▽陽▽花】**ユキノシタ科の落葉低木。葉は対生し、広卵形。初夏に四弁花の集まった大形で球状の花序をつけ、淡黄色から青に、また紫ないし赤色に変わる。園芸種。↓写

●アジサイ

**あじ‐さし【▼鰺刺】**港湾・河口などを群飛するカモメ科の水鳥。翼長約二七cm。頭上と後頸は黒く、体上面は淡紫灰色、下面は白い。嘴は細長くて先がとがる。急降下して魚を捕らえる。シベリアなどで繁殖し、日本・フィリピン・南洋諸島をへてオーストラリアなどへ渡る。アジサシ類は世界で約四〇種知られるが、日本では本種のほかコアジサシ(翼長約一八cm)が普通。tern ↓図

●アジサシ

**あし‐さばき【足▼捌き】**主として武道で使われる用語で、足の運び方をいう。footwork

**あしざま‐に【▽悪し様に】**(副)実際よりもことさらに悪く。用例 ―ののしる。

**あじ‐さわう**[枕ことば]《語義、かかりかた未詳》「目・夜昼」にかかる。用例 ―妹が目離れて敷栲の枕もまかず(万葉・六・九四二)。

**あじす【▼阿知▼須】**〈町〉山口県南部、宇部市東隣の町。山口たくあんの産地。宇部市への通勤者が多い。人口八三二九(一九八八)。

**アジス‐アベバ[Adis Abeba]** エチオピアの首都。アビシニア高原のほぼ中央、標高二四〇〇mにある高原都市。同国の政治・経済・文化の中心地。国連アフリカ経済委員会とアフリカ統一機構の本部がある。人口一四一・三万(一九八四)。

**アシスタント[assistant]** 助手。補助者。

**アシスト[assist]** アイスホッケーやサッカーなどで、得点に結びつく有効なパスをすること。また、そのプレーヤー。アイスホッケーの場合は二名まで公式記録にしるす。

**あし‐ずり【足▼摺り】**(名・サ変自)じだんだをふむこと。用例 ―して、くやしがる。

**あしずりうわかい‐こくりつこうえん【足▼摺宇和海国立公園】**高知県足摺岬から愛媛県宇和海にかけての、海岸部を中心とする国立公園。四つの海中公園がある。昭和四七年(一九七二)指定。

**あしずり‐みさき【足▼摺岬】**高知県南西部に突き出した足摺半島の先端の岬。壮大な海食崖と、亜熱帯植物群が特色。

**アジソン[Addison]** ↓アディソン

**アジソン‐びょう【アジソン病】**慢性副腎皮質機能低下症。副腎皮質ホルモンの分泌障害によりおこり、脱力感、肉体的・精神的疲労、色素沈着が特徴。Addison's disease

**あした【▽明▽日】**次の日。あす。みょうにち。tomorrow 対義 きのう。

**明日は明日の風が吹く**(あしたはあしたのかぜがふく)《明日のことは明日になってみなければわからないところから》くよくよ心配してみてもはじまらない。物事はなるようにしかならない。Tomorrow will take care of itself.

▼常用漢字表外。　▽常用漢字表の音訓外。

**明日待たるる宝船**(あしたまたるるたからぶね) 明日の来るのが楽しみだ。俳人、榎本其角が、両国橋の辺りでたまたま出会った赤穂義士の一員、大高源吾に、「年の瀬や水の流れと人の身は」と問いかけの句を出したところ、源吾は「明日待たるるその宝船」と答えた。この源吾の句で、其角はその夜の義士の討ち入りのことを知ったという故事にもとづく語。

**あした【▽朝】** 文語的 ①あさ。morning 対義 夕べ。②明朝。tomorrow morning

**朝には紅顔有りて夕べには白骨となる**(あしたにはこうがんありてゆうべにははっこつとなる) 「朝の紅顔、夕べの白骨」と同意。

**朝に道を聞かば夕べに死すとも可也**(あしたにみちをきかばゆうべにしすともかなり) 《『論語』にある語》人間の真に行うべきことを聞き、会得できたら、その日のうちに死んでもよい。人の道をきわめることの難しさ・大切さを言ったもの。

**朝に夕べを謀らず**(あしたにゆうべをはからず) 《あさ、夕方のことは考えない、の意》先の事を考えない。また、先のことを考える余裕もない。

**朝の紅顔、夕べの白骨**(あしたのこうがん、ゆうべのはっこつ) 無常の世にあって、人間はいつ死ぬかわからないものだ。朝には紅顔有りて夕べには白骨となる。

**朝の露**(あしたのつゆ) 《消えやすいものであるところから》人生のはかないこと、人の命の短いことのたとえ。transient

**あし-だ【足駄】** ①歯・鼻緒をつけたはきものの総称。②近世以後、雨のときなどに用いる二枚歯の高い下駄。高下駄。

**アジタート【agitatoイタリア】** 音楽で、激しく、熱情的に、の意。

**あし-だい【足代】** 出歩くのにかかる費用。車代。交通費。traffic expenses

**あしだか-ぐも【脚高▼蜘▼蛛】** 屋内にいる大形のクモ。体長二～三cm。あしを伸ばすと一〇cmほどの大きさ。灰褐色。夜間活動し、ゴキブリ・ハエなどを捕食。初夏に産卵し、卵嚢をもち歩く。本州中部以南に分布。↓クモ 図

**あしたか-やま【▽愛▼鷹山】** 静岡県東部、富士山の南に接する火山。標高一一八八m。多くの谷が発達。裾野には茶園が多い。

**あした-ぐさ【▼鹹草】** アシタバの異名。

**あしだ-ぐら【足駄蔵】** 土台が足駄をはいたようにみえる、床を高くした土蔵。大阪の川沿いなどでみられた。

**あし-たず【▼葦田▼鶴】** 《アシの茂る水辺によくいることから》ツルの古名。

**あしたず-の【▼葦田▼鶴の】** [枕ことば] 《ツルの鳴くように、の意、また、同音を繰り返すことから》「音に鳴く・たづたづし(=はっきりしない。心ぼそい)」にかかる。用例 君に恋ひいたも為便無み — 哭のみし泣かゆ朝夕にして(万葉・三・四五六)。

**あした-ば【▽明▽日葉】** 《発育が速く、強く、今日切りとっても明日は再生しているという意》海岸にはえるセリ科の多年草。高さ約一m。葉は大きく、羽状複葉。茎は太く、切ると黄色い汁を出す。関東・伊豆半島・伊豆七島に分布。若葉は食用。アシタグサ。ハチジョウソウ。↓写

●アシタバ

**あしだ-ひとし【▼芦田▽均】**(一八八七～一九五九) 政治家。京都府生まれ。東大卒。外交官をへて衆議院議員。第二次大戦後自由党の結成に参加し、のち民主党総裁。昭和二三年(一九四八)首相として社会党との連立内閣を組織したが、昭電事件に連座し、七か月で総辞職。

**あし-だまり【足▼溜(ま)り】** ①ある期間、何かをするときのねじろ。基地。根拠地。base ②↓あしどまり(足止まり)

**あし-ついで【足▽序で】** 出かけたついで。外出したおりに、他の用にもおもむくこと。

**あし-つき【足つき】** 動くときの足のかっこう。足の運び方。gait

**あし-つき【脚付(き)・足付(き)】** ①脚のついた器。②脚をつけた折敷。足付き折敷をさし、白木を用いる。結納などをのせる祝台。

**あし-つき【▼葦付】** ネンジュモ科の淡水藻。富山県の庄川で葦や石に付着して生育。食用。あしつきのり。

**あしつき-おしき【足付(き)▽折敷】** 折敷の底の左右に板製の脚がついたもの。足付き。足打ち折敷。足打ち。

**あじ-つけ【味付け】**(名・サ変他) 食品や料理に調味料を加えて味をつけること。また、味をつけたもの。seasoning 用例 — がへただ。

**あじつけ-のり【味付(け)▽海▼苔】** 乾し海苔に調味液を塗って焼いたもの。

**あし-て【足手】** 足と手。

**あし-で【▼葦手】** 平安時代に流行した文字の戯れ書きの手法。葦・水・鳥・岩石などの景色の中に、草仮名を絵画化して書き入れたもの。葦手書き。

**あし-てぃびち【足てぃびち】** 沖縄料理の一つ。豚足を骨ごとぶつ切りにして、昆布や大根といっしょに長時間煮たもの。

**アジテーション【agitation】** そそのかすこと。とくに、情緒的な演説や文章などによって人々をたきつけ、特定の行動にかりたてようとすること。扇動。アジ。

**アジテーター【agitator】** 扇動者。

**あして-まとい【足手▼纏い】**(名・形動) 身の自由のじゃまになること・さま。あしでまとい。drag 用例 — な子ども。

**アジト** 《agitating point の略》①ストライキや非合法活動の秘密扇動司令部。②《転じて》地下本部または非合法的組織の隠れ家。hide-out

**アシドーシス【acidosis】** 血液中の酸・アルカリ平衡が破れて、酸過剰となる病的状態。頭痛・吐き気がみられ、重症では痙攣・意識障害がおこる。酸性血症。

**アジド-デオキシ-チミジン【azido-deoxy-timidine】** ↓エーゼットティー(AZT)

**あし-どまり【足止(ま)り】** ①足をかけるよりどころ。足がかり。foothold ②斜面や桟橋の歩み板などに打った滑り止めの横木。あしどめ。あしだまり。③瓦葺き屋根で瓦のずり落ちを防ぐための細い横木。あしどめ。あしだまり。

**あし-どめ【足止め・足留め】**(名・サ変他) ①人の外出を止めること。そこから先へ行けないようにすること。禁足。keep indoors 用例 — をくう。②薬で染色のむらを防ぐこと。また、その薬。③↓あしどまり(足止まり)②③

**あし-とり【足取り】** 相撲で、相手の片足をつかまえてたおすわざ。

**あし-どり【足取(り)】** ①歩きぐあい。足の運び。gait; step ②移動した経路。trace; trail ③相場で、変動のぐあい。

**あしどり-ひょう【足取表】** ↓けいせんひょう(罫線表)

**あじ-な【味な】**(連体) 気のきいたさま。smart 用例 — 趣向をめぐらす。

**あし-なえ【▼蹇・▼跛】** 足の不自由なこと・人。

**あしながおじさん【足ながおじさん】** 《原題Daddy-Long-Legs》ウェブスターの作。一九一二年刊。孤児院育ちの少女ジルーシャが、匿名のおじさんにあてた手紙でつづるユーモラスな物語。

**あしなが-ぐも【足長▼蜘▼蛛】** アシナガグモ科の足の長いクモ。体も細長く、体長約一・五cm。水平に円網を張る。本州・四国・九州に分布。

**あしなが-ばち【足長▼蜂】** 細身で中形のスズメバチ科のハチ。飛ぶとき下にたれた長い後脚が目だつ。越冬した雌は枯れ枝や軒下などに下向きの巣をつくる。日本全土に分布。セグロアシナガバチなど。Polistes ↓図

●アシナガバチ　セグロアシナガバチ

**あしなし-いもり【足無井守】** 足がなく、体形がミミズに似る両生類。種類により体長数センチメートルから一m以上。地中生活のため目は退化。アフリカ・アジアの熱帯地方に約一五〇種が分布。ハダカヘビ。caecilian

**あしなし-とかげ【足無▼蜥▼蜴】** 足のないヘビ形のトカゲの総称。十余種ある。チュウゴクアシナシトカゲは全長約六〇cmで、褐色地に青斑があり、中国南部などに分布。赤褐色のヨーロッパアシナシトカゲは全長約一mで、ヨーロッパ南東部からアジア南西部に分布。glass snake

**あし-なみ【足並(み)】** ①多数の人や馬が歩くときの足どり。歩調。pace; step 用例 — がそろう。②物事を共同で進めるときの進みぐあい。pace 用例 作業の — がそろわない。

**あし-ならし【足慣らし・足▼馴らし】**(名・サ変自) ①足をきたえておくこと。walking practice ②準備行動。preparation

**あしね-はう【▼葦根▽延う】** [枕ことば] 《アシが生える湿地を泥と言い、また、その根が泥の下をはうところから》「憂き・下」にかかる。用例 — うきは上こそつれなけれ下はえならず思ふ心を(拾遺・恋四)。

**あじ-の-いっとう【▼阿字の一刀】**(連語) 《仏教語。「阿字」は、梵語の第一字母で、万有の本質は不生不滅である、という真理を象徴する》阿字の意を悟って、仏の導きにより煩悩を断ちきることを刀にたとえたことば。阿字の利剣。

**あしのうれ-の【▼葦の▽末の】** [枕ことば] 《「あしかびの」とする説もある。同音を繰り返すことから》「足」にかかる。用例 わが聞きし耳によく似る — 足痛くわが背勤めたぶべし(万葉・二・一二八)。

**あし-の-こ【▼芦ノ湖】** 神奈川県南西部にある湖。面積七km²。最深四〇・六m。箱根山のカルデラ内の堰止め湖。箱根観光の中心。

**あしのね-の【▼葦の根の】** [枕ことば] 《「ね」の音の繰り返し、また、アシの節ということから》「ねもころ・夜・世」などにかかる。用例 — ねもころ思ひて結びてし玉の緒といはば人解かめやも(万葉・七・一三二四)。

**あし-の-まろや【▼葦の▽丸屋】** アシで屋根をふいた、そまつな小屋。用例 — に秋風ぞ吹く(金葉・秋)。

**あじ-の-もと【味の▽素】** 化学調味料の商品名。主成分はグルタミン酸ナトリウムで、明治四一年(一九〇八)に池田菊苗が昆布の煮汁から抽出。

**あじのもと【味の▽素(株)】** 大手の総合食品化学会社。大正一四年(一九二五)設立。

**あし-ば【足場】** ①足を踏み立てる所。foothold ②高所での作業のために仮設される構造物。scaffold 用例 — を組む。③物事をするときの基礎。きっかけ。足がかり。footing; foothold ④交通の便。transportation 用例 — がいい。

**アシハバード【Ashkhabad】** ソ連中南部、イラン国境に近いトルクメン共和国の首都。織物・じゅうたん・ぶどう酒などの生産がさかん。人口三六・六万(一九八六)。

**あし-ばや【足早】**(形動) 歩くのが速いさま。swift-footed 用例 — に立ち去る。

**あし-はら【▼葦原】** 一面にアシのはえている原。

**あし-ばらい【足払い】** 柔道の投げ技の一つ。足で相手の足を横に払って倒す。

**あしはら-の-くに【▼葦原の国】** 日本国の古称。

**あしはら-の-ちいほあき-の-みずほのくに【▼葦原の千▽五▽百秋の▼瑞穂の国】** 日本国の古称。葦原の瑞穂の国。

**あしはら-の-なかつくに【▼葦原の中つ国】** 《中つ国は、高天の原と黄泉国の間、の意》日本国の古称。

**あしはら-の-みずほのくに【▼葦原の▼瑞穂の国】** 《葦原にある瑞々しい稲の穂が実っている国、の意》日本国の古称。葦原の国。葦原の中つ国。

**あし-び【▽馬▽酔木】** ①↓あせび(馬酔木)。②短歌雑誌。明治三六～四一年(一九〇三～〇八)。伊藤左千夫を中心に創刊。正岡子規の写生道を守り『アララギ』の基礎を築いた。③俳句雑誌。昭和三年(一九二八)、『破魔弓』を改題して水原秋桜子が主宰、昭和新興俳句の拠点となった。

**あしひき-の【足引の・▼葦引の】** [枕ことば] 《後世は「あしびきの」。語義・かかりかた未詳》「山・峰」などにかかる。用例 — 山鳥の尾のしだり尾の長長し夜をひとりかも寝む(拾遺・恋三)。

**あし-びょうし【足拍子】** 足ぶみをして拍子をとること。beating time with one's foot 対義 手拍子。

**アジピン-さん【アジピン酸】** 化学式$C_4H_8(COOH)_2$。無色の結晶。6,6-ナイロン・アルキド樹脂の原料。adipic acid

**あし-ぶえ【▼葦笛】** アシの葉をまるめて笛のように吹きならすもの。reed pipe

**あし-ぶね【▼葦船・▼葦舟】** ①アシをつんだ船。あしかり船。②アシやイグサなどを束ねてつくった最も原始的な舟。古代エジプト、アンデス文明にその痕跡があり、現在でもエクアドル・ペルー、ナイル川中・上流域などでみられる。papyrus boat ↓写(次ページ)



↓ 行き先項目、図版・写真参照印。 JIS 日本工業規格情報交換用漢字符号コード(区点コード)。

●葦船② チチカカ湖(ペルー)。

**あし‐ぶみ【足踏み】**(名・サ変自) ①止まったまま、足をかわるがわる上下させること。stamp ②物事がはかどらないこと。standstill 用例 景気が—している。③足をふみ入れること。出入り。step in

**あし‐べ【▼葦辺】** アシのはえている水のほとり。

**アジ‐プロ**《和製語。アジテーションとプロパガンダを略して合成》扇動的な宣伝。社会運動や政治運動の拡大のために行われる。

**あしべ【▼芦辺】**〈町〉長崎県壱岐島東部の町。農・漁業の町で、海女によるウニ・アワビの採取がさかん。人口一万九三七(一九八八)。

**あしべ‐おどり【▼蘆辺踊(り)】** 大阪の芸妓による定例の舞踊会。毎年四月・五月ごろに、大阪市難波新地(南地)の演舞場で開催される。

**あしべつ【▼芦別】**〈市〉北海道中部、空知川中流の市。炭鉱都市として発展したが、閉山があい次いだ。人口二万七九七〇(一九八八)。

**あし‐へん【足偏】** 漢字を組み立てている部分の名。「路・跡」などの左にある「⻊」。

**あし‐まかせ【足任せ】** 気ままに行くこと。wander 用例 旅は気任せ—。

**あし‐まめ【足▽忠▽実】**(名・形動) 気軽に、しばしば出歩くこと・人・さま。good walker 用例 —に通う。

**あじ‐まめ【▼藊豆】** フジマメの別名。

**あじ‐み【味見】**(名・サ変他) ほんの少量、食べたり飲んだりして、料理の味のかげんを確かめること。tasting

**あじむ【▽安▽心▽院】**〈町〉大分県北部、宇佐市南隣の町。シイタケ・ブドウの栽培がさかん。アフリカサファリパークがある。人口九八五七(一九八八)。

**あじむら‐の【▼鴨群の】**[枕ことば]《「鴨群」は、トモエガモの群れ、の意》「騒く・通ふ」にかかる。用例 朝凪に楫引きのぼり夕潮に棹さし下り—騒き競ひて(万葉・二〇・四三六〇)。

**アジメール【Ajmer】** インド北西部、ラージャスターン州の商工業都市。イスラム教の聖湖、プシカル湖がある。人口三七・四万(一九八一)。

**あじめ‐どじょう【味女▼鰌】** 河川上流の水の澄んだ礫底にすむドジョウ。体長約一〇cm。淡黄褐色の体側を雲状の暗斑が縦走する。付着藻類などを食べる。吸い物や佃煮として美味。本州中部・近畿の河川に分布。

**あじ‐も【味藻】** アマモの別名。

**あし‐もと【足元・足下・足▽許】** ①足のあたり。at one's feet ②歩きつき。gait ③身のまわり。そば。④立場。用例 —を固める。

**足元が軽い** 歩き方が軽やかだ。

**足元から鳥が立つ** 急に意外な事が起こる。急にあわてて事を始める。足元から鳥が飛び立つ。

**足元に火が付く** 危険が身にせまってくる。find the fire in one's own backyard

**足元にも及ばない** 「足元へも寄り付けない」と同意。

**足元の明るい内に** ①日の暮れないうちに。動きのとれない状態にならないうちに。before dark ②身に危険の迫らない、安全なうちに。get it while the getting's good

**足元へも寄り付けない** 非常にすぐれていて、とても及ばない。足元にも及ばない。be no match for

**足元を見られる** 弱みにつけこまれる。

**アシモフ【Isaac Asimov】**(一九二〇― ) アメリカのSF小説家・生化学者。ソ連生まれ。作品『わたしはロボット』『銀河帝国の興亡』など。

**あし‐や【▼葦屋】** アシの葉でふいた、そまつな屋根。その小屋。

**あしや【▼芦屋】**〈市〉兵庫県南東部、大阪湾に臨む市。六甲山南麓斜面にあり、自然環境に恵まれて、東の鎌倉市と並ぶ高級住宅都市となった。人口八万七一一四(一九八八)。

**あしや【▼芦屋】**〈町〉福岡県北部、遠賀川河口の町。古く港町として繁栄。景勝地が多い。人口一万七九三二(一九八八)。

**アシャール【Marcel Achard】**(一八九九―一九七四) フランスの劇作家。風俗劇の大家。作品『お月さまのジャン』『じゃがいも』など。

**アジャール‐じちきょうわこく【アジャール自治共和国】**(Adzharskaya ASSR) ソ連を構成する自治共和国の一つ。首都バトゥーミ。黒海に臨み、温暖で保養地として有名。面積三〇〇〇$km^2$。人口三六・二万(一九八七)。アジャリヤ。正称アジャール自治ソビエト社会主義共和国。

**あしや‐がま【▼芦屋▼釜・▼蘆屋▼釜】** 茶釜の様式の一つ。典型的な真形釜で、羽の部分と美しい地紋、なめらかな肌が特徴。現在の福岡県芦屋町で造られ、鎌倉から桃山時代までがさかんだった。

**あしやす【▼芦安】**〈村〉山梨県西部の村。夜叉神峠があり、南アルプスの登山口。農林業と観光が主体。人口五六六(一九八八)。

**アジャスタブル‐ペッグ【adjustable peg】** 調整可能な固定為替相場制。国際通貨基金(IMF)加盟国の平価は原則として固定するが、基礎的不均衡のときには平価切り下げ・切り上げによって調整する。比較 クローリングペッグ。

**あじゃせ‐おう【▼阿▼闍世王】**《Ajātaśatru 梵の音写》釈迦在世時のマガダ国の王。父王頻婆娑羅を殺害し、母后韋提希を幽閉して王位についたが、釈迦の教えを受けて罪を悔い、仏教に帰依したという。『観無量寿経』中の物語で知られる。

**あじゃり【▼阿▼闍▼梨】**《ācārya 梵 の音写で、軌範師、正行と訳す》①弟子の行いを正し、その軌範となる師。②密教の秘法を伝授する僧職の称号。あざり。③僧の職官の一つ。

**アジャンター【Ajanta】** インド西部、ボンベイの北東にある村。仏教石窟寺院群で有名。紀元前後から紀元七世紀にかけて二九の石窟が開削された。建築装飾・彫像の宝庫でもある。

**アシャンティ‐ぞく【アシャンティ族】** 西アフリカ、ガーナ南部の森林地帯に住む民族。アカン語族系に属する。農耕に従事。一八世紀に小部族国家を形成。一九〇一年イギリスの支配下に入り、現在はガーナ共和国の主要構成民族。Ashanti

**あ‐しゅ【亜種】** 生物分類の階級の一つ。種の下、変種の上に位置し、形態や地理的分布の異なる集団に適用される。subspecies

**あし‐ゆ【足湯・脚湯】** ひざから下を湯に浸す湯浴み。

**あ‐しゅう【▼阿州】** 阿波国の別名。

**アシュート【Asyût】** エジプト中東部、ナイル川中流左岸の商業都市。アシュートダムがあり灌漑用の運河が通じている。人口二一・四万(一九七六)。

**あしゅか‐じゅ【▼阿▽輸▼迦樹】** 無憂樹の別名。

**あしゅく‐ぶつ【▼阿▼閦仏】**《Akṣobhya 梵から》東方の阿比羅提世界(妙喜世界)で成仏し、説法する仏。密教では五智如来の一つ。

**アシュケナージ【Vladimir Ashkenazy】**(一九三七― ) ソ連生まれのピアニスト・指揮者。アイスランド国籍を得る。情熱と知性、優れたテクニックを備え、幅広いレパートリーをもつ。

**アシュトン【Frederick Ashton】**(一九〇四―八八) イギリスの舞踊家・振付師。エクアドル生まれ。独自のクラシックなスタイルを築く。振付作品『オンディーヌ』など。

**アシュバゴーシャ【Aśvaghoṣa 梵】** インドの僧、馬鳴の梵語名。

**あしゅら【▼阿修羅】**《Asura 梵 の音写で、非天と訳す》①インドの鬼神の一つ。諸天、とくに帝釈天と戦い、闘争の絶えない者とされる。転じて仏法を守護する八部衆の一つとなる。修羅。②形相のすさまじいことのたとえ。↓写

●阿修羅① 『阿修羅像』。興福寺(奈良県)。

**あしゅら‐どう【▼阿修羅道】**《仏教語》六道の一つ。怒り・侮り・疑い・争いを好む者が死後におちる世界。修羅道。

**あ‐しょうさん【亜硝酸】** 化学式$HNO_2$ 無色の一塩基酸。水溶液中にのみ存在。熱すると容易に分解する。nitrous acid

**あしょうさん‐アミル【亜硝酸アミル】** 揮発性の黄色の液体。血管拡張剤。狭心症発作時に鼻から吸入。amyl nitrite

**あしょうさん‐アンモニウム【亜硝酸アンモニウム】** 化学式$NH_4NO_2$ 白色または淡黄色の粉末。水に溶け、熱水では分解する。加熱や打撃により爆発。ammonium nitrite

**あしょうさん‐えん【亜硝酸塩】** 亜硝酸と金属の塩。一般式$M(NO_2)_r$ アルカリ金属およびアルカリ土類金属との塩は淡黄色結晶で安定。有毒。重金属との塩は不安定。nitrite

**あしょうさん‐カリウム【亜硝酸カリウム】** 化学式$KNO_2$ 白色または微黄色で粒状または棒状。水に溶ける。水溶液に酸を加えると分解して二酸化窒素を発生。コバルトの定性分析用試薬に利用。potassium nitrite

**あしょうさん‐きん【亜硝酸菌】** 土壌細菌の一つ。アンモニアを摂取し、酸化して亜硝酸とし、その反応で生じるエネルギーで生活する無機栄養の細菌の総称。ニトロソモナス・ニトロコッカスなど。nitrite bacteria

**あしょうさん‐ナトリウム【亜硝酸ナトリウム】** 化学式$NaNO_2$ 潮解性のある白色の結晶。染料製造、絹・麻の漂白、食品添加物に利用。sodium nitrite

**アショーカ‐おう【アショーカ王】**(Aśoka 梵)(生没年未詳) 古代インド、マウリヤ朝第三代の王。紀元前三世紀、最初のインド統一に成功。仏教を統治の理想とし、磨崖や石柱に法の理想を刻み、仏教の保護・伝播に努めた。漢訳は阿育王。

**アショーカおう‐ちゅう【アショーカ王柱】**(Aśoka ke stambha 梵) マウリヤ朝のアショーカ王が、武力によらず、法にのっとって天下を治めたいとの布告を刻んで建立した石柱。高さ一〇mほどの砂岩製で柱頭に獅子・牛などを彫り出す。インドのネパールに近いラウリヤーナンダンガリのものがほぼ原形をとどめる。サールナート出土の四頭の獅子柱頭は有名。↓写

●アショーカ王柱 ラウリヤーナンダンガリ(インド)。

**あしょろ【▽足▽寄】**〈町〉北海道東部、十勝平野の町。酪農などが行われる。雌阿寒温泉やオンネトーという湖がある。人口一万一二八二(一九八八)。

**あし‐よわ【足弱】**(名・形動) 歩く力の弱い人・さま。老人・幼児・婦人など。weak-legged

**あしらい** ①日本音楽の演奏用語。拍子を厳密にそろえず、適宜に間をとりながら伴奏すること。日本音楽独特の奏法。②料理に彩りを添える取り合わせ。味や栄養のバランスをとるために使う。

**あしら・う**(五他) ①もてなす。応対する。treat ②軽く扱う。いいかげんに応対する。treat lightly 用例 鼻で—。③取り合わせる。garnish 用例 肉に野菜を—。

**アジ・る**(五他)《「アジテーション」を動詞化した語》そそのかす。扇動する。

**あしろ【▽安代】**〈町〉岩手県北西部の町。肉牛・乳牛の飼育や林業がさかん。安比高原スキー場がある。人口七七七七(一九八八)。

**あ‐じろ【▽網代】** ①ヒノキ板・竹・細枝などを、長細くそいで網状に編んだもの。和風建築の戸・壁・天井・垣などに用いる。②川の瀬に

▼常用漢字表外。 ▽常用漢字表の音訓外。

立て、魚を追い込むのに用いる簀。打ち並べた杭を横方向に竹や木で編んである。昔から、冬の宇治川で氷魚を取るのに使われている。

**あじろ-うちわ**【▽網代▽団▽扇】ビロウの葉、薄く削いだ竹などで、網代に編んだ団扇。

**あじろ-かご**【▽網代▼駕▼籠】外面に網代を張った駕籠。

**あじろ-がさ**【▽網代▼笠】竹などを網代のように編んで作ったかぶり笠。僧などが使った。↓[図]

●網代笠

**あじろ-ぎ**【▽網代木】魚をとる網代を仕掛けるため、川の瀬に打つ杭。

**あじろ-ぐるま**【▽網代車】牛車の一種。車箱に竹あるいは檜の網代を張ったもの。殿上人以上の身分の者が用いた。↓牛車[図]

**あじろ-びょうぶ**【▽網代▼屏風】檜皮や竹などの網代を片面に張った簡素な屏風。

**あじろ-ひろのり**【▽足代▼弘▽訓】(一七八四〜一八五六)江戸後期の国学者。律令、有職故実に精通。歌集『海士の囀』など。

**あじ-わい**【味わい】①食べ物の味。風味。taste ②物事のおもしろみ。おもむき。妙味。風趣。taste [用例] — のあることば。

**あじ-わ・う**【味わう】(五他)①飲食物の味をみる。taste [用例] 珍味を — 。②よく感じ、よく考える。玩味する。鑑賞する。appreciate [用例] 作品を — 。③経験する。体験する。experience [用例] 苦しみを — 。

**あし-わざ**【足技】①足でする芸。足芸。foot tricks ②柔道や相撲などで、足で相手をたおす技。foot techniques

**あしわだ**【足和田】〈村〉山梨県南部の村。西湖などがあり、富士五湖への観光の基地。人口一五六二(一九八八)。

**あす**【明日】①あした。みょうにち。tomorrow [対義] きのう。[用例] — の天気。②これから、さき。未来。future [用例] — の世界。— に備える。

**明日食う塩辛に今日から水を飲む**(あすくうしおからにきょうからみずをのむ)手回しがよすぎて、かえってばかばかしい。間が抜けている、無意味なことのたとえ。

**明日知らぬ身**(あすしらぬみ)あすはどうなるかわからない身のうえ。

**明日の事を言えば鬼が笑う**(あすのことをいえばおにがわらう)将来のことは予測できない。来年の事を言うと鬼が笑う。Nobody knows the "morrow."

**明日の百より今日の五十**(あすのひゃくよりきょうのごじゅう)明日入るかもしれない多くの不確実なものに期待をかけるより、少しでも現実的で確実なものに着目するほうがよい。末の百両より今の五十両。先の千両より今の十両。A bird in the hand is worth two in the bush.

**明日は淵瀬**(あすはふちせ)《『古今集』の歌「世の中はなにか常なる飛鳥川きのふの淵ぞけふは瀬となる」から》世の中は変わりやすく、明日はどうなるかわからないというたとえ。

**明日は我が身**(あすはわがみ)《戒めたり、嘆いたりして言う》災難がふりかかっているのは今は他人にであっても、つぎは自分にであるかもしれない。

**あ・す**【▼褪す】[古語](下二自)↓あせる(褪せる)

**アスエラ**【Mariano Azuela】(一八七三〜一九五二)メキシコの小説家。革命小説の傑作を多く残す。作品『虐げられし人々』『蠅』など。

**あすか**【▽飛▽鳥・明日香】奈良県奈良盆地南部、飛鳥川流域の地区。大和朝廷発祥の地。橘寺・石舞台古墳・高松塚古墳、甘樫丘など史跡が多い。

**あすか**【明日香】〈村〉奈良県中部、奈良盆地南端の村。高松塚・石舞台古墳など、飛鳥時代の遺跡が多い。万葉国営公園がある。人口七三五五(一九八八)。

**あすかい-まさあり**【▽飛▽鳥井▽雅有】(一二四一〜一三〇一)鎌倉中期の歌人。雅経の孫。『源氏物語』の研究でも知られる。家集『隣女和歌集』など。

**あすかい-まさちか**【▽飛▽鳥井▽雅▽親】(一四一六〜一四九〇)室町中期の歌人・書家。号は柏木。雅世の子。書道の飛鳥井流を開く。家集『亜槐集』など。

**あすかい-まさつね**【▽飛▽鳥井▽雅▽経】(一一七〇〜一二二一)鎌倉初期の歌人。歌を俊成・定家に学ぶ。もとの名は藤原雅経。『新古今和歌集』撰者の一人。家集『明日香井和歌集』。

**あすかい-まさよ**【▽飛▽鳥井▽雅世】(一三九〇〜一四五二)室町初期の公卿・歌人。足利将軍家の寵をうけ、中央歌壇の指導的地位にあった。『新続古今集』の撰者。

**あすか-がわ**【▽飛▽鳥川】奈良県にある川。急流のため、淵と瀬の変化がはなはだしいので、「世の中はなにか常なる飛鳥川きのふの淵ぞけふは瀬となる(古今・雑下)」と詠まれ、以来、人の心や世情の移りやすいたとえに用いられた。

**あすかきよみはら-りつりょう**【▽飛▽鳥▽浄▽御原律▽令】天武天皇が編集を命じ、持統三年(六八九)施行された法典。律は日本最初のものであるが、巻数は不明。令二二巻。のちの大宝律令の基本となった。

**あすか-じだい**【▽飛▽鳥時代】都が奈良盆地の飛鳥地方にあった時代。ふつう、推古天皇が即位した五九二年から大化の改新(六四五)までとするが、平城京遷都の和銅三年(七一〇)までとする説もある。狭義には推古朝(五九二〜六二八年)を中心とする時代のこと。推古時代。

**あすかじだい-びじゅつ**【▽飛▽鳥時代美術】前期は中国の南北朝時代の、とくに北朝の仏教美術の影響を受け、日本美術の質は飛躍的に高まった。建築では法隆寺の金堂などの一部が当代の遺構とされてきたが、天智九年(六七〇)火災後の白鳳時代再建説が有力。彫刻では前期の法隆寺金堂『釈迦三尊像』、後期の広隆寺『弥勒菩薩像』など、工芸では法隆寺『玉虫厨子』などが名高い。↓[写]

**あすか-だいぶつ**【▽飛▽鳥大仏】奈良県高市郡明日香村の飛鳥寺跡の安居院にある銅製の丈六釈迦如来坐像。止利仏師の作とされる。↓[写]

**あすか-でら**【▽飛▽鳥寺】現在の奈良県高市郡明日香村にあった法興寺の通称。六世紀末、蘇我馬子が建立した日本最古の本格的伽藍。現在は安居院として、止利仏師の作とされる飛鳥大仏で知られる。昭和三一〜三二年(一九五六〜五七)発掘調査が行われた。本元興寺。

●飛鳥大仏

**あすか-の-いたぶきのみや**【▽飛▽鳥板▼蓋宮】皇極・斉明天皇の皇居。皇極二年(六四三)遷都。斉明元年(六五五)重祚した斉明天皇によって再び使用された。伝承地は奈良県高市郡明日香村大字岡の飛鳥寺の北方。

**あすか-の-きよみはらのみや**【▽飛▽鳥▽浄▽御原宮】天武・持統天皇の皇居。天武元年(六七二)から持統八年(六九四)の藤原京遷都まで。奈良県高市郡明日香村にあったという。

**あすか-の-みやこ**【▽飛▽鳥▽京】奈良盆地飛鳥地方に営まれた都の総称。六世紀末から七世紀末までの約一〇〇年間、この地方に皇居が置かれた。

**あすか-ぶんか**【▽飛▽鳥文化】六世紀半ばから七世紀前半の推古朝を中心とする時期の文化。古墳文化と白鳳文化の間に位置し、六朝文化などの影響を受けて、法隆寺に代表される国際性の豊かな仏教文化を残している。

**あすか-やま**【▽飛▽鳥山】東京都北区にある丘陵。江戸時代からの桜の名所で、飛鳥山公園がある。

**あずかり**【預かり】【預(か)り】①預かること・人。keep ②《「預かり証文」の略》預かった証拠書きつけ。receipt ③留守番。④中古の職名。

●飛鳥時代美術

止利『釈迦三尊像』。推古三一年(六二三)、法隆寺金堂(奈良県)。

『救世観音像』。法隆寺夢殿。

『弥勒菩薩半跏思惟像』。広隆寺(京都府)。

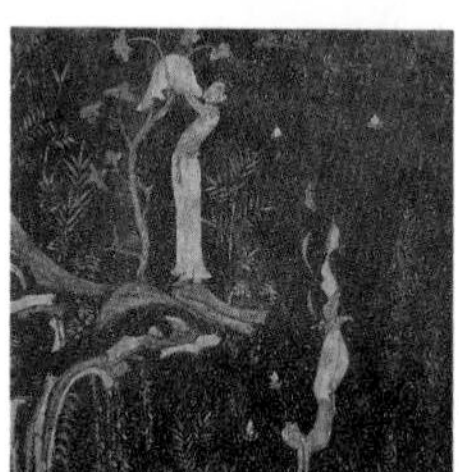

玉虫厨子須弥座絵『捨身飼虎図』。法隆寺。

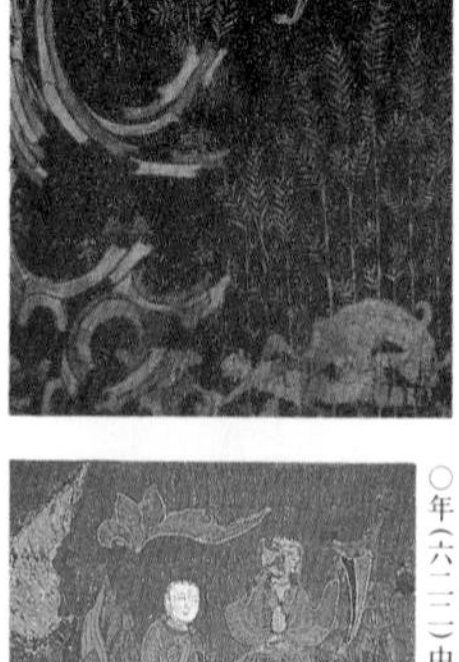

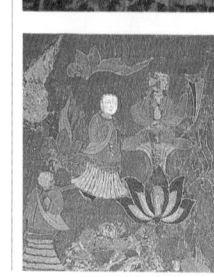

『天寿国繡帳』(部分)。推古三〇年(六二二)中宮寺(奈良県)。

ある役所を預かり、その事務をつかさどった。⑤相撲などで、引き分け。用例 この勝負、——。

**あずかり-きん**【預(か)り金】①預貯金・積立金など、業務上他人から受け入れた金銭。deposit received ②会計上、契約保証金・所得税・社会保険料など。deposit received

**あずかり-しょうけん**【預(か)り証券】倉庫業者が貨物を預かるとき、保管の証として預け主に渡す証券。warehouse receipt

**あずかり-し・る**【▽与り知る】(五自)《多く打ち消しをともなって》かかわりを持つ。関知する。concern 用例 ——ところではない。

**あずかり-どころ**【預(か)り所】①荘園支配のため、中央から現地に派遣された領家直属の荘官。初期荘園が確立する平安末から鎌倉初期に成立。②江戸時代、幕府が諸藩に管理を委託した直轄領または他の大名領。

**あずか・る**【▽与る】(五自)①かかわる。関係する。be concerned with 用例 わたしの——・り知らないこと。②《「…にあずかる」の形で》目上から受ける。receive 用例 おほめに——。

**与って力が有る**(あずかってちからがある) ある事柄に関係して、非常に大きな力・助けとなる。尽力する。また、深いかかわりを持つ。

**あずか・る**【預(か)る】(五他)①ひきうけて保管・管理する。keep 用例 荷物を——。会計を——。よその子どもを——。②保留して、決定しないでおく。suspend; leave undecided 用例 辞表を——。

**アスガルド**【Asgardr ノルウェー】北欧神話の神々の国。大地の中央に位置するとされるが、のち、天空にあるともいわれる。オーディンの居城ワルハル宮などの宮殿が建つ。巨人の国ウトガルド(外界)・人間の世界ミッドガルド(中界)に対応する。Asgard

**あずき**【小豆】マメ科の一年草。広く食用に栽培される。高さ三〇〜六〇㎝。葉は互生し、三小葉の複葉。種子は炭水化物・たんぱく質に富み、あん・赤飯などの材料になる。ショウズ。東アジア原産。↓図

**小豆は馬鹿に煮させよ**(あずきはばかににさせよ) 小豆を煮るには、とろ火で時間をかけるのがよいことのたとえ。

**アスキー-コード**【ASCII code】《ASCIIはAmerican Standard Code for Information Interchangeの略》アメリカ規格協会が定めたデータ通信用の標準コード。七ビットで一つの文字・数字・記号を表現する。

**あずき-いろ**【小豆色】黒みをおびた赤色。暗赤色。

**あずき-がゆ**【小豆▼粥】小豆がはいったかゆ。柔らかく煮た小豆を加え、塩で調味する。砂糖を加えることもある。陰暦の小正月に食べる。

●アズキ

**アスキス**【Herbert Henry Asquith】(一八五二〜一九二八) イギリスの政治家・自由党総裁。一九〇八〜一六年、首相として第一次大戦の難局を担当。

**あずき-ぞうむし**【小豆象虫】ゾウムシの一種。体長二〜三㎜。前頭部がゾウの鼻状で、体は赤褐色。幼虫はアズキの害虫。北半球に分布。

**あずき-な**【小豆菜】ナンテンハギの飛騨高山地方の呼び名。緑の若芽を摘んで食用にする。

**あずき-なし**【小豆▼梨】バラ科の落葉高木。葉はほぼ卵形。五〜六月ごろ白い花が咲き、秋、アズキに似た赤く小さな果実をつける。

**アスキボー**【usquebaugh アイルランド】《「ウイスキー」の原語。いのちの水、の意》蒸留酒。

**あず・く**【預く】古語 (下二他)↓あずける(預ける)

**アスクレピアス**【Asclepias】ガガイモ科トウワタ属の多年草の総称。トウワタ。

**アスクレピオス**【Asklēpios ギリシア】ギリシア神話の医神。アポロンとコロニスとの子。死者をよみがえらせたため、主神ゼウスの雷光に打たれて死ぬ。

**あすけ**【▽足助】〈町〉愛知県北部、西三河山間の町。農林業が主。紅葉の名所、香嵐渓がある。人口一万一〇〇九(一九八八)。

**あずけ**【預け】①預けること。委託。②↓おあずけ(御預け)③

**あずけ-い・れる**【預け入れる】(下一他)銀行や郵便局などの自分の口座にお金を預ける。make a deposit

**あずけ-ばち**【預け鉢】懐石料理の献立で強肴。正式な懐石料理以外の、ご飯のおかずや酒の肴にあたる料理をいう。

**あず・ける**【預ける】(下一他)①保管・管理してもらう。give a thing into custody 用例 フロントにコートを——。②人に処置を任せる。entrust 用例 けんかを——。③相手にからだをもたせかける。用例 体を——。

**あ-す-こ**【▽彼▽処】(代)あの所。あそこ。

**アスコット**【Ascot】ロンドンの西にある競馬場。ファッションを競いあう社交場として有名。一七一一年設立。

**アスコット-タイ**【Ascot tie】幅広のスカーフ状ネクタイ。本来は礼装用。イギリスのアスコット競馬場に集まる紳士の服装に由来。

**あずさ**【▼梓】①一つの植物に特定できず、アカメガシワ・キササゲ・ヨグソミネバリなど、諸説がある。弓にしたのはヨグソミネバリ。②「あずさゆみ」の略。③版木。

**梓に鏤める**(あずさにちりばめる) 版木に彫りつけて、書物を発行する。上梓する。

**梓に上す**(あずさにのぼす) 刊行する。上梓する。類似 板に上す。

**あずさ-がわ**【▼梓川】長野県西部、上高地を流れる川。長さ七七㎞。槍ケ岳に発し、松本盆地で奈良井川と合流、犀川となる。

**あずさがわ**【▼梓川】〈村〉長野県、松本市西隣の村。農業中心で主産物はリンゴ。人口九七〇八(一九八八)。

**あずさ-ゆみ**【▼梓弓】①アズサの木で作った弓。梓。②[枕ことば]弓の縁語の「い・いる・はる・ひく・もと・すゑ・つる・よる・かへる」などにかかる。用例 ——引かばまにまに依らめども後の心を知りかてぬかも(万葉・二・九八)。

**アスター**【aster】キク科の一年草。茎は直立し、矮性から一m余になるものまである。七〜八月に分かれた茎の頂に紅・紫・白などの花が咲く。品種が多い。切り花・花壇用に栽培。中国北部原産。エゾギク。↓写

●アスター

**アスタチン**【astatine】ハロゲン族の放射性元素。元素記号At 原子番号八五。質量数二一〇。性質は沃素に似る。同位体の半減期は、もっとも長いもので八・三時間。

**あずちももやま-じだい**【▽安土桃山時代】↓あづちももやまじだい(安土桃山時代)

**あずち-もん**【▼垜門・▽安土門】「ちもん(上げ土門)」↓あげつちもん(上げ土門)

**アスチルベ**【Astilbe】ユキノシタ科チダケサシ属の園芸品種。複総状花穂を出し、斜上する花穂に鮮紅色・桃色・白色などの小花を多数つける。野生種、アワモリショウマなどから改良。↓写

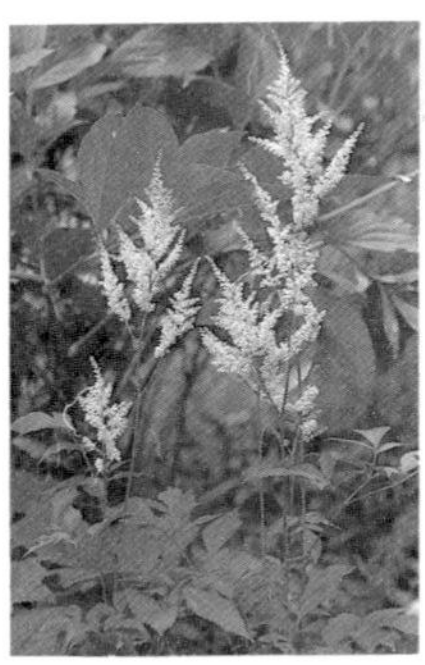

●アスチルベ

**アステア**【Fred Astaire】(一八九九〜一九八七) アメリカの映画俳優。踊り・歌にすぐれミュージカルで活躍。主演作『バンド-ワゴン』『足ながおじさん』など。

**アステカ-ぞく**【アステカ族】古代メキシコの民族。自ら北方の狩猟民チチメカ族の一派と称する。一三世紀末にメキシコ盆地に到達し、アステカ帝国を建設。Aztec

**アステカ-ていこく**【アステカ帝国】一四世紀中期メキシコ高原地帯にアステカ族により築かれ栄えた帝国。首都テノチティトラン。壮麗な文化を築きあげたが、一五二一年コルテスの率いるスペイン軍により征服され、滅亡。Aztec Empire

**アステカ-ぶんか**【アステカ文化】アステカ帝国の文化。巨大なピラミッド状の石造神殿・絵文字・暦法をもち、金属器・土器の製作および農耕技術にすぐれる。Aztec culture

**アステロイド**【asteroid】①定円にその円の半径の四分の一の小円が内接し、すべらないでころがるとき、その小円上の一点が描く曲線。星芒形。②小惑星。↓図

**アストゥリアス**【Asturias】スペイン北西部、ビスケー湾に臨む地方。中心都市オビエド。鉱産資源に富む。中世、キリスト教徒のアラブからの国土回復運動の拠点。

**アストゥリアス**【Miguel Angel Asturias】(一八九九〜一九七四) グアテマラの小説家。神話性と社会性の合一した世界を描く。一九六七年ノーベル文学賞受賞。作品『大統領閣下』『緑の法王』など。

**アストラカン**【astrakhan】ソ連のカスピ海の近くアストラハン地方に産する子羊の毛皮。また、ウールや合成繊維でそれに似せて作ったビロード状の織物。巻きぐせをつけた毛糸を織るもの、ヤギの毛を輪状にして織るものなどがある。

**アストラハン**【Astrakhan】ソ連南西部、ボルガ川河口付近の港湾都市。ボルガ川・カスピ海交通の要地。人口五〇・三万(一九八六)。

**アストラハン-ハンこく**【アストラハン-ハン国】一五世紀半ば、キプチャク-ハン国の一王侯カーシムがボルガ河畔のアストラハンを中心に建てた国。五代でロシアのイワン四世に滅ぼされた。Astrakhan

**アストリンゼン**【astringent】酸性化粧水の一種。皮脂や汗の分泌を調節し、皮膚を弱酸性の状態にして、肌をひきしめる。アストリンゼント。

**アストロドーム**【Astrodome】《もとは飛行機から天体を観測するための窓、の意》アメリカのヒューストンにある世界初の屋根付き野球場。一九六五年完成。

**アストロノート**【astronaut】宇宙飛行士。

**アストロラーブ**【astrolabe フランス】経度・緯度を測定するための小型天文器械。恒星が定まった高度に達する瞬間を観測する。

**アストロ-ラマ**【astro-rama】《astro(天体)とdrama(劇)からの合成語》全天周式のスクリーンに特殊カメラで映し出す立体大画像の映画。

**アストン**【Francis William Aston】(一八七七〜一九四五) イギリスの物理学者。質量分析器を考案。アイソトープの測定など。一九二二年ノーベル化学賞受賞。

**アストン**【William George Aston】(一八四一〜一九一一) イギリスの外交官・日本研究家。元治元年(一八六四)公使館付き通訳として来日。著書『日本文学史』。

**アズナブール**【Charles Aznavour】(一九二四〜) フランスのシャンソン歌手・作詞家・作曲家・俳優。シャンソンの現代化に貢献。作詞『メケ-メケ』、作曲『ラ-マンマ』。

**あす-なろ**【▽翌▼檜】《明日はヒノキになろう、の意》山地に多いヒノキ科の常緑針葉高木。日本特産。高さ一〇〜三〇m。葉はヒノキ

●アステロイド①

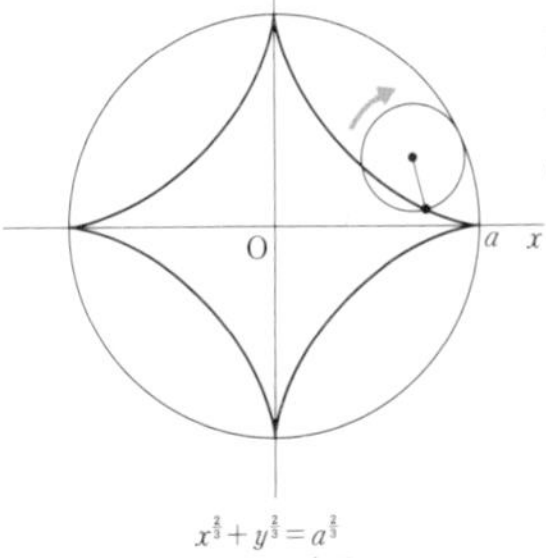


$x^{\frac{2}{3}}+y^{\frac{2}{3}}=a^{\frac{2}{3}}$
$a$は正の定数



▼常用漢字表外。 ▽常用漢字表の音訓外。

●アスナロ

に似るが大きく裏面は白色。建築材・庭木など。あすなろう。あすはひのき。アテ。ヒバ。↓写

**アスパック**【ＡＳＰＡＣ】《Asian and Pacific Council の略》アジア太平洋協議会。アジア・太平洋地域各国の連帯強化をめざし、一九六六年韓国の提唱で発足した機関。毎年会議を開いてきたが、七三年は開催できず自然消滅した。

**アスパラガス**【asparagus】ユリ科の多年草。雌雄異株。春に根株から出る太い若茎を食用にする。主産地は北海道・長野県。盛り土をして栽培・収穫するホワイト-アスパラガスと、そうしないグリーン-アスパラガスのほか、葉を観賞用とするものもある。南ヨーロッパ原産。西洋ウド。オランダキジカクシ。マツバウド。↓写

**アスパラガス-レタス**【asparagus lettuce】カキチシャの別名。

●アスパラガス　花(右)と芽(左)。

**アスパラギン**【asparagine】アミノ酸の一つで、アスパラギン酸の誘導体。アスパラガスから発見されたのでこの名がある。植物、とくにテンサイや発芽した豆類に多い。

**アスパラギン-さん**【アスパラギン酸】アミノ酸の一種。生体内代謝に重要な役割を果たす。aspartic acid

**アスパルターゼ**【aspartase】Lアスパラギンを加水分解してアスパラギン酸とアンモニアを生ずる反応を触媒する酵素。白血病治療に使用。アスパラギン酸脱アンモニア酵素。

**アズハル-だいがく**【アズハル大学】カイロにあるイスラム最古の総合大学。九七二年設立。イスラム神学・法学、アラビア語研究などの中心。Al-Azhar University

**アスパルテーム**【aspartame】人工甘味料の一つ。アスパラギン酸とフェニルアラニンから合成される。甘さは砂糖の二〇〇倍、カロリーは六〇分の一。加熱するとジケトピペラジンに変わる。

**アスピーテ**【Aspite ドイツ】↓たてじょうかざん(楯状火山)

**アスピック**【aspic】料理法の一種。ゼリー寄せのこと。魚貝や肉のだし汁にトマトジュースなどを加え、ゼラチンで固めたもの。果物のゼリー寄せのこともいう。

**アスビョルンセン**【Peter Christen Asbjørnsen】(一八一二―八五)ノルウェーの民俗研究家・小説家。民話を収集。著書『ノルウェー妖精話』など。

**アスピリン**【Aspirin ドイツ】《ドイツ、バイエル社の商標名》非ピリン系解熱鎮痛剤。白色で無臭の粉薬。アセチルサリチル酸。

**アスピレーター**【aspirator】気体を吸引・排気する装置。とくに化学実験で使うガラス製の水流ポンプ。水道水の噴流を利用して空気を吸引する。↓図

●アスピレーター

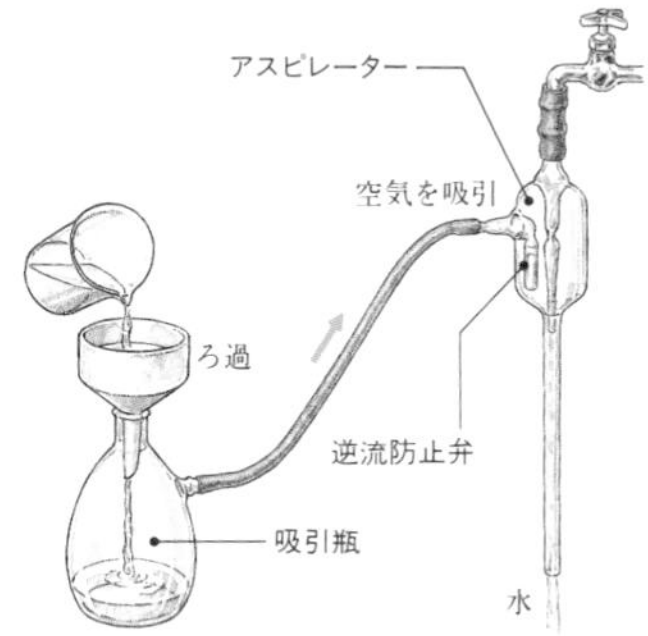


**アスファルト**【asphalt】石油精製の残油から得られる、黒色で固体または半固体の物質。炭化水素を主成分とする混合物で天然にも産出する。道路舗装・建材などに使用される。

**アスファルト-コンクリート**【asphalt concrete】道路舗装用のアスファルト材。アスファルトと小砕石を混合加熱する。

**アスファルト-フェルト**【asphalt felt】動植物性繊維を原料とした厚紙に、軟質のアスファルトをしみ込ませたもの。防水層や屋根下地などに用いる。

**アスペクト**【aspect】①《英文法で》動詞の意味形式の一つ。継続・完了など動作をどのようにとらえるかの違いにかかわる範疇分け。②《英文法の用語から》動詞の表す動作が、動き・作用などのどのような過程・状態にあるかを示すこと。その文法的な形式。たとえば、「書きはじめる」「書いている」「書きおえる」などで、動作の過程を示すことなど。日本語では「テンス」と「アスペクト」とが密接に結びついていて、区別しにくい場合がある。相。

**アスベスト**【asbestos オランダ】角閃石や蛇紋石から得られる鉱物性繊維。建築材料、耐火・断熱材・電気絶縁材料などに利用されてきたが、発癌性があるとして使用禁止となった。石綿。

**アスベスト-こうがい**【アスベスト公害】アスベストによる粉塵公害。アスベストは建材などに広く使われたが、その粉塵が癌や塵肺などの原因になるため、大気中への排出規制が強化された。

**アスペルギルス-しょう**【アスペルギルス症】アスペルギルス属のコウジカビなどの寄生による感染症。おもに呼吸器・外耳・爪・角膜が冒されるが、全身感染もみられる。aspergillosis

**あ-ずま**【▼吾妻】古語 わが妻。用例 ――、はや(古事記・中)。

**あずま**【▽東・▼吾妻・▼吾▼嬬】①古くは逢坂の関以東の諸国の総称。伊賀・美濃以東。のち遠江・信濃以東。②京都からみた鎌倉や江戸など。

**東男に京女** 男は、東国の男のたくましさ、女は、京の女のやさしさがよい。

**あずま**【▼吾妻】〈町〉↓あづま(吾妻)〈町〉

**あずま**【▽東】〈町〉鹿児島県北西部、長島の東半分と隣接する島々からなる町。漁業中心。ハマチ・タイ・真珠養殖がさかん。人口八四六四(一九八八)。

**あずま**【▽東】〈村〉茨城県南部、利根川と霞ケ浦に臨む村。穀倉地帯で早場米の産地。人口一万三三九四(一九八八)。

**あずま**【▽東】〈村〉群馬県東部、渡良瀬川の谷に沿う村。農林業中心。草木ダムがある。人口四一三八(一九八八)。

**あずま**【▽東】〈村〉群馬県中部、榛名山北東麓の村。稲作やコンニャク栽培が中心。人口二七三二(一九八八)。

**あずま**【▽東】〈村〉群馬県南東部、伊勢崎市東隣の村。野菜栽培・畜産が中心。国定忠治の生地。人口一万五三四八(一九八八)。

**あずま-あそび**【▽東遊】神事用の歌舞。東国の民間舞踊が、平安時代から宮中や神社で行われるようになったもの。東舞。

**あずま-うた**【▽東歌】古代東国地方の歌。短歌形式で作者名不詳。民謡や民謡風の歌が多い。『万葉集』巻一四、『古今集』巻二〇に収められている。

**あずま-えびす**【▽東▼夷】京都の人が東国の武士をさげすんで言った語。

**あずま-おどり**【▽東踊(り)・▽東をどり】東京新橋花街の舞踊会。京都「都をどり」にならい大正一四年(一九二五)初演。現在は春一回。

**あずまかがみ**【▼吾妻鏡・▽東▽鑑】鎌倉幕府が編纂した編年体の歴史書。五二巻(巻四五欠)。治承四年(一一八〇)源頼政の挙兵に始まり、文永三年(一二六六)までの八七年間の出来事を日記体で記述。

**あずま-ぎく**【▽東菊】キク科の多年草。高原にはえる。葉はさじ状。初夏に径約三cmの淡紫色の花が咲く。中部以北に分布。園芸では、ミヤコワスレをさすこともある。ノシュンギク ↓写

●アズマギク

**あずま-くだり**【▽東下り】京都から東国へ行くこと。

**あずま-げた**【▽東下▽駄】畳表をはった、うす歯の婦人用の下駄。

**あずま-コート**【▽東コート・▼吾妻コート】明治中期に流行した婦人の和装用コート。被布仕立てが特徴。昭和に入り、繻子や玉虫織りの雨ゴートに移行した。

**あずま-ざさ**【▽東▼笹】小形で常緑のタケ。イネ科。山野にはえる。高さ約二m。葉は披針形で薄い革質。下面に細毛がはえ、冬に縁が白っぽくなる。

**あずま-じ**【▽東路】①京都から東国へ行く道。東海道と東山道。②東国。

**あずまにしき-がい**【▼吾妻▼錦貝】イタヤガイ科の海産二枚貝。殻長約一〇cm、殻高約一一cmの扇形。殻頂の前後に三角形の耳状突起。殻表は褐色・紅色・黄色などさまざま。食用。北海道以南に分布。

**あずま-ねざさ**【▽東根▼笹】常緑の野生のタケ。高さ約二m。上部が密に分枝し、小枝の先に披針形の葉を数片つける。関東以北に分布。

**あずまはっけい**【▼吾妻八景】長唄の一つ。歌舞伎から離れて作られた純演奏曲用長唄の先駆的代表作。文政一二年(一八二九)四世杵屋六三郎作曲。江戸の名所や風物をうたう。

**あずま-や**【▽四▼阿・▽東屋】《「東屋」は東国の田舎屋、の意》①四方へ軒をふきおろした家屋。あずまや造り。寄せ棟造り。hip roof ②方形の屋根を壁のない四本柱で支えた建物。庭園などに休息所として造る。亭。pavillion

**あずまや-さん**【▽四▼阿山】群馬・長野県境にある火山。標高二三四〇m。南西麓はゆるやかな斜面が広がり、菅平へとつづく。

**あずま-やま**【▼吾妻山】福島市の西、福島・山形県境の火山群。最高峰は西吾妻山二〇三五m。磐梯朝日国立公園の一角で、有料道路磐梯吾妻スカイライン・西吾妻スカイバレーが通る。

**アスマラ**【Asmera】エチオピア北部、エリトリア地方の中心都市。紅海海岸と内陸を結ぶ鉄道がある。人口二七・五万(一九八四)。

**あずみ-あつし**【▽安住▼敦】(一九〇七―八八)俳人。東京生まれ。俳誌『春燈』編集、のち主宰。句集『古暦』『午前午後』、随筆集『春夏秋冬帖』など。

**あずみ-の-ひらぶ**【▼阿▽曇比羅夫】(生没年不詳)古代の武将。天智元年(六六二)、百済救援のため水軍を率いて出兵。翌年、白村江で唐軍に敗れ撤退。百済は滅んでしまった。

**アスリート**【athlete】運動・スポーツ競技を行う人。とくに、陸上競技選手。競技者。

**アスリート-ファンド**【athlete fund】競技者基金。国際陸上競技連盟公認の競技会へ出場する選手の出場料や賞金はこの基金に信託され、選手の練習費や引退する時の慰労金などに使われる。一九八二年、国際陸連が決めた制度。

**アスレチック**【athletic】体育。

**アスレチック-クラブ**【athletics club】各種の運動を行うためのプール・体育館などの設備をもつクラブで、会員制の場合が多い。本来は競技能力向上をめざす団体。

**アスロック**【ＡＳＲＯＣ】《anti-submarine

rocketの略》対潜ホーミング魚雷とロケットが一体化したもの。水上艦からロケットで空中に発射し、パラシュートで着水させて水中の目標を攻撃する。

**アスワン**[Aswān] エジプト南東部、ナイル川東岸の商工業都市。製鉄・肥料工業が発達。人口六二万(七九)。

**アスワン-ダム**[Aswān Dam] エジプト南部、アスワン市南五㎞のナイル川にあるダム。発電と灌漑のため、一九〇二年建設。堤高五二・五m。堤長二一五〇m。

**アスワン-ハイ-ダム**[Aswān High Dam] アスワンダム上流七㎞にあるダム。一九七一年にソ連の援助で完成した。貯水量一六四〇億$m^3$、出力二一〇万㌔ワット。同国の全発電量の半分を供給し、灌漑にも使用される。

**アスンシオン**[Asunción] 南アメリカ、パラグアイの首都。パラグアイ川東岸の同国最大の河港都市で経済・文化・交通の中心地。一五三七年スペイン人が建設、一七世紀まで植民地拡大の拠点となった。人口四五・六万(一九八二)。

**あせ【汗】** ①哺乳類の汗腺からの分泌物。九九%以上が水分で、塩化ナトリウム・尿素・尿酸・アンモニアなどが含まれ、尿とほぼ同じ成分。体温調節と精神的緊張による発汗がある。perspiration ②物の表面に生ずる水滴。exudate ③ほねおり。労苦。sweat

**汗を入れる**(あせをいれる) ひと休みして汗をふき取る。

用例 血と―の結晶。

**汗を揉む**(あせをもむ) 馬が汗をかく。また、汗をかくほどによく働く。

**手に汗握る**(てにあせにぎる) ↓て(手)

**あ-せ【▼吾▽兄】** 古語 (代) 古代、男子を親しんで呼んだ語。用例 一つ松、―を(古事記・中)。

**あぜ【▽畔・▼畦】** ①水田の境界。土盛りをして細かい泥を塗り灌漑水のもれるのを防ぐ。②敷居や鴨居のみぞの間にある仕切り。↓写

●畔①

**アセアン**[ASEAN]《Association of Southeast Asian Nationsの略》東南アジア諸国連合。一九六七年に結成された経済・行政・文化などの地域協力機構。タイ・フィリピン・マレーシア・シンガポール・インドネシア・ブルネイの六か国で構成され、域内の経済安定と安全保障機構化をめざす。

**あ-せい【亜聖】** ①聖人に次ぐ賢人。②《聖人とされる孔子に対して言う》孟子や顔回のこと。

**あ-せい【▼阿世】** 世人にこびへつらうこと。用例 曲学―。

**あ-せいそうけん【亜成層圏】** 成層圏の下。地表から八〇〇〇～一万二〇〇〇mの大気圏。substratosphere

**アセーエフ**[Nikolay Nikolayevich Aseyev](一八八九～一九六三) ソ連の詩人。作品『マヤコフスキーは始める』など。

**あぜ-おり【▽畔織(り)】** ↓うねおり(畝織り)

**あぜ-がやつり【▽畔蚊帳▼吊】** カヤツリグサ科の一年草。湿地や田の畔にはえる。高さ一〇～四〇㎝。直立した茎の先端に、夏から秋にかけて多数の小穂の集合した花序をつける。葉は細い線形。

**あぜ-くら【▽校倉】** 三角材・丸材・角材を水平に井桁に積み重ねた倉。奈良時代に盛んで、正倉院の宝庫、唐招提寺の宝蔵などが現存。あぜりくら。log house 用例 ―造り。↓写

●校倉 正倉院(奈良県)。

**あせ-じ・みる【汗染みる】**(上一自) 衣服などに汗が染みる。汗にぬれる。be stained with sweat

**アセスメント**[assessment] 評価。査定。判断。一般には環境アセスメントをさし、環境の影響評価を意味する。

**あせ・する【汗する】**(サ変自) 汗をかく。sweat

**額に汗する**(ひたいにあせする) ↓ひたい(額)

**あせ-だく【汗だく】**(名・形動) ひどく汗をかくこと・さま。all of a sweat 用例 弁解に―。

**あせ-たけ【汗▼茸】** 林地や庭園などに発生するフウセンタケ科の毒キノコ。かさは円錐形、表皮は褐色で放射状に裂ける。ひだはくすんだ茶色、茎は円柱状。中毒症状は多量の発汗。

**あぜ-ち【▼按▽察▽使】** 奈良時代の地方行政監督官。養老三年(七一九)諸国に設置。管轄下の国司の監督や民情の把握を管掌。

**アセチル-か【アセチル化】** 有機化合物中のアミノ基や水酸基などに結合している水素原子をアセチル基で置換する反応。アセチル置換。酢酸化。acetylation

**アセチル-き【アセチル基】** 化学式$CH_3CO$―メチル基とカルボニル基からなる一価の原子団。酢酸や塩化アセチルなどに含まれる。acetyl group

**アセチルコリン**[acetylcholine] 主として神経組織に含まれる塩基性物質。刺激により、副交感神経や運動神経の末端部のつぎ目(=シナプス)から分泌され興奮を伝える。血管拡張・筋収縮などの作用もある。

**アセチルコリン-エステラーゼ**[acetylcholine esterase] アセチルコリンを酢酸とコリンに分解する酵素。副交感神経支配の器官、自律神経節などに存在。

**アセチルサリチル-さん【アセチルサリチル酸】** 白色結晶。解熱鎮痛剤。アスピリン。acetylsalicylic acid

**アセチルセルロース**[acetylcellulose] セルロースの酢酸エステル。セルロースを無水酢酸と加熱して得られる。アセテート繊維・タバコのフィルター・写真用フィルムなどの原料。酢酸セルロース。酢酸繊維素。

**アセチレン**[acetylene] 化学式HC≡CH もっとも簡単なアルキン。無色で可燃性の気体。三重結合をもつので、反応性が高く、誘導体は合成樹脂や合成繊維の重要な原料。酸素アセチレン炎は金属の溶接に利用。

**アセチレンけい-たんかすいそ【アセチレン系炭化水素】** ↓アルキン

**アセテート**[acetate]「アセテート繊維」の略。用例 ―の裏地。

**アセテート-せんい【アセテート繊維】** 酢酸セルロースを紡糸した半合成繊維。手ざわりがよく丈夫。耐水性・保温性がよい。衣類・毛布など。アセテートレーヨン。アセテート人絹。アセテート。acetate fiber

**アセト-アニリド**[acetanilide] 化学式$C_6H_5NHCOCH_3$ アニリンと氷酢酸から合成する無色の板状結晶。顔料・染料の原料、解熱剤。アンチフェブリン。

**アセトアミド**[acetamide] 化学式$CH_3CONH_2$ 酢酸のアミド。六角形の結晶で水に溶けやすい。溶剤・可塑剤に利用。

**アセトアミノフェン**[acetaminophen] アニリン系の解熱鎮痛剤。

**アセトアルデヒド**[acetaldehyde] 化学式$CH_3CHO$ 刺激臭をもつ無色の液体。有機合成の中間体。酢酸などの原料、溶剤に利用。単にアルデヒドともいう。

**あせ-どめ【汗止め】** 流れる汗を止めること。antisudorific 用例 ―のバンド。

**あせ-とり【汗取り】** ①和装下着の一種。汗を吸い取るために素肌に着る。汗よけ。shield ②洋裁では、わきの下につける半月形のわき当て。dress shield

**アセトン**[acetone] 化学式$CH_3COCH_3$ もっとも簡単な鎖式の飽和ケトン。沸点五六℃で引火・爆発性の高い無色の液体。油脂・樹脂などの溶剤、ビタミンCの化学工業原料に利用。

**アセトンブタノール-はっこう【アセトンブタノール発酵】** クロストリジウム属の細菌により糖を発酵させ、アセトン・ブタノールを生産すること。acetone-butanol fermentation

**あぜ-な【▽畔菜】** ゴマノハグサ科の一年草。田の畔や道ばたに自生する。高さ一〇～一五m。葉は対生で卵円形。夏から秋に淡紅色の小花。

**アセノスフェア**[asthenosphere] 地球表面の硬い板状の部分の下にある、より高温で柔らかい層。地震波の低速度層と一致する。岩流圏。対義 リソスフェア。

**あせ-ば・む【汗ばむ】**(五自) 汗がにじみ出る。be slightly sweaty 用例 ―陽気。

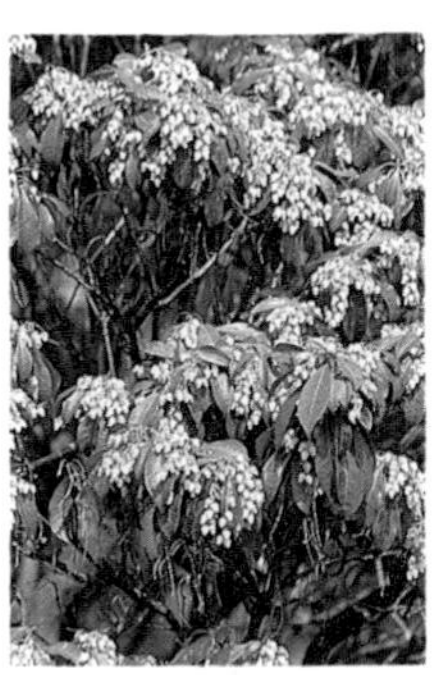
●アセビ

**あせび【▽馬▽酔▽木】** ツツジ科の常緑低木。山地にはえる。葉は小形で密に互生し、革質。早春、白いつぼ状の小花が咲く。葉に毒素(=アセボトキシン)がある。牛馬が食べると、しびれを起こすという。葉を煎じて殺虫剤とする。中部東北地方南部以南に分布。アシビ。アセミ。アセボ。バスイボク。↓写

**あぜびき-のこぎり【▽畔▼挽(き)▼鋸】** 鋸の一種。敷居や鴨居などの溝を作るときに用いる、小形の縦びき専用の鋸。鴨居挽き鋸。

**あせぼ【▽馬▽酔▽木】** アセビの別名。

**あせ-まみれ【汗▽塗れ】**(名・形動) 汗でびっしょりぬれるさま。汗みずく。汗みどろ。dripping with sweat

**あせみ【▽馬▽酔▽木】** アセビの別名。

**あせ-みず【汗水】** 水のように流れる汗。sweat

**汗水流す**(あせみずながす) 労苦をいとわず働く。汗水を流す。汗水たらす。toil and moil

**あせ-みずく【汗みずく】**(名・形動) 汗びっしょりなこと・さま。汗みどろ。covered with sweat

**あぜ-みち【▽畔道】** 田と田の間の道。たんぼ「道。なわて。↓畔写

**あせ-みどろ【汗みどろ】**(名・形動) ↓あせみずく(汗みずく)

**あぜ-むしろ【▽畔▼筵】** キキョウ科の多年草。畔道や湿地に多い。高さ約一〇㎝。茎は細くて地表をはう。夏に淡紫色の小花が咲く。ミゾカクシ。

**あせ-も【汗▼疹・汗▼疣】** 汗の刺激で皮膚にできる紅色の小発疹。かゆみがあり、湿疹状になる。亜鉛華でんぷんなどで治療する。miliaria

**あせり【焦り】** 焦ること。impatience 用例 ―「気味。

**あせ・る【焦る】**(五自他) せいて気をもむ。いらだつ。become impatient 用例 結論を―。

**あ・せる【▼褪せる】**(下一自) ①色がうすくなる。色がさめる。fade ②うすれる。衰退する。fade

**アゼルバイジャン-きょうわこく【アゼルバイジャン共和国】**(Azerbaydzhanskaya SSR) ソビエト連邦を構成する共和国の一つ。首都バクー。カフカス山脈の南にあり、化学・機械工業、農業などがさかん。面積八・七万$km^2$。人口六七〇・八万(一九八八)。正称アゼルバイジャン-ソビエト社会主義共和国。

**あ-ぜん【▼啞然】**(形動トタル) あきれて、ものも言えないさま。用例 ―とする。

**アセンション-とう【アセンション島】**(Ascension Island) 南大西洋中部にあるイギリス領の火山島。軍事基地がある。

**アセンブラー**[assembler] コンピューターで、人間にわかりやすい記号言語で書かれたプログラムを、一対一に対応する機械語プログラムに翻訳するプログラム。アセンブリープログラム。翻訳ルーチン。

**アセンブリー-げんご【アセンブリー言語】** プログラム作成に用いられる記号言語。機械語の命令をわかりやすい形に記号化したもの。高速処理が可能。assembly language

**アセンブリー-こうぎょう【アセンブリー工業】** 組み立て工業。自動車・機械工業など、下請けの中小企業などに製造させた部品を組



▼常用漢字表外。 ▽常用漢字表の音訓外。

み立てて製品を完成させる工業。assembly industry
**アセンブリー-ライン**【assembly line】組み立てライン。多くの部品を集めてコンベヤシステムの中で製品に組み立てていく工程。流れ作業配置。
**あせん-やく**【▼阿仙薬】生薬の一つ。マメ科の常緑高木の葉および若枝の乾燥水製エキス。主成分はカテキンでタンニンの原料。口中清涼剤・健胃剤・止血剤・染料などに用いる。gambir
**あそ**【▼阿▼蘇】〈町〉熊本県東部、阿蘇谷の町。旧宿場町。中心の内牧は温泉保養地で、阿蘇観光の基地。人口二万五五三(一九八八)。
**あそう**【▽麻▽生】〈町〉茨城県南東部、霞ケ浦・北浦に臨む町。稲作などの農業のほか工業も発達。人口一万八五一九(一九八八)。
**あそう-いそじ**【▽麻▽生▼磯次】(一八九六〜一九七九) 国文学者。千葉県生まれ。東大卒。東大教授。近世文学の専門で、比較文学的研究の先駆者。著書『江戸文学と中国文学』など。
**あそうぎ**【▼阿僧▼祇】《asaṃkhya 梵 の音写。数えきれない、の意》仏教で、無量の巨大な数を表す。無数。
**あそう-さぶろう**【▽麻▽生▽三郎】(一九一三〜) 洋画家。東京生まれ。作品『家族』『人と雲』など。
**あそう-ゆたか**【▽麻▽生豊】(一八九八〜一九六一) 漫画家。大分県生まれ。『ノンキナトウサン』『只野凡児』で有名。
**あそう-わん**【▽浅▼茅湾】長崎県対馬の中央部の湾。かつては海軍の要港。景勝のリアス式湾入で、湾内では真珠養殖がさかん。
**アゾ-かごうぶつ**【アゾ化合物】アゾ基に芳香族の原子団やアルキル基が結合した化合物。アミノ基や水酸基をもつものは、絹や羊毛の染料に利用。azo compound
**アゾ-き**【アゾ基】化学式 −N=N− 窒素原子二個からなる二価の原子団。アゾ基をもつ芳香族化合物は、有色で染料となるものが多い。azo group
**あそ-くじゅう-こくりつこうえん**【▼阿▼蘇くじゅう国立公園】九州中央部、熊本県の阿蘇山と、大分県のくじゅう地区を中心とする山岳国立公園。昭和九年(一九三四)指定。のち一部が追加指定や区域変更。
**あ-そ-こ**【▽彼▽処】(代)《話し手からも聞き手からもはなれている》①あの所。あすこ。there 対義 ここ・そこ・かしこ。②物事の局面や段階を遠まわしにさす語。あの場面・局面。用例 ―までいわなくてもいい。
**あそ-さん**【▼阿▼蘇山】九州の中央にある活火山。標高一五九二m。世界一のカルデラがある複式火山で、カルデラ内に高岳・中岳・根子岳・烏帽子岳・杵島岳の阿蘇五岳がある。阿蘇くじゅう国立公園の中心。↓写
**アソシエーション**【association】①特定の目的を達成するために意識的につくられる集団。学校・会社・組合など。機能集団。比較 コミュニティ。②心理学で、連想。③特定のスペクトル型を示す恒星の集まり。多くは散光星雲や暗黒星雲を伴う。④植物群落の単位。群叢。
**アソシエーション-フットボール**【association football】サッカーの正式な呼び方。一八六三年にイギリスで統一ルールが定められ、世界へ広まった。協会式フットボール。ア式蹴球。参照 サッカー。
**あそ-じんじゃ**【▼阿▼蘇神社】熊本県阿蘇郡一の宮町にある旧官幣大社。祭神は健磐竜命を一宮とし、十二宮まで一二柱をまつる。肥後国の一の宮。例祭七月二八日。
**アゾ-せんりょう**【アゾ染料】構造中にアゾ基をもつ染料の総称。還元により抜染・脱色が容易。合成染料中もっとも多い。azo dye
**アゾトバクター**【azotobacter】土壌中・水中に分布する好気性の細菌。空中窒素を固定する働きをする。
**あそば・す**【遊ばす】㊀(五自他)①(他)=遊ばせる。㋐遊ぶことをさせる。let one play 用例 子どもを砂場で―。㋑仕事をさせないでおく。leave idle 用例 機械を―・しておく。②(自他)「する」の尊敬語。用例 これから何を―・しますか。㊁(補動)《「お」「ご」に動詞の連用形または名詞のついた形を受けて》「する」の尊敬語。なさる。
**あそばせ-ことば**【遊ばせ言葉】「あそばせ」の語を多く使う、女性のていねい過ぎることばづかい。
**あそば・せる**【遊ばせる】(下一他)↓あそばす(遊ばす)
**あそび**【遊び】①遊ぶこと。play ②ゆとり。むだ。room ③しまりのないこと。loose ④機械の部分と部分が密着しないで、ある程度動きうる余裕のあること。play; allowance ⑤古語

●阿蘇山　草千里と烏帽子岳。

㋐管弦や狩りの楽しみ。用例 夜ふくるまで―をぞしたまふ(源氏・桐壺)。㋑あそびめ。遊女。用例 そこに―ども出で来て(更級)。
**遊びに師無し**(あそびにしなし) 遊興は、人から教えられなくても、いつの間にか覚えてしまうものである。悪いことには染まりやすいたとえ。
**あそび-ぐるま**【遊び車】①コンベヤで、ベルトやチェーンのゆるみをなくすためにあいだに入れる、から回り車。idle pulley ②摩擦回転伝動装置で、原動車と従動車のあいだに入れる車。軸がはなれていて車が大きくなりすぎるとき、また回転方向を逆にするときに使用。idle pulley
**あそび-ごころ**【遊び心】①遊びたいと思う気分。用例 ―にさそわれる。②ゆとり・しゃれっ気のある気持ち。用例 ―のある商品。
**あそび-にん**【遊び人】①定職がなく、ぶらぶらしている人。jobless person ②遊ぶことが好きな人。playboy ③ばくち打ち。gambler
**あそび-ほう・ける**【遊び▼惚ける・遊び▼呆ける】(下一自) ほかのことを忘れて遊びに夢中になる。spend one's time in pleasure
**あそび-め**【遊び女】歌や踊りで、客の相手をする女。遊女。うかれめ。
**あそ・ぶ**【遊ぶ】㊀(五自)①好きなことをして楽しむ。play 用例 公園で―。②仕事や勉強をしない。be idle 用例 会社をやめて―・んでいる。③酒色にふける。用例 巷に―。④ばくちを打つ。gamble ⑤ぶらつく。散歩する。ramble ⑥旅行する。travel ⑦国をはなれて学ぶ。遊学する。study abroad 用例 オハイオ大学に―。⑧役に立っていない。利用されていない。unused 用例 土地が―・んでいる。⑨野球で、打者の打ち気をそらすため、ボールになる球を投げる。用例 一球―。㊁古語(四自)音楽を奏する。歌謡をうたう。用例 呼びつどへて、いとかしこく―(竹取)。
**アゾフ-かい**【アゾフ海】(Azovskoye More) 黒海北東部の内湾。ケルチ海峡で黒海と結ばれるソ連の領海。面積三・八万km²。水深一五m。
**アソリン**【Azorín】(一八七三〜一九六七) スペインの小説家。鋭い批判精神と簡潔な文体が特色。評論『カスティリャ精神』、小説『意志』など。
**アゾレス-しょとう**【アゾレス諸島】(Azores Islands) 大西洋北部、リスボン西方一四〇〇〜一九〇〇kmにある火山群島。ポルトガル領。欧米を結ぶ空路・航路の中継地。
**あ-そん**【▽朝▽臣】《「あそみ」の転》①天武朝に制定された八色の姓の第二。あっそん。②三位以上の人の姓の下、四位・五位の人の名の下につけた敬称。
**あだ**【▼仇・▼寇】《古くは「あた」》①こちらに害をするもの。敵。enemy ②害。わるさ。harm ③かたき。avenge 用例 父の―を討つ。④うらみ。遺恨。ill will 対義 恩。⑤しかえし。revenge
**仇は情け**(あだはなさけ) あだと思ったことが、かえって情けとなること。
**仇を恩で報いる**(あだをおんでむくいる) うらむべき人に、かえって情けをかける。return good for evil
**仇を為す**(あだをなす) =仇を結ぶ。①うらみに思う。have a grudge ②危害を加える。harm ③仕返しする。revenge
**あだ**【▽徒・▽空】(名・形動)①はかないこと・さま。かりそめ。transient 用例 ―なちぎり。②まごころがないこと・さま。うわついているさま。frivolous 用例 ―やおろそか。③かいがないこと・さま。むだ。vain 用例 好意を―にする。④《接頭的》むだ。用例 ―花。
**徒となる**(あだとなる) 好意でしたことが、相手にとって害となる。Good intentions can backfire. 用例 親切が―。
**あだ**【▼婀▼娜】(形動) 女性がなまめかしく美しいさま。いろっぽいさま。あだっぽい。
**アダージョ**【adagio イタリア】《ゆるやかに、の意》=アダジオ。①音楽で、速さを示す語。アンダンテとラルゴの間の速さ「静かにゆっくりと」。また、交響曲などの緩徐楽章をさす。②バレエで、パ・ド・ドゥの最初の、女性舞踊手によるゆっくりした踊り。
**あたい**【価】①ねだん。price ②代金。cost; charge
**価千金**(あたいせんきん)《蘇軾の『春夜』から。「春宵一刻値千金」に続く》千金にも価すること。物事に対する評価の、きわめて高いこと。priceless 用例 ―のホームラン。
**あたい**【値】①そのものの持つ値打ち。value 用例 ―千金。②数学で、計算して得た数。量を測ったときに得る数。数記号が代表する数。数値。value
**値無き宝**(あたいなきたから) 評価できないほど値打ちのある、尊い宝。用例 子は―。
**あたい**【▽直・▽費・▽費▽直】古代の姓の一つ。あたえ。
**あたい**【▽私】(代)《「あたし」の転》わたし。
**あたい・する**【値する】(サ変自) 値打ちがある。ふさわしい。be worth 用例 一見に―。
**あた・う**【▽能う】文語的(五自)《「読むあたわず」のように打ち消しに用いられることが多い》できる。
**あた・う**【与う】古語(下二他)↓あたえる(与える)
**あたう-かぎり**【▽能う限り】(連語) できるだけ。as much as possible
**あだ-うち**【▼仇討(ち)】(名・サ変自) かたきを討つこと。かたき討ち。復讐。avenge; revenge
**あたえ**【与え】たまもの。用例 天の―。
**あた・える**【与える】(下一他)①くれる。やる。give 用例 欲しいものを―。自由を―。②こうむらせる。くわせる。inflict 用例 打撃を―。③あてがう。課す。assign 用例 仕事を―。
**あだ-おろそか**【▽徒▽疎か】(形動)↓あだやおろそか(徒や疎か)
**あたか**【▽安▽宅】能の曲名。観世信光作。四番目物。奥州へ逃れる途中、安宅の関で義経が見とがめられるが、弁慶の働きで関を通る。
**あだ-かたき**【▼仇敵】敵。enemy
**あたか-の-せき**【▽安▽宅の関】石川県小松市にあった古代の関所。平安中期ごろまで存在。能の「安宅」、歌舞伎の「勧進帳」の舞台として有名。
**アタカマ-さばく**【アタカマ砂漠】(Desierto do Atacama) チリ北部、ペルーとの国境から南へ一〇〇〇kmにわたって続く細長い砂漠。地下にチリ硝石を埋蔵。
**あたか-も**【▼恰も・▼宛も】(副) ちょうど。まるで。さながら。as if 用例 ―雪のように花びらが散る。
**恰も好し**(あたかもよし) そのときちょうど。具合のよいことに。
**あたがわ-おんせん**【▽熱川温泉】静岡県、伊豆半島東岸にある温泉。バナナ・ワニ園などの観光施設がある。
**あたくし**【▽私】(代)「わたくし」の転。
**あたけ-まる**【▽安▽宅丸】江戸幕府が所有した和洋折衷の構造の大型軍船。徳川家光の命により寛永一二年(一六三五)建造。
**あたご-じんじゃ**【▽愛▼宕神社】京都市右京区嵯峨愛宕町の愛宕山頂にある旧府社。祭神は伊奘冉尊のほか四柱。王城鎮護・防火の神とされた。全国の愛宕神社の本社。愛宕権現。
**あだ-ごと**【▽徒事】むだなこと。意味のないこと。
**あたご-やま**【▽愛▼宕山】東京都港区愛宕にある丘。愛宕神社がまつられる山上への男坂は、曲垣平九郎の馬術の故事で有名。大正一四年(一九二五)日本最初のラジオ放送がここから行われ、今はNHK放送博物館がある。
**あたご-やま**【▽愛▼宕山】京都市右京区にある、丹波高地の残丘。標高九二四m。鎮火の神をまつる愛宕神社がある。
**あだ-ざくら**【▽徒桜】①散りやすい桜。②移り気な女。
**あたし**【▽私】(代)「わたし」の転。
**アダジオ**【adagio イタリア】↓アダージョ
**あたじけ-な・い**(形)①けちである。②とるにたりない。貧弱だ。用例 ―野郎だ。
**あだし-ごころ**【▽徒し心】古語 他へ移る心。浮気心。あだごころ。用例 君をおきて―をわがもたば(古今・東歌)。
**あだし-の**【▽化野・▼仇野・▽徒野】①京都、

嵯峨の北部にあった火葬場。現在では、無縁の石仏が約八〇〇〇体ある念仏寺の所在地として知られる。②《転じて》火葬場。墓地。

**あだ・する【▼仇する・▼寇する】**（サ変自）①害をする。do harm ②攻め入る。invade

**あたたか【暖か・温か】**（形動）あたたかいさま。用例―なスープ。

**あたたか・い【暖かい・温かい】**（形）①気候や温度が寒くも暑くもなく、ほどよい。warm 対義涼しい・寒い。用例部屋が―。②思いやりが深い。冷淡でない。warm-hearted 対義冷たい。用例―心。③色が冷たく感じられない。warm 用例―色。④お金がある。rich 用例ふところが―。派生あたたかげ（形動）あたたかさ（名）あたたかみ（名）

**あたたかさ-の-しすう【暖かさの指数】**植物の分布帯と気温の分布との関係を示すための指数の一つ。各月の平均気温から五℃を引いた値を年間合計したもの。温量指数。warmth index 対義寒さの指数。

**あたたまり【暖まり・温まり】**あたたまること。ぬくもり。

**あたたま・る【暖まる・温まる】**（五自）①冷えていたものに、適度な熱が加わりあたたかくなる。ぬくもる。get warm 用例ふろで―。②お金が入ってくる。物が豊かになる。become rich 用例ふところが―。③豊かな気持ちになる。用例心―話。

**あたた・める【暖める・温める】**（下一他）①あたたかにする。warm 用例室内を―。スープを―。②自分の手もとに長くおく。用例計画を―。③ひとの物をこっそりとる。

**旧交を温める**（きゅうこうをあたためる）→きゅうこう（旧交）

**あだたら-やま【▽安▽達太▽良山】**福島県北部にある火山群。最高峰は箕輪山一七一八m。西斜面は爆裂火口壁の急崖。

**あだち【▽安▽達】**〈町〉福島県北東部、福島市と二本松市の間にある町。稲作中心。養蚕も行われる。人口一万二三五七（一九八八）。

**あだち-が-はら【▽安▽達ケ原】**福島県北部、阿武隈川に沿う丘陵地帯の一部。謡曲や浄瑠璃で有名な鬼婆のこもったといわれる黒塚がある。

**あだち-しき【▽安▽達式】**華道流派の一つ。大正初期、安達潮花により創始。自然を尊重し、花を花らしく飾る心を大切にと主唱。

**あだち-ちょうか【▽安▽達潮花】**（一八八七～一九六九）華道家。安達式挿花の創始者。広島県生まれ。池坊に華道を学び、安達式をおこした。

**あだち-やすもり【▽安▽達▽泰盛】**（一二三一～八五）鎌倉中期の武将。引付衆、秋田城介など幕府の要職を歴任。御家人間の信望もあつかったが、北条氏により謀殺（霜月騒動）。

**アタチュルク【Atatürk】**→ケマル＝アタチュルク

**アタッカー【attacker】**バレーボールで、スパイクを打って攻撃する選手。スパイカー。

**アタック【attack】**（名・サ変他）①攻めること。攻撃。②登山で、登攀のむずかしい山にいどむこと。

**アダックス【addax】**角がコルク栓抜きのような形状で、顔にX字形の斑紋のあるレイヨウ。肩高約一m。乱獲で減少。アフリカ北部の乾燥地帯に生息。

**アタッシェ【attaché フランス】**大・公使館の専門職館員。武官および商務・文化などの担当官。

**アタッシェ-ケース【attaché case】**堅くて、薄い角形の書類入れ用手さげかばん。アタッシュケース。→写

●アタッシェケース

**アタッチメント【attachment】**①機械や器具の付属品。取り付け装置。②写真の撮影レンズの前後に装着して、その機能を変える補助レンズ。比較コンバージョンレンズ。

**あだっ-ぽ・い【▼婀▼娜っぽい】**（形）女性がなまめかしい。いろっぽい。coquettish

**あだ-な【▽徒名】**①男女関係のうわさ。うきな。romance; scandal ②事実無根のうわさ。ぬれぎぬ。groundless rumor

**あだ-な【▼渾名・▼綽名】**本名以外に他人からつけられる呼び名。愛称あるいは悪意や中傷の意味をもつものなど多種。ニックネーム。nickname

**アダナ【Adana】**トルコ中南部、アナトリア高原南端の商工業都市。古代ローマ時代以来の交通の要地。人口七七・六万（一九八五）。

**あだ-なさけ【▽徒情け・▼仇情け】**かりそめのはかない恋心。気まぐれな恋心。あだし情け。fleeting love

**アタナシオス【Athanásios】**（二九六ごろ～三七三）古代キリスト教神学者。アレクサンドリアの主教。アリオス派と対立し、三位一体説に立ってカトリックの正統教義を確立。

**あだ-なみ【▽徒波・▼仇波】**①むなしくたちさわぐ波。用例山河の浅き瀬にこそ―は立て（古今・恋四）。②人の心の変わりやすいたとえ。

**あだ-ばな【▽徒花】**咲いても実を結ばない花。むだ花。abortive flower

**あだ-びと【▽他人】**古語別の人。たにん。other

**あた・ふ【▽能ふ】**古語（四自）→あたう（能う）

**あた-ふた**（副・サ変自）あわてふためくようす。hurriedly 用例不意の来客で―する。

**アダプター【adapter; adaptor】**性能や形状のちがう機器類の接続に用いる補助器具。写真機で接合方式の異なるレンズの取り付けに用いる補助リングなど。

**あたま【頭】**①頭髪のはえる部分。head 用例―が痛い。②首から上。頭部。かしら。こうべ。head 用例―を下げる。③頭脳の働き。考え。head; brains 用例―がいい。―を使う。④頭髪。hair 用例―を刈る。⑤上端。頂上。top; head 用例鼻の―。⑥先。最初。tip 用例―から問題にしない。⑦上に立つ人。かしら。長。head; boss 用例先輩を―にすえる。⑧人数。number 用例―をそろえる。⑨《「ひとり」のあとに続けて》ずつ。each 用例ひとり―一〇〇〇円集める。→図

**頭が上がらない**（あたまがあがらない）①対等になれない。かなわない。②重病で、寝たきりである。

**頭が痛い**（あたまがいたい）①頭痛がする。have a headache ②心配事や、物事の処理に、悩む。rack one's brains 用例教育費がかさんで―。

**頭が重い**（あたまがおもい）①頭がすっきりしないで、重苦しい感じがする。頭痛がする。have a headache ②取引用語で、値が上がりそうで上がらないことに言う。

**頭が堅い**（あたまがかたい）考え方に柔軟性がなく、融通がきかない。考え方や見方が一定していて、自由な展開がない。強情だ。頑固だ。stubborn

**頭が切れる**（あたまがきれる）頭の働きがはやくて、さとい。思考力・判断力などが鋭く、すぐれている。clear-headed

**頭隠して尻隠さず**（あたまかくしてしりかくさず）全部隠したつもりでいて、隠しきれないでいることに気がつかない。act like an ostrich

**頭が下がる**（あたまがさがる）感服させられる。take off one's hat

**頭が低い**（あたまがひくい）人に対して礼儀正しく、へりくだった態度である。腰が低い。humble

**頭から水を浴びた様**（あたまからみずをあびたよう）突然、恐ろしいことに出会って、ぞっとするさま。

**頭から湯気を立てる**（あたまからゆげをたてる）かんかんになって怒っているさま。fly into a rage

**頭が割れる様**（あたまがわれるよう）頭痛のひどいさま。have a splitting headache 用例飲みすぎで―だ。

**頭剃るより心を剃れ**（あたまそるよりこころをそれ）頭を剃って形ばかりの菩提心を示すよりも、精神の修養をせよ。

**頭でっかち尻窄まり**（あたまでっかちしりすぼまり）初めは大きく、終わりは小さいこと。初めは勢いがよいが、終わりは微弱であること。竜頭蛇尾。頭でっかち尻窄み。anticlimax

**頭に来る**（あたまにくる）「頭へ来る」と同意。

**頭の上の蠅も追えない**（あたまのうえのはえもおえない）自分ひとりの始末さえもできない。can't solve one's own problem

**頭の回転が速い**（あたまのかいてんがはやい）物事に対して、判断を下し対処するさまが、機敏である。be clever

**頭の掛かり**（あたまのかかり）ことばをかける、いとぐち。とっかかり。

**頭の黒い鼠**（あたまのくろいねずみ）《頭髪が黒いことから、人間をネズミにたとえた語》こっそり、つまみ食いをしたり、こづかい銭をくすねたりする者に言う。untrustworthy person

**頭の天辺から足の爪先迄**（あたまのてっぺんからあしのつまさきまで）からだ全体。上から下まで。また、一から十まで。全部。from head to toe

**頭の鉢**（あたまのはち）ずがい骨。頭の皿。

**頭へ来る**（あたまへくる）＝頭に来る。①酒などの悪影響が、頭に及ぶ。go to one's head 用例風邪が―。②かっとなる。get mad 用例そのひとことが―。③いらいらする。become nervous 用例あの態度には―よ。

**頭を上げる**（あたまをあげる）勢力をのばしたり、才能を発揮したりして、他を圧するようになる。頭を擡げる。

**頭を痛める**（あたまをいためる）心配事や気がかりなことなどがあって、あれこれ思い悩む。be worried about 用例子供の非行に―。

**頭を押さえる**（あたまをおさえる）他に抜きん出ようとするものを、そうさせまいと押さえ、とどめる。keep a person under one's control

**頭を抱える**（あたまをかかえる）どうしたらよいかわからず、考えこむ。名案が浮かばず、悩む。すっかりまいる。rack one's brains; be at a loss

**頭を掻く**（あたまをかく）自分の失敗を恥じたり、はにかんだりしたときのしぐさに言う。scratch one's head

**頭を下げる**（あたまをさげる）①おじぎをする。bow ②降参する。surrender ③感服する。take off one's hat

**頭を突っ込む**（あたまをつっこむ）①すきまに頭を入れる。thrust one's head ②仕事・仲間などに加わる。take part in

**頭を悩ます**（あたまをなやます）困りきって考えこむ。あれこれと思い悩む。be worried about 用例費用の捻出に―。

**頭を撥ねる**（あたまをはねる）うわまえを取る。ピンはねする。

**頭を捻る**（あたまをひねる）あれこれ趣向を凝らした

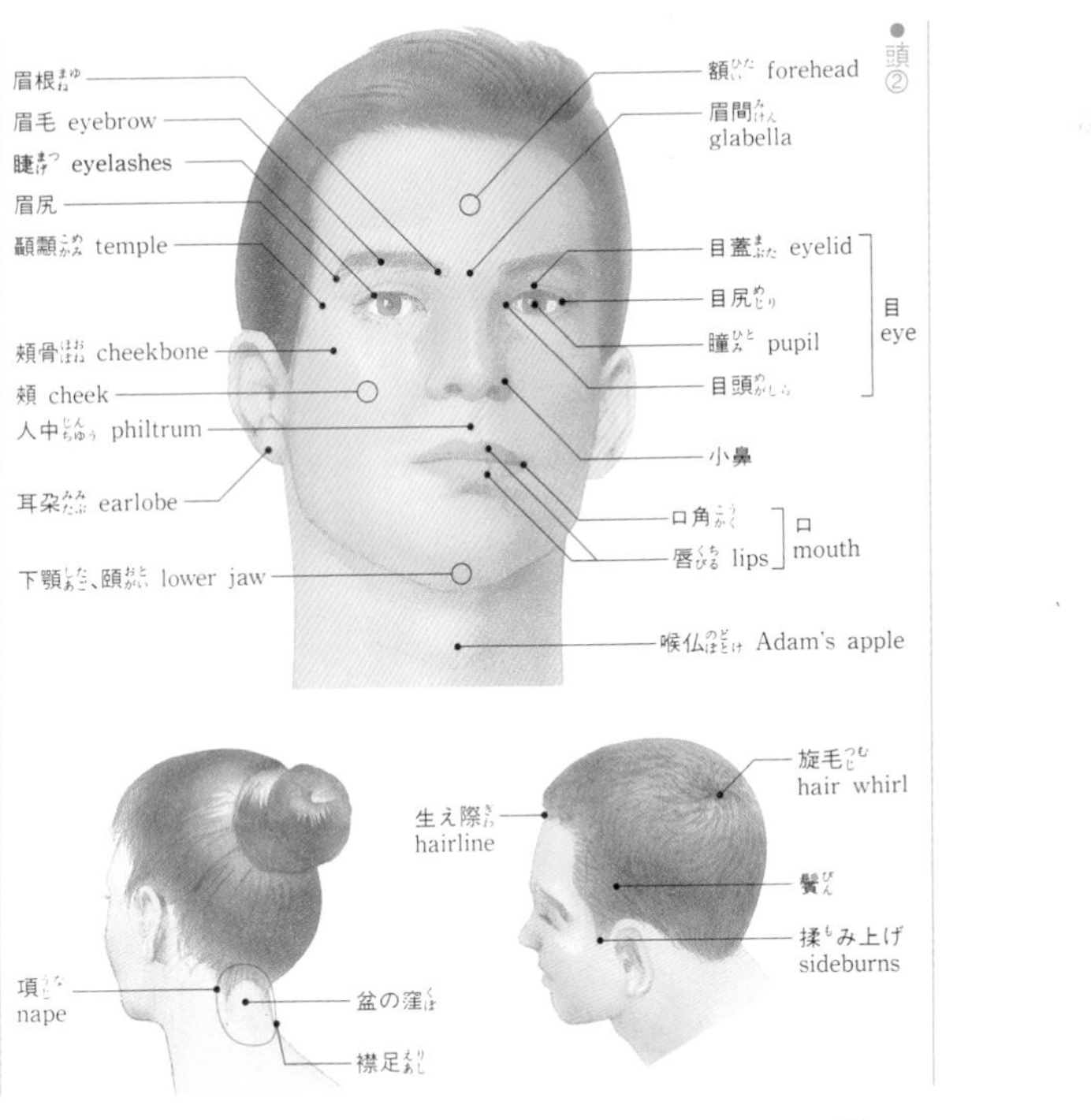


●頭②

▼常用漢字表外。　▽常用漢字表の音訓外。

り、くふうしたりしながら、考える。think hard about

**頭を冷やす**(あたまをひやす) 興奮を静め、冷静になるようにする。cool off

**頭を解す**(あたまをほぐす) 行きづまっている思考に、柔軟性をもたせる。また、混乱している考えを、すっきりとさせる。

**頭を丸める**(あたまをまるめる) 頭髪をそって僧になる。

**頭を擡げる**(あたまをもたげる) ①押さえられていたり、かくれていたりした物事がおもてにあらわれてくる。show oneself ②しだいに力を伸ばして、人に知られるようになる。台頭する。gain power

**あたま-うち【頭打(ち)】** ①上がり続けていたものが、極点で動かなくなること。天井打ち。ずうち。to reach the top ②行きづまり。stalemate

**あたま-かず【頭数】** 人数。number of persons

**あたま-かぶ【頭株】** おもだった人。幹部。leader

**あたま-から【頭から】**(副) はじめから。いきなり。まるで。てんから。頭っから。

**あたま-きん【頭金】** 分割払いの最初の支払金。手付け金。証拠金。down payment

**あたま-くだし【頭下し】** ↓あたまごなし

**あたま-ごなし【頭ごなし】** 相手のことばを無視して、はじめからしかりつけること。あたまくだし。unsparingly

**あたま-でっかち【頭でっかち】**(名・形動) ①頭がふつりあいに大きいこと・さま。top-heaviness ②頭だけで知っていること・さま。理屈ばかりで何もしないこと・さま。armchair theorist

**あたま-わり【頭割(り)】** 各人に平等に割り当てること。人数割り。to share equally

**あたみ【▽熱▽海】**〈市〉静岡県、伊豆半島基部東岸にある市。古くからの温泉地で、国際的な観光保養都市に発展。富士箱根伊豆国立公園の観光基地。人口四万八七二九(一九八八)。

**あたみ-おんせん【▽熱▽海温泉】** 静岡県東部、熱海市の温泉。江戸時代から湯治場として栄え、近代的なホテルや旅館が立ち並び、西の別府とともに日本の代表的な温泉地。

**アダム【Adam】**《原義はヘブライ語で人、の意》『旧約聖書』で、神によって土からつくられた最初の人間。イブの夫。神の戒めに従わずヘビの誘惑に負けて禁断の木の実を食べ、エデンの園から追放された。

**アダム-シャール【Johann Adam Schall von Bell】**(一五九一〜一六六六) ドイツのイエズス会士。一六二二年中国に渡り布教に従事。明・清朝に仕え、天文学を紹介。暦を改修し『崇禎暦書』『時憲暦』を作成。望遠鏡・大砲なども製造し中国名は湯若望。

**アダムズ【Ansel Adams】**(一九〇二〜一九八四) アメリカの風景写真家。大型カメラを駆使する技術派。

**アダムズ【Jane Addams】**(一八六〇〜一九三五) アメリカの婦人社会事業家。一八八九年シカゴの貧民街に最初のセツルメントを設立。一九三一年ノーベル平和賞受賞。

**アダムズ【John Adams】**(一七三五〜一八二六) アメリカ合衆国の政治家。独立戦争に活躍、独立宣言の起草に参加。対英講和会議全権・初代副大統領のあと、第二代大統領(在任一七九七〜一八〇一)。

**アダムズ【John Quincy Adams】**(一七六七〜一八四八) アメリカ合衆国の政治家。第二代大統領ジョン=アダムズの長男。第六代大統領(在任一八二五〜二九)。外交官を経て国務長官。一八二三年モンロー宣言を起草。

**アダムズ【Samuel Adams】**(一七二二〜一八〇三) アメリカ独立革命の急進的指導者。第二代大統領ジョン=アダムズの又従兄弟。印紙条例反対決議を起草。また、ボストン茶会事件などを陰で指導。

**アダムズ【William Adams】** 三浦按針の本名。

**アダムス-ストークス-しょうこうぐん【アダムス-ストークス症候群】** 脳血管の循環不全による一時的な意識障害。心臓の障害による心拍の停止や不整脈によって引き起こされる。Adams-Stokes syndrome

**アダムズピーク-さん【アダムズピーク山】**(Adam's Peak) スリランカ南部の山岳地域中の山。標高二二四三m。仏教徒・ヒンズー教徒・回教徒の聖地。

**アダム-スミス【Adam Smith】** ↓スミス

**あだ-め・く【▼婀▼娜めく】**(五自) 女性がいろっぽく見える。

**アダモ【Salvatore Adamo】**(一九四三〜) ベルギーのシャンソン歌手。作詞・作曲もする。作品『サン-トワ-マミー』など。

**アダモフ【Arthur Adamov】**(一九〇八〜一九七〇) フランスの劇作家。ロシア生まれ。作品『ピンポン』『一八七一年春』など。

**あだや-おろそか【▽徒や▽疎か】**(形動)《多く、下に打ち消しをともなって》いいかげん。なおざり。あだおろそか。

**徒や疎かに思うな**(あだやおろそかにおもうな) どうでもいいと、軽く思ってはいけない。

**あたら【▽可▽惜】**(連体・副)《「あたらし」の語幹》おしい。おしむべきだ。おしくも。あったら。用例 — いのち。— チャンスをのがした。

**アタラクシア【ataraxia ギリシア】** 心が平静で安らかな境地。ヘレニズム時代の哲学の理想で、エピクロス学派や懐疑論者が追求した。

**あたら・し【▽惜し・▽可▽惜し】** 古語 (形シク) おしい。もったいない。用例 いと — ・しくめでたし(源氏・玉鬘)。

**あたらし・い【新しい】**(形) 対義 古い。①今までにない。はじめてである。new 用例 — ・く入社する。②いきいきしている。新鮮である。fresh 用例 — 魚。③使い古されていない。not used 用例 — シャツ。派生 あたらしが・る(五自) あたらしげ(形動) あたらしさ(名) あたらしみ(名)

**新しい女**(あたらしいおんな)《明治四四年(一九一一)、青鞜社の人々が婦人解放運動を起こしたときに流行した語》男女の不平等を容認する因習を打破し、婦人の新しい地位を獲得しようとする女。

**新しい酒は新しい皮袋に盛れ**(あたらしいさけはあたらしいかわぶくろにもれ)《新約聖書『マタイによる福音書』から》新しい考えや物事は、古い形式によらず、それにふさわしい新しい形式や方法で表現すべきだ。Put new wine into new bottles.

**新しい酒を古い皮袋に入れる**(あたらしいさけをふるいかわぶくろにいれる) 「新しい酒を古い皮袋に盛る」と同意。

**新しい酒を古い皮袋に盛る**(あたらしいさけをふるいかわぶくろにもる) 新しい内容を古い形式で表すたとえ。新しい酒を古い皮袋に入れる。

**あたらし-が・る【新しがる】**(五自) 流行を追い、新しいことをほこる。hunt after novelty

**あたらしきむら【新しき村】** 武者小路実篤が理想主義の具現化を試みた生活共同体。大正七年(一九一八)宮崎県木城村に創設。現在、埼玉県入間郡毛呂山町で続く。

**あたらず-さわらず【当(た)らず障らず】**(連語) 不都合の生じないような態度や行動をとること。noncommittal

**あたら-ない【当(た)らない】**(連語) ①正しくない。あてはまらない。not right 用例 そんな言い方は — 。②およばない。必要がない。unnecessary 用例 おどろくに(は) — 。

**アタランタ【Atalanta ギリシア】** ギリシア神話の美しい駿足の女狩人。求婚者に競走をいどみ、次々と破って相手を殺したが、メラニオンの策略に敗れ結婚。のち女神アフロディテによって獅子に変えられた。Atalanta

**あたり【辺り】** ①付近。そば。まわり。around 用例 銀座 — 。— を見回す。②《時・所・人などを表す語に付いて接尾的に用いられる》だいたいの見当をいう。だいたい。たとえば。about 用例 明日 — から雨になりそうだ。田中君 — に聞いてごらん。

**辺りが前なら近所は隣**(あたりがまえならきんじょはとなり) 「そんなことは当たり前だ」と言う相手に対して、からかって言い返す、だじゃれ。

**辺り構わず**(あたりかまわず) まわりの者の気持ち・立場や場所がらも考えずに、また、気にしないで。傍若無人に。regardless of others 用例 — 大声でしゃべる。

**辺りに人無きが如し**(あたりにひとなきがごとし) 「傍若無人」に同じ。

**辺りを払う**(あたりをはらう) よりつけないほど堂々としているさま。

**あたり【当(た)り】** 一(名) ①当たること。命中。hit 対義 外れ。②成功すること。思いどおりにいくこと。success 対義 外れ。用例 大 — をとる。③見当。見込み。guess 用例 — がつく。④応対。あしらい。address; manner 用例 — がやわらかい。⑤相手にぶつかっていく勢い・力。用例 — の強い力士。⑥碁で、あと一手で石を打ち上げられること。⑦野球で、打撃。batting 用例 すばらしい — 。⑧魚つりで、魚がえさにさわる感じ。bite 用例 — がある。二(接尾) ①…につき。…あて。用例 ひとり — 。②《「中り」とも》からだにさわること。用例 暑気 — 。食 — 。

**当たりを付ける**(あたりをつける) 見当を付ける。見込みを付ける。手がかりを見つける。guess

**当たりを取る**(あたりをとる) ①興行が評判となる。また、商売などが成功する。make a big hit ②見当をつける。手がかりをつかむ。guess

**あたりき-しゃりき-くるまひき【当(た)りき車力車▼曳き】**(連語) 「当たり前」の意味を語呂合わせにしたことば。

**あたり-きょうげん【当(た)り狂言】** 評判がよく、入りの多い芝居。

**あたり-げい【当(た)り芸】** ある芸人の、よくできて評判のもっとも高い技芸。successful performance

**あたり-ごま【当(た)り▼胡麻】**《「する」を忌んで、当たるの字をあてた》↓すりごま(擂り胡麻)

**あたり-さわり【当(た)り障り】** 差し障り。さまたげ。obstacle 用例 — のない話。

**あたり-ちら・す【当(た)り散らす】**(五自) おもしろくなくて、関係のないもの・人につらく当たる。find fault with everyone

**あたり-どし【当(た)り年】** ①運のよい年。one's lucky year ②豊作の年。fruitful year

**あたり-ばこ【当(た)り箱】**《「する」を商売や財産を使いはたす意で忌んで「当たる」の字をあてた》硯箱の忌みことば。

**あたり-はずれ【当(た)り外れ】** 予想が的中する場合と外れる場合。ことがうまくいく場合といかない場合。risk 用例 特価品には — がある。

**あたり-ばち【当(た)り鉢】**《「する」を忌んで「当たる」の字をあてた》擂り鉢の忌みことば。

**あたり-び【当(た)り日】** ①何か物事の起こる日。また、その事に当たる日。②つきのある日。縁起がよい日。

**あたり-まえ【当(た)り前】**(形動) ①言うまでもないさま。当然。natural ②ふつう。なみ。ordinary 用例 — の人間。

**あたり-や【当(た)り屋】** ①かけ事などがよく当たる人。また、運のついている人。②野球で、よく安打を放つ選手。③《俗語》金銭をゆすりとることを目的に、自動車にわざとぶつかる者。

**あたり-やく【当(た)り役】** ある役者の、よくできて評判のもっとも高い役。successful role

**あた・る【当(た)る】** 一(五自他) ①(自) ㋐ぶつかる。hit; touch 用例 ボールが — 。強敵に — 。㋑《「中る」とも》命中する。的中する。うまくいく。hit 対義 外れる。用例 的に — 。予想が — 。㋒当面する。用例 難局に — 。出発に — ・って。㋓担当する。take charge of 用例 交渉に — 。㋔相当する。あてはまる。equivalent 用例 いとこに — 。日本語「どうもどうも」に — 英語。㋕ようすをさぐる。見当をつける。check; inquire 用例 あちこち — ・ってみる。㋖わり当てられる。指名される。be assigned to 用例 役が — 。㋗意地の悪い仕打ちをする。be hard on 用例 つらく — 。㋘対抗する。用例 勢い — べからず。㋙日がさす。shine 用例 日が — 。㋚身をさらす。expose 用例 火に — 。㋛《「中る」とも》中毒する。からだにさわる。get poisoned 用例 フグに — 。㋜身にふりかかる。用例 ばちが — 。㋝《そのまま言うのをきらって使う語》くさる。用例 ミカンが — 。②(他)《「する」が「つかいはたす」意に通じるのをきらって》そる。用例 顔を — 。二(連体)《劇場・寄席などで》来たる。用例 — 寅歳吉例顔見世興行。

**当たって砕ける**(あたってくだける) とにかくやってみる。take a chance

**当たらずと雖も遠からず**(あたらずといえどもとおからず) 的中してはいなくても、さほどまちがってはいない。

**当たるも八卦、当たらぬも八卦**(あたるもはっけ、あたらぬもはっけ) 占いは当たりもするし、はずれもする。

**当たるを幸い**(あたるをさいわい) 手当たりしだいに。at random

**アダルト【adult】** おとな。成人。

**アダルト-ショップ**《和製語》ポルノビデオテープ・ビニ本・性具など、成人向けの特殊な商品を売る店。ポルノショップ。sex shop

**アダルト-ファッション【adult fashion】** 二〇代半ばから四〇代半ば向けの服飾流行。

**あ-たん【亜炭】** 新生代の第三紀ないし第四紀にできた炭化の進んでいない石炭。褐色または黒褐色。木質亜炭と炭質亜炭がある。炭素を六〇〜七〇%含む。燃料に利用。lignite; brown coal

**あ-だん【▼阿▼檀】** 熱帯地方の海岸にはえるタコノキ科の常緑小高木。高さ二〜六m。幹は屈曲し、多数の枝と支柱根を出す。雌雄異株。雄花は、白色で芳香。奄美大島以南、南太平

●アダン

洋の諸島に分布。↓写

**アダン-ド-ラ-アル【Adam de la Halle】**(一二三五ごろ～八五ごろ) フランス中世の劇詩人。世俗劇『葉蔭の劇』、楽劇『ロバンとマリオン』など。

**あち【阿▼智】**〈村〉長野県南部、飯田市南西隣の町。稲作などの農業が中心。人口六〇六〇(一九八八)。

**あ-ち【▽彼▽方】** 古語(代)《方向をさす》あちら。かなた。あっち。対義こち・そち。

**アチーブメント-テスト【achievement test】** ①学力検査。学習者が一定の学習内容をどれだけ習得しているかを測定するためのテスト。②進学適性検査。アチーブ。

**アチェ-おうこく【アチェ王国】** 一六世紀以降スマトラ島北西岸を中心に栄えたアチェ族によるイスラム王国。一八七三～一九〇四年のアチェ戦争で敗北、オランダに服属。

**あちき【阿▽直岐】**(生没年未詳) 五世紀ごろの百済からの渡来人。経典に通じ、応神天皇の皇子の師として用いられた。天皇の要請で百済から王仁を招いたと伝えられる。

**あち-こち【▽彼▽方▼此▽方】**(代・副) ①あちらこちら。here and there ②あべこべ。うらはら。反対。用例 前後が―になる。

**彼方此方とする**(あちこちとする) あっちへやったり、こっちへやったり。行ったり来たりする。

**あち-の-おみ【▼阿知▽使▽主】**(生没年未詳) 五世紀ごろ百済から渡来。渡来人の有力な一族、東漢氏の始祖とされる。

**あぢ-は・ふ【味はふ】** 古語(四他) ↓あじわう(味わう)

**あちゃらか** どたばた喜劇。荒唐無稽でスピーディーなギャグの展開が特色。榎本健一・古川緑波らが西洋のナンセンス喜劇を移入し、開拓した。

**アチャラ-づけ【▼阿茶羅漬(け)】**《アチャラは、ペルシア語で漬物の意》大根・れんこん・カブ・果実などを、細かくきざんで酢・酒・しょうゆ・砂糖などをまぜ合わせたものに漬けた食品。唐辛子を入れる。ポルトガル人が伝えた料理。

**アチュベ【Chinua Achebe】**(一九三〇～) ナイジェリアの小説家。アフリカ民族の生活を写実的に描く。作品『ものみな離れ去る』『もはや安楽なし』『サバンナの蟻塚』など。

**あち-ら【▽彼▽方】**(代) 対義こちら。①《話し手からも聞き手からも離れている方向・場所・人をさす》あのほう。あっち。かなた。there 用例 ―へどうぞ。②あの人。あの方。that person ③外国。foreign country 用例 ―帰り。

**彼方立てれば此方が立たぬ**(あちらたてればこちらがたたぬ) 一方へよいようにすれば他方へは悪くなり、双方が満足するようにはいかない。あなた立てればこなた立たぬ。It's hard to please everybody.

**彼方を向く**(あちらをむく) ①そっぽを向く。よそのほうを向く。look the other way ②見向きもしない。知らん顔をする。無関心な態度をとる。take no notice of

**あちら-こちら【▽彼▽方▼此▽方】**(代・副) あっちの場所やこっちの場所。あっちでもこっちでも。here and there

**あっ**(感) びっくりしたとき、強く感じたときなどに出す声。

**あっと言う間**(あっというま) きわめて短い時間。in the twinkling of an eye

**あっと言わせる**(あっといわせる) 意外なことをして、びっくりさせる。また、感心させる。startle

**アツ** 5画 **【圧】** 部首[土] 教育小5 JIS 1621
17画 **【▼壓】** 旧字 JIS 5258
音アツ・オウ

圧 圧 圧 圧 圧

①おす。へす。おさえる。おさえつける。「鎮圧・抑圧」「圧倒・圧迫・圧力」②おし。おもし。圧力のこと。「気圧・水圧・電圧」③もっともすぐれた。第一の。「圧巻」

**アツ** 8画 **【▼軋】** 部首[車] JIS 7734
音アツ
①きしる。きしり。車輪がすれあって音がする。「軋轢」②なかたがいする。不仲になる。「軋轢」

**アツ** 13画 **【▼遏】** 部首[辶] JIS 7801
音アツ
とどめる。とめる。おしとめる。「防遏」

**アツ** 14画 **【▼斡】** 部首[斗] JIS 1622
音ワツ・アツ・カン
めぐる。まわる。めぐらす。まわす。「斡旋」

**アツ** 16画 **【▼閼】** 部首[門] JIS 7968
音アツ・ア・エン
①ふさぐ。ふさがる。②とどめる。とめる。③「閼伽」は、梵語arghyaの音訳。仏などにそなえる水。また、その容器。

**あ・つ【当つ・充つ】** 古語(下二他) ↓あてる(当てる) ↓あてる(充てる)

**あつ-あげ【厚揚(げ)】** 豆腐を厚く切り、水切りをして、揚げたもの。生揚げ。

**あつ-あつ【熱熱】**(形動) ①非常に熱いさま。very hot ②熱中するさま。とくに、男女が愛し合っている、また、きわめて仲のよいさま。deeply in love 用例 ―の仲。

**あつ・い【厚い】**(形) ①平たいものの、表とうらとの距離がある。thick 対義 薄い。用例 ―板。―本。②情が深い。情こまやかだ。疎略でない。warm-hearted 用例 信仰が―。―・く御礼申し上げます。派生 あつさ(名) あつみ(名) あつめ(名)

**あつ・い【▽篤い】**(形) ①病気が、重い。危篤だ。serious 用例 ―病。②まごころがこもっている。厚い。cordial 用例 友情に―。

**あつ・い【暑い】**(形) 気温の高さを、からだ全体で感じる。hot 比較 熱い。対義 寒い。用例 夏は―。派生 あつが・る(五自) あつさ(名)

**あつ・い【熱い】**(形) ①温度の高さを、からだの一部で感じる。hot 比較 暑い。対義 冷たい。用例 ―お茶。②熱心だ。のぼせている。enthusiastic 用例 絵画に寄せる―思い。お―仲。派生 あつが・る(五自) あつさ(名) あつめ(名)

**熱い涙**(あついなみだ) 感情が激して出る涙。hot tears

**熱くなる**(あつくなる) ①物の温度が高くなる。②腹を立てて、かっかする。怒りで、感情が高ぶる。いきり立つ。be excited ③一つのことに打ち込んでいる。熱中する。とくに、異性に夢中になる。be hot

**あつい-せんそう【熱い戦争】** 武器、とくに火器をもってする戦争。hot war 対義 冷たい戦争。

**あつ-いた【厚板】** ①厚い板。thick board 対義 薄板。②厚地の織物の名。おもに帯地用。対義 薄板。③能の装束の一つ。厚地織物の小袖で、てんぐ・鬼・武士などが着る。

**あつ-いん【圧印】**(名・サ変他) おしつけて金属面に型模様を印刷すること。用例 ―機。

**あつ-えん【圧延】**(名・サ変他) 金属を板や棒などの形にのばすこと。rolling

**あつえん-かこう【圧延加工】** 金属の加工法の一つ。回転する二本のロールの間を通して素材を板・棒・管・型材などにする。rolling

**あっ-か【悪化】**(名・サ変自)《「あくか」の変》性質・状態などが、悪くなること。change for the worse 対義 好転。

**あっ-か【悪貨】**《「あくか」の変》品質の悪い貨幣。

**あつかい【扱い】** ①扱うこと。処理。handling 用例 ―窓口。②世話。とりなし。応対。treatment; management 用例 人―がうまい。③それらしく待遇すること。treatment 用例 恩人―にする。④仲裁。arbitration 用例 ―に立つ。

**あつか・う【扱う】**(五他) ①とりはからう。受け持つ。deal with 用例 会計を―。事件を―。②気をくばって、物を動かし用いる。handle 用例 機械を―。③もてなす。応対する。treat; receive 用例 客をたいせつに―。④仲裁をする。arbitrate 用例 けんかを―。⑤商品として売る。sell 用例 文房具を―。

**あっ-かく【圧覚】** 圧迫されたときに体表上に分布する圧点を通して感じられる感覚。広義の触覚の一つであるが、触覚に比べて、刺激に対する順応はおそい。sense of pressure

**アッカド-ちょう【アッカド朝】** 古代メソポタミアの王朝(前二三七〇ごろ～前二一九〇ごろ)。サルゴン一世(在位BC二三七〇～BC二三一六)がシュメール都市を征服し、大帝国を建設。Akkadian dynasty

**あつ-かまし・い【厚かましい】**(形) 恥を恥とも思わない。ずうずうしい。無遠慮である。shameless; impudent 派生 あつかましげ(形動) あつかましさ(名)

**あつ-がみ【厚紙】** ①厚い紙。厚く貼りあわせた紙。厚くすいた紙。ボール紙など。cardboard ②鳥の子紙の厚いもの。厚葉。厚様。対義 薄紙。

**あつ-がり【暑がり】** 暑さを人より強く感じること・人。person sensitive to the heat 対義 寒がり。

**あっ-かん【圧巻】** ①書物の中で最もすぐれている部分。climax ②催し物のうちで、最もよい部分。best part

**あっ-かん【悪漢】**《「あくかん」の変》悪いことをする男。わるもの。villain 比較 好漢。

**あつ-かん【熱▼燗】** 酒のかんを熱めにすること。その酒。hot sake

**あっ-かんじょう【悪感情】** ↓あくかんじょう(悪感情)

**あっかん-しょうせつ【悪漢小説】** ↓ピカレスクしょうせつ(ピカレスク小説)

**あっ-き【悪鬼】**《「あくき」の変》たたりや害をする妖怪・怨霊。demon

**あつ-ぎ【厚着】**(名・サ変自) 着物をたくさん重ねて着ること。heavy dressing 対義 薄着。

**あつぎ【厚木】**〈市〉神奈川県中部の市。相模川に沿う旧宿場町で、現在も交通の要地。内陸工業地域の中心であり自動車部品などの工業がさかん。人口一八万二二二二(一九八八)。

**あっき-がい【悪鬼貝】** ↓あくきがい(悪鬼貝)

**あっ-く【悪口】**《仏教語。「あくく」の変》十悪の一つ。人を悪く言うこと。人をののしること。あっこう。

**あつ-くるし・い【暑苦しい】**(形) 暑さがこもっていて苦しい。苦しいほど暑い。sweltering

**あっ-け【▼呆気】** おどろき、あきれること。用例 ―にとられる。

**あっけし【厚▽岸】**〈町〉北海道東部、厚岸湾に臨む町。コンブ・カキ・サンマ漁など水産業がさかん。人口一万五一八三(一九八九)。

**あっけし-そう【厚▽岸草】** アカザ科の一年草。海岸や塩分の多い地にはえる。高さ約一〇cm。茎は多肉で円柱状。葉は小形で鱗片状。八～九月に小花が咲く。ヤチサンゴ。↓写

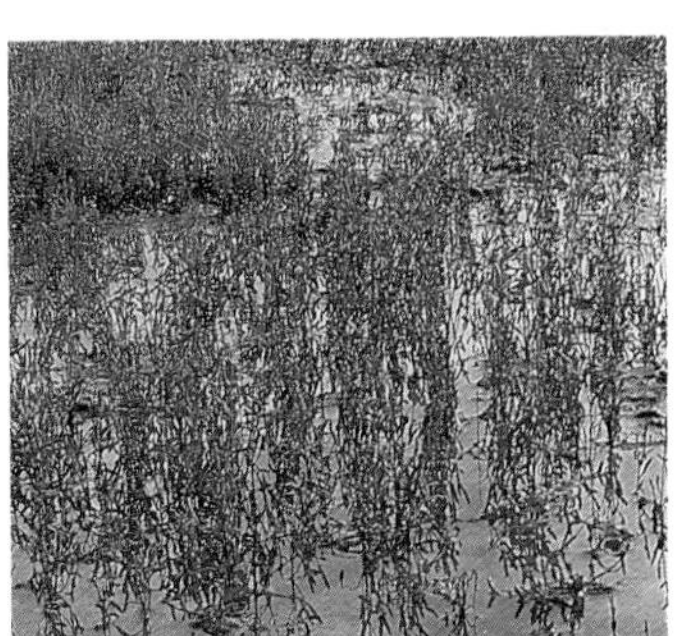
●アッケシソウ

**あつ-げしょう【厚化粧】**(名・サ変自) おしろい・べになどをこく塗った、けばけばしい化粧。heavy makeup 対義 薄化粧。

**あっけ-な・い【▼呆気ない】**(形) 物足りない。はりあいがない。unsatisfied 用例 ―幕切れ。

**あっけらかん(と)**(副)《俗語》①驚きあきれて、ぽかんと口をあけているさま。②こだわらず平気なさま。けろっと。用例 しかられても―としている。

**あっ-けん【悪見】**《仏教語》誤った見解。

**あっ-こう【悪口】**《「あくこう」の変》①人を悪く言うこと・ことば。わるぐち。abuse ②↓あっく(悪口)

**あっこう-ぞうごん【悪口雑言】**《「あっこう」は「あくこう」の変》さまざまにひどくわるくちを言うこと。そのことば。用例 ―のかぎりをつくす。

**あつ-さ【暑さ】** ①暑いこと・程度。heat ②夏の季節。用例 ―に向かう。

**暑さ寒さも彼岸迄**(あつささむさもひがんまで) きびしい暑さ寒さも、春秋の彼岸を境にしてそれぞれ衰えはじめ、すごしやすい季節がやってくる。No heat or cold lasts over the equinox.

**暑さ忘れて陰忘る**(あつさわすれてかげわする) 暑さが去ると

ともに涼しかった陰のありがたさも忘れる、という意から、恩を忘れることの早いたとえ。類似 雨霽れて傘を忘る。

**あつさ-あたり【暑さ▽中り】** 暑気あたり。

**アッサイ【assai イタリア】**《音楽で、速さを示す語》非常に、の意。用例 アダージョ ―（＝非常におそく）。

**あっ-さく【圧搾】**(名・サ変他) ①強くおししぼること。compression 用例 ―機。②高圧を加えて、体積をちぢめること。圧縮。compression

**あっさく-くうき【圧搾空気】** ↓あっしゅくくうき(圧縮空気)

**あつさ-しのぎ【暑さ▼凌ぎ】** 暑さをまぎらすこと。消夏。

**あっ-さつ【圧殺】**(名・サ変他) ①おしつぶして殺すこと。②活動を封じること。用例 反対派を―する。

**あっさぶ【厚▽沢部】**〈町〉北海道南西部、渡島半島の町。稲作・ジャガイモ栽培・酪農などがさかん。人口六一七〇(一九八八)。

**アッサム【Assam】** インド東端の州。世界的な多雨地域として、また茶の栽培地帯として知られる。人口一九九〇・三万(一九八一)。

**アッサム-しょぞく【アッサム諸族】** インドのアッサム地方に住む諸民族。インド・東南アジア・チベット系の文化・言語・形質の接点にある。インド-ヨーロッパ語族の言語を有するアッサム人・ベンガル人、チベット-ビルマ語族系のナガ族・ガロ族など。Assamese

**あっ-さり**(副・サ変自) ①簡単なさま。simple 用例 ―かたづける。②性格や、色・味などがうすいさま。淡泊。plain; light 用例 ―した味。―した気性。

**あっ-し【圧死】**(名・サ変自) おしつぶされて死ぬこと。death from pressure

**あっし**(代) 威勢のよい職人などが、自分のことを言う語。

**あつし【厚司】**(attush アイヌ) ①オヒョウの樹皮の繊維で織ったアイヌの織物。また、その衣服。②①に似せて作った大阪特産の厚地の綿織物。

**あつ・し【厚し】** 古語(形ク) ↓あつい(厚い)

**あつ・し【▽篤し】** 古語(形シク) ↓あつい(篤い)

**あつ・し【暑し・熱し】** 古語(形ク) ↓あつい(暑い)(熱い)

**あつ-じ【厚地】** 厚みのあるきれ地。thick cloth

**アッシェ【haché フランス】** 西洋料理の調理法の一つ。材料を細かく刻むこと。

**アッジェ【Jean-Eugène-Auguste Atget】**(一八五七〜一九二七) フランスの写真家。パリの街と庶民の姿を記録。近代リアリズム写真の開拓者。

**あつしおかのう【熱塩加納】**〈村〉福島県北部、飯豊山地南麓の村。熱塩温泉がある。人口四三〇六(一九八八)。

**アッシジ【Assisi】** イタリア中部、ウンブリア州北部、アペニン山脈中の丘陵にある都市。聖フランチェスコの生地。人口二・四万(一九八二)。

**アッシジ-ししゅう【アッシジ刺▼繡】** イタリア中部の町アッシジの伝統的刺繡で、区限刺繡の一種。小鳥や動物などの単純化したモチーフを残してその背景を一色の糸で、クロスステッチで埋めていくもの。Assisi work

**アッシュ【Sholem Asch】**(一八八〇〜一九五七) 近代ユダヤ語の小説家。ポーランド生まれ。戯曲『復讐の神』、小説『ナザレ人』など。

**アッシュール【Ashur】** ①アッシリア帝国の全領域で尊崇された最高神。②アッシリア帝国の首都。チグリス川右岸にあり、前二〇〇〇年ごろ繁栄。

**アッシュールバニパル【Ashurbanipal】** アッシリア帝国の王(在位BC六六九〜BC六二六)。大帝国を再統一。首都ニネベに宮殿や神殿、二万枚の粘土板を収蔵した大図書館を建設。↓メソポタミア 写

**あっ-しゅく【圧縮】**(名・サ変他) ①圧力を加えて、容積などを押しちぢめること。compression ②冗漫な表現を除くなどして、文章を短くすること。

**あっしゅく-き【圧縮機】** 気体を圧縮して圧力を高めるための機械。圧力上昇一気圧以上のもので、比較的小量の気体圧縮に適する容積式と大量の気体圧縮に用いる回転式がある。コンプレッサー。compressor

**あっしゅく-くうき【圧縮空気】** 高圧を加えて体積を縮小させた空気。ブレーキ・自動開閉扉などに利用。圧搾空気。compressed air

**あっしゅくくうき-きかい【圧縮空気機械】** 圧縮された空気の高圧を利用して作動する機械。鉄道車両のエアブレーキ、エアハンマーなど。compressed air machine

**あっしゅく-しけん【圧縮試験】** 材料試験の一種。試験片に荷重を加えて、その抵抗力と変形の関係などを調べる。とくに軸受け材料などでは重要。compression test

**あっしゅく-もくざい【圧縮木材】** 木材を加熱圧縮して密度を増し、強さを向上させたもの。機械部品などに使用。compressed wood

**あっ-しょう【圧勝】**(名・サ変自) 圧倒的に勝つこと。sweeping victory 対義 惨敗。

**あつ-じょう【圧条】** 果樹や花木などの苗木を取る方法の一つ。枝を土中に埋め、根が発生したら切り離し独立させる。参照 取り木。

**アッシリア【Assyria】** メソポタミア北部の古い地名。古代の国名。前七世紀前半、セム系アッシリア人がオリエント世界を初めて統一、最初の世界帝国が成立。前六〇四年新バビロニア-メディア連合軍により滅亡。

**あっ・する【圧する】**(サ変他) ＝圧す。①強く押す。押さえつける。press ②圧倒する。overwhelm ③力で従わせる。oppress

**あっ-せい【圧制】** 権力やおどしで自由にさせないこと。oppression 用例 ―をしく。

**あっ-せつ【圧接】** 圧力を加えて部材を接合する溶接法の総称。ガス圧接・冷間圧接など。pressure welding

**あっ-せん【▼斡旋】**(名・サ変他) ①とりもつこと。世話をすること。good offices ②労働委員会が労働争議を解決する方法の一つ。当事者の自主交渉に助言する形をとる。conciliation ③公共職業安定所が行う職業紹介と人材紹介。reference

**あっせんしゅうわい-ざい【▼斡旋収賄罪】** 公務員が依頼を受けて他の公務員に職務上不正の行為をさせたり、義務を怠るよう指示すること、またはその報酬として賄賂を受領・要求・約束することによって成立する罪。

**あつた【厚田】**〈村〉北海道西部、石狩湾に臨む村。稲作などの農業と漁業を行う。かつてニシン漁で繁栄。人口三一五九(一九八八)。

**あつた【熱田】** 名古屋市南部にある地区。熱田神宮の門前町。江戸時代には海陸路が交差する東海道最大の宿場町であった。

**あったか・い【▽暖かい・▽温かい】**(形)「あたたかい」のくだけた言い方。warm; hot

**あつた-じんぐう【熱田神宮】** 名古屋市熱田区新宮坂町にある旧官幣大社。祭神は熱田大神、御霊代は三種の神器の一つである草薙剣。相殿神として天照大神・日本武尊など五柱。

**あったら【▽可▽惜】**(連体・副)《「あたら」を強めた語》おしい。おしくも。

**可惜、口に風邪引かす** せっかく言ったのに効果がない。言ったことがむだになってしまう。類似 あたら、口に風を入る。

**あったら-もの【▽可▽惜物】**《「あたらもの」の転》惜しむべき、たいせつなもの・人。

**あっ-ち【▽彼▽方】**(代)「あちら」のくだけた言い方。there 対義 こっち。

**あづち【▽安土】**〈町〉滋賀県中部、琵琶湖の東にある町。織田信長が開いた城下町で、安土城跡がある。稲作地帯で、大中の湖干拓地がある。人口一万八六四(一九八八)。

**アッチカ【Attika】** ギリシア中部の南東に突出した半島。小国が分立した状態が続いたが、前八世紀ごろまでにアテネが統合。半島南端のラウリオン鉱山は豊富な銀を産出、アテネ富強の一因となった。アッティカ。

**あっち-こっち【▽彼▽方▼此▽方】**(代・副) ↓あちこち(彼方此方)

**あづち-しゅうろん【▽安土宗論】** 天正七年(一五七九)安土で行われた浄土宗と日蓮宗の論争。日蓮宗の勢力を衰えさせるために織田信長が浄土宗側を勝たせたといわれる。安土法論。

**あづち-じょう【▽安土城】** 天正四〜七年(一五七六〜七九)織田信長が、現在の滋賀県蒲生郡安土町に築城。豪壮華麗な天守閣を誇ったが、本能寺の変の折、焼失。↓写

●安土城 安土城跡(滋賀県)。

**あづち-ほうろん【▽安土法論】** ↓あづちしゅうろん(安土宗論)

**あづちももやま-じだい【▽安土桃山時代】** 天正元年〜慶長八年(一五七三〜一六〇三)までの織田信長と豊臣秀吉が政権を握っていた時代。戦国大名は統一され、中央集権的な政治が行われて近世社会の基礎を築く。信長の居城の安土城と、秀吉の伏見城の所在地である桃山により命名。織豊時代。

**あづちももやまじだい-びじゅつ【▽安土桃山時代美術】** 鑑賞を主眼とした平明で華麗な世俗美術が主流となる。ことに城郭建築とその内部装飾にあてられた金碧障壁画が、この時代の美術全般の動向を主導した。茶室や茶陶、能面など閑寂・幽玄の美も追求された。↓写(次ページ)

**あっちゃく-たんし【圧着端子】** 円筒状の金属製接続素子。裸線を筒の中へ挿入し、筒を外部から圧縮して接続する。crimp contact

**アッチラ【Attila】**(四〇六ごろ〜四五三) フン族の王。四三三年部族を統合。中欧から黒海に至る大領土を支配。四五一年カタラウヌムの戦いに敗退。翌年ローマに迫ったが、教皇レオ一世に説得され撤退。「神の災い」と恐れられた。

**あっつう-てん【圧痛点】** 皮膚の圧迫で、強い痛みを感じる部位。各疾患に特異な圧痛点がある。人間の皮膚には一$cm^2$に約二五個ある。圧点。pressure point

**アッツ-とう【アッツ島】**(Attu Island) 太平洋中北部、アリューシャン列島最西端の火山島。アメリカ領。第二次世界大戦での日本軍の玉砕地として知られる。

**あつ-で【厚手】** 紙・布・陶器などの、厚いこと・もの。thick 対義 薄手。

**アッティス【Attis ギリシア】** ギリシア神話の女神キュベレの夫。両性をもつアグディスティスの子。植物の豊穣を象徴し、春分の日にアッティス祭が行われた。

**あっ-てん【圧点】** ↓あっつうてん(圧痛点)

**あつ-でんき【圧電気】** ある結晶片に力を加えるとき結晶のひずみによって生じる電荷や電気的分極。水晶・ロッシェル塩などの誘電体結晶に起こる。ピエゾ電気。piezoelectricity

**あつでん-こうか【圧電効果】** 固体に力を加えたとき、結晶表面に電気的分極を生じる現象。水晶発振器やマイクロホンなどに応用。piezoelectric effect

**あつでん-しんどうし【圧電振動子】** 圧電効果をもつ水晶・ロッシェル塩などの単結晶に電極と端子をつけた素子。発振器・濾波器などに使う。piezoelectric vibrator

**あつでんせい-こうぶんし【圧電性高分子】** 圧力によって電圧を発生する高分子物質。ポリフッ化ビニリデンもその一つで、フィルム状にしてスピーカーやマイクなどに利用。

**あつでん-モーター【圧電モーター】** ↓ちょうおんぱモーター(超音波モーター)

**あっ-とう【圧倒】**(名・サ変他) ①押して、たおすこと。to push down ②他をしのいで優勢になること。to overwhelm ③とびぬけてすぐれていること。

**あつ-どう【圧胴】** ↓シリンダー

**あっとう-てき【圧倒的】**(形動) くらべものにならないほど優勢なさま。段ちがい。overwhelming 用例 ―な人気。

**アット-バット【at bat】** ↓だすう(打数)②

**アット-ホーム【at home】**(形動) 自分の家にいるようにくつろいださま。きらくなさま。家庭的。用例 ―な雰囲気。

**アッパーカット【uppercut】** ボクシングの打法の一つ。こぶしを下から上へ突き上げる。

**アッバース-ちょう【アッバース朝】** ウマイヤ朝に次ぐ、サラセン帝国のカリフ制王朝(七五〇〜一二五八)。ムハンマドの叔父アッバースの子孫アブールがウマイヤ朝を倒して創始。バグダードに都し、イスラム文化を完成。フラグの率いるモンゴル軍により、三七代で滅亡。Abbasid dynasty

**あっ-ぱく【圧迫】**(名・サ変他) 力や勢いなどで押さえつけること。pressure

**あっぱく-かん【圧迫感】** 圧迫されるような感じ。pressure

**あっぱっぱ** 婦人の夏のゆったりした簡単服。大正期の関西に誕生し、昭和に入って全国的に流行。女性の洋装化のさきがけとなった。

**あっぱれ** 13画 **【▼遖】** 部首[辶(しんにゅう)] 和製漢字 JIS 7808
↓あっぱれ【天晴れ・遖】

●安土桃山時代美術

狩野永徳『檜図屏風』(部分)。東京国立博物館。

『南蛮人渡来図屏風』(部分)。宮内庁。

都久夫須麻神社本殿内部。(滋賀県)。

『秋草蒔絵手文庫』。高台寺(京都府)。

『金銀襴緞子等縫合胴服』。伝上杉謙信所用、上杉神社(山形県)。

**あっぱれ【▽天晴れ・▼遖】**《「あはれ」の転》㊀(感) 感心してほめるときの語。Well done! 用例 —、でかした。㊁(形動) りっぱなさま。みごと。admirable; brilliant 用例 —な姿。

**あつ-び【熱火】** あつい火。燃えさかっている火。烈火。

**熱火、子に払う**(あつび、こにはらう) 火がせまってきたときには、最愛の子の方へ火を払ってでもわが身の安全をはかる。極端な利己心のたとえ。

**アッピア【Adolphe Appia】**(一八六二〜一九二八) スイスの演出家・舞台装置家。近代演出の先駆。舞台照明に新しい道を開いた。著書『音楽と演出』など。

**アッピア-かいどう【アッピア街道】** 古代ローマの軍用道路。前三一二年ローマとカプア間が完成。のちアドリア海岸のブルンディシウムまで延長。全長五四〇km。Appian Way

**アップ【up】**㊀(名・サ変自他) 上へあげること。あがること。対義 ダウン。用例 賃金が五〇〇円—する。㊁(名) ①「アップスタイル」の略。②「クローズアップ」の略。

**あっぷ-あっぷ**(副・サ変自) ①水におぼれてもがくさま。gasping for breath ②たいへん困って苦しむさま。be in great trouble

**あっ-ぷく【圧服・圧伏】**(名・サ変他) 力で従わせること。overpower

**アップ-スタイル** 女性の髪型の一つ。襟足の毛を上に結い上げてまとめる。upsweep

**アップ-ツー-デート【up-to-date】**(形動) 現代的なさま。最新式。用例 —な情報を収載。

**アップライト-ピアノ【upright piano】** 竪型ピアノ。グランドピアノに対し、弦を縦に張ったものをいう。

**アップリケ【appliqué フランス】** 手芸の一種。土台の布地に別の小布を置いたりはめ込んだりして縫いつけ、図柄を表現する方法。布置き刺繡。

**アップル【apple】** リンゴ。

**アップルトン【Edward Victor Appleton】**(一八九二〜一九六五) イギリスの物理学者。無線通信やレーダーなど電波の物理学的研究を行う。電離層の研究で、一九四七年ノーベル物理学賞受賞。

**アップル-パイ【apple pie】** リンゴ入りのパイ菓子。バニラ・砂糖などで味付けして煮たリンゴの薄切りを、パイ皮の上に並べてオーブンで焼く。

**あっぷん-じしん【圧粉磁心】** 磁性材料粉末に絶縁体の結合剤を加えて加圧成形した透磁率の低い磁心。通信用変圧器などに使用。dust core

**あつ-ぼった・い【厚ぼったい】**(形) 厚くて重そうな感じである。very thick; heavy

**あつま【厚真】**〈町〉 北海道南部、苫小牧市東隣の町。稲作が中心。海岸には石油備蓄基地がある。人口六四三五(一九八八)。

**あ-づま【▼吾妻】** →あずま(吾妻)

**あづま【▼吾妻】**〈町〉 長崎県、島原半島北部の町。稲作・畜産・果樹栽培がさかん。海苔・アサリ養殖も行う。人口八四二〇(一九八八)。

**あつまり【集(ま)り】** ①集まること。gathering 用例 人の—がいい。②集まったもの。むれ。集団。group 用例 星の—。③集会。会合。寄り合い。meeting 用例 —に出席する。

**あつま・る【集(ま)る】**(五自) 多くのものが一つに寄る。むらがる。gather 対義 散る。用例 広場に—。同情が—。

**あづま-をどり【▽東踊(り)・▽東をどり】** →あずまおどり(東踊り)

**あつ-み【厚み】** 厚いこと・感じ。thickness

**あつみ【▼渥▽美】**〈町〉 愛知県、渥美半島西端の町。電照菊・メロンなどの園芸農業がさかん。伊良湖岬があり、観光の町としてもにぎわう。人口二万四八七〇(一九八八)。

**あつみ【▽温▽海】**〈町〉 山形県西部、日本海に臨む町。温泉町として発展。鼠ケ関は漁業の根拠地。人口一万三六〇二(一九八八)。

**あづみ【▽安▽曇】**〈村〉 長野県西部、飛驒山脈東麓の村。上高地・乗鞍岳・白骨温泉など観光地が多い。人口二三九三(一九八八)。

**あつみ-きよし【▼渥▽美清】**(一九二八〜) 映画俳優。東京生まれ。『男はつらいよ』シリーズなどに主演。

**あつみ-せいたろう【▼渥▽美清太郎】**(一八九二〜一九五九) 演劇評論家。東京生まれ。歌舞伎の大衆化に貢献。著書『日本演劇辞典』など。

**あつみ-はんとう【▼渥▽美半島】** 愛知県南東部の半島。先端は伊良湖岬。電照菊・メロン栽培などの園芸農業がさかん。

**あつ・む【集む】** 古語(下二他) →あつめる(集める)

**あつ・める【集める】**(下一他) 多くのものを一つの所に寄せ合わせる。gather 対義 散らす。用例 会費を—。同情を—。

**あつ-もの【厚物】** キクの咲き方の一種。花が厚く球状に盛り上がって咲くもの。

**あつ-もの【▼羹】** 魚や野菜を入れた熱い汁物の料理。魚を使うと臛、野菜を用いると羹の字が当てられたが、現在では区別はない。

**羹に懲りて膾を吹く**(あつものにこりてなますをふく) 一度こりると、ばからしいほど用心深くなることのたとえ。A burnt child dreads the fire.

**あつもり-そう【▼敦盛草】** 山中の草地にはえるラン科の多年草。高さ三〇〜五〇cm。葉は大きく広楕円形。初夏に袋状の紫紅色の花を一個つける。→写

**あつ-やき【厚焼(き)】** 厚く焼き上げた食品。対義 薄焼き。

**あつやき-たまご【厚焼(き)卵】** 白身魚のすり身やすりおろした大和芋を加えて厚く焼いた卵焼き。すしの具などに用いる。

**あつ-よう【厚様・厚葉】** ①厚手の和紙。②鳥の子紙の厚いもの。対義 薄様。

**あつら・う【▼誂う】** 古語(下二他) →あつらえる(誂える)

**あつらえ【▼誂え】** 注文すること。注文したもの。order 対義 できあい。

**あつらえ-むき【▼誂え向き】**(形動) ①注文したとおりである。suitable; fit ②《多く上に「お」を付けて》ちょうどよい。理想的。ideal 用例 その問題についての—の解説書。

**あつら・える【▼誂える】**(下一他) 品質・形・寸法などを指定して、作ることをたのむ。注文する。order

**あつ-りょく【圧力】** ①ある物体が他の物体を押す力。ふつう、力の作用表面の単位面積当たりの力をいう。pressure 用例 —計。②人を押さえつけたり、圧迫する力。pressure 用例 —をかける。

**あつりょく-けい【圧力計】** 気体や液体の圧力を測る計器。気圧計・血圧計など。プレッシャーゲージ。マノメーター。pressure gauge

**あつりょく-だんたい【圧力団体】** 自分たちの利益達成のために、組織的な活動を通じて政策の決定に圧力を加える団体。プレッシャーグループ。pressure group

**あつりょく-なべ【圧力▼鍋】** ふたで密閉し、内部の圧力を高めて温度を一〇〇℃以上にできるなべ。堅い肉なども短時間で調理できる。圧力釜。pressure cooker →写

●圧力鍋

**あつりょく-ようき【圧力容器】** ①高圧気体用の容器。法規上、高温蒸気用の第一種と、常温ガス用の第二種がある。pressure vessel ②原子炉で、炉心と冷却材を収容する容器。pressure vessel

**あつ-れき【▼軋▼轢】**(名・サ変自) 《車輪がきしる意》仲が悪く、たがいに争うこと。ごたごた。紛争。不和。friction; discord

●アツモリソウ

▼常用漢字表外。▽常用漢字表の音訓外。

あ

**あて** アスナロの別名。

**あて【当て】**《「宛」はちがう》㊀(名) ①当てること。②みこみ。めあて。用例 ―がはずれる。③たのみ。たより。用例 ―にする。―になる。④当て物。㊁(接尾) からだにつけて身を守るもの。用例 すね―。

**あて【▽私】**(代)《方言》京都・大阪などで、わたし。わて。

**あて【▽貴】** 古語 (形動ナリ) ①たっといさま。身分の高いさま。用例 世界の男、―なるも、いやしきも(竹取)。②上品。みやびやか。あてやか。用例 面やせたれど、いと―に美しく(源氏・若紫)。

**あて【▼宛】**(接尾)《「当て」はちがう》①わり当て。…あたり。用例 ひとり―三枚。②名あて。名ざし。用例 きみ―の手紙。

**あで【▼艶】** 古語 (形動ナリ)《「あて(貴)」の転》なまめかしく美しいさま。あでやか。

**アディ【Endre Ady】**(一八七七〜一九一九) ハンガリーの詩人。文芸誌『西洋』を主宰し、同国近代文学の確立に貢献。詩集『新詩集』『血と金』など。

**アディソン【Joseph Addison】**(一六七二〜一七一九) イギリスのエッセイスト・詩人・政治家。親友スティールと『スペクテーター』紙を創刊。軽妙明快なエッセーを書いた。

**あて-うま【当て馬】** ①めす馬の発情をうながすためのおす馬。②相手の出方をうかがうために押し立てる、仮のもの・人。stalking-horse

**あて-がい【▼宛い・▼宛▽行】** ①あてがうこと・もの。allotment ②取り計らい。arrangement ③わり当て。allotment

**あてがい-ぶち【▼宛い扶▽持】** 出すほうで適当に計算して与えること・金品。

**あて-が・う【▼宛う】**(五他) ①適当に分け与える。distribute; assign ②ぴったりと当てる。apply; hold 用例 マスクを口に―。③与えておく。give 用例 子どもにおもちゃを―。

**アデク-そう【アデク層】** フトモモ科のアデクなど暖帯広葉樹の植物遺体を多く含む地層。西宮市をはじめ、大阪周辺で発見された。

**あて-こす・る【当て▽擦る】**(五自) ほかの事にかこつけて、遠回しに悪く言う。皮肉を言う。『ば。皮肉。

**あて-こと【当て言】** あてこすって言うこと。

**あて-ごと【当て事】** 当てにすること。たのみにすること。用例 ―ははずれやすい。

**当て事と畚褌は先から外れる** 《「畚褌」は、ふんどしの一種で、はずれやすいものであることから》あてにしていることは、とかく先方の都合ではずれやすいものだ。

**当て事も無い** 思いもかけない。とんでもない。もってのほかだ。用例 ―ほらを吹く。

**あて-こ・む【当て込む】**(五他) 当てにする。よい結果を期待する。見込む。count on

**あて-さき【▼宛先】** 手紙などのあて名や住所。address 用例 ―不明。

**あて-じ【当て字・▼宛字】** 国語を漢字で書き表す場合、漢字の意味に関係なく、単にその音訓を借りる用法。「めでたい」を「目出度・芽出度・目出鯛」、「ちょうど」を「丁度」、「やはり」を「矢張」、「インド」を「印度」と書くなど。借字。比較 熟字訓。対義 正字。

**あて-しお【当て塩】** 調理法の一つ。材料に塩を振ること。

**あて-ずいりょう【当て推量】** 確かなよりどころなしに、おしはかること。当てずっぽう。guess

**あで-すがた【▼艶姿】** 上品で、なまめかしい姿。あでやかな姿。charming figure; alluring figure

**あて-ずっぽう【当てずっぽう】**(名・形動)《俗語》でたらめ。いいかげん。guess

**あて-つけ【当て付け】** あてつけること。あてこすり。insinuation

**あてつけ-がまし・い【当て付けがましい】**(形) いかにもあてつけているようすである。insinuating

**あて-つ・ける【当て付ける】**(下一他) ①遠回しに悪く言う。あてこする。insinuate ②わざと見せつける。

**あてっ-こ【当てっこ】**《俗語》①たがいに当て物をすること。あてくらべ。②たがいに的にぶつけるのを競争すること。

**あて-ど【当て▽所】** 目あて。目的地。aim 用例 ―もなくさまよう。

**アテトーシス【athetosis】** 脳の障害によって起こる不随意運動。四肢ことに指・手先・足先・顔などに緩慢なくねくねした運動がかってに起こるもの。脳性小児麻痺でみられることが多い。

**あて-な【▼宛名】** 手紙・書類などに書く先方の名。住所をもふくむ。アドレス。address

**アテナ【Athēnā(ギリシア)】** ギリシア神話の女神。ゼウスの娘。オリンポス一二神の一神でアテネ市の守護神。知恵・戦争・技術工芸をつかさどる。ローマ神話のミネルバと同じ女神。アテネ。Athene ↓写

●アテナ　アクロポリス美術館(ギリシア)。

**アテナイ【Athēnai; Athínai】** ↓アテネ

**アテナイオス【Athēnaios】**(生没年未詳) 二〇〇年ごろ活躍したギリシアの文人。エジプト生まれ。著書『学者の宴』など。

**アデナウアー【Konrad Adenauer】**(一八七六〜一九六七) 西ドイツの政治家。ケルン市長をへて、第二次大戦後キリスト教民主同盟を創立。一九四六年から党首。ドイツ連邦共和国成立とともに首相として西ドイツの政治を指導した。↓写

●アデナウアー

**あて-にげ【当て逃げ】** 自動車・船などが、他の自動車や船などに衝突して、そのまま逃げ去ること。hit-and-run 比較 轢き逃げ。

**アデニン【adenine】** 化学式$C_5H_5N_5$ 核酸中のプリン塩基の一つ。エネルギー代謝に必要なATPの構成成分。

**あて-ぬの【当て布】** ①つぎ・ほつれ止めや補強のために当てる布。力布。patch ②衣服に直接アイロンが当たらないようにするための布。iron-on cloth

**アテネ【Athēnai】** 古代ギリシアを代表するポリス。前八世紀ごろアッチカのポリスとして成立。貴族による支配が続いたが、僭主政治を経て前六世紀には民主制に移行。ペルシア戦争勝利後はスパルタをしのいで繁栄。前五世紀半ばには民主政治が発達、文化も最盛期を迎えたが、ペロポネソス戦争に敗退して衰亡。前三三八年にマケドニアに屈伏した。アテナイ。

**アテネ【Athínai・雅典】** 現代のギリシアの首都。サロニカ湾に臨むアッチカ地方にある。古代ギリシアの遺産を伝える観光文化都市。市南部にあるアクロポリスは、世界的な文化遺跡。人口八八・五万(一九八一)。アテナイ。

**アテ・ネ【Athēnā(ギリシア)】** ↓アテナ

**アテネ-こくりつこうこがくはくぶつかん【アテネ国立考古学博物館】** アテネにある、古代ギリシア彫刻の原作を多数保有する美術館。一八七四〜八九年に建物を建設、第二次大戦前までに整備された。the National Archeological Museum of Athens

**アデノイド**《adenoid growthsから》のどの奥にあるリンパ組織である咽頭扁桃が肥大したもの。幼少期に多く、鼻づまりが典型的な症状。腺様増殖症。

**アデノウイルス【adenovirus】** 人間の結膜・咽頭・リンパ組織などに感染するウイルス。プール熱(咽頭結膜熱)の原因にもなる。

**アデノシン-さんりんさん【アデノシン三▼燐酸】** 生体の運動・発熱・物質代謝などエネルギーの貯蔵と放出にかかわるきわめて重要な化合物。アデニン・リボース・三分子の燐酸からなるヌクレオチド。ATP。adenosine triphosphate

**アデノシン-トリホスファターゼ【adenosine triphosphatase】** ↓エーティーピーアーゼ(ATPアーゼ)

**あて-はずれ【当て外れ】**(名・形動) 見こみ・期待が外れること・さま。disappointment

**あて-はま・る【当て▼嵌まる】**(五自) ぴったり合う。適合する。適応する。fit; apply

**あて-は・む【当て▼嵌む】** 古語 (下二他) ↓あてはめる(当て嵌める)

**あて-は・める【当て▼嵌める】**(下一他) ①当ててうまく合わせる。fit ②適用する。apply 用例 規則を―。

**あて-びと【▽貴人】** 古語 身分の高い人。上品な人。用例 こよなき―もみな世に従ふなるを(紫式部日記)。

**あて-み【当て身・▽中身】** 柔道などの技の一つ。こぶし・肘・足先などで、相手のみぞおちなど急所を突いたり打ったりする技。危険なので、試合などでは禁止されている。用例 ―をくう。

**あて-もの【当て物】** ①なぞ。判じ物。②懸賞や福引き。③物の下や横にあてがう物。

**あて-やか【▽貴やか】** 古語 (形動ナリ) 上品で美しいさま。用例 ―に心にくき人(源氏・紅葉賀)。

**あで-やか【▼艶やか】**(形動)《「あてやか」の転》なまめかしく美しいさま。alluring

**アデュー【adieu(フランス)】**(感) 別れのときのあいさつ。さようなら。御機嫌よう。

**あてら-だんそう【▼阿寺断層】** 岐阜と長野の県境沿いに長さ六〇kmにおよぶ活断層。水平方向に毎年〇・五cm、垂直方向に毎年〇・一cmの速さで形成された。水平方向のずれが著しい。

**アデラ-とうしがいしゃ【アデラ投資会社】**(ADELA Investment Company)《ADELAはAtlantic Community Development Group for Latin Americaの略》ラテンアメリカ諸国の経済開発に貢献する民間企業に対し、融資を行う民間金融機関。本店ルクセンブルク。一九六四年設立。

**あて-られる【当てられる】**(連語) 男女の仲のよいところを見せつけられる。

**あ・てる【充てる】**(下一他)あてはめる。…のために使う。充当する。assign; devote 用例 夜を勉強の時間に―。

**あ・てる【当てる】**(下一他) ①ぶつける。hit 用例 石を―。②ぴったりくっつける。ふれさせる。touch 用例 ひたいに手を―。ガーゼを―。③しく。place 用例 ざぶとんをお―・てください。④《「中る」とも》的中させる。なぞを正しく解く。hit 用例 的に―。予想を―。⑤さらす。expose 用例 日に―。⑥わり当てる。指名する。assign 用例 役を―。⑦成功する。当たりをとる。succeed 用例 株で―。⑧強い働きを受ける。用例 毒気に―・てられる。⑨身にふりかかるようにする。用例 ばちを―。

**あ・てる【▼宛てる】**(下一他) ①向けて送る。用例 先生に―・てて手紙を出す。②《「当てる」とも》対応するものを割り当てる。用例「めでたい」に「目出度」の字を―。

**アデレード【Adelaide】** オーストラリア中南部、南オーストラリア州の州都。付近の農牧産物の輸出港。工業も発達。人口九八・七万(一九八五)。

**あて-レコ**《「当てる」と「アフターレコーディング」から》外国の映画やテレビドラマを放映するとき、日本語に訳したせりふを、登場人物の口の動きに合わせて声優がしゃべり、それを録音すること。吹き替え録音。dubbing 参照 アフレコ。

**アテン【Aten】** 古代エジプトの太陽神。イクナートンが行った宗教改革により、ツタンカーメンによるアメン信仰復活まで国家神となった。アトン。

**アデン【Aden】** イエメン民主人民共和国の首都。アラビア半島最南端の港湾都市。ヨーロッパとアジアを結ぶ交通の要地で、かつてはイギリスの植民地。人口二六・五万(一九八二)。

**アテンション【attention】** 注意。注目。留意。用例 ―プリーズ(=皆さまに申しあげます)。

**ア-テンポ【a tempo(イタリア)】**《音楽で、速さの変化を示す語》もとの速度で、の意。

**あと【後】** ㊀(名) ①うしろ。背後。back 対義 先。用例 ―からついて来る。②のち。以後。後日。after 用例 ―で相談しましょう。③事後。after 用例 ―しまつ。④死後。after death 用例 ―をとむらう。⑤後任。後妻。successor; second wife 用例 ―にすわる。⑥子孫。descendant 用例 ―が絶える。⑦以前。用例 話を―に戻す。⑧続いているものの終わりに近い部分。対義 前。用例 列の―。⑨次。next 用例 ―の列車で行く。㊁(副) その時・所をもとにして、それから先。later 用例 ―五分。

**後が無い** もうこれ以上は、後ろに引けない。負けられない。There's no way out. 用例 ここで負けたら―。

**後から後から** 物事が絶え間なく、引き続いて起こるさま。one after another



↓ 行き先項目、図版・写真参照印。 JIS 日本工業規格情報交換用漢字符号コード(区点コード)。

**後に退けない**(あとにひけない) 自分の意見や立場を引っ込めることができない。これ以上譲歩することができない。can't yield an inch now 用例もう一歩も—。
**後の雁が先になる**(あとのかりがさきになる) 油断していると、あとから来るものに追い越される。
**後の祭り**(あとのまつり) 時機におくれて、かいのないことのたとえ。The damage is done.
**後は野となれ山となれ**(あとはのとなれやまとなれ) ①自分の去ったあとは、どうなろうとかまわない。I don't care what follows. ②現在さえよければ、これから先はどうなってもかまわない。The future will take care of itself.
**後へ引く**(あとへひく) 後ろへさがる。ゆずる。turn back 用例もう後へ引けない。
**後へ回す**(あとへまわす) 先にやるべきことをあとまわしにする。put off 用例この仕事は—。
**後へも先へも遣らぬ**(あとへもさきへもやらぬ) 身動きをとらせない。よそへ行かせない。
**後へも先へも行かぬ**(あとへもさきへもゆかぬ) 進退きわまる。動きがとれなくなる。途方にくれる。be driven into a corner
**後を引く**(あとをひく) ①いつまでもやめられない。can't stop ②あとあとまで残りつづける。remain 比較尾を引く。
**あと【跡】** ①あとかた。trace 用例焼け—。②《「址」とも》物のあった所。遺跡。remains 用例城の—。③あるときまで、いた所。trace 用例—を濁す。④家の跡目。successor 用例—継ぎ。⑤ゆくえ。trace 用例—をくらます。⑥先例。手本。precedent 用例—にならう。⑦《「痕」とも》物についた形。mark 用例傷—。⑧往来。用例車の—が絶えない。
**跡が付く**(あとがつく) ①何かの跡が残る。leave... traces 用例つめの—。②身を隠した場所が明らかになる。用例現場の遺留品から—。
**跡とす**(あととす) 手本にする。前例とする。
**跡を追う**(あとをおう) ①追いかける。follow ②関係の深い人の死に、続いて死ぬ。follow ③先人の手本に従う。follow
**跡を隠す**(あとをかくす) ①ゆくえをくらます。隠遁する。②死ぬ。この世を去る。③証拠となる物品をかくす。
**跡を絶つ**(あとをたつ) ①ゆくえをくらます。disappear ②あるときを最後に起こらなくなる。leave no trace behind
**跡を垂る**(あとをたる) ①仏や菩薩が、衆生を救うために、かりに神の姿となってこの世に現れる。垂迹。②先人の行いを手本とする。③模範として示し、後世に残す。範を垂る。
**跡を継ぐ**(あとをつぐ) 前任者の役職、先人の業績、家督・遺産などを受け継ぐ。succeed 用例社長の—。
**跡を付ける**(あとをつける) ①痕跡を残す。②人のあとをつける。
**跡を取る**(あとをとる) 家督を受け継ぐ。succeed 用例—者がいない。
**跡を踏む**(あとをふむ) ①前人の行跡を継ぐ。踏襲する。②他人に先をこされる。
**跡を守る**(あとをまもる) ①親・夫の死後、残された者が家業を継ぎ、衰えさせないようにする。また、師匠の死後、弟子がその芸風を継ぎ、絶やさないようにする。succeed ②留守番をする。留守をまもる。look after the house
**アト【atto】**(接頭) 単位で一〇〇京分の一($10^{-18}$)を表す。記号a。
**あど** ①古語相手の話に調子を合わせて、うけこたえすること。あいづちをうつこと。②《「アド」と書く》能狂言で、シテ(=主役)を助ける役。脇役。
**アド** ①「アドレス」の略。②《advertisementの略》広告。用例—バルーン。
**あと-あし【後足・後脚】** けものの後ろ足。対義前足。
**後足で砂を掛ける**(あとあしですなをかける) 去りぎわに、人に迷惑なことをする。
**後足を踏む**(あとあしをふむ) あとを継ぐ。
**あと-あじ【後味】** ①飲食のあと、口に残る味。後口。aftertaste ②物事のすんだあとの感じ。aftertaste 用例—の悪い勝ち方。
**あと-あと【後後】** ひきつづいたあと。のちのち。将来。future 用例—までたたる。
**あとう【▼阿東】**〈町〉山口県北部の町。リンゴ・ナシなどの果樹栽培や酪農がさかん。長門峡がある。人口一万九五五(一九八八)。
**あと・う【▽能う】**文語的(五自)↓あたう(能う)
**あとう-かぎり【▽能う限り】**(連語)↓あたうかぎり(能う限り)
**あど-う・つ** 古語(四自) 人の話に合わせて応答する。あいづちを打つ。あどを打つ。用例さぞと言はばまことにさぞと—・ちて(拾玉集)。
**あと-おし【後押し】**(名・サ変他) ①後ろから押すこと・人。push 用例荷車の—をする。②後援すること。support 用例社長の—がある。
**アドオン-ほうしき【アドオン方式】** 割賦販売の利子計算法の一つ。元金に単純に利率と期間を掛けて利子総額を出し、元利合計を返済期間に応じて均等分割して返済させる。add-on
**あと-がき【後書(き)】** ①書物などの終わりに書きしるす文章。後記。跋。afterword 対義端書き・前書き。②手紙の終わりに書き足す文章。追って書き。追伸。二伸。postscript
**あとかくし-ゆき【跡隠し雪】** 陰暦一一月二三日の夜から翌日にかけて行われる大師講の日に降る雪の呼称。この夜、訪れるお大師様(弘法大師)は足が悪く、その足跡をおおい隠すために雪を降らせると伝えられたことから。
**あと-ガス【跡ガス】** 爆薬の爆発や炭鉱爆発によって生じたガス。一酸化炭素や窒素酸化物を含み、人体に危険。afterdamp
**あと-かた【跡形】** 何かがあった跡。形跡。痕跡。traces 用例—もなく消えうせる。
**あと-かたづけ【後片付(け)・跡片付(け)】** 物事がすんだあとを、きれいにかたづけること。to put in order 比較後始末。
**あと-がま【後▼釜】** ①あとつぎ。あとめ。後任。successor 用例—をさがす。②後妻。second wife
**後釜に据わる**(あとがまにすわる) ①前任者などが退いたのち、その地位につく。succeed to a person's post ②後妻になる。
**あどがわ【▽安▽曇川】**〈町〉滋賀県北西部、琵琶湖西岸の町。安曇川三角州にある稲作地帯。扇子の骨の製造がさかん。人口一万三七五〇(一九八八)。
**あと-きん【後金】** ①払い残りのお金。残金。remainder of payment ②品物を受け取った後で、代金をはらうこと。また、そのお金。post payment 対義前金。用例—ばらい。
**あと-くされ【後腐れ】** 物事がすんでも、ごたごたや悪影響が残ること。あとぐされ。future trouble 用例—がない。
**あと-くち【後口】** ①後味。aftertaste ②あとからの順番・申し込み。later 対義前口・先口。用例—に回す。
**あと-げつ【後月】** 先月。前月。
**あどけ-な・い**(形) むじゃきで、かわいらしい。innocent 用例幼児の—顔。派生あどけなさ(名)
**あと-さき【後先】** ①後と先。前後。before and after ②始めと終わり。beginning and end ③順序。order 用例—を誤る。④順序が狂うこと。入れちがい。reverse the order 用例話が—になる。
**後先無しに**(あとさきなしに) 前後のことも考えないで。でたらめに。recklessly
**後先見ず**(あとさきみず) 物事の前後の事情を考えない、無分別なさま。また、そのような人。thoughtless
**あと-さく【後作】**↓うらさく(裏作)
**アトサヌプリ** 北海道東部、川湯温泉の近くにある活火山。標高五七四m。小さな溶岩円頂丘で、数十の噴気孔がある。山麓にイソツツジが群生。硫黄山。
**あと-ざん【後産】** 分娩のあと、胎盤・卵膜・臍帯が排出されること。after birth
**あと-しざり【後▽退り】** [一](名・サ変自) 前を向いたまま後ろへさがること。あとずさり。あとじさり。[二](名) ①アリジゴクの別名。アトジサリ。②カニムシの異名。
**あと-じて【後ジテ・後仕手】**↓のちじて(後ジテ)
**あと-じまい【後仕舞(い)】**↓あとしまつ(後始末)
**あと-しまつ【後始末・跡始末】** 物事のあとの整理。しめくくり。後じまい。settlement 比較後片付け。
**あと-しらなみ【跡白波】**(連語)《白波を「知らない」にかけて》ゆくえがわからないこと。
**あと-ずさり【後▽退り】**(名・サ変自)↓あとしざり(後退り)[一]
**アトス-さん【アトス山】**(Āthos) ギリシア北部、カルキディキ半島南東部の岬にある山。ギリシア正教の聖地。標高二〇三三m。
**あと-ぜめ【後攻め】** 野球などで、あとから攻めるがわ。後攻。対義先攻め。
**あと-ぞめ【後染(め)】**(名・サ変他) 染色法の一つ。生糸で織り上げた布を白く精練したのち、色や模様を染める方法。友禅・絞り・ろうけつ染めなど。対義先染め。
**あと-た・ゆ【跡絶ゆ】**古語(下二自) ①人の行き来がない。用例雪深き岩のかけ道—・ゆる(千載・春上)。②ゆくえをくらます。世間を捨て隠遁する。用例世に経るさまならず—・えてやみなばや(源氏・若菜下)。
**あと-ち【跡地】** 建物などを取りこわしたあとの土地。用例—の利用。
**あと-ぢえ【後知恵・後▼智▼慧】** 物事が終わったあとに浮かんだ対策。afterwit 用例下衆の—。
**あと-つぎ【跡継(ぎ)】** ①家の跡目を継ぐこと・人。跡取り。世継ぎ。heir ②前人の学問・技芸・職業などを継ぐこと・人。後継者。successor
**あと-づけ【後付(け)】** 書物の本文のあとに付ける文章。後記・索引・付録など。appendix 対義前付け。
**あと-づ・ける【跡付ける】**(下一他) あとをたどる。あとをたどって確かめる。trace 用例歴史を—。理論を—。
**あと-と・う【跡▽訪う】**古語(四自) ①遺跡をたずねる。用例浜千鳥のほかは—ものもなかりけり(平家・三・有王)。②死者の霊をとむらう。用例さるは、—わざも絶えぬれば(徒然・三〇)。
**あと-とり【跡取(り)】**↓あとつぎ(跡継ぎ)①
**アトニー【Atonie ドイツ】** 医学で、器官の組織がゆるみ、弱った症状。無力症。atony 用例胃—。
**アドニス【Adōnis】** ギリシア神話の美少年。繁殖と豊穣の象徴で、女神アフロディテに愛される。イノシシに殺され、その血からアネモネが咲いたという。ゼウスは彼が半年ずつ冥府と地上で過ごすことを許したという。
**アドバイザー【adviser】** 助言者。相談役。顧問。
**アドバイス【advice】**(名・サ変他) 忠告すること。助言。用例—を受ける。
**あと-ばこ【後箱】** 大名行列の後ろを行く、はさみ箱。対義先箱。
**アドバトリアル【advertorial】**《advertisement(広告)とeditorial(論説)の合成語》一般の論説記事のような形で編集された新聞・雑誌広告。
**あと-ばら【後腹】** ①出産後の腹痛。afterpains ②事がひととおりすんだあとの支障。repercussion ③後妻の生んだ子。対義先腹。
**後腹が病める**(あとばらがやめる) 事が一段落したあとで、なお不愉快なことが残り、悩み苦しむ。後腹病む。
**あと-ばらい【後払い】** 品物を先に受け取り、代金をあとで払うこと。post payment 対義前払い。
**アド-バルーン**《和製語》広告用の軽気球。
**アドバルーンを揚げる**(アドバルーンをあげる) 相手や周囲の反応をうかがうために、ほんの少し事を起こしてみる。
**アドバンス【advance】** 前貸し。前払い。前金。バンス。
**アドバンテージ【advantage】** ①ラグビーなどの球技で、反則が採用されると反則をされた側がかえって不利になるとき、審判がそのままプレーを続けさせるルール。アドバンテージルール。advantage rule; advantage law ②テニスで、ジュースになったあとの最初の得点。バンテージ。
**あと-び【後火・跡火】** 嫁入りの行列を送り出したあとに火をたくこと。また、葬式の出棺直後に火をたくこと。いずれも、二度と家に帰ってこないようにの意がこめられている。
**アトピーせい-ひふえん【アトピー性皮膚炎】** 遺伝性過敏症(アトピー性疾患)の一つ。乳児期では、顔面や頭に湿疹性の病変を生じ、かゆみが激しい。atopic dermatitis
**あと-ひき【後引(き)】** いつまでも満足しないでほしがること。
**あとひき-じょうご【後引(き)上戸】** 飲めば飲むほど、酒をほしがる人。
**あと-ぶつ【▼阿▼堵物】**《もと、中国の俗語で、この物の意》お金。金銭。
**アドベンチャー【adventure】** 冒険。
**アドベンティスト【Adventist】** プロテスタントの一派。一八三一年、キリスト再臨が切迫していると説いたアメリカのウィリアム=ミラーに始まる。キリスト再臨論者。再臨派。
**アドベント【Advent】** キリスト教の教会暦で、クリスマス(=降誕祭)直前の四週間のこと。クリスマスを迎える心の準備をする期間。

▼常用漢字表外。 ▽常用漢字表の音訓外。

で、教会暦の開始期にあたる。降臨節。待降節。

**あと-ぼう【後棒】** 駕籠(かご)や、もっこをかつぐ棒の後ろをかつぐ人。対義 先棒。

**後棒を担ぐ**(あとぼうをかつぐ) 悪事などをくわだてる者の手先になる。加担する。一役買う。類似 お先棒を担ぐ。

**アドホクラシー[adhocracy]**《ad hoc(ラテン)から の造語》その時の状況に応じて、柔軟に対処しようとする考え方や姿勢。また、それにもとづいて組織された機構。

**アド-ホック[ad hoc(ラテン)]** 特定の問題や状況に対処するための、臨時的なものであることを示す言葉。用例 ―委員会。

**アドホック-チーム[ad hoc team]** 製品開発や工場建設など、特定の目的達成のために編成される臨時の組織。

**あと-まわし【後回し】** 先にすべき物事をあとにすること。postponement 用例 めんどうなことは―だ。

**アドマン[adman]** 宣伝や広告を業務とする人。広告人。

**アドミッタンス[admittance]** 交流回路の、電流の流れやすさを示す量。インピーダンスの逆数。単位はモー。記号℧。

**アドミラル[admiral]** 提督。海軍大将。対義 ゼネラル。

**アトム[atom]** 哲学で、存在物を構成する非連続的な不可分割体。古代ギリシアの哲学者デモクリトスらに発する概念。原子。

**あと-め【跡目】** ①あと。家督。family headship 用例 ―を継ぐ。②相続人。あとつぎ。heir 用例 ―相続。③後任者。あとがま。successor

**あど-も・う【率う】** 古語(四他) かけごえをかけて、軍勢などを率いる。ともなう。用例 みいくさを―・ひたまひ(万葉・二・一九九)。

**アトモスフィア[atmosphere]** 雰囲気。周囲の感じ。

**あと-もどり【後戻り】**(名・サ変自) ①来たほうに引き返すこと。going back ②おくれること。退歩。recession 用例 景気が―する。

**あと-やく【後厄】** 厄年の翌年。対義 前厄。

**あと-やま【後山】** ほり出した石炭や鉱石を運ぶ人・役。対義 先山。

**アドラー[Alfred Adler]**(一八七〇〜一九三七) オーストリアの精神分析学者。個人心理学を提唱。フロイトの性欲の説に反対し、人間行動の根源を権力への意志、あるいは優越への欲求に求め、これらが満たされないときの劣等感や、その補償作用を重視した。

**アトラクション[attraction]** 客寄せのため、主たる催し物にそえる出し物。よびもの。余興。

**アトラクチブ[attractive]**(形動) 魅力的。

**アトラス[Atlas(ギリシア)]** ①ギリシア神話のティタン神族の一人。オリンポスの神々との争いに敗れ、西方で天空を支える苦業を課せられる。Atlas ②《atlasで》地図帳。

**アトラス-さんみゃく【アトラス山脈】**(Atlas Mountains)《ギリシア神話のアトラス伝説から》アルプス造山運動により隆起したアフリカ北西部の山脈群の総称。最高峰トゥブカル山は標高四一六五m。

**アトランタ[Atlanta]** アメリカ南部、ジョージア州北西部の商工業都市。州都。南部諸州の中心都市の一つ。小説『風と共に去りぬ』の舞台。人口四二・五万(一九八〇)。

**アト-ランダム[at random]**(形動) 手あたりしだい。かってでたらめ。

**アトランティス[Atlantis]** プラトンの著作に出てくる伝説上の島。ジブラルタル海峡の西にあり、アトラスが支配して繁栄したが、地震と洪水で海中に没したといわれる。

**アトランティック-シティ[Atlantic City]** アメリカ北東部、ニュージャージー州南部の大西洋岸砂州上にある保養都市。人口四万(一九八〇)。

**あとり【獦子鳥・花鶏】** アトリ科の渡り鳥。全長約一六cm。頭の黒色と胸の黄褐色がめだつ。一〇月ごろ大群で日本に渡来。キョッキョッと鳴く。草の実を食べるが、農作物を食害することもある。ユーラシア北部で繁殖。brambling ↓図

●アトリ

**アドリア-かい【アドリア海】**(Adriatic Sea) 地中海中北部、イタリア半島とバルカン半島に囲まれた海域。長さ八〇〇km、幅九二〜二〇〇km。

**アドリアノープル[Adrianople]** エディルネの旧称。

**アトリー[Clement Richard Attlee]**(一八八三〜一九六七) イギリスの政治家。オックスフォード大卒。一九四五〜五一年労働党内閣の首相。第二次大戦後の国内再編成につとめ、産業国有化や社会保障制度の充実をはかった。

**アトリエ[atelier(フランス)]** ①画家・彫刻家・写真家などの仕事場。画室。工房。スタジオ。studio ②特定の師を中心とした芸術家の集団。ルネサンス期のイタリア以来、流派の成立に貢献。

**アトリエ-ざ【アトリエ座】** パリの劇場。一八二二年モンマルトル劇場として開場。一九二二年以降デュランが本拠にして活躍、バローピラールらを育成。

**アド-リブ[ad lib]**《ad libitum(ラテン)(随意に・任意に)の略》台本や楽譜にはない、即興のせりふや演奏。

**アドルノ[Theodor Wiesengrund Adorno]**(一九〇三〜一九六九) ドイツの哲学者・批評家。フランクフルト学派の思想家。前衛的な音楽や文学を支持、推進。著書『現代音楽の哲学』『否定弁証法』など。

**アドルフ[Adolphe]** コンスタンの小説。一八一六年刊。手記形式の自伝的恋愛小説。

**アドルム[Adorm]** 睡眠薬、シクロバルビタールのカルシウム塩の商標名。即効性がある。

**アトレウス[Atreus]** ギリシア神話のミケーネの王。弟が妻と通じたので、弟の子を殺しその肉を弟に食べさせた。のち甥(おい)に殺される。

**アドレス[address]** ①宛先(あてさき)の所在地。所番地。住所。宛名(あてな)。アド。②コンピューターの主記憶装置の中の、データ一語または一バイトごとにつけられた番号。番地。③ゴルフで、ボールを打つ前の姿勢。スタンスをとって構え、クラブのヘッドを地面につけた状態。ハザード内では、スタンスをとったとき。

**アドレナリン[Adrenalin(ドイツ)]** 副腎(ふくじん)髄質ホルモン。神経刺激の伝達物質で、強心作用がある。また、グリコーゲンをブドウ糖にかえ、インシュリンと拮抗(きっこう)して血液中の糖分を調節する。日本薬局方ではエピネフリン。

**アドレノクロム[adrenochrome]** アドレナリンの生体内での酸化によって得られる赤色結晶物。毛細血管の抵抗性を増大し止血作用をもつ。肺出血・脳出血・鼻血・痔(じ)出血のほか、手術前後の出血の予防と治療に用いる。

**アトロピン[atropine]** ナス科植物にふくまれるアルカロイドの一種。中枢神経や副交感神経を抑制する。胃酸の分泌抑制、瞳孔(どうこう)の散大などを起こす。dl-ヒヨスチアミン。

**あな【穴・孔】** ①くぼんだ所。hole 用例 ―に落ちる。②《「坑」とも》地下にほった所。うつろにつきぬけた所。hole 用例 ―にはいる。③欠点。短所。fault; flaw 用例 相手チームの―。④損失。欠損。loss 用例 ―をあける。⑤かくれが。hiding place 用例 ―に逃げこむ。⑥競馬・競輪などで、番狂わせの勝負。用例 大―を当てる。⑦釣りや遊びなどで、人に知られていないよい場所。用例 ―場。

**穴が有れば入り度い**(あながあればはいりたい) 「穴にでも入り度い」と同意。

**穴が埋まる**(あながうまる) ①損失が補われる。make up a loss ②欠員が補充される。be supplied ③予定の入っていなかった時間帯が、ふさがる。また、抜けている場面・紙面・ページなどが補われる。fill a gap

**穴にでも入り度い**(あなにでもはいりたい) ひどくはずかしい。穴が有れば入り度い。I wish I could sink through the floor.

**穴の開く程**(あなのあくほど)《見るさまに言う》くいいるように。じっと。用例 ―見つめる。

**穴を開ける**(あなをあける) ①欠損を生ずる。cause a loss ②お金を使いこむ。cause a loss

**穴を穿つ**(あなをうがつ) 見すごしがちな物事の裏面・矛盾・欠陥、あるいは人の欠点・癖・内情をあばいたり、指摘する。穴を掘る。穿ちを言う。

**穴を埋める**(あなをうめる) ①損失を補う。穴埋めをする。cover a deficit 用例 銀行から金を借りて、―。②必要な人員が欠けているときに、代理をする。substitute ③予定の入っていなかった時間帯や、抜けている場面・紙面・ページなどを、うまく充足する。fill in the gap

**あな** 古語(感) 喜んだり悲しんだりするとき思わず発する語。ああ。あら。用例 ―たづたづし独(ひと)りさ寝(ぬ)れば(万葉・一五・三六二六)。

**アナ** ①「アナウンサー」の略。②「アナーキスト」の略。③「アナーキズム」の略。

**アナ【ANA】**《All Nippon Airways の略》全日本空輸(株)。

**あな-あおさ【穴石蓴】** 緑藻植物、アオサの一種。葉状の藻体に穴があいている。

**アナーキー[anarchy]**(名・形動) ①なげやりなさま。用例 ―なふるまい。②これまでの権威をみとめず、社会的に混乱している状態。無政府状態。

**あなあき-ぐも【穴明(き)雲】** 穴のあいた雲。高積雲などの中を飛行機が飛ぶと、その刺激によって雲粒が蒸発して、穴があく。非常に珍しい現象。

**アナーキスト[anarchist]** 無政府主義者。国家や政府は社会にとって有害とみなし、人間どうしの信頼と連帯を基礎に自発的な社会形成をめざす思想家・運動家。プルードン・バクーニン・クロポトキンらがその代表。日本では幸徳秋水(こうとくしゅうすい)・大杉栄(おおすぎさかえ)など。

**アナーキズム[anarchism]** 無政府主義。あらゆる権力・国家を否定し、個人の自律性を基礎とした連帯を通じて自由な社会の樹立をめざす政治・社会思想。プルードン・バクーニン・クロポトキンらが唱えた。

**あなあき-せん【穴明(き)銭】** まん中に穴のあいた昔の貨幣。一文銭など。

**アナーバ['Annaba]** アルジェリア北東部、地中海に臨む港湾都市。鉄鉱石・コルク材・タバコなどの輸出港。化学・製鉄・タバコ工業が発達。人口三四・八万(一九八三)。

**アナール-がくは【アナール学派】**(Ecole des Annales(フランス)) フランスの歴史学研究の一学派。一九二九年創刊の『社会経済史年報(アナール)』によって活躍。ブロック・ルフェーブルらが中心で、社会・経済・文学を包含した総合的歴史学の達成をめざした。

**あ-ない【案内】** 古語《「あんない」の「ん」を表記しない形》㊀(名) ①古代、官庁が後日のために書き残した文書。用例 今―を検(かむが)ふるに(万葉・六・一〇〇九・左注)。②文書の内容。物事の内情。用例 ―も知らぬ人は(宇津保・楼上上)。③よく知っていること。用例 人は今―して㊁(名・サ変他) ①取り次ぎをたのむこと。用例 ―聞こえむ(落窪・二)。②人をある場所にみちびくこと。③問いただすこと。用例 もらし奏し給ふこともありしと―し給へど(源氏・薄雲)。④知らせること。用例 かつがつ―伝へ聞こえさせ給ひける(源氏・若菜下)。

**あな-いち【穴一】** 銭ぐらいの大きさの穴を地面に掘り、一定の距離から銭を投げ、穴に入れることを競う遊戯。江戸時代に流行。

**あな-いと【穴糸】** ボタン穴をかがるときに用いる糸。よりの強い太めの絹糸で、主として毛織物類に用いる。buttonhole twist thread

**あな-うさぎ【穴兎】** カイウサギ(=イエウサギ)の原種。ノウサギに似るが四肢が短く、穴で生活。南ヨーロッパ・北アフリカに分布。Old World rabbit

**あな-うま【穴馬】** 競馬で、人気がないのに上位に入り予想をくつがえした馬。また、事前にそれが予想される馬。穴。ダークホース。dark horse 用例 ―を当てる。

**あな-うめ【穴埋め】**(名・サ変自他) ①穴を埋めること。to fill a hole ②損失をつぐなうこと。to cover a deficit

**アナウンサー[announcer]** 放送・告知する人。とくにラジオやテレビで、ニュースを読んだり番組の司会をしたり、実況を伝えたりする人。

**アナウンス[announce]**(名・サ変他) スピーカーを通して、ニュース・情報などを多くの人に知らせること。

**あな-かがり【穴縢り】** ボタン・ひもなどを通すための穴の縁をかがること。裁(た)ち目のほつれどめと装飾をかねる。buttonhole stitch

**あな-かしこ【嗟畏・恐惶・穴賢】**(連語)《「穴賢」は当て字。感動詞の「あな」に形容詞「かしこし」の語幹「かしこ」が付いたもの》①ああ、おそれおおい。つつしむべきだ。②女性が手紙の文末に付けて敬意を表す語。あらかしこ。あなかしく。かしこ。

**あながち【強ち】** ㊀(副)《下に打ち消しをともなって》必ずしも。まんざら。not necessarily 用例 ―悪いとも言えない。㊁ 古語(形動ナリ) むりやりなさま。極端なさま。用例 ―に人目おどろくばかり思(おぼ)されしも(源氏・桐壺)。

**あな-かま** 古語(連語)《「あな」は感動詞。「かま」は形容詞「かまし」の語幹》ああ、やかましい。静かに。やかましいのを制する語。用例 「―」とまねき制すれども(枕・正月一日は)。

**あなかま給え**(あなかまたまえ) さわがしい、静かにしなさい。



↓行き先項目、図版・写真参照印。　JIS 日本工業規格情報交換用漢字符号コード(区点コード)。

**あな-かんむり【穴冠】** 漢字を組み立てる部分の名。「空・突」などの上にある「穴」。

**アナクサゴラス【Anaxagorās】**(BC五〇〇ごろ-BC四二八ごろ) 古代ギリシアの哲学者。小アジア生まれ。万物は無数のスペルマタ(=種子)の分離・結合によって生じるとし、その原動力にヌース(=精神・理性)があると説いた。

**アナクシマンドロス【Anaximandros】**(BC六一〇ごろ-BC五四七ごろ) 古代ギリシアのミレトス学派の哲学者。万物の始原はト-ア-ペイロン(=無限なもの)であると説いた。Anaximander

**アナクシメネス【Anaximenes】**(BC五八五-BC五二八ごろ) 古代ギリシアの自然哲学者。アナクシマンドロスの弟子で、ミレトス学派の完成者。万物の始原を空気として宇宙論を展開した。

●アナグマ

**あな-ぐま【穴▼熊】** イタチ科の肉食獣。タヌキに似る。体長約五〇cm、尾長約一四cm。鋭い爪で穴を掘って巣とし、一一月から翌春まで冬眠。毛は硬く毛筆用。ユーラシア温帯部、日本では本州以南に分布。ササグマ。アナホリ。マミ。ミダヌキ。ムジナ。badger ↓写

**あな-ぐら【穴蔵・▼窖】** 地下に穴を掘って造った、物のたくわえ場所。cellar

**アナクレオン【Anakreōn】**(BC五七〇ごろ-BC四八〇ごろ) 古代ギリシアの叙情詩人。酒・恋の詩をうたう。後世多くの「アナクレオン風詩歌」が生まれた。

**アナクロニズム【anachronism】** 時代おくれになった思想や態度を守っていること。時代錯誤。時代おくれ。

●アナゴ　マアナゴ

**あな-ご【穴子】** アナゴ科の海水魚。体は円筒形で長く、全長約六〇cm。灰褐色で、腹側は淡い。夜行性で、昼間は海底の砂泥や岩の間などにひそむ。幼生はヤナギの葉のような形の透明なレプトセファルス。食用。日本全土に分布。conger eel ↓図

**アナコンダ【anaconda】** ボア科に属する世界最大のヘビの中の一種。全長九m以上に達するものもある。暗緑色の地に黒い円斑がある。半水生。無毒だが性質は荒く、水辺に来る獣などを捕食。卵胎生。南アメリカに分布。↓図

●アナコンダ

**あなじ【▽乾▽風】** 冬の北西風。おもに西日本で用いられる呼称で、この風のときは海が荒れるという。あなぜ。

**あな-じゃくし【穴▼杓子】** 調理器具の一つ。小さな穴がいくつもあいている玉じゃくし。汁気のあるものの中から、固形物をすくい出すときに用いる。skimmer

**あな-じゃこ【穴▼蝦▼蛄】** 浅海の砂泥の底に穴を掘ってすむエビ形の動物。甲殻類で、ヤドカリに近縁。体長約一〇cm。釣りの餌用。日本全土に分布。↓図

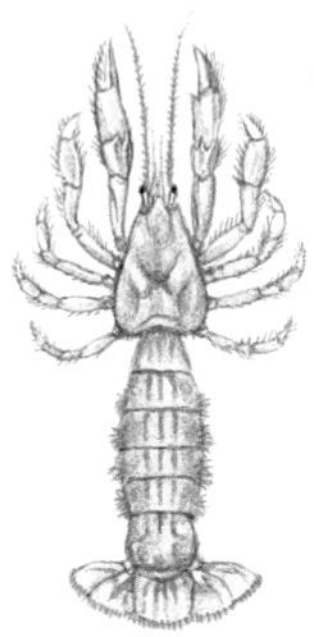
●アナジャコ

**アナスティグマート【anastigmat】** 非点収差を補正して画面全体に鮮明な像を結ぶようにしたレンズ系。

**あなずらわ・し【▽侮らわし】** 古語 (形シク)《「あなずる」の形容詞化》①うやまうに足りない。軽々しい。あなどられやすい。用例 いとかくやつれたるに―・しきにや(源氏・明石)。②遠慮しないでよい。気がおけない。用例 ただ右近をば、むつまじう―・しき方にて(栄花・浦々の別)。

**あなずり【▽侮り】** 古語 軽んじること。あなどり。

**あなず・る【▽侮る】** 古語 (四他) あなどる。用例 かの国の人にも少し―・られて(源氏・若紫)。

**あなぜ【▽乾▽風】** ↓あなじ(乾風)

**アナセン【Andersen】** ↓アンデルセン

**あなた【▽彼▽方】**(代) ①あちら。かなた。there 対義 かなた・こなた・そなた。②以前。まえから。before

**あなた【▽貴▽方】**(代) ①相手の敬称。you 対義 わたし・わたくし。②あのかた。参考「貴下・貴男・貴女」などとも書く。

**あなた-がた【▽貴▽方方】**(代) ふたり以上の相手をさす語。あなたたち。you

**あなた-こなた【▽彼▽方・▼此▽方】** 古語 ㊀(代) あちらこちら。用例 ―に住む人の子の四つ五つなるは(枕・人ばへするもの)。㊁(副)以前にも、以後にも。用例 ―物思ひとて心乱り給ふばかりの事あらじ(源氏・若菜下)。

**あなた-ざま【▽彼▽方様】** あちらのほう。

**あなた-まかせ【▽貴▽方任せ】** ①他人にたよって任せること。なるままに任せること。depend on others ②真宗で、仏の力にすがること。他力本願。

**あな-つばめ【穴▼窟▼燕】** ツバメに似たアマツバメ科の鳥。翼長一〇cm内外。背面は黒褐色、腹面は灰褐色。南アジア・東南アジアに分布。海岸の洞窟内に営巣。巣は海藻と羽毛を唾液で固めたもので中国料理に使われる。cave swift

**あな-づり【穴釣(り)】** ①ウナギのかくれている穴に、餌を付けた仕掛けを差し入れて釣り上げること。snigging ②湖などの氷に穴をあけ、その穴から魚を釣ること。ice fishing

**アナトール-フランス【Anatole France】** ↓フランス

**あなど-みかん【穴戸▼蜜▼柑】** イヨカンの別名。

**あなどり【侮り】** 侮辱。contempt 用例 ―を受ける。

**あな-どり【穴鳥】** 離島の地上に穴を掘って巣とするミズナギドリ科の海鳥。翼長約二〇cm。羽色は暗褐色。魚やイカが主食。太平洋・大西洋の暖帯地方に分布し、日本では小笠原・沖縄などで繁殖。

**アナトリア-はんとう【アナトリア半島】**(Anatolia) 小アジア半島の別称。

**あなど・る【侮る】**(五他) 見下げる。みくびる。けいべつする。look down on; despise

**アナナス【ananas】** ①観賞用に栽培されるパイナップル科の植物の総称。エクメア・ファシアタ・チランドシアなど種類が多い。熱帯アメリカ原産。②パイナップルの別名。↓写

**あなに-やし** 古語 (感) ああ美しい。ああすばらしい。あなにえや。用例 ―愛男を(古事記・上)。

**あな-ば【穴場】** ①あまり人に知られていない、いい場所。the best bet 用例 フナ釣りの―。②競馬・競輪場の、投票券売り場の俗称。betting office

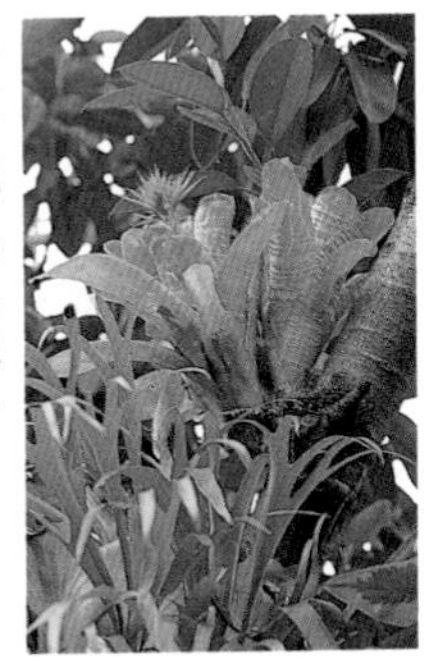
●アナナス①

●アナナス②　パイナップル

**あな-ばち【穴▼蜂】** ジガバチ科のカリュウドバチの一群。地中に穴を掘ったり、竹筒などを利用して巣を作る。バッタなどを刺して麻痺させて、巣に運び、それに卵を産みつける。種類は多いが、日本産は一〇種たらず。↓図

●アナバチ　クロアナバチ

**アナフィラキシー【anaphylaxis】** アレルギー反応の一種。免疫学上の現象に基づく即時型の過敏反応。血圧低下による重度の全身反応をアナフィラキシーショックという。

**あなぶき【穴吹】**〈町〉 徳島県北部、吉野川中流域の町。製材がさかん。剣山の登山口。人口九一六六(一九八八)。

**アナプラズマ-びょう【アナプラズマ病】** リケッチアによるウシの伝染病。発熱・黄疸などの症状を示す。家畜法定伝染病。anaplasmosis

**あな-ぼこ【穴ぼこ】**《俗語》あな。くぼみ。hole

**アナポリス【Annapolis】** アメリカ北東部、メリーランド州の州都。チェサピーク湾に臨む都市で、歴史上有名な建築物が多い。アメリカ海軍兵学校所在地。人口三・一万(一九八〇)。

**あなみ-これちか【▼阿▽南▼惟▽幾】**(一八八七-一九四五) 陸軍大将。第二次大戦終戦時の陸軍大臣。大分県生まれ。ポツダム宣言受諾に反対。終戦の八月一五日に自決。

**あなみず【穴水】**〈町〉 石川県北部、能登半島の七尾湾に臨む町。スギ・アスナロの製材がさかん。人口一万四〇六四(一九八八)。

**アナムネーシス【anamnēsis ギリシア】**《想起の意》プラトンの用語。魂が、身体と結合する前に知っていたイデアを思い出すというもので、真の知識に達する過程をいう。想起説。

**アナモルフィック-レンズ【anamorphic lens】** シネマスコープなどに用いる円柱状の補助レンズ。左右方向を二分の一に圧縮して撮影し、映写のさいは逆に伸展して映写。

**あな-や** 古語 (感)《強い驚き・感動を表す語》あれ。あら。用例 鬼はや一口に食ひてけり。―といひけれど(伊勢・六)。

**あ・なり** 古語 (連語)《動詞「あり」の連体形「ある」に、伝聞・推定の助動詞「なり」が付いた「あるなり」の音便形「あんなり」の「ん」を、表記しない形》あるということだ。あるそうだ。用例 竜の頸に五色にひかる玉―(竹取)。参考 中古では「あなり」と表記して、「あんなり」と読んだ。

**アナリスト【analyst】** ①分析する人。②解剖学者。③精神分析家。

**あなりつ【▼阿▼那律】**《Aniruddha 梵 の音写》釈迦十大弟子の一人。釈迦のいとこ。模範的な修行ぶりで知られ、天眼第一と称せられた。アニルッダ。

**アナルコ-サンジカリスム【anarcho-syndicalisme フランス】** 無政府主義的な性格の労働組合主義。政党を否定し、労働組合・ゼネストを資本主義打倒の主要な闘争組織・手段として位置づける。二〇世紀初頭のフランス労働運動に強い影響を与えた。

**アナログ【analog】**《相似物の意》数値を、温度・電圧・長さなどの連続する物理量を用いて表すこと。対義 デジタル。

**アナログ-けいさんき【アナログ計算機】** 情報量を、長さ・回転量・電圧などの物理的な量の大きさに置きかえて演算を行うコンピューター。演算計画が図形で表示されるので、近似値を求める計算に適している。analog computer 対義 デジタル計算機。

**アナログ-どけい【アナログ時計】** 文字盤の数字を針で示して時刻を表示する時計。analog clock 対義 デジタル時計。

**アナロジー【analogy】** =類推。①似ている点から他をおしはかること。②論理学で、二つの事例が多くの共通点をもつことから、他の属性についても同じだと推論すること。

**アナワク-こうげん【アナワク高原】**(Anáhuac) メキシコ中部、東・西シエラマドレ山脈の間の高原。標高二四〇〇m。同国農・

工業の中心地。

**あなん【阿難】**「阿難陀」の略。

**あなん【阿南】**〈市〉徳島県東部、那賀川下流の市。稲作や養殖漁業がさかん。製紙のほか諸工場が進出。人口六万一〇八三(一九八八)。

**あなん【阿南】**〈町〉長野県南部、天竜川に沿う町。稲作・果樹栽培主体。民俗芸能「新野の雪祭り」で知られる。人口七〇五八(一九八八)。

**あなんだ【阿難陀】**《Ananda 梵 の音写》釈迦の十大弟子の一人。釈迦のいとこ。釈迦の侍者として仕え、仏弟子中で釈迦の教説を最も多く記憶していたため多聞第一と称される。阿難。アーナンダ。

**あに【兄】** 対義 弟。①同じ親から生まれた年上の男子。elder brother ②妻・夫の兄。姉の夫。義兄。elder brother-in-law

**あに【阿仁】**〈町〉秋田県北部、阿仁川上流の町。農林業が中心。銅を産した阿仁鉱山は昭和四五年(一九七〇)閉山。人口五四二六(一九八八)。

**あに【豈】** 文語的 (副)《反語の助詞「や」をともなって》どうして。なんで。

**豈図らんや** どうしてそんなことを予測しようか。思いがけず。意外にも。

**あに-い【兄い】**《俗語》①兄貴。②勇みはだの若者。用例 すし屋の—。

**アニード【Isabel Maria Luisa Anido】**(一九〇七 ) アルゼンチンの世界的女流ギター奏者。作曲・編曲も行う。

**アニーよじゅうをとれ【アニーよ銃をとれ】**《原題 Annie Get Your Gun》アメリカのミュージカル。女性名射手アニー＝オークリーの実話からバーリンが作詞作曲。一九四六年初演。五〇年映画化。

**あに-き【兄貴】** ①兄の敬称、または愛称。older brother ②若い衆や、やくざ仲間で、兄として立てる人。兄い。兄貴分。one's senior

**あに-こうざん【阿仁鉱山】** 秋田県北部、阿仁町の鉱山。安土桃山時代には金・銀山、江戸前期以降は銅山として重要。昭和四五年(一九七〇)閉山。

**アニサキス【Anisakis】** 海生動物の寄生虫の一群。線虫の仲間で、人体に寄生する回虫に近い。中間宿主は魚類。おもにクジラの胃や腎臓などに寄生する。

**アニサキス-しょう【アニサキス症】** クジラなどの寄生虫アニサキスが人間の胃・腸壁にくいこみ、急性の腹痛、胃潰瘍に似た症状を起こす病気。

**あにじゃ-ひと【兄者人】** 古語《「兄である人」の意。「者」は当て字》兄を敬って呼んだ語。兄上。兄様。

**アニス【anis】** セリ科の一年草。温帯地方で栽培。夏に白色の小花が咲く。果実は褐色。薬用・香辛料。地中海・メキシコなどに分布。↓写

**アニゼット【anisette フラ】** アニスの種子で風味をつけたリキュール。水で割って食前酒として用いる。アルコール分二五～五〇%。

●アニス 乾燥した実。

**あに-でし【兄弟子】** 同じ師・親方に、先に教えをうけた者。senior fellow apprentice 対義 弟弟子。

**アニマ【anima】**《ラテン語で息の意》①古代哲学における、生命や思考の原理とされたもの。霊魂。精神。②ユングの説で、男性の内にある女性的要素。

**アニマリズム【animalism】** 文芸で、人間を単なる動物として考え、獣欲描写を重視する立場。野獣主義。

**アニマル【animal】** 動物。

**アニミズム【animism】** 動植物など、自然界のすべてのものに霊魂や精霊があると信ずること。精霊崇拝。

**アニメーション【animation】** 絵や人形などを少しずつ動かして一こまずつ撮影し、映写すると、絵や人形が、動いているように見える映画技術。また、その作品。動画。アニメ。

**あに-よめ【兄嫁・嫂】** 兄の妻。elder sister-in-law

**アニリン【aniline】** 芳香族アミンの一つ。化学式 $C_6H_5NH_2$ 沸点一八四・五℃の無色の液体であるが、空気中で酸化され赤褐色になる。塩基性を示す。染料・医薬品などの原料、溶媒などに利用。

**アニリン-せんりょう【アニリン染料】** ①アニリンからつくられる染料。aniline dye ②《最初の合成染料モーブの原料がアニリンであったことから》合成染料の総称。

**アニリン-ブラック【aniline black】** アニリンを酸化し、縮合させた合成染料。日光や洗濯に強く、木綿などの染色に利用。代表的な酸化染料。

**アヌイ【Jean-Marie-Lucien-Pierre Anouilh】**(一九一〇～一九八七) フランスの劇作家。人間性とその条件を追求し続ける。戦後演劇の旗手。戯曲『芝居の稽古』『ひばり』『ベケット』など。

**アヌビス【Anubis】** エジプト神話の死の神。山犬の頭をもつ、墓地とミイラづくりの神。死者の心臓を秤にかけ、生前の行為を審判。

**あね【姉】** 対義 妹。①同じ親から生まれた、年上の女子。elder sister ②妻・夫の姉。兄の妻。義姉。elder sister-in-law ③親しい婦人を呼ぶ語。

**あね-かとく【姉家督】** 長子相続制。下に男子がいても、長女が婿養子をとって家督を継ぐこと。または、その長女。労働力確保が目的で、東北地方の農漁村に多くみられた。

**あね-がわ【姉川】** 滋賀県北東部の川。長さ三七㎞。伊吹山地に発し、琵琶湖に注ぐ。下流部は稲作地帯。織田・徳川氏と浅井・朝倉氏の、姉川の戦いで知られる。

**あねがわ-の-たたかい【姉川の戦い】** 織田信長・徳川家康の連合軍と、浅井長政・朝倉義景の連合軍の戦い。元亀元年(一五七〇)両軍は近江の姉川流域で戦い、織田・徳川軍が勝利。

**アネクドート【anecdote】** こぼれ話。逸話。小話。

**アネクメーネ【Anökumene ドイ】** 人間の居住していない地域。極地方・砂漠・高山など居住条件の極端に悪い地方。対義 エクメーネ。

**あね-ご【姉御・姐御】** ①姉の敬称、または愛称。elder sister ②親分・兄貴分の妻。または女親分。boss's wife

**あねさき-まさはる【姉崎正治】**(一八七三～一九四九) 宗教学者。東大教授。京都府生まれ。号は嘲風。日本における宗教学研究の道を開いた。著書『宗教学概論』など。

**あね-さま【姉様】** ①姉の敬称、または愛称。elder sister ②若い女性の尊称。③「姉様人形」の略。

**あねさま-にんぎょう【姉様人形】** 千代紙などで作った衣装を着せ、縮緬紙で作った髪型に重点をおいた紙人形。

**あねさん-かぶり【姉さん被り】** 手ぬぐいのかぶり方。手ぬぐいを額から後ろへまわし、左右に角をたてて合わせた端を上へ折りあげる。婦人が掃除をするときなどの、ほこりよけのためのかぶり方。ねえさんかぶり。↓写

●姉さん被り

**あ-ねったい【亜熱帯】** 熱帯と温帯の中間、緯度二五～三〇度ぐらいの気候帯。月平均気温二〇℃以上が四～一一か月、二〇℃以下が一～八か月の範囲。一般に乾燥地帯が多いが、冬季に雨が降る地域もある。北アフリカ・中国南部・北アメリカ南部・南アメリカ南部・オーストラリア南部など。subtropical zone

**あねったい-こううりん【亜熱帯降雨林】** 亜熱帯多雨林の別称。

**あねったい-こうきあつ【亜熱帯高気圧】** 緯度二〇～三五度に存在し、夏は勢力が強く、冬は弱まる高気圧。subtropical anticyclone

**あねったい-ジェットきりゅう【亜熱帯ジェット気流】** 緯度三〇度近辺の上空約一万m付近に中心をもつ、強い西風。日本の梅雨と関係が深い。subtropical jet stream

**あねったい-たうりん【亜熱帯多雨林】** 亜熱帯の、雨量の多い地域に発達する常緑の森林。照葉樹林に比べ大形の葉が優占し、つる植物・着生植物が多い。亜熱帯降雨林。subtropical rain forest

**あねったい-モンスーンきこう【亜熱帯モンスーン気候】** ↓おんだんかうきこう(温暖夏雨気候)

**あね-にょうぼう【姉女房】** 夫より年上の妻。年上妻。姉さん女房。

**あねは-づる【姉羽鶴】** 淡青灰色の小形のツル科の鳥。翼長約五〇㎝。顔・のど・首は黒く、目の後ろに、白いふさ状の飾り羽がある。ヨーロッパ東南部からシベリア南部にかけて繁殖し、アフリカ・インドなどで越冬。日本へは、迷鳥としてまれに渡来。demoiselle crane

**アネモネ【anemone】** キンポウゲ科の多年草。耐冬性の球根植物。高さ約三〇㎝。葉は羽状複葉。春先に、赤・白・紫・青などの花が咲く。花は、萼が花冠のように見える。観賞用。南ヨーロッパ原産。↓写

●アネモネ

**アネモメーター【anemometer】** ↓ふうそくけい(風速計)

**アネロイド-きあつけい【アネロイド気圧計】** 金属の力による変形を利用した気圧計。内部を真空にした金属容器の、気圧変化による変形を拡大して、気圧を指示する。aneroid barometer

**アネロビクス【anaerobics】** ふつうにとり入れた酸素量では不足が起こるぐらいに高強度の身体運動。短い時間内に行い、瞬発力を必要とする、短距離走・重量挙げなどの運動が代表的。無酸素的運動。比較 エアロビクス。

**あ-の【彼の】**（連体）①話し手・聞き手のどちらからも遠い物事をさして言う語。比較 彼。対義 この・その・かの。②相手も知っている物事について言う語。例の。くだんの。用例 —方。—山の向こう。用例 —話。—こと。

**あの声で蜥蜴食らうか時鳥**《榎本其角の句。ホトトギスは、その声の哀れさから優しい鳥かと思っていたが、トカゲを食うとは驚いた、の意》人の、かわいらしい、また、優しげであるなどの見かけによらず、隠された内心の荒く、激しいことのたとえ。

**あの**（感）人に呼びかけるときの語。また、話の始めや途中でのためらいによる、また、聞き手の注意をひくための語。あのう。

**アノア【anoa】** 小形のスイギュウ。肩高約一m。セレベス島に分布。

**あのう【安濃】**〈町〉三重県、津市北西隣の町。稲作と近郊農業が主産業。宅地化が進む。人口九八九二(一九八八)。

**あのう【賀名生】** 奈良県南西部、西吉野村にある地名。南北朝時代、南朝の後村上天皇が、難を避けて行宮を設けた地。観梅の名所。

**アノード【anode】**《ギリシア語で、上への道、の意》電子が流れ込む側の電極。または陰イオンが引きつけられる方の電極。電池と電気分解では、正と負が逆になる。対義 カソード。

**あの-かた【彼の方】**（代）「あの人」の敬語。that person 対義 このかた・そのかた。

**あのくたら-さんみゃく-さんぼだい【阿耨多羅三藐三菩提】**《仏教語。anuttara-samyak-sambodhi 梵 の音写で、無上正遍知と訳す》仏の、最高で完全な悟りの境地。無上正等正覚。正等覚。

**あのつ【安濃津】** 三重県津市の古称。伊勢湾の海港で、福岡の博多津、鹿児島の坊津とともに歴史的な三津の一つ。

**アノフェレス【Anopheles】** ハマダラカ類のカの属名。

**アノマテカ【Anomatheca】** アヤメ科の秋植え球根草。秋に剣状の葉が出て、五月に、花径

●アノマテカ

↓ 行き先項目、図版・写真参照印。 JIS 日本工業規格情報交換用漢字符号コード(区点コード)。

一cmほどの花を数個つける。花色は朱赤・白・桃色など。南アフリカ原産。鉢植え用。ヒメヒオウ。→写

**アノミー**[anomie フランス] 社会病理学の基本概念の一つ。社会の動揺・解体から生じる個人の行動・欲求の無規制状態。ノイローゼ・非行・犯罪・自殺などの形をとる。フランスの社会学者デュルケームが定式化。

**あの-よ**【▽彼の世】《仏教語》死後に行くという世界。来世。the other world; the next world 対義 この世。

**彼の世千日、此の世一日**(あのよせんにち、このよいちにち) 死後の千日の楽しみより、現世の一日の楽しみのほうがよいということ。

**アノラック**[anorak] ①エスキモーが使う、毛皮製の、フードつき防寒具。②防水加工したナイロン製などの、①に似た形の上着。登山・スキー・釣りなどをする際に着用。ヤッケ。→写

●アノラック②

**アノン**[Charles Louis Hanon](一八一九~一九〇〇) フランスのピアノ・オルガン奏者、音楽教育家。著書『ハノン教則本』は、ピアノの基礎練習の教則本として有名。

**あば**【▼阿波】〈村〉岡山県北部の、鳥取県に接する村。スギ・ヒノキなどの林業がさかん。人口八二二六(一九八八)。

**アパート**《「アパートメントハウス」の略》一棟の建物の内部が、複数の住戸に仕切られた賃貸の共同住宅。

**アバール-じん**【アバール人】五~九世紀の中央アジア・東ヨーロッパに栄えた、モンゴル系の遊牧民族。Avar

**アハガール-さんち**【アハガール山地】(Ahaggar) アルジェリア南東部、サハラ砂漠中央部の高原地帯の総称。標高一〇〇〇mの岩石砂漠地帯。

**あば・く**【暴く・▽発く】(五他) ①掘り出す。dig; open 用例 墓を―。②人の欠点や秘密を明るみに出す。すっぱぬく。expose; disclose 用例 過去を―。

**アバクーム**[Petrovich Avvakum](一六二〇ごろ~八二) ロシア国家教会分離派の指導者・司祭長。『自伝』はロシア最初の、口語による古典。

**アパシー**[apathy]《苦痛を感じない、の意の apátheia ギリシア から》無感動・無関心で冷淡なこと。とくに、政治に対して無関心なこと。

**あばしり**【▽網走】〈市〉北海道北東部のオホーツク海に臨む市。サケ・スケトウダラ漁の基地。天都山・原生花園・モヨロ貝塚などが有名。人口四万二九三二(一九八八)。

**あば-ずれ**【▼阿婆擦れ】《「阿婆」は当て字》世間ずれがして、ずうずうしく、品行の悪いこと。とくに、そのような女。real bitch

**あばた**【▽痘▼痕】《arbuda梵 の転》疱瘡のなおったあとに、顔に残るくぼみ。また、それに似た形状のもの。pock-mark

**痘痕も靨**(あばたもえくぼ) 愛していると、相手の短所まで長所に見えること。Love is blind.

**アパタイト**[apatite] →りんかいせき(燐灰石)

**アバダン**[Abādān] イラン南西部、シャッタルアラブ川河口より五〇km上流の、アバダン島にある工業都市。石油の精製・輸出の大基地。人口二九・四万(一九七六)。

**アパッショナータ-ソナタ**[Sonata appassionata] ベートーベン作曲のピアノソナタ、ヘ短調、作品五七の通称。一八〇五年完成。曲のもつ性格から『熱情』と呼ばれる。

**アパッチ**[Apache] 北米インディアンの一種族。二〇世紀初頭まで白人の侵入に抵抗。現在はアリゾナ州・ニューメキシコ州などに居住。アサパスカン系言語を話す。

**アパテイア**[apatheia ギリシア]《パトスがない、の意》感情に動かされない、平静不動の安らかな心境。ストア哲学の理想で、外界の影響を受けつけず、情念に支配されない状態。apathy

**アバディーン**[Aberdeen] イギリス北東岸の港湾都市。ディー川とドン川の河口にある。同名県の県都。花崗岩の上にあるので「みかげ石の町」と呼ばれる。人口一九万(一九八七)。

**アバディーン-アンガス-しゅ**【アバディーン-アンガス種】 スコットランド原産の肉用牛。毛色は黒く、角はない。早熟早肥で、皮下脂肪が厚い。Aberdeen Angus

**アバド**[Claudio Abbado](一九三三~) イタリアの指揮者。一九七一年ウィーン-フィルハーモニー管弦楽団初の終身指揮者に就任。明るい音色と的確な様式感をそなえる。

**あばら**【▽荒ら】(名・形動) ①あれはてたさま。②すきまが多く、戸じまりのないさま。③「あばら屋」の略。

**あばら**【▼肋】 胸部をかこむ骨組み。あばら骨。ろっこつ。ribs

**アパラチア-さんみゃく**【アパラチア山脈】(Appalachian Mountains) 北アメリカ東部を北東から南西に走る老年期の山地。石油・石炭などの地下資源に富む。最高峰ミッチェル山は標高二〇三七m。アメリカ開拓初期の自然的障害となった。

**アパラチア-ぞうざんうんどう**【アパラチア造山運動】 古生代末(石炭紀~二畳紀)に北アメリカ東部のアパラチア山脈を形成した造山運動。著しい褶曲や多くの断層をともなう。Appalachian revolution

**アパラチア-たんでん**【アパラチア炭田】(Appalachian Coal Fields) アメリカ、アパラチア山脈西部に広がる炭田の総称。中心は同国最大のペンシルベニア炭田。

**アパラチア-へんかく**【アパラチア変革】 アパラチア造山運動の異称。

**あばら-ぼね**【▼肋骨】 →ろっこつ(肋骨)

**あばら-や**【▽荒屋】 ①そまつな、あれた家。tumbledown house ②自分の家をけんそんしていう語。

**あば・る**【▽荒る】 古語 (下二自) 荒れはてる。荒れすたれる。用例 むかひたる廊の、うへもなく―・れたれば(源氏・末摘花)。

**アパルトヘイト**[apartheid アフリカーンス]《分離・隔離、の意》南アフリカ共和国の、有色人種に対する隔離政策。一九一三年、原住民土地法制定により国家政策として確立。人種隔離政策。

**あば・れる**【暴れる】(下一自) ①らんぼうする。あれ回る。act violently 用例 酔って―。②いさましく行動する。act bravely 用例 試合で大いに―。

**アパレル**[apparel] ①衣服。服装。装い。②既製服。用例 ―メーカー。

**アパレル-さんぎょう**【アパレル産業】 既製服業とそれに関連する産業の総称。apparel business

**あばれん-ぼう**【暴れん坊】 ①行動が乱暴な人。rowdy ②思想・言動などが過激な人。radical

**アバン-ギャルド**[avant-garde フランス]《軍隊用語で、前衛の意》①前衛派・前衛芸術。既成の観念や流派を否定・破壊し、新しい芸術を模索する、最も革新的な芸術の総称。②第一次大戦前後からヨーロッパで起こった芸術運動。とくにシュールレアリスムと抽象芸術を総括していうことが多い。

**アバン-ゲール**[avant-guerre フランス]《戦前の意》①第一次大戦前の、芸術上の諸傾向。②《転じて》第二次大戦を境として、それ以前の思想・道徳・生活態度などによろうとする傾向・その人々。戦前派。対義 アプレゲール。

**アバンチュール**[aventure フランス]《もと、意外なできごと・冒険、の意》男女の火遊び。情事。

**あび**【▼阿比】 アビ科の海鳥の総称。およびその一種で、翼長約三〇cmの鳥。夏季に北極付近で繁殖し、冬季に日本などへ渡る。潜水してイカナゴなどの小魚を捕食。魚群の発見や、広島県下の瀬戸内海に古くから伝わる鳥持ち網代漁法に利用。→図

●アビ

**アピア**[Apia] 西サモアの首都。太平洋中南部、ポリネシアのウポル島の北岸にある港湾都市。ドイツ植民地当時より首都。イギリスの作家スティーブンソンの墓がある。人口三・二万(一九八〇)。

**アピール**[appeal](名・サ変自他) =アッピール。①世論・人々の心などに訴えること。また世論を起こす運動。②人の興味をひきつけること。

**あび-きょうかん**【▼阿鼻叫喚】 ①《仏教語》阿鼻地獄と叫喚地獄。②大ぜいの人が、むごたらしいめにあって、苦しみさけぶこと。

**あびこ**【▼阿▼毘古・▼阿▼弭古・▽我▽孫】 古代の姓の一つ。広く地名として残る。

**あびこ**【▽我▽孫子】〈市〉千葉県北西部の市。旧宿場町。近郊農業がさかん。東京の衛星都市化が進む。人口一一万六一一七(一九八八)。

**あ-ひさん**【亜▼砒酸】 ①三酸化二砒素を水に溶かしたとき、溶液中に存在する酸。弱酸。溶液は毒性が強い。arsenious acid ②《俗に》酸化砒素。

**あひさん-えん**【亜▼砒酸塩】 三酸化二砒素と塩基とから生じる塩。一般式$MAsO_2$で表されるメタ亜砒酸塩がもっともよく知られている。一般に毒性が強い。医薬・殺虫剤・農薬に利用。arsenite

**あび-じごく**【▼阿鼻地獄】《「阿鼻」はavīci梵 の音写。無間と訳される》無間地獄の別称。

**アビシニア**[Abyssinia] エチオピアの旧称。

**アビシニア-こうげん**【アビシニア高原】(Abyssinian Highlands) エチオピアの大部分を占める高原。標高二〇〇〇~三〇〇〇m。地溝帯により東西に二分される。

**アビシニアン**[Abyssinian] イエネコの一品種。体形は細長く、顔は三角形で、目はアーモンド形。毛色は黄褐色。古くからエジプト地方で飼われてきた。

**アビジャン**[Abidjan] 西アフリカ、コートジボアールの首都。大西洋に臨む港湾都市。コーヒー・カカオ・木材などを輸出。人口九五・一万(一九八二)。

**あひ-しら・ふ** 古語 (四他) →あいしらう

**あび・せる**【浴びせる】(下一他) ①はげしくそそぎかける。pour on 用例 水を―。非難を―。②相手に上からはげしく攻撃を加える。subject to 用例 一太刀を―。体を―。

**アビセンナ**[Avicenna](九八〇~一〇三七) イブン=シーナのラテン名。

**アビタシオン**[habitation フランス] 住宅。住居。日本では、民間のアパート式賃貸・分譲住宅をさすことが多い。

**あびだつま**【▼阿▼毘達磨】《Abhidharma梵 の音写で、法に関する研究、の意。大法・無比法・対法・論と訳す》仏教の三蔵の一つ『論書』。『阿含経』の教理を、さまざまな観点から分類整理し、個々について定義・解釈をしている。アビダルマ。

**アピトン**[apitong] フタバガキ属の樹木の材。ラワンより重く、硬いので、枕木・車両などに使用。

**アビニョン**[Avignon] フランス南東部、ローヌ川下流の商工業都市。「アビニョンの橋」のサンベネゼ橋が有名。人口九・一万(一九八二)。アヴィニョン。

**アビニョンのはしのうえで**【アビニョンの橋の上で】《原題Sur le pont d'Avignon フランス》軽快な舞曲風のフランス民謡。日本でも古くから親しまれる。

**アビニョン-の-ゆうしゅう**【アビニョンの幽囚】 一三〇九~七七年、ローマ教皇庁が南フランスのアビニョンに移された事件。教皇権がフランス王権に屈伏したことを幽囚に擬して、教皇のバビロン捕囚ともいう。Avignon papacy

**アビリンピック**《和製語。abilityとOlympicの合成語》身体障害者が、製図や旋盤などの技能を競う大会。昭和四七年(一九七二)、日本で初めて開催され、世界各国に普及。同五六年(一九八一)初の世界大会が日本で開かれた。

**あひる**【▽家▼鴨・▼鶩】 ガンカモ科の家禽。マガモを飼いならしたもの。卵肉兼用のペキン種は、体重三・五~四kg。孵化後二〇〇~二二〇日で産卵。卵用種で年間約三〇〇個産む。卵を加工した中国料理のピータンは有名。アヒロ。ダック。duck →写

●アヒル

▼常用漢字表外。 ▽常用漢字表の音訓外。

**家鴨が文庫を背負うた様**（あひるがぶんこをしょうたよう）背が低く尻の大きい、歩く姿が不格好な女の形容。

**家鴨の火事見舞**（あひるのかじみまい）背の低い女が、大きな尻を振りながら急いで歩くさまをあざけって言う。

**家鴨の脚絆**（あひるのきゃはん）①短いものをたとえた語。②アヒルは、脚絆をつけていても水に入るように、天性のものは変えがたいたとえ。

**家鴨の行列**（あひるのぎょうれつ）子どもなどが、わいわいがやがや言いながら、並んで通って行くことの形容。

**あ・びる【浴びる】**（上一他）①水・湯などを、自分にそそぎかける。pour on oneself 用例 水を―。②はげしく受ける。be exposed to 用例 非難を―。一太刀―。

**浴びる程飲む**（あびるほどのむ）酒を、思いっきり多く飲む。鯨飲する。drink like a fish

**アヒンサー【ahiṃsā梵】**《不殺生の意》あらゆる生きものを殺したり傷つけたりしてはいけないということ。ジャイナ教や仏教など、インドの宗教のもっとも基本的な思想。インド独立の父とされるガンジーは「非暴力」の意味でこれを用いた。

**あぶ【▼虻・▼蝱】**①ハエやカを除いた、双翅目の昆虫の総称。一般的な俗称。②アブ科の昆虫の総称。人畜から吸血する。アカウシアブは日本最大で、体長二〜三㎝。雌は昼間飛来して吸血。アブ科は日本に約六〇種を産する。horsefly

**あぶ【▼阿武】**〈町〉山口県北部、萩市北東隣の町。無角牛の産地。耐火れんが工場がある。人口五八七四(一九八八)。

**あ・ぶ【浴ぶ】** 古語（上二他）↓あびる(浴びる)

**アファーマティブ-アクション【affirmative action】**《積極的行動の意》一九六五年以後アメリカで、少数民族や女性などに対する差別解消のためにとられる、雇用・高等教育の促進などの積極的措置。

**アブー-バクル【Abū Bakr al-Ṣiddīq】**(五七三ごろ〜六三四) イスラム教の初代カリフ(在位六三二〜六三四)。ムハンマドを補佐し、イスラム教拡大の大きな力となった。

**アフェランドラ【Aphelandra】** キツネノマゴ科の常緑草。葉は幅広く、二〇㎝前後。濃い緑色に黄色の斑が葉脈状に入り、茎頂の包葉は黄金色・桃黄色など。観葉植物。↓写

**アフォリズム【aphorism】** 人生や社会などに関する断章風の評言。旧約聖書の『箴言』、芥川竜之介の『侏儒の言葉』など。警句。格言。金言。

**アフガニスタン【Afghanistan】**(Republic of Afghanistan) 西アジア東部の内陸にある共和国。首都カブール。一九一九年イギリスから独立。農業国。国土の大半は山地・高原・砂漠で、ステップ気候。面積六四・七万㎢。人口一八六一万(一九八六)。正称、アフガニスタン共和国。

**アフガニスタン-ふんそう【アフガニスタン紛争】** アフガニスタン政府軍と反政府ゲリラとの内戦。一九七九年、政府軍支援のためソ連軍が介入したが、八九年撤退。Afghanistan internal conflict

**あぶ-がわ【▼阿武川】** 山口県北部の川。長さ八二㎞。阿武山地に発し、長門峡を経て、萩三角州を形成し、日本海に注ぐ。

**アフガン-あみ【アフガン編み】** 編み物の技法の一種。棒針編みと鉤針編みの技術を混合したもの。往復の二動作を繰り返して、編み進む。畳編み。Afghan stitch ↓写

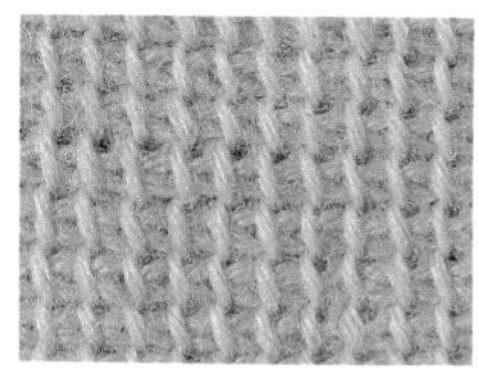

●アフガン編み

**アフガン-せんそう【アフガン戦争】** アフガニスタンとイギリスとの、三次にわたる戦争。一九一九年の第三次戦争によりアフガニスタンはイギリスから独立。Afghan Wars

**アフガン-ハウンド【Afghan hound】** イヌの一品種。肩高六〇〜七〇㎝。大形で長毛。獣猟犬・牧羊犬。アフガニスタン原産。

**あふぎ【▽扇】**↓おうぎ(扇)

**アブキールわん-の-たたかい【アブキール湾の戦い】**《「アブキール」はAbū Qīr》一七九八年、ネルソンの率いるイギリス艦隊が、アレクサンドリア付近のアブキール湾でフランス艦隊を撃破し、エジプト遠征中のナポレオンを孤立させた海戦。Battle of the Nile

**あぶく【▽泡】** あわ。bubble

**あぶく-ぜに【▽泡銭】** 働かないで得たお金。悪銭。

**あぶくま-がわ【▼阿武▼隈川】** 福島・宮城両県を北流する川。長さ二三九㎞。那須岳の北に発し、郡山盆地・福島盆地を経て、仙台湾に注ぐ。古くは重要な交通路であった。

●アフェランドラ

**あぶくま-こうち【▼阿武▼隈高地】** 福島県東部を南北に走る高原状の山地。主峰は大滝根山で一一九三m。隆起準平原で、農耕・放牧地が多い。阿武隈高原。

**アプザイレン【Abseilenドイ】** 登山で、ロープを使って、岩壁など急で険しい斜面を下降する技術。懸垂下降。

**あふさ-きるさ** 古語（形動ナリ）↓おうさきるさ

**アブサロム【Absalom】** 旧約聖書『サムエル記』中の人物。ダビデ王の三男で、王位をうばい取ろうとして戦死。

**アブサン【absintheフラ】** ニガヨモギを主とした薬草類を入れ、蒸留してつくったリキュール。緑黄色で芳香・苦味があり、水を加えると白濁する。アルコール分六八％。現在では純粋のものは生産中止。

**アブ-シンベル【Abu Simbel】** ナイル川西岸、アスワンの南二八〇㎞にある遺跡地。前一三世紀にラメセス二世が造営した岩窟神殿で有名。一九六八年アスワン-ハイ-ダム建設により水没するため、遺跡ごと約七〇m後方の丘へ移動された。↓写

●アブシンベル　アブシンベル神殿。

**アブストラクト【abstract】**①《「アブストラクト-アート」の略》抽象美術。②要旨。摘要。抄録。

**アブセンティーズム【absenteeism】** 労働者が、正当な理由なく無断で欠勤すること。

**アフタ【aphtha】**「アフタ性口内炎」の略。

**あぶた【▼虻田】**〈町〉北海道南西部、内浦湾に臨む町。洞爺湖温泉があり、洞爺湖・有珠山・昭和新山などの観光基地。人口一万一三一八(一九八八)。

**アフター【after】**（接頭）あと・のち、の意を表す。用例 ―サービス。

**アフターケア【aftercare】** 病気・傷害の治療後に、再発の予防や回復の促進を内容として、家庭生活・社会生活への復帰を容易にするための保護・指導・管理をすること。

**アフター-サービス**《和製語》商品の販売後に行う、修理・点検などのサービス業務。after-sales servise

**アフターバーナー【afterburner】**①自動車の排ガスを再燃焼させて浄化するための装置。②ターボジェットエンジンの推力増加装置。タービンの後部の排気ガスにさらに燃料を噴射して燃焼させ、噴流速度を増加するもの。

**アフター-レコーディング**《和製語》↓アフレコ

**アプダイク【John Updike】**(一九三二〜) アメリカの詩人・小説家。繊細な文体で日常生活にひそむ空虚感と不安を描く。小説『走れウサギ』『カップルズ』『イーストウィックの魔女たち』など。

**アブダクション【abduction】** 仮説発想。パースの用語。演繹・帰納とならぶ推理の一形態で、事実から仮説を導きだすこと。

**アフタせい-こうないえん【アフタ性口内炎】** 口内の粘膜に粒状の潰瘍ができ、痛みをともなう炎症。ヘルペスウイルスの感染やそれに対する過敏症が原因。アフタ。stomatitis aphthosa

**アフタヌーン【afternoon】** ＝アフターヌーン。①午後。②「アフタヌーンドレス」の略。

**アフタヌーン-ドレス【afternoon dress】** 午後のパーティーなどの外出用の婦人服。和服の訪問着にあたる。↓写

●アフタヌーンドレス

**アブ-ダビ【Abū Ẓabī】** アラビア半島南東部、ペルシア湾に臨む、アラブ首長国連邦の首都。石油の輸出港。人口六七万(一九八五)。Abu Dhabi

**アフタリオン【Albert Aftalion】**(一八七四〜一九五六) フランスの経済学者。パリ大学教授。景気変動論の権威として知られる。加速度原理の首唱者。

**あふち【▼楝】**↓おうち(楝)

**あぶつに【▼阿仏尼】**(?〜一二八三) 鎌倉中期の歌人。藤原為家の側室となり、冷泉為相らを産む。紀行『十六夜日記』、歌論『夜の鶴』。

**アプトしき-てつどう【アプト式鉄道】** スイスのアプトが発明した特殊軌道鉄道。レールとレールの間に、車両に付けられた歯車とかみ合う装置をつけたもの。登山鉄道など、急勾配の昇降に利用される。Abt-system railway

**あぶな・い【危ない】**（形）①災難にあいそうで、はらはらさせられる。危険だ。あやうい。dangerous 用例 冬山は―。②心配だ。おぼつかない。doubtful 用例 あしたの天気は―。③信用・信頼できない。untrustworthy 用例 本当かどうか―ものだ。派生 あぶなが・る(五自) あぶなげ(名・形動) あぶなさ(名)

**危ない橋を渡る**（あぶないはしをわたる）あえて、危険な方法で、ことを行う。特に、法に触れるようなやり方で、仕事などをすることに言う。skate on thin ice

**あぶな-え【危な絵】** 浮世絵美人画の一つ。女性が肌を露出した絵。秘戯画とは異なる。

**あぶなく【危なく】**（副）もう少しのことで。すんでのことに。nearly 用例 ―死ぬところだった。

**あぶな-げ【危なげ】**（名・形動）①危険であること・さま。あやうげ。dangerous ②おぼつかないこと・さま。uncertain 用例 ―な足つき。

**あぶなげ-な・い【危なげない】**（形）見ていて不安になるようすがない。危なっかしい感じがしない。確実である。危なげがない。safe; certain 用例 ―勝ち方。

**あぶな・し【危なし】** 古語（形ク）↓あぶない(危ない)

**あぶなっ-かし・い【危なっかしい】**（形）安定しておらず、不安な感じがする。危なげである。unsteady 用例 ―運転。

**アブノーマル【abnormal】**（形動）性質・行動などが、正常でないさま。異常。病的。対義 ノーマル。

**アブハーズ-じちきょうわこく【アブハーズ自治共和国】**(Abkhazskaya ASSR) ソビエト連邦を構成する自治共和国の一つ。首都スフーミ。グルジヤ共和国に属する。避寒・保養地。世界的な長寿地として著名。面積八六〇〇㎢。人口五一・七万(一九八九)。正称アブハーズ自治ソビエト社会主義共和国。

**あぶ-はち【▼虻▼蜂】**①アブとハチ。horsefly and bee ②「虻蜂取らず」の略。

**虻蜂取らず**（あぶはちとらず）両方を得ようとして、どちらも得られないたとえ。虻蜂。fall between two stools

**あふひ【▽葵】**↓あおい(葵)

**アフマートワ【Anna Akhmatova】**(一八八九〜一九六六) ソ連の女流詩人。詩に現実性を求めたアクメ



↓行き先項目、図版・写真参照印。 JIS 日本工業規格情報交換用漢字符号コード(区点コード)。

イズムに参加。詩集『夕べ』『数珠』『ヒーローのいない叙事詩』『レクイエム』など。

**あふま-が-とき【▾逢魔が時】** ↓おうまがとき(逢魔が時)

**アフマドゥーリナ【Bella Akhatovna Akhmadulina】**(一九三七)ソ連の女流詩人。詩集『琴線』、長詩『わが系譜』など。

**あふみ【▿近▿江】** ↓おうみのくに(近江国)

**あ-ぶみ【▾鐙】**《「足ぁ踏み」の意》①馬具の一つ。くらの両側にたらし、乗る人が足をかけるもの。stirrups ↓馬具図 ②登山で、岩壁をよじ登るときのなわばしご。

**あぶやま-こふん【▾阿武山古墳】** 大阪府高槻市奈佐原阿武山の山頂で、昭和九年(一九三四)に発見された古墳。七世紀の退化した横穴式石室があり、内に夾紵棺が安置されていた。棺内から金糸をまとい、石枕を置いた遺骸が発見され、近年、藤原鎌足の墓とする説もある。

**あぶら【油】** ①水と混じらない、室温でかなりの粘度をもつ液状の有機物。成分から油脂・植物精油、用途から食用油・燃料油などに大別される。oil 用例 ―をしぼる。―を差す。②おだてること。おせじ。flattery 用例 ―を言う。③活動するためのエネルギー。energy

**油が切れる**(あぶらがきれる)《燃料や潤滑剤としての油がなくなることから》精力が衰える。気力がつづかなくなる。

**油尽きて火消える**(あぶらつきてひきえる)《おおもとが尽きれば、それによってもたらされていたものも自然と消滅することのたとえから》①年をとると煩悩がなくなり、仏性をあらわしてくる。②もとでがなくなって、商売ができなくなる。

**油に水**(あぶらにみず) 異質なものが混じり合って、互いに溶け合わない、また、なじまないことのたとえ。油に水の交じる如し。水と油。be as incompatible as

**油を売る**(あぶらをうる) 用事の途中で、おしゃべりなどをして時間をつぶす。なまける。goof off

**油を差す**(あぶらをさす)《機械などに注油することから》元気づける。encourage

**油を絞る**(あぶらをしぼる)《植物などの油をしぼりとることから》きびしく責め立てる。rake someone over the coals

**油を注ぐ**(あぶらをそそぐ) 勢いをさらにはげしくさせる。おだてる。pour oil on the flame 用例 火に―。

**油を採る**(あぶらをとる) ①人の失敗や欠点などを、強くなじる。ひどいめにあわせる。油を絞る。②仕事の手抜きをする。骨惜しみする。

**油を流した様**(あぶらをながしたよう) 波がまったく立たない、静かで穏やかな海面などの形容。glassy

**あぶら【脂・▾膏】** 固体状のあぶら。肉のあぶら。脂肪。fat

**脂が乗る**(あぶらがのる) ①魚などに脂肪がついて、味がよくなる。②仕事などがおもしろくて乗り気になる。warm up to one's work

**アプラ【APRA】**《Alianza Popular Revolucionaria Americanaの略》アメリカ革命人民同盟。一九二四年に結成されたペルー最古で最大の政党。反米的で革新的な政治路線をとる。

**あぶら-あげ【油揚(げ)】** 豆腐を薄く切って油で揚げたもの。いなりずし・汁の実・煮物などに使う。いなりあげ。うす揚げ。あげ。あぶらげ。数え方 一枚・一丁。

**あぶら-あし【脂足】** 足の裏に脂肪を多く分泌すること。また、そういう体質の足。

**あぶら-あせ【脂汗】** 苦しい時などに出る、ねっとりした汗。greasy sweat

**あぶら-いため【油▾炒め】** 調理法の一つ。食品を、油でいりつけること。

**あぶら-いり-しゃだんき【油入(り)遮断器】** 遮断器の一種。スイッチが開くとき、接点間に生じる強力なアーク放電を鉱物油などで冷却して消滅させる。oil circuit

**あぶら-え【油絵】** 油絵の具を油で溶いて、カンバス(=画布)や板などに描く絵。一五世紀以後、絵画の代表的技法となった。oil painting 比較 水彩画。

**あぶら-えのぐ【油絵の具】** 油絵用の絵の具。主として鉱物性の顔料をリンシード油・ポピー油など乾燥性の油で練ったもの。oil colors 比較 水絵の具。

**あぶら-かす【油▾粕・油▾糟】** 植物油のしぼりかす。食品工業の原料、家畜の飼料、および園芸用などの肥料として利用。ダイズかす・ナタネかす・アマニかす・ゴマかす・綿実かすなど。oil cake

**あぶら-かぜ【油風】** 四月ごろに吹く、南よりの穏やかな風。油まじ。油まぜ。

**あぶら-がみ【油紙】** 桐油、または荏の油をひいた美濃紙。防水性があり、包装や湿布などに使う。oilpaper

**あぶら-がや【油▾茅・油▾萱】** カヤツリグサ科の多年草。山野や谷間の湿地に群生する。高さ約一m。葉は線形で、硬く、光沢がある。秋に散房花序をつける。温帯から熱帯にかけて広く分布。↓図

●アブラガヤ

**あぶら-がれい【油▾鰈】** 北日本に産するカレイ科の海水魚。全長六〇cm前後で、口は大きい。目のある側は紫がかった青黒色。多量に漁獲されるが、「猫またぎ」「縁切り」などといわれるくらいにまずい。魚油をとり、肝臓はビタミン油の原料となる。茨城県以北に分布。

**あぶら-ぎり【油▾桐】** トウダイグサ科の落葉高木。暖地で栽培され、野生化したものもある。高さ約一〇m。葉は互生し、大形で、先端は三裂。雌雄異花。種子から桐油をとり、防水剤とする。中国原産。ドクエ。↓写

●アブラギリ

**あぶら-ぎ・る【脂ぎる】**(五自) 脂肪がのって、ぎらぎらする。greasy 用例 ―・った顔。

**あぶら-け【油気】** 油分のあるようす。あぶらっけ。oiliness

**あぶら-げ【油▿揚】**「あぶらあげ」の略。

**あぶら-こうもり【油▾蝙▾蝠】** イエコウモリの別名。

**あぶら-ざ【油座】** 鎌倉・室町時代、灯火油を製造・販売した商人の組合。山城大山崎の油座や符坂油座が有名。

**あぶら-さし【油差(し)】** 油をさす器具。油つぎ。oiler; oilcan

**あぶら-ざめ【油▾鮫】** 深海にすむ、ツノザメ科のサメ。全長約一・五m。灰褐色の地に小白点が散在。第一・第二背びれの前にとげがある。卵胎生。練り製品の原料。北太平洋に分布。アブラツノザメ。↓サメ図

**あぶら-しば【油芝】** カヤツリグサ科の多年草。山地の砂礫地にはえる。葉は根生し、幅広い線形。七月ごろ、高さ一〇～一五cmの茎を出して、先端に、油気を帯びたような黄褐色の密集した花序をつける。

**あぶら-じ・みる【油染みる】**(上一自) 油が染みついて、汚れる。become oily

**あぶら-しょう【脂性】** 脂肪の分泌の多い体質。対義 荒れ性。

**あぶら-すぎ【油杉】** マツ科の常緑針葉高木。樹皮は暗灰褐色で、葉は線状披針形。材には油が多い。建築材・土木用材。台湾、中国中部以南の山地に分布。

**あぶら-すすき【油▿薄・油▾芒】** イネ科の多年草。山野に群生。高さ一m内外。葉は線形、茎は円柱形で油臭い。九～一〇月に、円錐状の花穂をつける。亜熱帯・熱帯に分布。↓図

●アブラススキ

**あぶら-ぜみ【油▾蟬】** 日本でもっともふつうに見られるセミ科の昆虫。全長約六cm。体は黒褐色、翅は褐色で不透明。ジージーと鳴く。幼虫は六年間の地中生活ののち、七年めの盛夏に羽化。日本全土・朝鮮半島に分布。オオゼミ。アカゼミ。アブラ。↓写

**あぶら-チャン【油▾瀝▿青】** クスノキ科の落葉小高木。本州・四国・九州の山野にはえる。三～四月に多数の淡黄色の小花が咲く。果実から油を採り、材も油を含むので薪とする。

**あぶらっ-こ・い【油っこい・脂っこい】**(形) ①脂肪分が多く、しつこい。oily; greasy 用例 ―食べ物。②性質があっさりしない。obstinate 用例 守銭奴を―・く演じる。

**あぶら-つつじ【油▾躑▾躅】** ツツジ科の落葉低木。山地にはえる。枝先に輪生する葉の裏面に、油を塗ったような光沢がある。五～七月、緑白色の花序を下垂。

**あぶら-つぼ【油▾壺】** ①油を入れるつぼ。②髪油を入れておくつぼ。③油絵の具を溶くための油の容器。④石油ランプの油を入れておく部分。

**油壺から出す様**(あぶらつぼからだすよう) つやつやとして美しいようす。油壺から出た様。

**あぶらつぼ【油▾壺】** 神奈川県三浦市、三浦半島西岸の地区。ヨットハーバー・マリンパーク・海水浴場などがある観光・行楽地。

●アブラゼミ

**あぶら-でり【油照り】** うすぐもりで、風がなく、じりじりと照りつけて、むし暑いこと。

**あぶら-といし【油▾砥石】** 硬くて、きめの細かな砥石。純粋な無水珪酸の結晶からなり、製図用カラスロ、切削工具の刃などの研磨に使用。水のかわりに油でとぐ。oilstone

**アフラトキシン【aflatoxin】** カビなどが産生する毒素。蛍光を発する。$B_1$・$B_2$・$G_1$・$G_2$などの構造を確認。そのうち$B_1$は、強い毒性と発癌性がある。

**あぶら-な【油菜】** アブラナ科の二年草。高さ〇・八～一・五m。春に黄色の小花を房状につける。種子から菜種油をとるため栽培。油かすは肥料。ナタネ。ナタネナ。ナノハナ。↓写

●アブラナ

**あぶら-ねんど【油粘土】** 油などを加えた粘土。彫塑材・理科実験材・保育用教材などに用いる。一年を経ても固くならないため、形の取り直しが容易。油土。

**アブラハム【Abraham】** 前二〇〇〇年ごろの人。ユダヤ教・キリスト教およびイスラム教で「信仰の父」とされている伝説的人物。旧約聖書『創世記』で、イスラエルの始祖。『コーラン』ではアラブの祖。

**あぶら-はや【油▾鮠】** コイ科の淡水魚。全長約二〇cm。渓流、細流、河川の中流域のよどみにすむ。雑食性。不味。琵琶湖以東の本州に分布。

**あぶら-びれ【脂▾鰭】** 背びれと尾びれの間に出るひれ。サケ・マス・アユ・ワカサギなどにある。

**あぶら-ぼうず【油坊主】** 深海の岩礁上にすむアブラボウズ科の魚。全長約一・二m。背側は暗灰色で腹側は淡い。幼魚には白色の縞や斑点がある。美味であるが脂肪分が多い。本州中部以北の北太平洋に分布。

**あぶら-まじ【油▿真▿風】** ↓あぶらかぜ(油風)

**アフラ-マズダ【Ahura Mazdā】** ゾロアスター教の最高神。世界の創造者、善と光明の源泉であり、悪と暗黒の神アーリマンを闘争の末に滅ぼす。



▾ 常用漢字表外。 ▿ 常用漢字表の音訓外。

**あぶら-み【脂身】** 食肉の、脂肪の多い部分。fat

**あぶら-むし【油虫・▼蚜虫】** ①植物に寄生し汁を吸う、アブラムシ科・ネアブラムシ科などの小昆虫の総称。種類が多い。春から秋、単為生殖と有性生殖で繁殖。卵胎生。甘い分泌物を出すのでアリが集まる。アリマキ。キジラミ。aphid ②ゴキブリの異名。cockroach ③人に飲食などをたかる者。↓写

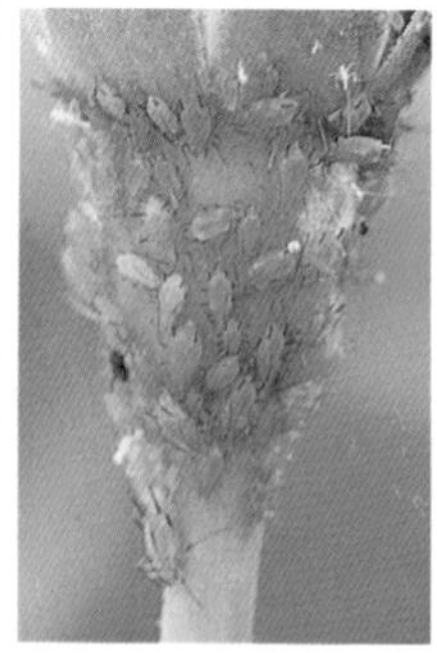
●アブラムシ① イバラヒゲナガアブラムシ

**あぶら-やし【油▼椰子】** 油脂をとるヤシの俗称。もっとも一般的なアフリカアブラヤシは、高さ約二〇m、葉は羽状で大きい。果実は橙色で径約四cm。中果皮からパーム油をとる。

**あぶら-よたか【油夜▼鷹】** 一科一種のアブラヨタカ科の鳥。洞窟に棲み、エコーロケーション(コウモリなどのように音波によって物体の存在を感知すること)を行う。全長約四六cm。果実が主食。南アメリカに分布。oil-bird

**あぶら-ワニス【油ワニス】** 油性ワニスの別名。

**ア-プリオリ【a priori ラテン】**(名・形動)《先のものから、の意》経験から独立に。経験に先立って。先験的。先天的。対義アポステリオリ。

**アフリカ【Africa・阿弗利加】** 六大州の一つ。南北両半球にわたり、東は紅海とインド洋、西は大西洋に囲まれる。世界第二の大陸。近世に強国の植民地支配により分割され、「暗黒大陸」とよばれた。第二次大戦後、各地に独立国が誕生した。

**アフリカーンス-ご【アフリカーンス語】** 南アフリカ共和国で英語とともに用いられる公用語。一七世紀後半、移民によってもたらされたオランダ語が母体で、バンツー語からの借用語もみられる。Afrikaans

**アフリカおうだん-せいさく【アフリカ横断政策】** 一九世紀末のフランスのアフリカ植民地化政策。サハラ砂漠とその以南を領有したフランスが、植民地と支配国によるアフリカ横断を企図したが、イギリスと対立。ファショダ事件で挫折。Crossafrican Policy

**アフリカ-おうだんどうろ【アフリカ横断道路】** ケニアとナイジェリアのラゴス港を結びアフリカ大陸中央部を横断する道路。長さ六三〇〇km。Trans-African Highway

**アフリカ-かいはつききん【アフリカ開発基金】**(African Development Fund) アフリカ開発銀行(AFDB)の活動を補完するための国際金融機構。アフリカ諸国の社会・経済開発の促進が目的。一九七三年発足。AFDF。AfDF。

**アフリカ-かいはつぎんこう【アフリカ開発銀行】**(African Development Bank) アフリカ諸国の経済開発促進に資するための国際銀行。一九六四年発足。AFDB。AfDB。

**アフリカ-きんせんか【アフリカ金▼盞花】** キク科の園芸用一年草。橙黄色の舌状花が茎頂に一個咲く。南アフリカ原産。ディモルフォセカ。dimorphotheca

**アフリカ-けいざいいいんかい【アフリカ経済委員会】**(Economic Commission for Africa) 国連経済社会理事会の中の地域経済委員会の一つ。アフリカ地域の経済開発の調査・援助を行う。一九五八年設置。ECA。

**アフリカじゅうだん-せいさく【アフリカ縦断政策】** 一九世紀末のイギリスのアフリカ植民地化政策。植民地でアフリカを南北に結ぼうとするもの。九〇年代には中部諸地方、九八年エジプト、さらに南アフリカを領有、第一次大戦後に完成。Transafrican Policy

**アフリカ-すみれ【アフリカ▼菫】** セントポーリアの別名。

**アフリカ-ぞう【アフリカ象】** 現存する陸生動物中最大の哺乳類。記録は、体高三・九五m、体重一二t余。サバンナなどに群棲し、木の葉や草を食べる。耳が大きく、雌雄ともに牙が大きい。性質は荒い。サハラ以南のアフリカに分布。African elephant ↓写

●アフリカゾウ

**アフリカ-だいちこうたい【アフリカ大地溝帯】**(African Great Rift Valley) 東アフリカの高地を南北に走る長さ数千kmの谷状のくぼ地列。東西二列からなる大陸の裂け目。

**アフリカ-つめがえる【アフリカ▼爪▼蛙】** 生物実験に使われるコモリガエル科のカエル。雌は体長一〇cmに達するが、雄は小さい。後肢の指に爪がある。東・南アフリカに分布。African clawed toad ↓図

●アフリカツメガエル

**アフリカとういつ-きこう【アフリカ統一機構】**(Organization of African Unity) アフリカ諸国による国際機構。主権・独立の擁護、統一と団結などをめざして一九六三年に結成。本部アジスアベバ。加盟五〇か国(一九八七)。OAU。

**アフリカ-とんコレラ【アフリカ豚コレラ】** ウイルス性のイノシシ・ブタの急性伝染病。日本での発生はない。症状は豚コレラと類似し、多くは死亡する。家畜法定伝染病。

**アフリカ-の-つの【アフリカの角】**《形がサイの角に似ていることから》アフリカ大陸東北部の通称。最大の難民発生地帯エチオピアなどを含み、複雑な種族構成で多様な宗教の混在する地域。Horn of Africa

**アフリカ-の-とし【アフリカの年】** 一九六〇年のこと。この年にアフリカでコンゴ・セネガルなど一七か国が独立したことから。

**アフリカ-ぶんかつ【アフリカ分割】** 一九世紀末～二〇世紀初めの、西欧列強によるアフリカ大陸の帝国主義的植民地化の過程。イギリスの縦断政策とフランスの横断政策が交錯。さらに独・伊・ベルギーなどが加わり激化。一九一〇年のアフリカにおける独立国は、エチオピア・リビアの二国のみであった。division of Africa

**アフリカ-ほうせんか【アフリカ▼鳳仙花】** ツリフネソウ科の多年草(園芸上は一年草)。花色は鮮紅色・白・淡紅色など。葉に斑が入るものもある。南アフリカ原産。インパチエンス。

**アフリカ-まいまい【アフリカ▼蝸▽牛】** 菜園や庭園を荒らす大形のカタツムリ。殻高約一〇cm、殻径約五cm。東アフリカの原産であるが、東南アジア各地、奄美・小笠原諸島、沖縄にも分布。giant snail

**アフリカ-みんぞくかいぎ【アフリカ民族会議】**(African National Congress) アパルトヘイトの撤廃をめざす南アフリカ共和国の解放運動組織。一九一二年、南アフリカ全国原住民会議として発足。二三年より現名称。非同盟諸国の首脳会談などにオブザーバーとして参加する資格ももつ。ANC。

**アフリカン-マリーゴールド【African marigold】** マリーゴールドの園芸品種。草丈約九〇cm。花は大輪で八重咲き。花色は黄・濃橙。花壇植え。マンジュギク。

**アフリカン-リリー【African lily】** アガパンサスの別名。

**アプリコット【apricot】** アンズ。

**あふり-さん【▽雨降山】** 神奈川県にある大山の別称。

**あふり-じんじゃ【▼阿夫利神社】** 神奈川県伊勢原市大山にある旧県社。祭神は大山祇神ほか二柱。大山阿夫利神社。

**あぶり-だし【▼炙り出し・▼焙り出し】** 薬液などで紙に文字や絵を描き、乾かしたあと、火にあぶってそれが現れるのを楽しむ遊び。塩水やミカン汁では黒く、塩化コバルト溶液では青色に現れる。

**あぶり-もの【▼炙り物・▼焙り物】** 火であぶった食べ物。するめ・焼き魚類など。

**あふ・る【▼煽る】** 古語(四他)↓あおる(煽る)

**あふ・る【▼溢る】** 古語(下二自)↓あふれる(溢れる)

**あぶ・る【▼炙る・▼焙る・▼燔る】**(五他) ①火に当てて温めたり、乾かしたりする。warm 用例手を—。②かるく焼く。broil lightly 用例のりを—。

**あぶ・る【▼溢る】** 古語(下二自)↓あぶれる(溢れる)

**アプレイウス【Lucius Apuleius】**(?〜一二三ごろ) ラテン文学の代表的作家。アフリカ生まれ。現存する最古のラテン小説『黄金の驢馬』(変身譚)の作者。著書『弁明』。

**アプレ-ゲール【après-guerre フランス】**《戦後の意》①第一次大戦後の芸術上の新しい傾向。②《転じて》第二次大戦後、それまでの思想・道徳・生活態度などにとらわれない傾向・その人々。戦後派。アプレ。対義アバンゲール。

**アフ-レコ**《和製語。「アフターレコーディング」の略》映画やテレビで、あらかじめ画面を撮影し、それに合わせてあとから音楽や声などを入れる録音法。postrecording; dubbing 対義シンクロ。

**あぶれ-もの【▼溢れ者】** ①ならず者。よけい者。②仕事にありつけない者。

**あふ・れる【▼溢れる】**(下一自) ①いっぱいになってこぼれる。overflow 用例風呂の水が—。②満ち満ちている。overflow 用例若さに—。

**あぶ・れる【▼溢れる】**(下一自) ①仕事にありつけなくなる。be out of a job ②釣りや猟でえものがない。no game ③あまり者になる。

**アフロ-アジア【Afro-Asia】** アフリカとアジア。

**アプローチ【approach】**(名・サ変自) ①研究対象などにせまること。②建物に通じる道。用例玄関の—。③スキーや陸上競技のジャンプで、スタートからふみきりまでの間。④《「アプローチショット」の略》ゴルフで、グリーンの近くからホールめがけて打つショット。

**アフロ-キューバン【Afro-Cuban】**《アフリカ系キューバ、の意》音楽用語で、黒人色の濃いキューバ音楽をさす。狭義には『タブー』などのソン-アフロと呼ぶ音楽をさす。

**アフロディテ【Aphroditē ギリシア】** ギリシア神話で愛と美と豊穣の女神。海の泡から生まれ、オリンポスの十二神に加わる。ローマ神話ではウェヌス(=ビーナス)。Aphrodite; Venus

**アフロ-ヘア**《「アフロ」はアフリカの、またはアフリカ人の、の意》髪型の一つ。黒人の髪のようにちりちりにした毛の広がりで、丸く刈りそろえて形づくる。アフロ。Afro ↓図

●アフロヘア

**アフワーズ【Ahvāz】** イラン南西部、フージスタン地方の商工都市。一二～一三世紀の交易都市。近年は石油開発で繁栄。人口三三・四万(一九七六)。

**あべ-いそお【▽安▽部▼磯雄】**(一八六五〜一九四九) キリスト教社会主義者。福岡県生まれ。日本の社会主義運動の先駆者。日露戦争では非戦論を主張。社会民主党・社会民衆党・社会大衆党を組織。

**あべいちぞく【▼阿▽部一族】** 森鷗外の歴史小説。大正二年(一九一三)発表。肥後細川藩主への殉死を許されなかった一族の悲壮な最期を描く。

**アペイロン【apeiron ギリシア】**《無限なもの、の意》古代ギリシアのアナクシマンドロスが、世界の根源は物質であると考え、その名とした哲学上の概念。

**アベー-ざ【アベー座】**(Abbey Theatre) アイルランドのダブリンにある劇場。アイルランド国民演劇運動の拠点。一九〇四年開場以来、イェーツ・グレゴリー夫人・シングら代表的劇作家が活躍。

**アベオクタ【Abeokuta】** 西アフリカ、ナイジェリアの商業都市。港湾都市ラゴスと鉄道で

結ばれる。人口三〇・一万(八九推定)。

**あべ-かわ**【▽安▽倍川】静岡県中部、静岡市域を南流する川。長さ五一km。安倍峠に発し、駿河湾に注ぐ小石の多い川。流域は茶の産地。

**あべかわ-もち**【▽安▽倍川▼餅】もちにきな粉と砂糖をまぶしたもの。静岡県の名物。あべかわ。

**あべ-こうぼう**【▽安▽部公房】(一九二四―) 小説家・劇作家。東京生まれ。東大医卒。前衛的手法で実存的な生の意味を追求。作品『砂の女』『他人の顔』『燃えつきた地図』など。

**あべ-こべ**(名・形動) 順序・位置などが逆であること・さま。さかさま。反対。reverse

**あべ-じろう**【▼阿▽部次郎】(一八八三〜一九五九) 哲学者。山形県生まれ。東大卒。夏目漱石に師事。東北大教授。『三太郎の日記』で広く青年に影響を与えた。著書『人格主義』など。

**アベスタ**【Avesta ペルシア】ゾロアスター教の基本聖典。祭儀の式文、律法の書、神々への賛歌、祈禱文などを集成。

**アペタイザー**【appetizer】食欲を増進させるために食前にとる、アペリチフ・オードブルなど。

**あべ-たちばな**【▼阿▽倍▼橘】《「あべ」は「あえ」の転。名は香りのよい皮をあえ物に使ったことから》甘橘類の一種。現在のミカンまたはクネンボのことといわれるが不明。

**アベック**【avec フランス】《原語の、ともに、の意から》①男女のふたりづれ。同伴。couple ②ふたりまたは二つの団体などが、いっしょに行動などをすること。用例三、四番打者――ホームラン。

**アヘッド**【ahead】《先んじて、の意》スポーツ競技などで、勝ち越していること。用例先制のホームランで、まず一点―。

**あべ-ともじ**【▼阿▽部▽知▽二】(一九〇三〜一九七三) 小説家・英文学者。岡山県生まれ。東大卒。ヒューマニズムの立場に立って、知識人の苦悩を描く。作品『冬の宿』『人工庭園』、評論『主知的文学論』など。

**アベドン**【Richard Avedon】(一九二三〜) アメリカの写真家。ファッション・女性写真にすぐれる。作品集『オブザベーション』など。

**あへ-な・し**【▽敢無し】古語(形ク) ↓あえなし(敢無し)

**アベニュー**【avenue】並木道。大通り。

**アペニン-さんみゃく**【アペニン山脈】(Apennines) イタリア半島を南北に貫く山地の総称。最高峰コルノ山は標高二九一四m。アペニーノ。

**アペニン-トンネル**【Apennines Tunnels】《Grande Galleria dell' Appenino 大アペニントンネル》イタリア中部、アペニン山脈を横断してボローニャとフィレンツェを結ぶ鉄道トンネルの英語名。長さ一八・五km。一九三一年開通。

**あべの**【▼阿▽倍野】大阪市南部、上町台地にある地区。天王寺駅を中心にターミナル商店街を形成。高級住宅や学校も多い。

**あべ-の-くらはしまろ**【▼阿▽倍倉▼梯麻▼呂】(?〜六四九) 孝徳天皇時代の左大臣。藤原鎌足らとともに大化の改新政策を推進。初名、内麻呂。

**あべ-の-さだとう**【▽安▽倍▽貞▽任】(一〇一九〜一〇六二) 平安中期の陸奥の豪族。頼時の子、宗任の兄。前九年の役で源頼義と戦い、厨川柵で戦死。

**あべ-の-せいめい**【▽安▽倍晴明】(九二一〜一〇〇五) 平安中期の陰陽家。識神(=精霊)を使い事変を予見したという。

**あべ-の-なかまろ**【▼阿▽倍仲麻▼呂】(六九八〜七七〇) 奈良時代の遣唐留学生。養老元年(七一七)入唐。名を朝衡とかえて玄宗皇帝に仕え、治績をあげた。海難で帰国できず、在唐五十余年で長安に客死。

**あべ-の-ひらふ**【▼阿▽倍比羅夫】(生没年未詳) 古代の武将。七世紀半ばに蝦夷、粛慎を討ち、白村江の戦いにも活躍。

**あべ-のぶゆき**【▼阿▽部▽信行】(一八七五〜一九五三) 軍人・政治家。石川県生まれ。昭和一四年(一九三九)首相兼外相。のち翼賛政治会総裁、朝鮮総督などを歴任。

**あべ-の-むねとう**【▽安▽倍▽宗▽任】(生没年未詳) 平安中期の陸奥の豪族。頼時の子、貞任の弟。前九年の役で源頼義に降伏ののち、伊予、大宰府へと配流。

**あべ-の-よりとき**【▽安▽倍▽頼時】(?〜一〇五七) 平安中期の陸奥の豪族。子の貞任・宗任らと前九年の役を起こすが、鳥海柵で戦死。

**アベ-プレボー**【Abbé Prévost】↓プレボー

**アベベ**【Abebe Bikila】(一九三二〜一九七三) エチオピアのマラソン選手。ローマ・東京の両オリンピックで史上初の二連覇をとげた。

**あべ-まき**【▼椚】ブナ科の落葉高木。山地にはえる。高さ約一七m。葉は互生し長楕円形。五月ごろ黄色の小花が咲く。山形県以南に分布。樹皮からコルクをとる。↓写

●アベマキ

**あべ-まさひろ**【▼阿▽部正▼弘】(一八一九〜一八五七) 幕末の老中。備後福山藩主。安政元年(一八五四)日米和親条約を締結。洋学所・軍艦教授所などを創設。

**アベ-マリア**【Ave Maria ラテン】①ローマ-カトリック教会の祈禱文の一つ。「天使祝詞」と訳される。処女マリアに対する祈り。②①の歌詞に作曲した作品。

**あべ-よししげ**【▽安▽倍▽能▽成】(一八八三〜一九六六) 哲学者・教育者。愛媛県生まれ。東大卒。一高校長・文相・学習院院長などを歴任。夏目漱石の門下。

**アベラール**【Pierre Abélard】(一〇七九〜一一四二) フランスのスコラ哲学者・神学者。普遍論争では概念論の立場をとった。弟子エロイーズとの恋愛で知られる。著書『然りと否』。

**アペリチフ**【apéritif フランス】食欲増進の目的で食前に供される軽い酒。ベルモット・シェリー・各種カクテルなど。食前酒。

**アベル**【Abel】旧約聖書『創世記』の中の人物。アダムとイブの第二子。牧羊に従事していたが、ヤハウェが彼の供物だけを受けいれたため、兄カインの怒りにふれ殺された。

**アベル**【Kjeld Abell】(一九〇一〜一九六一) デンマークの劇作家。社会主義的立場から現代の社会悪を描く。戯曲『青い狆』など。

**アペル**【Karel Appel】(一九二一〜) オランダの画家。抽象表現主義的な画風。同世代の画家の集団「コブラ」に参加。

**アベレージ**【average】①平均。標準。②野球で、打数に対する安打数の割合。打率。

**アペレス**【Apelles】(生没年未詳) ギリシアの画家。前四世紀後半、マケドニアの宮廷画家としてアレクサンドロス大王の肖像などを描いた。

**アベロエス**【Averroës】(一一二六〜一一九八) イブン=ルシュドのラテン名。

**あ-へん**【▼阿片・▼鴉片】①麻薬の一つ。ケシの未熟果皮に傷をつけ、流出する乳液を乾燥させたゴム状の物質。種々のアルカロイドを含む。せき止め・痛み止め・下痢止めとなる。モルヒネ・コデインの原料。opium ②《転じて》判断を正常でなくするもの。

**あへん-くつ**【▼阿片▼窟】アヘンをすわせる秘密の場所。opium den

**あへん-せんそう**【▼阿片戦争】一八四〇〜四二年、アヘン禁輸問題を発端に起こった清朝とイギリスとの戦争。四二年六月清朝は大敗し、南京条約を締結、鎖国政策を解いた。Opium Wars

**あへん-ちゅうどく**【▼阿片中毒】麻薬であるアヘンの吸飲によっておこる症状。急性では死に至ることもある。慢性型は常習性吸飲によるもので、やせて皮膚蒼白、眼光鈍くなり、幻覚などの神経症状を伴う。opiumism

**アペンディクス**【appendix】付属物。付録。追加。

**アホ**【Juhani Aho】(一八六一〜一九二一) フィンランドの近代文学開化期の代表的小説家。自然主義から出発して新ロマン主義に移る。作品『牧師の妻』など。

**アポイントメント**【appointment】人と会ったり会合をもったりする約束。アポイント。アポ。

**あ-ほう**【▼阿▼呆・▼阿▽房】(名・形動)《ともに当て字》愚かなこと・さま。また、そのような人。ばか。たわけ。

**阿呆が酢に酔った様**(あほうがすによったよう) しまりがないさま。だらしないさま。

**阿呆に付ける薬無し**(あほうにつけるくすりなし) 愚か者を直す方法はない。There's no medicine for curing a fool.

**阿呆の足元使い**(あほうのあしもとづかい) 愚か者は、足元にある物を取るのにも人をつかう。自分でできることにも、いちいち人の手を借りるような愚かさを言う。

**阿呆の三杯汁**(あほうのさんばいじる) 汁を三杯もおかわりするのは、作法知らずである。大食いする人を、あざけって言う語。阿呆の大飯。

**阿呆の鼻毛で蜻蛉を繋ぐ**(あほうのはなげでとんぼをつなぐ)《だらしなく鼻毛をのばしている、の意》この上もなく愚かなことに言う。

**阿呆の話食い**(あほうのはなしぐい) 愚かな人間は考えもなく、人から聞いたことをすぐに実行しようとする。

**阿呆の一つ覚え**(あほうのひとつおぼえ)「馬鹿の一つ覚え」と同意。

**阿呆を尽くす**(あほうをつくす) 度のすぎたふざけ方をする。愚かな行為にふける。

**あぼう-きゅう**【▼阿房宮】中国、秦の始皇帝が国都咸陽の郊外に建てた宮殿。未完のうちに項羽により焼亡。東西八〇〇m、南北一五〇m、一万人収容の規模という。遺跡は西安市西方の阿房村にある。

**あほうげた-たたく**【▼阿▼呆▼桁▼叩く】(連語)《「あほう」の「ほう」と、「頬桁」の「ほお」とをかけたことば》ばかなことを言う。

**あぼう-とうげ**【▽安房峠】長野・岐阜両県の県境、乗鞍岳北方にある峠。標高一八一二m。信州と飛驒を結ぶ重要交通路。

**あほう-どり**【▽信▽天▽翁】アホウドリ科の大形の海鳥。翼を広げると二mを超える。翼の一部と尾が黒いほかは白色。乱獲などで激減し、現在は鳥島に一〇〇羽ほど生息するのみ。特別天然記念物。国際保護鳥に指定。シンテンオウ。アルバトロス。albatross ↓写

**アボカド**【avocado】クスノキ科の常緑高木。北米・中米で栽培される。熱帯果樹。果皮は濃緑または黒紫色でつやがある。果肉は脂肪とたんぱく質が多く栄養豊富。ワニナシ。↓写

**アボガドロ**【Amedeo Avogadro】(一七七六〜一八五六) イタリアの科学者。一八一一年にアボガドロの法則を発表し、分子の概念を提唱した。

**アボガドロ-すう**【アボガドロ数】一モル中に含まれる、分子・原子・イオンなどの粒子数。Nまたは$N_A$で表し、その値は$6.02\times10^{23}$である。Avogadro's number

**アボガドロ-の-ほうそく**【アボガドロの法則】同温度・同圧力のもとで同体積の気体はすべて同数の分子を含むという法則。一八一一年アボガドロが仮説として提唱、のちに気体分子運動論の立場から実証された。Avogadro's law

**あほ-くさ・い**【▼阿▼呆臭い】(形) ばからしくて、いやだ。あほらしい。あほうくさい。

**アポクリファ**【Apocrypha】↓がいてん(外典)

**アポクリン-せん**【アポクリン▼腺】汗腺の一つ。分泌物には細胞を含み、特有の臭気を放つ。思春期に発達し、腋窩に多く、わきがの原因となる。apocrine gland

**アポ-こうそ**【アポ酵素】複合たんぱく質からなる酵素のうち、低分子成分が分離されてできた活性基以外のたんぱく質部分。apoenzyme

●アホウドリ　右は幼鳥。

●アボカド

**アポ-さん【アポ山】**(Mount Apo) フィリピン、ミンダナオ島南東部の活火山。標高二九五四m。同国の最高峰。熱帯性の広葉樹の森林でおおわれ、サルクイワシの生息地として知られる。付近一帯は国立公園。

**ア-ポステリオリ**【a posteriori ラテン】(名・形動)《より後なるものから、の意》経験に依存して。経験から生まれる。後験的。後天的。対義 アプリオリ。

**アポストロフィー**【apostrophe】 欧文で、省略や所有格を表す記号「'」。

**あほだら-きょう【▾阿▾呆▾陀羅経】**《「阿呆陀羅」は当て字》僧体の門付け芸人が語り歩いた祭文の一種。経文に似せて作り、民衆の立場から政治・風俗を風刺したもの。江戸時代から明治にかけて流行、寄席芸にもなった。

**アボット**【George Abbott】(一八八七～) アメリカの劇作家・演出家。戯曲『ブロードウェー』、ミュージカル『パジャマ-ゲーム』など。

**あほ-らし・い【▾阿▾呆らしい】**(形) ばからしい。ばかばかしい。あほくさい。ridiculous

**アポリア**【aporia ギリシア】《道のないこと、難問、の意》アリストテレスでは、思考の過程で、一つの問題に対してたがいに矛盾する二つの結論が出て、解決不可能な状態。

**アポリネール**【Guillaume Apollinaire】(一八八〇～一九一八) フランスの詩人・小説家・評論家。詩の可能性を未到の領域に追求。二〇世紀文学・芸術の開拓者となる。詩集『アルコール』『カリグラム』、小説集『異端教祖株式会社』、評論『キュビスムの画家たち』など。

**アポロ**【Apollo】「アポロン」のラテン語形。

**アポロ-うすばしろちょう【アポロ薄羽白▾蝶】** アゲハチョウの一種。開張約七・五cm。ウスバアゲハの仲間では世界的にもっとも著名な種。ヨーロッパから中央アジアに分布。アポロチョウ。アポロウスバアゲハ。parnassian butterfly

**アホロートル**【axolotl スペイン】 幼形成熟するので有名なメキシコサンショウウオ。外鰓をもち、尾はひれ状という幼生形のまま全長三〇cm余に達し、成熟・繁殖する。メキシコ市周辺の沼に生息。ウーパールーパー。

**アポロ-がた【アポロ型】** 理性的で、整った形式をそなえていること。Apollonian type 対義 ディオニュソス型。

**アポロがた-しょうわくせい【アポロ型小惑星】** 小惑星群の一つで近日点が地球軌道の内側にあるもの。Apollo Asteroids; Apollo minor planet

**アポロ-けいかく【アポロ計画】** 人間の月面着陸および帰還を目的として、アメリカで実施された月探査計画。一九六一年に決定し、六九年にアポロ一一号で人類初の月面着陸に成功した。七二年アポロ一七号で計画終了。Apollo Project

**アポロ-しょう【アポロ症】** 急性の出血性結膜炎の異名。アポロ一一号が打ち上げられた一九六九年に発生したことから、この名称がついた。Apollo 11 disease

**アポロ-てき【アポロ的】**(形動) ニーチェが唱えた芸術の類型の一つ。静観的・調和的なもの。古代ギリシアの造型美術・叙事詩など。Apollonian 対義 ディオニュソス的。

**アポロドロス**【Apollodōros】 前二世紀ごろのギリシアの学者。神話・伝説の集成を残した。詩文『年代記』、『神論』など。

**アポロニウス**【Apollonius】(BC二六二～BC二〇〇ごろ) 古代ギリシアの数学者。直円錐を平面で切ったとき得られる円錐曲線(楕円・双曲線・放物線)の性質を研究。『円錐曲線論』八巻を著す。

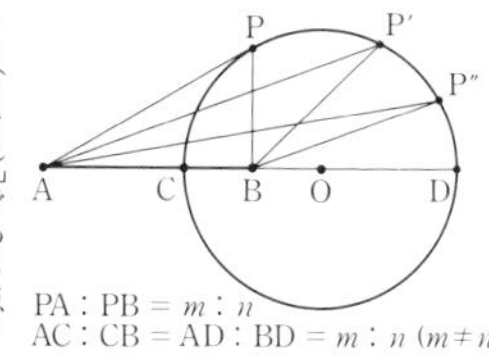

●アポロニウスの円

**アポロニウス-の-えん【アポロニウスの円】** 平面上で、二定点A・Bからの距離の比が一定[PA : PB = $m$ : $n$ ($m \neq n$)]である点Pの軌跡。Apollonius' circle ↓図

**アポロニオス**〈ロドスの〉【Apollōnios】(BC二九五ごろ～BC二一五ごろ) ヘレニズム時代のギリシアの詩人。英雄イアソンの冒険を描いた長編叙事詩『アルゴ号遠征譚』。

**アポロン**【Apollōn ギリシア】 ギリシア神話で、音楽・弓矢・予言・医療・家畜・植民地活動などの神。ローマ神話ではアポロ。ゼウスとレトの子、妹アルテミスと双生神。光明の神でもあり、のちには太陽神と同一視された。↓写

●アポロン バチカン美術館。

**あま**【▾𡋽】 13画 部首[土]つち 和製漢字 JIS 5243
《「海」と「士」との合字で、「士」が「土」にかわったもの》地名や姓氏に用いられる。「おか」とも。

**あま【尼】** ①《仏教語。ambā梵(母)の転》出家して仏門にはいった女性。比丘尼。尼僧。②キリスト教の、修道女。sister ③《「阿魔」とも》女性を悪く言う語。あまっこ。あまっちょ。

**あま【▿海▿人・▿海▿士・▾蜑】** 海で、魚介類や海藻などを採り、また、塩をつくるのを業とする人。漁夫。漁師。あまうど。fisherman

**あま【海女】** 海に潜って海藻や貝類を採取することを業とする女性。

**あ-ま【亜麻】** ①アマ科の一年草。畑に栽培される。高さ約一m。小葉を互生し、初夏に咲く花は青または白で五弁。茎からは繊維を、種子からは亜麻仁油をとる。flax ②①からとった繊維。リネン。linen ↓図

●アマ①

**あま【▿安摩・▿案摩】** 舞楽の曲名。林邑楽の一つ。二人舞。『二の舞』と合わせて舞われる。

**あま【▿海▿士】**〈町〉島根県隠岐諸島、中ノ島を中心とする町。農業とイカなどの沿岸漁業を行う。後鳥羽上皇行在所跡がある。人口三二四五(一九八八)。

**アマ**《「アマチュア」の略》しろうと。用例 プロ——コンテスト。

**アマ**【amaポルトガル・阿媽中】 もと、東南アジアなどに住む外国人の家庭にやとわれた現地人の手伝いの女性。

**あま-あい【雨▿間】** 雨のやんでいるあいだ。interval between rains

**あま-あし【雨脚・雨足】** ＝あめあし。①通り雨が過ぎていくこと。用例 ——が速い。approaching shower ②白いすじのように見えて降る雨。

**アマーティ**【Amati】 イタリアのバイオリン製作一家。また、その製作楽器の通称。一六～一七世紀に多くの名器を残した。

**アマード**【Jorge Amado】(一九一二～) ブラジルの小説家。庶民の苦悩する姿を写実的に描く。作品『カカオ』『ドナ＝フロールと二人の夫』など。

**あま・い【甘い】**(形) 対義 辛い。①砂糖などのような味である。sweet 用例 ——果物。②塩気が少ない。not salted enough 用例 そばのつけ汁が——。③にぶい。ゆるい。loose 用例 ねじが——。④きびしくない。lenient 用例 採点が——。覚悟が——。⑤するどくない。用例 切れ味が——。⑥うれしがらせるようだ。honeyed; sugary 対義 きつい。用例 ——ことば。⑦気持ちがよくて親しみやすい。sweet 用例 ——メロディー。⑧だらしがない。trifling with affection 用例 女に——。派生 あまさ(名) あまみ(名)

**甘い汁を吸う**(あまいしるをすう) 苦労をせずに利益だけ自分のものにする。ride the gravy train

**甘い物に蟻が付く**(あまいものにありがつく) 甘い物にアリがたかるように、利のある所には人が集まってくる。be like a bear to a honeypot

**甘く見る**(あまくみる) みくびる。楽観する。take things easy

**あま-いと【亜麻糸】** 亜麻の靱皮繊維をつむいだ糸。麻糸繊維のうちもっとも丈夫で強く、服地・ホース・縫い糸などに使われる。flax yarn

**あま-いろ【亜麻色】** 黄味がかったうすい茶色。亜麻で作った糸の色に似ているベージュ系統の色。flaxen

**あま-ういきょう【甘▾茴香】** ↓フローレンスういきょう(フローレンス茴香)

**あま-うり【甘▾瓜】** マクワウリの古名。

**あま-えび【甘▿海▿老】** ホッコクアカエビの通称。

**あま・える【甘える】**(下一自) ①人になれ親しんで、わがままを言う。behave like a spoiled child 用例 おことばに——・えて。②たるんだ気持ちで事に接する。be halfhearted

**あまえん-ぼう【甘えん坊】** 甘えることに慣れて育った人・こども。spoiled child

**あま-おおい【雨覆い】** ①雨を防ぐ覆い。雨よけ。covering against rain ②太刀のさやのみねを覆う金具。

**あまおおい-ばね【雨覆い羽】** 鳥の翼の部分名称。飛行に重要な羽毛である風切り羽の基部を上下からおおっている小さい羽毛。wing covert

**あま-おち【雨落ち】** ①軒先の雨だれの落ちる所。あめおち。②舞台ぎわ。かぶりつき。

**あまおぶね-がい【▿海▿人小舟貝】** アマオブネガイ科の巻き貝。殻高約一・八cm。殻表は暗褐色、ふたは石灰質で半球形。房総以南・西太平洋・インド洋に分布。

**あま-がい【甘貝・▿海▿人貝】** 潮間帯の岩礫底にすむアマオブネガイ科の巻き貝。殻高・殻径とも一・七cm内外で、半球形。殻表は黒い。殻の内面は螺層が失われてなめらか。房総以南・朝鮮半島に分布。

**あま-がえる【雨▾蛙】** アマガエル科のカエル。体長約四cm。指先の吸盤が発達して木や草によく登り、環境によって体色が変化する。皮膚が湿度に敏感で、雨の前によく鳴く。産卵期は五～六月。日本各地・朝鮮半島に分布。tree frog ↓図

●アマガエル ニホンアマガエル

**あま-が・ける【天▾翔る】** 古語(四自) 神・霊魂・鳥などが空を飛ぶ。用例 天のみ空ゆ——・り(万葉・五・八九四)。

**あま-がさ【雨傘】** 雨を防ぐ、さし傘。umbrella 対義 日傘。

**あまがさき【尼崎】**〈市〉兵庫県南東端、大阪湾に臨む市。旧城下町。低平なデルタ上に位置。重化学工業都市で、阪神工業地帯の重要な地位にある。人口四九万七二二二(一九八八)。

**あまがさ-へび【雨傘蛇】** コブラ科の毒ヘビ。全長約一・三m。毒は強い神経毒。夜行性。中国南部・海南島・台湾に分布。クレイト。

**あまかし-の-おか【甘▾樫▾岡・▿味▾樫▾岡】** 奈良盆地南部、明日香村にある丘。蘇我蝦夷・入鹿の邸宅があった地で、古代の多くの史跡を一望できる地。

**あまかす-じけん【甘▾粕事件】** 大正一二年(一九二三)憲兵大尉甘粕正彦らが、関東大震災の混乱に乗じて、無政府主義者の大杉栄・伊藤野枝夫妻と甥の橘宗一を連行、扼殺した事件。

**あまがせ【天瀬】**〈町〉大分県西部、玖珠川に沿う町。牛の放牧がさかん。天ケ瀬温泉がある。人口八二〇二(一九八八)。

**あま-がつ【天▿児・天▾倪】** ①幼児の祓いのための形代として用いた人形。②子どものお守りとして枕もとにおいた人形。

**あま-ガッパ【雨合羽】** ①婦人の和服用雨ゴート。②防雨・防水用のビニールやゴム製のマント風コート。古くは桐油引きの紙合羽。

**あま-から【甘辛】** ①甘いことと、辛いこと。sweetness and saltiness ②甘みと辛みの混じり合う味。salted and sweetened taste 用例 ——煮に。

**あま-から・い【甘辛い】**(形) 甘い味と辛い味をあわせもっている。料理などで、味が濃いときにも言う。salty-sweet 用例 ——煮物。派生 あまからさ(名)

**あまから-せんべい【甘辛▾煎▾餅】** ①砂糖入りのしょうゆを塗ったせんべい。②塩せんべいに、砂糖の衣をつけたせんべい。

**あま-かわ【甘皮】** ①木・果実の外皮の内側の薄い皮。あまはだ。epidermis 対義 粗皮。②つめの根もとの薄く、軟らかい皮。cuticle

**あま-き【甘▿草】** カンゾウの古名。

**あま-ぎ【雨着】** 雨の日に衣服の上に着るもの。レーンコート。raincoat

**あまぎ【天▿城】**〈町〉鹿児島県奄美諸島、徳之島の町。サトウキビ栽培がさかん。徳之島空港がある。人口八二八〇(一九八八)。

**あまぎ【甘木】**〈市〉福岡県中部の市。旧宿場町・市場町。農業と工業がさかん。北部に秋月城跡がある。人口四万四〇七三(一九八八)。

**あまぎ-さん**【天▽城山】静岡県東部、伊豆半島の火山群。最高峰は万三郎岳の一四〇六m。湯ケ島・湯ケ野などの温泉がある。

**あまぎ-つつじ**【天▽城▼躑▼躅】ツツジ科の落葉低木または小高木。葉は褐色の長毛がはえる。六～七月に赤色の花をつける。伊豆天城山・熱海日金山に多く分布。

**あまぎ-とうげ**【天▽城峠】静岡県伊豆半島、下田街道にある峠。標高八〇〇m。川端康成の小説『伊豆の踊子』で知られる。

**あまぎゆがしま**【天▽城湯ケ島】〈町〉静岡県伊豆半島中部の町。湯ケ島温泉や天城峠など、温泉や景勝地に恵まれた観光地。わさび漬けが特産。人口八〇二六(一九八八)。

**あま-ぎ・る**【天▽霧る】古語(四自) 雲・きりなどがかかって空が一面に曇る。用例 久方の―雪のなべて降れれば(古今・冬)。

**あま-ぐ**【雨具】雨や雪を防ぐための衣類・用具の総称。かさ類・雨着・履物類に大別できる。rain outfit; rainwear

**あま-くさ**【甘草】カンゾウの別名。

**あまくさ**【天草】〈町〉熊本県天草下島にあり、天草灘に臨む町。天草陶石・天草砥石を産する。妙見浦・下田温泉・大江天主堂など観光資源に富む。人口六一二八(一九八八)。

**あまくさ-いっき**【天草一▼揆】↓しまばらのらん(島原の乱)

**あまくさ-しだ**【天草▽羊▽歯】イノモトソウ科の常緑性シダ。根茎は短く、褐色の鱗片がある。葉は長さ三〇～八〇cmで、長楕円形または披針形。千葉県以西の山地に分布。

**あまくさ-しょとう**【天草諸島】九州本土の西、宇土半島から南西方向に連なる島群。熊本県に属する。上島二二四・五km²、下島五七一・二km²を中心に百余の島からなる。雲仙天草国立公園の要地。キリシタン遺跡が多い。

**あまくさ-しろう**【天草四郎】(一六二一～一六三八) 島原の乱の首領。本名益田時貞。肥後天草の人。農民の崇敬を集め一六歳で乱の首領となったが、原城で戦死。

**あまくさ-の-らん**【天草の乱】↓しまばらのらん(島原の乱)

**あまくさ-ばん**【天草版】キリシタン版の一つ。文禄・慶長のころ、イエズス会が天草で西洋の活字印刷機によって刊行した活字本。『ドチリナ-キリシタン』『伊曾保物語』など。天草本。キリシタン版。

**あま-くだり**【天下り・天▽降り】㊀(名)①天から人間界におりてくること。②上役から下役へなど、上からの強制的な押し付け・命令。㊁(名・サ変自) 退官した高級官僚などが、職務と関連のある団体や民間会社などに幹部として就職すること。用例―人事。

**あま-くだ・る**【天下る・天▽降る】(五自)①神などが、天からおりてくる。②強制的な命令がくる。③官庁から民間の団体・会社などに押し付け式に就任する。

**あま-くち**【甘口】(名・形動)①酒などの口あたりの甘いもの。対義 辛口。②甘いものの好きなこと・人。甘党。sweet tooth 対義 辛口。③甘いことば。甘言。巧言。honeyed words ④うすのろ。fool

**あま-ぐつ**【雨靴】雨の日にはく、ビニールやゴム製の深めの靴。rain shoes

**あま-ぐも**【雨雲】①雨を降らせる雲。また、雨になりそうな雲。暗灰色の厚い雲で、下部は乱れてちぎれ雲ができたりする。nimbus ②《俗に》乱層雲。nimbostratus

**あまくも-の**【天雲の】[枕ことば]《雲の状態から》「たゆたふ・ゆく・別れ」などにかかる。用例―たゆたひやすき心あらばわれをな憑め待てば苦しも(万葉・一二・三〇三一)。

**あま-ぐもり**【雨曇(り)】雨が降りそうに空が曇ること。overcast sky

**あま-ぐり**【甘▼栗】①中国種の小粒のクリをかまの中の小石で焼いた食品。黒砂糖などを加えるので表皮につやが出、渋皮がはなれやすい。②干して甘くしたクリ。搗栗。大臣の大饗に朝廷から賜った。

**あま-け**【雨気】雨が降りそうなけはい。雨もよう。雨もよい。

**あま-ご**【甘子】サケ科のヤマメに似た魚。体に紅色の小点がある。全長約三〇cm。湖水や渓流にすみ、昆虫を捕食。美味。釣りの好対象。エノハ。伊豆半島以西の太平洋側などに分布。

**あま-ごい**【雨▼乞(い)】降雨を神仏に祈る儀式。干魃などのさいに行われる。農耕民族に広くみられる。祈雨。pray for rain

**あまごい-うた**【雨▼乞(い)▼唄】干魃の時、降雨を祈願して歌う祭り唄。踊りを伴うことが多く、念仏を唱えて踊る形も多い。

**あまごい-おどり**【雨▼乞(い)踊り】降雨を願う雨乞いの踊りとその御礼踊り。太鼓や鉦を打ち鳴らして雷鳴にたとえ、踊り手が群舞跳躍する。のちに獅子舞や風流の太鼓踊りにも転用された。

**あまごい-むし**【雨▼乞虫】アマガエル「の異名。

**あま-ゴート**【雨ゴート】婦人の和装用コートの一種。着物丈より長めの防水加工を施した雨よけのコート。半コートとズボン・スカートの組み合わせもある。

**あまこ-じゅうゆうし**【尼子十勇士】永禄九年(一五六六)中国地方の豪族尼子氏の滅亡後、同氏再興の旗を上げた山中鹿之助ら一〇人の旧臣。史実上では、ほとんど不明。

**あま-さかる**【天▽離る】[枕ことば]《遠くはなれる意》「ひな(=いなか)・向かふ」にかかる。あまざかる。あまさがる。用例―鄙の長道ゆ恋ひ来れば明石の門より大和島見ゆ(万葉・三・二五五)。

**あま-さぎ**【天▼鷺】小形のシラサギ。翼長約二四cm。羽色は白いが、繁殖期の夏羽では頭やのど・背などに橙黄色の飾り羽がある。日本には、夏鳥として本州中部以南へ南方から渡来。cattle egret

**あま-ざけ**【甘酒・▼醴】米飯と米こうじをまぜて作る甘味飲料。湯を加えるものもある。酒かすも利用する。一昼夜で作ることから、一夜酒ともいう。

甘酒進上(あまざけしんじょ)《「此処迄御出で甘酒進上」の上略》子どもを歩かせようとして言うことば。

**あま-ざらし**【雨▼曝し】雨にぬれるままにしておくこと。ぬれるままになっていること。weather beaten

**あま・し**【甘し】古語(形ク)↓あまい(甘い)

**あま-じお**【甘塩】調理法の一つ。薄く塩を含ませる。魚介類の干物・漬物、材料の下ごしらえなどに用いる。

**あま-じたく**【雨支度・雨仕度】雨に降られてもよい身支度。prepare for rain

**あま-じまい**【雨仕舞い】雨水が漏るのを防ぐこと。また、その方法。

**あま-しょうぐん**【尼将軍】北条政子の別称。

**あま-しょく**【甘食】甘味をつけた笠形の菓子パン。

**あま・す**【余す】(五他)①余るようにする。残す。leave over 用例 ごちそうを―。②《「余すところ」の形で》残っている。remain 用例―ところ、あと五日。

余す所無く(あますところなく) 残らず。ことごとく。余さず。completely; thoroughly

**あま-ず**【甘酢】合わせ酢の一種。酢・みりん・砂糖などを合わせたもの。

**あまず-あん**【甘酢▼餡】調味法の一つ。だし汁などに、砂糖と酢・くず粉などを水で溶いて入れ、とろみをつける。

**あま-ずっぱ・い**【甘酸っぱい】(形) 甘くて、酸っぱい。

**あま-ずら**【甘▼葛】①ツタの古名。②つる草の一種の古名。今のアマチャヅルかといわれる。古代、液をとり甘味料とした。

**あま-そぎ**【尼▽削ぎ】在俗のまま仏門に入った女性が肩のところで髪を切りそろえたこと。また、そのように切りそろえた女児の髪の形。

**アマゾナス**【Amazonas】ブラジル北部、アマゾン川の上・中流域の州。広大な熱帯雨林におおわれる。人口一六七・四万(一九八四)。

**アマゾニア**【Amazonia】南アメリカ大陸、アマゾン川流域の地域。ブラジル・ペルー・コロンビア・ベネズエラ・エクアドル・ボリビアを含む。狭義にはアマゾン盆地だけをいうこともある。

**あま-ぞら**【雨空】①雨の降り出しそうな空。②雨天。rainy weather

**アマゾン**【Amazōn ギリシア】ギリシア神話で、北方の女戦士の騎馬族。女児のみを育てる。勇猛な戦いぶりで恐れられた。Amazon

**アマゾン-がわ**【アマゾン川】(Amazon) 南アメリカ北部を赤道沿いに西から東に流れ、大西洋に注ぐ世界最大の川。長さ六五〇〇km。流域はブラジル・ペルー・ボリビア・コロンビア・ベネズエラ・ギアナなどに広がる。

**アマゾン-ていち**【アマゾン低地】(Amazon Basin) 南アメリカ大陸、アマゾン川の広大な沖積平野のうち、沿岸のサンタレンより上流の流域平野。熱帯雨林地域。上アマゾニア。

**アマゾン-リリー**【Amazon lily】ユーチャリスの別名。

**あま-た**【▽数多・▽許多】(名・副) 数が多いこと。たくさん。many 用例 引く手―。

**あま-だい**【甘▼鯛】アマダイ科のシロアマダイ・キアマダイ・アカアマダイの三種の海水魚の総称。食用。日本南部の近海にみられるのはアカアマダイで、全長約四五cm。赤みが強く、体側に数本の赤黄色の横帯がある。↓図

●アマダイ

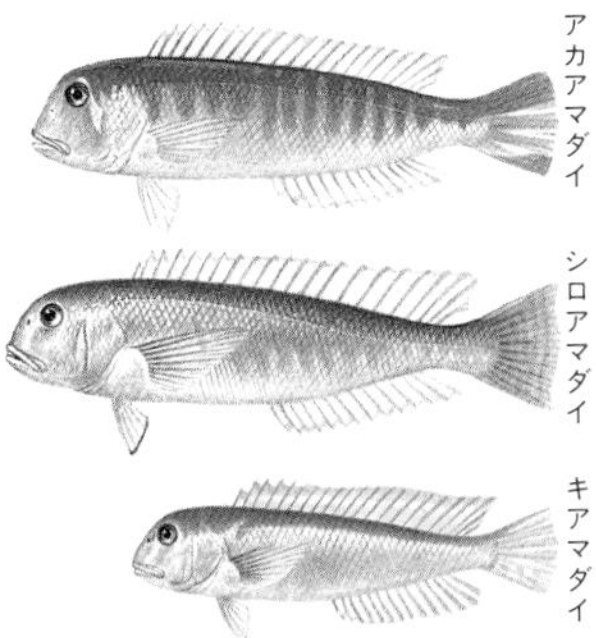

アカアマダイ　シロアマダイ　キアマダイ

**あまだ-ぐあん**【天田愚▼庵】(一八五四～一九〇四) 歌人。幼名久五郎。福島県生まれ。出家し万葉調の歌をよくした。遺稿集『愚庵全集』。

**あま-たる・い**【甘たるい】(形)↓あまったるい(甘ったるい)

**あま-だれ**【雨垂れ】軒から落ちる雨のしずく。raindrop

雨垂れ石を穿つ(あまだれいしをうがつ) 小さな力でも、根気よく続ければ成功につながる。点滴、石を穿つ。

**あま-ちゃ**【甘茶】①ユキノシタ科の落葉低木。甘味用に栽培され、高さ約一m。葉は楕円形で対生。夏、アジサイに似た花が咲く。コアマチャ。②ほしたアマチャの葉を煮出した甘い飲み物。四月八日の灌仏会には、釈迦の像にそそいだりする。↓写

●アマチャ①

甘茶でかっぽれ、塩茶でかっぽれ(あまちゃでかっぽれ、しおちゃでかっぽれ) ①江戸末期から明治時代にかけて流行した「かっぽれ節」の一節。②僧に対して反感をもって言うことば。四月八日の灌仏会に、釈迦の像に甘茶をかける風習があることによる。

**あまちゃ-づる**【甘茶▼蔓】ウリ科のつる性多年草。山野にはえる。葉は五小葉からなる複葉。夏に淡黄緑色の小花を穂状につける。葉に甘みがある。↓写

●アマチャヅル

**アマチュア**【amateur】趣味として物事をする人。しろうと。アマ。対義 プロフェッショナル。

**アマチュア-きてい**【アマチュア規定】各競技団体がアマチュアリズムを成文化し、スポーツ選手のアマチュア資格の条件などを定めたもの。日本体育協会アマチュア規定は昭和二二年(一九四七)発効。同六一年(一九八六)内容の大幅改訂とともに日本体育協会スポーツ憲章と改称。amateur regulations

**アマチュア-むせん**【アマチュア無線】個人の趣味で通信および技術的研究を行う無線通信。無線従事者の資格によって最大出力五〇〇ワットまでと、使用できる周波数が決まる。ハム。amateur radio

**アマチュア-むせんきょく**【アマチュア無線局】アマチュア無線通信を行う無線局で、郵政大臣の免許が必要。無線局を運用するには、無線従事者の資格が必要。資格取得は、国家試験に合格するか、郵政大臣が認めた養成

課程を終了すること。資格は初歩的な第四級の電話級、モールスが使える第三級の電信級、海外と交信できる第二級、最大出力五〇〇ワットの第一級の四種。amateur radio station

**アマチュアリズム【amateurism】** スポーツを物質的利害から切り離し、活動そのものを愛好する態度や意識。アマチュア精神。

**あま-ちょろ・い【甘ちょろい】**(形)《俗語》=あまっちょろい。①考えなどが、幼い。childish ②安易だ。easygoing

**あま-つ【天つ・天津】** 古語 (連体)《「つ」は「の」の意の格助詞》①天の。②天皇の。

**あま-つ-おとめ【天つ少女】** ①天女。天人。②五節の舞姫。

**あま-つ-かぜ【天つ風】** 空を吹く風。

**あま-つ-かみ【天つ神】** 高天の原に坐す神。高天の原から降臨した神またその子孫。対義 国つ神。

**あま-つ-くに【天つ国】** ↓たかまのはら(高天の原)

**あまつこみなと【天津小湊】**〈町〉千葉県南部、太平洋に臨む町。近海漁業の基地。鯛ノ浦・誕生寺・清澄寺など名所が多い。人口九二二八(一九八八)。

**あまっ-さえ【剰え】**(副)《「あまりさえ」の音便「あまっさえ」の転》そのうえ。おまけに。moreover

**あま-づた・う【天伝う】** 古語 ①(四自)大空を伝わる。空を抜ける。用例 ―・ひ来る雪じもの(万葉・三・二六一)。②[枕ことば]《日が天をつたって運行する意から》「日・入り日」にかかる。用例 ― 入日さしぬれ(万葉・二・一三五)。

**あまっ-たる・い【甘ったるい】**(形) =あまたるい。①度を過ぎて甘い。too sweet ②声・態度などが、ひきしまっていない。saccharine 用例 ― 声。③男女の仲のよいさま。sweet 派生 あまったるげ(形動) あまったるさ(名)

**あまっ-たれ【甘ったれ】**(名・形動) すぐ甘えるさま。また、そういう子ども。spoiled child

**あまっ-た・れる【甘ったれる】**(下一自) たいそう甘える。

**あまっ-ちょろ・い【甘っちょろい】**(形) ↓あまちょろい(甘ちょろい)

**あま-つばめ【雨燕】** 高山や海岸の岩場・岩壁で繁殖するアマツバメ科の鳥。翼長約一八cm。全体に黒っぽいが、喉と腰が白い。昆虫を捕食。雨もようの日に低空を高速で飛ぶのでこの名がある。

●アマツバメ

夏、日本に飛来し営巣。冬、中国南部以南へ渡る。swift ↓写

**あま-つ-ひ【天つ日】** 太陽。sun

**あま-つ-ひつぎ【天つ日嗣】** 天皇の位。

**あま-つぶ【雨粒】** 雨のしずく。あめつぶ。raindrop

**あま-つ-みず【天つ水】**[枕ことば]《日照りが続いたとき、空を仰いで雨を待つことから》「仰ぎて待つ」にかかる。用例 四方の人の大船の思ひ憑みて ― 仰ぎて待つに(万葉・二・一六七)。

**あま-づる【甘蔓】** ブドウ科の落葉つる性植物。山地にはえる。液果は直径五mmくらいの球形で、房状になって黒熟し、食べられる。ただし、古書に出るアマヅルはツタのことであるという。

●アマドコロ

**アマデウス-げんがくしじゅうそうだん【アマデウス弦楽四重奏団】** イギリスの弦楽四重奏団。一九四七年創立。メンバーの一員の死去によって、一九八七年解散。Amadeus Quartet

**あま-でら【尼寺】** ①尼が住職になっている寺。②女子修道院。

**あま-てら・す【天照らす】** 古語 (四自)《「天照る」+尊敬の助動詞「す」》①空に照りたもう。②天下をおさめになる。

**あまてらす-おおみかみ【天照大神】** 皇室の祖先神。高天の原の主神で、伊奘諾尊・伊奘冉尊の娘。日の神と仰がれ、伊勢皇大神宮の祭神。大日孁貴。

**あま-て・る【天照る】** 古語 (四自) 大空に照る。空に光りわたる。用例 ― 月は見つれども(万葉・一五・三六五〇)。

**あまてる-や【天照るや】**[枕ことば]《空に輝く意から》「日」にかかる。用例 ― 日の気に干し囀るやから碓子に舂き(万葉・一六・三八八六)。

**あま-ど【雨戸】** 家のガラス戸・窓など開口部の外側にある戸。風雨・盗難を防ぎ、室内保温に役立つ。↓和風住宅図

**あま-どい【雨樋】** 屋根からの雨水を軒先で受けて、地表または下水に流すとい。gutter

**あま-とう【甘党】** 酒類より甘い物のほうを好む人。sweet tooth 対義 辛党。

**あま-とうがらし【甘唐辛子】** ピーマンの和名。

**あま-どころ【甘野老】** ユリ科の多年草。山野にはえる。高さ約五〇cm。地下茎は薬用となり、でんぷんがとれる。葉は長楕円形で互生。春に葉腋から筒状花を一、二個下垂。沖縄を除く日本全土に分布。イズイ。↓写

**あまとぶ-や【天飛ぶや】**[枕ことば]《空を飛ぶ意から》「鳥・雁」などにかかる。用例 ― 鳥にもがもや都まで送り申して飛び帰るもの(万葉・五・八七六)。

**あま-な【甘菜】** ①甘い味の菜。②鉢植えに適するユリ科の多年草。根出葉は二、三枚で線形。春、内側が白色で、外側が暗紫色の筋のある花が咲く。鱗茎は苦味がなく食べられる。東北地方以南に分布。↓写

●アマナ②

**あま-なっとう【甘納豆】** 小豆など豆類をゆでて、砂糖とはちみつで数回煮つめ、白砂糖をまぶした砂糖漬け菓子。

**あま-に【甘煮】** 砂糖やみりん・水あめなどを使って、甘みを主体にし、塩味を控えた煮物。豆類・芋類・果物などに使われる。対義 辛煮。

**あま-に【亜麻仁】** アマの種子。長楕円形、扁平で黄褐色。これを搾って亜麻仁油をとる。

**あまに-ゆ【亜麻仁油】** アマの種子から得られる黄色の乾性油。油絵の具・ペイント・リノリウム・印刷インキなどの製造、浣腸剤に利用。linseed oil

**あま-にゅう【甘にゅう】** セリ科の多年草。山林や高原にはえる。高さ約二m。卵形の羽状複葉が互生。夏に大形花序をつくり、白色の小花を密生。名は、茎が甘いことに由来。本州中部以北に分布。↓図

**あまねく【普く・遍く・周く】**(副) いたらぬところなく。広く。くまなく。all over

**あまね・し【普し・遍し・周し】** 古語 (形ク) 広く行きわたっている。いたらぬところがない。用例 ―・きおほむうつくしみの波(古今・仮名序)。

**あま-の-いわと【天の岩戸・天の磐戸】** 高天の原にあったという岩穴の戸。天照大神がこの岩穴にこもって天地が常闇となったが、天鈿女命が舞をまって大神を誘い出したという神話で知られる。天の岩屋。天の岩屋戸。あめのいわと。

**あまのうずめ-の-みこと【天鈿女命・天宇受売命】** 日本神話の女神。天照大神が天の岩戸に隠れたさい、岩戸の前で踊って大神を招き出し、天孫降臨のときには八衢で猿田彦神に道案内をさせた神。神楽の祖。

**あま-の-かぐやま【天香久山】** 奈良盆地南部にある山。標高一五二m。藤原京に近く、大和三山の一つとして、古歌に多くよまれた。あめのかぐやま。

**あま-の-がわ【天の川】** 天球を一周する帯状の天域に微光星が集まって、光る川のように見える部分。七夕の伝説の舞台で、七月七日の夜に牽牛星と織女星がこの天の川で、年に一度会うという。銀河。銀漢。天漢。Milky Way

**あまのこやね-の-みこと【天児屋命】** 日本神話の神。天照大神が天の岩戸に隠れたさい、美声で太祝詞言を奏上した神。中臣(藤原)氏の祖神。

**あま-の-じゃく【天の邪鬼】** ①人の言うことにわざと逆らって、かたいじを通す人。つむじまがり。あまのざこ。perverse ②《仏教語》二王・毘沙門天のふみつけている小鬼。③昔話・民話に登場する悪者。

**あまのたぢからお-の-みこと【天手力男命】** 日本神話の神。天の岩戸隠れのさい、岩戸を開いて天照大神を引き出した神。手力男命。

**あまの-ていゆう【天野貞祐】**(一八八四〜一九八〇) 哲学者・教育者。神奈川県生まれ。京大卒。一高校長・文相などを歴任。著書『道理の感覚』など。

**あまのとこたち-の-かみ【天常立神】** 日本神話で天地開闢のとき、造化の三神などに続いて五番目に出現したとされる神。別天神の五神の一柱。

●アマニュウ

**あま-の-はごろも【天の羽衣】** 天女が着ていたという衣服。これを着て空を飛ぶという。あめのはごろも。

**あま-の-はしだて【天橋立】** 京都府北部、宮津湾にある砂嘴。長さ約三・三km。幅四〇〜一一〇m。白砂青松で知られる日本三景の一つ。北の傘松公園と、南の展望台からの眺望がよい。

**あま-の-はら【天の原】** ①㋐大空。㋑高天の原。②[枕ことば]「富士・空・ふりさけ見る」にかかる。用例 ― 富士の柴山木の暗の時移りなば逢はずかもあらむ(万葉・一四・三三五五)。

**あまのみなかぬし-の-かみ【天御中主神】** 造化三神の一柱。高天の原に最初に出現した天の中心的な存在の主宰神とされる。

**あま-の-みはしら【天の御柱】** 伊奘諾尊・伊奘冉尊の国産みに際し建てられた神殿の中心の柱。

**あまのむらくも-の-つるぎ【天の叢雲の剣】** 素戔嗚尊が八岐大蛇の尾を割いて得たという霊剣。天照大神に献上、のちに三種の神器の一つとして皇位継承者に授けられた。日本武尊の故事から草薙の剣ともいう。叢雲の剣。

**あまのや-りへえ【天野屋利兵衛】** 江戸中期の大坂の商人。赤穂義士に武具を調達し支援したとされるが、その真偽は不明。『仮名手本忠臣蔵』に天川屋儀平で登場。

**あま-のり【甘海苔】** 紅藻植物ウシケノリ科アマノリ属の総称。潮間帯や高潮線付近に生育。紫紅色で柔らかく葉状。アサクサノリ・スサビノリなど、種類が多く、食用とされる。

**あまばた-いし【雨畑石・雨端石】** 山梨県南巨摩郡硯島村(現在の早川町)に産する粘板岩。青黒色で、硯に利用する。旧硯島村の字雨畑に由来。

**あまびこ-の【天彦の】**[枕ことば]《「あまびこ」は、こだまの意》「おと」にかかる。用例 ― おとはの山のはるがすみ思ひみだれて(古今・雑体)。

**あま-べ【海部・海人部】** 大化の改新(六四五年)以前の部民の一つ。海産物を中央に貢納した海辺の民。主に信濃・遠江以西に分布。中央の阿曇氏に従属。

**あま-ほうし【尼法師】** ↓あま(尼)

**あま-ぼし【甘干し】** ①皮をむいて干した渋柿。②魚のなま干し。

**あま-ま【雨間】** 雨の晴れ間。あまあい。あめま。

**あま-み【甘味】** ①甘いこと。甘さの程度。

sweetness ②甘い味のもの。甘味料。菓子・あめなど。対義辛味。

**あまみ-おおしま【▼奄▽美大島】** 鹿児島県奄美諸島の主島。面積七〇九$km^2$。山がちで、周囲には珊瑚礁が発達。サトウキビやパイナップルなどを栽培。大島紬が名産。名瀬市のほか三町三村。大島。

**あまみ-しょとう【▼奄▽美諸島】** 鹿児島県南部、沖縄諸島との間の島群のうち南部を占める島々。奄美大島・喜界島・徳之島・沖永良部島・与論島などからなる。

**あま-みず【雨水】** 降る雨の水。また、降って地面などにたまった水。天水。うすい。rain-water

**あまみ-の-くろうさぎ【▼奄▽美の黒▼兎】** ウサギ科の哺乳動物。体長四〇〜五五cmで黒褐色。耳は長くない。森林にすみ一産一子。特別天然記念物。奄美大島と徳之島だけに生息。↓写

●アマミノクロウサギ

**あまみ-はぎ【▽火▼斑▼剝ぎ】** 《「あまみ」は炉にあたってできた火だこ、の意》東北や北陸地方で鬼面をつけた若者たちが、家々を訪れる正月行事。参照生剝げ。

**あま-も【甘藻】** 海中にはえるヒルムシロ科の多年草。匍匐性の茎から葉片を出し、葉は線形で長さ一m以上。日本全土に分布。モシオグサ。アジモ。リュウグウノオトヒメノモトユイノキリハズシ。↓図

●アマモ

**あま-もよい【雨▽催い】** 雨もよう。あめもよい。

**あま-もよう【雨模様】** 雨の降りそうな空のようす。あめもよう。sign of rain

**あま-もり【雨漏り】**(名・サ変自) 屋根などが壊れていて、雨水が室内に漏ること。あめもり。leak of rain

**あま-やか【甘やか】**(形動) 甘く感じられるさま。用例—な声。

**あまやか-す【甘やかす】**(五他) わがままにさせる。甘えさせる。spoil 用例ひとりっ子を—。

**あま-やどり【雨宿り】**(名・サ変自) 雨の降りやむのを軒下や木かげなどで待つこと。あまよけ。shelter from rain

**あま-やみ【雨▽止み】** ①雨がやむこと。stop of rain ②雨のやむのを待つこと。

**あま・ゆ【甘ゆ】** 古語(下二自)↓あまえる(甘える)

**あま-ゆき【雨雪】** ↓あめゆき(雨雪)

**あま-よけ【雨▽除け】** ①雨を防ぐためのもの。雨おおい。covering against rain ②雨宿り。shelter from rain

**あまよ-の-しなさだめ【雨夜の品定め】** 『源氏物語』の「帚木」の巻で、五月雨の夜に光源氏や頭中将らが集まって行った女性の品評。貴重な女性論とされている。

**あま-より【甘▼撚り】** 糸などのより方がゆるいこと。また、その糸など。

**アマランサス【Amaranthus】** ハゲイトウの別名。

**あまり【余り】** ㊀(名)①残り。余分。rest 用例—がない。②割り算での残り。剰余。remainder 用例一七を二で割った—は一である。③度をこすこと。その結果。excess 用例—のうれしさに。喜びの—。㊁(接尾)《数詞に付く》①さらに余分のあること。more than 用例十—。②一〇以上の数を表すのに、数詞と数詞の間に入れて用いる。㊂(副)=あんまり。①《下に打ち消しをともなって》たいして。not very… 用例—よくない。②度はずれに。たいそう。so 用例—に暑い日。㊃(形動)程度がひどい。too much 用例—な言いぐさだ。それでは—だ。

**余りと言えば**(あまりといえば) あまりにも。はなはだしく。excessively 用例—あまりのことばだ。

**あまり-あ・り【余りあり】** 文語的(ラ変自) どんなに…しても、まだ足りない。用例惜しんでも—・る人。

**あまり-もの【余り物】** 余分となって残った物。残り物。remainder

**余り物に福が有る**(あまりものにふくがある) 残り物に意外な利益がある。Leftovers are the best of all.

**アマリリス【amaryllis】** ヒガンバナ科アマリリス属の球根植物の総称。五月下旬に、赤・白・桃色などのユリに似た花が数個咲く。観賞用に栽培。↓写

**あま・る【余る】**(五自) ①残りが出る。余分である。leave 用例ミカンが一個—。人手が—。②度をこえる。exceed 用例力に—。手に—。③ある数量をこえる。more 用例六尺に—大男。三年に—歳月。④分に過ぎる。undeserved 用例身に—光栄。

**目に余る**(めにあまる) 見るにたえない。黙って見ていられない。intolerable 用例わがままが—。

**アマルガム【amalgam】** 水銀と他の金属の合金。銀・錫との合金は歯科材料、鉛・ビスマスなどの合金は鏡に利用。ただし、鉄やニッケルなど高融点金属とは合金をつくらない。

**あまるめ【余目】**〈町〉山形県北西部、酒田市南東隣の町。稲作地帯で庄内米の集散地。油田がある。人口一万九二九一(一九八八)。

**あまん・じる【甘んじる】**(上一自)=甘んずる。①じゅうぶんだとする。content oneself with ②しかたがないと納得する。content oneself with 用例薄給に—。

**あまん・ずる【甘んずる】**(サ変自)↓あまんじる(甘んじる)

**アマンド【amande フランス】** ↓アーモンド

**あみ【網】** ①より糸や針金などを正方形に連続して編んだもの。用例金—。②魚や鳥をとらえる道具。net 用例—を打つ。数え方一張り・一帖。③物事をとらえるためにはりめぐらした手段。net; web 用例法の—をくぐる。

**網が上がる**(あみがあがる) ①事が解決する。②隠していたことが発覚する。

**網が下りる**(あみがおりる) 犯罪が露見して、捕縛される。刑罰が加えられる。

**網、呑舟の魚を漏らす**(あみ、どんしゅうのうおをもらす) 《網の目があらくて、舟をのむほどの大魚をのがす、の意から》大罪人は、かえって、法の制裁から免れてしまうことのたとえ。

**網無くて淵を覗くな**(あみなくてふちをのぞくな) 獲る用意がないのに、物をほしがってはいけない。また、努力なくして事の成功を望んではならない。

**網に引っ掛かる**(あみにひっかかる) ①鳥や魚が、張られた網にかかる。be caught in a net ②相手が待ち受けているところへ、行き合わせてしまう。be caught in the trap

**網を張る**(あみをはる) 《鳥や魚をとらえることから》手はずを整えて、目当ての人を待ちかまえる。

●アマリリス

**あみ【▼醤▼蝦】** アミ目の甲殻類の総称。体長一・五cm以下のものが多い。海水から汽水・淡水に生息。浮遊生活をし、群集性がある。塩辛・つくだ煮のほか、釣りのまき餌にする。世界各地に分布。opossum shrimp ↓図

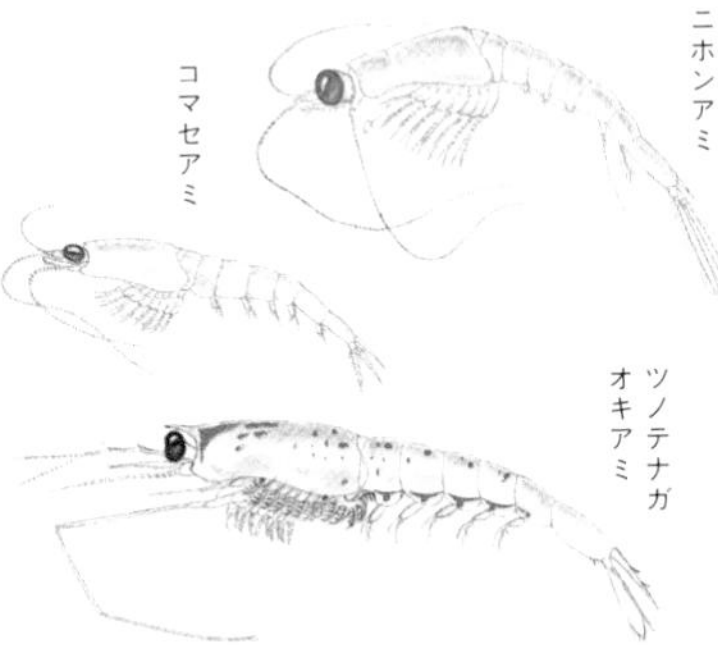


●アミ

**あみ【▼阿見】**〈町〉茨城県南部、霞ケ浦に臨む町。第二次大戦まで霞ケ浦海軍航空隊があった。人口三万九二一九(一九八八)。

**アミ【ami(e) フランス】** 友人。とくに、異性の友人。愛人。

**アミア【amia】** 北アメリカ東部の河川・湖沼にすむ原始的な硬骨魚。全長約九〇cm。硬鱗魚という古いタイプの魚類の仲間で、生きている化石の一つ。

**あみあげ-ぐつ【編(み)上げ靴】** くるぶしの上まである深い靴。ホックにひもをかけて編み上げてはく。あみあげ。lace-up boots 対義短靴・長靴。

**あみ-あぶら【網脂】** 牛や豚などの内臓についている網状の脂肪。肉などを包んで焼くときに使う。フランス語でクレピネット。

**アミアン【Amiens】** フランス北西部、パリ北方のピカルディー地方の中心都市。ラシャ地製造の中心地。一三世紀ゴシック様式の聖堂にある聖像彫刻が有名。人口一三・六万(一九八二)。↓ゴシック美術写

**アミアン-の-わやく【アミアンの和約】** ナポレオン戦争中の一八〇二年、北フランスのアミアンで英・仏間に締結された和平条約。第二回対仏大同盟は解体、それぞれ占領地の一部を返還した。Peace Treaty of Amiens

**あみ-いし【網石】** 古生代石炭紀に生息した、触手動物門コケムシ類の化石。

**アミーバ【amoeba】** ↓アメーバ

**あみ-うち【網打ち】** ①投網を打って、魚をとること・人。net-fishing ②相撲の技の一つ。相手の差し手をかかえあげるようにして、後ろに投げる。

**アミエル【Henri Frédéric Amiel】**(一八二一〜八一) スイスの思想家。死後発表された『日記』は、鋭い自己分析の記録として有名。

**あみ-がさ【編(み)▼笠】** スゲ・イグサ・藁などで編んだ、かぶりがさ。

**編み笠一蓋**(あみがさいっかい) 編み笠ひとつよりほかに何ももたないこと。身軽であること。無一物のこと。手振り編み笠。唐傘一本。

**あみがさ-たけ【編▼笠▼茸】** ノボリリュウタケ科のキノコ。林内や草地に発生する。高さ一〇cm前後。頭部全体にかご目形のくぼみがある。日本全土に分布。食用。モリーユ。↓写

●アミガサタケ

**あみがさ-ぢゃや【編(み)▼笠茶屋】** 遊郭通いをする人が、顔を隠すのに用いた大きな編み笠を貸し出す水茶屋。

**あみがさ-ゆり【編▼笠▽百▽合】** バイモの別名。

**あみ-がしら【網頭】** 漢字を組み立てている部分の名。「罔」の「冂」また「⺳」「罒」など。

**あみ-き【編(み)機】** ①編み物をする機械。knitting machine ②メリヤス生地やメリヤス製品などを編む機械。一五八九年イギリスで、靴下を編むメリヤス機が発明された。knitting machine

**あみ-ぎょぎょう【網漁業】** 網を使って大規模に行う漁業。刺し網・巻き網・引き網・敷網・定置網漁業。net fishing

**あみ-くさ【網草】** 紅藻植物イギス科の海藻。暗紅色の糸状で、ホンダワラ類などの体上にからまって生育する。瀬戸内海・日本海中部に多産。寒天の材料となる。

**あみ-こ【網子】** 網元の下で漁労に従事する人たち。あこ。対義網元。

**あみこみ-もよう【編(み)込み模様】** 二色以上の糸を同時に操作して編み出した模様。片方の糸を編むとき、他の糸はその裏側に渡り、表面は平らに仕上がる。

**あみじ-ぐさ【網地草】** アミジグサ科の多年

▼常用漢字表外。 ▽常用漢字表の音訓外。

生海藻。外海の低潮線付近に生育する。長さ約三〇cm。体は褐色でふさ状。成体は晩春から夏に見られる。

**あみ-じゃくし【網杓子】** 調理器具の一つ。金網で作ったしゃくし。揚げ物をするとき、揚げかすをすくうのに用いる。

**あみ-シャツ【網シャツ】** 木綿糸・レース糸などで粗く網の目に編んだ下着。

**あみじょう-せいうん【網状星雲】** 網のように広がった細かい巻雲状の星雲。散光星雲の一つで、超新星の残骸。veil nebula

**あみ-すき【網結き】** 網を作ること・人。

**あみ・する【網する】** 文語的（サ変他）①網で魚や鳥をとらえる。net ②罪を犯させて、とらえる。用例 民を――ことをなすべけんや（孟子・滕文公上）。

**アミ-ぞく【アミ族】** 台湾島の原住民族高砂族の一部族。同島東部に居住。水稲農耕に従事。母系親族社会で妻方居住であったが、夫方居住に変わりつつある。Ami

**あみだ【阿弥陀】** ①「阿弥陀仏」の略。②「あみだかぶり」の略。③「あみだくじ」の略。

**阿弥陀に被る**（あみだにかぶる） 帽子などを、あみだかぶりにかぶる。

**阿弥陀の光も金次第**（あみだのひかりもかねしだい） 阿弥陀仏でさえも賽銭の多い者には御利益を多く与える。この世は万事金次第ということ。阿弥陀も銭ほど光る。

**あみだ-かぶり【阿弥陀被り】** 《阿弥陀仏が光背を負った形から》帽子などを後頭部に傾けてかぶること。

**あみだ-きょう【阿弥陀経】** 浄土三部経の一つ。一世紀ごろ北インドで編纂され、四〇二年鳩摩羅什が漢訳。念仏を唱えることによって極楽浄土に往生できることを説く。小経。

**あみだ-くじ【阿弥陀籤】** 《もと、阿弥陀仏の光背のように、指の間から放射状にくじを突き出してひかせたことから》現在は、紙に数本の縦線を引き、ところどころを横線で区切っておいて、各自が線をたどって当たりに行きつくくじ。また、そのくじで金を出しあって菓子などを買って食べる方法。あみだ。

**あみ-たけ【網茸】** 松林の地上に群生するアミタケ科のキノコ。表面は粘性があり黄褐色。裏面は網目状の管孔が並ぶ。肉は白色かはだ色で食用。日本全土に分布。

**あみだ-さんぞん【阿弥陀三尊】** 阿弥陀仏と、左右の観音・勢至の脇士仏との三体。↓写

**あみ-だ・す【編(み)出す】**（五他）①編み始める。begin to knit ②新しいやり方などを考え出す。think out; invent 用例 戦術を――。

**あみだ-どう【阿弥陀堂】** 本尊に阿弥陀如来を安置して、極楽浄土を表現した堂。平安時代、浄土信仰の隆盛を背景として各地に建立。平等院鳳凰堂は、その代表的な例。

**あみ-だな【網棚】** 電車・バスなどの、荷物をのせる棚。もと、網が張ってあった。rack

**あみだ-にじゅうごぼさつ【阿弥陀二十五菩薩】** 浄土教で、念仏行者の臨終に現れて極楽浄土に導くとされる、阿弥陀来迎に従う二十五の菩薩。二十五菩薩。

**あみだ-にょらい【阿弥陀如来】** ↓あみだぶつ（阿弥陀仏）

**あみだ-ひじり【阿弥陀聖】** ①空也の通称。②阿弥陀の名号を唱えて念仏を広めて歩いた僧。

**あみだ-ぶつ【阿弥陀仏】** 《Amitābha梵 無量光の意、またはAmitāyus梵 無量寿の意、のAmitaの音写》西方極楽浄土に住して法を説く仏。浄土教の本尊。阿弥陀如来。弥陀。阿弥陀。無量光仏。↓平安時代美術写

**あみ-ど【網戸】** 細かい目の網を張った戸。おもに夏季、ハエやカなど、昆虫の侵入防止に用いる。wire screen

**あみ-ど【編(み)戸】** 竹・アシ、または木のへぎ板を編んで作った戸。braided door

**アミド【amide】** アンモニアかアミンの水素が、アシル基または金属で置換された化合物。アシル基の場合を酸アミドという。カルボン酸アミド・スルホン酸アミドなどがある。

**アミド-けつごう【アミド結合】** 化学式–CONH– アミノ基とカルボキシル基から水がとれてできる結合で、6,6–ナイロンは多くのアミド結合をもつ。たんぱく質の場合はペプチド結合という。amide bond

**あみ-ぬし【網主】** ↓あみもと（網元）

**あみの【網野】**〈町〉京都府北西部、日本海に臨む町。丹後縮緬の主要産地。砂丘地帯ではスイカや果樹の栽培がさかん。人口一万七七九三三（一九八八）。

**アミノ-かごうぶつ【アミノ化合物】** アミノ基をもつ化合物。一般式$R-NH_2$で示され、Rが芳香族と複素環の場合はアミノ化合物、脂肪族の場合は第一アミンということが多い。amino compound

●阿弥陀三尊　三千院（京都府）。

**アミノ-き【アミノ基】** 化学式$-NH_2$ アンモニアから水素原子一個を除いた構造の原子団。塩基性を示し、亜硝酸ナトリウムとジアゾ化反応を起こす。amino group

**あみの-きく【網野菊】**（一九〇〇―七八）小説家。東京生まれ。日本女子大卒。志賀直哉に師事、短編にすぐれる私小説作家。作品『ゆれる葦』『一期一会』など。

**アミノ-さん【アミノ酸】** アミノ基（$-NH_2$）とカルボキシル基（$-COOH$）をもち、たんぱく質の構成単位となっている化合物の総称。たんぱく質を構成するアミノ酸は約二〇種。amino acid

**アミノさん-はっこう【アミノ酸発酵】** 微生物が炭素と窒素からアミノ酸を生成する発酵の総称。amino-acid fermentation

**アミノ-とう【アミノ糖】** 糖の分子中にあるアルコール性の水酸基の一つ以上がアミノ基で置換されたもの。特異な生理・薬理作用をもつものが多い。動物・微生物界に広く分布。amino sugar

**アミノピリン【aminopyrine】** 代表的なピリン系薬剤。解熱鎮痛に効果がある。効力はアンチピリンの約三倍。

**アミノフィリン【aminophylline】** テオフィリンを水に溶けやすくしたもの。利尿作用・血管拡張作用がある。心不全などに使用。

**あみ-の-め【網の目】** 網の、糸と糸のすきま。

**網の目から手**（あみのめからて） ほうぼうから手が出ること。のぞみ手の多いこと。引く手あまた。

**網の目に風止まらず**（あみのめにかぜとまらず） やってもかいのないこと、無駄なことのたとえ。

**網の目を潜る**（あみのめをくぐる） ①多くの人目を避けて通る。②法律の不備な点を悪用する。evade the law ③捜査網や監視などを、うまく避ける。escape the dragnet

**アミノメトラジン【aminometradine】** 利尿薬の一つ。尿細管でのナトリウム再吸収をさまたげ、利尿効果がある。うっ血性心不全などによる浮腫に使う。

**あみ-は【阿弥派】** 室町時代の絵画・茶の湯・連歌など芸道一般を専門とする一派。能阿弥・子の芸阿弥・孫の相阿弥の三代（三阿弥）をいう。足利将軍家に同朋衆・唐物奉行として仕え、芸道の相談にあずかる。また水墨画にすぐれ、一派をなす。

**あみ-ばり【編(み)針】** 編み物に使う針の総称。手編み用の鉤針・棒針、機械編み用のべら針など。編み棒。knitting needle

**あみ-はん【網版】** 絵画・写真などの濃淡を細かい網点の大小で表現した印刷用の版。網目スクリーンを通して撮影した原稿のネガを、感光剤を塗った金属板に焼き付けてつくる。網目版。halftone plate

**あみ-ぼう【編(み)棒】** 手芸用具の一種。編み物に用いる先がとがった棒状の用具。素材は、竹・プラスチック・金属など。太さは0から二〇号まであり、号数が大きいほど太い。棒針。knitting needle

**あみ-みどろ【網美泥】** 緑藻植物の一種。池・水田・溝などの淡水に浮遊。円筒状の細胞が網目状に多数集まる。アミモ。

**あみ-め【網目】** ①網の、糸と糸のすきま。網の目。mesh ②網版。halftone

**あみ-め【編(み)目】** 編み物の編み地を構成する最小の単位。棒針編みでの表目・裏目など。stitch

**あみめ-おり【網目織(り)】** 平織りの無地や縦縞の織物に、別の縦糸・横糸で網の目のような柄を織り出したもの。和服地・シーツ地などに用いる。

**あみめ-きごう【編(み)目記号】** 編み物の編み方や編み目の種類を指示する記号。棒針編み・鉤針編み・機械編みなどの種類により、記号は異なる。instruction symbols

**あみめ-ぐさ【網目草】** 観葉植物フィットニアの和名。

**あみめ-こもん【網目小紋】** 細かい網紋を織り出した網目織りの着尺地。

**あみめ-にしきへび【網目錦蛇】** 灰褐色の地に網目状斑のある大きな無毒ヘビ。全長一〇m以内。色・模様が美しく皮革製品に利用される。東南アジアに分布。reticulated python

**あみめ-ばん【網目版】** ↓あみはん（網版）

**あみ-もと【網元】** 船や漁網を所有し、網子・漁師を雇って漁業を営む親方。網主。fishermen's boss 対義 網子。

**あみもと-せい【網元制】** 漁船・漁具を所有する網元が多数の網子を雇用して行う漁業。

**あみ-もの【編(み)物】** 糸やひもを用いて編む手工芸の総称。また、その製品。編み針を使って手で編む手編みと、編み機を使う機械編みがある。knitting

**あみ-やき【網焼(き)】** 調理法の一つ。熱源に金網や石綿製の焼き網をのせて、食品をじかに置くか、紙やホイルで包んで焼く。grilling

**アミューズメント【amusement】** たのしみ。娯楽。

**アミューズメント-センター【amusement center】** 劇場・映画館・遊技場など娯楽施設の集まっている所。娯楽街。

**アミヨ【Jacques Amyot】**（一五一三―九三）フランスの人文主義者。『プルタルコス英雄伝』『ダフニスとクロエ』などギリシア古典の仏訳で知られる。

**アミラーゼ【amylase】** でんぷんを加水分解し、糖化する酵素。動物の消化液や植物の一部に存在。

**あみ-りょう【網猟】** 網を使って行う狩猟。網は多種あり、対象はスズメ・カモ・キジ・ノウサギなど。鳥獣保護法で、現在は可動網のもの以外は使用禁止。net-hunting

**アミル-アルコール【amyl alcohol】** 化学式$C_5H_{11}OH$ 炭素の数が五個のアルコール。八種類の異性体がある。水に溶けにくい。人体に有害。ペンタノール。

**アミロイドーシス【amyloidosis】** アミロイドと呼ばれる一種のたんぱく質が、臓器に沈着する病気。全身性と局所性があり、予後は不良。アミロイド症。

**アミロイド-しょう【アミロイド症】** ↓アミロイドーシス

**アミロース【amylose】** 一般式$(C_6H_{10}O_5)_n \cdot H_2O$ アミロペクチンとともに、でんぷんの成分をなす多糖。沃素でんぷん反応で濃青色を呈する。最終分解生成物はグルコース。

**アミロプシン【amylopsin】** 膵液に含まれるでんぷん加水分解酵素。アミラーゼの一種。膵液アミラーゼ。

**アミロペクチン【amylopectin】** アミロースとともにでんぷんの成分をなす多糖。一般式および分解過程はアミロースと同じだが、平均分子量はアミロースより大きい。沃素でんぷん反応で赤紫色を呈する。

**アミロ-ほう【アミロ法】** アルコールの工業的製造法。ケカビ・クモノスカビなどを用いてでんぷんを糖化し、酵母で発酵させる。amylo process

**アミン【amine】** アンモニアの水素原子をアルキル基で置換した化合物。置換されたアルキル基の数で第一アミンから第三アミンに、アルキル基の種類で脂肪族アミンと芳香族アミンに大別される。

**あ・む【編む】**（五他）①糸・竹・針金などを組み合わせて、網や編み物などを作る。knit 用例 セーターを――。②編集する。edit 用例 詩集を――。

**あ・む【浴む】** 古語（上二他）湯・水をあびる。用例 湯槽の湯わかして、僧二、三十人――・み（栄花・玉台）。

**アムール【amourフランス】** 愛。恋愛。

**アムール-がわ【アムール川】**（Amur）東アジア、中国とソ連の国境を流れ、間宮海峡に注ぐ川。支流オノン川・シルカ川も含めて長さ四五〇〇km。中・下流域のアムール平原は、ソ連、シベリア地区の重要な農工業地帯。黒竜江。

**アムステルダム【Amsterdam】** オランダの首都。アイセル湖西岸、アムステル川の河口にある商工業・文化都市。ダイヤモンド研磨工業がさかん。人口六七・九万（一九八六）。

**アムステルダム-ぎんこう【アムステルダム銀行】**（Amsterdamse Wisselbank）一六〇九年、アムステルダムに設立された公立銀行。近世の銀行の原型をつくった。一八一九年閉鎖。

**アムダリヤ-がわ【アムダリヤ川】**（Amudar'ya）《「ダリヤ」は川の意》中央アジア、ソ連とアフガニスタンの境を流れ、アラル海に注ぐ。長さ二六〇〇㎞。

**アムネスティ【amnesty】**①恩赦。特赦。②「アムネスティ-インターナショナル」の略。

**アムネスティ-インターナショナル【Amnesty International】**人権を擁護するための国際的民間組織。思想・政治犯に対する救援・釈放運動をめざして一九六一年設立。本部ロンドン。一九七七年ノーベル平和賞受賞。国際アムネスティ。ＡＩ。

**アムノク-ガン【鴨緑江】**（Amnok Gang）↓おうりょっこう（鴨緑江）

**アムリツァル【Amritsar】**インド北部、パンジャブ州北西部の商工業都市。交通の要地で、米・小麦などの集散地。シク教の大寺院がある。人口五八・九万（一九八一）。

**アムンゼン【amunzen】**変わり綾の梨地織り。本来は梳毛織物の地薄な高級着尺地。現在は綿・レーヨンで作られ、柄物の服地もある。

**アムンゼン【Roald Amundsen】**（一八七二〜一九二八?）ノルウェーの極地探検家。北西航路の開発を試み、史上初の北極海通過に成功。一九一一年世界で最初に南極点に到達。一九二八年北極で消息を絶つ。↓写

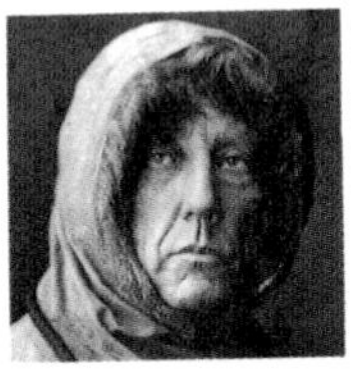

●アムンゼン

**あめ【天】**①てん。そら。対義 土・地。②高天の原またはそれに関係する物事。

# あめ【雨】

①大気中の水蒸気が冷えて水滴となって落ちてくるもの。水滴の直径が〇・五㎜より大きい降水。〇・五㎜未満の場合は、霧雨。rain 用例 ―が上がる。②雨天。rainy weather ③たえまなくたくさん落ちるもののたとえ。shower 用例 弾丸の―。④《比喩的》広くゆきわたって人々をうるおすもの。

**雨が上がる**（あめがあがる）雨がやむ。The rain has stopped. 用例 ようやく昨夜来の雨が上がった。

**雨が降ろうが槍が降ろうが**（あめがふろうがやりがふろうが）どんな困難があろうとも、必ずやりとげるという決意をあらわす語。by all means 用例 ―私は行く。

**雨、塊を破らず**（あめ、つちくれをやぶらず）静かに降る雨は土をこわさない。世の中が平穏なことに言う。

**雨に沐い風に櫛る**（あめにかみあらいかぜにくしけずる）風雨に身をさらすこと。苦労することのたとえ。風に櫛り雨に沐う。櫛風沐雨。

**雨に濡れて露恐ろしからず**（あめにぬれてつゆおそろしからず）大きな災難にあった者は、小さなわざわいを恐れないことのたとえ。

**雨の降る日は天気が悪い**（あめのふるひはてんきがわるい）あたりまえの話であること。

**雨晴れて笠を忘る**（あめはれてかさをわする）困難な時が去ると、その時に受けた恩をすぐ忘れてしまうことに言う。暑さ忘れて陰忘る。

**雨降って地固まる**（あめふってじかたまる）一波乱あったあと、かえって前より状態がよくなるたとえ。After a storm comes a calm.

**あめ【▼飴】**①でんぷん・もち米などを麦芽や酸・酵素などで糖化させた粘質の甘味食品。一般には飴菓子の総称。たがね。candy ②砂糖を煮つめたもの。caramel

**飴と鞭**（あめとむち）《プロイセンの政治家ビスマルクのとった社会主義者対策から》支配者が、懐柔（飴）と弾圧（鞭）の二様の政策を使い分けて、民衆を誘導すること。転じて、おだてたり脅したりの両様のやり方で、人をあやつり、従わせること。the carrot and the stick policy

**飴の中から金太郎が出たよ**（あめのなかからきんたろうがでたよ）金太郎飴売りが、売るときに歌ったことば。

**飴を食わせる**（あめをくわせる）より大きな利をねらって、相手に小利を与える。甘言で人をだます。飴をしゃぶらせる。cajole

**あめ-あがり【雨上がり】**雨のやんだあと。あまあがり。after a rain

**あめ-あし【雨脚・雨足】**↓あまあし（雨脚）

**あめ-あられ【雨▼霰】**①雨とあられ。rain and hail ②はげしく、連続的に物が落ちかかり、また、降りそそぐようす。to shower like hail 用例 ―と降りかかる弾丸。

**あめい-せんそう【▼蛙鳴▼蟬▼噪】**《カエルやセミが鳴きさわぐことから》①やかましく騒ぐこと。②議論するだけで、内容に乏しいこと。

**あめ-いろ【▼飴色】**半透明の暗い黄色。

**あめ-うり【▼飴売り】**飴を売り歩く行商人。江戸時代からあり、頭巾に袖なしの羽織姿などで余興に芸をしてみせた。

**アメーバ【amoeba】**原生動物門根足虫類に属するアメーバ類の総称。大きさは〇・一㎜内外。形はさまざまで、仮足（＝偽足）を伸ばして移動、いわゆるアメーバ運動をする。淡水・海水・土中に広く分布し、寄生性・病原性のものもある。アミーバ。↓写

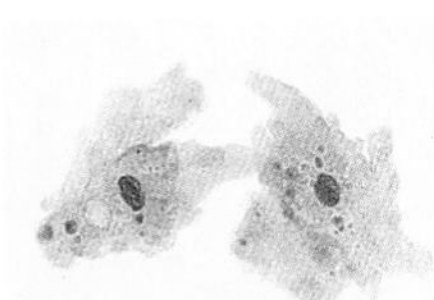

●アメーバ

**アメーバ-うんどう【アメーバ運動】**アメーバやリンパ球などの、遊走細胞にみられる細胞体の変形運動。仮足動物。amoeboid movement

**アメーバ-せきり【アメーバ赤痢】**赤痢アメーバが大腸を冒す病気。一日数回の血便ないし粘液便が主症状。amoebic dysentery

**あめ-おち【雨落ち】**↓あまおち（雨落ち）①

**あめ-おとこ【雨男】**その人が外出すると、雨が降るといわれる男。対義 晴れ男。

**あめ-かぜ【雨風】**①雨と風。wind and rain ②雨まじりの風。風雨。wind and rain 用例 ―が強い。③雨になるという風。雨気をふくんだ風。あまかぜ。rainy wind

**あめかぜ-まつり【雨風祭(り)】**東北地方で、雨や風による災害を防ぐために行われる呪術的行事。厄除けのための形代として男女二体の人形を作り、村境まで送って捨てたり、焼いたりする。

**あめ-かんむり【雨冠】**漢字を組み立てている部分の名。「雲・電」などの上の「⻗」。あまかんむり。

**あめ-ざいく【▼飴細工】**①飴を使って、人・動物などの形を作った細工菓子。子どもを相手に縁日や街頭などで売る。②見かけだけで内容のないもの。みかけだおし。↓写

●飴の細工①

**アメシスト【amethyst】**紫水晶。装身具に用いられる宝石。二月の誕生石。アメジスト。↓誕生石 写

**アメ-しょん**《俗語。アメリカへ行って、小便をしてくるだけという意から》アメリカ帰りをひけらかす者を軽蔑して言った語。

**アメダス【ＡＭｅＤＡＳ】**《Automated Meteorological Data Acquisition System の略》地域気象観測システム。全国一三〇〇か所設置の自動気象測定装置の情報をＮＴＴの回線で自動的に気象庁や気象台に集める。

**あめ-だま【▼飴玉】**丸い飴。candy

**あめ-つち【天▽地】**天と地。heaven and earth

**天地の道**（あめつちのみち）天地、自然の道理。

**あめつち-の-ことば【天▽地の▽詞】**平安時代の四八字よりなる手習い歌。ア行のエとヤ行のエの区別があり、いろは歌以前に使われた。（　）内は推定の意味。あめ（天）つち（地）ほし（星）そら（空）やま（山）かは（川）みね（峰）たに（谷）くも（雲）きり（霧）むろ（室）こけ（苔）ひと（人）いぬ（犬）うへ（上）すゑ（末）ゆわ（硫黄）さる（猿）おふせよ（生ふせよ）えのえを（榎の枝を）なれゐて（馴れ居て）。

**あめ-つゆ【雨露】**雨と露。雨露。rain and dew 用例 ―をしのぐ。

**あめ-に【▼飴煮】**調理法の一つ。煮汁に水あめを加えて煮る方法。食品がつやよく煮上がり、味が変わらず長もちする。小魚のつくだ煮など。あめ炊き。

**アメニティ【amenity】**快適さ。とくに、住宅の居住性のよさをさすことが多い。

**あめ-の-いわと【天の岩戸】**↓あまのいわと（天の岩戸）

**あめ-の-うお【▼鯇】**サケ科の硬骨魚、ビワマスの地方名。琵琶湖周辺で呼ぶ。

**あめ-の-した【天の下】**空の下。この国土。

**あめのみや-かぜのみや【天の宮風の宮】**伊勢神宮一二〇の末社の中の、雨の宮と風の宮。ただし、雨の宮は実在せず、風の宮は別宮の一つ。

**あめのもり-ほうしゅう【雨森芳▼洲】**（一六六八〜一七五五）江戸中期の儒者。京都の人。対馬藩に仕え、朝鮮との外交にあたった。著書『橘窓文集』など。

**あめ-ふらし【雨降らし・雨▼虎】**潮間帯付近の岩礁にすむアメフラシ科の軟体動物。体長約三〇㎝。触ると紫色の粘液を出す。三〜七月に産卵。卵塊は、うみそうめんと呼ばれる。名は、いじめると雨が降るということに由来。日本全土に分布。sea hare ↓写

●アメフラシ

**あめ-ふり【雨降り】**雨が降っていること。また、そういう天気・日。rain

**あめふり-ばな【雨降り花】**花をつむと雨が降ると伝承されている花。地方によって異なる。

**あめ-ま【雨間】**↓あまま（雨間）

**あめ-ます【雨▼鱒】**サケ科の魚。エゾイワナの降海型。全長約六〇㎝。体側に白色の円斑が散在。北日本からカムチャツカに分布し、追良瀬川・北上川以北の河川に産卵のためにのぼる。

**あめ-もよい【雨▽催い】**↓あまもよい（雨催い）

**あめ-もよう【雨模様】**↓あまもよう（雨模様）

**あめ-もり【雨漏り】**（名・サ変自）↓あまもり（雨漏り）

**あめ-ゆき【雨雪】**《方言》東北地方などで、霙のこと。あまゆき。

**アメ-よこ【アメ横】**《「アメ屋横丁」、または「アメリカ横丁」の略》東京都台東区上野にある食品雑貨の問屋街。昭和二一年（一九四六）夏、芋飴を売る闇市が並んでアメ屋横丁と呼ばれたとも、舶来の闇物資が多かったのでアメリカ横丁と呼ばれたともいう。

**アメラシアン【Amerasian】**《American と Asian の合成語》アメリカ人とアジア人の間に生まれた混血児。父親がアメリカ人、母親がアジア人の場合をいう。

**あ・めり** 古語（連語）《動詞「あり」の連体形「ある」に、推量の助動詞「めり」の付いた「あるめり」の音便形「あんめり」の「ん」を、表記しない形》あるようだ。あると思われる。用例 仏の御徳かならず見給ふべき人にこそ―・めれ（更級）。参考 中古では「あめり」と表記して、「あんめり」と読んだ。

**アメリカ【America・亜米利加】**①南・北アメリカ大陸、西インド諸島を含む地域の総称。イタリア人航海者アメリゴ＝ベスプッチに由来。②「アメリカ合衆国」の略。

**アメリカ-ありたそう【アメリカ有田草】**薬用に栽培される、アリタソウに似たアカザ科の多年草。葉は長楕円形で縁に鋸歯があり、夏に緑色で大形の花序をつける。回虫や線虫などの駆除に効く。中央アメリカ原産。

**アメリカ-インディアン【American Indians】**南北アメリカ大陸原住民の総称。形質は黄色人種共通の特色をもつ。ベーリング海峡が地続きのとき、アジアから移動したといわれる。狩猟を主とし、漁業・農業も営む。北米では一七世紀以来白人に西部へ追われ、一九二四年より保護策が行われる。中南米では一六世紀の白人の侵略・迫害で人口が減少したが、一八世紀以降融和策がとられ人種対立は緩和。

**アメリカインディアン-ごぞく【アメリカインディアン語族】**南北アメリカ大陸・西インド諸島の土着語の総称。北のエスキモー-アレウト語族も含めて、五〇以上の語族からなる。American Indian languages

**アメリカ-がっしゅうこく【アメリカ合衆国】**（United States of America）北アメリカ大陸中部を本土とする連邦制共和国。首都ワシントン。一七七六年イギリスから独立。五〇の州からなる。大部分は温帯に属し、大農経営で世界一の農畜産物を生産。鉱物資源も豊富



▼常用漢字表外。　▽常用漢字表の音訓外。

で各種工業が発達。面積九三七・三万km²。人口二億四一六〇万(一九八六)。米国。アメリカ。USA。

**アメリカがっしゅうこく-けんぽう【アメリカ合衆国憲法】**(Constitution of the United States of America) アメリカの各州憲法に対し、一七八七年に採択された連邦憲法。これによりアメリカは連邦国家となった。人民の主権を基本にすえ、連邦制・三権分立制をとる。成文の近代的憲法としては世界最古。

**アメリカ-ぐま【アメリカ▾熊】** ツキノワグマに似た中形のクマ。体長約一・八m。体色は黒く、アメリカクロクマの別名があるが、褐色・灰色のものもいる。森林にすみ、魚や果実を食べる。北アメリカに分布。black bear

**アメリカ-こうくううちゅうきょく【アメリカ航空宇宙局】** ↓ナサ(NASA)

**アメリカ-ざりがに【アメリカ▾蝲▾蛄】** 大きなはさみをもった淡水産のエビ。体長約一〇cm。雑食性。河床、田の畔などに穴を掘ってすみ、稲作に有害。アメリカからの帰化動物で、北海道を除く各地に分布。crawfish ↓図

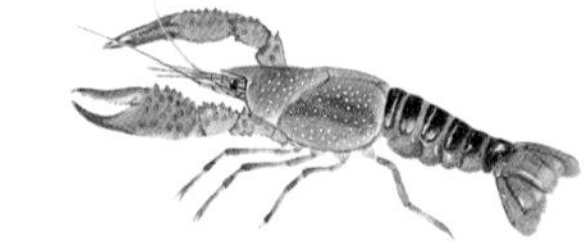
●アメリカザリガニ

**アメリカ-しゅう【アメリカ州】** 太平洋と大西洋にはさまれた、南北に長い大陸。南北アメリカに分かれる。米州。アメリカ大陸。

**アメリカ-しろひとり【アメリカ白火取▾蛾・アメリカ白灯▾蛾】** ヒトリガ科の白色のガ。開張二・五cm。五〜六月と八月の二回発生。幼虫は街路樹・庭木などの葉を食害。第二次大戦後、原産地の北アメリカから日本に侵入。日本全土に見られる。fall webworm ↓写

●アメリカシロヒトリ

**アメリカ-すぎ【アメリカ杉】** アメリカネズコの別名。

**アメリカ-すずかけのき【アメリカ▾篠懸の木】** スズカケノキ科の落葉高木。高さ五〇mにもなる。スズカケノキに比べ、葉の切れこみが深い。街路樹・公園樹として植える。北アメリカ原産。ボタンノキ。American plane tree

**アメリカズ-カップ[America's Cup]** 一八五一年に始まった国際外洋ヨットレース。国別対抗のマッチレースで争われる。ほぼ四年ごとに開催。

**アメリカ-スペイン-せんそう【アメリカ-スペイン戦争】** 一八九八年、スペイン領キューバの独立運動を契機に、アメリカとスペイン間に起きた戦争。勝利したアメリカは、プエルトリコ・フィリピン・グアムなどを獲得、カリブ海と極東方面への進出の足場を固めた。米西戦争。the Spanish-American War

**アメリカ-せんだんぐさ【アメリカ▾栴▾檀草】** キク科の一年草。帰化植物で北アメリカ原産。葉は羽状複葉で対生。秋、枝先に小さな黄色の頭花が咲く。セイタカウコギ。↓写

●アメリカセンダングサ

**アメリカ-だいごくうぐん【アメリカ第五空軍】**(the Fifth Air Force) アメリカ太平洋軍の指揮下にあり、日本・韓国の防空を支援する航空部隊。司令部は東京の横田基地。

**アメリカ-だいななかんたい【アメリカ第七艦隊】**(the Seventh Fleet) 西太平洋・インド洋を担当海域とするアメリカ海軍最大の艦隊。空母三隻を含む約六〇隻の艦船と航空機約四三〇機を保持。兵員約六万人。

**アメリカ-たいへいようぐん【アメリカ太平洋軍】**(United States Pacific Commando) 太平洋地域を防衛するアメリカの戦域軍。在日・在韓米軍・太平洋空軍などからなる。太平洋統合軍。USPACOM。

**アメリカ-だちょう【アメリカ▾駝鳥】** レアの別名。

**アメリカ-ちゅうおうじょうほうきょく【アメリカ中央情報局】** ↓シーアイエー(CIA)

**アメリカ-つうしょうだいひょうぶ【アメリカ通商代表部】**(Office of the US Trade Representative) アメリカの通商交渉を担当する大統領直轄機関。ケネディ政権下に創設され、ガットのもとでの通商交渉に加えて政策立案機能もはたす。USTR。

**アメリカ-つうしんえいせいがいしゃ【アメリカ通信衛星会社】**(Communications Satellite Corporation) アメリカの通信衛星回線リース会社。一九六三年設立。コムサット。Comsat

**アメリカ-でいこ【アメリカ▾梯▾沽】** マメ科の落葉高木。デイコの近縁種。鮮紅色または暗紅色の蝶形花が上向きに咲く。ブラジル原産。↓写

●アメリカデイコ

**アメリカ-でんわでんしんがいしゃ【アメリカ電話電信会社】** ↓エーティーティー(ATT)

**アメリカ-どくりつせんげん【アメリカ独立宣言】** 一七七六年七月四日、第二回大陸会議で採択された宣言。ジェファーソンが起草。アメリカ政治の基本原則を示したもので、民主主義思想の重要文献とされる。独立宣言。Declaration of Independence

**アメリカ-どくりつせんそう【アメリカ独立戦争】** 一七七五〜八三年、アメリカの一三植民地がイギリスと戦い、フランスの援助で勝利を得た戦争。八三年パリ条約で独立を承認された。アメリカ独立革命。The War of Independence

**アメリカ-とら【アメリカ▾虎】** ジャガーの別名。

**アメリカナイズ[Americanize]**(名・サ変自他) アメリカ的になること。また、すること。米国化。

**アメリカニズム[Americanism]** アメリカふう。アメリカ流。アメリカ人気質。アメリカ精神。アメリカ語法。

**アメリカ-ねずこ** ヒノキ科の常緑高木。クロベの近似種。材は建築・土木用。北アメリカ北部西海岸原産。アメリカスギ。redwood

**アメリカ-ねり** オクラの別名。

**アメリカ-ばく【アメリカ▾貘】** イノシシに似るが四肢が太く、鼻が伸びて先が自由に動くバク科の動物。サイに近縁な奇蹄類であるが、前足のひづめは四個。体長約二m。黒褐色。水辺近くの森林にすみ、草食。子にはイノシシの子に似た白色の縦縞がある。南アメリカに分布。ブラジルバク。South American tapir

**アメリカ-ぼうふう【アメリカ防風】** パースニップの別名。

**アメリカ-まつ【アメリカ松】** マツ科の常緑針葉大高木。高さ一〇〇m余に達し、材は赤黄色または赤色で、堅くて耐久力があり、建築・土木・船舶・ベニヤ・パルプなどに利用。

**アメリカ-メキシコ-せんそう【アメリカ-メキシコ戦争】** 一八四六〜四八年のアメリカ・メキシコ間の戦争。国境紛争を契機に開戦。アメリカはカリフォルニア・ユタ・ネバダ・アリゾナ地方の広大な領土を獲得。米墨戦争。the Mexican War

**アメリカ-やぎゅう【アメリカ野牛】** 体の前半部が黒褐色の長毛でおおわれた大形の野生ウシ。北アメリカ産。バッファロー。アメリカバイソン。buffalo; American bison

**アメリカ-やまぼうし【アメリカ山法師】** ハナミズキの別名。

**アメリカ-ゆしゅつにゅうぎんこう【アメリカ輸出入銀行】**(Export-Import Bank of the United States) 金融的援助により、アメリカの対外貿易、とくに輸出促進をめざす全額政府出資の特殊銀行。一九三四年設立。EXIM。

**アメリカ-よたくしょうけん【アメリカ預託証券】** アメリカの証券市場で外国の株式の預託を受けたとき、その見返りとしてアメリカの銀行が発行する代替証券。ADR。American depositary receipt

**アメリカ-ライオン[American lion]** ピューマの別名。

**アメリカ-ルネサンス[American Renaissance]** 一九世紀前半アメリカに開花した文学の繁栄期を呼ぶ俗称。エマーソン・ホイットマン・ソローやホーソーン・メルビルなどが活躍。

**アメリカ-れんぽうぎかい【アメリカ連邦議会】**(US Congress) アメリカの最高の立法府。上院と下院の二院からなり、委員会制度に特徴がある。

**アメリカ-れんぽうそうさきょく【アメリカ連邦捜査局】** ↓エフビーアイ(FBI)

**アメリカろうどうそうどうめい-さんぎょうべつくみあいかいぎ【アメリカ労働総同盟産業別組合会議】** ↓エーエフエル-シーアイオー(AFL-CIO)

**アメリカ-わに【アメリカ▾鰐】** ミシシッピワニの別名。

**アメリカン[American]**(接頭) 米国の。米国式の。

**アメリカン-エキスプレス[American Express Company]** トラベラーズチェックやクレジットカードなど、旅行関連サービスと保険を事業内容とするアメリカの会社。一八五〇年設立。アメックス。

**アメリカン-キャン[American Can Company]** アメリカの二大製缶会社の一つ。プラスチック・ガラス・紙などの容器も製造する。一九〇一年設立。

**アメリカン-ショート-ヘア[American short hair]** イエネコの一品種。アメリカ在来種から品種改良されたもので、体側に大きな渦巻き模様がある。↓ネコ写

**アメリカントロッター-しゅ【アメリカントロッター種】** ↓トロッター

**アメリカン-バレエ-シアター[American Ballet Theater]** アメリカの代表的バレエ団。一九三九年バレエ-シアターとして結成、五七年に改称。古典とモダンバレエを公演。

**アメリカン-フットボール[American football]** ラグビーとサッカーをまぜ合わせたアメリカ生まれの球技。一一人ずつの二チームが楕円形のボールを敵陣にもちこみ、得点を争う。アメラグ。アメフト。米式蹴球。比較 サッカー・ラグビー。↓図(次ページ)

**アメリカン-ブランズ[American Brands, Inc.]** 米の大手タバコ会社。ポールモールやラッキーストライクなどの銘柄をあつかう。一九〇四年設立。旧社名アメリカンタバコ。

**アメリカン-リーグ[American League]** アメリカプロ野球の大リーグの一つ。一九〇〇年創設。当初は八球団。現在、東西地区各七計一四球団。参照 メジャーリーグ。

**アメリケーヌ-ソース**《sauce américaine フランス》ロブスターの殻を細かくつぶして裏ごしにかけ、魚のだし汁と混ぜたソース。魚貝料理専用。American sauce

**アメリゴ-ベスプッチ[Amerigo Vespucci]**(一四五一〜一五一二) イタリアの探検家。フィレンツェ生まれ。天文学者。南アメリカ沿岸を探検。アメリカの名称はその名にちなむ。

**アメリシウム[americium]** 人工放射性元素の一つ。元素記号Am 原子番号九五。質量数二四三。銀白色の金属。一九四四年プルトニウムに中性子を当ててつくられた。

**アメン[Amen]** 古代エジプトの主神。中王国時代テーベの守護神で、のち太陽神ラーと習合して宇宙創造神アメン-ラーとして崇拝された。二枚の羽をいただく青色の人物として表現される。アモン。

**あめんぼ【▿飴▿坊・▿水▾黽】**《水あめのようなにおいを出すのに由来》細長い足で池沼の水面を滑走するアメンボ科の水生昆虫。体長一・五cm内外で黒色。肉食性。日本各地に分布。本種を含むアメンボ科はすべて翅がない。海にすむウミアメンボ類もいる。ミズグモ。カワグモ。アメンボウ。water strider ↓図

●アメンボ

**アメンホテプ〈三世〉[Amen-hotep Ⅲ]** エジプト第一八王朝の王(在位BC一四〇二ごろ〜BC一三六四ごろ)。王朝繁栄の絶頂期に即位。ルクソルやカルナクに

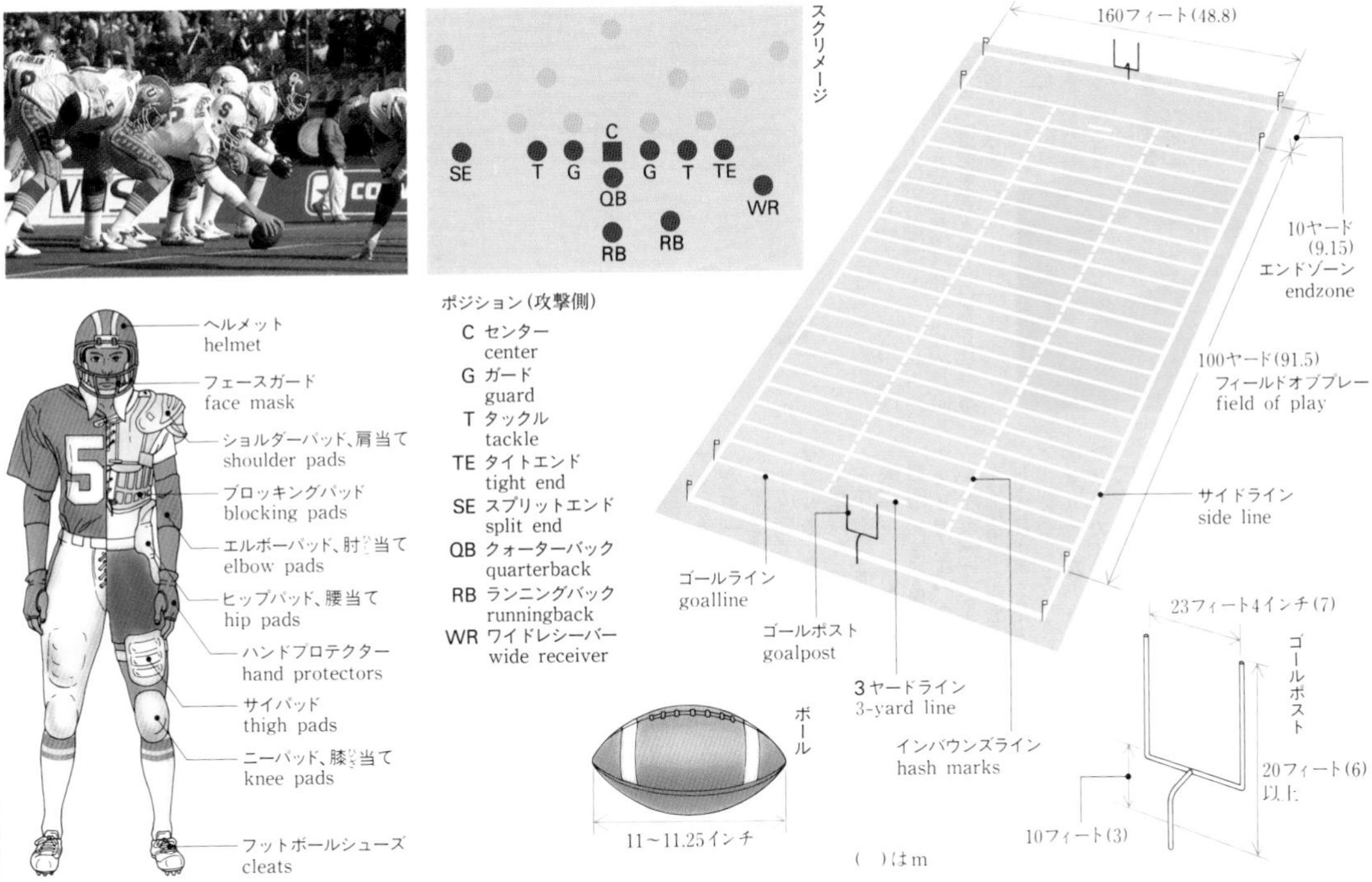

●アメリカンフットボール

大建造物を造営。

**アモイ【Amoy・厦門】** 中国、福建省南部、厦門島にある商工業都市。香港・東南アジアへの中継貿易港。人口五三・二万(一九八四)。シャーメン。

**アモール-ファティ【amor fatiラテ】** 運命愛の原語。

**あ-もく【亜目】** 生物分類の一階級。目と科の間におき、目を小さく区分する必要がある場合に設ける。suborder

**あもり-つく【▽天▽降り付く】**［枕ことば］《香具山は、天から降ってできたという伝説から》「天の香具山・神の香具山」にかかる。用例 ―天の芳来山霞立つ春に至れば(万葉・三・二五七)。

**あ-も・る【▽天▽降る】** 古語(四自) ①あまくだる。用例 嶽に―・りし皇祖の(万葉・二〇・四四六五)。②天皇が行幸する。用例 行宮に―・りいまして(万葉・二・一九九)。

**アモルファス【amorphous】**《無定形の、の意》ガラス・ゴムなどのように、固体内の原子配列に規則性のない状態。

**アモルファス-きんぞく【アモルファス金属】** 金属元素を主成分とする結晶性をもたない固体物質。高温で溶解した金属を瞬間的に冷却し、固化させてつくる。おもに電磁材料として利用。非晶質金属。amorphous metal

**アモルファス-たいようでんち【アモルファス太陽電池】** 非晶質のシリコン半導体を用いた太陽電池。低コストで量産できるが、光電変換効率が低い。amorphous solar cell

**アモルファス-はんどうたい【アモルファス半導体】** 原子配列に規則性のない非晶質または無定形金属を用いた半導体。太陽電池や電子複写用感光材料に用いられる。非晶質半導体。amorphous semiconductor

**あ-もん【亜門】** 生物分類の一階級。門と綱の間におき、門を小さく区分する必要がある場合に設ける。subphylum

**アモン【Amon】** →アメン

**あや【▽文・▼綾】** ①《「彩」とも》模様や色合い。designs and coloring ②物がななめに、打ちちがえになること。twilling ③しくみ。てだて。くふう。plot 用例 事件の―。④言い回し。修辞。rhetoric 用例 ことばの―。⑤古語 条理。区別。あやめ。

**文を付ける** ①模様や色彩を美しくする。おもむきを出す。②文章やことばに、飾りを付ける。③支払いに、割り増しをつける。④《俗語》言いがかりを付ける。

**あや【▼綾】** ①模様を織り出した絹。②織り目がななめ線の織物。綾織り。

**あや【▼綾】**〈町〉宮崎県中部、宮崎平野にある町。農林業中心。綾川焼・綾紬・木竹工芸品などが特産。人口七五四一(一九八八)。

**あや-いがさ【▼綾▼藺▼笠】** イグサを編んで、裏に絹をはった笠。円形を二つ折りにしたかたちで、中央が高く突き出ている。武家の狩猟や流鏑馬に用いられた。

**あや-いと【▼綾糸】** ①美しいいろどりの糸。colored thread ②あやとりの糸。thread of cat's cradle ③布を織るとき、機の縦糸をまとめる糸。heddle thread

**あやう・い【危うい】**(形) ①危ない。危険である。dangerous 用例 命が―。②確実でない。用例 成功は―。

**あやうく【危うく】**(副) ①やっと。どうやら。あぶなく。narrowly 用例 ―助かった。②もうちょっとで。nearly 用例 ―ひかれるところだった。

**あやう・し【危うし】** 古語(形ク) ①危険だ。あぶない。用例 宮中既に―・く見えけるを(平家・一・鹿谷)。②気がかりだ。心配だ。用例 恋しくも、また、見ば劣りやせむとさすがに―(源氏・若紫)。③確実ではない。あてにならない。用例「又親の顔拝まむこともいと―」と思ひて、泰時も鎧の袖をしぼる(増鏡・新島守)。

**あやうた【▼綾歌】**〈町〉香川県、讃岐平野南西部の町。稲作のほか、桃・電照菊の栽培もさかん。人口一万五八七(一九八八)。

**あや-おり【▼綾織(り)】** ①綾織物。twill fabric ②綾を織ること。また、その人。twill; twiller ③織物三原組織の一つ。縦糸または横糸の浮きが布面に斜線を連続させる織物。斜文織り。twill →織物図

**あや-おりもの【▼綾織物】** ①綾を織り出した美しい絹織物。figured cloth ②綾織り。斜めの畝を織り出した織物の総称。平織り地より布目が密で、目付けが重く、じょうぶでしなやか。twill fabric

**あやかし** ①船が難破するとき現れるという怪物。用例 ―がつく。②あやしいもの。

**あやかみ【▼綾上】**〈町〉香川県中部、讃岐山脈北麓にある町。稲作中心。柿の産地。人口七九四九(一九八八)。

**あやかり-もの【▽肖り者】** ①よく似た者。②人がうらやむほどの、しあわせ者。果報者。

**あやか・る【▽肖る】**(五自) すぐれた、あるいはしあわせな人に似てその状態になる。share good luck 用例 菅原道真に―。

**あや-ぎぬ【▼綾絹】** 綾織り(=斜文織り)にした白、または無地染めの絹。また、それで作った衣服。羽二重や富士絹の綾織りがある。

**あやこ-まい【▼綾子舞】** 新潟県柏崎市女谷伝承の民俗芸能。少女が赤布を頭から垂らし、古風な歌・囃子に合わせて踊る。

**あや-し【▽漢氏】** 古代、渡来人系氏族の一つ。応神朝に渡来の阿知使主を祖とするというが、五世紀ごろ渡来した楽浪の漢人の子孫と考えられる。おもに学芸をもって朝廷に仕えた。大和にいた東漢、河内に拠った西漢の二氏がある。

**あや・し** 古語(形シク)《ふつうでない意がもとの意味で、それに不快感が加わると、②の意になり、身分・生活程度を言うと、③の意になる》①《「奇し」「異し」とも》㋐霊妙な威力がある。ふしぎだ。用例 ―・しき鳥(日本書紀・神武即位前)。いと―と思しめぐらすに、ただかの御息所なりけり(源氏・葵)。㋑常と異なる。めずらしい。用例 ―・しく、おもしろき所多かりけり(伊勢・八一)。②《「怪し」とも》けしからぬ。用例 ここかしこの道に―・しきわざをしつつ(源氏・桐壺)。③《「賤し」とも》いやしい。貧しい。粗末だ。みすぼらしい。用例 ―の竹の編み戸の内より(徒然・四四)。

**あやし・い【怪しい】**(形) ①ようすが変だ。異様だ。strange 用例 ―光が見えた。②信用できない。疑わしい。incredible 用例 この答えは―。③悪い状態になりそうで安心できない。用例 雲行きが―。④犯罪の疑いがある。用例 あの男が―。⑤男女関係があるらしい。suspect 用例 あの二人は―。⑥《「妖しい」とも》不思議に引きつけられるものがある。fascinating 用例 ―美しさ。派生 あやしが・る(五自) あやしげ(形動) あやしさ(名)

**あやし-げ【怪しげ】**(形動) 怪しいようであるさま。doubtful

**あやし・ぶ【怪しぶ】** 古語(四他) うたがわしく思う。ふしぎに思う。あやしむ。用例 あまたたびかたぶき―(源氏・桐壺)。

**あやし・む【怪しむ】**(五他) 怪しく思う。怪しがる。不思議に思う。doubt; suspect

**あや・す**(五他) 赤ん坊のきげんをとる。dandle

**あやせ【▼綾瀬】**〈市〉神奈川県中部の市。宅地化・工業化が著しい。米軍使用の厚木飛行場がある。人口七万四九四二(一九八八)。

**あ-やつ【▽彼▽奴】**(代)《第三者をののしって呼ぶ古い言い方》あいつ。きゃつ。かやつ。

**あやつ-こ【▼綾子】** 魔よけのために赤子の額につけるまじないのしるし。生後初めて外出する宮参りなどの際に、鍋墨などで「×」や「、」をつける。「大」や「犬」といった文字を書く場合もある。

**あやつり【操り】** ①操ること。manipulation ②「操り人形」「操り芝居」の略。

**あやつり-さんば【操三▽番】** 歌舞伎舞踊。長唄。『操三番叟』の略。糸操りの人形振りは派手で技巧的。

**あやつり-しばい【操り芝居】** 三味線を伴奏に語る浄瑠璃に合わせて、手使いの人形を操る芝居。操り。操り狂言。操り人形。puppet show

▼常用漢字表外。▽常用漢字表の音訓外。

**あやつり‐にんぎょう【操り人形】** ①操り芝居。puppet show ②操り芝居に用いる、手や棒などを使って操る、棒使いの人形。puppet ③人形劇に使う、糸仕掛けで、物かげから動かす人形。marionette ↓写

●操り人形②

**あやつ・る【操る】** ㊀(五他)①糸を、いくすじも付けて、それを引いて動かす。manipulate 用例人形を―。②うまく扱う。manipulate ③かげでたくみに動かす。manipulate 用例世論を―。㊁古語(四他)楽器をひく。用例水の音に流泉の曲を―(方丈記)。

**アヤ‐デ‐ラ‐トーレ【Víctor Raúl Haya de la Torre】**(一八九五〜一九七九)ペルーの政治家。APRAアプの創立者で党首。早くから社会改革運動に参加し、一九六二年の大統領選挙で最高得票を得たが、軍部の反対で無効となった。

**あや‐とり【▼綾取(り)】** 子どもの遊びの一種。輪にした糸を左右の手首や指にかけ、指先で各種の形を作って手に移し合う。糸取り。cat's cradle

**あや‐ど・る【▼綾取る】**(五他)①たすきなどを、十文字にかける。②文章などを飾る。

**あや‐な・し【▽文なし】** 古語(形ク)①すじが立たない。わけがわからない。用例春の夜のやみは―梅の花(古今・春上)。②かいがない。むだだ。用例―・く今日をながめ暮しはべる(源氏・若菜上)。③《連用形「あやなく」で》わけもなく。やたらに。用例―・くあだの名をや立ちなむ(古今・秋上)。④まっくらだ。用例―・き闇やみにうらぶれて(雨月物語)。

**あや‐な・す**(五他)うまく扱う。ほどよくあしらう。あやつる。

**あや‐な・す【▽彩なす】**(五自他)①(自)美しい模様をつくる。make beautiful patterns ②(他)美しくいろどる。illuminate 用例―雲。用例まちを―ネオン。

**あや‐に【▽奇に】** 古語(副)不思議に。みょうに。わけもなく。用例相見し子らし―愛かなしも(万葉・一四・三五三七)。

**あや‐にく【▽生憎】** 古語(形動ナリ)《驚きの叫び声「あや」に、「にくし」の語幹「にく」が付いた語》意外なさま。間の悪いさま。意地の悪いさま。あいにく。用例かへすがへす―なる心なりや(源氏・宿木)。

**あやにく‐だ・つ【▽生憎だつ】** 古語(四自)意地を張って困らせる。用例四つ五つなるは―・ちて(枕・人ばへするもの)。

**あや‐にしき【▼綾▼錦】** ①綾と錦。②美しい着物・もみじなどの形容。③コノハノリ科の紅藻植物。水深約一〇mまでの海底に生育し、紫紅色や桃赤色の扁平へんぺいな葉状体。本州以南に分布。↓紅藻植物図

**あや‐はとり【▽漢▽織】**《「はとり」は「はたおり」の約》上代、中国から渡来したと伝える、漢氏あやうじに属した機織はたおり工女。雄略ゆうりゃく天皇の時代に呉織くれはとりとともに来朝。

**あやぶ・む【危ぶむ】**(五他)あぶないと思う。あぶながる。心配する。be anxious about

**あや‐ふや**(形動)どっちつかずなさま。確かでないさま。uncertain 用例―な返答。

**あやべ【▼綾▽部】**〈市〉京都府中部、福知山ふくちやま盆地東縁にある市。古く渡来人による養蚕ようさんの地として知られた。旧城下町。繊維工業がさかん。人口四万二二一一(一九八八)。

**あやま【▼阿山】**〈町〉三重県北西部、伊賀盆地の町。稲作中心。畜産もさかん。伊賀焼が特産。人口八四八三(一九八八)。

**あやまち【過ち】** ①物事のやりそこない。fault 用例―に気づく。②気づかずにおかした罪。fault 用例―を犯す。③男女関係での過失。fault

**過ちを文る**(あやまちをかざる) 小人は、あやまちを改めず、かえってつくろってよく見せかけようとする。

**過ちを観てここに仁を知る**(あやまちをみてここにじんをしる) 人の過失をよく見れば、その人の人間性がわかる。

**あやま・つ【過つ】**(五他)①やりそこなう。まちがう。commit a fault ②気づかずに罪をおかす。commit a fault

**過っては則ち改むるに憚る事勿れ**(あやまってはすなわちあらたむるにはばかることなかれ) 過ちをおかしたときには、ためらうことなく、すぐに改めよ。

**あやま‐てり【過てり】**(連語)まちがっていた。用例ああ、われ―。

**あやまり【誤り・▼謬り・▽錯り】** 誤ること。まちがい。錯誤。誤解。誤算。error 用例―を正す。

**あやま・る【誤る・▼謬る・▽錯る】** ㊀(五自他)①(自)まちがう。やりそこなう。まちがえる。make a mistake 用例道を―。②(他)まちがわせる。よくない方向へ導く。誤らせる。misguide 用例人を―。㊁古語(四自)心がみだれる。用例いと御ここちも―・りて(源氏・真木柱)。

**あやま・る【謝る】**(五他)①わびる。謝罪する。apologize 用例あやまちを知って―。②閉口する。まいる。降参する。surrender 用例あいつの厚かましさには―よ。③ことわる。辞退する。decline 用例その話なら―。

**あやま‐れる【誤れる】**(連語)まちがっている。wrong 用例―判断。

**あや‐め【▽文目】** ①模様。いろどり。②区別。条理。

**文目も分かぬ**(あやめもわかぬ) 物の模様も分からない。物事の分別もつかない。

**あやめ【▼菖▼蒲】** ①アヤメ科の多年草。山野にはえ、観賞用にも栽培される。高さ約五〇cm。葉は細長く直立。初夏に紫色の花が茎頂に咲く。白や紅紫色の栽培種もある。ハナアヤメ。②ショウブの古名。↓写

●アヤメ①

**あやめ‐うら【▼菖▼蒲▽占】** 占い遊びの一種。端午の節句に軒にアヤメを結び、和歌を唱えて自分の願いごとを祈る。かけた願いがかなうときは、アヤメにクモが巣をはるといわれる。

**あやめ‐かずら【▼菖▼蒲▼鬘】** ショウブで作った頭につける飾り。邪気を払うとして端午の節句に用いた。宮中では、男は冠につけ女は髪につけた。一般には、ショウブで鉢巻はちまきをする。あやめのかずら。

**あやめ‐ぐさ【▼菖▼蒲草】** ショウブの古名。

**あやめ‐の‐かど【▼菖▼蒲の門】** 端午の節句に、屋根をショウブで葺ふいた家。

**あやめ‐の‐せっく【▼菖▼蒲の節句】** ↓しょうぶのせっく(菖蒲の節句)

**あやめ‐の‐ゆ【▼菖▼蒲の湯】** ↓しょうぶゆ(菖蒲湯)

**あやめ‐ぶき【▼菖▼蒲▼葺き】** 端午の節句の前夜に、軒にショウブをさすこと。邪気を払い、また防火のまじないともいう。

**あや・める【▽殺める】**(下一他)①危害を加える。wound ②殺す。kill

**あゆ【▼鮎・▽香▽魚・▼年▽魚】** 清流にすむアユ科の淡水魚。全長は約三〇cmに達する。体は流線形で脂びれがある。背側は青緑色、体側はうすい。岩につく珪藻けいそうを食べる。ふ化した幼魚は一度海に下り、春にふたたび川を上るが、琵琶びわ湖には陸封型の特産種コアユを産する。美味で、独特のかおりがする。北海道の天塩てしお川(日本海側)・勇払ゆうふつ川(太平洋側)以南の日本全土に分布。アイ。コウギョ。ネンギョ。↓図

**あ‐ゆ【▼阿▼諛】**(名・サ変自)おもねり、へつらうこと。おべっか。ついしょう。flattery

**あ・ゆ【▽肖ゆ】** 古語(下二自)似る。あやかる。用例長き契りにぞ―・えまし(源氏・帚木)。

**あ・ゆ【▽零ゆ】** 古語(下二自)①実や花などがこぼれ落ちる。用例―・ゆる実は(万葉・一八・四一一一)。②汗や血などがしたたる。用例汗―・ゆる心地ぞする(枕・清涼殿の丑寅のすみの)。

●アユ

**あゆいしょう【▽脚▽結抄】** 江戸時代の文法書。安永あんえい七年(一七七八)刊。富士谷成章なりあきら著。単語を、かざし・あゆひ・よそひ・名の四種に分類し、今日の助詞・助動詞を含む「あゆひ」を中心に論じたもの。古歌を例証にあげ、近代の国文法研究につながる体系的考察を行った。

**あゆかわ‐のぶお【▼鮎川▽信▽夫】**(一九二〇〜一九八六)詩人。本名は上村隆一。東京生まれ。早大中退。『荒地』の中心メンバー。戦後詩の積極的推進者の一人。詩集『鮎川信夫詩集』など。

**アユタヤ【Ayutthaya】** タイ中部、バンコク北方の古都。メナム川に沿う水上交通の要地。一六世紀ごろ日本人町が栄え、史跡が多い。人口四・七万(一九九〇)。

**アユタヤ‐ちょう【アユタヤ朝】** タイのラマティボディが一三五〇年アユタヤに創始した王朝。歴代領土を拡大、一時はチェンマイ・カンボジアも支配下においたが、王位継承をめぐる紛争とビルマの侵入のため、一七六七年滅亡。アユチャ朝。Ayutthaya dynasty

**あゆ‐の‐かぜ【▽東風】** 東の風。あゆ。こち。

**あゆみ【歩み】** ①歩くこと。歩行。walking ②足なみ。歩調。pace ③進歩・発達のあと。course 用例国の―。④ねじの山(谷)と山(谷)の間隔。ピッチ。pitch ⑤等間隔に並べた木材などの中心間距離。pitch ⑥足場にかけた歩み板・道板などの略称。board

**あゆみ‐あい【歩み合い】** 歩み寄り。

**あゆみ‐いた【歩み板】** ①渡るために、物の上にわたす板。②船から船へ、または船から岸へわたす板。

**あゆみ‐より【歩み寄り】** 譲り合って、相談や交渉を成立させようとすること。compromise

**あゆみ‐よ・る【歩み寄る】**(五自)①歩いて近寄る。互いに近づき合う。walk up to ②意見・主張などを、譲り合って解決に近づく。折れ合う。compromise

**あゆ・む【歩む】**(五自)①歩く。walk 用例はいし、はいし、―・めよ子馬。②進む。advance 用例苦難の道を―。いばらの道を―。

**あゆ‐もどき【▼鮎▽擬】** ドジョウ科の淡水魚。全長約一二cm。体は太く短い。口ひげは三対。清流にすむ。国の天然記念物。ウミドジョウ。

**あら【粗】** ㊀(名)①魚を調理したあとに残った頭・骨・内臓など。あらだき・うしお汁などに利用される。②玄米や白米の中に残っているもみ。あらぬか。③よい所を取り去ったあとのくず。remnant ④人の欠点や短所・落ち度。fault ㊁(接頭)細かでない、くわしくない、まばらな、人工を加えない、などの意。用例―壁。―すじ。

**あら【新】** ㊀(名)新しいもの。新品。㊁(接頭)新しい、まだ使わない、などの意。用例―所帯。―手。

**あら【荒】**(接頭)荒れはてた、人けのない、荒荒しい、などの意。対義和にき。用例―野。―海。―仕事。

**あら【▼鯇】** スズキ科の海水魚。全長約一m。背側は灰青色、腹側は白い。やや沖合いの岩礁部にすむ。スズキに似るが頭が大きく、下あごが上あごより突出する。冬に美味。北海道以南の暖海に分布。↓図

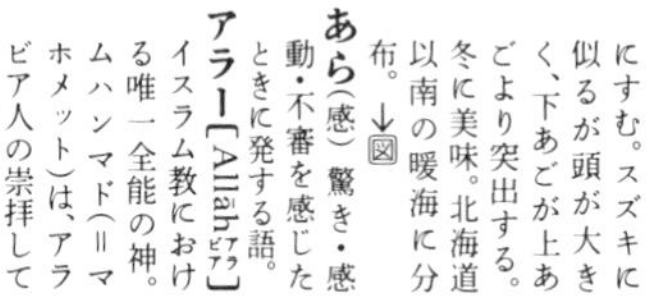

●アラ

**あら**(感)驚き・感動・不審を感じたときに発する語。

**アラー【Allāh アラビア】** イスラム教における唯一全能の神。ムハンマド(=マホメット)は、アラビア人の崇拝していた創造神アラーと、セム族の一神教の伝統をもとにして、一元的な神への信仰にいたった。アッラー。

**アラーム【alarm】** ①警報装置。②目ざまし時計。

**アラーム‐システム【alarm system】** 警報器による無人の機械警備システム。企業や学校などに取りつけられる。

**あら‐あら【粗粗】**(副)ざっと。大略。あらかた。あらまし。

**あら‐あら**(感)《「あら」を重ねた語》驚き・感動を表す語。

**あらあら-かしこ**【粗粗▼畏】(連語)《婦人の手紙の結びに用いる語》疎略でおそれいります。

**あらあら-し・い**【荒荒しい】(形) ひどく乱暴だ。荒っぽい。rough 派生 あらあらしげ(形動)・あらあらしさ(名)

**あらい**【洗い】①洗うこと。洗濯。washing ②刺身の一種。コイ・スズキなど白身魚の生身を薄く切り、冷水で洗って縮ませたもの。洗膾。

**あらい**【新井】〈市〉新潟県南西部の市。塩化ビニルなどの化学工業や精密機械工業・木工業がさかん。人口二万八六〇二(一九八八)。

**あらい**【新居】〈町〉静岡県西端、浜名湖口の町。旧宿場町。関所跡がある。ウナギの養殖がさかん。人口一万六八八三(一九八八)。

**あら・い**【荒い】(形) ①動きが強くはげしい。rough; violent 用例 波が—。②性格や行為が乱暴ではげしい。rough; violent 用例 —気性。人使いが—。派生 あらさ(名)

**あら・い**【粗い】(形) ①細かでない。coarse 対義 細かい。用例 目の—ざる。②まばらである。sparse 用例 粒が—。③ざらざらしている。なめらかでない。rough 用例 —手ざわり。④粗雑だ。おおざっぱだ。rough 用例 計画が—。派生 あらさ(名)

**あらい-あ・げる**【洗い上げる】(下一他) ①洗い終える。finish washing ②汚れをすっかり取り除く。十分に洗う。wash well ③身元などをすっかり調べる。investigate thoroughly

**あらい-いも**【洗い芋】①皮をむいて、きれいにしたサトイモ。②サトイモの別名。

**あらい-おけ**【洗い▼桶】食器類、または風呂場で体を洗うための器具。丸形・長円形などがある。木製・プラスチック製・アルマイト製など。

**あらい-がみ**【洗い髪】洗って解き下げたままの女の髪。

**あらい-ぐま**【洗い▼熊】タヌキに似たアライグマ科の獣。全長約九〇cm。川岸近くにすみ夜行性。雑食性。木登り・水泳も巧み。名は、飼育下で食物を水で洗うことに由来(自然下では食物を洗う習性はない)。南北両アメリカに分布。raccoon →写

**あらい-こ**【洗い粉】洗顔や洗髪に使う粉。cleansing powder

**あらい-ざらい**【洗い▼浚い】(副) すっかり。残らず。everything 用例 —打ち明ける。

**あらい-ざらし**【洗い▼晒し】なんども洗って、色があせたこと・着物。

**あら-いそ**【荒▼磯】波が荒くて岩石の多い海岸。ありそ。

**あらい-たて**【洗い立て】洗ったばかりであること・物。newly-washed

**あらい-た・てる**【洗い立てる】(下一他) ①念入りに、よく洗う。wash carefully ②人の欠点や秘密を、細かく調べ立てる。ほじくり出す。examine closely

**あらい-なお・す**【洗い直す】(五他) ①もう一度洗う。wash again ②改めて調べ直す。もう一度検討する。reconsider 用例 問題点を—。

**あらい-なが・す**【洗い流す】(五他) よごれを水で洗ってきれいにする。また、疑いやこだわりなどをすっかり流し去る。wash away 用例 雨がほこりを—。

**あらい-の-せき**【新居の関】江戸時代、箱根の関と並ぶ東海道の重要関所。慶長五年(一六〇〇)現在の静岡県浜名郡新居町に設置。今切の関。

**あらい-はくせき**【新井白石】(一六五七〜一七二五) 江戸中期の政治家・学者。名は君美。木下順庵に師事。六代将軍家宣に仕え、七代家継のとき、幣制の改革など正徳の治を行い、文治政治を推進。著書『折たく柴の記』『西洋紀聞』など。

**あらい-はり**【洗い張り】和服をほどいて洗い、のり付けして、板張りあるいは伸子張りなどにしてしわを伸ばすこと。

**あらい-もの**【洗い物】洗わなければならない、衣類や食器など。また、洗った物。washing

**あら・う**【洗う】(五他) ①水・薬品などで汚れを落としてすすぎ、きよめる。wash 用例 手を—。②水が寄せたり返したりする。wash 用例 岸を—波。③細かく調べる。せんさくする。inquire into 用例 身元を—。④これまでの悪い習慣・生活をきっぱりやめる。用例 足を—。

●アライグマ

**アラウ**【Claudio Arrau】(一九〇三〜) チリのピアニスト。ドイツ音楽の伝統を備えたロマン的な演奏に特色がある。

**あら-うま**【荒馬】気の荒い馬。暴れ馬。悍馬。wild horse

**荒馬の轡は前から**《暴れ馬の轡は、正面から取らないと危険であるところから》困難に対しては、小細工するより正面から当たるほうがよいというたとえ。

**あら-うみ**【荒海】波の荒い海。wild sea

**アラウンパヤー-ちょう**【アラウンパヤー朝】一七五二年アラウンパヤーが統一したビルマの最後の王朝。一八八五年第三次イギリス-ビルマ戦争で滅亡。Alaungpaya dynasty

**あら-えびす**【荒▼夷】《都の人が勇猛な東国人を呼んだ語》①中央に服従しない、乱暴な東国武士。②荒々しい人。

**あらお**【荒尾】〈市〉熊本県北西部の市。炭鉱都市として栄えた歴史をもつ。丘陵地ではナシ栽培がさかん。人口六万一六七八(一九八八)。

**あらおだ-を**【新小田を】[枕ことば]《「あらおだ」は、新しく開いた田。「荒小田」で、荒れたままの田の意とも。田をすきかえす意から》「かへす」にかかる。用例 春にのみ年はあらなむ—かへすがへすも花を見るべく(新古今・春上)。

**あらがい**【▽抗い・▼諍い】争うこと。論争。抗弁。argument

**諍い木登り川渡り**(あらがいきのぼりかわわたり) 危険なことであり、またやっても益のないこととして、人の避けるべきものをならべて、無謀をいましめた語。

**あらが・う**【▽抗う・▼諍う】(五自) 負けまいと争う。言い争う。argue

**あらがき-の**【荒垣の】[枕ことば]《「あらがき」は、目のあらい垣根。垣根は、内と外をへだてることから》「よそ・ほか」にかかる。用例 里人の言縁妻を—外にやわが見む憎くあらなくに(万葉・一一・二五六二)。

**あら-かし**【粗▼樫】ブナ科の常緑高木。高さ約二〇m。葉は楕円形で、裏面に灰白色の毛が密生する。材は広く利用され、木炭の材料に適する。宮城県以南の山地に分布。クロガシ。

**あらかじめ**【▽予め】(副) 前々から。前もって。previously 用例 —用意する。

**あら-かせぎ**【荒稼ぎ】①力仕事。荒仕事。②一時的な、また、不当な利益をえること。ぼろもうけ。make a killing ③強盗。おいはぎ。robbery

**あら-かた**【粗方】(副) おおかた。だいたい。あらまし。almost; nearly 用例 —無くなる。

**あら-がね**【粗金・▽鉱】①掘り出したままで、まだ精錬されていない金属。なまがね。鉱石。ore; unrefined metal ②鉄。iron

**あらがね-の**【粗金の】[枕ことば]《鉱石は土の中にあることから》「土」にかかる。あらかねの。用例 —つちにしては、すさのをのみことよりぞおこりける(古今・仮名序)。

**あら-かべ**【粗壁】下塗りしただけの壁。rough-coated wall

**ア-ラ-カルト**【à la carte フランス】献立表(carte)によって、好きなものを一品ずつ選んで注文する料理。一品料理。対義 フルコース。

**あら-かわ**【粗皮】①木や、穀物などの表皮。外皮。bark 対義 甘皮。②なめしてない、けものの皮。

**あら-かわ**【荒川】山形県南西部・新潟県北部を流れる川。長さ七三km。朝日山地に発し日本海に注ぐ。荒川峡温泉郷がある。

**あら-かわ**【荒川】関東平野西部を南東流する川。長さ一六九km。関東山地に発し、秩父盆地・関東平野を経て東京湾に注ぐ。下流で分かれる旧本流を隅田川とよぶ。

**あらかわ**【荒川】〈町〉新潟県北部、荒川下流の町。稲作中心、荒川米の産地。人口一万一六九〇(一九八八)。

**あらかわ**【荒川】〈村〉埼玉県西部、秩父市南西隣の村。ブドウ・クリなどの観光を対象とした農業がさかん。人口六三七四(一九八八)。

**あらかわ-だけ**【荒川岳】長野・静岡県境の赤石山脈の山。標高三一四一m(東岳)。カール地形がある。

**あらかわ-ほうすいろ**【荒川放水路】現在の荒川下流の旧称。東京都北区岩淵水門から隅田川と分かれて東京湾に注ぐ。下町を洪水から守る分流として、昭和のはじめに掘削したが現在は本流となっている。

**あらかん**【▼阿羅漢】《arhat 梵 の音写で、尊敬・供養を受けるに値する人の意。応供などと訳す》仏教の修行をきわめ、最高の悟りに達した者。ふつう小乗仏教の聖者をさす。羅漢。

**アラカン-さんみゃく**【アラカン山脈】(Arakan Yoma) ビルマ西部、ビルマとインドの国境をなす山脈。主峰はビクトリア山で、標高三〇五三m。

**あら-き**【荒木・粗木】切り出したままで、まだ皮を取らない木。

**あら-き**【荒▽城・▼殯】貴人が亡くなったとき本葬の整うまで、遺体を仮に納めてまつること。また、その場所。もがり。

**あら-き**【新木】新しい材木。

**あら-き**【新▽墾・新▽開】新しくひらいた土地。

**あらき-かんぽ**【荒木寛▽畝】(一八三一〜一九一五) 日本画家。江戸の生まれ。油絵も手がけた。洋風の写実味を加えた花鳥画が多い。

**あらき-こどう**【荒木古童】琴古流尺八演奏家の芸名。二世(一八二三〜一九〇八)より荒木姓。現在五世まで。

**あらき-さだお**【荒木▽貞▽夫】(一八七七〜一九六六) 軍人・政治家。東京生まれ。皇道派の中心的人物。陸軍大将を辞任後、平沼・近衛の内閣の文相として軍国主義教育を推進。

**あらき-じっぽ**【荒木十▽畝】(一八七二〜一九四四) 日本画家。長崎生まれ。寛畝の養嗣子となる。花鳥画が多い。

**あらき-だ**【荒木田】壁土や鉢物用に使われる土壌。腐植含量が少ないねずみ色の土で、粘着力が強い。関東地方の荒川沿岸(荒木田原)で産出する沖積土。あらきだつち。

**あらき-だ**【新▽墾田】新田。

**あらきだ-ひさおゆ**【荒木田久老】(一七四六〜一八〇四) 江戸後期の国学者。伊勢内宮権禰宜。賀茂真淵に学び、本居宣長と対立した。著書『万葉考槻之落葉』など。

**あらきだ-もりたけ**【荒木田守▽武】(一四七三〜一五四九) 室町後期の連歌・俳諧作者。伊勢内宮の禰宜。『守武千句』により俳諧形式を確立、俳諧文芸の基礎を築く。

**あらきだ-れいじょ**【荒木田麗女】(一七三二〜一八〇六) 江戸後期の女流作家。伊勢の人。慶滋家雅の妻。王朝貴族の世界を描いた四百余巻の作品を残す。歴史物語『池の藻屑』『月の行方』など。

**アラキドン-さん**【アラキドン酸】不飽和脂肪酸の一つ。哺乳動物界の燐脂質に広く存在。arachidonic acid

**あらき-の-みや**【荒▽城宮・▼殯宮】貴人の葬法で、死者を本葬まで仮に安置しまつる場所。あがりの宮。もがりの宮。

**あらき-またえもん**【荒木又▽右▽衛門】(一五九九〜一六三八) 江戸初期の剣客。柳生流を学び、大和郡山藩の剣道師範となる。伊賀越の仇討ちで有名。

**あらき-むらしげ**【荒木村▽重】(?〜一五八六) 安土桃山時代の武将・茶人。千利休の高弟。織田信長に仕え、摂津一国を領したが、離反して没落。のち剃髪して豊臣秀吉に仕えた。

**あら-ぎも**【荒肝】きもったま。度胸。

**荒肝を拉ぐ**(あらぎもをひしぐ) 相手をおどろかし、おそれさせる。類似 荒肝を抜く。

**あら-ぎょう**【荒行】寒中に滝に打たれ、冷水を浴びるなどする、はげしい修行。religious austerities

**アラクネ**【Arachnē ギリシア】ギリシア神話のはた織りの名手。その業を自慢してアテナ女神に挑戦し、織り比べのとき、女神の怒りにふれ、クモに変えられた。Arachne

**あら-くれ**【荒くれ】気質の荒々しいこと・人。rough; rowdy 用例 —男。

**あらくれ-た**【荒くれた】(連体) すさんで、乱暴な。

**あら-く・れる**【荒くれる】(下一自) 乱暴な

振る舞いをする。荒々しくなる。rough

**あら‐けずり【粗削り】**(名・形動) ①ざっと削ること。ざっと削ったさま。rough planning ②できが大ざっぱなさま。みがき上げていないさま。rough finish

**あら・げる【荒げる】**(下一他) 声などを荒くする。乱暴にする。raise one's voice

**アラゴアス【Alagoas】** ブラジル北東部の州。州都マセイオ。サンフランシスコ川河口の海岸低地はサトウキビ地帯。人口二二九・九万(一九八四)。

**あら‐ごと【荒事】** 歌舞伎芸の一様式。隈取りや誇張した演技で超人的な強さを表現。初世市川団十郎が創始。対義 和事。↓写

● 荒事『暫』。一二世市川団十郎。

**あらごと‐し【荒事師】** ①荒事をおもに演ずる役者。対義 和事師。②荒っぽい仕事をする人。

**あら‐ごなし【粗ごなし】** ①物を粉末にするとき、まず、ざっと砕くこと。②細かい仕事をする前に、まず、ざっと処理しておくこと。

**アラゴン【Aragón】** スペイン北東部、北はピレネー山脈、東は地中海に臨む地方。中心都市サラゴーサ。ブドウ・オリーブ・大麦・小麦などを栽培。

**アラゴン【Louis Aragon】**(一八九七～一九八二) フランスの詩人・小説家。ダダイスム・シュールレアリスム運動をへて共産党に入党。抵抗運動に参加。詩集『断腸』『エルザの瞳』、小説『オーレリアン』『レ・コミュニスト』など。

**アラゴン‐おうこく【アラゴン王国】** 一一世紀前半、イベリア半島北東部に建てられた王国。一四～一五世紀には地中海に進出。一四七九年カスティリア王国と合併、スペイン王国を形成。Kingdom of Aragon

**あら‐さがし【粗探し・粗捜し】**(名・サ変自) 人の欠点や過ちを探し出すこと。あなさがし。faultfinding

**アラザン【argenté フランス】** 製菓材料の一つ。ケーキやクッキーなどの飾りにする銀色の小粒の玉。

**あらし【▼嵐】** ㊀①暴風雨。storm ②変事。騒動。calamity ㊁島崎藤村の小説。大正一五年(一九二六)発表。母のない子供たちの独立していく姿を見守る父親の心境を描く。

**嵐の前の静けさ**(あらしのまえのしずけさ) 異変の起こるような予感がする、無気味な静けさのたとえ。calm before a storm

**あら・し【荒し・粗し】** 古語(形ク) ↓あらい(荒い) ↓あらい(粗い)

**あらし【荒(ら)し】**(接尾) 荒らすこと・人。用例 墓場―。

**あら‐じお【粗塩】** 精製していない粒子の粗い食塩。精製塩よりやや不純物が多い。

**あらしがおか【▼嵐が丘】**《原題 Wuthering Heights》エミリー=ブロンテの小説。一八四七年刊。ヨークシャーの荒涼たる風土を背景に、主人公ヒースクリフの激しい愛憎と復讐の悲劇を描く。

**あらし‐かんじゅうろう【▼嵐寛寿郎】**(一九〇二～一九八〇) 時代劇映画俳優。通称アラカン。大阪生まれ。『鞍馬天狗』『右門捕物帖』シリーズなどに主演。

**あらし‐ぐさ【▼嵐草】** ユキノシタ科の多年草。高さ二〇～四〇cm。葉柄が長く、葉は掌状に鋭く五～七裂。夏に黄緑色の小花を密生。本州中部以北の高山に分布。

**あら‐しごと【荒仕事】** ①はげしい労働。力仕事。重労働。heavy work ②《俗語》強盗や殺人などの不法行為。crime

**あらし‐やま【▼嵐山】** 京都市西部、保津川沿いにある山。標高三八二m。ふもとの渡月橋一帯をふくめて嵐峡と呼ばれ、桜と紅葉の名所として知られる。らんざん。

**あら‐じょたい【新所帯・新▽世帯】** 新家庭。しんじょたい。new home

**アラジン【Aladdin】**『アラビアンナイト』第一編の主人公の名。

**アラジン‐の‐ランプ【アラジンの▽洋▽灯】** アラジンの使った魔法のランプ。なんでも望みをかなえてくれる。

**あら・す【荒(ら)す】**(五他) ①荒れさせる。荒廃させる。devastate; lay waste ②害する。だめにする。damage ③なわばりを侵す。invade ④ぬすむ。break into; rob 用例 留守宅を―。

**あら‐ず【▽非ず】**(連語)《「あり」の未然形に打ち消しの助動詞「ず」の付いたもの》そうではない。用例 さに―。

**アラスカ【Alaska】** 北アメリカ北西端、アメリカ四九番目の州。州都ジュノー。面積一五〇万km²で最大、人口は最少の州。北部はツンドラ地帯、南部太平洋岸には氷河が集中。林業、水産業、石油採掘が主産業。人口四〇・二万(一九八〇)。

**アラスカ‐さんみゃく【アラスカ山脈】**(Alaska Range) アメリカ、アラスカ州中南部の山脈。最高峰マッキンリー山は、標高六一九四m。

**アラスカ‐はんとう【アラスカ半島】**(Alaska Peninsula) アメリカ、アラスカ州南西部の半島。中央をアリューシャン山脈が走る。火山が多い。

**アラスカ‐わん【アラスカ湾】**(Gulf of Alaska) アメリカ、アラスカ州南岸の湾。ケナイ半島が突き出し、コディアク島に対する。世界有数の漁場の一つ。

**あら‐すじ【粗筋】** ①大体の筋道。あらまし。アウトライン。outline ②おもに文芸で、表現のあやを取り去って、事件・人物の関係や進行をつづめて、記したもの。summary

**あらず‐もがな** 文語的(連語)《「あらず」に願望の助詞「もが」と感動の助詞「な」が付いたもの》ないほうがよい。なくもがな。用例 ―の発言。

**あらせいとう【▽紫▽羅▽欄▽花】** ストックの別名。

**あら‐せつ【新節】** 奄美大島地方で、陰暦八月の最初の丙の日に行われる祭り。火の神の祭りであり、また豊年感謝の祭りでもある。あらしつ。

**あらそい【争い】** 争うこと。けんか。dispute; quarrel

**争い果ての乳切り木**(あらそいはてのちぎりぎ)「喧嘩過ぎての棒乳切れ」と同意。

**あらそ・う【争う】**(五自他) ①(自)㋐けんかをする。闘争する。quarrel 用例 隣家と―。㋑さからう。抵抗する。抗争する。resist; oppose 用例 負けまいと―。㋒言い争う。論争する。dispute 用例 論敵と―。②(他)㋐勝とうとして、はりあう。競争する。きそう。compete; contend 用例 勝負を―。㋑のんびりしていられない。can lose no moment 用例 一刻を―病状。

**あらそえ‐な・い【争えない】**(形) ↓あらそわれない(争われない)

**あらそわれ‐な・い【争われない】**(形) そうでないとは言えない。隠せない。争えない。undeniable; incontestable 用例 ―事実。

**あらた【新た】**(形動) ①新しいさま。はじめてのさま。用例 人生の―な出発。②改めて別に行うさま。用例 ―な対応を迫られる。思いを―にする。

**新たなる月**(あらたなるつき)《白居易の詩の一節にみえる語》明るい月。仲秋の月。とくに陰暦八月十五夜の月。

**新たに沐する者は必ず冠を弾く**(あらたにもくするものはかならずかんむりをはじく) 髪を洗ったばかりの人は、冠をかぶる時、髪にほこりがつかないよう指でほこりをはじく。心を清く保とうとする人は、外からのわずかな汚れでもいとい、避けようとする。

**あらたえ‐の【荒▽妙の・粗▼栲の】**[枕ことば]《「あらたえ」は、フジなどを材料にした織り目のあらい粗末な織物》「藤」にかかる。用例 ―藤原がうへに食す国を見し給はむと(万葉・一・五〇)。

**あらたか【▼灼か】**(形動) 神仏の霊験や薬の効きめなどがいちじるしいさま。

**あらた・し【新たし】** 古語(形シク) あたらしい。用例 ―しき年の始の初春の今日降る雪のいや重け吉事(万葉・二〇・四五一六)。

**アラタ‐たい【アラタ体】** 昆虫の内分泌腺の一つ。脳の後方に一対ある。アラタ体ホルモンを分泌、前胸腺ホルモンと協同的に幼虫期の脱皮を起こさせる。corpus allatum

**あら‐だ・つ【荒立つ】**(五自) ①荒くなる。become rough ②表面化して、ごたごたする。be aggravated 用例 事が―。

**あら‐だ・てる【荒立てる】**(下一他) ①荒くする。はげしくする。raise 用例 声を―。②事をめんどうにする。aggravate; make worse

**あらた‐に【新たに】**(副) 新しく。newly; again 用例 記憶を―する。―採用する。

**あら‐たま【粗玉・▼璞】** 掘り出したままで、みがいていない玉。

**あらたま‐の【新玉の・荒玉の】**[枕ことば]《語義未詳》「年・月・日・春」などにかかる。用例 ―年の三年を待ちわびてただ今宵こそ新枕すれ(伊勢・二四)。

**あらたま・る【改まる】**(五自) ①《「更まる」とも》新しくなる。変わる。be renewed; change 用例 年が―。②よくなる。用例 気風が―。③態度がきちんとする。容儀を正す。become formal 用例 ―・ったあいさつ。

**あらたま・る【▽革まる】**(五自) 病が重くなる。危篤におちいる。become seriously ill 用例 病―・って亡くなる。

**あらた・む【改む】** 古語(下二他) ↓あらためる(改める)

**あらため【改め】** ㊀(名) 名を改めること。用例 江戸―東京。㊁(接尾) 調べること。用例 宗門―。

**あらため‐て【改めて】**(副) ①さらにまた。別のおりに。another time 用例 ―うかがいます。②あらたに。anew

**あらた・める【改める】**(下一他) ①新しくする。よくする。renew; change 用例 規則を―。内容を―。②態度などを直す。きちんとする。change 用例 服装を―。③検査する。調べる。examine; inspect 用例 切符を―。

**あらち‐の‐せき【▽愛▽発の関】** 福井県敦賀市愛発山に置かれた古代の関所。古代三関の一つで、越前と近江の国境に位置する北陸道の要衝。

**あら‐づくり【粗造り】** 手間をかけずに、ざっと造ること。また、そのもの。

**あらっ‐ぽ・い【荒っぽい】**(形) 荒々しい。rough; rude 用例 ―男。

**あらっ‐ぽ・い【粗っぽい】**(形) 雑である。大まかだ。rough 用例 仕事が―。

**あら‐て【新手】** ①まだ戦っていない軍勢。新しく戦いに加わった兵。fresh force ②新しく仲間に加わった人。newcomer ③新しい手段。しんて。new method 用例 ―を考え出す。

**あら‐と【粗▼砥】** 面の粗い砥石。刃物をざっととぐのに使う。

**アラトス【Aratos】**(BC三一五ごろ～BC二四〇ごろ) 擬古典時代のギリシアの詩人。星座神話を主題とする叙事詩『星座物語』は翻訳され、ラテン文学に影響。Aratus

**あらなく‐に** 古語(連語)《「なく」は打ち消しの助動詞「ず」の連体形「ぬ」の名詞化》いないのに。…でないのに。用例 なにしか来けむ君も―(万葉・二・一六三)。

**あら‐なみ【荒波】** ①荒れ狂う波。rough seas ②物事のはげしさ・つらさのたとえ。hardships 用例 世の―。

**あら‐なわ【荒縄・粗縄】** 目のあらい、太いわら縄。straw rope

**あら‐に【粗煮】** 魚のあらを煮つけたもの。

**アラニュ【Arany János】**(一八一七～一八八二) ハンガリーの詩人。叙事詩三部作『トルディ』など。

**アラニン【alanine】** アミノ酸の一つ。αアラニンは広くたんぱく質に含まれる。βアラニンはリンゴの果汁中に存在する。

**あら‐ぬ**(連体) ①別の。違った。different 用例 ―人。②とんでもない。意外な。unexpected 用例 ―ことを口走る。③あってはならぬ。不都合な。よくない。undesirable 用例 ―うわさ。④なんということもない。そぞろな。用例 ―思い。

**あらぬ方**(あらぬかた) 思いがけない方向。見当違いの方角。wrong direction

**あら‐ぬか【粗▼糠】** ①もみがら。②砕けた米粒などの混じったぬか。

**あら‐ぬり【粗塗り】**(名・サ変他) ざっと塗っただけで、仕上げてないこと・物。rough coating 用例 ―壁。

**あら‐の【荒野・▼曠野】** ㊀荒れて、人けのない野原。あれの。wasteland; wilderness ㊁《曠野》山本荷兮編の俳諧撰集。三冊。元禄二年(一六八九)芭蕉序。芭蕉と門人の発句と歌仙を収める。『俳諧七部集』の第三集。

**アラバール【Fernando Arrabal】**(一九三二～) フランスの劇作家。スペイン生まれ。「パニック劇」を書く。戯曲『建築家とアッシリア皇帝』など。

**あら‐はえ【荒▽南▽風】**《「はえ」は南風、の意》梅雨のころの強い南風。黒南風。参考 白南風。

**あらば‐こそ** 文語的(連語) あるはずがない。あるどころか。用例 ものを言うまも―。

**アラバスター【alabaster】** ①大理石の一種。



↓ 行き先項目、図版・写真参照印。 JIS 日本工業規格情報交換用漢字符号コード(区点コード)。

乳白・淡黄・淡赤色などの半透明の石。比較的柔らかで加工しやすく、磨くと光沢がでる。古代から彫刻・工芸用材として使用。②石膏。雪花石膏。近世以降工芸装飾に用いられた。

**あらはた-かんそん【荒畑寒村】**（一八八七）社会主義者。横浜生まれ。本名は勝三。平民社で活動し明治四一年（一九〇八）赤旗事件で入獄。大正一一年（一九二二）日本共産党創立に参加。のち労農派。著書『寒村自伝』など。

**アラハバード【Allahabad】** インド中北部、ウッタルプラデシュ州南東部、ガンジス川とヤムナ川の合流点にある商業都市。穀物・綿花などの取引中心地。ネルーの生誕地で独立運動の中心地の一つ。人口六四・二万（一九八一）。

**アラバマ【Alabama】** アメリカ南部、コットンベルトにある農業州。州都モンゴメリー。酪農が中心、重工業も発達。人口三八九・四万（一九八〇）。

**アラビア【Arabia・亜剌比亜】** アジア大陸南西部、紅海とペルシア湾・インド洋にはさまれた半島部。中央部には砂漠が多い。住民は大部分がアラブ人。イスラム教の中心的な地域。

**アラビア-うま【アラビア馬】** アラビア原産のウマ。アラブ種。Arab

**アラビア-かい【アラビア海】**（Arabian Sea）インド洋北西部、インド半島とアラビア半島に囲まれた海域。塩分濃度は三六・五％できわめて高い。モンスーンが規則的に吹く。

**アラビア-ご【アラビア語】** セム語族南セム語派に属する言語。一般に北アラビア語をさす。イラク・シリア・パレスチナ・アラビア半島およびエジプトほかの北アフリカ諸国で公用語とされる。文字はアラビア文字。Arabic

**アラビア-コーヒーのき【アラビアコーヒーの木】** コーヒーノキ属のうち、コーヒー原料としてもっとも多く栽培されるコーヒーノキ。coffee tree

**アラビア-ゴム**《和製語》アラビアゴムノキの樹液を乾燥したもの。水溶液は粘着性をもつ。のり・錠剤結合剤・マイクロカプセルの原料など。gumarabic

**アラビアゴム-の-き【アラビアゴムの木】** マメ科の常緑高木。葉は二回羽状複葉。花は白色で球形に集まって咲く。樹液からアラビアゴムをとる。アフリカ原産。acacia

**アラビア-すうじ【アラビア数字】**《古くインドに起こり、アラビア人がヨーロッパに伝えた》算用数字。0 1 2 3 …など。比較 ローマ数字。Arabic numerals

**アラビア-せきゆ【アラビア石油（株）】** 日本最大手の産油会社。昭和三三年（一九五八）設立。

**アラビア-てつがく【アラビア哲学】** おもに九～一二世紀にイスラム圏に展開した哲学。新プラトン主義的色彩が強く、中世ヨーロッパの哲学・神学に大きな影響を与えた。

**アラビア-はんとう【アラビア半島】**（Arabian Peninsula）アジア大陸南西部の大半島。サウジアラビア・クウェート・バーレーン・アラブ首長国連邦などからなる。北部のペルシア湾岸は世界的産油地帯。全体に乾燥地域で三〇％強が砂漠。

**アラビア-もじ【アラビア文字】** アラビア語・ペルシア語・マライ語などに用いられる表音文字。アラム文字が変化したもので、子音を表す文字のみで、母音はそれに加えられた符号で表す。右から左に横書きにされる。クーファ体とナスヒ体の二書体がある。Arabic alphabet

**アラビア-わん【アラビア湾】**（Arabian Gulf）ペルシア湾の別称。

**アラビアン-ナイト【The Arabian Nights' Entertainments】**《原題 Alf Layla wa Layla》アラビア語の説話集成。著者不明。六世紀ごろササン朝ペルシアで母体ができ、のちアラビア語に訳され、一六世紀初めにほぼ完成。女性不信のペルシア王に、賢女シャハラザードが千一夜にわたり種々の話をするという設定。千一夜物語。千夜一夜物語。

**あら-ひじり【荒▽聖】** →あらほうし（荒法師）

**あらひと-がみ【▽現人神】** ①人間の姿を借りて、この世に現れた神。②天皇の尊称。あきつかみ。あきつみかみ。

**アラビ-パシャ【Aḥmad 'Urābī Pasha al-Misrī】**（一八三九～一九一一）エジプトの民族運動指導者。一八八一年イギリス・フランスの経済的支配に対して反乱。イギリスの軍事干渉で挫折、セイロンに流刑。

**あら・びる【荒びる】**（上一自）①荒々しく振る舞う。behave roughly ②心がすさんでいる。get wild ③土地などが荒れている。未開である。be laid waste

**あら・ぶ【荒ぶ】** 古語（上二自）①あばれる。乱暴する。用例 山川の――・ぶる神（古事記・中）。②よそよそしくなる。疎遠になる。用例 筑紫船いまだも来ねばあらかじめ――・ぶる君を見るが悲しさ（万葉・四・五五六）。

**アラブ【Arab】** ①アラブ人。一般にアラビア語を用い、イスラム文化に属する人々。②↓アラブしゅ（アラブ種）

**アラファト【Yāsir Arafāt】**（一九二九）パレスチナ解放機構（ＰＬＯ）の指導者。パレスチナ解放組織ファタハを組織して、対イスラエル武装闘争を展開し、一九六九年以来ＰＬＯ議長。

**アラブ-イスラエル-ふんそう【アラブ-イスラエル紛争】** 一九四八年イスラエルの建国後、故郷を追われたパレスチナ人およびアラブ系諸国とイスラエルの間で発生した紛争。四次にわたる中東戦争をへたが、なお未解決。Arab-Israeli dispute

**アラブ-しゅ【アラブ種】** ウマの一品種。乗用馬の代表種。体格はやや小形であるが、均整がとれて気品がある。運動性は軽快で、持久力に富む。世界各国でウマの品種改良に貢献。アラビア原産。アラブ。Arab →馬図

**アラブ-しゅちょうこくれんぽう【アラブ首長国連邦】**（United Arab Emirates）アラビア半島北東部、ペルシア湾南岸の国。首都アブダビ。七つの首長国で構成され、一九七一年イギリス保護領から独立。石油の生産が多く、ＯＰＥＣ・ＯＡＰＥＣの加盟国。面積八・四万km²。人口一三八万（一九八六）。

**アラブ-しょこく【アラブ諸国】** アラビア半島を発生地とするセム語族の流れをくむアラブ人が創設した国々。政治・経済体制は多様だが、イスラム教の国が多い。

**アラブ-じん【アラブ人】** セム語族アラビア語を使用する人々。白色人種に分類。中東・北アフリカに分布。大部分がイスラム教徒。Arab

**アラブ-せきゆゆしゅつこくきこう【アラブ石油輸出国機構】** →オアペック（ＯＡＰＥＣ）

**あらふね-やま【荒船山】** 群馬・長野県境にある楯状火山。標高一四二三m。山頂の平坦な溶岩台地で、平らな船のように見える。

**アラブ-みんぞくしゅぎ【アラブ民族主義】** アラブ民族は一つであるとする意識をもってアラブ世界の統一を求める思想と運動。Arabism

**アラフラ-おおにし【アラフラ大▼螺】** 世界最大の海産巻き貝。殻高約六〇cm（最大八〇cm余）、殻径約三五cm。殻は厚く紡錘形で黄褐色。水深二〇～五〇mの砂底にすむ。飾り物用。インドネシア東部に分布し、アラフラ海が主産地。Australian trumpet

**アラフラ-かい【アラフラ海】**（Arafura Sea）オーストラリア北岸とチモール島・ニューギニア島の間にある浅海。幅五〇〇km。真珠貝・白蝶貝の産地。

**あらぶる-かみ【荒ぶる神】** 神道で、人間に災いをもたらす神。

**アラブ-れんめい【アラブ連盟】**（Arab League）アラブ諸国の主権擁護・経済・文化などの協力をめざす機構。一九四五年結成。加盟二一か国（一九八七）。

**アラベスク【arabesque】**《アラビア風の、の意》①アラビア人が作りだした壁面装飾の文様。唐草文・幾何文・文字文など。②音楽で、幻想的・装飾的な器楽曲。③バレエのポーズの一つ。→写

**あら-ほうし【荒法師】** ①荒々しい僧。勇猛な僧。荒ひじり。②僧兵。

**あら-ぼとけ【新仏】** 死後はじめてのうらぼんに祭る死者の霊。新御霊。

**あら-ぼん【新盆】** ①人が死んで、最初に迎えるうらぼん。初盆。にいぼん。②あらぼとけ。

**あら-まき【新巻（き）・荒巻（き）】**《わらなどで巻いたことによる》サケにうす塩をあてた塩蔵品。塩ざけより風味はよいが貯蔵がきかない。北海道では「あきあじ・ときしらず」という。あらまきジャケ。数え方 一本。

**あら-まさひと【荒正人】**（一九一三～七九）文芸評論家。福島県生まれ。東大卒。『近代文学』創刊に参加し、政治と文学論争などに発言。著書『第二の青春』『夏目漱石』など。

**あらまし**（名・副）あらかた。おおよそ。だいたい。概略。outline

**あらま・し【荒まし】** 古語（形シク）①あらあらしい。用例 ――・しき東男（源氏・宿木）。②けわしい。用例 ゆききのほど、――・しき山道にはべれば（源氏・宿木）。

**あらまし-ごと【あらまし事】** 予想。計画。

**あらま・す** 古語（四他）将来のことなどを、思いめぐらす。予期する。用例 さかゆく末を見んまでの命を――・し（徒然・七）。

**あら-まほ・し** 古語（形シク）申し分ない。理想的である。用例 心ばせおほどかに――・しうものし給ふ（源氏・玉鬘）。

**あら-み【新身】** 新しくきたえた刀。新刀。

**あら-みたま【荒▽御▽魂】** 古代日本人の霊魂観の一つ。荒々しく勇敢な神霊の働きを言う。対義 和魂。

**あら-みたま【新▽御霊】** ①あらぼとけ。②その年に死者の出た家をたずね、供物を上げること。多くは、大みそかの夜に行う。

●アラベスク① モスクの壁面模様（イラン）。

**あらみ-だめし【新身試し】** 新刀の切れ味を試すこと。

**アラミド-せんい【アラミド繊維】** 芳香族ポリアミド繊維。引っ張り強度が大きく、防弾チョッキなどに用いられる。商標名はケブラー。aramid fiber

**アラムコ【ＡＲＡＭＣＯ】**《Arabian-American Oil Company の略》一九三三年サウジアラビアに設立されたアメリカ資本系の石油会社。世界最大を誇ったが、七九年サウジアラビア政府により国有化。

**あら-むしゃ【荒武者】** 勇ましく荒っぽい武士。

**あら-むしろ【粗▼筵】** 編み目の粗いむしろ。そまつなむしろ。

**アラム-じん【アラム人】** 古代オリエントで活躍した西セム系の半遊牧民族。前一〇〇〇年ごろ北シリアを中心に多くの小王国を建設。オリエントの商圏を支配した。Aramaean

**アラム-もじ【アラム文字】** 古代セム-アルファベットの分派の一つ。アラビア文字・ヘブライ文字・インド系文字などのもととなる。アルファベット成立史上重要な位置を占める。そのアラム語は古代オリエントの国際語として通用。Aramac alphabet

**あら-め【荒▽布】** 褐藻植物コンブ科の多年生海藻。もっとも低い潮位より深い所に群生。黒褐色で、茎は上方で二またに分枝し、羽状葉片を密生。アルギン酸・沃素の原料とするほか、食用。→褐藻植物図

**ア-ラ-モード【à la mode フランス】** 最新流行の型。

**あら-もの【荒物】** 家庭用雑貨の総称。ざる・ほうきなど。sundries 対義 小間物。

**あらや-しき【▼阿▽頼▼耶識】**《ālaya-vijñāna 梵の音写》仏教の唯識説で説く、八識のうちの第八識。心の働きのよりどころとなる、もっとも根源的なもので、他の七識が生じるための基盤となる。アーラヤ識。阿梨耶識。蔵識。

**あら-ゆ【新湯】** わかして、まだだれも入っていないふろ。さらゆ。

**あら-ゆる【▽凡ゆる】**（連体）あるかぎりの。すべての。all 用例 ――手段を用いる。

**あら-ら**（感）驚きを表す語。

**あら-らか【荒らか】**（形動）荒々しいさま。

**あららぎ【▽塔】**《斎宮のいみことば》塔の異称。

**あららぎ【アララギ】** 短歌雑誌。伊藤左千夫らが明治四一年（一九〇八）創刊。写生短歌を標榜し、島木赤彦・古泉千樫・斎藤茂吉らを生んだ。

**あららぎ【▼蘭】** イチイの別名。

**あら・げる【荒らげる】**（下一他）荒くする。raise 用例 ことばを――。

**アララット-さん【アララット山】**（Mount

Ararat) トルコ中東部、アルメニア高原にある死火山。標高五一六五m。同国最高峰。「ノアの箱舟」の漂着地といわれる。

**あら-り【粗利】** 売上高と売上原価との差額。生産者では売価と生産原価、商業者では売価と仕入原価との差額になる。マージン。利幅。粗利益。荒利益。gross profit

**あら-りょうじ【荒療治】**(名・サ変他) ①乱暴に手当てをすること。その手当て。drastic treatment ②思いきった処置・改革。drastic measure ③人をむごく殺傷すること。murder

**アラル-かい【アラル海】**(Aral) ソ連南部、カザフ共和国南部にある塩湖。面積六・六万$km^2$。塩分濃度は海水の三分の一。古代地中海の名残。

**アラルコン-イ-アリサ【Pedro Antonio de Alarcón y Ariza】**(一八三三〜九一) スペインの小説家。ユーモラスで地方色豊かな作風で知られる。中編『三角帽子』など。

**あられ【▼霰】** ①雪の結晶に過冷却の水滴がついたもの。hail 比較 ひょう。②調理などで、材料をさいの目に切ること。切ったもの。cube 用例 —に切る。—どうふ。③もちをさいの目に小さく切って、煎ったあとに味つけしたもの。あられもち。比較 せんべい。④織物や染め物の模様の名。こいしだたみ。⑤「あられ星」の略。

**あられ-いし【▼霰石】** 炭酸カルシウムを主成分とする白色の鉱物。斜方晶系。石灰化するバクテリアやサンゴの外骨格や真珠の無機質部分などに含まれる。aragonite

**あられ-うつ【▼霰打つ】**[枕ことば]「あられ」にかかる。用例 —あられ松原住吉の弟日娘と見れど飽かぬかも(万葉・一・六五)。

**あられ-ぎり【▼霰切(り)】** 料理で、材料をあられの粒くらいに小さく切ること。

**あられ-ばい【▼霰灰】** 霰のように粒状につくられた灰。茶道では流儀によって、炉の撒き灰に用いる。

**あられ-ぼし【▼霰星】** かぶと・茶がま・鉄びんなどの表面にある、小さい多くの突起。

**あられ-も-な・い**(形) ①あるべきでない。とんでもない。impossible 用例 —うわさ。②似つかわしくない。unbecoming; improper ③《多く女性について》ひどく行儀が悪い。unbecoming; improper 用例 —すがた。

**あら-れる【有られる】**(連語)《「いらっしゃる」より敬意が強い》いられる。用例 お孫さんが大勢—。技術者で—お方。

**あらわ【▽露(わ)・▽顕(わ)】**(形動) ①隠れていたところをはっきりと見えるようにするさま。むき出し。bare 用例 肌も—に。②隠していたこと・態度などをはっきりと示すさま。公然。openly 用例 —に反対する。憎しみを—にする。

**アラワクけい-しょぞく【アラワク系諸族】** アマゾン川中流域から北と西に分布するインディオで、アラワク語を話す約一二〇部族の総称。南米最大。狩猟・漁労・焼き畑農耕に従事。Arawak

**あら-わざ【荒技】** 武道、スポーツなどで、思いきった大技。また、無理をかまわず、しかける技。

**あら-わざ【荒業】** 力のいる荒々しい仕事。力仕事。physical labor

**あらわ・す【表す・表わす】**(五他) ①ことば・絵図・表情などで、示す。表現する。show; indicate 用例 怒りを—。赤は危険を—。②発揮する。show; display 用例 うでまえを—。

**あらわ・す【著す・著わす】**(五他) 本を書いて世に発表する。著作する。publish; write 用例 書物を—。

**あらわ・す【現す・現わす・▽顕す・▽顕わす】**(五他) 隠れているものを見えるように出す。明らかに見せる。show up; reveal 対義 隠す。用例 姿を—。頭角を—。

**あらわ・る【現る】** 古語 (下二自) ↓あらわれる(現れる)

**あらわれ【現れ・現われ】** ①現れること。②内部のものが形をとって外に現れたもの。その結果。用例 努力の—。

**あらわれ・でる【現れ出る・現われ出る】**(下一自) 姿をみせる。出現する。appear

**あらわ・れる【表れる・表われる】**(下一自) 中にあるものが、別の形で外に出てくる。隠れていた態度やようすなどが、表面に出てくる。surface; be shown 用例 喜びが顔に—。努力が結果に—。

**あらわ・れる【現れる・現われる・▽顕れる・▽顕われる】**(下一自) 対義 隠れる。①姿や形が表面に出てくる。appear 用例 雲間から月が—・れた。②目だつようになる。come out 用例 真価が—。③知れる。発覚する。be revealed 用例 悪事が—。④そこへ出て来る。用例 二〇分遅れてやっと—。

**アラン【Alain】**(一八六八〜一九五一) フランスの哲学者。モラリスト。本名はエミール=オーギュスト=シャルチエ。情念の分析に基づく人間論を展開。著書『芸術論集』『幸福論』『わが思索のあと』など。

**あらん-かぎり【有らん限り】**(連語) あるかぎり。全部。ありったけ。all 用例 —のちえをしぼる。

**アラン-セーター** ↓フィッシャーマンセーター

**あらんにゃ【▼阿▼蘭▽若】**《aranya梵の音写。山林、の意》①僧が修行するのに適した閑静な場所。②寺院の異称。

**アラン-フルニエ【Alain-Fournier】**(一八八六〜一九一四) フランスの小説家。作品『モーヌの大将』など。

**あり【▼蟻】** 膜翅目アリ科の昆虫の総称。体長は働きアリでふつう二〜一〇mm。社会生活をすることで知られる。アリの社会は数十(ハリアリ)から数万(ハキリアリ)の個体で構成され、それぞれの社会は雄アリ・働きアリ・女王アリからなる。集団行動はアリの出すフェロモンによる。世界に約一万種、日本に約一五〇種がいる。ant ↓図

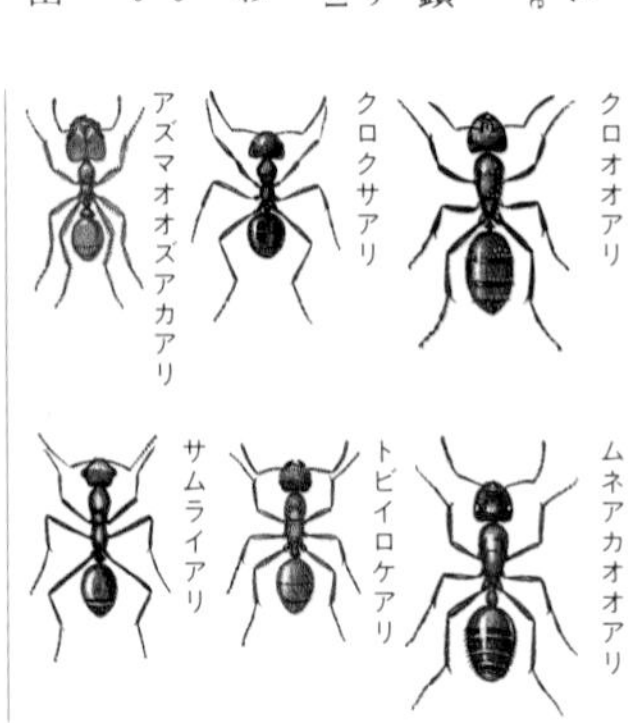

●アリ

**蟻の穴から堤も崩れる** ちょっとした不注意や失敗から大事がだめになることのたとえ。大きな堤も蟻の穴から崩れる。

**蟻の甘きに付くが如し** 人は利益のあるところに、よりつくことのたとえ。It's like flies around treacle.

**蟻の思いも天に届く** 微力な者でも、一心に願えば望みどおりになるものだ。

**蟻の熊野参り** 《アリの行列を、社寺参りの人の列にたとえた語》大ぜいがぞろぞろ列をなして続くこと。蟻の百度参り。

**蟻の塔を組む如し** 《「塔」は蟻塚のこと》わずかずつではあるが、こつこつと怠りなく事を行って、ついには大業を成しとげることのたとえ。

**蟻の這い出る隙も無い** 警戒が厳重で、少しのすきもない。be closely guarded 類似 水も漏らさぬ。

**あ・り【有り・在り】** 古語 □一(ラ変自) ①存在する。ある。いる。用例 大和には群山—・れど(万葉・一・二)。②生きている。用例 わが思ふ人は—やなしやと(伊勢・九)。③時が経過する。用例 二日ばかり—・りて(枕・職の御曹司におはします頃、西の廂にて)。④その場に居合わせる。用例 もの思へるけはひして、—・る人々も忍びてうち泣くさまなど(源氏・夕顔)。⑤《格助詞「と」を受けて》「言ふ・宣ふ・答ふ」などの意を表す。用例 「夜なれば異様なりとも疾く」と—・りしかば(徒然・二一五)。□二(補動 ラ変)《形容詞・形容動詞・一部の助動詞の連用形、助詞「て」などを受けて陳述を表す》①…(て)ある。…(て)いる。用例 天離る鄙には—・れど(万葉・一七・四〇〇八)。②《「お…あり」「ご…あり」などの形で》尊敬の意を表す。用例 二月中に鎌倉殿又御上洛—(平家・一二・六代被斬)。

**有りの遊び** あるのになれて、ありがたみを感じないこと。いつでもできるという気持ちで、なおざりにすること。

**アリア【aria イタリア】** 詠唱。オペラ・オラトリオ・カンタータの中の独唱曲。または旋律的な器楽の小品。aria 比較 レチタティーボ(叙唱)。

**あり-あ・う【有(り)合う・在(り)合う】**(五自) ①ちょうどそこにある。有り合わせる。②たまたま、その場にいあわせる。用例 —人々。

**あり-あけ【有(り)明け・有明】** ①夜明けのあとにも月が見えている状態。また、その月。月齢一六日以後の夜明け。wan morning moon ②夜明けがた。day break ③夜を通してあかつきにおよぶこと。終夜。all night ④「有り明けあんどん」「有り明けの火」の略。

**有り明けの月** 夜明けがた、空に残っている月。残月。有り明けづき。

**有り明けの火** 「有り明けあんどん」と同意。

**ありあけ【有明】**〈町〉佐賀県南部、有明海に臨む町。大半が干拓地。稲作・れんこん栽培・海苔の養殖がさかん。人口九九四二(一九八八)。

**ありあけ【有明】**〈町〉長崎県、島原半島東岸の町。野菜・果樹栽培、畜産、海苔の養殖がさかん。人口一万二四六〇(一九八八)。

**ありあけ【有明】**〈町〉熊本県、天草上島北部の町。野菜・タバコ・甘夏ミカンの産地。沿岸漁業も行われタイ網・干しダコが有名。人口七七四六(一九八八)。

**ありあけ【有明】**〈町〉鹿児島県、大隅半島基部東岸の町。シラス台地での畑作・畜産がさかん。人口一万三〇一一(一九八八)。

**ありあけ-あんどん【有(り)明け行▽灯】** 夜通しつけておくあんどん。有り明けの火。

**ありあけ-かい【有明海】** 九州中西部の大湾入。福岡・佐賀・長崎・熊本四県に囲まれる。最大干満差が六mで日本最大。海苔・貝類の養殖がさかん。沿岸は広大な干拓地。

**ありあけしゅう【有明集】** 蒲原有明の詩集。明治四一年(一九〇八)刊。一九〇〇年代の日本の象徴詩の到達点を示す。

**ありあけ-づき【有(り)明け月】** 有り明けの月。

**ありあけ-ぶくろ【有(り)明け袋】** 火打ち道具などを入れて、旅行に携えた小袋。

**ありあけ-わん【有明湾】** 志布志湾の別称。

**アリアドネ【Ariadnē ギリシア】** ギリシア神話でクレタ島の王ミノスの娘。アテネの王子テセウスに糸巻きを与え、迷宮の怪獣ミノタウロス殺害を助ける。のちディオニュソス神の妃。Ariadne

**あり-あま・る【有(り)余る】**(五自) 必要以上にある。more than enough 用例 —財宝。

**あり-あり(と)**(副) 目に見えるようにはっきりと。vividly 用例 —目に浮かぶ。

**あり-あわせ【有り合(わ)せ・有合(わ)せ】** たまたまそこにあること・もの。anything available

**あり-あわ・せる【有り合(わ)せる・有合(わ)せる】**(下一自) ①たまたまそこにある。②たまたまそこにいる。いあわせる。

**アリアンツ【Allianz Lebensversicherungs-Aktiengesellschaft】** 西ドイツの生命保険会社。本店シュツットガルト。一八八九年設立。

**アリー【ʿAlī ibn Abī Ṭālib】**(六〇〇〜六六一) イスラム教団第四代正統カリフ(在位六五六〜六六一)。シーア派初代イマーム。ムハンマドの従弟で女婿。カリフとなったが、ムアーウィヤなど反対勢力が強く、暗殺された。

**アリィ-シャン【阿里山】**(Ālǐ Shān) ↓ありさん(阿里山)

**ありう-べき【有(り)得べき】**(連語) ①あってもいい。②ありそうな。用例 それは—ことだ。

**アリウム【Allium】** ユリ科ネギ属のこと。ふつうはその中の観賞用品種をさす。鱗茎の球根で、高さ一五〜一二〇cm。五〜六月に小花を球状につける。北半球に分布。↓写

●アリウム

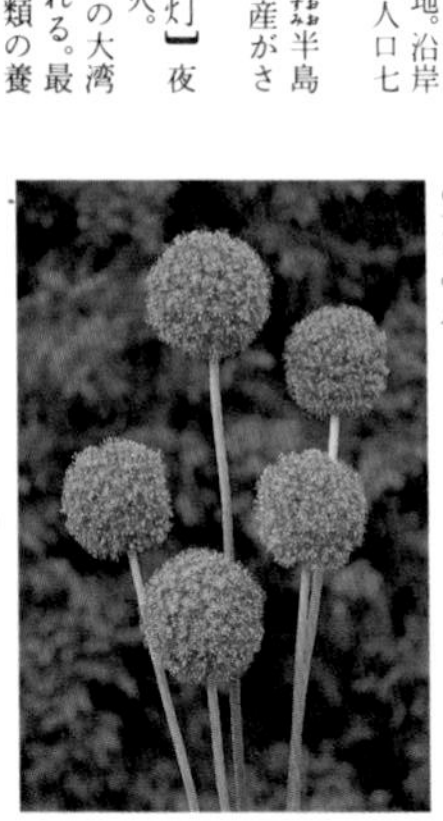

**あり・うる【有(り)得る】**(下二自) あるはずだ。ありそうだ。possible; probable

**ありえ【有▽家】**〈町〉長崎県、島原半島南東部の町。扇状地はミカン・タバコ・キュウリなどの畑作地帯。手延べそうめんが名産。人口

一万二三六(一八八)。

**あり-え-ない**【有(り)得ない】(連語) あるはずがない。impossible

**アリオーゾ**[arioso イタリア]《音楽用語》①オペラやカンタータで歌われる伴奏付きレチタティーボ。旋律的で表情豊かな性格をもつ。②①と同様な性格をもつ短い器楽曲。

**アリオス**[Arios](二五〇ごろ〜三三六) アレクサンドリアのキリスト教神学者。キリストの神性を否定し、アタナシオス派と対立。その説はニカイア公会議で異端宣言を受けた。

**アリオスト**[Ludovico Ariosto](一四七四〜一五三三) イタリアールネサンス盛期の文学を代表する詩人。騎士道文学の最高傑作、叙事詩『オルランド狂乱』を著す。

**あり-か**【在(り)▽処】①物のあり場所。whereabouts ②人の居場所。whereabouts

**あり-がお**【有り顔】いかにもなにかありそうな顔つき。ありげ。用例わけ——。

**あり-かた**【在り方】どうあればいいかということ。あるべきすがた。用例研究会の——。

**あり-がた・い**【有(り)難い】(形)《あることがまれだ、の意から》①たっとい。もったいない。worshipful 用例——お話。——仏様。②感謝すべきだ。かたじけない。grateful 用例——・くいただきます。③いいことに出会ったり、いいものをもらったり、いいことに出会ったりして、うれしい気持ちだ。happy; glad 用例上天気になって——。派生ありがたが・る(五自) ありがたさ(名) ありがたみ(名) ありがたげ(形動)

**あり-がた・し**【有り難し】古語(形ク)①あることがまれだ。めったにない。めずらしい。用例御かたち、心ばへ、——・く珍しきまで見えたまふ(源氏・桐壺)。②ありそうもない。用例さるべきついでなくては対面も——・ければ(源氏・行幸)。③おそれ多い。用例——・き朝恩なるに(平家・一一・鏡)。

**あり-がた-なみだ**【有(り)難涙】有り難くてこぼす涙。tears of gratitude

**有り難き仕合わせ**(ありがたきしあわせ)《思いもよらぬ幸運に、感謝する気持ちを表す語》大変にありがたい。God be praised!

**あり-がた-み**【有(り)難み】有り難いと思う感じ・程度。blessing 用例親の——。

**あり-がた-めいわく**【有(り)難迷惑】(名・形動) 親切や好意が、かえって人を困らせること・さま。有り難いと同時に、迷惑にも感じること・さま。unwelcome favor

**あり-がち**【有(り)勝ち】(形動) よくあるさま。common; frequent 用例——な失敗。

**あり-がとう**【有(り)難う】(感)《「ありがとうございます」は、さらに改まった丁寧な言い方》感謝やお礼の気持ちを表すことば。Thank you. 用例どうも——。

**あり-がね**【有(り)金】手元にあるお金。所持金。cash in hand; ready money 用例——残らず出せ。

**有り金を叩く**(ありがねをはたく) もっている金を、すべて出しきる。有り金叩く。use all the money one has

**ありかわ**【有川】〈町〉長崎県五島列島、中通島にある町。定置網漁業の中心地。有川うどんが特産。人口九〇九五(一九八八)。

**アリカンテ**[Alicante] スペイン南東部、地中海に臨む港湾都市。ぶどう酒・果実などの輸出港。保養地としても有名。人口二五・一万(一九八一)。

**あり-きたり**【在り来(た)り】(形動) 以前からあるさま。珍しくないさま。ふつう。commonplace; conventional

**ありきぬ-の**【あり▽衣の】[枕ことば]《「ありきぬ」は、絹の衣、鮮やかな衣、ありあわせの衣などの意とするが未詳》大切なものとして、また、同音を繰り返すことから「宝・在り」などにかかる。用例麻積みの児ら——宝の子らが打栲は経へて織る布(万葉・一六・三七九一)。

**あり-ぎれ**【有(り)切れ・有(り)▽布】有り合わせの切れ。

**あり・く**【▽歩く】古語(四自)①歩きまわる。出歩く。用例面白き所々——・きて(宇津保・嵯峨の院)。②動きまわる。用例菰積みたる舟の——こそ(枕・卯月のつごもりがたに)。③《動詞の連用形に付いて》㋐…して過ごす。用例わびしと思ひ——・き給ふ(源氏・紅葉賀)。㋑…してまわる。あちこちで…する。用例よろづの所求め——・きて(源氏・帚木)。

**あり-くい**【▼蟻食】食性が特殊化した哺乳類アリクイ科の総称。体長約一mのオオアリクイ、約六〇cmのコアリクイ、約一五cmのヒメアリクイなどがある。いずれも歯はなく、長い舌でシロアリなどをなめとる。中南米に分布。anteater →写

●アリクイ　オオアリクイ

**アリクブカ**[Arikbukha・阿里不哥](?〜一二六六) チンギスハンの末子ツルイの子。フビライとハン位を争ったが、一二六四年降伏。

**あり-ぐも**【▼蟻▼蜘▼蛛】アリに似たハエトリグモ科のクモ。体長約六mm。頭胸部は黒褐色、腹部は黄褐黒色。本州・四国・九州に分布。

**あり-げ**【有り気】(形動)《他の語の下に付いて》ありそう。用例意味——。用——。いわく——。

**アリゲーター**[alligator] 吻が幅広く吻端がまるい、アリゲーター属の二種のワニの総称。ワニのなかではおとなしい。揚子江下流に分布するヨウスコウワニは全長約二m、北アメリカ南東部に分布するミシシッピワニは全長六mに達する。比較クロコダイル。参照カイマン。

●アリゲーター　ミシシッピワニ →写

**ありさか-なりあきら**【有坂成▽章】(一八五二〜一九一五) 陸軍中将。山口県岩国の人。男爵。日露戦争で威力を発揮した三一年式速射野砲(=有坂砲)などを考案。

**あり-さま**【有(り)様】ようす。状態。光景。state; scene

**アリザリン**[alizarin] アカネの根から得られる赤色の色素。古くから重要な天然染料として知られている。

**あり-さん**【▼阿里山】中国、台湾中部、玉山西方の山地。標高一八〇〇〜二四〇〇m。ヒノキの産地。アリィシャン。

**あり-し**【在りし】(連体) 存命中の。昔の。過ぎ去った。用例——日のおもかげ。

**あり-じごく**【▼蟻地獄】①ウスバカゲロウ科の幼虫。砂地などにすりばち状の穴を掘ってその底にかくれ、穴に落ちたアリなどを捕らえる。夏に羽化。日本全土に分布。アトシザリ。スリバチムシ。アトサリムシ。②①のつくるすりばち状の穴。antlion →写

●アリジゴク①

**ありしま-いくま**【有島生馬】(一八八二〜一九七四) 洋画家・小説家。横浜生まれ。有島武郎の弟。二科会・一水会の創立会員。絵画作品『鬼』など。

**ありしま-たけお**【有島▽武郎】(一八七八〜一九二三) 小説家。大正期の白樺派を代表する、思想性豊かな作家。東京生まれ。札幌農学校卒業後、米国に留学。『白樺』創刊に参加。作品『カインの末裔』『或る女』、評論『惜みなく愛は奪ふ』『宣言一つ』など。→写

●有島武郎

**あり-しょくぶつ**【▼蟻植物】植物体の一部にアリが住みつき、共生関係にある植物。熱帯地方のアリノストリデなど。ant plant

**あり-すい**【▼蟻吸】アリを好んで食べるキツツキ科の鳥。全長約一七cm。灰褐色の地に黒や灰色の縞しまやまだらがある。キツツキのように尾羽は硬くなく、また嘴が弱く幹に穴を掘ることができない。ユーラシア・北アフリカに分布し、日本では北海道と本州北部で繁殖し、冬はそれ以南に渡る。wry-neck →図

●アリスイ

**ありすがわ-の-みや**【有▼栖川宮】四親王家の一つ。寛文七年(一六六七)高松宮を継承した幸仁親王が同一二年(一六七二)有栖川宮と改称。以後一〇代約二〇〇年間存続。

**ありすがわのみや-たるひとしんのう**【有▼栖川宮▼熾▽仁親王】(一八三五〜一八九五) 明治初期に活躍した皇族。王政復古で総裁職に就任し、戊辰戦争で東征軍大総督、西南戦争では征討総督、のち参謀総長などを歴任した。

**アリス-スプリングズ**[Alice Springs] オーストラリア中部のオアシスの町。世界最大の一枚岩、エアーズーロックへの観光基地。人口二・二万(一九八四)。

**アリスタルコス**[Aristarchos](BC三一〇ごろ〜BC二三〇ごろ) 古代ギリシアの天文学者。地球の自転と公転を提唱。地球から太陽と月までの距離の比を測定し、一九対一とした。

**アリスティッポス**[Aristippos](BC四三五ごろ〜BC三五五ごろ) 古代ギリシアの哲学者。ソクラテスの弟子で、キュレネ学派の祖。快楽を重んじ、そのためには識見が必要なことを説いた。

**アリストクラシー**[aristocracy] 対義デモクラシー。①貴族。特権階級。②貴族政治。③貴族趣味。

**アリストテレス**[Aristotelēs](BC三八四〜BC三二二) 古代ギリシアの哲学者。逍遥学派の祖。プラトンの弟子で、アレクサンドロス大王の若き日の家庭教師。アテネに学園リュケイオンを設立、哲学をはじめ諸学の体系を築いた。著書『形而上学』『政治学』『詩学』など。アリストートル。

**アリストファネス**[Aristophanēs](BC四四五ごろ〜BC三八五ごろ) 古代ギリシア最大の喜劇詩人。ペロポネソス戦争のさなか、時事・政治・文化の問題をとりあげ、痛烈に風刺し批判した。喜劇『雲』『女の平和』『蛙』など。アリストパネス。

**ありそ**【▽荒▼磯】《「あらいそ」の約》岩・石が多くて、波の荒い海岸。

**アリゾナ**[Arizona] アメリカ南西部の州。コロラド高原が大半を占め、グランドキャニオンが有名。銅などの鉱業がさかん。人口二七一・八万(一九八〇)。

**ありそ-なみ**【▽荒▼磯波】[枕ことば]《同音を繰り返すことから》「あり」にかかる。用例恙つつみなく幸さきく坐いまさば——ありても見むと(万葉・一三・三二五三)。

**ありた**【有田】〈町〉佐賀県西部の町。江戸時代初期以来、有田焼の産地として有名。五月に陶器市がある。人口一万四四七二(一九八八)。

**ありだ**【有田】〈市〉和歌山県北西部、有田川河口にある市。有田みかんの中心産地。蚊取り線香が特産。人口三万五九九六(一九八八)。

**アリダード**[alidade] 平板測量器機の一つ。水準器・照準装置・定規を備え、方向と傾斜を測定し図示する。

**あり-だか**【有(り)高・在(り)高】今ある総量。現在高。amount in hand

**ありだ-がわ**【有田川】和歌山県北部を西流する川。長さ六七km。高野山に発し、紀伊水道に注ぐ。下流域は有田みかんの産地。

**あり-たけ**【▼蟻▼茸】①マツタケ科のキノコ。ごく小さい棒状で、ハキリアリが巣の中に作って食料にする。②子嚢菌類、冬虫夏草の一種。アリに寄生し、死後キノコをつくる。

**あり-た-そう**【有田草】アカザ科の一年草。高さは七〇cm余に達し、夏季に、緑色の小花を多数つける。臭気が強い。メキシコ原産の帰化

植物。ルーダソウ。

**ありた-やき【有田焼】** 佐賀県有田地方で産する磁器。伊万里港から出荷されたので伊万里焼ともいう。

**アリタリア-こうくう【アリタリア航空】** (Linee Aeree Italiane S.p.A.) イタリアの国営航空会社。一九四七年設立。アリタリア。AZA。

**ありち-がた【在千潟】** [枕ことば]《地名ともするが未詳。同音を繰り返すことから》「あり」にかかる。用例 ―あり慰めて行かめども家なる妹いおぼほしみせむ(万葉・一二・三一六一)。

**あり-づか【▼蟻塚】** アリやシロアリが枯れ葉などを土とともに練り固めて作る巣。日本で見られるのはエゾアカヤマアリの巣で、高さ約一m。アフリカ産のキノコシロアリの巣は高さ六m余にもなる。蟻の塔。formicary; ant-hill ↓写

● 蟻塚

**ありづか-むし【▼蟻塚虫】** 石や倒木の下、アリの巣などにすむアリヅカムシ科の甲虫の総称。赤褐色の微小な種類が多い。体長一・五～三mm。日本には約一五〇種が分布。

**あり-つ・く【有(り)付く】**(五自) ①お金や食物などが手にはいる。get 用例 こづかい銭に―。②働き口が見つかる。find 用例 よい仕事に―。

**アリッサム[alyssum]** アブラナ科の一年草

● アリッサム

または多年草。高さ約一〇cmで分枝が多い。春と秋に、芳香ある小花を多数つける。花色は白・桃・紫で、花壇・鉢植え用。地中海沿岸原産。ニワナズナ。↓写

**ありっ-たけ【有りっ丈】**(名・副) あるかぎり。すべて。ありたけ。all

**あり-つる【有りつる】** 古語 (連体) さっきの。あの。今述べた。用例 ―歌の返し(竹取)。

**あり-てい【有り体】**(名・形動) ありのまま。いつわりのないこと。frankly 用例 ―に言えば。

**アリディ[Johnny Hallyday]**(一九四三) フランスのポピュラー歌手。ツイストブームをまき起こし、人気を得る。

**あり-と-あらゆる【有りと有らゆる】**(連体)《「あらゆる」を強めた形》あるかぎりの。すべての。ありとある。all

**あり-と-ある【有りと有る】**(連体) ↓ありとあらゆる(有りと有らゆる)

**あり-どおし【▼蟻通】** アカネ科の常緑小低木。葉腋に一～二・五cmの鋭いとげがある。初夏に白い花が咲き、丸い液果は赤く熟す。↓図

● アリドオシ

**あり-なし【有り無し】** あると、ないと。あるか、ないか。有無。

**ありなし-ごえ【有り無し声】** 聞きとれないほどの、かすかな声。faint voice

**アリナミン[Alinamin]**《アリチアミンの商標名》ビタミン$B_1$(チアミン)とニンニクの成分アリシンとの化合物。腸管粘膜からの吸収がよく、体内で分解されてビタミン$B_1$となる。

**ありね-よし【在根良し】** [枕ことば]《「ありね」は、荒嶺の借字、航海の目印とした対馬の有明山を呼びかけたものなどとも言うが未詳》「対馬」にかかる。用例 ―対馬の渡り海中に幣取り向けて早帰り来ね(万葉・一・六二)。

**あり-の-とう【▼蟻の塔】** 蟻塚のうち、丈の高いもの。蟻塚。

**ありのとう-ぐさ【▼蟻の塔草】** 山地や原野にはえるアリノトウグサ科の多年草。茎の下部は匍匐し、上部は直立。葉は広卵形で先が鋭い。秋に黄褐色の小花

● アリノトウグサ

を円錐状につける。↓図

**ありのひふき** キキョウの古名。

**あり-の-まま【有りの▽儘】**(名・形動) あるとおり。そのまま。ありてい。あるがまま。実状。as it is; actual condition

**あり-の-み【有の実】** ナシの別名。音が「無し」に通ずるのを忌んだことば。

**アリバイ[alibi]**《もとはラテン語で、他の所に、の意》犯罪が行われたとき被疑者または被告人が、犯行現場以外にいたことの証明。現場不在証明。用例 ―がくずれる。

**あり-ばち【▼蟻▼蜂】** 雌に翅がなく、一見アリに似たアリバチ科のハチの総称。雄は雌より大きくて翅をもつ。他のハチ同様、毒針があり、刺す。幼虫はハナバチ類の幼虫に寄生。日本には数種生息し、体長一cm内外。velvet ant

**あり-は・つ【在り果つ】** 古語 (下二自) ①いつまでも生き長らえる。天寿を全うする。用例 ―・てぬ命を限りに(源氏・松風)。②いつまでも同じ状態を保つ。用例 心清くも―べきに(源氏・藤袴)。

**あり・ふ【在り▽経】** 古語 (下二自) 生き長らえる。年月を過ごす。用例 ―・ふるにつけて、いとはしたなく(源氏・橋姫)。

**あり-ふれ-た【有(り)触れた】**(連体) どこにでもある。珍しくない。陳腐な。common; ordinary

**ありま-おんせん【有馬温泉】** 神戸市、六甲山地北斜面にある温泉。歴史の古い名湯で、夏も涼しい保養地。

**あり-まき【▼蟻巻】** ↓あぶらむし(油虫)

**ありま-きねん【有馬記念】** 中央競馬の重賞レースの一つ。ファン選出の馬によるレースはできないか、との当時の中央競馬会理事長有馬頼寧の発案で、昭和三一年(一九五六)の死去にともない、現在の名称になる。翌年、有馬「中山グランプリ競走」の名で創設。ファン選出による四歳以上の馬と競馬会推薦による馬とで、毎年一二月、中山競馬場で開催。距離二五〇〇m。

**ありま-すげ【有馬▼菅】** ①有馬地方産出のスゲ。②[枕ことば]《同音を繰り返すことから》「あり」にかかる。用例 ―人皆の笠に縫ふといふ―ありて後にも逢はむとそ念ふ(万葉・一二・三〇六四)。

**ありま-の-みこ【有間▽皇子】**(六四〇) 孝徳天皇の皇子。中大兄皇子の腹心の蘇我赤兄にはかられ、謀反を企てたとして殺された。

**ありま-はるのぶ【有馬▽晴▽信】**(一五六七～一六一二) 安土桃山時代のキリシタン大名。肥前有馬城主。天正一〇年(一五八二)大友・大村氏とともに天正遣欧使節をローマに派遣。

**あり-もどき【▼蟻▽擬】** アリに似た小甲虫の一群。体長三～四mm。日本には約五〇種が分布。イッカクチュウ。

**あり-もんじ【有(り)文字】** 紋所の名。十月は神々が出雲に集まり、全国では神無月というが、出雲では神有月という。出雲大社では「十月」の二字を一字に合わせて「有」とし紋章化。ふつう亀甲の中に入れる。↓図

● 有り文字

**ありや**(感) 驚いたときなどに発する語。あれ。あら。

**ありゃ-ありゃ**(感)《「ありゃ」を重ねた語》あれあれ。あらあら。ありゃりゃ。

**あ-りゅう【亜流】** ①第二流の人や物。②学問・芸術などで同じ流派に属し、その仕事を受け継ぐこと・人。③先人のあとに従うだけで、すぐれた個性・独創性をもたないこと・人。追随者。模倣者。エピゴーネン。対義 一流。

**ありゅう-さん【亜硫酸】** 化学式$H_2SO_3$ 二酸化硫黄を水に溶かすとき生成する刺激臭をもつ酸。還元作用が強く、酸化され硫酸になる。sulfurous acid

**ありゅうさん-えん【亜硫酸塩】** 亜硫酸イオン$SO_3^{2-}$と金属イオンとからなる塩。水溶液は塩基性。強酸と反応して二酸化硫黄を発生。還元性をもつ。sulfite

**ありゅうさん-ガス【亜硫酸ガス】** 二酸化硫黄の俗称。

**ありゅうさんすいそ-ナトリウム【亜硫酸水素ナトリウム】** 化学式$NaHSO_3$ 強い還元性をもつ白色の結晶。還元・漂白・染色剤に利用。sodium hydrogen sulfite

**ありゅうさん-ナトリウム【亜硫酸ナトリウム】** 化学式$Na_2SO_3$ 無水物は白色の小結晶または粉末で、強い還元性をもつ。七水和物は白色の結晶。還元・漂白剤、現像薬に利用。sodium sulfite

**ありゅうさん-パルプ【亜硫酸パルプ】** 原料を亜硫酸水素塩と亜硫酸で処理したパルプ。新聞紙、上・中質紙などに使用。サルファイトパルプ。sulfite pulp

**アリューシャン-ていきあつ【アリューシャン低気圧】** アリューシャン海域に一年を通して存在する低気圧。冬は勢力が強い。Aleutian low pressure

**アリューシャン-れっとう【アリューシャン列島】**(Aleutian Islands) アラスカ半島からカムチャツカ半島間を弧状に連なる火山列島。アメリカ領。アレウト列島。

**あり-よう【有り様】** ①ありさま。ようす。ありかた。②実情。ありてい。③あるべき理由。あるわけ。

**ありよし-さわこ【有▽吉佐和子】**(一九三一～八四) 小説家。和歌山県生まれ。東京女子短大卒。伝統芸能の世界、個性的な女の生き方、社会問題などを描く。作品『紀ノ川』『華岡青洲の妻』『恍惚の人』など。

**アリラン**(a-ri-rang 朝)《峠の意》朝鮮の代表的民謡。三拍子系で、哀調をおびた美しい旋律をもち、民衆の生活を反映したさまざまな歌詞と曲がある。

**アリル-アルコール[allyl alcohol]** 化学式 $CH_2=CHCH_2OH$ 刺激臭のある沸点九六・九℃の無色の液体。合成樹脂・香料・薬品の中間体として重要。乾燥血液の製造に利用。

**ありわら-の-なりひら【在▽原▽業平】**(八二五～八八〇) 平安初期の歌人。六歌仙・三十六歌仙の一人。平城天皇の皇子阿保親王の五男。在五中将ともいう。美貌と歌才、不遇な生涯、奔放な恋愛などによって有名。情感のあふれる歌が多い。『伊勢物語』の主人公とされる。家集『業平集』。↓写

● 在原業平 『光琳かるた』より。

**ありわら-の-ゆきひら【在▽原行平】**(八一八～八九三) 平安初期の歌人。阿保親王の子で業平の兄。中納言民部卿。『在民部卿家歌合』を主催。

**あ-りんさん【亜▼燐酸】** ↓ホスホンさん(ホスホン酸)

**あり-んす**(連語)《遊里語。「あります」の転》江戸吉原の遊女の代表的なことばで、「ある」の丁寧な言い方。

**あ・る【在る】**(五自) 存在する。be; exist 比較 いる。用例 彼が世に―間は。―・りし日の面影。

**在っても在られぬ** いてもたってもいられない。いたたまれない。

**あ・る【有る】** ㊀(五自) 対義 ない。①《ふつう、無生物・植物・物事などについて言う》存在する。いる。be; exist 用例 ペンが―。②時間が経過する。pass 用例 やや―・って始まる。③起こる。行われる。take place; be held 用例 試験が―。④所有している。用例 財産が―。⑤性質や能力としてもっている。そなわっている。have 用例 才能が―。⑥経験としてもっている。have 用例 考えたことが―。⑦そのことによる。依存す

る。用例あなたの判断に―。⑧《「…とある」の形で》…と書かれている。用例直接申し込めと―。㊂(補動)①《「…である」の形で》肯定的な判断を表す。用例ここは静かで―。②《「…てある」の形で》動作などの結果が、いまに続いている。用例書いて―。掛けて―。③《「…とあって」「…だけあって」「…こともあって」「…とあれば」などの形で》理由を示す。用例決勝戦と―・って観客が多い。だめと―・ればしかたがない。

**有る事無い事**(あることないこと)《話の辻褄(つじつま)を合わせる、また、他人の興味を引くなどのために、虚実を取り混ぜて話すさまに言う》実際にあったことと、なかったこと。本当のことと、うそ。both fact and fiction without mixed together

**有る所には有るもの**(あるところにはあるもの) 大方の人は、金が足りなくて苦労しているのに、金持ちの家には余るほどたくさんあるものだ。

**あ・る【▽生る】**古語(下二自) 生まれる。現れる。用例日知(ひじり)の御代(みよ)ゆ―・れまし神のことごと(万葉・一・二九)。

**あ・る【荒る】**古語(下二自) ↓あれる(荒れる)

**ある【▼或(る)】**(連体) 名まえ・場所・時などをはっきりあげずに特定の物事をさす語。また、はっきりとわからないものごとをさす語。さる。某(ぼう)。certain; one; some 用例―人。―日。―程度。―意味では正しい。

**アル-イドリーシー** ↓イドリーシー

**あるい-は【▼或いは】**㊀(副) ひょっとすると。もしかしたら。perhaps; maybe 用例―来るかもしれない。㊁(接続) ①または。もしくは。用例赤―黒。②《「あるいは…、あるいは…」の形で》ある者・時・場合は。or 用例―五人、―一〇人。―強く、―弱く。

**アルー-しょとう【アルー諸島】**(Kepulauan Aru) インドネシア東端、アラフラ海の小島群。主島はタナブッサル。真珠貝の産地として古くから知られる。

**あるおんな【▼或る女】**有島武郎(ありしまたけお)の小説。大正八年(一九一九)刊。明治社会を背景に、人間的自由を求めて破滅していく女性の悲劇を描く。

**アルカイオス【Alkaios】**(生没年未詳) 古代ギリシアの叙情詩人。前六二〇年ごろ活躍。政治詩や酒宴歌のほか宗教的賛歌もある。

**アルカイスム【archaïsme フランス】**↓アーケイズム

**アルカイック【archaïque フランス】**(形動) 原初の、古風な。archaic ①一般に、文化の発展の初期段階を意味することば。②クラシックと呼ばれる古典的完成に至る前のギリシア美術の様式。前七～前五世紀初めにかけて制作された直立像や壺絵(つぼえ)などが代表的。彫像はアルカイックスマイルと呼ばれる独特の表情を示す。用例―芸術。

**アルカイック-スマイル【archaic smile】**ギリシアのアルカイック時代(前七～前六世紀)につくられた神像や人像の、微笑に似た口もとの表現。中国の六朝(りくちょう)時代や日本の飛鳥(あすか)時代の仏像にも同様の表現があり、これもアルカイックスマイルという。↓写

●アルカイックスマイル 『アナビソスのクーロス』(部分)。前五三〇～前五二〇年、アテネ国立考古学博物館。

**あるが-きざえもん【有賀喜左▽衛門】**(一八九七～一九七九) 農村社会学者。長野県生まれ。東大卒。東京教育大教授。日本農村の構造を家と小作制度の関係から解明した。著書『日本家族制度と小作制度』など。

**ある-かぎり【有る限り】**(名・副) あるだけ。ありったけ。

**アルカス【Arkas ギリシア】**ギリシア神話でゼウスとニンフのカリストの子。クマに変えられた母を狩ろうとしてゼウスに救われ、母はおおぐま座に、アルカスはアルクトゥルス星になる。Arkas

**アル-ガッザーリー【al-Ghazzālī】**(一〇五八／五九～一一一一) イスラム教の最大の神学者。イラン出身。正統派神学とスーフィズムの神秘主義思想を調和統合した。

**アルカディア【Arkadhía】**ギリシアのペロポネソス半島、中央山岳地帯にある県名。県都トリポリ。古代の地方名で、後世牧歌的楽園にたとえられた。人口一〇・八万(一九八一)。

**アルカディウス【Arcadius】**(三七七ごろ～四〇八) 東ローマ帝国の初代皇帝(在位三九五～四〇八)。父テオドシウス一世(大帝)の死後、弟とローマ帝国を分割してその東帝国を統治。三九六～四〇一年、アラリックの率いる西ゴート族にコンスタンチノープルを占領された。

**アルカデルト【Jakob Arcadelt】**(一五〇〇ごろ～六八) フランドル生まれの作曲家。ローマとパリで活躍。作品にシャンソン・マドリガル・モテット・ミサ曲など。『アベ-マリア』は有名。

**あるか-なきか【有るか無きか】**(連語) あるのかないのか、いるのかいないのか、わからないほど、かすかな状態。あるかなし。用例―に門さしこめて(徒然・五)。

**あるか-なし【有るか無し】**(連語) ↓あるかなきか(有るか無きか)

**アルカリ【alkali】**《元来はアラビア語で、alは定冠詞、kaliは灰の意》水酸基-OHをもち、水に溶けて塩基性を示す物質の総称。ふつうアルカリ金属、アルカリ土類金属、アンモニウムなどの水酸化物をさす。塩基と同義に使われることもある。

**アルガリ【argali】**ウシ科の哺乳(ほにゅう)動物。雄の角の長さが二mにもなる最大の野生ヒツジ。肩高約一・二m、体重約一八〇kg。中央アジアの高い山岳地帯にすみ、草食性。

**アルカリ-えん【アルカリ塩】**ナトリウム・カリウムなどのアルカリ金属の塩。水によく溶けるものが多く、水溶液は強塩基性を示す。alkali salt

**アルカリ-がん【アルカリ岩】**アルカリ金属のナトリウムやカリウムを多く含む火成岩。alkali rock; alkaline rock

**アルカリ-かんでんち【アルカリ乾電池】**一次電池の一つ。電解液に水酸化カリウム、正極に二酸化マンガン、負極に亜鉛粉末を使用した乾電池。寿命が長く、低温でも使える。alkaline battery

**アルカリ-きんぞく【アルカリ金属】**周期表1A族のうちリチウム・ナトリウム・カリウム・ルビジウム・セシウム・フランシウムの六元素の総称。やわらかくて軽い。常温で水と激しく反応し、強塩基となる。alkali metal

**アルカリ-こつざいはんのう【アルカリ骨材反応】**セメント中のアルカリ成分と、コンクリート骨材として使用した砂・砂利(じゃり)中の有害成分とが反応して、コンクリートが劣化したり破壊されたりする現象。

**アルカリ-せい【アルカリ性】**アルカリの示す性質。水溶液のpHは七以上。手につけるとぬるぬるする。赤色リトマス試験紙を青変。塩基性との明確な違いはない。alkaline 対義酸性。

**アルカリせい-しょくひん【アルカリ性食品】**食品を燃焼させてできた灰分を水に溶解したとき、アルカリ性を示すもの。体液をアルカリ性にする。ナトリウム・カリウム・カルシウムなどを多く含む。alkaline food

**アルカリ-でんち【アルカリ電池】**二次電池の一つ。電解液に強いアルカリ、正極に水酸化ニッケル、負極に鉄などを用いた電池。マンガン電池にくらべて容量が大きく、電圧変動が小さい。alkali battery

**アルカリどるい-きんぞく【アルカリ土類金属】**周期表2A族のベリリウム・マグネシウム・カルシウム・ストロンチウム・バリウム・ラジウムの総称。ベリリウム・マグネシウムは除くこともある。銀白色で軽く、二価の陽イオンとなる。alkali earth metal

**アルカロイド【alkaloid】**植物体内にある窒素を含む塩基性有機化合物。特殊な薬理作用がある医薬品として重要。ニコチン・モルヒネ・コカイン・キニーネなど。植物塩基。

**アルカロイド-いんりょう【アルカロイド飲料】**アルカロイドを含み、それが血液に吸収され、神経を刺激して快感を与える飲み物。茶・コーヒー・ココアなど。

**アルカローシス【alkalosis】**血液中の酸・アルカリ平衡が破れて、アルカリ過剰となる病的状態。四肢のしびれ・けいれん、意識障害を起こす。アルカリ血症。

**アルカン【alkane】**一般式$C_nH_{2n+2}$ メタン$CH_4$の同族列炭化水素。エタン$C_2H_6$・プロパン$C_3H_8$など。飽和脂肪族炭化水素。パラフィン系炭化水素。メタン系炭化水素。

**アルキド-じゅし【アルキド樹脂】**多価アルコールと多塩基酸の反応で得られる樹脂。グリプタル樹脂など。塗料・インキなどに利用。alkyd resin

**アルギニン【arginine】**アミノ酸の一つ。広くたんぱく質に含まれ、とくに魚の白子(しらこ)に多い。発育期の動物の必須(ひっす)アミノ酸。

**アルキペンコ【Alexander Archipenko】**(一八八七～一九六四) アメリカの彫刻家。ロシア生まれ。現代彫刻の先駆者の一人。人体の凸面を一部凹面に置きかえる現代的造形手法を開拓。

**アルキメデス【Archimēdēs】**(BC二八七ごろ～BC二一二) 古代ギリシアの数学者・物理学者・技術家。放物線や円などの面積問題、てこの原理の解明、重心や比重などを研究。

**アルキメデス-の-げんり【アルキメデスの原理】**静止している流体中の物体には、その物体が押しのけている流体の重さに等しい大きさの浮力が働くという法則。Archimedes' principle

**アルキル-か【アルキル化】**置換反応または付加反応により有機化合物分子内にアルキル基を導入する反応。各種有機化合物の合成に応用。alkylation

**アルキルか-ざい【アルキル化剤】**アルキル化反応を行う化学試薬で、制癌(せいがん)性を示すものの総称。alkylating agent

**アルキル-き【アルキル基】**一般式$C_nH_{2n+1}$-アルカンから水素原子一個を除いた形の原子団。略号R。メチル基$CH_3$-・エチル基$C_2H_5$-など。alkyl group

**アルキルベンゼンスルホンさん-えん【アルキルベンゼンスルホン酸塩】**界面活性剤の一つ。洗浄力が強く、酸・塩基性溶液や硬水中でも安定。中性洗剤として広く利用。ソープレスソープ。alkylbenzene sulfonate

**アルキロコス【Archilochos】**古代ギリシアの叙情詩人。前七世紀ごろ活躍。イアンボス(韻律の一種)の創始者。作品『槍の歌』など。

**アルキン【alkyne】**一般式$C_nH_{2n-2}$で、三重結合を一つもつ不飽和鎖式炭化水素。アセチレン$CH \equiv CH$・メチルアセチレン$CH_3C \equiv CH$など。付加反応しやすい。アセチレン系炭化水素。

**アルギン-さん【アルギン酸】**コンブなどの褐藻(かっそう)類から抽出される多糖。ナトリウム塩のものは水に溶けて粘性をもつ液体になる。食品・医薬品などの粘結用添加剤、難燃性の繊維原料に利用。alginic acid

**ある・く【歩く】**(五自) ①足を動かして進む。歩行する。あゆむ。walk 用例―・いて三〇分。②行きめぐる。…してまわる。stroll 比較ありく。用例自動車であちこち―・きまわる。飲み―。

**アルクトゥルス【Arcturus】**《ギリシア語で、クマの番人、の意》うしかい座α(アルファ)星。実視光度〇・一等の橙(だいだい)色の巨星。距離約三〇光年。観測の好期は六月。

**アルクマイオン【Alkmaion】**前五世紀初めごろのギリシアの哲学者。解剖を史上はじめて行い、感覚の中枢が脳髄にあると主張した。

**アルクマン【Alkmān】**古代ギリシアの叙情詩人。前七世紀後半に活躍。スパルタにおもむき少女のための合唱詩を数多くつくった。

**アルケー【archē ギリシア】**《始原・根源、の意》ギリシア哲学の用語。イオニア学派では万物の始原、アリストテレスでは原因・原理(=前提)などの意で用いられた。

**アルゲージ【Tudor Arghezi】**(一八八〇～一九六七) ルーマニアの詩人。濃艶(のうえん)な叙情詩や評論を発表。詩集『黴(かび)の花』『人間賛歌』など。

**アルケスティス【Alkēstis ギリシア】**ギリシア神話のテッサリア王アドメトスの妃。夫の身代わりになって死ぬが、英雄ヘラクレスが冥府(めいふ)に下って現世につれもどす。Alkestis

**アルゲリッチ【Martha Argerich】**(一九四一～) アルゼンチンの女流ピアニスト。強靭(きょうじん)なテクニックをもつ主情的な表現によるショパンやシューマンに定評がある。

**アルケン【alkene】**一般式$C_nH_{2n}$で、二重結合を一つもつ不飽和鎖式炭化水素。エチレン$CH_2=CH_2$・プロピレン$CH_3CH=CH_2$など。付加反応をおこしやすい。オレフィン系炭化水素。エチレン系炭化水素。

**アルコア【Alcoa】**《Aluminum Co. of America の略》アメリカにある世界二大アルミメーカーの一つ。一九二五年設立。

**アルコール【alcohol】**①エタノール。②炭化水素の水素原子を水酸基で置換したヒドロキシ化合物R-OHの総称。無色の液体または固体。③《俗語》酒。

**アルコールいぞん-しょう【アルコール依存症】**アルコール飲料の飲用を抑えられず習慣となり、肉体的・精神的障害を生じている

▼常用漢字表外。 ▽常用漢字表の音訓外。

状態。アルコール中毒に代わる用語として世界保健機関が提唱した。alcohol dependence
**アルコール-いんりょう【アルコール飲料】** アルコールを一%以上含む飲料の総称。カクテルまで含めれば世界各地で数千種に及ぶ。酒類。alcoholic drinks
**アルコール-おんどけい【アルコール温度計】** 熱によるアルコールの膨張と収縮を利用した温度計。低温の測定に適する。alcohol thermometer
**アルコール-だっすいそこうそ【アルコール脱水素酵素】** ↓アルコールデヒドロゲナーゼ
**アルコール-ちゅうどく【アルコール中毒】** アルコール依存症の旧称。
**アルコール-デヒドロゲナーゼ【alcohol dehydrogenase】** 種々のアルコールとアルデヒドの間の酸化還元を触媒する酵素。酵母、高等動植物の肝臓などに広く分布し、アルコール発酵に関与する。アルコール脱水素酵素。
**アルコール-はっこう【アルコール発酵】** 酵母菌が糖を分解し、アルコールを生成する現象。この原理を利用し、古くから種々の酒造技術が発達してきた。alcoholic fermentation
**アルコス【René Arcos】**（一八八一〜一九五九） フランスの詩人・小説家。詩集『空間の悲劇』、小説『他人』など。
**アルゴス【Argosギリシア】** ギリシア神話で、三つまたは四つの目をもち、一説に、体中に一〇〇の目をもつともされる怪物。アルカディアを荒らすウシやサテュロスを殺す。ヘルメスの計略で殺された。Argus
**アルゴナウタイ【Argonautaiギリシア】**《アルゴ号の乗務員たち、の意》ギリシア神話で、黄金の羊皮を求めて遠洋航海に出た英雄たち。イアソン・オルフェウス・ヘラクレスなど。
**アルゴリズム【algorithm】**《アラビアの数学者アルクワリズミにちなむ》計算の手順。コンピューターなどの機械処理の手順など。
**アルコル【Alcor】** おおぐま座のζ(ゼータ)星。ミザールと二重星を構成する。昔アラビアで兵士の視力検査に用いられたという。実視光度四等。
**アルゴル【ＡＬＧＯＬ】**《algorithmic language の略》コンピューターのプログラム言語の一つ。科学技術計算用の高水準プログラム言語。ふつうの数式と記号で書かれる。ヨーロッパの学者を中心に作られた。[比較] コボル・フォートラン・ベーシック。
**アルゴル【Algol】**《アラビア語で、悪魔の星、の意。明るさを変えることから》ペルセウス座β(ベータ)星。周期二・八六七日の食変光星。距離九〇光年。
**アルゴン【argon】**《ギリシア語で、不活性、の意》希ガス元素の一つ。元素記号 Ar 原子番号一八。原子量三九・九。空気中に約〇・九三%存在。化学的に不活性。電球・真空管などの充塡(じゅうてん)用。
**アルゴンキン-ごぞく【アルゴンキン語族】** アメリカ-インディアン語族の一つ。カナダのラブラドル地方からアメリカ合衆国ノース-カロライナ州にいたる大西洋沿岸、カナダ西部におよぶ広大な地域に分布。Algonquian languages
**アルゴンヌ-きゅうりょう【アルゴンヌ丘陵】**（Forêt d'Argonne） フランス北東部、エール川上流の森林丘陵地域。標高二〇〇〜四〇〇m。
**アルザス【Alsace】** フランス北東部、ボージュ山地からライン川にかけての地域。ミュルーズのカリ塩、ストラスブールの機械工業、ボージュ丘陵のブドウ・果樹などが知られる。人口一五六・六万（一九八二）。
**アルザス-ロレーヌ【Alsace-Lorraine】** フランス北東部国境地帯。古くからの独仏係争の地。地下資源が豊富。一九四五年以後フランス領。
**あるじ【▽主・▽主▽人】** ①主人(しゅじん)。host; master ②ぬし。亭主。husband; landlord
**アルジェ【Alger】** 北アフリカ、アルジェリアの首都。肥沃(ひよく)なミチジャ平野の出口にあり、地中海に臨む天然の良港。カスバと呼ばれるアラブ人街とフランス人建設の新市街は対照的。人口一七二・二万（一九八三）。
**アルジェ-けんしょう【アルジェ憲章】**（Algiers Charter） 一九六七年、七七か国グループを中心とする発展途上国代表が決議した、一次産品産出国が先進国に対抗するための憲章。
**アルジェリア【Algeria】**（Democratic and People's Republic of Algeria） 北アフリカの地中海に臨む民主人民共和国。首都アルジェ。長年フランスの植民地であったが、紛争を経て一九六二年に独立。中南部はサハラ砂漠で、油田が多い。北部は地中海性気候で、小麦・オリーブなどを栽培。面積二三八・二万km²。人口二二四二万（一九八六）。正称アルジェリア民主人民共和国。
**あるじ-かんぱく【▽主関白】** ↓ていしゅかんぱく（亭主関白）
**あるじ-もうけ【▼饗設け】** [古語]（名・サ変自） 客をむかえて、もてなすこと・主人。[用例] その日は―したりける（伊勢・一〇一）。
**アルスター【Ulster】** ①アイルランド島北部の地方。プロテスタントのイギリス系住民の住むイギリス領北アイルランドと、カトリックのアイルランド系住民の住むアイルランド共和国領に分かれる。②《ulsterで。①の地方産の粗紡毛織物で作られたことから》防寒用オーバーコート。丈長でベルトつき。フードやケープつきのものもある。

**アルストロメリア【Alstroemeria】** ヒガンバナ科ユリズイセン属の総称。南アメリカに広く分布。園芸品種も多く、花色も黄・暗赤色・白など豊富。ユリズイセン。↓[写]

**アルス-ノバ【ars novaラテン】**《新技法、の意》一四世紀のフランス・イタリア音楽を総称する時代様式概念。

**アルスフェナミン【arsphenamine】** 最初の化学療法剤。淡黄色の粉末。梅毒・ワイル病などに有効。秦佐八郎(はたさはちろう)とドイツのエールリヒが一九〇九年に発表。商標名はサルバルサン。

**アルセーニエフ【Vladimir Klavdiyevich Arsenyev】**（一八七二〜一九三〇） ソ連の小説家。シベリア各地を探険、多くの記録文学を残した。作品『ウスリー紀行』『デルス=ウザーラ』など。

**アルゼンチン【Argentina・亜爾然丁】**（Argentine Republic） 南アメリカ南東部にある連邦制の共和国。首都ブエノスアイレス。一八一六年スペインから独立。亜熱帯気候の北部のグランチャコ、気候の温和なラプラタ川流域のパンパ、乾燥気候の南部のパタゴニアに分かれる。大農場で小麦・トウモロコシ栽培と肉類を生産。面積二七六・七万km²。人口三一〇三万（一九八六）。正称アルゼンチン共和国。

**アルダー【Kurt Alder】**（一九〇二〜一九五八） ドイツの有機化学者。ディールスとともにディールス-アルダー反応によるジエン合成に成功。一九五〇年ノーベル化学賞受賞。

**アルダーノフ【Mark Aldanov】**（一八八六〜一九五七） ロシアの小説家。論文『トルストイとロラン』、歴史小説『思索者』など。

**アルタイ【Altai】** ①シベリア南西部のソ連の州。②アルタイ山脈のこと。

**アルタイ-さんみゃく【アルタイ山脈】**（Altai） ソ連と中国、モンゴルにまたがる山脈。主峰ベルーハ山は標高四五〇六m。鉱物資源に富む。山麓(さんろく)は放牧地。

**アルタイ-しょご【アルタイ諸語】** チュルク語族・モンゴル語族・ツングース諸語を含む言語群。比較言語学上共通祖語にさかのぼる可能性が考えられているが、証明には至っていない。日本語・朝鮮語にも類型的な共通点が指摘される。Altaic
**アルタイ-ぶんか【アルタイ文化】** アルタイ山地に栄えた新石器時代から鉄器時代に至る諸文化の総称。Altaic culture
**アルタイル【Altair】**《アラビア語でワシ、の意》わし座α(アルファ)星。天の川の東に輝く七夕(たなばた)の牽牛(けんぎゅう)星（＝彦星(ひこぼし)）。実視光度〇・八等。距離約一六光年。

**ある-だけ【有る丈】** あるもの全部。あるかぎり。ありったけ。[用例] ―の力を出す。―話して聞かせる。

**アルタミラ-どうくつ【アルタミラ洞▼窟】** スペイン北部カンタブリア地方にある洞窟遺跡。旧石器時代後期の岩壁画で有名。一八七九年発見。ヤギュウ・シカ・ウマなどの姿が写実的に描かれている。Altamira ↓[写]

●アルストロメリア

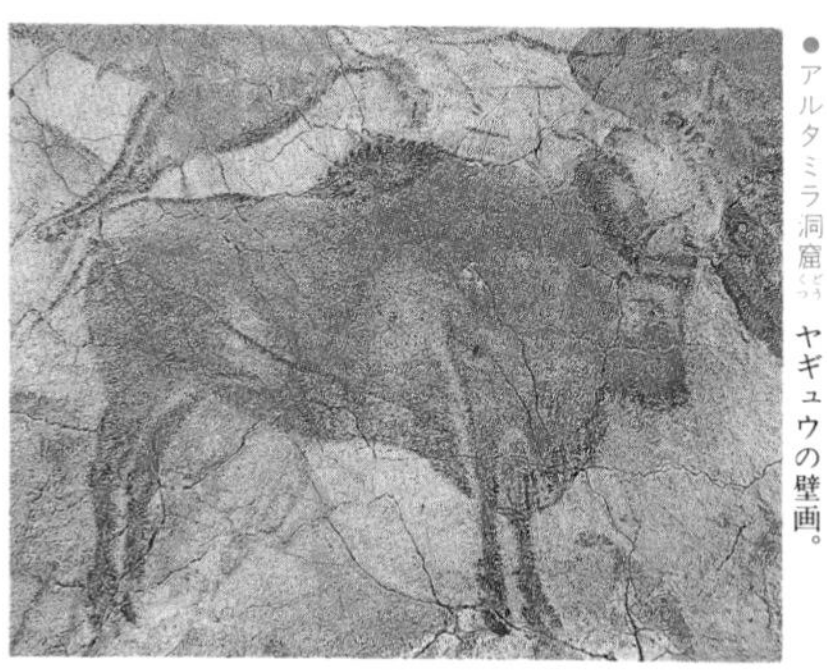
●アルタミラ洞窟(どうくつ) ヤギュウの壁画。

**アルチザン【artisanフランス】** 一般に「職人」をさす。とくに芸術家についていう場合は、「技巧はすぐれていても真の芸術的創造性に欠ける人」を批判していう。[対義] アルティスト。
**アル-ちゅう【アル中】**《「アルコール中毒」の略》アルコール依存症の旧称・俗称。alcoholic
**アルチュセール【Louis Althusser】**（一九一八〜） フランスの哲学者。エコール-ノルマル-シュペリュール教授。構造主義的マルクス主義の代表的な存在。
**アルツィバーシェフ【Mikhail Petrovich Artsybashev】**（一八七八〜一九二七） ロシアの小説家・劇作家。性愛の自由をたたえ反響をよんだ。作品『サーニン』『最後の一線』など。
**アルツハイマー-びょう【アルツハイマー病】** 老人性痴呆(ちほう)とほぼ同じ意味に使われるが、原因不明の著しい脳萎縮(いしゅく)に特徴がある。アルツハイマー型痴呆。Alzheimer disease
**アルディ【Alexandre Hardy】**（一五七〇ごろ〜一六三二ごろ） フランスの劇作家。合唱隊の廃止や筋の工夫などにより古典悲劇の基礎をつくった。
**アルティスト【artisteフランス】** 創造にたずさわる芸術家。「単なる技巧の追求でなく、明確な方法意識と批評精神をもって作品を創造する真の芸術家」をさす場合がある。[対義] アルチザン。
**アルティプラーノ-こうげん【アルティプラーノ高原】**（Alti Plano） 南アメリカ、ボリビアを中心とした、アンデス山麓(さんろく)の高原。標高は三五〇〇〜五〇〇〇mで、人の住む地域としては世界一高い。ボリビア高原。
**アルデバラン【Aldebaran】**《アラビア語で従うもの、の意》おうし座α(アルファ)星。実視光度〇・九等、距離約六〇光年。観測の好期は一月。
**アルデヒド【aldehyde】** アルデヒド基をもつ有機化合物の総称。還元性があり銀鏡反応を示す。還元するとアルコールに、酸化するとカルボン酸になる。アセトアルデヒドをさすこともある。
**アルデヒド-き【アルデヒド基】** 化学式 -CHO 炭素原子に水素原子と酸素原子が結合した原子団。還元性がある。アルデヒドの官能基。aldehyde group
**アルテミス【Artemisギリシア】** ギリシア神話で森や丘、狩猟をつかさどる弓矢の女神。ゼウスとレトの娘、兄神アポロンと双生神。月の女神セレネとも同一視され、ローマ神話ではディアナ。Artemis; Diana
**アルデンヌ-こうち【アルデンヌ高地】**（Ardennes） フランス北東部からベルギー・ルクセンブルクにかけての高原。標高六九〇m、第二次大戦の激戦地。良好な放牧地。
**アルテンベルク【Peter Altenberg】**（一八五九〜一九一九） オーストリアの小説家。作品『わたしの見るまま』『日ごとわが耳にささやくもの』など。
**アルト【altoイタリア】** 音楽で、①女声の低い音域。元来は高い音域の男声。②混成四部合唱の第二声部。③アルト音域の管楽器（クラリネット・フルートなど）。④弦楽器ビオラの別名。↓声楽[図]
**アルトゥング【Hans Hartung】**（一九〇四〜） フランスの画家。ドイツ生まれ。カンディンスキーらの影響を受け、表現主義的傾向の抽象画を描く。
**アルトー【Antonin Artaud】**（一八九六〜一九四八） フランスの詩人・演劇人。言語表現を極限まで追究した。詩集『神経の秤(はかり)』、評論『演劇とその分身』など。



↓ 行き先項目、図版・写真参照印。 [JIS] 日本工業規格情報交換用漢字符号コード(区点コード)。

**アルドース**[aldose] アルデヒド基をもつ単糖の総称。単糖やアルデヒドの性質を示す。アルドペントース・アルドヘキソースなど。

**あるとき-ばらい**【有る時払い】期限を決めずに、お金のあるときに払うこと。

**有る時払いの催促無し**(あるときばらいのさいそくなし) 有る時払いで、催促はしないこと。

**アルドステロン**[aldosterone] 副腎皮質から分泌されるホルモン。体内のナトリウムイオンの貯留とカリウムイオンの排出を促進する。

**アルドステロン-しょう**【アルドステロン症】アルドステロンの分泌過剰で起こる病気。著しい高血圧症状が特徴。コン症候群。aldosteronism

**アルトドルファー**[Albrecht Altdorfer](一四八〇ごろ‐一五三八) ドイツ-ルネサンス期の画家・版画家・建築家。ヨーロッパで最初に純粋な風景画を描いた。作品『アレクサンドロス大王の戦い』など。

**アルト-ハイデルベルク**[Alt-Heidelberg] ドイツのマイヤー=フェルスターの戯曲。一九〇一年作。王子ハインリヒの大学生活と恋愛を描く。

**アルトマン**[Hans Carl Artmann](一九二一‐) オーストリア生まれの詩人・小説家。小説『サセックスのフランケンシュタイン』など。

**ある-なし**【有る無し】あるか、ないか。ありなし。

**アルナチャル-プラデシュ**[Arunachal Pradesh] インド北東部の特別行政地域。一九七二年、辺境民族の行政と国防上のため設定された。人口六二・八万(一九八一)。

**アルニカ**[Arnica] キク科の多年草。夏に橙黄色の花をつける。古くから花と根茎を万能薬として内服、外用した。ヨーロッパ原産。アルプス高地の牧場に多く自生。

**アルニム**[Achim von Arnim](一七八一‐一八三一) ドイツ後期ロマン派の小説家(通称)。ブレンターノと共編のドイツ民謡集『少年の魔法の角笛』、長編『王冠を守るもの』など。

**アルニム**[Bettina von Arnim](一七八五‐一八五九) ドイツ後期ロマン派の女流文筆家。A=アルニムの妻。作品『ゲーテと一少女との往復書簡』など。

**ある-は**【▾或は】古語(副・接続)↓あるいは(或いは)

**アルバー**[Werner Arber](一九二九‐) スイスの分子生物学者。バクテリオファージの研究から、DNA分解酵素を発見し、分離に成功。一九七八年ノーベル生理学医学賞受賞。

**アルバータ**[Alberta] カナダ中西部、ロッキー山脈東側の州。石炭・石油・天然ガスが豊富。南部は小麦・牧草地帯。人口二三八・六万(一九八六)。

**アルバート-こ**【アルバート湖】(Lake Albert) アフリカ中東部、ザイールとウガンダの国境にある湖。面積六四〇〇km²。白ナイルの源流が発する。

**アルバイト**[Arbeitドイツ] ㊀(名) ①労働。仕事。②学問上の労作。著作。㊁(名・サ変自) 学生などの、内職。バイト。

**アルパカ**[alpacaスペイン] ①南米ペルーの高山に生息するラクダ科の毛用家畜。ラマの一種。肩高約一m。胴や首が長い。体毛の長さは四〇~六〇cm。最高級の織物の原料。②アルパカの毛を用いた織物。衣類・カーペットなどに用いる。↓写

●アルパカ①

**アルバカーキ**[Albuquerque] アメリカ、ニューメキシコ州中部の商工業都市。電子科学工業が発達。人口三三・二万(一九八〇)。

**アルバトロス**[albatross] ①アホウドリ。②ゴルフで、基準打数よりも三打少なくホールインすること。

**アルバニア**[Albania](People's Socialist Republic of Albania) バルカン半島南西部に位置し、アドリア海に臨む人民社会主義共和国。首都チラナ。一九四六年イタリアから独立。山地が多く、牧畜が中心。かつてはトルコの支配下にあったため、住民の六五%がイスラム教徒。面積二・九万km²。人口三〇二万(一九八六)。正称アルバニア人民社会主義共和国。

**アルバム**[album] ①写真帳。②記念帳。③いくつかの曲をまとめて入れたレコードなど。

**アルバレズ**[Luis Walter Alvarez](一九一一‐一九八八) アメリカの物理学者。泡箱写真の高速解析装置を開発し、多くの新しい素粒子や共鳴状態の発見に貢献したことで、一九六八年ノーベル物理学賞受賞。

**アルバレス-キンテーロ**[Álvarez Quintero] スペインの劇作家兄弟。兄Serafín(一八七一‐一九三八)、弟Joaquín(一八七三‐一九四四)。庶民の心理や情緒を軽妙な会話で描いた喜劇を合作。作品『中庭』『晴れた朝』など。

**アルハンゲリスク**[Arkhangelysk] ソ連北西部、白海に臨む港湾都市。不凍港で、一六世紀以来、貿易港として発展。重要な木材加工地。人口四一・二万(一九八六)。

**アルハンブラ**[Alhambra] スペインのグラナダにあるイスラム王国の宮殿。一三世紀に創建され一四世紀末に完成。建築・装飾ともにイスラム芸術の頂点を示す。

**アルビオン**[Albion] グレートブリテン島の古称。のちイギリスの異称または雅称。

**アル-ヒジャズ**[Al-Hijāz] ↓ヘジャズ

**アルビジョワ-は**【アルビジョワ派】(Albigeoisフランス) 一二世紀末以降、南フランスのアルビ地方に広まったキリスト教の異端派。善悪二元論に立脚、反教会・反王権主義を説き盛行。教皇の迫害と国王による討伐のため一二三〇年消滅。清浄派。カタリ派。

**アルピニア**[Alpinia] ショウガ科の観葉植物。おもにアジアの熱帯・亜熱帯に約一五〇種ある。インド原産のゲットウ、ソロモン原産のフイリゲットウが代表種。

**アルピニスト**[alpinist] 登山家。

**アルピニズム**[alpinism] 信仰や狩猟などのためではなく、山に登ることだけを目的とするスポーツとしての登山。また、そのような登山への考え方。

**アルビノ**[albino] 色素を著しく欠いて白化した動植物。多くは遺伝的に劣性。高等動物では白子という。

**アルプ**[Hans Arp](一八八七‐一九六六) フランスの彫刻家・画家。のちの名はJean。ドイツ生まれ。自然の有機体に近い、柔らかみのある抽象彫刻を制作。

**アルファ**【A・α】①ギリシア字母の最初の文字。alpha ②《転じて》最初、の意。alpha 対義 オメガ。③ある数量に付け加えて、いくらか。alpha 用例 二か月分プラス―。④野球で、最終回の表で勝敗がきまった場合、またはその裏で一点を勝ちこした場合、勝ちチームの得点に付ける記号。もとA、今はXを使う。

**アルファとオメガ**《ギリシア語の字母の最初と最後から》初めと終わり。また、すべて。全体。

**アルファ-せい**【α星】ある星座の中でもっとも明るい星。たとえば、こと座のα星はベガ(織女星、一等星)である。α star

**アルファ-せん**【α線】ヘリウムの原子核の流れ。放射線の一種。電離作用や感光作用を示す。α ray

**アル-ファタ**[al-Fat'hアラビア] ↓ファタハ

**アルファ-でんぷん**【α▾澱粉】生のでんぷん(βでんぷん)を水と七〇℃以上に加温、糊化させ結晶部分をなくしたもの。冷水にも溶ける。放置すると徐々にベータ化する。食用。α starch

**アルファベット**[alphabet]《ギリシア文字の第一字アルファ(α)と二番目のベータ(β)から》①ギリシア文字を基礎とした表音文字の字母表。ローマ字・キリル文字などがある。ふつう、ABCD…という一定の順に配列した二六のローマ字をいう。②《転じて》初歩。いろは。

**アルファ-ヘリックス**[α-helix] ↓アルファらせん(α螺旋)

**アルファ-ほうかい**【α崩壊】原子核がα粒子を放出して他の原子核に転換する現象。α decay

**アルファ-まい**【α米】米に水と熱を与えてαでんぷんをつくり、水分を八%まで急速にとり除いたもの。湯か水で復元し、短時間加熱して食べる。アルファ化米。

**アルファ-らせん**【α▾螺旋】たんぱく質やポリペプチド鎖のとる二次構造の一つ。アミノ酸がらせん状に巻いていく構造で、天然ではすべて右巻きとなる。水素結合で支えられる。アルファヘリックス。α helix

**アルファ-りゅうし**【α粒子】ヘリウムの原子核。ラジウムなどの放射性元素の崩壊のさいにα線として放出される。二個の陽子と二個の中性子とからなる。α particle 参照 α線。

**アルファルファ**[alfalfa] マメ科の多年草。古くからの飼料植物。もやしを食用とする。中央アジア原産。ムラサキウマゴヤシ。ルーサン。

**アルフィエーリ**[Vittorio Alfieri](一七四九‐一八〇三) イタリア近代屈指の悲劇詩人。個人の自由尊厳を求めて外国の圧力に倒れる主人公を描く。悲劇『サウル』『ミツラ』、『自叙伝』など。

**アルブーゾフ**[Aleksey Nikolayevich Arbuzov](一九〇八‐一九八六) ソ連の劇作家。演劇界の「雪どけ」の中心となる。作品『ターニャ』『イルクーツク物語』『わが哀れなマラート』など。

**アルプス**[Alps] ①南ヨーロッパの山脈。ドイツ名、アルペン。フランス名、アルプ。アルプス山脈。②日本アルプス。

**アルプス-さんみゃく**【アルプス山脈】(Alps) フランス・イタリア・スイス・オーストリアにまたがり、中央・南ヨーロッパの境をなす山脈。最高峰モンブランは標高四八〇七m。カール・U字谷・階段谷など特徴的な氷河地形が多い。

**アルプス-ぞうざんうんどう**【アルプス造山運動】中生代末期から新生代にかけて起きた造山運動。アルプス・ヒマラヤ・ロッキー・アンデスなどの大山脈はこの時代に形成された。Alpine orogeny

**アルプス-ヒマラヤ-ぞうざんたい**【アルプス-ヒマラヤ造山帯】(Alps-Himalaya) ユーラシア大陸の南限に、けわしい山脈によって構成される大造山帯。ピレネー・アルプス・ヒマラヤなど。

**アルプホルン**[Alphornドイツ] 原始的な管楽器。アルプス地方の伝統的な牧畜用信号ホルンで、郷土色豊かな楽器。直型と巻き型がある。アルペンホルン。

**アルブミン**[albumin] 生体細胞や体液中に広く含まれている一群の単純たんぱく質。水・希酸・アルカリに溶け、熱・アルコールにより凝固する。卵白・血清・乳などに含まれる。

**アルフレッド**[Alfred](八四九‐八九九) イギリス、ウェセックス王国の王(在位八七一‐八九九)。デーン人の侵入を撃退。行政を整備、法典・年代記の編纂、ラテン語古典の英訳など学芸・文化奨励に寄与。大王と称された。

**アルヘイ-とう**【有平糖】《砂糖菓子を意味するalfeloaポルトガルの転》一七世紀にオランダから渡来したあめ菓子。砂糖蜜に水あめを加えてつくる。飾り菓子などのあめ細工に用いる。梅干しあめなど。あるへい。toffee

**アルヘイ-ぼう**【有平棒】《「アルヘイ糖」に似ているので》理髪店の看板に用いる、赤白青の、らせん模様の棒。

**アルベーン**[Hannes Olof Gosta Alfvan](一九〇八‐) スウェーデンの物理学者。プラズマおよび宇宙物理を研究し、電磁流体力学の基礎づけと多くの分野への応用で、一九七〇年ノーベル物理学賞受賞。

**ある-べき**【有るべき】(連体) あるはずの。あっていい。そうあるのが当然の。用例 ―姿。

**アルペッジョ**[arpeggioイタリア]《ハープのように弾く、の意》音楽で、和音を同時にでなく順次に速く弾くこと。分散和音。

**アルベド**[albedo] 天体表面の反射率。表面の状態や物質の種類を推定する手がかりを与える。地球〇・四、月〇・〇七、ハレー彗星〇・〇四。反射能。

**アルベニス**[Isaac Manuel Francisco Albéniz](一八六〇‐一九〇九) スペインの作曲家・ピアニスト。スペイン国民音楽の国際化に寄与した。作品『スペイン組曲』、組曲『イベリア』など。

**アルベル**[Werner Arber] ↓アルバー

**アルベルティ**[Rafael Alberti](一九〇二‐) スペインの詩人・劇作家。ロルカと並んでネオロマン派を代表。詩集『陸の舟人』『天使たち』など。

**アルベルトゥス-マグヌス**[Albertus Magnus](一二〇〇ごろ‐一二八〇) ドイツのスコラ哲学者・神学者。アリストテレス哲学のキリスト教への応用を初めて説き、トマス=アクィナスに影響を与えた。

**アルペン**[Alpenドイツ] ①↓アルプス。②高い山々。③アルペン競技。

**アルペン-きょうぎ**【アルペン競技】アルプス諸国で発達したスキー競技の総称。スピードを競うことが主体で、滑降・回転・大回転・スーパー大回転競技などの種目がある。アルペン種目。Alpine events 比較 ノルディック

競技。

**アルペン-しゅもく【アルペン種目】** ↓アルペンきょうぎ(アルペン競技)

**アルヘンティーナ【La Argentina】**(一八九〇〜一九三六) スペインの女流舞踊家。「カスタネットの女王」と呼ばれた名手。スペイン舞踊の世界的な普及に貢献。

**アルヘンティニタ【La Argentinita】**(一八九八〜一九四五) スペインの女流舞踊家。アルゼンチン生まれ。

**アルペンホルン【Alpenhorn(ドイツ)】** ↓アルプホルン

**アルボー【Thoinot Arbeau】**(一五一九〜九五) フランスの舞踊研究家。著書『オルケゾグラフィー』(＝舞踊記譜術)はバレエ史上の重要な文献。

**アルボース【Arbos(ドイツ)】** 薄黄色の消毒剤。

**アルマ-アタ【Alma-Ata】** ソ連中南部、カザフ共和国の首都。オアシスにあり、農業・果樹栽培の中心で農産物加工業がさかん。人口一〇八・八万(一九八六)。旧称ベールヌイ。

**アルマイト【alumite】** アルミニウムの表面に酸化アルミニウムの被膜をつけた製品の商標名。アルミニウムを陽極として、蓚酸溶液中で電解し、耐食性の被膜をつける。やかん・洗面器などに利用。

**アルマゲスト【Almagest】** プトレマイオスがギリシアの天文説を集大成した書物。コペルニクスの地動説が出される一六世紀まで天動説の権威書。一四〇年ごろにできた。

**ある-まじき【有るまじき】**(連体) あってはならない。不都合な。用例 政治家として—行為。

**アルマジロ【armadillo】** 体の背側を硬い甲でおおわれたアルマジロ科の動物の総称。約二〇種あり、体長一二〜一〇〇cm。腹側には毛が生えていて危険時には球状に丸まる。主食は昆虫・ミミズ・腐肉など。南北両アメリカに分布。↓写

●アルマジロ

**アルマダ【Armada(スペイン)】** ↓むてきかんたい「(無敵艦隊)」

**アル-マディーナ【Al-Madina】** ↓メディナ

**アルマニャック【Armagnac】** ①フランス南西部、ピレネー山麓の旧アルマニャック伯爵領地。丘陵地。ブランデーの産地として有名。②①で作られるブランデー。品質はコニャックに並ぶ。アルコール分五二%。

**アルマンド【allemande(フランス)】** ドイツ風、舞踊または舞曲。一四〜一六世紀にヨーロッパの宮廷で流行。中位の速さの四分の二拍子。古典組曲の第一楽章に取り入れられた。

**アルミ** 「アルミニウム」の略。

**アルミ-サッシ** 《aluminium sashから》アルミニウム製の窓枠・窓框。軽量で耐食性があり、気密性・水密性にすぐれる。アルミサッシュ。

**アルミナ【alumina】** 酸化アルミニウム。工業で多く用いられる語。

**アルミナ-セメント【aluminous cement】** 酸化アルミニウムを主成分とするセメント。高アルミナ質の原料と石灰石の粉末を溶融してつくる。硬化が速く、耐火性がある。溶融セメント。

**アルミニウム【aluminum(米); aluminium(英)】** 金属元素。記号Al 原子番号一三。原子量二七・〇。比重二・七〇。軽く、腐食に強く、加工しやすい。鉄について広い用途をもつ。原料はボーキサイト。アルミ。

**アルミニウム-ごうきん【アルミニウム合金】** アルミニウムを主成分とする合金。用途により種々のものがあり、軽く、耐食性・耐熱性などにすぐれる。シルミン・ジュラルミンなど。aluminum alloy

**アルミ-はく【アルミ▼箔】** アルミニウムを薄くのばしたもの。耐食性にすぐれ、無害。包装材料・断熱材として広く利用。アルミホイル。aluminum foil

**アルムクビスト【Carl Jonas Love Almqvist】**(一七九三〜一八六六) スウェーデンの小説家。多彩な傑作を残した。作品『アモリーナ』『女王の首飾り』など。

**アルメイダ【Fialho de Almeida】**(一八五七〜一九一一) ポルトガルの小説家。短編小説の名手。作品『葡萄の国』『悪徳の町』など。

**アルメイダ【Luis de Almeida】**(一五二五〜八三) ポルトガル貴族出身のイエズス会士・外科医。天文二一年(一五五二)来日。九州・関西で布教に従事。豊後(現在の大分県)に育児院・病院を開設、南蛮外科を伝えた。天草で没。

**アルメニア【Armenia】** コロンビア中部、アンデス山中、標高一五〇〇mにある都市。コーヒー・砂糖などの集散加工地。人口一八・七万(一九八五)。

**アルメニア-きょうかい【アルメニア教会】** キリスト教東方教会の一つ。四世紀初頭、最古の国教会としてアルメニアに成立。キリスト単性論に立つ民族的結合の強い教会。Armenian Church

**アルメニア-きょうわこく【アルメニア共和国】**(Armeniya SSR) ソビエト連邦を構成する共和国の一つ。首都エレバン。カフカス山脈の南にあり、国土の九〇%が標高一〇〇〇m以上の山地。綿花・果樹栽培・食品工業などがさかん。特産ブランデーは有名。面積三万km²、人口三三六・二万(一九八六)。正称アルメニアソビエト社会主義共和国。

**アルメリア【armeria】** イソマツ科の多年草。花壇などで栽培。高さ一五〜二〇cm。松葉状の細葉を群生し、春に桃色の小花を球状につける。ハマカンザシ。↓写

●アルメリア

**アルメリア【Almeria】** スペイン中南部、地中海岸の港湾都市。ムーア人の城が残る。人口一四・一万(一九八一)。

**アルモリカン-さんち【アルモリカン山地】**(Armorica) フランス西部、ノルマンディーからブルターニュにかけての丘陵状山地。標高一〇四m。

**アルラン【Marcel Arland】**(一八九九〜一九八六) フランスの小説家・評論家。第一次大戦後の不安の世代を代表。小説『秩序』『モニック』など。

**アルル【Arles】** フランス南部、ローヌ川下流左岸にある古都。古代ローマ式の円形劇場やサントロフィン聖堂などの遺跡がある。人口五・一万(一九八二)。

**アルルのおんな【アルルの女】**《原題L'Arlésienne(フランス)》①ドーデ作の戯曲。三幕。一八七二年作。②一八七二年ビゼーが戯曲の付随音楽二七曲を作曲。二つの管弦楽曲用組曲が有名。

**アルレッティ【Arletty】**(一八九八〜) フランスの映画女優。本名レオニー＝バティア。主演作『北ホテル』『天井桟敷の人々』など。

**アルント【Ernst Moritz Arndt】**(一七六九〜一八六〇) ドイツの詩人・歴史家。ナポレオンに抗して愛国詩や政治論文で国民を激励。ドイツ統一を唱えた。著書『時代の精神』など。

**あれ【荒れ】** ①荒れること。②暴風雨。③皮膚が乾燥してきめがあらくなること。用例 肌の—を防ぐ。

**あれ【▽我・▼吾】** 古語(代) われ。私。用例 旅行く—は見つつしのはむ(万葉・二〇・四三二七)。

**あれ【▽彼】**(代) ①《自分からも相手からも離れた事物・人・時間を指し示す語》あの物・人・所。対義 それ・これ。用例 —は何だろうね。②時や所をはっきり言わない語。用例 —きり来ない。③第三者を言う語。用例 —は結婚しましたよ。

**あれ**(感) 驚いたり、不思議に思ったときに発する語。あれえ。

**あれ-あれ**(感) 《「あれ」を重ねた語》驚いたり、あきれたときに発する語。

**あ-れい【亜鈴】** ↓ダンベル

**アレイクサンドレ【Vicente Aleixandre】**(一八九八〜一九八四) スペインの詩人。超現実主義の手法で内面を吐露。一九七七年ノーベル文学賞受賞。作品『破壊あるいは愛』『楽園の影』など。

**アレウト-ぞく【アレウト族】** アリューシャン(＝アレウト)列島やアラスカ西部の原住民。文化的には、アラスカ・カナダのインディアンとエスキモーの影響が強い。Aleuts

**アレウト-れっとう【アレウト列島】**(Aleut Islands) アリューシャン列島の別称。

**あれ-かし【有れかし】**(連語) あってくれ。あって欲しい。

「きてくれ。事有れかし(ことあれかし)《期待して言う》事件が起

**アレカ-やし【アレカ▼椰子】** マダガスカル原産の株立ち性のヤシ。高さ一〜一・五m。数本の幹が出て、葉は六〜一〇枚。鉢植えにして観賞する。areca palm

**アレキーパ【Arequipa】** ペルー南部、標高二三七〇mの高地にある商工業都市。インカ時代の都市で、一五四〇年に再建。毛織物・皮革・プラスチック工業が行われる。人口四四・七万(一九八一)。

**アレキサンダー【Alexander】** アレクサンドロス(大王)の英語名。

**アレキサンドライト【alexandrite】** 金緑石の一種。太陽の自然光の白色光線では緑色に、電灯などの人工光線では赤く見える宝石鉱物。

**アレキサンドリア【Alexandria】** エジプト北部、地中海に面した商工業都市。同国第一の貿易港。紀元前四世紀、アレクサンドロス大王が建設。観光・保養地としても有名。人口二三一・九万(一九七六)。

**アレクサンダー-しょとう【アレクサンダー諸島】**(Alexander Archipelago) アメリカ、アラスカ州南東岸の諸島。一〇〇〇以上の小島からなる。中心地はバラノフ島のシトカ。

**アレクサンダーズ-ラグタイム-バンド【Alexander's Ragtime Band】** アービング＝バーリンが一九一一年に作詞・作曲したリズミックな歌。

**アレクサンドラ-とりばねあげは【アレクサンドラ鳥羽揚羽▼蝶】** 世界最大のチョウ。アゲハチョウの一種。雌は開張約二八cmで、黒褐色が基調。雄は雌より小さく、緑色の地に黒斑がある。大形で美麗なトリバネアゲハ類はニューギニアとその周辺に多い。名は、密林の上を鳥のように飛び回るのに由来。Alexandra bird wing butterfly

**アレクサンドラン【alexandrin(フランス)】** フランスの代表的詩形。一二音綴。古詩『アレクサンドル物語』の詩形に由来し、一六世紀に復興され、一七世紀古典悲劇作家たちが愛用。

**アレクサンドル〈一世〉【Aleksandr I】**(一七七七〜一八二五) ロシア皇帝(在位一八〇一〜二五)。ナポレオン一世のロシア遠征を撃退。ウィーン会議参加後は神聖同盟を主唱し、内外の自由主義運動を抑圧。

**アレクサンドル〈二世〉【Aleksandr II】**(一八一八〜八一) ロシア皇帝(在位一八五五〜八一)。クリミア戦争中に即位。敗戦後、農奴解放などの自由主義的政策を断行。ポーランドの反乱を鎮圧後反動化し、革命勢力を弾圧、ナロードニキにより暗殺された。

**アレクサンドル〈三世〉【Aleksandr III】**(一八四五〜九四) ロシア皇帝(在位一八八一〜九四)。警察力の増強、地方自治の制限など反動政策を推進。

**アレクサンドル-ネフスキー【Aleksandr Nevsky】**(一二二〇〜六三) ロシアの大公。一二四〇年スウェーデン軍をネバ川に、四二年ドイツ騎士団軍をチュード湖の氷上で撃破し、国民的英雄とされた。

**アレクサンドロス【Alexandros】**(BC三五六〜BC三二三) マケドニア王(在位BC三三六〜BC三二三)。フィリッポス二世の子。アリストテレスに師事。離反ギリシア諸市を制圧。前三三一年ガウガメラの戦いに勝ちペルシアを征服。さらに東征してインド北西部にまで進攻、アレキサンドリアと命名した都市を各地に建設した。東西文化の交流、ヘレニズム発展に大きく貢献。大王と称せられる。アレキサンダー。↓写

●アレクサンドロス　ナポリ考古学博物館(イタリア)。

**あれ-くる・う【荒(れ)狂う】**(五自) ひどく荒れる。rage; become furious

**アレグレット【allegretto(イタリア)】** 《音楽で、速さを示す語》やや早く、の意。アンダンテとアレグロの間の速度。

**アレグロ【allegro(イタリア)】** 《音楽で、速さを示す語》愉快に・楽しく、の意。「速く」の指示。

**アレゴリー【allegory】** たとえ話。寓意。風諭。

**あれ-これ【▽彼・▼此・▽彼▽是】**(代・副) あれやこれや。いろいろ。one thing or another

**あれ-しき【▽彼式】** あの程度。あれぐらい。用例 ―のことでへこたれるな。

**アレシボ-でんぱかんそくじょ【アレシボ電波観測所】** プエルトリコにある直径三〇〇mの固定球面アンテナをもつ観測所。惑星のレーダー観測などで有名。Arecibo Observatory

**あれ-しょう【荒れ性】** 脂肪が少なくて、冬などに皮膚の荒れやすい性質。dry skin 対義 脂性。

**アレス【Arēs ギリシア】** ギリシア神話の軍神。ゼウスとヘラの子。争いの種エリスを従え、戦争を楽しむ。ローマ神話のマルス。Mars

**あれ-ち【荒れ地】** ㊀①たがやさないために荒れている土地。wasteland ②耕作に適さない土地。不毛地。barren land ㊁《荒地。原題 The Waste Land》T=S=エリオットの長詩。一九二二年発表。二〇世紀の文学的実験を代表する詩で、第一次大戦後の荒廃した精神風土を重層的に表現。

**あれちしじゅう【荒地詩集】** 鮎川信夫らの『荒地』同人による年刊詩集。昭和二六年(一九五一)版より全八冊。戦後詩の出発点の一つを形成した。

**あれち-のぎく【荒地野菊】** キク科の二年草。道ばたなどにはえる。高さ約五〇cm。全体に灰白色の毛をもち、四〜五月に、黄白色の頭花をつける。帰化植物。南米原産。↓写

●アレチノギク オオアレチノギク

**アレッチホルン【Aletschhorn】** スイス南部、ベルンアルプスの第二峰。標高四一九五m。アルプス最大のアレッチ氷河で有名。

**アレッポ【Aleppo】** シリア北西部、地中海沿岸の同国第一の商工業都市。古くから貿易の中継地点として繁栄、遺跡も多い。現在は教育・文化の中心地。人口九七・七万(一八一九)。

**アレティーノ【Pietro Aretino】**(一四九二〜一五五六) イタリアの詩人・文学者。聖職者や王侯貴族など権力の亡者を風刺・批判した。作品『ラジョナメンティ』(のち『六日物語』)など。

**アレテー【aretē ギリシア】**《ものにそなわっている卓越性、の意》ギリシア哲学で、知恵・節制・勇気・正義などの徳性・徳目の意で用いる。

**アレニウス【Svante August Arrhenius】**(一八五九〜一九二七) スウェーデンの化学者。オストワルトらと物理化学の分野をひらいた。電解質は水に溶けてイオンを形成するという電離説をたてた。一九〇三年ノーベル化学賞受賞。

**アレニウス-の-しき【アレニウスの式】** アレニウスが提出した反応速度と温度に関する実験式。一部の高速反応を除く化学反応や拡散などの輸送現象に適用される。Arrhenius' equation

**あれ-の【荒れ野】** ↓あらの(荒野)

**あれ-はだ【荒れ肌・荒れ▽膚】** 脂肪が少ないため、かさかさに荒れている肌。rough skin

**あれ-は・てる【荒(れ)果てる】**(下一自) すっかり荒れてしまう。be desolated

**あれ-ほど【▽彼程】**(副) あのように。あれぐらい。so; so much

**あれ-ま・す【▽生れ▼坐す】** 古語 (連語)《「生る」の連用形に補助動詞「ます」が付いたもの》出現なさる。お生まれになる。用例 ―・さむ御子のつぎつぎ(万葉・六・一〇四七)。

**アレマン【Mateo Alemán】**(一五四七〜一六一四ごろ) スペインの小説家。社会の暗黒面をピカレスク小説の形式で描出。作品『グスマン=デ=アルファラーチェ伝』。

**あれ-もよう【荒れ模様】** ①天気が荒れてきそうなようす。stormy 用例 山は―だ。②人の機嫌や状況が悪くなりそうなようす。cross as two sticks 用例 試合は―になってきた。

**あれよ-あれよ**(感) 意外さに驚いて、われを忘れるさまを言うことば。in an instant 用例 ―という間に終わる。

**あれ-ら【▽彼▽等】**(代) かれら。あの者ども。they

**あ・れる【荒れる】**(下一自) ①あらくなる。みだれる。become rough 用例 会議が―。②《「暴れる」とも》あばれる。乱暴する。behave violently 用例 酔って―。③さびれる。荒廃する。be devastated 用例 田畑が―。家が―。④天候などがひどくなる。become stormy 用例 台風が―。海が―。⑤脂肪がへって、皮膚がざらざらしてくる。用例 肌が―。⑥文章や絵の書き方が雑になる。become rough 用例 筆が―。

**アレルギー【allergy】** 免疫反応によって起こる種々の現象のうち、生体に病的に働くもの。原因となる物質を、アレルゲン(抗原)という。

**アレルギーせい-びえん【アレルギー性鼻炎】** ↓はなアレルギー(鼻アレルギー)

**アレロパシー【allelopathy】** ↓たかんさよう(他感作用)

**アレンカール【José de Alencar】**(一八二九〜一八七七) ブラジルの政治家・小説家。国民文学の確立をめざし、原住民を主題とする。作品『グアラニー』など。

**アレンジ【arrange】**(名・サ変他) ①並べること。整理。②手はずを整えること。③ピアノのための曲を管弦楽にしたり、バイオリンの曲をジャズに変えたりすること。編曲。

**あろうこと-か【有ろう事か】**(連語)《あってよい事か、の意》とんでもないことだ。けしからんことだ。なんということか。

**アロエ【aloe】** ユリ科の多年生多肉植物。葉は剣状で、縁にとげがある。葉・茎をしぼったエキスは下剤・健胃薬のほか、外傷薬にされる。観賞用などに栽培。ロカイ。↓写

●アロエ

**アロー【Kenneth Joseph Arrow】**(一九二一〜) アメリカの経済・統計学者。ハーバード大教授。均衡理論を数学的に解明し、また新厚生経済学の樹立に貢献した。一九七二年ノーベル経済学賞受賞。著書『一般均衡分析』など。

**アローカリア【araucaria】** ナンヨウスギ科の針葉樹。温室・室内植物として鉢植えにされる。オーストラリア・南アメリカ原産。ナンヨウスギ、ブラジルマツなど。↓写

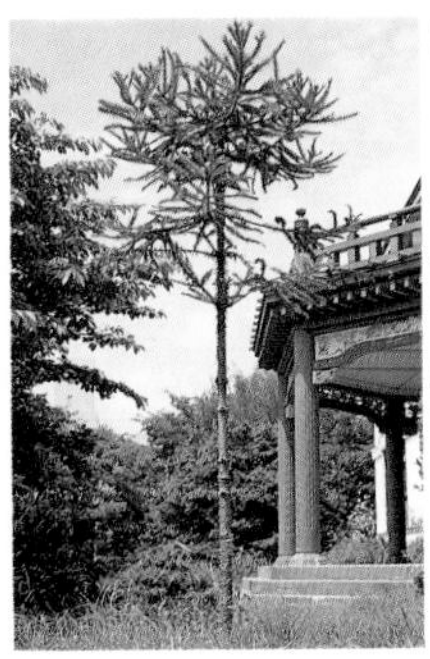

●アローカリア ブラジルマツ

**アローごう-じけん【アロー号事件】**《「アロー」はArrow》一八五六年、イギリス国旗を掲げたアロー号に対する清朝官憲の臨検と国旗侮辱問題を発端とする、清朝とイギリス・フランス間の戦争。両国軍は北京に入城、六〇年北京条約を締結。アロー戦争。

**アロー-ヘッド-ステッチ【arrowhead stitch】**《「アローヘッド」は矢じり、の意》色糸刺繍方法の一つ。二つのストレートステッチを組み合わせて矢羽根形を形成する。また、多数用いて面刺しにもする。

**アロカシア【Alocasia】** サトイモ科の観葉植物。猛毒のクワズイモ、葉の美しいコウライダコやテイオウハイモなどがある。中南米・東南アジア原産。

**アロサウルス【Allosaurus ラテン】** ジュラ紀後期の北アメリカにいた肉食恐竜。全長約一〇m、尾の長さがその半分、推定体重約二t。二脚歩行性で、前肢は小さい。四肢には鋭い爪をもち、大きな口には鋭い歯を備え、獲物を捕食するのに役立つ。

**アロステリック-こうか【アロステリック効果】** 酵素の活性が、その酵素の基質と立体構造に類似性のない物質によって、強められたり弱められたりする現象。allosteric effect

**アロハ【Aloha ハワイ】**《ハワイでの日常のあいさつ語》㊀(感) こんにちは。ようこそ。さようなら。㊁(名)「アロハシャツ」の略。

**アロハ-オエ【Aloha Oe ハワイ】**《さらば君よ、の意》ハワイ民謡。別れの歌。ハワイ王国最後の女王リリウオカラニ作とされる。

**アロハ-シャツ【aloha shirt】** ハワイから流行した派手なプリント模様の半袖シャツ。ふつう裾をズボンの外に出して着る。

**アロフェン【allophane】** 粘土鉱物。非晶質で、アルミニウム分が高く、燐酸と結合しやすい。アロフェンを多く含む火山灰土では、植物は燐酸が欠乏しやすい。

**アロワナ【arowana】** オステオグロッサム科の大形の淡水産熱帯魚。五種あり、全長約一mに達する。いずれもよく似た体形をしていて、背側がほとんど直線的な鉈形で、下顎が先端に一対の口ひげがあるのが特徴。アマゾンに二種、ナイルに一種、東南アジアに二種が分布。↓写

●アロワナ

**アロン【Aaron】** 旧約聖書『出エジプト記』中の人物。モーセの兄で、その協力者・代弁者でもあった大祭司。

**アロンソ【Dámaso Alonso】**(一八九八〜) スペインの詩人・批評家。詩学研究にすぐれる。評論『スペイン詩』、詩集『怒りの子ら』など。

**あわ【泡・▼沫】** 液体の膜が気体を包んで、小さく丸くふくれたもの。あぶく。bubble; foam

**泡を食う**(あわをくう) おどろき、あわてる。become confused

**泡を吹かせる**(あわをふかせる) 人を、おどろきあわてさせる。give a person a fit

**あわ【▼粟】** イネ科の一年草。古くから栽培された五穀の一つ。高さ約一m。子実は卵球形で、穀類中、最小。むくと黄色。生育期間が短い。収穫期によってナツアワ・アキアワなどの品種がある。菓子・焼酎の原料のほか鳥の飼料。インド原産。foxtail millet ↓写

●アワ

**あわ【▽安▽房】** ↓あわのくに(安房国)

**あわ【▼阿波】** ↓あわのくに(阿波国)

**あわ【▼阿波】**〈町〉 徳島県北部、吉野川中流の町。農業のほか軽工業もある。奇勝、土柱がある。人口一万四四五九(一九八八)。

**アワー【hour】** 時間。時刻。用例 ラッシュ―。

**あわあわ-し・い【淡淡しい】**(形) いかにも淡い感じである。色などがうすく消えやすい感じである。ほのかである。

**あわい【▽間】** ①あいだ。すきま。②あいだがら。交際。

**あわ・い【淡い】**(形) ①色・味などがうすい。light; plain 対義 濃い。②かすかである。faint 用例 ―光。③感情の程度が軽い。faint 用例 ―希望。―恋心。派生 あわさ(名)

**あわ-うみ【淡海】**《淡水の海、の意》みずうみ。対義 潮海。

**あわ-おこし【▼粟▼粔▼籹】** 駄菓子の一つ。糯粟を蒸してから煎り、飴で固めたもの。原料に米を用いたものも多い。

**あわ-おどり【▼阿波踊(り)】** 徳島県徳島市とその周辺で行われる盆踊り。盆の八月一二日から一五日に、「よしこの節」の歌と急調な囃子にのって、集団でにぎやかに踊り歩く。↓写

**あわ-がえり【▼粟▽還】** イネ科の一年草。日あたりのよい原野などにはえる。茎は叢生し、高さ約五〇cm。葉は線形。五〜六月に柱状花序をつける。小穂は密生し、黄緑色。

**あわ-こがねぎく【泡黄金菊】** キク科の多年草。山地にはえる。高さ一〜一・五m。秋に黄色の小頭花を泡の集合した感じで茎の先端に

▼常用漢字表外。 ▽常用漢字表の音訓外。

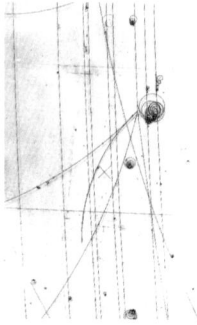

●阿波踊り　徳島市。

密生。キクタニギク。

**あわ-ごけ**【▼粟▼苔】アワゴケ科の一年草。庭園の湿った地などに生育する。高さ三〜四cm。対生の葉、緑白色の花ともごく小さい。

**あわざ-がらす**【▼阿波座▼烏】①大坂の阿波座(現在の大阪市西区新町の北部)にあった下級の遊郭へひやかしに行く客。②近世、大坂にあった人形芝居の阿波座のなじみ客。

**あわさ・る**【合(わ)さる】(五自)①二つの物がぴったりと付く。fit; meet ②自然に、くっついた状態になる。fit; meet ③二つの物がうまく調和する。match

**あわ・し**【淡し】古語(形ク)↓あわい(淡い)

**あわじ**【淡路】↓あわじのくに(淡路国)

**あわじ**【淡路】〈町〉兵庫県、淡路島北端の町。島の北の玄関口で、漁業・観光の町。人口八五四三(一九八八)。

**あわじ-しま**【淡路島】兵庫県南部、瀬戸内海東端の島。中心は洲本市。面積五九二・九km²。草花・タマネギ・ミカン・ビワの栽培、酪農がさかん。本四連絡橋の明石鳴門ルートが通る。淡路人形浄瑠璃が有名。

**あわじ-にんぎょう**【淡路人形】兵庫県淡路島に残る人形芝居。三人遣いで義太夫節に合わせる点で文楽に酷似。古曲が豊富で演出が昔風。淡路芝居。淡路浄瑠璃。

**あわじ-の-くに**【淡路国】《都から阿波国への通路、の意》旧国名。現在の兵庫県淡路島。南海道の一国。「延喜式」では下国。二郡。国府・国分寺はともに三原郡三原町。明治四年(一八七一)廃藩置県により兵庫・徳島二県に分割所属。同九年(一八七六)全島兵庫県に編入。淡州。淡路。

**あわしまうら**【▼粟島浦】〈村〉新潟県、日本海の離島、粟島からなる村。タイなどの漁業が中心。人口五三四(一九八八)。

**あわしま-じんじゃ**【淡島神社】和歌山市加太にある旧郷社。祭神は少彦名命・神功皇后。婦人病に霊験ありとする。旧称は加太神社。淡島明神。淡島さま。

**あわ-じんじゃ**【▽安▽房神社】千葉県館山市大神宮にある旧官幣大社。祭神は天太玉命ほか二柱。殖産・技芸の守護神。安房国の一の宮。

**あわ・す**【合わす】(五他)↓あわせる(合わせる)

**あわ・す**【淡す・▼醂す】(五他)柿のしぶをぬく。さわす。

**あわせ**【合(わ)せ】①合わせること。用例顔―。②二つ以上のものを比べて、優劣を競うこと。用例歌―。③飯にとり合わせるもの。おかず。

**あわせ**【▼袷】《「袷仕立て」の略》裏つきの和服の総称。秋口から春先まで着る。対義単。

**あわせ-かがみ**【合(わ)せ鏡】二つの鏡をうつし合わせ、横や後ろ姿を見ること。また、そのための鏡。共鏡。↓写

●合わせ鏡　喜多川歌麿『高島おひさ』より。

**あわせ-ガラス**【合(わ)せガラス】強化ガラスの一種。二枚のガラスの間に合成樹脂の膜をはさんで製造する。破損しても破片が飛び散らず、自動車などに利用される。

**あわせ-こう**【合(わ)せ香】香の薫き物で、練り香のこと。沈香・白檀・丁字・麝香・竜脳など数種の香料を調合したもの。平安朝のころから用いられた。

**あわせ-じょうゆ**【合(わ)せ▼醬油】調味料の一つ。しょうゆに、だし汁・ポン酢・酒・みりんなどを混ぜたもの。なべ物・浸し物・食品の下味付け用。

**あわせ-ず**【合(わ)せ酢】酢を基本に、各種の調味料を合わせたもの。二杯酢・三杯酢など。

**あわせ-て**【合(わ)せて・併せて】(副)つけ加えて。それとともに。at the same time 用例―健康を祈る。

**あわせ-ど**【合(わ)せ▼砥】①かみそりなどを研ぐとき、仕上げに用いる砥石。②砥石の表面を平らにし、あぶらけを除くためにすりあわせる粘板岩の小片。

**あわせ-ばおり**【▼袷羽織】裏の付いた羽織。

**あわせ-みそ**【合(わ)せ味▼噌】二、三種類のみそを混ぜ合わせたもの。みそ汁に用いる。

**あわせ-め**【合(わ)せ目】合わせた所・部分。joint

**あわせ-も・つ**【合(わ)せ持つ・併せ持つ】(五他)異なった性質などを同時にもつ。兼ね備える。combine

**あわせ-もの**【合(わ)せ物】①合わせた物。②合奏。③同種のものを持ち寄って、その優劣を判定する遊び。香合わせ・菊合わせなど。

**合わせ物は離れ物**(あわせものははなれもの)くっつけたものは離れやすい。男女の離合などに言う。

**あわせ-もり**【合(わ)せ盛り】数種の料理を一つの器に盛ったもの。

**あわ・せる**【会(わ)せる・▼逢(わ)せる】(下一他)面会させる。対面させる。let a person meet 用例二人を別室で―・せた。

**あわ・せる**【合(わ)せる】(下一他)＝合わす。①一つにする。put…together 用例手を―。心を―。力を―。②合計する。sum up 用例三と五を―。③適合させる。adjust; set 用例調子を―。④正しいものに合致させる。check 用例答えを―。眼鏡の度を―。⑤合奏する。play in concert 用例琴と尺八を―。⑥調合する。用例薬を―。⑦相撲で、行司が両力士に仕切りをさせる。用例行司は…。立ち合いの呼吸を―。⑧結婚させる。めあわせる。

**合わせる顔が無い**(あわせるかおがない)申しわけない。めんぼくない。lose one's face

**あわ・せる**【併せる】(下一他)①併合する。他のものを加え、いっしょにする。merge 用例隣国を―。清濁―・せのむ。②照らし合わせる。check 用例この条件をも―・せ考える。

**あわ・せる**【遭(わ)せる】(下一他)ある現象や事件などにゆきあたらせる。経験させる。expose 用例ひどい目に―。

**あわたぐち**【▼粟田口】京都市東山区の東三条から蹴上までの地域名。古来、東方から京都への入り口として有名。

**あわたぐち-よしみつ**【▼粟田口▽吉▽光】(生没年未詳)鎌倉後期の京都の刀工。通称藤四郎。短刀の名工として知られる。

**あわ-たけ**【▼粟▼茸】担子菌類のキノコ。かさは径五〜一〇cm、黄〜赤褐色。かさの裏には黄色の管孔が密生する。食用。

**あわただし・い**【慌ただしい・▼遽しい】(形)非常に急いでいて、せわしい。動きが目まぐるしい。hurried 派生あわただしげ(形動)あわただしさ(名)

**あわ-だち**【泡立ち】泡立つこと。bubbling; lathering 用例―のよいせっけん。

**あわだち-そう**【泡立草】アキノキリンソウの別名。

**あわ-だ・つ**【泡立つ】(五自)ぶくぶくと、泡が立つ。「がわき立つ。bubble

**あわ-だ・つ**【▼粟立つ】(五自)寒さやおそれのために、毛穴があわつぶのようにもりあがる。鳥肌が立つ。have gooseflesh

**あわたて-き**【泡立て器】調理器具の一つ。卵を泡立てたり、ソース類・調味料などを混ぜるのに使う。形は茶筅形とらせん形。ステンレス製が一般的。電動式もある。eggbeater

**あわ-だ・てる**【泡立てる】(下一他)泡を立たせる。froth; bubble

**あわた-やき**【▼粟田焼】京都粟田口でつくられる陶器。江戸初期に始まり、やがて仁清流の色絵陶器の作出で京焼を代表。粟田口焼。

**あわ・つ**【慌つ】古語(下二自)↓あわてる(慌てる)

**あわづ-おんせん**【▼粟津温泉】石川県南西部、小松市にある温泉。加賀温泉郷の一つで、一三〇〇年の歴史をもつ。いでゆ太鼓で知られる。

**あわづ-きよし**【▼粟津▽潔】(一九二九〜)グラフィックデザイナー。東京生まれ。環境・映像デザインを開拓。

**あわ-づけ**【▼粟漬(け)】なれずしの一種。コハダなどの小魚を三枚におろし、酢でしめ、蒸したアワをまぶして、押しをする。

**あわて-ふため・く**【慌てふためく】(五自)うろたえさわぐ。慌てて大さわぎをする。get into a panic

**あわて-もの**【慌て者】そそっかしい行いをする人。scatterbrain

**あわ・てる**【慌てる】(下一自)おどろき、うろたえる。be confused 用例地震で―。

**慌てる乞食は貰いが少ない**(あわてるこじきはもらいがすくない)仲間より余計に貰おうと慌てて欲張る乞食は、かえって貰いが少なくなる。急ぐとかえって悪い結果を招くことのたとえ。There is luck in the last helping.

**あわの**【▼粟野】〈町〉栃木県西部、足尾山地の町。農林業がさかんで、イチゴが特産。人口一万二一〇四(一九八八)。

**あわ-の-くに**【▽安▽房国】旧国名。現在の千葉県南部。東海道の一国。「延喜式」では中国、四郡。国府は安房郡三芳村、国分寺は館山市。明治四年(一八七一)廃藩置県により木更津県。同六年(一八七三)印旛県と合併し千葉県。房州。安房。

**あわ-の-くに**【▼阿波国】旧国名。現在の徳島県。南海道の一国。「延喜式」では上国、九郡。国府・国分寺は徳島市国府町。明治四年(一八七一)廃藩置県により徳島県。のち名東県と改称し、同九年(一八七六)高知県に併合。同一三年(一八八〇)再設置。阿州。阿波。

**あわの-せいほ**【▼阿波野青▽畝】(一八九九〜)俳人。奈良県生まれ。『かつらぎ』主宰。昭和初期に秋桜子・誓子・素十らと『ホトトギス』の四Sと称された。句集『万両』など。

**あわ-の-めいが**【▼粟の▼螟▼蛾】幼虫がアワ・トウモロコシなどを食害するメイガ科のガ。開張三cm内外で、黄褐色。日本全土・世界各地に分布。

**あわ-ばこ**【泡箱】素粒子の動きを観測する装置。過熱状態の液体水素などの中をイオン化した粒子が通過すると、泡ができて飛跡を残すことを利用する。バブルチェンバー。bubble chamber ↓写

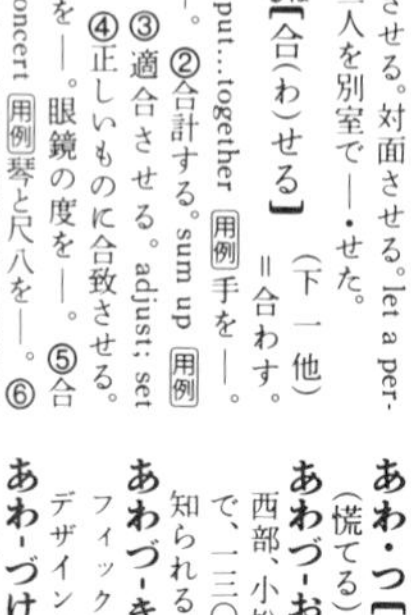

●泡箱　泡箱を使って撮影した陽子の飛跡。

**あわび**【▼鮑・▼鰒】ミミガイ科の大形巻き貝の総称。殻長二五cmに達するものもある。殻は楕円形で扁平、殻口は広い。殻表は黒褐色。軟体は貝殻筋で殻につき、足は大きく広い。食用。北海道南部から九州・朝鮮半島・中国北部に分布。abalone 数え方一杯・一個。↓図

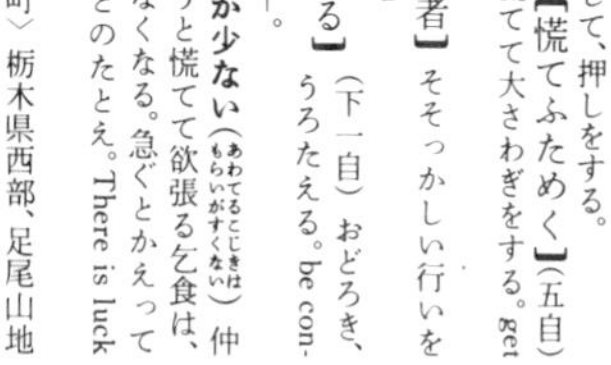

●アワビ　クロアワビ(右)、メガイアワビ(左)。

**鮑の片思い**(あわびのかたおもい)《「磯の鮑の片思い」の略。アワビは、片貝(＝貝殻が一つ)であるとこ

ろから》こちらが思うだけで、相手は応じてくれない恋のたとえ。one-sided love

**あわ-ぶき【泡吹】** アワブキ科の落葉高木。山地にはえる。高さ約一〇m。葉は長楕円形。夏、白色の小花を円錐状に密集させる。本州以南に分布。↓図

●アワブキ

**あわふき-むし【泡吹虫】** 外形がセミに似たアワフキムシ科の昆虫の総称。体長約五㎜。あと足ではねる。幼虫は草木の汁を吸い、尾端から出した泡の中で生活する。世界各地に分布し、日本には約五〇種いる。spittlebug ↓写

●アワフキムシ

**あわ-ぶく【泡ぶく】**《泡吹く、の意》つばのあわ。水のあわ。あぶく。

**あわぶね-がい【▽安▽房船貝】** 潮間帯の岩礁にすむ、平たい楕円形の小巻き貝。殻長約二・二㎝、殻幅約一・七㎝。殻表は濃褐紫色で短いとげが多い。房総以南に分布。クルスガイ。

**あわぼ-ひえぼ【▼粟穂▼稗穂】** 小正月に行う豊作祈願の呪い。ヌルデなどの木を削り掛けにして飾る。あぼへぼ。

**あわ・む【淡む】** 古語(下二他) うとんずる。たしなめる。用例「幼かりけり」と―・め給ひて(源氏・空蟬)。

**あわ-もり【泡盛】** 沖縄県産の米焼酎。東南アジア産の米を原料とした蒸留酒。三年以上熟成させたものをクース(古酒)という。アルコール分は二五～四五%。

**あわもり-しょうま【泡盛升麻】** ユキノシタ科の多年草。山地にはえる。葉は三出複葉、硬くて光沢があり、初夏に白色の花序をつける。園芸用の改良種がアスチルベ。

**あわ-や** 一(副) あやうく。いまにも。by a hairbreadth 二(感)《おどろいたとき、あやういときに出す声》ああ。あっ。すわ。

**あわや-のりこ【淡▽谷のり子】**(一九〇七―) 歌手。青森市生まれ。「ブルースの女王」と呼ばれる。ヒット曲『別れのブルース』『雨のブルース』など。

**あわ-ゆき【泡雪・▼沫雪】** ①とけやすい雪。light snow ②卵の白身で作った和菓子。

**あわ-ゆき【淡雪】** 春先などに降る消えやすい雪。春に降る雪はぼたん雪が多く、気温も地温も上がってとけやすい。light snow

**あわゆき-かん【泡雪▼羹・淡雪▼羹】** 和菓子の一つ。卵白を泡立てて寒天寄せにしたようかん。

**あわよく-ば**(副) うまくいったら。まがよければ。if things go well

**あわ-よとう【▼粟夜盗】** 淡褐色のヤガ科のガ。開張約四㎝。夏から秋に出現し、幼虫で越冬。幼虫はイネ・ムギ・アワなどの農作物を夜間に食害する。日本全土・世界各地に広く分布。army-worm ↓図

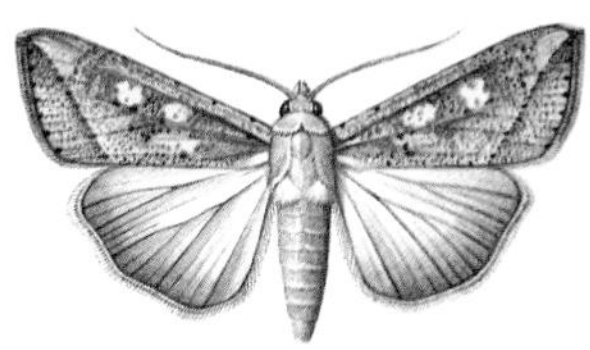

●アワヨトウ

**あわら【▼芦原】** 〈町〉福井県北部の町。北陸温泉郷の南端の温泉町で、東尋坊などの観光基地。人口一万三八四三(一九八八)。

**あわれ【哀れ・▼憐れ】** 一(形動) ①悲しいさま。はかないさま。さびしいさま。sad 用例―な話。②かわいそうなさま。みすぼらしいさま。touching 用例―な姿。派生あわれさ(名) ③古語(形動ナリ)㋐おもむきの深いさま。用例文は文選の―なる巻々(徒然・一三)。㋑かわいいさま。いとしいさま。なつかしいさま。用例むさしの草はみながら―とぞ見る(古今・雑上)。㋒りっぱなさま。たっといさま。用例―なるもの、孝ある人の子(枕・あはれなるもの)。二(名) ①悲哀。哀愁。grief; pathos 用例―をもよおす。―を誘う。②おもむき。ふぜい。taste 用例旅の―。③人情。feeling ④感慨。deep emotion 三古語(感)《物事に感動して発する声。感嘆・親愛・同情・悲哀などの、しみじみとした感動を表す》ああ。用例―、紅葉を焼かむ人もがな(徒然・五四)。

**あわれ-が・る【哀れがる】**(五自他) かわいそうに思う。

**あわれ-げ【哀れげ】**(形動) 悲しそうだ。かわいそうだ。sorrowful

**あわれっ-ぽ・い【哀れっぽい】**(形) 哀れな気持ちを起こさせる。哀れげである。piteous 用例―姿。

**あわれ・ぶ【哀れぶ・▼憐れぶ】** 古語(四他) ①愛する。いつくしむ。いとおしむ。用例霞を―・び、露をかなしぶ(古今・仮名序)。②ふびんに思う。情けをかける。用例貧しき人を―心ありて(今昔・一四)。

**あわれみ【哀れみ・▼憐れみ】** 哀れに思う心。いつくしみ。同情。世の情け。compassion 用例―をこう。

**あわれ・む【哀れむ・▼憐れむ】** 一(五他) かわいそうに思う。ふびんに思う。sympathize 二古語(四他) 情趣を感じて、いつくしむ。用例女は春を―(源氏・若菜下)。

**あをに-よし【青▽丹よし】** 古語↓あおによし(青丹よし)

**あを-ひとぐさ【青人草】**↓あおひとぐさ(青人草)

**アン【安】** 6画 部首[宀] 教育小3 JIS 1634

音アン

訓やすい

安 安 安 安 安 安

①やすい。値段がやすい。比較廉。「安価」②やすらか。やすんずる。おちつく。対義危。「慰安・不安・平安」「安全・安定・安楽」③たやすい。「安易・安直」④いずくんぞ。なぜ。どうして…しようか。なんとか…したい。⑤いずくにか。どこに。

**アン【行】** 6画 部首[行] 教育小2 JIS 2552

音コウ・ギョウ・アン

訓いく・ゆく・おこなう

筆順↓コウ[行]

①いく。ゆく。あるく。めぐる。「行脚」②一時かぎり。かり。「行宮・行在所」③もちあるく。「行灯」④おこなう。おこない。「行履」↓ギョウ・コウ[行]

**アン【▼按】** 9画 部首[扌] JIS 1636

音アン

①おさえる。ひきとめる。②なでる。さする。もむ。「按腹・按摩」③しらべる。かんがえる。「按排・按配・按分」④ならべる。順にする。「按排・按配」

**アン【▼晏】** 10画 部首[日] JIS 5871

音アン

①おそい。時刻がおそい。「晏駕」②やすらか。平安なさま。「晏如」

**アン【案】** 10画 部首[木] 教育小4 JIS 1638

10画【▼桉】異体字

音アン

案 案 案 案 案 案

①かんがえる。かんがえ。計画。「懸案・思案・名案・立案」「案出」用例(名)―を立てる。―を練る。《接尾的》補正―。②気づかう。心配する。③したがき。草稿。「草案」「案文」用例《接尾的》計画―。④つくえ。台。「玉案」「案下」

**案に落つ** 予期したとおりになる。思いどおりになる。

**案に相違する** 予想がはずれる。案に違う。contrary to one's expectations

**案に違わず** 思っていたとおりだ。案の如く。as expected 類似案の定。

**案の定** 思ったとおり。はたして。as expected 類似案に違わず。案の如く。

**アン【▼唵】** 11画 部首[口]

音アン・オン

ふくむ。ほおばる。たべる。

**アン【▼庵】** 11画 部首[广] JIS 1635

音アン

①いおり。いお。草ぶきの粗末な家。世間からのがれてくらしている人や、風流人などのすむ小屋。「草庵」「庵室・庵住」用例(名)―に帰りつく。②文人・茶人の雅号や、菓子屋・そば屋などの屋号に添えて用いる。用例(接尾)長寿―。

**アン【▼菴】** 11画 部首[艹] JIS 7231

音アン

いおり。いお。草ぶきの粗末な家。

**アン【▼晻】** 12画 部首[日]

音アン・エン

くらい。うすぐらい。日がかくれていて、くらい。

**アン【暗】** 13画 部首[日] 教育小3 JIS 1637

13画【▼晻】旧字

音アン

訓くらい

暗 暗 暗 暗 暗 暗

①《闇とも》くらい。くらがり。やみ。対義明。「明暗」「暗黒・暗室」②おろか。「暗愚・暗君」③こっそり。ひそかに。「暗号・暗示」④《諳とも》そらんずる。そらでおぼえる。そらでよむ。「暗記・暗算・暗唱」

**アン【▼罨】** 13画 部首[罒] JIS 7012

音エン・アン

①あみ。かぶせあみ。上からおおいかぶせて、鳥や魚をとらえる網。②おおう。かぶせる。「罨法」

**アン【▼鞍】** 15画 部首[革] JIS 1640

音アン

くら。牛馬などの背において、人や荷物をのせる道具。「鞍上・鞍馬・鞍部」

**アン【▼頞】** 15画 部首[頁]

音アツ・アン

はなすじ。はなばしら。眉のあいだ。

**アン【▼諳】** 16画 部首[言] JIS 7562

音アン

①そらんずる。そらでおぼえる。そらでよむ。「諳記・諳算・諳誦」②熟練する。なれて上手になる。

**アン【▼闇】** 17画 部首[門] JIS 1639

音アン

①くらい。くらがり。やみ。「闇夜」②おろか。③とじる。門をとじる。④いおり。喪に服するためにこもる建物。「諒闇」⑤やみ。合法的でないこと。

**アン【▼餡】** 17画 部首[食] JIS 8118

音カン・アン

①もち・饅頭などの中にいれるもの。中国では、肉や野菜類が多い。②アズキなどの豆類・サツマイモなど、澱粉質のものを煮てつぶし、砂糖を加え、火にかけて練ったもの。あんこ。③くず粉・かたくり粉を水で溶き、調味して、とろりとさせたもの。「葛餡」

**アン【▼鮟】** 17画 部首[魚] JIS 8229

音アン

「鮟鱇」は、アンコウ目に属する魚。温帯から熱帯の海底にすむ。

**アン【▼鷃】** 21画 部首[鳥]

音アン

かやくき。ふなしうずら。カヤクグリ。イワヒバリ科の鳥。

**アン【▼黯】** 21画 部首[黒] JIS 8363

音アン

①くろい。まっくろ。②くらい。やみ。陰気なさま。気がめいるさま。

**アン【Anne】**(一六六五―一七一四) スチュアート朝最後の君主。イギリスの女王(在位一七〇二―一四)。その治世には責任内閣制が発達。スペイン継承戦争に勝ち、スコットランドを併合、グレートブリテン王国を成立させた。

**あんあん-り【暗暗裏・暗暗▼裡】** ①暗いこ

▼常用漢字表外。▽常用漢字表の音訓外。

と。gloomy ②内密に。人の知らないうち。secretly ③言わず語らずに。tacitly

**あん-い【安易】**(形動) ①たやすいさま。手軽なさま。ease ②のんきなさま。気楽なさま。easygoing ③いいかげん。なげやり。indifference 用例 事態を―に考える。

**あん-いつ【安逸・安▼佚】**①心安らかにたのしむこと。ease ②何もしないで遊んで暮らすこと。idleness 用例 ―をむさぼる。

**あん-うつ【暗▼鬱】**(形動) 暗く、うっとうしいさま。

**あん-うん【暗雲】**①まっ黒で、今にも雨の降り出しそうな雲。dark clouds ②戦争や事件などの起こりそうなけはい。dark clouds 用例 ―がたちこめる。

**アン-ウント-フュール-ジヒ【an und für sich ドイツ】**ヘーゲル弁証法の根本概念の一つ。弁証法的発展において、即自と対自が止揚・統一され、直接ありのままに自己の本質を具現している精神の最高の境地。即自かつ対自。

**あんえい【安永】**江戸中期の年号。明和から改元。元年(一七七二)一一月一六日〜一〇年(一七八一)四月二日。次に、天明に改元。

**あん-えい【暗影・暗▼翳】**①暗いかげ。shadow ②不吉なけはい。ominous sign

**暗影を投ずる** 不安を感じさせる。不吉な気配を生じさせる。cast a dark shadow over

**あん-えい【▼晏▼嬰】**(?〜BC五〇〇) 中国、春秋時代の斉の政治家。諡は平仲。霊公・荘公・景公に宰相として仕えた。『晏子春秋』はその言行を後人が記録したもの。

**あん-か【安価】**(名・形動) ①値段が安いこと。やすね。low price; inexpensive 対義 高価。②安っぽいこと。superficial; shallow 用例 ―な同情。

**あん-か【行火】**手や足などを部分的に暖めるための持ち運びのできる暖房器具。陶土器製・木製のうつわの中に炭火などの熱源を入れる。近年は電熱器具が多い。ねこ。↓写

●行火

**あん-か【案下】**①つくえの下。②手紙のわき付けのことば。机下。

**あん-が【安▼臥】**(名・サ変自) 安らかにねること。からだを休めて横になること。

**あん-が【▼晏▼駕】**天子が死ぬことを婉曲に言うことば。崩御。

**アンカー【anchor】**①船のいかり。②リレーで、最終の走者・泳者。③週刊誌などで、仕上げの原稿を書く人。アンカーマン。④「アンカーボルト」の略。

**アンガージュマン【engagement フランス】**社会の諸問題に対する態度をはっきり決め、そのことにより自己を規制すること。社会参加。

**アンガージュマン-の-ぶんがく【アンガージュマンの文学】**(littérature engagée フランス) 現実社会に深くかかわり合い、社会的・政治的立場を明確に示した文学。サルトルが実存主義の立場から主張。「参加の文学」と訳される。

**アンカー-ボルト【anchor bolt】**建築物の土台とその上の構造物をつなぎとめるため、土台に埋め込むボルト。アンカー。

**アンカー-マン【anchor man】**①放送のニュース番組で、解説もしながら進行にあたる総合司会者。②週刊誌などで、仕上げの原稿をまとめる人。アンカー。

**あん-がい【案外】**(副・形動) 思いのほか。意外。予想外。unexpectedly

**あんがく【安岳】**北朝鮮(朝鮮民主主義人民共和国)南西部、黄海南道北部の鉄鉱産地。高句麗壁画古墳がある。アンアク。

**あん-かけ【▼餡掛(け)】**かたくり粉などでとろみをつけた汁(餡)をかけた料理。中国料理に多い。葛掛け。

**アンカット【uncut】**①雑誌・本などのへりを裁断していないこと。②映画のフィルムが検閲などで切られないこと・もの。

**あんかな-せいふ【安価な政府】**経済の調和と発展は自由競争を通じてなされ、政府の機能は必要最小限にとどめるべきであるとする財政思想。アダム=スミスが提唱。チープガバメント。cheap government

**あんがま** 沖縄県八重山列島の民俗舞踊。盆の夜、仮装・覆面の者が各戸をまわって念仏踊りなどを踊る「盆あんがま」と、年替わりの節祭に、黒衣をかぶった女などが列になって踊る「節あんがま」がある。

**アンカラ【Ankara】**トルコ共和国の首都。アナトリア高原中北部、標高九〇〇mの高原都市。古くからアナトリア高原の中心地。第一次大戦後、民族独立運動の中心地となり、首都となって急速に近代化。人口二二五・二万(一九八五)。

**アンガラ-がわ【アンガラ川】**(Angara River) ソ連、ロシア共和国中部を流れるエニセイ川の支流。バイカル湖を水源とし、長さ一八〇〇km。

**アンガルスク【Angarsk】**ソ連、東シベリア、アンガラ川上流の工業都市。石油精製・セメント製造工業・木材加工業が発達。人口二五・九万(一九八六)。

**アンカレジ【Anchorage】**アメリカ、アラスカ州中南部にある同州最大の港湾都市。国際航空路の中継地。人口一七・四万(一九八〇)。

**あん-かん【安閑】**(形動トタル) ①安らかで静かなさま。calm and peaceful ②何もしないで、のんきに暮らすさま。with folded arms

**あんかん-てんのう【安閑天皇】**記紀で第二七代天皇。名は広国押武金日。継体天皇の第一皇子。

**あん-き【安危】**安全と危険。用例 一国の―にかかわる問題。

**あん-き【安気】**(形動) 気楽なさま。心配のないさま。

**あん-き【暗記・▼諳記】**(名・サ変他) そらでおぼえること。learning by heart

**あん-き【暗鬼】**①暗がりにいるおに。②疑いから生ずるおそれ。用例 疑心―。

**あんき【安▼徽】**〈省〉中国東部の省。北は淮河、南は揚子江流域を占める。省都は合肥。豊かな農業地帯。石炭・鉄鉱石などの鉱産資源も豊か。人口五〇五六万(一九八四)。アンホイ。

**アンギーナ【angina】**《しめつけられるような感じを起こす病気、の意》口腔と咽頭の境界付近の炎症。高熱・咽頭痛を起こす。

**アンギオテンシン【angiotensin】**腎臓のたんぱく質分解酵素レニンにより血中のアンギオテンシノゲンが分解されて生ずるホルモン。血管を収縮させて血圧を上昇させ、副腎皮質からアルドステロンの分泌を促進する。

**あんき-は【安▼徽派】**中国の軍閥の一派。首班は安徽省出身の段祺瑞。一九一七年北京政権を掌握したが、二〇年安直戦争で直隷派に敗北して没落。

**あん-ぎゃ【行脚】**(名・サ変自) ①修行のため、僧が諸国をめぐり歩くこと。pilgrimage ②一般に、各地をめぐり歩くこと。traveling

**あん-きょ【安居】**(名・サ変自) 安楽に住むこと。生計に心配なく暮らすこと。

**あん-きょ【暗▼渠】**①おおいをした水路。covered conduit ②地下排水路。underdrain

**あんきょ-はいすい【暗▼渠排水】**土の中や地表の過剰な水を地下に埋設した管路あるいは透水性の水路により排水する方法。湿田の乾田化などに用いられる。underdrainage

**アンキロサウルス【Ankylosaurus ラテン】**現存のアルマジロと同じように、体が硬い装甲でおおわれたタンク形の草食恐竜。全長約五m。装甲のほかに、防戦・反撃用に脇腹などにはとげが並び、尾端には重い骨塊がある。白亜紀後期の北アメリカに生息。

**あん-ぐ【暗愚】**(名・形動) 道理に暗く、おろかなこと。ばか。

**あん-ぐう【行宮】**天皇の旅先に設けた仮の御所。かりみや。行在所。

**アンクタッド【UNCTAD】**《United Nations Conference on Trade and Development の略》国連貿易開発会議。

**アングラ**《underground(地下)の略》①実験的・前衛的な演劇・映画などの芸術運動。②公でないこと。用例 ―出版。

**アングラ-けいざい【アングラ経済】**↓ちかけいざい(地下経済)

**あんぐり**(副) 驚いたり、あきれたりして、思わず口を開けるさま。agape

**アングリカン-きょうかい【アングリカン教会】**イギリス国教会およびその伝統と教義をもつ諸教会を総括する名称。聖公会。Anglican Church

**アングル【angle】**角度。用例 カメラ―。

**アングル【Jean Auguste Dominique Ingres】**(一七八〇〜一八六七) フランスの画家。師ダビットに続く新古典派の代表者。的確精緻なデッサンをもとに独特の形体表現で、歴史画・裸体画・肖像画を描く。作品『泉』『トルコ風呂』など。↓写 ↓新古典主義写

●アングル『トルコ風呂』。一八六三年、ルーブル美術館(フランス)。

**アンクル-サム【Uncle Sam】**《United States のUとSから》アメリカ連邦政府。また、典型的アメリカ人。

**アンクルトムのこや【アンクルトムの小屋】**《原題Uncle Tom's Cabin》ストー夫人の小説。一八五二年刊。黒人奴隷の悲惨な生活を描き、奴隷解放運動の気運を促進した。

**アンクル-ブーツ【ankle boots】**くるぶしがかくれる程度の長靴。チャッカーブーツ。

**アンクレット【anklet】**①足首のあたりにつける輪状の装身具。②折り返してはく、くるぶしまでの短い靴下。アンクルソックス。ソクレット。↓写

●アンクレット①

**アングロ-アメリカ【Anglo-America】**イギリス人など主としてアングロサクソン系の人々によって開発された地域の総称。アメリカ・カナダ・グリーンランドを含む北アメリカをさす。比較 ラテンアメリカ。

**アングロアラブ-しゅ【アングロアラブ種】**ウマの一品種。サラブレッド種とアラブ種との交配によりフランスで作出。体高約一・五m。乗馬・競走馬用。Anglo-Arab

**アングロ-サクソン【Anglo-Saxon】**①五世紀半ばごろ、民族大移動にさいし、ブリタニアに渡ったアングル族・サクソン族・ジュート族からなるゲルマン民族の一派。原住地は北ドイツ、デンマーク地方。イギリス人の主要構成民族。②一般に、イギリス人。

**アングロ-ノルマン【Anglo-Norman】**一一世紀のノルマン-コンクェスト以後、イングランドで用いられたフランス語系の言語。

**アングロノルマン-しゅ【アングロノルマン種】**ウマの一品種。フランス在来種にサラブレッドなどを交配した種。体高約一・七m。在来種を除く日本のウマのほとんどは、この血をひく。輓馬型・速歩型・乗馬型の区別がある。Anglo-Norman

**あん-くん【暗君】**おろかな君主。暗主。対義 明君。

**あんけい【安慶】**中国、安徽省南部、揚子江北岸の河港都市。米・茶・木材の集散地。ウーロン茶の産地として有名。人口四二・八万(一九八四)。アンチン。

**アンケート【enquête フランス】**《もとは調査、の意》一定の問題について、個人・事業所、あるいは専門家や専門機関に質問を出し、回答を求める調査形式。questionnaire

**アンゲルス-ジレジウス【Angelus Silesius】**(一六二四〜一六七七) ドイツ-バロックの詩人。神秘主義的な宗教詩を残す。詩集『さすらいの天使』『魂の聖なる快楽』など。

**あん-けん【案件】**①調査などで問題になっている事柄。議案。item ②訴訟で、あらそわれている事柄。case

**あんげん【安元】**平安末期の年号。承安から改元。元年(一一七五)七月二八日〜三年(一一七七)八月四日。次に、治承に改元。

**あんけん-さつ【暗剣殺】**九星の方位の一つ。その年の五黄土星と相対した方位で、災難に遭う最凶の方角とされる。

**あん-こ**《方言》①伊豆大島などで、むすめのこと。②東北・北陸などで、長男。兄。

**あん-こ【▼餡こ】**《俗語》①「餡」①②に同じ。②ふくらませるための詰めもの。

**あん-こ【安固】**(形動トタル) 安定していてゆるぎないさま。しっかりしているさま。

**あんこ【▼鮟▼鱇】**とくにぶくぶくと太った力士の体型。対義 ソップ。

**あん-ご【安▽居】**(名・サ変自)《仏教語。var-

sika梵の訳語。雨期、の意》僧侶がある期間一定場所に居住し、外出しないで修行すること。雨安居。夏げ安居。

**あん-こう【▼鮟▼鱇】** アンコウ科のキアンコウ(別名ホンアンコウ)とクツアンコウの総称。海底で生活する海水魚。いずれも全長一m内外で灰褐色。頭は大きくて平たく、口が横に広く開く。頭にある長いとげで小魚をさそって捕食。食用。とくに冬、美味。世界の熱帯から温帯にかけて広く分布。↓図

●アンコウ キアンコウ

**鮟鱇の唾に噎せた様な人**(あんこうのつばにむせたようなひと) 口を大きくあけて、ぽかんとしている、のろまな者。

**あん-ごう【暗号】** 通信などの内容が、当事者以外にはわからないようにするため、特定の約束にしたがって作られた符号、およびその方式。軍事・外交・商業上の機密を守るために使用。現在は乱数式が広く使われる。cipher

**あん-ごう【暗合】**(名・サ変自) 物事が偶然に一致すること。

**あんごう-かいどく【暗号解読】** ①暗号を解いて、その意味内容を読みとること。code-breaking ②《Chiffrelesenドイツの訳》ヤスパースの用語。哲学や宗教の歴史のなかに秘められている超越者の暗号を、自分の形而上学的体験を介して解読すること。code-breaking

**あんこう-がた【▼鮟▼鱇形】**《竹の胴にあけられた生け口の形で、一重切りの一つ。アンコウの大きな口に似ていることから》竹製の花入れの一つ。

**あんこう-しょく【暗紅色】** 黒みをおびたべに色。dark red

**あんこう-てんのう【安康天皇】** 記紀で第二〇代天皇。名は穴穂命。『宋書』「倭国伝」の倭の五王の興とされる。

**あんこう-なべ【▼鮟▼鱇▼鍋】** なべ料理の一種。アンコウの身・皮・わたなどに、豆腐・野菜を取り合わせ、割り下で煮る。茨城県の名物。

**アンコール【encore】**《もう一度、の意》①音楽会などで、出演者のできばえをたたえ、拍手などを送って再演を求めること。②好評であったものを、もう一度上演したり、放送したりすること。用例ラジオの――アワー。

**アンコール-トム【Angkor Thom】**《もと、クメール語で大都城、の意》カンボジアのアンコール王朝時代の都城遺跡。九世紀の創建。三km四方の城壁の中に多くの寺院が残存。

**アンコール-ワット【Angkor Wat】**《もと、クメール語で寺院の町、の意》カンボジアのアンコール王朝時代の寺院遺跡。スーリヤヴァルマン二世によって、一二世紀初めヒンズー教寺院として創建されたが、のちに仏教寺院となる。↓写

●アンコールワット

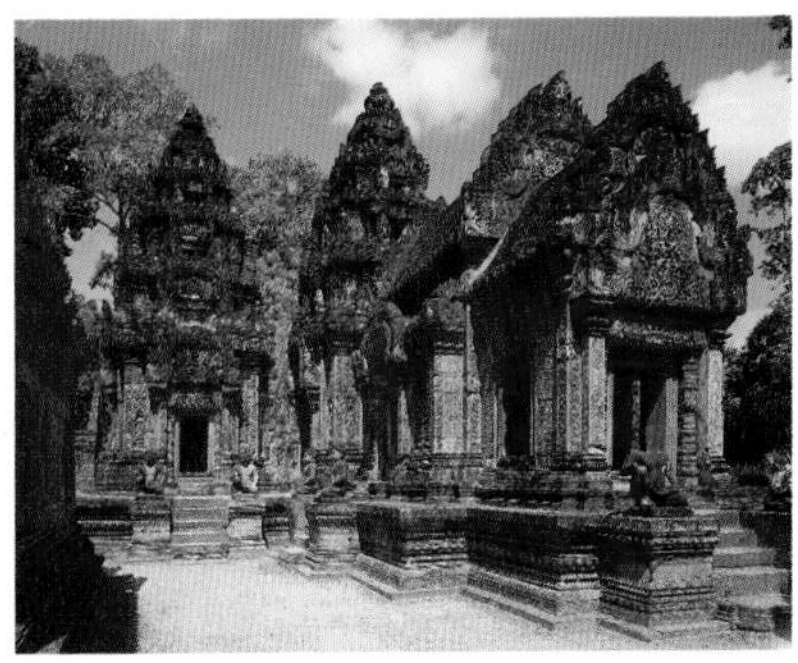

**アンコーレ-おうこく【アンコーレ王国】** 中央アフリカ、ウガンダ西部のアンコーレにあった王国。一九世紀末、イギリスの植民地となる。現在はウガンダ共和国を形成。Kingdom of Ankole

**あん-こく【暗黒・▼闇黒】** ①暗いこと。くらやみ。darkness ②まっ黒。black 用例――色。③文化や道徳がすたれていること。dark age ④発展していないこと。

**あんこく-がい【暗黒街】** 不道徳な行為や犯罪などの多い地区。underworld

**あんこく-じ【安国寺】** 足利尊氏・直義兄弟が全国の国ごとに建てた臨済宗の寺。夢窓疎石のすすめで、南北朝戦乱の戦死者の供養と国家安泰を祈願して建立。

**あんこくじ-えけい【安国寺恵▼瓊】**(?〜一六〇〇) 安土桃山時代の僧。安芸の安国寺住職。戦国時代末期、各大名間の調停に活躍、豊臣秀吉より伊予六万石を領す。関ケ原の戦いで西軍に属し、捕らえられて処刑。

**あんこく-じだい【暗黒時代】** 精神上・生活上に不安や悲惨な事柄の多い時代。特に西洋史で五〜一一世紀を言う。the Dark Ages

**あんこく-せいうん【暗黒星雲】** 向こう側にある星からの光を遮断するほど密に微粒子が集まった星間雲。本質的には散光星雲と同じもの。dark nebula →星雲写

**あんこく-たいりく【暗黒大陸】** ヨーロッパ人の、アフリカ大陸に対するかつての異称。その地について未知であったがための呼称。Dark Continent

**あんこく-めん【暗黒面】** 物事のよくない、または悲惨な面。dark side

**アンゴラ【angora】** ①トルコのアンカラの旧称。②アンゴラウサギの毛を用いた毛織物や毛メリヤス。光沢があり、保温性に富む。③アンゴラヤギ。また、この毛を用いたモヘア。

**アンゴラ【Angola】**(People's Republic of Angola) アフリカ南西部、大西洋に臨む人民共和国。首都ルアンダ。一五世紀以来の植民地を経て一九七五年ポルトガルから独立。国土は西側を除き高原状で、東部は温帯気候、西部は乾燥気候。コーヒー・綿花を栽培し、ダイヤモンドを産出。面積一二四・七万$km^2$。人口八八九八万(一九八六)。正称アンゴラ人民共和国。

**アンゴラ-うさぎ【アンゴラ▼兎】** カイウサギの一品種。毛は長く柔らかく白色で保温力に富み、織物の原料となる。トルコのアンゴラ(いまのアンカラ)地方原産。Angora rabbit

**アンゴラ-ねこ【アンゴラ猫】** ネコの一品種。長毛・白色で、ペルシアネコに似るが、体は細く、ペルシアネコのように鼻が短くしゃくれてはいない。トルコのアンゴラ(いまのアンカラ)原産とされるが、ペルシアネコとともに原産地不明。Angora cat

**アンゴラ-やぎ【アンゴラ▽山▽羊】** トルコのアンゴラ(いまのアンカラ)原産の家畜ヤギ。全身が絹糸状の白い縮れた長い毛でおおわれる。この毛がモヘアで、高級織物に用いられる。モヘアヤギ。Angora goat

**あんころ-もち【▼餡ころ▼餅】** あんを外がわに付けたもち。あんころ。

**アンサ【ANSA】**《Agenzia Nazionale Stampa Associataイタリアの略》イタリアの通信社。新聞社の非営利的な共同機関。一九四五年設立。

**あん-ざ【安座・安▼坐】**(名・サ変自) ①落ちついてすわること。②あぐら。

**あんさい-がくは【▼闇斎学派】** 山崎闇斎が唱えた儒学の一派。朱子学を根底に、神道を研究。水戸学派と並んで勤皇思想の源泉となった。崎門学派。

**あんざい-しょ【行在所】** 行宮。あんぐう。

**あんざい-ふゆえ【安西冬▽衛】**(一八九八〜一九六五) 詩人。奈良県生まれ。『詩と詩論』創刊に参加。昭和初期の前衛芸術運動の中核。詩集『軍艦茉莉』など。

**アンザイレン【Anseilenドイツ】** 登山で、互いの安全確保のため、ロープで身体を結びあうこと。複数の登山者が危険な岩などを登降する際に行う。

**アンザス-じょうやく【アンザス条約】**(ANZUS Treaty) オーストラリア・ニュージーランド・アメリカ三国間の軍事同盟条約。一九五一年締結。三か国の頭文字A・NZ・USをとって「アンザス」という。太平洋安全保障条約。

**あん-さつ【暗殺】**(名・サ変他) おもに政治上・思想上の対立などから、ひそかにつけねらって相手を殺すこと。assassination

**あんさつ-し【▼按察使】** 中国、唐代以後の地方行政機関。各省の司法行政を担当。明中期以降は総督・巡撫の下に位置した。

**あん-ざん【安産】**(名・サ変自他) 無事に産む、または生まれること。easy delivery 対義難産。

**あん-ざん【暗算・▼諳算】**(名・サ変他) 手や道具をつかわず、頭の中で計算すること。また、その計算。めのこ算。mental calculation 比較筆算・珠算。

**あんざん【▼鞍山】** 中国遼寧省南東部にある同国最大の鉄鋼業都市。鉄鋼コンビナートがある。人口一二五・九万(一九八四)。アンシャン。

**あんざん-がん【安山岩】**《アンデス山脈で発見され、andesiteに由来》灰白色または暗灰色で組織の密な火成岩。玄武岩と流紋岩の中間の組成をもち、輝石・斜長石・角閃石・橄欖石などからなる建築用石材。andesite

**アンサンブル【ensembleフランス】**《ともに、の意》①音楽で、少人数の重唱・重奏。また、そのグループ。②演劇で、演技の統一と調和。用例あの劇団は――がいい。③婦人服で、ワンピースと上着、ドレスとコートなどを共通の生地・材質・柄・デザインなどで、調和よく組み合わせたもの。和服で、とも布の長着と羽織など。

**アンサンブル-システム【ensemble system】** 一組み・一団として売り出していく方法。比較スターシステム。

**あん-し【暗視】** 暗い所でもよく見えること。noctovision 用例――カメラ。

**あん-じ【▼按司】** 琉球王朝の階級の一つ。古くは一地方を支配した土豪をいったが、一五世紀以降には一行政区画(=間切)を与えられた王の近親者をいう。あじ。

**あん-じ【暗示】**(名・サ変他) ①それとなく言って、自然に理解させること。ほのめかすこと。hint 比較示唆。用例答えを――する。②心理学で、ひそかな刺激を与えて、人に特定の心理作用を起こさせること。suggestion 用例――をかける。――にかける。

**アンジェ【Angers】** フランスのロワール川下流右岸のアンジュー地方の中心都市。ぶどう酒や一七の塔で囲まれた城で有名。人口一四・一万(一九八二)。

**アンジェイェフスキ【Jerzy Andrzejewski】**(一九〇九〜一九八三) ポーランドの小説家。哲学的・倫理的問題を描く。作品『灰とダイヤモンド』『天国の門』など。

**アンジェラス【Angelus】** カトリック教会用語。聖母に対する信心とキリスト受胎に対する感謝の祈り。朝・昼・晩の三回唱える。また、それを知らせる鐘。お告げの祈り。

**アンジェリコ【Angelico】** →フラ=アンジェリコ

**あんじ-がお【案じ顔】** 心配そうな顔つき。worried look

**アンシクロペディスト【encyclopédistesフランス】** ①→ひゃっかぜんしょは(百科全書派)。②ものしり。

**あんし-じゅつ【安死術】** 苦しまずに死ぬ方法。安楽死の方法。

**あんししゅんじゅう【▼晏子春秋】** 中国、春秋時代の斉の晏嬰の言行を録した書。八編。儒家と墨家の思想を折衷し、節倹主義を説く。

**あんし-しょく【暗紫色】** 黒みをおびたむらさき色。

**あん-しつ【▼庵室】** ①僧の住まい。②いおり。あん。あんじつ。

**あん-しつ【暗室・▼闇室】** 光が中にはいらないように、ぴったりとざした部屋。写真現像などに使う。darkroom

**あんし-の-らん【安史の乱】** 中国、唐中期の七五五〜七六三年に起きた安禄山と史思明らによる反乱。玄宗皇帝は蜀に逃れ、楊貴妃は途中で殺害。即位した粛宗はウイグルの援助を受けて鎮圧。

**アン-ジヒ【an sichドイツ】** →そくじ(即自)

**あんしゃ-ちず【暗射地図】** 白地図の別称。

**アンシャン【▼鞍山】**(Ānshān) →あんざん(鞍山)

**アンシャン-レジーム【Ancien Régimeフランス】** ①一七八九年のフランス大革命により打倒された政治・経済・社会の旧体制。一六世紀初めから三世紀にわたる絶対王政の時代に相当。②一般に、前近代的な旧体制をさす。

**あん-しゅ【▼按手】** キリスト教で、聖職者が人の頭の上に手をおき、祝福を与えること。imposition of hands

**あん-しゅ【▼庵主】** ①庵室の主人。②茶の湯で、主人。亭主。

**あん-じゅ【▼庵主】** 大きな寺の中の小さな建物(=庵)や分院の僧。とくに尼僧。

**アンジュ【安州】**(Anju) →あんしゅう(安州)

**あんしゅう【安州】** 北朝鮮(朝鮮民主主義人民共和国)西部、清川江下流左岸にある安州郡の中心都市。市の西方に安州炭田がある。アンジュ。

**あん-じゅう【安住】**(名・サ変自) ①なんの苦労もなく、安心して住むこと。to live in peace 用例――の地。②満足して暮らすこと。to live

in comfort 用例 現状に―する。

**あん-じゅう【▼庵住】**(名・サ変自) 庵室を構えて住むこと・人。

**あん-じゅうこん【安重根】**(一八七九～一九一〇) 朝鮮の民族主義者。日本の侵略に対し義兵闘争を展開。一九〇九年ハルビン駅で伊藤博文を暗殺。アンジュングン。

**あん-じゅきつ【安寿吉】**(一九一一～七七) 韓国の小説家。北朝鮮(朝鮮民主主義人民共和国)咸興生まれ。早大中退。大河小説『北間島』、長編『通路』など。

**あん-しゅつ【案出・▼按出】**(名・サ変他) 考え出すこと。くふうして作り出すこと。devise

**あんしゅ-れい【▼按手礼】** プロテスタントの聖職就任の儀式。按手によって聖別する。聖公会の聖職按手式、カトリックの叙階式にあたる。ordination; imposition of hands

**あん-じゅんのう【暗順応】** 視覚が暗さに慣れる現象。明所から暗所にはいったとき、初めは真っ暗だが、しだいに物が見えるようになること。dark adaptation

**あん-じょ【▼晏如】**(形動トタル) のんきに、落ちついているさま。

**あん-しょう【暗唱・暗▼誦・▼諳▼誦】**(名・サ変他) 暗記してそらで言うこと。recitation

**あん-しょう【暗証】** クレジットカード・電子キーなどで、本人であることを証明するための文字・記号・数字。cipher 用例 ―番号。

**あん-しょう【暗礁】** 水中に隠れている岩。sunken rock

**暗礁に乗り上げる**(あんしょうにのりあげる) 思わぬ障害で動きがとれなくなる。be deadlocked

**あん-じょう【▼鞍上】** 馬の鞍の上。

**鞍上、人無く、鞍下、馬無し**(あんじょう、ひとなく、あんか、うまなし) 人馬一体となり、たくみに馬を乗りこなすさま。

**あんじょう【安城】**〈市〉 愛知県中部、岡崎平野にある市。先進的な農業地域で「日本のデンマーク」などと呼ばれたが、工業化が進む。七夕祭りが有名。人口一三万六八九九(一九八八)。

**あんじょう**(副)《方言。味よく、の意》関西などで、具合よく。うまく。

**アンじょおう-せんそう【アン女王戦争】** 一七〇二～一二年、スペイン継承戦争と関連して北アメリカ・西インド諸島で行われた、イギリス対フランス・スペイン間の植民地戦争。イギリスはニューファンドランド島・ジブラルタルなどを獲得。Queen Anne's War

**あん-しょく【暗色】** 暗い感じの色。dark color 対義 明色。

**あんじ-りょうほう【暗示療法】** 患者が医師の言葉に影響されやすい状況を利用して、病的症状を暗示をかけて取り除こうとする治療法。ヒステリー・強迫神経症・心身症などに適用される。suggestive therapy

**あん・じる【▼按じる】**(上一他) ↓あんずる(按ずる)

**あん・じる【案じる】**(上一他) ↓あんずる(案ずる)

**アンジロー**(生没年未詳) 一六世紀ごろの人。日本最初のキリスト教信者。薩摩の人。マラッカでザビエルに会い受洗。天文一八年(一五四九)ザビエルらを案内して薩摩に上陸、布教を助けた。弥次郎。

**あん-しん【安心】**(名・形動・サ変自) 心配のないこと・さま。心が安らかなこと・さま。peace of mind 対義 不安。

**あん-じん【安心】**《仏教語》信心や修行によって心の安らぎを得、動ずることのないこと。

**あんじん-けつじょう【安心決定】**《仏教語》浄土教のことば。阿弥陀仏の本願を信じて、少しの疑いもなくなった状態。

**あんしん-りつめい【安心立命】**(名・サ変自) 天命をさとり、心を動かさないこと。あんじんりゅうめい。

**あん-ず【▼杏・▼杏子】** バラ科の落葉小高木。果樹として栽培。高さ約五m。花はウメに似て白～淡紅色。果実は六～七月ごろ黄橙色に熟し、生食、乾果などにす

●アンズ

る。種は「杏仁」と言い、薬用。カラモモ。アプリコット。apricot ↓写

**アンスク【UNSC】**《United Nations Security Councilの略》国連安全保障理事会。

**あんず-たけ【▼杏▼茸】** 担子菌類アンズタケ科のキノコ。かさは三～八cmで卵黄色。裏にしわ状のひだがあり、アンズに似た香りがある。食用。

**アンスリウム【Anthurium】** サトイモ科の常緑多年草。包葉は心臓形で赤・桃・白色など。鉢植え・切り花用。ベニウチワ。↓写

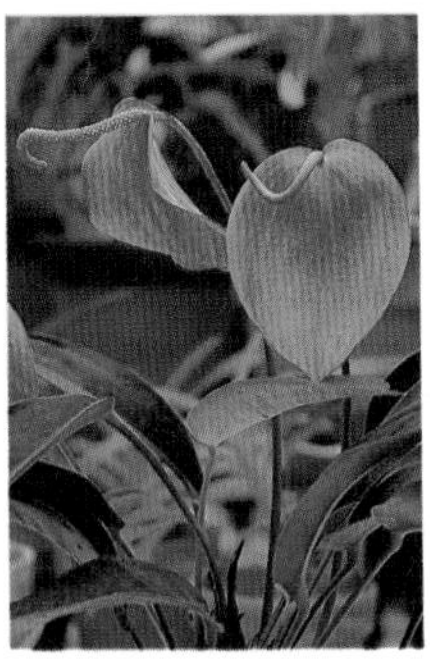

●アンスリウム

**あん・ずる【案ずる】**(サ変他) =案じる・案ず。①考える。くふうする。think out 用例 一計を―。②心配する。be anxious 用例 身の上を―。

**案ずるより生むが易し**(あんずるよりうむがやすし) 決行してみると、事前に心配していたのに比べて、案外やさしかったり、つらい思いをしなくてすむものだ。Fear overruns the danger.

**あん・ずる【▼按ずる】**(サ変他) =按じる・按ず。①おさえる。なでる。用例 急所を―。②調べる。用例 地図を―・じて進む。③あれこれ考えをめぐらす。

**あんせい【安政】** 江戸末期の年号。嘉永から改元。元年(一八五四)一一月二七日～七年(一八六〇)三月一八日。次に、万延に改元。

**あん-せい【安静】**(名・形動) 肉体的あるいは精神的に静かにしていること。代謝を抑制し、患部への刺激を避けて、病気の回復を早めること。rest

**あんせい-きんぎん【安政金銀】** 江戸幕府が安政年間から幕末まで鋳造した六種(洋銀を含め七種)の貨幣。開港による通商上の必要と、金貨の海外流出防止のため発行。

**あんせい-の-おおじしん【安政の大地震】** ①江戸末期、安政年間に起こった地震の総称。七年間で一三回に及んだ。②狭義には安政二年(一八五五)一〇月に江戸を襲った大地震。死者一万余人といわれる。

**あんせい-の-たいごく【安政の大獄】** 安政五年(一八五八)大老井伊直弼が行った尊王攘夷運動への大弾圧事件。勅許を得ず日米修好通商条約を結び、また家茂を第一四代将軍としたことに反対した諸大名・公卿・志士らを投獄、処刑。

**アンゼリカ【angelica】** セリ科の多年草。薬用・香料のほか、茎・葉柄の砂糖づけをケーキの飾りに使う。ヨーロッパ北部原産。

**アンセリン【anserine】** 天然に存在するペプチドの一つ。ガチョウやハトの筋肉中に存在し、筋収縮に関与する。

**アンゼルス【Angelus】** ↓アンジェラス

**アンセルムス【Anselmus Cantuariensis】**(一〇三三～一一〇九) スコラ哲学の創始者の一人。聖人。カンタベリー大司教。神の存在証明で有名。著書『独語録』『対語録』など。

**アンセルメ【Ernest Ansermet】**(一八八三～一九六九) スイスの指揮者。一九一八年スイス-ロマンド管弦楽団を創立。フランス近代音楽とバレエ音楽を得意とした。

**あん-せん【暗線】** 電磁波のスペクトルに見られる吸収線。太陽光スペクトルのフラウンホーファー線など。dark line

**あん-ぜん【安全】**(名・形動) ①あぶなくないこと・さま。safety; security 対義 危険。用例 ―をおびやかす。②こわれたり、傷ついたりしないこと・さま。safety 用例 荷物が―に届いた。

**あん-ぜん【暗然・▼闇然】**(形動トタル) 心が、ふさいでいるさま。暗い気持ちで悲しむさま。depressed

**あんぜん-いき【安全域】** ①安全な区域。また、その範囲。safety zone ②医薬品の安全性の目安となる数値。試験動物の五〇%が死亡する薬物量と五〇%が治癒する量の比で表す。safety zone

**あんぜん-えいせい-きょういく【安全衛生教育】** 災害から身を守る能力をつけることを目的とした教育。safety education

**あんぜん-かみそり【安全▼剃▼刀】** 皮膚を傷つけないように刃を固定して柄をつけた西洋かみそり。一八九五年、アメリカのジレットが考案。safety razor

**あんぜん-ガラス【安全ガラス】** 破損しても人体に損傷を与えることの少ないガラス。合わせガラス・強化ガラスなどがある。safety glass

**あんぜん-き【安全器】** 過大な電流が流れるとヒューズがとけて、自動的に電流を断つ装置。safety cutout

**あんぜん-ぐつ【安全靴】** 工場・工事現場などで、労働災害の発生を防ぐためにはく靴。

**あんぜん-けいすう【安全係数】** 材料や装置などの、破壊する極限の荷重と安全許容荷重との比。荷重で部材が変形・破壊しない範囲をきめるのに必要。安全率。safety factor

**あんぜん-こうがく【安全工学】** 各種産業や生活での爆発・火災など諸事故の原因究明と防止を研究する学問体系。

**あんぜん-しきさい【安全色彩】** 事故や災害を防ぐために使用される色。たとえば、赤は危険や緊急事態、黄色は注意を示す。

**あんぜん-しょく【安全色】** 学童を交通事故から守るため、雨がさなどに用いる黄色。

**あんぜん-そうち【安全装置】** ①機械・器具などの危険を防ぐためのしかけ。safety device ②銃砲にこめた弾丸の暴発を防ぐために、引き金を動かないようにしておくしかけ。safety catch

**あんぜん-ちたい【安全地帯】** ①危険のない地域。②路面電車などの乗降客に危険がないように路上に設けた場所。safety zone

**あんぜん-とう【安全灯】** 鉱山や炭鉱で、爆発性ガスに引火しないように、炎を金網で囲ったランプ。safety lamp

**あんぜん-パイ【安全▼牌】** ①麻雀で、放銃(=振り込み)にはならないと思われる牌のこと。②害にも益にもならないこと・人。

**あんぜん-ひょうしき【安全標識】** 事業場・駅・飛行場・船舶・車両などで、安全確保のため標示する標識。日本工業規格(JIS)によって規定。safety mark ↓図

**あんぜん-ピン【安全ピン】** 衣類・布切れ・バッジなどを留めるのに用いる、針先がかくれるように工夫した留め具。safety pin

●安全標識　放射能標識の例

**あんぜん-べん【安全弁】** ①蒸気ボイラーや圧力容器の内部圧力が規定値以上になると、自動的に開いて内部の気体を放出し、再び圧力を制限内に戻すための弁。safety valve ②《比喩的に》危険や破滅を避ける働きをするもの。safety valve

**あんぜん-ぼう【安全帽】** 鉱山・工事現場の人々、オートバイなどの運転者、また野球の打者が、安全のためにかぶる帽子。ヘルメット。hard hat

**あんぜん-ほしょう【安全保障】** 国家と国民の安全を外部からの攻撃や侵略から守ること。軍事力だけでなく外交的・経済的な手段も考えられている。個別的安全保障と集団的安全保障に大別。security

**あんぜんほしょう-かいぎ【安全保障会議】** 国防に関する重要事項、重大な緊急事態への対策などを審議する内閣の機関。総理大臣を議長とし、外務大臣・大蔵大臣・防衛庁長官などで構成される。昭和六一年(一九八六)設置。Security Council of Japan

**あんぜんほしょう-りじかい【安全保障理事会】**(United Nations Security Council) 国際連合の中心機関。国際紛争を解決するため協議調停し、最悪の場合は国連軍の派遣などの処置を決定する権限をもつ。一五か国からなり、アメリカ・ソ連・イギリス・フランス・中国が拒否権をもつ常任理事国、他は任期二年の非常任理事国。UNSC。SC。国連安全保障理事会。

**あんぜん-りつ【安全率】** ↓あんぜんけいすう(安全係数)

**アンソール【James Sydney Ensor】**(一八六〇～一九四九) ベルギーの画家・版画家。グロテスクな幻想画で表現主義の先駆をなした。作品『キリストのブリュッセル入市』など。

**あん-そく【安息】** ①心身を安らかに休めること。rest ②パルチア(=アルサケス朝)の中国における呼称。

**あんそく-かく【安息角】** 破砕・粉砕された物質を堆積したときに斜面が崩れ落ちないでいる最大傾斜角。粉体では摩擦付着特性を表す。すべり角。休止角。angle of repose

**あんそく-こう【安息香】** ①エゴノキ科の常緑高木。マレーシア原産。高さ約二五mに達し、樹皮は茶褐色。白色の花には香気がある。benzoin ②アンソクコウの樹液を固めたも

の。せっけんや化粧品の香料、去痰剤などに用いる。benzoin

**あんそくこう-さん【安息香酸】** アンソクコウの樹脂を熱して得られる白色の結晶。防腐剤に用いる。benzoic acid

**あんそくこうさんナトリウム-カフェイン【安息香酸ナトリウムカフェイン】** カフェインと安息香酸ナトリウムの化合物。白色の粉末で、水に溶けやすい。強心・利尿剤。caffeine sodium benzoate

**あんそく-にち【安息日】** ユダヤ教やキリスト教などで、一切の業務を休んで会堂や教会で礼拝をする日。ユダヤ教では金曜の日没から土曜の日没まで。キリスト教では日曜。あんそくび。あんそくじつ。Sabbath

**アンソリザ【Antholyza】** アヤメ科の秋植え球根草。葉は剣状で長さ一m前後。初夏に、あざやかな紅色の穂状花序をつける。南アフリカ原産。

**アンソロジー【anthology】**《花の収集、の意》多くの作者の詩歌・文章などの、よい部分を集めたもの。詞華集・名曲集・諸家論集など。

**あんた【▽貴▽方】**(代)《「あなた」の転》多く、目下の者に対して使われる俗な言い方。you 参考 関西では親愛の気持ちを込めて使う。

**あん-だ【安打】** 野球で、打者の打球がフェアとなり、相手のエラー、野選によらずに打者が一塁あるいはそれ以上の塁へ達すること。また、その打球。ヒット。hit

**アンダー【under】** ㊀(接頭) 下、の意。用例 —シャツ。㊁(名) 写真で露出が不足していること。

**アンダーウエア【underwear】** 下着類の総称。肌着。

**アンダーグラウンド-シアター【underground theater】** 一九六〇年代後半から東京中心に興った反新劇的・実験的な演劇活動の総称。また、その劇場・劇団。寺山修司・唐十郎・佐藤信・鈴木忠志らが活躍。アングラ。

**アンダーグラウンド-シネマ【underground cinema】** 反既成・反商業主義の映画。一九五〇年代にニューヨークを中心に起こり、六〇年代後半には世界に波及した。

**アンダーシャツ【undershirt】** 上半身につける肌着の総称。半袖のものが普通だが、長袖や袖無しのものもある。吸汗・保温用。

**アンダー-スロー**《和製語》野球の投球動作の一つ。腕を地面をはくように下から上に振って投げる。下手投げ。アンダーハンド。submarine pitch

**アンダーソン【Carl David Anderson】**(一九〇五〜) アメリカの物理学者。宇宙線の霧箱写真の中から陽電子を発見し、一九三六年ノーベル物理学賞受賞。中間子の存在も証明。

**アンダーソン【Jack Northman Anderson】**(一九二二〜) アメリカのコラムニスト。インド-パキスタン紛争時のアメリカの政策をスクープした。ピュリッツァー賞受賞。

**アンダーソン【Johan Gunnar Andersson】**(一八七四〜一九六〇) スウェーデンの地質学者・考古学者。中国で周口店遺跡・仰韶遺跡を発見。彩文土器の研究などに貢献。

**アンダーソン【Marian Anderson】**(一九〇二〜) アメリカの世界的黒人アルト歌手。歌曲とオラトリオにすぐれ、黒人霊歌の第一人者。

**アンダーソン【Maxwell Anderson】**(一八八八〜一九五九) アメリカの劇作家。歴史詩劇を書いた。戯曲『栄光何するものぞ』『エリザベス女王』『ウィンターセット』など。

**アンダーソン【Philip Warren Anderson】**(一九二三〜) アメリカの物理学者。磁性体と無秩序系の電子構造の研究で、一九七七年ノーベル物理学賞受賞。

**アンダーソン【Sherwood Anderson】**(一八七六〜一九四一) アメリカの小説家。人間本能が小市民生活の中で挫折するさまを、象徴性のある口語文体で描く。短編集『オハイオ州ワインズバーグ』など。

**アンダー-パー【under par】** ゴルフで、基準打数よりも少ない総打数で一ラウンドをプレーすること。アンダー。

**アンダーライン【underline】** 注意や心おぼえなどに、横書きの字句の下に引く線。下線。

**あん-たい【安泰】**(名・形動) 安らかなこと・さま。無事なこと・さま。peace; be safety

**アンタイド-ローン【untied loan】** 不拘束貸付。貸し手が借り手に使いみちを指定せず、運用にも干渉しない形の外貨貸し付け。対義 タイドローン。

**アンタッチャブル【untouchable】** インドの不可触賤民。

**アンタナナリボ【Antananarivo】** マダガスカルの首都で、同国第一の商工業都市。標高一四〇〇mの高原にある。人口六〇万(一九八二)。タナナリーボ。

**アンタビュース【antabuse】** 禁酒薬の一つ。肝臓内のアルデヒド酸化酵素を抑制する作用があるので、少量の酒で不快症状を示す。ジスルフィラム。

**アンダマン-しょとう【アンダマン諸島】**(Andaman Islands) ビルマ南方、ベンガル湾東部の諸島。五つの大島と二百余の島からなる。インドの直轄行政地域。

**アンダマンしょとう-みん【アンダマン諸島民】** ベンガル湾のアンダマン諸島に住むネグリート系の原住民。狩猟・採集に従事。Andamanese

**アンダルシア【Andalucía】** スペイン南部、グラナダなど八州からなる地方。長くアラブ(＝ムーア)人が支配したため、イスラムの遺跡が多い。オリーブ・ブドウ栽培がさかん。人口六四四・二万(一九八二)。

**アンタレス【Antares】**《火星に対抗するもの、の意》さそり座α星。中国名は大火。赤色超巨星。距離五〇〇光年。観測の好期は七月。

**あん-たん【暗▼澹】**(形動タルト) ①暗く、ものすごいさま。gloominess ②見通しのつかない、みじめなさま。gloominess 用例 前途は—たるものだ。

**あんだんすう** 沖縄料理の一つ。ゆでた豚の三枚肉に赤みそ・みりん・砂糖などで調味して練り上げたもの。常備菜にする。

**アンダンチーノ【andantinoイタリア】** →アンダンティーノ

**アンダンテ【andanteイタリア】**《音楽で、速さを示す語》ゆっくりと歩くような速さで、の意。アダージョとアレグレットの間の速度。

**アンダンティーノ【andantinoイタリア】**《音楽で、速さを示す語》アンダンテよりやや速く。

**アンダンテ-カンタービレ【andante cantabileイタリア】** ①音楽で、ゆっくり、歌うように、の指示。②チャイコフスキーの弦楽四重奏曲第一番第二楽章。ロシア民謡に基づく甘美な旋律。バイオリン独奏用編曲で有名。

**あん-ち【安置】**(名・サ変他) ①死者をあるべき場所にすえること。to lay in state ②神仏の像をすえてまつること。to enshrine

**アンチ【anti】**(接頭) 反対・対抗・排斥などの意。用例 —ミリタリズム(＝反軍国主義)。

**アンチグア-バーブーダ【Antigua and Barbuda】** 西インド諸島、小アンティル諸島東端のアンチグア島・バーブーダ島・レドンダ島からなる小国。首都セントジョンズ。面積四四〇km²、人口八万(一九八六)。

**アンチコドン【anticodon】** 遺伝子で、トランスファーRNA分子中にあって三つの塩基が連結したもの。メッセンジャーRNA上の特定コドンと対応し、水素結合で結合。特定のアミノ酸をリボソームに受けわたす。

**アンチゴネ【Antigonēギリシア】** →アンティゴネ

**アンチック【antiqueフランス】** ①「アンチック体」の略。②骨董品。古美術品。アンティーク。

**アンチック-たい【アンチック体】** かな活字の字体の一つ。肉太だが、細い部分もあって、太さが一様のゴシック体と比べると柔らかみがある。antique

**アンチ-テアトル【anti-théâtreフランス】**《反演劇、の意》一九五〇年代のフランスを中心に起こった前衛演劇の一般的総称。現代世界と人間の不条理を、常識的な論理を超えた劇作法で追究。代表的劇作家にイヨネスコやベケットなど。

**アンチテーゼ【Antitheseドイツ】** ①哲学で、一つの命題(＝テーゼ)に対立して、それを否定する命題。反定立。②ある主張や方式に対抗して出された主張や方式。

**アンチトラスト-ほう【アンチトラスト法】** →はんトラストほう(反トラスト法)

**アンチノック-ざい【アンチノック剤】** 内燃機関のノッキングを防止するために燃料に少量加える物質。テトラエチル鉛など。現在は用いられていない。antiknock agent

**アンチノミー【Antinomieドイツ】** 二律背反。

**アンチピリン【antipyrine】** 一八八四年に創製された最初の解熱・鎮痛・鎮静剤。

**アンチモニー【antimony】** →アンチモン

**アンチモン【Antimonドイツ】** 金属元素。記号Sb 原子番号五一。原子量一二一。銀白色の光沢があり、もろい。主要鉱石は輝安鉱。活字合金・軸受け合金などに用いられる。アンチモニー。antimony

**あん-ちゃく【安着】**(名・サ変自) ①無事に到着すること。②落ちつくこと。

**あん-ちゃん【▽兄ちゃん】**《俗語》①兄を呼ぶことば。②若い男を呼ぶことば。用例 隣の—。

**あん-ちゅう【暗中・▼闇中】** くらやみのなか。in the dark

**アンチューサ【Anchusa】** ムラサキ科の二年草。高さ一m前後。茎葉に白色の綿毛がある。初夏に青藍色の小花を密生。花壇・鉢植え用。南ヨーロッパ原産。

**あんちゅう-ひやく【暗中飛躍】**(名・サ変自) かげで、ひそかに策略をめぐらすこと。暗躍。

**あんちゅう-もさく【暗中模索】**(名・サ変自) 手がかりもなしに、さがし求めること。grope in the dark

**あん-ちょく【安直】**(名・形動) ①値段が安いこと・さま。安価。cheap; inexpensive ②手軽。安易。easy

**あんちょく-せんそう【安直戦争】** 中国の軍閥間の抗争。袁世凱の没後、一九二〇年に親日的な安徽派の段祺瑞と親英米的な直隷派の曹錕が、北洋軍閥の後継をめぐって争い、実戦闘四日で直隷派が勝利。

**あん-ちょこ**《「あんちょく」の転》そまつだが手軽な学習書。虎の巻。crib; pony

**アンチョビー【anchovy】** 地中海沿岸で獲れるカタクチイワシ属の小さなイワシ。また、それを塩漬けにしたもの。

**アンチレバノン-さんみゃく【アンチレバノン山脈】**(Anti-Lebanon) アラビア半島北西部、シリアとレバノン国境の山脈。最高峰ヘルモン山は標高二八一四m。

**アンチ-ロック-ブレーキ【anti-lock brake】** 自動車で、急ブレーキをかけても車輪がロック(停止)しないよう、自動制御機構が働いて調整するブレーキ。また、そのシステム。アンチスキッドブレーキ。

**アンチ-ロマン【anti-romanフランス】** →ヌーボーロマン

**アンチン【安慶】**(Ānqìng) →あんけい(安慶)

**あんちん-きよひめ【安珍清姫】** 道成寺伝説に出る人名。僧安珍を恋した清姫が、つり鐘の中に身を隠した安珍を蛇身に化して焼き殺す。和歌山県道成寺の縁起となり、謡曲・歌舞伎にとり入れられた。

**アンツーカー【en-tout-casフランス】**《原義は、いつどんな場合でも、の意味だが、晴雨兼用の傘の意味もある》陸上競技場のトラックやテニスコートに用いられる赤褐色の土。珪酸をふくむ陶土を焼き、くだいてしきつめる。水はけがよく、雨天でも競技条件が変わらない。

**アンツェングルーバー【Ludwig Anzengruber】**(一八三九〜一八八九) オーストリアの劇作家・小説家。戯曲『キルヒフェルトの牧師』など。

**あん-てい【安定】**(名・サ変自) ①落ちついていること。②すわりのよいこと。stability 用例 この花びんは—がよい。③物理・化学で、物体・物質に少々の変化を与えても、もとの状態にもどろう、または、もとの状態を保とうとする性質を示すこと。equilibrant 用例 —した生活。

**あんてい【安貞】** 鎌倉中期の年号。嘉禄三年(一二二七)一二月一〇日〜三年(一二二九)三月五日。次に、寛喜に改元。

**アンティーク【antiqueフランス】** ＝アンチック。㊀(名・形動) 古めかしいこと・さま。古代風。㊁(名) 骨董品。古美術品。古物。

**アンディーブ【endive】** →エンダイブ

**あんてい-かぶぬし【安定株主】** 株価の変動にかかわらず、長い期間安定して株式を保有する者。一般には系列取引会社・金融機関など。strong stockholder

**あんてい-きょうこう【安定恐慌】** インフレーションの収束過程で生じる恐慌現象。通貨価値を安定させるためのデフレ政策や平価切り上げなどが原因。第二次大戦後の円価安定期の恐慌状態をさすこともある。stabilization crisis

**アンティゴネ【Antigonēギリシア】** ギリシア神話のオイディプスの娘。埋葬を禁じられた兄の死体をめぐって、彼女の反抗と決意が多くの死を招く。ソフォクレスの同名悲劇などに登場。Antigone

**アンティゴノス〈一世〉【Antigonos Ⅰ】**(BC三八二〜BC三〇一) アレクサンドロス大王の遺将(＝ディアドコイ)の一人。コリントス同盟を再建し地位を高めたが、イプソスの戦いで敗死。孫のアンティゴノス三世(BC二六三〜BC二二一)がマケドニア王国を樹立。Antigonus I

**あんてい-じょ【安定所】** 「公共職業安定所」の略。

**アンティステネス**【Antisthenēs】(BC四五五ごろ〜BC三六〇ごろ) ギリシアの哲学者。キニク学派の祖。ソクラテスの弟子。禁欲主義的な教えを説いた。

**あんてい-せいちょう**【安定成長】 通貨価値や国際収支の大きな変動をともなわず、経済規模がなめらかに成長すること。stable growth

**あんてい-そうさ**【安定操作】 株式の募集、売り出しの前後に、その相場を安定させるため、発行会社や引き受け業者が取引所で行う一連の売買。stabilizing transaction

**アンティ-テアトル**【anti-théâtreフランス】 ↓アンチテアトル

**あんてい-りくかい**【安定陸塊】 地球上最古の陸塊。先カンブリア時代にはげしい造山運動があったが、以後はゆるやかな造陸運動だけの、安定した大陸地形。小起伏の高原状の地形や平原が多い。古代陸塊。stable land-mass

**アンティル-しょとう**【アンティル諸島】(Antilles Islands) 中央アメリカ、西インド諸島の中核で、カリブ海・メキシコ湾・大西洋を分ける弧状列島。

**アンデス-さんみゃく**【アンデス山脈】(Andes) 南アメリカ大陸の西側を太平洋側に沿って連なる、世界最長の山脈。最高峰アコンカグアは標高六九六〇m。

**アンデス-ぶんめい**【アンデス文明】 スペイン人の侵入以前に、南米中央アンデス地帯に形成された諸文化の総称。形成期のチャビン文化を経て、古典期にはモチーカ・ナスカ・クリなど各地に文化が興り、各地に興った文化を、一五世紀後半インカが統一。一五三二年、スペイン人の侵入により滅亡。

**アンテナ**【antenna】《触角の意》 ①電波の放射、または到来電波の受信を行う装置。主として長・中波には線状アンテナを、マイクロ波帯にはパラボラアンテナを使用。空中線。②情報を得るための手がかり。また、その能力。

**アンテナ-ショップ**《和製語》メーカーや問屋が市場動向を知るために直営方式で営業する小売店舗。衣類などの業界に多い。

**アンデパンダン**【Indépendantsフランス】《独立の、の意》 ①フランスで、一八八四年、官設のサロンに反対して結成された美術家の団体。また、その展覧会。②とくに美術展で、作品の無審査をたてまえとするもの。

**アンテミス**【Anthemis】 キク科の多年草。六〜八月に三〜四cmの鮮黄色の花が咲く。庭園用。ヨーロッパ・中近東原産。

**アンデルシュ**【Alfred Andersch】(一九一四〜八〇) ドイツの小説家。理想を求めるあこがれを描く。作品『ザンジバル』『赤毛の女』など。

**アンデルセン**【Hans Christian Andersen】(一八〇五〜七五)《原語では「アナセン」と発音》デンマークの小説家。童話で世界的名声を博す。小説『即興詩人』、短編集『絵のない絵本』、童話『裸の王様』『醜いアヒルの子』『人魚姫』など。↓写

●アンデルセン

**アンデルソン**【Harriet Andersson】(一九三二〜) スウェーデンの映画女優。主演作『不良少女モニカ』など。

**アンテロープ**【antelope】 ↓れいよう(羚羊)

**あん-てん**【暗点】 視野の一部分に現れる見えない部分。目の病気のとき、冒された部位に応じて現れる。盲点。scotoma

**あん-てん**【暗転】(名・サ変自) ①幕をおろさずに、舞台を暗くして場面を変えること。ダークチェンジ。blackout ②状況などがよくない方向に転ずること。用例 事態が——した。

**あん-ど**【安▼堵】(名・サ変自)《「堵」は垣。安住できる土地、の意》 ①安心すること。relief ②鎌倉・室町時代、幕府または領主が武家・社寺の土地所有権を確認し、法的保護を保証したこと。用例 本領——。

**あんど**【安▼堵】〈町〉 奈良県北西部、大和郡山市南西隣の町。農業のほか、織物工業などが進出。人口七八二二(一九八八)。

**あん-とう**【暗闘】 ㊀(名・サ変自) 表はおだやかで、裏で争うこと。陰険な争い。㊁(名) 歌舞伎のだんまり。

**アントウェルペン**【Antwerpen】 ベルギー北部、スケルデ川下流右岸の河港都市。同名州の州都で、同国最大の貿易港。フランドル美術の一大中心地。人口一八・三万(一九八二)。アンベルス。アントワープ。

**あんどう-こう**【安▼藤幸】(一八七八〜一九六三) 女流バイオリニスト。東京生まれ。東京音楽学校卒、同校教授。日本の洋楽草創期に先駆者として活躍。幸田露伴の妹。

**あんどう-しょうえき**【安▼藤▼昌益】(一七〇三〜六二) 江戸中期の思想家。八戸の町医。号は確竜堂良中。農民の勤労を重んじ、万人が生産に携わる、身分差別のない平等主義を主張。著書『自然真営道』『統道真伝』など。

**あんどう-つるお**【安▼藤▼鶴▽夫】(一九〇八〜六九) 演劇評論家・小説家。東京生まれ。法大卒。寄席演芸を愛し、その保存・興隆につくした。小説『巷談本牧亭』など。

**あんどう-のぶまさ**【安▼藤▽信正】(一八一九〜七一) 幕末の老中。磐城平藩主。公武合体策を推進。外交政策が攘夷論者の反感をかったことから、文久二年(一八六二)坂下門外の変で負傷し、辞職。

**あんどう-ひろしげ**【安▼藤広▽重】 ↓うたがわひろしげ(歌川広重)

**アンドゥロー**【UNDRO】《United Nations Disaster Relief Organizationの略》国連災害救済機関。国連の諸機関が行う災害救助活動の調整を目的として一九七一年に設置。

**アンド-かいろ**【アンド回路】 二個以上の入力端子と一個の出力端子からなり、すべての入力端子に「1」が同時に入力されたときだけ、出力端子に「1」を出すような回路。論理積回路。AND circuit

**あんとく-てんのう**【安徳天皇】(一一七八〜八五) 第八一代天皇(在位一一八〇〜八五)。高倉天皇の第一皇子。母は平清盛の娘、建礼門院徳子。源平の戦で平氏一門と西走し、長門の壇ノ浦で入水。

**アントシアン**【anthocyan】 植物色素。花・果実・葉・根に含まれ、赤・青・紫など美しい色を示す。酸性溶液で赤色、アルカリ溶液で青色を示す。花青素。

**あんど-じょう**【安▼堵状】 中世・近世において武家や寺社の所領の領有権・知行権を保障・確認した文書。江戸時代には朱印状の形式をとった。

**アントニウス**【Marcus Antonius】(BC八二〜BC三〇) 古代ローマの将軍・政治家。カエサルの部将として活躍。第二回三頭政治に参加。のち、クレオパトラと結んでアウグストゥスと対立し、アクティウムの海戦で敗れて自殺。

**アントニオ**【Ruiz Soler Antonio】(一九二二〜) スペインの舞踊家。現代スペイン舞踊の王者とうたわれる。一九五三年舞踊団を結成。

**アントニオーニ**【Michelangelo Antonioni】(一九一二〜) イタリアの映画監督。作品『情事』『太陽はひとりぼっち』『赤い砂漠』など。

**アントニム**【antonym】 反意語。対義語。対義 シノニム。

**アントネロ-ダ-メッシナ**【Antonello da Messina】(一四三〇ごろ〜七九) イタリアの画家。フランドル派の油彩技法を学び、高度な写実性を達成、ベネチア派の発展に貢献。作品『救世主』『傭兵隊長像』など。

**アントファガスタ**【Antofagasta】 チリ北部の港湾都市で、北部最大の貿易港。チリ〜ボリビア鉄道の起点。人口一七万(一九八三)。

**アンドラ**【Andorra】 フランス・スペイン国境のピレネー山脈中の小公国。首都アンドララ-ベリア。標高一二〇〇mに位置。フランス大統領とウルヘル司教が共同統治。農牧業と観光が中心。面積四五〇km²。人口五万(一九八六)。

**アントラキノン**【anthraquinone】 アントラセンの酸化で生じる融点二八五から二八六℃の淡黄色の結晶。アリザリンなどの染料の中間体として重要。

**アントラセン**【anthracene】 化学式$C_{14}H_{10}$ コールタール中の炭化水素でベンゼン核を三つつなげた構造をもつ。無色の結晶。酸化するとアントラキノンになる。染料の合成原料。

**アンドラ-プラデシュ**【Andhra Pradesh】 インド南東部、ベンガル湾に臨む州。州都ハイデラバード。米・綿花・小麦の産地。人口五三三四〇・四万(一九八一)。

**アンドリチ**【Ivo Andrić】(一八九二〜一九七五) ユーゴスラビアの小説家。歴史を素材に人間の運命を叙事詩的に描く。一九六一年ノーベル文学賞受賞。作品『ドリナの橋』『呪われた中庭』など。

**アンドリュース**【Julie Andrews】(一九三五〜) アメリカの映画女優。主演作『メリー-ポピンズ』『サウンド-オブ-ミュージック』など。

**アンドリュース-シスターズ**【Andrews Sisters】 アメリカのボーカル-グループ。一九三八年『すてきなあなた』がヒット。

**アントルメ**【entremetsフランス】 西洋料理(おもにフランス料理)のコースの最後に出される甘いもの。比較 デザート。

**アントレ**【entréeフランス】《もとは前菜、の意》西洋料理のフルコースで、献立の中心となる料理。魚・肉料理との間に出る盛り合わせ料理。

**アンドレアス-ザロメ**【Lou Andreas-Salomé】(一八六一〜一九三七) ドイツの女流小説家。ロシア生まれ。ニーチェ・リルケ・フロイトとの交友で知られる。評論『作品からみたニーチェ』など。

**アンドレーエフ**【Leonid Nikolayevich Andreyev】(一八七一〜一九一九) ロシアの小説家・劇作家。死と生の神秘を主題に、厭世的な作品を書いた。作品『七死刑囚物語』『悪魔の日記』、戯曲『人の一生』など。

**アンドロイド**【android】 人間にそっくりの姿形をし、よく似たふるまいをするロボットや知的生命体。SFなどに登場する。人造人間。ヒューマノイド。

**アンドロステロン**【androsterone】 男性の尿から抽出される男性ホルモンの一種。男性の性腺や肝臓で合成される。

**アンドロポフ**【Yury Vladimirovich Andropov】(一九一四〜八四) ソ連の政治家。ハンガリー動乱鎮圧で活躍。KGB議長などを歴任し、一九八二年、党書記長となる。

**アンドロマク**【Andromaque】 フランスのラシーヌの悲劇。一六六七年初演。トロヤ陥落後、アンドロマクと、彼女に恋するピリュス王、嫉妬する許婚エルミオーヌの情念の葛藤を描く。

**アンドロマケ**【Andromachēギリシア】 ギリシア神話のテーベ王の娘。トロヤ戦争で夫ヘクトルを殺され、敵将ネオプトレモスの奴隷にされた。エウリピデス・ラシーヌらの戯曲で有名。Andromache

**アンドロメダ**【Andromedāギリシア】 ギリシア神話のエチオピアの王女。海神ポセイドンへの人身御供として岩壁に縛られたが、怪物からペルセウスに救われ、その妻となる。Andromeda

**アンドロメダ-ぎんが**【アンドロメダ銀河】 アンドロメダ座にある渦巻き星雲。北天でただ一つ肉眼で見える銀河系外星雲。五等級の明るさ。距離約二〇〇万光年。アンドロメダ星雲。Andromeda galaxy ↓写

●アンドロメダ銀河　アメリカ、ヘール天文台撮影。

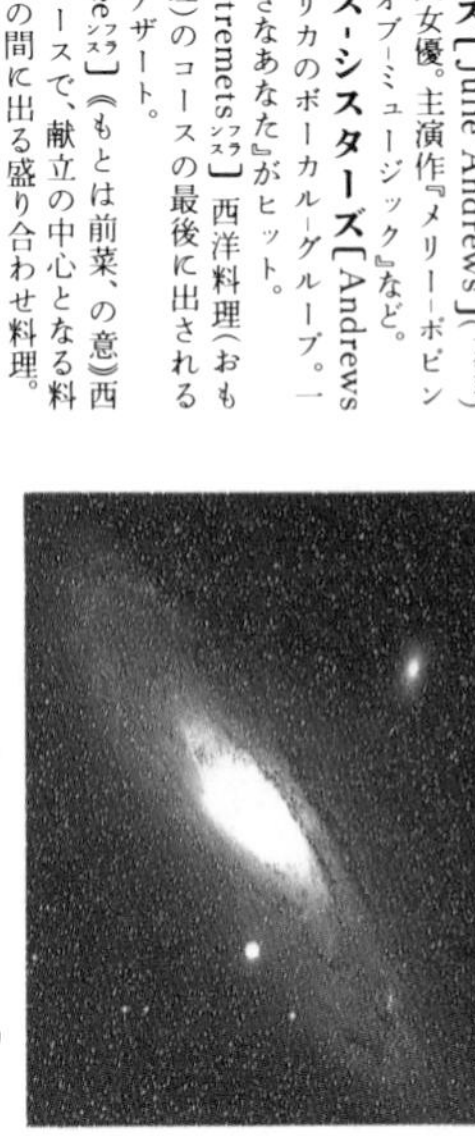

**アンドロメダ-ざ**【アンドロメダ座】 北天の星座。ギリシア神話のアンドロメダ姫に見立ててある。アンドロメダ銀河がある。一一月二七日ごろの午後八時ごろに南中。面積七二一平方度。Andromeda ↓図

●アンドロメダ座

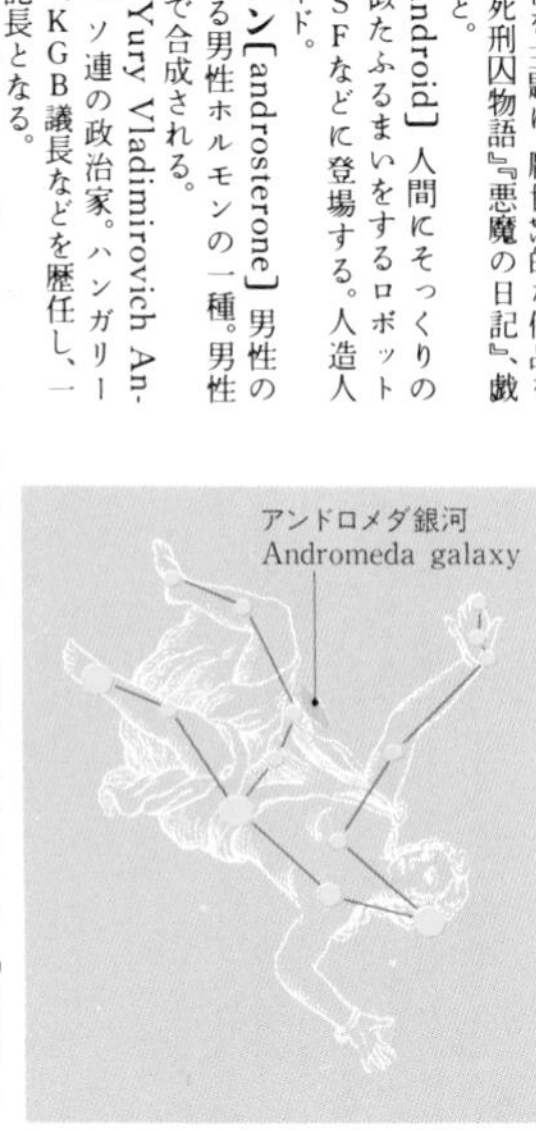


**アントワーヌ**【André Antoine】(一八五八〜一九四三) フランスの演出家・俳優。演劇に自然主義を導入、近代劇演出の基礎を確立した。

**アントワープ**【Antwerp】 アントウェルペンの英語名。

**あん-どん**【行▽灯】 灯火具の一種。木や竹で角形または丸形の枠を作り、紙を張って底板に油皿を置き、火を灯す。灯火が風で消えたり揺れたりするのが防げる。明治時代半ばまで使用された。あんどう。↓写(次ページ)

**あんどん-くらげ**【行▽灯▽水▽母】 かさの形が立方体形で、あんどんに似ているクラゲ。か



↓ 行き先項目、図版・写真参照印。　JIS 日本工業規格情報交換用漢字符号コード(区点コード)。

●行灯

さの高さ約三cm。四角なかさのかどから触手がそれぞれ一本ずつ出る。触手の毒は強い。日本各地・台湾に分布。box jellyfish

**あんどん-ばかま【行▽灯▼袴】** 袴の一種。襠のない袴。明治時代の女学生の袴から男子用に広がった。袋袴。襠無し袴。↓袴図

**あんどん-べや【行▽灯部屋】** ①あんどんをしまっておく部屋。②遊郭で、遊興費の払えない客を、おしこめておいた部屋。

**あんな【安和】**《「あんわ」の変》平安中期の年号。康保から改元。元年（九六八）八月一三日～三年（九七〇）三月二五日。次に、天禄に改元。

**あん-な** 対義 こんな・そんな。㊀（連体）あのような。such; like that 用例 ——ことにおどろくな。㊁（形動）《連体形「あんなな」は接続助詞「ので」「のに」に続く場合だけに使われる。体言には語幹「あんな」から続くが、この場合は連体詞として扱う》あのようである。such; like that 用例 よくまあ、——にずうずうしく言えたものだ。

**あん-ない【案内】** ㊀（名・サ変他）①道や場所を知らない人をみちびくこと。to show the way 用例 社内を——する係。②招待の通知をすること。invite 用例 ——状。③取り次ぎをたのむこと。ask to see 用例 受付で社長に——をこう。㊁（名）①知りたいことを知らせる書き物。guidebook 用例 旅行——。入学——。②内情・事情などを知っていること。用例 御——のように。

**あんなか【安中】**〈市〉群馬県西部の市。旧城下町・宿場町。亜鉛工場がありカドミウム公害が問題となった。秋間梅林の梅が特産。磯部温泉がある。人口四万五六六八（一九八八）。

**アンナ-カレーニナ【Anna Karenina】** トルストイの小説。一八七三～七六年作。人妻アンナと伯爵ウロンスキーの破滅的な恋を中心に、ロシア社会を多角的に描く。

**アン-ナジャフ【An Najaf】** ↓ナジャフ

**あんな-の-へん【安和の変】** 安和二年（九六九）左大臣源高明が皇太子廃立の陰謀のかどで左遷された事件。これにより藤原一族が政権を確立。

**アンナプルナ【Annapurna】** ネパール中北部、ヒマラヤ山脈中の東西五〇kmにおよぶ山群。主峰の第一峰は標高八〇七八m。

**あん・なり** 古語（連語）↓あなり

**アンナン【Annam・安南】** ①ベトナムに対する外国からの呼称。唐時代の安南都護府に由来。②ベトナム中部地域の旧称。

**アンナン-さんみゃく【アンナン山脈】**（Annamese cordillera）インドシナ半島東部、ベトナムとラオスの国境沿いを南北に走る山脈。主峰ボウライレン山は標高二七一一m。

**アンナン-やき【安南焼】** アンナン地方で焼造された陶磁器。一六世紀末ごろ日本に輸入された。

**あん-に【暗に】**（副）それとなく。遠回しに。ひそかに。implicitly; indirectly

**アンニュイ【ennui フランス】** たいくつ。ものうく、けだるいこと。無気力。倦怠。

**あん-にん【▼杏▽仁】** ↓きょうにん（杏仁）

**あん-ねい【安寧】** 社会的に安らかなこと。平穏。public peace 用例 社会の——を乱す。

**あんねい-てんのう【安寧天皇】** 記紀で第三代天皇。諡は磯城津彦玉手看。欠史八代の伝説上の天皇。

**アンネのにっき【アンネの日記】**《原題Het Achterhuis オランダ》ユダヤ人少女アンネ＝フランクの日記。一九四七年刊。ドイツ軍占領下のアムステルダムで、屋根裏に隠れ住んだ一家の生活と自己を描く。

**アンネン-ポルカ【Annen Polka】** ワルツ王のヨハン＝シュトラウスの作品。一八五二年作。フランス風の舞曲。

**あん-のん【安穏】**（名・形動）《「あんおん」の変》平和で、おだやかなこと・さま。無事。peace; tranquility 用例 ——に暮らす。

**あん-ば【▼鞍馬】** 体操競技男子種目の一つ。また、その器具。高さ一・一m、長さ一・六m、幅二八cmの馬体上に二つの取っ手がつき、この上で、両腕だけで体をささえ、両足旋回などを競う。pommel horse 英; side horse 米 ↓写

**アンバー【amber】** 琥珀。琥珀石の色に似た明るい黄褐色。琥珀色。

**アンバー【invar】** ↓インバー

**あん-ばい【案配・▼按排・▼按配】**（名・サ変他）ほどよく並べること。順序立てて配列すること。arrange

**あん-ばい【▽塩梅】** ①《塩と梅酢を使って調味することから》料理の味かげん。seasoning ②身体や天気の具合。condition

**アンパイア【umpire】** 競技の審判員。比較 ジャッジ。

**あん-ばこ【暗箱】** 組み立て式写真機の中心部にある箱。その前部にレンズを、後部に感光板を付ける。

**あんば-さま【あんば様】** 関東以北の太平洋岸の漁村で信仰される神。茨城県稲敷郡桜川村阿波の大杉神社が発祥地という。

**あんぱち【安八】**〈町〉岐阜県南西部、長良川と揖斐川の間の輪中にある町。稲作がさかん。人口一万四九四〇（一九八八）。

**アンバランス【unbalance】**（名・形動）つりあいがとれていないこと・さま。不調和。不均衡。

**あん-パン【▼餡パン】** 餡を入れたパン。明治五年（一八七二）、木村安兵衛が東京銀座で売りだした。日本独特のパンの一つ。

**あん-はんのう【暗反応】** 光合成で光が直接関係しないすべての反応、電子伝達反応、炭酸固定反応、燐酸化反応など。dark reaction 対義 明反応。

**あん-ぴ【安否】** ①無事かどうか。安危。safety 用例 ——を気づかう。②生活のようす。

**アンピール-ようしき【アンピール様式】**（style Empire フランス）ナポレオンの帝政（アンピール）時代を中心とする一七九五～一八三〇年ごろの装飾様式。室内装飾・家具・衣服などは荘重で豪華。建築の代表例は『カルーゼル凱旋門』など。

**アンビシャス【ambitious】**（形動）①大望のあるさま。用例 ボーイズ ビー ——。②野心的。

**アンビション【ambition】** 功名心。大望。

**アンビバレンス【ambivalence】**《ambo ラテン（両面）とvalentia ラテン（価）から》同一の対象に対して、愛と憎しみ、尊敬と敵意などの相反する感情を同時に抱くこと。ブロイラーが初めて使用、フロイトが精神分析の用語として導入したことば。両面感情。好悪併存。

**あん-ぶ【▼按舞】** おどりの振り付け。

**あん-ぶ【▼鞍部】** 山の尾根の、鞍の中央部のようにくぼんだ所。コル。col 参考 谷や沢とはちがう。

●鞍馬

**あん-ぷ【暗譜・▼諳譜】**（名・サ変他）楽譜を暗記すること。memorizing musical score

**アンプ【amp】** ↓アンプリファイアー

**アンフィンゼン【Christian Boehmer Anfinsen】**（一九一六～）アメリカの化学者。ムーア・スタインとともに、リボ核酸分解酵素のアミノ酸配列と立体構造関係を解明。一九七二年ノーベル化学賞受賞。

**アンフェア【unfair】**（形動）公正でないさま。対義 フェア。用例 ——な処置。

**アンフェタミン【amphetamine】** 覚醒剤の一つ。乱用すると習慣性となる。わが国では製造・使用禁止。プロパミン。ベンゼドリン。

**アンフォルメル【informel フランス】**《非定形絵画、の意》第二次大戦後の抽象絵画の一傾向。創造力の新鮮さや生命感の緊張を直接画面に定着させることを主張。従来の構成的・幾何学的抽象を超える表現を意図した。推進者はフランスの美術批評家タピエ。代表的な画家として、フォートリエ・デュビュッフェ・マチューなど。

**あん-ぷく【▼按腹】**（名・サ変自）あんま療法の一つ。はらをもみさすること。ventral massage

**アンブラー【Eric Ambler】**（一九〇九～）イギリスの小説家。新しい形式のスパイ小説を書く。作品『あるスパイへの墓碑銘』『デミトリオスの棺』など。

**アンプリファイアー【amplifier】** ラジオなどの、電流・電圧・電力などを強める器械。増幅器。アンプ。

**アンプル【ampoule】** 注射剤や液剤を無菌状態で保存するためのガラス製の容器。アンプレ。

**アンブロシア【ambrosia ギリシア】**《不死のもの、の意》ギリシア神話の神々の食物。蜜より甘く芳香を発し、不老不死の効力をもつ。ambrosia

**アンブロシウス【Ambrosius】**（三三九ごろ～三九七）キリスト教の聖人。四大教会博士の一人。ミラノの司教。アウグスティヌスの師。教会への国家の介入をこばんだことで知られる。西洋教会音楽の父ともいわれる。著書に『秘跡』など。

**アンプロンプチュ【impromptu フランス】** ↓そっきょうきょく（即興曲）

**あん-ぶん【案分・▼按分】**（名・サ変他）与えられた割合に応じて分けること。proportional division

**あん-ぶん【案文】** 文書の下書き。その文章。draft 用例 ——を練る。

**あんぶん-ひれい【案分比例】** ↓ひれいはいぶん（比例配分）

**アンペア【ampere】**《フランスの物理学者アンペールにちなむ》電流の強さの国際基本単位。真空中に、一mの間隔で平行におかれた無限小の円形断面積をもつ二本の直線状導体の一mごとに$2 \times 10^{-7}$ニュートンの力をおよぼし合う一定電流の大きさ。記号A。

**アンペア-けい【アンペア計】** ↓アンメーター

**アンペール【André-Marie Ampère】**（一七七五～一八三六）フランスの物理学者。電流間の相互作用について実験を行い、アンペールの法則を発見。電磁気学発展の基礎をつくる。電流の単位アンペアは、アンペールにちなむ。

**アンペール-の-ほうそく【アンペールの法則】** 電流のまわりに生じる磁場についての法則。電流の流れる向きに対して、右に回る磁場が生じるというもの。右ねじの法則。Ampère's law

**アンペラ【ampela マレー・▼荇▼蓆】**《amparo ポルトガル から とも》①カヤツリグサ科の多年草。南アジアに自生する。茎は編んで筵や袋にし、葉は屋根や壁をおおう材料にする。②アンペラで作った筵。

**アンペラ-い【アンペラ▼藺】** カヤツリグサ科の多年草。ネビキグサという別名があるように、地下茎が太くて長い。南アジアにはえるアンペラとは別種で、本州中部以南に分布。

**アンベルス【Anvers】** ↓アントウェルペン

**あん-ぽ【安保】** ①「日米安全保障条約」の略。②「安全保障」の略。

**アンホイ【安徽】**〈省〉（Ānhui）↓あんき（安徽）

**アンボイナ-がい【アンボイナ貝】**《産地、インドネシアのアンボン島に由来する名》潮間帯の岩礁にすむイモガイ科の貝。殻高約一二cm、殻径約六cm。殻は薄く円筒形で、白地に褐色の帯と網目模様がある。槍形の歯舌に毒腺があり、ヒトにも致命的な猛毒を出す。紀伊半島以南に分布。

**あん-ぽう【▼罨法】**（名・サ変他）はれたり、痛んだりするところに、水または湯でしめらせた布を当てて炎症をのぞく療法。湿布。

**あんぽ-じょうやく【安保条約】**「日米安全保障条約」の略。

**あんぽ-とうそう【安保闘争】** 昭和三四年（一九五九）から翌年にかけて行われた、日米安全保障条約改定に反対する国民運動。革新政党と労組・学生を中心に、第二次大戦後もっとも大規模で長期にわたった大衆的政治闘争。この結果、岸内閣は退陣しアイゼンハワー米大統領の訪日が中止となった。

**あんぽんたん【安本丹】**《俗語》あほう。まぬけ。ばか。stupid

**あん-ま【▼按摩】** ①身体をもんだりさすったりして筋肉をもみほぐし、血液の循環をよくする漢方系の治療法。もみ療治。マッサージ。massage ②按摩を職業とする人。マッサージ

師。masseur

**按摩を取る**(あんまをとる) ①按摩師を呼んで、もみ療治をしてもらう。have a massage ②按摩を業とする。按摩術を施す。give a massage

**アン-マーグレット**【Ann-Margret】(一九四一)アメリカの映画女優。主演作『バイ・バイ・バーディ』『愛の狩人(かりゅうど)』など。

**あん-まく**【暗幕】外光をさえぎって、部屋を暗くするため、または屋内の光を外にもらさないための幕。blackout curtain

**あんまり**【▽余り】(副・形動)《「あまり」の転》↓あまり(余り)

**あん-まん**【▼餡▼饅】《「あんまんじゅう」の略》餡をつつんだ、皮の厚い大形の中華風のむしまんじゅう。

**アンマン**【'Ammān】ヨルダン王国の首都。交通の要地で、同国商工業の中心地。円形劇場などローマ時代の遺跡が多い。人口一一三・三万(一九八〇)。

**あん-みつ**【▼餡▼蜜】餡をのせたみつまめ。

**あん-みん**【安眠】(名・サ変自)気持ちよく、ぐっすりねむること。sound sleep

**アンメーター**【ammeter】電流の大きさを測定する計器。アンペア計。電流計。

**あん・めり** 古語 (連語)↓あめり

**あん-もく**【暗黙】だまって、何も言わないこと。silent

**暗黙の了解**(あんもくのりょうかい) 口に出さないが、互いに了解し合っていること。silent understanding

**アンモナイト**【ammonite】デボン紀から白亜紀までに栄え絶滅した海生動物。オウムガイに近縁の化石軟体動物。石灰質のらせん状の殻はいくつもの中空の部屋で仕切られる。日本の中生代にも多産し、地層の時代を知る示準化石となっている。アンモン貝。菊石(きくいし)。↓写

●アンモナイト

**アンモニア**【ammonia・安母尼亜・暗謨尼亜】①化学式$NH_3$ 常温で無色、特有の刺激臭をもつ気体。水によく溶け、塩基性を示す。窒素と水素から触媒を用いて合成。肥料、硝酸の原料。②農家で、硫安の俗称。

**アンモニア-すい**【アンモニア水】アンモニアの水溶液。無色透明で塩基性を示す。特有の刺激臭と刺激性の味をもつ。ammonia water

**アンモニアソーダ-ほう**【アンモニアソーダ法】炭酸ナトリウムを工業的に生産する方法。食塩とアンモニアと二酸化炭素を原料として沈殿させた炭酸水素ナトリウムを焼く。ベルギーの化学者ソルベーが考案。ソルベー法。ammonia soda process

**アンモニア-れいとうほう**【アンモニア冷凍法】液化したアンモニアが、周囲から多量の気化熱を奪って蒸発する性質を利用した冷凍法。

**アンモニウム**【ammonium】化学式$NH_4^+$で表される正の一価の基。

**アンモン-がい**【アンモン貝】↓アンモナイト

**あん-や**【暗夜・▼闇夜】暗い夜。やみよ。dark night

**暗夜に灯火**(あんやにともしび) ひどく困っているときに、たよりになるものや希望が与えられるたとえ。

**あん-やく**【暗躍】(名・サ変自)かげで、ひそかに策略をめぐらすこと。暗中飛躍。secret maneuver

**あんや-こうろ**【暗夜行路】㊀暗夜を歩いて行くこと。㊁志賀直哉(しがなおや)の長編小説。大正一〇～昭和一二年(一九二一～三七)発表。自己の出生に悩み、妻の過ちに苦しむ主人公の精神的成長と東洋的調和の境地への到達を描く。

**アンヤン**【安陽】(Ānyáng)↓あんよう(安陽)

**あん-ゆ**【暗▼喩】隠喩(いんゆ)の別称。

**あんよ**《幼児語》㊀(名・サ変自)歩くこと。toddling 用例 ——はじょうず。㊁(名)足。tootsy 用例 かわいい——。

**あんよは上手、転ぶは御下手**(あんよはじょうず、ころぶはおへた) 幼児を歩かせるときに、あやして言うことば。

**あんよう**【安陽】中国、河南(かなん)省北部の商工業都市。小麦・綿花の集散地。鉄鋼工業地域で、各種機械・電機工業も発達。人口五三・四万(一九八四)。アンヤン。

**アンラ**【UNRRA】《United Nations Relief and Rehabilitation Administration の略》国連救済復興機関。第二次大戦中、連合国側が戦災国民の救済と復興を目的に設立。一九四七年事業を他の国連諸機関にひきつぎ廃止。

**あん-らく**【安楽】(名・形動)安らかで楽なこと・さま。comfort

**あんらくあん-さくでん**【安楽▼庵策伝】(一五五四～一六四二)江戸時代初期の浄土宗の高僧。茶人。伝承笑話(しょうわ)を集大成、後世の落語・小咄(こばなし)に大きな影響を与えた。著作『醒睡笑(せいすいしょう)』。

**あんらく-いす**【安楽▼椅子】座面の奥行きが深く、高さの低い休息用の椅子。イージーチェア。easy chair

**あんらく-し**【安楽死】回復の見込みのない病気で、心身の苦しみにあえぐ者に対し、苦痛の少ない方法で、人為的に死期を早めること。オイタナジー。euthanasia

**あんらく-じょうど**【安楽浄土】↓ごくらくじょうど(極楽浄土)

**あんらく-せかい**【安楽世界】↓ごくらくじょうど(極楽浄土)

**アンラッキー**【unlucky】(名・形動)運が悪いこと・さま。不運。対義 ラッキー。

**あん-り**【行履】禅宗で、日常のいっさいの行為。日常生活。

**アンリ**〈三世〉【Henri III】(一五五一～八九)フランス国王(在位一五七四～八九)。ユグノー戦争に際し、初めは旧教派、のちユグノー派と結ぶなど動揺はなはだしく、修道士クレマンに暗殺された。

**アンリ**〈四世〉【Henri IV】(一五五三～一六一〇)フランス国王(在位一五八九～一六一〇)。ブルボン王朝の始祖。ユグノー派の首領として活躍。アンリ三世暗殺後即位し、一五九三年旧教に改宗。国内の統一と平和回復に努力。一五九八年ナントの勅令を発し宗教戦争を終結。旧教徒により暗殺された。↓写

●アンリ四世

**あん-りゅう**【暗流】①表面に現れない水流。水底の流れ。②外部に現れない動き。

**あん-るい**【暗涙】人知れず流すなみだ。shed tears silently 用例 ——にむせぶ。

**アンルワー**【UNRWA】《United Nations Relief and Works Agency for Palestine Refugees in the Near East の略》国連パレスチナ難民救済事業機関。パレスチナ難民に対する医療・教育・食糧援助などを行う機関。一九四九年設立。本部ベイルート。

**あん-ろくざん**【安▼禄山】(？～七五七)中国、唐代の武将。胡人(こじん)。玄宗皇帝の信を受け、宰相楊国忠(ようこくちゅう)らと対立し、七五五年反乱を起こした。翌年洛陽(らくよう)で大燕皇帝を称したが、子の慶緒に殺された。

# い イ

**い**【い・イ】五十音図あ行第二の仮名。平仮名「い」は「以」の草体。片仮名「イ」は「伊」の左。

**イ** 3画【▼囗】部首[囗](くにがまえ) JIS 5188
音 イ・コク
かこむ。かこみ。↓コク[囗]

**イ** 3画【▼已】部首[己](おのれ) JIS 5465
音 イ
①やめる。おわる。中止する。②すでに。すでにして。もうしてしまった。「已然形」③はなはだ。大層。④のみ。だけ。文末に付けていきるのに用いる。参考 己(き)・巳(し)は別の字。

**イ** 5画【以】部首[人](ひと) 教育小4 JIS 1642
音 イ

以 以 以 以 以

①…から。…より。「以遠・以下・以外・以前・以東・以来」②…をもって。…によって。「以心伝心」③ゆえに。ゆえ。④おもう。おもうに。⑤もちいる。使用する。

**イ** 6画【▼伊】部首[人・亻](にんべん) 人名用 JIS 1643
音 イ
①かれ。これ。かの。この。②イタリア(伊太利)のこと。「訪伊の旅」③伊賀国(いがのくに)のこと。「伊州」

**イ** 6画【▼圯】部首[土](つちへん)
音 イ
はし。つちばし。土でつくった橋。

**イ** 6画【▼夷】部首[大](だい) JIS 1648
音 イ
①たいらげる。ころす。②えびす。㋐中国の東方の未開地・異民族。「東夷」「夷狄(いてき)」㋑外国人を悪くいうのに用いる。「夷人」㋒えみし。えぞ。アイヌの旧称。㋓あらあらしい東国武士。㋔七福神のひとり。

**夷を以て夷を制す**(いをもっていをせいす) 他国民どうしを戦わせて自国の安全・利益をはかる。

**イ** 6画【衣】部首[衣](ころも) 教育小4 JIS 1665 ／ 5画【▼衤】部首[衤](ころもへん) 異体字
音 イ・エ
訓 ころも

衣 衣 衣 衣 衣 衣

ころも。きぬ。きもの。身につけるもの。きる。きせる。「着衣・白衣(はくい・びゃくえ)」「衣装・衣服・衣料・衣類」用例《接尾的》作業——。参考 漢字の偏になると、衤を用いる。

**イ** 7画【位】部首[人・亻](にんべん) 教育小4 JIS 1644
音 イ
訓 くらい

位 位 位 位 位 位 位

①くらい。身分。「官位・即位・地位・品位」「位階」②等級。「順位・上位・第三位」③方角。「方位」④ところ。「位置」⑤くらいする。そこにある。⑥人や死者をうやまっていうのに用いる。「各位・霊位」用例(助数)物故者五——。⑦数のくらいどり。用例(助数)千——の数。⑧…くらい。…ぐらい。…ほど。

**イ** 7画【医】部首[匚](かくしがまえ) 教育小3 JIS 1669 ／ 18画【▼醫】部首[酉](ひよみのとり) 旧字 JIS 7848
音 イ

医 医 医 医 医 医 医

①病気の診察・治療を職業とする人。くすし。「校医・侍医・獣医・女医・名医」「医師・医者・医伯」用例《接尾的》開業——。②病気をなおす。いやす。「医院・医術・医薬・医療」用例(名)——は仁術。——を業とする。

**医は仁術也**(いはじんじゅつなり) 医術は、人命を救う道である。

**イ** 7画【囲】部首[囗](くにがまえ) 教育小4 JIS 1647 ／ 12画【▼圍】旧字 JIS 5203
音 イ
訓 かこむ・かこう

囲 囲 囲 囲 囲 囲 囲

①かこむ。かこう。とりまく。「重囲・包囲」「囲繞(いにょう・いじょう)」②かこみ。かこい。まわり。「胸囲・四囲・周囲・範囲」

**イ** 7画【▼矣】部首[矢](や) JIS 6667
音 イ
漢文で、語句のおわりに用いて、断定・決定などの意を表す。置字(おきじ)として、よまないことが多い。

**イ** 8画【依】部首[人・亻](にんべん) 常用 JIS 1645
音 イ・エ
①よる。よりかかる。たよる。「依存・依頼」②…による。「依願免官・依拠」③もとのまま。そのまま。「依然」↓エ[依]



↓行き先項目、図版・写真参照印。 JIS 日本工業規格情報交換用漢字符号コード(区点コード)。

**イ** 8画 【委】 部首[女] 教育小4→教育小3 JIS1649
音イ
①まかせる。ゆだねる。代行させる。「委員・委託・委任」②すてる。なりゆきのままにする。「委棄」③くわしい。つぶさに。「委曲・委細」④委員・委員会のこと。用例(接尾的)公取―。

**イ** 8画 ▼【苡】 部首[艹] JIS7179
音イ・シ
①「芣苡」は、オオバコ。オオバコ科の多年草。②「薏苡」は、ハトムギ。イネ科の一年草。

**イ** 8画 ▼【怡】 部首[忄] JIS5562
音イ
よろこぶ。たのしむ。よろこばす。「怡色」

**イ** 8画 【易】 部首[日] 教育小5 JIS1655
音エキ・イ 訓やさしい
筆順→エキ[易]
①やさしい。たやすい。やすい。対義 難。「安易・簡易・平易・容易」用例(名)難をさけて、―につく。②おさめる。おさまる。③あなどる。かろんずる。→エキ[易]

**イ** 9画 ▼【姨】 部首[女] JIS5309
音イ
①おば。母の姉妹。②妻の姉妹。妻のいもうと。

**イ** 9画 【威】 部首[女] 常用 JIS1650
音イ
①おごそか。いかめしい。「威厳・威信・威風」②いきおい。人をしたがわせる、いきおい。「権威・国威・猛威」「威勢・威力」用例(名)―をふるう。③おどす。おそれさせる。「脅威」「威圧・威嚇」用例(名)虎の―をかる狐。
**威有って猛からず**(いあってたけからず) 威厳があって、しかも、おだやかである。

**イ** 9画 ▼【迤】 部首[辶] 9画 ▼【迆】 異体字
音イ・タ
①ゆく。ななめにいく。まがりくねっていく。②つらなる。くねくねとつづく。

**イ** 9画 【胃】 部首[月] 教育小4 JIS1663
音イ
食道と腸との間にある袋状の消化器。脊椎動物のほとんどにみられる。いぶくろ。「健胃剤」「胃液・胃下垂・胃拡張・胃病・胃壁」用例(名)―が痛む。→図

●胃 人の胃と関連器官

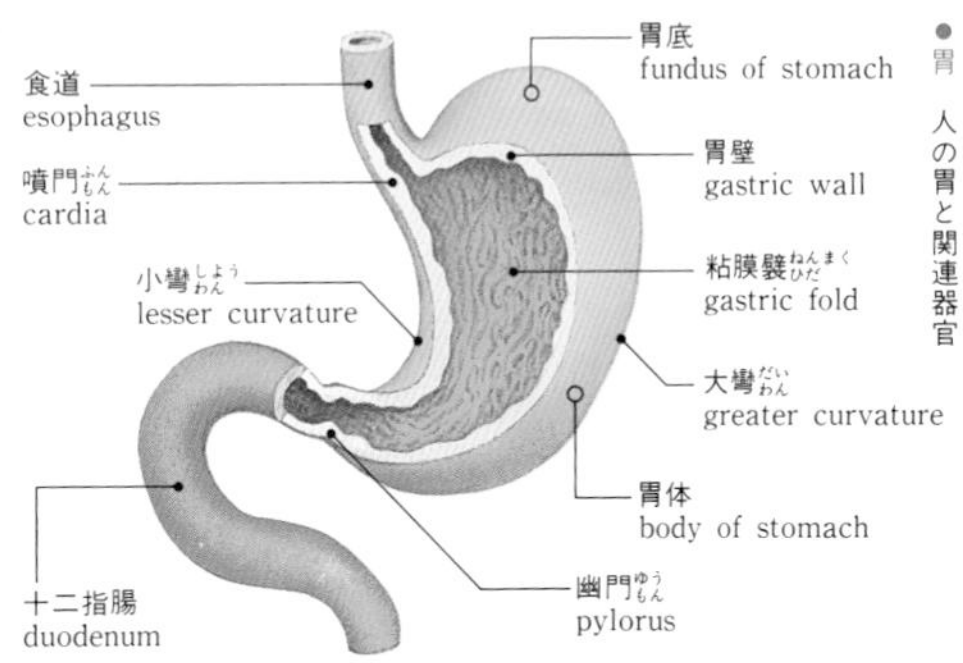


**イ** 9画 ▼【洟】 部首[氵] JIS6206
音イ・テイ
はなじる。はなみず。鼻からでる分泌液。

**イ** 9画 【為】 部首[灬] 常用 JIS1657 12画 ▼【爲】 旧字 部首[爫] JIS6410
音イ
①なす。する。おこなう。「行為・無為・有為」「為政者」②つくる。つくりあげる。「作為・人為」③仏教で、因縁によって事のおこること。「有為」④なり。たり。⑤ため。ために。

**イ** 9画 【畏】 部首[田] JIS1658
音イ
①おそれる。おびえる。ひるむ。「畏怖」②うやまう。おそれうやまう。「畏敬・畏友」③かしこい。かしこまる。

**イ** 9画 ▼【韋】 部首[韋] 10画 ▼【韋】 異体字 JIS8074
音イ
①なめしがわ。毛をとり、なめして軟らかくしたかわ。「韋編」②そむく。たがう。③「韋駄天」は、寺院のまもり神。足がはやい。④部首の一つ。なめしがわ。

**イ** 10画 ▼【倚】 部首[人・亻] JIS4865
音イ・キ
①よる。よりかかる。②たのむ。たよりにする。たよる。「倚恃」

**イ** 10画 ▼【恚】 部首[心] JIS5575
音イ
①いかる。おこる。いかり。「瞋恚」②うらむ。うらみ。

**イ** 10画 ▼【眱】 部首[目] 10画 ▼【眤】 異体字 JIS6634
音イ・テイ
①ぬすみみる。ちょっとみる。ながし目にみる。②みつめる。じっとみる。

**イ** 10画 ▼【袘】 部首[衤]
音イ
①ふき。ふきかえし。着物のすそ・そでぐちの、裏地の表へのおりかえし。②そで。着物のそで。

**イ** 11画 【唯】 部首[口] 常用 JIS4503
音ユイ・イ
はい。承諾のことば。「唯々諾々」→ユイ[唯]

**イ** 11画 【尉】 部首[寸] 常用 JIS1651
音イ・ウツ
①軍人の階級の一つ。佐の下。「大尉」「尉官」②じょう。㋐大宝令で、衛門府・兵衛府・検非違使庁の三等官。㋑能楽で、おきな。

**イ** 11画 ▼【帷】 部首[巾] JIS5473
音イ
とばり。たれぎぬ。幕。四方をとりまく幕。カーテン。「帷幄・帷幕」
**帷を下す**(いをくだす) (前漢の儒者、董仲舒が、部屋に帷を下ろして、弟子たちを教えたことによる)塾を開き、子弟を集めて教授する。

**イ** 11画 【萎】 部首[艹] JIS1664
音イ
しぼむ。なえる。しおれる。おとろえる。「陰萎」「萎縮・萎靡」

**イ** 11画 【惟】 部首[忄] 人名用 JIS1652
音イ・ユイ
①おもう。おもいはかる。「思惟」②これ。語を発するときに用いる。③ただ。ひたすら。④はい。承諾のことば。

**イ** 11画 ▼【猗】 部首[犭] JIS6440
音イ
①ああ。感嘆の声。②よる。よりかかる。③しなやか。たおやか。「猗靡」

**イ** 11画 【異】 部首[田] 教育小6 JIS1659 12画 ▼【異】 旧字
音イ 訓こと
①ちがう。ことなる。別の。対義 同。「大同小異・変異」「異郷・異常・異存・異論」用例(名)―を唱える。②ことにする。別にする。「異数・異体」③あやしい。不思議な。かわった。すぐれた。「怪異・奇異」「異才・異材・異様」用例(名)―とするに足りない。縁は―なもの。④正統でない。「異学・異端」⑤あやしむ。うたがう。
**異を立てる**(いをたてる) 人とちがう説を主張する。異を唱える。

**イ** 11画 ▼【痍】 部首[疒] JIS6556
音イ
きず。きずつく。負傷する。「傷痍・創痍」

**イ** 11画 【移】 部首[禾] 教育小5 JIS1660
音イ 訓うつる・うつす
うつる。うつす。「推移・転移」「移管・移転・移動・移民」

**イ** 12画 【偉】 部首[人・亻] 常用 JIS1646 11画 ▼【偉】 旧字
音イ 訓えらい
①すぐれた。えらい。「雄偉」「偉業・偉人・偉大」②みごとな。「偉観」

**イ** 12画 ▼【幃】 部首[巾] JIS5475
音イ・キ
とばり。たれぎぬ。まわりをとりかこむ幕。カーテン。

**イ** 12画 ▼【葦】 部首[艹] 13画 ▼【葦】 異体字 JIS1617
音イ
アシ。イネ科の多年草。よし。

**イ** 12画 ▼【逶】 部首[辶] JIS7791
音イ
ななめにいくさま。くねくねとまがるさま。「逶迤」

**イ** 12画 【椅】 部首[木] JIS1656
音イ
いす。こしかけ。よりかかりのある、こしかけ。「椅子」

**イ** 12画 ▼【渭】 部首[氵] JIS6247
音イ
中国の川の名。甘粛省の南東部からながれだし、黄河にそそぐ。渭水。

**イ** 12画 ▼【猬】 部首[犭]
音イ
ハリネズミ。モグラ目に属する哺乳動物。

**イ** 12画 ▼【詒】 部首[言] JIS7540
音タイ・イ
①のこす。後世につたえる。②おくる。人にものを贈る。→タイ[詒]

**イ** 12画 ▼【貽】 部首[貝] JIS7638
音イ
①のこす。後世につたえる。②おくる。人にものを贈る。

**イ** 13画 ▼【彙】 部首[彐] JIS5535
音イ
①ハリネズミ。モグラ目に属する哺乳動物。②あつまる。あつめる。あつまり。同類のものたぐい。「語彙・字彙・辞彙」「彙報」

**イ** 13画 【違】 部首[辶] 常用 JIS1667 13画 ▼【違】 旧字
音イ 訓ちがう・ちがえる
①ちがう。まちがえる。「相違」「違算」②そむく。たがう。「非違」「違憲・違背・違反・違法・違約」

**イ** 13画 【意】 部首[心] 教育小3 JIS1653 13画 ▼【意】 旧字
音イ
①こころ。きもち。「会意・敬意・好意・厚意・随意・誠意」「意気・意識」用例(名)―に介しない。―をくむ。②おもい。かんがえ。こころざし。おもわく。おもう。対義 知・情。「合意・注意・発意」「意見・意向・意志・意図」用例(名)―を受ける。―を尽くす。貴―を得たい。③わけ。ものごとの内容。「大意・文意」「意義・意味」用例(名)―を知る。④仏教で、思いめぐらす心のはたらきのこと。「意根・意識」
**意余って言葉足らず**(いあまってことばたらず) (心に思うことがあまるほどあっても、それを表現することばが不十分である、の意)言いたいことが先に立ち、表現が追いつかない。I cannot find adequate words to express my feelings.

▼常用漢字表外。 ▽常用漢字表の音訓外。

**意到りて筆随う**(いいたりてふでしたがう) 詩歌や文章の筆が、思うままにすらすら運ぶことを言う。
**意とせず**(いとせず) 気にとめない。心にかけない。
**意に中る**(いにあたる) 思いどおりになる。心に適う。
**意に介しない**(いにかいしない) 気にとめない。do not mind
**意に適う**(いにかなう) 気に入る。agreeable to a person
**意に満たない**(いにみたない) 気に入らない。unsatisfactory
**意の儘**(いのまま) 思いどおり。思いのまま。have one's way
**意を致す**(いをいたす) ①一つのことに心を集中する。深く用心をする。②意思を伝える。
**意を受ける**(いをうける) 人の考えに従う。comply with a person's wishes
**意を得ず**(いをえず) ①意味が理解できない。わけがわからない。be unable to understand ②思うに任せない。be unable to get one's way
**意を酌む**(いをくむ) 人の考え・意見を、善意に察してやる。take into consideration
**意を決する**(いをけっする) 決心する。make up one's mind
**意を注ぐ**(いをそそぐ) 一所懸命に努力する。気をつける。make an effort; pay attention to
**意を体する**(いをたいする) 人の考えを自分の考えとして行動する。act in compliance with a person's will
**意を尽くす**(いをつくす) 考えをていねいに説明する。make one's intention known
**意を強くする**(いをつよくする) 支持や励ましなどがあって、心強く思う。自信をもつ。feel encouraged
**意を迎える**(いをむかえる) 人のきげんをとる。
**意を用いる**(いをもちいる) 気を配る。注意を払う。用例 落ちがないように—。

**イ** 13画【▼煒】 部首[火]
音 イ・キ
①あきらか。あかるい。ひかりかがやく。②あかい。火があかい。③さかん。

**イ** 13画【▼痿】 部首[疒] JIS 6563
音 イ
①なえる。しおれる。おとろえる。②しびれる。しびれ。手足がしびれる病気。

**イ** 13画【▼肄】 部首[聿] JIS 7071
音 イ
①ならう。まなぶ。②ひこばえ。草木の切り株からでた芽。

**イ** 14画【▼漪】 部首[氵]
音 イ
さざなみ。波紋。なみ。なみだつ。

**イ** 14画【維】 部首[糸] 常用 JIS 1661
音 イ・ユイ
①つなぐ。つなぎとめる。「維持」②つな。なわ。ひも。すじ。「繊維」③これ。語を発するときに用いる。「維新」

**イ** 14画【▼飴】 部首[食] 13画【▼飴】 異体字 JIS 1627
音 イ・シ
あめ。澱粉質を糖化させた、ねばねばしている、あまい食品。

**イ** 15画【遺】 部首[辶] 教育小6 JIS 1668 16画【▼遺】 部首[辶] 旧字
音 イ・ユイ
遺 遺 遺 貴 貴 遺
①のこる。のこす。「遺戒・遺憾・遺骨・遺産・遺児・遺跡・遺伝」②わすれる。おとす。「拾遺・補遺」「遺失物」③すてる。「遺棄」④おくる。あたえる。やる。「遺贈」↓ユイ[遺]

**イ** 15画【慰】 部首[心] 常用 JIS 1654
音 イ
訓 **なぐさめる・なぐさむ**
①なぐさめる。いたわる。なだめる。「弔慰」「慰安・慰問・慰労」②なぐさむ。もてあそぶ。

**イ** 15画【▼蝟】 部首[虫] JIS 7386
音 イ
①ハリネズミ。モグラ目に属する哺乳動物。②あつまる。むらがりあつまる。「蝟集」

**イ** 15画【▼頤】 部首[頁] JIS 8085 16画【▼頥】 異体字
音 イ
おとがい。あご。あごをしゃくる。「頤使」

**イ** 16画【▼噫】 部首[口] JIS 5164
音 イ・アイ
あ。ああ。哀痛の声。嘆息の声。↓アイ[噫]

**イ** 16画【▼縊】 部首[糸] JIS 6948
音 イ・エイ
①くびる。くびをくくって、しめ殺す。②くびれる。くびをくくって、自殺する。「縊死」

**イ** 16画【緯】 部首[糸] 常用 JIS 1662 15画【▼緯】 旧字
音 イ
対義 経。①よこいと。ぬき。布を織るときの横糸。「経緯」②よこ。左右の方向。③東西の方向。地球の表面に赤道と平行して引いた仮定の線。「南緯・北緯」「緯度」

**イ** 16画【▼螠】 部首[虫]
音 イ
ユムシ。ゆむし動物門に属する動物。いいむし。ゆ。タイやカレイなどの釣り餌にする。

**イ** 16画【▼謂】 部首[言] JIS 1666
音 イ
①いう。はなす。つげる。②おもう。かんがえる。③いい。いわれ。わけ。意味。

**イ** 17画【▼鮪】 部首[魚] JIS 4378
音 イ・ユウ
マグロ。スズキ目に属する海水魚。しび。

**イ** 18画【▼彝】 部首[彐] JIS 5519 16画【▼彜】 異体字 JIS 5520
音 イ
①つね。人のふむべき、いつもかわらない一定の道。②のり。法則。③宗廟にそなえておく祭具。鐘・鼎など。また、酒をいれる器。
**彝を秉る**(いをとる) 人の守るべき道をかたく守る。

**イ** 20画【▼鰄】 部首[魚] JIS 8258
音 イ
魚のなまえ。

**イ** 21画【▼饐】 部首[食] JIS 8130
音 イ・エッ
すえる。食べ物がくさって、すっぱくなる。↓エッ[饐]

**イ** 22画【▼懿】 部首[心] JIS 5684
音 イ
よい。立派である。うるわしい。

**い**【井】 井戸。古くは、わき水や流水をくみ取る場所にも言った。
**い**【▼亥】 ①十二支の第一二。いのしし。②昔の時刻の名。今の午後一〇時および、その前後の二時間。③方角で、ほぼ北々西。
**い**【▽胆】 きも。胆嚢。用例 クマの—。
**い**【▼猪・▼豬・▼豕】 イノシシ・ブタのこと。
**い**【▽寝】 寝ること。眠ること。
**寝も寝られず**(いもねられず) 眠ることもできない。
**い**【▼藺】 イグサ科の多年草。湿地にはえる。高さ一～一・五m。茎は丸くて、直径約二mm。畳表・花むしろの原料として栽培もする。岡山・熊本が主産地。ずいは灯心にする。イグサ。トウシンソウ。↓写
**い** 古語(助)《格助詞、あるいは副助詞とも言われ定説がない。強調の助詞》①主語に付いて、それを強く示す。それこそ。用例 紀伊の関守—留めてむかも(万葉・四・五四五)。②連体修飾語に付いて、語調を強める。用例 乱れぬ—間に見せむ子もがも(万葉・一〇・一八五一)。参考 上代語。漢文訓読では平安時代以降も用いた。
**い**(終助)《文末に付く》語気を強め、また語調をととのえる語。…よ。用例 どうだ—。早くしろ—。見たか—。
**い** 古語(接頭)《動詞の上に付いて》語調を整えたり、意味を強めたりする。用例 奈良の山の山の際に—隠るまで(万葉・一・一七)。
**イアーゴ**【Iago】 シェークスピアの悲劇『オセロ』に登場する悪役。オセロの嫉妬の原因をつくり出し、その妻デズデモーナを殺害させる陰険な男。
**い-あい**【居合(い)】 刀を腰にさした状態から、す早く抜いて相手を斬る武術。流派によって抜刀術・鞘の内・詰め合いなどの名称もある。↓写

●居合い

**い-あい**【遺愛】 死者が生前だいじにしていたこと・物。
**いあい-ぬき**【居合(い)抜き】 ①剣術の技の一つ。片膝をついたままで、すばやく刀を抜き、敵を斬るもの。居合い。②①を見世物化した大道芸。江戸中期以降に始まる。
**い-あか・す**【居明かす】 古語(四他) 夜が明けるまで起きている。徹夜する。用例 —・して君をば待たむ(万葉・二・八九)。
**い-あき**【居空き】《「空き」は「空き巣」の略》人が家にいるのに、忍び入って金品を盗むこと・泥棒。

●イ(藺)

**い-あく**【▼帷▼幄】《陣営の幕、の意》①作戦計画を立てる所。本営。用例 はかりごとを—にめぐらす。②作戦のうまい人。参謀。謀臣。
**帷幄に参ず**(いあくにさんず) 軍事上の機密の相談に加わる。
**イアソン**【Iāsōn ギリシア】 ギリシア神話でイオルコスの王アイソンの子。アルゴ号遠征の指導者。女神ヘラの加護とメデイアの助けで黄金の羊皮を得て王位を継ぎ、約束通りメデイアと結婚。のち妻を裏切り子を殺される。Jason
**イアタ**【IATA】《International Air Transport Association の略》国際航空運送協会。世界各国の航空会社による国際民間航空機関(ICAO)の協力機関。一九四五年成立。
**い-あつ**【威圧】(名・サ変他) 威力でおさえつけること。おどして、おさえつけること。repression
**い-アトニー**【胃アトニー】 胃壁の緊張がゆるんだ状態。多くは胃下垂をともない、胃運動も低下する。食後の重苦しい膨満感が主症状。gastric atony
**イアペトス**【Iapetos ギリシア】 ギリシア神話のウラノスとガイアの子。ティタン神族の一人。ヘシオドスの『神々の誕生』に登場。
**イアリング**【earring】 ↓イヤリング
**い-あわ・せる**【居合(わ)せる】(下一自) ちょうどその場にいる。うまい具合にそこにいる。居合わす。happen to be there
**い-あん**【慰安】(名・サ変他) なぐさめて気持ちをなごやかにさせること。気ばらしをさせること。consolation
**い-あんじん**【異安心】《仏教語》宗派の正統的な教義とは異なった見解や解釈のこと。とくに浄土真宗で、親鸞が説いた信仰のあり方とは異なった異端の説のこと。
**いい**【▽飯】 米を炊いたもの。また、蒸したもの。ご飯。めし。
**いい**【▼謂】 ①いわれ。わけ。意味。用例 その—は。②言うこと。言ったこと。
**い・い**【▽良い・▽善い・▽好い】 (形)《「よい」の転。終止・連体形だけを使う》①よい。用例 もう—かい。—線行ってる。②皮肉の気持ちで「ひどい」の意味に使う。用例 —迷惑だ。
**好い御湿り**(いいおしめり) 晴天が長続きして困っているときの、ほどよい雨降り。待ち望んでいた雨降り。a welcome rain
**良い薬**(いいくすり) 失敗などが、のちのちのよい教訓になること。a good lesson 用例 失敗が—になった。
**良い事にして**(いいことにして) 自分に都合のよいように、決めこんで。便乗して。take advantage of 用例 社長の不在を—。

**良い潮に**(いいしおに) 都合のよい、きっかけとして。take advantage of 用例 客が来たのを—退散した。

**好い線行く**(いいせんいく) いい状態が続く。come along very nicely

**好い面の皮**(いいつらのかわ) ①人が不幸にあい、また、しくじったときなどに、それをあざけって言うことば。Shame on you! ②自分がだまされたり、考えられないような、おろかな失敗をしたりしたときなどに、自分で自分をあざけって言うことば。That puts me in a fine position!

**い-い【易易】**(形動トタル) たやすいさま。用例 —たるわざ。

**い-い【唯唯】**㊀(感)《承諾の返事》はいはい。㊁(形動トタル) 人の言うとおりになるさま。用例 —として従う。

**イー【E・e】**①アルファベットの第五文字。②《大文字で》音楽で、音名の一つ。ホ音。③《大文字で》東・東経(East)を表す記号。

**イー-アール-ピー【ERP】**《European Recovery Program の略》ヨーロッパ復興計画。

**いい-あい【言(い)合い】** 言い合うこと。口論。quarrel

**イー-アイ-ビー【EIB】**《European Investment Bank の略》ヨーロッパ投資銀行。ヨーロッパ経済共同体(EEC)の付属機関の一つ。域内の低開発地域の開発・援助を目的とする銀行。ローマ条約にもとづき一九五八年に設立。

**いい-あ・う【言(い)合う】**(五他) ①口々に言う。②言い争う。口論する。quarrel; dispute

**いい-あ・つ【言い当つ】** 古語(下二他) →いいあてる(言い当てる)

**いい-あ・てる【言(い)当てる】**(下一他) 推量で言ったら、そのとおりである。言ったとおりになる。guess right

**いい-あやま・る【言(い)誤る】**(五他) まちがって正しくないことを言う。うっかりして言いまちがえる。say by mistake

**いい-あらそ・う【言(い)争う】**(五自他) 口げんかをする。dispute; quarrel

**いい-あらわ・す【言(い)表す・言い表わす】**(五他) ことばをつかって表す。express 比較 書き表す。

**いい-あわ・せる【言い合(わ)せる・言合(わ)せる】**(下一他) 申し合わせる。言いかわす。約束する。

**イー-イー-カメラ【EEカメラ】**《EEは electric eye の略》→エーイーカメラ(AEカメラ)

**イー-イー-シー【EEC】**《European Economic Community の略》ヨーロッパ経済共同体。ヨーロッパの経済統合をめざし、加盟国間の関税自由化により資本・労働の自由な移動を認めあう共同市場として設立された機構。フランス・西ドイツ・イタリア・ベネルクス三国によって一九五七年結成。六七年にはヨーロッパ石炭鉄鋼共同体(ECSC)、ヨーロッパ原子力共同体(EURATOM)とともにヨーロッパ共同体(EC)を形成。

**いい-い・ず【言い▽出ず】** 古語(下二他) 言いあらわす。言い出す。用例 —・でむもたよりなさに(伊勢・六三)。

**いい-い・る【言い入る】** 古語(下二他) ①内にいる人に外から声をかける。用例「山より、僧都の御消息にて、参りたる人なむある」と—・れたり(源氏・夢浮橋)。②言い聞かせる。言い含める。用例 女の耳に—・れて(枕・あかつきに帰らむ人は)。③申し込む。

**いい-い・れる【言(い)入れる】**(下一他) 考えや希望などを申しこむ。

**いいえ**(感) やや丁寧に否定の意味を表す語。いや。いえ。No. 対義 はい。用例 —、そうではありません。

**イー-エー-シー【EAC】**《East African Community の略》東アフリカ共同体。

**イー-エス-オー-ピー【ESOP】**《employee stock ownership plan の略》従業員持株制度。

**イー-エス-シー【ESC】**《Economic and Social Council の略》経済社会理事会。

**イー-エス-ピー【ESP】**《extrasensory perception の略》超感覚的知覚。感覚器官を通じないで、刺激を感じること。遠隔認知・透視・テレパシー・予知などの総称。デューク大学のラインの命名。超能力。

**イー-エックス-アイ-エム【EXIM】**《Export-Import Bank of the United States の略》アメリカ輸出入銀行。

**イー-エヌ-イー-エー【ENEA】**《European Nuclear Energy Agency の略》ヨーロッパ原子力機関。

**イー-エフ-ティー-エー【EFTA】**《European Free Trade Association の略》→エフタ(EFTA)

**イー-エム-エー【EMA】**《European Monetary Agreement の略》ヨーロッパ通貨協定。

**イー-エム-エス【EMS】**《European Monetary System の略》ヨーロッパ通貨制度。

**イー-エム-エフ【EMF】**《European Monetary Fund の略》ヨーロッパ通貨基金。

**イー-エム-シー-エフ【EMCF】**《European Monetary Cooperation Fund の略》ヨーロッパ通貨協力基金。

**イー-エム-ピー【EMP】**《electro-magnetic pulse の略》電磁パルス。

**いいおか【▽飯▼岡】**〈町〉千葉県北東部、九十九里浜北端の町。沿岸漁業と水産加工、農業では野菜栽培が中心。人口一万一六二三(一九八八)。

**いい-お・く【言(い)置く】**(五他) 話しておく。言い残しておく。leave a message

**いい-おく・る【言(い)送る】**(五他) ①順々に言い伝える。申し送る。send a message ②手紙などで言ってやる。write to 用例 勉強するように—。

**いい-おこ・す【言い▽遣す】** 古語(下二他) 先方から言ってよこす。文などで言ってくる。用例 みちより—・せける(伊勢・一一)。

**いいお-そうぎ【▽飯尾宗▼祇】** →そうぎ(宗祇)

**いい-おと・す【言(い)落(と)す・言落(と)す】**(五他) ①言うべきことを言わずに残す。言いもらす。forget to say ②悪く言う。言いくさす。けなす。

**いい-おも・う【言い思う】** 古語(四他) 口に出して言い、なおかつ心でも思う。用例 ただならず—・ひたるも(源氏・若菜上)。

**いい-がい【言い▽甲▼斐】**《「甲斐」は当て字》忠告・意見などを言ったそのききめ。言うだけのねうち。用例 —がある。

**いい-かえ【言(い)替え・言(い)換え】** 言い替えること。言い替えたことば。say in other words 比較 書き替え。

**いい-かえ・す【言(い)返す】**(五自他) ①くり返し言う。repeat ②口答えする。抗弁する。talk back; answer back 用例 負けずに—。

**いい-か・える【言(い)替える・言(い)換える】**(下一他) 同じ意味のことを別のことばで言う。put it in another way

**いい-かお【▽好い顔】** ①きげんのよい顔。②顔がきくこと・人。big shot 用例 あの街ではすっかり—だ。

**好い顔になる**(いいかおになる) 世間からの評価をあげる。はばがきくようになる。become influential

**好い顔をしない**(いいかおをしない) きげんよく応対しない。承知をしない。not be happy about

**いい-がかり【言(い)掛かり・言掛(か)り】** ①言い合って、意地になること。言い出して、あとへ引かれないこと。用例 —上、ひっこむわけにはいかない。②根も葉もないことを言いたてて、人を困らせること。false accusation 用例 —をつける。

**いい-かか・る【言い掛かる】** 古語(四自) ①人にことばをかけて近づく。言い寄る。用例 ねんごろに—を(源氏・玉鬘)。②言い出して意地になる。用例 それがしも—・ったことぢゃによって(狂言・胸突)。

**いい-かけ【言(い)掛け】** ①話しはじめること。言いだし。begin to say ②話を途中でやめること。言いさし。breaking off the conversation ③修辞法の一つ。かけことば。

**いい-か・ける【言(い)掛ける】**(下一他) ①人に向かってものを言う。話しかける。speak to ②ことばに出して言い始める。begin speaking ③途中まで言って中止する。言い残す。stop in the middle of a sentence ④言いがかりをつける。accuse falsely

**いい-かげん【▽好い加減】** ㊀(名・形動) ①ほどほどであるさま。なまぬるいこと。unconvincing 用例 —な返事。②でたらめ。おざなり。irresponsible remark 用例 —なことを言う。㊁(副) だいぶ。かなり。相当。pretty 用例 —困った。

**好い加減にしろ**(いいかげんにしろ)《相手をしかって》もうやめろ。That's enough!

**いい-かた【言い方】** ことばで表現するときの方法・ようす。言いよう。ことばづかい。口のききかた。expression 用例 ものの—を知らない。

**いい-がた・い【言(い)難い】**(形) 言い表すことがむずかしい。言い表しにくい。indescribable; hard to say

**いい-かたら・う【言い語らう】** 古語(四他) 話し合う。用例 世の中の憂きもつらきもをかしきも、かたみに—人(更級)。

**いい-か・ねる【言(い)兼ねる】**(下一他) 言い出しにくい。言うのをはばかる。dare say

**いい-かわ・す【言い交(わ)す・言交(わ)す】**(五他) ①互いに語り合う。have a chat with ②口で約束する。promise ③結婚の約束をする。get engaged

**い-いき【異域】** ちがった国。外国。異境。foreign country

**異域の鬼となる**(いいきのおにとなる) 外国で死ぬ。客死する。

**いい-き【▽好い気】**(形動) 自分で得意になっているさま。ひとりよがり。conceited

**いい-きか・せる【言(い)聞かせる】**(下一他) よくわかるように言って、さとす。訓戒する。admonish

**いい-きみ【▽好い気味】**《おもに、憎い人が困っているのを見たときの》痛快な気持ち。ざまあみろ。いいきび。It serves one right.

**イー-キュー【EQ】**《educational quotient の略》教育指数。学力検査による学力年齢を生活年齢で割って一〇〇を掛けたもの。

**いい-ぎり【▽飯▼桐・▼椅】** イイギリ科の落葉高木。山地にはえ、庭などにも栽植される。雌雄異株。高さ約一〇m。五月に、黄緑色の小花が咲き、果実は一一月に赤く熟す。本州以南に分布。→写

●イイギリ

**いい-き・る【言(い)切る】**(五他) ①言うことを終わる。finish saying ②残らず言う。tell all ③断言する。declare 用例 きっぱりと—。

**イーキンズ【Thomas Eakins】**(一八四四 一九一六) アメリカの画家。徹底した写実的画風。

**いい-ぐさ【言い▽種・言い草】** ①言っている事柄。saying 用例 古い—。②言うべき事柄。言い分。what one says 用例 彼の—を聞こう。③言いよう。言い方。way of saying 用例 その—はなんだ。④口ぐせに言うこと。one's favorite phrase 用例 いつもの—。⑤口実。言いぬけ。excuse 用例 —にすぎない。

**イーグル【eagle】** ①ワシ。②ゴルフで、ホールの基準打数(パー)より二打少ない打数。また、その打数でボールをホールに入れること。

**いい-くる・める【言(い)▽包める】**(下一他) うまく口先でごまかす。言いまるめる。persuade 用例 黒を白と—。

**イーゲー-ファルベン【I. G. Farben】** 一九二五年にドイツの六大化学工業会社が合同して生まれた世界最大の染料・薬品製造会社。ナチ体制下で急速に発展したが、第二次大戦後、五社に解体・再編された。

**いい-け・つ【言い消つ】** 古語(四他) ①言いかけてやめる。用例 末は—・ちて(源氏・椎本)。②人の話を否定する。用例 つつましげに—・ち給へるほど(源氏・宿木)。③とがめる。そしる。用例 人にも—・たれ(徒然・一六七)。

**いい-こ【▽好い子】** よい子。good boy

**好い子になる**(いいこになる) 自分だけ人によく思われるようにする。take all the credit

**いい-こな・す【言いこなす】**(五他) ことばたくみに言い表す。express properly

**いい-こ・める【言(い)込める・言(い)▼籠める】**(下一他) 理屈で相手をやりこめる。take down

**イーゴリ〈一世〉【Igor I】**(八七七 九四五) ロシアのキエフ大公(在位九一二 九四五)。コンスタンチノープルに遠征し、九四四年ビザンチン帝国と通商条約を結んだ。

**イーゴリぐんき【イーゴリ軍記】**《原題 Slovo o polku Igoreve(ロシア)》一二世紀末成立とされるロシアの代表的叙事詩。作者不詳。大公の遊牧民討伐をうたう。ボロディンのオペラ『イーゴリ公』によっても知られる。

**イーゴリこう【イーゴリ公】**《原題 Knyaz' Igor(ロシア)》ボロディン作曲のオペラ。全四幕。一八九〇年初演。作曲者自身の台本による中世ロシアを舞台とする史劇。『韃靼人の踊り』が有名。

**いいざか-おんせん【▽飯坂温泉】** 福島県福島市、阿武隈川支流摺上川沿いの温

▼常用漢字表外。 ▽常用漢字表の音訓外。

泉。東北有数の温泉郷で、福島市の奥座敷と呼ばれる。

**いい-さ・す**【言いさす】(五他) 言いかけてやめる。

**いい-ざま**【言い様】＝いいさま。㊀(名) 言い方。話しぶり。㊁(副) 言うと同時に。言うやいなや。

**いいざわ-ただす**【飯沢▼匡】(一九〇九) 劇作家・演出家。和歌山県生まれ。慶大卒。軽妙な社会風刺喜劇が本領。戯曲『北京の幽霊』『鳥獣合戦』など。

**イー-シー**【EC】《European Community の略》ヨーロッパ共同体。ヨーロッパ経済共同体(EEC)・ヨーロッパ石炭鉄鋼共同体(ECSC)・ヨーロッパ原子力共同体(EURATOM)の三機構が、意思決定・執行機関を一体化することにより統合されている。一九六七年設立。一九八九年現在、加盟一二か国。

**イージー**【easy】(形動) 手軽なさま。安易。用例 ―オーダー。

**イー-シー-イー**【ECE】《Economic Commission for Europe の略》ヨーロッパ経済委員会。

**イー-シー-エー**【ECA】《Economic Commission for Africa の略》アフリカ経済委員会。

**イー-シー-エー-ティー**【ECAT】《Emergency Committee for American Trade の略》アメリカ貿易緊急委員会。アメリカの有力経済人約四〇人が結成した財界団体。貿易問題を論議する。一九六九年結成。エキャット。

**イー-シー-エス-シー**【ECSC】《European Coal and Steel Community の略》ヨーロッパ石炭鉄鋼共同体。一九五二年ヨーロッパの石炭・鉄鋼の生産・価格などを管理する目的で発足。ヨーロッパ経済共同体(EEC)・ヨーロッパ原子力共同体(EURATOM)とともにヨーロッパ共同体(EC)を構成する。

**イー-シー-エム**【ECM】①《electronic countermeasure の略》電子対策。敵のレーダー・通信・ミサイル誘導などの各種電波を妨害し麻痺させる手段の総称。②《European Common Market の略》ヨーロッパ共同市場。

**イー-シー-エル-エー**【ECLA】《Economic Commission for Latin America の略》ラテンアメリカ経済委員会。

**イー-シー-オー-エス-オー-シー**【ECOSOC】《Economic and Social Council の略》経済社会理事会。

**イージー-オーダー**《和製語》洋服の仕立て方の一種。型と布地を見本から選び、細部だけを客の寸法に合わせ、仮縫いなしで仕上げる簡便な方法。イージーメイド。

**イージー-ゴーイング**【easygoing】(形動) 安易な方法にたよるさま。イージー。

**イー-シー-シー-エス**【ECCS】《emergency core cooling system の略》発電用原子炉の非常用炉心冷却装置。事故などで炉心の冷却が困難になった場合に作動する。

**イー-シー-シー-エム**【ECCM】《electronic counter-countermeasure の略》対電子対策。敵の電子対策(ECM)に対抗して、味方の兵器類の電磁エネルギーの効果的な使用を確保する手段の総称。

**イー-シー-ダブリュー-エー**【ECWA】《Economic Commission for Western Asia の略》西アジア経済委員会。

**イー-シー-ダブリュー-エー-エス**【ECWAS】《Economic Community of West African States の略》西アフリカ経済共同体。

**イージー-ペイメント**《easy-payment system の略》分割ばらい。

**イー-シー-ユー**【ECU】《European Currency Unit の略》ヨーロッパ通貨単位。

**イージー-リスニング-おんがく**【イージーリスニング音楽】 情緒があって、くつろいで聴ける音楽。easy listening music

**イージス-システム**【Aegis system】《「イージス」は、ギリシア神話でゼウスがアテナに貸した胸甲》高性能のレーダー・コンピューターによって敵対する複数の目標を同時に探知し、迎撃ミサイルなどの発射・誘導を自動的に行う防空システム。これを装備した軍艦をイージス艦という。エージスシステム。

**いい-しぶ・る**【言(い)渋る】(五他) 言うのをいやがったり、うまく言えなかったりして、つかえる。hesitate to say

**いいじま**【▽飯島】〈町〉 長野県南部、伊那盆地の町。天竜川の段丘にあり、稲作がさかん。二十世紀ナシの産地。人口一万七三七(一九八八)。

**いいじま-いさお**【▽飯島▼魁】(一八六二) 動物学者。静岡県生まれ。東大卒。日本の近代動物学の先駆者、日本鳥学会の創始者の一人。著書に『動物学提要』。

**いいじま-こういち**【▽飯島耕一】(一九三〇) 詩人。岡山市生まれ。東大卒。詩集『他人の空』『ゴヤのファーストネームは』など。

**イーシャンテン**【一向聴中】(yīxiàngtīng) 麻雀で、あと一枚必要な牌があれば聴牌になる状態。

**いい-じょう**【言い条】㊀(名) 言い分。用例 きみの―を聞こう。㊁文語的(連語)《「…とは言い条」の形で》…とはいうものの。…とはいっても。用例 入学難とは―。

**いい-し・る**【言い知る】古語(四他) 話し方を心得ている。用例 ことばも―・らず(伊勢・二〇七)。

**いい-しれ-ない**【言い知れない】(連語) なんとも言いようのない。言うに言われない。undescribable 用例 ―不安に襲われる。

**いい-しろ・う**【言いしろう】古語(四他) ①互いに言い合う。語り合う。用例 いかに聞えむなど―べかめれど(源氏・夕顔)。②言いあらそう。口論する。用例 心も得ず―(源氏・末摘花)。

**いい-す・ぎる**【言(い)過ぎる】(上一他) 調子にのって、ことばが過ぎる。say too much

**いい-すご・す**【言い過(ご)す・言過(ご)す】(五他) 言い過ぎる。say too much

**いい-ずし**【▽飯▼鮨】 押しずしの一種。すし飯の上に魚肉などをのせたすし。現在の大阪風の箱ずし、和歌山のこけらずしに近い。

**イースター**【Easter】 復活祭。

**イースター-とう**【イースター島】(Easter Island) 太平洋南東部、ポリネシア南東の火山島でチリ領。巨石像(モアイ)で知られる。

**イースター-とう-みん**【イースター島民】 チリ西方、イースター島の原住民。ネグロイドと混血のポリネシア人種。白人の進出により固有の文化はほぼ消滅したが、アフー祭壇や巨石像(モアイ)を残す。

**イースタン-ハイランズ**【Eastern Highlands】 グレートディバイディング山脈の別称。

**イースタン-リーグ** プロ野球で、関東に本拠地をおくセ・パ六球団の二軍で結成されたリーグ。昭和三六年(一九六一)に発足。巨人・ヤクルト・大洋・西武・ロッテ・日本ハムが所属。

**いい-す・てる**【言(い)捨てる】(下一他) 言いっぱなしにする。言ったままで返答を待たない。用例 ―・てて背を向ける。

**イースト**【east】 ①東。②東洋。③東部。④東風。

**イースト**【yeast】 酵母。酵母菌。

**イーストウッド**【Clint Eastwood】(一九三〇) アメリカの映画俳優。主演作『荒野の用心棒』『ダーティハリー』シリーズなど。

**イースト-エンド**【East End】 ①イギリス、イングランド南東部、テムズ川左岸の地区。工場・港湾地区。②第二次大戦前のロンドン市東部の貧民街。③《転じて》大都会の退廃地区。

**イースト-サイド**【East Side】 ①アメリカ、ニューヨーク市マンハッタン北東の地区。スラム・住宅地区・オフィス街・商業地区の四部分からなる。②《転じて》スラム。貧民街。

**イーストマン-コダック**【Eastman Kodak Co.】 アメリカにある世界最大手の写真機器・用品メーカー。化学繊維・化学製品でも有力。一九〇一年設立。コダック。

**イーストラ-はんとう**【イーストラ半島】(Istra) ↓イストリアはんとう(イストリア半島)

**イースト-リバー**【East River】 アメリカ、ニューヨークのマンハッタン島とロングアイランド島の間にある河川状の小海峡。長さ二五km。

**イーゼル**【easel】 絵を描くとき、カンバスや画板を適当な位置に保持する木製の台。画架。↓写

● イーゼル

**いい-そこな・う**【言(い)損なう】(五他) ①言いまちがえる。言いあやまる。say by mistake ②言うべきではないことを言う。失言する。make a slip of the tongue ③言いたかったことを、言わないでしまう。fail to tell

**いい-そび・れる**【言いそびれる】(下一他) 言い出す機会を失う。言いはぐれる。fail to tell

**いいだ**【▽飯田】〈市〉 長野県南部、伊那盆地南部の市。旧城下町。下伊那地方の商業の中心。凍豆腐・水引が特産。防火帯のリンゴ並木が有名。人口九万二〇五〇(一九八九)。

**いいたか**【▽飯高】〈町〉 三重県中部、櫛田川上流の町。林業が中心。景勝の香肌峡がある。人口七一〇五(一九八八)。

**いいたがわ**【▽飯田川】〈町〉 秋田県、八郎潟南東の町。稲作、みそ・しょうゆ・清酒の醸造がさかん。人口五三三三(一九八八)。

**いい-だくだく**【唯唯諾諾】(形動トタル) ただもう、はいはいと他人に従うさま。submissively 用例 ―として従う。

**いい-だこ**【▽飯▼蛸】 マダコ科のタコ。浅海に生息。全長約二〇cm。名は産卵期に腹部全体が米飯をつめたようになることに由来。北海道南部から九州に分布。↓タコ図

**いいだ-じけん**【▽飯田事件】 自由民権運動の激化事件の一つ。明治一七年(一八八四)自由党員村松愛蔵らが政府転覆のため長野県飯田で農民を組織、挙兵を計画したが未然に発覚し、主謀者は逮捕された。

**いいだしっ-ぺ**【言い出しっ▼屁】 ①くさいと言い出した人が、実はおならをした本人であること。②最初にしようと言い出すこと・人。③言い出した人がまず始めるはめになること。

**いい-た・す**【言(い)足す】(五他) ことばの足りなかったところを付け加えて言う。add 用例 あとから―。

**いい-だ・す**【言(い)出す】(五他) ①言いはじめる。break the ice ②口に出して言う。say

**いいだ-たけさと**【▽飯田▽武▽郷】(一八二七〜一九〇〇) 幕末・明治の国学者・歌人。信州の人。平田銕胤の門人。維新後は東大教授など。著書『日本書紀通釈』など。

**いいだ-だこつ**【▽飯田蛇▼笏】(一八八五〜一九六二) 俳人。山梨県生まれ。早大中退。本名、武治。龍太の父。『雲母』主宰。大正初期『ホトトギス』の主要作家。句集『山廬集』など。

**いいたて**【▽飯▼舘】〈村〉 福島県北東部、阿武隈高地北部の村。稲作中心。高冷地野菜栽培なども行う。人口八二九〇(一九八八)。

**いい-た・てる**【言(い)立てる】(下一他) ①とりたてて言う。state ②言い張る。insist

**イー-ダブリュー**【EW】《electronic warfare の略》電子戦。

**いいだ-りゅうた**【▽飯田▼龍太】(一九二〇) 俳人。山梨県生まれ。国学院大卒。蛇笏の子。俳誌『雲母』編集、のち主宰。句集『百戸の谿』『忘音』など。

**いい-ちが・う**【言(い)違う】㊀(五他) まちがって言う。言いまちがえる。make a mistake in speaking ㊁古語(下二他) ↓いいちがえる(言い違える)

**いい-ちが・える**【言(い)違える】(下一他) まちがって言う。say by mistake

**イーチャン**【宜昌】(Yichāng) ↓ぎしょう(宜昌)

**いい-ちら・す**【言(い)散らす】(五他) 考えもなくやたらに言う。言いふらす。

**いいづか**【▽飯塚】〈市〉 福岡県中部遠賀川沿いの市。筑豊炭田の中心として発展した炭鉱都市であったが、閉山で商工業の町に転換。人口八万三〇四一(一九八八)。

**いい-つか・る**【言(い)付かる】(五他) 言いつけられる。命じられる。be ordered

**いい-つ・く**【言い付く】古語 ㊀(四自) ①言いよる。話しかける。用例 ―・かむ方もなく、つれなきさまの見えければ(後撰・恋二・詞書)。②男女が親しくなる。用例 のちは返り事はして―・きにける(大和・一〇三)。㊁(下二他) ↓いいつける(言い付ける)

**いい-つ・ぐ**【言(い)継ぐ】(五他) ①ことばを続ける。②言い伝える。伝言する。③語り伝える。比較 聞き継ぐ。

**いい-つく・す**【言い尽(く)す・言尽(く)す】(五他) 残さず言ってしまう。tell all 対義 言い残す。

**いい-つくろ・う**【言(い)繕う】(五他) あやまちや不備などをかくすために、体裁よく言う。make an excuse 用例 ことばたくみに―。

**いい-つ・ける**【言(い)付ける】(下一他) ①命令する。order ②告げ口する。tell tales ③



↓ 行き先項目、図版・写真参照印。 JIS 日本工業規格情報交換用漢字符号コード(区点コード)。

言いなれる。

**いい-つたえ**【言(い)伝え】①昔から、人々の口を通して伝えられてきたこと・話。伝説。口碑。legend ②ことづて。message

**いい-つた・える**【言(い)伝える】(下一他) ①のちの世まで語り伝える。②ことづてをする。伝言する。send word

**いい-づな**【▽飯綱】イタチ科に属する最小の食肉獣。体長二〇cm内外。体の大半は夏は褐色、冬は純白。北アメリカ・ユーラシアに分布するが、日本では北海道・青森の野原や人家近くにすみ、野ネズミを捕食するのでネズミの天敵。コエゾイタチ。least weasel

**いいづな-やま**【▽飯▽縄山】《飯綱山とも》長野市北部にある火山。標高一九一七m。浸食が進み、山頂から多数の放射状谷が発達。

**いい-つの・る**【言(い)募る】(五他) ますますことばはげしく言う。

**いいで**【▽飯▽豊】〈町〉山形県南西部、飯豊山地北東の町。ブナ中心の林業がさかん。米沢牛の産地。人口一万一三〇(一九八八)。

**イー-ディー**【ED】《environmental disruption の略》公害。

**イー-ディー-アール**【EDR】《European Depositary Receipt の略》ヨーロッパ預託証券。

**イー-ティー-ユー-シー**【ETUC】《European Trade Union Confederation の略》ヨーロッパ労連。

**いいで-さんち**【▽飯▽豊山地】越後山脈北部、山形・福島・新潟三県の県境にある山地。主峰は飯豊山二一〇五m、最高峰の大日岳二一二八mなど。高山植物の宝庫。

**イーデン**【Robert Anthony Eden】(一八九七〜一九七七) イギリスの政治家。チャーチル戦時内閣の外相として対ソ協力による連合国の戦争遂行に努めた。一九五五〜五七年首相。著書『回顧録』がある。

**イード-アル-アドハ**【'īd al-aḍḥā アラビア】イスラムの二大祭の一つ。イスラム暦第一二月の一〇日、各家庭で神への動物犠牲を捧げ、四日間にわたり晴れ着を着て訪問しあったりして祝いあう。犠牲祭。

**イード-アル-フィトル**【'īd al-fiṭr アラビア】イスラムの二大祭の一つ。断食明けの祭り。断食月の翌月にあたるシャッワールの一〜三日にかけ、イスラム全土で行われる。

**いい-とお・す**【言(い)通す】(五他) 同じ意見を言っておし通す。persist in saying

**いい-とし**【▽好い年・▽好い▽歳】《あざける気持ちで使う》かなりの年配であること。世なれて、分別のある年ごろ。old enough to 用例 —をして、みっともない。

**イートン-ジャケット**【Eton jacket】折り襟の幅が広く、丈は短くウエストまでの男子用上着。元来はイギリスのイートン校の制服。

**いい-なお・す**【言(い)直す】(五他) 前に言ったことを取り消して言い改める。言いかえる。rephrase

**いい-なおすけ**【井▼伊直▼弼】(一八一五〜一八六〇) 幕末の大老。彦根藩主。将軍継嗣問題で一橋派と対立、また勅許を待たずに日米修好通商条約に調印、反対派を大弾圧したこと(=安政の大獄)などから、万延元年(一八六〇)桜田門外で暗殺された。↓写

●井伊直弼　豪徳寺。

**いい-なか**【▽好い仲】①親しい間柄。intimate ②愛しあっている男女の間柄。to love each other; steady

**いい-な・す**【言(い)▼做す】(五他) ①そうでないことを、そうらしく言う。言いくるめる。②とりなす。③形容する。

**いい-なずけ**【▽許▽嫁・▽許▽婚】①結婚を約束した者。婚約者。フィアンセ。(男)fiancé;(女)fiancée ②幼少の時から双方の親が婚約させること。また、その相手。(男)fiancé;(女)fiancée

**いい-ならわ・す**【言(い)習わす・言(い)▽慣わす】(五他) ①言い伝える。②口ぐせのように言う。

**いい-なり**【言(い)成り】(名・形動) 言うがまま。言うとおり。言いなりしだい。to do as told; yes-man 用例 人の—になる。

**いいなり-ほうだい**【言(い)成り放題】(名・形動) 言うがままにすること・さま。また、そうなること・さま。

**いいなん**【▽飯南】〈町〉三重県中部、櫛田川中流の町。茶の栽培・製材がさかん。香肌峡がある。人口七三四六(一九八八)。

**いい-にく・い**【言(い)▽難い】(形) ①言うのがむずかしい。hard to say ②言うことがためらわれる。hesitate to say

**イー-に-シー-ホークアイ**【E-2Cホークアイ】アメリカ海軍が開発した早期警戒機。長距離レーダーやレーダー逆探知装置などを搭載し、目標の捜索と識別、迎撃機の官制を行う。E-2C Hawkeye

**いい-ぬけ**【言(い)抜け】言い抜けること。言い抜けたことば。

**いい-ぬ・ける**【言(い)抜ける】(下一他) うまく言ってのがれる。言いのがれる。

**いいぬま-よくさい**【▽飯沼▼慾斎】(一七八二〜一八六五) 江戸後期の蘭方医・本草学者。名は長順。伊勢生まれ。リンネの分類法をもとに近代的な植物図鑑『草木図説』草本の部二〇巻を著した。

**いい-ね**【言い値】売り手のつけた値段。asked price 対義 付け値。

**いいの**【▽飯野】〈町〉福島県北東部、福島市南東隣の町。農業と繊維工業がさかん。羽二重で知られる。人口七四七五(一九八八)。

**いい-のが・る**【言い逃る】古語(下二他) ↓いいのがれる(言い逃れる)

**いい-のが・れる**【言(い)逃れる】(下一他) 言い抜ける。excuse oneself

**いい-のこ・す**【言(い)残す】(五他) ①言うべきことを全部言わずに残してしまう。forget to say 対義 言い尽くす。②別れるとき、また死ぬときに言っておく。leave word 用例 —ことはないか。

**いい-のし・る**【言い▼罵る】古語(四他) さわがしく言いたてる。声高にさわぐ。用例 沓置きて—・らるるを(枕・殿上の名対面こそ)。

**いい-はな・つ**【言(い)放つ】(五他) ①言い切る。断言する。declare ②ずけずけ言う。assert

**いい-はや・す**【言(い)▼囃す】(五他) 人々がはたから色々と評判する。noise about

**いい-は・る**【言(い)張る】(五他) あくまで主張する。insist

**イー-ピー**【EP】《extended playing record の略》一分間四五回転の小型レコード。ふつう一七cm盤で、片面七〜八分間の演奏がきける。ドーナツ盤。比較 SP・LP。

**イー-ピー-エヌ**【EPN】《ethyl-p-nitrophenyl thionobenzene phosphonate の略》有機燐殺虫剤。イネ・果樹・野菜の広範囲の害虫に使用。毒性は比較的強く、残効性に富む。

**イー-ピー-ホルモン**【EP Hormone】《EP は estrogen progesterone の略》黄体ホルモンと卵胞ホルモンの合剤の商標名。月経周期の計画的変更などに利用する薬品。

**イー-ビー-ユー**【EBU】《European Broadcasting Union の略》ヨーロッパ放送連盟。

**イー-ピー-ユー**【EPU】《European Payments Union の略》ヨーロッパ決済同盟。

**いい-ひと**【▽好い人】①性質のいい人。good-natured person 用例 あの人は—だ。②こいびと。lover 用例 わたしの—。

**いい-ひらき**【言(い)開き】言いわけ。弁解。用例 —が立たない。

**いい-ひろ・める**【言(い)広める】(下一他) 言いふらす。宣伝する。

**いい-ふく・める**【言(い)含める】(下一他) よく言い聞かせて、納得させる。give careful instructions

**いい-ふ・せる**【言(い)伏せる】(下一他) 理屈で相手をやりこめる。説きふせる。

**いい-ふら・す**【言(い)触らす】(五他) ①多くの人々に言って広める。言い散らす。spread a rumor ②評判する。うわさをする。ふいちょうする。talk about

**いい-ふる・す**【言(い)古す・言(い)▽旧す】(五他) 言いなれて、めずらしくなくなる。用例 —・されたことば。

**いい-ぶん**【言い分】①言うべき事柄。主張。one's say ②異議。文句。不平。complaint ③口実。excuse

**イーブン**【even】①スポーツなどで得点が同数の場合。②ゴルフで、㋐ストロークプレーで、一ホール及び通算ホールで合計打数が基準打数(パー)と同じこと。イーブンパー。㋑マッチプレーで、そのホール及び通算ホールがタイの場合。オールスケア。マッチ-イーブン。

**いい-まか・す**【言(い)負かす】(五他) 議論して相手を負かす。言い伏せる。talk ... down; confute

**いい-まぎら・す**【言(い)紛らす】(五他) ①ごまかして言う。言いくるめる。equivocate ②人の話に口を出して話をみだす。interrupt ③ほかのことを言って、ごまかす。equivocate

**いい-まく・る**【言(い)▼捲る】(五他) 勢いよく、次から次へと言う。

**いい-まる・める**【言(い)丸める】(下一他) 言いくるめる。

**いい-まわし**【言(い)回し】言い表し方。言いよう。expression

**イームズ**【Charles Eames】(一九〇七〜一九七八) アメリカの工業デザイナー。成型合板による「イームズ-チェア」は有名。映画も製作。

**いい-め**【▽好い目・▽好い芽】①幸運。②望みどおりに出たさいころの目。

**好い目が出る** うまくいく。運が向いてくる。

**いい-もら・す**【言(い)漏らす】(五他) ①秘密を人にもらす。let out ②言い落とす。言い残す。forget to say

**いいもり**【▽飯盛】〈町〉長崎県南部、橘湾に臨む町。ショウガの産地で知られ、ニンジン生産も増加。人口八五〇三(一九八八)。

**いいもりたかぎ-いせき**【▽飯盛高木遺跡】福岡市西区で発掘された弥生時代の遺跡。中心をなす墳墓群には多鈕細文鏡・細形銅剣・硬玉製曲玉を出土する土壙墓のほか、多数の甕棺墓が存在。

**いいもり-やま**【▽飯盛山】福島県会津若松市東部にある丘。戊辰戦争で自刃した白虎隊士の墓がある。

**いいや**(感) 打ち消しを表す語。「いや」ののびた形。「いいえ」よりくだけた言い方。用例 —、そうじゃない。

**いい-やぶ・る**【言(い)破る】(五他) 言い負かす。論破する。

**いいやま**【▽飯山】〈市〉長野県北東部、飯山盆地の市。旧城下町。寺院が多く、稲作中心の農業と、仏壇・和紙などの地場産業がある。豪雪地でスキー場が多い。人口二万九二八〇(一九八八)。

**いい-や・る**【言い▽遣る】古語(四他) ①使いや手紙で知らせる。言い送る。用例 女の、さすがなりけるがもとに—・りける(伊勢・二五)。②すらすらつかえずに言う。よどみなく述べる。用例 消え入りつつえも—・らねば(枕・宮の五節いださせ給ふに)。

**イー-ユー-アール-エー-ティー-オー-エム**【EURATOM】《European Atomic Energy Community の略》ヨーロッパ原子力共同体。ユーラトム。

**いい-よう**【言い様】ものを言うようす。言い方。ことばづかい。way of saying

**物も言い様で角が立つ** 同じことでも言い方によって相手をおこらせる。Harsh words make the going rough.

**いい-ようほう**【▼伊井▼蓉峰】(一八七一〜一九三二) 新派俳優。東京生まれ。本名、申三郎。写実芸を追求。男女合同改良演劇で初めて女優を採用した。当たり役は『不如帰』の武男など。

**いい-よど・む**【言(い)▼淀む】(五他) 言おうとして、ためらう。hesitate to say

**いい-よ・る**【言(い)寄る】(五自) ①ことばをかけて近づく。②求愛する。多く、男が女を、くどく。woo

**いい-わけ**【言い訳】①弁解。弁明。excuse ②あやまちをわびること。謝罪。apology

**いい-わたし**【言(い)渡し】言い渡すこと。言い渡した宣告・命令。pronouncement

**いい-わた・す**【言(い)渡す】(五他) ①判決や処分を、宣告する。pronounce ②命令する。命令を伝える。order

**いい-わた・る**【言い渡る】古語(四自) ①言いつづけて日を過ごす。いつも言う。②男から女に言い寄る。用例 いとねんごろに—・りけり(源氏・東屋)。

**い-いん**【医員】医療に従事する職員。また、病院の医師。

**い-いん**【医院】《一般には病院より小さいもの》医師が個人的に経営する診療所。hospital; doctor's office 比較 病院。

**い-いん**【委員】団体の中で、選ばれて特定の事柄に当たる人。member of a committee 用例 図書—。

**い-う**【▼逶▼迤】《「逶」は、斜めに行く、の意》斜めに曲がること。

**い・う**【言う・▼云う・▼謂う】(五自他) ①ことばに表す。語る。述べる。say 用例 —ことはない。②…と名づける。…と称する。call 用例 南新吉と—・います。英雄と—・ってよい。③音を立てる。鳴る。sound 用例 障子ががたがた

—。④形式的に、事柄の内容をさす語。用例 そう—こと、と—わけで。

**言い得て妙**(いいえてみょう) 実にうまく、言いあてたものである。admirably put

**言う方無し**(いうかたなし) どう言ったらよいかがわからない。言うべきことばがない。What shall I say?

**言う事を聞かない**(いうことをきかない) 《他人や、人体の一部、また、機械などに言う》こちらの思っているとおりに動かない。情勢が、期待どおりに進展しない。disobedient; don't develop well

**言うだけ野暮**(いうだけやぼ) 言ってしまったら趣がなくなる。言わなくてもわかっている。言う必要がない。言うまでもない。You would only waste your words.

**言うに言われぬ**(いうにいわれぬ) ①ことばではうまく表現できない。beyond expression 用例 —おいしさ。②具合が悪い事情があったりして、言いたくても言うことができない。unspeakable 用例 —事情がある。

**言うに及ばず**(いうにおよばず) 「言うにや及ぶ」と同意。

**言うに事欠いて**(いうにことかいて) ①適当なことばが見つからないので。②言わなくてもよいことを言って。as if one had nothing better to say

**言うにや及ぶ**(いうにやおよぶ) 言うには及ばない。言うまでもない。言うに及ばず。It goes without saying.

**言う許り無し**(いうばかりなし) ことばでは言いつくせない。

**言うは易く行うは難し**(いうはやすくおこなうはかたし) 口で言うのはだれにでもできるが、実行するのは難しい。Easier said than done.

**言う可くも非ず**(いうべくもあらず) ことばに表しようもない。

**言うまいと思えど今日の暑さ哉**(いうまいとおもえどきょうのあつさかな) 《作者不明の俳句》「暑い」と口に出しても涼しくなるわけではないが、つい言ってしまうほどの今日の暑さだ。言っても無意味と知りながら、黙っていられない状態を言う。比較 言うまいと思えど今朝の寒さ哉。

**言うも疎か**(いうもおろか) 言うまでもない。言わなくてもわかっている。needless to say

**言うも更也**(いうもさらなり) 「言うまでもない」と同意。

**言う迄も無い**(いうまでもない) もちろんだ。あたりまえだ。It goes without saying.

**言って聞かせる**(いってきかせる) 相手が納得するように、よく話して聞かせる。tell

**言って退ける**(いってのける) 言いづらいことを、あえて言う。思い切って、言い放つ。venture to say

**言って寄越す**(いってよこす) 先方から、手紙や人などを使って、こちらへ言ってくる。

**言わぬが花**(いわぬがはな) 言わないほうがよい。はっきり言わないところに、趣や利益があるというたとえ。Better leave it unsaid.

**言わぬ事じゃない**(いわぬことじゃない) 言っておいたとおりになったではないか。それ見たことか。I told you so!

**言わぬは腹膨る**(いわぬははらふくる) 言いたいことを言わないでこらえていると、不満が募る。

**いう-ならく**【▽説▽道】 文語的 (連語) 人の言うことには。

**いう-なり**【言うなり】㊀(名) 言いなり。用例 なんでも、かれの—になる。㊁(連語) 言うとすぐ。用例 —逃げた。

**いう-なれば**【言うなれば】(連語) 言ってみるなら。ことばで言えば。言うならば。

**いえ**【家】 ①人の住む建物。住宅。すまい。house 数え方 一戸・一軒・一棟。②自宅。わが家。うち。home 用例 —に帰る。③家庭。所帯。その生活状態。household ④妻。主婦。housewife ⑤代々続く家名・家柄・家風。直系家族による家産・家督の継承を根幹とする、日本的な制度・慣習の体系。family 用例 —を継ぐ。⑥旧民法規定で、戸主に率いられる家族の一団。family

**家給し人足る**(いえきゅうしひとたる) すべての家も人も豊かで、満ち足りた生活をしている。世の中が平穏で隆盛なさまを言う。

**家に杖突く**(いえにつえつく) 《中国周代に、五〇歳になると家の中で杖を突くことが許されたところから》五〇歳である。比較 国に杖突く。

**家貧しくして孝子顕わる**(いえまずしくしてこうしあらわる) 家が貧乏だと、孝行な子が現れて家を助ける。逆境にある時こそ誠実な者が表に現れる。

**家を出ず**(いえをいず) ①自宅を出て、よそへ行く。外出する。②僧侶になる。出家する。③離縁して、去る。

**家を出ずれば七人の敵有り**(いえをいずればしちにんのてきあり) 《「七人」はたくさん、の意》男には、いったん家を出ればたくさんの競争相手がいる。

**家を傾ける**(いえをかたむける) 家を滅ぼす。家の財産をなくす。破産させる。bankruptcy

**家を知る**(いえをしる) 家を治める。一家の主となる。

**家を外にする**(いえをそとにする) 自宅に居つかずに、外で生活する。be away from one's home

**いえ**【▼伊江】〈村〉 沖縄県、沖縄島北西の伊江島からなる村。農・漁村でサトウキビ栽培が中心。人口五六〇八(一九八八)。

**いえ**(感) 打ち消しの意を表す語。いいえ。No. 対義 はい。

**いえ-い**【家居】 家にいること。家に住むこと。また、すみか。

**い-えい**【遺詠】 ①故人が生前作った詩歌。②辞世の詩歌。

**い-えい**【遺影】 故人の写真・肖像画。picture of the deceased

**イェーツ**［William Butler Yeats］(一八六五～一九三九) アイルランドの詩人・劇作家。今世紀屈指の詩人。アイルランド文芸復興運動を推進した。一九二三年ノーベル文学賞受賞。詩集『アシーンの放浪』『塔』『螺旋階段』、詩劇『鷹の井』、瞑想録『幻想』など。

**イェーテボリ**［Göteborg］ ↓エーテボリ

**イェーリング**［Rudolf von Jhering］(一八一八～一八九二) ドイツの法学者。ローマ法の研究ののち目的法学を樹立。著書『権利のための闘争』『ローマ法の精神』など。

**イェール-だいがく**【イェール大学】(Yale University) アメリカのコネチカット州ニューヘブンにある私立大学。前身は一七〇一年設立の牧師養成のカレッジ。アイビーリーグの一つ。エール大学。

**いえ-か**【家蚊】 アカイエカ・チカイエカ・コガタアカイエカなどを含むイエカ属のカの総称。いずれも夜間吸血性であるが、とくに水田に発生するコガタアカイエカは日本脳炎を媒介。熱帯産のネッタイイエカはフィラリアを媒介。Culex

**いえ-がまえ**【家構え】 家の造りのようす。用例 —が豪勢だ。

**いえ-がら**【家柄】 おもに家系から見た、家の地位。家の格。また、それのよい家。pedigree

**い-えき**【胃液】 胃粘膜にある胃腺から分泌される消化液。強酸性で、おもに塩酸・ペプシンからなり、一日に二～三ℓ分泌される。主として、たんぱく質の第一段階の消化を行う。gastric juice

**いえ-こうもり**【家▼蝙▼蝠】 ヒナコウモリ科の小形のコウモリ。体長約四・五cm。夕暮れに人家付近を飛翔し、ガ・カなどを捕食。人家の屋根裏などに群棲し、そこで越冬。本州以南に分布。アブラコウモリ。

**いえ-じ**【家路】 家に帰る道。帰路。one's way home

**家路を辿る**(いえじをたどる) 家に向かう。go home 比較 家路に就く。

**いえしま**【家島】〈町〉 兵庫県、播磨灘の家島諸島からなる町。海運・漁業・採石が中心。観光開発が進む。人口九二一六(一九八八)。

**いえ-じま**【▼伊江島】 沖縄県沖縄島、本部半島の西にある島。面積二二・五㎢。東部に伊江タッチュー(=城山)と呼ばれる岩山がそびえる。第二次大戦時の激戦地。

**いえしま-しょとう**【家島諸島】 兵庫県姫路市の沖合いに散在する四十余の島群。古来瀬戸内海交通の要地。石材の産地。ハマチ養殖などの漁業がある。

**いえ-じるし**【家印】 各家を表す簡単な符号。所有権を明示するために農具・傘・下駄などに、刻印や墨書でしるす。

**イエス**［yes］(名・感) はい。しかり。対義 ノー。用例 —かノーか。

**イエス**［Iēsoûs ギリシア］《神は救いである、の意のYahōshūa ヘブライから》(BC四?～AD三〇?) キリスト教の開祖。ヘロデ大王の治世(BC三七～BC四)、ガリラヤ地方の町ナザレで大工の父ヨセフと母マリアに育てられる。三〇歳のころ、洗礼者ヨハネより受洗後、神の国の到来と悔い改めを説いた。西暦三〇年ごろ讒訴され、ローマのユダヤ総督ピラトによって反逆罪で十字架刑に処せられた。ほどなく弟子たちはイエスの復活・顕現を体験し、イエスこそキリスト(=救世主)であると確信し、伝道を開始した。イエズス。エス。耶蘇。イエスス。キリスト。Jesus

**イエス-キリスト**［Iēsoûs Christós ギリシア］《「キリスト」は、救世主の意のmāshīah ヘブライのギリシア語訳から》救世主イエス。

**いえ-すじ**【家筋】 家の系統。家系。血統。lineage

**イエズス**［Jesus ラテン］ 日本のカトリック教会でのイエスの呼称。イエスス。

**イエズス-かい**【イエズス会】 カトリック男子修道会の一つ。一五三四年スペインのイグナティウス=デ=ロヨラらが結成。カトリック教会の刷新と勢力回復をもたらす。世界各地への伝道を行い、日本に初めてキリスト教を伝えた。耶蘇会。ゼスイット会。Society of Jesus

**イエスタデー**［Yesterday］ ビートルズのジョン=レノンとポール=マッカートニーが一九六五年に共作した、バラード風の曲。世界的にヒットした。

**イェスナー**［Leopold Jessner］(一八七八～一九四五) ドイツの演出家。表現主義演劇の指導者。象徴的演出で有名。演出作『リチャード三世』など。

**イェスペルセン**［Jens Otto Harry Jespersen］(一八六〇～一九四三) デンマークの言語学者・英語学者。独創的理論と実証により英語学に貢献。著書『近代英文法』『文法の原理』など。

**イエス-マン**［yes-man］ 上役などの言うことを、はいはいと聞くだけの人。言いなりになる人。

**いえ-だに**【家▼蜱・家▽壁▼蝨】 ヒトにも寄生する吸血性のダニ。体長は雄約〇・五mm、雌約一mm。体は長卵形で淡黄褐色。屋内のネズミの巣で繁殖し、ヒトにもたかり吸血する。世界各地に分布。

**いえ-つき**【家付き】 ①もとから家にいること・人。②家がいっしょについていること。house and lot 用例 古い—の土地を買う。

**いえつき-むすめ**【家付(き)娘】 養子をむかえる、または、むかえた娘。daughter of the house

**いえ-づと**【家▼苞】 わが家へのみやげ。

**いえ-つ-とり**【家つ鳥】 「枕ことば」《家で飼う鳥、の意から》「かけ(鶏)」にかかる。用例 鶏も鳴く(万葉・一三・三三一〇)。

**いえ-で**【家出】(名・サ変自) ①家族をすてて家を出ていくこと。leave home ②僧になること。出家。

**イエティ**［yeti］《チベット語で、いまわしい雪男、の意》ヒマラヤに生息するという人間に似た怪物。雪男。

**いえ-ども**【▼雖も】 文語的 (接助)《「…といえども」の形で》①…ても。たとえ…でも。用例 当たらずと—遠からず。②…ではあるが。…けれども。用例 小なりと—、男子なり。

**イエナ**［Jena］ 東ドイツ南西部、チューリンゲン地方の文化・工業都市。光学機械・ガラス工業で有名。人口一〇・七万(一九八二)。

**いえなきこ**【家なき子】《原題Sans famille フランス》マロの小説。一八七八年刊。レミ少年が、さまざまな苦労をへて、生みの母と弟に再会する物語。

**イエナ-だいがく**【イエナ大学】(die Universität Jena ドイツ) 東ドイツのイエナ市にある大学。一五五八年創立。ゲーテ・シラー・フィヒテ・シェリング・ヘーゲルらが関与した大学として知られる。第二次大戦後、フリードリッヒ=シラー大学と改称。

**いえ-なみ**【家並(み)】 ①家のならび方。ならんだ家。やなみ。a row of houses 用例 —が続く。②家ごと。のきなみ。用例 —に刷り物を配る。

**いえ-ぬし**【家主】 ↓やぬし(家主)

**いえ-ねずみ**【家▼鼠】 人家に出入りするネズミの総称。ドブネズミ・クマネズミ・ハツカネズミの三種がある。世界各地に分布。rat

**いえ-の-げい**【家の芸】 ①歌舞伎俳優の家で代々得意としてきた演技や役柄・演目で世間が認めるようになったもの。②名優がその当たり芸を集めて「家の芸」と定めたもの。七世団十郎の「歌舞伎十八番」など。

**いえ-の-こ**【家の子】 ①その家に生まれた子。②武家の一族で領地をもち、本家と主従関係を結んだ人。比較 郎等。③勢力者の子分。家来。retainer

**いえのこ-ろうどう**【家の子郎等】 ①家の子と郎等。②家臣。

**いえ-の-しゅう**【家の集】 個人の和歌だけを集めて一冊としたもの。私家集。家集。

**いえ-ばえ**【家▼蠅】 人家にすむイエバエ科のハエ。体長約六mm。黒灰色。幼虫は汚物中で発生し、成虫も汚物に集まり、赤痢などを媒介する。暖地では一年中みられる。世界各地に分布。housefly

**イェペス**［Narciso Yepes］(一九二七～) スペインのギター奏者。セゴビアを継ぐスパニッシュ=ギターの正統派。映画『禁じられた遊び』(一九五二年)の音楽を担当。十絃ギターを創案。

**イエメン**［Yemen］ アラビア半島南部の地

域。イエメン民主人民共和国とイエメン－アラブ共和国に分かれる。

**イエメン-アラブ-きょうわこく**【イエメンアラブ共和国】(Yemen Arab Republic) アラビア半島南西部、紅海に臨む国。首都サヌア。一九一八年トルコから独立。紅海沿岸は帯状の低地、その他は丘陵性の高原で砂漠が広い。モカコーヒーの原産地。面積一九・五万km²。人口七〇五万(一九八六)。北イエメン。

**イエメン-みんしゅじんみんきょうわこく**【イエメン民主人民共和国】(People's Democratic Republic of Yemen) アラビア半島南西端、アデン湾に臨む国。首都アデン。旧称は南イエメンで、一九七〇年に改称。綿花・コーヒーを栽培。面積三三・三万km²。人口二三六万(一九八六)。

**いえ-もち**【家持(ち)】 ①家を持つこと。持った人。②家計のやりかた。用例 ―がうまい。

**いえ-もと**【家元】 ①生家。実家。②伝統的な技芸の世界で、流派の開祖やその正統を世襲的に伝承する家、またはその地位にある人。流派内の最高権威者。宗家。

**いえ-やしき**【家屋敷】 家と敷地。house and lot

**イエライシャン**【夜来香中】(yèláixiāng) チューベローズの別名。

**イェリコ**【Jericho】 ヨルダンのエルサレム北東にある町。パレスチナ地方の歴史的な都市で、一九六七年以来、イスラエルが占拠。エリコ。ジェリコ。

**イェリネック**【Georg Jellinek】(一八五一―一九一一) ドイツの公法学者。国家を法的・社会的両側面から考察する国家両面説や国家法人説を主張し、国家学を体系化。著書『一般国家学』など。

**イェリバレ**【Gällivare】 →エリバレ

**い・える**【癒える】(下一自) 病気・傷・苦しみが、治る。すっかりよくなる。heal; be cured

**イェルサレム**【Jerusalem】 →エルサレム

**イェルサン**【Alexandre Émile John Yersin】(一八六三―一九四三) フランスの細菌学者。パスツール研究所でP=P=ルーとともにジフテリア抗毒素について研究。

**イェルマック**【Yermak Timofeyevich】(?―一五八五) コサックの首長。一五八一年豪商ストロガノフの援助でシビル－ハン国を征し、ロシアのシベリア開発の先駆をなした。

**イエロー**【yellow】 黄色。マゼンタ・シアンとともに、減法混色の三原色の一つ。

**イエロー-カード**【yellow card】 ①《表紙が黄色いことから》国際予防接種証明書。海外旅行に必要な書類の一つで、世界保健機関(WHO)の制定したもの。イエローブック。参考 正式にはInternational Certificate of Vaccinationと言う。②サッカーで、審判がスポーツマンシップに反するプレーのあった選手に警告を与えるときに示す黄色のカード。

**イエロー-ケーキ**【yellow cake】 ウラン鉱石を粗く精錬したもので、酸化ウランを四〇～八〇%含む。色が黄または黄褐色のため、こう名付けた。ウラン精鉱。原子炉で使用する金属ウランの原料。

**イエロー-ジャーナリズム**【yellow journalism】 低俗で興味本位の報道を売り物にする大衆ジャーナリズム。赤新聞。

**イエローストーン-こくりつこうえん**【イエローストーン国立公園】(Yellowstone National Park) アメリカ、ワイオミング州北西に位置する、同国最古(一八七二年創設)・最大の国立公園。面積九〇〇〇km²。三千余の間欠泉があり、とくに熱湯を吹きあげるオールドフェイスフルは有名。野生動物も多い。

**イエロー-ブック**【The Yellow Book】 一九世紀のイギリス世紀末を代表する季刊文芸誌。一八九四～九七年刊。黄色の表紙とビアズリーの退廃的挿絵が反響を呼ぶ。

**イエロー-プレス**【yellow press】 →イエローペーパー

**イエロー-ペーパー**【yellow paper】《一九世紀のアメリカで流行した低俗大衆紙が黄色の紙を用いたことから》低俗な記事を売り物にする大衆紙。イエロープレス。黄色新聞。

**い-えん**【以遠】 ある所を含んで、そこから先。beyond

**い-えん**【胃炎】 胃の粘膜におこる炎症で急性と慢性がある。直接原因は暴食や中毒で、急性伝染病の一症状としてもおこる。みずおちの痛み・吐き気・食欲不振が主症状。胃カタル。gastritis

**イエンアン**【延安】(Yán'ān) →えんあん(延安)

**いえん-けん**【以遠権】 国際航空路線で、航空協定を結んだ相手国の発着地点を経由して第三国へ運航する権利。beyond right

**イェンス**【Walter Jens】(一九二三―) ドイツの評論家・小説家・古典文献学者。小説『否―被告の世界』、評論『文学史にかえて』など。

**イェンセン**【Johannes Vilhelm Jensen】(一八七三―一九五〇) デンマークの小説家。一九四四年ノーベル文学賞受賞。文化史小説『長い旅』で知られる。

**イェンゼン**【Johannes Hans Daniel Jensen】(一九〇七―一九七三) ドイツの物理学者。光核反応などの理論的研究で知られる。メーヤーとともに原子核の殻模型で、一九六三年ノーベル物理学賞受賞。

**イエンタイ**【煙台】(Yāntái) →えんだい(煙台)

**いお**【▼庵】 →いおり(庵)

**いお**【▽魚】 古語 うお。

**い-お**【▽五▽百】 ごひゃく。用例 ―日。

**い-おう**【以往】 ①それを含んで、それから後。以降。以後。今後。②《誤って》以前。往時。既往。

**い-おう**【医王】 ①《仏教語》仏や菩薩。衆生の悩みや迷いをいやすことを名医のそれにたとえたもの。②薬師如来の別称。

**いおう**【硫黄】 周期表6B族の非金属元素の一つ。元素記号S。原子番号一六。原子量三二・一。黄色の固体で、同素体が多い。ゴムの加硫、硫酸・黒色火薬・染料などの原料。ゆおう。sulfur →写

**いおう-か**【硫黄華】 粗製の硫黄を気化させ、融点以下の低温で固化させたもの。黄色の結晶状粉末。昇華硫黄。flower of sulfur

**いおう-さいきん**【硫黄細菌】 硫黄および硫黄化合物を酸化してエネルギーを得る細菌の総称。硫黄バクテリア。sulfur bacteria

**いおう-さんかぶつ**【硫黄酸化物】 硫黄と酸素の化合物。二酸化硫黄(亜硫酸ガス) $SO_2$、三酸化硫黄(無水硫酸) $SO_3$など。いずれも水に溶け、酸となる。有毒。sulfur oxides

**いおうじま**【▼伊王島】〈町〉 長崎県南部、長崎港外の伊王島と沖之島からなる町。伊王島は炭鉱町であったが、閉山で衰退。人口一三七五(一九八八)。

**いおう-じま**【硫黄島】 硫黄列島中の一つ。中硫黄島。

**いおう-じま**【硫黄島】 鹿児島県南部、佐多岬にある島。面積八・三km²。硫黄が噴出。平安末期に僧俊寛が流されたところといわれる。鬼界島。

**いおうじま-せん**【硫黄島戦】 太平洋戦争末期、硫黄島での日米の攻防戦。昭和二〇年(一九四五)二月、米軍上陸部隊七万五〇〇〇人に対し、日本陸海軍部隊約二万人が地下陣地にこもって防戦したが、三月末に壊滅。

**いおう-せん**【硫黄泉】 鉱水一kg中に硫黄二mg以上を含む鉱泉や温泉。白く濁っていて、卵のくさったような臭いがする。那須・登別・草津温泉など。sulfur springs

**いおう-バクテリア**【硫黄バクテリア】 →いおうさいきん(硫黄細菌)

**い-おうぶつ**【▼韋応物】(?―七三七?) 中国、中唐の詩人。長安の人。陶淵明に傾倒。五言古詩にすぐれ、平淡清明な自然詩が多い。詩集『韋蘇州集』。

**いおう-れっとう**【硫黄列島】 小笠原諸島に属する島群。明治二四年(一八九一)日本領。第二次大戦以後アメリカの管理下にあったが、昭和四三年(一九六八)東京都に復帰。火山列島。

**イオタ**【Ι・ι】 ギリシア字母の第九字。iota

**い-おと・す**【射落(と)す】(五他) ①矢で射て、うち落とす。shoot down ②ねらったものを得る。手に入れる。gain

**イオニア**【Ionia】 小アジア西部と隣接諸島一帯の歴史的名称。現在のトルコとギリシアの一部。紀元前一〇世紀ごろからギリシア人の植民が行われ、商業都市として栄えた。詩人ホメロスやピタゴラスなどの生地。

**イオニア-かい**【イオニア海】(Ionian Sea) 地中海のイタリア半島南部からギリシア南西部の間の海域。大半が水深一〇〇〇m以上。

**イオニア-がくは**【イオニア学派】 紀元前六世紀ごろ、ギリシアの植民地小アジアのイオニア地方で活躍した自然哲学者のグループ。世界の始原(=アルケー)を探究した。ミレトス学派とヘラクレイトスをさす。Ionian school

**イオニア-しき**【イオニア式】 ギリシア建築におけるオーダーの三様式の一つ。柱に二四条の溝を彫り、柱頭部には両端に渦巻きをもつ。Ionic order 比較 コリント式・ドーリア式。→オーダー図

**イオニア-しょとう**【イオニア諸島】(Iónian Islands) ギリシア本土西岸沿いの七つの島の総称。観光・保養地。

**イオニア-じん**【イオニア人】 イオニア方言を用いた古代ギリシア人の一派。アッチカ・エーゲ海諸島・小アジア西岸部に定住。アテネ人はその代表。Ionian

● 硫黄　同素体のいろいろ

**イオマンテ**(iyómante アイヌ) アイヌ民族の熊祭り。狩猟した熊を育て魂は山へ戻し、改めて神から肉や毛皮を戴いて感謝した行事。イヨマンテ。熊祭り。

**いおり**【▼庵・▼廬】 ①僧・隠者などが住む簡素な小住居。草庵。いお。用例 草の―を結ぶ。②農事などのための草木で作った掘っ立て小屋。③紋所の名。①の紋章化。多くは、三角形の底辺の両端を二本の柱で支えた形。↓図

● 庵③

**いお・る**【▼庵る】 古語(四自) 仮家に住む。いおりにとまる。用例 野辺に―・りて(万葉・六・一〇二九)。

**イオン**【ion】 正または負に帯電した原子または原子団のこと。中性の原子または原子団が電子を失って正の電荷を帯びたものが陽イオン。電子を得て負の電荷を帯びたものが陰イオン。

**イオン-か**【イオン化】 中性の原子または原子団が、正か負の電荷を帯びること。電離。ionization

**イオンか-エネルギー**【イオン化エネルギー】 気体状態の原子または分子から一個の電子を取り去るのに必要なエネルギー。イオン化ポテンシャル。イオン化電位。energy of ionization

**イオンか-けいこう**【イオン化傾向】 金属原子が陽イオンになろうとする性質の度合い。イオン化傾向の大きさは、K＞Ca＞Na＞Mg＞Al＞Zn＞Cr＞Fe＞Ni＞Sn＞Pb＞H＞Cu＞Hg＞Ag＞Pt＞Auの順で、前のものほど陽イオンになりやすく、酸化されやすい。ionization tendency

**イオンか-ポテンシャル**【イオン化ポテンシャル】 イオン化エネルギーのこと。

**イオン-きょうど**【イオン強度】 電解質溶液中のイオンの濃度を表す量。ionic strength

**イオン-けつごう**【イオン結合】 陽イオンと陰イオンとの間に生じる静電気力による結合。一般に結合する原子の電気陰性度の差が一・七以上の場合、イオン結合となる。ionic bond

**イオン-けっしょう**【イオン結晶】 イオン

結合でできる結晶。水に溶かすと解離し、電気を通す。塩化ナトリウムなど。ionic crystal

**イオン-けんびきょう【イオン顕微鏡】** 電子顕微鏡の電子の代わりに陽子・ヘリウムなどのイオンを用いて、試料の表面からイオンまたは電子を直接放射させ、原子の配列などを観察する装置。結晶構造や吸着・表面反応などの研究に利用。ion microscope

**イオン-こうかん【イオン交換】** 電解質溶液中のイオンと、その溶液に接触する物質中のイオンが置換する現象。ion exchange

**イオン-こうかんじゅし【イオン交換樹脂】** 水溶液中のイオンを交換する機能をもつ合成樹脂。陽イオン交換樹脂・陰イオン交換樹脂がある。硬水の軟化、放射性物質の処理など用途は広い。ion-exchange resin

**イオン-しき【イオン式】**《正しくは、イオン反応式》イオンの関与する反応式で、反応の本質を表す部分だけを示したもの。$Ag^{+}+Cl^{-}\rightarrow AgCl$ ($AgNO_3+HCl\rightarrow AgCl+HNO_3$) など。

**イオン-ちゅうにゅう【イオン注入】** 集積回路製造法の一つ。金属原子をイオン化し、高電圧をかけて半導体結晶の表面近くに導入する。ion implantation

**イオン-はんけい【イオン半径】** イオンを球とみなしたときの半径。同族の元素では、原子番号が大きいものほどイオン半径が大きい。ionic radius

**イオン-はんのう【イオン反応】** イオンの関与する化学反応。陽イオン・陰イオン間の静電エネルギーが反応の推進力であることが多い。ionic reaction

**い-おんびん【イ音便】** 音便の一つ。「書きて」が「書いて」、「白き」が「白い」となる類。参照音便。

**いか【▼凧・▽紙▼鳶】** ↓いかのぼり(凧)

**いか【▼烏▼賊】** 頭足綱十腕目に属する軟体動物の総称。浅海から深海まで生息。夜行性の種類が多く、体表に発光器をもつものもある。水産上の重要種が多い。世界の寒帯から熱帯に分布し、日本近海に約八〇種。cuttlefish 数え方 一杯。↓図

**い-か【以下・▼已下】** ①《多く、数詞の下に付けて》それをふくんで、それより下。比較 未満・以内。対義 以上。用例 一万円—の品。参考「一万円以下」といえば一万円もはいるが、一万円をふくめない場合は「一万円未満」とする。日数・時間・距離などでは「以下」の代わりに「以内」を使うことが多い。②それをふくんで、それより下位。用例 小学生—は無料。③それを代表・先頭として、その他一同。用例 校長—先生一同。④程度が下回ること。それに達しないこと。用例 標準—。小学生—の計算能力。⑤それに続くこと。用例 —省略。

**い-か【医家】** 医師。医を業とする家。

**い-か【易化】**(名・サ変他) やさしくすること。簡単にすること。

**い-か【異化】**(名・サ変自他) 対義 同化。①物質代謝の過程で、生物が体内で物質をより単純な物質に分解し、それによって生活に必要なエネルギーを取り出す過程。異化作用。catabolism ②心理学で、似た形がならんだときに、両者のちがいが強調される心理作用。dissimilation

●イカ
アオリイカ

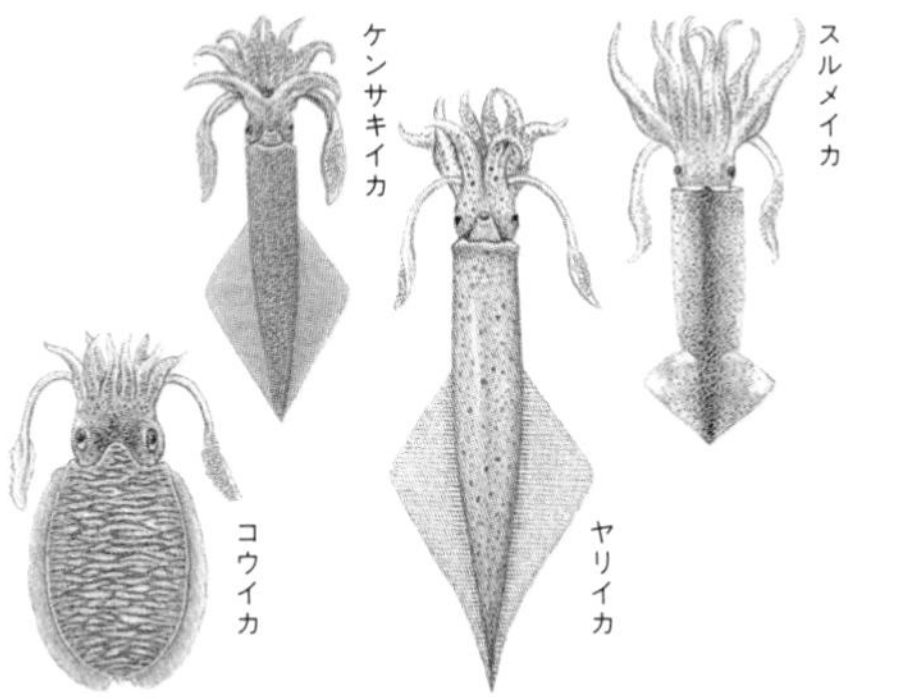


**いか【▽如▽何】** 古語(形動ナリ) どのようだ。どういうふうだ。用例 その故も、—なりけむ事とも思ひわかれ侍らず(源氏・宿木)。

**いが【▼毬・▼梂】** クリなどの、果実のまわりを包み、長いとげが密生した皮。総苞の変化したもの。bur

**い-が【衣▼蛾】** ヒロズコガ科のガ。幼虫が毛織物や毛皮などを食害する。体は淡黄褐色で翅が細く、開張一～一・五cm。前翅は灰褐色で三個の斑点がある。夏から秋に出現。幼虫は体長約六mm。虫干し、防虫剤の使用により防除できる。世界に広く分布。tineid moth

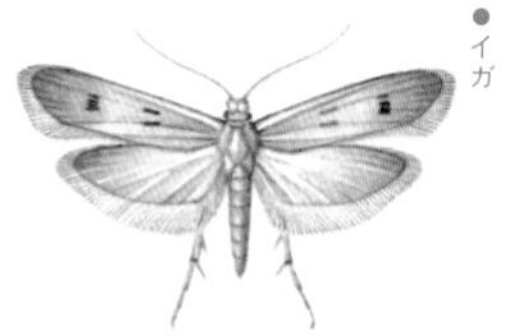

●イガ

**いが【▼伊賀】** ↓いがのくに(伊賀国)

↓図

**いが【▼伊賀】**〈町〉三重県北西部、上野盆地東端の町。穀倉地帯。伊賀牛の産地。中心の柘植は交通の要地。人口一万二四四(一九八八)。

**い-が【▼渭河】** 中国、黄河の支流の一つ。甘粛省東部の山地から東に流れ、西安北部を経て潼関付近で黄河に注ぐ。長さ八七〇km。渭水。ウェイホー。

**いが-あげ【▼毬揚(げ)】** 揚げ物の一つ。小さく砕いたそうめんを衣にして揚げ、クリのいがのように見立てる。中身は、エビや鶏のすり身、蒸して裏ごしにした芋類の団子。

**イカーサ【Jorge Icaza Coronel】**(一九〇六～七八) エクアドルの小説家。政治性・社会性の強い作風。作品『ワシプンゴ』『街にて』など。

**い-かい【位階】** ①律令制下で規定された官職の序列。推古一一年(六〇三)隋を手本に定めた冠位十二階にはじまる。②明治憲法下、国家に勲功ある者に授けられた栄典の位。正と従の一位から八位まで一六階がある。

**い-かい【遺戒・遺▼誡】** 故人が生前、のちの人のためにのこしたいましめ。遺訓。ゆいかい。

**いかい【威海】** 中国、山東半島北岸、渤海に臨む港湾・軍事都市。山東省北東部の商業の中心。天然の良港で、清朝末期の北洋艦隊基地。一八九八～一九三〇年、イギリスが租借。現在、中国海軍の基地。人口二一・六万(一九八四)。旧称威海衛。ウェイハイ。

**いか・い【▽大い・▽厳い】**(形)《「いかし」の口語》大きい。多い。はなはだしい。用例 —ご苦労をなさる。

**大い事** たいそう。用例 雪が—ふり積もった。

**大い世話**《あいさつのことば》たいそう お世話になりました。

**い-がい【以外】** ①それよりそと。②それよりほか。それを除いたほかのもの・こと。other than 用例 部員—の入室お断り。

**い-がい【▼貽貝】** くさび形の黒いイガイ科の海産二枚貝。殻長約一三cm、殻高約六cm。岩礁に足糸で付着し群棲する。春に美味。煮て乾燥した肉を淡菜という。北海道南部から九州に分布。カラスガイ。シュウリガイ。↓写

●イガイ

**い-がい【意外】** 一(名・形動) 思いのほか。案外。unexpected 二(名) 岩崎蕣花作の戯曲。明治二七年(一八九四)初演。川上音二郎が得意の際物。当時のにせ判事殺人事件の脚色。

**い-がい【遺▼骸】** 死体。なきがら。遺体。corpse

**いかい-えい【威海衛】** ↓いかい(威海)

**いかい-くんとう【位階勲等】** 位階と勲等。国家に勲功・功績があった者に与えられる栄典の等級。court rank and honors

**い-かいちょう【居開帳】** 本尊・秘仏などを、その寺で一般に公開すること。対義 出開帳。

**い-かいよう【胃▼潰▼瘍】** 胃壁がただれる疾患。悪性と良性のものがある。空腹時の胃痛・食後の疼痛・嘔吐などが主症状。種々な原因で、生活力が減退した胃粘膜の部分に、胃液の消化作用が働いてできると考えられる。gastric ulcer

**イカオ【ＩＣＡＯ】**《International Civil Aviation Organization の略》国際民間航空機関。国際民間航空条約に定められた業務を担当する国連の専門機関。

**いか-が【▽如▽何】**(副) ①どのように。どんなに。どう。how 用例 —いたしましょうか。②どんなようす・ぐあい。how 用例 ごきげんは—。③《疑い、あやぶむ気持ちで》どうだろうか。用例 そういうことは—でしょうか。④《人に物事をすすめる語》どうですか。Would you like…? 用例 お一つ—。⑤古語《反語》どうして。用例 —浅くは思ふ給へざらむ(源氏・帚木)。

**い-かがく【医化学】** ヒトを対象とする生化学。人体を構成する物質や生命現象などを、化学的に研究する。medical chemistry

**いかが-な【▽如▽何な】**(連体) どんな。用例 …と思いますが、—ものでしょう。

**いかがは-せん【▽如▽何はせん】**(連語) どうしようか。どうしたらよいだろうか。また、どうにも仕方がない。やむをえない。

**いかが-わし・い【▽如▽何わしい】**(形) ①うたがわしい。あやしい。信用できない。dubious; unreliable ②よろしくない。見苦しい。unseemly ③下品だ。低級だ。indecent 派生 いかがわしげ(形動) いかがわしさ(名)

**い-かき【▼笊・▼笊▼籬】** 竹で編んだ籠。ざる。

**い-がき【▽斎垣・忌垣】** 神社などの垣根。神域を示すもの。瑞垣。玉垣。

**い-かく【威▼嚇】**(名・サ変他) おどすこと。おどかし。威迫。threat

**い-がく【医学】** 病気の治療・予防および健康の増進についての研究をする学問。医療倫理を基盤とし、基礎医学・臨床医学に大別される。medicine 比較 医術。

**い-がく【異学】** ①正しくない学問。②江戸時代、幕府が認めていた朱子学以外の儒学。幕末には儒学以外の学問。用例 寛政—の禁。

**いかく-しゃげき【威▼嚇射撃】** 殺すつもりでなく、おどすためにうつこと。to fire in the air

**いがく-じょ【医学所】** 江戸幕府が設けた西洋医学校。安政五年(一八五八)設立の種痘所が幕府に移管され、文久三年(一八六三)医学所となる。東大医学部の前身。

**いかく-しょく【威▼嚇色】** 動物の色彩のうち、捕食者に突然に示して驚かし、捕食を免れるような色。自らが毒や武器をもたない動物にみられ、警戒色と区別される。昆虫類の眼状紋やヘビの模様など。threatening coloration

**いかく-そん【囲郭村】** 異民族の侵略などに備えて、周囲に土塀・城壁・木柵などの防壁をめぐらした集落。walled settlement; walled town

**い-かくちょう【胃拡張】** 胃が異常に拡張した状態。胃部の疼痛・腹部膨満・嘔吐などをともなう。自律神経の失調、胃壁の血行障害、その他種々の原因でおこる。gastrectasis

**いかく-てき【威▼嚇的】**(形動) おどしをきかすさま。menacing

**いがくてんぱん【医学典範】**《原題Qānūn fi'ṭ-ṭibb》アラビアの名医イブン=シーナの著書。ガレノスの伝統を受け継いだ中世アラビア医学の一大集成書。

**いが-ぐり【▼毬▼栗】** ①いがに包まれたままのクリの実。②「いがぐり頭」の略。

**いがぐり-あたま【▼毬▼栗頭】** 髪を短く五分刈り以下に刈った頭。close-cropped head

**い-かく・る【い隠る】** 古語(四自)《「い」は接頭語》かくれる。用例 少女の—丘を(古事記・下)。

**い-かく・る【居隠る】** 古語(下二自) もの

かげにかくれてすわる。用例 一人は柱にすこし—・れて(源氏・橋姫)。

**い-かけ【鋳掛(け)】** なべ・かまなどの破損した部分に、はんだなどを流しこんで修理すること。tinkering

**いかけ-や【鋳掛(け)屋】** なべ・かまなど、鉄・銅製の用具の修理を職業とする者。江戸時代に専業化し、修理道具をてんびんでかつぎ全国を渡り歩いた。鋳掛け師。↓図

●鋳掛け屋　三谷一馬『江戸商売図絵』より。

**い-か・ける【射掛ける】**(下一他) 敵に矢を射る。shoot an arrow

**いか-こうか【異化効果】**《Verfremdungs-effektドイツの訳語》ブレヒトが提唱した演劇用語。日常見なれた事物を異様なものとして提示して観客の意識をめざめさせ、現実を認識・変革させようとすること。

**いがごえどうちゅうすごろく【▼伊賀越道中▽双六】** 人形浄瑠璃・歌舞伎時代物。近松半二・加作の合作。『伊賀越乗掛合羽』の改作。伊賀上野の仇討ちに取材。伊賀越え物の代表作。天明三年(一七八三)初演。

**いかざき【▽五▽十崎】**〈町〉愛媛県中部、肱川の支流小田川流域の町。大凧合戦で有名。人口六五〇六(一九八八)。

**いか-さま【▽如▽何様】** ㊀(名) ①にせもの。いかもの。いかさまもの。fake ②不正。いんちき。③いかさま師。trickster ㊁(副) いかにも。まったく。なるほど。surely; indeed

**いかさま-し【▽如▽何様師】** 不良品をたくみに売りつける悪徳商人。ぺてん師。

**いか-さよう【異化作用】**↓いか(異化)

**いか・し【▽厳し】** 古語(形ク) ①いかめしい。ものものしい。用例 かく—・う武き身に生まれて(宇治拾遺・八)。②荒々しい。はげしい。用例 うつつにも似ず、猛く—・きひたぶる心出できて(源氏・葵)。

**いか・す**(五自)《俗語》①このましいと思わせる。neat 用例 —スタイル。②《感動詞的》いい感じ。すてき。nice

**いか・す【生かす・▽活かす】**(五他) 対義 殺す。①生きさせる。よみがえらせる。bring to life 用例 死者を—。②殺さずに、生きながらえさせる。keep alive 用例 —・しておけない人間だ。③ききめのあるように使う。活用する。make the most of 用例 持ち味を—。

**い-かすい【胃下垂】** 胃が正常の位置より垂れ下がっている状態。gastroptosis

**いかずち【▽雷】** かみなり。thunder

**いかずちたろうごうあくものがたり【▽雷太郎強悪物語】** 式亭三馬の合巻。二冊。文化三年(一八〇六)刊。黄表紙から合巻への過渡的作品。強悪非道の悪漢が孝行息子に滅ぼされる物語。

**い-かぞく【遺家族】** 一家の働き手の死後に、とりのこされた家族。bereaved family

**いかた【▼伊方】**〈町〉愛媛県西部、佐田岬半島基部の町。ミカン栽培がさかん。酒造り職人の杜氏の町としても有名。四国初の原子力発電所がある。人口八三七二(一九八八)。

**いかだ【▼筏】** 木材や竹などをならべてつなぎ合わせた水上運搬具。木材輸送や簡易な交通機関として利用。raft ↓写

●筏

**い-がた【鋳型】**《古くは「いかた」と清音》①鋳物を造るために、金属を流しこむ砂や金属などでできた型。mold ②活字を鋳造する鋼鉄製の型。活字の字面を作る母型を装着して鋳込む。matrix ③《転じて》ある事実や人をきまった型に押しこむための枠。frame

**鋳型に嵌める** 規則ずくめの教育などで、人間を個性のない、同型のものにする。

**いかだ-かずら【▼筏▼葛】** ブーゲンビレアの別名。

**いかだ-がた【▼筏形】** 竹製の花入れの一つ。丸竹を筏のように組んで作った花入れ。釣り生け用と置き生け用がある。

**いかだ-し【▼筏師】** 筏に乗ることを職業とする人。筏乗り。

**いかだ-ながし【▼筏流し】** 山林から切り出した木材を横に並べ、蔓などで結びつけて水に浮かべ流すこと。木材の長距離運搬方法。

**いかだ-も【▼筏藻】** 緑藻植物セネデスムス属の総称。広く淡水域に生育する小形の藻類。細胞が横に並んで筏のような群体を作る。約一〇〇種ある。

**い-カタル【胃カタル】**↓いえん(胃炎)

**い-かつ【威喝】**(名・サ変他) 大声を出しておどすこと。threat; menace

**いかつ・い【▽厳つい】**(形) ①いかめしい。きびしい。stern ②ごつい。ぶこつだ。rugged 派生 いかつげ(形動) いかつさ(名)

**いか-で【▽争で】** 古語(副) ①疑問の意を表す。どうして。用例 —かばかりは知りけん(徒然・七七)。②反語の意を表す。どうして…か。用例 —月を見ではあらん(竹取)。③願望の意を表す。なんとかして。用例 —このをとこに物いはむ(伊勢・四五)。

**いかで-か【▽争でか】** 古語(副) ①疑問の意を表す。どうして。用例 かかる道は—いまする(伊勢・九)。②反語の意を表す。どうして…しようか。用例 跡まで見る人ありとは、—知らん(徒然・三二)。③願望の意を表す。なんとかして。用例 —と深うおぼゆ(源氏・若紫)。

**いか-な【▽如▽何な】**(連体)《「いかなる」の略》①どんな。any ②さすがの。even 用例 —勇者も。

**いかな-いかな【▽如▽何な▽如▽何な】**(副) どうして、どうして。なんの、なんの。決して。

**いかな-ご【▼鮊子・▽玉▽筋▽魚】** イカナゴ科の海水魚。全長約二〇cm。体は細長く銀白色。砂にもぐって夏眠する。煮干しやつくだ煮にする。北アメリカの太平洋岸から日本に分布。コウナゴ。sand lance ↓図

●イカナゴ

**いかな-こと【▽如▽何な事】** 古語(連語) ①どうしたことだろう。困ったことだ。用例 是は—、まことにかたながない(狂言・貰聟)。②《強く否定して》どうしても。どんなことがあっても。用例 さもないうちは—ならぬならぬとねめ付くる(浄瑠璃・国性爺合戦)。

**いか-なる【▽如▽何なる】**(連体) どんな。どのような。

**いか-に【▽如▽何に】** ㊀(副) ①どれほど。どんなに。how; however 用例 —急いでも。—苦しかったか。②どのように。いかが。how 用例 —いたしましょうか。③どうして。なぜ。用例 …とは、これ—。④どうか。用例 その結果は—と見ると。㊁古語(感)《呼びかけ》どうだ。なんと。用例 —宗高(平家・一一・那須与一)。

**如何に言わんや……**(いかにいわんや……) まして…は、言うまでもない。

**いかに-も【▽如▽何にも】**(副) ①どう考えても。まったく。実に。indeed 用例 —安い。②《相手のことばにうなずいて》まことに。なるほど。I see.

**いが-の-くに【▼伊賀国】** 旧国名。現在の三重県西北部。東海道の一国。「延喜式」では下国、四郡。国府は上野市一之宮、国分寺は同市西明寺。明治四年(一八七一)廃藩置県により安濃津県を経て、同五年(一八七二)三重県に編入。伊州。賀州。伊賀。

**いか-のぼり【▼凧・▽紙▼鳶】**《形がイカに似ているところから、おもに、関西などで》凧。

**いが-ばかま【▼伊賀▼袴】**《伊賀者が用いたところから》武士の旅行用の短袴。裾を脚半のようにひもでくくった活動的なもの。裁っ着け・カルサンなどと類似。

**いか-ばかり【▽如▽何▽許り】**(副) どれほど。how much 用例 御心労—かとお察し申し上げます。

**いかほ【▼伊香保】**〈町〉群馬県中部、榛名山東斜面の町。古くからの温泉町で、榛名への観光の拠点。人口四四七一(一九八八)。

**いが-ほおずき【▽刺▽酸▼漿】** ナス科の多年草。山地の木陰にはえる。高さ五〇~七〇cm。茎葉は長い毛を疎生。七~一〇月に、黄白色の花を下垂し、果実を包む緑色のがくには刺状の突起ができる。

**いか-ほど【▽如▽何程】**(副) どれほど。どれぐらい。how much 用例 —頼んでも。値段は—ですか。

**いがみ-あ・う【▼啀み合う】**(五自) ①けものが、互いに歯をむいておこる。snarl ②互いに言い争う。けんかする。quarrel

**いか-めし【▼烏▽賊飯】** イカの足をとって、わたを抜き、胴に蒸したもち米を詰めて砂糖としょうゆで煮たもの。北海道、函館付近の名物。

**いかめし・い【▽厳めしい】**(形) ①おごそかだ。ものものしい。solemn 用例 —儀式。②きびしい。strict 用例 —規則。派生 いかめしげ(形動) いかめしさ(名)

**い-カメラ【胃カメラ】** 胃内に挿入し、遠隔操作で胃の内部を撮影する超小型カメラ。ファイバースコープの先にカメラをとりつけて、病変部を直視下で撮影する。ガストロカメラ。gastrocamera ↓写

**いか-もの【▽如▽何物】** にせもの。いかがわしいもの。いかさまもの。

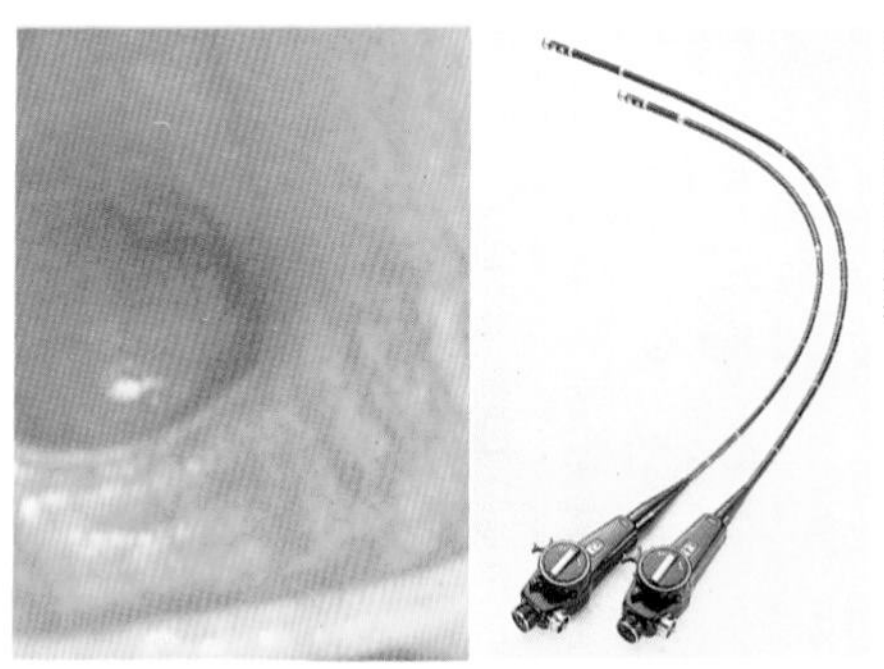
●胃カメラ　胃カメラ(右)、胃カメラで撮影した正常な胃の内部(左)。

**いが-もの【▼伊賀者】** 江戸幕府の下士職の一つ。間者など、大名統制の手段として用いた忍びの者。伊賀の郷士出身者を多く用いたところからこの名がある。伊賀衆。

**いかもの-ぐい【▽如▽何物食い】** ①ふつうの人が食べないようなものを好んで食べること・人。bizarre food eater ②ふつうと違う特殊な好みをもつこと・人。

**いかもの-づくり【▽厳物作り】** いかめしく、仰々しいつくりにすること・もの。用例 —の太刀。

**いが-やき【▼伊賀焼】** 伊賀(現在の三重県)丸柱地方で焼かれた陶器。花生けや水指しが多く、古来茶人が珍重。筒井伊賀・藤堂伊賀などがある。

**いか-よう【▽如▽何様】**(形動) どのよう。how

**いがらし-しんさい【▽五▽十▼嵐信斎】**(生没年未詳) 室町時代の蒔絵師。五十嵐派の初代。足利義政の家具調度品の装飾にあたった。

**いがらし-ちから【▽五▽十▼嵐力】**(一八七四~一九四七) 国文学者。山形県生まれ。早大教授。古典の口語訳や文芸学的研究・作文指導などに功績が大。著書『文章講話』『平安朝文学史』など。

**いがらし-どうほ【▽五▽十▼嵐道▼甫】**(?~一六七八) 江戸初期の蒔絵師。加賀蒔絵の創始者。五十嵐派の祖信斎の孫。前田家に仕えた。

**いから・す【怒らす】**(五他)↓いからせる(怒らせる)

**いから・せる【怒らせる】**(下一他) = いから

▼常用漢字表外。　▽常用漢字表の音訓外。

す。①おこるようにする。make angry ②かどだたせる。そびやかす。square one's shoulder 用例肩を—。

**いがらっ‐ぽ・い**（形）↓えがらっぽい

**いかり【怒り】** おこること。anger 対義喜び。用例殿の—にふれる。

**怒り心頭に発する**（いかりしんとうにはっする）ひどく怒る。怒り心頭におこる。fly into a rage

**怒りに燃える**（いかりにもえる）怒りのために、燃えるように心が高ぶる。激しく怒る。burn with anger

**怒りを遷す**（いかりをうつす）立腹して、関係のないものにまで当たり散らす。

**怒りを買う**（いかりをかう）相手をひどく怒らせる。立腹させる。arouse a person's anger 用例上役の—。

**いかり【▼碇・▼錨】** ①船などが動かないように、綱や鎖をつけて水中に沈める鉄製のおもり。anchor 用例—をおろす。②水中のものを釣りあげる道具。③碇を紋章化した紋所の名。四つ碇、碇の丸など。↓図

●碇③

碇

四つ碇

**錨を打つ**（いかりをうつ）錨を水底に沈める。

**錨を下ろす**（いかりをおろす）船舶を停泊させる。転じて、ひとところに腰を落ちつける。尻を据える。drop anchor; settle down

**いかりがせき【▼碇ケ関】**〈村〉青森県南部、矢立峠の北の村。江戸時代に関所があった。温泉と林業の町。人口四二一六（八九）。

**いかり‐がた【怒り肩】** かどばった肩。square shoulders 対義なで肩。

**いかり‐そう【▼碇草】**《花の形が船の碇に似ることから》メギ科の多年草。山地にはえる。高さ約三〇㎝。根出葉は複葉。春に、淡紅色の小花が咲き、観賞用に栽培もされる。全草を薬用ともする。↓写

●イカリソウ

**いかり‐ぼうふう【▼碇防風】**《水に入れるといかりのようになるところから》刺身のつまの一つ。ボウフウの茎の下部に、切れ目を入れる。

**いかり‐むし【▼碇虫】** 淡水魚の寄生虫。体長約一㎝。甲殻類の一種だが、寄生生活のため変形して、全体が碇形。無色ないし淡黄緑色。ウナギ・コイ・キンギョなどの体表や口腔に固着寄生し、吸血。養魚上の大敵。世界各地に分布。↓図

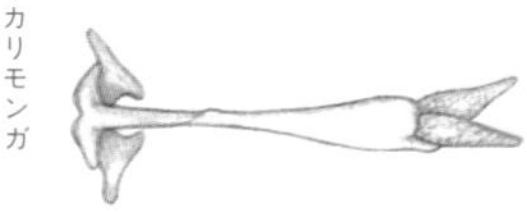

●イカリムシ

**いかりもん‐が【▼碇紋▼蛾】** チョウに似たイカリモンガ科のガ。開張三・五㎝内外。前翅には黒茶色の地に橙色の碇状紋がある。昼間飛び回り、翅を背上に立てて止まる。日本全土に分布。↓写

●イカリモンガ

**いかる** 18画 **【▼鵤】** 部首[鳥] 和製漢字 JIS 8303

↓いかる[斑鳩・鵤]

**いかる【▼斑▼鳩・▼鵤】** アトリ科の鳥。翼長約一一㎝。嘴が黄色くて大きい。低山帯の広葉樹林にすむ。豆などを嘴で割って食べる。北海道・本州中北部で繁殖、四国・九州では冬鳥。三光鳥。マメワリ。マメマワシ。イカルガ。↓写

●イカル

**いか・る【生かる・▽活かる】**（五自）生け花が花器に生けられてある。用例うまく—・っている。

**いか・る【怒る】**（五自）①腹を立てる。おこる。いきどおる。get angry ②勢いがはげしい。furious 用例—・った肩。用例—波。③かどばる。square

**いか・る【▽埋る】**（五自）土・灰などの中にうずめられている。

**いかるが【▼斑▼鳩】**〈町〉奈良県北部、奈良盆地西部の町。古くから「いかるがの里」として知られ、法隆寺・法輪寺などの古寺が多い。人口二万七四四八（八九）。

**いかるが‐でら【▼斑▼鳩寺】** 法隆寺の別称。

**いかるが‐の‐みや【▼斑▼鳩宮】** 聖徳太子の宮殿。推古九年（六〇一）大和の斑鳩に造営。法隆寺の東院がその跡といわれる。

**イカルス【Icarus ラテ】** ①一九四九年にパロマ山天文台のバーデが発見した特異な軌道をもつ小惑星。一九年ごとに地球に約六〇〇万㎞まで接近する。②「イカロス」のラテン名。

**いかる‐ちどり【▽桑▼鳲千鳥】** チドリ科の鳥。翼長約一四㎝。背面が淡褐色で、くびに首輪状の黒帯がある。河原にすみ、昆虫をあさる。アジア東北部で繁殖し、中国南部・インドで越冬。日本では北海道以外の地で繁殖。

**いかれ‐ぽんち** ふぬけな男。かるがるしく流行などに熱中する男。sissy

**いか・れる**（下一自）①してやられる。be taken in ②だめになる。go wrong 用例エンジンが—。③不良じみる。用例—・れた髪形。

**いかれる‐わかものたち【怒れる若者たち】**《Angry Young Menの訳》一九五〇年代に既成体制を痛烈に批判したイギリスの若い一群の作家たち。オズボーン・エーミス・ウェイン・シリトーなど。

**イカロス【Ikaros ギリシア】** ギリシア神話の工匠ダイダロスの息子。父とともに迷宮に幽閉され、父の発明した翼をつけて逃れたが、あまり高く飛んだため太陽熱で翼のろうが溶け、海に墜落死した。イカルス。

**いかわ【井川】**〈町〉秋田県北西部、八郎潟南東の町。稲作・野菜栽培中心。日本国花苑は桜の名所。人口六四二〇（八九）。

**いかわ【井川】**〈町〉徳島県西部、吉野川に沿う町。稲作のほか、タバコ・果樹・茶の栽培が行われる。人口六〇二二（八九）。

**い‐かん【衣冠】** ①束帯を簡略化したもので、宿直のときの装束。束帯から半臂・下襲・裾・石帯を除き、表袴の代わりに指貫、笏の代わりに檜扇を持つ。のちに、略式の公服となる。裏地をつけないものが、衣冠単。②衣服と冠。また、それを着けた人。↓図

**い‐かん【尉官】** 軍隊の階級。大尉・中尉・少尉の総称。佐官の下。自衛隊の一尉・二尉・三尉がこれにあたる。

**い‐かん【移管】**（名・サ変他）受け持ちを他へ移すこと。かえること。transfer 用例事務が都から区へ—される。

●維管束

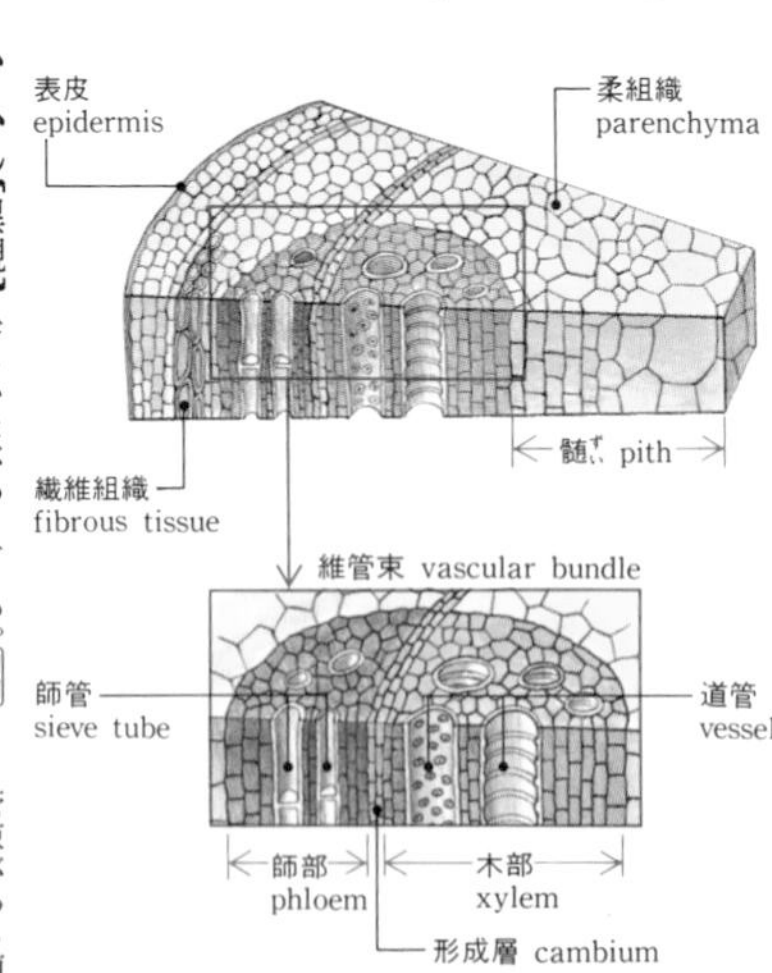


**い‐かん【異観】** 珍しいながめ・みもの。用例—を呈する。

**い‐かん【偉観】** みごとなながめ。壮観。grand spectacle

**い‐かん【遺憾】**（名・形動）①心のこり。残念。regret 用例—に思う。②気の毒。pity 用例事故の責任者として—の意を表する。

**いかん【▽如▽何・▼奈▽何】**《「いかに」の音便》㊀（副）いかに。㊁（名）どうであるかということ。ようす。理由。用例事の—を問わず。

**如何ともしがたい**（いかんともしがたい）どうにもできない。どうすることもできない。no way

**い‐がん【依願】** 本人の願いによること。at one's own request 用例—退職。

**い‐がん【胃▼癌】** 胃にできた癌。胃の粘膜から発生し、症状が進むにつれ深部へと広がる。早期に治療を受ければ九〇％以上の確率で治る。gastric cancer

**いかん‐が【▽如▽何が】** 古語（副）《「いかにか」の転》疑問や反語の意を表す。どうして…か。用例爰に利益の地をたのまずむば、—歩みを嶮難の路にはこばん（平家・二・康頼祝言）。

●衣冠① 平安時代の衣冠

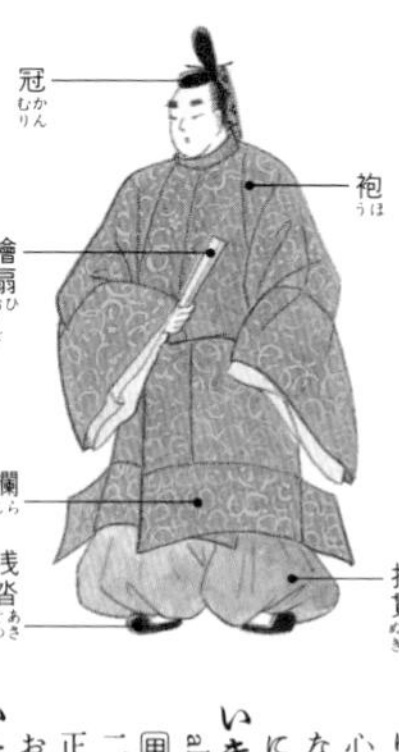


**いかん‐せん【▽如▽何せん】**（副）どうしようにも。残念ながら。いかにせん。to one's regret 用例—金がない。

**いかん‐せんばん【遺憾千万】**（形動）非常に残念なさま。たいへん気の毒なさま。

**いかん‐そく【維管束】** シダ植物、種子植物の根・茎・葉などの中にある組織。水の通路の木部と養分の通路の師部が束となり、同時に植物体を強固にしているもの。管束。vascular bundle ↓図

**いかんそく‐しょくぶつ【維管束植物】** 体内に維管束がある植物の総称。シダ植物と種子植物をいう。管束植物。vascular plants

**いかん‐ながら【遺憾▼乍(ら)】**（連語）残念だが。心残りはあるが。また、気の毒ではあるが。I regret to say that… 用例—手のうちようがない。

**いかん‐なく【遺憾無く】**（副）心のこりのないように。思う存分に。fully 用例実力を—発揮する。

**イキ** 11画 **【域】** 部首[土] 教育小6 JIS 1672

音イキ

域 域 域 域 域

①さかい。区ぎり。土地の境界。「域外・域内」②ある範囲の場所。「区域・神域・地域・流域」用例《接尾的》警戒—。③程度。段階。用例（名）推測の—を出ない。④くに。土地。「異域・西域」⑤境地。用例（名）名人の—に達する。

**イキ** 16画 **【▼閾】** 部首[門] JIS 7971

音ヨク・イキ

①しきい。しきみ。門や出入り口、へやのしきりにしく横木。②区ぎり。しきり。区ぎる。③心理学で、刺激や刺激の差異が一定量以上になると、質的にかわったと感じる。この転換点に対応する刺激量のこと。閾値。

**いき【生き・▽活き】** ①生きていること。生気。alive 用例—死に。②新鮮さ。freshness 用例—のよい魚。③碁で、一連の石に目が二つ以上あって、敵に殺されないこと。④校正で、いったん消した字を、もとのままにしておくよう指示する語。「イキ」と書く。

**いき【行き・▽往き】** ↓ゆき（行き）

**いき【息】** ①動物が口・鼻から吐き、吸う空気。また、そうすること。breath 用例 吐く―が白い。―をはずませる。②音声学で、声帯の振動をともなわない呼気。breath ③互いにやりとりする調子。tone; harmony

**息が合う**(いきがあう) 互いの気持ちや動作が、うまく合う。harmonize

**息が掛かる**(いきがかかる) 有力者の後援を受ける。用例 社長の―。

**息が通っている**(いきがかよっている) ①死がせまっていながら、まだ生きている。②心がこもっている。用例 詠み手の―。③呼吸が合っている。気持ちが、よく通じている。

**息が切れる**(いきがきれる) ①呼吸がなめらかにいかない。息ぎれがする。out of breath ②死ぬ。die ③苦しくて、これ以上続けて行えない。

**息が絶える**(いきがたえる) 呼吸がなくなる。死ぬ。die

**息が続く**(いきがつづく) 同じ状態を、保っていられる。have a long wind

**息が詰まる**(いきがつまる) 息苦しくなる。緊張して、呼吸がしにくいような感じになる。be suffocated

**息が長い**(いきがながい) ①長いこと息を止めていられる。have a long wind ②文章で、一文に「。」が付いて終わるまでが長い。be long-winded ③活動期間や売れている期間などに持続性がある。be long-lived

**息が弾む**(いきがはずむ) 「息急(せ)き切る」と同意。

**息の臭きは主知らず**(いきのくさきはぬししらず) 自分の口臭は自分ではわからない。自分の欠点はなかなか自分では気づかないことのたとえ。

**息の下**(いきのした) 息の絶えようとするまぎわ。with one's last breath 用例 苦しい―から遺言した。

**息も絶え絶え**(いきもたえだえ) 呼吸がとぎれとぎれで、ようやく続いている。半死半生のさま。また、物事が失敗に終わろうとしているさま。breathe very feebly

**息を入れる**(いきをいれる) ひと休みする。take a breath 類似 息を抜く。

**息を切らす**(いきをきらす) せわしく、息をする。荒い呼吸をする。be short of breath

**息を凝らす**(いきをこらす) 息をつめて、じっと成り行きを見守る。息を殺す。hold one's breath

**息を殺す**(いきをころす) 「息を凝らす」と同意。

**息を吐く**(いきをつく) ①ためていた息を吐き出し、大きく呼吸する。breathe out ②ほっとする。ひと休みする。ひと息いれる。feel relieved ③生きている。be alive

**息を継ぐ**(いきをつぐ) ①息を整える。gather breath ②ひと休みする。take a short rest

**息を吐く暇も無い**(いきをつくひまもない) 次々に続いて起こって、非常に忙しい。awfully busy

**息を詰める**(いきをつめる) 息をしないようにして、じっとしている。hold one's breath 類似 息を凝らす。

**息を抜く**(いきをぬく) 「息を入れる」と同意。

**息を延ぶ**(いきをのぶ) ほっとして、息をつく。安心して気が緩む。

**息を呑む**(いきをのむ) はっとおどろいて、いっしゅん息をとめる。hold one's breath

**息を量りに**(いきをはかりに) 息の続く限り。

**息を弾ませる**(いきをはずませる) ①息づかいが速く、激しくなる。gasp ②大きな喜びや驚きなどで、興奮する。be excited

**息を張る**(いきをはる) 深く息を吸って、腹に力を入れる。息む。

**息を引き取る**(いきをひきとる) 死ぬ。die

**息を潜める**(いきをひそめる) 息づかいを押さえて、静かにじっとしている。また、じっとして、動きを見せずにいて、事に備える。息を詰める。hold one's breath 用例 息を潜めて成り行きを見守る。

**息を吹き返す**(いきをふきかえす) ①生き返る。come to life again ②駄目になりかかっていたものが、勢いを取り戻す。revive

**いき【▽粋】**(名・形動)《「意気」の転》①気持ちや身なりに色気があり、あかぬけしていること。近世後期の江戸町人の生活全般にわたる美意識・美的理念。粋(すい)。対義 やぼ。②人情の表裏、とくに遊里・遊興に通じていること。また遊里・遊興を示す。③男女の情事に関すること。用例 ―なうわさ。④人情に通じて、ものわかりのよいこと。用例 ―なはからい。

**い-き【位記】** 位(くらい)をさずけるときの文書。対義 勲記(くんき)。

**い-き【委棄】**(名・サ変他) ①なるままにうっちゃっておくこと。すててかえりみないこと。abandonment ②法律で、ある物の所有者が一方的な意思表示によって、その物の所有権を他人に移転させること。相手方の同意や承諾を必要としない。abandonment

**い-き【意気】** ①気だて。気まえ。nature; temperament ②気概。気力。spirit

**意気相投ずる**(いきあいとうずる) 「意気投合(とうごう)」と同意。

**意気が揚がる**(いきがあがる) 意気込み・やる気が盛んになる。be in high spirits

**意気、天を衝く**(いき、てんをつく) 意気込みがさかんである。意気衝天。be in high spirits

**い-き【遺棄】**(名・サ変他) ①すてること。うっちゃらかしておくこと。abandonment ②法律で、保護すべき幼児・老人・病人・配偶者などを保護のない状態に移すか、または置き去りにすること。

**いき【▽壱岐】** ①→いきのくに(壱岐国)。②長崎県北部、玄界灘(げんかいなだ)に浮かぶ島。面積一三三・八$km^2$。古くから大陸交通の要地。低平な溶岩台地で、集落は触(ふれ)と呼ばれる農村と浦と呼ばれる漁村に分かれる。タバコ・麦焼酎(しょうちゅう)・米作、肉牛の飼育、沿岸漁業がさかん。

**い-ぎ【威儀】** ①礼儀作法にかなった、おもおもしい態度・動作。dignity 用例 ―を正す。②《仏教語》規律にかなった行住坐臥(ぎょうじゅうざが)におけるふるまい。その作法。

**い-ぎ【異義】** 違う意味。another meaning 用例 同音―。

**い-ぎ【異議】** ちがった意見。とくに、反対意見。objection 用例 ―をとなえる。―なし。

**い-ぎ【意義】** ①わけ。意味。ことばの指示する概念。meaning; sense ②価値。重要さ。significant 用例 ―のある仕事。③哲学などで、㋐あることばのもとに理解されるもの。㋑あるものが現実の中に存在し、それ独自のものとして働くとき、その働きのねうち。

**いきあい-がみ【行(き)合い神】**(いきあひー) 峠や墓地などで人や家畜にとりつくとされる神様。とりつかれると突然に気が抜けたようになるという、怪奇現象・たたり現象の一種。

**いき-あ・う【行(き)合う・行(き)▼逢う】**(ーあふ)(五自)→ゆきあう(行き合う)

**いき-あたり【行き当(た)り・行当(た)り】**→ゆきあたり(行き当たり)

**いきあたり-ばったり【行き当(た)りばったり・行当(た)りばったり】**(名・形動)→ゆきあたりばったり(行き当たりばったり)

**いき-あた・る【行き当(た)る・行当(た)る】**(五自)→ゆきあたる(行き当たる)

**いきいき-と【生き生きと・▽活き▽活きと】**(副・サ変自) 活気・生気に満ちたさま。vividly 用例 ―した目。

**いき-い・ず【生き▽出ず】**(ーいづ) 古語(下二自)生きかえる。よみがえる。用例 またの日の戌(いぬ)の時ばかりなむ、からうじて―・でたり(伊勢・四〇)。

**いき-うお【▽活魚】**(ーうを) →かつぎょ(活魚)

**いき-うし【生き牛】** 生きている牛。

**生き牛の目を抉る**(いきうしのめをくじる) 「生き馬の目を抜く」と同意。

**いき-うつし【生(き)写し】** 非常によく似ていること。用例 彼女は母親に―だ。

**いき-うま【生き馬】** 生きている馬。

**生き馬の目を抜く**(いきうまのめをぬく) 人を出し抜いて、すばしこく利益を得ようとする、油断のならないたとえ。類似 生き牛の目を抉(くじ)る。比較 尻毛を抜く。

**いき-うめ【生(き)埋め】** 生きたまま地中にうずめること。うずまること。

**いき-え【生(き)▼餌】**(ーゑ) 動物や釣りのえさにする、生きている虫・小動物。live bait

**いきおい【勢い】**(いきほひ) 一(名) ①物の動きにともなってあらわれる力。power; force 用例 水の―。②元気。気力。活動力。energy 用例 破竹の―。③人を圧する力。威勢。influence 用例 ―のある方につく。④はずみ。調子。成り行き。impetus; course 用例 事の―。―に乗る。二(副) そのときの成り行きで、自然に。当然の結果として。in the course of nature 用例 冬には火を使うことが多くなり、―、火事などの事故もふえる。

**勢い猛**(いきおいもう) 勢いが強い。威勢が素晴らしい。はぶりがよい。influential 用例 ―に寄せる波。

**いきおい-こ・む【勢い込む】**(いきほひー)(五自) 勢いづく。意気込む。気負う。

**いきお・う【勢う】**(いきほふ) 古語(四自) ①時めく。富み栄える。用例 御方々はゆたかに―・ひて(宇津保・祭の使)。②意気込む。活気づく。用例 人多く―・ひたり(更級)。

**いき-か【▼閾下】** 心理学で、刺激が感覚を生じさせず、意識されない状態。subliminal

**いき-がい【生き▽甲▼斐】**(ーがひ) 生きるはりあい・よろこび・めあて。worth living 用例 ―のある人生を送る。

**いき-がい【域外】** 区域のそと。outside the area 対義 域内。

**いきがい-かんり【生き▽甲▼斐管理】**(いきがひー) 労働者に生きがいを自覚させ、労働意欲を高めることをはかる労務管理。疎外感や高齢化の進展に対処するためのもの。quality-of-life management

**いき-か・う【行(き)交う】**(ーかふ)(五自)→ゆきかう(行き交う)

**いき-かえり【行(き)帰り】**(ーかへり)(名・サ変自)→ゆきかえり(行き帰り)

**いき-かえ・る【生(き)返る】**(ーかへる)(五自) 死んだ人や動物、また枯れたものなどが、いのちを取り戻す。よみがえる。revive

**いき-がかり【行(き)掛かり・行(き)掛り・行掛(か)り】**→ゆきがかり(行き掛かり)

**いき-かか・る【行(き)掛かる・行掛(か)る】**(五自)→ゆきかかる(行き掛かる)

**いき-がけ【行(き)掛け】**→ゆきがけ(行き掛け)

**いき-かた【生き方】** ①生活の方法。生活のやり方。暮らし方。life style 用例 文化的な―。②人生の選び方。人生の歩み方。way of life 用例 それも一つの―だ。

**いき-かた【行き方】**→ゆきかた(行き方)

**いき-がみ【生(き)神】** 生きながらの神とされる霊能者・教祖など。生き仏。living deity

**いき-が・る【▽粋がる】**(五自) 自分から粋だと思って誇る。粋らしく振る舞う。いきぶる。be stylish

**いき-き【行き来・▽往き来】**(名・サ変自)→ゆきき(行き来)

**いき-ぎも【生(き)肝・生(き)▽胆】** 生きている動物・人間から取った肝。

**生き肝を抜く**(いきぎもをぬく) 人をびっくりさせる。類似 度肝を抜く。

**いき-ぎれ【息切れ】**(名・サ変自) ①呼吸が苦しくなって、あえいで息をすること。shortness of breath ②途中で気力などが尽きて、物事が続かなくなること。don't last

**いき-ぐさ【▽活草】** ベンケイソウの別名。

**いき-ぐされ【生き腐れ】** 魚などが、新しそうに見えていても、いたんでいること。用例 サバの―。

**いき-くち【生(き)口】** 口寄せの一つ。巫女(みこ)などが消息不明者などの生き霊を呼び寄せて、自分にのり移らせてその近況などを語ること。

**いき-ぐみ【意気組(み)】**→いきごみ(意気込み)

**いき-ぐるし・い【息苦しい】**(形) ①呼吸が苦しい。息がつまりそうだ。choking ②きゅうくつだ。重苦しい。oppressive 派生 いきぐるしさ(名)

**イキケ【Iquique】** チリ北部、太平洋岸の港湾都市。一八八三年、ペルーからチリ領となる。チリ硝石の積み出し港として有名。人口一〇・二万(一九八〇)。

**いき-けんこう【意気軒▼昂】**(形動トタル) 気力がさかんなさま。in high spirits

**いき-ごみ【意気込み】** はりきった気持ち。いきぐみ。ardor; enthusiasm

**いき-ご・む【意気込む】**(五自) はりきって力を入れる。

**いき-ざい【遺棄罪】** 老人や幼児、身障者や病人など保護を必要とする者を放置することにより成立する罪。abandonment

**いき-さき【行き先】**→ゆきさき(行き先)

**いき-ざし【息差し】**→いきづかい(息遣い)

**いき-さつ【▽経▽緯】** ①事の成り行き。経過。whole story ②こみいった事情。complicated circumstance

**いき-ざま【生き様】** 個人の生き方の具体的なありさま。way of life 用例 みごとな―。

**いき-じ【意気地】** 自分の考えをどこまでもおしとおそうとする心。いくじ。いじ。backbone

**意気地が悪い**(いきじがわるい) よくない意地を押しとおそうとする。意地悪である。

**イキシア【Ixia】** アヤメ科の球根多年草。観賞

●イキシア

用に栽培される。高さ約五〇㎝。葉は剣状。初夏に赤・黄・桃色などの小花が咲く。南アフリカ原産。↓写
**いき-じごく【生(き)地獄】** ①この世にあるとは思えないような、ひどいありさま。②ひどい苦しみ。「な」
**いき-しな【行(き)しな】** ↓ゆきしな(行きしな)
**いき-しに【生(き)死に】** ①生きることと死ぬこと。②生きているか死んでいるか。
**いき-じびき【生(き)字引】** 経験が豊かで、なんでもよく知っている人。物知り。
**いき-しょうちん【意気消沈・意気▼銷沈】** (名・サ変自) 元気がなくなること。discouragement
**いき-しょうてん【意気衝天】** 気力が天をつくほどさかんなこと。「ぎ」
**いき-すぎ【行(き)過ぎ】** ↓ゆきすぎ(行き過ぎ)
**いき-す・ぎる【行(き)過ぎる】** (上一自) ↓ゆきすぎる(行き過ぎる)
**いき-すじ【▽粋筋】** ①いきな方面。花柳界。用例 —のファン。②情事に関する事柄。
**いき-せい【息精】** 呼吸と精力。気力。意気込み。いきせ。
**息精張る**(いきせいはる) ありったけの気力を出して、がんばる。意気込んで、する。力む。
**いきせき-き・る【息▽急き切る】** (五自) 息を切らして、はあはあ言う。out of breath
**いぎ-そ【意義素】** 意味論で設定される、意味の差を考えるさいの単位。意味素。sememe; semanteme
類似 息が弾む。
**いき-たい【生(き)体】** 相撲で、力士の体勢は崩れているが、まだ立て直しがきく状態。対義 死に体。
**いき-だおれ【行(き)倒れ】** ↓ゆきだおれ(行き倒れ)
**いき-たけ【▼裄丈】** ↓ゆきたけ(裄丈)
**裄丈知れたる**(いきたけしれたる) たかが知れている。程度が知れている。
**いきた-そら-も-ない【生きた空もない】** (連語) おそろしくて生きている気もしない。生きた空がない。類似 生きた心地もしない。
**い-ぎたな・い【▽寝▼穢い】** (形) ねぼうである。また、寝姿がだらしない。ねぎたない。
**いき-ち【生(き)血】** 生きている動物・人間の血。
**生き血を搾る**(いきちをしぼる) 情け容赦なく他人を虐げて、自己の利益を得る。sacrifice others for one's own ends
**生き血を吸る**(いきちをすする) 「生き血を搾る」と同意。
**人の生き血を吸う**(ひとのいきちをすう) 人をひどい目にあわせて自分の利益にする。
**いき-ちがい【行(き)違い】** ↓ゆきちがい(行き違い)

**いき-づえ【息▼杖】** かごかきなどが、かつぐ棒を支えて息を休めるために使うつえ。用例 —を入れる。
**いき-づかい【息遣い】** 息をするようす。息のしかた。息ざし。respiration 用例 苦しそうな—。
**いきつき【生月】** 〈町〉長崎県北西部、平戸市西隣の生月島からなる町。アジ・サバ漁の基地。隠れキリシタンで知られる。人口九四三六(一九八八)。
**いき-つぎ【息継ぎ】** (名・サ変自) ①歌、吹奏やせりふなどの途中で、息を吸い込むこと。breath ②ひと休み。息抜き。息休め。break
**いきつき-あな【息▽衝(き)穴】** 死者を埋葬したときに棺の上につき立てる、節をくり抜いた一〜二mの竹。息衝き竹。
**いき-つ・く【行(き)着く】** (五自) ↓ゆきつく(行き着く)
**いき-づ・く【息▽衝く】** (五自) ①苦しい息をする。あえぐ。②呼吸をする。用例 ひっそりと—。伝統が—・いている。
**いき-づくり【生き作り・▽活き作り】** ↓いけづくり(生け作り)
**いき-づな【息綱】** 海女が海中にはいるとき腰に付ける綱。付いている分銅の重みでもぐり、息が苦しくなると、この綱を引いて合図する。
**いき-づま・る【行き詰(ま)る・行詰(ま)る】** (五自) ↓ゆきづまる(行き詰まる)
**いき-づま・る【息詰(ま)る】** (五自) ①呼吸がつまる。be choked ②非常に緊張して、息がつまるような感じがする。be thrilling 用例 —熱戦。
**いきつ-もどりつ【行きつ戻りつ】** (連語) ↓ゆきつもどりつ(行きつ戻りつ)
**いき-とうごう【意気投合】** (名・サ変自) 人と心持ちがよく合うこと。mutual understanding 類似 意気相投ずる。
**いきどお・る【憤る】** 〔一〕(五自) 憤慨する。腹を立てる。enrage; get angry 〔二〕古語 (四自) なげく。不平である。用例 —心の中を思ひ伸べ(万葉・一九・四一五四)。
**いきどおろし・い【憤ろしい】** (形) 心中おだやかでない。腹立たしい。用例 —思いに駆られる。
**いきとし-いけるもの【生きとし生けるもの】** (連語) 《「し」は強意の助詞》生きているすべてのもの。
**イキトス【Iquitos】** ペルー北東部、アマゾン川上流域の河港都市。同国アマゾン地域の中心都市。一八六三年、天然ゴム採取の中心地として建設。人口一七・九万(一九八一)。
**いき-とど・く【行(き)届く】** (五自) ↓ゆきとどく(行き届く)
**いき-どまり【行(き)止(ま)り・行止(ま)り】** ↓ゆきどまり(行き止まり)

**いきな【生名】** 〈村〉愛媛県、芸予諸島東部の生名島を中心とする村。柑橘類の栽培、海苔の養殖がさかん。人口二七五五(一九八八)。
**いき-ない【域内】** 区域の中。対義 域外。
**いきない-ぼうえき【域内貿易】** 地域貿易協定にもとづく経済協力地域内での貿易交流。域内諸国間では共通の低率関税を設け、自由貿易と国際分業を促進する。intra-trade
**いき-ながら・える【生き長らえる・生き▽存える】** (下一自) 生きのびる。長生きする。live long; survive
**いき-なり【行(き)成り】** (副) 突然に。急に。suddenly
**いき-にんぎょう【生(き)人形・▽活(き)人形】** ①生きている人のように作った、等身大の人形。②人形のように美しい人。
**いき-ぬき【息抜き】** (名・サ変自) ①仕事の手をとめて、ひと休みすること。息休め。take a break ②気分をかえること。recreate ③空気を入れ換えるあな。換気口。vent hole
**いき-ぬ・く【生(き)抜く】** (五自) 苦しみにたえて、あくまで生きる。へこたれずにやりとおす。live out
**いき-の-お【息の緒】** ①呼吸。②いのち。比較 玉の緒。
**いき-の-くに【▽壱岐国】** 旧国名。現在の長崎県壱岐島。西海道の一国。「延喜式」では下国、二郡。国府は石田町、国分寺は芦辺町。明治四年(一八七一)廃藩置県により平戸県を経て長崎県に編入。壱州。壱岐。
**いき-のこり【生(き)残り】** ほかの人の死んだあとに、生きてこの世に残ったこと・人。survivor
**いき-の-ね【息の根】** ①呼吸。②いのち。
**息の根を止める**(いきのねをとめる) 殺す。
**いき-の・びる【生(き)延びる】** (上一自) あやうく死を免かれて、この世にいる。生き長らえる。survive; live long
**いき-の-まつばら【生ノ松原】** 福岡市西部、博多湾に臨む松原。白砂青松の景勝地で、元寇の防塁が残る。
**いき-ば【行(き)場】** ↓ゆきば(行き場)
**いき-はじ【生(き)恥】** 生きている間に受ける恥。生きているからこそ受ける恥。対義 死に恥。用例 —をさらす。
**いき-ば・る【息張る】** (五自) 息をこめて、ぐっと張り切る。力む。いきむ。
**いき-ふどう【生(き)不動】** ①霊験あらたかな不動明王のような人。②不動明王のように、生き身のまま火に包まれた人。
**いき-ぼとけ【生(き)仏】** ①《立派な僧を敬って言う》高僧。②やさしくて思いやりの深い人。
**いき-ま・く【息巻く】** (五自) おこって息をあらくする。いきりたつ。rage

**いき-み【生き身】** 生きているからだ。なまみ。対義 死に身。
**生き身に餌食**(いきみにえじき) この世に生まれたものは、食べていかれるようになっているということ。
**生き身は死に身**(いきみはしにみ) 生きているものは、いつかは必ず死ぬということ。生者必滅。
**いき-みたま【生(き)▽御霊・生(き)▽御▽魂】** 生きている親などに、盆中に魚など食物を贈る儀礼。また、その贈答品。
**いき・む【息む】** (五自) 息を止めて力む。strain
**いぎ-もうしたて【異議申(し)立て】** 国家機関の処分または不作為によって不利益を受けた者が不当を主張し、その取り消しを求めること。objection; protestation
**いき-もの【生き物】** ①生きているもの。生物。living thing; creature ②動物。animal ③生きているもののように変化し活動するもの。用例 ことばは—だ。
**いき-やすめ【息休め】** (名・サ変自) 息ぬき。息つぎ。
**い-きょ【依拠】** (名・サ変自) 他によること。他にもとづくこと。
**い-きょう【異郷】** ふるさとでない、よその土地。他郷。strange land
**い-きょう【異教】** ①自分が信じる宗教とちがう宗教。②キリスト教で、キリスト教以外の宗教を言う語。heresy 比較 異端・邪教。
**い-きょう【異境】** よその土地。外国。他国。
**い-ぎょう【医業】** 医師としての仕事・職業。また、医療技術。medical profession
**い-ぎょう【易行】** 《仏教語》だれもがたやすく実践できる仏道修行。一般に、称名念仏をさす。対義 難行。
**い-ぎょう【異形】** ①ふつうでない姿やかたち。②あやしい姿。③ばけもの。
**い-ぎょう【偉業】** すばらしい仕事・業績。りっぱな事業。great achievement 用例 —を達成する。
**い-ぎょう【遺業】** 死んだ人が後世に残した事業。work left by a person 用例 —を継ぐ。
**いぎょうしゅ-れんけいくみあい【異業種連携組合】** 中小企業が互いの得意分野を結びつけ、技術複合時代に適応するために結成する協同組合。
**いぎょう-どう【易行道】** 《仏教語》念仏をとなえ、他力によって往生をとげること・方法。対義 難行道。
**いき-ようよう【意気揚揚】** (形動トタル) 得意なさま。気力に満ちているさま。
**いぎょう-るいじこうい【医業類似行為】** 疾病の治療、または保健を目的とするが、法令上で医師などが行う医療行為に含まれないもの。手技・温熱・電気・光線などの刺激による治療で、マッサージ・指圧・はり・きゅう・柔道整復など。
**い-きょく【医局】** 病院で、医療をあつかう部局。また、医師などが詰めているところ。medical office 比較 薬局。
**い-きょく【委曲】** くわしい事情。委細。詳細。details
**委曲を尽くす**(いきょくをつくす) くわしい事情を明らかにする。explain in detail
**いきょく-どうこう【異曲同工】** ↓どうこういきょく(同工異曲)
**イギリス【Ingrez・英吉利】** (United Kingdom of Great Britain and Northern Ireland) ヨーロッパ大陸の北西、グレートブリテン島と北アイルランド島からなる立憲君主国。首都ロンドン。産業革命の発祥地。一六世紀後半以降一世紀半にわたり、大英帝国として世界の政治・経済の中心となった。面積二四・四万㎢。人口五六七六万(一九八六)。正称グレートブリテンおよび北部アイルランド連合王国。英国。UK。
**イギリス-かいきょう【イギリス海峡】** (English Channel) イギリス南岸とフランス北西岸をへだてる海峡。北東部は最狭部のドーバー海峡を経て北海に通じる。幅三四〜二四〇㎞。
**イギリス-こくゆうてつどう【イギリス国有鉄道】** (British Railways Bureau) イギリスの鉄道公社。一九四七年に国有国営化され、公共企業体として経営。BRB。
**イギリス-こっきょうかい【イギリス国教会】** (Anglican Church) イギリス独自のキリスト教。一五四三年カトリック教会から分離独立。ローマ教皇の教皇権を排除し英国王を教会の首長とするが、主教制を維持し、カトリック的伝承とプロテスタント的要素を備える。英国聖公会。英国教会。
**イギリス-こむぎ【イギリス小麦】** コムギの栽培品種の一つ。古くからヨーロッパで栽培されたが、パンには不向きのため、ビスケット用としてわずかに栽培される。リベットコムギ。
**イギリス-さんぎょうれんめい【イギリス産業連盟】** (Confederation of British Industry) イギリスの使用者団体の全国連合体。日本の日経連に相当する。CBI。
**イギリス-しょとう【イギリス諸島】** (British Isles) ヨーロッパ西部、大西洋と北海の間にある大陸棚上の島群。イギリスとアイルランドの二国がある。
**イギリス-ていこく【イギリス帝国】** イギリス連邦と改称される以前のイギリスと、その支配下の植民地・保護領などの総称。大英帝国。British Empire

**イギリス-びょう【イギリス病】** 一九六〇年代から八〇年代のイギリスで、重税に基づく高度社会福祉や、労働組合の既得権拡大にともなう勤労意欲の低下などから生じた、社会・経済の長期停滞。English disease

**イギリス-ぶたいきょうかい【イギリス舞台協会】** 新進劇作家育成と作品紹介をめざすプロダクション。ロイヤル-コート劇場を拠点とし、一九五六年設立。

**イギリス-ほうそうきょうかい【イギリス放送協会】** ↓ビービーシー(BBC)

**イギリス-りょうり【イギリス料理】** 実質本位の材料で、比較的手をかけない調理法が特徴。牛肉や野菜を使うものと、パイ料理などが代表的。飲み物には紅茶が欠かせない。

**イギリス-れんぽう【イギリス連邦】** イギリスを中心とし、かつての植民地であった諸国および属領の連合体。一九三一年ウエストミンスター憲章により法制化され成立。英連邦。the Commonwealth of Nations

**イギリス-ろうどうくみあいかいぎ【イギリス労働組合会議】**(Trades Union Congress) イギリスの労働組合のナショナルセンター。一八六八年設立。労働党を構成する団体の一つ。TUC。

**いきり-た・つ【▽熱り立つ】**(五自) ひどくおこる。いきまく。be enraged

**いき-りょう【生(き)霊】** 生きている人のたましいで、他人にとりつき、たたりをするもの。対義 死霊(しりょう)。

**い・きる【生きる・▽活きる】**(上一自) ①いのちがある。生存する。live 用例 —か死ぬかの分かれ目。②暮らしを立てる。生活する。live 用例 下町に—人びと。筆一本で—。③生きがいを見いだす。devote 用例 考古学に—。④生き生きする。be full of life 用例 この絵は—・きている。この文章は—・きている。塩かげんで味が—。⑤効果をもつ。effective; valid 用例 —・きた教訓。あの約束はまだ—・きている。⑥碁や野球で、打った石や塁(るい)に出たランナーが死なずにすむ。用例 この石は—・きている。二塁に—。

**生きた心地もしない**(いきたここちもしない) 非常な危機や悲惨な場面などに遭遇した恐ろしさ・苦しさで、生きているような気持ちがしない。生きた心地がしない。feel almost dead

**生きた空が無い**(いきたそらがない) ひどく恐ろしい思いや悲しみなどで、生きている気持ちがしない。

**いきれ【▽熱れ・▼熅れ】** 熱気がたちこめて、むっとすること。ほてり。用例 草—。人—。

**いき-わかれ【生(き)別れ】**(名・サ変自) 親子・夫婦などが、生きたままはなればなれになること。生別。対義 死に別れ。

**いき-わかれ【行(き)別れ】** ↓ゆきわかれ(行き別れ)

**いき-わた・る【行(き)渡る】** ↓ゆきわたる(行き渡る)

**イク** 8画 **【育】** 部首[月](にくづき) 教育小3 JIS 1673
7画 **【▼育】** 旧字
13画 **【▼毓】** 部首[毋](なかれ) 異体字
14画 **【▼毓】** 部首[毋](なかれ) 異体字 JIS 6158
音イク 訓そだつ・そだてる
育 育 育 育 育 育
①そだてる。やしなう。はぐくむ。「教育・訓育・体育・知育・徳育・養育」「育英・育児・育成」②そだつ。大きくなる。「生育・発育」③そだち。家庭のしつけによる性質。

**イク** 9画 **【▼郁】** 部首[阝](おおざと) 人名用 JIS 1674
音イク さかん。香気がさかん。かぐわしい。あでやか。「馥郁(ふくいく)」

**イク** 12画 **【▼粥】** 部首[米](こめ) JIS 2001
音シュク・イク ひさぐ。うる。あきなう。↓シュク【粥】

**イク** 13画 **【▼煜】** 部首[火](ひへん)
音イク かがやく。ひかる。ひかりかがやく。

**イク** 16画 **【▼薁】** 部首[艹](くさかんむり)
音イク ニワウメ。バラ科の落葉低木。こうめ。こんめ。郁李(いくり)。

**イク** 16画 **【▼澳】** 部首[氵](さんずい) JIS 6320
音イク・オウ ①くま。水がおれまがって、陸地に深くはいりこんだところ。②おき。海や湖、大河などの、陸地から遠くはなれたところ。

**イク** 17画 **【▼燠】** 部首[火](ひへん) JIS 6390
音イク・オウ・ウ ①あたたかい。あつい。②おき。㋐赤くおこった炭火。㋑まきなどがもえつくして、炭火のようになったもの。

**イク** 18画 **【▼礇】** 部首[石](いしへん) JIS 6705
音イク 玉(ぎょく)ににている石。

**イク** 22画 **【▼鬻】** 部首[鬲](れき) JIS 6888
音シュク・イク ①ひさぐ。うる。あきなう。②やしなう。そだてる。↓シュク【鬻】

**い・く【行く・▽往く】** ㊀(五自) =ゆく。①前に向かって進む。walk 対義 止まる。用例 野道を—。②出向く。おもむく。go 対義 来る・帰る・退く。用例 駅へ—。手紙を出しに—。③物事が、はこぶ。go 用例 万事うまく—。④ある状態になる。用例 なっとくが—。⑤できる。用例 だいじょうぶ—・けるよ。⑥年をとる。getting older 用例 年の—・った人。⑦去る。gone 用例 春も—。⑧他家にうつる。用例 養子に—。㊁(補動)《「…(て)いく」の形で》物事の進行・継続を示す。become 用例 おとろえて—。

**い・く【▽逝く】**(五自) 人が死ぬ。あの世に行く。ゆく。pass away; die 用例 惜しまれながら—。

**い・く【生く・▽活く】** 古語 ㊀(上二自) ↓いきる(生きる)。㊁(下二他) ↓いける(生ける)

**いく【幾】**(接頭) ①数量・程度がわからない意。用例 —人。—日。②数量・程度が多い意。用例 —山河。—百年。—久しく。

**イグアス-の-たき【イグアスの滝】**(Saltos do Iguaçu) ブラジルとアルゼンチンとの国境にある滝。世界三大瀑布(ばくふ)の一つ。両国の国立公園になっており、幅四kmにわたり、二八〇近くの滝に分かれる。落差六五m。

**イグアナ【iguana】** ①南北両アメリカに分布するイグアナ科のトカゲ約七〇〇種の総称。②イグアナ科の一種。体が緑色で全長約二m、尾はその半分以上を占める。木登り・泳ぎが巧み。草食性。卵生で、卵・肉は食用。中・南米に分布。グリーンイグアナ。↓図

●イグアナ②

**イグアノドン【iguanodon】** 二脚歩行の草食性恐竜。白亜紀前期にヨーロッパ・北アフリカに生息していた爬虫(はちゅう)類。体長約九m、推定体重約四・五t。手は五本指で、親指が大きな釘(くぎ)状。禽竜(きんりゅう)。↓恐竜図

**い-ぐい【居食い】**(名・サ変自) 働かないで暮らすこと。座食。徒食。

**いく-いく【▼郁▼郁】**(形動トタル) ①かおりの一面にただようさま。②文物のさかんなさま。

**いく-え【幾重】** 多くかさなること。

**いく-えい【育英】** 才能のすぐれた人を育てること。education 用例 —資金。

**いくえ-にも【幾重にも】**(副) かさねて何度も。繰り返し。ひたすら。over and over again 用例 —よろしく。

**いく-か【幾日】** =いくにち。①どのくらいの日数。何日。用例 今—ありて若菜摘みてむ(古今・春上)。②多くの日数。

**いくくにたま-じんじゃ【生国▽魂神社】** 大阪市天王寺(てんのうじ)区生玉(いくたま)町にある旧官幣大社。祭神は生島神(いくしまのかみ)・足島神(たるしまのかみ)で国土の守護神。相殿(あいどの)に大物主神(おおものぬしのかみ)。生玉神社。

**いくさ【戦・▽軍】** ①たたかい。戦闘。戦争。war; battle ②古語 軍隊。軍勢。用例 漢王の—弱く(平家・二・蘇武)。

**戦に花を散らす**(いくさにはなをちらす) 戦場で、めざましい活躍をする。

**戦を見て矢を矧ぐ**(いくさをみてやをはぐ) 戦いが始まってから矢をつくる。事が始まってから、あわてて準備をすることのたとえ。類似 盗人を見て縄を綯(な)う。難に臨んで兵を鋳(い)る。

**い-ぐさ【▼藺草】** ↓い(藺)

**いくさか【生坂】**〈村〉長野県北西部、犀(さい)川に沿う村。稲作・畜産・シイタケ栽培などが行われる。人口二八九〇(一九八八)。

**いくさ-さき【行く先】** ↓ゆくさき(行く先)

**いくさ-の-にわ【戦の庭】** 戦場。battle-field

**いくさ-ぶぎょう【▽軍奉行】** 鎌倉(かまくら)・室町時代、戦争があるときに臨時に置かれ、軍事全般の指揮をとった職。

**いく-じ【育児】** 乳幼児の身体的・精神的な成熟を助け、社会に適応する能力をつちかうこと。child care

**いく-じ【意気地】**《「いきじ」の転》自分の意見をとおそうとする気力。いじ。self-respect

**意気地が無い**(いくじがない) 一つの事をやりとおそうとする気力がない。ふがいない。性格が、しっかりしていない。weak-minded

**い-ぐし【▽斎▼串】** 神事に使う、榊(さかき)の枝などに木綿(ゆう)をかけたもの。玉串(たまぐし)。

**イクシオン【Ixiōn ギリシア】** ギリシア神話のケンタウロスの父。不敬の罪を問われて燃える車輪に縛りつけられ、終わることのない回転を続ける。

**いくじ-きゅうぎょう【育児休業】** 乳・幼児のいる婦人労働者が、育児のため一定期間休業すること。育休。maternity leave

**いくじ-なし【意気地無し】** 気力や勇気がないこと。こしぬけ。弱虫。coward; chicken

**いくじ-ノイローゼ【育児ノイローゼ】** 育児に自信を失い、精神的に不安定な状態に陥ること。また、その状態。maternity nerve

**いくじ-のう【育児▼嚢】** ①カンガルーなど有袋(ゆうたい)類の雌の腹部にあって、皮膚のひだでできた袋。marsupium ②ヨウジウオやタツノオトシゴ類の雄の腹部にできた袋。雌はこの中に卵を産みつける。marsupium

**いくじ-ばこ【育児箱】** ↓ほいくき(保育器)

**いくしま-しんごろう【生島新五郎】**(一六七一〜一七四三) 江戸中期の歌舞伎(かぶき)俳優。立役(たちやく)。大奥女中江島(えじま)との情事で三宅(みやけ)島に流罪となる。

**いく-しゅ【育種】**(名・サ変他) 栽培植物・樹木・飼育動物などを改良し、より実用価値の高い品種を育成すること。breeding

**いく-すう【育▼雛】**(名・自サ変) 雛(ひな)を親鳥が育てること。または、ニワトリなどの飼育で、孵化(ふか)後二一〜三週間、人工的に電熱やガスで暖めて育てること。brooding

**いく-せい【育成】**(名・サ変他) ①やしない、育てること。育てて、りっぱにすること。rearing ②家畜が出生後、成熟するまで人間が飼養管理すること。raising

**いく-そ【幾▽十】** 古語 ①どのくらい。②たいへん多いこと。用例 御輿岡(みこしをか)いくその世々に(後撰・雑二)。

**いく-そ-たび【幾▽十度】** 古語(副) いくたび。なんべん。用例 —君がしじまに負けならむ(源氏・末摘花)。

**いく-そ-ばく【幾▽十▽許】** 古語(副) どれくらい。どれほど多く。用例 その松の数—、幾千年(いくちとせ)経たりと知らず(土佐)。

**イクソラ【Ixora】** サンタンカの別名。

**いく-た【幾多】**(副) ①どれほど。②かずかず。かずおおく。

**イクター【iqṭāʿ アラビア】** イスラム社会の封土制度。カリフやスルタンから授与される土地、あるいはその土地の生産物の収納権・徴税権を言う。

**いくたがわ【生田川】** 森鷗外(もりおうがい)の戯曲。明治四三年(一九一〇)初演。『大和(やまと)物語』などにある処女塚伝説を現代語によって劇化。

**いくた-けんぎょう【生田検▽校】**(一六五六〜一七一五) 江戸前・中期の箏曲(そうきょく)家。生田流の流祖。北島(きたじま)検校の門弟。三味線音楽の地唄(じうた)に箏(そう)を合わせることを始めた。

**いくた-しゅんげつ【生田春月】**(一八九二〜一九三〇) 詩人。鳥取県生まれ。本名は清平。感傷的な詩風。詩集『霊魂の秋』『感傷の春』など。

**いくた-じんじゃ【生田神社】** 神戸(こうべ)市中央区下山手通りにある旧官幣中社。祭神は稚日女尊(わかひるめのみこと)。

**いくた-ちょうこう【生田長江】**(一八八二〜一九三六) 評論家。鳥取県生まれ。東大卒。本名は弘治。ニーチェの翻訳のほか、各方面の評論で活躍。評論『最近の小説家』など。

**いく-たっぷ【▼郁達夫】**(一八九六〜一九四五) 中国の小説家。浙江(せっこう)省の人。日本に留学して、東大卒。郭沫若(かくまつじゃく)らと創造社を結成。小説『沈淪(ちんりん)』『過去』など。

▼常用漢字表外。 ▽常用漢字表の音訓外。

**いくたはら【生田原】**〈町〉北海道、北見市北西の町。農林業中心で、畑作・酪農・木材工業がさかん。人口三四七一（一九八八）。

**いく-たび【幾度】**(副) 同じことが繰り返されるさま。いくど。何回。何度。how many times; how often

**いくたよろず-の-らん【生田▽万の乱】**天保八年（一八三七）平田篤胤門下の国学者生田万が起こした乱。天保の飢饉による窮民を救済しようと越後柏崎の本陣を襲ったが敗死。

**いく-たり【幾▽人】**①いくにん。なんにん。how many people ②数人。several people

**いくた-りゅう【生田流】**山田流と並ぶ箏曲の二大流派の一つ。元禄八年（一六九五）生田検校により京都でおこり、関西で普及。地唄と交流し、器楽的発展をした。

**い-ぐち【▼猪口】**担子菌類イグチ科およびオニイグチ科のキノコの総称。かさは肉質のまんじゅう形。裏面にひだはなく、細い管穴が密生し、そこに胞子をつくる。食用。

**イクチオサウルス【Ichthyosaurus ラテン】**ジュラ紀に栄えた魚形の海生爬虫類。全長二m内外。四肢はひれに変形し、そのほかに肉質の背びれと垂直な尾びれがある。魚食性。卵胎生とみられる。魚竜類の代表。

**イクチオステガ【Ichthyostega ラテン】**デボン紀後期にいた最古の両生類。全長約一・二m。頭骨の構造などは魚類（総鰭類）のようだが、四肢がしっかりしている点などは両生類の特徴。淡水にすみ、肉食性。化石はグリーンランドで発見。

**いくち-しま【生口島】**広島県南東部、芸予諸島の島。面積三〇・六km²。柑橘類の栽培がさかん。西の日光と呼ばれる耕三寺がある。

**いぐち-もとなり【井口基成】**（一九〇八〜八三）ピアニスト・音楽教育家。東京生まれ。東京音楽学校卒。多数の優秀な演奏者を育成。

**いく-つ【幾つ】**①個数・年齢などの、決まっていない数を表す語。どれほどの数。how many 用例 年は — だ。— かある。②《「いくつも」の形で》かなりたくさん。用例 同じ例は — もある。

**いく-て【行く手】**↓ゆくて(行く手)

**イクティノス【Iktinos ギリシア】**(生没年未詳) 紀元前五世紀のギリシアの建築家。パルテノン神殿の建築で知られる。

**いく-ど【幾度】**多くの回数。何度。いくたび。many times

**いく-どうおん【異口同音】**《「異句同音」は誤り》多くの人が同じことを言うこと。人々の考えが一致すること。unanimously

**いく-とし【行く年】**↓ゆくとし(行く年)

**いく-とせ【幾▽年】**＝いくねん。①どれくらいの年数。定まらない年数。何年。how many years ②長い年月。for years

**イクナートン【Ikhenaton】**エジプト第一八王朝の王（在位BC一三七五ごろ〜BC一三五八ごろ）。アメンホテプ四世として即位。唯一神アテンを信仰。自らの王名もイクナートンと改名し、アマルナに遷都。その改革は理想主義的にすぎたため失敗したが、特異なアマルナ芸術を生み、大きな影響を残した。↓写

● イクナートン

**いく-にち【幾日】**①どれくらいの日数。定まらない日数。何日。いくか。how many days ②長い日数。いくか。for days ③どの日。what day 用例 三月の — だったかな。

**いくの【生野】**〈町〉兵庫県中部、市川上流の町。銀鉱が発見されて発展したが、昭和四八年（一九七三）閉山。人口五八九二（一九八八）。

**いくの-ぎんざん【生野銀山】**兵庫県生野町にある銀山。古代から知られ、織田・豊臣氏・江戸幕府の直轄地。江戸時代の産銀量は全国一。昭和四八年（一九七三）採掘中止。

**いくの-の-へん【生野の変】**文久三年（一八六三）尊攘派が農兵を組織し、但馬生野で挙兵した事件。天誅組の乱に呼応し、福岡藩士平野国臣が公卿の沢宣嘉を擁して蜂起したが、鎮圧された。

**いく-ばく【幾▽何・幾▽許】**どれぐらい。なにほど。いくら。用例 余命 — もない。

**いくばく-も-なく【幾▽何も無く・幾▽許も無く】**(副) ほどなく。まもなく。not long after

**い-くび【▼猪首・▼猪▼頸】**①太くて短い首。②古語 かぶとをあみだにかぶること。用例 黒皮をどしのよろひに、かぶと — に着ないて（平家・九・一二之懸）。

**いく-ひさしく【幾久しく】**(副) 行く末長く。これから先いつまでも。forever 参考 結婚式・あらたまったあいさつなどで使うことば。

**いく-びょう【育苗】**(名・サ変他) 移植を前提として苗または苗木を苗床で育てること。イネのほか、野菜・草花・樹木の栽培でも行われる。raising of seedling

**いく-ぶん【幾分】**㊀(名) 一部分。a part ㊁(副) いくらか。少し。somewhat; a little 用例 — ゆったりする。

**いく-ほど【幾程】**どれくらい。何程。用例 — もなく返事がきた。

**いく-よ【幾世・幾代】**①定まらない年数・年代。どれほどの年代・世。how many centuries ②多くの代。many generations

**いく-よ【幾夜】**①定まらない夜の数。どれほどの数の夜。how many nights ②多くの夜。many a night

**いく-ら【幾ら】**㊀(名) ①物の値段・重さ・量などを問う語。how much 用例 その品は — ですか。②ある範囲の数を大まかに言う語。some 用例 一万 — のお金。㊁(副) どのように。どんなに。however; no matter how 用例 — 勉強しても彼にはかなわない。

**イクラ【ikra ロシア】**《魚卵の意》サケ・マスの卵巣を取り出し、卵を一つ一つ離して塩漬けにしたもの。salmon roe 参照 筋子。

**いくら-か【幾らか】**(副) 少しぐらい。若干。a little; somewhat 用例 — 涼しくなる。

**いくら-も【幾らも】**(副) ①どのくらいでも。たくさん。用例 — ある。②《あとに打ち消しをともなって》あまり。たいして。用例 — 残っていない。

**イグルー【igloo】**《原義はエスキモー語で家の意》エスキモーの冬の住居で、雪のブロックなどで作ったドーム状の家。↓写

● イグルー

**い-ぐるみ【▼弋】**①矢に糸をつけて鳥をからめとる道具。②およぐこと。遊弋。③しきがまえ、の別名。

**い-くん【異訓】**ちがったよみ方。別の訓。

**い-くん【偉勲】**立派なてがら。great services

**い-くん【遺訓】**故人の残した教え。one's last instruction

**いけ【池】**①天然の湖沼であまり大きくないもの。pond 比較 沼・湖。②人工的に水をためた所。③すずりの水のたまる所。

**いけ**(接頭)《性質を表す語に付いて》いやしめる気持ちを表す語。用例 — しゃあしゃあと。— ずうずうしい。

**い-けい【▼畏敬】**(名・サ変他) 心からうやまうこと。おそれうやまうこと。awe and respect 用例 — する人物。

**いけい-こうはい【異系交配】**比較的類縁の遠い系統の間の交配。同系交配の対語だが、これとの間に明確な境界はない。exogamy

**いけい-ざい【違警罪】**旧刑法における犯罪区分の一つ。拘留・科料にあたる、程度の軽い罪。対義 重罪・軽罪。

**いけい-せつごうたい【異型接合体】**↓ヘテロせつごうたい(ヘテロ接合体)

**いけい-そうえつ【▼怡渓宗悦】**（一六四四〜一七一四）江戸前・中期の僧・茶人。臨済宗大徳寺二五四世住持。のち江戸東海寺高源院の開山となる。茶を片桐石州に学び、怡渓流を開く。

**いけい-てっきん【異形鉄筋】**表面に突起をつけた鉄筋コンクリート用の棒状の鋼。コンクリートの付着強度を高めるために使用。異形棒鋼。deformed bar

**いけい-はいぐうし【異形配偶子】**合体する配偶子どうしの大きさ・形・性質などが異なるとき、互いを異形配偶子という。anisogamete

**いけい-ぶんれつ【異型分裂】**生殖細胞ができるときの二回の減数分裂のうち、相同染色体が分かれるほうの分裂のこと。一般に第一分裂のことを言う。heterotypic division

**いけい-りゅう【▼怡渓流】**茶道流派の一つ。怡渓宗悦を祖とする。怡渓は片桐石州の直弟子。江戸に伝わったのを江戸怡渓、越後に伝わったものを越後怡渓という。

**い-けいれん【胃▼痙▼攣】**上腹部に発作的に感じる内臓の痛み。胃腸管・胆管・膵管などの管腔臓器の収縮でおこる。しゃく。さしこみ。gastrospasm

**いけ-うお【生け魚・▽活け魚】**「飼ってある魚。

**いけうち-ひろし【池内▼宏】**（一八七八〜一九五二）東洋史学者。東京生まれ。東大卒。日朝・日中関係の研究、満州（現在の中国東北部）・朝鮮半島の遺跡調査に業績をあげた。主著に『文禄慶長の役』『満鮮史研究』など。

**いけ-がき【生(け)垣】**生きた植物でできている垣根。通常、低木を密に並べて植え、刈り込み整形する。石垣や土盛りの上にもつくられる。まがき。hedge

**いけがみ-ほんもんじ【池上本門寺】**「本門寺の通称。

**いけがわ【池川】**〈町〉高知県北西部、仁淀川に沿う町。スギ・ヒノキ材を産する。手漉き和紙が特産。人口三〇六八（一九八八）。

**いけ-す【生(け)▼簀】**捕獲した魚介類を生かしたまま飼っておく施設。おもに料理用の魚に利用。かご生け簀や網生け簀など小規模な浮動式と、築堤池や岩盤掘削池など規模の大きい固定式がある。crawl

**いけ-ず**(名・形動)《方言》関西などで、①たちの悪いこと。意地の悪い人。②ならずもの。

**いけ-ずうずうし・い【いけ▽図▽図しい】**(形) 憎らしいほどあつかましい。impudent 用例 — やつ。

**いけ-すかな・い【いけ好かない】**(形)《俗語》ひどくいやだ。いやらしい。disagreeable

**いけす-ぶね【生(け)▼簀船】**捕獲した魚介類を生かしておく水槽。水中に沈めたり、浮かべたりしておく。

**いけ-ずみ【▽埋け炭】**灰の中にいけてある炭「火。うずみ火。

**いけ-ぞんざい**(形動)《俗語》ひどくそまつな、また、あらあらしいさま。rude

**いけだ【池田】**〈市〉大阪府北部の市。大阪の衛星都市。酒造のほか近代工業がさかん。古名は呉服里。人口一〇万二四三七（一九八八）。

**いけだ【池田】**〈町〉北海道東部、十勝平野の町。酪農・畜産のほか、町営のワイン醸造で知られる。人口一万八三五（一九八八）。

**いけだ【池田】**〈町〉福井県、大野市南西隣の町。農林業中心で池田杉が知られる。人口四五三〇（一九八八）。

**いけだ【池田】**〈町〉長野県、松本盆地北部の町。稲作中心の農業のほか、精密機械などの工業もある。人口一万七八三二（一九八八）。

**いけだ【池田】**〈町〉岐阜県南西部、大垣市北西隣の町。稲作、野菜・果樹栽培、畜産で知られる。人口二万二〇三二（一九八八）。

**いけだ【池田】**〈町〉徳島県西部、吉野川屈曲部にある町。鉄道・国道が交差する交通の要地。大歩危・小歩危の入り口。人口二万五六九（一九八八）。

**いけだ【池田】**〈町〉香川県、小豆島南西部の町。農業主体で電照菊が有名。手延べそうめんが特産。人口六四八五（一九八八）。

**い-げた【井▼桁】**①井の字の形に組んだ井戸のふち。②井の字の形。材木を組み合わせた形など。③紋所の名。井筒の方形を菱形に紋章化したもの。井桁の中に木瓜・花菱などを入れて複紋にしたものもある。↓図

● 井桁③

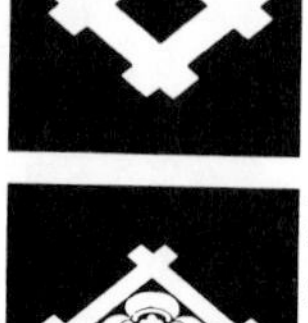
井桁

井桁に木瓜

**いけ-たいが【池大雅】**↓いけのたいが(池大雅)

**いげた-かすり【井▼桁▼絣】**絣柄の一種。井の字形の模様(井桁)を織り出したもの。↓絣 写

**いけだ-きかん【池田▼亀鑑】**（一八九六〜一九五六）国文学



↓ 行き先項目、図版・写真参照印。 JIS 日本工業規格情報交換用漢字符号コード(区点コード)。

者。鳥取県生まれ。東大卒。東大教授。日本文献学の大家で平安朝文学研究の権威。

**いけだ-きくなえ**【池田菊苗】(一八六四-一九三六) 化学者。鹿児島県生まれ。東大教授。日本の物理化学の先覚者。「味の素」を発見。

**いけだ-こ**【池田湖】 鹿児島県、薩摩半島南部にあるカルデラ湖。面積一一km²で、九州最大。最深二三三m。

**いけだ-しげあき**【池田▽成▼彬】(一八六七-一九五〇) 実業家・政治家。山形県生まれ。慶大卒。三井銀行常務、三井合名の常務理事をつとめ、三井財閥の改革を実施。日銀総裁・大蔵大臣を歴任。

**いけだ-ずいせん**【池田▼瑞仙】(一七三四-一八一六) 江戸後期の幕府医官。周防岩国の人。オランダ外科を修め、天然痘の治療で有名。

**いけだ-だいご**【池田大▼伍】(一八八五-一九四二) 劇作家。東京生まれ。早大卒。新歌舞伎に名作を残す。戯曲『西郷と豚姫』『名月八幡祭』など。

**いけだ-だいさく**【池田大作】(一九二八-) 宗教家。創価学会名誉会長。東京生まれ。昭和三五年(一九六〇)戸田城聖会長をつぎ第三代会長に就任。海外布教と国際交流に努めた。

**いけたに-しんざぶろう**【池谷信▽三郎】(一九〇〇-一九三三) 小説家・劇作家。東京生まれ。東大中退。新感覚派。軽妙で都会的作風。小説『望郷』『有閑夫人』など。いけのやしんざぶろう。

**いけだ-はやと**【池田▽勇▽人】(一八九九-一九六五) 政治家。広島県生まれ。京大卒。大蔵官僚をへて政界にはいる。昭和三五年(一九六〇)自由民主党総裁となり、三次にわたって内閣を組織。高度経済成長政策や所得倍増計画を打ち出した。↓写

●池田勇人

**いけだ-ますお**【池田▽満▽寿▽夫】(一九三四-) 版画家。満州(中国東北部)奉天生まれ。国際的に評価される。小説『エーゲ海に捧ぐ』で芥川賞受賞。

**いけだ-みつまさ**【池田▽光▽政】(一六〇九-一六八二) 江戸初期の大名。備前岡山藩主。輝政の孫。熊沢蕃山を登用し治績をあげた。

**いけだや-じけん**【池田屋事件】 元治元年(一八六四)新撰組による京都三条小橋池田屋で謀議中の、討幕派志士襲撃事件。

**いけだ-ゆうはち**【池田勇八】(一八八六-一九六三) 彫刻家。香川県生まれ。東京美術学校卒。動物彫刻を得意とし「馬の勇八」とよばれた。

**いけ-ちょうがい**【池▼蝶貝】 琵琶湖特産のイシガイ科の大形二枚貝。殻長約二四cm、殻高約一三cm。淡水真珠養殖の母貝や、貝細工用。霞ケ浦にも移殖。↓写

**いけ-づくり**【生け作り・▽活け作り】(名・サ変他) 魚などを、生きたまま薄く切り、もとの姿に盛り食膳に出すこと。また、その料理。タイ・イセエビなどを使う。いきづくり。

●池大雅『楼閣山水図屛風』(部分)。江戸時代(一七六〇年代)、東京国立博物館。

**いけ-どり**【生(け)捕り】 ①生け捕ること。catch alive ②生け捕られた人。捕虜。prisoner

**いけ-ど・る**【生(け)捕る】(五他) ①生きたまま捕らえる。catch alive ②敵をとりこにする。make prisoner

**いけ-な・い**【▽不▽可ない】(形) ①…してはならない。must not 用例 行ってはー。②よくない。悪い。bad; wrong 用例 ー子だ。③見こみがない。だめだ。hopeless 用例 もうー。

●イケチョウガイ

**いけなみ-しょうたろう**【池波正太郎】(一九二三) 小説家・劇作家。東京生まれ。時代小説に独自の境地を開く。作品『錯乱』『鬼平犯科帳』など。

**いけ-にえ**【生(け)▼贄・▽犠▽牲】 ①生き物を生きたまま神に供えること。また、その生き物。sacrifice ②ほかのもののために生命・名利などを捨てること。sacrifice

**いけにし-ごんすい**【池西言水】(一六五〇-一七二二) 江戸前・中期の俳人。奈良の人。本名、則好。自然詠・人事句にすぐれる。著書『江戸新道』『東日記』など。

**いけの-せいいちろう**【池野成一郎】(一八六六-一九四三) 植物学者。東京生まれ。東大教授。明治二九年(一八九六)にソテツの精子を発見。日本の植物形態学の先駆者。著書『実験遺伝学』『植物系統学』など。

**いけ-の-ぜんに**【池禅尼】(生没年未詳) 平安末期、平忠盛の妻。清盛の継母。平治の乱で捕らえられた源頼朝の助命を願い出て、命を救ったことで知られる。池の尼。

**いけ-の-たいが**【池大雅】(一七二三-一七七六) 江戸中期の画家。京都の人。日本南画の大成者。書家としても有名。中国南宗画を基礎に個性的な画風を確立。自由奔放な性格で逸話も多い。妻玉瀾も画家。作品『十便帖』『楼閣山水図屛風』など。いけたいが。↓写 ↓南画写

**いけのたいら-おんせん**【池ノ平温泉】 新潟県南西部、妙高高原町にある温泉。池ノ平スキー場がある。

**いけのぼう**【池坊】 華道流派の一つ。一五世紀半ば、池坊専慶を祖とし、現在は四五世専永。立花を主体とし分派多数。現存諸流の中では最大の流派。

**いけのぼう-せんおう**【池坊専応】(生没年未詳) 室町後期の華道家。京都頂法寺池坊の住持で、享禄三年(一五三〇)ごろ、いけばなの諸流を集大成し、池坊の基礎を作った。

**いけのぼう-せんけい**【池坊専慶】(生没年未詳) 華道池坊の流祖。一五世紀半ば、京都の頂法寺六角堂の僧として、また挿花の名手として知られた。

**いけのぼう-せんこう**【池坊専好】 華道家。池坊で、専好を名乗る宗匠は三人、いずれも華道の隆盛につくしている。①初代(?-一六二一ごろ)池坊立花を創成。②二代(?-一六六〇ごろ)池坊立花を大成。③三代(一六八一-一七三四)。

**いけのや-しんざぶろう**【池▽谷信▽三郎】 ↓いけたにしんざぶろう(池谷信三郎)

**いけ-ばな**【生け花・▽活(け)花】 ①草木の花や枝などを切り取り、花器に飾ること。flower arrangement ②花を生ける技術。また、その作法。③立花・抛げ入れ花・立華・生花・生立華・盛花瓶華・現代華などを含めた華道の総称。flower arrangement 数え方 一瓶(池坊)・一杯(草月流)・一鉢。↓写

●生け花①

**いけぶくろ**【池袋】 東京都、豊島区中央部の地区。第二次大戦後急速に発展、新宿・渋谷と並ぶ副都心となった。鉄道路線が集中。日本有数の高層ビル「サンシャイン60」がある。

**いけま**【生馬】 ガガイモ科のつる性多年草。山地にはえる。根は太く有毒。葉は心臓形で柄は長い。夏に淡黄白色の小花を密集。↓写

**い・ける**【行ける】(下一自) ①うまくできる。be good at 用例 数学もー人。②相当なものだ。nice; good 用例 このお菓子はー。③酒が飲める。can drink 用例 ー口。

●イケマ

**い・ける**【生ける・▽活ける】(下一他) 草木の花や枝を器にさす。arrange 用例 花をー。

**い・ける**【▽埋ける】(下一他) ①物を土の中にうめる。bury ②炭火を消えないように、灰の中にうめる。bank

**いける**【生ける】(連体) 《「生きてある」から》生きている。用例 生きとしーもの。

**生ける屍** (いけるしかばね) 🈩生きてはいるが、精神的には死んだも同然の人。🈔《原題Zhivoy trup》レフ=トルストイの戯曲。一九〇〇年作。

**い-けん**【異見】 別の考え。異議。異存。different view

**い-けん**【意見】 🈩(名) 心に思うところ。考え。opinion; view 用例 ーを述べる。🈔(名・サ変自他) 思うところを述べて、いましめること。admonish 用例 子どもにーする。

**意見に付く** (いけんにつく) 忠告に従う。

**い-けん**【違憲】 憲法の規定にそむくこと。憲法違反。unconstitutionality 対義 合憲。

**い-けん**【遺賢】 世に認められていない、すぐれた人物。用例 野にーなし。

**い-げん**【威厳】 いかめしく重々しいこと。「dignity

**い-げん**【異言】 キリスト教用語。宗教的忘我状態で未習得の言葉を発する現象。Tongues

**いけん-こうこく**【意見広告】 企業・団体などが新聞や雑誌などに広告として掲載する、社会的争点についての意見。opinion advertising

**いけんし**【▼夷堅志】 中国の説話集。南宋の洪邁編。全四二〇巻の一部が残る。民間のふしぎな事件や怪談を記録。

**いげん-びょう**【医原病】 医師の過剰な治療・検査行為や言動で新たにひきおこされる病的状態。iatrogenic disorders

**いけんりっぽう-しんさけん**【違憲立法審査権】 法律・規則・行政行為・判決などが、憲法に適合するかどうかを審査する最高裁判所の権限。法令審査権。judical review

**い-こ**【依▼怙】 ↓えこ(依怙)

**い-こ**【遺孤】 親の死んだあとに残された子ども。わすれがたみ。遺児。遺子。

**い-ご**【以後】 ①それをふくんで、それからあと。その後。以来。以降。after; since 用例 明治ーの作家。②これからあと。今後。after this; from now on 対義 以前。

**い-ご**【囲碁】 碁。また、碁を打つこと。用例 ー注意せよ。

**いこい**【憩(い)】 憩うこと。休息。relaxation

**い-こう**【以降】 それをふくんで、それからあと。以後。after; since 用例 一九八〇年ー。

**い-こう**【衣▼桁】 衣服をかけておく和家具。台に鳥居を付けたような形で、上段に着物、下段に袴をかける。衣紋かけ。古くは、御衣懸・衣架。↓写

●衣桁

**い-こう**【衣▼篝】 香をたいて、衣服ににおいを染みこませるための籠。

**い-こう**【威光】 人をおそれさせる力。威勢。

**い-こう**【移行】(名・サ変自) 移っていくこと。推移。shift

**い-こう**【移項】(名・サ変他) 数学の等式や、不等式において一方の辺にある項を、符号を



▼常用漢字表外。 ▽常用漢字表の音訓外。

変えて他の辺に移すこと。transposition of terms

**い-こう【意向・意▼嚮】** こうしたいという考え。つもり。意思。意図。intention

**い-こう【遺稿】** 死者の残した未発表の原稿。posthumous manuscript

**いこ・う【憩う】**(五自) 息を休める。休息する。relax; rest

**い-ごう【意業】** 仏教で三業の一つ。心のはたらき。思い。思業。

**いこう-たい【移行帯】** 異種の植生・植生帯・生態系が境を接して変わる中間地帯。transition zone; ecotone

**イコール【equal】** ①…にひとしいこと。…と同じであること。②数学で、ひとしいことを表す記号。「=」。等号。

**い-こく【異国】** 外国。他国。対義母国。foreign country

**いこくけいご-ばんやく【異国警固番役】** 鎌倉幕府が蒙古来襲に備え、九州の御家人に課した沿岸警備の軍役。

**いこく-じょうちょ【異国情緒】** (「じょうちょ」は慣用読み)異国情調。いこくじょうしょ。

**いこく-じょうちょう【異国情調】** 外国特有の風物に接して起こる気持ち。いこくじょうちょ。エキゾチシズム。exoticism

**いこくせんうちはらい-れい【異国船打(ち)払い令】** 江戸幕府の外国船追放令。文政八年(一八二五)相次ぐ外国船の接近を排するため、上陸外国人の捕縛・射殺などを指令。天保一三年(一八四二)廃止。

**い-ごこち【居心地】** ある場所・地位にいるときの気分や感じ。用例 ―がよい。

**いこ-じ【依▼怙地・意固地】**(名・形動) つまらないことに我意をとおそうとすること。いじっぱり。えこじ。obstinacy 用例 ―になる。

**い-こつ【遺骨】** 死後に残された骨。おこつ。数え方 一体。一柱。

**イコノグラフィー【iconography】** ①→ずぞうがく(図像学)。②図版。

**イコノロジー【iconology】** 美術作品や図像・表象の主題や題材を歴史的な観点から分析し、作品全体の本質的な意味を解明しようとする美術の研究方法。

**い-こぼ・れる【居▼溢れる】**(下一自) その場にあふれるほど、人が集まる。

**いこま【生▼駒】**〈市〉奈良県北西部、生駒山の東側にある市。宝山寺の門前町として発展、茶筅の特産地。近年は大阪の住宅都市として、開発が進む。人口九万二四六四(一九九八)。

**いこま-さんち【生▼駒山地】** 大阪府と奈良県の境にある山地。生駒山・信貴山を中心とする褶曲山地。

**いこま-の-しょうてん【生▼駒の▽聖天】** 奈良県生駒市門前町にある真言律宗の大本山。聖天堂の歓喜天信仰で知られる。正称は宝山寺。生駒山。

**いこま-やま【生▼駒山】** 奈良県と大阪府の境にある生駒山地の主峰。標高六四二m。東側中腹に宝山寺、山頂には遊園地がある。

**い-こみ【射込み】** 調理法の一つ。魚や肉を袋状にし、または野菜をくり抜き、詰め物をする。刺身や、煮物・揚げ物などに用いる。

**い-こ・む【鋳込む】**(五他) 金属をとかして、鋳型に流し込む。cast

**い-こん【意根】**《仏教語》六根の一つ。目・耳・鼻・舌・身の五根とともに、対象を認識する心のはたらき。

**い-こん【遺恨】** 忘れられないうらみ。grudge 用例 ―をはらす。

**イコン【icon】**《eikōn ギリシア(=像・肖像)から》聖画像。広義には統治者・聖者の画像一般をさす。狭義には、持ち運びできる大きさの木・金属・石板などに、キリスト・聖母子・聖人や関連した物語・伝記を蠟画・油彩・モザイク・七宝・浮き彫りなどで表したもの。キリスト教東方教会では、熱心な礼拝の対象となっている。→写

●イコン 『キリストの変容』。一二〇〇年ごろ、ルーブル美術館(フランス)。

**い-ごん【遺言】**(名・サ変自他) 法律で、遺贈、相続分の指定など、死後の法律関係を一定の方式にしたがって定めた一方的で単独の意思表示。死後に効力をもつ。一般には「ゆいごん」。will 用例 ―によって処分する。

**いごん-しょうしょ【遺言証書】** 法律に定められた方式で遺言を記した書面。自筆証書遺言・公正証書遺言・秘密証書遺言の三種類がある。testamentary document

**いさ** 古語《「いざ」は別語》㊀(感)《ちょっと答えかねたり、わからないことを問われたときに言う語》ええと。さあ。㊁(副)《下に打ち消しをともなって》さあ、どうだろうか。用例 人は―心も知らずふるさとは(古今・春上)。

**いざ**(感)《人を誘ったり、進んで事を始めようとするときに言う語》さあ。さて。いざや。

**いざ鎌倉** ①《謡曲『鉢木』による》幕府に大事が起こって、さあ、はせ参ずべきときだ。②《転じて、何か大事が起こることになるなどで》さあ、いよいよだ。

**いざさらば** ①《ひと、または自分に決意・行動を促すときのことば》さあ、それなら。「ましょう。②《別れのことば》では、さようなら。

**いざ給え** さあおいでなさい。さあ行きましょう。

**いざと言う時** さあ、いよいよ、ということになったとき。大事や異変に直面した場合。非常のさい。in case of emergency

**イサークス【Jorge Isaacs】**(一八三七～一八九五) コロンビアの小説家。ラテンアメリカ-ロマン主義の代表者。作品『マリア』など。

**い-さい【委細】** くわしいこと。委曲。詳細。details 用例 ―面談。

**委細構わず** 遠慮なく。どしどし。

**い-さい【異彩】** 他と違う、すぐれた特色。conspicuousness 比較 異色。

**異彩を放つ** 《多く、ほめるときに言う》きわだっている。conspicuous

**い-さい【異才】** 人と違った、すぐれた才能。その才能をもった人。genius

**い-さい【偉才】** すぐれた才能の持ち主。偉材。

**い-ざい【異材】**《「材」は才、の意》ふつうに見られない特別な人物。逸材。talented person

**い-ざい【偉材】** すぐれた人物。superb talent

**イザイ【Eugène Ysaÿe】**(一八五八～一九三一) ベルギーのバイオリン奏者・指揮者・作曲家。二〇世紀のバイオリン奏法の開拓者。イザエ。

**いざ-いざ** 古語(感)《「いざ」を重ねた語》人を誘うときに言う語。さあさあ。用例「―笑はむ」などあざけるを(宇治拾遺・一四)。

**い-ざいそく【居催促】**(名・サ変他) その場にすわりこんで、しつこく催促すること。

**いざいほう** 沖縄県の久高島で行われる神事。一二年目ごとの午年、陰暦一一月一五～一八日に、三〇歳から七〇歳までの島で生まれ育った全女性が参加、四一歳までの女性が神女となって、神女洗礼と島の繁栄を願う行事。→写

●いざいほう

**イザエ【Eugène Ysaÿe】**→イザイ

**いさお【▽功・▽勲】** てがら。いさおし。exploit 用例 ―を立てる。

**いさおし【▽功・▽勲】**→いさお(功)

**いさかい【▼諍い】** 言い争うこと。口げんか。口論。quarrel

**諍い果てての乳切り木** 「喧嘩過ぎての棒乳切れ」と同意。

**い-ざかや【居酒屋】** ㊀店頭で酒を飲むこともさせる酒屋。また、安く酒を飲ませる店。造り酒屋の店先で塩をなめ、升飲みをさせたことから、簡単な酒の肴をおく居酒の店になった。いざけや。tavern ㊁《原題L'Assommoir フランス》ゾラの小説。一八七七年刊。パリの庶民生活とアルコール依存症の害を描き、作者の文壇的地位を確立。

**いさき【▼伊佐木・▽鶏▽魚】** イサキ科の海水魚。全長約四〇cm。体に三条の褐色の縦縞がある。海藻の多い岩礁にすみ、初夏に産卵。食用。本州中部から南シナ海に分布。イサギ。grunt →図

●イサキ

**いさぎよ・い【潔い】**(形) =潔し。①清らかだ。快い。②潔白だ。clean 対義 やましい。③わるびれない。勇ましい。gallant brave 派生 いさぎよさ(名)

**いさぎよ・し【潔し】** 古語(形ク)→いさぎよい(潔い)

**潔しとしない** 自分の言動を自分が受け入れるのに、こだわりがある。

**い-さく【遺作】** 死後に残した未発表の作品。また、故人の作品。posthumous work 用例 ―展。

**イサク【Isaak】** 旧約聖書『創世記』中のイスラエルの族長。両親の高齢出産、嫁捜し、双子の息子たちの長子権争いなどの物語で知られる。

**い-ざけ【居酒】** 酒屋の店頭で、酒を買ってその場で飲むこと。また、その酒。

**いさ-ご【▽砂・▼沙・▽砂子】** すな。まさご。

**砂長じて巌と成る** 《砂が成長して岩になることから、長い期間、の意》長い歳月にわたる繁栄を祝う語。

**いざ-こざ** もめごと。ごたごた。紛争。trouble

**イサコフスキー【Mikhail Vasilyevich Isakovsky】**(一九〇〇～一九七三) ソ連の詩人。詩集『藁の中の電線』、歌謡『カチューシャ』『ともしび』など。

**いさご-むし【▼沙虫・▽砂虫】** トビケラ類の昆虫の幼虫。水中にすみ、草片・小砂で円筒形の巣を作る。

**いささ** 古語(接頭) 小さい、少ないなどの意。用例 ―群竹吹く風の(万葉・一九・四二九一)。

**いさざ 16画【▼魦】** 部首[魚]うおへん 和製漢字

①ハゼ科の淡水魚。琵琶湖特産。体長約五cm。淡褐色をしている。②シロウオの異名。ハゼ科の魚。

**いささ-か【▼些か・▼聊か】** ㊀(副) ①ちょっとばかり。わずか。a little; a bit ②古語《下に打ち消しをともなって》少しも。用例 ―変はりたるところなし(源氏・夕顔)。㊁古語(形動) 程度の少ないさま。わずか。用例 これはただ―なるものの報いなり(源氏・明石)。

**い-ざと・い【▽寝▼聡い】**(形) 目をさましやすい。めざとい。

**いさ-な【▽鯨▽魚・勇▽魚】** クジラの古名。いさ。

**いざな・う【▽誘う】**(五他) さそう。みちびく。tempt

**いざなぎ-けいき【いざなぎ景気】**《伊奘諾尊以来最大の好景気、の意》昭和四一年(一九六六)から四五年(一九七〇)にわたる長期で大型の好景気。設備投資や輸出が拡大した。

**いざなぎ-じんぐう【▼伊▼奘▽諾神宮】** 淡路島の一宮町多賀にある旧官幣大社。祭神は伊奘諾尊と伊奘冉尊。伊奘諾尊がこの地に亡じたその幽宮とされる。淡路国一の宮。多賀神社。

**いざなぎ-の-みこと【▼伊▼奘▽諾▽尊・▼伊▽邪▼那岐▽命】** 日本神話の神。天つ神の命をうけて伊奘冉尊とともに高天の原から下り、国産み・神産みをしたという男神。

**いさな-とり【勇▽魚取り・▽鯨▽魚取り】** [枕ことば]《「いさな」はクジラ》「海・浜・灘」などにかかる。用例 ―海や死にする山や死にする死ぬれこそ海は潮干て山は枯れすれ(万葉・一六・三八五二)。

**いざなみ-の-みこと【▼伊▼奘▼冉▽尊・▼伊▽邪▼那▽美▽命】** 日本神話の女神。伊奘諾尊の配偶神で、ともに国産み・神産みをした神。

**いさはや【▼諫早】**〈市〉長崎県南部の市。旧城下町。鉄道・道路が集中する交通の要地。干拓による稲作地帯の中心地、商工業も発展。人口八万八〇三二(一九九八)。

**イザベー【Jean-Baptiste Isabey】**(一七六七～一八五五) フランスの画家。細密画の大家。ナポレオンの逸事を多く描いた。作品『ルーアン工場を訪れるナポレオン』など。

**イザベー【Louis Gabriel Eugène Isabey】**

（一八〇三〜八六）フランスの画家。ロマン派風の色彩で海景を描く。水彩画も多い。作品『ナポレオンの遺骸の乗船』など。

**イサベル**〈一世〉【Isabel Ⅰ】（一四五一〜一五〇四）カスティリアの女王（在位一四七四〜一五〇四）。アラゴン太子フェルナンドと結婚。一四七九年夫王の即位とともに両国併合し、スペイン王国が成立、共同統治した。イスラム勢力を排除し、コロンブスを援助。イザベラ。

**いさまし・い**【勇ましい】（形）おおしい。力強い。勢いが強い。勇敢である。brave; courageous [用例]—人。—行為。[派生]いさましげ（形動） いさましさ（名）

**いさみ**【勇み】①勇むこと。②勇みはだ。

**いさみ-あし**【勇み足】①相撲で、相手を攻めながら、勢いあまって自分から先に土俵外に足を出し、負けとなること。②調子にのりすぎて、仕損じること。overeagerness

**いさみ-た・つ**【勇み立つ】（五自）張りきる。気持ちが奮い立つ。be in high spirits

**いさみ-はだ**【勇み肌】勇気があって、強い者をくじき、弱い者を助ける気風・男。

**いさ・む**【勇む】㊀（五自）心がふるい立つ。気おう。はりきる。be in high spirits [対義]ひるむ。[用例]—・んで出かける。㊁[古語]（下二他）《「慰む」とも》力づける。なぐさめる。[用例]あまりにおくれれば—・むるなり（平治）。

**いさ・む**【▽禁む・▼諫む】[古語]①押さえとどめる。禁止する。[用例]遥けきなかと神や—・めし（源氏・絵合）。②忠告する。さとす。[用例]僧都—・め給へば寄りてもえ妨げず（源氏・手習）。

**いさ・める**【▼諫める】（下一他）人の悪い点を改めさせるために言う。忠告する。remonstrate

**イザヤ**【Isaiah】『旧約聖書』三大預言者の一人。前八世紀、エルサレムで預言活動。

**イザヤ-しょ**【イザヤ書】（The Book of Isaiah）『旧約聖書』三大預言書の一つ。前八世紀ごろのイザヤの預言を記したものとされる。[参照]エゼキエル書・エレミア書。

**いさよい**（いさよひ）[古語]《「いさよふ」の連用形》①ためらうこと。進もうとして進まないこと。[用例]きみやこむ我やゆかんの—に（古今・恋四）。②「いざよい」の古形。

**いざよい**【▽十▽六▽夜】①陰暦の一六日。また、その夜。②《「十六夜の月」の略》陰暦一六日の夜に出る月。この夜の月は十五夜に比べて五〇分ほど遅れて現れるので、いざよう（ためらう）からといわれる。いさよい。

**いざよいにっき**【▽十▽六▽夜日記】鎌倉中期の日記文学。阿仏尼作。亡夫の遺産相続の訴訟のための関東下向の旅と鎌倉滞在中の事柄とを記す。

**いざよい-ばら**【▽十▽六▽夜▼薔▼薇】バラ科の落葉低木。葉は山椒に似て小さく、初夏に、紅紫色の八重咲きの花が咲く。多数ある花弁の一方が常に欠けているので、十五夜の満月から少し欠けた月の意味でこの名がついた。観賞用に栽培。中国原産。

**いさよ・う**（いさよふ）[古語]（四自）《中世以降は「いざよう」》進もうとして進まない。定まらない。ためらう。たゆとう。[用例]網代木に—波の行く方知らずも（万葉・三・二六四）。

**いさり**【▽漁り】《上代は「いざり」》魚貝を取ること。すなどり。

**い-ざり**【▼躄】《卑語》両足が不自由で歩行できない人。cripple

**いざり-うお**【▼躄魚】口吻上部に奇妙な触手状の突起をもったイザリウオ科の海水魚。全長約一〇㎝。淡黄色の地に暗褐色の縞模様と黒条斑がある。胸びれと腹びれが手のように変形し、これで海底をはう。本州中部以南の沿岸に分布。ツリンボ。↓[図]

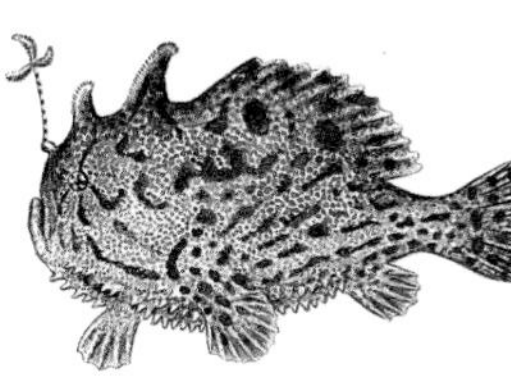

● イザリウオ

**いさり-び**【▽漁り火】夜、漁をするのに魚が集まってくるようにたく火。漁火。漁灯。

**いさりび-の**【▽漁り火の】[枕ことば]《火を「ほ」と言ったところから》「ほのか」などにかかる。[用例]志賀の白水郎の釣し燭せる—ほのかに妹を見むよしもがも（万葉・一二・三一七〇）。

**いざり-よ・る**【▼躄り寄る】（五自）いざって近づく。

**い-ざ・る**【▼躄る】（五自）①ひざをついたまま進む。しりを地につけたまま進む。②置いたところから、物などがしぜんにずれ動く。

**いさわ**【▽石和】〈町〉山梨県中部の町。旧宿場町。現在は温泉の町だが、ブドウ・モモの栽培もさかん。人口一万九九五九（一九八八）。

**いさわ**【▽胆沢】〈町〉岩手県南西部、胆沢扇状地の町。県有数の穀倉地帯。ピーマンなど野菜の産地。人口一万八一二三（一九八八）。

**いさわ-がわ**【▽胆沢川】岩手県南部を東流する川。長さ四九㎞。奥羽山脈の大森山に発し、北上川に注ぐ。上流に石淵ダムがある。

**いざわ-しゅうじ**【▼伊沢修▽二】（一八五一〜一九一七）明治の教育家。長野県生まれ。東京音楽学校初代校長・東京高師校長などを歴任。日本の近代教育の基礎を築く。

**いざわ-じょう**【▽胆沢城】岩手県水沢市にあった古代の城柵。延暦二一年（八〇二）坂上田村麻呂が陸奥平定のために構築。のち、鎮守府が置かれた。

**い-さん**【胃散】胃液分泌亢進など胃の働きを促進する粉末の薬。苦味・芳香をもつものなどがあり、食欲不振や消化不良のときに用いる。

**い-さん**【胃酸】胃液にふくまれる酸。acid in the stomach [用例]—過多。

**い-さん**【違算】（名・サ変自）①見込みとくいちがうこと。誤算。miscalculation ②計算がまちがうこと。計算ちがい。miscalculation

**い-さん**【遺産】①人が死亡した時点で所有していた財産。相続の対象となり、所有権や債権などのほか債務をも含む。inheritance [比較]相続財産。②過去の人がのこした業績。inheritance

**い-さん**【▼蔚山】韓国南東部、慶尚南道北東部の工業都市。蔚山湾に臨む港湾都市。工業団地があり、石油・肥料工業が発達。人口五五万（一九八五）。ウルサン。

**いさん**【▼潙山】（七七一〜八五三）唐の禅僧。名は霊祐。百丈懐海の法をつぎ、潙仰宗を興した。

**いさんかた-しょう**【胃酸過多症】胃液の酸度が通常より高い値を示す状態。胃潰瘍の患者に多くみられ、食後の胸やけ、酸性のげっぷ、胃痛などをともなう。過酸症。hyperacidity

**いさん-そうぞく**【遺産相続】財産相続のこと。旧制では、戸主以外の家族の死亡による財産の相続をさした。succession to property [比較]家督相続。

**いし**【石】①岩石で、岩より小さく、砂より大きいもの。石ころ。stone; pebble ②岩石。鉱石。rock [用例]—切り場。③碁石。[用例]—を置く。④《「甃」とも》石だたみ。しき石。paving stone ⑤時計の機械に使う、宝石。stone ⑥石材。stone ⑦じゃんけんで、はさみに勝ち、紙に負ける形。ぐう。fist ⑧内臓の中にできる固形物。結石。stone; calculus

**石が流れて木の葉が沈む**（いしがながれてこのはがしずむ）物事の有様が道理と逆になっていることのたとえ。

**石で手を詰む**（いしでてをつむ）進退窮まって、動きがとれない。

**石に齧り付いても**（いしにかじりついても）どんな苦労をしても必ず。at any cost [用例]—やりとげるつもりだ。

**石に灸**（いしにきゅう）ちっとも効果のないたとえ。[類似]石に針。

**石に漱ぎ流れに枕す**（いしにくちすすぎながれにまくらす）負け惜しみが強く、こじつけの無理な理屈をつけてでも、自分のまちがいから言い逃れようとすることのたとえ。

**石に立つ矢**（いしにたつや）その気になれば、どんなことでもできることのたとえ。

**石に謎掛ける**（いしになぞかける）言うことが相手に通じないで、まるきり反応がないことのたとえ。

**石に花**（いしにはな）現実に起こるはずのないことのたとえ。石に花咲く。

**石に針**（いしにはり）「石に灸」と同意。

**石に蒲団は着せられぬ**（いしにふとんはきせられぬ）父や母が死んでから孝行しようとしても遅いことのたとえ。

**石に枕し流れに漱ぐ**（いしにまくらしながれにくちすすぐ）山野の景色のよい所で、自由に生活する。

**石の上にも三年**（いしのうえにもさんねん）しんぼうして努力すれば必ず報われることのたとえ。Perseverance will win in the end.

**石を抱きて淵に入る**（いしをいだきてふちにいる）意味もなく大きな危険を冒す。

**い-し**【医師】病気の診察・治療を業とする人。現在では、国家試験に合格し厚生大臣により免許を与えられた者を言う。医者。doctor

**い-し**【▼倚子・▼椅子】平安時代初期、宮廷で用いられた座具。左右と後部に手すり、さらに鳥居の形をした背もたれがついた四本脚の腰かけ。↓[図]

● 倚子

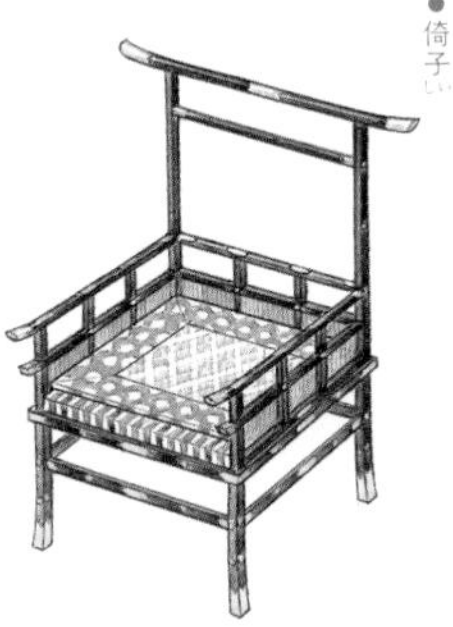

**い-し**【意志】①考え。こころざし。will; mind ②物事を進んでしようとする心の働き。目的を実現するための活動のもととなる能力。will; wish [用例]彼にはもう何をする—もない。③《「意思」とも》したいことが多くあるとき、その動機・目的・手段・結果を考えて、その中の一つをとくに選び出す心の働き。will; intention [用例]自分の—で決める。

**い-し**【意思】①心に思うこと。[用例]—を伝える。—の疎通を欠く。②法令で、㋐民事で、行為をさせた心の働き。intent ㋑刑事で、犯意。criminal intent

**い-し**【遺子】↓いじ（遺児）

**い-し**【遺▼址】昔、建物などのあったあと。遺跡。

**い-し**【遺志】故人が果たすことのできなかった意志。生前のこころざし。

**い-し**【▼頤使・▼頤指】（名・サ変他）人に対し、あごで指図すること。いばって、人を使うこと。[用例]—に甘んじる。

**い-し**【▼縊死】（名・サ変自）窒息死の一種。自分で首をくくって死亡すること。首つり。首くくり。hang oneself to death [比較]絞死。

**い-じ**【▼倚▼恃】（名・サ変他）たよりにすること。

**い-じ**【異字】別の字。different character

**い-じ**【意字】表意文字の略称。ideogram

**い-じ**【意地】①気だて。根性。character; backbone [用例]—が悪い。②考えを押しとおそうとすること。いきじ。obstinacy ③わざと逆らうこと。stubbornness ④欲。食欲。greedy [用例]—がきたない。

**意地に掛かる**（いじにかかる）反対に遭い、かえって頑固に自分の主張を通そうとする。

**意地になる**（いじになる）不利な状況に置かれても、かえって、自分の考えを頑固に押し通そうと、がんばる。be obstinate

**意地にも我にも**（いじにもがにも）《堪えられないことに言う》意地を張ったところで。我慢をしようにも。意地にも。

**意地を通す**（いじをとおす）自分の考えを最後までゆずらずに押しとおす。have one's own way

**意地を張る**（いじをはる）自分の考えを、無理に押しとおそうとする。強情を張る。be stubborn

**い-じ**【維持】（名・サ変他）もちこたえること。保ちつづけること。maintenance [用例]現状を—する。

**い-じ**【遺児】親の死後にのこされた子。わすれがたみ。遺子。bereaved child

**いし-あたま**【石頭】①かたい頭。hard head ②ものわかりが悪いこと・人。融通のきかないこと・人。金づち頭。hardheadedness

**いしい**【石井】〈町〉徳島県北東部吉野川下流の町。明治の初期まではアイの栽培がさかん。現在は近郊農業と食品工業が行われる。人口二万五七四〇（一九八八）。

**いしい-きくじろう**【石井菊次郎】（一八六六〜一九四五）外交官・枢密顧問官。千葉県生まれ。東大卒。大隈内閣の外相。大正六年（一九一七）石井-ランシング協定を締結。

**いじ-いじ**（副・サ変自）いじけるさま。自信をなくしてひねくれたり、おくびょうになったりするさま。hesitantly [用例]部屋の隅で、—している。

**いしい-じゅうじ**【石井十次】（一八六五〜一九一四）社会事業の先駆者。宮崎県生まれ。明治二〇年（一八八七）岡山市内に孤児院を創立したのをはじめ、宮崎・大阪で生涯にわたって孤児たちの労働による自立を指導した。

**いしい-つるぞう**【石井▼鶴▽三】（一八八七〜一九七三）彫刻家・画家。東京生まれ。東京美術学校卒。柏亭の弟。日本美術院彫塑部の中心的存在。新聞小説の挿絵でも活躍。作品『俊寛』など。



▼常用漢字表外。▽常用漢字表の音訓外。

**いしい-ばく【石井漠】**（一八八六～一九六二）舞踊家。秋田県生まれ。日本のモダンダンス開拓者の一人。代表作『人間釈迦』など。↓写

●石井漠

**いしい-はくてい【石井▼柏亭】**（一八八二～一九五八）洋画家。東京生まれ。鶴三の兄。浅井忠に師事。穏健な写実的作風。作品『草上の憩い』『滞船』など。

**いしい-ももこ【石井桃子】**（一九〇七～ ）児童文学者・翻訳家。浦和市生まれ。日本女子大卒。作品『ノンちゃん雲に乗る』など。

**いしい-ランシング-きょうてい【石井-ランシング協定】** 大正六年（一九一七）日本特使石井菊次郎とアメリカ国務長官R=ランシングによって調印された、中国政策に関する日米協定。アメリカは日本の中国での特殊権益を承認し、あわせて中国の領土保全・門戸開放・機会均等などをうたった。同一二年（一九二三）廃棄。Ishii-Lansing Agreement

**いしい-ろげつ【石井露月】**（一八七三～一九二八）俳人。秋田県生まれ。本名、祐治。郷里で『日本派』俳句を広めた。俳誌『俳星』を創刊。句集『露月句集』。

**いし-うす【石▼臼】** 石でつくったうす。ひき「うす。

**いし-うち【石打(ち)】** ①水中の石に石をたたきつけて魚を捕る漁法。②嫁・婿が婚家にいくようにと、婚礼のさい、家や行列に石を投げる習俗。石の祝い。③子どもたちが小石を投げあう遊び。石合戦。

**いし-うら【石▽占】** 石を使って、吉凶や農作物の豊凶を占うもの。蹴った石のようすや鳥居の上に小石を投げてのせ、その結果などで占う。

**イジェフスク【Izhevsk】** ソ連中西部、ウラル山脈西方の工業都市。ウドムルト自治共和国の首都で、交通の要地。人口五七・四万（一九八一）。

**いしおか【石▼岡】**〈市〉茨城県中部、霞ケ浦の北にある市。醸造業・諸工業がさかん。交通の要地。人口五五万七四（一九八八）。

**いしがき【石垣】** 石を積み上げて造った垣根や防壁。土砂の崩壊を防止する。stone wall

**いしがき【石垣】**〈市〉沖縄県南西部、石垣島からなる市。古来、八重山列島の政治・経済・交通の中心地。サトウキビ・パイナップル栽培や、稲作・畜産・水産加工などがさかん。人口四万三〇七三（一九八八）。

**いしがき-いちご【石垣▼苺】** 南斜面に石垣を作り、石の間に植えて、石の反射・保温熱で促成栽培するイチゴ。古くから静岡県久能山などで栽培されてきた。↓写

●石垣イチゴ

**いしがき-じま【石垣島】** 沖縄県南西部、八重山列島の主島。面積二二一・一km²。平久保の天然記念物ヤエヤマシタン、川平湾の景観、重要文化財の宮良殿内など見どころが多い。

**いしがき-だい【石垣▼鯛】** 褐色の地に石垣状に黒斑が散在するイシダイ科の海水魚。全長約四〇cm。両顎の歯が互いに密着して硬い嘴状になり、これでウニや貝類を割って食べる。岩礁帯にすむ。美味。磯釣りの好対象。本州中部以南に分布。

**いしがき-りん【石垣りん】**（一九二〇～ ）詩人。東京生まれ。詩集『表札など』『略歴』など。

**いしがけ-ちょう【石▼崖▼蝶】** 特異な斑紋で知られるタテハチョウ。開張約五cm。食草はイヌビワ・イチジク・ガジュマルなどのクワ科植物。本州中部以南、中国からインドに分布。イシガキチョウ。↓写

●イシガケチョウ

**いし-がっせん【石合戦】** 河原などで集団で石を投げ合って戦う競技。端午の節句や正月の年占などの行事になっているものもある。石打ち。印地打ち。

**いし-がに【石▼蟹】** 内湾の浅海に多くみられるワタリガニ科のカニ。甲長約四・五cm、甲幅約六・二cm。暗青色で、甲面に短毛がある。動作は速い。東京湾以南の各地、朝鮮半島・中国に分布。

**いし-がま【石▼釜】** ①製塩用のかま。石を積み重ね、灰や赤土などを混ぜたもので塗り固めたもの。②鳥取県湖山池で冬季にコイやフナなどを捕る特殊な漁法。石を積んでつくった囲いに潜入した魚を魚捕りに追い込んで捕らえる。

**いし-がま【石窯】** 堅炭を製造するためのかまど。石竈。

**いし-かませ【石▼噛ませ】** 死者を埋葬して帰るとき、背を向けて墓に石を投げ、そのまま振り向かずに帰る習俗。

**いし-がみ【石神】** ↓しゃくじん（石神）

**いしがみもんどう【石神問答】** 石神をはじめ小祠にまつられている神の研究書。柳田国男著。明治四三年（一九一〇）刊。日本民俗学の先駆的な研究。しゃくじんもんどう。

**いし-がめ【石▼亀】** イシガメ科のカメ。幼体はゼニガメとよばれる。甲長一三～一八cm。背甲は黄褐色で腹甲は黒い。池や川にすみ、六月ごろ水辺の土中に産卵。水中や土中で冬眠。雑食性。日本特産種で、本州・四国・九州に分布。↓写 ↓カメ図

●イシガメ

**石亀の地団駄**（「雁が飛べば石亀も地団駄」）の略。雁が飛ぶのを見て、石亀が地団駄をふむ（＝くやしがる）、の意から》他人をまねても、自分の力でできることには限度があるということ。

**いしかり【石狩】** 北海道の中部、石狩川流域一帯をさす。道内最大の農牧地石狩平野を中心に、道都札幌をふくむ北海道の中心地域。

**いしかり【石狩】**〈町〉北海道中西部、石狩川河口の町。漁業と農業の町であったが、札幌市の近郊地として都市化が著しい。人口四万四九六三（一九八八）。

**いしかり-がわ【石狩川】** 北海道中部を西流する川。長さ二六八km。石狩岳に発し、上川盆地、石狩平野を貫流して日本海に注ぐ。河岸に穀倉地帯が広がり、河口ではサケ漁が行われる。

**いしかり-さんち【石狩山地】** 北海道中央部の山地。主峰の石狩岳一九六六mや大雪山二二九〇mなどがあって、北海道の屋根とよばれる高地。

**いしかり-たんでん【石狩炭田】** 北海道中部、石狩平野東縁にある大炭田。北部の赤平地区、南部の夕張地区に分かれる。石炭不況で大半が閉山。

**いしかり-なべ【石狩▼鍋】**《北海道石狩川のサケが有名なことから》なべ料理の一種。サケの頭やあら、野菜などをみそ味で煮る。

**いしかり-へいや【石狩平野】** 北海道中西部、石狩川の下流域と、その周辺に広がる平野。稲作中心の農業地帯であるが、札幌市をはじめ都市が発達。

**いし-がれい【石▼鰈】** 沿岸の砂泥底にすむカレイ科の海水魚。全長約四〇cm。目のある側は黄褐色か緑色で、石状の突起物が並ぶ。美味。日本全土に分布。イシモチガレイ。スナイシ。flounder ↓図

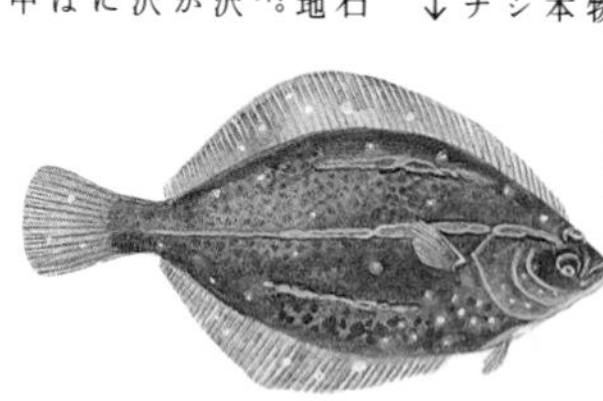

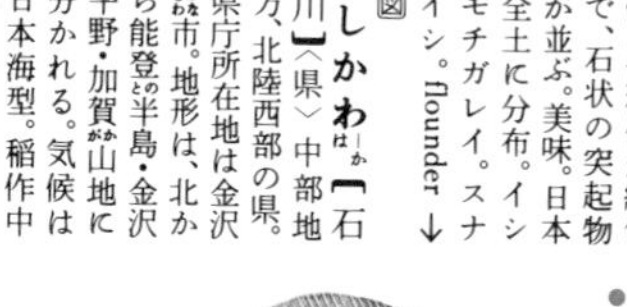

●イシガレイ

**いしかわ【石川】**〈県〉中部地方、北陸西部の県。県庁所在地は金沢市。地形は、北から能登半島・金沢平野・加賀山地に分かれる。気候は日本海型。稲作中心の農業と、伝統工芸や機業などの工業がさかん。面積四一九七km²、人口一一五万三一六二（一九八八）。

**いしかわ【石川】**〈市〉沖縄県沖縄本島中部、金武湾に臨む市。第二次大戦後アメリカ占領下で人口が急増して市となる。その後、人口は急減したが、公共施設や企業の誘致などで市勢は回復。人口二万七五八（一九八八）。

**いしかわ【石川】**〈町〉福島県南部、阿武隈高地の丘陵地帯にある町。タバコ栽培などの農業がさかん。人口二万一二八五（一九八八）。

**いしかわ-こうめい【石川光明】**（一八五二～一九一三）木彫家・牙彫家。江戸の人。最初の帝室技芸員。作品『白衣観音』など。

**いしかわ-ごえもん【石川五▽右▽衛門】** 安土桃山時代の大盗賊。京都三条河原で釜煎の刑に処せられたという伝説的人物。

**石川や浜の真砂は尽きるとも、世に盗人の種は尽きまじ**（いしかわやはまのまさごはつきるとも、よにぬすびとのたねはつきまじ）《石川五右衛門の辞世と伝えられる》無数にある浜辺の砂が尽きることはあっても、泥棒はおそらく無くならないだろう。

**いしかわ-さんしろう【石川三四郎】**（一八七六～一九五六）社会運動家。埼玉県生まれ。東京法学院（現、中央大）卒。号は旭山。万朝報記者・平民新聞の発刊をへて、ヨーロッパを放浪。キリスト教社会主義から無政府主義者に転じた。著書『西洋社会運動史』など。

**いしかわじまはりま-じゅうこうぎょう【石川島▼播磨重工業(株)】** 日本の代表的総合重工業会社。明治二二年（一八八九）設立の石川島重工業（当初、石川島造船所）が同四〇年（一九〇七）設立の播磨造船所（当初、播磨船渠）と合併して昭和三五年（一九六〇）設立。

**いしかわ-じゅん【石川▼淳】**（一八九九～一九八七）小説家。東京生まれ。東京外語卒。社会状況への鋭い批判を諷刺的な手法と独自の文体で描く。作品『普賢』『諸国畸人伝』『狂風記』など。

**いしかわ-じょうざん【石川丈山】**（一五八三～一六七二）江戸前期の漢詩人・書家。三河の人。徳川家康に仕え、大坂の陣で戦功。のち藤原惺窩に師事。詩文に秀で、晩年は京都洛北の詩仙堂に閑居。

**いしかわ-たくぼく【石川▼啄木】**（一八八六～一九一二）歌人・詩人。岩手県生まれ。本名、一。独自の三行形式の短歌で青春の感傷と失意の生活感情を歌い、社会的視野を備えた詩と評論を残した。歌集『一握の砂』『悲しき玩具』、詩集『呼子と口笛』など。↓写

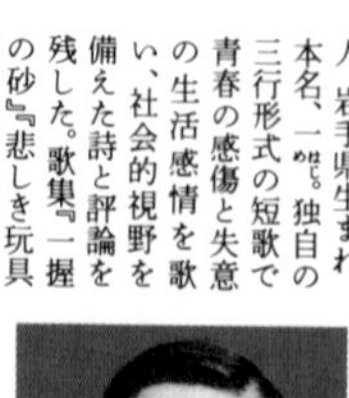

●石川啄木

**いしかわ-たつぞう【石川達▽三】**（一九〇五～一九八五）小説家。秋田県生まれ。早大中退。『蒼氓』で第一回芥川賞受賞。作品『生きてゐる兵隊』『人間の壁』など。

**いしかわ-ちよまつ【石川千代松】**（一八六一～一九三五）動物学者。東京生まれ。東大教授。日本の進化論の先駆者。ドイツの動物学者ワイスマンの弟子。著書『進化新論』など。

**いしかわ-とよのぶ【石川▽豊▽信】**（一七一一～一七八五）江戸中期の浮世絵師。紅摺絵による豊満な姿態の美人画を描く。作品『雨のもすそ』『花下美人』など。

**いしかわ-の-いらつめ【石川▽郎女】** 大和・奈良時代の女流歌人。久米禅師と歌を贈答した石川郎女ほか、『万葉集』に七人その名がみえ、同一人とも複数ともいわれる。

**いしかわ-まさもち【石川▽雅▽望】**（一七五三～一八三〇）江戸後期の狂歌師・国学者。江戸の人。狂名は宿屋飯盛。天明調狂歌を主張。著書『飛騨匠物語』『雅言集覧』など。

**いし-がんとう【石敢当】** ↓せきかんとう（石敢当）

**い-しき【居敷(き)・▼臀・▼尻】** しり。

**い-しき【違式】** 決まった法式に従っていないこと。

**い-しき【意識】**（名・サ変他）①なにか物事に気がついている心の働き。自覚すること。また、その内容。用例 時計を―する。罪の―をもつ。consciousness ②心理学・哲学などで知・情・意をふくめた精神作用。感情として快・不快を感じ、判断



↓行き先項目、図版・写真参照印。 JIS 日本工業規格情報交換用漢字符号コード（区点コード）。

として承認・否認を与え、意志において目的と手段とを選んで決める自覚作用。③《仏教語》六識の一つ。唯識思想では八識の一つ。視覚や聴覚などの感覚機能が対象を個々別々に認識するのに対し、総括的に概念化して認識する心の働き。

**意識に上せる**（いしきにのぼせる） 今、自分のしていることや、自分を取り巻いている環境などを自分にわからせる。今まで気がつかなかったことをおのれにわからせる。忘れていたことを思い起こさせる。

**意識を失う**（いしきをうしなう） 自分のしていることやまわりのようすが、わからなくなる。気を失う。失神する。faint

**いしき-あて【居敷(き)当て】** 和服の裏側で尻の当たる部分の当て布。補強の目的で単物につける。並幅で長さは四五～六五cm。

**いしき-いっぱん【意識一般】** カントの用語。経験的意識に先立ち、それを可能にする前提としての意識。あらゆる表象にともなう「私は考える」の意識。先験的統覚。transcendental appreciation

**いしき-しょうがい【意識障害】** 意識がはっきりしない状態。昏睡・傾眠・譫妄・朦朧などの諸型がある。disturbance of consciousness

**いしき-そうしつ【意識喪失】** 意識がとつぜん失われ、精神活動がまったくない状態。脳中枢の機能障害によると考えられる。一般に、昏睡よりも自律機能や反射の異常が軽い状態。syncope

**いじ-きたな・い【意地汚い】**（形）①がつがつと飲んだり食べたりする。食い意地がはっている。greedy ②けちけちしている。stingy

**いしき-てき【意識的】**（形動）①物事を深く認識して行うさま。conscious ②わざとするさま。故意。intentional 用例 ―に反対する。

**いしき-の-ながれ【意識の流れ】**《stream of consciousness の訳語》①心理学者ウィリアム＝ジェームズのことば。意識が断片的な要素の寄せ集めではなく、一つのまとまった機能的な流れであることを強調するために用いた。②文芸用語で、意識の変化をありのままに描写し、新たな現実を再現しようとする小説の一手法。「内的独白」などを用いた、ジョイスの『ユリシーズ』が名高い。

**いし-きり【石▼錐】** 縄文時代から弥生時代にかけて使われた、先端が錐状の石器。

**いしきり-ば【石切(り)場】** 土木建築用の石材を切り出す場所。

**いし-く【石工】** 石材の切り出し・加工・据え付けなどを行う職人。石切り。石屋。石大工。mason

**いし-くしろ【石▼釧】** 石製の腕輪。古墳時代に用いられ、とくに古墳時代前期、緑色岩で貝製腕輪を模造したものを宝器として墳墓に副葬。

**いし-ぐみ【石組(み)】** 庭石を日本庭園の作法によって配置すること。庭石を主材とする庭園が石庭である。岩組み。石くばり。石立て。

**いし-ぐら【石倉】** ①石を積みあげてつくった倉。②石を積み、魚を潜入させて捕らえる漁法。

**いじく・る【▼弄くる】**（五他）《俗語》↓いじる（弄る）

**いし-ぐるま【石車】** 大石を運搬するための四輪車。修羅ぐるま。

**石車に乗る**（いしぐるまにのる） 調子に乗って失敗する。

**いし-くれ【石▽塊】** 石ころ。

**いしぐろ-ただあつ【石黒▽忠▽篤】**（一八八四～一九六〇）農林官僚・政治家。東京生まれ。東大卒。近衛文麿内閣の農林大臣、鈴木貫太郎内閣の農商務大臣。一九二〇年代に農本主義をもととする農業改革を主張。戦時下、農政に大きな影響力をもち、「農政の神様」といわれた。

**いしぐろ-ただのり【石黒▽忠▼悳】**（一八四五～一九四一）明治の医師。ドイツ医学の普及に貢献し、軍医制度の整備を指導した。陸軍軍医総監。赤十字社社長。石黒忠篤の養父。

**いし-げ【石毛】** 波の荒い外海の岩上に生育する褐藻植物イシゲ科の一年生海藻。針金状の体枝を二叉に繰り返し分岐させる。体長約一〇cm。本州中南部に分布。

**いしげ【石下】**〈町〉茨城県南西部、鬼怒川沿いの町。古く河港として栄えた。石下紬で名高い。人口二万二二二四(一九八八)。

**いし-げた【石下▽駄】** 石で下駄の形に作ったもの。上古、死者を埋葬するさいに副葬品として墳墓の中に納められた。

**いし-けってい【意思決定】** ①自分の考えを明確にすること。②企業その他の組織がその活動方針を決定すること。decision making

**いしけってい-しえんシステム【意思決定支援システム】** 経営戦略上の意思決定のさい、その判断材料となりうるシミュレーションなどができるコンピューターシステム。DSS。decision support system

**いし-けり【石▼蹴り】** 地面にいくつかの区画を描き、片足跳びで区画の中の小石をけって次々に跳び移って行くことを競う子どもの遊び。hopscotch

**いじ・ける**（下一自）①小さくなって、のびのびしない。timid ②ひねくれて、おくびょうになる。perverse

**いし-けん【石▼拳】** じゃんけん。

**いし-こ【石子】** 小石。

**いし-こ【石粉】** ①製陶業に用いる長石の粉末や、目地・人造石に用いる石灰岩の粉末。feldspar dust ②砕いた石をさらにこまかく砕き、粉末状としたもの。stone dust

**いしこし【石越】**〈町〉宮城県北部、岩手県に接する町。稲作中心の農業が行われ、建築用石材が特産。人口六八七八(一九八八)。

**いし-こっかしけん【医師国家試験】** 医師法によって、国が医師免許を与えるための試験。大学で医学の正規の課程を修めて卒業した者に、年一回、春に行われる。National Examination for Medical Practitioners

**いしこ-づめ【石子詰(め)】** 中世に行われた私刑の一種。罪人を土穴に入れ、小石を詰めて埋め殺す。

**いし-ころ【石▽塊】** 小石。石くれ。piece of stone; pebble 用例 ―を蹴る。

**いし-ごろも【石衣】** 餡をまるめ、砂糖をすって溶かした糖衣をかけた半生菓子。ごく小さいものを松露という。

**いしざか-たいぞう【石坂泰▽三】**（一八八六～一九七五）実業家。東京生まれ。東大卒。第一生命・東芝社長などをへて経団連会長。高度成長期を通じ財界の指導者として活躍。

**いしざか-ようじろう【石坂洋次郎】**（一九〇〇～一九八六）小説家。青森県生まれ。慶大卒。庶民の生活と風俗を明るく健康的に描く。作品『若い人』『青い山脈』『水で書かれた物語』など。

**いし-さじ【石▼匙】** 主として縄文時代の遺跡から出土する、つまみのある鋭利な打製石器。ナイフとして獣の皮はぎなどに用いられたものと推定される。石匕。

**いし-さんご【石▼珊▼瑚】** 珊瑚礁を形成するサンゴの一群。群体をつくり、その骨格は石灰質で、個体（＝ポリプ）は黄・緑・赤色などを呈する。キクメイシ・イボヤギなどの種がある。いわゆる造礁サンゴで、熱帯の浅海に分布。stony coral

**いし-しょう【異▼嗜症】** ↓いしょくしょう（異食症）

**イシス【Isis】** 古代エジプトの女神。オシリスの妻、ホルスの母。死んだオシリスを復活させ、再生の女神とされた。地中海世界でも広く信仰された。

**いし-ずえ【▼礎】** ①家などの、土台石。礎石。foundation stone ②物事のもとい。基本。根底。foundation 用例 ―をきずく。

**いじ-ずく【意地▽尽く】** 意地を押しとおすこと。

**いし-ずり【石刷(り)・石▼摺(り)】** 石碑の文字や模様などを、油墨などで紙に写し取ったもの。拓本。

**いし-せい【異歯性】** 歯が、はえている位置によって形や大きさなどがちがうこと。哺乳類・爬虫類は、ほとんどが異歯性で、門歯・犬歯・臼歯などと区別される。対義 同歯性。

**いじ-そしょう【医事訴訟】** 医療行為中に発生した事故の責任や賠償について、患者側が医療関係者を裁判に訴えること。medical suit

**いしだ【石田】**〈町〉長崎県壱岐の南東部の町。中心は印通寺。農・漁業が活発で、地引き網がさかん。景勝地、筒城浜がある。人口五六四二(一九八八)。

**いし-だい【石▼鯛】** イシダイ科の海水魚。全長約六〇cm。体に七本の黒色の横帯がある。夏に産卵。沿岸の岩礁地帯にすみ、磯釣りの対象。北海道から南シナ海に分布。シマダイ。↓図

●イシダイ

**いしだ-いちまつ【石田一松】**（一九〇二～一九五六）演歌師。広島県生まれ。工員から演歌師となり、法政大学を卒業。鋭い社会風刺と政治批判をおりこんだ「のんき節」で売り出す。第二次大戦後、日本正論党から政界に進出し、改進党に転じた。衆議院議員当選四回。

**いしだ-えいいちろう【石田英一郎】**（一九〇三～一九六八）文化人類学者。大阪生まれ。東大文化人類学科初代主任教授。日本民俗学の成果を比較民俗学的に検討。日本における文化人類学の先駆者。著書『河童駒引考』など。

**いし-だき【石抱(き)】** 江戸時代の拷問の一つ。三角形の柱を敷き並べた上に容疑者や罪人を坐らせ、膝の上に長方形の重い石を積んで責め、自白をさせた。そろばん責め。

**いし-だたみ【石畳・▼甃】** ①平らな石を敷きつめた所。また、その石。stone pavement ②石段の古称。stone steps ③市松模様。checker ④紋所の名。市松模様に置いた石畳を紋章化したもの。三つ石・四つ石など。⑤「石畳貝」の略。↓図

●石畳④

三つ石

丸に四つ石

**いしだたみ-がい【石畳貝】** 岩礁にすむ、海産のニシキウズ科の巻き貝。殻高約二・五cm、殻径約二cm。殻は硬く、低い円錐形。殻表は黒緑色で、石畳状の刻みがある。北海道南部以南に分布。

**いしだ-ばいがん【石田梅岩】**（一六八五～一七四四）江戸中期の思想家。石門心学の祖。丹波の人。京都で神・儒・仏三教を学び、性善説に基づく倫理思想を庶民に説く。著書『都鄙問答』『斉家論』など。

**いしだ-はきょう【石田波郷】**（一九一三～一九六九）俳人。本名、哲大。愛媛県生まれ。明治大中退。『鶴』主宰。みずみずしい叙情とすぐれた病中吟で知られる。句集『鶴の眼』『借命』『酒中花』など。

**いしだ-みきのすけ【石田幹▼之助】**（一八九一～一九七四）東洋史学者。千葉生まれ。東大卒。その研究対象は広くユーラシア全域にわたり、名文家としても知られる。東洋文庫創立に尽力。著書『長安の春』『欧米における支那研究』など。

**いしだ-みつなり【石田三成】**（一五六〇～一六〇〇）安土桃山時代の武将。近江佐和山城主。豊臣秀吉の寵を得、五奉行の一人となる。関ケ原の戦いで西軍の主導者として敗れ、京都で処刑。

**いしだ-みとく【石田未得】**（一五八七～一六六九）江戸前期の俳人・狂歌師。江戸の人。俳諧で名をなしたが狂歌にも巧みだった。家集『吾吟我集』。

**いし-だん【石段】** 切り石を積み重ねてつくった階段。stone steps

**い-しつ【異質】**（名・形動）性質が違っているさま。違った性質。heterogeneity 対義 同質。

**い-しつ【遺失】**（名・サ変他）置き忘れたり、落としたりして物をなくすこと。loss 対義 拾得。

**い-じつ【▼畏日】** 夏の日。対義 愛日。

**いし-づき【石突(き)】** ①槍・薙刀などの柄の末端部の金具。butt end ↓槍図 ②太刀の鞘の末端部、またはそれを包む金具。butt end ③かさ・つえなどの先端の金具。ferrule ④キノコ類のかたい根もと。hard tip ↓キノコ写

**いしづ-けんすけ【石津謙▽介】**（一九一一～ ）服飾デザイナー。岡山県生まれ。ヴァンヂャケット社を設立。

**いしづち-さんみゃく【石▼鎚山脈】** 四国山地の一部。主峰は石鎚山一九八二m。三波川変成岩が基盤で、地形はけわしい。

**いし-つばめ【石▼燕】** 古生代シルル紀から中生代ジュラ紀に栄えた絶滅動物。腕足類の仲間で、翼状の石灰質の殻がある。セキエン。

**いじっ-ぱり【意地っ張り】**（名・形動）強情に意地を張るさま・人。ごうじょっぱり。obstinacy

**いしつ-ぶつ【遺失物】** ①なくした物。落とし物。忘れ物。lost articles ②所有者の意思とはかかわりなくその人の手を離れ、現在だれも占有していない物。lost articles

**いし-てき【意志的】**(形動) ①意志の強いさま。②行動が意志にもとづいているさま。

**いじ-どうくん【異字同訓】** 字は違っていても、訓は同じこと。計・量・測の「はかる」など。同訓異字。

**いしどうまる【石童丸】** ①出家した父を訪ねるという苅萱伝説の主人公の名。②琵琶の曲名。浄瑠璃・歌舞伎などに同内容の作品がある。

**いしどりや【石鳥谷】**〈町〉 岩手県中部、花巻市北隣の町。稲作中心。南部杜氏の本場で、良酒を産する。人口一万六六三五(一九八八)。

**いし-なぎ【石投】** スズキ科の海水魚。全長約二m。灰褐色で、体側に数本の暗色縦帯がある。水深五〇〇m内外の岩礁部にすみ、初夏に浅海で産卵。美味。肝油の原料。北海道から朝鮮半島に分布。↓図

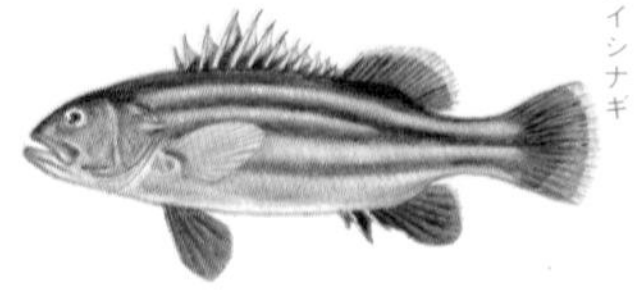

●イシナギ

**いし-のうりょく【意思能力】** 自分の行為がどんな意味をもち、その結果がどうなるかを認識・判断できる精神的能力。mental capacity

**いしのまき【石巻】**〈市〉 宮城県東部、旧北上川河口にある市。遠洋漁業の基地で、水産加工、カキ・海苔の養殖もさかん。工業化も進む。人口一二万三〇〇九(一九八八)。

**いしのま-づくり【石の間造(り)】** 神社・社殿の造り方の一つ。拝殿と本殿とを、石敷きの石の間でつないだ形式のもの。京都、北野天満宮など。

**いし-ばい【石灰】** ↓せっかい(石灰)

**いし-ばし【石橋】** 石でつくった橋。stone bridge

**石橋を叩いて渡る** 非常に用心深いことのたとえ。Look before you leap.

**いしばし【石橋】**〈町〉 栃木県南部の町。かんぴょうの生産で有名。食品・繊維工業などが発達。人口一万九二五八(一九八八)。

**いし-はじき【石弾き】** ①いしゆみ。②子どもの遊びの一つ。おはじき。

**いしばし-しあん【石橋思案】**(一八六七〜一九二七) 小説家。横浜生まれ。尾崎紅葉らと硯友社を結成。戯作的な恋愛物を書く。作品『乙女心』など。

**いしばし-たんざん【石橋湛山】**(一八八四〜一九七三) ジャーナリスト・政治家。東京生まれ。早大卒。東洋経済新報社主幹・社長。社説を通じ、自由主義的な戦争批判や経済評論の論陣をはった。第二次大戦後政界入りし、昭和三一年(一九五六)自由民主党総裁・首相に就任したが、病気のため二か月で辞職。積極財政論者で共産圏との交流促進につとめた。

**いしばし-にんげつ【石橋忍月】**(一八六五〜一九二六) 文芸評論家。本名、友吉。福岡県生まれ。東大卒。美学に基づくロマン主義的評論で活躍。のち弁護士。著書『石橋忍月評論集』。

**いしばしやま-の-たたかい【石橋山の戦い】** 源頼朝の伊豆挙兵後、最初の合戦。治承四年(一一八〇)頼朝は相模の石橋山で大庭景親に敗れ、安房に逃れた。

**いしはら-かんじ【石原莞爾】**(一八八九〜一九四九) 陸軍中将。山形県生まれ。満州事変を画策し、満州国建国を推進。その後、日中戦争拡大に反対して東条英機と対立、退任。東亜連盟を組織。↓写

●石原莞爾

**いしはら-しのぶ【石原忍】**(一八七九〜一九六三) 眼科医。東京生まれ。東大卒。色盲の研究に貢献した。彼の創製した国際色盲検査表は、全世界に普及し、常用されている。

**いしはら-しんたろう【石原慎太郎】**(一九三二〜 ) 小説家・政治家。神戸市生まれ。一橋大卒。裕次郎の兄。『太陽の季節』で戦後世代の風俗を描き、芥川賞受賞。衆議院議員。作品『行為と死』など。

**いしはら-ゆうじろう【石原裕次郎】**(一九三四〜八七) 映画俳優。東京生まれ。慶大卒。慎太郎の弟。主演作『嵐を呼ぶ男』『風速40米』『太平洋一人ぼっち』など。

**いし-びや【石火矢・石火箭】** ①石や鉄・鉛片などを火薬の力で発射し、城攻めに用いた兵器。中国より伝来。②《戦国末期》大砲の異称。

**いし-ひょうじ【意思表示】** ①自分の考えを他人に伝えること。express one's intention 用例賛成の——をした。②契約の承諾、遺言などで、法律上の効果を生じさせるために、意思を公に示すこと。

**いしふえ-だい【石笛鯛】** 紡錘形で口が大きく、下顎が突き出たフエダイ科の海水魚。全長約六〇cm。紫褐色で腹方は淡い。底生魚で食用。相模湾以南、インド洋に分布。

**いしぶたい-こふん【石舞台古墳】** 奈良県高市郡の明日香村にある、七世紀初めの方形墳。日本最大級の横穴式石室を有する。現在は盛り土を失い、巨石で築いた石室が露出。一説に蘇我馬子の墓といわれる。↓写

**いし-ぶみ【石文・碑】** 事績を記念する文を石に刻んで建てたもの。せきひ。monument

**いしべ【石部】**〈町〉 滋賀県南部、野洲川に沿う町。旧宿場町。農業・商業主体から工業化へ進む。人口一万一〇八(一九八八)。

**いし-べい【石塀】** 石でつくった塀。stone fence

**いしべ-きんきち【石部金吉】**《石と金とを組み合わせて、人名のようにした語》たいへん物堅く、きまじめな人。融通がきかず、人間味のない人。石部金吉金兜。比較木石漢

**石部金吉金兜**(いしべきんきちかなかぶと)「石部金吉」を強調した言い方。

**いし-へん【石偏】** 漢字を組み立てている部分の名。「碑・砂」などの左にある「石」。

**いし-ぼうちょう【石包丁】** 弥生時代の遺跡から出土する磨製石器。中国や朝鮮半島でも出土。稲の収穫(穂首刈り)用具として使われたものと推定される。

**いし-ぼとけ【石仏】** ↓せきぶつ(石仏)

**いし-まくら【石枕】** 棺内の死者の頭部にあてる、中央にくぼみのある石製の枕。主として日本の古墳から出土。

**いじまし・い**(形) 意地汚く、せせこましい。けちくさい。paltry 派生いじましげ(形動) いじましさ(名)

**いし-まてがい【石馬刀貝】** 潮間帯付近の岩に穴をあけ、そのなかにすむ円筒形のイガイ科の二枚貝。殻長約六cm、殻高約二cm。殻の表側の色は褐色。美味。房総以南・台湾に分布。イシワリ。

●石舞台古墳

**いしみかわ【石見川】** タデ科の一年草。野原などにはえる。茎に下向きのとげがあり、崖などをよじのぼって、長さ二m以上になる。花は淡緑色で、秋に藍色の果実が、包葉の上にかたまって付く。

**いし-むかで【石百足】** 歩脚が一五対あるムカデの総称(他のムカデの足の数は、これより多い)。体長二〜三cm。石の下や落葉のなかにすむ。すばやく走り回り、危難にあうと足を一部切り離す。毒はあるが、人には無害。日本にはイッスンムカデなど約三〇種が分布。

**いしむら-けんぎょう【石村検校】**(?〜一六四二) 安土桃山・江戸初期、三味線組み歌の最初の作曲家。琉球に渡り、帰国後三味線をつくったといわれるが確かではない。

**いし-むろ【石室】** 岩石を利用し、または岩石でつくった部屋・小屋。岩屋。stone hut

**いじめ【苛め】** 自分より弱い立場にある者に対して、心理的・肉体的攻撃をくり返し、相手に深刻な苦しみを与える行動。とくに教育現場でのそれをいう。

**いじめっ-こ【苛めっ子】** 自分より弱い者を苦しめたり、困らせたりする子ども。bully

**いじ・める【苛める・虐める】**(下一他) 弱い者を苦しめたり、困らせたりする。bully; tease

**いし-もずく【石水雲】** 褐藻植物ナガマツモ科の海藻。海底の石上に生育し、食用とされる。一般にモズクに比べやや硬い。

**いし-もち【石持】** 沿岸の砂泥底にすむ、ニベ科の海水魚。全長約四〇cmで、銀白色。頭骨内の耳石が大きく、石に似ているのでこの名がある。初夏の産卵時に、うきぶくろを振動させて「グーグー」と鳴く。練り製品の原料。東北以南からインド洋に分布。グチ。シログチ。drum ↓図

●イシモチ

**いしもち-そう【石持草】** モウセンゴケ科の一年生食虫植物。湿地にはえる。半円形の葉にはえた腺毛から粘液を分泌して、虫を捕らえる。関東以西に分布。↓図

**いしもと-やすひろ【石元泰博】**(一九二一〜 ) 写真家。アメリカ生まれ。作品『柱』など。

**いしもり-のぶお【石森延男】**(一八九七〜一九八七) 児童文学者。北海道生まれ。東京高師卒。キリスト教的ヒューマニズムの色濃い作風。作品『コタンの口笛』『パンのみやげ話』など。

**い-しゃ【医者】** 病気やけがなどの診察・治療を職業とする人。医師。

**医者が匙を投げる**《医者が薬の調合の匙を投げ出すことから》これ以上治療の方法がないとあきらめ、患者を見放す。give up all hope of saving the patient

**医者の玄関構え** 外観をいろいろと飾り立てることのたとえ。

**医者の不養生** ①人の健康に注意する医者が、かえって自分の健康にはよくないことをすること。②言うことと行いとが一致しないことのたとえ。A shoemaker's wife goes barefoot. 比較紺屋の白ばかま。

**い-しゃ【慰謝・慰藉】**(名・サ変他) なぐさめ、いたわること。なぐさめ、あやまること。consolation

**いし-や【石屋】** ①石工。mason ②石材を「売る家。stone dealer

**イシャウッド【Christopher Isherwood】**(一九〇四〜八六) イギリスの小説家・劇作家。のちアメリカに帰化。政治的風景を主題にルポルタージュ風の小説を書いた。小説『ノリス氏乗換え』『さらばベルリン』など。

**いし-やき【石焼(き)】** ①石質に焼き上げた土器。②焼け石で焼く料理法。

**いしやき-いも【石焼(き)芋】** 加熱した小石に埋めて焼いたサツマイモ。水分を加えないので蒸し芋より甘味がある。

**い-じゃく【胃弱】** 胃の働きが弱まっている症状の総称。

**いしやま-でら【石山寺】** 滋賀県大津市石山にある東寺真言宗の寺。山号は石光山。奈良時代に良弁が開創。

**いしやま-ほんがんじ【石山本願寺】** 現在の大阪城本丸の地にあった浄土真宗の本山。明応五年(一四九六)蓮如によって建立。織田信長と対立した石山合戦で有名。

●イシモチソウ

**いしゃ-りょう【慰謝料・慰藉料】** 生命・生活・名誉などがきずつけられたとき、その精神的損害に対して行われる賠償。consolation money

**い-しゅ【異種】** 別の種類。他種。different kind 対義同種。



↓行き先項目、図版・写真参照印。 JIS 日本工業規格情報交換用漢字符号コード(区点コード)。

**い-しゅ【意趣】** ①考え。意向。intention ②うらみ。spite 用例 —をはらす。

**い-しゅ【遺珠】** 《拾われないで、のこっている玉、の意》まだ世に知られない、すぐれた詩や歌。

**い-しゅう【▼伊州】** 伊賀国(いがのくに)。

**い-しゅう【異臭】** 変なにおい。いやなにおい。stink 用例 —を放つ。

**い-しゅう【▼蝟集】**(名・サ変自)《「蝟」はハリネズミ。毛が密集して生えているところから》一時に群がり集まること。

**い-じゅう【移住】**(名・サ変自) 他の土地や海外へ移り住むこと。immigration; emigration

**いじゅういん【▼伊集院】**〈町〉鹿児島市西隣の町。農業中心であったが、宅地化が進む。徳重(とくしげ)神社の妙円寺参りが有名。人口二万五二二九(一九八八)。

**いじゅう-みん【移住民】** 働いて暮らすつもりで、外国に移住する人。immigrant; emigrant

**いしゅ-がえし【意趣返し】** 人にうらみを晴らすこと。仕返し。復讐(ふくしゅう)。意趣晴らし。revenge

**い-しゅく【▼畏縮】**(名・サ変自) おそれて、ちぢこまること。be intimidated

**い-しゅく【▼萎縮】**(名・サ変自) ①しなびてちぢむこと。元気がなくなること。shriveling ②医学で、正常の大きさまで発育した組織および細胞の容積が縮小した状態。atrophy

**いしゅく-じん【▼萎縮▼腎】** 腎臓(じんぞう)が縮小して硬くなった状態。腎臓の動脈硬化や腎盂(じんう)腎炎などの腎疾患でおこる。contracted kidney

**いしゅくせい-びえん【▼萎縮性鼻炎】** 鼻の粘膜と骨が萎縮することにより起こる鼻炎。青年女子に多く、原因は不明とされる。単純性萎縮性鼻炎と悪臭の強い臭鼻症とがある。atrophic rhinitis

**いしゅく-びょう【▼萎縮病】** 茎や葉が縮み、また奇形になる植物の病気。ウイルスによるものが多く、イネ・ムギ・ダイコンなどに発生する。dwarf disease

**イシュタル【Ishtar】** 古代メソポタミア・シリアの女神。愛と生産・戦争をつかさどる。シュメールではイナンナとよばれた。

**い-しゅつ【移出】**(名・サ変他) 国内で物品を別の地方へ売るために送り出すこと。「輸出」と区別して使う語。対義 移入。

**い-じゅつ【医術】** 病気やけがをなおす技術。medicine 比較 医学。

**いしゅ-ばらし【意趣晴らし】** 意趣返し。revenge

**いし-ゆみ【石弓・▼弩】** ①弓の一種。石を発射したもの。後世には固定させて用いた。②石につなを付け、敵が来たとき切って落とすもの。

**い-しょ【医書】** 医学書。medical book

**い-しょ【遺書】** ①死後の処置について、生前に書いたもの。書き置き。遺言状。will ②死後にのこした著書。遺著。posthumous work

**いしょ【緯書】** 中国、漢代の吉凶・禍福を告げる予言書。経書に仮託し、補完するという意味から緯書と呼ばれる。書緯・春秋緯・易緯・礼緯・楽緯・詩緯・孝経緯の七緯などがある。前漢末から後漢(ごかん)にかけて作られ、後漢の時期に大流行。のちに禁書になり、現在は佚文(いつぶん)のみである。

**い-しょう【衣装・衣▼裳】** ①体に装う衣類や装飾の総称。古くは、「衣裳」は「きぬも」とよばれ、上下ひとそろいの整った姿をいった。用例 馬子(まご)にも—。②芸能で使う衣服。コスチューム。costume 用例 舞台—。

**い-しょう【異称】** 別の名。別名。異名(いみょう)。another name

**い-しょう【意匠】** ①工夫すること。趣向。idea; device 用例 —を凝(こ)らす。②美術・工芸・工業製品などの、形・色・模様・配置などについての独自の工夫。デザイン。design 比較 図案。

**い-じょう【以上・▼已上】** ㊀(名) ①《多く、数詞の下に付けて》それをふくんで、それより上。over; above 対義 以下。用例 六歳—。参考「六歳以上」といえば六歳もはいるが、六歳をふくめない場合は「六歳を超える」とする。②それをふくんで、それより上位。用例 高校生—参加のマラソン大会。③上回ること。more than; above 対義 以下。用例 予想—。④これまで述べたこと。the above 用例 —は、私の説だ。⑤《目録・箇条書き・文章などの末に》これまで。終わり。the end ㊁(接助) …から(には)。…うえは。用例 こうなった—(は)最後まで責任をもつ。

**い-じょう【囲▼繞】**(名・サ変他) とりまくこと。いにょう。

**い-じょう【委譲・依譲・移譲】**(名・サ変他) 権限などを、他にゆずって任せること。transfer

**い-じょう【異状】** ふつうとちがった状態。disorder 用例 —なし。胃に—を訴える。

**い-じょう【異常】**(名・形動) ①ふつうとちがうさま。abnormal; unusual 対義 正常。用例 —な性格。②程度がはげしいさま。たいへん。extraordinary 用例 —な熱意。—な執念。

**い-じょう【移乗】**(名・サ変自) ほかの乗り物に乗り移ること。乗り換えること。

**いしょう-がさね【衣装重ね】** ①太夫(たゆう)など上級の遊女が、自分の綿入れや小袖(こそで)などを揚げ屋の座敷に飾った行事。近世の遊郭で、菊の節句を中心に行われたもの。②遊郭で、年の暮れや節句に遊女が着飾ること。

**いしょう-かた【衣装方】** 楽屋で役者の衣装の世話をする係。dresser

**いじょう-かんそう【異常乾燥】** 空気の湿度が異常に低下した状態。湿度が三五～二五%以下の日が続くときにいう。unusual dryness

**いじょうかんそう-ちゅういほう【異常乾燥注意報】** 三〇年に一回の割合で出現するほどの、空気が異常に乾燥し火災の危険が大きいと予想されるときの気象注意報。warning of extraordinary dry air

**いじょう-きしょう【異常気象】** 統計的にみてごくまれにしか起こらない大気現象。ほぼ三〇年に一回の割合で出現する気象現象をいう場合が多い。unusual weather

**いじょうけっしきそ-しょう【異常血色素症】** 赤血球中のヘモグロビン(＝血色素)の構造に異常がある遺伝病。異常ヘモグロビン。hemoglobinopathy

**いしょう-けん【意匠権】** 一定の意匠(＝デザイン)を独占的に利用できる権利。工業所有権の一つで、登録によって権利が生じる。design right

**いしょう-ごのみ【衣装好み】** 衣装に好き嫌いを言うこと・人。

**いじょう-しんいき【異常震域】** 異常に強く地震動を感ずる地域のこと。震源地の真上の地表の位置からの距離とは無関係。深発地震のときに発生する。地下構造に起因すると考えられるが不明。region of anomalous seismic intensity

**いじょう-しんりがく【異常心理学】** 犯罪・夢などの特殊な心理状態や、神経症・精神病者の心理現象をあつかう心理学。abnormal psychology

**いじ-ようすい【維持用水】** 河川の形態を維持したり環境保全に必要とされる水。水質汚濁の防止や魚類の保護などのため一定の流量を維持。

**いじょう-せいよく【異常性欲】** 異常な性的行動。性欲の昂進・減退など量的異常と、同性愛・フェティシズム・性器露出症など対象や行為が異常な質的異常とがある。sexual abnormality 比較 サディズム・マゾヒズム。

**いしょう-だんす【衣装▼簞▼笥】** 衣服、とくに外出着の類を収めておく簞笥。引き出しと戸棚からなり、扉が付く。wardrobe

**いじょう-ちょうい【異常潮位】** 通常の干満と大きく異なる潮位の状態。数日または数週間続くことがある。強い風、海流の変化などが原因。unusual tide

**いしょう-とうろく【意匠登録】** 工業製品などの形状・模様・色彩、またはそれらの組み合わせについての工夫・考案を、意匠法に基づいて特許庁の意匠原簿に登録すること。

**いじょう-にゅう【異常乳】** 通常の牛乳とは異なる成分を含むか、濃度が著しく異なる牛乳。乳房炎などにより生じ、飲用・乳製品製造に適さない。abnormal milk

**いしょう-にんぎょう【衣装人形】** 衣装を着せた人形。からだは木彫りまたは練り物で、胡粉(ごふん)彩色で仕上げる。京人形など。着付け人形。

**い-じょうふ【偉丈夫】** からだも大きくて、りっぱな男子。great man 対義 女丈夫。

**いじょう-ぶんべん【異常分▼娩】** 出産が正常に経過しない状態。母体や胎児の異常などに原因があり、帝王切開などの処置が必要。abnormal delivery

**い-しょく【衣食】** ①衣服と食物。food and clothing ②着ることと食うこと。生活。living

**衣食足りて礼節を知る**(いしょくたりてれいせつをしる) くらしが楽になると、礼儀を知るようになる。Well fed, well bred.

**衣食に奔走す**(いしょくにほんそうす) 生活していくために、駆けずり回って働く。生活に追われる。try hard to make a living

**い-しょく【委嘱】**(名・サ変他) 人をたのんで、任せること。委託。commission 用例 委員を—する。設計を—する。

**い-しょく【▼怡色】** 《「怡」は、喜ぶ》うれしそうな顔色・顔つき。

**い-しょく【異色】** ①他とはちがう色。ふつうではない色。②他とちがっていること。非常に特色があること。unique 比較 異彩。

**い-しょく【移植・移▼殖】**(名・サ変他) ①植物などを他の場所にうえかえること。transplantation ②動物で、一部の組織・器官を同一個体の他の部分や他の個体に移しうえること。医学でも臓器移植として応用される。transplantation ③細菌や培養細胞などを培地から他の培地にうつすこと。transplantation ④《「移殖」で》魚などで、ある場所の特産の種を、別の場所にうつして増殖(ぞうしょく)をはかること。naturalization

**い-じょく【居職】** 自宅で、手仕事などをする職業。裁縫師・印判ほりなど。対義 出職(でしょく)。

**いしょく-じゅう【衣食住】** ①衣服を着ることと、物を食べることと、家に住むこと。food, clothing and shelter ②生活。くらしむき。living

**いしょく-しょう【異食症】** 食欲の異常な状態。生米・紙・砂・虫などを食べる。回虫などが寄生したときや精神障害の症状にみられる。異味症。異嗜症。allofriophagy; pica

**いしょく-どうげん【医食同源】** 食事と病気の治療は、ともに人間の健康を保つためのもので、その源は同じであるということ。中国古来の考え方。

**いしょく-めんえき【移植免疫】** 生体の細胞や組織を取り出したもの(移植片)と、移植された個体との間に、組織適合抗原の差があるためにおこる現象。臓器移植の場合にこれが障害となる。transplantation immunity

**いじら【▼伊自▽良】**〈村〉岐阜県南西部、岐阜市北隣の村。農業がさかんで干し柿(がき)が特産。人口三一六〇(一九八八)。

**いじらし・い**(いぢらしい)(形) ①心や形が、いたわしい。かわいそうだ。pitiful; touching ②かわいい。かれんだ。sweet; lovely 派生 いじらしが・る(五自) いじらしげ(形動) いじらしさ(名)

**いじ・る**(いぢる)**【▼弄る】**(五他) ①指で、もてあそぶ。いじくる。finger 用例 髪の毛を—。②趣味や道楽で、集めたりもてあそんだりする。tamper 用例 盆栽を—。③目的や方針なしに、表面的・部分的な変更を加える。tamper 用例 制度を—。

**いし-わた【石綿】** →アスベスト

**いしわり-ざくら【石割桜】** 元盛岡(もりおか)地方裁判所構内にある天然記念物のヒガンザクラ。巨大な花崗岩(かこうがん)の割れ目に根を張っている。

**いしわり-まつたろう【石割松太郎】**(一八八一〜一九三六) 浄瑠璃(じょうるり)研究家。堺(さかい)市生まれ。早大卒。人形芝居の舞台芸術的研究を開拓。著書『人形芝居の研究』。

**いじ-わる【意地悪】**(名・形動) 意地の悪いこと・さま。また、そのような性質の人。ill-natured

**いじ-わる・い【意地悪い】**(形) わざと人が困るようなことをする。ill-natured

**い-しん【威信】** 人・国家などがもっている威光と信望。prestige 用例 —にかかわる。

**い-しん【異心】** 裏切ろうとする心。むほん心。ふたごころ。

**い-しん【維新】** 《維(こ)れ新(あら)た、の意》①政治上で、すべてが新しくなること。②《「明治維新」の略》御一新。

**い-しん【遺臣】** ①先代からの家来。②滅びた国・大名などに仕えていた家来。

**い-じん【▼夷人】** ①えびす。未開人。barbarian ②外国人。外人。foreigner

**い-じん【異人】** ①能力などが世間一般とかけ離れてすぐれた人。②別の人。different person ③異国の人。外人。foreigner ④文化人類学で、特定社会の外部に位置し、さまざまな機会を通じて定住民と接触する人々。社会の周縁に現れ、両義的・多義的イメージをもつ。marginal man

**い-じん【偉人】** えらい人。りっぱな人。great man

**いじん-でん【偉人伝】** すぐれた人物の伝記。biography of great man

**いしん-でんしん【以心伝心】** ①《仏教語》

▼常用漢字表外。▽常用漢字表の音訓外。

禅宗で、仏法の根本を師がことばに出さないで、弟子の心に伝えること。②言わないでも気持ちが通じること。

**いしん-の-さんけつ【維新の三傑】** 明治維新で功績のあった西郷隆盛・大久保利通・木戸孝允の三人。

**いしんほう【医心方】** 日本最古の医書。三〇巻。丹波康頼が、隋・唐の医書を抜き書きし、疾病別に出典を明記した医学全書。永観二年(九八四)完成。

**い-す【▼椅子・▼倚子】** ①腰をかけるための家具の総称。作業用と休息用に大別される。チェア。chair ②《権威の象徴として使われたことから》地位。ポスト。post

**いず【▼伊豆】** ↓いずのくに(伊豆国)

**い・ず【▽出ず】** 古語(下二自他) ①(自)↓でる(出る)。②(他)↓だす(出す)

**いすいかん-けい【胃水管系】** 腔腸動物の胃腔およびそこから伸びた細管の全体。体内の水の循環・ガス交換、消化・吸収の機能をもつ。gastrovascular system

**い-すう【異数】** 今まで例のないこと。異例。用例 ― の出世。

**イズー【Isidore Isou】**(一九二五― ) フランスの詩人。ルーマニア生まれ。独自の前衛詩を書く。作品『新しい詩と音楽への序論』など。

**いすう-せい【異数性】** 各生物に固有の染色体数が、なんらかの原因により一ないし数本増減すること。heteroploidy

**いずおおしま【▼伊豆大島】** 東京都に所属する伊豆諸島中の大島の通称。

**いずおおしまきんかい-じしん【▼伊豆大島近海地震】** 昭和五三年(一九七八)一月に伊豆大島北端から約一〇km沖の地点を震源として起きた地震。マグニチュード七・〇。死者二五名。

**いすか** 19画【▼鶍】 部首[鳥] 和製漢字
↓いすか(鶍・交喙)

**いすか【▼鶍・▽交▼喙】** アトリ科の鳥。翼長約九cm。雄は暗紅色、雌は黄緑色。とくに松林をこのみ、上下が交差した嘴で松かさをこじあけて種子を食べる。ユーラシア大陸中・北部、北アメリカ北部などに分布する。日本では多くは冬鳥として渡来する。red crossbill ↓図

●イスカ 雄(手前)と雌。

**鶍の嘴**(いすかのはし) 物事が食いちがって、思うようにならないことのたとえ。

**いず-かた【▽何方】** 古語(代) どちら。いずち。用例 ― より来たりて、― へか去る(方丈記)。

**いず-く【▽何▽処】** 古語(代) どこ。いずこ。用例 ― より来たりしものぞ(万葉・五・八〇二)。

**何処はあれど**(いずくはあれど) ほかの所のことはともかく。たくさんある中でも特別に。いずこはあれど。

**い-すく・む【居▼竦む】**(五自) すわったまま動けなくなる。いすくまる。

**い-すく・める【射▼竦める】**(下一他) ①矢を射て敵をおそれさせ、手出しのできないようにさせる。②じっと見つめて、居すくむようにさせる。

**イスクラ【Iskra ロシア】**《火花の意》ロシア社会民主労働党の機関紙。一九〇〇年ジュネーブ亡命中のレーニン・プレハーノフらが創刊。

**いずくん-ぞ【▼焉んぞ・▽安んぞ・▽何んぞ】** 文語的(副)《反語。「何処にぞ」の転》どうして…であろうか。用例 燕雀 ― 鴻鵠の志を知らんや。

**焉んぞ知らん**(いずくんぞしらん) どうして知っていようか。まことに思いがけないことに。

**イスケンデルン【Iskenderun】** トルコ南東部の港湾都市。NATOの軍事基地。スエズ運河開通前はヨーロッパ・アジアの貿易基地。人口一二・五万(一九八〇)。

**いず-こ【▽何▽処】** 古語(代) どこ。どちら。いずら。用例 春霞たてるや ― (古今・春上)。

**何処とも無く**(いずこともなく) どこへという当てもなく。without any definite destination in mind

**何処はあれど**(いずこはあれど) 「いずくはあれど」と同意。

**何処を面に**(いずこをおもてに) なんの面目あって。

**何処を計りと**(いずこをはかりと) どこを目あてにして。

**いずさん-じんじゃ【▼伊豆山神社】** 熱海市伊豆山にある旧国幣小社。祭神は伊豆山神。古来温泉の神として仰がれ、源頼朝・頼家など武家の崇敬を集めた。伊豆山権現。

**い-ずし【い▼鮨】** すしの一種。魚介類に、ご飯とこうじを交ぜ合わせて重ね、重石をかけて長い期間おき、発酵させる。なれずし。

**いずし【▽出▽石】**〈町〉 兵庫県北東部の町。旧城下町で、出石城跡・出石神社、沢庵禅師ゆかりの宗鏡寺など旧跡が多い。特産は出石焼・縮緬。人口一万二三八九(一九八八)。

**いず-しょとう【▼伊豆諸島】** 伊豆半島の南東海上にある火山島群。大島・利島・新島・神津島・三宅島・御蔵島・八丈島の伊豆七島と属島を含む。東京都に所属。

**いず-スカイライン【▼伊豆スカイライン】** 静岡県熱海峠と天城高原富士見台を結ぶ有料道路。長さ四一・五km。昭和三九年(一九六四)開通。

**いすず-がわ【▽五▽十鈴川】** 三重県伊勢市を流れる川。長さ二〇km。伊勢神宮神域の清流として名高い。御裳濯川。

**いす-ずみ【▼伊▽寿墨】** 青褐色の体を多数の黄色縦線が走るイスズミ科の海水魚。楕円形で、体長三〇cm余。食用。南日本以南に分布。ゴクラクメジナ。

**いず-せんりょう【▼伊豆千両】** ヤブコウジ科の常緑低木。暖地の林に群生。高さ約一m。葉は互生し、長楕円形。初夏に、淡黄白色の小花が総状に咲く。東海以西の暖地に分布。

**イスタンブール【İstanbul】** トルコ最大の商工業都市。ボスポラス海峡に臨み、国際色に富む。かつてコンスタンチノープルの名で、東ローマ帝国、のちオスマン帝国の首都として栄えた。人口二七七・三万(一九八〇)。

**いず-ち【▽何▽方・▽何▽処】** 古語(代) どちら。用例 われをば ― へ具して行かんとするぞ(平家・一一・先帝身投)。

**イストラティ【Panait Istrati】**(一八八四―一九三五) ルーマニアの小説家。自伝的小説の連作をフランス語で書いた。作品『キーラ-キラリーナ』など。

**イストリア-はんとう【イストリア半島】**(Istrian Peninsula) 地中海中部、アドリア海北岸の半島。海岸沿いは保養地。もとオーストリア領であったが、一九四七年より大部分がユーゴスラビア領。イーストラ半島。

**いすとり-ゲーム【▼椅子取りゲーム】** 人数分より少ない椅子を円く並べ、その外を音楽に合わせて回りながら、合図で座り、席を取り合うもの。座れなかった人は抜けていき、最後まで残った人が勝ち。musical chairs

**い-ずな【▽飯綱・▽飯▽縄】** ①狐憑きといわれる俗信で、人に乗り移ると信じられる小動物のこと。東北地方から関東にかけての呼び名。②「飯綱使い」の略。

**いずながおか【▼伊豆長▼岡】**〈町〉 静岡県伊豆半島北部の町。古奈・長岡両温泉からなる温泉町。人口一万四五五六(一九八九)。

**いずな-つかい【▽飯綱使い】** イズナという小動物を使って、富を得たり魔術を使ったりするといわれる人。また、その術。

**イズニク【İznik】** トルコ北西部、イズニク湖東岸の村。三二五年、コンスタンティヌス大帝により最初のカトリックの宗教会議であるニカイアの公会議が開かれた故地。旧称ニカイア。

**いずのおどりこ【▼伊豆の踊子】** 川端康成の小説。大正一五年(一九二六)発表。一高生と旅芸人の踊り子とのゆきずりの交情を描いた叙情的作品。

**いす-の-き【▼柞】** マンサク科の常緑高木。暖地に分布。高さ約二〇m。葉に虫こぶができやすく、これはタンニンを含み染料に用いる。材は堅く、柱・机・櫛などにする。ヒョンノキ。ユシノキ。↓写

●イスノキ

**いず-の-くに【▼伊豆国】** 旧国名。現在の静岡県伊豆半島と東京都伊豆諸島。東海道の一国。「延喜式」では下国、三郡。国府・国分寺はともに三島市。明治元年(一八六八)韮山県となり、同四年(一八七一)小田原・荻野山中二県と合併し足柄県。同九年(一八七六)静岡県に編入され、伊豆諸島は同一一年(一八七八)東京府に編入。豆州。伊豆。

**イスパニア【Hispania】** スペインの古称。

**イスパニオラ-とう【イスパニオラ島】**(Hispaniola) 西インド諸島、キューバ島の東方にある島。面積七・六万km²。東はドミニカ、西はハイチの二か国に分かれる。ヒスパニオラ島。

**イスパノ-モレスク-やき【イスパノ-モレスク焼き】** スペイン南部で作られたイスラム風の陶器。頸部に耳状の飾りをつけた大形の壺は「アルハンブラの壺」として有名。最盛期は一三～一五世紀。Hispano-Moresque ware

**いずはら【▽厳原】**〈町〉 ↓いづはら(厳原)

**いず-はんとう【▼伊豆半島】** 静岡県東部の半島。高原状の火山が連なり、温泉が多い。ミカン・イチゴ・ワサビなどの栽培と漁業がさかん。テングサは特産。伊豆スカイラインなど観光道路が発達。

**いずはんとうおき-じしん【▼伊豆半島沖地震】** 昭和四九年(一九七四)五月に伊豆半島南端から約二〇km沖の地点を震源として起きた地震。マグニチュード六・九。死者・行方不明者二九名。

**イスファハン【Eṣfahān】** イラン中部の都市。繊維工業がさかん。サファビー朝の首都として一六世紀末から一七世紀に栄えた。人口六六・一万(一九七六)。エスファハーン。

**イズベスチヤ【Izvestiya ロシア】**《Izvestiya Sovetov Narodnykh Deputatov SSSR の略。izvestiye は報道の意》ソビエト最高会議幹部会が発行する代表的夕刊紙。一九一七年創刊。

**い-ずまい【居住(ま)い】** すわったようす・姿勢。sitting posture 用例 ― を正す。

**いすみ【▼夷隅】**〈町〉 千葉県南部にある町。稲作中心の農業の町。周辺の物資の集散地で六斎市が立つ。人口八五四七(一九八八)。

**いずみ【泉】** ①地表に自然にわき出る地下水。その所。山麓、台地の崖、扇状地の末端、くぼ地などに見られる。spring; fountain ②物事のできるもと。みなもと。fountain

**泉の涌く如し**(いずみのわくごとし) 泉から絶えず水がわき出しているように、新奇な発想などが絶え間なくわき起こるさま。like a fountain

**いずみ【▽出▽水】**〈市〉 鹿児島県北西部の市。出水平野の中心。農業、クルマエビ養殖がさかん。ツルの飛来地。人口四万一〇一(一九八八)。

**いずみ【▽和▽泉】** ↓いずみのくに(和泉国)

**いずみ【▽和▽泉】**〈市〉 大阪府南部の市。大阪市の衛星都市で宅地化が顕著。花の栽培、織物工業が発達。人口一四万三一三五(一九八八)。

**いずみ【▽和▽泉】**〈村〉 福井県東部、九頭竜川上流の村。林業が中心。九頭竜ダムがある。人口九三九(一九八八)。

**いずみ【泉】**〈村〉 熊本県中部、九州山地の村。林業地帯でキノコ類も豊富。東部に秘境五家荘がある。人口三四八八(一九八九)。

**いずみおおつ【泉大津】**〈市〉 大阪府南部、大阪湾に臨む市。繊維工業都市で、とくに毛布の生産で有名。人口六万七一〇一(一九八八)。

**いずみ-きょうか【泉鏡花】**(一八七三―一九三九) 小説家。本名、鏡太郎。金沢市生まれ。尾崎紅葉に師事。『夜行巡査』『外科室』などの「観念小説」ののち、独自な美的世界を築いた近代ロマン主義文学の代表作家。作品『照葉狂言』『高野聖』『婦系図』『歌行燈』など。↓写

●泉鏡花

**いずみざき【泉崎】**〈村〉 福島県南部、白河市北東隣の村。稲作中心。タバコ栽培・畜産なども行われる。人口六三一八(一九八八)。

**いずみさの【泉佐野】**〈市〉 大阪府南部、大阪湾に臨む市。タオルをはじめ綿織物工業がさかん。人口九万二一〇三(一九八九)。

**いずみ-さんみゃく【▽和▽泉山脈】** 大阪府と和歌山県の境を東西に走る山脈。主峰は最高峰の岩湧山八九八m。

**いずみ-しきぶ【▽和▽泉式部】**(生没年未詳) 平安中期の女流歌人。波乱に富んだ生涯を送り、その情熱的で自由奔放な叙情歌・恋愛歌は平安女流歌人中の第一と評価される。歌人小式部内侍の母。家集『和泉式部集』

『和泉式部日記』。

**いずみしきぶにっき**【▽和▽泉式部日記】日記。一巻。敦道親王との約一〇か月におよぶ恋愛を、贈答歌を中心に歌物語的に記す。

**いずみ-せいいち**【泉▼靖一】(一九一五〜一九七〇)文化人類学者。東京生まれ。東大教授。アイヌや中南米の学術調査に貢献。著書『フィールド・ノート』『インカ帝国』など。

**いずみ-ねつ**【泉熱】猩紅熱に似た急性発疹性熱性疾患。学童から青年層に多く、集団的に発生する。昭和一四年(一九三九)、泉仙助らがはじめて記載。ペニシリンは効かない。エルシニア菌感染症。Izumi fever

**いずみ-の-くに**【▽和▽泉国】旧国名。現在の大阪府南西部。五畿の一国。「延喜式」では下国、三郡。国府は和泉市府中町、国分寺は同市国分町。明治四年(一八七一)廃藩置県により堺県。同一四年(一八八一)大阪府に編入。泉州。和泉。

**いずみ-りゅう**【▽和▽泉流】狂言の一流派。流祖山脇和泉守元宣以来尾張藩に仕えた。現宗家は和泉元秀。門流に三宅藤九郎家・野村又三郎家のほか、野村万蔵家などがある。

**イズミル**【İzmir】トルコ西岸、同国有数の商業・港湾都市。古代ギリシアの植民都市から発展。人口一四九万(一九八五)。古称スミルナ。

**イズム**【ism】《原語では主義・説・論などを意味する接尾語》主義。主張。思想傾向。考え方。用例 一つの―をもって生活する。

**いずめ** ①飯びつを入れて保温するための、わらで編んだ容器。②乳児を寝かせておくかご。えじこ。

**いずも**【▽出▽雲】↓いずものくに(出雲国)

**いずも**【▽出▽雲】〈市〉島根県東部、出雲平野にある市。紡織・木工など商工業がさかん。人口八万一七一一(一九八八)。

**いずもおおやしろ-きょう**【▽出▽雲大社教】教派神道十三派の一つ。千家尊福が出雲大社の信仰を基盤に神道大社派を組織。昭和二六年(一九五一)改称。大社教。

**いずもざき**【▽出▽雲崎】〈町〉新潟県中部、日本海に臨む町。港町・宿場町として古くから栄えた。日本の石油産業の発祥の地。良寛の誕生の地。人口六七九四(一九八八)。

**いずも-しんわ**【▽出▽雲神話】日本神話のうち、とくに出雲の地を舞台とする神話。須佐之男命・大国主命の事跡を中心とする。

**いずも-たいしゃ**【▽出▽雲大社】島根県簸川郡大社町杵築にある旧官幣大社。大国主大神を主神とし、天御中主神など五柱を配祀。社殿の大社造りは、神社建築中最古の様式。いずものおおやしろ。杵築大社。↓写

●出雲大社

**いずも-の-おくに**【▽出▽雲の▼阿国】(生没年未詳)歌舞伎の祖とされる女性。出雲大社の巫女ともいわれ、慶長(一五九六〜一六一五)のころ京都で興行した念仏踊りが人気を博し、のちかぶき踊りを創始。↓写

●出雲の阿国 『阿国歌舞伎図屏風』出光美術館(東京都)。

**いずも-の-かみ**【▽出▽雲の神】①出雲大社の祭神。大国主命をさす。②俗に、縁むすびの神。

**いずも-の-くに**【▽出▽雲国】旧国名。現在の島根県東半部。山陰道の一国。「延喜式」では上国、一〇郡。国府・国分寺はともに松江市竹矢町。明治四年(一八七一)廃藩置県により島根県。雲州。出雲。

**いずも-の-くにのみやつこ**【▽出▽雲国▽造】古代、出雲地方を支配した豪族出雲氏の官職名。大化の改新以後は出雲大社の祭司として強大な力をもつ。室町時代に千家・北島両家に分裂。

**いずものくにふどき**【▽出▽雲国風土記】古代出雲の地誌。天平五年(七三三)完成。国土の沿革・神社・寺院・山川・道路・物産などを記述。現存風土記のうち唯一の完備したもの。出雲風土記。

**いずも-へいや**【▽出▽雲平野】島根県東部にある平野。県下最大の沖積平野。集落の屋敷林の景観が珍しい。簸川平野。

**いず-ら**【▽何ら】古語(代)どこ。どちら。用例 いにしへのにほひは―桜花(伊勢・六二)。

**イスラエル**【Israel】《原義はヘブライ語で、神と格闘する、の意》『旧約聖書』で、ヤコブの子らの一二部族の総称。ユダヤ人。

**イスラエル**【Israel】(State of Israel)西アジア、地中海東岸の共和国。エルサレムを首都としている。シオニズム運動により、一九四八年ユダヤ人が建国。パレスチナの地でアラブ諸国との抗争が激しい。集団農業が発達。地中海沿岸ではオリーブ・ブドウを栽培。工業化も著しい。面積二・一万$km^2$。人口四三〇万(一九八六)。正称イスラエル国。

**イスラエル-おうこく**【イスラエル王国】前一一世紀、イスラエル人がカナーンに建てた王国。初代の王サウルのあとダビデ、ソロモンと続き繁栄。前九二二年に南北に分裂。北王国はサマリアに拠ってこの名を称し、南王国はユダ王国となった。前七二一年アッシリアにより滅ぼされた。Kingdom of Israel

**イスラエルス**【Jozef Israëls】(一八二四〜一九一一)オランダの画家。農民や漁師を暗色調で描く。作品『海辺の子どもたち』など。

**イスラマバード**【Islamabad】パキスタンの首都。同国北部のラワルピンジ郊外にある。一九五九年にカラチから移した新首都。国際空港がある。人口二〇・一万(一九八一)。

**イスラム-きょう**【イスラム教】《「イスラム」は、アラビア語で神に服従、の意》世界宗教の一つ。六一〇年アラブの預言者ムハンマド(=マホメット)が創始した一神教。唯一永遠の神アラーを信じ、コーランを聖典とする。信仰箇条はアラー・天使・啓典(コーラン)・預言者(ムハンマド)・来世・予定の六信。重要な儀礼として信仰告白・礼拝・断食・喜捨・巡礼の五行がある。正統スンナ派とシーア派の二大宗派がある。マホメット教。回回教。回教。Islam

**イスラム-けん**【イスラム圏】イスラム教徒が住民の多数を占め、特有の社会的・文化的様相を形成する地域の総称。北アフリカ・西アジア・中央アジア・東南アジア・インドなどを中心地域とする。回教圏。

**イスラム-げんりしゅぎ**【イスラム原理主義】イスラム世界において、西欧的近代化を排し、コーランの理念にもとづくイスラム共同体の建設と社会的正義の実現をめざす思想および運動。マホメットの言行やシャリーアに依拠し、宗教的共同体の回復を主眼とする。イスラム復古主義。Islamic fundamentalism

**イスラム-しゃかいしゅぎ**【イスラム社会主義】イスラムの教理に基づく現代社会批判の考え方。西欧近代の社会主義とはまったく異質で、唯一の神の前にすべての者は平等とする。Islamic socialism

**イスラムしょこくかいぎ-きこう**【イスラム諸国会議機構】(Islamic Conference Organization)イスラム諸国の政治的・経済的・文化的連帯を強化・促進するために組織された国際機構。一九七一年設立。ICO。

**イスラム-ていこく**【イスラム帝国】サラセン帝国の別称。

**イスラム-ふっこしゅぎ**【イスラム復古主義】↓イスラムげんりしゅぎ(イスラム原理主義)

**イスラム-ぶんか**【イスラム文化】イスラム教とアラビア語を中核とする文化。Islamic culture;Islam

**イスラム-ほう**【イスラム法】↓シャリーア

**イスラム-れき**【イスラム暦】イスラム教国の宗教的行事に使われている暦。一年は一二か月で太陰暦である。マホメット暦。Islamic calendar

**い・する**【医する】(サ変他)病気や、かわきをなおす。癒やす。医す。

**い・する**【委する】(サ変他)＝委す。①まかせる。②すてておく。かまわないで、ほうっておく。用例 荒廃に―。

**い・する**【慰する】(サ変他)なぐさめる。ねぎらう。慰す。

**いず-れ**【▽何れ・▼孰れ】㊀(代)どこ。どれ。どちら。either 用例 A案、B案―を採るか。㊁(副)①どのみち。どっちにしても。anyway 用例 人間は―は死ぬものだ。②近いうちに。近々。before long 用例 ―伺います。

**何れ菖蒲か杜若**(いずれあやめかかきつばた)どれもすぐれていて、選ぶのに迷うこと。

**何れか何れ**(いずれかいずれ)どちらがどちらであるか。

**何れと無し**(いずれとなし)優劣つけがたい。どれもこれも同じようだ。

**何れともなく**(いずれともなく)どこともなく。どこかへ。to where god knows 用例 ―立ち去る。

**いずれ-も-さま**【▽何れも様】(代)みなさま。

**い-すわ・る**【居座る・居▼坐る】(五自)①座りこんで動かない。引き続きとどまって、退かない。settle down ②もとのままである。remain

**いせ** 裁縫で、布をいくえにも折り縮めて、ふくらみや丸みを出す縫い方。また、縫った所。袖付け・裾の折り返し・足袋の爪先などに用いる。いせこみ。shirring

**いせ**【▼伊▽勢】↓いせのくに(伊勢国)

**伊勢の浜荻**(いせのはまおぎ)①アシの別名。②所によって物の名のちがうたとえ。用例 難波の葦は―。

**伊勢へ七度、熊野へ三度**(いせへななたび、くまのへみたび)信仰心にあついこと。また、信心はどんなに深くしてもしすぎということはない、ということ。

**いせ**【▼伊▽勢】(生没年未詳)平安前期の女流歌人。三十六歌仙の一人。小野小町につぐ当代女流歌人の第一人者。歌人中務の母。家集『伊勢集』。

**いせ**【▼伊▽勢】〈市〉三重県東部の市。宗教・観光都市。伊勢神宮の門前町として栄えてきた。旧称宇治山田市。人口一〇万五八八五(一九八八)。

**い-せい**【以西】そこをふくんで、そこから西。west of 対義 以東。

**い-せい**【医聖】たいへんすぐれた医者。用例 ―ヒポクラテス。

**い-せい**【威勢】①人をおそれ従わせるような力。influence 用例 ―をふるう。②勇ましいこと。意気さかんなこと。high spirits 用例 ―がよい。

**い-せい**【為政】政治を行うこと。governing 用例 ―者。

**い-せい**【異性】①性質がちがうこと・もの。isomerism ②男・女、おす・めすの性が、ちがっていること。対義 同性。③男から女を、女から男をさす語。opposite sex

**い-せい**【遺制】今ものこっている、古い制度。

**い-せい**【遺精】↓むせい(夢精)

**いせい-たい**【異性体】分子式が同じで、物理的または化学的性質の異なる化合物。構造異性体・幾何異性体・光学異性体がある。isomer

**いせ-いも**【▼伊▽勢芋】ナガイモの栽培品種。↓ヤマノイモ 図

**いせ-えび**【▼伊▽勢▽海▽老】イセエビ科の大形のエビ。体長一八〜二五 cm。甲殻は堅牢で濃赤褐色。頭胸部に大小多数のとげと粗毛がある。美味。祝儀の料理用にされる。岩礁帯にすみ、茨城県以南の暖流域に分布。spiny lobster ↓図

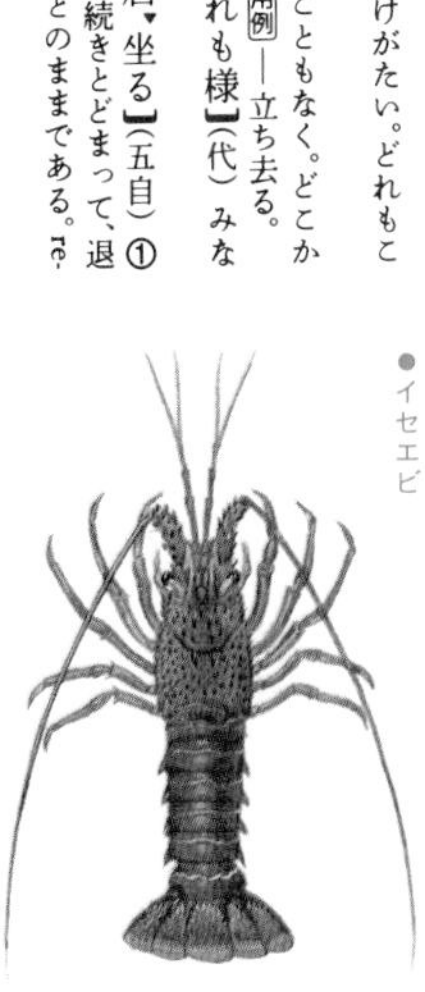

●イセエビ

**いせ-おどり**【▼伊▽勢踊(り)】伊勢信仰に

▼常用漢字表外。 ▽常用漢字表の音訓外。

ともなって近世初頭から全国的に流行した風流踊りの一つ。伊勢大神のおつげを得たとして、民衆が踊り継いで参宮した一種の掛け踊りで、各地の盆踊りに影響を与えた。

**いせ-おんど【▼伊▽勢音頭】** 三重県伊勢地方の民謡の総称。伊勢参りの人々により全国に広まった。都会風の歌。

**いせおんどこいのねたば【▼伊▽勢音頭恋▽寝刃】** 近松徳叟の作。歌舞伎世話物。伊勢古市遊郭での殺傷事件を脚色した際物。寛政八年(一七九六)初演。

**いせ-がた【▼伊▽勢型】**《「伊勢型紙」の略》近世から伊勢の白子町で生産されている染め物の型紙。和服地の小紋・型友禅など捺染物に使われる。重要無形文化財。

**い-せき【▼堰・井▼堰】** 水の流れをせきとめるために土や木などで築いたもの。せき。ダム。

**い-せき【胃石】** ザリガニなどの甲殻類の胃中にある白色で球形または半球形の二個の結石。脱殻前に甲殻中のカルシウムが胃中に送られて石となったもの。脱皮後再び消化され甲殻に運ばれる。gastrolith

**い-せき【移籍】**(名・サ変自他) ①籍を他へ移すこと。transfer ②スポーツ選手などが所属チームを変えること。transfer

**い-せき【遺跡・遺▼蹟】** ①昔、建造物や事件があったあと。旧跡。remains ②考古学的遺物のある所。remains 用例 登呂の—。

**いせ-こう【▼伊▽勢講】** 伊勢神宮への参拝を目的として結ばれた講。講の構成員が講費(旅費)を積み立て、くじによって代表が参宮した。室町時代から多くなり、江戸時代に急増。太太講。

**いせ-こみ【いせ込み】** ↓いせ

**いせ-ごよみ【▼伊▽勢暦】** 伊勢神宮の祭主藤波家が刊行した暦。神職がお札の大麻とともに全国に頒布した。

**いせさき【▼伊▽勢崎】**〈市〉 群馬県南東部の市。商工業都市で、伊勢崎銘仙が有名。機械工業も発達。人口一一万三〇五九(一九八八)。

**いせざき-ちょう【▼伊▽勢佐木町】** 神奈川県横浜市中区にある繁華街。JR根岸線関内駅に近い。

**いせ-さだたけ【▼伊▽勢▽貞丈】**(一七一七〜八四) 江戸時代中期の有職故実研究家。江戸の人。号は安斎。武家を中心とした制度・典礼などを研究。『貞丈雑記』『犬追物類鏡』など。

**いせしま-こくりつこうえん【▼伊▽勢志摩国立公園】** 三重県伊勢市から志摩半島全域にわたる国立公園。伊勢神宮・二見浦・鳥羽市から南勢町に至る海岸美などが見どころ。昭和二一年(一九四六)指定。

**いせ-しょうにん【▼伊▽勢商人】** 伊勢地方、とくに松坂出身の商人。江戸時代には江戸や上方で活躍。三井はその代表。

**いせ-じんぐう【▼伊▽勢神宮】** 三重県伊勢市にある皇大神宮(=内宮)と豊受大神宮(=外宮)の総称。皇大神宮の祭神は天照大神、御霊代は八咫の鏡。豊受大神宮は豊受大神をまつる。二〇年ごとに白木造りの社殿を改築。伊勢大神宮。神宮。お伊勢さま。↓写

● 伊勢神宮　内宮。

**いせ-しんとう【▼伊▽勢神道】** 神道説の一つ。鎌倉時代、伊勢神宮外宮の祠官度会氏が創唱。神道五部書を典拠に、内宮に対する外宮の存在の意義を説く。社家神道。外宮神道。度会神道。

**いせたん【(株)▼伊▽勢丹】** 東京に本拠をおく百貨店。昭和五年(一九三〇)設立。

**い-せつ【異説】** ちがった見解。とくに学界で正しいとされている説とちがった説・議論。different view 対義 定説・通説。用例 —をとなえる。

**いぜな【▼伊是名】**〈村〉 沖縄県、沖縄島北西の伊是名島を中心とする村。畑作・畜産・沿岸漁業がさかん。人口一九三九(一九八八)。

**いせ-なでしこ【▼伊▽勢▼撫子】** ナデシコ科の一年草。セキチクの変種で、古くから伊勢松阪地方で栽培。花弁が細く切れて、垂れ下がる。

**いせのうみ【▼伊▽勢の海】** 催馬楽の曲名。『更衣』とともに代表的作品。歌詞は「伊勢の海の清き渚に」で始まる。

**いせ-の-おおすけ【▼伊▽勢大▼輔】** ↓いせのたいふ(伊勢大輔)

**いせ-の-おし【▼伊▽勢の▽御師】** 伊勢神宮に所属した祈禱師。各地に伊勢暦や大麻を配り歩き、また諸国からの参詣者に宿を提供するなどした。

**いせ-の-くに【▼伊▽勢国】** 旧国名。現在の三重県の大部分。古く、伊勢神宮の鎮座地として開けた。東海道の一国。「延喜式」では大国、一三郡。国府は鈴鹿市国府町、国分寺は同市国分町。明治四年(一八七一)廃藩置県により度会・安濃津の二県。同五年(一八七二)安濃津県は三重県と改称し、同九年(一八七六)度会県を併合。勢州。伊勢。

**いせ-の-たいふ【▼伊▽勢大▼輔】**(生没年未詳) 平安中期の女流歌人。大中臣輔親の娘。中古三十六歌仙の一人。家集『伊勢大輔集』。いせのおおすけ。

**いせはら【▼伊▽勢原】**〈市〉 神奈川県中部の市。大山阿夫利神社の門前町から発展。大山詣でが有名。酪農がさかん。工業化が進む。人口八万四九四(一九八八)。

**いせ-へいし【▼伊▽勢平氏】** 伊勢に根拠地をもった桓武平氏の一流。平貞盛の子維衡以後、東国から伊勢・伊賀地方に地盤を移し、勢力をはった。正盛・忠盛のころ院と結んで中央に進出。清盛のとき政権を握って全盛。

**いせ-へいや【▼伊▽勢平野】** 三重県の伊勢湾沿いに弓形にのびる平野。気候が温和で、古来豊かな農業地域。北部には石油化学工業のさかんな四日市などがある。

**いせ-まいり【▼伊▽勢参り】** 伊勢神宮に参拝すること。お伊勢参り。

**いせものがたり【▼伊▽勢物語】** 平安前期の現存最古の歌物語。作者未詳。在原業平などの歌を軸に、業平を思わせる「昔男」の一代記に託して、人間の愛情の諸相を展開。「あはれ」と「みやび」の世界を現出する。約一二五段の歌物語で構成。在五が物語。在五中将の日記。

**いせ-りゅう【▼伊▽勢流】** 室町時代に確立した武家礼法の一流派。伊勢貞継が幕府の儀礼、殿中の礼儀作法を司り、相伝したことに始まる。

**い・せる**(下一他) 長い布と短い布とを縫い合わせるとき、短いほうの寸法に合わせるため、長い布をしわよせしながら縫う。いせこむ。

**いせ-わん【▼伊▽勢湾】** 本州太平洋岸、愛知県と三重県の間の湾入。遠浅で、海岸線は単調。陸地化が進む。湾奥に名古屋港がある。

**いせわん-たいふう【▼伊▽勢湾台風】** 昭和三四年(一九五九)九月二六日、紀伊半島に上陸した台風。死者・行方不明者五〇九八名、家屋・田畑・堤防・船舶などに大被害をもたらす。

**い-せん【医専】**《「医学専門学校」の略》医学に関する専門教育を行った旧制の専門学校。旧制の中学校の上につづく。

**い-せん【胃▼腺】** 胃粘膜層にある胃液を分泌する消化腺。胃底腺・噴門腺・幽門腺の三種類がある。gastric gland

**い-せん【緯線】** 地球上の南北の位置を示し、緯度を表す線。緯度は赤道からへだたる角度で表し、赤道を0度、極点を九〇度とする。parallel of latitude 対義 経線。

**いせん【▼伊仙】**〈町〉 鹿児島県、奄美諸島徳之島の町。サトウキビ栽培の中心地。製糖工場がある。人口九五二六(一九八八)。

**い-ぜん【以前】** 対義 以後・以来。①それをふくんで、それよりまえ。ago; before 用例 江戸時代—。②もと。まえ。むかし。formerly 用例 —は寂しかった所。③問題とする必要がないくらい低い程度。matter of course 用例 倫理—の問題。

**いぜん【▼惟然】**(?〜一七一一) 江戸前期の俳人。美濃の人。芭蕉に入門。飄逸な人柄と軽妙洒脱な作風で知られ、のちには口語調の句が多い。編著『藤の実』『二葉集』など。

**い-ぜん【依然】**(副・形動トタル) もとどおり。やっぱり。still 用例 旧態—。

**いぜん-けい【▼已然形】**《「已然」は、すでにそうなっている、の意》文語の活用語の活用形の一つ。「聞けば」「見えねども」「あれど」のように助詞「ば・ど・ども」が下に付いて確定した条件を表す。「こそ」の係りに対する結びとしても用いられる。現代語では、仮定形に当たる。参照 係り結び・仮定形。

**い-せんこう【胃▼穿孔】** 胃潰瘍や胃癌が原因で胃壁に穴があいた状態。穿孔部から胃の内容物が腹腔内に漏れて汎発性腹膜炎をおこすため、緊急手術が必要。perforation of stomach ulcer

**いぜん-として【依然として】**(副) もとのまま。あいかわらず。still

**いそ【▼磯】** ①岩石質の海岸。山地や丘陵の海岸の多くは磯を形成する。↓琴図 ②琵琶・和琴・琴の胴の側面。

**磯の鮑の片思い**(いそのあわびのかたおもい) 「鮑の片思い」と同意。

**い-そ【▽五▽十】** 古語 ①五〇。②数の多いこと。

**イソ【iso】**(接頭)《「同じ」を意味するギリシア語に由来》有機化合物で異性体を表す。

**イソ【ISO】**《International Organization for Standardizationから》国際標準化機構。

**いそ-あいなめ【▼磯▼鮎▽並】** チゴダラ科の海水魚。全長約三〇㎝。体は紫褐色。食用。房総以南に分布。下顎先端にひげがあるのでヒゲダラともよばれる。

**いそ-あそび【▼磯遊び】** 三月の節句のころ、飲食の用意をして、一日海辺で遊ぶ行事。雛祭りが都会や上流社会で行われたのに対し、地方で行われたもの。比較 山遊び。

**イソアミル-アルコール【isoamyl alcohol】** 化学式$(CH_3)_2CHCH_2CH_2OH$ アミルアルコールの異性体の一つ。独特のにおいをもつ無色の液体。フーゼル油の主成分。溶剤に利用。

**いそ-あわもち【▼磯▼粟▼餅】** ウミウシ類に似たイソアワモチ科の軟体動物。体長約三㎝。長卵形で背部はふくらむが、貝殻はない。体表は灰黒色で、大小多くのいぼがある。房総半島以南の潮間帯の岩礁にすむ。

**いそ-いそ(と)**(副) 楽しそうに立ち動くさま。cheerfully 用例 —出てゆく。

**い-そう【位相】** ①もっとも一般的な集合で極限や連続の概念が定義できるもの。位相空間。トポロジー。topology ②振動や波動のような周期運動で、その状態を特徴づける量。同じ位置では一周期ごとに、同一時刻では一周期または一波長へだたるごとに同位相となる。phase

**い-そう【異相】** ふつうとちがった人相・姿。

**い-そう【移送】**(名・サ変他) ①よそへ移しおくること。transportation ②法律で、ある事件を一つの裁判所・検察庁から、ほかの裁判所・検察庁へ移すこと。

**い-そう【意想】** 考え。思い。evocation

**い-そう【▼韋荘】**(八三六〜九一〇) 中国、晩唐の詩人。長安の人。唐滅亡後は前蜀の宰相。長編叙事詩「秦婦吟」、詩集『浣花集』、唐詩選『又玄集』。

**い-ぞう【遺贈】**(名・サ変他) 遺言によって、財産を無償で相続人以外の人に与えること。

**いそう-がい【意想外】**(形動) 思いがけないさま。意外。

**いそう-かいせき【位相解析】** ↓かんすうかいせき(関数解析)

**いそう-きかがく【位相幾何学】** 位相数学(=トポロジー)の一分野。多面体のような幾何学的図形の位相的性質を研究する幾何学。topology

**いそうきんかん【医宗金鑑】** 中国清代の医学全書。九〇巻。乾隆帝の勅命により編集された。明清医学の集大成で、現在も中国医学の基本書とされている。

**いそう-くうかん【位相空間】** ①位相の定義された集合。集合に適当な構造を与えて、極限や連続の概念が定義できるようにした空間。topological space ②物理学で、ある力学系の位置を指定する一般化座標と、それに対応する一般化運動量を直角軸にとった空間。力学・統計力学・量子力学で利用。phase space

**いそう-ご【位相語】** 老若・男女・階級・職業などの違いによって、独特に用いられる語彙。女性語・幼児語・隠語など。parole

**いそうさ-けんびきょう【位相差顕微鏡】** 屈折率または厚さが部分的に違う無色透明物体を通過した光のあいだに生じた位相差を、明暗の差に変換して見ることのできる顕微



↓ 行き先項目、図版・写真参照印。　[JIS] 日本工業規格情報交換用漢字符号コード(区点コード)。

鏡。phase-contrast microscope

**いそう-しゃぞう【位相写像】** 位相空間から位相空間への写像で、一対一かつ連続であり、その逆写像も連続であるもの。同相写像。topological mapping

**いそう-すうがく【位相数学】** ↓トポロジー

**いそうはいれつ-レーダー【位相配列レーダー】** 高速で移動する複数目標に対応できるレーダー。多数の電波発射素子をもつ固定アンテナからの発射電波を電子的に操作して、上下左右の走査を高速で行うもの。phased-array rader

**いそう-へんちょう【位相変調】** 信号波の変化に応じて、搬送波の位相を変化させる変調。PM。phase modulation

**い-そうろう【居候】**(名・サ変自) 人の家に住んで食べさせてもらうこと・人。食客。hanger-on

**居候、角な座敷を丸く掃き**(いそうろう、かくなざしきをまるくはき)《川柳》居候は、とかく横着者である。

**居候、三杯目にはそっと出し**(いそうろう、さんばいめにはそっとだし)《川柳》居候は、何かにつけ遠慮がちである。

**いそ-かいめん【▼磯海綿】** 潮間帯の岩上に付着している海綿の一群。団塊状または不定形。日本では橙色のダイダイイソカイメンや、黒から黒灰色のクロイソカイメンなど。

**いそ-がく・る【▼磯隠る】** 古語(四自・下二自) 海辺の石の下に隠れる。転じて、人目につかない所に隠れる。用例 淡路島—・りゐて(万葉・三・三八八)。—・れけるあまの心よ(源氏・行幸)。

**いそがし・い【忙しい】**(形) ①せわしい。ひまがない。多忙だ。busy 用例 目が回るほど—。②落ちつきがない。気がせく。restless 用例 あれをしたりこれをしたり、まったく—男だ。派生 いそがしが・る(五自) いそがしげ(形動) いそがしさ(名)

**いそが・す【急がす】**(五他) せきたてる。急がせる。hurry up

**いそがわし・い【忙わしい】**(形) いそがしい。

**イソ-かんこうど【ISO感光度】**《ISOはinternational organization for standardization(国際標準化機構)の略》ISOの定めた写真感光材料の感度。数値の多いほど感度が高い。ISO speed

**いそぎ【急ぎ】** ①急ぐ必要のあること。急用。haste ②古語 したく。用意。用例 このごろのいで立ち—を見れど(土佐)。

**いそぎ-あし【急ぎ足】** 急ぐ足どり・ありさま。quick pace

**いそ-ぎく【▼磯菊】** キク科の多年草。海岸の岩石地に多く分布。長い地下茎を出し、高さ三○～五○㎝。葉の下面に銀白色の細毛があり、秋に、黄色の頭花を多数つける。↓写

●イソギク

**いそぎ-もの【急ぎ物】** 急ぎの注文・仕事。

**いそ-ぎんちゃく【▼磯▼巾着】** 腔腸動物イソギンチャク目の総称。色も大きさもさまざま。体は円筒状で、底面で地物に固着し、上面に多くの触手をもつ。触手でえさを捕らえるが、刺激されると、巾着のように体を縮める。温帯から熱帯の海域に分布。sea anemone ↓写

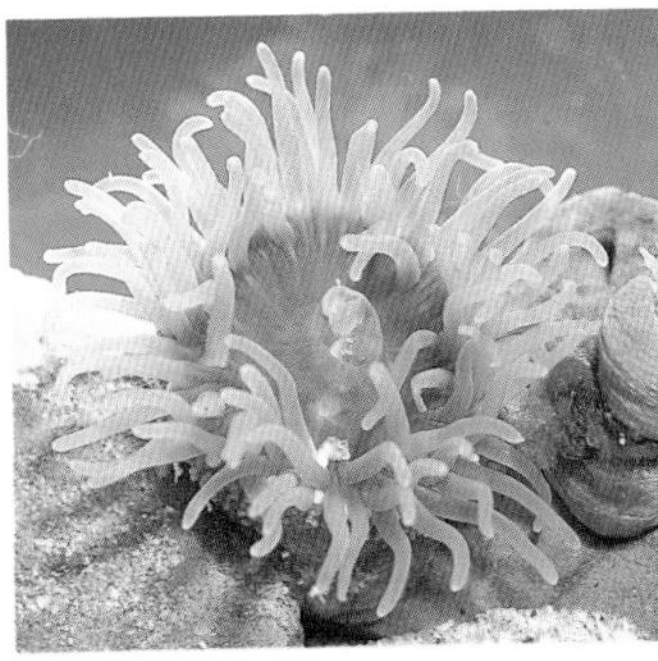
●イソギンチャク　ミドリイソギンチャク

**いそ・ぐ【急ぐ】**(五自) ①目的地に早く行き着こうとする。早く歩く。walk fast ②速さをます。速くしようとする。hurry 用例 勝ちを—。完成を—。

**急がば回れ**(いそがばまわれ) 急ぐときは失敗が多いから、少しぐらい遠回りしても、安全な道を選んだほうが、結局は早くなり、得策である。More haste, less speed.

**い-ぞく【遺族】** 死んだ人の、あとにのこされた家族。bereaved family 比較 遺家族。

**いそ-くさ・い【▼磯臭い】**(形) 魚・海藻・潮などのにおいの入りまじった海岸特有のにおい。用例 —風。

**いぞく-ねんきん【遺族年金】** 各種年金の被保険者・受給権者が死亡したとき、その扶養家族に支払われる年金給付。survivor's pension

**いぞく-ほしょう【遺族補償】** 労働者が業務上死亡した場合、労働基準法にもとづき使用者が遺族に対して行う補償。compensation to the bereaved family

**イソクラテス【Isokrates】**(BC四三六～BC三三八) アテネの修辞家。政治思想家。独自の技巧的な文体を駆使した作品を残した。有力なポリスの平和的統合を唱え、その実現をマケドニア王フィリポス二世に期待した。

**いそ-ざんしょう【▼磯山▼椒】** テンノウメの別名。

**いそ-じ【▽五▽十路・▽五▽十】** ①五○。fifty ②五○歳。fifty years old

**いそ-じ【磯路】** 磯に沿った道。

**いそ-しぎ【▼磯▼鷸】** 小形のシギ。翼長約一○㎝。背は灰緑色で、飛ぶと翼にある白帯が目立つ。ユーラシアで繁殖し、南アジア・オーストラリアに渡って越冬する旅鳥。北海道・本州でも繁殖するが、渡りの時期には全土で見かける。海岸の干がたなどに単独または小群ですむ。sandpiper

**いそし・む【▽勤しむ】**(五自) 精出してする。心をこめて、はげむ。work diligently

**いそ-そうじ【▼磯掃除】** 岩礁面を海藻(イワノリ・ヒジキ・テングサなど)が着生しやすいように改善すること。beach sweeping

**いそ-ちどり【▼磯千鳥】** いそにいる千鳥。

**いそ-つつじ【▼磯▼躑▼躅】** ツツジ科の常緑低木。酸性の湿原にはえる。葉は披針形で縁が巻く。夏、枝先に白色五弁の小花が多数咲く。本州北部・北海道・シベリアに分布。↓写

●イソツツジ

**イソップ【Æsop】** 前六世紀のギリシア人アイソポスの英語名。

**イソップものがたり【イソップ物語】** 動物が主人公の寓話集。古代ギリシアのアイソポス(英語でイソップ)が物語ったとされる。前六世紀末に語られて流布、前三世紀ごろ集大成された。日本では翻訳『伊曾保物語』として文禄二年(一五九三)天草で刊行された。Aesop's Fables

**いそ-づり【▼磯釣(り)】** 海辺や沖合いの岩礁で魚を釣ること。主として、イシダイやメジナなどが対象。surf-fishing 比較 おか釣り・沖釣り。

**いそ-なみ【▼磯波】** 海岸近くに特有な波。海岸近くになると水深が浅くなるため、風浪やうねりは波の性質を変え、波長が短く波高が高くなって、最後に砕け波または巻き波となる。surf

**イソニアジド【isoniazid】** イソニコチン酸ヒドラジドの日本薬局方名。結核治療薬。副作用が少なく、有効で安価。結核菌以外には無効。

**イソニコチンさん-ヒドラジド【イソニコチン酸ヒドラジド】** ↓イソニアジド

**いそ-にな【▼磯▼蜷】** 潮間帯の岩礁にすむエゾバイ科の巻き貝。殻高約四㎝、殻径約一・八㎝。紡錘形で灰緑色の地に褐色のまだら模様がある。雌のほうが大きい。房総半島以南に分布。

**いそ-の-かみ【▽石上】** ①奈良県天理市付近の古地名。石上神宮があった。②[枕ことば]《石上のあたりを布留、というところから》「旧る・降る・振る」などにかかる。用例 —ふるとも雨に障らめや妹に逢はむと言ひてしものを(万葉・四・六六四)。

**いそのかみ-じんぐう【▽石上神宮】** 奈良県天理市布留町にある旧官幣大社。祭神は布都御魂大神ほか五柱。物部氏の氏神。国宝の七支刀と鎮魂神事で知られる。布留社。

**いそのかみ-の-やかつぐ【▽石上▽宅▽嗣】**(七二九～七八一) 奈良時代の政治家・文人。大納言正三位。死後に正二位を贈られる。漢詩人としてもすぐれた。その蔵書を置いた芸亭は日本最初の図書館といわれる。

**いそ-の-き【▼磯の木】** クロウメモドキ科の落葉低木。高さ二～三m。山野の湿地にはえる。葉は長楕円形。夏に、黄緑色の小花をつけ、果実は紫黒色に熟す。

**いそ-ばな【▼磯花】** 潮間帯の岩礁に着生するサンゴ。高さ約二○㎝。赤・黄色の樹枝状で、飾り物とされる。房総半島以南に分布。クササンゴ。↓図

●イソバナ

**いそ-はなび【▼磯花火】** イソマツの別名。

**いそ-ひめ【▼磯姫】** 磯に現れるという妖怪。前からは美女、後ろからは岩に見え、柄杓で海水をくみ入れて舟を沈めるという。磯女。

**いそ-ひよどり【▼磯▼鵯】** 磯にすむヒタキ科の鳥。ヒヨドリの仲間ではない。翼長約一三㎝。雄は体上面と胸が暗青色、腹が赤褐色。雌は全体が暗灰褐色。四～六月の繁殖期に美声でさえずる。ユーラシア・日本全土に分布。red-bellied rock thrush ↓図

**いそ-ぶし【▼磯節】** 茨城県の太平洋沿岸、大洗付近の情緒をうたった座敷唄。明治二○年(一八八七)ごろ節回しが整えられた。

●イソヒヨドリ

**イソブタン【isobutane】** 化学式$(CH_3)_3CH$ ブタンの異性体の一つ。天然ガス・石油分解ガス中に存在する無色の気体。引火性が強い。容易に液化する。

**イソブチレン【isobutylene】** 化学式$CH_2{=}C(CH_3)_2$ 石油分解ガスの成分。ブチレンの異性体の一つ。イソオクタン・ブチルゴムなどの原料。イソブテン。

**イソプレン【isoprene】** 化学式 $CH_2{=}C(CH_3)CH{=}CH_2$ やや刺激臭をもつ無色の液体。天然ゴム・テレビン油に含まれる。重合させてイソプレンゴムを得る。

**イソプレン-ゴム**《和製語》イソプレンを重合して得られる合成ゴム。性質と用途は天然ゴムとほぼ同じ。isoprene rubber

**イソプロテレノール【isoproterenol】** 代表的な交感神経刺激アミン。気管支喘息・呼吸器障害・心筋興奮剤として心臓の伝導障害の治療に用いる。

**イソプロピル-アルコール【isopropyl alcohol】** 化学式$CH_3CH(OH)CH_3$ 揮発性の液体。プロピレンを水和させてつくる。アセトン製造の原料・溶剤・凍結防止剤・化粧品など。

**いそ-べ【▼磯辺】** ①海岸のあたり。波打ちぎわ。いそぎわ。shore ②浅草海苔を使った料理や食品の総称。海苔で巻いたり、はさんだり、まぶしたりする。

**いそべ【▼磯▽部】**〈町〉三重県志摩半島の町。カキ・ウナギ・真珠の養殖がさかん。伊勢神宮別宮の伊雑宮がある。人口九九三○(九八)。

**いそべ-おんせん【▼磯▽部温泉】** 群馬県西部、安中市にある鉱泉。鉱泉水を用いた磯部せんべいが名産。

**イソホものがたり【▽伊▼曾保物語】**《『イソップ物語』の翻訳本》①文禄二年(一五九三)天草のイエズス会学林で出版。訳者未詳。ローマ字口語本。天草版伊曾保物語。②江戸時代の仮名草子。訳者未詳。国字文語本。

**いそ-まつ【▼磯松】** イソマツ科の低木状多年草。暖地の海岸にはえる。茎の表面は鱗片状で、先端に葉が密生。八～九月に淡紫色の花をつける。イソハナビ。↓図

**いそみ【▼磯▽回】** 磯の入り込んだ所。いそわ。

**いそ-め【▼磯目】** 海岸の砂泥中にすむイソメ



▼常用漢字表外。▽常用漢字表の音訓外。

科の環形動物の総称。日本にはスゴカイ・イワムシ・オニイソメ・アカムシなど約二〇種がいる。体は長く数センチメートル～一m。多数の体節からなる。釣りのえさ用。↓図

**イソロイシン**［isoleucine］アミノ酸の一つ。四種の立体異性体があり、L型は必須アミノ酸で広くたんぱく質に含まれる。

**い-そん【依存】**(名・サ変自) 他にたよって存在すること。いぞん。dependence 用例 貿易に—する。

**い-ぞん【異存】** 人とちがう考え。異議。objection 用例 —がない。

**いそん-こうか【依存効果】** 豊かな社会では、本来消費者の欲望を満たすべき生産過程で同時に欲望そのものが生みだされるということ。ガルブレースの用語。dependence effect

**いぞん-しゅ【遺存種】** 過去の気候、その他の環境の変化に耐えて現在まで生き残った生物種。relict

**いた【板】** ①建築材料の一つ。木材をうすく平らにけずったもの。board 数え方 一枚。②うすく平たい形をしたもの。sheet 用例 トタン—。—紙。—ガラス。③「まな板」「板前」の略。cook 用例 —さん。④舞台のこと。stage; boards ⑤「板付きかまぼこ」の略。⑥版木。block

**板に付く**(いたにつく)《役者が、舞台になじみ、また、その役にうまくはまることから》その人にぴったり合う。よく似合う。fit 用例 板に付いた司会ぶり。

**板にのせる**(いたにのせる) 上演する。

**板に上す**(いたにのぼす) 本を刊行すること。

**い-たい【異体】** ①ふつうでない形・すがた・ようす。いてい。unnatural figure ②別の身体。variant ③かな・漢字で、標準字体とちがった字体。異体字。対義 正体。

**い-たい【遺体】** 死んだ人のからだ。死体。corpse

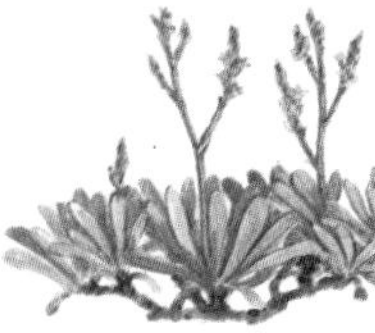
●イソマツ

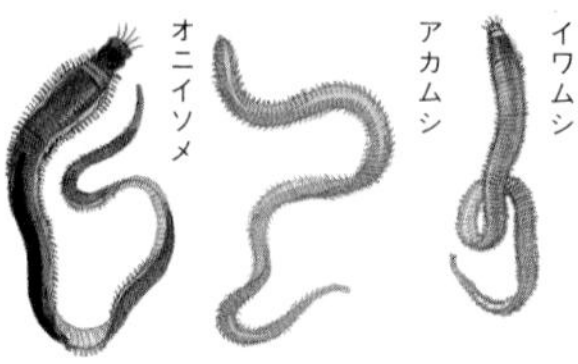

●イソメ

**いた・い【痛い】**(形) ①打たれたり傷つけられたりして苦しく感じる。painful 用例 足が—。胃が—。②弱みをつかれたりして心に苦しみを感じる。have a pain ③閉口する。まいる。hard to bear 用例 この損失は—。派生 いたが・る(五自) いたげ(形動) いたさ(名) いたみ(名)

**痛い上に塩を塗る**(いたいうえにしおをぬる) ただでさえ痛いところを、さらに痛くさせる。追い討ちをかける。

**痛い所を突かれる**(いたいところをつかれる) 弱みをつかれて困る。

**痛い目に遭う**(いたいめにあう) ①苦しくつらい思いをさせられる。have a bitter experience ②暴力をふるわれる。be treated violently

**痛い目を見る**(いたいめをみる) 大きな打撃をこうむる。手痛い目にあう。ひどい目にあう。have a terrible experience

**痛くも痒くもない**(いたくもかゆくもない) なんとも感じない。平気だ。won't trouble me much

**痛くもない腹を探られる**(いたくもないはらをさぐられる) やましいことがないのに疑われる。

**い-だい【医大】**「医科大学」の略。

**い-だい【偉大】**(形動) ①すぐれて大きいさま。great ②たいへんりっぱなさま。great

**いたいいたい-びょう【イタイイタイ病】** 富山県神通川下流域に発生した骨軟化症に似た病気。わずかの刺激で病的に骨折し、日夜痛みを訴える。昭和四三年(一九六八)に、厚生省がカドミウムによる公害病と認定。

**いたい-け【▽幼気】**(形動) おさなくて、かわいいさま。いとけないさま。

**いだいけ【▼韋▽提▽希】**《Vaidehī 梵 の音写》インド、マガダ国頻婆娑羅王の后。阿闍世王の母。阿闍世に幽閉されていたとき、釈迦から『観無量寿経』の説法を受けたとされる。バイデーヒー。

**いたいけ-ざかり【▽幼気盛り】** 幼児のかわいいさかり。tender age

**いたい-け・す【▽幼気す】** 古語 (サ変自) おさなくて、かわいい感じがする。用例 —・したる小女房(平家・六・小督)。

**いたいけ-な・い【▽幼気ない】**(形)《「ない」は強意。「いとけない」の混同か》①おさなくてかわいい。lovely ②おさなくてよわよわしい。用例 —子ども。

**いたい-じ【異体字】** 字体は違っているが、音や意味は同じ字。「恥」と「耻」、「船」と「舩」など。

**いたいた-ぐさ【痛痛草】** イラクサの別名。

**いたいた-し・い【痛痛しい・傷傷しい】**(形) 非常にかわいそう。いたましい。pitiful 派生 いたいたしげ(形動) いたいたしさ(名)

**いたい-どうしん【異体同心】** からだは別だが、心は同じこと。

**いた-え【板絵】** 木の板に描いた絵画。東洋では寺院の壁画、西洋では中世の祭壇画など、宗教絵画から発達。イコン、厨子のはめこみ板絵、金堂や五重塔内部の曼荼羅図などがある。

**いたがき-せいしろう【板垣征四郎】**(一八八五～一九四八) 陸軍大将。岩手県生まれ。昭和六年(一九三一)関東軍参謀として満州(現在の中国東北部)侵略を計画・決行。近衛・平沼内閣の陸相、中国派遣軍参謀長、第七方面軍司令官などを歴任。戦後、A級戦犯として絞首刑。

**いたがき-たいすけ【板垣退助】**(一八三七～一九一九) 明治の政治家。土佐藩出身。伯爵。討幕運動、会津攻略で活躍。自由民権運動の指導者。明治一四年(一八八一)自由党を創立し、のち立憲自由党総理。第二次伊藤内閣および隈板内閣の内相。↓写

●板垣退助

**板垣死すとも自由は死せず**(いたがきしすともじゆうはしせず)《板垣退助が、明治一五年(一八八二)、岐阜で難に遭ったときに言ったとされていることば》自由のために命をかけて戦ったという自負、また、自由を希求する気持ちの強いことを述べたもの。また、どんなことがあっても自由は失われない、の意で一般にも使われる。

**いた-がしら【板頭】**《名札の板が最初にかけられるところから》岡場所で、店の中で月のかせぎの一番多い遊女。

**いた-がね【板金】** ①薄く延ばした金属板。②ばんきん。

**いた-がみ【板紙】** 木材パルプ・わら・故紙などを原料とする厚紙の総称。白板紙・色板紙・黄板紙などがあり、包装用・箱・表紙などに用いる。ボール紙。馬糞紙。板目紙。board

**いた-ガラス【板ガラス】** 板状のガラス。連続引き上げ法による普通板ガラス、ロール成形による厚板ガラスなどがある。窓や鏡に利用。plate glass

**い-たく【依託】**(名・サ変他) ①すべて預け、任せること。entrust ②物にもたせかけること。rest

**い-たく【委託・委▼托】**(名・サ変他) 物事を人に任せて、してもらうこと。to entrust; to commit

**いたく【痛く・▽甚く】**(副)《形容詞「いたし」の連用形》たいへんに。非常に。very much 用例 —感心する。

**いだ・く【抱く】**(五他) 両手でかかえる。だく。embrace 用例 子を—。

**いだ・く【▽懐く】**(五他) 心にある種の感情・考えをもつ。harbor 用例 考えを—。

**いたく-かこうぼうえき【委託加工貿易】** 加工貿易の一つ。国内の受託者(輸出・製造業者)が海外の委託者から原料を輸入し、加工して再輸出すること。processing deal

**いたく-しょうこきん【委託証拠金】** ↓いたくほしょうきん(委託保証金)

**いたく-ばいばい【委託売買】** 生産者や顧客が商品や有価証券の売買を経験豊富な商人や取引所会員に委託して行うこと。consignment sales and purchase

**いたく-はんばい【委託販売】** 生産者が商品の販売を代行機関に委託する方式。販売の受託者は商品の保管・配送なども担当し、販売手数料を受けとる。consignment sales

**いたく-ほしょうきん【委託保証金】** 証券業者に売買を委託した者が、保証金としてあらかじめ業者に渡しておく金銭や証券類。委託証拠金。margin money

**いたくら【板倉】**〈町〉 群馬県南東端、利根川と渡良瀬川の間にある町。農業中心で、生鮮野菜の産地。人口一万六一六二(一九八八)。

**いたくら【板倉】**〈町〉 新潟県南部の町。豪雪地。稲作中心で、畜産も行われる。人口八五六一(一九八八)。

**いたくら-かつしげ【板倉勝▽重】**(一五四五～一六二四) 徳川家康の近臣。三河の人。江戸町奉行を へて京都所司代。

**いたくら-しげまさ【板倉▽重▼昌】**(一五八八～一六三八) 江戸初期の大名。三河深溝の領主。勝重の子。大坂冬の陣の講和の軍使。島原の乱鎮圧の将として派遣されたが果たせず戦死。

**いたけ-だか【▽居丈高】**(形動) ①すわった背の高いさま。②いきり立つさま。mad; high-handedly ③頭ごなし。overbearing

**いたける-の-みこと【▽五▽十▽猛▽命】** 日本神話の神。須佐之男命の子。高天原からいろいろの樹木の種を持ち来り、大八洲国にまいたという神。大屋毘古命のこと。

**いたこ** 東北地方で、霊魂を呼び寄せてその意思を伝え告げる巫女。多くは盲目の女性がなる。関東地方では市子と呼ぶ。

**いたこ【▽潮来】**〈町〉 茨城県南東部の町。霞ケ浦の南東にある水郷で、農業と観光が中心。あやめ祭りは有名。人口二万四五一二(一九八八)。

**いた-ご【板子】** ①和船の底に置いたあげ板。②江戸時代、建具・家具などに用いた板材。

**板子一枚下は地獄**(いたごいちまいしたはじごく) 船乗りが危険な職業であることのたとえ。The sea and the gallows refuse none.

**いた-ごし【板▼輿】** 公家や僧侶の遠出用の乗りもの。切り妻の屋根で両側に白木の板を張り、前後にすだれをかけた輿。

**いたこ-ぶし【▽潮来節】** 江戸時代に流行した俗謡。潮来から江戸の遊里に入り、さらに各地に広がって、民謡の元歌になった。

**いた-ざい【板材】** 製材して板にした木材。board

**いた・し【痛し・▽甚し】** 古語 (形ク) ①身体が痛む。用例 いとのきて—・き瘡には(万葉・五・八九七)。②ふびんである。いたわしい。用例 —や、この御手よ。昔は上手にものし給ひけるを(源氏・行幸)。③すぐれている。すばらしい。用例 さすがに—・くもしたるかな(源氏・浮舟)。④はなはだしい。用例 沖つ風—・くな吹きそ(万葉・一五・三五九二)。

**いた-じい【いた▼椎】** スダジイの別名。

**いたし-かた【致し方】**《「しかた」の改まった言い方》やりかた。しよう。way 用例 —がない。

**いたし-かゆし【痛し▼痒し】**(連語)《かくと痛いし、かかないとかゆい》どっちにしても具合が悪くて困ること。

**いた-じき【板敷】** ゆかに板を張ること。張った所。板の間。

**いだし-ぎぬ【▽出だし▽衣】** ①直衣や狩衣の下から下着の裾が見えるように少し出して着ること。いだしうちき。いだしづま。②牛車の御簾の下から、女房が衣の袖口や褄などを出すこと。また、その出した衣服。うちいでのきぬ。

**いだし-た・つ【▽出だし立つ】** 古語 (下二他) ①促して外に出す。出発させる。用例 夕月夜のをかしきほどに—・てさせ給ひて(源氏・桐壺)。②宮仕えに出す。用例 しぶしぶに—・てらる(更級)。③出立の用意をしてやる。用例 幼き人も「御ともに」とてものすれば、とかく—・てて(蜻蛉・中)。

**いた-じめ【板締(め)】** 染色法の一種。模様を浮き彫りした型板などに、折りたたんだ布をはさみ、糸で強く締めつけたものを、染め汁につけたり、型板の穴から染め汁をつぎ込んだりして染色する方法。いたじめしぼり。

**いた・す【致す】**(五自他) ①(他)㋐送る。およぼす。extend 用例 思いを—。㋑きたす。もたらす。bring about 用例 不徳の—ところ。㋒《「効す」とも》つくす。努力する。devote 用例 君にわが身を—。②(自)「する・行う」の謙譲語。用例 わたくしが—・します。失礼—・しました。

**いだ・す【▽出だす】** 古語 (四他) ↓だす(出す)

**いたずかわ・し【▽労かわし】** 古語 (形シク) つとめて苦労するようす。御苦労さまだ。また、わずらわしい。いたつかわし。用例 愚かなる人、この楽しびを忘れて、—・しく外の楽しびを求め(徒然・九三)。

**いたずき【▽労き】** 古語《＝いたつき。「いた



↓行き先項目、図版・写真参照印。 JIS 日本工業規格情報交換用漢字符号コード(区点コード)。

つく」の名詞化》①ほねおり。苦労。用例その―限りなし(大和・一四七)。②病気。用例身に―の入るも知らずて(古今・仮名序)。

**いたず・く**【▽労く】古語(四自他) =いたつく。①(自)㋐ほねをおる。気をつかって面倒をみる。用例とかうものすることなど、―人多くて(蜻蛉・上)。㋑くたびれる。病気になる。②(他)わずらわす。いたわる。用例ねんごろに―・きけり(伊勢・六九)。

**いた-すずり**【板▼硯】床の間の脇の棚に飾る文具。板の上に料紙と硯をのせ、ひもで結んだもの。板文庫。

**いたずら**【▽徒ら】古語(形動ナリ)①何もないこと。用例入り江の―なる州(更級)。②何もすることのない状態。用事がないこと。用例ふねもいださで―なれば(土佐)。③むなしいこと。はかないこと。用例―にわが身世にふるながめせしまに(古今・春下)。

**いたずら**【▽悪▽戯】(名・形動・サ変自)①悪さ。悪ふざけ。mischief 用例子どもの―。②遊び半分にすること・さま。③みだらな行為。lewdness 用例女に―する。

**悪戯半分**《「半分」は接尾語。…がてらに、の意》①ひまつぶしに、または、手持ちぶさたなままに、物事を行うこと。真剣に物事を行わないこと。あそび半分。half seriously ②趣味や習い事をしていることなどを、謙遜して言う語。用例―に絵を習う。

**いたずら-がき**【▽徒(ら)書き・▽徒書・▽悪▽戯書(き)】(名・サ変自) 遊び半分で、書いてはいけない所に文字や絵をかくこと、また、かいたもの。らくがき。scribbling; graffiti

**いたずら-ごころ**【▽悪▽戯心】ふざけた気持ち。また、不品行なことをしようとする気持ち。

**いた-ずり**【板▼摺り】①まな板を使った料理の下ごしらえ。キュウリ・フキなどに塩をまぶして押しころがしたり、魚貝の身を包丁ですってすり身の粘りを出すこと。②建築で、棚・床板などの端を受けさせる部分。または上面をしゃくった部材。板掛け。いたもち。

**いた-ぞうり**【板草履】裏に板きれを並べて張り付けた草履。板裏草履。板付き草履。

**いただき**【頂き・▼戴き】《「頂く」の連用形から》①もらうことの謙譲語。いただくこと。②《俗語》たいした苦労もなく、勝たせてもらうこと。easy win for one 用例この試合は―だ。

**いただき**【頂】山や頭などの、てっぺん。top 用例山の―。

**いただき-だち**【▼戴き立ち】ふるまわれた食事を終えて、すぐ立ち去ること。

**いただき-もの**【頂き物・▼戴き物】《「もらい物」の謙譲語》人からいただいたもの。ちょうだい物。gift; present

**いただ・く**【頂く・▼戴く】㊀(五他)①頭の上にのせる。be crowned with 用例雪を―山々。②その人を長として、下に仕える。have a person as 用例会長に―。③目上や上位の人から何かをもらう。accept 用例賞状を―・いて一礼する。④「食う・飲む・受ける・もらう」の謙譲語。用例遠慮なく―・きます。㊁(補動)《「…していただく」の形で》「してもらう」の謙譲語。用例読んで―。

**頂く物は夏も小袖** もらえるものなら、季節はずれのものでも喜んでもらうこと。転じて、欲の深いことのたとえ。

**いただけ-ない**【頂けない・▼戴けない】(連語)《俗語》うなずけない。感心できない。not acceptable 用例この飾りつけは―。

**いただ・ける**【頂ける・▼戴ける】(下一自)①「受けることができる」の謙譲語。②なかなかよい。感心できる。用例この映画は―。pretty good

**いた-だたみ**【板畳】①芯に板を入れて作った畳。②板を敷きつめた所。いたじき。

**いたたまれ-な・い**【居た▽堪れない】(形) 落ちついて、じっとしていられない。いたたまらない。hard to bear 派生いたたまれなさ(名)

**いたち**【▼鼬・▼鼬▼鼠】㊀イタチ科の肉食獣。体長は雄三〇～三七cm、雌二〇～二二cm。水辺を好み、遊泳・潜水が巧み。人家近くにも現れる。昆虫・ネズミなどを捕食。敵に追いつめられると肛門腺から「イタチの最後っ屁」といわれる悪臭を発する。毛皮はミンクの代用品。シベリア・中国・日本に分布。weasel ↓写 ㊁《鼬》真船豊の戯曲。三幕。昭和九年(一九三四)初演。東北の寒村の親族どうしの物欲の争いを描いた暗い喜劇。

**鼬の最後っ屁** ①追いつめられたイタチが放つ、強い悪臭をもった屁。②苦しまぎれにとる非常手段。a parting shot

●イタチ㊀

**鼬の無き間の貂誇り** 自分より上手の者や、強い者のいないところでいばることのたとえ。鼬無き間のねずみ。

**鼬の目陰** ①手をかざして遠くを見ること。②疑い深そうに人を見ることのたとえ。

**鼬の道** 《俗に、イタチは、いつも通る道を遮断されると、その道を二度と通らないとされることから》つきあっていた人との仲が、ぱったりと途絶えること。音信不通。類似鼬の道切り。

**鼬の道切り** ①《えんぎが悪いという俗信》イタチが、自分の通っている道の前方を横切ること。②人が訪ねて来なくなること。便り・音信が途絶すること。鼬の道。鼬の道を切る。鼬の道が切れる。

**いたち-うお**【▼鼬魚】ナマズに似たアシロ科の海水魚。全長六〇cm余。六対の口髭がある。美味。南日本の浅海に分布。

**いたち-ぐさ**【▼鼬草】レンギョウの古名。

**いたち-ぐも**【▼鼬雲】積乱雲の俗称。

**いたち-ごっこ**【▼鼬ごっこ】①子どもの遊びの一つ。互いに手の甲をつねり合っては手を重ねてゆく。②両者とも同じことを繰り返していて、物事がはかどらないこと。

**いたち-ざめ**【▼鼬▼鮫】人を襲うこともある獰猛なメジロザメ科のサメ。全長約五m。尾びれが非常に長い。背方は褐色で暗褐色斑が散在する。練り製品の原料。熱帯・温帯海域に分布し、日本近海にもいる。タイガーシャーク。tiger shark

**いたち-しだ**【▼鼬▽羊▽歯】ウラボシ科の常緑シダ。山野の樹下にふつうに見られる。葉身の長さ三〇～七〇cm。葉柄は硬く、黒光りする鱗片を密集。葉は二回羽状複葉。ヤマイタチシダ・オオイタチシダなどの近縁種がある。

**いた-チョコ**【板チョコ】板状のチョコレート。chocolate bar

**い-たつ**【移達】(名・サ変自他) 官庁が管轄の違う他の官庁に文書で命令・通知をすること。また、その通知。移牒。notification

**いたづけ-いせき**【板付遺跡】福岡市博多区板付にある弥生時代の遺跡。低台地上から前・中期を中心とした大規模な集落址、甕棺墓、灌漑用と思われる大溝の跡など、台地下から縄文時代晩期の水田跡を発掘。遺物も多く出土。成立期の弥生文化を知る重要な遺跡。

**いたっ-て**【至って】(副)《「いたりて」の転》たいへん。きわめて。非常に。very 用例―元気です。

**いた-で**【痛手・傷手】①大きなけが。重傷。serious wound 用例―を負う。②大きな損害。大打撃。hard blow 用例心の―。

**いだ-てん**【▼韋駄天】①古代インド神話の神。仏教の守護神となり増長天八大将軍の一つ。寺院で護法神・伽藍守護神としてまつる。足の速いことで知られる。②走るのが非常に速いこと・人。fast runner

**いだてん-ばしり**【▼韋駄天走り】たいへん速く走ること。run like a shot

**いた-ど**【板戸】板を張った戸。雨戸などの類。

**いた-とうば**【板塔婆】《仏教語》死者の追善のため、梵字・経文・戒名などを書いて墓の後ろに立てる細長い木の板。上部に五輪の塔の形の切り込みがつけられている。卒塔婆。

**いたどり**【▼虎▼杖】タデ科の多年草。山野に多く、高さは一m以上になる。雌雄異株。葉は互生し、広卵形。若芽・茎は酸味があり、食用。地下茎は薬用。↓写

●イタドリ

**いたどり**【板取】〈村〉岐阜県中西部、福井県に接する村。林業中心で木材加工工場がある。人口二一五八(一九八八)。

**いたに-ぐさ**【▼伊谷草】紅藻植物オキツノリ科の海藻。波静かな入り江などの海底に生育する。暗紅色で細針金状の体枝がからみ合い五cm程の団塊をなす。樺太・千島などに分布。寒天の原料。

**いたの**【板野】〈町〉徳島県北東部の町。古来から交通の要地で、古墳が多い。たくあんなどの漬物の産地。人口一万三八二七(一九八八)。

**イタ-の-しゅせきしさい**【イタの首席司祭】(?一三五〇ごろ) スペインの詩人、ファン＝ルイスJuan Ruizの呼び名。世相を鋭く観察し、風刺と諧謔をこめて描写。作品『良き愛の書』。Archpriest of Hita

**いた-の-ま**【板の間】板じきの部屋。wooden floor

**いたのま-かせぎ**【板の間稼ぎ】銭湯で盗みをはたらくこと。また、その人。脱衣場が板張りだったことから。板の間を稼ぐ。板場稼ぎ。

**いた-ば**【板場】《まな板が置いてある場所、の意》①料理屋の調理場。②調理人。板前。

**いたば-かせぎ**【板場稼ぎ】↓いたのまかせぎ(板の間稼ぎ)

**いた-ばさみ**【板挟み】間に立って、どうしたらよいか迷うこと。dilemma 用例―の苦境。

**いたばし**【板橋】①東京都北部の区。中小の工場が多い。地下鉄都営線、営団有楽町線の開通に伴い住宅地として急速に発展。②旧中山道の宿場。日本橋からは最初の宿で、現在の東京都板橋区板橋本町付近。

**いた-ばね**【板▽発▽条】鋼板のたわみを利用したばね。一枚ばねと重ねばねがあり、車両の車台と車輪の間に使用。leaf spring

**いた-ばり**【板張(り)】①板を張ること。張った場所。②洗濯した反物にのりをつけ、板に張ってほし、しわをのばしたり、つや出しをしたりすること。

**いた-び**【板碑】石塔婆の一種。板状の石の上部に種子を彫り、その下に建立年月日と供養者の氏名を刻む。鎌倉・室町時代に関東地方で多く作られた。板石塔婆。

**いたび-かずら**【▼崖▽石▼榴】クワ科の常緑つる性低木。夏、イチジクに似た径一～一・二cmの球形の花序をつける。最初は緑色だが、紫黒色に熟す。暖地に分布。↓図

●イタビカズラ

**いた-びさし**【板▼庇】板を並べた庇。

**いた-ぶき**【板▼葺(き)】板を並べて屋根をふくこと。また、その屋根。比較かわらぶき・草ぶき。

**いた-ぶ・る**【▽甚振る】(五他)《俗語》恐怖感を与えて金品を取る。ゆする。

**いた-ぶろ**【板風炉】茶道具の風炉の一種。方形で周囲は板でつくり、内側に壁塗りを施す。釜をかけるときは透木を用いる。一〇月ごろの名残の茶事に使われることが多い。

**いた-べい**【板塀】板でつくった塀。board fence

**いたぼ-がき**【板▼甫▼牡▼蠣】カキの一種。イタボガキ科の二枚貝。殻長約一三cm。海底の岩礁に付着。食用となるが養殖は困難。本州・朝鮮半島・中国沿海に分布。↓カキ図

**いた-まえ**【板前】①料理場などでまな板を置く場所。調理場。kitchen ②《まな板の前で調理する人、の意》日本料理の調理人。本来は主任調理人をさす。調理師。いたば。cook

**いたま・し**【傷まし】古語(形シク)①かわいそうだ。いたわしい。用例つなぎ苦しむることそ―・しけれど(徒然・一二一)。②困っている。苦しい。用例―・しうするものから、下戸ならぬこそをのこはよけれ(徒然・一)。

▼常用漢字表外。▽常用漢字表の音訓外。

**いたまし・い【痛ましい・傷ましい・▽惨しい】**(形) 見ていて自分の心がつらく感じる。いたわしい。pitiful; heartbreaking 派生 いたましが・る(五自) いたましげ(形動) いたましさ(名)

**いたま・る【▼炒まる】**(五自) 食べ物が油でいためられた状態になる。

**いたみ【痛み】** ①傷や病気などにさいして、からだに生ずるつらい感覚。疼痛・鈍痛など。pain; ache ②悲しみ。苦しみ。sorrow 用例 心の—。③なやみ。worry 用例 胸の—。

**いたみ【傷み】** ①くだものなどが、くさること。rot 用例 モモは—がきやすい。②損傷。damage 用例 屋根の—がはげしい。

**いたみ【▼伊▽丹】**〈市〉兵庫県南東部の市。酒造・機械工業などがさかん。大阪国際空港の所在地、大阪市の住宅衛星都市。人口一八万二六七三(一九八八)。

**いたみ-い・る【痛み入る】**(五自) おそれ入る。恐縮する。be much obliged

**いたみ-くうこう【▼伊▽丹空港】** 大阪国際空港の通称。

**いたみ-まんさく【▼伊▽丹万作】**(一九〇〇—四六) 映画監督・脚本家。松山市生まれ。作品『国士無双』『赤西蠣太』。脚本『無法松の一生』など。

**いたみ-わけ【痛み分け】** ①相撲や柔道で、勝負中に一方あるいは両者が負傷して続行不能となり、引き分けとなること。draw ②喧嘩・議論などで双方ともに相当被害があり結論がもち越しとなること。

**いた・む【悼む】**(五他) 人の死をなげき悲しむ。哀悼する。mourn 用例 友の死を—。

**いた・む【痛む】** ㊀(五自) ①からだに強い刺激を受けて、苦しみを感じる。pain; ache 用例 胃が—。②つらい思いで悲しむ。なやむ。grieve; distress 用例 胸が—。ふところが—。㊁古語(四自) ①からだに苦痛を感じる。用例 —・み苦しみて泣き伏せれば(古事記・上)。②心に苦痛を感じる。用例 そこ思・ふに胸こそ—・め(万葉・三・四六六)。③迷惑がる。用例 いたう—人の、強ひられて少し飲みたるも(徒然・一七五)。㊂古語(下二他) 相手に苦痛を与える。用例 この年寄ったものを、したたかに—・めをって(狂言・老武者)。

**いた・む【傷む】**(五自) ①器物がこわれる。きずがつく。be damaged 用例 家が—。②食べ物がくさる。be rotten 用例 —・んだバナナ。

**いた-め【板目】** ①板と板の合わせ目。joint between boards ②木材を年輪に対して接線方向に切ったとき現れる波形や山形の木目。flat grain 対義 正目。

**いため-がみ【板目紙】** 美濃紙など、良質の和紙を何枚ものりではり重ねた厚紙。和とじの本の表紙などに使われる。

**いため-がわ【▼撓め革】** にかわをといた水にひたし、たたいてかたくした革。対義 なめしがわ。

**いため-つ・ける【痛めつける】**(下一他) つらい目にあわせる。きびしく責め立てる。reproach

**いため-に【▼炒め煮】** 材料を油でいためてから煮る調理法。うま味が出て、栄養価も増す。

**いため-もの【▼炒め物】** 食品を油でいりつけて調理したもの。手早く調理ができ、栄養価が高い。fries

**いた・める【▼炒める】**(下一他) 食べ物を油でいりつける。fry

**いた・める【痛める】**(下一他) ①いたくする。苦しめる。hurt 用例 胃を—。足を—。②苦しみ悩まされる。worry 用例 頭を—。心を—。③金銭や物質的に損害を受ける。用例 ふところを—。

**いた・める【傷める】**(下一他) ①きずつける。hurt 用例 車を—。②食べ物をくさらす。rot

**いた・める【▼撓める】**(下一他) 皮をにかわをといた水にひたし、かなづちで打って固める。

**いた-や【板屋】** 板でふいた屋根。その屋根の家。

**いたや-がい【板屋貝】** 砂泥底にすむイタヤガイ科の海産二枚貝。殻長約一二cm、殻高約一〇cm。右殻はふくらんで白色、左殻は平らで褐色。貝柱は食用。北海道南部以南に分布。シャクシガイ。↓図

●イタヤガイ

**いたや-かえで【板屋▼楓】** カエデ科の落葉高木。山地にはえる。葉は円形で浅く五～七裂し、春に淡黄色の小花が咲く。翼果は鍬形状。秋、鮮やかに黄葉。ツタモミジ。トキワカエデ。↓カエデ 写

**いた-やき【板焼(き)】** ①カモや魚介類などを杉板にのせたり、はさんだりして焼く料理。杉板焼き。②魚のすり身をかまぼこ形にして板につけ、焼き目をつけたもの。焼き板。

**いたやなぎ【板柳】**〈町〉青森県西部、津軽平野にある町。津軽藩の岩木川の河港として発達。稲作とリンゴ栽培がさかん。人口一万八七三九(一九八八)。

**いたや-はざん【板▽谷波山】**(一八七二—一九六三) 陶芸家。茨城県生まれ。東京美術学校卒。整った形姿と精緻な彫刻文様が特色。昭和二八年(一九五三)文化勲章受章。

**いたや-めいげつ【板屋明月】** カエデ科の落葉小高木。山地にはえる。葉は掌状に七～一一裂。春、淡黄色の小花が咲き、翼果の羽はほぼ一直線に開く。

**いたら-ぬ【至らぬ】**(連体)＝至らない。①行き届かない。②未熟な。incompetent; inexperienced 用例 —者。

**いたり【至り】** ①結果。用例 若気の—。②最上。きわみ。用例 恐縮の—。

**イタリア【Italia・伊太利】**(Republic of Italy) 地中海中央部、地中海に突出する半島を主体とした共和国。首都ローマ。中央部にアペニン山脈が南北に走る。古代ローマおよびルネサンス期は、世界史の中心であった。面積三〇・一万km²。人口五七二二万(一九八六)。正称イタリア共和国。

**イタリア-ういきょう【イタリア▼茴香】** フローレンスウイキョウの別名。

**イタリア-おうこく【イタリア王国】**(Regno d'Italia イタリア) イタリア統一運動の結果、一八六一年に成立した立憲君主制国家。ビットリオ＝エマヌエレ二世が初代国王。第一次大戦後ムッソリーニの下でファシズム国家となり、第二次大戦で敗退。一九四六年の国民投票で廃止。

**イタリアきそうきょく【イタリア奇想曲】**《原題Capriccio Italiana イタリア》チャイコフスキー作曲の管弦楽曲。一八八〇年作。イタリア風の明るい旋律をもつ華やかな作品。

**イタリア-きょうさんとう【イタリア共産党】**(Partito Comunista Italiano イタリア) イタリアの共産主義政党。一九二一年イタリア社会党から分裂して結党。西欧最大の共産党で、ユーロコミュニズムを提起した。PCI。

**イタリア-ぎんこう【イタリア銀行】**(Banca d'Italia イタリア) イタリアの中央銀行。一八九三年設立。一九三六年公法人に改組。

**イタリア-ご【イタリア語】** インド-ヨーロッパ語族イタリック語派に属する言語で、ロマンス諸語の一つ。イタリアのほかスイスやユーゴスラビアの一部で使用。ラテン語の直系。Italian

**イタリア-しゃかいとう【イタリア社会党】**(Partito Socialista Italiano イタリア) イタリアの社会主義政党。一八九二年結成。左翼急進派と右翼改良派の対立がつねにみられ、分裂と統合を繰り返している。

**イタリア-しょう【イタリア賞】** 放送番組を対象とする世界最大の国際コンクール。また、その賞。一九四八年以来、毎年九月にイタリアで開かれる。

**イタリア-トルコ-せんそう【イタリア-トルコ戦争】** 一九一一～一二年、北アフリカの支配権をめぐるイタリアとトルコとの戦争。イタリアはトリポリとキレナイカを占領。この地の古名リビアを復活した。伊土戦争。リビア戦争。Italo-Turkish War

**イタリア-はんとう【イタリア半島】**(Italia) アドリア海とティレニア海を分けて地中海に突出する長靴状の半島。イタリアの主要部をなす。

**イタリア-ほうそうきょうかい【イタリア放送協会】**(Radio Televisione Italiano イタリア) イタリアの放送事業を独占してきた特殊会社。RAI。

**イタリア-りょうり【イタリア料理】** イタリアに伝わる料理の総称。西洋料理の起源とされるほどの歴史をもち、内容が豊富。材料のもち味を生かす工夫がなされ、ニンニクやオリーブ油、トマトをよく使うのが特徴。パスタやリゾット、ピッツァなどがよく知られる。

**イタリア-ろうどうくみあいれんめい【イタリア労働組合連盟】**(Confederazione Italiana Sindacati Lavoratori イタリア) イタリアの労働組合の第二ナショナルセンター。カソリック系。一九五〇年設立。CISL。

**イタリア-ろうどうそうどうめい【イタリア労働総同盟】**(Confederazione Generale Italiana del Lavoro イタリア) イタリア最大の労働組合ナショナルセンター。一九〇六年結成。世界労連に加盟。CGIL。

**イタリアン-カラー【Italian collar】** 襟型の一つ。Vネックにつけた腰が低く、襟先が角型の襟のこと。セーターやブラウスなどに見られる。↓図

●イタリアンカラー

**イタリアン-クロス【Italian cloth】** 木綿の横繻子織物の一種。綿毛交織・毛・人造繊維などもある。表面がなめらかで光沢がある。服裏地・洋傘地などに用いる。毛繻子。

**イタリアン-サイプレス【Italian cypress】** イトスギの別名。

**イタリアン-ライグラス【Italian ryegrass】** イネ科の一、二年草。ヨーロッパ原産の帰化植物。家畜の飼料。ネズミムギ。

**イタリアン-リアリズム【Italian realism】** 第二次大戦直後、イタリア映画界に起こったリアリズム映画の総称。ネオレアリズモ。

**イタリー【Italy; Italie フランス】** ↓イタリア

**イタリック【italic】** 欧文活字体の一つ。*italic* のように、少し右にかたむいた字体。

**いた・る【至る・▽到る】**(五自) ①行き着く。達する。lead to; reach 用例 京に—。五時より九時に—。②来る。come to 用例 悲喜こもごも—。③およぶ。exert 用例 犬・猫に—まで。④…になる。result in 用例 事ここに—・って。

**いたる-ところ【至る所】**(副) どこもここも。一面に。everywhere

**いたれり-つくせり【至れり尽くせり】**(連語)《「り」は完了の助動詞》申し分なく行き届いている。perfect; more than satisfactory

**いた-わさ【板▽山▼葵】** 板つきかまぼこを小口に切り、皿に盛ってワサビのすりおろしを添えた料理。

**いたわ・し【▽労し】** 古語(形シク) ①病気で苦しい。たいぎだ。用例 己が身し—・しければ(万葉・五・八八六)。②ふびんである。気の毒だ。用例 さこそ世を捨つる御身といひながら、御—・しうこそ(平家・灌頂・大原御幸)。③たいせつに思う。用例 —・しく思ふあひだに、まれまれ得たる食ひ物をも、かれに譲る(方丈記)。

**いたわし・い【▽労しい】**(形) かわいそうだ。いたましい。派生 いたわしげ(形動) いたわしさ(名)

**いたわり【▽労り】** ①いたわること。②古語 ㋐病気。用例 かばかりにて、—やめ奉り給へ(源氏・手習)。㋑大切にすること。用例 さてこの—なき白妙の衣は七重にもなどか重ねたまはざらん(源氏・初音)。

**いたわ・る【▽労る】** ㊀(五他) ①ねぎらう。なぐさめる。sympathize ②あわれむ。同情する。sympathize ③たいせつにする。take care of ㊁古語(四自他) ①(自)病む。用例 日ごろ—・るところはべりて、院にも内にも参り侍らず(宇津保・国譲下)。②(他)大切にあつかう。ねんごろに世話する。かわいがる。用例 この人よく—・れ(伊勢・六九)。

**い-たん【異端】** ①正統な学説・思想・宗教などにそむいていること。よこしまな道。heresy 比較 外道。対義 正統。用例 —派。②時代・集団を代表する支配的な思想と相いれない考えや説。heresy

**いたん-し【異端視】**(名・サ変他) 異端とみなすこと。

**いたん-しゃ【異端者】** ①正統でないものを信ずる人。heretic ②集団中でひとりかけはなれた考えの人。heretic 比較 異分子。③伝統・権威にはむかう人。resistant ④仲間はずれ。outsider

**いたん-しんもん【異端審問】** ローマ-カトリック教会で、異端を摘発し、処罰するために設置した法廷。宗教裁判。Inquisition

**イチ** 1画 **【一】** 部首[一] 教育小1 JIS 1676
音 **イチ・イツ**
訓 **ひと・ひとつ**

4画 **【▼弌】** 部首[弋] 異体字 JIS 4801



↓ 行き先項目、図版・写真参照印。 JIS 日本工業規格情報交換用漢字符号コード(区点コード)。

①はじめ。また二・三…十に対する、ひとつ。「一時間・一日・一年・一枚」用例(名)―から十まで。②おなじ。みんな。すっかり。「一座・一族・一同・一任・一様」③最上。すぐれている。「随一」「一番・一流」用例(名)―の人。《接尾的》東洋―。④もっぱら。「一意専心・一途」⑤意味を強めたり、いいよくしたりする慣用的な用法。「ある」「ちょっと」などの意になることもある。「一読・一念・一躍」用例《接頭的》―段落。―生面。→イッ【一】

**一押し二金三男**(いちおしにかねさんおとこ) 女を得るには押しが第一で、金や男ぶりは第二、第三の問題である。

**一押し二押し**(いちおしにおし) どこまでも自分の気持ちや考えを通そうとすること。

**一が栄える**(いちがさかえる) おとぎ話などの最後に言う決まり文句の一つ。めでたしめでたし。市が栄える。一期栄える。

**一金二男**(いちかねにおとこ) 女を得るには第一が金で、男ぶりは二の次であるということ。

**一か八か**(いちかばちか) 運にまかせて事を行うさま。all or nothing 類似のるかそるか。

**一から十迄**(いちからじゅうまで) 何から何まで。すべてにわたって。from A to Z

**一工面、二働き**(いちくめん、にはたらき) 生活していくうえで、なにごとにつけても大事なことは、一に工夫すること、二にはよく働くことである、ということ。

**一にも二にも**(いちにもにも) 何をさておいても、まず。

**一の裏は六**(いちのうらはろく) 《さいころの目の一の裏は六であることから》悪いことのあとには良いことがある、悪いことばかりではない、ということのたとえ。

**一富士二鷹三茄子**(いちふじにたかさんなすび) 初夢に見ると縁起が良いものを順に並べたことば。

**一も二も無く**(いちもにもなく) ①何も言わないで、すぐに。at once ②言うまでもなく。needless to say

**一を聞いて十を知る**(いちをきいてじゅうをしる) たいへんものわかりがよい。一を以て万を知る。A word is enough to a wise man.

**一を知って二を知らず**(いちをしってにをしらず) 応用がきかない。なまかじり。

**一を立てる**(いちをたてる) 夜、漁師が海に網を入れるさい、合図の声をあげる。

**一を以て万を知る**(いちをもってばんをしる) 「一を聞いて十を知る」と同意。

**イチ** 7画【壱】 部首[士](さむらいかんむり) 教育小6 →常用 JIS 1677

12画【▼壹】 旧字 JIS 5269

音 イチ・イッ

壱 壱 壱 壱 壱 壱

①ひとつ。ひとたび。もっぱら。②受取や小切手や証券などで、金額を書くときに、「一」の代わりに用いる文字。「壱万円」③壱岐国の こと。「壱州」

**いち【市】** ①物資の交換・売買が行われる場所。market 用例 ―が立つ。②人の多く集まる所。市街。city; town ③商人が独占して定期市とした市場。平安末期からはじまり、鎌倉時代に盛行。市座。

**市が栄える**(いちがさかえる) 「一が栄える」と同意。

**市に帰するが如し**(いちにきするがごとし) 市に人が集まるように、徳のある者のところには人が集まることを言う。

**市に虎有り**(いちにとらあり) うわさ話も口にする人が多いと、それが事実として人々に信じられるようになるたとえ。

**市に虎を放つ**(いちにとらをはなつ) 非常に危険なことになるたとえ。

**市を成す**(いちをなす) 《「門前、市を成す」の略》たいへんなにぎわいである。be crowded

**い-ち【位地】** くらい。地位。position; post

**い-ち【位置】** 一(名) ①場所。所。location ②地位。立場。position 二(名・サ変自) ある場所をとること。場所をしめること。be located

**いちあくのすな【一握の砂】** 石川啄木の第一歌集。明治四三年(一九一〇)刊。浪漫主義から現実主義に転じた時期の作品。初めて三行書きにされている。

**いち-あん【一案】** ①一つの案。idea ②よい一つの案。good idea 用例 それも―だ。

**いちい【▽一▽位】** イチイガシの別名。

**いち-い【一位】** ①位や順序の第一。首位。首席。the first ②一の桁の数。the first digit ③イチイ科の常緑針葉高木。広く各地に分布。高さ一〇～二〇m。樹皮は赤褐色。葉は線形。雌雄異株。観賞用。実は食用、材は建築、鉛筆・器具用。アララギ。オンコ。参考 昔、貴族のもつ笏をこの木で作ったことから、「一位」と書く。→写

● イチイ③

**いち-い【一意】**(副) 一つのことにはげむさま。

**いちい-がし【いちい▼樫】** ブナ科の常緑高木。暖地産で高さ約三〇mに達し、若枝・葉は黄褐色の星状毛を密生。堅果は褐色で食用。材は堅いので、大工・土木用具に用いる。イチガシ。クロガシ。

**いちい-せんしん【一意専心】**(副) わき目もふらず熱中するさま。用例 ―学業にいそしむ。

**いちいたい-すい【一衣帯水】** 一本のおびのような、せまい川・海。用例 ―の地。

**いち-いち【一一】**(名・副) ①一つ一つ。逐一。ひとりびとり。one by one 用例 ―読み上げる。②どれもこれも。すべて。みな。用例 ―もっともだ。

**いちいでんし-ざっしゅ【一遺伝子雑種】** 一対の対立形質だけに着目して二つの系統の個体を交雑した結果得られた雑種。単性雑種。monohybrid

**いち-いん【一因】** いくつかある原因の中の一つ。one of the causes

**いち-いん【一員】** 集団・なかまの中のひとり。a member

**いち-いん【一院】** ①二院制議会のうち一方の議会。②ふたり以上の上皇があるとき、いちばん早くからの上皇。本院。一の院。

**いちいん-せい【一院制】** 議会が単独の議院によって構成される制度。unicameral system 比較 二院制。

**いち-う【一宇】** 《「宇」は家、の意》一軒の家・寺。

**いちう【一宇】**〈村〉 徳島県西部、貞光川上流の村。タバコ栽培がさかん。剣山観光の基地。人口二三七〇(一九八八)。

**いち-うり【市売り】** 木材市場の一つ。木材業者が委託された木材の競り売りを行って手数料を受け取る制度。対義 付け売り。

**いち-エネルギー【位置エネルギー】** 物体の位置する場所によって決まるエネルギー。ポテンシャルエネルギー。potential energy

**いち-えん【一円】** 一(名) ①日本の貨幣の単位。②ある地域の全体。all around 用例 関東―。二 古語 (副) ①残らず。すべて。用例 多記の庄をば―に賜ふべし(平治)。②《打ち消しをともなって》少しも。用例 ―広がりは致さぬ(狂言・末広がり)。

**いちえんき-さん【一塩基酸】** 分子中に水素イオンになることのできる水素原子を一個もつ酸。塩酸 $HCl$ や硝酸 $HNO_3$ など。monobasic acid

**いちえん-ちぎょう【一円知行】** 鎌倉・室町時代に、その領地内に他の者の所有地のない支配の形。

**いち-おう【一応・一往】**(副) ①ひととおり。ひとまず。for the present; in outline 用例 ―の結果。②一度。anyway 用例 ―話そう。

**いちおく-そうざんげ【一億総▼懺▽悔】** 第二次大戦直後、東久邇宮稔彦首相が日本の再建にあたって全国民の反省が必要と記者会見で発言した語。国民に戦争責任を転嫁するものとして批判された。

**いちおんいちぎ-せつ【一音一義説】** 音義説の別称。

**いち-が【一河】** 一すじの川。

**一河の流れ**(いちがのながれ) 「一樹の陰」と同意。

**一河の流れを汲むも多生の縁**(いちがのながれをくむもたしょうのえん) 「一樹の陰」と同意。

**いちかい【市貝】**〈町〉 栃木県南東部、小貝川沿いの町。稲作中心。タバコ・果樹栽培、酪農を行う。人口一万一一九四(一九八八)。

**いちがい-に【一概に】**(副) 《下に打ち消しをともなって》ひっくるめて。差別なく。用例 ―肯定はできない。

**いち-がつ【一月】** 一年の第一番の月。正月。いちげつ。January 比較 睦月。

**いちがつ-じ【一月寺】** 千葉県松戸市小金にあった普化宗金先派の本寺。建長年間(一二四九～五六)、宋僧金先の創建とされる。

**いち-がみ【市神】** 市の開かれる場所に祭られる神。市に幸を与えると信じられ、石造物などの例が多い。

**いちがや【市▽谷】** 東京都新宿区東部の地区。江戸時代、武家屋敷や寺社が多く、明治以後は軍用地として有名。現在は、商工業がさかん。

**いち-かわ【市川】** 兵庫県中部を南流する川。長さ七六km。三国岳付近に発し、姫路市をうるおし、播磨灘に注ぐ。

**いちかわ【市川】**〈市〉 千葉県西部、東京都に隣接する市。住宅地化し東京への通勤者が多い。埋め立て地は重化学工業などがさかん。人口四一万二二二四(一九八八)。

**いちかわ【市川】**〈町〉 兵庫県南部、市川流域の町。笠形杉など木材・木製品が産業の中心。人口一万五六六〇(一九八八)。

**いちかわ-うたえもん【市川右太▽衛門】**(一九〇七～) 映画俳優。香川県生まれ。主演作『旗本退屈男』シリーズ、『ジルバの鉄』など。

**いちかわ-えんのすけ【市川猿▼之助】** 歌舞伎俳優。現在三世まで。屋号沢瀉屋。二世(一八八八～一九六三)は新歌舞伎や創作舞踊が本領。晩年猿翁と改名。三世(一九三九～)は宙乗りなどの外連物、豪壮な演技を得意とする。→写

● 市川猿之助 三世。『義経千本桜』の狐忠信。

**いちかわ-こだんじ【市川小団次】** 歌舞伎俳優。現在五世まで。屋号高島屋。四世(一八一二～六六)は幕末、江戸の代表的名優。河竹黙阿弥と組み、写実的な生世話物を完成。

**いちかわ-こん【市川▼崑】**(一九一五～) 映画監督。伊勢市生まれ。作品『野火』『ビルマの竪琴』『東京オリンピック』など。

**いちかわ-さだんじ【市川左団次】** 歌舞伎俳優。現在四世まで。屋号高島屋。初世(一八四二～一九〇四)は新作史劇を得意とした明治期の名優。二世(一八八〇～一九四〇)は日本演劇の近代化に貢献した名優。小山内薫と自由劇場を結成して新劇の先駆となり、岡本綺堂らと「新歌舞伎」を確立。→写

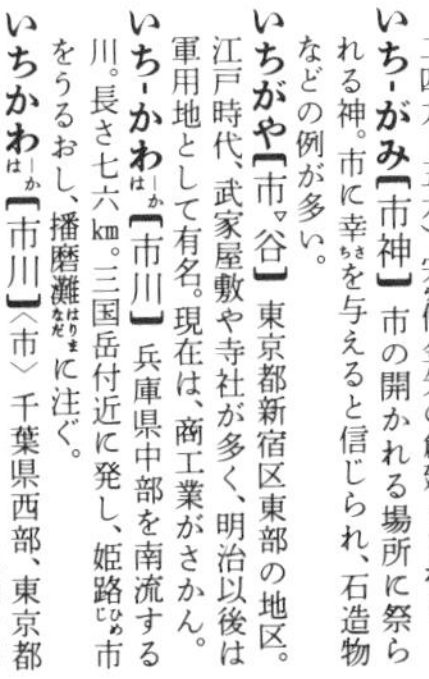

● 市川左団次 四世。『白浪五人男』の南郷力丸。

**いちかわ-さんき【市河三喜】**(一八八六～一九七〇) 英語学者。東京生まれ。東大卒。東大教授。科学的な英語研究法を初めて日本に紹介。著書『英文法研究』、編書『英語学辞典』など。

**いちかわ-じゅかい【市川寿海】** 歌舞伎俳優。屋号成田屋。三世(一八八六～一九七一)は二世市川左団次の演劇革新に協力。本領は新歌舞伎。重要無形文化財保持者。

**いちかわ-しょういち【市川正一】**(一八九二～一九四五) 日本共産党の指導者。山口県生まれ。早大卒。昭和四年(一九二九)四・一六事件で逮捕され、非転向のまま獄死。著書『日本金融資本発達史』。

**いちかわだいもん【市川大門】**〈町〉 山梨県南部の町。甲斐源氏発祥の地。和紙・花火の産地。人口一万二五五〇(一九八八)。

**いちかわ-だんじゅうろう【市川団十郎】** 歌舞伎俳優。現在一二世まで。市川家の宗家として江戸(東京)歌舞伎界に君臨し、名優を輩出。屋号成田屋。初世(一六六〇～一七〇四)は荒事芸を創始。二世(一六八八～一七五八)は和事を加味し市川家の権威を確立。七世(一七九一～一八五九)は江戸末期の代表的名優。「歌舞伎十八番」を制定。九世(一八三八～一九〇三)は明治期演劇界最大の名優。演劇改良運動を推進。一一世(一九〇九～六五)は戦後の歌舞伎復興に貢



▼常用漢字表外。 ▽常用漢字表の音訓外。

●市川団十郎一二世。『助六由縁江戸桜』の助六。

献した。↓写

**いちかわ-だんぞう**【市川団蔵】歌舞伎俳優。現在九世まで。屋号三河屋。初世（一六八四～一七四〇）は荒事・敵役が本領。四世（一七四五～一八〇八）は所作事にすぐれた。五世（一七八八～一八四五）は写実的な演技により「渋団」と称された。七世（一八三六～一九一一）は明治期の名優。陰影に富む渋い「団蔵型」演技を残した。八世（一八八二～一九六六）は名脇役。

**いちかわ-ちゅうしゃ**【市川中車】歌舞伎俳優。八世まで。屋号立花屋。七世（一八六〇～一九三六）は大正期前後の名優。明智光秀・仁木弾正などが当たり役。

**いちかわ-ふさえ**【市川房▽枝】（一八九三～一九八一）婦人運動の指導者。愛知県生まれ。愛知女子師範卒。平塚らいてうなどと新婦人協会を設立し、婦人参政権獲得運動を推進。第二次大戦後は参議院議員として政界浄化などにつとめた。↓写

●市川房枝

**いちかわ-べいあん**【市河米▼庵】（一七七九～一八五八）江戸後期の書家。江戸の人。儒者寛斎の子。隷書・楷書に長じ、幕末の三筆の一人。

**いち-がん**【一丸】ひとかたまり。unitedness 用例うって—となる。

**いち-がん**【一眼】①一つの目。一方の目。②片目。③レフレックスカメラで、レンズが一つであること。

**いちがんレフ-カメラ**【一眼レフカメラ】撮影レンズがファインダーレンズを兼ねるレフレックスカメラ。レンズの後ろにある鏡が撮影時にはね上がり、フィルムに露光する。single lens reflex camera

**いちき**【市来】〈町〉鹿児島県西部の町。吹上浜の北端で景勝地。漁業がさかん。焼酎が名産。人口七四五〇（一九九八）。

**いち-ぎ**【一義】①ただ一つの意義。only one meaning ②ひととおりの道理。一理。some truth; reason 用例それにも—ある。③もっともたいせつで価値があること。第一義。primary importance

**いち-ぎ**【一議】①一度の相談。②異議。異論。

**一議に及ばず**（いちぎにおよばず）相談する必要もない。

**いちきしまひめ-の-みこと**【市▼杵島姫▽命・市▽寸島比▽売▽命】日本神話の女神。天照大神と素戔嗚尊の誓約により産まれた女神で、宗像三神の一つ。狭依毘売命。

**いちぎ-てき**【一義的】（形動）①一つの意義しかないさま。only one meaning 用例—な答え。②もっとも根本的で、重要なさま。第一義的。primary importance 対義二義的。用例—な問題。

**いちぎょう**【一行】（六七三～七二七）中国、唐代の僧。真言八祖の第六祖。禅・律のほか、算法・暦法などにも精通。著書『大日経疏』『大衍暦』など。

**いちぎょういちぎ-せつ**【一行一義説】五十音図の音には、属する行ごとにそれぞれ特定の意味があるとする説。平田篤胤らが提唱。

**いちぎょう-ざんまい**【一行三▼昧】《仏教語》ただ一つの修行を一心に行うこと。

**い-ちく**【移築】（名・サ変他）建築物をほかの場所に移して建てること。

**いち-ぐう**【一隅】①一方のすみ。a corner ②かたすみ。a corner

**いち-ぐん**【一軍】①軍隊の一グループ。a corps ②全軍。the whole army ③プロ野球などで、公式戦に出場するメンバー。first-string 対義二軍。

**いち-げい**【一芸】一つの技術・芸能・芸事。用例—にひいでた人。

**一芸の士**（いちげいのし）一つの芸にすぐれている人。master of an art

**いち-げき**【一撃】（名・サ変他）一回の打撃。ひとうち。a blow 用例—を与える。—でたおす。

**いちげ-そう**【一▽花草】イチリンソウの別名。

**いち-げつ**【一月】①いちがつ。正月。用例—七日。②ひとつき。一か月。

**いち-げん**【一元】①一つのもと。unitariness ②事物の根源的原理を一つであるとして、その一つですべてを説明すること。explaining things with unitary theory 対義二元・多元。③天皇一代にただ一つの年号を用いること。④数学で、未知数が一つであること。

**いち-げん**【一見】はじめて会うこと。一面識。用例—の客。

**いち-げん**【一言】ひとこと。いちごん。用例—一行。

**一言以て之を蔽う**（いちげんもってこれをおおう）ひとことです べての意味を要約し尽くす。

**いちげん-か**【一元化】（名・サ変他）多くの問題・組織・機構などを一つのもとに統一すること。centralization; unification 用例複雑な問題の—をはかる。

**いちげん-きん**【一弦琴】日本の撥弦楽器。須磨琴。細長い板の上に絹糸の一弦を張って、象牙製の円筒（左中指）と爪（右人差し指）で演奏する。幕末に栄えた。

**いちげん-こじ**【一言居士】何にでも意見や反対を必ず言う人。「いっけんしき」。

**いちげん-しき**【一見識】ひとかどの見識。

**いちげん-てき**【一元的】（形動）一元であるさま。unitary 対義二元的・多元的。

**いちげん-びょうしゃ**【一元描写】《明治・大正時代の作家・評論家、岩野泡鳴の主張》作中の一人物の視点を通してのみ、その作品の世界を描くべきであるという考え。

**いちげん-ろん**【一元論】①一つの原理で一切を説明しようとする考え方。monism ②世界の多様性は根本的に一つのものであり、一切のものはそれから発展するという考え方。対義二元論・多元論。

**いち-こ**【市子・▼巫子・▽神▼巫】生霊・死霊を自分の体に乗り移らせ、霊媒となって霊のことばを伝えることを業とする女性。口寄せ。いたこ。

**いちご**【▼苺・▼莓】①バラ科の多年草。ふつうはオランダイチゴをさす。初夏から匍匐茎を出してふえる。果実は花托が肥大したもので、鮮紅色に熟し、ビタミンCに富む。「福羽」「ダナー」など多くの品種があり、広く食用として栽培。南アメリカ原産。strawberry ②キイチゴ、ヘビイチゴなどの総称。その実。berry ↓写

●イチゴ①

**いち-ご**【一期】《「いっき」は別語》一生。生涯。one's lifetime 用例—の別れ。

**一期栄える**（いちごさかえる）「一が栄える」と同意。

**一期と思う**（いちごとおもう）死ぬも生きるも、運命を共にしようと考える。一生、行を共にしようと思う。

**いちご-いちえ**【一期一会】①一生のうちに、その人と会えるのは一度限りであること。②茶道で、客との出会いは一度限りのものであると考え、心をこめてもてなすようにと教える心得。

**いち-ごう**【一合】①尺貫法の面積・容積の単位。一坪・一升の一〇分の一。②互いに一度刀を打ち合わせること。

**いち-ごう**【一▼毫】①一本の細い毛。②ほんの少し。わずか。

**いちごう-め**【一合目】山の、ふもとから頂上までの道のりの最初の一〇分の一。

**いちご-つなぎ**【▼苺▼繋】イネ科の多年草。道端・土手・川原に自生。稈は叢生し、高さ三〇～六〇cm。初夏、稈頂に細長い円錐花序を開く。

**いちご-ぶん**【一語文】一語から成っている文。「火事！」「寒い」など。

**いち-ころ**【一ころ】（名・形動）《俗語。一度でころりと倒れる、の意》きわめて簡単に勝敗のきまるさま。たやすいこと。用例—で勝負がつく。

**いち-ごん**【一言】①ひとこと。いちげん。a word 用例—一句。②短いことば。brief remark 用例—の下に拒絶する。

**一言も無い**（いちごんもない）言いわけの余地がない。no word of excuse 比較ぐうの音も出ない。

**いちごん-はんく**【一言半句】ちょっとしたことば。a single word

**いち-ざ**【一座】（名・サ変自）①同じ場所にいること・人。同座。同席。all those present ②そこにいる人全部。満座。present company ③興行者の一団。troupe 用例—の花形。④仏像を数える語で、一体。⑤古語第一の上席にすわること。また、その席。用例信頼卿—して（平治）。

**いち-ざ**【市座】↓いち（市）③

**いちさん-えんき**【一酸塩基】分子中に含まれる水酸基の数、または受けとることのできる水素イオンの数が一個の塩基。水酸化ナトリウム NaOH など。monoacidic base

**いちし**【一志】〈町〉三重県中部、伊勢平野の町。一志米の産地。イチゴの園芸団地がある。人口一万三一五九（一九九八）。

**いち-じ**【一字】一つの字。

**いち-じ**【一次】①第一回。最初。first 用例—試験。②最初のままで手が加えられていないこと。用例—史料。③代数式で、二乗またはそれ以上の項がないこと。linear 用例—方程式。

**いち-じ**【一事】一つのこと・事件。

**一事が万事**（いちじがばんじ）《多く、よくないことをさして言う》その人のかかわる、ほかのすべてでも似たやり方・状態であることから、一事で他のすべてがおしはかれる。False with one can be false with two.

**いち-じ**【一時】①時刻の呼び名の一つ。one o'clock ②同時。いっしょ。at the same time 用例—に押し寄せる。③過去のあるとき。かつて。once 用例—さかえたものだ。④しばらくの間。for some time 用例—預かり。⑤その時かぎり。その場。temporary 用例—のがれ。

**いちじ-いっく**【一字一句】（名・副）一つ一つの字や句。また、一つ一つの字や句まで。

**いちじ-エネルギー**【一次エネルギー】そのままの状態でエネルギーとして使えるもの。石油・石炭・地熱・水力・木炭など。primary energy

**いちじ-かいこ**【一時解雇】不況によって操業短縮に追い込まれた企業が、その対策として労働者を一時的に解雇すること。レイオフ。layoff

**いちじ-がき**【一字書（き）】①毛筆で、墨継ぎをしないで一気に書きくだすこと。②一枚の紙に一字ずつ書くこと。

**いち-じかん**【一時間】①時間の長さで、一日の二四分の一。一分の六〇倍。an hour ②学校などの授業時間の一単位。period

**いちじ-かんすう**【一次関数】変数の一次式で表される関数。linear function

**いちじききゅう-せい**【一時帰休制】操業短縮など事業の縮小にともない、企業が労働者を一時自宅待機させること。雇用関係は継続し、休業手当が支給される。layoff system 比較一時解雇。

**いちじ-きん**【一時金】①一度に支給される金銭。年金などに対していう。②労働協約や賃金規則に定められていない特別の給与。交渉や紛争を解決するため臨時に支給される場合が多い。lump sum

**いちじく**【▽無▽花▽果・▽映▽日▽果】クワ科の落葉小高木。果樹として栽培。高さ三～一〇m。雌雄同株異花。受精しないで結実。果実は花床が多数の淡紅色の小果を包んで肥大した偽果。小アジア原産。fig ↓写

●イチジク

**いちじく-か**【▽無▽花▽果果】偽果の一つ。花序が変形して多肉質のつぼ状になり、その

中に真の果実(瘦果)が多数つくもの。隠花果。syconus

**いち-じげん【一次元】** 直線の長さのみで表現される状態。one dimension 対義 二次元・三次元・四次元。

**いちじ-コイル【一次コイル】** 変圧器などのように、二個のコイルが電磁誘導で結合しているときの、入力側のコイル。出力側は、二次コイル。primary coil

**いちじ-こうすい【一時硬水】** 炭酸水素イオンを比較的多量に含む硬水。煮沸により炭酸塩の沈殿を生じて軟水になる。temporary hard water 対義 永久硬水。

**いちじ-さんぎょう【一次産業】** ↓だいいちじさんぎょう(第一次産業)

**いちじ-さんぴん【一次産品】** 自然から得た農・水・鉱産資源など、加工していない生産物。primary commodities

**いちじ-さんらい【一字三礼】** 写経をするにあたって、一字ごとに三度礼拝して行うこと。

**いちじ-しき【一次式】** 次数が一次の整式。linear expression

**いちじ-しきん【一時賜金】** 国家に功労のあった者に一度だけ与えられるお金。

**いちじ-しのぎ【一時▼凌ぎ】** 一時逃れ。

**いちじ-しょうひしゃ【一次消費者】** 植物を直接食べる動物(=草食動物)。生態系において生産者(=緑色植物)の有機物に直接または間接に依存するものを消費者という。primary consumer

**いちじ-しょとく【一時所得】** 営業・労働や資産の譲渡などによらずに得た一時的な所得。生命保険・損害保険などの一時金や、賞金・懸賞当選金など。transitory income

**いち-しじん【一私人】** 公人としてでない、ひとりの人間。一個人。

**いちじ-せいちょう【一次性徴】** ↓だいいちじせいちょう(第一次性徴)

**いちじ-せんい【一次遷移】** 海中の新島や火山の溶岩などの完全な裸地からはじまる植生の遷移現象。

**いちじ-せんきん【一字千金】**《一字に千金の価値がある、の意》りっぱな文字・文章。

**いちしち-にち【一七日】** ①《仏教語》人の死後七日めの日。初七日。②七日間。

**いち-じつ【一日】** ①いちにち。a day ②月の初めの日。the first day ③ある日。one day 用例 春の—。

**一日の計は朝に在り**(いちじつのけいはあしたにあり) その日の仕事は、朝のうちに計画を立てて、始めるべきである。物事を成そうと思えば、初めからきちんと計画を立てて、やらなくてはならない。類似 一年の計は元旦に在り。

**一日の長**(いちじつのちょう) ①年齢がわずかに上であること。②人より少しすぐれていること。a little better than

**いちじつ-さんしゅう【一日三秋】**《一日が三年にも思われる意から》待ち遠しく思うこと。一日千秋。用例 —の思い。

**いちじつ-しんとう【一実神道】** 山王一実神道の略称。

**いちじつ-せんしゅう【一日千秋】** 待ち遠しくて、一日が一〇〇〇年のように感じられること。一日三秋。用例 —の思い。

**いちじ-てき【一時的】**(形動) そのときだけ。物事の長続きしないさま。temporary 用例 苦痛を—に忘れる。

**いちじ-でんち【一次電池】** 化学変化による遊離エネルギーを電流として外部に取り出す装置。ボルタの電池・乾電池など、充電のできない電池。primary cell 対義 二次電池。

**いちじ-のがれ【一時逃れ】** その場だけつくろって苦境を逃れようとすること。いちじしのぎ。いっときのがれ。makeshift

**いちじ-はいりょう【一字拝領】** 主君からその名のうち一字をいただいて自分の名につけたこと。主君の側からは「一字御免」という。

**いちじ-ばらい【一時払い】** 売買の決済を一回ですませる方法。lump sum payment 対義 分割払い。

**いちじ-ふさいぎ【一事不再議】** 国会の衆・参どちらかの議院で否決された法案は、同じ会期中には再提出できないという原則。明治憲法の規定。現憲法にこの規定はないが、全面的に否定しているとは解されていない。

**いちじ-ふさいり【一事不再理】** 刑事訴訟法上の原則の一つ。判決が確定した事件については再び起訴することができないこと。

**いちじ-ふとうしき【一次不等式】** 一次式によってつくられている不等式。一変数の場合、$ax+b>0$の形($a$, $b$は定数。$a\neq0$)になる。linear inequality

**いちじ-へんかん【一次変換】** ベクトル空間から、同じベクトル空間への一次写像。$f(v_1+v_2)=f(v_1)+f(v_2)$, $f(av)=af(v)$なる条件を満たすもの。linear transformation

**いちじ-ほうていしき【一次方程式】** 一次式と定数によってつくられている方程式。一変数の場合、$ax=b$の形($a$, $b$は定数。$a\neq0$)になる。linear equation

**いちじま【市島】**〈町〉兵庫県東部、京都府に接する町。福知山市への通勤者が多い。庭木栽培がさかん。人口一万三八八(一九八八)。

**いちじゃま【▽生▽霊】** 沖縄・奄美地方でいう、生きている人の怨霊。または、まじないによって人を呪う力をもつといわれる人。

**いち-じゅ【一樹】** 一本の木。

**一樹の陰**(いちじゅのかげ)《仏教語。「一樹の陰、一河の流れも他生の縁」の略》見知らぬ人と同じ木の下で雨宿りするのも、また、ともに同じ流れの水をくむのも、前世からの縁によるものであること。類似 一河の流れを汲むも多生の縁。一樹の宿り。一河の流れ。

**一樹の陰、一河の流れも他生の縁**(いちじゅのかげ、いちがのながれもたしょうのえん)「一樹の陰」と同意。

**一樹の宿り**(いちじゅのやどり)「一樹の陰」と同意。

**いち-じゅう【一汁】** 一ぱいのしる。

**いちじゅう-いっさい【一汁一菜】** しるとおかず一種だけ。質素な食事。simple meal

**いちじゅう-ぎり【一重切(り)】** 竹製の花入れの一つ。竹の胴に生け口が一つあけられたものの総称。生け口の形によってさまざまな名称がある。

**いち-じゅん【一旬】** 一〇日間。ten days

**いち-じゅん【一巡】**(名・サ変自) ひとまわりすること。用例 打者—の猛攻。

**いち-じょ【一女】** ①ひとりのむすめ。a daughter 用例 一男—。②長女。the eldest daughter ③ひとりの女。a woman

**いち-じょ【一助】** 少しのたすけ。わずかなたし。a help 用例 家計の—。

**いち-じょう【一条】** ①ひとすじ。一本。用例 —のけむり。②ひとくだり。③一件。

**いち-じょう【一定】** 古語 一(名) たしかにきまったこと。用例 往生は—と思へば—(徒然・三九)。二(副) たしかに。きっと。かならず。用例 —つかまつらんずる仁に仰付らるべうや候らん(平家・一一・那須与一)。

**いち-じょう【一乗】** 仏になるための唯一の乗り物の意味。仏道修行者を声聞・縁覚・菩薩に差別する三乗の思想に対し、一切の衆生を平等に唯一最高なる仏陀の境地に導くという教え。

**いち-じょう【一場】** ①一つの場面。一回。一席。用例 —の演説。②わずかな間。その場だけのこと。用例 —の夢に終わる。

**いちじょう-かねら【一条兼▽良】**(一四〇二—八一) 室町中期の公卿・古典学者・歌人。和漢の古典・有職故実に詳しく当代一の学識といわれた。著書『源氏物語』の注釈『花鳥余情』、有職故実研究『公事根源』など。

**いちじょう-きょう【一乗経】**『法華経』。

**いちじょうじ【一乗寺】** 京都市左京区にある地区。宮本武蔵の決闘の地とされる下がり松や詩仙堂など旧跡も多い。

**いちじょう-だに【一乗谷】** 戦国時代、朝倉氏の居城の地。福井県足羽町の一部。

**いちじょう-てんのう【一条天皇】**(九八〇—一〇一一) 第六六代天皇(在位九八六—一〇一一)。名は懐仁。円融天皇の第一皇子。

**いちじょう-べんぽう【一条▼鞭法】** 中国、明末清初の税制。田賦・徭役などの諸税を銀による一括徴収とし簡素化したもの。条鞭。一条法。

**いちじょう-ほう【一乗法】**《仏教語》真の教えは唯一であり、だれもがひとしく仏になることができるということを説く思想。とくに『法華経』で強調する。

**いち-じるく【著く】** 文語的 (副) はっきりしているさま。用例 弾丸あとも—。

**いち-じる・し【著し】** 古語 (形ク) ↓いちじるしい(著しい)

**いち-じるし・い【著しい】**(形) ①明らかだ。はっきりしている。distinct ②程度がはなはだしい。remarkable 派生 いちじるしさ(名)

**いちじ-れいきゃくすい【一次冷却水】** 原子炉の炉心を冷やす冷却材として使われる水。核分裂により炉心に発生した多量の熱エネルギーを冷却材で炉外に取り出し、熱交換器で蒸気(二次冷却水)を作り、動力源として利用する。primary cooling water

**いち-じん【一陣】** ①風がひとしきり吹くこと。a gust 用例 —の風。②敵の陣地にまっさきに攻め入ること。先陣。さきがけ。

**いち-しんきげん【一新紀元】** 物事が根本的に改まった最初の年。いっしんきげん。

**一新紀元を画す**(いちしんきげんをかくす) 新しいことの出現によって、それまでの時代との間に区切りがつく。

**いち-じんぶつ【一人物】** ①ひとりの人。②ひとかどの人物。そうとうな人物。

**いち-ず【一▽途】**(形動) ひたすらなさま。ひたむき。wholeheartedly 用例 —に思いつめる。

**いち-せいめん【一生面】** 新しい方面。新しい工夫。新機軸。いっせいめん。

**いち-ぜん【一▼膳】** ①お椀一ぱい。a bowl of ②箸の一組み。a pair of chopsticks

**いちぜん-めし【一▼膳飯】** 一つの椀に盛り切りの飯。めざす一人だけに供し、他に分け与えないことを示す。産飯、枕飯など。

**いちぜん-めしや【一▼膳飯屋】**《一ぱいずつ盛り切りの飯を出す店》そまつな食堂。

**いち-ぞく【一族】** 同じ血筋につらなる人。一門。同門。同族。clan; kin; family

**いち-ぞん【一存】** 自分だけの考え。用例 —では決められない。one's own judgement

**いち-だ【一打】** 野球・ゴルフ・ボクシングなどで、一打撃、または一打球、または一安打。batting; blow 用例 —逆転のチャンス。

**いち-だ【一駄】** 馬一頭に背負わせる荷物。

**いち-だい【一大】**(接頭) とりわけ大きな、あるいは重要な、の意。用例 —決心。

**いち-だい【一代】** ①同一人の君主・戸主が国家・家を支配している間。the time ②人の一生。生涯。one's lifetime 用例 —の失策。③その時代。当代。the age

**いちだい-き【一代記】** その人の一生の事跡をまとめたもの。biography

**いちだい-ざっしゅ【一代雑種】** 異なる純系品種を交配して生じた雑種第一代。雑種強勢が現れやすく、両親のいずれよりもすぐれた性質を示すものが多い。first filial generation hybrid

**いち-だいじ【一大事】** ①《仏教語》仏がこの世に現れた意味、また、この世に現れるに当って目的としたこと。②重大なできごと。大変な事件。serious matter

**いちだいじ-いんねん【一大事因縁】**『法華経』「方便品」にあることば。仏がこの世に現れたもっとも大切な目的。

**いちだい-としより【一代年寄】** 大相撲で大きな功績を残した力士に日本相撲協会が与える年寄資格。一代限りの特典で、定年か廃業で自動的に消滅する。昭和四四年(一九六九)に横綱大鵬に初めて与えられた。

**いちた-へん【一夕偏】** 漢字を組み立てている部分の名。「死・殊」などの「歹・歹」。「しにがまえ・かばねへん」とも。もと、「がつへん」。

**いち-だん【一団】** 一つの集まり。一群。group; party

**いち-だん【一段】** 一(名) ①一つの段。a step 用例 —ずつのぼる。②段位の始め。初段。the first step ③ひとくぎり。a step 二(副) ひときわ。いっそう。still more 用例 —と美しい。

**いちだん-かつよう【一段活用】** 動詞の活用形式の一種。活用語尾が、五十音図のイ段またはエ段の音で、これに「る・れ」などをともなうもの。参照 上一段活用・下一段活用。

**いちだん-と【一段と】**(副) ↓いちだん(一段)二

**いち-だんし【一弾指】** 一度指をはじくほどのきわめて短い時間。いったんじ。

**いち-だんらく【一段落】**(名・サ変自) ①一つのくぎり。pause ②ひとまずきりがつくこと。letup 用例 仕事が—する。

**いち-づ・ける【位置付ける】**(下一他) 抽象的な物事について、全体の中で、それがどういう地位をしめ、意義をもつかを示す。position

**いち-てっこく【一敵国】**《「いちてきこく」の変》あなどれない有力な競争相手。用例 —をなす。

**いち-てんき【一転機】** ↓いってんき(一転機)

**いち-てんもんがく【位置天文学】** 天体の位置観測から、暦・時・天体力学・地球の運動など宇宙の座標系に関する研究をする天文学。position astronomy

**いち-ど【一度】** ①温度・角度などの一単位。degree ②一回。いっぺん。once

**いち-どう【一同】** そこにいるみんな。全員。all of us; all of them

**いち-どう【一堂】** ①一つの家・部屋。②同じ所・建物。用例 —に会する。

**いち-どう【一道】** ①一つの道・専門・芸。用例



▼常用漢字表外。 ▽常用漢字表の音訓外。

—にすぐれた人物。②ひとすじ。用例—の光明。
**いちどき-に【一時に】**(副)同時に。いっぺんに。いちじに。all at once
**いち-どく【一読】**(名・サ変他)一回よむこと。to read 用例—の価値がある。
**いちどく-さんたん【一読三嘆】**(名・サ変自)一読して、たいへん感心すること。一唱三嘆。
**いちど-ならず【一度ならず】**(連語)一度だけでなく。何度も繰り返して。more than once 用例—注意した。
**いちど-に【一度に】**(副)いっしょに。同時に。all at once
**いち-とんざ【一▼頓▼挫】**(名・サ変自)進行・勢いがいったんくじけること。coming to a deadlock 用例事業に—を来す。
**いち-な【一名・市名・▽都名】**琵琶法師の名字。後宇多天皇のときの城一検校が最初で、後世では一般の盲人にもつけた。
**いち-なん【一男】**①ひとりのむすこ。a son 用例—を挙げる。—を儲ける。②長男。the eldest son
**いち-なん【一難】**一つの苦しみ・災難。trouble; misfortune
**一難去って又一難**(いちなんさってまたいちなん)困難が引き続いて起こること。jump out of the flying pan into the fire
**いち-に【一二】**①第一位と第二位。一番と二番。the first or the second 用例—を争う。②一つ二つ。少し。a few 用例—気づいた点。
**一二に及ばず**(いちにおよばず)《手紙などに用いる語》あれやこれやと、くわしくは言わない。
**一二を争う**(いちにをあらそう)一、二番を競争する。首位を争う。compete for the first place 用例—好成績。
**いち-に-さん【一二三】**千家茶道の七事式の一つ。亭主の点前を、客が香道具を応用した十種香札を使って評点する。
**いち-にち【一日】**①一昼夜。二四時間。a day ②朝から晩まで。終日。ひねもす。all day ③ある日。いちじつ。one day ④月の初めの日。ついたち。the first day
**一日増し**(いちにちまし)一日たつごとに。日に日に。ひましに。day by day
**いちにち-にんげんドック【一日人間ドック】**一日以内に全身の精密な健康診断を行う、予防医学上の方法。病気の早期発見、健康保持の指導などのために実施。日帰りドック。day-long physical examination
**いち-にょ【一如】**①《仏教語》真理が絶対平等、無差別であること。②一体となっていて二つでないこと。用例心身—の境地。
**いち-にん【一人】**人がひとり。
**一人虚を伝うれば万人実を伝う**(いちにんきょをつたうればばんにんじつをつたう)「一犬虚に吠えて万犬実を伝う」と同意。
**一人当千**(いちにんとうせん)「一騎当千」と同意。
**いち-にん【一任】**(名・サ変他)全部をまかせること。to entrust 用例議長—。
**いちにん-かいしゃ【一人会社】**株式を一人だけが保有する会社。数人が保有しても一人が圧倒的多数を占める場合を含めることもある。one man company
**いち-にんしょう【一人称】**文法で、話し手・書き手自身をさす代名詞。「わたし・ぼく・おれ」など。第一人称。自称。the first person 対義二人称・三人称。
**いちにん-にやく【一人二役】**ひとりで二つの役、または役目を務めること。ひとりふたやく。double role
**いちにん-まえ【一人前】**①ひとり分。one portion 用例すし—。②成人になること。成人として扱われること。be of age ③人なみ。average
**いち-ねん【一年】**①一月から一二月まで。また、ある月から一二か月。三六五日。a year ②紀元・年号の第一番の年。元年。the first year ③ある年。one year ④一年生。first year student; freshman 用例中学—。
**一年の計は元旦に在り**(いちねんのけいはがんたんにあり)一年のうちに何をやるかは、その年の初めに計画を立てておくべきである。物事は初めが大事で、きちんとした計画を立ててから行うべきである。New Year's Day is the key to a successful year.
**いち-ねん【一念】**①一つのことを深く思いこむこと。その思い。single-hearted ②《仏教語》㋐仏を信じて念仏を一回唱えること。㋑ごく短い時間。
**一念、岩をも徹す**(いちねん、いわをもとおす)《トラと思い込んで一心に射た矢が岩を貫き通したという故事から》一心に思い込んでことを行えば、どんなに困難なことでも成し遂げられる。一念、岩にも徹る。類似一念、天に通ず。
**一念、天に通ず**(いちねん、てんにつうず)一つのことに全身全霊をあげて努力すれば、天に通じて、どんなこともやりとげることができる。Faith will move mountains. 類似一念、岩をも徹す。一念、岩にも徹る。
**いちねん【一然】**(一二〇六～八九)高麗の高僧。著書『三国遺事』は朝鮮古代史研究の必須の文献。他に『界乗雑著』など。
**いちねん-おうじょう【一念往生】**浄土教のことば。①一声念仏を唱えれば極楽に往生できること。一念義。②信心が決定することによって極楽往生できるという教え。
**いちねん-き【一年忌】**↓いっしゅうき(一周忌)
**いちねん-さんぜん【一念三千】**天台宗の基本教理。人の一瞬の心の中に、三千世界、すなわち森羅万象が含まれているという考え方。
**いちねんせい-しょくぶつ【一年生植物】**↓いちねんそう(一年草)
**いちねんせい-そうほん【一年生草本】**↓いちねんそう(一年草)
**いちねん-そう【一年草】**春に、種子から発芽し、開花、結実してその年に枯れる植物。一年生草本。annual plant 対義多年草。
**いちねん-ほっき【一念発起】**(名・サ変自)①思い立って仏道へはいること。②あることを成しとげようと決心すること。
**いち-の【一の】**(連体)①第一番の。最初の。the first 用例—鳥居。②もっともすぐれた。もっとも重要な。用例—人。
**いち-のう【一能】**一つの技能・芸能・才能。an art 用例一芸—にひいでる。
**いちのせき【一関】**〈市〉岩手県南部、磐井川流域の市。旧城下町。稲作・酪農・電気工業などがさかん。名勝の厳美渓がある。人口六万一二八四(一九八八)。
**いち-の-ぜん【一の▼膳】**本式の日本料理で、初めに出すぜん。本ぜん。
**いちのたに-の-たたかい【一ノ谷の戦い】**源氏と平氏の合戦。元暦元年(一一八四)摂津の一ノ谷に集結した平氏軍を、源範頼・義経軍が撃破。
**いちのたにふたばぐんき【一谷▼嫩軍記】**人形浄瑠璃・歌舞伎の時代物。並木宗輔らの合作。『平家物語』から熊谷直実と平敦盛、平忠度と岡部六弥太の物語を合成脚色。宝暦元年(一七五一)初演。
**いち-の-とり【一の▼酉】**一一月の、第一の酉の日。酉の市が立つ。はつ酉。比較二の酉・三の酉。
**いち-の-ひじり【市▽聖】**空也。
**いちのへ【一▽戸】**〈町〉岩手県北部の町。稲作・リンゴ栽培・牧牛などがさかん。根反の珪化木は有名。東北最大の天文台がある。人口一万九九八三(一九八八)。
**いち-の-みや【一の宮】**①第一皇子。第一皇女。いちのみこ。②平安から鎌倉にかけての社格の一種。各国ごとに、その国内でもっとも由緒のある重要な神社。
**いちのみや【一の宮】**〈町〉熊本県阿蘇谷の町。肥後一宮阿蘇神社のある宮地が中心。稲作・畜産が主。人口一万八五二(一九八八)。
**いちのみや【一宮】**〈市〉愛知県北西部の市。尾張国一宮の真清田神社の門前町。尾西機業地の中心で、毛織物など繊維工業がさかん。人口二五万八五八四(一九八八)。
**いちのみや【一宮】**〈町〉千葉県東部、九十九里浜南端の町。上総国一宮玉前神社の門前町。農業が中心。人口一万一二八七(一九八八)。
**いちのみや【一宮】**〈町〉山梨県、甲府盆地東部の町。桃・ブドウの一大産地。甲斐一宮浅間神社がある。人口一万二二六四(一九八八)。
**いちのみや【一宮】**〈町〉愛知県、豊川市北東隣の町。果樹栽培がさかん。三河一宮砥鹿神社がある。人口一万四三二七(一九八八)。
**いちのみや【一宮】**〈町〉兵庫県西部、揖保川上流の町。林業がさかん。手延べそうめんが特産。播磨一宮伊和神社がある。人口一万二四九四(一九八八)。
**いちのみや【一宮】**〈町〉兵庫県淡路島西岸の町。花や柑橘類の栽培がさかん。線香が特産。淡路一宮伊弉諾神宮がある。人口一万四九三二(一九八八)。
**いちのめ-がた【一ノ目潟】**秋田県男鹿半島にある湖。面積〇・三$km^2$。最深四二m。爆発火口に水をたたえたもの。付近に二ノ目潟・三ノ目潟がある。
**いち-ば【市場】**人々が集まって、物品を売買する所。しじょう。マーケット。market 比較市。
**いちば【市場】**〈町〉徳島県北部、吉野川扇状地にある町。市場町として発達。切幡寺がある。人口一万二六六九(一九八八)。
**いち-ばい【一倍】**㊀(名・サ変自)①ある数量に一を掛けること。基準の数量と同じ数量。②古い言い方で二倍のこと。用例人—働く。㊁(副)いちだんと多く。いっそう。
**いちはさま【一▽迫】**〈町〉宮城県北部、一迫川流域の町。稲作中心。花山ダムがある。八ツ鹿踊りは有名。人口一万九五五(一九八八)。
**いち-はつ【一初・▼鳶▽尾】**アヤメ科の多年草。庭などに栽培される。高さ約五〇cm。春に、紫色または白色の花が咲く。中国原産。観賞用に栽培。↓写

●イチハツ

**いちば-まち【市場町】**市場を中心として発達した商業集落。室町後期より全国的に成立。三日市・四日市など市日を町名とする。
**いち-はやく【▽逸早く】**(副)まっさきに。非常にはやく。すばやく。at once; quickly
**いち-はや・し【▽逸早し】**古語(形ク)①強くはげしい。あらあらしい。用例昔人は、かく—・きみやびをなむしける(伊勢・一)。②きびしい。手かげんしない。用例さしあたりて、—・き世を思ひはばかりて、参り寄る人もなし(源氏・須磨)。③すばやい。せっかちだ。用例験だに—・からばよかるべきを、さしもあらず(枕・くるしげなるもの)。
**いちはら【市原】**〈市〉千葉県中部、東京湾に臨む市。埋立て地に大工場が進出、京葉工業地域の核心をなす。背後には住宅団地。人口二四万六六九四(一九八八)。
**いちはら-の-おおきみ【市原▽王】**(生没年未詳)奈良時代の歌人。天智天皇の曾孫安貴王の子。
**いち-ばん【一番】**㊀(名)①順番が最初であること。第一。the first 用例—列車。②同種のもののうちもっともすぐれたもの。最上。第一位。number one; the first ③ひと組。ひとつがい。a pair ④一度。一回。one time 用例—勝負。⑤芸能で、一曲。a piece 用例謡を—うたう。⑥相撲で、一つの取組。bout 用例結びの—。㊁(副)①多くの中でもっとも。the most 用例母親が—喜んでいる。②ためしに。こころみに。ひとつ。a try 用例どれ—やってみよう。
**いちばん-だし【一番出し】**最初のすんだ、風味のよいだし汁。削り節と昆布で取る。吸い物や上等の煮物、蒸し物のかけ汁などに使う。
**いちばん-ちゃ【一番茶】**その年いちばん初めにつんだ茶。
**いちばん-どり【一番▽鶏】**夜明け前に、最初に鳴くニワトリ。また、その声。用例—が鳴く。
**いちばん-のり【一番乗り】**(名・サ変自)①まっ先に敵陣に馬を乗り入れること。②まっさきに、ある場所に乗りこむこと。
**いちばん-ぼし【一番星】**夕方、最初に見える星。the first evening star
**いちばん-め【一番目】**①順番がまっさきであること。第一番。the first ②歌舞伎で、その日の最初の狂言。多くは時代物を演ずる。
**いちばん-やり【一番▼槍】**①まっさきに敵陣にかけ入り、やりをふるうこと・人。②最初にてがらをたてること・人。
**いち-び【▼莔▽麻】**アオイ科の一年草。高さ約一・五m。葉は心臓形で先がとがり、長い柄をもつ。花は黄色で葉腋に数個ずつつく。茎の靭皮繊維はロープなどに使用。インド原産の栽培種。キリアサ。velvetleaf
**いち-び【市日】**市の立つ日。
**いちひめ-にたろう【一姫二太郎】**子が生まれる順序の理想を言う語。初めに女、次に男が生まれること。
**いちびん-いっしょう【一▼顰一笑】**↓いっぴんいっしょう(一顰一笑)
**いち-ぶ【一分】**《「いちぶん」は別語》①一〇分の一。one tenth ②一〇〇分の一。一%。one

hundredth; one percent ③長さの単位。一寸の一〇分の一。④近世の金銀貨で、一両の四分の一。一歩。⑤ほんのすこし。a little; a bit

**いち-ぶ【一部】** ①全体のある部分。一部分。a part 対義 全部。用例 ─の人の意見。②㋐書物の一そろい。a set ㋑書物・新聞などの一つ。a copy

**いちぶ-いちりん【一分一厘】**(副) ほんのわずか。the least 用例 ─くるわない。

**いちぶ-きん【一分金】** 江戸時代の貨幣の一つ。長方形の金貨で、一両の四分の一。慶長六年(一六〇一)初めて鋳造、以後各期に鋳造され広く流通。一分判金。こつぶ。

**いちぶ-ぎん【一分銀】** 幕末の銀貨。四枚で金一両。

**いちぶ-しじゅう【一部始終】** 始めから終わりまでのくわしい事情。all the details

**いちぶつ-じょう【一仏乗】**《仏教語》真の教えは唯一であり、その教えによってすべての者が等しく仏となることができるというもの。一乗。

**いち-ぶぶん【一部分】** 全体の中のある部分。a part

**いちぶ-ほけん【一部保険】** 損害保険で、保険金額が保険の対象の評価額(=保険価額)に達しない場合の保険契約。under-insurance 対義 全部保険。

**いち-ぶん【一分】**《「いちぶ」は別語》人間としての名誉・責任。用例 男の─が立つ。

**一分を捌く**(いちぶんをさばく) 自分ひとりで、身のふり方をうまく処理する。

**いち-ベクトル【位置ベクトル】** ある点の位置を表すベクトル。原点からその点まで引いた矢印で表示される。position vector

**いち-べつ【一別】** 別れること。

**いち-べつ【一▼瞥】**(名・サ変他) ちらりと見ること。一見。a glance 用例 ─して去る。

**いちべつ-いらい【一別以来】**(連語) 別れてから今まで。一別来。since we parted

**イチボ**《和製語》牛肉の部位の名称。臀肉。aitchbone 赤身で脂肪は少ない。ローストビーフなどに使われる。軟らかな

**いち-ぼう【一望・一▼眸】**(名・サ変他) 一目で見わたすこと。whole view 用例 ─におさめる。

**いちぼう-せんり【一望千里】** 広大なながめを、一目で見わたすこと。広々としたさま。

**いちぼく-づくり【一木造(り)】** 一本の木から像を丸彫りするもの。平安前期までの作例が多い。対義 寄せ木造り。

**いちぼ-たひん【一▼牡多▼牝】** 繁殖期に一頭の雄が多数の雌を従えること。典型はオットセイなどのハレム。一雄多雌。

**いち-ま【市▽松】**「市松人形」の略。いちまつ。

**市松でないが腹で泣け**(いちまでないがはらでなけ)《市松人形には、腹に、泣き声を出す笛の仕掛けがあることから》心の中で泣いて、他人には泣き顔を見せるな。

**いち-まい【一枚】** ①紙・板・田畑など平たいもの一つ。a sheet; a piece ②ひとり。用例 きみを─加えたい。③相撲・劇場の番付で、名前の一人分。また、順位一つ。用例 番付が─上がる。

**一枚上手**(いちまいうわて) 力量・才知などが一段すぐれている。

**一枚噛む**(いちまいかむ) 仕事や事件などで、何らかの関係をもつ。have something to do with

**いちまい-いわ【一枚岩】** ①割れ目のない、しっかりした岩。monolith ②結びつきのしっかりした組織・団体のたとえ。monolithic unity 用例 ─の団結を誇る。

**いちまい-かんばん【一枚看板】** ①《外題から》㋐おもな役者の名を書いた、大きな飾り看板や、おもな役者の名を書いた、大きな飾り看板から》㋐もっともすぐれた役者・人。㋑団体を代表し、また、支えている実力者。②一枚しかない着物。いっちょうら。

**いちまいきしょうもん【一枚起▽請文】** 建暦二年(一二一二)、法然が臨終時に書いた一枚の起請文。没後、弟子の間で異義が生ずることを防ぐために、念仏による浄土往生の本質を示した。

**いち-まつ【一抹】**《ひと塗り・ひと掠り、の意》ほんのすこし。いくらか。多少。a touch of 用例 ─の不安がある。

**いち-まつ【市松】** ①「市松人形」の略。いちま。②「市松模様」の略。

**いちまつ-にんぎょう【市松人形】** 衣装を着せ替えて遊ぶ、子ども姿の日本人形。江戸時代に、若衆形の人気役者佐野川市松を模したものが流行したことからの呼称。いちま人形。いちまつ。いちま。↓写

**いちまつ-もよう【市松模様】** 元禄模様の一種。濃淡の正方形を交互に並べた碁盤目の模様。江戸時代の役者、佐野川市松が舞台でこの模様の裃を用いて流行したという。石畳模様。いちまつ。checker

●市松人形　大正時代のもの。

**いち-み【一味】** ①一種類のあじ。a taste ②味方。なかま。同志。group; gang ③漢方薬の一品。

**いちみ-どうしん【一味同心】** 心を一つにして事に当たること・人。

**いち-みゃく【一脈】** ひとつづき。ひとすじ。

**一脈相通ずる**(いちみゃくあいつうずる)《ものの考え方や性質などについて言う》ある種の関係がある。ある面で共通する。一脈通ずる。have something in common

**いち-みん【一眠】** カイコが脱皮する前に示す静止時期(眠)のうち、一回目のことをいう。ふつう、眠と脱皮を四回くり返し、第一回の眠までを一齢、第二回の眠までを二齢という。

**いちむら-うざえもん【市村羽左▽衛門】** 歌舞伎俳優。現在一七世まで。屋号橘屋。代々、市村座の座元。一五世(一八七四〜一九四五)は大正・昭和期の代表的名優の一人で二枚目。一七世(一九一六〜)は実事が本領(名義一二世)。↓写

●市村羽左衛門　一七世。『茨木』の渡辺綱。

**いちむら-ざ【市村座】** 歌舞伎劇場。江戸三座の一つ。日本橋の村山座が寛文七年(一六六七)ごろ改称。のち浅草、さらに下谷二長町へ移転。昭和七年(一九三二)焼失。

**いちむら-さんじろう【市村▼瓚次郎】**(一八六四〜一九四七) 東洋史学者。茨城県生まれ。東大卒。東洋史学創建に功績。著書に『東洋史統』など。

**いち-め【市女】** 昔、市で物を売った女。

**いち-めい【一名】** ①ひとり。用例 当選者は─のみ。②別名。異称。

**いち-めい【一命】** 一つのいのち。いのち。one's life 用例 ─をとりとめる。

**いちめ-がさ【市女▼笠】**《市に出かけるときに女性が用いたことから》菅や竹の皮で編み、中央が高くなった笠。↓図

**いち-めん【一面】** ①物事の一つの面。局面。one side; one aspect 比較 半面。対義 多面・全面。②新聞の第一ページ。the front page ③鏡・琴などの一個。④《副詞的》㋐全体。すっかり。all over 用例 ─の火の海。㋑ある見方では。反面。on the other hand 用例 美しい─、はげしさもある。

●市女笠

**いちめん-かん【一面観】** 一方だけから見た意見。

**いち-めんしき【一面識】** 一度会って知っていること。acquaintance 用例 ─もない。

**いちめん-てき【一面的】**(形動) 見方や意見などが一方にかたよっているさま。one-sided 対義 全面的。用例 ─な見解。

**いちめん-に【一面に】**(副) そのあたり全部に。すっかり。all over 用例 ─花が咲き乱れている。

**いちもう-さく【一毛作】** 同じ耕地に一年間に一種類の作物だけを作ること。水田で年一回イネを作り、冬は耕地を休ませるのはその典型。一季作。ひとけづくり。single-crop farming 対義 二毛作・三毛作。

**いちもう-だじん【一網打尽】**《ひとあみで魚を全部とることから》悪者一味を、一度にみんなつかまえること。用例 暴力団を─にする。

**いち-もく【一目】** ①かた目。②ちょっと見ること。一見。③碁で、目や石の一つ。

**一目置く**(いちもくおく)《碁の用語から》自分よりすぐれている者に敬意を表して、一歩をゆずる。尊崇の気持ちから、遠慮する。take off one's hat to a person 比較 一籌を輸する。

**いちもく-さん(に)【一目散(に)】**(副)《かけたり、逃げたりするとき》わき目もふらないで。いっさんに。at full speed

**いちもく-りょうぜん【一目▼瞭然】**(形動) 一目で明らかであるさま。as clear as day

**いち-もつ【一物】** ①一つのもの。あるもの。②あのもの。例のもの。③悪だくみ。用例 胸に─ある男。

**いち-もつ【▽逸物】** 家畜、とくに馬・牛・タカなどのすぐれたよいもの。いちぶつ。

**いち-もん【一文】** ①昔のお金で、一文銭。②少しのお金。用例 ─もない。③一つの文字。また、一つの文。

**一文にもならぬ**(いちもんにもならぬ) 銭一文にもあたいしない。わずかな価値もない。少しの利益にもならない。無駄な骨折りである。worthless 用例 こんなことをしても─。

**いち-もん【一門】** ①一家。一族。family; clan ②同じ宗門の者。③同じ師についた人。

**いち-もん【一問】**(名・サ変自) ①一つの質問・問題。a question ②一度質問すること。to ask a question 用例 もう─したい。

**いちもん-いっとう【一問一答】**(名・サ変自) 質問と返答とをかわるがわる繰り返すこと。question and answer

**いち-もんじ【一文字】** ①一という字。②一のように横にまっすぐなこと。straight line 用例 横─。③まっしぐらに進むこと。dash; rush 用例 真─。④刀工の一派とその作刀。鎌倉時代、備前(現在の岡山県)の則宗が祖。名工を輩出。名称は銘の「一」の字から。⑤掛け物の表装で、書画の上・下に横につける細い布。↓掛け軸図 ⑥歌舞伎の幕の一つ。舞台正面の上方にたれる横に長い黒幕。⑦楽家初代長次郎作の名物茶碗の一つ。⑧浮世絵版画で、空や空間を強調するために細く横一文字にすり出された箇所。

**いちもんじ-がさ【一文字▼笠】** 編み笠の一種。反りがゆるやかで遠くからみると「一」の文字のようにみえる。女用は藺笠、男用は菅笠。

**いちもんじ-ぎく【一文字菊】** キクの園芸品種の一つ。一重の花弁を平らに開く。

**いちもんじ-ぎり【一文字切(り)】** 竹製の花入れの一つ。花入れの生け口を真一文字に、まっすぐ横に切ったもの。寸切り。寸胴切り。

**いちもんじ-せせり【一文字▼挵▼蝶】** セセリチョウ科のチョウ。開張約三・五cm。灰黒褐色。とまったとき羽裏の一列に並ぶ白斑が目立つ。年三、四回発生。幼虫はイネツトムシ・ハマクリムシと呼ばれるイネの害虫で、淡緑色の紡錘形。日本全土・朝鮮半島・中国などに分布。↓図

●イチモンジセセリ

**いちもんじ-ちょう【一文字▼蝶】** タテハチョウ科のチョウ。開張約五cm。黒褐色の地に白斑がほぼ直線上に並ぶ。林の周辺に多い。食草はスイカズラ科の植物。日本全土に分布。↓図

●イチモンジチョウ

**いちもん-せん【一文銭】** 江戸時代の貨幣の一つ。銅銭および鉄銭の慶長通宝・元和通宝・寛永



▼常用漢字表外。　▽常用漢字表の音訓外。

通宝。

**いちもん-なし【一文無し】** お金の全然ないこと・人。おけら。むいちもん。penniless; broke

**いちもん-にんぎょう【一文人形】** 江戸時代に作られた土人形の一種。浅草の今戸焼の人形で子ども向きにつくられ、銭一文ほどの安価なものだった。

**いちもん-ふつう【一文不通】** 文字が一字もわからないこと。

**いち-や【一夜】** ①ひと晩。one night ②ある晩。a night

**いち-やく【一役】** ①一つの役。比較 ひとやく。②だいじな役目。③能で、シテ・ワキや、鼓・大鼓・笛などの役。

**いち-やく【一躍】** 一(名・サ変自) ①ひととび。a jump ②身分などが順序をふまないで進むこと。at a bound 用例 —して部長になる。二(副) 急にぐんと進んで。at a bound 用例 —有名になる。

**いちやく-そう【一薬草】** イチヤクソウ科の常緑多年草。林の中にはえる。葉は楕円形で数枚根出する。六～七月ごろ径約一・五cmの白い花が花茎の先に下向きに咲く。全草を薬用。↓図

●イチヤクソウ

**いちや-ざけ【一夜酒】** 甘酒。ひとよざけ。

**いちや-ずし【一夜▼鮨】** すしの一種。コハダ・イワシなどの小魚を塩と酢で締め、ご飯と交互に重ね、一晩発酵させて作る。生成り。早ずし。

**いちゃ-つ・く**(五自)《俗語》男女が仲よくふざけあう。flirt

**いちや-づくり【一夜作り】** ①ひと晩で作ること・物。②まにあわせに、急いで作ること・物。

**いちや-づけ【一夜漬(け)】** ①ひと晩漬けた、漬物。salted overnight ②にわか勉強。last-minute cramming

**いちやなぎ-とし【一柳▼慧】**(一九三三) 作曲家・ピアニスト。兵庫県生まれ。ジョン=ケージなどに師事。日本を代表する現代音楽家の一人。作品『空間の記憶』『循環する風景』など。

**いちゃもん** 《俗語》言いがかり。false charge 用例 —をつける。

**い-ちゅう【移駐】**(名・サ変自) 軍隊などが、よその地に移って、そこにとどまること。

**い-ちゅう【意中】** 心の中で思っていること。in one's heart

**意中の人物**(いちゅうのじんぶつ) 心の中で、あの人にしようと決めている、また、期待・嘱望している、その人。

**意中の人**(いちゅうのひと) 心に決めている人。多く、愛人。恋人。sweetheart

**いち-ゆう【一▼揖】**(名・サ変自) 軽く、会釈すること。

**い-ちょ【遺著】** 死後に出版された著作。posthumous work

**いちょう【▽銀▼杏・▽公▽孫▽樹・▼鴨▽脚▽樹】** ①イチョウ科の落葉大高木。高さ約四〇mにもなる。雌雄異株。春に緑色の小花が咲き、秋に黄色球形の種子を熟する。種子中のぎんなんは食用。原産中国。乳の木。ginkgo ②紋所の名。イチョウの葉を紋章化したもの。↓図

**い-ちょう【医長】** 大きな総合病院で、各科の主任の医師。用例 小児科—。

**い-ちょう【胃腸】** 胃と腸。stomach and intestines

**い-ちょう【▼萎▼凋】** おとろえしぼむこと。凋萎。

**い-ちょう【異朝】** 対義 本朝。①外国の宮廷。②外国。用例 遠く—をとぶらへば(平家・一・祇園精舎)。

**い-ちょう【移▼牒】**(名・サ変自) ↓いたつ(移達)

**い-ちょう【移調】**(名・サ変他) 音楽で、楽曲の音程関係は変えずに、全体の音高を上または下へ移すこと。transposition

**いち-よう【一葉】** ①一枚の葉。②紙・写真などの一枚。③小舟の一そう。

●イチョウ①
雄株の葉(右)と雌株に実る種子(左)。

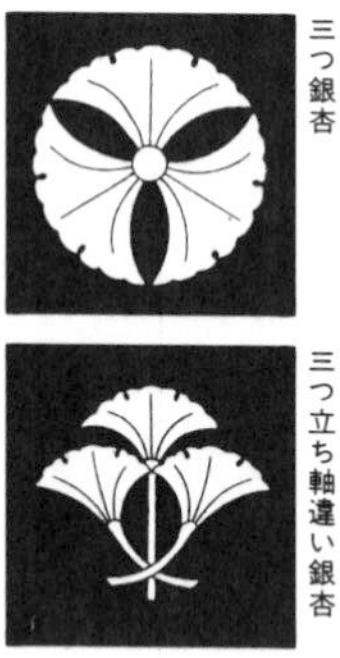
●銀杏②
三つ銀杏
三つ立ち軸違い銀杏

**一葉落ちて天下の秋を知る**(いちようおちててんかのあきをしる) 《落ち葉が一枚散ったことで、秋になったことを知る、の意から》ちょっとしたことから先々の凋落・没落が予知できる。類似 桐一葉落ちて天下の秋を知る。

**いち-よう【一様】**(形動) ①同じさま。同様。equal; same 対義 多様。用例 —な身なり。②ふつう。ordinary 用例 尋常—。

**いちょう-いも【▽銀▼杏芋】** ツクネイモの別名。↓ヤマノイモ図

**いちょう-がえし【▽銀▼杏返し】** 日本髪の一つ。束ねた髪の毛を分けて、二つの輪につくり、髷としたもの。江戸時代後期の一般女性の髪型。イチョウの葉に似ている。↓図

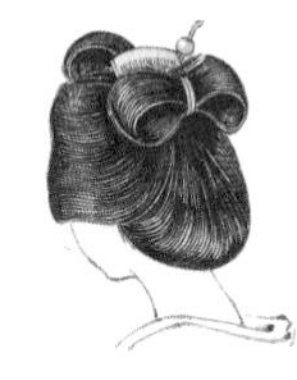
●銀杏返し

**いちょう-がっき【移調楽器】** 実音とは異なる調や音高で記譜される楽器。クラリネット・ホルンのような管楽器に多い。transposing instrument

**いちょう-がに【▽銀▼杏▼蟹】** 甲は赤いが、形がイチョウの葉に似た海産のカニ。甲長約六・五cm、甲幅約一〇cm。甲面は強く隆起し、全面微小な顆粒で密におおわれる。甲の前と側縁には二四個の三角形の突起が弧を描いて並ぶ。東京湾から土佐湾まで分布。

**いちょう-ぎり【▽銀▼杏切(り)】** 《形がイチョウの葉に似ていることから》野菜の切り方の一つ。円柱形の材料を縦四つに切り、端から薄く切る。

**いちょう-ごけ【▽銀▼杏▼苔】** 水面または湿地に生育するコケ類の一種。葉状体はイチョウの葉に似て扇形。裏面に紫色の鱗片がある。

**いちょう-しんけいしょう【胃腸神経症】** 胃腸や消化器にあらわれる神経症的な反応または機能障害。食欲不振・嘔吐・下痢など。neurosis of gastrointestinal truct

**いちょう-やく【胃腸薬】** 胃と腸に対して用いる薬物。健胃消化剤・制酸剤・下剤・整腸剤などがある。

**いちよう-らいふく【一陽来復】** 一(名・サ変自) ①春が来ること。新年。②ようやく運が向いてくること。二(名) 陰暦一一月の異称。また、冬至。

**いちよう-らん【一葉▼蘭】** ラン科の多年草。高山の針葉樹林にはえる。一茎に一葉で、葉は卵形。初夏に、茎頂にシュンランに似た淡緑色の花を一個つける。

**いち-よく【一翼】** ①一方のつばさ。one wing ②一部の役割。一つの持ち場。a part 用例 仕事の—をになう。

**いちらく-おり【一楽織】** 絹織物の一種。和泉の籠細工人、土屋一楽が創案した一楽編みに似た精妙な綾織りであるところからこの名がある。

**いち-らん【一覧】** 一(名・サ変他) ひととおり見ること。二(名) 一目でわかるようにしたもの。便覧。用例 作者—。

**いちらんせい-そうせいじ【一卵性双生児】** 一個の受精卵が分割して生まれたふたご。必ず同性。遺伝子組成が同じで形質・性格ともによく似る。enzygotic twins 対義 二卵性双生児。

**いちらん-ばらい【一覧払(い)】** 手形の支払期日の決め方の一つ。手形の支払いを要求された支払人に、その日のうちに全額支払う義務が生じるもの。小切手はすべて一覧払い。参着払い。payable at sight

**いちらんばらい-てがた【一覧払手形】** 手形の支払期限による分類の一つ。一覧払いをしなければならない手形。sight bill; demand draft 対義 期限付手形。

**いちらん-ひょう【一覧表】** 事柄を一目でわかるようにまとめた表。table; list

**いち-り【一利】** 一つの利益。

**いち-り【一里】** 尺貫法で、距離の単位の一つ。日本では、ふつう三六町。約三・九三km。

**いち-り【一理】** 一応はもっともな道理・理由。some reason; truth 用例 それも—ある。

**いちり-いちがい【一利一害】** 利益もあるが、また害もあること。一得一失。an advantage and a disadvantage 比較 一長一短。

**いち-りつ【一律】** ①同じ調子。monotony 用例 千篇—。②差をつけないこと。一様。uniformity 対義 多様。用例 —に支給する。

**いち-りつ【市立】** 《私立とまぎれないように言う》市で建てたこと・もの。しりつ。用例 —の高校。

**いちり-づか【一里塚】** 江戸時代、五街道をはじめ諸道に一里ごとに設けられた塚。↓写

**いち-りゅう【一流】** ①もっとも高い地位。第一流。the first class 比較 一派。対義 亜流・二流。②一つの流派。a school ③独特のやりかた。peculiarity ④《「一旒」とも》旗・のぼりなどの、一つ。

**いち-りゅう【一粒】** ひとつぶ。

**一粒万倍**(いちりゅうまんばい) 《ひとつぶの種子が、その万倍もの収穫を得させることから》わずかな資本で、大きな利益をあげること。用例 —の大もうけ。

**いちりゅうさい-ていざん【一竜斎貞山】** 講談師。現在八代まで。初代(一七九九-一八五五)は金上斎典山門下より独立。独眼だったため、伊達政宗の法号貞山院殿をとって貞山と称した。

**いちりゅう-ひん【一流品】** 品質・等級・技芸などが第一等であるとされるもの。

**いち-りょう【一両】** ①江戸時代の貨幣単位。一分の四倍。②重さの単位。一斤の一六分の一。③《俗語》一円。④《「一輛」とも》車一台。

**いち-りょう【一領】** 装束・鎧などのひとそろい。

**いち-りょうじつ【一両日】** 一、二日。きょうあす。a day or two

**いち-りん【一輪】** ①車輪の一つ。a wheel ②花の一つ。a flower 用例 —ざし。③まるいもの。④満月。

**いちりん-いけ【一輪生け・一輪▽活け】** いけばなで、花一輪を用いて生ける方式。

**いちりん-しゃ【一輪車】** ①前部に車輪が一個だけついた荷物用手押し車。猫車。箱車。wheelbarrow ②曲芸などに使われる一輪の自転車。monocycle ↓写(次ページ)

**いちりん-そう【一輪草】** キンポウゲ科の多年草。湿った草地や竹林にはえる。地下茎は横にはい、葉は三出して羽状に裂ける。春、白色の五弁花を一個つける。イチゲソウ。↓写

●一里塚 岩槻街道(東京都北区)。

●イチリンソウ



↓行き先項目、図版・写真参照印。 JIS 日本工業規格情報交換用漢字符号コード(区点コード)。

●一輪車①

●一輪車②

**いち-る【一▼縷】** ①ひとすじの糸。a thread ②ごくわずか。
**一縷の望み**(いちるののぞみ) かすかな希望。ごくわずかな見込み。a gleam of hope 用例 —をいだく。
**いち-るい【一塁】** ①一つの砦(とりで)。②野球で、打者が走者になったときに最初にふむ塁。ファーストベース。first base
**いち-るい【一類】** ①同類。一味。②なかま。「一族」
**いちるい-しゅ【一塁手】** 野球で一塁を守る選手。first baseman
**いち-れい【一礼】**(名・サ変自) 一度おじぎをすること。会釈すること。用例 —して去る。
**いち-れい【一例】** 一つの例。example 用例 —をあげる。
**いち-れん【一連】** ①ひと続き。a series 用例 —の事件。②《「一嗹」とも》印刷用の大判洋紙一〇〇〇枚。a ream ③綱でつないだものの、ひとつらなり。a string 用例 かつおぶし—。④《「一聯」とも》律詩で、一つの対句。a couplet
**いちれん-たくしょう【一▼蓮▼托生】** ①《仏教語》死後、ともに極楽に生まれて、同じ蓮華(れんげ)に乗ること。②《転じて》よくも悪くも、ともに行動すること。運をともにすること。
**いち-ろ【一路】** 日(名) 一本の道。a road 日(副) まっすぐ。よそ見をしないで。straight; directly 用例 —目的地に向かう。

**いち-ろう【一浪】** 入学試験に失敗した一年め。また、その人。
**いち-ろく【一六】** ①さいころの目の一と六。②一と六とをあわせた数。七。
**いちろく-ぎんこう【一六銀行】**《俗語。七と質(しち)が同音なので》質屋。pawnshop
**いちろく-しょうぶ【一六勝負】** ①さいころをふってする勝負ごと。ばくち。②運まかせの勝負。
**いちろ-へいあん【一路平安】**《道中の無事を祈って、旅立つ人に言う語》途中なにごともなく、安らかでありますように。
**いちろべ-ごろし【市▽郎▽兵▽衛殺】** ドクウツギの別名。

**イッ 1画【一】** 部首[一] 教育小1 JIS 1676
音 イチ・イッ
訓 ひと・ひとつ
**4画【▼弌】** 部首[弋] 異体字 JIS 4801
①ひとつ。対義 半(はん)。「帰一・択一・単一・不一・唯一(ゆいいつ)」「一所・一世・一朝一夕」用例(名)—に帰する。②かたほう。別の。「一書・一説・一方」用例(名)—は赤、—は白。③おなじ。ひとしい。「画一・均一・統一・同一」用例(名)志を—にする。軌を—にする。④もっぱら。「純一・専一」「一向・一徹」用例(名)—にかかって。
↓イチ[一]
**イッ 6画【▼聿】** 部首[聿] JIS 7070
音 イッ・イチ
①ふで。毛筆。②ここに。これ。語を発するときに用いる。③部首の一つ。ふでづくり。
**イッ 7画【▼佚】** 部首[人・亻] JIS 4837
音 イッ・テツ
①のがれる。うしなう。「散佚」②たのしむ。あそぶ。「安佚」③ほしいまま。おもうまま。
**イッ 11画【逸】** 部首[辶] 常用 JIS 1679
**12画【▼逸】** 部首[辶] 旧字
音 イッ・イチ
①はしる。のがれる。「逸走」②かくれる。よく知られていない。「隠逸」「逸話」③すぐれている。ぬきんでている。「秀逸」「逸材・逸足・逸品」④それる。はずれる。「逸脱」⑤うしなう。なくなる。「散逸」「逸機」⑥たのしむ。のんびりする。「安逸」「逸楽」用例(名)—にいて労を待つ。⑦ほしいまま。規則を守らない。「放逸」⑧はやる。いさみたつ。せきこむ。
**逸にいて労を待つ**(いつにいてろうをまつ)《孫子・呉子の兵法から》自軍はたっぷり休養をとって、遠くからやってきて歩きつかれた敵を待ち構え、倒す。
**イッ 12画【▼軼】** 部首[車] JIS 7737
音 イッ・テツ
①おいこす。つきでる。後ろから前へでる。②すぐれている。ぬきんでている。③うしなう。なくなる。④あふれる。こぼれる。
**イッ 12画【▼鳦】** 部首[鳥] JIS
音 イッ
ツバメ。スズメ目に属する鳥。
**イッ 13画【▼溢】** 部首[氵] JIS 1678
音 イッ
①あふれる。みちあふれて、こぼれる。「横溢」「溢血」②すぎる。度がすぎる。「溢美」
**イッ 16画【▼鴥】** 部首[鳥]
**16画【▼鴪】** 異体字 JIS 8282
音 イッ
はやい。鳥がはやくとぶさま。
**イッ 18画【▼鎰】** 部首[金] JIS 7913
音 イッ
①昔の中国の金貨の重さの単位。一鎰は二〇両、一説に、二四両。周代では、約三二〇〜三八四gにあたる。②かぎ。錠(じょう)の穴にいれて、あけたてする金具。
**イッ 23画【▼鷸】** 部首[鳥] JIS 8327
音 イッ
①シギ。チドリ目に属する鳥。「鷸蚌(いつぼう)」②カワセミ。ブッポウソウ目に属する鳥。
**いつ【五】** いつつ。ご。five 用例 —年(とせ)。
**いつ【▽何▽時】**(名・副) きまっていない時を言う語。どの時。when 用例 —うかがいましょうか。—のまにか。
**何時が何時迄**(いつがいつまで) いったいいつまでも。how long
**何時とても**(いつとても) いつであっても。いつでも。
**何時とも分かず**(いつともわかず) いつという決まりもない。
**何時に無い**(いつにない) 普段とは違っている。unusual
**何時の程にか**(いつのほどにか)「何時とは無く」と同意。
**何時のまさかも**(いつのまさかも)《「まさか」は目前・現在、の意》どのひとときも。いつでも。
**何時はあれど**(いつはあれど) いつでもそうであるけれども、とくに。
**何時はさもあれ**(いつはさもあれ) いつもは、どうであろうとも。
**何時迄も有ると思うな親と金**(いつまでもあるとおもうなおやとかね) いずれは必ず無くなるものを、当てにしてはいけない。
**何時を何時とて**(いつをいつとて) いつを限りの時と。
**いつ【▽厳・▼稜▽威】** 古語 威力がさかんなこと。尊くおごそかなこと。用例 —のをたけびふみ建(けた)びて(古事記・上)。

**い-づ【▽出づ】** 古語(下二自他) ①(自)↓でる(出る)。②(他)↓だす(出す)
**いつ-いつ【▽何▽時▽何▽時】** ①「いつ」を強めた語。用例 —までにできますか。②何月何日。用例 —までも。
**いっ-か【一下】** ひとたびくだること。用例 命令—。
**い-つう【胃痛】** 胃の痛み。stomachache
**いっ-か【一価】** 化学で、原子価やイオン価が一であること。また、官能基あるいは水素イオン・水酸化物イオンを一個含むこと。
**いっ-か【一家】** ①一軒の家。いっけ。a house ②うちじゅう。家族みんな。いっけ。family 用例 —をあげて。③学術・技芸などの独自の流派。school ④やくざの一団。family 用例 次郎長—。
**一家を機杼す**(いっかをきちょす) 独自の言説・文章を編み出して一派を立てる。
**一家を成す**(いっかをなす) ①学問・芸術などで、一方の権威となる。一流派を立てる。establish a school of ②子が独立して、家庭をもつ。make a home of ones own
**いっ-か【一荷】** 一人で、てんびん棒の両端にかけて担(にな)える荷物の量。また、その荷物。
**いっ-か【一過】**(名・サ変自) さっとすぎること。pass 用例 台風—。
**いっ-か【一▼顆】** 石・果物などの一個。ひとつぶ。用例 花後—を生ず。
**いっ-か【一箇・一▽個】**(接頭) 一つ。用例 —月。—所。
**いつ-か【五日】** ①月の第五日。the fifth day of a month ②五日間。five days 用例 風邪で—寝る。③五月五日。端午(たんご)の節句。
**いつ-か【▽何▽時か】**(名・副) ①はっきりしない時を表す。いつのまにか。unawares 用例 —秋になっていた。②遅かれ早かれ。いずれ。sooner or later 用例 —知れるに決まっている。③いつぞや。かつて。once 用例 —来た道。
**いっか-アルコール【一価アルコール】** 一分子内に水酸基を一個もつアルコール。エタノール・メタノールなど。monohydric alcohol
**いっ-かい【一介】**《「介」は微小の意》つまらないもの。取るに足りないもの。mere 用例 —のサラリーマン。
**いっ-かい【一回】** ①ひとたび。一度。once ②ひとまわり。one turn
**いっ-かい【一塊】** ひとかたまり。a lump 用例 —の土。
**いっかい-き【一回忌】** ↓いっしゅうき(一周忌)
**いっかい-せい【一回生】** 大学の、一年生。
**いつかいち【五日市】**〈町〉東京都西部、秋川市西隣の町。五日市街道の終点で、秋川渓谷の入り口。産業は農林業・製材など。人口二万一二八四(一九八八)。

**いっ-かいてん【一回転】**(名・サ変自) ひとまわりすること。one turn
**いっか-かんすう【一価関数】** 独立変数の一つの値に対し、従属変数の値がただ一つ定まる関数。single-valued function 比較 多価関数。
**いっ-かく【一角】** ①一つのすみ。corner ②一つのかど。corner ③一部分。part 用例 相手陣内の—。④雄の頭の先に一本の角が突き出ているイッカク科の哺乳(ほにゅう)動物。雄は体長約五m、雌はその半分。体は黒青色の地に灰青色の点が密集。約三mにも達する角は、上あごに二本ある歯のうち左側のものが伸びたもの。北極海、とくにシベリア側に分布。narwal ↓写

●イッカク④

**いっ-かく【一画】** ①漢字を書くときの、一筆で書く点・線。a stroke 用例 一点—。②《「一劃」とも》土地のひとくぎり。plot
**いっ-かく【一郭・一▼廓】** ①ひとかこいの土地。block ②そのあたり。neighborhood
**いっかく-さい【一角▼犀】** 吻(ふん)の上に一本の角をもつサイ。体長約三m、体重約三t。インドサイとジャワサイの二種のみ。
**いっかく-じゅう【一角獣】** ↓ユニコーン
**いっかくじゅう-ざ【一角獣座】** ほぼ天の赤道上にある星座。三月三日ごろの午後八時ごろに南中。面積四八一平方度。Monoceros
**いっかく-せんきん【一獲千金・一▼攫千金】** 苦労しないで、一度に大金を得ること。ぼろもうけ。make a fortune at a stroke 用例 —を夢見る。
**いっか-げん【一家言】** ひとかどの見識による意見・見解。one's own opinion
**いつか-しら【▽何▽時かしら】**(副) いつの

▼常用漢字表外。　▽常用漢字表の音訓外。

まにか。unawares 用例 —来てしまった。

**いっかせい-のうきょけつほっさ【一過性脳虚血発作】** 脳を循環する血液量の減少によって、二四時間以内に消失する片麻痺・しびれ・失語などを示す発作。脳梗塞の前兆。transient cerebral ischemic attack

**いっかせい-はいしんじゅん【一過性肺浸潤】** 数日〜二週間で完全に消失する肺の浸潤。好酸性白血球の増加が特徴。一種のアレルギー反応と考えられる。レフレル症候群。transient pulmonary infiltration

**いづ-かた【▽何方】** 古語(代)↓いずかた(何「方)

**いっ-かつ【一括】**(名・サ変他) ひとまとめにすること。to sum up 比較 総括。用例 —上程。—審議。

**いっ-かつ【一喝】**(名・サ変他) 大声でしかりつけること。to bark at 用例 —をくらう。

**いっ-かど【一角・一▽廉】**(名・副) ひとかど。somebody 用例 —の人間になる。

**いっか-な**(副)《下に打ち消しをともなって》どうしても。いっこうに。never 用例 —聞き入れない。

**いつか-ねつ【五日熱】** 第一次大戦中、とくにヨーロッパ戦線で流行したシラミが媒介する病気。高熱を五日の間隔で繰り返す。ざんごう熱。five-day fever

**いつか-は【▽何▽時かは】**(副) 遅かれ早かれ。いずれ。そのうちに。someday

**いっ-かん【一巻】** 書物の一冊。巻物の一つ。

**一巻の終わり**(いっかんのおわり) 事件などが、すべて終わること。また、命がつきること。

**いっ-かん【一▼竿】** 一本の釣りざお。

**一竿の風月**(いっかんのふうげつ) 釣りざおを友として釣りをし、俗世間のことを忘れて自然を楽しむこと。

**いっ-かん【一貫】** ㊀(名) ①尺貫法の重さの単位の一つ。一〇〇〇匁。約三・七五kg。②近世の貨幣の単位で、一〇〇〇文。㊁(名・サ変自他) ひとすじにつらぬくこと。consistency 用例 終始—。—した主張。

**いっ-かん【一管】** ①筆・笛などの、一本。②能の演奏形式の一つ。笛だけで、はやし事を吹奏すること。

**いっ-かん【一環】** ①鎖の一つの輪。②密接なつながりのあるものの一部分。a part 用例 教育の—。

**いっかん-さぎょう【一貫作業】** 原料から製品にするまでの工程を、一定の方針・規格で連続して処理していくこと。integrated operation

**いっかん-ばり【一閑張(り)】**《明からの渡来人、飛来一閑が作ったという》木や竹製の原型に紙をはり固め、漆塗りにした細工。用例 —の机。↓写

**いっ-き【一気】** ひといき。一呼吸。a breath; a respiration

**いっ-き【一季】** ①一年のうちの一つの時季。one season ②江戸時代、奉公人がつとめる一期間。一年を単位とした。用例 —半季の奉公人。

**いっ-き【一基】** 灯台・石どうろう・ミサイルなどの、一つ。

一閑張り

**いっ-き【一▼揆】** ①心を一つにすること。②中世、武士団の一形態。同族関係にこだわらない小領主の軍事的連合体。③支配者に抵抗し、自立・平等などを目的とした農民の集団蜂起。中世の土一揆や江戸時代以降の百姓一揆など。

**いっ-き【一期】** ①年月のひとくぎり。one term ②「第一期」の略。

**いっ-き【一▼簣】** 簣(=竹で編んだ、土運び用のかご)に一ぱい分。用例 九仞の功を—に虧く。

**一簣の功**(いっきのこう) 最後のふんばり。完成直前の努力。比較 九仞の功を一簣に虧く。

**いっ-き【一騎】** 馬に乗ったひとりの武士・兵。

**いっ-き【一▼饋】** 一回の食事。

**一饋に十起**(いっきにじっき)《中国で、夏の禹王が賢者を迎えるために、一回の食事中に一〇回も席を立ったという、『淮南子』などにみえる故事から》政治に熱心なことに言う。

**いっ-き【逸機】**(名・サ変自) チャンスをのがすこと。miss an opportunity

**いつき【五木】**〈村〉熊本県南部の村。山村だが、発電所ができ開発が進む。『五木の子守唄』で有名。人口二二八六(一九八八)。

**いっき-いちゆう【一喜一憂】**(名・サ変自) 事ごとに喜んだり、心配したりすること。to swing from joy to sorrow

**いっき-うち【一騎打(ち)】**(名・サ変自) 一対一の勝負。one on one struggle

**いっき-かせい【一気▼呵成】** ひといきに物事をなしとげること。to do something at a stretch 用例 —に仕上げる。

**いっ-きく【一▼掬】** ①ひとすくい。a scoop of ②わずか。心ばかり。small amount of 用例 —の同情。

**一掬の涙**(いっきくのなみだ) ①両手ですくうぐらいの、多くの涙。a bucketful of tears ②わずかな涙。また、貴重な涙。a few tears

**いっき-さく【一期作】** 一年の一回目の作付け。とくに、イネの二期作で第一回目のイネの作付けを言う。

**いっき-しゅぎ【一▼揆主義】**《Putschismus の訳》少数精鋭グループの武装蜂起によって政府を倒し、権力を奪いとることをめざす政治的立場や理論。バブーフやブランキなどが唱えた。

**いっき-とうせん【一騎当千】** 一騎で一〇〇〇騎を相手にするほど強いこと・人。一人当千。万夫不当。a match for a thousand 用例 —のつわもの。

**いっき-に【一気に】**(副) ひといきに。休まないで。at a breath; without a rest 用例 —飲む。

**いっ-ぎぬ【五▽衣】** 平安時代の男子の朝服。束帯の一そろい、表衣・下襲・半臂・単・引倍木をいう。

**いつきのこもりうた【五木の子守▼唄】** 熊本県五木村に伝わる子守唄。貧富の差や、きびしい封建性を反映して、暗い情緒と哀感が強い。

**いっき-のみ【一気飲み】**「いっき、いっき」の掛け声と手拍子に乗って、ジョッキ・コップなどに注いだビールや酒を一気に飲み干すこと。昭和六〇年(一九八五)ごろ若者の間で流行。

**いつき-の-みや【▽斎宮】** ①古代・中世、伊勢神宮に奉仕した未婚の内親王。またその住居。賀茂神社にもおかれたため、伊勢を斎宮、賀茂を斎院と区別。さいぐう。斎王。②大嘗祭のときの悠紀殿・主基殿。

**いつき-の-もち【居付(き)の▼餅】** 婚礼のつぎの日、嫁を披露するときに出す餅。嫁が生家へ戻ることなく安住するのを願うもの。

**いつき-ひろゆき【五木▽寛▼之】**(一九三二) 小説家。旧姓、松延。福岡県生まれ。早大を中途で退学。現代的なロマンの書き手。作品『蒼ざめた馬を見よ』『青春の門』など。

**いっ-きゃく【一脚】** ①一本のあし。②いす・机などの、一つ。

**いっ-きゅう【一級】** ①一つの階級。one rank ②第一位の等級。the first class 用例 —品。

**いっきゅう【一休】**(一三九四〜一四八一) 室町中期の臨済宗の僧。法名は宗純、号は狂雲子。後小松天皇の子。当時の堕落した禅宗界を鋭く風刺した。奇行に富み多くの逸話で知られる。詩集『狂雲集』。↓写

一休

**いっきゅう-かせん【一級河川】** 国土保全や国民経済上とくに重要な水系のうち、国の管理下にある河川。建設大臣が指定する。全国で一〇九水系、一万三〇〇〇以上の河川がある。

**いっ-きょ【一挙】** 一つの動作。一度の企て。

**いっきょ-いちどう【一挙一動】** 一つ一つの動作。一挙手一投足。

**いっ-きょう【一興】** ちょっとしたおもしろみ。fun 用例 それも—だ。

**いっ-きょう【一驚】**(名・サ変自) おどろくこと。surprise 用例 —を喫する。

**いっ-きょく【一曲】** 音楽の作品の、一つ。用例 —奏でる。

**いっ-きょく【一局】** 碁・将棋で、一勝負。

**いっきょしゅ-いっとうそく【一挙手一投足】** ①手足をちょっと動かすこと。転じて、わずかな労力。slightest effort 用例 —の労を惜しむ。②細かい、一つ一つの行動・動作。一挙一動。every movement 用例 —に気をくばる。

**いっきょ-に【一挙に】**(副) 一度に。ひといきに。at a stroke 用例 劣勢を—挽回する。

**いっきょ-りょうとく【一挙両得】** 一つのことをして二つの利を得ること。一石二鳥。killing two birds with one stone

**いっ-きん【一斤】** ①尺貫法で、重さの単位の一つ。一六〇匁。約六〇〇g。②食パンの、重さを基準にした単位。三八〇g前後。

**いっ-く【一句】** ①俳句一つ。用例 —ひねる。②和歌・俳句・漢詩の、ひとくぎり。一節。比較 一首。

**い-つ・く【居着く・居付く】**(五自) 住みつく。住み慣れる。settle down 用例 —・いて一〇年。

**いつ・く【▽斎く】** 古語(四自) 心身を清めて神に仕える。用例 神さびに—・きいますと(万葉・三・四二〇)。

**いつ・く【▼傅く】** 古語(四他) 大切にする。大事に育てる。用例 帳のうちよりも出ださず—・き養ふ(竹取)。

**いつく・し【▽厳し】** 古語(形シク) ①おごそかである。いかめしい。用例 そらみつ倭の国は皇神の—・しき国(万葉・五・八九四)。②美しい。りっぱである。用例 このみかどは、御心—・しく(大鏡・清和天皇)。

**いつく-しま【▽厳島】** 広島県西部、広島湾の島。面積三〇・二$km^2$。厳島神社で知られ、日本三景の一つ。原生林を残す。宮島。

**いつくしま-ぎれ【▽厳島▽裂・▽厳島切(れ)】** 名物裂の一種。緞子織物で想像上の動物「螭竜」の文様が織り出されている。

**いつくしま-じんじゃ【▽厳島神社】** 広島県佐伯郡宮島町の厳島北岸にある旧官幣中社。祭神は市杵島姫命ら宗像三神。海上安全・漁業守護の神社で、社殿は海中に建ち、平家ゆかりの文化財や史跡に富む。安芸国一の宮。↓写

**いつくしみ【慈しみ】** 慈しむこと。慈愛。affection

**いつくしみ-ぶか・い【慈しみ深い】**(形) 愛情が豊かだ。affectionate

**いつくし・む【慈しむ】**(五他) かわいがる。大切にする。cherish

**いっ-け【一家】**↓いっか(一家)

**いっ-けい【一系】** 続いている一すじの血統。single family line 用例 万世—。

**いっ-けい【一計】** 一つのはかりごと。計略。a plan 用例 —を案ずる。

**いっ-けつ【一決】**(名・サ変自) 一つにきまること。a decision 用例 衆議—。

**いっ-けつ【▼溢血】**(名・サ変自) 身体各所に発生するアワ粒大の出血。点状出血。ecchymosis

**いっ-けん【一犬】** 一匹のイヌ。

**一犬、影に吠ゆれば、百犬、声に吠ゆ**(いっけん、かげにほゆれば、ひゃっけん、こえにほゆ)「一犬、虚に吠ゆれば、万犬、実を伝う」と同意。

**一犬、虚に吠ゆれば、万犬、実を伝う**(いっけん、きょにほゆれば、ばんけん、じつをつたう) ひとりがうそを言うと、大勢の人々がそれを事実として言いふらすたとえ。一人、虚を伝うれば、万人、実を伝う。一犬、虚に吠えて、万犬、実を伝う。

**いっ-けん【一件】** ①一つのこと・事件。an affair 用例 —落着。②ある事柄。a case ③あのこと。例の物。the case 用例 例の—。

**いっ-けん【一見】** ㊀(名・サ変他) ①一度見ること。一度会うこと。seeing 用例 百聞は—にしかず。②ちょっと見ること。a glimpse 用例 —してわかる。㊁(副) ちょっと見たところ。at a glance 用例 —りっぱだが、安普請だな。

**一見、旧の如し**(いっけん、きゅうのごとし) 一度会っただけで意気投合し、旧知のように親しくなること。

厳島神社



↓行き先項目、図版・写真参照印。 JIS 日本工業規格情報交換用漢字符号コード(区点コード)。

**いっ-けん【一軒】**①母屋を中心とした、ひとまとまりの家。②棟でつながっている、ひとつづきの建物。③一戸。

**いっ-けん【一間】**①柱と柱との間。②もと、長さの単位の一つ。六尺。約一・八二m。

**いっ-けんしき【一見識】**↓いちけんしき(一見識)

**いっけん-や【一軒家・一軒屋】**①そのあたりに一戸しか建っていない家。一つや。solitary house ②独立した家屋。house

**いっ-こ【一己】**自分ひとり。自分だけ。personal 用例わたし—の考え。

**いっ-こ【一戸】**それだけで生活ができるようにまとまった一つの建物。一軒。用例—を構える。

**いっ-こ【一個・一▽箇】**一つ。one

**いっ-こ【一顧】**(名・サ変他) ちらと振り返ること。notice 用例—の価値はある。

**いっ-こう【一口】**①一つの口。②ひと振りの刀。

**一口に出ずるが如し**(いっこうにいずるがごとし) たくさんの人の言うことが、ひとりの口から出たように同じであること。異口同音。

**いっ-こう【一行】**①一つの行い。用例一言—。②連れの人々。同行。a party 用例—一四名。

**いっ-こう【一考】**(名・サ変他) 考えてみること。consideration 用例御—をわずらわしたい。—を要する。

**いっ-こう【一校】**①一つの学校。②学校全体。whole school ③校正で、㋐第一回の校正。初校。the first proof ㋑一回の校正。one proofreading

**いっ-こう【一向】**(副) ①《下に打ち消しをともなって》全然。at all 用例—に知らなかった。②ひたむきなさま。いちずなさま。一意。intently ③まったく。completely 用例—にごぶさたいたしております。

**いっこう-いっき【一向一▼揆】**室町後期から戦国時代にかけての宗教一揆。一向宗の僧侶や門徒の農民たちが政治的支配者に対して起こした一揆。

**いっこう-いってい【一高一低】**(名・サ変自) 高くなったり、低くなったりすること。a rise and a fall

**いっこう-しゅう【一向宗】**《一向に阿弥陀仏をいのる、の意から》浄土真宗の別称。

**いっ-こく【一石】**①尺貫法で、容積の単位の一つ。一斗の一〇倍。約一八〇ℓ。②木材の容積単位。一〇立方尺。約〇・二八$m^3$。③和船が荷をつめる単位。一〇立方尺。

**いっ-こく【一刻】**①わずかな時間。a moment 用例—も早く。②昔の時間の単位で、一時の四分の一。約三〇分。

**いっ-こく【一刻・一克】**(形動) 人の言を聞き入れないさま。がんこなさま。stubborn 用例—者。

**いっ-こく【一国】**一つの国。

**一国一城の主**(いっこくいちじょうのあるじ) ①一国・一城をもつ大名。feudal lord ②りっぱに独立している人。head of a household

**いっこくいちじょう-れい【一国一城令】**江戸幕府の大名統制策の一つ。元和元年(一六一五)発布。一国に一城のみおくことを定め、居城以外の城をすべて破壊。

**いっこく-しゃかいしゅぎ【一国社会主義】**先進資本主義諸国の革命を待たなくても、一国だけで社会主義革命を成功させることができるとする路線。一九二四年スターリンが提唱した。socialism in one state 比較永久革命論。

**いっこく-せんきん【一刻千金】**《蘇軾の『春夜詩』の「春宵一刻価千金」から》ひとときが千金にも値すること。楽しいときの、あまりにも早く過ぎゆくのを惜しんで言う。

**いっ-こじん【一個人】**=いちこじん。①団体の中の各人。an individual ②公の資格をはなれた、ひとりの人間。a private citizen

**いっこ-だて【一戸建て】**一軒の家。一戸一世帯の家。用例土地つき—住宅。

**いっ-こん【一献】**一杯の酒。また、酒杯をすすめること。また、小酒宴。用例—傾ける。

**いっ-さ【一茶】**↓こばやしいっさ(小林一茶)

**いっ-さい【一才】**木材などの一立方尺。

**いっ-さい【一切】**㊀(名) すべてのこと。everything 用例—を任す。㊁(副) まったく。すべて。all 用例—知らない。

**いっ-さい【一再】**一、二度。一、二回。

**いつ-ざい【逸材】**《「材」は、才の意》すぐれた人物。talent

**いっさい-うじょう【一切有情】**《仏教語》この世に生を受け、こころを有するすべてのいきもの。一切衆生。

**いっさい-がっさい【一切合切・一切合財】**(名・副) すべて。全部。everything

**いっさい-きょう【一切経】**大蔵経の別称。

**いっさい-しゅじょう【一切衆生】**《仏教語》この世に生きているすべてのもの。

**いっさいしゅじょう-しつうぶっしょう【一切衆生▼悉有仏性】**《仏教語》生あるものはすべて、生まれながらにして仏となる可能性を備えているということ。

**いっさい-たふ【一妻多夫】**一人の女性が同時に複数の男性を配偶者とする婚姻形態。複婚の一つ。チベットやインド山地民にみられる。polyandry 対義一夫多妻。

**いっさい-ならず【一再ならず】**(連語) 一度や二度でなく。たびたび。再三再四。again and again

**いっさい-ほう【一切法】**《仏教語》現象界に存在するすべてのもの。物質的なものも精神的なものも含めていう。一切諸法。万法。

**いっ-さく【一策】**一つのはかりごと。ある計略。a plan 用例窮余の—。

**いっ-さく【一昨】**(接頭) 年・月・日で、前の前のこと。用例—年。—日。

**いっさく-さく【一昨昨】**(接頭) 年・月・日などを言い表す接頭語で、一昨(=前の前)のさらに前のこと。用例—夜。

**いっさく-さくじつ【一昨昨日】**一昨日の前日。さきおととい。two days before yesterday

**いっ-さつ【一札】**一通の文書・手紙。

**一札入れる**(いっさついれる) 約束・わびを書いたものを相手に渡す。give a signed statement

**いっさつ-たしょう【一殺多生】**↓いっせつたしょう(一殺多生)

**いっ-さん【一山】**同じ境内にある本山・末寺の全体の称。また、そこのすべての僧。全山。

**一山の大衆**(いっさんのだいしゅ) 一寺院のすべての僧。

**いっ-さん【一▼粲】**《「粲」は、清く白いこと。白い歯を出して笑う意》笑いをさそう材料。

**一粲を博す**(いっさんをはくす) 《自作の詩文などをけんそんするときに言う》お笑いぐさになる。

**いっさん-いちねい【一山一寧】**(一二四七〜一三一七) 中国から渡来した臨済宗の僧。一二九九年元の使者として来日。南宋禅と朱子学を広めた。

**いっさんか-たんそ【一酸化炭素】**化学式CO 木炭などが不完全燃焼をするときに出る無色で無臭の有毒ガス。アルコールなどの原料。carbon monoxide

**いっさんかたんそ-ちゅうどく【一酸化炭素中毒】**一酸化炭素による中毒。一酸化炭素はヘモグロビンとの結合力が強いため、体組織に酸素が欠乏し、頭痛・めまい・吐き気・耳鳴りなどがおこり、手足が麻痺して意識を失う。多量に吸うと窒息死する。carbon monoxide poisoning

**いっさんかたんそちゅうどく-ほう【一酸化炭素中毒法】**炭鉱災害による一酸化炭素中毒患者の保護を目的とした特別措置法。昭和四二年(一九六七)に制定。同三六年(一九六一)の三井三池炭鉱の爆発事故が契機となった。

**いっさんか-ちっそ【一酸化窒素】**化学式NO 無色の気体。空気中で、赤褐色の二酸化窒素に変わる。硝酸の原料。亜酸化窒素。nitric monoxide

**いっさんか-なまり【一酸化鉛】**↓さんかなまり(酸化鉛)

**いっさんか-にちっそ【一酸化二窒素】**化学式$N_2O$ 常温で無色の気体。吸入すると顔の筋肉がゆるみ笑ったようになる。麻酔剤。亜酸化窒素。笑気ガス。dinitrogen oxide

**いっさん-に【一散に】**(副) ①いちもくさんに。at full speed ②ちりぢりに。in all directions

**いっ-し【一子】**①子のひとり。②ひとりっ子。only child ③碁で、一つの石。

**いっ-し【一矢】**一本の矢。

**一矢を報いる**(いっしをむくいる) ①敵の攻撃に反撃する。return a blow ②人の非難に反論を加える。retort

**いっ-し【一死】**①死を強めた語。用例—報国。②野球で、ワンダウン。ワンアウト。

**いっ-し【一糸】**①糸ひとすじ。a thread ②もと、日本の重さの単位の一つ。一分の一〇〇〇分の一。

**一糸纏わず**(いっしまとわず) 一枚の衣服もからだにつけていない。すっぱだかである。stark-naked

**一糸乱れず**(いっしみだれず) 少しも乱れず、きちんとそろうさま。in perfect order

**いっ-し【一指】**ゆび一本。

**一指も触れさせない**(いっしもふれさせない) ①少しも攻め入らせない。keep inviolate ②少しの文句も許さない。keep absolutely intact

**いっ-し【逸史】**正史から漏れて書かれなかった事実・歴史。anecdotal history

**いつ-じ【逸事】**世間に知られていない、隠れた事実。anecdote

**いつ-しか【▽何▽時しか】**(副) ①いつのまにか。before one knows ②遅かれ早かれ。sooner or later

**いっ-しき【一式】**ひとそろい。a complete set 用例礼装—。

**いっ-しき【一色】**ひとしな。一種類。ひといろ。

**いっしき【一色】**〈町〉愛知県南部、知多湾に臨む町。底引き漁業、海苔・ウナギ養殖のほか、園芸農業などもさかん。人口二万五三一六(一九八八)。

**いっしき-し【一色氏】**室町時代の守護大名。足利氏の一族で四職の一つ。

**いっしき-もの【一色物】**生け花で、一種の花材のいろいろな姿や色を取り合わせて立てる立花の形式。松・桜・紅葉・蓮・菊・杜若・水仙の七種を七一色という。

**いっし-そうでん【一子相伝】**秘伝を、代々の子の中のひとりだけに伝えること。

**いっ-しつ【一失】**一つの失敗・損失。用例千慮の—。

**いっしつ-りえき【逸失利益】**損害賠償の対象となる損害のうち、損害賠償請求の発生事実がなければ得られたと考えられる利益。

**いっし-どうじん【一視同仁】**だれかれの差別をせずに、同じように愛すること。universal brotherhood

**いっし-はんせん【一紙半銭】**《紙一枚と半文の銭、の意から》わずかなもののたとえ。

**いっ-しゃく【一勺】**①尺貫法の容積の単位の一つ。一合の一〇分の一。約〇・〇一八ℓ。②土地の面積の単位の一つ。一坪の一〇〇分の一。約〇・〇三三$m^2$。

**いっ-しゃく【一尺】**尺貫法の長さの単位の一つ。一寸の一〇倍。約三〇・三cm。

**いっしゃく-はっすん【一尺八寸】**①暴風雨の前兆として恐れられた笠雲(層積雲)の異称。②《延宝年間(一六七三〜八一)以降、囲い女郎の揚げ代が銀一八匁だったことから》囲い女郎の異称。③その長さから鎌の柄の異称。④江戸幕府が規制した、大脇差の最大限の寸法。

**いっしゃ-せんり【一▼瀉千里】**①川の流れが速くて、すぐ遠くへ流れさること。at top speed ②物事が速くはかどること。swiftly 用例—に書き上げる。③文章や弁舌が、なめらかに流れるようで、快いこと。fluently

**いっ-しゅ【一朱】**①江戸時代の貨幣の単位。一両の一六分の一。②「一朱金」「一朱銀」の略。

**いっ-しゅ【一首】**和歌・漢詩の一つ。比較一句。

**いっ-しゅ【一種】**㊀(名) ①一つの種類。a kind ②同種で少し違うもの。ある種。a kind of ③第一種郵便物のこと。封書。㊁(副) 少し。用例—特別な。

**いっ-しゅう【一周】**(名・サ変自) ひとまわりすること。ひとまわり。one round

**いっ-しゅう【一宗】**仏教の、一つの宗派。用例—一派にかたよらない。

**いっ-しゅう【一週】**「一週間」の略。

**いっ-しゅう【一▼蹴】**(名・サ変他) ①相手を軽くはねのけ、負かすこと。beat easily ②すげなくはねつけること。turn down 用例要求を—する。嘆願を—する。

**いっしゅう【壱州】**壱岐国。

**いっしゅう-かん【一週間】**七日間。a week

**いっしゅう-き【一周忌】**死後一年目の日にする法事。一回忌。一年忌。

**いっしゅう-ねん【一周年】**満一年。まる一年。the first anniversary 用例開店—記念セール。

**いっしゅ-きん【一朱金】**江戸時代の貨幣の一つ。一両の一六分の一。幕府財政収入の増収を目的として文政七年(一八二四)に鋳造。金含有率一二%という江戸時代の金貨のうち最悪質のもの。文政一朱金。

**いっしゅ-ぎん【一朱銀】**江戸時代の貨幣の一つ。長方形の銀貨。一両の一六分の一。文政一二年(一八二九)鋳造。

**いっ-しゅく【一宿】**(名・サ変自) 一晩泊まること。一泊。stay overnight

**いっしゅく-いっぱん【一宿一飯】**一晩泊めてもらい、一回食事をふるまわれること。用例—の恩義。

**いっ-しゅん【一瞬】**《一度まばたきすることから》ほんのわずかな時間。またたくま。一せつな。an instant 用例—の出来事。

**いっ-しょ【一所】**①一か所。一つの場所。②

同じところ。用例 — に会する。

**いっ-しょ【一書】** ①一通の手紙。a letter ②ある書物。異本。a book 用例 — に言う。

**いっ-しょ【一緒】** 一(名)①一つに集まること。集めること。to gather 用例 — にする。②区別がつかない状態であること。同じ。like 用例 そんな行為は、赤ん坊と — だ。③ともに行動すること。to act together 用例 — に遊ぶ。二(名・サ変自)《ふつう、上に「御ご」をつけて言う》同行すること。つれだって行くこと。accompany

**一緒になる**(いっしょになる) 男女が結婚生活に入る。marry

**いっ-しょ【逸書・佚書】** 名が残っているだけで、その内容が伝わっていない本。

**いっ-しょう【一升】** 尺貫法で、容積の単位の一つ。一斗の一〇分の一。約一・八ℓ。

**一升入る壺**(いっしょういるつぼ) 一升入りの容器には一升しかはいらない。ものには限りがあることのたとえ。

**いっ-しょう【一生】** 生まれてから死ぬまで。生涯。lifetime

**一生を終える**(いっしょうをおえる) 死ぬ。die

**いっ-しょう【一将】** ひとりの将。ある大将。

**一将、功成りて万骨枯る**(いっしょう、こうなりてばんこつかる)《中国、唐代の曹松そうしょうの詩から》大将ひとりは手柄になったが、戦死した多くの兵は報われないでしまう。It takes tens of thousands of soldiers to make one general.

**いっ-しょう【一笑】**(名・サ変自) 笑うこと。laugh 用例 破顔 —。

**一笑に付する**(いっしょうにふする) 笑って相手にしない。laugh off

**一笑を買う**(いっしょうをかう) 笑い者になる。be laughed at

**いっしょう-がい【一升買い】** 貧乏なので、そのつど少しずつ米を買うこと・人。

**いっしょう-がい【一生涯】** 一生。終生。one's lifetime

**いっしょう-けんめい【一生懸命】**(形動) 《「いっしょけんめい(一所懸命)」の転》物事を一心にするさま。for one's life

**いっしょう-さんたん【一唱三嘆・一倡三歎】**(名・サ変自) 一度読んで何度も感心すること。一読三嘆。

**いっしょう-ます【一升枡・枡】** 一升(約一・八ℓ)の容量を計る枡。米屋や酒屋で使われていた。

**いっ-しょく【一色】** ①一つの色。ひといろ。用例 緑 — の野原。②それが多いこと。用例 反対 —。

**いっしょく-そくはつ【一触即発】** ちょっとふれただけで、すぐに爆発しそうなこと。はなはだ危険な情勢のこと。a touch and go situation

**いっしょ-くた【一緒くた】**(形動) ごちゃまぜ。

**いっしょ-けんめい【一所懸命】** 一(名) 封建時代に、自己の領地を命がけで保ち、生活の頼みとしたこと。二(形動) 命がけで、まじめに努力するさま。一心。一生懸命。for one's life

**いっしょ-に【一緒に】**(副) ①ひとまとめに。いっしょくたに。together ②同時に。simultaneously; at the same time 用例 手をはなすと — ころんだ。③つれだって。together 用例 — 出かける。

**いっしょ-ふじゅう【一所不住】** ①きまった住所をもたないこと・人。vagrant ②《仏教語》一か所に住みつかず、あちこち修行して歩くこと。

**いっ-しん【一心】** ①一つの心。one mind 用例 — 同体。②心を一つのことに集中すること。wholeheartedness 用例 — に祈る。

**いっ-しん【一身】** ①自分のからだ。one's body ②全身。whole body

**一身に味方無し**(いっしんにみかたなし) 世の中には、自分以外頼るものはいない。一身のほか味方なし。

**いっ-しん【一新】**(名・サ変自他) すっかり新しくなること。すべてを改めること。renovation

**いっ-しん【一審】** 訴訟事件を審級の異なる裁判所で順次争うことが認められている場合、最初に訴訟を受理する権限をもつ裁判所によって行われる審判。始審。第一審。first trial 対義 二審。用例 — で無罪。

**いっしん-いったい【一進一退】**(名・サ変自) 《進んだり退いたり、の意から》物事のはかどらないこと。advance and retreat

**いっしん-きげん【一新紀元】** 物事が根本的に改まった最初の年。いちしんきげん。

**いっしん-きょう【一神教】** ただ一つの神だけを認め、信仰の対象とする宗教。ユダヤ教・キリスト教・イスラム教など。monotheism 対義 多神教。

**いっしん-じょう【一身上】** 自分の身の上や境遇に関すること。personal 用例 — の都合。

**いっしんせんぞく-けん【一身専属権】** 他人に相続・譲渡じょうとすることや他人が代わって行使することが許されない権利。親権・選挙権など。entirely personal rights

**いっしん-たすけ【一心太助】**(生没年未詳) 江戸前期の魚屋。大久保彦左衛門おおくぼひこざえもんに愛されたという。実録本・歌舞伎かぶきなどに江戸っ子気質の町人として登場。

**いっ-しんとう【一親等】** 親等の一つ。本人または配偶者から見て一世をへだてる人との関係。父母、子、子の配偶者、配偶者の父母など。一等親。対義 二親等・三親等。

**いっしん-どうたい【一心同体】** 二人以上の人が、心が一つ、体が同じとなるような、強い結びつきになること。be one in body and mind 用例 夫婦は —。

**いっしん-ふらん【一心不乱】** 一つのことに心を注いで、他のことで心が乱れないこと。intently

**いっ-すい【一炊】** 一度、飯をたくこと。

**一炊の夢**(いっすいのゆめ) 「邯鄲かんたんの夢」と同意。

**いっ-すい【一睡】**(名・サ変自) ちょっと眠ること。ひとねむり。a snatch of sleep 用例 — もしない。

**いっ-すい【溢水】**(名・サ変自他) 水が満ちてあふれ出ること。また、あふれさせること。overflow

**いっ・する【逸する】**(サ変自他) ①(自)はなす。はなれる。deviate from 用例 常軌を —。②(他)㋐にがす。にげる。miss 用例 チャンスを —。㋑落とす。落ちる。忘れる。overlook 用例 この点を — な。

**いっ-すん【一寸】** ①尺貫法の長さの単位の一つ。一尺の一〇分の一。約三㎝。②わずかなこと。ほんの少しのこと。little

**一寸先は闇**(いっすんさきはやみ) すぐ先に何が起こるか、わからない。将来のことは予測できない、というたとえ。Nobody knows what may happen tomorrow.

**一寸下は地獄**(いっすんしたはじごく) 《「一寸」は、舟底の板の厚さ》船乗りの危険なことのたとえ。板子一枚下は地獄。There is but a plank between the sailor and eternity.

**一寸の光陰、軽んず可からず**(いっすんのこういん、かろんずべからず) ちょっとの時間も、無駄にしてはならない。Make hay while the sun shines.

**一寸延びれば尋延びる**(いっすんのびればひろのびる) 目の前の困難を切り抜ければ、先に行って楽になる。

**一寸の虫にも五分の魂**(いっすんのむしにもごぶのたましい) 《自らの意地などを示して、言う》ほんの小さな弱いものも、それ相応の誇りをもっている。Tread on a worm and it will turn.

**いっすん-のがれ【一寸逃れ】** せまられて、その場だけごまかすこと。

**いっすん-ぼうし【一寸法師】** ①非常に背の低い人。dwarf ②室町時代の御伽草子おとぎぞうしの一つ。③昔話の一つ。翁おきなと媼おうなが願をかけて授かった子が、鬼を退治し、打ち出の小槌こづちによって背が伸び、めでたく栄えたという話。また、その話の主人公。

**いっ-せ【一畝】** 尺貫法の土地の面積の単位の一つ。一反たんの一〇分の一。約〇・九九a。

**いっ-せ【一世】** 《「いっせい」と区別する》①《仏教語》過去・未来・現在の三世さんぜのうちの一つ。用例 親子は —、夫婦は二世。②一生。終生。one's lifetime ③一代。いっせい。one generation

**いっ-せい【一世】** 《「いっせ」と区別する》①一生。a lifetime ②その時代。the age 用例 — の大詩人。③君主などがその地位にあった間。一代。a reign ④西欧で、同名の法王や皇帝、また大金持ちの最初の人の呼び名。the first ⑤移住民の初代の人。⑥《子を二世と言うのに対して》親。

**一世を風靡する**(いっせいをふうびする) 社会全体に、その力をみとめさせる。

**いっ-せい【一声】** ①ひとこえ。a shout ②能楽で、謡曲構成の一単位となる歌曲の名。七五調の韻文。シテの登場直後、舞の直前などに用いられる。③能のはやし事。笛と大小の鼓で化身・幽霊などの登場に用いる。

**いっ-せい【一斉】** 同時。all at once 用例 — 射撃。

**いっせいいちげん-の-せい【一世一元の制】** 天皇一代の間、元号を一つにして改めない制度。明治元年(一八六八)制定。

**いっ-せいき【一世紀】** ①西暦紀元で、最初の一〇〇年間。the first century ②一〇〇年間。a century 参考 一九〇一年から二〇〇〇年までが二〇世紀。

**いっせ-いちだい【一世一代】** 《「一世」を強めた語》①一生。一生涯。one's lifetime ②一生に一度しかないこと。once in a life 用例 — の面目をほどこす。③役者が引退の前に得意の役を演ずること。

**いっせい-に【一斉に】**(副) 一度に。同時に。いちどきに。all at once

**いっせい-めん【一生面】** →いちせいめん(一生面)

**いっ-せき【一夕】** ①ひとばん。one evening ②ある夜。ある晩。one evening 用例 一朝 —。

**いっ-せき【一石】** 一つの石。

**一石を投ずる**(いっせきをとうずる) 一つの問題をなげかける。give rise to a controversy

**いっ-せき【一隻】** 船の、一つ。一そう。

**いっ-せき【一席】** ①演説・講談などの、一回。用例 — 弁じる。②ちょっとした宴会。a party 用例 — 設ける。③作品などの出来ばえの第一位。the first prize 用例 — に選ばれる。

**一席伺う**(いっせきうかがう) 《落語などの前口上に言う》聞き手を前にして、話をする。

**一席打つ**(いっせきぶつ) 人前で、威勢よく、演説したり話をしたりする。make a speech 用例 持論を —。

**一席設ける**(いっせきもうける) 《多く、歓待の気持ちを表して言う》ちょっとした宴会などを開く。また、その用意をする。give a party

**いっせき-がん【一隻眼】** ①片方の目。一眼。隻眼。②ひとかどの見識。用例 — をそなえる。

**いっせき-にちょう【一石二鳥】** 一つの事で、二つの利を得ること。一挙両得。kill two birds with one stone

**いっ-せつ【一節】** ①文章・楽章などの、ひとくぎり。a paragraph ②プロ野球などの日程の、ひとくぎり。a period

**いっ-せつ【一説】** ①一つの意見。one opinion ②別の説。another opinion 対義 通説。

**いっ-せつ【一切】**(副) いっこう。全然。

**いっせつ-たしょう【一殺多生】** 《仏教語》一つの生命を奪うかわりに、他の多くの生命を助けること。いっさつたしょう。用例 — の仏心。

**いっ-せつな【一刹那】** 一瞬。せつな。

**いっ-せん【一閃】**(名・サ変自) ぴかりと光ること。その光。a flash 用例 電光 —。

**いっ-せん【一戦】**(名・サ変自) 一回の闘い。一度の勝負。a battle 用例 — を交える。

**いっ-せん【一銭】** 《「いちせん」の変》①貨幣の単位。一円の一〇〇分の一。②ごくわずかの金銭。

**一銭を笑う者は一銭に泣く**(いっせんをわらうものはいっせんになく) 一銭を少額と言ってばかにする者は、そのわずかな金で泣く思いをすることになる。わずかなものでもばかにしてはいけないという、倹約の大事なことを説いた教訓。Take care of the penny.

**いっ-せん【一線】** ①一本の線。②区切り。けじめ。用例 — をこえる。③戦線のいちばん前の陣。直接、事にあたって、はなばなしく働く立場。第一線。the front line 用例 — 級の投手。

**一線を画する**(いっせんをかくする) はっきり区別する。区別をうやむやにしない。make a clear distinction

**いっせん-ぎり【一銭切(り)】** 戦国・安土あづち桃山時代の刑の一つ。一銭でも盗めば斬刑ざんけいに処したからとも、一銭も残さず財産を没収したからとも、あるいは刑場の雑役人に斬り賃一銭で首を切らせたからともいう。

**いっせん-だい【一闡提】** 《icchantika梵の音写。成仏する素質や縁をもたない人、の意で、「断善根」と漢訳》仏法を求めようとしないため、成仏することができないとされる者。闡提。

**いっ-そ**(副) 《「いっそう」の約》あれかこれか選択に迷って、まったく違ったものを選ぶ気持ちを表す。むしろ。かえって。ひとおもいに。rather 類似 いっそのこと。

**いっ-そう【一双】** 屛風びょうぶなど、二つで一組みになるもの。

**一双の玉臂、千人の枕**(いっそうのぎょくひ、せんにんのまくら) 《二本の腕が一〇〇〇人の男の枕になる、の意から》遊女の境遇のこと。

**いっ-そう【一掃】**(名・サ変他) きれいに払いのけること。sweep away 用例 不安を — する。疑惑を — する。

**いっ-そう【一層】** 一(名)《建物や地層など重なり合ったものの》①一段。一階。the first step 用例 — 楼。②いちばん下の段。一階め。

㈡(副) ひときわ。いちだんと。still more 用例 ―努力する。

**いっ-そう【一▼艘】** 船の、一つ。一せき。

**いっ-そう【逸走】**(名・サ変自) ①走って逃げること。to run away ②本来の進路からそれて走ること。swerve

**いっそう-いちもく【一草一木】** 一本の草と、一本の木。

**一草一木、各一因果**(いっそういちもく、かくいちいんが)《仏教語》一本の草や木も、それぞれ因果にもとづいた存在であるということ。

**いっ-そく【一足】** はきものの、左右ひとそろい。

**いっ-そく【逸足】** ①足が速いこと・馬。②すぐれた門人。

**いっそく-とび【一足飛び】** ①両足をそろえて飛ぶこと。②順序を経ないで飛びこすこと。一躍。to leap in a single bound ③急いで走ること。to run quickly

**イッソス-の-たたかい【イッソスの戦い】** 前三三三年、マケドニアのアレクサンドロス大王が、シリアのイッソスでペルシアのダレイオス三世を撃破した戦い。大王の大帝国建設への基礎が固められた。Battle of Issus

**いっそ-の-こと【いっその事】**(連語) 思いきって。いっそ。むしろ。would rather

**いつ-ぞや【▽何▽時ぞや】**(副) まえに。さきごろ。かつて。the other day 用例 ―は失礼しました。

**いっ-そん【一村】** ①一つの村。a village ②村全体。whole village 用例 ―の喜びとなった。

**いっ-たい【一体】** ㈠(名) ①一つのからだ。一つに合わさったもの。同じもの。用例 夫婦―となって働く。表裏―。②神仏・彫刻などの、一個。③死体の、一つ。④一つの様式・体裁。用例 和歌の―。㈡(副) ①《疑い、とがめる気持ちで》だいたい。on earth 用例 ―どうしたのだ。②もともと。元来。総じて。originally 用例 ―に、この研究は難事だ。

**いっ-たい【一帯】** ①ひとすじ。ひと続き。a tract ②その付近全体。そのあたり一面。all around

**いったい-ぜんたい【一体全体】**(副)「いったい」㈡を強めた語。what on earth 用例 ―なにが起こったのだ。

**いつ-だつ【逸脱】**(名・サ変自) ①ほんすじからそれること。deviation ②文化人類学で、特定社会の法律・道徳・礼儀など社会的規範からはずれた行為・結果。deviation

**いっ-たん【一反・一▽段】** ①尺貫法で、距離の単位の一つ。一町の一〇分の一。約一〇・九m。②土地の面積の単位の一つ。一町の一〇分の一。一〇畝。約九・九二a。③織物の単位の一つ。くじら尺で長さ二丈八尺から三丈、幅九寸五分から一尺。長さ約一一・六六m、幅約三五cm。

**いっ-たん【一端】**《「いっぱし」は別語》①一方のはし。かたはし。one end 用例 さおの―。②一部分。a part 用例 研究の―。

**いっ-たん【一▼簞】**《「簞」は、竹で編まれた容器・食器》簞に一杯の飯。

**一簞の食、一瓢の飲**(いったんのし、いっぴょうのいん)《簞にたった一杯の飯と、ひさごに一杯の飲み物、の意》貧しい生活のたとえ。

**いっ-たん【一▼旦】**(副) ①途中で。halfway 用例 ―止める。②ひとたび。…のときには。once ③ちょっとでも(…すれば)。at once 用例 ―火がついたら。

**一旦、緩急有れば**(いったん、かんきゅうあれば)《「緩」には意味がない》ひとたび緊急なことが発生すれば。

**いっ-たんじ【一▽弾指】**《仏教語》一度指をはじく間。ほんのわずかな間。一瞬。いちだんし。

**いっ-ち【一致】**(名・サ変自) 一つになること。多くのものが一つに合うこと。agreement 用例 満場―。―協力。

**いっち-はんかい【一知半解】** ろくに知りもしないこと。なまかじり。半可通。smattering

**いっ-ちゃく【一着】** ①競走などで、いちばん早く、めざす地点につくこと。the first place ②衣類を数えることば。用例 背広―。

**一着に及ぶ**(いっちゃくにおよぶ) 着物・洋服を着る。

**いっ-ちゅう【一▼籌】**《「籌」は、勝負を争うときの数取りの具》一つのはかりごと。

**一籌を輸する**(いっちゅうをゆする)《「一着を輸する」は誤り》やや劣る。負ける。比較 一目置く。

**いっちゅう-きき【一▼炷聞き】** 香道で、名香をひとくゆらしして、あじわうこと。いっしゅきき。

**いっちゅう-ぶし【一中節】** 浄瑠璃の一流派。元禄ごろ(一七世紀末)都太夫一中が京都で語り始めた。上品で重厚な芸風。古曲の一つ。

**いっ-ちょう【一丁】** ①町の中の小分け。用例 本町―目。②本の表と裏の両ページ。③豆腐・鼓・かご・こし・すき・くわ・かみそり・包丁などの、一個。④料理一人前。用例 ラーメン―。⑤ひと勝負。用例 ―行こう。

**いっ-ちょう【一丁・一▼挺・一▼梃】** 鉄砲・やり・墨などの、一本。

**いっ-ちょう【一町】** ①尺貫法で、距離の単位の一つ。六〇間。約一〇九m。②土地の面積の単位の一つ。一〇反。約九九・二a。一町歩。③一つの町。用例 ―一村。

**一町に三所**(いっちょうにみところ) 非常にまばらなこと。きわめてまれなこと。

**いっ-ちょう【一張】** 琴・弓・幕などの、一つ。ひとはり。

**いっ-ちょう【一朝】** ㈠(名) ①ひとあさ。②ある朝。one morning ③わずかの間。in a short time ㈡(副) ひとたび。いったん。once 用例 ―事あるときは。

**一朝の怒りに其の身を忘る**(いっちょうのいかりにそのみをわする)《短気を戒める語》一時の怒りに、前後の見境をなくしてしまう。

**いっ-ちょう【一調】** ①能の演奏形式の一つ。曲の一部を一つの打楽器(＝小鼓か大鼓)の伴奏で一人でうたうこと。②長唄囃子の用語。小鼓の独奏。③歌舞伎下座音楽の用語。武将・大名の出入りに奏する小鼓の曲。

**いっちょう-いっし【一張一▼弛】** 気をはったり、ゆるめたりすること。

**いっちょう-いっせき【一朝一夕】** わずかの時日。in a day; overnight 用例 ―にはできない。

**いっちょう-いったん【一長一短】** 長所もあり、短所もあること。merits and demerits 比較 一利一害。

**いっちょう-じ【一丁字】**→いっていじ(一丁字)

**いっちょう-まえ【一丁前】**《俗語》いちにんまえ。いっちょまえ。用例 ―にやるじゃないか。

**いっちょう-ら【一張羅】** ①たった一着の晴れ着。one's Sunday best ②一着しかない衣服。one's only clothes ③一枚看板。

**いっ-ちょくせん【一直線】** ①一本の直線。line ②物事の筋道がまっすぐに通っていること。straight ③わきめもふらないこと・さま。straight 用例 ゴールめざして―。

**いっちょ-まえ【一▽丁前】**→いっちょうまえ(一丁前)

**いつ-つ【五つ】** ①五。五個。五歳。五番目。いつ。five ②昔の時刻の名。今の午前と午後の八時ごろ。いつつどき。

**い-づつ【井筒】** ①井戸の地上部分の囲い。木・石などで円形または方形に囲む。井戸側。化粧側。②紋所の名。方形の井筒にかたどったもの。平井筒・角立井筒・重井筒など。井桁。↓図

**いっ-つい【一対】** 二つで一そろいになること。その一そろい。a pair 用例 好―。

**いっ-つう【一通】** 書類・手紙などの、一つ。a copy

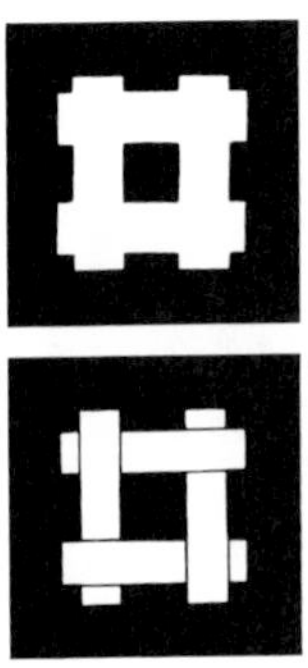
●井筒② 平井筒 組み平井筒

**いつつ-ぎぬ【五つ▽衣】** 女房装束の一つ。平安時代以後、単の上、表着の下に袿を五枚重ねて着た。のちには、一枚の衣で袖口や裾を五枚重ねのように仕立てた。五つ重ね。五つ重ね袿。→女房装束図

**い-つづけ【居続け】**(名・サ変自) よそ、とくに遊里などで、長い間遊んでいて自分の家に帰らないこと。流連。stay out

**いつつ-もん【五つ紋】** 和装の礼服につける五つの家紋。また、五つ紋のついた礼服。染め抜きの日向五つ紋がもっとも正式とされる。背紋一・袖紋二・抱き紋二の合計五つ。↓写

●五つ紋 抱き紋(上)、背紋・袖紋(下)。

**いっ-て【一手】** ①一つの方法。one way 用例 押しの―。②自分の所だけであつかうこと。独占。monopoly 用例 ―販売。③碁・将棋で、石・こまを一回打つ・動かすこと。a move

**いっ-てい【一定】**(名・サ変自他) ①一つに決めること。settle ②一つに決まって変わらないこと。constant

**いってい-じ【一丁字】**《「丁」は个(＝箇の意)の字の誤用》一つの文字。一字。いっちょうじ。

**一丁字を識らず**(いっていじをしらず)「目に一丁字無し」と同意。

**目に一丁字無し**(めにいっていじなし) まったく文字を知らない。一丁字を識らず。be illiterate

**いっ-てき【一滴】** ひとしずく。a drop

**いっ-てき【一▼擲】**(名・サ変他) 思い切って一度に投げ捨てること。用例 乾坤―。

**一擲、乾坤を賭す**(いってき、けんこんをとす) 天下を取るか失うか、運に任せて冒険をする。乾坤一擲。

**いっ-てつ【一徹】**(名・形動) がんこ。いっこく。stubborn 用例 老いの―。

**イッテルビウム【ytterbium】** 希土類元素の一つ。元素記号Yb 原子番号七〇。原子量一七三。単体は銀白色。

**いっ-てん【一天】** ①大空。空全体。the whole sky ②天下。the world 用例 ―四海。

**いっ-てん【一点】** ①一つの点。②点数の、一点。③《「一点の…もない」の形で》少し。わずか。a speck of 用例 ―の非の打ち所もない。④一刻を四等分にした最初のひとくぎり。用例 ―鐘。

**いっ-てん【一転】**(名・サ変自他) ①ひとまわりすること。a turn 用例 空中で―する。②がらりと変わること。a complete change 用例 心機―して。

**いってん-いっかく【一点一画】** 漢字を組み立てている一つの点、一筆の線。用例 ―もゆるがせにしない。

**いってん-おおめいが【一点大▼螟▼蛾】** 雌の前翅中央に小黒点が一つあるガ。開張二一cm内外。幼虫がイネの茎を食害。一年に三回発生するので、サンカメイガともいう。本州南部・四国・九州のほか、中国・東南アジアにも分布。

**いっ-てんき【一転機】** 重要な変わりめ。いちてんき。a turning point

**いってん-こくが【一点穀▼蛾】** 灰褐色の前翅のほぼ中央に小黒点が一つあるガ。開張約三cm。幼虫は貯蔵穀物を食害する害虫。幼虫で越冬。日本全土のほか、北半球の各地に分布。

**いってん-しかい【一天四海】** 天下。全世界。

**いってん-ばり【一点張り】** 一つのことだけを押しとおすこと。to stubbornly insist 用例 知らないの―。

**いってん-ばんじょう【一天万乗】** 天下を治める位。天子・天皇のこと。用例 ―の君。

**いっ-と【一斗】** 尺貫法で、容積の単位の一つ。一升の一〇倍。約一八・〇四ℓ。

**いっ-と【一▼兎】** 一匹のウサギ。

**一兎をも得ずに**(いっとをもえずに) 一つの目的をも果たさないで。accomplish nothing

**いっ-と【一途】** ①ひとすじの道。②同じ方針。same way ③それだけであること。the only way

**一途を辿る**(いっとをたどる) あることに向かって、まっすぐに進む。ひたすらその方向にある。keep on…ing; go steadily to 用例 向上の―。

**イット【it】**《俗語。アメリカ映画の題名から出た。原語は「それ」の意の代名詞》性的魅力。

**いっ-とう【一刀】** ①一振りの刀。②ひとたち。用例 ―のもとに斬り捨てる。

**いっ-とう【一党】** ①一つの党派。a group 用例 ―一派。②仲間。

**いっ-とう【一等】** ①第一。一番。最上。the first class ②等級の一段階。one degree 用例 罪―を減じる。

**いっ-とう【一統】** ㈠(名・サ変他) 一つにまとめること。統一。㈡(名) ①ひとすじ。一系。②一同。用例 御―様。



▼常用漢字表外。 ▽常用漢字表の音訓外。

**いっ-とう【一頭】** ①一つの頭。②馬・牛など大きな動物の一匹。
**一頭地を抜く**(いっとうちをぬく) 他の人々よりいちだんとすぐれている。be by far the best

**いっとう-えん【一灯園】** 京都市山科に道場をもつ宗教団体。明治三八年(一九〇五)西田天香が創立。平等と無所有、托鉢奉仕、懺悔の共同生活を実践。

**いっ-とうしん【一等親】** 一親等の古い呼称。next of kinship

**いっとう-せい【一党制】** 単独の政党しか存在を許されない政治体制。ソ連・中国など共産圏や軍事独裁体制をしく諸国にみられる。one-party system

**いっとう-せい【一等星】** 恒星のうち、光度が一等級のもの。肉眼で見えるぎりぎりの星(=六等星)の一〇〇倍明るいもの、としている。シリウスなど。star of the first magnitude

**いっとう-だい【一等▼鯛】** 赤色の地に九、一〇本の白い縦帯が走るイットウダイ科の海水魚。全長約二五cm。鰓蓋から後方へ三本のとげが突出。岩礁帯にすむ。美味。本州中部以南に分布。カノコウオ。

**いっとう-ぼり【一刀彫(り)】** 荒彫りのまま簡単素朴に像を刻む木彫りの技法。また、その彫刻物。奈良・飛騨土産の人形など。↓写

●一刀彫り『高砂』。飛騨民俗村。

**いっとう-りょうだん【一刀両断】** ①一太刀で、まっ二つにたち切ること。②思い切って始末すること。to take a drastic measure 用例 ─の処置。

**いっ-とき【一時】** ㊀(名) 昔の時間の数え方で、ひととき。今の、ほぼ二時間。㊁(名・副) しばらくの間。for a while

**いっとき-のがれ【一時逃れ】** いちじ逃れ。いちじしのぎ。makeshift

**いっとき-ぶみ【一時文】** 昔の一時、今の約二時間ごとに書き送る手紙。遊女が客に思いを伝えた方法の一つ。

**いっ-とく【一得】** 一つの利益。一利。

**いっとく-いっしつ【一得一失】** 一面では利益もあるが、また損失もあること。一利一害。advantages and disadvantages

**いつとは-なく【▽何▽時とは無く】**(副) いつのまにか。いつともなく。いつとなく。before one knows

**イットリウム【yttrium】** 希土類元素の一つ。記号Y。原子番号三九。原子量八八・九。比重五・五一。単体は灰色の金属。

**いつ-なんどき【▽何▽時何時】**(副)《「いつ」を強めた語》予期しない、どのようなときに。at any moment 用例 ─何があるかわからない。

**いつ-に【一に】**(副) ①ひとえに。まったく。solely ②ひとつには。別に。for one thing

**いつ-にゅう【▼溢乳】** 乳児が授乳後に乳汁を口からたらすこと。生後三か月までの乳児に多くみられる。regurgitation of milk

**いつ-ねん【逸然】**(一六〇一〜六八) 中国、明末の黄檗宗の画僧。正保元年(一六四四)来日。長崎漢画の祖。写生的な人物画を得意とした。

**いつの-ぶとん【五▽幅布団】** 表裏とも五幅の布で仕立てた掛け布団。標準サイズの四幅半(一五〇cm)に対して五幅(一七〇cm)の幅。寒冷地などで用いる。五布布団。

**いっ-ぱ【一波】** 一つの波。一つの波紋。
**一波纔かに動いて万波随う**(いっぱわずかにうごいてばんぱしたがう) 小さな事件でもその影響がいろいろなところに及ぶことに言う。

**いっ-ぱ【一派】** ①学問・宗教・芸術などの一つの派。比較 一流。用例 ─をなす。②仲間。団体。同類。a group 用例 一党─にかたよる。

**いっ-ぱ【言っぱ】** 古語 (連語)《「言ふは」の転》言うのは。用例 さて行法の次第と─(浄瑠璃・博多小女郎波枕)。

**いっ-ぱい【一杯】** ㊀(名) ①水・酒などを容器で一つ数えた分量。a cup of ②船やイカなどを数えるときの、一つ。③酒を少し飲むこと。have a drink 用例 ─やる。㊁(副) ①物が満ちているさま。たくさん。full 用例 はら─食う。人で─だ。②ありったけ。ある限り。fully 用例 精─。時間─遊ぶ。
**一杯食わす**(いっぱいくわす) まんまとだます。いっぱいはめる。play a trick on
**一杯飲む**(いっぱいのむ) 気軽に、ちょっと酒を飲む。一杯やる。一杯引っ掛ける。have a drink

**いっ-ぱい【一敗】**(名・サ変自) いちど負けること。a defeat
**一敗、地に塗れる**(いっぱい、ちにまみれる) さんざんに負ける。meet with defeat

**いっぱい-きげん【一杯機嫌】** 酒を少々飲んだ、いいご機嫌。tipsy

**いっ-ぱく【一白】** ①馬の足の一本の下端に白いまだらがあること。また、その馬。用例 左後─は名馬の相。②運勢判断で、九星の一つ。北が本位、水星に属する。これに当たるとき、吉とする。

**いっ-ぱく【一拍】** ①一度手をたたくこと。②音楽で、拍子の一打ち。③日本語の、短い一音節。「き(木)」「しょ(所)」など。「あき(秋)」「せん(線)」などは二拍、「せっく(節句)」「れっしゃ(列車)」などは三拍と数える。
**一拍置く**(いっぱくおく) ちょっと間をあける。pause for a while

**いっ-ぱく【一泊】**(名・サ変自) 一晩とまること。

**いっ-ぱし【一端】**(名・副) ひとかど。ひとなみに。pretty good 用例 ─の人間になる。─できるつもりでいる。

**いっ-ぱつ【一発】** ①銃砲の弾を一つ発射すること。②銃砲の弾の一つ。③一回。用例 ─回答。④ホームラン。用例 ─屋。

**いっ-ぱつ【一髪】** ①一本の毛髪。一すじの髪の毛。②間に髪の毛一筋を挟む余地しかないほど接近しているさま。用例 危機─。③遠くの景色がかすんで、一すじの髪の毛のように見えるさま。
**一髪、千鈞を引く**(いっぱつ、せんきんをひく)《一すじの髪の毛で千鈞の重さのものを引く意から》非常に危険なことをするたとえ。

**いづはら【▽厳原】**〈町〉長崎県対馬の町。旧城下町。島の表玄関で経済・交通の中心。漁業が発達。人口一万七三九七(八九)。

**いっ-ぱん【一半】** 半分。なかば。one half 用例 ─の責任。

**いっ-ぱん【一般】** ①特殊でなく、広い範囲にあてはまること。全体。全般。general 対義 特殊。用例 ─の傾向。情勢─の検討。②ありふれたこと。あたりまえなこと。ふつう。common 用例 ─市民。③同じこと。同様。same 用例 行き過ぎの合理主義は破壊主義と─だ。

**いっ-ぱん【一▼斑】**《ヒョウのからだの、斑文の一つの意から》一部分。かたはし。a part 対義 全豹。用例 事情の─を知る。
**一斑を見て全豹をトす**(いっぱんをみてぜんぴょうをぼくす) 物事の一部を見て、全体をおしはかることのたとえ。

**いっぱん-いし【一般意志】**《volonté générale フランスの訳》ルソーの国家論の中心概念。利己的な私人としての独立を捨てて社会契約の当事者となる公共的主体としての人民の意志。法はその表現。general will

**いっぱん-いみろん【一般意味論】** 事実と、ことばが表す内容とのずれを明らかにして、事実を正しくつかむように導こうとする実践的学問。general semantics

**いっぱん-か【一般化】**(名・サ変自他) ①広く行きわたるようにすること。普遍化。popularization 用例 その風習がしだいに─されていく。②ある部分の事実に認められることを、広い範囲にあてはめようとすること。generalization 対義 特殊化。用例 経験を─して法則とする。③心理学などで、似たようなことを長い間経験していると、かえってぼんやりして、もとのことを忘れてしまうこと。generalization

**いっぱん-かいけい【一般会計】** 国のもっとも基本的な会計。歳入・歳出予算を経理する。general account

**いっぱん-がいねん【一般概念】** 同種の多くのものに共通してあてはまる意味内容・概念。太平洋・日本海に対しての「海」、ワンピース・背広に対しての「洋服」など。general concept

**いっぱん-かく【一般角】** 一つの半直線を基準にして、それと原点を共有する半直線がつくる回転角。general angle

**いっぱんかりいれ-とりきめ【一般借入取(り)決め】**(General Arrangements to Borrow) 国際通貨基金(IMF)が資金を補うため、日本・アメリカなど主要加盟一〇か国と結んだ通貨借り入れの協定。一九六二年締結。八三年スイスも参加。GAB。

**いっぱん-かんちょう【一般官庁】** 行政官庁のうち、権限管轄が一般事務的な官庁。general government office 対義 特別官庁。

**いっぱん-きょういく【一般教育】** 専門教育のための基礎となる基本的な教育。大学の一般教育課程で、人文・社会・自然科学の三領域について行われる。一般教養。general education

**いっぱん-きょうしょ【一般教書】** アメリカ大統領が憲法の規定に基づいて毎年一月に上下両院合同委員会に送る、施政方針についてのメッセージ。年頭教書。State of the Union Message 対義 特別教書。

**いっぱん-きょうよう【一般教養】** ①人間として、市民として要求される知識や能力・態度。common knowledge and common sense ②大学で専門教育課程に進む前にうける一般教育。general education

**いっぱん-きんこうりろん【一般均衡理論】** 経済を構成する多数の市場で、一連の経済変数が相互に関連し合いながら調和をたもっている状態を連立方程式で表し、均衡が成り立つ条件や価格決定のメカニズムを分析する経済理論。general equilibrium theory

**いっぱん-こう【一般項】** 数列の第$n$項を$n$を含む式で表したもの。この式の$n$に一・二・三…を代入すると、第一項・第二項・第三項が得られる。general term

**いっぱん-ざいげん【一般財源】** ①国の予算で、一般会計の財源。租税収入など。general fund ②地方財政で、地方公共団体が独自に使える財源。地方税など。

**いっぱん-しき【一般式】** 同類のものを変数を使って同じ形に表した式。二次方程式$ax^2+bx+c=0$や同族体の化学式、たとえばアルカン$C_nH_{2n+2}$など。general expression

**いっぱん-しつもん【一般質問】** 国会の委員会の質問を便宜的に区別した名称の一つ。予算委員会で行われる一般的な政治問題に関する質問。general interpellation

**いっぱん-しょうひぜい【一般消費税】** あらゆる商品・サービスを買った場合にかかる消費税。酒税などのような個別消費税より課税範囲が広い。general consumption tax

**いっぱん-しょく【一般職】** 国家公務員・地方公務員で特別職以外のすべての職。国家公務員法・地方公務員法の適用を受ける。対義 特別職。

**いっぱん-じん【一般人】** ふつうの人。また、あることに特別にかかわっていない人。the public 用例 ─の立入禁止。

**いっぱん-せい【一般性】** ①あるものが、その同類のものとの間にもっている共通性格。generality 対義 個別性・独自性。②広い範囲に認められていること。普遍性。universality 対義 特殊性。用例 かれの理論には─がある。

**いっぱん-せんきょ【一般選挙】** 地方議会の議員全員について行われる選挙。議員の任期満了または議会解散のあとに行われる。地方選挙。

**いっぱん-そうたいせいりろん【一般相対性理論】** アインシュタインが発表した物理学の基礎理論。相対性の原理が、互いに加速度運動している座標系にも適用できるよう一般化したもの。general theory of relativity 参照 相対性理論。

**いっぱん-てき【一般的】**(形動) 広くあてはまるさま。全体を同じようにとりあげるさま。どこにもあるさま。general 用例 ─な考え方。

**いっぱん-とうひょう【一般投票】** ①構成員の間で資格などの制限のない投票。popular vote ②国民投票。referendum

**いっぱん-に【一般に】**(副) 全体として。ふつうに。あらゆる場合を通じて。in general

**いっぱん-の-とく【一飯の徳】**(連語)《食事一回分の恩徳、の意から》ほんの少しの恩。

**いっぱん-ほう【一般法】** 憲法・民法・刑法などのように、地域的・時間的・事項的な制限なしに、すべての人に対して適用される法律。普通法。general law 対義 特別法。

**いっぱん-ろん【一般論】** 事柄の特殊性を考えに入れないですまされる状態での理論・議論。generality

**いつ-び【▼溢美】** ほめすぎ。過賞。

**いっ-ぴ【一▼臂】**《「臂」は、ひじ》①片腕。②助力。help 用例 ─の労。
**一臂の力を貸す**(いっぴのちからをかす) わずかの助力をする。一臂を貸す。

**いっ-ぴき【一匹・一▼疋】** ①動物の、一つ。②絹布二反。③昔のお金の一〇文。または二五文。④ひと一人。用例 男─。

**一匹の鯨に七浦賑わう**(いっぴきのくじらにななうらにぎわう)《「七浦」は、たくさんの漁村のこと》獲物が大きいと、直接、間接に受ける恩恵も大きい。

**いっぴき-おおかみ**【一匹▼狼】親分も子分もなく、たったひとりで屈せずに意地をつらぬく人。lone wolf

**いつび-へん**【▽乙▽未事変】朝鮮李朝の高宗の妃の閔妃が一八九五年日本人に暗殺された事件。三国干渉後反日・親露政策をとった閔妃派に対し、日本公使三浦梧楼は大院君を擁してクーデターを起こし閔妃を殺害。閔妃事件。乙未の変。

**いっ-ぴつ**【一筆】=ひとふで。①一本のふで。②ひとふでで書くこと。a stroke of a pen 用例 —書き。③ひとくぎりの土地の記録。④手紙。短い文章。brief note 用例 —したためる。

**いっ-ぴつ**【▼溢泌】植物の幹・枝・茎を切ったときに、切り口から液体があふれ出てくること。出液。

**いっぴつ-けいじょう**【一筆啓上】もと、男子の手紙の書き出しに使った慣用語。

**いっ-ぴょう**【一▼瓢】酒のはいった、ひょうたん一つ。用例 —をたずさえて春の野に遊ぶ。

**イッヒ-ロマン**【Ich-Roman ドイツ】《Ichは私、の意》一人称小説。小説の主人公を「私」とし、その思想や体験を語る形式の小説。日本の私小説とは異なる。

**いっ-ぴん**【一品】①一つのしな。②いちばんよい品物。絶品。excellent article

**いっ-ぴん**【逸品】たいへんすぐれたもの。excellent article

**いっぴん-いっしょう**【一▼顰一笑】①顔をしかめたり、笑ったりすること。②人の顔色。きげん。用例 汲々として—をうかがう。

**いっぴん-りょうり**【一品料理】客の注文に応じて出す料理。アラカルト。dishes; à la carte 対義 定食。

**いっ-ぷ**【一夫】①ひとりのおっと。用例 —一婦制。②ひとりの男。③ひとりの武人。

**一夫、関に当たれば万夫も開く無し**(いっぷ、かんにあたればばんぷもひらくなし)《武人ひとりが関所を守れば大軍でも通れない、の意から》非常に険しい山路、要害堅固な関所などの形容。

**いっぷ-いっぷ**【一夫一婦】夫ひとりに対し妻もひとりであること。そうした婚姻の形態。一夫一妻。

**いっ-ぷう**【一封】封をした、手紙の一つ。

**金一封**(きんいっぷう) お金を入れた、一包み。a gift of money

**いっ-ぷう**【一風】㊀(名) 独特の流儀。singularity 用例 —をなす。㊁(副)《人の性質・態度について》少し。ちょっと。somewhat 用例 —変わった人。

**いっ-ぷく**【一服】(名・サ変自) ①タバコ・茶・薬などを、一回飲むこと。一回分。②ひと休みすること。take a break

**一服盛る**(いっぷくもる) 毒薬を飲ませる。毒殺する。poison

**いっ-ぷく**【一幅】①書画など、掛け軸の一個。a scroll ②一つの画題・場面。a scene 用例 —の光景。

**いっぷく-がけ**【一幅掛(け)】茶室などの床の間の飾り方の一つ。軸物を一つ掛け、その下に置物などを一つ置く。

**い-つぶ・す**【鋳▼潰す】(五他) 金属製品をとかして地金にする。melt down

**いっぷ-たさい**【一夫多妻】一人の男性が同時に複数の女性を配偶者とする婚姻形態。複婚の一つ。とくにイスラム社会にみられる。polygyny 対義 一妻多夫。

**いつ-ぶん**【逸文・▼佚文】①なくなって、世に伝わらない文章。lost writing ②今はない書物の一節で、他の書物に引用されて残っているもの。

**いつ-ぶん**【逸聞】世に伝えられず、知られていない話。逸話。エピソード。episode

**いっ-ぷん**【一分】①時間の単位。一時間の六〇分の一。a minute ②角度の単位。一度の六〇分の一。a minute ③重さの単位。一匁の一〇分の一。

**いっ-ぺん**【一片】①ひとひら。一枚。②ひときれ。③ほんの少し。ごくわずか。a bit 用例 —の誠意も認められない。

**いっ-ぺん**【一辺】①一つの辺。a side ②一方。片方。a side

**いっ-ぺん**【一変】(名・サ変自他) がらりとかわること。かえること。to change completely

**いっ-ぺん**【一遍】(名・副) ①一度。一回。once ②ひととおり。ありきたり。brief 用例 —のあいさつもない。③もっぱらそれだけ。only 用例 正直—の人。

**いっぺん**【一遍】(一二三九〜一二八九) 鎌倉中期の僧。時宗の開祖。法名は智真。伊予の人。踊り念仏を説いて全国を遊行した。遊行上人。捨聖。『一遍上人語録』『播州法語集』などの遺文集がある。→鎌倉時代美術 写

**いっ-ぺん**【一編・一▼篇】詩・小説などの、一つ。用例 —の詩。

**いっぺん-とう**【一辺倒】一方だけにかたよること。to be partial to 用例 米国—。日本酒—。

**いっぺん-に**【一遍に】(副) 一度に。同時に。at one time

**いっ-ぽ**【一歩】㊀(名) ひと足。用例 —前へ。㊁(副) ちょっと。a little 用例 —進んだ説。

**一歩は高く一歩は低く**(いっぽはたかくいっぽはひくく) ほろ酔いの人の、足もとの定まらない歩き方を言う。

**一歩を譲る**(いっぽをゆずる) ①質・力量などで一段階劣る。ひけをとる。be inferior to 用例 碁では弟に—。②自分の主張・意見を少し引っ込め、相手の説を少し入れる。concede

**いつ-ぽう**【▼鷸▼蚌】シギとハマグリ。いっぽう。

**鷸蚌の争い**(いっぽうのあらそい)《シギとハマグリが争っている間に、両方とも漁師にとられてしまったという中国の故事から》ふたりが争っている間に、第三者に横どりされて、共倒れになってしまうことのたとえ。比較 漁夫の利。

**いっ-ぽう**【一方】㊀(名) ①一つの方面・方向。one direction 対義 他方。用例 天の—。②かたほう。one way 対義 両方。用例 —交通。③そればかり。それだけであること。only 用例 物価は上がる—だ。㊁(接続)…しながら。用例 監督をする—、出演もする。

**いっ-ぽう**【一法】一つの方法。あるやり方。用例 それも—だ。

**いっ-ぽう**【一報】(名・サ変他) 知らせること。report

**いっぽう-てき**【一方的】(形動) ①一方にかたよっているさま。one-sidedly 用例 —な勝負。②自分勝手なさま。selfish 用例 —な言い分。

**イッポリトフ-イワーノフ**【Mikhail Mikhaylovich Ippolitov-Ivanov】(一八五九〜一九三五) ロシア国民楽派の作曲家。リムスキー=コルサコフに師事。組曲『コーカサスの風景』など。

**いっ-ぽん**【一本】①書物の一冊、一巻。②ある本。異本。③木・扇・やりなど、細長いもの一つ。④武術の試合で、技が決まること。⑤一人前。be a man ⑥まじりけがないこと。pure 用例 生—。

**一本取られる**(いっぽんとられる) ①剣道・柔道で相手の技が一つ決まる。②相手にやりこめられる。be beaten

**一本参る**(いっぽんまいる) ①剣道などで相手に一本打ち込む。または、打ち込まれる。②言い負かされる。be argued down

**いっ-ぽん**【一▽品】①親王・内親王に与えられる位階の第一位。八〇町の品田と八〇〇戸の品封を給付。②仏教で、お経の一章。

**いっぽんがたなどひょういり**【一本刀土俵入】長谷川伸の戯曲。代表的な股旅人情劇。昭和六年(一九三一)初演。相撲取りから博徒になった駒形茂兵衛が、恩人の酌婦お蔦を救う。

**いっぽん-ぎ**【一本気】(名・形動) ①性質が純粋であること。pure ②ひとすじに思いこむたち。single-minded

**いっぽん-しめじ**【一本占地】担子菌植物イッポンシメジ科の有毒キノコ。かさは径五〜一五cmで灰色。雑木林の地上に発生する。

**いっぽん-しょうぶ**【一本勝負】①柔道・剣道などで、技を一本とれば勝敗が決まる試合の方式。a one-game match ②やり直しのきかない試練のこと。thing which cannot be redone

**いっぽん-ぜおい**【一本背負い】柔道の技、または相撲の決まり手の一つ。相手のふところに入って片腕を抱え背中に乗せ、肩越しに前に投げる技。

**いっぽん-だち**【一本立ち】(名・サ変自) 自力で生活すること。一人前になること。independence

**いっぽん-ぢょうし**【一本調子】(名・形動) 歌い方・話・文章などや物事の、変化に乏しいこと・さま。いっぽんちょうし。monotone

**いっぽん-づり**【一本釣(り)】一本の釣り竿で一匹ずつ魚を釣る漁法。一本の幹縄に釣り針をつけた多数の枝縄を結ぶ延縄漁法と区別される。カツオの竿釣りなど。pole-and-line fishing →写

● 一本釣り　カツオの竿釣り。

**いっぽん-ばし**【一本▼箸】死んだ人に供える枕飯に一本だけ箸を立てること。また、その箸。日常は忌むべき行為とされる。

**いっぽん-ばな**【一本花】死んだ人の枕もとにシキミの枝を一本だけ供えること。また、その枝。平常は忌まれる行為。

**いっぽんまつ**【一本松】〈町〉愛媛県南西部の町。農林業が中心。人口四二七一(一九八八)。

**いっぽん-やり**【一本▼槍】㊀(名) ひと突きで勝負を決めること。㊁(名・形動) それ一つを押し通すこと・さま。一点張り。single-minded 用例 日本酒—。

**いつまで-も**【▽何▽時▼迄も】(副) いつの時までも。永久に。forever

**いつ-みん**【逸民】①社会に交わらない人。②のんびりと暮らしている人。用例 泰平の—。

**いつ-も**【▽何▽時も】㊀(名) ふだん。平生。usual 用例 —の年より寒い。—と違う。㊁(副) いつでも。常に。always 用例 —働いている。

**いつ-や**【▽乙夜】五夜の第二。夜間を五つに分けた時刻法で、今の午後九時から一一時ごろまでにあたる。亥の刻。二更。おつや。参照 五夜・五更。

**乙夜の覧**(いつやのらん)《昔、中国で、天子は昼は政務に忙しく乙夜に読書をしたことから》天子が読書すること。

**いつ-らく**【逸楽】のんびりと遊び楽しむこと。のらくらとなまけること。pleasure

**いつ-わ**【逸話】広く知られていない、興味ある話。逸聞。エピソード。anecdote

**いつわ**【五和】〈町〉熊本県、天草下島北部の町。ミカン・ビワ栽培、畜産、漁業がさかん。人口一万二七八九(一九八八)。

**いつわり**【偽り・▽詐り】事実に違うこと。また、だますこと。うそ。lie

**いつわ・る**【偽る・▽詐る】(五自他) ①だます。あざむく。deceive ②真実を曲げる。うそを言う。lie

**い-て**【射手】①弓を射る人。archer; shooter ②弓の達人。用例 名うての—。

**いで**【井手】〈町〉京都府南東部、木津川に沿う町。果樹栽培・観光農業がさかん。人口九一八〇(一九八八)。

**いで** 古語 ㊀(感) ①《勧誘や決意に言う》さあ。どれ。いざ。用例 —、君も書い給へ(源氏・若紫)。②《感動して》いやどうも。用例 —、あな悲し(源氏・帚木)。㊁(接続)《改めて説き起こす》さて。そもそも。用例 —、いとわろくこそおはしけれ(枕・大進生昌が家に)。

**イデア**【idea ギリシア】《見られるもの、の意》①プラトン哲学の基本概念。理性だけが認識しうる永遠の実在。原形。用例 美の—。②観念・理念。イデー。idea 用例 平等社会の—。

**いで-あ・う**【▽出で▼逢う】古語 (四自) ①出て人にあう。面と向かう。用例 竹取—・ひて(竹取)。②出くわす。めぐりあう。用例 知らぬ男に—・ひ(紫式部日記)。③立ち向かう。用例 里人おこりて—・へば(徒然・八七)。

**イディオム**【idiom】慣用句。熟語。

**イディッシュ-ご**【イディッシュ語】主として欧米のユダヤ人の用いる言語。中世ドイツ語を土台にヘブライ語が加わり、さらにスラブ語・ロマンス諸語の加わったもの。Yiddish

**いで-い・る**【▽出で入る】古語 (四自) 出たりはいったりする。用例 童べぞ—・り遊ぶ(源氏・若紫)。

**いで-い・る**【▽出で居る】古語 (上一自) 外に出てすわる。また、その場所にいる。用例 月に—・ゐて、かぐや姫いといたく泣き給ふ(竹取)。

**イデー**【Idee ドイツ; idée フランス】→イデア

**イデオローグ**【Ideolog ドイツ; idéologue フランス】①口だけで実行のともなわない人。空論家。②《とくに左翼に言う》理論的指導者。

▼常用漢字表外。　▽常用漢字表の音訓外。

**イデオロギー**【Ideologie ドイツ】①特定の歴史的・社会的基礎に制約された考え方の型。マルクス主義では上部構造の一部とみなす。観念形態。ideology ②政治・社会のあり方についての主張や思想。ideology

**イデオロギッシュ**【ideologisch ドイツ】(形動) ①思想的。②《日本で》左翼的。

**い-てき**【▼夷▼狄】周辺異民族に対する中国人による呼称。中華思想によるもので、東夷・西戎・南蛮・北狄の総称。戎狄。

**いで-く**【▽出で来】古語(カ変自) ①出て来る。あらわれる。用例 いづくよりともなく――・きたり(更級)。②生まれる。生ずる。用例 火――・きて(方丈記)。③日時や機会に、めぐり合う。用例 よき日――・きて漕ぎ行く(土佐)。

**いて-ざ**【射手座】南天の星座。黄道十二星座の一つ。われわれの銀河系の中心は、このいて座の方向にある。南斗六星を含む。九月二日ごろの午後八時ごろに南中。面積八六七平方度。Sagittarius ↓図

● 射手座

**いで-たち**【▽出で立ち】①出発。出立。departure ②よそおい。身じたく。outfit ③立身出世。success in life

**いで-た・つ**【▽出で立つ】古語(四自) ①出発する。用例 道に――・ちあしひきの野行き山行き(万葉・一三・三三三九)。②身じたくする。用例 てりかかやく程に――・たれたりしかば(平家・五・富士川)。③出世する。用例 この道より――・ち給へる上達部(源氏・少女)。④宮仕えする。出仕する。用例 今の世の人は、さのみこそは――・て(更級)。

**いて-つ・く**【▽凍て付く】(五自) こおりつく。freeze

**いて-なぎ**【▽凍(て)▼凪】北海道などでいう厳しい低温下のなぎ。冬の季節風がおさまり、波も穏やかになぎわたること。寒凪。冬凪。

**いで-ま・す**【▽出で▼坐す】古語(四他)「出づ・行く・来・居る」の尊敬語。お出かけになる。いらっしゃる。用例 さし並ぶ土佐の国に――やわが背の君を(万葉・六・一〇二〇)。

**いでみつ-こうさん**【▽出▽光興産(株)】民族系資本の大手石油精製販売会社。明治四四年(一九一一)設立。

**いで-や** 古語(感)《「や」は強め》いやはや。いやもう。用例 ――、この世に生まれては(徒然・一)。

**いで-ゆ**【▽出湯】温泉。hot spring

**イテュス**【Itys ギリシア】ギリシア神話でトラキア王テレウスとプロクネの子。プロクネは王が妹を犯し舌を切ったのを怒り、イテュスを殺しその肉を煮て王に食べさせた。Itys

**い・てる**【▽凍てる】(下一自) こおる。こおりつく。freeze

**い-てん**【移転】(名・サ変自他) ①位置が変わること。transfer ②住所などを移すこと。ひっこし。move

**い-でん**【位田】律令制で、位階が五位以上の者に支給された田。

**い-でん**【遺伝】(名・サ変自) 親の形質が子に伝わる現象。遺伝子(=細胞の染色体上にある核酸の一種のDNA)に支配される。メンデルの法則を基本原理とする。heredity

**いでん-あんごう**【遺伝暗号】親から子に伝えられる遺伝の情報で、遺伝子の本体である核酸に含まれる四種の塩基の配列をいう。たんぱく質のアミノ酸配列を決定するもの。アミノ酸暗号。genetic code

**いでん-いんし**【遺伝因子】↓いでんし(遺伝子)

**いてん-かかく**【移転価格】①多国籍企業が税負担の軽減をねらって国際的に操作する価格。税金の種類や比率が国により異なることを利用し、税の低い国に利益を集中する方法が一般にとられる。transfer price ②↓ふりかえかかく(振替価格)

**いでん-がく**【遺伝学】親のもつ諸形質が子に伝達され、発現していく機構を研究する学問。メンデルの法則の再発見(一九〇〇年)以後、めざましく発展。genetics

**いでん-し**【遺伝子】遺伝形質を規定する因子。その本体はDNA(一部のウイルスはRNA)であり、そのDNA上の、形質の発現に関与する特定の長さをもった一単位をさす。ジーン。遺伝因子。gene

**いでんし-がた**【遺伝子型】生物個体の特性を決める遺伝子構成のこと。表に現れない劣性遺伝子を含めてさすため、個体に現れる形質とまったく一致するとはかぎらない。いでんしけい。genotype

**いでんし-ぎんこう**【遺伝子銀行】バイオテクノロジーなどの研究上必要な動植物の培養細胞や植物種子などの遺伝子資源を収集し、保存・提供する機関。ジーン-バンク。gene bank

**いでんし-くみかえ**【遺伝子組(み)換え】任意の生物のDNAの断片を別の生物のDNAに組み込んで新しいDNAをつくる操作。gene recombination

**いでんし-こうがく**【遺伝子工学】特定の遺伝子の合成・切断・活性化などの操作を行い、細胞に新しい働きをさせるための実験方法、およびその応用などを研究する学問。gene engineering

**いでんし-そうさ**【遺伝子操作】人工的に遺伝子を改変して、親と遺伝的形質の異なった細胞を得ること。遺伝子を特別な酵素で切ったり、つないだり、組み換えたり、DNAを細胞に移入し増殖させるなど。gene manipulation

**いでんし-ちりょう**【遺伝子治療】なんらかの原因で、または突然変異によって生じた有害遺伝子による病気に対して、遺伝子工学を応用する治療法。現在は、理論的に可能であるという段階。treatment using gene manipulation

**いでんし-とつぜんへんい**【遺伝子突然変異】遺伝子の構造的な変化によって起こる変異。DNAの塩基配列に違いが生じたときに起こる。gene mutation

**いてん-しゅうし**【移転収支】国際収支の項目の一つ。対価をともなわない贈与金・年金や賠償金などの収支。balance of transfer account

**いでん-じょうほう**【遺伝情報】生物の形質を基本的に規定している情報。たんぱく質のアミノ酸配列を決定するもの、特定の遺伝子発現を調節するものなど。genetic information

**いてん-しょとく**【移転所得】個人が生産にたずさわらずに政府や企業から受け取る収入。失業保険給付・年金など。振替所得。transfer income

**いでん-せい**【遺伝性】遺伝する性質。heredity

**いでん-びょう**【遺伝病】先天的に親から子へ伝わる病気。各個人のもつ遺伝子の組み合わせ(=遺伝子型)の異常によって起こる色盲・血友病・短指・聾唖など。hereditary disease

**いと**【糸】①動植物繊維や化学繊維を原料とし、均一な太さ・連続した長さでよりをかけて作ったもの。織物用・手編み用、縫い糸・刺繍糸など。thread; yarn 数え方 一巻き・一かせ・一掛け・一本・一筋・一把。②生糸。raw silk ③琴や三味線の弦。string ④釣り糸。fishing line ⑤糸に似た細長いもの。thin line ↓三味線図

**糸を垂れる** 魚釣りをする。fish

**糸を引く** ①ねばって糸を引っぱったようになる。rope 用例 納豆が――。②続いて、絶えない。③こっそり人をあやつる。pull wires 用例 陰で――。

**い-と**【異図】反逆をたくらむ心。treasonable intention

**い-と**【意図】(名・サ変他) ①行おうとすること。計画すること。また、その考え。もくろみ。intention 用例 渡米を――する。②論理学などで、物事をしようとする考え。ある目的を実現しようとする考え。intention 用例 相手の――をくみとる。

**いと** 古語(副) ①ほんとうに。まったく。用例 ――思ひのほかなりし事なり(方丈記)。②《下に打ち消しの語をともなって》たいして。それほど。用例 かたちなど――まほにも侍らざりしかば(源氏・帚木)。

**い-ど**【井戸】地下水をくみ上げるために掘った深い穴。また、そのためにつける装置。well

**い-ど**【緯度】地球表面上の、南北の位置を示す座標。地球上の一地点と地球の中心をむすぶ線が赤道面となす角度で表す。測量や地図作成のための緯度は、地球の形にもっとも近い回転楕円体の面に、その地点で立てた垂直線が赤道面と交わる角で表される。赤道は0度、北極は北緯九〇度、南極は南緯九〇度となる。latitude 対義 経度。

**イド**【Id ラテン】↓エス(Es)

**いと-あやつり**【糸操り】人形芝居の一つ。操り人形を糸で操って動かす芸。マリオネット。南京操り。marionette

**いと-い**【糸▼藺】イグサ科の多年草。深山の湿った岩間にはえる。葉も茎も糸のように細く、高さ一〇〜二〇㎝。夏に、花茎の先に淡緑色の小さな花が集まって咲く。

**いといがわ**【糸▽魚川】〈市〉新潟県南西部、姫川下流の市。港があり、古くから交通の要地。翡翠・石灰石などを産出、関連産業が発達。人口三万五一一五(一九九八)。

**いといがわ-しずおか-こうぞうせん**【糸▽魚川-静▼岡構造線】糸魚川から静岡にいたる大断層線。フォッサマグナの西側のへりにあたり、日本列島を東北日本と西南日本に二分する。

**い-とう**【以東】①その場所・地点をふくんで、そこから東。east of 対義 以西。②漁業で、東経一三〇度から東。

● イトウ

**いとう**【▼伊▽富】冷水性のサケ科の淡水魚。全長約六〇㎝。銀色の地に灰褐色の斑点が散在。アジア北部に分布。日本では東北地方北部から北海道の河川などにすみ、昆虫や魚類を捕食。↓図

**いとう**【▼伊東】〈市〉静岡県東部、伊豆半島東岸にある市。江戸時代から温泉で栄えた観光保養都市で、城ケ崎海岸・伊豆海洋公園・伊豆サボテン公園などがある。漁業・ミカン栽培がさかん。人口七万二四八九(一九九八)。

**いと・う**【▼厭う】(五他) ①いやに思う。きらう。dislike ②からだなどを、いたわる。かばう。大切にする。take care of 用例 寒さのおりから、おからだお――・いください。

**い-どう**【異同】違っている点。違い。difference

**い-どう**【異動】(名・サ変自他) 職務・任地などが、変わること。変えること。入れかえ。change 用例 人事――。

**い-どう**【移動】(名・サ変自他) 位置が動くこと。移し動かすこと。movement

**いとう-いっとうさい**【▼伊東一刀斎】(生没年未詳) 江戸初期の剣客。伊豆の人。一刀流を創始。

**いとう-えいのすけ**【▼伊▼藤永▼之▽介】(一九〇三〜五九) 小説家。秋田市生まれ。農民の貧しい生活を親愛感とユーモアをこめて描く。作品『鶯』『梟』『警察日記』など。

**いどう-えんげき**【移動演劇】非営利主義と僻地での文化活動とを表明する演劇活動。旅興行・巡回演劇とは区別する。

**いとう-きさく**【▼伊▼藤▼熹▼朔】(一八九九〜一九六七) 舞台美術家。東京生まれ。道郎の弟、千田是也の兄。東京美術学校卒。写実を基調とした装置で舞台美術を芸術の一分野として確立。

**いとう-けいいち**【▼伊▼藤▼桂一】(一九一七〜 ) 小説家。三重県生まれ。作品『蛍の河』『悲しき戦記』『静かなノモンハン』など。

**いとう-けいすけ**【▼伊▼藤▼圭▽介】(一八〇三〜一九〇一) 幕末から明治初期の蘭方医・本草学者・植物学者。名古屋生まれ。シーボルトに師事し、リンネの植物分類法を紹介。『泰西本草名疏』などを著す。維新後、東大教授。日本最初の理学博士。日本の近代植物学の創始者。

**いとう-けんじ**【▼伊▼藤憲治】(一九一五〜 ) グラフィックデザイナー。東京生まれ。商業デザインの諸分野で活躍。

**いとう-げんぼく**【▼伊東玄朴】(一八〇〇〜七一) 幕末の蘭医。肥前の人。シーボルトに師事。肥前藩医、のち幕府の奥医師。牛痘苗の接種に成功し、種痘所を設立。

**いとう-さちお**【▼伊▼藤左千▽夫】(一八六四〜一九一三) 歌人・小説家。千葉県生まれ。正岡子規門下の代表歌人として写実的短歌の流れを発展させた。重厚な万葉調の歌風が特色。子規の没後『馬酔木』『アララギ』を発刊、有力歌人を育てる。歌集『左千夫歌集』、小説『野菊の墓』など。

**いとう-しずお**【▼伊東静雄】(一九〇六〜五三) 詩

人。長崎県生まれ。京大卒。ドイツ-ロマン派の影響を受け、深い思索をこめた清澄な叙情が特色。詩集『わがひとに与ふる哀歌』など。

**いとう-じゃくちゅう【▼伊▼藤若▼冲】**(一七一六〜一八〇〇) 江戸中・後期の画家。京都の人。水墨画の奇態なフォルムと装飾画の濃密な色彩が特徴。御物の『動植綵絵』三〇幅など。

**いとう-しょうう【▼伊▼藤松宇】**(一八五九〜一九四三) 俳人。本名、半次郎。信濃の人。子規らと椎の友社を結成。俳誌『俳諧』『筑波』を創刊。句集『松宇家集』など。

**いどう-しんぎかい【医道審議会】** 医師・歯科医師の行政処分や職業倫理の向上などを審議する厚生大臣の諮問機関。審議部会と死体解剖資格審査部会がある。

**いとう-しんきち【▼伊▼藤信吉】**(一九〇六〜) 詩人・評論家。群馬県生まれ。詩集『故郷』、批評『現代詩の鑑賞』『萩原朔太郎』など。

**いとう-じんさい【▼伊▼藤仁斎】**(一六二七〜一七〇五) 江戸前期の儒者。京都の人。東涯の父。古義学派の創始者。朱子学を修め、のち京都堀川の塾古義堂で古学を講じた。著書『論語古義』『童子問』など。

**いとう-しんすい【▼伊東深水】**(一八九八〜一九七二) 日本画家。東京生まれ。美人画に活躍。作品『聞香』など。

**いとう-すけゆき【▼伊東▼祐▼亨】**(一八四三〜一九一四) 海軍軍人。薩摩の人。元帥。伯爵。日清戦争の連合艦隊司令長官。日露戦争では海軍軍令部長。

**いとう-せい【▼伊▼藤整】**(一九〇五〜一九六九) 小説家・評論家。北海道生まれ。東京商大中退。新心理主義文学を唱導、「組織と人間」などつねに知的な問題を追求した。作品『鳴海仙吉』『火の鳥』『氾濫』、評論『小説の方法』『日本文壇史』など。

**いどうせい-こうきあつ【移動性高気圧】** 日本付近を西から東へ、毎時三〇〜五〇kmぐらいの速度で、移動する高気圧。春秋に多く現れ、好天をもたらす。migratory anticyclone

**いどうせい-もうちょう【移動性盲腸】** 盲腸はもともと腹壁に固定されているが、この固定が不十分なために移動することで起きる症状。下腹部の鈍痛、便秘などがみられる。mobile cecum

**いどう-たいし【移動大使】** 数か国を移動訪問し、一定の要務にあたる大使。必要に応じて臨時に派遣される。roving ambassador

**いとう-だいすけ【▼伊▼藤大▼輔】**(一八九八〜一九八一) 映画監督。愛媛県生まれ。作品『忠次旅日記』三部作、『王将』など。

**いとう-ちゆう【▼伊▼藤痴遊】** 講談師。現在二代まで。初代(一八六七〜一九三八)は本名、伊藤仁太郎。自由民権思想普及のため講談による政治活動を実践。衆議院議員もつとめた。

**いとうちゅう-しょうじ【▼伊▼藤忠商事(株)】** 大手総合商社の一つ。安政五年(一八五八)創業。昭和二四年(一九四九)設立。

**いとう-ちゅうた【▼伊東忠太】**(一八六七〜一九五四) 建築家・建築史家。山形県生まれ。東大教授。アジアの古建築を研究、法隆寺が最古の木造であることを確認。建築史研究の基礎をつくる。築地本願寺を建築。昭和一八年(一九四三)文化勲章受章。

**いどう-ど【移動度】** 電場や外力を受けているイオンや電子などの運動のしやすさ。移動速度は電場などの強さに比例するので、その比例定数をいう。mobility

**いとう-とうがい【▼伊▼藤東涯】**(一六七〇〜一七三六) 江戸中期の儒者。京都の人。仁斎の子。仁斎の古学を大成。著書『制度通』ほか多数。

**いどう-としょかん【移動図書館】** 本を積んだ自動車で定期的に町村を回るもの。巡回図書館。traveling library; bookmobile 米

**いとう-のえ【▼伊▼藤野▽枝】**(一八九五〜一九二三) 無政府主義者・婦人運動家。福岡県生まれ。青鞜社に参加。関東大震災直後、夫の大杉栄らとともに甘粕正彦憲兵大尉により虐殺。

**いとう-ひろぶみ【▼伊▼藤▽博文】**(一八四一〜一九〇九) 明治の政治家。公爵。長州藩出身。明治一四年(一八八一)の政変後、政府の最高指導者となり、大日本帝国憲法を制定。初代の首相、枢密院・貴族院議長を歴任、組閣は四次にわたった。のち初代韓国統監となり、ハルビンで安重根により暗殺。→写

●伊藤博文

**いとう-マンショ【▼伊東マンショ】**(一五七〇ごろ〜一六一二) 天正遣欧使節の正使。大友宗麟の甥。天正一〇年(一五八二)渡欧し、同一八年(一五九〇)帰国。

**いとう-みちお【▼伊▼藤道▽郎】**(一八九三〜一九六一) 日本のモダンダンスの先駆者。東京生まれ。伊藤熹朔・千田是也の兄。

**いとう-みよじ【▼伊東▼巳代治】**(一八五七〜一九三四) 政治家。伯爵。長崎県生まれ。内閣書記官長・農商務相などを歴任。枢密顧問官として政・官界の裏面で活躍。

**いとう-もへい【▼伊東茂平】**(一八九八〜一九六七) 服飾デザイナー。東京生まれ。人体を立体的に分析した伊東式製図法を確立。

**いと-うり【糸▼瓜】** ヘチマの別名。

**いどう-りつ【移動律】** →すいいりつ(推移律)

**イドゥン【Idun】** 北欧神話の女神で、詩歌の神ブラギの妻。「青春のリンゴ」をもっていて、神々はそれで若さを保った。巨人が彼女とリンゴをさらったとき、神々は突然老衰した。

**いとおし・い**(形) →いとしい(愛しい)

**いとおし・む**(五他) ①かわいがる。love ②ふびんに思う。pity

**イトーヨーカ-どう【(株)イトーヨーカ堂】** 東日本を中心とする大手スーパーマーケット。大正二年(一九一三)設立。

**いと-おり【糸織(り)】** ①絹糸織り。撚った り、染色した絹糸で絣・縞・無地に織ったもの。②片撚りの糸で平織りにした平糸織り。

**いとおり-ひめ【糸織(り)姫】** →しょくじょせい(織女星)

**いど-がえ【井戸替え】** 井戸の水をさらい出して、中を掃除し、きれいにすること。井戸さらえ。

**いとが-かずお【糸賀▽一雄】**(一九一四〜一九六八) 障害者教育の実践者。鳥取県生まれ。京大卒。滋賀県大津市に近江学園を創設。

**いと-がき【糸▼掻(き)】** 鰹節をごく細く削ること。また、削ったもの。浸し物・煮物などにかける。

**いと-かけ【糸掛(け)】** 料理の飾りものの一つ。山の芋を蒸して裏ごしにかけ、糸のように細くしぼり出して飾る。

**いとかけ-がい【糸掛貝】** イトカケガイ科の海産の巻き貝。白色の殻表に縦に強いひだがあって殻に糸を掛けたように見える。日本産約一〇〇種。オオイトカケガイは殻高約五cmで、最大種は一〇cm余にも達する。形が優美。ネジガイ。wentletrap

**いど-がわ【井戸側】** 井戸の側壁を囲ったもの。土石がくずれおちたりする危険を防ぐためのもの。用例 ―を固める。

**いど-かんそくじょ【緯度観測所】** 緯度の観測から地球の極の運動を導くために設置された観測所。岩手県水沢市の緯度観測所には国際極運動観測中央局がある。latitude observatory

**いとき-な・し【▽幼し・▽稚し】** 古語 (形ク) 幼い。いとけない。用例 老いたる親、―・き子、君の恩、人の情、捨てがたしとて捨てざらんや(徒然・五九)。

**いと-きり【糸切(り)】** ①糸で切ること。cutting with a thread ②ろくろ台から成形した陶土を糸などで切り離すこと。また、その器底に残った渦状の跡。③菓子の一つ。糸切りだんご。生地を糸で輪切りにし、あんをまぶしたもの。

**いときり-ば【糸切(り)歯】** 《糸を切るのに使うことから》人間の犬歯。cuspid →歯図

**い-とく【威徳】** おごそかで、どっしりした徳。virtue and dignity

**い-とく【遺徳】** 死後にまで残っている徳。influence of the departed 用例 ―をしのぶ。

**いと-ぐち【糸口・▽緒】** ①巻いてある糸の先。the beginning of a thread ②物事の始まり。手がかり。clue; beginning 用例 話の―。

**いとく-てんのう【▼懿徳天皇】** 記紀で第四代天皇。欠史八代の伝説上の天皇。

**いと-くり【糸繰り】** 綿や繭から糸を引き出すこと。reeling

**いとくり-ぐるま【糸繰り車】** 手回しの大きな竹車と紡錘とからなる紡績用の車。繭や綿花から糸をつむぎだしたり、より合わせたりするのに用いる。糸車。spinning wheel

**いとけ-な・い【▽幼い・▽稚い】**(形) ①年がおさない。young ②あどけない。がんぜない。innocent 派生 いとけなさ(名)

**いと-こ【▽従▽兄▽弟・▽従▽姉▽妹】** ①両親のきょうだいの子。おい・めい同士。cousin ②《俗語》近い関係ではないが、どこかに似た点をもつもの。用例 馬の―みたいな顔をした男。

**いと-こく【▼伊都国】** 三世紀ごろ、現在の福岡県糸島郡地方にあった小国。『三国志』の「魏志東夷伝」の「倭」にみえ、戸数一千余、邪馬台国に服属。卑弥呼の派遣した諸国を検察する一大率がおかれていた。

**いとこ-に【▽従▽兄▽弟煮】** 煮物の一つ。小豆または豆と野菜類を煮たもの。正月・盆・祭りなどに広く各地で作られる。

**い-どころ【居所】** ①いる所。居場所。whereabouts ②法律で、ひきつづき相当期間住んでいる所。きょしょ。address 比較 住所。

**いと-こんにゃく【糸▼蒟▼蒻】** 太いひものの形にしたこんにゃく。いとごんにゃく。

**いと-ざくら【糸桜】** シダレザクラの別名。

**いと-さばき【糸▼捌き】** ①糸のあつかい方。handling of threads ②琴・三味線などの弾き方。

**いと・し【▽愛し】** 古語 (形シク) →いとしい「(愛しい)」

**いとし・い【▽愛しい】**(形) =いとおしい。①かわいい。lovely 用例 ―子。②きのどくだ。かわいそうだ。pitiful 派生 いとしが・る(五自) いとしげ(形動) いとしさ(名)

**愛しい子には旅をさせよ**(いとしいこにはたびをさせよ) 「可愛い子には旅をさせよ」と同意。

**いとし-ご【▽愛し子】** 大切な子。かわいい子。愛児。beloved dear child

**いとしま-はんとう【糸島半島】** 福岡県北西部の半島。博多湾と唐津湾を隔てる。芥屋大門、元寇防塁跡などの史跡がある。

**いと-じょう【▼怡土城】** 現在の福岡県糸島郡前原町に築かれた古代の山城。大宰府防御のため天平勝宝八年(七五六)起工、一二年後に完成。

**いと-じり【糸▼尻】** →いとぞこ(糸底)

**いと-じるし【糸印】** 裁縫で、仕付け糸で付ける目印。へらやルレットの使えない布に用いる。切り仕付けや縫い仕付けなどの種類がある。

**いと-すぎ【糸杉】** ヒノキ科の常緑高木。樹形は円錐形か円柱形。葉は鱗片状で十字形に対生。実は径二〜三cmで卵形。材は建築・家具などに利用し、木は庭園などに植える。南ヨーロッパ・中央アジアの各地に分布。cypless

**いと-すすき【糸▽薄】** イネ科の多年草。山地や海岸近くにはえ、観賞・盆栽用に栽培もする。ススキの変種の一つで、葉幅・茎ともにススキより細く、穂も小さい。

**いと-ぞこ【糸底】** 《糸で、ろくろから切りはなすので》茶わんなどの底にある円形の座。糸じり。

**いとだ【糸田】**〈町〉 福岡県北部、田川市北隣の町。炭鉱で栄えたが閉山にともない衰退、農業中心となる。人口一万二二八五(一九九八)。

**いと-たけ【糸竹】** 《糸は琴などの弦楽器、竹は笛などの管楽器をさす》①和楽器の総称。しちく。②《転じて》音楽。音曲。

**いど-ちゃわん【井戸茶▼碗】** 高麗茶碗の一種。渋い色調でところどころ釉薬のちぢれをみせ、竹の節状の高台がある。侘を好む茶人にもっとも珍重される。いど。

**いと-づくり【糸作り】** 刺身の切り方の一つ。糸のように細く切る。イカ・キス・サヨリなどに用いる。細作り。

**いと-てき【意図的】**(形動) 目的や観念のはっきりしているさま。intentional

**いと-でんわ【糸電話】** 玩具の一種。糸を利用して音の振動を伝え、通話できるおもちゃ。片側だけを紙やハトロン紙でふさいだ二本の筒を用意し、ふさいだ面を糸でつないで作る。paper and string telephone

**いと-ど** 古語 (副) 《「いといと」の転》いっそう。ますます。用例 散ればこそ―桜はめでたけれ(伊勢・八二)。

**いとど・し** 古語 (形シク) ①ますます激しい。用例 ―・しき朝霧に、いづこともなく惑ふ心地し給ふ(源氏・夕顔)。②《多く連用形を用いて》ただでさえ…なのに、いっそう…である。用例 ―・しく過ぎゆく方の恋しきにうらやましくもかへる浪かな(伊勢・七)。

**いと-とんぼ【糸▼蜻▼蛉】** 体がとりわけ細いイトトンボ科に属するトンボの総称。体長二〜六cm。前後の翅はほぼ同形。ふつう池や沼にすむ。日本全土に二十数種が分布。トウスミトンボ。damselfly →写

**いとなみ【営み】** ①営むこと。仕事。work 用例 日々の―。②経営。営業。management ③したく。準備。preparation 用例 春の―。

**いとな・む【営む】**(五他) ①生活や仕事にはげむ。work 用例 くらしを―。②事業などを経営する。run 用例 旅館を―。③つくる。用意する。prepare 用例 巣を―。④法事などをする。perform



▼常用漢字表外。　▽常用漢字表の音訓外。

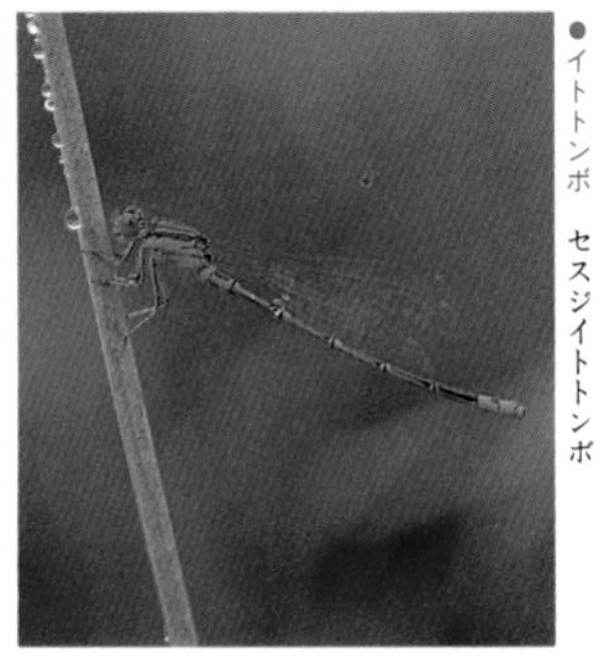
●イトトンボ セスジイトトンボ

用例法要を―。
**いとぬき【糸▽貫】**〈町〉岐阜県南西部、岐阜市西隣の町。富有柿の産地。工業化が進行中。人口一万一六五三(一九八八)。
**いと-のきて** 古語(副)《それだけを区別して強調する意味に用いる》ことのほか。とりわけ。用例―短き物を端截ると云へるが如く(万葉・五・八九二)。
**いと-のこ【糸▼鋸】** 細くて薄い鋼製の鋸。刃を半円形またはコの字形の金具に固定して、木や金属の板を円形・曲線などに切る。糸のこぎり。fret saw
**いと-はぎ【糸▼萩】** 糸のように枝の細い萩。
**いど-ばた【井戸端】** 井戸のまわり。well side
**いどばた-かいぎ【井戸端会議】** 共同井戸の付近で、女たちが水くみや、洗濯などをしながらする世間話・うわさ話。
**いと-はん【▽嬢はん】**《方言》大阪などで、おじょうさん。対義ぼんぼん。
**いとひき-あじ【糸引▼鰺】** アジ科の海水魚。全長約二〇cm。背側は青く、腹側はうすい。体側に六本の黒褐色横帯がある。体は菱形で、著しく扁平になっており、ほかのアジ類と異なり、背びれ・尻びれの前部が糸状に長く伸びる。最長のものは体長の二倍余に達する。南日本からインド洋に分布。
**いと-びな【糸▼雛】** 変わりびなの一種。竹などを心棒にして紙の衣装を着せ、麻を髪に見立てて後ろに垂らしたもの。鹿児島・沖縄などで作る。
**いと-ひば【糸▼檜葉】** ヒヨクヒバの別名。
**いと-ひめ【糸姫】**《俗語》製糸工場の女子工員を言った語。

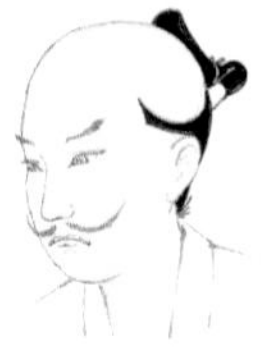
●糸鬢

**いと-びん【糸▼鬢】** 男性の髪型の一つ。頭髪を剃り下げて、両鬢を額の方向に糸のように細く残すもの。江戸初期に中間・小者・侠客・俳優などに流行した。奴髷。↓図
**いど-べい【井戸塀】** 政治家が政治活動に財産を投げ出し、あとに井戸と塀しか残らないこと。
**いと-へん【糸偏】** ①漢字を組み立てている部分の名。「綿・網・綱・織」などの「糸」。②《俗語》繊維産業。用例―景気。
**いど-へんか【緯度変化】** 地球の極点の移動による緯度の変化。極運動による。latitude variation
**いとま【▽暇・▼遑】** =ひま。①用事のない時。spare time ②やすみ。休暇。leave ③辞職。解雇。resignation; dismissal ④別れ。離婚。parting; divorce
**暇を乞う** ①休暇を願い出る。ask for a vacation ②別れを告げる。say good-bye to a person
**暇を告げる** 別れのあいさつをする。say good-bye
**暇を遣る** ①解雇する。dismiss ②妻を離縁する。divorce
**いと-まき【糸巻(き)】** ①糸を巻くこと。spooling ②糸を巻いておくもの。形・材質などは用途によって異なる。spool; bobbin ③つかに糸を巻いた太刀。④釣り糸を巻くスプール。spool ⑤笄に髪を巻いて、糸巻きの形に似せた江戸時代の女性の髪の結い方。⑥三味線、バイオリンなどの弦楽器の頭部の弦を巻いて音を調節するねじ。peg ↓三味線図 ↓バイオリン図
**いとまき-えい【糸巻▼鱝】** 表層にすむイトマキエイ科の海水魚。全長約二・五m、体重約五〇〇kg。背面は黒褐色、腹面は白い。体は菱形で一対の耳状突起と長い尾をもつ。卵胎生。本州以南に分布。大西洋の近縁種は全長五～六mでエイ類中最大。devil ray
**いとまき-ひとで【糸巻▽海▽星】** 潮間帯の岩礁にすむヒトデ。体は五角形で腕の間のくぼみは浅い。直径約一〇cm。暗緑色の地に赤橙色の斑紋がある。日本各地に分布。↓ヒトデ図
**いとまき-ふぐ【糸巻▽河▽豚】** 体が骨板状の硬い鱗で包まれた、ハコフグに似た海水魚。全長約一五cm。体の横断面は六角形。黄色地に黒斑を散らし、背や腹などにとげがある。本州中部以南に分布。
**いとまき-ぼら【糸巻▽法▼螺】** イトマキボラ科の海産巻き貝。殻長数センチメートル～二〇cm。紡錘形で、螺層がよくふくらみ、縫合が深いものが多いので、殻の節々が際立ってくびれているのがふつう。多くは本州中部以南に分布。
**いとま-ごい【▽暇▼乞い】**(名・サ変自)①別れを告げること。leave-taking ②辞職・休暇を願い出ること。offer one's resignation
**いと-まさめ【糸正目・糸▼柾目】** 木材のまっすぐに通った正目が、糸のように細くて密なもの。いとまさ。
**いとま-じょう【▽暇状】** ①官職・役職などを辞めさせる旨を書いた辞令。解雇状。②夫が妻を離縁するときに書き与えた書状。離縁状。去り状。
**いとま-ぶみ【▽暇文】** ①病気その他の事情により、休暇や辞職を願い出る文書。②離縁状。いとまじょう。
**いとまん【糸満】**〈市〉沖縄県、沖縄島南端の市。漁業がさかん。「ひめゆりの塔」などの慰霊塔がある。人口四万八五三〇(一九八八)。
**いと-みみず【糸▼蚯▼蚓】** 溝などの泥中に群棲する水生のミミズ。糸のように細長く、体長五～一〇cm。淡紅色。魚の餌。日本全土に分布。↓写

●イトミミズ

**いど・む【挑む】**(五自他)①争いをしかける。challenge ②はりあう。compete ③むりに愛を求める。make advances to ④立ち向かう。challenge 用例冬山に―。
**イトムカ-こうざん【イトムカ鉱山】** 北海道東部、留辺蘂町にあった鉱山。日本最大の水銀鉱山として知られたが、昭和三九年(一九六四)閉山。
**いと-め【糸目】** ①糸すじ。fine line ②凧の表につける糸。string ③糸の目方。④器物にきざみつけた細いすじ。streak 用例―模様。⑤物事のつながり。link 用例話の―をつける。⑥環形動物多毛類ゴカイ科の一種。ゴカイより細長く体長二〇～二五cm。各地の内湾の砂泥中にすむ。体の前部は緑褐色で、後部は紅色。秋に生殖のため海面を群泳し、これをバチという。海釣り用の餌にする。↓図

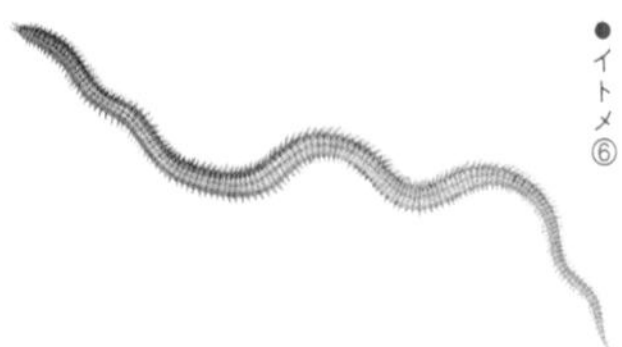
●イトメ⑥

**金に糸目を付けない** 惜しげなく、思うままにお金をつかう。spare no money 類似金に飽かす。
**い-と・める【射止める】**(下一他)①射て、当てる。射て、殺す。shoot dead ②ねらったものを、うまく手に入れる。win 用例賞金を―。彼女を―。
**いと-も**(副)非常に。はなはだ。ことのほか。exceedingly 用例―簡単に。
**いど-やかた【井戸屋形】** 井戸の上部をおおう上屋。柱の上に屋根をのせた吹き抜きの構造で、釣瓶などの設備が付く。well pavilion
**いと-やなぎ【糸柳】** シダレヤナギの別名。
**いと-ゆう【糸遊】** 陽炎。参考歴史的仮名遣いは平安時代以来の慣用。

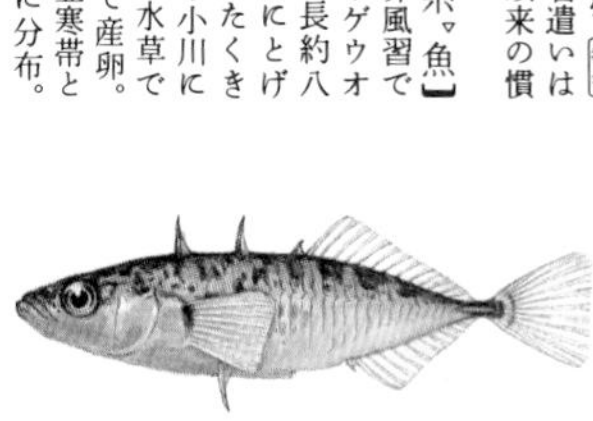
●イトヨ

**いと-よ【糸▽魚】** 特異な産卵風習で知られるトゲウオ科の魚。全長約八cm。背と腹にとげがある。冷たくきれいな水の小川にすむ。春に水草で巣を作って産卵。北半球の亜寒帯と温帯北部に分布。降海型と陸封型の二つがある。three-spined stickleback ↓図
**いと-より【糸▼撚】** イトヨリダイ科の海水魚。全長約五〇cm。背側は鮮紅色で、体側を六本の黄色線が走る。尾びれの上端が糸状にのびる。深さ一〇〇mまでの砂泥底にすむ。美味。本州中部以南に分布。イトヨリダイ。↓図

●イトヨリ

**イドラ【idola ラテン】**《幻像の意》①精神的な偶像。②フランシス=ベーコンの用語。正しい認識をさまたげる先入観や偏見。先入的な考え違い。
**いと-らん【糸▼蘭】** ユリ科の常緑低木。一般にユッカとよばれる。
**イドリーシー【Abū 'Abd Allāh Muhammad al-Idrīsī】**(一一〇〇～六六) イスラムの地理学者。スペイン・北アフリカ・小アジア・イギリス・フランスなどを旅行し、円盤形の世界地図を作製。また、地理書を著した。アル=イドリーシー。
**いと-わく【糸枠】** 糸を巻きつける枠。reel; spool
**いとわし・い【▼厭わしい】**(形)いやだ。きらいだ。わずらわしい。detestable 派生いとわしげ(形動) いとわしさ(名)
**いと-わっぷ【糸割符】** 江戸時代の中国産生糸の輸入制度。ポルトガル船の暴利を防ぐために、慶長九年(一六〇四)幕府が特定商人の独占権を認可。
**いな【否】** ㊀(名)不同意。不承知。no 用例賛成か―か。㊁文語的(感)いや。いいえ。nay 対義しかり。
**いな【▼鯔】** 成長にしたがって名前の変わる出世魚ボラの、全長一八～三〇cmのときの呼称。
**い-な【維▼那】**《仏教語》①僧衆の雑事を司り、僧事を指示する人。②禅宗で、勤行・法要のとき、僧衆の先導をする人。いの。
**いな【▼伊▼那】**〈市〉長野県南部、伊那盆地の市。盆地北部の中心で、稲作、果樹・野菜栽培、電子・精密機械工業がさかん。中央アルプスの玄関口。人口五万九四四八(一九八八)。
**いな【▼伊▼奈】**〈町〉茨城県南西部、小貝川沿いの町。農業地帯で宅地化も進む。綱火(=花火)で有名。人口二万六〇六四(一九八八)。
**いな【▼伊▼奈】**〈町〉埼玉県東部、蓮田市北西隣の町。農業が中心だったが、工業化・都市化が進んでいる。人口二万五三九〇(一九八八)。
**いな【▼伊▽南】**〈村〉福島県南西部、伊南川に沿う村。多雪地帯。農林業が中心。アユ・ヤマメ釣りの名所。人口二二六四(一九八八)。
**い-な【異な】**(連体)変な。変わった。strange 用例―事を承る。
**い-ない【以内】**《多く、日数・時間・距離・順位などの数詞に付けて》それをふくんで、それよりうちがわ。またそれより少ない範囲。within 比較未満・以下。用例三日―に回答する。
**いない-いない-ばあ** 乳児が覚える対人遊び。顔を見え隠れさせ、相手の反応を見る。生後七～一〇か月から興味を覚えるようになる。peekaboo
**いない-ていすい【胃内停水】** 漢方医学の用語。水毒が胃内に停滞するもので、みずおちを軽くたたくと水をゆすったときの音がする。多くは胃下垂・胃アトニーが原因。
**いない-りゅう【稲井竜】**《三畳紀の稲井層群から発掘されたことから》昭和一四年(一九三九)に宮城県津山町で発見された海生爬虫類の化石。脊椎骨など一部の骨の化石だけなので詳細は不明。推定全長約一・三m。
**いな-うしろ** [枕ことば] ↓いなむしろ(稲筵)
**いなお-かずひさ【稲尾▽和久】**(一九三七～) プロ野球、西鉄ライオンズ投手。大分県生まれ。昭和四四年(一九六九)引退。通算二七六勝。最

優秀選手二回。終身防御率一・九八。シーズン最多勝四二、最多連勝二〇、シーズン最多登板七八。鉄腕と呼ばれた。

**いなおり‐ごうとう**【居直り強盗】しのびこんだ泥棒が人に見つけられて、その場で強盗に変わること。

**い‐なお・る**【居直る】(五自) ①座り直す。sit upright ②急におどす態度に変わる。become threatening

**い‐なか**【田舎】①都市から離れた地方。ひな。country 用例 ―で育つ。②ふるさと。故郷。hometown 用例 ―に帰る。

**いながき**【稲垣】〈村〉青森県西部、津軽平野の村。水田単作。人口六〇六二(一九八八)。

**いながき‐たるほ**【稲垣足穂】(一九〇〇〜七七) 小説家。大阪生まれ。異形な幻想にみちた言語世界を築く。作品『一千一秒物語』、エッセー『少年愛の美学』など。

**いながき‐ひろし**【稲垣▼浩】(一九〇五〜八〇) 映画監督。東京生まれ。作品『宮本武蔵』『無法松の一生』など。

**いなかきょうし**【田舎教師】田山花袋の小説。明治四二年(一九〇九)刊。貧しい家の犠牲となり、夢破れ朽ちていく若い教師の一生を描く、自然主義文学の佳作。

**いな‐かけ**【稲架(け)】刈りとったイネをかけて、かわかすもの。いねかけ。はさ。はせ。おだ。

**いなか‐じるこ**【田舎汁粉】小豆で作ったつぶしあんを使った汁粉。対義 ごぜん汁粉。

**いなかだて**【田舎▽館】〈村〉青森県南西部、弘前市東隣の村。津軽平野の稲作地帯。人口九八四九(一九八八)。

**いなか‐に**【田舎煮】《素朴な煮方から》調理法の一つ。野菜などを、だし汁としょうゆで色づくぐらいに濃く煮る。

**いなか・びる**【田舎びる】(上一自) やぼったく感じられる。田舎じみる。田舎めく。rustic

**いなか‐ぶし**【田舎節】陽旋法のこと。おもに地方の民謡に多い音階とされる。対義 都節。

**いなか‐ま**【田舎間】和風家屋の間取りの基準の一つ。柱割りの場合は六尺(一八二㎝)を、畳割りの場合は長辺、五尺八寸(一七六㎝)を柱の間隔の基準とする。関東地方以北に多い。比較 京間。

**いなか‐まわり**【田舎回り】興行・商売などで、地方を回り歩くこと。用例 ―の行商人。

**いなか‐みそ**【田舎味▼噌】《農家の自家製みそが、麦をこうじ原料として熟成させたところから》麦味噌の別名。

**いなか‐もの**【田舎者】①田舎の人。countryman ②自分をけんそんして言う語。③物わかりの悪い、粗野な人をさげすんで言う語。hick

**い‐ながら**【居▼乍(ら)】(副) ①座ったままで。家にいるままで。as one sits 用例 ―天下の大勢を知る。②直接手を下さないで。without taking an action

**い‐なが・れる**【居流れる】(下一自) 人々が大ぜい、席をつらねて座る。

**いなかわ**【稲川】〈町〉秋田県南東部、皆瀬川に沿う町。稲庭うどん・川連漆器は有名。人口一万二二二一(一九八八)。

**いながわ**【▼猪名川】〈町〉兵庫県南東部、宝塚市北隣の町。シイタケ、種苗・苗木栽培がさかん。人口一万六七八三(一九八八)。

**いな‐ぎ**【稲▽置】＝いなき。①大和朝廷の地方官名。国造・県主の下で小区域を支配、イネの収納などを管理。②天武朝に制定された八色の姓の第八。

**いなぎ**【稲▽城】〈市〉東京都南部、多摩丘陵にある市。多摩川ナシの本場から、住宅都市へ大きく変化。人口五万二二五四(一九八八)。

**いな‐ご**【稲子・▼蝗】バッタ科の昆虫。イネの害虫。コバネイナゴ・ハネナガイナゴなどがある。体長約三〜三・五㎝で緑色。年一回発生。食用になる。本州・四国・九州に分布。↓図

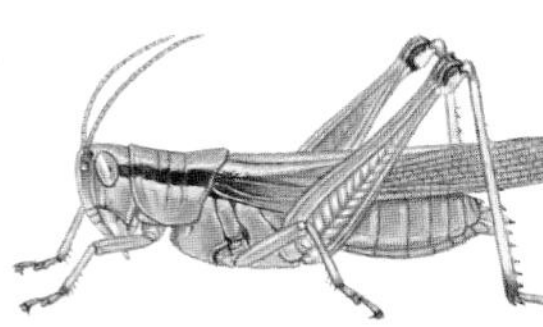

●イナゴ　ハネナガイナゴ

**いなさ** おもに関東地方などで、台風のシーズンに海から吹く強い南東、また南西の風。

**いなさ**【▽引佐】〈町〉静岡県西部、浜名湖の北にある町。ミカンや花の栽培がさかん。史跡の方広寺、名勝の竜潭寺などがある。人口一万五三五四(一九八八)。

**いな‐さく**【稲作】イネを作ること。その実りぐあい。米作。rice crop 比較 畑作。

**いなさく‐ぶんか**【稲作文化】イネの栽培が主要な生業である社会の、宗教・風習・政治・経済・技術などの生活様式。水田稲作文化と焼き畑稲作文化とがある。東南アジアを中心に、インド東部から中国の中・南部、朝鮮半島、日本に分布。イネに霊魂の存在を認める稲魂信仰、豊年祭などの農耕儀礼、また共同労働の慣行が生じた。

**いなざわ**【稲沢】〈市〉愛知県西部の市。植木・盆栽・野菜の栽培がさかん。名古屋市の衛星都市。国府宮の裸祭りは有名。人口九万五一五二(一九八八)。

**いな‐さんち**【▼伊▼那山地】長野県南部の山地。赤石山脈の西側に並走する山地で、最高峰は鬼面山一八八九ｍ。

**いな・す**【▽往なす】(五他) ①去らせる。let go away ②軽くあしらう。parry ③相撲で、急に身をかわし、相手をおよがせる。dodge

**いな‐ずま**【稲妻・▽電】雲の中、雲と雲、雲と大地のあいだに起きる放電にともなう電光。多くは屈折して見える。いなびかり。いなたま。いなつるび。lightning 用例 ―が走る。

**いなずま‐がた**【稲妻形】いなずまの形の模様。fret

**いなずま‐よこばい**【稲妻横▼這】ヨコバイ科の小昆虫。体長は雄約三・六㎜、雌約四・五㎜。イネの害虫。前翅に稲妻形の斑紋がある。本州・四国・九州に分布。

**いな‐せ**【▼鯔背】(名・形動)《江戸時代、日本橋魚河岸の若者が、鯔の背に似た形の髷をゆっていたことから》若者の粋で威勢のいいこと・さま。また、その気風や姿。用例 ―な若い衆。

**いなだ** アジ科のブリの小さいときの名。

**いな‐ただつぐ**【▼伊▼奈▽忠次】(一五五〇〜一六一〇) 江戸初期の幕臣・民政家。三河の人。伊奈流農政の始祖。徳川家康に仕え、検地・治水・新田開発などに活躍。初代、関東郡代。

**いなだ‐りゅうきち**【稲田竜吉】(一八七四〜一九五〇) 内科医。愛知県生まれ。東大卒。ワイル病病原体の黄疸出血性スピロヘータを、井戸泰とともに発見した。昭和一九年(一九四四)文化勲章受章。

**いなつき**【稲▽築】〈町〉福岡県中部、飯塚市南隣の町。筑豊の炭鉱町として発展したが、商工業の町へと変わった。人口二万一二六三(一九八八)。

**いなづ‐ぎくう**【稲津▼祇空】(一六六三〜一七三三) 江戸中期の俳人。大坂の人。榎本其角の門人。俳風は「法師風」と呼ばれた。撰集『住吉物語』など。

**いな‐と‐よ** 古語 (感) 他人のことばに同意しないで、自分の気持ちを述べるときに発する語。いやいや。

**いなな・く**【▼嘶く】(五自) 馬が声高く鳴く。「neigh

**いなのめ‐の** 「枕ことば」《「いなのめ」は、寝の目、稲の目、鯔の目などともするが、かかりかたとも未詳》「明く・飽く」にかかる。用例 ―明けさりにけり船出せむ妻(万葉・一〇・二〇二二)。

**いなば**【▽因▼幡】↓いなばのくに(因幡国)

**いなば‐の‐くに**【▽因▼幡国】旧国名。現在の鳥取県東半部。山陰道の一国。「延喜式」では上国、七郡。国府・国分寺はともに岩美郡国府町。明治四年(一八七一)廃藩置県により鳥取県、同九年(一八七六)島根県に編入されたが、同一四年(一八八一)再び鳥取県。因州。因幡。

**いなば‐の‐しろうさぎ**【▽因▼幡の白▼兎】出雲神話の一つ。鰐鮫を欺いたため皮をはがれ、苦しんでいた白兎が、大国主命に救われて恩返しをするというもの。

**いな‐びかり**【稲光り】↓いなずま(稲妻)

**いな・ぶ**【▽辞ぶ・否ぶ】古語 (上二他) 聞き入れない。ことわる。用例 かたく―・ぶるをせめ給へば(源氏・若菜上)。

**いなぶ**【稲武】〈町〉愛知県北東部山間の町。旧宿場町。林業が中心。コンニャクが特産。人口三七四六(一九八八)。

**いな‐ぶし**【▽伊▼那節】長野県伊那市の民謡。江戸初期以来の『御嶽山節』が転化したもの。大正四年(一九一五)「天竜下れば」の新作歌詞ができ、以後一般に流行。

**いなぶね‐の**【稲舟の】「枕ことば」《同音の繰り返し、また、稲舟は軽いところから》「いな(否)・かろし」にかかる。用例 もがみ河のぼればくだる― いなにはあらずこの月ばかり(古今・東歌)。

**いなべ**【▽員▽弁】〈町〉三重県、伊勢平野北部の町。稲作・畜産・養蚕などの農業の町であったが、交通が便利で都市化が進んでいる。人口八四二七(一九八八)。

**いな‐ほ**【稲穂】イネの穂。いなぼ。ear of rice

**いな‐ぼんち**【▼伊▼那盆地】長野県南部の盆地。天竜川が貫流し、河岸段丘が発達。ナシ栽培・精密工業などが行われている。伊那谷。

**いなみ**【井波】〈町〉富山県西部の町。瑞泉寺の門前町で仏具・木彫のほか、紡績などの工業がある。人口一万一五七六(一九八八)。

**いなみ**【▽印▽南】〈町〉和歌山県中部、太平洋に臨む町。漁業・ミカンなどの農業のほか、蚊取り線香の製造。人口一万八八六(一九八八)。

**いなみ**【稲▽美】〈町〉兵庫県、加古川市の東に接する町。水利が悪く溜池が多く作られた。工業化が進む。人口三万一八四(一九八八)。

**いな・む**【否む】(五他) ①ことわる。承知しない。辞退する。refuse ②打ち消す。deny

**いな‐むしろ**【稲▼筵・稲▼蓆】①稲わらで編んだ筵。古くは寝具や床の敷物として用いられることが多かった。②「枕ことば」《語義・かかりかたとも未詳》「川」にかかる。いなうしろ。用例 ―川副楊水行けば靡き起き立ちその根は失せず(日本書紀・顕宗)。

**いな‐むら**【稲▼叢】刈り取って乾燥させ、積み重ねたイネ。stack

**いなむら‐が‐さき**【稲村ケ崎】鎌倉市の相模湾に突出した岬。元弘三年(一三三三)新田義貞が鎌倉進攻のとき、ここで太刀を海に投じて潮を引かせたという。

**いなむら‐さんぱく**【稲村三伯】(一七五八〜一八一一) 江戸後期の蘭学者。鳥取藩医。海上随鷗と も称す。大槻玄沢に学び、最初の蘭日辞典『波留麻和解』を編集。

**いなめ‐ない**【否めない】(連語)《可能動詞「否める」の未然形に打ち消しの助動詞「ない」が付いたもの》打ち消すことができない。unable to deny 用例 ―事実。

**いなもり‐そう**【稲森草】アカネ科の多年草。関東以西の山地の、しめった樹下にはえる。卵形の葉が四枚上部に対生して展開。春、紫色の長筒合弁花をつける。三重県菰野の稲森山で発見された。

**いな‐や**【否や】㊀(名)《「否」を強めた言い方》いやいや。denial 用例 ―を言わさぬ。㊁(副) ①…かどうか。whether … or not ②…するとすぐ。ただちに。as soon as 用例 人の顔を見るや―、逃げ出した。

**い‐なら・ぶ**【居並ぶ】(五自) 並んで座る。sit in a row

**いなり**【稲▽荷】①宇迦之御魂神。また、それを祭った社。②キツネの別称。③油揚げの別称。④「いなりずし」の略。

**いなり‐こう**【稲▽荷講】稲荷神社の主神、宇迦之御魂神を信仰する人たちの集まり。京都の伏見稲荷大社に代参するもの、地域の小社を祭るものなどがある。

**いなり‐じんじゃ**【稲▽荷神社】①伏見稲荷大社の略称。②伏見稲荷大社の主祭神、宇迦之御魂神を祭った神社。

**いなり‐ずし**【稲▽荷▼鮨】《稲荷神社の使いのキツネは油揚げが好物ということから》煮つけた油揚げを袋状にし、すし飯を詰めたもの。しのだずし。

**いなりだい‐こふん**【稲▽荷台古墳】千葉県市原市山田橋稲荷台地区にあった小規模な古墳群。一号墳は径約二七ｍ、五世紀後半の円墳で、木棺直葬の埋葬主体が二つあり、中央のものから短甲・剣・刀子・鉄鏃が発見された。その剣の一つに金象嵌の銘文があり、注目された。

**いなりやま‐こふん**【稲▽荷山古墳】墳丘上に稲荷神社が祭られていたことが名称の由来となった古墳。全国に分布。滋賀県高島、群馬県藤岡市白石、熊本市清水町打越、埼玉県行田市埼玉(金象嵌銘文のある稲荷山鉄剣を出土)などのものが有名。

**いなりやま‐てっけん**【稲▽荷山鉄剣】埼玉県行田市の埼玉古墳群中の稲荷山古墳から昭和四三年(一九六八)に出土した鉄剣、長さ七三・五㎝。同四五年に金象嵌の銘文を発見。古代史研究の重要資料。国宝。↓写

**いなわしろ**【▼猪苗代】〈町〉福島県猪苗代湖の北にある町。城下町・農産物の集散地として発展。野口英世記念館がある。人口一万九一九四(一九八八)。

**いなわしろ‐けんさい**【▼猪苗代兼載】

▼常用漢字表外。▽常用漢字表の音訓外。

●イヌ(一)①

グレーハウンド

イングリッシュ-ポインター

秋田犬

紀州犬

シェパード

ドーベルマン

ボクサー

シェットランド-シープドッグ

ダックスフント

プードル

チャウチャウ

マルチーズ

●稲荷(いなり)山鉄剣　表(右)と裏(左。部分)。埼玉県立さきたま資料館。

↓けんさい(兼載)

**いなわしろ-こ**(ゐなはしろ-)【▼猪苗代湖】福島県中部、磐梯(ばんだい)山南麓(なんろく)にある湖。面積一〇四km²、最深九三・五m。貧栄養湖であるが、発電・灌漑(かんがい)に利用価値が大きい。

**い-なん**【以南】その場所・地点をふくんで、そこから南。south of [対義]以北。

**いに-あと**【▽往に跡】人が去ったあと。とくに、先妻が去ったあと。

**往に跡へ行くとも死に跡へ行くな**(いにあとへいくともしにあとへいくな) 先妻と離婚したあとへ後妻としていくのはよいが、死別したあとへ行くと、先妻への思慕が深いので、行かぬほうがよい。

**いに-がけ**【▽往に掛け】行くついで。また、事のついで。行(ゆ)き掛け。

**往に掛けの駄賃**(いにがけのだちん) 事のついでになにかをすること。行(ゆ)き掛けの駄賃。

**いに-し**【▽往にし】[文語的](連体) 過去の。過ぎ去った。いんじ。[用例]——年。

**イニシアチブ**【initiative】①主導権。[用例]——をとる。②有権者による議案の直接発議。国民発案。住民発案。

**イニシアル**【initial】ローマ字などで書いた名前の最初の文字。固有名詞、標語、とくに姓名の頭文字は略署名として、衣服や持ち物につけたりする。頭(かしら)文字。[用例]——をつけたワイシャツ。

**いにし-え**(いにしへ)【▽古】《「往(い)にし方(へ)」の意》過ぎ去った時。昔。past [対義]今。

**イニシエーション**【initiation】文化人類学の概念。未開社会でなんらかの集団にはいるなど、ある社会的・宗教的地位から別の地位への変更を認めるための一連の行為。儀礼をともなうのが一般的で、日本の元服(げんぷく)や成年式・成人式はその例。

**いにしえ-ぶり**(いにしへ-)【▽古ぶり】昔のやりかた。昔風。

**い-にゅう**【移入】(名・サ変他) ①移し入れること。bring in [用例]感情の——。②一つの国内で、ある県が他県の産物などを受け入れること。introduce [比較]輸入。[対義]移出。③課税物件を製造場所に搬入すること。④生物のある生息場所へ他種の個体群がはいってくること。immigration ⑤動物の発生時での原腸形式の一様式。内殖。ingression

**い-にょう**【囲▼繞】(名・サ変他) ↓いじょう(囲繞)

**い-にょう**【遺尿】(名・サ変自) 子どもにみられる睡眠中などの無意識の排尿。心身症的な機能異常であることが多く、器質的障害はほとんどみられない。寝小便。enuresis

**い-にん**【委任】(名・サ変他) ①人にまかせること。trust ②訴訟や財産管理など、事務処理や法律行為実行を相手にまかせる契約。mandate

**いにん-ぎょうせい**【委任行政】国または地方公共団体がその行政事務をみずから行わず、他の機関に委任して行わせること。

**イニング**【inning】野球の試合で、攻守交替の回。一イニングは、両チームが攻守を一回ずつ終えるまで。先攻チームの攻撃中を表、後攻チームの攻撃を裏という。インニング。

**いにん-じむ**【委任事務】地方公共団体が国または他の公共団体の委任によって、行う事務。

**いにん-じょう**【委任状】①他人に、ある一定の事項を委任したことを証明する書面。letter of attorney [用例]——を提出する。②相手国に領事の任命を伝える文書。agrément

**いにん-とうち**【委任統治】国際連盟の委任をうけた国が特定の地域に行った統治方式。第一次大戦後、敗戦国ドイツおよびトルコから分離された領土に適用。旧ドイツ領南洋諸島は日本の委任統治下にあった。mandate [比較]信託統治。

**いにん-りっぽう**(-りつぱふ)【委任立法】議会以外の国家機関、とくに行政機関が法律による委任をうけて法規を制定すること。また、その法規。政令・省令など。delegated legislation

**いぬ**【犬】(一)(名) ①家畜でもっとも古く人間に飼育されるようになった、イヌ科の動物。品種は公認されたもので一〇〇種を越える。それぞれの特徴によって猟犬・番犬・闘犬・愛玩(あいがん)犬などに分かれる。dog [数え方]一匹・一頭。②スパイ。密偵(みってい)。間者。裏切り者。spy [用例]権力の——。(二)(接頭) ①一見似ているが、本物と異なるもの。おとるもの。[用例]——タデ。——侍。②むだなこと。[用例]——死に。↓[写]

**犬が西向きゃ尾は東**(いぬがにしむきゃおはひがし) あたりまえのこと。予想された、当然の結果。as night follows day [類似]雨の降る日は天気が悪い。

**犬と猿**(いぬとさる) 仲の悪いことのたとえ。犬猿の仲。cat-and-dog

**犬に論語**(いぬにろんご) どんな道理をもって説得しようとしても、無駄であること。

**犬の川端歩き**(いぬのかわばたあるき) 奔走しても、何の結果も得られないこと。また、目的もなく歩きまわること。犬川。

**犬の糞**(いぬのくそ) たくさんあって、汚いもの、手に負えないもの、くだらないもの、軽蔑すべきものなどを言う。また、単に、ありふれているものの意にも用いる。

**犬の糞で敵を討つ**(いぬのくそでかたきをうつ) 汚いやり方で、しかえしをする。

**犬の遠吠え**(いぬのとおぼえ) 臆病(おくびょう)者が、安全なところで空威張りしたり、人をののしったりすること。

**犬は人に付き猫は家に付く**(いぬはひとにつきねこはいえにつく)《家畜としての犬と猫の生態を簡明に言い表したもの》犬は、飼い主になついて、どこまでもついて行くが、猫は、飼い主が引っ越しても、元の家を離れようとしない。

**犬、骨折って鷹の餌食になる**(いぬ、ほねおってたかのえじきになる) 苦労して得たものを、他人に取られてしまう。犬、骨折って鷹に取られる。

**犬も歩けば棒に当たる**(いぬもあるけばぼうにあたる) ①でしゃばると、ひどい目にあう。A tall tree catches much wind. ②出歩くと、思いもかけない、よいことがある。A flying crow always catches something.

**犬も食わない**(いぬもくわない) いやなことや、くだらないことなので、だれも相手にしない。of no interest [用例]夫婦げんかは——。

**犬も朋輩、鷹も朋輩**(いぬもほうばい、たかもほうばい) 役目や地位は違っても、同じ主人に仕えるのであれば、同僚だということ。

**いぬ**【▼戌】①十二支の第一一。[用例]——年(どし)。②昔の時刻の名。午後八時および、その前後の二時間。五つ時。[用例]——の刻(こく)。③方角で、ほぼ西北西。

**い・ぬ**【▽往ぬ・▽去ぬ】[古語](ナ変自) ①行く。さる。[用例]足の向きたらむかたへ——・なむず(竹取)。②過ぎる。[用例]あはれことしの秋も——めり(千載・雑上)。

**い・ぬ**【▽寝ぬ】[古語](下二自) ねる。

**いぬ-あわせ**(-あはせ)【犬合(わ)せ】犬と犬をたたかわせる催し物。闘犬。

**いぬ-い**(-ゐ)【▽乾・▼戌▼亥】方角の名。戌(いぬ)と亥(い)の間。北西。northwest

**いぬい-とみこ**(いぬゐ-)(一九二四—) 児童文学者。東京生まれ。本名乾富子(いぬいとみこ)。作品『ながいながいペンギンの話』『木かげの家の小人たち』など。

**いぬ-えんじゅ**(-ゑんじゆ)【▼犬▼槐】マメ科の落葉高木。山地にはえる。葉は羽状複葉で互生し、裏面には灰褐色の伏毛が密生。夏、淡黄白色の総

●イヌエンジュ

状花序をつける。エニス。↓写

**いぬ-おうもの**【犬追物】騎射の一つ。かこいに犬を放ち、馬上から鏃をつけない矢で射る。平安時代から鎌倉時代に武士の間でさかんに行われた。↓写

●犬追物 『犬追物屏風』より。

**いぬ-かい**【犬飼(い)】鷹狩りに使う猟犬を飼い慣らす役人。鷹匠に付属した職。犬飼い人。

**いぬかい**【犬飼】〈町〉大分県中部、大分市南隣の町。稲作・果樹栽培などがさかん。人口五六四四(一九八八)。

**いぬかい-つよし**【犬▽養▼毅】(一八五五～一九三二)政治家。号は木堂。岡山県生まれ。立憲国民党党首として護憲運動に活躍。普通選挙運動を展開。昭和四年(一九二九)政友会総裁、同六年(一九三一)首相となるが、五・一五事件で暗殺された。↓写

●犬養毅

**いぬ-かき**【犬▼搔き】泳法の一種。犬が泳ぐように、腕を交互に水をたぐり寄せるように搔き、脚はばた足を用いる。dog paddle

**いぬ-がみ**【犬神】西日本に多い俗信で、人にのりうつって害を与えるという犬の霊。

**いぬがみ-つき**【犬神▼憑き】人に害を加える犬の霊がのりうつったために起こるとされる精神の異常。また、その人。中国地方の西南部から四国・九州にかけての俗信。

**いぬがみ-の-みたすき**【犬上▽御田▼鍬】(生没年未詳)飛鳥時代の官人。推古二二年(六一四)遣隋使として渡航。舒明二年(六三〇)第一回、遣唐使として再び渡航。

**いぬ-がや**【犬▼榧】イヌガヤ科の常緑小高木。暖地の山地にはえる。高さ約一〇m。葉は線形。雌雄異株。庭園樹にも用いられ、材は細工用。ヘボガヤ。

**いぬ-がらし**【犬▼芥】アブラナ科の多年草。路傍や田の畔などに多くはえる。高さ約三〇～四〇cm。春夏に黄色の十字形の小花を多数つける。↓図

●イヌガラシ

**いぬ-がんそく**【犬▼雁足】ウラボシ科のシダ。夏山地の樹下にはえる。栄養葉は一回羽状複葉で長さ約一m以上。胞子葉は褐色で栄養葉より小さい。↓図

●イヌガンソク

**い-ぬき**【居抜(き)】商店・工場などを、商品・設備などをつけたまま貸したり、売り渡したりすること。

**いぬ-ぐい**【犬食い】(名・サ変自)食卓の上に食器を置いたまま、食べ物に顔を近づけて犬のように食べる食べ方。

**いぬ-くぎ**【犬▼釘】《釘の頭が犬の頭に似ていることに由来》大型の釘で、鉄道の枕木にレールを固定するときなどに使う。spike

**いぬ-くぐり**【犬▽潜り】かきね・塀などにあけてある、犬が出入りするための穴。

**いぬ-くぼう**【犬▽公方】江戸幕府、五代将軍徳川綱吉の綽名。

**いぬ-こうじゅ**【犬香▼薷】シソ科の一年草。山野にはえる。ヒメジソに似ているが、茎・葉が紫色を帯びて細毛があることで区別。

**いぬ-ごま**【犬▼胡麻】シソ科の多年草。湿地にはえる。細い地下茎で繁殖。茎の高さ約六〇cm、方形でとげがある。夏、茎の上部に淡紅紫色の花を密に穂状につける。↓写

**いぬ-こりやなぎ**【犬▽行▼李柳】ヤナギ科の落葉低木。川岸や湿地にはえる。長楕円形の葉の裏面は帯白色。早春、葉よりも早く三cmほどの尾状花序を出す。

**いぬ-ころ**【犬ころ】《俗語》小犬。また、犬。

**いぬ-ざくら**【犬桜】バラ科の落葉高木。山野にはえる。四～五月ごろ、葉が出てから径約〇・七cmの白色五弁花が総状に咲く。

**いぬ-サフラン**【犬サフラン】コルチカムの別名。

●イヌゴマ

**いぬ-ざむらい**【犬侍】武士としての道をわきまえない侍をあざけり、ののしっていう語。

**いぬ-ざんしょう**【犬山▼椒】ミカン科の落葉低木。山野にはえる。サンショウに似ているが、香気が少なく、枝にまばらなとげがある。夏に、淡緑色の小花が咲く。果実と葉は薬用。

**いぬ-しだ**【犬▽羊▽歯】山地の乾いた崖などに見られる多年生シダ。葉は長さ一五～三〇cm、全体に軟毛があり、一、二回羽状に分かれる。胞子嚢は葉縁につく。

**いぬ-しで**【犬四手】カバノキ科の落葉高木。山野にはえる。葉や若枝に毛が多く、果穂は五～八cmに下垂。

**いぬ-じに**【犬死に】(名・サ変自)無駄死にすること。徒死。die for nothing

**いぬ-しょうま**【犬升麻】キンポウゲ科の多年草。丘陵・山地にはえる。高さ七〇cmほど。夏に、茎の先端から暗緑色の花茎が出て、白色の花が咲く。

**いぬ-じらみ**【犬▼虱】イヌに寄生するシラミ。体は卵円形。体長一・五～二mm。

**いぬ-たで**【犬▼蓼】タデ科の一年草。野原や路傍に多くはえる。高さ二〇～三〇cm。六～一〇月、枝先の花穂に紅色の花をつける。粒状の紅花を赤飯にみたてて別名、アカノマンマ、アカマンマとよぶ。↓写

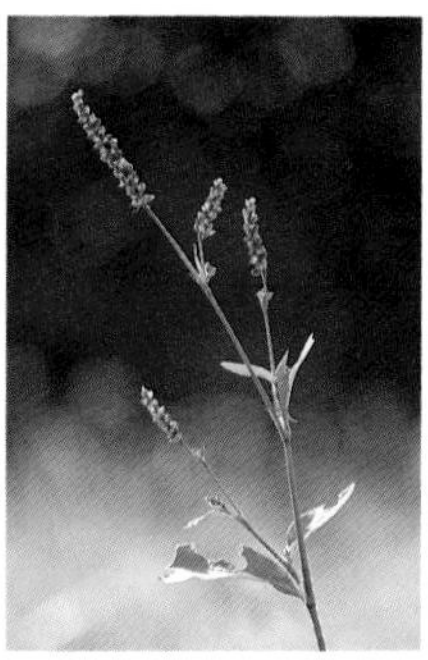
●イヌタデ

**いぬ-だに**【犬▼蜱・犬▽壁▼蝨】イヌに寄生するダニ類。卵円形で体長一mm内外。ツリガネチマダニが普通種。

**いぬ-ちくしょう**【犬畜生】《卑語》道にはずれた行いをした人をののしって言う語。人非人。用例 ― にも劣る奴。

**いぬつくばしゅう**【犬▼筑波集】俳諧連歌集。天文八年(一五三九)ごろ成立。宗鑑編といわれる。連歌に対し俳諧を卑下して「犬」をつけた。『新撰犬筑波集』『俳諧連歌』『俳諧連歌抄』ともいう。

**いぬ-つげ**【犬▽黄▼楊】モチノキ科の常緑低木。山野にはえる。高さ一・五～三m。雌雄異株。夏に、白色の小花をつける。庭木にもされる。↓写

●イヌツゲ 実。

**いぬ-なずな**【犬▼薺】アブラナ科の二年草。草地にはえる。高さ一〇～二〇cm。茎と葉に星状毛がある。春に、黄色の小形十字状花が多数咲く。↓写

**いぬ-の-ひ**【▼戌の日】十二支の一一番目、戌にあたる日。犬の出産が軽いことから、妊婦は妊娠五か月ごろの戌の日に、岩田帯をしめると安産できるといわれる。

●イヌナズナ

**いぬ-の-ふぐり**【犬の▽陰▼嚢】ゴマノハグサ科の二年草。路傍などにはえる。葉は卵円形。春に、淡紅紫色の小花が咲く。日本全土に分布。名は果実の形からの連想。イヌフグリ。

**いぬ-のみ**【犬▼蚤】おもに、イヌに寄生するノミ。跳躍力は弱い。全世界に分布。dog flea

●犬走り① 東京都、靖国神社。

**いぬ-ばしり**【犬走り】①築地と外側の溝または敷石の間の平らな部分。berm ②建築の外周に沿ってコンクリートや砂利を敷いた外部床。scarcement ③小股に走ること。↓写

**いぬ-はりこ**【犬張(り)子】犬を象った張り子の郷土玩具。室町時代からあるが、江戸のものが有名。子どもの魔よけとして、宮参りに贈る風習がある。御伽犬。宿直の犬。↓写

●犬張り子

**いぬ-びえ**【犬▼稗】イネ科の一年草。湿地・水田にはえる雑草で、高さ約九〇cm。葉は細長く、夏に、花穂をつける。

**いぬ-びゆ**【犬▼莧】ヒユ科の一年草で、道ばたなどに見られる雑草。茎はよく分枝し、高さ約三〇cm。葉は長柄菱形。夏に緑色の小花を穂状花序につける。葉は食用。

**いぬ-びわ**【犬▼枇▼杷】クワ科の落葉低木または小高木。暖地の海辺にはえる。枝は灰白色で傷つけると乳汁が出る。果実は、秋に黒紫色に熟し、食用となる。

**いぬ-ふせぎ**【犬防ぎ】＝いぬぶせき・いぬよけ。①寺院の内陣と外陣を区別する格子。②建物の門前などに設ける柵や格子。

**いぬ-ぶな**【犬▼橅】ブナ科の落葉高木。山地にはえる。ブナに似ているが、樹皮が黒く、いぼ状の突起が多い。葉の裏面に白毛がある。クロブナ。

**いぬぼう-カルタ**【犬棒カルタ】《一番最初の札「犬も歩けば棒にあたる」から出た名称》いろはガルタの一種。江戸末期からもっとも一般に普及した。

**いぬぼう-ざき**【犬▼吠▼埼】千葉県、銚子市東端の岬。高さ二〇mの海食崖の台地上に、明治二七年(一八九四)竣工の灯台がある。

**いぬ-ほおずき**【犬▽酸▼漿】ナス科の一年草。高さ三〇～六〇cm。葉は広卵形。夏、白色の小花が咲き、液果は球形で黒熟。全草にソラニンを含み有毒。畑や道ばたにはえる。

**いぬ-まき**【犬▼槇】マキ科の常緑針葉高木。暖地にはえる。高さは二〇mに達し、葉は扁平な線形で革質。雌雄異株。種子は球形で、基部の果托は食用。材は建材・器具材。マキ。

**いぬやま**【犬山】〈市〉愛知県北端の市。旧城下町で犬山城があり、日本ライン・鵜飼いなどの観光基地。機械・金属工業がある。人口六万九〇〇一(一九八八)。

**いぬやま-じょう**【犬山城】愛知県犬山市にある近世の城。尾張藩の家老成瀬氏の居城で、

三層の天守閣は現存最古のもの。白帝城。

**イヌリン**【inulin】 果糖が直鎖状に連なった形の多糖。貯蔵物質として、キク科植物の地下茎や球根に多量に存在する。

**いぬ-わし**【犬▼鷲】 全身黒褐色のワシタカ科の鳥。大形のワシで、翼長約六〇㎝。肉食性でノウサギなどを捕食。山岳地帯で繁殖。日本には少なく、天然記念物。ユーラシア・北アメリカなどに分布。golden eagle ↓ワシ 写

**いぬ-わらび**【犬▼蕨】 オシダ科のシダ。平地から山地にはえる。高さ約六〇㎝に達し、葉は長楕円形で二、三回羽状に分裂。包膜はかぎ形・半月形などに変化。↓図

●イヌワラビ

**いね**【稲】 ①五穀の一つ。イネ科の一年草。形態、生態、遺伝的特徴から日本型・インド型・ジャワ型に、農業上の特性からうるち・もち、水稲・陸稲に、早生・中生・晩生などに分類。現在、一〇〇〇種以上。原産地はインド・東南アジアと考えられる。トミグサ。ミズカケグサ。rice 数え方 一把・一束。 ②紋所の名。稲穂を紋章化したもの。↓図

●イネ① 九月下旬の稲穂。

●稲② 稲の丸

抱き稲

**いね**【▼伊根】〈町〉 京都府北部、丹後半島の町。漁業が主で、ブリ漁の基地。丹後半島観光の要所。人口三七九七(一九八八)。

**いね-あおむし**【稲青虫】 ヤガの幼虫。体長約二㎝。淡緑色で、歩き方はシャクトリムシに似る。イネの害虫で、イネの葉を縁から階段状に食べる。年三〜五回発生。日本全土・朝鮮半島・中国に分布。

**いね-かめむし**【稲▼亀虫】 カメムシ科に属する昆虫。体長約一・三㎝。淡黄褐色。イネの害虫。出穂から乳熟期にかけてもみの中の乳液を吸うので穂は実らない。年一、二回発生。本州以南・東南アジア・インドに分布。

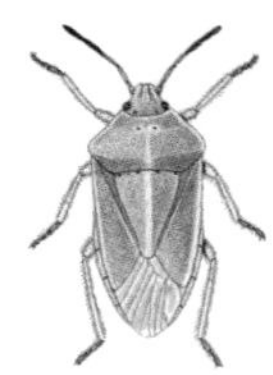
●イネカメムシ

**いねから-ばえ**【稲▼稈▼蠅】 黄色のハエ。成虫は体長約三㎜。幼虫がイネの茎の中に潜入し、形成中の新葉や幼穂を食害する。年二〜三回発生。日本全土に分布。

↓図

**いね-くろかめむし**【稲黒▼亀虫】 全身黒色のカメムシ。体長約一㎝。イネの害虫。成虫の状態で越冬し、六月ごろ水田に移動して、イネの汁を吸う。日本・東南アジアに分布。

**いね-こき**【稲▽扱き】 実った稲穂から籾をしごいてかきおとすこと。また、その道具。昔は鉄製の櫛のような千歯でこき取った。回転式のものを脱穀機という。いなこき。rice threshing

**いね-ぞうむし**【稲象虫】 ゾウムシ科の甲虫。体長約五㎜。黒褐色。イネの害虫。日本全土・台湾に分布。

**いね-つとむし**【稲▼苞虫】 セセリチョウの一種イチモンジセセリの幼虫の通称。イネの害虫。

**いね-どろおいむし**【稲泥負虫】 青藍色のハムシ科の小甲虫。成虫は体長約五㎜。幼虫がいつも糞を背負うのでこの名がある。寒冷地に多いイネの害虫。成虫・幼虫とも葉の表面を食害。日本・アジア各地に分布。イネクビホソハムシ。

**いねねくい-はむし**【稲根▼喰葉虫】 幼虫がイネの根を食害するハムシ科の小甲虫。体長六㎜内外で、黒褐色。幼虫は体長約九㎜で、白色のうじ虫状。年一回発生。日本全土・朝鮮半島・中国に分布。

**いねはもぐり-ばえ**【稲葉潜▼蠅】 黒色の小形のハエ。体長約三㎜。発生は年二回。幼虫はイネの葉肉中に食い込んで食害。北海道・東北・北陸・山陰地方に分布。

**いね-ひめはもぐりばえ**【稲姫葉潜▼蠅】 成虫は体長約二㎜の小さなハエ。イネの害虫。幼虫はウジムシで、葉肉に潜入して食害。年五〜六回発生。日本全土に分布。

**い-ねむり**【居眠り】(名・サ変自) 座ったり、腰かけたりしたままで眠ること。doze

**いね-よとう**【稲夜盗▼蛾】 ヤガ科のガ。開張約二・五㎝。淡灰褐色で後翅が白く、体は太い。幼虫はイネの害虫。本州・四国・九州からインドに分布。大螟虫。

**いの**【▼伊野】〈町〉 高知県中部、仁淀川に沿う町。古くから製紙がさかんで、土佐七色和紙の発祥地。人口二万三〇六七(一九八九)。

**イノ**【Inō ギリシア】 ギリシア神話のカドモスの娘。女神ヘラの怒りにふれて発狂した夫を逃れて、子とともに海に身を投じ、海の守護神レウコテアとなった。Ino

**い-の-いちばん**【いの一番】(「いろは」順で「い」は第一番であることから)最初。第一番。first of all

**い-のう**【異能】 変わっている、すぐれた能力。peculiar ability 用例 ―の力士。

**いのうえ-いんせき**【井上因▼碩】 囲碁の家元、四家の一つ。江戸初期の名人中村道碩を祖とし、二世から因碩を名のり、明治以降まで一六世に及んだ。

**いのうえ-えんりょう**【井上円了】(一八五八〜一九一九) 仏教哲学者。新潟県生まれ。東大卒。西洋哲学を背景に仏教を解釈。哲学館(現在の、東洋大学)を創立。妖怪の研究でも知られる。

**いのうえ-かおる**【井上▼馨】(一八三五〜一九一五) 明治の政治家。通称聞多。長州藩出身。イギリスに留学。明治新政府で外相・農商務相・内相・蔵相などを歴任。条約改正を目的として欧化政策を推進。

**いのうえ-こわし**【井上▼毅】(一八四三〜九五) 明治の政治家。熊本藩出身。大日本帝国憲法・皇室典範・教育勅語などの起草に参与。枢密顧問官・文相。

**いのうえ-しげよし**【井上▽成▽美】(一八八九〜一九七五) 海軍大将。宮城県生まれ。海軍兵学校校長、小磯内閣の海軍次官などを歴任。軍部の暴走に反対し続け終戦に至る。戦後、横須賀に隠棲。

**いのうえ-じゅんのすけ**【井上準▼之助】(一八六九〜一九三二) 財政家・政治家。大分県生まれ。日本銀行総裁。浜口内閣の蔵相となり金解禁を実施。血盟団員小沼正により暗殺された。

**いのうえ-しろう**【井上士朗】(一七四二〜一八一二) 江戸後期の俳人。尾張の人。加藤暁台の門人。平明穏和な句風で名声を得た。句集『枇杷園句集』など。

**いのうえ-てつじろう**【井上哲次郎】(一八五五〜一九四四) 哲学者。福岡県生まれ。東大教授。ドイツに留学、ドイツ観念論哲学の移入に努める一方、儒学思想を研究し日本主義を鼓吹した。外山正一・矢田部良吉と『新体詩抄』を刊行。著書『巽軒論文集』。

**いのうえ-でん**【井上でん】(一七八八〜一八六九) 江戸後期、久留米絣の創始者。久留米の人。

●井上八千代 四世。

**いのうえ-でんぞう**【井上伝蔵】(一八五四〜一九一八) 明治中期、秩父困民党の指導者の一人。明治一七年(一八八四)自由党に入党。同年、秩父事件で蜂起。鎮圧後、北海道に渡り開拓生活ののち病没。

**いのうえ-ともいちろう**【井上友一郎】(一九〇九〜) 小説家。大阪生まれ。早大卒。作品『残夢』『絶壁』『銀座二十四帖』など。

**いのうえ-にっしょう**【井上日召】(一八八六〜一九六七) 超国家主義者。群馬県生まれ。血盟団を結成し、テロによる国家改造を企図、実行。

**いのうえ-はりまのじょう**【井上▼播磨▼掾】(一六三二〜八五) 江戸前期の古浄瑠璃の語り手。謡曲や他の叙情的な曲調を折衷した芸風。竹本義太夫はその孫弟子。

**いのうえ-ひさし**【井上ひさし】(一九三四〜) 小説家・劇作家。本名廈。山形県生まれ。上智大卒。江戸戯作の伝統を現代に蘇生させたパロディーの名手。作品『手鎖心中』『吉里吉里人』、戯曲『頭痛肩こり樋口一葉』など。

**いのうえ-ふみお**【井上文雄】(一八〇〇〜七一) 江戸末期の国学者・歌人。江戸の人。個性的な歌を主張。歌論『伊勢の家づと』、家集『調鶴集』など。

**いのうえ-まさお**【井上正▽夫】(一八八一〜一九五〇) 新派俳優。愛媛県生まれ。井上演劇道場を開設。新派と新劇の「中間演劇」を提唱した。

**いのうえ-まさる**【井上勝】(一八四三〜一九一〇) 日本の鉄道の創設・発展の功労者。長州藩出身。イギリスに渡り鉄道・鉱山学を学ぶ。鉄道局長・鉄道庁長官を歴任。

**いのうえ-みちやす**【井上▽通▽泰】(一八六六〜一九四一) 歌人・国文学者。兵庫県生まれ。東大卒。柳田国男の兄。桂園派の歌人で御歌所寄人。歌集『南天荘歌集』、著書『万葉集新考』など。

**いのうえ-みつはる**【井上▽光▽晴】(一九二六〜) 小説家。旅順(現在、中国の大連)生まれ。炭坑・原爆など現代日本の底辺に潜む諸問題を追求。作品『地の群れ』『心優しき反逆者たち』など。

**いのうえ-やすし**【井上▼靖】(一九〇七〜) 小説家。北海道生まれ。京大卒。永遠の相の中に、虚無と執念のせめぎ合いを描いた作品が多く、西域物にも特徴がある。昭和五一年(一九七六)文化勲章受章。作品『闘牛』『天平の甍』『氷壁』『敦煌』『本覚坊遺文』など。

**いのうえ-やちよ**【井上八千代】 京舞井上流の家元。現在四世。初世、井上サト(一七六七〜一八五四)が井上流を開く。四世、片山愛子(一九〇五〜)は日本舞踊界を代表する名手の一人。重要無形文化財保持者。↓写

**いのうえ-りゅう**【井上流】 京舞の一流派。座敷舞、本来は女舞。家元は井上八千代。江戸末期に京都に興る。

**いのう-じゃくすい**【▽稲▽生若水】(一六五五〜一七一五) 江戸中期の本草学者・医者。江戸生まれ。大坂で福山徳順に本草学を学ぶ。日本の博物学の先駆者。

**いのう-ただたか**【▼伊能▽忠▽敬】(一七四五〜一八一八) 江戸後期の地理学者。上総の人。隠居後、五十歳で高橋至時に学ぶ。幕命により蝦夷地沿岸を測量し、以後日本全土を歩き、日本初の実測地図『大日本沿海輿地全図』を作成。

**いのかしら-こうえん**【井の頭公園】 東京都、武蔵野・三鷹両市にまたがる公園。もと御料地。井の頭池は湧水池。

**い-の-くち**【▼堰の口】 せき止めてある水を落とし出す口。

**いのくち**【井口】〈村〉 富山県南西部の村。スギなどの林業主体。人口一四三四(一九八八)。

**いのくま-げんいちろう**【▼猪▼熊弦一郎】(一九〇二〜) 洋画家。高松市生まれ。都会的な具象画から抽象画に転ずる。作品『鳥と猫』『都市』など。

**い-の-こ**【▼亥の子】 陰暦一〇月の亥の日。また、西日本でこの日に行われる収穫の祭り。この日、新穀で餅をつき、亥の刻にそれを食べて祝う。西日本では、子どもが石などで地面を突く、亥の子突きの習俗がある。

**い-の-こ**【▼豕】 豚。

**遼東の豕**(りょうとうのいのこ) ↓りょうとう(遼東)

**い-の-こ**【▼猪の子】 イノシシ。イノシシの子。

**いのこ-ぐも**【▼猪の子雲】 イノシシの子のようにまだらで、種々の色をした雲。

**いのこずち**【▽牛▼膝】 ヒユ科の多年草。各地の山林や野原にはえる。葉は楕円形で対生。夏から秋に淡緑色の小花を穂状につける。果実の包葉にはとげがあり、衣服に付着しやすい。根は薬用。フシダカ。↓図

●イノコズチ

**いのこ-の-いわい**【▼亥の子の祝(い)】陰暦一〇月の初の亥の日に、餅を食べて子孫繁栄や無病息災を願う行事。玄猪。
**いのこ-へん**【▼豕偏】漢字を組み立てている部分の名。「豬」などの左にある「豕」。
**いのこ-もち**【▼亥の子▼餅】陰暦一〇月の亥の日に食べる牡丹餅。イノシシの多産にかけて健康祈願と収穫感謝の意味を含む。
**い-のこ・る**【居残る】(五自) ①人の帰ったあとまでとどまる。あとに残る。stay behind ②勤務時間後まで残る。残業する。work overtime
**いの-しか-ちょう**【▼猪▼鹿▼蝶】花札のゲームで、八八などの出来役の一つ。萩・紅葉・牡丹の一〇点札にはそれぞれ猪・鹿・蝶が描かれており、この三枚をそろえた役。
**い-の-しし**【▼猪・▼猪】《猪の獣、の意》①イノシシ科の哺乳動物。ブタの原種。体長一・一〜一・五m。体重四五〜三〇〇kg。犬歯は発達してきばとなる。夜行性で雑食性。子には縦じまがあり「うり坊」と呼ばれる。肉は「山鯨」「牡丹」と呼ばれ美味。本州・四国・九州からヨーロッパに分布。シシ。イ。イノコ。ヤチョ。wild boar 数え方 一頭・一匹・一蹄。②《接頭的》向こう見ずの意。being reckless 用例 ──武者。↓写

●イノシシ①

**イノシン-さん**【イノシン酸】ヌクレオチドの一種。筋肉に多く含まれる。このナトリウム塩は、白色の結晶性粉末で、鰹節のうまみの主成分。化学調味料に利用される。inosinic acid
**イノセラムス**【Inoceramusラテ】ジュラ紀から始新世に生存した海生二枚貝の一群。卵円形で、同心円状に凸状のすじが走る。殻長約五〇cmになる大形のものもある。種類が多く、世界的に分布したが、白亜紀末に絶滅。イノゲラムス。

**いのち**【命】①生き物を生かしている力。生命。life 用例 ──にかかわる病気。②生きている間。寿命。lifetime 用例 ──かげろうの──は短い。──を全うする。③もっとも大切なもの。vital thing 用例 商人は信用が──だ。
**命有っての物種**(いのちあってのものだね) 生きていてこそ、何事もできる。命がいちばん大切だ。While there's life, there's hope.
**命から二番目**(いのちからにばんめ) 命の次に大切なもの。value next to one's life
**命長ければ恥多し**(いのちながければはじおおし) 長生きをすると、恥をかくことも多い。The longer you live, the more shame you suffer.
**命也けり**(いのちなりけり) 命あったればこそである。
**命に換えても**(いのちにかえても) 「命に懸けても」と同意。
**命に懸けても**(いのちにかけても) 決死の覚悟で。命を捨てても。命に換えても。at the risk of one's life
**命の親**(いのちのおや) 死から救ってくれた大恩人。類似 命の恩人。
**命の限り**(いのちのかぎり) ①命の限界。死期。the time of one's death ②生命の続く限り。生きている間中。as long as one lives 用例 ──戦う。
**命の洗濯**(いのちのせんたく) 日ごろの苦労を忘れるため、のんびり楽しむこと。refreshment
**命の綱**(いのちのつな) 生きていくよりどころ。生命をつなぐ手段。命綱。life line
**命の二つ有る者**(いのちのふたつあるもの) 子を持つ人のこと。
**命は義に縁りて軽し**(いのちはぎによりてかろし) 命も、正義のためや主君の恩義に報いるためならば、少しも惜しくない。
**命は鴻毛よりも軽し**(いのちはこうもうよりもかろし) 《「鴻毛」は、おおとりの羽毛》忠義や正義のためなら、命を捨てても少しも惜しくない。
**命は風前の灯火の如し**(いのちはふうぜんのともしびのごとし) ①人の命のはかないものであることのたとえ。②死の目前に迫っていることのたとえ。
**命待つ間**(いのちまつま) 命が終わるのを待つ間。
**命を預ける**(いのちをあずける) 生死をゆだねる。trust one's life
**命を落とす**(いのちをおとす) 生命を失う。多く、思いがけなく死ぬ。落命する。lose one's life 用例 交通事故で──。
**命を懸ける**(いのちをかける) 「命を投げ出す」と同意。
**命を削る**(いのちをけずる) 命を縮めるほどの苦労をする。
**命を捧げる**(いのちをささげる) 自分の身命を献上する。give one's life
**命を縮める**(いのちをちぢめる) 心身の過労で、寿命を短くする。また、大きな精神的打撃で、命が短くなった感じを受ける。shorten one's life 用例 ──思いがする。
**命を投げ出す**(いのちをなげだす) 自分の生命を捨てる覚悟で、何かをする。死ぬ覚悟をする。do at the risk of one's life 用例 国のために──。
**命を拾う**(いのちをひろう) あきらめていた命が、幸運にも助かる。命拾いをする。have a narrow escape
**命を棒に振る**(いのちをぼうにふる) 無駄死にする。waste one's life
**命を的に懸ける**(いのちをまとにかける) 命がけで、事にあたる。
**命を譲る**(いのちをゆずる) わが身を犠牲にする。生死を問題にしないで尽くす。
**いのち-がけ**【命懸け】(名・形動) 死を覚悟して事にあたること・さま。desperate
**いのち-からがら**【命辛辛】(副) やっと命だけは助かって。やっとのことで。with bare life 用例 ──落ちのびる。
**いのち-ごい**【命▼乞い】(名・サ変自) ①長生きしたいと神や仏に祈ること。②殺されようとしている自分、あるいは他人の命を、助けて欲しいと頼むこと。また、神に祈ること。
**いのち-しらず**【命知らず】(名・形動) 危険をかえりみず、向こう見ずであること・人。また、そのさま。recklessness
**いのち-づな**【命綱】①危ない所で仕事をするときに、用心のためにからだにつける綱。life line ②命の綱。用例 家計の──を断たれる。
**いのち-とり**【命取り】生命・地位などをなくすもとになる事柄。致命的なこと。fatal mistake
**いのち-びろい**【命拾い】(名・サ変自) 死ぬはずの命が助かること。narrow escape
**いのち-みょうが**【命▼冥加】(名・形動) 死ぬはずなのが助かって、非常に幸運であること。very lucky 用例 ──なやつ。
**い-の-で**【▼猪の手】オシダ科の常緑性シダ。平地や低山にはえる。葉は長さ一m以上に達し、長楕円状で二回羽状に分裂。表面に褐色の毛状の鱗片がある。関東以西に分布。
**い-の-なか**【井の中】①井戸の中。in the well ②狭いところ・社会。small society
**井の中の蛙**(いのなかのかわず) 《「井の中の蛙、大海を知らず」の下略》世間知らずで、考えの狭い人のたとえ。He that stays in the valley shall never get over the hill. 比較 鳥なき里の蝙蝠
**井の中の蛙、大海を知らず**(いのなかのかわず、たいかいをしらず) ひとりよがりで、広い社会のことを知らないことのたとえ。Home-keeping youth have ever homely wits.
**い-の-ふ**【胃の▼腑】胃。胃袋。stomach
**胃の腑に落ちる**(いのふにおちる) 非常によくわかる。納得がいく。
**いの-ぶた**【▼猪豚】イノシシとブタの雑種。

**イノベーション**【innovation】新商品の開発、新生産方式の導入、新市場の開拓、新資源の獲得などにより、新しい経済局面が作り出されること。新機軸。技術革新。
**いのもと-そう**【井▼之▽許草】イノモトソウ科の常緑性シダ。葉は線形の羽片を数対もつ。胞子葉は長さ約六〇cm、胞子嚢の群は葉縁につく。関東以西に分布。↓図

●イノモトソウ

**いのり**【祈り・▼禱り】いのること。神仏に対する信者の語りかけ。宗教現象の基本的要素。祈願。祈念。prayer
**いの・る**【祈る・▼禱る】(五他) ①神仏に願う。祈願する。祈念する。pray ②心から望む。wish 用例 健康を──。御自愛を──。
**イノンド**【eneldoスペイン】セリ科の一年草。高さ約一m。葉は糸状に細かく裂け、初夏に黄色の小花が咲く。果実は薬用、種子は香辛料用で、栽培する。地中海周辺原産。ディル。dill ↓写

●イノンド 左下は種子。

**イバーノフ**【Ivanov】↓イワーノフ
**い-はい**【位▼牌】死者の法名を記して仏壇にまつる木牌。死霊供養の対象とする。儒教に由来し、禅宗とともに日本へ伝わった。江戸時代に一般化。霊牌。数え方 一基・一柱。↓写

●位牌

**い-はい**【違背】(名・サ変自) 命令・規則などに、そむくこと。違反。disobeyer
**いば-いせき**【▼伊場遺跡】静岡県浜松市東伊場町で発掘された、弥生時代から平安時代におよぶ大遺跡。律令時代の官衙遺構で著名。同時代の木簡・墨書土器は重要な出土品。
**い-はく**【▼曰く】↓いわく(曰く)
**い-はく**【医伯】①すぐれた医師。②医師の敬称。
**い-はく**【医博】「医学博士」の略。
**い-はく**【威迫】(名・サ変他) おどすこと。いかく。threat
**い-ばく**【▼帷幕】①垂れぎぬと、ひきまく。②《転じて》本営。本陣。
**い-ばしょ**【居場所】居る場所。いどころ。席。whereabouts
**いば-しんえん**【意馬心猿】《仏教語》煩悩・妄想が盛んで心が制しがたいさま。馬が走り、猿が騒ぎたてるのにたとえていう。
**いば-たかし**【▼伊▽庭▽孝】(一八八七〜一九三七) 音楽評論家。東京生まれ。日本の歌劇運動の先駆者。著書『日本音楽概論』など。
**イバダン**【Ibadan】西アフリカ、ナイジェリア西部州の州都。ヨルバ族の都市で、黒人の都市としては世界最大。人口一〇〇・九万(一九八二)。
**い-はつ**【衣鉢】=えはつ。①《仏教語》修行僧が常に携帯する三種の衣(九条・七条・五条の袈裟)と、一個の鉢。僧の持ち物で、とくに重要とされた。②《転じて》師から弟子に伝える奥義や行跡・事業など。
**衣鉢を継ぐ**(いはつをつぐ) 《僧が、仏法を継いだ証拠として、師の僧から袈裟と鉢を受ける、の意から》その道の奥義、事業・業績などを継承する。比較 衣鉢を伝える。
**い-はつ**【遺髪】①死者の髪の毛。hair of the departed ②形見にのこす髪の毛。hair of the departed
**イバニェス**【Ibáñez】↓ブラスコ=イバーニェス
**イパネマ**【Ipanema】ブラジル、リオデジャネイロ市西部、コパカバーナの北に続く海浜の住宅地域。海水浴場として知られる。
**イバノボ**【Ivanovo】↓イワノボ
**いは-ほ**【▼巌】↓いわお(巌)
**いば・ゆ**【▼嘶ゆ】古語 (下二自) 馬がなく。いななく。用例 馬どもの──ゆる音も(源氏・総角)。
**いばら**【▼茨・▼荊・▼棘】①とげのある低い木の総称。thorny shrubs ②ノイバラ。③とげ。thorn
**茨の冠**(いばらのかんむり) イエスが処刑のさいにかぶせられた、イバラで作った冠。受難を意味する。荊冠。a crown of thorns
**茨の道**(いばらのみち) 苦難に満ちた人生。thorny path
**茨を逆茂木にした様**(いばらをさかもぎにしたよう) 辛くて、舌に突き刺さるような感じのたとえ。
**いばら**【井原】〈市〉岡山県西部の市。三〇〇

年の伝統をもつ機業地。作業服やジーンズが主産品。人口三万七四七〇(一九八八)。

**いばら-がき【▼茨垣】** ヒイラギ・カラタチ・バラなど棘のある低木で作られた生け垣。thorn hedge

**いばら-がに【▼棘▼蟹】** タラバガニ科に属する大形のカニ。ヤドカリ類に近縁。体に棘が多く、幼若個体ではこれが針状。甲長約一五cm。紫褐色。相模湾と土佐湾に分布。

**いばらき【▼茨木】** 歌舞伎舞踊。長唄。河竹黙阿弥作詞・三世杵屋正次郎作曲。松羽目物。新古演劇十種の一つ。茨木童子という鬼神が渡辺綱の叔母に化けて、綱に切られた片腕を取り返す伝説に基づく。

**いばらき【▼茨木】**〈市〉 大阪府北部の市。交通が便利で大阪市の衛星都市化。電器・食品工業がさかん。人口二四万九五四四(一九八八)。

**いばらき【▼茨▽城】**〈県〉 関東地方北東部、太平洋に臨む県。県庁所在地は水戸市。北部の阿武隈高地を除いては低平で、霞ケ浦・利根川流域中心に水郷地帯が広がる。農業主体であるが、日立・鹿島両地区を中心に重化学工業も発達。面積六〇九四km$^2$、人口二七九万七一一(一九八八)。

**いばらき【▼茨▽城】**〈町〉 茨城県中部、水戸市南隣の町。クリの産地で知られ、工業化・宅地化も進む。人口二万五八六九(一九八八)。

**いばらぎ-のりこ【▼茨木のり子】**(一九二六～) 詩人。大阪生まれ。本姓三浦。帝国女子薬専卒。詩集『対話』『鎮魂歌』『人名詩集』など。

**いはら-さいかく【井原西▼鶴】**(一六四二～九三) 江戸前期の俳諧師・浮世草子作者。大坂の町人で、本名は平山藤五。西山宗因に師事し談林俳諧の代表作家となり、矢数俳諧で有名。奔放な俳風は阿蘭陀流とよばれた。宗因没後、浮世草子を述作。世態・人情を鋭く観察、雅俗語折衷文により、物語文学の伝統を破り、近世小説史上に一時期を画した。好色物『好色一代男』『好色一代女』、武家物『武道伝来記』、町人物『日本永代蔵』『世間胸算用』、他に『西鶴諸国咄』など。↓写

●井原西鶴

**いはら-せいせいえん【▼伊原青々園】**(一八七〇～一九四一) 劇評家・劇作家。島根県生まれ。著書『日本演劇史』『歌舞伎年表』、戯曲『出雲の阿国』など。

**いばら-も【▼棘藻】** イバラモ科の沈水性一年草。湖沼などにはえる。雌雄異株。茎はまばらに分枝し、線形の葉を対生。八～一〇月に花をつける。雄花は瓶形、雌花は花被がない。

**いばり【▽尿】** 小便。小水。ゆばり。urine

**い-ば・る【威張る】**(五自) 威勢を見せつける。おごりたかぶる。be haughty

**イバルブールー【Juana de Ibarbourou】**(一八九五～一九七九) ウルグアイの女流詩人。官能的な詩集『ダイヤの言葉』『風のバラ』などが代表作。

**い-はん【違反】**(名・サ変自) 法律・契約・ルールなどに、そむくこと。violation 用例 協定—。スピード—。

**い-はん【違犯】**(名・サ変自) 法令や規則などにそむいて罪をおかすこと。violation

**イバン-ぞく【イバン族】** マレーシア連邦サラワク州(ボルネオ島西部)南部の丘陵地帯に住むプロトーマレー系の民族。焼き畑農耕に従事。かつては首狩りの習俗で有名。海ダヤク族。the Iban

**い-び【▼萎▼靡】**(名・サ変自) しなびて、ぐったりすること。おとろえること。衰微。decline

**い-び【▼猗▼靡】**(形動) しなやかなさま。女性の容姿の美しいさま。

**いび-がわ【▼揖▼斐川】** 岐阜県西部、三重県北部を南流する川。長さ一二〇km。福井・岐阜県境に発し、伊勢湾に注ぐ。下流には輪中が多い。

**いびがわ【▼揖▼斐川】**〈町〉 岐阜県南西部、揖斐川中流の町。良質の揖斐米を産し、茶・アユが特産。人口一万九八九七(一九八八)。

**い-びき【▼鼾】** 睡眠中に呼吸にともない鼻や口から発する雑音。弛緩した口蓋の奥が呼吸気の気流で振動しておこる。鼾声。snore

**イピゲネイア【Īphigeneiā(ギリシア)】** ↓イフィゲネイア

**イヒチオール【Ichthyol(ドイツ)】**《ギリシア語のichthys(魚)から》魚の化石を含む瀝青質岩の乾留物。焦げたような臭気があり、防腐剤・刺激薬・消炎薬・鎮痛薬・鎮痒薬で、座薬や軟膏に配合される。日本薬局方ではイクタモール。

**い-ひつ【遺筆】** 故人が生前書き残しておいた書・文章。writing left by the deceased

**い-びつ【▼歪】**(名・形動)《小判形の「飯櫃」から出た語》①長円形。小判形。oval ②ゆがんでいる形。distortion ③整わないさま。irregular

**イビュコス【Ībykos】** 前六世紀のギリシアの叙情詩人。華麗な詩句を残す。死にまつわる伝説は名高く、シラーの『イビュコスと鶴』の主題になった。

**い-ひょう【意表】** 思いがけないこと。不意。unexpectedness

**意表に出る**(いひょうにでる) 考えてもいない出方をする。do something unexpected

**意表を突く**(いひょうをつく) 予想外のことをする。do something quite unexpected 類似 意表に出る。用例 敵の—。

**い-びょう【胃病】** 胃の病気の総称。胃潰瘍・胃カタルなど。stomach disease

**いび・る**(五他) いじめる。つらいめにあわせる。bully

**い-ひん【遺品】** ①死者の残した品物。形見。keepsake of the deceased ②忘れ物。落とし物。遺失物。lost article

**い-ふ【▼畏怖】**(名・サ変自他) おそれ、こわがること。awe 用例 —の念。

**い-ふ【異父】** 母が同じで父が違うこと。different father 比較 異腹。対義 異母。用例 —兄。

**い-ぶ【威武】** 権威と武力。さかんな勢い。authority and force

**い-ぶ【慰▼撫】**(名・サ変他) なだめて安心させること。優しくいたわること。console

**イブ【eve】** =イヴ。①祭りの前夜。前夜祭。②「クリスマスイブ」の略。

**イブ【Eve】**《原義はヘブライ語で、生命の意》『旧約聖書』で人類の始祖アダムの妻の名。神が創造した最初の女性。ラテン語エバの英語名。

**イフィゲネイア【Īphigeneiā(ギリシア)】** ギリシア神話のアガメムノンの娘。トロヤ遠征軍出航の時、アルテミスへの犠牲に捧げられるが、女神に助けられ、タウリスで巫女となる。Iphigenia

**い-ふう【威風】** 威光のあるさま。great dignity

**い-ふう【遺風】** ①後世にまで伝わっている昔の風習。old traditions ②先人が残していった教え。

**いふう-どうどう【威風堂堂】** 一(形動トタル) 重々しく、どっしりと威力に満ちているさま。majestic 二(名)《原題Marches "Pomp and circumstance"》エルガーの行進曲。一九〇一年作。全五曲中第一番が有名。

**イフガオ-ぞく【イフガオ族】** フィリピン、ルソン島北部の山中に住むプロトーマレー系の民族。主として棚田の水田耕作と焼き畑農耕に従事。Ifugao

**いぶか・し【▼訝し】** 古語 (形シク)《上代は「いふかし」と清音》①気がかりだ。心配だ。用例 いかに好去くや— 吾妹(万葉・四・六四八)。②はっきりさせたい。知りたい。用例 —しうて、お前に召しいでて問はせ給ふ(源氏・明石)。

**いぶかし・い【▼訝しい】**(形) あやしい。おかしい。うたがわしい。suspicious 派生 いぶかしさ(名) いぶかしが・る(五自) いぶかしげ(形動)

**いぶかし・む【▼訝しむ】**(五他) いぶかしく思う。不審に思う。doubt

**いぶか・る【▼訝る】**(五他) うたがわしく思う。あやしむ。suspect

**いぶき【▼伊吹】** ビャクシンの別名。

**い-ぶき【息吹】** ①いき。呼吸。breath ②息づかい。気配。breath 用例 春の—。③気風。mood 用例 清新な—。

**いぶき【▼伊吹】**〈町〉 滋賀県北東部、伊吹山麓の町。稲作中心の農林業の町。石灰石を産する。人口六三四四(一九八八)。

**いぶき-じゃこうそう【▼伊吹▼麝香草】** シソ科の小低木。日当たりのよい山地にはえる。細い茎は地上をはい、高さ三～一五cmの多くの枝を出す。長楕円形の葉は対生。七月に、淡紅色の唇形花を枝先に密生。全体に芳香があり、乾燥して薬用・香料用とする。

**いぶき-とらのお【▼伊吹▼虎の尾】** タデ科の多年草。山地の草原にはえる。葉は根生し、披針形。夏に茎の先に細長い花穂をつけ、白または淡紅色の花を密生。↓写

●イブキトラノオ

**いぶき-ぼうふう【▼伊吹防風】** セリ科の多年草。山地にはえる。茎は稜があり高さ約八〇cm。葉は二～三回の羽状複葉。夏、白色五弁の小花を枝梢上にかさ状に密集させる。

**いぶき-やま【▼伊吹山】** 伊吹山地の主峰。標高一三七七m。日本武尊の受難の伝説がある。高山植物や薬草が多い。ドライブウエーが通じる。いぶきさん。

**い-ふきゅう【▼伊▼孚九】**(生没年未詳) 中国、清代の画家。名は海。しばしば来日。山水画をよくし、池大雅らに影響を与えた。

**い-ふく【衣服】** 身にまとうもの。洋服ではドレス・ジャケット・コート・スカート・ズボン・下着など、和服では着物・羽織・袴・長じゅばんなど。被服。着物。clothes; dress; wear

**い-ふく【威服・威伏】**(名・サ変他) 威力で従わせること。force to obey

**い-ふく【威福】** ときには威圧を加え、またときには福徳を施すことにより、人々を服従させること。用例 —をほしいままにする。

**い-ふく【▼畏服・▼畏伏】**(名・サ変自) つつしんで従うこと。obey respectfully

**い-ふく【異腹】** 父が同じで母がちがうこと。はらちがい。異母。born of a different mother 比較 異父。対義 同腹。

**い-ふ・く【い吹く】** 古語 (四自) 風が吹く。用例 神風に—・き惑はし(万葉・二・一九九)。

**い-ぶくろ【胃袋】** 胃を袋にたとえた語。胃の腑。胃。stomach

**いぶ・し【▼燻し】** ①金属の表面を硫黄の煙にさらし、くもりをつけること。fumigation ②蚊を追い払うのにスギの葉などを燃やして煙をたてること。蚊やり。fumigation

**いぶし-ぎん【▼燻し銀】** いぶして表面がくすんだ銀。また、くすんで渋みを帯びた銀色。oxidized silver 用例 —のような芸。

**イプシロン【E・ε】** ギリシア字母の第五字。epsilon

**いぶ・す【▼燻す】**(五他) ①炎を立てないで、もやす。くすべる。smoke ②金物を、硫黄でくもらせる。oxidize ③煙で黒くする。smoke

**いぶすき【▽指▽宿】**〈市〉 鹿児島県、薩摩半島南部の市。温泉観光都市で、摺ケ浜の砂蒸し温泉は有名。池田湖・熱帯植物園がある。人口三万二四三〇(一九八八)。

**いぶせ・し** 古語 (形ク) ①気が晴れない。うっとうしい。用例 ただ独り山辺にをれば—・かりけり(万葉・四・七六九)。②心にかかって恋しい。用例 —・き君を今日見つるかも(万葉・一一・二七二〇)。③むさくるしく、いとわしい。用例 その興尽きて、見にくく、—・く覚えければ(徒然・一五四)。派生 いぶせさ(名)

**いぶせ-ますじ【井伏▼鱒▽二】**(一八九八～) 小説家。広島県生まれ。早大中退。淡々とした文体の中におのずからユーモアとペーソスのにじみ出る、独自の文学を形成。昭和四一年(一九六六)文化勲章受章。作品『山椒魚』『ジョン万次郎漂流記』『本日休診』『黒い雨』など。

**イプセン【Henrik Ibsen】**(一八二八～一九〇六) ノルウェーの世界的劇作家・詩人。近代劇の創始者。強烈な批判精神で当時の社会的矛盾をあばき、人間心理を深く洞察した。戯曲『ペール=ギュント』『人形の家』『幽霊』『ヘッダ=ガブラー』など。↓写

●イプセン

**い-ぶつ【異物】** ①ふつうと変わったもの。

different thing 用例 ―嗜好。②体内で体組織となじまないもの。指にさしたとげや、飲みこんだくぎなど。foreign substance

**い-ぶつ【遺物】** ①形見。遺品。ゆいもつ。memento of the deceased ②遺跡から出たもの。remains 用例 古代の―。③前の時代から残っているもの。用例 前世紀の―。

**イフニ【Ifni】** 北アフリカ、モロッコ南西部大西洋岸の地域。一九世紀後半、スペイン領となったが、一九六九年モロッコに帰属。

**イブニング-ドレス【evening dress】** 夜の社交に男女が着用する洋式の礼装。一般には、婦人用の胸や肩を広くあけた袖なしの夜会服。イブニング。↓写

●イブニングドレス

**いぶ・る【▼燻る】**(五自) けむる。くすぶる。smoke

**い-ぶん【異文】** ふつうとは異なった文書・文面。異本に見える、流布本とは少しちがう文。variant

**い-ぶん【異聞】** 珍しいうわさや話。strange tales

**い-ぶん【遺文】** 死んだ人、昔の人が書きのこしておいた文章。posthumous writings

**い-ぶん【遺聞】** 世間に知られていないうわさ。逸聞。episode

**イブン-クタイバ【Ibn Qutaybah】**(八二八～八八九) イスラムの歴史家。その著『知恵の書』はサラセン史学における最初の総合的世界史として知られる。

**イブン-サウド【Ibn Sa'ūd】**(一八八〇～一九五三) サウジアラビア王国の初代国王(在位一九三二～五三)。一九〇二年以来勢力を得、二六年中央アラビア全土を掌握。三二年以降、親米英政策のもとに国の近代化につとめた。

**い-ぶんし【異分子】** 仲間のうち、多くの人と性質・思想などがちがう人。alien element 比較 異端者。

**イブン-シーナ【Ibn Sīnā】**(九八〇～一〇三七) アラビアの哲学者・医学者。アリストテレスの研究者として、中世ヨーロッパに強い影響を与えた。アビセンナ。著書『医学典範』など。

**イブン-バツータ【Ibn Baṭṭūṭah】**(一三〇四～七七) アラビアの大旅行家。一三二五年から三〇年間、北アフリカ・西アジア・中央アジア・インド・東南アジア・中国などを巡歴。その見聞を口述した『都会の珍奇さと旅路の異聞に興味をもつ人びとへの贈物』は、旅行文学の傑作とされる。

**イブン-ハルドゥーン【Ibn Khaldūn】**(一三三二～一四〇六) イスラム最大の歴史家。マムルーク朝に仕え、チムールとの和平交渉に努力。著書『歴史序説』『イバルの書』が知られる。

**イブン-フルダードベ【Ibn Khurdādhbeh】**(八二〇ごろ～九一二ごろ) アッバース朝のイスラム地理学者。その著『道里記・郡国志』は各駅間の距離を示し、海上の部では中国の四つの都や朝鮮についても記述。

**イブン-ルシュド【Ibn Rushd】**(一一二六～九八) アラビアの哲学者・医学者。アリストテレスを研究、その著作の多くがラテン語訳され、中世ヨーロッパに大きな影響を与えた。アベロエス。

**イベール【Jacques Ibert】**(一八九〇～一九六二) フランスの作曲家。印象派的な表現技法と華麗な管弦楽法で知られる。組曲『寄港地』、『フルート協奏曲』など。

**い-へき【胃壁】** 胃の内面の壁。粘膜層・粘膜下層・筋肉層・漿膜からなる。gastric wall ↓胃図

**いへや【▼伊▽平屋】**〈村〉 沖縄県北端、伊平屋島を中心とする村。サトウキビ栽培が主体。漁業も行われる。人口一五〇九(一九八八)。

**イベリア-こうくう【イベリア航空】**(Iberia, Lineas Aereas de España(スペイン)) スペインの国営航空会社。一九二七年設立。IBE。

**イベリア-はんとう【イベリア半島】**(Iberian Peninsula) ヨーロッパ南西部、ピレネー山脈以南の半島。スペイン・ポルトガルのほか、アンドラ・イギリス領ジブラルタルがある。

**イペリット【ypérite(フランス)】** 硫化ジクロルジエチルを成分とする、糜爛性毒ガスの一種。ドイツが第一次大戦中ベルギーのイープル(Ypres)で使用したのが名称の由来。マスタードガス。

**いへ-ゐ【家居】** ↓いえい(家居)

**い-へん【▼韋編】**《古代中国で、本は竹の小切れを韋でとじてつくったところから》本。書物。

**韋編、三度絶つ**(いへん、みたびたつ)《『史記』にある語》書物を、何回も繰り返し読む。韋編三絶。

**い-へん【異変】** かわったできごと。変事。accident 用例 暖冬―。

**イベント【event】** =エベント。①できごと。事件。②運動競技・試合などの種目。用例 メーン―。

**いほ【▼庵】** ↓いおり(庵)

**いぼ【▼疣】** ①皮膚の一部が増殖変化して隆起した小さい塊。ウイルス性が多く、伝染するものもある。疣贅。verruca ②物の表面に現れた小突起。wart

**い-ぼ【異母】** 父が同じで母がちがうこと。はらちがい。異腹。different mother 対義 同母・異父。用例 ―兄。

**いぼ-あし【▼疣足】** ゴカイなど環形動物多毛類の各体節から一対ずつ出ている肉質の足。剛毛や樹枝状の鰓などを備えた、運動と呼吸のための器官。parapodium

**いぼ-いのしし【▼疣▼猪】** くびから背にかけて長い剛毛が生え、長大な牙をもったイノシシ。体長約一・八m、肩高約八〇cm。上あごの犬歯は発達して上へ曲がり牙となる。サバンナにすみ、夜行性。サハラ以南のアフリカに分布。イボブタ。ワートホッグ。warthog ↓写

●イボイノシシ

**い-ほう【異邦】** 外国。異国。foreign country 用例 ―人。

**い-ほう【移封】**(名・サ変他) 諸侯の領地を他にかえること。国替え。転封。

**い-ほう【▼彙報】** 種類別にした報告。

**い-ほう【違法】** 法律・命令などに、そむくこと。illegality 比較 合法。対義 適法。用例 ―行為。

**い-ほう【遺芳】** ①死後に残る名誉・業績。②後世に残る詩文・書画などの筆跡。遺墨。

**いほう-じん【異邦人】** ㊀①外国人。foreigner ②ユダヤ人からみて、ユダヤ教徒以外の人。とくに、キリスト教徒。㊁《原題L'Etranger(フランス)》カミュの小説。一九四二年刊。主人公ムルソーの行為や意識・感情を通して、「不条理」の思想を表現する。

**いほう-せい【異方性】** 物質や空間などの物理的性質が方向によって異なること。anisotropy

**いほう-せい【違法性】** ある行為や事実が、法秩序の精神に反すると判断されるような性質をもつこと。illegality

**イポー【Ipoh】** マレーシア、マレー半島西岸の都市。錫の産地で知られ、キンタ渓谷の中心地。華僑が多い。人口三〇・一万(一九八〇)。

**いぼ-がに【▼疣▼蟹】** ①三角形の甲面に大形の朱色のいぼが九個はりついているカニ。甲長約一五mm。相模湾・土佐湾などに分布。②ヤドカリに近縁の海産甲殻類。甲長二六mm内外。赤褐色の甲は顆粒でおおわれる。北日本に多いが、九州まで分布。

**いぼ-がわ【▼揖保川】** 兵庫県西部を南流する川。長さ七〇km。若杉峠付近に発し、姫路市西部で播磨灘に注ぐ。農・工業用水として重要。

**いぼがわ【▼揖保川】**〈町〉 兵庫県西部、揖保川下流の町。近郊農業の町であるが、工業化が著しい。人口一万二一四五(一九八八)。

**い-ほく【以北】** その場所・地点をふくんで、そこから北。north of 対義 以南。

**い-ぼく【移牧】** 季節に応じ夏は高地、冬は低地と牧場を移動して、家畜を放牧する方法。アルプス山地・地中海沿岸などで行われる。transhumance

**い-ぼく【遺墨】** 死者が書き残した書画・筆跡。故人の筆跡。

**いぼ-くさ【▼疣草】** ツユクサ科の一年草。水田や沼地に多くはえる。高さ約六〇cm。葉は細い披針形。八～一〇月に淡紅紫色の花が葉腋に一個咲く。イボトリグサ。↓図

●イボクサ

**いぼ-じ【▼疣▼痔】** 痔の一種。肛門や直腸の静脈がうっ血してこぶ状に膨らんだもの。かゆみや痛みがあり、ときには出血する。痔核。hemorrhoids

**イボ-ぞく【イボ族】** アフリカ、ナイジェリア南東部の森林地帯に住む民族。農耕・商業活動に従事。一九六七年ビアフラ共和国として独立を宣言するが、二年半の内戦(ビアフラ戦争)に敗れ、ナイジェリアの一州として再編入。Igbo

**いぼた【▽水▼蠟・▼疣▽取】** ①「イボタロウムシ」の略。②「いぼたろう」の略。③「イボタノキ」の略。

**いぼ-だい【▼疣▼鯛】** 暖海にすむイボダイ科の魚。全長約三〇cm。体は平たく楕円形。淡灰青色で、体表面がぬるぬるしている。食用。本州中部以南・東シナ海に分布。

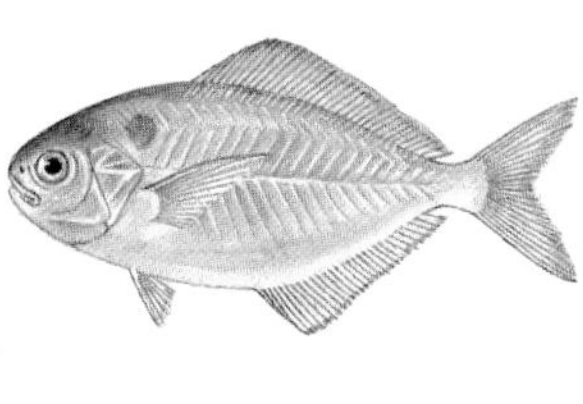
●イボダイ

**いぼた-が【▽水▼蠟▼蛾】** 特異な眼状紋をもった大形のガ。開張一〇cm内外。幼虫はイボタノキ・モクセイ・トネリコなどの葉を食べる。さなぎで越冬。日本全土に分布。↓図

●イボタガ

**いぼた-かいがらむし【▽水▼蠟▽樹貝殻虫】** イボタロウムシの別名。

**いぼた-の-き【▽水▼蠟の木】** モクセイ科の落葉低木。山野にはえる。高さ約二m。五月に白い小花が咲く。イボタ。↓写

●イボタノキ

**いぼた-ろう【▽水▼蠟▼蠟】** イボタロウムシの分泌する蠟。家具のつや出しや薬用に使う。

**いぼた-ろうむし【▽水▼蠟▽樹▼蠟虫】** イボタノキなどに寄生するカイガラムシ。雌は球状で体長約一〇mm、雄は翅をもち体長約三mm。雄の幼虫が白色の蠟を分泌し、羽化するとき、蠟を樹皮に残していく。日本からヨーロッパに分布。イボタカイガラムシ。イボタ。

**イボテン-さん【イボテン酸】** キノコのうまみ成分の一つ。グルタミン酸の約一〇倍のうまみ効果をもつ。

**いぼとり-ぐさ【▼疣取草】** イボクサの別名。

**いぼ-にし【▼疣▽辛▼螺】** 潮間帯の岩礁にふつうにみられるアクキガイ科の巻き貝。殻高約四cm、殻径約二・五cmの円錐形。灰青色で、黒いいぼ状の突起が列をなす。肉食性で、岩についたカキなどの殻に穴をあけて食害する。北海道南部から九州に分布。

**いぼ-むしり【▼疣▼毟】**《この虫で疣をなでれば取れるといわれることから》カマキリの別名。

**いほり【▼庵】** ↓いおり(庵)

**い-ポリープ【胃ポリープ】** 胃の粘膜面から突出した球・卵形の腫瘤。炎症性と腫瘍性があり、多くは良性。gastric polyp

**い-ほん【異本】** 同じ作品であるが、文字や語句に少し違いのある本。一本。variant text

比較 定本・流布本。

**いま【今】** ㊀(名) ①この時。現在。now 用例 ―一〇時だ。②現代。現今。対義 昔・いにしえ。用例 ―の若者。③今しがた。今に近いすこし前。just now 用例 ―の人は誰だ。㊁(副) ①今に近いすこし前。今しがた。just now 用例 父は―出かけました。②今に近いすこし後。すぐに。right now 用例 ―行く。③その上。もう。more 用例 ―一日待て。―一つ盛りあがらない。㊂(接頭) 現今の。当世の。用例 ―浦島。

**今が今**(いまがいま) たった今。いましがた。今と言う今。今の今。just now

**今か今かと**(いまかいまかと) 待ち遠しいさま。impatiently 類似 今や遅しと。

**今こそあれ**(いまこそあれ) 《昔はよかった、という気持ちをこめて》今ではこんな状態だが。

**今此の時**(いまこのとき) こんにちただいま。now 用例 それをするのは、―しかない。

**今と言う今**(いまといういま) 「今が今」と同意。

**今泣いた烏がもう笑う**(いまないたからすがもうわらう) 今泣いていたと思ったら、すぐそのあとで笑っている。おもに、子どもの喜怒哀楽の変わりやすいことに言う。

**今に始まった事ではない**(いまにはじまったことではない) 「今に始めぬ」と同意。

**今に始めぬ**(いまにはじめぬ) 今度がはじめてでない。相変わらず。今に始まった事ではない。It's nothing new.

**今の真逆**(いまのまさか) さしあたって。今この時。

**今は限り**(いまはかぎり) ①ものごとの終わり。もうこれまで。②死に際。臨終。

**今は斯うと**(いまはこうと) もはや最後だ。今はこれまで。用例 ―覚悟を決める。

**今は此れ迄**(いまはこれまで) もはやこれまで。これで終わりだ。It's all over now.

**今は昔**(いまはむかし) 今となっては昔のこと。もう昔のことだが。once upon a time 参考 昔話の冒頭におかれる。

**今もかも**(いまもかも) 今ごろはまあ。

**今や遅しと**(いまやおそしと) 「今か今かと」と同意。

**今を時めく**(いまをときめく) 現在盛んに世にもてはやされている。今を盛りと栄えている。at the height of one's power 用例 ―大スター。

**い-ま【居間】** 住宅で家庭生活の中心となる部屋。家族が団らんし、余暇を過ごす場。living room

**イマージュ【image フランス】** →イメージ

**イマーム【imām アラビア】** 《共同体の指導者・首長の意》①イスラム教スンナ派で、カリフの別称。②イスラム教シーア派で、最高指導者の称。③導師。宣教師。

**いまい-いさお【今井功】**(一九一四) 物理学者。東京府出身。東大卒。航空機の飛行時における高速圧縮流体の力学的理論を体系化。昭和六三年(一九八八)文化勲章受章。

**いまい-くにこ【今井邦子】**(一八九〇〜一九四八) 歌人。徳島市生まれ。本名くにえ。島木赤彦に師事。歌誌『明日香』主宰。歌集『紫草』『明日香路』など。

**いまい-けいしょう【今井慶松】**(一八七一〜一九四七) 山田流箏曲の演奏家・作曲家。神奈川県生まれ。作品『三保の春』『四季の調』など。

**いまいずみ-いまえもん【今泉今右衛門】** 佐賀県、有田の陶芸家。江戸時代までは、鍋島藩の御用赤絵師。一三代(一九二六)は薄墨・吹墨の新鍋島の世界を確立。重要無形文化財「色絵磁器」保持者。

**いまい-そうきゅう【今井宗久】**(一五二〇〜九三) 安土桃山時代の茶人。堺の人。千利久・津田宗及とともに三大宗匠の一人。織田信長・豊臣秀吉に仕えた。

**いまい-ただし【今井正】**(一九一二) 映画監督。東京生まれ。作品『また逢う日まで』『ひめゆりの塔』『真昼の暗黒』など。

**いまいち【今市】**〈市〉 栃木県、宇都宮市北西隣の市。商工業がさかんで、日光・会津方面の交通の要地。線香が特産。人口五万五〇二七(一九八八)。

**いま-いち【今一】**(副)《俗語》→いまひとつ「(今一つ)②」

**いまいはま-おんせん【今井浜温泉】** 静岡県、南伊豆の河津町の温泉。峰温泉から引き湯。白砂青松の海岸は有名。

**いまいま・し【忌ま忌まし】** 古語 (形シク)《「いみいみし」の転》①いみつつしむべきである。用例 ゆゆしきことを近う聞き侍れば、心の乱れ侍るほども―・しうて(源氏・蜻蛉)。②不吉である。縁起が悪い。用例 かく―・しき身のそひ奉らむも(源氏・桐壺)。③腹だたしい。しゃくだ。用例 あな―。討手の大将軍の矢一つだにも射ずして逃げ上り給ふうたてしさよ(平家・五・五節之沙汰)。

**いまいまし・い【忌ま忌ましい】**(形) はらだたしい。しゃくにさわる。annoying 派生 いまいましが・る(五自) いまいましげ(形動) いまいましさ(名)

**いまかがみ【今鏡】** 平安後期の歴史物語。一〇巻。嘉応二年(一一七〇)成立。作者は藤原為経とする説が有力。後一条天皇から高倉天皇まで約一五〇年間の宮廷史。『続世継』ともいう。

**いまかね【今金】**〈町〉 北海道南西部、渡島半島の町。稲作・酪農などの農業がさかん。人口八一四九(一九八八)。

**いまがわ-かなもくろく【今川仮名目録】** 戦国大名今川氏の家法。大永六年(一五二六)氏親が三三か条を制定し、天文二二年(一五五三)義元が二一か条を追加。代表的分国法の一つ。

**いまがわ-やき【今川焼(き)】** 《神田今川橋あたりではじめられたことから》小麦粉を水でとき、円形の焼き型に流し、小豆あんを入れて焼いた菓子。たいこ焼き。

**いまがわ-よしもと【今川義元】**(一五一九〜六〇) 戦国大名。駿河を中心に三河・遠江に勢力を伸長。桶狭間の戦いで織田信長に敗れ討死。

**いまぎれ【今切】** 静岡県浜名湖の湖口付近の称。江戸時代、東海道の関所(新居の関)が置かれた。

**いま-ごろ【今頃】** 今時分。漠然と今をさす。「about this time

**いま-さら【今更】**(副) 今となって。今あらためて。事新しく。用例 ―やめられない。

**いまさら-め・く【今更めく】**(五自) 事新しいもののようである。用例 ―・いて気がひける。

**いまし【汝】** 古語 (代) おまえ。なんじ。用例 ―もわれも事成るべしや(万葉・一一・二五一七)。

**いま-し【今し】**(副)《「し」は強意の助詞》ただいま。たった今。just now

**今しもあれ**(いましもあれ) ちょうど今。

**いまし-がた【今し方】**(副) たった今。少し前。just now

**イマジズム【imagism】** 一九一〇年代のアメリカ・イギリスの詩人による自由詩の運動。哲学者ヒュームの主張を受け、パウンドが提唱。正確で喚起的な表現を追求した。

**イマジネーション【imagination】** イメージをつくる能力。想像力。

**いま-じぶん【今時分】** ①いまごろ。about this time 用例 ―着いているだろう。②いまどき。nowadays 用例 ―それははやらない。

**いまし・む【戒む】** 古語 (下二他) →いましめる(戒める)

**いましめ【戒め・警め・誡め】** ①戒めること。おきて。禁止。警戒。warning ②こらしめ。punishment

**いましめ【縛め】** しばること。用例 ―の縄。

**いまし・める【戒める・警める・誡める】**(下一他) ①教えさとす。注意を与える。instruct ②しかる。こらしめる。scold

**いま-しも【今しも】**(副) ちょうど今。just 「now

**いまじょう【今庄】**〈町〉 福井県、敦賀市北東隣の山間の町。宿場町として栄えた。北陸トンネルがある。人口五七四四(一九八八)。

**い-ま・す【在す・坐す】** 古語 ㊀(四自・サ変自) ①「ある・いる」の尊敬語。おいでになる。いらっしゃる。おわします。用例 つちならば大君―(万葉・五・八〇〇)。②「来る・行く」の尊敬語。おいでになる。用例 降り敷く雪に君―・さめやも(万葉・一九・四二三三)。㊁(下二自他) ①(自)おいでになる。いらっしゃる。用例 右大将の宇治へ―・すること(源氏・浮舟)。②(他)「いさせる・行かせる」の尊敬語。おいでになっていただく。用例 他国に君を―・せて(万葉・一五・三七四九)。㊂(補動四・サ変)…ていらっしゃる。用例 をこなりと見て、かく笑ひ―・するが、はづかし(枕・関白殿、二月二十一日に)。

**いますが・り【在すがり】** 古語《=いまそがり》㊀(ラ変自)《「いますかり」とも》「あり」の尊敬語。いらっしゃる。用例 からでも―なむかし(竹取)。㊁(補動ラ変) 用言の連用形に付いて尊敬の意を表す。て(で)いらっしゃる。用例 気色ばみ―とも、え書きならべじや(源氏・梅枝)。

**いま-すこし【今少し】**(副) もう少し。もう「ちょっと。still more

**いまそ-が・り【在そがり】** 古語 (ラ変自・補動)《「いまそかり」とも》→いますがり(在すがり)

**いま-だ【未だ】**(副)《下に打ち消しをともなうことが多い》まだ。yet 用例 ―かつて見たことがない。

**いまだ・し【未だし】** 古語 (形シク) まだその時期でない。およばない。十分でない。用例 おほかた―・しき学者の、心はやりて言ひ出づることは(玉勝間)。

**いまだて【今立】**〈町〉 福井県、武生市東隣の町。五箇地方は奉書紙・鳥の子紙など、手すき和紙の産地。人口一万五〇二九(一九八八)。

**いまだ-に【未だに】**(副) 今になっても。今でも。まだ。yet

**い-まち【居待ち】** ①座って待つこと。sit and wait ②「居待ちの月」の略。比較 立ち待ち・寝待ち。

**居待ちの月**(いまちのつき) 陰暦の一八日の月。比較 立ち待ちの月。寝待ちの月。

**いまづ【今津】**〈町〉 滋賀県北西部、琵琶湖岸の町。湖西地方の中心地で鉄道・バス交通の要地。稲作・果樹栽培などが行われる。人口一万二七八六(一九八八)。

**いま-でき【今出来】** 近ごろ出来たこと。用例 「―の店。

**いま-どうしん【今道心】**《仏教語》仏道にはいったばかりの人。青道心。新発意。

**いま-どき【今時】** ①このごろ。当世。nowadays 用例 ―の若い者。②今時分。at this time 用例 ―行っても駄目だ。

**いまど-にんぎょう【今戸人形】** 東京の浅草今戸で産する土焼きの人形。江戸時代、伏見人形の影響をうけて生まれ、安価で洒脱な感じが親しまれた。参照 今戸焼。↓写

**いまど-やき【今戸焼】** 東京都台東区今戸で作られる素焼きの焼き物。天正年間(一五七三〜九二)の瓦焼きに始まり、江戸末期には釉掛けや絵付けが行われ、火鉢・人形・土鍋などが作られた。

●今戸人形

**いま-に【今に】**(副) ①そのうち。やがて。まもなく。before long 用例 ―燃えだすぞ。②今になっても。現在でも。even now 用例 ―名人と伝えられている。

**いまにし-きんじ【今西錦司】**(一九〇二) 生物学者。京都生まれ。京大卒。動物社会学を創始。モンゴル・カラコルム・アフリカで学術調査。著書『生物社会の論理』『人間以前の社会』など。昭和五四年(一九七九)文化勲章受章。

**いまにし-すけゆき【今西祐行】**(一九二三) 児童文学者。大阪府生まれ。早大卒。作品『肥後の石工』『ヒロシマの歌』など。

**いまに-して【今にして】**(連語) 今になって。用例 ―思えば。

**いまに-も【今にも】**(副) ①すぐにも。at once 用例 ―やってくる。②もう少しで。あぶなく。at any moment 用例 ―落っこちそうだ。

**いま-はた【今将】** 古語 (副) 今はまた。その上また。用例 ―かく世の中のことをも(源氏・桐壺)。

**いまばり【今治】**〈市〉 愛媛県北部、燧灘に臨む市。タオルをはじめ漆器・造船などの工業がさかん。瀬戸内海交通の要地。人口一二万三八九四(一九八八)。

**いま-ひとたび【今一度】**(連語) もういちど。もういっぺん。once more 用例 ―お会いいたしたく。

**いま-ひとつ【今一つ】**(副) ①さらにもうひとつ。もうひとつ余分に。one more ②もう少しというところで。いまいち。a bit more 用例 ―力がたりない。

**いま-ふう【今風】**(名・形動) 現代の風俗。当世風。今様。up-to-date 用例 ―の若者。

**いまべつ【今別】**〈町〉 青森県、津軽半島北端の町。半農半漁。出稼ぎが多い。ヒバの林業もさかん。人口六二三三(一九八八)。

**いま-みや【今宮】** ①わかみや。②生まれたばかりの皇子。

**いまむら-あらお【今村荒男】**(一八八七〜一九六七) 内科医。奈良県生まれ。東大卒。結核ワクチンの予防実験・弱毒ヒト型結核菌創製などを行った。わが国のBCG接種と結核集団検診の普及に貢献した。

**いまむら-しこう【今村紫紅】**(一八八〇〜一九一六) 日本画家。本名、寿三郎。横浜生まれ。印象派や南画の技法をとり入れ、自由奔放な構図とすぐれた色感で近代日本画を創出した。作品『近江八景』『熱国の巻』など。↓写(次ページ)

**いまむら-しょうへい【今村昌平】**(一九二六) 映画監督。東京生まれ。作品『豚と軍艦』『神々の深き欲望』など。

● 今村紫紅『近江八景』「比良暮雪」。大正元年(一九一二)、東京国立博物館。

**いま-めか・し**【今めかし】 古語 (形シク) 現代風だ。当世風だ。用例 —・しくきららかならねど、木立ものふりて(徒然・一〇)。

**いまめ-がし**【今芽▼樫】 ウバメガシの別名。

**いまめ・く**【今めく】 古語 (四自) 当世風ではなやかである。用例 尼君、はやうは—・きたる人にぞありける(源氏・手習)。

**いま-もって**【今▽以て】(副) 今になるまで。いまだに。yet

**いま-や**【今や】(副)《「いま」を強めた語》今では。今こそ。今にも。at any moment 用例 —遅し。

**いま-よう**【今様】 ㊀(名・形動) 現代。現代風。当世風。㊁(名) 平安中期から鎌倉時代に流行した歌謡。催馬楽などの宮廷歌謡に対して当時流行した新しい歌謡の総称。また、その中心になった七五調四句の歌謡。『梁塵秘抄』などに収められている。今様歌。

**いまり**【▼伊▽万里】〈市〉 佐賀県西部、伊万里湾に臨む市。伊万里焼の積み出し港として発展。臨海工業が発達。人口六万二三四四(一九八八)。

**いまり-やき**【▼伊▽万里焼】 佐賀県有田町を中心に産する磁器。伊万里港を経て全国に伝えられたので伊万里焼の名がある。江戸初期、朝鮮から帰化した李参平が磁器焼造を始めたと伝えられる。のち柿右衛門の赤絵焼成が成功し、色絵・染め付け磁器が代表とされる。ヨーロッパにも輸出。有田焼。↓写

● 伊万里焼『染付山水文鉢』。江戸時代前期、大和文華館(奈良県)。

**いま-わ**【今▽際】《「今は」の転》死にぎわ。臨終。最期。last moment

**今際の際** 臨終の時。one's last moment

**いまわし・い**【忌わしい】(形) ①ふきつだ。ominous ②憎むべきことだ。detestable ③おもしろくない。disgusting 派生 いまわしげ(形動) いまわしさ(名)

**いみ**【忌(み)・▽斎】 ①神事に際し、不浄を慎むこと。②遠慮すべきこと。死・穢れ。③喪中。服忌。忌。用例 —明け。④物忌み。かたふたがり。

**い-み**【意味】(名・サ変自他) ①物事・ことば・文章などの内容。わけ。意義。meaning 用例 事件の—するものは何か。文の—があいまいだ。—もなく笑う。②する値打ちがあること。価値。有意義。significance 用例 —のある仕事。③動機としての理由・原因・意図。motive 用例 ちょっとした—があって始めたことだ。

**いみ-あい**【意味合(い)】 事情。理由。reason

**いみ-あけ**【忌(み)明け】 喪に服す期間の終わること。きあけ。

**いみ-ありげ**【意味有りげ】(形動) わけがありそうなさま。meaningful

**いみ-かず**【忌(み)数】 不吉に通ずるとして忌み嫌われる数。日本では四(=死)、古代中国では偶数、欧米では一三など。unlucky number

**いみ-き**【忌▽寸】 天武朝に制定された八色の姓の第四。主として渡来人系の氏族に与えられた。

**いみ-きら・う**【忌(み)嫌う】(五他) いやがって、さける。detest

**イミグレーション**【immigration】 ①移住。移民。移民団。②出入国管理。

**いみ-ことば**【忌(み)言葉・忌(み)▽詞】 ことばの意味や音が不吉を連想させるものとして、あるいは宗教上の理由で、使用が避けられることば。また、その代わりに使うことば。山で「猿」のことを「山の人」というようなもの。taboo word

**いみ・じ** 古語 (形シク)《うれしいときにも、悲しいときにも用いる》①程度がはなはだしい。用例 神さへいと—・じう鳴り(伊勢・六)。②すばらしい。用例 得て帰る心地の嬉しさぞ—・じきや(更級)。③ひどい。とんでもない。用例 東大寺の仏の御首落ちなど、—・じき事どもはべりけれど(方丈記)。

**いみじくも**(副) ぴたりと。うまく。適切にも。suitably; aptly

**いみ-しょう**【異味症】↓いしょくしょう【(異食症)】

**いみ-しんちょう**【意味深長】(形動) ①深い意味があるさま。meaningful ②表面の意味の奥に、ふくみがあるさま。full of implications 用例 —な発言だ。

**いみ-たがえ**【忌(み)▽違え】 方違えの一種。物忌みの期間、自分の居所から他所へ移って物忌みをしないですませること。

**いみ-づ・ける**【意味付ける】(下一他) 意味や理由をつける。物事に意味をあたえる。give meaning to

**イミテーション**【imitation】 まねること。まねたもの。模造。模造品。

**いみ-てき**【意味的】(形動) ①意味に関するさま。②わけがありそうなさま。

**いみ-な**【▼諱】《忌み名の意》①死んだ人の生前の実名。②《転じて》貴人の実名。③死後にたっとんでつけた称号。諡。

**いみ-び**【忌み日・▽斎日】 ①けがれや禍を避けるため、慎む日。②死者の命日。忌日。

**いみ-び**【忌(み)火・▽斎火】 神に供える物を煮炊きするため、火きりを用いて新しくきり出した清浄な火。いむび。いんび。

**イミプラミン**【imipramine】 精神を活発にする薬剤。中枢神経興奮作用・アトロピン作用・抗ヒスタミン作用がある。抗鬱剤。

**いみ-べ**【忌▽部・▽斎▽部】↓いんべ(忌部)

**いみ-へんか**【意味変化】 語の意味に起こる変化。「女の部屋」を意味する女房が「妻」に、中納言の唐名である黄門が徳川光圀の異称に変わるなど。meaning shift

**い-みょう**【異名】 ①本名以外の名。別名。いめい。alias ②あだ名。nickname

**異名を取る** あだ名をつけられる。be nicknamed

**いみ-ろん**【意味論】 ①言語学の一部門で、ことばの意味の構造・変化に関する研究を行う分野。音韻論や文法論に対していう。意義学。semantics ②記号論の一分野。記号(言語)とその指示対象との関係を取り扱う。semantics

**い-みん**【移民】(名・サ変自) 働いて生活するつもりで、外国に移住すること・人。今は、移住民、または移住者といわれる。emigration; emigrant

**いみん-せいさく**【移民政策】 労働に従事する目的での移民に対し、おもに受け入れ国側がとる処遇策。immigration policy

**いみん-ほう**【移民法】 アメリカの外国移民制限法。一九二一年には移民の絶対数の制限と国別割り当てを規定し、二四年の排日移民法で日本人移民は事実上禁止となった。the immigration law

**いみん-ろうどうしゃ**【移民労働者】 外国から移住して働いている者。母国と移住国との間の労働条件の格差が動因となることが多い。immigrant worker

**い-む**【医務】 医術に関する事務。medical affairs

**い・む**【忌む】(五他) ①きらう。さける。avoid ②遠慮する。はばかる。refrain from

**い・む**【▽斎む】 古語 (四他) けがれを避け、身を清めてつつしむ。用例 長月は—につけても慰めつ(宇津保・吹上下)。

**い-むけ**【射向け】《弓を射るとき、左側が敵に向かうところから》よろいの左側。用例 —のそで。

**イムコ**【IMCO】《Inter-Governmental Maritime Consultative Organization の略》国際海事機関(IMO)の旧称。

**イムジチ-がっそうだん**【イムジチ合奏団】(I Musici イタリア) イタリアの室内合奏団。明るい音色と豊かな表現力をもち、精緻なアンサンブルが特色。バロック音楽の正しい演奏を目的に一九五一年発足、五二年デビュー。レパートリーは幅広い。

**いむ-しつ**【医務室】 学校や会社などの中で、診察や手当てをする部屋。保健室。衛生室。nurse's office

**いむ-べ**【忌▽部・▽斎▽部】↓いんべ(忌部)

**イムラン**【imuran】 免疫抑制作用があり、臓器移植のさいの拒絶反応を抑止するのに用いる薬剤。商標名、アザチオプリン。

**い-めい**【依命】《官庁用語》命令によること。by order

**い-めい**【威名】 ①勢いが強いという評判。renown ②威光と名誉。prestige

**い-めい**【異名】 ①動植物などで、標準の名のほかに、一般に通用している名称。popular name ②いみょう。another name

**い-めい**【違命】(名・サ変自) 命令にそむくこと。disobedience

**い-めい**【遺命】(名・サ変他) 死にぎわに言いつけること。その命令。will

**いめい-つうたつ**【依命通達】(名・サ変自) 命令によって通知すること。notification by order

**いめい-どうおん**【異名同音】 音名も記譜の方法も異なるが、十二平均律では同音であり、ピアノなどで同じ鍵盤音にあたる音。たとえば、嬰ハ音と変ニ音。転調に使う。enharmonic

**イメージ**【image】 ①人が心の中につくる姿・形像。心象。表象。映像。イマージュ。比較 イマジネーション。用例 理想的な人間の—。あざやかな—。②おもかげ。

**イメージ-オルシコン**【image orthicon】 テレビ用に使われた撮像管。超高感度を生かして、X線像・赤外線像を可視像に変えるもの。感度や分解能力が、初期のテレビ撮像管アイコノスコープの一〇〇倍といわれる。

**イメージ-かん**【イメージ管】 光の像をいったん電子流に変え、再び光の像とする電子管。赤外線像やX線像を可視光像にしたり、輝度増倍などに利用。image tube

**イメージ-こうこく**【イメージ広告】 商品の機能を宣伝するよりも、消費者に好印象を与えることを重視してつくられる情緒的な広告。イメージアド。image advertising

**イメージ-サーベイ**【image survey】 商品や企業に対して消費者が抱いている印象・感じについての調査。

**イメージ-せんきょ**【イメージ選挙】 候補者を選挙民に強烈に印象づけようとする選挙戦術。イメージづくりが工夫・企画され、シンボルマーク・シンボルカラー・制服などが使われる。

**イメージ-ちょうさ**【イメージ調査】 企業や商品に対する大衆のイメージについての調査。購買動機を分析し、広告の心理的効果を測定するために行う。image survey

**イメージ-トレーニング**【image training】 スポーツや音楽などの練習法の一つ。頭の中でその運動や動作を思い描いて、正しい技術などの修得に役立てる。

**イメージ-プロセシング**【image processing】↓がぞうしょり(画像処理)

**いも** 人に物を贈るとき、上包みの表に書く平仮名。熨斗鮑を形象化したものとされ、「のし」と同じ意味をもつ。

**いも**【芋・▼藷・▼薯】 植物の根・地下茎などの一部がとくに肥大して養分の貯蔵器官となったものの通称。サツマイモ・ダリアは塊根、ジャガイモ・キクイモは塊茎、クワイ・サトイモは球茎。

**芋の煮えたも御存じない** 世間のことを知らないことのたとえ。

**芋を洗う様** 人が、ひどくこみあっているさま。teeming

**いも**【▽妹】 古語 対義 兄。①男が婦人を親しんで呼んだ語。おもに妻・恋人を言う。用例 —があたりを過ぎて来にける(万葉・二・一三六)。②女同士で相手を親しんで呼んだ語。用例 高高にわが思ふ—を見むよしもがも(万葉・四・七五八)。

▼常用漢字表外。 ▽常用漢字表の音訓外。

い

**いも-うと【妹】**《「いもひと(妹人)」の転》まれた年下の女子。younger sister ②夫・妻の妹。弟の妻。義妹。sister-in-law 対義姉。①同じ親から生

**いもうと-むこ【妹婿】** 妹の夫。brother-in-law

**いも-がい【芋貝】** 貝殻がサトイモに似たイモガイ科の海産の巻き貝の総称。殻高二～一一cm、殻径一・五～五・五cm。歯舌に毒をもつものもある。貝殻は美しいものが多く、観賞用。本州中部以南の暖海域に分布。cone shell ↓図

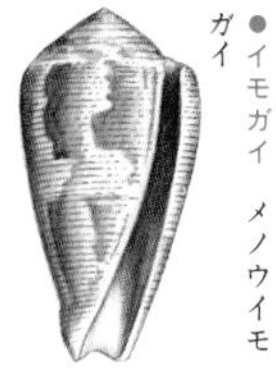
●イモガイ　メノウイモガイ

**いもがいえ-に【▽妹が家に】**［枕ことば］「いく」にかかる。用例 ― 伊久里の森の藤の花今来む春も常如此し見む(万葉・一七・三九五二)。

**いも-がさ【▼疱▼瘡】** 天然痘の古名。ほうそう。とうそう。いも。small pox

**いも-がしら【芋頭】** サトイモの親芋。tubercle

**いも-がゆ【芋▼粥】** ①サツマイモなどを入れて煮た粥。②平安時代に、山の芋を甘葛を混ぜて煮た粥。昔は貴人用。用例 ― を飲みて、舌打ちをして(今昔・二六)。

**いも-がら【芋▽幹・芋▽茎】** 里芋の茎(＝ずいき)を乾燥したもの。熱湯でもどし、煮物・みそ汁の実などに用いる。

**いも-ざし【芋刺(し)】** ①芋をくしでさし通すこと。②人をやりで突きさすこと。

**いも-じょうちゅう【芋焼▼酎】** 蒸留酒の一つ。サツマイモを原料とした焼酎。鹿児島の特産。

**いも-せ【▽妹背・▽妹▽兄】** ①夫婦。用例 ― のちぎり。②兄と妹。姉と弟。

**いもせやまおんなていきん【▽妹背山▽婦▽女庭▽訓】** 人形浄瑠璃時代物。歌舞伎でも上演。近松半二・三好松洛らの合作。明和八年(一七七一)初演。藤原鎌足の入鹿討伐を主筋に三輪山伝説などをとり入れて脚色。

**いもち-びょう【▽稲▽熱病】** イネの病気の一つ。カビの一種のイモチ病菌により発病。毎年全国的に発生し、イネの病気のうちでもっとも被害が大きい。葉・節・穂首などが黒褐色になる。rice blast

**いも-ちゃしゃく【芋茶▼杓】** 茶道の茶杓の一種。すくう部分が笹の葉形、柄の末端が小球であるための呼称。本来は中国唐代の薬匙。

**いも-づる【芋▼蔓】** サツマイモやヤマノイモのつる。

**いもづる-しき【芋▼蔓式】** それからそれへと、芋づるをたぐり出すように事をはこぶこと。one after another 用例 ― に検挙する。

**いもに-かい【芋煮会】** 秋の収穫後に家族やグループごとに、川辺でサトイモ・こんにゃく・肉などを入れた鍋物を食べる行事。東北地方を中心に、学校行事となっているところもある。

**い-もの【鋳物】** 金属を溶かし、鋳型に流しこんで作った製品。複雑な形のものが作れるが、もろいのが欠点。casting 対義打ち物。

用例 ― 師。

**いも-の-かみ【▼疱の神】** 疫神の一つ。天然痘をはやらせる神。

**いも-の-こ【芋の子】** ①親芋についている小さな芋。子芋。②サトイモ。

**いもの-し【鋳物師】** 鋳物を作る人。いもじ。

**いもの-じゃく【鋳物尺】** 鋳物用の木型を作るためのものさし。とけた金属が固まるときの収縮率を見込んで、目もりの間隔を大きくしてある。

**いも-ばん【芋版】** 芋を輪切りにした面に、字や絵を彫ったもの。その刷り物。

**いも-ぼう【芋棒】** 京都名物の煮物料理。えび芋(＝里芋の一種)とタラの干物である棒だらを主材料として作る。

**いも-むし【芋虫】**《イモの葉を食べるとされたことから》体に毛がなく、胴の太いチョウやガの幼虫の俗称。とくに、サトイモやサツマイモにつくセスジスズメやエビガラスズメの幼虫など。caterpillar ↓写

●芋虫　ナミアゲハ

**いも-めいげつ【芋名月】**《芋を供えることから》陰暦八月一五日の夜の月。サトイモ・団子・ススキなどを供えて名月を愛でる。中秋の名月。十五夜。比較栗名月・豆名月。

**い-もり【井守・▼蠑▼螈】** イモリ科の両生類。体長約一〇cm。腹面が赤く、背は黒褐色で、黒い斑点をもつ。池沼や小川にすみ、水中の小動物を捕食。日本では、本州・四国・九州に分布。アカハライモリ。アカハラ。newt ↓写

**いもり-の-くろやき【井守の黒焼(き)】** 媚薬とされるものの一つ。イモリの雌と雄を黒焼きにして粉末にしたもの。好きな異性に、わからないように振りかけたり飲ませたりすると、思いがかなうといわれる。

**い-もん【慰問】**(名・サ変他) なぐさめるために訪問すること。病気や災害を見舞うこと。consolation visit

**いもん-ぶくろ【慰問袋】** 戦地の兵士や罹災者などを慰めるために、日用品などを入れて送る袋。

**いや【▽祖▽谷】** 徳島県西部、吉野川の支流祖谷川流域。長く他地方と隔絶され、日本の秘境の一つとされた。平家の伝説が多い。

**いや【嫌・▼厭】**(形動) きらい。unpleasant 対義好き。用例 ― な話。

**嫌と言う程**(いやというほど) あきるほど。ひどく。extremely

**いや【▼弥】**(副) いよいよ。ますます。more and more 用例 ― 増す。

**弥が上にも**(いやがうえにも) なおその上に。いよいよ。all the more

**いや**(感) おどろき・感動などに発する語。ah 用例 ― はや。

**いや【▽否】** ㊀(感) 打ち消しや反対を言う語。いいえ。いいや。no 対義応。用例 ―、ちがいます。㊁(接) 自分の言ったことばを取り消して、すぐ新しく次を言い出す語。それだけでなくて。用例 日本、― 世界の名作だ。

**否が応でも**(いやがおうでも) ぜひとも。むりやりに。否でも応でも。by force

**否でも応でも**(いやでもおうでも) 「否が応でも」と同意。

**イヤ【ear】** 耳。イア。

**イヤーブック【yearbook】** 年鑑。年報。

**いや-いや【嫌嫌・▼厭▼厭】** ㊀(名) 「嫌だ」という気持ちで頭を横に振ること。用例 ― をする。㊁(副) 嫌だと思いながら。嫌々ながら。unwillingly 用例 ― ついて行く。

**いや-いや【▽否▽否】**(感)《「いや」の強め》いえいいえ。never; no

**否否三杯**(いやいやさんばい) いやもうけっこうと辞退しながらも、勧められるままに杯を重ねること。また、口先では遠慮しているものの、ほんとうは厚かましいことのたとえ。

●イモリ

**いや-おい【▼弥▽生】** ㊀(名・形動) 草や木がどんどんはえしげること・さま。草木がいよいよおいしげること・さま。㊁(名) 陰暦三月の異称。弥生の月。やよい。

**いや-おう【▽否応】** 不承知と承知と。yes or no

**いやおうなし-に【▽否応無しに】**(副) いやと言おうが応じようが、それとかかわりなく。しゃにむに。いやおうなく。by force

**いや-がらせ【嫌がらせ】** 人が嫌がることをわざとして困らせること・行い。harassment

**いや-が・る【嫌がる】**(五他) 嫌だと思う。hate

**いや-き【嫌気】** ↓いやけ(嫌気)

**い-やく【医薬】** ①くすり。medicine ②医療と薬剤。medical treatment

**い-やく【違約】**(名・サ変自) ①約束にそむくこと。break a promise ②法律で、契約にきめた義務を果たさないこと。breach of contract

**い-やく【意訳】**(名・サ変他) 字句にこだわらないで、意のあるところを訳すこと。その訳。free translation 対義直訳・逐語訳。

**いやく-きん【違約金】** 契約に違反した場合、相手に支払うことを前もって約束した金銭。penalty

**いやく-ひん【医薬品】** 病気の治療に用いる薬品。薬事法によって製造・販売・取り扱いが規制される。製造には厚生大臣、販売には知事の許可が必要。medical supplies

**いやく-ぶんぎょう【医薬分業】** 診察・処方は医師または歯科医師が行い、調剤は薬剤師が行う制度。

**いや-け【嫌気】** 嫌だと思う気持ち。いやき。dislike 用例 ― がさす。

**いや-さ【嫌さ】** 嫌な気持ち・程度。unpleasant mood

**いや-さ**(感) ①《「いや(否)」を強めたことば》いやはや。いや。まったく。用例 ―、とんでもない。②いい直すときに発することば。用例 モシおとみ、― おとみさん(歌舞伎・与話情浮名横櫛)。

**いや-さか【▼弥栄】** ①ますます栄えること。②繁栄を祈ってとなえる語。

**いや・し【卑し】** 古語(形シク) ↓いやしい(卑しい)

**イヤシ【Iaşi】** ルーマニア北東部、モルドバ地方の中心都市。一八六〇年、ルーマニア最古の総合大学がおかれた。人口七七・九万(一九八四)。

**いやし・い【卑しい・▼賤しい】**(形) ①下品である。げびている。mean 対義尊い。用例 ― 笑い。― 目つき。②つつしみがない。さもしい。用例 食べ物に ―。③まずしい。みすぼらしい。poor 用例 ― 身なり。④地位や身分が低い。humble 対義尊い。派生いやしげ(形動) いやしさ(名)

**いや-し・く【▼弥▽頻く】** 古語(四自) たび重なる。いよいよさかんになる。用例 春の雨はいよいよさかんになる。― き降るに(万葉・四・七八六)。

**いやしく-も【▼苟も】**(副) ①かりにも。if 用例 ― 男ならば。②まんいち。by any chance

**苟もしない**(いやしくもしない) そまつにしない。おろそかにしない。用例 一点一画を ―。

**いやし・める【卑しめる・▼賤しめる】**(下一他) 見さげる。さげすむ。あなどる。軽んじる。despise

**いやしん-ぼう【卑しん坊・▼賤しん坊】** 意地きたない人。食べ物にいやしい人。食いしん坊。けちん坊にも言う。glutton

**いや・す【▽癒やす】**(五他) 病気・苦痛・うえなどを、なおす。heal 用例 渇を ―。

**いや-ち【▽忌地・▼厭地】** 連作すると著しく収量が低下し、ときによっては、収穫が皆無になってしまう現象。病害虫の増加や有毒物質の蓄積などが原因。sick soil

**いや-ちこ**(形動) 神仏の霊験などがいちじるしい。あらたか。

**いや-に**(副) ①みょうに。変に。strangely 用例 ― そらぞらしい態度。②ひどく。非常に。terribly 用例 ― 仕事が早い。

**いや-はや**(感)《おどろき、あきれたときの語》ほんとうに。なんともまったく。Oh, dear! 用例 ― まったくあきれたものだ。

**いやひこ-じんじゃ【▼弥▼彦神社】** 新潟県西蒲原郡弥彦村にある旧国幣中社。祭神は天香山命。越後国一の宮。やひこじんじゃ。

**イヤホン【earphone】** 耳の穴にさし込むなどして用いる小型の電気音響変換器。レシーバー。受話器。イヤホーン。

**イヤマーク【earmark】**(名・サ変他) ①所有者を明らかにするため、放牧のヒツジの耳につけるしるし。②経済で、他と区別し、用途を指定して、寄託すること。イアマーク。

**いや-まさ・る【▼弥増さる】** 古語(四自) いっそう多くなる。ますますまさる。いやます。用例 今夜ゆ恋の ― りなむ(万葉・一二・三一三五)。

**いやまし-に【▼弥増しに】**(副) いよいよますます。いやがうえに。

**いや-ま・す【▼弥増す】**(五自) ますますまさる。いやまさる。increase 用例 ― 暑さ。

**いや-み【嫌味・▼厭味】**(名・形動) 相手に不快感を与えることば・態度。嫌がらせ。皮肉。sarcasm 用例 ― を言う。

**いや-みんよう【▽祖▽谷民謡】** 徳島県祖谷地方の民謡。素朴だが風格がある。『粉ひき唄』『地づき唄』が有名。



↓行き先項目、図版・写真参照印。　JIS日本工業規格情報交換用漢字符号コード(区点コード)。

**いや-もて【嫌持て】**(名・サ変自) 実は嫌われているが、うわべはよくもてなされること。比較 こわもて。

**いや-らし・い【嫌らしい・▼厭らしい】**(形) 下品で不愉快である。disagreeable 派生 いやらしげ(形動) いやらしさ(名)

**イヤリング[earring]** 耳につける装身具。耳輪。耳飾り。イアリング。数え方 一対。

**い・ゆ【▽癒ゆ】** 古語(下二自) ↓いえる(癒える)

**い-ゆう【▼畏友】** 尊敬している友人。one's respected friend

**いゆう-ごうきん【易融合金】** ↓かゆうごうきん(可融合金)

**い-ゆ・く【い行く】** 古語(四自)《「い」は接頭語》行く。用例 君は―・かじ(万葉・一〇・一九一六)。

**いよ【▼伊予】** ↓いよのくに(伊予国)

**いよ【▼伊▼豫】**〈市〉愛媛県中部、伊予灘に臨む市。製材がさかん。削り節の生産は全国一。人口三万一四五(一九八八)。伊予市。

**いよ【▽壱与】** 邪馬台国の女王卑弥呼の同族の女子。台与が正しいともいわれる。卑弥呼の死後、争いが起こったが、一三歳の壱与を女王にして治まったという。

**いよ-いよ【▼愈・▼愈▼愈】**(副) ①ますます。more and more 用例 年末が近づき、―忙しくなる。②ついに。とうとう。at last 用例 ―スキーシーズン到来。③たしかに。really

**い-よう【威容】** おごそかな姿。威厳のあるようす。dignity 用例 ―をほこる。

**い-よう【偉容】** りっぱな、すぐれた姿。用例 ―を示す。

**い-よう【異様】**(形動) ふつうと変わっているさま。変なようす。strange 用例 ―な姿。

**い-よう【移用】**(名・サ変他) 一定の目的をもつ予算を別の目的のために使用すること。

**いよう-せいたいこうがく【医用生体工学】** 医学と工学の学際的な協力で境界領域をうめ、両者の発展をうながす総合科学。CT装置・人工臓器などはその成果。medical biotechnology

**いよう-テレメーター【医用テレメーター】** 無線により、人間や動物の生理的現象を遠くから監視する装置。medical telemeter

**いよう-でんしこうがく【医用電子工学】** 医学と工学の境界をうめようとして、電子工業技術や器具を医療目的に応用する研究分野。コンピューターによる自動診断、テレビによる患者の監視など。ME。medical electronics

**いよ-がすり【▼伊予▼絣】** 愛媛県伊予で産出する木綿の藍染めの絣。伊予は江戸時代の藩産業としてさかんになった有名な絣産地の一つ。

**いよ-かん【▼伊予▼柑】** ミカンの一種で、明治初期に愛媛県(伊予国)に導入された。大形で味は温州ミカンに似るが風味がよい。アナドミカン。↓柑橘類 写

**い-よく【意欲】** 何かしたいと思う気持ち。desire 用例 ―をもやす。―を高める。

**いよく-てき【意欲的】**(形動) しようとする気持ちがさかんなさま。enthusiastically 用例 研究を―に進める。

**いよ-すだれ【▼伊予▼簾】** ①愛媛県伊予に産するシノダケで編んだすだれ。伊予簾。②名物裂の一つ。緞子で、小さな石だたみ地紋に宝づくしを織り出したもの。小石だたみ。

**いよ-なだ【▼伊予▼灘】** 愛媛県、松山市から佐田岬にかけての北側の沖合いの海。瀬戸内海では深い海域。イワシ網などが行われる。

**イヨネスコ[Eugène Ionesco]**(一九一二～) フランスの劇作家。ルーマニア生まれ。アンチテアトルの代表的作家。戯曲『禿の女歌手』『授業』『犀』『瀕死の王様』など。

**いよ-の-くに【▼伊予国】** 旧国名。現在の愛媛県。南海道の一国。「延喜式」では上国、一四郡。国府・国分寺はともに今治市桜井町。明治四年(一八七一)廃藩置県により宇和島・松山二県。同五年(一八七二)宇和島県は神山県と、松山県は石鉄県と改称し、同九年(一八七六)合併し愛媛県。予州。伊予。

**いよ-ぶし【▼伊予節】** 愛媛県の民謡。松山市とその付近の名所名物をよみこんだもので、幕末に流行した。

**イヨマンテ** ↓イオマンテ

**いよみしま【▼伊予三島】**〈市〉愛媛県東部の市。宝暦年間からの伝統をもつ製紙業が中心の工業都市。人口三万九一〇八(一九八八)。

**いよ-みずき【▼伊予水木】** トサミズキの別名。

**いよ-よ** 古語(副)《「いよいよ」の略か》いっそう。ますます。用例 剣大刀―研ぐべし(万葉・二〇・四四六七)。

**いら【▼伊▽良】** ベラ科の海水魚。タイにやや似るが暗黄緑・青色などの部分がある。全長約四〇cm。観賞用。南日本から南シナ海に分布。

**イラーセク[Alois Jirásek]**(一八五一～一九三〇) チェコスロバキアの小説家。国民的歴史小説で愛国心を鼓舞した。作品『犬頭章の人々』『故郷にて』など。

**い-らい【以来】** 対義 以前。①そのときからこっち。以後。since ②今後。since

**い-らい【依頼】**(名・サ変他) ①たのむこと。request 用例 ―人。②たよること。dependence 用例 ―心。

**いら-いら【▼苛▼苛】** ㊀(副・サ変自) ①《「いら」は刺の意》皮膚が繰り返し小さな刺激を感じるさま。ちくちく。prick ②あせって、神経がとがり、気が落ち着かないさま。じりじり。be irritated ㊁(名) ①思うようにならずあせる気持ち。②イラクサの別称。

**いら・う【▽答う・▽応う】** 古語(下二自) 返事をする。答える。用例 おきな―・ふるやう(竹取)。

**いらえ【▽答え・▽応え】** 古語 こたえ。返事。返答。用例 ―に何とかはいはれ侍らむ(源氏・帚木)。

**いらか【▼甍】** ①屋根のむね。また、棟瓦。②瓦ぶきの屋根。用例 ―の波。③切り妻屋根の妻の下にある三角形をした壁の部分。用例 ―を接する。

**甍を争う**(いらかをあらそう) 「甍を並べる」と同意。

**甍を並べる**(いらかをならべる) 多くの建物が立ち並ぶ。甍を争う。

**いら-が【▽刺▼蛾】** イラガ科のガ。開張三cm内外。幼虫は平たいナマコ形で、毒をもつとげに触れると痛い。卵形のまゆを木の枝につくり、さなぎとなる。六～九月に出現。日本全土に分布。イラムシ。

●イラガ

**イラク[Iraq]**(Republic of Iraq) ↓図 西アジア、ペルシア湾の湾奥にある共和国。首都バグダード。一九三二年イギリスから独立。チグリス・ユーフラテス両川流域が広く、世界最古の文明発祥地。ステップ・砂漠気候で、ナツメヤシ栽培や石油産出が多い。面積四三・五万$km^2$。人口一六四五万(一九八六)。正称イラク共和国。

**いら-くさ【▽刺草・▼蕁▽麻】** イラクサ科の多年草。山地や林の縁にはえる。葉は卵円形で対生。秋に、淡緑色の小花が咲く。茎皮の繊維は糸や織物の原料。全体に刺があり、蟻酸を含むので皮膚に触れると痛い。雌雄同株異花。イタイタグサ。イライラ。↓図

●イラクサ

**イラクリオン[Iráklion]** ギリシア南部、クレタ島北岸のエーゲ海に臨む港湾都市。農産物の集散地。同島最大の都市で、軍事基地でもある。人口一〇・二万(一九八一)。

**いらこ-せいはく【▼伊▽良子清白】**(一八七七～一九四六) 詩人・医師。本名暉造。鳥取県生まれ。京都府立医学校卒。雑誌『文庫』の代表的詩人。古典的・神秘的な詩風で知られた。詩集『孔雀船』。

**いらご-みさき【▼伊▽良湖岬】** 愛知県、渥美半島西端の岬。名勝日出の石門・恋路ヶ浜がある観光地。フラワーセンターもある。

**いら-ざる【要らざる】**(連体) 必要でない。いらない。余計な。needless 用例 ―差し出口。―おせっかい。

**イラスト** 「イラストレーション」の略。

**イラスト-マップ**《和製語》絵地図。建物・名産など、その土地の特色を絵で描き、そこに簡単な説明を加えたもの。

**イラストレーション[illustration]** 書籍・雑誌などで文章の補足的役割を果たす解説図・挿絵・写真などを含む図版のこと。また商業美術におけるポスターなどの絵。イラスト。

**イラストレーター[illustrator]** 職業として挿絵・解説図や、挿絵風の絵などを描く人。

**いらせ・ら・れる**(下一自)「はいる・いる・来る・行く」の尊敬語。いらっしゃる。

**いら-だたし・い【▼苛立たしい】**(形) 思いどおりにならなかったり、不快であったりして、いらいらする感じである。irritating 用例 ―気持ち。派生 いらだたしげ(形動) いらだたしさ(名)

**いら-だ・つ【▼苛立つ】**(五自) 思いどおりにならないため、心が落ちつかずいらいらする。get irritated

**いら-つ-こ【▽郎子】** 上代、男性を親しんでよんだ語。対義 郎女。

**いらっしゃい** ㊀(感)《「いらっしゃいまし(ませ)」の略》喜んでむかえるときの語。ようこそ。Welcome! ㊁《動詞「いらっしゃる」の命令形》おいでなさい。用例 こちらへ―。

**いらっしゃ・る** ㊀(五自)《「いらせられる」の転》「行く・来る・いる・ある」などの尊敬語。おいでになる。用例 旅行に―・いますか。こちらへ―。御家族が―。㊁(補動)「…ている・…である」の尊敬語。用例 見て―。お元気で―。

**いら-つ-め【▽郎女】** 上代、女性を親しんでよんだ語。対義 郎子。

**イラディエル[Sebastián Yradier]**(一八〇九～一八六五) スペインの作曲家。パリでスペイン歌曲集を出版。作品『ラ・パロマ(鳩)』が有名。

**いら-ぬ【要らぬ】**(連体) 必要のない。よけいな。needless 用例 ―お世話だ。

**いらぶ【▼伊▽良部】**〈町〉沖縄県、宮古島西方の伊良部島と下地島からなる町。カツオ漁業がさかん。人口八八四五(一九八八)。

**いら-むし【▽刺虫】** イラガの幼虫。短くて太いナメクジ状。体長約二cm。多くの毒針をもった肉角があり、触れると痛い。柿・サクラの樹などの害虫。

**イラワジ-がわ【イラワジ川】**(Irrawaddy) ビルマ中央部を南へ貫流する同国最大の川。長さ二一〇〇km。下流域は東南アジア最大の穀倉地帯。

**イラン[Iran]**(Islamic Republic of Iran) 西アジアの、北はカスピ海、南はペルシア湾に臨むシーア派の回教共和国。首都テヘラン。一九三五年ペルシアをイランに改称、七九年から共和制となる。砂漠・高原が広いが、石油・じゅうたんの生産が多い。面積一六四・八万$km^2$。人口四五九一万(一九八六)。正称イラン回教共和国。

**イラン-イラク-せんそう【イラン-イラク戦争】** 一九八〇年に始まったイランとイラク間の国境をめぐる戦争。八八年八月、停戦に合意。Iranian-Iraq War

**イランイラン-の-き【イランイランの木】** フィリピン原産のバンレイシ科の熱帯性常緑高木。高さ二五mに達する。年二回、香気ある花をつけ、花から香油をとる。

**イラン-かくめい【イラン革命】** 一九七九年イランで起きた革命。イスラム教シーア派のホメイニ師が呼びかけてパーレビ王朝を崩壊させた。Iranian Revolution

**イラン-ご【イラン語】** インド-ヨーロッパ語族のインド-イラン諸語の一つ。イラン・アフガニスタンからパミール高原にかけて分布する言語の総称。ペルシア語・クルド語など。Iranian

**イラン-こうげん【イラン高原】**(Plateau of Iran) アジア西部、イランからアフガニスタンに広がる高原。周囲を山脈に囲まれた乾燥気候で、カナート(=地下水路)による農業生産が行われる。標高九一〇～一五〇〇m。

**イランド[eland]** ↓エランド

**いり【▼圦】** 5画 部首[土] 和製漢字 JIS 5209 水門。ひのくち。池などの水の出入りを調節するために、堤にうめてある樋の口。

**いり【入り】** ①はいること。entry 対義 出。②収入。income 用例 今月は―が少ない。③人や物のはいった数量。capacity 用例 芝居の―。④彼岸・土用・寒などの最初の日。用例 寒の―。⑤はいっていること。containing 用例 ビタミン―。⑥日や月の沈むこと。setting 用例 日の―。

**いり【要り】** かかり。費用。expenses 用例 ―がかさむ。

**イリ[IRI]**《Istituto per la Ricostruzione Industriale イタリアの略》鉄鋼・造船・機械・銀行・電話などの事業を統括するイタリアの国営持ち株会社。一九三三年設立。産業復興公社。

**イリ【裡里】**(Iri) ↓りり(裡里)

**いり-あい【▽入会】** 特定の山林・原野・漁場などを一定地域の住民が共同で利用すること。common

▼常用漢字表外。 ▽常用漢字表の音訓外。

**いり-あい**【入(り)相】 夕ぐれ。sunset

**いりあい-けん**【入会権】 住民が特定区域の山林・原野・漁場(入会地)に入り、共同で利用できる権利。

**いりあい-ち**【入会地】 一定地域の住民間で入会権が設定されている山林・原野・漁場。

**イリアス**〔Ilias ギリシア〕《イリオス(トロヤ)の歌、の意》前八世紀ごろ、ホメロス作と伝えられるギリシア最古の叙事詩。英雄アキレウスを中心に、トロヤ戦争の攻防を壮大に描く。イリアッド。

**イリアッド**〔Iliad〕 →イリアス

**イリアン-ジャヤ**〔Irian Jaya〕 ニューギニア島西半部の総称。インドネシア領。五〇〇〇mを越えるジャヤ山をはじめ、高山の連なるマウケ山脈が東西に走り、全島ジャングルにおおわれる。人口一一七・四万(一九八〇)。

**イリイチ**〔Ivan Illich〕(一九二六) オーストリアに生まれ、ラテンアメリカで活躍する社会思想家。今日の科学・産業・社会をきびしく批判している。著書『脱学校の社会』『エネルギーと公平』など。

**イリーン**〔Mikhail Ilin〕(一八九五〜一九五三) ソ連の児童文学者。多くの児童向け科学物語を書いた。詩人マルシャークの弟。作品『人間の歴史』など。

**いり-うみ**【入(り)海】 陸地に深く入り込んだ海。湾。入り江。bay; inlet

**いり-え**【入(り)江】 湖や海が陸地に入り込んだところ。入り海。creek; cove

**いりえ-わに**【入江▼鰐】 クロコダイル科の大ワニ。入り江や河口を好むが外洋にも出る。最大一〇mに達する。吻の幅が先にいくにしたがって細くなり三角形を呈する。淡褐色の地に多くの黒斑がある。気が荒く、人をも襲う。東南アジアからオーストラリアなどに分布。ウミワニ。estuarine crocodile

**いりおもて-こくりつこうえん**【▽西表国立公園】 沖縄県南西部、日本南西端の国立公園。中心は八重山列島の西表島。西表島の広大な原生林や、珊瑚礁の島々が見どころ。昭和四七年(一九七二)国定公園から昇格。

**いりおもて-じま**【▽西表島】 沖縄県南西部、八重山列島の島。面積二八四・四km²。列島中最大。亜熱帯密林におおわれ、イリオモテヤマネコの生息地。

**いりおもて-やまねこ**【▽西表山猫】 ネコ類の祖先に近いもっとも原始的なヤマネコ。体長約六〇cm、尾長約二五cm。夜行性で肉食性。昭和四〇年(一九六五)沖縄の西表島で発見。天然記念物。↓写

**いり-がしら**【入頭】 漢字を組み立てている部分の名。「全・僉」などの上の「入」。

**いり-がた**【入(り)方】 日・月などが沈もうとするころ。

**いり-かわり**【入り替(わ)り】 ①かわってはいること。enter in place of ②交替。入れ替わり。change

**いりかわり-たちかわり**【入り替(わ)り立ち替(わ)り・入り代(わ)り立ち代(わ)り】(副) ↓いれかわりたちかわり(入れ替わり立ち替わり)

**いりき**【入来】〈町〉 鹿児島県、薩摩半島北部の町。稲作・野菜栽培・畜産が行われる。入来温泉がある。人口七〇三八(一九八九)。

**いり-ぐち**【入(り)口】 ＝いりくち。①中にはいる所。はいり口。entrance 対義 出口。②物事のはじめ。beginning

**いりくみ-もん**【入(り)組み文】 縄文土器の文様。後期の終わりごろに流行。先端の鈎状部分が互いにかみ合う鰹節様文をくりかえす帯状文。

**いり-く・む**【入(り)組む】(五自) ①入りまじる。intermingle ②こみいる。複雑になる。be complicated 用例 ―・んだ事情。

**いり-こ**【▼炒(り)粉】 米のこなをいってつくった、菓子の原料。

**いり-こ**【▼炒(り)子・▼熬(り)子】 イワシ類の幼魚を煮つめ、天日または機械で乾燥したもの。だしに使う。煮干し。いりぼし。

**いり-こ**【▽海▽参・▼熬▽海▼鼠・▼煎▽海▼鼠】 内臓を取り除いたナマコを、食塩水で煮て日干しにしたもの。中国料理の材料。ほしこ。きんこ。trepang

**いり-こさく**【入(り)小作】 江戸時代に、他の村の者が入ってきて土地を借り、耕作すること。また、その人。入り作。対義 出小作。

**いり-ごみ**【入(り)込み】 ①入り込むこと。大ぜい入りまじること。②劇場などの大衆席。追い込み。

● イリオモテヤマネコ

**いり-こ・む**【入(り)込む】(五自) ①はいりこむ。もぐりこむ。get into ②こみいる。入りくむ。be intricate

**いり-ざけ**【▼煎(り)酒】 日本料理の調味料の一つ。清酒に梅干し・みりん・薄口しょうゆ・だし昆布・削り節を加え、煮立ててこしたもの。主として刺身に用いる。

**イリジウム**〔iridium〕《ギリシア神話のイリス(＝にじ)にちなむ》白金族の金属元素。記号Ir 原子番号七七。原子量一九二。比重二二・五。単体は、銀白色で、延性に乏しく、もろい。オスミウムとの合金(＝イリドスミン)は万年筆のペン先に、白金との合金は理化学用器械に用いられる。

**いり-しお**【入(り)潮・入(り)▼汐】 ①引き潮。干潮。ebb tide 対義 出潮。②満ち潮。差し潮。high tide

**イリ-じょうやく**【▼伊▼犁条約】 一八八一年ロシアのペテルブルクで締結されたロシア・清間の伊犁地方の紛争に関する条約。七一年以来、ロシアはイスラム教徒の反乱鎮定を口実に同地方を占領していたが、交渉の結果、同地方は清に返還され、新疆全域をロシアとの交易に開放。サンクト-ペテルブルク条約。

**イリス**〔Iris ギリシア〕 →アイリス

**いり-たまご**【▼煎(り)卵】 卵を溶き、湯せんにするか弱火で細かくいったもの。塩・砂糖で調味する。あしらいにも使う。スクランブルエッグ。scrambled eggs

**いりちい** 沖縄料理の一つ。いため煮のこと。豚肉に、昆布・かんぴょう・ニンジンなどの材料を合わせて作る。主材料の名をつけて「…いりちい」と名づける。

**いり-つ・ける**【▼煎(り)付ける】(下一他) 火にかけてよくいり、水けをなくす。

**いり-でっぽう**【入(り)鉄砲】 江戸時代、関所を通り抜け、禁をおかして江戸の町に持ちこまれる鉄砲。幕府にとり、謀反に使われるおそれがあるとされた。

**入り鉄砲に出女**(いりでっぽうにでおんな)《「出女」は、江戸に人質として住まわせてある地方大名の妻子が、変装などして江戸から脱出すること》江戸時代、幕府が諸大名の反抗をおそれ警戒するため、箱根など五街道の要所に関所を設け、入り鉄砲と出女を厳しく取り締まったこと。

**いり-どうふ**【▼煎(り)豆腐】 豆腐を細かくほぐしながらいため煮にしたもの。野菜などといため、しょうゆ・砂糖で調味する。

**イリドスミン**〔iridosmine〕 天然に産するイリジウムとオスミウムの合金。硬く、耐食性にすぐれ、万年筆のペン先などに使用。

**いり-どり**【▼煎(り)鳥・▼炒(り)▽鶏】 煮物の一つ。鶏肉とニンジン・ゴボウなどの野菜をいため、濃いめに煮る。福岡県の郷土料理。筑前煮。がめ煮。

**いり-に**【▼煎(り)煮・▼炒(り)煮】 ①油でいることと。また、いったもの。②材料をいってから煮ること。油は使わない。いり卵・うの花いりなど。

**イリノイ**〔Illinois〕 アメリカの五大湖南西部の州。ミシガン湖に臨み、アメリカ屈指の都市シカゴがある。肥沃な農業地帯でトウモロコシ・大豆・小麦の生産が多い。人口一一四二・七万(一九八〇)。

**イリノイ-たんでん**【イリノイ炭田】 アメリカのイリノイ・インディアナ両州にかけて広がる炭田。五大湖南西部の工業地域発展の基礎をなした。

**いりの-よしろう**【入野▽義朗】(一九二一〜一九八〇) 作曲家。ウラジオストク生まれ。東大卒。日本の十二音技法による作曲の先駆者。教育者としての業績も大きい。作品『合奏協奏曲』など。

**いり-はま**【入(り)浜】 満潮時よりも低い浜辺に堤防を築き、満潮ではいってくる海水を利用して製塩する方法。比較 揚げ浜。

**いりはま-けん**【入浜権】 すべての人が海岸に自由に入り、海水浴や釣りなどを楽しむ権利。環境権の一部として主張される。

**いり-ひ**【入(り)日・入(り)▽陽】 西に沈もうとしている太陽。その光。落日。setting sun

**いりひ-かげ**【入(り)日影】 夕日の光。

**いり-びた・る**【入(り)浸る】(五自) ①水につかる。soak ②よその家や場所に居つづける。stay long 用例 喫茶店に―。

**いりひろせ**【入広瀬】〈村〉 新潟県東部、福島県に接する村。豪雪地で農・林業中心。山菜の宝庫。人口二四九六(一九八九)。

**いり-ふね**【入(り)船】 港へはいる船。incoming ship 対義 出船。

**入り船に良い風は出船に悪い**(いりふねによいかぜはでふねにわるい) 利益を得るものがあれば、その一方では必ず不利益をこうむるものがある。One man's meat is another man's poison.

**イリフ-ペトロフ**〔Ilf-Petrov〕 ソ連の小説家イリヤ＝イリフ(一八九七〜一九三七)とエウゲニー＝ペトロフ(一九〇三〜一九四二)のペンネーム。合作しユーモア風刺文学史上に傑作を残した。作品『十二の椅子』『黄金の子牛』など。

**いり-ぼし**【▼炒(り)干し・▼熬(り)干し】 ↓いりこ(炒り子)

**いり-まじ・る**【入(り)交じる】(五自) さまざまなものが交じり合う。mix

**いり-まめ**【▼炒(り)豆】 大豆をいったもの。植物性たんぱく質は多いが、消化が悪い。

**炒り豆に花**(いりまめにはな) おとろえたものが、ふたたび栄える、また起こるはずのないことが起こるたとえ。類似 枯れ木に花。

**いり-みだ・れる**【入(り)乱れる】(下一自) さまざまなものが乱れあう。こちらと相手方とが入りまじる。jumble 用例 敵味方―。

**いり-むこ**【入(り)婿】(名・サ変自) 娘のいる家に婿としてはいること・人。婿養子。比較 入夫。

**いり-め**【入り目】 必要な費用。入費。出費。「かかり。

**いり-もの**【▼煎(り)物・▼炒(り)物】 ①豆・米などを乾燥していったもの。②肉・野菜などを水分がなくなるまでいったもの。また、油を使っていためたもの。

**いり-も・む**【いり▼揉む】 古語(四自) ①はげしくもむ。騒ぎ乱れる。用例 一日一夜―・みとよみ明かすに(増鏡・月草の花)。②風や波が激しく吹きあれる。用例 ひねもすに―・みつる雷の騒ぎに(源氏・明石)。

**いり-もや**【入(り)▽母屋】 和様建築で、上部を切り妻とし、下部が四すみに棟がおりている屋根。

**いりもや-づくり**【入(り)▽母屋造(り)】 和様建築の一つで、屋根を入り母屋形式にした建築様式。寺院建築のほか寝殿造り・書院造りなどにもみられる。唐招提寺講堂・法隆寺金堂など。

**いりや**【入▽谷】 東京都台東区北部、鶯谷駅東方の地区。鬼子母神と朝顔市で知られる。

**いり-やまがた**【入(り)山形】 ①紋所の名。「入」の字を図案化した山に似た形を二つ重ねたもの。②遊女の格を示す記号。最高級は入山形に星二つ。

**い-りゅう**【遺留】(名・サ変他) ①死後にのこすこと。left by the deceased ②おきわすれること。to leave 用例 ―品。

**い-りゅう**【慰留】(名・サ変他) なだめて思いとどまらせること。persuation 用例 辞意の―に努める。

**いりゅう-ぎり**【移流霧】 低温の空気のところへ暖かい空気が流入してできる霧。移流放射霧。advection fog

**イリュージョン**〔illusion〕 まぼろし。幻想。「幻影。

**いりゅう-ぶん**【遺留分】 相続財産のうち、一定の相続人のために必ず留保されなければならない一定割合。

**い-りょう**【衣料】 ①衣服の材料。cloth ②着るもの。衣類。衣服。clothing

**い-りょう**【医療】 傷病の診断と治療。広義には健康の増進、傷病の予防・後処置、リハビリテーションを含む。medical care

**いり-よう**【入り用】 一(名) 何かをするのに必要とする費用。入費。かかり。expenses 二(形動) 必要とするさま。にゅうよう。necessity 用例 何か―なものは?

**いりょう-かご**【医療過誤】 医師の過失や施設の不備などによって患者が損害を受けること。民事上・刑事上の責任を追及できる。診療過誤。medical fault

**いりょう-きかん**【医療機関】 患者を診療

し、疾病を治療する目的で設けられた病院や診療所などの総称。medical institution

**いりょう-きっぷ【衣料切符】** 衣料の配給をうけるために必要な切符。第二次大戦の激化にともなって衣料消費の統制がはかられ、昭和一七年(一九四二)に実施、同二四年(一九四九)まで存続。

**いりょう-きんゆうこうこ【医療金融公庫】** 医療の適正な普及向上をはかるために、私立の病院・診療所などに資金を長期低利で融資する法人。全額を政府が出資。昭和三五年(一九六〇)に発足。

**いりょう-しせつ【医療施設】** 医療法で定められた診療所・医院・病院・総合病院など。病床数・医師数により分類される。medical facilities

**いりょう-センター【医療センター】** →メディカルセンター

**いりょう-ふじょ【医療扶助】** 生活保護法にもとづき、生活困窮者の傷病に対して行われる医療のための給付。

**いりょう-ほうじん【医療法人】** 医療法第三九条が定める社団または財団。医療を目的とする場合、非営利の特殊性を考慮して定められた特別法人。経営上各種の利点がある。

**いりょう-ほけん【医療保険】** 加入者またはその家族の医療費をまかなう社会保険の総称。健康保険・国民健康保険・船員保険など。medical expense insurance

**いりょう-ほしょう【医療保障】** 社会保障の一部門。すべての国民に医療サービスを行うための制度の総称。医療保険や医療扶助など。medical security

**い-りょく【威力】** ①他を恐れさせる強い力や勢力。power 用例 核の—。②法律で、他人の意思を制圧するのに十分な社会的・経済的・物理的勢力。power

**い-りょく【偉力】** すぐれて強い力。mighty force

**い-りょく【意力】** 意志の力。精神力。

**い-る【入る】** 一(五自) ①はいる。また、沈む。隠れる。go in 対義 出る。用例 日が西に—。②実が熟する。bear fruit; have crop 用例 イネの実が—。③身を置く。用例 政界に—。④ある状態・境地になる、達する。reach 用例 佳境に—。⑤《動詞の連用形に付いて意味を強める》まったくそうなる。用例 いたみ—。泣き—。恐れ—・ります。二 古語 (四自) 《「御入り候ふ」「いらせたまふ」などの形で》「来る・居る」の尊敬語。いらっしゃる。おいでになる。用例 修行者の御—・り候ふが(謡曲・鉢木)。

**入るを計りて出ずるを制す**(いるをはかりていずるをせいす) 収入額を見積ったうえで、支出を決めるよう心掛ける。Cut your coat according to your cloth.

**い・る【要る】** (五自) ①費用がかかる。cost 用例 三〇〇万円—。②必要だ。ほしい。need 用例 返事が—。

**要らざる御世話**(いらざるおせわ) よけいなおせっかい。That's none of your business.

**い・る【▼煎る・▼炒る・▼熬る】**(五他) ①ほうろくなどに入れて、火であぶる。ほうじる。parch; roast ②火にかけて、からからに煮つめる。boil down 用例 たまごを—。

**いる【居る】** 《語幹と語尾に分けられない》 一(上一自) ①人や動物が、ある場所・状態にある。おる。存在する。be; exist 比較 ある。用例 目の前に—。猛犬が—。②ある場所に住む。live 用例 兄は東京に—。二(補動) 《「…ている」の形で》 ①動作や作用が進行中の意。用例 しゃべって—。②動作の結果の存続の意。用例 煮えて—。③現在のありさま。用例 鉄道が通じて—。④何かをした経験がある。用例 その本なら読んで—よ。

**居ても立っても居られない**(いてもたってもいられない) 《「居ても」は座っても、の意》心配事などで、心が騒ぎ、じっとしていられない。気が気でない。be quite restless

**いる【射る】**(上一他) 《語幹と語尾に分けられない》 ①矢を放つ。矢を目標にあてる。shoot 用例 矢を—。②物事の本質をとらえる。hit 用例 的をいた質問。③強い光を当てる。shoot 用例 目を—ようなライトの光。④強い感動を与える。move 用例 心を—。

**いる【▽率る】** 古語 (上一他) 《「ひきいる」の「いる」。語幹と語尾に分けられない》 ①人を連れていく。用例 まめならむ男どもをゐてまかりて(竹取)。②物を持っていく。用例 内侍所・神璽・宝剣は、…先帝筑紫へゐておはしければ(増鏡・おどろのした)。

**いる【鋳る】**(上一他) 《語幹と語尾に分けられない》金属をとかして型に入れ、器物を造る。鋳造する。cast

**い-るい【衣類】** きもの類。衣服。clothing 数え方 一枚・一着・一揃い。

**い-るい【異類】** ①人間以外の動物。②種類のちがうこと・もの。different kinds

**いるか【▽海▽豚】** クジラの仲間のうち小形のハクジラ類の総称。日本近海にはマイルカ・スジイルカ・バンドウイルカなどがいる。全長二m余。水中でよく鳴き、方向探知のため超音波を出す。魚・イカなどを捕食。dolphin ↓写

**いるか-ざ【▽海▽豚座】** 天の赤道近くの北天にある小星座。夏の天の川の東。九月二六日ごろの午後八時ごろ南中。面積一八九平方度。Delphinus

**イルクーツク【Irkutsk】** ソ連、バイカル湖西方の工業都市。シベリア南東部の文化・経済の中心地。人口五八・九万(一九八四)。

**イルクーツク-たんでん【イルクーツク炭田】**(Irkutsky Ugolnyi Bassein) ソ連南東部、バイカル湖西方にある、東シベリア有数の炭田。中心はチェレムホボ。

**いる-さ【入るさ】** 《「さ」は接尾語》はいる方角・時。

**い-るす【居留守】** 家にいるのに、いないふりをすること。pretend to be out 比較 留守居。用例 —をつかう。

**イルティシュ-がわ【イルティシュ川】**(Irtysh) ソ連南部を流れるオビ川最大の支流。中央アジア、中国領アルタイ山脈南西麓に発し、西シベリアを北西流する。長さ四二〇〇km。

**イル-ド-フランス【Île de France】** フランスのパリを中心とした歴史的地域名。「フランスの島」の意。セーヌ川など四つの河川に囲まれる。人口が密集し同国の中心部をなす。

**イル-ハンこく【イルハン国】** チンギスハンの孫フラグが一二五八年アッバース朝を滅ぼして建てた国。都はタブリス。メソポタミアから小アジアまで領土を広めたが、一四一一年チムールに征服された。Il-Khan

**いるま【入間】**〈市〉 埼玉県南部の市。狭山茶の産地。近郊都市化が進展。航空自衛隊基地がある。人口一二万八二二一(一九八八)。

**いるま-ことば【入間言葉】** 意味を反対に言う言い方。さかさことば。「行く」を「行かず」、「深い」を「浅い」など。

**イルマン【irmão ポルトガル】** 《兄弟の意》近世初期のキリシタンの教職名。バテレン(=神父)の次に位する宣教師。

**イルミネーション【illumination】** 電灯・ネオンなどによる飾り。電飾。

**イルリガートル【Irrigator ドイツ】** 体内に液体を注入するためのガラス器具。輸血、薬剤の点滴、腸・膣などの洗浄に用いる。

**いれ【入れ】**(接尾) 入れもの。用例 札—。

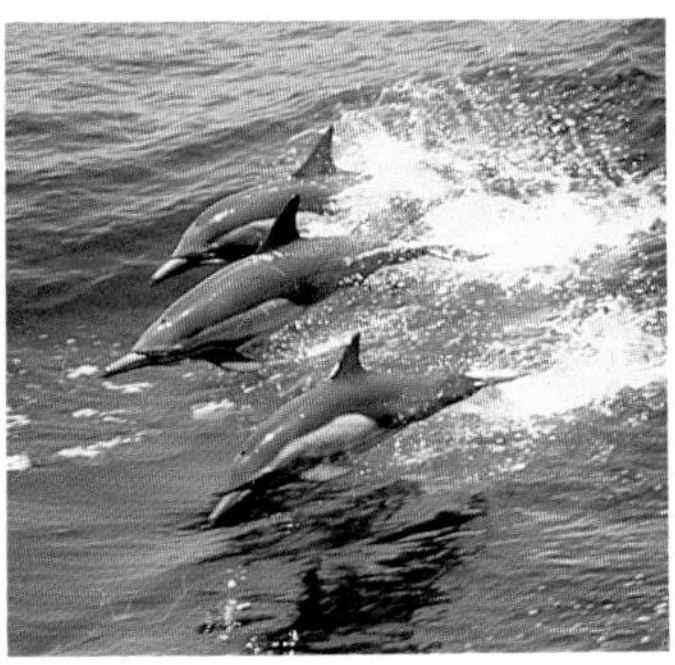

● イルカ　スジイルカ

**いれ-あ・げる【入(れ)揚げる】**(下一他) 愛人や好きなことのために、たくさんのお金を使う。入りあげる。用例 女に—。

**いれ-あわ・せる【入れ合(わ)せる】**(下一他) 異なるものを取り合わせて入れる。まぜ合わせて平均化する。

**い-れい【威令】** 他を圧倒し、服従させる命令。威力と命令。用例 全国に—をしく。

**い-れい【異例】** 前例のないこと。特別なこと。unprecedentedness 用例 —の昇進。

**い-れい【違例】** ①いつもの例とちがうこと。異例。exception ②文語的 病気。不例。disease

**い-れい【慰霊】** 死んだ人や動物のたましいをなぐさめること。comfort the spirit of 用例 —祭。

**イレウス【ileus】** →ちょうへいそく(腸閉塞)

**いれ-かえ【入(れ)替え・入(れ)換え】** ①はいっていたものを出し、別のものを入れること。replacement ②入れ場所を取り替えること。replacement ③担当や役割を取り替えること。change ④互いちがいになっていること。alternation 用例 —模様。

**いれ-か・える【入(れ)替える・入(れ)換える】**(下一他) ①今まであったものの代わりに、他のものを入れる。replace 用例 空気を—。②場所や地位をかえる。change 用例 担当者を—。

**いれ-がみ【入(れ)髪】** 髪を結うとき、別にそえて入れる毛。入れ毛。かもじ。対義 地髪。

**いれかわり-たちかわり【入れ替(わ)り立ち替(わ)り・入れ代(わ)り立ち代(わ)り】**(副) 大ぜいの人々がつぎつぎに出入りするさま。いりかわりたちかわり。by turns

**いれ-かわ・る【入れ替(わ)る・入れ代(わ)る】**(五自) 前のものと替わる。交替する。いりかわる。change place

**イレギュラー【irregular】**(名・形動) 規則正しくないこと・さま。不規則。

**イレギュラー-バウンド** 《和製語》球技で、ボールが地面の凹凸などにより不規則にはずむこと。bad bounce; bad hop

**いれ-ぐい【入(れ)食い】** 魚釣りで、釣りの仕掛けを水中に入れると、すぐに魚が食いつくこと。また、その状態が続くこと。

**いれ-げ【入(れ)毛】** →いれがみ(入れ髪)

**いれ-こ【入(れ)子・入(れ)▼籠】** ①同じ形で大きさの異なるものを、大きいものから小さいものへと順に重ねて、組み入れるように作った器物。また、そのような仕組み。箱・籠などに多い。nested boxes 用例 —細工。②船の艪を受け止める艪杭の頭を入れる穴。oarlock socket

**いれ-こ・む【入(れ)込む】**(五自他) ①(他)他のものの中に入れる。多くのものをあれこれ入れる。put in ②(自)㋐気持ちがはやる。用例 レース前から—。㋑熱を上げる。夢中になる。用例 好きな役者に—。

**いれ-ずみ【入(れ)墨・▽文▽身・▽刺▽青】** ①皮膚に傷をつけて、墨や朱などをさし、文様や文字を彫りつける技法。刺青。ほりもの。②中国古代の刑罰の一つ。日本では江戸時代、追放などの刑に付加された。

**いれずみ-もの【入(れ)墨者】** 江戸時代、前科者のこと。前科のしるしとして額や腕に入れ墨された。

**いれ-ぢえ【入(れ)知恵・入(れ)▼智▼慧】**(名・サ変自) 人に知恵をさずけること。人からさずけられた知恵・策略。hint; suggestion

**いれ-ちが・う【入(れ)違う】**(五自) ①一方が入ると、他方はすぐ出る。かけちがう。pass each other ②くいちがう。cross each other

**いれ-ちがえ【入(れ)違え】**(名・サ変他) ①まちがえて入れること。misplacement ②交替。入れ替わり。change

**いれ-ちが・える【入(れ)違える】**(下一他) ①入れそこなう。②互いちがいに入れる。

**い-れつ【遺烈】** 後世にのこる手柄・功績。

**いれ-ば【入(れ)歯】** ①欠損した歯を人工代用歯で補うこと。また、その人工代用歯。義歯。dental prosthesis 比較 差し歯。②下駄の歯を入れること。

**いれ-ふだ【入れ札】** 値段を決めたりするために、各自の意見を示して、封をした箱などに入れること。入札。

**イレブン【eleven】** ①一一。②サッカーなど一一人で構成される球技のチーム。また、そのメンバー。

**いれ-ぼくろ【入(れ)▽黒▽子】** ①いれずみの一種。遊女が、客や情人の名を「……命」と小さくほること。「命」は、心中立ての表現。tattoo ②ほくろをつけたり書いたりする、現代の化粧法の一つ。beauty spot

**いれ-め【入れ目】** 失った眼球のかわりに入れる、人工の眼球。義眼。artificial eye

**いれ-もの【入(れ)物・▽容(れ)物】** 物を入れるためのうつわ。容器。container

**い・れる【▼煎れる・▼炒れる】**(下一自) いってできあがる。

**い・れる【入れる】** (下一他) ①外から中へ移す。put…in 対義 出す。用例 ポケットに手を—。部屋に—。②入らせる。用例 風を—。③《「納れる」とも》納める。pay 用例 家賃を—。④ふくめる。include 用例 食費を—・れていくら。⑤うちこむ。こめる。concentrate 用例 身を—・れてする。念を—。⑥加える。add to 用例 手を—。はさみを—。仲間に—。⑦さしはさむ。interpose; interject 用例 うたがいを—。口を—。半畳を—。⑧《「淹れる」とも》湯をさし



▼ 常用漢字表外。　▽ 常用漢字表の音訓外。

て飲み物をつくる。make 用例 茶を—。コーヒーを—。⑨活動させる。put on 用例 スイッチを—。活を—。⑩相手に対して働きかける。用例 電話を—。わびを—。⑪投票する。vote 用例 票を—。⑫《「容れる」とも》受け入れる。accept 対義 退ける。用例 願いを—。忠告を—。⑬《「容れる」とも》収容する。hold 用例 五万人を—競技場。

**いろ【色】** ①ヒトの視覚のうち、光の強弱と波長による相違を識別する感覚。あるいは、その感覚を生ずる光。色相・彩度・明度の三要素によって規定される。色彩。color 数え方 一色(ひといろ・いっしょく)。↓図 ②顔色。表情。look 用例 —も変えない。③情愛。色情。love 用例 —を好む。④情人。愛人。love; lover ⑤おもむき。ふぜい。appearance 用例 —を添える。⑥調子。tone 用例 音—(ねいろ)。⑦おまけ。tip 用例 —をつける。⑧種類。kind 用例 —とりどり。⑨人間の肌の色。complexion 用例 —が白い。

**色が揚がる**(いろがあがる) 染色などで、色が美しくそまる。金魚やコイの体色が、鮮やかになる。

**色と欲との二筋道**(いろとよくとのふたすじみち) 色欲と物欲と両方を満たそうとするさま。

**色に出ず**(いろにいず) ①心に思っていることが、表情やそぶりに現れる。多く、恋心が現れることに言う。show emotion in looks ②色づく。

**色の白いは七難隠す**(いろのしろいはしちなんかくす) 色が白いと、少々の難点・欠点がかくれて、美人に見える。

**色の道**(いろのみち) 色事に関する方面。色道。用例 —を指南する。—に耽る。

**色は思案の外**(いろはしあんのほか) 恋というものは、常識では判断できないものだ。また、情事においては、正常な判断を越えやすい。色は思いの外。

**色も香も**(いろもかも) ①色もかおりも。②姿も心も。

**色を失う**(いろをうしなう) おどろいて青ざめる。lose color

**色を替え品を替える**(いろをかえしなをかえる) さまざまな手段を講じる。

**色を損ず**(いろをそんず) 不機嫌になる。怒る。

**色を正す**(いろをただす) まじめな顔つきをする。

**色を作る**(いろをつくる) 化粧をする。

**色を作す**(いろをなす) おこって顔色を変える。turn red

**いろ-あい【色合(い)】** 色どりのぐあい。色調。shade

**いろ-あく【色悪】** 色男だが悪人という歌舞伎の類型的性格を担う役柄。白く塗り一見悪人らしくない。『四谷怪談』の伊右衛門など。

**いろ-あげ【色上げ】** 野菜類の色をあざやかに煮上げたり、ゆでること。

**いろ-あげ【色揚げ】** 色のさめた布を新しく染め直すこと。redyeing

**いろ-いと【色糸】** ①さまざまな色に染めた糸。②三味線の糸。また三味線。

**いろ-いろ【色色】**(副・形動) 種類が多いさま。あれやこれや。さまざま。various 用例 —な人。—世話になる。

**イロイロ【Iloilo】** フィリピン中西部、パナイ島南東岸の港湾都市。同名州の州都。人口二四・五万(一九八〇)。

**い-ろう【遺漏】** もれること。手落ち。omission 用例 万—なきを期す。

**い-ろう【慰労】**(名・サ変他) いたわり、ねぎらうこと。appreciation of one's service 用例 —会。

**いろ・う【色う・彩う】** 古語 □一(四自)美しい色になる。色が映える。用例 露に—・へる撫子の花(和泉式部集)。□二(下二他) ①彩色する。いろどる。用例 大領・端袖—・へたる直垂(平家・一一・那須与一)。②金銀などをちりばめる。用例 くさぐさのうるはしき瑠璃を—・へて作れり(竹取)。

**いろ・う【綺う・弄う】** 古語 (四自他) かかわる。口出しする。取り扱う。用例 —まじきことに—・ひけり(平家・一二・六代被斬)。

**いろう-ざき【石廊崎】** 静岡県伊豆半島南端の岬。海食による瀞状の入り江と奇岩で知られる。灯台・石室神社などがある。

**いろ-え【色絵】** ①着色画。対義 墨絵。②釉をかけて焼いた陶磁器に、多彩な上絵の具で絵付けをして再度焼き上げたもの。赤絵。五彩。③金工で、彫刻した金属面に別種の金属板(金・銀など)を鑞付けしたもの。

**いろ-えぼし【色烏帽子】** 喪服を着たときにかぶる鈍色の烏帽子。

**いろ-えんぴつ【色鉛筆】** 蠟・粘土・白亜などに、黒色以外の顔料を入れてしんにした鉛筆。colored pencil

●色①

色相環

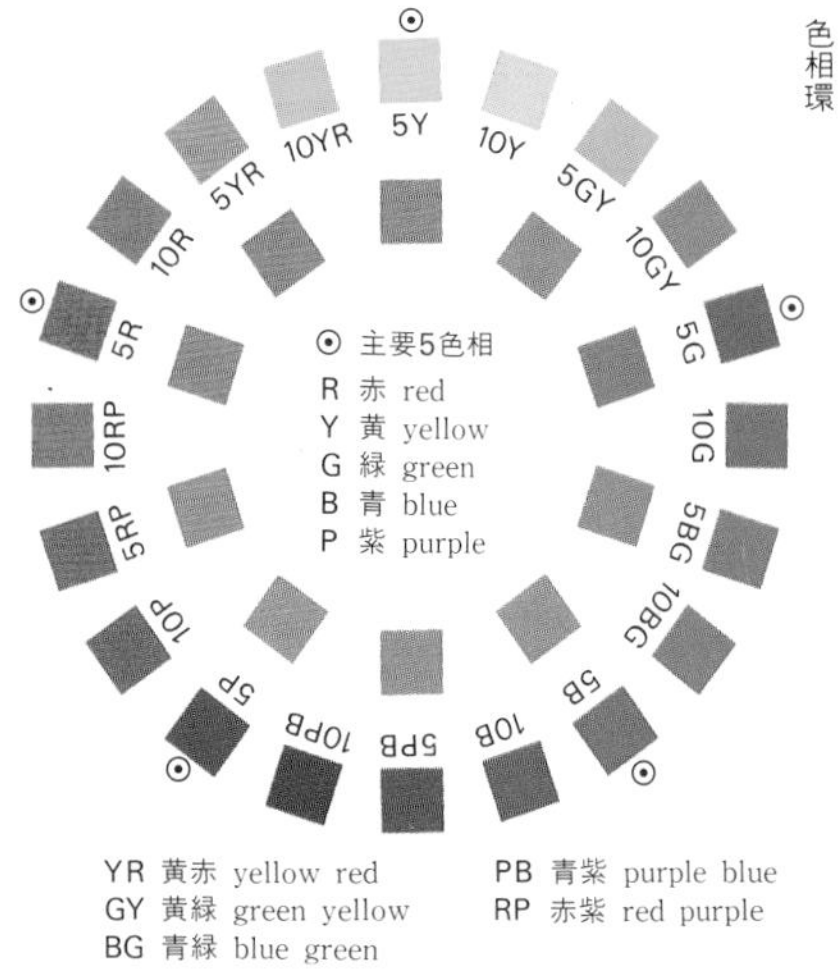


明度と彩度(色相5BGと5Rの例)

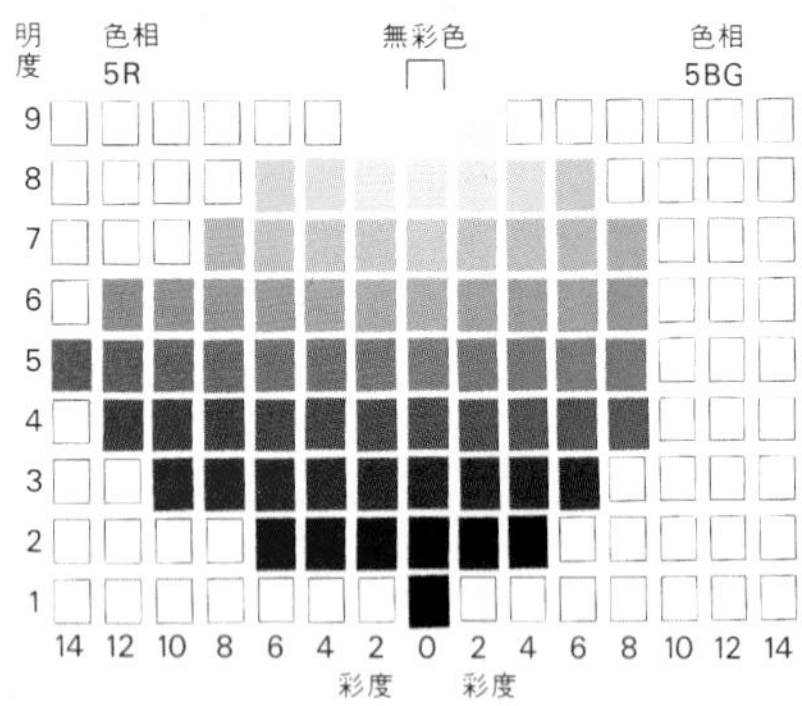


色の対比

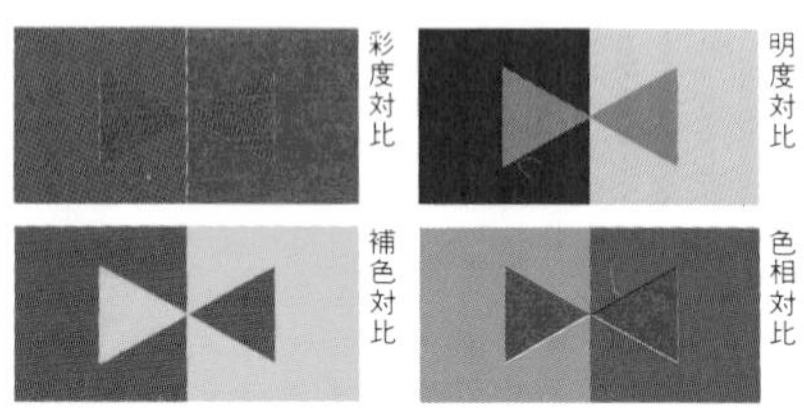


**いろ-おとこ【色男】** ①女性にもてる男性。美男子。handsome man ②好色な男性。情夫。いろ。lady-killer

**色男、金と力は無かりけり**(いろおとこ、かねとちからはなかりけり) 《美男子をからかって言う》女に好まれる美男子は、とかく金も腕力もないものである。

**いろ-おんど【色温度】** 黒体放射の色と対比させた光源の色で測定した温度。color temperature ↓図

●色温度

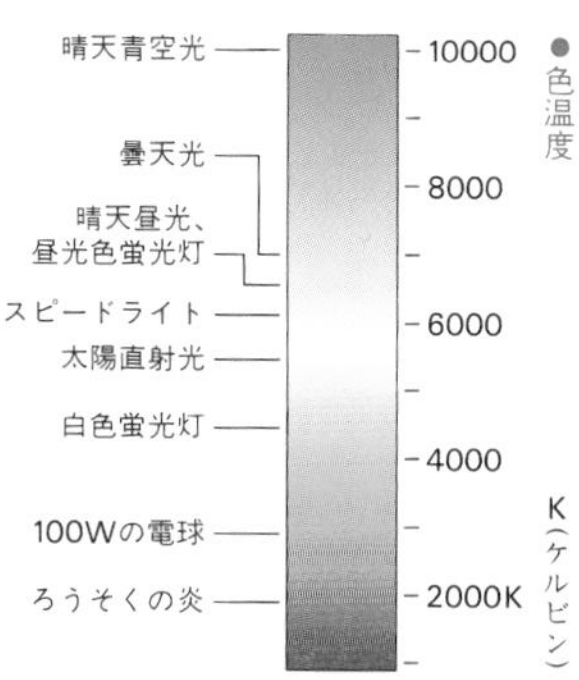


**いろ-おんな【色女】** ①きれいな女。美人。alluring woman ②情婦。いろ。mistress

**いろ-か【色香】** ①色と、におい。color and scent 用例 花の—。②女のあでやかな顔・姿。woman's beauty 用例 —に迷う。

**いろ-がみ【色紙】** 種々の色に染めた紙。折り紙などに使う。colored paper

**いろ-かみしも【色裃】** 葬儀のさいに近親者が着る白い麻の裃。白を色というのは凶事のさいに用いられる反対表現の一つ。

**いろ-がら【色柄】** 布地などの、色合いと柄。tone and figure

**いろ-がわり【色変(わ)り】**(名・サ変自) ①色の変わること・もの。②種類の変わること・もの。風変わり。③布地などで、模様・がらあい・地質が同じで、色だけがちがうもの。④色直し。

**いろ-きちがい【色気違い】** ①性的欲情がはなはだしく表れる精神異常。色情狂。erotomania ②性的な欲望がなみはずれて強いこと・人。sexual obsession

**い-ろく【位禄】** 律令制下、四位・五位の官人に与えられた禄。絁・綿・布・庸布が、位階に応じて支給された。

**イロクォイ-ぞく【イロクォイ族】** 北米インディアンの一部族。オンタリオ湖南方の森林地帯に住み、イロクォイ系言語を話す。定着して農耕に従事。六部族の連合体を組織し、勇猛さで知られる。また女性の地位が高いことで有名。Iroquois

**いろ-くず【鱗】** 古語 ①魚のうろこ。②うお。魚類。

**いろ-ぐすり【色薬】** 着色剤として酸化鉄・酸化クロム・酸化コバルトなどをまぜた焼き物などの釉。

**いろ-ぐろ【色黒】**(名・形動) 肌の色が黒いこと・人。darkskin 対義 色白。

**いろ-け【色気】** ①色合い。tone of color ②おもむき。ふぜい。あいそ。taste 用例 —のない返事。③異性をひきつけるそぶり。なまめかしさ。sexy ④異性に興味を持つ気持ち。sexual passion ⑤女っけ。womanliness ⑥興味。関心。interest 用例 彼はその事業に—を示している。

**色気付く**(いろけづく) ①花や果実などが色づく。また、趣が出てくる。color ②性的な感情にめざめる。色恋を解する年ごろになる。become sexually awakened ③性的魅力がそなわり始める。be to have a sexual attraction

**色気より食い気**(いろけよりくいけ) 《食欲のほうが色欲より優先する、の意》見栄よりも実利をとることのたとえ。

**色気を出す**(いろけをだす) ①性的な欲望を示す。show sexual desire ②欲を出す。関心を示す。be much interested in 用例 もうけ話に—。

**いろ-けし【色消し】** □一(形動) おもしろみをなくすさま。つやけし。やぼ。disillusionment □二(名) レンズやプリズムなどの色収差を除くこと。白色光をレンズに入射すると、波長によって屈折率が違うため光が分散し、色が現れることがある。複数のレンズを組み合わせて、この色を取り除く。achromatism

**いろけし-レンズ【色消しレンズ】** 色収差を補正したレンズ。望遠鏡や顕微鏡の対物レンズや写真レンズなどに用いられる。achromatic lens

**いろ-こ【色子】** 陰間の別称。

**いろ-こい【色恋】** 異性が互いに相手を恋いしたう心。恋愛。love

**いろ-ごい【色鯉】** 観賞用のニシキゴイの異名。

**いろこい-ざた【色恋沙汰】** 男女関係。またそのうわさ。love affair

**いろ-ごと【色事】** ①男女間の恋愛ごと。情事。love affair ②芝居で演じるなまめかしい愛情のしぐさ。ぬれごと。

**色事は思案の外**(いろごとはしあんのほか) 男女の恋は常識でははかり知れないものだ。恋は思案の外。Love and reason do not go together.

**いろごと-し【色事師】** ①色事をじょうずに演じる役者。②色事にふける男。女たらし。lady-killer

**いろ-ごのみ【色好み】** ①色事が好きなこと・人。好色。sensuality ②恋愛の情を解する人。恋愛のおもむきを楽しむ人。

**いろ-ざかり【色盛り】** 女性の容色、または、



↓ 行き先項目、図版・写真参照印。 JIS 日本工業規格情報交換用漢字符号コード(区点コード)。

情欲がもっともさかんな年ごろ。女ざかり。

**いろ-ざと【色里】** 芸者屋・遊女屋などが集まっている場所。遊里。いろまち。

**いろ-じかけ【色仕掛(け)】** 色気で異性をまどわすこと。色情を利用してだますこと。

**いろ-しすう【色指数】** 天体の色を表す量。星の表面温度のめやすを与える。実視等級・青色等級・紫外等級の相互の差をいう。color index

**いろ-しゅうさ【色収差】** ガラスの屈折率が光の色によって異なるため、レンズによる像の位置と大きさが異なること。像のりんかくが、赤や紫に色づいて見える。chromatic aberration 参照 色消し。

**いろ-じろ【色白】**(名・形動) 皮膚の色が白いこと・人。fair-skinned 対義 色黒。

**いろ-ずり【色刷(り)】** 黒色以外の色、またはいくつかの色を用いて印刷すること。その印刷物。color printing

**いろ-ちがい【色違い】** 衣服や日用品などで、作りや仕立ては同じで色だけ違うこと・もの。of a different color 用例 ―のセーター。―の小皿。

**いろ-ちょうか【色超過】** 実測した星の色指数と、スペクトル型から判定した本来もつべき色指数との差。遠い星ほど赤みを帯びて見える。color excess

**いろ-づ・く【色づく】**(五自) ①色がつく。color 用例 山が―。②くだものの実が熟する。begin to color 用例 柿が―。③色気が出てくる。いろけづく。reach puberty

**いろっ-ぽ・い【色っぽい】**(形) なまめかしい。色気がある。sexy; coquettish 派生 いろっぽさ(名)

**いろ-つや【色▼艶】** ①皮膚、または表面の色とつや。complexion 用例 ―のよい力士。②味わい。おもしろみ。

**いろ-どり【彩り・色取(り)】** ①いろどること。彩色。coloring 用例 ―を加える。②配色。coloration 用例 ―を添える。③取り合わせによっておもしろみや変化をつける。assortment 用例 ―を凝らす。

**いろ-ど・る【彩る・色取る】**(五他) ①色をぬる。color ②さまざまの色を取り合わせてかざる。decorate colorfully ③化粧する。make up

**いろ-なおし【色直し】** ①儀式などの白装束を普通の色模様の服装にあらためること。②出産後一〇一日めに、産婦・産児の着ていた白色の衣服を色物に替えること。③結婚の披露宴中に、おもに花嫁が式服を別の衣服に着替えること。色変わり。④染め直し。redyeing

**イロニー【Ironie ドイツ】** →アイロニー

**いろ-ぬい【色縫い】** 死者に着せる経帷子を縫うこと。親族や隣家の女性が集まって行い、はさみを使わず、また寸法を計らず、縫い尻もとめないで縫い上げる。引っ張り縫い。

**い-ろ-は【▼伊▼呂波】**《いろは歌の初めの三字》①いろは歌のこと。いろは四十七文字の仮名。「ん」を加えて四十八文字とする。②初歩。基本。the ABC 用例 それは数学の―だ。

**いろは-うた【▼伊▼呂波歌】** 同じ音を二度用いることなく、四七文字の仮名すべてを用いてつくられた七五調の歌。「いろはにほへと　ちりぬるを　わかよたれそ　つねならむ　うゐのおくやま　けふこえて　あさきゆめみし　ゑひもせす」。手習い歌の一つで、平安中期以後の成立という。仮名の配列表としても近代まで用いられた。

**いろは-かえで【▼伊▼呂波▼楓】** 山地に多いカエデ科の落葉高木。葉は小形で五～七裂。紅葉が美しく、観賞用の園芸品種が多い。タカオモミジ。↓カエデ 写

**いろは-がな【▼伊▼呂波仮名】** 平仮名の別称。

**いろは-ガルタ【▼伊▼呂波ガルタ】** カルタの一種。いろは四十七(「京」を加えると四十八)文字を頭によんだ、教訓や諺などを記したカルタ。読み札と絵札がある。江戸時代、安永年間(一七七二～八一)につくられ、京から江戸へ広まった。

**いろは-ざか【いろは坂】** 栃木県日光市、馬返と中禅寺を結ぶ道路。カーブの多さを「いろは四十八」と形容して名づけた。第一いろは坂・第二いろは坂がある。

**いろは-じゅん【▼伊▼呂波順】** 順序の示し方の一つ。いろは歌のかな文字の順序で示したもの。比較 五十音順・ABC順。

**いろはじるいしょう【色葉字類抄】** 平安末期の国語辞書。三巻。橘忠兼の著。国語をいろは四七部に分け、さらに各部を天象・植物など二一分野に分類して、当てるべき漢字とその用法を示す。鎌倉初期の一〇巻本『伊呂波字類抄』はこれを大増補したもの。

**いろは-ぢゃや【▼伊▼呂波茶屋】** ①近世、江戸の谷中感応寺門前に並んでいた水茶屋。私娼を置き、のれんに「いろは」と書いてあったことから。②大坂の道頓堀にあった芝居茶屋。四八軒あったので、いろは四十八文字に掛けてこの名がついた。

**いろ-ぶみ【色文】** こいぶみ。ラブレター。

**いろ-まち【色町・色街】** 遊女や芸者などがいて、遊興ができ、人が集まるところ。色里。遊郭。花柳街。遊里。

**いろ-まめ【色豆】** ①色のある豆。②色をつけた煮豆。③商品取引の用語で、大豆・小豆(＝アズキ)以外の、うずら豆・えんどう豆などのこと。

**いろみ-ぐさ【色見草】** カエデの異名。

**いろ-むじ【色無地】** 模様をつけず全体が一色に染められた着尺地。また、その着物。着物は紋をつけ、留め袖につぐ準礼装として既婚・未婚の別なく着る。

**いろ-むら【色▼斑】** おなじ色調の中で、ところどころにできた色の濃淡。

**いろ-め【色目】** ①衣服などの色合い。色の組み合わせ。color combination 参照 襲の色目。②異性の気を引くためにする目つき。ウインク。秋波。流し目。flirtatious glance

**色目を遣う**(いろめをつかう) ①異性に向けて、気のあるような目つきをする。流し目をする。make eyes 類似 秋波を送る。用例 女とみれば―。②関心のあるそぶりを見せる。show interest in 用例 政治に―。

**いろ-めがね【色眼鏡】** 色をつけたガラスやプラスチック製の眼鏡。

**色眼鏡で見る**(いろめがねでみる) 偏見や先入観を持って物事を見る。かたよったものの見方をする。look at things from a biased viewpoint 用例 人を―。

**いろ-め・く【色めく】**(五自) ①美しい色になる。②活気づく。動揺したさまをみせる。用例 ―・きたつ。③なまめく。

**いろ-も【色も】** 色つきの仕付け用木綿糸。色は赤・青・黄・ピンクなど。仮縫いや切り仕付けに使う。対義 白も。

**いろ-もの【色物】** ①色のついた織物・紙など。colored articles ②寄席で、落語以外の演芸の総称。漫才・奇術・曲芸・音曲など。色どり。

**いろもの-せき【色物席】** 落語を中心にその他の演芸もまぜて興行している寄席。

**いろ-もよう【色模様】** ①布地などの、美しい染め模様。②歌舞伎などの恋愛の場面。その演技。

**いろ-やけ【色焼け】** ①衣服などが日に焼けて変色すること。fade ②顔などが日に焼けること。become suntanned

**いろ-よ・い【色▽好い】**(連体) つごうがよい。有利だ。好意的な。favorable 用例 ―返事がほしい。

**いろり【囲炉裏・居炉裏】**《「囲炉裏」は当て字》床の一部を四角く切って設けた炉。煮炊きや暖房などに使われる。↓写

●囲炉裏

**いろ-りったい【色立体】** 各種の色を色相・明度・彩度の三つをもとに三次元空間に規則的に配列したもの。color solid

**イロリン【Ilorin】** 西アフリカ、ナイジェリア西部、同名州の州都。一九世紀初めヨルバ王国の首都として栄えた。人口二八・二万(一九七五)。

**いろ-わけ【色分け】**(名・サ変他) ①種類で分けること。分類。②地図などで、色を違えて区別すること。

**い-ろん【異論】** ちがった意見や議論。異議。different view 用例 ―を唱える。

**いろん-な【色んな】**(連体)《「いろいろな」の転》さまざまな。用例 ―人たち。

**いわ【岩・▽石・▼巌・▼磐】** ①地殻をつくっているかたい物質。いわお。岩石。rock 用例 ―山。②岩石のように堅いもの。用例 ―おこし。

**岩に花**(いわにはな) 「石に花」と同意。

**い-わ【違和】** ①からだ・心などの調和を失うこと。physical disorder ②ちぐはぐになること。用例 ―感をおぼえる。

**イワーノフ【Lev Ivanovich Ivanov】**(一八三四～一九〇一) ロシアの舞踊家・振付師。プティパの助手として共同で振り付け。イバーノフ。

**イワーノフ【Vsevolod Vyacheslavovich Ivanov】**(一八九五～一九六三) ソ連の小説家。革命前後の反乱や国内戦を表現。作品『装甲列車14-69』など。

**いわい【祝(い)】** ①祝うこと。祝賀。celebration ②祝いのためにおくる品。congratulatory gift

**いわい【岩井】**〈市〉 茨城県南西部、利根川沿いの市。都市化が進み電気器具などの製造がさかん。人口四万三一五六(一九八八)。

**いわい-うた【祝(い)歌】** 和歌の六義の一つ。祝いの気持ちを表した歌。

**いわい-おんせん【岩井温泉】** 鳥取県東部、岩美町の温泉。約一〇〇〇年前に開かれたといわれ、史跡や湯かむりの風習も残る。

**いわい-ぎ【祝(い)木】** 正月の予祝行事などに使われるもの。材質はヌルデ・ヤナギなどで、削り掛けをつけた棒状のものが多い。この木には一種の呪力があるとして、粥杖、孕み棒、成り木責めのたたき棒などとして用いられる。祝い棒。

**いわい-ご【祝(い)▽衣】** 晴れ着。とくに年祝いのときの着物に限っていうところもある。

**いわい-ざけ【祝(い)酒】** 祝いごとのときに飲む酒。

**いわい-じま【祝島】** 周防灘東部、山口県上関町の島。面積七・六km²。ミカン栽培・牧牛・漁業がさかん。宮戸八幡宮に神舞が伝わる。

**いわいずみ【岩泉】**〈町〉 岩手県北東部、北上山地の町。林業と酪農が中心。安家洞がある。人口一万六七八一(一九八八)。

**いわ-いちょう【岩▽公▽孫▽樹】** リンドウ科の多年草。高山の湿地にはえる。地下茎は太く、葉は腎臓形で厚く光沢がある。夏に花茎をのばし、白色の五弁小花をつける。本州中部以北に分布。

**いわい-でん【祝(い)殿】** 一族だけで祭る神。

**いわい-の-らん【▼磐井の乱】** 古代九州に起こった反乱。継体二一年(五二七)筑紫国造磐井が新羅の援助を受けて反乱、大和朝廷の百済救援軍の渡海を阻んだが鎮圧されたという。

**いわい-ばし【祝(い)▼箸】** 祝儀に使う、ヤナギやヌルデなどで作る丸ばし。ふとばし。

**いわい-はんしろう【岩井半四郎】** 歌舞伎俳優。現在一〇世まで。屋号大和屋。四世から九世まで女方の名家。初世～三世は上方の立役で座元。四世(一七四七～一八〇〇)は江戸の名女方。生世話物の先駆。五世(一七七六～一八四七)は文化文政期江戸の代表的女方。↓写

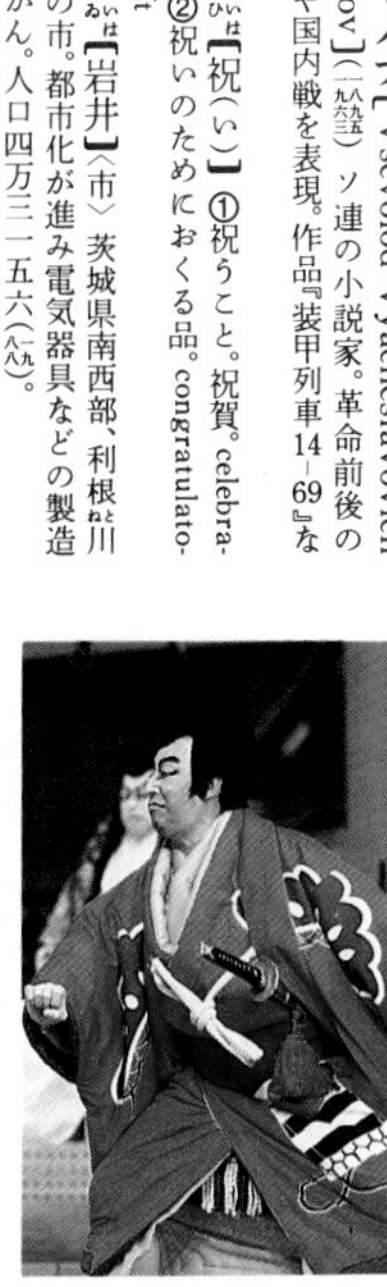
●岩井半四郎　一〇世。『参会名護屋』の仁木玄斎。

**いわいべ-どき【祝▽部土器】**《神酒を入れるかめである斎瓶に由来》須恵器の別称。

**いわい-ぼう【祝(い)棒】** 祝い木の別称。

**いわ-いんちん【岩▼茵▼蔯】** キク科の多年草。高山の岩石地にはえる。高さ一〇～一八cm。葉は互生し、切れこみがあり裏は銀白色。八～九月に、球形で黄色の小花を茎頂に密集。

**いわ・う【祝う】**(五他) ①めでたいことを喜ぶ。祝福する。celebrate 用例 正月を―。入学を―。雑煮を―。②祝福のためのおくり物をする。make a gift ③幸運であることをいのる。wish a person good luck 用例 門出を―。

**いわ・う【▽斎う・▽忌う】** 古語(四他) ①ものいみをする。つつしんで神を祭る。用例 真幸くて妹が―・はば沖つ波(万葉・一五・三五八三)。②神に祈り願う。用例 韓国へ遣る―・へ神たち(万葉・一九・四二四〇)。

▼常用漢字表外。　▽常用漢字表の音訓外。

**いわ-うちわ**【岩▽団▽扇】イワウメ科の常緑多年草。深山にはえる。地下茎は長く、葉は厚く光沢のあるうちわ形。春に、淡紅色の花が一個花茎に咲く。本州に分布。↓写

●イワウチワ

**いわ-うめ**【岩梅】高山の岩場にはえるイワウメ科の常緑小低木。枝は地をはい、小葉が密生。夏にウメの花に似た白い花が咲く。

**いわ-えのぐ**【岩絵の具】顔料となる鉱物を粉末状にした、透明な絵の具。にかわを溶いて混ぜ、東洋画に用いる。比較泥絵の具。

**いわ-お**【▼巌・▽岩】大きな岩。いわね。rock

**いわ-おうぎ**【岩黄▼耆】マメ科の多年草。高山の草地にはえる。高さ一五～五〇cm。小葉は楕円形。七～八月に、黄白色の小花が咲く。↓写

●イワオウギ

**いわ-おもだか**【岩▽沢▼瀉】ウラボシ科の常緑多年生シダ。葉は長さ三〇cm前後。長い葉柄と三～五裂した鉾状の葉身からなる。山林の岩や樹上に着生。盆栽に利用される。

**いわ-かがみ**【岩鏡】山の岩場などにはえるイワウメ科の常緑多年草。根出葉は丸く光沢がある。五～七月に、先端がふさ状に切れた淡紅色の花が数個咲く。↓写

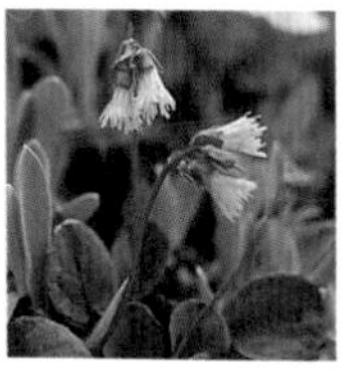
●イワカガミ

**いわ-がき**【岩▼牡▼蠣】イタボガキ科の二枚貝。浅海の岩礁に付着する。殻長約一〇cm、殻高約二〇cm。殻表は褐色の殻皮でおおわれる。食用。陸奥湾以南・九州に分布。

**いわ-がく・る**【岩隠る】古語（四自）《石の墓に葬られる、の意》お亡くなりになる。貴人の死に言う。用例神さぶと──・ります（万葉・二・一九九）。

**いわかげ-いせき**【岩陰遺跡】洞穴遺跡の一種。岩陰あるいは半洞窟を利用して、住居・墳墓・祭祀場などに用いた先史時代の遺跡。

**いわ-がに**【岩▼蟹】磯にすむスナガニ科のカニ。甲長約三cm。甲は前方がやや幅広の四角形。紫黒色の地に緑の斜めのしまが走る。北海道南部以南から、朝鮮半島に分布。

**いわがね-そう**【岩根草】ウラボシ科の常緑多年生シダ。山野の林内に広くはえる。葉長は一m前後。葉柄は長く、羽状につく葉身は長楕円形。

**いわ-がらみ**【岩絡】ユキノシタ科のつる性落葉樹。山地にはえ、茎から出る気根で樹木・岩などをはいのぼる。茎は太いもので五cmを越す。広卵形の葉は対生。八月に、ガクアジサイに似た花序をつける。

**いわ-かん**【違和感】《「異和感」は誤り》しっくりしない感じ。ちぐはぐな感じ。malaise

**いわ-き**【岩木】①岩と木。②感情のないもののこと。木石。

**岩木を分けぬ**（いわきをわけぬ）人は、岩木を分けて生まれてきたのではない。哀れみの心を持っているということのたとえ。

**いわき**〈市〉福島県南東部の市。昭和四一年（一九六六）平・磐城・勿来・常磐・内郷の五市と四町五村の合併で生まれた全国一広い市。小名浜臨海工業地域の造成で工業地化が進む。水産業もさかん。行政の中心は平。人口三五万七〇五六（一九八八）。

**いわき**【岩木】〈町〉青森県西部、弘前市西隣の町。稲作・リンゴ栽培・酪農がさかん。岳温泉がある。人口一万三三〇一（一九八八）。

**いわき**【岩▽城】〈町〉秋田県西部、秋田市南隣の町。旧城下町。稲作が中心。亀田地織り木綿で有名。人口六三五五（一九八八）。

**いわぎ**【岩▽城】〈村〉愛媛県、芸予諸島の岩城島を中心とする村。柑橘類栽培・海苔の養殖などを行う。人口二八三六（一九八八）。

**いわき-がわ**【岩木川】青森県西部、津軽平野を北流する川。長さ一〇二km。白神山地に発し十三湖に注ぐ。下流に三角州を形成。

**いわ-ぎきょう**【岩▼桔▼梗】キキョウ科の多年草。高山にはえる。花茎の高さ約一〇cm。葉は互生。夏、花茎の先に紫色の釣り鐘状の花が咲く。↓写

●イワギキョウ

**いわき-さん**【岩木山】青森県南西部の山。標高一六二五m。円錐形の火山。信仰の山で岩木山神社がある。津軽富士。

**いわき-の-くに**【▽石▽城国】福島県東部の地域の古称。

**いわき-の-くに**【▼磐▽城国】旧国名。現在の福島県東部と宮城県南部。東山道の一国。明治元年（一八六八）陸奥国から一三郡を分割して設置。同四年（一八七一）廃藩置県により平県となる。のち磐前県を経て、同九年（一八七六）福島・宮城両県に分割。磐州。磐城。岩城。

**いわき-ひろゆき**【岩▽城▼宏▼之】（一九三二）指揮者。東京生まれ。日本の現代音楽の初演や海外への紹介に貢献。NHK交響楽団常任指揮者。海外でも活躍。

**いわ-く**【▼曰く】《「く」は名詞化する接尾語》①言うことには。用例A氏──。②わけ。理由。事情。用例──がありそうだ。

**曰く言い難し**（いわくいいがたし）《孟子のことばから》簡単には説明できないと言うよりほかはない。It is hard to explain.

**いわく-いんねん**【▼曰く因縁】わけ。こみいった事情。complicated story

**いわ-ぐすり**【岩薬】セッコクの別名。

**いわ-くだす**【岩下す】【枕ことば】《語義、かかりかたとも未詳》「畏し」にかかる。用例みかしほ播磨速待──畏くとも吾養はむ（日本書紀・仁徳）。

**いわく-つき**【▼曰く付き】特別の事情があること・人。with a history 用例──の部屋。

**いわくに**【岩国】〈市〉山口県東端の市。旧城下町。大正末、人絹・パルプの工場が進出、戦後は石油基地形成。錦帯橋は有名。人口一一万一五六七（一九八八）。

**いわ-ぐみ**【岩組（み）】①岩石の組み合わせ。いしぐみ。②芝居で使う、はりこ造りの岩。

**いわ-ぐも**【岩雲】岩の形に似た夏の雲。入道雲。

**いわ-くら**【▼磐▽座・岩▽座】神道で、神座となる岩石。古代の祭祀場において、神霊が降りて来て鎮座すると考えられた岩。磐境。

**いわくら**【岩倉】〈市〉愛知県北西部の市。織物業がさかん。名古屋市の近郊住宅都市。人口四万二四六九（一九八八）。

**いわくら-けんがいしせつ**【岩倉遣外使節】明治四～六年（一八七一～七三）条約改正・欧米事情視察のため、特命全権大使岩倉具視を中心に欧米に派遣された使節団。↓写

**いわくら-ともみ**【岩倉▽具▽視】（一八二五～八三）明治の政治家。公卿。公武合体論を主張。のち王政復古を遂行。条約改正準備のため欧米を巡遊、征韓論に反対し、欽定憲法制定に尽力。↓写

●岩倉遣外使節　右から大久保利通、伊藤博文、岩倉具視、山口尚芳、木戸孝允。

**いわけ-な・し**【▽稚けなし】古語（形ク）子どもっぽい。あどけない。用例──・くかいやりたる額つき、髪ざし（源氏・若紫）。

●岩倉具視

**いわさき**【岩崎】〈村〉青森県南西部、日本海に臨む村。半農半漁。景勝地の十二湖がある。人口三六五一（一九八八）。

**いわさき-かんえん**【岩崎▼灌園】（一七八六～一八四二）江戸後期の本草学者。江戸の人。名は源蔵。薬草採集に努め、小石川薬園で薬種を栽培。江戸滞在中のシーボルトと接する。著書『本草図譜』『草木育種』など。

**いわさき-こやた**【岩崎小▼弥太】（一八七九～一九四五）実業家。東京生まれ。ケンブリッジ大卒。三菱財閥四代目の指導者として三菱コンツェルンを完成。

**いわさき-やたろう**【岩崎▼弥太郎】（一八三四～八五）明治の実業家。土佐の人。三菱財閥の創設者。海運業の土佐開成社を創立。征台の役・西南戦争で軍事輸送を独占し巨利を得、財閥形成の基礎をきずく。↓写

●岩崎弥太郎

**いわ-ざくら**【岩桜】サクラソウ科の多年草。谷間の岩の上にはえる。根出葉は円形で長柄。四～五月に、約一〇cmの花茎の先に紅紫色の花が数個咲く。

**いわさ-またべえ**【岩佐又▽兵▽衛】（一五七八～一六五〇）江戸初期の画家。和漢の故事人物を得意とした。作品『人麿・貫之像』、川越東照宮『三十六歌仙像』（額）など。

**いわし**【▼鰯】21画 部首［魚］ 和製漢字 JIS 1683
↓いわし［鰯・鰮］

**いわし**【▼鰯・▼鰮】①ニシン科の海水魚マイワシ。全長約二〇cm。食用。養殖魚の飼料など。カムチャツカ以南に分布。オヒラ。sardine ②①と科の違うカタクチイワシ・ウルメイワシなどを含む総称。sardine ③《比喩的に》切れない刀。鈍刀。blunt sword ↓図

**鰯で精進落ち**（いわしでしょうじんおち）いままでの苦労が無駄になることのたとえ。

**鰯の頭も信心から**（いわしのあたまもしんじんから）つまらないものでも、信心すればたっとく見えることのたとえ。

**鰯の頭をせんより鯛の尾に付け**（いわしのかしらをせんよりたいのおにつけ）弱小なものを統率する立場をとるよりも、安心で気楽である、強大なものに従っている立場をとれ。比較鶏口となるも牛後となる勿れ。

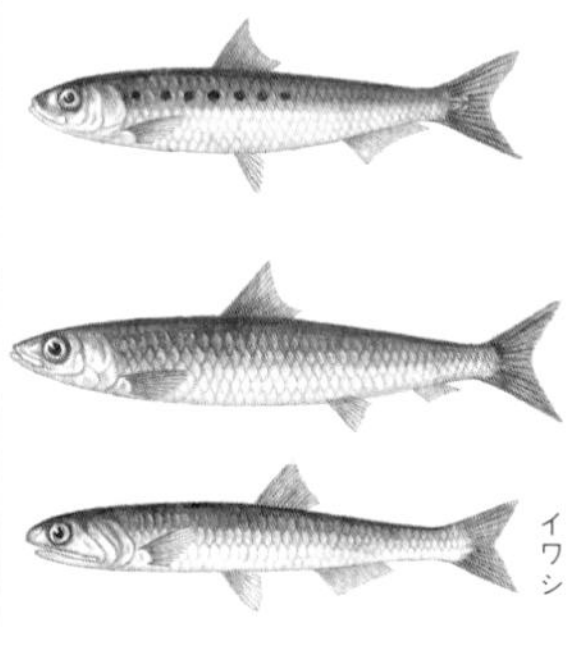
●イワシ①　マイワシ
●イワシ②　ウルメイワシ　カタクチイワシ

**いわし-くじら**【▼鰯鯨】ナガスクジラ科の中形のヒゲクジラ。全長約一八m。背側は黒く、腹側は白い。二〇頭以内の小群で群遊。潜水時間は三～一〇分で、潮吹きは三～五mに達する。小形甲殻類などを捕食。世界の海洋に分布。

**いわし-ぐも**【▼鰯雲】①白く陰影のない塊状の小さな雲の群。巻積雲または高積雲で、高度五〇〇〇m以上に発生。イワシの大漁ま

たは暴風雨の前兆という。鯖雲。鱗雲。②巻積雲の俗称。

**いわした-しま**【岩下志麻】(一九四一) 映画女優。東京生まれ。篠田正浩監督夫人。主演作『心中天網島』『桜の森の満開の下』など。

**いわした-そういち**【岩下壮一】(一八八九〜一九四〇) 日本カトリック教会の代表的指導者。司祭。東京生まれ。東大卒。主著『信仰の遺産』など。

**いわ-しみず**【岩清水・▽石清水】岩の間からわき出るきれいな水。

**いわしみず-はちまんぐう**【▽石清水八▼幡宮】京都府八幡市八幡町高坊にある旧官幣大社。祭神は誉田別命(=応神天皇)・比売大神(=后神)・息長帯比売命(=神功皇后)の三神。貞観二年(八六〇)宇佐八幡を勧請して創建。以来、朝廷・武家に崇敬され、源氏の氏神となる。男山八幡宮。

**いわしみず-ものがたり**【▽石清水物語】鎌倉時代の擬古物語。二巻。作者未詳。宝治元年〜文永八年(一二四七〜七一)ごろ成立。武士の恋と出家を描く。岩清水物語。

**イワシュキエビチ**【Jarosław Iwaszkiewicz】(一八九四〜一九八〇) ポーランドの詩人・小説家。音楽性豊かな作風を示す。短編『尼僧ヨアンナ』、大河小説『栄光と称賛』など。

**いわじゅく-いせき**【岩宿遺跡】群馬県新田郡笠懸村岩宿で発掘された先土器時代の遺跡。昭和二四年(一九四九)相沢忠洋が槍先形石器を発見し、日本で初めて先土器文化の存在を実証。

**いわしろ**【岩代】〈町〉福島県北東部、二本松市東隣の町。タバコなどの畑作中心。人口一万一一〇五(一九八八)。

**いわしろ-の-くに**【▽石▽背国】福島県西部の地域の古称。いわせのくに。

**いわしろ-の-くに**【岩代国】旧国名。現在の福島県西部。東山道の一国。明治元年(一八六八)陸奥国から一〇郡を分割して設置。同四年(一八七一)廃藩置県により二本松・若松二県となる。のち二本松県は福島県と改称、同九年(一八七六)若松県を合併。岩代。磐代。

**いわ・す**【言わす】(五段他) ①言うようにしむける。induce... to say ②言うままにまかせる。let one speak out

**いわ-ず**【言わず】(連語)《「言う」の未然形に打ち消しの助動詞「ず」が付いたもの》①言わない。②《「…と言わず…と言わず」の形で》どちらにもすべて。用例 山と―、谷と―、咲き満ちて。

**言わず語らず**(いわずかたらず) 無言で。暗黙のうちに。tacitly

**言わずと知れた**(いわずとしれた) わざわざ説明するまでもない。わかりきっている。obvious

**言わずもがな**(いわずもがな) 言わないほうがいい。また、言うまでもない。類似 言わでも。

**いわせ**【岩瀬】〈町〉茨城県西部の町。野菜栽培・石材生産などが行われる。桜の名所桜川がある。人口二万三三〇五(一九八八)。

**いわせ**【岩瀬】〈村〉福島県中部、郡山市南西隣の村。稲作・キュウリ栽培などがさかん。人口五九六〇(一九八八)。

**いわせせんづか-こふんぐん**【岩▽橋千塚古墳群】和歌山市岩橋にある六〇〇基近くの古墳群。古墳時代末期の様相を示す小円墳が多い。紀ノ川流域の独特な横穴式石室がみられる。

**いわせ-ただなり**【岩瀬▽忠▽震】(一八一八〜六一) 江戸末期の幕臣。外国奉行。開国論を説き、日米修好通商条約の締結を推進。

**いわせて-おく**【言わせておく】(連語) 言いたい放題にさせておく。言うままにさせておく。また、言いたいことを言うようにしむける。用例 言いたいやつには言わせておけ。

**いわ-そそ・く**【岩注く】古語 (四自) 水が岩に勢いよく流れそそぐ。波が岩に激しく打ち寄せる。用例 ― 岸の浦回に寄する波(万葉・七・一三八八)。

**いわた**【▼磐田】〈市〉静岡県西部、天竜川下流の市。メロンなどくだもの栽培、農産加工、繊維・ベアリング・自動車関係の工業が発達。見付は旧宿場町。人口八万二二六九(一九八八)。

**いわた-おび**【岩田帯】妊婦が五か月目の戌の日から腹に巻きつける白地の布。

**いわたき**【岩滝】〈町〉京都府北部、丹後半島の町。機業の町で丹後縮緬の本場。ニッケル製錬工場がある。人口六九九〇(一九八八)。

**いわ-たけ**【岩▼茸】イワタケ科の地衣。山の岩壁にはえる。葉状円形で、直径五〜一〇cm。表面は灰褐色、裏面は黒色。食用。日本全土に分布。↓写

● イワタケ

**いわた-せんたろう**【岩田専太郎】(一九〇一〜七四) 挿絵画家。東京生まれ。官能的な美人画で知られる。

**いわた-とうしち**【岩田▼藤七】(一八九三〜一九八〇) ガラス工芸家。東京生まれ。東京美術学校卒。気泡や色ガラスを用いた独自の吹きガラスを開発。

**いわた-とよお**【岩田▽豊雄】獅子文六の本名。

**いわ-だぬき**【岩▼狸】タヌキに似た体形をもつ原始的な草食性有蹄類。体長三〇〜六〇cm。門歯はのみ状で一生伸び続け、堅い植物質をかじるのに適する。中近東・アフリカの岩地・森林などに群れをつくってすむ。ハイラックス。hyrax

**いわ-タバコ**【岩▽煙▽草】イワタバコ科の多年草。谷間の岩壁にはえる。根出葉はタバコに似る。夏に、赤紫色の花が花茎の先に咲く。若葉は食用、果実は胃腸薬。↓写

● イワタバコ

**いわた-りょうと**【岩田涼▼菟】(一六五九〜一七一七) 江戸中期の俳人。別号団友斎。伊勢の神職。各務支考と親交、伊勢風の祖。俳諧撰集『皮籠摺』など。

**いわだれ-ごけ**【岩垂▼苔】ヒヨクゴケ科のコケ。亜高山の針葉樹林の下に、光沢のある緑色の大群落をつくる。茎は二〜三回規則正しく、羽状に平らに分枝する。幅約四cm、高さ約二〇cm。

**いわだれ-そう**【岩垂草】クマツヅラ科の多年草。海岸の砂の上をはい、葉は倒卵形で厚い。夏、長い花茎の上に紅紫色の小花が穂状に咲く。↓写

● イワダレソウ

**いわ-ちどり**【岩千鳥】ラン科の多年草。本州中部山地の岩壁上にはえる。高さ約一五cm。葉は長楕円形。初夏に、茎頂に白・紫色の唇弁の大きな花が数個咲く。

**いわつき**【岩▼槻】〈市〉埼玉県東部、大宮市東隣の市。城下町・宿場町として発展。企業誘致や宅地造成がさかん。ひな人形が特産。人口一〇万三七八四(一九八八)。

**いわ-づた**【岩▼蔦】緑藻植物イワヅタ属の海藻の総称。陸上のツタのように岩面をおおって生育する。体は単細胞で多核。日本の自生種にはヘライワヅタとフサイワヅタがあり、本州沿岸に広く分布。

**いわ-つつじ**【岩▼躑▼躅】ツツジ科の落葉小低木。本州中部以北の高山にはえる。高さ一〇cm前後。葉は茎頂に集まる。七月に、白紅色の花が咲く。

**いわ-つばめ**【岩▼燕】ツバメ科の渡り鳥。翼長約一一cm。ツバメに似るが、尾羽が短く腰が白い。岩壁、人家の軒下に集団で営巣。日本全土で繁殖し、冬、東南アジアへ渡る。house martin ↓図

● イワツバメ

**いわ-つめくさ**【岩▼爪草】ナデシコ科の多年草。本州中部以北の高山にはえる。茎は叢生し葉は対生。高さ約一五cm。夏に、白花が咲く。オオバツメクサ。

**いわて**【岩手】〈県〉東北地方北東部、太平洋側の県。県庁所在地は盛岡市。奥羽山脈・北上高地が並行、その間を北上川が南流して盆地を作る。東縁はリアス式の三陸海岸。典型的農業県で稲作・畜産などが中心。面積一万五二七七km²、人口一四三万五一七五(一九八八)。

**いわて**【岩手】〈町〉岩手県北部、北上川上流の町。中心は沼宮内。稲作・酪農のほか木材の集散地。人口一万九七八六(一九八八)。

**いわで**【岩出】〈町〉和歌山県北部、紀ノ川沿いの町。農業中心だったが、和歌山市のベッドタウン化。桜の名所根来寺がある。人口二万九六三〇(一九八八)。

**いわて-さん**【岩手山】岩手県、盛岡市の北西にそびえる複合火山。標高二〇四一m。北東麓に焼走り溶岩流がある。南部富士。岩手富士。

**いわ-でも**【言わでも】(連語) 言わなくてもいい。また、言うまでもない。類似 言わずもがな。用例 ― のこと。そうまで ―。

**いわでやま**【岩出山】〈町〉宮城県北西部の町。伊達政宗の旧城下町。凍豆腐、竹細工が特産。人口一万六三三六(一九八八)。

**いわ-と**【岩戸】岩屋の戸。岩あなの入り口。

**いわと-かぐら**【岩戸神楽】里神楽の一種。天照大神が天の岩戸に隠れたという神話に基づくもの。

**いわと-けいき**【岩戸景気】《天の岩戸の神話以来最大の好景気、の意》昭和三三年(一九五八)半ばから同三六年(一九六一)末にかけて続いた長期の好景気。設備投資の増大で高度の経済成長が実現した。

**いわとやま-こふん**【岩戸山古墳】福岡県八女市にある六世紀初の前方後円墳。全長一三五m。筑紫国造磐井の墓といわれる。石人・石馬が多数出土。↓写

● 岩戸山古墳

**いわと-ゆり**【岩戸▽百▽合】↓すかしゆり(透かし百合)

**いわ-どり**【岩鳥】カザリドリ科の鳥。全長約三〇cm。雄は翼と尾の一部を除いて全身が橙黄色で、頭部にまるい冠羽がある。森林にすむ。南アメリカに分布。

**いわ-な**【岩▽魚・▼嘉▽魚】サケ科の淡水魚。渓流釣りの好対象。全長一五〜四〇cm。黄褐色の地に小斑点が散在する。日本産淡水魚中、川の最上流にすむ。肉食性。食用。本州・北海道・サハリンに分布。char ↓図

● イワナ

**いわない**【岩内】〈町〉北海道西部、積丹半島基部の町。ニシン漁港として栄えたが、スケトウダラ漁などに変わっている。人口二万八五〇(一九八八)。

**いわ-なし**【岩▼梨】ツツジ科の



▼常用漢字表外。 ▽常用漢字表の音訓外。

常緑低木。山地にはえる。茎は地面をはい、葉は互生。早春に、淡紅色の花が咲く。果実は小球形で食用。↓写

●イワナシ

**いわなみ-しげお**【岩波茂雄】(一八八一〜一九四六) 岩波書店の創立者。長野県生まれ。東大選科卒。岩波文庫をはじめ教養・学術書などを刊行し、出版界に独自の地位を築いた。昭和二一年(一九四六)文化勲章受章。

**いわなみ-しょてん**【(株)岩波書店】日本を代表する出版社の一つ。学術書の出版、古典的名著の普及に貢献。大正二年(一九一三)岩波茂雄によって設立。

**いわ-なんてん**【岩南天】ツツジ科の常緑低木。山地にはえる。高さ約一m。夏に、白色の花を穂状に下垂。イワツバキ。

**いわぬ-が-はな**【言わぬが花】(連語) はっきり言わないところがいいということ。Better to leave it unsaid.

**いわぬま**【岩沼】〈市〉宮城県南部、阿武隈川に沿う市。交通の要所で、仙台空港もある。パルプやゴムなどの工業がさかん。竹駒神社がある。人口三万七二〇三(一九八八)。

**いわ-ね**【岩根】①岩の根もと。foot of a rock ②大きな岩。rock

**イワノボ**【Ivanovo】ソ連西部、モスクワ北東の繊維・機械工業都市。人口四七・六万(一九八六)。

**いわの-ほうめい**【岩野泡鳴】(一八七三〜一九二〇) 詩人・小説家・評論家。淡路島生まれ。醜悪な人生相を荒々しい筆致で描いた自然主義文学の異色の作家。「一元描写」を主張。詩集『闇の盃盤』、小説『耽溺』、評論『神秘的半獣主義』など。

**いわ-のり**【岩▽海▼苔】紅藻植物アマノリ属の海藻の総称。海中の岩に生育する。紅紫色で柔らかく、食用とされる。養殖ノリよりも色や香りがよいが硬い。地方によってクロノリ・アマノリなどと呼ぶ。

**いわ-ば**【岩場】山などの、岩の多い場所。岩登りをする所。rocky tract

**いわ-ば**【言わば・▼謂わば】(副) 言ってみれば。たとえていえば。so to speak

**いわ-ばしる**【▽石走る】[枕ことば]《岩の上を水が勢いよく流れる意》「滝・垂水・近江」などにかかる。用例 ―垂水の上のさわらびの萌え出づる春になりにけるかも(万葉・八・一四一八)。

**いわ-はぜ**【岩▼櫨】アカモノの別名。

**いわ-はだ**【岩肌】岩の表面。surface of a rock

**いわ-はな**【岩鼻】岩のつきでた先。edge of projected rock

**いわ-ひげ**【岩▼鬚】①コモンブクロ科の一年生褐藻。外海の潮間帯の岩礁上に生育する。暗褐色で硬く、その群生するようすを岩のひげにみたてた名。春から初夏に繁茂。②ツツジ科の常緑低木。中部地方以北の高山の岩間に、細いひげ状の茎がはうのをみての名。二㎜ほどの卵形の葉を茎に密生。夏、鐘形の白花が下向きに咲く。↓褐藻植物図

**いわ-ひば**【岩▼檜葉】常緑性の多年生シダ。山地の岩壁などに着生。高さ一〇〜二〇cm。枝に鱗片葉が密生。園芸品種は多い。イワマツ。↓図

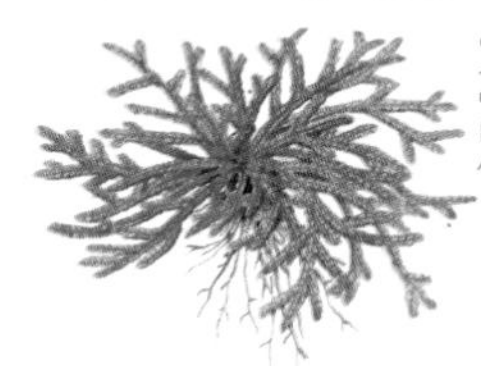
●イワヒバ

**いわ-ひばり**【岩▽雲▼雀】高山の岩石地などにすむ鳥。翼長約一〇cm。昆虫や草の実などを食べ、ヒバリに似た声でさえずる。高山で繁殖し、冬はより低所に移るか南下する。本州以北、アジア中・東部、南欧に分布。↓図

●イワヒバリ

**いわ-ぶくろ**【岩袋】ゴマノハグサ科の多年草。北海道、本州北部の山の荒地にはえる。高さ約一〇cm。葉は長楕円形で対生。夏、茎の頂に淡紅色の筒形の花が咲く。北海道の樽前山に多くみられる。タルマイソウ。

**いわふね**【岩舟】〈町〉栃木県南部、栃木市南西隣の町。ブドウ栽培がさかん。岩舟山は石材の産地。人口一万八八二九(一九八八)。

**いわふね-の-き**【▼磐舟の▼柵・岩船▼柵】古代の城柵の一つ。大化四年(六四八)日本海沿岸の蝦夷地開拓の拠点として設置。新潟県村上市岩船と推定。

**いわ-ぶろ**【岩風▼呂】岩の間のくぼみを利用した温泉。また、まわりに岩をめぐらしたふろ。

**いわ-べんけい**【岩弁慶】ベンケイソウ科の多年草。高山や海岸の岩上に叢生する。高さ約三〇cm。全体に緑白色を帯び、太い根茎をもつ。葉は多肉質で長楕円形。夏に淡黄色の小花を密集。↓写

●イワベンケイ

**いわま**【岩間】〈町〉茨城県中部、笠間市南隣の町。野菜・果樹などの近郊農業のほか竹箒などが特産。人口一万六二二三(一九八八)。

**いわ-まつ**【岩松】イワヒバの別名。

**いわま-でら**【岩間寺】滋賀県大津市石山にある岩間山正法寺の通称。真言宗醍醐派。養老六年(七二二)泰澄の開創とされる。西国三十三所第一二番札所。

**いわみ**【▽石見】↓いわみのくに(石見国)

**いわみ**【▽石見】〈町〉島根県中部山間の町。藩政時代は、たたら製鉄が行われた。良質米の産地。人口七二二三(一九八八)。

**いわみ**【岩▽美】〈町〉鳥取県北東端、兵庫県に接する町。岩井温泉、浦富海岸、漁港の網代などがある。マツバガニが特産。人口一万六〇三三(一九八八)。

**いわみ-ぎん**【▽石見銀】島根県大田市の石見銀山で、江戸幕府への運上銀として、灰吹き法で精錬・鋳造された銀。

**いわみ-ぎんざん**【▽石見銀山】①島根県大田市にあった銀山。江戸幕府の直轄領で、一七世紀初頭が最盛期。大森銀山。②石見銀山からとれた砒石でつくった殺鼠剤。

**いわみ-こうげん**【▽石見高原】島根県西部、中国山地北側の高原。標高五〇〇〜六〇〇m。産物は木材・和牛・和紙など。

**いわみざわ**【岩見沢】〈市〉北海道、石狩平野東端の市。鉄道の要地として発展、商工業と近郊農業がさかん。人口八万三四九二(一九八八)。

**いわみ-じゅうたろう**【岩見重太郎】(?〜一六一五) 安土桃山時代の伝説的豪傑。筑前名島藩の浪人。父の仇を求めて全国を漫遊、のち豊臣秀吉に仕え、大坂夏の陣で戦死したという。

**いわみ-の-くに**【▽石見国】旧国名。現在の島根県西半部。山陰道の一国。「延喜式」では中国、六郡。国府・国分寺はともに浜田市。明治四年(一八七一)廃藩置県によって浜田県。同九年(一八七六)島根県に編入。石州。石見。

**いわ-むし**【岩虫】イソメ科の環形動物。名は、岩のすきまにすむことによるが、砂泥中にすむものもある。体長二〇〜五〇cm。赤褐色。体の前部は円筒状で、後方は上下に扁平。頭に五本の触手がある。最良の釣り餌になる。日本全土の沿岸に分布。別名は、アカムシ・イソベ・ヒラムシなど多数ある。↓図

●イワムシ

**いわむら**【岩村】〈町〉岐阜県南東部の町。城下町として発展、城跡がある。農業主体で寒天製造がさかん。人口五七〇六(一九八八)。

**いわ-むろ**【岩室】↓いわや(岩屋)

**いわむろ**【岩室】〈村〉新潟県中部、日本海に臨む村。米どころ。岩室温泉・弥彦山スカイラインがある。人口一万一一六(一九八八)。

**いわむろ-じんく**【岩室甚句】新潟県岩室地方の民謡。騒ぎ唄として歌われた素朴な歌。

**いわもと-まり**【▼巌本真理】(一九二六〜一九七九) バイオリン奏者。東京生まれ。少女時代より独奏者として活躍。日本の室内楽の向上に貢献。

**いわ-や**【岩屋】=いわむろ。①岩のほら穴。岩窟。cave ②岩に穴をあけて造った住まい。grotto

**いわや-さざなみ**【▼巌▽谷▽小波】(一八七〇〜一九三三) 小説家・童話作家。東京生まれ。本名、季雄。硯友社同人。児童文学草創期の第一人者。日本初の創作童話『こがね丸』『日本昔噺』など。

**いわ-やま**【岩山】岩の多い山。rocky mountain

**いわ-ゆる**【▽所▼謂】(連体)《「言う」の未然形+上代の受け身助動詞「ゆ」の連体形。言われる、の意》世に言う。いつも言う。例の。言うところの。

**いわれ**【▼謂れ】①わけ。理由。reason ②由来。origin

**いわれ**【▼磐▽余】奈良県桜井市西部から橿原市・高市郡にかけての古地名。

**いわれ-いんねん**【▼謂れ因縁】物事の起こったもと。ゆいしょ。origin 用例 ―故事来歴。

**いわれ-な・い**【▼謂れ無い】(形) 正当な理由や根拠がない。まちがっている。不当である。用例 ―非難。

**いわ-れんげ**【岩▼蓮華】ベンケイソウ科の多年生の多肉植物。岩上にはえる。観賞用としても栽培。葉は粉白色を帯び、さじ形。多数叢生。秋に白色五弁花の密生した円錐状の花茎を出す。↓写

●イワレンゲ

**イワン**〈一世〉【Ivan I】(?〜一三四一) モスクワ大公(在位一三二五〜四一)。キプチャク-ハン国から徴税代行権を獲得して強大となり、領土を拡張。ロシア統一への基礎をつくった。

**イワン**〈三世〉【Ivan III】(一四四〇〜一五〇五) モスクワ大公(在位一四六二〜一五〇五)。ロシアをほぼ統一し、キプチャク-ハン国の支配から完全に独立。ビザンチン帝国の君主制を導入。諸外国に対しツァーリの称号を初めて使用。

**イワン**〈四世〉【Ivan IV】(一五三〇〜一五八四) 初代ロシア皇帝(在位一五三三〜八四)。諸侯・貴族を抑え、中央集権的専制政治を強化。カザン、アストラハンを併合し、ボルガ川流域を支配。その恐怖政治のゆえに「雷帝」と称された。

**いわんかた-なし**【言わん方なし】文語的 (連語) 言いようがない。

**イワンデニーソビッチのいちにち**【イワン=デニーソビッチの一日】《原題Odin den Ivana Denisovicha ロシア》ソルジェニーツィンの小説。一九六二年発表。スターリン体制下の強制収容所の現実を描き、国際的反響を呼んだ。

**イワンのばか**【イワンの馬▼鹿】《原題Skazka ob Ivane-durake ロシア》レフ=トルストイが再創造したロシア民話の代表作。一八八五年執筆。馬鹿正直で善良なイワンが結局は幸せをつかむ物語。

**いわん-や**【▽況んや】文語的 (副)《下を「をや」で結ぶことが多い》まして。なおさら。言うまでもない。用例 この本はおとなでもむずかしい。―子どもにおいてをや。

**いを**【▽魚】古語 ↓いお(魚)

**イン** 3画【▼廴】部首[廴]えんにょう JIS 5514
音 イン
①ひく。長くひきのばす。②部首の一つ。えんにょう。いんにょう。

**イン** 4画【▼允】人名用 部首[儿]にんにょう JIS 1684
音 イン
①まこと。まことに。②がえんずる。ゆるす。ゆるし。「允可・允許」③じょう。大宝令で、寮の三等官。

**イン** 4画【▼尹】部首[尸]しかばね JIS 5390
音 イン



↓行き先項目、図版・写真参照印。 JIS 日本工業規格情報交換用漢字符号コード(区点コード)。

①ただす。正しくする。おさめる。②おさ。つかさ。長官。③かみ。大宝令で、弾正台の長官。

**イン** 4画【引】 部首[弓]ゆみへん 教育小2 JIS 1690
音イン 訓ひく・ひける
①ひく。ひっぱる。「牽引」「引用」②ひきつれる。みちびく。さそう。「誘引」「引火・引率」③ひきうける。「承引」「引責」④しりぞく。やめる。「引退」

**イン** 6画【印】 部首[卩]ふしづくり 教育小4 ｜6画【▼印】旧字 JIS 1685
音イン 訓しるし
①しるし。はんこ。判。「官印・実印」「印鑑・印刻・印紙・印章」用例(名)――を押す。②しるす。版で刷る。「印刷・印象」③仏教で、さとり・ちかいの内容を示すために、指先を組む形。印契。印相。用例(名)――を結ぶ。④インド(印度)のこと。「日印親善」「印綿」↓印相図

**イン** 6画【因】 部首[囗]くにがまえ 教育小5 JIS 1688
音イン 訓よる
①もとになるもの。おこり。ちなみ。対義果。「遠因・原因・敗因」「因子」②仏教で、結果をひきおこすための、直接の内的原因をいう。また、間接的原因を「縁」という。対義果。「因縁」用例(名)――があって果が生ずる。③もとのまま。「因習・因循」④因幡国のこと。「因州」

**イン** 9画【▼咽】 部首[口]くちへん JIS 1686
音エン・イン・エツ
①のど。のんど。「咽喉・咽頭」②のむ。のみこむ。↓エッ・エン[咽]

**イン** 9画【姻】 部首[女]おんなへん 常用 JIS 1689 ｜11画【▼婣】異体字
音イン
①とつぐ。結婚する。よめいり。夫婦のちなみを結ぶこと。類似婚。「婚姻」②とつぎ先。縁者。「姻戚・姻族」

**イン** 9画【▼茵】 部首[艹]くさかんむり JIS 7201
音イン
しとね。しきもの。むしろ。草で編んだ、しきもの。

**イン** 9画【▼胤】 部首[月]にくづき 人名用 JIS 1693
音イン
たね。血すじ。血つづき。血すじをうける人。つぐ。うける。「後胤」

**イン** 9画【音】 部首[音]おと 教育小1 JIS 1827 ｜9画【▼音】旧字
音オン・イン 訓おと・ね 筆順↓オン[音]
①おと。ね。こえ。「子音・母音」②たより。しらせ。おとずれ。「福音」「音信」↓オン[音]

**イン** 10画【員】 部首[口]くち 教育小3 JIS 1687
音イン・エン・ウン
①かず。物や人の数。一定のきまった数。「定員・満員」「員数」②うけもつ人。かかりの人。つかさ。「委員・職員」用例《接尾的》会社――。事務――。③まわり。めぐり。はば。「幅員」
**員に備わるのみ**(いんにそなわるのみ) 人数の中に入っているだけで、役には立たない。

**イン** 10画【院】 部首[阝]こざとへん 教育小3 JIS 1701
音イン・カン・エン
①立派な建物。「医院・孤児院・寺院・書院・僧院・病院」②公務をとるところ。「衆議院・人事院」③上皇・法皇・女院の御所。転じて、その人。「後鳥羽院」「院政」用例(名)――の仰せ。

**イン** 10画【▼恁】 部首[心]こころ JIS 5576
音ジン・ニン・イン
①おもう。心にかける。②この。こんな。どんな。

**イン** 10画【▼殷】 部首[殳]るまた JIS 6154
音イン・アン
①さかん。おおい。ゆたか。「殷賑」②中国古代の王朝の名。商ともいう。?~前一一世紀ごろ。夏をほろぼし、周にほろぼされた。今世紀初め、河南省安陽県で、都の跡が発掘された。「殷鑑・殷墟」用例(固名)――の紂王。③音のとどろくさま。「殷々」

**イン** 10画【▼氤】 部首[气]きがまえ JIS 6169
音イン
天地に気がたちこめるさま。雲気などがたちこめるさま。

**イン** 10画【▼蚓】 部首[虫]むしへん JIS 7346 ｜17画【▼螾】異体字
音イン
ミミズ。ミミズ綱に属する環形動物。めめず。

**イン** 11画【▼婬】 部首[女]おんなへん JIS 5321
音イン
①みだら。男女関係のみだれているさま。「姦婬」「婬婦・婬奔・婬欲・婬乱」②たのしむ。たわむれる。

**イン** 11画【▼寅】 部首[宀]うかんむり 人名用 JIS 3850
音イン
①とら。十二支の第三。②つつしむ。

**イン** 11画【陰】 部首[阝]こざとへん 常用 JIS 1702
音イン・オン 訓かげ・かげる
①かげ。日のあたらないところ。対義陽。「緑陰」「陰影」②かくれている。おおわれている。人目につかない。ひそか。対義陽。「陰険・陰徳・陰謀」③気分がはればれしない。くらい。対義陽。「陰気・陰惨」用例(名)――にこもる。④日あし。時間。「光陰・寸陰」⑤山の北がわ。川の南がわ。対義陽。「山陰」⑥易で、「陽」と交流して、万物を生成変化させる気。対義陽。⑦天地・男女・日月などに「陽」と「陰」をあてて、消極的な意に用いる。対義陽。「太陰暦」「陰極・陰性」

**イン** 11画【▼淫】 部首[氵]さんずい JIS 1692
音イン
①ひたる。あふれる。とめどない。「淫雨」②みだら。男女関係のみだれているさま。「荒淫」「淫佚・淫行」用例(名)――にふける。

**イン** 11画【▼裀】 部首[衤]ころもへん
音イン
①しとね。しきもの。布でできた、しきもの。②みごろ。衣服のそで・えりなどを除いて、からだの前・背中をおおう部分。

**イン** 12画【▼喑】 部首[口]くちへん
音イン・オン
①なく。さけぶ。こどもが、なきやまない。②声がでない。声がでない人。

**イン** 12画【▼堙】 部首[土]つちへん JIS 5237
音イン
①ふさぐ。ふさがる。②うもれる。うずもれる。「堙滅」

**イン** 12画【▼湮】 部首[氵]さんずい JIS 6248
音イン・エン
①ふさぐ。ふさがる。②うもれる。うずもれる。「湮滅」③しずむ。水におちる。

**イン** 12画【飲】 部首[食]しょくへん 教育小3 JIS 1691 ｜13画【▼飮】旧字 JIS 6127
音イン・オン 訓のむ
①のむ。水などを口からいれて、のどをとおす。「牛飲馬食・暴飲暴食」「飲酒・飲食」②のみもの。また、特に酒をのむこと。「飲料」用例(名)一瓢の――。

**イン** 13画【▼隕】 部首[阝]こざとへん JIS 8008
音イン
おちる。おとす。降る。「隕星・隕石・隕鉄」

**イン** 13画【▼筠】 部首[竹]たけかんむり
音イン
①タケの青皮。タケの幹のかたいところ。②タケ。イネ科の植物。

**イン** 14画【▼夤】 部首[夕]ゆうべ
音イン
①つつしむ。つつしみおそれる。②ひく。ひきあげる。推輓する。③ひき。てづる。つて。

**イン** 14画【▼蔭】 部首[艹]くさかんむり JIS 1694
音イン
①かげ。こかげ。ひかげ。日のあたらないところ。「緑蔭」②人のおかげ。たすけ。かばわれること。「庇蔭」

**イン** 14画【隠】 部首[阝]こざとへん 常用 JIS 1703 ｜17画【▼隱】旧字 JIS 8012
音イン・オン 訓かくす・かくれる
①かくす。かくれる。さける。対義顕。「隠居・隠見・隠者・隠匿・隠滅」②あわれむ。いたむ。「惻隠」③おもみがある。「隠然」④隠岐国のこと。「隠州」

**イン** 14画【▼慇】 部首[心]こころ JIS 5632
音イン
①ねんごろ。てあつい。丁寧。「慇懃」②いたむ。心をいためる。

**イン** 14画【▼殞】 部首[歹]がつへん JIS 6146
音イン
①おちる。おとす。②しぬ。命をおとす。「殞命」

**イン** 14画【▼瘖】 部首[疒]やまいだれ
音イン・オン
口が不自由な障害者。

**イン** 14画【▼酳】 部首[酉]ひよみのとり JIS 7842
音イン
①すすぐ。酒で口をすすぐ。②尸(=まつりのとき、神の身代わりになる人)に酒をすすめる。

**イン** 17画【▼檃】 部首[木]き ｜21画【▼櫽】異体字
音イン
①ためぎ。まがったものをなおす道具。②ためる。ためぎをあてて、まっすぐにする。

**イン** 17画【▼闉】 部首[門]もんがまえ
音イン
①城の外がこいの門。二重の城門のうち、外側の門。②ふさぐ。ふさがる。

**イン** 19画【▼贇】 部首[貝]かい JIS 7654
音イン
うつくしい。よい。ととのったさま。

**イン** 19画【▼霪】 部首[雨]あめかんむり JIS 8038
音イン
ながあめ。とめどない雨。何日も降りつづく雨。「霪雨」

**イン** 19画【韻】 部首[音]おと 常用 JIS 1704 ｜19画【▼韻】旧字 ｜13画【▼韵】異体字 JIS 8081
音イン・ウン
①ひびき。おと。ね。「音韻・余韻」「韻律」②おもむき。様子。「気韻・風韻」「韻致」③詩や歌。「韻事・韻文」④漢字の音で、頭子音を除いた部分。「韻脚」用例(名)――を踏む。
**韻を押す**(いんをおす) 「韻を踏む」と同意。
**韻を探る**(いんをさぐる) 人が集まって漢詩をつくるとき、韻字を記した札の入った箱の中から、各人が札を取り出す。または各人が韻字本の中から韻字を選んで、その人の作る詩の韻とする。
**韻を踏む**(いんをふむ) 詩の句や行の終わり、または始めごとに、語尾または語頭と同じひびきを持つ語を置いて、ひびきをあわせる。韻を押す。rhyme

**イン**[in] 対義アウト。①テニスや卓球で、打球がコートの中にはいること。②ゴルフコース一八ホールのうち、後半の九ホール。バックナイン。

**いん-い**【陰▼萎】↓インポテンツ

**いん-イオン**【陰イオン】負電荷を帯び、陽極に引かれるイオン。原子や原子団に電子が付加して生じる。アニオン。anion 対義陽イオン。

**いん-いつ**【▼淫逸・▼淫▼佚】(名・形動) 男女の関係のみだらなこと・さま。遊興にふけること・さま。

**いん-いつ**【隠逸】世間をのがれ、かくれすむ

こと。

**いん-いん【・殷・殷】**(形動トタル) 音が大きくとどろくさま。roaring 用例 ―たる砲声。

**いん-いん【陰陰】**(形動トタル) 暗くてさびしいさま。

**いんいん-めつめつ【陰陰滅滅】**(形動トタル) ひどく暗く、深く沈んだ気分。そういうさま。gloomy

**いん-う【陰雨】** 何日もふりつづく陰気な雨。

**いん-う【・淫雨・霪雨】** ながあめ。作物に害を与えるような雨。霖雨。

**いん-うつ【陰・鬱】**(形動) うっとうしく、はればれしないさま。gloomy

**いん-えい【印影】** 紙などにおされた印判のあと。

**いん-えい【陰影・陰・翳】** ①暗い部分。かげ。shadow ②深み・おもむきのあること。ニュアンス。nuance

**陰影に富む**(いんえいにとむ) 深みや、微妙な趣がある。be full of nuances

**いんおう-ご【印欧語】** インド-ヨーロッパ語族に属することば。Indo-European languages

**いんおう-ごぞく【印欧語族】** インド-ヨーロッパ語族の別称。

**いん-か【引火】**(名・サ変自) 他からの火・熱によって、物が発火すること。ignition 用例 ガソリンに―する。

**いん-か【・允可】**(名・サ変他) 聞き届けて、許すこと。許可。

**いん-か【印可】**(名・サ変他) ①《仏教語》弟子が悟りを開いたことを師僧が証明して認可すること。②《転じて》芸道・武道などで師匠が弟子に免許を授けること。

**いん-か【印花】** 陶磁器の表面にみられる押印装飾文様の一般的呼称。中国、漢代に始まり、唐代以後さかんに用いられた。

**いん-か【陰火】** ↓りんか(燐火)

**いん-か【陰架・隠家・隠架】**(釜の蓋の下に隠れることから)茶道の蓋置きの別称。

**インカ【Inca】** 南米、アンデス地帯に文明を形成したインディオ。また、その国名。一五～一六世紀に大帝国を建設、首都はクスコ。太陽を信仰し、トウモロコシなどの農耕が主体の豊かな社会。文字はもたなかったが、土器・青銅器・織物の製作技術は高く、驚異的な石造建築を残す。一五三三年、ピサロらスペイン人の侵略により帝国は滅亡。↓写

**いん-が【印画】** 陰画などから印画紙に焼き付けて、ふつうの写真にすること。また、その写真。photoprint

**いん-が【因果】** ㊀(名)《仏教語》①原因にはそれに対応する結果が生ずるということ。原因と結果。②一般に、前世の悪の行為が苦の報いをもたらすというもの。㊁(名・形動) 不幸なさま。不運なさま。fate; misfortune 用例 ―な身の上。

**因果の小車**(いんがのおぐるま) 原因と結果は、回転する車輪のように、めぐりめぐるものだということ。

**因果の胤を宿す**(いんがのたねをやどす) 不義をして、腹に子を宿す。因果の塊を宿す。

**因果は皿の縁**(いんがはさらのふち) 因果はめぐりくるものであるということ。また、因果が回るのは、皿の縁を一周するように速いということ。

**因果を含める**(いんがをふくめる) どうしようもない事情や理由を説いて、あきらめさせる。persuade to bow to the inevitable

**いん-が【陰画】** 撮影ずみの写真フィルムや乾板を現像して得られる画像。被写体と明暗が逆、色彩が補色の関係にある。ネガ。negative picture; negative film 対義 陽画。

**インカーブ【incurve】** 野球で、投手の変化球の一つ。打者の方に曲がるカーブ。対義 アウトカーブ。

**いん-がい【員外】** ①数の外であること。定員のほか。non-membership ②大宝令で決められた定数以外の官。

**いんがい-だん【院外団】** 議員以外の党員で組織した政党の外郭団体。nonparliamentary members英; lobby米

**いんが-おうほう【因果応報】**(仏教語。多く悪いことに言う)よいことにはよいむくいが、悪いことには悪い結果がくるということ。

**いんが-かんけい【因果関係】** 二つのものが原因と結果というつながりを持っていること。因果性。causal relation 用例 ―を明らかにする。

**いん-かく【陰核】** 女性の外陰部にある小突起。血管に富み、多くの神経がある。クリトリス。clitoris ↓生殖器図

**いんが-し【印画紙】** 感光乳剤を塗布した紙。陰画を焼き付けて陽画を得る。photoprinting paper

●インカ　マチュピチュの遺跡。

**いんか-しょくぶつ【隠花植物】** 花をつけない植物の総称。菌類・藻類・コケ植物・シダ植物など。植物の分類の仕方の一つで、現在ではあまり使われない。cryptogam 対義 顕花植物。

**いんか-てん【引火点】** 液体や固体などの可燃物に、空気中で炎を近づけて発火する最低の温度。flash point

**いんが-はつむ【因果・撥無】**《仏教語》因果応報の理法を否定すること。

**インカム-ゲイン【income gain】** 有価証券の利子と配当収入。比較 キャピタルゲイン。

**いんが-りつ【因果律】** 哲学で、同一の原因からは必ず同一の結果が生ずるという原理。law of causality

**イン-がわ【イン川】**(Inn River) スイス東部のエンガディン地方から、オーストリアをへて、西ドイツのパッサウでドナウ川に注ぐ川。長さ五一〇km。

**いん-かん【印鑑】** ①役所や取引先などに届け出ておく印章。実印。seal ②はんこ。seal ③関所や城門を通るのに用いた通行証。passport

**いん-かん【・殷鑑】**(殷の国民は、前代の夏がほろびたことを鑑としていましめよ、の意)いましめとすべき前例。

**殷鑑遠からず**(いんかんとおからず) いましめとすべき前例は手近にある。

**いんかん-しょうめい【印鑑証明】** 書類の押印が、市区町村などに登録してある本人の実印と同一であることを証明すること。また、その公文書。

**いん-かんすう【陰関数】** 変数$x$と、変数$y$との関数関係が$f(x, y)=0$(たとえば$x^2+y^2-1=0$)で与えられる関数。implicit function 対義 陽関数。

**いん-き【陰気】**(名・形動) 対義 陽気。①暗く、はればれしないさま。gloomy 用例 ―な性格。②易学で、万物生成の根本になる精気の一つと考えたもの。

**いん-ぎ【院議】** 衆議院または参議院による決議。

**インキ【ink】** ↓インク

**いんき-くさ・い【陰気臭い】**(形) 暗くうっとうしいさま。dismal 用例 ―顔。

**いん-きゃく【韻脚】** 漢詩で、句の終わりに使う韻字。

**インキュナビュラ【incunabula】**(原義はラテン語でゆりかご・出生地の意)ヨーロッパで、活版印刷術発明後の半世紀間に刊行された書物のこと。

**いん-きょ【・允許】**(名・サ変他) 許可すること。免許。

**いん-きょ【・殷・墟】** 中国河南省安陽県小屯を中心とした殷代後期の遺跡。一九二八年以降に発掘調査。小屯からは宮殿址・宗廟址・竪穴住居址を発見し、多数の甲骨が出土。侯家荘と武官村には王墓と推定される殉葬者をもつ一一基の大墓がある。↓写

●殷墟出土した青銅製方尊(右)、方斝(左)。ともに酒器。

**いん-きょ【隠居】**(名・サ変自) ①家職を退き、または家の責任をゆずって、静かに暮らすこと・人。retirement ②世帯主の親。③仕事や世間からはなれて気楽に暮らす老人。retired master

**いんきょう【韻鏡】** 中国の音韻体系表。作者不詳。一〇世紀頃の成立。中国では第三刊以後用いられず、日本で中世・近世に改訂版が多く作られ利用された。

**いん-ぎょう【印形】** はんこ。みとめ。印鑑。

**いんぎょう-てんのう【・允恭天皇】** 記紀で第一九代天皇。『宋書』「倭国伝」にある倭の五王の一人済に比定。

**いん-きょく【陰極】** ①二つの電極間で、電流が流れこむ電位の低い側の電極。負極。マイナス極。カソード。cathode 対義 陽極。②磁石の南極。south pole

**いんきょく-せん【陰極線】** 減圧したガラス管の中に封入した電極に電圧をかけると、陰極から放出され陽極に向かって飛ぶ電子の流れ。ブラウン管は、陰極線による蛍光を利用している。cathode ray

**いんきょくせん-かん【陰極線管】** 陰極線を放出させる真空管の総称。ブラウン管やガイスラー管、マジックアイやイメージオルシコンなど。cathode-ray tube

**いんきょ-もじ【・殷・墟文字】** 殷墟出土の亀甲・獣骨に書かれた古代文字。甲骨文字。亀甲獣骨文字。

**いん-きん【引・磬】** 仏事用の楽器の一つ。椀状の小さな鐘の底に木の柄をつけたもの。細い鉄棒で打ち鳴らす。いんけい。

**いん-ぎん【・慇・懃】** ㊀(名) ①親密なこと。intimacy ②男女の情交。intimacy 用例 ―を通じる。㊁(形動) 礼儀正しいさま。ていねい。politeness

**いんぎん-ぶれい【・慇・懃無礼】**(名・形動) ①ていねいすぎて、かえって失礼になること。be polite to a fault ②わざとていねいにふるまって、かえって相手を見下す態度になること。feigned politeness 比較 卑下自慢。用例 ―な態度。

**インク【ink】** 印刷したり、ペンで書いたりするときに使う、色のついた液体。筆記用のブルーブラックインクは、硫酸鉄(Ⅱ)を没食子酸の水溶液に加えたものが主体。印刷用には、顔料と媒質を練り合わせ、印刷に適するように調整剤を加えてつくる。インキ。数え方 一瓶。

**インク-けし【インク消し】** インクで書いたものを消すための液。蓚酸の赤色液と次亜塩素酸ナトリウムの無色液を用いる二液式のものがふつう。ink eraser

**インクジェット-プリンター【ink-jet printer】** インクを細いノズルから噴射する印刷装置。ふつうの紙に印字でき、音も静かなことが特徴。

**インクスタンド【inkstand】** つくえの上などに置いて使う、ペン立てと組み合わせたインクつぼ。

**インクライン【incline】** 高低差のある水路の間で、舟を運ぶのに用いる装置。斜面にレールを敷いて舟を載せた台車をワイヤーロープ

●インクライン　京都市、東山区蹴上。

で昇降させる。京都市蹴上にあったものはその一例。↓写

**イングランド**［England］①イギリス、グレートブリテン島の南部を占める地方。面積一三万$km^2$。南東部にある首都ロンドンを中心に、古くからイギリスの政治・経済・文化の中枢部。②一般にイギリスをさす呼称。

**イングランド-ぎんこう【イングランド銀行】**（Bank of England）イギリスの中央銀行。世界最初の株式会社組織の銀行として一六九四年設立。一九四六年に国有化。

**イングリッシュ**［English］①英語。②英国人。③英国風。

**イングリッシュ-ホルン**［English horn］オーボエ属の楽器。音色は牧歌的。管の基音がオーボエより五度低い移調楽器。全長約一m。管の先端に洋ナシ形のふくらみをもつ。フランス語ではコーラングレ。

**いん-くんし【隠君子】**①世間をさけてかくれて住む君子。②キクの異名。

**いん-げ【院家】**《仏教語》寺格の一つ。門跡に付随し、本寺の寺務を補佐する由緒ある寺院。

**いん-けい【陰茎】**男性生殖器の一部。内部に尿道と海綿体とを含む。根・体・亀頭に区別される。男根。陽物。penis ↓生殖器図

**いん-げい【印契】**印相の別称。

**いん-けん【引見】**（名・サ変他）身分の高い人が、まねき入れて会うこと。接見。

**いん-けん【陰険】**（名・形動）うわべはよく見せて、内心に悪意をいだいていること・さま。腹黒いこと・さま。sly

**いん-けん【隠見】**（名・サ変自）見えたりかくれたりすること。見えがくれ。

**いんげん【隠元】**（一五九二～一六七三）日本黄檗宗の開祖。名は隆琦。明の福州の人。承応三年（一六五四）六三歳で来日。宇治に黄檗山万福寺を創建。

**インゲンホウス**［Jan Ingenhousz］（一七三〇～一七九九）オランダの医師・植物生理学者。植物の炭酸同化および呼吸の存在を発見。

●インゲンマメ

**いんげん-まめ【隠元豆】**マメ科のつる性一年草。畑に栽培、矮性種とつる性種がある。花は白・淡紫色。さやは約一五cm。若いさやと種子を食用とする。中国の帰化僧隠元が伝えたという。中南米原産。インゲン。サイトウ。インゲンササゲ。kidney bean ↓図

**いん-げんりょう【▼殷元良】**（一七一八～一七六七）沖縄の琉球王朝時代の画家、座間味庸昌の

●インコ


中国名。花鳥画を得意とした。

**いん-こ【▼鸚▼哥・音呼】**オウム科のうち、中・小形で尾の長い鳥をいう。セキセイインコ・コンゴウインコなど。ものまね鳥として愛玩される。熱帯地方に分布。parakeet 比較 オウム。↓図

**インコ**［Inco Ltd.］カナダにある世界最大手のニッケル会社。一九一六年設立。

**いん-ご【隠語】**仲間だけに通用する特別なことば。argot

**いん-こう【引航】**（名・サ変他）《「曳航」の新しい言い方》船が他の船を引っ張っていくこと。

**いん-こう【印行】**（名・サ変他）書物などを印刷して発行すること。刊行。printing and publishing

**いん-こう【印香】**薫き物の一種。練り香と同じように調合された合わせ香で、乾いた型物のようになったもの。携行に便利。

**いん-こう【▼咽▼喉】**①のど。のどくび。throat ②かならず通らなければならない重要な地点。key position

**咽喉を扼す**（いんこうをやくす）敵国・敵軍の要路をおさえる。

**いん-こう【▼淫行・▼婬行】**みだらな行為。obscenities

**インコウ**［営口］（Yingkŏu）↓えいこう（営口）

**いん-ごう【因業】**㊀（名）《仏教語》因と業。果報の原因（＝因）となる身・口・意の行為（＝業）のこと。causation ㊁（形動）冷酷で思いやりがないさま。heartless 用例 ——おやじ。

**いん-ごう【院号】**下に…院とつく称号。①上皇および在位中に没した天皇・女院などにつける尊称。②法名・戒名の上につける尊称。

**イン-コース**《和製語》①陸上競技で、競技場のトラックの内側のコース。inside track ②野球で、打者のインコーナーを通る投球のコース。inside pitch

**イン-コーナー**《inside cornerから》野球で、打者からみてホームベース中央より内側（近い側）。また、その一角。インサイド。

**いん-こく【印刻】**（名・サ変他）印を彫ること。篆刻。

**いん-こく【陰刻】**彫刻・版画の技法。絵・文字・模様を素材の表面に凹形に彫り込むこと。対義 陽刻。

**インコタームズ**［Incoterms］《International Commercial Termsの略。正式にはInternational Rules for the Interpretation of Trade Terms》貿易条件の解釈に関する国際規則。国際商業会議所（ICC）が一九三六年に制定。五三年と八〇年に大幅改訂。

**インゴット**［ingot］溶融し製錬した金属を、取り扱いやすいように型に流しこみ、凝固させた塊。これを加工して製品にする。

**インサーション**［insertion］《差し込み・はめ込み、などの意》左右両方の縁を耳または装飾用に仕上げた細幅のレース。衣服などの縁ではなく途中に縫い込んで用いる。

**インサート**［insert］①挿入すること。②映画やテレビで、物語の説明に挿入される画面。

**いん-ざい【印材】**彫刻して印を作るための材料。象牙・水晶・金属・ゴム・プラスチックなど。material for seals

**いんざい【印西】**〈町〉千葉県北部、利根川に沿う町。農業の町であったが、住宅化が著しい。人口二万九五二一（一九八九）。

**インサイダー-とりひき【インサイダー取引】**《「インサイダー」は内部関係者の意》ある企業の役員・幹部や大株主が、公開前の内部情報に基づいて自社株を売買する不正取引。insider's trading

**インサイド**［inside］対義 アウトサイド。①内。内側。②野球で、内角。用例 ——高めのボール。

**インサイド-ベルト**《和製語》スカート・ズボン・上着・ドレスなどのウエストラインの内側に縫い付けるベルト。また、ベルト芯。

**インサイド-ワーク**《和製語》野球などでの頭脳的なプレー。おもに捕手の投手リードをさす。catcher's game

**いん-さつ【印刷】**（名・サ変他）版にインキをつけて紙などに転写すること。文字・写真・絵などの複製物を大量につくる工業的方法。用いる版によって、凸版・平版・グラビア（＝凹版）などがある。printing

**いんさつ-インキ【印刷インキ】**印刷に用いられるインキ。顔料と媒質を練り合わせ、印刷適性をもつように調整剤を加える。印刷方式により多くの種類がある。printing ink

**いんさつ-き【印刷機】**印刷を行う機械。版面にインキを供給する装置、紙を動かす装置、版面上の紙を加圧する装置からなる。版式によって凸版・平版・凹版印刷機に大別。版の形が平らな平台式と円筒形の輪転式がある。printing machine

**いんさつ-でんしん【印刷電信】**テレタイプを用いた電信。通信文を電信符号で送ると、受信側はその文章を自動的に印字記録する。printing telegraphy

**いんさつ-でんしんき【印刷電信機】**↓テレタイプ

**いんさつ-はいせん【印刷配線】**↓プリントはいせん（プリント配線）

**いんさつ-メディア【印刷メディア】**印刷によるマスコミの媒体。新聞・雑誌・パンフレット・書物など。比較 視聴覚メディア。

**いんさつ-ようし【印刷用紙】**各種の印刷用に作られた紙の総称。上質紙・中質紙・ざら紙・アート紙・コート紙・グラビア用紙など種類が多い。printing paper

**イン-ザ-ホール**［in the hole］野球で、投手または打者の不利なボールカウント。用例 ピッチャー——。バッター——。

**いん-さん【陰惨】**（名・形動）陰気で、むごたらしいこと・さま。dismal

**いん-し【印紙】**手数料・税金などを現金で納めるかわりに証書などにはる、一定の金額の証票。一般には「収入印紙」をさす。

**いん-し【因子】**①ある結果を生じさせる原因になった個々の要素。要因。factor ②数学で、因数。factor

**いん-し【院司】**上皇・法皇・女院などの院庁で院務をつかさどる職員。いんのつかさ。いんじ。

**いん-し【▼淫▼祠】**いかがわしい邪神を祭ったやしろ・ほこら。

**いん-し【隠士】**世間をのがれて住む人。隠者。

**いん-じ【印地】**↓いんじうち（印地打ち）

**いん-じ【印字】**（名・サ変他）タイプライター・電信機、コンピューターの出力装置、ファクシミリなどが文字や符号を打ち出したりすること。また、その文字や符号。print

**いん-じ【印璽】**天皇の印と国の印との総称。参照 御璽・国璽。

**いん-じ【韻字】**①漢詩などで、句の末に置き韻をふむのに使う字。②連歌・俳諧で、句の止めの字。

**いん-じ【韻事】**風流な遊び。詩文を作ること。用例 風流——。

**いん-じ【▽往んじ】**古語（連体）《「いにし」の転》過ぎ去った。用例 ——安元三年四月二十八日かとよ（方丈記）。

**インジ**［William Inge］（一九一三～一九七三）アメリカの劇作家。中西部の小市民の生活と感情を描く。戯曲『いとしのシバよ帰れ』『ピクニック』など。

**いんじ-うち【印地打(ち)】**河原などで、大勢で小石を投げ合って戦う競技。元来は豊凶を占う年頭や五月節句の行事。印地。石合戦。

**インジウム**［indium］金属元素。記号In 原子番号四九。原子量一一四・八二。比重七・三。銀白色で蠟のように軟らかい。閃亜鉛鉱とともに存在する。軸受け合金などに使用。

**いんじ-き【印字機】**①タイプライター・電信機・コンピューターのプリンターなど、文字や符号を打ち出す機器。プリンター。printer ②モールス符号の受信機。Morse code receiver

**インジケーター**［indicator］①エンジン・圧縮機などで、シリンダー内の圧力と容積の関係を図示する機器。指圧計。②自動車の方向指示器。③野球で、球審がカウントを誤りなく数えるのに使う計数器。④水素イオンなどの定量で、当量点で色が変化する試薬。指示薬。

**インジゴ**［indigo］＝インディゴ。①藍。青色染料。現在はアニリンから合成されたものが多く使われている。②《「インジゴブルー」の略》青藍色。

**インジゴ-カーマイン**［indigo carmine］青色の酸性染料の一つ。インジゴをスルホン

化して得られる。分析用試薬にも利用。インジゴジスルホン酸ナトリウム。

**いんし-じょうれい【印紙条例】** イギリスがアメリカ植民地に対し公文書・証券類・出版物などへの印紙貼付を規定した税法。一七六五年公布。現地側の反対で六六年廃止。印紙税法。the Stamp Act

**いんし-ぜい【印紙税】** 取り引きなどの文書登録に課される流通税の一つ。印紙税法により、所定の税額の印紙を貼って消印する方法で納税。stamp duty

**いん-しつ【陰湿】**(名・形動) 暗くて、しめっぽいこと。じめじめしていること。damp

**いんし-ぶんせき【因子分析】** 心理現象などの複雑な対象を、少数の特徴的な独立因子を引き出して分析・研究する統計的方法。はじめ心理学で使われ、社会学・政治学・行動計量学などへ適用されている。factor analysis

**いん-じゃ【隠者】** 世間をのがれて住む人。隠士。recluse

**いんじゃ-ぶんがく【隠者文学】** 日本文学史上、中世に多い隠者の手になる文学。仏教的無常観を基調に、自己の世界にこもり世を批判し、思索にふける傾向が強い。西行の歌、『徒然草』、『方丈記』など。

**いん-しゅ【飲酒】**(名・サ変自) 酒を飲むこと。drinking

●印象派美術

モネ『印象-日の出』。一八七二年、マルモッタン美術館(フランス)。

ルノワール『テラスにて』。一八八一年、シカゴ美術館。

ピサロ『シャポンバル風景』。一八八〇年、オルセー美術館(フランス)。

シスレー『ポール-マルリーの洪水』。一八七六年、オルセー美術館。

**いん-じゅ【印▾綬】** 数え方 一口・一献・一盞。昔、中国で、官名をほった印と、それを身につける組みひも。

**印綬を帯びる**(いんじゅをおびる) 官職につく。

**印綬を解く**(いんじゅをとく) 官職を離れる。

**いん-じゅ【院主】** 寺の主人である僧。住持。比較 坊主。

**いん-じゅ【陰樹】** 光の弱い日陰でもよく発芽し生育する樹木。モミ・ツゲ・トドマツなど。shade tree 対義 陽樹。

**いん-しゅう【因習・因襲】**《よくないものに言う》古くからのしきたり・ならわし。convention 比較 伝統・旧弊。用例 ―の打破。

**いん-しゅう【因州】** 因幡国。

**いん-しゅう【隠州】** 隠岐国。

**いんしゅう-か【因習化】**(名・サ変自) 因習として固まること。

**いんしゅう-てき【因習的】**(形動) 因習にとらわれて、新しい考え方を認めようとしないさま。保守的。conventional 比較 伝統的。

**インシュート**《和製語》野球で、投手の変化球の一つ。打者の方にくいこんで来る球。対義 アウトシュート。

**インシュリン【insulin】** 膵臓のランゲルハンス島から分泌されるホルモン。ブドウ糖のとりこみを活発にしてグリコーゲン生成を促進し、血糖を低下させる。糖尿病治療に用いる。インスリン。

**インシュリン-ショックりょうほう【インシュリンショック療法】** 精神分裂病治療法の一つ。インシュリン注射で低血糖性昏睡をおこさせ、ブドウ糖注射で覚醒、これを交互にくりかえし行う。副作用が強く最近はあまり行われない。insulin shock therapy

**いん-じゅん【因循】**(名・形動) ①因習にとらわれていること・さま。用例 ―姑息。②進取の気力にとぼしく、ぐずぐずしていること・さま。

**いんじゅん-こそく【因循▾姑息】** ①古くからの習わしや慣例に従って、何事も改めようとしないこと。また、それに名をかりて一時のがれをすること。②決断力がなくて、ぐずぐずしていること。

**いん-しょう【引証】**(名・サ変他) 他から引用して証明すること。引用して証拠とすること。quotation

**いん-しょう【印章】** はんこ。印。判。seal; stamp

**いん-しょう【印象】** ①深く心に感じて忘れられないこと。感銘。impression 用例 ―に残る。②対象が心に与える直接の影響。impression 用例 第一―。③心理学などで、対象から受けた刺激が心の中にとどまる、その刺激を受けた感覚、それにともなう感情、そこに起こる思想など、意識内容のすべて。impression ④美学で、㋐美的対象の与えるあらゆる効果。㋑形式の与える効果。impression

**いん-しょう【院賞】** ①「学士院賞」の略。②「芸術院賞」の略。

**いん-じょう【引▾接・引▾摂】**《仏教語》浄土教で、阿弥陀仏・諸菩薩が臨終にあらわれて、念仏を唱える人を浄土に導き救いとること。引導摂取。

**いんしょうぎぞう-ざい【印章偽造罪】** 天皇の印章・署名、日本国の印章、官公庁・公務員の印章・署名、公務所の記号、他人の印章・署名を使用する目的で偽造または不正に使用する罪。

**いんしょう-しゅぎ【印象主義】**(impressionisme(フランス)) 自然の光と色彩がもたらす瞬間的印象を表現しようとした、絵画中心の芸術運動。一九世紀後半、フランスにおこった。インプレッショニズム。impressionism

**いんしょうしゅぎ-おんがく【印象主義音楽】** 一九世紀末から二〇世紀初めにかけて、フランスを中心におこった新しい音楽様式。ドビュッシーに代表される。伝統的な機能和声に基づかない作曲技法を確立した。サティ・ラベルにもその作風が見られる。

**いんしょう-てき【印象的】**(形動) はっきりしていて、忘れがたいさま。impressive

**いんしょう-は【印象派】** 印象主義を奉ずる一派。

**いんしょうは-びじゅつ【印象派美術】** 一九世紀後半のフランスを中心とする絵画運動。外界の現象、とくに風景を光と色彩の相のもとに、感覚に忠実に表現しようとする。名称はモネの作品『印象―日の出』にちなむ。モネ・ピサロ・シスレーら。インプレッショニズム。impressionism ↓写

**いんしょう-ひひょう【印象批評】** 作品の印象に基づく主観的批評。impressionistic criticism

**いん-しょく【飲食】**(名・サ変自他) 飲んだり食べたりすること。おんじき。eating and drinking 用例 ―店。―物。

**いん-しん【音信】** たより。おとずれ。おんしん。

**いん-しん【▾殷▾賑】**(名・形動) 町や通りが、にぎやかで活気にあふれていること・さま。さかん。prosperity 用例 ―を極める。

**いん-しん【陰唇】** 女性の外陰部にある、皮膚と粘膜とからなるひだ。大陰唇と小陰唇がある。

**インス【Thomas Harper Ince】**(一八八二〜一九二四) アメリカの映画監督・製作者。西部劇の創始者。作品『男の男』『シビリゼーション』など。

**いん-すう【因数】** 整数または整式を、いくつかの整数または整式の積の形で表したときの、個々の整数または整式。因子。約数。factor

**いん-ずう【員数】**《「員」も「数」もかずの意》かず。たか。いんず。number

**いんすう-ていり【因数定理】** $x$ についての整式 $f(x)$ が $x-a$ を因数にもつ必要十分条件は、$f(a)=0$ であるという定理。factor theorem 参照 剰余定理。

**いんすう-ぶんかい【因数分解】** 一つの整数または整式を、いくつかの整数または整式の積の形で表すこと。factorization

**インスタマチック-カメラ【Instamatic camera】**《「インスタマチック」は商標名》一九六三年、イーストマンコダック社が発売した全自動カメラ。カートリッジ式のフィルムを用い、二六×二六㎜の画面を一二〜二四枚撮影。

**インスタント【instant】** すぐにできること。即席。

**インスタント-しょくひん【インスタント食品】** 熱湯をそそいだり、加熱したりするだけで簡単に調理できる加工食品。貯蔵や輸送に便利。乾燥・濃縮・冷凍などして作る。缶詰・レトルト食品も含む。instant foods

**インストラクター【instructor】** 指導員。とくに、特定の技能・技術などの訓練・指導を行う人。

**インストルメンタリズム【instrumentalism】** プラグマティズムの主唱者デューイの理論。概念を実践のための道具とする主張。概念道具説。道具主義。

**インストルメンタル【instrumental】** ポピュラー音楽などで、ボーカルなしに楽器だけで演奏される曲。器楽。インスト。

**インストルメント-パネル**《和製語。instrumentは計器の意》自動車の計器盤のこと。インストルメントボード。ダッシュボード。

**インスピレーション【inspiration】** 芸術活動などで、無意識に働く創造のひらめき。不意にひらめく考え。霊感。

**インスブルック【Innsbruch】** オーストリア西部、チロル州の州都。観光基地。標高五七四m。人口一一・七万(一九八九)。

**インスリン【insulin】** ↓インシュリン

**いん・する【印する】**(サ変他) あとをのこす。あとをつける。print 用例 第一歩を―。

**いん・する【▾淫する・▾婬する】**(サ変自) ①むさぼり好む。②度が過ぎるほど熱中する。ふける。用例 書に―。③みだらなことをする。④まどわす。用例 富貴も―あたわず。

**いん-せい【院政】** 天皇が譲位後、上皇または法皇として国政を行う政治形態。

**いん-せい【陰性】**(名・形動) 対義 陽性。①陰気な性質。gloomy ②医学の診断で、病原体に感染していることを示す反応がないこと。negative 用例 ―反応。

**いん-せい【▾隕星】** 隕石の古称。



↓行き先項目、図版・写真参照印。 JIS 日本工業規格情報交換用漢字符号コード(区点コード)。

**いん-せい【隠▾棲・隠▾栖】**(名・サ変自) 世間をさけて、静かにくらすこと。その住まい。secluded life

**いん-ぜい【印税】** 出版社・レコード会社などが著作権者に支払う著作権使用料。royalty 比較 稿料。

**いんせい-き【院政期】** 平安時代後期、白河・鳥羽・後白河の三上皇による院政の時代。

**いん-せいじゅう【▾尹世重】**(一九一二〜六五) 北朝鮮(朝鮮民主主義人民共和国)の小説家。長編『試練の中で』『溶鉱炉は生きている』など。

**いんせい-しょくぶつ【陰生植物】** 日陰や森林などの、弱い陽光しかとどかない所でも生育できる、あるいは、そこを好む植物。木本の場合は陰樹ともいう。陰地植物。shade plant

**いん-せき【引責】**(名・サ変自) 責任をとること。assume the responsibility 用例 ― 辞職。

**いん-せき【姻▾戚】** ↓いんぞく(姻族)

**いん-せき【▾隕石】** 宇宙空間から地上に落下し、燃え尽きないで残った固体物質。鉄隕石・石鉄隕石・石質隕石に分類され、いずれも地球の岩石とは異なる組成をもつ。meteorite

**いんせき-こう【▾隕石孔】** 隕石の衝突によって生じた地表や月面などのくぼみ。内壁は火口のような急崖で、少し盛り上がった外輪をもつ。直径一・三kmのアリゾナ隕石孔が有名。meteorite crater

**いん-せつ【引接】**(名・サ変自他) ①(自)目上の人が、目下の人を呼びよせて会うこと。②(他)ある人を他の人に引き合わせること。

**いん-ぜん【院宣】** 上皇または法皇の意を奉じて院司が出す公文書。平安後期の白河上皇のものが現存する最古のもの。院政下では、天皇の詔勅よりも重んじられた。

**いん-ぜん【隠然】**(形動トタル) はっきりとは表面に現れないが、勢いのあるさま。latent 用例 ― たる勢力。

**インセンティブ[incentive]** 人をある行動に駆り立てることを目的とした刺激。とくに従業員の勤労意欲や消費者の購買意欲を高めるもの。

**いん-せんぽう【陰旋法】** 日本の伝統音階のうち半音を含む五音音階による旋法。都節ともいわれ、陽旋法(=田舎節)と対照的に用いられてきた。ともに上原六四郎の命名。現在では都節音階といわれる傾向が強い。対義 陽旋法。

**いん-ぞう【印相】**《仏教語》仏や菩薩などの、おのおのの悟りや誓願の内容を表現した手指の型。とくに密教で重視される。印。手印。印契。いんそう。ムドラー。↓図

**いん-ぞく【姻族】** 婚姻によって生じた親戚。配偶者の血族と血族の配偶者。妻の親兄弟や自分の兄弟の妻など。姻戚。in-law 比較 血族。

**いん-そつ【引率】**(名・サ変他) 人々をひきつれること。lead 用例 生徒を―する。

**インター[inter]** ①「インターナショナル」の略。②「インターチェンジ」の略。

**インター-カレッジ**《和製語》大学間の対抗競技会。また、それぞれの競技の大学連合などの対抗選手権大会。陸上の場合は、日本学生対校選手権大会をさす。インカレ。intercollegiate games

**インター-ステート-ハイウエー**《正称は Interstate and Defense Highway》アメリカ合衆国の四三の州都を結ぶ高速道路網。

**インターセプター[interceptor]** 迎撃機。来襲する航空機を迎撃するための戦闘機。

**インターセプト[intercept]** アメリカンフットボールやアイスホッケーなどの球技で、相手側のボールやパックのパスを横取りすること。

**インターゾーン[interzone]** テニスのデビスカップ戦で、前回の優勝国に挑戦する国を決めるための試合。各ゾーンの勝者間で争われるもので、一九七一年まで行われた。

**インターチェンジ[interchange]** ＝インター。①二つ以上の道路を立体交差で接続すること。また、立体交差道路の交差部分。②高速道路の出入口。主要な街路や道路との接続部を構成する。

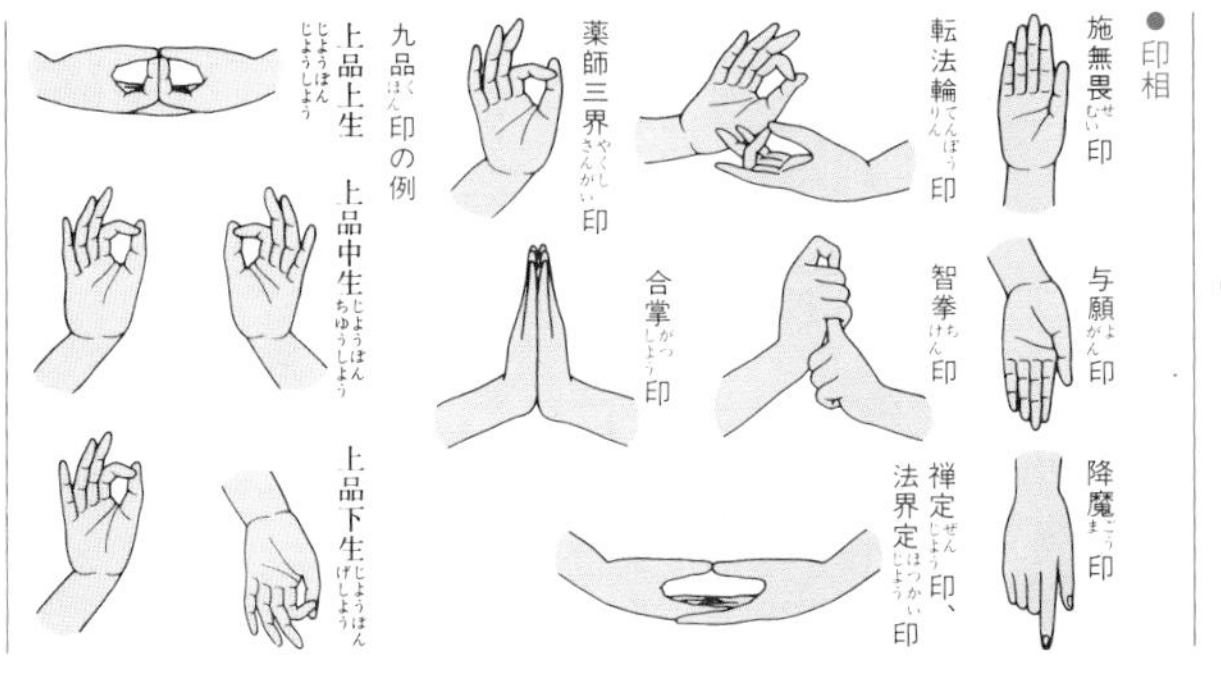


**インターディシプリナリー[interdisciplinary]** ↓がくさい(学際)

**インターナショナリズム[internationalism]** 国際主義。国家の枠をこえ共同の行動で互いの利益を実現しようとする立場の総称。労働者の国際的連帯や、ヨーロッパ共同体(EC)などの地域的統合運動がその例。

**インターナショナル[international]** ㊀(形動) 国際的な。㊁(名) ＝インター。①《International Workingmen's Association の略》労働・社会主義運動の国際組織。資本の国際性に対抗するため、プロレタリアートの国際的な連帯をもとめて結成されたもの。一八六四年の第一インターナショナル(=国際労働者協会)以来、四次にわたって組織された。②《L'Internationale》労働歌の一つ。一八七一年フランスで作られた。

**インター-ハイ**《和製語》全国高等学校総合体育大会(=高校総体)の別称。

**インターバル[interval]** ①間隔。②演劇・音楽会で、休憩時間。③競技で、中休み。④音楽で、音程。

**インターバル-トレーニング[interval training]** 陸上競技や水泳などで、持久力とスピードの養成を目的とした練習法。速く走る区間とゆっくり走る区間を配分し、これを繰り返す。

**インターバンク-とりひき【インターバンク取引】** 銀行間取引。外国為替銀行どうしが外国為替市場で行う為替売買。interbank exchange dealings

**インタービジョン[Intervision]** 国際放送機構(OIRT)に属する東ヨーロッパ諸国の放送機関が、テレビ番組を互いに交換中継するための組織。一九六〇年発足。

**インターフェア[interfere]**《妨害する、の意》水球・バドミントン・ホッケーなどの競技の反則の一つ。相手の進路やプレーを故意に妨害すること。

**インターフェース[interface]** ①コンピューターで、電気信号の変換により、中央処理装置とそのまわりの周辺装置とを相互につなぐ部分。またはその接続装置。②キーボードやディスプレーなどのように、人間とコンピューターとをつなぐ装置。③ソフトウエアどうしの接触・共通する部分。

**インターフェロン[interferon]** ウイルスの感染と増殖を阻止する糖たんぱく質。ウイルスに感染した動物細胞がつくり出す。ウイルスに直接作用するのでなく、細胞の表面レセプターに結合して細胞の状態を変える。ウイルス抑制因子。

**インタープリター[interpreter]** ①コンピューターで、プログラムの命令を機械語に翻訳するプログラム。通訳ルーチン。②翻訳印字機。パンチカードのデータを読みとり、対応する文字に置きかえて、同一のカード上か次のカード上に印字する機械。

**インターポール[Interpol]**《International Criminal Police Organization の略》国際刑事警察機構の通称。

**インターホン[interphone]** 同一の建物や船舶などで、部屋から部屋などに通話を行うための有線電話装置。マイクロホンとスピーカーを兼用とし、送話と受話を押しボタンで切り換え、交互に行う。内部電話。

**インターラーケン[Interlaken]** スイス中部の観光・保養都市。ユングフラウなどアルプス登山の基地。人口五〇〇〇(一九八〇)。

**インタールード[interlude]** ①幕間劇。一六世紀イギリス演劇の一ジャンル。中世道徳劇とエリザベス朝喜劇の橋渡しとなった滑稽劇。②賛美歌の節と節の間に演奏するオルガン小曲。③間奏。間奏曲。

**インターロイキン[interleukin]** リンパ球や単核白血球から生産・分泌され、おもに免疫応答の発現や調節に関与する物質の総称。とくにインターロイキン2は、癌細胞を攻撃するキラー細胞を増殖させるため、抗癌剤として成果を上げている。

**インターン[intern]** 医師・美容師などが国家試験を受験する資格を得るため、卒業後実習を行う制度。その実習生。医師については、昭和四三年(一九六八)医師法改正で廃止。

**いん-たい【引退】**(名・サ変自) ①活躍していた地位・職業からしりぞくこと。retirement 比較 勇退。②現役から退くこと。retirement 用例 ― 試合。

**いん-たい【隠退】**(名・サ変自) 社会的な活動から身をひくこと。隠居。seclusion

**いんたい-が【院体画】** 中国宮廷の画院で描かれた絵画。ふつう南宋画院の絵画をさす。宋初から一一世紀後半まではおもに黄筌風の花鳥画を院体とよび、南宋画院では山水画も含めてさかんに行われた。

**いんたい-こうぎょう【引退興行】** 第一線からしりぞく役者・力士などが最後に出演・出場する興行。farewell performance

**いんたい-ぞう【隠退蔵】**(名・サ変他) 物資などをわざとしまったままで使わなかったり、かくしておいたりすること。隠匿退蔵。用例 ― 物資。

**いん-たく【隠宅】** ①世をさけて住む家。②『隠居した人の住む家。

**インダクタンス[inductance]** 電流の変化しにくさを表す係数。コイルを流れる電流の変化速度でコイルに生じた起電力を割った値。単位はヘンリー。記号H。

**インダス-がわ【インダス川】**(Indus) ヒマラヤ山脈からパキスタン東部を南流し、カラチの南東でアラビア海に注ぐ大河。長さ二九〇〇km。流域は古代インダス文明の発祥地。

**インダストリアリズム[industrialism]** 産業主義。農業や手工業から近代的機械工業に経済活動の中心を移していく過程・運動。また、その社会組織。

**インダストリアル-エンジニアリング[industrial engineering]** 人間・資材・設備からなる総合的な経営・管理システムの設計・改善・管理を、科学の知識や技術を適用して行う手法。IE。生産工学。

**インダストリアル-ダイナミックス[industrial dynamics]** ↓システムダイナミックス

**インダストリアル-デザイン[industrial design]** 工業デザイン。工業製品を見た目に美しく、使うのに便利にするためのデザイン。工業意匠。ID。

**インダス-ぶんめい【インダス文明】** 前三〇〇〇〜前一五〇〇年ごろ、インダス川流域に栄えた古代都市文明。ハラッパーやモヘンジョダロの都市遺跡に代表される。都市は排水設備が整い、大浴場・倉庫・市場などの公共施設をも備えていた。アーリア人の侵入で消滅。Indus Civilization

**インタビュアー[interviewer]** インタビューをする人。インタービューアー。

**インタビュー[interview]**(名・サ変自) ①面会。会見。②記者やアナウンサーなどが、取材のために人と面談すること。また、その記事や放送。

**いんだら【因▾陀羅】** ①《Indra梵 の音写》インドのベーダ神話の代表的な神。雷神からしだいに英雄神となった。仏教では帝釈天となる。②(生没年未詳) 中国、元末の禅僧・水墨画家。粗い筆致で禅機図や祖師図を描いた。

**いんだら-もう【因▾陀羅網】**『華厳経』のことば。帝釈天(=因陀羅)の宮殿に張りめぐらされた宝網。無数の結び目一つ一つに宝珠がつけられていて、互いに映じ合う。あらゆるものが関係し合い、互いにさわりなく存在することのたとえ。帝網。

**インタレスト[interest]** ①関心。興味。②利害関係。

**インタレスト-グループ[interest group]** 特定の利害・関心や欲求に基づき、それを維持・実現するために組織された社会集団。利益集団。利害集団。

**いん-ち【引致】**(名・サ変他) ①ひっぱってつれていくこと。walking off ②容疑者・被告人などを裁判所・検察庁・警察署に強制的に出頭させること。



▾常用漢字表外。 ▿常用漢字表の音訓外。

**いん-ち【韻致】** 風流なおもむき。

**インチ【inch・吋】**《「英寸」とも》ヤード-ポンド法による、長さの単位。一インチは一二分の一フィート、約二・五四cm。記号in。

**いんちき**（名・形動・サ変自）正しくないこと。ずるいさま。ごまかし。fraud

**いんちき-くさ・い**（形）いんちきらしい。

**インチョワン【銀川】**（Yínchuān）↓ぎんせん（銀川）

「川」

**インチョン【仁川】**（Inchŏn）↓じんせん（仁川）

**いんちん-こう【茵蔯蒿】** 生薬の一つ。キク科のカワラヨモギの花穂、または根出葉を乾燥したもの。発熱・黄疸の消炎性利尿薬として使う。

**インディアナ【Indiana】** アメリカの五大湖地方南部の州。コーンベルトに属する農牧業地帯で、工業もさかん。人口五四九万（一九八〇）。

**インディアナポリス【Indianapolis】** アメリカのインディアナ州の州都。商業都市。農畜産物の集散地で、交通の要地。人口七〇・一万（一九八〇）。

**インディア-ペーパー【India paper】** 不透明でごく薄く、丈夫な紙。聖書や辞書などの印刷に使用される。インディア紙。インディアンペーパー。

**インディアン【Indian】**《インドの、インド人の、の意》①インド人。②アメリカインディアン。

**インディアン-ざ【インディアン座】** 南天の星座。日本からは一部しか見えない。一〇月七日ごろの午後八時ごろに南中。面積二九四平方度。Indus

**インディアン-サマー【Indian summer】** 北米大陸で秋の半ばから終わりにかけて現れる暖かい晴天の日。日本の「小春日和」、ドイツの「老婦人の夏」にあたる。

**インディアン-スピナッチ【Indian spinach】** ↓つるむらさき（蔓紫）

**インディアンヘッド【Indianhead】**《商標名》地厚で上質な平織りの綿布。太めの綿糸を多く使い、麻の風合いと、絹の光沢をもつ。

**インディアン-ランナー【Indian runner】** アヒルの一品種。ふつうのアヒルに比べて直立に近い体形で、首が細長く、体つきも全体に細い。褐色と白のまだら模様のものが多い。卵用種。東南アジア原産。

**インディー【indie】**《independentから》映画・レコードの製作で、独立プロとして小規模の予算で活動する会社。そこで作られた映画・レコード。用例 — レーベル。

**インディオ【Indio スペイン】**《インディアン、の意》ラテンアメリカに住むインディアン。

**インディゴ【indigo】** ↓インジゴ

**インディ-ごひゃく【インディ五〇〇】**《正式名Indianapolis 500》一九一一年以来、戦時を除き毎年五月末、アメリカのインディアナポリスのレース場で行われている自動車レース。インディ。

**インディヘニスモ【indigenismo スペイン】** ラテンアメリカの先住民の復権と文化の復興をめざす運動の総称。一六世紀のスペインの侵略とともにおこり、現在も継承されている。

**インデクセーション【indexation】**《index（物価指数）に合わせる、の意》一定の指数に従って、賃金や金利などを物価にスライドさせる方式。インフレのもとでの不公平の是正策の一つ。

**いん-てつ【隕鉄】** 鉄やニッケルを主成分とする隕石。ニッケルの含有量は全重量の数パーセントから一〇%前後。鉄質隕石。iron meteorite

「数」

**インデックス【index】** ①索引。見出し。②指数。

**インデックス-ファンド【index fund】** 各種の平均株価指数（=インデックス）の動きに連動させて運用される株式投資信託。一九七〇年代後半からアメリカで発達した運用方法で、日本では昭和六〇年（一九八五）から相次いで発売された。

**インテリ**「インテリゲンチャ」の略。

**インテリア【interior】** ①内部。内側。②室内装飾品。室内調度品。また、室内空間を造形すること。対義 エクステリア。

**インテリア-グッズ**《和製語》敷物・照明器具・室内調度品など、インテリア商品の総称。

**インテリア-コーディネーター**《和製語》内装仕上げなどのインテリアデザインを、消費者にアドバイスする職業の人。消費者とデザイナー・施工業者との間を調整する。国家試験があり、通産大臣によって資格が認定される。

**インテリア-デザイン【interior design】** 機能性・快適性などを考えた、室内環境のデザイン作業。敷物・カーテンのほか家具や設備機器のデザインも含まれる。室内設計・装飾。

**インテリゲンチャ【intelligentsiya ロシア】**《もとは帝政ロシア時代の西欧派自由主義者をさした》文化的・知的生産にたずさわる社会層。知識人。知識層。インテリ。intelligentsia

**インテリジェンス【intelligence】** 知能。知性。理解力。

**インテリジェント-シティー【intelligent city】** 頭脳都市。ひろい分野の学者・研究者が集まり、高度情報通信システムなど、研究・通信施設が整備されている都市。筑波研究学園都市など。

**インテリジェント-ターミナル【intelligent terminal】** 演算だけでなく、記憶機能をもってデータの蓄積や情報の検索などの知的作業をする端末装置。ワークステーション。

**インテル**《interline leadsから》↓こめもの（込め物）

**インテルサット【INTELSAT】**《International Telecommunications Satellite Organizationの略》国際電気通信衛星機構。一九六四年発足。静止衛星で国際間のテレビ中継・電話・テレックス・ファクシミリなどの通信を行っている。

「曲」

**インテルメッツォ【intermezzo イタリア】** 間奏曲。

**いん-てん【院展】**「日本美術院展覧会」の略。

**いん-でん【印伝】**《インドから伝来、の意で、古くはインド産のなめし革を用いた》シカのなめし革。染色し、漆で模様を付けて袋物などにする。甲州印伝革が有名。印伝革。

**いん-でんき【陰電気】** エボナイトを毛布でこすったとき、エボナイト側に生じる静電気。電子の電荷と同符号の電荷。負電気。負電荷。negative electricity 対義 陽電気。

**いん-でんし【陰電子】** 陰電気を帯びた電子。電子。negatron 対義 陽電子。

**インド【India・印度】**（Republic of India）アジア大陸中南部、インド半島の連邦共和国。首都ニューデリー。一九四七年イギリスから独立。ヒマラヤ山系・ヒンドスタン平原・デカン高原・大インド砂漠からなる。農業国で小麦・米・綿花・茶・ジュートの生産が多いが、総合開発政策により綿工業・鉄鋼業も発展。面積三三〇六・五万km²。人口七億六六一四万（一九八六）。

**インドア【indoor】** 室内。屋内。用例 — スポーツ。

**インドア-ゲーム【indoor games】** ↓しつないきょうぎかい（室内競技会）

**インド-あたいりく【インド亜大陸】**（Indian Sub-Continent）アジア大陸南部、インド・パキスタン・バングラデシュ・ネパール・ブータン・シッキム・スリランカを含む地域。

**インド-イラン-ごは【インド-イラン語派】** インド-ヨーロッパ語族中の一派。古代アーリア人に発し、サンスクリット語・古代ペルシア語・アベスタ語およびその流れをくむ諸言語。Indo-Iranian

**いん-とう【咽頭】** 鼻腔・口腔と喉頭・食道との間にあり、気道および消化管の一部をなす。上・中・下の三部分に分けられ、上咽頭は鼻腔に、中咽頭は口腔に、下咽頭は食道につながる。pharynx ↓呼吸器系図

**いん-とう【淫蕩】**（名・形動）みだらなあそびにふけること。みだらなこと。lecherous

**いん-どう【引導】**《仏教語》①迷っている衆生を教えみちびいて仏道にはいらせること。②死者をほうむるとき、僧が死者の迷いをはらすために棺前でことばを与えること。また、その法語。

**引導を渡す** ①引導を唱える。②最後の宣告をして、思い切らせる。

**いんとう-えん【咽頭炎】** のどの粘膜の炎症。発熱・咽頭痛などの感冒症状がある。ウイルスや細菌の感染が原因。pharyngitis

**いんとう-かじょ【隠頭花序】** 花序の軸がふくらんで多肉となり、凹んでその内面に多くの花をつけるもの。熟すとイチジクのような果実となる。イチジク花序。hypanthium

**いんとうけつまく-ねつ【咽頭結膜熱】** アデノウイルスによる咽頭炎・結膜炎・発熱を症状とした感染症。伝染力が強く、学童が集団的に感染。プール熱。pharyngoconjunctival fever

**インド-うし【インド牛】** コブウシの別名。

**インドール【indole】** 化学式$C_8H_7N$ コールタールなどに存在する無色の結晶。アルコールに溶け、弱酸性を示す。インジゴなどの染料・香料の原料。

**インドール【Indore】** インド中部、デカン高原北西部、マディアプラデシュ州の商工業都市。農産物の集散・加工地。綿紡績の中心地。人口八二・七万（一九八一）。

**インドール-さくさん【インドール酢酸】** 植物ホルモンの一つ。植物界に広く分布し、細胞の生長を促進する。IAA。indole acetic acid

「称」

**インド-きょう【インド教】** ヒンズー教の別称。

**いん-とく【陰徳】** 人知れずほどこす善行・めぐみ。対義 陽報。用例 — を積む。

**陰徳有れば陽報有り** 陰徳を積めば、そのよい報いが、かならずやってくる。

**いん-とく【隠匿】**（名・サ変他）①物をかくすこと。concealment ②人をかくまうこと。to shelter

**インド-くじゃく【インド孔雀】** クジャクの一種。翼長約五〇cm。雄のくび・胸は藍色、冠羽は扇状。インド・スリランカに分布。シロクジャク。Indian peacock

**いんとく-ぶっし【隠匿物資】**《第二次大戦中に用いた語》不正に獲得した統制品、または隠し持った物資。

**インド-ゲルマン-ごぞく【インド-ゲルマン語族】** ↓インド-ヨーロッパごぞく（インド-ヨーロッパ語族）

**インド-ご【インド語】** インドで用いられている言語の総称。ヒンディー語が公用語とされるが、パンジャビー・マラーティー・ベンガリーの諸語、またそれらとは別系統のタミル語などドラビダ諸語がある。Indian languages

**インド-こくみんかいぎは【インド国民会議派】** ↓こくみんかいぎは（国民会議派）

**インドゴム-の-き【インドゴムの木】** クワ科の常緑高木。葉は楕円形で光沢があり、革質。以前はゴムが採取されたが、今では観葉植物・風致樹とされる。インド原産。India rubber tree ↓写

**インド-シナ【Indo-China・印度支那】** ①アジア南東部、インドシナ半島地域の通称。一般にベトナム・カンボジア・ラオスをさす。②①の三国にビルマ・タイ・マレーシアなどを加えたアジア南東部。

**インド-シナ-ごぞく【インドシナ語族】** 中国語・チベット語・タイ語・ビルマ語などの総称。シナ-チベット語族。Indo-Chinese languages

**インドシナ-せんそう【インドシナ戦争】** 旧フランス領インドシナに起きた民族独立戦争。第一次（対フランス一九四六〜五四年）と第二次（対アメリカ一九六〇〜七五年）がある。Indochina wars

**インドシナ-はんとう【インドシナ半島】**（Indochinese Peninsula）アジア大陸の南東部に突出した半島。古来多くの民族や文化が交流した。全域がモンスーン気候の影響を受ける熱帯・亜熱帯地域。

**インド-シルク【Indian silk】** インドに産する先染め絹織物。繭からチャルカ（手繰り器）で生糸を紡ぎ、手織り機で織る。柔軟で薄地。ドレス地、サリー・スカーフ用など。

**インド-すいぎゅう【インド水牛】** インドに野生するスイギュウ。体高約一・八m。水辺に群棲し、気が荒い。東南アジア・南ヨーロッパなどで家畜として、運搬用・水田耕作用に使われる。スイギュウ。Indian buffalo

**インド-ぞう【インド象】** 鼻の長い、大形の草食性哺乳動物。体長約五m、体高約三m、体重約五t。体、とくに耳介がアフリカゾウより小さい。牙は雌では短い。森林などに群棲する。アジア南部に分布。アジア象。Indian elephant; Asian elephant ↓写（次ページ）

**インド-そうとく【インド総督】** イギリス領インドで最高の統治権をもった官職。東インド会社の解散後、国王代理として副王を兼任。一九五〇年共和国憲法により廃止。the Viceroy of India

**インド-たいま【インド大麻】** 大麻の一種。とくに強い麻酔作用があり、マリファナ・ハシッシュなど、麻薬の原料とされる。Indian hemp

●インドゴムノキ



↓ 行き先項目、図版・写真参照印。 JIS 日本工業規格情報交換用漢字符号コード（区点コード）。

●インドゾウ

**インド‐ていこく【インド帝国】** イギリス女王がインド女帝を称した一八七七年(また はイギリス議会がインドを直接支配下においた一八五八年)から、インド連邦・パキスタンが独立した一九四七年までのインドをいう。

**インド‐てつがく【インド哲学】** インドで創始され発展した、宗教を中心とする哲学思想の総称。Indian philosophy

**イントネーション【intonation】** 話すときのことばの調子。おもに文や文節の終わりで、相手に対する働きかけのちがいを声を上げたり下げたりして表す。抑揚。「東京へ行った?」「東京へ行った!」などに見られるちがい。比較 音調・アクセント。

**インドネシア【Indonesia】**(Republic of Indonesia) 東南アジア南部、スマトラ・ジャワ・カリマンタン島など多数の島々からなる共和国。首都ジャカルタ。一九四九年オランダから独立。熱帯雨林・サバナ気候で、ゴム・コプラ・コーヒーの生産が多い。ジャワ島などは石油・錫・ボーキサイトの鉱物資源に富む。面積一九〇・五万$km^2$。人口一億六六九四万(一九八六)。正称インドネシア共和国。

**インドネシア‐ご【インドネシア語】** ①アウストロネシア語族の一つ、インドネシア語派の略称。北は台湾、西はマダガスカル島、東はニューギニア島西端まで分布する諸言語の総称。Indonesian ②インドネシア共和国の公用語のマライ語のこと。Indonesian

**インドネシア‐こくみんとう【インドネシア国民党】**(Partai National Indonesia) インドネシアの政党。一九二八年スカルノによって設立され、四五年インドネシア共和国誕生をもたらした。七三年インドネシア民主党に吸収。PNI。

**インドネシア‐りょうり【インドネシア料理】** やし油をよく使うのが特徴。熱帯に位置し、スパイスの産地を控えているので、スパイスを多量に使う料理も発達している。イスラム教国なので豚肉は食べない。

**インドのうた【インドの歌】**《原題Chant hindou》リムスキー＝コルサコフのオペラ『サトコ』中の歌。原曲はテノールだが、ソプラノ・管弦楽用その他の編曲も多い。

**インド‐パキスタン‐ふんそう【インド‐パキスタン紛争】** インドとパキスタン両国間の領土・水利・宗教などをめぐる紛争。一九四七年の分割独立時以来つづいている。

**インド‐ぶっきょう【インド仏教】** 前五～前四世紀の釈迦にはじまり、一三世紀初頭、イスラム教の進出で滅亡するまでのインドにおける仏教思想。原始仏教から部派仏教をへて、紀元前後ごろ、大乗仏教が発生。竜樹・弥勒・無着・世親らによって仏教教学の基礎が確立された。七世紀後半から八世紀にかけて、密教が成立。以後、その民衆化に伴ってヒンズー教と融合しあった。

**インド‐ぶんか【インド文化】** インド半島におこった文化の総称。多民族による混合文化で、言語はインド‐ヨーロッパ語系を主とする。おもな宗教はヒンズー教で、習俗の多くを規制している。

**インド‐ぼだいじゅ【印度▾菩▿提樹】** クワ科の常緑高木。葉は広卵形で先端が細長くのび、柄が長く、互生。枝や幹から生じた気根が地に達して支柱根となる。釈迦がこの木の下で悟りを開いたといわれる。ボダイジュ。テンジクボダイジュ。Bo tree

**インド‐よう【インド洋】**(Indian Ocean) アジア・アフリカ・オーストラリア・南極の各大陸に囲まれる大洋。面積七三五〇万$km^2$、平均水深三九六〇m、最大水深はスンダ海溝の七四五〇m。

**インド‐ヨーロッパ‐ごぞく【インド‐ヨーロッパ語族】** インドからヨーロッパの大半、およびシベリアに分布する諸言語の総称。インド‐イラン・バルト・スラブ・ギリシア・イタリック・ゲルマンなどの諸語からなり、英・ドイツ・フランス・ロシア語などがこれに属する。先史時代は共通原語(印欧祖語)であったとみなされる。屈折語であるのが特徴。印欧語族。インド‐ゲルマン語族。Indo-European languages

**インドラ【Indra梵】** →いんだら(因陀羅)

**インド‐ライオン** インドに生き残っているライオン。体長約二mで、アフリカ産のライオンよりやや小形であるが、形態や生態はほとんど差がない。現在、インド北西部カチアワル半島のギル森林保護区に約二五〇頭が生息。Asiatic lion

**インドリ【indri】** マダガスカル島特産のキツネザルに似たインドリ科の一種。体長約七〇cmで、この仲間では最大。尾は短く約三cm。森林の樹上にすみ、体を垂直に保ったまま木から木へ移動。昼行性で、木の葉などを食べる。

**インド‐りょうり【インド料理】** 国土が広いので、料理も多種。食欲を増進させるため、スパイスを使ったカレーなどの料理が代表的。主食は米か麦。ヒンズー教徒が多いため牛肉は食べない。

**インド‐りんご【印度林▾檎】** リンゴの品種の一つ。北米インディアナ州より明治時代に輸入された。果肉は固く、甘くて酸味がない。

**インド‐れんぽう【インド連邦】** インド共和国の前身。一九四七年イギリス連邦自治領として独立。五〇年、新憲法発効と同時に共和制となった。

**イントロ【intro】** ①「イントロダクション」の略。②ジャズや歌謡曲などで、導入部的な楽節。

**イントロダクション【introduction】** ①序説。序文。②導入。手引き。③音楽で、序奏。

**イントロン【intron】** 遺伝子DNAのなかで、たんぱく質に関する遺伝情報をもたない部分。遺伝情報部分であるエキソンの間に割り込んで存在。介在配列。対義 エキソン。

**インドわた‐の‐き【印度綿の木】** キワタ科の高木で樹皮はコルク質におおわれ、種子に綿毛がある。材を丸木舟、種子の綿毛を救命具や座席のつめ物に利用。樹脂を薬用。インド・スマトラに分布。ワタノキ。キワタノキ。キワタ。

**いん‐とん【隠▾遁】**(名・サ変自) 世をすててかくれること。世間からしりぞくこと。遁世。seclusion

**インナー‐キャビネット【inner cabinet】** 閣内内閣。戦時や非常事態が発生した場合などに迅速な処理をするため、内閣の実力者だけで構成される。とくにイギリスのものをさすことが多い。

**インナー‐シティー【inner city】** 夜間人口が減少し、空洞化した都市の中心部。先進国の大都市では、住宅環境の悪化や都市犯罪の増加などによって高・中所得層が郊外に流出し、都心部が荒廃する現象が進んでいる。

**いん‐ない【院内】** 院と呼ばれる施設・機関の内部。病院や衆議院・参議院などの中。

**いんない【院内】**〈町〉 大分県北部、駅館川上流の町。米どころ。人口六三一六(一九八八)。

**いんない‐かいは【院内会派】** 二人以上の国会議員を擁する会派。国会内での議員の発言権は議席数を基礎としており、各会派の議員数によって国会活動が左右される。

**いんない‐かんせん【院内感染】** 病院内で患者が他の病気に感染すること。病院施設・医療器具の汚染、医療および院内従事者の保菌などによる。infection in hospital

**いんないこうしょう‐だんたい【院内交渉団体】** 国会の議事運営にあたって交渉権を認められている議員の組織。慣行により衆院では二〇人以上、参院では一〇人以上の議席をもった党派。

**いんない‐そうむ【院内総務】** アメリカの政党における執行機関の一つで、議会の運営にあたる役員。各政党ごとに、上下両院につき一人ずつを議員総会で選出する。floor leader

**いん‐に【陰に】**(副) かげで。こっそり。secretly 対義 陽に。

**陰に籠る**(いんにこもる) ①不満や不平などの気持ちを外に現さず、内にこもる。introvert ②陰気に感じられる。gloomy 用例 鐘の音が―。

**陰に陽に**(いんにようにに) ないしょで、あるいは公然と。かげになり、ひなたになって。あらゆる機会に。openly and covertly

**いん‐にく【印肉】** 印を押すのに用いる着色料。艾などに、ひまし油・松やに・白ろうを混ぜて着色し、容器に詰めたもの。にく。

**いん‐にょう【▾廴▾繞】** →えんにょう(延繞)

**いん‐にん【隠忍】**(名・サ変自) じっとがまんすること。patience

**イニング【inning】** →イニング

**いんにん‐じちょう【隠忍自重】**(名・サ変自他) がまんして、軽々しくふるまわないこと。patiently and prudently

**いん‐ねん【因縁】** ①《仏教語》仏教の基本的な概念の一つ。結果を生じさせる直接的な原因(＝因)と外側からそれを助ける間接的原因(＝縁)。すべてのものは、この因と縁によって生じ、滅するとする。karma relation ②前世からの定まった運命。fate ③由来。来歴。origin ④いいがかり。もんく。pretext ⑤関係。ゆかり。connection 用例 浅からぬ―。

**因縁を付ける**(いんねんをつける) 言いがかりをつける。

**いんねん‐ずく【因縁▿尽く】** ①因縁のために生じたこと。②因縁があること。

**いん‐のう【陰▾嚢】** 男子の生殖器の一部。陰茎の下方にあり、精巣(＝睾丸)・精巣上体(＝副睾丸)および精管下部を包む皮膚の袋。ふぐり。scrotum →生殖器図

**インノケンティウス〈三世〉【Innocentius III】**(一一六〇～一二一六) 教皇権全盛時のローマ教皇(在位一一九八～一二一六)。教皇の絶対支配権を確立した。

**いん‐の‐しま【因島】** 広島県南東部、芸予諸島の島。面積三二・九$km^2$。かつての村上水軍の根拠地。造船で栄えた。因島大橋で向島と結ばれる。

**いんのしま【因島】**〈市〉 広島県南東部の市。因島全島と生口島の一部からなる。かつては造船業で栄えた。ミカン栽培がさかん。人口三万五二二〇(一九八八)。

**いんのしょう【院▾庄】** 美作の地名。現在の岡山県津山市の西部。後醍醐天皇が隠岐へ遷幸のさい、児島高徳が桜の木に詩文を書いた故事で有名。

**いん‐の‐ちょう【院の庁】** 上皇または法皇が政治を見た役所。

**いんば【印▾旛】**〈村〉 千葉県北部、印旛沼に臨む村。稲のほか、多種類の野菜を栽培。人口七六二一(一九八八)。

**いん‐ぱ【院派】** 平安後期から鎌倉時代にかけて活躍した仏師(＝仏像製作者)の一派。七条大宮仏所と、その分派の六条万里小路仏所の仏師たち。

**インバー【invar】** ニッケル鋼の一種。ニッケル三六%、マンガン〇・五%、炭素〇・二%以下、残りは鉄の合金。熱膨張係数が小さくメートル標準器などに使われる。アンバー。

**インバーカーギル【Invercargill】** ニュージーランド南島南部、フォーボー海峡に臨む港湾都市。農牧業の一中心地。人口五・三万(一九八六)。

**インバーター【inverter】** 直流を交流に変換する装置。停電時の予備電源や直流電気鉄道車内のクーラーやファンなどに使用。

**インパール【Imphal】** インド東部、マニプル州の州都。第二次大戦中、日本軍のインパール作戦の目標地として有名。人口一五・六万(一九八一)。

**インパール‐さくせん【インパール作戦】** 第二次大戦中、日本軍によるインド東部マニプル州の州都インパール占領のための侵攻作戦。昭和一九年(一九四四)作戦は失敗に終わり、撤退。

**いん‐ばい【▾淫売・▾婬売】**《卑語》女が金を取って男と性行為を行うこと。その女。売春。

**インパクト【impact】** ①衝突・衝撃・効果。また、強い影響。②野球のバット、ゴルフのクラブ、テニスのラケットなどでボールを加撃した瞬間。また、その加撃。

**インパクト‐ローン【impact loan】** ①開発計画などの実施にともなうインパクトとして生じる、原材料・消費財などへの追加需要をみたすための外貨貸し付け。②使いみちに規制のない外貨の借り入れ。アンタイドローンとほぼ同じ意味。

**いんば‐ぬま【印▾旛沼】** 千葉県北部、成田市の西にある沼。干拓工事で北部・西部調整池を残すのみ。農・工業用水に利用。

●インバネス

▾常用漢字表外。 ▿常用漢字表の音訓外。

**インバネス**［Inverness］ 男子用防寒コート。袖無し、ケープつき。和服用は、二重回し・とんびともいう。↓図(前ページ)

**インパラ**［impala］ ウシ科に属するレイヨウの一種。体高八〇㌢内外。雄にはらせん状に巻いた長い角があり優美。跳躍力に優れ、一～二mあまりも跳躍する。やぶの多い所に群れですみ、草食性。アフリカ中南部に分布。↓写

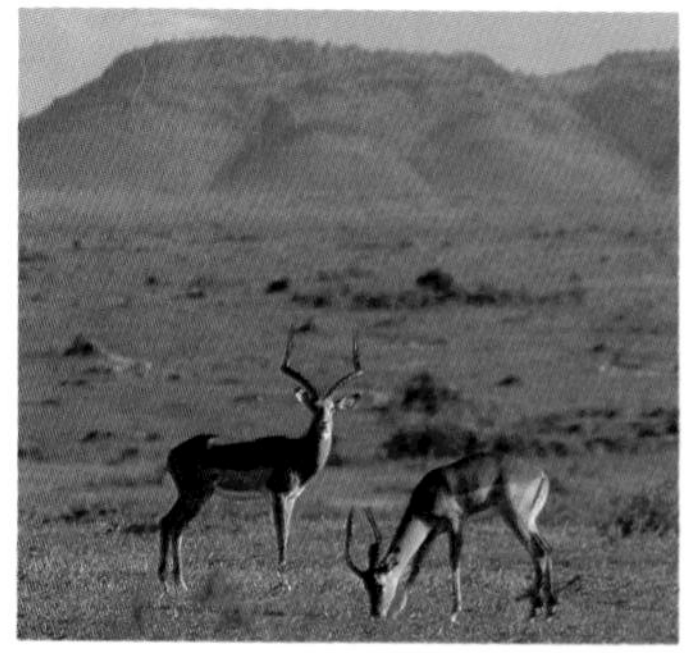
●インパラ

**インパルス**［impulse］ ①衝動。ある行動にかりたてる刺激。でき心。②電気で、衝撃電圧や衝撃電流。③生理学で、神経線維を伝わる活動電位。神経衝撃。④物理で、力積。

**いん-ばん**【印判】 はんこ。印。印形いんぎょう。いんぱん。seal 対義 書き判。

**いん-び**【▾淫▾靡・▾婬▾靡】(名・形動) 風俗・男女関係などがみだらなこと・さま。obscenity

**いん-び**【隠微】(名・形動) おく深く、かすかに現れること・さま。気がつかないほど、微妙なこと・さま。subtle

**インピーダンス**［impedance］ 交流回路で、電流の流れにくさを示す量。大きさは電気抵抗の抵抗値、コイルのインダクタンスおよびコンデンサーの電気容量による。単位はオーム。記号Ω。

**いん-ぶ**【陰部】 男女の生殖器で体外に現れている部分。かくしどころ。

**いん-ぷ**【印譜】 さまざまの印影を集めた本。

**いん-ぷ**【陰府】 あの世。めいど。

**いん-ぷ**【▾淫婦・▾婬婦】 多情な女。みだらな「女。

**イン-ファイト**《和製語。infightingから》ボクシングの戦法の一つ。相手に接近し、ふところにとびこんで打ち合う。比較 アウトボクシング。

**インフィールド-フライ**［infield fly］ 野球やソフトボールで、無死または一死で走者が一、二塁あるいは満塁のときの、捕球が容易な内野フライ。故意落球による重殺を防ぐため、野手の捕球の有無に関係なく打者アウトを宣告される。

**いん-ぷう**【▾淫風・▾婬風】 みだらな風俗や「風潮。

**インフェリオリティー-コンプレックス**［inferiority complex］ 心の中のしこりとなった劣等感。アードラーによって導入された精神分析学の用語。劣等コンプレックス。

**インフェルノ**［infernoイタリア］ 日地獄。地獄のように恐ろしい所。目《原題L'Inferno》ダンテの『神曲』の初編である「地獄編」。

**インフォーマティブ-アド**［informative ad.］ 解説広告。事実に基づいた情報を提供して消費者の商品選択に役立つことをめざす広告。説明広告。

**インフォーマル**［informal］(形動) 対義 フォーマル。①非公式なさま。用例 —な会合。②略式なさま。用例 —ドレス。

**インフォーマル-オーガニゼーション**［informal organization］ 非公式組織。親愛感などの感情に基づいて自然発生的に形成される集団。明確な共通目的をもたず、階層・権限関係もない。対義 フォーマルオーガニゼーション。

**インフォマーシャル**《和製語。informationとcommercialから》宣伝臭さを弱め、くわしい商品情報の提供をめざす広告番組。

**インフォメーション**［information］ ①知らせ。報告。情報。資料。②案内所。受付。

**インフォメーション-デモクラシー**［information democracy］ 情報民主主義。

**いん-ふたぎ**【韻▾塞ぎ】 古詩の韻字をかくし、各人でそれを推量して当てる文字遊び。平安時代に貴族の間で流行した。掩韻えんいん。

**インプット**［input］(名・サ変他)《入力、あるいは入力する、の意》対義 アウトプット。①電気用語で、信号を回路に送り込むこと。②コンピューターで、情報やデータを入力すること。

**インフラストラクチャー**［infrastructure］《土台の意》社会・産業発展の基盤となる施設。道路、鉄道、港湾、通信、電気・ガス設備、上下水道など。

**インプリンティング**［imprinting］ 動物が本能的にもっている学習様式の一つ。生後間もない限られた時期に習得され、永続性をもつ行動。たとえば孵化ふかしたばかりのひな鳥に、何か動く対象を見せると、それを追いかけ、その後その対象が親であるかのように行動し続けるなど。動物学者ローレンツの命名。刷り込み。刻印づけ。

**インフルエンザ**［influenza］ ↓りゅうこうせいかんぼう(流行性感冒)

**インフルエンザ-ウイルス**［influenza virus］ インフルエンザの病原体。上気道粘膜に侵入し呼吸器系を冒す。血清反応によって、A・B・Cの三型に分かれる。

**インフレ** 「インフレーション」の略。

**イン-プレー**［in play］ 球技などのスポーツで、競技が進行中のこと。

**インフレーション**［inflation］ ＝インフレ。対義 デフレーション。①通貨膨張。貨幣が物の量に比較して多量に発行されること。②物価騰貴。各種の財・サービスの価格上昇を通じてひき起こされる一般物価水準の持続的上昇。

**インフレーション-かいけい**【インフレーション会計】 インフレによる貨幣価値の変動に即応して行う企業会計方式。架空利益の計上などを是正する。inflation accounting

**インフレ-ギャップ**《inflationary gapから》完全雇用のもとで、国民総生産よりも有効需要が大きいときの、その差額。対義 デフレギャップ。

**インプレッショニズム**［impressionism］ ①印象主義。②印象派美術。「銘。

**インプレッション**［impression］ 印象。感

**インフレ-ヘッジ**《inflationary hedgeから》インフレによる貨幣価値の下落ひいては財産価値の損失を防ぐために、まえもって株・商品・不動産などを買っておくこと。

**いん-ぶん**【韻文】 対義 散文。①韻をふんだ文。漢文の詩や賦ふなど。verse ②リズムのある文。詩・歌・俳句など。poetry

**いん-べ**【▿忌▿部・▿斎▿部】 大和朝廷の祭祀さいしをつかさどった一族。天武てんむ天皇の時、宿禰すくねの姓かばねを受けた。中臣なかとみ氏の台頭により衰退。いみべ。いむべ。

**いん-ぺい**【隠▾蔽・隠▾蔽】(名・サ変他) おおいかくすこと。concealment 用例 真相を—する。

**いんぺい-しょく**【隠▾蔽色】 動物の体が環境にまぎれて見えにくくなる効果をもつ色彩。被食者は捕食者から逃れやすく、捕食者は獲物に近づきやすくなる。concealing coloration 比較 保護色。

**インベーダー**［invader］ 侵入者。侵略者。

**インベーダー-ゲーム**《和製語》昭和五〇年代中期(一九七五年前後)に大流行したテレビゲームの一種。攻めて来る大勢のインベーダー(＝侵略者)やUFOをミサイルで消すと得点になる。

**インペラトル**［imperatorラテン］《命令者の意》ローマ共和制時代、凱旋がいせん将軍に贈られた称号。カエサルはこの称号を終身使用。アウグストゥス以降は皇帝の称号とされた。エンペラーの語源。

**インペリアリズム**［imperialism］ 帝国主義。

**インペリアル-ケミカル**［Imperial Chemical Industries PLC］ イギリスの国際的総合化学会社。一九二六年設立。ICI。

**インベルターゼ**［invertase］ 蔗糖しょとうをブドウ糖と果糖とに加水分解する反応の触媒となる酵素。酵母菌・動物の腸液などに広く分布。サッカラーゼ。スクラーゼ。転化酵素。

**インベンション**［Invention］《もとラテン語。発見、創意の意》①音楽で、対位法小曲。②バッハ作曲のクラビアのための初歩的な二声および三声の対位法小曲集。一七二〇～二三年作曲。全三〇曲。

**いん-ぼ**【韻母】 中国音韻学の用語。音節から頭子音を除いた残り全体をいい、さらに介母・主母音・韻尾に分けられる。

**インボイス**［invoice］ ↓しきりじょう(仕切り状)

**いん-ぼう**【印房】 はんを作る店。

**いん-ぼう**【陰謀・隠謀】 ①ひそかにたくらむ悪い計画。plot 用例 —を練る。②法律で、犯罪の相談。conspiracy

**インポテンツ**［Impotenzドイツ］ ①器質的・心理的な原因による男子の性交障害。性交不能症。陰萎いんい。impotence ②生殖不能。impotence

**インボリュート**［involute］ 固定した円筒に巻いた糸を引っぱりながらほぐすとき、糸の端が描く曲線。歯車の歯形曲線に利用される。伸開線。参照 エボリュート。↓図

**いん-ぽん**【院本】 ①中国の金きん代に起こった戯曲・演劇の総称。②浄瑠璃じょうるりの詞章全部を収めた版本。丸本まるほん。正本しょうほん。

**いん-ぽん**【▾淫奔・▾婬奔】(名・形動) 性的にだらしないこと。多情。いんらん。

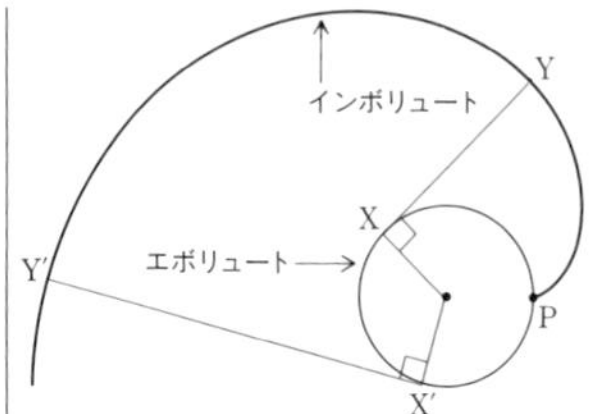

●インボリュート

$\widehat{XP}=XY$　$\widehat{X'P}=X'Y'$

インボリュート曲線を利用した歯車

**インマーマン**［Karl Leberecht Immermann］(一七九六～一八四〇) ドイツの劇作家・小説家。ロマン主義の伝統に立ち写実主義の先駆。風刺小説『ミュンヒハウゼン』など。

**インマルサット**［INMARSAT］《International Maritime Satellite Organizationの略》国際海事衛星機構。陸上と船舶の間、また船舶どうしの通信に静止通信衛星システムを提供する国際組織。一九七九年発足。

**いん-みょう**【因明】 古代インドの論理学。仏教では五明の一つ。

**いん-めい**【▾殞命】 死ぬこと。落命。

**いん-めつ**【隠滅・▾堙滅・▾湮滅】(名・サ変自他)《「煙滅えんめつ」は誤り》あとかたもなく消えてなくなること、なくすこと。消滅。もみけし。destruction 用例 証拠を—する。

**イン-メモリアム**［In Memoriamラテン］《…を記念して、…をしのんで、の意。碑文などに用いる》イギリスの詩人テニソンの長詩。一八五〇年刊。友人追悼の叙情詩。

**いん-めん**【印面】 印章で、文字のほってある面。

**いん-めん**【印綿】 インド産の綿。繊維が太く短い。Indian raw cotton

**いん-も**【▾恁▾麼・▾什▾麼】《中国の口語から。主として禅宗で使われた》どのよう。いかに。どう。

**いん-もつ**【音物】 ＝いんぶつ。①おくり物。進物。②わいろ。

**いん-もん**【陰門】 女子の生殖器の外陰部。女陰。

**いんもん-どき**【印文土器】 主として中国の東南沿岸地域で用いられた土器。器面に複雑な幾何学文きかがくもんを印刻。殷いん・周しゅう代より漢代にかけてよく用いられた。

**いん-ゆ**【引▾喩】 修辞法の一つ。自分の言いたいことの表現に、故事や慣用句、他人の文章をとり入れること。allusion

**いん-ゆ**【因由】(名・サ変自) ↓いんゆう(因由)

**いん-ゆ**【隠▾喩】 修辞法の一つ。たとえを言うのに「…のようだ」「…のごとし」などの語を用いないもの。「雪の肌」「氷のやいば」「頭に霜しもをおく」など。暗喩。メタファー。metaphor 対義 直喩。

**いん-ゆう**【因由】(名・サ変自) 事物の起源。原因。由来。いんゆ。

**いん-よう**【引用】(名・サ変他) 古人のことばや他の文章・事例などを引き合いに出すこと。quotation

**いん-よう**【陰葉】 樹木で日当たりの悪い側にできる葉。陽葉にくらべて発育に差があることが多い。shade leaf

**いん-よう**【陰陽】 ①易学の基本的な思想。万物は天地・昼夜・男女など対立する二要素の変化により生成されるとする。②電気の陰極と



↓行き先項目、図版・写真参照印。 JIS 日本工業規格情報交換用漢字符号コード(区点コード)。

陽極。cathode and anode
**陰陽を燮理す**(いんようをしょうりす)《『尚書』にあることば。「燮理」は、やわらげ、治めて、具合よく整える、の意。陰と陽の二気を調整することから》すぐれた政治を行うこと。

**いん-よう**【飲用】(名・サ変他) 人が飲むこと。また、飲むために用いること。for drinking 用例 ——水。

**いんようごぎょう-せつ**【陰陽五行説】 古代中国の世界観。宇宙の万物は陰陽の二元の変化により生成するとする陰陽説と、万物を支配する木・火・土・金・水の五元素の盛衰によって変転するとする五行説の二概念が総合されたもの。天文現象と人事との相関関係を説く原理とされた。

**いんよう-しょ**【引用書】 そこから引用した本。reference book

**いんよう-せき**【陰陽石】 男女の性器をかたどった石。多くは路傍の祠などに祭られ、縁結び・妊娠の祈願・商売繁盛などの神として信仰される。

**いんよう-どう**【陰陽道】 ↓おんようどう(陰陽道)

**いんよう-ぶん**【引用文】 自分の説の論拠とするためなどから、借りてきて引き合いに出す他者の文章。quoted passage

**いん-よく**【▼淫欲・▼婬欲】 男女の情欲。色欲。carnal desires

**いん-らん**【▼淫乱・▼婬乱】(名・形動) みだらな行いにふけること。性的に乱れていること・さま。いんぽん。lewdness

**いん-りつ**【韻律】 韻文の音声的な形式。日本の短歌・俳句のように音数によるものと、ヨーロッパの詩のように母音の音量や強勢によって決定される、抑揚または強弱の配列によるものとがある。リズム。rhythm

**いん-りょう**【飲料】 飲み物。beverage 用例 清涼——。

**いんりょう-すい**【飲料水】 飲用に適する水。有機物・病原菌・毒物などを含まず、無色透明で、pHが五・八〜八・六の水。drinking water

**いん-りょく**【引力】 二物体が引き合う力。異符号の電荷のクーロン力や、万有引力など。attractive force 対義 斥力。

**いんりょく-けん**【引力圏】 ある天体の引力が、近くのほかの天体の引力に比べ、強く作用する範囲として便宜的に導入された概念。月の地球に対する引力圏半径は六万六五〇〇㎞、地球の太陽に対するそれは九二万五〇〇〇㎞である。attractive force field

**いん-れい**【引例】 引用した例。引証。example

**いん-れき**【陰暦】 対義 陽暦。①わが国で、明治六年(一八七三)の太陽暦採用以前に行われた、太陰太陽暦の一般的呼称。旧暦。②太陰暦。

**いん-ろう**【印▼籠】《もとは印や印肉を入れたことから》おもに江戸時代、武士が帯にさげた装身具。三重または五重の平たい長円筒形の小箱。応急薬などを入れた。薬籠。印籠巾着。↓写

●印籠

**いんろう-づけ**【印▼籠漬(け)】 漬物の一種。種子を除いたシロウリを塩漬けにし、内部に大根・昆布などを詰めてかす漬けやしょうゆ漬けに仕上げたもの。

**いん-わい**【▼淫▼猥・▼婬▼猥】(名・形動) みだらなこと。ひわい。obscene

# うウ

**う**【う・ウ】 五十音図あ行第三の仮名。平仮名「う」は「宇」の草体。片仮名「ウ」は「宇」の上部。uの音のほか、ウ段・オ段の長音を示す。「ヴ」はv音を示すものとして、明治以来、外来語の表記に用いられる。

**ウ** 3画 【▼于】 部首[二] JIS 4818
音 ウ・ク
①ここに。語調をととのえるのに用いる。②おいて。…に。…を。場所・時・対象などを示す。③…より。…よりも。比較・対照を示す。

**ウ** 5画 【右】 部首[口] 教育小1 JIS 1706
音 ウ・ユウ
訓 みぎ
①みぎ。みぎがわ。対義 左。「右往左往・右折・右翼手・右腕」②保守的・国粋的な思想傾向。また、その人。対義 左。「極右」「右傾・右派」
↓ユウ[右]

**ウ** 6画 【▼吁】 部首[口] JIS 5062
音 ク・ウ
ああ。あ。驚き・怪しみ・嘆きなどのときに発する声。

**ウ** 6画 【宇】 部首[宀] 教育小6 JIS 1707
音 ウ
①いえ。やね。のき。「一宇・堂宇」②建物を数えるのに用いる。用例 (助数)一——の御堂。③そら。あめ。「宇内・宇宙」④人のたち。品性。度量。「気宇」⑤あたり。付近。「眉宇」⑥御代。君主が天下を治めている期間。「御宇」

**ウ** 6画 【▽芋】 部首[艹] 常用 JIS 1682
音 ウ
訓 いも
いも。いも類。また、サトイモ。

**ウ** 6画 【有】 部首[月] 教育小3 JIS 4513 ／ 6画 【▼有】 旧字
音 ユウ・ウ
訓 ある
筆順 ↓ユウ[有]

①ある。もっている。存在する。対義 無。「希有」「有情・有象無象・有徳」②仏教で、存在するもの・こと。迷いとしての生存の事実。十二因縁の第一〇。対義 空。「中有」
↓ユウ[有]

**ウ** 6画 【羽】 部首[羽] 教育小6→教育小2 JIS 1709 ／ 6画 【▼羽】 旧字
音 ウ
訓 は・はね
①はね。は。つばさ。「羽化・羽毛」②出羽国・羽前国または羽後国のこと。「奥羽」「羽州」

**ウ** 7画 【▼迂】 部首[辶] ／ 6画 【▼迂】 部首[辶] 異体字 JIS 1710
音 ウ
①とおい。まわりどおい。とおまわり。「迂遠・迂回・迂闊」②にぶい。ものごとにうとい。実際的でない。「迂闊・迂愚」

**ウ** 7画 【▼杅】 部首[木]
音 ウ
①ゆのみ。湯茶を飲むための器。②ゆあみだらい。からだを洗うための大きな器。

**ウ** 8画 【▼盂】 部首[皿] JIS 6619
音 ウ
はち。大きなおわん。食べ物をいれる器。

**ウ** 8画 【雨】 部首[雨] 教育小1 JIS 1711
音 ウ
訓 あめ・あま
あめ。あま。あめがふる。対義 晴・曇。「降雨・豪雨・大雨・風雨・雷雨」「雨天・雨量」

**ウ** 9画 【▼栩】 部首[扌] 和製漢字 JIS 5743
音 ウ・ク
《「栩」の転》トチノキ。トチノキ科の落葉高木。姓氏などに用いられる。

**ウ** 9画 【▼禹】 部首[禸] JIS 6727
音 ウ
中国古代の夏王朝の始祖とされている人。夏伯。禹王。尭帝のとき大洪水がおこり、尭のあとをついだ舜帝に命じられて、治水に成功した。その後、舜に帝位をゆずられたという。「舜禹」「禹域・禹行舜趨」

**ウ** 9画 【▼竽】 部首[竹]
音 ウ
吹奏楽器のふえの一種。笙の大きなもの。もとは三六管、後世には一九管。

**ウ** 9画 【▼紆】 部首[糸] JIS 6894
音 ウ
①まがる。まげる。「紆余曲折」②めぐる。まつわる。③心がはればれしない。わだかまる。

**ウ** 10画 【▼烏】 部首[灬] JIS 1708
音 オ・ウ
①カラス。スズメ目に属する鳥。「烏合の衆・烏鷺」②くろ。くろい。「烏鷺」③ひ。太陽。「烏兎匆匆」④いずくんぞ。どうして。「烏有」

**ウ** 11画 【▼雩】 部首[雨]
音 ウ
あまごい。あまひき。あまごいをする。

**ウ** 13画 【▼傴】 部首[人・亻] JIS 4893
音 ウ
①かがむ。せぐくまる。背中を前にまげる。「傴僂」②背中がまがりのびない病気。「傴僂」

**ウ** 24画 【▼齲】 部首[歯] JIS 8390
音 ク・ウ
むしば。むしばになる。歯がくさる。「齲歯」

**う**【▼卯】 ①十二支の第四。②昔の時刻の名。今の午前六時、およびその前後の二時間。③方角で、東。east

**う**【▼兎・▼兔】 ウサギの古名。用例 ——の毛。

**う**【▼鵜】 ウ科の水鳥の総称。翼長三〇㎝内外。巧みに潜水して魚を捕らえる習性を利用して、古くから鵜飼いが行われている。日本に繁殖、分布するのはカワウ・ウミウ・ヒメウ・チシマウガラスの四種。世界に約三〇種。シマットリ。cormorant ↓写

●ウ　カワウ

**鵜の真似する烏**(うのまねするからす) 自分の才能のほどを考えずに人まねをすると、必ず失敗するというたとえ。類似 邯鄲の歩み。

**鵜の目、鷹の目**(うのめ、たかのめ) ウが魚を、タカが小鳥などを求めるように、熱心に物を探し求めるさま。また、その目。用例 ——でさがす。

▼常用漢字表外。▽常用漢字表の音訓外。

**う【得】** 古語 ㊀(下二他) ①手に入れる。用例いかで、このかぐや姫をえてしがな、見てしがなと(竹取)。②理解する。用例この心をえざらん人は、物狂ひともいへ(徒然・一一二)。③すぐれている。用例しかあれど、これかれえたる所、えぬ所、互ひになむある(古今・仮名序)。㊁(補動 下二) …できる。用例留めえぬ命にしあれば(万葉・三・四六一)。

**う** (助動 特殊型)《五段の動詞、形容詞・形容動詞および助動詞「ない・たい・そうだ(=様態)・ようだ・だ・ます・です・た」などの未然形に付く》①意志を表す。用例こんどはしっかりやろ―。ぼくが書こ―。②勧誘・命令を表す。用例さあ、帰ろ―。そこをどいてもらお―。③推量を表す。用例午後は雨になるでしょ―。さぞおもしろかろ―。参照よう。参考動詞に付いた場合は主として意志で、形容詞・形容動詞に付いた場合は推量。動詞の場合に推量を表すには、その終止形に「だろう」を付ける言い方がふつう。この「う」を助動詞でなく、語尾とする考えもある。

**ヴ** ↓う【う・ウ】

**ヴァージニア**[Virginia] ↓バージニア

**ヴァージル**[Virgil] ウェルギリウスの英語名。

**ヴァージン**[virgin] ↓バージン

**ヴァーモント**[Vermont] ↓バーモント

**ヴァイオリン**[violin] ↓バイオリン

**ヴァガボンド**[vagabond] ↓バガボンド

**ウアカリ**[uakari] オマキザル科ウアカリ属に含まれる哺乳類の総称。顔から頭にかけはげあがっているのが特徴。三種あるが、いずれも体長約四五cm。尾は短い。樹上にすみ、下にはほとんど降りてこない。果実や葉などを食べる。アマゾン川上流域に分布。

**ヴァキューム**[vacuum] ↓バキューム

**ヴァスコ-ダ-ガマ**[Vasco da Gama] ↓バスコ=ダ=ガマ

**ヴァチカン-しこく【ヴァチカン市国】**(Vatican City State) ↓バチカンしこく(バチカン市国)

**ヴァヌアツ**[Vanuatu] ↓バヌアツ

**ヴァリエーション**[variation] ↓バリエーション

**ヴァリグブラジル-こうくう【ヴァリグブラジル航空】**(Viacao Aerea Rio Grandense ポルトガル) ブラジル最大の航空会社。一九七二年設立。ヴァリグ。VARIG。

**ヴァリャドリード**[Valladolid] ↓バリャドリード

**ヴァリュー**[value] ↓バリュー

**ヴァルガ**[Varga] ↓バルガ

**ヴァレ-ダオスタ**[Valle d'Aosta] ↓バレダオスタ

**ヴァレッタ**[Valletta] ↓バレッタ

**ヴァレンシア**[Valencia] ↓バレンシア

**ヴァレンチノ**[Rudolph Valentino] ↓バレンティノ

**ヴァンアイク-きょうだい【ヴァンアイク兄弟】** ↓ファンアイクきょうだい(ファンアイク兄弟)

**ヴァンアレン-たい【ヴァンアレン帯】** ↓バンアレンたい(バンアレン帯)

**ヴァン-ヴレック**[van Vleck] ↓バン=ブレック

**ヴァンクーヴァー**[Vancouver] ↓バンクーバー

**ヴァン-ゴッホ**[van Gogh] ↓ゴッホ

**ヴァン-ダイク**[van Dyck] ↓ファン=ダイク

**ヴァン-デル-メール**[van der Meer] ↓バン=デル=メール

**ヴァン-ドンゲン**[Kees van Dongen] ↓ドンゲン

**ヴァンプ**[vamp] ↓バンプ

**ヴァン-ローン**[Van Loon] ↓バン=ローン

**ウイ** 9画 **【▼茴】** 部首[艹]くさかんむり JIS 7202

音カイ・ウイ

「茴香」は、セリ科の宿根性多年草。芳香をはなつ。

**う-い【有為】** 仏教で因と縁の和合によってつくりだされた現象や存在。無常で変遷することを特色とする。対義無為。

**有為の奥山**(ういのおくやま)《いろは歌の一句》煩悩をのがれることのむずかしさを、越えにくい深山にたとえた語。

**う・い【憂い】**(形) 思うままにならず苦しい。ものうい。悲しい。派生うさ(名)

**うい【▽愛い】** 文語的(連体)《目下の者に言う》感心な。けなげな。かわいい。用例―やつ。

**うい【初】**(接頭) はじめての。最初の。用例―孫。

**ウイ**[oui フランス](感) はい。イエス。yes 対義ノン。

**ウイーク**[week] 週。一週間。

**ウイークエンド**[weekend] 週末。

**ウイークデー**[weekday] 週のうち日曜以外の日。土曜日をふくめないこともある。平日。週日。

**ウイーク-ポイント**[weak point] 弱点。

**ウイーク-ボソン**[weak boson] 素粒子の弱い相互作用を媒介する中間子。質量は陽子の約一〇〇倍。荷電が正と負のW粒子と中性のZ粒子がある。ゲージ理論から予言され、一九八三年CERNセルンで確認された。弱粒子。

**ウイークリー**[weekly] 週刊の新聞・雑誌など。比較クォータリー・マンスリー・デーリー。

**ウィーザー**[Friedrich von Wieser] (一八五一〜一九二六) オーストリアの経済学者。限界効用理論を創始したメンガーの後継者で、オーストリア学派を代表する一人。著書『経済的価値の起源と主要法則』など。

**ウィーゼル**[Elie Wiesel] (一九二八〜) アメリカのユダヤ系小説家。ルーマニア生まれ。反ナチズムの活動家。一九八六年ノーベル平和賞受賞。作品『夜』『イエルサレムの乞食』など。

**ウィーゼル**[Torsten Nils Wiesel] (一九二四〜) スウェーデンの脳神経生理学者。網膜から入った視覚情報が大脳皮質の視覚野でどう処理されているかを研究。一九八一年ノーベル生理学医学賞受賞。

**ウィーゼル**[weasel] キャタピラーのついた雪上車。

**ウィーダ**[Ouida] (一八三九〜一九〇八) イギリスの女流小説家。本名デ=ラ=ラメイ。児童文学『フランダースの犬』は有名。

**ウィーデマン**[Gustav Heinrich Wiedemann] (一八二六〜一八九九) ドイツの物理学者。電磁気現象を研究し、一八五三年、ルドルフ=フランツと共同で、同一温度ではすべての金属の熱伝導率と電気伝導率の比は等しい、というウィーデマン-フランツの法則を発見。

**ウィード**[Gustav Johannes Wied] (一八五八〜一九一四) デンマークの小説家。機知と感受性に富む作風。作品の一部がポルノグラフィーとみなされ処罰されたこともある。作品『影絵』『父たちが葡萄を食う』など。

**ウィーナー**[Norbert Wiener] (一八九四〜一九六四) アメリカの数学者。確率論の解析学的研究、電気通信工学、神経生理学など多方面に業績がある。サイバネティックスの創始者。

**ヴィーナス**[Venus] ↓ビーナス

**ウィーニエ**[Aasmund Olafsson Vinje] (一八一八〜一八七〇) ノルウェーの詩人。ノルウェー第二の国語ランズモルを使う代表的な詩人。

**ウイービング**[weaving] ボクシングの防御技術の一つ。相手のパンチを頭や上体を前傾させ、また左右に動かしながらかわす。

**ウィーピング-ラブグラス**[weeping lovegrass] イネ科の多年草。一m以上にのびる細長い葉はしなだれる。南アフリカ原産。土砂くずれ防止に利用。シナダレカゼクサ。

**ウィーヘルト**[Ernst Wiechert] (一八八七〜一九五〇) ドイツの小説家。自然との合一による人間の救済を説いた。作品『ドスコチルの女中』『単純な生活』など。

**ウィーラント**[Christoph Martin Wieland] (一七三三〜一八一三) ドイツ啓蒙時代の小説家。機知と雅趣に富む文学を樹立。教養小説『アガトン』、叙事詩『オベロン』など。

**ウィーラント**[Heinrich Otto Wieland] (一八七七〜一九五七) ドイツの有機化学者。胆汁酸類のほかアルカロイドなどを研究。一九二七年ノーベル化学賞受賞。

**ウィーリー**[wheelie] オートバイや自転車などの前輪を上げて後輪だけで走る曲乗り。後輪走行。

**ウィーン**[Wien・維納] オーストリアの首都。ドナウ川中流域に沿う経済・文化の中心。西ヨーロッパとバルカン諸国を結ぶ交通の要地。モーツァルト・ベートーベンなどの世界的音楽家が活躍した地として有名。人口一四八・九万(一九八五)。ビエンナ。

**ウィーン**[Wilhelm Carl Werner Otto Fritz Franz Wien] (一八六四〜一九二八) ドイツの物理学者。高温物体からの放射光の研究を行う。ウィーンの変位則と放射法則を導き、一九一一年ノーベル物理学賞受賞。

**ウィーン-かいぎ【ウィーン会議】** フランス革命、ナポレオン戦争の善後策協議のため、一八一四〜一五年にウィーンで開かれた欧州列国会議。各国の利害が対立し難航したが、フランスの正統主義が原則とされ、途中ナポレオンのエルバ島脱出を契機に妥協が成立、一五年六月調印。イギリスのケープ植民地・セイロン領有、ロシアのポーランド併合、オーストリアのロンバルディア・ベネチア獲得、オランダのベルギー領有、スイスの永世中立などが決定。フランス・スペインでは革命前のブルボン王朝が復帰した。the Vienna Conference

**ウィーン-がくだん【ウィーン学団】**(Wiener Kreis ドイツ) 二〇世紀初頭、シュリックを中心にウィーンで論理実証主義を掲げた哲学者・科学者のグループ。哲学の観念論的傾向に反対し、世界の科学的把握をめざした。

**ウィーン-がくは【ウィーン学派】** ↓オーストリアがくは(オーストリア学派)

**ウィーンがくゆうきょうかい-がっしょうだん【ウィーン楽友協会合唱団】**(Wiener Singverein der Gesellschaft der Musikfreunde ドイツ) ウィーン楽友協会から発足した合唱団体。一八五八年創立。シューベルトやブラームスの作品に伝統をもつ。

**ウィーン-こくりつかげきじょう【ウィーン国立歌劇場】**(Wiener Staatsoper ドイツ) 伝統を誇るウィーンの歌劇場。一八六九年開場。第二次大戦後、一九五五年再建。管弦楽団はウィーン-フィルハーモニー。

**ウィーン-しょうねんがっしょうだん【ウィーン少年合唱団】**(Wiener Sänger Knaben ドイツ) ウィーン宮廷礼拝堂に属する聖歌隊。一五世紀に創立。

**ウィーン-じょうやく【ウィーン条約】** 一九六一年、国連主催のウィーン会議で採択された外交関係についての条約。従来おもに慣習で定められていた国際法を成文化したもの。日本は昭和三九年(一九六四)加盟。Vienna Convention

**ウィーン-だいがく【ウィーン大学】**(Universität Wien ドイツ) オーストリアのウィーンにあるドイツ語圏最古の大学。一三六五年設立。

**ウィーン-たいせい【ウィーン体制】** ウィーン会議後、一八一五〜四八年におけるヨーロッパの反動的体制。メッテルニヒに指導され、神聖同盟・四国同盟を支柱とした。二月革命によって崩壊。The Vienna System

**ウィーン-の-へんいそく【ウィーンの変位則】** 物体が放射する電磁波は、高温になるほど短い波長に偏るという法則。低温度で赤色の物体が高温度となると白熱するのは、この理由による。Wien's displacement law

**ウィーンのもりのものがたり【ウィーンの森の物語】**《原題Geschichten aus dem Wiener Wald ドイツ》ヨハン=シュトラウス(子)の代表作。一八六八年作のウィンナ-ワルツ。

**ウィーン-フィルハーモニー-かんげんがくだん【ウィーン-フィルハーモニー管弦楽団】**(Wiener Philharmoniker ドイツ) オーストリアの、世界最高のオーケストラの一つ。流麗典雅な演奏スタイルをもつ。一八四二年宮廷歌劇場付きアカデミーとして発足し、六〇年独立。楽団員はウィーン国立歌劇場管弦楽団員を兼務。

**ういうい-し・い【初初しい】**(形) 若くきよらかで、すれていない。うぶだ。naive 派生うういしげ(形動) ういういしさ(名)

**ヴィヴィッド**[vivid](形動) ↓ビビッド

**ヴィエンチャン**[Vientiane] ↓ビエンチャン

**ヴィオラ**[viola] ↓ビオラ

**う-いき【雨域】** 雨の降っている地域。山がある場合は、雨域は地形の影響で山の風上側になることが多く、一般に低気圧や前線とともに移動する。rainy area

**う-いき【▼禹域】**《禹王が洪水を治め、九つの州境を正したとの伝説から》中国領土の別称。

**うい-きょう【▼茴香】** セリ科の多年草。各地で古くから栽培される。全体に芳香があり、高さ一・五〜二m。葉は細かい糸状。果実は健胃薬・香料などに利用。ヨーロッパ原産。クレノオモ。フェンネル。fennel ↓写

●ウイキョウ

**ウィクセル**[Johan Gustaf Knut Wicksell] (一八五一〜一九二六) スウェーデンの経済学者。北欧学派の祖で、貨幣的景気理論の創始者。著書『金利と物価』など。



↓行き先項目、図版・写真参照印。 JIS 日本工業規格情報交換用漢字符号コード(区点コード)。

**ヴィクトリア**【Victoria】→ビクトリア

**ヴィクトリア-ランド**【Victoria Land】→ビクトリアランド

**ウィグナー**【Eugene Paul Wigner】(一九〇二〜)アメリカの物理学者。ハンガリー生まれ。量子力学に群論を応用。原子核と素粒子における対称性の研究で、一九六三年ノーベル物理学賞受賞。

**ヴィグマン**【Mary Wigman】(一八八六〜一九七三)西ドイツの女流舞踊家。ノイエタンツ(＝新舞踊)の先駆者の一人。無音楽舞踊を考案。

**ウィクリフ**【John Wycliffe】(一三二〇ごろ〜一三八四)イギリスの神学者。宗教改革の先駆者。聖書主義を唱え、教皇権からの独立を主張。英訳聖書の最初の完成者。

**ウイグル-ぞく**【ウイグル族】古代トルコ系遊牧民族。七四四〜八四〇年、モンゴル高原に遊牧国家を建設。のち東トルキスタンに移りモンゴル帝国に服属。宗教はイスラム教。現在、ソ連・中国でウイグルと称せられる人々は言語・血統など古代の人々とは大きく変容。Uighur

**うい-ご**【初子】はじめて生まれた子。はつご。

**うい-こうぶり**【初▽冠】昔、元服してはじめて冠をつけたこと。

**ヴィザ**【visa】→ビザ

**うい-ざん**【初産】はじめての出産。はつざん。しょさん。first childbirth

**うい-じん**【初陣】はじめて戦争・競争・試合などの場に出ること。first campaign 用例 —を飾る。

**ウイスカー**【whisker】直径数マイクロメートル、長さ数十マイクロメートルから数ミリメートルの線状結晶。金属のほか、高分子化合物なども知られている。強度に優れ、弾力性・耐熱性が高い。プラスチック充塡材料・電気材料などに利用。ホイスカー。ひげ結晶。

**ウイスキー**【whisky】洋酒の一種。穀類で作る蒸留酒。産地によりスコッチ・アイリッシュ・アメリカンなど、原料によりモルト、グレン、両方を混合したブレンデッドがある。

**ウィスコンシン**【Wisconsin】アメリカ、五大湖西部の州。州都マジソン。酪農が主産業。人口四七〇・六万(一九八〇)。

**ウィスラ-がわ**【ウィスラ川】(Wisla)→ビスワがわ(ビスワ川)

**うい-た**【浮いた】(連体)男女関係についての。情事などの。amorous 用例 —うわさ。

**ウィダール-はんのう**【ウィダール反応】腸チフス・パラチフスの診断に用いる血清反応。Widal reaction

**ヴィタミン**【Vitamin(ドイツ)】→ビタミン

**ヴィダル-ド-ラ-ブラーシュ**【Paul Vidal de la Blache】→ビダル＝ド＝ラ＝ブラーシュ

**ウィチタ**【Wichita】アメリカ、カンザス州、アーカンソー川沿いの同州最大の農工業都市。人口二八万(一九八〇)。

**ウイッグ**【wig】洋髪用のかつら。素材は人毛・化学繊維で、形はロング・ショート・カーリー・ヘア・ストレートなど。

**ウィッチャリー**【William Wycherley】(一六四〇ごろ〜一七一六)イギリスの劇作家。王政復古期に機知と風刺に富む風習喜劇を書いた。戯曲『森の中の恋』『田舎女房』『直言家』など。

**ウィッツ**【Konrad Witz】(一四〇〇〜一四四五ごろ)ゴシック末期ドイツの画家。今世紀初頭に再発見。風景描写に写実の新風を導入。作品『聖ペテロ大聖堂祭壇画』など。

**ウィッテ**【Sergey Yulyevich Vitte】(一八四九〜一九一五)ロシアの政治家。一八九二年以来蔵相として工業化を推進したが失脚。一九〇五年対日講和会議の全権。一九〇六年まで首相。

**ウィッティヒ**【Georg Wittig】(一八九七〜)西ドイツの化学者。ブラウンとともに、硼素や燐を使った有機合成法を開発。一九七九年ノーベル化学賞受賞。

**ウィッテンベルグ**【Wittenberg】東ドイツ中部、エルベ川沿いの都市。一五一七年、ルターらが宗教改革を起こした町として有名。製鉄・化学工業が発達。人口五・四万(一九八一)。

**ウイット**【wit】知的なしゃれ。とっさに気のきいたしゃれが言える才知、機知。比較 エスプリ・ユーモア。用例 —に富む。

**ウィットウォーターズランド**【Witwatersrand】南アフリカ共和国、トランスバール州南部の世界最大の産金地帯。同国最大の鉱工業地帯。

**うい-てんぺん**【有為転変】《仏教語》この世は、すべて因縁によって仮に生起したもので、常に移り変わるということ。mutability

**有為転変、世の習い**(ういてんぺん、よのならい)世の中は移り変わってゆくものであること。ups and downs

**ウィトゲンシュタイン**【Ludwig Wittgenstein】(一八八九〜一九五一)イギリスの哲学者。オーストリア生まれ。ケンブリッジ大学教授。論理実証主義・分析哲学の形成に貢献。著書『論理哲学論考』『哲学探究』。

**ウィニペグ**【Winnipeg】カナダ、マニトバ州南部の商工業都市で州都。農畜産物の集散加工の中心で、交通の要地。人口五六・四万(一九八一)。

**ウィニペグ-こ**【ウィニペグ湖】(Lake Winnipeg)カナダ中南部、マニトバ州最大の氷河湖。面積二万四五〇〇km²。湖岸では木材・パルプを産する。

**ウイニング**【winning】《接頭的》勝つこと。

**ウイニング-ショット**【winning shot】決めだま。庭球で、必ず勝つ、得意の打ち方。日本で、野球用語に転用され、必ず打者に勝つという得意の投球。

**ウイニング-ボール**【winning ball】野球で、その試合の最終のアウトにかかわってチームの勝利を決めたボール。

**うい-はくじゅ**【宇井伯寿】(一八八二〜一九六三)インド哲学者・仏教学者。愛知県生まれ。東大教授。インド哲学を日本で初めて学問的に体系化。昭和二八年(一九五三)文化勲章受章。著書『印度哲学研究』『印度哲学史』など。

**うい-まご**【初孫】はじめての孫。はつ孫。first grandchild

**ヴィラ**【Vila】→ビラ

**ウィラールト**【Adrian Willaert】→ビラー「ルト

**ウィリアム**〈一世〉【William I】(一〇二七ごろ〜一〇八七)ノルマン朝初代のイギリス王(在位一〇六六〜一〇八七)。ノルマンディー公だったが、一〇六六年王位継承権を主張してイングランドを征服。征服王。

**ウィリアム**〈二世〉【William II】(一〇六〇〜一一〇〇)ノルマン朝第二代のイギリス王(在位一〇八七〜一一〇〇)。ノルマンディー併合に成功したが、粗暴な性格で人望がなく、教会と対立。狩猟中に暗殺された。赤顔王。

**ウィリアム**〈三世〉【William III】(一六五〇〜一七〇二)イギリス王(在位一六八九〜一七〇二)。オランダ統領ウィレム二世の子。ジェームズ二世の娘メアリと結婚。一六八八年イギリスに出兵。ジェームズ二世を追い、名誉革命に成功。権利章典を承認して妻とともに王位につき、立憲君主制への道を開いた。オレンジ公ウィリアム。

**ウィリアム-アダムズ**【William Adams】三浦按針の本名。

**ウィリアムズ**【Andy Williams】(一九三〇〜)アメリカのポピュラー歌手。ヒット曲『ある愛の詩』など。

**ウィリアムズ**【Charles Walter Stansby Williams】(一八八六〜一九四五)イギリスの文学者。小説『地獄への転落』など著書が多い。

**ウィリアムズ**【Hank Williams】(一九二三〜一九五三)アメリカのカントリー歌手・作詞家・作曲家。カントリー-アンド-ウエスタンに黒人音楽の要素を入れ、独特の唱法を作る。作品『ジャンバラヤ』『カウライジャ』など。

**ウィリアムズ**【Paul Williams】(一九四〇〜)アメリカの歌曲作家・歌手・映画俳優。作品『愛のプレリュード』など。

**ウィリアムズ**【Tennessee Williams】(一九一一〜一九八三)アメリカの劇作家。幻想と追憶に生きる人間を、リアリズムと詩的叙情性を備えた実験的手法で描く。戯曲『ガラスの動物園』『欲望という名の電車』『熱いトタン屋根の上の猫』など。

**ウィリアムズ**【William Carlos Williams】(一八八三〜一九六三)アメリカの詩人。透徹した現実認識と人間味で解体した世界に詩的統一を与える。詩集『パタソン』『ブリューゲルの絵』など。

**ウィリアムズバーグ**【Williamsburg】アメリカ南部、バージニア州南東部の都市。一六三二年開拓の歴史的都市で、植民地時代の数々の遺跡が残る。人口一・〇万(一九八〇)。

**ウィリアム-テル**【William Tell】ウィルヘルム＝テルの英語名。①《原題Wilhelm Tell(ドイツ)》ウィリアム＝テル伝説を題材としたシラーの戯曲。五幕。一八〇四年作。②《原題Guillaume Tell(フランス)》ロッシーニ作曲のグランド-オペラ。四幕。①に基づくド＝ジュイらのフランス語台本。一八二九年初演。序曲が有名。

**ウィリス**【William Willis】(一八三七〜一八九四)イギリス人医師。文久元年(一八六一)、駐日公使館付き医師として来日。戊辰戦争のさい、官軍の負傷者の治療にあたる。のち、鹿児島や東京の病院で英国医学を教え、日本の医学の発展に寄与。

**ウィルキンズ**【Maurice Hugh Frederick Wilkins】(一九一六〜)イギリスの物理学者。X線回折によるDNAの構造を研究し、ワトソンらとともに、一九六二年ノーベル生理学医学賞受賞。

**ウィルキンソン**【Geoffrey Wilkinson】(一九二一〜)イギリスの化学者。フィッシャーとともに、サンドイッチ構造をした錯塩の発見などで有機金属化学へ貢献。一九七三年ノーベル化学賞受賞。

**ウィルクス-ランド**【Wilkes Land】南極大陸、東経一〇〇度二六分と一四二度五分の間の地域。一八三九年アメリカ隊が発見。

**ウィルシュテッター**【Richard Willstätter】(一八七二〜一九四二)ドイツの化学者。植物色素、とくにクロロフィルを研究。クロマトグラフィーによる分離技術を開発。一九一五年ノーベル化学賞受賞。

**ウイルス**【Virus(ドイツ)】《ラテン語で、毒の意》動物・植物・細菌などの生きた細胞に寄生し、細胞内だけで増殖可能な微生物。大きさは二〇〜四〇〇ナノメートル。病原体となることもある。濾過性病原体。バイラス。ビールス。ヴィールス。

**ウイルスせい-かんえん**【ウイルス性肝炎】肝炎のうち、ウイルスによるもの。ウイルスには、A型・B型・非A非B型があり、いずれも風邪様症状のあと黄疸となる。A型は経口感染、B型は輸血時および出産時の母子間感染、非A非B型は輸血などの感染による。virus hepatitis

**ウイルスせい-のうえん**【ウイルス性脳炎】ウイルスによっておこる脳炎の総称。日本脳炎・ヘルペス脳炎など。症状は意識障害・精神障害・麻痺などを特徴とし、経過は急性である。viral encephalitis

**ウィルソン**【Angus Wilson】(一九一三〜)イギリスの小説家。伝統的小説手法で社会を辛辣に描く。作品『アングロ-サクソンの姿勢』『笑いごとじゃない』など。

**ウィルソン**【Charles Thomson Rees Wilson】(一八六九〜一九五九)イギリスの物理学者。ケンブリッジ大学教授。ウィルソン霧箱を発明し、一九二七年ノーベル物理学賞受賞。

**ウィルソン**【Colin Wilson】(一九三一〜)イギリスの評論家・小説家。「新実存主義」を唱えた多彩な文筆活動家。評論『アウトサイダー』『敗北の時代』、小説『暗黒のまつり』など。

**ウィルソン**【Edmund Wilson】(一八九五〜一九七二)アメリカの評論家。幅広い領域で柔軟な批評を展開。著書『アクセルの城』『愛国の血のり』など。

**ウィルソン**【Harold Wilson】(一九一六〜)イギリスの政治家。オックスフォード大卒。労働党党首として一九六四年から二度にわたり首相をつとめた。七六年引退。

**ウィルソン**【Kenneth Geddes Wilson】(一九三六〜)アメリカの理論物理学者。相転移に伴う大きなゆらぎを説明するための臨界現象の理論で、一九八二年ノーベル物理学賞受賞。

**ウィルソン**【Robert Woodrow Wilson】(一九三六〜)アメリカの物理学者・天文学者。ペンジアスとともに三Kの宇宙背景放射を発見。一九七八年ノーベル物理学賞受賞。

**ウィルソン**【Thomas Woodrow Wilson】(一八五六〜一九二四)アメリカの政治家。第二八代大統領(在任一九一三〜一九二一)。関税引き下げ、連邦準備銀行制度などを実施。第一次大戦には初め中立であったがのち参戦。一九一八年、一四か条の平和原則を発表し講和会議に活躍。国際連盟創立に尽力。一九年ノーベル平和賞受賞。→写

●T＝W＝ウィルソン

**ウィルソン-きりばこ**【ウィルソン霧箱】荷電粒子の飛跡を観測する装置。一九一一年イギリスの物理学者チャールズ＝ウィルソンによって発表された。過飽和状態にした混合気体中を荷電粒子が通過すると、その経路に沿って、小液滴の筋が形成されることを利用。Wilson cloud chamber

**ウィルソン-さん**【ウィルソン山】(Mount Wilson)アメリカ、ロサンゼルス北東部の山。標高一七四〇m。山頂に天文台がある。

**ウィルソンさん-てんもんだい**【ウィルソン山天文台】アメリカ、ロサンゼルス北東にある天文台。径一〇〇インチの反射望遠鏡をそなえ、恒星・星雲の探査を行う。一九〇四年開設。現在はカーネギー研究所に所属。Mt. Wilson Observatory

**ヴィルタネン**【Artturi Ilmari Virtanen】

▾常用漢字表外。▿常用漢字表の音訓外。

↓ビルタネン

**ウィルデンブルフ**【Ernst von Wildenbruch】(一八四五〜一九〇九) ドイツの劇作家。愛国的な韻文詩劇を書いた。戯曲『カロリンガー家』など。

**ウィルヘルム**〈一世〉【Wilhelm I】(一七九七〜一八八八) プロイセン国王(在位一八六一〜八八)・ドイツ皇帝(在位一八七一〜八八)。ビスマルク・ローン・モルトケを登用。軍事力を強化し普墺・普仏戦争に勝ち、ドイツ統一を達成、初代皇帝に即位。武人的資質で知られる。

**ウィルヘルム**〈二世〉【Wilhelm II】(一八五九〜一九四一) プロイセン国王・ドイツ皇帝(在位一八八八〜一九一八)。ビスマルクを退けて親政をしいたが、イギリス・フランス・ロシアと対立。第一次大戦後ドイツ革命で退位。オランダに亡命。

**ウィルヘルムスハーフェン**【Wilhelmshaven】 西ドイツ北西部、北海に臨む港湾都市。旧軍港で石油輸入港。ルール地方へ向かうパイプラインの起点。人口一〇・二万(一九七七)。

**ウィルヘルム-テル**【Wilhelm Tell】 一四世紀初めのスイス独立にまつわる伝説的英雄。弓の名手で、オーストリアの代官に強いられ、わが子の頭上のリンゴを射おとし、さらに代官を射殺。これを契機にスイスは独立したという。ウィリアム=テル。

**ウィルヘルム-マイスター**【Wilhelm Meister】 ゲーテの小説。『修業時代』(一七九五〜九六年発表)と、『遍歴時代』(一八二一〜二九年発表)の二部作。自己形成を描く教養小説の典型的作品。

**ウィルミントン**【Wilmington】 アメリカ、デラウェア州北端の商工業都市。化学コンツェルン、デュポン社の本拠地。人口七万(一九八〇)。

**ウィレム**〈一世〉【Willem I】(一五三三〜八四) オランダ独立運動の指導者。オラニエ=ナッサウ家出身。一五六八年以降市民階級による反乱を指導。七九年ユトレヒト同盟を結成。八一年オランダ連邦共和国初代統領となり、スペイン軍撃退に奔走したが、旧教徒により暗殺された。沈黙公。

**うい-ろう**【ᵀ外郎】 ①元の員外郎の職にあった陳宗敬が、鎌倉時代にわが国に渡来して伝えた痰切りの妙薬。②米粉を原料としたようかん状の蒸し菓子。名古屋・山口の名物。

**ウインク**【wink】(名・サ変自) ①片目をまばたきして、合図すること。②色目をつかうこと。秋波。

**ウイング**【wing】 ①飛行機や鳥の翼。②空港施設などで、建物の左右が翼のように突き出している部分。用例北―。③舞台の袖。④サッカー・ラグビーなどのフォーメーションで、フォワードまたはバックスの端のポジション。または、そのプレーヤー。

**ウイング-カラー**【wing collar】 襟型の一つ。後ろは首にそって立ち、前は翼を広げたように外側に折り返った襟。↓図

●ウイングカラー

**ウィンケルマン**【Johann Joachim Winckelmann】(一七一七〜六八) ドイツの美学・美術史学者。古代ギリシア・ローマ文化を研究。新古典主義思潮の先導者。著書『古代美術史』など。

**ウィンザー**【Windsor】 カナダ南東部、オンタリオ州の工業都市。自動車工業が中心。対岸のデトロイトと国際橋で結ばれる。人口一九・二万(一九八一)。

**ウィンザー**【Windsor】 イギリス南東部、ロンドン西方、テムズ川沿いの都市。歴代の王の居城ウィンザー城で有名。

**ウィンザー-け**【ウィンザー家】 現在のイギリス王室の名称。以前はサックス=コバーグ=ゴータ家と称していたが、ドイツ系名称を一九一七年に改称。the House of Windsor

**ウィンザー-チェア**【Windsor chair】 一八世紀なかばごろからイギリスで普及した木製の椅子。飾りの少ない単純・素朴な造りが特色。

**ウィンストン-セーレム**【Winston-Salem】 アメリカ南部、ノースカロライナ州、アパラチア山脈東麓の都市。世界的なタバコの産地。人口一三・二万(一九八〇)。

**ウインター**【winter】 冬。

**ウインター-スポーツ**【winter sports】 冬季でなければ行いにくい、雪や氷の上でのスポーツの総称。スキー・アイススケート・アイスホッケーなど。

**ウィンダウス**【Adolf Windaus】(一八七六〜一九五九) ドイツの化学者。コレステリンの組成を研究。ビタミンDを結晶状で取り出すのに成功。一九二八年ノーベル化学賞受賞。

**ウインタテリウム**【Uintatherium ﾗﾃﾝ】 約五〇〇〇万年前(始新世)の北アメリカにいた大形の哺乳類。サイに似た体格で肩高約二m。鼻から額にかけて三対の角、上あごに長い牙状の犬歯をもつ。湿地や沼地にすみ、柔らかい草などを食べていたとされる。

**ウインチ**【winch】 巻き揚げ機械。回転する円筒状の胴にワイヤーロープを巻きつけ、重量物をつりあげたり水平移動させたりする。比較クレーン。

**ウィンチェスター**【Winchester】〈市〉 イギリス、ロンドン南西の都市。一一世紀建立の聖堂や一四世紀創立のカレッジで有名。人口九・四万(一九八五)。

**ウインチェスター-じゅう**【ウインチェスター銃】 アメリカ人のオリバー=ウインチェスターが一八五七年に設立した会社で製造したライフル銃。とくにモデル七三は西部開拓史上有名。Winchester rifle

**ウィンデルバント**【Wilhelm Windelband】(一八四八〜一九一五) ドイツの哲学者。新カント学派の一派、西南ドイツ学派を創始。著書『西洋近世哲学史』など。

**ウインド**【wind】 風。

**ウインドー**【window】 ①まど。②陳列まど。

**ウインドー-クーラー**《和製語》窓の一部を利用して取り付ける小型ルームクーラー。送風機とコンプレッサーからなり、取り付けが容易。

**ウインドー-ショッピング**【window shopping】 ショーウインドーの中に飾ってある商品を眺めて歩き、買わずに気分を楽しむこと。

**ウインドー-ペーン**【windowpane】《「ウインドーペーン=チェック」の略》窓ガラスの枠に似た方形のような単純な格子柄。

**ウィンドケーブ-こくりつこうえん**【ウィンドケーブ国立公園】(Wind Cave National Park) アメリカ、サウスダコタ州南西部の国立公園。面積一一〇$km^2$。石灰岩地帯で鍾乳洞が多い。

**ウインド-サーフィン**【windsurfing】 三角帆を張ったサーフボードに乗り、風を利用して水上を走るスポーツ。一九七〇年にアメリカで考案された。↓写

**ウィントフーク**【Windhoek】 南西アフリカにあるナミビアの首都。標高一七〇〇mの高原にあり、アフリカ南西部の鉄道・空路の中心。人口一一・一万(一九八一)。

**ウインドブレーカー**【windbreaker】《商標名》一般にはスポーツ用の外衣。風から十分に身体を守るための素材で作られたもの。↓写

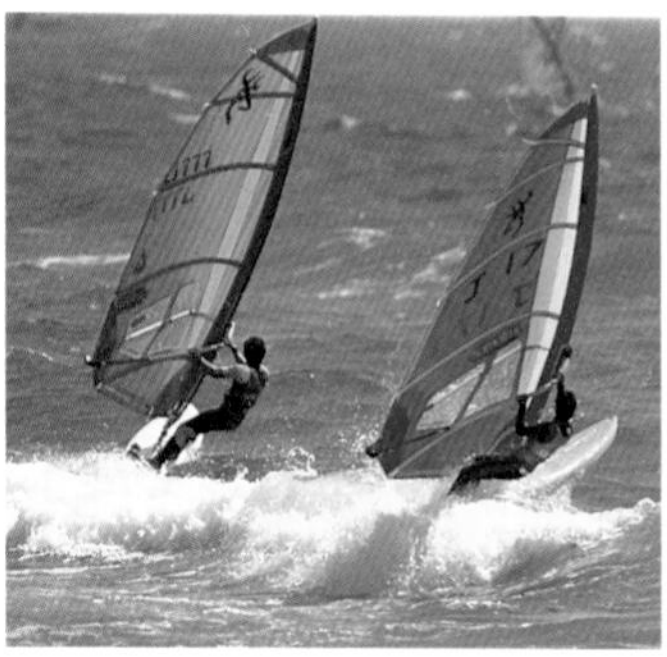

●ウインドサーフィン

**ウインドヤッケ**
↓ヤッケ

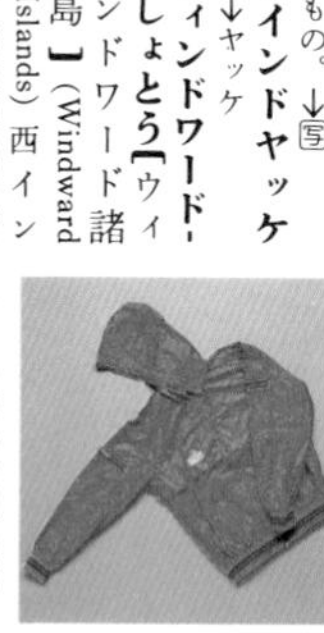

●ウインドブレーカー

**ウィンドワード-しょとう**【ウィンドワード諸島】(Windward Islands) 西インド諸島南東部、小アンティル諸島の南東半、ドミニカ島からグレナダ島まで弧状に連なる島群。

**ウィンナ-コーヒー**【Vienna coffee】 ウィーン風のコーヒー。砂糖を加え、ホイップクリームを浮かせる。

**ウィンナ-シュニッツェル**【Wiener Schnitzel ﾄﾞｲﾂ】 オーストリア料理の一つ。薄切りの子牛肉のカツレツ。きざんだゆで卵やパセリなどをのせる。

**ウィンナ-ソーセージ**【Vienna sausage】 羊腸または同程度のケーシング(包装材)を用いたソーセージ。約一〇cm間隔で連なることが多い。↓ソーセージ写

**ウィンパー**【Edward Whymper】(一八四〇〜一九一一) イギリスの登山家・版画家。一八六五年マッターホルン初登頂に成功。著書『アルプス登攀記』。

**ウィンブルドン**【Wimbledon】 イギリス、ロンドン市マートン自治区の住宅地域。全英テニス選手権大会開催地。

**ウィンブルドン-せんしゅけんたいかい**【ウィンブルドン選手権大会】 ロンドンのウィンブルドンで開かれる全英テニス選手権大会。一八七七年に始まり、一九六八年からオープン化されプロ選手が参加。Wimbledon Open Championship

**う・う**【飢う】古語(ワ下二自) ↓うえる(飢える)

**う・う**【植う】古語(ワ下二他) ↓うえる(植える)

**ウーイー-さんみゃく**【ウーイー山脈・ᵀ武ᵀ夷山脈】(Wǔyí) ↓ぶいさんみゃく(武夷山脈)

**ウーウェイ**【武威】(Wǔwēi) ↓ぶい(武威)

**うらくい**《沖縄の方言で、「お送り」の意》沖縄地方の盆行事で、もっとも重要な儀礼。陰暦七月一五日夜から翌日の早朝にかけて、家々で精霊を送る。比較うんけい。

**ウーシー**【無錫】(Wúxī) ↓むしゃく(無錫)

**ウーシャン**【巫山】(Wū Shān) ↓ふざん(巫山)

**ウースター**【Worcester】 アメリカ、マサチューセッツ州中部の工業都市。機械・織物・製紙工業が盛ん。人口一六・二万(一九八〇)。

**ウースター**【Worcester】 イギリス南部、セバン川沿いにある都市。陶磁器やソースで知られる。かつての毛織物工業都市。人口七・五万(一九八一)。

**ウーステッド**【worsted】 縦・横とも梳毛糸で織った毛織物の総称。平織り・綾織り・繻子織りなどがある。紳士・婦人服地用など。

**ウー-チアン**【烏江】(Wū Jiāng) ↓うこう(烏江)

**ウーチャン**【武昌】(Wǔchāng) ↓ぶしょう(武昌)

**ウーデ**【Fritz von Uhde】(一八四八〜一九一一) ドイツの画家。印象派風の風景・風俗画を描き、宗教画でも知られる。作品『最後の晩餐』など。

**ウード**【al'ūd ｱﾗﾋﾞｱ】 アラビアの代表的撥弦楽器。琵琶と同祖。八世紀ごろヨーロッパに渡り、リュートの祖となる。四〜六弦を鳥の羽根で弾奏。

**ウードン**【Jean-Antoine Houdon】(一七四一〜一八二八) フランス一八世紀の代表的彫刻家。古典主義に優美な写実をとり入れた肖像彫刻にすぐれた。作品『ディアナ』など。↓新古典主義写

**ウーパー-ルーパー**《和製語》↓アホロートル

**ウーハン**【武漢】(Wǔhàn) ↓ぶかん(武漢)

**ウーファー**【woofer】 低音域用のスピーカー。比較ツイーター。

**ウーマン**【woman】 女性。婦人。

**ウーマン-リブ**【Women's Lib】 女性解放運動。

**ウーユワン**【五原】(Wǔyuán) ↓ごげん(五原)

**ウーラント**【Johann Ludwig Uhland】(一七八七〜一八六二) ドイツ後期ロマン派の詩人・政治家。民衆的・牧歌的傾向のシュワーベン詩派の代表。古民謡・伝説の復活に寄与。作品『楽人の呪い』など。

**ウーリー-ナイロン**《和製語》 ナイロンの糸によりをかけて熱固定し、羊毛の感触を出したもの。柔軟で伸縮性に富み、水の吸収もよい。セーター・くつ下などに利用。

**ウーリー-モンキー**【woolly monkey】 オマキザル科ウーリーモンキー属に含まれる大形ザルの総称。羊毛状の毛でおおわれ、体長五〇〜六〇cm。尾はそれより長く、これで枝からぶら下がったり、ものをつかんだりする。森林にすみ、果実・葉・昆虫などを食べる。ブラジルなどに分布。

**ウール**【wool】 ①ヒツジの毛。毛糸や毛織物の原料となる。羊毛。②羊毛で織った物。毛織物。

**ウール-ジョーゼット**【wool georgette】 梳毛糸で織った薄地で縮みのある毛織物。婦人のスーツなどの素材にする。

**ウール-マーク**【wool mark】 IWS(国際羊毛事務局)が制定した国際的な登録商標。一定の国際品質基準に達した羊毛製品に表示が

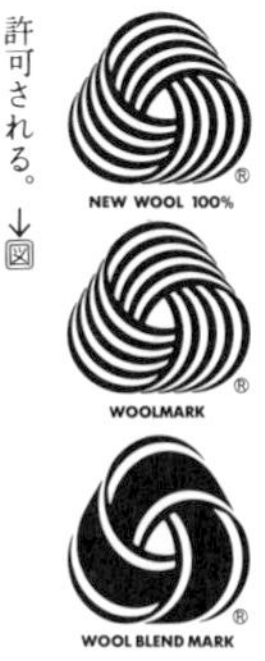

●ウールマーク 新毛率九九・七%以上　五%以内の他繊維混用可　新毛率五五%以上

許可される。↓図

**ウールワース**【F. W. Woolworth Co.】アメリカの国際的総合小売店チェーン。一九一一年設立。

**ウーロン-ちゃ**【▼烏▽竜茶】中国南部、福建・台湾特産の茶。緑茶と紅茶の中間の半発酵茶。鉄観音・水仙など。oolong tea

**うえ**【飢え・▽餓え】飢えること。空腹。ひもじさ。hunger 用例 —をしのぐ。

**うえ**【上】一(名) ①高い所。また、表面の所。上方。上部。上面。上位。upside 対義 下。用例 山の—。机の—。②身分・地位の高い人。そういう人のいる場所。high rank 対義 下。用例 —つ方。—様。③地位・年齢や能力の高いほう。older; higher 対義 下。用例 —に立つ者。④その人・事に関すること。それについて。on 用例 身の—。酒の—。⑤…に加えて。besides 用例 損の—に損をした。⑥…したのち。…した結果。after 用例 上京の—で。よく考えた—で。⑦…からには。since 用例 まかせる—は。⑧古語 ㋐身分・地位の高い人の妻、または高貴な婦人の名まえの下につけて尊敬を表した語。用例 葵の—。㋑そのあたり。ほとり。用例 藤原が—に食をす国を見し給はむと(万葉・一・五〇)。二(接尾) 目上の人をよぶときの尊敬した言い方。用例 父—。

**上には上が有る** 最高だと思っていても、よりすぐれたものが、必ずある。それが最上の状態とはかぎらない。Greatness is comparative.

**上見ぬ鷲** おごって、誰にも遠慮しないさまにいう。

**上よ下よ** 上になったり下になったりして、混乱するさまに言う。上を下へ。

**上を行く** 振る舞いにおいて、他人をこえている。他にまさる行いをする。more…than…

**上を下へ** ひどく混乱し、あわてるさま。in utter confusion 用例 —の大騒ぎ。

**うえ**【上】〈村〉熊本県南部、人吉盆地の村。原生林が多い。稲作・タバコ栽培・畜産が行われる。人口六一四〇(一九八八)。

**ウエア**【wear】からだに着るものの総称。衣服。用例 アンダー—。カジュアル—。

**ウェイデン**【Rogier van der Weyden】→ワイデン

**ウェイハイ**【威海】(Wēihǎi) →いかい(威海)

**ウェイ-ホー**【渭河】(Wèi Hé) →いが(渭河)

**ウェイ-ホー**【衛河】(Wèi Hé) →えいが(衛河)

**ヴェイユ**【Weil】→ベイユ

**ウェイン**【John Wain】(一九二五〜) イギリスの詩人・小説家・批評家。五〇年代の「怒れる若者たち」の一人。小説『急いでおりろ』『若い肩』、評論『サミュエル=ジョンソン』など。

**ウェイン**【John Wayne】(一九〇七〜七九) アメリカの映画俳優。主演作『駅馬車』『静かなる男』『勇気ある追跡』など。→写

●J=ウェイン 映画俳優。『駅馬車』。左はクレア=トレバー。

**ウエー**【way】道路。用例 ドライブ—。

**ウェーガン**【Maxime Weygand】(一八六七〜一九六五) フランスの軍人。第二次大戦初期の連合軍総司令官。フランスの降伏後ビシー政権の国防相となった。

**ウェーク-とう**【ウェーク島】(Wake Island) 太平洋中西部、ハワイ諸島とグアム島の間にある三島よりなる珊瑚礁の島。アメリカ領。軍事基地。

**ウェーゲナー**【Alfred Lothar Wegener】(一八八〇〜一九三〇) ドイツの気象学者・地球物理学者。大陸移動説を提唱。

**ウェーザー-がわ**【ウェーザー川】(Weser River) 西ドイツ北部の川。フルダ川とベラ川が同国中部のミュンデンで合流した川。長さ四四〇km。ベーザー川。

**ウェーソス**【Tarjei Vesaas】→ベソース

**ウエーター**【waiter】食堂・喫茶店などの男性の給仕人。対義 ウエートレス。

**ウエーティング**《waiting gameから》野球の攻撃作戦の一つ。打者は投球を故意に見送って、投手の疲れやボールカウントの変化など、状況が変わるのを待つ。待球戦法。

**ウエーティング-サークル**《和製語》野球の次打者席。バッターボックス後方にある直径五フィート(=一五二cm)の円で、次打者は打席に入るまでその中で待つ。on-deck batter's circle

**ウェーデルン**【Wedeln ドイツ】スキーの連続小回転技術。ひとつの回転の終わりを次の回転のきっかけにする。

**ウエート**【weight】①重さ。体重。用例 ヘビー—。②重要さ。重点。用例 その問題に—を置く。

**ウェード**【Thomas Francis Wade】(一八一八〜九五) イギリスの軍人・外交官・中国学者。アヘン戦争に参加。一八八八年ケンブリッジ大学で中国学講座を担当。ウェード式とよばれる中国語のローマ字表記法を考案。

**ウエート-トレーニング**【weight training】スポーツで、バーベルなどの重量物を用いて行うトレーニング。筋力強化が目的で、各種競技の補助運動に広く採用されている。

**ウエート-リフティング**【weight lifting】→じゅうりょうあげ(重量挙げ)

**ウエートレス**【waitress】食堂・喫茶店などの女性の給仕人。対義 ウエーター。

**ウェーバー**【waiver】《権利の放棄、の意》①自由化義務免責。ガット(GATT)の例外規定で、加盟国がガット総会の承認を得て自由化義務を免除されること。②プロ野球で、選手の譲渡やドラフトの際にとられる優先権を定める方法。一人の選手に複数の球団の指名が集中したような場合、下位球団から優先順位が与えられる。

**ウェーバー**【weber】磁束の単位。一回巻きの電気回路の平面をつらぬく磁束が一秒間に一様に減少して消えるときに、その回路に一ボルトの起電力を生じさせる磁束。ドイツの物理学者ウェーバーにちなむ。記号Wb

**ウェーバー**【Carl Maria Friedrich Ernst von Weber】(一七八六〜一八二六) ドイツの作曲家。民族性を生かしたドイツ-ロマン派オペラを確立。オペラ『魔弾の射手』、ピアノ曲『舞踏への勧誘』など。

**ウェーバー**【Ernst Heinrich Weber】(一七九五〜一八七八) ドイツの心理学者・生理学者。実験的方法で刺激と感覚との関係を研究した。「ウェーバーの法則」の発見者。

**ウェーバー**【Max Weber】(一八六四〜一九二〇) ドイツの社会学者。法制史・経済史学者。社会の成立を多様な原因の連関から追求し、理念型や価値自由の主張に基づく独自の社会科学方法論を確立した。著書『経済と社会』『職業としての学問』など。

**ウェーバー**【Wilhelm Eduard Weber】(一八〇四〜九一) ドイツの物理学者。電磁気理論の開拓者。電流間の相互作用の法則を発表。

**ウェーバー-せん**【ウェーバー線】生物地理学上の分布境界線の一つ。淡水魚の研究からオーストラリア区と東洋区を区別したもの。オランダの動物学者ウェーバーによる。Weber's line

**ウェーバー-の-ほうそく**【ウェーバーの法則】刺激の強さの変化とそれに対する感覚との関係を示した法則。同質の二つの刺激の強さの違いを感じ分けるには、ある程度以上の差が必要。Weber's law

**ウエーブ**【wave】一(名) ①波。②電波。用例 オール—のラジオ。二(名・サ変自) 髪の毛などが波形にうねっていること。また、その髪形。

**ウェーベルン**【Anton Friedrich Ernst von Webern】(一八八三〜一九四五) オーストリアの作曲家。ベルクとともにシェーンベルク楽派の中心人物。作風は無調を経て十二音技法へと変わる。静寂な点描的手法によるごく短い形式に特徴がある。

**ウェーラー**【Friedrich Wöhler】(一八〇〇〜八二) ドイツの化学者。一八二八年尿素を合成し、初めて生物体以外から有機物を合成することに成功した。

**ウェーリー**【Arthur David Waley】(一八八九〜一九六六) イギリスの東洋文学研究家。『源氏物語』や中国古典を英訳。著書『李白の詩と生涯』など。

**ヴェール**【veil】→ベール

**ウェールズ**【Wales】イギリス、グレートブリテン島南西部の地域。民族的にはイングランドと異なる。現在でも英語のほかウェールズ語も使われており、独自の文化的伝統をもつ。古称カンブリア。人口二七五万(一九八八)。

**うえ-き**【植木】①公園・庭園・街路などに植えた樹木。garden plant ②鉢植えにした木。盆栽。potted plant

**うえき**【植木】〈町〉熊本県北西部の町。古い宿場町で、道路交通の要地。畑作中心でスイカの大産地。人口二万九〇七二(一九八八)。

**うえき-いち**【植木市】盆栽や庭木などを売る市。決まった日に朝顔やほおずきなど特定なものを扱う市もあるが、四季を通じて社寺の縁日などに立つ。

**うえき-えもり**【植木▽枝盛】(一八五七〜九二) 自由民権運動の理論家・政治家。土佐藩出身。板垣退助の下で国会開設に奔走。第一回衆議院議員。著書『民権自由論』など。

**うえき-ざん**【植木算】一定の間隔で物を並べるとき、その間隔、全体の長さ、個数のうちの二つの値を与え、他の一つを求める算数の問題の総称。木を植える場面を想定して出題されることからの名。problem of planting trees →図

**うえき-しげる**【植木茂】(一九一三〜) 彫刻家。札幌生まれ。作品に千里ニュータウンの記念彫刻『集』など。

**うえき-しょく**【植木職】庭木を植え、手入れする職人。近世以後、石が主体だった庭に木を植えるようになり、植木屋・植木職が現れた。gardener

**うえき-ばち**【植木鉢】植物を植えるための容器。flower pot

**うえ-こみ**【植(え)込み】①庭などで、草木を植えてある所。shrubbery ②農業で、種いもを土中に植えること。dibbling

**うえ-こ・む**【植(え)込む】(五他) ①庭などに草・木を植える。plant ②ものをはめ入れる。はめこむ。insert

**うえ-さま**【上様】①身分の高い人をさす語。とくに、天皇・将軍。②《「じょうさま」が正しい》領収書に、あて名の代わりに書く語。

**うえ-ざま**【上様】上のほう。かみざま。

**うえ-した**【上下】①上と下。じょうげ。up and down; above and below ②さかさま。反対。upside down 用例 —にする。

**うえ-じに**【飢(え)死に】(名・サ変自) 飢えて死ぬこと。餓死。starvation

**うえしま-おにつら**【上島鬼▽貫】(一六六一〜一七三八) 江戸前期の俳人。摂津の人。俳諧の神髄は「誠」にありとする独自の句境に達し、句風は淡白洒脱で技巧より真情の発露を重視。句集『大悟物狂』、俳論『独言』など。

**ヴェスヴィオ-さん**【ヴェスヴィオ山】(Vesuvio) →ベスビオさん(ベスビオ山)

**ウェスカー**【Arnold Wesker】(一九三二〜) イギリスの劇作家。労働者階級の生活を描く。戯曲『調理場』『大麦入りのチキンスープ』など。

**うえすぎ-かげかつ**【上杉▽景勝】(一五五五〜一六二三) 安土桃山時代の武将。養父上杉謙信

●植木算
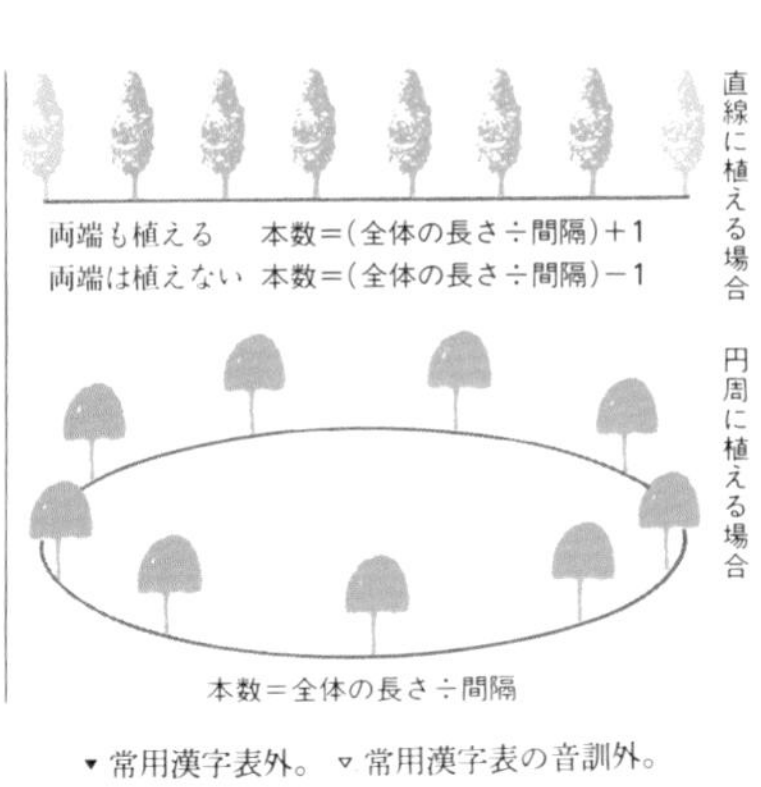

の死後豊臣秀吉に従い、五大老に列して会津一二〇万石を領す。関ケ原の戦いで西軍につき、米沢三〇万石に移る。

**うえすぎ-けんしん**【上杉謙信】(一五三〇〜七八) 安土桃山時代の武将。越後守長尾為景の子。幼名虎千代、名は景虎。関東管領上杉憲政から上杉姓を受け、のち入道して謙信と号する。春日山城主として越後を統一。北条氏や武田氏としばしば争い、勢力圏は加賀・能登にまで及んだ。↓写

●上杉謙信 上杉神社(山形県)。

**うえすぎ-しんきち**【上杉慎吉】(一八七八〜一九二九) 憲法学者。福井県生まれ。東大卒。東大教授。穂積八束の学説を踏襲して天皇絶対主義を唱え、美濃部達吉の天皇機関説と対立した。著書『帝国憲法』など。

**うえすぎ-のりざね**【上杉▽憲▽実】(一四一〇〜六六) 室町時代の武将。関東管領。学問を好み、足利学校・金沢文庫を再興。

**うえすぎ-ようざん**【上杉▼鷹山】(一七五一〜一八二二) 江戸後期の米沢藩主。名は治憲。財政改革・殖産興業・倹約奨励など藩政改革を断行して治績をあげ、名君と称された。

**ウェスタ**【Vesta】ローマ神話の炉の女神。家庭・国家のかまどの神として重要で、盛大に祭られた。ギリシア神話のヘスティアと同じ。

**ウェスターマーク**【Edward Alexander Westermarck】(一八六二〜一九三九) フィンランドの社会学者・人類学者。実証的な資料に基づいて家族進化論を批判した。著書『人類婚姻史』など。

**ウエスタン**【western】《西方の、西洋の、の意》①《Westernで》西部劇映画。②音楽で、アメリカ西部のカウボーイなどが愛好した歌。その曲。

**ウエスタン-オーストラリア**【Western Australia】オーストラリア西部の州。州都パース。南西域は農牧業を中心に開発が進む。人口一二六・五万(一九八〇)。西オーストラリア。

**ウエスタン-シャツ**【western shirt】アメリカ西部のカウボーイの着たシャツ。また、それに似たデザインのシャツ。

**ウエスタン-リーグ** プロ野球で、名古屋以西に本拠地をおくセ・パ六球団の二軍で結成されたリーグ。昭和三六年(一九六一)に発足。中日・阪神・ダイエー・オリックス・近鉄・広島が所属。

**ウェスチングハウス**【Westinghouse Electric Corporation】アメリカの大手総合電機メーカー。原子力・宇宙部門に重点をおく。一八八六年設立。

**ウエスト**【waist】①人体や洋服で、胸部とヒップのあいだのくびれた部分。また、胴の回りの長さ。胴まわり。②「ウエストライン」の略。

**ウエスト**【west】①西。②西洋。③西部。

**ウエスト**【Nathanael West】(一九〇三〜四〇) アメリカのユダヤ系小説家。ブラック-ユーモアの作家として再評価される。作品『孤独な娘』『クール-ミリオン』『いなごの日』など。

**ウエスト**【Rebecca West】(一八九二〜一九八三) イギリスの女流小説家・批評家。アイルランド生まれ。小説『兵士の帰還』など。

**ウエスト-エンド**【West End】イギリス、ロンドンのウエストミンスター東部の地区。ショッピング街・劇場・映画館などが並ぶロンドン一の繁華街。

**ウエストサイドものがたり**【ウエストサイド物語】《原題West Side Story》アメリカのミュージカル。作曲バーンスタイン、原案・演出・振り付けロビンズ。『ロミオとジュリエット』の現代版。一九五七年初演。六一年映画化。↓写

●ウエストサイド物語 映画。ナタリー=ウッド(右)とリチャード=ベイマー(左)。

**ウエスト-ニッパー**【waist nipper】婦人用下着の一種。ウエストを細くし、体形を整えるためのもの。

**ウエスト-バージニア**【West Virginia】アメリカ中東部の州。全域が山岳地域。石炭・石油・天然ガスを産し、森林資源にも恵まれる。人口一九五万(一九八〇)。

**ウエスト-バッグ**《和製語》ベルトなどで腰に巻きつけるタイプのポシェット状のバッグ。布製で、ジッパー付きの横長バッグが一般的。ウエストポーチ。waist porch ↓写

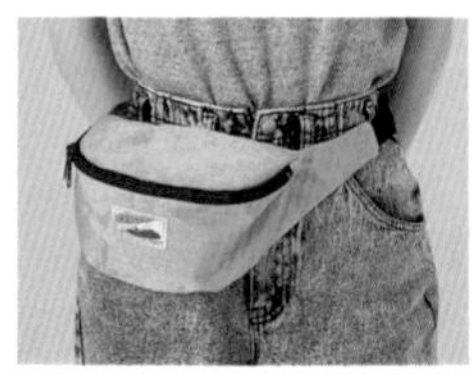

●ウエストバッグ

**ウエストファーレン**【Westfalen】西ドイツ北西部の一地方。ノルトラインウエストファーレン州の北東部を占め、中心都市はミュンスター。ウエストファリア。

**ウエストファリア-じょうやく**【ウエストファリア条約】三十年戦争終結の条約。一六四八年調印。フランス・スウェーデンの領土拡大、ドイツの分立主義が確定。カルバン派はルター派と同等の権利を獲得。スイス・オランダの独立を承認。Westphalian treaty

**ウエスト-ポイント**【West Point】《所在地名から》アメリカ陸軍士官学校(US Military Academy)の通称。一八〇二年創立。卒業後理学士の称号が与えられ、最低五年間の軍隊勤務が義務づけられている。

**ウエスト-ボール**《和製語》野球で、敬遠のときや盗塁・エンドランなどを防ぐため、投手がストライクゾーンをわざと外して投げる球。捨て球。take a pitch

**ウエストミンスター**【Westminster】イギリス、ロンドン市テムズ川北岸の自治区。国会議事堂・バッキンガム宮殿などがあるロンドンの中心部。人口一九・五万(一九八〇)。

**ウエストミンスター-けんしょう**【ウエストミンスター憲章】イギリス連邦の性格を定めた法律。一九三一年制定。自治領諸国は本国に対して平等な地位をもち、国王に忠誠を誓うことを規定。Statute of Westminster

**ウエストミンスター-しんこうこくはく**【ウエストミンスター信仰告白】一六四六年ウエストミンスター宗教会議で成文化されたカルバン主義に基づく信仰告白。Westminster Confession

**ウエストミンスター-だいせいどう**【ウエストミンスター大聖堂】ロンドンのウエストミンスターにあるゴシック聖堂。戴冠式場、偉人の墓碑で知られる。聖ペテロ大聖堂。Westminster Abbey

**ウエストライン**【waistline】腰部のもっとも細いところをほぼ水平に一周した線。洋服の上身ごろとスカートのつなぎ目をかたちづくる線。↓スカート図

**ウェストン**【Edward Weston】(一八八六〜一九五八) アメリカの写真家。リアリズムを追求し、写真芸術に寄与。作品『50・フォートグラフ』など。

**ウェストン**【Walter Weston】(一八六一〜一九四〇) イギリスの宣教師・登山家。三度来日して中部山岳地帯を踏破。日本アルプスの名を広めた。

**ウェストン-さい**【ウェストン祭】日本アルプスを世界に紹介したイギリスの登山家ウェストンの功績を記念する行事。毎年六月の第一日曜、長野県の上高地にあるウェストンの碑の前で行われる。日本山岳会主催。

**ウェストン-でんち**【ウェストン電池】《アメリカの発明家エドワード=ウェストンの名から》カドミウム標準電池の別称。

**ウェスレー**【John Wesley】(一七〇三〜九一) イギリスの神学者・牧師。メソジスト運動の創始者の一人。

**ウェセックス-おうこく**【ウェセックス王国】イングランドの七王国の一つ。六世紀初めサクソン族の首長セルディックが建国したと伝えられる。九世紀前半、エグバートが出てイングランドを統一。Kingdom of Wessex

**ウェセックス-しゅ**【ウェセックス種】ブタの一品種。大形で、体質が強健なので、放牧に適する。黒色で肩から前肢にかけて白斑。イギリス原産。Wessex Saddleback

**うえだ**【上田】〈市〉長野県東部、千曲川に沿う市。旧城下町。自動車部品・食品工業が発達。上田紬が特産。人口一一万七五一五(一九八八)。

**うえだ-あきなり**【上田秋成】(一七三四〜一八〇九) 江戸後期の浮世草子・読本作者、歌人・俳人・国学者。通称、東作。大坂の人。怪異小説の傑作『雨月物語』の作者として有名。他に読本『春雨物語』、随筆『胆大小心録』など。

**うえだ-かずとし**【上田▽万年】(一八六七〜一九三七) 国語学者。東京生まれ。円地文子の父。東大卒後ドイツに留学し、言語学を修める。東大教授。日本に国語学と言語学の科学的研究の道を開いた。著書『国語のため』、松井簡治との共編『大日本国語辞典』など。

**うえだ-じゅぞう**【植田寿蔵】(一八八六〜一九七三) 美学者。京都生まれ。京大教授。著書『芸術の論理』など。

**うえだ-びん**【上田敏】(一八七四〜一九一六) 詩人・評論家・英文学者。東京生まれ。東大卒。京大教授。訳詩集『海潮音』でフランス高踏派と象徴派を日本に紹介、多大の影響を与えた。詩集『牧羊神』、評論『文芸論集』など。

**うえだ-ぼんち**【上田盆地】長野県東部、千曲川中流域の盆地。中心は上田市。稲作、クルミ・アンズ・リンゴ・花卉栽培がさかん。

**う-えつ**【羽越】出羽国と越の国。今の秋田・山形・新潟・富山・福井の諸県にわたる。

**うえ-つ-がた**【上つ方】《「つ」は「の」の意の格助詞》身分の高い人々。

**うえ-つけ**【植(え)付け】(名・サ変他) ①植え付けること。planting ②田植え。rice planting

**うえ-つ・ける**【植(え)付ける】(下一他) ①植物などを位置を決めて植える。plant ②心にはっきりときざみ付ける。印する。imprint

**ウエッジ**【wedge】ゴルフのクラブの一種。ヘッドが楔形で打面の傾斜が大きく、ショートアプローチ用のもの。

**ウェッジウッド**【Josiah Wedgwood】(一七三〇〜九五) イギリスの陶芸家。クィーンズ-ウェア、ジャスパー-ウェアなどの陶磁器を創案。イギリス製陶界に貢献した。↓写

●ウェッジウッド 『ジャスパー-ウェアの壺』。一七八五年、ビクトリア-アンド-アルバート美術館(イギリス)。

**ウエッジ-ソール**《和製語。「ウエッジ」は、くさび形、の意》側面からみてくさび形になった靴底(=ソール)。また、そうした形の靴。舟底型。wedge heel

**ウェッデル-かい**【ウェッデル海】(Weddell Sea) 南極大陸の大西洋に臨む湾入部。一八二三年イギリスのウェッデルが発見。

**ウエット**【wet】(形動)《湿った、の意》義理・人情などにこだわるさま。感傷的なさま。対義ドライ。

**ウエット-スーツ**【wet suit】潜水服の一種。合成ゴム製で、からだはぬれるが、からだとの間に入った水が体温で温まるので、保温効果がある。比較ドライスーツ。

**ウェッブ**【Beatrice Potter Webb】(一八五八〜一九四三) イギリスの社会民主主義者。シドニー=ウェッブの妻。夫とともにフェビアン協会の運動を指導し、福祉政策の基礎を築いた。

**ウェッブ**【Sidney James Webb】(一八五九〜一九四七) イギリスの社会民主主義者。フェビアン協会に入り有力な指導者となる。労働党内閣の閣僚を歴任。妻ビアトリスとの共著『労働組合運動史』がある。

**うえつ-ほんせん**【羽越本線】JR東日本の鉄道幹線の一つ。日本海沿いに新津と秋

田を結ぶ。長さ二七一・七㎞。大正一三年(一九二四)開通。

**ウエディング**[wedding] 結婚。結婚式。

**ウエディング-ケーキ**[wedding cake] 結婚披露宴に飾られるデコレーションケーキ。新郎新婦がナイフを入れ、参会者に分ける。

**ウエディング-ドレス**[wedding dress] 結婚式に着る西欧式の花嫁衣装。

**ウエディング-ベール**[wedding veil] 婚礼のさいに、新婦が頭にかぶる白いベール。チュールなどの軽く透ける素材で作られる。

**ウエディング-マーチ**[wedding march] →けっこんこうしんきょく(結婚行進曲)

**ウェデキント**[Frank Wedekind](一八六四〜一九一八) ドイツの劇作家。ドイツ表現派の先駆。精神と肉体との葛藤がテーマ。戯曲『春のめざめ』『地霊』『パンドラの箱』など。

**ヴェトナム**[Vietnam] →ベトナム

**ヴェトミン**[Vietminh] →ベトミン

**ヴェニス**[Venice] ベネチアの英語名。

**ウェヌス**[Venus ラテン] →ビーナス

**ヴェネズエラ**[Venezuela] →ベネズエラ

**ヴェネチア**[Venezia] →ベネチア

**ヴェネト**[Veneto] イタリア北東部の州。州都ベネチア。アルプス山脈東麓からアドリア海に至る。山地は観光・保養地、平野部は農業地域。大理石・銅・鉛などの地下資源に富む。人口四三四・五万(一九八二)。

**うえの**【上野】 東京都台東区西部の地区。上野駅は東北・上越方面への交通の拠点。上野公園には博物館・美術館・動物園などの文化施設があり、桜の名所。江戸開府のとき伊賀上野の城主藤堂高虎にこの地が与えられたことが地名の由来。

**うえの**【上野】〈市〉 三重県北西部、上野盆地の市。藤堂氏の城下町として発展。盆地商業の中心で、組み紐・伊賀焼が知られる。松尾芭蕉の生地。人口五万九九八五(一九八八)。

**うえの**【上野】〈村〉 群馬県南西端、神流川上流の村。農林業中心。昭和六〇年(一九八五)日航機事故の慰霊塔・慰霊碑が立つ。人口一九八〇(一九八八)。

**うえの**【上野】〈村〉 沖縄県、宮古島南部の村。サトウキビ中心、肉牛飼育もさかん。人口三二四〇八(一九八九)。

**うえの-えき**【上野駅】 東京都台東区にあるJR東日本の主要駅。明治一六年(一八八三)開業。東北本線、常磐線、東北・上越新幹線などが発着。

**うえの-こうえん**【上野公園】 東京都台東区にある都立公園。国立博物館・動物園など芸術・文化関係の各種施設が集中。

**うえの-せんそう**【上野戦争】 戊辰戦争における江戸の上野での戦い。慶応四年(一八六八)五月、彰義隊に結集した旧幕臣は上野にたてこもって新政府軍に抗戦。彰義隊が敗れて旧幕軍は壊滅。

**うえの-どうぶつえん**【上野動物園】 上野公園内にある動物園。わが国最初の代表的な動物園として、明治一五年(一八八二)開園。管理・運営は農商務省を経て宮内省、大正一三年(一九二四)に東京市に移る。正称は東京都恩賜上野動物園。

**うえの-なおてる**【上野直▽昭】(一八八二〜一九七三) 美学・美術史学者。神戸市生まれ。東京芸大学長。著書『上代の彫刻』など。

**うえのはら**【上野原】〈町〉 山梨県東部、桂川段丘上の町。機業がさかん。東京方面への通勤者も多い。人口二万五一三八(一九八八)。

**うえの-ひこま**【上野▼彦馬】(一八三八〜一九〇四) 日本最初の職業写真家の一人。長崎の人。文久二年(一八六二)撮影局を開業。

**うえの-ぼんち**【上野盆地】 三重県北西部の盆地。開発は古く、伊賀米・伊賀焼の産地。大阪向けの野菜栽培などが行われる。霧や雷の発生が多い。伊賀盆地。

**ウエハー**[wafer] 集積回路の基板で、直径五〜一〇㎝程度のシリコン単結晶の薄板。

**ウエハース**[wafers] 薄い板状に焼いた軽い洋菓子。小麦粉・砂糖・卵などを混ぜた生地を鉄型に流して焼きクリームなどをはさむ。乳児用。また、アイスクリームにそえる。

**うえはら-ゆうさく**【上原勇作】(一八五六〜一九三三) 陸軍大将・元帥。宮崎県生まれ。第二次西園寺内閣の陸相として大正政変のきっかけを作る。のち薩摩閥の陸軍最長老として力をふるう。

**うえはら-ろくしろう**【上原六四郎】(一八四八〜一九一三) 物理学者・教育者・尺八奏者。江戸生まれ。音楽理論の先駆者。日本近世音楽の音階を陽旋法(＝田舎節)と陰旋法(＝都節)に分けて論じた『俗楽旋律考』の著者として知られる。

**ウェブスター**[Jean Webster](一八七六〜一九一六) アメリカの女流小説家。児童文学で知られる。作品『足ながおじさん』など。

**ウェブスター**[John Webster](一五七八ごろ〜一六三二ごろ) イギリスの劇作家。一七世紀初めのイギリス社会の精神的退廃と不安を描く。悲劇『白魔』『モルフィ公爵夫人』など。

**ウェブスター**[Noah Webster](一七五八〜一八四三) アメリカの語学者。一八二八年『英語辞典』(ウェブスター大辞典)を刊行。

**ヴェブレン**[Veblen] →ベブレン

**うえほんまち**【上本町】 大阪市東部、天王寺区と南区にまたがる住宅・商業地。伊勢・名古屋・奈良方面への鉄道の要地。

**うえむら-しょうえん**【上村松園】(一八七五〜一九四九) 日本画家。京都生まれ。近代女流日本画家の第一人者。美人画に格調ある様式を確立。昭和二三年(一九四八)女性初の文化勲章受章。作品『母子』『序の舞』『夕暮』など。

**うえむら-なおみ**【植村直▽己】(一九四一〜一九八四) 探険家。兵庫県生まれ。昭和四五年(一九七〇)日本人初のエベレスト登頂。同五三年(一九七八)、単独で犬ぞりによる北極点到達。同五九年(一九八四)アラスカのマッキンリー山で消息を絶つ。同年国民栄誉賞受賞。

**うえむら-ぶんらくけん**【植村文楽軒】(一七三七〜一八一〇) 人形浄瑠璃文楽座の始祖。阿波国出身。寛政年間(一七八九〜一八〇一)大坂に「高津新地の席」を設け、これが文楽座の起源となる。

**うえむら-まさひさ**【植村正久】(一八五七〜一九二五) 牧師・神学者。江戸生まれ。東京一致神学校卒。明治二〇年(一八八七)東京一番町一致教会(富士見町教会)を創立。東京神学社を創立して教職者を養成。

**う-えもんふ**【右▽衛門府】 →えもんふ(衛門府)

**ウェラー**[Thomas Huckle Weller](一九一五〜) アメリカの医学者。エンダーズ・ロビンズらとともにポリオ(＝小児麻痺)のウイルスの培養に成功した業績で、一九五四年ノーベル生理学医学賞受賞。

**ヴェリズモ**[verismo イタリア] →ベリズモ

**ウェリントン**[Wellington] ニュージーランドの首都。北島最南部に位置。同国の政治・交通・文化の中心。人口一三・六万(一九八二)。

**ウェリントン**[Arthur Wellesley, Duke of Wellington](一七六九〜一八五二) イギリスの軍人・政治家。スペインでナポレオンと戦い、ウィーン会議のイギリス代表。ワーテルローの戦いでナポレオンを撃破。のちトーリー党首、首相。

**う・える**【飢える・▽餓える】(下一自) ①腹がへる。ひもじくなる。be hungry 用例 —・えた人々。②欲するものが不足で、つよくほしがる。starve 用例 書物に—。愛情に—。

**う・える**【植える】(下一他) ①《「栽える」とも》植物の根を土にいける。plant 用例 ウメの木を—。②はめこむ。set up 用例 活字を—。③他から人のからだに移して育つようにする。inoculate 用例 種痘を—。

**ウェルウィッチア**[welwitschia] 南西アフリカの砂漠に自生するウェルウィッチア科の珍奇な植物。一属一種。高さ約五〇㎝。茎は砂上に少し出ているだけで、茎頂の縁から帯状の葉を一対だけのばす。葉は年ごとに長くなり、古くなると裂ける。保護植物となっている。

**ヴェルガ**[Verga] →ベルガ

**ウエルカム**[welcome](感) 歓迎。ようこそ。

**ウェルギリウス**[Pūblius Vergilius Marō](BC七〇〜BC一九) ローマの詩人。ラテン詩の範となった叙事詩『アエネーイス』の作者。学識が深く、華麗で端正な叙事詩文学を創出。作品『牧歌詩』『農耕詩』など。英語名ヴァージル。

**ウェルゲラン**[Henrik Arnold Wergeland](一八〇八〜一八四五) ノルウェーの詩人。コレットの兄。愛国的啓蒙運動を熱烈に指導。劇詩『創造、人間および救世主』など。

**ヴェルサイユ**[Versailles] →ベルサイユ

**ウェルズ**[Herbert George Wells](一八六六〜一九四六) イギリスの小説家・文明批評家。科学知識をもとに想像力を生かした科学小説で文名を確立。SF『タイム-マシン』、風刺小説『トーノ-バンゲー』、啓蒙書『世界史大系』など。

**ウェルズ**[Orson Welles](一九一五〜一九八五) アメリカの映画俳優・監督。作品『市民ケーン』『オセロ』『フォルスタッフ』(以上監督・主演)、『第三の男』(出演)など。

**ウェルズマン**[Jerry Uelsman](一九三四〜) アメリカの実験的写真家。モンタージュを多用し新しい写真空間を形成。

**ウエルター-きゅう**【ウエルター級】 ボクシングの体重別階級の一つ。アマチュアでは六三・五〜六七・〇kg、プロでは六三・五〜六六・六kg。welterweight

**ウェルダン**[well-done] ビーフステーキの焼きかげんの一つ。肉の内部に赤みが残らないようによく焼くこと。

**ヴェルダン**[Verdun] →ベルダン

**ウェルティ**[Eudora Welty](一九〇九〜) アメリカの女流小説家。南部の現実を幻想的に描く。作品『デルタの結婚式』など。

**ウェルテル**[Werther] 一七七四年刊のゲーテの書簡体小説『若きウェルテルの悩み』の主人公。むくわれぬ恋の苦悩の末、自殺する。

**ウェルト**[Die Welt ドイツ] 西ドイツ二大新聞の一つ。保守系の朝刊紙。一九四六年イギリス占領軍が『タイムズ』にならった編集方針で創刊。

**ウェルナー**[Alfred Werner](一八六六〜一九一九) スイスの化学者。錯塩の立体構造を明らかにし、無機化学の発展に寄与。一九一三年ノーベル化学賞受賞。

**ウェルハーベン**[Johan Sebastian Cammermeyer Welhaven](一八〇七〜一八七三) ノルウェーの詩人。ノルウェー文学黎明期の代表者。ウェルゲランと対照的に審美的傾向をとった。『詩集』など。

**ウェルフェル**[Franz Werfel](一八九〇〜一九四五) オーストリア表現主義の詩人・劇作家・小説家。プラハ生まれ。詩集『世界の友』、戯曲『鏡人』、小説『ベルナデットの歌』など。

**ウェルフリン**[Heinrich Wölfflin](一八六四〜一九四五) スイスの美術史家。ルネサンスとバロックの美術を研究。形式史的方法論を確立した。著書『美術史の基礎概念』など。

**ヴェルホヤンスク**[Verkhoyansk] →ベルホヤンスク

**う-えん**【有縁】 ①《仏教語》仏に縁のあること。対義 無縁。②血のつながりなどの関係のあること。

**う-えん**【▼迂遠】(名・形動) まわりどおいこと。とおまわり。roundabout

**うお**【魚】 魚類。さかな。fish 用例 —市場。数え方 一尾・一匹。

**魚、心有れば、水、心有り** 一方が好意をもてば、他方も好意をもつようになるというたとえ。魚ごころ有れば水ごころ。Scratch my back and I'll scratch yours.

**魚と水** 切っても切り離せないほどに、仲がよいさま。類似 水魚の交わり。

**魚の釜中に遊ぶが如し** 災いが迫っているのも知らず、のんきに遊び暮らしていることのたとえ。

**魚の水に離れた様** 勝手が違い、どうにもならないさま。陸へ上がった河童。

**魚の目に水見えず** わが身に近いことは、かえって気づかないことのたとえ。

**魚は江湖に相忘る** 《広い水中では魚が互いの存在にわずらわされない、の意から》世事を忘れ、自然な境遇に自分をおくことのたとえ。

**魚は鯛** その種類の中で、最高にすぐれたもの。

**魚を得て筌を忘る** 《「筌」は「せん」とも言い、竹でつくられた漁具のこと》目的を達すると、そのために役立ったものを忘れてしまう。

**うお-いちば**【魚市場】 魚介類の流通の中心となる場所または施設。出荷を中心とする生産地市場と荷受け・卸売を中心とする消費地市場がある。fish market →写

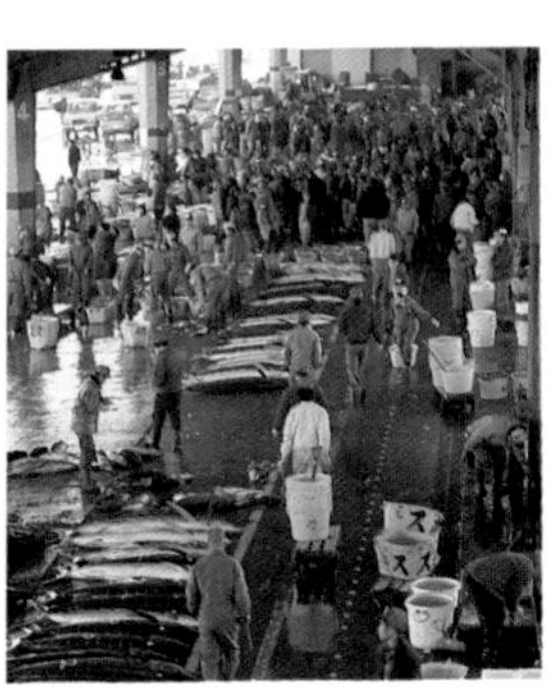

● 魚市場 千葉県、銚子魚市場。

**うおう-さおう**【右往左往】(名・サ変自) 多くの人がうろたえて、あちらこちらへ動き回ること。うおうざおう。run about in confusion

**ウォー**[Evelyn Waugh](一九〇三〜一九六六) イギリスの



▼常用漢字表外。▽常用漢字表の音訓外。

小説家。代表的カトリック作家。辛辣に徹底的な戯画化を行う。作品『一握の塵』『ブライズヘッド再訪』『名誉の剣』など。

**ウオーキー**〔walkie〕《接頭的》手に持って歩ける、の意。

**ウオーキー-トーキー**〔walkie-talkie〕 携帯用の小型無線送受信機。送信電力一ワット程度で、VHF帯のものが多い。

**ウオーキー-ルッキー**〔walkie-lookie〕 一種の携帯用テレビジョンカメラ。

**ウオーキング-シューズ**〔walking shoes〕 日常用の履き心地のよい靴。かかとの高いフォーマル用のパンプスに対し、ヒールも低めで丈夫な材質のものが多い。

**ウォーク**〔Herman Wouk〕(一九一五) アメリカの小説家。作品『ケイン号の反乱』『戦争の嵐』など。

**ウオーク-イン-クローゼット**〔walk-in closet〕 衣装などを収納する小部屋。人が中を歩けるような広さのもの。

**ウォークマン**《商標名》昭和五四年(一九七九)ソニーが開発した再生専用の携帯用小型ヘッドホンステレオ。

**ウオーク-ラリー**《和製語》ハイキングの一種。三～六人が一組みとなり、指示書に従い、与えられたクイズを解きながら三～八kmを歩くスポーツ。オリエンテーリング。orienteering

**ウオーター**〔water〕 水。

**ウオータークレス**〔watercress〕 →クレソン

**ウォーターゲート-じけん**【ウォーターゲート事件】(Watergate affairs) 一九七二年ワシントンDCのウォーターゲート・ビルにある民主党本部への侵入者の逮捕を機に、アメリカ政府の秘密盗聴など不法行為が発覚した事件。七四年にはニクソン米大統領が辞任に追い込まれた。

**ウオーター-シュート**〔water chute〕 遊園地などの娯楽設備の一種。急斜面のレール上を池に向かってボートで滑り下り、スリルを楽しむ。

**ウオーターバック**〔waterbuck〕 大形レイヨウの一種。肩高約一・二m、体重約二五〇kg。雄は長さ八〇cmぐらいの角をもつ。暗黒褐色で、尻の周囲にリング状の白斑がある。昼行性で、水辺にいることが多い。南・東アフリカに分布。

**ウオータープルーフ**〔waterproof〕《防水・耐水、の意》時計・靴・織物などが水にぬれても大丈夫なようにすること。また、そうしたもの。織物の防水は二〇世紀初頭にバーバリ社やアクアスキュータム社が開発した。

**ウオーターフロント**〔waterfront〕 海・川・湖などに臨む、水辺の土地。とくに、都市の水辺地区。用例 —開発。

**ウオーター-ポロ**〔water-polo〕 →すいきゅう(水球)

**ウォーターロー**〔Waterloo〕 →ワーテルロー

**ウォータン**〔Wotan ドイ〕 ゲルマン民族の神話の最高神。北欧神話のオーディンにあたる。ヴォータン。

**ウォード**〔Frederick Townsend Ward〕(一八三一～六二) アメリカ人船員。太平天国の乱にあたり、上海を守るために洋槍隊(=常勝軍)を組織して戦い、戦死。

**ウォートン**〔Edith Wharton〕(一八六二～一九三七) アメリカの女流小説家。洗練された風俗小説を書いた。作品『歓楽の家』『無邪気な時代』など。

**ウォーナー**〔Langdon Warner〕(一八八一～一九五五) アメリカの美術史家。岡倉天心の影響を受け、東洋美術を研究。第二次大戦中、京都・奈良を爆撃から救った。著書『推古時代の日本彫刻』など。

**ウォーナー**〔Rex Warner〕(一九〇五) イギリスの小説家。寓意的な思想小説を書く。作品『ある教授』『空軍基地』など。

**ウォーホル**〔Andy Warhol〕(一九二八?～八七) アメリカの画家・映画製作者。ポップアートの代表的存在。作品『マリリン=モンロー』など。→ポップアート 写

**ウオーミング-アップ**〔warming-up〕 競技や試合を始める前の、軽い準備運動や練習。

**ウォーム-はぐるま**【ウォーム歯車】 円柱にらせん状の歯をつけたウォームと他の歯車とをかみ合わせた動力伝達装置。減速装置や巻き上げ用滑車などに用いる。ウォームギア。worm gear

**ウオーモ**〔uomo イタ〕《人間・男、の意。men's 英に同じ》おもに服飾業界で、男性用。

**ウォール-がい**【ウォール街】(Wall Street) ニューヨーク市マンハッタンの北端にある街区。連邦準備銀行・証券取引所などが密集し、ニューヨーク金融・株式市場の通称となっている。国際金融市場の中心地。

**ウォール-ストリート-ジャーナル**〔Wall Street Journal〕 アメリカの朝刊経済紙。財界の意向を反映し、伝統的保守主義にたつ。一八八九年創刊。

**ウォールトン**〔Izaak Walton〕(一五九三～一六八三) イギリスの随筆家・伝記作者。有名文人と交友し、その伝記を書いた。伝記『ジョン=ダンの生涯』、随筆『釣魚大全』など。

**ウォーレス**〔Alfred Russel Wallace〕(一八二三～一九一三) イギリスの博物学者・進化学者。アマゾン・マレー諸島の生物を調査し、動物地理学を確立。また自然選択説を考えた。ウォーレス線を提唱。

**ウォーレス**〔Lewis Wallace〕(一八二七～一九〇五) アメリカの小説家。大衆小説『ベンハー』で有名。

**ウォーレス-せん**【ウォーレス線】 生物地理分布上の東洋区とオーストラリア区の境界線。一八六八年にウォーレスが提唱、後に命名された。Wallace's line

**ウォーレン**〔Robert Penn Warren〕(一九〇五) アメリカの詩人・評論家・小説家。詩集『詩三十六編』、小説『すべて王の臣』など。

**うお-がし**【魚河岸】 ①魚市場のある河岸。かし。riverside fish market ②東京築地にある東京都中央卸売市場の通称。

**うお-かす**【魚▼滓】 魚の身を取った残り。肥料用。

**ヴォキャブラリー**〔vocabulary〕 →ボキャブラリー

**うおくい-こうもり**【魚▼喰▼蝙▼蝠】 水中の小魚を主食とするコウモリ。体長約一二cm。超音波を発し、そのエコーを耳で聞きわけて獲物かどうかを識別する。中南米に分布。

**うお-ざ**【魚座】 天の赤道上にある星座。黄道十二星座の一つ。現在の春分点はこの魚座にあり、春分の太陽はこの星座にある。一一月二二日ごろの午後八時ごろに南中。面積八九〇平方度。Pisces →図

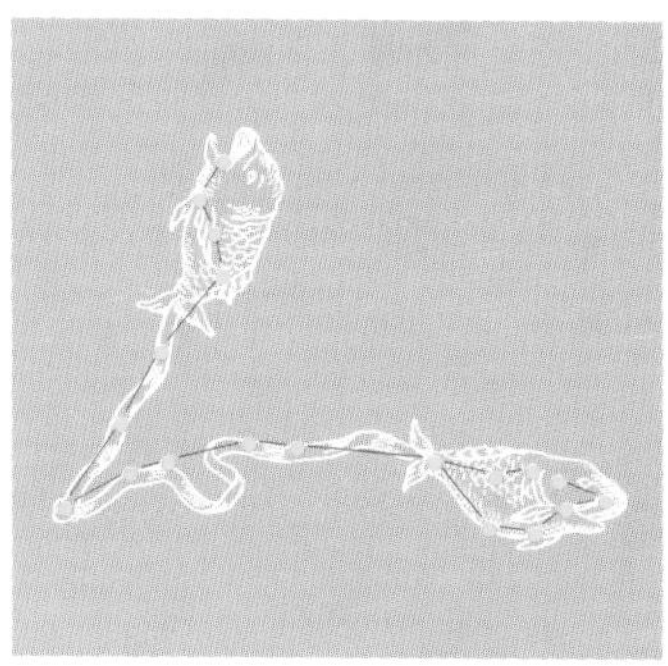

● 魚座

**うおしま**【魚島】〈村〉 愛媛県、今治市沖の魚島を中心とする村。タイ・イカなどの漁業とミカン栽培を行う。人口四一三(一九八八)。

**うお-じま**【魚島】 産卵のため、魚が群れをなして海岸近くまで押し寄せること。その時期。瀬戸内海では八十八夜の前後。魚島どき。

**うお-じょうゆ**【魚▼醤油】 魚類などに食塩を加え、熟成させて作った液状の調味料。秋田の「しょっつる」が有名。魚醤。

**うお-じらみ**【魚▼蝨】 →ちょう(魚蝨)

**うお-すき**【魚▼鋤】 なべ料理の一種。魚介類を野菜とともに「すきやき」風に煮ながら食べる。沖すき。

**うおづ**【魚津】〈市〉 富山県北東部、富山湾に臨む市。漁業、カーバイド・機械工業が発達。ホタルイカ・蜃気楼・海中の埋没林が有名。人口四万九七五九(一九八八)。

**ウォツェック**〔Wozzeck〕 ベルク作曲のオペラ。全三幕。一九二五年ベルリン初演。ビュヒナーの戯曲に基づく作曲者自身の台本。浮気した妻を殺害し、みずからも池に投身自殺する一兵卒の物語。無調音楽による二〇世紀オペラの傑作。

**ウオツカ**〔vodka ロシ〕 ソ連の代表的な蒸留酒。大麦などで作る。無色・無味・無臭。アルコール分四〇～六〇%。ウオッカ。ウオトカ。

**うおつき-りん**【魚付(き)林】 魚群誘致のため海岸・湖岸・河岸に育生した林。水量の安定、水温安定に利用。fish gathering forest

**ウオッシュ-アンド-ウエア**〔wash and wear〕 洗濯してもしわにならず、アイロンがけせずに着用できるような生地の性質。

**ウオッチ**〔watch〕 ①《置き時計(=クロック)に対し》腕時計や懐中時計。用例 ストップ—。②見張り。監視。③船舶で、当直。ワッチ。

**うおぬま-きゅうりょう**【魚沼丘陵】 新潟県中部の丘陵性山地。最高峰は当間山一〇一七m。周辺は油田・ガス田が多い。

**うお-の-め**【魚の目】 皮膚の角質層が強く肥厚し、上皮細胞層も肥大して表皮深層から真皮内にはいりこんだもの。圧痛を覚える。足指、足の裏にできやすい。corn

**うお-へん**【魚偏】 漢字を組み立てている部分の名。「鯨・鮮」などの左の「魚」。

**ウォリス-しょとう**【ウォリス諸島】(Îles Wallis) 太平洋南部、西サモア西方に点在する二二の島群。一八四二年以来フランス領。人口一・四万(一九八六推定)。ワリー諸島。

**ウォリンガー**〔Wilhelm Worringer〕(一八八一～一九六五) ドイツの美術史学者。精神史的方法を確立。著書『抽象と感情移入』など。

**ヴォルガ-がわ**【ヴォルガ川】(Volga) →ボルガがわ(ボルガ川)

**ウォルゲムート**〔Michael Wohlgemuth〕(一四三四～一五一九) ドイツの画家。祭壇画・木版の挿絵を得意とする。作品『キリスト磔刑』など。

**ヴォルゴグラード**〔Volgograd〕 →ボルゴグラード

**ウォルサム**〔Waltham〕 アメリカ北東部、マサチューセッツ州東部の都市。アメリカ最初の機械時計を製造したウォルサム時計会社がある。人口五・八万(一九八〇)。

**ウォルス**〔Wols〕(一九一三～五一) ドイツの画家。アンフォルメル(=非具象)絵画の代表。本名ウォルフガング=シュルツェ。

**ウォルストンクラフト**〔Mary Wallstonecraft〕 →ウルストンクラフト

**ヴォルタ-がわ**【ヴォルタ川】(La Volta) →ボルタがわ(ボルタ川)

**ウォルド**〔George Wald〕(一九〇六) アメリカの生物学者・化学者。視覚を化学的・生理学的に研究。一九六七年ノーベル生理学医学賞受賞。

**ウォルトン**〔Ernest Thomas Sinton Walton〕(一九〇三) アイルランドの物理学者。一九三二年コッククロフトとともに陽子線の加速に成功し、初めて人工的に原子核を破壊。一九五一年ノーベル物理学賞受賞。

**ウォルナット**〔walnut〕 →くるみ(胡桃)

**ウォルフ**〔Casper Friedrich Wolff〕(一七三三～九四) ドイツの博物学者。一七六六年、著書『発生論』で、前成説と対立する後成説を唱える。ニワトリの発生で、腸が平たいものからくびれてゆくのを見つけ、説の正しさを証明。

**ウォルフ**〔Christa Wolf〕(一九二九) 東ドイツの女流小説家。作品『引き裂かれた空』『クリスタ=Tの追想』など。

**ウォルフ**〔Christian Wolff〕(一六七九～一七五四) ドイツ啓蒙期の哲学者。ラテン語にかわってドイツ語で叙述し、多くの哲学用語を残す。

**ウォルフ**〔Friedrich Wolf〕(一八八八～一九五三) ドイツの劇作家・小説家。東ドイツの初代ポーランド大使。戯曲『マムロック教授』など。

**ウォルフ**〔Hugo Philipp Jakob Wolf〕(一八六〇～一九〇三) 後期ロマン派のオーストリアの歌曲作曲家。詩を重視した朗唱的旋律法とワーグナーの影響をうけた和声法が特色。作品にメーリケ・ゲーテなどの詩による約三〇〇の歌曲。

**ウォルフ-かん**【ウォルフ管】 胎生初期、生殖器の発生途上に形成される排泄のための導管。ヒトでは、胎生二か月までにほとんど消滅するが、男性の生殖器の一部として残る。中腎管。Wolffian duct

**ウォルフ-たい**【ウォルフ体】 →ちゅうじん(中腎)

**ウォルフ-フェラーリ**〔Ermanno Wolf-Ferrari〕(一八七六～一九四八) イタリアの作曲家。近代感覚のオペラ作品が多い。オペラ『マドンナの宝石』など。

**ウォルフ-ライエ-せい**【ウォルフ-ライエ星】 非常に高温で、物質が高速で流出している星。スペクトルによって観測される。一八六七年、パリ天文台のウォルフとライエが発見。Wolf-Rayet star

**ウォルフラム-フォン-エッシェンバハ**〔Wolfram von Eschenbach〕(一一七〇ごろ～一二二〇ごろ) ドイツ中世の叙事詩人。人と神の調和、騎士道と信仰を描いた『パルツィバル』、武勲詩『ウィレハルム』など。

**ウォルポール**〔Horace Walpole〕(一七一七～九七) イギリスの小説家。最初のゴシック小説『オトラントの城』と膨大な書簡集で知られる。

**ウォルポール**〔Hugh Seymour Walpole〕(一八八四～一九四一) イギリスの小説家。伝統的な小説を書

く。四部作『ヘリー家年代記』など。

**ウォルポール**【Robert Walpole】(一六七六〜一七四五) イギリスの政治家。ホイッグ党領袖。初の責任内閣制の首相として、対外的には平和外交を、対内的には健全財政と地主層・商人層の協調政策を推進。

**ウォルムス-の-きょうやく**【ウォルムスの協約】一一二二年、ドイツのウォルムスで神聖ローマ皇帝ハインリヒ五世と教皇カリストゥス二世の間に結ばれた協約。皇帝には俗権、教皇には叙階の授与権が認められ、叙任権闘争が一段落。Concordat of Worms

**ヴォログダ**【Vologda】→ボログダ

**ヴォロシーロフ**【Voroshilov】→ボロシーロフ

**ウォン**【円 朝】(wàn) 韓国の通貨単位。記号W。

**ウォンサン**【元山】(Wŏnsan) →げんざん(元山)

**うおん-ず**【雨温図】平均温度を縦軸に、雨量の月平均値を横軸にとり、月の順に結んだ線図。クリモグラフの一種。hythergraph

● 羽化① オオムラサキ(雄)の羽化。

**ウォンバット**【wombat】アナグマに似たウォンバット科の有袋類の総称。体長一m内外。体は灰黄色から黒色。昼は地中に掘った穴にひそみ、夜出てきて草や根を食べる。子を半年ほど育児嚢で育てる。オーストラリア・タスマニアに分布。フクログマモドキ。→写

● ウォンバット

**う-おんびん**【ウ音便】音便の一つ。「思ひて」が「思うて」、「白く」が「白う」となる類。参照音便。

**う-か**【羽化】(名・サ変自)①昆虫がさなぎから脱皮して翅の生えた成虫になること。羽化直後は翅もちぢみ、色もうすいが、やがて伸展し、色も濃くなる。emergence ②中国の古い信仰で、人間に羽が生えて仙人になること。用例―登仙。→写

**う-かい**【▼迂回】(名・サ変自) 遠まわりすること。detour

**う-かい**【▼鵜飼(い)】①飼い慣らしたウを使って行う伝統的な漁法。かがり火に集まったアユを、ウに飲みこませ、のちに吐き出させて漁獲する。現在は観光用として残る。岐阜県長良川など。②鵜飼いをする人。鵜匠。→写

**うがい**【▼嗽・▽含▼嗽】(名・サ変自) 口やのどを水などですすぐこと。口腔や咽頭の感染症の予防や炎症の鎮痛の目的で行う。gargling

**うかい-せいさん**【▼迂回生産】まず設備・用具などの生産手段をつくりだし、それを使って最終の目的となる製品をより能率的に生産すること。round-about production

**うか-うか(と)**(副)①心が落ちつかないさま。unsettled ②不注意なさま。うっかり。うかと。carelessly

**うかがい**【伺(い)】①うかがうこと。ask ②下から上に、指図をあおぐこと。ask for instructions 用例進退―。③神仏のお告げをこうこと。④《「おうかがいする」の形で》訪問の謙譲語。

**伺いを立てる** ①上司や目上の人に、指図・意見・許可・命令などを求める。とくに、官公庁などに指示を仰ぐ場合に用いる。お伺いを立てる。consult 用例役所に―。②神仏に向かって、判断を請う気持ちで、祈る。

**うかが・う**【伺う】(五他)①「聞く・たずねる・問う」の謙譲語。用例御意見を―・わせてください。②「おとずれる・訪問する」の謙譲語。用例五日に―・います。

**うかが・う**【▼窺う】㊀(五他)①そっとのぞき見する。peep ②ようすをひそかにさぐる。study secretly; spy 用例顔色を―。③時機をじっと待つ。ねらう。watch for 用例すきを―。㊁古語(四他) いちおう知っておく。用例弓射・馬に乗ること、六芸にいだせり。必ずこれを―べし(徒然・一二二)。

**うがき-かずしげ**【宇垣▽一▽成】(一八六八〜一九五六) 陸軍大将・政治家。岡山県生まれ。軍縮・軍制改革を遂行。陸軍大臣を歴任、昭和一二年(一九三七)組閣を手がけたが軍部の反対で不成立。戦後、参議院議員。

**うかさ・れる**【浮かされる】(下一自)①興奮して、眠れなくなる。be wakeful ②熱で正気を失う。become delirious ③心がうわついて、夢中になる。be carried away

**うかし**【浮かし】①浮かすこと。浮かしたもの。float ②汁の中に浮かせる軽く小さい実。関西でよく使われる。

**うか・す**【浮かす】(五他)＝浮かせる。①浮くようにする。浮かべる。float ②浮きたたせる。③くふうして余るようにする。save 用例費用を―。

**うか・せる**【浮かせる】(下一他)→うかす(浮かす)

**うがち**【▼穿ち】①うがつこと。②人情の微妙な点を、うまく言い表すこと。

**う-かつ**【▼迂▼闊】(名・形動)①注意が足りず、うっかりしていること・さま。事情をよく知らないこと・さま。careless ②回りくどいこと・さま。roundabout

**うが・つ**【▼穿つ】(五自他)①(他)㋐穴をあける。ほる。dig 用例点滴、石を―。㋑突きぬく。bore ㋒せんさくする。guess ㋓身につける。はく。put on 用例はかまを―。②(自)人情・要所の微妙な点をうまく言い表す。penetrating 用例―った批評。

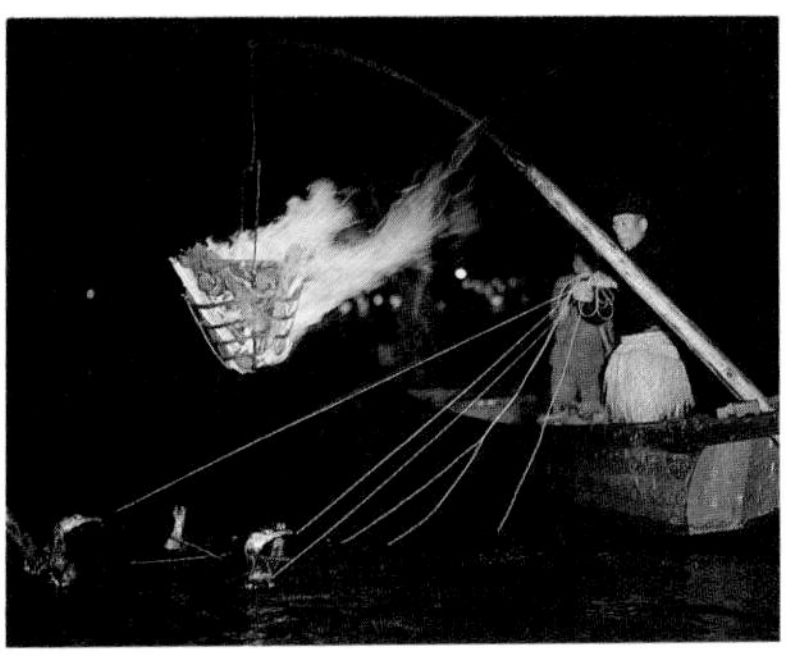

● 鵜飼い① 岐阜県、長良川。

**うか-と**(副) 気のつかないさま。うっかり。carelessly

**うか-とうせん**【羽化登仙】①羽が生えて仙人となり、仙境へ登ること。②酒に酔って心地よい気分になること。

**うかぬ-かお**【浮かぬ顔】ゆううつな顔つき。gloomy face

**うかのみたま-の-かみ**【▽倉▽稲▽魂神・宇▼迦▼之▽御▽魂神】日本神話の神。食物、とくに稲をつかさどる神。稲霊・穀霊を神格化したもの。稲荷社の祭神。

**うかば・れる**【浮(か)ばれる】(下一自)①死んだ人の魂が、なぐさめられる。成仏できる。rest in peace 用例これで仏も―ことだろう。②面目がたつ。save face

**うかび-あが・る**【浮(か)び上がる】(五自)①水面に出てくる。浮き上がる。surface ②隠れているものが、はっきりする。loom up 用例容疑者が―。③苦しい所からぬけ出る。emerge ④出世する。rise

**うか・ぶ**【浮(か)ぶ】(五自)①空中や水面・水中にある。float 比較浮く。対義沈む。用例海に―。②表面に現れる。come out 用例なみだが―。③思い出される。思いつく。come into one's mind 用例心に―。いい考えが―。

**浮かぶ瀬** 助かる、また、逆境からぬけでるチャンス。いいめをみる見こみ。

**うか・べる**【浮(か)べる】(下一自他)①(他)㋐浮かす。float 対義沈める。㋑思い出す。recall ㋒表に現す。express 用例えみを―。②(自)浮かぶことができる。float 用例うまく水に―・べない。

**うがやふきあえず-の-みこと**【▼鸕▼鶿▽草▼葺▽不▽合▽尊・▼鸕▼鶿▽草▼葺▽不▽合▽命】日本神話の神。神武天皇の父とされる。彦炎出見尊と豊玉姫の子。

**うから**【▽親▽族】血縁の人々。一族。親類。やから。うがら。

**うから-やから**【▽親▽族】一家一門。親類縁者。

**うか・る**【受かる】(五自) 試験などに、合格する。pass 対義落ちる。用例志望校に―。

**うかれ・でる**【浮(か)れ出る】(下一自)①心がうきうきして、目的もなく外へ出る。あてもなく外出する。go out lightheartedly ②面白さに心がうきうきする。うかれだす。be in high spirits

**うかれ-め**【浮(か)れ女】歌や踊りで遊興の相手をし、色を売る女。あそびめ。遊女。娼妓。

**うか・れる**【浮(か)れる】(下一自) 心がうきうきする。はしゃぐ。むちゅうになる。make merry

**う-かわ**【▼鵜川】鵜飼いをする川。

**鵜川の小鮎** 《鵜川にすんでいるアユの意》逃れるすべもないもののたとえ。

**う-かん**【羽冠】鳥類の頭頂から後ろにかけてはえている冠状の長い羽毛。冠羽。crest

**うかん**【有漢】〈町〉岡山県西部山間の町。タバコ・果樹栽培などの農業が行われる。人口三二一七(一九八八)。

**う-がん**【右岸】川下に向かって右の岸。right bank 対義左岸。

**う-がん**【▼烏▼桓・▼烏丸】中国、漢代から魏の初めにかけて内モンゴル東部にいた遊牧民族。東胡の後身。後漢代には一時強大となったが、魏の曹操に敗れ衰退、北魏に服属して滅亡。

**ウガンダ**【Uganda】(Republic of Uganda) 東アフリカ中東部の内陸にある共和国。首都カンパラ。一九六二年イギリスから独立。ビクトリア湖の北岸を占め、綿花・コーヒーが主産物。面積二三・六万km²。人口一六〇二万(一九八六)。正称ウガンダ共和国。

**う-かんむり**【ウ冠】漢字を組み立てている部分の名。「家・宙」などの上にある「宀」。

**うき**【浮き・浮▽子・▼泛▽子】①浮くこと。float 用例―沈み。②目じるしとして水面に浮かせておくもの。浮標。ブイ。buoy ③㋐浮きぶくろ。life float ㋑つり糸に付け、魚がえさにつくのを知るつり道具。うけ。float

**う-き**【雨季・雨期】ほぼ、毎年みられる雨量の多い季節。熱帯地方では年に二回あり、地中海沿岸などでは冬、日本では六〜七月の梅雨期のころを言う。rainy season 対義乾季。

**うき-あが・る**【浮(き)上がる】(五自)①水面へ浮かんで出る。surface ②持ち上がって浮く。float 用例宙に―。③一般の支持がなくなる。孤立する。遊離する。isolate 用例大衆から―。

**うき-あし**【浮(き)足】しっかりと地面についていない足どり。feet off the ground

**うきあし-だ・つ**【浮(き)足立つ】(五自) 逃げ腰になる。落ちつきがなくなる。be ready to run away

**うき-あみ**【浮(き)編み】棒針編みの模様編みの一種。メリヤス編み地の裏側に、すべり目を用いて部分的に水平に糸を浮かせる編み方。welt stitch

**うき-いし**【浮(き)石】①川床にある石で、その一部が土砂に埋没せず、下を水が流れているもの。魚の産卵床などになる。②人が乗ったときにぐらついたりする、安定の悪い状態の石。③軽石。④トンネル工事などの際、

天井面に残っているとび出た岩石。

**うき-いね【浮稲】** 東南アジアで、雨季に氾濫する大河川流域に栽培される特殊なイネ。伸長力旺盛で雨季に水位の上昇とともに伸長し、約四mにも達する。

**うき-うお【浮(き)魚】** 海面近くで生活する魚類。イワシ・カツオなど。表層魚。対義 底魚。

**うき-うき【浮き浮き】**(副・サ変自) 心が浮き立つさま。buoyantly

**うき-え【浮(き)絵】** 西欧の遠近透視画法をとり入れた江戸時代の浮世絵版画。近景が浮かびあがって見える。画題は室内や市井風景が多い。

**うき-おり【浮(き)織り】** 横糸を浮かせて模様を出すこと。また、その織物。タオルやシーツなどに多い。

**うき-がし【浮(き)貸し】** 金融機関の役職員が、自分または第三者の利益をはかるために、その地位を利用して不正な貸し付けなどを行うこと。

**うき-かわたけ【浮(き)川竹・浮(き)河竹】**《「浮き」は「憂き」にも通ずる》浮き沈みの定まらない、はかない遊女の身の上。

**うき-ぎ【浮(き)木】** 水に浮いている木片。流木。ふぼく。うきき。driftwood

**うき-くさ【浮(き)草】** ①水面に浮かんでいる草の総称。duckweed ②ウキクサ科の一年草。水田や池に浮かんで群生。体は扁平な卵形で、径四～八mm。茎と葉の区別はなく、表は緑、裏は紫。夏、白色の小花をまれにつける。カガミグサ。ナキモノグサ。↓写

●ウキクサ②

**うきくさ-かぎょう【浮(き)草稼業】** 転々として一つの場所におちつかない職業や生活。また、その人。precarious trade

**うきくさ-の【浮き草の】**［枕ことば］《同音の繰り返し、また、浮き草は根が水底につかないことから》「浮き・根を絶えて」にかかる。用例 たきつ瀬にねざしとどめぬ——うきたる恋も我はするかな(古今・恋二)。

**うき-ぐも【浮(き)雲】** ㊀①空に浮かびただよう雲。drifting cloud ②はかないこと。とりとめのないこと。instability 用例 ——の思い。㊁《浮雲》二葉亭四迷の小説。明治二〇～二二年(一八八七～八九)発表。言文一致体による日本近代小説の先駆けとなる。当時の知識人と世相を浮き彫りにした。

**うきくんでん-いせき【宇木▼汲田遺跡】** 佐賀県唐津市の宇木汲田で発掘された弥生時代の共同墓地遺跡。甕棺・細形銅剣・多鈕細文鏡・翡翠の曲玉などが出土。

**うき-ごし【浮(き)腰】** ①態度がふらふらしていること。逃げ腰。unsteady ②柔道で、投げ技の一つ。相手の腰が浮いたところに、自分の腰をいれて投げる。

**うき-ごり【浮▼吾里・浮▼鮴】** ハゼ科の魚。左右の腹びれは相合わさって吸盤となる。体長一〇～一五cm。褐色。淡水にすむが、孵化後、海に下り、二～三か月後、川をさかのぼる。日本からシベリアに分布。↓ハゼ図

**うき-しずみ【浮き沈み】**(名・サ変自) ①浮いたり沈んだりすること。sinking and floating ②栄えたり衰えたりすること。浮沈。盛衰。ups and downs 用例 ——がはげしい。

**うき-しま【浮(き)島】** ①湿原中の池、沼などに浮遊する島状のもの。植物の地下茎・泥炭などからなり、上に植物が生育している。floating waterweeds ②水面に浮かんでみえる島。floating island ③浮き州。floating grassplot

**うきしま-が-はら【浮島ケ原】** 静岡県東部、愛鷹山南麓の低湿地。砂州で生じた海跡湖の跡で、沼はほとんど消失。干拓が進む。

**うき-す【浮(き)州】** 湖や沼などに流木・どろなどが固まって島のようになったもの。浮き島。

**うき-す【浮(き)巣】** ニオ(=カイツブリ)がアシの枯れ葉などで水草の茂みに作った、水面に浮いて見える巣。

**うき-た【浮(き)田】** どろの深い田。

**うきた-いっけい【浮田一▼蕙】**(一七九五～一八五九) 江戸後期の復古大和絵派の画家。大和絵の復興に努めた。尊皇思想をもち安政の大獄で捕らわれる。作品『子日遊屏風』『婚怪草紙』など。

**うき-だし【浮(き)出し】** 紙や織物などの面に、文字や模様を、浮き出させること。emboss

**うき-だ・す【浮(き)出す】**(五自) ①表面に浮いて出る。surface ②浮きはじめる。come up ③模様・形・姿などが、背景や地から抜け出たように、はっきり見える。stand out

**うき-た・つ【浮(き)立つ】**(五自) ①雲などが、わき上がる。rise ②心がうきうきしてくる。become merry

**うきた-ひでいえ【宇喜多▼秀家・浮田▼秀家】**(一五七二～一六五五) 安土桃山時代の武将。備前岡山城主。豊臣秀吉に仕え、五大老に列す。関ケ原の戦いに敗れて八丈島に配流。

**うき・でる【浮(き)出る】**(下一自) ①表面に現れる。浮かび出る。rise to the surface ②模様・形などが、下地や背景から抜け出たようにはっきり見える。stand out

**うき-ドック【浮きドック】** 移動可能な船舶修理用施設。鋼製、U字溝形の水槽に海水をそそぎ入れて沈め、船を導き入れたのち、排水して船もろとも浮上する。floating dock 対義 乾ドック。

**うき-な【浮(き)名】** ①ありもしないことの評判。scandal ②男女間の情事のうわさ。あだな。romance

**浮き名を流す**(うきなをながす) 男女間の情事に関するうわさで、有名になる。艶聞を立てる。浮き名を立てる。用例 芸能界で——。

**うき-に【浮(き)荷】** 捨てられたり、波にさらわれたりして、海上をただよっている船荷。

**うき-ね【浮(き)寝】**(名・サ変自) ①鳥が水面に浮かんだまま寝ること。②船の中に寝ること。③落ちつかない状態で眠ること。

**うきは【浮羽】**〈町〉福岡県南東部の町。耳納山地が町域の大半を占める。柿・ブドウ・シイタケの栽培、製材業がさかん。装飾古墳がある。人口一万九二〇五(八八)。

**うき-ばかり【浮(き)▼秤】** 液面に浮かべ、沈みぐあいにより液体の比重を計る計器。酒類のアルコール含有量、牛乳の脂肪含有率などの測定に利用。hydrometer ↓写

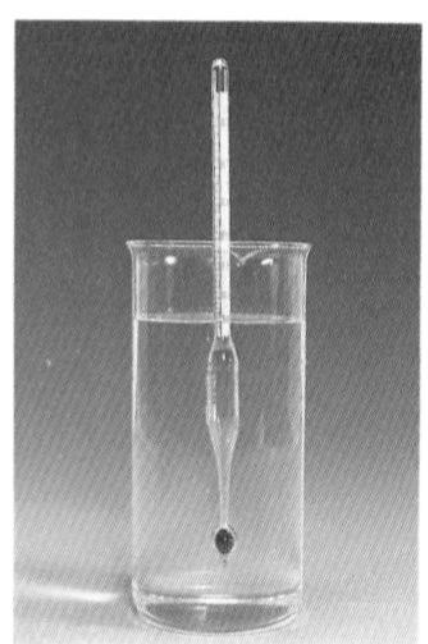

●浮き秤 比重一以下の軽液用浮き秤。

**うき-はし【浮(き)橋】** 船やいかだを並べて橋としたもの。船橋。pontoon bridge

**うき-ばな【浮(き)花】** 生け花で、花どめをしないで、じかに花を浮かべること。

**うき-ひと【憂き人】** 自分につれない人。

**うき-ぶくろ【浮(き)袋・浮(き)▼嚢】** ①水におぼれないために空気をつめて使う、ゴムや防水布製の袋。life buoy; float ②《「鰾」とも》多くの魚類にある袋状の器官。消化管の背壁から突出して生じ、気体を満たす。内部のガスの量の増減により浮沈を調節。swim bladder

**うき-ふし【憂き節】** つらいこと。悲しいこと。

**うき-ふね【浮(き)舟】** 水に浮いている小ぶね。水上をただよう小ぶね。

**うき-ぼり【浮(き)彫り】** ①平面上に立体的形象を浮き出させる彫塑の技法。彫刻(丸彫り)と絵画の中間的表現。レリーフ。relief ②物事をはっきりと示すこと。to make clear 用例 性格を——にする。↓写

**うき-み【浮(き)身】** 泳ぎ方の一つ。からだの力をぬいて、あおむけになり、水面に浮かぶもの。

**うき-み【浮(き)実】** 西洋料理のスープに入れるもの。浮き実によって、スープの名がつけられることが多い。見た目のよさとスープの風味を高める。

**うき-み【憂き身】** 悲しいことの多い身。つらい身の上。wreched life

**憂き身を窶す**(うきみをやつす) 体がやせるほど、なにかを心配したり、物事に熱中したりする。devote oneself

**うき-みどう【浮御堂】** 滋賀県大津市本堅田町にある仏堂。近江八景の一つ。臨済宗大徳寺派満月寺の小堂で、琵琶湖の湖上に浮かんでいるように建てられたもの。恵心僧都の開基。一〇〇〇体の阿弥陀仏を安置する。

**うき-め【憂き目】** 悲しいこと。つらいこと。grief

**憂き目に遭う**(うきめにあう) 「憂き目を見る」と同意。

**憂き目を見る**(うきめをみる) つらいめにあう。憂き目に遭う。have hard luck

**うき-やがら【浮矢▼幹】** カヤツリグサ科の多年草。沼沢地にはえる。球形の塊茎より太い茎を出し、高さ一m以上。夏、茎頂に小穂を散らす。塊茎は三稜と呼び薬用。

**うき-よ【浮(き)世】**《「浮き」は「憂き」にも通ずる》①はかない世。世間。transient life ②今の世の中。this world ③《他の語の上に付いて》当世風。contemporary

●浮き彫り① ペルシア建築アパダーナの壁面。前六～前五世紀、ペルセポリス(イラン)。

**浮世の義理**(うきよのぎり) 生活していくうえで、従わなければならない、つきあい上の制約。the obligations of this world

**浮世の隙を明く**(うきよのひまをあく) この世と別れる。死ぬ。

**浮世は牛の小車**(うきよはうしのおぐるま) 《「牛」を「憂し」にかける》この世の中はつらいことばかりが巡って来るものだ。

**浮世は夢**(うきよはゆめ) この世や人生のはかないことのたとえ。

**浮世糸瓜の皮頭巾**(うきよへちまのかわずきん) 《つまらないものの意の「へちまの皮」に「皮頭巾」を掛けて言ったもの》この世をつまらないものとしか思わないこと。

**浮世を立つ**(うきよをたつ) 世渡りをする。生計を立ててゆく。

**うき-よ【憂き世】** つらい世の中。weary world

**う-きょう【右京】** ①奈良や京都など、かつての都の区域で、中央の朱雀大路の西の地域。対義 左京。②《「右京職」の略》律令制下で右京の行政・財政・司法などをつかさどる役所。③京都市の区の一つ。右京区。

**うきょう-しん【右胸心】** 心臓が胸腔の右側にあるような先天性の奇形。内臓逆位症の一部としてみられることが多い。右胸心だけなら日常生活に支障はない。dextrocardia

**うきよ-え【浮世絵】** 江戸時代の庶民のための絵画および版画。遊里や歌舞伎など生活風俗を描いた風俗画の一種。菱川師宣が一枚摺りの版画を創出したのが浮世絵の始まり。墨一色摺りから、鈴木春信らが多色摺り技法による色彩豊かな版画(=錦絵)を創始。鳥居清長・勝川春章・喜多川歌麿・東洲斎写楽らが出て黄金時代を迎えた。歌川豊国・渓斎英泉らによる美人画・役者絵が人気を得、葛飾北斎・歌川広重が風景版画の新分野を樹立。幕末から明治へかけて衰微、消滅した。↓写(次ページ)

**う-きょく【▼迂曲・▼紆曲】**(名・サ変自) ①曲がりくねっていること。遠くまわって行くこと。roundabout ②あからさまでなく、遠回しであること。winding

**うきよ-ぞうし【浮世草子】** 天和二年(一六八二)井原西鶴が『好色一代男』を刊行して以来、約八〇年間、上方を中心に流行した小説類の総称。現世の色欲面を写す好色物、物欲面をとらえた町人物のほか、武家物・雑話物などがある。西鶴没後、京都の八文字屋本が流行。

**うきよ-どこ【浮世床】** ㊀近世の床屋。㊁式亭三馬の滑稽本。二編五冊。文化一〇～一一年(一八一三～一四)刊。髪結床で順番を待つ江戸庶民の会話を活写。滝亭鯉丈

●浮世絵

喜多川歌麿『歌撰恋之部』「物思恋」。寛政五年（一七九三）ごろ。

東洲斎写楽『市川鰕蔵の竹村定之進』。寛政六年（一七九四）。

鳥居清長『風俗東之錦』「湯上がり」。天明期（一七八一～八九）ごろ。

懐月堂安度『遊女禿図』（部分）。東京国立博物館。

葛飾北斎『富嶽三十六景』「凱風快晴」。天保二年（一八三一）ごろ。東京国立博物館。

歌川広重『東海道五十三次』「庄野白雨」。天保五年（一八三四）。東京国立博物館。

**うきよ-ぶろ**【浮世風▼呂】㊀近世の銭湯。㊁式亭三馬の滑稽本。四編九冊。文化六～一〇年（一八〇九～一三）刊。庶民の社交場である銭湯を舞台に、当時の町人生活を描いた庶民文学。

**うきよものがたり**【浮世物語】江戸前期の仮名草子。五巻。浅井了意作。寛文五年（一六六五）ごろ刊。浮世房を主人公とした遍歴小説。

**う-きん**【▼烏金】↓しゃくどう（赤銅）

**う・く**【浮く】（五自）①物が水などの表面へ行く。また、水中・空中にある。float 比較 浮かぶ。対義 沈む。用例 水に―。②心がうきうきする。become merry 対義 沈む。③安定しない。ぐらぐらする。become loose 用例 歯が―。④根拠がない。確かでない。uncertain 用例 宙に―いた理論。⑤軽々しい。軽薄である。浮気だ。flippant 用例 ―いたうわさ。⑥お金・時間などに余りができる。save 用例 三〇〇〇円―いた。

**う・く**【受く・請く】古語（下二他）↓うける（受ける）↓うける（請ける）

**うく**【宇久】〈町〉長崎県北西部沖合い、宇久島を中心とする町。農・漁業の町で福原オレンジが特産。人口五〇九三（一九八八）。

**う-ぐ**【▼迂愚】（名・形動）世間を知らず、おろかなこと・さま。

**うぐい** 18画【▼鯎】部首［魚］ 和製漢字

↓うぐい［鯎・石斑魚］

**うぐい**【▼鯎・▽石▼斑▽魚】コイ科の淡水魚。全長約三〇cm。背側は暗褐色で、体側に一本の暗縦帯がある。春から夏の産卵期に、雌雄とも追い星と赤い縦じまの婚姻色が現れる。川の上流から河口・湖沼・内湾まで、生息域が広い。食用。日本全土に分布。アカハラ。ハヤ。クキ。イダ。アカウオ。↓図

●ウグイ

**うぐいす**【▼鶯】①ヒタキ科の小鳥。スズメよりやや小さく翼長約一六cm。雌雄同色。山地の疎林を好み、冬は低地に降りる。昆虫や果実を食べる。東アジアにのみ分布し、日本全土で繁殖。春鳥・春告鳥・歌詠鳥・匂鳥・人来鳥・百千鳥・花見鳥・黄鳥など異名が多い。「ホーホケキョ」と鳴く。②《比喩的に》美しい声の人。用例 ―嬢。③帯などをくける道具。先を割り裂いた竹べらで、縫う場所を挟んでおく。④香道具の一つ。香道で組香の小片の包み紙を止める金属製の串。香串。⑤《泣（鳴）きながら埋め（梅）に行くから》葬式の隠語。↓写

●ウグイス①

**鶯鳴かせた事も有る**（《梅の花が美しく咲き盛り、ウグイスを呼びよせて鳴かせることから》若いころには、人々にもてはやされたこともある。

**鶯のかいごの中の時鳥**《「かいご」は卵のこと。ホトトギスがウグイスの巣に卵を生んでウグイスに育てさせることから》我が子でありながら、我が子でないと言うことのたとえ。

**鶯の谷渡り** ウグイスがあちこち飛び渡ること。また、そのときのきれいな鳴き声。

**うぐいす-あわせ**【▼鶯合（わ）せ】物合わせの一種。飼いウグイスを互いに持ち寄って鳴き合わせ、優劣を競ったもの。中世から近世以降まで行われた。

**うぐいす-いろ**【▼鶯色】ウグイスの羽色に似た黒茶がかった緑色。brownish green

**うぐいす-がい**【▼鶯貝】ウグイスガイ科の二枚貝。殻長約一〇cm。殻は小鳥形で、黄橙色から紫褐色。房総半島以南に分布。

**うぐいす-かぐら**【▼鶯神楽】スイカズラ科の落葉低木。山地・原野にはえるが庭園にも栽植。高さ約二m。葉は楕円形で対生。春に、葉腋から淡紅色の花を下垂。液果は鮮紅色。↓写

●ウグイスカグラ

**うぐいすざわ**【▼鶯沢】〈町〉宮城県北部、栗駒山南東麓の町。農業中心。鉛・亜鉛を産出した細倉鉱山は昭和六二年（一九八七）閉山。人口三八二八（一九八八）。

**うぐいす-ちゃ**【▼鶯茶】茶色がかった黄緑色。

**うぐいす-な**【▼鶯菜】「どのごく若いもの。コマツナ・カブな

**うぐいす-の-き**【▼鶯の木】ウグイスカグラの別名。

**うぐいす-ばり**【▼鶯張（り）】歩くと、ウグイスの鳴くような音を立てる床張り。床板とかすがいの摩擦で音が出る。京都知恩院の渡り廊下が有名。

**うぐいす-もち**【▼鶯▼餅】うぐいす色の、やわらかめの餅であんを包み、きな粉をまぶしたもち菓子。

**ウクラード**【ukladロシア】ある社会の経済構造内部に共存する、異なった生産関係の諸類型。一九二〇年代初期のソ連には家父長的現物経済・国家資本主義経済などがみられる。経済制度。

**ウクライナ-きょうわこく**【ウクライナ共和国】（Ukrainskaya SSR）ソビエト連邦を構成する共和国の一つ。首都キエフ。北東は白ロシア（ベロルシア）共和国、南は黒海に臨む。ソビエト連邦中もっとも発達した工業地域で、穀倉地帯でもある。住民の七五%はスラブ系ウクライナ人。面積六〇・四万km²。人口五〇九九・四万（一九八六）。正称ウクライナ―ソビエト社会主義共和国。

**ウクラインカ**【Lesya Ukrainka】（一八七一～一九一三）ソ連、ウクライナの女流詩人・小説家。詩劇『森の歌』『バビロンの幽囚』など。

**ウクレレ**【ukulele】小型の撥弦楽器。ギターを小さくした形。大衆的な歌や踊りの伴奏用としてハワイで発達。

**うけ**【受け】①受けること。receiver 対義 渡し。②受けるもの。用例 郵便―。③ささえ。holder 用例 軸―。④攻めに対して守ること。defense 用例 ―にまわる。⑤評判。人望。気受け。reputation 用例 俗―。⑥承知すること。agreement 用例 お―できない。

**受けが好い** ①世間での受け取られかたや評判がいい。人望がある。また、演劇などで、観客からよい反応を得る。popular ②待遇がいい。よいもてなしを受ける。be well received

**うけ**【請け】《「請け人」の略》保証人。用例 ―に立つ。

**うけ**【▼筌】魚をとる具。割った竹を筒形や、とくり形にあみ、底の小口から魚がはいると、出られないようにしたもの。うえ。↓図

**う-け**【有▼卦】陰陽道で、幸運の年まわり。これにあたると、七年間幸運が続くという。

**有卦に入る** 運が向いてきて、良い事が



▼常用漢字表外。▽常用漢字表の音訓外。

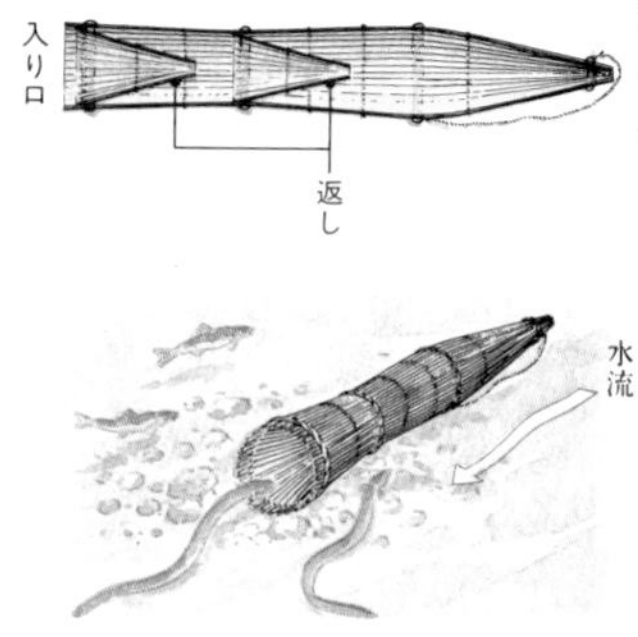

●筌(うけ) 鰻筌(うなぎうけ)

続く。have good luck

**うけ-あ・う【請(け)合う】**(五他) ①引き受ける。約束する。undertake ②確かだと保証する。guarantee

**う-けい【右傾】**(名・サ変自) [対義]左傾。①右に傾くこと。lean to the right ②国粋主義・ファシズムなどの、右翼的立場に近くなること。右翼化。反動化。turn to rightist movement [用例]—化が強まる。

**うけい【▽誓▽約】**①祈ること。祈り。②神に祈って誓いをたてること。また、神に祈って成否・吉凶を占うこと。誓いをたてて事を行い、その成否で神意をはかるもの。

**うけ-いれ【受(け)入れ】**①引き受けてめんどうを見ること。receive ②会計帳簿で、収入。enter ③承知すること。accept

**うけいれ-たいせい【受(け)入れ態勢】**受け入れて、めんどうを見るための心がまえと用意。preparation

**うけ-い・れる【受(け)入れる・受(け)▽容れる】**(下一他) ①受け取っておさめる。accept [用例]資材を—。②人の言うことを聞き入れる。comply with [用例]忠告を—。③引き取って、むかえ入れる。receive [用例]避難者を—。

**うけ・う【▽祈▽誓う】**[古語](四他) ①神にちかう。祈る。[用例]夢のみに—・ひわたりて(万葉・一一・二四七九)。②人の死や不幸を祈る。[用例]いきあつまりて—・ひのろひぞせむ(宇津保・蔵開下)。

**うけ-うり【受(け)売り・請(け)売り】**(名・サ変他) ①問屋から買った品を売ること。retail ②人の説を自分の説のように述べること。tell at second hand

**うけ-おい【請(け)負い・請負】**①引き受けること。undertake ②ある仕事を完成させることを条件に、注文者が相手に報酬を支払うことを約束する契約。とくに、土木・建築で使われる。contract for work

**うけおい-のうぎょう【請負農業】**農地の所有者が、他人に請け負わせる方式の農業。farming by contract

**うけ-お・う【請(け)負う】**(五他) ①責任をもって仕事を引き受ける。undertake ②できあがったら、支払いを受ける約束で仕事を引き受ける。contract

**うけ-が・う【▽肯う・▽諾う】**[古語](四他) よいとして承知する。引き受ける。

**うけ-かた【受(け)方】**①受ける方法・態度。②防ぎ守るほう。③取り引きのさい、対象となる品物を受け取るほうの人。買い方。

**うけ-ぐち【受(け)口】**①物を受け入れる口。receiving window ②上くちびるより下くちびるが突き出ている口。③木を切るとき、木の倒れるほう。その切り口。cut end ④ソケット。socket

**うけ-ごし【受(け)腰】**物を受けとめるときの姿勢・腰のかっこう。

**うけ-こたえ【受(け)答え】**(名・サ変自) ことばをかけられて返事をすること。answer

**うけ-さく【請(け)作】**平安中期以降、荘園で農民が領主から土地を借り受け、耕作・経営すること。農民は領主に年貢を納める義務を負った。

**うけ-ざら【受(け)皿】**①こし器やざるの下におき、こした液体などを受ける皿。saucer ②レンジの熱源に付属し、火にかけたなべ・やかんなどの吹きこぼれを受ける皿。③受け入れる所・態勢。receiver [用例]—会社。

**うけ-しょ【請(け)書】**承知したことを書いてさし出す文書。うけがき。うけぶみ。written acknowledgment

**うけ-しょ【請(け)所】**地頭・守護などによる中世の荘園年貢の請負制度。本所(=領主)に一定額の上納を請け負う代わりに荘園の管理を全面的に委任。うけどころ。

**うけ-だ・す【請(け)出す】**(五他) 代金を出して、引き取る。redeem

**うけ-だち【受(け)太刀】**①剣術で、受け止める太刀。②相手の攻撃をおさえきれず、守るほうになること。たじろぐこと。受け身。守勢。stand on the defensive

**うけ-たまわ・る【承る】**(五他) ①「聞く」の謙譲語。つつしんで聞く。②「伝え聞く」の謙譲語。[用例]—・れば。③「受ける・承知する」の謙譲語。[用例]注文—・ります。

**う-げつ【雨月】**①雨の夜の月。とくに雨のために見ることができない名月。②陰暦五月の異称。

**うけ-つ・ぐ【受(け)継ぐ】**(五他) あとを引き受ける。あとを継ぐ。inherit

**うけ-つけ【受(け)付け・受付】**①受け付けること。accepting ②受け付けたり、取り次いだりする所・人。information desk [用例]—にすわる。

**うけ-つ・ける【受(け)付ける】**(下一他) ①申し込みを受ける。receive ②受け入れる。accept ③会社などで、来客の用件を取り次ぐ。convey a message

**うけ-つぼ【受け▼壺】**輪状の掛け金をかける金物。頭部に孔があいていて、掛け金をかけてからその孔に錠などをかけると戸締まりができる。

**うげつものがたり【雨月物語】**上田秋成の読本。安永五年(一七七六)刊。和漢の怪異物語を翻案。人間の執念と怪異を描いた最高傑作。

**うけ-て【受(け)手】**①受け取る人。受取人。receiver ②放送・通信など、マスメディアからの情報を受ける側の人。audience

**うけ-と・める【受(け)止める】**(下一他) ①受けて支える。catch ②攻めてくるのをくい止める。stop

**うけ-とり【受(け)取り・受取】**①受け取ること。receiving [用例]—に行く。②《「受取」で》受け取ったしるし・文書。領収書。receipt [対義]支払い。[用例]—に判をおす。—証。

**うけとり-かんじょう【受取勘定】**簿記で、受取債権を示す口座の総称。売掛金勘定や受取手形勘定など。accounts receivable [対義]支払勘定。

**うけとり-しょうしょ【受取証書】**債権者が債務の弁済を受領したことを証明する書類。receipt

**うけとり-てがた【受取手形】**自分が手形の債権者として保有する手形。または、手形債権を示す簿記上の資産勘定項目の名称。note receivable [対義]支払手形。

**うけとり-にん【受取人】**受け取る人。recipient [対義]差出人。

**うけ-と・る【受(け)取る】**(五他) ①手で受けて取る。receive ②受けおさめる。受領する。receive ③解釈する。interpret

**うけ-なが・す【受(け)流す】**(五他) ①切り込んできた刀を軽く受けて、かわす。ward off ②ほどよくあしらう。いいかげんに扱う。put by

**うけ-にん【請(け)人】**引き受ける人。引受人。保証人。請け。guarantor [用例]—を立てる。

**うけ-ばこ【受(け)箱】**新聞・郵便物・牛乳などを受け取るため、門や戸口などに設ける箱。

**うけ-はらい【受(け)払い】**金銭などを、受け取ることと、支払うこと。receipts and payments

**うけ-ば・る【受け張る】**[古語](四他) 自分だけ引き受けて事を行う。公然とふるまう。でしゃばる。[用例]青色など着て、—・りて(枕・内裏の局、細殿いみじうをかし)。

**うけ-はん【請(け)判】**保証のしるしとしておす判。

**うけ-ひ・く【▽承け引く】**[古語](四他) 承諾する。うけがう。[用例]世の—まじきことなりければ(源氏・桐壺)。

**うけ-ぶみ【請(け)文】**↓うけしょ(請け書)

**うけ-み【受(け)身】**①他から動作を受けること。受動。passiveness ②相手から先に攻撃をかけられて守る立場になること。守勢。defensive position ③柔道などの格技で投げられたりして倒れるときに、体の衝撃をできるだけ少なくする技術。safe ways of falling down ④文法で、他からある動作・作用をこうむるものを主語にたてるときの、動詞に助動詞「れる・られる」をそえて表す言い方。受動。「なぐられる」「起こされる」など。passive voice

**うけ-もち【受(け)持ち・受持】**①受け持つこと・人。担任。担当。in charge [用例]数学の—。②受け持つもの・所。matter or place under one's charge [用例]かれの—は東だ。

**うけもち-の-かみ【▽保▽食神】**日本神話の神。五穀をつかさどる食物の神。

**うけ-も・つ【受(け)持つ】**(五他) 自分の仕事として引き受ける。担当する。take charge of

**うけ-もどし【請(け)戻し】**(名・サ変他) 代金を払って、取り返すこと。redemption

**う・ける【受ける】**(下一自他) ①(他)㋐自分のほうに向かってくるものや落ちてくるものを支え止める。receive [用例]ボールを—。㋑こうむる。suffer [用例]被害を—。㋒さずかる。[用例]生を—。学位を—。㋓《「承ける」とも》あとをつぐ。inherit [用例]父のあとを—。㋔進んで応ずる。take [用例]試験を—。㋕その方角に向いている。expose [用例]南を—窓。㋖聞き入れる。引き受ける。accept [用例]注文を—。㋗文法で、前の語句に応ずる。修飾される。modify [対義]係る。②(自)よい評判を得る。appeal to [用例]大いに—・けた。

**受けて立つ** 相手の攻撃・論戦などに対して、積極的に立ちむかう。それに応ずる。come under

**う・ける【請ける】**(下一他) ①お金を出して引き取る。redeem [用例]質草を—・け出す。②工事などの仕事を引き受ける。contract

**うけ-わたし【受(け)渡し】**(名・サ変他) ①受けることと渡すこと。receiving and delivering ②約束の品物と代価とをひきかえに、売買・取り引きを済ませること。delivery

**うけん【宇検】**〈村〉鹿児島県、奄美大島西岸の村。用材・パルプ材・新炭の林業と真珠養殖が行われる。人口二五二九(一九八八)。

**う-げん【右▼舷】**船首に向かって、右がわ。そのふなばた。starboard [対義]左舷。

**うご【▽海▽髪】**オゴノリの別名。

**う-ご【雨後】**雨の降ったあと。

**雨後の竹の子** 似たような物が、つぎつぎにたくさん現れたり、起こったりするたとえ。

**うご【羽後】**↓うごのくに(羽後国)

**うご【羽後】**〈町〉秋田県南部、湯沢市西隣の町。横手盆地の水稲単作地帯。西馬音内の盆踊りは有名。人口二万一六六九(一九八八)。

**う-こう【▼烏江】**中国、貴州省の川。貴州高原から北に流れ、四川盆地で揚子江に合流する。長さ一〇〇〇km。ウーチアン。

**うこう【▼禹貢】**『書経』中の一編で、中国古代の地理書。禹が天下を巡視し、貢賦を定めたことを記したもの。

**うこう-しゅんすう【▼禹行▼舜▼趨】**《禹王の歩き方と舜帝の走り方、の意》聖人の動作だけを見習って、実質の伴わないこと。

**うごう-の-しゅう【▼烏合の衆】**(連語) まとまりのない、大ぜいの寄り集まり。rabble

**うこう-れんらくせん【宇高連絡船】**岡山県玉野市宇野と香川県高松市を結ぶ、本州と四国の連絡船。明治四三年(一九一〇)就航以来、本州と四国をつなぐ動脈として活躍したが、昭和六三年(一九八八)四月、瀬戸大橋の開通により廃止。

**うごか・す【動かす】**(五他) ①動くようにする。移す。move [用例]机を—。大金を—。②感動させる。touch [用例]心を—。③作動させる。operate [用例]機械を—。④状態を変更する。deny [用例]—ことのできない事実。

**うこぎ【▽五▽加・▽五▽加木】**ウコギ科の落葉低木。枝にとげがあり、生け垣などに栽培。雌雄異株。初夏に黄緑色の小花を密集。若葉は食用。根の皮を「五加皮」といい、薬用。中国原産。ヒメウコギ。↓[写]

●ウコギ

**うごき【動き】**①動くこと。静止していない状態。ゆれ。動揺。movement [用例]—が止まる。②移り変わり。変化。移動。change [用例]—の激しい時代。

**動きが取れない** きゅうくつだ。自由にふるまえない。be bogged down [類似]二進も三進も行かない。

**うご・く【動く】**(五自) ①移る。ゆれる。move [対義]止まる。②変


↓ 行き先項目、図版・写真参照印。 [JIS] 日本工業規格情報交換用漢字符号コード(区点コード)。

●ウサギ

ノウサギ　トウホクノウサギ

日本白色種

ベルジアンヘア種

チンチラ種

ロップイヤー種

ダッチ種

わる。変化する。change 用例 方針が—。③目的にそってある働きをする。work 用例 警察が—。④運転状態になる。作動する。act 用例 時計が—。⑤感動する。気持ちがゆれる。be moved

**うこ-さべん【右顧左▼眄】**(名・サ変自)《右を見たり、左を見たりすることから》あれこれ考えて、ためらうこと。ぐずぐずして、自分の意見をはっきり決めないこと。気がね。左顧右眄。

**うこっ-けい【▼烏骨鶏】** ニワトリの一品種。全身白色だが、皮・肉・骨が暗紫色。食用。愛玩用。アジア東部原産。絹糸鶏。

**うご-の-くに【羽後国】** 旧国名。現在の秋田県。東山道の一国。明治元年(一八六八)出羽国より八郡を分割して設置。同四年(一八七一)廃藩置県によって秋田県となる。羽後。

**うご-めか・す【▼蠢かす】**(五他) むくむくと動かす。ひくひくさせる。wriggle 用例 鼻を—。

**うご-め・く【▼蠢く】**(五自) ①虫などが動くように、たえまなくもぞもぞ動く。wriggle ②よくない者たちが不気味な動きをする。用例 暗黒街に—顔役。

**う-こん【右▽近】**「右近衛府」の略。対義 左近。

**右近の橘**(うこんのたちばな) 紫宸殿の正面の階段の、向かって左に植えたタチバナ。平安時代以降、右近衛府の官人がそのせわをしたことからの名。対義 左近の桜。

**う-こん【▼鬱金】** ①ショウガ科の多年草。根茎を鬱金といい、薬用・着色料・香辛料。九州南部・屋久島で栽培。熱帯アジア原産。キゾメグサ。②《「うこん色」の略》濃黄色。↓写

●ウコン①

**うこん-うつぎ【▼鬱金▽空木】** スイカズラ科の落葉低木。亜高山帯の谷間にはえる。高さ約一・五m。卵円形の葉は対生し、夏に、黄緑色の漏斗状の花が咲く。

**う-こんえ【右▽近▽衛】** ①「右近衛府」の略。②右近衛府の兵士。対義 左近衛。

**う-こんえふ【右▽近▽衛府】** 六衛府の一つ。宮中の警護、行幸の供奉に当たった。参照 近衛府。

**うこん-ばな【▼鬱金花】** クスノキ科の落葉低木。山地にはえる。高さ約三m。葉は広楕円形で対生。早春に、黄色の小花を密集。雌雄異株。赤い液果は小球状。ダンコウバイ。↓写

**う-さ【▼憂さ】** つらいこと。くさくさすること。gloom 用例 —をはらす。

**うさ【宇佐】**〈市〉 大分県北部の市。駅川・四日市・長洲・宇佐の四町が合併して生まれた市。農業中心。宇佐神宮がある。人口五万一〇〇一(八八)。

**ウサイ【Bernardo Alberto Houssay】**(一八八七〜一九七一) アルゼンチンの生理学者。脳下垂体前葉から分泌される副腎皮質刺激ホルモンに糖を増加させるはたらきがあることを明らかにした。一九四七年ノーベル生理学医学賞受賞。

**うさぎ【▼兎・▼兔】** ウサギ科の哺乳動物の総称。ノウサギ・アナウサギ・イエウサギ(アナウサギを家畜化したもの)など。耳が長く、上あごの門歯が二対あるのが特徴。糞を食べる習性がある。ほぼ全世界に分布。ウ。ウサ。オサギ。rabbit 数え方 一羽・一匹。↓写

**兎死すれば狐是を悲しむ**(うさぎしすればきつねこれをかなしむ) 同類の死を、その縁者が悲しむことをいう。

**兎に祭文**(うさぎにさいもん) 言い聞かせても無駄であることのたとえ。類似 牛に経文。馬の耳に念仏。

**兎の登り坂**(うさぎののぼりざか) ①得意の分野で実力を発揮するたとえ。②条件に恵まれると、物事がはかどるたとえ。

**兎の糞**(うさぎのふん) ウサギのふんのように、物事がぽつぽつ切れて続かないたとえ。

**うさぎ-うま【▼兎馬・▼驢】** ロバの異名。

**うさぎ-ぎく【▼兎菊】** キク科の多年草。高山にはえる。高さ一二〜三五cm。葉は対生。夏に、茎頂に径約五cmの黄色の頭花が一個咲く。↓写

●ウサギギク

**うさぎ-こうもり【▼兎▼蝙▼蝠】** 耳が長い小形のコウモリ。体長約五cm。樹洞・洞穴・人家などにひそみ、夜に森林内でガや甲虫などを捕食。ユーラシア中北部・北アフリカに分布。日本では本州中部以北の山地にすむ。↓コウモリ写

●ウコンバナ

**うさぎ-ざ【▼兎座】** オリオン座の南にある南天の星座。二月六日ごろの午後八時ごろに南中。面積二九〇平方度。Lepus

**うさぎ-とび【▼兎跳び】** 両足をそろえ、腰を落とした状態で前に跳ぶ跳び方。足腰の強化のために行われるが、下腿骨に疲労骨折が生ずる危険性がある。

**うさぎ-みみ【▼兎耳】** ①ウサギのように長い耳。②人の秘密などを、よく聞き出してくる人。

**うさ-じんぐう【宇佐神宮】** 大分県宇佐市南宇佐にある旧官幣大社。祭神は応神天皇・比咩大神・神功皇后の三神。全国に分布する八幡宮の総本社。豊前国一の宮。宇佐八幡。宇佐八幡宮。

**うさ-はちまんぐう【宇佐八▼幡宮】** 宇佐神宮の別称。

**うさ-ばらし【憂さ晴らし】**(名・サ変自) 憂さを晴らすこと。気晴らし。diversion

**うさん-くさ・い【▼胡散臭い】**(形)《人間について言う》あやしくて、ゆだんができない。shady; suspicious

**うし【牛】** 一般にはウシ科の家畜のウシをさす。ホルスタインなどの乳用種、ヘレフォードなどの肉用種、シンメンタールなどの乳肉兼用種、役用種に大別される。cow 数え方 一頭・一匹・一蹄。↓写

**牛驚く許り**(うしおどろくばかり) 色のたいへん黒いさまにいう。

**牛攫む許りの暗がり**(うしつかむばかりのくらがり) 何も見えないほどの真っ暗やみ。

**牛に汗す**(うしにあせす)《荷車に乗せ牛にひかせると、牛が汗をかくほどであるということから》蔵書のたいへん多いこと。汗牛充棟。

**牛に経文**(うしにきょうもん) どんなに説得しようとしても無駄なことのたとえ。類似 兎に祭文。馬の耳に念仏。

**牛に喰らわる**(うしにくらわる) 人にだまされることのたとえ。

**牛に引かれて善光寺参り**(うしにひかれてぜんこうじまいり) 人に誘われて思いがけず、よい方へみちびかれるたとえ。

**牛にも馬にも踏まれず**(うしにもうまにもふまれず) 子どもが無事に成長することにいう。

**牛の歩み**(うしのあゆみ) 進み方のひどくおそいたとえ。as slow as a snail

**牛の一散**(うしのいっさん)《元来のろい牛が、むやみにはやることから》思慮の浅い者が、調子に乗って無分別な行動に走ること。

**牛の籠抜け**(うしのかごぬけ)《うまくできないことから》鈍重な者は、手際も悪いということのたとえ。また、もともと鈍い人が、がらにもなく器用なことをしようとすることのたとえ。

**牛の寝た程**(うしのねたほど) 物がたくさんあるさま。山ほど。用例 —金をつみあげる。

**牛の骨**(うしのほね)「馬の骨」と同意。

**牛の涎**(うしのよだれ) 細く長く続ける、また、続くことのたとえ。

**牛は嘶き馬は吼え**(うしはいななきうまはほえ) 物事が逆なことのたとえ。

**牛は牛連れ馬は馬連れ**(うしはうしづれうまはうまづれ) 似たものどうしがいっしょになること。

**牛は願いから鼻を通す**(うしはねがいからはなをとおす) 自分から進んで、災いや苦しみを求めるたとえ。

**牛を馬に乗り換える**(うしをうまにのりかえる)《遅い牛を捨てて、速い馬に乗り換える意から》つごうのよいほうにかわること。

**うし【▼丑】** ①十二支の第二。②昔の時刻の名。今の午前二時および、その前後の二時間。③方角で、北北東。north-north-east

**うし【▽大▽人】** 古語 ①領主。ぬし。②人の尊称。③師匠・学者の尊称。

**う-し【▼齲歯】** 虫歯。

**う・し【憂し】** 古語(形ク)《思うようにはならず、苦痛を感じる状態を言う語》①つらい。悲しい。用例 世間を—とやさしと思へども(万葉・五・八九三)。②気にくわない。にくい。用例 寝て明かすらむ人さへぞ—・き(古今・秋上)。③気がすすまない。ものうい。用例 宮仕へ人はいと—・きことなり(更級)。④つれない。無情だ。用例 月見れば—・き人しもぞ恋しかりける(新古今・恋四)。⑤《動詞の連用形に付いて》…するのがつらい。用例 折らで過ぎ—・きけさの朝顔(源氏・夕顔)。

**憂しと見し世ぞ今は恋しき**(うしとみしよぞいまはこいしき)《『小倉百人一首』の中の藤原清輔の和歌の下の句。上の句は「ながらへば又この比やしのばれん」。父と不和で、沈みがちな心境をしみじみとうたったもの》つらかった昔が、今では恋しく思われる。

**うじ【氏】** 一(名) ①同一先祖から出た血族の集まり。古代社会において、祭祀・官職などで結ばれた。姓を与えられた氏上が氏人を支配し、その下に部民や奴婢が隷属。氏族。②家系・家名を表す名。姓。名字。



▼常用漢字表外。▽常用漢字表の音訓外。

surname 三《接尾》《武士が姓の下に付けて敬意を示した》氏と同じ。
**氏無くして玉の輿** 女は家柄が悪くても、顔かたちが良ければ、貴人の愛を得て高い地位にのぼることができる。
**氏より育ち** 人間は、生まれた家柄よりも、育ち方がだいじだ。Birth is much, but breeding is more.

**うじ【▼蛆】** ハエ・アブの幼虫の俗称。釣り餌ではサシとよぶ。うじむし。

**うじ【宇治】**〈市〉京都市南隣の市。住宅・観光都市で、平等院・黄檗山万福寺などがある。玉露など高級茶の産地としても有名。人口一七万八八(一九八八)。

**うし-あぶ【牛▼虻】** 人畜を吸血するアブの一種。体長約二・六cm。灰黒色。吸血するのは雌で、雄は花や樹液に集まる。日本各地に分布。ウシバエ。↓図

**うじいえ【氏家】**〈町〉栃木県中部、鬼怒川に沿う町。稲作中心の農業地帯であるが、農業機械・靴・セメント製品などを生産。人口二万四八八九(一九八八)。

●ウシ
ホルスタイン種
ジャージー種

ヘレフォード種
シンメンタール種

黒毛和種
褐毛和種

**うじ-うじ**(副・サ変自)《俗語》ためらっていて、はっきりしないさま。ぐずぐず。lingeringly

**うし-うま【牛馬】** 鹿児島県種子島特産の小形のウマ。肩高約一・二m。たてがみと尾の長毛を欠き、全体に毛が少ないため、ウシに似て、この名がある。文禄・慶長の役のとき、島津氏が朝鮮半島からもち帰ったものといわれるが、起源は不明。天然記念物であったが、昭和二二年(一九四七)に絶滅。

●ウシアブ

**うしお【▽潮】** ①月と太陽との引力によって海水が定期的に満ちたり引いたりして生ずる潮流。tide ②海水。tide ③「潮汁」の略。④「潮煮」の略。

**うし-おい【牛追い】** 荷牛を追って歩かせる人。牛方。cow driver
**牛追い牛に追われる** 立場が逆転することの、また、主客転倒のたとえ。

**うしお-じる【▽潮汁】** 塩だけで味つけした魚・貝のすまし汁。うしお。

**うし-おに【牛鬼】** ①地獄にいるという牛頭鬼や牛の形をした怪物や妖怪。②四国の南伊予地方の祭りに見られる、胴が牛で、頭が鬼の形をした張り子の怪物。神輿の先駆と家々の悪魔ばらいの役をする。

**うしお-に【▽潮煮】** タイ・カツオなどを塩味で煮たもの。うしお。

**うし-かい【牛飼(い)】** ①牛を飼う人。扱う人。cowherd ②昔、牛車の牛を扱った人。牛飼いわらわ。

**うしかい-ざ【牛飼(い)座】** 北天の星座。一等星アルクトゥルスはこの星座のα星。六月二六日ごろの午後八時ごろに南中。面積九〇五平方度。Boötes ↓図

**うしかい-ぼし【牛飼(い)星】** 牽牛星。Altair

**うし-がえる【牛▼蛙】** アカガエル科に属する大形のカエル。体長約二〇cm。暗緑色で、暗色斑がある。オタマジャクシで越冬して翌年変態。ウシに似た声で鳴く。大正時代に原産地北米から食用に移入され、日本各地に分布。食用ガエル。bullfrog ↓図

●ウシガエル

**うし-かけ【牛▼駈け】** 陰暦の五月五日に、野に放った裸牛のかけぐあいによって、その年の農作物の豊凶を占う行事。明治以前、主として紀伊以西で行われた。牛の籔入り。

**うじ-がみ【氏神】** ①一族の祖先、あるいは守護神として祭る神。②村あるいは村落の神として祭られるもの。鎮守の神。産土の神。

**うしがみ-まつり【牛神祭(り)】** 中国・四国・九州地方で行われる、飼い牛の病気平癒・無病息災を牛神祠に祈る祭り。正月・五月・九月の各月の五日を祭日とするところが多い。

**うし-かもしか【牛▼羚▼羊】** ↓ヌー

**うじ-がわ【宇治川】** 淀川の上流部。京都府宇治市から木津川との合流点までをさす。長さ三〇km。水源は琵琶湖。古くから水上交通路として利用された。

**うしかわ-じんこつ【牛川人骨】** 昭和三二年(一九五七)愛知県豊橋市牛川町の洪積世中期ないし後期の地層から発見された化石人骨。上腕骨と大腿骨などが出土。

●牛飼い座

**うじがわ-の-かっせん【宇治川の合戦】** 京都の南にある宇治川で行われた合戦。①寿永三年(一一八四)源義経が木曽義仲を破った戦い。②承久三年(一二二一)の承久の乱のさい、北条泰時の率いる幕府軍が朝廷軍を破り入京を果たした戦い。

**うしく【牛久】**〈市〉茨城県南部、牛久沼北岸の市。旧宿場町。日本のぶどう酒製造の発祥地。都市化が進んでいる。人口五万六二〇七(一九八八)。

**うし-くよう【牛供養】** 広島県北部などで、美しく飾り立てた牛を集めて、田の代掻きを行う田植えの行事。各種の代掻きを行わせ技を比べるなど、牛の品評会をもかねた。

**うしけ-のり【牛毛▽海▼苔】** 紅藻植物ウシケノリ科の一年生海藻。冬から春に高潮線付近の岩上に生育する。紅紫色で細毛状。長さ三〜五cm。

**うじ-こ【氏子】** ①祖先の神としての氏神の子孫。氏人。②鎮守の神・産土神の守る土地に生まれた人。また、その地域に居住する者。

**うじこ-じゅう【氏子中】** 同じ氏神をまつる人々。氏子一同。

**うじこ-ふだ【氏子札】** 誕生後初めての宮参りのさい、氏神社から生児に与えられ、氏子であることを証する札。

**うしごめ【牛込】** 東京都、新宿区北東部にある地区。かつては住宅地。現在は大半が商業地。出版・印刷関連会社が多く、テレビ局もある。

**うし-ころし【牛殺し】** ①牛を殺すこと。②バラ科の落葉低木。山野にはえる。葉は倒卵形。春に、白い小花が咲く。牛の鼻に綱を通すときにこの木を用いたことからの名。また、この材を鎌の柄に使用したため、カマツカの名もある。③クロッバラの別名。↓写

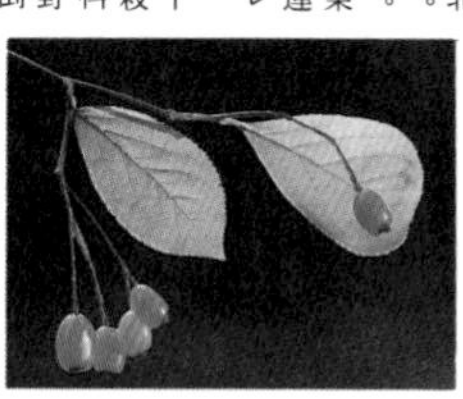
●ウシコロシ②

**うじしゅういものがたり【宇治拾遺物語】** 鎌倉前期の説話集。一五巻、一九六話。作者不詳。建暦二～承久三年(一二一二～一二二一)ごろ成立。仏教説話が多いが「こぶとり」「腰折雀」などの民間伝承も含む。

**うじ-すじょう【氏素性】** 家系。家柄。lineage

**うじたわら【宇治田原】**〈町〉京都府南部、宇治川の支流田原川に沿う町。良質茶の産地。林業もさかん。人口八〇六六(一九八八)。

**うじ-ちゃ【宇治茶】** 京都府宇治に産する緑茶。玉露および抹茶が著名。ちなんで、抹茶を用いた氷水などに宇治の名をつける。

**うしづ【牛津】**〈町〉佐賀県中部、佐賀平野の町。旧宿場町。稲作・ミカン栽培などの農業中心。人口九〇四六(一九八八)。

**うじ-でら【氏寺】** 氏族が先祖の霊をとむらい、現世利益を願って建てた寺。藤原氏の興福寺など。

**うし-とら【▼丑▼寅・▼艮】** 方角の名。北東。鬼門。north-east

**うし-トリコモナスしょう【牛トリコモナス症】** トリコモナス原虫の感染で、雌ウシに一時的な不妊・子宮内膜炎・流産を起こす伝染病。bovine trichomoniasis

**うじな【宇品】** 広島市の南端、広島湾に臨む地区。宇品港(現在の広島港)は、明治以降大陸向け兵站基地の役割を果たした。

**うしな・う【失う】**(五他)①《「喪う」とも》もとあったものを、なくす。lose 用例 大金を―。信用を―。②取り逃がす。miss 用例 機会を―。③死に別れる。lose 用例 母を―。④わからなくなる。be at a loss 用例 方途を―。なすべを―。⑤正常な状態をなくす。lose 用例 自分を―。
**失われた世代** 第一次大戦で、戦争の恐怖と幻滅を味わった世代。また、アメリカ文学に新時代を開いた、同世代の文学者たちを言う。the Lost Generation

**うしなわれたときをもとめて【失われた時を求めて】**《原題 À la recherche du temps perdu 》プルーストの一人称体の小説。七巻。一九一三～二七年刊。人間の深奥にひそむ複雑な心理構造を緻密に描いた、革新的な手法による作品。

**うじ-の-かみ【氏の上】** 氏族の首長。氏の長。氏の長者。

**うしのけ-ぐさ【牛の毛草】** イネ科の多年草。山地の乾燥した岩場などにはえる。稈は細く高さ約四〇cm。葉は毛管状。六～八月に緑



↓ 行き先項目、図版・写真参照印。 JIS 日本工業規格情報交換用漢字符号コード(区点コード)。

色の小穂をつける。糸状なので、ウシやヒツジの毛にたとえられる。

**うしのこく-まいり【▼丑の刻参り】** 人を呪う方法。丑の刻(午前二時ごろ)に火をつけたろうそくを頭に、ひそかに社寺に詣でて、呪う相手に模した藁人形を神木に打ちつける。丑の時参り。丑の時詣で。丑参り。

**うし-の-した【牛の▽舌▽魚】** 《体形が長楕円形で舌を思わせることから》↓したびらめ(舌鮃)

**うしのとき-まいり【▼丑の時参り】** ↓うしのこくまいり(丑の刻参り)

**うし-の-ひ【▼丑の日】** えとの、うしに当たる日。とくに、夏の土用のうしの日。

**うじ-の-わきいらつこ【▼菟▽道▽稚▽郎子】** 記紀で応神天皇の皇子。学問を好み、皇太子となったが、異母兄の仁徳天皇に皇位をゆずるため自殺したという。

**うし-ばえ【牛▼蠅】** ①幼虫がウシやウマの皮下に寄生するハエ。体長一・五cm内外。幼虫が老熟すると、皮膚に穴をあけて脱出するので、皮革をいためる。日本・ヨーロッパ・北アメリカに分布。日本には比較的少ない。②ウシアブの別名。

**うし-は・く【▽領く】** 古語(四他) 神などが土地を支配する。用例 —・き坐す諸々の大御神たち(万葉・五・八九四)。

**うし-はこべ【牛▽繁▼縷】** ナデシコ科の多年草。野原・道ばたなどにはえる。高さ五〇cmぐらいだが、下部は地をはう。卵形の葉は対生。初夏に、葉腋に白い小花が咲く。

**うじ-ばし【宇治橋】** 京都府宇治市の宇治川に架かる橋。古来、東方から京都への侵入を防衛する要所。宇治川の先陣争いの地。

**うじばし-の-だんぴ【宇治橋の断碑】** 大化二年(六四六)の宇治川架橋の由来が記された日本最古の石碑の断片。京都府宇治市の放生院境内にある。寛政三年(一七九一)三行二七字が発見された。

**うじ-ひと【氏人】** 古代、氏を構成する一般の人。氏の長である氏の上と共通の姓を称し、共通の氏神をまつり、同族としての連帯性をもった。

**うしぶか【牛深】** 〈市〉熊本県天草下島南端の市。県下一の水産都市で、アジ・サバ・イワシ漁のほか、ハマチ・タイ・真珠の養殖が行われる。人口二万三〇二三(一九八八)。

**うし-べに【▼丑紅】** 寒中の丑の日に買う紅。口内の荒れや子どもの疱瘡などに薬効があるとされた。赤丑。参照 寒紅。

**うし-へん【牛偏】** 漢字を組み立てている部分の名。「物・特」などの左にある「牛」。

**うしぼり【牛堀】** 〈町〉茨城県南部、霞ケ浦湖岸の町。水運の要所で江戸廻漕で栄えた。稲作地帯。人口六八一九(一九八八)。

**うし-まつり【牛祭(り)】** 京都市右京区の広隆寺で、一〇月一〇日の夜行われる祭事。現在は不定期。摩多羅神を祭り、五穀豊穣・悪疫退散を祈願する。

**うしまど【牛窓】** 〈町〉岡山県南東部の町。内海交通の要所として栄えたが、今は漁港・観光地として重要。オリーブ栽培も行われている。人口九一〇六(一九八八)。

**うし-みつ【▼丑三つ】** 丑の刻を四つに分けた第三の時刻。現在のおよそ午前二時ごろ。真夜中。

**うじ-むし【▼蛆虫】** ①うじ。maggot ②人をののしって言う語。abusive word

**うじゃ-うじゃ**(副) たくさん寄り集まって、うごめいているようす。in swarms 用例 ウメの木に毛虫が—いる。

**うじゃ・ける**(下一自) ①熟した果物などがつぶれくずれる。②だらしない状態になる。

**うじゃじゃ・ける**(下一自)《俗語》①うれきって、くずれる。用例 はれものが—。②姿勢・態度がだらしなくなる。

**うじやまだ【宇治山田】** 三重県伊勢市の旧称。伊勢神宮内宮の門前町宇治と、外宮の門前町山田が合併して宇治山田市となり、昭和三〇年(一九五五)伊勢市と改称。

**うじゆい-の-しん【氏結いの神】** ↓うじがみ(氏神)

**う-しゅう【羽州】** 出羽国。

**うしゅう-たんだい【羽州探題】** 室町幕府の地方統治機関の一つ。出羽国の政治・軍事・裁判などを統轄。

**ウジュン-パンダン【Ujung Pandang】** インドネシア、スラウェシ島南西端、マカッサル海峡に臨む港湾都市。人口七〇・九万(一九八〇)。旧称マカッサル。

**う-しょう【羽▼觴】** 《「觴」は、さかずき》スズメが羽を広げた形のさかずき。

**羽觴を飛ばす**(うしょうをとばす) さかずきのやりとりを盛んにする。

**う-しょう【▼鵜匠】** 鵜飼いを職とする人。うじょう。cormorant fisherman

**う-じょう【有情】** ①《仏教語》すべての生き物。衆生。対義 無情・非情。用例 いっさいの—を見て、慈悲の心なからんは(徒然・一二八)。②人間の心情がわかること。人間的であること。humane 用例 —の人。

**うじょう-ふくよう【羽状複葉】** 葉軸の左右に葉が対についた状態。葉軸の分枝する回数で二回羽状複葉・三回羽状複葉などという。pinnate compound leaf

**うじょう-みゃく【羽状脈】** 葉脈の形の一つ。中央脈が一本走り、側脈が羽状に出るもの。pinnately venation

**う-しょとく【有所得】** 《仏教語》おもに禅宗で、存在するものを取捨選択し、いずれか一方に偏して執着すること。ものごとに対するとらわれの心をもつこと。対義 無所得。

**うし-りゅうこうねつ【牛流行熱】** 牛流行熱ウイルスによる急性伝染病。家畜法定伝染病の流行性感冒の一つ。高熱を発し、呼吸促迫・食欲不振・脱水などの症状を呈し、致死率は高い。bovine ephemeral fever

**うしろ【後ろ】** ①顔の向いているほうと反対のほう。あと。背後。back 対義 前。用例 —を振り向く。②せなか。back 用例 敵に—を見せる。③物事のあとの部分。順序で、終わりのほう。back 対義 前。④前面からは見えない所。かげ。back 用例 —にかくれる。⑤古語 のち。将来。用例 なからむ—にも、このかうじ(=勘気)許されたらむ(源氏・柏木)。

**後ろを切る**(うしろをきる) 行方をわからなくする。

**後ろを付ける**(うしろをつける) ①芝居で、黒子が後ろに控えていて、役者にせりふを教える。②役者が演じているとき、かげで歌ったり演奏したりする。

**後ろを見せる**(うしろをみせる) ①逃げだす。run away ②弱みを見せる。show one's weakness

**うしろ-あし【後ろ足・後ろ脚】** ①ふみ出した足に対して、後ろに残る足。hind foot 対義 前足。②動物などの後方の足。あとあし。hind legs・対義 前足。③後ろを見せて逃げようとすること。また、逃げ足。

**後ろ足を踏む**(うしろあしをふむ) ためらって進まない。後しざりする。move backward

**うしろ-あわせ【後ろ合(わ)せ】** ①後ろと後ろを向け合うこと。せなかあわせ。back to back ②反対。opposite

**うしろ-かげ【後ろ影】** 去って行く人の後ろ姿。back appearance 用例 —を見送る。

**うしろ-がみ【後ろ髪】** 後頭部の髪の毛。back hair 対義 前髪。

**後ろ髪を引かれる**(うしろがみをひかれる) あとに心残りがする。情にひかされて思い切れない。用例 —思い。

**うしろ-きず【後ろ傷】** 逃げるときに、背後から切りつけられた傷。不名誉な傷とされる。逃げ傷。対義 向こう傷。

**うしろ-ぐら・い【後ろ暗い】**(形) 心がやましい。うしろめたい。shady

**うしろ-すがた【後ろ姿】** 後ろから見た姿。back appearance

**うしろ-だて【後ろ盾・後ろ▼楯】** かげにいて助けること。またその人。後見。後援者。backer

**うしろ-で【後ろ手】** ①両手を後ろに回すこと。②後方。背面。後ろ姿。the rear

**うしろ-はちまき【後ろ鉢巻(き)】** 後ろで結んだ鉢巻き。対義 向こう鉢巻き。

**うしろ-まえ【後ろ前】** 後ろと前があべこべになること。front side back

**うしろ-み【後ろ見】** ↓こうけん(後見)

**うしろ-みごろ【後ろ身▼頃】** 胴部を包む衣服の後ろ部分。肩から裾までの後ろ部分に用いる名称。back bodice 対義 前身頃。↓着物図 ↓羽織図

**うしろ・みる【後ろ見る】** 古語(上一自) 後見する。世話をする。用例 かたみに—・みむとおぼせ(源氏・真木柱)。

**うしろ-むき【後ろ向き】** ①こちらに背中を見せていること。backward ②相手にしないで、そっぽを向くさま。turn one's back to ③発展・進歩などに対して、ひっこみ思案になること。backward

**うしろ-めた・い【後ろめたい】**(形) やましいところがあって気がひける。guilty 用例 —気持ち。

**うしろ-めた・し【後ろめたし】** 古語(形ク) ①あとのことが気がかりだ。心配だ。用例 女郎花—・くも見ゆるかな(古今・秋上)。②良心がとがめる。やましい。用例 君のおんために—・き心やはある(増鏡・新島守)。

**うしろ-やす・し【後ろ安し】** 古語(形ク) あとに心残りがない。安心だ。用例 われに似たらばしも—・かしと親めきてのたまふ(源氏・玉鬘)。

**うしろ-ゆび【後ろ指】** 後ろから指さして言うこと。pointing after

**後ろ指を指される**(うしろゆびをさされる) かげ口を言われる。backbite

**うしわかまる【牛若丸】** 源義経の幼名。

**う-しん【有心】** ①思慮・分別があること。対義 無心。②和歌の理念の一つ。藤原定家らが和歌で意味内容や思想の深さを表す美的理念として用い、この理念にかなう歌を有心体とよんだ。余情深く優艶な美しさともいう。③「有心連歌」の略。④《仏教語》執着する心を持つこと。妄念。対義 無心。

**う-しんしつ【右心室】** 心臓を仕切る四室の一つで、前下部を占める部分。体内からもどった、よごれた血液を肺へ送りこむ役目をする。right ventricle ↓心臓図

**う-しんぼう【右心房】** 心臓を仕切る四室の一つで、右後上部にある部分。体内からもどった血液はいったんこの右心房にはいり、三尖弁という通路から右心室に送られる。right atrium ↓心臓図

**うしん-れんが【有心連歌】** 和歌の伝統に基づいた、優雅を旨とする連歌。対義 無心連歌。

**うす【▼臼・▼碓】** 穀物の脱穀・精白・製粉、もちつきなどに用いる道具。杵を用いる搗き臼と、固定した下臼の心棒を軸にして上臼を回転させる碾き臼に大別される。mortar ↓写

**臼から杵**(うすからきね) 《「臼」は女、「杵」は男の隠語》女から男に働きかけること。事が逆であるたとえ。

**臼と杵**(うすときね) 男女の仲がぴったりと合うことのたとえ。

**う・す【▽失す】** 古語(下二自) ↓うせる(失せる)

**うす【薄】** ㊀(接頭) ①うすい。用例 —暗い。②なんとなく。どことなく。少し。用例 —寒い。—わらい。㊁(接尾) 少ない。用例 望み—。

**うず【渦】** =うずまき。①流体の中で、らせん形に回転している部分。流れが物体にあたるときや、流速の異なる流れが合流するときなどに現れる。vortex ②らせん形のもよう。spiral ③物事のめまぐるしい動き。vortex 用例 人の—。事件の—に巻きこまれる。

**渦を巻く**(うずをまく) ①水や物が、らせん状に動く。物の形が、らせん状である。whirl 用例 海流が—。つむじが—。②物事がめまぐるしく動き、混乱した状態になる。arouse a whirlpool 用例 人の波が—。③女性が、恥ずかしがって、畳の上などに指先で円を描くしぐさをする。

●臼

搗き臼

碾き臼

▼常用漢字表外。▽常用漢字表の音訓外。

**う-ず【▼烏頭】** 漢方薬の一つ。トリカブトの根。リューマチ・神経痛などに使用。有毒。ぶし。

**う-ず【▼髻▽華】** 上代、髪や冠にさして飾りとした草木の花や枝葉。かざし。

**うす-あかり【薄明(か)り】** ①日の出前・日の入り後などの空が、かすかに明るいこと。twilight ②かすかな光。dim light

**うす-あきない【薄商い】** 取引所で、売買取引が少ないこと。light trading

**うす-あじ【薄味】** あっさりした味付け。light 用例 関西料理は―だ。

**う-すい【雨水】** ①あまみず。rainwater ②二十四節気の一つ。二月一八、一九日ごろ。雪は雨に変わり、氷は解けて水となるころ。

**うすい【▼碓井】**〈町〉福岡県中部の町。稲作中心。炭鉱閉山後、商工業の町へ転換をはかっている。人口七二一六(一九八八)。

**うす・い【薄い】** (形) ①厚みが少ない。thin 対義 厚い。用例 ―氷。―紙。②色・味などの程度が少ない。light 対義 濃い。用例 味が―。③考えや経験などが少ない。浅い。shallow ④程度が軽い。弱い。little 用例 興味が―。⑤豊かでない。とぼしい。slight 用例 なじみが―。幸せの―子。利が―。派生 うすさ(名) うすめ(名)

**薄い唇(くちびる)** 口数が多いこと・人。おしゃべり。

**うす-いた【薄板】** ①厚さの薄い板。thin board 対義 厚板。②生け花で花台の代用とする薄い板。③薄地の織物。とくに唐織りの地の薄いもの。対義 厚板。④経木の幅の広いもの。

**うすい-とうげ【▼碓▽氷峠】** 群馬・長野県境、中山道にある峠。標高九五八m。ふもとに関所跡がある。

**うすい-バイパス【▼碓▽氷バイパス】** 碓氷峠を通って群馬県松井田町と長野県軽井沢町を結ぶ国道一八号のバイパス。長さ一三・二km。昭和四六年(一九七一)開通。

**うす-いろ【薄色】** 染め色の名。うすむらさき色。light pale color

**うすいろ-このまちょう【▽淡色木間▼蝶】** 特異な形の翅をしたジャノメチョウ。開張約六・五cm。樹液に集まる。本州中部以南、東南アジアに分布。幼虫はイネ・サトウキビ・トウモロコシなどの害虫。

**うす-うす【薄薄】** (副) かすかに。ぼんやり。なんとなく。vaguely

**うず-うず** (副・サ変自) ①少し動くさま。wriggle ②物事にとりかかりたくて、落ちつかないさま。むずむず。itching

**うす-おこし【▼臼起(こ)し】** 大晦日に臼を伏せて休ませ、正月二日になると起こして餅をつき、使い初めをする行事。

**うすがた-テレビ【薄型テレビ】** ブラウン管の代わりに、超小型放電管を格子状に配列した板状の画像表示装置または液晶を用いるテレビ。壁掛けテレビ。flat TV

**うす-がみ【薄紙】** 薄い紙。thin paper 対義 厚紙。

**薄紙を剝ぐ様(うすがみをはぐよう)** 病気が、日をおって、ほんの少しずつよくなっていくことのたとえ。薄紙をはがすよう。

**うす-かわ【薄皮】** ①薄い皮。thin skin ②薄い膜。thin film ③色白の、きめの細かい皮膚。④《「薄皮まんじゅう」の略》皮の薄いまんじゅう。

**うすき【▼臼▼杵】**〈市〉大分県東部、豊後水道に臨む市。旧城下町。しょうゆ・みそ・酒などの醸造の町。磨崖仏は国の特別史跡。人口三万九七九四(一九八八)。

**うす-ぎ【薄着】** (名・サ変自) 着物を少なく着ること。lightly dressed 対義 厚着。

**うすき-しろちょう【薄黄白▼蝶】** 南方産(日本では沖縄南部産)のムモンウスキチョウとギンモンウスキチョウの併称。

**うすき-せきぶつ【▼臼▼杵石仏】** 大分県臼杵市に点在する磨崖仏群。平安中期ごろから鎌倉時代の作と考えられる、弥陀三尊・大日如来など、八〇体近くの諸像が現存。

**うす-ぎたな・い【薄汚い】** (形) どことなく汚い。薄よごれている。dirty

**うす-ぎぬ【薄▽衣】** 薄い着物。うすごろも。thin dress

**うす-ぎぬ【薄絹】** 地の薄い絹織物。thin silk

**うす-きみわる・い【薄気味悪い】** (形) なんとなく気味が悪い。weird

**うず・く【▼疼く】** (五自) 傷や心がずきずき痛む。ache

**うす-くち【薄口】** ①陶器・紙などの、薄手につくってあるもの。thin ②料理の味付けが薄いもの。lightly seasoned ③色の薄いしょうゆ。薄口しょうゆ。

**うずくま・る【▼蹲る・▼踞る】** (五自) 体をまるめてしゃがみ込む。crouch

**うす-ぐも【薄雲】** ①上層にできて薄くたなびく雲。淡雲。②巻層雲の俗称。

**うず-ぐも【渦▼蜘▼蛛】** 山地の下草の間や岩かげに水平の円い網を張るクモ。体長四～六mm。黄褐色から黒褐色。本州・四国・九州に分布。

**うす-ぐもり【薄曇(り)】** 空一面に薄い雲がかかって曇ること。その天候。slightly cloudy

**うす-ぐら・い【薄暗い】** (形) 少し暗い。あたりの様子がぼんやりと見える状態。dim 派生 うすぐらさ(名)

**うす-げしょう【薄化粧】** (名・サ変自) 薄く化粧すること。light makeup 対義 厚化粧。

**うす-ごおり【薄氷】** 薄く張った氷。thin ice

●ウスタビガ

**うすさま-みょうおう【▼烏▼芻▼沙摩明王】** 《「烏芻沙摩」はUcchuṣma梵 の音写で、不浄のものをきれいにする、の意》忿怒の相で、火焔を負う姿で表される明王。不浄を転じて清浄とする徳をもち、禅宗などで便所の守護神とされる。

**うす-ざん【有▽珠山】** 北海道南部、内浦湾の北東にある火山。標高七三七m。三つの中央火口丘がある二重式火山で、山麓には昭和新山などがある。近年では昭和五二年(一九七七)に噴火。

**うす・し【薄し】** 古語 (形ク) ↓うすい(薄い)

**うす-じ【薄地】** 布地などの薄いこと・もの。thin cloth

**うす-じお【薄塩】** ①塩加減の少ないこと。甘塩。②調理の下ごしらえとして、味がつかない程度に、ごく少量の塩をふること。salting lightly

**うず-しお【渦潮】** 海水が渦を巻くこと。また、その場所。地形や潮位とともに潮流の速いことが原因で発生しやすい。鳴門海峡はその例。eddying current

**うす-じも【薄霜】** 朝うっすらと下りた霜。thin frost

**うずじょう-うん【渦状雲】** らせん形に巻いた雲。大規模のものとしては低気圧や台風の雲、小規模には冬の季節風のとき島の風下に現れるカルマンの渦状雲など。

**うずじょう-ぎんが【渦状銀河】** ↓うずまきせいうん(渦巻き星雲)

**うす-じろ・い【薄白い】** (形) 白っぽい。少し白い。ぼんやり白い。

**うす-ずみ【薄墨】** 墨の色の薄いもの。薄い墨色。うすずみ色。thin Indian ink

**うすだ【▼臼田】**〈町〉長野県東部、佐久盆地南端の町。畜産、野菜・花の栽培がさかん。工業も発展。人口一万六二八二(一九八八)。

**ウスター-ソース** 一般にソースと呼ぶ食卓用調味料。各種の野菜・香辛料・調味料などを混ぜ、熟成して作る。イギリスのウスターシャー地方が発祥地。Worcestershire sauce

**うすだ-あろう【▼臼田亜浪】** (一八七九～一九五一) 俳人。本名、卯一郎。長野県生まれ。句作りの本質を「まこと」に求め、一句一章説を唱えた。俳誌『石楠』創刊・主宰。句集『旅人』など。

**うず-たか・い【▼堆い】** (形) もり上がって高い。piled high 派生 うずたかさ(名)

**うす-たけ【▼臼▼茸】** 担子菌類アンズタケ科のキノコ。針葉樹林に発生。かさはラッパ状で高さ一〇～二〇cm。食用。世界的に分布。

**うすたび-が【薄手火▼蛾】** ヤママユガ科の大形のガ。前後両翅の中央に丸い透明紋が一個ずつある。開張一〇cm内外。雄は黄褐色、雌は黄色。成虫は年一回、晩秋に発生。幼虫は黄緑色で、クリ・クヌギ・ケヤキ・サクラなどの葉を食べ、触れるとキーキーと音を発する。小枝から懸垂する繭は緑色のかます形。本州以南に分布。ヤマカマス。↓写

**うす-だま【▼臼玉】** 古墳時代の祭祀用の玉。滑石などで作られた小玉。茶臼に似ているところからの呼称であるが、管玉を短くしたものともいわれる。

**うす-ちゃ【薄茶】** ①抹茶の一種。古木でない茶樹の葉を茶臼でひいて作る。②茶道の薄茶点前。③薄い茶色。light brown

**うすちゃ-てまえ【薄茶▽点前】** 茶道で薄茶を点てる作法。茶を点てるもっとも基本的な手続きであるが、炉・風炉のちがいや、また流儀によって多少の相違がある。

**うすっ-ぺら【薄っぺら】** (形動) ①薄くぺらぺらしたさま。very thin ②あさはか。けいはく。shallow

**うす-で【薄手】** ①紙や陶器などの薄くつくったもの。thin 対義 厚手。②浅いきず。軽傷。あさで。slight wound 対義 深手。③内容のとぼしいこと。せんぱく。shallow 用例 ―な思想。

**うず-でんりゅう【渦電流】** 導体の内部で磁束が時間的に変化するとき、磁束をとりまくように生ずる循環電流。eddy current

**うす-にく【薄肉】** ①薄い肉色。うす赤色。light red ②彫刻で、模様などを薄く浮きあがらせること・もの。薄肉彫り。bas-relief

**うず-ねんせい【渦粘性】** 乱流状態の流体が示す性質。各部分が不規則に移動しながら混じりあうため、それによって運動量が交換され、速度が均一化されようとする。eddy viscosity

**うす-の-き【▼臼の木】** ツツジ科の落葉低木。山林中にはえる。高さ約一m。広楕円形の葉を互生。初夏に淡褐紅色、鐘状の花を下垂。名称は、果実の先端がくぼんで臼に似るため。

**うす-のろ【薄▽鈍】** (名・形動) 知能が低く、動作や反応がにぶいこと・人・さま。fool; idiot

**うす-ば【薄刃】** ①刃物の厚みが薄いこと。thin 用例 ―のかみそり。②「薄刃包丁」の略。

**うすば-あげは【薄羽揚羽▼蝶】** ウスバシロチョウの異名。

**うすば-かげろう【薄羽▼蜉▼蝣】** 一見トンボに似たウスバカゲロウ科の昆虫。体長約三・五cm。初夏から秋の夕方に飛び、灯火に集まる。幼虫はアリジゴク。日本全土・台湾・朝鮮半島に分布。↓写

●ウスバカゲロウ

**うすば-かみきり【薄羽▽天▽牛】** 赤褐色で、雄の触角が太くて長い大形のカミキリムシ。体長五cm内外。夜行性。日本全土に分布。

**うすば-きちょう【薄羽黄▼蝶】** アゲハチョウ科の高山チョウ。北海道の大雪山系にのみ産する。開張約五・五cm。翅の地色は黄色で、淡黒色の斑紋と、後翅に雌では三個、雄では二個の赤色円斑がある。食草はコマクサ。天然記念物。キイロウスバアゲハ。

**うすば-きとんぼ【薄羽黄▼蜻▼蛉】** 全身淡黄褐色のトンボ。腹長約三cm。八～九月ごろみられる。飛ぶ力が強く、毎年南方から飛来する。日本全土、および世界の熱帯から温帯にかけて分布。

**うすば-さいしん【薄葉細辛】** ウマノスズクサ科の多年草。山中の湿地にはえる。葉はハート形。春に、紫褐色の花が一個咲く。根は細辛といい、感冒薬。サイシン。

**うすば-しろちょう【薄羽白▼蝶】** アゲハチョウ科のチョウ。翅は半透明な白色で翅脈と後縁は淡黒色。開張約七cm。食草はムラサキケマンなど。北海道南東部・本州・四国に分布。高山チョウのウスバキチョウに近縁で、色彩を除けば外形は似る。ウスバアゲハ。

**うすば-ぼうちょう【薄刃包丁】** 野菜などを切る片刃の和包丁。刃が薄く幅は均一。関西では切っ先が鎌のように丸みがある。

**ウスパヤータ-とうげ【ウスパヤータ峠】** (Passo de la Uspallata) アルゼンチンとチリの国境、アンデス山脈中の峠。標高三九八七m。最高峰アコンカグア山の南西二〇kmにある。アンデス横断の最重要地点。

**うす-び【薄日・薄▽陽】** よわい日の光。soft beams of sunlight 用例 ―がさす。

**うすべ**【▽護▽田▽鳥】おすめどり。

**ウズベク-きょうわこく**【ウズベク共和国】(Uzbekskaya SSR) ソビエト連邦を構成する共和国の一つ。首都タシケント。ソ連西南部、中央アジア中部に位置し、ソ連最大の綿花地帯。住民の六二%はトルコ系ウズベク人。面積四四・七万$km^2$。人口一八四八・七万(一九八九)。正称ウズベク-ソビエト社会主義共和国。

**うす-べり**【薄▽縁】畳表にへりを付けた敷物。

**ウスペンスキー**【Gleb Ivanovich Uspensky】(一八四三〜一九〇二) ロシアの小説家。農村などの貧しい人々を描いたナロードニキ的作家。作品『ラスチェリャエバヤ街の風習』『土の力』など。

**ウスペンスキー**【Nikolay Vasilyevich Uspensky】(一八三七〜八九) ロシアの小説家。農民生活を描いた短編やルポルタージュで知られる。作品『すばらしき生活』など。

**うずべんもう-しょくぶつ**【渦▼鞭毛植物】赤潮の原因となるプランクトン性の藻類。細胞内にペリジニンなどのカロチノイドを含むため、桃色や橙色の体色を示し、炎色植物ともよばれる。単細胞で二本の鞭毛をもち運動性があるので動物にも分類される。ツノモ・ムシモ・ヤコウチュウなど。双鞭毛藻類。Rannkiaer

**うず-まき**【渦巻(き)】水などの、らせん状になる流れ・動き。また、そうした形・模様。うず。vortex 用例鳴門の—。

**うずまき-かん**【渦巻(き)管】内耳の一部の蝸牛管の通称。カタツムリの殻の形で、膜迷路の聴覚をつかさどる。

**うずまき-ぎんが**【渦巻(き)銀河】↓うずまきせいうん(渦巻き星雲)

**うずまき-せいうん**【渦巻(き)星雲】数本の渦巻き状の腕から構成される銀河。太陽系の属する銀河系もこの型に属する。渦状星雲。渦状銀河。渦巻き銀河。spiral nebula

**うずまき-ポンプ**【渦巻きポンプ】羽根車を高速で回転させ、その遠心力で水などの液体の圧力を高めるポンプ。揚排水・給水・循環用。遠心ポンプ。centrifugal pump

**うずまさ**【▽太▼秦】京都市右京区の地名。古く秦氏の拠点。代表的な映画産業の地で、各社の撮影所のほか、一般に公開している太秦映画村もある。広隆寺は有名。

**うずま・る**【▽埋まる】(五自) ①おおわれて、外から見えなくなる。be buried 用例土に—。灰に—。②場所が物や人でいっぱいになる。be filled up 用例花で—。

**うずみ-のこ・す**【▽埋み残す】(五他) それだけをうずめないでおく。用例富士一つ—・して若葉かな(蕪村)。

**うずみ-ひ**【▽埋み▼樋】地中にうめて水を通すとい。対義かけひ。

**うずみ-び**【▽埋み火】灰の中にうずめてある炭火。いけずみ。

**うずみび-やき**【▽埋み火焼(き)】薪や炭で熱くなった灰に、食品を埋めて焼く調理法。芋類・クリ・もちなどによく用いる。

**うず・む**【▽埋む】古語 ①(四他)㋐土や灰などの中に物を入れて上からおおう。用例火取に火深う—・みて(枕・南ならずは東の)。㋑心をめいらせる。物思いに沈ませる。用例おぼしめし—・ませ給へるさま(栄花・蜘蛛振舞)。②(下二他)↓うずめる(埋める)

**うず-むし**【渦虫】扁形動物の一群。体は扁平でやわらかく、繊毛でおおわれる。肛門がない。海水・淡水・湿地にすむ。プラナリア・コウガイビルなど。世界中に分布。

**うす-め**【薄め】少し薄いこと。weak 対義濃いめ。用例—のコーヒー。

**うす-め**【薄目】目を少しあけること。細くあけた目。half-opened eyes

**うす・める**【薄める】(下一他) 薄くする。weaken

**うず・める**【▽埋める】(下一他) ①土や灰の中に入れる。おおいかぶせて見えなくする。bury ②場所を物でいっぱいにする。fill up ③不足をみたす。make up

**うす-もの**【薄物・▽羅】薄く織った織物。紗・絽など。それで作った和服。

**うずも・れる**【▽埋もれる】(下一自) ①物におおわれて隠れる。be buried ②世に知られずにいる。live in obscurity

**うす-やき**【薄焼(き)】薄く焼き上げたもの・食品。対義厚焼き。用例—せんべい。

**うすやき-たまご**【薄焼(き)卵】紙のように薄く焼いた卵焼き。料理を包んだり、きざんで料理の飾りとする。

**うすゆき-そう**【薄雪草】キク科の多年草。山地にはえる。高さ約三〇cm。葉は互生、裏に灰白色の毛がある。夏に包葉の間から淡黄色の頭花が咲く。近似種にミヤマウスユキソウ、エゾウスユキソウなど。エーデルワイスもこの仲間。↓写

●ウスユキソウ　ミヤマウスユキソウ

**うすゆき-ばと**【薄雪▼鳩】小形のハトの一種。全長約二〇cm。草原や低木林、都市の公園などにすむ。オーストラリアに分布。

**うすゆきものがたり**【薄雪物語】江戸前期の仮名草子。二巻。作者未詳。寛永九年(一六三二)刊。艶書の贈答を中心とした園部衛門と薄雪姫の恋愛談。江戸時代の書簡体小説の最初。

**うす-よう**【薄様・薄葉】①薄くすいた鳥の子紙。対義厚様。②襲の色目の名。袿を重ねて着るとき下のものほど色を薄くしていって、最後の一枚を白にする着方。

**うす-よご・れる**【薄汚れる】(下一自) なんとなく汚れる。become dirty

**うす-ら**【薄ら】(接頭) ①うすい。弱い。用例—日。②なんとなく。用例—寒い。

**うずら**【▼鶉】キジ科の鳥。翼長約一〇cm。全身褐色の地味な羽色。本州北部以北で繁殖し、冬、本州中部以南に渡来する。江戸時代に家禽化。食用の卵は長径約三cm、淡黄灰色の地に褐色斑がある。ユーラシアに広く分布。quail ↓写

**鶉の衣** つぎはぎした衣。

**鶉の床** そまつな寝床。

●ウズラ

**うずら-がい**【▼鶉貝】卵形で中形のヤツシロガイ科の海産の巻き貝。殻高約一五cm、殻径約一〇cm。殻口は広いが、ふたはない。名は殻の形と殻表の茶色の紋様に由来。食用、貝細工用。本州中部以南に分布。

**うすら・ぐ**【薄らぐ】(五自)↓うすれる(薄れる)

**うずらごろも**【▼鶉衣】横井也有の俳文集。四編一二巻。没後天明七〜文政六年(一七八七〜一八二三)刊。軽妙自在な文章により、古来俳文の一典型とされる。

**うすら-さむ・い**【薄ら寒い】(形) なんとなくはだ寒い。少し寒い。うそさむい。chilly

**うずら-しぎ**【▼鶉▼鷸】ウズラに似た羽色のシギ科の鳥。全長約二二cm。アジア東北部で繁殖し、東南アジア・オーストラリアなどで越冬。日本では旅鳥で、渡りの途中、春秋二回、全国の沿岸に立ち寄る。

**うずら-チャボ**【▼鶉▼矮▼鶏】ニワトリの一品種。全長約二〇cm。江戸時代に固定された品種で、尾がないようにみえるので別名オナシチャボ。

**うずら-まめ**【▼鶉豆】インゲンマメの品種の一つ。食用。晩生つる性。花は桃色。種子は白地に赤色斑がありウズラの卵に似る。

**ウスリー-がわ**【ウスリー川】(Ussuri) 中国とソ連の国境をなすアムール川(=黒竜江)の支流。ソ連のシホテアリン山脈から北に流れ、ハバロフスク付近でアムール川に合流。長さ五九〇km。

**ウスリースク**【Ussurysk】ソビエト連邦を構成する、ロシア共和国の東部、ウラジオストク北方の都市。鉄道の要地で極東経済の一中心地。人口一四・八万(一九八一)。

**うす・れる**【薄れる】(下一自) =薄らぐ。①薄くなる。decrease 用例興味が—。②少なくなる。abate 用例痛みが—。③弱くなる。おとろえる。become dim 用例記憶が—。

**ウスワイア**【Ushuaia】アルゼンチンのフエゴ島にある町。世界最南端の都市として知られる。人口一・一万(一九八〇)。

**うす-わらい**【薄笑い】(名・サ変自)《困惑したり相手をばかにしたりして》かすかに笑うこと。faint smile 用例—を浮かべる。

**う-せい**【▼迂生】(代) 自分をさす謙譲語。小生。愚生。

**う-せつ**【右折】(名・サ変自) 右へ曲がること。turn right 対義左折。

**うせ-もの**【▽失せ物】なくした品物。紛失物。missing thing

**う・せる**【▽失せる】(下一自) ①なくなる。lose ②《俗語》人の「行く・来る・去る・死ぬ」などのぞんざいな言い方。

**うせん-せい**【右旋性】光学異性体のもつ性質の一つ。直線偏光が物質を通過するとき、偏光面を右へ回転させる性質。dextrorotatory

**うぜん-のくに**【羽前国】旧国名。現在の山形県。東山道の一国。明治元年(一八六八)出羽国より四郡を分割して設置。同四年(一八七一)廃藩置県によって山形・米沢・酒田の三県となる。のち米沢県は置賜県と、酒田県は鶴岡県と改称し、同八年(一八七五)酒田県は鶴岡県と改称し、同九年(一八七六)山形県に併合。羽前。

**うそ**【▼嘘】①事実とはくいちがっていること・ことがら。いつわり。そらごと。lie; false 対義ほんとう・まこと。用例—発見器。②正しくないこと。incorrect 用例—字。③適当でないこと。不当。unreasonable 用例これは買わなければ—だ。

**嘘おっしゃい**《「うそをつけ」「うそ言え」の女性語表現》うそをつくな。うそをついていることはわかっている。

**嘘から出た誠** うそを言ったのが、意外にも事実になること。Truth comes out of falsehood.

**嘘吐いたら針千本**《「飲ます」と続ける》子どもたちが、指切りげんまんをして約束するときに、お互いが必ずそれを守るよう誓って、言うことば。

**嘘で固める** すべてがまったくのうそである。be a complete fabrication 用例嘘で固めた生活。

**嘘と坊主の髪はゆった事が無い**《「結う」と「言う」をかけて》うそをついたことがないというしゃれ。

**嘘の皮** 全くのうそ。うそっぱち。

**嘘のよう** 本当にあったとは思えないさま。信じられないくらいふしぎなさま。用例痛みが—に消えた。

**嘘八百** うその多いこと。うそだらけ。a pack of lies 用例—を並べる。

**嘘も方便** 事を円満に運ぶための手段として、うそを言わなければならないこともある。A necessary lie is harmless.

**嘘を吐くと閻魔様に舌を抜かれる**《うそをついた人間は地獄に落ちて、罰として閻魔に舌を抜かれる、の意から》うそをつくことへの戒め。

**嘘を吐け**《勝手にうそを言え、の意。相手がうそを言っていることをなじる、または、からかうことば》言っていることがうそだとわかっているから、信用なんかしていない。うそ言え。Do not talk nonsense!

**うそ**【▼鷽】アトリ科の小鳥。翼長約八cm。雄は顔がピンク。木の新芽や花芽を好む。日本では本州中部以北から北海道までの山地で繁殖し、冬は低地に降りる。広くユーラシアに分布。ウソドリ。bullfinch ↓図

**うそ**(接頭)《「うす(薄)」の転》なんとなく。用例—寒い。

**うそ-うそ**(副・サ変自) ①あたりをきょろきょろ見回すこと・さま。②不安そうにすること・さま。

**うぞう-むぞう**【有象無象・有相無相】①《仏教語》社会の有形無形のいっさいの物。森羅万象。②つまらぬ者ども。rabble

**うそ-かえ**【▼鷽替え】《一年間の凶事がすべて「うそ」となり、吉事にかわるという俗信から》正月の初天

●ウソ　雄(右)、雌(左)。

●鷽替え　福岡県太宰府天満宮のもの。

▼常用漢字表外。▽常用漢字表の音訓外。

神に各地の天満宮で行われる神事。参詣者は木製のウソを交換し合ったり、新しいものをもらったりする。福岡県太宰府市の天満宮・東京都江東区亀戸の天満宮のものが有名。↓写

**う-そく【右側】** みぎがわ。right side 対義 左側。用例 —通行。

**うそ-さむ・い【うそ寒い】**(形) なんとなく寒い。薄ら寒い。chilly

**うそ-じ【▼嘘字】** 正しくない字。まちがった字。wrong character

**うそ-つき【▼嘘▽吐き】** うそを言う人。liar

**嘘吐きは泥棒の始まり**(うそつきはどろぼうのはじまり) 小さなうそならいいと言ってうそをついていると、最後には泥棒も平気でするようになる。うそをつくことは悪への第一歩であるという戒め。Show me a liar, and I will show you a thief.

**うそっ-ぱち【▼嘘っぱち】** まったくのうそ。sheer lie

**うそ-はっけんき【▼嘘発見器】** うそをつくことによって生ずる精神的動揺を生理的変化として測定する装置。通常、血圧・呼吸・皮膚電気反射の変化を測定するポリグラフ装置を使用。lie detector

**うそ-ぶ・く【▼嘯く】** 一(五自) ①口をつぼめて声を出す。また息を吐く。②ほえる。roar; howl ③大げさなことを言う。boast; brag 二 古語 (四自) ①詩歌をひくく口ずさむ。用例 梅が枝(曲名)を—・きて立ち寄るけはひ(源氏・竹河)。②そらとぼける。用例 とみに舟も寄せず—・いて見まはし(更級)。

**う-そん【▼烏孫】** 中国、漢代から南北朝時代にかけて天山山脈北方にいた遊牧民族。トルコ系といわれる。漢の武帝が張騫を派遣して以来、漢とは友好関係を保っていたが、五世紀後半に柔然に圧迫され衰亡。

**うた【歌】** ①(「唄」とも)声にメロディーをつけて、うたうことば。うたわれるもの。song 用例 子守—。数え方 一曲。②和歌。短歌。用例 —合わせ。③詩。poem

**歌と読み**(うたとよみ) (「歌ガルタ」と「読みガルタ」から)①物事には裏表・得失・長所短所があるというたとえ。②勘定ずくで、得な方につくこと。

**歌に許り歌う**(うたにばかりうたう) かけ声ばかりで、実行しない。

**歌は世に連れ世は歌に連れ**(うたはよにつれよはうたにつれ) 歌は世相の影響を受けて変化し、世の中も歌の流行に影響されて変化する。

**うた-あわせ【歌合(わ)せ・歌合】** 歌人が左右に分かれて和歌の優劣を競う文学的遊戯。判者が勝負を判定する。平安時代以来、宮廷や貴族の間で流行。

**うたあんどん【歌行▼燈】** 泉鏡花の小説。明治四三年(一九一〇)発表。能楽の世界を背景に、芸に生きるものの葛藤を描く。

**うたい【謡】** 能に用いられる声楽。楽器伴奏や舞などから切り離して、独立した声楽としてうたわれる。謡曲。

**う-だい【宇内】** 天地四方の内。天下。世界。

**う-だい【有待】** (仏教語)他の助けによって存在する人のはかない身体のこと。相対・無常の世界。

**うたい-あ・げる【歌い上げる】**(下一他) ①歌によむ。sing of 用例 情感を—。②終わりまでうたう。sing through

**う-だいじん【右大臣】** 太政官の長官のひとり。左大臣の次に位する。

**うたい-て【歌い手】** ①歌をうたう人。歌手。singer ②歌のうまい人。good singer 用例 なかなかの—。

**う-だいべん【右大弁】** 律令制で、太政官の右弁官局の官職。左大弁にならび、兵部・刑部・大蔵・宮内の四省を管理する。

**うたい-め【歌い女】** ①雅楽寮に属し、古風の歌を伝習し、うたった女性。うため。②芸妓。芸者。

**うたい-もの【謡物】** ことばよりも、ふしに重点を置いた歌曲の総称。神楽歌・催馬楽・風俗歌・今様・謡曲・長唄など。対義 語り物。

**うたい-もんく【▼謳い文句】** 特徴・長所などを、とくに強く言うことば。キャッチフレーズ。catchphrase; blurb

**うた・う【歌う】** (五他) ①(「唄う」「謡う」とも)ふしをつけて声を出す。sing ②(「詠う」とも)和歌につくる。歌につくる。

**うた・う【▼謳う】**(五他) ①言いたてる。主張する。insist ②文章ではっきり述べる。stipulate 用例 憲法に—・ってある。③ほめそやす。admire 用例 名人と—・われる。④評判をたてる。うわさする。speak of

**うた-え【歌絵】** 和歌を画題とした絵。俳画に対する。とくに平安時代に流行した判じ絵的な小品画をさす。

**うた-かい【歌会】** 歌人が集まって歌を作り合う会。かかい。

**うたがい【疑い】** ①疑うこと。あやしいと思うこと。確実でないと思うこと。doubt; suspicion 用例 —がとける。②疑問点。いぶかしい点。question 用例 —をさしはさむ。

**疑いを晴らす**(うたがいをはらす) 身にかけられた疑いを消しはらって、さっぱりする。clear oneself of suspicion

**うた-がい【歌貝】** 歌ガルタの一種。貝殻の内側に和歌の上の句・下の句を書き、取り合わせる。平安貴族の間で、また江戸初期から中期ごろまで女子の間で流行。

**うたかい-はじめ【歌会始(め)】** 年のはじめに宮中で行われる歌会の儀式。明治二年(一八六九)より毎年一月に行われる。御会始め。

**うたがい-ぶか・い【疑い深い】**(形) 容易に物事を信じないで、疑う気持ちが強い。うたぐりぶかい。

**うたが・う【疑う】** (五他) =疑ぐる。①あやしむ。へんに思う。doubt; suspect ②あやぶむ。おぼつかなく思う。fear 用例 勝利を—。

**うた-がき【歌垣】** 古代日本の習俗の一つ。農村で春や秋に男女が集まって、歌のかけ合いや歌舞飲食を楽しみ、性的解放も伴う行楽行事。のち貴族社会では芸能化した。嬥歌。

**うた-かた【▽泡▼沫】** ①水に浮かぶあわ。みなわ。bubble ②はかなく消えやすいこと・もののたとえ。transient 用例 —の恋。

**うたかた-の【▽泡▼沫の】** [枕ことば]《あわが消えやすく、また、浮かびやすいことから》「消ゆ・憂き」にかかる。用例 降りやめばあとだに見えぬ—消えてはかなき世を頼むかな(後撰・恋五)。

**うた-がら【歌柄】** 歌の品格。

**うた-ガルタ【歌ガルタ】** カルタの一種。一首ずつ歌を書いた読み札と、下の句だけを書いた取り札とがあり、一人が読み札を読んで、競技者が取り札を取り、その数を競う。

**うたがわ-くにさだ【歌川国▽貞】** (一七八六〜一八六四) 江戸後期の浮世絵師。三世豊国。役者似顔絵や美人画で人気があった。作品『星の霜当世風俗』『今風化粧鏡』『修紫田舎源氏』挿絵など。↓写

●歌川国貞『今風化粧鏡』「牡丹刷毛」。文政年間(一八一八〜一八二九)。

**うたがわ-くによし【歌川国▽芳】** (一七九七〜一八六一) 江戸後期の浮世絵師。武者絵・風刺画に特色がある。作品『通俗水滸伝豪傑百八人』など。

**うだがわ-げんしん【宇田川玄真】** (一七六九〜一八三四) 江戸後期の蘭方医。伊勢の人。号は榛斎。漢方を志したが、のち、宇田川玄随の養子となる。『厚生新編』『和蘭薬鏡』などを訳出。

**うだがわ-げんずい【宇田川玄随】** (一七五五〜一七九七) 江戸中期の蘭医。津山藩医。江戸の人。杉田玄白らに蘭学を学び、日本初のオランダ内科医書『西説内科撰要』を翻訳、刊行。

**うたがわ・し【疑わし】** 古語 (形シク) ↓うたがわしい(疑わしい)

**うたがわし・い【疑わしい】**(形) あやしい。不確実だ。いぶかしい。doubtful 派生 うたがわしげ(形動) うたがわしさ(名)

**うたがわしき【疑わしき】** 文語的 《「疑わし」の連体形》疑わしいこと・人。

**疑わしきは罰せず**(うたがわしきはばっせず) 犯罪事実などがはっきりと証明されないかぎり、被告人を罰すべきではないという法格言。innocent until proven guilty; give a person the benefit of the doubt

**うたがわ-とよくに【歌川▽豊国】** 江戸後期の浮世絵師。四世まで。初世(一七六九〜一八二五)は美人画・役者絵に独自の様式を確立し、歌川派隆盛の基礎をつくる。作品『役者舞台之姿絵』など。三世は初名歌川国貞。

**うたがわ-とよはる【歌川▽豊春】** (一七三五〜一八一四) 江戸後期の浮世絵師。歌川派の祖。通称、但馬屋庄次郎。遠近法による名所絵で新境地を開き、肉筆美人画にもすぐれた。

**うたがわ-とよひろ【歌川▽豊広】** (?〜一八二九) 江戸後期の浮世絵師。豊春の門下。肉筆・版画による美人画を得意とした。広重の師。

**うたがわ-ひろしげ【歌川広▽重】** (一七九七〜一八五八) 江戸後期の浮世絵師。江戸の人。本姓、安藤。号は一立斎など。歌川豊広に入門。浮世絵風景版画を大成し、フランス印象派にも影響を与えた。作品『東海道五十三次』『名所江戸百景』など。↓写

**うだがわ-ようあん【宇田川▼榕▼庵】** (一七九八〜一八四六) 幕末の蘭学者。江戸の人。父は大垣藩医の江沢養樹。のち宇田川玄真の養子。化学・植物学・薬学などの西洋科学の紹介に尽力。著書『植学啓源』『舎密開宗』『菩多尼訶経』など。

**う-たき【▽御▽岳】** 沖縄地方でいう、それぞれの村の聖地。老木や草木の生い茂った森の場合が多い。おたけ。

**うた-ぎれ【歌切(れ)】** 昔の名筆による歌集の一部を掛け軸などにするために切ったもの。

**うた-ぐち【歌口】** ①和歌のよみぶり。②楽器の部分名。おもに管楽器で、空気の流れが発音体(気柱やリード)に振動の刺激を与える部分。また、その装置。流れを送りこむ部分は吹き口。mouthpiece ↓クラリネット図 ↓尺八図 ↓トランペット図

**うたぐ・る【▽疑る】**(五他) ↓うたがう(疑う)

**うたげ【▽宴】** さかもり。酒宴。宴会。banquet

**うた-ごえ【歌声】** 歌をうたう声。singing voice

**うたごえ-うんどう【うたごえ運動】** 第二次大戦後の日本で、職場サークルなどを中心に起こった合唱運動。平和運動・労働運動とも関連をもちながら、民衆音楽運動の方向へ進んだ。

**うた-ごころ【歌心】** ①和歌の意味・内容。②和歌をよもうとする気分。③和歌の心得・たしなみ。

**うた-ことば【歌▽詞】** 主として和歌に用いることば。歌語。

**うた-ざいもん【歌祭文】** 元禄時代に流行した歌曲。鎌倉時代に山伏が歌った祭文が世俗化したもの。浪曲の源流。祭文。祭文節。

**うたざわ【歌沢・▼哥沢】** 日本音楽の種目名。幕末に江戸端歌を技巧的に洗練した三味線音楽の一種で、重厚な歌いぶりが特色。

**うたざわ-ささまる【歌沢▼笹丸】** (一七九七〜一八六〇) 幕末期、うた沢節の創始者。江戸の人。旗本の出で、本名は笹本彦太郎。安政二年(一八五五)歌沢寅右衛門・哥沢芝金らとうた沢節を創始し、歌沢大和大掾を名乗った。

**うたざわ-しばきん【▼哥沢芝金】** うた沢芝派の家元名。現在五世まで。初世(一八二八〜一八七四)は、うた沢の祖笹丸の没後、文久元年(一八六一)に芝派をおこした。

**うたざわ-とらえもん【歌沢▼寅▽右▽衛門】** うた沢寅派の家元名。現在五世まで。初世(一八二三ごろ〜一八七五)は、安政四年(一八五七)うた沢の祖笹丸より家元をゆずられた。

●歌川広重『東海道五十三次』「日本橋」。天保五年(一八三四)、山種美術館(東京都)。



↓行き先項目、図版・写真参照印。 JIS 日本工業規格情報交換用漢字符号コード(区点コード)。

**うたざわ-やまとのだいじょう**【歌沢大▼掾】↓うたざわささまる(歌沢笹丸)

**うたしない**【歌志内】〈市〉北海道中部、空知地方の市。炭鉱都市であったが、閉山があいつぎ人口激減。人口九二七四(一九八八)。

**うた・す**【打たす】古語(下二他) 馬に乗って行く。用例馬を静めて—・せたり(太平記・六)。

**うたせ-あみ**【打(た)瀬網】引き網の一つ。風力・潮力を利用し、網を引き回して底魚をとる。うちせあみ。↓図

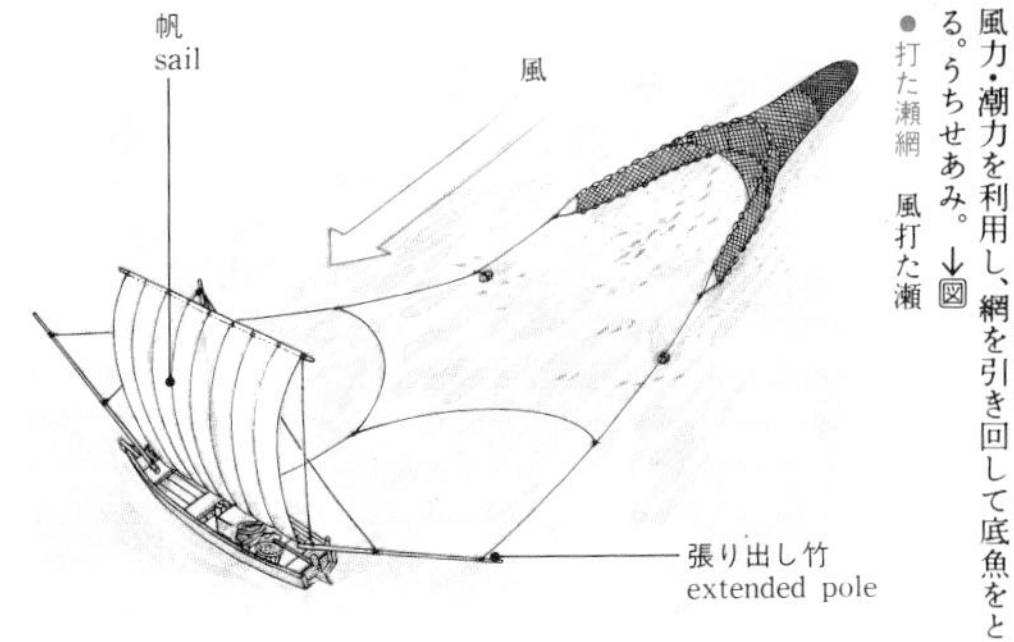


● 打た瀬網　風打た瀬

**うたた**【▽転】(副) ①ますます。いよいよ。more and more 用例—つのる思い。②はなはだしく。unusually 用例—荒涼。

**うたた-ごころ**【▽転心】変わりやすい心。

**うたた-ね**【▽転寝】(名・サ変自) 床にはいらずに、うとうとと眠ること。仮睡。doze; nap

**う-だち**【▼梲】①妻側の梁の上に立てて棟木を支える短い柱。うだつ。②《転じて》①のある妻側の壁。妻壁。③町屋でとなりとの境につくった防火壁。卯建。↓写

**うたつ**【歌津】〈町〉宮城県北東部、三陸海岸の町。海苔・ワカメ養殖、山間では畑作・養蚕・畜産を行う。人口六三〇七(一九八八)。

**うたづ**【宇多津】〈町〉香川県坂出・丸亀両市にはさまれた町。古い港町。電気機器などの工場がある。人口一万二一三五(一九八八)。

**うだつ**【▼梲】「うだち(梲)」の転。

**梲が上がらない** 不遇な状態のままで、いっこうによい身分にならない。低迷するばかりで、立身出世しない。have no chance of getting on

**うたて**【▽転】古語(副) ①悪いほうに、ますます。はなはだしく。用例—このころ恋し繁しも(万葉・一二・二八七七)。②いやに。なさけなく。用例心あらむ人は、—おろかなりとぞ見るべき(徒然・二二八)。

**うたて・し** 古語(形ク) ①いやだ。気にくわない。用例勧賞蒙らんとて、尋ねもとむるぞ—・き(平家・一二・六代)。②気の毒だ。用例俊寛僧都一人赦免なかりけるこそ—・けれ(平家・三・頼豪)。

**うだ-てんのう**【宇多天皇】(八六七〜九三一) 第五九代天皇(在位八八七〜八九七)。光孝天皇の第七皇子。菅原道真を登用し、寛平の治を行う。譲位後仁和寺にはいり、はじめて法皇を称した。

**うた-ねんぶつ**【歌念仏】念仏踊りの唱え言に俗謡をまじえて歌うもの。江戸期、僧の姿をした門付け芸人が鉦を打ちながら歌って歩いた。

**うたの**【▼菟田野】〈町〉奈良県東部の丘陵地帯にある町。農林業中心で、みがき丸太などの製造が行われる。人口五七二六(一九八八)。

**うたのぼり**【歌登】〈町〉北海道北部、幌別川に沿う町。トウモロコシ・ジャガイモ栽培、酪農がさかん。人口三〇六二(一九八八)。

**うた-ひこう**【歌披講】宮中の歌会で、儀式にしたがって和歌を無伴奏で朗唱すること。披講。

**うた-びと**【歌人】①和歌をつくる人。うたよみ。歌人。②歌をうたう人。うたいて。③詩人。

**うた-ひめ**【歌姫】歌をうたう女。女性歌手。female singer

**うた-まくら**【歌▼枕】もとは枕ことばや名所など、和歌をつくるときに必要な事柄を示した書物。のちには歌によくよまれる諸国の地名・名所を言う。比較俳枕。

**うたまろ**【歌▼麿】↓きたがわうたまろ(喜多川歌麿)

**うた-ものがたり**【歌物語】平安初期の文学様式の一つ。歌を中心とした物語。『伊勢物語』など。

**うた-よみ**【歌詠み】和歌を詠むこと・人。歌人。

● 梲③

**ウタリ**(ˈutáriアイヌ) なかま。親類。同胞。

**うだ・る**【▼茹る】(五自) ①ゆだる。be boiled ②暑さで弱る。swelter

**うたわ・れる**【▼謳われる】(下一自) ①《よい意味で》評判にされる。famous 用例内外に—。②明文になっている。be stipulated 用例憲法に—・れている。

**ウ-タント**【U Thant】(一九〇九〜七四) ビルマの政治家。ラングーン大卒。駐米大使・国連代表をへて一九六二〜七一年、第三代国連事務総長。コンゴ問題・キューバ危機などの解決に活躍。

**うち**【内】㊀(名) ①《「中」とも》なか。内部。inside; interior 対義外。②㋐あいだ。ま。while 用例知らない—はともかく。㋑それより少ないこと。ある限度をこえていないこと。within 用例一年の—に。③心。heart 用例—にかえりみてやましからず。④一部分。partial 用例—払い。⑤夫の称。one's husband 用例—の人。⑥《「家」とも》㋐自宅。home 対義お宅。用例—に帰る。㋑自分の属するほう。my; our 用例—の学校。㋒家。house 用例—が建てこむ。⑦古語㋐皇居。内裏。用例今は—にのみさぶらひたまふ(源氏・桐壺)。㋑天子の敬称。用例—にも、おぼし嘆きて行幸あり(源氏・賢木)。㋒儒教に対して、仏教。用例—には五戒をたもって慈悲を先とし、外には五常をみださず(平家・二・教訓状)。㊁(代)《方言》関西地方などで、わたくし。用例—知らんえ。

**内裸でも外錦** 世渡りのためには、見えないところで節約してでも、体裁を飾らなければならないということ。

**内を空ける** 家を留守にする。stay away from home

**内を外にする** 外に出てばかりで家にはいない。gad about

**内を出違う** 訪問客を避けるために入れ違いに外出する。

**うち**【打ち】(接頭) ①動詞に付いて「ちょっと」「すこし」の意を表す。用例—見る。②動詞に付いて意味を強め音調をととのえる。③下の動詞と合わさって特定の意に変わる。用例—続く。—とける。

**うち-あい**【打(ち)合い】互いに打つこと。

**うち-あい**【撃(ち)合い】互いに銃砲で撃つこと。exchange shots 「打つ。

**うち-あ・う**【打(ち)合う】(五自) 互いに

**うち-あ・う**【撃(ち)合う】(五他) 互いに鉄砲などを撃つ。exchange shots

**うち-あ・ぐ**【打ち上ぐ】古語(下二他) ↓うちあげる(打ち上げる)

**うち-あげ**【内揚げ】和服を仕立てるさい、前後身頃に縫い込む揚げ。裾がいたんだときに補うことができる。

**うち-あげ**【打(ち)上げ】①打ち上げること。launching ②興行の終わり。打ち止め。close ③仕事じまいの宴。closing banquet ④「打ち上げ花火」の略。

**うちあけ-ばなし**【打(ち)明け話】隠さずに語る話。frank talk

**うちあげ-はなび**【打(ち)上げ花火】空中に打ち上げる花火。打ち上げ。rocket fireworks 比較仕掛け花火。

**うち-あ・ける**【打(ち)明ける】(下一他) 隠さずにみんな話す。talk frankly

**うち-あ・げる**【打(ち)上げる】(下一自他) ①(他)㋐打って、高く上げる。launch ㋑興行・碁などを終える。close up ㋒波が物を岸に運び上げる。wash ashore ②(自)上がる。dash 用例岸に—波。

**うち-あ・り**【打ち有り】古語(ラ変自) ①無造作に置かれてある。さりげなくいる。用例心の—・るさまをも(紫式部日記)。②つきなみである。どこにでもある。用例やや、これは—・る矢にもあらざりけり(宇治拾遺・一五)。

**うち-あわ・す**【打ち合わす】古語(下二他) ↓うちあわせる(打ち合わせる)

**うち-あわせ**【打(ち)合わせ】①打ち合わせること。arrangement ②下相談。previous arrangements ③協議。consultation ④衣服のあき部分の左右が重なり合うところ。おもに前あきに用いる。通常、婦人服は右身頃が上、紳士服は左身頃が上になる。overlapping

**うち-あわ・せる**【打ち合(わ)せる・打合(わ)せる】(下一他) ①互いに打ち合う。exchange blows ②前もって相談する。make arrangements

**うち-い・ず**【打ち▽出ず】古語(下二自他) ①(自)㋐出る。あらわれる。用例田児の浦ゆ—・でて見れば(万葉・三・三一八)。㋑出陣する。用例あす—・でんとての夜(平家・九・小宰相身投)。②(他)㋐出す。とくに出衣をする。用例御小袿—・でて見せ奉り給へり(宇津保・国譲中)。㋑口に出して言う。用例さのみやはとて—・で侍りぬるぞ(竹取)。㋒音をたてる。声をあげる。用例—・でたる拍子いとはなやかなり(源氏・初音)。

**うち-いだ・す**【打ち出だす】古語(四他) ①着物のつま・そでなどを几帳やすだれの下から少し出す。②口に出す。声に出してうたう。用例「月秋と期して身いづくか」といふことを—・し給へりし(枕・故殿の御ためになど)。

**うち-いり**【討(ち)入り・討入】攻めこむこと。用例義士の—。

**うち-い・る**【討(ち)入る】(五自) 攻め入る。用例吉良邸に—。

**うち-い・る**【打ち入る】古語(下二他) ①無造作に入れる。用例手に—・れて(竹取)。②ばくちにつぎこむ。用例残りなく—・れんとせんにあひては打つべからず(徒然・一二六)。③馬をのり入れる。用例河へざっとぞ—・れたる(平家・九・宇治川先陣)。

**うち-いわい**【内祝(い)】うちわの者だけでする祝い。そのときに配る贈り物。family celebration

**うち-うち**【内内】表立たぬこと。ないないのこと。うちわ。内幕。in private

**うち-うみ**【内海】①みずうみ。lake ②入り海。ないかい。inland sea 対義外海。

**うちうみ**【内海】〈村〉愛媛県南西端、豊後水道に臨む村。ミカン栽培と漁業が中心。真珠養殖も行う。人口二七五一(一九八八)。

**うちうら**【内浦】〈町〉石川県、能登半島先端近くの町。漁業と、タバコ栽培などの農業が中心。九十九湾・恋路海岸がある。人口一万九一(一九八八)。

**うちうら-わん**【内浦湾】北海道南西部、渡島半島の東にある湾。イカ漁などがさかん。東岸に工業都市室蘭がある。噴火湾。

**うち-えする**【打ち▽寄する】[枕ことば]《「うちよする」の上代東国方言》「駿河」にかかる。用例吾妹子と二人わが見し—駿河の嶺らは恋しくめあるか(万葉・二〇・四三四五)。

**うち-おと・す**【打ち落(と)す・打落(と)す】(五他) ①たたき落とす。strike down ②首を切って落とす。behead

**うち-おと・す**【撃ち落(と)す・撃落(と)す】(五他) 鉄砲などで、撃ち当てて落とす。shoot down

**うち-おとり**【内劣り】(名・サ変自) 外見のよさに似ず、内容が劣っていること。

**うち-かえし**【打(ち)返し】①打ち返すこと。打ち返したもの。用例古綿の—。②舞台の背景を裏返しにして、他の背景とすること。

**うち-かえ・す**【打(ち)返す】(五自他) ①(他)㋐なぐりかえす。return a blow ㋑くりかえす。repeat ㋒ひっくりかえす。逆にする。turn back ㋓古綿を再生する。rewhip ㋔田畑をすきかえす。plow up ②(自)波などがいったん引いて、また寄せてくる。come and retreat; repeatedly

**うち-か・く**【打ち懸く】古語(下二自他) ①(他)かける。ひっかける。用例かたびらを—・けて(徒然・五三)。②(自)強くかかる。ふりかかる。用例浪は船に—・けつつ(竹取)。

**うち-かくし**【内隠し】洋服の内側にある物入れ。内ポケット。inner pocket

**うち-かけ**【打(ち)掛け・打掛・▼裲▼襠】①近世、武家の婦人の礼服の一つ。着物の上にはおる、裾を引いて着る小袖。今日では花嫁衣装。かいどり。②上代、朝廷の儀式で武官が袍の上につけた服。りょうとう。↓写

**うち-がけ**【内掛(け)】相撲の決まり手の一



▼常用漢字表外。　▽常用漢字表の音訓外。

●打ち掛け①

つ。回しを引いて胸を合わせ、相手の足の内側に足をかけて倒す技。比較外掛け。

**うち‐かさな・る【打(ち)重なる】**(五自) 物の上に物が重なる。ことが続いて起きる。follow upon another 用例―不幸。

**うち‐かた【内方】** ①自分の家。②自分のほう。③貴人の妻や、人の妻を言う尊敬語。内室。内儀。④貴人の家に仕えていた女。

**うち‐がたな【打(ち)刀】** 敵を打ち斬るのに便利なように作られた、鍔付きの長刀。鞘巻きなどの「刺す刀」に対する語。打太刀。鍔刀。

**うち‐か・つ【打(ち)勝つ】**(五自) ①勝負事や戦いなどで、相手に勝つ。win ②野球やテニスなどで、打ち合って、勝つ。defeat ③《「打(ち)克つ」とも》負けないで、のりこえる。克服する。overcome 用例困難に―。

**うち‐かぶと【内▼兜】** ①かぶとの内がわ。②内情。

**内兜を見透かす**(うちかぶとをみすかす) 内情・弱点を見ぬく。

**うち‐がま【内▽缶・内▼罐】** 対義外缶。①ふろのかまが、ふろおけの内部にあるもの。②火のたきつけ口が浴室の中にあるふろ。

**うち‐がわ【内側】** 物の内部。物の内に面しているがわ。inside 対義外側。

**うち‐き【▼袿】** =うちぎ。①平安時代の女性の礼服。広袖で丈長の衣服。この上に唐衣・裳・小袿などを重ねて正装とする。②男子の直衣・狩衣などの下に着た衣服。

**うち‐き【内気】**(名・形動) 遠慮ぶかい性質。ひかえめなたち。shyness 比較弱気。

**うち‐き【打(ち)気】** 野球で、打者が打とうとはやる気持ち。用例―を誘う。

**うち‐ぎき【打(ち)聞き】** ①ふと聞いたことば。②聞いたままを書きつけたもの。聞き書き。

**うちぎきしゅう【打聞集】** 平安後期の説話集。長承三年(一一三四)ごろ成立。二七話。多く『今昔物語』などと共通する。インド・中国・日本の仏教霊験談を主とする。国語史の貴重な資料。

**うち‐き・く【打(ち)聞く・打ち聴く】** 古語(四他) ちょっと聞く。思いがけず聞く。用例―

より胸ふたがりて(源氏・明石)。
**うち‐きず【打(ち)傷】** 打ちつけたり、打たれたりして、できた傷。打撲傷。bruise
**うちき‐すがた【▼袿姿】** 袿だけの私的な服装。くつろいだ姿。
**うち‐ぎぬ【打(ち)▽衣・▼擣▽衣】**《砧で打って光沢を出したことから》女房装束の一つ。重袿のいちばん上に着た袷の着物。うちき。うちもの。↓女房装束図
**うちきり‐ほしょう【打(ち)切り保障】** 労働災害による傷病が三年以上たって治らないとき、使用者がその後の療養補償を打ち切るために支払う補償金。労働基準法で規定。
**うち‐き・る【打(ち)切る】**(五他) ①強く切る。cut off ②途中で終わりにする。break off
**うち‐きん【内金】** 売買代金や請負代金の全額支払いに先立って、一部前渡しされる金銭。手金。手つけ。deposit
**うち‐ぐ・す【打ち具す】** 古語(サ変自他) ①(自)そろう。そなわる。用例親―・し(源氏・桐壺)。②(他)ともなう。連れていく。用例―・しては、つきなからむさまを思ひ返し給ふ(源氏・須磨)。
**うち‐くだ・く【打(ち)砕く】**(五他) たたいてこまかくこわす。ものごとを打ちこわす。smash
**うち‐くび【打(ち)首】** 昔の刑の一つ。刀で首を切り落とすこと。behead
**うち‐けし【打(ち)消し・打消】** ①打ち消すこと。非認。否定。denial; negation ②文法で、打ち消しの助動詞「ない・ぬ・まい」などを用いて、あることが成り立たないことを表す言い方。negative
**うち‐け・す【打(ち)消す】**(五他) そうでないと言う。否定する。deny 用例うわさを―。
**うち‐ゲバ【内ゲバ】**《「ゲバ」はゲバルトの略》同じ政治目的をもつ政治党派間や党派内で、理論の違いや主導権争いなどから起きる暴力抗争。
**うち‐げんかん【内玄関】** おもに家人の出入りする玄関。ないげんかん。side door 対義表玄関。
**うち‐こ【打(ち)粉】** ①刀などの手入れに使う砥粉。②うどんやパンなど、小麦粉を練った生地を扱うとき、べたつかないようにふる小麦粉などの粉類。取り粉。flour
**うちこ【内子】**〈町〉愛媛県中西部、肱川支流、小田川沿いの町。山間にあり、クリ栽培などがさかん。人口一万三〇一〇(一九八八)。
**うちこみ‐じる【打(ち)込み汁】** 煮込みうどんの一つ。生の手打ちうどんに野菜類を加え、しょうゆ味で煮る。香川県の郷土料理。
**うち‐こ・む【打(ち)込む】**(五他) ①打ち入れる。drive into ②たたき込む。drive in ③熱中する。devote oneself to ④急所をついて言いこめる。talk a person to silence ⑤攻めかかる。attack ⑥剣道で、相手を打つ。⑦碁で、相手の陣の中に石を打つ。
**うち‐こ・ゆ【打ち越ゆ】** 古語(下二他) 越えていく。用例塩津山―・え行けばわが乗れる(万葉・三・三六五)。
**うち‐ころ・す【撃(ち)殺す】**(五他) 銃などの弾を命中させて殺す。shoot to death
**うち‐ころ・す【打(ち)殺す】**(五他) たたき殺す。beat to death
**うち‐こわし【打(ち)壊し・打(ち)▼毀し】** ①たたきこわすこと。ぶちこわし。destruction ②江戸時代中期以降、都市を中心に頻発した暴動。米価引き下げや質物の無償返還を要求し、米屋・質屋などを襲った。
**うち‐こわ・す【打(ち)壊す・打(ち)▼毀す】**(五他) ①打ってこわす。たたきこわす。destroy ②ものごとをだめにする。spoil 用例計画を―。
**うち‐ざた【内▼沙▼汰】** 対義表沙汰。①内々の訴訟。②うちわの取り計らい。
**うち‐しき【打(ち)敷】** ①錦や綾の裂地で裏表を襲の色目にした敷物。②寺院の高座や仏具の敷物。③菓子を入れる器に敷く白い紙。掻敷。
**うち‐しず・む【打(ち)沈む】**(五自) ①すっかり沈みこむ。sink ②まったく元気がなくなる。be dejected
**うち‐じに【討(ち)死に・討死】**(名・サ変自) 戦って死ぬこと。戦死。death in battle
**うち‐す【打ちす】** 古語(サ変他) たやすく事を行う。気軽にふるまう。用例ここしきさま―・したり(紫式部日記)。
**うち‐す・える【打(ち)据える】**(下一他) ①しっかり置く。place firmly ②立てないほど、たたく。hit very hard
**うち‐す・ぎる【打(ち)過ぎる】**(上一自他) ①(自)過ぎる。pass 用例日ごろ、ごぶさたに―・ぎ…。②(他)適当以上に打つ。hit too much 用例くぎを―・ぎて板が割れた。
**うち‐す・つ【打ち捨つ】** 古語(下二他) ↓うちすてる(打ち捨てる)
**うち‐す・てる【打(ち)捨てる・打(ち)▽棄てる】**(下一他) ①思いきりよく捨てる。勢いよく捨てる。put away ②構わずにほうっておく。見捨てる。abandon
**うち‐そ・う【打(ち)添う】** 古語 ㊀(四自) そばにいる。つき従う。用例宿世―・へりける身(源氏・帚木)。㊁(下二他) つけ加える。用例声―・ふる沖つ白なみ(古今・賀)。
**うち‐そろ・う【打(ち)▼揃う】**(五自) 全員そろう。もれなく集まる。gather all together 用例―・って出かける。
**うちた【打田】**〈町〉和歌山県北部、紀ノ川中流の町。稲作のほか、イチゴ・タマネギ・ミカンの産地。人口一万三七九九(一九八八)。
**うち‐たえて【打ち絶えて】** 古語(副)《下に打ち消しの語をともなって》まったく。すっかり。いっこうに。少しも。用例―おとづれもせず(源氏・真木柱)。
**うち‐た・える【打(ち)絶える】**(下一自) すっかり絶える。すっかり切れる。
**うち‐たお・す【打(ち)倒す】**(五他) ①たたいたり、なぐったりして倒す。knock down ②相手をやっつける。負かす。defeat
**うち‐だか【内高】** 江戸時代、諸藩で実際に収入となった石高。対義表高。
**うちだ‐こうさい【内田康▼哉】**(一八六五〜一九三六) 外交官。熊本県生まれ。東大卒。外相・満鉄総裁を歴任。斎藤内閣の外相として、満州国承認、国際連盟脱退など「焦土外交」とよばれる強硬外交を推進。
**うち‐だし【打(ち)出し】** ①打ち出すこと。②芝居・相撲などの終わり。はね。close
**うちだし‐だいこ【打(ち)出し太鼓】** 興行の終わりを知らせる太鼓。
**うち‐だ・す【打(ち)出す】**(五他) ①打って出す。strike out ②打ち始める。begin to beat ③くふうして考え出す。提案する。work out 用例新機軸を―。④興行の終わりを知らせる太鼓を打つ。
**うち‐た・てる【打(ち)立てる】**(下一他) 物事をしっかり立てる。establish 用例業績を―。
**うちだ‐とむ【内田吐夢】**(一八九八〜一九七〇) 映画監督。岡山県生まれ。作品『生ける人形』『大菩薩峠』『飢餓海峡』など。
**うちだ‐ひゃっけん【内田百▼閒】**(一八八九〜一九七一) 小説家・随筆家。本名は栄造。岡山市生まれ。東大卒。夏目漱石に師事。諧謔味に富んだ独特の随筆が著名。短編集『冥途』、随筆『百鬼園随筆』、紀行『阿房列車』など。
**うち‐た・ゆ【打ち絶ゆ】** 古語(下二自) ↓うちたえる(打ち絶える)
**うちだ‐よしかず【内田▽祥▽三】**(一八八五〜一九七二) 建築学者。東京生まれ。東大卒。東大総長。鉄筋コンクリート構造学の基礎を確立。岸田日出刀と東大の安田講堂を建築。昭和四七年(一九七二)文化勲章受章。
**うちだ‐りょうへい【内田良平】**(一八七四〜一九三七) 右翼運動家。福岡県生まれ。明治三四年(一九〇一)黒竜会を組織。大陸進出を唱え、日韓併合などの裏面工作に暗躍。
**うちだ‐ろあん【内田▼魯▼庵】**(一八六八〜一九二九) 評論家・小説家。本名は貢。東京生まれ。文芸・社会評論に活躍、ドストエフスキーの『罪と罰』などを翻訳紹介。小説『くれの廿八日』『社会百面相』、随筆『思ひ出す人々』など。
**うち‐ちがい【打(ち)違い】** ①十字形。はすかい。交差。ぶっちがい。②まちがえて打つこと。
**うち‐ちが・える【打(ち)違える】**(下一他) ①十字形、または、はすかいにする。②まちがえて打つ。
**うち‐つけ【打ち付け】** 古語(形動ナリ) ①だしぬけなさま。突然であるさま。用例―に寂しくもあるか(古今・哀傷)。②無遠慮なさま。ろこつなさま。用例―なる御言の葉になむ、浅う思ひ給へなりぬる(源氏・柏木)。
**うち‐つ・ける【打(ち)付ける】**(下一他) ①打ってくっつける。nail on ②付ける。attach ③強く打つ。strike hard ④投げ付ける。throw at
**うち‐つづ・く【打(ち)続く】**(五自) 引き続く。長く続く。continue 用例―長雨。
**うち‐つづ・ける【打(ち)続ける】**(下一他) 続けて打つ。連打する。beat repeatedly
**うち‐づら【内面】** 家庭や内部の人たちに見せる顔つき。対義外面。用例―のいい人。
**うち‐つ・れる【打(ち)連れる】**(下一自) 連れだつ。いっしょに並ぶ。そろって行く。go with
**うち‐でし【内弟子】** 師の家に住み込んで、手伝いなどをしながら芸事などを習う弟子。apprentice 用例―になる。
**うちで‐の‐こづち【打(ち)出の小▼槌】** 振ればどんな願いごとでもかなうという小槌。『一寸法師』『竜宮童子』などの昔話に登場する。
**うち‐と【内▽外】** ①うちとそと。国内と国外。in and out; home and abroad ②伊勢神宮の、内宮と外宮。③仏教と儒教。Buddhism and Confucianism
**うち‐と・く【打ち解く】** 古語 ㊀(四他)「解く」を強めていう語。用例紐―・き(枕・碁を、やむごとなき人のうつとて)。㊁(下二自) ①溶ける。用例涙のつらら―・けて(新古今・春上)。②わだかまりがなくなる。なれ親しむ。用例うとき人の―・けたることなど言ひたるぐ(徒然・三七)。③心がゆったりとする。くつろぐ。用例今は―・けて(伊勢・二三)。④油断する。気をゆるす。用例位浅く何となき身のほど―・け(源氏・梅枝)。
**うち‐と・ける【打(ち)解ける】**(下一自) 心から親しむ。くつろぐ。open one's heart
**うち‐どころ【打(ち)所】** ①からだの打った場所。用例―が悪い。②しるしをつける場所。
**非の打ち所がない**(ひのうちどころがない) どの点でもすぐれていて、悪いとするところがない。above criticism
**うち‐どめ【打(ち)止め・打(ち)留め】** 終わり。最後。千秋楽。
**うち‐と・める【打(ち)止める・打(ち)留める】**(下一他) ①打ちのめして動かないよう

にする。②興行を終える。③取引市場での立ち会いを終わりにする。

**うち-と・める**【討(ち)止める】(下一他) 刀・やりなどで戦って相手を殺す。用例 敵の大将を―。

**うち-と・める**【撃(ち)止める】(下一他) 鉄砲や弓などで撃って殺す。しとめる。射殺する。shoot down 用例 クマを―。

**うち-と・る**【打(ち)取る】(五他) 相手を負かす。野球で、打者をアウトにする。get out 用例 内野ゴロに―。

**うち-と・る**【討(ち)取る】(五他) ①討って、うばいとる。defeat completely ②討って殺す。kill ③相手を負かす。defeat

**うちなだ**【内▼灘】〈町〉石川県中部、日本海と河北潟の間の砂丘地帯の町。アメリカ軍試射場が設けられ、反対闘争が行われた。宅地化が進む。人口二万三四五四(一九八八)。

**うち-なびく**【打ち▼靡く】[枕ことば]《春は草木がなびく時節であることから》「草・春」などにかかる。用例 ―春来るらし山の際の遠き木末の咲き行く見れば(万葉・八・一四二二)。

**うち-に**【打(ち)荷】船が難破しそうなとき、安全のために積み荷の一部を海になげ捨てること。また、その捨てた荷物。

**うち-にわ**【内庭】一軒の家の建物にかこまれた中にある庭。中庭。坪庭。court

**うち-ぬき**【打(ち)抜き・打(ち)▽貫き】①打ってつき抜くこと。punching ②板金・厚紙などに型で穴をあけること。punching ③大きい穴をあけるのみ。punching ④ほりぬき井戸。driven well

**うち-ぬ・く**【打(ち)抜く・打(ち)▽貫く】(五他) ①打って穴をあける。punch ②あくまで打つ。hit and hit ③板金・厚紙などの打ち抜きをする。stamp out ④境界などを取り払う。

**うちのうら**【内▼之浦】〈町〉鹿児島県、大隅半島東岸の町。ポンカン・エンドウなどの栽培や漁業を行う。文部省宇宙科学研究所のロケット発射基地がある。人口六六五五(一九八八)。

**うち-の-ひと**【内の人】人に対して、妻が自分の夫を言う語。主人。たく。my husband

**うちのみ**【内▽海】〈町〉香川県、小豆島東部の町。しょうゆ・つくだ煮が名産。名勝寒霞渓、小説『二十四の瞳』の舞台となった田ノ浦の分校がある。人口一万五〇三六(一九八八)。

**うち-のめ・す**【打ちのめす】(五他) ①起き上がれないくらい、ひどくなぐる。なぐりたおす。knock down ②二度と立ち上がれないような大打撃を与える。deal a heavy blow

**うち-の-もの**【内の者】①家族。家人。身内。my family ②奉公人。

**うち-の-やつ**【内の▽奴】自分の妻を言う語。相手に対して謙遜した言い方。用例 ―がうるさいので。

**うち-のり**【内▽法】対義 外法。①容器の内側の長さ・寸法。inside measurement ②柱と柱、鴨居と敷居など、向かい合う建築部材の内側の距離。

**うち-はた・す**【討ち果(た)す・討果(た)す】(五他) かたきなどを討って殺す。slay

**うち-はや・す**【打(ち)▼囃す】(五他)《「囃す」を強めていう語》①調子をつけて物を打ちたたく。囃子を奏する。②はやしたてる。おだてあげる。

**うちはら**【内原】〈町〉茨城県中部、水戸市西隣の町。水戸市のベッドタウン。かつて満蒙開拓義勇軍の訓練所があったため、農業関連の研修機関が多い。人口一万四九九八(一九八八)。

**うち-ばらい**【内払い】(名・サ変他) 内金を支払ったり、債務の一部について支払いを行うこと。うちわたし。deposit

**うち-はら・う**【打(ち)払う】(五他) ①払う。たたいて払う。brush off ②払い清める。purify ③追い払う。drive away

**うち-はら・う**【撃(ち)払う】(五他) 大砲などを撃って、追い払う。drive away with gunfire 用例 黒船を―。

**うち-び**【打(ち)火】火打ち石で打ちだす火。「切り火」。

**うちひ-さす**[枕ことば]《語義未詳》「宮・都」にかかる。用例 ―宮のわが背は倭女の膝枕くごとに吾を忘らすな(万葉・一四・三四五七)。

**うち-ひし・ぐ**【打(ち)▼拉ぐ】(五他) ①武器などで、相手をたたきつぶす。batter ②意欲や気力などを、くじく。discourage

**うち-ひも**【打(ち)▼紐】《へら状の物で打って引き締めて組んだところから》二本以上の糸を組んで作った紐。組み紐。braided cord

**うち-ひろがり**【内広がり・内▽拡がり】内部が広がっていること。

**内広がりの外窄まり**(うちひろがりのそとすぼまり) 「内弁慶」と同意。

**うち-ぶ**【打(ち)歩】↓プレミアム②

**うち-ぶところ**【内懐】①着物を着たときの、肌に近い胸のあたり。the bosom under the dress ②胸のあたり。breast ③内情。内心。inmost bosom

**内懐を見透かされる**(うちぶところをみすかされる) 内情を見抜かれる。弱点を知られる。have one's true intention seen through

**うち-ぶろ**【内風▼呂】対義 外ぶろ。①屋内につくったふろ。②家庭用のふろ。

**うち-べり**【内減り・内▽耗り】①穀物をうすでつくとき、元の量にくらべて少し減ること。減った量。対義 外減り。②歩合算で、減り高の元高に対する比率・量。

**うち-べんけい**【内弁慶】外ではいくじがないが、家ではいばっていること・人。かげべんけい。内広がりの外窄まり。a lion at home

**うち-ぼり**【内堀・内▼濠】城などの内部にある堀。inner moat 対義 外堀。↓城図

**うち-まか・す**【打(ち)負かす】(五他) 相手を打ってやぶる。打って負かす。defeat 用例 敵を―。

**うち-まき**【打(ち)▽散き・打(ち)▼撒き・▽散▽米】①お祓いや魔よけのため、儀式の場で米をまき散らすこと。また、その米。散米。②神を拝するとき、神前にまく米。

**うち-まく**【内幕】内部の事情。内情。ないまく。inside fact 用例 ―をあばく。

**うち-まく・る**【打ちまくる】(五他) 続けてはげしく打つ。盛んに打つ。pound away

**うち-まく・る**【撃ちまくる】(五他) 鉄砲などを、続けざまにうつ。

**うち-ま・ける**【打(ち)負ける】(下一自) 打ち合って、負ける。碁・ばくちなどの勝負に負ける。be defeated

**うち-まご**【内孫】跡取りの夫婦の間に生まれた子。ないそん。対義 外孫。

**うち-また**【内▼股】①ももの内側。内もも。inside of the thigh ②足の先を内に向けた歩き方。pigeon-toed 対義 外股。③柔道の投げ技の一つ。

**うちまた-ごうやく**【内▼股▼膏薬】《内股にはった膏薬が、右につき左につきするように》信念がないなどで、あちらにつき、こちらにつきすること・人。double-dealing

**うち-まわり**【内回り】対義 外回り。①内側を回ること。go round an inner circle 用例 環状線の―。②家の中。家屋内。indoor; inner lane 用例 ―の仕事。

**うち-み**【打(ち)身】打撲傷。

**うち-みず**【打(ち)水】(名・サ変自) 庭や門前に、水をまくこと。また、その水。sprinkling

**うち-み・る**【打(ち)見る】(上一他) ①「見る」を強めていう語。②ちらと見る。

**うちむら-かんぞう**【内村鑑▽三】(一八六一～一九三〇) キリスト者・評論家。江戸生まれ。札幌農学校卒。アメリカへ留学。無教会主義キリスト教の創始者。雑誌『聖書之研究』を創刊。足尾銅山鉱毒事件にかかわり、日露開戦時に非戦論を唱えた。著書『余は如何にして基督信徒となりし乎』など。↓写

●内村鑑三

**うち-むらさき**【内紫】①浅海の砂礫泥底にすむマルスダレガイ科の二枚貝。殻長約八・五cm、殻高約六・五cm、丸みのある四辺形。灰白色。成貝の内面は濃紫色。食用。本州以南に分布。ハシダテガイ。ムラサキガイ。ウチムラサキガイ。②ザボンの一種。果肉が淡紫紅色のもの。↓図

●ウチムラサキ①

**うち-む・る**【打ち▽群る】古語(下二自) 多くのものが集まる。群がる。用例 思ふどち春の山べに―・れて(古今・春下)。

**うち-もの**【打(ち)物】①打ち鍛えてつくった金属器具。forged metal apparatus 対義 鋳物。②打ち鍛えてつくった武器。太刀・刀・やりなど。③打ってつやを出した布。うちぎぬ。④打ち鳴らす楽器。かね・つづみ・太鼓など。percussion instrument ⑤彫刻した木型に詰めて抜き出した干菓子の総称。穀類の粉を原料とし、水あめや砂糖を混ぜたもの。落雁など。

**うちもの-し**【打(ち)物師】打ち物の職人。とくに、刀工。

**うちもの-わざ**【打(ち)物業】刀剣で打ち合って戦う技術・腕まえ。

**うち-もも**【内▼股・内▼腿】ももの内側。内また。inside of the thigh ↓足図 ↓牛肉図

**うちモンゴル-じちく**【内モンゴル自治区】↓ないモンゴルじちく(内モンゴル自治区)

**うち-やぶ・る**【打(ち)破る】(五他) ①打って、壊す。うちこわす。break down 用例 旧弊を―。②《「撃(ち)破る」「討(ち)破る」とも》敵を負かす。defeat

**うち-や・る**【打ち▽遣る】古語(四他) わきに捨てておく。そのままにしておく。用例 御ぐしはいとこちたうもあらぬほどに―・られたる(源氏・総角)。

**うち-ゆ**【内湯】温泉場の旅館などで、屋内につくった浴場。

**う-ちゅう**【宇宙】①無限の空間。space ②天地四方。全世界。universe ③哲学などで、秩序ある統一的存在の総称。秩序としての自然や権威。万有。cosmos ④天文学で、太陽系・小宇宙・島宇宙・銀河系・大宇宙などの総体。universe ⑤物理学で、物質と放射エネルギーが存在しうるかぎりの全空間。universe ⑥宇宙科学で、大気圏外。outer space

**うちゅう-いがく**【宇宙医学】宇宙飛行の際に、加速度や宇宙の環境が人間におよぼす身体的・精神的影響と、それらへの対策について研究する医学の分野。space medicine

**うちゅう-うん**【宇宙雲】↓せいかんうん(星間雲)

**うちゅう-かいはつ**【宇宙開発】宇宙空間を人間が利用する目的で行う一連の活動。巨大ロケットの開発、その制御技術の研究、宇宙探査機による天体の観測、人工衛星による地球の観測、通信の中継、宇宙における各種の実験などを言う。space development

**うちゅうかいはつ-じぎょうだん**【宇宙開発事業団】日本の宇宙開発計画を実施する中核機関。昭和四四年(一九六九)に設立。NASDA。National Space Development Agency

**うちゅう-かがく**【宇宙化学】地球を含めた宇宙空間で起こる化学現象を扱う学問。元素の存在度や同位体組成を調べ、元素の起源や生成、生命の起源などを探る。cosmochemistry

**うちゅう-かん**【宇宙観】①宇宙についての考え方。②自然や人生全般の根本についての考え方。

**うちゅう-きち**【宇宙基地】地球を回る軌道上にあって、宇宙での活動の根拠地となる、有人の大型人工衛星。宇宙ステーション。space station

**うちゅう-くうかん**【宇宙空間】地球をふくめた天体の存在する空間。space

**うちゅうくうかん-たんちついせきもう**【宇宙空間探知追跡網】地球から発射された宇宙物体の探知・追跡・識別にあたる、アメリカの警戒システム。北米防空宇宙防衛司令部に所属し、海軍・空軍の両探知システムを結合している。space detection and tracking system

**うちゅう-げんり**【宇宙原理】宇宙空間は、どこでも同等な性質をもつという考え。イギリスの天文学者エドワード=ミルンが提唱。どの銀河からも、同じ宇宙が観測されるというもの。cosmological principle

**うちゅう-こうがい**【宇宙公害】ロケットや人工衛星によって生じる公害。ロケットの排気による上層大気の汚染、地球上に落下する衛星の破片による被害、衛星の原子炉部分による放射能汚染などを言う。space environmental pollution

**うちゅう-こうがく**【宇宙工学】人工衛星や宇宙船などの、設計・製作・打ち上げ、飛行の技術など、宇宙開発に必要とされる工学。space engineering

**うちゅう-こくたいほうしゃ**【宇宙黒体放射】↓うちゅうはいけいほうしゃ(宇宙背景放射)

**うちゅう-さんぎょう**【宇宙産業】宇宙基地を利用する産業。無重量状態を利用して新素材や新薬品を製造しようとするもの。space industry

**うちゅう-じょうやく**【宇宙条約】「月その他の天体をふくむ空間の探査および利用にお

ける国家活動を律する原則に関する条約」の通称。加盟国はアメリカ・ソ連・日本をはじめ八三か国。一九六七年発効。宇宙天体条約。Space Treaty

**うちゅう-しょく【宇宙食】** 宇宙飛行士のために特別に加工された食品。少量で栄養が満たされ、無重量状態でも食べやすいように配慮されている。space foods

**うちゅう-じん【宇宙▼塵】** 宇宙空間に散在する微小な固体粒子。宇宙起源のもの、太陽系内起源のものなどがある。暗黒星雲や反射星雲は、宇宙塵の密度の高い場所である。cosmic dust

**うちゅう-ステーション【宇宙ステーション】** ↓うちゅうきち(宇宙基地)

**うちゅう-せん【宇宙船】** 宇宙空間を飛行するための乗り物。space craft

**うちゅう-せん【宇宙線】** たえず地球にふりそそぐ粒子線。宇宙空間からくる一次宇宙線と、それが大気中の原子核に衝突して発生する二次宇宙線とがある。cosmic ray

**うちゅうせん-あらし【宇宙線▼嵐】** 宇宙線の強度が、大きく変動する現象。磁気あらしに起因する。cosmic ray storm

**うちゅうせん-ちきゅうごう【宇宙船地球号】** 《アメリカの経済学者ボールディングらの用語》地球を宇宙船にたとえて、その有限性や運命共同体的な側面を強調する考え方。人類は、国家中心の時代から、地球規模での共存を考える段階に入ったとする。Spaceship Earth

**うちゅう-そくど【宇宙速度】** 宇宙飛行に必要な、地表面に対する最小速度。地球の人工衛星となれる最小速度(第一宇宙速度)は、地表で毎秒七・九km、地球の引力圏を脱出し得る最小速度(第二宇宙速度)は毎秒一一・二km、太陽系を脱出し得る最小速度(第三宇宙速度)は毎秒一六・七kmなど。space flight velocity

**うちゅう-ちゅうけい【宇宙中継】** ↓えいせいちゅうけい(衛星中継)

**うちゅう-つうしん【宇宙通信】** ①人工衛星・宇宙船と地上との相互通信、月や惑星を中継所とする通信などの総称。space communication ②衛星通信。satellite communication

**うちゅう-でんぱ【宇宙電波】** 太陽系内・銀河系内の天体や星間物質から、さらに、宇宙背景放射など宇宙全体からくる電波。cosmic radio waves

**うちゅう-はいけいほうしゃ【宇宙背景放射】** 天空のあらゆる方向から、ほぼ一様な強度で到来する放射。絶対温度三Kの黒体放射に相当し、ビッグバンの証拠とされる。宇宙黒体放射。cosmic background radiation

**うちゅうはっせい-ろん【宇宙発生論】** 宇宙の起源や発生に関する、神話的・系統的な説明、また、膨張宇宙などの科学的な宇宙観。宇宙開闢論。cosmogony

**うちゅう-ひこう【宇宙飛行】** 大気圏の外での飛行。space flight

**うちゅう-ひこうし【宇宙飛行士】** 大気圏外を飛ぶ人工衛星や宇宙船などの乗組員。一九六一年四月に、ソ連のボストーク一号に乗り組んだガガーリンが最初。astronaut; cosmonaut

**うちゅう-びょう【宇宙病】** 宇宙飛行士が、無重量状態が原因でかかる、一種の船酔い症状。宇宙酔い。space nausea

**うちゅう-ふく【宇宙服】** 宇宙飛行士が着用する服。真空・高温・放射線など、宇宙空間の環境から人体を守り、生活機能・作業機能をもつ装備。space suit

**うちゅう-へいき【宇宙兵器】** 宇宙空間または人工衛星軌道を利用する兵器の総称。スパイ衛星・キラー衛星・FOBSなど。space weapon

**うちゅう-ほう【宇宙法】** 宇宙空間の領有やその利用方法などについて定めた法規・条約の総称。space law

**うちゅう-ゆうえい【宇宙遊泳】** 宇宙飛行士が、宇宙船の外に出て、宇宙空間で活動すること。ふつう命綱をつけて行うが、命綱なしで行う宇宙遊泳を、完全宇宙遊泳と言う。space walk

**うちゅう-れんらくせん【宇宙連絡船】** ↓スペースシャトル

**うちゅう-ロケット【宇宙ロケット】** 《space rocket の訳》宇宙空間に向けて発射されるロケット。

**うちゅう-ろん【宇宙論】** 宇宙の起源・構成・進化などに関する考察や論説。cosmology

**うちゅうろんてき-しょうめい【宇宙論的証明】** 神の存在証明の一つ。世界における事物の存在の根拠を求めて因果系列をたどり、究極の原因として世界の創造者・神をたてる考え方。cosmological argument

**うちょう-てん【有頂天】** 日(名)《仏教語》生死流転する迷いの世界(三界)における最上部の天。無色界の非想非非想処天。 二(形動)《日にのぼりつめる、の意から》大喜びで、我を忘れるさま。raptures

**うちょう-らん【羽▼蝶▼蘭】** ラン科の多年草。高さ一〇~二〇cm。地中に多肉根をもち、斜上する茎に広い線形の葉をつける。七月、頂端に紅紫色の花が総状に咲く。湿った岩壁に着生。イワラン。コチョウラン。

**うち-よ・す【打ち寄す】** 古語(下二自) ↓うちよせる(打ち寄せる)

**うち-よする【打ち寄する】** [枕ことば]《波が打ち寄せる国、の意で》「駿河」にかかる。用例 なまよみの甲斐の国 — 駿河の国と(万葉・三・三一九)。

**うち-よ・せる【打(ち)寄せる】** (下一自) 近くまでよせてくる。近づいてくる。lap at 用例 波が — 。

**うち-わ【内輪】** 日(名) ①内部。家族間。family circle ②親しい者どうし。those of the same party 二(形動) ①表だたないさま。private ②ひかえめ。moderate 用例 — に見積もる。

**うちわ【▽団▽扇】** 《「打ち羽」の意》①涼をとったり、火勢を強めたりするための風をおこす道具。ふつう、竹を、柄の部分を残して細かく割って広げ、紙や絹を張る。数え方 一本。②軍配団扇。③能の小道具で、唐人や天狗などが持つ。④紋所の名。団扇・軍配団扇・羽団扇などを紋章化したもの。↓図

**団扇を揚げる**(うちわをあげる) うちわで指し示したほうの者を勝ったものと認める。軍配を揚げる。

●団扇④
糸輪に団扇　変わり羽団扇

**うちわ-えび【▽団▽扇▽海▽老】** ウチワエビ科のエビ。体長約一七cm、うちわ状で、赤褐色。水深七〇~二五〇mの砂泥底にすむ。食用。房総以南に分布。↓エビ図

**うち-わく【内枠】** 対義 外枠。①内がわの枠。inner frame ②決められたある範囲の中。within the limits of

**うち-わけ【内訳】** 金銭・物品の総高の内容を項目別に分けたもの。明細。breakdown

**うちわ-サボテン【▽団▽扇サボテン】** 茎節がうちわ状の楕円形または円形のサボテン。茎頂のへりに花が咲く。果実は食用。日本に最初に渡来したサボテン。prickly pear ↓サボテン 写

**うちわ-ざめ【▽団▽扇▼鮫】** ハート形の体と太い尾をもつエイ。動物分類上はウチワザメ科だが、エイのなかま。全長約七〇cm。背面は灰褐色、腹面は白い。卵胎生。かまぼこの材料。本州中部以南に分布。

**うち-わた【打(ち)綿】** 古綿を打ちかえして、再生した綿。

**うちわ-だいこ【▽団▽扇太鼓】** 一枚革をまるく張り、柄を付けた太鼓。日蓮宗の信者がたたく。

**うち-わたし【内渡し】** (名・サ変他) ↓うちばらい(内払い)

**うち-わた・す【打ち渡す】** 古語(四他) ①さしかける。用例 安太人の魚梁 — (万葉・一一・二六九九)。②馬で渡りこえる。用例 馬 — ・し何時か通はむ(万葉・四・七一五)。③見わたす。用例 — 竹田の原に鳴く鶴の(万葉・四・七六〇)。

**うちわ-ふぐ【▽団▽扇▽河▽豚】** 食用フグ類とは違った系統のフグ。全長約四〇cm。体が扁平で、腹部がうちわのように広く、ふくらまないのが特徴。無毒。沿岸の岩礁帯にすむが、日本ではまれ。本州中部以南に分布。

**うちわ-むし【▽団▽扇虫】** 前翅の縁が、側方と後方に膜状に広がって、うちわ形をしている甲虫の一群。五種ほどいて、体長六cm内外。密林中のキノコに集まる昆虫類を捕食。東南アジアに分布。↓図

●ウチワムシ

**うちわ-もめ【内輪▼揉め】** (名・サ変自) 家族・仲間などの間での争い。domestic trouble

**うちわ-やんま【▽団▽扇▼蜻▼蜓】** サナエトンボ科の大形トンボ。体長約六cm。腹端近くにうちわ状の付属物をもつ。本州以南や中国に分布。ウチワトンボ。

**ウツ** 14画 **【▼蔚】** 部首[艹] JIS 1722
音 イ・ウツ
①さかん。草木がおおいにしげるさま。②オトコヨモギ。キク科の多年草。

**ウツ** 15画 **【▼熨】** 部首[火] JIS 6381
音 イ・ウツ
①のす。布のしわをのばす。②ひのし。のし。炭火の熱気で、布のしわをのばしたり、折りめをつけたりする金属製の道具。アイロン。③のし。進物に添えて贈るもの。

**ウツ** 29画 **【▼鬱】** 部首[鬯] JIS 6121
音 ウツ
①しげる。むらがる。さかんなさま。「鬱々・鬱然・鬱蒼・鬱勃」②こもる。ふさがる。うれえる。「陰鬱・沈鬱・憂鬱」「鬱々・鬱屈・鬱血・鬱結・鬱積・鬱病・鬱憤」用例 (名) — を散ずる。

26画 **【▼欝】** 部首[木] 異体字

25画 **【▼欝】** 部首[木] 異体字 JIS 1721

**う・つ【打つ】** (五他) ①物を他に強く当てる。ぶつ。たたく。beat 用例 軒を — 雨。太鼓を — 。②たたいて、鍛える。つくる。forge 用例 刀を — 。ソバを — 。③田畑をたがやす。plow 用例 田を — 。④強い感動を与える。move 用例 心を — 。⑤電報を発信する。send 用例 祝電を — 。⑥投げる。cast 用例 つぶてを — 。⑦水をまく。sprinkle 用例 水を — 。⑧はりをさしこむ。inject 用例 注射を — 。⑨裏をはりつける。line ⑩罪人になわをかける。⑪手金をわたす。pay ⑫事を行う。用例 芝居を — 。新しい手を — 。ストライキを — 。⑬しるしを付ける。mark 用例 点を — 。終止符を — 。⑭《「拍つ」「搏つ」とも》リズミカルな動きや形を表す。beat 用例 波を — 。脈を — 。

**打たれても親の杖**(うたれてもおやのつえ) 親が子どもを打つのは愛あればこそであり、子どもにはそれがうれしい。打たるる杖もゆかしい。

**打てば響く**(うてばひびく) すぐさま反響が現れる。be highly responsive

**う・つ【討つ・▽伐つ】** (五他) ①殺す。kill 用例 かたきを — 。②《「征つ」とも》攻める。討伐する。conquer

**う・つ【撃つ】** (五他) ①攻撃する。attack 用例 両軍相 — 。②鉄砲などで、射撃する。shoot 用例 ピストルを — 。

**うつ-うつ【▼鬱▼鬱】** (形動トタル) ①気のふさいでいるさま。②草木がおいしげるさま。うっそう。

**う-づえ【▼卯▼杖】** 昔、正月初の卯の日に、一年中の邪気を払うため、地面をたたく呪具とした杖。梅・桃・柳などの木で作り、大舎人寮や諸衛府から天皇・皇后・東宮などへ献上された。

**うつお【▽空】** 古語 ①うつろ。から。②ほらあな。うろ。

**うつお-ぶね【▽空舟】** 大木をくりぬいて造った舟。うつぼ舟。丸木舟。

**うっ-かり** (副・サ変自) 物事に気づかないさま。ぼんやり。不注意。carelessly 用例 — 忘れた。つい — して。

**うっ-き【▼鬱気】** 気がめいること。心が沈んで、はればれとしないこと。また、そのような気分。用例 — を払う。

**うつ-ぎ【▽空木・▼卯木】** ユキノシタ科の落葉低木。山野にはえる。高さ約一・五m。幹・枝とも中空。初夏に、鐘状の白花が多数咲く。庭木・生け垣用。ウノハナ。カキミグサ。ユキミグサ。↓写

●ウツギ

**う-づき【▼卯月】** 陰暦四月の異称。うのはなづき。

**うづき-の-いみ【▼卯月の忌み】** ①陰暦四月の京都賀茂神社の祭礼に奉仕する人が、精進潔斎すること。②田植え祭りの前の物忌み。



↓ 行き先項目、図版・写真参照印。　JIS 日本工業規格情報交換用漢字符号コード(区点コード)。

**うつく・し**【▽愛し・美し】古語（形シク）《「きよら」が、今の美しい意で、「うつくし」は、かわいい意が中心》①かわいい。いとしい。用例三寸ばかりなる人、いと―・しうてゐたり（竹取）。②美しい。りっぱだ。用例かの木の道の匠の造れる、―・しきうつは物も（徒然・二二）。

**うつくし・い**【美しい】（形）①形や色が、目にこころよい。かざりたてている。beautiful ②きれいだ。pretty 用例―人。③うるわしい。りっぱだ。fine; pure 用例―心がけ。―友情。―音楽。派生うつくしげ（形動）うつくしさ（名）
**美しいも皮一重**（うつくしいもかわひとえ） 美しい容姿も、外側をおおっている見せかけによるだけのことであり、内面は、みな、同じ実体でできている。外見上の美しさにだまされてはいけない、ということ。

**うつくし-が-はら**【美ケ原】長野県松本市東方の高原。標高約二〇〇〇m。雄大な展望をもつ観光・行楽地。

**うつくしきすいしゃごやのむすめ**【美しき水車小屋の娘】《原題Die schöne Müllerin ドイ》シューベルト作曲の、最初の連作歌曲集。一八二三年作。全二〇曲。ミュラーの詩により、粉ひきの若者の悲恋と死を歌う。

**うつくしくあおきドナウ**【美しく青きドナウ】《原題 An der schönen, blauen Donau ドイ》ヨハン＝シュトラウス（子）作曲のウィンナ－ワルツ。一八六七年作。男声合唱曲。のちに管弦楽曲に編曲。

**うつくし・む**【▽愛しむ・▽慈しむ】古語（四他）かわいがる。いつくしむ。用例かなしきままに、―・み、かなしがり（枕・かたはらいたきもの）。

**うっ-くつ**【▼鬱屈】（名・サ変自）気がふさぐこと。

**うつけ**【▽空け・▽虚け】①中が、からであること。うつろ。②ぼんやりしていること・人。うすのろ。

**うっ-けつ**【▼鬱血】（名・サ変自）静脈の血液の還流が妨げられて、組織・臓器に、静脈血が異常に増えた状態。congestion 比較充血。

**うっ-けつ**【▼鬱結】（名・サ変自）心がむしゃくしゃすること。

**うっけつ-じん**【▼鬱血▼腎】循環系の障害で起こる、腎臓の鬱血状態。尿が少なく暗褐色となる。congestion of the kidney

**うつけ-もの**【▽空け者・▼呆気者】愚か者。ぼんやり。のろま。

**うつし**【写し】①写し取ること。写し取ったもの。copy ②ひかえ。副本。copy

**うつ・し**【▽現し・▽顕し】古語（形シク）①姿が見えている。現実にある。生きている。用例―・しき青人草（古事記・上）。②正気である。気持ちが確かである。用例君に恋ひつつ―・けめやも（万葉・一五・三七五二）。

**ウッジ**【Łódź】ポーランド中部の工業都市。同名州の州都。繊維・機械・電気工業などが発達。人口八四・九万（一九八五）。

**うつし-え**【写し絵】①かき写した絵。copied picture ②写真。photograph ③幻灯。film slide

**うつし-え**【映し絵】①幻灯。②影絵。

**うつし-ぐさ**【移草】《花を染料に用いたことから言う》ツユクサ。

**うつし-ごころ**【▽現し心・▽顕し心】古語 ①しっかりした心。正気。用例―なく酔ひたる者にさうらふ（徒然・八七）。②本心。あるいは変わりやすい心。用例いで人は事のみぞよき月草の―は色ことにして（古今・恋四）。

**うつし-だ・す**【映し出す】（五他）①光で、物の形をあらわす。project 用例幻灯で名画を―。②物事を、ありありと示す。stress; emphasize 用例世相を―。

**うつし-み**【▽現し身・▽顕し身】生きている身。

**うつし-よ**【▽現し世・▽顕し世】現世。

**うつ・す**【写す】（五他）①文字や絵を、原物にならって、かきとる。模写する。筆写する。copy ②原物にならって、つくる。実物そっくりにつくる。模造する。reproduce ③《「撮す」とも》撮影する。take ④見聞した印象を、文章や絵などでしるす。用例感動を筆に―。

**うつ・す**【映す】（五他）影や光を、他の物の上にあらわす。映写する。project; reflect 用例姿を鏡に―。

**うつ・す**【移す】（五他）①《「遷す」とも》場所を変える。ほかの場所へ動かす。move; remove 用例机を―。部署を―。②病気を伝染させる。infect 用例かぜを―。③色やにおいをしみこませる。soak 用例香を―。④時を過ごす。pass

**うっすら（と）**【▽薄ら（と）】（副）かすかに。ほんのり。うっすり。slightly

**うっ・する**【▼鬱する】（サ変自）心がふさぎ、はればれしない。ゆううつになる。feel depressed 用例気が―。

**うっ-せき**【▼鬱積】（名・サ変自）①不平・不満がつもり、たまること。suppressed ②気持ちがふさぐこと。depressed

**うつせみ**【▽現身・▽空▼蝉】古語《「現つし臣」↓うつそみ↓うつせみ」と転じたもの》①この世の人。用例―は数なき身なり（万葉・二〇・四四六八）。②この世。現世。用例―もかくのみならし（万葉・一九・四一六〇）。③《「空蝉」「虚蝉」と書いたことから》セミ。またセミの抜け殻。用例―のからは木ごとにとどむれど（古今・物名）。

**うつせみ-の**【▽現身の・▽空▼蝉の】「枕ことば」「命・世・人・身」などにかかる。用例―世は常なしと知るものを秋風寒み偲ひつるかも（万葉・三・四六五）。

**うつ-ぜん**【▼鬱然】（形動トタル）①こんもりとしげったさま。うっそう。dense; thick 用例―としげる森。②勢いよく、さかんなさま。用例―たる勢力。③気がはれないさま。gloomy

**うっ-そう**【▼鬱▼蒼】（形動トタル）暗いほどに、樹木がしげっているさま。dense; thick 用例―たる森林。

**うつそみ**【▽現身】古語 ↓うつせみ（現身）

**うった・う**【訴う】古語（下二他）↓うったえる（訴える）

**うったえ**【訴え】①うったえること。suit ②原告が、被告を相手どり、特定の裁判所に、自己の権利の主張が正しいかどうかについて審判を求めること。lawsuit

**うった・える**【訴える】（下一他）①裁判所に申し出て、是非の判決を願う。訴訟する。sue ②不平や痛みを人に告げる。complain of ③たよる。resort to 用例力に―。④感覚または心に働きかける。appeal to 用例目に―。

**ウッタル-プラデシュ**【Uttar Pradesh】インド北部、ヒンドスタン平原の西部を占める州。バラナシなど史跡が多い。人口一億一〇八五・八万（一九八一）。

**う-づち**【▼卯▼槌】昔、正月初の卯の日の祝いに、裁縫などをつかさどる糸所から内裏へ、邪気を払う呪具として献上された槌。卯杖の変形したものといわれる。

**ウッチェロ**【Paolo Uccello】（一三九七～一四七五）イタリアの初期ルネサンスの画家。幾何学的遠近法を追求し、科学と幻想の交錯する特異な画風を形成。作品『聖ゲオルギウスと竜』『サン－ロマーノの戦闘』など。

**うっち-おっそう**【▽尉遅乙僧】（生没年未詳）中国、唐代前期の画僧。鉄線描と呼ばれる強い線と隈取りで立体感を表現する西域画法を伝える。人物画・仏画を得意とした。

**うっちゃ・る**【打っ▽遣る】（五他）《「うちやる」の転》①ほうり投げる。ほったらかしにする。throw away ②相撲で、土俵ぎわにふんばり、相手の寄ってくる力を利用して、からだをひねり、相手を後ろに投げ出す。③どたんばで、逆転をくらわす。turn the tables

**うつつ**【▽現】①生きて存在している状態。alive ②夢ではなく、目がさめている状態。現実。awake ③気がたしかな状態。正気。conscious ④《「夢うつつ」と続けて用いられたことから誤って》夢ごこち。half in a dream
**現を抜かす**（うつつをぬかす） 本心を失う。夢中になる。be engrossed in

**うっつ・い**【▽美い】（形）《「うつくしい」の転》うつくしい。かわいい。用例―女。

**うつつ-ごころ**【▽現心】正気。生きたここち。

**うって**【討っ手】《「うちて」の転》悪者・賊などを追いかけて討つ人。

**うって-かわ・る**【打って変（わ）る】（五自）がらりと変わる。change completely

**うって-つけ**【打って付け】（名・形動）よく適していること・さま。あつらえむき。most suitable

**うって・でる**【打って出る】（下一自）①進んで出る。launch oneself upon 用例選挙に―。②はなやかに活動を始める。make one's debut 用例映画界に―。

**ウッド**【wood】①木。木材。②ゴルフで用いる、ヘッドが木製のクラブの総称。ドライバー（一番）・ブラッシー（二番）・スプーン（三番）・バッフィー（四番）・クリーク（五番）がある。wooden club 比較アイアン。

**うっとうし・い**【▼鬱陶しい】（形）①気がはれない。gloomy ②重苦しい。陰気だ。dismal ③わずらわしい。うるさい。bother 派生うっとうしが・る（五自）うっとうしげ（形動）うっとうしさ（名）

**ウッド-ごうきん**【ウッド合金】可融合金の一つ。成分は、ビスマス五〇％、鉛二五％、錫・カドミウム各一二・五％が標準で、融点は六〇～七二℃。火災警報装置などに用いられる。Wood's metal

**ウッドハウス**【Pelham Grenville Wodehouse】（一八八一～一九七五）イギリスのユーモア小説家。上流社会を描き、執事ジーブズなど、人気ある人物を創造。作品『比類なきジーブズ』など。

**ウッド-プラスチック** 木材とプラスチックを混合した建築材料。木材より堅い、木目方向の歪みが出ない、腐りにくいなどが特徴。

**ウッド-ペッカー**【woodpecker】キツツキ。

**うっとり**（副・サ変自）心を奪われて、ぼんやりするさま。absentmindedly 用例きれいな花に―見とれる。

**ウッドワード**【Robert Burns Woodward】（一九一七～一九七九）アメリカの化学者。キニーネ・コレステロール・レセルピンなど、多くの有機物の合成に成功。一九六五年ノーベル化学賞受賞。

**うつのみや**【宇都宮】〈市〉栃木県中部にある市。県庁所在地で、県の政治・経済の中心。旧城下町。商工業がさかんで、東部の工業団地には大工場も進出。西部の大谷は大谷石の産地。人口四一万五六九五（一九八八）。

**うつ-ばり**【▼梁】《古くは「うつはり」》柱の上にあって、小屋組みを支える横木。
**梁の塵を動かす**（うつばりのちりをうごかす）「梁塵を動かす」と同意。

**うつ-びょう**【▼鬱病】精神障害の一つで、気分が沈んで考えが先に進まず、自責的・無意欲の状態がつづく。治療には薬物療法や精神療法などがある。ストレスのたまりやすい現代社会では、患者の発生が多い。depression 参照躁鬱病。

**うつ-ぶ・す**【▼俯す】（五自）①下向きにふす。腹ばいになる。lie on one's face ②顔を下に向ける。うつむく。look down

**うつ-ぶ・せる**【▼俯せる】（下一他）顔や物のおもてを下に向ける。face down

**うっぷるい-のり**【▽十▽六▽島▽海▼苔】紅藻類アサクサノリの近縁種。食用とする。

**うっ-ぷん**【▼鬱憤】つもりつもった怒り・不満。resentment 用例―をはらす。

**うつぼ** 9画【▼笂】部首［竹］たけかんむり 和製漢字 JIS 6783
地名に用いられる。

**うつぼ**【▼靫・▽空穂】矢を入れて、持ちはこんだ用具。まわりを、毛皮で包んだり漆で塗ったりして、矢が雨に濡れるのを防ぐ。

**うつぼ**【▼鱓】体が円筒状で長い、ウツボ科の海水魚。全長約八〇㎝。体色は黄色で、褐色の斑紋がある。浅海の岩礁帯にすみ、タコや小魚を捕食。凶暴。本州中部からインド洋にかけて分布。近縁種にトラウツボなどがある。ナマダ。キダカ。morany eels →図


●ウツボ

**うつぼ-かずら**【▼靫▼蔓】ウツボカズラ科の多年草。つる性の食虫植物で、観賞用に温室で栽培される。葉先のつぼ状の袋で、すべり落ちてきた虫を捕らえて消化。雌雄異株。花は穂状。熱帯アジアに分布。pitcher plant →写

●ウツボカズラ

**うつぼ-ぐさ**【▼靫草】シソ科の多年草。高さ約三〇㎝。日当たりのよい草地などにはえる。

▼常用漢字表外。　▽常用漢字表の音訓外。

葉は対生。花は赤紫色で、茎頂に穂状に密集する。花期は初夏。夏に花穂が枯れて黒くなり、「夏枯草」として薬用にされる。

●ウツボグサ

↓写

**うつぼざる【▼靫猿】** ①狂言の曲名。大名が猿の皮を靫にしたいと所望するが、不憫になって命を助け、お礼に猿回しは猿を舞わすというもの。②舞踊劇の曲名。常磐津本名題『花舞台霞の猿曳』が有名。③長唄の曲名。純演奏曲。

**うつ-ぼつ【▼鬱▼勃】**(形動トタル) なにかやろうという気があふれているさま。

**うつほものがたり【宇津保物語】** 平安前期の物語。二〇巻。作者未詳。『竹取物語』から『源氏物語』にいたる過渡的な作品。藤原俊蔭の一族の物語と、左大将の娘貴宮をめぐる求婚物語とをからませた内容。

**うつみ【▽内▽海】**〈町〉広島県南東部、田島と横島とからなる町。海苔の養殖などの漁業や、ミカン栽培がさかん。人口四一〇四(一九八八)。

**うつ-む・く【▼俯く】**(五自) ①下を向く。顔をふせる。look down 対義 仰ぐ・あおむく。②下のほうにかたむく。bend down

**うつ-むけ【▼俯け】** 顔をふせること。下向きにすること。うつぶせ。looking downward

**俯けにする**(うつむけにする) ①こばかにする。②人の作品を改作する。

**うつ-む・ける【▼俯ける】**(下一他) 下へ向ける。下へ向かせる。turn down 用例 顔を—・けて泣く。

**うつゆう-の【▽虚▽木▽綿の】**〔枕ことば〕《語義未詳》「こもる」などにかかる。用例 並び居る家にも見えず—隠りてをれば(万葉・九・一八〇九)。

**うつら-うつら**(副・サ変自) 眠くて、意識がぼんやりするさま。うとうと。drowsily

**うつり【写り】** 写真・テレビなどの、映像の現れぐあい。用例 写真の—がいい。image

**うつり【映り】** ①光や影が映ること。reflection ②色の配合・調和。harmony 用例 —のいい着物。

**うつり【移り】** ①物や心が移ること。transition ②《上に「お」を付けて》おくり物への、ちょっとしたお返し。return present ③俳諧で、前句から後句への移りぐあい。

**うつり-が【移り香】** 物に移り残った、よいにおい。lingering scent 比較 残り香。

**うつり-かわり【移り変(わ)り】** しだいに変わっていくこと。推移。変遷。change; transition

**うつり-かわ・る【移り変(わ)る】**(五自) ①物事のようすが、しだいに変化していく。change ②場所が入れ替わる。交替する。change

**うつり-ぎ【移り気】**(名・形動) 気の変わりやすいこと・さま。caprice

**うつり-ばし【移り▼箸】** あるおかずを食べたあとすぐ他のおかずへ、箸を移すこと。食事の作法にはずれた行為として嫌われた。

**うつりょう-とう【▼鬱陵島】** 朝鮮半島の東、日本海にある島。韓国領。面積七〇km²。その近海は世界的な好漁場。ウルルン島。

**うつ・る【写る】**(五自) ①写真・テレビなどに、形や色が現れる。②すけて見える。be transparent 用例 下の文字が—・って見える。come out

**うつ・る【映る】**(五自) ①光や影が、他の物の上に現れる。reflect ②色の配合がよい。似合う。調和する。match 用例 ネクタイが洋服に—。③人目に、そのように見える。用例 他人にどのように—か、興味がある。

**うつ・る【移る】**(五自) ①《「遷る」とも》場所や地位が変わる。移動する。move 用例 住まいが—。②心や、物の性質が変わる。change 用例 気が—。興味が—。③色やにおいが、他の物にしみつく。soak 用例 においが—。④病気や火が、伝わる。be infected 用例 はしかが—。⑤時が過ぎる。pass

**移れば変わる**(うつればかわる) 時がたつにつれて、変化する。

**うつろ【▽空ろ・▽虚ろ】**(形動) ①からっぽ。中身のないさま。hollow ②むなしいさま。ぼんやり。vacant

**うつろ・う【映ろう】** 古語(四自) 光や影が、他の所にあらわれる。反映する。用例 にほの海や月の光の—・へば浪の花にも秋はみえけり(新古今・秋上)。

**うつろ・う【移ろう】** 古語(四自) 《「うつる」に、動作の反復・継続を表す助動詞「ふ」が付いたもの》①移る。場所を変える。用例 中陰のほど、山里などに—・ひて(徒然・三〇)。②変遷する。用例 世間を常なきものと今ぞ知る平城の京師の—見れば(万葉・六・一〇四五)。③紅葉する。色づく。用例 おなじえをわきてこのは—は西こそ秋のはじめなり(古今・秋下)。④褪せる。色がさめる。用例 まがきの菊の枯れがれに—色を御覧じても(平家・灌頂・大原入)。⑤心変わりする。用例 おのづから御心—・ひて(源氏・桐壺)。

**うつろわ・す【移ろわす】** 古語(四他) 移らせる。移り住まわせる。用例 京に—・してむ(源氏・総角)。

**うつわ【器】** ①物を入れるもの。容器。container ②料理を盛りつけたり、収めたりするもの。食器。tableware ③人物・才能などの大きさ。器量。caliber

**うで【腕】** ①㋐肩さきから手首までの部分。ひじを境にして、上半部を上腕、下半部を前腕と言う。かいな。arm 比較 二の手。㋑肩とひじの間。upper arm 用例 二の—。㋒手首のあたり。wrist 用例 —時計。②わんりょく。physical strength 用例 —にものをいわせる。③腕前。skill 用例 —きき。すご—。④腕木。ひじかけ。armrest ↓図

**腕一本、脛一本**(うでいっぽん、すねいっぽん) 地位や財産などがなく、からだだけを頼りにすること。裸一貫。

**腕が上がる**(うでがあがる) ①技術・腕前などが上達する。get better 用例 ゴルフの—。②酒が以前より多く飲めるようになる。

**腕が立つ**(うでがたつ) 技術がすぐれている。仕事などができる。能力がある。skillful

**腕が鳴る**(うでがなる) 才能・腕力をふるいたくて、むずむずする。itch to do something 類似 腕を撫す。腕を摩する。

**腕に覚えが有る**(うでにおぼえがある) 身につけた技能に自信がある。be confident 『使う。

**腕に任せる**(うでにまかせる) 腕力・腕前を、ぞんぶんに

**腕に縒りを掛ける**(うでによりをかける) 大いにはりきる。do one's utmost

**腕の見せ所**(うでのみせどころ) 技量・才能などを十分に発揮して、自分の実力を他人に認めさせる、よい機会。chance to display one's ability 用例 ここが—。

**腕を上げる**(うでをあげる) ①なぐろうとする。②腕前が進歩する。improve one's skill

**腕を限り**(うでをかぎり) ありったけの力を出して。力の続く限り。with all one's strength 用例 —に投げぬく。

**腕を買われる**(うでをかわれる) すぐれた技量・才能・腕力などが認められて、重用される。one's ability is fully appreciated 用例 経営の—。

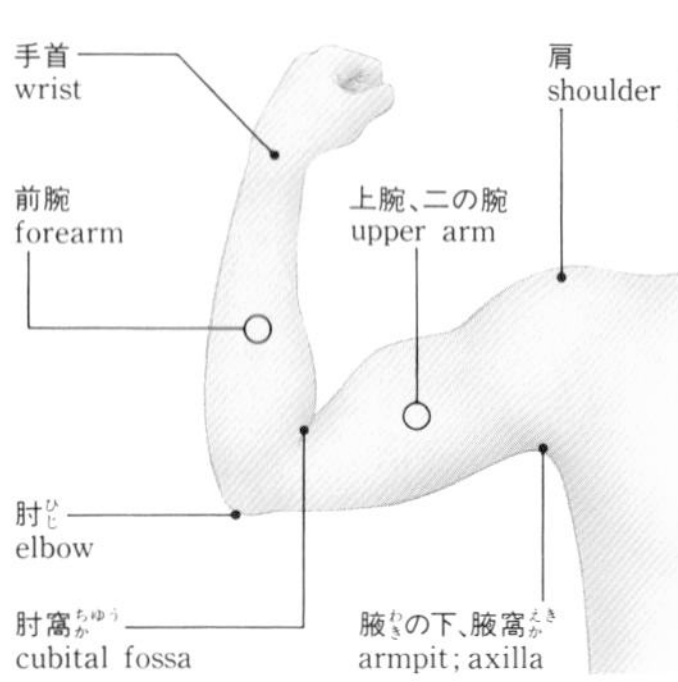

●腕①

**腕を組む**(うでをくむ) ①腕組みをする。fold one's arms ②目的のために団結する。手を結ぶ。unite

**腕を拱く**(うでをこまぬく) ①腕組みをする。fold one's arms ②手を出さずに、わきで見ている。remain an onlooker

**腕を摩る**(うでをさする) 「腕を撫す」と同意。

**腕を鳴らす**(うでをならす) ①腕力・技量をふるう時機の来るのを待つ。腕を撫す。腕を摩する。burn to display one's ability ②手腕を発揮して、名を挙げる。win a reputation

**腕を伸す**(うでをのす) 能力を十分に伸ばす。技をみがく。develop one's ability fully

**腕を引く**(うでをひく) 誓いをたてるときに塗る血を出すために、腕を傷つける。

**腕を撫す**(うでをぶす) 自分の力量を他人に示す機会を、ねらっている。腕を摩する。腕を鳴らす。be burning to display one's ability 類似 腕が鳴る。

**腕を振るう**(うでをふるう) 腕前を発揮する。use one's 『skill

**うてい-えんば【▼烏亭▼焉馬】** 江戸期の戯作者。二代まで。初代(一七四三〜一八二二)は、通称和泉屋和助。別号立川焉馬。大工の棟梁で、文人と親交が広く、みずからも小咄作者として小咄の会を主宰し、成功。落語中興の祖とされる。

**うで-かざり【腕飾り】** 腕につける装飾。二の腕にはめるアームレット、手首につけるブレスレットなど。armlet; bracelet

**う-てき【雨滴】** 雨の粒。直径〇・五〜三mmぐらい。積乱雲からは大粒の雨が降る。〇・五mm以下のものは、霧雨。あまだれ。雨のしずく。raindrop

**うで-ぎ【腕木】** ①一端が柱などに取り付けられ、他端が横に突き出した材。垂木や庇などを支える。肘木。arm; bracket ②電柱の上方に、横に取り付けた横木。碍子を介して電線を支える。③鉄道の信号機に取り付けられた横木。上下に動き、その位置によって列車に指示する。

**うで-きき【腕利き】** 腕前のすぐれていること・人。腕こき。腕っこき。man of ability

**うで-くび【腕首】** 手首。wrist

**うで-ぐみ【腕組(み)】**(名・サ変自) 両腕を前で組み合わせること。folding one's arms

**うで-くらべ【腕比べ・腕▽競べ】**(名・サ変自) 腕前・腕力を比べ、競うこと。skill contest

**うで-こき【腕▽扱き】** ↓うできき(腕利き)

**うで-じまん【腕自慢】** 自分の腕前・腕力をほこること・人。proud of one's skill

**うで-ずく【腕▽尽く】** ①腕前の限りをつくすこと。②腕力で事を解決しようとすること。

**うで-ずもう【腕相撲】** 向かいあった二人が、曲げた腕を台などの上で互いに立て、手を握りあって、相手の腕を倒そうとする遊び・競技。腕おし。arm wrestling

**うで-だて【腕立て】**(名・サ変自) 力ずくで人と争うこと。

**うでたて-ふせ【腕立(て)伏せ】** 伏臥姿勢をとり、手と足先で、真っ直ぐにした体を支えた状態で、腕を屈伸する運動。腕立て。push-up

**うで-だめし【腕試し】**(名・サ変自) 腕前を試すこと。try one's skill

**うでっ-ぷし【腕っ節】** 腕の力。わんりょく。physical strength

**うで-どけい【腕時計】** 手首につけて使う、小型の時計。watch

**うてな【▽台】** ①四方を見渡すことのできる、高い建物。高殿。tower 用例 玉の—。②物をのせる台。stand ③植物の萼。calyx 用例 花の—。

**うで-なし【腕無し】** 技や力がないこと。また、その人。

**腕無しの振りずんばい**(うでなしのふりずんばい) 自分の力に余ることをするたとえ。

**うで-まえ【腕前】** 身につけた技術・能力。また、その程度。働き。てなみ。手腕。腕。ability; skill 用例 達者な—。

**うで-まくら【腕▼枕】** 自分の腕を曲げ、その上に頭をのせて、枕の代わりとすること。

**うで-まくり【腕▼捲り】**(名・サ変自) 衣服のそで口をまくること。威勢をつけるときのようすにも言う。roll up one's sleeves

**う・でる【▼茹でる】**(下一他) ↓ゆでる(茹でる)

**うで-わ【腕輪・腕▽環】** ①腕にはめる、装飾用の輪。金属・ぞうげ・プラスチックなどでつくられる。ブレスレット。bracelet ②縄文・弥生・古墳時代を通じて普及した。輪状のもの、玉を連ねたもの、また、土製・石製・貝製・金属製などがある。釧。

**うで-わたり【腕渡り】** 樹上生活をするサルの、移動動作の一つ。手が足よりも長いサルにみられ、手で枝にぶらさがり、反動をつけて、また、左右の手を交互に使って、枝から枝へ連続的に移動する。ブラキエーション。brachiation ↓写(次ページ)

**う-てん【雨天】** 雨の降る天候・日。あめふり。rainy weather 対義 晴天・曇天。

**うてん【▼于▼闐】** 中国の漢代から宋代にかけての西域オアシス都市で、天山南路の要地。現在の、新疆ウイグル自治区ホータン。玉の産地としても有名。

**うてん-じゅんえん【雨天順延】** 雨天の場合、運動会などの野外行事を順次日延べすること。

●腕渡り　シロテナガザル

**うと【宇土】**〈市〉熊本県中部、宇土半島基部の市。海苔・アサリ養殖、ミカン栽培、化学工業がさかん。人口三万三九二二(一九八八)。

**うど【▽独▽活・▽土▽当▽帰】**ウコギ科の多年草。山野にはえ、畑でも栽培。高さ約二m。夏に、白い小花が咲く。春に、若芽を、また、盛り土や温床で軟白した若茎を、食用とする。↓図

●ウド

**独活の大木**(うどのたいぼく) 大きいだけで役に立たないもののたとえ。比較 大男、総身に知恵が回りかね。

**うと・い【疎い】**(形) ①親しくない。distant ②関係が浅い。not close ③よくわからない。unacquainted 用例 事情に―。派生 うとさ(名)

**う-とう【右党】**対義 左党。①右翼政党。保守党。right wing ②《多く、男子に言う》酒よりも甘い物を好む人。甘党。

**うとう【▽善▽知▽鳥】**《アイヌ語で、突起、の意》ウミスズメ科の海鳥。ハトぐらいの大きさで、頭から上背にかけては褐色、腹は汚れた白色。繁殖期には、上嘴の基部に小突起が生ずる。太平洋中・北部に分布し、日本では、北海道・東北地方の小島で繁殖。ウトウドリ。↓図

●ウトウ

**うと-うと**(副・サ変自) 眠気をもよおすさま。眠りの浅いさま。うつらうつら。drowsing 用例 明け方になって―した。

**うとうとし・い【疎疎しい】**(形) よそよそしい。冷淡だ。疎い。cold and distant

**う-とく【有徳】**(名・形動) ①徳行のすぐれていること・さま。②富んでいること・さま。裕福なさま。

**うとく-じん【有徳人】** 裕福な人。うとくにん。

**うとく-せん【有徳銭】** 中世の税の一種。幕府・社寺・大名らが、有徳人とよばれる富裕な商工業者に臨時に課税したもの。

**うと・し【疎し】**古語(形ク) ↓うとい(疎い)

**うど-じんぐう【▼鵜戸神宮】** 宮崎県日南市宮浦にある旧官幣大社。祭神は鸕鶿草葺不合尊ほか五神。

**うと-そうそう【▼烏▼兎▼怱▼怱】**(連語)《「烏兎」は日月の意》月日のたつのが速いこと。

**うどの【▼鵜殿】**〈村〉三重県南端、熊野灘に臨む村。紀州木材の集散地。製材・製紙業がさかん。人口四五〇七(一九八八)。

**うと-はんとう【宇土半島】** 熊本県中部の半島。果樹栽培がさかん。天草・雲仙方面への交通ルート。

**うとまし・い【疎ましい】**(形) いとわしい。いやらしい。disagreeable 派生 うとましげ(形動) うとましさ(名)

**うと・む【疎む】**(五他) ↓うとんじる(疎んじる)

**ウドムルト-じちきょうわこく【ウドムルト自治共和国】**(Udmurtskaya ASSR) ソビエト連邦を構成する自治共和国の一つ。首都イジェフスク。面積四・二万km²。人口一五四・九万(一九八四)。正称ウドムルト自治ソビエト社会主義共和国。

**うど-め【▽独▽活芽】** ウドの新芽。トンネル栽培で軟らかく白くしたものが多い。特有の香りとほろ苦さが特徴。酢みそあえ、椀種などに用いる。

**う-どん【▼饂▼飩】** 小麦粉を塩水でこね、薄くのばし、細長く切った食品。うんどん。noodle 数え方 一玉・一把・一杯・一丁。

**うどん-げ【▽優曇華】**《Udumbara 梵から》①インドの想像上の植物。三〇〇〇年に一度花が咲くという。転じて、きわめてまれなことのたとえ。②インド原産のクワ科の常緑高木。ガジュマルと似て、果実は食用。③昆虫のクサカゲロウの卵。長さ一・五cm内外の細い糸状の柄があり、十数本まとめて古枝や天井に産みつけられる。「うどんげのはな」ともいい、吉凶のしるしとされる。lacewing's eggs ↓写

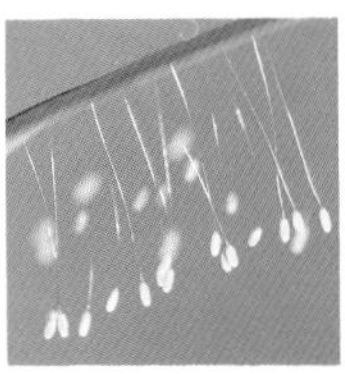
●ウドンゲ③

**うどん-こ【▼饂▼飩粉】** 小麦粉。flour

**うどんこ-びょう【▼饂▼飩粉病】** 表面にうどん粉(小麦粉)をまいたような特徴を呈する植物の病気。植物は衰弱して枯れる。病原菌は、ウドンコカビと総称される子嚢菌類で、寄生する植物により種が異なる。powdery mildew

**うとん・じる【疎んじる】**(上一他) 親しまない。おろそかにする。きらう。うとむ。うとんずる。

**うどん-すき【▼饂▼飩▼鋤】** うどんを、魚貝・鶏肉・野菜などの具と合わせ、薄味に仕立てたなべ料理。薬味とユズの絞り汁で食べる。

**うとん・ずる【疎んずる】**(サ変他) ↓うとんじる(疎んじる)

**うな・う【▼耡う】**(五他) たがやして、うねをつくる。

**うなが・す【促す】**(五他) せきたてる。急がせる。催促する。urge

**うなかみ【▽海上】**〈町〉千葉県北東部、銚子市西隣の町。稲作・畑作が中心。人口一万四七八(一九八八)。

**うながみ-たねひら【▽海上▼胤平】**(一八二九〜一九一六) 歌人。通称、六郎。下総の人。万葉主義をとなえた。歌集『椎園詠草』など。

**うなぎ【▼鰻】** ウナギ科の魚。体は円筒状で長く、全長約六〇cm。栄養価が高く、かば焼きなどにして食べる。養殖も盛ん。太平洋南方が産卵場。川をさかのぼって成魚になる。欧米産は、日本産とは別種。産卵場はサルガッソー海。eel 数え方 一本・一匹・一籠。↓図

●ウナギ

**鰻の寝床**(うなぎのねどこ) 間口がせまくて、奥行きの深い家・部屋・路地などのたとえ。

**うなぎ-づつ【▼鰻筒】** ウナギを捕獲するしかけ。適当な間隔に縄でつらねた竹筒を水底に沈めておき、ウナギが潜入するのを待って引き揚げる。eel trap

**うなぎ-のぼり【▼鰻登り・▼鰻上り】** 物価・温度・地位などが、ぐんぐん上がるたとえ。skyrocketing 用例 暑さで、水銀柱は―。

**うなさ・れる【▼魘される】**(下一自) おそろしい夢を見て、おびえた声を出す。have a nightmare 用例 悪夢に―。

**うなじ【▽項】** 首の後ろの方。中央に頸椎、その両側の深部に固有背筋、最表層に僧帽筋などがある。えり首。nape ↓頭図 ↓馬図

**うな-ず・く【▼頷く・▽肯く・▽首▽肯く】**(五自)「わかった」または「承知した」の意を示すために、首をたてに動かす。こっくりする。nod

**うな-だ・れる【▽項垂れる】**(下一自) 頭をひくく前にたれる。気落ちしてうつむく。hang one's head

**うなづき【宇▼奈月】**〈町〉富山県東部、黒部川沿いの町。温泉町で黒部峡谷探勝の基地。富山地方鉄道と黒部峡谷鉄道の接点。人口七二五二(一九八八)。

**うな-でん【ウナ電】**《ウナはurgent(至急)のu・rのモールス符号をカナにあてたもの》至急電報。昭和五一年(一九七六)に廃止された。urgent telegram

**うな-どん【▼鰻▼丼】**《「うなぎどんぶり」の略》どんぶりにもった飯にウナギのかば焼きをのせて、たれをかけたもの。

**うな-ばら【海原】** ひろびろとした海。ocean 対義 国原。

**ウナムノ【Miguel de Unamuno y Jugo】**(一八六四〜一九三六) 近代スペイン思想界の指導者の一人。人間の実存を追究。著書『生の悲劇的感情』など。

**うなり【▼唸り】** ①うなること。その音や声。growl 用例 ―をあげる。②凧につけて音を出させるもの。その音。③振動数が少し異なる二つの正弦波が重なったときに生ずる振幅の周期的変化。音が強くなったり弱くなったりして聞こえる。つり鐘の独特の音色も唸りによる。beat

**うなり-ごま【▼唸り▽独▽楽】** 回すとうなるような音を出すこま。竹筒の上下を板などでふさぎ、心棒を通し、筒の側面に長方形の細い切り口をあけ、回すと風が入って音を出す。

**うな・る【▼唸る】**(五自) ①苦しくて声を出す。うめく。groan ②ほえる。growl ③長く鳴りひびく。howl 用例 サイレンが―。④うたう。recite 用例 義太夫を―。⑤感心する。roar in applause 用例 名演技に満場が―。⑥あふれるほど、たくさんある。very rich 用例 倉にものが―・っている。

**うなる-ほど【▼唸る程】**(連語) 金品が豊富にあることの形容。用例 あそこには―金がある。

**うに【▽海▽胆・▽雲▽丹】** ①イガグリのような形をした海生動物の総称。ナマコ・ヒトデなどと同じく棘皮動物の仲間。多くは浅海の岩礁の間や砂底にすむ。種類により、食用・細工用、生物学の実験用にされる。世界中に約八六〇種分布。カイタン。sea urchin ②《「雲丹」で》食用にするウニの卵巣。生のままのものや塩や酒で練った加工品などがある。↓図

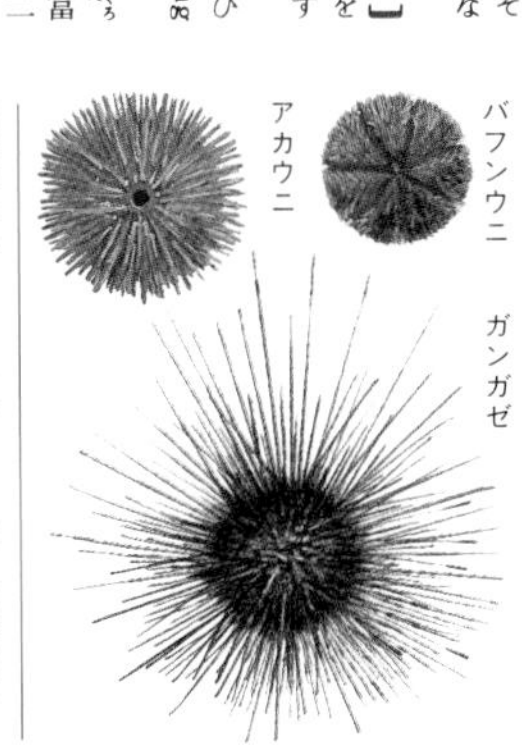

●ウニ①

**ウニタ【L'Unità イタリア】** イタリア共産党の中央機関紙。西ヨーロッパの共産主義運動を推進する有力日刊紙。一九二四年創刊。

**うに-やき【▽雲▽丹焼(き)】** 焼き物の一つ。ウニに卵黄を加え、みりんでのばし、イカ・エビ・鶏肉・白身魚などに、塗って焼く。

**うぬ【▼汝】**(代) ①《相手をののしって言う語》きさま。てめえ。おのれ。②自分。おれ。

**うぬ**(感) しゃくにさわったときに発する語。

**うぬ-ぼれ【▽自▼惚れ・▽己▼惚れ】** うぬぼれること。また、その人。

**うぬ-ぼ・れる【▽自▼惚れる・▽己▼惚れる】**(下一自) 自分で自分をすぐれていると思い、いい気になる。be self-conceited

**うね【畝】** ①畑に作物を栽培するため、平行に幾すじも細長く土盛りしたもの。ridge 数え方 一畝。②《転じて》①のような形状のものを総称。山脈・波・畝織りなど。ridge

**うね-あみ【畝編(み)】** 鉤針編みの細編みの一変種。前段の目をすくうときに鎖目の表側部分の糸を残して編む法。表面に毎段、横に糸が浮き出て畝状の模様ができる。rib stitch

**うね-うね(と)**(副) 山脈・道・川などが高く低く、また、曲がりくねって長く続くさま。くねくね。windingly 用例 ―続く丘陵。

**うね-おり【畝織(り)】** 織物組織の一種。太糸と細糸で、布面に畝目を織り出した平織り地の総称。横畝の博多織・ポプリンなどと、縦畝のベットフォードコード・ピケなど。あぜおり。rep; ribbed fabrics

**うねび【畝▽傍】** 大和地方の古地名。現在の奈良県橿原市畝傍町。多くの宮都・古墳が所在。

**うねび-やま【畝▽傍山】** 奈良県橿原市にある山。標高一九九m。大和三山の一つで、盆地底に島状に突出。

**うねむら-なおひさ【畝村直久】**(一九〇九〜六二)

彫刻家。石川県生まれ。東京美術学校卒。作品『若い女』『婦人の首』など。

**うね-め**【▼采女】古代の宮中の女官の一つ。諸国から集められ天皇の食事など日常の雑役に奉仕した後宮の下級女官。うねべ。

**うねり** 風があまり吹いていない海域に見られる、波長が長く波頭の丸い波。強風で発生した風浪が遠く離れた海域に伝わったもの。台風の前ぶれの土用波はこの例。swell

**うね・る**(五自) ①うねうねと曲がりくねる。wind ②波が大きく、ゆったりと打つ。undulate ③山などが起伏する。undulate

**うの**【宇野】岡山県玉野市の地区。宇高連絡船の発着地として発展したが、本州と四国を結ぶ瀬戸大橋の開通で、連絡船は廃止。

**う-の-あし**【▼鵜の足・▼鵜の脚】ユキノカサガイ科の巻き貝。殻が陣笠状で、みずかきのある水鳥の足に似る。殻長約四cm。殻表は黒青色。日本各地の岩礁に分布。ウノアシガイ。

**うの-えんくう**【宇野円空】(一八八五〜一九四九) 宗教学者・民族学者。京都生まれ。東大教授。著書『マライシアにおける稲米儀礼』など。

**う-の-け**【▼兎の毛】ウサギの毛。
兎の毛で突いた程 きわめて小さいこと。

**うのけ**【宇ノ気】〈町〉石川県中部、河北潟の北の町。早場米の産地。果樹栽培・繊維工業がさかん。人口一万一二五五(一九八八)。

**うの-こうじ**【宇野▼浩▽二】(一八九一〜一九六一) 小説家。福岡市生まれ。早大中退。特殊な性格の人物をモデルにし、巧みな話術で庶民的叙情の世界を築く。作品『蔵の中』『苦の世界』『子を貸し屋』『思ひ川』、評伝『芥川竜之介』など。

**うの-こうぞう**【宇野▼弘蔵】(一八九七〜一九七七) 経済学者。岡山県生まれ。東大卒。東大教授。マルクス経済学を独自に体系化した「宇野理論」で知られる。著書『経済原論』など。

**うの-じゅうきち**【宇野重吉】(一九一四〜一九八八) 演出家・俳優。福井県生まれ。日大卒。新協劇団などを経て劇団民芸を結成。新劇界で活躍。

**うの-そうすけ**【宇野宗▼佑】(一九二二〜　) 政治家。滋賀県生まれ。神戸商大中退。防衛庁長官・外務大臣などを歴任。平成元年(一九八九)に自由民主党総裁・首相に就任。

**うの-ちよ**【宇野千代】(一八九七〜　) 小説家。山口県生まれ。岩国高女卒。流麗な文体で恋ひとすじに生きる女性を描く。作品『おはん』など。

**うの-のぶお**【宇野▽信▽夫】(一九〇四〜　) 劇作家。東京生まれ。慶大卒。下町情緒を描いた世話物が得意。戯曲『巷談宵宮雨』など。

**う-の-はな**【▼卯の花】①ウツギの別名。②豆腐をつくるとき、豆乳をしぼったあとのかす。から。おから。雪花菜。③襲の色目の一つ。表は白で裏が萌葱。

**うのはな-くだし**【▼卯の花▽腐し】陰暦四月(卯月)のころの長雨。卯の花(=ウツギ)をくだす(=腐らせる)ほどに降り続く雨。はしり梅雨のこと。うのはなくたし。五月雨。

**うのはな-の**【▼卯の花の】[枕ことば]《同音を繰り返すことから》「憂き」にかかる。用例 ほととぎす我とはなしに——うき世の中になきわたるらむ(古今・夏)。

**う-のみ**【▼鵜▼呑み】①食べ物をまるのみにすること。swallow ②内容を理解しないまま受け入れること。swallow

**うのめ-たかのめ**【▼鵜の目▼鷹の目】(連語)《ウやタカがえものをさがすときのように》熱心にものをさがす目つき。また、そのようす。search for...with sharp eyes

**う-は**【右派】政治・思想上、保守的な思想・政策・態度・行動をもつ人や団体。right wing 対義 左派。

**うば**【▼姥】①年取った女。老女。old woman ②㋐能面の一つ。ツレ役の老女に用いる。㋑能楽『高砂』の前ツレ、老婆の役名。

**うば**【乳母】生母のかわりに幼児に乳を与え、養育する女性。古代より、貴族社会では乳母に育児をまかせる風習があった。めのと。nurse

**うばい**【▽優婆▼夷】《upāsikā梵の音写で、近づく人・かしずく人、の意》仏教に帰依する在家の婦人信者。漢訳は清信女・近事女など。信女。対義 優婆塞。

**うば・う**【奪う】(五他) ①他人の所有物をむりに取り上げる。rob ②失わせる。take 用例 足を——。③獲得する。get 用例 三振を——。④心や目をひきつける。absorb 用例 心を——・われる。

**うば-うお**【▼姥魚】潮溜まりにいるウバウオ科の細長い小魚。全長約六cm。体表は鱗がなく滑らかで、環境に応じて体色を変える。左右の腹びれは合わさって吸盤となり、これで石や海藻に吸着する。房総半島以南に分布。

**うば-がい**【▼姥貝】浅海の砂底にすむバカガイ科の二枚貝。殻長約九・五cm、殻高約七・五cm。殻は重厚で汚れた黄褐色の殻皮をかぶる。食用。本州中部以北・日本海北部に分布。ホッキガイ。

**うば-が-ふち**【▼姥ケ▼淵】女人が身を投じたという淵や池にまつわる伝説。また、その池や淵。多くは乳母が養育を任せられた姫君などを死なせたことから、自分も入水したという。姥ケ池。乳母ケ池。

**うば-ぐるま**【乳母車】乳幼児を乗せる手押し車。四輪で箱形車体の基本的なものから種々のスタイルのものがある。ベビーカー。baby buggy

**うばこ-おんせん**【▼姥子温泉】神奈川県箱根山中の温泉。箱根十三湯の一つ。坂田金時が山姥と入浴したと伝えられる。

**うば-ざくら**【▼姥桜】①ヒガンザクラ。②なまめかしい中年の婦人。alluring middle-aged woman

**うば-ざめ**【▼姥▼鮫】体が大きいのにおとなしい、ウバザメ科のサメ。全長一〇m以上。歯は非常に小さく、プランクトンや小魚を食べる。全世界の外洋、とくに北太平洋に多い。バカザメ。

**ウパス**[upas]《「ウパス」はジャワ語で、毒の意》南アジアに産するクワ科の熱帯性高木。高さ約三〇m。雌雄異花。樹皮の乳液は猛毒で、原住民は毒矢に使う。内皮は強く、繊維に用いる。

**うばすて-やま**【▼姥捨山】↓おばすてやま(姨捨山)

**うばそく**【▽優婆▼塞】《upāsaka梵の音写で、近づく人・かしずく人、の意》仏教に帰依する在家の男性信者。漢訳は清信士・近事男など。信士。居士。対義 優婆夷。

**うば-たま**【▼烏羽玉】ヒオウギの種子。丸くて黒色。ぬばたま。

**うばたま-の**【▼烏羽玉の】[枕ことば]↓むばたまの(射干玉の)

**うば-たまむし**【▼姥玉虫・▽吉▽丁虫】幼虫がマツの材部を食害するタマムシ科の甲虫。体長三・五cm内外。赤銅色から金銅色。本州以南に分布。↓写

●ウバタマムシ

**う-はつ**【有髪】僧や尼が髪をそらないでいること。用例 ——の尼。

**ウパニシャッド**[Upaniṣad梵] 古代インド、バラモン教の哲学的文献の総称。広義のベーダ聖典の最終部分を形成する。梵我一如を説き、インド哲学・宗教思想の源泉とされる。奥義書。ベーダーンタ。

**うばめ-がし**【▼姥女▼樫】ブナ科の常緑小高木。海岸近くにはえる。高さ約一〇m。葉は楕円形で縁に細い鋸歯がある。五月に開花し、果実は堅果で卵形。三浦半島以西に分布。材は木炭用。イマメガシ。↓写

●ウバメガシ

**うばやま-かいづか**【▽姥山貝塚】千葉県市川市柏井町姥山で発掘された縄文時代中期から後期にわたる貝塚。大正一五年(一九二六)竪穴住居跡・埋葬人骨などが発見された。

**うば-ゆり**【▼姥▽百▽合】ユリ科の多年草。山野の林下などにはえる。茎は中空で約一m。そのなかほどに、長柄心臓形の葉が五、六枚まとまってつく。夏に、緑白色の筒状花を二、三個側生。鱗茎から良質のでんぷんがとれる。

**うばり**【▽優波離】釈迦十大弟子の一人。戒律に精通し、それを守ることでは弟子中第一とされた。ウパーリ。

**ウバンギ-がわ**【ウバンギ川】(Ubangi River) アフリカ中部、ザイール川最大の支流。長さ一一〇〇km。

**う-ひょう**【雨氷】0℃以下に過冷却した雨滴が、冷たい地表の岩石や植物にふれて瞬間に透明に近い状態で氷結したもの。glaze 比較 霧氷。

**う-ふ**【右府】右大臣の唐名。対義 左府。

**う-ぶ**【有部】説一切有部の略称。

**うぶ**【▽初・▽初▽心】㊀(名) きむすめ。おぼこ。virgin ㊁(形動) ういういしいさま。世間ずれのしていないさま。innocent

**うぶ**【産・▽生】(接頭) ①生む、の意。用例 ——湯。②生まれたまま、の意。用例 ——毛。

**ウファー**[Ufa] ソ連、ウラル南西部バシキール自治共和国の首都。石油化学、機械工業などの工業都市で鉄道の要地。人口一〇七・七万(一九八九)。

**うぶ-いし**【産石】出産直後から百日目前後の食い初めの間に、産神に供える産飯にそえる小石。産神の依代と考えられ、赤子の生命力を補強するもの。歯や頭を丈夫にするためとも。

**ウフィッツィ-びじゅつかん**【ウフィッツィ美術館】(Galleria degli Uffiziイタリア) イタリアのフィレンツェにある、西欧の代表的国立美術館の一つ。メディチ家コレクションを中心に、イタリア・ルネサンスの主流をなしたフィレンツェ派絵画が多い。収蔵品にマルティーニの『受胎告知』、ボッティチェリの『春』『ビーナスの誕生』、ミケランジェロの『聖家族』など。建物はバザーリの設計。

**うぶかた-たつえ**【▽生方たつゑ】(一九〇五〜　) 歌人。三重県生まれ。日本女子大卒。歌誌『浅紅』主宰。歌集『白い風の中で』『生方たつゑ全歌集』など。

**うぶ-がみ**【産神】①赤子の体に入る霊。②赤子に生命を与える神。③安産や生児を守る神。子安神。④産土神。氏神。

**うぶ-ぎ**【産着・産▽衣】生まれた子に初めて着せる衣服。古くは生まれて三日目、七日目に着せる一つ身仕立ての服をさした。うぶぎぬ。clothes for a newborn baby 数え方 一枚・一襲

**うぶぎ-いわい**【産着祝(い)】生後三日目ごろに新生児の晴れ着をそろえて祝う儀礼。三目。

**うぶぎ-ふくさ**【産着▼袱▼紗】赤子を産湯からあげるときに用いる袱紗。白羽二重または白絹が用いられる。

**うぶ-げ**【産毛・▽生毛】①生まれたときからはえている毛。lanugo ②細くて短く、やわらかい毛。人体ではてのひら・足の裏・唇などを除く皮膚にはえている。downy hair

**うぶ-こ**【産子】①同じ産土神を祭る人々。氏子。参照 産土神。②生まれたての赤子。

**うぶ-ごえ**【産声】生まれた子が、はじめて出す泣き声。baby's first cry 用例 ——をあげる。

**ウプサラ**[Uppsala] スウェーデン南東部、フィーリス川にまたがる大学都市。北欧最古のウプサラ大学(一四七七年設立)がある。人口一五・五万(一九八五)。

**うぶ-すな**【産▽土】=うぶしな。①人の生まれた土地。出生地。故郷。birthplace ②「産土神」の略。

**うぶすな-がみ**【産▽土神】人の出生地の守護神。もとは、氏神とは異なった存在だったが、中世末以後、同じ神となる。鎮守の神。七五三のときに詣でる神。

**うぶすな-まいり**【産▽土参り】子どもが生まれた後、はじめて産土神や氏神に参詣すること。日取りはまちまちだが、産屋立ち祝いのころが多い。宮参り。

**うぶ-めし**【産飯】出産直後に炊いて産神に供える飯。茶碗に高く盛り、多くの女たちに食べてもらえば生児は丈夫に育ち、将来大きな所帯を持つという。産立て飯。

**うぶ-もち**【産▼餅】出産後三日目の床上げの日に、産婦の生家から贈られる餅。子を産むと腹がからになるとして、はらわた餅ともいう。

**うぶ-や**【産屋】出産をする部屋、または出産のために別に建てる小屋。また、そこでの生活をする期間。出産は家の火を穢すとされ、産婦は煮炊きなど生活を別にした。

**うぶ-やしない**【産養い】子どもが生まれた初夜、および、三日・五日・七日・九日目に、親族や近隣の産見舞いを受けて祝宴を開くこと。また、その贈りもの。とくに、平安貴族の間で広く行われた。

**うぶや-そうぞく**【産屋装束】産婦や、産婆などの介添え役の人が、産屋にいるときに着る白い衣服。

**うぶやだち-いわい**【産屋立(ち)祝い】生まれた子どもと母親が産屋から離れる祝い。産の忌みが明ける一か月目ごろに、産屋内を清めて近隣の人を招き、祝宴を催す。

**うぶやま【産山】**〈村〉熊本県北東部、久住山南麓の村。稲作・シイタケ栽培・畜産など。スギ材の産地。人口一九九四（一九八八）。

**うぶ-ゆ【産湯】** 生まれた子に、初めて入浴させること。また、その湯。羊水などの汚れを清める。first bath for a newborn baby 用例 ―をつかわせる。

**うべ【▼郁▽子】** ムベの別名。

**うべ【宇▽部】**〈市〉山口県西部、瀬戸内海に臨む市。かつては炭鉱で繁栄、現在は、セメント・肥料・石油化学などの工業都市として発展。人口一七万二四二一（一九八八）。

**うべ【▽宜】** 古語（副）いかにも。なるほど。むべ。用例 あひし思はねば―見えざらむ（万葉・四・七七二）。

**うべ-うべ-し【▽宜▽宜し】** 古語（形シク）もっともらしい。堅苦しい。格式ばった。むべむべし。用例 ―・しき御物語はすこしばかりにて（源氏・藤裏葉）。

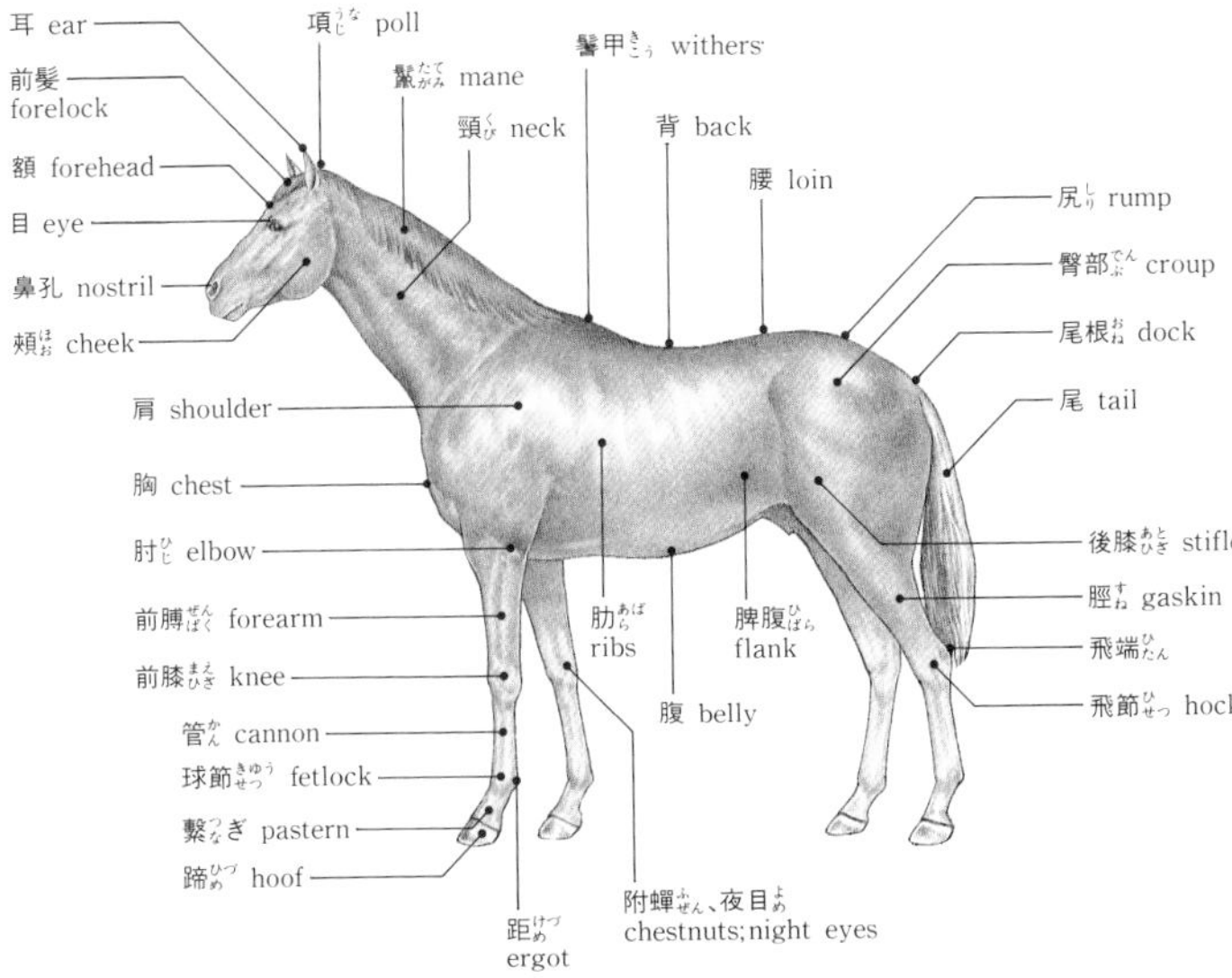

● ウマ① 各部名称と種類

ペルシュロン種

サラブレッド種

北海道和種

アラブ種

**うべ-な-う【▽諾う】** 古語（四他）①《「肯う」とも》なるほどと承知する。②服従する。用例 その―・はぬところの者は（日本書紀・神代下）。③謝罪する。用例 百済国、辰斯王を殺して―・ひにき（日本書紀・応神）。

**う-へん【右辺】** 対義 左辺。①数学で、等号・不等号でつながれた数式の右側の部分。the right side of an equation ②囲碁で、棋譜の右側の方。

**う-へん【羽片】** シダの葉のような羽状複葉で、中軸から出る小片。pinna

**うま【▽午】** ①十二支の第七。②昔の時刻の名。今の午前一二時および、その前後の二時間。③方角で、南。south

**うま【馬】** ①走力にすぐれた草食性の家畜。奇蹄目ウマ科ウマ属（ウマ属にはこのほかロバ・シマウマが属する）。体高一六〇㎝内外、体重三〇〇～七〇〇kg。性質は温和。馬車用種のほか競走用のサラブレッド種、乗用のアラブ種などがある。horse 数え方 一頭・一匹・一蹄。②馬の形をしたもの。③ふみ台。きゃたつ。stepping ladder ④桂馬・竜馬。↓図

**馬が合う**（うまがあう） 気が合う。be congenial with each other

**馬から落ちて落馬する**（うまからおちてらくばする）《漢文訓読のさいに生じたあやまりから》表現の重複した、おかしな言い方のたとえ。

**馬には乗って見よ、人には添うて見よ**（うまにはのってみよ、ひとにはそうてみよ） 馬は、乗ってみなければそのよしあしがわからないし、人も、いっしょに暮らしてみなければその本当の人柄はわからない。何事も、実際に経験したうえで判断せよ、という教え。

**馬の籠抜け**（うまのかごぬけ） 窮屈なこと、無理なことのたとえ。また、無理であるのを承知で行うことを言う。比較 牛の籠抜け。

**馬の鼻を立て直す**（うまのはなをたてなおす） 旅に出るとき、馬の鼻先を行く方向に向ける。馬の鼻を向ける。

**馬の耳に風**（うまのみみにかぜ）「馬耳東風」と同意。

**馬の耳に念仏**（うまのみみにねんぶつ） いくら言って聞かせても感じないで、わからないさま。It's like preaching to the wind. 類似 馬耳東風。

**馬は馬連れ**（うまはうまづれ） 似たものどうしが、いっしょになることのたとえ。Birds of a feather flock together.

**馬を牛に乗り換える**（うまをうしにのりかえる） よいほうをすてて、悪いほうにつくことのたとえ。

**馬を鹿に通す**（うまをしかにとおす）「鹿を馬と言う」と同意。

**馬を水辺に導く事は出来るが、馬に水を飲ませる事は出来ない**（うまをみずべにみちびくことはできるが、うまにみずをのませることはできない）《イギリスのことわざ》やる気のない者には、いくらやらせようとしても無理である。You may take a horse to the water, but you cannot make him drink.

**うま・い【▽巧い・▽上▽手い】**（形）じょうずだ。たくみだ。good at 対義 拙い。用例 文章が―。スケートが―。―・く書ける。派生 うまが・る（五自）うまげ（形動）うまさ（名）うまみ（名）

**うま・い【▽旨い・▽甘い】**（形）対義 不味い。①《「美味い」とも》おいしい。味がよい。delicious 用例 ―食べ物。②好ましい。好都合だ。good 用例 ―もうけ話。事が―・く運ぶ。派生 うまが・る（五自）うまげ（形動）うまさ（名）うまみ（名）

**旨い汁を吸う**（うまいしるをすう） 努力しないで利益を得る。甘い汁を吸う。get the easy end

**旨い話**（うまいはなし） 労せずして利益があると思われるような話。条件や都合が非常によい話。用例 ―にとびつく。

**うま-い【▽熟▽寝】** ぐっすり眠ること。熟睡。

**うま-いち【馬市】** 馬の売買をするために開かれる市場。鎌倉時代以降、馬の需要増大から発生し、戦国大名の助成により発展。

**ウマイヤ-ちょう【ウマイヤ朝】** サラセン帝国第二次カリフ制王朝（前ウマイヤ朝）と後ウマイヤ朝の総称。オンマヤ朝。The Umayyad dynasty

**うま-うま【▽旨▽旨】** ㊀（名）《幼児語》おいしいもの。㊁（副）うまく。手ぎわよく。まんまと。successfully 用例 ―とせしめる。

**うま-おい【馬追い】** ①馬に客や荷物を乗せて運ぶこと・また、その人。まご。馬方。②馬をさくの中に追いこんで、捕らえること。③《「馬追」で、「ウマオイムシ」の略》キリギリス科の昆虫。体長三・五㎝内外。淡緑色。夏の夜、スイーッチョ、またはシッチョシッチョと鳴く。本州以南の草原にすむ。肉食性で共食いもする。ハタオリ。スイッチョ。↓写

**うま-がえし【馬返し】** けわしい山道で、それ以上はもう馬では登れないという所。比較 車返し。

**うま-かた【馬方】** 荷馬を引くことを仕事とする人。

**馬方船頭御乳の人**（うまかたせんどうおちのひと） ①人の弱みにつけこんで、金品をゆすりとる者のたとえ。②ことば遣いの乱暴な者の代表として言う語。

● ウマオイ③

**うま-ガッパ【馬合羽】**《「合羽」はcapaポルトガルから》桐油紙製の袖のない大きな丸カッパ。馬に乗って旅行するときに着たもの。

**う-まき【▼鰻巻（き）】** ウナギのかば焼きをしんにし、卵焼きで巻いたもの。

**うま-ぐり【馬▼栗】** マロニエの別名。

**うま-ご【▽孫】** ①まご。grandchild ②子孫。descendant

**うま-ごやし【馬肥・▼苜▼蓿】** ①マメ科の二年草。多く海岸近くにはえ、茎は地をはう。葉は倒卵形の三枚の小葉からなり、春に、黄色の小花が咲く。牧草用に南ヨーロッパから渡来。カラクサ。マゴヤシ。bur clover ②クローバーの俗称。↓写

● ウマゴヤシ①

**うま-こり**［枕ことば］《良い織物、の意で》「あや」にかかる。用例 ―あやにともしき高照らす日の皇子（万葉・二・一六二）。

**うま-さけ【▽旨酒・▽味酒】** ＝うまざけ。①あじのよい酒。美酒。good sake ②［枕ことば］《味のよい神酒の意で、「三輪」と同音であることから》「三諸・三輪」などにかかる。用例 ―三輪の山（万葉・一・一七）。

**うまさけ-の【▽旨酒の・▽味酒の】**［枕ことば］「三諸・三輪」などにかかる。用例 ―三諸の山に立つ月の見が欲し君が馬の音そ為る（万葉・一一・二五一二）。

**うまさけ-を【▽旨酒を・▽味酒を】**［枕ことば］「三諸・三輪」などにかかる。用例 ―三輪の祝がいはふ杉手触れし罪か君に逢ひがたき（万葉・四・七一二）。

**うま-さし【馬差（し）・馬指（し）】** 江戸時代、宿駅で人馬の仕事をさしずした役人。

**うま・し**【▽美し】 古語 (形ク) よい。うつくしい。このましい。用例 ― 国そ蜻蛉島大和の国は(万葉・一・二)。

**うまじ**【馬路】〈村〉 高知県東部、安田川・奈半利川上流の村。魚梁瀬は杉の産地で有名。ユズが特産。人口一四九四(九八)。

**うましあしかびひこじ-の-かみ**【宇摩志▼阿▼斯▼訶備比古▽遅神】 日本神話の神。天地混沌、国土未成のとき、アシの芽のように生まれた神。別天神五神の一つ。可美葦牙彦舅尊。

**うま-じるし**【馬印・馬▽標・馬▽験】 戦陣で大将の馬のそばに立てる目印。豊臣秀吉の千生瓢簞はその代表的なもの。

**うま-すぎごけ**【馬杉▼苔】 スギゴケ科の大形コケ。高さ約二〇cm、ほとんど枝分かれしない。葉は線状披針形で、葉身全体が薄膜でおおわれる。粘土質の土や湿原に群生。

**うまず-たゆまず**【▼倦まず▼弛まず】(連語) 少しもおこたらずに。こつこつといっしょうけんめいに。diligently

**うまず-め**【▽不▽生女・▽石女】 妊娠せず子どもを産めない女。封建社会では家の存続が大切だったので離縁される例が多かった。いし女。木女房。barren woman

**うま-つぎ**【馬継(ぎ)】 昔、道中で馬を乗りかえた所。うまや。宿駅。宿場。比較 駅伝。

**うま-づら**【馬面】 顔の長い人をからかって言う語。horseface

**うまづら-はぎ**【馬面▼剝】 カワハギ科の海水魚。全長約三〇cm。体は青みを帯びた黒褐色で、長楕円形。やや沖合いの海底にすむ。美味。日本全土・朝鮮半島南部に分布。ウマヅラ。↓図

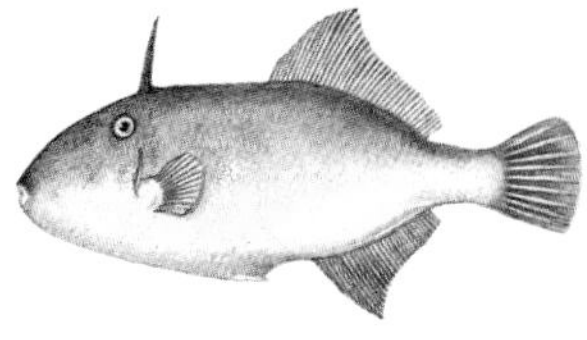
●ウマヅラハギ

**うま-てんせんせいひんけつ**【馬伝染性貧血】 家畜法定伝染病。ウマがかかるウイルス性伝染病。赤血球が破壊され、発熱・貧血・鬱血・むくみが起こる。伝染力が強いので、かかったウマは法律により処分される。伝貧。equine infectious anemia

**うま-とび**【馬跳び・馬飛び】 子どもの遊びの一種。手で足首を持つなどして作った「馬」の背に、手をついて開脚で跳びこし、つぎに自分が馬になる。

**うま-なり**【馬なり】 競馬の調教や実際のレースで、馬自身のペースに任せて走らせること。

**うま-に**【▽旨煮・▽甘煮】 関東風の味の濃い煮物料理。肉・魚・野菜など数種をとり合わせ、砂糖としょうゆで煮つける。

**うま-ぬし**【馬主】 ①競走馬などの所有者。horse's owner ②競馬に馬を出走させる資格をもつ者。中央競馬、地方競馬それぞれに馬主登録審査委員会があり、合格者が登録され資格を得る。ばぬし。ownership of a racehorse

**うま-の-あし**【馬の足・馬の脚】 ①つくり物の馬の、足になる役者。②芸のへたな役者。大根役者。

**うま-の-あしがた**【馬の足形・▽毛▼茛】 山野にはえるキンポウゲ科の多年草。高さ四〇〜五〇cm。初夏に黄色の五弁の花が咲く。有毒植物。↓写

●ウマノアシガタ

**うまのお-ばち**【馬の尾▼蜂】 体よりもはるかに長い産卵管のあるコマユバチ科のハチ。体長二cm内外。赤褐色。雌の産卵管は長さ一五cm。産卵管で樹幹中のカミキリムシなどの幼虫に産卵し、寄生するヤドリバチの一種。本州以南に分布。バビホウ。

**うま-の-かみ**【右馬▽頭】 右の馬寮の長官。対義 左馬頭。

**うまのすず-くさ**【馬鈴草】 ウマノスズクサ科のつる性多年草。本州中部以西の山野にはえる。夏に、紫緑色のらっぱ形の花が咲く。根は「青木香」とよばれ、解毒薬。バトウレイ。↓図

●ウマノスズクサ

**うま-の-せ**【馬の背】 ①馬のせなか。horseback ②山の両側が急斜面になった尾根。ridge

**馬の背を分ける**(うまのせをわける) 《「夕立は馬の背を分ける」の上略》夕立が一地域だけで、隣の地域には降らないさまを言う。

**うま-の-つめ**【馬の▼爪】 [枕ことば]《馬のつめがすり減って尽きるほど遠い所の意から》「筑紫」にかかる。用例 ― 筑紫の崎に留り居て吾は斎はむ(万葉・二〇・四三七二)。

**うま-の-ないし**【馬内▽侍】(生没年未詳) 平安中期の女流歌人。中古三十六歌仙の一人。中宮定子に仕えた。家集『馬内侍集』。

**うま-の-はなむけ**【▼餞】 古語 《「馬の鼻向け」の意で、旅立ちにあたって、馬の鼻先を行き先に向け、無事を祈ったことから》旅に出る人の道中安全を祈って、金品や詩歌などを贈ったり、送別の宴会を催したりすること。はなむけ。餞別。用例 船路なれど、―す(土佐)。

**うま-の-ほね**【馬の骨】 素性の明らかでない者をのしって言う語。person of doubtful origin 類似 牛の骨。用例 どこの―だ。

**うま-の-みつば**【馬の三葉】 セリ科の多年草。山林中にはえる。高さ三〇〜五〇cm。葉は五裂掌状。夏に、小形の白色花を枝先に密につける。ミツバに似るが食用にならない。

**うま-のり**【馬乗り】 ①馬に乗ること・人。horse rider ②乗馬のじょうずな人。③人や物の上にまたがること・形。sit astride 用例 ―になる。④羽織などの、背の中央下を少しぬい残した部分。

**うま-ばえ**【馬▼蠅】 幼虫がウマなどの胃内に寄生するウマバエ科のハエ。体長約一・三cm。幼虫は筍に似ているので、筍虫とよばれる。全世界に分布。

**うま-パラチフス**【馬パラチフス】 妊娠後期のウマが、かぜに似た徴候を示した後、流産する病気。幼馬では、関節炎などを起こす。病原はサルモネラ菌で、伝染力が強い。equine paratyphoid

**うま-びる**【馬▼蛭】 淡水産のヒルド科のヒル。体は扁平で、体長約一〇cm。肉食だが、あごが小さく、人畜の血は吸わない。日本各地に分布。

**うま-ぶね**【馬▽槽】 まぐさを入れるおけ。かいばおけ。

**うま-へん**【馬偏】 漢字を組み立てている部分の名。「駒・騎・駅」などの「馬」。

**うま-まわり**【馬回り・馬▼廻り】 大将の乗った馬のそば。また、そこにつき従った役・さむらい。

**うま-み**【▽巧味・▽巧み】 ①おもしろみ。味わい。②じょうずだと思わせる感じ・程度。skill 比較 うまさ。用例 ―のある表現。

**うま-み**【▽旨味・▽旨み】 ①味のよいこと・程度。おいしさ。deliciousness ②商売などで得る利益。profitableness 比較 うまさ。用例 ―のある仕事。

**旨味が有る**(うまみがある) ①うまさがある。be delicious ②よい味がする。taste good ③利益がある。profitable 用例 ―商売。

**うま-や**【▼厩・馬屋】 馬を飼っておく小屋。馬小屋。stable英; horse barn米

**うま-や**【▽駅・▽駅家】 律令制下、公用のために幹線道路におかれ、人夫・馬を備えておく施設。

**うまや-じ**【▽駅路】 宿駅の設けられた街道。えきろ。

**うまやど-の-おうじ**【▼厩戸皇子】 聖徳太子の本名。正称は上宮厩戸豊聡耳太子。

**うまや-まつり**【▼厩祭(り)】 正月にうまやの悪魔祓をして、馬の安全を祈る祭り。まや祭り。

**うま・る**【埋(ま)る】(五自) ①物の下や中にはいって見えなくなる。うずまる。うずもれる。be buried 用例 木の葉に―。②すきまがなくなる。ふさがる。いっぱいになる。be filled up 用例 席が―。③損をした部分がおぎなわれる。cover 用例 赤字が―。④欠けたところが元どおりになる。be filled 用例 欠員が―。

**うま・る**【生まる】 古語 (下二自) ↓うまれる(生まれる)

**ウマル**【'Umar】(五八一ごろ〜六四四) イスラム教第二代カリフ。サラセン帝国の基礎を築いた。オマル。

**ウマル-ハイヤーム**【'Umar Khayyām】 ↓オマル＝ハイヤーム

**うまれ**【生(ま)れ】 ①生まれること。出生。birth ②生まれた土地。生国。birthplace 用例 ―は北国です。③生まれつき。by nature 用例 ―ながらの弱虫。④生まれた境遇・家柄。素性。lineage 用例 ―がいい。

**生まれもつかぬ**(うまれもつかぬ) 《身体についての不幸なできごとに言う》生まれたときとは、すっかり変わった状態になる。

**うまれ-あわ・す**【生まれ合(わ)す・生れ合(わ)す】(五自) 同じころに生まれる。たまたまその時期に生まれる。happen to be born 用例 いい世に―。

**うまれ-あわ・せる**【生まれ合(わ)せる・生れ合(わ)せる】(下一自) ある時期にちょうど生まれている。同じ時代に生まれる。

**うまれ-お・ちる**【生(ま)れ落ちる】(上一自) 生まれてくる。誕生する。be born 用例 この世に―ちて以来。

**うまれ-かわり**【生まれ変(わ)り・生れ変(わ)り】《仏教語》再び、身を変えて生まれてくること。その人。

**うまれ-かわ・る**【生まれ変(わ)る・生れ変(わ)る】(五自) ①死んだ者が、別の生命を得て再び生まれてくる。be born again ②人柄が一変してよくなる。become a new man

**うまれ-そだ・つ**【生(ま)れ育つ】(五自) 生まれて育つ。be born and raised

**うまれ-たて**【生(ま)れ立て】 生まれたばかり。newborn

**うまれ-つき**【生(ま)れ付き】 ㊀(名) 生まれついた性質。天性。nature ㊁(副) 生まれたときから。生まれながら。生来。by nature

**うまれ-つ・く**【生(ま)れ付く】(五自) 生まれたときから身に備わる。be destined to 用例 ―・いてのお人好し。

**うまれ-ながら**【生まれ▼乍(ら)】(副) うまれつき。by nature 用例 ―の負けん気。

**うま・れる**【生(ま)れる】(下一自) ①《「産(ま)れる」とも》母体から子やたまごが出る。孵化する。誕生する。be born 対義 死ぬ。②新しくできる。生じる。bring forth 用例 会社が―。

**うみ**【生み・産み】 生むこと。生んだこと。to give birth

**産みの恩より育ての恩**(うみのおんよりそだてのおん) 育ててくれた親にこそ恩がある。育ててくれた親はありがたい。産みの親より育ての親。

**産みの苦しみ**(うみのくるしみ) ①子を産むときの母の苦痛。labor ②物事をはじめてつくり出すときの苦しみ。throes

**うみ**【海】 ㊀①地球上の、海水をたたえている部分。海の面積は、地球総面積の七〇・八％を占め、陸地の二・四二倍の広さをもつ。その存在は、地球の大きな特徴。sea; ocean 対義 陸・山。②みずうみ。lake ③硯の、水を入れるくぼみ。対義 陸。④《比喩的に》液体の多いこと。一面に広いこと。広く深いこと。sea; pool 用例 血の―。火の―。㊁《原題La mer フランス》ドビュッシー作曲の交響組曲。一九〇五年作。『三つの交響的描写』の副題があり、「海の夜明けから真昼まで」「波の戯れ」「風と海との対話」の三楽章からなる。印象主義の管弦楽曲の代表的傑作。

**海が湧く**(うみがわく) 魚群が集まっている、という漁師仲間でのことば。

**海とも山ともつかず**(うみともやまともつかず) 物事がどのようになるのか、また、どのようなものであるのか、判断しかねることのたとえ。海のものとも山の物ともつかず。

**海、波を揚げず**(うみ、なみをあげず) 海に波が立たない。天下泰平のたとえ。have yet to be seen

**海に千年、河に千年**(うみにせんねん、かわにせんねん) たいそう世なれていること。海千山千。

**海の藻屑と消える**(うみのもくずときえる) 「海の藻屑となる」と同意。

**海の藻屑となる**(うみのもくずとなる) 海で死ぬ。海の藻屑と消える。

**海の物とも山の物とも判らない**(うみのものともやまのものともわからない) ①正体がわからない。neither fish nor fowl ②どうなるかわからない。cannot be foreseen

**海も見えぬに船用意**(うみもみえぬにふねようい) 時宜ではないのに、物事を始めてしまうことのたとえ。

**海行かば水漬く屍**(うみゆかばみづくかばね) 《『万葉集』にある大伴家持の長歌の一節。曲がつけられ、第二次大戦中、さかんに歌われた》海の戦いに死んで藻屑となろうとも、天皇のためならば後悔しない。

**海を山にする**(うみをやまにする) 無理なことをするたとえ。

**うみ【▼膿】** ①傷口・できものなどに生じた炎症性の滲出液。黄白色、不透明な粘液で、中に多数の崩壊した白血球を含む。のう。うみ。しる。pus ②《比喩的に》物事を進めるのに障害となっているもの。obstacle

**膿を出す**(うみをだす) 弊害をもたらすものを取り除き、浄化する。clear up bad blood 用例 業界の―。

**うみ【宇▽美】**〈町〉福岡県中部、三郡山地西麓の町。宇美八幡宮の旧門前町。炭鉱の町として栄えたが昭和三八年(一九六三)全山閉山。人口二万九四二一(一九八八)。

**うみ-あいさ【海▽秋▼沙】** ガンカモ科の大形のカモ。海にすみ、魚を主食とする。翼長約二四cm。頭が紫黒色で、その後部の羽毛が長く冠状。遊泳、潜水とも巧み。ユーラシア・北アメリカの中北部で繁殖し、冬は南下。日本へは冬鳥として、一一月ごろ各地の海岸や江湾に大群で渡来。red-breasted merganser

**うみ-イグアナ【海イグアナ】** 海生のタテガミトカゲ科のトカゲ。体長約一・四m。背面は灰色で、赤褐色の斑紋が不規則に並ぶ。海岸の岩の上に群棲し、海にもぐって海藻を食べる。ガラパゴス諸島にのみ分布。ウミトカゲ。marine iguana

**うみ-う【海▼鵜】** 鵜飼いに用いられるウ。翼長三四cm内外。羽毛は暗青緑色。外海に生息し、岩上に巣をつくる。捕獲して飼い慣らし、鵜飼いに利用。アジア東北部で繁殖し、冬には中国南部などに渡る。本州では冬鳥。

**うみ-うさぎ【海▼兎】** ウミウサギ科の海産の巻き貝。殻高約一〇cm。殻は卵形・白色で、陶器のような感じがする。潮間帯下から水深二〇m程度までのサンゴ礁にすむ。貝細工用。紀伊以南の暖海に分布。

**うみ-うし【海牛】** 体が細長くナメクジ形の海生動物。腹足綱裸鰓類に属する軟体動物の総称。巻き貝の仲間であるが殻はない。体長一〜数十センチメートル。美麗なものが多い。浮遊性のものもあるが岩礁帯にすむものが多い。日本産約三〇〇種。↓図

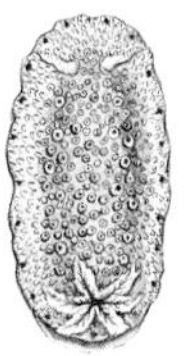
● ウミウシ　ヤマトウミウシ

**うみ-うちわ【海▽団▽扇】** ①腔腸動物八放サンゴ類。多数の個虫(=ポリプ)からなる群体が網目状に広がり、一見うちわの骨のようにみえる。高さ約一m。全体は褐色。紀伊以南の海底の岩上に着生。②アミジグサ科の海藻。低潮線付近に生育する。褐色または黄褐色で扇形。体長一〇〜三〇cm。↓褐藻植物図

**うみ-えら【海▼鰓】** ウミエラ科の腔腸動物。形が魚のえらに似ており、体長約二〇cm。海底の砂泥中に突き立った骨軸と、その左右にある多数の個虫(=ポリプ)をつけた羽状部からなる。本州以南に分布。↓図

● ウミエラ

**うみ-おと・す【生み落(と)す・生落(と)す・産み落(と)す・産落(と)す】**(五他) 生む。出産する。give birth to

**うみお-なす【▽績▽麻なす】**[枕ことば]《績麻(=つむいだ麻糸)のように長いの意から》地名「長門・長柄」にかかる。用例 少女等が麻笥に垂れたる―長門の浦に(万葉・一三・三二四三)。

**うみ-かぜ【海風】** ↓かいふう(海風)

**うみ-がめ【海▼亀】** 海生のカメの総称。いずれも大形で四肢はひれ状。産卵期には上陸する。タイマイ・アオウミガメなどは食用・装飾用に乱獲された。全世界の熱帯・亜熱帯海域に分布。sea turtle

**うみ-がも【海▼鴨】** 海水域をおもな生息地とするカモ類。潜水して魚を採食。

**うみ-かもめ【海▼鷗】** 沿岸部をおもな生息地とするカモメ。

● ウミガラス

**うみ-がらす【海▼烏】** ウミスズメ科の海鳥。翼長約二一cm。体上面と顔・のどが黒く、下面は白い。太平洋・大西洋の北部に分布。日本では北海道の離島で繁殖し、秋から冬に南下して越冬。ロッペンチョウ。common murre ↓図

**うみ-からまつ【海唐松】** 群体が、木の枝のように枝分かれして、海底の岩礁などに着生する動物。腔腸動物の一種。高さは二〜三mに達する。骨軸は黒く、それを包む肉質部は白か淡紅色。浅海の岩に付着。パイプなどの細工物用。本州中部以南の暖海に分布。

**うみぎく-がい【海菊貝】** 岩礁にすむウミギク科の海産の二枚貝。殻長・殻高とも約五cm。干潮線下の岩に厚い右殻で付着し、とげのある左殻はふたとなる。房総半島以南に分布。↓図

● ウミギクガイ

**うみ-ぎり【海霧】** 海面上に発生する霧。暖かい空気が、冷たい海水の上を流れたとき、冷却されて霧になったもの。北海道の道東地方に多い。sea fog

**うみ-ぐも【海▼蜘▼蛛】** クモに似た海生の節足動物の一群。クモとは直接のつながりはない。体長はふつう一cm以下。長い四対の脚ではったり泳いだりする。低潮線から深海までにすむ。熱帯から寒帯まで広く分布。日本産約二〇種。sea spider ↓図

● ウミグモ　シマウミグモ

**うみ-ぐり【海▼栗】** 《形がクリに似ていることから》ウニの異称。

**うみ-けいとう【海鶏頭】** ↓うみとさか(海鶏頭)

**うみ-ごい【海▼鯉】** ↓うみひごい(海緋鯉)

**うみ-さそり【海▼蠍】** サソリ形の絶滅した海生動物。カブトガニに近縁の節足動物の一群。比較的小さい頭と多数の体節と長いスパイク状の尾をもった動物で、ふつう体長数センチメートル(最大は一・八m)。河口などにすみ、肉食性。オルドビス紀から二畳紀に生存し、シルル紀が絶頂期であった。

**うみ-さち【海幸】** 海でとれるえもの。海の幸。海産物。marine products 対義 山幸。

**うみさち-ひこ【海幸▼彦】** 火照命の別称。

**うみさち-やまさち【海幸山幸】** 日本神話の一つ。弟の山幸彦が兄の海幸彦に借りた釣り針を漁に行って失った。許してくれない兄のために、海へ探しに出かけた弟は、海神の娘と結婚し、釣り針と奇跡を起こす玉を得て、兄を懲らしめたという話。

**うみ-サボテン【海▽仙▽人▽掌】** 全体が棍棒状の群体で、サボテンに柄をつけたような形をしている海生動物。腔腸動物の一種。体は淡紅色で、表面に無数の個虫が集まっている。浅海の砂泥底にすむ。昼間は縮んで砂中に潜り、夜は砂上に三〇cm以上も伸び出して発光。本州以南に分布。

**うみ-ざりがに【海▼蝲▼蛄】** ロブスターの和名。

**うみ-じ【海路】** 海上の航路。かいろ。船路。sea route

**うみ-しだ【海▽羊▽歯】** 植物のシダに似た形の海生動物。棘皮動物で、中央の盤状部から数十本の腕が放射状に出ており、大きさはさまざま。岩礁帯に多く、浮遊生活をする。房総以南に分布。日本産約一〇〇種。↓写

● ウミシダ

**うみ-すずめ【海▼雀】** ウミスズメ科の海鳥、約二〇種の総称。洋上生活をし、潜水して魚を捕食。北太平洋に分布。その一種ナミウミスズメは単にウミスズメともいわれ、翼長約一四cm。北海道天売島と岩手県三貫島で繁殖し、冬は各地の海上に散る。↓図

● ウミスズメ

**うみせん-やません【海千山千】** 《海に千年、山に千年すんだヘビは竜になるということから》ひどく世なれていること・人。海に千年、河に千年。old fox

**うみ-ぞうめん【海▽索▼麺】** ①ベニモズク科の海藻。干潮線付近の岩礁上に生育する。北海道以南、房総半島以北に分布。濃紅色、太さ三mm前後のひも状。長さ二〇cm前後。食用。②《ゆでた素麺状であることから》アメフラシ・ウミウシなどの卵嚢塊の俗称。岩礁の海藻のあいだや石の下にみられる。↓紅藻植物図

**うみ-たけ【海▼筍・海▼笋】** 内湾の浅海砂泥底に穴を掘ってすむニオイガイ科の二枚貝。殻長約八cm、殻高約五cm。殻表は白く、淡黄色の殻皮をかぶる。両殻の後端が広く開き、ここから太くて長い白色の水管を出す。水管が美味。日本全土・朝鮮半島・中国に分布。

**うみ-だ・す【生(み)出す・産(み)出す】**(五他) ①うむ。give birth to ②生産する。産出する。produce; turn out ③新しくつくりだす。あみだす。invent; produce 用例 新法を―。

**うみ-たなご【海▼鱮】** ウミタナゴ科の海水魚。体長約二五cm。黒紫色か赤褐色。卵胎生で一腹二〇〜三〇尾生まれる。沿岸の海藻地にすむ。美味。北海道南部から朝鮮半島沿岸に分布。

**うみ-だぬき【海▼狸】** ビーバーの別名。

**うみ-たる【海▼樽】** ウミタル科の原索動物。プランクトンの一種。体長三〜六mm。体は透明でビヤ樽状。前端に口、後端に排出口がある。温水域に分布。tunicate

**うみ-づき【産み月】** 子が生まれる月。りんげつ。the last month of pregnancy

**うみ-つ・ける【生(み)付ける・産(み)付ける】**(下一他) ①たまごをうんで物にくっつける。lay; spawn ②ある性質を与えてうむ。うんで、ある性質・形をうけつがせる。

**うみ-つばめ【海▼燕】** 海鳥中、もっとも小形なウミツバメ科の鳥の総称。全長一二〜二五cm。ツバメに似るが、足指にみずかきがあり、嘴はかぎ状。終日洋上で小魚などを捕食し、夜、島に帰る。太平洋・大西洋に二一種が分布。日本には七種が知られ、北海道大黒島、岩手県三貫島などの繁殖地は天然記念物。storm-petrel ↓写

● ウミツバメ　コシジロウミツバメ

**うみ-つぼみ【海▼蕾】** オルドビス紀から二畳紀に生存した海生の絶滅動物。原始的な棘皮動物の一群で、ウミリンゴ類に近縁な固着動物。石灰板でおおわれたつぼみ形の体と、それに続く短い柄からなる。体の上端に口、その近くに肛門がある。

**うみ-づり【海釣(り)】** 海で魚を釣ること。磯釣り、沖釣りなど。sea fishing 対義 川釣り。

**うみ-とかげ【海▼蜥▼蜴】** ウミイグアナの別名。

**うみ-とさか【海▽鶏▽頭】** 腔腸動物花虫綱に属する海生動物。岩礁に棒状や樹枝状に

▼常用漢字表外。　▽常用漢字表の音訓外。

付着。個虫(＝ポリプ)が集まってつくった群体で、柄の部分を除きポリプが全面にほぼ一様に散在。ふつう体長一〇cm以下。房総半島以南の暖海域に分布。ウミケイトウ。
**うみ-どじょう**【海▽泥▼鰌】①アユモドキの別名。②ギンポの別名。
**うみ-とらのお**【海▼虎尾】褐藻植物ホンダワラ科の多年生海藻。外海に面する岩礁に生育する。約一mの細いひも状の茎を、細長い葉がとりまく。一見、トラの尾のような形をしている。↓図

ウミトラノオ

**うみ-どり**【海鳥】海辺や海を生活の場所とし、魚を食べ、小島や海辺に営巣する鳥。ウミスズメ・ウミツバメ・ウミネコなど。かいちょう。sea bird
**うみ-な-す**【生(み)成す】文語的(五他)生んでつくり上げる。生み出す。生成する。invent
**うみ-なり**【海鳴り】(名・サ変自)遠雷に似て、海から聞こえる断続したひびき。砕ける波にまきこまれた空気が、すきまから逃げるときに発生する。台風や低気圧の接近を告げるもの。oceanic noise 比較山鳴り。
**うみ-にな**【海▼蜷】灰色で細長いウミニナ科の巻き貝。殻長約三cm、殻径約一・三cm。殻は厚く、殻表は灰色の地に黒斑が並ぶ。潮間帯の砂礫底にみられる。本州以南・中国に分布。
**うみ-ねこ**【海猫】カモメ科の海鳥。鳴き声がネコに似る。翼長約三六cm。カモメに似るが、嘴の先端が赤く、尾に黒帯がある。港湾・河口などに群棲。雑食性。サハリン・朝鮮半島・日本沿岸で繁殖。青森県蕪島などの繁殖地は天然記念物。black-tailed gull ↓写

ウミネコ

**うみ-の-おや**【生みの親・産みの親】(連語)①自分を生んだ親。実の父母。one's true parents ②ある物事を最初に始めたり、つくり出したりした人。founder 対義育ての親。用例近代科学の—。

**産みの親より育ての親**(うみのおやよりそだてのおや)産んだ親より、育ててくれた親のほうがありがたい。A foster parent is dearer than a real parent. 類似産みの恩より育ての恩。
**うみ-の-きねんび**【海の記念日】海運の重要性を理解し、海運関係者の功績をたたえる趣旨で、毎年七月二〇日に行われる国民行事。昭和一六年(一九四一)から。
**うみ-の-さち**【海の幸】↓うみさち(海幸)
**うみ-の-なかみち**【海ノ中道】福岡県博多湾の北側に伸びる細い半島。長さ約一二km、幅約〇・五～二kmの砂州で、志賀島とつながっている。天然の防波堤。
**うみ-ばと**【海▼鳩】ウミスズメ科の中形の海鳥。翼長一八cm内外。夏羽は全体が黒褐色で、翼に大きな白斑。冬羽は翼の白斑のほかに体下面と腰が白い。北太平洋に分布し、日本では北海道北部の海上にまれに現れる迷鳥。pigeon guillemot
**うみ-ひごい**【海▼緋▼鯉】ヒメジ科の海水魚。体長約五〇cm。淡赤色で、目から尾びれまで黄色の縦帯が一本走る。ひれはいずれも赤い。食用。南日本から中国に分布。うみごい。
**うみ-びらき**【海開き】その年はじめて海水浴場などを開くこと・日。opening day of the swimming season 比較川開き・山開き。
**うみ-ひるも**【海▼蛭藻】トチカガミ科の多年草。浅海底砂地に生育する。細長い茎から間をおいて長楕円形の葉を対生。雌雄同株で花は目立たない。
**うみ-べ**【海辺】海のほとり。海ぎわ。海岸。海浜。beach; seashore 比較川辺。
**うみ-へび**【海蛇】①ウミヘビ科の魚類の総称。尾びれがなく鋭い歯をもつ。日本近海に約三〇種が分布。ダイナンウミヘビは体長約一・六mで最大。snake eels ②ウミヘビ科の海生爬虫類の総称。コブラに近縁の毒ヘビで、

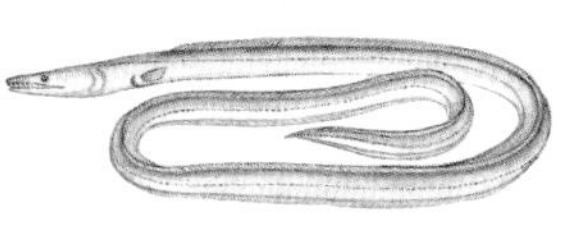
ウミヘビ①
ダイナンウミヘビ

ウミヘビ②
エラブウミヘビ

卵胎生または陸上で産卵。五三種が世界の暖海に分布。エラブウミヘビは体長約一・二m、卵生で食用・薬用・皮革用。sea-snake ↓図
**うみへび-ざ**【海蛇座】東西に長くのびている南天の星座。ギリシア神話に登場する。四月二五日ごろの午後八時ごろに南中。面積一三〇三平方度。Hydra
**うみ-ぼうず**【海坊主】①海上に出現するという妖怪。海神・竜神の妖怪化したもの。②アオウミガメの異称。正覚坊。
**うみ-ほおずき**【海▽酸▼漿】海産の各種巻き貝の卵嚢。形により種々の名がある。中身を抜き染色したものが夜店などで売られ、植物のホオズキと同様、子どもが口中で鳴らして遊ぶ。egg capsule
**うみ-ほたる**【海蛍】発光性のプランクトン。半透明で体長約三mmの微小甲殻類。浅海の砂底にすみ、夜間遊泳する。名は動物体が出す発光物質が、海水と混じって青白く光るのに由来。日本全土の太平洋沿岸に分布。↓図

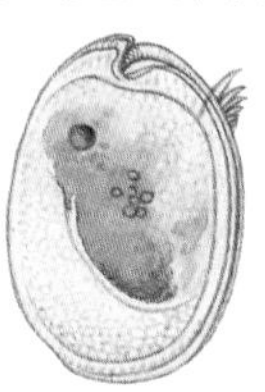
ウミホタル

**うみ-やま**【海山】①海と山。the sea and mountain ②深い、あるいは高いことのたとえ。用例—の恩。
**うみ-ゆり**【海▽百▽合】古生代に大繁栄し、現在は衰退した海生動物。根・柄・がく、羽状の腕からなる棘皮動物。現存の約八〇種は海底で固着生活。日本では古生代・中生代の石灰岩に化石が多い。sea lily
**うみ-りんご**【海林▼檎】オルドビス紀からデボン紀に生存した海生の絶滅動物。原始的な棘皮動物の一群で、ウミツボミ類に近縁。石灰板でおおわれた球形や卵形などの体の一端に短い柄がつき、これで固着生活をする。体の上端に口がある。
**うみ-わし**【海▼鷲】海岸や湖沼付近にすみ、魚類を主食とするワシ類の総称。日本でみられるものはオオワシ・オジロワシ・ミサゴなど。
**うみ-わた**【海綿】カイメンの別名。
**う-む**【有無】①あることと、ないこと。existence or nonexistence ②承知することと断ること。諾否。yes or no
**有無相通ずる**(うむあいつうずる)双方がうまくいくように、一方にあって他方にないものを、両者の間で互いに融通し合う。fill each other's need
**有無の事**(うむのこと)是か非か、あるいは承知か不承知かのはっきりした判断。
**有無の二見**(うむのにけん)①仏教で、一切が有であるとするものと、反対に無であるとするものとの、両極端である二つの見解。この、それぞれの偏見から解き放たれたところに中道、すなわち真理があるとする。②二つの、異なった見方。
**有無を言わさず**(うむをいわさず)意向にかかわらず。むりやりに。willy-nilly
**う・む**【▼倦む】(五自)①いやになる。あきる。たいくつする。get tired of; be bored 用例—ことなく。②つかれる。くたびれる。get tired from 用例戦いに—。
**う・む**【▽熟む】(五自)果実などが、熟す。get ripe
**う・む**【▼膿む】(五自)傷などがうみをもつ。化膿する。fester
**う・む**【生む・産む】(五他)①子やたまごを母体が体外へ出す。分娩する。②新しく生じさせる。つくる。produce 用例よい結果を—。利益を—。疑惑を—。
**産まれた後の早め薬**(うまれたあとのはやめぐすり)《子どもが産まれてしまったあとで、出産を早める薬を飲むことから》時期が遅れて、役に立たないことのたとえ。
**産まれぬ先の襁褓定め**(うまれぬさきのむつきさだめ)《子どもが産まれる前に、大騒ぎで支度することから》準備の大げさなこと、手回しのよすぎることのたとえ。
**生めよ殖えよ地に満てよ**(うめよふえよちにみてよ)《旧約聖書『創世記』から。神が、ノアとその子らとを祝福して言ったことば》子孫をこの地上にたくさん生みふやせ。Be fruitful, and multiply, and replenish the earth.
**産んだ子より抱いた子**(うんだこよりだいたこ)産んだだけで育てなかった自分の子より、他人の子でも自分で育てた子のほうがかわいい。
**う・む**【▽績む】(五他)アサなどの繊維を細くさいて、長くより合わせる。
**うめ**【梅】①バラ科の観賞用の落葉高木。高さ約二～一〇m。早春に白・淡紅色の花が葉のでる前に咲く。果実は六月中旬ころから収穫し、梅干し・梅酒・梅酢などに、樹皮は染料、材は床柱・櫛などに利用。三〇〇以上の園芸品種がある。好文木。木花。②紋所の名。梅の花を紋章化したもの。菅原氏や天満宮で使用。③襲の色目の一つ。表は濃い紅、裏は紅梅。↓図 ↓襲の色目図
**梅一輪一輪程の暖かさ**(うめいちりんいちりんほどのあたたかさ)《服部嵐雪の句》梅の花が一輪ずつ咲くにつれて、わずかながら暖かくなっていくようだ。
**梅と桜**(うめとさくら)美しいもの、おもむきのあるものが、並び張り合うさま。
**梅に鶯**(うめにうぐいす)取り合わせがよいことのたとえ。
**梅は食うとも核食うな、中に天神寝て御座る**(うめはくうともさねくうな、なかにてんじんねてござる)青梅の種には毒があるので、食べてはいけないという戒め。
**うめ**【宇目】〈町〉大分県南部の山間の町。稲作・メロン栽培のほか、スギ・ヒノキ用材を産出。人口四八〇八(一九八八)。
**うめ-あわ-せる**【埋め合(わ)せる・埋合(わ)せる】(下一他)損失・不足をつぐなう。おぎなう。compensate
**うめ-いろ**【梅色】背側が鮮黄色、腹側と頭が淡紫青色にはっきり分かれるフエダイ科の海水魚。体長約二五cm。水深一〇〇～二〇〇mの岩礁底にすむ。美味。南日本以南に分布。
**うめ-えだしゃく**【梅枝尺▼蛾】シャクトリガ科のガ。開張四cm内外。白地に二、三本の黒褐色帯がある。幼虫はウメ・サクラなどの葉を食害する。成虫は夏に現れ、昼間飛ぶ。日本全土に分布。↓写

ウメエダシャク

**うめ-が-か**【梅が香】①ウメのかおり。②練り香の名。茶席の稽古用の薫き物として用いられる。
**梅が香を桜の花に匂わせて柳の枝に咲かせたい**(うめがかをさくらのはなににおわせてやなぎのえだにさかせたい)望ましいものをみな一つに集めたいものだが、できはしない。

ウメ①
花(右)と実(左)

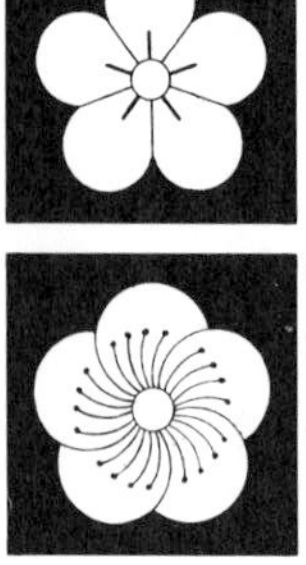
梅②
梅
捻じ向こう梅


↓行き先項目、図版・写真参照印。 JIS 日本工業規格情報交換用漢字符号コード(区点コード)。

**うめがさ-そう【梅▼笠草】** イチヤクソウ科の常緑多年草。山林の中などにはえる。高さ五～一〇cm。葉は輪生し、光沢がある。初夏に、白花が下向きに咲く。↓[図]

●ウメガサソウ

**うめがしま-おんせん【梅ケ島温泉】** 静岡市北部、安倍川上流の温泉。

**うめがわ-ちゅうべえ【梅川忠▽兵▽衛】** 近松門左衛門の浄瑠璃『冥途の飛脚』の通称。また、その主人公の男女。歌舞伎では改作の『恋飛脚大和往来』を上演。

**うめき【▼呻き】** うめくこと・声。groan; moan

**うめ-き【埋(め)木】** 割れ目やすきまなどに木をはめてふさぐこと。また、その木片。plugging [用例]—ざいく。

**うめ・く【▼呻く】**(五自) ①苦しくて、うなる。groan; moan [用例]病床に—。②感嘆して声を出す。③苦心して詩や歌を作る。take great pains

**うめ-くさ【埋(め)草】** 新聞や雑誌の余白をうめる、小さな記事など。filler

**うめ-けむし【梅毛虫】** ウメなどにたかる毛虫。オビカレハの幼虫の俗称。ウメ・モモなどの果樹の葉を食害。テンマクケムシ。↓[写]

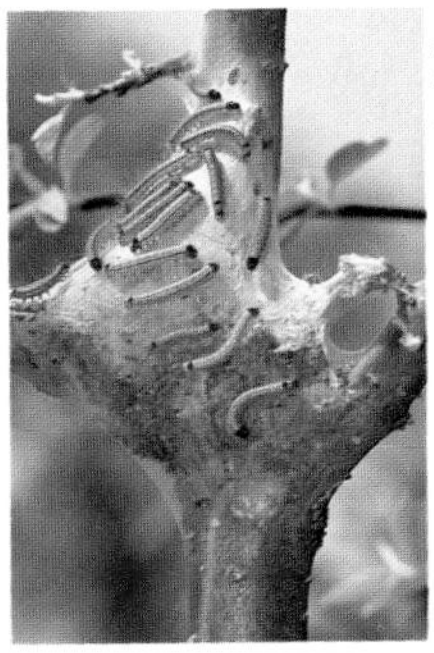
●梅毛虫

**うめ-けんじろう【梅謙次郎】**(一八六〇～一九一〇) 法学者。島根県生まれ。東大教授。法典調査委員として民法典・商法典を起草した。著書『民法要義』など。

**うめ-ごち【梅▽東▽風】** ウメの咲くころに吹く東風。

**うめ-ごよみ【梅暦】**《ウメの開花を暦に見立てて》ウメの花。また、ウメの開花で春の来たのを知ること。

**うめざき-はるお【梅崎春生】**(一九一五～一九六五) 小説家。福岡市生まれ。東大卒。戦争体験を通しての人間存在や、庶民の不安な意識を描く。作品『桜島』『ボロ家の春秋』『幻化』など。

**うめざわ-はまお【梅沢浜▽夫】**(一九一四～一九八六) 細菌学者。福井県生まれ。東大卒。カナマイシン・ザルコマイシンなどの抗生物質の発見者。昭和三七年(一九六二)文化勲章受章。

**うめ-しゅ【梅酒】** 焼酎に青梅の実を氷砂糖とともに漬けたもの。独特の芳香と甘酸味がある。plum liquor

**うめ-ず【梅酢・梅▼醋】** 梅の実を塩漬けにして出た酸味の強い汁。漬物に使うほか、夏負け・下痢止めの薬とされる。昔からある重要な調味料。

**うめだ【梅田】** 大阪市北区にある地区。鉄道の集中するターミナルで、「キタ」の中心地。百貨店・地下商店街・娯楽施設でにぎわう。

**うめだ-うんぴん【梅田雲浜】**(一八一五～一八五九) 幕末の尊攘派の志士。若狭小浜藩士。名は定明。通称源次郎。安政の大獄で捕らえられ獄死。

**うめただ-みょうじゅ【埋▽忠明寿】**(一五五八～一六三一) 安土桃山時代の鐔工・刀工。埋忠派の祖。種々の色がねを用いた平象眼に特色。

**うめ-たて【埋(め)立て・埋立】**(名・サ変他) ①くぼんだ土地を土などで埋めること。filling-up [用例]—工事。②海岸や川などを土砂などで埋めて土地を造成すること。reclamation [用例]—地。

**うめ-た・てる【埋(め)立てる】**(下一他) 川・沼・海などを埋めて、陸地にする。reclaim

**うめ-づけ【梅漬(け)】** 熟した梅の実を食塩で漬け込んだもの。シソで着色するものもある。[参照]梅干し。

**うめ-つぼ【梅▼壺】**《庭に梅の木があることから》内裏の五舎の一つ、凝華舎の異称。

**うめ-ねず【梅▼鼠】** 灰色がかったピンク。「梅」の語は、紅梅の花に由来する赤みの形容。

**うめのき-ごけ【梅の▽樹▼苔】** ウメ・マツの老樹皮や岩石に着生する葉状の地衣。円形または楕円形で径約二〇cm。表面は灰白色、裏面は褐色。↓[写]

●ウメノキゴケ

**うめのはな-がい【梅の花貝】** 内湾の潮間帯の細砂泥底にすむツキガイ科の二枚貝。殻長約六mm。球形か卵形で、殻表は白か淡黄色。殻は貝細工に用いる。日本各地の浅海に分布。

**うめのみや-たいしゃ【梅宮大社】** 京都市右京区梅津フケノ川町にある旧官幣中社。祭神は酒解神のほか三神。安産、酒造りの神として信仰を集める。

**うめ-の-よしべえ【梅の由▽兵▽衛】** 丁稚を殺し金を奪って処刑された大坂の博徒梅渋吉兵衛の歌舞伎・狂言などでの名。浄瑠璃『茜染野中隠井』、歌舞伎『隅田春妓女容性』など。

**うめ-ばち【梅鉢】** 紋所の名。梅の花弁を丸形にし、芯に太鼓のばちを配したもの。菅原氏・天満宮・加賀前田家などで使用。剣梅鉢など多様。↓[図]

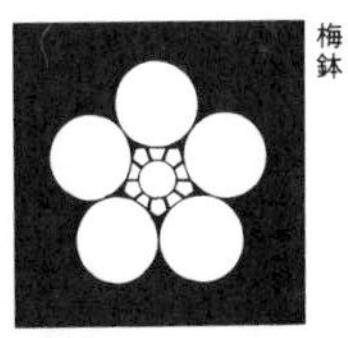
●梅鉢
梅鉢

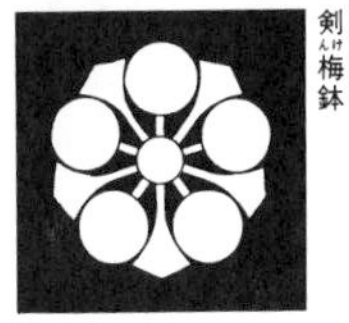
剣梅鉢

**うめばち-そう【梅鉢草】** ユキノシタ科の多年草。日当たりのよい湿地にはえる。多数の心臓形の葉を根生。夏に、一〇～四〇cmの柄の先に白色、五弁の梅鉢の紋に似た花が咲く。

**うめはら-りゅうざぶろう【梅原▼龍▽三郎】**(一八八八～一九八六) 洋画家。京都生まれ。渡仏しルノワールに師事。独自の装飾画風の境地を築く。昭和二七年(一九五二)文化勲章受章。作品『金の首飾り』『桜島』『紫禁城』など。↓[写]

●梅原龍三郎『金の首飾り』。大正二年(一九一三)、東京国立近代美術館。

**うめ-びしお【梅▼醤】** 梅の実の加工品。梅干しを裏ごしして滑らかな梅肉とし、砂糖を加え、加熱しながら練り上げる。

**うめ-ぼし【梅干(し)】** 梅の実を塩漬けにしたあと干した食品。赤い色は赤ジソを加えて出す。昔から薬用・保存用。[数え方]一個。

**うめぼし-あめ【梅干(し)▼飴】** 梅干しのような形にしたあめ。梅風の味などをつけ、食紅や挽茶で着色する。

**うめぼし-ばばあ【梅干(し)▽婆】** しわの多い年寄りの婦人をあざけって言う語。

**うめぼり-こくが【梅暮里谷▼峨】**(一七五〇～一八二一) 江戸中期の洒落本作者。通称反町三郎助。上総久留里藩士。客と遊女の真情を描写した。作品『傾城買二筋道』など。

**うめ-もどき【梅▽擬】** モチノキ科の落葉低木。本州から九州の山地にはえる。高さ三～五m。葉は長楕円形。六月に淡紫色の小花が咲き、晩秋に、小球形の果実が赤く熟す。庭木、生け花など観賞用。↓[写]

●ウメモドキ

**うめもと-りゅう【▼楳茂都流】** 上方系日本舞踊の一流派。江戸末期大坂に興る。

**う・める【埋める】**(下一他) ①穴に入れて、上をおおって見えなくする。うずめる。bury ②すきまをなくする。ふさげる。fill up [用例]余白を—。劇場を—。③水をさして、湯をぬるくする。put some water [用例]水で湯を—。④不足している部分を満たす。おぎなう。fill [用例]部長のポストを—。赤字を—。

**うめわか-け【梅若家】** 能楽シテ方の名家。観世流の一分家。室町時代に丹波猿楽の一座として活躍。江戸初期に観世流に合流。明治期に名人初世梅若実が活躍。

**うめわか-まる【梅若丸】** 人買いにさらわれ、隅田川河畔で病死したという伝説上の少年。謡曲『隅田川』で有名。隅田川河畔木母寺の縁起となり、四月一五日に梅若忌を施行。

**うめわか-まんざぶろう【梅若万▽三郎】**(一八六八～一九四六) 能楽師。シテ方。観世流。現在二世まで。初世(一八六八～一九四六)は東京生まれ。梅若流を樹立したが、弟(=二世実)に家元を譲り、観世流に復帰。昭和二一年(一九四六)文化勲章受章。

**うめわか-みのる【梅若実】** 能楽師。シテ方。観世流。現在二世まで。初世(一八二八～一九〇九)は維新後の能楽の再興に貢献。明治三名人の一人。二世(一八七八～一九五九)は兄万三郎と梅若流を樹立。のち観世流に復帰。

**うめわか-ろくろう【梅若六郎】** 能楽師。シテ方。観世流梅若家。明治以後実の前名となる。現在五五世(一九〇七～七九)まで。

**う-もう【羽毛】** ①鳥類に特有の体表面に生える毛。体表の保護器官かつ運動器官。体温を保つ作用もある。feather ②鳥の羽と獣の毛。down; fur

**うもう-だに【羽毛▼蜱】** 鳥類の羽毛に寄生するダニ。体長約〇・四mm。吸血はしない。ニワトリ・ハト・野鳥などに寄生。

**うも・る【埋もる】** [古語](下二自) ↓うもれる(埋もれる)

**うもれ-ぎ【埋(も)れ木】** ①樹木が地層に埋没して炭化したもの。仙台地方では、観光用の細工物に利用している。②世間に見捨てられている身の上。下積みの恵まれない境遇のたとえ。

**埋もれ木に花が咲く** 不運な身の上に意外な幸運がおとずれるたとえ。

**うも・れる【埋(も)れる】**(下一自) ①他のものにおおわれる。うずもれる。be buried ②世に知られないでいる。keep from the public eyes

**う-もん【有文】** [対義]無文。①衣服などに文様がついていること。②能楽で、演技の外面に現れた美的効果。③和歌・連歌・俳諧で、趣向を凝らし巧みな表現をしたもの。

**うやうやし・い【恭しい】**(形) ていねいで、礼儀正しい。respectful [派生]うやうやしげ(形動) うやうやしさ(名)

**う-やく【▼烏薬】** クスノキ科の常緑低木。山地にはえる。高さ約三m。葉は広楕円形で表面は緑、裏面は白色。春に、多数の淡黄色の小花が咲く。雌雄異株。根は中風の漢方薬。中国原産だが日本でも野生化。テンダイウヤク。

**うやま・う【敬う】**(五他) 人やすぐれたものをたっとぶ。尊敬する。respect [用例]親を—。神仏を—。

**うや-むや【有▼耶無▼耶】**(名・形動) いいかげんなこと・さま。あいまい。hazy; indefinite [用例]責任を—にする。

**うやむや-の-せき【有▼耶無▼耶関・有▼也無▼也関】** 平安後期以降、出羽国と陸奥国の国境笹谷峠付近にあった古関。むやむやの関。もやもやの関。

**う-ゆう【▼烏有】** なにもないこと。皆無。nothing

**烏有に帰す** 火事などで、なにもかもなくなる。be burned to ashes

**ウユニ-えんち【ウユニ塩地】**(Salar de Uyuni) ボリビア南西部、オルロ州とポトシ州にかけて広がる広大な塩砂漠。幅一四〇km、長さ一二〇km。塩湖がある。

**ヴュルツブルク【Würzburg】** ↓ビュルツブルク

**ヴュルテンベルク【Württemberg】** ↓ビュルテンベルク

**うよ-うよ**(副・サ変自) 生き物が多数集まってうごめくさま。in swarms

**うよ-きょくせつ【▼紆余曲折】**(名・サ変自) ①まがりくねること。twists and turns ②事情がこみいっていて、何度も変わること。twists and turns [用例]—をへて、ようやく解決した。

**う-よく【右翼】** [対義]左翼。①つばさ・隊列・陣形の右方。right wing ②保守的・反動的・国家主義的な政治主張をもつ人物、および団体の総称。フランス革命当時の議会で、穏健派が議長席から右のほうにいたことに由来。right



▼常用漢字表外。 ▽常用漢字表の音訓外。

wing ③野球で、本塁からみて右側の外野。ライト。right field

**う-よく【羽翼】** ①はね。つばさ。wing ②助けとなるもの・人。補佐。assistance

**うよ-ねはん【有余▼涅▼槃】** 《仏教語》小乗仏教の涅槃観の一つ。生存中の、肉体をかかえたままでの涅槃をいう。対義 無余涅槃。

**うら【▽心】** ㊀古語(名) こころ。思い。むねのうち。用例 ―もなくわが行く道に(万葉・一四・三四四三)。㊁(接頭) なんとなく。用例 ―悲しい。―さびしい。

**うら【▽占・▼卜】** うらない。用例 つじ―。

**うら【▽末】** ①すえ。はし。②こずえ。用例 ―がれ。

**うら【浦】** ①入り江。inlet; bay ②うみべ。はま。seashore; beach

**うら【裏】** 対義 表。①ものの二つの面の表と反対の側。裏面。back ②後ろ側。back 用例 家の―にまわる。③表に出ない事柄。内情。内幕。the inside ④反対。うらはら。reverse; opposite 用例 ―を言う。⑤着物の内側につける布。lining ⑥野球の各回で、後攻チームが攻撃しているとき。bottom ⑦数学で「AならばBである」という命題に対し、「AでないならばBでない」という命題。裏命題。converse proposition

**裏が有る** 裏に隠れていて、表には現れない、なんらかの事情や理由がある。There are wheels within wheels. 用例 この話には―。

**裏には裏が有る** 表面に出ない事情が、外部からは推しはかりがたく、いりくんでいる。There are wheels within wheels.

**裏の裏を行く** 相手の計略を見抜いて、意表をつく。outwit 類似 裏を画く。

**裏を返す** ①同じことを繰り返す。②遊里で、初めて相手をした遊女をまたよぶ。

**裏をかく** 相手の計略の反対に出る。だしぬく。baffle a person's design

**裏を封ず** 文書の裏面に、その事実を証明するために裏書き・裏判をする。

**ウラーノワ【Galina Sergeyevna Ulanova】**(一九一〇) ソ連のバレリーナ。パブロワの再来といわれ国際的にも有名。『白鳥の湖』などに主演。一九六三年ごろ第一線を退き、以後後進を指導。

**うら-あみ【裏編(み)】** 棒針編みの代表的編み方。糸を前段のすくう針目の手前側に渡し、向こう側から針にかけて引き抜く。表編みの裏側の状態ができる。purl stitch 対義 表編み。↓写

●裏編み

**うらうす【浦▼臼】**〈町〉 北海道、石狩平野北部の町。稲作中心。畑作・畜産もさかん。人口三三六五(一九八八)。

**うらうず-がい【裏渦貝】** 潮間帯の岩礁にすむリュウテンサザエ科の巻き貝。殻高約三・五cm。灰白色。殻の周縁にとげ状の突起があり、殻口側から見ると歯車状。房総半島以南の暖海に分布。

**うら-うち【裏打(ち)】**(名・サ変他) ①紙・布・皮などの裏に、さらに紙・布・皮などをはること。補強がおもな目的。backing; lining ②いっそう確実にすること。裏づけ。support; proof

**うら-うら**(副) 日ざしがあたたかく、おだやかなさま。lovely; mild 用例 縁側に日が―と差す。

**うら-おもて【裏表】** ①裏と表。both sides ②裏返し。inside out ③うらはら。かげひなた。double-faced 用例 ―のある人。

**うらが【浦賀】** 神奈川県横須賀市東部の地区。江戸時代浦賀奉行がおかれ、嘉永六年(一八五三)アメリカのペリーが来航。造船業が集中。

**うら-がえ・す【裏返す】**(五他) 表を裏にする。ひっくり返す。turn over

**うら-がき【裏書(き)】**(名・サ変自他) ①封筒・小切手などの裏に住所・氏名などを書くこと。endorsement 対義 表書き。②手形や小切手などを譲渡する場合、持ち主が証券の裏面などに必要な事項を記載、署名して他人に権利を移転すること。endorsement ③物の裏に、ほんものであるという証明を書くこと。certificate of genuineness ④他の面から、ある事実の確実なことを保証すること。立証。proof

**うらが-すいどう【浦賀水道】** 房総・三浦両半島にはさまれた東京湾入り口の海域。東京湾に出入りする船舶の重要な航路。

**うら-かぜ【浦風】** 海べを吹く風。浜風。sea breeze

**うら-かた【▽占形・▽占方・▼卜▽兆】** 亀卜をした結果現れた形。占に現れた形。

**うら-かた【浦方】** 江戸時代、漁村をいった語。対義 町方・村方。

**うら-かた【裏方】** ①貴人の妻の敬称。奥方。とくに、東・西本願寺法主の夫人をさしていう。②芝居で、舞台裏で仕事をする人。衣装方・道具方など。対義 表方。用例 ―に徹する。

**うら-がなし・い【▽心悲しい】**(形) なんとなく悲しい。sorrowful 派生 うらがなしげ(形動) うらがなしさ(名)

**うら-がね【裏金】** 表に出さないでやりとりする金銭。bribe 用例 ―をつかませる。

**うらが-ぶぎょう【浦賀奉行】** 江戸幕府の遠国奉行の一つ。浦賀におかれ、江戸湾出入りの船舶、積み荷の検査などにあたった。

**うらかみ【浦上】** 長崎市北部の地区。隠れキリシタンの地。昭和二〇年(一九四五)、原爆の爆心地となったが、復興して工業・文化地区を形成。

**うらがみ-ぎょくどう【浦上玉堂】**(一七四五―一八二〇) 江戸後期の南画家。名は弼。備前鴨方藩を脱藩後、琴・詩書画に親しむ流浪の文人生活を送る。韻律的な筆づかいで奔放に山水画を描いた。作品『東雲篩雪図』『煙霞帖』など。↓南画写

**うら-が・る【▽末枯る】** 古語(下二自) ↓うらがれる(末枯れる)

**うら-が・れる【▽末枯れる】**(下一自) 草木の枝先や葉先が枯れる。die back

**うらかわ【浦河】**〈町〉 北海道南部、太平洋に臨む町。馬の産地。日高種畜牧場では乳牛を集団飼育。人口一万八一四三(一九八八)。

**うらがわら【浦川原】**〈村〉 新潟県南西部東頸城丘陵の村。稲作が中心。人口四七七三(一九八八)。

**うら-き【▽末木】** こずえ。対義 本木。

**うら-ぎく【浦菊】** キク科の二年草。高さ約一m。海岸に多くはえる。披針形の葉は互生。秋に頂端に黄色の花を散房状につける。ハマシオン。

**うら-ぎく【裏菊】** 紋所の名。菊花を裏側から見た形の紋章化。裏側なので、萼がみられるのが特徴。旧梨本宮家など、宮家が多く用いる。↓図

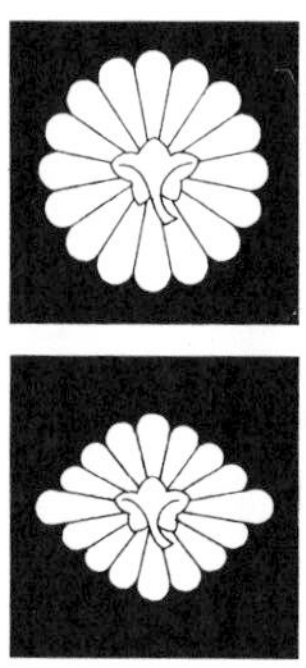
●裏菊
十六裏菊
裏菊菱

**うら-きど【裏木戸】** ①裏のほうにある木戸。back door 対義 大戸。②芝居小屋の裏手の出入口。

**うら-きもん【裏鬼門】** 未申(=南西)の方角。鬼門と反対の方角で、家相上不吉とされる。

**うら-ぎり【裏切(り)】** 裏切ること。betrayal 用例 ―者。

**うら-ぎ・る【裏切る】**(五他) ①味方にそむいて敵につく。betray ②予想に反することをする。disappoint 用例 期待を―。

**うらきん-しじみ【裏金▽小▽灰▼蝶】** シジミチョウ科のチョウ。開張約四cm。雌雄とも翅の表は黒褐色であるが、雌は裏が金色。山地のチョウで、日本特産種。夕方飛ぶことが多く、食草はトネリコ。日本全土に分布。

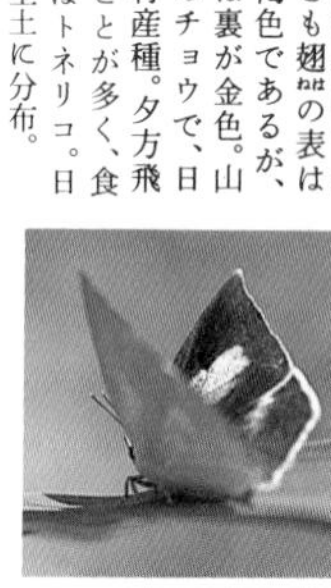
●ウラギンシジミ

**うらぎん-しじみ【裏銀▽小▽灰▼蝶】** 大形のシジミチョウ。開張約四・五cm。翅の裏面は銀白色。成虫で越冬。食草はクズ、フジなどの新芽。関東以西に分布。↓写

**うらぎん-ひょうもん【裏銀▼豹紋▼蝶】** タテハチョウ科のチョウ。開張約六・五cm。翅の表は橙色の地に黒褐色斑が散在し、裏には銀白色紋が多い。成虫は山地の草原に六月ごろ出現。食草はスミレ。日本全土、シベリアに分布。↓写

●ウラギンヒョウモン

**うら-くぎ【裏▼釘】** 打ちこんだくぎの先が、裏まで突き抜けたもの。

**裏釘を返す** 《打ち込んだ釘が裏に出たのを、抜けないように先を折り曲げることから》手落ちのないように念を押すこと。

**うら-ぐち【裏口】** ①裏手の出入口。かってぐち。back door; kitchen door 対義 表口。②正式でない、内々の方法・やり方。内密。裏道。backdoor 用例 ―営業。

**うらく-りゅう【有楽流】** 茶道流派の一つ。織田有楽を祖とする。江戸初期に形成。有楽の次男頼長より、その子三五郎へと継承された。

**うら-けい【裏▼罫】** 印刷で、太いけい線。対義 表罫。

**うら-げい【裏芸】** 芸人が、特別な機会にだけ披露する、本職の芸以外の芸。

**うら-ごえ【裏声】** 通常の声域をこえたときに出される高声。ヨーデルなど民謡で特殊効果を出す。日本では「地声」の対語。通常の声よりも細く、弱く、表情にとぼしい。falsetto

**うら-ごし【裏▼漉し】**(名・サ変他) あん・芋などをこす調理器具。曲げ物に、馬尾の毛や絹布・金網などを張ったもの。また、それでこすこと。strainer 用例 ―にかける。

**うら-さく【裏作】** 同一耕地に同一年内に、時期を分けて二種類以上の作物を作るとき、主作物でない方の作物。また、それをつくること。後作物。対義 表作。

**うら-ざと【浦里】** 海べの村。漁村。fishing village

**うら-さびし・い【▽心寂しい】**(形) なんとなく寂しい。lonesome 用例 ―春の山里。

**うら-じ【裏地】** 衣服の裏に付ける生地。lining

**ウラジーミル【Vladimir】** ソ連中西部、モスクワ東北東にある都市。一二世紀からの古都。人口三三・六万(一九八六)。

**ウラジーミル〈一世〉【Vladimir I】**(九五五ごろ―一〇一五) ロシアのキエフ大公(在位九八〇―一〇一五)。東スラブ諸族を征して領土を拡大。ビザンチン帝国の皇妹と結婚、ギリシア正教を国教とした。

**ウラジオストク【Vladivostok】** ソ連極東、沿海州南端、日本海に臨むソ連の太平洋側最大の港湾都市。海軍・漁業・電力の基地として重要。ロシア帝政時の一八六〇年に極東政策の根拠地として建設。人口六〇・八万(一九八六)。

**うらしま【浦島】** 歌舞伎舞踊。長唄による七変化舞踊『拙筆力七以呂波』の一つ。浦島伝説に取材。

**うらしま-そう【浦島草】** サトイモ科の多年草。山地の湿地にはえる。雌雄異株。春に、包葉から棒状の花穂を出す。秋に果実が赤く熟す。有毒。↓写

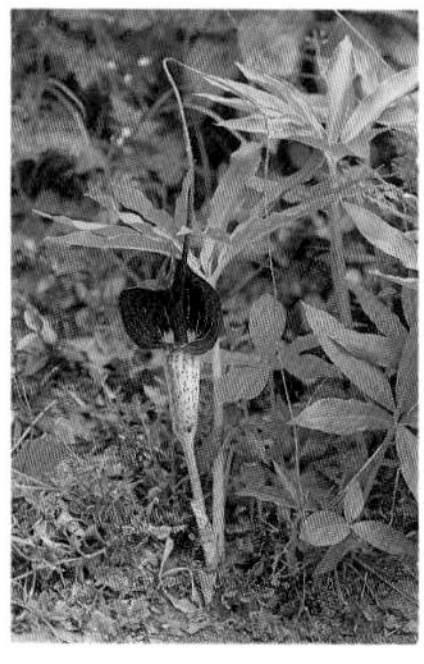
●ウラシマソウ

**うらしまたろう【浦島太郎】** 室町時代の御伽草子、またその主人公。浦島太郎はカメの化身の美女と竜宮に行く。帰って玉手箱を開くと白髪の翁となる。浦島伝説による怪婚・報恩・異郷滞留説話の一つ。

**うらしま-つつじ【浦島▼躑▼躅】** ツツジ科の草状小低木。本州中部以北の高山にはえる。茎の高さ約五cm。枝先に倒卵形の葉が束生。初夏に黄白色の壺形の小花が咲く。

**うらしま-の-こ【浦島の子】** 『万葉集』『日本書紀』などにみえる伝説の人物。浦島太郎。

**うら-じゃのめ【裏蛇の目▼蝶】** 小形のジャノメチョウ。開張約三cm。暗い樹林に生息。幼虫で越冬。北海道・本州、広くユーラシアに分布。飼育下で幼虫はカヤツリグサ科・イネ科の植物を食べる。



↓ 行き先項目、図版・写真参照印。 JIS 日本工業規格情報交換用漢字符号コード(区点コード)。

**うら-じょうめん【裏正面】** 相撲で、正面座席と向かいあった反対側の座席。土俵の南にあたる。向こう正面。

**ウラシル【uracil】** 分子式$C_4H_4N_2O_2$ RNAを構成する四つの塩基の一つ。無色の針状結晶。熱水に溶け、水溶液は微酸性を示す。金属と塩をつくる。

**うら-じろ【裏白】** ウラジロ科の常緑シダ。暖地の林下に多い。高さ二mに達する。葉の裏面は灰白色。根茎は長くはう。葉柄は分岐して二叉となり、葉片は羽状に分裂。

**うらじろ-がし【裏白▼樫】** ブナ科の常緑高木。中部以南の山地にはえる。幹は直立して高さ二〇mにおよぶこともある。披針形の葉は互生。裏面が白い。雌雄同株で雄花は黄色の細長い花穂となり、雌花は短い軸に数個が集まってつく。花期は五月。材は器具、薪炭用など。

**うらじろ-かんば【裏白▼樺】** カバノキ科の落葉高木。山地にはえる。幹は高さ二〇m近くにも達し、白灰色の樹皮をもつ。葉は広卵形で互生し、成熟すると裏面が白色を帯びる。雌雄同株。雄花・雌花ともにやや太い花穂となってつく。ネコシデ。

**うらじろ-きんばい【裏白金梅】** バラ科の多年草。高山にはえる。三出複葉が根生し、花茎は高さ一五cm前後。八月に、黄色五弁の花が咲く。葉の裏が白い。

**うらじろ-ななかまど【裏白七▼竈】** バラ科の落葉低木。奇数羽状複葉の小葉は表面は鮮緑色で、裏面は粉白色。初夏、白色五弁花が咲く。果実は紅黄色。

**うらじろ-の-き【裏白の木】** バラ科の落葉高木。山地にはえる。高さ一〇m前後。枝は紫黒色。楕円形の葉は互生し、裏面は密生する毛のため白く見える。五月ごろ、白色花の散房花序をつける。器具材として利用。

**うらじろ-もみ【裏白▼樅】** マツ科の常緑大高木。本州中部以南・四国の高山にはえる。高さ約四〇m。葉裏は白緑色で、若枝は無毛。雌雄同株。建築・パルプ材。ダケモミ。→写

●ウラジロモミ

**うら-せんけ【裏千家】** 茶道流派、三千家の一つ。千利休を祖とし、三世宗旦の四男仙叟宗室が、父の茶室今日庵を継いだことに始まる。現在は一五世鵬雲斎宗室。参照千利休・三千家。
**うらそえ【浦添】**〈市〉沖縄県、那覇市北隣の市。自動車販売など、那覇市につながる商工業街を形成。人口八万七二九六(一九八八)。
**うら-だな【裏▽店】** 裏通りや路地のおくにある、そまつな貸し家。裏長屋。rear tenement
**うら-づけ【裏付け】**(名・サ変他) =裏打ち。①裏を付けて、強くすること。lining ②たしかな証拠。保証。proof; guarantee ③担保。mortgage
**うら-づ・ける【裏付ける】**(下一他) ①裏を付ける。裏打ちする。line ②証明して、確実にする。証拠を固める。back up; support
**うら-て【裏手】** 建物などの裏のほう。うしろのほう。behind
**うら-どおり【裏通り】** 家なみの裏にある通り。裏道。alley; back street 対義表通り。
**うら-どし【裏年】** 果物がよく実らない年。対義生り年。用例ことしは柿の—だ。
**うらどめ-かいがん【浦▽富海岸】** 鳥取県北東端、岩美町の海岸。奇岩の多い景勝地。山陰海岸国立公園に属する。
**うら-ドラ【裏ドラ】** 麻雀で立直をかけて上がったとき、手牌中にあると一枚につき一飜増える懸賞牌。ふつう表ドラを表示する牌の下段の牌を開け、開けた牌の次順の牌とする。
**うらど-わん【浦戸湾】** 高知県、土佐湾から北へひょうたん形に入りこむ内湾。湾奥は高知市街。
**うら-ない【占い】** 未来の事件・吉凶などを、予想したり判断するために行う手段。また、占うこと・人。易占・手相・人相・四柱推命・九星気学・西洋占星術・トランプ占いなどがある。fortune-telling
**うら-な・う【占う・▼卜う】**(五他) ある形・しるしなどで、幸・不幸などを予言する。tell fortunes
**うら-ながや【裏長屋】** →うらだな(裏店)
**うら-な・し** 古語(形ク) ①心のうちを隠さない。用例世のはかなき事も、—・くいひ慰まむこそうれしかるべきに(徒然・一二)。②思慮が浅い。うっかりしている。用例—・くものを思ひけるかな(伊勢・四九)。
**うら-なみ【浦波】** 海べにうちよせる波。
**うらなみ-しじみ【裏波▽小▽灰▼蝶】** 翅の裏に波状紋があるシジミチョウ科のチョウ。開張三cm内外。性差が著しく、雄の表は紫青色、雌は暗褐色。幼虫はフジマメ・ソラマメ・エンドウなどを食害。ほぼ日本全土に分布。
**うらなみ-しろちょう【裏波白▼蝶】** シロチョウ科のチョウ。翅は白く、前翅の外周が黒くふちどられる。開張約六・五cm。アフリカから東洋熱帯に広く分布し、日本では九州などで一時的に発生。
**うら-なり【▽末成り・▽末▽生り】** ①時期におくれて、つるの先になったウリなどの実。対義もとなり。②《比喩的に》顔が青白く、弱々しい人。
**末成りの瓢簞** 顔色が青白く、見るからに弱々しい人のたとえ。末成りびょうたん。
**ウラニウム【uranium】** →ウラン
**うら-にし【浦西】** 秋冬に吹く北西風。
**うら-にほん【裏日本】**《本州の日本海がわの旧称、また、今は俗称》本州のうち日本海に面した地方。対義表日本。
**うらにほんしき-きこう【裏日本式気候】** →にほんかいがんしききこう(日本海岸式気候)
**ウラノス【Ūranos ギリシア】** ギリシア神話の天空神。大地母神ガイアの夫で、キュクロペスやティタンの父。末子クロノスに追放された。ヘシオドスの『神々の誕生』に登場。
**うら-ば【▽末葉】** 草の先のほうの葉。
**うらは-ぐさ【裏葉草】** イネ科の多年草。山地に群生する。細い茎が密生。高さ約五〇cm。葉は表が白、裏が緑で、裏が上を向く。夏から秋、帯紫色の花穂を出す。フウチソウ。→写
**うら-はず【▼筈・▽末▼弭】** 弓の、射るときに上になる方の筈。対義本筈。→弓図

●ウラハグサ 斑入り種。

**うら-はずかし・い【▽心恥ずかしい】**(形) なんとなく恥ずかしい。派生うらはずかしげ(形動) うらはずかしさ(名)
**うら-はっけ【▽占八▼卦】** 占いで、算木に現れた八種の象。周易では、自然・人事すべての現象を陰陽と重ねて八卦に現した。
**うら-ばなし【裏話】** あまり知られていない内輪の話。inside story
**うら-はみ【▼卜▽食】** 亀の甲を焼いて占う亀卜で、甲に入った裂け目のこと。縦は吉、横は凶とされた。
**うら-はら【裏腹】**(名・形動) あべこべ。反対。contrary; opposite 用例—を言う。
**うら-ばんぐみ【裏番組】** ある局の放送番組に対して、同地域・同時刻の他局の放送番組。competing program
**うら-ぶ・れる**(下一自) ①心配して、しおれる。わびしく思う。unhappy; miserable ②みじめになる。おちぶれる。become shabby
**うら-べ【▼卜▽部・▽占▽部】** 律令制下、神祇官や諸国の神社に属し、占いにあたった神官。
**うらべ-かねとも【▼卜▽部兼▼倶】**(一四三五〜一五一一) 室町中期の神道家。吉田神社の祠官。『神道大意』『唯一神道名法要集』などを著し、吉田神道を大成した。吉田兼倶。
**うらべ-しんとう【▼卜▽部神道】** 吉田神道の別称。
**うらべにほてい-しめじ【裏紅▽布▽袋占地】** 担子菌類イッポンシメジ科のキノコ。かさは径七〜一五cm、灰色。ひだは紅色。茎は白い。食用。
**うらべ-の-かねよし【▼卜▽部兼▽好】** →けんこう(兼好)
**うらほろ【浦▼幌】**〈町〉北海道南東部、十勝平野の町。ジャガイモなどの栽培と酪農・林業・漁業を行う。人口九〇二一(一九八八)。
**うら-ぼん【▼盂▼蘭盆】** 祖先の霊を迎え、供養する民俗的仏教行事。七月ないし八月一五日を中心に、各地で行われる。盆。おぼん。
**うらぼん-え【▼盂▼蘭盆会】** 陰暦の七月一五日に寺でいとなむ法会。盆。精霊会。
**ウラマー【'ulamā アラビア】** イスラムの学識者の総称。とくに伝承・宗教法・神学などについての専門的知識をもつ人をいう。
**うら-まち【裏町】** 裏通りの、みすぼらしい町。back street
**うらみ【恨み・▼怨み】** ①恨むこと。不平。grudge 用例—をはらす。②《「憾み」とも》㋐残念。遺憾。regret ㋑よくないと思われる点。欠点。fault 用例急ぎ過ぎた—がある。
**恨み骨髄に徹す** 恨みが骨の中までとおって、わすれられない。人を深く恨む。be eaten up by grudge
**恨みに報ゆるに徳を以てす** 恨んで当然の者に対しても、恩徳をもって報いる。
**恨みを買う** 恨まれる。恨みを受ける。恨みを招く。incur other's hatred 用例同僚の—。
**恨みを飲む** 恨みを心の中に押しとどめる。恨みたい気持ちをこらえる。repress one's anger
**うら-み【浦▽回・浦▼廻】** ①曲がりくねった入り江。②曲がった入り江に沿って進むこと。うらわ。
**うらみ-がまし・い【恨みがましい】**(形) 恨むようである。reproachful 用例—目つき。
**うらみ-ごと【恨み言】** 恨みを言うことば。complaint; grudge
**うら-みち【裏道】** ①裏口から通行する道。②裏通り。back street ③ぬけ道。間道。bypath ④正当でない手段。unfair means 用例商売の—を知る。 用例—なし。
**うらみっ-こ【恨みっこ】** 互いに恨むこと。
**うらみ-つらみ【恨みつらみ】** さまざまな恨み。complaint; grudge 用例—を並べたてる。
**うらみのすけ【恨の▽介】** 仮名草子。作者未詳。慶長一四年(一六〇九)以降に成立。「恨の介」と「雪の前」との悲恋物語。中世的な恋愛物語に近世初期の風俗を盛り込む。
**うら・む【恨む・▼怨む】** ㊀(五他) ①不満に思う。にくく思う。have a grudge ②《「憾む」とも》㋐不平を言う。ぐちをこぼす。complain ㋑くやむ。残念に思う。regret ㊁古語(上二他) ①悲しむ。なげく。用例一度は—・み(徒然・七五)。②虫などが悲しげに音をたてる。用例虫の声々—・みつつ(平家・五・月見)。③恨みをはらす。用例入道相国(=清盛)朝家を—・み奉るべきこと必定(平家・三・法印問答)。
**うらむらく-は【恨むらくは】**(連語) 残念なことには。regretfully; to one's regret
**うら-め【裏目】** ①さいころの表面に出た目に対してその裏側の目。underside of a dice ②期待の逆になること。backfire 用例—に出る。③編み物の裏側から見た編み目のこと。purl stitch 対義表目。
**うらめし・い【恨めしい】**(形) 恨みに思う。残念だ。regrettable 派生うらめしが・る(五自) うらめしげ(形動) うらめしさ(名)
**うら-もん【裏門】** 家などの後ろの門。back gate 対義表門。
**うら-もん【裏紋】** 定紋の代わりに使う紋所。替紋。
**うらやす【浦安】**〈市〉千葉県西端、旧江戸川三角州の市。漁業の町だったが、埋め立てが進み、地下鉄・JR京葉線開通で首都圏の住宅・観光都市として発展。人口一〇万一一六六(一九八八)。
**うらやす-の-くに【浦安の国】**《「心安」の意》大和国、また日本の美称。
**うら-やま【裏山】** ①家や町の後ろにある山。hill at the back ②山の、日当たりの悪い側。the other side of a mountain
**うらやま-きりお【浦山▼桐▽郎】**(一九三〇〜一九八五) 映画監督。兵庫県生まれ。名大卒。作品『キューポラのある街』『青春の門』など。
**うら-やまし・い【▼羨ましい】**(形) うらやむさまである。ねたましい。envious 派生うらやましが・る(五自) うらやましげ(形動) うらやましさ(名)
**うら-や・む【▼羨む】**(五他) 人が恵まれていたり、すぐれていたりするのを見て、自分もそうなりたいと思う。また、ねたましいと思う。envy
**うら-よみ【裏読み】** 表現の裏に隠された真意を読み取ること。
**うらら-か【▽麗らか】** ㊀(形動) ①天気がよく、おだやかなさま。fine; bright ②表情などが、はればれとしているさま。bright ㊁古語(形動ナリ) はっきりと。かくしへだてなく。用例—に言ひ聞かせたらんは、おとなしく聞

こえなまし(徒然・二三四)。

**うららか‐さ【▽麗らかさ】** うららかなこと・程度。fine

**うらら‐に【▽麗らに】**(副) うららかに。brightly; beautifully

**ウラリスク【Ural'sk】** ソ連、カザフ共和国西部の都市。同名州の州都。一八世紀、プガチョフの乱の一中心地。人口一九・七万(一九八六)。

**うら‐りゅう【裏流】** 茶道流派裏千家の別称。

**ウラル【Ural】** ソ連、ウラル山脈とその東西の丘陵、平野部を含む地域。南部は農牧業地帯、北部は重要な鉱工業地域。

**ウラル‐アルタイ‐ごぞく【ウラル-アルタイ語族】** ウラル語族とアルタイ諸語をまとめた呼び名。両者に親縁関係があるという主張による呼称であるが、その関係は明らかになっていない。Ural-Altaic languages

**ウラル‐がわ【ウラル川】**(Ural River) ソ連、ウラル山脈南東部に発し、カスピ海に注ぐ川。長さ二五四〇㎞。

**ウラル‐ごぞく【ウラル語族】** フィンランド語・エストニア語・ハンガリー語を含むフィン-ウゴル語派とシベリアのサモエド語派の総称。Uralic languages

**ウラル‐さんみゃく【ウラル山脈】**(Ural Mountains) アジアとヨーロッパの自然境界をなし、南北に走る山脈。石炭・鉄・銅・ニッケルなどの地下資源に富み、ソ連屈指の重工業地域。最高峰ナロードナヤ山は標高一八九四m。

**うられた‐はなよめ【売られた花嫁】**《原題 Prodaná nevěsta(チェコ)》スメタナ作曲の喜歌劇。カルラ=サビナ作詞。三幕。一八六六年作曲・初演。チェコ国民音楽の基礎となった。

**うらわ【浦和】**〈市〉 埼玉県南東部の市。県庁所在地。東京の衛星都市化し、人口が増加。商工業もさかん。田島ケ原のサクラソウ自生地は有名。人口三九万一五三〇(一九八八)。

**うら‐わか・い【うら若い】**(形) 年がいかにも若い。若くういういしい。young 用例 ―女性。派生 うらわかさ(名)

**ウラン【Uran(ドイツ)】** アクチノイド元素の一つ。元素記号U。原子番号九二。質量数二三三、二三四、二三五、二三六、二三八の同位体があり、いずれも放射性をもつ。銀白色の金属。反応性が強く、自然発火することもある。核燃料として重要。ウラニウム。uranium

**ウラン‐ウデ【Ulan-Ude】** ソ連、東シベリア、ブリヤート自治共和国の首都。シベリア鉄道からモンゴルの鉄道への分岐点。人口三二四・二万(一九八六)。

**ウラン‐けいれつ【ウラン系列】** 質量数二三八のウランから始まる放射性核種の崩壊系列。質量数二〇六の鉛で終わる。この系列の核種の質量数は四の整数倍に二を加えた数となる。uranium series

**ウラン‐こう【ウラン鉱】** ウランを含む鉱物。閃ウラン鉱・燐灰ウラン鉱・カルノー石などが重要。日本では、鳥取・岡山県境の人形峠などに鉱床がある。uranium ore

**ウランゴング【Wollongong】** ↓ウロンゴング

**ウラン‐なまり‐ほう【ウラン-鉛法】** 岩石や鉱物の年代決定法の一つ。ウラン二三八・ウラン二三五・トリウム二三二がそれぞれ鉛二〇六・鉛二〇七・鉛二〇八に崩壊することを利用する。一億年より若い年代は求められない。uranium-lead method

**ウラン‐のうしゅく【ウラン濃縮】** 核燃料とするために、天然ウランに含まれる同位体ウラン二三五の比率を高める処理。ガス拡散法・遠心分離法などを用いる。uranium enrichment

**ウラン‐バートル【Ulan Bator】** モンゴル人民共和国の首都。一七世紀にラマ教の中心地としてつくられた都市。人口四八万(一九八四)。旧名クーロン(庫倫)。

**うり【▼瓜】** ウリ科植物のうち、果実が食用になるものの総称。またその果実。キュウリ・カボチャ・マクワウリ・シロウリ・スイカ・メロンなど。gourd

**瓜に爪有り爪に爪無し**(うりにつめあり つめにつめなし) まちがいやすい「瓜」と「爪」の、字画の違いを説明した語。

**瓜の皮は大名に剝かせよ、柿の皮は乞食に剝かせよ**(うりのかわはだいみょうにむかせよ、かきのかわはこじきにむかせよ) ウリの皮は気前よく厚く、カキの皮は惜しむように薄く剝くのがよい。

**瓜の蔓に茄子は生らぬ**(うりのつるになすびはならぬ) 平凡な親から非凡な子は生まれない。血統は争えないものである。また、結果は、原因に相応するものである。An onion will not produce a rose. 対義 鳶が鷹を生む。

**瓜二つ**(うりふたつ) 縦に二つに割ったウリのように、非常によく似ているたとえ。as like as two peas

**うり‐あげ【売(り)上げ・売上】** ①全部売り切れること。to be sold out ②売って得たお金。proceeds 用例 一日の―。

**うりあげ‐きん【売上金】** 売って得た金額。sales accounts

**うりあげ‐ぜい【売上税】** ひろく商品・サービスの消費一般を対象として課される間接税。課税ベースのひろい間接税ともよばれ、製造者売上税・卸売売上税・小売売上税の単段階取引売上税と、取引高税・EC型付加価値税などの多段階取引売上税に分類される。sales tax

**うりあげ‐だか【売上高】** 売上金。sales accounts

**うりあげ‐りえきりつ【売上利益率】** 売上高に対する各種利益金の割合。企業の収益力を示す経営指標の一つ。売上総利益率・売上高純利益率などに分けられる。sales-profit ratio

**うり‐いえ【売(り)家】** 人に売る家。うりや。house for sale

**売り家と唐様で書く三代目**(うりいえとからようでかくさんだいめ) 《川柳》初代が築いた財産も、三代目ともなると使いはたしてしまい、家まで売るはめとなって、富裕だったときに習いおぼえたりっぱな字も、はり紙を書くことぐらいにしか生かせないことを皮肉って言ったもの。

**うり‐いそ・ぐ【売(り)急ぐ】**(五他) 急いで売る。売ろうとあせる。sell in haste

**うり‐おし・む【売(り)惜しむ】**(五他) 売ることを惜しむ。売ることを控える。hold back items

**うり‐オペレーション【売りオペレーション】** 中央銀行が公開市場で公債などを売却する操作。貨幣供給量が減り金利が上昇し、金融引き締め効果が現れる。売りオペ。売り操作。selling operation 対義 買いオペレーション。

**うり‐かい【売り買い】**(名・サ変他) 売ることと買うこと。売ったり買ったりすること。しょうばい。trade

**うり‐かけ【売(り)掛け・売掛】** あとで代金を受け取る約束で品物を渡すこと。その代金。credit sales

**うりかけ‐きん【売掛金】** 売り掛けたお金。account receivable

**うり‐かた【売(り)方】** 対義 買い方。①売る人。売り手。seller ②売る方法・態度。art of selling

**うり‐かわせ【売為替】** 外国為替の売買にさいし、為替銀行が外貨を売って自国通貨を受けとること。外国への送金にあてる送金為替など。selling exchange 対義 買為替。

**うり‐き【売(り)気】** 売ろうとするけはい。対義 買い気。

**うり‐き・る【売(り)切る】**(五他) 全部売ってしまう。sell out

**うり‐きれ【売(り)切れ】** 売り切れること。to be sold out

**うり‐き・れる【売(り)切れる】**(下一自) すっかり売れる。be sold out

**うり‐ぐい【売(り)食い】**(名・サ変自) 家財を少しずつ売って、くらしを立てること。いぐい。to live by selling one's property

**うり‐くさ【▼瓜草】** ゴマノハグサ科の一年草。本州中部以西の畑や道ばたにはえる。茎は方形で、基部から分枝。葉は広卵形で短柄。夏から秋に、紫色の花が咲く。本州以南に分布。果実が瓜に似る。

**うり‐くち【売(り)口】** 商品などの売り込み先。うれくち。売り先。販路。market

**うり‐こ【売(り)子】** ①駅や球場・劇場などで、品物を売ってまわる人。vender ②デパート・商店などの店員。salesgirl米; shopgirl英

**うり‐ごえ【売(り)声】** 品物を売るために呼び歩く声。hawker's cry

**うり‐ことば【売(り)言葉】** 相手をおこらせて、争いに持ちこむようなことば。inflammatory words 対義 買い言葉。

**売り言葉に買い言葉**(うりことばにかいことば) ひどいことを言われて、ひどいことを言い返すこと。tit for tat

**うりこひめ【▼瓜子姫】** 昔話の一つ。子のない老夫婦に、川で拾われたウリから生まれた瓜子姫が美しく成長し、嫁入り支度の機織りの邪魔をする天邪鬼を退け、無事に殿様の嫁となる話。

**うり‐こみ【売(り)込み】** 売り込むこと。sales campaign

**うり‐こ・む【売(り)込む】**(五他) ①売れ口をふやす。sell more ②進んで売る。自薦する。advertise; plug ③名声や信用を得る。win

**うりざね‐がお【▼瓜▽実顔】** 色白で細おもての顔。oval face

**うりざね‐じょうちゅう【▼瓜▽実条虫】** 寄生虫である条虫の一種。体長一五～三五㎜。ひも状に連なる片節がウリの実に似る。まれに人にも寄生するが、ふつうはイヌ・ネコの腸管に寄生。

**うり‐さば・く【売(り)▼捌く】**(五他) ①売り広める。②売れ残りのないように、うまく売る。sell out

**うり‐そうさ【売(り)操作】** ↓うりオペレーション(売りオペレーション)

**うり‐だし【売(り)出し】** 売り出すこと。sale

**うり‐だ・す【売(り)出す】**(五他) ①売りはじめる。offer for sale ②宣伝したりして大いに売る。plug ③広く知らせる。有名にする。win reputation 用例 名を―。

**うり‐たた・く【売(り)▼叩く】**(五他) ①お金ほしさに、損を覚悟で売る。sell off ②相場を下落させるために、ひどく安く売る。bear 比較 買い叩く。

**うり‐たて【売(り)立て・売立】** 所蔵品を一定期間に売ること。主としてせり売りや入札による。auction

**うり‐だて【売(り)建て・売建】** 株式の信用取引や商品の清算取引で成立した売りの注文、および、売りの約定。対義 買い建て。

**うり‐だめ【売(り)▼溜め】** 売上金をためること。また、そのお金。

**うり‐ち【売(り)地】** 人に売る土地。land for sale

**うり‐つ・ける【売(り)付ける】**(下一他) むりに買わせる。

**うり‐つなぎ【売(り)▼繫ぎ】**(名・サ変他) ①相場の下がるのを予想して、市場へ売りに出しておくこと。hedge-selling ②品物を売って生活をつなぐこと。to live by selling one's property

**うりづら【▼瓜連】**〈町〉 茨城県北部、水戸市の北にある町。農業中心で野菜栽培がさかん。静神社がある。人口七九七九(一九八八)。

**うり‐て【売(り)手】** 売る側・人。seller 対義 買い手。

**うりて‐しじょう【売(り)手市場】** 需要が供給を上回り、売り手の立場が買い手の立場より有利な市場状態。sellers' market 対義 買い手市場。

**うり‐とば・す【売(り)飛ばす】**(五他) おしげもなく売り払う。dispose of; sell off 用例 ただ同様で―。

**うり‐ぬし【売(り)主】** 売り手。seller 対義 買い主。

**うりぬすびと【▼瓜盗人】** 狂言。畑主が案山子に化けている畑へ瓜を盗みに入った男が、その案山子相手に祇園会の責め場の練習をするうちに叩きのめされる。

**うり‐ね【売値】** 売り渡す値段。売価。selling price 対義 買値・元値。

**うり‐の‐き【▼瓜の木】** ウリノキ科の落葉低木。山地にはえる。高さ約三m。大形で広く浅い掌状葉は互生。夏に、やや大形のシロウリに似た白色花が咲く。

**うり‐ば【売(り)場】** ①品物・切符などを売る場所。counter ②売るのによい時機。うりどき。chance to sell

**うり‐ばえ【▼瓜▼蠅・▼瓜▽守】** ウリ類の害虫ウリハムシの別名。

**うりはだ‐かえで【▼瓜▽膚▼楓】** カエデ科の落葉高木。山地にはえる。高さ約一〇m。樹皮は緑色で、マクワウリの実の皮に似た模様がある。葉は浅く三裂した卵形で対生。五月ごろ、黄色の花が総状に咲き、果実は翼果。器具材に利用。

**うりは‐むし【▼瓜葉虫】** 橙黄色のハムシ科の甲虫。体長六～七㎜。成虫はウリ類の葉を、幼虫は根を食害する。発生は年一回で、成虫で越冬。本州以南・中国・インドに分布。ウリバエ。↓図

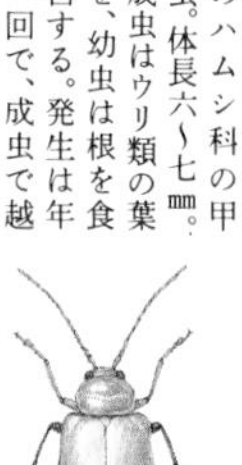

●ウリハムシ

**うり‐はら・う【売(り)払う】**(五他) ①全部売ってしまう。dispose of ②思い切りよく売る。dispose of

**うり‐ぼう【▼瓜坊】** イノシシの幼獣。名は、淡褐色の地に白い縦縞があることに由来。

**うり-みばえ**【▼瓜実▼蠅】ミバエ科の黄色いハエ。体長七〜九mm。幼虫は蛆虫状で、果実内に潜入していて内部を食害。沖縄以南の熱帯地方に分布するので、日本本土に侵入させないため、植物検疫上の重要な対象種。

**うり-もの**【売(り)物】①売る物。商品。article for sale ②人の関心を集めるかんばんになるもの。selling point 用例 真心を—にする。③芸人の、得意の芸。draw 用例 声色を—にする。

**売り物には花を飾れ** 売りたい品物は、人目を引くように美しくせよ。婚期を迎えた娘を飾ることにも言う。「え。

**うり-や**【売(り)家】売りはらう家。うりいえ。

**ウリヤノフスク**【Ul'yanovsk】ソ連、ロシア共和国西部、ボルガ川中流右岸の同名州の州都。レーニンの生地。人口五六・六万(一九八六)。

**うりゅう**【雨竜】〈町〉北海道中西部、石狩平野北端の町。稲作が中心。雨竜沼湿原帯がある。人口三九八八(一九八八)。

**うりゅう-がわ**【雨竜川】北海道、天塩山地を南流する川。長さ一六〇km。滝川市の北で石狩川に合流する、石狩川第一の支流。上流に朱鞠内湖(=雨竜貯水池)がある。

**うりゅう-こ**【雨竜湖】朱鞠内湖の別称。

**う-りょう**【雨量】一定時間内に降る雨の量。降雨量。amount of rainfall

**うりょう-けい**【雨量計】雨・雪・あられなどの降水量を測る器機。直径一〇〜二〇cmの円筒形受水器に雨をうけ、中にたまった降水の深さをメスシリンダーなどで測定する。雪・あられ・ひょうなどは、溶かして水にして測る。rain gauge ↓写

●雨量計 自動的な観測が可能な雨量計。

**うりょく-じゅりん**【雨緑樹林】雨季に葉を出し、乾季に落葉する森林。熱帯・亜熱帯の季節風帯にみられ、インド・東南アジアなどに発達する。季節風林。rain green forest

**うり-わたし**【売(り)渡し】売り渡すこと。sale and delivery

**うりわたし-たんぽ**【売(り)渡し担保】担保物を形式的に売買したこととし、一定期間内に売買代金に相当する元利金を返済して、売った物を買い戻す約束をすること。売り渡し抵当。

**うりわたし-ていとう**【売(り)渡し抵当】売り渡し担保。

**うり-わた・す**【売(り)渡す】(五他)売って先方に渡す。sell over to 対義 買い受ける。

**うる**【▼粳】米・アワ・キビなどで、炊いたときに粘りの少ない品種。うるしね。うるち。うるごめ。対義 糯。

**う-る**【▼傴▼僂】①かがむこと。しゃがむこと。②背骨が弓状に突起する病気の人。

**う・る**【売る】(五他)①代金を得て品を渡す。sell 対義 買う。用例 商品を—。②名や顔を広める。宣伝する。win one's reputation 用例 顔を—。名を—。③しかける。押しつける。provoke 対義 買う。用例 けんかを—。恩を—。④利につられてそむく。裏切る。betray; sell 用例 国を—。友を—。

**うる**【得る】(下二他)①《「える」の文語形「う」の連体形。現在では終止形としても使う》える。用例 —ところが多い。資格を—。②《動詞の連用形について》…することができる。用例 了解し—。あり—ことだ。

**ウル**【Ur】メソポタミアのシュメールにあった古代都市国家。イラクのユーフラテス川下流に位置し、豪華な副葬品をともなった王墓の発掘で知られる。

**うるう**【▼閏】平年より暦の日数・月数が多いこと。実際と暦との誤差を調節するためにいれる。地球の公転は三六五日五時間四八分四六秒かかる。太陽暦では一年が三六五日なので、ほぼ四年に一回、二月を二九日とする。太陰暦では一年が三五四日なのでほぼ五年に二回、一年を一三か月とする。intercalary

**うるう-づき**【▼閏月】太陰暦で、一二か月のほかに加える月。季節と暦のずれを調節するため、同じ月を二度繰り返したが、そのあとの月。bissextile month

**うるう-どし**【▼閏年】日数または月数が平年より多い年。太陽暦では、二月が二九日ある年。太陰暦では、閏月のある年。leap year 対義 平年。

**うるう-び**【▼閏日】太陽暦で、閏年の二月二九日。西暦年数で、四の倍数の年におくが、四〇〇で割り切れない一〇〇の倍数の年にはおかない。leap day

**うるう-びょう**【▼閏秒】世界時に対し、協定世界時がある限界を超える恐れが生じたときに加えたり削除したりする一秒。leap second

**うるおい**【潤い・▽湿い】①しめり。moisture ②もうけ。profit ③めぐみ。benefit ④心のあたたかみ。情味。人間味。warmth

**うるお・う**【潤う・▽湿う】(五自)①しめる。ぬれる。moisten 用例 雨で畑が—。②もうかる。ゆたかになる。become rich 用例 ふところが—。③心があたたまる。be heart-warming

**うるお・す**【潤す・▽湿す】(五他)①ぬらす。しめす。moisten 用例 のどを—。②利益を与える。富ます。enrich; profit 用例 流域一帯を—大河。③恵みをほどこす。

**うるか**【▼鱁▼鮧】主としてアユの内臓で作る塩辛。腸で作るわたうるか、卵巣で作る子うるかなど。

**ウルガタ**【Vulgāta ラテン】《一般・共通、の意》一五四六年以来のカトリック教会公認のラテン語訳聖書。四〇五年ごろヒエロニムスにより完成。中世ヨーロッパで唯一の聖書として通用した。一五九二年改訂。the Vulgate

**うるぎ**【売木】〈村〉長野県南部、愛知県に接する村。ヒノキ材・シイタケを産し、畜産もさかん。人口八〇一(一九八八)。

**ウルク**【Uruk】南部イラクの古代バビロニアの都市遺跡。前四〇〇〇〜前三〇〇〇年にわたる一八の文化層からなる。

**ウルグアイ**【Uruguay】(Oriental Republic of Uruguay) 南アメリカ南東部、大西洋に臨む共和国。首都モンテビデオ。一八二八年独立。平坦な丘陵地が広く、牧畜がさかん。輸出の大部分も畜産品。面積一七・六万km²。人口二九八万(一九八六)。正称ウルグアイ東方共和国。

**ウルグアイ-がわ**【ウルグアイ川】(Río Uruguay) 南アメリカ南東部の川。ブラジル南部からアルゼンチンとウルグアイの国境を流れ、パラナ川と合流してラプラタ川に注ぐ。長さ一六〇〇km。

**ウルグ-ベグ**【Ulūgh Beg】(一三九四〜一四四九) チムール朝第四代君主(在位一四四七〜一四四九)。開祖チムールの孫。歴史・神学・天文学にすぐれ、学問を奨励。天体現象を予報する天文表を編集。サマルカンドに建てた天文台は有名。

**ウルゲンチ**【Urgench】中央アジア、ソ連ウズベク共和国の都市。一三世紀のホラズム王朝の遺跡が残る。

**うるさ・い**【▽煩い・▽五▽月▼蠅い】(形)《「五月蠅」は、五月のハエになぞらえた当て字》①わずらわしい。bothering 用例 —ハエだ。②さわがしい。noisy 用例 自動車の音が—。③めんどうだ。troublesome 用例 あとが—。④口やかましい。fussy 用例 —おやじ。コーヒーに—。派生 うるささ(名) うるさが・る(五他) うるさげ(形動)

**うるさ-がた**【▽煩型】何にでも文句を言いたがる人。一言居士。fussy person

**うるさ・し**【▽煩し】古語(形ク)↓うるさい(煩い)

**ウルサン**【蔚山】(Ulsan)↓いさん(蔚山)

**うるし**【漆】①ウルシ科の落葉高木。各地で栽植。高さ約七m。樹皮は灰白色。葉は羽状複葉。雌雄異株。春に黄緑色の小花、秋に淡黄色の果実をつける。樹皮から漆液をとり塗料とする。さわると、かぶれる人もいる。中国原産。②ウルシの木からとった塗料。↓写

●ウルシ①

**うるし-いと**【漆糸】①和紙に色漆を塗ったものを細く裁断したもの。また、それを絹糸や綿糸によりつけた糸。装飾糸として帯地や着尺地に利用。②絹糸に漆加工した釣り糸。

**うるし-え**【漆絵】①色漆(絵の具をまぜた漆)で描いた絵。また、その技法。②にかわをまぜた墨で漆ふうの光沢をだした浮世絵版画。

**ウルシオール**【urushiol】漆の主成分。淡黄色の液体で、皮膚に触れると漆かぶれを起こす。

**うるし-かき**【漆▼搔き】ウルシの幹に傷をつけ、にじみ出てくる生漆を採取すること。また、その職人や道具のへら。

**うるしがみ-もんじょ**【漆紙文書】古代史の重要史料の一つ。漆作業のさい、その硬化・乾燥を防ぐのに反故文書を利用したため、漆が付着して遺存した文書。

**うるし-ぐさ**【漆草】褐藻植物ウルシグサ科の海藻。低潮線下から水深約一〇mまでの海底に生育する。黄褐色で、シダ植物に似た茎葉をもち、樹状形をなす。体内に有機酸が多く、酸味があるのでスグサともいう。東北・北海道に分布。

**うるし-こうげい**【漆工芸】漆を塗飾や接着に用いた工芸一般の総称。中国・日本など東アジアを中心に発達した工芸技法の一つ。他の材質を加えて装飾を仕上げる加飾法に、蒔絵・漆絵、彫漆・沈金、螺鈿・平文などがある。

**うるし-ぬり**【漆塗(り)】ウルシの木から採った漆汁に、乾燥剤・着色剤・油を加えて作った塗料を器物に塗ること。また、それを塗った器物や、その職人。

**うるしね**【▼粳▽稲】うるち。うるしめ。

**うるし-まけ**【漆負け】(名・サ変自)ウルシの木の主成分に対するアレルギーで、皮膚がかぶれること。lacquer poisoning

**ウルストンクラフト**【Mary Wollstonecraft】(一七五九〜一七九七) イギリスの女性解放思想の先駆者。ウィリアム=ゴドウィンの妻。急進主義的思想の影響を受けて男女の地位の平等を主張。著書『女性の権利の擁護』など。ウォルストンクラフト。

**うるち**【▼粳】米・アワ・キビなどの粘りけの少ない品種。種子のでんぷんがアミロースを主体とする。飯米や酒造米にする。うるごめ。うるしね。うる。対義 糯。

**ウルップ-そう**【▽得▼撫草】ゴマノハグサ科の多年草。高山の砂礫地や、寒地の海岸にはえる。根出葉は厚く、夏に、紫色の花を花穂に密集。中部地方や千島・礼文島などに分布。ハマレンゲ。↓写

●ウルップソウ

**ウルップ-とう**【ウルップ島・▽得▼撫島】(Ostrov Urup) 千島列島中部の火山島。サケ・マス漁の基地。

**ウルドゥー-ご**【ウルドゥー語】インド-ヨーロッパ語族インド-イラン諸語の西ヒンディー語の一つ。パキスタン・バングラデシュ・インドで用いられる。アラビア文字を使う。Urdu language

**ウルトラ**【ultra】㊀(名)①極端なこと・人。②《Ultralinken ドイツの略》過激主義者。急進主義者。㊁(接頭)超…。極端な。用例 —ナショナリズム(=超国家主義)。

**ウルトラ-シー**【ウルトラC】体操競技の独創的で超難度の技に対する俗称。非常に難しい難度Cの技を上回るものをさす。ultra C movement

**ウルトラ-ナショナリズム**【ultranationalism】超国家主義。

**ウルトラマイクロメーター**【ultramicrometer】微小な長さの変化をコンデンサーの両電極間距離の変化として取り出し、電気的に測定する装置。一〇〇〇万分の一ミリメートル程度まで測定可能。

**ウルトラマリン**【ultramarine】紫がかった鮮やかな青。鉱物からとった非常に深い青色の顔料。原料の鉱物が海のかなたから渡ってきたものであることからこの名がついた。群青色。

**ウルバヌス**〈二世〉【Urbanus II】(一〇四二ごろ〜一〇九九) ローマ教皇(在位一〇八八〜一〇九九)。教皇権の拡大につとめ、第一次十字軍遠征を提唱。

**ウルピアヌス**【Domitius Ulpianus】

▼常用漢字表外。▽常用漢字表の音訓外。

(二三八〇ごろ) ローマの法学者。皇帝セヴェルス=アレクサンデルの側近として活躍。ローマ古典時代の法学の発展に寄与した。

**ウルフ**【wolf】オオカミ。

**ウルフ**【Thomas Clayton Wolfe】(一九〇〇〜三八) アメリカの小説家。叙情的でイメージ豊かな文体で自伝小説を綴った。作品『天使よ故郷を見よ』など。

**ウルフ**【Virginia Woolf】(一八八二〜一九四一) イギリスの女流小説家。一九二〇年代の新文学開拓者の一人。作中人物の「意識の流れ」を実験的・詩的な文体により「内的現実」とした。作品『ダロウェー夫人』『灯台へ』『歳月』など。

**ウルブリヒト**【Walter Ulbricht】(一八九三〜一九七三) 東ドイツの政治家。一九六〇年以降、国家評議会議長(元首)として党と国家を指導した。

**ウルマン**【John Woolman】(一七二〇〜七二) アメリカのクエーカー伝道者。素朴で美しい『日記』で有名。

**ウルミエ**【Urmiye】イラン北西端、ウルミエ湖西方、西アゼルバイジャン地方の都市。農業地帯の中心。人口一六・四万(一九七六)。旧称ウルミア・レザイエ。

**うる・む**【潤む】(五自) ①しめりけをおびる。くもる。moisten; blurred 用例 目が―。月が―。②なみだ声になる。用例 声が―。

**ウルムチ**【烏魯木斉・烏魯木基】(Urumqi) 中国、新疆ウイグル自治区の首都。古くから天山北路の要地。人口九八・二万(一九八四)。

**うる-め**【潤目】ウルメイワシの略称。

**うるめ-いわし**【潤目▼鰯】ウルメイワシ科の魚。全長約三〇cm。目が透明な脂瞼でおおわれていて、うるんでみえる。マイワシより細長い。食用。本州からオーストラリアに分布。ウルメ。↓図

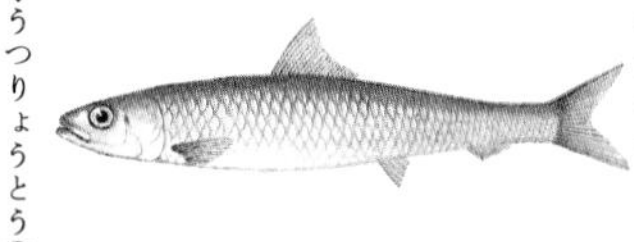

●ウルメイワシ

**うる-もち**【▼粳▼餅】粳の粉を水で練って餅にして蒸したもの。砂糖・小豆・きな粉などをつけて食べる。糝粉餅・焼き餅・だんごの系統。

**ウルルン-とう**【ウルルン島・▼鬱▽陵島】(Ullŭng) ↓うつりょうとう(鬱陵島)

**うるわし・い**【麗しい・▽美しい】(形)《古語では、整って欠点のないさまを言い、「うつくし・きよら」と異なる》①うつくしい。beautiful 用例 みめ―。②ととのって、りっぱだ。fine ③かわいい。やさしい。lovely ④きげんがよい。in high spirits 用例 ごきげん―。⑤感動させられる。moving 用例 ―光景。派生 うるわしげ(形動) うるわしさ(名)

**うれ**【▽末】木のすえ。うら。こずえ。

**ウレアーゼ**【urease】尿素(=ウレア)を加水分解し、アンモニアと二酸化炭素を生成する酵素。微生物・動植物に分布。結晶として得られた最初の酵素。尿素分解酵素。

**うれ-あし**【売れ足】商品の売れぐあい。sale 用例 ―がはやい。

**うれい**【愁い】もの思いに沈むこと。ものがなしい思い。うれえ。distress 用例 ―を帯びた顔。旅の―。―に沈む。

**うれい**【憂い】=うれえ。①かなしみ。grief ②心配事。気がかり。trouble 用例 雨の―がない。③忌中。服喪。in mourning

**うれ・う**【憂う・愁う】古語 (下二他) ↓うれえる(憂える)

**うれえ**【憂え・愁え】↓うれい(憂い) うれい(愁い)

**憂えを掃う玉帚**(うれえをはらうたまははき) 飲めば、憂いを忘れさせてくれることから、酒をたたえる語。

**うれ・える**【愁える】(下一他) もの思いにしずむ。grieve; lament

**うれ・える**【憂える】(下一他) ①心をいためる。grieve; lament ②不安に思う。心配する。be anxious about 用例 国を―。③なげき、うったえる。complain

**うれ-くち**【売れ口】売れていく先。販路。market

**うれ・し**【▼嬉し】古語 (形シク) ありがたい。用例 院の御消息のいと―・しく侍りて(大和・九八)。

**うれし・い**【▼嬉しい】(形) 満足な状態になったりして、心がはれやかで楽しい。glad; happy 対義 悲しい。用例 あしたは―遠足だ。お手紙―・く拝見。涙が出るほど―。派生 うれしが・る(五自) うれしげ(形動) うれしさ(名)

**嬉しい悲鳴を上げる**(うれしいひめいをあげる) 対応しきれずに弱音をはいてみせてはいるものの、その実、喜んでいる。用例 注文が殺到して―。

**うれし-がらせ**【▼嬉しがらせ】うれしく思わせることば・態度など。

**うれし-なき**【▼嬉し泣き】うれしさのあまり泣くこと。weep for joy

**うれし-なみだ**【▼嬉し涙】うれし泣きで流す涙。happy tears; tears of joy

**うれしの**【▼嬉野】〈町〉三重県中央部にある町。稲作などの農業中心で、養蚕や肉牛の飼育がさかん。古墳など史跡が多い。人口一万七七五七(一九八八)。

**うれしの**【▼嬉野】〈町〉佐賀県南西部の町。歴史の古い温泉郷で、緑茶の産地としても知られる。人口一万九八六九(一九八八)。

**うれ-だか**【売れ高】売れた商品の数量や金額。sales

**ウレタン-ゴム**《和製語》ウレタン結合-NHCOO-をもつ合成ゴム。ポリウレタンとジイソシアン酸塩あるいは芳香族ジアミンとの反応で得られる。耐摩耗・耐酸・耐油性がよい。広範な工業用ゴム材料。polyurethane rubber

**ウレタン-フォーム**【urethane foam】ポリウレタンからつくられる発泡樹脂。クッション・吸音防音材・衣料材料・保冷保温材料などに使われる。参照 ポリウレタン。

**うれっ-こ**【売れっ子】もてはやされる人。はやりっ子。流行児。popular person

**うれ-のこり**【売れ残り】①売れないで残ること・品物。remainders ②《俗語》いつまでも嫁に行けないこと・女性。on the shelf

**うれ-ゆき**【売(れ)行き】商品の売れぐあい。sales; demand

**う・れる**【売れる】(下一自) ①品物が買われる。sell well 用例 飛ぶように―。②売ることができる。able to sell 対義 買える。用例 原稿が―・れた。③広く知られる。有名になる。become popular; become famous 用例 名が―・れている。④《俗語》嫁にもらわれる。就職口がきまる。

**う・れる**【熟れる】(下一自) 果実などが、じゅくす。ripen

**うれわ・し**【憂わし】古語 (形シク) なさけない。気に入らない。用例 あしひきの山田のそほづおのれさへ我を欲しといふ―・しきこと(古今・雑体)。

**うれわし・い**【憂わしい】(形) ①嘆かわしい。心配である。regrettable ②憂えているさまである。anxious 派生 うれわしげ(形動) うれわしさ(名)

**うろ**【▽空・▽虚】①うつろ。②ほらあな。用例 木の―。

**う-ろ**【有▽漏】《仏教語》煩悩のなかに迷っていること。凡夫。対義 無漏。

**う-ろ**【▼迂路】遠回りの道。回り道。

**う-ろ**【雨露】①雨とつゆ。あめつゆ。②万物をうるおす広大な、めぐみ。用例 ―のめぐみ。

**う-ろ**【▼烏▼鷺】①カラスとサギ。②黒と白。③碁。

**烏鷺の争い**(うろのあらそい)《カラスとサギの羽の色から》黒石と白石を使って勝負する囲碁のこと。

**うろ-うろ**(副・サ変自) 方向が決まらず、あちこちと動き回るさま。うろつくようす。hang about

**うろ-おぼえ**【▽空覚え】《「うろ」は接頭語》ぼんやりした記憶。faint memory

**ウロキナーゼ**【urokinase】ヒトや動物の尿中にある酵素。血栓症に用いる。

**うろ-くず**【▼鱗】古語 ↓いろくず(鱗)

**うろこ**【▼鱗】①一部の動物の体表の大部分、または一部をおおう硬く小さな薄片。爬虫類などの表皮が角質化した角鱗と、魚類では、サメ・エイなどの歯と同じ構造の楯鱗、硬骨魚類の真皮から生じる骨鱗、チョウザメなどのひし形の硬鱗がある。こけら。scale ②三角形のもよう。うろこ形。imbrication ③紋所の名。②を紋章化したもの。一つ鱗、三つ鱗など。↓図

●鱗③

丸に一つ鱗　北条鱗

**うろこ-ぐも**【▼鱗雲】魚のうろこのように小さな塊のならんだ雲。巻積雲や高積雲などに現れる。さば雲。いわし雲。

**うろこ-ごけ**【▼鱗▼苔】苔類ウロコゴケ目のコケ。暖地の岩上や樹皮に生育し、うろこを重ねたように見える。近縁種にフジウロコゴケ・ハネゴケなどがある。

**うろた・える**【▼狼▼狽える】(下一自) あわてふためく。まごつく。get flustered

**うろ-ちょろ**(副・サ変自) 落ちつかない感じで、あちこち動きまわるさま。hang about

**うろ-つ・く**【▼彷▼徨く】(五自) さまよう。目的もなく歩きまわる。wander; hover

**ヴロツラフ**【Wrocław】↓ブロツラフ

**ウロトロピン**【Urotropin ドイ】化学式$(CH_2)_6N_4$。昇華性をもつ白色の結晶。利尿剤・防腐剤など。ヘキサメチレンテトラミン。

**うろ-ぬ・く**【▽疎抜く】(五他) びっしりある物の中から間をおいて引き抜く。まびく。おろぬく。thin out 用例 大根を―。

**ウロビリノーゲン**【urobilinogen】胆汁色素ビリルビンが腸内で還元されてできる無色の色素。尿中への排泄量で肝機能障害・溶血性貧血・胆道閉塞などの病気の有無をしらべる。

**うろむろ-ほう**【有▽漏無▽漏法】《仏教語》煩悩をもつ存在とこれを断ち切った存在。あらゆる存在の総称。

**う-ろん**【▼胡▽乱】(形動) あやしいさま。うさんくさいさま。fishy

**ウロンゴング**【Wollongong】オーストラリア南東部、ニューサウスウェールズ州の鉱工業都市。イラワラ炭田の中心で商業がさかん。製鋼業が立地。人口二三・五万(一九八三)。

**ウロン-さん**【ウロン酸】糖の第一アルコール基だけが酸化されてカルボキシル基になった化合物の一般名。植物粘液やアラビアゴムの成分。グルクロン酸・ガラクツロン酸など。uronic acid

**うわ**【宇和】〈町〉愛媛県南部、肱川上流の盆地の町。中心の卯之町は旧城下町・宿場町。稲作のほか縫製工業がある。人口一万八一七八(一九八八)。

**うわ**【上】(接頭) うえ・表面の意。用例 ―書き。―着。

**うわ-あご**【上▼顎】あごの上の部分。うわあぎ。upper jaw

**ウワ-ウルシ**【uvae ursi ラテ】生薬の一つ。ツツジ科植物の開花期の葉を乾燥したもの。利尿剤などとして利用。

**うわ-え**【上絵】①白くそめぬいた所に、別の色で、描いた模様。dyed figure ②焼き物の表面にかく絵。dyed figure

**うわえ-つけ**【上絵付け】陶磁器に絵をつけるとき、釉の上に絵を描いて、また焼きあげること。低温で焼くため豊かな色彩効果がえられる。

**うわえ-のぐ**【上絵の具】釉を施し、焼成した品物の上にさらに施す着色剤。顔料と適当な媒溶剤を配合して種々の色彩をつくりだす。陶磁器の装飾用。overglaze color

**うわ-おき**【上置(き)】①たんす・机などの上に置いて使う、小ぶりの箱・棚。②飯・めん類などの上に置き添えて食べる野菜・肉・魚などの副食物。

**うわ-かい**【宇和海】愛媛県南西部、佐田岬半島以南、豊後水道に臨む海域。リアス式海岸で好漁場。真珠などの養殖もさかん。

**うわ-がき**【上書き】(名・サ変自他) 封筒・帙・箱などの表面に書くこと・文字。うわづけ。superscription; address

**うわ-がけ**【上掛(け)】①衣服の上に引っかけて着るもの。うわっぱり。smock ②こたつぶとんや座ぶとんなどにかぶせる布。cover ③一番上に使う掛けぶとん。quilt; comforter

**うわ-がみ**【上紙】物を包む紙。物にかぶせる紙。wrapper; wrapping paper

**うわ-かわ**【上皮】①表面の皮・皮膚。表皮。skin ②物の表側。それをおおうもの。外被。

**うわ-かわ**【上側】=うわがわ。①上になっているがわ。表面。upper part; surface ②うわべ。みせかけ。appearance

**うわ-き**【浮気】(名・形動・サ変自) 気持ち・愛情が移りやすいこと・さま。移り気。fickleness; caprice

**うわ-ぎ**【上着】①《「表着」とも》衣服を重ねて着るとき、いちばん外側に着るもの。outer wear 対義 下着。②《「上衣」とも》上下

の衣服のうち上半身に着る服。jacket

**うわ-ぐすり**【▼釉・上薬】 陶磁器の表面に施すガラス状の被膜。つやぐすり。ゆうやく。glaze

**うわ-くちびる**【上唇】 上のくちびる。upper lip

**うわ-ぐつ**【上靴】 家、建物の中ではく靴。うわばき。indoor shoes

**うわ-ごと**【▼譫言・▼囈▽語】 ①高熱などで口走ることば。talking in delirium ②すじの通らないことば。たわごと。nonsense

**うわさ**【▼噂】(名・サ変他) ①確かでないことを、あれこれ言うこと・話。風聞。rumor 用例 人の―にのぼる。②ある人についての話。gossip 用例 人の―をする。

**噂の種**(うわさのたね) 世間のうわさ話の題材。うわさの材料。source of rumor

**噂をされると嚏が出る**(うわさをされるとくしゃみがでる) 人にうわさをされると、された人はくしゃみをするという俗説。

**噂をすれば影**(うわさをすればかげ) 人のうわさをしていると、その当人がひょっこり現れるものだ。Talk of the devil, and he is sure to appear.

**人の噂も七十五日**(ひとのうわさもしちじゅうごにち) 人にうわさされるのも一時のことで、時がたてば、しなくなるものであるというたとえ。うわさは長続きしないということ。Wonder lasts but nine days.

**うわざら-てんびん**【上皿天▼秤】 竿の両端にのせた二つの皿の一方に試料を、他の一方に分銅をのせて釣り合わせ、重さをはかる機器。even balance →図

**うわ-しき**【上敷(き)】 ＝うわじき。①物の上に敷くこと・もの。carpet ②うすべり。thin matting

**うわじま**【宇和島】〈市〉 愛媛県南部、宇和島湾に臨む市。旧城下町。海陸交通の要地。ミカン栽培、真珠・ハマチ養殖などがさかん。また、闘牛が有名。人口七万二四二二(一九八八)。

**うわ-すべり**【上滑り】 ㊀(名・サ変自) 表面をすべること。㊁(形動) ①物事を表面だけ見て、深く理解しないさま。superficial 用例 ―の知識。②かるがるしいさま。軽薄。careless; shallow

**うわ-ずみ**【上澄み】 液体のまざり物が沈んでできた、上の澄んだ部分。supernatant

**うわ-ず・る**【上ずる】(五自) 気持ちが高ぶって、動作や声の調子が変わる。用例 ―った声。

**うわ-ぜい**【上背】 せたけ。身のたけ。身長。height 用例 ―がある。

**うわ-ぞうり**【上草履】 室内用の履物の一種。藁・イグサなどを編んで作る。

**うわ-ちょうし**【上調子】(名・形動) 言動が、かるがるしいこと。うわっちょうし。frivolous; flippant

**うわ-ぢょうし**【上調子】 基本の調子(本手または地)に対し、完全四度高く調律された三味線、およびその奏者。

**うわ-つ・く**【浮つく】(五自) うきうきして落ちつかない。be flippant; be fickle

**うわ-つち**【上土】 上のほうの土。topsoil 対義 底土。

**うわっ-ちょうし**【上っ調子】 →うわちょうし(上調子)

**うわ-づつみ**【上包み】 物の表面をおおい包むもの。包装。wrapper; wrappings

**うわっ-ぱり**【上っ張り】 よごれをふせぐために、衣服の上に着るもの。丈は腰までのものが一般的。

**うわ-づみ**【上積み】(名・サ変他) ①上のほうに積むこと。上に積んだ荷物。upper load 対義 下積み。②さらに上に加算すること。addition 用例 米価の―。

**うわ-つら**【上面】 物の表面。外面。うわべ。うわっつら。surface

**うわ-て**【上手】 対義 下手。①上のほう。upper part ②川上。upstream ③かざかみ。windward ④他よりすぐれていること・人。excel 用例 一枚―だ。⑤相撲で、相手の差し手の上から、相手のまわしをつかむこと。その手。用例 ―投げ。

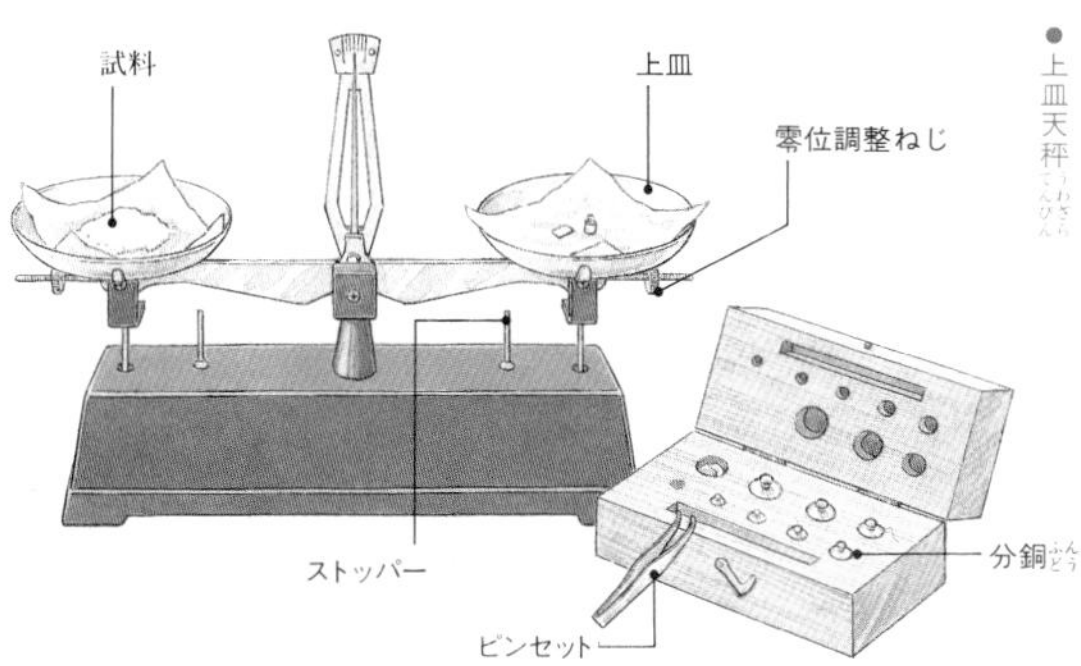

●上皿天秤

**上手に出る**(うわてにでる) 相手を見下して、尊大な態度をとる。get the upper hand of

**上手を行く**(うわてをいく) 才知・技能・行動力などの程度が、良い面でも悪い面でも、ある人よりもすぐれている。be superior to

**うわて-なげ**【上手投げ】 対義 下手投げ。①相撲の決まり手の一つ。四つに組み、体を開きながら相手のまわしをとっている上手で投げる技。overarm throw ②→オーバースロー

**うわ-なり**【▽後▽妻】 あとにめとった妻。後添い。ごさい。

**うわなり-うち**【▽後▽妻打(ち)】 離縁された妻が、親しい女たちを連れて後妻の家を襲い、打ちたたく民間習俗。中世から近世初期にみられた。

**うわ-に**【上荷】 ①車・船などに積む荷物。②上のほうに積んだ荷物。うわづみ。

**うわに-ぶね**【上荷船】 川船の一つ。波止場と元船との間を行き来して、上積みの荷物を運ぶ小船。対義 元船。

**うわ-ぬり**【上塗り】(名・サ変他) 壁などの仕上げ塗り。final coating 対義 下塗り。

**恥の上塗り**(はじのうわぬり) →はじ(恥)

**うわ-ね**【上値】 ①ある銘柄の相場が上がること。higher price ②今までの相場より高い値段。higher price 対義 下値。用例 ―を張る。

**うわ-のせ**【上乗せ】(名・サ変他) 前からある金額・数量にさらに追加すること。adding

**うわ-の-そら**【上の空】 心をうばわれて、落ちつかないようす。absent-minded

**うわ-のり**【上乗り】 ㊀(名) 積み荷の管理をする人。supercargo ㊁(名・サ変自) 荷物などの上に乗ること。

**うわ-ば**【上歯】 上のはぐきにある歯。

**うわ-ばき**【上履(き)】 屋内で履く履物。室内履き。日本では多くはスリッパを用いる。slippers 対義 下履き。

**うわ-ばみ**【▼蟒▽蛇】 ①巨大なヘビ。とくに、熱帯産のニシキヘビ類。大蛇(だいじゃ)。おろち。やまかがち。large snake ②大酒飲み。heavy drinker

**うわばみ-そう**【▼蟒草】 イラクサ科のミズナの別名。ヘビの出そうな所にはえるための名。

**うわ-ばり**【上張り・上▼貼り】(名・サ変他) ふすまや天井などに、仕上げの紙などをはること。また、その紙・布。対義 下張り。

**うわ-ひ**【上▼翳・▽外▽障▽眼】 瞳(ひとみ)の上に曇りができて、視力が損なわれる病気。対義 底翳(そこひ)。

**うわ-ひげ**【上▼髭】 鼻の下、くちびるの上にあるひげ。口ひげ。

**上髭を食い反らす**(うわひげをくいそらす) 口髭を後ろへ反らすことで、得意気なさまをいう。

**うわ-べ**【上辺】 物の表面。外観。見かけ。surface 用例 ―をかざる。

**うわ-まい**【上米】 ①江戸時代、年貢(ねんぐ)米が神領を通過するさいに課した通行税の一種。古くは、寺社が年貢米から初穂(はつほ)として寄進させた米。②売買その他で仲介者が手数料として取る代金・賃金の一部。commission

**うわ-まえ**【上前】 ①《「上米(うわまい)」から》人に渡すべきお金の一部分。cut 用例 ―をはねる。②あきを重ね合わせて着る衣服の重なりの外側になる身頃(みごろ)。和服は男女共に左身頃が上前、洋服では男性は左身頃、女性は右身頃が上前になる。対義 下前。

**うわ-まぶた**【上▼瞼】 眼球をおおい、開閉する上部の皮。

**うわ-まわ・る**【上回る】(五自) ある数量をこえる。exceed 対義 下回る。用例 予想を―。

**うわ-み**【上身】 魚をまな板にのせたときの上側の肉。

**うわみず-ざくら**【上▽溝桜】 バラ科の落葉高木。山野にはえる。高さ一〇m前後。四月ごろに小形の白色花が総状(そうじょう)に密生。果実は小形だが、未熟のものを塩漬けとして食用にする。コンゴウザクラ。ハハカ。

**うわ-むき**【上向き】 対義 下向き。①上方を向くこと。upward ②勢いがよくなること。forcibly ③相場が上がる傾向にあること。upward tendency

**うわ-む・く**【上向く】(五自) ①上を向く。look up ②調子がよくなる。improve ③相場が上がり始める。

**うわ-め**【上目】 ①目だけを上のほうに向けること。upturned eyes ②こえること。超過。excess

**うわめ-づかい**【上目遣い・上目使い】 顔は向けないで、目だけで上のほうを見ること。casting an upward glance

**うわ-や**【上屋・上家】 ①雨やつゆをふせぐための、柱と屋根だけのつくりの建物。工事現場やバス停などにみられる。shelter ②税関の中にある、貨物を一時保管する施設。shed

**うわ-やく**【上役】 対義 下役。①上級の役人。senior official ②職場で、自分より地位が上の人。senior

**うわ・る**【植わる】(五自) 植えられる。植えた状態になる。planted 用例 庭木がきれいに―。苗が―。

**う-わん**【右腕】 右の腕。one's right arm

**ウン** 4画【▼云】 部首[二]に JIS 1730
音 ウン
いう。いわく。もうす。他人のことばや書物をひいていうときに、つかうことが多い。「云為・云々(うんぬん)」

**ウン** 7画【▼吽】 部首[口]くちへん JIS 5063
音 ゴウ・グ・ウン
梵語(ぼんご) hūṃの音訳字。口をとじたときの音声。「阿吽(あうん)」 →ゴウ[吽]

**ウン** 7画【▼芸】 部首[艹]くさかんむり
音 ウン
①ヘンルーダ。ミカン科の多年草。葉を書物の間にはさんで、虫害をふせぐのに用いる。「芸香(うんこう)」 ②くさぎる。除草する。田畑の雑草をとりさる。参考 芸(藝)げいは、別の字。

**ウン** 10画【▼紜】 部首[糸]いとへん JIS 6902
音 ウン
①みだれる。多くのものがいりみだれる。②さかん。おおい。

**ウン** 10画【▼耘】 部首[耒]すきへん JIS 7049
音 ウン
くさぎる。除草する。田畑の雑草をとりさる。「耕耘」

**ウン** 12画【運】 部首[辶]しんにゅう 教育小3 JIS 1731
13画【▼運】 部首[辶]しんにゅう 旧字
音 ウン
訓 はこぶ

①はこぶ。送る。類似 搬(はん)。「海運」「運送・運賃・運輸」 ②うごく。うごかす。めぐる。めぐらす。「運行・運転・運動・運用」 ③まわりあわせ。めぐりあわせ。「気運・幸運・国運・不運・文運」「運勢・運命」用例 (名)―がわるい。④かぞえる。「運算」

**運が強い**(うんがつよい) どんな苦境に陥っても、いつも幸運に守られていて、なんとか切り抜けられる。lucky 用例 ―人。

**運が向く**(うんがむく) 運がよくなる。物事が望ましい状態になる。Fortune is smiling on me.

**運の尽き**(うんのつき) 運命の終わり。最後の時が来たこと。the end of one's luck

**運は天に在り**(うんはてんにあり) 人の運はすべて自然の巡り合わせで、人間の力ではどうすることもできない。No flying from fate.

**運を天に任せる**(うんをてんにまかせる) 腹をすえて、運不運をなりゆき、時の流れに任せる。じたばたしない。trust to Providence

**ウン** 12画【雲】 部首[雨]あめかんむり 教育小2 JIS 1732
音 ウン
訓 くも

①くも。水蒸気が空中でかたまり、小さな水滴・氷片となってあつまり、うかんでいるもの。

「積乱雲」「雲海」②くものように。「雲集」③身分の高いたとえ。「雲客・雲上人」④出雲国のこと。「雲州」

**ウン** 13画【▼慍】部首［忄］ ─12画【▼愠】異体字 JIS 5618
音ウン・オン
①いかる。おこる。はらをたてる。②うらむ。むっとする。

**ウン** 13画【▼暈】部首［日］ JIS 5884
音ウン
①かさ。太陽や月の周囲をとりまく、うすい光の輪。②めまい。目がくらむ。「眩暈」③ぼかし。ぼかす。すこしずつ薄くする。「暈繝」

**ウン** 14画【▼熅】部首［火］
音ウン
①うずみび。炎があがらない火。灰にうまった炭火。②あたたかい。むっとするあたたかさ。

**ウン** 15画【▼蕓】部首［艹］
音ウン
「蕓薹」は、アブラナ。アブラナ科の一年草。なたね。

**ウン** 16画【▼縕】部首［糸］
音ウン・オン
①やれわた。ふるわた。古い絹わた。くず麻。②おくふかい。おくそこ。③「縕袍」は、どてら。わたいれ。粗末な服。

**ウン** 17画【▼醞】部首［酉］
音ウン
①かもす。発酵させる。醸造する。「醞醸」②おくゆかしい。しとやか。ゆったりとしている。

**ウン** 18画【▼繧】部首［糸］ 和製漢字 JIS 6966
音ウン
「繧繝」は、おなじ色の濃淡を順にぼかしながらあらわす彩色法。

**ウン** 19画【▼蘊】部首［艹］ JIS 7330 ─16画【▼薀】異体字 JIS 7305
音ウン
①つむ。つもる。つみたくわえる。「蘊蓄」②おくふかい。おくそこ。「蘊奥」

**ウン** 19画【▼饂】部首［食］ 和製漢字 JIS 8127 ─18画【▼䭃】異体字 和製漢字
音ウン
「饂飩」は、小麦粉を水でかたくこね、細長くきった食品。ゆでて、汁にひたしてたべる。

**うん** 曰(代)《俗語》おもに金額をあいまいに言うのに用いる。ん。用例 ―十万もした時計。
曰(感)①承知した。「はい」よりぞんざいな語。yeah ②うなり声。moan 用例 ―と力む。③何か思い出したようなときに発する語。Ah hah! 用例 ―そうだ。

**うん-い**【▼云為】言うことと行うこと。言行。

**うん-うん** 曰(感)承知するとき・相づちをうつときに発する語。曰(副)①苦しがってうなるさま。②力むさま。

**うん-えい**【運営】(名・サ変他) 組織・制度などを動かして仕事を進めること。management; administration 用例 議院―委員会。

**うん-えん**【雲煙・雲▼烟】①雲と、けむり。clouds and smoke ②山水画の表現法の一つ。③みごとな筆跡。墨色のあざやかなたとえ。

**雲煙過眼**(うんえんかがん) 物事に、深く心をとめないこと。

**雲煙飛動**(うんえんひどう)《雲やかすみが勢いよく飛ぶ、の意》筆跡の、みごとで勢いのよいこと。

**雲煙縹緲**(うんえんひょうびょう) 雲煙の、はるかにたなびくさま。

**うん-おう**【▼蘊奥】↓うんのう(蘊奥)

**うんか**【▽浮▼塵▽子】ウンカ科の昆虫の総称。セミに似るが小さく、体長一〇mm以下。世界各地に分布。イネなどの植物の汁液を吸う。ヒメトビウンカ・トビイロウンカ・セジロウンカなどで、いずれもイネの大害虫。また、ヨコバイ類などを含めてウンカということもある。コヌカムシ。フジンシ。plant hopper ↓図

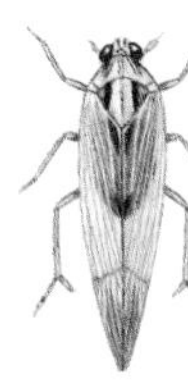
●ウンカ　セジロウンカ

**うん-か**【雲▼霞】①雲と、かすみ。clouds and mist; clouds and haze ②《雲やかすみがわき起こるさまから》人やものが多く群がり集まる形容。swarms of 用例 ―のごとき大軍。

**うん-が**【運河】水運・給排水・灌漑などのために掘られた人工の水路。河川を結ぶ内陸運河、海上交通路を短縮する海洋船運河がある。掘割り。canal

**うん-かい**【雲海】①雲のたなびく海。sea overcast with clouds ②山頂や飛行機などから見下ろしたときの、海のようにひろがった層雲や高層雲など。sea of clouds

**うん-かく**【雲客】昇殿を許された者。殿上人。雲上人。用例 月卿―。

**うん-かく**【▼惲格】↓うんじゅへい(惲寿平)

**ウンガレッティ**【Giuseppe Ungaretti】(一八八八～一九七〇) イタリアの詩人。純粋詩から出発して「エルメティズモ(錬金術主義)」の詩法を確立。詩集『喜び』『時の感覚』『約束の地』など。

**ウンガロ**【Emanuel Ungaro】(一九三三～) フランスの服飾デザイナー。

**うん-き**【運気】①いろいろな自然現象から、人の運命を判断すること。②運勢。fortune

**運気を刎ねる**(うんきをはねる) 首をきり落とす。『さ。

**うん-き**【▽温気】①あたたかみ。②むしあつさ。

**うん-き**【雲気】①雲や霧の動くようす。②雲のように空中に立ちこめる、あやしい気。③歌舞伎の大道具で、雲を表す作り物。

**ウンギ**【雄基】(Unggi) ↓ゆうき(雄基)

**うんき-こうげん**【雲貴高原】中国雲南、貴州両省にまたがる高原。標高一〇〇〇～二〇〇〇m。深い谷が多く、気候は年中温和。ユンクイ高原。

**うん-きゃく**【運脚】律令時代、徒歩で調・庸などの貢納物を都へ運んだ農民。往復の食糧も自弁で、これにより農民は疲弊。

**うん-きゅう**【運弓】バイオリンやチェロなどを演奏するときの弓の使い方。bowing

**うん-きゅう**【運休】(名・サ変自)《「運転休止」の略》交通機関が運転・運航を中止すること。suspension of traffic

**うん-きゅう**【雲級】↓うんけい(雲形)②

**うんきゅうしちせん**【雲▼笈七▼籤】道教の基本教典の要旨を集大成した書。北宋の張君房撰。一〇一九年成立。一二二巻。宋以前の道家の書を整理、編集したもの。

**うん-きょう**【雲鏡】雲の移動方向や速さを求める器械。水平に置かれた円形の黒い鏡に映った雲の動きから求める。cloud mirror

**うんけい**《沖縄地方で、お迎え、の意》沖縄地方の盆行事での重要な儀礼。陰暦七月一三日の盆の入りに、家々で先祖の精霊を迎え、供え物などをする。比較 ううくい。

**うん-けい**【雲形】①雲の形。②世界気象機関が決定した形と高さによる雲の分類。巻雲・巻積雲・巻層雲・高積雲・高層雲・乱層雲・層積雲・層雲・積雲・積乱雲の一〇種。雲級。cloud form

**うんけい**【運慶】(?～一二二三) 鎌倉初期の彫刻家。康慶の子。節度と気品のみなぎる力強い新時代様式を完成。慶派(七条仏所)は諸流派中第一の勢力となる。作品に興福寺北円堂諸像、東大寺南大門『仁王像』(快慶と合作)など。↓写 ↓鎌倉時代美術写

●運慶『無著像』。承元二年(一二〇八)～建暦二年(一二一二)、興福寺(奈良県)。

**うん-げん**【▼繧▼繝・▼暈▼繝】①繧繝彩色。②繧繝彩色風に織った織物。

**うんげん-さいしき**【▼繧▼繝彩色】同じ色を、淡色から濃色へと帯状に段階をつける中国の彩色法。奈良時代に伝来。建築の内部装飾・絵画・工芸品・彫刻に用いられた。繧繝。

**うんげん-にしき**【▼繧▼繝▼錦】赤地の縦じまの間に、あいやあさぎで、花形・ひし形の色模様を織り出した絹織物。↓写

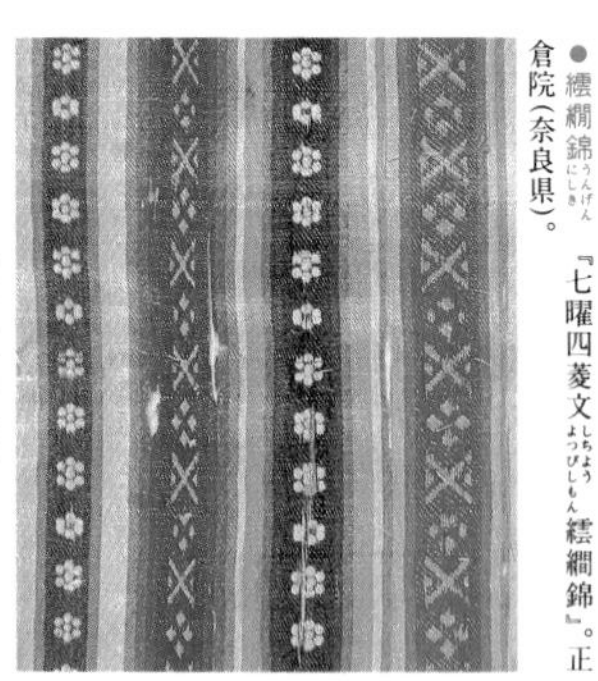
●繧繝錦『七曜四菱文繧繝錦』。正倉院(奈良県)。

**うんげん-べり**【▼繧▼繝▽縁】繧繝錦を使った畳のへり。また、そのへりをつけた畳。宮中や社寺で用いた。うげんべり。うげんばし。

**うん-こ**《幼児語。「うん」はいきむ声、「こ」は接尾語》大便。うんち。

**うん-こう**【▼芸香】《「藝」の略字「芸」とは別字》①ヘンルーダの漢名。②ジンチョウゲの別名。

**うん-こう**【運行】(名・サ変自)①定まった路線を進むこと。service 用例 列車―表。②天体が軌道を進むこと。公転。movement

**うん-こう**【運航】(名・サ変自)船・航空機が航路を進むこと。service

**うん-こう**【雲向】雲の移動して来る方向。雲形別に観測し、八方位で表す。

**うん-こう**【雲高】地表から雲の最低面までの高さ。ceiling

**うんこう-ぎょうしゃ**【運航業者】荷主と運送契約を結んで船舶を運航し、運賃を得ることを主たる営業とする業者。operator

**うんこう-せっくつ**【雲▼崗石▼窟】中国最大の仏教石窟寺院。大同の石仏として有名。山西省大同の西にあり、約四〇の石窟が連なる。北魏時代の四六〇～四九四年ごろ造営。中国と中央アジア様式が混在している。↓写

**うんこく-とうがん**【雲谷等顔】(一五四七～一六一八) 安土桃山時代の画家。雲谷派の祖。名は直治。肥前の人。雪舟風の整った形式美を追う独自の画風を形成。雪舟三世を自称。作品に大徳寺黄梅院襖絵『山水人物図』など。

**うんこく-は**【雲谷派】雲谷等顔を祖とする地方画派。等顔以降、代々毛利藩御用絵師を務め、江戸時代、萩を中心に中国地方で活躍。

**うん-こん-どん**【運根鈍】成功するために必要な三つの条件。よい巡り合わせと根気のよいこと、それに粘り強いこと。運鈍根。

**うん-ざ**【運座】俳諧で、何人かが集まり、題を決めて句を作り、互選して秀句を選出する会。始まりは文政年間(一八一八～三〇)といわれ、明治時代に互選形式が確立。

**うんさい-おり**【雲斎織(り)】綾織り綿布の一種。地の粗い、目を斜めに織った布。厚地物は足袋底、薄地物は作業服地などにする。

**うん-ざり**(副・サ変自) すっかり嫌になるさま。げんなり。be fed up with

**うん-さん**【雲散】(名・サ変自) 雲が散るように、ちらばること。scatter

**うん-ざん**【運算】(名・サ変他) 数式に従って計算すること。演算。calculation

**うんさん-むしょう**【雲散霧消】(名・サ変自) 雲や霧が散って消えさるように、あとかたもなくなること。霧散。vanishing like mist

**うん-し**【運指】楽器を演奏するときの指の使い方。fingering

**うんじゃみ** 沖縄本島の北部地方で、旧盆明けの亥の日に行われる行事。祝女が中心になって海神を迎え、海山の幸・航海安全・村の繁栄を祈り、猪狩りや魚捕りの所作を演じたり、船漕ぎ競争などが行われる。

**うん-しゅう**【雲州】出雲国。

**うん-しゅう**【雲集】(名・サ変自) 雲のように群れ集まること。

**うんしゅう-みかん**【▽温州▼蜜▼柑】ミカン科の常緑低木。日本の代表的柑橘類。果実は黄橙色の扁球形で、皮がやわらかく、種子がない。日本の中部および南部の暖地で栽培。多くの品種がある。

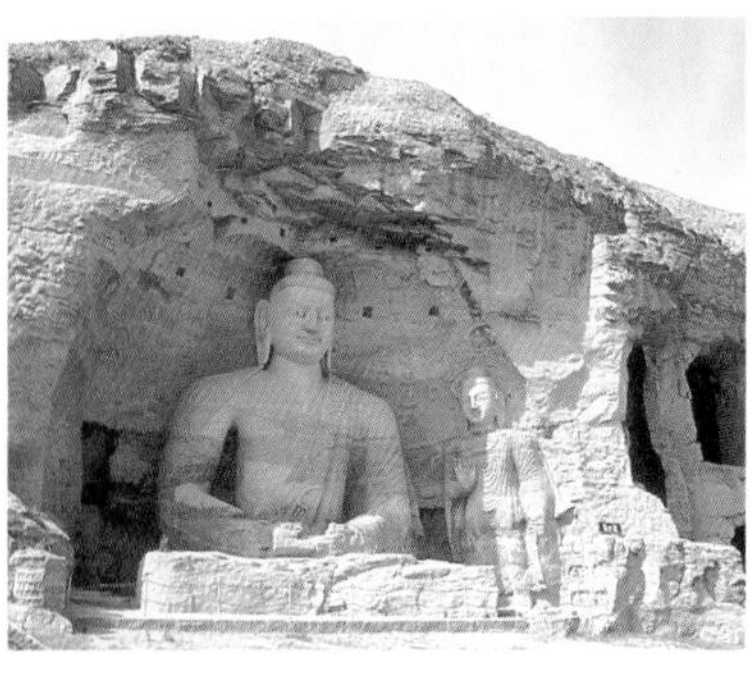
●雲崗石窟 第二〇窟大仏主尊像とその脇侍。

**うんしゅう-むさん【雲集霧散】** 群がる雲のように集まったかと思うと、霧が消えうせてしまうように跡形もなく消えてなくなること。多くのものが集まったり消えうせたりすること。

**うん-じゅへい【▼惲寿平】**(一六三三〜九〇) 中国、清初の画家。初名は格。寿平は字。没骨花卉に新風を開いた。作品『山水花卉画冊』など。

**うん-じょう【運上】** ①鎌倉時代、公への納め物を京都へ運送し、上納したこと。②江戸時代に、商・工・漁・鉱・運送業などの諸営業者に課した雑税の一つ。冥加金と異なり、一定の税率で賦課。運上金。

**うん-じょう【雲上】** ①雲の上。②宮中。禁中。the Imperial Court

**うん-じょう【雲壌】**《雲と土、の意》①天地。②非常にちがうことのたとえ。月とすっぽん。用例 ── の差。

**うん-じょう【▼醞醸】**(名・サ変自) ①酒類をかもしつくること。醸造。brewing ②感情や気分が心の中にかもし出されること。engender

**うんじょう【運城】** 中国、山西省南部の県。河東塩で有名な塩池があり、塩を中心とした商業で発展。人口四二・八万(一九八四)。ユンチョン。

**うんじょう-しょ【運上所】** 幕末・明治初期、開港場に設けられた一種の税関。輸出入される物資の取り締まりや関税の徴収を担当。

**うんじょう-びと【雲上人】** 宮中で清涼殿の殿上の間に仕える人。また、宮中に仕える人。くものうえびと。殿上人。大宮人。

**うん-しん【運針】** 裁縫用語。針の運び方。とくに並縫いをさし、均一な針目でまっすぐ、または印どおりに縫うこと。

**うん・ず【▼倦ず】** 古語 (サ変自)《「うみす」の転》いやになる。つかれる。あきれる。用例 ──・じて、みな帰りぬ(竹取)。

**うん-すい【雲水】** 行く雲・流れる水のように道を求めて諸国を遍歴する僧。おもに禅宗の修行僧をさす。雲水僧。↓写

● 雲水

**うん-ずく【運尽く】** 運まかせ。

**ウンスン-カルタ**《「ウンスン」は、ポルトガル語で、最高の意》カルタの一種。一六世紀の末にポルトガル人により伝えられ、江戸時代に日本化されて流行した。七五枚の札があり、使い方はトランプに似ている。↓写

**うん-せい【運勢】** これからの運・不運のめぐりあわせ。運。fortune; luck

**ウンセット【Sigrid Undset】**(一八八二〜一九四九) ノルウェーの女流小説家。つねに女性問題を主題とした。一九二八年ノーベル文学賞受賞。作品『イェンニー』『クリスティン=ラブランスダッテル』など。

**うんぜんあまくさ-こくりつこうえん【雲仙天草国立公園】** 長崎県、島原半島から熊本・鹿児島両県の西部海岸にまたがる国立公園。景勝と温泉の雲仙地区と、大小一二〇余の島々とキリシタン遺跡の天草地区からなる。昭和九年(一九三四)指定。

**うんぜん-おんせん【雲仙温泉】** 長崎県、島原半島にある温泉。標高七〇〇mの山中の温泉で、国際的な観光地として知られる。雲仙天草国立公園観光の拠点。

**うんぜん-だけ【雲仙岳】** 長崎県、島原半島中央部にそびえる複式火山群。最高峰は普賢岳一三五九m。温泉や、四季の自然美に恵まれ、雲仙天草国立公園の中心の一つ。

**うんぜん-つつじ【雲仙▼躑▼躅】** ツツジ科の常緑小低木。本州中部以西の山地にはえる。ただし、九州の雲仙にはみられない。高さ約一m。枝は細く、小葉が密生。花は小形で淡紅紫色。

**うん-そう【運送】**(名・サ変他) 人や貨物を運びおくること。運輸。運搬。transportation

**うんそう-けいやく【運送契約】** 当事者の一方が物品や旅客の運送を引き受け、それを依頼する側が運送費の支払いを約束する契約。contract of carriage

**うんそう-ほけん【運送保険】** 貨物保険の一つ。国内で陸上・航空輸送される貨物の火災・盗難などによる損害に備えて荷主が貨物にかける保険。ふつう海上保険とは区別する。transport insurance

**うん-そく【雲速】** 雲の動く速さ。雲の実質部分はたえず発生し消滅するので、見かけ上の雲の速さを目視により観測する。

**うん-だい【雲台】** 三脚の上に取り付けて、カメラをのせる台。pan head

**うん-だめし【運試し】**(名・サ変自) 運がよいかどうかを試すこと。trial of luck

**うん-ちく【▼蘊蓄・▼薀蓄】** 深くたくわえた学問・技芸などの知識。great stock of knowledge

**蘊蓄を傾ける**(うんちくをかたむける) 自分の学識・技能のすべてを発揮する。apply the whole stock of one's knowledge to

**うん-ちょう【雲頂】** 雲の頂上。ふつう地表からの高さで示す。cloud top

**うん-ちん【運賃】** 旅客または荷主が運送の対価として運送業者に支払う価格。旅客運賃・貨物運賃・自動車運賃など。fare; freight

**うんちん-どうめい【運賃同盟】** 航路の運賃・運送条件などについて協定する国際的なカルテル。海運業者どうしの競争を回避するのが目的。

**うんちん-ほけん【運賃保険】** 海上保険の一つ。貨物運送に関して生じた事故により運賃の支払いを受けられない場合の損害を補うための保険。insurance on freight

**うん-てい【▼芸亭】**《「藝亭」の略字「芸」とは別字》奈良末期にできた日本最古の公開図書館。石上宅嗣が私邸を寺院とし、付設の書庫を公開した。芸亭院。

**うん-てい【雲底】** 雲の底面。雲の高さは雲底の高さをいう。cloud base

**うん-でい【雲泥】** 雲とどろ。

**雲泥の差**(うんでいのさ) たいへんなちがい。「difference

**雲泥万里**(うんでいばんり) 「雲泥の差」と同意。great

**うん-てん【運転】**(名・サ変自他) ①船・車・機械などを動かすこと。操縦。operation; driving 用例 安全 ──。②お金を動かし活用すること。運用。utilization

**うんてん-しきん【運転資金】** 企業が原材料や商品の購入費や人件費などの経常的費用の支払いにあてる資金。短期資金の性格をもつ。working capital

**うんてん-しほん【運転資本】** 短期の流動資本。企業運営にあたり、原材料・商品の購入や人件費・利子などの経常的な支払いにあてられる資本。working capital

**うんてん-しゅ【運転手】** 鉄道車両・自動車を運転する職業の人の通称。とくに鉄道・タクシーでは運転士、バスなどでは運転者、と言う。driver

**うんてん-めんきょ【運転免許】** 自動車・船舶・鉄道などの運転・操縦者資格を認可するもの。一般には公安委員会で認められる自動車、または原動機付き自転車の運転免許をいう。driver's license

**うん-と**(副) ①たくさん。a lot ②力をこめるさま。強く。hard

**うん-どう【運動】**(名・サ変自) ①力学で、物体または物体内の一点が、時間とともに空間的位置を変えること。motion 対義 静止。②生理学で、一般に生体が能動的に動く現象。生体内で発生する生物学的エネルギーによって、生体の全部または一部の位置を変える動き。motion ③身体を動かすこと。スポーツ。exercise 用例 ── 会。④目的のために広く他に働きかけること。movement 用例 選挙 ──。

**うんどう-いん【運動員】** おもに選挙のために働く人。canvasser

**うんどう-エネルギー【運動エネルギー】** 運動している物体がもっているエネルギー。物体の質量に比例し、速さの二乗に比例する。kinetic energy

**うんどう-がく【運動学】** ①物体に作用する力と運動の関係を考慮しないで、運動そのものだけを論ずる力学。速度や加速度および変位などを数学的に扱う。kinematics ②体育学の一つ。人間の運動の構造や性質などを研究する。kinesiology

**うんどう-ぐつ【運動靴】** 主としてスポーツ用で、運動機能に適する靴の総称。ゴム底、布製が多い。sneakers

**うんどうしっちょう-しょう【運動失調症】** 体の運動が円滑に行われるための筋肉の協同運動が障害された状態。筋力は正常だが、個々の運動がばらばらで調和を保てない。motor ataxia

**うんどう-じょう【運動場】** 各種の遊戯やスポーツのための広場。学校には設置が義務づけられている。playground; athletic field

**うんどう-しょうがい【運動障害】** 一般に随意運動の障害をいい、大脳から末梢の筋肉に至る経路の障害で、四肢などの運動性が弱くなったり、失われたりすること。中枢性・末梢性障害、筋肉自体の障害などがある。motor dysfunction

**うんどう-しんけい【運動神経】** ①中枢からの興奮を末梢の骨格筋に伝達し、運動を起こさせる遠心神経。motor nerve 対義 求心神経。②スポーツなどをたくみにこなす感覚。athletic ability

**うんどう-せいだん【運動星団】** 同一速度の平行運動をする恒星の集団。ヒヤデス星団に代表される。運動星群。moving cluster

**うんどうせい-ひんけつ【運動性貧血】** 運動選手にみられる貧血。激しいトレーニングの結果、たんぱく質や鉄分が欠乏するためと考えられ、激しい運動をやめると回復する。

**うんどう-せいりがく【運動生理学】** 運動と、その生理学的効果との相互因果関係を究明し、法則性を発見していく学問。

**うんどう-の-ほうそく【運動の法則】** ニュートンが確立した物体の運動に関する三つの法則。第一法則は、静止または一様な直線運動をする物体は、外からの力が作用しない限りその状態を持続するというもの。「慣性の法則」ともいう。第二法則は、運動量(質量と速度の積)の変化は、力の作用に比例し、その力の方向に起こるというもの。「ニュートンの運動方程式」ともいう。第三法則は、二つの物体が相互に作用しあう大きさが等しく、向きが反対であるというもの。「作用反作用の法則」ともいう。laws of motion

**うんどう-ひ【運動費】** ある目的を実現させるための工作に用いる諸経費。running expenses; campaign funds 用例 工場誘致のための ──。

**うんどう-ぶ【運動部】** ①スポーツ活動を行う、学生の自主的な組織の総称。正課外に同好者が集まり、トレーニングや対校試合などをするが、同好会・サークルとは区別される。体育会。athletic club ②新聞社などの、スポーツ関係の記事を取り扱う部門。department of athletics

**うんどう-ほうていしき【運動方程式】** 物体にはたらく力とその物体の運動の関係を示す式。ニュートンの運動方程式や、量子力学のハイゼンベルクの運動方程式など。equation of motion

**うんどう-まさつ【運動摩擦】** 運動している物体に作用する摩擦。このときの摩擦力を運動摩擦力または動摩擦力という。動摩擦。kinetic friction

**うんどうまさつ-けいすう【運動摩擦係数】** →どうまさつけいすう(動摩擦係数)

**うんどう-りょう【運動量】** 質量と速度との積。運動量の単位時間あたりの変化は、その物体に働く力に等しい。momentum

**うんどう-りょうほう【運動療法】** 物理療法の一つ。運動障害のある患者に、軽度からしだいに強い運動をさせて訓練し、運動能力を高める。各種麻痺や外傷の後遺症などに適用。kinesiotherapy

**うんどうりょうほぞん-の-ほうそく【運動量保存の法則】** 一個の物体または数個の物体からなる系に外から力がはたらいていないときは、その物体または系の全運動量は一定に保たれるという法則。law of conservation of momentum

**うんとも-すんとも**(連語) ぜんぜん返事をしないさま。一言も。なんにも。say nothing

● ウンスンカルタ

▼常用漢字表外。 ▽常用漢字表の音訓外。

用例 — 言わない。

**うん-どん-こん【運鈍根】** ↓うんこんどん（運根鈍）

**うんなん【雲南】**〈省〉中国南部の省。ベトナムの北に位置し、省都は昆明。人口三二〇〇万(八四)。ユンナン。

**うん-ぬん【▼云▼云】**《「うんうん」の変》㊀(名) ①《文章を省略するときに使う》これこれ。しかじか。and so on ②「…と言ったわけだ」の意。文章の終わりに置く語。㊁(名・サ変他)口出しすること。とやかく言うこと。mention

**うん-のう【▼蘊奥】**《「うんおう」の変》学問・技芸などのおく深い所。奥義。極意。mysteries; depth 用例 —をきわめる。

**うんの-しょうみん【▽海野勝▼珉】**(一八四四—一九一五)彫金家。水戸の人。作風は写実的で優雅。作品に御物の『蘭陵王置物』など。

**うん-ぱく【雲伯】** 出雲国と伯耆国。

**うん-ぱん【運搬】**(名・サ変他) 旅客や貨物を、運びうつすこと。運送。transportation

**うん-ぱん【雲版】** ①禅宗寺院の器具の一つ。銅製・鉄製の雲形状の平たい板で、木版とともに寺院内の各種の合図に打ち鳴らすもの。斎板。比較 魚板。②和額の一つ。色紙・短冊を入れてかける雲形の額。↓写

●雲版① 万福寺(京都府)。

**うんぱん-さよう【運搬作用】** 風化や浸食によってできた岩石のかけら・鉱物粒・砂などが、自然の力で運ばれていくこと。重力・風・河川・氷河などのはたらきによる。transportation

**うん-ぴつ【運筆】** ふでのはこび方。ふでづかい。用例 —の妙。

**うん-ぴょう【雲表】** 雲の上。雲外。

**うん-ぴょう【雲▼豹】** ネコ科の肉食獣。ヒョウに似るが、それより小さく、別種。体長約一m。褐色地に、黒色で縁取られた濃褐色の雲形斑が散在。樹上にひそみ、シカやサルを捕食。中国南部・台湾・東南アジア・インドに分布。↓図

●ウンピョウ

**うんぷ-てんぷ【運▽否天賦】** ①運・不運は天がきめるものであるということ。②運を天に任せること。

**ウンブリア【Umbria】** イタリア中部、アペニン山脈の中にある州。産業は果樹の栽培など。人口八一・四万(八九)。

**ウンブリア-は【ウンブリア派】** 一五世紀、イタリア中部のウンブリア地方で活躍した画家の総称。フィレンツェ派に学び、比例・遠近法・短縮法に工夫を加え、ルネサンス絵画の発展に貢献。作家にピエロ=デラ=フランチェスカやペルジーノなど。Umbrian school

**うん-ぼ【雲母】** ↓うんも(雲母)

**うん-まかせ【運任せ】** 万事を運に任せること。運ずく。trusting to chance; luck it out

**うん-む【雲霧】** ①雲と霧。cloud and fog ②物事があいまいではっきりしない状況。

**うんむ-りん【雲霧林】** 照葉樹林。

**うん-めい【運命】** ㊀①身にふりかかる善悪・吉凶。巡り合わせ。宿命。運。destiny; fate ②宇宙の万物を支配し、人の一生を左右すると信じられている超人間的な力。destiny; fate ㊁①幸田露伴の史伝。大正八年(一九一九)発表。中国、明の建文帝と叔父永楽帝の生涯を描く。②「運命交響曲」の通称。

**運命に弄ばれる**(うんめいにもてあそばれる) 自分の意志ではどうにもできない巡り合わせに、支配される。drop in the lap of fate

**運命の悪戯**(うんめいのいたずら) 自分の願いに反するような、よくない成り行きを、天の気まぐれにかこつけた語。a whim of fate

**うんめい-あい【運命愛】**《ニーチェの用語》自分の運命を受容し、一体化してより高い境地へ進もうとする人間の態度。アモールーファティ。

**うんめいこうきょうきょく【運命交響曲】** ベートーベン作曲の交響曲、第五番、ハ短調、作品六七の通称。四楽章。一八〇八年作。「運命はかくのごとく扉をたたく」といった有名な動機が、全曲を支配している。

**うんめい-てき【運命的】**(形動) 運命によってきめられているさま。宿命的。destined 用例 —な出会い。

**うんめい-でん【▽温明殿】** 平安京の内裏の殿舎の一つ。賢所があり、神鏡が安置されている。

**うんめい-ろん【運命論】** すべての出来事は、すでに予定されたさだめにしたがって起き、いかなる人為的努力もそれを変える効力はもたないとする諦観的思想。宿命論。fatalism

**うん-も【雲▽母】** もっとも普通な造岩鉱物の一つ。フィロ珪酸塩(層状珪酸塩)鉱物に属する。六角板状結晶体。真珠光沢・金属光沢をもち、層状に薄くはがれる。白雲母・黒雲母・金雲母などがあり、火成岩や変成岩などに産出する。耐火材や電気の絶縁体として利用。うんぼ。きら。きらら。mica

**うんも-へんがん【雲▽母片岩】** 黒雲母または白雲母と石英を主成分とする変成岩。泥質または砂質の堆積岩が、広範囲の変成作用を受けてできる。mica schist

**うん-もん【雲門】**(八六四—九四九) 中国、唐代の禅僧。名は文偃。広東省の雲門山に住し、雲門宗を開いた。

**うんもん-すずめ【雲紋▼雀▼蛾】** 前翅が緑色、後翅に淡紅色部があるスズメガ科のガ。開張約七cm。緑色の体は丸く流線形で、翅は細長く、ほぼ三角形。食草はケヤキ・マユミ。日本全土に分布。

**うん-ゆ【運輸】** 貨物や客を運びおくること。運送。運搬。transportation

**うんゆ-しょう【運輸相】** 運輸大臣のこと。

**うんゆ-しょう【運輸省】** 水・陸・空の交通・運輸・保安などの行政事務をつかさどる中央官庁。大臣官房と七局からなり、海上保安庁・気象庁などの外局がある。Ministry of Transport

**うんゆ-だいじん【運輸大臣】** 内閣各省大臣の一つ。運輸省の長。運輸相。Minister of Transport

**うん-よう【運用】**(名・サ変他) うまく機能させること。活用。application 用例 資金を—する。

**運用の妙は一心に存す**(うんようのみょうはいっしんにそんす) 法や原則が活用されるか否かは、それを運用する人の心しだいである。

**うん-りゅう【雲粒】** 雲を構成する小さな水滴または氷の結晶。半径は一〇〇分の一ミリメートル前後。cloud droplet

**うんりゅう-がた【雲竜型】** 大相撲で、横綱の土俵入りの型の一つ。第一〇代横綱雲竜久吉が初めて行った。四股のあとのせりあがりで、左手を脇に当て右腕を側方に伸ばすのが特徴。比較 不知火型。

**うん-りょう【雲量】** 雲におおわれた部分の空全体に対する見かけ上の割合。空全体が雲の場合を一〇として、0から一〇まで一一階級に分ける。cloud amount 比較 雲級。

# え エ

**え【え・エ】** 五十音図あ行第四の仮名。平仮名「え」は「衣」の草体。片仮名「エ」は「江」の右。

**エ** 6画 **【会】** 部首[人・へ] 教育小2 JIS 1881
13画 **【▼會】** 部首[曰] 旧字 JIS 4882
音 カイ・エ
訓 あう
筆順 ↓カイ[会]
①あう。であう。あつまる。あつまり。「法会・放生会」「会式・会者定離」②しる。さとる。「会得」③挨拶をする。「会釈」④絵。いろどり。彩色。「図会」↓カイ[会]

**会に合わぬ花**(えにあわぬはな)《法会に間に合わない花、の意から》時機遅れで、むだになってしまったもののたとえ。十日の菊。

**エ** 6画 **【回】** 部首[口] 教育小2 JIS 1883
5画 **【▼囘】** 部首[冂] 異体字 JIS 4937
音 カイ・エ・ウイ
訓 まわる・まわす
筆順 ↓カイ[回]
めぐらす。まわす。「回向」↓カイ[回]

**エ** 8画 **【依】** 部首[人・亻] 常用 JIS 1645
音 イ・エ
よる。よりかかる。たよる。「帰依」「依怙」↓イ[依]

**エ** 10画 **【恵】** 部首[心] 常用 JIS 2335
12画 **【▼惠】** 旧字 JIS 5610
音 ケイ・エ
訓 めぐむ
①めぐむ。めぐみ。縁起がよい。「恵方」②《慧とも》さとい。利口。「知恵」↓ケイ[恵]

**エ** 12画 **【絵】** 部首[糸] 教育小2 JIS 1908
19画 **【▼繪】** 旧字 JIS 6973
音 カイ・エ
筆順 ↓カイ[絵]
①物の形などを平面上にかきあらわしたもの。「油絵・墨絵」「絵師・絵図・絵本」用例 (名)—のような景色。②映画やテレビなどの映像・画面。用例 (名)音声だけで—が出ない。↓カイ[絵]

**絵に描いた餅**(えにかいたもち)《見るだけで食べられないもち、の意から》形ばかりで、実際には役に立たない物事のたとえ。画餅。pie in the sky

**絵になる**(えになる) ①題材にすると、よい絵が描けそうである。絵でも描けそうな風情がある。画趣に富んでいる。picturesque ②姿、振る舞い、また、たたずまいなどが、その場の雰囲気にぴたりとあてはまっている。make a good picture

**絵にも描かれぬ**(えにもかかれぬ) 絵などでは表現ができないほどすばらしい。beyond description 用例 —美しい景色。

**エ** 15画 **【▼慧】** 部首[心] 人名用 JIS 2337
15画 **【▼慧】** 旧字
音 ケイ・エ
①仏教で、真実をみきわめる作用。一切の事象と、その原理を分別し、判断する作用。「智慧」②さとい。利口。「智慧」↓ケイ[慧]

**エ** 18画 **【▼穢】** 部首[禾] JIS 6750
音 ワイ・エ・アイ
①けがれる。よごれる。けがす。よごす。けがれ。よごれ。「穢土」②けがらわしい。きたない。↓アイ・ワイ[穢]

**え【▽兄】** 古語 年上の人。あに。あね。対義 おと。用例 —ひめ、おとひめ(古事記・中)。

**え【江】** 湖・海などの一部が陸に入りこんでいる所。入り江。湾。inlet 用例 難波—。

**え【▽枝】** えだ。branch 用例 松が—。

**え【柄】** ①手で持つための、器物の細長い部分。handle; grip ②きのこなどの茎。菌柄。stalk; stem; stipe

**柄の無い所に柄を箝げる**(えのないところにえをすげる) むりやりに理屈をこじつける。また、口実を設けて言い逃れようとする。resort to sophistry where reason fails

**え【▼餌】** 餌。用例 釣り針に—をつける。小鳥に生き—をやる。

**え** 古語 (副)《下に打ち消しの助動詞をともなう。「え」は関西方言の「よう言わん」の「よう」にあたる》…できない。用例 この玉たやすくは—取らじ(竹取)。

**え**(感) =ええ。①うなずく、また、あいづちを打つ声。yes ②うたがう声。Eh? ③おどろきの声。What!

**え** 古語 (終助) 上代東国方言で、呼びかけを表す。…よ。用例 父母—斎ひて待たね筑紫なる(万葉・二〇・四三四〇)。

**え【重】**(接尾)《数詞について》かさね、かさなりを表す。用例 七—八—。

**エア【air】** ①空気。用例 —ブレーキ。②空。③《接頭的》航空。

**エアーズ-ロック【Ayers Rock】** オーストラリア、ノーザンテリトリー南西部にある世界最大の一枚岩。周囲九km、高さ三四二m。岩肌は太陽の動きにつれて、さまざまな色彩に

変化する。
**エアー-ニッポン**【エアーニッポン(株)】日本の国内線航空会社。昭和四九年(一九七四)、日本航空・全日空・東亜国内航空(＝日本エアシステム)の三社により、日本近距離航空として設立。同六二年(一九八七)現社名に改称。ANK。Air Nippon
**エアー-インディア**【Air-India】インドの航空会社。一九五三年から国営。AIC。
**エアー-カー**【air car】水上、氷上、または平地上で、空気を下方に噴射して車体を浮かせ、プロペラの推進力で走る乗り物。ホバークラフトも、この一種。
**エアー-カーテン**【air curtain】空間を遮断する空気流の幕。工場・百貨店の出入口などに使用され、粉塵・虫などの通過を防ぎ、断熱効果もある。エアドア。
**エアー-ガン**【air gun】①空気銃。②高圧の空気を急激に水中へ噴出させて音波を起こさせる装置。海底の地形・資源の探査に利用。
**エアー-クッション**【air cushion】空気が圧縮されたときに生じる圧力を弾性として利用した緩衝装置。
**エアー-クリーナー**【air cleaner】室内に浮遊するごみ・ほこり・においなどを吸い取る装置。空気清浄機。
**エアー-コンディショナー**【air conditioner】室内の温度・湿度を一定の状態に保つ機器。空気調節器。エアコン。
**エアー-コンディショニング**【air conditioning】室内や建物内部の空気の温度・湿度・清浄度などを最適な状態に調整すること。空調。空気調節。エアコン。
**エアサイクル-システム**《air circulating systemから》冷暖房の省エネルギー化をはかる方法。住宅の外壁に通気層を設け、屋根裏と床下の空気を循環させ、冷暖房効果を高める。
**エアシャー-しゅ**【エアシャー種】ウシの一品種。体重は雌約四五〇kg、雄約七〇〇kg。赤褐色と白色のぶちが多い。乳量は年約四〇〇〇kgで、乳中にカゼインが多いのでチーズ原料乳として利用。強健で耐寒性などにすぐれる。スコットランド原産。Ayrshire
**エアー-シャトル**【air shuttle】航空機の折り返し運航便。乗客が一定数になると出発し、都市間を頻繁に往復する。
**エアー-シューター**《和製語》↓きそうかん(気送管)
**エアゾール**【aerosol】①霧吹き式の薬剤・殺虫剤。②エーロゾルの異称。
**エアー-ターミナル**【air terminal】空港施設の一つ。旅客の発着手続き・荷物の取り扱い、送迎・待ち合わせなどを行う。ターミナルビル。
**エアー-チェック**《和製語》個人で楽しむために放送電波を受信・録音すること。
**エアデール-テリア**【Airedale terrier】イヌの一品種。テリア中最大で、肩高約六〇cm。獣毛色は褐色の地に黒の入ったものが多い。猟犬・番犬・警察犬用。イギリス原産。比較ヨークシャーテリア。
**エアー-ドーム**《和製語》建築構造の一種。内部の空気圧を外部より少し高めにして気圧差で膜屋根を支える方法で、屋根付きの野球場や体育館などに用いられる。空気膜構造。↓写

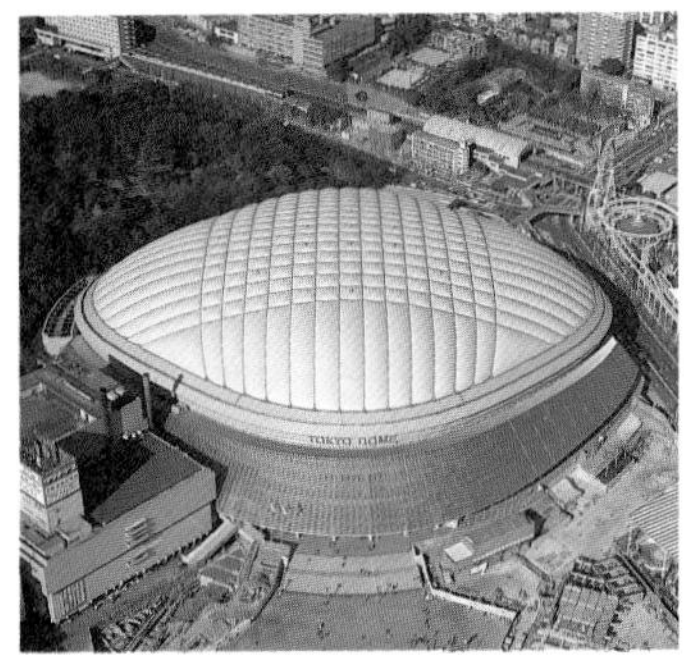

●エアドーム　東京ドーム。

**エアドリル**【airdrill】空気の圧力を利用したドリル。
**エアー-バス**【air bus】中・近距離用に開発された二五〇〜三〇〇人乗りの大型ジェット旅客機の総称。大量輸送・低燃費など、経済性を重視して設計されている。
**エアー-バッグ**【air-bag】車が衝突した瞬間、ハンドル部分から空気の袋がふくらんで、運転者の頭部・胸部を保護する装置。
**エアハルト**【Ludwig Erhard】(一八九七〜一九七七)西ドイツの政治家。ドイツ連邦共和国成立後、経済相・首相として経済復興を実現。エルハルト。
**エアー-ピープル** 難民のうち、第三国でパスポートを入手し、航空機で入国してくる人々。比較ボートピープル。
**エアー-フィルター**【air filter】空気中の粉塵を除くための濾過装置。濾材は綿・ガラス繊維や繊維状・スポンジ状にした合成樹脂。
**エアー-フォース-ワン**【Air Force One】アメリカの大統領専用機。
**エアフルト**【Erfurt】↓エルフルト
**エアー-ブレーキ**【air brake】圧縮空気の力を利用したブレーキ。圧縮空気で制動筒内のピストンを押し上げ、これと連動している制動子を車輪に押しつける。鉄道車両・大型の自動車などに使用。空気ブレーキ。比較オイルブレーキ。
**エアポート**【airport】空港。飛行場。
**エアー-ポケット**【air pocket】大気中で、飛行機の高度が水平姿勢のまま急激に降下する場所。積雲系の雲中や山岳地帯などに発生する下降気流が原因でできる。
**エアー-メール**【airmail】外国向け航空郵便。
**エアー-ライン**【airline】①定期航空路。航空路線。②航空会社。
**エアランゲン**【Erlangen】↓エルランゲン
**エアリアル**【aerial】スキーのフリースタイル種目の一つ。飛び出し角度を極端に上向きにしたジャンプ台から空中に飛び出し、高さ・飛距離・空中演技を競う。
**エアログラム**【aerogram】海外向けの、封筒と便箋を兼ねた封緘航空郵便。全世界に同一料金で送れる。航空書簡。
**エアロゾル**【aerosol】↓エーロゾル
**エアロビクス**【aerobics】空気を十分に呼吸し、酸素を取り入れながら血液循環をよくし、心肺機能を高めるトレーニング法。ダンス・ジョギング・サイクリングなど。有酸素的運動。比較アネロビクス。
**エアロビク-ダンス**【aerobic dance】エアロビクスの要素と、ジャズダンス的な要素を組み合わせたダンス体操。
**え-あわせ**【絵合(わ)せ】物合わせの一種。左右に組を分け、判者を立てて、絵や和歌をそえた絵を出し合い、その優劣を争う遊戯。平安時代に貴族の間で流行した。

**エイ** 5画【永】部首[水] 教育小5 JIS 1742
音エイ・ヨウ 訓ながい
ながい。いつまでも。とこしえに。比較長。「永遠・永久・永続・永眠」

**エイ** 6画【▼曳】部首[曰] JIS 1740 ｜ 7画【▼曵】異体字 JIS 5910
音エイ
ひく。ひきずる。ひきよせる。「揺曳」「曳航・曳光弾」

**エイ** 8画【▼咏】部首[口] JIS 5073
音エイ
うたう。ふしをつけて、うたう。うた。

**エイ** 8画【英】部首[艹] 教育小4 JIS 1749
音エイ
①はな。はなぶさ。②立派な。すぐれる。ひいでる。「俊英」「英気・英才・英姿・英断・英雄」③イギリス(英吉利)のこと。「米英」「英貨・英語・英詩」用例(名)――の勝利に帰す。

**エイ** 8画【泳】部首[氵] 教育小3 JIS 1743
音エイ 訓およぐ
およぐ。およぎ。「遠泳・競泳・水泳・遊泳」「泳法」

**エイ** 9画【映】部首[日] 教育小6 JIS 1739 ｜ 12画【▼暎】異体字 JIS 5885
音エイ 訓うつる・うつす・はえる
①うつる。うつす。はえる。比較写。「反映」「映画・映写・映像・映発」②映画のこと。「競映」「映倫」

**エイ** 9画【▼枻】部首[木] ｜ 10画【▼栧】異体字
音エイ・セツ
かい。かじ。水をかいて舟をすすませるもの。

**エイ** 9画【栄】部首[木] 教育小4 JIS 1741 ｜ 14画【▼榮】旧字 JIS 6038
音エイ・ヨウ 訓さかえる・はえ・はえる
①さかえる。さかん。さかえ。対義枯。「繁栄」「栄華・栄枯・栄達」②ほまれ。はえ。名誉。対義辱。「虚栄・光栄」「栄冠・栄辱・栄誉」③さかんにする。「栄養」

**エイ** 9画【▼盈】部首[皿] JIS 1746
音エイ
①みちる。みたす。「盈々・盈月」②あふれる。あまる。

**エイ** 10画【▼郢】部首[阝] JIS 7827
音エイ
中国の春秋戦国時代の楚の国の都。現在の湖北省江陵県の西北。「郢曲」

**エイ** 12画【営】部首[口] 教育小5 JIS 1736 ｜ 17画【▼營】部首[火] 旧字 JIS 5159
音エイ 訓いとなむ
①いとなむ。つくる。いとなみ。「運営・経営・市営・造営」「営業・営繕・営利」②せっせとつとめるさま。「営々」③とりで。軍のいる場所。「兵営・本営・野営」「営内・営門」

**エイ** 12画【▼瑛】部首[王] 人名用 JIS 1745
音エイ・ヨウ
すみきった玉。すんだ玉の光。

**エイ** 12画【詠】部首[言] 常用 JIS 1751
音エイ 訓よむ
①よむ。うたをつくる。つくったうた。「題詠」「詠歌・詠懐・詠草」②うたう。ふしをつけて、うたう。ながめる。「朗詠」「詠吟」③声にだして、感心する。「詠嘆」

**エイ** 13画【▼塋】部首[土] JIS 5242
音エイ
はか。ほうむりどころ。墓地。

**エイ** 13画【▼楹】部首[木] JIS 6019
音エイ
①はしら。家屋の柱。②家屋を数えるのに用いる。

**エイ** 13画【▼裔】部首[衣] JIS 7467
音エイ
①すそ。衣のすそ。②はて。さかい。国のはて。③すえ。血統のすえ。子孫。「後裔・苗裔・末裔」用例(名)士族の――。

**エイ** 14画【▼睿】部首[目] JIS 6647
音エイ
①さとい。かしこい。ものごとに深く通じている。②天子に関することがらを尊んでいうのに用いる。

**エイ** 15画【影】部首[彡] 常用 JIS 1738
音エイ・ヨウ 訓かげ
①かげ。ひかり。ものかげ。「陰影・形影・月影」②すがた。かたち。「近影・幻影・撮影・投影」「影像」③およぼす。「影響」

**エイ** 15画【▼潁】部首[水] JIS 6283
音エイ
中国の川の名。河南省からながれだし、安徽省で淮河にそそぐ。潁水。

**エイ** 15画【▼瑩】部首[玉] JIS 6482
音エイ
①うつくしい石の一種。②あざやか。あきらか。くっきりしている。「瑩徹」③ひかり。光彩。

**エイ** 15画【▼瘞】部首[疒]
音エイ
①うずめる。かくす。埋蔵する。②はか。死体をうずめたところ。

▼常用漢字表外。　▽常用漢字表の音訓外。

**エイ** 15画【鋭】 部首[金] 常用 JIS 1752 ｜ 15画【▼銳】 旧字
音エイ 訓**するどい**
①するどい。すばやい。対義 鈍。「鋭角・鋭敏・鋭利」②えりすぐった者。強い兵士。「精鋭」

**エイ** 16画【▼叡】 部首[又] JIS 1735
音エイ
①さとい。かしこい。ものごとに深く通じている。「叡智」②天子に関することがらを尊んでいうのに用いる。「叡感・叡聞・叡覧・叡慮」

**エイ** 16画【▼嬴】 部首[女]
音エイ
みちる。あふれる。あまる。

**エイ** 16画【▼曀】 部首[日]
音エイ
①かざす。おおう。②くもる。日がおおわれる。③くらい。

**エイ** 16画【▼殪】 部首[歹] JIS 6148
音エイ
①たおす。たおれる。一矢で射ころす。射ころされる。②しぬ。③たえる。

**エイ** 16画【▼瞖】 部首[目]
音エイ
うわひ。そこひ。目にくもりがでる病気。

**エイ** 16画【▼穎】 部首[禾] JIS 1747 ｜ 16画【▼頴】 部首[示] 異体字 JIS 1748
音エイ
①ほさき。のぎ。イネ科の植物の穂先。花をつつむ包葉。②錐・筆などの穂先。③すぐれる。ひいでる。「穎悟・穎才・穎脱」↓図

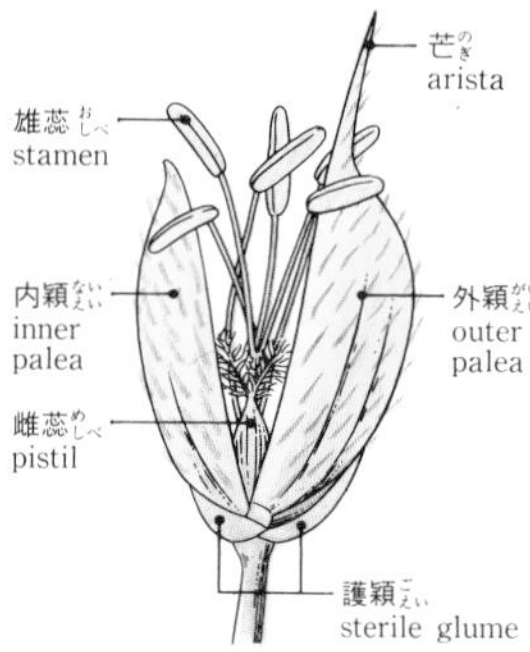

● 穎①

**エイ** 16画【▼縈】 部首[糸]
音エイ・ヨウ
めぐる。めぐらす。からむ。からまる。

**エイ** 16画【衛】 部首[行] 教育小5 JIS 1750 ｜ 16画【▼衞】 旧字 JIS 7444
音エイ・エ
衛 衛 衛 衛 衛
①まもる。ふせぐ。まもり。「護衛・守衛・防衛」「衛生」②めぐる。めぐりあるく。「衛星」③中国の周代の国の一つ。現在の河北・河南両省にまたがるあたりにあった。

**エイ** 16画【▼霙】 部首[雨] JIS 8036
音エイ
みぞれ。雪がとけて、雨まじりにふるもの。

**エイ** 17画【▼嬰】 部首[女] JIS 1737
音エイ
①めぐる。めぐらす。からむ。からまる。「退嬰」②あかご。みどりご。おさなご。「嬰児」③音楽で、ある音より半音高いことを示す。シャープ。♯。対義 変。「嬰記号・嬰ハ短調」

**エイ** 17画【▼翳】 部首[羽] JIS 7042
音エイ
①かざし。きぬがさ。②かげ。かげり。くもり。「陰翳」③かざす。頭上をおおう。

**エイ** 19画【▼瀛】 部首[氵] JIS 6342
音エイ
おおうみ。大きい海。大海。

**エイ** 20画【▼蘙】 部首[艹]
音エイ
しげる。おおう。草木がおいしげって、かげをつくる。

**エイ** 20画【▼蠑】 部首[虫] JIS 7430
音エイ
①「蠑螈」は、イモリ。サンショウウオ目に属する両生類。あかはら。②「蠑螺」は、サザエ。リュウテンサザエ科の軟体動物。

**エイ** 20画【▼贏】 部首[貝] JIS 7655
音エイ
①みちる。あふれる。②あまる。あまり。③もうける。もうけ。利益。④かつ。勝負にかつ。かち。「輸贏」

**エイ** 22画【▼癭】 部首[疒]
音エイ
こぶ。首筋のこぶ。樹木のこぶ。

**エイ** 23画【▼纓】 部首[糸] JIS 6987
音エイ・ヨウ
①かんむりのうしろにたらす、細長い布。②ひも。お。かんむりのむすびひも。あごの下でむすぶ。

**えい**【▼鱏・▼鱝】 軟骨魚類のうちエイ類の総称。体は上から押しつぶしたように平たく、えら穴が腹面にある。表層を泳ぐものもあるが、ほとんどが底生。毒針のある尾をもつものがある。貝類・甲殻類を捕食。世界に三〇〇〜三五〇種、日本近海に約五〇種が分布。ray ↓写

● エイ ツバクロエイ

**えい**【▼頴▼娃】〈町〉 鹿児島県、薩摩半島南部の町。古く衣という豪族の本拠地のため、地名となる。大半が火山灰台地でサツマイモ・ポンカンの産地。人口一万七三九九(一八九八)。

**えい**(感) ①呼びかけ、または応答を表す語。yes; yeah ②かけ声。えいおう。yo-ho

**えい-い**【栄位】 名誉のある地位。りっぱな身分。高位。high rank; status

**えい-い**【営為】 いとなみ。つとめ。

**えい-い**【鋭意】《気持ちを鋭く一点に集中する意》一心に励むこと。専心。devotion 用例 ―努力する。

**えい-いん**【影印】 書籍の文面を、写真を使って印刷したもの。用例 ―本。

**えい-えい**【▼盈▼盈】(形動トタル) ①水などが、満ちあふれているさま。②女性の容姿の美しいさま。

**えい-えい**【営営】(形動トタル) せっせとつとめるさま。hard 用例 ―として働く。

**えいえい-おう**(感) 大勢で気勢をあげるときのかけ声や戦場での鬨の声。

**えいえん**【永延】 平安中期の年号。寛和から改元。元年(九八七)四月五日〜三年(九八九)八月八日。次に、永祚と改元。

**えい-えん**【永遠】(名・形動) ①長い間。無限に続く長い時間。永久。永劫。恒久。eternity 対義 瞬間・刹那。用例 ―の平和を願う。②過去・現在・未来を通じて存在すること・さま。permanence 用例 ―の時を刻む。③時間を超越していること・さま。時間に左右されないこと・さま。eternal; immortal 用例 ロダンの彫刻は―の美を象徴している。

**えいえん-かいき**【永遠回帰】 ↓えいごうかいき(永劫回帰)

**えいえん-こうさい**【永遠公債】 ↓えいきゅうこうさい(永久公債)

**えいえん-せい**【永遠性】 過去・現在・未来を超越して、永久に存在する性質。

**えいえん-の-せいめい**【永遠の生命】《『新約聖書』の用語》この世の朽ちゆく、罪に満ちた生命に対し、そうした状態から解放された生命をさす。神の国。天国。eternal life

**えい-おん**【▼嬰音】 嬰記号「♯」をつけて半音高められた音。参照 臨時記号。

**えい-か**【英貨】 英国のお金・貨物。

**えい-か**【詠歌】 ①和歌をよむこと、つくること。また、その和歌。②御詠歌。

**えい-か**【▼穎果】 イネ科の果実。穎(=もみがら)に包まれ、一果実中に一個の種子がある。caryopsis

**えい-が**【映画】 連続撮影したフィルムをスクリーンに投影し、いろいろの場面を再現するもの。旧称「活動写真」。キネマ。シネマ。ムービー。motion picture; movie; film 数え方 一本・一巻・一齣。

**えい-が**【栄華・栄花】 ①はなやかにさかえること。prosperity ②派手でぜいたくな生活。luxurious life 用例 ―を極める。

**栄華の夢**(えいがのゆめ) 栄華は、夢のようにはかなくて、長続きしないものであるということ。vain glories

**えい-が**【衛河】 中国、華北の川。河南省北部の山地から、山東省臨清で会通河と合流し、天津で海河に合流。長さ八六〇km。新中国成立後、黄河の水を引き、新郷から天津まで年間航行が可能となる。ウェイホー。

**えい-かい**【詠懐】 心に思っていることを詩歌によむこと。また、その詩歌。

**えいが-おんがく**【映画音楽】 映画のために作曲・編曲・演奏される音楽。film music

**えいが-かん**【映画館】 入場料をとって一般観客に映画を見せる施設。

**えいが-ぎじゅつ**【映画技術】 撮影・映写など映画の制作・上映に関する科学技術や技法。

**えい-かく**【鋭角】 直角より小さい角。acute angle 対義 鈍角。

**えいかく-さんかくけい**【鋭角三角形】 三つの内角がいずれも鋭角である三角形。acute triangle

**えいかく-てき**【鋭角的】(形動) するどいさま。sharp

**えいが-さい**【映画祭】 多くの映画作品を集めて一定期間内に連続的に上映する催し。国際映画祭など。film festival

**えいが-スター**【映画スター】 映画に出演する俳優。とくに、その人が出演するだけで観客を集められる人気俳優。movie star

**えいか-の-らん**【永▼嘉の乱】 中国、西晋末期の永嘉年間(三〇七〜三一二)に起こった匈奴の劉淵・劉聡による大乱。都の洛陽は陥落、三一六年愍帝が降伏し、西晋は滅亡。

**えいが-びじゅつ**【映画美術】 映画の撮影に必要な場面や背景を人工的に作る仕事。

**えいがものがたり**【栄花物語】《「栄華物語」とも》平安時代の最初の歴史物語。四〇巻。一一世紀の成立。作者不詳。正編は赤染衛門の作とする説がある。宇多天皇から堀河天皇まで一五代約二〇〇年の宮廷を中心とする貴族社会の歴史を、仮名文により編年体で物語風につづる。正編三〇巻は藤原道長と一族の、続編は道長の子孫の栄華を描く。世継物語。

**えいがりんりきてい-かんりいいんかい**【映画倫理規定管理委員会】 映画の影響力を考慮し、倫理的水準の低下を防ぐために昭和二四年(一九四九)に設置された映画業界の自主規制機関。社会道徳上、有害と思われる部分のカット・訂正を勧告する。映倫。

**えいかん**【永観】 平安中期の年号。天元から改元。元年(九八三)四月一五日〜三年(九八五)四月二七日。次に、寛和に改元。

**えい-かん**【栄冠】 ①名誉あるかんむり。crown; garland ②栄誉。ほまれ。honor; crown 用例 勝利の―にかがやく。

**えい-かん**【▼叡感】 天子が感心しておほめになること。比較 叡聞・叡慮。

**えいかん-ぶし**【永閑節】 江戸古浄瑠璃の流派名。貞享年間(一六八四〜八八)ごろ虎屋永閑が語り始めた。曲風は豪快。

**えい-き**【英気】 ①すぐれた才気・気性。brilliance ②活力。vigor; energy 用例 ―をやしなう。

**えい-き**【鋭気】 するどく活発な気勢・気性。spirit

**えい-きごう**【▼嬰記号】 音を半音高めることを意味する変化記号。記号♯。シャープ。sharp

**えい-きゅう**【永久】 一(名・形動) いつまでも続くこと・さま。永遠。eternity 二(名) 平安末期の年号。天永から改元。元年(一一一三)七月一三日〜六年(一一一八)四月三日。次に、元永に改元。

**えいきゅう**【▼瑛九】(一九一一〜六〇) 洋画家。宮崎県生まれ。本名杉田秀夫。前衛美術の先駆者。

**えいきゅうかくめい-ろん**【永久革命論】 トロツキーの革命理論。ロシアなど後進資本主義国の革命は、ブルジョア革命から必然的にプロレタリア革命に移行し、また時間的・地域的に連続しながら世界中、とくにヨーロッパ先進諸国に波及しなければならないとする。永続革命論。permanent revolution


↓行き先項目、図版・写真参照印。 JIS 日本工業規格情報交換用漢字符号コード(区点コード)。

**えいきゅう-きかん【永久機関】** 燃料などを一切使わずに動力を永久に得るための装置。実現不可能なことが証明されている。熱力学の法則確立のきっかけとなった。perpetual motion

**えいきゅう-けつばん【永久欠番】** プロ野球で、引退した名選手を記念するために、在籍中の背番号を、そのチームでは永久に使用しない習慣。また、その背番号。

**えいきゅう-こうさい【永久公債】** 償還期限を定めない公債。政府は一定の利子を定期的に支払う義務だけを負う。イギリスのコンソル公債など。永遠公債。無期公債。perpetual bond

**えいきゅう-こうすい【永久硬水】** 煮沸しても軟水化しない硬水。カルシウムやマグネシウムの硫酸塩などを含む。permanent hard water 対義 一時硬水。

**えいきゅう-し【永久歯】** 一生はえかわらない歯。ヒトでは、大臼歯以外は満六歳ごろから乳歯と交代する。permanent tooth 対義 乳歯。

**えいきゅう-じしゃく【永久磁石】** 外部の磁場の変化にほとんど関係なく一定の磁力を保つ磁石。permanent magnet

**えいきゅうじしゃく-はつでんき【永久磁石発電機】** 残留磁気・保磁力の大きい永久磁石を用いた発電機。一般に容量が小さく、自転車用発電ランプなどに使用。permanent magnet generator

**えいきゅう-じば【永久磁場】** 時間的に不変な磁場。地球磁場のうち時間的な変動を示す部分である地磁気の日変化や磁気あらしなどを除いた磁場をさす。permanent magnetic field

**えいきゅう-そしき【永久組織】** 植物の茎や根などの生長点以外の細胞群。特定の働き・形態をもつ組織。permanent tissue

**えいきゅう-でんりゅう【永久電流】** リング状の超電導体に電磁誘導などで電流を流すと、誘導をやめても減衰せずに流れ続ける電流。permanent current 参照 超電導。

**えいきゅう-とうど【永久凍土】** 一年中凍結している地層。夏に地表面だけとける。シベリア・アラスカなど冷帯・寒帯に分布する。permafrost

**えいきゅうへいわろん【永久平和論】**《原題 Zum ewigen Frieden ドイツ》カントの哲学書の一つ。一七九五年刊。世界歴史の中に永久平和を実現するための方途を展開。国際連盟の理念が説かれている。

**えい-きょ【▼盈虚】** 月の満ち欠け。

**えい-きょう【影響】**（名・サ変自）あるものの作用の結果、他に変化が起こること。また、その変化。influence 用例 台風の―を受ける。

**えいきょう【永享】** 室町中期の年号。正長二年(一四二九)九月五日〜一三年(一四四一)二月一七日。次に、嘉吉に改元。

**えい-ぎょう【営業】**（名・サ変自他）①営利を目的とした活動を継続的に反復して行うこと。business ②企業財産の全体。corporate asset ③「営業部」などの略。また、その部員。

**えいぎょうがい-しゅうえき【営業外収益】** 企業が営業活動以外から得る利益。受取利息・雑収入など。対義 営業外費用。

**えいぎょうがい-ひよう【営業外費用】** 企業が営業活動以外に要する経常的な費用。支払利息・社債利子など。non-operating cost 対義 営業費・営業外収益。

**えいぎょう-じょうと【営業譲渡】** 契約に基づき、営業活動のための企業財産を一体として譲り渡すこと。transfer of business

**えいぎょう-しょとく【営業所得】** 営業活動をすることによって生じる所得。売上高から売上原価と販売費・一般管理費を差し引いた額。営業利益。operating income

**えいぎょう-ぜい【営業税】** 営業所得に対して課される税。国税から地方税となり、昭和二三年(一九四八)、地方税法改正により事業税に移行。

**えいきょう-の-らん【永享の乱】** 永享一〇年(一四三八)、鎌倉公方足利持氏が室町幕府に対して起こした内乱。将軍足利義教は今川・武田氏らにこれを箱根で討たせ、持氏は鎌倉で自殺。

**えいぎょう-ひ【営業費】** 企業の営業活動に要する経常的な費用。ふつうは販売費と一般管理費からなる。営業費用。operating expenses 対義 営業外費用。

**えいぎょう-ほうこくしょ【営業報告書】** 会社の各営業年度の営業状況を報告する書類。報告先は株主または管轄官庁。business report

**えいぎょう-ほけん【営業保険】** 営利を目的として行われる保険。営利保険。

**えいきょう-りょく【影響力】** 影響を与えるはたらき。influence

**えい-きょく【▼郢曲】**《中国の楚の都、郢でうたわれた俗謡、の意》①平安・鎌倉時代の歌謡の総称。神楽歌や朗詠・今様・催馬楽・風俗歌などを含めていう。②朗詠のこと。

**えい-ぎん【詠吟】**（名・サ変他）詩や歌をうたうこと。また、その詩歌。poetry; recital

**エイクマン【Christiaan Eijkman】**（一八五八〜一九三〇）オランダの医学者。ニワトリの脚気が、白米で飼育したときに起こることを発見し、ビタミン研究の基礎を築く。一九二九年ノーベル生理学医学賞受賞。

**えい-けい【鋭形】** 植物の葉先の形を表現する語の一つ。先端がとがった形。鋭尖形より、とがりぐあいがゆるやか。acute

**えいけいりつずい【▼瀛▼奎律髄】** 中国、元の方回が唐宋二代の五言・七言律詩を四九類に分けて集め、評語や逸事を注した詩集。

**えい-けつ【永▼訣】**（名・サ変自）永久に別れること。永の別れ。死別。永別。

**えい-けつ【英傑】** たいそうすぐれた人物。英雄。hero

**えい-げつ【▼盈月】** 十五夜の月。満月。もちづき。

**えい-げん【英▼彦】** すぐれた男子。

**えいげん-じ【永源寺】** 滋賀県神崎郡永源寺町にある臨済宗永源寺派大本山。康安元年(一三六一)佐々木氏頼が建立。開山は寂室元光。境内は紅葉の名所。

**えいげんじ【永源寺】**〈町〉滋賀県南東部、愛知川上流の町。林業、稲作、茶の栽培などが行われる。コンニャクは特産。紅葉の名所、永源寺がある。人口六八八八(一九八八)。

**えい-こ【栄枯】** ①草木の茂ったり枯れたりすること。grow and wither ②さかえたり、おとろえたりすること。rise and fall

**えい-ご【英▼晤】** すぐれてかしこいこと。穎悟。

**えい-ご【英語】** インド-ヨーロッパ語族のゲルマン諸語西ゲルマン語群に属する言語。五世紀、大陸からゲルマン系のアングロサクソン人のブリテン島への移住に始まり、中世、フランス語を主とするラテン系の語彙が導入された。イギリス・アメリカ・オーストラリアのほか多数の旧イギリス植民地で用いられ、多くの国で公用語となっている。English

**えい-ご【▼穎悟】** たいそうかしこいこと。

**えい-こう【▼曳航】**（名・サ変他）船が他の船をひっぱって行くこと。引航。towing

**えい-こう【栄光】** ①輝かしい誉れ。大きな名誉。光栄。②聖書で、神の本質から放射された力。神の臨在・啓示の婉曲表現としても用いられる。glory

**えいこう【営口】** 中国、遼寧省南部、遼河の河口にある河港都市。紡績・食品・機械工業が発達。一八六〇年、イギリスが開港。人口四六・五万(一九八四)。インコウ。

**えい-ごう【永▼劫】** かぎりなく長い年月。永遠。えいこう。eternity 用例 未来―。

**えいごう-かいき【永▼劫回帰】**《ニーチェの用語》すべての出来事は円環運動的に永遠に繰り返されるという考え。古くからある思想だが、ニーチェは現実の生を肯定的に生きる論拠として改めて強調した。永遠回帰。eternal recurrence

**えいこう-だん【▼曳光弾】** 弾道がわかるように、光を放ちながら飛ぶ弾丸。light tracer; tracer bullet

**えい-こく【英国】** →イギリス

**えいこく-こうくう【英国航空】**（British Airways）イギリスの代表的航空会社。コンコルドの運航でも知られる。一九七四年英国海外航空など七社が統合合併して発足。BAW。

**えい-こさく【永小作】** 小作慣行の一つ。一定地で世襲的に農業を営む権利をもつこと。荒れ地を開墾した者などが、慣行上半永久的にその土地の耕作権をもつとする。永代小作。永久小作。perpetual tenant farmer

**えいこさく-けん【永小作権】** 耕作や牧畜のため、長期間小作料を払って他人の土地を使用する権利。賃借小作権と異なり、物権の一つ。permanent tenant right

**えいこ-せいすい【栄枯盛衰】** 人物・団体・家系・勢力などが、栄えたり衰えたりすること。rise and fall 用例 ―は世の習い。

**えい-こっきょうかい【英国教会】** イギリス国教会の別称。

**えい-こん【英魂】** 死んだ人のたましいをほめていう語。

**えい-さ**（感）力を入れるとき、掛け声として発する語。

**えいさあ** 沖縄本島とその周辺の盆踊り。旧盆の夜、男女の群れが、三線・太鼓などの囃子と共に民家を巡回し、念仏歌やさまざまの民謡にのって踊る。踊りの囃子ことば「エイサー」に由来する。→写

●えいさあ

**えい-さい【英才・▼穎才】** すぐれた才知。それをもつ人。genius; talent

**えいさい【栄西】**（一一四一〜一二一五）鎌倉初期の僧。日本の臨済宗の開祖。備中の人。二度にわたって入宋し天台学、臨済禅を学ぶ。帰国後、博多に聖福寺、鎌倉に寿福寺、京都に建仁寺を開創。また宋から茶をもち帰り、喫茶の風を広めた。著書『興禅護国論』『喫茶養生記』など。ようさい。

**えいさい-きょういく【英才教育】** すぐれた才能をもつ子どもに対して、その才能を早い時期にのばすために行われる特別な教育。genius education

**えい-さくぶん【英作文】** ①英語で書く作文。English composition ②和文を英訳すること。その訳文。English translation

**えい-ざめ【▽酔(い)▼醒め・▽酔(い)覚め】** 酒の酔いから覚めること。その覚めた状態。

**酔い醒めの水、下戸知らず**（えいざめのみず、げこしらず）酔い覚めに飲む水のおいしさは、酒を飲まない人にはわからない。

**えい-ざん【▼叡山】**「比叡山」の略。

**えいざん-かたばみ【▼叡山▽酢▼漿▽草】** ミヤマカタバミの別名。京都比叡山にはえるのが名前の由来。

**えいざん-すみれ【▼叡山▼菫】** スミレ科の多年草。山地の木陰にはえる。花期の葉は三裂する。春、高さ一〇cm前後の花茎を出し、頂端に紫白色・淡紅色などの花が咲く。京都比叡山に生ずるのが名前の由来。エゾスミレ。→写

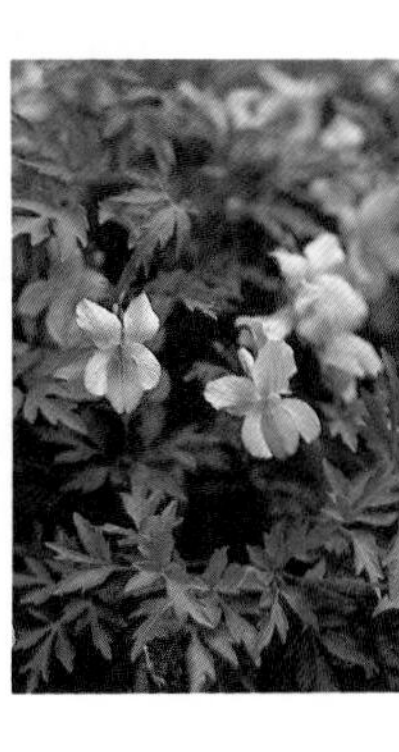

●エイザンスミレ

**えい-し【英姿】** さっそうたる姿。りっぱな姿。heroic figure

**えい-し【英詩】** ①英語の詩。English poetry ②英国の詩。English poetry

**えい-し【英資】** 生まれつきのすぐれた性質。

**えい-し【詠史】** 歴史上の事実・人物を詩や歌によむこと。また、その詩歌。

**えい-し【衛視】** 国会の内部を警備する職・人。もと、守衛。Diet guard

**えい-じ【英字】** 英語を書き表す文字。English letter 用例 ―新聞。

**えい-じ【▼嬰児】** あかんぼう。あかご。みどりご。乳児。infant; baby

**えいじ【永治】** 平安末期の年号。保延七年(一一四一)七月一〇日〜二年(一一四二)四月二八日。次に、康治に改元。

**エイジ-シューター【age shooter】** ゴルフで、自分の年齢以内のスコアを出した人。総延長が六〇〇〇ヤード(約五四八四m)以上、一八ホールのコースが条件。

**エイジズム【ageism; agism】**《racism(人種差別)をもじった造語》老人差別。就職・住宅問題などで老人を差別してあつかうこと。



▼常用漢字表外。 ▽常用漢字表の音訓外。

**えいし-ちょうせん【衛氏朝鮮】** 古代朝鮮の王朝。燕から亡命した衛満が箕氏朝鮮の国を奪い、前一九五年ごろ建国。前一〇八年に漢の武帝によって滅亡。箕氏朝鮮とあわせて古朝鮮という。

**えい-じつ【永日】** ①昼の間の長い春の日。②《いずれ後日ゆっくり会おう、の意》別れのあいさつとして、手紙の終わりなどに用いる語。

**えいじ-はっぽう【永字八法】** 書法習得の一方法。「永」字を八個の点画に分け、この字の習得により八つの筆法を学べることから、書法の基本とされた。中国の唐代に普及。↓図

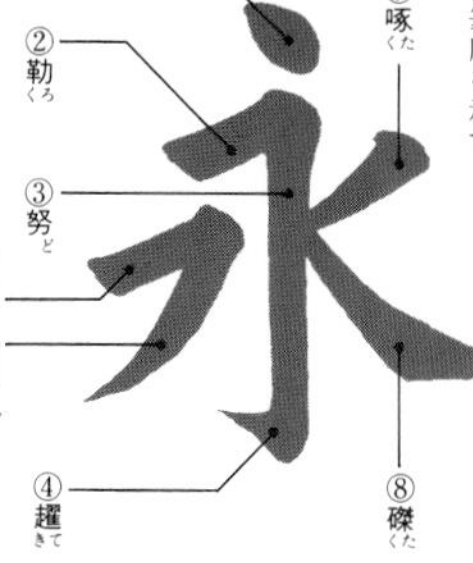

●永字八法
数字は筆順を示す

**えい-しゃ【泳者】** 泳ぐ人。競泳の泳ぎ手。swimmer 用例 八〇〇メートルリレーの第二—。

**えい-しゃ【営舎】** 兵隊などの居住する建物。兵舎。barracks

**えい-しゃ【映写】**(名・サ変他) 映画・スライドなどをスクリーンにうつすこと。projection

**えいしゃ-き【映写機】** キセノンランプなどを光源として、映画フィルムをレンズで拡大してスクリーンに投写する装置。projector

**えい-しゃく【栄爵】** ①ほまれある爵位。peerage ②五位のこと。

**えいしゃ-ぼん【影写本】** 原本の上に薄紙を置いて、書体などを忠実に透き写し、原本通りに手書きした本。

**えい-しゅ【英主】** かしこくすぐれた君主。明主。明君。

**えい-じゅ【栄樹】** ブライアの和名。

**えい-じゅ【衛▾戍】** 軍隊が一定の場所に長くとどまること。駐留。駐屯。

**えい-じゅう【永住】**(名・サ変自) いつまでも住みつくこと。to settle down 用例 —の地。

**えい-しゅん【英俊】** 人並みすぐれた才能の人。

**えい-しょ【英書】** ①英語で書かれた書物。English book ②英国の書物。English book

**えいしょう【永正】** 室町末期の年号。文亀から改元。元年(一五〇四)二月三〇日~一八年(一五二一)八月二三日。次に、大永に改元。

**えいしょう【永承】** 平安中期の年号。寛徳から改元。元年(一〇四六)四月一四日~八年(一〇五三)一月一一日。次に、天喜に改元。

**えい-しょう【詠唱】** ㊀(名・サ変他) ふしをつけて詩や歌をうたうこと。chant ㊁(名) アリア。aria

**えいしょう-ぼん【影照本】** 古文書・碑文などを写真撮影し、印刷の工程を経て書物としたもの。景照本。

**えい-しょく【栄職】** 名誉ある大切な役職。honorable position

**えい-じょく【栄辱】** ほまれとはじ。栄誉と恥辱。

**えいしょ-せい【衛所制】** 中国、明代の兵制。府州県に衛所がおかれ、都指揮使司が統轄。

**えい・じる【映じる】**(上一自) ↓えいずる(映ずる)

**えい・じる【詠じる】**(上一他) ↓えいずる(詠ずる)

**えい-しん【栄進】**(名・サ変自) 高い地位・職などにすすむこと。栄達。promotion

**えい-しん【詠進】**(名・サ変他) 詩歌をつくって神社や宮中にたてまつること。

**エイジング【aging】** ↓エージング

**エイズ【AIDS】**《acquired immune deficiency syndrome の略》後天性免疫不全症候群。一九七八年以降にアメリカで多発し、西欧・日本でも発生している感染症。高熱が続き、体重の急激な減少、肺炎、無痛性の皮膚変化(=カポジ肉腫)などの症状を呈し、死亡率も高い。

**エイズ-ウイルス【AIDS virus】** エイズをひきおこすウイルス。エイズ患者の血液・精液・唾液・涙などに含まれるが、感染は血液・精液によるものが多い。体内に入ったウイルスは$T_4$リンパ球にとりついてしだいに免疫系を破壊していく。感染後二~五年で発病し、神経障害など特有の諸症状を示すようになった人の一年以内の死亡率はかなり高い。

**えい・ずる【映ずる】**(サ変自) =映じる。①うつる。反映する。be projected; be reflected ②印象を与える。…とみえる。impress 用例 外国人の目に—・じた日本。

**えい・ずる【詠ずる】**(サ変他) =詠じる。①詩歌をつくる。compose(an ode) ②詩歌を声に出してうたう。recite(a poem)

**えい-せい【永世】** かぎりなく長い世。永代。permanence

**えい-せい【永逝】**(名・サ変自)《永久にいってしまう意から》死ぬこと。永眠。長逝。death

**えい-せい【衛生】** 健康をたもち、病気の予防・治療につとめること。健康に影響する条件を明らかにし、社会環境をよくすることをはかるなど。hygiene

**えい-せい【衛星】** 惑星の引力をうけて、そのまわりを公転している天体。地球の衛星は月。satellite 用例 人工—。

**えい-せい【衛青】**(?~BC一〇六) 中国、前漢の武将。武帝のもとで、前一二九年より七回の匈奴征討で大功をあげた。

**えいせい-かんり【衛生管理】** 労働者の疾病や作業による健康障害の予防・治療など、健康についての管理。hygiene management

**えいせい-かんりしゃ【衛生管理者】** 職場の作業環境を管理し、労働者の疾病・傷害発生の予防を担当する者。労働基準法などにより、一定規模の事業所では配置する義務がある。sanitary administrator

**えいせい-こうほう【衛星航法】** 人工衛星からの電波を受信し、自分の位置を知る船舶や航空機の航行方式。global positioning

**えいせい-こく【衛星国】** 大国の周辺に位置し、国際社会でその大国にしたがって行動する中小国家群。第二次大戦後、とくに西側がソ連中心の東欧諸国に対して用いた呼称。satellite state

**えいせい-こんちゅう【衛生昆虫】** 人間に直接・間接に害を与える昆虫。ハエ・カ・ダニなど。衛生害虫。

**えいせい-ちゅうけい【衛星中継】** 通信衛星を利用した国際的な電話・放送などの中継。インテルサットにより世界的な衛星通信網が実現。宇宙中継。satellite relay

**えいせい-ちゅうりつこく【永世中立国】** 条約で永久に他国家間の戦争に関与しない義務を負うことにより、自国の安全が保証されている国。現在はスイスとオーストリア。permanent neutral state

**えいせい-つうしん【衛星通信】** 通信衛星を中継局とする無線通信。satellite communication

**えいせい-てき【衛生的】**(形動) 衛生にかなうさま。清潔なさま。hygienic; sanitary

**えいせい-とし【衛星都市】** 大都市の周辺に位置し、独立性をもちながら、大都市の機能の一部をになう、その反面、依存もしている中小都市。satellite town

**えいせい-ほうき【衛生法規】** 衛生行政に関する法令の総称。国民の健康の保持増進を図ることを目的とする。学校保健法・労働衛生法など。

**えいせい-ほうそう【衛星放送】** 放送衛星から、直接各家庭に放送電波を送る方式。周波数の高いSHF帯を使用し、難視聴地域の解消や、高品位放送・静止画放送・PCM放送などが可能。satellite broadcasting

**えいせい-めいじん【永世名人】** 将棋の名人位を通算五期以上保持した者に贈られる称号。ただし通常は引退後に名のる。昭和二七年(一九五二)創設。

**えい-せん【▾曳船】** 綱で他の船をひっぱっていく船。引き船。曳航船。

**えい-ぜん【営繕】**(名・サ変他) 建物を建てたり、修理したりすること。to build and repair

**えいせん-けい【鋭先形・鋭▾尖形】** 葉先の形を表現する語の一つ。鋭形より先端が細くなってとがった形。acuminate

**エイゼンシュテイン【Sergey Mikhaylovich Eizenshtein】**(一八九八~一九四八) ソ連の映画監督。『戦艦ポチョムキン』などの名作と、革新的な映画理論で業績を残す。作品『十月』『イワン雷帝』など。

**えいそ【永▾祚】** 平安中期の年号。永延から改元。元年(九八九)八月八日~二年(九九〇)一一月七日。次に、正暦に改元。

**えい-そう【営倉】** 軍隊で罪をおかした兵士を拘禁する場所。また、その罰。用例 —入り。

**えい-そう【営巣】**(名・サ変自) 動物、とくに鳥が巣を作ること。

**えい-そう【詠草】** 和歌の下書き。歌稿。

**えい-ぞう【映像】** ①頭の中に思いうかぶ、もののありさま。image ②光線の屈折や反射によってうつし出された物体の像。reflection ③テレビ・映画の画像。picture

**えい-ぞう【営造】**(名・サ変他) 大きな建物などをつくること。造営。construction

**えい-ぞう【影像】** ①かげ。shadow; phantom ②絵や彫刻に表した神仏や人の像。絵姿。portrait

**えいぞう-ぶつ【営造物】** ①建築物。building ②国または公共団体が、公共あるいは公衆の利用に供するために設ける施設。道路・鉄道・公園・図書館・学校など。public facilities

**えいぞう-ぶんか【映像文化】** 情報の伝達や記録の手段として、テレビなどの映像媒体を利用する社会活動。対義 活字文化。

**えい-ぞく【永続】**(名・サ変自) 長いあいだ続くこと。ながつづき。everlastingness; permanency

**えいぞくかくめい-ろん【永続革命論】** ↓えいきゅうかくめいろん(永久革命論)

**えいそん【▾叡尊・▾睿尊】**(一二〇一~一二九〇) 鎌倉中期の僧。真言律宗中興の祖。大和の人。西大寺で南山律を学び、戒律の復興につとめると同時に、貧民救済などの社会事業につくす。諡は興正菩薩。

**えい-たい【永代】** 長い年月。永久。永世。eternity

**えいたい-くよう【永代供養】** 寺院が特別の布施を受けて、故人の忌日や彼岸などに、永久的に行う供養。永代経。永代読経。

**えいたいこうしゅ-ふんぼ-へきが【永泰公主墳墓壁画】** 唐の中宗の第七女、永泰公主の墳墓の壁画。中国陝西省にあり、一九六〇年発掘。宮廷生活の色彩画で、唐代絵画の貴重な資料。

**えいたい-ばし【永代橋】** 東京の隅田川下流にかかる橋。中央区新川と江東区深川を結ぶ。長さ一八五m。元禄一一年(一六九八)完成。大正一五年(一九二六)改築。

**えい-だか【永高】** 室町時代に永楽銭の価値を基準にして算定した年貢の収納高。永盛。

**えい-たつ【栄達】**(名・サ変自) 高い身分・地位にのぼること。栄進。gain a distinction; rise to a high position

**えい-だつ【▾穎脱】**(名・サ変自) 才能がとびぬけてすぐれていること。

**えい-たん【詠嘆・詠▾歎】**(名・サ変自) ①強い感動を声に出すこと。exclamation ②声を長く引いて、うたうこと。long note

**えい-だん【英断】** すぐれた決断。思いきった決断。wise decision; drastic decision 比較 勇断。用例 —をくだす。

**えい-だん【営団】**《経営財団の意》政府の出資・監督によって、公共事業を行う特殊法人。第二次大戦中に多く設立されたが、現在は帝都高速度交通営団だけが残る。

**えいだん-ちかてつ【営団地下鉄】** 帝都高速度交通営団が経営している地下鉄。東京都内と近郊を結ぶ。銀座線・丸ノ内線など七路線。昭和一六年(一九四一)設立。営業キロ一五四・六km(一九八九)。

**えい-ち【英知・英▾智・▾叡知・▾叡▾智】** ①すぐれた知恵。認識能力。intellect; wisdom ②哲学などで、思考・理性・直観だけによって知ることのできる世界。intellect

**エイチ【H・h】** =エッチ。①アルファベットの第八文字。②《大文字で》水素の元素記号。③《大文字で》鉛筆の芯の硬さを示す記号。3Hなどと、数が多くなるほど硬くなる。

**エイチ-イー【HE】**《human engineering の略》人間工学。

**エイチ-エー【HA】**《home automation の略》↓ホームオートメーション

**エイチ-エル-エー【HLA】**《human leucocyte antigen の略》ヒトの組織適合抗原系。臓器移植の適合性をしらべるのに役立つ。

**えいち-かい【英知界】** 哲学で、知性的な認識能力としての英知によってのみ把握される超感覚界。可想界。intelligible world 対義 感性界。

**エイチ-ディー-エル【HDL】**《high density lipoprotein の略》高密度リポたんぱく質。コレステロールのなかの善玉とよばれ、体組織のコレステロールを肝臓に転送する働きをもつ。対義 LDL。

**エイチビー-こうげん【HB抗原】** 一九六四年にオーストラリア原住民の血清から発見された抗原。とくに血清肝炎(B型肝炎)と

関係が深い。hepatitis B antigen

**エイチビーワクチン-せっしゅ【HBワクチン接種】** HB抗原によるB型肝炎の母子感染を防ぐための接種。HB抗原をもつ母親から生まれた子どもに対し、昭和六一年(一九八六)からはじめられた。HBの免疫グロブリンを注射し、つぎにワクチンを接種する。hepatitis B vaccination

**えいちょう【永長】** 平安末期の年号。嘉保から改元。元年(一〇九六)一二月一七日～二年(一〇九七)一一月二一日。次に、承徳に改元。

**えい-てい【営庭】** 兵営内の広場。

**えいてい-が【永定河】** 中国、華北地区の川。山西省北部の山地から太行山脈北部を経て、海河に合流。長さ六五〇km。小黄河ともいう。ヨンティンホー。

**えい-てつ【▼瑩徹】**《「瑩」は、玉の光、の意》底まで見えるほど澄んでいること。

**えい-てん【栄典】** ①めでたい儀式。ceremony ②国家社会に功労のあった者の栄誉を表彰するために与えられる特別の地位。位階・勲章など。

**えい-てん【栄転】**(名・サ変自) 今までよりも、よい地位や職にかわること。promotion 対義 左遷。

**えい-でん【営田】** 奈良・平安時代の田の耕作形態。政府が人民を集めて耕作させた田地(=公営田)と、民が私費で開いた田地(=私営田)とがある。

**えいでん-けん【永▼佃権】** 中国において法により規定された、所有権に近い永久小作の権利。その発生は不明だが、明代には存在し、中華民国時代まで行われた。

**エイト【eight】** ①八。②ボート競技で用いる八人漕ぎのレース用ボート。または、その競技。③ラグビーで、フォワード八人でスクラムを組むこと。

**えいとく【永徳】** 日本の南北朝で、北朝の年号。康暦から改元。元年(一三八一)二月二四日～四年(一三八四)二月二七日。次に、至徳に改元。

**エイドス【eidosギリシア】**《姿・形の意》プラトンの「イデア」、アリストテレスの「形相」に同じ。

**えい-トン【英トン】** ヤード-ポンド法の重さの単位。記号t。一tは二二四〇ポンド(約一〇一六kg)。ロングトン。大トン。long ton 参照 トン。

**えい-ない【営内】** 陣営・兵営のなか。inside「barracks

**えいにん【永▽仁】** 鎌倉末期の年号。正応から改元。元年(一二九三)八月五日～七年(一二九九)四月二五日。次に、正安に改元。

**えいにん-の-とくせいれい【永▽仁の徳政令】** 永仁五年(一二九七)鎌倉幕府が窮乏した御家人を救済するために出した法令。御家人の所領の売買・入質を禁じ、すでに契約したものは売り主に無償で返還させた。

**えい-ねん【永年】** 長い年月。long time 用例 ―勤続者。

**えいねん-かそく【永年加速】** ある量の増大する速さが、長いあいだに少しずつ速くなる現象。長年加速。secular acceleration

**えいねん-せつどう【永年摂動】** 太陽系の天体が、互いに影響し合って、長時間のあいだにわずかずつ軌道上の位置を変える現象。長年摂動。secular perturbation

**えいねん-へんか【永年変化】** 何万年という長い年月における地殻・地磁気などの変動。短期間にみられる隆起沈降や周期的変動は除く。secular movement

**えい-のう【営農】**(名・サ変自) 農業をいとなむこと。farming; agriculture

**えい-はつ【映発】**(名・サ変自) 光や色がうつりあうこと。

**えい-びん【鋭敏】**(名・形動) ①感覚がするどいこと・さま。敏感。keen; sensitive ②才知がするどくて、かしこいこと・さま。keen

**エイプ【ape】** チンパンジー・ゴリラ・オランウータンなど、尾のないサルを意味する英語で、有尾猿モンキーに対することば。

**えいふく-じ【▼叡福寺】** 大阪府南河内郡太子町にある寺。もと古義真言宗、現在は単立寺院。聖徳太子の円墳の陵墓がある。聖霊院。太子堂。磯長寺。

**えいふく-もんいん【永福門院】**(一二七一―一三四二) 鎌倉末期～南北朝の女流歌人。伏見天皇の中宮。本名は鏱子。京極為兼に師事。『玉葉和歌集』『風雅和歌集』に入集。

**えいふつかいきょう-トンネル【英仏海峡トンネル】** イギリスのドーバーとフランスのカレー間約三五kmに建設予定の海底トンネル。完成予定は一九九三年。English Channel tunnel

**えいふつ-きょうしょう【英仏協商】** 一九〇四年イギリス-フランス間に成立した協定。植民地利害全般について妥協。対ドイツ包囲体制を目的とし、三国協商の一環となった。the Entente Cordiale

**えい-ぶん【英文】** ①英語で書かれた文章。English writing ②「英文学」の略。③大学の英文科。イギリス文学科。

**えい-ぶん【▼叡聞】** 天子がお聞きになること。比較 叡覧。用例 ―に達する。

**えい-ぶんがく【英文学】** イギリス文学。また、それを研究する学問。English literature

**えい-へい【衛兵】** 警備のための兵士。番兵。guard; sentry

**えいへい-じ【永平寺】** 福井県吉田郡永平寺町にある曹洞宗の大本山。山号は吉祥山。寛元二年(一二四四)道元が波多野義重に迎えられ、現在地の西方の吉峰寺付近に大仏寺を創建。同四年改称。五世義雲のとき現在地へ移転。↓写

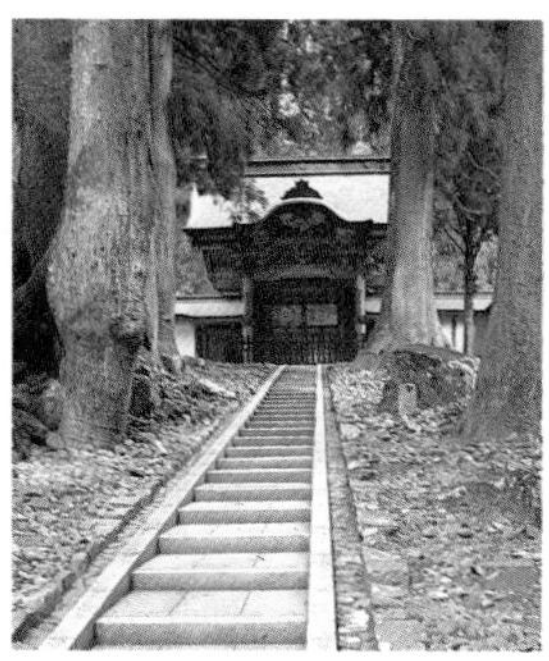

●永平寺 勅使門。

**えいへい-じ【永平寺】**〈町〉福井県北部、九頭竜川中流の町。曹洞宗大本山永平寺がある。林業がさかん。人口六三八七(一九八八)。

**えいべい-せんそう【英米戦争】** ナポレオン戦争中の一八一二～一四年、イギリス-アメリカ間で行われた戦争。中立国としての通商を妨害されたとしてアメリカがイギリスに宣戦。一四年勝敗なしの講和で終結。一八一二年戦争。the British-American War

**えいべい-ほう【英米法】** イギリス法と、そこから派生した多数の法体系の総称。おもに判例法・慣習法による点が特徴。Anglo-American law 比較 大陸法。

**えい-べつ【永別】**(名・サ変自) 永久に別れること。死別。永訣。the last farewell

**エイヘンバウム【Boris Mikhaylovich Eikhenbaum】**(一八八六―一九五九) ソ連の文芸学者。フォルマリズムの理論家。ゴーゴリ論・トルストイ論のほか『ロシア叙情詩の韻律学』など。

**えいほ【永保】** 平安中期の年号。承暦から改元。元年(一〇八一)二月一〇日～四年(一〇八四)二月七日。次に、応徳に改元。えいほう。

**えいほう【永▽保】** ↓えいほ(永保)

**えい-ほう【英法】** ①イギリスの法律。English law ②イギリスのやり方。英式。English method

**えい-ほう【泳法】** 泳ぎ方。泳ぎの型。style of swimming

**えい-ほう【鋭▼鋒】** ①するどいほこ先。spearhead ②するどく攻めたてる勢い。とくに、ことばや文章に言う。brunt; impetuous charge

**エイボン-プロダクツ【Avon Products, Inc.】** アメリカの世界的な化粧品メーカー。訪問販売によって成長。一九一六年設立。

**えい-まい【英▼邁】**(名・形動) 才知がとくにすぐれていること・さま。英明。wise and great 用例 ―な君主。

**えいまん【永万】** 平安末期の年号。長寛から改元。元年(一一六五)六月五日～二年(一一六六)八月二七日。次に、仁安に改元。

**えい-まん【▼盈満】**(形動ナリ) 物事が十分に満ちるさま。

**盈満の咎め**(えいまんのとがめ) 物事が満ち足りると、逆に災いが起こりやすくなるということ。

**えい-まん【衛満】**(生没年未詳) 衛氏朝鮮の創始者。燕の遺臣で、燕の滅亡後朝鮮に亡命、国王箕準に仕えたが、亡命者勢力を結集して国を奪い建国。

**えい-みん【永眠】**(名・サ変自)《永久にねむる意から》死ぬこと。死去。pass away; death

**えい-めい【英名】** すぐれた評判・名声。good reputation; fame 用例 ―がとどろく。

**えい-めい【英明】**(名・形動) すぐれて、かしこいこと・さま。intelligent; wise; bright

**えい-もん【営門】** 兵営の門。barrack gate

**えい-やあ**(感) 力を入れたり、飛び上がったりするときのかけ声。

**えい-やく【英訳】**(名・サ変他) 英語に訳すこと。また、訳したもの。English translation

**えい-やっ**(感) 力を入れたり、飛び上がったりするときのかけ声。

**えい-ゆう【英雄】** ①才知・武勇のすぐれた人。hero ②その時代を代表する非凡な事業をなしとげる人。hero 用例 ―崇拝。③公卿の家格の一つ。大臣・大将になれた。

**英雄、色を好む**(えいゆう、いろをこのむ) 英雄は、精力にあふれ、女色を好む傾向が強い。All great men are also great lovers.

**英雄、人を欺く**(えいゆう、ひとをあざむく) 英雄は才知にすぐれ、術策にたけているから、しばしば、思いがけない計略で人の意表を突き、まどわす。

**えいゆうこうきょうきょく【英雄交響曲】**《原題Sinfonia Eroicaイタリア》ベートーベン作曲の交響曲、第三番、変ホ長調、作品五五。四楽章。一八〇四年作。ナポレオンをたたえて「ボナパルト」と題したが、彼が皇帝に即位したことに激怒して改題。エロイカ。

**えいゆう-じだい【英雄時代】** 伝説や叙事詩の英雄が活躍していた時代。西洋ではギリシア神話の時代。日本では日本武尊の時代をこうよぶこともある。heroic age

**えいゆう-しゅぎ【英雄主義】** ↓ヒロイズム

**えいゆう-すうはい【英雄崇拝】** 特定の卓越した資質をもつ個人を英雄とみなして聖化・崇拝すること。hero worship

**えいゆう-でんせつ【英雄伝説】** 超自然的な能力を身につけた人物が活躍する伝説。部族国家が民族国家に移行する、神話と史実との境界領域で形成されたもので、ホメロスの叙事詩や日本の『古事記』などに登場。heroic legendary tale

**えいゆうのしょうがい【英雄の生涯】**《原題Ein Heldenlebenドイツ》リヒャルト=シュトラウス作曲の交響詩。一八九八年作。作曲家自身の生涯を描く。

**えいゆうポロネーズ【英雄ポロネーズ】**《原題Polonaise "Héroïque"フランス》ショパン作曲のピアノ曲、変イ長調、作品五三。一八四二年作。勇壮華麗で力強い曲風の作品。

**えい-よ【栄誉】** ほまれ。光栄。名誉。honor 用例 ―をになう。

**えい-よう【栄養・営養】** ①生物が生きていくために、外界から物質(=栄養素)を取り入れること。および、成長し、生活力を保持すること。nutrition ②養分。栄養素。nutrition

**えい-よう【栄▼耀】** =えよう。①大いに栄えること。prosperity 用例 ―栄華。②はなやかでぜいたくなこと。luxury

**えいよう-えんるい【栄養塩類】** 海水や淡水に含まれ、プランクトンの栄養になる成分。硝酸塩・燐酸塩・硅酸塩・カルシウム塩など。nutrient salts

**えいよう-か【栄養価】** 食品の栄養価値。体内で利用される脂肪・たんぱく質・炭水化物・無機塩類・ビタミンなどの栄養素の含有量で決まる。カロリーなどで表す。nutritive value

**えいよう-きかん【栄養器官】** 生物が栄養をとりこむための器官の総称。植物では根・茎・葉。動物では広義には消化・呼吸・循環・排出器官をさすが、消化器官だけのことを言う場合もある。vegetative organ

**えいよう-ざい【栄養剤】** 各種の栄養成分を、エッセンスとして取り出して配合し、食べやすく、また体内で吸収利用されやすい錠剤や飲料の形にした製品。nutrient

**えいよう-し【栄養士】** 栄養指導を行う資格をもつ者。学校・病院・保健所・事業所などで給食・献立の指導を行う。dietitian

**えいよう-しっちょう【栄養失調】** 栄養素摂取の量的・質的不足による病的状態。カロリー不足・たんぱく質欠乏・ビタミン欠乏など。むくみ・疲労感・貧血などの症状を呈する。dystrophy

**えいよう-せいしょく【栄養生殖】** 無性生殖の一つ。植物に多くみられる。根・茎・葉・腋芽などの一部が新個体となる。栄養増殖。栄養繁殖。vegetative reproduction

**えいよう-そ【栄養素】** 生命を維持し、健康保持や発育に必要な食物中の成分。炭水化物・たんぱく質・脂肪を三大栄養素、または熱量素という。また、無機塩類とビタミンは副栄養素という。nutrient

**えいよう-はんしょく【栄養繁殖】** ↓えいようせいしょく(栄養生殖)

▼常用漢字表外。 ▽常用漢字表の音訓外。

**えいよう-ぶん【栄養分】** 摂取することにより体の機能を維持し高める物質。養分。nutriment

**えいらくきゅう-へきが【永楽宮壁画】** 中国、元代の永楽宮の壁画。山西省にあり、当時の絵画・服飾・風俗の貴重な資料。一九五一年発見。

**えいらく-せん【永楽銭】** ↓えいらくつうほう「う(永楽通宝)」

**えいらくたいてん【永楽大典】** 明代の類書。永楽帝の命により解縉らが編集。二万二八七七巻、目録六〇巻。一四〇七年(明の永楽五年)成立。

**えいらく-つうほう【永楽通宝】** 室町時代、中国の明から輸入され、流通した銅銭。一四一一年(明の永楽九年)はじめて鋳造された。室町時代以降、日本の標準通貨となり江戸時代初めまで通用。永楽銭。↓写

● 永楽通宝

**えいらく-てい【永楽帝】**(一三六〇〜一四二四) 中国、明朝の第三代皇帝(在位一四〇二〜一四二四)。廟号は太宗、のちに成祖。燕王として北平(現在の北京)にいたが、恵帝に反して即位。安南征討、漠北親政、鄭和による南海遠征など大規模な外征を行った。中央集権の強化、『永楽大典』の編纂など内治にも努め、明朝繁栄の基礎を固めた。

**えい-らん【▼叡覧】** 天子がごらんになること。比較 叡聞。用例 —に供する。

**えいらん-せんそう【英▼蘭戦争】** 一七世紀後半に三次にわたって行われたイギリス-オランダ間の戦争。この結果オランダの海上支配権はイギリスに奪われた。蘭英戦争。the British-Dutch War

**えいらん-たい【▽依▼蘭▼苔】** ウメノキゴケ科の地衣。北半球の寒帯や高山に多く生育する。高さ五〜一〇cmで群落をなす。褐色または緑色で、ややつやがある。

**えい-り【鋭利】**(形動) ①刃物がするどくて、よく切れるさま。sharp ②頭の働きがするどいさま。鋭敏。sharp; incisive

**えい-り【営利】** 利益を得ようとすること。金もうけ。profit-making

**えいり-がいしゃ【営利会社】** 財産上の利益を目的に設立・運営される会社。profit-making company

**えいり-じぎょう【営利事業】** 営利を目的とする商店や会社の事業。profit-making enterprise 対義 公共事業。

**えいり-せい【営利性】** 利潤を求めること。profit-making 用例 —を追求する。

**えいり-てき【営利的】**(形動) 営利をおもな目的とするさま。commercialism

**えいり-ほうじん【営利法人】** 株式会社や有限会社など、構成員の私的利益をはかることを目的とする法人。profit corporation 対義 公益法人。

**えいりゃく【永▽暦】** 平安末期の年号。平治から改元。元年(一一六〇)一月一〇日〜二年(一一六一)九月四日。次に、応保に改元。

**えい-りょ【▼叡慮】** 天子のお考え。用例 —をわずらわす。

**えい-りょく【営力】** 地表や地球内部を変化させる力。大気や流水などによる外的営力と、地震や火山などによる内的営力がある。agency

**えい-りん【映倫】**「映画倫理規定管理委員会」の略。

**えい-りん【営林】**(名・サ変自) 保護・育成や伐採など、森林を経営し、管理すること。forest management 比較 造林。

**えいりん-きょく【営林局】** 農林水産省林野庁の地方下部機関。国有林野の管理経営、営林署の指導監督などにあたる。

**えいりん-しょ【営林署】** 林野庁営林局の下部機関。国有林の造林や営林などを実行する。district forestry office

**えい-れい【英霊】** ①死者の霊に対する敬称。とくに戦没者の霊をいう。数え方 一柱。②すぐれた人。また、その魂。

**えい-れんぽう【英連邦】**「イギリス連邦」の略。

**えい-ろう【永▼牢】** 江戸時代の刑罰で、罪人を死ぬまで牢にとじこめること。ながろう。

**えいろ-きょうしょう【英露協商】** 一九〇七年にイギリス-ロシア間に成立した協約。ペルシア・アフガニスタン・チベットにおける両国の勢力範囲を定め、チベットに関しては内政不干渉を協定。英仏協商とともに三国協商を形成、三国同盟と対抗。Russian-British entente

**えいろく【永▼禄】** 室町末期の年号。弘治から改元。元年(一五五八)二月二八日〜一三年(一五七〇)四月二三日。次に、元亀に改元。

**えい-わ【英和】** ①イギリスと日本。England and Japan ②英語と日本語。English and Japanese ③「英和辞典」の略。対義 和英。

**えいわ【永和】** 日本の南北朝で、北朝の年号。応安から改元。元年(一三七五)二月二七日〜五年(一三七九)三月二二日。次に、康暦に改元。

**えいわ-じてん【英和辞典】** 英語の発音・意味・用法などを、日本語で説明する辞典。English-Japanese dictionary

**え-いん【会陰】** 肛門と外陰部の間。男性では陰嚢と肛門の間、女性では陰裂と肛門の間の部分。広義には、骨盤の下口をふさぐ軟組織のこと。ありのとわたり。perineum

**え-いんがきょう【絵因果経】** 釈迦の伝記を記した『過去現在因果経』に絵を加えた巻き物。下段に経文、上段に絵を描く。↓写

● 絵因果経 『過去現在絵因果経』(部分)。奈良時代(八世紀中期)、上品蓮台寺(京都府)。

**エイントホーフェン【Eindhoven】** ↓アイントホーフェン

**エヴェレスト【Everest】** ↓エベレストさん「(エベレスト山)」

**エヴェンキ-ぞく【エヴェンキ族】** シベリアの代表的な民族。かつてはツングースの名で知られる。西はエニセイ川流域から東はオホーツク海、南は中国東北部やモンゴルにまで分布。主としてトナカイ飼育・狩猟に従事。漁労・海獣狩猟も副次的に行う。シャーマニズムが発達。オロチョン。Evenk

**えうかし【▽兄▼猾】** 記紀にみえる大和国宇陀郡の豪族。神武天皇を東征の途で暗殺しようとしたが、弟の弟猾に密告され殺されたという。

**エウクレイデス【Eukleides】** ユークリッド「のギリシア名。

**エウスタキオ-かん【エウスタキオ管】** 中耳の鼓室と咽頭を結ぶ長円錐形の管。通常は閉鎖され、嚥下運動などで開いて鼓室と外界との気圧の均衡を保つ。この管を発見したイタリアの解剖学者の名前をとった。耳管。欧氏管。Eustachian tube

**エウセビオス**〈カイザリアの〉**【Eusébios de Kaisáreia】**(二六〇ごろ〜三三九ごろ) カイザリアの主教。キリスト教会史家。教会史の父祖とよばれる。著書『教会史』など。

**エウフラテス-がわ【エウフラテス川】**(Euphrates) ↓ユーフラテスがわ(ユーフラテス川)

**エウリピデス【Eurīpidēs】**(BC四八四ごろ〜BC四〇六) ギリシア三大悲劇詩人の一人。冷徹な眼で人間の心情を探り、行動の動機を追究した。悲劇『メデイア』『ヒッポリュトス』『トロヤの女』『バッコスの女たち』など。

**エウリヤ-チェレビ【Evliya Çelebi】**(一六一一〜一六七九) オスマン帝国の旅行家。四〇年間にわたりアジア・ヨーロッパ・アフリカにまたがる全領土を旅行。『旅行者の書』は、その見聞記。

**エウロペ【Eurōpē ギリシア】** ギリシア神話のフェニキア王の娘。白牛となったゼウスとクレタ島に渡り、ミノスらを産む。のちクレタ王の妻。このとき巡った地域がエウロパ(ヨーロッパ)といわれるようになったという。

**ええ**(感) ①肯定や承諾を表す語。yes; oh 用例 —そうです。②疑いや強い感動を表す語。用例 —、彼が失敗したって。—、くやしい。③言うのをためらったり、次のことばがすぐ出なかったりしているときに発する語。er

**エー【A・a】** ①アルファベットの第一文字。②《大文字で》音楽で、音名の一つ。イ音。③《大文字で》答え(answer)の略号。④「A判」の略。⑤血液型の一つ。A型。

**エー-アイ-エス【AIS】**《accounting information systemの略》会計情報システム。

**エー-アイ-エム【AIM】**《air-launched intercept missileの略》空対空迎撃ミサイル。航空機搭載用で空中目標の破壊を目的とする。

**エー-アンド-ピー【A&P】**《The Great Atlantic & Pacific Tea Co., Inc.の略》アメリカの大手スーパーチェーンストア。一九二五年設立。

**エー-イー-カメラ【AEカメラ】**《AEはautomatic exposureの略》被写体の明るさに応じて、露出が自動的に調節できるカメラ。Eカメラ。

**エー-イー-シー【AEC】**《Atomic Energy Commissionの略》①日本原子力委員会。②アメリカ原子力委員会。

**エー-イー-ダブリュー【AEW】**《airborne early warningの略》空中早期警戒機。

**エー-エー【AA】**《Afro-Asianの略》アジアとアフリカ。用例 —諸国。

**エー-エー-エム【AAM】**《air-to-air missileの略》空対空ミサイル。

**エー-エー-かいぎ【AA会議】**《AAはAsiaとAfricaの頭文字》アジア-アフリカ会議。

**エー-エー-しょこく【AA諸国】**《AAはAsiaとAfricaの頭文字》アジア-アフリカ諸国の総称。

**エー-エス-エス-アール【ASSR】**《Avtonomnaya Sovetskaya Sotsialisticheskaya Respublicaの略》ソビエト連邦を構成する自治ソビエト社会主義共和国の呼称。

**エー-エス-エム【ASM】**《air-to-surface missileの略》空対地ミサイル。

**エー-エス-シー-エム【ASCM】**《anti-ship cruise missileの略》対艦巡航ミサイル。

**エー-エス-ダブリュー【ASW】**①《anti-submarine warfareの略》対潜水艦戦。②《anti-submarine weaponの略》対潜兵器。

**エー-エヌ-エー【ANA】**《All Nippon Airwaysの略》全日本空輸(株)。

**エー-エヌ-シー【ANC】**《African National Congressの略》アフリカ民族会議。

**エー-エフ-エス【AFS】**《American Field Serviceの略》国際理解促進のため、世界各国の高校生の交換留学を行うアメリカの民間団体。

**エー-エフ-エル【AFL】**①《Aeroflot Soviet Airlinesの略》アエロフロートソビエト連邦国営航空。②《American Federation of Laborの略》↓エーエフエル-シーアイオー(AFL-CIO)

**エー-エフエル-シーアイオー【AFL-CIO】**《American Federation of Labor and Congress of Industrial Organizationsの略》アメリカ労働総同盟産業別組合会議。同国最大の労働団体連合体。一九五五年アメリカ労働総同盟(AFL)と産業別組合会議(CIO)が合同して結成。

**エー-エフ-カメラ【AFカメラ】**《AFはautomatic focusingの略》カメラを向けてシャッターを押すと、電子装置で自動的に被写体に焦点が合ってシャッターが切れる機構のカメラ。自動焦点カメラ。

**エー-エフ-ツー【AF-2】**《商標名》防腐・殺菌剤。広く食品添加物として使用されたが、発癌作用などが認められ使用禁止となった。

**エー-エフ-ディー-エフ【AFDF・AfDF】**《African Development Fundの略》アフリカ開発基金。

**エー-エフ-ディー-ビー【AFDB・AfDB】**《African Development Bankの略》アフリカ開発銀行。

**エー-エフ-ピー【AFP】**《Agence France-Presseの略》フランスの世界的通信社。フランス政府との関係が強い。一九四四年設立。

**エー-エム【AM】**《amplitude modulationの略》振幅変調。音波の形に応じて、振幅を変えること。比較 FM。

**エー-エム【a.m.; A.M.】**《ante meridiem ラテン》(正午前)の略》午前。対義 p.m.

**エー-エム-エム【AMM】**《antimissile missileの略》ミサイル迎撃ミサイル。

**エー-エム-ほうそう【AM放送】**《AMはamplitude modulationの略》振幅変調方式による放送。搬送波の振幅が信号波の変化に応じて変化する方式で、中・短波ラジオ放送やテレビの映像放送などに広く使用。AM。AM broadcasting

**エー-エル-エム【ALM】**《assets and liabilities managementの略》資産・負債管理。資金の調達・運用にともなう損失を回避するための諸方策。

**エー-エル-シー-エム【ALCM】**《air-launched cruise missileの略》空中発射巡航ミサイル。

**エーカー【acre】** ヤード-ポンド法での面積の単位。一エーカーは、約四〇四七m²。記号ac。

**エー-キュー**【AQ】《achievement quotientの略》教育指数（EQ）を知能指数（IQ）で割ったものに一〇〇を掛けたもの。知能に比べて学習がどの程度進んでいるかを示す。成就指数。学力指数。

**エーキン**【Conrad Potter Aiken】（一八八九～一九七三）アメリカの詩人・小説家。音楽的効果をもつ叙情詩を書く。作品『詩選集』など。

**エー-クラス**【Aクラス】第一級。A級。the first class

**エーゲ-かい**【エーゲ海】（Aegean Sea）地中海北東部、ギリシア東部とトルコ西部にはさまれた海域。古くから栄えたエーゲ文明の遺跡が多い。多島海。

**エーゲ-ぶんめい**【エーゲ文明】紀元前三〇世紀から前一二世紀にエーゲ海周辺に栄えた青銅器文明の総称。一九世紀末のシュリーマンによるミュケナイ・トロヤの発見、エバンズのクノッソス発掘によりその存在が知られるようになった。前二〇世紀ごろからクレタ文明が、前一五世紀ごろからはギリシア本土のミュケナイ文明が繁栄した。キクラデス文明、トロヤ文明なども含まれる。Aegean civilization ↓写

**エーケレーブ**【Bengt Gunnar Ekelöf】（一九〇七～六八）スウェーデンの詩人。高雅深遠な詩で知られる。詩集『おそく地上に』など。

**エー-ご-はん**【A5判】日本工業規格による、紙や書物の仕上がり寸法の一つ。A列5番。横一四八㎜、縦二一〇㎜。↓判型図

**エー-サット**【ASAT】《anti-satelliteの略》衛星攻撃兵器。敵の軍事衛星を攻撃・破壊するシステム。ソ連ではキラー衛星を使ったシステム、アメリカでは衛星迎撃用レーダーホーミングを装備したミサイルをF-15戦闘機から発射するシステムを採用。

**エージ**【age】時期。時代。年齢。用例ゴールデン―。

**エー-シー**【AC】《alternating currentの略》電気で、交流電流。対義DC。

**エー-ジー-エフ**【AGF】《Asian Games Federationの略》アジア競技連盟。一九八二年、OCAに改組。

**エー-ジー-エム**【AGM】《air-to-ground missileの略》空対地ミサイル。航空機に搭載し地上目標を破壊する。

**エー-ジー-ティー**【AGT】《Automated Guideway Transitの略》自動運転軌道システム。

**エー-シー-ティー-エイチ**【ACTH】《adrenocorticotropic hormoneの略》副腎皮質刺激ホルモン。

**エー-シー-ピー**【ACP】《African, Caribbean and Pacific Associablesの略》アフリカ-カリブ-太平洋諸国連合。これらの地域の発展途上国四六か国がECや北米諸国などと貿易するさいの経済協力組織。

**エー-シー-ユー**【ACU】《Asian Clearing Unionの略》アジア決済同盟。

**エージェンシー**【agency】①代理店。②民間放送で、広告代理業者。

**エージェント**【agent】代理人。周旋人。代理店。旅行案内業者。

**エージス-システム**【Aegis system】↓イージスシステム

**ええじゃないか** 幕末、慶応三年（一八六七）から翌年にかけて近畿・東海を中心に起こった狂乱的な大衆運動。神符類の降下を発端に、「ええじゃないか」の囃子ことばを唱えつつ民衆が群れをなして踊り歩いた。しだいに世直しの要求の表現となり、全国に拡大。

**エージレス-にんげん**【エージレス人間】《「エージレス」は、年をとらない、の意》年はとっても、生き生きと健康的な人。

**エージング**【aging】①↓じゅくせい（熟成）。

●エーゲ文明

『クレタのパリジェンヌ』前一五五〇～前一四〇〇年、ヘラクリオン考古博物館（ギリシア）。

『蛸絵アンフォラ』前一五〇〇～前一四〇〇年、アテネ国立考古学博物館。

『クノッソス宮殿』前一六〇〇～前一四〇〇年、クレタ島（ギリシア）。

『黄金のマスク』前一五八〇～前一五〇〇年、アテネ国立考古学博物館。

『金銀象嵌の銅剣』前一五七〇～前一五〇〇年、アテネ国立考古学博物館。

『たて琴奏者の像』前二四〇〇～前二〇〇〇年、アテネ国立考古学博物館。

②広義には、生物が卵から生育して死にいたるまでにたどる全経過。狭義には、動物が成熟後にたどる衰退の経過をさす。加齢。

**エース**【ace】①さいころ・トランプなどの、一。②もっともすぐれている者。第一人者。ピカ一。③野球で、主戦投手。ace pitcher

**エー-ゼット-ティー**【AZT】《azido-deoxy-thymidineの略》エイズの治療薬の一つ。最初、抗癌剤として開発された。患者の延命に効果があるが、頭痛・貧血などの副作用も強い。

**エータ**【Η・η】ギリシア字母の第七字。イータ。eta

**エー-ダブリュー-エー**【AWA】《American Wrestling Associationの略》アメリカレスリング協議会。アメリカ国内で大勢力をもつプロレスの興行団体。一九六〇年NWAから分離設立。

**エー-ディー**【AD】《Anno Dominiラテンの略》西暦紀元後。対義BC。

**エー-ディー-アール**【ADR】《American Depositary Receiptの略》アメリカ預託証券。

**エー-ディー-アイ-ゼット**【ADIZ】《air defense identification zoneの略》防空識別圏。

**エー-ティー-エス**【ATS】《automatic train stopの略》列車の保安装置。運転操作が不適当なとき作動し、追突や暴走を防ぐ。自動列車停止装置。

**エー-ティー-エム**【ATM】①《automatic teller machineの略》銀行の窓口を通さないで金の預け入れと支払いが可能な機械。現金自動支払預入機。②《anti-tank missileの略》対戦車ミサイル。

**エー-ティー-エル**【ATL】《adult T-cell leukemiaの略》成人T細胞白血病。

**エー-ティー-オー**【ATO】《automatic train operationの略》列車の出発から停止までの全運転操作を自動化した装置。自動列車運転装置。比較ATC・ATS・CTC。

**エー-ティー-シー**【ATC】《automatic train controlの略》自動列車制御装置。レールからの信号電流で、列車の速度調節や停止を自動的に行う。比較ATS・ATO・CTC。

**エー-ティー-しゃ**【AT車】《ATはautomatic transmission（自動変速機）の略》自動変速装置を備え、発進・走行時のギアチェンジの操作を自動的に行う自動車。

**エー-ティー-ティー**【ATT】《American Telephone & Telegraph Co.の略。正しくは、AT&T》アメリカ電話電信会社。内外の通信サービスや通信システム製造を中心とするアメリカの巨大企業。旧ウェスタンエレクトリック社やベル研究所を傘下におさめる。一八八五年設立。

**エー-ティー-ピー**【ATP】《adenosine triphosphateの略》アデノシン三燐酸。

**エー-ディー-ビー**【ADB】《Asian Development Bankの略》アジア開発銀行。

**エー-ティー-ピー-アーゼ**【ATPアーゼ】ATP（アデノシン三燐酸）末端の高エネルギー燐酸結合を加水分解して、ADP（アデノシン二燐酸）と無機燐酸とを生成する反応を触媒する酵素の総称。アデノシントリホスファターゼ。adenosine triphosphatase

**エー-ディー-へんかんき**【AD変換器】アナログ信号をデジタル信号に変換する装置。通常、圧力・角度などの連続量（＝アナログ量）を、それに対応する数値（＝デジタル値）に変換する装置をさす。ADC。analog to digital converter 対義DA変換器。

**エーテボリ**【Göteborg】スウェーデン南西部、同国有数の都市。商工業都市。北欧随一の造船業をはじめ産業・貿易・文化の一大中心地。人口四二・五万（一九八五）。イェーテボリ。

**エーテル**【ether】①特殊相対性理論の誕生以前に仮説として提示されていた光や電磁場の媒質。②「エチルエーテル」の略。③二個の炭化水素基が酸素原子によって結合された有機化合物の総称。

**エーテル-けつごう**【エーテル結合】酸素原子が、二個の炭化水素基と結合している形の結合。ether linkage

**エーデルマン**【Gerald Maurice Edelman】（一九二九～）アメリカの生化学者。抗体たんぱく質の主成分である血清中のガンマグロブリンで、抗原抗体反応の特異性をさぐるのに重要な一種類を取り出し、化学構造を決定。一九七二年ノーベル生理学医学賞受賞。

**エーデルワイス**【Edelweissドイツ】高山植物、キク科の多年草。高さ約三〇㎝。全体は白毛で包まれ紫外線を防ぐ。根出葉はへら形。夏に白色の頭花を数個開く。ヨーロッパアルプス、小アジアの高山に分布。日本の仲間に、エゾウスユキソウ・ハヤチネウスユキソウ・ホソヒバナウスユキソウなどがある。セイヨウウスユキソウ。↓ウスユキソウ写

**エーデン**【Frederik Willem van Eeden】（一八六〇～一九三二）オランダの小説家。神秘主義的作風を示す。小説『小さなヨハネス』、戯曲『門』など。

**ええ-と**（感）次のことばが出なかったり、考え込むときなどに発する語。

**エード**【ade】果汁に砂糖と水を加えた飲み物。使う果汁の名前をつけて、「…エード」という。オレンジエードなど。炭酸水を用いたものはスカッシュ。

**エートス**【ēthosギリシア】習慣によって生まれる、人間の持続的性質。民族や集団独特の文化的傾向・慣習・風俗の総称。社会的慣習。

**エードリアン**【Edgar Douglas Adrian】（一八八九～一九七七）イギリスの生理学者。神経興奮の機構

▼常用漢字表外。　▽常用漢字表の音訓外。

は「全か無かの法則」によるということを提唱。神経生理学の分野に多くの業績をあげた。神経単位の発見により、一九三二年ノーベル生理学医学賞受賞。

**エー‐ばん【A判】** 比較 B判。①日本標準規格による紙の仕上がり寸法の一つ。八四一㎜×一一八九㎜を基本のA列0番とし、長辺を半裁したものを1番とする。以下同様に8番まである。そのほか変型の二〇取・四〇取などがあり、書籍・雑誌にはA5・A6がよく用いられる。②紙の原紙寸法の一つ。六二五㎜×八八〇㎜。

**エー‐ビー【AB】** 血液型の一つ。AB型。

**エー‐ピー【AP】**《Associated Pressの略》アメリカの通信社。協同組合組織をとる非営利法人。一八四八年設立。

**エー‐ビー‐エス‐じゅし【ABS樹脂】** アクリロニトリル・ブタジエン・スチレンを共重合した樹脂。低温での耐衝撃性がよい。耐熱性もある。自動車部品などに使用。acrylonitrile butadiene styrene resin

**エー‐ピー‐エヌ【APN】**《Agentstvo Pechati Novostiの略》ノーボスチ通信社。

**エー‐ビー‐エム【ABM】**《anti-ballistic missileの略》弾道ミサイル迎撃ミサイル。相手の弾道ミサイルを、弾道飛行の終期に迎撃・爆破するミサイル。

**エー‐ビー‐オー‐しき‐けつえきがた【ABO式血液型】** 血液型分類の一つ。一九〇一年、ウィーン大学の助手だったランドスタイナーらが発見。O・A・B・ABの四種類の型に分類される。ABO-blood groups

**エー‐ビー‐シー【ABC】** ①英語の字母の最初の三字。アルファベット。②物事の初歩。入門。いろは。③《American Broadcasting Company, Inc.の略》アメリカの四大放送ネットワーク会社の一つ。一九四四年設立。④《Audit Bureau of Circulationsの略》新聞・雑誌の販売部数公査機関。広告主・新聞・雑誌社・広告代理業の会員で組織。一九一四年アメリカで発足。昭和三三年(一九五八)日本ABC協会設立。

**エー‐ビー‐シー‐じゅん【ABC順】** 単語・ことばなどの配列の仕方の一つで、英語のアルファベットの順。alphabetical order 比較 いろは順・五十音順。

**エー‐ビー‐シー‐ちょうさ【ABC調査】** 日本ABC協会が行う新聞・雑誌の発行部数の調査。参照 ABC④。

**エー‐ビー‐シー‐ディー‐ほういじん【ABCD包囲陣】** 太平洋戦争直前のアメリカ・イギリス・中国・オランダ四か国による対日包囲網の戦略態勢。在外資産凍結・石油禁輸などを目的としたもので、各国の国名の頭文字をとって名付けられた。

**エー‐ビー‐シー‐ぶんせき【ABC分析】** 在庫品をABCに格付けして分類・管理するさい、各ランクに振りわけるために行われる分析。価格・複雑性などが基準となる。ABC analysis

**エー‐ビー‐シー‐へいき【ABC兵器】**《AはA、BCは、atomic, biological, chemicalの頭文字》原子兵器・生物兵器・化学兵器の総称。CBR兵器。ABC weapons

**エー‐ビー‐ユー【ABU】**《Asian Broadcasting Unionの略》アジア太平洋放送連合。

**エー‐ブイ‐きょういく【AV教育】**《AVはaudio-visualの略》視聴覚教育。

**エーブナー‐エッシェンバハ【Marie von Ebner-Eschenbach】**（一八三〇〜一九一六） オーストリアの女流小説家。善意と愛情にあふれた小説を書いた。作品『村と城の物語』『村の子ども』など。

**エーブラハムズ【Peter Henry Abrahams】**（一九一九） 南アフリカ共和国の混血黒人小説家。人種問題を深く掘り下げる。作品『坑夫』『野蛮な征服』など。

**エープリル‐フール【April fool】** 四月一日には、うそをついて人をかついでもよいという西欧の風習。万愚節。四月馬鹿。

**エーベルト【Friedrich Ebert】**（一八七一〜一九二五） ドイツの政治家。第一次大戦末期の帝国宰相。ワイマール共和国初代大統領(在位一九一九〜二五)。

**エーベルト【Karl Joseph Eberth】**（一八三五〜一九二六） ドイツの病理学者・細菌学者。ロベルト=コッホと同時に腸チフス菌を発見した。細菌学上の業績が多い。

**エーベルラン【Arnulf Øverland】**（一八八九〜一九六八） ノルウェーの詩人。第二次大戦中は対独抵抗運動の精神的支柱となる。作品『われらすべてを生きぬく』など。

**エーミス【Kingsley Amis】**（一九二二） イギリスの小説家。一九五〇年代の「怒れる若者たち」の一人。作品『ラッキー=ジム』『老いぼれ悪魔』など。

**エーメ【Anouk Aimée】**（一九三二） フランスの映画女優。主演作『男と女』『モンパルナスの灯』など。

**エーメ【Marcel Aymé】**（一九〇二〜六七） フランスの小説家・劇作家。小説『緑の牝馬』、児童文学『鬼ごっこ物語』、戯曲『クレランバール』など。

**エー‐ユー【AU】**《astronomical unitの略》天文単位。地球と太陽との平均距離(一億四九六〇万㎞)を一AUとする。

**エー‐ライン【Aライン】** 一九五五年に、ディオールが発表したドレスのシルエット。アルファベットのAに似て、上部が細く裾に向かって広がったシルエット。A-line

**エール【yell】** スポーツの試合などで選手に送る声援。用例 —を交換する。

**エール【Eire】** アイルランド共和国の現地呼称。

**エール‐だいがく【エール大学】** ↓イェールだいがく(イェール大学)

**エール‐フランス【Air France】**《Compagnie Nationale Air France(エールフランス国営航空)の略》フランスの国営航空会社。一九三三年設立。四八年国営化。AF.

**エールリヒ【Eugen Ehrlich】**（一八六二〜一九二二） オーストリアの法学者。自由法運動の指導者で、法社会学の先駆者の一人。主著『法社会学基礎論』。

**エールリヒ【Paul Ehrlich】**（一八五四〜一九一五） ドイツの医学者。化学療法の開拓者。治療血清の免疫力価検定を確立。一九〇八年ノーベル生理学医学賞受賞。

**エーレンシュレーガー【Adam Gottlob Oehlenschläger】**（一七七九〜一八五〇） デンマークの詩人・劇作家。北欧ロマン主義の先駆で「北欧の詩王」とたたえられた。詩集『北欧詩集』、詩劇『アラディン』『ヘルゲ』など。

**エー‐ろく‐ばん【A6判】** 日本工業規格による、紙や書物の仕上がり寸法の一つ。A列6番。A5判の半分の大きさ。横一〇五㎜、縦一四八㎜。

**エーロゾル【aerosol】** コロイド状態のうち、気体中に固体や液体の微粒子が分散しているもの。エアゾール。エアロゾル。煙霧質。

**エーワックス【AWACS】**《airborne warning and control(command) systemの略》空中早期警戒管制機。

**エーワル【Johannes Ewald】**（一七四三〜八一） デンマークの国民詩人。デンマーク国歌は大作『漁夫』中の一章節。詩劇『バルドルの死』など、中世北欧文学に取材した作品が多い。

**え‐えん【会厭】** 舌の形をしたのどの器官。口の奥にあって、気管に食物がはいるのをふせぐ。喉頭蓋。

**エオス【Eōs ギリシア】** ギリシア神話の曙の女神。ローマ神話のアウロラにあたる。Eos

**え‐おとこ【愛男】** 古語《「え」は接頭語で、いとしい、の意》かわいい男。いとしい男。美しい若者。用例 あなにやし、—を(古事記・上)。

**え‐おとめ【愛少女】** 古語《「え」は接頭語で、いとしい、の意》かわいいおとめ。愛くるしいおとめ。美しいおとめ。用例 あなにやし、—を(古事記・上)。

**エオヒップス【Eohippus ラテン】** 北アメリカとヨーロッパにすんでいたウマの最古の祖先。ヒラコテリウム。

**えおん〈廬山の〉【慧遠】**（三三四〜四一六） 中国、東晋の僧。中国浄土教の創唱者。浄土念仏の結社白蓮社を組織。沙門不敬王者論を唱え、国家権力に対して仏教者の自由を主張した。

**えおん〈浄影寺の〉【慧遠】**（五二三〜五九二） 中国、南北朝・隋時代の僧。北周武帝の廃仏に抗して隠棲、のちに洛陽の浄影寺で大乗経典の注釈に努めた。著書『大乗義章』二八巻。

**えか【恵果】** ↓けいか(恵果)

**えか【慧可】**（四八七〜五九三） 中国南北朝時代の僧。中国禅宗の第二祖。

**慧可断臂**（えかだんぴ） 達磨に入門を願っていれられなかった慧可が、左腕を切断して決意を示し、入門を許されたという故事。仏画の画題になっている。

**え‐がお【笑顔】** 笑みをうかべた顔。わらいがお。smiling face

**え‐かき【絵描き】** 絵をかくことを職業とする人。画家。painter; artist

**えが・く【描く・画く】**(五他) ①絵や図に表す。draw; paint 用例 人物を—。グラフを—。弧を—。②ありさま・気持ちなどを文章や音楽などで表現する。描写する。describe 用例 下町情緒を—いた小説。③心にうかべる。imagine 用例 空想を—。

**え‐がすり【絵絣】** 絣柄の一種。紺地木綿に絵模様を織り出したもの。ふとん地に使われたが、現在は民芸調の織物として作られている。↓絣 写

**え‐がた・い【得難い】**(形) 手に入れにくい。貴重だ。precious 用例 —経験をつむ。

**エカテリーナ〈二世〉【Yekaterina II】**（一七二九〜九六） ロシアの女帝(在位一七六二〜九六)。ピョートル三世の妃。夫を殺害して即位。フランス文化に傾倒、啓蒙専制君主を自任。プガチョフの乱を鎮圧、農奴制を強化。ポーランド分割に参加。カサリン二世。↓写

●エカテリーナ二世

**エカフェ【ECAFE】**《Economic Commission for Asia and the Far Eastの略》アジア極東経済委員会。国連経済社会理事会のもとに一九四七年設置され、とくにアジア各国の経済交流を目標とした。七四年よりエスカップ(=アジア太平洋経済社会委員会)と改称。

**え‐がら【絵柄】** 絵のがら。工芸品などの図案。構図。pattern; design

**えがらっぽ・い**(形) あくが強く、のどがひりひりするようだ。えぐい。えがらい。いがらっぽい。irritating 派生 えがらっぽさ(名)

**えがわ‐たろうざえもん【江川太郎左衛門】**（一八〇一〜五五） 幕末の洋式砲術家。伊豆韮山の代官。名は英竜。号は坦庵。安政元年(一八五四)韮山に反射炉を建設し銃砲を鋳造。

**エキ 6画【亦】** 部首[亠](なべぶた) 人名用 JIS 4382
音 エキ・ヤク
また。…もまた。同じものごとが、くりかえされることを示す。

**エキ 7画【役】** 部首[彳](ぎょうにんべん) 教育小3 JIS 4482
音 ヤク・エキ
筆順 ↓ヤク[役]
①つとめ。しごと。力仕事にかりたてる。労働させる。「雑役・使役・服役・兵役」「役畜・役務」②えだち。ひとにつかわれる者。「役丁・役夫」③いくさ。戦争。「戦役」用例 (名)西南の—。↓ヤク[役]

**エキ 8画【易】** 部首[日](ひ) 教育小5 JIS 1655
音 エキ・イ
訓 やさしい
①とりかえる。あらためる。いれかわる。あらたまる。「改易・交易・不易・貿易」②うらない。古代中国におこったうらない。筮竹・算木を用い、卦辞・爻辞などをみて、吉凶・運勢を判断する。「易学・易者」用例 (名)—を立てる。③中国の周代に成立した、うらないの書。儒学の五経の一つ。『易経』『周易』用例 (名)—にいわく。↓イ[易]

**エキ 9画【奕】** 部首[大](だい) JIS 5285
音 エキ・ヤク
①かさなる。つづく。「奕代」②碁。碁をうつ。ばくち。

**エキ 9画【弈】** 部首[廾](にじゅうあし)
音 エキ
囲碁。碁をうつ。ばくち。

**エキ 9画【疫】** 部首[疒](やまいだれ) 常用 JIS 1754
音 エキ・ヤク
たちの悪い流行病。えやみ。「悪疫・検疫・防疫・免疫」「疫病」↓ヤク[疫]

**エキ 10画【益】** 部首[皿](さら) 教育小5 JIS 1755
10画【益】 旧字
音 エキ・ヤク
①もうけ。得。ききめ。対義 損。「公益・私益・純益・利益」用例 (名)スポーツの—。②ためになる。役にたつ。対義 害。「益虫・益友」③ます。ふえる。ふやす。④ますます。いよいよ。↓ヤク[益]

**エキ 11画【場】** 部首[土](つちへん)

音エキ さかい。あぜ。くろ。田の境。国の境。

**エキ** 11画【▼掖】部首［扌］ JIS 5753

音エキ ①わきばさむ。わきの下にはさむ。②わき。わきの下。③たすける。かたわらから、ささえる。「扶掖」

**エキ** 11画【液】部首［氵］ 教育小5 JIS 1753

液 液 液 液 液 液

音エキ 水のようなもの。しる。「胃液・血液・溶液」「液汁・液体」用例(名)―をしぼる。

**エキ** 12画【▼腋】部首［月］ JIS 7094

音エキ わき。わきの下。「闕腋の袍」「腋芽」

**エキ** 14画【▼蜴】部首［虫］ JIS 7378

音エキ 「蜥蜴」は、トカゲ。トカゲ目に属する爬虫類。

**エキ** 14画【駅】部首［馬］ 教育小3 JIS 1756　23画【▼驛】旧字 JIS 8167

駅 駅 駅 駅 駅 駅 駅 駅 駅

音エキ ①停車場。列車の発着所。旅客・貨物をとりあつかうための施設。ステーション。「駅員・駅長」用例(名)―で待つ。《接尾的》始発―。通過―。終着―。②宿場。うまや。「宿駅」「駅馬」用例(名)―の朝。③つぎつぎにおくる。つたえる。「駅逓・駅伝」

**エキ** 16画【▼懌】部首［忄］ JIS 5668

音エキ よろこぶ。よろこび。

**エキ** 19画【▼繹】部首［糸］ JIS 6972

音エキ・ヤク ①ぬく。ひきだす。「演繹」②たずねる。さがしもとめる。おしきわめる。③つらなる。ひきつづく。

**エキ** 19画【▼鰑】部首［魚］ JIS 8240

音エキ するめ。イカをひらいて、ほしたもの。

**えきあつ-プレス**【液圧プレス】高圧の水や油をシリンダーに導き、その力を利用して鍛造・圧延・剪断などを行う加工機械。hydraulic press

**えき-いん**【駅員】駅の職員。station employee

**えき-うり**【駅売り】駅の構内で物を売ること・人。platform vendor

**えき-か**【液化】(名・サ変自他) ①物質の状態が気体から液体に変わる現象。ふつう、気体を冷却もしくは圧縮すれば液化がおこる。liquefaction 対義 気化。②固体がとけて液体になること。液体にすること。melt

**えき-か**【液果】果皮が肉厚で多量の水分を含む果実の総称。カキ・トマト・ナシ・ブドウなど。漿果。sap fruit ↓果実図

**えき-か**【▼腋▼窩】わきの下。胸壁と上腕との間のくぼみ。上肢に分布するすべての血管・神経・リンパ管が通る。axilla ↓腕図

**えき-が**【▼腋芽】葉の付け根にできる芽。腋芽。側芽。axillary bud 対義 頂芽。

**えき-がく**【易学】易を研究する学問。

**えき-がく**【疫学】集団的観点から人間の健康増進と病気の予防をはかる学問。健康状態および病気の原因や発生条件を宿主(=人間)・病因・環境の三つの面から包括的・統計的に考察する。医学的生態学。epidemiology

**えきか-せきゆガス**【液化石油ガス】↓エルピージー(LPG)

**えきか-てんねんガス**【液化天然ガス】↓エルエヌジー(LNG)

**えき-ぎゅう**【役牛】農耕や荷物の運搬など畜力の利用を目的とするウシ。work cow 比較 乳牛・肉牛。

**えき-きょう**【易経】五経の一つ。陰・陽を組み合わせた六四卦によって、自然と人事の諸現象をあらわし、宇宙の理法を説く。易。周易。

**えき-きん**【益金】資産の販売、サービスの提供などによる収益。法人税法上の用語。利益金。対義 損金。

**えき-こ**【駅戸】古代の駅制で、駅家に属し、駅務に服する義務を負った農民の家。駅馬の飼養、駅田の耕作を行い、徭役を免除された。

**えき-ざい**【液剤】液体になった薬剤。liquid medicine 対義 粉剤。

**エキサイト**【excite】(名・サ変自) 興奮すること。興奮状態。白熱。

**エキザカム**【Exacum】リンドウ科の一年草。高さ五〇cm前後でよく分枝。五～九月に、青紫色の花弁、黄色の葯の花が咲く。鉢植えで栽培。アフリカ原産。ベニヒメリンドウ。↓写

●エキザカム

**えき-さく**【易▼簀】(名・サ変自) 貴人や学徳のある人が、死ぬこと。参考 曾子が臨終のとき、魯の大夫季孫から贈られて使っていた病床の敷物の簀を、身分にふさわしくないからと易えて死んだ故事に由来。

**エキジビション**【exhibition】展覧会。展示会。

**エキジビション-ゲーム**【exhibition game】模範試合。公開競技。

**えき-しゃ**【易者】占いを職とする人。八卦見。fortune-teller

**易者、身の上知らず**(えきしゃ、みのうえしらず) 易者は他人の運命は占うが、自分の身の上については少しもわからない。

**えき-しゃ**【駅舎】駅の建物。

**えきしゃ-さんゆう**【益者三友】《『論語』にある語》付き合ってためになる三種の友。正直・信実・博学の人。対義 損者三友。

**えき-しゅ**【駅手】駅で、貨物を運ぶ仕事などをする人。もと、駅夫。

**えき-じゅう**【液汁】しる。つゆ。juice; sap

**えき-しょう**【液晶】通常の液体と異なり、結晶のように分子が特定の配列をしている液状物質。光学的異方性をもつ。電卓などの表示装置に利用。液状結晶。liquid crystal

**えき-じょう**【液状】液体の状態。liquid state

**えきじょうか-げんしょう**【液状化現象】地震の振動で地盤が大量の水を含み、泥水化する現象。海岸近くの埋立地など、地下水位が高くて軟弱な砂地にみられる。

**えきしょう-テレビ**【液晶テレビ】液晶を画像表示板に利用したテレビ。電場により光の通り方が変化する性質を利用。テレビ本体の超薄型化・超小型化が可能。liquid crystal television

**エキス**《extract(抽出する)の略》①薬物・食物の有効成分だけを取り出し、濃縮したもの。用例 梅肉―。②一般に物事の、もっともすぐれた部分。本質。精髄。粋。エッセンス。essence

**エキス-ざい**【エキス剤】動植物など天然の薬物の浸出液を低温で蒸発させた医薬品。有効成分が濃縮していて薬効が強い。軟エキスと乾燥エキスがある。extract

**エキストラ**【extra】①映画や演劇で、せりふのない群衆や通行人などになる臨時雇いの出演者。②規定外の臨時のもの。臨時雇い。③番外。号外。

**エキストラ-イニング**【extra inning】野球で、延長戦となったときの各イニング。

**エキストラポレーション**【extrapolation】経済・経営現象などの過去の観測データを用いて現象の変動の特徴や経済・産業の相互依存関係などを表すモデルを作成し、その法則性をもとに将来を予測すること。外挿。補外。

**エキスパート**【expert】専門家。熟練者。

**エキスパート-システム**【expert system】専門家の知識・その活用法をデータとするコンピューターのプログラム。両者の組み合わせで種々の問題に適切な答えがえられ、医療診断をはじめ多方面で実用化が進んでいる。

**エキスパンダー**【expander】運動具の一つ。ばねなどで作られていて、ひっぱって腕の筋肉などを強くする。

**エキスポ**【EXPO】《exposition(博覧会)の略》万国博覧会。

**えき・する**【役する】(サ変他) =役す。①公用に人民を使う。commandeer ②追い使う。drive hard

**えき・する**【益する】(サ変他) 利益をあたえる。ためになる。益す。profit

**えき-せい**【駅制】律令制下の交通・通信の制度。公用の使者のため五畿七道の三〇里(約一六km)ごとに駅をおき、駅馬を常置した。

**えきせい-かくめい**【易姓革命】《「易姓」は統治者の姓が易わる、「革命」は天命が革まる、の意》中国の王朝交替についての政治思想。王が不徳であれば、別の有徳者が代わって王位につくのは天命であるというもの。

**エキセントリック**【eccentric】(形動) 風変わりなさま。偏屈なさま。

**えき-そう**【液相】物質が液体として均一になっている状態。liquid phase

**エキゾチシズム**【exoticism】異国情調。エキゾチスム。

**エキゾチック**【exotic】(形動) 異国らしい感じがするさま。異国風。

**エキゾチック-ショートヘア**【exotic short hair】ネコの一品種。ペルシアネコの短毛のもので、四肢・尾が太い。アメリカ原産。

**エキソン**【exon】遺伝子のヌクレオチド配列で、たんぱく質またはRNAとして発現する部分。エクソン。比較 イントロン。

**えき-たい**【液体】固体や気体と同じく、物質のとる状態の一つ。流動性があり自由に変形するが、体積がほぼ一定で圧縮しにくい状態。liquid

**えき-だい**【▼奕代】代を重ねること。代々。

**えきたい-きんぞく**【液体金属】融点以上で溶融状態にある金属、または使用時に液体である金属。常温で液体の水銀、原子炉冷却材の液体ナトリウム・リチウムなど。liquid metal

**えきたい-くうき**【液体空気】空気を低温で圧縮・液化したもの。主成分は、液体窒素と液体酸素。わずかに青色を帯びる。窒素・酸素の製造のほか冷却剤などに利用。liquid air

**えきたい-さんそ**【液体酸素】酸素を低温(マイナス一八三℃以下)、高圧のもとで液化したもの。淡青色。化学的に非常に活性で、多くの物質を爆発的に酸化する。ロケット燃料の燃焼に欠かせない。liquid oxygen

**えきたい-シール**【液体シール】蒸気タービンのケースと回転軸のすきまに、シール材として液体を封入し、回転の遠心力ですきまを満たし蒸気の漏れを防ぐこと。liquid seal

**えきたい-ジェットかこう**【液体ジェット加工】細い噴出口から噴射させた高速液体の力を利用して行う金属などの切断・穴あけなどの加工。liquid jet processing

**えきたい-ちっそ**【液体窒素】常温で気体の窒素を、低温(マイナス一九六℃以下)で圧縮・液化したもの。無色透明で流動性が大きい。寒剤。liquid nitrogen

**えきたい-ねんりょう**【液体燃料】燃料として使われる液体の総称。ガソリン・灯油・軽油・アルコール・脂肪油類など。liquid fuel

**えきたい-ヘリウム**【液体ヘリウム】極低温で液体に変化したヘリウム。臨界温度はマイナス二六七・九℃。無色透明で、屈折率がきわめて小さい。極低温を得るための寒剤に用いられる。liquid helium

**えき-だん**【易断】易でうらなって、人の運勢を決めること。divination; fortune-telling

**えき-ちく**【役畜】耕したり、運んだりするのに使う家畜。牛・馬など。

**えきちく-のうぎょう**【役畜農業】おもに牛・馬などを使ってする農業。

**えき-ちゅう**【益虫】人間生活に有用・有益な昆虫類。害虫を食べたり、受粉をなかだちしたりする。テントウムシ・カイコ・ミツバチなど。useful insect 対義 害虫。

**えき-ちょう**【役丁】律令制下、公用の労役に使用された成年男子。仕丁。えきてい。

**えき-ちょう**【益鳥】人間生活に有益な鳥。害虫を食べるなど。useful bird 対義 害鳥。

**えき-ちょう**【駅長】①宿場の長。②鉄道の駅の長。stationmaster

**えき-てい**【役丁】①人夫。人足。②↓えきちょう(役丁)

**えき-てい**【駅亭】①宿場。②宿場の宿屋。

**えき-てい**【駅逓】①荷物などを宿場から宿場へ送ること。比較 駅伝。②郵便。

**えき-でん**【駅伝】①宿継ぎの馬。②古代中国や日本で行われた交通・通信網。主要道路ごとに一定間隔で宿場を設けて車馬を置き、公務の通信や官人の旅行の中継を行った。③宿場から宿場へ荷物を継ぎ送りすること。宿継ぎ。比較 駅逓。④「駅伝競走」の略。

**えきでん-きょうそう**【駅伝競走】区間ごとに走者が「たすき」をリレーして競走する団体競技。おもに道路を使って行う。駅伝。long distance relay race

**えき-とう**【駅頭】①停車場。駅。用例 ―に見送る。②停車場のそば。駅前。

**えき-どめ**【駅留め・駅止め】鉄道で荷物を受取人の家の近くの駅まで運び、そこにとめておくこと。

**え-ぎぬ**【絵▽衣】中古、天皇に仕えた後宮

▼常用漢字表外。　▽常用漢字表の音訓外。

の女官たちが着用した表衣。表は白の練り絹で彩色を施したもの、裏は萌葱色の生絹の無地を用いた。采女衣。

**え-ぎぬ【絵絹】** 平織りの絹織物の一種。日本画を描くキャンバス地として使用。

**エキノコックス【Echinococcus】** 寄生虫の一種。単包条虫と多包条虫がある。成虫は体長三〜六㎜。イヌなどがおもな宿主で、その小腸に寄生するが、食物に付着した卵が人間の体内にはいり、肝臓などに寄生して危険をおよぼすこともある。

**エキノプルテウス【Echinopluteus】** ウニ類の発生の過程で、浮遊生活を営む時期の幼生。春から夏のプランクトンの代表。

**えき-ば【駅馬】** 古代の駅制で、各宿駅に用意しておき、官用に使った馬。えきま。はゆま。

**えき-ばしゃ【駅馬車】** 人や荷物などを乗せて、定期的に一定の道すじを往復した馬車。とくに、アメリカで鉄道発達以前にさかんであった。stagecoach

**えき-ひ【液肥】** 液状の肥料。効果が速く、追肥に用いる。濃度が薄ければ葉にかけてもよい。水肥。liquid fertilizer

**えき-びょう【疫病】** ①広範囲に流行する伝染病。はやりやまい。流行病。plague; epidemic ②疫病菌によって起こる植物の病気。茎・葉・果実・塊茎などに病斑ができてしおれる。late blight

**えき-ビル【駅ビル】** 鉄道などの駅と併せて建てられているビル。商店街などがあり、駅以外の機能ももつ。ステーションビル。station building

**えき-ふ【役夫】** ①ひとに使われて労務に従事する者。人足。人夫。②古代、公用にかり出されて使役された公民。

**えき-べん【液便】** 下痢のときの液状の大便。

**えき-べん【駅弁・駅▼辨】** 鉄道のホームで売る弁当。

**えきべん-だいがく【駅弁大学】**《大宅壮一の造語。駅弁を売る駅のある都市には、必ず大学がある、という意》第二次大戦後、急激にふえた地方の新制大学を皮肉った語。

**えき-ほう【液胞】** 細胞内で膜に包まれ、水溶液を満たしている粒状の部分。空胞。vacuole →細胞図

**えきほう-まく【液胞膜】** 植物細胞の液胞と細胞質を仕切る薄膜。空胞膜。トノプラスト。tonoplast

**えき-む【役務】** 労力による仕事。labor

**えきむ-ばいしょう【役務賠償】** 相手方に与えた損害を、金銭ではなく労働によって、賠償すること。

**えきめん-けい【液面計】** タンク内の液面の高さを指示する計器。浮子の位置、液圧の差、電気抵抗の変化や超音波などを利用するタイプがあり、遠隔での測定や自動制御装置の検出部などに利用。level indicator

**えき-ゆう【益友】**《『論語』にある語》つきあって、ためになる友。対義 損友。参照 益者三友。

**エキュメニカル-うんどう【エキュメニカル運動】** 世界教会一致運動。一九四八年設立の世界教会協議会(WCC)を母体に、全世界のキリスト教会が一致して全人類救済のために働こうとする運動。ecumenical movement

**エキュメノポリス【ecumenopolis】** ①多核的広域都市。一つの都市にすべての管理機能を集中させず、通信・交通網で結ばれる数都市に分散させて広域都市をつくろうとするもの。②世界を一つの連続した都市とみる考え方。

**えき-り【疫痢】** 赤痢菌の感染による急性伝染病。消化器症状よりも脳・循環器障害が強く現れる。夏季、二〜六歳の幼児に多い法定伝染病。小児赤痢。children's dysentery

**エキリブリアム【equilibrium】**《均衡の意》国際政治で、総合的な力の均衡を意味することば。

**えきりょう-けい【液量計】** 液体の体積を測定する器具。メスシリンダー・ピペットなど。

**エギル-スカラグリムソン【Egill Skalla-grímsson】**(九一〇ごろ〜九九〇ごろ) アイスランドの剛勇な戦士で詩人。『エギルのサガ』の主人公。作品『身請けの詩』など。

**えき-れい【駅鈴】** 古代、官人が諸国に公務に赴くとき公用の証として朝廷から支給され、携帯した鈴。人馬調達のため駅で鳴らす。

**えき-ろ【駅路】** 宿場から宿場へ通じる道。街道。

**エクアドル【Ecuador】**(Republic of Ecuador) 南アメリカ北西部、赤道直下にある共和国。首都キト。一八三〇年コロンビアから分離し独立。中央部にアンデス山脈が走り、コトパクシ山などの火山が多い。石油資源もあり、バナナの輸出は世界有数。面積二八・四万㎢。人口九六五万(一九八六)。正称エクアドル共和国。

**えぐ・い【▼蘞い】**(形) あくが強く、のどに刺激を感じる味がする。えがらっぽい。派生 えぐみ(名)

**エクイティ【equity】** →こうへいほう(衡平法)

**エクウス【Equus】** 現在のウマの祖先。ウマ科の一属で、更新世初期に全世界に分布。草原性の動物として多くの種に分化。

**エクサ【exa】**(接頭) 単位で一〇〇京倍($10^{18}$)を表す。記号E。

**エクジスタンシアリスム【existentialisme フランス】** →じつぞんしゅぎ(実存主義)

**エクジソン【ecdysone】** カイコのさなぎの前胸腺から抽出されたホルモン。昆虫や甲殻類などの脱皮や蛹化を誘導する。変態ホルモン。エクダイソン。

**エクシム【EXIM】**《Export-Import Bank of the United States の略》アメリカ輸出入銀行。

**エクスクラメーション-マーク【exclamation mark】** 感嘆符。「!」

**エクスター【X-star】** X線を強く放射している星。X線星。

**エクスタイン【Billy Eckstine】**(一九一四〜) アメリカの黒人ジャズ歌手。

**エクスタシー【ecstasy】** うっとりとして、われをわすれた状態になること。忘我の境。恍惚。

**エクスチェンジ【exchange】** ①交換。両替。②交換所。両替所。

**エクステリア【exterior】** 対義 インテリア。①外部。外側。とくに、建物・環境などについていう。②住宅の外装に用いられるもの。サンルーム・ベランダ・門柱・塀など。

**エクスプレス【express】** 急行列車。

**エクセーヌ【Ecsaine】**《商標名》人工的に皮革の風合いをもたせたスエード状布地。皮革より軽く、洗濯できるのが長所。

**エグゼクティブ【executive】** 経営幹部。企業経営の中枢にいて意思決定や組織運営にたずさわる重役。

**エクセルギー【exergy】** エネルギーのうち、機械的な仕事に変換できる、有効な部分。無効な部分はアネルギー(anergy)という。有効エネルギー。

**エクソサイトーシス【exocytosis】** 細胞膜の運動で過剰な水や細胞分泌物質などを細胞外に放出する現象。対義 エンドサイトーシス。

**エクソダス【Exodus ラテン】** ①旧約聖書『出エジプト記』のこと。②紀元前一三世紀ごろの、モーセに率いられたユダヤ人のエジプト出国のこと。③《転じて》大勢の人の出国、脱出。

**エクソン【exon】** →エキソン

**エクソン【Exxon Corporation】** アメリカにある世界最大手の石油会社。ロックフェラー財閥の中心企業。一八八二年設立。

**えぐち-きよし【江口▼渙】**(一八八七〜一九七五)《名は「渙」とも》小説家・評論家。東京生まれ。東大中退。マルクス主義作家。小説『労働者誘拐』『花嫁と馬一匹』、評論集『新芸術と新人』など。

**エクトプラズム【ectoplasm】** 心霊現象で、霊媒の身体から発するといわれる仮想の物質。

**エグバート【Egbert】**(七七五ごろ〜八三九) ウェセックス王(在位八〇二〜八三九)。マーシア国を破り、八二九年七王国を統一し、最初のイングランド王となる。

**エクバタナ【Ecbatana】** イラン西部の都市ハマダーンの古名。メディア王国の首都として繁栄。アケメネス朝ペルシア時代には夏季の都。のちパルチア国王の居城ともなった。

**え-くぼ【▼靨・笑▼窪】** 笑ったときにほおにできるくぼみ。表皮の一部が結合組織繊維により表情筋に固定されているためにおきる。dimple 用例 片――。

**えぐ-み【▼蘞味】** あくがあって、のどを刺激する味。タケノコ・ワラビ・サトイモ・ヨモギなどに含まれる。えご味。

**エクメーネ【Ökumene ドイツ】** 地球上で人類が定住している地域。古代ギリシア人が、名づけたもの。エクメーネは時代とともに拡大してきたが、現在も氷原・高山・砂漠などに無居住の地域が残されている。対義 アネクメーネ。

**エグモント【Lamoraal van Egmond】**(一五二二〜六八) フランドルの軍人・政治家。オラニエ公ウィレム(ウィレム一世)らの貴族とともにフェリペ二世に反乱を起こしたが、アルバ公に捕らえられ処刑。

**エグモント-さん【エグモント山】**(Mount Egmont) ニュージーランド北島の西部にある休火山。標高二五一八m。形が日本の富士山に似ており、スキー・登山客が多い。

**エグモントじょきょく【エグモント序曲】**《原題Egmont overture》ベートーベン作曲の劇付随音楽全一〇曲中の一曲。ゲーテの戯曲『エグモント』に基づき、一八一〇年完成。

**エクラン【écran フランス】** ①映写幕。スクリーン。②映画。

**エクリン-せん【エクリン▼腺】** 汗腺の一つで、アポクリン腺より小さい。人体の汗腺の大部分を占め、全身に分布する。eccrine gland

**えぐ・る【▼抉る・▼剔る】**(五他) ①刃物などをつきさして、まわしてくりぬく。gouge out ②社会問題などを、するどく突く。cut to the heart of 用例 問題の核心を――。③するどいことばで、衝撃をあたえる。piercing words 用例 肺腑を――。

**エクルズ【John Carew Eccles】**(一九〇三〜) オーストラリアの神経生理学者。神経伝達における興奮抑制を研究。一九六三年ノーベル生理学医学賞受賞。

**エグルストン【Edward Eggleston】**(一八三七〜一九〇二) アメリカの小説家。地方生活を写実的に描いた。作品『フージャーの学校教師』など。

**エクルビス【écrevisse フランス】** ザリガニの別名。殻が硬く二本のはさみをもつ。ヨーロッパ・アメリカでよく食べる。crayfish

**エクレア【éclair フランス】** 表面にチョコレートやコーヒー入りの糖衣を塗り、細長く作ったシュークリーム。エクレール。

**えぐ・れる【▼抉れる・▼剔れる】**(下一自) くりぬいたように穴がある。hollow 用例 山肌が――・ている。

**えげつ-な・い**(形)《方言》関西などで、あくどい。いやらしい。nasty 派生 えげつなさ(名)

**エケルト-ずほう【エケルト図法】**《発案者の名のEckertから》地図投影法の正積図法。点にすぎない極を赤道の二分の一の長さで示し、緯線は極に近づくほど狭くする、赤道と平行な直線で描く。経線は、中央経線以外は楕円弧・正弦曲線など六種の図法がある。エッケルト図法。Eckert's projection

**え-こ【依▼怙】** ①頼ること。また、頼りにするもの。reliance ②一方だけひいきすること。えこひいき。favoritism

**エゴ【ego】** ①自分。我。自我。②哲学で、経験の主体の奥にあって経験を統一するもの。③心理学で、変化の奥にある質的な同一体。時間がたっても自分が質的に同一であること。④「エゴイズム」「エゴイスト」の略。用例 地域――。

**エゴイスチック【egoistic】**(形動) 利己的。「エゴイスティック。

**エゴイスト【egoist】** 利己主義の人。

**エゴイズム【egoism】** ①利己主義。利己心。②哲学で、自我とその意識だけが実際に存在するとする考え。

**え-こう【回向・▼廻向】**(名・サ変自他)《仏教語》①自分の修めた善行による功徳や善業を他にめぐらせ、自他の悟りへふりむけること。②仏事を営み、死者を供養すること。追善供養。

**えごう-しゅう【会合衆】** 室町時代、自治都市の町政を指導した特権的商人層。堺では納屋衆・三十六人衆ともいう。

**えこう-ちょう【回向帳】** 葬儀のときに贈られた香典を記録した帳簿。贈り主の名をはじめ金銭の額、酒・米などの供物の数量を記入。香典帳。色帳。

**えこう-もん【回向文】**《仏教語》読経のあと、仏事の最後に唱えることば。その仏事の功徳が、一切衆生にめぐらされることを願うというもの。

**エコー【echo】**《ギリシア神話の森の妖精の名から》こだま。やまびこ。反響。

**エコール-ド-パリ【École de Paris フランス】**《パリ派の意》第一次大戦前後から一九三〇年代にかけてパリで活躍した一群の外国人画家の総称。モディリアーニ・パスキン・シャガール・キスリング・スーティン・藤田嗣治ら。特定のグループではなく、特色ある具象様式を展開した。→写(次ページ)

**エコール-ノルマル-シュペリュール【École normale supérieure フランス】** フランスの高等師範学校。長期中等教育最高教員資格者を養成。入学資格・教育水準ともに高く、社会的名声も高い。

**え-ごころ【絵心】** ①絵をかく心得。絵のたしなみ。artistic taste ②絵のよさがわかる能力。artistic taste

**えこ-じ【依▼怙地】**(名・形動) かたいじ。がんこ。いこじ。stubborn 用例 ――になる。

●エコール-ド-パリ
シャガール『窓から見たパリ』。一九一三年、グッゲンハイム美術館(アメリカ)。

キスリング『リタ＝バン＝リアの肖像』。一九二七年、埼玉県立近代美術館。

**エコシステム**【ecosystem】→せいたいけい(生態系)

**エコソック**【ＥＣＯＳＯＣ】《Economic and Social Councilの略》経済社会理事会。

**エゴチスト**【egotist】自己主義の人。自己中心主義者。エゴティスト。比較エゴイスト。

**エゴチズム**【egotism】①自分を中心に判断したり、自分のことばかり話の中心にする態度。自分かって。自己中心主義。②作家が自分の性格を分析し、個性をこまかく、くわしく研究する態度。③自分の教養をたっとび、それを行為のもととする態度。エゴティズム。

**え-ことば**【絵▽詞】①絵巻物の詞書。②詞書のある絵巻物『伴大納言絵詞』など。

**えごの-き** エゴノキ科の落葉小高木で、山野にはえる。高さ三〜五ｍ。葉は互生し卵形。初夏に白花が下向きに咲く。材は彫刻などに使用。チシャノキ。ロクロギ。→写

**エコノミー**【economy】経済。節約。

**エコノミー-クラス**【economy class】旅客機や列車などの普通席。二等席。ツーリストクラス。対義ファーストクラス。

●エゴノキ　花。

**エコノミー-ラン**【economy run】①自動車の走行で、燃料消費率を低くすること。②自動車レースの一種。一定区間を定められた速度で走行し燃費の低さを競う。

**エコノミスト**【economist】㊀経済学者。経済人。経済専門家。㊁《The Economist》タイムズとならぶイギリスの代表的週刊誌。経済専門誌から発展し、ひろく国際問題をあつかう。一八四三年創刊。

**エコノミック-アニマル**【economic animal】《経済的動物の意》国際社会の中で、経済第一主義に立って活動する日本と日本人を批判したことば。一九六〇年代末にパキスタンのブット外相が言ったのが最初。

**エコノメトリックス**【econometrics】計量経済学。

**えご-のり**【恵▼胡▽海▼苔】紅藻植物でイギス目の一年生海藻。暗紅色で、細い針金状の分枝体で他にまきつく。寒天の副原料。オキウト。

**えこ-ひいき**【依▼怙▼贔▼屓】(名・サ変他)一方にだけ力を入れること。かたひいき。えこ。favoritism

**え-ごま**【▼荏▼胡麻】シソ科の一年草。道ばたにはえる。東南アジア原産の帰化植物。高さ三〇〜九〇㎝。葉は対生、卵円形。夏から秋に、白花が咲く。果実から荏の油をとる。→写

●エゴマ

**え-ごよみ**【絵暦】①暦神や干支などを図示した暦。絵入り暦。②絵で意味表現されている暦。字の読めない人でも、農事に必要な種まき・養蚕・収穫などの暦日がわかるようになっている暦。大小暦。盲暦。座頭暦。南部暦。→写

●絵暦②

**エコロジー**【ecology】生態学。生物とその環境との関係を研究する学問。

**エコロジスト**【ecologist】①生態学者。②環境保護主義者。

**えさ**【▼餌】①動物を飼い、また捕らえるために用いる食べ物。え。bait ②人をさそうために用いる利益。人をつるためのもの。lure

**エサウ**【Esau】旧約聖書『創世記』中の人物。族長イサクの双子の長男。狩猟者で性格が粗暴。わずかな食べ物と引き換えに長子権を弟ヤコブにゆずった逸話で知られる。

**え-さがし**【絵探し・絵捜し】絵の中に隠してある別の物の形や文字を、さがし当てること。その絵。

**エサキ-ダイオード**【Esaki diode】→トンネルダイオード

**えさき-れおな**【江崎▼玲▼於▼奈】(一九二五〜)物理学者。大阪生まれ。東大卒。素粒子が自身のもつ運動エネルギーの領域より、高い領域ににじみ出すトンネル現象を研究。その性質を利用したエサキダイオードを発明。昭和四八年(一九七三)ノーベル物理学賞受賞。同四九年(一九七四)文化勲章受章。

**え-さし**【▼餌差(し)・▼餌刺(し)】①もちざおを使って小鳥を捕らえること。また、その人。鳥差し。②江戸幕府の職名の一つ。鷹匠に属し、タカの餌にするスズメ・ホオジロなどの小鳥をもちざおを使って捕らえる役の者。

**えさし**【江刺】〈市〉岩手県南部、北上川中流にある市。中心の岩谷堂は江刺氏の旧城下町で、剣舞など郷土芸能が残る。たんすが特産。人口三万五七一六(一九八八)。

**えさし**【▽枝▽幸】〈町〉北海道北部、オホーツク海に臨む町。スケトウダラ・ケガニ漁と水産加工がさかん。人口九三五九(一九八八)。

**えさし**【江差】〈町〉北海道南西部、渡島半島西岸の町。明治末までニシン漁で繁栄。『江差追分』の発祥地。人口一万二九二五(一九八八)。

**えさし-おいわけ**【江差追分】北海道江差地方の民謡。源流は長野県追分宿の馬子唄で、これが北上し、越後より北前船によって北海道に入ったとされている。

**え-さん**【恵山】北海道南西部、渡島半島にある山。標高六一八ｍ。複式火山で、火口原には高山植物など多種の植物が群生。

**えさん**【恵山】〈町〉北海道渡島半島南東端の町。漁業がさかん。人口六七六八(一九八八)。

**え-し**【絵師】①絵かき。画家。②古代の朝廷直属の画工・画師。奈良時代は画工司、平安時代は画所の画家をさす。鎌倉時代以降、院や幕府のお抱え画家の呼称。

**え-し**【▽壊死】(名・サ変自)生体の一部の細胞・組織の死、および死んでいる状態。火傷・凍傷によるほか、血液循環障害・機械的圧迫・薬物の作用などで起きる。necrosis

**えし**【▼慧思】(五一五〜五七七)中国、南北朝時代の僧。天台智顗の師。禅を修め、中国仏教の大趨勢を学解から禅観へ導いた。南岳大師。

**え-じ**【▽衛士】律令制下、諸国の軍団から交替で上京し、宮城の警備にあたった兵士。→雛壇図

**えしかんきん-びょう**【▽壊死▼桿菌病】ウマ・ウシ・ニワトリなど多くの家畜がかかる病気の一つ。足やひづめから、土中の壊死桿菌が侵入し、内臓などに転移して細胞・組織を死滅させる。病状は家畜により異なる。

**え-しき**【会式】①仏教の法会の儀式。②日蓮宗で日蓮の忌日(一〇月一二・一三日)に営む法会。御会式。御命講。

**えしき**【▽兄▼磯▽城】記紀で、東征した神武天皇に対し、八十梟帥を集めて反抗し、敗死した大和国磐余の豪族。弟磯城の兄。

**え-じき**【▼餌食】①えさとなる食べ物。prey ②人の欲望の犠牲となるもの。victim

**えじ-こ**【▼嬰児▼籠】乳児を寝かせておく籠。わら製で円筒形や椀形に編んだものが一般的。他に曲げ物やおけ、粗い竹籠に紙や木の皮を張ったものもある。えずこ。いずめ。

**エジソン**【Thomas Alva Edison】(一八四七〜一九三一)アメリカの発明家。電灯・音響・電池・電話・映写機など広範な分野で一三〇〇件以上の特許を得ている。

**エジソン-でんち**【エジソン電池】アルカリ蓄電池の一つ。エジソンが考案した。充電直後の電圧は約一・四ボルト。寿命が長くて丈夫。Edison's storage battery

**エジプト**【Egypt・埃及】①アフリカ大陸の北東部、ナイル川中・下流域を占める古代文明発祥地の一つ。五〇〇〇年にわたる文化遺産の宝庫。②エジプト-アラブ共和国。

**エジプト-アラブ-きょうわこく**【エジプト-アラブ共和国】(Arab Republic of Egypt)アフリカ北東部、地中海に臨む国。首都カイロ。一九二二年イギリスから独立。古代文明の発祥地の一つ。ほとんどが砂漠だが、ナイル川河谷や河口の大三角州地帯を中心にワタ・小麦を栽培。アスワンハイダムの建設で工業化も進行。面積一〇〇・一万㎢。人口四九六一万(一九八六)。

**エジプト-がく**【エジプト学】古代エジプトの歴史・社会・文化・言語などを文献・遺跡・遺物などの諸資料により研究する学問。一八二二年のシャンポリオンによる象形文字解読が契機。Egyptology

**エジプト-かくめい**【エジプト革命】ナセル・サダトなどの自由将校団による一九五二年のクーデターを発端とするエジプト独立運動。国王らの封建勢力を排除し、農地改革などを推進した。Egyptian Revolution

**エジプト-がん**【エジプト▼雁】ナイル川流域およびサハラ以南のアフリカに分布する淡褐色のガン。全長約七〇㎝。沼沢・湿地・草原などにすむ。Egyptian goose

**エジプト-びじゅつ**【エジプト美術】一般に、王朝時代を中心とした古代エジプトの美術をさす。広義にはナイル川流域の、ヘレニズム・ローマ・イスラムの美術も含まれる。人類最古の大規模な美術活動の一つで、きわめて宗教的性格が強い。発生は石器時代で、王朝時代にもっとも栄え、ローマ支配期以降衰退した。Egyptian art →写

**エジプト-はくぶつかん**【エジプト博物館】(Egyptian Museum, Cairo)カイロにある国立美術館。先史時代からグレコ-ローマン期にいたるエジプト古美術品を収蔵。一八五八年フランス人マリエットを初代館長に開館。一九〇二年現在地に移る。ツタンカーメン(トゥトアンクアメン)王の遺品が有名。カイロ美術館。

**エジプト-もじ**【エジプト文字】古代エジプト人が使用した世界最古(約五〇〇〇年前)の文字。表意文字と表音文字とがあって、組み合わせて用いるときには、表音文字が日本語のふり仮名・送り仮名のような役をする。一八二二年シャンポリオンが解読。Egyptian

**エジプト-れき**【エジプト暦】エジプトで前四〇〇〇年ごろに行われた一年を三六五日とする暦法。太陽暦の起源。Egyptian calendar

**えじま**【絵島・江島】(一六八一〜一七四一)江戸時代、七代将軍家継の時代の大奥の老女。歌舞伎役者生島新五郎との遊興が発覚、正徳四年(一七一四)、信州高遠に流刑。

**えじま-きせき**【江島▼其▼磧】(一六六六〜一七三五)江戸中期の浮世草子作者。京都の人。八文字屋本の中心作者として活躍。役者評判記・浮世草子・気質物を執筆。作品『傾城禁短気』『世間子息気質』など。



▼常用漢字表外。　▽常用漢字表の音訓外。

●エジプト美術

『ルクソル神殿』。前一四八二～前一二二四年ごろ、(テーベ、エジプト)。

『ツタンカーメン王の黄金のマスク』。前一三五五年ごろ、エジプト博物館。

ラメセス二世像台座浮き彫り『統一象徴図』。前一三世紀、ルクソル神殿。

『ラホテプとネフェルト像』。前二六〇〇年ごろ、エジプト博物館。

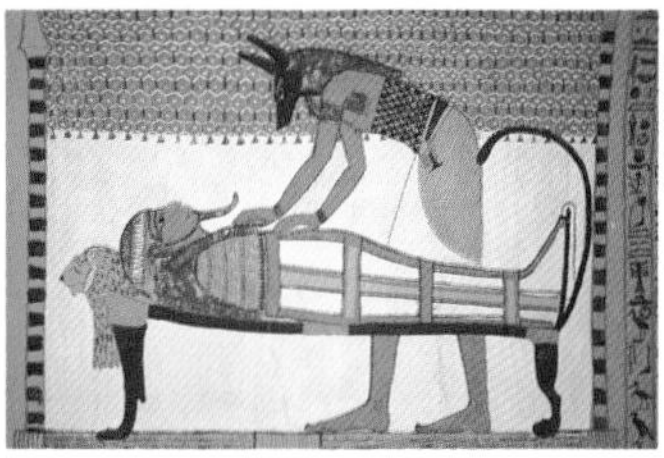

『ミイラとアヌビス神』。前一三二〇～前一二〇〇年ごろ、センネジェムの墓壁画(テーベ)。

**え-しゃく【会釈】**(名・サ変自) ①軽く頭を下げること。軽いおじぎ。あいさつ。slight bow ②思いやり、気づかい。③《仏教語》矛盾しているようにみえる経典の内容を照らし合わせて調整し、真実は矛盾がないことを説明すること。和会通釈。 「かまわず。

**遠慮会釈も無く**(えんりょえしゃくもなく) 人のめいわくも

**えしゃ-じょうり【会者定離】**《仏教語》会う者は必ずいつかはなれること。この世の無常を言う語。比較 生者必滅。

**エシャロット【échalote フランス】**↓シャロット

**えじょう【▽懐▼奘】**(一一九八～一二八〇) 鎌倉初期の曹洞宗の僧。字は孤雲。道元の弟子。永平寺第二世。著書『正法眼蔵随聞記』。

**え-しん【回心・▼廻心】**《仏教語》①邪心を改め、仏の教えに従うことを決意すること。②浄土教で、自力の心をひるがえして、本願他力を信ずること。

**えしん-そうず【恵心僧都】** 源信の通称。

**えしん-に【恵信尼】**(一一八二～一二六八?) 親鸞の妻。越後の豪族三善為教の娘といわれる。親鸞の越後流罪時に結婚、三男三女を産む。親鸞に同行して関東に移住したが、晩年は越後にひとりで住んだ。

**エジンバラ【Edinburgh】**↓エディンバラ

**エス【S・s】**①アルファベットの第一九文字。②《隠語》㋐恋人。㋑女学生の同性愛。㋒美人。③《大文字で》南(south)、また南極(south pole)を表す記号。④《大文字で》衣料品などの、小サイズ(small)であることを表す記号。S判。比較 L・M。⑤《大文字で》硫黄(sulphur)の元素記号。⑥《大文字で》文法で主語(subject)を表す記号。

**エス【Es ドイツ】** 精神分析の用語。本能的エネルギーの源泉。フロイトは自我・超自我とともに人格を構成するものとした。ラテン語でイドともいう。

**エス** イエス=キリストのこと。用例 ――さま。

**え-ず【絵図】**①絵。drawing ②家屋・庭園などの平面図。絵図面。sketch

**え・ず【▼怨ず】**古語(サ変他)《「ゑんず」の「ん」を表記しない形》恨む。用例 うたぬし、いとけしきあしくて――(土佐)。

**エス-アール-エー-エム【SRAM】**《short-range attack missileの略》短距離攻撃用空対地ミサイル。二段固体燃料ロケットをもち、第一段は初期加速、第二段は目標接近に使用。スラム。

**エスアール-ななじゅういち【SR-71】** アメリカ空軍の高高度高速偵察機。巡航速度マッハ三以上、最高作戦高度二万四〇〇〇m。

**エス-アール-ビー-エム【SRBM】**《short-range ballistic missileの略》短距離弾道ミサイル。

**エス-アイ-ピー-アール-アイ【SIPRI】**《Stockholm International Peace Research Instituteの略》ストックホルム国際平和問題研究所。

**エス-イー-エル-エー【SELA】**《Sistema Económico Latinoamericano スペインの略》ラテンアメリカ経済機構。セラ。

**エス-イー-シー【SEC】**《Securities and Exchange Commissionの略》証券取引委員会。

**エス-エイチ-エフ【SHF】**《super high frequencyの略》周波数三～三〇ギガヘルツ(波長一〇～一cm)の電磁波。マイクロ回線・テレビ中継・衛星通信・レーダーなど、新しい活用分野が開かれている。センチメートル波。比較 UHF・VHF。

**エス-エー-エス【SAS】**《Scandinavian Airlines Systemの略》スカンジナビア航空。

**エス-エー-エム【SAM】**《surface-to-air missileの略》地(艦)対空ミサイル。サム。

**エス-エー-シー【SAC】**《Strategic Air Commandの略》↓せんりゃくくうぐん(戦略空軍)②

**エス-エー-ジー-イー【SAGE】**↓セージ(SAGE)

**エス-エー-ビー-イー-アール【SABER】**《Semi Automatic Business Environment Researchの略》コンピューターによる旅客の座席予約システム。

**エス-エス【SS】**《submarineの頭文字Sを重ねたもの》潜水艦の略号。狭義にはディーゼル推進の通常型潜水艦をさす。

**エス-エス-アール【SSR】**《Soviet Socialist Republicの略》ソビエト連邦を構成するソビエト社会主義共和国の英語による呼称。

**エス-エス-エヌ【SSN】**《潜水艦の略号SSにnuclear poweredの頭文字Nをつけた略号》攻撃型原子力推進潜水艦。水上艦船や潜水艦を攻撃するための原子力潜水艦。

**エス-エス-エム【SSM】**《surface-to-surface missileの略》地(艦)対地(艦)ミサイル。

**エス-エス-ティー【SST】**《supersonic transportの略》音速の二～三倍の速度で巡航する旅客・貨物の輸送機。一九七六年からコンコルドが実用化。騒音、経済性など問題が多い。超音速輸送機。

**エスエス-にじゅう【SS-20】** ソ連の中距離弾道ミサイル。射程約五〇〇〇km。弾頭一五〇キロトンのMIRV(個別誘導複数目標弾頭)三個をもち、一九七七年からヨーロッパ配備が開始され政治問題となった。

**エス-エス-ビー【SSB】**《潜水艦の略号SSにballistic missileの頭文字Bをつけた略号》弾道ミサイルを搭載したディーゼル推進の潜水艦。

**エス-エス-ビー-エヌ【SSBN】**《潜水艦の略号SSにballistic missileとnuclear-powered の頭文字BとNをつけた略号》弾道ミサイルを装備した原子力潜水艦。戦略核戦力の重要な柱。

**エス-エヌ-ダブリュー【SNW】**《strategic nuclear weaponの略》戦略核兵器。

**エスエヌ-ひ【SN比】**《SNはsignal(信号)とnoise(雑音)の頭文字》通信機器における電気信号とそれ以外の成分(=雑音)との比。dB(デシベル)単位で表示し、数字が大きいほど雑音が少ない。signal to noise ratio

**エス-エフ【SF】**《science fictionの略》過去・現在・未来の生物や人間・世界・宇宙などについて思索する小説。ジュール=ベルヌとH=G=ウェルズが創始者。空想科学小説などと訳されてきたが、今日ではSFという呼称が使われている。科学小説。science fiction

**エスエフ-えいが【SF映画】** 空想科学映画。science fiction picture

**エス-エフ-エックス【SFX】**《special effectsから。Sはspecialの頭文字、FXはeffectsと発音が似ていることから》映画・テレビなどで、特撮やフィルム合成・編集技法を駆使し、特殊な視覚的効果をもたらす技術。

**エス-エル【SL】**《steam locomotiveの略》蒸気機関車。

**エス-エル-イー-ピー【SLEP】**《service life extension programの略》アメリカ海軍の軍艦の就役期間延長計画。老朽化した設備・装備を交換・改修して近代化するもの。

**エス-エル-オー-シー【SLOC】**《sea line of communicationの略》海上交通路。シーレーン。スロック。

**エス-エル-シー-エム【SLCM】**《sea-launched cruise missile または submarine-launched cruise missileの略》海上・海中発射巡航ミサイル。水上艦艇や潜水艦から発射される中距離用ミサイル。

**エス-エル-ビー-エム【SLBM】**《submarine-launched ballistic missileの略》潜水艦発射弾道ミサイル。

**エス-オー-エス【SOS】**①無線電信による船舶・航空機の国際的な遭難信号。モールス符号では「・・・―――・・・」。②危険信号。救助を要する危険な状態。救助を求めること。

**エス-オー-エフ【SOF】**《Special Operation Forcesの略》特殊作戦部隊。

**え-すがた【絵姿】** 人の姿を絵にかいたもの。肖像画。画像。portrait

**えすがたにょうぼう【絵姿女房】** 昔話の一つ。美しい妻の絵姿を肌身はなさぬ男が、風で絵姿を飛ばし、それを見た殿様から、妻を差し出すように言われたが、妻の機知で事無きを得るという話。

**エスカップ【ESCAP】**《Economic and Social Commission for Asia and the Pacific



↓行き先項目、図版・写真参照印。 [一三]日本工業規格情報交換用漢字符号コード(区点コード)。

の略》アジア太平洋経済社会委員会。国連の経済社会理事会の地域経済委員会の一つ。エカフェ(アジア極東経済委員会)が一九七四年に改称して成立。事務局バンコク。

**エスカベーシュ**【escabécheフランス】キスなどの魚をから揚げにし、酢・油・香味野菜などを合わせたソースに漬けた物。前菜とする。

**エスカルゴ**【escargotフランス】《本来カタツムリ一般を意味する》マイマイ科の食用カタツムリ。殻高約四cm。黄褐色の殻は球形で、巻き数は少ない。フランスなどでブドウの葉を飼料として飼育。

**エスカレーター**【escalator】①コンベヤ式自動階段。駅や百貨店などに設置し、多数の人を連続して昇降させる。②《転じて》自動的に進学・昇進できる仕組み。

**エスカレート**【escalate】(名・サ変自) 段階的に拡大または激化すること。漸増すること。

**エスカロープ**【escalopeフランス】薄切りにした魚肉のこと。また、その肉を使った料理。エスカロプ。

**エスキス**【esquisseフランス】下絵。スケッチ。

**エスキナンサス**【Aeschynanthus】イワタバコ科のつる性植物。温室栽培で長さ約六〇cm。葉は対生。赤い花が数個まとまって咲く。熱帯アジア地方原産。ハナツルグサ。

**エスキモー**【Eskimo】アジア東北端から極北アメリカ・グリーンランドにかけて住む人々。形質は東洋人に類似し、新生児には蒙古斑がある。漁労、アザラシ・クジラ猟のほか、季節移動をともなうカリブー猟が生業。内陸ではトナカイ・オオカミ猟も行われる。宗教はシャーマニズムが特徴的。参考「エスキモー」はインディアン語で、生肉を食べる人達、の意。彼ら自身は「イヌイト(=人間)」と称する。

**エスキモー-アレウト-ごぞく**【エスキモー-アレウト語族】アメリカインディアン語族の一つ。アラスカ・カナダ・グリーンランドなどのエスキモーの言語と、アレウト諸島原住民の言語からなる語族。Eskimo-Aleut languages

**エスキモー-けん**【エスキモー犬】イヌの一品種。肩高は雄で六〇cm以上。そり用。エスキモーが飼育。Eskimo dog

**エス-キュー-シー**【SQC】《statistical quality controlの略》統計的品質管理。

**エス-きょく**【S極】対義N極。①地球の南極。South Pole ②磁石の磁力線が入りこむ磁極。S-pole

**エスキルストゥナ**【Eskilstuna】スウェーデン南東部にある鉄鋼・金属工業都市。人口八・九万(一九八三)。

**エスクード**【escudoポルトガル】ポルトガルの通貨単位。記号Esc

**エスケープ**【escape】(名・サ変自) 逃げること。とくに、学生・生徒が授業中の教室からぬけだすこと。エス。

**エスケープ-クローズ**【escape clause】免責条項。①緊急輸入制限を認めたガット第一九条。②国際間の貿易協定の中での免責・免除条項。

**エスコート**【escort】(名・サ変他) ①護衛すること。多く、男性が婦人につきそって、その安全を守ること。また、その役。②男性が、パーティーなど社交の場に出掛ける女性につきそうこと。また、その男性。

**エスコフィエ**【Auguste Escoffier】(一八四七〜一九三五) 近代フランス料理の祖。調理上に栄養の問題と合理性を採用。著書『料理への手引き』など。

**エスコリアル**【El Escorialスペイン】スペインのマドリード西北部にある宮殿と修道院の複合体。フェリペ二世により一五六三年から八四年の建造。

**エスジー-マーク**【SGマーク】《SGはsafety goodsの略》生活用品が安全基準を満たしていることを示すマーク。消費生活用製品安全法により通産省の指導のもとに、民間の製品安全協会が安全性を認定。製品に付けられる。

**エスタブリッシュメント**【establishment】①設立。創立。②秩序。制度。③社会や特定の分野での権力機構・支配秩序。ふつう、既成体制の維持をはかろうとする支配階級側をいう。

**エスタンシア**【estanjaスペイン】アルゼンチンの大地主が経営する大農牧場。牛・羊の放牧と小麦・牧草の栽培が行われる。estancia

**エスチュアリ**【estuary】起伏の小さい陸地の河川が沈水して形成された、らっぱ状に開いた湾。イギリス東海岸などにみられる。三角江。

**エス-ディー**【SD】《standard deviationの略》標準偏差。

**エス-ディー-アール**【SDR】《special drawing rightsの略》国際通貨基金(IMF)の特別引き出し権。IMF加盟国が他の加盟国から必要通貨を引き出せる権利。貿易の決済に必要な資金の不足を補うための仕組み。

**エス-ディー-アイ**【SDI】《Strategic Defense Initiativeの略》戦略防衛構想。

**エスディー-カード**【SDカード】《SDはsafetyとdriverの略》自動車の安全運転者のしるしのカード。

**エス-ティー-ディー**【STD】海洋の塩分(S)と温度(T)と深度(D)の関係を測定する器械。連続した測定値が高精度に得られるのが特徴で、海洋の微細構造を調査するのに有力な測器。

**エスティー-ほう**【ST法】Tグループという一〇人前後の小集団をつくり、参加者どうしが自由に交流しあう中で対人関係を改善する方法。感受性訓練。sensitivity training method

**エスディー-ほう**【SD法】《SDはsemantic differentialの略》ある概念について、対立する複数対の形容詞を尺度に用いてその意味を定量的に測定する方法。アメリカの心理学者オスグッドらによって考案された。意味微分法。semantic differential method

**エスティー-マーク**【STマーク】《STはsafety toyの略》玩具の安全性を示すために付けられているマーク。

**エステティック**【aesthetic】①美学。②《審美的の意から》医学的理論に立って心身を根本から美しくすること。

**エステラーゼ**【esterase】ふつう、低級脂肪酸のエステルを分解するものをいう。エステルを加水分解する酵素の総称。肝臓や筋肉などに分布。

**エステル**【ester】アルコールと酸が反応し脱水して生じた化合物。カルボン酸エステルがもっとも一般的。油脂、ろうなど。低分子エステルは人工香料として利用。

**エストール**【STOL】《short take-off and landingの略》短距離離着陸機のこと。同じクラスの通常の飛行機に比べて、短い滑走距離で離着陸できる飛行機。とくに工夫した高揚力装置をもつ。ストール。参照ブイトール。

**エストニア-きょうわこく**【エストニア共和国】(Estoskaya SSR) ソビエト連邦を構成する共和国の一つ。首都タリン。バルト海に臨む。住民の七〇%はフィン系エストニア人。面積四・五万km²。人口一五四・二万(一九八六)。エストニア-ソビエト社会主義共和国。

**エストラゴン**【estragonフランス】キク科の多年草。葉に独特の香りがあり、タラゴンビネガーなど、エスカルゴや野鳥料理に欠かせないハーブ。タラゴン。tarragon

**エストラジオール**【estradiol】卵胞ホルモンの一つ。子宮・膣の発育、乳房発育などを強力に促進し、骨成長にも関与する。発情ホルモン。

**エストリオール**【estriol】卵胞ホルモンの一つ。子宮や膣を刺激し発育させる。尿中の量から胎児や胎盤のようすをしらべる。

**エストレマドゥーラ**【Extremadura】スペイン南西部、グレドス山脈とシエラモレーナ山脈にはさまれた地方。ポルトガルに接する放牧地域。中心都市メリダ。

**エストロゲン**【estrogen】↓らんぽうホルモン(卵胞ホルモン)

**エストロン**【estrone】卵胞ホルモンの一つ。子宮・膣・乳腺の発育を促進。妊婦の尿中に大量に含まれる。

**エスニック**【ethnic】(形動) 民族的な。用例 ―料理。―な柄。

**エスニック-ルック**【ethnic look】洋服のスタイルの一つで、民族衣装調の素朴で自然な装い。インディアンルック・カウチンセーターなど。

**エスノセントリズム**【ethnocentrism】自民族中心主義。自分の属する民族の価値観に基づいて他民族を美化し、その価値観に基づいて他民族に接する態度。

**エス-は**【S波】《Sはsecondary(第二の)の頭文字》地震のさいに地球内部に発生する横波。第二のゆれ(=主要動)を伝える。ねじれ波。第二波。S wave 参照P波。

**エスパニョール-ソース**【espagnole sauceフランス】フランス料理の基本になるソース。ブラウンソース。

**エス-ピー**【SP】《standard playing recordの略》一分間七八回転のレコード。EPやLPより古くからあるレコードで、演奏時間は二五cm盤で片面三分間半以下、三〇cm盤で片面四分間半以下。比較EP・LP。

**エスピーエフ-どうぶつ**【SPF動物】《SPFはspecific pathogene free(特定病原菌無菌)の略》帝王切開で取り出した動物を特定の病原菌や寄生虫のいない環境で飼育繁殖したもの。感染実験用、あるいは生産効率を高めるために使う。specific pathogene free animal

**エスビー-スポット**【SBスポット】《SBはstation breakの略。番組が終わって次の番組が始まるまでの短い時間、の意》番組と番組の間に入れるごく短いコマーシャル。

**エス-ピー-ディー**【SPD】《Sozialdemokratische Partei Deutschlandsドイツの略》ドイツ社会民主党。

**エスピネル**【Vicente Martínez Espinel】(一五五〇〜一六二四) スペインの小説家・詩人。自伝的ピカレスク小説『従士マルコス=デ=オブレゴン伝』で知られる。

**エスピリトゥサント-とう**【エスピリトゥサント島】(Espiritu Santo Island) 太平洋南西部、メラネシアのニューヘブリディーズ諸島最大の島。面積三八四六km²。英仏共同統治領。

**エスピリト-サント**【Espírito Santo】ブラジル東部、大西洋岸の州。州都ビトリア。鉄鉱石の世界的産地。人口二〇二三・九万(一九八四)。

**エスファハーン**【Eşfahān】↓イスファハン

**エスプリ**【espritフランス】精神。心の働き。とくに、才気。機知。比較ウイット。用例―のきいた会話。

**エスプリ-ヌーボー**【L'Esprit Nouveauフランス】フランスの雑誌。ル=コルビュジエがオザンファンとともに、ピュリスム(=純粋主義)の機関誌として創刊(一九二〇〜二五年)。新精神の意。機械文明時代の美学の確立をめざした。

**エスプレッソ**【espressoイタリア】イタリア式いれ方の、濃いコーヒー。豆をよくいり、蒸気の圧力を利用して短時間で抽出する。また、そのための器具。↓写

●エスプレッソ

**エスプロンセーダ**【José de Espronceda】(一八〇八〜四二) スペインの詩人。長詩『サラマンカの学生』、劇詩『悪魔現世』など。

**エスペランチスト**【Esperantist】エスペラント使用者。

**エスペラント**【Espertantoエスペラント】《希望する人、の意》ポーランドのザメンホフが創案した人工の国際語。一八八七年に公表。インド-ヨーロッパ語族の言語に基づき、国際的な共通性の高い単語を基礎とする。多くラテン系の単語が用いられる。字母は二八字。エス語。

**エス-マーク**【Sマーク】《Sはsafetyの略》生活用品が安全基準を満たしていることを示すマーク。政府の検定・登録制。高い安全性が求められている特定の製品が、消費生活用製品安全法による安全基準に合格した場合につけられる。特定されている製品は、家庭用圧力なべ・硬式野球用ヘルメットなど。

**エス-ユー-エム**【SUM】《surface-to-underwater missileの略》水上艦から発射する潜水艦攻撃用ミサイル。発射後一定の距離を飛行してから水中に入り、目標に向かう。

**えせ**【▽似▽非・▽似▼而▽非】(接頭) ①似てはいるが、実は違うもの。にせの。pseudo-; false 用例―君子。②いやしい、つまらないの意。nasty 用例―者。

**エセーニン**【Sergey Aleksandrovich Yesenin】(一八九五〜一九二五) ソ連の詩人。ロシアの自然美を歌う叙情詩にすぐれる。革命後の現実に順応できず、自殺。詩集『追善週間』『ヨルダンの鳩』『酒場のモスクワ』『母への手紙』など。

**エゼキエル-しょ**【エゼキエル書】(The Book of Ezekiel)『旧約聖書』三大預言書の一つ。紀元前六世紀ごろのエゼキエルの預言を記したもの。参照イザヤ書・エレミヤ書。

**エセックス**【Essex】イギリス南東部、テムズ川下流北岸の州。一九六五年一部の地域が大ロンドン市に編入。人口一四九・二万(一九八三)。

**えせ-もの**【▽似▽非物】①にせもの。fake ②つまらないもの。trifle

**えせ-もの**【▽似▽非者】①似てはいるが、にせの者。②一癖ある者。くわせ者。

**エゼリン**【eserin】↓フィゾスチグミン

**エセン**【Esen・也先】(?〜一四五四) 中国、明代のモンゴル、オイラート部の族長。中国東北部・西

アジアまで進出。一四四九年土木堡で明の英宗を捕らえ(＝土木の変)、五一年ハン位について大元可汗と称した。オイラートの最盛期を現出。

**えそ** 23画【▼鰡】 部首[魚] 和製漢字
↓えそ[狗母魚・鰡]

**えそ**【▼狗▽母▽魚・▼鰡】 ハダカイワシ目エソ科の海水魚の総称。ふつうマエソをさす。体が細長く円筒状。体長約三〇cm。背側は黄褐色、腹側は白い。浅海底にすみ、小魚や小動物を捕食する。かまぼこの原料。本州中部以南に分布。

●エソ マエソ

**え-そ**【▽壊▼疽】 壊死した部分が乾燥または腐敗しへモグロビンの変性で褐色または黒く変わった症状。脱疽。gangrene
↓図

**えぞ**【▼蝦▼夷】 ①古代、奥羽地方から北海道にかけて居住した人々の呼称。独自の言語・風俗をもち、大和朝廷に服さず抵抗を続けた。えみし。 ②北海道・千島・樺太を総称した古称。

**えぞ-いたち**【▼蝦▼夷▼鼬】 イタチ科の哺乳動物オコジョの別名。

**えぞ-いわな**【▼蝦▼夷岩▽魚】 サケ科の淡水魚。アメマスの陸封型。全長約三〇cm。北海道・東北地方の渓流にすむ。北海道では単にイワナという。

**え-ぞう**【絵像】 絵姿。画像。

**え-ぞうし**【絵草子・絵双紙】 ①江戸時代、大衆向きに絵を入れて世間のできごとを説明した読み物。瓦版。読み売り。 ②草双紙の別称。

**えぞ-が-しま**【▼蝦▼夷が島】 明治二年(一八六九)に北海道と改称する前の呼称。えぞ地。

**えぞ-ぎく**【▼蝦▼夷菊】 ↓アスター

**えぞ-さんしょううお**【▼蝦▼夷山▼椒魚】 北海道特産のサンショウウオ。全長一二～一八cmで、尾が体より長い。黒褐色。平地から高山まで、落ち葉や石の下などにすみ、春、池沼や雪解けの水たまりに産卵。

**えぞ-すみれ**【▼蝦▼夷▼菫】 エイザンスミレの別名。北海道にはみられず、「えぞ」は「叡山」から由来したといわれる。

**えぞ-ぜみ**【▼蝦▼夷▼蟬】 大形のセミ。全長七cm内外。体は黒く、胸部に褐色と黄色の模様がある。翅は透明。ギギギギと鳴く。日本全土・朝鮮半島に分布。↓セミ図

**えぞ-せんにゅう**【▼蝦▼夷仙入】 背面が赤褐色、腹面が灰白色のヒタキ科の鳥。翼長約八・五cm。アジア東北部で繁殖し、東南アジア・ニューギニアなどで越冬。北海道では繁殖するが、本州では旅鳥で春秋に立ち寄る。

**えぞ-ち**【▼蝦▼夷地】 蝦夷の居住地域。室町時代以降明治以前まで北海道・千島・樺太の総称。

**えぞ-つつじ**【▼蝦▼夷▼躑▼躅】 ツツジ科の落葉低木。北海道、本州北部の高山帯にはえる。高さ約三〇cm。広楕円形の葉は互生。夏に、紅紫色の花が数個、枝先に咲く。カラフトツツジ。

**えぞ-とんぼ**【▼蝦▼夷▼蜻▼蛉】 エゾトンボ科のトンボ。体は金属光沢のある緑色で、腹に黄紋がある。体長五・五cm内外。本州の高山地帯、北海道に分布。高原の湿地に多い。

**えぞ-ねぎ**【▼蝦▼夷▼葱】 アサツキの変種で香辛野菜の一つ。筒状の葉は高さ二〇～三〇cm。春に紫色の花を開く。葉はつむほど生長が促進される。チャイブ。

**えぞ-ばふんうに**【▼蝦▼夷馬▼糞▽海▽胆】 暗緑色でとげが短く、馬糞を連想させるウニ。殻径約五cm、殻高約二・七cmの半球形。卵巣は食用。東北地方以北に分布。

**えぞ-びたき**【▼蝦▼夷▼鶲】 ヒタキ科の鳥。翼長約八・五cm。背面は褐色、腹面は灰白色で、胸に褐色の縦斑が散在。シベリア東部で繁殖し、東南アジア以南で越冬。日本には旅鳥として春秋二回立ち寄る。

**えぞ-ぶぎょう**【▼蝦▼夷奉行】 江戸幕府の遠国奉行の一つ。享和二年(一八〇二)設置。蝦夷地の行政を管轄。まもなく箱館奉行、さらに松前奉行と改称。

**えぞ-まつ**【▼蝦▼夷松】 マツ科の常緑針葉高木。北海道など寒地に多い。高さ約四〇m。樹皮は黒褐色。葉は線形。五～六月に開花。球果は長楕円形。パルプの原料、また、建材・船材として重要。クロエゾ。↓写

●エゾマツ

**えぞ-やまどり**【▼蝦▼夷山鳥】 エゾライチョウの異名。

**えぞ-らいちょう**【▼蝦▼夷雷鳥】 キジ科の鳥。翼長約一六cm。背は灰色、腹は白色で、それぞれに褐色などの縦紋がある。森林にすみ、冬でも羽色は白変しない。ユーラシア北部、日本では北海道に分布。エゾヤマドリ。

**え-そらごと**【絵空事】 ①絵にあっても実際にないこと。fabrication ②事実でないこと。うそ。pipe dream

**えぞ-りす**【▼蝦▼夷▼栗▼鼠】 北海道産のリス。本州・四国・九州にいるホンドリスより大形で、体長約二四cm、尾長約一八cm。背面は灰褐色から茶褐色、腹面は白、尾は黒い。森林にすみ、種子・葉などのほか昆虫なども食べる。ユーラシア北部に分布するキタリスの一亜種。↓写

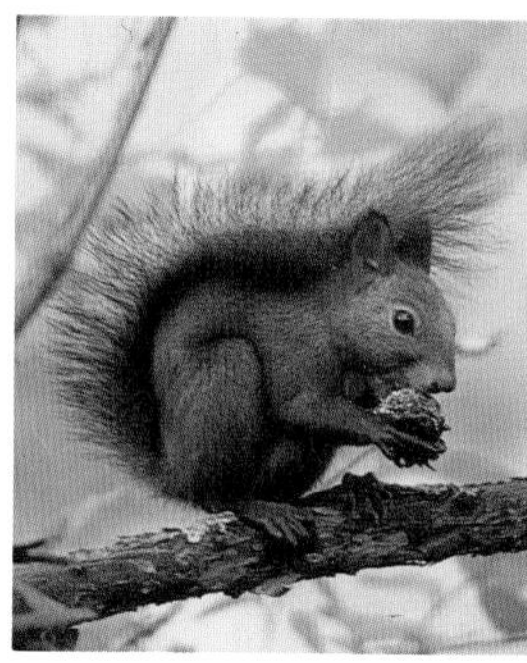

●エゾリス

**エソロジー**【ethology】 ↓どうぶつこうどうがく(動物行動学)

**えぞ-わかめ**【▼蝦▼夷若▽布】 チガイソの別名。

**えた**【▼穢多】 ＝えった。《卑語》 ①中世、賤民の一階層。 ②江戸幕藩体制下、非人とともに士・農・工・商(＝四民)の下におかれ不当に差別された身分の一つ。明治四年(一八七一)平民の籍に編入されたが、実質的な解放は今も実現していない。

**えだ**【枝】 ①草木の、幹から分かれ出た部分。branch 用例 ―を降ろす。数え方 一枝・一朶(花のついているもの)。 ②元から分かれ出たもの。branch 用例 ―道。↓木図

**枝の雪**(えだのゆき) 《雪を集めて灯火の代わりにした晋の孫康の故事から》苦学すること。学問に励むこと。窓の雪。

**枝もたわわ**(えだもたわわ) 木の枝がしなり、曲がるほどに果実がたくさんなっているさま。すずなり。The branches are heavily laden with...

**枝を交わす**(えだをかわす) 《「連理の枝」から》男女の愛情の深いことのたとえ。

**枝を鳴らさず**(えだをならさず) 世がよく治まっているさまをいう。天下太平。

**え-たい**【得体・▽為体】 真のすがた。正体。本性。用例 ―の知れない人。

**えだ-うち**【枝打(ち)】(名・サ変自他) 木の下枝などを切り落とすこと。ふしの少ない、よい材を育てる育林作業の一つ。枝下ろし。

**えだ-がわり**【枝変(わ)り】 植物で、体細胞の突然変異。生長したとき、枝・葉・花・果実などが母体と異なる形質を示す。二十世紀ナシ・温州ミカンなどの例のように、品種改良に利用できる。branch mutation

**エタクリジン**【ethacridine】 アクリジンの誘導体。この乳酸塩が殺菌剤のアクリノール。

**エタクリン-さん**【エタクリン酸】 もっとも作用の強い利尿剤。各種の浮腫に用いる。副作用をおこしやすい。ethacrynic acid

**えだ-げ**【枝毛】 髪の毛の先が乾き、いたんで木の枝のように分かれているもの。split end of hair

**えた-じま**【江田島】 広島県南西部、広島湾内にある島。面積三〇km²。能美島とは陸つづきで、全島が花崗岩からなる。かつては旧海軍兵学校の所在地で有名。

**えたじま**【江田島】〈町〉 広島県南西部、広島湾上の江田島からなる町。明治二一年(一八八八)海軍兵学校がおかれ、現在は海上自衛隊が使用。ミカン栽培がさかん。人口一万四九一〇(一九八八)。

**えだ-しゃく**【枝尺▼蛾】 シャクガ類(幼虫は尺取り虫)中の一群で、エダシャク亜科を構成するガの総称。中形または大形のガで、大部分は夜行性だが、昼間活動するものもある。幼虫は木の葉を食べる。全世界に分布し、日本産は約二六五種。

**えだ-ずみ**【枝炭】 茶道で導火に用いる炭。ツツジなどの枝を焼いた炭に、石灰や胡粉で化粧がけしたもの。燃え残りの姿が美しく茶人に好まれる。白炭。化粧炭。

**え-だち**【▽役】 古語 ①人民に課した労役。用例 則ち是の―に労ふ(日本書紀・仁徳)。 ②戦争。戦役。用例 この―に至りて、意に ころさむと欲す(日本書紀・神武)。

**えだ-にく**【枝肉】 牛・豚などを解体し、左右半分に分割したもの。一般に、この状態で冷蔵・輸送を行う。dressed carcass

**えだ-にょう**【▽支▼繞】 漢字を組み立てている部分の名。しにょう。「翅」の「支」。

**エタノール**【ethanol】 化学式$CH_3CH_2OH$ 無色で粘性の小さい液体。可燃性で、水や多くの有機溶剤と混合する。糖の発酵により生じ、酒の主要成分。エチレンやアセチレンから大規模に製造される。合成飲料・溶剤・有機合成原料などに利用。エチルアルコール。酒精。

**エタノールアミン**【ethanolamine】 化学式$H_2N(CH_2)_2OH$ アンモニア臭のある無色の液体。溶剤・乳化剤・合成洗剤の原料に利用。アミノエタノール。

**えだ-は**【枝葉】 対義 根幹。 ①枝と葉。 ②重要でない部分。ささいなこと。枝葉。side issue

**えたふなやま-こふん**【江田船山古墳】 熊本県玉名郡菊水町江田にある五世紀代の前方後円墳。全長六一(現在は四七)m。銀象嵌銘文のある大刀のほか、多くの重要遺物の出土で有名。

**えだ-ぶね**【枝船】 大船に付き従う小船。『sort ship 対義 元船。

**えだ-ぶり**【枝振り】 枝のつき出たかっこう。枝つき。shape of a tree

**えだ-まめ**【枝豆】 ダイズを完熟前に枝ごと収穫したもの。さやのままゆで、中の種子を食べる。たんぱく質に富み、栄養価が高い。↓写

●枝豆

**えだ-みち**【枝道】 ①本道から分かれた、せまい道。byroad ②物事の本筋・本題からそれたこと。off the track

**エダム-チーズ**【Edam cheese】 オランダ、エダム地方原産のナチュラルチーズ。球形で赤色のワックスがかけてある。薄切りをそのまま食べるか、すりおろす。↓チーズ図

**えだむら-しんでん**【枝村新田】 江戸時代、開拓によって分かれた村。

**え-たり**【得たり】(連語) 《「得」の連用形に完了の助動詞「たり」の付いたもの》思うようにいった。しめた。I've got it. 用例 ―と切り返す。

**えたり-かしこし**【得たり賢し】(連語) しめた、と得意なさま。望むことにうまく出会ったさま。feel triumphant over

**えたりや-おう**【得たりや応】(連語) 思いどおりになったときや、承知したときなどのことば。I've got it!

**え-だる**【柄▼樽】 角のような二本の長い柄のついた小型の樽。胴が朱または黒の漆で塗ってあるものが多く、祝い事などで酒を贈るときに用いる。角樽。

**えだ-わかれ**【枝分(か)れ】(名・サ変自) ①枝が何本かに分かれること。branch off ②一つの元から出たものが、いくつかに分かれること。ramification

**エタン**【ethane】 化学式$C_2H_6$ 炭素の数が二個

のアルカン。石油分解ガス中に存在する無色無臭の気体。燃料およびエチレン・アセチレンなどの原料に利用。

**エチェガライ**【José Echegaray】(一八三二～一九一六) スペインの劇作家・政治家。一九〇四年ノーベル文学賞受賞。戯曲『恐ろしきなかだち』など。

**エチオピア**【Ethiopia】(People's Democratic Republic of Ethiopia) 北アフリカ北東部のエチオピア(=アビシニア)高原上の国で、東部のエリトリアは紅海に臨む。首都アジスアベバ。アフリカ大陸では古代からの独立国。君主制だったが一九七四年のクーデターで崩壊。現在は社会主義国。熱帯ではあるが高原は温和な気候。コーヒーの原産地として知られる。面積一二二・二万km²。人口四四九三万(一九八六)。正称エチオピア人民民主共和国。

**エチオピア-く**【エチオピア区】動物の地理分布上の一区で、北界に含まれる。アフリカ大陸のサハラ砂漠以南。Ethiopian region

**エチオピア-こうげん**【エチオピア高原】(Ethiopia Plateau) アビシニア高原の別称。

**エチオピア-じん**【エチオピア人】アフリカ北東部、アビシニア高原・ソマリア半島などに住むセム-ハム語系の人々。原住民のネグロイドと侵入者のコーカソイドの混血。牧畜・農耕に従事。エチオピアを建設。宗教はエチオピア正教およびイスラム教。Ethiopian

**エチオピア-せんそう**【エチオピア戦争】二回にわたるイタリアの対エチオピア侵略戦争。一八九五～九六年の出兵では、アドワで大敗して撤退。一九三五年には国境紛争を口実にエチオピアに侵入、三六年全土を併合。皇帝はイギリスに亡命。Italo-Ethiopian War

**エチカ**【ethicaラテン】倫理学。

**えちがわ**【▽愛知川】〈町〉滋賀県中部の町。中山道の旧宿場町。麻織物の中心地。家具工場も進出。人口九〇四二(一九八八)。

**エチケット**【étiquetteフランス】礼儀作法。精神的・観念的に使われ、紳士淑女の守るべき規則・礼法をさす。etiquette

**えちご**【▽越後】↓えちごのくに(越後国)

**えちご-うさぎ**【▽越後▼兎】ウサギの一種。体長約五〇cm。夏毛は褐色、冬は耳の先を残して白化する。本州の日本海沿岸・東北地方に分布。トウホクノウサギ。

**えちご-さんみゃく**【▽越後山脈】山形・福島・新潟三県の境にある山脈。飯豊山地の大日岳二一二八m、中部の浅草岳一五八六m、守門岳一五三八m、南部の駒ケ岳二一二三mなどの主峰がある。

**えちご-じし**【▽越後▼獅子】①越後から出て巡演して歩いた獅子舞い。角兵衛獅子。②地唄の一つ。③歌舞伎舞踊の一つ。本題名『遅桜手爾葉七字』。

**えちご-じょうふ**【▽越後上布】越後で産した上質の麻織物。この織り技法は重要無形文化財に指定されている。

**えちご-ちぢみ**【▽越後縮】麻の縮み織物。新潟県の小千谷市で産出されたので、小千谷縮ともいう。↓写

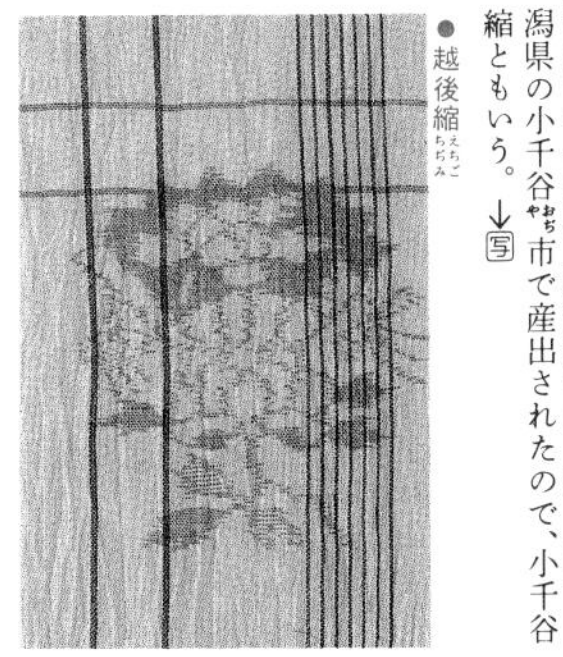
●越後縮

**えちご-の-くに**【▽越後国】旧国名。現在の新潟県の大部分。北陸道の一国。「延喜式」では上国、七郡。国府・国分寺は上越市にあったとされるが、国分寺の地は現在は水没。明治四年(一八七一)廃藩置県によって、新潟・柏崎二県となり、同六年(一八七三)合併して新潟県となる。越後。

**えちご-へいや**【▽越後平野】新潟県中部、信濃川・阿賀野川下流に広がる平野。全国一の稲作地帯。油田・ガス田がある。新潟平野。

**えちご-や**【▽越後屋】江戸時代、三井家が経営した呉服屋。今の三越の前身。延宝元年(一六七三)三井高利が江戸日本橋に創業。のちには両替商も営む。

**えちぜん**【▽越前】↓えちぜんのくに(越前国)

**えちぜん**【▽越前】〈町〉福井県北西部、日本海に臨む町。越前ガニが特産。越前岬のスイセンも有名。人口七八九七(一九八八)。

**えちぜん-がに**【▽越前▼蟹】北陸でのズワイガニの雄の呼び名。山陰ではマツバガニ。

**えちぜん-くらげ**【▽越前▽水▽母】半球状で淡褐色のかさをもった大形のクラゲ。かさの直径約一m、重さ約一五〇kg。古くから越前地方で知られていたのでこの名がある。中国料理の材料、タイの釣り餌用。中国沿岸や朝鮮半島南岸で発生し、海流に乗って北上して日本海に入る。

**えちぜん-の-くに**【▽越前国】旧国名。現在の福井県の大部分。北陸道の一国。「延喜式」では大国、六郡。国府・国分寺はともに武生市にあった。明治四年(一八七一)廃藩置県によって、福井県となる。のち足羽県と改称し、同六年(一八七三)敦賀県を経て、同九年(一八七六)石川・滋賀二県に分割編入。同一四年(一八八一)再設置。越前。

**えちぜん-はん**【▽越前藩】江戸時代の親藩・家門。藩主は松平氏。主城は福井城。関ケ原の戦い後、徳川家康の子結城(松平)秀康が入封して六七万石。幕末、藩主慶永は公武合体派の中心として活躍。福井藩。

**えちぜん-みさき**【▽越前岬】福井県北西部、越前海岸の岬。約一〇〇mの海岸段丘。奇岩・洞門の海岸美と、岬に咲くスイセンは有名。

**えちぜん-やすつぐ**【▽越前▽康継】(生没年未詳) 徳川家康のお抱え刀工。近江の人。大坂落城で被災した名品の焼き直しや古刀の模作で有名。

**エチナ**【Echina・額済納】中国内蒙古自治区西部の旗(県)。エチナ川下流域のオアシス地帯で、古くから河西回廊とモンゴル高原を結ぶ要衝。この付近で発見された「居延漢簡」は有名。

**エチュード**【étudeフランス】①音楽で、楽器の演奏技巧を修得するために作られた楽曲。練習曲。②絵などの習作。

**エチル**【Äthylドイツ】①エチル基のこと。②「エチルアルコール」の略。

**エチルアミン**【ethylamine】化学式$C_2H_5$-$NH_2$ アンモニア臭のある無色の気体。水に溶けやすく、アンモニアより強い塩基。塩酸・硫酸などと塩をつくる。

**エチル-アルコール**【ethyl alcohol】↓エタノール

**エチル-エーテル**【ethyl ether】↓ジエチル「エーテル」

**エチル-き**【エチル基】エタンから水素原子一個を除いた構造の原子団。化学式$C_2H_5$- ethyl group

**エチルベンゼン**【ethylbenzene】化学式$C_6H_5C_2H_5$ 無色の液体で引火性がある。コールタール中に存在。スチレンの合成原料。キシレンの構造異性体。

**エチレン**【ethylene】化学式$H_2C{=}CH_2$ もっとも簡単なアルケン。無色の気体。反応性に富み、果実の熟成を促進させる。石油化学の重要な原料。エテン。

**エチレン-グリコール**【ethylene glycol】化学式$HOCH_2CH_2OH$ 無色で粘度の大きい液体。水・アルコールに溶ける。ポリエステルの原料、界面活性剤などに用いる。

**エチレンけい-たんかすいそ**【エチレン系炭化水素】↓アルケン

**エチレンジアミン**【ethylenediamine】化学式$H_2N(CH_2)_2NH_2$ 代表的なキレート試薬。アンモニアに似た臭気をもつ液体。陽イオン活性剤などの原料。

**エチレンジアミン-しさくさん**【エチレンジアミン四酢酸】無色の結晶性の粉末。金属とキレートをつくるので、分析や除去に利用。EDTA。ethylenediaminetetraacetic acid

**えっ**(感) ①力を入れるときの掛け声。②驚いたときに発する語。

**エツ** 4画【▼曰】部首[曰] JIS 5909
音エツ
①いう。いわく。のたまわく。②ここに。さて。そこで。③いわく。わけ。理由。事情。

**エツ** 5画【▼戉】部首[戈] JIS 5690
音エツ
まさかり。大きな斧。

**エツ** 9画【▼咽】部首[口] JIS 1686
音エン・イン・エツ
むせぶ。むせる。①物がのどにつかえる。②胸がふさがり、声がつまる。「嗚咽」↓イン・エン【咽】

**エツ** 10画【悦】部首[忄] 常用 JIS 1757 ―10画【▼悅】旧字
音エツ
よろこぶ。よろこび。たのしみ。「喜悦・満悦・愉悦」「悦楽」用例(名)―に入る。
**悦に入る**(えつにいる) 物事がうまくいって、大いによろこぶ。rejoice at

**エツ** 12画【▼粤】部首[米] JIS 6869
音エツ
①ここに。さて。そこで。②ああ。嘆息の声。③現在の中国の広東・広西両省あたりの古称。

**エツ** 12画【越】部首[走] 常用 JIS 1759
音エツ・オチ・オッ・カッ
訓こす・こえる
①こえる。こす。「超越」「越境・越冬」②すぐれている。まさる。「卓越・優越」③北陸地方。こし。こしのくに。特に、越後国のこと。「上越・信越・北越」④ベトナムのこと。「中越国境」⑤中国の春秋戦国時代の国名。現在の浙江省あたりにあった。前四七三年、王勾践のとき、呉を滅ぼし、中原に進出して覇者となる。前三三四年、楚に大敗して滅んだ。「呉越同舟」⑥中国の浙江省の古称。

**エツ** 13画【▼暍】部首[日]
音エツ・カツ
暑気あたり。日射病。暑さのために、からだをこわすこと。

**エツ** 13画【▼鉞】部首[金] JIS 7872
音エツ
まさかり。大きな斧。「斧鉞」

**エツ** 15画【▼噎】部首[口] JIS 5157
音エツ・イツ
むせぶ。むせる。①物がのどにつかえる。②胸がふさがり、声がつまる。

**エツ** 15画【謁】部首[言] 常用 JIS 1758 ―16画【▼謁】旧字
音エツ
まみえる。目上の人にあう。「拝謁」「謁見」用例(名)―を賜う。

**エツ** 15画【閲】部首[門] 常用 JIS 1760 ―15画【▼閱】旧字
音エツ
①目をとおして、一つ一つしらべる。けみする。「検閲・校閲」「閲覧」②すぎる。へる。けみする。「閲歴」

**エツ** 16画【▼噦】部首[口]
音エツ・カイ
しゃっくり。からはき。からえずき。吐き気だけがして、出るものがない。

**エツ** 16画【▼樾】部首[木]
音エツ
①こかげ。こむら。木の枝のかげ。②なみき。街路樹。道路ぞいの木。

**エツ** 21画【▼饐】部首[食] JIS 8130
音イ・エツ
むせぶ。むせる。食べ物がのどにつかえる。↓イ【饐】

**えつ**【▼鱭▽魚】体が刀形をしたカタクチイワシ科の海水魚。全長約三〇cm。背側は暗青色、腹側は銀白色。初夏に川をのぼり産卵する。稚魚は川の下流や沿岸で成長。食用。東シナ海・南日本に分布し、とくに有明海に多い。↓図

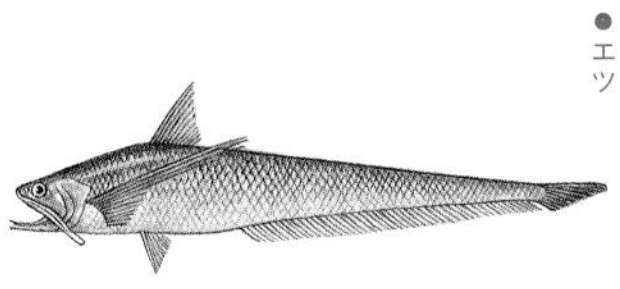
●エツ

**えっ-きょう**【越境】(名・サ変自) さかい、とくに国境をこえること。crossing the border 用例不法―。

**えっきょう-にゅうがく**【越境入学】学区外の学校に入学すること。

**エッグ**【egg】卵。おもに鶏卵。

**え-づ-く**【▼餌付く】(五自) 鳥・けものが、人になれて、与えたえさを食べるようになる。take to feeding

**エックス**【X・x】①アルファベットの第二四文字。エクス。②《小文字で》数学で、未知数の符号。③未知のもの。

**エックス-きかん**【X器官】エビ・カニなど甲殻類の脳の前半部近くにある二種類の内分泌器官。脱皮抑制ホルモンが生産され、サイナ

▼常用漢字表外。　▽常用漢字表の音訓外。

ス腺へ送られる。X organ

**エックス-きゃく【X脚】** 両下肢がひざを中心に著しく内側に湾曲した状態。外反膝。knock-knee

**エックス-ざひょう【x座標】** x軸とy軸との直交座標で点の位置を表すときに、その点からx軸におろした垂線の足のx軸における座標。x coordinate

**エックス-せん【X線】** 波長が一オングストローム前後の電磁波。発見者にちなんでレントゲン線ともいう。電離作用や写真感光作用などが強い。医療診断などに広く利用。X-ray

**エックスせん-かいせつ【X線回折】** X線が物質にあたったときにおこる回折。結晶構造の研究に使われる。X-ray diffraction

**エックスせん-さんらん【X線散乱】** X線が物質によって散乱されること。電子による散乱が主。X-ray scattering

**エックス-せんしょくたい【X染色体】** 性染色体の一つ。雌が同型のXX、雄が異型のXYをもつとき、雄のY染色体に対応する雌のX染色体のこと。X-chromosome

**エックスせん-しんだん【X線診断】** X線撮影およびX線透視を人体の各部に行い、それによって得られたX線像から病気の診断をすること。X-ray diagnosis

**エックスせん-せい【X線星】** X線を放出している天体。中性子星やブラックホールの近接連星など。エクスター。X-ray star

**エックスせん-せいうん【X線星雲】** X線を放射している過去の超新星の残骸。X-ray nebula

**エックスせん-テレビ【X線テレビ】** X線による映像をテレビで観察する装置。診断者はX線被曝を防ぐため室外から操作する。X-ray television

**エックスせん-てんたい【X線天体】** ↓エックスせんせい(X線星)

**エックスせん-てんもんがく【X線天文学】** おもに太陽系外の天体から放射されるX線をとらえ、宇宙の構造を研究する天文学。気球・ロケットなどで観測。X-ray astronomy

**エックスせん-バースト【X線バースト】** X線星が突然爆発的に強いX線を短時間放射する現象。X-ray burst

**エックスせん-パルサー【X線パルサー】** 規則的なパルス状のX線を放射するX線星。X-ray pulsar

**エックス-デー** 《和製語。未知数を示すXとdayから》遠からず事件などが起こるとされる、ある日。

**エックハルト【Johannes Eckehart】**(一二六〇ごろ—一三二七) ドイツの神秘思想家。ドミニコ修道会士。霊魂と神との合一を説いた。

**え-つけ【絵付け】** 陶磁器に絵模様を描き、焼き付けること。釉の下に焼き付けるのが下絵付け。上に焼き付けるのが上絵付け。

**エッケルト【Franz von Eckert】**(一八五二—一九一六) ドイツの音楽家。明治一二年(一八七九)海軍軍楽隊教師として来日。日本の音楽教育に貢献。

**エッケルマン【Johann Peter Eckermann】**(一七九二—一八五四) ドイツの作家。ゲーテ晩年の秘書。著書『ゲーテとの対話』。

**えっ-けん【越権】** 認められている権限以上のことをすること。おっけん。exceed one's authority 用例 —行為。

**えっ-けん【謁見】**(名・サ変自) 身分の高い人に会うこと。audience 比較 接見。

**えっ-さい【悦▼哉】** ↓つみ(雀鷹)

**エッサ-えいせい【エッサ衛星】** アメリカの実用気象衛星。一九六六年に、アメリカ環境科学事業庁(ESSA)が打ち上げた。

**えっさっさ**(感) 物を担いで走るときなどの、調子をとるかけ声。えっさえっさ。えっさほいさ。

**エッジ【edge】** ①スキー板や、スケート靴の滑走面の両側の縁。②卓球台の縁のかどの部分。③ゴルフで、グリーンの縁辺。

**エッシェンバッハ【Christoph Eschenbach】**(一九四〇— ) 西ドイツのピアニスト・指揮者。構成感のある誠実な演奏ぶりに定評がある。

**えっ-しゅう【越州】** ①越前国の。②越中国の。③越後国の。

**えっしゅう-よう【越州窯】** 中国最古の陶窯。繊細な文様の青磁を焼造。越州(浙江省)を中心に始まり、唐代から五代にかけてさかんに行われた。

**エッジワース【Maria Edgeworth】**(一七六七—一八四九) イギリスの女流小説家。作品『ラックレント城』『不在地主』など。

**えつ-じん【越人】** ↓おちえつじん(越智越人)

**えっ-する【謁する】**(サ変自) 身分の高い人・目上の人に会う。お目にかかる。謁す。have an audience with

**えっ-する【閲する】**(サ変他) =閲す。①目をとおす。②調べる。

**エッセイスト【essayist】** 随筆家。

**エッセー【essay】** ①形式にとらわれず、自由に書きつらねた感想・所説。随筆。②特別な主題についての小論。試論。

**エッセン【Essen】** 西ドイツ中部、ルール地方の中心都市。ルール炭田の中心にあり、鉄鋼生産のクルップ社とともに発展。人口六三・五万(一九八三)。

**エッセンス【essence】** ①物事の本質、精髄。②植物・薬物などから取り出した精油。エキス。用例 バニラ—。

**えっ-そ【越訴】** ↓おっそ(越訴)

**エッダ【Edda】** 中世アイスランドに伝わる、古代北欧の神話・伝説に取材した叙事詩集と、散文で書かれた神話や詩の解説書の二種類がある。前者は古エッダ(詩エッダ)とよばれる。後者はスノリ=ストゥルルソン(一一七九—一二四一)が著し、新エッダ(散文のエッダ)とよばれる。

**エッチ【H】** ㊀(名) ↓エイチ(H)。㊁(名・形動)《「変態」の読みをローマ字でつづったhentaiの頭文字から》日常的につつしむべき性的な発言・行為・表現などをあえてすること・さま。また、そのような性向の人。昭和三〇年代の流行語。

**えっ-ちゅう【越中】** ↓えっちゅうのくに(越中国)

**えっちゅうおわら-ぶし【越中おわら節】** 富山県八尾町の盆踊り唄。毎年九月、「風の盆」で競演される。胡弓の音の入る民謡。

**えっちゅう-の-くに【越中国】** 旧国名。現在の富山県。北陸道の一国。「延喜式」では上国、四郡。国府・国分寺はともに高岡市。明治四年(一八七一)廃藩置県によって富山県、翌年新川県となり、同九年(一八七六)石川県に編入されたが、同一六年(一八八三)富山県として再設置。越中富山は薬売りで有名。越中。

**えっちゅう-ばい【越中▼蛽】** エゾバイ科の巻き貝。殻高約一二cm、殻径約七cm。殻は卵円錐形で薄い。水深二〇〇〜五〇〇mの細砂泥質の海底にすむ。食用。日本海西部に分布。

**えっちゅう-ふんどし【越中▼褌】** 男性の下着の一種。長さ三尺(約一m)の白木綿地にひもをつけた下帯。越中。三尺。↓褌図

**えっ-ちょう【越鳥】** ①中国の越の国の鳥。②クジャクの異称。

**越鳥、南枝に巣食う**(えっちょう、なんしにすくう)《越の国から来た渡り鳥は、少しでも故郷に近い南の方の枝に巣を懸けるとの、『文選』の古詩から》故郷をなつかしむ気持ちの強いたとえ。

**えっちら-おっちら(と)**(副) つかれて、また重荷をせおって、やっと歩くさま。laboriously

**エッチング【etching】** 銅版画の代表的技法。また、その印刷物。防食剤でおおった金属面に鉄筆で描き、酸性液に入れて線描部分を腐食させ凹版を得る。

**えっ-とう【越冬】**(名・サ変自) ①冬をすごすこと。pass the winter ②生物が、低温で乾燥した冬を、それぞれの適応状態ですごすこと。植物では落葉など、動物では休眠状態などがある。

**えっとう-しきん【越冬資金】** 越冬のために必要なお金。

**えつ-どく【閲読】**(名・サ変他) 調べながら読むこと。

**えつ-なん【越南】** ↓ベトナム

**えつ-ねん【越年】**(名・サ変自) としをこすこと。新年をむかえること。おつねん。pass the year-end

**えつねんせい-しょくぶつ【越年生植物】** ↓にねんそう(二年草)

**えつねん-そう【越年草】** ↓にねんそう(二年草)

**えつびそうどうひっき【閲微草堂筆記】** 中国、清代の文語体短編小説集。二四巻。紀昀の作。身辺雑事・狐狸の怪談・交友記などを記す。

**エッフェル-とう【エッフェル塔】**(Tour Eiffelフランス) パリのセーヌ河畔にある鉄塔。一八八九年のパリ万国博覧会のために、エッフェルが設計した近代鉄骨建築のモニュメント。高さ三二〇m。

**えっ-ぺい【閲兵】**(名・サ変他) 行進する軍隊や、並んでいる兵士を検閲すること。review

**え-つぼ【笑▼壺】** よろこび、わらうこと。

**笑壺に入る**(えつぼにいる) うまくいったという顔つきをしてわらう。ほくそえむ。

**笑壺の会**(えつぼのかい) その座にいる者全員が、笑い興ずること。

**えつ-らく【悦楽】** よろこびたのしむこと。「joy」

**えつ-らん【閲覧】**(名・サ変他) 書物・書類などの内容を調べながら読むこと。また、読むことを改まって言う語。study 用例 —室。

**えづりこ【江釣子】**〈村〉 岩手県南部、北上市西隣の村。稲作中心だが、工場が進出し宅地化も進む。人口八九〇〇(一九八八)。

**えつ-れき【閲歴】** 今までしてきたこと。経歴。履歴。

**えて【▽猿】** サル。えてこう。

**え-て【得手】** もっとも得意とすること。one's strong point 対義 不得手。

**得手に帆を揚げる**(えてにほをあげる) 得意のことができる好機をむかえて調子にのる。Hoist your sail when the wind is fair.

**え-て【得て】**(副) ともすると(…しがちだ)。えてして。be apt to

**エディアカラ-どうぶつぐん【エディアカラ動物群】** 先カンブリア紀後期(六〜七億年前)の化石動物相。オーストラリア南部の砂岩から発見。ediacaran fauna

**エディター【editor】** 編集者。主筆。

**エディトリアル-デザイン【editorial design】** 新聞・雑誌・書籍などを、視覚的に表現・構成すること。レイアウトなど。

**エディプス【Oedipus】** ↓オイディプス

**エディプス-コンプレックス【Oedipus complex】** 男児が母親に愛着し、父親を競争相手とみなして憎む心理。フロイトが導入した精神分析学の用語で、ギリシア神話のオイディプス(=エディプス)にちなむ。対義 エレクトラ-コンプレックス。

**エティモロジー【etymology】** ①語源学。②語源の説明。

**エディルネ【Edirne】** トルコ北西端、ブルガリア国境に近い商業都市。農産物の集散・加工の中心。二世紀にローマ皇帝ハドリアヌスが建設。人口七・二万(一九八〇)。旧称アドリアノープル。

**エディントン【Arthur Stanley Eddington】**(一八八二—一九四四) イギリスの天文学者・物理学者。天体物理学の理論的研究を進めた。一九一四年から没年までケンブリッジ天文台長。

**エディンバラ【Edinburgh】** イギリス、スコットランドの主要都市。フォース湾に臨む美しい町。城・王宮などの名所、国際音楽・芸術祭で有名。人口四三・九万(一九八五)。

**えて-かって【得手勝手】**(名・形動) 自分の都合だけを考えて、まわりの人のことは考えないこと。自分勝手。selfish

**えて-して【得てして】**(副) ともすると。とかく。ややもすると。be apt to

**エデスチン【edestin】** 植物性たんぱく質の一種。タイマ・ワタ・アマなどの種子に含まれている。

**エテュベ【étuverフランス】** 西洋料理の調理法の一つ。肉や魚・野菜などに、油脂と少量の水とを加えて、ふたをして煮込む。蒸し煮。

**エテン【ethene】** ↓エチレン

**エデン【Eden】**《シュメール語・アッカド語の平地、の意》旧約聖書『創世記』で、人類の始祖であるアダムとイブのいた場所。ギリシア語訳で楽園(=パラダイス)に変化。

**エテンザミド【ethenzamid】** サリチル酸系の解熱鎮痛剤。エトキシベンズアミド。

**えてんらく【▽越天楽・▽越殿楽】** 雅楽の曲名。唐楽の管弦の代表曲。その旋律は今様・箏曲にも用いられた。

**え-と【▽干▽支】**《「え」は兄、「と」は弟、の意》木・火・土・金・水の五行をそれぞれ「え」と「と」に当てた十干に十二支を配し、六〇通りの組み合わせをつくって年月日・時刻・方位などを表すのに用いるもの。かんし。参照 十干・十二支。

**え-ど【▼穢土】**《仏教語》けがれているこの国。現世。対義 浄土。参照 厭離穢土。

**えど【江戸】** 東京の旧称。平安末期、江戸四郎重継が麴町台地に居館を営んだことに始まる。長禄元年(一四五七)太田道灌が江戸城を築城。上杉家・北条家をへて、天正一八年(一五九〇)関東に移封された徳川家康が入城。以後、幕府の所在地として全国の中心地となった。

**江戸の敵を長崎で討つ**(えどのかたきをながさきでうつ)《ひどくはなれた場所であることから》とんでもない所や時に、また、筋違いな方法で仕返しをする。

**江戸は諸国の入り込み**(えどはしょこくのいりごみ) 江戸は、多

くの国から人々が寄り集まってきている所であり、諸国の人が雑多に住んでいる所である、ということ。

**エトアール-がいせんもん【エトアール▼凱旋門】** ↓エトワールがいせんもん(エトワール凱旋門)

**えとう-じゅん【江▼藤▼淳】**(一九三二〜) 文芸評論家。本名江頭淳夫。東京生まれ。慶大卒。作品『漱石とその時代』『海は甦える』など。

**えとう-しんぺい【江▼藤新平】**(一八三四〜七四) 明治初期の政治家。佐賀藩出身。明治政府の司法卿、参議。征韓論に敗れて下野し、民選議院設立建白書の署名者となる。佐賀の乱を起こし、刑死。

**えとう-としや【江▼藤▽俊▼哉】**(一九二七〜) バイオリン奏者。東京生まれ。叙情的な演奏が特徴。

**えどうまれうわきのかばやき【江戸生▼艶気▼樺焼】** 山東京伝作・画の黄表紙。天明五年(一七八五)刊。色男きどりの醜男が浮き名を立てようとするが果たせないおかしさを、遊里風俗とともに描く。

**えど-おもて【江戸表】** 江戸時代、地方から江戸を言った語。対義国表。

**えど-かいじょう【江戸開城】** 慶応四年(一八六八)陰暦四月一一日の討幕軍に対する江戸城の明け渡し。討幕軍は陰暦三月一五日江戸城への総攻撃を予定したが、前日の西郷隆盛と勝海舟との会談で中止、無血開城となった。

**えど-がろう【江戸家老】** 江戸時代、江戸の藩邸につめた家老。対義国家老。

**えど-がわ【江戸川】** 千葉県と東京都の境を南流する川。長さ五九・五㎞。千葉県関宿で利根川から分かれて東京湾に注ぐ。古くは利根川の本流であったが、江戸時代の銚子への流路変更工事で分流となった。

**えどがわ-らんぽ【江戸川乱歩】**(一八九四〜一九六五) 小説家。本名平井太郎。三重県生まれ。早大卒。日本の探偵小説界の先駆者で、独自の怪奇幻想の美を創造。作品『心理試験』『陰獣』、評論集『幻影城』など。↓写

● 江戸川乱歩

**え-とき【絵解き】**(名・サ変他) ①絵で説明を補うこと。②物事の事情や推理の方法をよりわかりやすく説明すること。③絵の意味を説明すること。とくに、寺社にある仏図の意味を説き明かすこと。また、その人。室町時代に流行した。

**え-とく【会得】**(名・サ変他) 物事を理解して自分のものとすること。comprehension

**えど-ご【江戸語】** 江戸に発達したことば。主として、下町ことばといわれる江戸の町人・職人のことば。上方ことばに対する江戸ことば。江戸弁。

**えど-こもん【江戸小紋】** 伝統模様の一つ。江戸時代の武士の裃の文様として発達。単色染めで細かい図柄を特徴とする。鮫小紋・ふぶきなどの模様がある。

**え-どころ【絵所・▽画所】** 平安時代に宮廷、鎌倉時代に有力社寺、室町・江戸時代に幕府におかれた絵画制作のための役所。

**えどさき【江戸崎】**〈町〉 茨城県の南部、霞ケ浦の南にある町。かつては水運で栄えたが、現在は稲作・野菜栽培・養鶏などの農業の町。人口一万四一五七(八八)。

**えど-ざくら【江戸桜】** ソメイヨシノの別名。

**えど-さんざ【江戸三座】** 江戸時代、世襲興行権を公認された江戸の三劇場。中村座・市村座・森田座。慶安四年(一六五一)以後四座が認められたが、山村座が廃絶、三座となる。

**えど-さんぷ【江戸参府】** 江戸時代、オランダ商館長一行が江戸に出て将軍に拝謁、献上物の贈呈などがなされた行事。

**えど-じだい【江戸時代】** 慶長八年(一六〇三)徳川家康が征夷大将軍に任ぜられてから、慶応三年(一八六七)一五代将軍慶喜が大政を奉還するまで、江戸に政治の中心があった二六五年間。徳川時代。

**えどじだい-びじゅつ【江戸時代美術】** 江戸に幕府がおかれていた時代、一七世紀初頭から一九世紀半ばまでの日本美術の総称。幕府や宮廷の御用美術は、時代の初めに様式を形成すると同時に創造的活動を停止した。一七世紀末葉以降は、下級武士や農民をも加えた市民層による在野の個性的な美術が主導的な役割を果たした。宗教美術は全般にふるわず、生活に密着した絵画や工芸などの世俗芸術が多彩な展開をみせた。また鎖国下ではありながら、中国や西洋の外来美術にも強い関心を示し、近代美術への基礎を固めた。

**えど-じょう【江戸城】** 江戸時代を通じての将軍の居城。長禄元年(一四五七)太田道灌が築城。天正一八年(一五九〇)徳川家康が入城し、寛永一三年(一六三六)に改修完成。明治元年(一八六八)皇居となる。千代田城。↓写

**エトス【ethos ギリシア】** 個人的な習慣。

**エト-セトラ【et cetera; etc.】** その他。…など。…等。…等々。

**えど-せんけ【江戸千家】** 茶道流派の一つ。表千家七世如心斎宗左門下の川上不白を祖とする。不白は江戸に出て、表千家の茶風を江戸に合うよう創意を加え、普及させた。

**えど-ぞめ【江戸染(め)】** 江戸で染める染め物の総称。対義京染め。

**えど-たて【江戸▼蓼】** アザブタデの別名。

**えどっ-こ【江戸っ子・江戸っ▽児】** 江戸で生まれ、江戸で育った人。おもに町人にいう。男らしく、金銭にさっぱりしている人や、軽はずみで威勢がいいだけの人の両方の意がある。比較ぜいろく。

**江戸っ子は五月の鯉の吹き流し**(《「口先許りで腸は無し」と続く》江戸っ子は口先ばかりで胆が据わっていない。また、口は悪いが、気性はさっぱりしている。

**江戸っ子は宵越しの銭は持たぬ**(《江戸っ子が、金離れのよさを誇った言い方》江戸っ子は、その日に得た金はその日のうちに使い切り、翌日までは持ち越さない。

**えど-づま【江戸▼褄】**《「江戸褄模様」の略》絵羽模様の一種。襟先から前身ごろのわき裾に三角形に配置した模様。現在は留め袖などに用いられる。

**えど-づめ【江戸詰(め)】** 江戸時代、大名・家臣が領地をはなれて江戸に住んでいたこと。対義国詰め。

**エトナ-さん【エトナ山】**(Mount Etna) イタリア南部、シチリア島北東部のヨーロッパ第一の活火山。標高三三二三m。

**えど-ばくふ【江戸幕府】** 慶長八年(一六〇三)徳川家康が江戸に開設し、以後一五代二六五年続いた武士政権。全国の大名を臣従させ、公家・寺社勢力を統制した集権的支配体制を確立。徳川幕府。↓幕府図

**えど-はっぴゃくやちょう【江戸八百八町】**《「八百八」は、多い、の意》①江戸の町の、数の多いことを言ったことば。比較大坂八百八橋。②江戸市中全域。

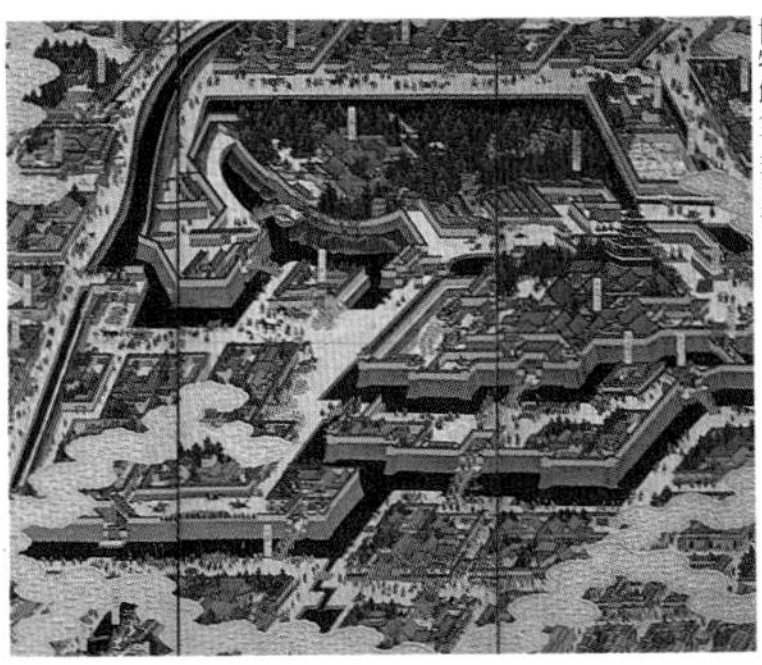
● 江戸城 『江戸図屛風』より。国立歴史民俗博物館(千葉県)。

**えど-ばらい【江戸払(い)】** 江戸時代の刑の一つ。江戸市中に住むことを禁じた。江戸追放。

**えど-はんだゆう【江戸半太▽夫】**(生没年未詳) 古浄瑠璃の語り手。半太夫節の始祖。江戸の人。貞享・元禄年間(一六八四〜一七〇四)に優美な曲節が特色。

**エトピリカ**(etupirka アイヌ)《美しい嘴、の意》特異な容姿のウミスズメ科の海鳥。翼長約一九㎝。全体は黒色。顔が白く、目の後方に房状の黄色い飾り羽が出る。嘴は赤。北海道以北で繁殖し、冬には本州まで南下。tufted puffin ↓写

● エトピリカ

**えど-ぶんがく【江戸文学】** 広く日本近世文学全体をさすが、とくに江戸を中心に発展した近世後半期の文学をいう。前半期の上方文学に対応する。文化文政期に開花。小説では、読本・洒落本・滑稽本・人情本・黄表紙・合巻などが発達し、山東京伝・滝沢馬琴・柳亭種彦らが活躍。演劇では、歌舞伎が浄瑠璃に取って代わり、鶴屋南北・河竹黙阿弥らが輩出。町人文学第二の頂点であるが、幕藩体制崩壊期の世相を反映し、作品に退廃の色が濃い。

**えど-まえ【江戸前】** ①江戸の前の海(=東京湾)でとれる新鮮な魚類。②《転じて》江戸料理。③人の性質や食物の風味について、江戸風。いきのよいこと。

**えど-まちぶぎょう【江戸町奉行】** 江戸幕府の職名の一つ。江戸府内町方の行政・警察・裁判をつかさどった役。老中支配下の三奉行の一つ。定員は二名で、南北両奉行所に分置され、執務は月番の交替制。

**えど-むらさき【江戸紫】**《江戸で染め始めたので》武蔵野に多いムラサキの根を使って染めた、青みがかった紫色。

**えどめいしょずえ【江戸名所図会】** 江戸の名所旧跡を絵をつけて説明した地誌。斎藤幸雄編。天保五〜七年(一八三四〜三六)刊。絵は長谷川雪旦の筆。

**エドモントン【Edmonton】** カナダ中西部、アルバータ州の州都。周辺の大平原地帯の小麦や牛の大集散地。油田地帯。人口五三・二万(八九)。

**えどや-ねこはち【江戸家猫八】** 芸能人。鳥・虫・獣などの鳴き声の物まねを得意とする。現在の三代目(一九二二〜)は本名岡田六郎。初代の六男。昭和二四年(一九四九)に襲名。高座に出演するほか俳優としても活躍。

**エトランゼ【étranger フランス】** =エトランジェ。①見知らぬ人。stranger ②異邦人。外国人。alien

**エトルリア【Etruria】** エトルリア人が拠った中部イタリア、トスカナ地方の古名。前八〜前六世紀に繁栄。一時はローマをも支配したが、前五世紀から衰退し、前三世紀ごろまでにローマに屈伏した。土木建築技術にすぐれ、巨石建築や装飾性に富んだ壁画のある石室墳を建造。彫刻・工芸にもすぐれていた。

**えとろふ-とう【▽択▼捉島】** 北海道の東方、千島列島南西部の島。面積三一三九㎢。日本固有の領土であるが、第二次大戦後、領有問題で、日ソ両国で係争中。参照北方領土問題。

**エドワード〈一世〉【Edward I】**(一二三九〜一三〇七) イギリス王(在位一二七二〜一三〇七)。ヘンリー三世の長子。父王を助け貴族の反乱を鎮圧。王権を強め内政の整備に努めた。ウェールズを征服し、その戦費調達のため一二九五年模範議会を召集。

**エドワード〈三世〉【Edward III】**(一三一二〜七七) イギリス王(在位一三二七〜七七)。フランスのカペー朝断絶を機に、王位継承権を主張して百年戦争を開始。ガーター勲章の制定者。

**エドワード〈六世〉【Edward VI】**(一五三七〜五三) イギリス王(在位一五四七〜五三)。ヘンリー八世の子。九歳で即位。実権は摂政にあったが、礼拝統一令の発布などイギリス国教会の新教化を推進。

**エドワード〈八世〉【Edward VIII】**(一八九四〜一九七二) イギリス王(在位一九三六・一〜一二)。ジョージ五世の長子。シンプソン夫人との結婚問題のため退位。ウィンザー公の称号を受けた。

**エドワード〈黒太子〉【Edward, the Black Prince】**(一三三〇〜七六) イギリス王エドワード三世の長子。百年戦争中、クレシーやポアティエの戦いで活躍。騎士の華とうたわれた。黒い甲冑を愛用したのが名の由来。

**エドワード-こ【エドワード湖】**(Lake Edward) アフリカのザイール共和国とウガンダ共和国との国境にある湖。面積二二〇〇㎢。

**エトワール-がいせんもん【エトワール▼凱旋門】**(Arc de Triomphe de l'Etoile フランス) パリのドゴール広場(エトワール広場)に建つ凱旋門。ナポレオン一世の戦勝記念につくられた。シャングランの設計で一八三六年完成。

**エトワール-ひろば【エトワール広場】**(L'Etoile フランス)ドゴール広場の旧称。

**え-な【▽胞▽衣・▽胎▽衣】** 胎児を出産したあとに排出される胎児付属物。胎盤・臍帯・卵

膜など。fetal appendage

**えな【恵那】**〈市〉岐阜県南東部の市。中心の大井は中山道の旧宿場町。商工業がさかんで、紙・パルプ工業のほか時計などの精密工業も進出。人口三万五四〇四(一九八八)。

**えな-おけ【胞衣桶】**昔、胞衣を土の中に埋めるときに用いられたおけ。外側を胡粉で塗り、松・竹・鶴・亀などの模様を雲母で描いた。

**え-なが【柄長】**尾が長く、ひしゃくを連想させるエナガ科の小鳥。翼長約六cm。林の中に小群をなして棲息し、精巧な巣を作る。日本全土に分布。↓図

●エナガ

**えな-ぎ【胞衣着】**①生まれた子どもに最初に着せる白木綿の袖なし肌着。②宮参りのとき産着の上に着せる白羽二重の衣服。

**えな-きょう【恵那峡】**岐阜県南東部、木曽川中流の峡谷。絶壁・断崖のほか傘岩など奇岩・怪石が多い。

**えな-さん【恵那山】**長野・岐阜県境、木曽山脈南部の山。標高二一九〇m。山頂に恵那神社があり、信仰の山として知られる。

**えなさん-トンネル【恵那山トンネル】**長野・岐阜県境の恵那山を貫く中央自動車道のトンネル。長さ八六二五m。昭和五〇年(一九七五)開通。

**えなつ-ゆたか【江夏豊】**(一九四八〜)プロ野球、阪神・南海・広島・日本ハム・西武の元投手。大阪府生まれ。昭和五九年(一九八四)引退。通算二〇六勝。一九三セーブ。最優秀選手二回。シーズン最多奪三振四〇一。オールスターゲーム九連続奪三振。

**エナメル【enamel】**①金属の表面にガラス質の釉を塗って焼き付けたもの。堅牢で耐食性があり、美しい。七宝もこの一種。琺瑯。②《「エナメルペイント」の略》顔料とワニスを練り合わせた油性塗料。乾燥がはやい。金属や電線などに塗って焼き付けるものもある。③《「エナメル革」の略》なめした皮の表面にエナメルペイントを塗ったもの。

**エナメル-しつ【エナメル質】**歯の表面をおおう組織。人体中もっともかたい。カルシウムを主体とする無機成分からなる。enamel ↓歯図

**エナメル-せん【エナメル線】**エナメルペイントを塗って、焼き付けた絶縁線。電気機器・通信機器・電気計器の巻き線や配線に使用。enameled wire

**え-なら-ず**古語(連語)《副詞「え」に動詞「なり」の未然形と打ち消しの助動詞「ず」が付いたもの》言うに言われぬ。すばらしい。りっぱである。用例菊のいろいろ移ろひ、—・ぬをかざして(源氏・紅葉賀)。

**えな-わらい【胞衣笑い】**出産後、胞衣を土中に埋めるさいに、埋めに行った者がその場で笑ってから帰るという習俗。生まれた子が一生他人から憎まれないためという。

**えなんじ【淮南子】**中国、前漢の淮南王劉安が撰した思想書。紀元前二世紀に成立。二一編が現存。政治・兵学・天文・地理などにわたり諸学派の説を採録。道家思想を中心とし、儒教を奉ずる武帝と対抗的立場をとっている。正称は『淮南鴻烈』。

**エニ【ENI】**《Ente Nazionale Idrocarburiの略》石油・ガス事業を中心とするイタリアの国営持ち株会社。一九五三年設立。炭化水素公社。

**エニアック【ENIAC】**《electronic numerical integrator and computerの略》一九四六年、アメリカで開発された世界最初のコンピューター。一万八〇〇〇本の真空管が使われ、弾道計算に使用された。↓写

●エニアック　アメリカ、ペンシルベニア大学のエッカートとモークリーにより設計。

**エニウェトク-かんしょう【エニウェトク環礁】**(Eniwetok Atoll)太平洋中西部、マーシャル諸島北西部の環礁。面積五km²。アメリカの信託統治領。

**えに-し【縁】**えん。ゆかり。関係。fate; relation

**エニシダ【金雀児】**《genista(オランダ)から》マメ科の落葉低木。高さ一〜三m。葉は小さく互生。五月に、多数の黄花が咲く。栽培品種の花色は種々。南ヨーロッパ原産。common broom ↓写

●エニシダ

**えにす【槐】**エンジュの古名。正しくはイヌエンジュをさす。

**エニセイ-がわ【エニセイ川】**(Yenisey River)ソ連、シベリア中部の大河。長さ四一三〇km。世界有数の包蔵水力をもつ重要な電源地帯。

**え-にっき【絵日記】**絵に文を添えた日記。絵の入った日記。picture diary

**えにわ【恵庭】**〈市〉北海道南部、石狩平野南端の市。工業と酪農が中心。札幌市のベッドタウンとして発展。人口五万二六六(一九八八)。

**エヌ【N・n】**①アルファベットの第一四文字。②《大文字で》北(North)、また北極(North Pole)を示す記号。③《大文字で》窒素(nitrogen)の元素記号。④《小文字で》数学で任意の変数を示す。⑤《小文字で》名詞(noun)を示す記号。

**エヌ-アイ【NI】**《national incomeの略》国民所得。

**エヌ-アイ-イー-オー【NIEO】**《New International Economic Orderの略》新国際経済秩序。

**エヌ-アイ-エイチ【NIH】**《National Institutes of Healthの略》アメリカ連邦政府の医学研究機関。癌・心臓病などに関する病院もあり、医学研究のための行政も行う。ワシントン市の郊外にある。米国立衛生研究所。

**エヌ-アイ-シー-エス【NICS】**《newly industrializing countriesの略》↓ニックス(NICS)

**エヌ-アイ-シー-ユー【NICU】**《neonatal intensive care unitの略》新生児集中治療処置室。未熟児・仮死出産児などを対象とする集中監視・治療システム。

**エヌ-イー-エム-ピー【NEMP】**《nuclear explosion electromagnetic pulseの略》高空での核爆発で発生する強い電磁波。広範囲にわたり、半導体電子機器に損傷を与える。

**エヌ-イー-シー【NEC】**《Nippon Electric Companyの略》日本電気(株)。

**エヌ-エイチ-ケー【NHK】**《Nippon Hoso Kyokaiの略》日本放送協会の通称。全国で受信できるラジオ・テレビ放送を目的とする特殊法人の公共放送事業体。大正一四年(一九二五)設立。

**エヌエイチケー-こうきょうがくだん【NHK交響楽団】**NHKの出資による、日本最古の歴史をもつ管弦楽団。大正一五年(一九二六)「新交響楽団」として創立。昭和一七年(一九四二)「日本交響楽団」に、同二六年(一九五一)現名称に改称。通称、N響。

**エヌエイチケー-ホール【NHKホール】**東京都渋谷区にある、音楽・演劇の公演などに使用される多目的ホール。昭和四八年(一九七三)完成。客席四〇〇〇。

**エヌ-エー-エー-シー-ピー【NAACP】**《National Association for the Advancement of Colored Peopleの略》黒人向上協会。

**エヌ-エー-ティー【NAT】**《North Atlantic Treatyの略》北大西洋条約。

**エヌ-エー-ディー【NAD】**《nicotinamide adenine dinucleotideの略》ニコチンアミドアデニンジヌクレオチド。生体内の酸化還元反応において水素の受け渡しを行い、酸化反応の触媒として働く物質。補酵素I。助酵素I。

**エヌ-エー-ディー-ピー【NADP】**《nicotinamide adenine dinucleotide phosphate の略》ニコチンアミドアデニンジヌクレオチドリン酸。各種の脱水素酵素の補酵素。生体内で起こる脱水素反応で水素原子の受け渡しをする。

**エヌ-エス-シー【NSC】**《National Security Councilの略》国家安全保障会議。

**エヌ-エヌ-ダブリュー【NNW】**《net national welfareの略》国民福祉指標。国民の福祉水準を表す指標。国民総生産(GNP)から福祉と無関係な項目を外し、それに計上されない非貨幣的な要因、たとえば主婦の家庭内労働・余暇・環境汚染などの福祉関連項目を追加して作成されたもの。

**エヌ-エヌ-ピー【NNP】**《net national productの略》国民純生産。

**エヌ-エム-アール【NMR】**《nuclear magnetic resonanceの略》核磁気共鳴。

**エヌ-エル-エフ【NRF】**《la Nouvelle Revue Françaiseの略》『新フランス評論』。フランスの代表的文学雑誌。一九〇九年ジッドらにより創刊。

**エヌ-エル-ピー【NLP】**《night landing practiceの略》空母艦載機の夜間着陸訓練。地上滑走路を空母の甲板とみなし、車輪が接地すると同時にエンジンを全開にして上昇するタッチ-アンド-ゴーを行う。

**エヌ-オー-エックス【NO$_x$】**↓ちっそさんかぶつ(窒素酸化物)

**エヌ-オー-シー【NOC】**《National Olympic Committeeの略》国内オリンピック委員会。オリンピックに参加するため、各国内に組織された委員会。日本ではJOC(日本オリンピック委員会)がこれにあたる。比較IOC・JOC。

**エヌがた-ぎんが【N型銀河】**中心部から強力な電波やガスを放出している、活動的で青色の小さな楕円銀河。N-type galaxy

**エヌがた-はんどうたい【n型半導体】**伝導電子の数が正孔の数よりも多く、電気伝導がおもに電子によって行われる半導体。n-type semiconductor 参照p型半導体。

**エヌ-きょく【N極】**対義S極。①地球の北極。North Pole ②磁石において、磁力線が出ていく磁極。N-pole

**エヌケー-さいぼう【NK細胞】**《NKはnatural killerの頭文字》↓ナチュラルキラー

**エヌ-シー【NC】**《numerical controlの略》数値制御。

**エヌ-ジー【NG】**《no goodから》映画や放送で、本番の撮影・収録が失敗すること。また、そのフィルム。

**エヌ-シー-アール【NCR Corporation】**アメリカにある世界最大手の金銭登録機メーカー。コンピューターでも大手。一九二六年設立。

**エヌ-シー-エー【NCA】**《Nippon Cargo Airlinesの略》日本貨物航空(株)。

**エヌ-シー-エヌ-エー【NCNA】**《New China News Agencyの略》新華社。

**エヌ-ジー-オー【NGO】**《non-governmental organizationの略》非政府組織。

**エヌジーシー-ばんごう【NGC番号】**星雲・星団七八四〇個の位置・形・見え方などをまとめた星雲目録の番号。New General Catalogue

**エヌ-シー-ディー【NCD】**《negotiable time certificate of depositの略》譲渡性定期預金証書。

**エヌ-ダブリュー-エー【NWA】**①《National Wrestling Allianceの略》全米レスリング協会。プロレスリングの世界的組織。一九〇八年に発足。②《Northwest Airlinesの略》ノースウエスト航空。

**エヌティーエスシー-ほうしき【NTSC方式】**《NTSCは、national television system committeeの略》カラーテレビ標準方式の一つ。白黒テレビと同じ帯域幅で放送するため白黒受像機でも受信できる。

**エヌ-ディー-シー【NDC】**《Nippon Decimal Classificationの略》日本十進分類法。

**エヌ-ティー-ティー【NTT】**《Nippon Telegraph and Telephone Companyの略》日本電信電話(株)の通称。昭和六〇年(一九八五)日本電信電話公社を民営化して設立された、世界有数の電気通信事業会社。

**エヌ-ティー-ビー【NTB】**《non-tariff barrierの略》非関税障壁。

**エヌ-ティー-ブイ【NTV】**《Nihon Television Networkの略》日本テレビ放送網(株)。

**エヌ-ビー-シー**【ＮＢＣ】《National Broadcasting Companyの略》アメリカ四大放送ネットワーク会社の一つ。ＲＣＡの子会社。一九二六年設立。

**エヌビーシー-こうきょうがくだん**【ＮＢＣ交響楽団】(NBC Symphony Orchestra) アメリカのオーケストラ。一九三七年ＮＢＣ放送が結成。晩年のトスカニーニの指揮下に活躍し、五四年の彼の引退後、解散。

**エヌビーシー-へいき**【ＮＢＣ兵器】ＡＢＣ兵器の別称。

**エネスコ**【Georges Enesco】(一八八一〜一九五五) ルーマニアのバイオリン奏者・作曲家。作品『ルーマニア狂詩曲』など。

**エネルギー**【Energieドイツ】①基本的な物理量の一つ。物体が仕事をすることのできる能力。いろいろな形態が可能であり、互いに変換しうるが、総量は保存される。種類として、力学的エネルギー(位置エネルギーと運動エネルギー)・熱エネルギー・質量エネルギーなど。単位はエルグ・ジュール・カロリー・電子ボルトなど。energy ②仕事などをなしとげる心身の活力。精力。energy

**エネルギー-かくめい**【エネルギー革命】動力源とするエネルギーの消費構成の大きな変動。石炭から石油・天然ガスなどの流体エネルギーへと移行し、現在は原子力へと移行しつつある。動力革命。energy revolution

**エネルギー-こうたい**【エネルギー交代】生命現象に伴うエネルギーの出入りとその変換。物質交代を別の側面からみたもの。エネルギー代謝。energy metabolism

**エネルギー-さんぎょう**【エネルギー産業】各種のエネルギーを供給する産業。石炭・石油・電力・ガス・原子力など。energy industry

**エネルギー-しげん**【エネルギー資源】生産活動に必要な熱・光・電力などをとり出すことができる自然界の資源。太陽熱・水力・風力・地熱など継続的に供給が可能なエネルギーと、石炭・石油・原子力など有限なエネルギーに大別される。energy resources

**エネルギー-じゅんい**【エネルギー準位】原子や分子のような量子力学的な系がとりうる、電子の状態によって決まる不連続のエネルギー値。また、その状態。energy level

**エネルギー-たい**【エネルギー帯】結晶中の電子のもつエネルギーの領域。エネルギーはある範囲の値をとり、それ以外の値をとらない。energy band

**エネルギー-たいしゃ**【エネルギー代謝】↓エネルギーこうたい(エネルギー交代)

**エネルギー-たいしゃりつ**【エネルギー代謝率】生体が活動するために必要なエネルギー量を、その生体の基礎代謝量で割った値。

●エノキタケ

**エネルギー-ほぞん-の-ほうそく**【エネルギー保存の法則】物質や場からなる物理系が外界といかなる作用もしないなら、内部でどのような変化が起ころうともエネルギーの総量は不変であるという原理。エネルギー不滅の法則。law of conservation of energy

**エネルギー-もんだい**【エネルギー問題】エネルギー危機対策としての諸課題。省エネルギー化の推進、代替エネルギーの開発など。energy problems

**エネルギッシュ**【energischドイツ】(形動) 精力がさかんなさま。精力的。energetic 用例 ―に仕事をする。

**エネルゲイア**【energeiaギリシア】《活動の意》アリストテレスの用語。デュナミス(＝可能態)に対し、事物が実現した状態にあること。現実態。対義 デュナミス。

**え-の-あぶら**【▼荏の油】エゴマの種からとった乾性油。油紙・雨がさなどに用いる。

**えのう**【▼慧能】(六三八〜七一三) 中国、唐代の禅僧。禅宗の第六祖。頓悟を主張して南宗禅の祖となる。語録に『六祖壇経』がある。六祖慧能。曹渓大師。大鑑禅師。

**えの-かわ**【▽可▽愛川】江の川の上流の名称。広島県北部、畳山に発し県内を南東流し、向きを変えて三次盆地に至る。

**え-の-き**【▼榎】ニレ科の落葉高木。暖地の丘陵にはえる。高さ約二〇m。樹皮は灰色。葉は卵形で対生。春に淡黄色の細花が咲き、秋に球形の果実が橙色に熟し、食べられる。建材・器具材に利用。江戸時代には一里塚に植えられた。↓写

●エノキ

**えのき-ぐさ**【▼榎草】トウダイグサ科の一年草。広く山野にはえる。直立した茎は高さ約三〇cm。長楕円形の葉は互生。夏から秋に、褐色の小さな穂状花を葉腋につける。雄花が多く、雌花は花序の基部にある。アミガサソウ。

**えのき-たけ**【▼榎▼茸】キシメジ科のキノコ。晩秋から初冬に広葉樹の枯れ木に密生する。かさは径二〜八cmで黄褐色、表面に粘性がある。食用。ほだ木栽培・びん栽培もされる。ナメタケ。↓写

**え-の-ぐ**【絵の具】彩色に用いる画材。色の粒子である顔料と粒子を定着させる媒剤からなるが、顔料だけをいうこともある。paint

**えのころ-ぐさ**【▼狗▽尾草】イネ科の一年草。道ばたや畑などにはえる。高さ四〇〜七〇cm。葉は線形。夏から秋に、緑色の花穂をつけ、先端は傾く。ネコジャラシ。↓図

●エノコログサ

**えのころ-やなぎ**【▼狗▽尾柳】ネコヤナギの別名。花穂を子犬の尾にたとえた名称。

**え-の-しま**【江の島】神奈川県南部、藤沢市にある島。面積〇・四km²。対岸の片瀬と砂州・橋でつながる。湘南観光の要地。

**えのもと-きかく**【▼榎本▼其角】(一六六一〜一七〇七) 江戸前期の俳人。のち宝井氏。別号晋子など。江戸の人。江戸蕉門の第一人者として活躍。師の没後洒落風に傾き師風を離れた。江戸座の開祖とされる。蕉門十哲の一人。句集『五元集』など。

**えのもと-けんいち**【▼榎本健一】(一九〇四〜一九七〇) 喜劇俳優。東京生まれ。通称エノケン。日本のボードビルを開拓。映画でも活躍した。

**えのもと-たけあき**【▼榎本▽武▽揚】(一八三六〜一九〇八) 幕末・明治前期の政治家。子爵。江戸の人。オランダに留学、帰国後、幕府の海軍副総裁。維新時には箱館の五稜郭で官軍に抗戦したが、降伏。のち維新政府の特命全権公使としてロシアにいき樺太・千島交換条約を締結。海軍卿・文相・外相などを歴任。↓写

●榎本武揚

**エノラ-ゲイ**【Enola Gay】昭和二〇年(一九四五)八月六日、広島へ原爆を投下したアメリカの爆撃機B-二九の愛称。機長ティベッツの母の娘時代の名から。

**え-ば**【絵羽】①「絵羽羽織」の略。②「絵羽模様」の略。

**エバ**【Evaラテン】イブのラテン名。

**エバー**【ever】(接頭) いつまでも…である、の意を表す。用例 ―ヤング。

**エバーグリーン**【evergreen】常緑樹の葉のような濃い緑。常盤色。

**エバー-グレーズ**【Everglaze】《商標名》樹脂加工をほどこした綿布。ちぢまず、しわになりにくい。

**エバーグレーズ-しっち**【エバーグレーズ湿地】(The Everglades) アメリカ南部、フロリダ半島の大湿地帯。面積一六万km²。南部に同名の国立公園がある。

**エバース**《アメリカ大リーグ初期の名選手、Johnny Eversの考案によることから》野球の攻撃戦法の一つ。バントするとみせかけて内野手を前に誘い出し、走者の盗塁を助ける。フェイクバント。fake bunt

**エバーソフト**《和製語。商標名》ゴム・スポンジ製品。クッション・マットレスなどに用いる。foam rubber

**え-はがき**【絵葉書】絵や写真を裏面に刷った郵便葉書。一九世紀後半ドイツで考案。展覧会や名所のみやげとして普及した。picture postcard

**えばし-せつろう**【江橋節郎】(一九二二〜 ) 薬理学者。東京生まれ。東大卒。筋収縮に、カルシウム・小胞体・トロポニンが関与することを解明。筋ジストロフィー症診断法など臨床医学にも貢献。昭和五〇年(一九七五)文化勲章受章。

**え-はつ**【▽衣鉢】↓いはつ(衣鉢)

**えば-おり**【絵羽羽織】後ろ身頃を中心に絵羽模様をあしらった女性用の羽織。黒絵羽羽織・色絵羽羽織があり、盛装あるいはおしゃれ着などに用いる。絵羽。絵羽織。

**エバ-ミルク**《evaporated milkから》牛乳を乳脂肪分七%以上まで濃縮したもの。コーヒー添加用。無糖練乳。

**えば-もよう**【絵羽模様】和服の大柄な模様。あらかじめ白生地を仮仕立てして下絵を描き、解いて染めるので全体が一つの絵になる。礼装または盛装用。↓写

●絵羽模様

**えばら-たいぞう**【▼穎原退蔵】(一八九四〜一九四八) 国文学者。長崎県生まれ。京大教授。近世俳文学研究に多くの業績を残した。著書『俳諧史の研究』など。

**え-ば・る**(五自)「いばる」のなまり。

**エバンジェリン**【Evangeline】ロングフェローの長編物語詩。一八四七年刊。戦争のために引き裂かれた恋人たちの悲恋物語。

**エバンズ**【Arthur Evans】(一八五一〜一九四一) イギリスの考古学者。一九〇〇年以降クレタ島のクノッソス宮殿を発掘。クレタ文明を発見。その研究・解明に業績をあげた。

**エバンズ**【Gil Evans】(一九一二〜一九八八) カナダ生まれのジャズ作曲家・ピアニスト。マイルス＝デービスらと新しいビッグバンド-サウンドを創造。レコード『クールの誕生』など。

**エバンズ**【Walker Evans】(一九〇三〜一九七五) アメリカの写真家。南部の農民と建築を記録。作品『アメリカの写真』など。

**エバンズ-プリチャード**【Edward Evans-Pritchard】(一九〇二〜一九七三) イギリスの社会人類学者。スーダンの牧畜民ヌア族の研究で有名。機能主義人類学の発展に貢献。

**えび** 12画 【▼蛯】部首[虫]むしへん 和製漢字 JIS 7366
↓えび[海老・蝦・蛯]

**えび**【▽海▽老・▼蝦・▼蛯】十脚目長尾亜目の甲殻類。体はキチン質の甲殻でおおわれる。幼生は変態する。クルマエビ・ヌマエビなどの遊泳類と、イセエビ・ザリガニなどの歩行類に分類される。世界の浅海から深海、熱帯から寒帯に分布。海の翁。shrimp; prawn; lobster 数え方 一尾・一匹・一折り・一籠。↓図

**海老で鯛を釣る**(えびでたいをつる) わずかな物をもとにして、大きな利益を得るたとえ。Throw out a shrimp and pull out a whale.

**海老の鯛交じり**(えびのたいまじり) つまらないものが、貴いものの中にまじっていること。小人が君子の中に入っていることのたとえ。雑魚の魚交じり。

**えび-いも**【▽海▽老芋】サトイモの品種の一つ。京都市東寺付近に産する。京都で有名な芋棒はこのイモを用いる。軟らかく美味。↓サトイモ図

**エピオルニス**【Aepyornisラテン】マダガスカル島にいた世界最大の絶滅した鳥。飛ぶことのできない走鳥類の仲間。体高約三m、体重約四五〇kgと推定され、卵は長径約三四cm。一九世紀なかばに卵や骨を発見。一七世紀までは生存したと推定されている。象鳥。

**えび-がため**【▽海▽老固め】レスリングの固め技の一つ。相手の足と首を手前に引きつけながら曲げて抱え込み、フォールにもち込む。crotch hold

**えび-がに**【▽海▽老▼蟹・▼蝦▼蟹】ザリガニ

の俗称。

**えびがら-すずめ**【▽海▽老殻▼雀▼蛾】スズメガ科の大形のガ。腹部の背の模様がエビ殻に似る。一〇cmにも達する口吻(こうふん)で花蜜(かみつ)をすう。開張八〜一〇cm。幼虫は体長九cmに達する。日本全国から東アジアに分布。

**エピキュリアン**【Epicurean】①エピクロス学派の人々。②《epicureanで》快楽主義者、享楽主義者。

**エピクテトス**【Epiktētos】(五五ごろ〜一三五ごろ)ローマのストア派の哲学者。奴隷出身。情念に支配されない心の平安(=アパテイア)を求める実践本位の哲学を説いた。弟子の集録した『語録』がある。

**エピグラフ**【epigraph】①古代の神殿・記念碑・器物などに刻んだ銘(めい)・題詞・碑銘。②文芸作品の巻頭や各章の初めなどに載せる、あらかじめ内容を暗示するための短い引用文。

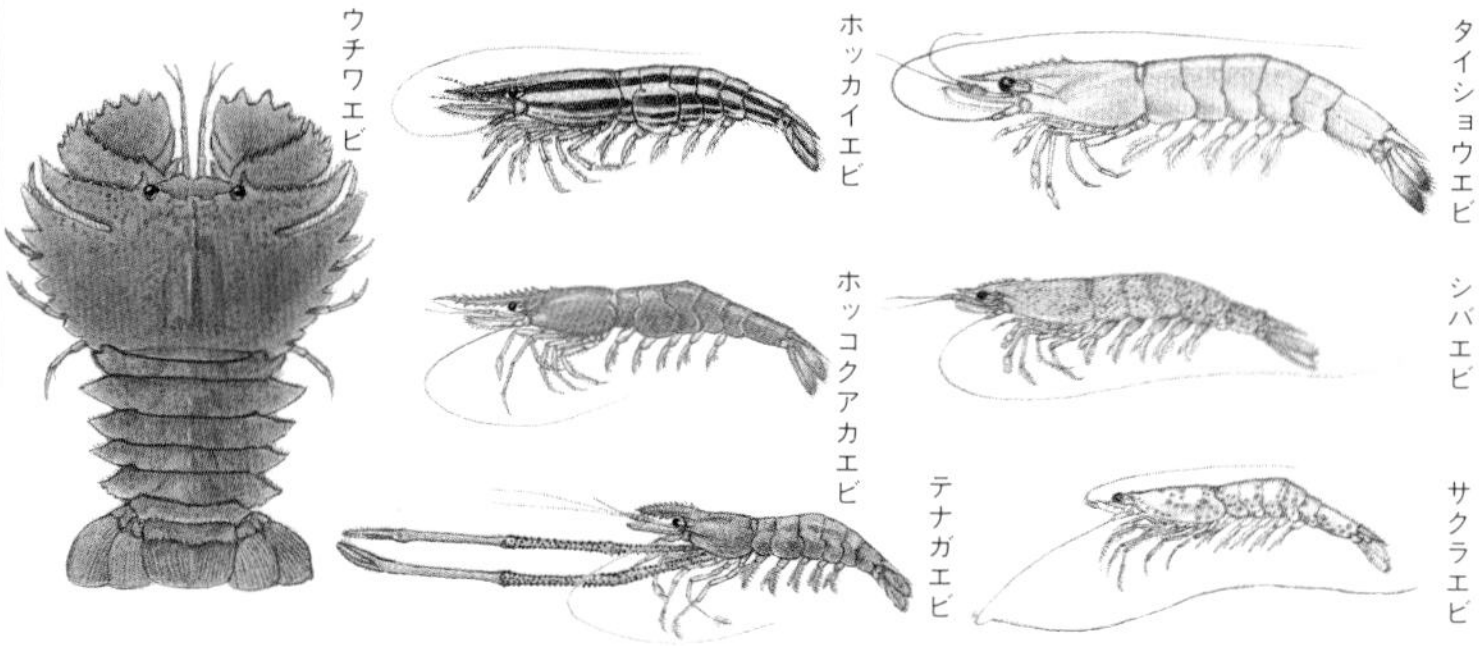

●エビ

**エピグラム**【epigram】《墓石や記念碑にきざんだ詩から》警句。寸鉄詩。風刺詩。

**エピクロス**【Epikūros】(BC三四一ごろ〜BC二七〇ごろ)ヘレニズム時代のギリシアの哲学者。エピクロス学派の祖。原子論的唯物論の立場に立ち、魂の平安(=アタラクシア)を理想とする精神的快楽主義を説いた。主著『教説』。

**エピクロス-がくは**【エピクロス学派】エピクロスを始祖とする哲学の一派。ストア学派と並ぶヘレニズム時代の二大学派の一つ。精神的快楽主義を追究した。エピキュリアン。Epicurean school

**エピゴーネン**【Epigonenドイ】《子孫の意》まねをする人。亜流。追随者。epigone

**えひこ-さん**【▽英▼彦山】英彦山(ひこさん)の別称。

**えび-ごし**【▽海▽老腰】エビのように曲がった腰。

**えび-ざこ**【▽海▽老雑魚】小エビ中に小魚が混在したもの。

**エビシディック-コード**【EBCDIC code】《extended binary code decimal interchange codeの略》拡張二進化十進コード。二五六種類の文字・数字・記号を表現するコンピューター用符号体系。

**えび-じゃこ**【▽海▽老▽雑▽魚】ロウソクエビ科の小形のエビ。内湾の砂泥地にすむ。体長約四・五cm。第一胸脚は幅広く、はさみ状であるが、他の胸脚は細い。環境に応じて体色を変える。佃煮(つくだに)用。日本全土に分布。↓図

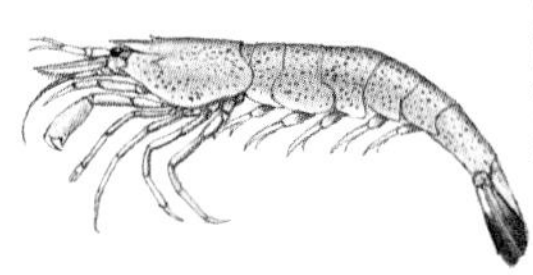
●エビジャコ

**えび-じょう**【▽海▽老錠】①門扉のかんぬきなどに差す、エビの形に曲がった錠。②南京錠(なんきんじょう)。padlock

**えびす**【▼夷・▼戎】《「えみし」の転》①えぞ。②地方の住民。田舎者。③あらあらしい東国武士。

**えびす**【恵比▼須・恵比▽寿・▼夷・▼戎・▼蛭子】《「夷(えびす)」と同語源》七福神の一つ。商業・漁業・海上の守護神、福利を招来する神として信仰される。釣り竿(ざお)を持ち、鯛(たい)をかかえた姿で表される。↓七福神図

**えびす-がお**【恵比▼須顔】うれしそうに、にこにこしている顔。smiling face

**えびす-ぐさ**【▼夷草】薬用に栽培されるマメ科の一年草。高さ約一m。葉は偶数羽状複葉。夏に、濃黄色の五弁花が咲く。種子は菱形で、健胃・強壮剤。北アメリカ原産。ケツメイ。↓写

●エビスグサ

**えびす-こう**【恵比▼須講・▼戎講】えびす神の祭り。商家ではえびす神を飾り、商品や銭を供えて商売繁盛を願う。陰暦一〇月二〇日と一月二〇日に行う所が多い。↓写

**エピスシア**【Episcia】イワタバコ科の観賞用多年草。茎はほとんど伸びず、長さ一〇cm内外。毛のはえた葉を多くつけ、花は鮮紅色。中米原産。ベニギリソウ。

**えびす-ぜん**【▼夷▼膳】木地(きじ)膳の木目(もく)を縦にして据(す)えること。また膳の汁と飯を通常とは反対に並べることをいう。いずれも、日常生活において忌(い)まれ、礼儀作法に反するとされる。

**エピステーメー**【epistēmēギリシア】知識・学問。プラトンやアリストテレスの用法では、ドクサ(臆見(おくけん))に対立する学問的な知識や学問を意味する。真知。

**えびすばし-すじ**【▼戎橋筋】大阪市南区、戎橋から難波(なんば)まで南北約三五〇mの通り。心斎橋(しんさいばし)筋とともに大阪の主要な商店街。

**えびす-まい**【恵比▼須舞・▼戎舞】正月などに、福徳の神の恵比須に扮(ふん)した旅芸人などが、めでたい文句を唱えながら門付(かどづ)けして踊ったもの。近世、民衆に親しまれ、各地の芸能にとりいれられた。

**えびす-まつり**【恵比▼須祭(り)】おもに四国で、不漁が続いたとき漁師たちが運を直すために、漁の神・浦の神に祈願をして行う酒盛り。潮祭り。げん直し。まん直し。

**えびす-め**【▼夷▽布】マコンブの古名。北海道に良品が多産することに由来。

**えび-ぜめ**【▽海▽老責(め)】江戸時代の拷問の一つ。両手を後に回し、あぐらをかかせて上体を前に曲げ、頭が足につくように縛りあげるもの。

**エピセラトダス**【Epiceratodusラテン】オーストラリア産の肺魚。体長約二m。体表は大きな鱗(うろこ)でおおわれ、胸びれと腹びれは木の葉状(他の肺魚は紐(ひも)状)。肺の役目をするうきぶくろを一個もち、泥水の中でも空気呼吸してしのぐ。肉は美味。クイーンズランド州の河川にすむ。ネオセラトダス。

**エピソード**【episode】①世に知られていない、おもしろい話。逸話。②文学で、作品の本筋とあまり関係しない話。挿話。③音楽で、挿入曲。

●恵比須講(えびすこう) 今宮(いまみや)神社(大阪府)。

**エピゾーム**【episome】細菌の細胞内寄生性遺伝因子。宿主細胞の染色体に組みこまれ、染色体と同調して複製される状態と、細胞質にあって染色体とは無関係に複製される状態の両方をとることができる。

**えび-ぞめ**【▼葡▼萄染(め)】①染め色の名。赤みをおびた、薄紫色。②襲(かさね)の色目。表は蘇芳(すおう)、裏は縹(はなだ)。

**えび-ちゃ**【▼葡▼萄茶・▽海▽老茶】黒みがかった赤茶色。maroon

**エピック**【epic】叙事詩。英雄詩。対義リリック。

**えび-づる**【▼蘡▼薁・▼蝦▼蔓】ブドウ科のつる性落葉低木。山地にはえる。葉は三角状で互生。巻きひげは葉と対生する。花序も葉と対生し、夏に黄緑色の小花をつける。雌雄異株。黒熟する小形の果実は食用となる。

**えびな**【▽海▽老名】〈市〉神奈川県中部、相模(さがみ)川中流の市。鉄道が集中して交通の便がよく、首都圏の近郊都市として工業化・宅地化が進む。人口九万九一六二(一九八八)。

**えびな-だんじょう**【▽海▽老名弾正】(一八五六〜一九三七)牧師・教育家。福岡県生まれ。同志社大卒。日本組合基督(キリスト)教会の指導者。同志社大総長。

●エビネ サルメンエビネ

**えび-ね**【▽海▽老根・▼蝦根】ラン科の多年草。葉は根生、花茎は長くのび、春、頂部に特有の形をした花が多数咲く。自生種にジエビネ・キエビネ・サルメンエビネなどがある。このほか交配種・園芸品種がある。calanthe ↓写

**エピネフリン**【epinephrine】副腎(ふくじん)髄質から分泌されるカテコールアミンの一つ。交感神経が興奮したときと同じような状態をつくり出す。アドレナリン。エピレナミン。

**えびの**〈市〉宮崎県南西部にある市。稲作・畜産などの農業がさかん。京町・吉田(よしだ)両温泉、えびの高原など観光地に恵まれる。人口二万八二三三(一九八八)。

**えびの-こうげん**【えびの高原】宮崎県南西部、霧島山(=韓国(からくに)岳)の北西麓(ほくせいろく)に広がる高原。標高一二〇〇m。自然美に恵まれ、白紫(びゃくし)池では冬にスケートができる。

**えびはら-きのすけ**【▽海▽老原喜▼之助】(一九〇四〜一九七〇)洋画家。鹿児島県生まれ。渡仏して藤田嗣治(ふじたつぐはる)に師事。作品『曲馬』『雨の日』など。

**えひめ**【▽愛▼媛】〈県〉四国地方北西部の県。県庁所在地は松山市。面積の大半を山地が占め、瀬戸内海に面して新居浜(にいはま)平野・松山平野が開ける。ミカン栽培に代表される農業と、重化学・製紙などの工業がさかん。面積五六七二km²、人口一五三万六一四〇(一九八八)。

**えひめ-あやめ**【▽愛▼媛▼菖▼蒲】タレユエソウの別名。

●エビモ①

**えび-も**【▽海▽老藻・▼蝦藻】①池や小川にはえるヒルムシロ科の沈水性多年草。葉は冬に広線形、夏に広く長楕円(だえん)形。六〜九月に両性花をつける。日本全土に分布。②クロモの別名。↓図

**えびら**【▼箙】武具の一つ。矢を入れて、腰に負った。矢の数は二四本。比較やなぐい。↓写

**エピレナミン**【epirenamine】エピネフリンのアメリカ薬局方名。

**エピローグ**【epilogue】対義プロローグ。①

●箙(えびら) 『春日権現験記(かすがごんげんげんき)』(模本)より。



↓行き先項目、図版・写真参照印。 JIS日本工業規格情報交換用漢字符号コード(区点コード)。

小説・長詩などの終わりの結び文句。結語。②演劇で、結びの部分。③音楽で、ソナタ形式の楽章で、第二主題のあとの結尾句。④物事の終わり。

**エビングハウス**【Hermann Ebbinghaus】(一八五〇〜一九〇九) ドイツの心理学者。高等精神作用、とくに記憶の実験的研究の先駆者。

**え-ふ**【絵符・会符】 江戸時代に、公家・武家などの荷物を輸送するときにつけた荷札。

**え-ふ**【▽衛府】 古代、皇宮・都城の警衛にあたった役所の総称。

**エフ**【F・f】 ①アルファベットの第六文字。②《大文字で》弗素(fluorine)の元素記号。③《大文字で》音楽で、音名の一つ。ヘ音。④《大文字で》カ氏温度(Fahrenheit)を表す記号。⑤《大文字で》鉛筆の芯の硬さ(fine)の記号。HBとHとの中間の硬さ。⑥《大文字で》ビルなどの、地上の階(floor)を表す記号。⑦《大文字で》レンズの明るさ、絞りの大きさを示す記号。F数。

**エフ-アール-エス**【FRS】《Federal Reserve Systemの略》連邦準備制度。

**エフアール-しゃ**【FR車】《FRはfront engine rear drive(前部エンジン後輪駆動)の略》車体の前部にエンジンを配置し、駆動軸で後輪に動力を伝える形式の自動車。

**エフ-アール-ビー**【FRB】 ①《Federal Reserve Boardの略》連邦準備制度理事会。アメリカの連邦準備制度の中枢機関。全国の連邦準備銀行を統括し、公定歩合の変更などの金融政策を決定する。FED。②《Federal Reserve Bankの略》連邦準備銀行。全米に一二行あり、中央銀行の役割をはたす。一九一三年設立。③《Floating rate bondの略》フローティングレート債。三か月または六か月ごとに利率の変更を認める変動利付き債。FRN。

**エフ-アール-ピー**【FRP】《fiber reinforced plasticsの略》ガラス繊維や炭素繊維などで強化したプラスチック。じょうぶで弾性に富み、航空機・船舶から建材・家具まで用途は幅広い。繊維強化プラスチック。

**エフアールピー-せん**【FRP船】 FRP(繊維強化プラスチック)で造った船。軽量で耐久性に富むため、木造船に代わって小型船の主流を占めている。プラスチックボート。

**エフ-アイ**【FI】《fade-inの略》↓フェードイン

**エフ-アイ-アール**【FIR】《flight information regionの略》飛行情報区。ICAOが定めた基準によって設定された空域で、各情報区は、域内を飛行するすべての航空機への情報の提供と遭難事件発生の場合の捜索・救難活動を義務づけられている。日本には、東京飛行情報区と那覇飛行情報区の二つが設定されている。

**エフ-アイ-エー**【FIA】《Fédération Internationale del Automobileの略》国際自動車連盟。モータースポーツのルール制定・記録公認・国家間調整などを行う国際統括機構。一九四六年設立。

**エフ-アイ-エス-ユー**【FISU】《Fédération Internationale du Sport Universitaireの略》国際大学スポーツ連盟。ユニバーシアードを主催する組織団体。

**エフ-イー-エヌ**【FEN】《Far East Networkの略》米軍極東放送網。アメリカ軍が極東駐留軍のために行っている英語放送。フェン。

**エフィラ**【ephyra】 刺胞動物ハチクラゲ類のミズクラゲやタコクラゲなどの幼生。直径一〜二㎜の盤状で、八個の縁弁がある。早春に発生。

**エフ-エー**【FA】《factory automationの略》↓ファクトリーオートメーション

**エフ-エー-エス**【FAS】《free alongside shipの略》舷側渡し。貿易取引条件の一つ。売り主が、輸出品を船の舷側まで運ぶ費用と責任を負うもの。船側渡し。

**エフ-エー-オー**【FAO】《food and agriculture organization of the United Nationsの略》国際連合食糧農業機関。経済社会理事会の専門機関の一つ。一九四五年に設立。各国民の栄養・食糧問題を通じて生活改善をはかるのが目的。本部はローマ。

**エフェクト**【effect】 ①効果。②ラジオや映画の擬音。音響効果。

**エフエス-つうしんほうしき**【FS通信方式】 通信の変調方式。方形波信号で搬送周波数を一定周波数偏移させて送信する。frequency shift transmission system

**エフェソス**【Ephesos】 小アジア西海岸にあった古代都市。紀元前一〇世紀イオニア人が植民。前七〜前六世紀に繁栄。のちリュディア・ペルシア・ローマに支配された。前六世紀造営のアルテミス神殿は世界七不思議の一つ。

**エフ-エックス**【FX】《fighterのFと、未知であることを示すXから》自衛隊の、次期採用予定戦闘機。

**エフェドリン**【ephedrine】 生薬である麻黄に含まれるアルカロイドの一種。喘息発作の鎮静などに用いる。

**エフエフ-しゃ**【FF車】《FFはfront engine front drive(前部エンジン前輪駆動)の略》エンジンと駆動装置を車体の前部に配置した自動車。

**エフ-エム**【FM】《frequency modulationの略》周波数変調。音波の形に応じて、周波数を変えること。比較 AM。

**エフ-エム-エス**【FMS】 ①《flexible manufacturing systemの略》フレキシブル生産システム。コンピューターおよびロボットなどを工程に組み込み、柔軟性をもたせて、多品種少量生産に対応できるようにした自動生産システム。②《foreign military salesの略》対外軍事援助。アメリカが兵器を輸出するさい、メーカーと相手国政府のあいだに国防総省が介入して取り引きを管理する制度。

**エフエム-ほうそう**【FM放送】 周波数変調方式による、ラジオ・テレビの音声放送。雑音が少なく音質がよい。frequency modulation broadcasting

**エフ-オー**【FO】《fade-outの略》↓フェードアウト

**エフ-オー-ビー**【FOB】《free on boardの略》本船渡し。貿易取引条件の一つ。売り手が輸出港の本船に貨物を積みこむまでの費用・危険を負担するもの。甲板渡し。

**エフ-オー-ビー-エス**【FOBS】《fractional orbital bombardment system の略》↓フォブス(FOBS)

**エフ-シー-シー**【FCC】《federal communications commissionの略》アメリカの連邦通信委員会。無線および有線によるすべての通信を統轄する政府機関。

**エフじゅうご-イーグル**【F-15イーグル】 アメリカ空軍などの主力全天候型戦闘機。最大速度マッハ二・五。二〇㎜砲一門と空対空ミサイル八発の搭載が可能。F-15 Eagle

**エフじゅうよん-トムキャット**【F-14トムキャット】 一九七二年からアメリカの空母に搭載されている超音速艦上戦闘機。フェニックス空対空ミサイル六発などを装備。F-14 Tom Cat

**エフ-すう**【F数】 レンズの明るさを表す数。焦点距離とレンズ口径の比。一般にこの値が小さいほど明るい。エフナンバー。F-number

**エプスタイン**【Jacob Epstein】(一八八〇〜一九五九) イギリスの彫刻家。古代彫刻の素朴な形態で、現代的な美を創造した。作品『アダム』など。

**エプスタン**【Jean Epstein】(一八九七〜一九五三) フランスの映画監督・評論家・詩人。ポーランド生まれ。作品『アッシャー家の末裔』『装える夜』など。

**エフタ**【EFTA】《European Free Trade Associationの略》ヨーロッパ自由貿易連合。EECに加盟しなかった七か国によって設立された経済共同体。一九六〇年発足。七三年イギリスとデンマークが脱退、八六年ポルトガルが離脱。

**エフタル**【Ephtalites】 五〜六世紀の中央アジアに栄えた遊牧民族。一時はトルキスタンから北西インドに及ぶ領域を支配。六世紀後半、突厥により滅亡。その人種は不詳。

**え-ぶっし**【絵仏師】 仏教関係の絵を専門に製作する画家。仏像彫刻の木仏師に対していう。

**え-ふで**【絵筆】 絵をかくのに使う筆。画筆。paint brush

**エフ-ティー-シー**【FTC】《Federal Trade Commissionの略》連邦取引委員会。

**エフトゥシェンコ**【Yevgeny Aleksandrovich Yevtushenko】(一九三三〜) ソ連の詩人。戦後世代の詩人群の代表。作品『第三の雪』『ジマー駅』『バービー・ヤール』『スターリンの後継者たち』、自伝『早すぎる自叙伝』など。

**え-ふね**【▽家船】 一家で水上生活をする漁民。また、その船。陸の住民との物々交換により生活する習俗。長崎県や瀬戸内でみられた。

**エフ-ビー-アイ**【FBI】《Federal Bureau of Investigationの略》アメリカ連邦捜査局。スパイやサボタージュなど治安関係、ならびに一般犯罪の捜査・調査を任務とする。一九〇八年設立。

**え-ぶり**【柄振(り)・▼杁】 のこぎり状の凹凸をつけた横板に柄をつけた農具。田の代かき、乾燥させる穀物をならしたりするのに用いる。えんぶり。

**えぶり-すり**【柄振(り)▼摺り】 えぶりで土をならし、田植えに適した田にする作業。また、東北地方でそれを模して行う行事。えぶりさし。

**エブロ-がわ**【エブロ川】(Ebro River) スペイン北東部、カンタブリア山脈を水源とし、トルトサで地中海に注ぐ川。長さ九二〇㎞。灌漑に利用。

**エプロン**【apron】 ①衣服のおもに前面をおおう前掛けや前垂れ。衣服を保護したり、汚れを防ぐなどの目的で使用される。古く西洋では、装飾用衣服としても重要であった。参照 割烹着。②飛行場で格納庫やターミナル前の舗装区域。旅客の乗降・給油を行う。

**エプロン-ステージ**【apron stage】 舞台で客席の中に張り出して設けられている部分。

**エフ-ワン**【F1】《Fはformula(規定)の略》国際自動車連盟(FIA)規定の単座式競走用自動車。F1のレースは世界のグランプリを争うものとして有名。

**エペ**【épée】 フェンシング競技の一種目。相手の身体のどこを突いても有効となる。男子だけの種目。中世騎士の決闘から発展したもの。

**エベール**【Jacques-René Hébert】(一七五七〜一七九四) フランス革命期の政治家。山岳派左派のエベール派を形成。急進的無産者層の支持を得て恐怖政治を推進したが、ロベスピエール派と対立、反乱を企図して処刑された。

**えべつ**【江別】〈市〉 北海道、石狩平野のほぼ中央にある市。札幌市の近郊として都市化が著しく、工場・大学も進出。野幌森林公園がある。人口九万六〇六(一九八八)。

●エベレスト山 中央。

**エベレスト-さん**【エベレスト山】(Mount Everest) ヒマラヤ山脈中東部、ネパールと中国チベットの国境にある世界の最高峰。標高八八四八m。インド測量局初代長官の名前を記念して命名。初登頂は一九五三年イギリスのハント隊のヒラリーとテンジン。チョモランマ。↓写

**エベント**【event】 ↓イベント

**え-ほう**【恵方】 その年の十干によりめでたいと決められる方向。歳徳神のつかさどる方角とされ、年棚をつったり、その方角の社寺に詣でたりする。得方。明きの方。対義 塞がり。用例 ―をうらなう。参考 古くは「吉方」とも書いた。

**えほう-がみ**【恵方神】 その年の恵方にある神社。歳徳神。

**えほう-まいり**【恵方参り】 年頭に恵方にあたる社寺に参詣すること。

**エポーレット-スリーブ**【epaulette sleeve】 袖型の一つ。身ごろの肩の部分が肩章(=エポーレット)のように袖山に続いている袖。ストラップスリーブ。↓図

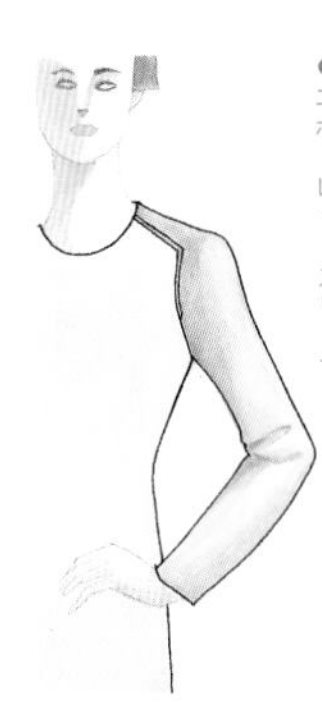

●エポーレットスリーブ

▼常用漢字表外。 ▽常用漢字表の音訓外。

**エポキシ-じゅし【エポキシ樹脂】** 分子中に炭素原子と酸素原子からなるエポキシ基を二個以上含む樹脂。アミンや酸無水物などの硬化剤と反応して熱硬化する。接着剤・塗料・絶縁材などに利用。epoxy resin

**エポケー【epokē(ギリシア)】** 《古代ギリシアの懐疑派哲学の用語》なにごとについても確実な判断は下せないとの立場から、いっさいの判断をさしひかえるという主張。フッサールの現象学では、自然的・日常的な見方に基づく判断を排除するというもの。判断中止。判断停止。Suspension of judgement

**え-ぼし【▼烏▽帽子】** 《黒く塗った帽子、の意》元服した男子のかぶり物の一種。平安時代には貴賤の別なく平常着用した。もと布帛で作ったが後世は紙製で漆塗りがふつうになった。位によって形や塗りがちがう。数え方 一頭。

**烏帽子を着せる** 事実以外のことをつけ加えて、取りつくろう。尾びれをつける。

**えぼし-おや【▼烏▽帽子親】** 仮親の一つ。主として武家の男子が元服するとき、親に代わって烏帽子をかぶせ、幼名を改め烏帽子名をつけた人。一門の長者や高位の者が選ばれた。元服親。

**えぼし-がい【▼烏▽帽子貝】** 流木・船底などに付着する甲殻類の節足動物。体長約七㎝。五枚の白い殻板でおおわれた頭状部と柄からなる。世界各地に分布。↓写

●エボシガイ

**えぼし-ぎり【▼烏▽帽子切(り)】** 《形が烏帽子に似るところから》野菜の切り方の一つ。小口切りと斜め切りを交互に繰り返す。ゴボウ・ウドなどに使う。

**えぼし-ご【▼烏▽帽子子】** 武家の男子で、元服して幼名を改め、烏帽子親から烏帽子名を授かった者。元服子。

**えぼし-だい【▼烏▽帽子▼鯛】** エボシダイ科の海水魚。カツオノエボシと共生する。全長約一五㎝。銀白色で暗色の斑点が散在。腹びれが長い。世界の暖海域に分布。

**えぼし-どり【▼烏▽帽子鳥】** 頭に冠羽のあるエボシドリ科の鳥の総称。大部分が全長約四五㎝内外。嘴は短く、下方へ湾曲。木の実が主食。サハラ以南のアフリカに分布。↓図

**えぼし-な【▼烏▽帽子名】** 武家の男子が元服して、幼名を改め烏帽子親から授かった名。烏帽子親の名から一字を与えるのが慣例。実名。元服名。

●エボシドリ

**エポス【epos】** 叙事詩。口承叙事詩。

**エポック【epoch】** 時代。新時代。新紀元。重要な時期。

**エポックを画す(る)** 「エポックメーキング」と同意。

**エポック-メーキング【epoch-making】** (形動) 新しい時代をひらくさま。画期的。エポックを画する。

**エボナイト【ebonite】** 生ゴムに多量の硫黄を添加してつくる硬質のゴム。黒い光沢をもつ。電気絶縁・耐薬品・機械加工性がよい。硬質ゴム。

**エホバ【Jehovah(ラテン)】** ↓ヤハウェ

**エホバ-の-しょうにん【エホバの証人】** キリスト教の傍流の一つ。一九世紀後半、アメリカに起こる。創始者はチャールズ＝テイズ＝ラッセル。機関誌『ものみの塔』発行。キリストの再臨と千年王国の出現を信じ、既成教会の教理に反対した。日本での名称は、ものみの塔聖書冊子協会。Jehovah's Witnesses

**エボリューション【evolution】** ①生物の進化。②物事の発展・展開。

**エボリュート【evolute】** 平面上の曲線があるとき、この曲線の曲率中心が描く曲線。縮閉線。↓インボリュート図

**え-ほん【絵本】** 挿絵によって内容が表現される子ども向けの本。元来は絵を中心とした出版形式一般をさし、江戸時代の絵草紙や絵の手本なども含まれた。picture book 比較 読本。

**えほんたいこうき【絵本太功記】** 人形浄瑠璃・歌舞伎時代物。近松柳・近松湖水軒らの合作。明智光秀の謀反から滅亡までの一三日間を脚色。寛政一一年(一七九九)初演。

**え-ま【絵馬】** 神仏に祈願のため、または、祈願成就のお礼に奉納する板絵。古代に馬を神に献じたものの代用・変形とされる。↓写

**エマーソン【Ralph Waldo Emerson】** (一八〇三〜八二) アメリカの詩人・思想家。神と自然と人間の究極的合一を説く超越論を唱えた。著書『自然論』など。

**えまい【▽笑い】** にこにこすること。えみ。

**えま・う【笑まう】** 古語 (四自) にっこりほほえむ。用例 思ひほこりて―・ひつつ(万葉・一七・四〇一一)。

**え-まき【絵巻】** 「絵巻物」の略。

**え-まきもの【絵巻物】** 巻物に描いた絵画作品で、内容に物語性・説話性・記録性のあるもの。内容を述べる詞書と絵が交互に配列されて巻物の形をなすのが原則。起源は中国で、平安時代に日本的な独自の様式を生み出して発展。物語・寺社の縁起や高僧伝・戦記・歌仙などがある。絵巻。↓写

**エマニュエル【Pierre Emmanuel】** (一九一六〜八四) フランスのカトリック詩人。詩集『自由はわれらの歩みを導く』など。

**エマルジョン【emulsion】** 互いに溶けあわない二種類以上の液体の混合物で、一方が微細粒子として他方のなかに分散しているもの。牛乳・石油乳剤など。乳濁液。

**エマルジョン-とりょう【エマルジョン塗料】** 酢酸ビニルなどを乳化させたなかに顔料を分散させた塗料。塗膜はつやなしで無臭。家庭用の壁塗料など。emulsion paint

**えみ【笑み】** わらい。ほほえみ。smile 用例 ―をうかべる。

**笑みの眉開く** ①笑い顔になって、眉の間が広くなる。喜びが顔に現れるさま。②開花する。つぼみをひらく。

**エミー-しょう【エミー賞】** アメリカのテレビ番組制作の各分野での、すぐれた成果に与えられる賞。連続ドラマ・連続コメディ・特別企画ドラマ・音楽やショー番組などの分野別に最優秀作品が審査員の投票で決められ、主演男・女優、助演・演出・脚本なども賞が与えられる。一九四九年第一回授賞。Emmy Awards

●絵馬

**エミール【Emile(フランス)】** 《原題Émile ou De l'éducation(フランス)》フランスの思想家ルソーの著。一七六二年刊。子どもの発見と子どもの権利の宣言の書とされ、近代教育思想の古典の一つ。

**エミグレ【émigré(フランス)】** 《移民・亡命者、の意》フランス革命期に国外に亡命、国内の反革命勢力と結んで革命崩壊を策した貴族。

**えみ-こぼ・れる【笑み▼溢れる】** (下一自) 顔中に笑みがあふれる。にこにこ笑う。smile all over

**えみ-し【▼蝦▼夷】** ↓えぞ(蝦夷)①

**エミス【Hardy Amies】** (一九〇九〜) イギリスの服飾デザイナー。イギリス王室デザイナー。

**えみ-すいいん【江見水▼蔭】** (一八六九〜一九三四) 小説家。本名、忠功。岡山県生まれ。硯友社同人。浪漫的作風から大衆小説に転じた。作品『女房殺し』、『自己中心明治文壇史』など。

**エミッター【emitter】** トランジスターにおいて、端子のベース領域に電子や正孔を注入する領域。真空管の陰極にあたる。記号E。

**エミネスク【Mihai Eminescu】** (一八五〇〜八九) ルーマニアのロマン派詩人。美しい詩形式を完成。作品『グロサ』『金星』など。

**えみ-の-おしかつ【恵▽美押勝】** 藤原仲麻呂の別称。

**エミュー【emu】** 外形がダチョウに似た鳥。ダチョウより小さく、体高約一・七m。黒褐色。翼は退化して飛べないが、速く走り、水泳も巧み。果実、牧草などを食べる。雄だけが卵を抱く。オーストラリアに分布。↓写

**エミリア-ロマーニャ【Emilia-Romagna】** イタリア北部の州。州都ボローニャ。山麓にローマ時代からの歴史的都市が多い。人口三九五・二万(一九八三)。

**えみ-わ・れる【笑み割れる】** (下一自) ザクロの実・クリのいがなどが、よく熟して割れる。crack

**え・む【笑む】** 文語的 (五自) ①にこにこする。smile ②花がさく。つぼみがひらく。bloom ③えみわれる。

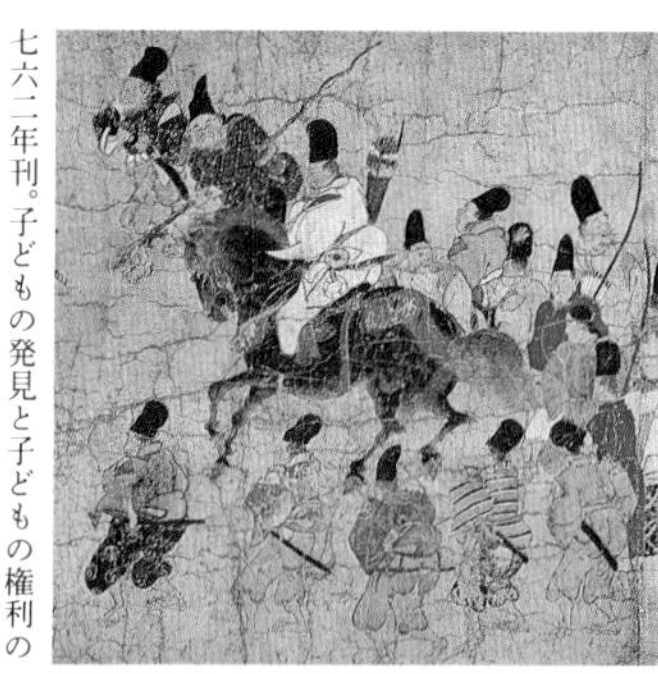

●絵巻物 『伴大納言絵巻』(部分)。平安時代(一二世紀後半)、出光美術館(東京都)。

**エム【M・m】** ①アルファベットの第一三文字。②《大文字で》衣料品などの、中位(middle)標準(medium)のサイズであることを表す記号。M判。比較 S・L。

**エム-アール-エー【MRA】** 《Moral Re-Armament の略》道徳再武装運動。一九三八年アメリカで発足。キリスト教精神に基づく道徳的社会運動。

**エム-アール-ビー-エム【MRBM】** 《medium range ballistic missile の略》準中距離弾道ミサイル。

**エム-アイ-アール-ブイ【MIRV】** 《multiple independently-targetable re-entry vehicle の略》個別誘導複数目標弾頭。複数の弾頭を搭載したミサイルが、飛行中に弾頭を順次分離し、複数の目標へ個々別々に誘導するシステム。ICBMやSLBMに採用。マーブ。

**エム-アイ-エス【MIS】** 《management information system の略》経営情報システム。

**エム-アンド-エー【M&A】** 《merger and acquisition の略》企業が他の企業を買収・合併すること。

**エム-イー【ME】** ↓マイクロエレクトロニクス

**エムイー-きき【ME機器】** 《MEはmedical electronics の略》電子工学を主体とした技術でつくられた医療機器。

**エムエイチディー-はつでん【MHD発電】** 《MHDはmagnetohydrodynamic(磁気流体)の略》電導性の流体を用い、熱エネルギーから電気エネルギーを直接得る発電方式。電磁流体発電。magnetohydrodynamic power generation

**エム-エー-アール-ブイ【MARV】** 《maneuverable re-entry vehicle の略》機動核弾頭。

●エミュー



↓行き先項目、図版・写真参照印。 JIS 日本工業規格情報交換用漢字符号コード(区点コード)。

弾頭自身の推力で軌道を変更できる核ミサイル。マーブ。

**エム-エー-シー**【MAC】《Military Airlift Commandの略》↓マック(MAC)

**エム-エス-アール**【MSR】《missile site radarの略》対弾道弾ミサイルを誘導・制御するレーダー。

**エム-エス-エー**【MSA】《Mutual Security Actの略》アメリカの相互安全保障法。諸外国に対する経済・軍事・技術上の援助を調整するため、一九五一年に制定。

**エムエスエー-えんじょ**【MSA援助】一九五一年に成立した相互安全保障法(MSA)にもとづくアメリカの対外軍事援助。被援助国には、自国の防衛力強化と自由世界の防衛に寄与する義務が課せられる。日本は昭和二九年(一九五四)に調印、再軍備の基調となった。

**エム-エス-エー-シー**【MSAC】《most seriously affected countriesの略》開発途上国のうち、石油資源をもたず、石油危機によってもっとも深刻な打撃をうけた諸国。後発発展途上国の大部分が含まれる。最貧国。

**エム-エックス**【MX】《missile experimental の略》↓ピースキーパー

**エム-エヌ-シー**【MNC】《multinational corporationの略》多国籍企業。

**エムエヌ-しき**【MN式】血液型分類法の一種。血球中のM凝集原とN凝集原の有無により、血液型をM型・N型・MN型に区別する方式。ABO式に次いで古い歴史をもつ。MN-blood groups

**エム-エム-シー**【MMC】《money market certificateの略》市場金利連動型定期預金。

**えむかえ**【江迎】〈町〉長崎県北部の町。北松浦地区屈指の炭鉱町であったが、昭和四二年(一九六七)すべて閉山し、工業化をはかっている。人口七〇七六(一九八八)。

**エムケーエスエー-たんいけい**【MKSA単位系】MKS単位系に、電流の基本単位アンペア(A)が加わったもの。

**エムケーエス-たんいけい**【MKS単位系】メートル(m)・キログラム(kg)・秒(s)を、長さ・質量・時間の基本単位とする単位系。

**エムケー-こう**【MK鋼】アルミニウム・ニッケル・鉄の合金の磁石鋼。昭和七年(一九三二)、三島徳七の発明。永久磁石に利用。MK steel

**エム-シー**【MC】①《Member of Congressの略》アメリカ合衆国連邦議会(=国会)の議員。②《Marine Corpsの略》アメリカ海兵隊。

**エム-ジー-エム**【MGM】《Metro-Goldwyn-Mayer, Inc.の略》アメリカの映画会社。一九二四年創立。

**エム-シー-シー-エー**【MCCA】《Mercado Común Centroamericano(スペイン)の略》中米共同市場。

**エムス-がわ**【エムス川】(Ems River) 西ドイツ北西部の川。長さ三七一km。下流は鉄鉱石・石炭などの重要な輸送水路。ルール地方と北海を結ぶ重要な水路。

**エム-ディー-エー**【MDA】《Mutual Defense Assistance(between Japan and USA)の略》日米相互防衛援助協定。

**エム-ティー-エヌ**【MTN】《multilateral trade negotiationの略》多角的貿易交渉。

**エムティー-ひ**【MT比】電車の編成における電動車(M)数と非電動車(T)数との比。高加速を得るには比を大きくする必要があり、経済性からは比を小さくするほうがよい。ratio of M to T

**エム-ティー-ピー**【MTP】《management training programの略》管理者訓練計画。企業が管理者に対し、定型化された方法にしたがって行う教育訓練。

**エム-ピー**【MP】《military policeの略》アメリカ陸軍の憲兵。

**エム-ピー-アール**【MPR】《Madjelis Permusjawaratan Rakjat(インドネシア)の略》インドネシア国民協議会。最高国家機関。五年に一回開かれる。

**エム-ピー-エー**【MPA】《maritime patrol aircraftの略》海洋哨戒機。

**エム-ビー-エス**【MBS】《Mutual Broadcasting Systemの略》ミューチュアル放送会社。ラジオだけの全米ネットワーク会社。一九三四年設立。

**エム-ビー-オー**【MBO】《management by objectivesの略》目標管理。

**エム-ブイ-ピー**【MVP】《most valuable playerの略》最優秀選手。

**エメチン**【emetine】生薬の吐根に含まれるアルカロイドの主成分。アメーバ赤痢の治療に有効。毒性が強い。

**エメラルド**【emerald】緑柱石の一種。濃い緑色ですきとおった宝石。五月の誕生石。翠玉。緑玉石。↓誕生石 写

**エメラルド-グリーン**【emerald green】①宝石のエメラルドのような、明るく鮮やかな緑。②酢酸銅と亜砒酸銅から作られる顔料。また、その色。

**エメンタール-チーズ**【Emmental cheese】内部に気孔をもつ円形の大形ナチュラルチーズ。弾力があり、風味がよい。チーズフォンデュに用いる。↓チーズ 図

**えも-いわ-ず**【えも言わず】古語 (連語)《「えも」は、副詞「え」に係助詞「も」が付いたもの》①ふつうでない。はなはだしい。用例 ―茂りわたりて、いと恐ろしげなり(更級)。②すばらしい。用例 ―・ぬ入り江の水など絵にかかば(源氏・明石)。③言うに足りない。用例 ―・ぬ者まで涙を流して(栄花・楚王の夢)。

**えも-いわれぬ**【えも言われぬ】(連語) なんとも言えない。言いようがないほどの。indescribable 用例 ―おもしろさ。

**え-もじ**【絵文字】意志・感情などの表現・伝達のためにかいた絵・線描。定形化・象徴化がみられ、象形文字の前段階にあたる。文字の源流と考えられる。ピクトグラフ。pictograph

**え-もの**【得物】得意の武器。

**え-もの**【獲物】①漁や狩猟でとったもの。game ②戦争や勝負ごとなどで手に入れたもの。plunder; spoils

**え-ものがたり**【絵物語】絵入りの物語。illustrated story

**え-もよう**【絵模様】絵にかいた模様。picturesque design

**えもり-げっきょ**【江森月居】(一七五六〜一八二四) 江戸後期の俳人。京都の人。名は史一。与謝蕪村の門人。著書『月居七部集』。

**え-もん**【▽衣紋・▽衣文】①装束の着用法。衣服のひだや襟をととのえ、きちんと着用すること。②衣服の襟を胸で合わせた所。参照 抜き衣紋。③衣服。

**衣紋を繕う** 服装をととのえる。

**え-もん**【▽衛門】①「衛門府」の略。②「右衛門府」「左衛門府」の略。

**えもん-かけ**【▽衣紋掛(け)】衣服をかけてつるしておくもの。hanger

**えもん-だけ**【▽衣紋竹】竹でつくったえもんかけ。

**えもん-ながし**【▽衣紋流し】蹴鞠の技巧の一つ。体を前方に傾けて、鞠を一方の腕から転がして首の後ろを通して、他方の腕まで到達させる。

**えもん-ふ**【▽衛門府】律令制で六衛府の一つ。皇居の諸門の警衛・開閉、行幸の供奉などをつかさどった役所。左衛門府と右衛門府に分かれる。

**え-やみ**【▽疫病】古語 流行病。おこりやみ。用例 その年、この村の在家ことごとく―をして死ぬる者多かりけり(宇治拾遺・四)。

**え-よう**【会陽】寺院で、毎年正月に行われる修正会終了の行事。岡山市西大寺では裸祭りとして知られ、二月第三土曜に行われて、深夜、裸の男数千人が雌雄二本の神木を求めせりあう。他に香川県善通寺のものなども有名。

**え-よう**【▽栄▼耀】《「えいよう」の約》おごり。ぜいたく。

**栄耀に餅の皮を剝く** 《あんもちの皮を残し、あんだけ食べる意から》非常にぜいたくなこと、また、いっそうのぜいたくを追い求めることに言う。

**栄耀の隠し食い** ぜいたくしている者が、それに飽き足りず、ひそかな歓楽にひたることに言う。

**えら**【▼鰓・▼腮・▼顋】①水生の節足動物・軟体動物・魚類などの呼吸器。表面積の大きい上皮組織を通じて、水中の酸素を取り入れる。gill ②俗に、下あごの左右の部分。jaw 用例 ―のはった顔。

**鰓が過ぎる** 高慢な口のきき方をする。口が過ぎる。口はばったい。

**エラー**【error】あやまち。失策。過失。ミス。

**えら-あな**【▼鰓▽孔】咽頭に生じる外界との通行部。発生の段階では、原索動物・脊椎動物すべてに鰓孔は生じるが、鰓を生じる魚類などを除けば、他の動物では発生中に鰓孔は閉じてしまう。鰓裂。gill slit

**エラール**【Sébastien Érard】(一七五二〜一八三一) フランスの楽器製作者。一七七七年にフランスで初めてピアノを製作、七九年ピアノ会社設立。ピアノやハープ製作の新しい工夫をし、改良に貢献。

**えら・い**【偉い・▽豪い】(形) ①すぐれている。非凡だ。excellent 用例 ほんとに―人だ。②身分・地位が高い。in a high position 用例 ―人がみえた。③ひどい。はなはだしい。awful 用例 ―へまだ。派生 えらが・る(五自) えらげ(形動) えらさ(名) えらぶ・る(五自)

**えら-こ**【▼鰓▽蚕】ケヤリ科の、潮間帯の岩礁に棲管をつくって群棲する海生の環形動物。体長約一〇cmで、黄褐色。前端にふさ状の鰓冠が一対ある。釣りえさ用。北日本各地に分布。

**えら-こきゅう**【▼鰓呼吸】鰓を用いて、水中の酸素を体内に取り入れる呼吸。外呼吸の一種で、ゴカイ・カニ・魚類などにみられる。branchial respiration

**えら・し**【偉し】古語 (形ク) ↓えらい(偉い)

**エラスチック-おりもの**【エラスチック織物】《「エラスチック」は、伸縮性・弾力性のある、の意》弾力性のある織物。縦にゴム糸などを、横に毛・綿などを用い、伸縮性があるので、人体の屈伸に適応し、運動着などに多く用いられる。elastic fabric

**エラスチン**【elastin】硬たんぱく質の一種。哺乳動物の結合組織に含まれている弾性に富むたんぱく質。とくに靱帯や大動脈壁などに多い。

**エラストマー**【elastomer】常温で、ゴムのような高い弾性をもつ高分子物質の総称。これに対して可塑性の大きい高分子物質をプラストマーという。

**エラスムス**【Desiderius Erasmus】(一四六六ごろ〜一五三六) オランダの人文主義者。カトリック教会内にあってその制度を批判したが、宗教改革にも距離をおき、近代自由主義者の先駆者とされる。主著『愚神礼賛』。

**エラトステネス**【Eratosthenes】(BC二七三ごろ〜BC一九二ごろ) 古代ギリシアの地理・数学・天文学者。地球の大きさを初めて科学的に測定。著書『地理学』三巻ほか。

**エラトステネス-の-ふるい**【エラトステネスの▼篩】エラトステネスによって発見された素数の見つけ方。自然数を二から順に並べ、まず二の倍数を消し、つぎに三の倍数を消し、そしてつぎに五の倍数を消し…という操作をつづけ、消去されなかった数はすべて素数である。Eratosthenes' sieve

**えらひき-むし**【▼鰓▼曳虫】海底の軟泥中に生息する袋形動物の総称。また、その一種。体長約四cm。灰白色。円筒形の胴の前端に吻が、後端に尾状の付属器がある。北海道などのほか、北半球の寒海に分布。

**えら・ぶ**【選ぶ・▽択ぶ】(五他) ①多くの中から条件に合うものを取り出す。すぐる。よる。choose; select 用例 代表を―。②《「撰ぶ」とも》書物・歌集を編集する。edit 用例 句集を―。

**えらぶ-うなぎ**【▽永▽良部▼鰻】エラブウミヘビの異名。

**えらぶ-うみへび**【▽永▽良部海蛇】海生の毒ヘビ。全長約一・二m。頭は黒褐色、背面は灰青色、腹面は灰白色で、胴と尾に多くの黒褐色の環帯がある。陸上で産卵。コブラに近縁。食用または薬用。南日本以南に分布。エラブウナギ。↓ウミヘビ 図

**えら-ぶた**【▼鰓▼蓋】硬骨魚類の鰓孔をおおい保護する薄い板状の構造。軟骨魚類ではこれを欠き、鰓孔が直接外界に開く。gill cover ↓魚 図

**えら-ぶつ**【偉物・▽豪物】すぐれた人間。剛の者。えらもの。great person

**えらぶ・る**【偉ぶる】(五自) 偉そうに見せかける。put on airs

**エランド**【eland】ウシ科で最大のレイヨウ。肩高約一・七m、体重約九〇〇kg。雌雄とも角をもち、のどの下に肉垂れがある。東・南アフリカのサバンナにすみ、木の葉が主食。時速六〇km以上で走り、跳躍力もすぐれている。イランド。ダイレイヨウ。

**エランド-とう**【エランド島】(Öland) スウェーデン南東岸、本土に近接した細長い島。面積一三四二km²。バイキングの遺跡があり、観光・保養客が多い。

**エラン-ビタール**【élan vital(フランス)】《生命の飛躍の意》ベルグソンの用語。生物の進化は生命に内在する生の原動力により創造的・飛躍的におこるというもの。生の飛躍。

**えり** 13画【▼魞】部首[魚]うおへん 和製漢字 川や湖などの魚の通路に、竹簀を迷路状に

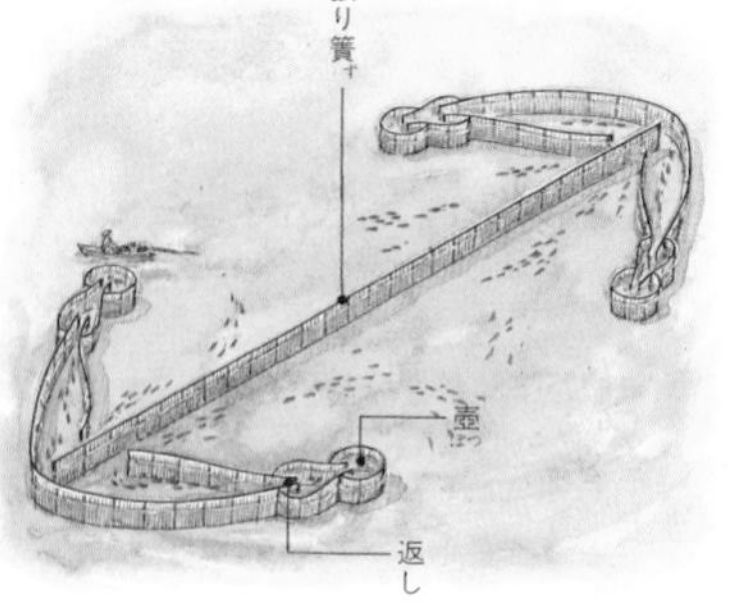

●魞(えり)

しかけ、魚を誘導してとらえる装置。定置漁具の一種。↓図

**えり【襟・衿】** ①首すじ。うなじ。nape ②衣服の首すじをおおう部分。collar 参照 カラー。数え方 一掛け。↓着物図 ↓羽織図

**襟に付く**(えりにつく) へつらう。利欲に走る。

**襟を正す**(えりをただす) 姿勢を正す。かしこまる。気持ちをひきしめて、まじめになる。straighten up

**エリア【area】** 区域。地域。コーナー。用例 サービス―。

**エリアーデ【Mircea Eliade】**(一九〇七～八六) ルーマニア出身の宗教学者・作家。シカゴ大教授。インドに留学し、インド哲学を学ぶ。豊富な資料に基づき宗教現象学的研究を展開。主著『永遠回帰の神話』『シャマニズム』など。

**えり-あか【襟▾垢】** 襟についたあか。dirt on the collar

**えり-あし【襟足】** 襟首の髪のはえぎわから、背中へつづく部分。nape ↓頭図

**エリアずいひつ【エリア随筆】**《原題The Essays of Elia》ラムの随筆集。一八二三年刊。続編三三年刊。ユーモアとペーソスをまじえたイギリス随筆文学の傑作。

**エリア-スタディ【area study】** 地域研究。

**エリー-うんが【エリー運河】**(Erie Canal) アメリカ北東部、エリー湖東岸のバッファローとハドソン川中流のオールバニを結ぶ運河。長さ五八四km。ニューヨーク-ステートバージ運河。

**エリー-こ【エリー湖】**(Lake Erie) アメリカとカナダの国境にある五大湖の一つ。面積二・六万km²。南岸は工業地帯で、オンタリオ湖との間に有名なナイアガラ滝がある。

**エリーゼ-きゅうでん【エリーゼ宮殿】**(Palais de l'Élyséeフランス)《「エリーゼ」は極楽浄土の意》パリにある宮殿。一七一八年に建築され、七三年以来大統領官邸として使われている。

**エリーゼのために**《原題Für Eliseドイツ》ベートーベン作曲のピアノ小曲。一八一〇年作。感傷的な愛らしい作品で、ピアノ学習者に親しまれる。

**エリート【éliteフランス】**《選ばれた人、の意》ある社会で素質・能力の優秀さを認められ、大衆を指導する役割をはたす人。選良。elite

**エリート-いしき【エリート意識】** ①他の者でなく、自分だけがやれるのだという意識。自負心。pride; chosen; selected ②他の者とは違うのだという特権意識。elitism

**エリウゲナ【Johannes Scotus Eriugena】**(八一〇ごろ～七七ごろ) 中世の神秘主義的哲学者。アイルランド生まれ。新プラトン主義の立場から哲学と宗教の一致をはかり、神秘主義的な思想を説いた。

**エリオット【George Eliot】**(一八一九～八〇) イギリスの女流小説家。精密な心理描写と道徳的性格が特徴。本名メアリー＝アン＝エバンズ。作品『アダム＝ビード』『サイラス＝マーナー』『ミドルマーチ』など。

**エリオット【Thomas Stearns Eliot】**(一八八八～一九六五) イギリスの詩人・批評家。アメリカ生まれ。新しい技法の主知的な詩により現代詩の革新を推進した。一九四八年ノーベル文学賞受賞。詩『荒地』『聖灰水曜日』『四つの四重奏』、詩劇『寺院の殺人』『カクテル-パーティ』、批評『伝統と個人の才能』など。↓写

●T＝エリオット

**エリオプス【Eryopsラテン】** 二畳紀前期の北アメリカにいた肉食の大形両生類。全長約二m。頭は扁平で三角形に近い。沼沢地にすみ、魚類を捕食するなど、現在のワニのような生活をしていたとされる。

**エリオン【Gertrude Elion】**(一九一八～) アメリカの女性の生化学者。癌細胞内の核酸合成の抑止剤を開発。薬物療法における重要な原理の発見などにより、ヒッチングとともに一九八八年ノーベル生理学医学賞受賞。

**エリカ【Ericaラテン】** ツツジ科エリカ属の低木の総称。葉は線形で輪生、花は淡紅色のものが多い。夏咲きと秋冬咲きがある。ヨーロッパ・アフリカ、日本では北海道に分布。ヒース。栄樹。heath ↓写

**えりかた-あき【襟肩明き】** 和裁で、襟をつけるために肩山の一部を横方向に切り込んだあき。裁ち切り寸法で八～九・五cm。

**えり-がみ【襟髪】** 首の後ろの髪。

**エリキシル-ざい【エリキシル剤】** エタノールを含む透明な内服用液。甘味と芳香があり、飲みにくい薬品にまぜて飲みやすくする。elixir

**えり-きらい【▽選り嫌い】**(名・サ変自) ↓えりごのみ(選り好み)

**エリクソン【Erik Homburger Erikson】**(一九〇二～) 現代精神分析学の代表的理論家。ユダヤ系アメリカ人。フランクフルト生まれ。著書『自我同一性の問題』などで自我同一性(＝アイデンティティー)理論を展開し、社会科学・人間科学の広い領域に影響を与えた。また、『幼児期と社会』で、精神分析理論に社会的・対人関係論的観点を統合した人格発達段階の図式を提唱。

**えり-くび【襟首】** 首のうしろの部分。首すじ。うなじ。nape

**えり-ぐり【襟▾刳り】** ①衣服の首回りの襟の付く部分。collar ②首回りにつくり出される服飾上の線。ネックライン。neckline

**エリコ【Jericho】** ↓イェリコ

**えり-こし【襟腰】** 襟の折り返しから下の部分。襟の高さ。

**えり-ごのみ【▽選り好み】**(名・サ変自) 好きなものだけをえらび取ること。より好み。選り嫌い。choosy 用例 ―がはげしい。

**えり-さいぼう【襟細胞】** カイメンの胃腔内壁にある特有の細胞。一本の鞭毛をもち、その基部を囲んだ円筒状または漏斗状の襟が、鞭毛運動で水流を起こして餌をとる。

**エリザベス〈一世〉【Elizabeth I】**(一五三三～一六〇三) イギリス女王(在位一五五八～一六〇三)。ヘンリー八世とアン＝ブリンの子。首長令・礼拝統一令の発布で、イギリス国教会を確立。一五八八年スペインの無敵艦隊を撃破。経済・文化も栄え、イギリス絶対王政の絶頂期を現出。↓写

●エリザベス一世

●エリカ　ジャノメエリカ

**エリザベス〈二世〉【Elizabeth II】**(一九二六～) イギリス女王。一九四七年エジンバラ公と結婚。五二年即位。

**エリザベスちょう-えんげき【エリザベス朝演劇】** イギリスのエリザベス一世(在位一五五八～一六〇三)時代の演劇。中世以来の奇跡劇・道徳劇と古典劇が合流して成立し、飛躍的発達をとげ、世界演劇史上一つの頂点をなす。代表的劇作家にシェークスピア・リリー・マーローなど。

**エリザベス-ようしき【エリザベス様式】** イギリスのエリザベス一世(在位一五五八～一六〇三)時代の初期ルネサンス建築様式。ゴシック様式とイタリア様式の混合で、おもに非教会建築にみられる。Elizabethan style

**エリジウム【Elysiumラテン】** ギリシア・ローマ神話で、神々に愛された英雄などが死後に暮らす地。楽園。ギリシア名エリュシオン。

**えり-した【襟下】** 和服の襟先から褄先までの寸法。女物長着では身長の約半分の長さに当たる。竪褄。褄下。↓着物図

**えり-しょう【襟章】** 襟につける記章。バッジ。collar badge

**エリス【Erisギリシア】** ギリシア神話の争いの女神。軍神アレスの随伴者。トロヤ戦争の遠因を作った。Eris

**エリス【Henry Havelock Ellis】**(一八五九～一九三九) イギリスの心理学者。性心理学の研究で有名。著書『性心理学研究』など。

**えり-すぐ・る【▽選りすぐる】**(五他) とくによいものを選び取る。よりすぐる。select

**エリス-しょとう【エリス諸島】**(Ellice Islands) 太平洋南西部、西サモアの北西にある九つの珊瑚礁の島群。一九七八年ツバルとして独立。

**エリスリナ【Erythrina】** ↓でいこ(梯姑)

**エリスロポエチン【erythropoietin】** 出血・低気圧・低酸素などの酸素欠乏状態のとき、おもに腎臓から分泌される糖たんぱく質。赤血球の生成を促進すると考えられる。

**エリスロマイシン【erythromycin】** 放線菌が生産する抗生物質。グラム陽性菌・スピロヘータ・リケッチアなどに有効。商標名はアイロタイシンなど。

**えり-ぜに【▾撰り銭】** 室町時代、銭貨を授受するさい、悪銭を排し良銭をえりわけたこと。えりせん。せんせん。

**エリソン【Ralph Ellison】**(一九一四～) アメリカの黒人小説家。黒人の自己探求を主題とする。小説『見えない人間』、評論『影と行為』。

**エリダヌス-ざ【エリダヌス座】** オリオン座の西にある南天の星座。一月一四日ごろの午後八時前後に南中。面積一一三八平方度。Eridanus

**えり-つき【襟付き】** ①重ねて着た衣装の、えりのぐあい。えりもと。②身なり。また、身なりから判断する、その人のふところぐあい。

**襟付きが厚い**(えりつきがあつい) 襟元の薄さ厚さによって、その人の貧富を判断したところから、裕福そうに見えることにいう。

**えり-つけ【襟付け】** 襟ぐりに沿って襟をつけること。和裁では、襟肩まわりから襟先までの襟付け線に沿って襟をつけること。また、襟のついている部分。

**エリテマトーデス【Erythematodesドイツ】** 膠原病の一つ。とくに全身性のものは難病に指定されている。紅斑性狼瘡。

**エリトリア【Eritrea】** エチオピア北部の州。紅海に面し、ダラク諸島を含む地域。州都アスマラ。人口二四二・六万(一九八〇)。

**エリニュエス【Erinyesギリシア】** ギリシア神話の復讐の三女神。一般に殺人者、とくに尊属殺しに報復する。単数形エリニュス。Erinyes

**えり-ぬ・く【▽選り抜く】**(五他) すぐれたものや、好きなものをえらびとる。よりぬく。select; pick

**エリバレ【Gällivare】** スウェーデン北東部、北極圏内にある鉱山都市。キルナに次ぐ鉄鉱山がある。人口二・五万(一九八〇)。

**えり-まき【襟巻(き)】** 防寒や装飾のため首にまく布。毛糸編み物・毛皮・布などで作られる。スカーフ・マフラー・ストール・ショールなどの総称。首巻き。scarf; muffler 数え方 一本。

**えりまき-しぎ【襟巻▾鷸】** 繁殖期の雄に襟巻き状の羽飾りを生じるシギ科の鳥。翼長約一八cm。背面は黒褐色、腹面は白。ユーラシアの極地近くで繁殖し、ヨーロッパ南部・アフリカ・東南アジアなどで越冬。日本では迷鳥。ruff; reeve

**えりまき-とかげ【襟巻▾蜥▾蜴】** アガマ科の、くびのまわりに皮膚を傘状に広げられるようなしくみをもつトカゲ。全長約七五cm。興奮するとくびの皮膚を広げて立ち上がり、後肢だけで走る。オーストラリア北部・ニューギニア南部に分布。frilled lizard ↓図

●エリマキトカゲ

**エリミネーター【eliminator】** 交流電源の交流を整流し、直流電流をつくる装置。

**えりも〈町〉** 北海道南部、日高山脈南端の町。コンブ・サケ漁、水産加工がさかん。襟裳岬が

ある。人口七三五八(一九八八)。

**えり-もと【襟元・▼衿元】** 襟のあたり。neck

**襟元に付く(えりもとにつく)** 権勢のあるものに、こびへつらう。追従する。襟に付く。類似襟を見る。

**えりも-みさき【襟▼裳岬】** 北海道南部、日高山脈南端の岬。海岸段丘と海食崖が発達する。霧の発生が多く、風も強い。

**エリヤ【Elijah】** 紀元前九世紀ごろのイスラエルの預言者。フェニキアのバアル信仰の導入に反対し、ヤハウェ信仰を擁護して戦った。

**エリュアール【Paul Eluard】**(一八九五〜一九五二) フランスの詩人。ダダイスム・シュールレアリスム運動を推進。のち共産党入党。詩集『苦しみの都』『豊かな目』『詩と真実』『政治詩』など。

**えり-わ・ける【▽選り分ける】**(下一他) よりわける。sort out

**えりん-じ【恵林寺】** 山梨県塩山市小屋敷にある臨済宗妙心寺派の寺。元徳二年(一三三〇)創建。開山は夢窓疎石。武田信玄の菩提所。

**エリント【ＥＬＩＮＴ】**《electronic intelligenceの略》電子情報偵察。外国のミサイル誘導電波など非通信目的の電磁波を傍受し、収集・分析すること。

**エリントン【Edward Ellington】**(一八九九〜一九七四) アメリカの黒人ジャズ作曲家・ピアニスト・楽団指揮者。ダンス音楽だったジャズの音楽的向上に貢献。通称デューク(公爵)。作品『ソリテュード』『ムード-インディゴ』など。

**エリン-ペリン【Elin-Pelin】**(一八七七〜一九四九) ブルガリアの小説家。本名ディミトル=イワノフ。農村を描き国民に愛読される。短編集『夏の日』、散文詩『黒ばら』など。

**え・る【▽彫る】**(五他) きざむ。彫刻する。ほる。

**え・る【▽選る】**(五他) えらぶ。よる。choose

**える【得る】**(下一他)《語幹と語尾に分けられない》①自分のものにする。手に入れる。get 用例権利を―。知識を―。志を―。②努力して自分のものにする。かちとる。gain 用例勝利を―。③理解する。comprehend 用例その意を得ない。要領を得ない。④《動詞の連用形に付いて》できる。用例読みえない。ありえない。言いえて妙だ。

**える【獲る】**(下一他)《語幹と語尾に分けられない》動物をつかまえる。catch 用例キツネを―。

**エル【Ｌ・ｌ】** ①アルファベットの第一二文字。②《大文字で》衣料品などの、大きい(large)サイズであることを表す記号。L判。比較S・M。

**エル-アール-シー-エス【ＬＲＣＳ】**《League of Red Cross Societiesの略》赤十字連盟。

**エル-イー-ディー【ＬＥＤ】** ↓はっこうダイオード(発光ダイオード)

**エルー【Paul Louis Joussaint H'eroult】**(一八六三〜一九一四) フランスの冶金学者。一八八六年、アルミニウムの電解冶金法を発明。のちエルー炉(製鋼用電気炉)を発明。

**エル-エー-アイ-エー【ＬＡＩＡ】**《Latin American Integration Associationの略》ラテンアメリカ統合連合。

**エル-エス【ＬＳ】**《long shotの略》映画で、遠写。

**エル-エス-アイ【ＬＳＩ】**《large scale integrationの略》大規模集積回路。一つのチップに含まれる素子数が一〇〇〇〜一〇万個程度のもの。↓写

●ＬＳＩ　簡単なメモリーから演算機能を持つマイクロプロセッサーまで多くの種類がある。

**エル-エス-ティー【ＬＳＴ】**《landing ship tankの略》戦車揚陸艦。

**エル-エス-ディー【ＬＳＤ】**《D-lysergic acid diethylamide(リゼルグ酸ジエチルアミド)の略》幻覚、とくに幻視をおこす作用がある薬剤。麻薬に指定。

**エル-エヌ-ジー【ＬＮＧ】**《liquefied natural gasの略》天然ガスを、その主成分であるメタンの沸点(マイナス一六四℃)以下に冷却して液化したもの。発電所の燃料や都市ガスに利用。液化天然ガス。

**エル-エム-ジー【ＬＭＧ】**《liquefied methane gasの略》液化メタンガス。

**エル-エル【ＬＬ】** ①寸法表示の一つ。Lより大きい寸法。特大。②《language laboratoryの略》語学演習室。ラボ。③《Little Leagueの略》少年野球リーグ。

**エル-エル-ディー-シー【ＬＬＤＣ】**《least less-developed countriesの略》後発発展途上国。

**エルエル-ミルク【ＬＬミルク】** ↓ロングライフぎゅうにゅう(ロングライフ牛乳)

**エルガー【Edward Elgar】**(一八五七〜一九三四) イギリスの作曲家。後期ロマン派の伝統を継承した、同国の大作曲家の一人。作品に行進曲『威風堂々』、『チェロ協奏曲』など。

**エルギン【James Bruce, 8th Earl of Elgin】**(一八一一〜六三) イギリスの政治家。特派大使として天津条約・日英通商条約・北京条約を締結。一八六二年初代インド総督。

**エルク【elk】** アメリカでアカシカ。ヨーロッパでヘラジカ。

**エルグ【erg】**《ergonギリシア(仕事)に由来》エネルギーの単位。一エルグは一ダインの力を加えて物体を一cm動かすのに必要なエネルギー量。記号erg

**エルクラーノ【Alexandre Herculano de Carvalho e Araújo】**(一八一〇〜七七) ポルトガルの小説家・歴史家。同国ロマン派の創始者で歴史小説で名高い。作品『物語集』、『ポルトガル史』など。

**エル-グレコ【El Greco】** ↓グレコ

**エルゴノミックス【ergonomics】** 人間工学。

**エルゴメーター【ergometer】** 人間が、筋肉を動かして出すいろいろな力を測定する機械。自転車の形をした装置が代表的。労作計。

**エルゴン-さん【エルゴン山】**(Mount Elgon) アフリカ中東部、ウガンダとケニアとの国境にある火山。標高四三二一m。山麓はコーヒーの栽培地。

**エル-サルバドル【El Salvador】**(Republic of El Salvador) 中央アメリカ、太平洋岸の小共和国。首都サンサルバドル。一八四一年スペインから独立。南部を除き大部分は高原で、コーヒーの生産が多い。面積二・一万km²。人口四九一万(一九八六)。正称エルサルバドル共和国。

**エルサレム【Jerusalem】** イスラエルの首都。一九八八年現在、国際的な承認は得ていない。聖地パレスチナの中心都市で、ユダヤ・キリスト・イスラムの三宗教の聖都。六七年の中東戦争後、エルサレム全域がイスラエル領。人口四二・九万(一九八三)。

**エルサレムかいほう【エルサレム解放】**《原題Gerusalemme liberataイタリア》第一回十字軍を素材にした、イタリアの詩人タッソの長編叙事詩。一五七五年完成。

**エル-シー【ＬＣ】**《letter of creditの略》信用状。

**エル-シー-エム【ＬＣＭ】**《Least Common Multipleの略》最小公倍数。

**エル-シード【El Cid】**(一〇四三ごろ〜九九) スペインの国民的英雄。レコンキスタ(国土回復運動)時代の典型的武人とされ、多くの叙事詩にうたわれた。一二世紀スペインの武勲詩『シードの歌』、コルネイユの『ル-シッド』は有名。シード=カンペアドール。

**エルシニアきん-かんせんしょう【エルシニア菌感染症】** ↓いずみねつ(泉熱)

**エルステッド【oersted】** 磁場の強さの単位。記号Oe 単位磁極にはたらく力が、一ダインとなるときの磁場の強さ。デンマークの物理学者エルステッドにちなむ。

**エルステッド【Hans Christian Ørsted】**(一七七七〜一八五一) デンマークの物理学者・化学者。電流の磁気作用を発見。電気力学発展のきっかけをつくった。エールステズ。

**エルズミア-とう【エルズミア島】**(Ellesmere Island) カナダ北部、クイーンエリザベス諸島にある島。面積二一・三万km²。

**エルスラー【Fanny Elssler】**(一八一〇〜八四) オーストリアのバレリーナ。一九世紀フランスのロマンティック期バレエに業績を残す。

**エルズルム【Erzurum】** トルコ東部、同名州の州都。ソ連への縦貫鉄道上にあり、軍事・交通上の要地。パストゥール研究所がある。人口一九万(一九八〇)。

**エル-たては【Ｌ立羽▼蝶】** タテハチョウ科のチョウ。後翅裏にＬ字形の白斑がある。開張約六cm。幼虫の食草はシラカバ・ハルニレなど。本州中部以北の山地に分布。

**エルチチョン-さん【エルチチョン山】**(ElChichón) メキシコ南東部の火山。一九八二年の噴火で火山灰が成層圏に広がり、世界各地に異常気象を誘発。標高一三五〇m。

**エルツ-さんみゃく【エルツ山脈】**(Erzgebirge) チェコスロバキアのボヘミア地方と東ドイツのザクセン地方の境界山脈。鉱物資源に富む鉱工業地域。最高峰はチェコスロバキア側のクリーノベッツ山で、標高一二四四m。

**エル-ディー-アール【ＬＤＲ】**《London Depository Receiptの略》ロンドン預託証券。イギリスの銀行がロンドン株式市場で、外国の株式の代わりに流通させる証券。

**エル-ディー-エル【ＬＤＬ】**《low density lipoproteinの略》低密度リポたんぱく。動脈硬化の原因となるため、コレステロールのなかの悪玉とよばれるもの。血清リポたんぱくの一つで、肝臓などで合成されたコレステロールを体組織へ運ぶ働きをもつ。対義HDL。

**エル-ディー-ケー【ＬＤＫ】**《和製語。Lはliving room Dはdining room Kはkitchenの略》住宅の間取りを表す呼称。2LDKは、へやが二室に、リビングとダイニングとキッチンが付いているという意味。

**エルディー-ごじゅう【ＬＤ50】**《lethal dose 50%の略》薬物や放射線の毒性を示す数値。ある薬物を段階的に希釈して動物に与え、動物の五〇%が死亡する希釈度を示すときに用いる。

**エル-ディー-シー【ＬＤＣ】**《less-developed countryの略》発展途上国。

**エル-ティー-ディー【Ltd.; ltd.】**《limitedの略》イギリスで、有限(責任)会社。アメリカではInc.とする。

**エル-ディー-ディー-シー【ＬＤＤＣ】**《least developed among developing countriesの略》最後発発展途上国。

**エルティー-ぼうえき【ＬＴ貿易】** 日本・中国間の民間総合貿易。昭和三七年(一九六二)中国の廖承志と日本の高碕達之助が調印した覚書に基づくところから、両者のローマ字書きの頭文字をとってこうよばれた。同四三年(一九六八)日中覚書貿易に移行。

**エル-とっきゅう【Ｌ特急】** JR各社の在来線特急列車の愛称。始発駅からの発車時刻の分単位の数字をそろえ、早い順に番号をつけて、利用しやすくしたもの。

**エル-ドラド【El Doradoスペイン】** 一六世紀ごろのスペインの探検家たちが南アメリカにあると信じていた、伝説的な黄金の国。転じて、理想郷・黄金郷。

**エルナンデス【José Hernández】**(一八三四〜八六) アルゼンチンの国民詩人。方言を用いて大自然と牧童の生活をうたった。物語詩『マルティン=フィエロ』など。

**エルニ【Hans Erni】**(一九〇九〜) スイスの画家・グラフィックデザイナー。抽象的技法と写実的表現を総合。壁画など装飾画に傑作が多い。

**エル-ニーニョ【El Niñoスペイン】**《神の子、の意》南米のペルー・エクアドル沖の海水温が上昇する現象。世界的な気象異常やカタクチイワシの不漁などをもたらす。

**エル-パソ【El Paso】** アメリカ南部、テキサス州北西端、リオグランデ川に臨む都市。メキシコへの玄関口。人口四二・五万(一九八〇)。

**エルバ-とう【エルバ島】**(Isola d' Elba) イタリア中部の西岸とコルシカ島との間にある島。イタリア領トスカノ諸島の主島。面積二二〇km²。ナポレオン一世の流刑地。

**エルハルト【Ludwig Erhard】** ↓エアハルト

**エル-ビー【lb.】**《libraラテンの略》重量の単位の一つ。ポンド。pound

**エル-ピー【ＬＰ】**《long-playing recordの略》一分間に三三と三分の一回転のレコード。盤の大きさは三〇cmで、片面二五〜三〇分間。LP盤。比較EP・SP。

**エル-ピー-ジー【ＬＰＧ】**《liquefied petroleum gasの略》プロパン・ブタンなどの炭化水素を主成分とするガスを液化したもの。家庭用・業務用などの燃料。液化石油ガス。

**エルビウム【erbium】** 希土類元素の一つ。元素記号Er 原子番号六八。原子量一六七。灰色の金属。酸化物は桃色の釉。

**エルブールズ-さんみゃく【エルブールズ山脈】**(Elburz mountains) イラン北部、イラン高原の北をカスピ海沿いに東西に走る山脈。最高峰ダマバンド山は標高五六〇一m。

**エルブルース-さん【エルブルース山】**(El'

brus) ソ連南西部、カフカス山脈中の最高峰。西峰は標高五六三三m。東峰は標高五五九五m。休火山。

**エルフルト**[Erfurt] 東ドイツ南西部、チューリンゲン地方の中心都市。工業都市。中世初期からドイツとスラブの重要な交易の中心地。人口二一・四万(一九八二)。エアフルト。

**エルフルト-こうりょう**[エルフルト綱領](Erfurter Programm ドイツ) 一八九一年、ドイツ社会民主党のエルフルト大会で採択された基本綱領。起草者はカウツキー。第二インターナショナルの諸党綱領の模範とされた。

**エルブロンク**[Elblag] ポーランド北部の工業都市。一二三七年建設の古都。ハンザ同盟都市を経て一四六六年ポーランドに帰属。人口一一・二万(一九八二)。

**エルベ-がわ**[エルベ川](Elbe) チェコスロバキア、東・西ドイツを流れる川。長さ一一四四km。貨物輸送路として重要。

**エルベシウス**[Claude-Adrien Helvétius](一七一五〜七一) フランスの哲学者。百科全書派の一人として、唯物論的感覚論を展開。著書『精神論』『人間論』など。

**エルマン**[Mischa Elman](一八九一〜一九六七) アメリカのバイオリン奏者。ロシア生まれ。独特の甘美な音色「エルマン-トーン」で親しまれた。

**エルミタージュ-びじゅつかん**[エルミタージュ美術館](Gosudarstvenny Ermitazh ロシア) ソ連のレニングラードにある美術館。歴代ロシア皇帝収集の美術品を収蔵。一七六四年エカテリーナ二世が設立。ルネサンス以後の絵画に名品が多い。

**エルミン**[hermine フランス] イタチ科の毛皮獣オコジョの純白な毛皮。ermine

**エルム**[elm] ニレ科ニレ属の植物の総称。北半球の温帯に約二〇種ある。日本にはハルニレ・アキニレ・オヒョウが自生し、公園・街路樹用。

**エルモシーヨ**[Hermosillo] メキシコ北西部、カリフォルニア湾岸平野の都市。農産物の集散加工地。人口三四万(一九八〇)。

**エルランゲン**[Erlangen] 西ドイツ南東部、ニュルンベルク北北西の工業都市。一七四三年創立の総合大学がある。人口一〇・二万(一九八三)。エアランゲン。

**エルンスト**[Max Ernst](一八九一〜一九七六) フランスの画家。ドイツ生まれ。シュールレアリスムを代表する一人。コラージュ・フロッタージュなど新技法を開拓。作品『博物誌』『百頭女』など。↓写 ↓シュールレアリスム写

**エルンスト**[Paul Karl Friedrich Ernst](一八六六〜一九三三) ドイツ新古典主義の小説家。戯曲『デメトリオス』ほか短編多数。

**エレア-がくは**[エレア学派] 紀元前五世紀初め、南イタリアのエレアにおこったギリシア哲学の一派。パルメニデスを始祖とし、エレアのゼノン、メリッソスなどが一元論を唱えた。Eleaticism

**エレガンス**[elegance] 上品さ。優雅さ。高雅さ。

**エレガント**[elegant](形動) 気品の高いさま。上品。優雅。高雅。

**エレキ** ①《「エレキテル」の略》電気。②「エレキギター」の略。

**エレキ-ギター**《electric guitarから》弦の振動をピックアップで電気信号に変え、アンプで増幅、スピーカーから音を出すギター。電気ギター。

**エレキテル**《electriciteit オランダから》①江戸時代の摩擦起電機。宝暦(一七五一〜六四年)のころ、オランダより渡来。のち、平賀源内が自作。ガラスとスズ箔を摩擦して発電し、見世物や医療に用いた。②電気。electricity

**エレクテイオン**[Erechtheion ギリシア] ギリシア、アテネのアクロポリスにある神殿。紀元前五世紀末のイオニア式建築の代表。

**エレクトーン**[Electone]《商標名》パイプオルガンやピアノの音色、また打楽器の音色などが出る電子オルガン。日本で開発された。

**エレクトラ**[Elektrā ギリシア] ギリシア神話で大洋神オケアノスの娘とも、巨人アトラスの娘ともいわれる。ミケーネ伝説ではアガメムノンとクリュタイムネストラとの娘。父王を謀殺した母とその情夫に、弟オレステスとともに復讐する。Electra

**エレクトラ-コンプレックス**[Elektrakomplex ドイツ]《精神分析の用語》女児が父親に愛着し、母親を憎む心理。ギリシア神話のエレクトラにちなむ。Electra complex 対義 エディプス-コンプレックス。

**エレクトレット**[electret] 強い電場を加えたまま固化させると、持続した電気分極特性を示す物質。

**エレクトロ**[electro-](接頭) 電気の、の意。

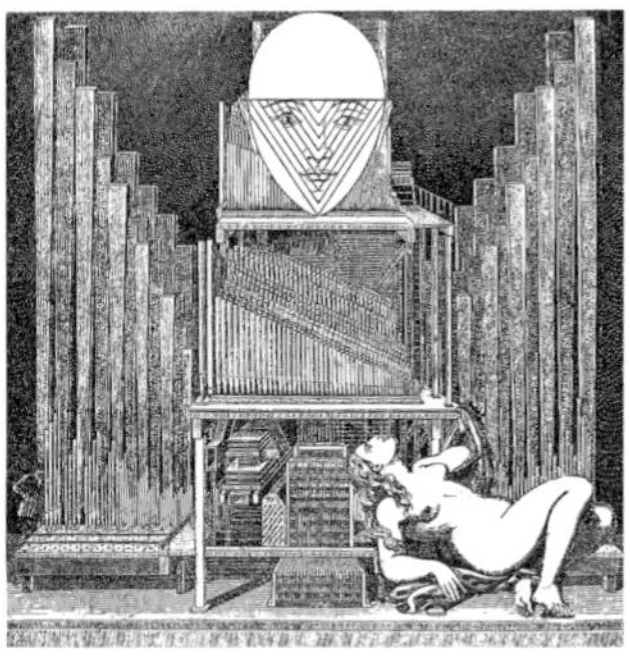

●M=エルンスト 詩画集『百頭女』より「処女懐胎」。一九二九年。

**エレクトロニクス**[electronics] 電子工学。物質中の電子の流れ、電磁現象などを扱う基礎分野と電子管・半導体素子などの高性能化、それらを組み合わせた機器などへの応用分野を含む学問。電子技術。

**エレクトロニック-バンキング**[electronic banking] 企業や家庭に置いたコンピューターの端末と銀行とを通信回線で結んで銀行業務を処理するシステム。EB。

**エレクトロルミネセンス**[electroluminescence] ある種の蛍光体に電場を与えたとき観察される発光現象。ルミネセンスの一種。電場発光。ディスプレーや照明用。EL。

**エレクトロン**[electron] ①↓でんし(電子)。②ドイツのエレクトロン社が開発したマグネシウム軽合金。軽くて強いが耐食性が小さい。

**エレジー**[elegy] ①挽歌。②哀歌。悲歌。

**エレディア**[José Maria de Hérédia](一八四二〜一九〇五) フランス高踏派の代表的詩人。キューバ生まれ。詩集『戦勝牌』。

**エレトリア**[Erétria] ギリシア中東部、エビア島の都市遺跡。ローマ時代の劇場・浴場などの遺跡に富む。

**エレバス-さん**[エレバス山](Mount Erebus) 南極大陸、ロス海南部のロス島にある活火山。標高三七九四m。一八四一年、爆発中の火山をイギリスのロス隊が発見。探検船の名にちなんで命名。

**エレバン**[Erevan] ソ連南部、アルメニア共和国の首都で工業都市。ロシア-トルコ戦争の結果、一八二八年ロシア領。人口一一一・四万(一九八四)。

**エレファンタ-とう**[エレファンタ島](Elephanta Island) インド、ボンベイ湾内の小島。ヒンズー教石窟で有名。

**エレファント**[elephant] ゾウ。

**エレプシン**[erepsin] 小腸粘膜から分泌されるたんぱく質分解酵素群の旧称。ペプトンをアミノ酸に分解して、腸粘膜から吸収しやすい状態にする。

**エレブルー**[Örebro] スウェーデン南部、イェルマレン湖西岸の都市。皮革工業の中心地。人口一一・七万(一九八三)。

**エレベーター**[elevator] 建物・鉱山・船舶などで、人や荷物を垂直方向に移動させる装置。昇降機。リフト。

**エレミヤ-しょ**[エレミヤ書](The Book of Jeremiah)『旧約聖書』三大預言書の一つ。南王国ユダの滅亡期を体験した、前七〜前六世紀ごろの大預言者エレミヤの伝記・告白・預言を編集したもの。参照 イザヤ書・エゼキエル書。

**エレメント**[element] ①要素。成分。②要因。③化学で、元素。

**エレンブルグ**[Ilya Grigoryevich Erenburg](一八九一〜一九六七) ソ連の小説家。時代風潮を鋭く反映する小説・ルポルタージュなどを書き続けた。作品『フリオ=フレニトの遍歴』『トラストDE』『第二の日』『パリ陥落』『嵐』『雪どけ』、自伝『人間-歳月-生活』など。

**エロ**(名・形動)《「エロチック」「エロチシズム」の略》色情。用例 ―本。

**エロア**[EROA]《Economic Rehabilitation in Occupied Area Fundの略》占領地経済復興資金。第二次大戦後、アメリカ政府が占領地域の経済復興のために支出した資金。比較 GARIOA。

**エロイーズ**[Héloïse](一一〇一〜六四) フランスの修道女。師アベラールとの悲劇的恋愛と往復書簡で有名。

**エローラ**[Ellora] インドのボンベイの北東にある小村。現地名ベールレ。仏教・ヒンズー教・ジャイナ教の石窟群で有名。

**エロキューション**[elocution] 表現する内容にふさわしい音声や調子をつけ、聞く人に生き生きとした感動を与える技術。発声法。朗読法。雄弁術。話術。

**エロ-グロ**《「エロチック」と「グロテスク」から》欲情的で、怪奇的なこと。erotic and grotesque 用例 ―ナンセンス。

**エロシェンコ**[Vasily Yakovlyevich Eroshenko](一八八九〜一九五二) ロシアの盲目詩人。ヒューマニズムにあふれた作風。エスペラント主義者。作品『夜明け前の歌』『最後の溜息』など。

**エロス**[Erōs ギリシア] ①ギリシア神話の愛の神。女神アフロディテの子。その弓矢で射られると激しい恋のとりことなる。ローマ神話のクピド(=キューピッド)と同一。②《プラトンの哲学用語》理想的なものへの愛。絶対の善を永久に所有しようとする衝動的生命力としてとらえる。③肉体的愛。④一八九八年、ドイツのウィットにより発見された小惑星。

**エロチシズム**[eroticism] ①官能的気分。色気。好色気分。②恋愛など精神的愛情によって呼び起こされる感覚的欲望。

**エロチック**[erotic](名・形動) 情欲をそそること・さま。肉感的。性欲的。

**エン** 4画 **[円]** 部首[冂] 教育小1 JIS 1763
13画 **[▼圓]** 部首[囗] 旧字 JIS 5204
音 エン
訓 まるい
①まる。まるい。輪形の。対義 方。「円陣・円盤」用例(名)―をえがく。②数学で、平面上で、定点(中心)からの距離が一定(半径)である点全体のつくる図形。また、その内部。「楕円・長円・半円」「円周」③かどだたない。なめらか。おだやか。まるめる。「円滑・円熟・円満」④あたり。一帯。「関東一円」⑤日本のお金の単位。銭の一〇〇倍。明治四年(一八七一)制定。昭和二四年(一九四九)、一ドル三六〇円。同四八年(一九七三)から変動相場制。↓図

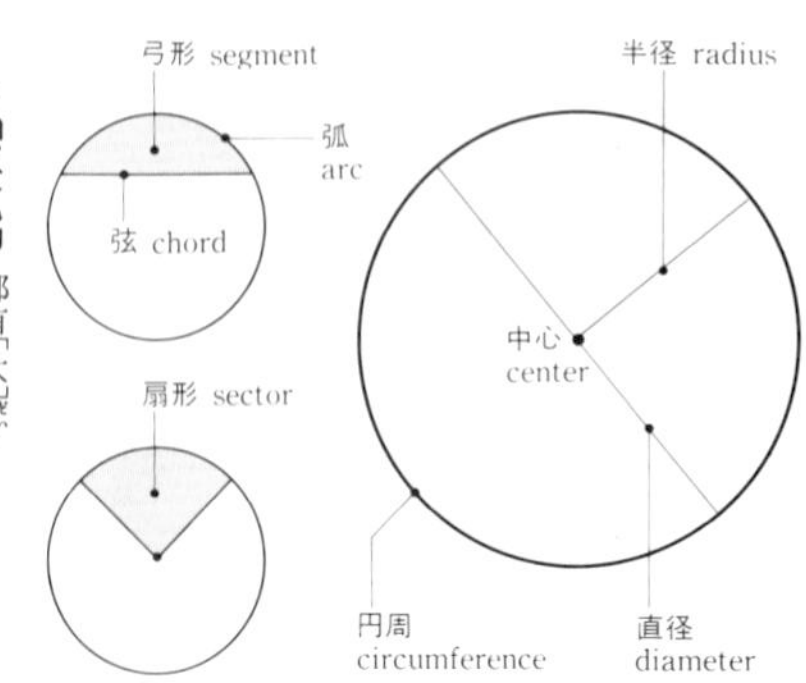


●円②

**エン** 8画 **[▼奄]** 部首[大] JIS 1766
音 エン
①おおう。かぶせる。「奄然」②たちまち。急に。にわかに。「奄然」③ふさぐ。ふさがる。精気がなくなる。「奄々」

**エン** 8画 **[▼宛]** 部首[宀] JIS 1624
音 エン
①あたかも。まるで。丁度。「宛然」②かがむ。まげる。まがる。「宛転」③あて。名ざし。④ずつ。同じ量を割りあてる意。一定の量や程度がくりかえされる意。

**エン** 8画 **[延]** 部首[廴] 教育小6 JIS 1768
7画 **[▼延]** 旧字
音 エン
訓 のびる・のべる・のばす
①のびる。おくれる。のばす。おくらす。「順延・遅延」「延期・延滞」②ひろがる。のべる。比較 伸。「延焼」③ひく。ひきいれる。「延引」④のべ。総計。かけね。

**エン** 8画 **[▼苑]** 部首[艹] 人名用 JIS 1781
音 エン・オン・ウツ
①その。にわ。囲いをつくって、花や木を植えたところ。また、鳥や獣を飼育するところ。「御



↓行き先項目、図版・写真参照印。 JIS 日本工業規格情報交換用漢字符号コード(区点コード)。

苑・禁苑・神苑」「苑地」②ものごとの集まるところ。「芸苑・文苑」

**エン** 8画【沿】部首[氵]さんずい 教育小6 JIS 1772 ／ 8画【▼沿】異体字
音**エン** 訓**そう**
沿 沿 沿 沿 沿 沿 沿 沿
①そう。長いものに、そう。「沿海・沿岸・沿線・沿道」②よる。これまでどおりのことに、したがう。「沿革」

**エン** 8画【炎】部首[火]ひ 常用 JIS 1774
音**エン** 訓**ほのお**
①ほのお。ほむら。「火炎」②もえる。やける。やく。「炎上」③ひどくあつい。ほのおのようなあつさ。「炎暑・炎天」④熱のでる病気。「気管支炎・盲腸炎」「炎症」

**エン** 9画【▼咽】部首[口]くちへん JIS 1686
音エン・イン・エツ
①のど。のんど。②のむ。のみこむ。↓イン・エツ[咽]

**エン** 9画【▽垣】部首[土]つちへん 常用 JIS 1932
音エン 訓**かき**
かき。かきね。「垣籬」

**エン** 9画【▼弇】部首[廾]にじゅうあし
音エン
おおう。かぶせる。

**エン** 9画【▼怨】部首[心]こころ JIS 1769
音エン・オン
うらむ。かたきと思う。うらみ。「旧怨・閨怨・私怨・宿怨」「怨言・怨恨・怨嗟・怨府」↓オン[怨]

**エン** 9画【▼爰】部首[爫]つめかんむり JIS 6409
音エン
①ここに。ここにおいて。そこで。②かえる。とりかえる。交換する。

**エン** 9画【▼衍】部首[行]ゆきがまえ JIS 6207
音エン
①あふれる。みちあふれる。②はびこる。ひろがる。ひろげる。「敷衍」③あまる。余分な。「衍字・衍文」

**エン** 10画【▼俺】部首[人・亻]にんべん JIS 1822
音エン
おれ。われ。わし。自称。同等、または、それ以下の人に対して用いる。

**エン** 10画【▼冤】部首[冖]わかんむり JIS 4945 ／ 11画【▼寃】部首[宀]うかんむり 異体字 JIS 5367
音エン
ぬれぎぬ。無実の罪。「冤罪」用例(名)―をそそぐ。

**エン** 10画【▼埏】部首[土]つちへん
音エン・セン
①はて。地のきわまるところ。②墓穴へはいっていく道。墓道。

**エン** 10画【宴】部首[宀]うかんむり 常用 JIS 1767
音**エン**
①たのしむ。いこう。②さかもり。うたげ。「酒宴・祝宴」「宴会」用例(名)花見の―。

**エン** 10画【▼莚】部首[艹]くさかんむり JIS 7215
音エン
①はびこる。のびひろがる。②むしろ。㋐わらなどを編んでつくった敷物。㋑席。座席。場。

**エン** 10画【▼悁】部首[忄]りっしんべん JIS 5590
音エン・ケン
①うれえる。なやむ。②いかる。おこる。「悁忿」

**エン** 10画【▼捐】部首[扌]てへん JIS 5748
音エン
①すてる。とりのぞく。②寄付する。金品をだす。「義捐」

**エン** 10画【▼袁】部首[衣]ころも JIS 7447
音エン・オン
①ゆったりと長い衣服。②中国人の姓の一つ。

**エン** 11画【▼偃】部首[人・亻]にんべん JIS 4880
音エン
①ふせる。ふす。たおれる。「偃仆」②やめる。戦いをやめる。「偃武」③やすむ。いこう。

**エン** 11画【▼婉】部首[女]おんなへん JIS 5322
音エン
①うつくしい。年が若くて、うつくしい。「優婉」②しとやか。しなやか。すなお。「婉然」③角がたたないようにいう。遠まわしにいう。「婉曲」

**エン** 11画【▼掩】部首[扌]てへん JIS 1770
音エン
①おおう。おおいかくす。「掩蔽」②かくまう。かばう。「掩護」

**エン** 11画【▼淵】部首[氵]さんずい JIS 4205 ／ 11画【▼渊】異体字 JIS 6228 ／ 11画【▼淵】異体字 JIS 6229
音エン
①ふち。川などの水が、深くよどんでいるところ。「深淵」「淵源」②ものごとの集まるところ。「淵藪・淵叢」③ふかい。おくふかい。④しずか。

**エン** 11画【▼淹】部首[氵]さんずい JIS 6227
音エン
①ひたす。水につける。ひたる。つかる。②いれる。茶をいれる。③とどまる。ながくとどまる。④広くいきわたる。

**エン** 11画【▼焉】部首[灬]れっか JIS 6365
音エン
①いずくんぞ。なんぞ。どうして。疑問・反語の意を示す。②ここに。これ。③形容詞に添えて用いる。「忽焉」④句末や文末に用いる。「終焉」

**エン** 12画【▼堰】部首[土]つちへん JIS 1765
音エン
せき。いせき。水流をせきとめたり、調節したりするためのしきり。ダム。「堰堤」

**エン** 12画【▼媛】部首[女]おんなへん JIS 4118
音エン
ひめ。①貴人のむすめ。身分の高い女。②たおやめ。美女。美人。「才媛」

**エン** 12画【▼掾】部首[扌]てへん JIS 5765
音エン
①たすける。②したやく。補佐役。属官。③じょう。㋐大宝令で、国司の三等官。㋑浄瑠璃の太夫の芸名につけて用いる。

**エン** 12画【▼揜】部首[扌]てへん
音エン・アン
①とる。うばいとる。②おおう。かぶせる。③かくまう。かばう。

**エン** 12画【援】部首[扌]てへん 常用 JIS 1771 ／ 12画【▼援】旧字
音**エン**
①ひく。ひっぱる。「援引・援用」②たすける。すくう。たすけ。類似助。「救援・後援・声援」「援護・援助・援兵」

**エン** 12画【▼湲】部首[氵]さんずい JIS 6251
音エン・カン
①「潺湲」は、水の清らかに流れるさま。また、さらさらというその音。②「湲々」は、激流にまきこまれてしまうさま。また、水の流れる音のさま。↓カン[湲]

**エン** 12画【▼焰】部首[火]ひへん ／ 16画【▼燄】異体字 ／ 11画【▼焔】異体字 JIS 1775
音エン
ほのお。ほむら。「火焔・気焔」

**エン** 13画【園】部首[囗]くにがまえ 教育小3 JIS 1764 →教育小2 ／ 16画【▼薗】部首[艹]くさかんむり 異体字 JIS 1782
音**エン**・オン 訓**その**
園 園 園 園 園 園 園 園 園 園 園 園 園
その。①にわ。類似苑。「公園・名園」②草や木などを植えた一区画。「菜園・植物園」③一かこいの場所。「学園・動物園・幼稚園・楽園」

**エン** 13画【塩】部首[土]つちへん 教育小4 JIS 1786 ／ 24画【▼鹽】部首[鹵]しお 旧字 JIS 8337
音**エン** 訓**しお**
塩 塩 塩 塩 塩 塩 塩 塩 塩 塩 塩 塩 塩
①しお。「岩塩・食塩」「塩田」②元素の一つ。塩素のこと。「塩化水素・塩酸」③陽イオンと陰イオンが電気的に中和して生ずる化合物。「錯塩・酸性塩・正塩・炭酸塩・複塩」④「塩基」は、水酸基をもつ化合物。「塩基性」

**エン** 13画【遠】部首[辶]しんにゅう 教育小2 JIS 1783 ／ 14画【▼遠】部首[辶]しんにゅう 旧字
音**エン**・**オン** 訓**とおい**
遠 遠 遠 遠 遠 遠 遠 遠 遠 遠 遠 遠 遠
①とおい。とおいところ。おち。対義近。「永遠」「遠近・遠景・遠来」②深く、大きい。おくふかい。「深遠」「遠大」③とおのく。とおざかる。とおざける。「疎遠」「遠心力」④遠江国のこと。「駿遠参」「遠州」↓オン[遠]

**エン** 13画【煙】部首[火]ひへん 常用 JIS 1776 ／ 13画【▼煙】旧字 ／ 10画【▼烟】異体字 JIS 6361
音**エン** 訓**けむる・けむり・けむい**
①けむり。けぶり。けむる。けぶる。「煙害・煙突」②ぼうっとかすんだもの。「雲煙・水煙」「煙雨」③すす。すすける。「煤煙・油煙」④タバコ。または、アヘン。「喫煙・禁煙」⑤けむい。けむたい。

**エン** 13画【猿】部首[犭]けものへん 常用 JIS 1778 ／ 12画【▼猨】異体字
音**エン** 訓**さる**
サル。ヒト以外のサル目に属する哺乳動物。ましら。「意馬心猿・犬猿・野猿・類人猿」「猿猴・猿人・猿臂」

**エン** 13画【▼筵】部首[竹]たけかんむり JIS 6807
音エン
むしろ。①竹やわらなどを編んでつくった敷物。「筵道」②席。座席。場。「講筵」

**エン** 13画【▼蜒】部首[虫]むしへん JIS 7367
音エン・タン
蛇などのように、うねうねと長いさま。「蜿蜒」

**エン** 13画【鉛】部首[金]かねへん 常用 JIS 1784 ／ 13画【▼鈆】異体字
音**エン** 訓**なまり**
なまり。元素の一つ。青灰色で重く、軟らかくて、熱にとけやすい金属。「亜鉛・黒鉛」「鉛版・鉛筆」

**エン** 14画【▼厭】部首[厂]がんだれ JIS 1762
音ヨウ・エン
①あきる。たりる。みちる。②いとう。つかれる。いやになる。「倦厭」「厭人・厭世・厭戦・厭離穢土」

**エン** 14画【▼嫣】部首[女]おんなへん JIS 5333
音エン
①にっこりとほほえむさま。「嫣然」②うつくしいさま。

**エン** 14画【演】部首[氵]さんずい 教育小5 JIS 1773
音**エン**
演 演 演 演 演 演 演
①ひろがる。ひろげる。「演義」②のべる。とく。説明をする。「講演」「演説・演壇」③する。おこなう。「出演・上演・独演」「演技・演劇・演習・演奏」

**エン** 14画【▼蜿】部首[虫]むしへん JIS 7379
音エン
蛇などが、うねうねとからだをくねらせて、はう。「蜿蜒」

**エン** 14画【▼鳶】部首[鳥]とり JIS 3848
音エン
①とび。㋐トビ。ワシタカ科の鳥。とんび。㋑とび色。㋒とび口。㋓とび職。②とんび。㋐二重回し。インバネス。㋑空き巣ねらい。

**エン** 15画【縁】部首[糸]いとへん 常用 JIS 1779

▼常用漢字表外。 ▽常用漢字表の音訓外。

**エン** 15画 【▾縁】 旧字
音エン 訓**ふち**
①ふち。へり。「縁側・縁台」用例(名)——から落ちる。②よる。ちなむ。たどる。「由縁」③ゆかり。えにし。親子・夫婦などのつながり。「縁故・縁者・縁辺」用例(名)親子の——。④仏教で、原因をたすけて結果を生じさせる条件。間接の原因。めぐりあわせ。「因縁」「縁起・縁日」用例(名)前世の——。↓寺図
**縁が切れる**(えんがきれる) 関係がなくなる。交わりが絶たれる。be cut off
**縁と浮世は末を待て**(えんとうきよはすえをまて) 良縁とよい機会は、自然に巡って来るのを待つべきで、あせってはいけない。
**縁無き衆生は度し難し**(えんなきしゅじょうはどしがたし) 仏縁のない者は救えないように、いくら言っても聞く耳をもたない者は、救いようがない。
**縁に付ける**(えんにつける) 嫁入りさせる。縁付ける。
**縁に繋がる**(えんにつながる) 血縁関係がある。be related to someone by blood
**縁に連るれば唐の物**(えんにつるればとうのもの) 《縁があれば遠方の珍しいものも口にすることができる、の意から》何かの因縁で、思いがけないものとつながりができるというたとえ。
**縁の下の力持ち**(えんのしたのちからもち) ↓えんのした(縁の下) 「の」の下略。
**縁は異なもの**(えんはいなもの) 「縁は異なもの味なもの」の下略。
**縁は異なもの味なもの**(えんはいなものあじなもの) 夫となり妻となる縁は、不思議なものだ。縁は異なもの。Marriage is destiny.
**縁も縁も無い**(えんもゆかりもない) 何のかかり合いもない。まったく関係がない。have no connection with
**縁を切る**(えんをきる) ①夫婦や親子などの関係を解消する。break off a connection with 用例兄弟の——。②あることとの関係を絶つ。cut off one's relationship
**縁を離る**(えんをはなる) 世俗的な生活のつながりを断ち切る。

**エン** 15画 【▾蝘】 部首[虫]
音エン
①なつぜみ。セミの一種。②「蝘蜓」は、ヤモリ。トカゲ目に属する爬虫類。

**エン** 15画 【▾豌】 部首[豆] JIS 7618
音ワン・エン
「豌豆」は、マメ科の一、二年草。

**エン** 15画 【▾踠】 部首[足]
音エン・オン
①かがむ。かがめる。まげる。②もがく。あがく。いらだつ。

**エン** 16画 【圜】 部首[口] JIS 5208
音カン・エン
まる。まるい。輪形の。↓カン[圜]

**エン** 16画 【▾燕】 部首[灬] JIS 1777
音エン
①ツバメ。スズメ目に属する鳥。つばくらめ。つばくら。つばくろ。「飛燕」「燕雀」②中国の戦国時代の国の一つ。?～前二二二年。現在の河北省北部から遼寧省にあった。七雄の一つ。秦の始皇帝に滅ぼされた。

**エン** 16画 【▾錵】 部首[金] JIS 7892
音エン
①はかりざら。秤の、はかるものをのせる皿。②かなまり。金属でつくったわん。

**エン** 16画 【▾閹】 部首[門] JIS 7970
音エン
①宦官。去勢されて、後宮につかえた下級の役人。②門番。宮廷の門の開閉をする人。

**エン** 16画 【▾閻】 部首[門] JIS 7969
音エン
①むらざとの門。また、むらざと。②みめよい。うるわしい。③梵語yam・jamの音訳字。「閻魔」

**エン** 16画 【▾鴛】 部首[鳥] JIS 1785
音エン
「鴛鴦」は、オシドリ。ガンカモ科の鳥。おすを鴛、めすを鴦という。

**エン** 17画 【▾檐】 部首[木] JIS 6089
音エン・タン
のき。ひさし。屋根の下はしの、建物の外がわにはりでた部分。

**エン** 17画 【▾篶】 部首[竹] JIS 6846
音エン
黒い竹。

**エン** 17画 【▾轅】 部首[車] JIS 7755
音エン
ながえ。馬車・牛車などにつけられた二本のかじ棒。前に長くつきでている。

**エン** 19画 【▾厴】 部首[厂]
音エン
へた。ふた。巻き貝がからだを貝殻の中にひっこめたとき、殻の口をふさぐふた。

**エン** 19画 【▾嚥】 部首[口] JIS 5175
音エン
①のど。のんど。②のむ。のみこむ。「嚥下(えんか・えんげ)」

**エン** 19画 【▾櫞】 部首[木] JIS 6109
音エン
「枸櫞」は、ミカン科の常緑低木。マルブシュカン。シトロン。

**エン** 19画 【▾簷】 部首[竹] JIS 6851
音エン
のき。ひさし。屋根の下はしの、建物の外がわにはりでた部分。

**エン** 19画 【▾艶】 部首[色] 人名用 JIS 1780
24画 【▾艷】 旧字 JIS 7170
28画 【▾豔】 部首[豆] 異体字
音エン
①なまめかしい。あでやか。「豊艶・妖艶」「艶歌・艶冶・艶麗」用例古語(形動ナリ)女は、なほいと——に恨みかくるを(源氏・紅葉賀)。②優美なさま。用例古語(形動ナリ)霧の迷ひは、いと——にぞ見えける(源氏・野分)。③つや。㋐光沢。㋑お世辞。㋒おもしろみ。㋓情事。「艶書・艶福・艶文・艶聞」

**エン** 20画 【▾臙】 部首[月] JIS 7135
10画 【▾胭】 異体字
音エン
①べに。紅色の顔料。「臙脂」②のど。のんど。

**エン** 20画 【▾鰋】 部首[魚]
音エン
ナマズ。ナマズ目に属する淡水魚。

**エン** 22画 【▾鼴】 部首[鼠]
23画 【▾鼹】 異体字
音エン
モグラ。モグラ目に属する哺乳動物。もぐらもち。むぐら。

**エン** 23画 【▾讌】 部首[言] JIS 7607
23画 【▾醼】 部首[酉] 異体字
音エン
①さかもり。うたげ。②たのしむ。いこう。

**エン** 23画 【▾饜】 部首[食]
音エン
あきる。くいあきる。たりる。みちる。いやになる。

**エン** 24画 【▾魘】 部首[鬼] JIS 8222
音エン
夢におそわれる。うなされる。恐ろしい夢をみて、おびえうめく。

**エン** 26画 【▾黶】 部首[黒] JIS 8365
音エン・アン
ほくろ。皮膚の表面にある小さい黒い点。

**えん-あん【宴安】** 何もせず、遊び楽しんで暮らすこと。安逸。
**宴安は鴆毒**(えんあんはちんどく) いたずらに遊び楽しむことは、毒薬と同じで、その人を損ない、滅ぼすものである。

**えん-あん【塩安】** 《「塩化アンモニウム」の略》アンモニアに塩酸を作用させてできる無色の結晶。水に溶ける速効性の窒素質肥料で、効果は硫安(＝硫酸アンモニウム)と同じ。ammonium chloride

**えんあん【延安】** 中国、陝西省北部の都市。中国共産党と解放軍が根拠地としたことで知られ、毛沢東らの住んだ洞窟住居が史跡として残されている。人口二五・四万(一九八四)。イエンアン。

**えんあん-ソーダほう【塩安ソーダ法】** ソーダ灰と塩安とを同時に生産する方式。アンモニア-ソーダ法の改良型。日本で開発され、一九五〇年から実施。ammonium chloride soda process

**えん-いん【延引】**(名・サ変自) 予定よりおそくなること。遅延。delay

**えん-いん【援引】**(名・サ変他) 他の説を引いて援用すること。

**えん-いん【遠因】** 遠い原因。間接の原因。対義近因。

**えん-う【煙雨】** けむったような細かい雨。「drizzle

**えんうん-じゅうろくしゅう【▾燕雲十六州】** 九三七年、石敬瑭が後晋を建国にあたり、契丹(＝遼)に割譲した中国河北省北部の歴史的呼称。燕(現在の北京)と雲(現在の大同)を含む一六州は、これより宋代まで契丹の領有となった。

**えん-うんどう【円運動】** 円周上を回る物体の運動。向心力だけが作用するときは等速円運動になり、接線方向に力が加われば接線加速度を生じる。circular motion

**えん-えい【遠泳】**(名・サ変自) 長距離、または長時間の水泳。一般には、耐水訓練のために集団で遠距離を泳ぐこと。long-distance swimming

**えん-えき【演▾繹】**(名・サ変他) ①一つの事柄をもとに他の事柄へとおし広めて、明らかにすること。deduction ②対義帰納。㋐論理学で、経験にたよらず、一般的原理から特殊な事実を推理すること。間接的推理。㋑心理学で、一般的事実から、あまり一般的でない特殊な事実を推理すること。deduction

**えんえき-てき【演▾繹的】**(形動) 議論を進めるのに演繹の方法を重視する態度。deductive 対義帰納的。

**えんえき-ほう【演▾繹法】** 論理学で、一般的な命題から特殊な命題を導き出す論法。MはPである、PはSである、ゆえにMはSであると結論する三段論法が代表例。deduction 対義帰納法。

**えん-えん【煙炎・煙▾焔】** 煙とほのお。
**煙焔、天に張る**(えんえん、てんにみなぎる) 煙と炎が空一面に満ちる。火災の勢いよく燃え広がるようすにいう。

**えん-えん【▾燄▾燄】**(名・形動トタル) 火が燃え始めて、まだ勢いのさかんでないこと・さま。
**燄燄に滅せずんば炎炎を若何せん**(えんえんにめっせずんばえんえんをいかんせん) 火は燃え始めた時に消さないと、大きくなってからではどうしようもなくなる。災いは、小さいうちにくいとめなければならない。

**えん-えん【▾奄▾奄】**(形動トタル) 息の絶え入りそうなさま。gasping 用例気息——。

**えん-えん【延延】**(形動トタル) ①時間が長く続くさま。on and on 用例会議が——と長引く。②《「蜿蜒」とも》うねうねと長いさま。meander 用例——長蛇の列。

**えん-えん【炎炎】**(形動トタル) 火がさかんに燃えるさま。用例——と燃えさかる。

**えん-えん【▾蜿▾蜒】**(形動トタル) ↓えんえん(延延)②

**えん-おう【▾鴛▾鴦】** オシドリの漢名。
**鴛鴦の契り**(えんおうのちぎり) 夫婦の約束。用例——を結ぶ。
**鴛鴦の仲**(えんおうのなか) 夫婦仲のよいこと。
**鴛鴦の衾**(えんおうのふすま) 男女が共寝する夜具。おしの衾。

**えんおう【延応】** 鎌倉中期の年号。暦仁から改元。元年(一二三九)二月七日～二年(一二四〇)七月一六日。次に、仁治に改元。

**えん-おん【延音】** ↓えんげん(延言)

**えん-か【円価】** ①円の貨幣価値。yen value ②円の国際市場での購買力。円為替相場。yen value

**えん-か【円貨】** 日本の円で表示された貨幣。邦貨の意味でも使われる。yen currency

**えん-か【塩化】** ①塩素と化合すること。②ある元素名の前につけて、その元素が塩素と化合物をつくっていることを示す。chlorination

**えん-か【煙▾霞・▾烟▾霞】** ①けむりと、かすみ。もやとかすみ。mist ②山水のけしき。

**えん-か【演歌・▾艶歌】** ①日本の大衆音楽の一分野。自由民権思想を普及するための演説歌が起源。『ダイナマイトドン節』『ラッパ節』など。用例——師。②ウエットな情感をもつ大衆音楽としての流行歌。「泣き節」という小節をきかせた唱法で歌われる。

**えん-か【縁家】** ①婚姻で結ばれた家。②縁故のある人・家。

**えん-か【▾轅下】** 馬車・牛車などの、ながえの

下。転じて、人の支配下にある人。部下。

**轅下の駒**《まだ力が弱く、車をひいても動かない意。「駒」は、二歳馬のこと》人の束縛を受けて、思う存分に力を発揮できないたとえ。

**えん-か【▼嚥下】**(名・サ変他) ↓えんげ(嚥下)

**えんか-あえん【塩化亜鉛】** 化学式$ZnCl_2$ 潮解性の大きい白色の粉末。脱水剤、木材の防腐剤、乾電池の材料、収斂剤などに利用。zinc chloride

**えんか-アセチル【塩化アセチル】** 化学式$CH_3COCl$ 無色の気体。空気中で発煙し、目を刺激する。アセチル化合物の製造原料。水分の定量試薬として使用。acetyl chloride

**えんか-アルミニウム【塩化アルミニウム】** 化学式$AlCl_3$ 潮解性をもつ無色の固体。空気中の水分で分解し、塩化水素を発生する。有機合成の触媒などに利用。aluminum chloride

**えんか-アンチモン【塩化アンチモン】** ①塩化アンチモン(Ⅲ)$SbCl_3$ 無色の結晶で潮解性が大きい。アンチモンバター。antimony chloride ②塩化アンチモン(Ⅴ)$SbCl_5$ 無色または淡黄色の液体。炭素を塩素化するさいの触媒に用いる。antimony chloride

**えんか-アンモニウム【塩化アンモニウム】** 化学式$NH_4Cl$ 無色の結晶で水に溶ける。加熱により分解する。肥料、乾電池の電解液、寒剤に利用。塩安。ammonium chloride

**えん-かい【延会】**(名・サ変他) ①会合を別の日に延ばすこと。postponement ②国会などで、議長の権限で議事を打ち切り議事日程を延期すること。adjournment 比較 散会。③株主総会がいったん成立したあとで会を後日に延期した場合の、その後日開かれる総会。adjournment

**えん-かい【沿海】** ①陸地に近い海。inshore 対義 遠洋。用例 —漁業。②海に近い陸地。coast 用例 —地方。

**えん-かい【宴会】** さかもり。酒宴。宴。うたげ。banquet

**えん-かい【遠海】** 陸から遠くはなれた海。遠洋。pelagic 対義 近海。

**えん-かい【縁海】** 大陸の外縁にあり、島や半島で大洋から分けられた海。潮汐や海流は周囲の大洋の影響を直接受ける。日本海・ベーリング海・北海など。epicontinental sea

**えん-がい【円▼蓋】** ①丸形のおおい。②アーチ形の天井。ドーム。dome

**えん-がい【▼掩▼蓋】** ①物にかぶせるおおい。②軍隊で、敵弾を防ぐために、ざんごうなどの上をおおった物。

**えん-がい【塩害】** 塩分を含んだ雨や潮風、高潮による海水の浸入などにより、植物や建造物などが受ける被害。salt injury 参照 潮害防備林。

**えん-がい【煙害】** 各種工場、自動車・火山などから排出される煙によっておこる被害。人畜の呼吸器系疾患や農作物などに影響が出る。公害の一つ。smoke pollution 比較 煙毒。

**えん-がい【鉛害】** ↓なまりこうがい(鉛公害)

**えんか-いおう【塩化硫黄】** 二塩化二硫黄$S_2Cl_2$および二塩化硫黄$SCl_2$がある。前者は刺激臭をもつ発煙性の黄赤色の液体で、ゴムの加硫剤、硫黄の溶剤に利用。後者は暗赤色の液体。sulfur chloride

**えんかい-くいき【沿海区域】** わが国の領土沿岸と、特定の島の海岸から二〇海里以内の海域。船舶安全法施行規則の定めによる。

**えんかい-しゅう【沿海州】** ソ連極東部、アムール川・ウスリー川・日本海に囲まれた地域。一八六〇年、中国領からロシア領に。中心地ウラジオストク。人口一九七・八万(一九七九)。プリモルスキー。

**エンカウンター-グループ【encounter group】** 心理学者のロジャーズが創唱した小集団活動。一〇人前後の小グループで、人間中心の考え方に基づいて相互交流を行い、全員が心理的に成長することをめざすもの。

**えんか-エチル【塩化エチル】** 化学式$CH_3CH_2Cl$ 室温で無色の液体。エーテル臭がある。エチル化剤・麻酔剤・冷凍剤に利用。クロロエタン。ethyl chloride

**えんか-エチレン【塩化エチレン】** 化学式$ClCH_2CH_2Cl$ エチレンに塩素を付加させて得られる無色の重い液体。芳香と甘味がある。ラッカーの溶剤、油脂の抽出剤、衣類のしみ抜きに利用。正式名は1,2-ジクロロエタン。二塩化エチレン。ethylene chloride

**えんか-カリウム【塩化カリウム】** 化学式$KCl$ 水に溶けやすい無色の結晶。カリ肥料・医薬品の原料・電気伝導率測定用塩橋などに利用。potassium chloride

**えんか-カルシウム【塩化カルシウム】** 化学式$CaCl_2$ 吸湿性がきわめて大きい結晶。アンモニア-ソーダ法の副産物。乾燥剤・土質改良剤に利用。calcium chloride

**えんか-きん【塩化金】** 淡黄色結晶の塩化金(Ⅰ)$AuCl$と暗赤色針状結晶の塩化金(Ⅲ)$AuCl_3$がある。写真・めっき・金粉製造などの材料。gold chloride

**えんか-ぎん【塩化銀】** 化学式$AgCl$ 角銀鉱として産するほか、硝酸銀と塩化物の水溶液から白色沈殿として得られる。光で分解して黒化する。写真用感光材料など。silver chloride

**えん-かく【沿革】** ①歴史。history ②時代の経過にともなう物事のうつりかわり。changes

**えん-かく【遠隔】** 遠くはなれていること。remote 用例 —の地。

**えん-がく【円覚】**《仏教語》完全円満な仏の「悟り」。

**えん-がく【縁覚】**《仏教語。pratyekabuddha の訳語》師につかず独力で十二因縁を観じて悟りを得る者。また悟ったのち、人に法を説かず独りでいるもの。独覚。辟支仏。

**えんがく-じ【円覚寺】** 鎌倉市山ノ内にある臨済宗円覚寺派の大本山。鎌倉五山の一つ。弘安五年(一二八二)北条時宗の創建。開山は無学祖元。

**えんかく-せいぎょ【遠隔制御】** ↓えんかくそうさ(遠隔操作)

**えんかく-そうさ【遠隔操作】** 離れた位置から機器や装置などを運転・制御すること。油圧などによる機械的方法と、無線などによる電気的方法があり、航空機・ロケットなどの制御に有効。遠隔制御。リモートコントロール。remote manipulation

**えんか-コバルト【塩化コバルト】** 化学式$CoCl_2$ 無水和物は青色、水和物は赤色になるため、あぶり出しや乾燥剤の乾湿の指示に利用。cobalt chloride

**えんかコバルト-し【塩化コバルト紙】** 塩化コバルトの水溶液を濾紙に吸収させて乾燥したもの。乾燥状態では青色、湿ると桃色ないし赤色に変色。乾湿指示用の試験紙。cobalt chloride paper

**えんか-し【演歌師・▼艶歌師】** バイオリンを弾きながら街頭で歌を聞かせ、歌の本を売る芸人。明治末年から大正期まで流行。

**えんか-すいぎん【塩化水銀】** 塩化水銀(Ⅰ)$Hg_2Cl_2$および塩化水銀(Ⅱ)$HgCl_2$がある。前者は甘汞・カロメルともいい、水に溶けにくい劇薬で、下剤などに利用。後者は昇汞ともいい、水に溶ける猛毒で、消毒剤・防腐剤に利用。ともに医薬品に利用。mercury chloride

**えんか-すいそ【塩化水素】** 化学式$HCl$ 塩素と水素の化合物。刺激臭がある無色の気体。火山ガス中に存在。水に溶かして塩酸を製造。hydrogen chloride

**えんか-すず【塩化▼錫】** 塩化錫(Ⅱ)$SnCl_2$および塩化錫(Ⅳ)$SnCl_4$がある。前者は無色の結晶で、酸性溶液は重要な還元試薬として利用。後者は無色の液体で、重合反応の触媒に利用される。tin chloride

**えん-かつ【円滑】**(形動) ①かどがたたず、なめらかなさま。smooth ②物事がとどこおらずに進行するさま。to go on smoothly 用例 ことが—に運ぶ。

**えんか-てつ【塩化鉄】** 塩化鉄(Ⅱ)$FeCl_2$および塩化鉄(Ⅲ)$FeCl_3$がある。前者は淡黄緑色で、空気中で徐々に酸化されて塩化鉄(Ⅲ)に変わる。後者の六水和物は黄色で潮解性をもつ。酸化剤・媒染剤・青写真の原料に利用。iron chloride

**えんか-どう【塩化銅】** 塩化銅(Ⅰ)$CuCl$および塩化銅(Ⅱ)$CuCl_2$がある。前者は水に溶けにくい白色の結晶で、触媒・ガス吸収剤・殺虫剤に利用される。後者は潮解性をもち、水に溶けやすく、触媒・媒染剤に利用。copper chloride

**えんか-ナトリウム【塩化ナトリウム】** 化学式$NaCl$ 塩素とナトリウムの化合物。塩。食塩。海水中に約二・八%含まれるほか、岩塩として産出。無色の六面体結晶。食用のほか、寒剤、塩素や塩酸の製造原料に利用。sodium chloride

**えんか-バリウム【塩化バリウム】** 化学式$BaCl_2$ 無色の結晶で有毒。分析試薬やレーキ顔料に利用される。barium chloride

**えんか-ビニル【塩化ビニル】** 化学式$CH_2=CHCl$ 無色の気体。ポリ塩化ビニルなど合成樹脂の原料。vinyl chloride

**えんかビニル-じゅし【塩化ビニル樹脂】** 塩化ビニル$CH_2=CHCl$のポリマー。可塑剤の混入度で硬質(水道管用など)、軟質(フィルム用など)に分類される。ポリ塩化ビニル。ビニル。塩ビ。PVC。vinyl chloride resin

**えんか-ぶつ【塩化物】** 塩素と、塩素より陽性な元素や基との化合物の総称。ほとんどの元素が塩化物をつくる。chloride

**えんか-マグネシウム【塩化マグネシウム】** 化学式$MgCl_2$ 海水中に苦汁の成分として存在。無水物は金属マグネシウムの精錬に、また水和物は豆腐の凝固剤に用いられる。magnesium chloride

**えんか-メチル【塩化メチル】** 化学式$CH_3Cl$ 無色の気体で芳香をもつ。メチル化剤・冷媒・有機合成用原料など。クロロメタン。methyl chloride

**えんがる【遠軽】**〈町〉北海道北東部、湧別川中流の町。林業・酪農などが中心。瀬戸瀬温泉がある。人口二万一九五(一九八八)。

**エンカルナシオン【Encarnación】** パラグアイ南東の国境、パラナ川に臨む河港都市。農林産物の集散地。人口二・九万(一九八三)。

**えん-がわ【縁側】** 和風住宅で、部屋の外周部に設け、廊下や出入り口として用いる細長い板敷。外側に雨戸やガラス戸を立て戸外と仕切るものと、それをしない濡れ縁とがある。縁。↓和風住宅 図

**えん-かわせ【円為替】** 円建ての外国為替。輸出入取引を円表示の輸出入手形によって決済すること。yen exchange

**えん-かん【鉛管】** なまりでできたくだ。給水・ガス供給などに使う。leaden pipe

**えん-がん【沿岸】** ①川・湖・海にそった陸地。coast 用例 —道路。②川・湖・海の、岸にそった水域。coast 用例 —航路。

**えん-がん【遠眼】** 遠視。far-sightedness 対義 近眼。

**えんがん-かい【沿岸海】** 領土に接している海洋の一定部分。最低潮位のときの海岸線から三海里(=約五・六km)以内とされ、その沿岸国に主権がある。沿岸領海。

**えんかん-ぎょ【塩乾魚】** 塩に漬けて、干したさかな。

**えんがん-ぎょぎょう【沿岸漁業】** 海岸線から三海里(=約五・六km)以内の、陸地近くの海で行われる漁業。行政上は一〇トン未満の漁船漁業・定置網漁業および浅海養殖業をいう。inshore fishery 対義 遠洋漁業。

**えんがん-けいびたい【沿岸警備隊】** 海上における法秩序・安全維持のために設置された、アメリカやイギリスなどの機関。密貿易・密出入国の監視、海難救助などを任務とする。日本では海上保安庁がこれに相当。coast guard

**えんがん-す【沿岸州】** 海岸線にほぼ平行して、海中に細長く続く砂礫の堆積地形。遠浅の砂質海岸に多い。アメリカの大西洋沿岸、メキシコ湾岸など。offshore bar; barrier

**えん-かんたい【円環体】** 円を円外の一直線の回りに一回転させてできる立体。ドーナツ形。solid torus

**えんがん-どうぶつ【沿岸動物】** 沿岸帯で生活する動物。沿岸帯は、湖沼では岸から水深三〜二〇m、海洋では水深一五〇〜二〇〇mまで。

**えんかんるいかん【▼淵鑑類▼函】** 清代の類書。四五〇巻。康熙帝の命により張英・王士禎らが編集。一七一〇年(康熙四九)成立。

**えん-き【延期】**(名・サ変他) 決めた期限をのばすこと。日のべ。postponement

**えん-き【塩基】** 水溶液中で水酸化物イオン$OH^-$を生じ、酸を中和して塩をつくる物質の総称。水酸化ナトリウム・アンモニアなど。base 対義 酸。

**えん-き【遠忌】** ↓おんき(遠忌)①

**えんき【▼焉▼耆】** 中国、新疆ウイグル自治区、カラシャールの中国名。東西交通の要地として中国西域経営の拠点とされていた。イエンチー。

**えんぎ【延喜】** 平安初期の年号。昌泰から改元。元年(九〇一)七月一五日〜二三年(九二三)閏四月一一日。次に、延長に改元。

**えん-ぎ【演技】**(名・サ変自) ①役者などが、わざを演ずること。わざ。芸。performance 用例 —力。②見せるために、わざとすること・行為。acting 用例 —過剰。

**えん-ぎ【演義】** ①事実をわかりよく、おもしろく説くこと。②中国で、歴史上の事実を俗語でおもしろく書いた本。用例『三国志—』。

**えん-ぎ【縁起】** ①《仏教語。pratītyasamutpā-

▼常用漢字表外。▽常用漢字表の音訓外。

da梵の訳語。因縁生起の意》仏教の基本的教理。すべての事象は原因と条件によって生起すること。②社寺などの成立由来や、神仏の霊験を説いたもの。③吉凶をみちびくきざし。前兆。omen [用例]—をかつぐ。

**縁起でもない** ①さい先が悪い。inauspicious ②とんでもない。Absurd!

**縁起を祝う** よい事があるようにと、祝いをして祈る。

**縁起を担ぐ** ほんの小さなことでも、縁起のよしあしを気にする。believe in omens

**えんぎきゃく【延喜格】** 貞観一一年(八六九)施行の貞観格以後の詔勅・官符を集めた平安時代の法典。一二巻。延喜七年(九〇七)成立。

**えんぎしき【延喜式】** 平安時代中期の律令の施行細則。律令政治の基本とされたもので、弘仁式、貞観式の後をうけて編集された式の集大成。五〇巻。禁中の年中儀式や制度などについて記す。

**えんき-せい【塩基性】** 塩基のもつ基本的な性質。pH七以上を示し、赤色リトマス試験紙を青変。アルカリ性と明確な区別をしないで使うことが多い。苦味があり、皮膚を冒す。basic [対義]酸性。

**えんきせい-えん【塩基性塩】** 塩を形式的に分類した場合の名称。水酸基または酸素原子を含む塩。前者はヒドロオキシ塩とよばれ、Pb(OH)Clなど。後者はオキシ塩とよばれ、BiOClなど。basic salt

**えんきせい-がん【塩基性岩】** 火成岩を化学組成により分類する場合、珪酸分の含有量が四五〜五二%と少なく、鉄やマグネシウムに富むもの。玄武岩・斑糲岩など。basic rock [対義]酸性岩。

**えんきせい-さんかぶつ【塩基性酸化物】** 水に溶けて塩基になり、酸を中和して塩をつくる酸化物。金属の酸化物のCaOや$Na_2O$などがある。basic oxide

**えんきせい-せんりょう【塩基性染料】** 分子内にアミノ基などの塩基性基を含む水性染料。色調は鮮明で、羊毛・絹・合成繊維などに使用。カチオン染料。basic dye

**えんき-ど【塩基度】** ①酸の一分子が金属イオンと置換しうる水素イオンの数。塩基性の強さを表す。塩基性度。basicity ②スラグ中の酸化カルシウムと二酸化珪素の重量比。basicity

**えんぎ-なおし【縁起直し】** 悪い前兆を、よいほうに向くように祝い直すこと。wish for better luck

**えんぎ-もの【縁起物】** よいことがあるようにと、縁起を祝うための品物。社寺の縁日や年の市などで売られる招き猫・だるま・熊手などの類。luck bringer

**えんきゅう【延久】** 平安中期の年号。治暦から改元。元年(一〇六九)四月一三日〜六年(一〇七四)八月二三日。次に、承保に改元。

**えんきょう【延享】** 江戸中期の年号。寛保から改元。元年(一七四四)二月二一日〜五年(一七四八)七月一二日。次に、寛延に改元。

**えんきょう【延慶】** 鎌倉末期の年号。徳治から改元。元年(一三〇八)一〇月九日〜四年(一三一一)四月二八日。次に、応長に改元。

**えん-きょう【塩橋】** 化学電池などで、二つの溶液を混合させないで電気的に連結する装置。逆U字形のガラス管内に塩類の水溶液を満たしたものなど。salt bridge

**えんぎょう-じ【円教寺】** 姫路市書写山にある天台宗の寺。山号は書写山。康保三年(九六六)性空が開山。西国三十三所第二七番の札所。書写寺。

**えん-きょく【宴曲】** 《「早歌」の文学史での呼称》鎌倉時代から室町時代に流行した叙事的長編歌謡。武士を中心に、おもに宴席で歌われ、早歌とよばれた。七五調が基本の句の連続形式で、和漢の故事などを美辞麗句で歌った。僧明空が多く作り、他に鎌倉武士の作者もあると推定される。『宴曲集』『宴曲抄』など八部一六冊に歌詞と譜を集録。[参照]早歌。

**えん-きょく【婉曲】**(形動) 直接でないさま。とおまわし。indirect;euphemism [対義]露骨。[用例]—に断わる。

**えん-きょり【遠距離】** 長い距離。long distance [対義]近距離。[用例]—通勤。

**えんきょり-ていげんせい【遠距離逓減制】** 運賃の決め方の一つ。いくつかの距離の区間を設け、遠くへ行くほど割安になるようにしたもの。[対義]単純距離比例制・均一制。

**えん-きり【縁切り】**(名・サ変自) 肉親・主従、特に、夫婦の関係を切ってしまうこと。break off one's relationship

**えんきり-でら【縁切(り)寺】** 江戸時代、不本意な結婚生活を解消したい女性を救済した尼寺。逃げこんで三年在寺すると、離婚が成立した。鎌倉の東慶寺、群馬県尾島町の満徳寺。かけこみ寺。

**えん-きん【遠近】** 遠くと近く。遠さと近さ。おちこち。distance

**えんきん-ちょうせつ【遠近調節】** 目のレンズの役目をする水晶体の働き。水晶体をつるしている毛様体の伸縮により、水晶体の厚さが変わって、ピントが調整される。accommodation of eye

**えんきん-ほう【遠近法】** 平面上に立体的な視覚表現を与える技法。線遠近法・色彩遠近法などがある。パースペクティブ。perspective

**えんくう【円空】**(一六三二〜九五) 江戸初期の僧・仏師。美濃の人。円空仏といわれる鉈彫りによる荒削りの個性的な神仏像を各地でつくった。↓写

●円空『愛染明王像』。江戸時代(一七世紀)、高山市郷土館保管。

**えん-ぐみ【縁組(み)】**(名・サ変自) ①夫婦となること。結婚。婚姻。marriage ②《「養子縁組み」の略》自然の親子関係にない者が、法律上の養子・養親の関係をつくること。また、その契約。adoption

**エングラー【Gustav Heinrich Adolf Engler】**(一八四四〜一九三〇) ドイツの植物分類学者。エングラー体系という植物分類方式を確立。著書『自然界の植物』『植物の目録』など。

**エンクルマ【Kwame Nkrumah】**(一九〇九〜七二) ガーナの政治家。民族独立運動・アフリカ統一運動指導者。一九五七年独立後の初代首相。六〇年初代大統領。六六年のクーデターで失脚。著書『わが祖国への自伝』など。

**エンクロージャー【enclosure】** ヨーロッパで領主や地主が牧羊・農業改良のため、共同地を垣や溝で囲み、農民の共同用益権を排除したこと。とくにイギリスでは一五世紀末〜一七世紀初め、一八世紀後半〜一九世紀前半の二度行われ、資本制的大農場経営の成立を促進。囲い込み運動。

**えん-ぐん【援軍】** ①応援や救助の軍勢。reinforcements ②加勢のなかま。reinforcements

**えん-げ【嚥下】**(名・サ変他) 物を飲みこむこと。飲食物が咽頭へ押しやられると反射的に嚥下運動が起こり、飲食物は蠕動運動によって胃に運ばれる。swallowing

**えん-けい【円形】** まるいかたち。circle [対義]方形。

**えん-けい【遠景】** ①遠くに見えるけしき。distant view [対義]近景。②画面などにかかれた遠方のもの。バック。background

**えんけい【燕京】** 北京の旧称。

**えん-げい【園芸】** ①果樹・野菜・花木・草花などを栽培すること。horticulture ②造園の技術の総称。gardening

**えん-げい【演芸】** 大衆的な寄席芸能の総称。落語・講談・浪曲・漫才・手品・音曲・舞踊など。variety show [比較]芸能。[数え方]一席・一番。

**えんけい-げきじょう【円形劇場】** ①古代ギリシアや古代ローマにおける劇場の形式。すりばち形をした野外劇場で、底に円形・半円形の舞台、または競技場があり、その周りを階段式に何層もの観覧席が囲む。amphitheater ②舞台を円形にとりまくように客席を設置した劇場。amphitheater ↓写

**えんけい-どうぶつ【円形動物】** 線形動物の異名。

**えんげい-しょくぶつ【園芸植物】** 果樹・花木・庭木・草花・蔬菜などそれぞれの目的に応じて栽培される植物。gardening plant

**えんげい-のうぎょう【園芸農業】** 野菜・花卉を集約的に栽培する農業。大都市への出荷を目的に、都市近郊や遠郊の温暖地・冷涼地で行われる。horticultural agriculture

**エンゲージ【engage】** 婚約すること。

**エンゲージ-リング** 《和製語。engagement ringから》婚約指輪。ふつう、男性から女性に贈られ、左手の薬指にはめる。古代ローマからの風習。

**えん-げき【演劇】** 観客の前で、俳優が台本に基づいて演技する芸術ないし興行。芝居。劇。play; drama [数え方]一幕・一狂言。

**えんげきかいりょう-うんどう【演劇改良運動】** 明治中期の歌舞伎革新運動。政府の欧化政策の一環として、九世市川団十郎や一二世守田勘弥らの同調を得て、福地桜痴・依田学海らが推進。

**えんげき-はくぶつかん【演劇博物館】** 演劇に関する資料を収集・公開する施設。日本では早稲田大学の坪内博士記念演劇博物館が唯一のもの。昭和三年(一九二八)創設。

**エンケ-すいせい【エンケ彗星】** 短周期彗星の一つ。周期は三・三年。その軌道を研究したエンケにちなむ。Encke's comet

●円形劇場① アテネのディオニュソス劇場。前六〇〇年ごろの建造。

**エンゲル【Christian Lorenz Ernst Engel】**(一八二一〜九六) ドイツの社会統計学者。エンゲルの法則で有名。著書『人間の価値』『ザクセン王国における生産および消費水準』など。

**エンゲル-けいすう【エンゲル係数】** 《発見者の名から》生活水準を示す指標の一つ。家計の支出総額に占める飲食費の百分比。Engel's coefficient

**エンゲルス【Friedrich Engels】**(一八二〇〜九五) ドイツの社会主義者・経済学者。マルクスと協力して弁証法的唯物論や資本主義批判の経済学の確立、第一インターナショナルの創設などにつとめた。著書『空想から科学へ』『家族・私有財産および国家の起源』など。↓写

●エンゲルス

**エンゲル-の-ほうそく【エンゲルの法則】** 《発見者の名から》飲食費が家計支出に占める割合は、所得の低い階層ほど高くなるという法則。Engel's law

**えん-げん【延言】** 江戸時代に用いられた国文法の用語。現在、助動詞や接尾語のついた形とされる「語らふ」「いはく」などを「語る」「言ふ」の語尾をのばしたものとされる。延音。

**えん-げん【怨言】** うらんで言うことば。

**えん-げん【淵源】** 物事のおこり。起源。origin

**えんげん【延元】** 日本の南北朝で、南朝の年号。建武から改元。元年(一三三六)二月二九日〜五年(一三四〇)四月二八日。次に、興国に改元。

**えんこ**(名・サ変自) ①《幼児語》足を投げ出し、しりをついてすわること。sit down ②《俗語》自動車などが故障で動かなくなること。break down

**えん-こ【円弧】** 円周の一部分。弧。circular arc

**えん-こ【塩湖】** 塩分の濃い湖。水一ℓの中に塩分を〇・五g以上含む湖をいう。グレートソルト湖、死海など。鹹水湖。鹹湖。salt lake [対義]淡水湖。

**えん-こ【縁故】** ①関係。ゆかり。たより。よしみ。connection [用例]—就職。②縁のつながり。縁つづき。relative [用例]—をたよる。

**えん-ご【援護・掩護】**(名・サ変他) 助け守ること。backing [用例]味方の—。

**えん-ご【縁語】** 古文とくに和歌の修辞技巧の一種。ある語を基準にそれと関連の深い語を配置すること、またその語。「糸」に対して「よる」「乱れる」など。

**えん-こう【円光】** 《仏教語》仏・菩薩の頭のまわりから出る光。後光。nimbus

**えん-こう【猿▼猴】** サル類の異称。
**猿猴が月** 「猿猴捉月」と同意。
**猿猴捉月** 《サルが水に映った月を取ろうとしておぼれ死んだという寓話から》身のほど知らずの望みを持って失敗することのたとえ。

**えんこう-いた【縁甲板】** 細長い床張り用の板。厚さ一五㎜、幅一〇〇㎜前後。幅方向のつなぎにかみ合わせの工夫があり、板の表面はかんな仕上げ。floor strip

**えんこう-きんこう【遠交近攻】** 中国、戦国時代の魏の范雎が秦の昭襄王に献じた外交政策。遠国と親しく交際しながら近国を攻略する策。

**えんこう-すぎ【猿▼猴杉】** スギの一変種。枝が長くのび、また、葉は密生し、短葉の部分と長葉の部分が交互につく。この枝のようすをテナガザルの手にたとえた名称。庭園に栽植。

**えんこう-そう【猿▼猴草】** キンポウゲ科の多年草。山野の湿地にはえる。茎は長さ約五〇㎝で横にはう。心臓形の葉は根生。初夏に、茎頂に一、二個の黄色花が咲く。観賞用にもされる。長くのびた茎をテナガザルの手にたとえた名称。

**えんこう-だいし【円光大師】** 法然の諡号。

**えん-こうどう【▼袁▼宏道】**（一五六八―一六一〇）中国、明末の詩人。字は中郎。公安の人。復古主義に反対し「性霊説」を唱えた。詩文集『袁中郎全集』。

**えんこう-るい【円口類】** 現存する脊椎動物のうちもっとも単純・原始的な一綱。ヤツメウナギとメクラウナギの仲間。あごがなく、対のひれ(胸びれと腹びれ)を欠き、骨格はすべて軟骨。これらの特徴から円口類は、古生代に栄えた甲冑魚(甲皮類)と合わせて無顎類を構成する。

**エンコーダー【encoder】** ①信号を次の処理段階に適するように符号化する装置。②磁気テープやキャッシュカードなどに情報を入れる機械。対義デコーダー。

**えん-ごく【遠国】** ＝おんごく。対義近国。①遠く離れている国。remote country ②都から遠く離れている国。

●エンゴサク　ジロボウエンゴサク

**えんごさく【延▼胡索】** ケシ科キケマン属の数種の多年草の漢名。地下に球形の根茎があり、春に紅紫色の花が咲く。根茎は鎮痛・浄血作用があり薬用。↓図

**えん-こつ【▽円▽滑】**（形動）「えんかつ」の誤り。

**えんこ-ぶし【縁故節】** 山梨県北巨摩郡の盆踊り唄。山村生活、林業労働の苦しさなどをうたう。昔は『エグエグ節』とよばれたが、昭和三年(一九二八)編曲され、改称。

**えんこ-まい【縁古米】** 政府管掌米・自主流通米以外に、米作農家が親類縁者に直接売れる米。昭和五七年(一九八二)から認められた。

**エンコミエンダ【encomienda スペイン】** 一六世紀初めから実施されたスペインのアメリカ植民地における封建的土地支配制度。国王が植民者に土地支配を委託し、原住民には貢租と賦役を義務づけるもの。一八世紀には廃止。

**えん-こん【▼怨恨】** うらむこと。うらみ。grudge

**えん-さ【▼怨▼嗟】**（名・サ変自他）《おもに社会的なことで》うらみなげくこと。resentment 用例人民の―の声。

**えん-ざ【円座】** ①わらやスゲ・イ・ガマなどを丸く渦巻き形に編んだ敷物。今でも社寺・茶席などで用いる。わろうだ。round straw mat ②まるく座ること。車座。sitting in a circle

**えん-ざ【縁座】** 犯罪人の親族に連帯責任を負わせる制度。江戸時代には主として武士に適用。

**えん-さい【▼蕹菜・▼甕菜】** ヨウサイの別名。

**えん-ざい【▼冤罪】** 実際には罪を犯してない者にかぶせられる無実の罪。ぬれぎぬ。

**エンサイクロペディア【encyclopedia】** 百科全書。百科事典。

**えんさか-ほい**（感）車などを引くときのかけ声。

**えん-さき【縁先】** ①縁側の、外がわのはしのほう。②嫁入り先。

**えん-さん【塩酸】** 塩化水素の水溶液。無色で、刺激臭をもつ。動物の胃酸の主成分。白金・金・水銀・銀・銅以外の多くの金属を溶かす。たんぱく質やでんぷんの分解触媒をはじめ医薬・色素類の製造などに利用。hydrochloric acid

**えん-ざん【遠山】** 遠くにある山。遠くに見える山。

**えん-ざん【演算】**（名・サ変他）加・減・乗・除をはじめとする、数や関数などにほどこされる操作。無限級数や微分・積分をも含めた極限演算もある。運算。operation

**えんざん【塩山】**〈市〉山梨県東部、甲府盆地北東部にある市。地方商業の中心地。ブドウ・モモ・スモモの栽培がさかん。恵林寺が名高い。人口二万七一六〇(一九八八)。

**えんざん-かいろ【演算回路】** コンピューターで、算術演算・論理演算を実行する回路。情報信号の表現型でアナログ式とデジタル式とにわかれる。operation circuit

**えんざん-し【演算子】** ↓さようそ(作用素)

**えんざん-そうち【演算装置】** デジタルコンピューターの構造のうち、すべての四則演算・論理演算を行う部分。arithmetic unit

**えんざん-そし【演算素子】** コンピューターの演算をつかさどる部品。トランジスター・ダイオード・抵抗・コンデンサーなど。論理素子。logic element

**えん-し【遠視】** ①遠くを見ること。far-sightedness ②《「遠視眼」の略》眼球の屈折異常の一つ。外界からの平行光線が網膜の後方で結像するためぼやけて見える状態。凸レンズで矯正。遠眼。hyperopia 対義近視。

**えん-じ【▼衍字】** 語句の中に、誤ってはいった不要の文字。比較えんぶん。

**えん-じ【園児】** 保育園・幼稚園に通っている子ども。nursery school child; kindergarten child

**えん-じ【▼臙脂・▼燕脂】** ①べに。rouge ②中国伝来の黒みをおびた赤色の顔料。dark red ③紫と赤とをまぜた黒みがかった濃い紅色。dark red

**エンジェル【angel】** ↓エンゼル

**えんじつ-てん【遠日点】** 楕円軌道をえがく惑星・彗星など太陽系内の天体が、太陽からもっとも遠ざかる場所。aphelion 対義近日点。↓近日点図

**えんじつ-とんご【円実▼頓悟】**《仏教語》天台宗で、一切の真理を完全に、直ちに悟ること。円頓。

**えんしつ-ほう【鉛室法】** 古い硫酸製造法の一つ。鉛張りの大きな反応室を用い、亜硫酸ガスから硫酸を製造する。効率が悪い。lead chamber process

**エンジニア【engineer】** 技師。技術者。

**エンジニアリング【engineering】** 工学。機械技術。

**エンジニアリング-さんぎょう【エンジニアリング産業】** 工場施設や生産設備の設計・建設から完成後のアフターケアまでのすべてを請け負う産業。engineering industry

**エンジニアリング-プラスチック【engineering plastics】** 工業材料用プラスチックのこと。寸法安定性・耐摩耗性などの特性をもつ。ABS樹脂・ナイロン・ポリカーボネートなど。

**えんしにりとう-いせき【▼偃師二里頭遺跡】** 中国河南省偃師県二里頭村の南にある、竜山文化の晩期から殷代前期文化の遺跡。一九五九〜八〇年発掘調査。

**えん-シフト【円シフト】**《「シフト」は移行・転換、の意》輸入資金として外貨を調達していた企業が、円資金に切り替えること。yen shift

**えんじ-むし【▼臙脂虫】** 赤色色素コチニールを採取するマルカイガラムシ科の昆虫。雄は細長く、翅がある。雌は卵円形で体長二㎜内外。血赤色で翅がない。サボテンに寄生。雌を乾燥、粉末にしたものがコチニールで、食品や化粧品の色づけに用いられる。中南米に分布。コチニールカイガラムシ。

**えん-しゃ【遠写】**（名・サ変他）映画で、遠くから写すこと。エルエス。long shot

**えん-じゃ【演者】** ＝えんしゃ。①演説する人。speaker ②舞台・テレビ・映画などに出て、演技する人。performer

**えん-じゃ【縁者】** 縁続きの人。身内の者。親類。relative 用例親類―。

**えん-じゃく【▼燕▼雀】** ①ツバメとスズメ。小鳥。②小人物。small fry
**燕雀、安んぞ鴻鵠の志を知らん(や)** 偉大な人物の心の中は、小人物にはとうていわかるものでないことのたとえ。Only a hero can understand a hero.

**えん-じゃくきょ【▼閻若▼璩】**（一六三六―一七〇四）中国、清代の学者。号は潜邱。経史に通じ、清朝考証学の先駆者となった。著書『潜邱劄記』など。

**えん-しゃくざん【▼閻▼錫山】**（一八八三―一九六〇）中華民国の政治家。日本の陸軍士官学校卒。一九一二年以降山西省の実権を掌握。軍閥として重きをなしたが、四八年解放軍に追われ、台湾で没。

**えんじゃく-るい【▼燕▼雀類】** ツバメやスズメを代表とする鳥類の一群。現存鳥類の半数以上を含み、一目を構成。

**えん-しゃっかん【円借款】** 外国政府に円資金を貸し付け、日本からの輸入代金などに当てさせる国家的な信用供与。yen credit

**エンジャメナ【N'Djamena】** ↓ンジャメナ

**えんじゅ【▼槐】** マメ科の落葉高木。高さ約二〇m。初夏に黄白色の蝶形花が咲き、花のあとにさやをつける。さやはせっけんの代用にもなる。つぼみや果実は止血薬、材は建築材。庭木・街路樹などに植える。中国原産。エニス。カイジュ。キフジ。↓写

●エンジュ　実。

**えん-じゅ【延寿】** ↓えんねん(延年)①

**えん-じゅ【鉛樹】** 樹枝状に結晶した鉛。酢酸鉛の水溶液に亜鉛の粒をつり下げると、亜鉛の表面にできる。鉛と亜鉛のイオン化傾向の差により生じる。lead tree

**えん-しゅう【円周】** 数学で、円を形づくる曲線。circumference ↓円図

**えん-しゅう【演習】**（名・サ変他）①実地の練習。practice ②軍隊が行う、実戦の練習。maneuver ③大学で、教授の指導のもとに学生がする討議・研究。ゼミナール。セミナー。seminar

**えん-しゅう【遠州】** 遠江国の。

**えんしゅう-かく【円周角】** 円周上の一点を頂点とし、その点を通る二つの弦にはさまれる角。その大きさは、同じ弧に対する中心角の半分である。また同じ弧に対する円周角の大きさはすべて等しい。angle of circumference ↓図

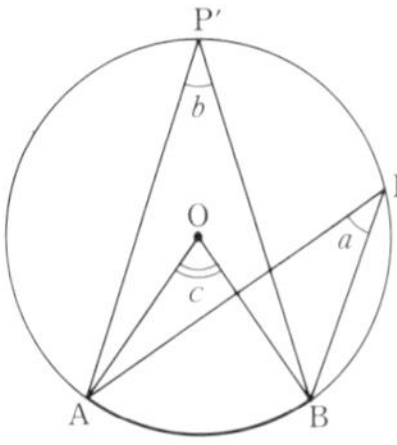

∠a、∠bを弧ABに対する円周角、∠cを中心角という
$\angle a=\angle b=\frac{1}{2}\angle c$
●円周角

**えんしゅう-しがらき【遠州▽信▽楽】** 小堀遠州の好みで作られたと伝えられる信楽焼の茶器。「花橘」の銘の茶碗が有名。

**えんしゅう-たかとり【遠州高取】** 小堀遠州の好みで作られたと伝えられる高取焼の茶器。「染川」「秋の夜」の茶入れが有名。

**えんしゅう-なだ【遠州▼灘】** 静岡・愛知両県の南沖合いの海域。御前崎と伊良湖岬の間約一二〇㎞をいう。冬は西風が強いが、避難港が少なく海の難所。

**えんしゅう-ななかま【遠州七窯】** 小堀遠州が好んで茶器を焼かせたといわれる七か所の窯。志戸呂(静岡)・膳所(滋賀)など。

**えんしゅう-りつ【円周率】** 円周の直径に対する比。ふつうπで表す。πは無理数であって、その値は、三・一四一五九…。pi

**えんしゅう-りゅう【遠州流】** ①茶道流派の一つ。江戸初期に小堀遠州が開く。現在は遠州流と小堀遠州流の二家に分かれる。②華道流派の一つ。遠州流の茶人、春秋軒一葉が一八世紀中ごろはじめた。

**えんしゅう-りん【演習林】** 林学の実地研究をするために設けられた森林。

**えん-じゅく【円熟】**（名・サ変自）①人がらが円満で、妙味があること。mellow ②知識・技芸などに深く通じて、ゆとりのあること。mature 用例―したわざ。

**えん-しゅつ【演出】**（名・サ変他）①演劇・映画・テレビなどで、戯曲・シナリオの独自の解



▼常用漢字表外。　▽常用漢字表の音訓外。

釈に基づいて演技を指導し、美術・照明・効果などの係に指示を与え、全体を統一ある作品にまとめあげる仕事。production 用例 —家。②仕組むこと。direction 用例 行事の—を担当する。

**えん-じゅつ【演述】**(名・サ変自) 人々の前で自分の考えをのべること。演説。講演。lecture

**えん-じゅんれつ【円順列】** 異なるいくつかのもの(n個)のなかから、重複を許さずにある一定個数のもの(r個)を取り出して、円形に並べる並べ方。この並べ方の総数は$n(n-1)\cdots(n-r+1)/r$である。circular permutation

**えん-しょ【炎暑】** 真夏のひどいあつさ。炎熱。intense heat 用例 連日の—。

**えん-しょ【▼艶書】** 恋する気持ちを書き送る手紙。こいぶみ。艶文。ラブレター。love letter

**えん-じょ【援助】**(名・サ変他) 困っている人をたすけること。support

**えんしょ-あわせ【▼艶書合(わ)せ】** 二手に分かれて恋文・恋歌を作り、文章・表現・恋慕の情などさまざまな観点から、その優劣を競う遊び。

**エンジョイ[enjoy]**(名・サ変他) 楽しむこと。享楽。用例 青春を—する。

**えん-しょう【延焼】**(名・サ変自) 火事が近くの建物へもえ広がること。spread of a fire 比較 類焼。

**えん-しょう【炎症】** 生体組織の一部が何らかの損傷を受けたときに発赤・はれ・熱・痛みなどの症状をおこすこと。inflammation

**えん-しょう【塩商】** 中国の塩を扱う商人。秦漢以前から活躍、塩法が確立した宋代以後は独占的地位を占めて経済界の主導権を掌握した。

**えん-しょう【遠称】** 代名詞で、話し手からも相手からも遠くにあるものをさす語。「あれ・あそこ・あちら・あのかた」など、いわゆる「こそあど」のうちの、「あ」の付く系列。比較 近称・中称・不定称。

**えん-しょう【煙硝・塩硝・▼焔硝】** ①硝酸カリウム。硝石。②けむりの出る火薬。有煙火薬。また、火薬。

**えん-しょう【演唱】**(名・サ変他) 歌曲などを演奏会などで歌うこと。

**えん-しょう【▼艶笑】** ①好色的なおかしみのあること。amorous and funny 用例 —こばなし。②あでやかに笑うこと。seductive smile

**えん-しょう【▼袁紹】**(?〜二〇二) 中国、後漢末の群雄の一人。河南汝陽の豪族出身。洛陽に進出し、一時黄河以北を統一。二〇〇年に曹操と争い、官渡の戦で大敗。

**えん-じょう【炎上】**(名・サ変自) ①火が燃えあがること。go up in flames ②大きな建物が焼けること。burn down

**えんしょく-しょくぶつ【炎色植物】** 渦鞭毛植物の別名。

**えんしょく-はんのう【炎色反応】** アルカリ金属およびアルカリ土類金属の塩を無色の炎中に入れると金属固有の色を発する反応。ナトリウムは黄、銅は緑など。flame reaction ↓写

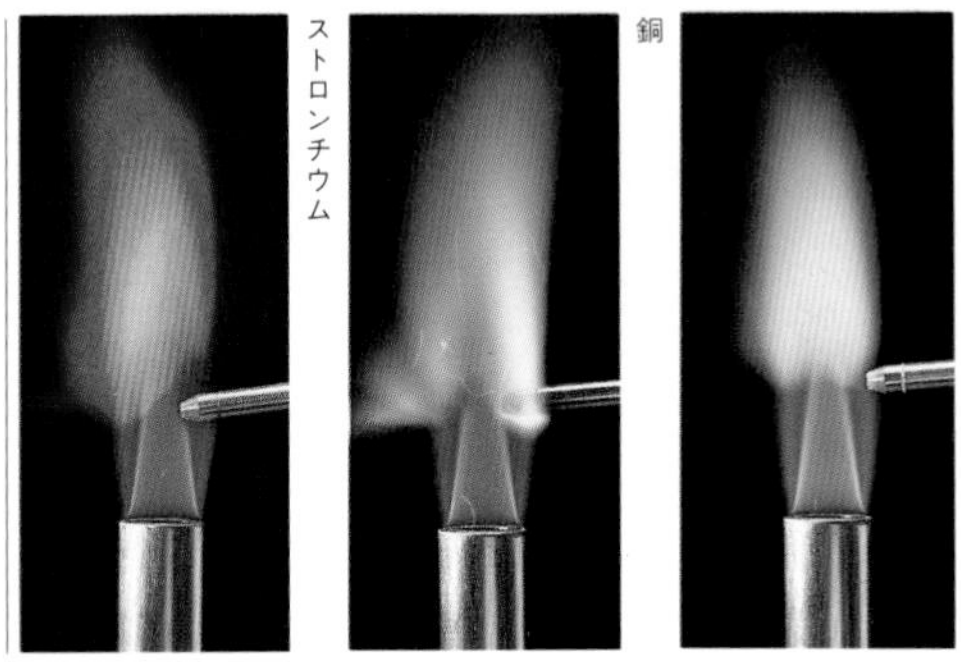

●炎色反応　元素による炎の色の違い

**えん・じる【▼怨じる】**(上一自他) ↓えんずる(怨ずる)

**えん・じる【演じる】**(上一他) ↓えんずる(演ずる)

**エンシレージ[ensilage]** ↓サイレージ

**えん-しん【円心】** 円の中心。center of a circle

**えん-しん【遠心】** 中心から遠ざかろうとすること。centrifugal 対義 求心。

**えん-じん【円陣】** ①円形にならぶこと。forming a circle 用例 —を組む。②円形の陣立て。

**えん-じん【猿人】** もっとも原始的な化石人類の総称。学名はピテカントロプス。アウストラロピテクス類やホモ・ハビリスなどがこれに属し、形態は類人猿に似るが、それ以外はほぼ人類的な特徴をもつ。原始的な礫石器を使用。南アフリカ・東アフリカで発見。生存期間は四五〇万〜五〇万年前にさかのぼる。apeman

**えん-じん【▼厭人】** 人との交際をきらうこと。人間ぎらい。

**エンジン[engine]** 動力を起こす機械装置。機関。原動機。発動機。用例 ディーゼル—。

**えんしん-かじょ【遠心花序】** 無限花序。

**えんしん-しんけい【遠心神経】** 興奮を脳から末梢の筋肉や腺に伝える神経。運動神経と自律神経がある。efferent nerve 対義 求心神経。

**えんしん-ちゅうぞう【遠心鋳造】** 鋳型を回転させ、その遠心力を利用して溶融金属を固化させ鋳物を造る方法。鉄管などの鋳造に用いる。centrifugal casting

**えんしん-てき【遠心的】**(形動) ①中心から遠ざかろうとする性質・さま。centrifugal ②一つの中心から四方にちらばるさま。centrifugal

**エンジン-ブレーキ[engine brake]** 自動車の制動法の一つ。長い下り坂などで、車輪の回転をピストン運動に変え、そのシリンダー内の圧縮抵抗を利用して減速する。

**えんしん-ぶんり【遠心分離】** 回転による遠心力を利用して、液体中の固体粒子や比重の異なる液体を分離する操作。牛乳の脱脂、血液からの血漿の分離などに利用。centrifugal separation

**えんしん-ポンプ【遠心ポンプ】** 渦巻きポンプの別称。

**えんしん-りょく【遠心力】** 物体が円運動するとき、回転の中心から遠ざかる向きに働く力。質量および中心からの距離と、座標系の角速度の二乗との積に比例。遠心分離機などに応用。centrifugal force 対義 向心力。

**えん-すい【円▼錐】** 円と円をふくむ平面外の一定点(=頂点)と円周上のすべての点を線分(=母線)でむすぶとき、円(=底面)と線分が作る面(=円錐面)とにかこまれた立体。circular cone ↓図

**えん-すい【塩水】** 塩分をふくむ水。しお水。salt water

**えん-すい【遠水】** 遠くにある水。

**遠水は近火を救わず** 遠くにある水は、近所の火を消す役には立たない。遠方にあるものでは、急場の役には立たない。

**えん-ずい【延髄】** 脳の最下端に位置し、上方は橋、下方は脊髄に続く部分。呼吸や心臓の働きなど生命の維持に重要な中枢が数多く存在する。medulla oblongata ↓脳図

**えんすい-かじょ【円▼錐花序】** 無限花序の一種。中軸から枝を出し、さらに小枝を出して花をつけ、全体に円錐状の穂をつくるもの。ナンテン・ヌルデ・ヨシなど。panicle

**えんすい-きょくせん【円▼錐曲線】** 直円錐を頂点を通らない平面で切ったとき、えられる切り口の曲線。円・楕円・放物線・双曲線など。conics

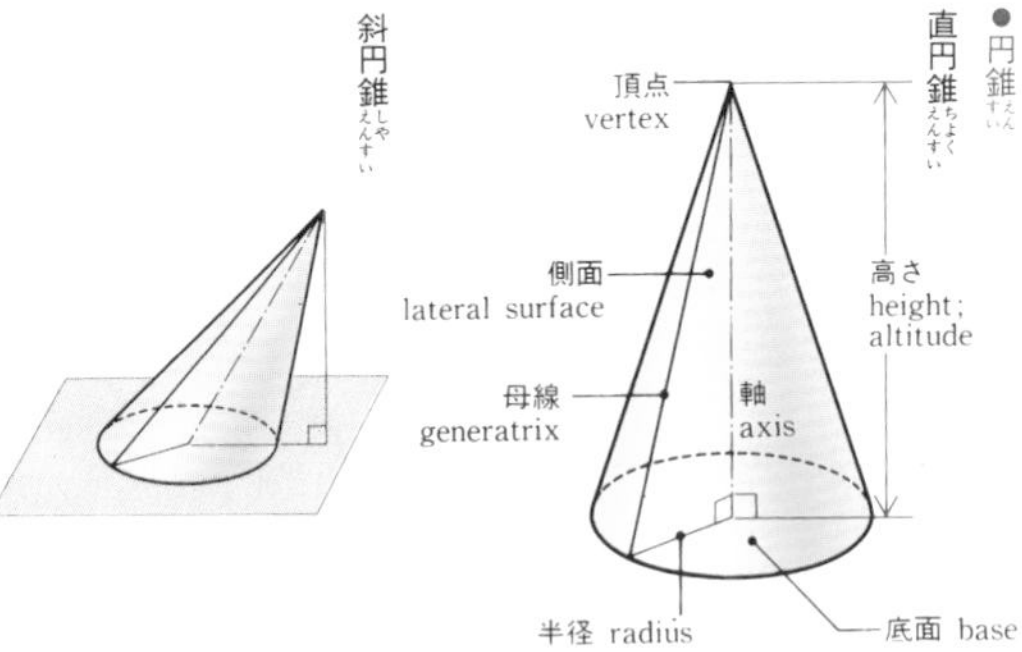

●円錐

**えんすい-こ【塩水湖】** 塩湖の別称。

**えんすい-ずほう【円▼錐図法】** 地図投影法の一つ。一本あるいは二本の緯線で、地球に接する円錐面に経緯線を投影し、展開する図法。緯線は同心円に、経線は放射線になり、緯線に直交する。conical projection ↓地図図

**えんすい-せん【塩水選】** イネやムギなどの穀物の種子を、塩水に入れて選別する方法。不良種子は、比重が軽くて浮く。brine assortment

**えんすい-だい【円▼錐台】** 円錐をその底面に平行な平面で切るとき、その切り口と底面との間にできる立体。circular truncated cone ↓図

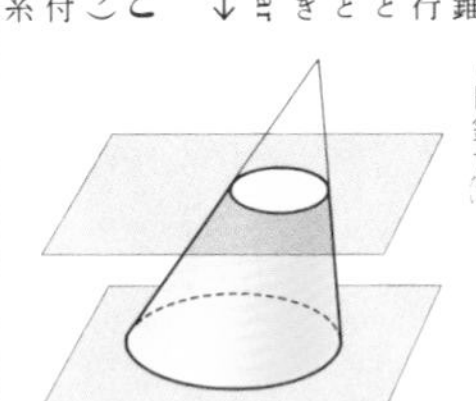
●円錐台

**えんすい-ふりこ【円▼錐振(り)子】** おもりを付けた支点をもつ糸を、鉛直線とある角度をもって回転させた振り子。このとき、おもりは水平面に等速円運動し、糸は円錐を描く。conical pendulum

**えんずう-だいし【円通大士】** 観世音菩薩の別称。えんつうだいし。

**エン-スト**《和製語。「エンジン-ストップ」の略》エンジンが故障、操作の不良などで、動かなくなること。engine stall

**えん・ずる【▼怨ずる】**(サ変自他) うらみごとを言う。うらむ。怨じる。怨ず。have a grudge

**えん・ずる【演ずる】**(サ変他) =演じる・演ず。①役をつとめる。perform ②行う。しでかす。act 用例 失態を—。

**えん-せい【延性】** 物体が弾性の限界を超えてもちぎれずに引き延ばされる性質。金属、とくに白金・金・銀・銅は延性に富む。ductility 比較 展性。

**えん-せい【遠征】**(名・サ変自) ①征伐のために遠くへ出かけること。expedition ②遠くまで試合・探検・登山などに出かけること。expedition

**えん-せい【▼厭世】** ①世の中をきらい、いとうこと。pessimism ②この世に生きる意義や喜びを見失うこと。weariness of life

**えん-ぜい【塩税】** 塩の消費に課される一種の消費税。日本では明治三八年(一九〇五)に塩の専売実施と同時に廃止された。塩税。

**えん-せいがい【▼袁世▼凱】**(一八五九〜一九一六) 中国の政治家。中華民国初代大総統。壬午の変、甲申の変、戊戌の変法に関与。義和団の乱後、直隷総督、北洋大臣となる。辛亥革命には全権を掌握。宣統帝を退位させ、一九一三年大総統に就任。一六年帝位につくことを宣言したが、反対を受け失脚。↓写

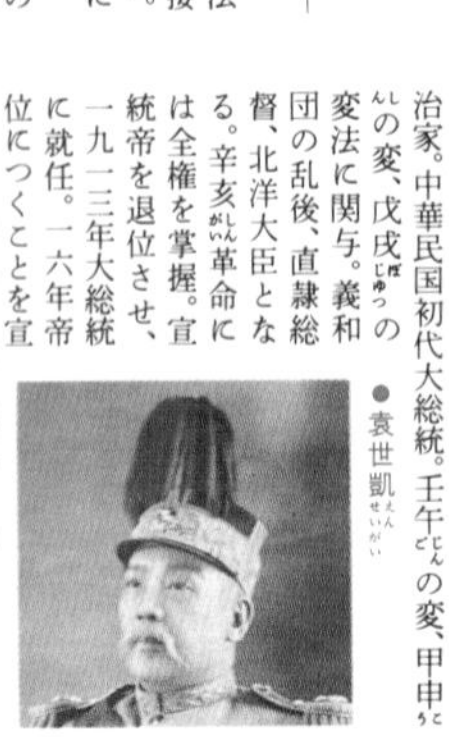
●袁世凱

**えんせい-かん【▼厭世観】** ①物事の悪い面ばかりを見、悪いほうへ考える精神的傾向。pessimism ②哲学で、人生には悪や苦が多すぎて、生きるに値しないという考え方。厭世主義。ペシミズム。pessimism

**えんせい-しょくぶつ【塩生植物】** 海岸や内陸の塩地など、塩分の多い土地にはえる植物。多くは多肉性。アッケシソウ・ウラギク・マングローブなど。halophyte

**えんせい-てき【▼厭世的】**(形動) 人生をいやだ、いとわしいと思うさま。ペシミスチック。pessimistic 対義 楽天的。

**えん-せき【円石】** まるい石。

**円石を千仞の山に転ず** 深い谷底に丸い石を転がすように、勢いが激しくて止めることができない。

**えん-せき【宴席】** 宴会の席。宴をはる場所。banquet hall

**えん-せき【塩析】** 親水コロイド溶液に多量の無機塩類を加えて、さきに溶けていた物質



↓ 行き先項目、図版・写真参照印。 JIS 日本工業規格情報交換用漢字符号コード(区点コード)。

を析出させること。たとえば、せっけんの水溶液に多量の食塩を加えると、せっけんが析出する。salting out

**えん-せき【遠▼戚】** 遠い血筋の親戚。

**えん-せき【縁▼戚】** 親類。親戚。relative

**えん-せきがいせん【遠赤外線】** 赤外線のうち、五〇マイクロメートルから一ミリメートルまでの電磁波。参照 赤外線。

**えんせきじっしゅ【▼燕石十種】** 江戸時代の風俗書。達磨屋活東子編。文久三年(一八六三)完成。明治四〇年(一九〇七)刊。風俗・世相などの考証をし、随筆・見聞記を六集にまとめ、各一〇巻六〇冊に集大成。

**えん-ぜつ【演説】**(名・サ変自)《「演舌」とも》公衆の前で自己の主義・主張を述べること。speech

**エンゼル【angel】** 天使。エンジェル。

**エンゼルフィッシュ【angelfish】** 熱帯にすむカワスズメ科の淡水魚。熱帯魚の代表。全長一〇～一五㎝。銀色の体に黒いしま模様がある。繁殖は容易。アマゾン川原産。↓写

● エンゼルフィッシュ

**えん-せん【沿線】** 線路にそっている所・地帯。area along a railway line

**えん-せん【▼厭戦】** 戦争をきらうこと。war-weary 比較 反戦。対義 好戦。

**えん-ぜん【▼奄然】**(形動トタル) にわかなさま。たちまち。

**えん-ぜん【▼宛然】**(形動トタル) そっくりそのまま。あたかも。

**えん-ぜん【▼婉然】**(形動トタル) しとやかで美しいさま。

**えん-ぜん【▼嫣然】**(形動トタル) 美人がにっこりするさま。smiling

**えん-そ【▼偃▼鼠】** もぐら。

**偃鼠、河に飲むも満腹に過ぎず**(えんそ、かわにのむもまんぷくにすぎず) モグラが河でいくら水を飲んでも、腹一杯より多くは飲めない。人は、おのおのの分に応じた満足を知れ、ということ。

**えん-そ【塩素】** ハロゲン族元素の一つ。元素記号Cl 原子番号一七。原子量三五・五。常温で刺激臭をもつ窒息性の黄緑色気体。化学的に活発で化合物をつくりやすい。猛毒。漂白剤・殺菌剤などに利用。chlorine

**えん-そ【遠祖】** 遠い祖先。

**えん-そう【▼淵▼藪・▼淵▼叢】**《「淵」は魚が、「藪・叢」は鳥獣が集まる所、の意から》物事の集まる所。

**えん-そう【演奏】**(名・サ変他) 音楽をかなでること。musical performance 用例 ―会。数え方 一曲。

**えん-ぞう【塩蔵・▼醃蔵】**(名・サ変他) 食塩を用いて食品を貯蔵すること。食塩の浸透・脱水作用などで微生物の繁殖を防ぐ。濃度は一二%以上が必要。salting down

**えんそガス-ちゅうどく【塩素ガス中毒】** 塩素ガスの吸入・接触による中毒。角膜・呼吸器が冒され、呼吸困難・窒息状態になる。大量に吸入した場合には死亡することもある。chloride poisoning

**えん-そく【遠足】** 学校で、児童・生徒が課外授業の一つとして、日帰りで遠くへ出かけること。excursion

**えん-そくど【円速度】** ↓だいいちうちゅうそくど(第一宇宙速度)

**えんそ-さん【塩素酸】** 化学式$HClO_3$ 水溶液としてだけ存在する無色の一塩基酸。強酸。酸化力が強く、濃い場合は有機物に触れると爆発する。chloric acid

**えんそさん-カリ【塩素酸カリ】** ↓えんそさんカリウム(塩素酸カリウム)

**えんそさん-カリウム【塩素酸カリウム】** 化学式$KClO_3$ 無色の結晶。加熱すると酸素を発生するので、燐や有機物などとの混合物は爆発性がある。マッチや花火の材料、漂白剤など。塩素酸カリ。potassium chlorate

**えんそさん-ナトリウム【塩素酸ナトリウム】** 化学式$NaClO_3$ 無色の結晶。三〇〇℃以上に熱すると分解して酸素を発生する。酸性溶液は強い酸化剤。マッチや花火の材料に利用。sodium chlorate

**えんそ-すい【塩素水】** 塩素の水溶液。黄緑色で酸性を示し、強い酸化作用がある。漂白剤・殺菌剤・分析試薬などに利用。chlorine water

**えんそ-ばくめいき【塩素爆鳴気】** 塩素と水素を同じ体積で混合した気体。熱・光・放射線・放電などにより、爆発的に化合して塩化水素になる。chlorine detonating gas

**えん-そん【円村】** 集落の一形態。中央に広場または草地があり、その周囲に家屋が環状に並ぶ農業集落。耕地は家屋の背後に放射状に並んでいる。環村。

**エンダーズ【John Franklin Enders】**(一八九七～一九八五) アメリカの細菌・免疫学者。ポリオ(＝小児マヒ)のウイルス培養の成功により、一九五四年、ウェラー・ロビンズらとノーベル生理学医学賞受賞。

**エンターテイナー【entertainer】** 大衆を楽しませる芸人。

**えん-たい【延滞】**(名・サ変自) 物事、とくに支払い・納入がおくれて、たまること。arrears

**えん-だい【遠大】**(名・形動) 計画の規模や志が大きいこと。great 用例 ―な計画。

**えん-だい【演台】** 演説などをする人の前に置く机。比較 演壇。

**えん-だい【演題】** 演説・講演などの題目。subject of a lecture

**えん-だい【縁台】** 細長い腰かけ用の台。庭や露地に置いて、夕涼みや月見などに使う。木製・竹製などがあり、上面はすのこに作られているものが多い。bench

**えんだい【煙台】** 中国、山東省北東部、山東半島北岸の港湾都市。天津条約でイギリスが開港させた商港。人口六九・九万(一九八四)。イエンタイ。

**えんたい-かさんきん【延滞加算金】** ↓えんたいきん(延滞金)②

**えんたい-かさんぜい【延滞加算税】** ↓えんたいぜい(延滞税)

**えんたい-きん【延滞金】** ①地方税の納付が遅れたり不完全な場合に、遅延利子の意味で課される徴収金。国税での延滞税にあたる。arrears ②金銭債務の返済がとどこおった場合の追加金。延滞料。延滞加算金。arrears

**えんたい-ぜい【延滞税】** 国税を期日までに支払わなかったとき、滞納日数に応じて納付しなければならない租税。延滞加算税。tax in arrears

**エンタイトル-ツーベース**《two-base entitlementから》野球で、規則によって走者に与えられる二つの塁の安全進塁権。バウンドして外野席へ飛びこんだ安打とか、野手の送球がダグアウトに入ったときなど。

**エンダイブ【endive】** キク科の一、二年草。香気と歯ざわりを楽しむサラダ野菜。明治初年に種を輸入。葉に苦味があるが、ビタミンAが豊富。葉は無毛で、平たいものや縮れたものなどさまざま。根は深く紡錘状。アンディーブ。キクヂシャ。

**えんたい-りそく【延滞利息】** 支払期日までに返済できなかった債務について、期日経過後に支払う利息。銀行などでは、最初に決めた約定利率より割高な利率となることが多い。overdue interest

**えんたいりゃく【園太▽暦】** 太政大臣洞院公賢の日記。正式には『中園太相国暦記』。原本百二十余巻。現存する完本は応長元年(一三一一)の一巻のみ。南北朝時代の重要な政治史料。

**えん-だか【円高】** 為替市場で、日本の円の対外価値が高まること。たとえば一ドル＝二〇〇円だった為替相場が、一ドル＝一七〇円になること。strong yen 対義 円安。

**えんだか-さえき【円高差益】** 対外円相場の上昇によって得られる利益。原材料や製品の輸入価格が相対的に安くなることによる。profit from a strong yen rate 用例 ―を国民に還元する。

**えんだか-とうさん【円高倒産】** 円高によって輸出品の値段が高くなり、輸出不振に陥って倒産すること。

**えん-たく【円卓】** まるいテーブル。round table

**えん-タク【円タク】** 流しのタクシーの古い通称。大正末期から昭和初期にかけて東京と大阪に現れた。一円均一の料金で市内を走ったことによる。

**えんたく-かいぎ【円卓会議】** 円形に設置されたテーブルを囲んで行う会議。席順に序列をなくすため、国際会議ではこの形式をとることが多い。round-table conference

**エンタシス【entasis】** 円柱の中ほどのわずかなふくらみ。古代ギリシア建築のドリス式の特徴で、法隆寺にもみられる。↓写

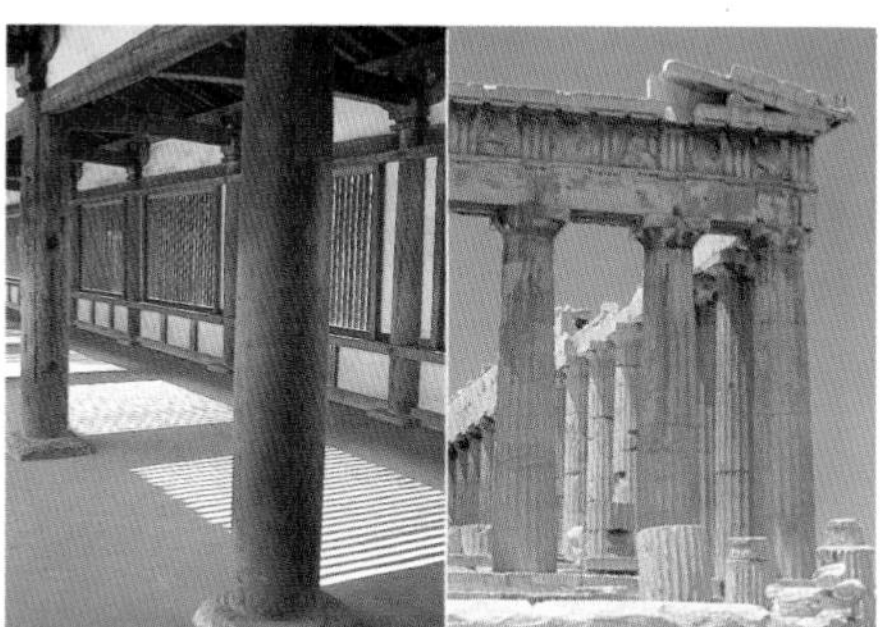

● エンタシス　パルテノン神殿(右)、法隆寺回廊(左)。

**えん-だて【円建(て)】** 外国為替相場での金額表示法の一つ。外国通貨の一定額に対し、円貨での相当額を表示するもの。邦貨建て。yen base 対義 外貨建て。

**エンタルピー【enthalpy】** 熱力学で、考察する系の状態を表す量の一つ。内部エネルギーと仕事の和として与えられる。等圧変化において、系が外部から受ける熱はエンタルピーの変化量と等しい。ギリシア語の「温まる」にちなむので、熱含量ともいう。

**えん-たろう【円太郎】** 明治時代の乗り合い馬車のニックネーム。橘屋円太郎という落語家が高座で、乗り合い馬車のラッパを吹いて人気を得たことから、逆にこの名が付いた。円太郎馬車。

**えん-たん【鉛丹】** 赤色の無機顔料。酸化鉛を空気中で熱してつくる。主成分は四酸化三鉛$Pb_3O_4$ さび止め塗料・釉・鉛ガラスなどの原料に利用。光明丹。red lead

**えん-だん【演壇】** 演説・講演をする人が立つ壇。platform 比較 演台。

**えん-だん【縁談】** 結婚の話。縁組みの相談。an offer of marriage 用例 ―がととのう。

**えん-ち【園地・▼苑地】** ①庭園のある地域。庭園。garden ②《「園地」で》律令制下、口分田のほかに各戸に給与された畑地。クワ・ウルシなどを栽培。面積は不定で不輸租地。

**えん-ち【園池】** 庭と池。

**えん-ち【遠地】** 遠い土地。

**えんち-てん【遠地点】** 楕円をえがいて地球をまわる月または人工衛星が、軌道上で地球からもっとも遠ざかる場所。apogee 対義 近地点。

**えんち-ふみこ【円地文子】**(一九〇五～一九八六) 小説家。東京生まれ。上田万年の娘。古典の教養を取り入れ、女の心理・愛欲の葛藤を描く。昭和六〇年(一九八五)文化勲章受章。作品『女坂』『妖』『朱を奪ふもの』、現代語訳『源氏物語』など。

**えん-ちゃく【延着】**(名・サ変自) 予定よりおくれて着くこと。delayed arrival

**えん-ちゅう【円柱】** ①まるい柱。circular cylinder ②底面が円である柱体。二つの平行な平面上にある半径の等しい円と、その円周を通るすべての線分(＝母線)でかこまれた立体。円筒。circular cylinder ↓図

**えんちゅう-ざひょう【円柱座標】** 空間座標の一つ。空間の直交座標による点を、$x=r\cos\theta$, $y=r\sin\theta$, $z=z$とおいて、$(r, \theta, z)$で表す。cylindrical coordinates

**えん-ちょう【円頂】** ①まるいいただき。round top ②まるい頭。坊主頭。また、僧。tonsured head

**えん-ちょう【延長】** ㊀(名・サ変他) ながくのばすこと。prolong 対義 短縮。㊁(名) ①ながさ。広がり。extent ②平安初期の年号。延喜から改元。元年(九二三)閏四月一一日～九年(九三一)四月二六日。次に、承平に改元。

**えん-ちょう【園長】** 幼稚園・保育園・動物園・植物園など、園と名の付く施設の長の呼称。chief

**えんちょう-こくえ【円頂黒▽衣】**《坊主頭と、すみぞめのころも》僧。

**えんちょう-せん【延長戦】** スポーツ競技で、時間や回数を延ばした試合。規定の時間・回数内に勝敗が決しないときに行う。extra innings



▼常用漢字表外。　▽常用漢字表の音訓外。

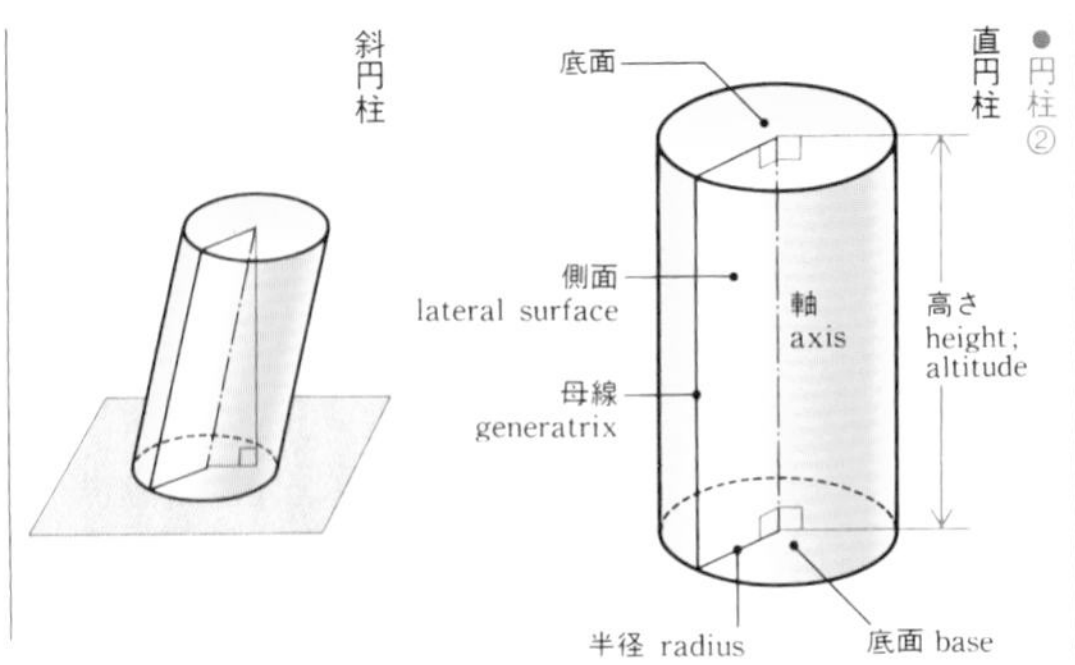


**えん-ちょく【鉛直】**(名・形動) 重力の方向。糸におもりを下げたときの糸のさし示す方向。その方向を向いた直線を鉛直線という。また、水平面に対し直角なさま。vertical 比較 垂直。

**えんちょく-めん【鉛直面】** 水平面と直交する線を含む平面。vertical plane

**えんちん【円珍】**(八一四～八九一) 平安前期の僧。天台宗寺門派の祖。第五世天台座主。讃岐の人。延暦寺で修行後、入唐。帰国後、園城寺を再興し天台密教を発展させた。智証大師。

**エンツェンスベルガー【Hans Magnus Enzensberger】**(一九二九～) 西ドイツの詩人・評論家。鋭く既成秩序を批判し現代の病根をつく。詩集『狼の弁護』、評論『政治と犯罪』など。

**えん-づ・く【縁付く】**(五自) 嫁入りする。とつぐ。

**えん-づ・ける【縁付ける】**(下一他) 嫁入りさせる。とつがせる。用例 娘を―。

**えん-つづき【縁続き】** 血縁・結婚によって関係がつながっていること・人。親類。relative

**えんつば-かつぞう【円▾鍔勝▽三】**(一九〇六～) 彫刻家。本名、勝二。広島県生まれ。日本美術学校卒。作風は外形よりも精神性を重んじ現代感覚にあふれる。昭和六三年(一九八八)文化勲章受章。

**エンデ【Michael Ende】**(一九二九～) ドイツの児童文学者。作品『モモ』『はてしない物語』など。

**えん-てい【炎帝】** ①夏の神。火の神。太陽。②中国古代伝説の帝王、神農。

**えん-てい【▾堰堤】** 水の流れをせきとめるための堤防。ダム。dam

**えん-てい【園丁】** 庭園や公園の手入れをする人。庭師。gardener

**えんてつろん【塩鉄論】** 中国、前漢の武帝が施行した塩・鉄・酒などの専売制度の可否について論じた書。諸国の有識者と丞相らの論議を桓寛が編纂したもの。一二巻六〇章。当時の社会・経済・思想などを知る重要資料。

**エンテベ【Entebbe】** 東アフリカ、ウガンダのビクトリア湖岸の都市。イギリス保護領時代の政府所在地。人口二・二万(一九七七)。

**エンデュミオン【Endymiōn ギリシア】** ギリシア神話のエリスの王。美青年で月の女神セレネに愛され、不老不死の永遠の眠りにつく。女神は夜ごと彼を訪れ、五〇人の娘を産んだ。

**エンテリック-コーティング【enteric coating】** 服用した医薬品が胃で溶けないで、腸で溶けるように被膜でおおうこと。アルカリ性・中性で溶ける樹脂などを使用。

**エンテロキナーゼ【enterokinase】** 十二指腸の粘膜や膵臓から分泌されるたんぱく質分解酵素の一種。トリプシンに変換する。

**えん-てん【円転】** なめらかに回ること。

**えん-てん【炎天】** 太陽がかんかん照る夏の空。また、そのひなた。hot weather 用例 ―下の労働。

**えん-てん【▾宛転】**(形動トタル) ①ゆっくりと動きめぐるさま。②よどみがなくて、順調なさま。

**えん-でん【塩田】** 製塩するための鹹水をつくる砂田。海水を引き入れ、太陽熱で乾燥させる。揚げ浜式・入り浜式・流下式と発達。しおはま。salt pan

**えんてん-かつだつ【円転滑脱】**(名・形動) すらすらと、てぎわよく処理すること・さま。

**エンド【end】** おしまい。終わり。用例 ウイーク―。ハッピー―。

**えん-とう【円筒】** ①まるい筒。②↓えんちゅう(円柱)②

**えん-とう【遠島】** ①陸地から遠く離れた島。remote island ②江戸時代の刑の一つ。伊豆七島・佐渡・五島などの離島に送る刑で、死刑に次ぐ重刑。島流し。流刑。

**えん-とう【鉛刀】** なまりでつくられた刀。

**鉛刀の一割(えんとうのいっかつ)** ①《左思の詩中での用法。鉛刀は、一度切るとだめになるところから》一度使用したら、もう用いることができないたとえ。②《『後漢書』にみられる用法。切れ味の悪い鉛刀であるとして》自分の微力を謙遜して言う語。

**えん-どう【円堂】** 平面が六角形・八角形の仏堂。法隆寺夢殿・栄山寺八角円堂など。

**えん-どう【沿道】** 通り道にそった所。roadside 用例 ―の町並み。

**えん-どう【▾筵道】** 昔、貴人の服のすそがよごれないように、門から母屋までむしろをしいた道。

**えん-どう【▾羨道】** 横穴式古墳の入口から玄室までの通路。せんどう。

**えん-どう【▾豌豆】** マメ科の一、二年草。食用として栽培される。つる性と矮性がある。葉は羽状複葉。花色は白、赤紫など。さやは数個の球形の種子を含む。種子や若いさや(サヤエンドウ)は食用。茎葉は緑肥・家畜飼料。コトウ。ナツマメ。ノラマメ。↓図

**えんどう-さぶろう【遠▾藤▽三郎】**(一八九三～一九八四) 軍人・平和運動家。山形県生まれ。関東軍参謀副長、陸軍航空士官学校長などを歴任。第二次大戦後は農業に従事するかたわら、再軍備反対・憲法擁護・日中国交回復運動に活躍。

**えんどう-しゅうさく【遠▾藤周作】**(一九二三～) 小説家。東京生まれ。慶大卒。カトリック信徒として、日本の精神風土とキリスト教の問題を追究。作品『白い人』『沈黙』『死海のほとり』など。

**えんとう-ずほう【円筒図法】** 地図投影法の一つ。赤道で地球に接する円筒面に経緯線を投影し、展開する方法。経緯線は互いに直交する平行直線群となる。cylindrical projection ↓地図図

**えんどう-ぞうむし【▾豌豆象虫】** 黒色楕円形の小甲虫。体長五㎜内外。腹部背面末端にいかり状の白斑がある。成虫は春、エンドウの開花とともにエンドウにつき、若いさやに産みつけられた卵からかえった幼虫が豆を食害。全世界に分布。エンドウゾウ。

**えんとう-はにわ【円筒▾埴輪】** 周囲に数段の凸帯をめぐらした筒状の埴輪。終末期を除く古墳時代全期にわたり使用。弥生時代末の特殊大型器台から発展したもの。

**えんどう-もりとお【遠▾藤盛遠】** 文覚の俗名。

**えん-どお・い【縁遠い】**(形) ①結婚の機会にめぐまれない。②関係がうすい。not closely related 用例 ―問題だ。

**えんとく【延徳】** 室町末期の年号。長享から改元。元年(一四八九)八月二一日～四年(一四九二)七月一九日。次に、明応に改元。

**えん-どく【煙毒】** 精錬所・工場などの煙突から出る有毒のガス。poisonous smoke 比較 煙害。

**えん-どく【鉛毒】** ①なまりのもっている毒。poison of lead ②《「鉛中毒」の略》なまりの毒で起こる病気。plumbism

**エンドサイトーシス【endocytosis】** 細胞が、膜を突出または陥入させて外の物質をつつみ込み、小胞の形で細胞内に取り込むこと。内胞運動。

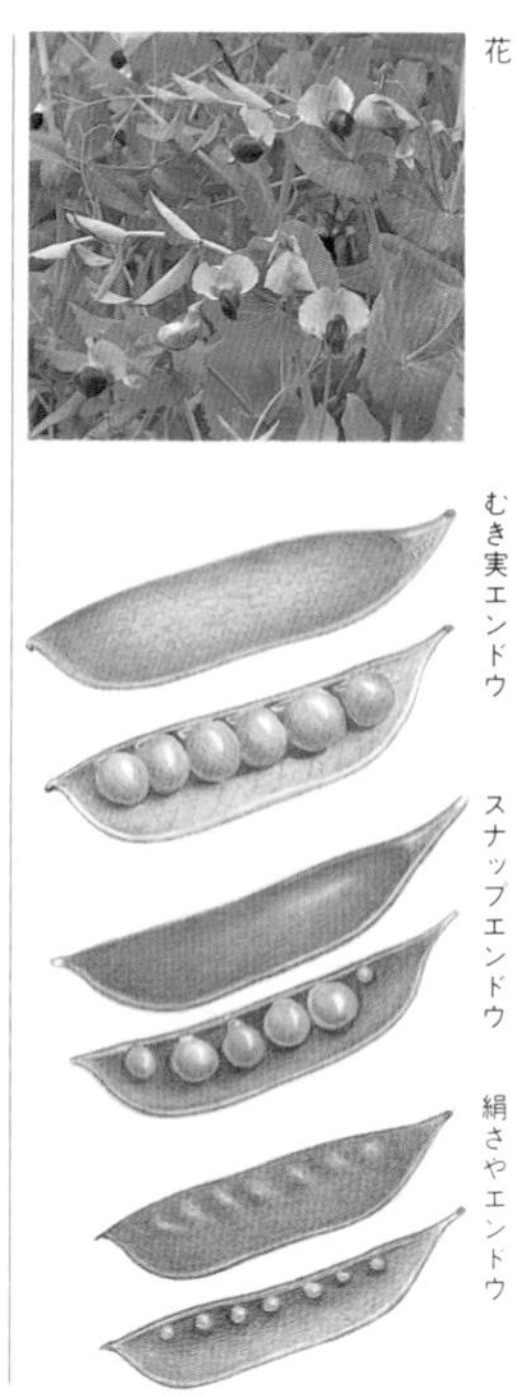


**えん-とつ【煙突】** ①けむり・燃焼ガスを大気中へ排出するための筒状の装置。通風をよくし、燃焼を助ける。chimney ②タクシーの運転手が売り上げをごまかす方法。客を乗せて料金メーターを倒さず、立てたまま走ること。

**エンド-ライン【end line】** 卓球・バレーボール・バスケットボール・テニスなどのコートの区画線の短辺。サイドラインに対して直角で、コートの縦の限界を示す。

**エンド-ラン**《和製語》↓ヒットエンドラン

**エントリー【entry】**(名・サ変自) 競走や競技またコンテストなどへの参加申し込み。登録。また、登録名簿。用例 三種目に―する。

**エンドレス【endless】**(名・形動) 果てしのないこと・さま。循環して終わりのないこと・さま。

**エンドレス-テープ【endless tape】** 同じ内容がくり返し再生できるように、輪状にした録音テープ。

**エントロピー【entropy】** ①熱力学で、対象とする系内の状態を表す量の一つ。エントロピーの増加は、系に吸収された熱量をその絶対温度で割った量。これと等価な統計力学では、系の無秩序さの尺度を意味する。②情報理論で、ある状態に関する情報の欠如の度合いを表す量。

**えん-どん【円▾頓】**《仏教語》たちどころに、完全な悟りに至ること。

**えんどん-かい【円▾頓戒】** 最澄が創唱した大乗仏教の戒律。

**えんに【円▾爾】** 弁円の字。

**エンニウス【Quintus Ennius】**(BC二三九～BC一六九) ローマ初期の詩人・劇作家。後代ラテン詩人の範とされた。叙事詩『年代記』など。

**えん-にち【縁日】** 神仏と、この世との縁が強いとされる日。薬師は八日、観音は一八日などと決まっていて、その日に参詣すると功徳が大きいといわれる。

**えんにち-しょうにん【縁日商人】** 縁日に社寺の門前・境内などに露店を出す商人。小間物・玩具・飴・壺焼き・甘酒・金魚・植木などを扱う。

**えん-にょう【延▾繞】** 漢字を組み立てている部分の名。「延・廷・建・廻」などの「廴」。いんにょう。えんにゅう。

**えんにん【円▽仁】**(七九四～八六四) 平安前期の僧。天台宗山門派の祖。第三世天台座主。下野の人。一五歳で最澄に師事。承和五年(八三八)入唐し、諸山諸寺を遊歴。同一四年(八四七)帰国して天台密教を確立し、また比叡山興隆の基礎をきずいた。著書『入唐求法巡礼行記』。慈覚大師。

**えん-ねつ【炎熱】** 夏のきびしい暑さ。暑熱。炎暑。intense heat 用例 ―下の練習。

**えんねつ-じごく【炎熱地獄】**《仏教語》八大地獄の第六。間断なく猛火を身に受けて苦しむ地獄。焦熱地獄。

**えん-ねん【延年】** ①命をのばすこと。延寿。②「延年舞」の略。

**えんねん-まい【延年舞】** 平安時代から室町時代にかけてさかんであった、寺院芸能の

●延年舞 毛越寺(岩手県)。

↓行き先項目、図版・写真参照印。 JIS 日本工業規格情報交換用漢字符号コード(区点コード)。

一つ。興福寺・東大寺などの大寺院の法会のあとなどに、僧侶や稚児によって演じられた歌舞。えんねん。↓写

**えん-のう【延納】**(名・サ変他) 決められた期限内に税金などを収めることができない場合、事情を考慮して一定期間納付を延期すること。delayed payment 比較 滞納。

**えん-の-おづぬ【▽役小▽角】** 役行者の別称。

**えん-の-ぎょうじゃ【▽役行者】**(生没年未詳) 奈良時代の呪術家。修験道の祖。大和葛城山で苦行修道し、金峰山・大峰山を開く。讒言により伊豆に流されたという。後世多くの伝説が作られる。役小角。

**えん-の-した【縁の下】** 縁がわの下。ゆか下。

**縁の下の鍬使い**(えんのしたのくわづかい) 窮屈で存分に働くことができないことに言う。

**縁の下の筍**(えんのしたのたけのこ) うだつの上がらないこと、立身出世のできない人のたとえ。

**縁の下の力持ち**(えんのしたのちからもち) 目立たないところで人のためにする努力。また、それをする人。unsung hero

**えん-ぱ【円派】** 平安後期に活躍した仏師の一派。定朝の弟子長勢を祖とする三条仏所は「円」の字を用いた仏師が多いので、後世円派とよぶ。院派とともに京都を中心に活躍。

**えん-ぱ【煙波】** もやのかかった、また、遠くまでかすんで見える水面。

**えん-ばい【▼袁▽枚】**(一七一六〜九七) 中国、清代の文人。銭塘の人。詩論「性霊説」を唱え、古文・駢文にもすぐれる。著書『小倉山房集』『随園詩話』など。

**えん-ぱい【円背】** 脊柱が後方へ凸状に異常湾曲した状態。先天性・くる病性・老人性などの原因がある。猫背。kyphosis

**エンパイア-ステート-ビルディング【Empire State Building】** ニューヨークにある地上一〇二階の超高層ビル。一九三一年の完成時には世界最高。高さ三八一m。

**えん-ばく【▼燕麦】** イネ科の一、二年草。カラスムギの改良種。冷地で栽培する。高さ約一m。子実をオートミールとして食用。子実・茎・葉を飼料にする。東ヨーロッパ・中央アジア原産。オートムギ。oat ↓ムギ 図

**えん-ぱく【鉛白】** 化学式$2PbCO_3 \cdot Pb(OH)_2$ ヒドロキシ炭酸鉛の通称。白色の粉末で有毒。顔料・塗料・釉などに利用。白鉛。white lead

**えんぱく-へいや【延白平野】** 北朝鮮(朝鮮民主主義人民共和国)南西部、黄海南道南部の平野。面積四〇〇$km^2$。ヨンベク平野。

**えん-ぱつ【延発】**(名・サ変自) 予定の期日・時刻より出発がのびること。

**エンバ-ゆでん【エンバ油田】**(Embensky Mestorozhdeniya Nefty) ソ連南西部、カザフ共和国西部、カスピ海北東岸の油田。一九一一年ごろから採油。

**えん-ばん【円盤】** ①まるく平たい板。disk ②陸上競技用具の一つ。discus ③レコード盤。レコード。円板。disk

**えん-ばん【鉛版】** 活字組み版や線画凸版などから紙型を作り、これに鉛合金を流し込んで作る複製版。丸鉛版と平鉛版がある。ステレオタイプ。ステロタイプ。stereotype

**えんばん-なげ【円盤投げ】** 陸上競技、投擲種目の一つ。円盤(男子二kg、女子一kg)を直径二・五mのサークル内から投げ、飛距離を競う。discus throw ↓写

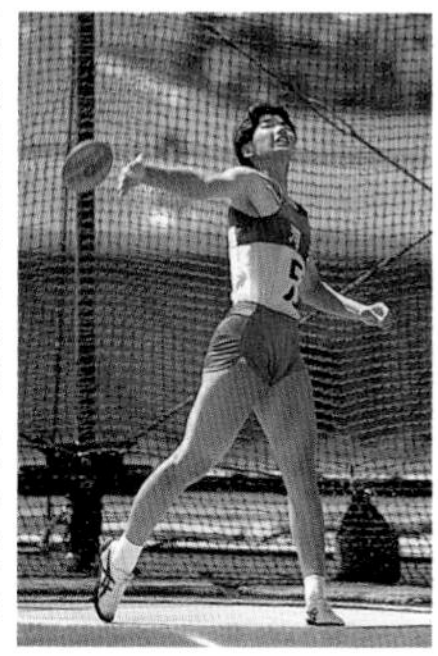

●円盤投げ

**えん-び【▼艶美】**(名・形動) あでやかで美しいこと・さま。なまめかしく美しいこと・さま。

**えん-ぴ【猿▼臂】** サルのひじ。またそのように長いひじ。

**猿臂を伸ばす**(えんぴをのばす) うでを長く伸ばす。reach out one's arm

**えんビ-サッシ【塩ビサッシ】** 塩化ビニル製のサッシ。アルミサッシに比べて断熱性・防音性・防露性にすぐれるが強度は劣る。vinyl chloride sash

**えん-ぴつ【鉛筆】** 筆記用具の一種。黒鉛と粘土を細長く焼きかためたものを芯として、木などの軸の中に収めたもの。一四世紀イタリアで考案され、江戸初期に日本に渡来。黒芯・色芯・水でぼかせるものなどがある。pencil 数え方 一本・一ダース(＝一二本)・一グロス(＝一二ダース)。

**えんぴつ-びゃくしん【鉛筆▼柏▼槙】** ヒノキ科の常緑針葉高木。ビャクシンに似る。高さ約三〇m。材質が軟かく、木目が美しく、芳香がある。鉛筆材として最良。北アメリカ原産の栽培種。鉛筆の木。

**えんび-ふく【▼燕尾服】** 男子の洋装礼服で夜間の正装用。上着の裾の後ろが割れて長く垂れ下がっており、その形がツバメの尾に似ているので、この名がある。今日では宮中の儀式・外交官などに着用され、他の場合はタキシードを着ることが多くなった。tail coat; swallow-tailed coat 対義 イブニングドレス。↓写

●燕尾服

**えん-ぶ【円舞】**(名・サ変自) ①大ぜいがまるくなっておどるダンス。round dance ②男女一組みで、回りながらおどる社交ダンス。ワルツ・ポルカなど。

**えん-ぶ【▼偃武】** 武器を伏せて使わないこと。転じて、世の中がおだやかになること。

**えん-ぶ【演武】** ①武術の練習を行うこと。②武術を行うこと。

**えん-ぶ【演舞】**(名・サ変自) 人々の前で、舞をまって見せること。dance performance

**えんぶ【▼閻浮】** 閻浮提の別称。

**えん-ぷ【▼怨府】** 人々のうらみの集まる所。

**えん-ぷ【▼偃▼仆】** 倒れ伏すこと。

**えん-ぷう【炎風】** 夏に吹く高温で乾いた風。一種のフェーン。熱風。

**えんぶ-きょく【円舞曲】** ワルツ。waltz

**えん-ぷく【▼艶福】**《男について言う》多くの女性にもてること。

**えんぷく-か【▼艶福家】** 艶福のある人。

**えんぶ-しゅう【▼閻浮▼洲】** 閻浮提の別称。

**エンプソン【William Empson】**(一九〇六〜八四) イギリスの批評家・詩人。科学的批評方法を推進した。知的で難解な詩も発表。批評『曖昧の七つの型』、詩集『つのる嵐』など。

**えんぶ-だい【▼閻浮▽提】**《仏教語。jambu-dvīpa梵 の音写》須弥山の南方海上にあるという大陸で、人間の住む世界。この世。現世。

**えんぶり【▼朳】** 青森県八戸市周辺の、豊作を祈る田植え踊り。二月一七日から四日間、烏帽子姿の男が各戸をめぐり豊年を祈るもの。朳摺。

**エンブレム【emblem】** ①表象。記章。②自動車の製造会社の社名や車名などをデザインしたシンボルマーク。自動車のボンネットの先端中央などに付ける。

**エンブロイダリー-レース【embroidery lace】**《「エンブロイダリー」は刺繍・縫い取り、の意》羽二重・麻布・チュールなどの薄地に、透かし模様の刺繍をしたレース地。↓レース 写

**えん-ぷん【▼悁▼忿】** いかること。

**えんぶん【延文】** 日本の南北朝で、北朝の年号。文和から改元。元年(一三五六)三月二八日〜六年(一三六一)三月二九日。次に、康安に改元。

**えん-ぶん【▼衍文】** 文章中に誤ってさしはさまれた、不要の文句。比較 えんじ。

**えん-ぶん【塩分】** 成分としてあるしお。しおけ。salinity

**えん-ぶん【鉛分】** あるものに含まれている成分としてのなまり。なまりの含有量。

**えん-ぶん【▼艶文】** こいぶみ。艶書。love letter

**えん-ぶん【▼艶聞】** 恋愛・情事などのうわさ。love affair

**えん-ぷん【円墳】** 塚の平面図が円形で、盛り土をした形の古墳。もっとも一般的な形の古墳で、多数発見されている。

**えん-ぷん【鉛粉】** なまりを原料として作った、白い絵の具やおしろい。

**えん-ぺい【▼掩▼蔽】**(名・サ変他) ①おおいかくすこと。screening ②月が、その運行にともない、惑星や恒星をかくす現象。星食。惑星食。occultation

**えん-ぺい【援兵】** 応援の軍勢。援軍。reinforcements

**えんべつ【遠別】**〈町〉 北海道北部、日本海に臨む町。川沿いの平野は水田地帯で、稲作の北限地。人口四六三八(一九八八)。

**エンペドクレス【Empedoklēs】**(BC四九〇ごろ〜BC四三〇ごろ) ギリシアの哲学者。シチリア島出身。万物は地・水火風の四元素からなり、愛・憎によって結合・分離すると説いた。

**えんぺら** ①イカの胴の先についている三角の部分。耳。マント。②ヒラメの両側についているひれ。③アワビの貝の周囲についている柔らかい部分。

**えん-ぺん【縁辺】** ①ふち。まわり。edge ②縁故のある人・家。relative

**えん-へんこう【円偏光】** 光で、その進行方向に垂直な面内で互いに直角方向に振動する電場ベクトルの描く軌跡が円となるもの。右まわりと左まわりがある。circular polarization of light

**えん-ぼう【遠望】** 遠くを見わたすこと。遠見。見渡し。distant view

**えん-ぼう【遠謀】** 先の先のことまで考えること。その計画。a far-sighted plan 用例 ――深慮。

**えんぽう【延宝】** 江戸初期の年号。寛文から改元。元年(一六七三)九月二一日〜九年(一六八一)九月二九日。次に、天和に改元。

**えん-ぽう【塩法】** 中国の塩専売法およびその違反に対する刑法。漢に始まり、宋代に確立。

**えん-ぽう【遠方】** 遠くのほう。遠くはなれた所。distant place

**エンボス-かこう【エンボス加工】** 織物・紙などの表面に押し型または浮き彫り模様を与える加工法。おもに熱可塑性の合成繊維織物に用いる。embossment

**えん-ぽん【円本】** 定価一円の廉価本の全集。大正末期から昭和初期にかけて出版された。大正一五年(一九二六)の改造社『現代日本文学全集』に始まる。

**えん-ま【▼閻魔】**《Yama梵の音写で、禁止・抑制、の意》古代インド神話の死の神。仏教に入って死者の生前の罪を裁く地獄の王とされた。中国で道教の俗信と結びつき、十王の一つとなった。

**えん-まく【煙幕】** ①戦場で相手の目から味方をかくすために散布する煙の層。陸上では発煙筒を投げるか発煙弾を大砲で発射し、海上では軍艦の発煙装置を使用する。smoke screen ②人をまよわせる言動。mystification

**煙幕を張る**(えんまくをはる) ①味方を隠すために、煙を立てる。lay down a smoke screen ②真意をさとられないように、言動を巧みにとりつくろう。mystify

**えんま-こおろぎ【▼閻魔▼蟋▼蟀】** コオロギ科に属する大形のコオロギ。体長約三cm。黒褐色。成虫は夏に発生、草原や畑地に多い。雄はコロコロリーと鳴く。卵で越冬。日本全土に分布。

**えんま-こむぎ【▼閻魔小麦】** 古い型の二粒コムギ。新石器時代から栽培され、現在はヨーロッパや西アジアなどでわずかに栽培されている。

**えんま-ちょう【▼閻魔帳】** ①死者の生前の罪悪が書いてあるという閻魔大王の帳面。②俗に、教師が生徒の成績などを記入しておく帳面。

**えんま-むし【▼閻魔虫】** 動物の死体や糞に集まるエンマムシ科の甲虫。体長約一cm。体は黒色で丸く、堅固である。成虫はうじを捕食。日本全土に分布。

**えんま-もうで【▼閻魔▼詣(で)】** 陰暦一月と七月の、一六日の縁日に閻魔堂に参詣すること。この日は地獄の釜開き、亡者の骨休みとされ、藪入りと重なって多くの人が参拝した。閻魔参り。

**えん-まん【円満】**(形動) ①完全で欠けたところがないさま。perfect ②人がらがおだやかなさま。mild ③平和なさま。happy 用例 ――な家庭。

**えんまん-ぐそく【円満具足】** 円満で、すべてのよいことが備わっていること。

**えん-む【煙霧】** ①けむりときり。また、かすみときり。mist; haze ②大気中に非常に多量のちりや微粒子が存在し、見通しが悪くなる現象。湿度七〇%以下のときに起こる。スモッ

グ。smog

**えん-むすび【縁結び】** 男女が結婚して縁を結ぶこと。縁組み。結婚。matchmaking

**えんむすび-の-かみ【縁結びの神】** ①男女の縁を結んでくれるといわれる神。とくに、島根県の出雲大社をいう。the god of marrige ②男女の縁を結ぶ人。matchmaker

**えん-めい【延命】**（名・サ変自） いのちがのびること。いのちをのばすこと。prolongation of life 用例 —地蔵。

**えんめい-えん【円明園】** 中国、北京郊外にあった清朝の離宮。康熙年間に雍親王（＝雍正帝）が建設、のち乾隆帝が洋風の宮殿を増築。

**えんめい-ぎく【延命菊】** ヒナギクの別名。花期が早春から秋までと長いことによる名。

**えんめい-じぞう【延命地蔵】** 寿命を延ばす功徳をもつ地蔵菩薩。新たに生まれた子を守ってくれるという。

**えんめい-そう【延命草】** ヒキオコシの別名。草全体が苦く、活力回復の効があるといわれたことによる名。

**えんめい-ほう【延命法】** 密教の修法の一つ。普賢延命菩薩を本尊として、長寿や福徳などを祈願する。

**えん-めつ【煙滅】**（名・サ変自他） けむりのように消えてなくなること。

**えん-もく【演目】** ①上演の目録。program ②演奏の種目。program

**えん-や【▼艶▼冶】**（名・形動） 美しくて、なまめかしいこと・さま。いろっぽいこと・さま。coquettish

**えんや-こりゃ**（感） 地固めのために、大きな槌を引き上げるさい、力を合わせて綱を引くときのかけ声。えんやこら。

**えん-やす【円安】** 円の対外価値が低くなること。weak yen 対義 円高。

**えんやら**（感） 重い物を押したり引いたり、持ち上げたりするときのかけ声。えんやらや。

**えん-ゆう【円融】**《仏教語》それぞれのものが、それぞれの立場を保ちながらも融合して一体となり、お互いにさまたげのないこと。えんにゅう。

**えんゆう-かい【園遊会】** 祝賀披露などの目的で庭園で催す宴会の総称。一九世紀後半イギリスで発祥。日本では大隈重信邸で開かれたのが最初。ガーデンパーティー。garden party

**えんゆう-てんのう【円融天皇】**（九五九〜九九一） 第六四代天皇（在位九六九〜九八四）。名は守平。村上天皇の第五皇子。

**えん-よう【援用】**（名・サ変他） 自説を助けるために、他から引用すること。援引。quotation

**えん-よう【遠洋】** 陸から遠く離れた大海。open sea; ocean 対義 沿海。用例 —航海。

**えんよう-ぎょぎょう【遠洋漁業】** 陸地から遠く離れた海域で操業する漁業。母船式底引き網・遠洋底引き網・母船式サケマス・遠洋マグロ延縄・遠洋カツオ一本釣りなど。deep-sea fishery 対義 近海漁業・沿岸漁業。

**えんよう-こうろ【遠洋航路】** 遠距離の国際航路。日本では、極東アジア航路を近海航路、その他の外国航路を遠洋航路という。ocean line

**えん-らい【遠来】** 遠くから来ること。come from afar 用例 —の客。

**えん-らい【遠雷】** 遠くで鳴る雷。長い空気層を通って来るので、音はゴロゴロと聞こえる。範囲は三〇kmぐらい。distant roll of thunder

**エンライト【Dennis Joseph Enright】**（一九二〇〜） イギリスの詩人・批評家。風刺詩にすぐれる。詩集『笑うハイエナ』など。

**えん-り【円理】** 和算の算法の一つ。円周の長さ・円の面積・球の体積などを無限級数を用いて求めるもの。

**えん-り【▽垣▼籬】** まがき。ませがき。

**えんり-えど【▼厭離▼穢土】**《仏教語》けがれた世間をきらって、はなれ去ること。おんりえど。比較 欣求浄土。

**エンリケ【Henrique】**（一三九四〜一四六〇） ポルトガルの王子。一四一五年アフリカ北岸のセウタ攻略以来、天文・地図・航海を研究してアフリカを探検。インド航路発見への道を開いた。英語名ヘンリー。航海王または航海王子とあだ名された。

**エンリッチ【enrich】**《豊かにする、の意》食品にビタミンやミネラルを入れて、栄養を強化すること。

**えん-りっぽん【▼閻立本】**（?〜六七三） 中国、唐初の画家。人物画にすぐれた。高宗に仕え、中書令となる。作品『帝王図巻』など。

**えんりゃく【延▽暦】** 平安初期の年号。天応から改元。元年（七八二）八月一九日〜二五年（八〇六）五月一八日。次に、大同に改元。

**えんりゃくぎしきちょう【延▽暦儀式帳】** 延暦二三年（八〇四）に撰録された伊勢神宮の儀式帳。『皇大神宮儀式帳』と『止由気宮儀式帳』。

**えんりゃく-じ【延▽暦寺】** 比叡山にある天台宗の総本山。延暦四年（七八五）最澄が草庵をむすび、同七年（七八八）一乗止観院を創建。最澄の死後、嵯峨天皇から延暦寺の名を受ける。東塔・西塔・横川の三区からなる。

**えん-りょ【遠慮】** 一（名・サ変自他） ①先の先まで思いめぐらすこと。遠謀。forethought 用例 深謀—。②ひかえめなこと。modest 用例 —なくお使いください。—して、末座にすわる。③辞退すること。decline 用例 出席を—します。まあ—しておきましょう。三（名） 江戸時代の刑の一つ。武士・僧の軽い謹慎刑。

**遠慮会釈も無く**（えんりょえしゃくもなく） ひかえめにせず。手加減もなしに。他人の思惑などに関係なく、ものを言ったり、事を進めたりするようすに言う。ruthlessly

**遠慮無ければ近憂有り**（えんりょなければきんゆうあり） 先の先まで見通した深い考えがないと、必ず、さしせまった心配事が起こる。

**えんりょ-がち【遠慮がち】**（形動） どちらかというと、遠慮するさま。ひかえめにするさま。reserved

**えんりょ-ぶか・い【遠慮深い】**（形） たいへんひかえめだ。reserved

**エンリル【Enlil】** シュメールの三主神の首位。ニップール市の守神。あらしの神。全土の運命を定めるとされた。バビロン市のマルドゥク神と習合し、ベール-マルドゥクとなる。

**えん-るい【遠類】** 遠い親類。distant relative

**えん-るい【塩類】** 酸の水素原子を金属原子でおきかえた化合物の総称。えん。

**えんるい-げざい【塩類下剤】** 腸で吸収されにくい水溶性の無機塩類で、内服して便通をつける薬物。硫酸マグネシウムなど。saline cathartic

**えんるい-せん【塩類泉】** 食塩などの塩素イオンを含む塩類を主成分とする温泉。胃腸病にききめがある。

**えんるい-せん【塩類▼腺】** ①海産の鳥類・爬虫類・軟骨魚類などにある塩分排出腺。体内の余分な塩分を高濃度溶液として排出。salt gland ②塩分の濃い土地の植物の葉にみられる、塩分を分泌する腺。salt gland

**えん-れい【▼艶麗】**（名・形動） なまめかしく美しいこと・さま。alluring

**えんれい-そう【延齢草】** ユリ科の多年草。谷間の湿地にはえる。高さ約二〇cm。茎頂に三枚の葉を輪生。春に、帯紫紅色の花が一つ咲く。タチアオイ。↓写

●エンレイソウ

**えん-ろ【遠路】** 遠い道。遠い道のり。long way 用例 —はるばるまいりました。

# お オ

**お【お・オ】** 五十音図あ行第五の仮名。平仮名「お」は「於」の草体。片仮名「オ」は「於」の左。

**オ** 6画 **【汚】** 部首［氵］ 常用 JIS 1788 | 6画 **【▼汙】** 異体字
音 オ・ウ
訓 けがす・けがれる・けがらわしい・よごす・よごれる・きたない
①けがす。よごす。けがれる。よごれる。「汚職・汚染」 ②きたない。けがれた。よごれた。「汚水・汚物」

**オ** 8画 **【和】** 部首［口］ 教育小3 JIS 4734 | 22画 **【▼龢】** 部首［龠］ 異体字
音 ワ・オ・カ
訓 やわらぐ・やわらげる・なごむ・なごやか
筆順 ↓ワ【和】
「和尚」は、①師の僧。②僧・住職の敬称。↓ワ【和】

**オ** 8画 **【▼於】** 部首［方］ JIS 1787
音 オ・ヨ
①ああ。なげきや感嘆のことば・声。②に。おいて。場所・時間・対象などを示す。③を。動作の目的を示す。④より。動作の起点・原因・比較を示す。

**オ** 9画 **【▼洿】** 部首［氵］
音 オ・コ
①たまりみず。みずたまり。くぼたまり。②くぼみ。くぼます。ほる。③けがす。よごす。けがれる。よごれる。

**オ** 11画 **【▼唹】** 部首［口］ JIS 5116
音 ヨ・オ
わらう。わらうさま。

**オ** 11画 **【悪】** 部首［心］ 教育小3 JIS 1613 | 12画 **【▼惡】** 旧字 JIS 5608
音 アク・オ
訓 わるい
筆順 ↓アク【悪】
①にくむ。きらう。対義 好む。「嫌悪・好悪・憎悪」 ②いやな。不快な。「悪寒」 ③そしる。悪口をいう。④はじる。はずかしく思う。「羞悪」 ⑤いずくんぞ。いずくにか。⑥ああ。ため息をつく声。↓アク【悪】

**オ** 11画 **【▼淤】** 部首［氵］ JIS 6243
音 ヨ・オ
①どろ。おり。②こじま。州。③ふさがる。つまる。とどこおる。

**オ** 13画 **【▼嗚】** 部首［口］ JIS 5143
音 オ・ウ
①ああ。ため息をつく声。②泣く声。「嗚咽」

**オ** 13画 **【▼塢】** 部首［土］ JIS 5241
音 オ・ウ
どて。つつみ。小さい土手。

**オ** 13画 **【▼瘀】** 部首［疒］
音 ヨ・オ
血のめぐりが、とどこおっておこる病気。

**お【尾】** ①動物のしりから細長く伸びた部分。しっぽ。tail 用例 犬が—を振る。②しっぽのように後ろに長く伸びたもの。tail 用例 星が—を引いて流れる。③山すそののびた所。ridge 用例 峰にも—にも立ち隠しつつ（古今・春上）。④物事の終わり。

**尾が見える**（おがみえる） 人目をあざむいていた実情が、ばれる。

**尾に尾を付ける**（おにおをつける） 大げさに言う。

**尾を引く**（おをひく） あとまで続く。あとあとまで影響する。still remain 比較 後を引く。

**お【▽男・▽夫】** 対義 女。①男性。man ②おっと。

**お【▽麻・▼苧】** ①アサの異名。用例 —がら。②アサやカラムシのくきの皮の繊維をよって作った糸。

**お【雄・▼牡】** 対義 雌。①おす。male 用例 —蝶。②二つあるうち大きい、または強いほう。dominant 用例 —滝。

**お【緒】** ①細いひもや糸など。cord; string ②下駄などの履物で、足にかけるためのひも。鼻緒。③楽器や弓に張った糸。弦。bow-string ④笠や兜についている首で結ぶひも。string ⑤長く続く物事。duration

**お【小】**（接頭） ①小さい・細い、の意。用例 —川。②すこし、の意。用例 例の雨の—やみなく降りて（源氏・明石）。③名詞について、語調をやさしくととのえる。用例 明日着せさめやいざせ—床に（万葉・一四・三四八四）。

**お【▽御】**（接頭）《尊敬・丁寧・親しみをこめて、「おん」よりやや軽い気持ちを表す語》①尊敬の意。用例 —じょうぶですね。—休みになる。②謙遜の意。用例 —相手をする。③丁寧の意。用例 —菓子を食べる。④おもに女性の名前の上にそえて親しみの気持ちを表す。用例 —花さん。

**お-あい【汚▼穢】** ↓おわい（汚穢）

**お-あいそ【▽御愛想】** ＝おあいそう。①あい

きょうよくふるまうこと。amiable ②おせじ。compliment ③飲食店などでの勘定。

**おあいにく-さま【▽御▽生憎様】**(名・形動)《「あいにく」の丁寧語。皮肉の意をこめて言うこともある》お気の毒なこと・さま。

**オア-かいろ【OR回路】**↓ろんりわかいろ(論理和回路)

**おあかん-だけ【雄▼阿寒岳】** 北海道東部にある山。標高一三七一m。円錐形の火山で原生の針葉樹林におおわれ、頂上に花畑がある。阿寒国立公園の中心。

**お-あし【▽御足】**①足の敬語。おみあし。②お金。用例 ―が足りない。

**オアシス【oasis】**①砂漠の中で局地的に地下水がわき、草木の生えている所。集落や農耕地があり、隊商の中継地ともなる。現在は、ナイル川などのように流入河川や用水路で灌漑されたところもオアシスに含める。②心のいこいになるような所や物。用例 都会の―。

**オアシス-としこっか【オアシス都市国家】** 中央アジアのオアシスを中心に発達した都市。その多くは城郭国家的性格をもつ。

**オアシス-のうこう【オアシス農耕】** オアシス周辺で行う灌漑農耕。中央アジアや西アジアで発達。ナツメヤシ・ムギ・果実・タバコ・ワタなどを栽培。

**お-あずけ【▽御預け】**①犬に食べ物を与えるとき、よしと言うまで食べさせないこと。また、そのときのかけ声。Wait! ②約束や話だけで、実行されてないこと。postponement 用例 ―をくう。③江戸時代、大名などが罰として他の大名に預けられ、監禁されたこと。

**オアハカ【Oaxaca】** メキシコ南東部の商業都市。同名州の州都。付近の農牧業・鉱業の中心でその集散加工地。陶器・織物など民族工芸で名高い。人口一五・七万(一九八〇)。

**オアフ-とう【オアフ島】**(Oahu Island) アメリカ、ハワイ州の島の一つ。面積一五七〇km²。ワイキキビーチがある世界的観光地で、州都ホノルルがある。

**オアペック【OAPEC】**《Organization of Arab Petroleum Exporting Countries の略》アラブ石油輸出国機構。石油輸出国機構(OPEC)に準じ、アラブ石油産出国の共同利益追求を目的とする。加盟国はサウジアラビアなど一〇か国。一九六八年設立。七九年以降エジプトは資格停止。

**お-あんばい【▽御▽塩梅】**《味付けの塩味から》味かげん。食べ物のできあがりぐあい。

**おい【老い】**①年をとること。grow old 用例 ―がしのび寄る。②老人。the old; the aged 用例 ―も若きも。

**老いの一徹**(おいのいってつ) 老人の頑固さ。

**老いの繰り言**(おいのくりごと) 老人がぐちっぽく同じことをくり返すこと。

**老いの僻耳**(おいのひがみみ) 老人が、聞きちがえたり、ひがんで聞き取ったりすること。

**老いを送る**(おいをおくる) 老後のくらしを立てる。余生を送る。

**老いを養う**(おいをやしなう) ①老いたからだの静養をする。②老人を手厚く世話する。

**おい【▼笈】** 山伏などが仏具・食器・本などを入れてせおう、脚付きの箱。きゅう。

**おい【▼甥】** 自分の兄弟姉妹の子のうちの男の子。nephew 対義 姪。

**おい**(感) 同輩や目下の人に呼びかける、男性が用いる語。

**おい-あ・げる【追(い)上げる】**(下一他) 追いかけて相手との差を縮める。gain on 用例 先進国を―。

**おい-い・ず【生い▽出ず】** 古語 (下二自) ①生まれでる。はえでる。用例 雪間をわけて―・でくる草の(古今・恋一)。②成長する。育つ。用例 若宮など―・で給はば(源氏・桐壺)。

**おい-うち【追(い)打ち・追(い)討ち】** 負けて逃げるものを追いかけて討つこと。追撃。pursuit 用例 ―をかける。

**お-いえ【▽御家】**①貴人の家。②他人の家。③主君・主人の家。用例 ―の一大事。

**おいえ-げい【▽御家芸】**①家に伝わる、専門の技芸。hereditary specialty of the family ②もっとも得意とする事柄。おはこ。十八番。one's specialty

**おいえ-さま【▽御家様】** 他人の妻を言う敬語。奥方。

**おいえ-そうどう【▽御家騒動】**①江戸時代、大名家の家督相続をめぐる争いや、家臣の権力争いなどによっておこった藩内紛争。②団体のうちわもめ。internal trouble

**おいえ-りゅう【▽御家流】**①和様書道の一流派。近世の代表的書風。尊円法親王が創始した尊円流から発展。②香道流派の一つ。流祖は三条西実隆。室町期、足利義政が、公卿の命により志野宗信の創始した香道が、公卿の間に広まって独自の型式を生み、御家流と称された。その後、分散し中絶したが第二次大戦後、山本霞月が三条西堯山を宗家とし自ら家元となって再興。

**おい-おい【追い追い】**(副) 将来。だんだん。しだいに。gradually 用例 景気は―回復するだろう。

**おい-おい** ㊀(副) 声をあげて泣くさま。おいおいと。㊁(感) 同輩や目下の人に呼びかけるときの語。

**おい-おと・す【追い落(と)す・追落(と)す】**(五他) ①敵を追い払う。disperse ②城を守る敵兵を追い払って城を奪い取る。conquer

**おい-かえ・す【追(い)返す】**(五他) ①追い立てて元へ返す。turn away ②受け入れないで、そっけなく返す。send away 用例 使いの者を―。

**おい-か・ける【追(い)掛ける】**(下一他) ①あとを追う。run after ②ひきつづいてする。do something in succession 用例 ―・けて二つたのむ。

**おい-がし【追(い)貸し】** 借金を返すための資金として新たに貸すこと。

**おい-がしら【老頭】**①漢字を組み立てている部分の名。「者・考」などの「耂」、また「耄・耆」の「老」。②かぶとの上に付けた白い毛。

**おい-かぜ【追(い)風】**①船や人の後ろから吹いてくる風。順風。おいて。fair wind 対義 向かい風。用例 ―にのる。②衣服にたきしめた香のかおりを吹き送る風。

**おいかぜ-さんこうきろく【追(い)風参考記録】** 陸上競技会の二〇〇m以下のハードル競走と短距離競走・走り幅跳び・三段跳びで、選手の真後ろからの風が毎秒二mを超える状態で出された記録。公認はされない。wind-aided record

**おいがみ-おんせん【老神温泉】** 群馬県北東部利根村、片品川の渓谷に沿う温泉。付近に吹割滝があり、秋の紅葉が美しい。

**おい-かわ【追河】** コイ科の淡水魚。河川の中・上流や湖沼にすむ。全長約二〇cm。背面が淡褐色、体側と腹面は銀白色。水生昆虫やコケを食べる。釣りの好対象。本来は関東以西の太平洋側に分布。現在は北海道を除く各地に広まった。ハヤ。ヤマベ。ハエ。↓写

● オイカワ　雄(上)と雌。

**おい-き【老い木】** 多くの年数を経た木。老木。古木。old tree 対義 若木。

**老い木に花**(おいきにはな) おとろえたものが、また勢いをとりもどすたとえ。

**おい-きり【追(い)切り】** 競馬で、レースの直前に行う調教。通常はレースの三、四日前。一頭だけの単走と、二頭以上の併走(=あわせうま)とがある。追い切り調教。

**おい-く・ちる【老い朽ちる】**(上一自) ①たいへん老いおとろえる。become awfully old ②役に立たないほどくさる。decay ③世に知られないで年をとってしまう。grow old in obscurity

**オイケン【Rudorf Christoph Eucken】**(一八四六～一九二六) ドイツの哲学者。万有を精神の創造的・段階的行程によって説明する理想主義をといた。一九〇八年ノーベル文学賞受賞。

**おい-ごえ【追い肥】** 作物の生育中にほどこす肥料。追肥。additional manuring 対義 元肥。

**おい-こ・す【追(い)越す】**(五他) ①追い抜いて先になる。pass ②劣っていたものが、勝ったものになる。surpass

**おい-こみ【追(い)込み】**①劇場・飲食店などで、多くの客を込みで入れること。またその場所・席。②勝敗・完成にひびく最終段階。the last spurt

**追い込みを掛ける**(おいこみをかける) 最後の努力をする。put on the last spurt

**おいこみ-ば【追(い)込み馬】** 競馬で、レース中後方に位置して力を残し、終盤に追い抜いて勝つ戦法を得意とする馬。比較 逃げ馬・先行馬・差し馬。

**おい-こ・む【老い込む】**(五自) 年を取っておとろえる。たいへん老人くさくなる。become senile

**おい-こ・む【追(い)込む】**(五他) ①力で圧迫して、ある所または状態に入れる。追ってはいらせる。drive into 用例 袋小路に―。②病気を内攻させる。strike inward ③印刷で、行またはページをかえずに、続けて活字を組む。run on

**おい-さき【生い先】** 成長していく先。行く末。将来。future 用例 子の―が楽しみ。

**おい-さき【老い先】** 年をとった人の、これからの時間。老後。余生。remaining years 用例 ―の短い父。

**おい-さらば・える【老いさらばえる】**(下一自) すっかり年寄りになってしまう。よぼよぼになる。老いさらぼう。become decrepit

**おい-さらぼ・う【老いさらぼう】** 古語 (四自) ↓おいさらばえる(老いさらばえる)

**おいし・い【▽美▽味しい】** (形) よい味がする。うまい。tasty; good 派生 おいしが・る(五自) おいしげ(形動) おいしさ(名)

**おい-しげ・る【生い茂る】**(五自) 草木がよく茂る。繁茂する。grow thickly

**おい-しょう【追(い)証】** 追加証拠金・追加保証金の通称。清算取引や信用取引で、相場の変動によって委託証拠金・保証金が不足したとき、追加して徴収されるもの。追い敷き。additional margin

**おい-すが・る【追(い)▼縋る】**(五自) ①相手に追いついて、取りつく。catch up ②むりに頼み込む。implore

**オイスター【oyster】** カキ。

**オイスター-ホワイト【oyster white】** カキの身のようなクリームがかった白色。

**オイストラフ【David Fyodorovich Oistrakh】**(一九〇八～一九七四) ソ連のバイオリン奏者。卓抜な技巧と高い音楽性をもつ格調高い演奏により、今世紀最高のバイオリン奏者の一人といわれる。

**オイストラフ【Igor Oistrakh】**(一九三一～) ソ連のバイオリン奏者。ダビッド=オイストラフの息子。正確な技巧と清新な表現力をもつ。

**おい-ずる【▼笈▼摺】** 巡礼などが着物の上に着る、そでなし羽織に似た、薄地の衣服。笈をせおうとき着る。おいずり。

**おい-せん【追(い)銭】** 支払いをすましたうえに、よけいに払うお金。money paid in addition 用例 盗人に―。

**おい-そだ・つ【生(い)育つ】**(五自) 成長する。次第に育って大きくなる。grow up

**おいそれ-と**(副)《多く否定をともなって》考えなしにすぐ。かんたんに。thoughtlessly 用例 ―引き受けられない。

**お-いた**《幼児に言う語》いたずら。mischief 用例 ―をしてはいけません。

**おい-だき【追(い)炊き】**(名・サ変他) 炊いた飯が足りないときに、追加分を炊くこと。

**おい-だ・す【追(い)出す】**(五他) ①追い立てて、そとへ出す。追いはらう。drive out ②家庭や組織からしめ出して、関係をたつ。cut off relations

**おい-たち【生(い)立ち】**①大きくなること。成長。growth ②成人までにしてきたこと。経歴。background

**おい-たて【追(い)立て】** 追い立てること。住居をむりに立ちのかせること。ejection 用例 ―をくう。

**おい-た・てる【追(い)立てる】**(下一他) むりに追いはらう。強制的に立ちのかせる。追い出す。drive away

**オイタナジー【Euthanasie ドイツ】** ↓あんらくし(安楽死)

**おいちょ-かぶ**《「おいちょ」は八、「かぶ」は九》花札やトランプ賭博の一つ。手札とめくり札を合わせ末尾が九に近い数を競うもの。

**おい-ちら・す【追(い)散らす】**(五他) 追い立てて、散らばらせる。scatter

**おい-つ・く【追(い)付く】**(五自) ①追いかけて前の人や物にとどく。追っつく。catch up with ②能力がついて、ほかの人と同じになる。catch up with

**おい-つ・める【追(い)詰める】**(下一他) ①逃げ場のない所へ追いこむ。corner ②ひど

く困らせる。corner

**おい-て【追(い)手】** 逃げる者を捕らえる人。追っ手。chaser

**おい-て【追(い)▽風】** 船や人の後ろからふいてくる風。おいかぜ。fair wind

**追い風に帆を上げる** 船が順風を受けて出帆するように、物事が勢いにのる。幸運に恵まれて思う存分活躍する。類似 得手に帆を上げる。

**おい-て【▼於て】**(連語)《「…において」の形で》…で。…にて。用例 本校に―開催する。

**おい-て【▽措いて】**(連語)《「…をおいて」の形で》…をのぞいて。…のほかに。用例 彼を―他にできる者はない。

**お-いで【▽御▽出で】** ①「出ること・行くこと・来ること・居ること」の尊敬語。用例 社長が―になる。②「おいでなさい」の略。用例 こっちへ―。

**オイディプス【Oidipūsギリシア】** ギリシア神話でテーベ王ライオスとイオカステとの子。神託通りに、父を殺し母と交わったため、両眼をえぐり、国外にさまよい出る。英語でエディプス。Oedipus

**おいてけ-ぼり【置いてけぼり】**《俗語。昔、江戸本所の堀のあたりで、魚を釣ると「置いてけ、置いてけ」と声が聞こえたとの伝説から》人をある場所に残して行ってしまうこと。おいてきぼり。おきざり。用例 ―をくう。

**お-いど【▽御居▽処】**《女性語》おしり。

**おい-どん**(代)《方言》鹿児島地方で、自称。おれ。

**おいにっき【▼笈日記】** 各務支考編の俳書。元禄八年(一六九五)刊。松尾芭蕉の遺吟・遺文と諸家の追悼吟・編者の句文などを収録。

**おい-ぬ・く【追(い)抜く】**(五他) ①追いついて先になる。追いこす。pass ②相手よりまさるようになる。surpass

**おいのこぶみ【▼笈の小文】** 松尾芭蕉の俳諧紀行文。宝永六年(一七〇九)刊。貞享四年(一六八七)江戸を出発、翌年須磨・明石に至る旅の記。別称『卯辰紀行』など。

**おいのさか-とうげ【老ノ坂峠】** 京都市から亀岡盆地に通じる峠。標高一九五m。古くから山陰道の重要な峠。明智光秀の本能寺攻めで有名。

**おい-はぎ【追(い)▼剝ぎ】** 旅人などをおどかして、金品を奪い取ること・者。highway robber

**追い剝ぎが原へ蛍狩り**(おいはぎがはらへほたるがり)《「追い剝ぎが原」は、追い剝ぎのよく出る野原、の意》自ら、災いの起こりそうなところに行くこと。みずから、災いを求めること。

**おい-ばね【追(い)羽根】** 正月の遊びの一つ。向かい合って、羽子板で一つの羽根をついて、送り合うもの。羽根つき。おいはご。

**おい-ばら【追(い)腹】** 主君の死を追って家臣が腹を切ること。殉死。対義 先腹。

**おい-ばらい【追(い)払い】** 一度支払ったあとに、さらに追加分として支払うこと。

**おい-はら・う【追(い)払う】**(五他) ①追い立てて遠ざける。drive away ②じゃまなものなどを追い出す。drive out

**おい-ぼし【追(い)星】** 淡水産硬骨魚の繁殖期に、雄の鰓蓋やひれなどに現れる真珠のような光沢をもつ斑点。性腺ホルモンの作用で生ずる。pearl organ

**おい-ぼれ【老い▼耄れ】** ①年を取って心身の働きがにぶくなったこと・人。doddered ②老人をあざけって言う語。doddered ③老人が自らを卑下して言う語。

**おい-ぼ・れる【老い▼耄れる】**(下一自) 年を取って心身の働きがにぶくなる。

**おい-まく・る【追い▼捲(く)る・追▼捲(く)る】**(五他) はげしく追いかける。追い散らす。drive away

**おいまつ【老松】** ①能の曲名。脇能物。世阿弥作。太宰府天満宮の神木の老松・飛梅の伝説に取材。②能から派生した常磐津・清元・長唄など三味線による祝儀曲。

**おい-まわ・す【追(い)回す】**(五他) ①あちこち追いかける。chase about ②うるさくつきまとう。hang on ③こき使う。drive hard

**おい-め【負い目】** ①借り。借金。debt ②ひけめ。drawback

**お-いも【▽御芋】**《女性語》芋の丁寧語。また、「やき芋。」

**おい-もと・める【追(い)求める】**(下一他) ①追いかけて探す。pursue ②追うようにして得ようとする。pursue 用例 真実を―。

**おい-や・る【追(い)▽遣る】**(五他) 追って向こうへ行かせる。おいはらう。drive away

**おい-ら【▼俺▽等】**(代)《俗語。「おれら」の転》おれ。おれたち。

**オイラー【Leonhard Euler】**(一七〇七〜八三) スイスの数学者。微分積分学を発展させ、偏微分方程式、楕円関数論、変分法などに大きな業績を残し、また、オイラーの定理を発見。

**オイラー-えん【オイラー円】** ↓きゅうてんえん(九点円)

**オイラー-ケルピン【Hans Karl August Simon von Euler-Chelpin】**(一八七三〜一九六四) ドイツ生まれのスウェーデンの化学者。酵素および発酵の研究。一九二九年ノーベル化学賞受賞。

**オイラート【Oirat】** 中国、元滅亡ののち興った蒙古族の一部族。一五世紀のエセンの時代に蒙古全土を支配し最盛期となる。一六世紀にはタタールに圧迫されたが、一七世紀初めジュンガルハン国として再興。一七五七年清朝により滅亡。

**オイラー-の-ためんたいていり【オイラーの多面体定理】** ↓オイラーのていり(オイラーの定理)

**オイラー-の-ていり【オイラーの定理】** 位相幾何学の定理の一つ。多面体の頂点の数を$a$、辺の数を$b$、面の数を$c$とするとき、$a-b+c=2$であるという定理。オイラーの多面体定理。Euler's theorem

**おい-らか** 古語(形動ナリ) おっとりしている。おだやかである。用例 いとおいらかで、―ならましかば(源氏・帚木)。

**おい-らく【老いらく】**《「おゆらく」の転》年をとっていること。老年。用例 ―の恋。

**おいらせ-がわ【▽奥▽入瀬川】** 青森県南東部を東流する川。長さ六七km。十和田湖に発し八戸市で太平洋に注ぐ。上流部は渓谷美で有名。相坂川。

**おいらん【▽花▼魁】** 遊女の一般的な呼び名。もとは江戸吉原の遊郭で、上級の遊女のみをさしたことば。太夫。↓写

●花魁 花魁道中。

**おいらん-そう【▽花▼魁草】** クサキョウチクトウの別名。

**オイリー-スキン【oily skin】** 皮脂分泌の旺盛な肌。にきび・吹き出物がでやすい。油性肌。

**お・いる【老いる】**(上一自) ①年をとる。老人になる。get old 用例 ―・いてますますさかん。②年をとっておとろえる。senility 用例 ―・いて物忘れがひどくなる。

**老いたる馬は路を忘れず**(おいたるうまはみちをわすれず) 経験を積んだものは、めざす方向を誤らない。また、代々仕えて恩を受けた者が、いつまでももとの主人を忘れないことにもいう。

**老いては騏驎も駑馬に劣る**(おいてはきりんもどばにおとる)《名馬も老いれば足ののろい馬よりも劣る、の意から》どんなにすぐれた人でも、年をとればその働きは鈍くなる。A genius grown old becomes worse than mediocre.

**老いては子に従え**(おいてはこにしたがえ) 年をとったら、何事も子に任せ従うのがよい。Be guided by your children when you are old.

**老いては益壮んなる可し**(おいてはますますさかんなるべし) 年をとっても元気をなくさず、いっそう意気さかんでなければならない。

**老いて二度児になる**(おいてふたたびちごになる) 人間は年をとると、また子供のようになる。

**老いて益壮ん**(おいてますますさかん) 年をとっても衰えることなく、意気がますますさかんである。be hale and hearty in one's old age

**オイル【oil】** ①油。用例 サラダ―。②石油。用例 ―タンク。

**オイルクロス【oilcloth】** 薄地の綿織物または綿と合成繊維の混紡織物を合成樹脂でおおった布。防水性があり、汚れを落とせるのでテーブルクロスなどに用いる。

**オイル-コンデンサー【oil condenser】** 長い金属箔の帯と紙の帯を交互に幾層か重ねて巻き、絶縁油に浸したコンデンサー。大きな電気容量をもつ。

**オイル-サンド【oil sand】** タール状の重質油を含む砂岩。カナダのアサバスカ河流域では石油の採取も行われている。タールサンド。比較 オイルシェール。

**オイル-シェール【oil shale】** 石油に似た高分子有機物である油母(ケロージェン)を含む頁岩。乾留によって頁岩油が得られ、精製するとガソリン・灯油などが得られる。油母頁岩。比較 オイルサンド。

**オイル-シャンプー【oil shampoo】** 油を使った洗髪法。毛髪がいたんだとき、オリーブ油・ツバキ油・動物性油を髪や頭皮によく擦り込み、蒸しタオルをして洗髪する。

**オイル-ショック**《和製語》石油価格の値上げによって世界的な規模で生じたインフレ状態と、それにともなう経済的影響。第一次は一九七三年のアラブ石油輸出機構(OAPECオアペック)の値上げから、第二次は一九七九年の石油輸出機構(OPECオペック)の値上げを中心に生じた。石油危機。石油ショック。oil crisis

**オイル-シルク**《oiled silkから》乾燥性の植物油を塗布した防水性の絹。薄地で軽くレーンコートなどに用いる。

**オイル-ダラー【oil dollar】** 産油国が保有するドルを中心とする余剰外貨。第一次石油危機のあと大量に生じた。石油ダラー。オイルマネー。シェークダラー。

**オイル-バーナー【oil burner】** 燃料油を霧状に吹き出して燃焼させる装置。

**オイル-バス【oil bath】** オリーブ油やベビーオイルを含ませた脱脂綿で皮膚をふいてきれいにすること。おもに入浴できない未熟児などに使用。

**オイル-フェンス【oil fence】** 海に流出した油が広がるのを防ぐための柵。海面に浮かべるもの、海中に幕状に下げるものなどがある。

**オイル-ブレーキ【oil brake】** 油圧を利用した制動機。ペダルを踏んで円筒内のピストンに加えた力を油圧に変えて、車輪のブレーキを作動させる。油圧ブレーキ。比較 電気ブレーキ。

**オイル-マネー【oil money】** ↓オイルダラー

**おい-わけ【追(い)分け・追分】** ①街道が分かれる所。地名に残るものも多い。②「追分節」の略。

**おいわけ【追分】** 長野県軽井沢町にある地名。中山道と北国街道の分岐点の宿場町として栄えた。

**おいわけ【追分】**〈町〉北海道南部、千歳市東隣の町。酪農中心、林野の開発が進む。人口四三二二(一九八八)。

**おいわけ-ぶし【追分節】** 信濃の追分の宿場(現在の軽井沢町)でうたわれていた「碓氷馬子唄」から発生した民謡。各地方の地名をつけた追分節が全国に十数曲ある。

**オウ** 3画 **【▼尢】** 部首[尢] JIS 5387
音 オウ
—— 4画 **【▼尣】** 部首[尢・尣] 異体字
①まがったすね。足が不自由なこと・人。②背中がまがる病気の人。

**オウ** 4画 **【王】** 部首[玉] 教育小1 JIS 1806
音 **オウ**
王 王 王 王
①きみ。君主。「国王・大王」「王位・王冠・王子」②皇族の男子。③用例(名)―の位につく。④一番すぐれている人・もの。用例(名)百獣の―。《接尾的》発明―。打点―。将棋のこまの一つ。王将。「王手」
参考 玉とは別の字だが、字形がにているため、玉部にいれる。

**王より飛車を可愛がり**(おうよりひしゃをかわいがり) 王将よりも飛車を大切にするようなへぼ将棋をからかって言う。

**オウ** 5画 **【凹】** 部首[凵] 常用 JIS 1790
音 **オウ**
くぼむ。へこむ。くぼみ。へこみ。くぼんでいるさま。へこんでいるさま。対義 凸。「凹凸・凹面鏡・凹レンズ」

**オウ** 5画 **【央】** 部首[大] 教育小4→教育小3 JIS 1791
音 **オウ**・ヨウ・エイ
央 央 央 央 央
まんなか。なかば。「震央・中央」

**オウ** 7画 **【応】** 部首[心] 教育小5 JIS 1794
音 **オウ**・ヨウ
—— 17画 **【▼應】** 旧字 JIS 5670
応 応 応 応 応 応 応

**オウ** 7画【▼汪】 部首[氵] JIS 6174
音オウ
①水が深くて広いさま。大きいさま。「汪々」 ②いけ。にごった池。

**オウ** 8画【▼尫】 部首[尢・兀] ─ 7画【▼尪】 異体字
音オウ
よわい。虚弱な。つかれて、よわっている。「尫弱」

**オウ** 8画【往】 部首[彳] 教育小5 JIS 1793 ─ 8画【▼徃】 旧字 ─ 8画【▼徍】 異体字 JIS 5540
音オウ
①いく。ゆく。対義 復・還・来。「往診・往復・往来」 ②すぎさった。かつて。いにしえ。むかし。「既往」「往時・往昔・往年」 ③おりおり。しばしば。「往々」

**オウ** 8画【▼怏】 部首[忄] JIS 5573
音ヨウ・オウ
うらむ。心が平らかでない。あきたらない。「怏々」

**オウ** 8画【押】 部首[扌] 常用 JIS 1801
音オウ・コウ 訓おす・おさえる
①おす。おさえる。おしつける。判をおす。「花押」「押印」 ②とりおさえる。とりしまる。「押収・押送」 ③韻をふむ。「押韻」 ④おし。おもし。にらみ。

**オウ** 8画【▼旺】 部首[日] JIS 1802
音オウ
①さかん。勢いのあるさま。「旺盛」 ②ひかり。美しい光。

**オウ** 8画【▼枉】 部首[木] JIS 5930
音オウ
①まがる。ゆがむ。まげる。ゆがめる。 ②まげて。無理をおして。「枉駕」 ③ぬれぎぬ。無実の罪。冤罪。

**オウ** 8画【欧】 部首[欠] 常用 JIS 1804 ─ 15画【▼歐】 旧字 JIS 6131
音オウ
①はく。もどす。えずく。 ②うたう。歌をうたう。 ③ヨーロッパ(欧羅巴)のこと。「中欧・東欧」「欧亜・欧化・欧州・欧文」

**オウ** 8画【殴】 部首[殳] 常用 JIS 1805 ─ 15画【▼毆】 旧字 JIS 6156
音オウ 訓なぐる
なぐる。たたく。うつ。比較 撲。「殴殺・殴打」

**オウ** 8画【▼泓】 部首[氵] JIS 6187
音オウ
①ふかい。水が広く深い。 ②きよい。水が澄んでいる。 ③ふち。川などの水が深くよどんでいるところ。

**オウ** 8画【▼泱】 部首[氵] JIS 6186
音オウ
①雲のわきたつさま。「泱々」 ②ひろい。水が深く広い。「泱々」

**オウ** 9画【▼姶】 部首[女] JIS 1608
音オウ
うつくしい。みめよい。

**オウ** 9画【▼殃】 部首[歹] JIS 6142
音ヨウ・オウ
わざわい。災難。「余殃」

**オウ** 9画【▼瓮】 部首[瓦] JIS 6505
音オウ
みか。もたい。水や酒をいれる、かめ。

**オウ** 9画【皇】 部首[白] 教育小6 JIS 2536
音コウ・オウ
筆順↓コウ[皇]
きみ。みかど。すめらぎ。すめら。「尊皇・天皇」「皇子」↓コウ[皇]

**オウ** 10画【桜】 部首[木] 常用 →教育小5 JIS 2689 ─ 21画【▼櫻】 旧字 JIS 6115
音オウ 訓さくら
さくら。①サクラ。バラ科の落葉樹。「観桜会」「桜花・桜樹」 ②さくら肉。馬肉。

**オウ** 10画【▼秧】 部首[禾] JIS 6731
音オウ
①なえ。稲や草木の苗。 ②魚の子。稚魚。

**オウ** 10画【翁】 部首[羽] 常用 JIS 1807 ─ 10画【▼翁】 旧字
音オウ
おきな。①年老いた男。老人。老人に敬意を示して用いる。「村翁・白頭翁・老翁」 用例 (名)──ひとり住む。《接尾的》芭蕉──。 ②能で、老人の面。それをつけて舞う、めでたい能楽の曲目。

**オウ** 11画【▼凰】 部首[几・八] JIS 4964
音コウ・オウ
おおとり。中国で、想像上の霊鳥。めすのおおとり。対義 鳳。「鳳凰」

**オウ** 11画【▼埦】 部首[土]
音ワン・オウ
こばち。はち。わん。食べ物を盛る食器。「埦飯」

**オウ** 11画【黄】 部首[黄] 教育小2 JIS 1811 ─ 12画【▼黃】 部首[黃] 旧字
音コウ・オウ 訓き・こ
筆順↓コウ[黄]
き。こ。きいろ。きいろい。きいろいもの。「卵黄」「黄金・黄銅」↓コウ[黄]

**オウ** 12画【奥】 部首[大] 常用 JIS 1792 ─ 13画【▼奧】 旧字 JIS 5292
音オウ・オク・イク 訓おく
①おく。おくふかい。おくふかいところ。「深奥・秘奥」「奥義」 ②東北地方、または、陸奥国のこと。「奥羽・奥州」

**オウ** 13画【▼媼】 部首[女] JIS 5328
音オウ
おうな。年をとった女の人。老女。「老媼」

**オウ** 13画【▼蓊】 部首[艹] JIS 7267
音オウ
①とう。植物の花軸。 ②草木がこんもりとしげるさま。

**オウ** 14画【▼嘔】 部首[口] JIS 5150
音オウ・ク
①うたう。歌をうたう。 ②はく。もどす。えずく。「嘔吐」

**オウ** 14画【▼嫗】 部首[女] JIS 5334
音ウ・オウ
①おうな。年をとった女の人。老女。 ②はは。母親。 ③あたためる。だいて、あたためる。

**オウ** 14画【▼鞅】 部首[革] JIS 8057
音オウ
①むながい。牛馬の胸から鞍にかける組みひも。 ②になう。重みをせおう。「鞅掌」

**オウ** 15画【横】 部首[木] 教育小3 JIS 1803 ─ 16画【▼橫】 旧字
音オウ・コウ 訓よこ
①よこ。よこぎる。対義 縦。「縦横」「横断」 ②よこたわる。よこたえる。 ③よこしま。わがまま。気まま。「専横」「横行・横暴」 ④普通でない。「横死」 ⑤あふれる。一杯。「横溢」

**オウ** 16画【▼墺】 部首[土] JIS 5252
音オウ・イク
①きし。水のほとり。 ②おか。くが。陸地。 ③オーストリア(墺太利)のこと。

**オウ** 16画【▼懊】 部首[忄] JIS 5669
音オウ
①なやむ。思いわずらう。「懊悩」 ②うらむ。くやむ。

**オウ** 16画【▼甌】 部首[瓦] JIS 6514
音オウ
ほとぎ。小さいかめ。「金甌無欠」

**オウ** 16画【▼鴦】 部首[鳥] JIS 8283
音オウ
「鴛鴦」は、オシドリ。ガンカモ科の鳥。めすを鴦、おすを鴛という。

**オウ** 16画【▼鴨】 部首[鳥] JIS 1991
音オウ
①カモ。カモ目に属する水鳥。 ②アヒル。ガンカモ科の飼い鳥。マガモを飼いならし、改良したもの。

**オウ** 18画【▼甕】 部首[瓦] JIS 6517
音オウ
かめ。みか。もたい。水や酒をいれる、かめ。

**オウ** 18画【▼襖】 部首[衤] ─ 17画【▼袄】 異体字 JIS 1808
音オウ
①うわぎ。あわせ。わたいれ。 ②ふすま。からかみ。建具の一つ。 ③あお。わきあけのころも。かりぎぬ。 ④「素襖」は、武家の常服。のちに礼服となる。

**オウ** 18画【▼謳】 部首[言] JIS 7580
音オウ・ウ
①うたう。歌をうたう。声をそろえて、うたう。「謳歌」 ②うた。歌謡。

**オウ** 19画【▼鏖】 部首[金] JIS 7918
音オウ
みなごろし。ことごとくころす。「鏖殺」

**オウ** 20画【▼嚶】 部首[口] JIS 5177
音オウ
なく。鳥がなきかわす。

**オウ** 20画【▼蘡】 部首[艹]
音オウ・ヨウ
「蘡薁」は、エビヅル。ブドウ科のつる性落葉低木。えびかずら。

**オウ** 20画【▼罌】 部首[缶] JIS 7002
音オウ・エイ
もたい。口が小さく腹部の大きいかめ。

**オウ** 21画【▼鶯】 部首[鳥] JIS 8284 ─ 25画【▼鸎】 異体字 ─ 16画【▼鴬】 異体字 JIS 1809
音オウ
ウグイス。ヒタキ科の鳥。「老鶯」

**オウ** 21画【▼鷂】 部首[鳥] JIS 8316
音オウ
ヒタキ。スズメ目に属する鳥。

**オウ** 22画【▼鷗】 部首[鳥] ─ 15画【▼鴎】 異体字 JIS 1810
音オウ
カモメ。チドリ目に属する鳥。

**オウ** 24画【▼鷹】 部首[鳥] 人名用 JIS 3475
音ヨウ・オウ
①タカ。タカ目に属する鳥。 ②ゆったりした。こせこせしない。「鷹揚」

**オウ** 28画【▼鸚】 部首[鳥] JIS 8332
音オウ・ヨウ・イン
①「鸚鵡」は、インコ目に属する鳥。 ②「鸚哥」は、インコ目に属する鳥。

**お・う【追う・▽逐う】**(五他) ①前方の人や物の所に行き着こうとして進む。追いかける。chase 用例 先発隊のあとを──。 ②離れた場所へ去らせる。追いはらう。drive away 用例 ハエを──。公職を──われる。 ③かりたてて先に進ませる。urge forward 用例 牛を──。 ④ある状態を求める。pursue 用例 理想を──。 ⑤順序をふんでいく。follow 用例 回を──。日を──。

**お・う【負う】** 一(五他) ①背中に物・人をのせる。おぶう。せおう。carry on one's back 用例 幼子を──。 ②義務・責任などをもつ。assume 用例 責任を──。 ③苦痛や痛手を身にこうむる。suffer 用例 きずを──。 ④世話になる。おかげをうける。owe 用例 先人に──ところが多い。 二 古語 (四自) 似合う。ふさわしい。用例 小国には──はぬ御相なり(大鏡・道長下)。
**負うた子に教えられて浅瀬を渡る**(おうたこにおしえられてあさせをわたる) 年下の者やおとった者に教えられる。負

うた子に教えられる。A fool may give a wise man counsel.

**負うた子に教えられる**（おうたこにおしえられる）「負うた子に教えられて浅瀬を渡る」の下略。

**負うた子より抱いた子**（おうたこよりだいたこ）離れている者より、身近にいる者を大切にするのが人情であるということ。

**負わず借らずに子三人**（おわずからずにこさんにん）借金が無く子どもも適当な数の三人いるのは、平和で幸福な家庭であるということ。

**お・う**【生う】古語（上二自）はえる。伸びる。用例 いその上に―・ふる馬酔木を手折らめど（万葉・二・一六六）。

**お・う**【終う】古語（下二他）↓おえる（終える）

**おう-あ**【欧亜】ヨーロッパとアジア。亜欧。Europe and Asia

**おう-あん**【応安】日本の南北朝で、北朝の年号。貞治から改元。元年（一三六八）二月一八日～八年（一三七五）二月二七日。次に、永和に改元。

**おう-あんせき**【王安石】（一〇二一―八六）中国、北宋の政治家・学者。唐宋八大家の一人。神宗の信任のもと均輸法・青苗法・募役法・保甲法などの新法を実施。富国強兵をはかった。

**おう-い**【王位】王の位。王者の地位。throne

**おう-い**【王維】（六九九ごろ―七六一）中国、盛唐の詩人・画家。字は摩詰。太原の人。唐代自然詩の第一人者で、静寂かつ清麗な詩境を創造した。山水画の名手で、後世文人画の祖と仰がれる。五言絶句連作「輞川集」は自然詩の傑作。

**おう-いつ**【横▾溢・▾汪▾溢】（名・サ変自）みちあふれること。full of 比較 充満。用例 活気―。

**オウィディウス**【Publius Ovidius Nāsō】（BC四三―AD一七ごろ）ローマの詩人。明るく輝きにみちた詩句をつくった。詩集『恋はさまざま』『名婦の書簡』『色の道（アルス―アマトリア）』『祭暦詩』、叙事詩『転身物語』など。Ovid

**おう-いん**【押印】（名・サ変自）判をおすこと。捺印。seal

**おう-いん**【押韻】（名・サ変自）詩歌で、句の始めや終わりに、同じひびきの音をくり返すこと。語頭の頭韻と語尾の脚韻とがある。rhyming

**おう-う**【奥羽】①本州の北東部。東北地方。青森・岩手・宮城・秋田・山形・福島の六県をふくむ。②陸奥国と出羽国。

**おううえつ-れっぱんどうめい**【奥羽越列藩同盟】慶応四年（一八六八）戊辰戦争のとき、奥羽二五藩、北越六藩が結んだ反政府軍事同盟。

**おうう-さんみゃく**【奥羽山脈】東北地方中央部を南北に走る山脈。日本最長。東北地方の主要な分水界を形成する山脈で、主峰は岩手山二〇四一m、八甲田山一五八五mなど。

**おうう-ほんせん**【奥羽本線】JR東日本の鉄道幹線の一つ。福島と青森を結ぶ。長さ四八七・四km。明治三八年（一九〇五）開通。

**おう-えい**【応永】室町初期の年号。明徳から改元。元年（一三九四）七月五日～三五年（一四二八）四月二七日。次に、正長に改元。

**おうえい-の-らん**【応永の乱】守護大名大内義弘の室町幕府に対する反乱。応永六年（一三九九）義弘は鎌倉公方足利満兼らと結んで挙兵、将軍足利義満に対抗したが、敗死。

**おう-えん**【応援】（名・サ変他）①味方して助けること。加勢。help 用例 ―演説。②声や拍手で味方の選手を元気づけること。cheer 用例 ―歌。

**おう-えん**【黄鉛】淡黄色ないし橙黄色の無機顔料。主成分はクロム酸鉛$PbCrO_4$。塗料・絵の具・合成樹脂などの原料。クロムイエロー。chrome yellow

**おう-おう**【▾汪▾汪】（形動トタル）水の深くて広いさま。転じて、人の度量の広いさま。

**おう-おう**【▾怏▾怏】（形動トタル）不平・不満足なさま。despondently 用例 ―として楽しまず。

**おう-おう**【▾泱▾泱】（形動トタル）①水の深くて広いさま。②広大なさま。

**おう-おう**【往往】（副）よく。しばしば。ときどき。ときに。sometimes 用例 ―にして失敗する。

**おう-おうりん**【王応▾麟】（一二二三―九六）中国、南宋の学者。字は伯厚。慶元の人。博識で精密な考証を得意とした。著書『困学紀聞』『玉海』など。

**おうお-よし**【▾大魚よし】〔枕ことば〕《「おうお」は「おほうを」の転。大きい魚であることから》「しび（鮪）」にかかる。用例 ―鮪突く海人よ其があれば心恋しけむ鮪突く志毗（古事記・下）。

**おう-か**【王化】王者の徳によって民を感化すること。

**おう-か**【欧化】（名・サ変自）感化されてヨーロッパ風になること。Europeanization

**おう-か**【桜花】サクラの花。cherry blossoms

**桜花爛漫**（おうからんまん）サクラの花が満開であるさま。

**おうか**【▾秧歌】《「秧」は苗、の意》中国の民族芸術の一つ。元来は中国農村の田植え歌。合唱・対話風の歌に舞踊が加わる。ヤンコー。

**おう-か**【黄化】光の不足から、葉緑素が形成されず、植物が黄色になる現象。

**おう-か**【▾謳歌】（名・サ変他）①口々にほめたたえること。glorify ②幸せな境遇を十分楽しむこと。用例 青春を―する。

**おう-が**【▾枉▾駕】（名・サ変自）《「枉」は曲げるで、わざわざ乗り物の向きを変えて、の意から》「相手がたずねてくること」の尊敬語。光来。

**おう-が**【横▾臥】（名・サ変自）からだを横にすること。lie on one's side

**おう-かくまく**【横隔膜】胸腔と腹腔の境をなす薄い板状の筋肉。哺乳類に特有。呼吸作用を助け、排便・嘔吐のさいは腹圧をあげて排出を助ける。隔膜。diaphragm ↓呼吸器系図

**おうかくまくか-のうよう**【横隔膜下▾膿▾瘍】限局性腹膜炎の一種。横隔膜下面と肝臓とのあいだの横隔膜下腔にうみがたまる状態。手術で排膿するが死亡率が高い。subphrenic abscess

**おうが-しゅうきょく**【横▾臥▾褶曲】地殻の褶曲が極度に進み、横に倒れたもの。重力による褶曲作用でできやすい。recumbent fold

**おうか-しゅぎ**【欧化主義】明治一六～二一年（一八八三～八八）ごろ、明治政府が行った西洋化政策。外務卿井上馨が条約改正を促進させるために強力に推進。鹿鳴館の舞踏会に象徴される。

**おうか-しょう**【桜花賞】中央競馬の五大クラシックレースの一つ。明け四歳の牝馬だけに出走資格がある。毎年四月、阪神競馬場で開催。距離一六〇〇m。

**おう-かん**【王冠】①君主のしるしとしてのかんむり。royal crown ②勝者のほまれとしてのかんむり。crown ③びんの口がね。crown cap

**おう-かん**【往還】①行きかえり。②往来。通り道。街道。

**おう-かん**【王鑑】（一五九八―一六七七）中国、清初の画家。字は円照。南宗画の基本にかえることを目標とし、王時敏とともに清代文人画を指導した。四王呉惲の一人。

**おう-き**【王▾翬】（一六三二―一七一七）中国、清初の画家。字は石谷。南画と北画の二様式を融合し新様式を生みだす。その画系を虞山派と呼ぶ。

**おうぎ**【扇】①手に持って恥らいをかくしたり、あおいで涼をとる道具。また、舞踊・礼用の道具。平安前期に日本で創始されたもの。檜扇（冬扇）・蝙蝠（夏扇）の二種類がある。末広。扇子。folding fan 数え方 一本・一対（一本）。②紋所の名。扇を紋章化したもの。日の丸扇・檜扇など。↓図

**扇ゆゆし**（おうぎゆゆし）《前漢の班婕妤が、わが身を秋になって捨てられた扇にたとえてなげき悲しむ詩をつくった故事から》扇は男女の仲にとって不吉なものである。

**扇を請く**（おうぎをうく）奥義伝授のあかしとして、師匠からその流派の扇を受ける。

**扇を鳴らす**（おうぎをならす）人を呼んだり、歌や踊りの拍子をとったりするときのしぐさにいう。

**おう-ぎ**【黄▾耆】生薬の一つ。マメ科のキバナオウギ・モウコモメンヅルなどの乾燥根。強壮・止汗・利尿作用などがある。綿黄耆。

**おう-ぎ**【奥義】学問・技芸などで、なかなか到達できないところ。ごくい。おくぎ。secrets 用例 ―を極める。

**おうぎ-がた**【扇形】↓せんけい（扇形）

**おう-きし**【王▾徽▾之】（？―三八八ごろ）中国、東晋の文人。王羲之の第五子。黄門侍郎。竹を愛し、書をよくした。のち会稽山中に隠棲。

**おう-ぎし**【王▾羲▾之】（三〇七ごろ―三六五ごろ）中国、東晋の能書家。古来、書聖といわれる。行書・草書を芸術的な書体に完成。その書風は奈良時代に日本へ伝わり、日本書道の母体となった。作品『蘭亭序』『十七帖』など多数。

**おうぎ-だるき**【扇垂木】放射状に配列した垂木。おもに禅宗様建築に用いるが、天竺様建築にも用いられる。

**おうぎは-くじら**【扇歯鯨】下あごに扇をさかさにしたような扁平な大きな歯が一対ある小形のクジラ。全長約六m。北太平洋にのみ分布。Stejneger's beaked whale

**おうぎ-ばしょう**【扇▾芭▾蕉】タビビトノキの別名。

**おう-きゅう**【王宮】王の住む宮殿。royal palace

**おう-きゅう**【応急】急場のまにあわせ。救急。makeshift

**おうきゅう-しょち**【応急処置】①急場にまにあわせた物事の処理。emergency measure ②事故・急病などの発生時に、医師による本格的な治療まで役立たせるまにあわせの手当て。応急手当て。救急処置。first aid treatment

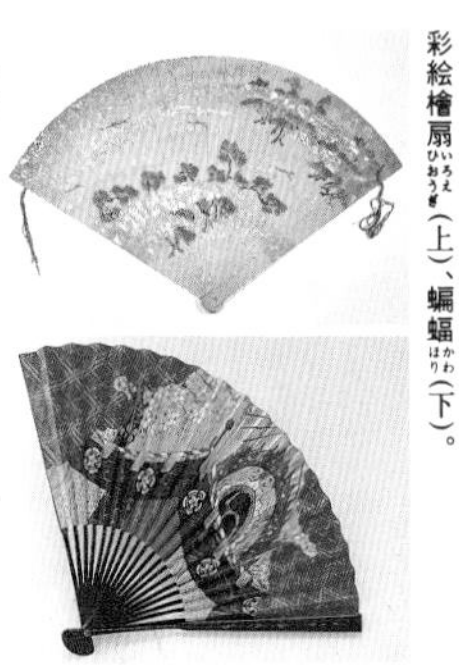

●扇①
彩絵檜扇（上）、蝙蝠（下）。

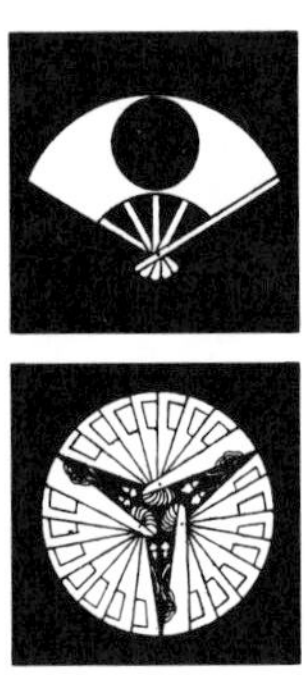

●扇②
日の丸扇　三つ檜扇

**おうきゅう-てあて**【応急手当（て）】↓おうきゅうしょち（応急処置）②

**おうきゅうのはなびのおんがく**【王宮の花火の音楽】《原題Royal Fireworks Music》ヘンデル作曲の管弦楽組曲。アーヘン条約を祝う花火大会のために一七四九年作。

**おう-ぎょく**【黄玉】弗素とアルミニウムの珪酸塩鉱物。斜方晶系で柱状の美しい結晶。接触鉱床やペグマタイト中に緑柱石など共存。宝石として利用。トパーズ。topaz

**おう-け**【王家】王の一族。王の家すじ。royal family

**おう-けつ**【▾甌穴】河床や海岸の岩盤のくぼみに入った小石や岩石の破片が、渦流によって回転しながら、岩盤に掘った丸い穴。ポットホール。pothole

**おうけつ-えん**【黄血塩】ヘキサシアノ鉄（II）酸カリウムの俗称。

**おうけ-の-たに**【王家の谷】上エジプト、ルクソルの北西にある谷。ツタンカーメンの陵墓をはじめとする古代エジプト新王国時代の岩窟墳墓がある。the Valley of the Kings

**おうげ-りしょう**【応化利生】《仏教語》仏や菩薩が衆生の能力や性質に応じて姿を変えて現れ、衆生を悟りへ導くこと。

**おう-けん**【王権】国王の権力。royal authority

**おう-けん**【王建】（七六八ごろ―八三〇ごろ）中国、中唐の詩人。字は仲初。潁川の人。楽府にすぐれ張籍と並称された。「宮詞百首」は当時もっとも愛唱された。

**おう-けん**【王建】（八七七―九四三）朝鮮、高麗王朝の初代国王（在位九一八―九四三）。廟号は太祖。開城に都し、九三五年新羅、九三六年百済を倒して朝鮮半島を統一。仏教を保護し、王権の基礎を固めた。

**おう-げんき**【王原▾祁】（一六四二―一七一五）中国、清初の画家。祖父王時敏に山水画を学び、呉派を継承した正統文人画を確立。婁東派の祖。

**おうけん-けいやく**【黄犬契約】労働組合に加入しないこと、または労働組合から脱退することを雇用条件とする労働契約。不当労働行為にあたる。yellow-dog contract

**おう-けんし**【王献▾之】（三四四―三八六）中国、東晋の書家。字は子敬。王羲之の第七子。書は父とともに二王と称された。作品『洛神賦十三行』など。

**おうけんしんじゅ-せつ**【王権神授説】君主の権力は神から与えられたとする考え。一六～一七世紀、ヨーロッパ近代国家形成期に現れた。帝王神権説。divine right of kings

**おう-こ**【往古】むかし。大昔。ancient times



↓行き先項目、図版・写真参照印。 JIS 日本工業規格情報交換用漢字符号コード（区点コード）。

**おう-ご【応護】**(名・サ変他) 神仏が守ること。加護。

**おう-こう【王侯】** 土地と人民を支配する侯と、諸侯の上に立つ王。royalty and nobility 用例 ―貴族。

**王侯将相、寧んぞ種有らんや**(おうこうしょうしょう、いずくんぞしゅあらんや) 王侯といい、また将軍・大臣といっても、別に人民と種類がちがうのではない。だれでもその努力と実力でなれるのだ。

**王侯に事えず、其の事を高尚にす**(おうこうにつかえず、そのことをこうしょうにす) 仕官せずに世を避け、志を高潔に保ち、世俗から超然としていることにいう。

**おう-こう【往航】**(名・サ変自) 船・飛行機が定められた行き先へ向かっていくこと。outward voyage 対義 帰航・復航。

**おう-こう【横行】**(名・サ変自) 《横向きに歩くのは、ふつうと違うから》わがもの顔にのさばること。rampant

**おうこう-かっぽ【横行▼闊歩】**(名・サ変自) 《「闊歩」は、大またに歩く、の意》「横行」を強めた語。swaggering rampantly

**おうこうのバレエコミック【王后のバレエコミック】** 《原題Ballet comique de la reine(フランス)》劇形式の最初のバレエ。一五八一年フランス王妃カトリーヌ=ド=メディシスの命で宮廷で上演。詩・音楽・舞踊から成る。

**おう-こく【王国】** ①王が治める国。kingdom ②《接尾的》ある事や物が、さかんであったり多かったりして栄えている国や地域など。kingdom 用例 ラグビー―。石油―。

**おう-こくい【王国維】**(一八七七〜一九二七) 中国、清末中華民国初期の学者。留学・亡命で日本に滞在。京都にあって哲学・文学・史学などを研究。とくに、羅振玉とともに行った甲骨文の研究・解読、古代社会研究に業績を残した。帰国後、自殺。

**おう-ごろし【王殺し】** 文化人類学の概念で、王の殺害を制度化したもの。未開社会においては王の健康状態と国土の活力、自然の産出力とが結びつけられ、王が老衰したり病にかかったとき、これを殺して新しい王をたて、世界の再生をはかる慣行がみられた。

**おう-ごん【黄▼芩】** 生薬の一つ。シソ科のコガネバナの根のコルク層を除いて乾燥したもの。消炎・解熱などの作用がある。

**おう-ごん【黄金】** ①純金。こがね。gold ②お金。貨幣。money

**おうごん-かいがん【黄金海岸】**(Gold Coast) 西アフリカ、ガーナの大西洋に臨む海岸。現在のガーナ。かつて金を輸出したことから命名。

**おうごん-かずら【黄金▼葛】** ポトスの別名。

**おうごん-じだい【黄金時代】** ①古代ギリシア人による人類の歴史の四区分、金・銀・銅・鉄のうち、最初の最高の時代。Golden age ②勢力のもっともさかんな時代。golden age

**おうごんのろば【黄金の▼驢馬】** 《原題Metamorphōsēs(ラテン)》アプレイウス作(一八〇年ごろ)の小説『変身譚』の一般名。ロバに変身した主人公が諸国をさまよい、さまざまな経験をする。

**おうごん-ひ【黄金比】** 線分を二つに分割するとき、長い部分と短い部分の比が、全体と長い部分との比に等しくなるような比。$\sqrt{5}+1:2$ golden ratio

**おうごん-ぶんかつ【黄金分割】** 線分を黄金比となるように分けること。美感と調和を感じさせ、古代ギリシア時代より、美術や建築などで利用。golden section →図

**おうごん-もんじょ【黄金文書】** 金印勅書の別称。

**おうごん-りつ【黄金律】** 『新約聖書』中、イエスの「山上の説教」にある「何事でも人々からしてほしいと望むことは、人々にもそのとおりにせよ」(『マタイによる福音書』七・一二)という教えに対して、一八世紀ごろ与えられた名称。Golden Rule

**おう-ざ【王座】** ①王の座席。王の地位。throne ②第一位。首位。championship 用例 ―をかけた一戦。

**おうさか-の-せき【▼逢坂関】** 現在の滋賀県大津市西方の逢坂山にあった古代の関。鈴鹿・不破とともに三関とよばれた。

**おうさか-やま【▼逢坂山】** 滋賀県と京都府の境にある山。標高三二五m。古来、交通の要地で、逢坂関がおかれた。

**おうさ-きるさ** 古語 (形動ナリ) 《逢うと行き離れるとき、の意か》①行きかうさま。②一方がよければ他方が悪いさま。用例 とあればかかり―にて(源氏・帚木)。③あれこれ思うさま。用例 ―に思ひ乱れ(徒然・三)。

**おう-さだはる【王▽貞▽治】**(一九四〇〜) プロ野球、元読売ジャイアンツの一塁手・監督。東京生まれ。昭和五五年(一九八〇)現役引退。通算本塁打八六八本。通算打率〇・三〇一。最優秀選手九回。三冠王二回。首位打者五回、本塁打王一五回。昭和五九年(一九八四)から同六三年(一九八八)まで、読売ジャイアンツ監督としてリーグ優勝一回。昭和五二年(一九七七)初の国民栄誉賞受賞。一本足打法は世界的に有名。

● 黄金分割

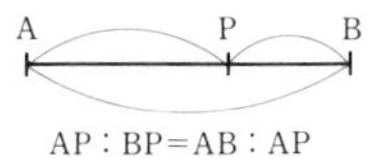

黄金比のみられるミロのビーナス。

**おう-さつ【殴殺】**(名・サ変他) なぐり殺すこと。to beat to death

**おう-さつ【▼鏖殺】**(名・サ変他) みな殺しにすること。wholesale slaughter

**おうさまとわたし【王様と私】** 《原題The King and I》アメリカのミュージカル。作曲ロジャーズ、台本ハマースタイン二世。一九世紀のタイが舞台の物語。一九五一年初演。五六年映画化。→写

● 王様と私　デボラ=カー(右)とユル=ブリンナー(左)。

**おう-さん【王▼粲】**(一七七〜二一七) 中国の三国時代、魏の詩人。字は仲宣。高平の人。建安七子の一人。曹操に重用された。「登楼賦」「七哀詩」などは建安詩中の傑作。

**お-うし【▼牡牛・雄牛】** おすのウシ。bull; ox 対義 牝牛。

**おう-し【王師】** ①天子の軍隊。官軍。②王の教師。

**おう-し【押紙】** →おしがみ(押し紙)

**おう-し【横死】**(名・サ変自) 思いがけない災難で死ぬこと。変死。不慮の死。非業の死。unnatural death

**おう-じ【王子】** 対義 王女。①王の男の子。prince ②昔、皇族の男子で、親王宣下のなかった人。

**おう-じ【王事】** ①王のする事業。②王室についての事柄。用例 ―に尽くす。

**王事、盬き事無し**(おうじ、もろきことなし) 王室に対する務めはおろそかであってはならない。

**王事を以て家事を辞す**(おうじをもってかじをじす) 臣下たるものは、王事のために、家事を捨てて力を尽くす。

**おう-じ【往事】** 過ぎ去ったできごと。past events 対義 近事。用例 ―を思い起こす。

**おう-じ【往時】** 過ぎ去ったむかし。昔日。bygone times 対義 近時。用例 ―をしのぶ。

**おう-じ【皇子】** 天皇・皇帝の男の子。Imperial prince 対義 皇女。

**おうじ【王子】** 東京都北区南部にある地区。熊野信仰の王子権現があり、それに由来する地名。

**おうじ【王寺】**〈町〉 奈良県西部、大和川沿いの町。古くから水運で栄え、現在は関西本線や近鉄など鉄道の交わる交通の要地。人口二万二〇九三(一九八八)。

**おうし-かん【欧氏管】** →エウスタキオかん(エウスタキオ管)

**おうし-ざ【▼牡牛座】** 黄道十二星座の一つで北天の星座。すばる(=プレヤデス星団)を含む。一等星アルデバランはこの星座のα星。一月二四日ごろの午後八時ごろに南中。面積七九七平方度。Taurus →図

● 牡牛座

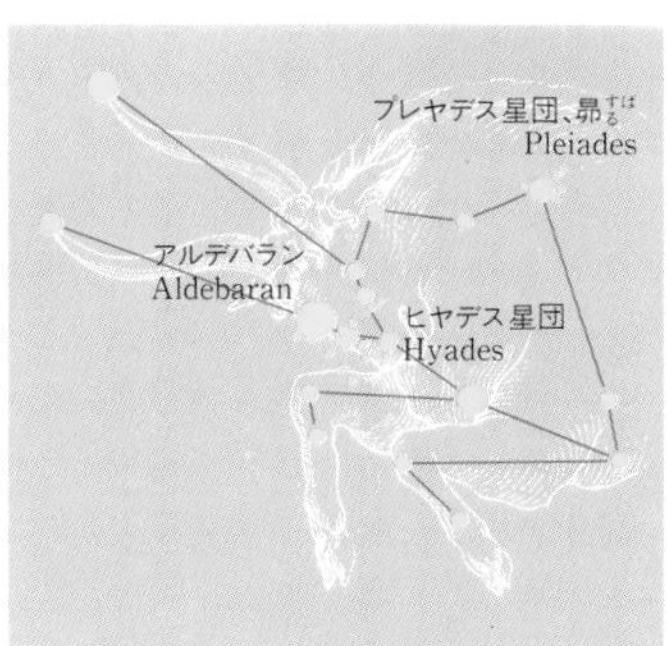


**おうじ-しんこう【王子信仰】** 神が、王子の姿となって現れるとする信仰。母親に当たる女性が巫女的性格をもち、母子神として信仰されることも多い。

**おうじ-せいし【王子製紙(株)】** 日本最大手の製紙会社。旧王子製紙が財閥解体により王子・本州・十条製紙に分割され、昭和二四年(一九四九)に設立。

**おう-しつ【王室】** 帝王の一家。royal family

**おう-じつ【往日】** 過ぎ去った日。昔日。

**おうじつ-せい【横日性】** 植物の屈性の一つ。光の刺激に反応する向日性のうちの、葉面を光の方向に対して直角に向ける性質。参照 向日性。

**おう-してい【王士▼禎】**(一六三四〜一七一一) 中国、清初の詩人。本名は士禛。号は漁洋山人。山東新城の人。当代第一の詩人で詩論「神韻説」を唱えた。詩集『帯経堂集』、随筆集『居易録』『池北偶談』など。

**おうじのきつね【王子の▼狐】** 落語の題名。明治のころまで、狐がよく出たといわれる王子を舞台に、その狐をだまして、料理屋で飲み食いしてしまう男のはなし。人間のほうで狐をだますところが、はなしのみそ。

**おう-じびん【王時敏】**(一五九二〜一六八〇) 中国、明末清初の文人画家。字は遜之。号は烟客。南宗山水画の定型をつくった。四王呉惲の一人。

**おう-しもと【生う▼楉】** [枕ことば]《「おう」は、「大」、「負ふ」の意とも。「しもと」は、木の小枝。同音を繰り返すことから》「もと」にかかる。用例 ―この本山の真柴にも告らぬ妹が名象に出でむかも(万葉・一四・三四八八)。

**おう-しゃ【往者】** 過ぎ去った事・時。対義 来者。

**往者諫む可からず**(おうしゃいさむべからず) 過ぎ去ったことは諫めようと思っても、元にもどらない。

**おう-じゃ【王者】** ①帝王。king ②徳をもって国をおさめる王。king 対義 覇者。③第一人者。champion 用例 水の―。

**おう-じゃ【王蛇】** 無毒の大きなヘビ、ボアの異名。おうへび。

**おう-じゃく【▼尩弱・▼尫弱】**(名・形動トタル) からだが弱いこと。frail

**おうしゃじょう【王舎城】** 古代インド、マガダ国の首都。現在のラージギル。頻婆娑羅王・阿闍世王の居城で、近くに釈迦が説法した霊鷲山がある。釈迦の入滅直後、第一結集がこの城外で行われた。ラージャグリハ。

**おう-しゅ【応手】** ①碁・将棋などで、相手の打った手を受けて打つ手。②物事の対策。

**おう-じゅ【応需】** もとめに応じること。meet the demand 用例 入院―。

**おう-しゅう【応酬】**(名・サ変自) ①言い返すこと。仕返すこと。retort 比較 応答。用例 ホームランの―。②手紙や詩歌などのやりとり。③酒席でさかずきの、やりとり。exchange

**おう-しゅう【押収】**(名・サ変他) 裁判官または裁判所の許可を得た捜査機関が、捜査上必要と思われる証拠物や没収すべき物を取得する刑事訴訟上の強制処分。confiscation

**おう-しゅう【欧州・欧▼洲】** 《「欧羅巴州」の略》ヨーロッパ。

**おう-しゅう【奥州】** ①陸奥国。陸奥・陸中・陸前・岩代・磐城の総称。②東北地方全域。みちのく。

**おう-じゅう【王充】**(二七〜一〇〇ごろ) 中国、後漢の思想家。字は仲任。その著『論衡』は、合理

的な批判精神と実証主義につらぬかれており、俗論や迷信を排し、儒学をも批判。

**おう-じゅう【王▼戎】**(二三四〜三〇五) 中国、西晋の政治家。字は濬沖。竹林の七賢の一人。

**おうしゅう-かいどう【奥州街道】** 五街道の一つ。江戸時代、江戸千住と陸奥白河を結ぶ幹線道路。

**おうしゅう-せいばつ【奥州征伐】** 源頼朝による奥州藤原氏討滅の戦い。文治五年(一一八九)藤原氏の源義経の保護をとがめてこれを攻撃、泰衡以下を討滅。以後奥州は鎌倉幕府の支配下にはいる。

**おうしゅう-そうぶぎょう【奥州総奉行】** 鎌倉幕府の地方職名。奥羽地域の御家人を統率。

**おうしゅう-たんだい【奥州探題】** 室町幕府の職名。奥州地方の鎮撫、民政を管掌。奥州管領。

**おうしゅう-とうひ【欧州唐▼檜】** マツ科の常緑針葉高木。欧州に広く分布し、クリスマスツリーに利用。球果はトウヒ属中で最大。北海道で植林される。材は建築・土木・パルプ用など。ドイツトウヒ。ヨーロッパトウヒ。

**おうしゅう-ふじわらし【奥州▼藤原氏】** 平安中期から末期に陸奥・出羽を支配した豪族。初代清衡以後、基衡・秀衡と平泉を拠点に勢力をのばしたが、文治五年(一一八九)四代泰衡のとき源頼朝の追討をうけ滅亡。

**おう-じゅく【黄熟】**(名・サ変自) イネ・ムギなどが、熟して黄色になること。ripen

**おう-しゅくか【王叔▽和】** 三世紀ごろの中国、西晋の医師。後世、医者の神様とされた。『傷寒論』を整理。脈診法をまとめて『脈経』一〇巻を著した。

**おう-しゅじん【王守仁】** 王陽明の本名。

**おうじゅ-ほうしょう【黄▼綬褒章】** 褒章の一つ。一般の農民や勤労者で業務に精励し、他の模範となる者に与えられる。↓勲章[写]

**おう-じょ【王女】** [対義]王子。①王のむすめ。princess ②昔、皇族の女子で、内親王宣下のなかった人。

**おう-じょ【皇女】** 天皇・皇帝の女の子。こうじょ。[対義]皇子。

**おう-しょう【王将】** 将棋で、こまの一つ。どの方向にも一こまずつ動くことができる。詰められると負けになる。王。玉将。

**おう-しょう【応召】**(名・サ変自) ①呼び出しに応じて行くこと。②軍人が召集されて指定地に集まること。

**おう-しょう【▼鞅掌】**(名・サ変自) せわしく働くこと。

**おう-じょう【王城】** ①王のいる城。王宮。royal palace ②みやこ。帝都。capital [用例]——の地。

**おう-じょう【往生】**(名・サ変自) ①この世を去って極楽浄土に生まれること。②死ぬこと。death ③あきらめること。give up ④閉口すること。dumbfounding [用例]まくしたてられて——した。

**おうじょう-ぎわ【往生際】** ①死にぎわ。また、そのときの態度。②ぎりぎりまで追い詰められたとき。また、そのときの態度。[用例]——が悪い。

**おう-しょうくん【王昭君】**(生没年未詳) 中国、前漢の宮女。対匈奴和親政策のため、王女の身代わりとなって呼韓邪単于にとつがされ、その地で死んだ。その哀話は後世文学の題材となった。

**おうじょうようしゅう【往生要集】** 仏教書。源信の著。寛和元年(九八五)完成。多数の経論の中から往生に関する部分を集め、念仏の要旨と功徳を説いたもので、日本浄土教発達の母体となった。

**おう-しょうれい【王▼昌齢】**(六九八〜七五五ごろ) 中国、盛唐の詩人。七言絶句では李白と並び称された名手。詩集『王昌齢詩集』。

**おう-しょく【黄色】** きいろ。こうしょく。yellow [用例]——野菜。

**おうしょく-こうそ【黄色酵素】** ↓フラビンこうそ(フラビン酵素)

**おうしょく-しゅ【黄色▼腫】** 真皮内に脂質が異常沈着して黄色の腫瘤を示すもの。皮膚・関節・腱・まぶたなどによくできるが、まぶたにできる眼瞼黄色腫が代表的。xanthoma

**おうしょく-じんしゅ【黄色人種】** 人類を黒色人種・白色人種とともに三種類に大別したときの一つ。皮膚の色は一般に淡褐色ないし黄褐色。黒色・直毛の毛髪、少ない体毛、蒙古襞、小児の蒙古斑などが共通。主として東・東南・中央アジアの住民のほかエスキモー・アメリカインディアンなど。蒙古人種。モンゴロイド。こうしょくじんしゅ。Mongoloid

**おう・じる【応じる】**(上一自) ↓おうずる(応ずる)

**おう-しん【王臣】** 帝王の臣下。

**王臣蹇蹇、躬の故に非ず**(おうしんけんけん、みのゆえにあらず) 臣下が一身を忘れて、君主に忠義を尽くす。

**おう-しん【往信】** こちらから出す手紙。letter sent [対義]返信。

**おう-しん【往診】**(名・サ変他) 医者が病人の家に行って診察・治療すること。doctor's house call [比較]来診。[対義]宅診。

**おう-じん【応身】** 仏の三身の一つ。衆生の機根に応じて姿を変えて現れる仏のこと。応化身。

**おう-じん【横陣】** ①横ならびの陣形。②艦隊の陣形で、指揮官の乗艦を右端にして、その左舷に他の艦が横一列に並んだ陣形。line abreast

**おうじん-おうちょう【応神王朝】** 五世紀から六世紀初期、応神天皇から武烈天皇に至る王朝。河内・難波に都宮が集中。倭の五王をふくみ、大古墳を造営した。河内王朝。

**おうじん-てんのう【応神天皇】** 記紀で第一五代天皇。名は誉田別命。父は仲哀天皇、母は神功皇后と伝えられる。

**おうじんてんのう-りょう【応神天皇陵】** 大阪府羽曳野市誉田にある五世紀の前方後円墳。全長四一五m。応神天皇の墓といわれ、仁徳天皇陵につぐ日本第二の巨大古墳。

**お-うす【▽御薄】** 薄茶の丁寧語。

**おう-すい【王水】**《金などの貴金属をも溶かすことから》濃塩酸と濃硝酸(容積比で三対一)の混合物。原子状塩素と塩化ニトロシルNOClによる強力な溶解剤。aqua regia

**おう-ずい【黄水】** 胃から吐きもどす胆汁まじりの黄色の液。きみず。

**おうす-の-みこと【小▼碓▽命】** 日本武尊の幼名。

**おう・ずる【応ずる】**(サ変自) =応じる。①答える。respond [用例]質問に——。呼びかけに——。②かなう。適合する。meet; satisfy [用例]必要に——・じて。③受け入れる。accept [用例]招待に——。

**おう-せ【▼逢瀬】** 恋人どうしが会うとき・機会。tryst [用例]——を楽しむ。

**おう-せい【王政】** 王が行う政治。royal rule [用例]——復古。

**おう-せい【▼旺盛】**(形動) 非常にさかんなさま。vigorous [用例]——な活動力。

**おう-せいえい【▼汪精衛】** 汪兆銘の字。

**おう-せいてい【王世貞】**(一五二六〜九〇) 中国、明中期の文人。字は元美。太倉の人。李攀竜らと「後七子」の重鎮。著書『弇州山人四部稿』など。

**おうせい-ふっこ【王政復古】** 政治体制が、廃止されていた君主政体に復帰すること。restoration ①日本では、江戸幕府を廃し天皇親政に移行した政変。②イギリスでは、クロムウェルの共和政治ののち、スチュアート朝が復活。the Restoration ③フランスでは、ナポレオンの第一帝政ののち、ルイ一八世が即位。ブルボン朝が復活。

**おうせいふっこ-げき【王政復古劇】** 王政復古期のイギリス演劇。上流社交界の退廃した世相風俗を風刺した、いわゆる風習喜劇がその代表。コングリーブ『浮世のならい』など。

**おう-せき【往昔】** むかし。いにしえ。往時。おうじゃく。old times

**おう-せつ【応接】**(名・サ変自) ①客をもてなすこと。reception ②人にあうこと。面会。meet [比較]応対。

**応接に暇有らず**(おうせつにいとまあらず) 物事がつぎつぎと起こって、いそがしい。

**おうせつ-セット【応接セット】** 接客用の家具セット。通常は長椅子・肘掛け椅子・ティーテーブル・飾り棚などで構成される。

**おうせつ-ま【応接間】** 現代の住宅で、とくに接客のために設けられた部屋。和風住宅の客間にあたる。guest room

**おう-せん【応戦】**(名・サ変自) 相手の攻撃に対してたたかうこと。fight back

**おう-せん【黄▼癬】** オウセン菌という一種のカビによる皮膚病。頭や体に厚い黄色のかさぶたができ、脱毛し、つめも濁る。favus

**おう-せん【横線】** よこ向きに引いた線。よこせん。horizontal line

**おうせん-こぎって【横線小切手】** 表面のはしに、ななめに二本の平行線を引いた小切手。盗難・紛失防止のために法定され、銀行などに預金口座がないと支払いが受けられない。一般と特定の二種類がある。線引き小切手。crossed check

**おう-せんざん【王船山】**(一六一九〜九二) 中国、明末・清初の儒者。明の遺臣として清朝に仕えず、郷里の石船山に隠居。朱子学を奉じ、陽明学を排した。

**おう-そ【応訴】**(名・サ変自) 民事訴訟で、相手の訴えに応じ、被告として法廷で争うこと。counter suit

**おう-そう【往相】** 「往相回向」の略。

**おう-そう【押送】**(名・サ変他) 囚人・刑事被告人を他の場所へおくり移すこと。transfer a convict to a different prison

**おうそう-えこう【往相回向】**《仏教語》自分の功徳を一切衆生に施して、ともに浄土に往生することを願うこと。[対義]還相回向。

**おう-ぞく【王族】** 王の一族。royalty

**お-うた【▽御歌】** ①天皇のつくった歌。御製。②皇族のつくった歌。

**おう-だ【殴打】**(名・サ変他) なぐること。たたくこと。beat

**おう-たい【応対】**(名・サ変自) 《「応待」は誤り》人と会って話をかわすこと。reception [比較]応接。[用例]——が悪い。

**おう-たい【黄体】** 哺乳類の卵巣内で排卵後形成される独特の組織。顆粒状の黄色素を含む黄体細胞で満たされ、おもに黄体ホルモンを分泌。yellow body

**おう-たい【横隊】** よこにならんだ列。rank [対義]縦隊。

**おう-だい【王台】** ミツバチの女王蜂を育てる巣房。王房。

**おうたい-しげきホルモン【黄体刺激ホルモン】** 脳下垂体前葉から分泌される性腺刺激ホルモンの一つ。卵巣の黄体を刺激して黄体ホルモンを分泌させる。乳腺刺激ホルモン。プロラクチン。luteotropic hormone

**おうたい-ホルモン【黄体ホルモン】** 女性ホルモンの一つ。おもに、卵巣の黄体から分泌され、妊娠の維持、排卵抑制などの作用がある。プロゲステロン。luteal hormone

**おうた-かい【▽御歌会】** 宮中で催される和歌の会。

**おうたき【王滝】**〈村〉 長野県南西部、御嶽山南麓の村。林業地でヒノキ・サワラ材を産出。人口二二六四(一九八八)。

**おう-だく【応諾】**(名・サ変自) たのみ・申し込みなどを受け入れること。承知。承諾。accept

**おうた-どころ【▽御歌所】** 和歌のことを司るため宮中に設置された役所。天暦五年(九五一)の「撰和歌所」に始まり、明治時代に御歌所と改称された。昭和二一年(一九四六)廃止。

**おう-だん【黄▼疸】** 皮膚や粘膜が黄色くなる病的状態。肝機能の障害などで血中の胆汁色素(=ビリルビン)が異常に増加するために起こる。jaundice

**おう-だん【横断】**(名・サ変他) [対義]縦断。①横に切ること。cut horizontally [用例]——面。②東西に横切ること。go across [用例]大陸——。③道・線路などを横切ること。

**おうだん-くみあい【横断組合】** 企業の枠にとらわれない職種別、または産業別の労働組合組織。欧米では一般的だが、日本には少ない。trans-industry union [対義]企業別組合。

**おうだん-ちんぎん【横断賃金】** 個別企業の賃金体系にかかわりなく、労働者の職種や熟練度に応じて同一賃金率で支払われる賃金。ヨーロッパ的な方式で、日本では実現していない。transversal wage

**おうだん-ほどう【横断歩道】** 歩行者の安全のため道路交通法で定められた、歩行者横断用の道路部分。ゼブラゾーン。pedestrian crossing

**おうち【▼楝・▼樗】** センダンの古名。

**おうち【▽相知】**〈町〉 佐賀県北西部、厳木川に沿う町。かつて炭鉱町で繁栄。今は稲作などの農業が中心。人口一万二九七(一九八八)。

**おうち-がた【▼邑知潟】** 石川県、能登の半島基部の潟湖。現在は干拓されて用水路(約一㎢)を残し消滅。

**おうち-せい【横地性】** 植物、とくにつる性植物の茎の伸長していく方向が重力の方向と直角になる性質。これによって、茎が支柱にまきつく。向地性。diageotropism

**おう-ちゃく【横着】**(名・形動・サ変自) ①ずうずうしいこと・さま。impudent ②なまけること・さま。lazy [用例]——をきめこむ。

**おう-ちょう【王朝】** ①朝廷。dynasty ②同じ血筋の帝王の系列。また、その治世の期間。

**おう-ちょう【横超】**《仏教語》親鸞の説い



↓行き先項目、図版・写真参照印。 [JIS]日本工業規格情報交換用漢字符号コード(区点コード)。

た二双四重の教判の一つ。横は浄土易行を意味し、超は一足飛びに悟りに至ることをいう。阿弥陀仏を信ずることにより、すみやかに浄土往生がかなうこと。

**おうちょう【応長】** 鎌倉末期の年号。延慶から改元。元年(一三一一)四月二八日～二年(一三一二)三月二〇日。次に、正和に改元。

**おうちょう-じだい【王朝時代】** 日本で、①ほぼ大化の改新から平安末期まで。七世紀半ばから一二世紀。②とくに平安時代。

**おう-ちょうめい【▼汪兆銘】**(一八八三～一九四四)、中国の政治家。字は精衛。広東国民政府で孫文を助け、その死後国民党左派の中心として蔣介石と対立したが妥協。抗日戦中、日本との妥協を唱え、傀儡政権である新国民政府の主席となった。日本で病死。

**おうちょう-ものがたり【王朝物語】** 平安時代の宮廷を場とし、貴族を中心人物とした、一連の物語文学作品。『竹取物語』『伊勢物語』『宇津保物語』『源氏物語』など。

**おうづか-こふん【王塚古墳】** 福岡県嘉穂郡桂川町にある六世紀の前方後円墳。全長八〇m。わが国の代表的な装飾古墳。横穴式石室の美しい彩色壁画と貴重な副葬品の出土で有名。↓写

● 王塚古墳　石室。

**お-うつり【▽御移り】** 物をもらった返礼として、その器に入れて返す品。お返し。

**おう-て【王手】** ①将棋で、直接、王将を攻める手。checkmate ②相手をやりこめる、とっておきの手段。trump card 用例 ―をかける。

**王手嬉しや別れの辛さ**(おうてうれしやわかれのつらさ)《「王手」に「逢うて」をかけたしゃれ》将棋で王手をかけるときに言う。

**王手飛車取り**(おうてひしゃとり) ①将棋で、王手をかけると同時に飛車も取れるような手を差すこと。②絶体絶命の窮地に陥れること。

**おう-てっこう【黄鉄鉱】** もっとも広く多量に分布する鉄の硫化鉱物。等軸晶系。立方体や五角一二面体結晶のものが多い。淡黄色の金属光沢で条痕は黒灰色、劈開なし。用途は硫酸や硫黄などの原料。pyrite

**おう-てん【横転】**(名・サ変自) ①よこ倒しになること。turning sideways ②航空機が、飛行しながら機体を横に回転させること。barrel roll 用例 ―飛行の曲技。

**おうてん-もん【応天門】** 平安京大内裏朝堂院二十五門の一で、南面の正門。

**おうてんもん-の-へん【応天門の変】** 平安前期の政変。貞観八年(八六六)、大内裏の応天門炎上と関連して大納言伴善男が処分された事件。

**おう-と【▼嘔吐】**(名・サ変他) 胃腸の内容物を口から外へはき出す現象。胃腸疾患、乗り物酔い、脳圧高進などで起こる。へど。vomiting

**嘔吐を催す**(おうとをもよおす) ①はきけがする。feel nausea ②はなはだしく不快に感じる。disgusting 用例 かれの言動には―。

**おう-ど【王土】** 王の支配する領地。王の治める国土。royal domain

**おう-ど【黄土】** ①中国北部・ヨーロッパ・アメリカ合衆国中部などの地表に、広く厚く分布する黄灰色の土。洪積世に砂漠や沖積平野の細砂が、風で周囲の半乾燥地帯に運ばれ堆積したもの。こうど。レス。loess 比較 黄塵。②鉄の酸化物と水酸化物の混ざった黄色の土。黄色顔料の一つ。オーカー。オークル。ochre; ocher

**おう-とう【応答】**(名・サ変自) 質問・話しかけなどに答えること。受け答え。reply 比較 応酬。用例 質疑―。

**おう-とう【桜桃】** バラ科の落葉高木。果樹として冷涼地に栽培。五月に開花し、六～七月に収穫。果実は核果。生食・砂糖づけ・製菓・カクテル用。栽培品種が多い。サクランボ。チェリー。セイヨウミザクラ。cherry ↓写

**おう-とう【王▼燾】**(生没年未詳) 中国、八世紀の唐の書誌学者。医学研究家としても著名。宮廷図書館の文献を抄出して、七五二年に、医学全書『外台秘要方』を完成した。

**おう-どう【王道】** ①帝王が行うべき政道。②中国の政治思想。儒家が想定した徳治政治の理念で、周公旦の政治を理想とした。対義 覇道。

**おう-どう【黄銅】** 銅に亜鉛を加えた合金。日用品・機械部品などに多用されるのは、亜鉛三〇%の七-三黄銅と、四〇%の六-四黄銅。亜鉛二〇%以下のものを丹銅という。真鍮。brass

**おう-どう【横道】**(名・形動) ①正しくない道。よこしまなこと。邪道。wrong ②不正と知りながら行うこと。misdeed

**おう-どうこう【黄銅鉱】** 銅と鉄の硫化鉱物。銅の重要な鉱石。通常は四面体の結晶。黄色の金属光沢で、条痕は緑黒色、劈開なし。金や銀を含むこともある。chalcopyrite

**おう-とうしょう【王統照】**(一八九七～一九五七) 中国の詩人・小説家。「文学研究会」の発起人の一人。長編『黄昏』『一葉』など。

**おうどう-らくど【王道楽土】** 帝王が徳によって政治を行う、住みやすい国のこと。

**おうとく【応徳】** 平安中期の年号。永保から改元。元年(一〇八四)二月七日～四年(一〇八七)四月七日。次に、寛治に改元。

**おう-とつ【凹凸】** 出っぱっていたりへこんでいたりするもの。でこぼこ。uneven

**おうとつ-レンズ【凹凸レンズ】** 一面が出、他面がへこんでいて、中央が厚くなっているレンズ。性質は、凸レンズに同じ。concavo-convex lens

**おうな【▽女】** 古語 《「をみな」の転》おんな。

**おうな【▼嫗・▼媼】** 老女。対義 おきな。

**おう-なつ【押▼捺】**(名・サ変他) 印判や指紋をおすこと。stamp 用例 指紋の―。

**おうにん【応▽仁】** 室町末期の年号。文正から改元。元年(一四六七)三月五日～三年(一四六九)四月二八日。次に、文明に改元。

**おうにん-の-らん【応▽仁の乱】** 室町末期の応仁元年～文明九年(一四六七～七七)、京都を中心に勃発した大乱。将軍家足利氏の相続問題をめぐって、東軍細川勝元方と西軍山名宗全方に分かれて各地で戦闘。以後、幕府は弱体化した。

**おう-ねつ【黄熱】** ネッタイシマカによって媒介されるウイルス性伝染病。西アフリカ、中・南米にみられる。黒吐病。黄熱病。こうねつ。yellow fever

● オウトウ　花(右)と実(左)。

**おう-ねん【往年】** 過ぎ去った昔。往時。the years gone by 用例 ―の名選手。

**おう-のう【▼懊悩】**(名・サ変自) なやみ苦しむこと。苦悩。agony

**おうのうやちん-ほうしき【応能家賃方式】** 家賃の支払い方式の一つ。低所得者には家賃補助をし、高所得者から高家賃をとる方法。

**おう-ばい【黄梅】** モクセイ科の落葉小低木。高さ約一m。枝は緑色、葉は三小葉からなる複葉。早春に、黄色の六弁花をつける。観賞用に栽培。中国原産。↓写

● オウバイ

**おう-ばく【黄▼柏】** 生薬の一つ。ミカン科のミヤマキハダの樹皮でコルク層を除いたもの。健胃・整腸などに用いる。

**おう-ばく【黄▼檗】** 「黄檗宗」の略。

**おうばく-しゅう【黄▼檗宗】** 日本の禅宗の一つ。承応三年(一六五四)来日した明の黄檗山万福寺の僧、隠元が臨済禅の一つとして伝えた。明治九年(一八七六)独立。寛文元年(一六六一)建立の宇治の万福寺を大本山とする。中国風で、禅と念仏の結びつきが顕著なのが特色。

**おうばく-ばん【黄▼檗版】** 黄檗宗の僧鉄眼道光が、明の万暦版に訓点を加えて翻刻開板した六九五六巻の大蔵経。一二年間かかって天和元年(一六八一)に完成。鉄眼版。

**おうばく-りょうり【黄▼檗料理】** 《京都の黄檗山万福寺創建のさいに伝来したことから》普茶料理の別称。中国から伝わった精進料理。

**おう-はん【凹版】** 印刷の版の一つ。文字・図形の部分が、版面よりもくぼんだ精密な版。グラビアや、紙幣・証券などの印刷に用いる。intaglio 対義 凸版。

**おう-はん【黄飯】** クチナシの実を煎じた黄色の汁でたいたご飯。塩味。大分県では大みそか、静岡県では端午の節句にたく。くちなし飯。

**おう-ばん【▼椀飯・▼垸飯】** 《「わんばん」の転》①わんに盛っためし。②人をもてなすためのごちそう。大宴会。

**おうばん-ぶるまい【▼椀飯振(る)舞い】** 《のちに「大盤」とも書く》①昔、正月に親類・縁者をまねいて盛大に行った宴会。splendid banquet ②気まえよくごちそうすること。大ぶるまい。give a big feast

**おう-ひ【王妃】** 王の妻。きさき。queen

**おう-ひ【奥秘】** ①奥義。②大事な秘密。

**おう-ひつ【王▼弼】**(二二六～二四九) 中国、三国時代の魏の儒者。漢代儒者の経学を排し、老荘思想に基づいた『周易注』『老子注』を著した。

**おうびょう-よやく【応病与薬】** 《仏教語》仏が相手の能力・素質に応じて法を説くこと。医師が病気に応じて薬を与えることにたとえたもの。

**おう-ぶ【王武】**(一六三二～一六九〇) 中国、清初の画家。字は勤中、号は忘庵、雪顚道人。明代花鳥画の伝統をつぐ。

**おう-ふう【欧風】** ヨーロッパ風。洋風。European style 用例 ―建築。

**おう-ふく【往復】** 一(名・サ変自) 行ってもどること。coming and going 対義 片道。二(名) ①手紙のやりとり。correspondence ②《「往復切符」の略》行きとかえりの切符。round-trip ticket米; return ticket英

**おうふく-きかん【往復機関】** 蒸気・ガスなどの圧力によりシリンダー内のピストンを往復運動させ、それを動力源とした原動機。蒸気機関・内燃機関など。reciprocating engine

**おうふく-はがき【往復葉書】** 往信用と返信用が一つにつながっている郵便葉書。

**おうふく-ポンプ【往復ポンプ】** シリンダー内をピストンが往復して、吸い込みと吐き出しを繰り返しながら液体を圧送するポンプ。reciprocating pump

**おう-ぶん【応分】** 身分・能力にふさわしいこと。proper 用例 ―の努力。―の寄付。

**おう-ぶん【欧文】** ①欧州各国の文字・文章。European writing ②ローマ字。roman letters 用例 ―タイプライター。

**おうぶん-ちょう【欧文調】** 欧文の直訳に似た文体。欧文脈。

**おう-へい【横柄・押柄】**(形動) いばりかえったさま。尊大。arrogant 対義 謙遜・謙虚。用例 ―に構える。

**横柄を揃く**(おうへいをさばく) おごり高ぶった振る舞いをする。

**おう-べい【欧米】** ヨーロッパとアメリカ。Europe and America

**おう-へび【王蛇】** 全長五mに達する無毒ヘビ、ボアのこと。おうじゃ。boa

**おう-へん【応変】** とつぜん起こった事に応じて、適切な処理をすること。用例 臨機―。

**おう-へん【黄変】**(名・サ変自) 黄色にかわること。turn yellow

**おうへん-まい【黄変米】** かびで黄変した米。有毒。

**おうほ【応保】** 平安末期の年号。永暦から改元。元年(一一六一)九月四日〜三年(一一六三)三月二十九日。次に、長寛に改元。おうほう。

**おう-ぼ【応募】**(名・サ変自) 募集に応ずること。application

**おう-ほう【王法】** ①国王が国をおさめる法律。②王たる者の道。

**おうほう【応▽保】** →おうほ(応保)

**おう-ほう【応報】**《仏教語》善悪の言行に応じて、吉凶・禍福のむくいを受けること。そのむくい。用例 因果—。

**おう-ほう【往訪】**(名・サ変自) 出かけて、人をたずねること。訪問。visit 対義 来訪。

**おう-ぼう【王法】**《仏教語》仏教徒からみた、国王の法令や政治。対義 仏法。

**おう-ぼう【横暴】**(名・形動) わがままかってで乱暴なこと。tyrannical

**おうほうけい-しゅぎ【応報刑主義】** 刑罰は犯罪にたいするむくいであるとする考え方。対義 教育刑主義。

**おう-ぼつ【王▼勃】**(六五〇ごろ〜六七六ごろ) 中国、初唐期の詩人。字は子安。絳州竜門の人。五言律詩の作にすぐれ唐詩風の先駆をなした。楊炯・盧照鄰・駱賓王らと「初唐の四傑」と並称され、その筆頭。

**おう-ま【黄麻】** 綱麻の漢名。

**おうまが-とき【▼逢魔が時】**《「大禍時」の転》たそがれ。

**おうま-し【黄麻紙】** 中国の唐の時代、詔勅を書くのに用いた紙。ツナソの皮を原料として漉かれ、写経などにも用いられた。こうまし。

**おうみ【▽近▽江】**《「あはうみ(淡海)」の約》→おうみのくに(近江国)

**おうみ【▽近▽江】**〈町〉滋賀県北東部、琵琶湖東岸の町。稲作中心。寝具製造、酒造などを行う。人口八五〇七(一九八八)。

**おうみ【▽青▽海】**〈町〉新潟県西端、日本海に臨む町。黒姫山の石灰石を原料に化学工業が発達。海沿いに親不知の難所がある。人口一万一二一〇(一九八八)。

**おうみ-げんじ【▽近▽江源氏】** 宇多天皇の皇子で源氏姓を賜った敦実親王の子孫一流。敦実の曾孫の成頼が近江国佐々木荘に居住し、佐々木氏の祖となった。宇多源氏。

**おうみげんじせんじんやかた【▽近▽江源氏先陣▽館】** 人形浄瑠璃・歌舞伎時代物。近松半二らの合作。明和六年(一七六九)初演。大坂冬の陣の真田信幸・幸村兄弟を鎌倉時代に移して脚色。

**おうみ-さるがく【▽近▽江猿楽】** 鎌倉末期から室町前期にかけて、近江の日吉神社に奉仕した上三座および下三座の猿楽。

**おうみ-しま【▽青▽海島】** 山口県、長門市の仙崎沖にある島。面積一四・八km²。仙崎とは青海大橋で結ばれ、海食景観に富む。

**おうみ-しょうにん【▽近▽江商人】** 室町末期以降活躍した近江出身の商人。江戸時代には全国、とくに東日本に進出し活躍。

**おうみ-じんぐう【▽近▽江神宮】** 滋賀県大津市神宮町にある旧官幣大社。天智天皇を祭る。昭和一五年(一九四〇)創建。

**おうみ-せいじん【▽近▽江聖人】** 中江藤樹の尊称。

**おうみ-の-くに【▽近▽江国】**《琵琶湖の古称「近つ淡海」に由来》旧国名。現在の滋賀県。東山道の一国。「延喜式」では大国、一二郡。国府・国分寺はともに大津市瀬田町。明治四年(一八七一)廃藩置県により大津・長浜の二県となる。同五年(一八七二)大津県は滋賀県と、長浜県は犬上県と改称し、のち合併。江州。近江。

**おうみ-の-みふね【▽淡▽海三船】**(七二二〜七八五) 奈良時代の学者。大友皇子の曾孫。漢詩文にすぐれ、第一級の文人と評された。著書『唐大和上東征伝』など。

**おうみはちまん【▽近▽江八▼幡】**〈市〉滋賀県南部の市。古くは豊臣秀次の城下町として発展。現在は国道八号沿いに大工場が進出。農・漁業もさかん。人口六万四五〇〇(一九八八)。

**おうみ-はっけい【▽近▽江八景】** 近江国(滋賀県)琵琶湖にある、八つの景勝地。矢橋の帰帆、三井の晩鐘、瀬田の夕照、石山の秋月、粟津の晴嵐、唐崎の夜雨、堅田の落雁、比良の暮雪。

**おうみ-ぼんち【▽近▽江盆地】** 滋賀県の中央を占める断層盆地。伊吹・鈴鹿・比良などの山地にかこまれ、琵琶湖がある。湖東には姉川、野洲川などが広い平野を形成。

**おうみ-りょう【▽近▽江▽令】** 天智天皇のとき制定された日本最初の法典。律はなかった。二二巻。天智七年(六六八)完成とされるが、その存在を疑う説もある。

**おう-む【▼鸚▼鵡】** オウム科の鳥のうち、大形で尾が短く冠羽のあるもの。ヨウム・キバタン・オオバタンなど。ものまね鳥として、また観賞用に飼われる。熱帯地方に分布。parrot ↓写

●オウム

**鸚鵡能く言えども飛鳥を離れず**(おうむよくいえどもひちょうをはなれず) オウムは人のことばをまねるが、しょせんは鳥でしかない。口先だけで行いがともなわないことのたとえ。

**おうむ【▽雄武】**〈町〉北海道北東部、オホーツク海に臨む町。カニ・サケ漁と水産加工が中心。人口六五五六(一九八八)。

**おうむ-がい【▼鸚▼鵡貝】** 古生代から中生代に栄えた軟体動物。現在も「生きている化石」として三種が生存。殻長径約二〇cm、殻幅約九cm。殻は小室に分かれ、殻口部に軟体が収まる。インド洋・太平洋に分布。ノーチラス。nautilus →図

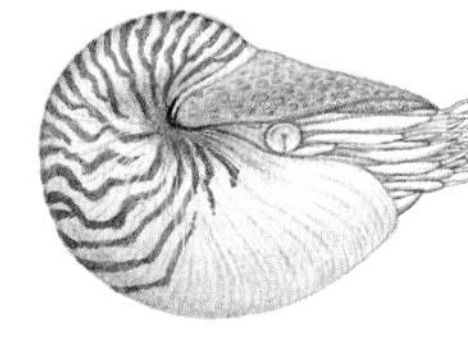
●オウムガイ

**おうむ-がえし【▼鸚▼鵡返し】** ①和歌で、人から言いかけられた歌の一部をかえて、すぐに返すこと。②相手の言ったとおり答えること。parrot 比較 しっぺい返し。

**おうむ-びょう【▼鸚▼鵡病】** 細菌とウイルスの中間の性質をもつクラミジアの一種による鳥類の伝染病。鳥類の排泄物、羽毛などから人にも感染し肺炎などをおこす。parrot fever

**おうめ【▽青▽梅】**〈市〉東京都北西部の市。青梅街道の旧宿場町。織物工業がさかん。秩父多摩国立公園の玄関口にあたる。人口一一万五七九一(一九八八)。

**おうめ-かいどう【▽青▽梅街道】** 江戸時代からの街道の一つ。新宿追分を起点に田無・青梅から大菩薩峠を越え、塩山を通って甲州街道に合する。

**おうめ-マラソン【▽青▽梅マラソン】** 東京都の青梅市役所前〜奥多摩折り返しコースで行われる市民マラソン。第一回は昭和四二年(一九六七)開催。距離は三〇kmと一〇kmがある。

**おうめ-わた【▽青▽梅綿】** 一〇〇〜二〇〇gの綿三枚を一包みとし、長着一枚分となるよう伸ばした綿。関西では小袖綿。

**おうめん-きょう【凹面鏡】** 反射面が凹状の鏡。球面の内側を反射面とする鏡で、平行光線を収斂させる。反射望遠鏡・集光器などに利用。concave mirror 対義 凸面鏡。

**おう-もう【王▼莽】**(BC四五〜AD二三) 中国、新の建国者(在位八〜二三)。前漢の平帝を毒殺、幼帝を立てて摂政となり、のち帝位についた。『周礼』にのっとる復古主義の政治を行ったが、現実性を欠き失敗。劉秀(=光武帝)の挙兵後、敗死。

**おう-もう【王▼蒙】**(一三〇八ごろ〜一三八五) 中国、元末明初の画家。字は叔明。山水画にすぐれ、南宗画大成に寄与。元末の四大家の一人。

**おうもん-きん【横紋筋】** 横紋という独特の横じま模様のある筋肉。運動は随意性で、からだの筋肉の大部分を占める。骨格筋。striated muscle

**おう-よう【応用】**(名・サ変他) 原理や知識を実地に活用したり、他の場合に適用すること。用例 —がきく。

**おう-よう【▼鷹揚】**(形動) ゆったりしたさま。おおらか。大様。broad-minded

**おうよう-か【応用花】** いけばなで、完成している立花や生花の形式を応用して生けた花。たとえば、「砂の物」を応用した色彩盛り花など。

**おうようかいのうた【欧陽海の歌】** 中国の作家金敬邁の小説。一九六五年発表。貧農出身の男が、革命的兵士として成長する過程を描く。

**おうよう-かがく【応用化学】** 生産や生活などに役立つ化学の技術を研究する学問。また、工業化学のことをいい、農芸化学・薬化学などを含める場合もある。applied chemistry 対義 純正化学。

**おうよう-ざん【欧陽山】**(一九〇八〜) 中国の小説家。農民英雄を描いた『高乾大』は人民文学初期の傑作。

**おうよう-しゅう【欧陽修】**(一〇〇七〜一〇七二) 中国、北宋の政治家・文人・学者。字は永叔。号は六一居士など。盧陵の人。唐宋八大家の一人として古文を提唱。『新唐書』『五代史記』を編集。詩文集『欧陽文忠公集』。

**おうよう-じゅん【欧陽▼詢】**(五五七〜六四一) 中国、初唐の書家。字は信本。厳格な骨格で整斉な書風の楷書を確立。『九成宮醴泉銘』は楷法の極則とされる。

**おうよう-しんりがく【応用心理学】** 現実の生活に心理学の知見を役立てようとする心理学の一分野。産業心理学・教育心理学・臨床心理学など。applied psychology

**おうよう-すうがく【応用数学】** 科学技術や社会科学などへの応用を目的とする数学。その内容や範囲は、時代によって変わり、応用する対象によっても各様であり一定ではない。applied mathematics

**おうよう-ちしつがく【応用地質学】** 地質学を各種産業へ応用するために研究する学問。土木地質学・鉱山地質学・水文地質学など。applied geology

**おうよう-ぶつりがく【応用物理学】** 科学技術的な応用と結びついた物理学。(純粋)物理学との間に明確な境界があるわけではなく、応用を意識して研究される物理学といった意味あいが強い。applied physics

**おう-ようめい【王陽明】**(一四七二〜一五二八) 中国、明代の儒者・政治家。名は守仁。字は伯安。朱子学から出発して心即理の原理を悟り、陽明学の基礎を確立。さらに知行合一、致良知と思想を発展させた。著書『伝習録』。

**おうよう-よせい【欧陽予▼倩】**(一八八九〜一九六二) 中国の俳優・劇作家・演出家。名は立袁。早大などに学ぶ。中国の現代劇開拓者の一人。

**おうよう-りきがく【応用力学】** 工学や技術などの分野で、力学現象を研究する学問。材料力学・流体力学・機構学など。applied mechanics

**おうら【▼邑▽楽】**〈町〉群馬県南東部、館林市西隣の町。稲作、白菜などの野菜栽培がさかん。工業化も進む。人口二万四九八七(一九八八)。

**おう-らい【往来】** ㊀(名・サ変自) 行ったり来たりすること。coming and going 用例 車の—が激しい。㊁(名) ①道路。road ②手紙。とくに、往復書簡。correspondence ③「往来物」の略。

**おうらい-てがた【往来手形】** 江戸時代、庶民が旅行するさいに必要とした旅行許可書兼身元証明書。檀那寺や町役人が交付。往来切手。往来。↓写

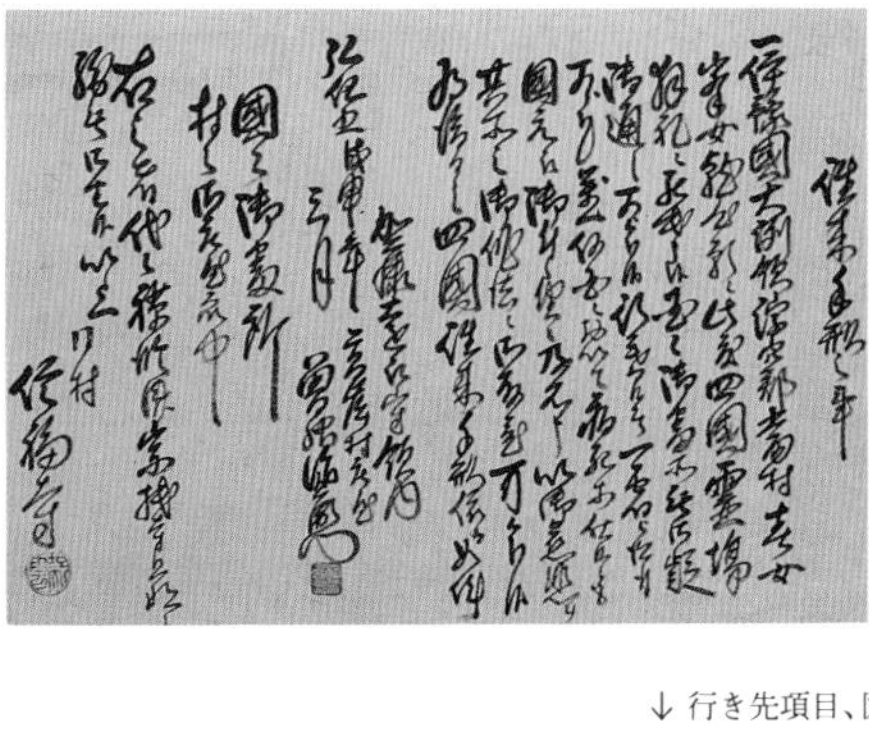
●往来手形 四国遍路往来手形。国立歴史民俗博物館(千葉県)。

**おうらいぼうがい-ざい【往来妨害罪】** 道路・橋、汽車・船舶など公共の交通路や交通機関の機能を妨害したり脅かすことにより成立する罪。

**おうらい-もの【往来物】** ①書簡文集。平安

末期に出た『明衡往来』『東山往来』など。②『書簡文集』にならって作られた初等教科書。『商売往来』『庭訓往来』など。鎌倉時代から明治初年まで、寺子屋や塾などで使われた。

**おう-りつ【王立】** 王や王族が設立したり、後援して運営すること。royal 用例 ―劇場。

**おう-りょう【押領】**（名・サ変他） むりにうばい取ること。dispossession

**おう-りょう【横領】**（名・サ変他） 他人のものを不法に横取りすること。embezzlement 比較 着服。

**おうりょう-き【応量器】** 鉄鉢の別称。

**おうりょう-ざい【横領罪】** 他人から預かって所持している物を、所有者に無断で売ったり使ったりする罪。fraudulent appropriation

**おうりょう-し【押領使】** 平安時代、内乱や暴徒鎮圧のため諸国に設置された令外の官の一つ。

**おう-りょく【応力】** 物体に外から力を加えたとき、物体内に生ずる反作用の力。荷重にたえる力。物体内の任意の面の両側に互いに押し合う力を圧力、引っ張り合う力を張力という。歪力。stress

**おうりょっ-こう【▼鴨緑江】** 白頭山に発し、中国と北朝鮮（朝鮮民主主義人民共和国）の境を南西に流れ、黄海に注ぐ川。長さ七九〇㎞。ヤールーチアン。アムノクガン。

**おう-りん【黄▼燐】** 燐の同素体。淡黄色で蠟状の固体。猛毒。空気中では五〇℃以上で発火して酸化物となるので、水中に貯蔵する。殺鼠剤の原料。yellow phosphorus

**おう-れつ【横列】** 横にならぶこと。その列。rank 対義 縦列。

**おう-れん【黄▼蓮】** キンポウゲ科の常緑多年草。高さ約三〇㎝。葉は根茎から出る。早春に黄白色の花が一～三個咲く。根茎は乾燥し、生薬として、下痢・嘔吐・腹痛などに用いる。→図

●オウレン

**おう-レンズ【凹レンズ】** 中央の部分が薄く、周辺部へいくほど厚みが増しているレンズ。concave lens 対義 凸レンズ。→焦点図

**おう-ろ【往路】** 行きの道。行くとき。outward trip 対義 復路・帰路。

**おう-ろう【黄▼蠟】** 生薬の一つ。軟膏・硬膏の基剤や化粧品・つや出し剤などに使用。蜜蠟。

**おうわ【応和】** 平安中期の年号。天徳から改元。元年（九六一）二月一六日～四年（九六四）七月一〇日。次に、康保に改元。

**お-えしき【▽御会式】** 会式の丁寧語。

**お-えつ【▼嗚▼咽】**（名・サ変自） むせびなくこと。sobbing

**おえどにほんばし【お江戸日本橋】** 江戸から京都までの東海道五十三次をうたった民謡。全一八節。天保年間（一八三〇～四四）から明治にかけて流行。

**お-えらがた【▽御偉方】** 地位・身分の高い人々。ふざけて言うこともある。VIP

**お・える【終える】**（下一他） ①続けていたことを終わらせる。すます。終わる。finish 対義 始める。用例 宿題を―。本を読み―・えた。②《「卒える」とも》卒業する。finish 用例 高校を―。

**一生を終える**（いっしょうをおえる） 死ぬ。

**おお**（感） ①感動・驚き、また、ものを言い出すときに発する語。ああ。oh; ah ②ぞんざいな答え。うん。yeah

**おお【大】**（接頭） ①「広い・大きい・多い」などの意を示す語。用例 ―一座。―人数。―入り。②程度がはなはだしいことを示す語。用例 ―さわぎ。―いそぎ。③中・小に対して、程度・序列の高いことを示す語。用例 ―番頭。―奥様。―先生。④「だいたいのところ」という意味を表す。用例 ―づかみ。―ざっぱ。

**大寒小寒、山から小僧が飛んで来た**（おおさむこさむ、やまからこぞうがとんできた） 《寒い戸外で元気に遊ぶ子どもたちの歌うわらべ歌の一節》寒い山の方から北風が吹いて来た。

**オー【O・o】** ①アルファベットの第一五文字。②《大文字で》酸素（oxygen）の元素記号。③血液型の一つ。O型。④《大文字で》文法で目的語（object）を示す記号。

**オー-アール【OR】** 《operations researchの略》→オペレーションズリサーチ

**オー-アイ-アール-ティー【OIRT】** 《Organisation Internationale de Radiodiffusion et Télévision（フランス）の略》国際放送機構。

**オー-アイ-シー【OIC】** 《Office of International Cultureの略》アメリカ国際文化局。アメリカの国外向け広報・文化交流機関。一九四七年設置。

**おお-あかうきくさ【大赤浮草】** サンショウモ科の常緑多年草。水田・池などの水上に浮生。茎が密に分枝して大きさ数センチメートルの三角形となる。葉は細かい鱗片状で表面は緑色から緑紅色。

**おおあさ【大朝】**〈町〉 広島県北西端の町。農林業・畜産がさかん。国道二六一号が通り、広島と浜田を結ぶ交通の要地。人口四〇一六（一九八八）。

**おお-あざ【大字】** 市町村内の行政区画の一つ。小字が集まった、比較的広い地域。参照 字。

**おお-あざみ【大▼薊】** キク科の二年草。切り花・花壇用に栽培。高さ約一m。大形の花より葉の壮大さ、色彩が観賞される。トルコ地方原産。マリアアザミ。

**おお-あし【大足】** ①大きな足。large foot ②大また。long stride ③田下駄の一種。梯子状に組んだ板や竹の周囲に枠をつけ、四隅に足を結びつけるための縄をつけたもの。

**おお-あじ【大味】**（名・形動） ①味がおおまかで、うまくないこと。insipid 比較 小味。②趣に欠けていておもしろみのないこと・さま。用例 ―なゲーム。

**おお-あたり【大当（た）り】**（名・サ変自） ①うまく当たること。big hit ②よいくじを当てること。draw a winning lot ③大成功。great success 用例 ―をとる。

**おお-あな【大穴】** ①大きな穴。big hole ②大きな損失。big loss ③競馬・競輪などで、予想外の結果が出て高額の払い戻しとなること。big hit 用例 ―をねらう。

**おおあなむち-の-みこと【大▽己▽貴▽命・大穴▼牟遅▽命】** 大国主命の別称。

**おお-あま【大甘】**（形動） ①処置などが非常にゆるやかなさま。very indulgent ②見通しが甘すぎるさま。overly optimistic

**おおあま-の-おうじ【大▽海▽人皇子】** 天武天皇の皇子名。

**おおあみしらさと【大網白里】**〈町〉 千葉県中部、九十九里平野にある町。稲作が主であるが、近郊農業として生鮮野菜の栽培がさかん。人口三万一三六四（一九八八）。

**おお-あめ【大雨】** 大量に降る雨。災害のおそれのあるときは、予報区ごとに定められた基準により注意報や警報が出される。heavy rain 比較 豪雨。対義 小雨。

**おおあらい【大洗】**〈町〉 茨城県中央部、太平洋岸の町。那珂湊市の南にあり、漁業を主とする。大洗海岸は海水浴場として有名。人口二万一二七六（一九八八）。

**おおあらいいそざき-じんじゃ【大洗▼磯▽前神社】** 茨城県東茨城郡大洗町磯浜にある旧国幣中社。祭神は大己貴命と少彦名命。

**おおあらい-かいがん【大洗海岸】** 茨城県水戸市東方の太平洋に臨む海岸。勇壮な波と景勝の海岸で海水浴場。民謡『磯節』が有名。

**おお-あり【大有り】**（名・形動） ①たくさんあること・さま。②「ある」を強めた言い方。用例 可能性は―だ。

**おお-ありくい【大▼蟻食】** アリクイ科の動物。体長・尾長ともに約一・二m。体は黒い長毛でおおわれ、細長い舌でアリやシロアリを食べる。森林や草原にすむ。中南米に分布。giant anteater

**おお-あれ【大荒れ】** ㊀（名・形動） ひどく荒れること。大あばれすること。outrageous ㊁（名） 暴風雨。あらし。storm

**おおあわ-がえり【大▼粟▽還】** →チモシーグラス

**おおい【覆い・▽被い】** おおうこと・もの。cover

**おお-い【大▼藺】** フトイの別名。

**おおい【大井】**〈町〉 埼玉県南部、川越市南隣の町。ホウレンソウ・ニンジン栽培がさかん。大井ほうきが特産。宅地化・工場進出が活発。人口三万七五七四（一九八八）。

**おおい【大井】**〈町〉 神奈川県南西部、小田原市北隣の町。稲作、ミカンなどの果樹栽培がさかん。人口一万四三〇四（一九八八）。

**おおい【大▽飯】**〈町〉 福井県南西部、小浜市西隣の町。稲作・畜産・木材生産が主。原子力発電所がある。人口六六五五（一九八八）。

**おお・い【多い】**（形） 数や量がたくさんあるさま。ゆたか。many; much 対義 少ない。用例 苦労が―。五、六月は雨量が―。派生 おおげ（形動） おおさ（名） おおめ（名・形動）

**おおい**（感） 遠くから呼びかけるときの語。

**オー-イー-イー-シー【OEEC】** 《Organization for European Economic Cooperationの略》ヨーロッパ経済協力機構。

**オー-イー-エム【OEM】** 《original equipment manufacturingの略》契約によって、相手先の商標をつけた部品や完成品を製造し供給すること。下請け的色彩が強い。

**オー-イー-シー-エフ【OECF】** 《Overseas Economic Cooperation Fundの略》海外経済協力基金。

**オー-イー-シー-ディー【OECD】** 《Organization for Economic Cooperation and Developmentの略》経済協力開発機構。

**オー-イー-ディー【OED】** 《Oxford English Dictionaryの略》オックスフォード英語辞典。

**おおい-かぶ・せる【覆い▽被せる】**（下一他） 上をおおって見えなくする。cover

**おおい-がわ【大井川】** 静岡県を流れる川。赤石山脈に発し、駿河湾に注ぐ。長さ約一六〇㎞。江戸時代は旧東海道の川越しで知られる。ダムが多い。

**おおいがわ【大井川】**〈町〉 静岡県南部、大井川河口の町。稲作、トマト・イチゴのハウス栽培、サクラエビ・白子漁などがさかん。人口二万二一一四（一九八八）。

**おおい-がわ【大▼堰川】** 京都府、丹波高地東部に発し、亀岡盆地を貫流する川。下流の亀岡盆地から嵐山までを保津川、嵐山から淀川合流点までを桂川とよぶ。

**おおい-けんたろう【大井憲太郎】**（一八四三～一九二二） 明治の政治家。大分県生まれ。自由民権運動で自由党左派を指導。明治一八年（一八八五）の大阪事件で入獄。

**おおい-さ【大いさ】** 大きさ。

**おおいしだ【大石田】**〈町〉 山形県中部、尾花沢市の西にある町。江戸時代、最上川流域最大の河港として繁栄。人口一万六六五九（一九八八）。

**おおいした-さいばい【覆い下栽培】** 日光をさえぎったり、冷温・強風・霜などを防ぐ目的で、作物におおいをかけて栽培すること。

**おおいし-よしお【大石良雄】**（一六五九～一七〇三） 播州赤穂藩家老。通称、内蔵助。元禄一五年（一七〇二）主君浅野長矩の仇討ちのため、浪士四六人を率いて吉良上野介の屋敷に討ち入る。

**おおいずみ【大泉】**〈町〉 群馬県南東部の町。工業団地のある県下有数の工業地。電機関連工業がさかん。人口三万七四三四（一九八八）。

**おおいずみ【大泉】**〈村〉 山梨県北西部、八ケ岳南東麓の村。農林業中心であるが、観光化も進む。人口三八二五（一九八八）。

**おおいそ【大▼磯】**〈町〉 神奈川県南部、相模湾に臨む町。明治一〇年代からの別荘地・海水浴場で知られる。人口三万一八七二（一九八八）。

**おおいた【大▽分】**〈県〉 九州地方北東部の県。県庁所在地は大分市。山地が大部分を占め、平野は狭小。農林業中心で米・ミカン・杉・シイタケなどを多産。大分市中心に重化学工業が発達し、先端産業も進出。面積六三三七㎢、人口一二五万三六五（一九八八）。

**おおいた【大▽分】**〈市〉 大分県のほぼ中央、別府湾に臨む市。県庁所在地。石油化学・製鉄を基幹とする臨海工業地域で、中九州東部の交通の要地。古代は国府がおかれ、鎌倉から室町期には大友氏の城下町として繁栄。人口三九万二五六六（一九八八）。

**おおいた-へいや【大▽分平野】** 大分県中部、別府湾の南にある平野。大野川・大分川による沖積平野で稲作が主であるが、海沿いには鉄・石油の工業地域が広がる。

**おおいた-りんかいこうぎょうちいき【大▽分臨海工業地域】** 大分市大野川デルタの鶴崎地区を中心とする工業地域。新産業都市に指定。石油・鉄鋼・機械部門が中核。

**おお-いちばん【大一番】** その戦い・なりゆきですべてが決まるような勝負・事柄。decisive game

**おお-いちもんじ【大一文字▼蝶】** 翅の白帯が目立つタテハチョウ。開張一二㎝内外。

雄が雌より大きい。食草はドロノキ・ハコヤナギなど。幼虫で越冬。北海道および本州の高山地帯に分布。

**おお-いちょう**【大▽銀▼杏】①イチョウの大木。②男子のまげの一つ。まげの先をイチョウの葉の形にひろげたもの。現在は、相撲で十両以上の力士が結う。↓図

●大銀杏②

**おおい-なる**【大いなる】(連体)大きい。偉大な。great 用例 —業績。

**おおい-に**【大いに】(副)《「大きに」の転》①たいへん。はなはだしく。非常に。very 用例 —語る。—けっこう。②たくさん。a lot 用例 —飲もう。

**おおいぬ-ざ**【大犬座】南天の星座。一等星シリウス(天狼星)がα星。二月二六日ごろの午後八時ごろに南中。面積三八〇平方度。Canis Major ↓図

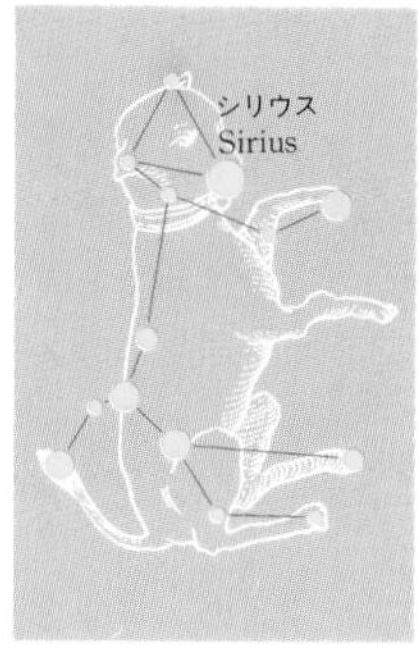


●大犬座

**おお-いぬのふぐり**【大犬の▽陰▼嚢】ゴマノハグサ科の二年草。道端に多くはえる。茎は一〇～三〇cm、地をはい葉を互生し、早春に、あい色の花をつける。明治初年に渡来した帰化植物。ヨーロッパ原産。speedwell ↓写

●オオイヌノフグリ

**おお-いり**【大入り】興行などで、客が大ぜいはいること。full house 対義 不入り。

**おおいり-ぶくろ**【大入(り)袋】大入りのとき、お祝いに現金を入れて従業員にくばる袋。

**おお・う**【覆う・▽被う】(五他)①物の表面にかぶせる。cover 用例 本をカバーで—。②《「蔽う」「掩う」とも》かくす。つつむ。cover 用例 顔を—。非を—。③広くゆきわたる。spread 用例 場内を—熱気。④全体を言いつくす。cover 用例 一言で—・えば。

**オーウェル**【George Orwell】(一九〇三～一九五〇) イギリスの小説家・評論家。全体主義体制を風刺する寓意小説や未来小説を書いた。作品『動物農場』『一九八四年』など。

**おお-うた**【大歌】日本固有の歌謡で、宮中の公事に使われたもの。催馬楽・神楽歌など。

**おおうだ**【大宇▼陀】〈町〉奈良県北部、宇陀川に沿う町。木材の産地であるが、近年はシイタケや近郊野菜の栽培がさかん。人口一万三八五(一九八八)。

**おおうた-どころ**【大歌所】平安時代、宮中にあって、神楽歌などの大歌を扱った役所。

**おおうた-はじめ**【大歌始(め)】宮中で大歌所を開くこと。また、その日。陰暦一〇月二一日。

**おお-うち**【大内】皇居の別称。大内山。

**おおうち**【大内】〈町〉秋田県南西部の町。稲作がさかん。杉材・ナメコ・シイタケを産し、酪農も行う。人口一万九五一(一九八八)。

**おお-うちき**【大▼袿】ゆき・たけを大きく仕立てたうちき。禄などとして賜るもので、仕立て直して用いる。

**おおうち-びし**【大内▼菱】紋所の名。中世の大内氏が使用した独特な菱紋。中心に細い花菱をおき、割り菱形に四弁を配する。↓図

●大内菱

**おおうち-ひょうえ**【大内兵▽衛】(一八八八～一九八〇) 経済学者。兵庫県生まれ。東大教授。労農派マルクス主義の代表者の一人。第二次大戦後、社会保障制度の整備などにつとめた。著書『財政学大綱』など。

**おおうちやま**【大内山】〈村〉三重県南部山間の村。スギ・ヒノキなどの林業や酪農がさかん。人口一八四八(一九八八)。

**おおうち-よしおき**【大内▽義▽興】(一四七七～一五二八) 戦国大名。周防国の山口の城主。義隆の父。室町幕府一一代将軍足利義澄を追放、一〇代将軍義稙を復職させ、自らは管領代として幕政を左右した。

**おおうち-よしたか**【大内▽義▽隆】(一五〇七～一五五一) 戦国大名。義興の子。周防以下七国の守護。学芸を好み、明や朝鮮の文化を輸入、大内版を刊行するなど文化に貢献。家臣陶晴賢に襲われ自殺。

**おおうち-よしひろ**【大内▽義▼弘】(一三五六～一三九九) 室町初期の武将。周防・長門など六国の守護。朝鮮と通交し中国地方の雄となるが、応永の乱で敗死。

**おお-うつし**【大写し】(名・サ変他) 映画などで、顔などを画面に大きく写すこと。クローズアップ。close-up

**おお-うなぎ**【大▼鰻】全長二mほどに達する太いウナギ。黄褐色地に黒斑が散在する。関東地方を北限として南日本以南に分布。味がわるく食用にはむかない。河川・池沼の棲息地は一部天然記念物。

**おお-うみがらす**【大海▼烏】ペンギンに似た、大形の絶滅海鳥。全長約七五cm。背面は黒く、腹面は白い。翼はひれ状で飛べず、海上・海中で生活。アイスランドやニューファンドランド付近の小島で繁殖していたが、羽毛をとるために乱獲され、一八四四年絶滅。

**おおうら**【大浦】〈町〉鹿児島県南西部、薩摩半島の町。干拓地が広く農・漁業中心。茶・ポンカンが特産。人口二六七三(一九八八)。

**おお-うりだし**【大売(り)出し】期間を限って、特別に安くした品物を大量に売り出すこと。special bargain sale

**おおえ**【大江】〈町〉山形県中部の町。中心の左沢は最上川の河港で、市場町として栄えた。サクランボ・リンゴなどを産出。『最上川舟唄』発祥の地。人口一万一一三七(一九八八)。

**おおえ**【大江】〈町〉京都府北西部、由良川沿いの町。稲作などの農業がさかん。大江山は伝説などで有名。人口六三七五(一九八八)。

**オー-エイチ-シー**【OHC】《overhead camshaft の略》吸排気弁を動かすカム軸が、シリンダー頭部にある構造のエンジン。

**オー-エイチ-ピー**【OHP】《overhead projector の略》↓オーバーヘッドプロジェクター

**オー-エイチ-ブイ**【OHV】《overhead valve の略》吸排気弁が、シリンダー頭部にある構造のエンジン。

**オー-エー**【OA】《office automation の略》↓オフィスオートメーション

**オー-エー-イー-シー**【OAEC】《Organization for Asian Economic Cooperation の略》アジア経済協力機構。

**オー-エー-エス**【OAS】《Organization of American States の略》米州機構。

**オー-エー-きき**【OA機器】《OAは office automation の略》企業の事務処理を効率化するためのコンピューターを中心とした情報処理機器。office automation equipment

**オー-エー-しょうこうぐん**【OA症候群】職場のオフィスオートメーション機器を長時間操作することにより起こる心身の異常。視力低下・めまい・肩こり・頭痛・いら立ちなど。OA病。office automation syndrome

**オー-エー-ユー**【OAU】《Organization of African Unity の略》アフリカ統一機構。

**おおえ-けんざぶろう**【大江健▽三郎】(一九三五～ ) 小説家。愛媛県生まれ。東大卒。戦後青年の精神状況を政治と性を媒介に描く。社会問題への発言も多い。作品『飼育』『個人的な体験』『万延元年のフットボール』『新しい人よ眼ざめよ』など。

**オー-エス**【OS】《operating system の略》↓オペレーティングシステム

**おおえ-の-ちさと**【大江千里】(生没年未詳) 平安前期の歌人。中古三十六歌仙の一人。宇多天皇の命で家集『句題和歌』を撰進。

**おおえ-の-ひろもと**【大江広元】(一一四八～一二二五) 鎌倉幕府公文所(のちの政所)初代別当。守護・地頭設置を献策するなど源頼朝の幕府創設に大きく貢献した。頼朝の死後も顧問格として北条執権政治の確立に参画。

**おおえ-の-まさふさ**【大江▼匡房】(一〇四一～一一一一) 平安後期の貴族・学者。朝儀典礼に通じ、和歌・詩文にもすぐれた。著書『本朝神仙伝』『江家次第』など。

**オー-エフ-ケーブル**【OFケーブル】《OF は oil filled の略》絶縁油を大気圧以上の圧力で密封した電力ケーブル。おもに六万ボルト以上で使用。oil filled cable

**おおえまる**【大江丸】(一七二二～一八〇五) 江戸後期の俳人。本名、安井政胤。大坂の人。軽妙洒脱な作風。家集『俳懺悔』『俳諧袋』。

**おおえ-みちこ**【大江美▼智子】女剣劇の女優。現在二代まで。二代(一九一九～ )は本名細谷八重。無名の女優から一七歳で二代目を襲名。昭和二六年(一九五一)浅草に復帰し、『若衆七変化』では四八回の早変わりをみせ、一時代を画した。

**オー-エム-エー**【OMA】《orderly marketing agreement の略》①アメリカが一九七四年の通商法に基づいて相手国と結ぶ輸入制限協定。②一般に、二国間で結ぶ貿易協定。市場秩序維持協定。

**おおえ-やま**【大江山】京都府北西部、丹後山地の主峰。標高八三三m。源頼光の鬼退治にゆかりの地とされるが、諸説がある。「イ

**オー-エル**【OL】《和製語》↓オフィスレディ

**オー-エル-エー-エス**【OLAS】《Organization for Latin America Solidarity の略》ラテンアメリカ連帯機構。

**オーエン**【Richard Owen】(一八〇四～一八九二) イギリスの比較解剖学者・古生物学者。生物のからだを比較して、相同と相似の概念を確立。また化石の研究でも有名。

**オーエン**【Robert Owen】(一七七一～一八五八) イギリスの空想的社会主義者。協同組合運動の創始者。紡績工場経営などを通じ、共産主義的な共同体の建設を試みた。著書『新社会観』など。

**オーエン**【Wilfred Owen】(一八九三～一九一八) イギリスの詩人。戦争の悲惨と幻滅感をうたった。第一次大戦で戦死後、『詩集』が公刊された。

**おおおか**【大▼岡】〈村〉長野県北部、犀川に沿う村。農業のほかイワナ養殖がさかん。人口二〇四六(一九八八)。

**おおおか-えちぜんのかみ**【大▼岡▽越前▽守】(一六七七～一七五一) 江戸中期の江戸町奉行。名は忠相。八代将軍徳川吉宗によって江戸町奉行に抜擢、公正な裁判を行った名奉行とされる。のち大名に列せられた。著書『大岡忠相日記』。

**おおおか-しょうへい**【大▼岡昇平】(一九〇九～一九八八) 小説家。東京生まれ。京大卒。明晰な人間認識と心理分析を特色とする。作品『俘虜記』『武蔵野夫人』『野火』『レイテ戦記』など。

**おおおか-まこと**【大▼岡▽信】(一九三一～ ) 詩人・評論家。静岡県生まれ。東大卒。詩集『記憶と現在』、評論『紀貫之』、随筆『折々のうた』など。

**おお-おく**【大奥】江戸城内の将軍夫人(御台所)および側室の居所。

**おお-おごのり**【大▽海▽髪▽海▼苔】紅藻植物オゴノリ科の海藻。ツルシラモに似た円柱状で長さ一m前後に達し、太く、枝も多い。

**おお-おじ**【大伯父】祖父母の兄。両親の伯父。granduncle

**おお-おじ**【大叔父】祖父母の弟。両親の叔父。granduncle

**おお-おとこ**【大男】からだの大きい男。巨漢。big man

**大男、総身に知恵が回り兼ね**《川柳》からだばかり大きくて、頭のにぶい男を悪く言ったもの。Big head, little wit. 比較 独活の大木。

**おお-おにばす**【大鬼▼蓮】スイレン科の大形多年草。熱帯の沼などにはえる。円形の葉にはとげがあり、直径約二mにも達する。花は淡紅色で径約三〇cm、水面から出て咲く。アマゾン地方原産。Amazon water lily ↓写

●オオオニバス

**おお-おば【大伯母】** 祖父母の姉。両親の伯母。grandaunt

**おお-おば【大叔母】** 祖父母の妹。両親の叔母。grandaunt

**おお-おみ【大▽臣】** 大和朝廷で、国政の中枢に参与した最高官。臣の姓をもつ氏族のうちの最有力者が就任し、連の最有力者大連とともに執政。六世紀半ば以降は蘇我氏が独占。大化の改新で廃され、左右大臣がおかれた。

**おお-がい【大貝】** ①大きな貝。②漢字を組み立てている部分の名。「頂・頭・顔」などの右の「頁」。

**おおが-いちろう【大賀一郎】**(一八八三〜一九六五) 植物学者。岡山県生まれ。古代ハスの研究者として知られる。千葉市の検見川遺跡から古代ハスの実を発見。

**おおかがみ【大鏡】** 平安後期の歴史物語。伝本により三・六・八巻の三種がある。作者未詳。文徳天皇から後一条天皇までの一四代百七十余年の歴史を紀伝体で叙述。「鏡物」の先駆。二老人の懐旧談に若侍が批判を加えるという構成。藤原道長の人物・栄華が主題だが、摂関政治史の表裏を批判的に述べる。

**おお-がかり【大掛(か)り】**(形動) 大じかけ。大規模。large-scale

**おおがき【大▼垣】**〈市〉 岐阜県西部の市。旧城下町。幕末から土石業がさかん。現在は紡績・化学・機械工業を中心とした工業都市として発展。人口一四万六二〇九(一九八八)。

**おおがき【大▼柿】**〈町〉 広島県南西部、東能美島にある町。早瀬大橋と倉橋島経由で本土と直結。ミカン栽培がさかん。人口一万一四一三(一九八八)。

**オーガズム[orgasm]** ↓オルガスムス

**おお-かぜ【大風】** はげしく吹く風。強い風。gale

**おお-かた【大方】** 日(名) ①大体。outline 用例 —を言ったにすぎない。②一般の人々。general public 日(副) ①たぶん。probably ②およそ。だいたい。about ③⑦ 古語 《下に打ち消しをともなって》少しも。用例 —めぐらざりければ(徒然・五一)。④《改めて言いはじめるとき、接続詞のように用いて》そもそも。用例 —、この京の始めを聞けることは(方丈記)。

**大方ならず**(おおかたならず) ひととおりではない。なみたいていではない。greatly 用例 喜びしこと—。

**おお-がた【大形】** 対義 小形。①かたちが大きいこと。また、そのもの。large size 用例 —の鳥。②大きなかたちの模様。large pattern

**おお-がた【大型】** 規模やしくみが大きいこと。また、そのもの。large 対義 小型。用例 —のバス。—台風。

**おおがた【大方】**〈町〉 高知県西部、土佐湾に臨む町。野菜のハウス栽培がさかん。香料の原木リナロールの産地。人口一万一二〇一(一九八八)。

**おおがた【大潟】**〈町〉 新潟県南西部の町。鉱工業町で、頸城ガス田の中心地。人口一万八七一(一九八八)。

**おおがた【大潟】**〈村〉 秋田県、八郎潟干拓地の村の名。昭和三九年(一九六四)誕生。入植者による大型機械による稲作モデル地区。人口三二四六(一九八八)。

**おおがた-えいが【大型映画】** 通常のスクリーンより縦横が大きい映画の総称。wide-screen movie

**おおがた-かぶ【大型株】** 企業分析や株価分析における銘柄分類の一つ。資本金の大きな(東京証券取引所では一〇〇億円以上)企業の株式。large-capital stock

**おおがた-ぎょせん【大型漁船】** 総トン数一〇〇以上の漁船。主として、沖合い・遠洋漁業用。

**おおがた-プロジェクト【大型プロジェクト】** 通産省が昭和四一年(一九六六)に発足させた大型工業技術研究開発制度。民間企業単独では開発できない大型工業技術を、国立研究機関・大学・企業が協力して開発銀行の資金で開発する。big project

**オーカッサンとニコレット** 《原題Aucassin et Nicolette(フランス)》韻文と散文を交互にまじえた歌物語。一三世紀前半フランスで作られたと推定される恋物語。

**おお-カナダも【大カナダ藻】** トチカガミ科の水草。アルゼンチン原産の帰化植物。葉は線状披針形で先がとがり、長さ二〜三cm、茎に六枚くらいずつつく。熱帯魚の水槽に入れる。↓図

●オオカナダモ

**おお-かばまだら【大▼樺▼斑▼蝶】** マダラチョウ科のチョウ。アメリカから大群で大西洋を越えてヨーロッパに渡ることで有名。開張約九・五cm。赤褐色で翅脈と外縁は黒色。黒縁の中に灰白色の斑紋が点在。食草はトウワタ。南北両アメリカからヨーロッパ西部・アフリカ北西部・オーストラリアなどに移動し、小笠原諸島にも生息。monarch butterfly ↓写

**おお-かべ【大壁】** 木造建築で、柱を外部に見せないように仕上げた壁。対義 真壁。

**おお-かまきり【大▼蟷▼螂】** 日本で最大のカマキリ。体長八cm内外で、緑色。雄は雌より小形。雑木林に多く、セミやスズメバチなども捕食。本州以南・東南アジアに分布。

**おおかみ【▼狼】** ①イヌ科の肉食獣。イヌに似ており、体長約一mで、尾が長い。森林・原野に家族群ですむ。北アメリカ・ヨーロッパ・アジアに分布。日本では絶滅。ヤマイヌ。wolf ②うわべはやさしいが、凶悪な人。wolf ↓写

**狼に衣**(おおかみにころも) 極悪非道な悪者が、うわべだけ善人らしく装うこと。

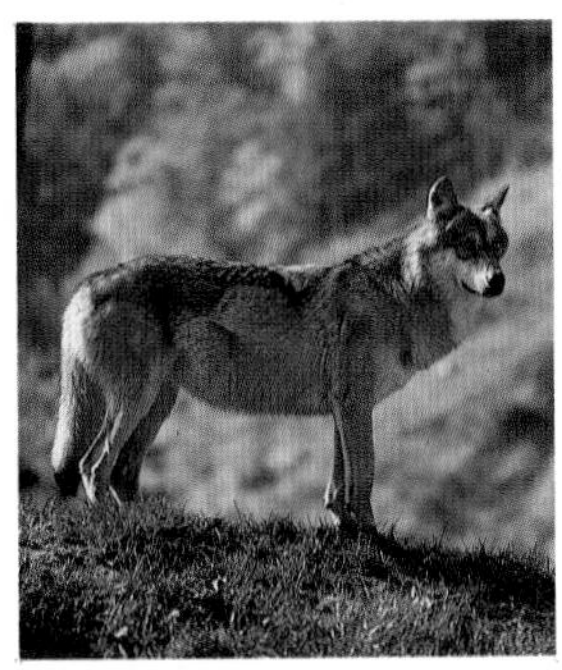

●オオカミ①

**おおかみ-うお【▼狼魚】** オオカミウオ科の海水魚。全長約一・五m。口が大きく、鋭い歯をもち獰猛な顔付きをしている。動きは鈍い。北太平洋・北大西洋に分布。wolffish

**おおかみ-ざ【▼狼座】** 南天の星座。七月三日ごろの午後八時ごろに南中。面積三三四平方度。Lupus

**おおかめ-の-き【大▼亀の木】** ムシカリの別名。大形の葉が亀の甲に似るのが名の由来。

**おお-がら【大柄】**(名・形動) 対義 小柄。①からだつきが大きめであること・さま。large-sized ②模様などが大きめであること・さま。large-patterned

●オオカバマダラ

**おおかれ-すくなかれ【多かれ少なかれ】**(連語) 多少とも。多いにせよ少ないにせよ。いずれにしても。more or less

**おお-かわ【大川・大河】** おおきな川。

**おお-かわ【大▽鼓・大革】** 「おおつづみ」の俗称。

**おおかわ【大川】**〈市〉 福岡県南西部、筑後川下流の市。古くから木工業がさかんで、家具の町として著名。人口四万七九〇〇(一九八八)。

**おおかわ【大川】**〈町〉 香川県東部、讃岐平野東端の町。稲作中心。ボタン製造がさかん。人口七九二八(一九八八)。

**おおかわ【大川】**〈村〉 高知県北部、四国山地の村。良質の木材や土佐五葉松などの産地。人口七四八(一九八八)。

**おおかわ-しゅうめい【大川周明】**(一八八六〜一九五七) 国家主義者。山形県生まれ。東大卒。猶存社・行地社などを結成。軍の中堅将校に接近し、三月事件・十月事件の首謀者の一人。第二次大戦後A級戦犯として逮捕されるが、発狂のため釈放。

**おおかわち【大▽河▽内】**〈町〉 兵庫県中部、市川中流の町。スギ・ヒノキの良材を産出。マス養殖もさかん。人口五八八九(一九八八)。

**おおがわら【大河原】**〈町〉 宮城県南部、白石市北東の町。交通・通信の要地で、県南行政の中心地。人口二万七四三三(一九八八)。

**オーガンジー[organdy]** 非常に薄地で、すけて見え、張りのある平織りの織物。材質は綿が主で、ほかに絹・レーヨンなど。夏用の婦人服・ハンカチーフなどに用いる。

**おおき【大き】** 古語 (形動ナリ) ①大きい。用例 いと—なる河あり(伊勢・九)。②おおげさであるさま。たいへんな。用例 —なる障りなれば(竹取)。③盛大なさま。さかんなさま。④寛大なさま。用例 —なる心おきてと見ゆれど(源氏・藤裏葉)。

**おおき【大木】**〈町〉 福岡県南西部の町。低湿地でクリーク網が発達。稲作が中心。イチゴ栽培もさかん。人口一万三五三八(一九八八)。

**おおき・い【大きい】**(形) 対義 小さい。①かさが多い。big; large 用例 建物が—。②度量や場所などが、広い。great 用例 人物が—。③程度がはなはだしい。用例 —音。影響が—。④年長である。older; elder 用例 —子のまねをする。⑤大げさである。偉ぶっている。用例 話が—。—・く出る。pretentious 派生 おおきさ(名) おおきめ(名)

**オーキシン[auxin]** 植物の生長を促進するホルモンの一つ。低濃度で、細胞の伸長、子房の生長促進、落果・落葉の抑制など、形態形成に関与する作用をもつ。高濃度では逆に生長阻害を起こす。

**おおき-たかとう【大木▼喬▽任】**(一八三二〜九九) 明治の政治家。佐賀藩出身。維新にさいし東京遷都に尽力。東京府知事、元老院・枢密院議長、法相、文相などを歴任。

**おお-きど【大木戸】** ①大きな城門。great castle gate ②江戸時代、都市の出入り口に設置された関門。江戸では四谷・高輪など江戸府内への入り口に設けられた。

**おおき-な【大きな】**(連体) 大きい。対義 小さな。

**大きな御世話**(おおきなおせわ) 「大きに御世話だ」と同意。

**大きな顔**(おおきなかお) いばった顔つき。おうへいな態度。用例 あんまり—をするな。

**大きな堤も蟻の穴から崩れる**(おおきなつつみもありのあなからくずれる) ちょっとした不注意や失敗から大事がだめになるたとえ。

**おおき-に【大きに】** 日(副) 大いに。たいへん。非常に。very; much 日(感)《方言》関西地方で、ありがとう。

**大きに御世話だ**(おおきにおせわだ) 余計なことをするな。ほっといてくれ。It's none of your business.

**おおぎまち-てんのう【▽正▽親町天皇】**(一五一七〜九三) 第一〇六代天皇(在位一五六〇〜八六)。名は方仁。後奈良天皇の第二皇子。弘治三年(一五五七)践祚したが、皇室が衰えていたために即位礼があげられず、永禄三年(一五六〇)に即位。

**おお-きみ【大▽王・大君】** =おおぎみ。①古代、天皇号以前の王者の称号。五世紀後半から六世紀末ごろまで用いられたとされる。②天皇の敬称。Emperor ③《「王」とも》親王や諸王。king; prince ④《「大君」で》最年長の姫君。

**おおぎみ【大宜味】**〈村〉 沖縄県、沖縄島北部の村。サトウキビ・パイナップル・ミカン類の栽培がさかん。芭蕉布が特産。人口三三五七〇(一九八八)。

**おおき-め【大きめ】** 少し大きいこと。a little bit larger

**オー-きゃく【O脚】** 下肢がひざを中心に外側に曲がってOの字形になっているもの。内反膝が両側に現れたもの。O字脚。bowleg

**おお-ぎょう【大仰・大形】**(形動) 《「大仰」は当て字》おおげさ。exaggerated

**おお-ぎり【大切り】** ①物を大きく切ること。また、その切ったもの。large piece ②劇の最終場面。大詰め。③《「大喜利」とも》寄席で、すべての出し物の終了後、とくに大勢が出演し、余興をして客にサービスすること。④物事の最後。おわり。end

**おおく【多く】**(名・副) ①おおかた。たいてい。mainly; most 用例 —の人々。②ふつう。usually 用例 —はそう言わない。③たっぷり。じゅうぶん。many; much 用例 —を語ら



▼常用漢字表外。 ▽常用漢字表の音訓外。

ない。

**オーク**[oak] ブナ科ナラ属の総称。

**おお-ぐい**【大食い】 たくさん食べること・人。大食漢。gluttony

**おおくえ-やま**【大▽崩山】 宮崎県北部の山。標高一六四三m。花崗岩からなるが、山頂部は水成岩である。険しく雄大な景観で知られる。

**おおくかず**【大句数】 井原西鶴の俳諧集。題『西鶴俳諧大句数』。延宝五年(一六七七)刊。同年五月大坂生玉本覚寺で一日一夜興行した独吟連句(矢数俳諧)一六〇〇を集録。

**オークション**[auction] せり売り。競売。

**オークス**[Oaks] 中央競馬の五大クラシックレースの一つ。明け四歳の牝馬だけに出走資格がある。毎年五月、東京競馬場で開催。距離は二四〇〇m。英国の同名のレースにならったもの。優駿牝馬競走。

**おお-ぐそくむし**【大具足虫】 深海にすみ、体が小判形の甲殻類の一種。浜辺の岩などに群がるフナムシなどと同じく等脚目の仲間。体長一二cm内外で、等脚目の中で最大。体は褐色、目は黒い。相模湾その他の深所から採集される。

**おおくち**【大口】〈市〉 鹿児島県北部、大口盆地にある市。稲作・林業がさかん。盆地の出口に曾木ノ滝がある。人口二万六三四八(一九八八)。

**おお-ぐち**【大口】 ①大きな口。big mouth ②大げさなことば。ほら。big talk 用例 —をたたく。③売買や取引で金額が多いこと。big; large 対義 小口。

**おおぐち**【大口】〈町〉 愛知県北西部の町。畑作農業のほか、産業用ロボットなど先端技術工場が進出。人口一万七三二〇(一九八八)。

**おおぐち-ばかま**【大口▼袴】 ①平安時代、束帯を身につけるときの袴。表袴の下にはく裾口の広いもの。武家時代には直垂・水干の下にはいた。大口。②能装束に用いられる、後ろが横に強く張り出している袴。↓袴図

**おおくち-バス**【大口バス】 北アメリカ東部原産の淡水魚。全長約八〇cm。湖沼にすみ、貪食で小魚・昆虫などを捕食。釣り魚として人気が高く、世界各地に移殖される。日本へは大正一四年(一九二五)に箱根の芦ノ湖に移殖。近縁種コクチバスとともにブラックバスと総称される。largemouth black bass

**おおぐちゆうし-きせい**【大口融資規制】 銀行の一顧客に対する貸出高が、自己資本の一定比率を超えてはならないという規制。銀行資産の危険分散と銀行信用の適正分配を目的として昭和四九年(一九七四)一二月から実施されている。

**オークニー-しょとう**【オークニー諸島】(Orkney Islands) イギリス、グレートブリテン島北東端に点在するポモナ・ホイ島など約七〇の島群。イギリス海軍の基地。

**おおくに-たかまさ**【大国▽隆正】(一七九二〜一八七一) 江戸末期の国学者。江戸生まれ。津和野藩士。和漢洋の学を修め、国語学にくわしく、幕末の尊攘論に影響を与えた。平田篤胤の門に入り、また村田春海に学ぶ。著書『古伝通解』『本学挙要』など。

**おおくにたま-じんじゃ**【大国▽魂神社】 東京都府中市宮町にある旧官幣小社。主神は武蔵大国魂神。五月五日の例祭の暗闇祭りで知られる。相殿の神として武蔵国内の有名な神社六所を祭り、六所宮・六所明神ともいう。

**おおくにぬし-の-みこと**【大国主▽命】 出雲神話の代表的な神。少彦名命と出雲の国造りを行ったが、天照大神の命によって天孫瓊瓊杵尊に国譲りをした。出雲大社の主神。大己貴神。大物主神。大国魂神。八千戈神。大穴牟遅命。

**おおくぼ-しぶつ**【大▼窪詩仏】(一七六七〜一八三七) 江戸後期の漢詩人。名は行。常陸の人。江戸に詩聖堂を開く。書画にもすぐれた。詩集『詩聖堂詩集』など。

**おおくぼ-ただたか**【大久保▽忠▽教】 大久保彦左衛門の本名。

**おおくぼ-としみち**【大久保▽利▽通】(一八三〇〜一八七八) 明治初期の政治家。薩摩藩出身。討幕に力を尽くし、版籍奉還・廃藩置県を断行。以後、明治政府の中心人物として活躍。征韓論に反対して内治優先の立場をとる。東京紀尾井坂で不平士族により暗殺。↓写

●大久保利通

**おおくぼ-ひこざえもん**【大久保▼彦左▽衛門】(一五六〇〜一六三九) 江戸初期の旗本。名は忠教。徳川家康・秀忠・家光の三代に仕え、諸合戦で活躍。著書『三河物語』。

**おおくま**【大▼熊】〈町〉 福島県東部、太平洋に臨む町。稲作・果樹栽培・畜産中心。原子力発電所がある。人口一万四七(一九八八)。

**おおくま-うじひろ**【大▼熊氏広】(一八五六〜一九三四) 彫刻家。埼玉県生まれ。銅像制作の先駆者。作品『大村益次郎像』など。

**おおくま-ことみち**【大▼隈言道】(一七九八〜一八六八) 江戸後期の歌人。通称清助。福岡の人。古典にとらわれない新鮮な歌風をなした。歌集『草径集』、歌論『ひとりごち』など。

**おおぐま-ざ**【大▼熊座】 北斗七星を含む北天の星座。日本などでは、北斗七星の部分は地平線下に沈まない周極星となる。五月三日ごろの午後八時ごろに南中。面積一二七九平方度。Ursa Major ↓図

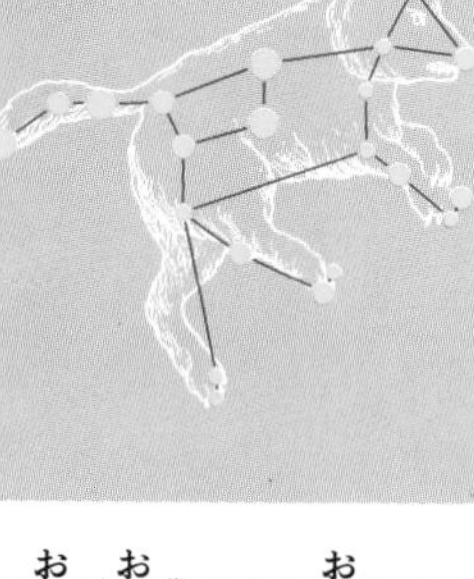
●大熊座

**おおくま-しげのぶ**【大▼隈▽重▽信】(一八三八〜一九二二) 政治家。佐賀藩出身。尊王攘夷運動に参加、のち明治新政府の参議・大蔵卿など。立憲改進党・進歩党・憲政党を結成し、明治三一年(一八九八)憲政党内閣(いわゆる隈板内閣)の首相。東京専門学校(現早稲田大学)を創立。↓写

●大隈重信

**おお-ぐみ**【大組(み)】(名・サ変自) 新聞などで、記事ごとの組み版を一ページの大きさにまとめること。また、その版。make-up 対義 小組み。

**おおくら**【大蔵】〈村〉 山形県中北部の村。農業・酪農・林業が中心。肘折温泉がある。人口五一四六(一九八八)。

**おおくら-きはちろう**【大倉喜八郎】(一八三七〜一九二八) 実業家。越後の人。戊辰戦争のさいに軍の御用商人として富を得、大倉財閥を築く。大倉高商(現東京経済大学)の創立者。

**おおくら-しょう**【大蔵省】 ①国家の財政と金融行政をつかさどる中央行政官庁。長は大蔵大臣。官房と、主計局・主税局・銀行局など七局からなる。外局として国税局、付属機関として造幣局・印刷局などがある。明治二年(一八六九)設置。Ministry of Finance ②律令制のもとでの太政官八省の一つ。諸官司への出納、諸国の調の収納や度量衡、売買の売値、貢ぎ物の保管などをあつかった。③財政・会計係の俗称。

**おおくらしょう-いんさつきょく**【大蔵省印刷局】 国や地方公共団体の印刷物について、製紙から印刷までを引き受ける大蔵省の付属機関。日本銀行券・郵便切手・郵便はがきなどを製造。Printing Bureau Ministry of Finance

**おおくらしょう-しょうけん**【大蔵省証券】 政府短期証券の一つ。一時的に国庫資金が不足した場合に大蔵省が発行するが、同じ会計年度内に償還しなければならない。大蔵券。treasury bill

**おおくら-だいじん**【大蔵大臣】 国務大臣の一人。大蔵省の長。蔵相。

**おおくら-とらあきら**【大蔵▼虎▽明】(一五九七〜一六六二) 江戸初期の狂言師。大蔵流一三世宗家。流風を確立し狂言の芸格を高めた。著書『わらんべ草』。

**おおくら-ながつね**【大蔵永常】(一七六八〜?) 江戸後期の農学者。豊後の人。農業技術の改良・普及に大きく貢献。著書『農家益』。

**おおくら-りゅう**【大蔵流】 狂言の一流派。金春流に属した。流祖は室町後期の八世金春禅竹の末子、四郎次郎とされる。現在二四世宗家大蔵弥太郎。

**オークランド**[Auckland] ニュージーランド、北島北部の港湾都市。主要な貿易港で、同国最大の商工業都市。酪農製品・羊毛などを集散、輸出。人口八三万(一九八一)。

**オークランド**[Oakland] アメリカ西部、カリフォルニア州中西部の港湾・工業都市。大陸横断鉄道の終点。人口三三・九万(一九八〇)。

**オーク-リッジ**[Oak Ridge] アメリカ南部、テネシー州東部の工業都市。原子力工業と研究開発の中心地。人口二・八万(一九八〇)。

**おお-くろばえ**【大黒▼蠅】 青黒色の大形のクロバエ科のハエ。体長約一二mm。幼虫は便池、動物の死体、ごみためなどに発生。日本全土に分布。

**おおくわ**【大桑】〈村〉 長野県南西部、木曽谷の村。林業中心、木曽ヒノキの製材・木工工場が多い。人口五三二九(一九八八)。

**オー-ケー**【OK】(感・名・サ変自) 《all correct の発音どおりの綴りの略とも》「よろしい・承知した・合格」の意を表す。オーライ。用例 課長の—をとる。

**おお-げさ**【大▼袈▼裟】 ㊀(形動) 誇張して言ったり見せかけたりするさま。ぎょうぎょうしい。おおぎょう。exaggerated ㊁(名) 肩からななめに切りおろすこと。

**オーケストラ**[orchestra] ①大規模な器楽合奏。管楽器・弦楽器・打楽器の群が集まって構成。一八世紀に確立。管弦楽。②管弦楽団。↓図(次ページ)

**おお-けたで**【大毛▼蓼】 タデ科の一年草。葉は広卵形。夏から秋に、淡紅または紅色の小花の多数集まった花穂を下垂。観賞用に栽培。東南アジア原産。↓写

●オオケタデ

**おおけ-な-し** 古語(形ク) ①身分不相応だ。せんえつだ。用例 なほいとわが心ながらも—・く、いかで立ちいでしにかと(枕・宮にはじめてまゐりたるころ)。②おそれ多い。用例 —・くとも、などかは思ひ立たざらまし(源氏・東屋)。派生 おおけなさ(名)

**オーケン**[Lorenz Oken](一七七九〜一八五一) ドイツの自然哲学者・生物学者。汎神論的自然哲学の立場で生命現象を扱った。細胞や原形質の存在を示唆。

**おおご**【大▼胡】〈町〉 群馬県東部、赤城山南麓にある町。稲作・養蚕・酪農がさかん。中世の大胡城址がある。人口一万三三三八(一九八八)。

**おおこうち-でんじろう**【大▽河▽内伝次郎】(一八九八〜一九六二) 映画俳優。福岡県生まれ。主演作『忠次旅日記』『丹下左膳』など。

**おおこうち-まさとし**【大▽河▽内正▽敏】(一八七八〜一九五二) 工学博士・実業家。東京生まれ。東大教授から理化学研究所所長となり、理研コンツェルンを創設。昭和一三〜二〇年(一九三八〜四五)貴族院議員。

**おお-こうもり**【大▼蝙▼蝠】 翼を広げると最大一・五mにも達するオオコウモリ科のコウモリ。果実が主食。東半球の熱帯・亜熱帯に約二〇〇種が分布。日本では小笠原・南西諸島にオガサワラオオコウモリが生息。fruit bat

**おお-ごえ**【大声】 大きい声。たいせい。loud voice 用例 —を張り上げる。

**おおごえ**【大越】〈町〉 福島県東部、阿武隈高地中部の町。タバコ栽培・セメント工業が発達。人口六五二六(一九八八)。

**おお-ごしょ**【大御所】 ①鎌倉時代以降、隠居した親王・公卿・将軍などの居所。また、その人の尊称。②その道の大家で、勢力のある人。man of influence 用例 画壇の—。

**おお-ごと**【大事】 重大なできごと。大事件。serious matter 用例 —になる。

**おお-このはずく**【大木葉▽木▼菟】 耳介ににた羽角をもつフクロウ科の鳥。ミミズクの代表。翼長約一七cm。平地〜山地の森林に

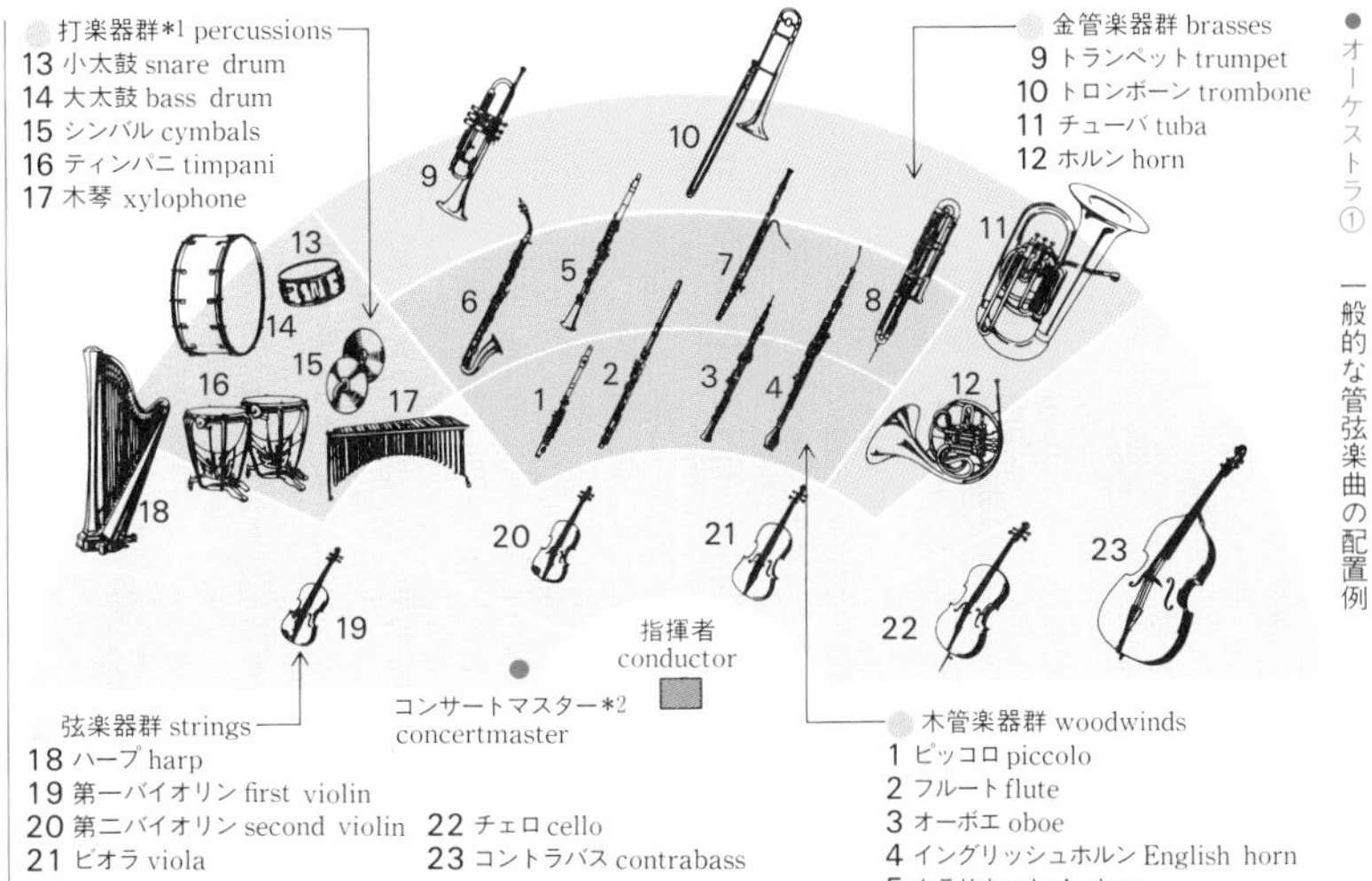

●オーケストラ① 一般的な管弦楽曲の配置例

*1 楽曲によりその他の打楽器も使われる
*2 第一バイオリンの首席奏者

すむ。夜行性で肉食性。東アジア・南アジアなどに広く分布し、日本では留鳥。

**おお-ごまだら**【大▼胡麻▼斑▼蝶】日本で最大のマダラチョウ。開張約一八cm。黄色で翅脈と外縁などが黒い。食草はホウライカガミ。沖縄以南・東南アジアに分布。奄美諸島以北のものは迷蝶。

**おおさ**【大佐】〈町〉岡山県北西部、新見市北東隣の町。旧宿場町。稲作・林業・和牛飼育などを行う。人口四五四〇(一九八八)。

**おおさか**【大▼阪】〈府〉近畿地方中西部の府。府庁所在地は大阪市。大部分が平地で、古くから交通の要地として開け、内海を通じて大陸文化を受け入れた。西日本の政治・経済の中心、阪神工業地帯の中核として各種工業が発展。面積一八六八km²、人口八五五万八九四三(一九八八)。

**おおさか**【大▼阪】〈市〉大阪府、淀川の下流大阪湾に臨む市。府庁所在地。政令指定都市。古くから商業都市として栄え、豊臣秀吉の時代に大坂城が築かれ、江戸時代には天下の台所として繁栄した。多く「大坂」と書いたが、明治以降「大阪」に表記を統一。人口二五四万三五二〇(一九八八)。

**おお-さが**【大佐賀】体が鮮紅色でタイに似たフサカサゴ科の海水魚。全長約五〇cm。食用。北日本の深海に分布。コウジンメヌケ。

**おおさか-かいぎ**【大▼阪会議】明治八年(一八七五)征韓論・征台論で分裂した明治政府補強のため、大久保利通と木戸孝允・板垣退助らが大阪で開いた会議。漸進的立憲主義の方針を採ることで妥協。

**おおさか-ガス**【大▼阪▼瓦▼斯(株)】東京瓦斯とならぶガス製造・供給会社。近畿二府四県の都市に供給。明治三〇年(一八九七)設立。

**おおさか-かんじょうせん**【大▼阪環状線】JR西日本の鉄道路線の一つ。大阪市街地を環状に走る。大阪~西九条~天王寺~京橋~大阪間で長さ二一・七km。昭和三九年(一九六四)開通。

**おおさか-こくさいくうこう**【大▼阪国際空港】兵庫県伊丹市を中心に、大阪府池田市と豊中市にまたがる空港。面積三km²。昭和一三年(一九三八)開設。伊丹空港。

**おおさかさやま**【大▼阪▽狭山】〈市〉大阪府南部、堺市東隣の市。農業中心だが宅地化も進む。狭山池は日本最古の溜池の一つで、行楽地にもなっている。人口五万二五四〇(一九八八)。

**おおさか-じけん**【大▼阪事件】明治一八年(一八八五)大井憲太郎ら自由党左派の朝鮮改革計画が発覚した事件。朝鮮の独立党を助けて日本の内政改革に利用しようとしたもの。

**おおさか-じょう**【大▼阪城・大坂城】天正一一年(一五八三)から三年を費やして旧石山本願寺の地に豊臣秀吉が築いた城。大坂の陣で焼失後、江戸幕府が再建。明治元年(一八六八)失火で全焼、昭和六年(一九三一)天守閣を再建。金城。錦城。→写

●大阪城

**おおさかしょうけん-とりひきじょ**【大▼阪証券取引所】全国八証券取引所の一つ。大阪株式取引所を引き継ぎ、昭和二四年(一九四九)会員組織となった。大証。

**おおさかしょうせん-みついせんぱく**【大▼阪商船三井船舶(株)】世界的な定期航路をもつ海運会社。昭和三九年(一九六四)大阪商船と三井船舶が合併。

**おおさか-じょうだい**【大坂城代】江戸幕府の職名。元和五年(一六一九)設置。大坂城警備・西国大名監察のほか、大坂町奉行以下を統轄。

**おおさか-しろな**【大▼阪白菜】タイサイとハクサイの中間交雑種。葉長約三〇cm。淡緑色。オオサカナ。オオサカハクサイ。

**おおさか-ずし**【大▼阪▼鮨】関西で作られるすしの総称。箱ずし・太巻きずし・伊達巻きずし・さばずしなど。甘みのきいたすし飯で作る。

**おおさか-だいがく**【大▼阪大学】旧帝大系の国立総合大学の一つ。昭和六年(一九三一)創設、同二四年(一九四九)現制。本部は吹田市。

**おおさかどくぎんしゅう**【大坂独吟集】江戸前期の俳諧集。二巻。延宝三年(一六七五)刊。鶴永(=井原西鶴)ら大坂俳人九人の百韻一〇巻を収め、西山宗因の批評が付されている。

**おおさか-の-じん**【大坂の陣】徳川氏が豊臣氏を大坂城に攻め滅ぼした二つの戦い。慶長一九年(一六一四)一一月、徳川家康は大坂城を攻めたが落城せず、外堀を埋めることで和議を締結(冬の陣)。まもなく家康が和議に反し内堀まで埋めたことから翌元和元年(一六一五)四月に戦闘再開、五月に落城(夏の陣)。秀頼・淀君らの自殺により豊臣氏は滅亡。

**おおさか-へいや**【大▼阪平野】大阪湾沿岸の沖積平野。周辺部は丘陵、洪積台地、生駒・和泉などの山地に囲まれる。近畿圏の中核。河内平野。

**おおさか-まちぶぎょう**【大坂町奉行】江戸幕府の遠国奉行の一つ。元和五年(一六一九)設置。大坂市中の行政・廻米・警察などを担当。享保七年(一七二二)より摂津・河内・和泉・播磨の幕府領の徴税・訴訟も指揮した。

**おおさか-わん**【大▼阪湾】瀬戸内海東端の湾。四方を六甲山地、大阪平野、和泉山脈、淡路島に囲まれ、明石海峡で播磨灘に、友ケ島水道、紀伊水道で太平洋に通じる。

**おおさき**【大崎】〈町〉広島県、芸予諸島大崎上島の町。ミカン栽培がさかん。人口五四〇三(一九八八)。

**おおさき**【大崎】〈町〉鹿児島県大隅半島、志布志湾に臨む町。シラス台地のため畑地が主で、サツマイモの生産が多いが、果樹・畜産・園芸農業もさかんになってきた。人口一万七九五六(一九八八)。

**おおさきかみ-じま**【大崎上島】広島県南部、竹原市沖にある島。面積三六・六km²。ミカン栽培がさかん。眺望のよい神峰がある。

**おおさきしも-じま**【大崎下島】広島県南部、安芸津町沖にある島。面積一七・五km²。東端の御手洗は、古くは潮待ち港として繁栄。ミカン栽培がさかん。

**おお-さくらそう**【大桜草】サクラソウ科の多年草。中部以北の高山にはえる。花茎は四〇cm余にもなる。葉は心臓形で浅く七裂。初夏に花茎の先に紅紫色の花を開く。

**おお-ざけ**【大酒】多量の酒。また、多量の酒を飲むこと。heavy drinking 用例 ―飲み。

**おお-さじ**【大▼匙】①大きいさじ。②調理に用いる計量用の大きいさじ(容量一五cc)。

**おお-ざっぱ**【大雑把】(形動)①大まか。粗雑。rough; loose ②おおよそ。だいたい。roughly

**おおざつま-ぶし**【大▼薩摩節】浄瑠璃の流派名。一八世紀初期、大薩摩主膳太夫が江戸で始めた。豪快な曲風。文政九年(一八二六)長唄に吸収され、現在、歌舞伎の中に様式を残している。

**おおさと**【大里】〈村〉埼玉県北部、熊谷市南隣の村。稲作中心、キュウリなどの園芸農業もある。人口七四四三(一九八八)。

**おおさと**【大▽郷】〈町〉宮城県中部の町。畜産がさかん。人口一万五九七(一九八八)。

**おお-ざと**【▼邑】漢字を組み立てている部分の名。「郎・都・部」などの右にある「阝」。比較 こざとへん。

**おおざと**【大里】〈村〉沖縄県、沖縄島南部の村。隆起珊瑚礁の丘陵地帯。サトウキビ栽培が中心。人口一万四八八(一九八八)。

**おおさわの**【大沢野】〈町〉富山県中部、神通川沿いの町。紡績・電機・機械などの工業が発達。富山市のベッドタウン。人口二万六八七(一九八八)。

**おおさわ-の-いけ**【大沢池】京都市西部、嵯峨大覚寺東側の池。中国の洞庭湖になぞらえて庭湖といわれる。

**おお-さんしょう-うお**【大山▼椒魚】オオサンショウウオ科のサンショウウオ。現存する最大の両生類。全長一m以上。暗褐色の背に黒褐色の斑紋が散在。寿命約五〇年。渓流で生活し、サ

●オオサンショウウオ

▼常用漢字表外。 ▽常用漢字表の音訓外。

大きい。山地の森林にすむ。鷹狩り用。ユーラシア北部に分布。northern goshawk →写

**おおた-かおる**【▽太田薫】（一九一二〜）戦後日本労働運動の指導者の一人。岡山県生まれ。大阪大卒。昭和三三年（一九五八）以来八年間総評議長をつとめ、辞任後は合化労連委員長・臨時行政調査会委員などを歴任。レーニン平和賞受賞。

**おおたがき-れんげつ**【▽太田垣▼蓮月】（一七九一〜一八七五）江戸末期の女流歌人。平明流麗な歌風。夫や子に死別し出家。個性的な書風と陶芸作品で知られる。家集『海人の刈藻』。

**おおたか-げんご**【大高源▼吾】（一六七二〜一七〇三）赤穂義士の一人。浅野家へ中小姓として仕えた。俳諧・茶事を好み、子葉の俳号をもつ。

**おおた-がわ**【▽太田川】広島県を流れる川。冠山山地に発し、広島湾に注ぐ。長さ一〇三km。上流には発電所が多い。下流の三角州に広島市がある。

**おおたき**【大多喜】〈町〉千葉県南部の山間にある町。旧城下町。周辺地域の商業・交通の要地。農業もさかん。人口一万三二〇一（一九八八）。

**おおたき**【大滝】〈村〉北海道南西部、支笏湖と洞爺湖の中間に位置する村。畑作と酪農がさかん。人口一六七三（一九八八）。

**おおたき**【大滝】〈村〉埼玉県西端の山間の村。果樹・シイタケ・シメジ栽培がさかん。三峰神社がある。人口二三九三（一九八八）。

**おおたき-おんせん**【大滝温泉】秋田県北東部、大館市米代川沿いの温泉。もと秋田藩主の湯治場。

**おおたきね-やま**【大滝根山】福島県阿武隈高地中部、同高地の最高峰。標高一一九三m。西麓は石灰岩台地。鍾乳洞がある。

**おおた-ぎょくめい**【▽太田玉▼茗】（一八七一〜一九二七）詩人。埼玉県生まれ。早大卒。僧籍に入る。田山花袋らと詩集『抒情詩』を刊行。花袋の義兄。

**おおたぐろ-もとお**【大田黒元雄】（一八九三〜一九七九）日本の音楽評論の開拓者。東京生まれ。ロンドン大中退。初めてヨーロッパ近代音楽を紹介。著書『バッハよりシェーンベルヒ』など。

**おおたけ**【大竹】〈市〉広島県南西端の市。小瀬川の水を利用した手漉き和紙は三〇〇年の伝統をもつ。石油化学工業がさかん。人口三万四一一三（一九八八）。

**おお-だすかり**【大助かり】（名・形動）たいへん助かること・さま。great help

**おお-だち**【大裁ち】成人用和服の標準の裁ち方。並幅の用布一反分を使う。本裁ち。

**おお-たちまわり**【大立（ち）回り】①芝居で、はげしい乱闘場面。great fighting scene 用例 ―を演じる。②大げんか。scuffle

**おおだて**【大▽館】〈市〉秋田県北東部、米代川上流の市。旧城下町。秋田杉による製材・木工業（曲木細工）がさかん。秋田犬の産地。人口六万九九九八（一九八八）。

**おおだて-ぼんち**【大▽館盆地】秋田県北東部、奥羽山脈、出羽山地間にある米代川上流の断層盆地。中心は大館市。林業が主で黒鉱採掘も行う。

**おお-だてもの**【大立（て）者】①一座の中で一番力のある役者。principal actor ②その社会で非常に重んじられる人。leading figure 用例 政界の―。

**おおた-どうかん**【▽太田道▼灌】（一四三二〜一四八六）室町中期の武将。名は資長。長禄元年（一四五七）江戸城を築く。扇谷上杉氏の執事であったが、誤解されて主君定正により暗殺された。

**おお-だな**【大▽店】規模の大きい商家。

**おおた-なんぽ**【大田南▽畝】（一七四九〜一八二三）江戸中・後期の文人・狂歌師・戯作者。本名は覃。通称は直次郎。別号は四方赤良、蜀山人など。江戸の人。幕臣。狂歌・洒落本・黄表紙などを手がけ、博識と軽妙なしゃれで天明狂歌壇の中心的人物となった。狂詩文集『寝惚先生文集』、『万載狂歌集』、随筆『一話一言』など。

**おおたに-こうずい**【大谷光▼瑞】（一八七六〜一九四八）浄土真宗本願寺派の第二二世法主。中央アジアに大谷探検隊を派遣、西域文化研究に貢献。

**おおたに-たけじろう**【大谷竹次郎】（一八七七〜一九六九）実業家。京都生まれ。古典芸能の保存と新興演劇の育成に力をそそぎ成功。明治三五年（一九〇二）松竹を設立。昭和三〇年（一九五五）文化勲章受章。

**おおたに-たんけんたい**【大谷探検隊】大谷光瑞が派遣した中央アジアへの探検隊。第一次（一九〇二〜〇四年）は大谷自らが本多恵隆らとパミール・ホータン・庫車を探検。その後、二回にわたり、橘瑞超らを派遣。その成果は『西域考古図譜』『新西域記』にまとめられた。

**おおたに-は**【大谷派】浄土真宗十派の一つ。本願寺一一世顕如の子、教如が徳川家康から本願寺の東に一寺をもらい、東本願寺と称したのに始まる。明治一四年（一八八一）大谷派と改称。

**おお-たにわたり**【大谷渡】チャセンシダ科の常緑シダ。山地の岩上や樹上にはえる。葉は光沢をもち、長さ一m以上。裏面の葉脈に沿って胞子嚢の群がつく。伊豆諸島・西日本に分布。タニワタリ。

**おおた-ぶみ**【大田文】鎌倉時代につくられた基本的な土地台帳。国ごとに荘園・公領の田地面積や領有関係を記載。二一種類が現存。図田帳。

**おおた-ぼはん**【▽太田母▼斑】まぶた・ほお・前頭部・側頭部など、三叉神経の第一枝と第二枝の支配領域の皮膚に生じる青褐色のあざ。女性に多い。nevus of Ota

**おおたま**【大玉】〈村〉福島県北東部、二本松市南西隣の村。稲作のほか、野菜栽培・畜産などを行う。人口八一三〇（一九八八）。

**おおた-みずほ**【▽太田水穂】（一八七六〜一九五五）歌人。本名、貞一。長野県生まれ。長野師範卒。象徴主義の歌風で知られる。歌誌『潮音』主宰。歌集『つゆ草』、歌論『和歌立言』など。

**おおたわら**【大田原】〈市〉栃木県北部、那須野原にある市。旧宿場町。稲作・酪農がさかん。トウガラシの産地としても有名。人口五万一七五一（一九八八）。

**おお-だんな**【大▼旦▼那・大▼檀▼那】①家の当主の父親を敬っていう語。master 対義 若だんな。②寺の檀家で、多くの寄付をする人。

**おおち**【▽大▽内】〈町〉香川県東部、播磨灘に臨む町。農業・漁業・紡績工業・ボタン製造がさかん。人口一万七九五三（一九八八）。

**おおち**【▼邑▼智】〈町〉島根県中部、江の川中流の町。農林業中心。湯抱などの温泉がある。人口五八三〇（一九八八）。

**オーチャード-グラス**【orchard grass】カモガヤの別名。

**おおつ**【大津】〈市〉滋賀県、琵琶湖南西端の市。県庁所在地。七世紀天智天皇の遷都に始まり、湖港として繁栄。湖南工業地域の中心をなす商工業都市で、幹線交通路が通る。延暦寺、石山寺、日吉大社など史上名高い社寺が多い。人口二四万一二五七（一九八八）。

**オーツ**【Joyce Carol Oates】（一九三八〜）アメリカの女流小説家。現代アメリカの精神的ゆがみを堅実な写実で描く。作品『彼ら』など。

**おおづ**【大津】〈町〉熊本県中部、白川に沿う町。旧宿場町。農・工業が発達。豊肥本線、国道五七号が通る。人口二万二七四九（一九八八）。

**おおつ-え**【大津絵】江戸初期から、近江国（滋賀県）の大津追分あたりで旅人相手に売られた土俗的な絵画。おおまかな墨線と簡単な着彩で素朴な滑稽味を表現。画題は仏画・鬼の念仏・藤娘など。→写

**おおつえ-ぶし**【大津絵節】滋賀県大津市でおこった俗曲の曲名。大津絵を歌いこんだ三味線唄。

●大津絵 古大津絵『鬼の寒念仏』。江戸時代、大津絵美術館（滋賀県）。

**おおつか-くすおこ**【大塚▼楠緒子】（一八七五〜一九一〇）歌人・詩人・小説家。東京生まれ。佐佐木信綱に歌を、夏目漱石に小説を学ぶ。夫は美学者保治。詩『お百度詣で』、小説『空薫』など。

**おおつか-すえこ**【大塚末子】（一九〇二〜）着物研究家。福井県生まれ。ウールの着物の普及など、着物の改革に貢献。

**おおつか-ひさお**【大塚久雄】（一九〇七〜）経済学者。京都市生まれ。東大教授。マルクス主義を批判的にとりいれて経済史学に貢献し、「大塚史学」といわれる体系を築いた。著書『株式会社発生史論』など。

**おお-づかみ**【大▼摑み】（名・形動）①手いっぱいにつかむこと。わしづかみ。grasp ②大ざっぱに理解すること。だいたいをとらえるさま。summarize

**おおつか-やすじ**【大塚▽保治】（一八六八〜一九三一）美学者。前橋生まれ。東大卒。東大教授。日本における西欧美学研究の基礎を築く。著書『大塚博士講義集』。

**おおつき**【大月】〈市〉山梨県東部、桂川上流の市。甲斐絹織物の生産地。富士五湖への玄関口。奇橋で知られる猿橋がある。人口三万五一九七（一九八八）。

**おおつき**【大月】〈町〉高知県南西端の町。養殖漁業とタバコ栽培・稲作がさかん。大堂海岸は雄大な景観。人口八八六二（一九八八）。

**おおつき-げんたく**【大▼槻玄沢】（一七五七〜一八二七）江戸後期の蘭医・仙台藩医。陸奥の人。江戸で杉田玄白・前野良沢に蘭学を学び、長崎に遊学。著書『蘭学階梯』『重訂解体新書』など。

**おおつき-ふみひこ**【大▼槻文▼彦】（一八四七〜一九二八）国語学者。東京生まれ。玄沢の孫。国語辞書『言海』（『大言海』の前身）を独力で完成。著書『広日本文典』など。

**おお-つごもり**【大▼晦▽日・大▼晦】一年のいちばん終わりの日。大みそか。おおとし。New Year's Eve

**おおつ-じけん**【大津事件】明治二四年（一八九一）、巡査の津田三蔵が、大津でロシア皇太子ニコライを刺し負傷させた事件。この裁判で松方内閣は対ロシア関係の悪化を恐れ犯人の死刑を要求したが、大審院長、児島惟謙はこれを拒否、司法権の独立を守った。

**おおつじ-しろう**【大▼辻司郎】（一八九六〜一九五二）漫談家。滋賀県生まれ。本名は四郎。活動写真の弁士となり、のち、漫談家・司会者として人気を博したが、日航機「もく星号」墜落事故で遭難死。

**おおつち**【大▼槌】〈町〉岩手県東部、太平洋岸の町。漁業がさかん。陸中海岸国立公園の景勝地。人口二万三七六（一九八八）。

**おお-づつ**【大筒】大砲の古称。

**おお-つづみ**【大鼓】①大形の鼓。②能や歌舞伎の囃子に使う打楽器。小鼓とともに重要なリズム楽器。おおかわ。

**おおつづみ-がた**【大鼓方】能楽で、大鼓の演奏をうけもつ人。

**おおつの-じか**【大角▼鹿】氷河時代にいた大形のシカ。巨大な手のひら状の角をもち、幅が二・六〜三・七mもある。ユーラシアの中・北部の森林や草原に分布し、約八〇〇〇年前に絶滅。

**おおつの-みこ**【大津▽皇子】（六六三〜六八六）天武天皇の第三皇子。漢詩人・歌人。皇位継承をめぐる陰謀の渦中で自殺。作品は『万葉集』に短歌四首、『懐風藻』に詩四編。

**おおつの-みや**【大津宮】天智天皇の都宮。現在の滋賀県大津市錦織付近に比定されている。滋賀宮。

**おおっ-ぴら**【大っぴら】（形動）①はばからずにするさま。不遠慮。openly; without hesitation 用例 ―な笑い声。②みんなに知れるさま。公然。openly 用例 真相を―にする。

**おお-づめ**【大詰（め）】①歌舞伎の最終幕。final stage ②演劇の最終場面。finale; final stage ③物事の終わり。final stage

**おお-つめくさ**【大▼爪草】ナデシコ科の一年草。ツメクサに似るが高さ数十センチメートルと大形。ヨーロッパ原産で明治初期に渡来して野生化。spurry

**おお-て**【大手】①《「追手」とも》城郭の正面。また城の表門。front gate of a castle 対義 揚手。②《「追手」とも》敵の正面から攻める軍勢。troops of the frontal attack ③取引所で多額の売買をすること。また、その人。大手筋。large-scale operators ④同じ産業界の中でも規模の大きい企業。major corporation

**おお-で**【大手】①肩先から指先まで。比較 小手。②だれはばからないようすであること。

**大手を広げる** 手を大きく左右に広げる。転じて、準備万端整えて期待しているようすにいう。with open arms

**大手を振る** 大いばりで歩く。気がねや遠慮をしないで物事を行う。walk tall

**おお-てあい**【大手合（い）】囲碁で、専門棋士の昇段を決める公式戦。現役棋士が一定数対局し、所定の昇段点を挙げると段位があがる。日本棋院と関西棋院がそれぞれ独自に行う。定式手合い。

**オー-ディー-イー-シー-エー**【ODECA】《Organización de Estados Centro Americanos の略》中米機構。

**オーティーエイチ-レーダー**【OTH ra-

dar〕《over-the-horizon radarの略》地平線をこえた遠距離を探知するレーダーシステム。電離層で反射する短波の特性を利用。

**オー-ディー-エー**【ODA】《official development assistanceの略》政府開発援助。

**オーディオ**〔audio〕《耳に聞こえる、または、音声の、意》①テレビ・ラジオの音声部分。②音楽などを楽しむための音響再生装置。

**オーディオメーター**〔audiometer〕①各種周波数の音を発生させ、その周波数をかえて聴力を検査する器械。②テレビの視聴率をしらべる自動記録装置。

**オーディション**〔audition〕①歌手・タレント・アナウンサーなどを選出するために行われる実技テスト。②スポンサーなどが、提供予定のテレビ・ラジオ番組を試験的に視聴すること。

**オーディトリアム**〔auditorium〕視聴のための舞台と客席をもつ建物の総称。劇場・映画館・オペラハウス・ホール・公会堂・講堂など。また、その客席部分。

**オーディン**〔Odin〕ゲルマン神話の主神。とくに北欧に伝わるものをこの名で呼ぶ。万物の父・戦いの父など多くの呼称をもつ。戦いの神・知恵と魔法の神・嵐の神・死者の神でもある。天地を創造し、男と女をつくった。英語のWednesday(水曜日)も同系のことば。

**おお-でき**【大出来】(名・形動)①りっぱなできばえ。great success ②りっぱにやってのけること・さま。to achieve a great success 用例きみにしては―だ。

**オー-デ-コロン**〔eau de Cologneフランス〕《コローニュ(ケルンのフランス名)の水の意》香水の一つ。ドイツのケルン市で一七〇九年に創製された。湯上がりのときなどにつける。オードコロン。

**おおて-たくじ**【大手拓次】(一八八七〜一九三四)詩人。群馬県生まれ。早大卒。幻想的で香気豊かな詩的世界を築く。詩集『藍色の蟇』など。

**オーデブレヒト**〔Rudolf Odebrecht〕(一八八三〜一九四五)ドイツの美学者。著書『美的価値論の基礎づけ』など。

**おおて-まち**【大手町】東京都千代田区、皇居の大手門前面にあるビジネス街。地下鉄諸線の集まる交通の要地。

**おお-でまり**【大手▼毬】スイカズラ科の落葉低木。ヤブデマリの園芸品種。高さ約三m。葉は対生、広卵形。初夏に、多数の白花を球状に集めて開く。テマリバナ。↓写

**オーデュボン**〔John James Audubon〕(一七八五〜一八五一)アメリカの画家。野鳥の絵で知られる。作品『アメリカの鳥類』など。

**オーデル-がわ**【オーデル川】(Oder)チェコスロバキアの山地から、東ドイツとポーランドの国境を流れる川。内陸水路として重要。長さ八六六km。

**オーデル-ナイセ-せん**【オーデル-ナイセ線】(Oder-Neisse Line)一九四五年のポツダム協定で定められたドイツとポーランドの国境線。オーデル川とナイセ川を連ねる線で、それ以東の旧ドイツ領はポーランドの管理下におかれた。

**オーデン**〔Wystan Hugh Auden〕(一九〇七〜七三)イギリスの詩人。一九三〇年代に鋭い社会意識の文学を提唱。アメリカに帰化。詩集『見よ、旅人よ』『クリオ賛歌』など。

**オーデンセ**〔Odense〕デンマーク中部、フュン島中部の工業都市。童話作家アンデルセンの生地。人口一七・三万(一九八六)。オーゼンセ。

**オート**〔auto〕㊀(名)《automobileの略》自動車。用例―ショー。㊁(接頭)《automaticの略》自動の、の意。用例―ロック。

**おお-ど**【大戸】表口にある大きな戸。対義裏木戸。用例―をおろす。↓寄せ棟造り図

**オード**〔ode〕崇高な主題を高い調子でうたう自由形式の叙情詩。元来は古代ギリシアの合唱歌謡詩。頌歌。

**おおとう**【大▽任】〈町〉福岡県東部、田川市東隣の町。炭鉱で栄えたが、閉山により稲作中心の農・林業に移行。人口六六九九(一九八八)。

**おおとう**【大塔】〈村〉奈良県南部、十津川流域の山村。杉・ヒノキ林業が中心。盆栽が特産。人口九六四(一九八八)。

**おおとう**【大塔】〈村〉和歌山県南部、日置川流域の山村。スギ・ヒノキ林業が中心。人口三四〇九(一九八八)。

**オードゥー**〔Marguerite Audoux〕(一八六三〜一九三七)フランスの女流小説家。自伝小説『マリ=クレール』など。

**おお-どうぐ**【大道具】芝居で、舞台に使う建物や木、書き割りなど、大きくて登場人物が手に持たないもの。setting 対義小道具。

**おお-どおり**【大通り】町の中の幅の広い道路。main street

**おお-どか**(形動)おっとりして、こせこせしないさま。おおよう。

**おお-とかげ**【大▼蜥▼蜴】オオトカゲ科の大形トカゲ類の総称。最大種コモドオオトカゲは全長約三mに達する。すべて肉食性で卵生。アジア・アフリカ・オーストラリアに約三〇種が分布。monitor lizard ↓図

オオデマリ

**オート-キャンプ**《和製語》自動車を利用し、キャンプ場で野外生活を楽しみながら各地をまわること。欧米では、モービルホームの利用が多い。

オオトカゲ　コモドオオトカゲ

**オート-クチュール**〔haute coutureフランス〕高級衣装店。とくに、パリ衣装店協会に所属する店。専属デザイナーが特定の顧客の注文を受けてデザインし、製作する。

**オートクラシー**〔autocracy〕一人の支配者が自分の意思で気ままに支配すること。専制政治。独裁政治。

**オートクレーブ**〔autoclave〕高圧・高温下で化学反応・抽出・殺菌などを行うための気密容器。ステンレス鋼製・モリブデン鋼製など。加圧がま。

**おお-どこ**【大▽所】「おおどころ」の約。

**大所の犬となるとも小家の犬となるな**(おおどこのいぬとなるともこいえのいぬとなるな)どうせ人に仕えるなら、勢力のある、しっかりした相手を選べというたとえ。

**おお-どころ**【大所】①大きな家。財産家。②勢力のある、おもだった人。

**オート-さんりん**【オート三輪】荷物運搬用の小型自動三輪車。

**おお-とし**【大年・大▽歳】大みそか。おおつごもり。

**おおとし-の-かみ**【大年神】須佐之男命の子で、穀物をつかさどる神。西日本には大歳神社を祭る例が多い。

**おおとし-の-きゃく**【大▽歳の客】昔話の一つ。大晦日の夜の来訪者を歓待した貧しい者が富を得ることを主題とする話の総称。参照笠地蔵。

**おお-どしま**【大年増】年増の、さらに年をとった女性。

**オートジャイロ**〔autogyro〕プロペラの推進力で滑走し、生じる風力で回転翼を回転させて揚力を得る航空機。離着陸距離を短くできる。回転翼にエンジンはついていない。

**オー-ド-トワレ**〔eau de toiletteフランス〕《化粧水の意》芳香製品の一種。香料三〜七%をアルコールに溶かしたもの。香水より香りが軽く、持続性がない。

**おおとね**【大▽利根】〈町〉埼玉県北東部、利根川に沿う町。稲作中心。イチゴ栽培もさかん。人口一万四一三三(一九八八)。

**おお-との**【大殿】古語①宮殿を言う敬語。りっぱな御殿。用例―はここと言へども(万葉・一・二九)。②大臣を言う敬語。おとど。また、その父を言う敬語。③貴人の当主。対義若殿。用例―は、昨日の暁斬られさせたまひ候ひき(保元)。

**おおとの-ごも・る**【大殿▼籠る】古語(四自)《「寝ぬ」「寝ぬ」の尊敬語》おやすみになる。御寝なる。用例幼き人は―・りてなむ(源氏・若紫)。

**オート-バイ**《和製語。auto bicycleから》二サイクルまたは四サイクルのガソリン機関を搭載した二輪車。自動二輪車。単車。motorcycle 数え方一台・一両。

**オートバイ-レース**《和製語》原動機駆動の二輪車やサイドカーの速度・操縦技術を競うレース。競技は、行われる場所や路面によって異なり、ロードレース・耐久レース・モトクロスなどの種目がある。motorcycle race

**オートフォーカス-カメラ**〔autofocus camera〕↓エーエフカメラ(AFカメラ)

**オードブル**〔hors-d'œuvreフランス〕西洋料理のコースで、主要料理の前に出る軽い料理。野菜や、魚・肉の薫製や油漬け、カナッペなど。前菜。appetizer

**オート-ボルタ**〔Haute-Volta〕ブルキナファソの旧称。

**オートマチック**〔automatic〕㊀(名)《automatic pistolの略》自動式拳銃。㊁(形動)自動的。

**オートマトン**〔automaton〕①電子計算機などの自動機械および装置。②ロボット。自動人形。

**おおどまり**【大泊】コルサコフの旧日本語名。

**オートミール**〔oatmeal〕エンバクを精白して砕いた食品。たんぱく質・ビタミン$B_1$が豊富。牛乳などでかゆ状に煮て食べる。

**オート-むぎ**【オート麦】エンバクの別名。

**オートメーション**〔automation〕人間の操作にかわり、機械やコンピューターによって作業を自動化すること。また、そのシステム。自動制御装置。オートメ。

**おおとも-し**【大▽伴氏】古代の中央豪族。姓は連、のちに宿禰。大和朝廷では軍事を世襲職とした有力氏族。

**おおとも-そうりん**【大友宗▼麟】(一五三〇〜八七)戦国時代のキリシタン大名。豊後国臼杵城主。元亀二年(一五七一)毛利元就の死により九州六か国を支配。朝鮮・ポルトガルとの貿易を行う。天正一〇年(一五八二)大村・有馬氏とともに使節をローマ法王庁に派遣。↓写

**おおとも-の-おうじ**【大友皇子】(六四八〜六七二)天智天皇の長子。壬申の乱で大海人皇子と皇位を争い、敗れて近江で自殺。明治三年(一八七〇)に、六七一〜六七二年の在位を認め、弘文天皇(第三九代)と諡を贈った。

**おおとも-の-おおえまる**【大▽伴大江丸】↓おおえまる(大江丸)

**おおとも-の-かなむら**【大▽伴金村】(生没年未詳)古代の中央豪族。五世紀末から六世紀半ごろの大連。継体天皇の擁立に成功、大伴氏の全盛期をつくった。

**おおとも-の-くろぬし**【大▽伴黒主】(生没年未詳)平安前期の歌人。六歌仙の一人。近江国の人。

**おおとも-の-さかのうえのいらつめ**【大▽伴坂上▽郎女】(生没年未詳)奈良前期の女流歌人。旅人の妹、家持の叔母。歌は理知的で技巧的。『万葉集』に女流歌人としてもっとも多くの作品が収められている。

**おおとも-の-たびと**【大▽伴旅▽人】(六六五〜七三一)奈良前期の武将・歌人。安麻呂の子。家持の父。大宰帥として九州へ渡り、山上憶良と親交を結んで筑紫歌壇を形成する。のち、大納言。天成の叙情詩人とされる。

**おおとも-の-やかもち**【大▽伴▽家持】(七一八ごろ〜七八五)奈良後期の歌人。旅人の子。越中守からのち中納言。繊細な感性を基調とし、清らかで艶な美を表現した多くの秀歌を残した。歌は『万葉集』に四百七十余首を収め、その編集に力を注いだ。

**おおとよ**【大▽豊】〈町〉高知県北部、吉野川上流の町。農林業の町。日本一の大杉がある。豊楽寺の薬師堂は国宝。人口八五六八(一九八八)。

**オートラジオグラフ**〔autoradiograph〕放射性物体の表面に写真乾板を密着させて放射線を感光させ、物体中の放射性物質の分布を記録したもの。

**おお-とり**【大鳥・▼鵬】①大きな鳥。ツル・ワシなど。big bird ②中国の想像上の巨大な

大友宗麟　瑞峯院(京都府)。



▼常用漢字表外。　▽常用漢字表の音訓外。

鳥。鵬。

**おおとり-じんじゃ**【大鳥神社】大阪府堺市鳳北町にある旧官幣大社。祭神は大鳥連祖神と日本武尊。和泉国一の宮。

**おおとり-づくり**【大鳥造(り)】切り妻造り、妻入りで、内部が内陣・外陣に分かれた神社建築様式。大阪府堺市の大鳥神社本殿に代表される。

**オート-リバース**【auto-reverse】テープが一方向の巻き終わりまでいくと、自動的に逆方向に向かい、継続して往復の録音や再生ができる装置。

**オート-レース**《autoracingから》①自動車レース・オートバイレースの総称。日本では、小型自動車競走会が運営する自動二輪車と四輪車のレース。②モーターボートレース。

**オート-ロック**《和製語》自動式の錠。開閉は暗証番号、カードによるもの、また、室内から操作するものなどがある。ホテル・マンションなどの出入口にセットされ、新しい警備システムとして普及している。self-locking

**オーナー**【owner】所有者。持ち主。用例プロ球団の—。

**オーナー-ドライバー**【owner-driver】自家用車を自分で運転する人。

**おおなかとみ-の-よしのぶ**【大中▽臣▽能▽宣】(九二一～九九一) 平安中期の歌人。梨壺の五人および三十六歌仙の一人。『後撰集』を撰進。家集『能宣集』。

**おおなか-ぶあいせい**【大仲歩合制】漁業に特有な賃金制度。水揚げ高から経費をさし引いた純益を、漁業経営者と乗り組み漁民が一定の割合で分ける。

**おお-なた**【大▼鉈】大きな鉈。big hatchet

**大鉈を振るう** ばっさり切りすてる。思い切った整理をする。take a drastic measure

**おお-なだい**【大名題】①芝居・狂言全体の標題。②①を書いた看板。③歌舞伎の幹部俳優。

**おおなむち-の-みこと**【大▽己▽貴▽命】大国主命の別称。

**おおなると-きょう**【大鳴▽門橋】本四架橋の三ルートの一つ。神戸～鳴門ルートにかかる、道路・鉄道併用の吊り橋。鳴門海峡をまたぎ、大毛島と淡路島を結ぶ。長さ一六二九m。昭和六〇年(一九八五)完成。

**おおにし**【大西】〈町〉愛媛県北部、瀬戸内海に臨む町。ミカン栽培がさかん。造船関係の工場が多い。人口九四八六(一九八八)。

**おおにし-かぜ**【大西風】冬に吹く強い西風。日本付近を低気圧が通過したあとに吹く。

**おおにし-よしのり**【大西▽克▽礼】(一八八八～一九五九) 美学者。愛媛県生まれ。東大教授。日本人の美意識の解明に貢献。著書『幽玄とあはれ』など。

**オーニソガラム**【Ornithogalum】ユリ科のオーニソガラム属の総称。観賞用の球根草。ヨーロッパ・西南アジア・アフリカに約一〇〇種が分布し、白・黄・緑などの花をつける。↓写

● オーニソガラム

**おお-にゅうどう**【大入道】①坊主頭の大男。②大きな坊主頭のばけもの。

**おお-にら**【大▼韮】ラッキョウの別名。

**おお-ぬま**【大沼】北海道渡島半島、駒ヶ岳南麓の湖。面積五km²。水深一二・六m。駒ヶ岳噴火による堰止め湖。湖内に島が多く道南の景勝地。

**おおぬま-ちんざん**【大沼▼枕山】(一八一八～一八九一) 江戸末・明治初期の漢詩人。名は厚。江戸の人。下谷吟社を結成。漢詩集『枕山詩鈔』など。

**おお-ね**【大根】①ダイコンの古名。②物事の根本。基本。

**おおねじめ**【大根占】〈町〉鹿児島県大隅半島南西部、鹿児島湾に臨む町。南大隅の商業の中心地。農林業がさかん。人口八八九六八(一九八八)。

**おお-の**【大野】大きな野原。field

**おおの**【大野】〈市〉福井県東部、九頭竜川上流の市。旧城下町。大野盆地の中心。機業・スキー生産などがさかん。人口四万二二三八(一九八八)。

**おおの**【大野】〈町〉北海道南西部、函館市北部の町。北海道水田発祥の地。貞享二年(一六八五)、町の西部にある文月に開田。稲作・野菜栽培がさかん。人口八九一八(一九八八)。

**おおの**【大野】〈町〉岐阜県、岐阜市西部の町。濃尾平野の北端にあたる。岐阜県の農業の中心地。富有柿の産地。古代条里制の跡を残す。人口二万九一二五(一九八八)。

**おおの**【大野】〈町〉広島県南西部の町。大野瀬戸をはさんで厳島に対する。大半は山林で、農林業と観光の町。人口二万三一二八(一九八八)。

**おおの**【大野】〈町〉大分県中南部の町。畑地が多くサツマイモ・タバコ栽培がさかん。人口七一七三(一九八八)。

**おおの**【大野】〈村〉岩手県北東部、北上高地の丘陵地帯の村。酪農と木工品製造がさかん。人口七八〇二(一九八八)。

**おおの**【大野】〈村〉茨城県東部、鹿島灘に臨む村。草花球根栽培が活発な農村。ハマナスの自生地としては太平洋側の南限。人口一万三八〇二(一九八八)。

**おおの-がい**【大野貝】内湾の砂泥底にすむエゾオオノガイ科の二枚貝。殻長約八cm、殻高約五cm。長卵形で灰白色。軟体は白色で、出入水管は合体して大きく長い。食用とする。九州以北・ヨーロッパ・北アメリカに分布。オオムラガイ。soft shell clam

**おおの-が-はら**【大野ヶ原】愛媛県四国山地にある石灰岩台地。ドリーネに水のたまった小松池や、鍾乳洞の羅漢穴などの奇景で知られる。

**おおの-しゃちく**【大野▼洒竹】(一八七二～一九一三) 俳人。本名、豊太。熊本県生まれ。東大卒。俳諧研究と俳書収集につとめ、蔵書は「洒竹文庫」として保存される。共著『芭蕉句選年考』など。

**おおのじょう**【大野城】〈市〉福岡市南東に接する市。国道沿いに中小工場の並ぶ新興住宅都市。七世紀後半、大宰府防衛のために築かれた大野城跡がある。人口七万六八〇〇(一九八八)。

**おおのはら**【大野原】〈町〉香川県南西端の町。水利の悪い扇状地をダム建設で稲作地化。ミカン栽培もさかん。人口一万三六〇二(一九八八)。

**おおの-ばんぼく**【大野伴▼睦】(一八九〇～一九六四) 政治家。岐阜県生まれ。明治大卒。党人派の典型で、政友会院外団出身。衆議院議長二回。自民党副総裁。保守党内の派閥調整に努めた。

**おおの-ぼんち**【大野盆地】福井県東部の山間盆地。中心は大野市。九頭竜川、真名川などが流れる。稲作・機業がさかん。

**おおのみ**【大野見】〈村〉高知県中西部、須崎市西隣の村。農林業中心で、稲作とサツキ苗木栽培がさかん。人口一九四七(一九八八)。

**おお-の-やすまろ**【▽太安▽万▼侶】(?～七二三) 奈良時代の官人。民部卿。和同四年(七一一)元明天皇の命を受け、稗田阿礼の誦んだ帝紀・旧辞を筆録して『古事記』を編纂。昭和五四年(一九七九)奈良市此瀬町から銅板墓誌とともに遺骨が発見された。

**おおの-りんか**【大野林火】(一九〇四～一九八二) 俳人。本名、正。横浜生まれ。東大卒。俳誌『浜』主宰。句集『海門』『潺潺集』、批評『現代の秀句』など。

**オーバー**【over】㊀(名)「オーバーコート」の略。㊁(名・サ変他) 物事の状態・数量などが、ある限度をこえること。上を越えること。用例出費が予算額をはるかに—する。レフト—のホームラン。㊂(形動) 表現や態度がおおげさなさま。用例話が少し—だ。

**オーバーオールス**【overalls】①胸当てと肩ひものついた、ゆったりしたズボン。もともとは、ズボンの上に着用した。つなぎ。②医師・実験者・婦人・子供の上っ張り。参照カバーロールス。

**オーバー-キル**【overkill】核兵器の過剰殺傷能力。現在、地球上には人類を数回絶滅させるだけの核兵器があることをいう。

**オーバー-コート**【overcoat】おもに防寒用に、洋服の上に着るコート。毛織物・化学繊維・毛皮・皮革などで作る。外套。オーバー。

**オーバーザクセン**【Obersachsen】東ドイツ南東部のライプチヒ・ドレスデンを中心とする地域。かつてのザクセン選帝侯国領の中心部をさす。ふつう、ニーダーザクセンと区別する場合に使う。

**オーバー-シューズ**【overshoes】雨降りのとき、靴の上に履いて、靴がぬれないようにするカバー。ゴム製やビニール製。

**オーバー-スロー**《和製語》野球などの球技の、投球動作の一つ。腕を頭上から、前下方へ振り下ろして投げる。上手投げ。オーバーハンド。overhand

**オーバー-タイム**【overtime】①労働者が規定時間を超えて勤務すること。残業。時間外勤務。②バレーボールやバスケットボールの反則の一つ。ルールに定められた回数や時間を超えてプレーすること。

**オーバー-ネット**【over net】テニスやバレーボールでの反則の一つ。ラケットや手が、ネットを越えて相手コート上のボールに接触すること。

**オーバーハウゼン**【Oberhausen】西ドイツ中西部、ルール地方西部の鉱工業都市。鉄道・炭田・工業の中心地の一つ。人口二二・三万(一九八五)。

**オーバー-ブラウス**【overblouse】裾をスカートやスラックスの外に出して着るブラウス。

**オーバー-ヘッド-キック**【overhead kick】サッカーで、自分の前方の空間にある球を、からだを後方へ倒して宙に浮かせながら頭越しに後方へ蹴ること。

**オーバー-ヘッド-プロジェクター**【overhead projector】透過式の幻灯機。フィルムに下方から光をあて、屈折させて前方のスクリーンに文字や図表を映写する。視聴覚教育装置。OHP。

**オーバー-ホール**【overhaul】(名・サ変他) 機械・エンジンなどを分解して、点検・整備すること。

**オーバー-ボローイング**【over-borrowing】借り入れ過多。企業の自己資本率が低く、外部からの借り入れに大きく依存する状態。

**オーバー-ラップ**【overlap】(名・サ変自他) ①重なり合うこと。重複。②映画・テレビで、前の場面をしだいに消していきながら、重ねて写した次の場面に移ること・技法。二重写し。

**オーバー-ローン**【over-loan】超過貸し付け。市中銀行がその預金額以上に貸し出し、不足資金を中央銀行からの借り入れに依存する状態。

**オーバー-ワーク**【overwork】仕事の量が規定あるいは体力などの限度をこえていること。過重労働。働き過ぎ。

**おおば-ぎぼうし**【大葉擬宝▽珠】山地にはえるユリ科の多年草。葉は根生し、卵形で長さ三〇～九〇cm。七月に、淡紫色の花が多数咲く。トウギボウシ。

**おお-はくちょう**【大白鳥】大形で全身純白色のガンカモ科の水鳥。全長約一・五m。嘴は基部が黄橙色で、先端は黒い。ユーラシア大陸北部で繁殖し、冬に中国・朝鮮半島・日本(北海道・青森・新潟・島根など)の海岸・湖沼に渡来。whooper swan

**おおば-こ**【大葉子・▽車▽前▽草】オオバコ科の多年草。原野や道ばたにはえる。葉は根生し、広卵形で長い柄がある。夏に、白色の小花を穂状につける。種子を「車前子」といい、利尿・咳止め・解熱剤に利用。カエルバ。オンバコ。↓図

● オオバコ

**おおはさま**【大▽迫】〈町〉岩手県中部、早池峰山山麓の町。タバコ・ブドウの産地。人口八一〇六(一九八八)。

**おお-はし**【大▼嘴】嘴の巨大なオオハシ科の鳥。全長三〇～六〇cm。黒の地に赤や黄が鮮やか。森林にすみ、果実が主食。三七種いて、中南米の熱帯に分布。toucan ↓図

● オオハシ　サンショクキムネオオハシ

**おおはし-そうけい**【大橋宗▼桂】(?～一六三四) 徳川幕府将棋所の初代の司。将棋第一世名人。将棋をもって信長・秀吉・家康に仕え、将棋家元のはじめとなった。

**おおはた**【大畑】〈町〉青森県下北半島、津軽海峡に臨む町。漁業がさかんでスルメイカの産地。恐山がある。人口一万一六一四(一九八八)。

**おおばたけ**【大▼畠】〈町〉山口県南東部、瀬戸内海に臨む町。稲作・ミカン栽培・漁業がさかん。人口四四五四(一九八八)。

**おおば-たねつけばな**【大葉種漬花】アブラナ科の多年草。山地や原野の湿地にはえる。タネツケバナに似るが、先端の葉が大きくなっている。

**おお-ばたん**【大▼巴▼旦】オウム科の鳥。白色の大形オウム類の総称。頭に大きな冠羽がある。翼長約三〇cm。物まねがうまく、古来よく飼われる。モルッカ諸島原産。

**おおば-ぢしゃ**【大葉▼萵▼苣】ハクウンボクの別名。

**おおば-つめくさ**【大葉▼爪草】イワツメクサの別名。

**おお-はば**【大幅】㊀(名)並幅よりも広い布地。和服地で、約七二cm、洋服地では、約一四〇cm。対義 小幅。㊁(形動)範囲・開き・変化が大きいさま。drastic 用例 ―な異動。

**おおば-みなこ**【大▽庭みな子】(一九三〇)小説家。東京生まれ。津田塾大卒。作品『三匹の蟹』『ふなくい虫』『浦島草』など。

**おおば-みねばり**【大葉峰▼榛】ヨグソミネバリの別名。

**おお-はむ**【大波武】アビ科の水鳥。アビより少し大きい。全長約七〇cm。海上で生活し、潜水して小魚を捕食する。東シベリア・アラスカ北部で繁殖し、冬季中国中部の沿岸まで渡る。日本へは全国の海上に冬鳥として渡来。black-throated diver

**おおばやし-ぐみ**【(株)大林組】建設会社大手の一つ。昭和一一年(一九三六)設立。

**おおば-やなぎ**【大葉柳】ヤナギ科の落葉高木。山間の川原にはえる。葉は互生し、楕円形。五〜六月花穂が頂生し下垂。下駄・化粧箱・パルプなどに利用。

**おおはら**【大原】京都市北東部、狭い山間盆地にある地区。建礼門院が移り住んだ寂光院や、三千院があり、大原女などで知られる。

**おおはら**【大原】〈町〉千葉県南東部、太平洋に臨む町。大原港をはじめ有数の漁港があり、海水浴場としても知られる。人口二万一九五五(一九八八)。

**おおはら**【大原】〈町〉岡山県北東端の町。山陰・山陽を結ぶ交通の要地。宮本武蔵誕生の地といわれる。木材・大原牛の産地。人口五六八五(一九八八)。

**おお-はらえ**【大▼祓(え)】古来、六月と一二月の晦日に、宮中で親王以下の百官を集めて、国中の罪・けがれを祓った神事。現在も宮中や神社で年中行事として行う。おおはらい。

**おおはら-しゃかいもんだいけんきゅうじょ**【大原社会問題研究所】大正八年(一九一九)大原孫三郎が設立した社会・労働問題研究所。高野岩三郎が初代所長となり『日本労働年鑑』などを出版。

**おおはら-びじゅつかん**【大原美術館】代表的な私立美術館。西洋美術品を主とする。大原孫三郎が昭和五年(一九三〇)岡山県倉敷市に創立開館。

**おおはら-まごさぶろう**【大原孫▽三郎】(一八八〇 一九四三)実業家・社会事業家。岡山県生まれ。早大卒。倉敷紡績社長をつとめるかたわら、大原社会問題研究所・大原美術館を設立し、社会・文化活動を行った。

**おおはら-もんどう**【大原問答】文治二年(一一八六)京都大原の勝林院で行われた、法然と南都北嶺の学僧との浄土教義に関する宗論。大原談義。

**おおはら-ゆうがく**【大原幽学】(一七九七 一八五八)江戸後期の思想家。尾張の人。下総香取郡長部村を中心に、先祖株組合の結成など農民を指導したが、幕府のとがめをうけ自殺。著書『微味幽玄考』。→写

● 大原幽学

**おおはる**【大▽治】〈町〉愛知県西部、名古屋市西隣の町。機械などの工業が興り、都市化が進む。人口二万一四五〇(一九八八)。

**オーバル-オフィス**【Oval Office】《卵形をしていることから》ホワイトハウスにあるアメリカ大統領執務室。

**おお-ハルシャぎく**【大▽波▼斯菊】《「ハルシャ」はペルシアの意》コスモスの別名。

**おお-ばん**【大判】①書籍・雑誌・ノート・紙などで、ふつうより型の大きいもの。large size ②安土桃山・江戸時代の大形金貨。天正大判・慶長・元禄・享保・天保・万延大判など。小判一〇枚に当たる。対義 小判。

**おお-ばん**【大番】①殿上人が殿上に当直すること。②「大番役」の略。③「大番組」の略。

**おお-ばん**【大▼鷭】クイナ科の黒色の水鳥。全長約四〇cm。嘴と額は白い。湖沼や河川にすみ、水中にもぐって水草や魚などを食べる。ユーラシア・オーストラリアなどに広く分布し、日本では本州中部以北で繁殖。European coot →図

● オオバン

**おおばん-ぐみ**【大番組】江戸幕府の職名。平時には江戸城・大坂城・京都二条城を交替で警固し、事があれば戦陣にのぞんだ。大番。

**おお-パンダ**【大パンダ】ジャイアントパンダの異名。

**おおばん-ぶるまい**【大盤振(る)舞い】《「大盤」は「椀飯」の当て字》→おうばんぶるまい(椀飯振る舞い)

**おおばん-やく**【大番役】平安・鎌倉時代、御所などの警固に当たった役。諸国の武士が命ぜられた。大番。

**オー-ビー**【OB】①《old boy の略》卒業生。先輩。対義 OG。②《out of bounds の略》ゴルフで競技区域の外側。また、外に出た打球。

**オー-ピー-エス**【OPS】《outplacement service の略》再雇用斡旋業。

**おお-ひかげ**【大日陰▼蝶】日本で最大のジャノメチョウ。開張約七cm。花には訪れず、馬糞・樹液などに飛来。食草はカサスゲ・オニスゲなど。幼虫で越冬。北海道・本州・東アジアに分布。

**おお-びけ**【大引け】取引所で、午前と午後との最終回の立ち会いが終わること。また、そのときの売買の相場。ひけ。とめ。closing price 対義 寄り付き。

**おお-ひげまわり**【大▼鬚回】ボルボックスの別名。

**オーピッツ**【Martin Opitz】(一五九七 一六三九)ドイツの詩人・詩学者。『ドイツ詩書』で、ドイツ語の詩法の確立をめざした。

**おおひと**【大▽仁】〈町〉静岡県、伊豆半島基部の町。大仁温泉のある温泉町。醸造・電機などの工業や商業もさかん。人口一万五四八五(一九八八)。

**おお-ひめぐも**【大姫▼蜘▼蛛】屋内のすみや縁の下、崖のへこみなどに不規則なかご網をつくるヒメグモ科のクモ。体長は雌約九mm、雄約五mm。褐色で、雌の腹部は黄白色の地に黒斑がある。日本全土に分布。

**おお-びゃくしょう**【大百姓】田畑を多くもつ農家。豪農。wealthy farmer 対義 小百姓。

**おおひら**【大平】〈町〉栃木県南部の町。電機・自動車工場などの工業団地がある。稲作・イチゴ栽培がさかん。人口二万七三一四(一九八八)。

**おおひら**【大▽衡】〈村〉宮城県中部、仙台平野西部の村。稲作・酪農・果樹栽培・林業がさかん。人口五七〇〇(一九八八)。

**おおひら-まさよし**【大平正▽芳】(一九一〇 一九八〇)政治家。香川県生まれ。東京商大卒。大蔵官僚出身。通産・外務・大蔵大臣を歴任し、昭和五三年(一九七八)首相。同五五年(一九八〇)の総選挙中に死去。

**おおひるめ-の-むち**【大日▼孁▽貴】天照大神の別称。

**おお-ひろま**【大広間】①非常に大きくて広い座敷。②江戸城中で、式日に大名が詰所にした広間。

**おおぶ**【大府】〈市〉愛知県、知多半島基部の市。機械工業中心の新興工業都市。東海道本線と武豊線の分岐点。人口六万七二〇四(一九八八)。

**おお-ふう**【大風】(形動)えらぶっているさま。横柄。尊大。arrogant

**オーフス**【Århus】→オルフス

**おおふな**【大船】神奈川県、鎌倉市北部の地区。東海道本線と横須賀線の分岐点。湘南モノレールの起点。映画撮影所で知られる。

**おおふなと**【大船渡】〈市〉岩手県南東部の市。五万トン級の岸壁をもつ良港で、漁業・工業がさかん。陸中海岸国立公園の南の玄関。人口三万八八〇〇(一九八八)。

**おおふなと-わん**【大船渡湾】岩手県南部、太平洋に臨む湾。海苔・カキの養殖がさかん。湾奥に臨海工業地区が造成されている。

**オープニング**【opening】開始。始まり。用例 ―ゲーム。

**おお-ぶね**【大船】大きな船。big boat

**大船に乗った気**(おおぶねにのったき) 信頼・安心しているさま。大船に乗ったよう。feeling at ease

**おおぶね-の**【大船の】[枕ことば]《大きな船のゆったり揺れるさま、また、頼りにすることから》「たゆたふ・たのむ」などにかかる。用例 夕星のか行きかく行き―たゆたふ見れば慰むる情もあらぬ(万葉・二・一九六)。

**おお-ぶり**【大降り】雨などがはげしく降ること。raining heavily 対義 小降り。

**おお-ぶり**【大振り】対義 小振り。㊀(名・サ変他)バットなどを勢いよく大きく振ること。㊁(形動)他より大きめであるさま。large-sized 用例 ―の茶わん。

**おお-ふりそで**【大振(り)▼袖】①袖丈のとりわけ長い振り袖。江戸中期ごろからのもの。②三個のさいころでする賭博で、六の目が二つ、五の目が一つ出ること。

**おお-ぶろしき**【大風▼呂敷】①大きなふろしき。②大げさな話。ほら。big talk 用例 ―を広げる。

**オーブン**【oven】四方から熱して蒸し焼きにする器具。密閉・断熱した箱形で、放射熱と対流熱により食品を加熱する。天火。

**オープン**【open】㊀(名・サ変自他)物事をはじめること。開始。開業。㊁(形動)かくしだてのないさま。あけっぴろげなさま。開放的。用例 ―な態度で話し合いをする。

**オープン-アカウント**【open account】→オープンかんじょう(オープン勘定)

**オープンエンド-モーゲージ**【open-end mortgage】開放式担保付き社債。会社が社債を発行するさい、最高発行額をきめてこれに担保をつけ、必要に応じ分割して募集する制度。対義 クローズドエンドモーゲージ。

**オープン-かかく**【オープン価格】メーカーの標準小売価格や希望小売価格が表示されず、小売業者が自由に設定する価格。

**オープン-カラー**【open collar】洋服の襟型の一つ。ラペル(下襟)が前身頃から続いている襟。開襟。スポーツカラー。→カラー図

**オープン-かんじょう**【オープン勘定】貿易取引で、輸出入の代金決済を個々には行わず、毎年定期的に各国の債権・債務の差額だけを現金決済する制度。日本では貿易自由化にともなって廃止。オープンアカウント。open account

**オープン-キッチン**《和製語》ダイニングキッチンの一形式。調理台と向かい合ってカウンター風の食卓を取り付けたもの。

**オープン-コース**【open course】陸上競技のレースで、各競技者の走路が区別されていないコース。主として中・長距離走に用いられる。比較 セパレートコース。

**オープン-サンドイッチ**【open sandwich】パンの上に、ハム・コールドミート・野菜などの具をのせたサンドイッチ。

**オープンシステム-びょういん**【オープンシステム病院】完備した設備・施設を開業医に開放し、各開業医が自分の患者をそこで診療できるようにした病院。開放型病院。open system hospital

**オープン-シャツ**《open-necked shirtから》襟もとの開いたシャツ。開襟シャツ。

**オープン-ショップ**【openshop】労働協約で、使用者が労働組合の非組合員でも雇い入れることを認める制度。比較 ユニオンショップ・クローズドショップ。

**オープン-スクール**【open school】子どもの自発的学習を尊重し、個別学習やグループ学習を中心とする学校。一九三〇年以後イギリスで発達。一九六〇年代後半からアメリカで急速に普及した。フリースクール。

**オープン-スタンス**【open stance】野球やゴルフなどで、ボールを打つときの構えの一つ。打球方向側の足を、スクエアスタンスよりも、やや後方に引いて立つ。

**オープン-スペース**【open space】都市計画で、人々にレクリエーションの場あるいは心のやすらぎを与える目的で設けられる空き地や緑地。

**オープン-せん**【オープン戦】①スポーツで、公式なリーグ戦や大会ではない試合や競技会。exhibition game 比較 公式戦。②スポ

▼常用漢字表外。　▽常用漢字表の音訓外。

ーツ競技会で、プロ・アマチュア双方の選手が参加できる試合。open game

**オープン-せんしゅけん【オープン選手権】** プロもアマチュアも競技に参加できる選手権大会。open competition

**オープン-チェーンステッチ【open chain stitch】** 刺繡の刺し方の一つ。チェーンステッチの一変種で、鎖目のループを閉じずに開いて刺す方法。

**オーブン-トースター【oven-toaster】** トースターのうち、小型のオーブンの機能をもったもの。

**オープン-マーケット【open market】** 公開市場。不特定多数の需要者と供給者の自由競争によって商品の売買や資金の貸借が行われ、需給の実勢に支配された市場価格や金利が生じる市場。

**オープン-リール【open reel】** テープレコーダーのテープで、大型の糸巻き状のリールにテープを巻きつける形式のもの。

**おお-へびがい【大蛇貝】** ムカデガイ科に属する海産の巻き貝。管状の殻が不規則に巻き、殻の形は一定しない。殻径約五cm。褐色。潮間帯の岩礁に付着。北海道南部から中国沿岸に分布。

**おお-べや【大部屋】** ①大きな部屋。large room ②下級の役者が共同で使用する部屋。また、その役者。actor's common room ③大名屋敷で、小者・人足の詰めていた部屋。④病院で、入院患者を複数受け入れる部屋。ward

**オーベルニュ【Auvergne】** フランス南部、マシフサントラル(中央高地)の主要地域。最高峰モンドール山は標高一八八六m。火山・温泉による観光地。

**オー-ヘンリー【O. Henry】**(一八六二〜一九一〇) アメリカの短編小説家。本名ウィリアム=シドニー=ポーター。巧みな構成とユーモアで庶民の哀歓を描く。作品『賢者の贈り物』『最後の一葉』など。

**おお-ぼうしばな【大帽子花】** ツユクサの園芸品種。ツユクサより葉も花も大形。観賞用。また、花汁は紙の染料。

**オーボエ【oboe イタリア】** ダブルリードの木管楽器。牧歌的で哀調をおびた気品のある音色。合奏では高音の旋律楽器として使われる。オーボー。

**オーボー【oboe イタリア】** ↓オーボエ

**おおぼけ【大歩危】** 徳島県西部、吉野川が四国山地を横断して形成した峡谷。下流の小歩危とともに奇勝で名高い。紅葉・渓流下りで知られる。

**おお-ぼら【鯱】** 17画 部首[魚]うおへん 和製漢字 ボラの成長したもの。ボラ目に属する海水魚。

**おおほり-こうえん【大濠公園】** 福岡市西部、旧福岡城の外堀を中心とした公園。昭和二年(一九二七)開催の博覧会跡地に開設。

**おおま【大間】**〈町〉 青森県北部、下北半島最北端の町。港町で漁業・畜産がさかん。函館・室蘭間にフェリーが就航。人口七五三九(一九八八)。

**おお-まえ【大前】** ①神前。②天皇の前。

**おお-まえつぎみ【大臣】** 古語 ↓だいじん(大臣)①

**おお-まか【大まか】**(形動) 対義 細か。①細かいことにこだわらないさま。おうよう。generous ②いいかげんで雑なさま。おおざっぱ。rough

**おおまが-とき【大禍時】** たそがれ。逢魔が時。

**おおまがり【大曲】**〈市〉 秋田県南東部の市。もと、河港として栄えた。穀倉である仙北地方の米の集散地。商業もさかん。田沢湖線の分岐点。人口四万九三六(一九八八)。

**おおま-ざき【大間崎】** 青森県、下北半島にある本州最北端の岬。北の弁天島に大間埼灯台がある。北海道の汐首岬との間は約二〇km。

**おお-ましこ【大猿子】** アトリ科の鳥。雄は紅色で、頭とのどが銀白色。全長約一八cm。日本では冬鳥。

**おお-まじめ【大真面目】**(名・形動) 非常にまじめなこと・さま。very serious

**おお-また【大股】** ①両足を大きく広げること。②歩幅の広い歩き方。大足。stride 対義 小股。

**おおまち【大町】**〈市〉 長野県松本盆地北部の市。旧市場町。農業・工業がさかん。北アルプス登山・観光の基地。人口三万二〇七七(一九八八)。

**おおまち【大町】**〈町〉 佐賀県中部の町。杵島炭田の炭鉱町として栄えたが閉山。遊休地に各種工場を誘致し工業化を推進。人口九七〇九(一九八八)。

**おおまち-けいげつ【大町桂月】**(一八六九〜一九二五) 詩人・評論家。本名芳衛。高知県生まれ。東大卒。すぐれた紀行文を残す。著書『美文韻文 花紅葉』など。

**おお-まつよいぐさ【大待宵草】** アカバナ科の二年草。川原・路傍にはえる。北アメリカ原産とみられる帰化植物。高さ約一・五m。七〜九月の夕方、大形の黄花が咲く。ツキミソウは別種。ヨイマチグサ。↓写

●オオマツヨイグサ

**おおまま【大間々】**〈町〉 群馬県東部、渡良瀬川中流の町。江戸時代、絹市場で栄えた。景勝地高津戸峡がある。人口二万三七三八(一九八八)。

**おお-まわり【大回り】**(名・サ変自) 大きく遠く回ること。make a long detour 用例 —して行く。

**おおまん-こまん【大満小満】** 神を助けた狩人の兄弟の伝説。また、その狩人の名。山の女神の出産に出会い、産の穢れを忌まず神を助けた一人が、のちのち山神の恩寵を受けるという話。類話は各地にあり、これは九州南部の称。参照 磐次磐三郎。

**オーマンディ【Eugene Ormandy】**(一八九九〜一九八五) アメリカの指揮者。ハンガリー生まれ。一九三六年以来フィラデルフィア管弦楽団常任指揮者。柔らかな弦楽器の響きを華麗に駆使するのが特色。

**おお-まんどころ【大政所】** ①摂政・関白の母を言う敬語。②豊臣秀吉の母の特称。

**おお-み【大身】** 刃が長く大きいこと。long blade 用例 —のなぎなた。

**おお-みえ【大見得】** 歌舞伎で、とくに目立つ演技・表情をすること。きわだった見得。

**大見得を切る** ①舞台で、役者が大見えのしぐさをする。②いばって、とくに目立つような表情や動作をする。put on an impressive show

**おおみ-しま【大三島】** 愛媛県北部、芸予諸島の島。面積六三・八km²。ミカン栽培がさかん。中心地の宮浦に大山祇神社がある。

**おおみしま【大三島】**〈町〉 愛媛県芸予諸島、大三島西部の町。ミカン栽培が中心。大山祇神社がある。人口五八〇四(一九八八)。

**おお-みず【大水】** 雨などで川の水があふれ出ること。洪水。flood

**おお-みずあお【大水青蛾】** 水色の大きなヤママユガ科のガ。開張約九・五cm。年二〜三回発生。カエデ・サクラなどが食草。日本全土に分布。↓図

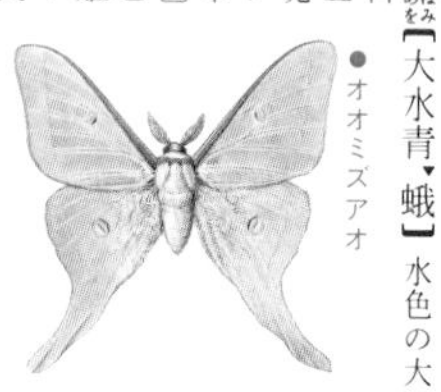

●オオミズアオ

**おお-みずなぎどり【大水薙鳥】** ミズナギドリ科の海鳥。翼長約三〇cm。背面は暗褐色。日本近海の孤島で繁殖し、冬は東南アジア・オーストラリアに渡る。

●大神神社 拝殿。

**おお-みそか【大晦日】** 一二月末日。一年の最後の日で、全国各地で年越し行事が行われる。おおつごもり。New Year's Eve 参照 晦日。

**おお-みだし【大見出し】** 新聞・雑誌などの、目立つように大きな字を用いた見出し。headline; banner 対義 小見出し。

**おおみ-つるこけもも【大実蔓苔桃】** クランベリーの別名。

**おおみなと【大湊】** 三重県伊勢市北端、五十鈴川、宮川の河口三角州にある集落。港として中・近世に繁栄した。

**おおみなと-わん【大湊湾】** 青森県北東部、陸奥湾の支湾。大湊港は第二次大戦末まで軍港、現在は海上自衛隊基地がある。

**おおみね-いり【大峰入り】** ↓みねいり(峰入り)

**おおみね-さん【大峰山】** 奈良県南部、紀伊山地の中心部にある山群。主峰は最高峰の仏経ケ岳(一九一五m)。女人禁制の山。山上ケ岳。大峰山脈。

**おおみみ-ぎつね【大耳狐】** イヌ科の哺乳類で、耳が大きいキツネ。体長約五〇cm。乾燥地帯に生息し、昆虫が主食。アフリカの東部から南部に分布。bat-eared fox

**おお-みや【大宮】** ①皇居・神社を言う敬語。②太皇太后・皇太后を言う敬語。③若宮に対する母宮を言う敬語。

**おおみや【大宮】**〈市〉 埼玉県南東部の大宮台地にある市。新幹線をはじめ多くの交通機関が集中する交通の要地。工業もさかん。盆栽村がある。人口三八万三七二〇(一九八八)。

**おおみや【大宮】**〈町〉 茨城県北部、常陸太田市西方の町。農業中心で、稲作・施設園芸がさかん。人口二万五七五三(一九八八)。

**おおみや【大宮】**〈町〉 三重県南部の山間の町。スギ・ヒノキ材、シイタケなど林産物が多く、畜産もさかん。人口六一二八(一九八八)。

**おおみや【大宮】**〈町〉 京都府北西部、峰山盆地南半を占める町。丹後縮緬の産地。人口一万五〇九(一九八八)。

**おおみや-ごしょ【大宮御所】** 太皇太后または皇太后の住む御所。現在、英照皇太后のために慶応三年(一八六七)に建てられた、京都大宮御所の一部が残る。

**おおみや-びと【大宮人】** 宮中に仕える貴人。

**おおみわ-じんじゃ【大神神社】** 奈良県桜井市三輪町にある旧官幣大社。日本最古の神社の一つで三輪山を神体とする。祭神は大物主神のほか二神。医薬・酒造・厄除けの神として尊崇される。大和国一の宮。三輪明神。↓写

**オーム【Ohm ドイツ】** 電気抵抗の国際組立単位。一オームは一アンペアの電流が流れたとき、一ボルトの電位降下を生ずる抵抗の大きさ。ドイツの物理学者オームに由来する。記号Ω。

**おお-むかし【大昔】** 遠い過去。昔々。ancient times

**おお-むぎ【大麦】** イネ科の一、二年草。高さ約一m。葉はコムギに比べ、やや広く短い。四〜五月に、茎頂に穂を出す。芒は長い。主要穀物の一つ。種は食用。また、ビール・みそ・しょうゆ・あめなどの原料。オオバク。フトムギ。カチカタ。barley ↓ムギ図

**おお-むこう【大向(こ)う】** ①《向こう桟敷の後ろにあることから》客席の最後方の立ち見席。また、その席の観客。gallery ②一般の見物人。大衆。用例 —をうならせる。

**おおむた【大牟田】**〈市〉 福岡県南端、有明海に臨む市。三池炭鉱の開発で急発展した。重化学工業がさかん。人口一五万七〇〇八(一九八八)。

**おお-むね【大棟】** 和風の建物などで、屋根の頂きが横に長く水平になっている棟。↓寺院建築図

**おお-むね【概ね】** 一(名) だいたいの趣旨。概略。outline 二(副) おおよそ。だいたい。approximately

**オーム-の-ほうそく【オームの法則】** 導体に流れる電流は、その導体の両端に加える電圧に比例し、抵抗に反比例するという法則。ドイツの物理学者オームが、一八二六年に発見。Ohm's law

**おおむら【大村】**〈市〉 長崎県大村湾に臨む市。旧城下町。第二次大戦までは軍都として栄えた。ミカン栽培・酪農・諸工業がさかん。長崎空港がある。人口七万七八三(一九八八)。

**おお-むらさき【大紫】** ツツジ科の常緑低木。花は径約一〇cmほどの大形で紅紫色。交配で作り出された品種。庭園に栽植。

**おお-むらさき【大紫蝶】** タテハチョウ科のチョウ。開張約九cm。翅は黒褐色で、雄の前後両羽の内半分は紫色。クヌギなどの樹液に集まり、エノキが食草。日本の国蝶。日本全土・朝鮮半島・台湾に分布。↓図(次ページ)

**おお-むらじ**【大▽連】大和朝廷で、国政の中枢に参与した最高官。連の姓をもつ氏族のうちの最有力者が就任。大伴・物部の両氏が任ぜられ、臣の最有力者大臣とともに執政。用明二年(五八七)大連物部守屋が大臣蘇我馬子に滅ぼされて以来消滅。おおいむらじ。比較 大臣。

●オオムラサキ

**おおむら-すみただ**【大村▽純▽忠】(一五三三〜八七) 戦国大名。最初のキリシタン大名。肥前国の大村城主。長崎を開港し、南蛮貿易を行う。天正一〇年(一五八二)大友・有馬氏とともに使節をローマ法王に派遣。

**おおむら-ますじろう**【大村▽益次郎】(一八二四〜六九) 幕末・明治初期の政治家・洋学者・兵学者。初名、村田蔵六。周防の人。緒方洪庵に蘭学を学び、長州藩士として戊辰戦争で活躍。新政府において軍制を創始。保守派士族の襲撃がもとで死亡。

**おおむら-よしあき**【大村▽能▽章】(一八九三〜一九六二) 歌謡曲作曲家。作品『旅笠道中』『野崎小唄』『明治一代女』『麦と兵隊』など。

**おおむら-わん**【大村湾】長崎県、肥前半島と西彼杵半島との間の大きな湾。西部はリアス式海岸。真珠養殖がさかん。入り口の針尾瀬戸には西海橋がある。

**おお-め**【大目】①大きな目。②ゆるやかなこと。寛大。用例 ―に見る。③二〇〇匁を一斤とする量り方。

**おお-め**【多め】(名・形動) やや多い程度・感じ。用例 ―に見つもる。

**オーメイ-シャン**【峨眉山】(Éméi Shān) ↓がびさん(峨眉山)

**おお-めだま**【大目玉】①目玉の大きいこと・人。big eyes ②はげしくしかること。scolding; talking-to 用例 ―をくう。

**おお-めつけ**【大目付】江戸幕府の職名。老中の配下で、大名・幕政を監察。旗本から選び、大名待遇とされた。

**おお-もじ**【大文字】①大きな字。big letter ②ローマ字体の一つ。aに対するAなど。capital letter 対義 小文字。

**おお-もず**【大▽百▽舌・大▼鵙】モズ科の鳥。大形で、全長約二五cm。背が灰色、腹が白く、翼に白斑がある。冬鳥として北海道に渡来するが少ない。

**おお-もて**【大持て】(名・サ変自) さかんにちやほやされること。popular

**おお-もと**【大本】いちばんのもと。根本。foundation

**おおもと-きょう**【大本教】神道系宗教の一つで、正称は大本。明治二五年(一八九二)創始。開祖出口ナオが執筆した「お筆先」を中心に、聖師出口王仁三郎が教義を体系化し、広く布教。「みろくの世」を唱えて世直し運動を展開、二度の弾圧を受け昭和一一年(一九三六)解散。第二次大戦後再建。

**おお-もの**【大物】①大きなもの。用例 ―が釣れる。②重要な地位にある人。器量のすぐれた人。important figure; VIP 対義 小物。

**おおもの-ぐい**【大物食い】試合で、自分よりずっと強いものをしばしば負かすこと・人。defeat one's superior

**おおものぬし-の-かみ**【大物主神】大国主命の和魂。大神神社の祭神。

**おお-もり**【大盛(り)】食べ物などを、うつわにたくさん入れて盛り上げること。また、その食べ物。

**おおもり**【大森】〈町〉秋田県南部、大曲市南隣の町。農林業が中心。大曲市への通勤者も多い。人口八七四一(一九八八)。

**おおもり-かいづか**【大森貝塚】東京都大田区大森で発見された縄文後期の貝塚。明治一〇年(一八七七)アメリカの動物学者モースが調査した日本考古学発祥の地。

**おおもり-こうしき**【大森公式】観測点から震源地真上の地点までの距離を求める公式。距離ΔをP-S時間(地震の初期微動継続時間)$t$を用いて求める経験的なもの。$\Delta = kt$ ($k$は、七〜八)。大森房吉が発見。

**おおもり-ちせつ**【大森痴雪】(一八七七〜一九三六) 劇作家。東京生まれ。慶大卒。関西歌舞伎の脚本を執筆。『あかね染』『樽屋おせん』など。

**おおもり-ふさきち**【大森房吉】(一八六八〜一九二三) 地震学者。福井県生まれ。東大教授。日本の地震学の基礎を築く。大森公式を発見。

**おお-もん**【大門】①大きい門。②城・大名屋敷などの表門。正門。③遊郭の入り口の門。

**大門を打つ**(おおもんをうつ) ①遊郭の大門を閉ざして、人の出入りを禁止する。②郭内の遊女を独占して、豪遊する。

**おお-や**【大家・大屋】①貸し家の持ち主。家主。landlord ②おもや。本家。main house

**大家と言えば親も同然、店子と言えば子も同然**(おおやといえばおやもどうぜん、たなこといえばこもどうぜん) ((江戸時代、借家人には、一人前の人間としての公的な権利・義務がなく、大家が、借家人に関する保証と責任を負わされていたところから))大家と借家人は親子も同然の間柄である。

**おおや**【大屋】〈町〉兵庫県北部、中国山地の町。林業がさかん。亜鉛・銅を産した明延鉱山は昭和六二年(一九八七)閉山。人口五五二九(一九八八)。

**おおや-いし**【大▽谷石】宇都宮市大谷に産出する緑色凝灰岩の石材名。新第三紀の火山活動地帯によくみられる。柔らかく細工しやすい。建築用石材として広く利用される。

**おおやかず**【大矢数】井原西鶴の俳諧集。延宝九年(一六八一)刊。前年に大坂生玉社で一昼夜に四〇〇〇句を詠んだ独吟集。

**おお-やけ**【公】対義 私。①国家。官庁。古くは、朝廷や幕府をさす。nation; government 用例 ―の機関。②社会。公共。世間。public 用例 ―のものを私する。③表ざた。表向き。public 用例 事件が―になる。④天皇または皇后。

**おおやけ-ごと**【公事】対義 私事。①公・政府に関すること。公務。②一般のしきたり。customs

**おお-やしま**【大八▼洲・大八島】日本国の古称。

**おおやしま-ぞうざんうんどう**【大八▼洲造山運動】第三紀後半に起きた、日本列島の現在の輪郭をほぼ完成させた造山運動。この変動で日本列島は一般に隆起し、陸地は拡大した。

**おおや-そういち**【大▽宅壮一】(一九〇〇〜七〇) 評論家。大阪府生まれ。東大中退。第二次大戦後、政治・社会時評や文芸評論に活躍し、「一億総白痴化」「駅弁大学」などの流行語を生んだ。著書『文学的戦術論』など。

**おおやの**【大矢野】〈町〉熊本県、天草諸島北東端の町。大矢野島と付近の島からなる。クルマエビ養殖・草花栽培・酪農などがさかん。人口二万二八二三(一九八八)。

**おおや-ぶんこ**【大▽宅文庫】昭和四六年(一九七一)評論家大宅壮一の蔵書をもとに設立された雑誌中心の図書館。近代日本の社会・風俗・人物などに関する資料の調査が可能。東京都世田谷区八幡山。

**おお-やま**【大山】神奈川県西部、丹沢山地の山。標高一二五二m。阿夫利神社・大山寺があり、山岳信仰の山。雨降山。

**おおやま**【大山】〈町〉富山県南東部、常願寺川中流の町。富山平野の農業地帯。人口一万一〇六四(一九八八)。

**おおやま**【大山】〈町〉大分県西部、日田市南隣の町。林業と畑作が主。ウメ・クリ栽培に力を入れている。人口四六一二(一九八八)。

**おおやま-いくお**【大山▼郁▽夫】(一八八〇〜一九五五) 政治学者・社会運動家。兵庫県生まれ。早大卒。早大教授。大正デモクラシーの指導者として無産運動で活躍し、労農党委員長。昭和七年(一九三二)アメリカに亡命、第二次大戦後帰国し参議院議員。著書『現代日本の政治過程』など。

**おおやま-いわお**【大山▼巌】(一八四二〜一九一六) 陸軍大将・元帥。公爵。薩摩藩出身。初代陸相となり、以後六代の内閣の陸相。日露戦争時の満州軍総司令官。陸軍内の薩閥の首領的存在であり、死ぬまで元老・内大臣として活躍。

●オオヤマレンゲ

**おおやまざき**【大山崎】〈町〉京都府南部、大阪府と接する町。竹製品の生産、バラ園芸などがさかん。山崎の合戦で知られる天王山がある。人口一万六三四一(一九八八)。

**おお-やまざくら**【大山桜】バラ科の落葉高木。山地にはえる。高さ一〇〜一五m。ヤマザクラにくらべ花がやや大形で色も濃い。

**おおやまだ**【大山田】〈村〉三重県西部、上野市東隣の村。畜産・花卉栽培などが活発。林業もさかん。人口五七七六(一九八八)。

**おおやまつみ-じんじゃ**【大山▼祇神社】愛媛県越智郡大三島町にある旧国幣大社。祭神は大山祇神。海上および武門の神として崇敬され、宝物の甲冑類は全国の文化財指定品の八割を占める。伊予国一の宮。大三島神社。三島大明神。

**おおやまつみ-の-かみ**【大山▼祇神・大山津見神】日本神話の神。伊奘諾尊と伊奘冉尊の子。木花之開耶姫の父。山をつかさどる神として祭られる。

**おお-やまと**【大▼倭・大▽日▽本】①大和国の美称。今の奈良県。②日本国の美称。

**おおやまと-じんじゃ**【大▽和神社・大▼倭神社】奈良県天理市新泉町にある旧官幣大社。祭神は大倭大国魂大神ほか二神。

**おお-やまねこ**【大山猫】ネコ科の食肉類。大形のヤマネコで、体長約一m。耳の先に黒くて長いふさ毛がある。森林にすみ、ノウサギなどを捕食。北半球中・北部に分布。lynx

**おおやま-もうで**【大山▼詣(で)】神奈川県中部の大山にある阿夫利神社に大山講社の人々が集団で参拝すること。江戸中期に盛行。大山参り。

**おおやま-やすはる**【大山▽康▽晴】(一九二三〜) 将棋棋士。岡山県生まれ。一五世名人。永世十段。永世王将。永世棋聖。名人位一八期、王将位二〇期ほか、十段・王位・棋聖など公式タイトルの獲得多数。

**おおやま-れんげ**【大山▼蓮華】モクレン科の落葉低木。高さ四m前後。初夏に、径五cmほどの白花が咲く。庭木用に栽植。↓写

**おおゆ-おんせん**【大湯温泉】秋田県北東部、鹿角市にある温泉。米代川支流の大湯川に沿い、十和田観光の基地の一つ。

**おおゆ-おんせん**【大湯温泉】新潟県南東部、湯之谷村にある温泉。奥只見電源開発で発展。銀山湖や越後三山への基地。

**おお-ゆか**【大床】①寝殿造りで、母屋と簀の子縁のあいだの細長い間。②神社本殿の、正面階段の上の床または縁。

**おおゆ-かんじょうれっせき**【大湯環状列石】秋田県鹿角市十和田大湯にある縄文後期の遺跡。小規模な組石遺構が二帯の環状に配置され、墓地説が有力。↓写

●大湯環状列石

**おお-ゆき**【大雪】はげしく降る雪。また、たくさん積もった雪。気象庁の予報では大雪注意報の発表基準以上を言う。その基準は東京の中心部で二〇cm以上、多雪地域では一〇〇cmを超える所もあり、地域差が大きい。heavy snow 対義 小雪。

**おお-よう**【大様】㊀(形動) ↓おうよう(鷹揚)。㊁古語(副) たいてい。だいたい。用例 しやせまし、せずやあらましと思ふことは、―は、せぬはよきなり(徒然・九八)。

**おお-よこばい**【大横▼這】カメムシ目の小昆虫。各種農作物や果樹の害虫として知られ、緑色。体長一cm内外。ふつう、雑草中にいて植物の汁液を吸う。日本全土のほか、ユーラシアに広く分布。

**おお-よしきり**【大▼葦切】ヒタキ科の鳥。全長約二〇cm。水辺のアシ原でギョギョシと鳴く。背面は淡褐色、腹面は灰白色。南方から

夏鳥として日本全土に渡来。行行子。great reed warbler

**おお‐よしごい**【大▼葦五位・大▼葭五位】 サギ科の鳥。全長約四〇㎝。水辺にすみ、首が長く背が濃い栗色。湖沼や河岸の茂みにひそみ、カエル・小魚・昆虫などを捕食。シベリア東南部・中国北部・朝鮮半島・北海道・本州などで繁殖し、冬には四国・九州・東南アジアなどに渡る。schrenk's little bittern

**おお‐よそ**【大▽凡】 ㊀(名) 物事のあらまし。大要。用例 ―のところを話せば。㊁(副) おおかた。だいたい。ふつう。generally 用例 ―人間というものは。

**おおよど**【大▼淀】〈町〉 奈良県中部の町。奈良盆地と吉野地方を結ぶ交通の要地。茶やナシ・柿などの栽培がさかん。人口一万七七四六(一九八八)。

**おおよど‐がわ**【大▼淀川】 宮崎県中部を東流する川。長さ一〇七㎞、県第一の川。都城盆地南部に発し、岩瀬川・本庄川を合わせ、宮崎市を貫流、日向灘に注ぐ。

**おおよど‐みちかぜ**【大▼淀三千風】 (一六三九 一七〇七) 江戸前期の俳人。本名、三井友翰。伊勢の人。全国を行脚し、『日本行脚文集』を刊行。西行の遺跡の鴫立庵を再興する。

**おお‐よろい**【大▼鎧】 ①大形のよろい。②日本の代表的なよろい。騎馬射戦に適した構造をもち、平安時代中期に完成。胴は前・左脇・背がつながり、肩に大袖を、胸に防御のため栴檀の板・鳩尾の板をつけ、右側は脇楯となる。下半身には四枚の草摺りを備える。兜は吹き返しをつけた星兜。鎌倉から南北朝にかけての武将の第一装。↓図

**オーラ**[aura] 物体や人体から周囲に発するという霊気。心霊学では特殊な霊能者が見るものとされる。アウラ。

**オーライ**(感)《all right のなまり》はい、よろしい。よし。オーケー。

**おお‐らか**【大らか】(形動) ゆったりとして、こせこせしないさま。おおよう。broad-minded; generous 用例 ―な気性。

**オーラミン**[auramine] 化学式 $C_{17}H_{22}ClN_3$ 黄色の染料。繊維・紙・皮革などの染色に用いる。昔はたくあんなど食品にも用いられたが毒性が強く、使用が禁止された。

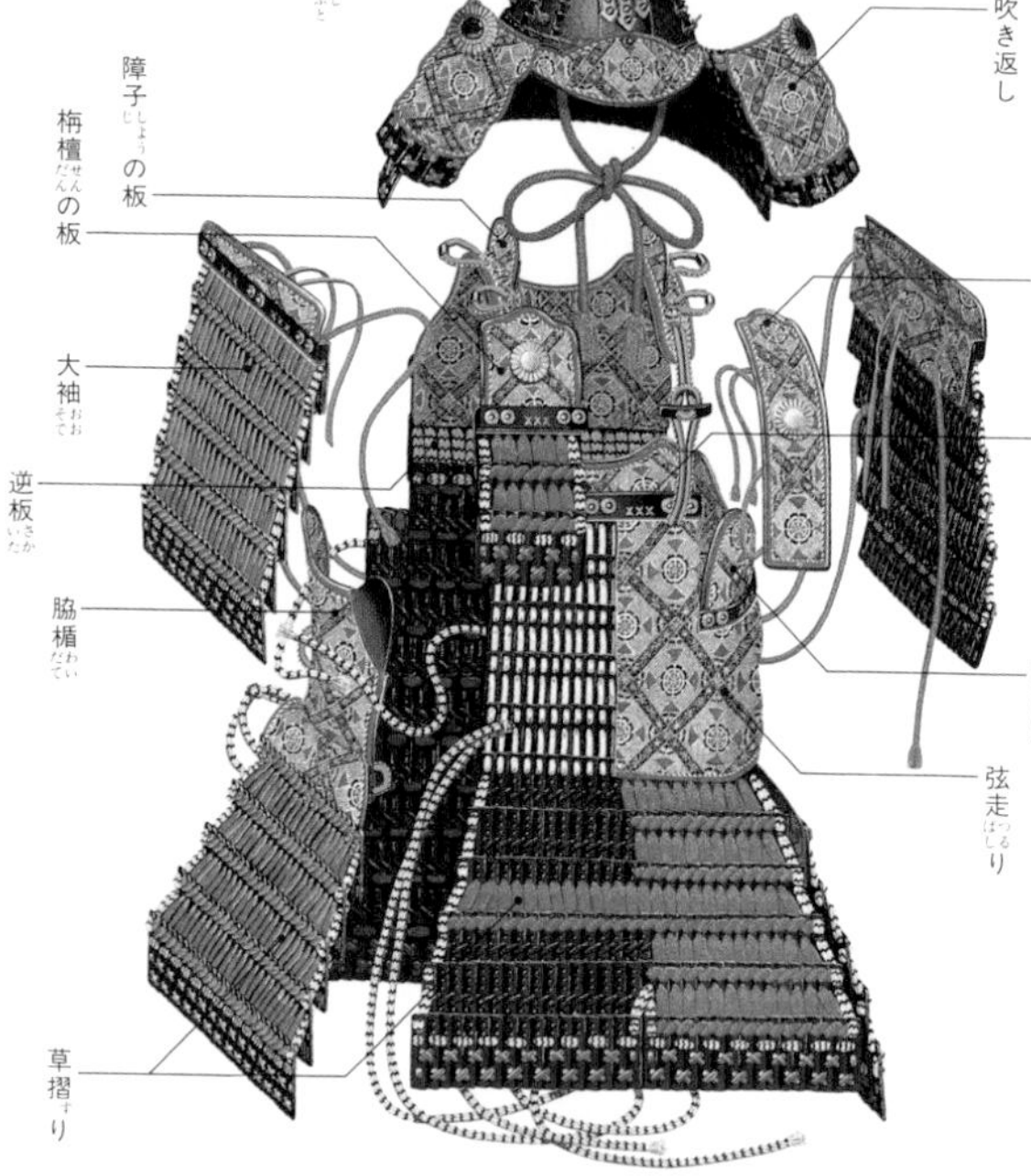


●大鎧② 鎌倉時代初期の赤糸威鎧

**オーラル‐メソッド**[oral method] 外国語教育で、文字を用いないで、聞いてすぐ話す反復練習を行う教授法。口頭教授法。

**オーリック**[Georges Auric](一八九九 一九八三) フランスの作曲家。オネゲルらとともに「六人組」の一人。映画・バレエ・劇音楽に活躍。

**オール**[oar] 舟をこぐ櫂。櫓。

**オール**[all] すべて。みんな。全部。用例 ―シーズンコート。

**オール‐イン‐ワン**[all-in-one] 婦人用下着の一種。ブラジャーと、ガードルまたはコルセットが一続きになった下着。ボディスーツ。

**オール‐ウエーブ**《all wave receiver の略》中波のほかに短波の放送も受信できるラジオ。全波受信機。

**オールウエザー‐トラック**[all-weather track] ↓ぜんてんこうトラック(全天候トラック)

**オール‐オア‐ナッシング**[all or nothing]《すべてか無か、の意》中途半端でない姿勢で事に当たること。また、その姿勢。

**オールコック**[Rutherford Alcock](一八〇九 一八九七) イギリスの駐日初代総領事・公使。安政五年(一八五八)着任。江戸・大坂開市、新潟・兵庫開港、下関砲撃などを主導。元治元年(一八六四)召還。著書『大君の都』。

**オールコット**[Louisa May Alcott](一八三二 一八八八) アメリカの女流小説家。半自伝的な作品『若草物語』で知られる。

**オールスター‐キャスト**[all-star cast] 人気俳優の総出演。

**オールスター‐ゲーム**[all-star game] おもにプロスポーツ競技で、公式試合とは別に、人気のある選手や優秀な選手を各チームから選抜して行われる試合。プロ野球・アメリカンフットボールなど。

**オールスパイス**[allspice]《シナモン・クローブ・ナツメグの三つの香りを合わせた風味をもつとされることから》フトモモ科の常緑高木。未熟の果実を採取、乾燥して香辛料にしたり、採油したりする。主産地ジャマイカ。↓写

●オールスパイス

**オールダム**[Oldham] イギリス、マンチェスター北東にある工業都市。繊維関係の工業で一八世紀以来発展。人口九・五万(一九八一)。

●オオルリ

**オールド**[old]《接頭的》古い。年をとった。昔の。用例 ―リベラリスト。―ファッション。

**オールド‐イングリッシュ‐シープドッグ**[old English sheepdog] イヌの一品種。肩高約五六㎝。長い毛の牧羊犬。イギリス原産。

**オールト‐の‐くも**【オールトの雲】 太陽から数万天文単位の場所にあると推測されている彗星の発生源。オランダの天文学者オールトが、一九五〇年に発表した説。オールトの彗星雲。Oort's cloud

**オールドビック‐げきじょう**【オールドビック劇場】(the Old Vic) イギリスのロンドンの劇場、ロイヤルコバーグ、のちロイヤルビクトリアの愛称。一八一八年開場。今世紀にはいって、ロンドンで唯一のシェークスピア劇の専門劇場として名声を確立する。

**オールドファッションド‐グラス**[old fashioned glass] オンザロックに用いる太くて丈の短いグラス。タンブラーのかわりにも使う。

**オールド‐ボーイ**[old boy] 卒業生。オービー。

**オールド‐ミス**《和製語》婚期が過ぎた未婚女性。ハイミス。old maid

**オールド‐ローズ**[old rose] 灰色がかった、くすんだローズ色。一九世紀の終わりごろの流行色。参照 ローズ。

**オール‐ナイト**[all-night] 夜どおし。終夜。「―営業」

**オール‐バック**《和製語》髪の毛を額の生えぎわから、分け目をつけないで後ろへとかし上げた髪型。

**オールバニ**[Albany] アメリカ北東部、ニューヨーク州の州都。ハドソン川右岸の河港都市で、水陸交通の要地。人口一〇・二万(一九八〇)。

**オールビー**[Edward Albee](一九二八 ) アメリカの劇作家。アメリカ不条理演劇の代表者。戯曲『動物園物語』『バージニア=ウルフなんか怖くない』など。

**オールボア**[Ålborg] デンマーク北部、ユラン半島北部の商工業都市。同国最古の都市の一つで、観光地。人口一五・五万(一九九六)。

**オール‐マイティー**[almighty] ㊀(形動) ①全知全能の神。②トランプでもっとも強い札。和製ゲームによく登場するスペードのエースなど。㊀(名) 完全なさま。万能。

**オール‐ラウンド**[all-round](形動) さまざまのことを、うまくこなすさま。用例 ―プレーヤー。

**おお‐るり**【大▼瑠▼璃】 ヒタキ科の鳥。翼長約一〇㎝。雄の背面がるり色。渓流沿いにすみ、美声。ウグイス・コマドリとともに日本三鳴鳥の一つ。アジア東部で繁殖、日本全土に夏鳥として渡来し、東南アジアで越冬。narcissus flycatcher ↓写

**おお‐るりそう**【大▼瑠▼璃草】 ムラサキ科の二年草。本州中部以西の山地にはえる。高さ約八〇㎝。葉は互生し、広披針形。茎は直立し、上方で枝分かれする。夏に、瑠璃色の小花が多数咲く。葉・茎に短毛がある。

**オーレオスリシン**[aureothricin] 放線菌の生産する抗生物質。広範囲の微生物に有効だが、毒性が強く薬用にはしない。

**オーレオマイシン**[aureomycin] 抗生物質の一つ。肺炎・赤痢・梅毒などに有効。クロルテトラサイクリン。

**オーロックス**[aurochs] ウシの一品種。ヨーロッパの家畜牛の祖先。肩高約一・八m、体重約一〇〇〇kgの大形。黒褐色で、長い角をもつ。ヨーロッパの森林地帯に野生していたが、一六二七年絶滅。

**オーロラ**[aurora]《ローマ神話で、曙の女神の名から》南北両極付近の地上一〇〇㎞以上の上空に現れる大気発光現象。太陽からの帯電粒子が地球の磁力にひきつけられ発生。形状は弧状・帯状・カーテン状などさまざま。色は黄緑色・赤色・青白色が多い。極光。↓写

●オーロラ

**おおわく‐だに**【大▼涌谷】 神奈川県南

南極、昭和基地。



↓行き先項目、図版・写真参照印。 JIS 日本工業規格情報交換用漢字符号コード(区点コード)。

西部、箱根の神山北斜面にある谷。噴気孔群があり、亜硫酸ガスを含む水蒸気を噴出。強羅温泉などの泉源。おおわきだに。

**おお-わざ**【大技】相撲・柔道などで、思いきった豪快な技。

**おお-わざもの**【大業物】よく切れる刀剣。first-rate sword

**おお-わし**【大▼鷲】ワシタカ科の巨大なワシ。全長約九五cm。嘴は大きくて黄色。額・もも・尾が純白で、他は暗褐色。シベリア東部で繁殖し、日本では冬鳥。steller's sea eagle →写

●オオワシ

**おおわだ-たけき**【大和田▽建▽樹】(一八五七〜一九一〇) 国文学者・詩人。愛媛県生まれ。『鉄道唱歌』の作詞者。詞華集『詩人の春』など。

**おおわだ-の-とまり**【大輪田泊】兵庫県神戸港の一部の古名。平清盛の日宋貿易以来兵庫津として栄えた。

**おおわに**【大▼鰐】〈町〉青森県南西部、弘前市南隣の町。温泉とスキー場で有名。リンゴの産地。人口一万五六六〇(一九八八)。

**おお-わらい**【大笑い】㊀(名・サ変自) 大声で笑うこと。高笑い。loud laughter ㊁(形動) ひどい物笑いのたね。用例 そいつは―だ。

**おお-わらわ**【大▽童】(形動)《兜がとれ、髪を振り乱して戦う姿が、髪を束ねない子どもの髪型のように見えたことから》なりふりかまわず大奮闘するさま。

**おお-ん**【▽御・大▽御】古語 ㊀(接頭) 体言に付いて、「御」より強めた尊敬の意を表す。用例 帝の―目に、錦と見給ひ(古今・仮名序)。㊁(名) 接頭語「おほん」の下の名詞を略した形。用例 対の上の―(=御香)は、三種ある中に(源氏・梅枝)。

**おか**【丘・▼岡】小高い土地。小山。hill

**おか**【▽陸】①水におおわれていない所。陸地。land 対義 海。②銭湯の洗い場。用例 ―湯。③硯の墨をする所。対義 海。

**陸へ上がった河童**(おかへあがったかっぱ) 場所や環境が変わって、本来の力が発揮できなくなった者のたとえ。a fish out of water

**おか**【▽傍・▼岡】(接頭) かたわら・局外、の意。用例 ―目八目。

**お-が**【▽大▼鋸】大きなのこぎり。

**おが**【▽男▼鹿】〈市〉秋田県、男鹿半島の市。中心の船川は天然の良港で、秋田県の臨海工業地域の中心の一つ。木材コンビナートがある。人口三万六三五〇(一九八八)。

**おか-あさじろう**【丘浅次郎】(一八六八〜一九四四) 動物学者。静岡県生まれ。東大卒。ダーウィンの進化論の普及に努め、それを背景にして独特の文明批評を行った。

**お-かあ-さん**【お母さん】母の敬称。mother 対義 おとうさん。参考 子が母を呼び、また言うときに用いる。他人に対しては「母」と言う。また、他人の母を敬って言うとき、さらに、子どもをもつ自分の妻をさして夫が用いることがある。

**お-かいこ**【▽御蚕】①「カイコ」の丁寧語。②絹布・絹織物。silk

**おかいこ-ぐるみ**【▽御蚕▽包み】《絹織物ばかりを着ていることから》ぜいたくに育てられることのたとえ。brought up in luxury

**お-かえし**【▽御返し】①金品をもらったお礼として、贈り物をすること。返礼。②仕返し。用例 ―のげんこつ。③おつり。

**おか-おにたろう**【▼岡鬼太郎】(一八七二〜一九四三) 劇評家・新歌舞伎脚本家。東京生まれ。慶大卒。二世市川左団次を補佐し、興行の革新に努力。著書『鬼言冗語』、作品『今様薩摩歌』など。

**お-かか**《女房ことば》かつおぶし。dried bonito

**お-かか**【▽御▽母・▽御▼嬶】母・妻または人の妻を呼ぶ語。おかあさん。

**お-かかえ**【▽御抱え】個人的に給料を払ってやとうこと。to retain 用例 ―の運転手。

**おかがき**【▼岡垣】〈町〉福岡県北部、響灘に臨む町。北九州市の近郊住宅地。果樹栽培がさかん。人口二万八〇一四(一九八八)。

**お-かがみ**【▽御鏡】「鏡もち」の丁寧語。

**おか-きよし**【▼岡▽潔】(一九〇一〜七八) 数学者。和歌山県生まれ。京大卒。京大助教授。奈良女子大学教授。多変数解析関数論で懸案の諸問題を解決。昭和三六年(一九六一)文化勲章受章。

**おが-くず**【▽大▼鋸▼屑】のこぎりで引いたときに出る木のくず。sawdust

**お-かぐら**【▽御神楽】①「かぐら」の丁寧語。②《俗語》平屋に二階を建て増すこと。

**おかくら-しろう**【▼岡倉士朗】(一九〇九〜五九) 劇団演出家。東京生まれ。立教大卒。新築地劇団を経て、ぶどうの会を創立、劇団民芸に参加。スタニスラフスキー-システムを実践。

**おかくら-てんしん**【▼岡倉天心】(一八六三〜一九一三) 明治の美術教育家・美術史家・思想家。横浜生まれ。本名、覚三。東大卒。東京美術学校長。日本美術院を創立。ボストン美術館東洋部長。フェノロサとともに伝統美術の振興・革新に指導的役割を果たし、東洋・日本美術を海外に紹介した。著書『東洋の理想』『茶の本』『日本の目覚め』など。→写

●岡倉天心 下村観山『岡倉天心先生』画稿。大正一一年(一九二二)、東京芸術大学。

**お-かくれ**【▽御隠れ】高貴の人が死ぬことを言う敬語。pass away 用例 ―になる。

**お-かげ**【▽御陰・▽御▼蔭】①神仏、また、人から受けた助け。めぐみ。grace of God 用例 両親の―で育つ。―参り。②よいことをした結果。用例 水まきをした―で涼しくなった。③よい結果が得られたことに対する感謝のことば。favor 用例 ―をこうむる。きみの―だ。

**おかげ-さま**【▽御陰様】お礼を言うとき、また、相手をたてるときのあいさつ語。ありがたいことには。thanks to 用例 ―で元気でいます。

**おかげ-どし**【▽御▼蔭年】伊勢神宮で遷宮が行われた次の年。神のおかげをこうむる年とされ、例年より参拝者が多い。

**おかげ-まいり**【▽御▼蔭参(り)】①御蔭年に伊勢神宮へ参詣すること。とくに、江戸時代約六〇年を周期に起こった大群衆の伊勢参りをいう。封建制支配下の民衆の不満発散の役割を果たした。②病気などが治ったときに、神社仏閣に感謝の意味でお参りすること。お礼参り。

**おがさ**【小▼笠】〈町〉静岡県南部、牧ノ原南部の町。稲作・茶園が中心。メロン・トマトの園芸も発達。人口一万三四三八(一九八八)。

**おかざき**【▼岡崎】〈市〉愛知県中部、矢作川沿いの市。徳川家康の誕生地。旧城下町・宿場町。繊維工業がさかんで、特産に御影石・八丁みそがある。人口二九万二三〇二(一九八八)。

**おかざき-へいや**【▼岡崎平野】愛知県岡崎市から西方にかけての平野。矢作川沖積低地と碧海台地に分かれる。

**おかざき-よしえ**【▼岡崎▽義恵】(一八九二〜一九八二) 国文学者。高知市生まれ。東大卒。日本文芸学を主唱、美学に基づく日本文芸の様式論的研究を進めた。著書『日本芸術思潮』など。

**お-かざり**【▽御飾り】①神仏の飾り。また、供物。offerings ②しめ飾り。③形だけで役に立たないもの・人。dummy

**おがさわら**【小▼笠原】〈村〉東京都に所属する小笠原諸島からなる村。イセエビ漁のほか、果樹栽培・観光など。人口一八八一(一九八八)。

**おがさわら-おおこうもり**【小▼笠原大▼蝙▼蝠】オオコウモリ科の哺乳類。大形で、体は黒く、首が銀白色。体長約二三cm。果実を食べる。小笠原諸島に分布。天然記念物。

**おがさわら-きだん**【小▼笠原気団】夏、日本列島付近を支配する熱帯海洋気団。太平洋上の亜熱帯高気圧圏で発生する。高温多湿で、蒸し暑い夏の気候をもたらす。

**おがさわら-こうきあつ**【小▼笠原高気圧】小笠原諸島付近を中心とする高気圧。北太平洋高気圧の西端部。

**おがさわら-こくりつこうえん**【小▼笠原国立公園】小笠原諸島と周辺海域からなる国立公園。熱帯と亜熱帯の接点にある海洋公園で、動植物と海中景観が特色。昭和四七年(一九七二)指定。

**おがさわら-しょとう**【小▼笠原諸島】伊豆諸島の南の海上に連なる、父島・母島・兄島など三十余の島群。第二次大戦後の米軍統治下から昭和四三年(一九六八)復帰、東京都に所属。

**おがさわら-りゅう**【小▼笠原流】①武家礼法の一流派。室町時代、小笠原家によって定められ、江戸幕府の礼法として採用された。のちに民間にも普及、とくに家庭内のしつけを中心に女子の教養の一つともなった。②弓術・馬術の一流派。③兵法の一流派。

**おか・し** 古語 (形シク)《「あはれ」が対象について情緒的な感動を表すのに対して、「をかし」は対象を客観的に見ての知性美を表す》①おもむきがある。風流だ。用例 雁などのつらねたるが、いと小さく見ゆるはいと―(枕・春はあけぼの)。②優美だ。すぐれている。みごとである。用例 けづることをうるさがり給へど―の御髪や(源氏・若紫)。③興味がある。おもしろい。用例 月の夜は、ねやの内ながらも思へるこそ、いとたのもしう―・しけれ(徒然・一三七)。④こっけいだ。用例 ―・しきことを言ひても、いたく興ぜぬと、興なきことを言ひても、よく笑ふ(徒然・五六)。⑤あやしい。妙な。用例 人々のあまた聞きしに、故もなくさる事を宣ひしかば、―と思ひて止み侍りにき(今昔・二五)。

**おかし・い**【▽可▽笑しい】(形) ①笑いたくなる気持ちだ。こっけいだ。funny 用例 ―ことを言って笑わせる。②あやしい。正常でない。変だ。strange; not normal 用例 ようすが―。頭が―。派生 おかしげ(形動) おかしさ(名) おかしみ(名)

**おかし-がた・い**【犯し難い】(形) おごそかで近づきにくい。用例 ―美しさ。

**おか-しかのすけ**【▼岡▼鹿▼之助】(一八九八〜一九七八) 洋画家。東京生まれ。東京美術学校卒。点描風の筆致による典雅で詩的な画風。昭和四七年(一九七二)文化勲章受章。作品『遊蝶花』『雪の発電所』など。

**おか-じょうき**【▽陸蒸気】《陸を走る蒸気船、の意》明治初期、汽車の俗称。

**おかしら-つき**【尾頭付(き)】尾と頭がついたまま焼いた魚。とくに、タイはめでたいとされ、神事や祝事のさいに用いる。

**おか・す**【犯す】(五他) ①規則・法律・道徳にそむくことをする。commit a crime; break a rule 用例 罪を―。法を―。②強姦する。rape 用例 女を―。

**犯さぬ顔**(おかさぬかお) 悪い事はなにもしなかったような顔。何食わぬ顔。そしらぬ顔。

**おか・す**【侵す】(五他) ①不法に攻め入る。invade 用例 国境を―。②他の権利などを、不当に無視する。violate 用例 プライバシーを―。

**おか・す**【冒す】(五他) ①おしきる。おしきってする。brave 用例 危険を―。②他の名をつぐ。他人の姓を不法に名のる。assume the name 用例 山田の姓を―。③害する。害を与える。harm 用例 やまいに―・される。神聖さを―。

**お-かず**【▽御数・▽御▽菜】《もと、女房ことば。数を取り合わせることから》飯に添える副食。おさい。

**お-かた**【▽御方】①他人、また、その妻の敬称。②貴人の妻・側室・子の敬称。

**おがた**【▽緒方】〈町〉大分県南部の町。農林業の町で、米どころとして、また県下一のシイタケ産地で知られる。人口八二九八(一九八八)。

**おかだ-けいすけ**【▼岡田啓▽介】(一八六八〜一九五二) 海軍大将・政治家。福井県生まれ。連合艦隊司令長官、海相を歴任。二・二六事件で首相として襲撃されたが難をのがれる。第二次大戦末期、東条内閣打倒、終戦工作などに尽力。

**おがた-けんざん**【尾形▽乾山】(一六六三〜一七四三) 江

●尾形乾山『銹絵染付金彩絵替土器皿』。江戸時代、根津美術館(東京都)。

戸中期の陶芸家・画家。京都の人。光琳の弟。色絵陶器を得意とし、大和絵の詩情と漢画の豪快さをあわせもつ独自の陶画を生んだ。作品『滝山水絵茶碗』『八橋図』など。↓写

**おかだ-けんぞう**【岡田謙三】(一九〇二〜一九八二)洋画家。横浜生まれ。第二次大戦後ニューヨークに住み、日本的感覚を生かした抽象画を描く。作品『元禄』『春』など。

**おがた-こうあん**【緒方洪庵】(一八一〇〜一八六三)江戸末期の蘭医。備中の人。大坂で適々斎塾(＝適塾)を開き、福沢諭吉・大村益次郎らを育成。のち江戸で幕府奥医師兼西洋医学所頭取。著書に、日本最初の病理学の書『病学通論』など。↓写

●緒方洪庵

**おがた-こうりん**【尾形光琳】(一六五八〜一七一六)江戸中期の画家。乾山の兄。京都の人。装飾画を得意とし、華麗な表現の琳派様式を大成。水墨画・陶器の絵付け・蒔絵などにも優品が多い。作品『燕子花図屛風』『紅白梅図屛風』など。↓写 ↓障屛画写

**おがた-これよし**【緒方惟準】(一八四三〜一九〇九)明治の医師。緒方洪庵の子。大坂生まれ。軍医制度および医学教育の確立に貢献。

**おかだ-さぶろうすけ**【岡田三郎助】(一八六九〜一九三九)洋画家。佐賀市生まれ。東京美術学校教授。繊細な雅趣に富んだ画風。昭和一二年(一九三七)文化勲章受章。作品『ヨネ桃の林』など。

**おがた-じゅく**【緒方塾】適塾の別称。

**おがた-たけとら**【緒方竹虎】(一八八八〜一九五六)政治家。山形県生まれ。早大卒。朝日新聞主筆・副社長。第二次大戦中から戦後にかけて国務相・副総理などを歴任し、昭和二九年(一九五四)吉田茂のあとを受けて自由党総裁となったが病死。

**おかだ-たけまつ**【岡田武松】(一八七四〜一九五六)気象学者。千葉県生まれ。東大卒。第四代中央気象台長。日本の気象事業の確立に貢献。著書『日本気候論』。昭和二四年(一九四九)文化勲章受章。

**おかだ-ときひこ**【岡田時彦】(一九〇三〜一九三四)映画俳優。東京生まれ。美貌の二枚目として活躍。主演作『日本橋』『滝の白糸』など。

**おがた-ともさぶろう**【緒方知三郎】(一八八三〜一九七三)病理学者。大阪府生まれ。東大卒。唾液腺ホルモンが骨や歯などの発育に不可欠なことを確認。ビタミンB欠乏症についても研究。昭和三二年(一九五七)文化勲章受章。

**おかだ-はんこう**【岡田半江】(一七八二〜一八四六)江戸後期の文人画家。大坂の人。名は粛。父の米山人に画技を学び、父とともに大坂南画の指導的存在として活躍。

**おかだ-べいさんじん**【岡田米山人】(一七四四〜一八二〇)江戸後期の南画家。大坂生まれ。名は国。のびのびした描線と清澄な色彩の山水画で有名。

**おがた-まさのり**【緒方正規】(一八五三〜一九一九)衛生学者。熊本県生まれ。東大卒。ペストがネズミ類についたノミによって媒介されることを発見。また、東大医学部にわが国初の衛生学教室を開設。衛生学と細菌学を指導。

**おがたま-の-き**【小賀玉の木】モクレン科の常緑高木。山地にはえ、社寺などでも植栽。高さ一五m前後。葉は長楕円形、深緑色でかたい。春に、径約三cmの白色の花が咲く。↓写

●尾形光琳『燕子花図屛風』。元禄一五年(一七〇二)ごろ、根津美術館(東京都)。

**おかだ-まりこ**【岡田茉莉子】(一九三三〜)映画女優。東京生まれ。岡田時彦の娘。吉田喜重監督夫人。主演作『秋津温泉』『水で書かれた物語』など。

**おかだ-よしこ**【岡田嘉子】(一九〇二〜)女優・演出家。東京生まれ。モスクワ在住。主演作『日輪』『東京の宿』など。

●オガタマノキ

**おか-だんごむし**【陸団子虫】↓だんごむし(団子虫)

**おがち**【雄勝】〈町〉秋田県南端の町。雄物川上流の農林業の町で、銀山で知られた院内と、コイの養殖がさかんな横堀、また秋ノ宮温泉がある。キリ材が特産。人口一万一六〇四(一九八八)。

**おかち-の-き**【雄勝柵】古代の城柵の一つ。東北経営の重要拠点として、天平宝字三年(七五九)出羽国に設置。所在地は秋田県雄勝郡羽後町とされる。

**おかち-めんこ**《俗語》器量の悪い女性を言う語。

**お-かちん**《女房ことば》餅。

**おがつ**【雄勝】〈町〉宮城県東部、三陸海岸の町。ワカメ・カキ・ホヤの養殖などの漁業の町。すずりが特産。人口七四八五(一九八八)。

**お-かっぱ**【御河童】《想像上の動物「河童」の髪型に似ていることに由来》少女向きの髪型の一つ。前髪を短く切り下げ、後ろ髪も切りそろえたもの。おかっぱあたま。bobbed hair

**おかっ-ぴき**【岡っ引き】江戸時代、犯罪人の探索や逮捕のため、与力や同心の下で働いた者。目明かし。

**おか-づり**【陸釣(り)】①船を使わず、岸で糸をたれる釣り。比較 沖釣り・いそ釣り。②《俗語》人をさそいこむこと。とくに女性をひっかけること。

**おか-でら**【岡寺】奈良県高市郡明日香村の岡にある寺。正称は竜蓋寺。真言宗豊山派。天智二年(六六三)天智天皇が岡本宮を義淵に与え、法相宗の寺としたのが起こりとされる。西国三十三所第七番の札所。

**おかど-ちがい**【御門違い】《訪ねる家をまちがえる、の意から》見当違い。wrong; irrelevant 用例 ——もはなはだしい。

**おか-とらのお**【岡虎尾】サクラソウ科の多年草。山地にはえる。茎は分枝せず、初夏に白い小花を多数総状につけて、上方がまがる。↓写

**おかにし-いちゅう**【岡西惟中】(一六三九〜一七一一)江戸前期の俳人・歌人・儒者。鳥取の人。西山宗因門下で、談林俳諧随一の論客。著書『俳諧蒙求』など。

●オカトラノオ

**おがの**【小鹿野】〈町〉埼玉県西部の山間の町。林業・畜産が中心で、シイタケ・コンニャクが特産。精密機械工業も進出。人口一万三〇六七(一九八八)。

**おか-のり**【陸海苔】アオイ科の多年草。フユアオイの一種で、葉の縁にしわがよる。葉をゆでたり乾燥したりして食べる。あぶってもむと、海苔に似ることからの名。curled mallow

**おか-ばしょ**【岡場所】《正式でなく岡の場所、の意から》江戸で吉原以外の公許されていなかった遊郭。品川・深川・浅草など各地に散在した。

**おかはる**【岡原】〈村〉熊本県南東部、人吉盆地の村。稲作が中心。畑作・畜産も行う。人口三三四七(一九八八)。

**おが-はんとう**【男鹿半島】秋田県西部の日本海に突出した半島。砂州で、八郎潟を挟んで陸繋島となった。寒風山・入道崎・一ノ目潟など観光資源に富む。

**オカピ**[okapi] キリン科の哺乳動物。キリンに似るが首は短い。体高約一・五m。黒褐色で、四肢に白い横縞があり、顔が白い。草食性で森林にすむ。一九〇一年に発見。アフリカのザイール地方に分布。↓写

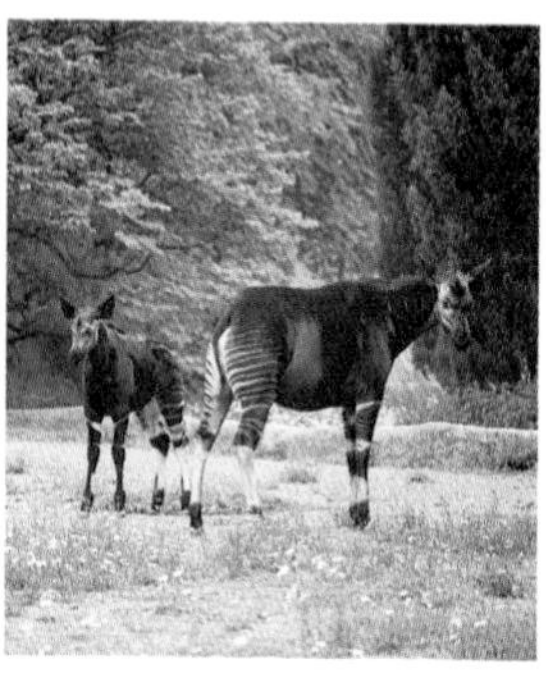
●オカピ

**おか-ひじき**【陸鹿尾菜】アカザ科の一年草。海岸砂地にはえる。下方から多数分枝した枝に細い円柱状の葉が互生。若い葉をゆでて食用にする。感じがヒジキに似るための名。オカミル。ミルナ。↓写

**お-かぶ**【御株】その人の得意の芸。おはこ。forte

**御株を奪う**(おかぶをうばう) 人の得意とすることを、その人よりうまく行う。beat someone at his own speciality

**お-かぶ**【雄株】雌雄異株の植物で、雄花あるいは雄性生殖器官だけをつけるもの。male plant 対義 雌株。

●オカヒジキ

**おか-ふもと**【岡麓】(一八七七〜一九五一)歌人・書家。本名、三郎。東京生まれ。正岡子規の根岸短歌会に参加。『アララギ』同人。地味だが典雅な歌風が特色。書家としても知られる。歌集『庭苔』『湧井』など。

**おかべ**【岡部】〈町〉埼玉県北部の町。町名は鎌倉時代の領主、岡部六弥太にちなむ。都市近郊化で、農業は野菜栽培の中心となっている。人口一万八二四六(一九八八)。

**おかべ**【岡部】〈町〉静岡県中部、静岡市西隣の町。旧宿場町。ミカン栽培が活発。玉露茶が特産。人口一万三〇七九(一九八八)。

**おかべ-きんじろう**【岡部金治郎】(一八九六〜一九八四)電気工学者。愛知県生まれ。極超短波を研究。分割陽極マグネトロン・大阪管などの発明がある。昭和一九年(一九四四)文化勲章受章。

**おか-ぼ**【陸稲】畑に植えるイネ。それからとれる米。耐旱性が強い。リクトウ。ハタケイネ。

**おか-ぼれ**【傍惚れ】(名・サ変自)《俗語。「おか」は、かたわら・局外の意》①他人の恋人を恋い慕うこと。②よそながらひそかに恋すること。片思い。

**お-かま**【御釜】①「かま」の丁寧語。②尻の俗称。③《転じて》男性の同性愛者。sodomite

**御釜が割れる**(おかまがわれる) 夫婦別れする。一家が離散する。

**御釜を掘る**(おかまをほる) ①中国、二十四孝の一つ。後漢の人、郭巨が貧しさのあまり、我が子を殺してでも親を養おうと土に穴を掘ったところ、黄金の釜を掘り当てたという故事。親孝行に天が報いるたとえ。郭巨得釜。②男が同性愛の行為をする。homosexual

**お-かま**【御竈】①「かまど」の丁寧語。②火山の噴火口。また、そこにできた火口湖。crater

**御竈を興す**(おかまをおこす) 《かまどを築く意から》身代を興す。財産をつくる。



↓行き先項目、図版・写真参照印。 JIS 日本工業規格情報交換用漢字符号コード(区点コード)。

**おかまい**【▽御構い】①もてなし・接待の丁寧語。treat 用例どうぞ―なく。②気にすること。遠慮すること。用例はた迷惑も―なく。③江戸時代の刑罰で、追放。用例江戸―。

**おかまさま**【▽御▼竈様】①各家の竈に祭る神。火の神。荒神。②宮城県を中心に、竈神の神体とされる面。かまおとこ。

**おかみ**【▽御上】①政府。②天皇。Emperor ③朝廷。

**おかみ**【▽女▽将】飲食店などの女主人。

**おかみ**【▽御▽内▽儀】町家の妻。おないぎ。用例魚やの―。

**おかみ**【▼龗】山中や水中にいて、水を支配する霊。竜神。水神。竜蛇の神。

**おがみ**【▽男神】男性である神。god 対義女神。

**おがみあわせ**【拝み合(わ)せ】①裁縫で、あきの左右に重ね分をとらずに、つき合わせにする方法。②裁縫で、あきの重ね分を両側からつまむようにしてとめる方法。

**おがみうち**【拝み打ち】(名・サ変他)刀を両手で高くふりあげ、おがむような形で切りおろすこと。

**おがみたおす**【拝み倒す】(五他)無理にたのんで承知させる。下手に出て、うんと言わせる。beg; implore 用例―・して会長になってもらう。

**おかみる**【▽陸▽水▽松】オカヒジキの別名。

**おがむ**【拝む】(五他)①からだをかがめて礼をする。ぬかずく。bow ②てのひらを合わせて祈る。pray; worship ③「見る」の謙譲語。拝見する。④ひたすらたのむ。beg for

**おかむらあきひこ**【▼岡村▽昭▼彦】(一九二九〜八五)カメラマン・ジャーナリスト。東京生まれ。ベトナム戦争を中心とする国際的取材活動で知られた。著書『南ヴェトナム戦争従軍記』など。

**おかめ**【▼阿▼亀】①垂れ目で、しもぶくれの福々しい女道化面。狂言面の乙の変化したもので、神楽・歌舞伎の踊りなどに用いる。対義ひょっとこ。②①に似た容貌の女性。お多福。多く女性をあざけって言う語。↓写

● 阿亀①

**おかめいんこ**【▼阿▼亀▼鸚▼哥】顔が黄色で頰に丸い赤斑のあるインコ。全長約三〇cmで、尾がその半ば以上を占める。頭に黄色の羽冠がある。丈夫でおとなしく、飼いやすい。オーストラリアに広く分布し、群棲する。cockatiel

**おかめこおろぎ**【▼阿▼亀▼蟋▼蟀】コオロギの一種。体長一・五cm内外。黒褐色。顔面が扁平で後ろ下方を切断したようになっているので、おかめに見立ててこの名がある。八月から草原や畑に現れ、リ、リ、リと鳴く。本州・四国・九州に分布。

**おかめざさ**【▼阿▼亀▼笹】庭などに栽培されるイネ科の小形タケ。密生繁茂し、稈は高さ約一m。節から出る五本の短い枝の先に、披針形の葉が一〜二枚つく。カグラザサ。ゴマイザサ。↓写

● オカメザサ

**おかめそば**【▼阿▼亀▼蕎▽麦】ゆば・かまぼこ・ホウレンソウなどを入れたそば。

**おかめはちもく**【▽傍目八目】《他人の碁をわきで見ていると、八目も先の手がわかるということから》関係のない人のほうが、当事者よりも、よく物事の真相や得失がわかること。

**おかもち**【▼岡持(ち)】食物を運ぶ器具。浅いおけに、ふたと取っ手の付いたもの。↓写

**おかもとあやこ**【▼岡本▼綾子】(一九五一〜)女子プロゴルファー。広島県生まれ。ソフトボールからゴルフに転向。昭和五六年(一九八一)に日本の賞金女王。一九八七年(昭和六二)にはアメリカ女子ゴルフツアー賞金女王など四冠を獲得。

**おかもといっぺい**【▼岡本一平】(一八八六〜一九四八)漫画家。北海道生まれ。東京美術学校卒。大正期の新聞漫画の第一人者。妻は小説家かの子、息子は画家太郎。

**おかもとかのこ**【▼岡本かの子】(一八八九〜一九三九)小説家・歌人。東京生まれ。一平の妻、太郎の母。華麗な文体で横溢する生命力を描いた。作品『鶴は病みき』『老妓抄』など。

**おかもときいち**【▼岡本帰一】(一八八八〜一九三〇)童画家。兵庫県生まれ。大正期の日本童画の開拓者。雑誌『コドモノクニ』で活躍。

**おかもときどう**【▼岡本▼綺堂】(一八七二〜一九三九)劇作家・小説家。本名敬二。東京生まれ。二世市川左団次と新歌舞伎を確立。戯曲『修禅寺物語』、小説『半七捕物帳』など。

**おかもときはち**【▼岡本喜八】(一九二四〜)映画監督。鳥取県生まれ。作品『独立愚連隊』『江分利満氏の優雅な生活』『吶喊』など。

**おかもとしゅうき**【▼岡本秋▼暉】(一八〇七〜六二)江戸後期の画家。小田原藩士。明清風の花鳥画、とくにクジャクを得意とした。作品『花鳥図』など。

**おかもとじゅん**【▼岡本潤】(一九〇一〜七八)詩人。埼玉県生まれ。東洋大中退。壺井繁治らと『赤と黒』を創刊、前衛的詩運動の一翼をになった。詩集『夜から朝へ』『襤褸の旗』など。

**おかもとたろう**【▼岡本太郎】(一九一一〜)洋画家。東京生まれ。一平・かの子の子。作品『傷ましき腕』、万国博覧会『太陽の塔』など。↓写

**おかもとぶんや**【▼岡本文▼弥】(一六二三〜九四)江戸前期の古浄瑠璃の語り手。大坂の人。文弥節の始祖。哀調を帯びた語り方は「泣き節」といわれた。

**おかもとぶんや**【▼岡本文▼弥】(一八九五〜)新内節の語り手・作曲家。東京生まれ。新内節古曲の保存・演奏に努める一方、多くの新作を発表。

**おかもとやすたか**【▼岡本▽保▽孝】(一七九七〜一八七八)幕末・明治初期の国学者。江戸の人。著書『況斎雑話』など。

**おかや**【▼岡▽谷】〈市〉長野県中部、諏訪湖岸にある市。かつて製糸の町として栄えたが、時計・カメラ・電子機器などの精密工業都市に変わった。人口六万五五五六(一九八八)。

**おかやき**【▽傍焼(き)】(名・サ変自)《「おか」は、かたわら・局外の意》自分に関係のない男女の仲をやくこと。用例―半分の悪口。

**おかやすぎぬた**【▼岡▽康▼砧】山田流箏曲の曲名。岡安砧とも書く。山田流手事物の代表作。作曲年代不明。明治時代に復活。

● 岡持ち

**おかやどかり**【▽陸宿借・▽陸▽寄▽居▽虫】陸生のヤドカリ。甲長四cm内外で、暗褐色。はさみ脚(第一脚)は左側が大。海浜に近い陸地にすみ、抱卵した雌が海に入って幼生を放出。小笠原・沖縄以南に分布。近似種は本州中部以南に産し、夜店などで売られる。

**おかやま**【▼岡山】〈県〉中国地方南東部、瀬戸内海側の県。県庁所在地は岡山市。北から中国山地・吉備高原・県南平野部に大別される。気候は寡雨の瀬戸内型。農業は米・果樹栽培などがさかん。倉敷・岡山市を中心に重化学・機械工業が発達。面積七〇九〇km²、人口一九二万八七八六(一九八八)。

**おかやま**【▼岡山】〈市〉岡山県南部の市。県庁所在地で、県の政治・経済・文化の中心。山陽・山陰・四国を結ぶ交通の要地。旧城下町で、岡山城・後楽園など名所・旧跡が多い。人口五七万五八三七(一九八八)。

**おかやまてんたいぶつりかんそくじょ**【▼岡山天体物理観測所】国立天文台(旧東京天文台)付属の観測所。口径一八八cmの反射望遠鏡などがある。昭和六三年(一九八八)七月より、国立天文台岡山天体物理観測所と名称変更。

**おかやまへいや**【▼岡山平野】岡山県の吉井川・旭川・高梁川の下流の平野。沖積平野で干拓地も多い。農業中心から工業中心へ移行。

● 岡本太郎『傷ましき腕』。昭和一一年(一九三六)、個人蔵。

**おかゆ**【▽陸湯】ふろで、上がり湯。

**おから**【▽雪▽花▽菜】豆腐のしぼりかす。脂肪・たんぱく質を含む。料理に使うほか、飼料にもする。うのはな。きらず。

**おがら**【▽麻▽幹・▼苧殻】アサの皮をはいだ茎。あさがら。盂蘭盆の迎え火、送り火にたく。hemp boon

**オガライト** 水分約一〇%のおがくずを約三tの圧力で圧縮し、二五〇〜四〇〇℃に加熱して棒状に成型した簡易燃料。着火が容易。wood briquet

**オカリナ**【ocarina イタリア】小型の吹奏楽器。鳩笛の一種。陶土・プラスチック・金属製。八〜一〇個の指穴があり、素朴な音色をもつ。

**オガリョフ**【Nikolay Platonovich Ogaryov】(一八一三〜七七)ロシアの詩人・農民社会主義者。連作『モノローグ』など。

**おがるかや**【▽雄刈▼萱】イネ科の多年草。山地にはえる。高さ一m前後。一見スズメに似た形の花序をつける。スズメカルカヤ。カルカヤ。

**おかるかんぺい**【お軽勘平】①浄瑠璃『仮名手本忠臣蔵』の登場人物、早野勘平と恋人お軽のこと。②舞踊劇『道行旅路花聟』の通称。

**オカルティズム**【occultism】通常の現象を超えた「隠された力」を追求・研究すること。占星術・降霊術など。

**オカルト**【occult】科学的に解明できない神秘的超自然的な現象。また、その現象をおこす術。

**おかれんこん**【▽陸▼蓮根】オクラの別名。

**おかわ**【▽御▼厠】《「御厠」の略》持ち運びのできる便器。おまる。

**おがわ**【小川】小さな川。stream; brook

**おがわ**【小川】〈町〉茨城県南東部、霞ケ浦に臨む町。農業が主。航空自衛隊百里基地がある。人口一万八九一四(一九八八)。

**おがわ**【小川】〈町〉栃木県北東部、大田原市南隣の町。農業主体で畜産がさかん。人口七六七三(一九八八)。

**おがわ**【小川】〈町〉埼玉県中部、丘陵地帯の町。農業・林業のほか、古くから和紙・建具など家内工業が発達。人口三万二八九(一九八八)。

**おがわ**【小川】〈町〉熊本県中部の町。鹿児島本線や国道三号に沿い、商業が栄えたが、今は農業が主。人口一万四四五八(一九八八)。

**おがわ**【小川】〈村〉長野県北部の村。畜産・農林業が中心。人口四五七〇(一九八八)。

**おがわ**【緒川】〈村〉茨城県北部、栃木県と接する村。米・タバコを産し、畜産がさかん。人口五二九九(一九八八)。

**おがわうせん**【小川▽芋銭】(一八六八〜一九三八)日本画家。東京生まれ。本名茂吉。河童などを

●小川芋銭『樹下石人談』画稿。大正八年(一九一九)、リッカー美術館(東京都)。

題材に幻想味豊かで飄逸な作品を描く。作品『樹下石人談』『沼四題』など。↓写

**おがわ-くにお**【小川国▽夫】(一九二七―) 小説家。静岡県生まれ。東大中退。カトリック受洗。作品『アポロンの島』『試みの岸』など。

**おがわ-しげじろう**【小河▽滋次郎】(一八六三―一九二五) 日本の社会事業の先駆者。長野県生まれ。東大卒。内務省で監獄制度の改良につとめたのち方面委員(現在の民生委員)制度の創設に貢献し、社会事業の組織化につとめた。

**おがわ-しょうみん**【小川松民】(一八四七―九一) 漆芸家。江戸の人。古典蒔絵を研究、その模造に秀でる。作品『布引滝蒔絵硯箱』など。

**おがわ-たくじ**【小川▼琢治】(一八七〇―一九四一) 地質・地理学者。和歌山県生まれ。湯川秀樹の父。東大卒。京大教授となり、日本最初の地理学講座を開設、日本地理学界の発展に貢献。

**おがわ-ていぞう**【小川▼鼎▽三】(一九〇一―八四) 解剖学者・医史学者。大分県生まれ。東大卒。脳解剖学の開拓者の一人。脳の赤核を研究。医学史関係の著書が多い。

**おがわ-はりつ**【小川破▼笠】(一六六三―一七四七) 江戸中期の工芸家。伊勢の人。漆器に陶片・鉛などを嵌入した蒔絵を初めてつくり出した(破笠細工)。俳諧・画もよくした。作品『柏木兎図料紙硯箱』など。

**おがわ-みめい**【小川未明】(一八八二―一九六一) 小説家・童話作家。本名、健作。新潟県生まれ。早大卒。人道主義的主題と象徴的な手法に特色がある。童話『赤い蠟燭と人魚』など。

**おがわら-こ**【小川原湖】 青森県東部、三本木原と太平洋岸との間の湖。面積六二・三km²。最深二四・四m。周辺に工業地域開発の計画が進んでいる。

**お-かわり**【▽御代(わ)り】(名・サ変自) 同じ飲食物を重ねて求めること。また、そのもの。

**お-かん**【悪寒】 発熱のために生じる寒け。感染症などで、体温が急上昇しながら皮膚血管がちぢんで熱が逃げられないために起こる。chill

**お-かんむり**【▽御冠】(形動) 腹を立てるさま。ふきげん。cross 用例 ひどい―だ。

**おき**【沖】 海・湖の岸から遠くはなれた所。offing 対義 浜・岸。

**沖にも付かず磯にも離る** 頼るところが、何もないことのたとえ。

**沖を越える** 《「海辺」の「辺」を古語で「へた」といったので、海辺の反対語の「沖」を上手とみて》技芸などが、ずばぬけてすぐれている。

**沖を深めて** 心の底から。

**おき**【▼熾・▼燠】 ①赤くおこった炭火。おきび。live charcoals ②まきなどの炎がおさまって、炭火のようになったもの。

**おき**【▽隠岐】 ↓おきのくに(隠岐国)

**おき**【置き】(接尾) 間をへだてること。間隔を規則的にあけること。用例 三日―。一行―。

**置きにする** やめにする。よす。

**おぎ**【▼荻】 イネ科の大形多年草。湿地に群生。高さ約二m。ススキに似るがより豪壮。葉は扁平な線形。秋に、銀白色・穂状の花序をつける。カゼモチグサ。ネザメグサ。↓写

●オギ

**お-ぎ**【▽男木・雄木】 対義 女木。①雄花だけで雌花がない木。②木材を組み合わせるさいに、突出する部分があるほう。また、上になるほうの材。

**おぎ**【小木】〈町〉 新潟県佐渡島南部の町。佐渡金山の積み出し港として繁栄。直江津との間にフェリーがある。たらい舟が名物。人口四四七〇(一九八八)。

**おぎ**【小▽城】〈町〉 佐賀県中部の町。旧城下町。ミカンの栽培がさかん。名物は小城ようかん。人口一万四七五七(一九八八)。

**おぎ**【▼荻】〈町〉 大分県南西部の高原地帯にある町。稲作・高冷地野菜栽培・畜産がさかん。人口四三五五(一九八八)。

**おき-あい**【沖合(い)】 沖のほう。offshore

**おきあい-ぎょぎょう**【沖合(い)漁業】 沿岸や近海でする、その日のうちに帰港できるような出漁。巻き網・底引き網などを使って漁をする。

**おきあいそこびきあみ-ぎょぎょう**【沖合(い)底引き網漁業】 一五トン以上の動力船で底引き網を使用する漁業。一そう引きと二そう引きがある。offshore trawl fishery 参照 機船底引き網漁業。

**おき-あがり**【沖上がり】《獲物が満載で船が浜までこられず、沖合いで一部を荷揚げすることから》大漁。また、大漁祝い。

**おきあがり-こぼし**【起(き)上がり小▽法師・▽不▽倒▽翁】 倒してもすぐに起きあがる張り子製の人形。小法師(子供)人形の底におもりが付けてある。

**おき-あが・る**【起(き)上がる】(五自) 横になっていたものが、すわり、また、立つ。get up 対義 横たわる。

**おき-あじ**【沖▼鰺】 体が長卵形で著しく扁平なアジ科の海水魚。全長約三〇cmで暗褐色。美味。本州中部以南の暖海に分布。

**おき-あみ**【沖▼醬▼蝦】 オキアミ科の甲殻類の総称。大形プランクトンの一群。体は透明で、体長二・五cm以下。海生でほとんどが外洋に生息。ヒゲクジラ類の餌として重要。世界各地の海洋に分布。krill ↓図

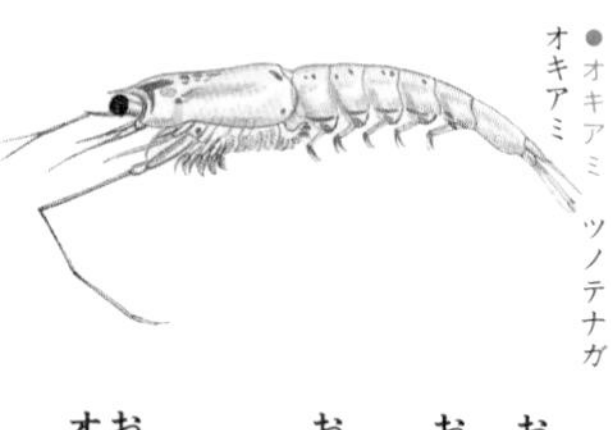

●オキアミ

オキアミ

ツノテナガ

**おき-あみ**【置(き)網】 網を水中に張って置き、上流から下ってくる魚をとること。また、その網。

**置き網を言う** 網もまだ下ろさないうちから、すでに漁獲があったように言う。先走りすることのたとえ。捕らぬ狸の皮算用。

**おき-いし**【置(き)石】 ①庭などに置く石。garden stone ②のき下の敷き石。③置き碁。

**おきうと** =おきうど・おきゅうと。①エゴノリを煮溶かし、ところてん風に固めたり、干して寒天風にしたりした食品。細く切って、薬味としょうゆや二杯酢で食べる。福岡市の郷土料理。②エゴノリの異名。

**おぎえ-ぶし**【▼荻江節】 日本音楽の種目名。明和年間(一七六四～七二)に初世荻江露友が長唄から独立させた三味線音楽の一種。現在、古曲とも呼ばれている。

**おぎえ-ろゆう**【▼荻江露友】 荻江節の家元名。唄方。現在五世まで。初世(?―一七八七)は長唄の唄方であったが、明和五年(一七六八)引退、荻江節をおこした。

**おき-かえ**【置(き)換え・置(き)替え】 ①置き換えること。②精神分析用語。防衛機制の一種。自分に都合の悪い感情や欲求をもったとき、感情を向ける相手や、欲求を満たす方法を別のものにかえること。replacement

**おき-か・える**【置(き)換える・置(き)替える】(下一他) ①置き場所を取りかえる。rearrange ②他のものと入れかえる。replace

**おき-がけ**【起きがけ】 ↓おきぬけ(起き抜け)

**おき-がさ**【置(き)傘】 突然の降雨にそなえて、勤め先などに用意しておく傘。

**おきくさん**【お菊さん】《原題 Madame Chrysanthème(フランス)》ロチの小説。一八八七年刊。長崎での日本女性との同棲生活を描く。

**おきく-むし**【▼阿菊虫・▼螠虫】 ジャコウアゲハのさなぎの俗称。黄橙色で突起が多い奇妙な形をしていて、『番町皿屋敷』のお菊が後ろ手にしばりあげられた姿に似ているのに由来。

**オキクルミ**(Okikurumi アイヌ) アイヌ神話の英雄。天から地上に降った神。源義経に擬せられ、義経の蝦夷落ち伝説の基となっている。

**おき-ご**【置(き)碁】 弱いほうが二目以上の石をおいてから始める碁。置き石。

**おき-ごたつ**【置(き)▼炬▼燵・置(き)▽火▼燵】 やぐらの中に炉を入れた持ち運びのできるこたつ。敷き炬燵。比較 掘り炬燵。

**おき-ごんどう**【沖▽巨頭】 ゴンドウクジラの一種。同じハクジラでも、イルカのように吻がなく、頭部前縁が丸い。全長四m内外。黒色。世界各地の海域に分布し、ときに集団で浅瀬に乗りあげる。

**おき-ざり**【置(き)去り】 ↓おいてけぼり(置いてけぼり)

**オキザリス**【oxalis】 観賞用のカタバミ科カタバミ属の総称。ハナカタバミ・フヨウカタバミ・ゴヨウカタバミなど多くの品種がある。南アフリカ・中南米に分布。↓写

●オキザリス

**おき-じ**【置(き)字】 ①漢文で、訓読しない助字。「矣・焉」など。②手紙文で、副詞・接続詞などに用いる漢字。「抑・又」など。

**オキシゲナーゼ**【oxygenase】 基質に、酸素原子を直接添加する反応を触媒する酵素。芳香族化合物の代謝に関係する。酸素添加酵素。

**オキシダーゼ**【oxidase】 基質の水素原子または電子を、酸素に移す反応を触媒する酵素の総称。酸化酵素。

**オキシダント**【oxidant】 大気中の光化学反応によって生成する酸化性物質。二酸化窒素・オゾンなど大気汚染物質の一種で、その濃度は光化学スモッグの指標として用いられる。

**オキシダント-ぐも**【オキシダント雲】 空気中に滞留している酸化力の強い物質(=オキシダント)のかたまり。自動車や工場からの窒素酸化物が、紫外線の光化学反応を受けて、オキシダントを生ずる。oxidant cloud

**オキシダント-こうがい**【オキシダント公害】 オキシダントにより咽頭痛・流涙・呼吸困難・四肢のしびれ・めまい・意識障害などをもたらす公害。

**おき-じつけ**【置(き)仕付け】 洋裁の仕付けの一種。作業台の上に布を広げ、置いたままで仕付けをかける方法。

**オキシテトラサイクリン**【oxytetracycline】 抗生物質テラマイシンの正式名称。

**オキシドール**【Oxydol ドイツ】《商標名》過酸化水素水の日本薬局方名。過酸化水素を二・五～三・五%含む。酸化力があり、消毒・漂白などに使用。hydrogen peroxide solution

**オキシトシン**【oxytocin】 脳下垂体後葉から分泌されるホルモンの一つ。おもに子宮を収縮させる働きをする。子宮収縮ホルモン。

**オキシメーター**【oximeter】 ヘモグロビンの酸素飽和度を測定する光電装置。この測定から、肺でのガス交換の状態がわかる。

**おき-しょとう**【▽隠岐諸島】 島根県。島根半島北方の日本海にある島群。島前三島、島後一島と約一八〇の属島からなり、流人の島として知られた。水産業が主。

**オキシン**【oxine】 化学式 $C_9H_6N(OH)$ 種々の金属イオンと不溶性のキレート化合物をつくるので、定量分析に利用。8-ヒドロキシキノリン。

**おき-すき**【沖▼鋤】 ↓うおすき(魚鋤)

**おぎす-たかのり**【▼荻▼須高▽徳】(一九〇一―八六) 洋画家。愛知県生まれ。東京美術学校卒。パリに定住し、詩情豊かなパリ風景を描く。昭和六一年(一九八六)文化勲章受章。作品『ポスターのはられた家』など。

**オキソ-さん**【オキソ酸】 ↓さんそさん(酸素酸)

**オキソニウム-イオン**【oxonium ion】 化学式 $H_3O^+$ 水分子に水素イオンの結合したイオン。多くの酸の溶液中に存在する。ヒドロニウムイオン。

**おきち**【お吉】(一八四一―九〇) 幕末・明治初期、伊豆下田の船大工の娘。恋人との仲をさかれ、アメリカの初代駐日総領事ハリスの妾にされたという。のち、下田で投身自殺。唐人お吉。

**おきつ**【▽興津】 静岡県清水市東部の地区。旧宿場町。富士を望む景勝地。ミカン栽培がさかん。

**おき-つ【沖つ】**（連体）《「つ」は「の」の意の格助詞》沖にある。沖の。

**おき・つ【▼掟つ】** 古語（下二他）①とりきめる。思い定める。用例 世のはかなくうきを知らすべく、仏などの―・てたまへる身なるべし（源氏・幻）。②指図する。命令する。用例 人を―・てて（徒然・一〇九）。③取りはからう。処理する。用例 ゆるるかにこそ―・て給ふなれ（源氏・常夏）。

**おき-つち【置（き）土】** ①地面やものの上に、他から土を持ってきてのせること。②土質の悪い耕作地に、よい土を持ってきて入れること。その土。客土。

**おき-つ-とり【沖つ鳥】**［枕ことば］《沖にいる鳥、の意から》「鴨」などにかかる。用例 ―鴨著く島に我が率寝し（古事記・上）。

**おき-つ-なみ【沖つ波】**［枕ことば］《うねるさまから》「荒れ・立つ」などにかかる。用例 ―荒れのみまさる宮のうちは（古今・雑体）。

**おきつ-のり【▽興津▽海▼苔】** 紅藻植物オキツノリ科の海草。分枝した体は平たく、高さ五～八cm。食用。キクノリ。

**おきつも-の【沖つ藻の】**［枕ことば］「なびく」などにかかる。用例 ―靡きし妹は黄葉の過ぎて去にきと玉梓の使の言へば（万葉・二・二〇七）。

**おき-づり【沖釣（り）】** 沖に出てする釣り。offshore fishing 比較 おか釣り・いそ釣り。

**おきて【▼掟】** ①守らなければならない決まり。rule ②《古い言い方》法令。規則。用例 ―を破る。

**おきて-がき【▼掟書】** 幕府・寺社・武家などで法令・規則などを記した文書。一四世紀以降使用。置目。

**おき-てがみ【置（き）手紙】** 用件を書いて残して置くこと・手紙。letter; message left behind

**おぎどう-かいづか【▼荻堂貝塚】** 沖縄県中頭郡北中城村荻道にある沖縄先史時代の貝塚。縄文後期に相当する荻堂式土器が多数出土。

**おき-どけい【置（き）時計】** 机・棚などに載せて置く時計。table clock

**おき-どこ【置（き）床】** 壁面を床の間のように使うために、持ち運びする台。花瓶などをのせる。

**おき-どころ【置（き）所】** ①物の置くべき所。置き場所。用例 ―を考える。②置いた場所。用例 ―を忘れる。③安住の地。用例 身の―がない。

**おきな【▽翁】** ①年老いた男。対義 嫗。②㋐能の曲名。能楽の最初に演じられる儀式曲。『翁猿楽』『式三番』ともいう。祝賀・正月など改まったときにのみ演じられる。㋑能面の一つ。男の老人に用いる。翁面。㋒能楽『高砂』の前シテ、老翁の役名。③三味線音楽の曲名。能の『翁』により、地歌・河東節などにある。↓写

●翁②㋐ 能、喜多流。

**おぎな・う【補う】**（五他）①不足をうめる。つけ加える。make up 用例 赤字を―。②つぐないをする。うめあわせる。make up 用例 失敗を―・って余りがある。

**おきなえびす-がい【▽翁▼戎貝】** 海産の巻き貝。古生代から中生代に栄えたオキナエビスガイ科の現存種。殻高、殻径約一一cm。円錐形で、黄橙色の地に朱色の火炎状模様がある。水深五〇～二〇〇mの岩礁にすむ。相模湾から銚子沖に分布。チョウジャガイ。↓図

●オキナエビスガイ

**おき-なお・る【起き直る】**（五自）横にしていたからだを起こして、すわる。sit up

**おき-なかし【沖仲仕】** 船の荷の積みおろしなどに従事する港湾労働者。longshoreman米; docker英

**おきなか-しげお【▼沖中▽重雄】**（一九〇二～一九九二）医学者。石川県生まれ。戦後日本の内科学・神経学の指導的地位を保つ。脳血管障害の臨床病理学的研究などが著名。昭和四五年（一九七〇）文化勲章受章。

**おきながたらしひめ-の-みこと【▽気▽長▽足姫▽尊・▽息長▽帯比▽売▽命】** 神功皇后の名。

**おきな-ぐさ【▽翁草】** キンポウゲ科の多年草。山野の陽地にはえる。高さ一〇～三〇cm。根出葉は二回羽状複葉。四～五月に、内側が暗紫色の花が咲く。ゼガイソウ。↓写

●オキナグサ

**おきなわ【沖縄】**〈県〉南西諸島南半を占める県。県庁所在地は那覇市。沖縄諸島と先島諸島に大別され、ともに亜熱帯気候。産業はサトウキビとパイナップル栽培がさかん。観光が主で、農業はサトウキビとパイナップル栽培がさかん。第二次大戦後アメリカの管理下にあり、昭和四七年（一九七二）返還されたが、まだ多くの軍事基地がおかれている。面積二二五四$km^2$、人口一二二万二八二二（一九八八）。

**おきなわ【沖縄】**〈市〉沖縄島中部にある市。昭和四九年（一九七四）、旧コザ市が美里村と合併して成立。アメリカ軍の基地を中心に発展。人口一〇万六四五六（一九八八）。

**おきなわかいはつ-ちょう【沖縄開発庁】** 総理府の外局の一つ。沖縄の経済・社会開発事業推進のため、昭和四七年（一九七二）日本への返還を機に発足。

**おきなわ-じどうしゃどう【沖縄自動車道】** 沖縄島北部の名護市から、島の中部を通り那覇市首里までを結ぶ有料道路。長さ五七・三km。昭和六二年（一九八七）開通。

**おきなわ-じま【沖縄島】** 沖縄県、沖縄諸島の主島。面積一一八五$km^2$。県最大の島。サトウキビ栽培などの農業とアメリカ軍基地依存の商工業が主。沖縄本島。本島。

**おきなわ-しょとう【沖縄諸島】** 沖縄県北部、沖縄島と周辺の島群。農業はサトウキビ栽培が中心。

**おきなわ-せん【沖縄戦】** 太平洋戦争最後の大規模な戦闘。昭和二〇年（一九四五）四月から六月、日本軍沖縄守備部隊と米軍上陸部隊の間で激戦を展開。日本軍将兵・島民義勇兵あわせて約一一万人、ひめゆり部隊をはじめ婦女子・一般市民ら約一〇万人が犠牲となった。

**おきなわふっき-きねんび【沖縄復帰記念日】** 第二次大戦後、アメリカの管理下にあった沖縄の本土復帰を記念する日。五月一五日。昭和四七年（一九七二）のこの日、施政権が返還され、県民九五万人の沖縄県が発足した。

**おきなわ-ぶよう【沖縄舞踊】** 沖縄県に伝承されている舞踊。琉球舞踊。三味線（三線）・箏・胡弓・笛・太鼓などの伴奏で演じられる。舞台での舞踊と、野外での各種の民俗舞踊がある。

**おきなわへんかん-きょうてい【沖縄返還協定】** 対日講和条約発効後も、アメリカが沖縄に対してもっていた施政権を、日本へ返還するという日米間の協定。昭和四六年（一九七一）調印。agreement on the return of Okinawa

**おきなわ-ほうげん【沖縄方言】** 沖縄本島を中心に奄美諸島、宮古・八重山諸島で用いる諸方言の総称。古代日本語から分派したもので、本土方言とともに日本語二大方言の一つをなす。琉球方言。南島方言。

**おきなわ-ほんとう【沖縄本島】** 沖縄島の別称。

**おきなわ-みんよう【沖縄民謡】** 沖縄県に伝承されている民謡。独特の音階・リズムをもち、三線伴奏・無伴奏の両者がある。

**おきなわ-りょうり【沖縄料理】** 沖縄地方の伝統的な料理。中国料理の影響を強く受け、豚肉・油脂を使う濃厚な味の料理が特徴。魚もすり身にしてかまぼこなどに加工されることが多い。

**お-きにいり【▽御気に入り】** 心にかなうこと・物・人。favorite; pet 用例 ―の帽子。

**おき-ぬけ【起（き）抜け】** 起きたばかり。起きてすぐ。起きがけ。as soon as getting up

**おきのえらぶ-じま【沖▽永▽良部島】** 鹿児島県奄美諸島の島。面積九四・五$km^2$。隆起珊瑚礁からなる。鍾乳洞が多い。産物はサトウキビ・ユリ。おきえらぶじま。

**おぎの-がくせつ【▼荻野学説】** 荻野久作が大正一三年（一九二四）に発表した、人間の排卵期に関する学説。排卵は、月経周期とは無関係に次回月経前一二～一六日の間に起ることを証明した。

**おき-の-くに【▽隠岐国】** 旧国名。現在の島根県隠岐諸島。山陰道の一国。「延喜式」では下国、四郡。国府・国分寺はともに隠岐郡西郷町にあった。明治元年（一八六八）鳥取藩所管から同二年（一八六九）隠岐県となる。のち大森県に併合され、同四年（一八七一）浜田県を経て、同九年（一八七六）島根県に編入。隠州。隠岐。

**おき-の-しま【沖ノ島】** 高知県宿毛市の島。面積一〇・五$km^2$。平地に乏しく南岸は断崖。アコウ・ビロウなどの亜熱帯植物がある。

**おき-の-しま【沖ノ島】** 福岡県北端、大島村に属する玄界灘の孤島。面積〇・七$km^2$。地質は玄武岩。全島が宗像神社の神体をなす。

**おき-の-しま【沖島】** 滋賀県、近江八幡市に属する琵琶湖最大の島。面積一・五$km^2$、全島石英斑岩。南西部に漁業集落。

**おき-の-しま【▽隠岐島】** ↓おきしょとう（隠岐諸島）

**おきのしま-いせき【沖ノ島遺跡】** 福岡県宗像郡の沖ノ島にある、古墳時代から奈良～平安時代を中心とする祭祀遺跡。朝鮮半島・中国・ペルシアからの舶載遺物を含む出土品は一〇万点余に及び、「海の正倉院」と称される。

**お-きのどく【▽御気の毒】**（名・形動）①かわいそうで同情したくなること・さま。sorry 用例 お子さんを亡くされて―だ。②人にめんどうをかけたり、求めに応じられなくて済まないという気持ちで言う語。sorry 用例 ―ですが売り切れました。③相手の期待のはずれたことを皮肉って言う語。I'm sorry. 用例 ―さま。

**おき-の-とりしま【沖ノ鳥島】** 東京都、小笠原諸島の島。日本の最南端にある低平な珊瑚礁（環礁）で、重要な気象観測地。

**おき-ば【置（き）場】** 置く所。置くのに適した場所。置き所。place 用例 身の―がない。

**おき-ばな【置（き）花】** いけばなの一形式。床の間などに置かれた花器に花を生けるもの。対義 掛け花・釣り花。

**おき-びき【置（き）引き】**（名・サ変他）人が置いた荷物を、所有主のふりをしてぬすみ去ること。

**おき-ふし【起き伏し・起き▼臥し】** ㊀（名・サ変自）①起きることと寝ること。get up and go to bed ②毎日のくらし。日常生活。daily life ㊁（副）日常。いつも。daily

**おき-ぶみ【置（き）文】** 鎌倉・室町時代の古文書。寺院や武家が、代々にわたって守るべき訓戒や、財産譲与について書き残したもの。

**おき-まどわ・す【置き惑わす】** 古語（四他）①他と見分けがつかないように置く。用例 初霜の―・せる白菊の花（古今・秋下）。②置き忘れて見失う。用例 鍵を―・し侍りて（源氏・夕顔）。

**お-きまり【▽御決（ま）り】** 決まっていて、いつもとちがわないこと。routine; usual 用例 ―の文句。

**おきみ【沖▽美】**〈町〉広島県南西部、広島湾内の西能美島にある町。ミカン・花卉の栽培、カキの養殖がさかん。人口五二九九（一九八八）。

**おき-みやげ【置（き）土産】** ①あとに残して置く土産。souvenir ②あとに残された、やっかいな事がら。nuisance left 用例 とんだ―さ。

**おぎむら-いちろう【▼荻村▼伊▼智朗】**（一九三二～）元卓球選手。東京都生まれ。日大卒。一九五四年（昭和二九）世界卓球選手権の男子団体・シングルスで優勝。以来全種目にわたって計一二回世界選手権を制覇。国際卓球連盟（ITTF）会長。

**おき-もの【置物】** ①床の間などに置くかざり物。ornament ②見かけはりっぱであるが、役に立たないもの・人。knickknack



▼常用漢字表外。 ▽常用漢字表の音訓外。

おき-や【置屋】①江戸時代、遊女をかかえていた家。また、そのような職業。揚屋や茶屋に遊女を派遣した。②芸者をかかえている家。

おぎゃあ(副) 赤ん坊の泣き声。おぎゃあおぎゃあ。[用例]—と産声をあげる。

お-きゃん【▽御▼侠】(名・形動)《「きゃん」は唐音》若い女性が活発なこと・さま。おてんば。

おぎゅう-そらい【▼荻▽生▼徂▼徠】(一六六六〜一七二八) 江戸中期の儒者。江戸の人。その学派は古文辞学派・蘐園学派とよばれ、門人に太宰春台・服部南郭らを輩出。著書『弁道』『弁名』『論語徴』など。物部氏の出であるため、物徂徠とも称した。

お-ぎょう【▽御形】ハハコグサの別名。ゴギョウ。

お・きる【起きる】(上一自) ①目をさます。起床する。wake up; get up [用例]朝早く—。②立ち上がる。起立する。stand up [用例]ころんでもただは—・きない。③何かが始まる。事件が発生する。おこる。happen [用例]発作が—。

起きて半畳、寝て一畳(おきてはんじょう、ねていちじょう)《「天下取っても二合半」と続く》人ひとりが占める広さは、起きているときは畳半分、寝ているときは畳一枚分にすぎないの意から、必要以上に望まず、満足を知ることの大切さを言ったもの。

お・きる【▼熾きる】(上一自) 火気がさかんになる。[用例]炭火が—。

おき-わす・れる【置(き)忘れる】(下一他) ①置いた場所を忘れる。mislay ②忘れて、置いてくる。leave behind

おぎわら-しげひで【▼荻原▽重▽秀】(一六五八〜一七一三) 江戸中期の幕臣。五代将軍徳川綱吉のもとで勘定奉行として貨幣改鋳による財政改革を断行。新井白石に批判され失脚。

おぎわら-せいせんすい【▼荻原井泉水】(一八八四〜一九七六) 俳人。本名、藤吉。東京生まれ。東大卒。『層雲』主宰。自由律俳句を推進した。著書『井泉水句集』『旅人芭蕉』など。

おぎわら-もりえ【▼荻原守▽衛】(一八七九〜一九一〇) 彫刻家。号は碌山。長野県生まれ。日本の近代彫刻の先駆者。渡仏しロダンに師事。作品『文覚』『女』など。↓[写]

オク 9画【屋】 部首[尸] 教育小3 [JIS]1816

[音]オク
[訓]や

屋 屋 屋 屋 屋 屋

①いえ。や。たてもの。「家屋・社屋」「屋外・屋室」②やね。や。「屋上」[用例](名)屋上、—を架す。③や。その職業の家・人。また、家号や雅号に添えて用いる。

屋下に屋を架す(おくかにおくをかす) 屋根の下にさらに屋根を架ける。無用なことを重ねてするたとえ。また、新鮮味のない模倣をそしって言うことにも用いる。屋上、屋を架す。

オク 15画【億】 部首[人・亻] 教育小4 [JIS]1815　15画【▽億】旧字

[音]オク・ヨク

億 億 億 億 億 億

①数の位。万の一万倍。「一億・千億」[用例](名)—を数える。②きわめて多い数。「巨億」「億兆」③おもいはかる。推量する。

オク 16画【憶】 部首[忄] 常用 [JIS]1817　16画【▼憶】旧字

[音]オク

①おもう。おもいだす。「追憶」②《臆とも》おもいはかる。推量する。「憶見・憶説・憶測」③おぼえる。わすれない。「記憶」

オク 17画【▼臆】 部首[月] [JIS]1818

[音]ヨク・オク

①心をおくところ。むね。「胸臆」②おもいはかる。推量する。「臆断」③びくびくする。おじける。「臆病」

オク 17画【▼檍】 部首[木] [JIS]6090

[音]ヨク・イ・オク

もち。モチノキ。モチノキ科の常緑高木。

おく【奥】①入り口・物の端などから遠くはいった所。中のほう。inner part [用例]山の—。のどの—が痛む。②表面に現れない、ふかい部分。また、めったに人に知られない部分。deep; secret [用例]心の—。—の手。③家の中でふだん家族が生活している所。back room [対義]おもて。[用例]—の座敷。④江戸時代、士分以上が自分の妻を言った語。奥方。[用例]—は居るか。⑤《「みちのおく」の意》今の東北地方。みちのく。[用例]—の細道。[参考]「当用漢字表」では「音」としてあったが、「常用漢字表」では「訓」扱いとなる。

●荻原守衛『女』。明治四三年(一九一〇)、東京国立近代美術館。

奥が深い(おくがふかい) 物事や、人の考え・知識が深遠で、はかり知れない。profound

奥を聞こうより口聞け(おくをきこうよりくちきけ)《問いただすまでもなく、心の内はことばの端からおしはかることができるとの意から》真相へのいとぐちは、かえって身近にある。

おく【▼邑久】〈町〉岡山県南東部、吉井川下流左岸の町。穀倉地帯。海沿いの虫明は古く朝鮮使節寄港地。人口二万二五(一九八八)。

お・く【▽措く】(五他) ①とめる。やめる。give up ②のける。のぞく。さしおく。except [用例]かれを—・いて他に人はない。

お・く【置く】㊀(五自他) ①(他)㋐ある場所にすえる。のせる。put [用例]机を窓ぎわに—。㋑その状態のままにする。[用例]カバンを—・いたまま帰ってしまう。㋒いさせる。keep [用例]下宿人を—。㋓配置する。[用例]番人を—。㋔へだてる。lay apart [用例]三日を—。㋕たもつ。keep [用例]この肉はあすまで—・けるか。㋖そろばんで数える。put [用例]三と—。㋗設ける。assign [用例]幹事を—。㋘あずける。pawn [用例]質に—。㋙大事なものをすえる。place [用例]重点を—。㋚ある状態がつづくようにする。keep [用例]念頭に—。②(自)露や霜がおりる。be formed [用例]草に—露。㊁(補動)《「…ておく」の形で》①そのままに放置する。leave [用例]けんかさせて—。②前もって…する。[用例]調べて—。

一目置く(いちもくおく) ↓いちもく(一目)

お・く【▼擱く】(五他) 書きやめる。書き終わる。stop writing [用例]筆を—。

お・く【▽招く】[古語](四他) まねく。まねきよせる。[用例]月立ちし日より—・きつつうち慕ひ(万葉・一九・四一九六)。

お・く【起く】[古語](上二自) ↓おきる(起きる)

おく-あたわず【▽措く▽能わず】(連語) とめることができない。やめられない。いつもする。[用例]愛唱—。感嘆—。

おく-がい【屋外】 家のそと。戸外。outdoors [対義]屋内。

おくがい-かぐ【屋外家具】↓ストリートファニチャー

おくがい-こうこく【屋外広告】 通行人を対象として屋外に掲げられる広告。看板・立て看板・ポスター・ネオンサイン・アドバルーンなど。outdoor advertisement

おく-がき【奥書】①巻物・書物の終わりに書く文。とくに、その筆者名・由来などについての書き入れ。afterword [対義]前書き。②芸能の奥義を伝授するとき、師匠が門弟に与える証文。③役所で、記載の事柄が正しいことを証明するため、書類の終わりに書く文。endorsement

おく-がた【奥方】①貴人の妻の敬語。②奥さん。

おく-ぎ【奥義】↓おうぎ(奥義)

おく-ざしき【奥座敷】 家の奥のほうの、家族のいる部屋。[対義]表座敷。

おく-さま【奥様】 人の妻や主婦を言う敬語。

おく-さん【奥さん】「おくさま」より軽い意の敬語。

おく-じ【憶持】(名・サ変他) ①心に念じて、信仰すること。②思慮があること。

憶持も無し(おくじもなし) 話にならない。愚にもつかない。

お-ぐし【▽御▽髪】「かみの毛」の丁寧語。

おぐし-あげ【▽御▽髪上げ】(名・サ変自) 貴人のかみを結うこと。また、それをする人。

おく-しゃ【屋舎】 家屋。建物。

オクジャワ【Bulat Shalvovich Okudzhava】(一九二四〜) ソ連の小説家・自作自演の歌手。詩集のほか小説『少年兵よ、達者で』『哀れなアブロシモフ』『シーポフの冒険』など。

おく-しょいん【奥書院】 家の奥のほうに設けられた書院。[対義]表書院。

おく-じょう【屋上】①屋根の上。on the roof ②ビルなどの屋根の上の平らなところ。roof-top

屋上、屋を架す(おくじょう、おくをかす)《屋根の上にまた屋根をつくる意から》重複して無益であることに言う。屋下に屋を架す。

おくじょう-ていえん【屋上庭園】 建物の屋上に土を入れて造った庭。都市生活での憩いの場として造られる。ルーフガーデン。rooftop garden

おく-じょうるり【奥浄▼瑠▼璃】 奥州で伝承された古浄瑠璃。江戸時代、仙台地方で盲法師などが琵琶や扇、三弦の拍子で語った。御国浄瑠璃。

おく-じょちゅう【奥女中】 江戸時代、将軍家・諸大名家の奥向きで仕えた女中。

おくしり【奥▼尻】〈町〉北海道南西部、奥尻島からなる町。イカ・ホッケなどの漁と水産加工業が発達。人口四九二二(一九八八)。

おくしり-とう【奥▼尻島】 北海道南西部、渡島半島西方にある島。面積一四三km²。神威山五八五mが最高峰。海岸段丘が顕著。

オクス【ox】 ウシ。とくに雄ウシ、あるいは労役用・食用に去勢した雄ウシの英名。

おく・する【▼臆する】(サ変自) こわがって、おどおどする。気おくれする。be timid [用例]—風もなく立ち向かう。

おく-せつ【憶説・▼臆説】①根拠のない説。guesswork ②こうではないかと考えた意見。conjecture [比較]仮説。

おく-そく【憶測・▼臆測】(名・サ変他) たぶんこうだろうという不確実な推測。当て推量。conjecture; guess [用例]—をたくましくする。

おく-そこ【奥底】①奥深い所。bottom ②本心。心底。one's heart

オクタ【octa】《接頭語》ギリシア語で、八の意。[用例]—パス。

オクターブ【octave】 音楽で、完全八度の音程。全音階(長・短音階)は七音からなり、第八音は出発音とよく協和する同名の音となる。この第一音と第八音の関係をさす。[用例]一—高い。

オクタヴィアヌス【Octavianus】 アウグストゥスの本名。

おくだ-えいせん【奥田▼穎川】(一七五三〜一八一一) 江戸後期の京都の陶工。京焼で初めて磁器を作る。呉須赤絵にすぐれる。

おくただみ-ダム【奥▼只見ダム】 福島・新潟県境、只見川上流のダム。有効貯水量四億五八〇〇万m³。電源開発のために建設された。銀山湖。

おく-たま【奥多摩】 東京都西部、多摩川上流域一帯の通称。都の水源林がある。

おくたま【奥多摩】〈町〉東京都西端の町。林業・シメジ栽培・石灰岩採掘などを行う。奥多摩湖・日原鍾乳洞などのある観光地。人口九〇八六(一九八八)。

おくたま-こ【奥多摩湖】 東京都西端、多摩川上流の人造湖。面積四・二km²。東京都の用水・発電用の小河内ダム建設でできた。

オクタン【octane】 化学式$C_8H_{18}$ 炭素の数が八個のアルカン。単にオクタンとよばれるものは直鎖状。一八個の異性体が存在する。原油の分留で得られる。

おく-だん【憶断・▼臆断】(名・サ変他) 根拠もなく、推測して決める判断。推断。

オクタン-か【オクタン価】 ガソリンのアンチノック性を示す値。値が大きいほどノッキングを起こしにくい。性能のよいイソオクタンと悪いノルマルヘプタンのオクタン価をそれぞれ一〇〇と〇とし、両者を混合した標準燃料と比較して決める。octane value

おく-ち【奥地】 海辺や開けた町・都市から遠くはなれている地域。interior [用例]アフリカの—。

おくち【尾口】〈村〉石川県南部、白山北麓の村。林業が主体。白山の入り口。岩間温泉がある。人口九六一(一九八八)。

おく-ちちぶ【奥▼秩父】 埼玉県西部、秩父盆地から西の地域の通称。甲武信ケ岳・三峰山や、秩父湖・中津峡などの景勝地がある。

おぐち-びょう【小口病】 明治四〇年(一九〇七)に、小口忠太が発見した遺伝性の眼底病。幼時から夜盲があるが、視力・色覚には異常を呈さないもの。Oguchi disease

おく-ちょう【億兆】①非常に多い数。multitude ②人民。万民。the masses [用例]—心を一つにする。

おくつ【奥津】〈町〉岡山県北部の町。湯郷・

湯原とともに美作三湯として知られる温泉町。足ぶみ洗濯の風習が残り、天然記念物の甌穴で有名。人口一・三八二二(一九八八)。

**おく-つ-かた【奥つ方】**《「つ」は「の」の意の格助詞》奥のほう。奥まった所。用例あづま路の道の果てよりもなほ—に(更級)。

**おく-つ-き【奥つ▽城・奥津▽城】**《「つ」は「の」の意の格助詞》①神道で神霊の鎮まる居所。②墓所。

**おく-づけ【奥付】** 書物の終わりの、著者・出版者・発行年月日などを印刷したページ。colophon

**おく-て【▽晩▽稲・▽晩▽生・奥手】** ①成熟する時期の遅いイネの品種。おく。late rice 対義中手・早稲。②時期より遅くに咲く草花や、実りの遅い果実・野菜。late crops 対義早生。③成熟の遅い人。slow to mature 対義早生。

**おくて-たいふう【奥手台風】** 晩秋・初冬のころの台風。

**おく-でん【奥伝】** その技芸の奥義を師から受けること。奥許し。esoterics 対義初伝。

**オグデン【Ogden】** アメリカ西部、ユタ州北部の商工業都市。一八四七年モルモン教徒が建設した。人口六・四万(一九八〇)。

**オクトパス【octopus】** タコ。

**おく-ない【屋内】** 家のなか。indoor 対義屋外。用例—競技場。

**お-くに【▽御国】** ①相手、また、自分の国を言う敬語。your country ②相手のふるさとを言う敬語。your hometown 用例—はどちら。③近世、諸大名の領地。用例—がえ。「国」

**おくに【▼阿国】** ↓いずものおくに(出雲の阿国)

**おぐに【小国】**〈町〉山形県南西部、荒川上流の町。石英ガラスなどの工業と農林業が中心。飯豊山・朝日岳の山々や景勝地赤芝峡がある。人口一万一八一八(一九八八)。

**おぐに【小国】**〈町〉新潟県中部、柏崎市東隣の町。農業のほか、木工・繊維工業。小国和紙の産地。人口八六五九(一九八八)。

**おぐに【小国】**〈町〉熊本県北部、小国盆地の町。小国杉は有名で、製材・牧牛・シイタケ栽培がさかん。杖立温泉がある。人口一万六一九(一九八八)。

**おくに-かぶき【▼阿国歌舞▼伎】** 出雲大社の巫女ともいわれる阿国が、慶長八年(一六〇三)ごろ京都で流行させた舞踊。歌舞伎の元祖とされる。

**おくに-ことば【▽御国言葉】** ふるさとのことば。国なまり。dialect

**おくに-じまん【▽御国自慢】** 母国や出身地の自慢をすること。boast of one's native place

**おく-にっこう【奥日光】** 栃木県北西部、華厳滝から北西の地域。男体山・中禅寺湖・湯ノ湖などが含まれる。

**おぐに-ぬま【雄国沼】** 福島県北西部、磐梯高原西部の湖。面積五km²。最深四・六m。カルデラ湖で、周辺のミズバショウなどの湿原植物は有名。

**おく-の-いん【奥の院】** 本社・本堂より奥の、山上や岩穴などに、神や仏を祭ってある堂。inner shrine

**おく-の-て【奥の手】** ①二のうで。upper arm ②奥義。ひけつ。ごくい。secret ③たやすく人に知らせないわざ・計略。last resort 用例—を出す。

**おくのと-きゅうりょう【奥▽能登丘陵】** 石川県能登半島北部の丘陵性山地。第三紀層が主。北側は海食崖、南側は海岸段丘。

**おくのほそみち【奥の細道】** 松尾芭蕉の俳諧紀行文。元禄一五年(一七〇二)刊。同二年(一六八九)晩春、門人曾良と江戸を出て奥羽・北陸の歌枕を訪れ、大垣に至る一五〇日間の旅行記。

**おくのみや-けんし【奥宮健▼之】**(一八五七〜一九一一) 明治の社会運動家。高知県生まれ。自由民権運動に参加し、人力車夫を集めて車会党を結成。大逆事件に連座して刑死。

**おく-ば【奥歯】** 口の奥のほうにはえる、上下左右各五本、計二〇本の歯。大小の臼歯。molar

**奥歯に衣着せる**(おくばにきぬきせる) 「奥歯に物が挟まる」と同意。

**奥歯に剣**(おくばにつるぎ) 敵意を抱きながら、表に現さないことのたとえ。

**奥歯に物が挟まる**(おくばにものがはさまる) 思うことをはっきり言わないたとえ。思わせぶりである。奥歯に衣着せる。

**おくはら-せいこ【奥原晴湖】**(一八三七〜一九一三) 女流日本画家。本名、節。下総古河藩家老の娘。明治初期に豪放磊落な文人画で名声を得た。

**おくび【▼噯・▼噯▽気】** 胃の中のガス・空気が口に出たもの。げっぷ。belch; burp

**噯にも出さない**(おくびにもださない) かたく口をとじて言わない。そぶりにも見せない。keep a poker face

**おく-びょう【▼憶病・▼臆病】**(名・形動) 物をこわがる性質。びくびくするさま。cowardice 対義勇敢。

**憶病風に吹かれる**(おくびょうかぜにふかれる) おじけづく。こわがる。get nervous

**憶病の神降ろし**(おくびょうのかみおろし) 憶病者が、神仏の名をむやみに唱えて加護を祈ること。

**憶病の自火に責めらる**(おくびょうのじかにせめらる) 憶病者が、こわがらなくてもよいことにまで恐れ、いたずらに苦しむことにいう。

**おく-ふか・い【奥深い】**(形) =おくぶかい。①表・入り口から遠い。deep ②意味が深い。profound

**おくまかぶと-まつり【お▼熊▽甲祭(り)】** 石川県鹿島郡中島町の、久麻加夫都阿良加志比古神社で九月二〇日に行われる神事。乱舞する猿田彦を先頭に近郷末社の神輿、枠旗が集まる。

**おく-まつり【奥▼纏り】** 裁縫のまつり方の一種。表地の伸縮に合わせて裏地も融通がきくように、裏布の裾を折り返し、折り返した奥をまつること。ジャケットの裾部分などに用いる。

**おぐま-ひでお【小▼熊▽秀雄】**(一九〇一〜一九四〇) 詩人。小樽市生まれ。昭和一〇年代プロレタリア詩派の代表。長編叙事詩にすぐれた。詩集『飛ぶ橇』『流民詩集』など。

**おく-ま・る【奥まる】**(五自) 奥深くなる。deepen 用例—った所。

**おく-まん【億万】** たいへん数の多いこと。用例—長者。

**お-くみ【▼衽・▼袵】**《「おおくび」の転》和服の部分名称。両前身頃に縫いつけ、左右の前の重なりを深くする半幅の布。↓着物図

**おくみ-さがり【▼衽下がり】** 和服の、肩山から衽先(剣先)までの寸法。また、その部分。男物は二一cm、女物は二三cmが標準。

**おく-むき【奥向き】** ①家の奥のほう。居間・台所など。②家事に関すること。

**おくむら-どぎゅう【奥村土牛】**(一八八九〜 ) 日本画家。東京生まれ。本名、義三。地味で清潔な画風。昭和三七年(一九六二)文化勲章受章。作品『仔馬』『鳴門』など。

**おくむら-まさのぶ【奥村▽政▽信】**(一六八六〜一七六四) 江戸中期の浮世絵師。俗称は源八。絵草紙問屋も営む。墨摺から紅摺にいたる諸手法で制作。幅広柱絵を創案、浮き絵の作もある。

**おく-めん【▼臆面】** 気おくれした顔つき。

**臆面も無く**(おくめんもなく) 気おくれするふうもなく。ずうずうしく。boldly

**おく-やま【奥山】** 奥のほうにある山。人里を遠くはなれた山。深山。deep mountain 対義外山・端山。

**おくやま-の【奥山の】**〔枕ことば〕《山が深いこと、また、真木(ヒノキ)は奥山にはえることから》「深き・真木」などにかかる。用例—真木の板戸をとどとしてわが開かむに入り来て寝さね(万葉・一四・三四六七)。

**おく-ゆかし・い【奥床しい】**(形) 上品で、深みがあり、なんとなく心がひかれる。graceful 派生おくゆかしが・る(五自) おくゆかしげ(形動) おくゆかしさ(名)

**おく-ゆき【奥行(き)】** 家や土地の表から裏までの距離。depth 対義間口。

**奥行きが深い**(おくゆきがふかい) 「奥が深い」と同意。

**おく-ゆるし【奥許し】** 奥義をさずけられること。奥伝。比較皆伝。対義初許し。

**お-くら【▽御蔵・▽御倉】**《俗語》①使わずにしまうこと。発表するはずだったものが中止になること。用例—入り。②質にはいっていること。

**御蔵に火が付く**(おくらにひがつく) 人のことと笑っていたが、今度は自分の問題になってきた。事態が切迫してきたことに言う。

**オクラ【okra】** アオイ科の一年草。高さ一〜二m。夏、大きな黄色の花が咲き、実のさやは断面が五角の星形。若い実は食用。世界各地で栽培。オカレンコン。アメリカネリ。↓写

● オクラ

**お-ぐら【小倉】** ①「小倉あん」の略。②「小倉じるこ」の略。

**おぐら【小倉】** 京都市右京区嵯峨小倉山付近の古名。

**おぐら-あん【小倉▼餡】** ねりあんに煮あずきを粒状のまま混ぜた、あずきあん。

**お-ぐら・い【小暗い】**(形) うすぐらい。dim 派生おぐらさ(名)

**おぐら-いけ【▽巨▼椋池】** 京都府宇治市と久御山町にまたがって存在した池。宇治川が流入していたが豊臣秀吉が分離。昭和期の干拓で池は消滅。

**おくら-いり【▽御蔵入り】** ①予定していた興行・演目などが取り止めになること。用例—になった脚本。②計画していた事が中止になること。

**おぐら-きんのすけ【小倉金▼之助】**(一八八五〜一九六二) 数学者・科学史家。山形県生まれ。東京物理学校卒。日本科学史学会会長。数学教育の近代化に貢献。著書『数学教育史』など。

**おぐら-さんそう【小倉山荘】** 京都嵯峨小倉山麓にあった藤原定家の山荘。定家はここで『小倉百人一首』を撰したと伝えられる。

**お-ぐら・し【小暗し】** 古語(形ク) ↓おぐらい(小暗い)

**おぐら-じるこ【小倉汁粉】** 小倉あんの汁粉。

**おくら・す【遅らす】**(五他) ↓おくらせる(遅らせる)

**おくら・せる【遅らせる】**(下一他) 遅れるようにする。遅らす。put off 対義進める。「らせる」

**おぐら-に【小倉煮】** 小豆を使った煮物。カボチャ・サトイモなどと煮る。

**おぐら-ひゃくにんいっしゅ【小倉百人一首】** 秀歌選。藤原定家が小倉山の別荘で編集したものと伝えられるが、異論もある。天智天皇から順徳天皇までの五七〇年間の歌人一〇〇人の秀歌を一首ずつ集めたもの。江戸時代以降、歌ガルタにもなる。

**オクラホマ【Oklahoma】** アメリカ中南部の州。牧畜と麦類、トウモロコシなどの農業がおもだが、石油・天然ガスの産出量も多い。長くインディアンの居留地であった。人口三〇二・二万(一九八〇)。

**オクラホマ【Oklahoma!】** アメリカのミュージカル。作曲ロジャーズ、台本ハマースタイン二世。中西部開拓時代を背景にした作品。一九四三年初演。五五年映画化。

**オクラホマ-シティ【Oklahoma City】** アメリカ中南部、オクラホマ州の州都。周辺に広がる酪農・油田地帯の中心で交通の要衝。人口四〇・三万(一九八〇)。

**おぐら-やま【小倉山】** 京都市北西部、保津川北岸にある山。標高二九五m。詩歌で名高く紅葉の名所。二尊院などがある。

**おぐら-ゆき【小倉遊▼亀】**(一八九五〜 ) 女流日本画家。大津市生まれ。奈良女高師卒。安田靫彦に師事。闊達な豊潤な色彩と技法に定評がある。昭和五五年(一九八〇)文化勲章受賞。作品『浴女』『夏の客』など。

**おくり【送り】** ①見送ること。see off 用例駅へ—に行く。野辺の—。②届けること。send 用例荷物を—に出す。③「送り状」の略。

**おくり-あし【送り足】** ①武道で、踏み込んだ足に後ろ足を引き寄せる動作。②相撲で、吊り上げた相手を土俵外に出すとき、自分の足を土俵外に踏み出してから相手を土俵外におろすこと。負けにならない。

**おくり-おおかみ【送り狼】** ①すきを見て食いつこうと、あとをつけているオオカミ。②親切そうに、女性を家まで送ると言って、途中で誘惑しようとする男。

**おくり-がな【送り仮名】** ①漢文を訓読するとき、右下に小さく付ける片仮名。「読レ書ヲ」の「ム・ヲ」など。②漢字を用いて和語を書くとき、読みを確定するため、漢字の下に続けて書く仮名。「読む」の「む」、「読み書き」の「み・き」など。

**おぐり-こうずけのすけ【小▼栗▽上▽野▽介】**(一八二七〜一八六八) 江戸末期の幕臣。名は忠順。万延元年(一八六〇)遣外使節として渡米。フランスと結んで幕府財政や洋式軍備充実など幕権の強化を企図。戊辰戦争の抗戦派で、維新後、官軍に捕らえられ上野国で斬首。

**おくり-こ・む【送り込む】**(五他) 人や物を

▼ 常用漢字表外。 ▽ 常用漢字表の音訓外。

送って行って、目的の所に確かに届ける。送り入れる。send

**おくり‐じょう【送り状】** 商品を発送するとき、荷受人に送る書面。運送状。送り。invoice

**おぐり‐そうたん【小▾栗宗▾湛】** ↓そうたん(宗湛)

**おくり‐だ・す【送り出す】**(五他) ①出て行く人を送る。see 用例 卒業生を―。②荷物などを発送する。send ③相撲で、相手の背後に回り込んで土俵の外に出す。

**おくり‐つ・ける【送り付ける】**(下一他) 一方的に送り届ける。send

**おくり‐とど・ける【送り届ける】**(下一他) 荷物を送って先方に着かせる。人を先方まで送って行く。send

**おくり‐な【▾諡・贈り名】** 死後に、その人の行いや人格などをたたえておくる名。比較 いみな。

**おくり‐び【送り火】** 盂蘭盆の終わりの日に、祖先の霊を送るために門前でたく火。対義 迎え火。

**おぐり‐ふうよう【小▾栗風葉】**(一八七五 一九二六) 小説家。本名は加藤磯夫。愛知県生まれ。尾崎紅葉門下として活躍。小説『青春』など。

**おくり‐まじ【送り▽真▽風】** 陰暦七月ごろに吹く南風。盆の精霊送り後に吹き、本州太平洋岸一帯は好天となる。

**おぐり‐むしたろう【小▾栗虫太郎】**(一九〇一 一九四六) 小説家。本名は栄次郎。東京生まれ。異色の推理小説を発表。小説『黒死館殺人事件』など。

**おくり‐もの【贈(り)物】** 人に品物を贈ること。また、そのもの。鎌倉時代には内裏・親王・大臣家に進献する品を進物、同等以下に贈遣する品を贈り物といい、進物奉行・贈物奉行の職も設けられていた。gift; present

**おく・る【送る】**(五他) ①向こうへ移し動かす。send 用例 合図を―。次のページへ―。信号を―。②物を移し、目的地へ届くようにする。send 用例 荷を―。駅まで―。③別れをつげる。見送る。see off 対義 迎える。用例 友を―。④月日を過ごす。spend 用例 無為に日を―。⑤順に移す。move on 用例 ひざを―。⑥与える。用例 拍手を―。⑦送りがなを付ける。add 用例「上がる」は「がる」を―。

**野辺に送る**(のべにおくる) ↓のべ(野辺)

**おく・る【贈る】**(五他) ①物を与える。give ②死者に官位や称号を与える。用例 従五位を―。

**おく・る【後る・遅る】** 古語 (下二自) ↓おくれる(後れる) ↓おくれる(遅れる)

**お‐ぐるま【小車】** キク科の多年草。湿地にはえ、観賞用にも栽培。高さ二〇～六〇cm。葉は互生し無柄。夏に、黄色い頭花をつける。↓写

**お‐くるみ【▽御▽包み】** 赤ちゃんをくるむ四角形の布または薄いふとん。保温などの目的で使用する。

●オグルマ

**おくれ【後れ】** ①負け、おとること。be defeated ②おじけづくこと。be scared

**後れを取る**(おくれをとる) 人に先をこされる。おとる。be beaten

**おくれ【遅れ】** 決まった時刻より遅くなること・程度。be late

**おくれ‐げ【後れ毛】**《あとからはえた髪の毛、の意》頭の両わきや後ろなどの結えないでほつれた髪の毛。loose hair

**おくれ‐さきだ・つ【後れ先だつ】**(五自) ①あとになり先になる。②一方は死に、一方は生き残る。

**おくれ‐ばせ【後れ▾馳せ】** 対義 さきがけ。①あとからかけつけること。late arriving ②時機をのがしてしまうこと。手おくれ。too late

**おく・れる【後れる】**(下一自) ①時日や流行についていけない。behind the times 用例 流行に―。②ひまどる。backward 用例 生育が―。③負ける。おとる。retarded 用例 進歩に―。学力が―。④死なれて、あとに残る。用例 夫に―。

**おく・れる【遅れる】**(下一自) ①時刻・時間・期限が、基準よりあとになる。late 用例 会合に―。完成が―。②進み方が標準よりおそい。lose 対義 進む。用例 時計が―。

**おぐろ‐しぎ【尾黒▾鷸】** シギ科の鳥。嘴・脚が長く、尾が黒い。全長約四〇cm。ユーラシア大陸北部などで繁殖し、東南アジア・オーストラリアなどで越冬するので、日本では旅鳥。

**お‐くんち【▽御▽九▽日・▽御▽供▽日】**《「おくにち」の転》陰暦の九月九日、重陽の日に行われる秋祭りの行事。とくに、長崎県長崎市諏訪神社の祭りが有名。東日本では九月九日・一九日・二九日をも含めて祝い、九州地方では九月九日に限らず一般に祭礼の日をさす。おくにち。くんち。お宮日。

**おけ【▾桶】**《もと、「麻」を入れる「笥」の意》水などを入れる、木製で円筒形の容器の総称。折ぎ板を巻いた曲げ桶と、細長い板を縦に並べて箍でしめた結い桶がある。材質はスギ・ヒノキなど。かたちは手桶・風呂桶など用途によりいろいろ。pail; bucket; tub

**桶な物、打ち明ける**(おけなもの、うちあける) 桶の中の物をすべてあけてしまうように、心の中を包みかくさない。

**オケアノス【Okeanos ギリシア】** ギリシア神話で天空神ウラノスと大地母神ガイアの子。ティタン神族の一人。大河あるいは大洋の神で、海と川を支配する神々の父とされる。

**オケーシー【Sean O'Casey】**(一八八〇 一九六四) アイルランドの劇作家。ダブリン下層市民の姿を悲喜劇風に描いた。戯曲『義勇兵の影』『ジュノーと孔雀』『銀の杯』など。

**おけがわ【▾桶川】**〈市〉埼玉県東部の市。旧宿場町。精密機械工業、近郊農業などがさかん。宅地も多い。人口六万六一八八(一九八八)。

**オケゲム【Johannes Ockeghem】**(一四二五ごろ 一四九五ごろ) フランドル楽派の指導的作曲家。対位法作法を発展させた。作品はミサ曲・モテットなど。

**おけさ‐ぶし【おけさ節】** 日本民謡。諸種あるが全国的に有名なのは『佐渡おけさ』、他に『越後おけさ』など。

**お‐けつ【悪血】** 病毒のまじった血。黒血。bad blood

**お‐けつ【▾瘀血】** 血液の循環が悪くなること。また、とどこおっている血液。

**おけと【置戸】**〈町〉北海道東部、常呂川上流の町。畑作・酪農・木材工業がさかん。人口五三一〇(一九八八)。

**おけはざま【▾桶▽狭間】** 織田信長が今川義元と戦った古戦場。現在の愛知県豊明市栄町と名古屋市緑区にまたがる付近。

**おけはざま‐の‐たたかい【▾桶▽狭間の戦い】** 織田信長と今川義元の戦い。永禄三年(一五六〇)信長は桶狭間に義元を奇襲、敗死させた。

**おけら【▾朮・▽白▾朮】** キク科の多年草。山野にはえる。高さ約五〇cm。葉は互生。秋に、白や淡紅色の頭花をつける。若芽は食用。根茎は漢方薬。屠蘇散の原料。↓写

●オケラ(朮)

**お‐けら【▾螻▾蛄】** ①動物の、ケラ。mole cricket ②《俗語》いちもんなしのこと。flat broke

**おけら‐まいり【▾朮参り】** 大晦日から元旦にかけて、京都の八坂神社へ浄火を受けに参詣すること。おけらは薬用植物とされ、浄火に混ぜて焚いて悪疫除けとする。朮祭り。

**おけ‐る【▾於ける】**(連語)《「おく」の已然形に助動詞「り」が付いたもの「…における」の形で》…での。…の場合の。用例 茶室に―作法。

**おこ【▽痴・▾烏▾滸・尾▾籠】** 古語 (名・形動ナリ) おろかなこと・さま。ばからしいこと・さま。用例 ―にも見え、人にも言ひ消たれ(徒然・一六七)。

**おご【▽海▽髪】** オゴノリの別名。

**オゴウェ‐がわ【オゴウェ川】**(Ogoué) アフリカ中部、ガボンを西に流れ、ギニア湾に注ぐ川。長さ九〇〇km。同国の重要な水路。

**おごうち‐ダム【小▽河▽内ダム】** 東京都西部、多摩川に建設されたダム。有効貯水量一億八五四〇万$m^3$。東京都の上水道・農業・発電用。ダム湖は奥多摩湖。観光地になる。

**おこえ‐がかり【▽御声掛(か)り】** 上役や権力のある者の口ぞえ・紹介。recommendation

**おごおり【小▽郡】**〈市〉福岡県中部の市。野菜・植木栽培などがさかん。福岡市の衛星住宅都市。人口四万五八六七(一九八八)。

**おごおり【小▽郡】**〈町〉山口県、山口市南西隣の町。旧宿場町。鉄道が集中、新幹線の駅もある交通の要地。人口二万二三三五(一九八八)。

**おこ‐がまし・い【▽痴がましい】**(形) ①ばかばかしい。ridiculous 用例 ―話だ。②なまいきだ。出過ぎている。impudent 用例 ―ふるまい。③しゃくにさわる。irritating 用例 口にするも―。派生 おこがましさ(名)

**おこ‐が・る【▽痴がる】** 古語 (四自) おろかに思う。ばかばかしく思う。おかしがる。用例 男ども、―・りあざけりて(宇治拾遺・二)。

**お‐こげ【▽御焦げ】** めしをたいたとき、できた焦げ。

**おこさま‐ランチ【▽御子様ランチ】** 子供向きの料理。少量ずつ、種類を多く一皿に盛りつけ、小旗を立てたり、おまけのおもちゃを添えたりする。百貨店の食堂から広まった。

**おこし【▾粔▾籹・興】** 蒸してかわかしたもち米やアワを煎って、ゴマ・豆・クルミなどを加え、砂糖やあめで固めた干菓子。

**お‐こし【▽御越し】**「行くこと・来ること」の尊敬語。

**お‐こし【▽御腰】**《女性語》こしまき。

**おこじょ** イタチ科の肉食獣。体長二〇cm前後。夏は褐色、冬は尾端の黒色部以外は純白。亜高山から高山に多い。本州中部以北・ユーラシア・北アメリカに分布。エゾイタチ。ヤマイタチ。ermine; stoat ↓写

●オコジョ

**おこ・す【起(こ)す】**(五他) ①立たせる。raise 対義 倒す。用例 倒れた木を―。②ねむりをさまさせる。wake up 用例 朝早く―。③新たに始める。start 用例 会社を―。④持ちはじめる。用例 悪い気を―。⑤生じさせる。cause 用例 もんちゃくを―。⑥土をほりかえす。plow 用例 畑を―。⑦勢いをつける。inspire 用例 元気を―。やる気を―。⑧速記・テープの音声などを文字にする。transcribe

**おこ・す【興す】**(五他) ①衰えたものを、さかんにする。revive 用例 国を―。②新しく始める。found 用例 事業を―。

**おこ・す【▾熾す】**(五他) 炭に火をつける。炭火の勢いをさかんにする。make a fire 用例 火を―。

**おこ・す【▽遣す・▽致す】** 古語 (下二他) 送ってくる。よこす。用例 こち吹かばにほひ―・せよ梅の花(大鏡・時平)。参考 中世以降、四段にも活用した。

**おこぜ【▾鰧・▾虎▽魚】** ①↓おにおこぜ(鬼鰧)。②ウニ・毛虫など。形の醜い点で①と共通。③《比喩的》顔の醜い女性。

**おごせ【▽越▽生】**〈町〉埼玉県中部の町。農業と林業が主で、特産は建具。越生梅林・黒山三滝がある。人口一万二一九六(一九八八)。

**おごそか【厳か】**(形動) おもおもしく近よりにくいさま。いかめしいさま。げんしゅく。solemn

**おこそ‐ずきん【▽御▽高祖頭▾巾】** 四角な袖形の頭巾。頭部から顔をおおう。おもに防寒用で、明治以後、紫色の縮緬や羽二重などが用いられた。

**オゴタイ【Ögödei】**(一一八六 一二四一) モンゴル帝国の第二代皇帝(在位一二二九 一二四一)。廟号は太宗。チンギスハンの第三子。首都をカラコルムに定め、バツを指揮官に南ロシアを征服。耶律楚材らを重用、戸口を調査、税制を定め、駅伝を整備するなど帝国の基礎を固めた。

**オゴタイ‐ハンこく【オゴタイハン国】** 一二二四年ごろオゴタイが建てた国。四ハン国の一つ。アルタイ山脈南部一帯を領有。首都イミル。オゴタイの孫ハイドゥは元朝に対し反抗したが、その死後国力が衰え、一三一〇年滅亡。Ögödei Khān

**おこたり【怠り】** ①怠ること。なまけること。neglect ②古語 ㋐過失。用例 ただみづからの―になむはべる(源氏・須磨)。㋑わびること。用例 泣く泣く―を言へど(堤中納言・はいずみ)。㋒無沙汰。用例 心より外なる―など罪許されぬべし(源氏・葵)。

**おこた・る【怠る】** ㊀(五自) ①なまける。neglect 対義 努める。②ゆだんする。be off one's guard ㊁古語 (四自) 病気が少しよくなる。用例 ―・りたる由、消息聞くも、いとうれし(枕・うれしきもの)。

お

**おこっ-ぺ**【興▽部】〈町〉北海道北東部、オホーツク海に臨む町。酪農・漁業が中心で、ケガニ・イカ漁の基地。人口六〇一七(一九八八)。

**おこつ・る**【▽誘る】古語(四他)だまして人をさそう。用例 虜を―・りて取れ(日本書紀・神武)。

**お-こと**【▽御事】(代)あなた。そなた。おんみ。

**おごと**【雄琴】滋賀県大津市北部、琵琶湖岸にある地区。景勝地・温泉地として発展。

**おこと-てん**【▼乎古止点】↓をことてん(乎古止点)

**おこない**【行い・行ない】①行うこと。すること。しわざ。行為。act 用例 ふだんの―。②品行。身持ち。行状。behavior 用例 ―をつつしむ。③《仏教語》仏道の修行。おつとめ。asceticism

**おこない-すま・す**【行い澄ます・行ない澄ます】(五自)《仏教語》いましめを守り、心を清くして、修行にはげむ。

**おこない-びと**【行い人・行ない人】僧。

**おこな・う**【行う・行なう】(五他)①順序や方式などに従ってする。なす。do; act; hold 用例 式を―。②仏道を修める。

**おこなわ・れる**【行われる・行なわれる】(下一自)①実行される。be done ②挙行される。be held ③広く用いられる。prevail 用例 広く世に―。

**お-このみ**【お好み】《「好み」の尊敬語・丁寧語》好むこと。望みのものを選ぶこと。また、そのもの。choice 用例 ―食堂。

**おこのみ-やき**【お好み焼き】小麦粉を水でとき、好みの具を混ぜ、鉄板で平たく焼いた料理。文字焼きが始まり。

**おご-のり**【▽海▽髪▽海▼苔】紅藻植物オゴノリ科の海藻。内湾の岩上に生育する。暗紫色でひも状、分枝が多い。全長約三〇cm。刺身のつまとされ、また寒天原料。ウゴ。オゴ。↓紅藻植物図

**おこ・ぶ**【▽痴ぶ】古語(上二自)ばかばかしく愚かなさまにいう。用例 ―・びたる者(十訓抄・一)。

**おこま-さいざ**【お▼駒才▽三】浄瑠璃『恋娘昔八丈』の通称。夫を謀殺し処刑された白木屋お熊の事件を脚色。城木屋お駒と才三郎の恋物語。

**おこ-め・く**【▽痴めく】古語(四自)ばかげてみえる。おろかしいようすをする。ふざける。用例 ―・いたるおとどにて、ほほゑみて宣ふ(源氏・常夏)。

**おごめ・く**【▼蠢く】古語(四自)うごめく。ごそごそ動き回る。用例 鼻のほど―・きて言ふは(徒然・七二)。

**お-こも**【▽御▽薦】《女性語。こもをかぶって歩くことから》こじき。beggar

**お-こもり**【▽御▼籠り】一定期間、社寺にこもり、神仏に祈願すること。念仏を唱えたり、断食をしたりして心身を清める。参籠。

**おこり**【起(こ)り】①始まること。もと。起源。origin ②物事のできる原因。起因。cause 用例 けんかの―。

**おこり**【▼瘧】決まった時間をおいて発熱を繰り返す病気。マラリア性の熱。間欠熱。おこりやみ。わらわやみ。ague

**瘧が落ちる** 瘧が治まるように、急に覚めてしまう。熱に浮かされたように、物事に熱中していた状態から急に覚める。

**おごり**【▼奢り】①ぜいたく。luxury 用例 ―をきわめる。②ごちそうすること。ふるまい。treat 用例 きょうは、ぼくの―だ。

**おごり**【▼驕り・▼傲り】①いばること。haughtiness ②わがまま。無礼。arrogance

**おこり-じょうご**【怒り上戸】酒に酔うと、むやみにおこる性質・人。vicious drinker 対義 泣き上戸・笑い上戸。

**おこりっ-ぽ・い**【怒りっぽい】(形)すぐ、おこる性質である。short-tempered

**おこ・る**【怒る】(五自)①腹を立てる。いかる。get angry ②しかる。用例 父に―・られる。

**おこ・る**【起(こ)る】(五自)①始まる。発生する。生じる。occur 用例 災害が―。事故が―。やる気が―。②由来する。originate 用例 川柳は柄井川柳の名から―・った。③発作が始まる。用例 冬になるとリューマチが―。

**おこ・る**【興る】(五自)①衰えたものがさかんになる。become prosperous 用例 国が―。学問が―。②始まる。用例 産業が―。

**おこ・る**【▼熾る】(五自)炭火が赤くなる。burn 用例 火ばちに火が―。

**おご・る**【▼奢る】(五自他)①(自)ぜいたくをする。indulge in luxury ②(他)お金を出して、人にごちそうする。treat 用例 すしを―。

**奢る者は心嘗に貧し** ぜいたくをする者は、いつでも心に不満を感じている。

**おご・る**【▼驕る・▼傲る】(五自)①財力・権力をたのみにして、人を見さげる。be arrogant ②わがままにふるまう。act as one pleases

**驕る平家は久しからず** 《『平家物語』の「驕れる人も久しからず」から》栄華を窮め、慢心した生活を送る者は、その権勢を長らえることができない。Pride will have a fall.

**お-こわ**【▽御▽強】《「おこわめし」の略》蒸したもち米のご飯。赤飯。

**お-こわ**【お▽恐】《「おおこわ」の約》①人をだますこと。②美人局。

**お恐に掛ける** いっぱいくわす。人をおとしいれる。

**オコンナー**【Feargus Edward O'Connor】(一七九四〜一八五五)イギリスのチャーチスト運動指導者。アイルランド出身。機関紙『ノーザン-スター』を発刊、過激な運動を主唱。

**おさ**【▽長】首長。かしら。leader; chief

**おさ**【▼筬】①機織りの道具。金属または竹の小片を、横長の框の中にくしの歯のようにならべたもの。その目を通してたて糸の位置を整え、よこ糸を織りこむためのもの。②くじらひげ。↓写

●筬①　右手に持つのが筬、左手に杼を持つ。

**お-ざ**【▽御座】①「座席」の丁寧語。②その場のようす。用例 ―をとりもつ。③《仏教語》浄土真宗で、説教。

**御座が醒める** 一座の興味がうすれる。座がしらける。

**お-さい**【▽御菜】副食物。おかず。

**おさ・う**【押さう・抑う】古語(下二他)↓おさえる(押さえる)↓おさえる(抑える)

**おさえ**【押(さ)え・抑え】①おさえること。hold ②おもし。weight ③人を従わせる力。権威。支配力。control 用例 ―がきく。④しんがり。the tail end 用例 この隊の―とする。⑤念をおすこと。

**おさえ-つ・ける**【押(さ)え付ける】(下一他)①力を加えて動けないようにする。press down ②いやおうなしに従わせる。repress

**おさ・える**【抑える】(下一他)①勢いづいたものをとめる。suppress 用例 暴動を―。②内から発動する感情などをこらえる。restrain 用例 怒りを―。涙を―。③自由な活動を押し止める。check 用例 父に頭を―・えられる。

**おさ・える**【押(さ)える】(下一他)①おしつける。press 用例 紙を―。傷口を―。②とらえる。つかむ。にぎる。grasp 用例 証拠を―。要点を―。③差し押さえする。attach 用例 財産を―。④しっかり保つ。確保する。secure 用例 予備費を―。⑤くいとめる。hold down 用例 出費を―。

**おさ-おさ**【▽長▽長】(副)《下に打ち消しをともなって》ほとんど。あまり。まったく。用例 用意―怠りなし。

**おさか**【小坂】〈町〉岐阜県東部の町。ヒノキ・ヒバなどの林業がさかん。濁河・湯屋などの温泉がある。人口四五一六(一九八八)。

**おさかべ-ぎつね**【▽刑▽部▼狐・▼於▽佐▽賀▽部▼狐】播磨国の姫路城の守護神で、天守閣の五層目にすんでいたといわれる伝説上の妖狐。

**おさかべ-しんのう**【▽忍壁親王・▽刑▽部親王】(?〜七〇五)天武天皇の第九皇子。天武一〇年(六八一)国史を編纂。のち藤原不比等らと大宝律令を編纂。

**おさ-がめ**【▽長▼亀】海ガメの一種。カメ類中最大で、甲長二m以上に達する。背面は黒褐色で七本のもりあがったすじ状のものが走る。産卵期だけ陸に上がる。温帯から熱帯に分布。leather-back ↓図

●オサガメ

**お-さがり**【▽御下がり】①神前・仏前の供物を取り下げたもの。②客に出した食べ物の余り。leftover ③目上・年上の人の使い古し。お古。hand-me-down

**おざ-がわり**【▽御座替(わ)り】茨城県つくば市の筑波山神社で、四月と一一月の一日に衣更の行事として行われる祭り。本来は、田の神と山の神が春と秋に交替する行事といわれる。

**お-さき**【▽御先】①「先」の丁寧語。用例 ―に失礼。②これから先。未来。将来。future 用例 ―まっくら。

**おざき-がくどう**【尾崎▼咢堂】(一八五九〜一九五四)政治家。神奈川県生まれ。本名行雄。慶大中退。明治一五年(一八八二)立憲改進党創立に参加。同二三年(一八九〇)第一回総選挙に当選、以来二五回連続当選。大正初期以来護憲運動に活躍。犬養毅とともに「憲政の神様」といわれる。↓写

●尾崎咢堂

**おざき-かずお**【尾崎▽一雄】(一八九九〜一九八三)小説家。三重県生まれ。早大卒。独特の滋味をたたえた私小説を書く。昭和五三年(一九七八)文化勲章受章。小説『暢気眼鏡』『虫のいろいろ』『まぼろしの記』など。

**おざき-きはち**【尾崎喜八】(一八九二〜一九七四)詩人。東京生まれ。自然賛美の詩を書き、のち人生派的傾向を深めた。詩集『花咲ける孤独』など。

**おざき-こうよう**【尾崎紅葉】(一八六七〜一九〇三)小説家。本名は徳太郎。東京生まれ。東大中退。近世文学と近代文学の橋渡しをつとめた作家。硯友社を結成、回覧雑誌『我楽多文庫』を発行。泉鏡花・徳田秋声らを育てた。小説『三人妻』『多情多恨』『金色夜叉』など。↓写

●尾崎紅葉

**おざき-しろう**【尾崎士郎】(一八九八〜一九六四)小説家。愛知県生まれ。早大中退。代表作『人生劇場』は俠気と哀感のあふれる大ロマン。他に『篝火』など。

**お-さきぼう**【▽御先棒】人の手先に使われること。

**御先棒を担ぐ** 軽々しく人の手先になる。be a willing cat's-paw for

**おざき-ほうさい**【尾崎放▼哉】(一八八五〜一九二六)俳人。本名は秀雄。鳥取県生まれ。東大卒。荻原井泉水門下で、虚飾を去った自由律の秀句を残す。放浪の末に小豆島で没す。句集『大空』。

**おざき-ほつみ**【尾崎▽秀実】(一九〇一〜一九四四)評論家。岐阜県生まれ。東大卒。朝日新聞記者を経て満鉄嘱託。近衛文麿のブレーンだったが、昭和一六年(一九四一)ゾルゲ事件で逮捕され、のち死刑。著書『現代支那論』、書簡集『愛情はふる星のごとく』。

**おざき-まさよし**【尾崎▽雅▼嘉】(一七五五〜一八二七)江戸後期の国学者・歌人。大坂の人。著書『群書一覧』『百人一首一夕話』など。

**おざき-ゆきお**【尾崎行雄】尾崎咢堂の本名。

**お-さげ**【▽御下げ】①《「おさげ髪」の略》少女の髪の結い方。長い髪をそのまま一つに束ねるか、二つに分けて編んで垂れ下げる。さげがみ。②少女の帯の結び方。結んだ両はしを下げるようにする。

**お-さけび**【雄叫び】「おたけび」の誤り。

**お-ざしき**【▽御座敷】「座敷」の丁寧語。

**御座敷が掛かる** 芸者や芸人が、客によばれる。

**おさ-ぞうむし**【▼筬象虫】ゾウムシ類の一群。オサゾウムシ科としてゾウムシ科から分離することもある。いずれも口吻が長く突出し、体は楕円形。樹木・穀物などの害虫



▼常用漢字表外。　▽常用漢字表の音訓外。

が多い。日本にはコクゾウムシなど十数種がいる。

**お-さだまり**【▽御定まり】毎度、きまりきって同じであることをやや皮肉をこめて言う語。おきまり。usual 用例 ―のじょうだん。

**お-さつ**【▽御札】「札」の丁寧語。

**お-さつ**【▽御▼薩】《女性語》サツマイモ。sweet potato

**おざ-つき**【▽御座付(き)】宴席についた芸者が、最初に三味線でうたうこと。また、その歌。

**お-さと**【▽御里】①里を言う敬語。実家。②氏素性。元の身分。うまれ。one's origin 用例 ―が知れる。

**おさな・い**【幼い】(形)①年齢が少ない。幼少だ。②未熟だ。子どもっぽい。immature 用例 その考えは―。young 用例 ―子ども。派生 おさなげ(形動) おさなさ(名)

**おさない-かおる**【小▽山内薫】(一八八一〜一九二八)新劇運動の先駆者。広島市生まれ。東大卒。自由劇場・築地小劇場の二劇団を創立・主宰。外国演劇を紹介・移植し、「演出」の分野を確立した。小説・戯曲の創作、劇評、映画にも功績を残す。演出作『どん底』、小説『大川端』、戯曲『息子』など多数。↓写

●小山内薫

**おさな-がお**【幼顔】幼いときの顔つき。infant features

**おさな-ご**【幼子・幼▽児】幼い子ども。幼児。infant

**おさな-ごころ**【幼心】子ども心。child's mind

**おさな・し**【幼し】古語(形ク)↓おさない(幼い)

**おさな-ともだち**【幼友達】幼いときの友達。old playmate

**おさな-なじみ**【幼・▼馴染み】幼いとき(から)親しかった人。childhood friend 比較 顔なじみ。

**おさな・びる**【幼びる】(上一自)幼く見える。子供っぽいようすである。be childish

**おさな-へん**【幼偏】漢字を組み立てている部分の名。「幼・幻」などの左にある「幺」。いとがしら。

**おさな-ものがたり**【幼物語】幼いころの思い出話。memories of one's childhood

**おざ-なり**【▽御座成り】(名・形動)その場まにあわせ。当座だけ。いいかげん。common-place 用例 ―を言う。

**おさば-ぐさ**【▼筬葉草】ケシ科の多年草。

●オサバグサ

高山の樹下にはえる。多数の葉を根生。夏に、白い小花が咲き、花後に球形の果実をつける。↓写

**おさ-びゃくしょう**【▽長百姓】江戸時代の村落の有力農民。小作や下人を使って大規模経営を行い、多くは村務にあたった。乙名百姓。

**おさふね**【▽長船】〈町〉岡山県南東部、吉井川に沿う町。農業が主。かつて中国山地の砂鉄を利用した備前刀の産地として、名工を輩出した。人口一万一七九(八八)。

**おさふね-ながみつ**【▽長船長▽光】(生没年未詳)鎌倉中期の刀工。備前(現在の岡山県)長船に住む。長船派初代光忠の子。作も多く残る。作品を長船物・備前物という。

**おさまり**【収まり・治まり・納まり】①おさまること。始末。be settled 用例 ―がつく。②お金の集まりぐあい。payment 用例 税金の―が悪い。

**おさま・る**【収まる】(五自)①きちんとはいる。はいりきる。be put in 用例 箱に―。②もとどおりの安定した状態になる。be restored 用例 混乱が―。③整理して入る。ある限度内に入る。be placed 用例 五ページに―。

**おさま・る**【治まる】(五自)①世の中が、平和な状態になる。be in peace 対義 乱れる。用例 国が―。②痛みなどがなくなる。be over 用例 頭痛が―・った。

**おさま・る**【修まる】(五自)悪いところが直る。行いがよくなる。improve 用例 素行が―・らない。

**おさま・る**【納まる】(五自)①受け取られる。納入される。be received 用例 品物が約束の期日までに―。国庫に―。②終わる。片付く。be settled 用例 けんかが―。③うまくおちつく。用例 腹の虫が―。社長のいすに―。

**おさ・む**【治む・修む・納む・収む】古語(下二他)↓おさめる(収める)↓おさめる(治める)↓おさめる(修める)↓おさめる(納める)

**お-さむ・い**【▽御寒い】(形)《俗語》情けない。貧弱だ。用例 ―話。

**おさ-むし**【▽歩▽行虫】地表生活をする肉食の甲虫類。オサムシ科中の一群の昆虫の総称。体長二〜六cm。夜間活動し、カタツムリ・ミミズなどを捕食。しばしば後翅が退化する。日本全土・ユーラシア大陸に分布。ground beetle ↓図

●オサムシ　アオオサムシ

**おさめ**【納め】①終わり。end 用例 ―の会合。②年末最後のこと。last 用例 御用―。

**納めの杯**(おさめのさかずき) 宴会の終わりに受け、また、さす杯。納杯。おさめ。

**おさ・める**【収める】(下一他)①手に入れる。得る。obtain 用例 成功を―。②整理して入れる。include 用例 全集に―。③元に返す。しまう。put back 用例 鳥は羽を―・めた。

**おさ・める**【治める】(下一他)①国や家庭を、きちんとした状態にする。manage 対義 乱す。用例 国を―。家を―。②さわぎ・けんかを、しずめる。settle 用例 乱を―。③気分の乱れなどをしずめる。calm down 用例 腹立ちを―。

**おさ・める**【修める】(下一他)①学業や技芸を身につける。master 用例 学業を―。②修養する。cultivate 用例 身を―。

**おさ・める**【納める】(下一他)①払い込む。送り入れる。pay 用例 税金を―。②受け取る。accept 用例 どうぞお―・めください。③神仏に、ささげる。dedicate 用例 自筆の額を―。④終える。finish 用例 舞い―。⑤しまっておく。keep 用例 倉に―。胸に―。

**お-さらい**【▽御▼浚い】(名・サ変他)①復習。review ②習った技芸を発表する会。温習会。rehearsal

**おさらぎ-じろう**【▽大▽仏次郎】(一八九七〜一九七三)小説家。本名は野尻清彦。横浜市生まれ。東大卒。西欧的教養により歴史小説に新生面を開く。昭和三九年(一九六四)文化勲章受章。小説『鞍馬天狗』『帰郷』、史伝『天皇の世紀』など。

**お-さらば**㊀(名・サ変自)別れていくこと。good-by ㊁(感)「さらば」の丁寧語。さようなら。good-by

**おさらばになる** 関係がそれきりになる。交渉を絶つ。別れる。

**おさりざわ-こうざん**【尾去沢鉱山】秋田県北東部、鹿角市にある鉱山。有数の銅鉱山であったが、昭和五三年(一九七八)閉山。

**おざわ-えいたろう**【小沢栄太郎】(一九〇九〜八八)新劇俳優・演出家。東京生まれ。心座・左翼劇場・新協劇団を経て俳優座を結成、のち脱退。

**おざわ-せいじ**【小沢征▼爾】(一九三五〜)指揮者。中国、奉天市生まれ。桐朋学園短大卒。その指揮は、若々しく柔軟な感性と明晰な表情に富む。欧米各地で活躍。

**おざわ-ろあん**【小沢▼蘆▼庵】(一七二三〜一八〇一)江戸中期の歌人。本名は玄仲。実感を率直に表現する「ただこと歌」を唱え一派を開く。歌集『六帖詠草』、歌論『布留の中道』など。

**お-さん** 台所ばたらきの女。

**お-さん**【▽御産】子を産むこと。出産。child-birth

**お-さんじ**【▽御三時】午後の間食。おやつ。afternoon snack

**おさん-どん** ①台所仕事をする女。kitchen-maid ②台所仕事。炊事。kitchen work 用例 ―を受け持つ。

**オザンファン**【Amédée Ozenfant】(一八八六〜一九六六)フランスの画家・美術理論家。一九一八年ル=コルビュジエとともにピュリスムを提唱。

**おさん-もへえ**【おさん茂▽兵▽衛】江戸初期の、京都の大経師の妻おさんと手代茂兵衛のこと。二人の姦通事件は井原西鶴の『好色五人女』や近松門左衛門の浄瑠璃『大経師昔暦』などの題材にされた。

**おし**【押し・▽圧し】㊀(名)①押すこと。push 用例 あの力士の―にはだれもかなわない。②自分の思うとおりにしようとすること。用例 ―の強い人。―の一手。③おもし。weight 用例 漬物に―をする。④人を押さえる力。influence 用例 ―がきく。㊁(接頭)《動詞に付けて》①むりにする。用例 仕事を―つける。②語勢を強める。用例 ファンが―寄せる。「引」である。pushy

**押しが強い**(おしがつよい) 我意をはる傾向が強い。強

**押しの一手**(おしのいって) 自分の意志を強引に押し通して、ひたすら進んで行くこと。push for-ward

**おし**【▼唖】《卑語》口がきけない人。mute

**唖の問答**(おしのもんどう) 話がかみ合わず、互いの意思が通じないことのたとえ。

**お-し**【▽御師】神社に所属し、檀那と称する特定の信者のために祈禱する人。暦や厄除けのお札を配ったり、参拝者の案内や宿泊などの世話をした。伊勢神宮では、「おんし」という。

**お-し**【▼鴛▼鴦】オシドリの古名。

**鴛鴦の衾**(おしのふすま) 「えんおうの衾」と同意。

**お・し**【惜し・▽愛し】古語(形シク)愛着を感じて思い捨てがたい。なごり惜しい。いとしい。用例 身を―とも思ひたらず(徒然・九)。

**お-じ**【小▽父】《ふつう「さん」をつけて用いる》↓おじさん(小父さん)

**お-じ**【伯父】父母の兄。uncle 対義 伯母。

**お-じ**【叔父】父母の弟。uncle 対義 叔母。

**おし-あい**【押(し)合い】①互いに押すこと。jostle ②投機で、相場に変わりのないこと。

**おしあい-へしあい**【押(し)合い▽圧(し)合い】(名・サ変自)こみ合うこと。push and shove

**おし-あ・ぐ**【押し上ぐ】古語(下二他)↓おしあげる(押し上げる)

**おしあげ-ポンプ**【押し上げポンプ】低い所の液体を、高い所に押し上げるためのポンプ。

**おし-あ・げる**【押(し)上げる】(下一他)①物などを、押して上の方へあげる。無理にあげる。用例 電車の窓を―。②高い地位・状態へ動かす。用例 トップの座に―。

**オシアン**【Ossian】アイルランドとスコットランドに伝わる三世紀ごろの伝説上の人物。勇士で吟唱詩人。古代ケルトの物語詩『オシアンの詩』の作者とされる。

**おし・い**【惜しい】(形)①もったいない。失いたくない。dear; precious 用例 時間が―。命が―。②残念だ。心残りだ。pitiful; sorry 用例 ―ことに不成功だった。なごりが―。もう少しで勝つところを―ことをした。派生 おしが・る(五自) おしげ(形動) おしさ(名)

**おしい-かな**【惜しい▼哉】(連語)《副詞的》おしいことには。残念なことには。おしむらくは。用例 ―、一歩先んじられた。

**お-じい-さん**【▽御▽祖▽父さん】父母の父。grandfather 対義 おばあさん。

**お-じい-さん**【▽御▼爺さん】男の老人を親しんで呼ぶ語。old man 対義 お婆さん。

**おし-い・ず**【押し▽出ず】古語(下二他)おし出す。とくに出だし衣をする。用例 御簾よりも―・でたるほど(枕・清涼殿の丑寅のすみの)。

**おし-いただ・く**【押(し)頂く・押(し)▼戴く】(五他)①うやうやしく物を頭の上にささげるように持つ。感謝の気持ちで受ける。②長として、それに仕える。

**おし-いり**【押(し)入り】①無理にはいること。break into ②強盗。おしこみ。robber

**おし-い・る**【押(し)入る】(五自)①無理に入る。強引に入り込む。force one's way into ②強盗に入る。break into

**おし‐いれ【押(し)入れ】** 住宅内部で、寝具や家具などを入れる場所。戸やふすまで部屋と仕切られている。closet

**おし・う【教う】** 古語 (下二他) ↓おしえる「(教える)

**教うるは学ぶの半ば**(おしうるはまなぶのなかば) 《『書経』にある語》人に教えることは、教える者にとっても半分は勉強になる。We learn by teaching.

**おし‐うり【押(し)売り】**(名・サ変他) むりやり売りつけること・人。importunate peddler

**おしうり‐むよう【押(し)売り無用】** 押し売りに用はないこと。押し売りはおことわり。no peddlers or salespersons

**おしえ【教え】** ①教えること・内容。teaching ②《「訓え」とも》言いきかせること。教訓。instruction ③教育。education ④宗教。宗旨。doctrine 用例 宗祖の—。

**教えの庭**(おしえのにわ) 学校。

**おし‐え【押(し)絵】** 布細工の一種。人物・花などの絵柄の下絵に綿をふくませ、布で包む、レリーフ状の細工。江戸時代に発達し、現在も羽子板などに使われる。↓写

● 押し絵

**おしえ‐ご【教え子】** 教えをうけた人。生徒。弟子。former pupil

**おしえ‐こ・む【教え込む】**(五他) よく覚えるように念を入れて教える。instill

**おしえ‐さと・す【教え諭す】**(五他) 道理を言い聞かせる。admonish

**オジェシュコワ【Eliza Orzeszkowa】** (一八四一～一九一〇) ポーランドの女流小説家。リトアニア生まれ。社会倫理に鋭い関心を示した。長編『ニェーメン河畔にて』など。

**おし・える【教える】** (下一他) 対義 学ぶ・習う・教わる。①知っていることを人に知らせる。show ②わからないことをわかるようにみちびく。teach ③《「訓える」とも》さとす。いましめる。admonish 用例 人の道を—。

**お‐しおき【▽御仕置(き)】** ①江戸時代の刑罰。とくに死刑をいう。しおき。②いたずらをした子どもをこらしめること。punishment

**おじ‐おそ・る【▽怖じ恐る】** 古語 ㊀(上二自) こわがり恐れる。用例 帝いみじく—・り給ひけりとなん(宇治拾遺・一五) ㊁(下二自) ↓おじおそれる(怖じ恐れる)

**おじ‐おそ・れる【▽怖じ恐れる】**(下一自) こわがり恐れる。

**おしか【▼牡▼鹿】**〈町〉 宮城県東部、牡鹿半島の町。金華山・網地島を含む。漁業の町で鮎川は漁業基地。人口七七三六(一九八八)。

**おし‐かえ・す【押(し)返す】**(五他) ①押してくるのを、押しもどす。push back ②引き返す。turn back ③反対にする。reverse

**おし‐かか・る【押し掛かる】** 古語 (四自) よりかかる。用例 隅の間の高欄に—・りて(源氏・須磨)。

**おし‐か・く【押し掛く】** 古語 (下二自) ↓おしかける(押し掛ける)

**おし‐かく・す【押(し)隠す】**(五他) 無理に隠す。hide

**おしかけ‐にょうぼう【押(し)掛け女房】** 相手の家に押しかけて、強引に意志を通して妻になった女性。

**おし‐か・ける【押(し)掛ける】**(下一自) ①押し寄せる。throng ②まねかれないのに、人の家に行く。go uninvited

**おしか‐はんとう【▼牡▼鹿半島】** 宮城県東部、石巻湾の東にある半島。海苔・カキなどの養殖と磯漁がさかん。女川・鮎川は遠洋漁業の基地。風景に恵まれ、観光地化。

**おし‐がみ【押し紙】** ①疑問・注意事項などを書いて文書などにはり付けた紙。付箋。押紙。②吸い取り紙。

**お‐しかり【▽御▼叱り】** ①こごと。scolding ②ふきげん。不興。displeasure

**おし‐がり【押(し)借り】**(名・サ変他) むりやり借りること。

**おしかわ‐しゅんろう【押川春浪】** (一八七六～一九一四) 小説家。愛媛県生まれ。本名、方存。少年向き武侠小説・冒険小説を創造。作品『海底軍艦』『武侠の日本』など。

**お‐しき【▽折敷】** 方形で縁がついた盆。スギ・ヒノキの片木でつくられ、白木のものは主として神饌をのせ、漆塗りのものは懐石などの膳にする。

**お‐じぎ【▽御辞儀】**(名・サ変自) 《「辞儀」の丁寧語》①頭を下げて敬礼すること。その礼。bow 用例 丁寧に—する。②遠慮して辞退すること。用例 —なしにいただきます。

**御辞儀をする**(おじぎをする) ①あいさつする。bow ②降参する。give up

**お‐しきせ【▽御仕着せ】** ①時候に応じて、従業員に衣服を与えること。またその衣服。livery ②あてがい。allotment 用例 給料は—だ。

**おじぎ‐そう【▽含▼羞草】** マメ科の一年草または多年草。葉柄は触れると下垂し、羽状複葉の小葉も閉じる。夏に、淡紅色の小花が球状に密集。観賞用に一年草として栽培。ネムリグサ。sensitive plant ↓写

● オジギソウ

**おし‐きり【押(し)切り・押切】** ①押し切ること。pressing and cutting ②まぐさなどをきざむ道具。straw cutter ③《「押切判」の略》割り印。

**おしきり‐ちょう【押切帳】** 金銭をわたして、受け取りの証拠として割り印(押し切り)を押させる帳面。

**おし‐き・る【押(し)切る】**(五他) ①押しつけて切る。press and cut ②反対・抵抗を押しのけて、無理を通す。force one's way

**おし‐くく・む【押し▽抱む】** 古語 (四他) つつみこむ。くるむ。用例 上蓆に—・みて(源氏・夕顔)。

**おしく‐も【惜しくも】**(副) 惜しいことに。to one's regret

**おし‐くら【押(し)▽競】** 《「おしくらべ」の約》互いに押し合って相手を押し出す遊び。押しくらまんじゅう。pushing game

**おし‐げ【惜し気】**(名・形動) 心残りな気持ち。もったいないようなさま。regretfully 用例 いかにも—に見守る。

**惜し気も無く**(おしげもなく) 心残りなようすも見せずに。気前よく。惜し気無く。generously 用例 —金をばらまく。

**おじ‐け【▽怖じ気】** おそろしいとひるむ気持ち。おぞけ。fear; fright 用例 —をふるう。

**おし‐け・つ【押し消つ】** 古語 (四他) 圧倒する。威圧する。用例 更に—・たれ聞こえじ(源氏・紅葉賀)。

**おじけづ・く【▽怖じ気付く】**(五自) おじけた心になる。be seized with fear

**おじ・ける【▽怖じける】**(下一自) こわがって、びくびくする。しりごみする。ひるむ。fear

**お‐しこく【▽御四国】** 四国遍路。

**おし‐こみ【押(し)込み】** ①押し込むこと。burglarizing ②押し入れ。closet ③強盗。burglar

**おし‐こ・む【押(し)込む】**(五自他) ①(自)㋐無理にはいりこむ。thrust into ㋑強盗にはいる。break into ②(他)無理に入れる。つめこむ。cram into 用例 かばんに—。

**おし‐こ・める【押(し)込める】**(下一他) ①無理に入れる。つめこむ。cram into ②監禁する。coop up

**おし‐ころ・す【押(し)殺す・▽圧(し)殺す】**(五他) ①上から力を加えて殺す。press to death ②表情や感情を抑えてこらえる。restrain 用例 声を—。

**おし‐さ・げる【押(し)下げる】**(下一他) おして下の方へさげる。無理にさげる。push down

**おじ‐さん【小▽父さん】** 壮年の男子に対する呼称。man; mister

**おし‐ずし【押(し)▼鮨】** 方形の枠の中にすし飯を入れ、上にたね物を飾ってから押しをしてつくるすし。大阪ずし。箱ずし。比較 握りずし・散らしずし。

**おし‐すす・める【押(し)進める】**(下一他) 押して前へ進める。forward

**おし‐すす・める【推(し)進める】**(下一他) 取り運ぶ。どしどし行う。go ahead with 用例 計画を—。政策を—。

**おし‐ずもう【押(し)相撲】** 相撲で、押し技だけで勝負がつくこと。また、押し相撲を得意とする力士。

**おし‐せま・る【押(し)迫る】**(五自) まぢかに来る。draw near

**お‐しだ【雄▽羊▽歯】** オシダ科の大形シダ。山地の林下にはえる。葉は一m以上で、二回羽状複葉。根茎を干したものは「綿馬根」とよばれ、駆虫薬。↓図

● オシダ

**おし‐たお・す【押(し)倒す】**(五他) 立っているものを押して倒す。push down

**お‐したし【▽御▽浸し】** 「おひたし」のなまり。

**お‐したじ【▽御下地】** 《女性語》しょうゆ。

**おし‐だし【押(し)出し】** ①押して出すこと。pushing out ②人前に出たときの態度。ふうさい。appearance ③火山の溶岩のつもったもの。lava bed ④相撲で、わざの一つ。相手を押して、土俵の外に出す。比較 つきだし。⑤野球で、満塁で四死球を与えて得点させること。

**押し出しが良い**(おしだしがよい) 人なかにあって、ひときわ姿かたちがよい。恰幅がよい。貫禄がある。of dignified presence 用例 —人。

**おしだし‐かこう【押(し)出し加工】** 耐性工具の中に金属・プラスチック材料を入れ、強圧で工具のすきまから押し出し、所定の形状の棒・管などを作る加工法。extrusion

**おしだし‐ぶつ【押(し)出し仏】** 原型に薄い銅板をあて槌でたたいてつくった浮彫仏像。日本では七～八世紀にさかんにつくられた。作例に法隆寺阿弥陀三尊像など。鎚起仏。

**おし‐だ・す【押(し)出す】**(五自他) ①(自)㋐大ぜいで出かける。どっと進み出す。flock out to 比較 くり出す。㋑下から高く出る。②(他)押して外へ出す。push out

**おし‐た・つ【押し立つ】** 古語 ㊀(四自)①「立つ」を強めていう語。しっかりと立つ。用例 不動、火炎の前に—・ち(沙石集)。②強いて行う。無理押しする。用例 —・ちてあはあはしき御振舞などはよも(源氏・末摘花)。③我を張る。用例 いと—・ち、かどかどしき所ものし給ふ御かたにて(源氏・桐壺)。㊁(下二他) ↓おしたてる(押し立てる)

**おし‐た・てる【押(し)立てる】**(下一他) ①勢いよく立てる。set up 用例 旗を—。②戸・屏風などを押して閉じる。③強く押していく。④人を表立つところに立たせる。support 用例 代表に—。

**おし‐だま・る【押(し)黙る】**(五自) 無理に物を言わない。不自然に口をきかない。黙りこくる。keep silent

**お‐しちや【▽御七夜】** 子が生まれてから七日目の夜。また、その夜の祝い。

**おしつけ‐がまし・い【押(し)付けがましい】**(形) 無理に押しつけるような態度・ようすである。pushy

**おし‐つ・ける【押(し)付ける】**(下一他) ①おさえつける。press against ②仕事・責任などを、無理にもたせる。force upon

**お‐しっこ**(名・サ変自) 《幼児語》小便。pee

**おし‐つま・る【押し詰(ま)る・押詰(ま)る】**(五自) ①さしせまる。切迫する。impend ②年のくれに近づく。get near the end of the year

**おし‐つ・める【押(し)詰める】**(下一他) ①押して詰めこむ。cram ②押して動けなくする。press a person against ③つづめる。要約する。sum up 用例 論旨を—。

**おし‐て【押して】**(副) 無理に。強いて。しつこく。forcibly

**おして‐しるべし【推して知るべし】** 文語的 (連語) 推し測って知ることができる。言うまでもなくわかることだ。

**おし‐て・る【押し照る】** 古語 ㊀(四自) 照り渡る。用例 わが屋戸に月—・れり霍公鳥心あらば今夜来鳴き響もせ(万葉・八・一四八〇)。㊁[枕ことば]《かかりかた未詳》「難波」にかかる。用例 —難波堀江の葦辺には雁寝たるらむ霜の降らくに(万葉・一〇・二一三五)。

**おしてる‐や【押し照るや】** [枕ことば]《かかりかた未詳》「難波」にかかる。用例 —難



▼常用漢字表外。 ▽常用漢字表の音訓外。

波の津ゆり船装ひ吾は漕ぎぬと妹に告ぎこそ(万葉・二〇・四三六五)。

**おし-とお・す【押(し)通す】**(五他) ①最後まで押す。persist in ②どこまでもする。やりぬく。carry out ③無理に通す。have one's own way

**おし-とど・める【押(し)▽止める】**(下一他) おしとめる。

**おし-と・める【押(し)止める】**(下一他) おさえて止める。制止する。おしとどめる。hold back

**おし-どり【▼鴛▼鴦】** ①ガンカモ科の水鳥。翼長約二二cm。雌は地味な暗褐色であるが、雄の冬羽は非常に美しい。水辺の森にすみ、カシ・シイの実を好む。樹のほらに営巣。繁殖期には雌雄つがいで生活。日本全土・東アジアに分布。ヨーロッパでは輸入されたものが野性化している。オシ。エンオウ。②夫婦の仲のよいこと。being affectionate 用例 —夫婦。—の契り。↓写

●オシドリ① 雄(右)と雌。

**おしどり-の【▼鴛▼鴦の】**[枕ことば]《同音の繰り返し、また、オシドリが浮くことから》「惜し・憂き」にかかる。用例 磯の浦に常喚び来棲む—惜しき吾が身は君がまにまに(万葉・二〇・四五〇五)。

**おし-なが・す【押(し)流す】**(五他) ①水の力で流す。wash away ②強い勢力で動かす。drive 用例 時代の波に—・される。

**おし-な・ぶ【押し▽並ぶ・押し▼靡ぶ】** 古語(下二他) ＝おしなむ。①むりやりなびかせる。一面になびかせる。用例 薄—・べ降る雪に(万葉・一七・四〇一六)。②すべてを同じようにする。おしならす。用例 さきに焼けにし憎所、こたみは—・ぶるなりけり(蜻蛉・下)。③《多く助動詞「たり」をともなって》つきなみである。ありふれている。用例 —・べたる世の常の(源氏・蓬生)。

**おしなべ-て【押(し)▽並べて】**(副) 全体が一様に。一般に。概して。generally 用例 成績は—いい。

**おし-な・む【押し▽並む】** 古語(四他) ↓おしなぶ(押し並ぶ)

**おじ-なら・う【▽怖じ習う】** 古語(四他) こわがることがくせになる。用例 人ごとに—・ひたるいはれなり(保元)。

**おしね【▽晩▽稲】**《「おそいね」の転》おそく実るイネ。おくて。

**おしの【▽忍野】**〈村〉山梨県南東部、富士吉田市東隣の村。富士の眺望で知られる。忍野八海がある。産業用ロボットなど先端技術の工場も進出。人口七二六九(一九八八)。

**おし-の・ける【押(し)▽退ける】**(下一他) ①押してはねのける。push aside ②人と張り合ってしりぞける。displace

**おし-のご・う【押し▼拭う】** 古語(四他) 力強くぬぐう。ふき取る。用例 目—・ひ給ふ(源氏・若紫)。

**おしの-はっかい【▽忍野八海】** 山梨県南部、忍野村にある富士山の湧水群。銚子池・湧池・出口池・菖蒲池・濁池・鏡池・底無池・お釜池の八つの池からなる。天然記念物。

**お-しのび【▽御忍び】**《「忍び」の丁寧語》身分ある人が、身分をかくして外出すること。go out incognito

**おし-ば【押(し)葉】** 植物の葉を本や新聞紙などの間にはさんで押さえ、脱水・乾燥させたもの。腊葉。

**おし-はか・る【推(し)量る・推(し)測る】**(五他) 一つのことから別のことを察する。推量する。推測する。guess

**おし-ばな【押(し)花】** 植物の花を本や新聞紙などの間にはさんで押さえ、脱水、乾燥させたもの。標本やしおりなどにする。pressed flower

**おし-は・る【押し張る】** 古語(四他) ①「張る」を強めていう語。用例 簾を—・りて(堤中納言・虫めづる姫君)。②意地を張る。用例 —・りてのたまはむことを(落窪・四)。

**オシフィエンチム【Oświęcim】** ポーランド南部、ビエルスコビアワ県の都市。ドイツ名アウシュビッツ。第二次大戦中、ドイツ軍強制収容所があり、四〇〇万人のユダヤ人が殺害された。一九四六年、収容所跡に記念博物館が建設された。人口四・五万(一九八二)。

**おし-ひし・ぐ【押し▼拉ぐ】** 古語(四他) ①押しつぶす。用例 車に—・がれたり(枕・五月ばかりなどに山里にありく)。②おしやる。おさえつける。用例 いとさしも—・がず(枕・よろづのことよりも)。

**おし-ひら・む【押し平む】** 古語(下二他) 押して平らにする。用例 鼻を—・めて(徒然・五三)。

**おし-ひろ・げる【押(し)広げる】**(下一他) ①のばして広げる。また、開く。extend by force ②広く他に及ぼす。spread

**おし-ひろ・める【押(し)広める】**(下一他) ①広く一般に行きわたらせる。spread ②広く適用する。apply

**おし-ぶち【押(し)縁】** ①垣根の胴縁に取り付けてある板や竹の横材。ふつう割り竹などが用いられる。参照 胴縁。②天井や壁などの板の継ぎ目を押さえるための細板。

**お-しべ【雄▼蕊】** 種子植物の花の一部を構成する雄性生殖の器官。胞子葉の変形。葯と花糸からなり、葯中に花粉をつくる。ゆうずい。stamen 対義 雌蕊。↓穎図

**おし-ボタン【押しボタン】** 押して、電流を流したり切ったりするボタン。push button

**お-しぼり【▽御絞り】** 手ぬぐい・タオルを湯や水につけて絞ったもの。客の手ふきや汗ふき用などに出す。wet hand towel

**おじま【尾島】**〈町〉群馬県南部、利根川沿いの町。野菜の産地。電機工場が誘致され、工業化が進む。人口一万四四四四(一九八八)。

**お-しまい【▽御仕舞(い)】** ①《「仕舞い」の丁寧語》終わり。the end ②物事がだめになること。be all up 用例 こう不景気では、商売も—だ。③お化粧。身じまい。make up

**おじ-まど・う【▽怖じ惑う】** 古語(四自) おそれてどうしてよいかわからなくなる。ひどくおそれる。用例 —・ひかしこまるさまは何にか似たる(枕・位こそ猶めでたき物はあれ)。

**おしま-はんとう【▽渡島半島】** 北海道南西部の半島。山がちで火山も多く、平地は少ないが、北海道ではもっとも早く開発された。

**おし-まわ・す【押(し)回す】**(五他) ①「まわす」を強めていう語。②車などに乗って、大げさに訪問する。③さかんに歩き回って活動する。

**おしみず【押水】**〈町〉石川県中部、日本海に臨む町。稲作・果樹栽培・畜産などが中心。繊維工業もある。人口九四一四(一九八八)。

**おしみ-な・い【惜しみない】**(形) 惜しがったりしない。精いっぱい。ungrudging 用例 —拍手をおくる。

**おし・む【惜しむ】** ㊀(五他) ①たいせつにする。treasure 用例 寸暇を—。②残念に思う。lament 用例 —べき死。③けちけちする。spare 用例 費用を—。㊁古語(四他)《「愛しむ」とも》だいじに思う。愛で、いつくしむ。比較 うつくしむ・いつくしむ。用例 —・めども止まらぬ春もあるものを(新古今・夏)。

**惜しむらくは**(おしむらくは) 惜しいことには。残念なことには。unfortunately

**おし-むぎ【押(し)麦】** 裸麦や大麦を蒸して、ローラーで平たくした精麦。ビタミン$B_1$添加の強化麦、黒いすじをとった白麦もある。対義 丸麦。

**お-しめ【▽御湿・▼襁▼褓】**《「湿」は「湿布」の略》乳幼児や病人などの下腹部をおおって大小便を受ける布や紙。おむつ。むつき。diaper

**おし-め【押(し)目】** ①相手にまさるような状態。用例 —勝ち。②経済で、上がっていた株の相場が少し下がって安くなること。用例 —買い。

**お-じめ【緒締(め)】** ふくろ・きんちゃくなどの、緒を通して締める穴のある、球形のもの。おどめ。

**お-しめり【▽御湿り】** ①晴れ続きのあとに雨がふること。雨ふり。rain 用例 けっこうな—です。②乾いた地面が適度にぬれる程度の雨。

**お-しも【▽御下】** ①貴人につかえる下女。②「大便・小便」の丁寧語。

**おしもおされも-しない【押しも押されもしない】**(連語) ↓おす(押す)

**おし-もど・す【押(し)戻す】**(五他) ①押して後ろへ戻らせる。push back ②「戻す」を強めた語。

**おし-もんどう【押(し)問答】**(名・サ変自) 両方とも負けずに強く意見を主張し合うこと。arguing

**おし-や【押(し)屋】** 朝夕のラッシュアワーの駅で、乗客を電車内に押し込む役目をした、学生アルバイトの通称。昭和三一年(一九五六)に登場したが、時差出勤の普及などで姿を消した。

**お-じや** 味をつけ、実を入れたかゆ。雑炊。

**お-しゃか【▽御▽釈▼迦】**《俗語。地蔵や阿弥陀の像を造るつもりでいたところが、誤って、釈迦像を鋳てしまった、ということから》つくりそこないの品。不合格品。

**御釈迦になる**(おしゃかになる) 駄目になる。使い物にならなくする。作り損なう。また、やり損なう。be ruined 用例 苦労して立てた企画が—。

**お-しゃか-さま【▽御▽釈▼迦様】** 釈迦の敬称。

**御釈迦様でも御存じない**(おしゃかさまでもごぞんじない)《何でも知っているはずのお釈迦さまでも知らないことから》まったく意外なことで、だれも知らない。only God knows

**お-しゃく【▽御酌】** ㊀(名・サ変自)「酌」の丁寧語。serve ㊁(名) まだ一人前になっていない芸者。まいこ。半玉。

**お-しゃぶり** 赤ん坊に持たせてしゃぶらせるおもちゃ。pacifier

**お-しゃべり【▽御▼喋り】**(名・サ変自) べらべら話すこと・人。talkative; chattering

**お-しゃま**(名・形動) 少女の、ませていること・さま。また、そういう少女。

**おしゃまんべ【▽長万▽部】**〈町〉北海道南部、内浦湾に臨む町。函館本線と室蘭本線の分岐点で、交通の要地。酪農・畜産がさかん。ケガニ漁も有名。人口九四八四(一九八八)。

**おし-や・る【押し▽遣る】**(五他) ①押して向こうへやる。push ②押しのける。push away

**おじゃ・る** 古語 ㊀(四自)《「おいである」の約》「あり・居る」「行く・来」の尊敬語。いらっしゃる。用例 遠路の所をば—・って(狂言・粟田口)。㊁(補動 四)「あり」の丁寧語。…でございます。用例 まづこれほどな大きさで—(狂・察化)。

**お-しゃれ【▽御▼洒▽落】**(名・形動・サ変自) 身なりをかざりたてること・さま・人。fashionable

**お-じゃん**《俗語》物事が、だめになること。あてはずれ。

**おし・ゆ【教ゆ】** 古語(下二他) ↓おしえる(教える)

**お-しゅう【汚臭】** 不快なにおい。stink

**おしゅん-でんべえ【お俊伝▽兵▽衛】** 歌舞伎・人形浄瑠璃の主人公。元文三年(一七三八)ごろの情死事件が題材とされる。浄瑠璃『近頃河原達引』が有名。

**お-しょう【和尚】** ①僧侶・住職の敬称。②禅宗・浄土宗で、高徳の僧の尊称。

**お-じょう-さん【▽御嬢さん】** 他人のむすめを言う敬語。お嬢さま。

**おしょう-と-こぞう【和尚と小僧】** 昔話の一つ。頭のよい小僧が和尚をやりこめることを主題とする昔話の総称。『沙石集』や『醒睡笑』、狂言や落語の中にも取り入れられている。

**お-しょく【汚職】** 公務員が職務上の権限を濫用して、賄賂を受け取るなどの不正な行為をすること。瀆職。corruption

**お-じょく【汚辱】** はずかしめ。はじ。恥辱。

**お-じょく【汚▽濁】**《仏教語》けがれること。

**おしょく-じょろう【▽御職女郎】** 江戸時代、吉原の遊郭で、それぞれの店のもっとも売れている遊女の呼称。御職。

**おし-よ・せる【押(し)寄せる】**(下一自他) ①(自)どっとせまる。rush 用例 大軍が—。質問に—。②(他)押して、そのほうへ近づける。push to one side

**おしら-さま【おしら様】**《「おしら」は蚕のこと》東北地方で、養蚕、家の守護神として信仰される神。クワの棒などを神体とし、各家の主婦や「いたこ」と呼ばれる盲目の巫女が司祭する。

**オシリス【Osiris】** 古代エジプトの神。天神と地神の子。弟神セトに殺されたが、妻イシスの手でミイラとして復活、冥界の王となる。不死の象徴として崇拝された。

**お・じる【▽怖じる】**(上一自) おそれる。こわがる。びくびくする。

**お-しろい【▽白▽粉】**《「白いもの」の女房ことば》肌を好みの色に表現するために用いる化粧品。固練り・粉末・液状・固形などの種類がある。色は、白・アイボリー・肌色・オークルなど各色。powder

**おしろい-した【▽白▽粉下】** おしろいをぬる前につけるクリームや乳液など。化粧下。

**おしろい-ばな【▽白▽粉花】** オシロイバナ科の多年草。高さ約一m。茎は分枝、葉は対生で卵形。夏から秋に、赤・白・黄などの花が咲く。実は球形で、胚乳が白い粉質なのでこの名がある。観賞用に栽培。オシロイグサ。ユウゲショウ。↓写

●オシロイバナ

**オシログラフ【oscillograph】** 時間とともに変化する電気現象を、波形として描きだす装置。心電図・脳波の記録などに使うペン書きオシログラフとブラウン管オシログラフ(＝オシロスコープ)がある。

**おじろ-じか【尾白▼鹿】** 尾の白色部が大きなシカ。肩高約九〇cm。幼獣には白斑があ る。北アメリカの森林に生息。シラオジカ。white-tailed deer

**オシロスコープ【oscilloscope】** 時間とともに変化する電気信号の波形をブラウン管上に描きだす装置。ブラウン管オシログラフ。

**おじろ-わし【尾白▼鷲】** 尾が純白で大形のタカ科の鳥。全長約九〇cm。ユーラシア中・北部などに分布。日本では北海道で少数が繁殖。秋には冬鳥として渡来し、おもに中部以北の海岸や湖沼で越冬。white-tailed sea-eagle ↓ワシ写

**おし-わ・ける【押(し)分ける】**(下一他) 強く左右に分ける。かきわける。push aside

**おし-わた・る【押(し)渡る】**(五自) 川などを強引に渡る。勢いよく渡る。wade

**おしわり-むぎ【押(し)割り麦】** 押しつぶして割った大麦。おしわり。

**お-しん【悪心】** むかむかした気分で、のどの異物感、食物が逆流するような不快感。消化器病の症状であることが多い。吐きけ。nausea

**お-しんこ【▽御新▽香】** こうのもの。つけもの。

**おす【雄・▼牡】** 動物のうち、精巣があり、精子をつくるもの。お。male 対義 雌。用例 —の犬。

**お・す【押す】**(五他) ①力を入れて、物を向こうへ動かす。push 対義 引く。用例 車を—。②《「圧す」とも》上から重みでおさえつける。press ③《「捺す」とも》力を加えて、下にあとがつくようにする。用例 印鑑を—。④《「圧す」とも》相手を圧する。優勢だ。push; press 用例 相手チームを—・しに—。⑤無理を知っていながら何かをする。force oneself 用例 病を—・して出かける。⑥念のために確かめる。make sure 用例 だめを—。念を—。⑦のりではりつける。paste 用例 箔を—。

**押しも押されもしない**(おしもおされもしない) 実力があって、きわだって堂々としている。eminent 用例 その道では—存在。

**押すに押されぬ**(おすにおされぬ) ゆるぎのない地歩を占めている。れっきとした。おしもおされもせぬ。authorized

**お・す【推す】**(五他) ①ある事柄をもとにして、ほかのことを考える。おしはかる。推測する。suppose 用例 その口ぶりから—・してだめだと思う。②賛成してすすめる。推薦する。支持する。recommend; support 用例 会長に—。

**お・す【▽食す】** 古語(四他) ①「食ふ」「着る」「飲む」などの尊敬語。めしあがる。用例 大御酒うまらにきこしもち—・せ(古事記・中)。②「治む」意の尊敬語。お治めになる。統治される。しろしめす。用例 わご大君の—国は(万葉・六・九五六)。

**お・ず【▽怖ず】** 古語(上二自) ↓おじる(怖じる)

**お-すい【汚水】** よごれた水。sewage 用例 工場の—。

**おず-おず【▽怖ず▽怖ず】**(副・サ変自) こわがりながらするようす。おそるおそる。こわごわ。timidly

**オスカー【Oscar】** アメリカ映画界で、アカデミー賞受賞者に与えられる金色の小型立像。アカデミー賞そのものをさすこともある。

**オスグッド-シュラッテル-びょう【オスグッド-シュラッテル病】** ひざがしらの直下にある脛骨の上端に起こる炎症の一つ。一〇〜一五歳の男児に多く、患部がふくれあがり圧痛があるが、歩行障害は少ない。オスグッド病。Osgood-Schlatter disease

**お-すそわけ【▽御▼裾分け】** もらった物や利益の一部を、他に分け与えること。おふくわけ。

**オスターイェ【Paul van Ostaijen】**（一八九六〜一九二八） ベルギーの詩人。フランドル表現主義運動の先駆者。詩集『占領された町』など。

**オスターデ【Adriaen van Ostade】**（一六一〇〜八五） オランダの画家。農村の日常生活を描く。作品『村の酒屋』など。

**オストラキスモス【ostrakismosギリシア】** 古代ギリシアで、国家に害があるとする者を全市民の秘密投票によって追放した制度。年に一度全市民がその者の名を陶片(＝オストラコン)に書いた。紀元前五〇八年に初めてアテネで行われ、前四一七年以後廃止。オストラシズム。陶片追放。ostracism

**オストラコーダ【Ostracodaラテン】** 二枚の殻を持つ微小な水生動物。体長数ミリメートル以下。貝形類または貝虫類ともいわれる甲殻類の一群。現存の代表はウミホタル。この類はカンブリア紀後期に出現しているが、その化石種は地層の研究に有効で、石油地質探査などに利用される。

**オストラシズム【ostracism】** オストラキスモスの英語名。

**オストラバ【Ostrava】** チェコスロバキア中北部、モラバ地方の重化学工業都市。同国最大の製鉄所がある。人口三二・五万(一九八五)。

**オストリッチ【ostrich】** ダチョウ。

**オストロフスキー【Aleksandr Nikolayevich Ostrovsky】**（一八二三〜八六） ロシアの劇作家。ロシア国民演劇の確立者。戯曲『身内のことだ、あとで勘定を』『雷雨』『森林』『雪娘』など。

**オストロフスキー【Nikolay Alekseyevich Ostrovsky】**（一九〇四〜三六） ソ連の小説家。自伝的な『鋼鉄はいかに鍛えられたか』は青年の理想像となった。他に『嵐に生まれた者』など。

**オストワルト【Friedrich Wilhelm Ostwald】**（一八五三〜一九三二） ドイツの化学者。古典物理化学の体系をうちたてた。エネルギー一元論を唱え、原子説に反対。一九〇九年ノーベル化学賞受賞。

**オストワルト-ほう【オストワルト法】** 熱した白金を触媒としてアンモニアを酸化し、硝酸を得る工業的製造法。一九〇〇年ごろに、オストワルトにより完成された。Ostwald's process

**おすな-おすな【押すな押すな】**(連語) 大入り満員のようす。overflowing; be jammed 用例 —のさわぎ。

**オスナブリュック【Osnabrück】** 西ドイツ北西部の都市。中世の建造物が多い。人口一五・二万(一九八五)。

**お-すべらかし** 女性の髪型の一つ。前髪を横にはり、髻を背中にすべらせて長くさげる。江戸時代の初期に、上流社会の女性が儀式に用いた下げ髪。現在、宮中の儀式に用いられるものは「おおすべらかし」。すべらかし。↓図

●おすべらかし

**オズボーン【John James Osborne】**（一九二九〜） イギリスの劇作家。一九五〇年代の「怒れる若者たち」の旗手。戯曲『怒りをこめてふりかえれ』『寄席芸人』など。

**オズボーン【Robert Osborn】**（一九一六〜） アメリカの漫画家。オートメーション文化の病的側面を風刺。

**オズマ-けいかく【オズマ計画】**《童話『オズの魔法使い』などにでてくる夢の国オズのオズマ姫にちなむ》宇宙の文明を持つ生物が発する信号を受信しようとして、一九六〇年、アメリカで行われた計画。Project Ozma

**お-すまし【▽御澄まし】** ①とりすますこと・人。すましや。prim and proper girl ②すまし汁。clear soup

**オスマン〈一世〉【Osman Ⅰ】**（一二五八〜一三二六） オスマン帝国の建国者(在位一二九九〜一三二六)。名はオスマン＝ベイ。一二九〇〜九九年にビザンチン帝国に服属する小アジアのキリスト教諸侯国を攻略、領域を拡大。セルジュクスルタンの衰微に乗じて建国。

**オスマンダ【osmunda】** シダ類ゼンマイ属の総称。通常ゼンマイ・ワラビなどの根を乾燥したもの。鉢物の培養土の代用にされる。

**オスマン-ていこく【オスマン帝国】** オスマン一世が一二九九年小アジアに建てたイスラム帝国。一四五三年首都をイスタンブールとし、一六世紀スレイマン一世治下に最盛。地中海の制海権を掌握し領土も最大となった。一七世紀末以降、ロシアの侵略などにより衰え、第一次大戦で敗戦。一九二二年トルコ革命により滅亡。オスマントルコ。トルコ帝国。Ottoman Turkish state

**オスミウム【osmium】** 白金族の金属元素。記号Os 原子番号七六。原子量一九〇。比重二二・五は物質中最大。青灰色で白金族中もっともかたいが、もろい。白金鉱中にイリドスミンとして産する。電気接点材料・万年筆のペン先などに使用。

**お-すみつき【▽御墨付(き)】** ①室町・江戸時代、幕府または大名が臣下に与えた文書。花押が付いている。②目上の人からもらった保証。official certificate

**お-すもじ**《女房ことば》すし。おすし。

**オスロ【Oslo】** ノルウェーの首都。オスロフィヨルドとよばれる峡湾の奥にある良港で、水産業の基地。中世にはハンザ同盟都市の一つとして栄えた。人口四四・九万(一九八六)。

**オスワルト〈ウォルケンシュタインの〉【Oswald von Wolkenstein】**（一三七七ごろ〜一四四五） ドイツ中世末期のミンネゼンガー(＝叙情詩人)。多彩な自伝的叙情詩で名高い。

**おぜ【尾瀬】** 福島・群馬・新潟の県境一帯の景勝地。東部に尾瀬沼、西部に尾瀬ケ原がある。ミズバショウで有名。

**オセアニア【Oceania】** ①六大州の一つ。オーストラリア・ニュージーランドと南西太平洋のミクロネシア・ポリネシア・メラネシアの島々からなる地域。大洋州。②南西太平洋のミクロネシア・ポリネシア・メラネシアの島々と、それを含む地域。

**オセアノート【oceanaut】** 海中基地に生活し、研究や調査に当たる科学者・技術者。アクアノート。

**おせ-おせ【押せ押せ】** ①物事・意志を強引に押し通すこと。また、勝利などが目前に迫り、意気があがること。highhandedly 用例 —でいこう。②仕事などが次々に重なり、立てこむこと。また、そのために、他の仕事などにも悪影響がおよぶこと。せっぱ詰まること。be pressed with 用例 予定が—になる。

**おぜ-が-はら【尾瀬ケ原】** 福島・群馬県境にある高層湿原。標高一四〇〇m。燧ケ岳の溶岩流でせきとめられた湖が湿地化したもの。生物相が豊富で貴重な動植物が多い。日光国立公園に含まれる。

**おせ-ぐ・む** 古語(四自) 背がまがる。猫背になる。用例 たけ高く—・みたる者(宇治拾遺・九)。

**おぜ-こうほね【尾瀬▽河骨】** スイレン科の多年生水草。高山や寒冷地の池沼に自生する。水中葉は長卵形。水上葉は広楕円形で、水面に浮かぶ。夏、花茎を水面に出し、黄花を一個開く。がく片は五個で花びら状。

**お-せじ【▽御世辞】** あいそのよいこと。また、へつらいのことば。compliment 用例 —のうまい人。

**お-せせ** よけいな世話をやくこと。おせっかい。

**おせせの蒲焼き**(おせせのかばやき)《「蒲焼き」の「焼く」を、「おせせ」にかけた語》余計な世話をやくこと。大きなお世話。いらぬおせっかい。

**おぜ-そう【尾瀬草】** ユリ科の多年草。一属一種の日本特産種。根茎は横にはい、節から線状の葉を群生。夏、黄色の小花が咲く。尾瀬・谷川岳・北海道天塩に自生。

**お-せち【▽御節】**《「お節料理」の略》正月・五節句などに作る、にしめ料理。

**お-せっかい【▽御節介】**(名・形動) でしゃばって、あれこれとよけいな世話をやくこと・さま・人。せっかい。meddling; busybody 用例 いらぬ—。

**おぜ-ぬま【尾瀬沼】** 福島・群馬の県境、尾瀬ケ原の東にある湖。面積二$km^2$。最深九m。堰止め湖。

**オセロー【Othello】** シェークスピア四大悲劇の一つ。一六〇四年ごろ初演。黒人将軍オセローが、妻デズデモナの貞節について部下イアーゴから疑惑を吹きこまれ、嫉妬のあまり彼女を殺し、自殺する悲劇。

**オセロ-ゲーム【Othello game】**《商標名》二人で行う盤上のゲーム。六四区画の盤に黒



▼常用漢字表外。 ▽常用漢字表の音訓外。

白の表裏の丸い駒を並べ、相手の駒をはさんで自分の駒の色に換え、勝敗を争う。リバーシ。

**オセロット**【ocelot】斑紋はヒョウに似るがずっと小さいネコ科の肉食獣。体長八〇cm内外。森林にすみ、夜行性。鳥や小獣などを捕食。北米南部から南米中部に分布。↓[写]

●オセロット

**お-せん**【汚染】(名・サ変自) ①よごれること。pollution ②ガス・細菌・放射能の灰などで、大気などがよごれること。contamination [参照]大気汚染。

**おせんしゃふたん-げんそく**【汚染者負担原則】環境を汚染する者に、その行為から生じる公害関係費用を負担させるという原則。加害者負担原則。PPP。Polluter Pays Principle

**お-ぜんだて**【▽御▼膳立て】(名・サ変他) ①食ぜんをとりそろえること。②じゅうぶんにととのった用意・準備。preparation [用例]会議の—。

**お-そ**【悪阻】重症のつわり。はげしい嘔吐のため、食物とくに水分の不足から、妊婦は体重減少、栄養障害を起こす。hyperemesis gravidarum

**おそ・い**【遅い】(形) ①時間がかかる。長びく。slow [対義]早い。②時刻が過ぎておくれる。late [用例]帰りが—。③《「晩い」とも》時期が過ぎている。late [対義]早い。[用例]後悔しても—。④速度がにぶい。のろい。slow [対義]速い。[用例]足が—。進歩が—。頭のはたらきが—。⑤《「晩い」とも》夜がふけている。late at night [用例]夜—・く。[派生]おそさ(名) おそめ(名)

**おそい-かか・る**【襲い掛(か)る】(五自) 危害を加えようと近づく。pounce

**おそ・う**【襲う】(五他) ①急に攻める。attack ②不意に人の家をたずねる。make a surprise visit ③地位や家系を、受けつぐ。succeed to

**おそ-うし**【遅牛】歩みののろい牛。

**遅牛も淀、早牛も淀**《牛の歩みに遅い速いはあっても、京を出た牛は結局は淀に着くの意から》方法は異なっても結果は同じである。せいて気をもんでも仕方がないことに言う。

**おそうそう-さま**【▽御草草様】(感) 客をもてなしたあと、主人がわの言うあいさつ語。おそまつさま。

**おそ-うまれ**【遅生(ま)れ】四月二日から一二月末日までに生まれること。また、その間に生まれた人。[対義]早生まれ。

**おそかれ-はやかれ**【遅かれ早かれ】(連語) いつかは。いずれそのうちに。早晩。結局は。sooner or later

**おそき**【遅き】[文語的]「こと。」

**遅きに失する**《「遅し」の連体形》遅いこと。手おくれになる。時機を逃して用をなさない。be much too late

**おそく-(と)も**【遅く(と)も】(副) たとい遅くなっても。at the latest [用例]—一〇月までには完成するだろう。

**おぞ-け**【▽怖気】↓おじけ(怖じ気)

**おそ-ざき**【遅咲き】時期におくれて咲くこと・花。late blooming [対義]早咲き。

**おそ・し**【遅し】[古語](形ク) ↓おそい(遅い)

**遅かりし由良之助**《歌舞伎『仮名手本忠臣蔵』で、判官が割腹の直後に駆けつけた大星由良之助に言ったせりふから》待ち兼ねたときや、時機を逸したときにしゃれて言う語。

**おそし-さま**【▽御祖師様】①一宗・一派の開祖・祖師の敬称。達磨大師など。②日蓮宗で、日蓮の敬称。

**おそ-じも**【遅霜・▽晩霜】晩春から初夏にかけて、おりる霜。late spring frost [対義]早霜。

**おそ-ぢえ**【遅知恵】①知恵の発達の遅いこと。retarded; backward ②あとになって出る役に立たない知恵。afterwit

**おそ-で**【遅出】遅い時刻から勤めに出ること。また、その順番。late attendance [対義]早出。

**お-そなえ**【▽御供え】㊀(名) かがみもち。㊁(名・サ変自他) 神仏にささげること・物。

**おそなわ・る**【遅なわる】[古語](四自) おそくなる。[用例]朝にみて夕の—程だに(宇津保・俊蔭)。

**お-そば**【▽御▽側】①相手のそばを言う敬語。②主君のそば。③近臣。側近。

**おそ-ば**【遅場】イネの実りの遅い所。[対義]早場。[用例]—米。

**おそば・う**【古語】(下二自) 甘えふざける。じゃれる。[用例]—・へて「あれおしこぼちてむ」と腹立ちののしれば(落窪・一)。

**おそ-ばん**【遅番】交替になっている物事の、あとのほうの順番であること。また、その番にあたる人。late shift [対義]早番。

**おそ-まき**【遅▼蒔き】①時期におくれて、種をまくこと。late sowing [対義]早まき。②時機におくれて、すること。late [用例]—ながら駆けつける。

**おぞ-まし・い**【▼悍ましい】(形) うとましい。いやだ。horrifying [派生]おぞましげ(形動) おぞましさ(名)

**おそまつ-さま**【▽御粗末様】(感) ↓おそうさま(御草草様)

**おそ-め**【遅め】①定刻に少しおくれること。late [対義]早め。②速度が少し遅いこと。slow [対義]速め。

**おそめ-おび**【お染(め)帯】黒や紫の繻子織り地で、帯幅の両端約五cmを縁どりした帯。お七帯。

**おそめ-ひさまつ**【お染久松】浄瑠璃・歌舞伎の主人公。近松半二作『新版歌祭文』がもっとも有名。大坂の油屋の娘お染と丁稚久松の悲恋で、情話事件が題材。鶴屋南北の『お染の七役』や舞踊劇『お染』もある。

**おそらく(は)**【恐らく(は)】(副)《下に推量をともなって》たぶん。おおかた。ひょっとすると。perhaps [用例]—来ないだろう。

**おそ・る**【恐る・▼畏る】[古語]《上代では上二段活用、平安時代から下二段活用が現れる。また、漢文訓読として四段活用の例もみられる》↓おそれる(恐れる)

**おそる-おそる**【恐る恐る】(副) こわごわ。おずおずと。timidly [用例]—口に出す。

**オソルノ-さん**【オソルノ山】(Volcán de Osorno) チリ南部、アンデス山脈南部の火山。標高二六六〇m。スキー場として有名。

**おそる-べき**【恐るべき】(連体) ①おそれなければいけない。おそろしい。dreadful ②たいそうな。非常な。enormous

**おそれ**【恐れ・▼畏れ】①恐れること。おじけ。fear; horror [用例]—を抱く。②かしこまり、うやまうこと。畏敬。

**恐れをなす** こわがる。恐れる。また、遠慮したい気持ちになるときにも言う。be frightened [用例]交渉相手の名を聞いて—。

**おそれ**【虞】事の起こりそうな気がかり。心配。anxiety [用例]暴風雨の—がある。

**おそれ-い・る**【恐れ入る・▼畏れ入る】(五自) ①負けたことを認める。あやまる。acknowledge the defeat; plead guilty [用例]—・りました。もういたしません。②ありがたい、また、悪かったと思う。いたみ入る。恐縮する。thank; be sorry [用例]ご教示—・ります。③おどろく。あきれる。be surprised [用例]言いわけのうまいのに—・った。

**恐れ入谷の鬼子母神**《「入る」を地名の「入谷」にかけ、入谷にある鬼子母神を続けたもの》「恐れ入りました」をしゃれて言った語。

**おそれ-おお・い**【恐れ多い・▼畏れ多い】(形) もったいない。ありがたい。恐縮である。

**おそれ-げ**【恐れ気】恐れているようす。[用例]—もなく進む。

**おそれ-ざん**【恐山】青森県北部、下北半島にある火山。標高八七九m。カルデラの中に宇曾利山湖がある。「いたこ」の集まる霊場として有名。

**おそれ-ながら**【恐れ▼乍(ら)】(副) 失礼ですが。恐縮ですが。

**おそ・れる**【恐れる・▼畏れる・▽怖れる】(下一自) ①こわがる。fear [用例]死を—。②心配する。気づかう。be afraid of [用例]不作を—。③《「懼れる」とも》かしこまる。うやまう気持ちをもつ。reverent [用例]神を—。

**おそろし・い**【恐ろしい】(形) ①こわい。おっかない。terrible [用例]—猛犬。②心配だ。気遣われる。be afraid of [用例]末—子ども。③程度がはげしい。おどろくほど、ひどい。awful [用例]—・く暑い。[派生]おそろしがる(五自) おそろしげ(形動) おそろしさ(名)

**おそわ・る**【教わる】(五他) 教えてもらう。まなぶ。learn; be taught

**おそわ・れる**【襲われる】(下一自) ①急に攻められる。attack ②不意に人にやって来られる。have an unexpected visitor

**おそわ・れる**【▼魘われる】(下一自) こわい夢を見て苦しめられる。うなされる。have a nightmare

**お-そん**【汚損】(名・サ変自他) よごれたり、こわれたりして、だめになること。だめにすること。stain

**オゾン**【ozone】化学式$O_3$。酸素の同素体。微青色で、特異臭をもつ気体。酸化剤の中で酸化力が最も強く、殺菌・消毒、空気の浄化に利用。

**オゾン-そう**【オゾン層】大気圏中のオゾン濃度の高い層。高度二〇〜二五kmのもっとも濃い層を中心に、厚さ約二〇kmにわたって分布。生物に有害な太陽からの紫外線を吸収するなど、重要な役割を果たしている。ozonosphere

**オゾン-ホール**【ozone hole】地上二〇〜三〇kmにあるオゾン層が、南極大陸の上空で毎年八月から一〇月にかけて薄くなり、穴のあいたような状態になる現象。スプレーなどに使われるフロンガスが原因とされている。

**おた**【▽織田】〈町〉福井県北西部山間の町。剣神社の門前町として発展。窯業・茶の栽培もさかん。人口五四〇六(一九八八)。

**おだ**《俗語。「—をあげる」の形で》かってな主張をすること。気炎をあげること。

**おだ** 稲架のこと。

**おだ**【小田】〈町〉愛媛県中部の町。林業・稲作・畑作がさかん。人口四九九九(一九八八)。

**お-たあ-さま**【▽御▽母様】宮中などで、母の敬称。おたたさま。[対義]おもう様。

**お-だい**【▽御代】「代金」の丁寧語。[用例]—は見てのお帰り。

**お-たいこ**【▽御太鼓】①相手のごきげんをとること・人。たいこもち。②「御太鼓結び」の略。

**御太鼓を叩く** 人のきげんをとる。

**おたいこ-むすび**【▽御太鼓結び】女帯の結び方の一つ。帯の手を結び目の中に入れて、太鼓の胴のような形に結ぶもの。帯揚げや帯締めを用いるのが特色。二重太鼓・変わり太鼓など。お太鼓。↓[写]

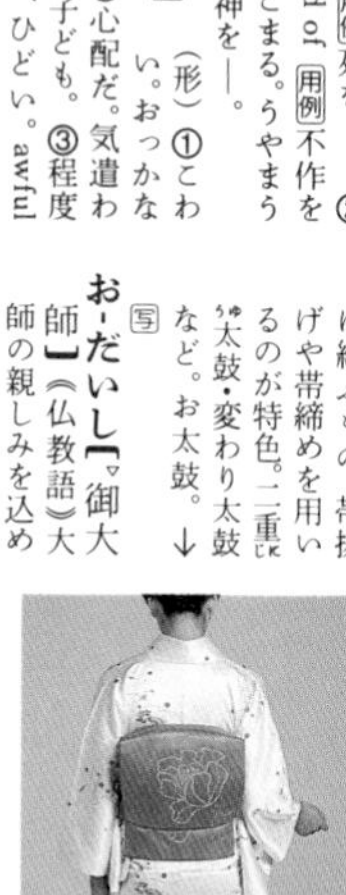

●御太鼓結び

**お-だいし**【▽御大師】《仏教語》大師の親しみを込めた呼び方。一般には、弘法大師をさす。

**お-だいば**【▽御台場】江戸幕府が、東京湾品川沖に築造した砲台。嘉永六年(一八五三)のペリー来航後、江戸防備のために設置。品川台場。

**お-だいみょう**【▽御大名】①「大名」の敬語。②《少し、ばかにして言う》ぜいたくな者。世間や苦労を知らない者。

**お-だいもく**【▽御題目】①日蓮宗で、「南無妙法蓮華経」の七字。②《俗語》主張。その綱目。slogan [用例]—だけはりっぱだ。—をならべる。

**お-たいら**【▽御平ら】足をくずして、らくにすわるようにすすめる語。[用例]どうぞ—に。

**おたうえ-まつり**【▽御田植(え)祭り】稲の豊作を祈る神事。年頭に予祝行事として行うもの、田植え時期に行うもの、神田に神を迎え苗を植える神事性の強いもの、芸能化の進んだものに大別できる。御田植え神事。↓[写]

●御田植え祭り 伊雑宮(三重県)。

**おだ-うらくさい**【▽織田有楽斎】(一五四七〜一六二一) 安土桃山時代の武将・茶人。名は長益。織田信長の弟。本能寺の変のあと豊臣秀吉に仕え、さらに関ケ原の戦い後は徳川家康



↓行き先項目、図版・写真参照印。 JIS 日本工業規格情報交換用漢字符号コード(区点コード)。

流と称した。

**おた-おた**(副・サ変自)《俗語》うろたえて、何も手につかないさま。confusedly

**おだか**【小高】〈町〉福島県東部、原町市南隣の町。旧宿場町。稲作中心の農業のほか、機業も行われる。人口一万四九二一(一九八八)。

**お-たか・い**【▽御高い】(形)①気位が高い。proud ②いばっている。haughty

**御高く留まる**(おたかくとまる) 気位を高くもって、すましている。人を見くだしている。

**おたがい-さま**【▽御互い様】お互いに同じ立場・状況であること。

**おだ-かずま**【▽織田▽一磨】(一八八二〜一九五六) 石版画家。東京生まれ。日本創作版画協会創立に参画。創作版画の発展に尽くす。作品『東京風景』など。

**おだか-ひさただ**【尾高▽尚▽忠】(一九一一〜五一) 指揮者・作曲家。東京生まれ。日本交響楽団の常任指揮者として活躍。死後「尾高賞」が制定された。

**お-たから**【▽御宝】①お金。money ②宝物。treasure ③だいじにしているもの。precious thing ④よその子どもをほめて言う語。

**お-たからこう**【雄たから香】深山の谷間にはえるキク科の多年草。高さ一m前後。根出葉は心臓形で幅約三〇cm。秋に、黄色の頭花を多数つける。↓写

● オタカラコウ

**お-だき**【雄滝・▽男滝】近い所にある二つの滝のうち、大きいほう。対義 雌滝。

**おだきゅう-でんてつ**【小田急電鉄(株)】東京の新宿と、神奈川県の小田原・箱根・湘南を結ぶ路線をもつ鉄道会社。営業キロ一二〇・一km。大正一二年(一九二三)設立。

**お-たく**【▽御宅】(代)①相手の家・家庭・夫・会社を言う敬語。対義 うち。②相手をさす語。あなた。you

**お-だく**【汚濁】(名・サ変自)よごれ、にごること。contamination 用例 河川の—。

**お-だけ**【雄竹】マダケのような、大形の竹。

**お-たけび**【雄▽叫び】いさましいさけび声。war cry 用例 —をあげる。

● 織田信長 長興寺(愛知県)。

**おだ-さくのすけ**【▽織田作▼之助】(一九一三〜四七) 小説家。大阪市生まれ。第二次大戦後の世相を大胆に描き、無頼派といわれた。小説『夫婦善哉』『世相』『土曜夫人』など。

**おたずね-もの**【▽御尋ね者】手配中の犯罪容疑者。wanted

**お-たち**【▽御立ち】出発することや、客が帰ることを、敬って言う語。

**お-たっし**【▽御達し】目上の者・上級の機関などからの通達・命令。用例 その筋よりの—により。

**おだて**【▼煽て】おだてること。flattery

**煽てに乗る**(おだてにのる) そそのかされて、相手の意図にそった行いをする。また、ほめられて、得意になる。be easily flattered 用例 煽てに乗りやすい人。

**おだ・てる**【▼煽てる】(下一他)①そそのかす。あおる。instigate ②ほめて、いい気にさせる。flatter

**お-たな**【▽御▽店】奉公人などが、その商家を言う敬語。

**おたな-もの**【▽御▽店者】商店の奉公人。

**おだに-せいいちろう**【▽男谷精一郎】(一七九八〜一八六四) 幕末の剣士。江戸本所に、直心影流の道場を開く。のち、幕府に講武所の開設を進言し、その頭取となる。

**おたね-にんじん**【▽御種人▽参】チョウセンニンジンの別名。享保年間(一七一六〜三六)に、種子が朝鮮半島より渡来し、幕府の御薬園に植えられたことに由来。

**おだの-なおたけ**【小田野直▽武】(一七四九〜八〇) 江戸中期の秋田派洋画の代表的画家。秋田角館の支藩藩士。平賀源内に洋画法を学び、『解体新書』に挿絵を描く。作品『不忍池図』『富岳図』など。

**おだ-のぶかつ**【▽織田▽信▽雄】(一五五八〜一六三〇) 安土桃山・江戸初期の武将。信長の次男。本能寺の変後、清洲城主。天正一二年(一五八四)、徳川家康と結び豊臣秀吉軍と戦う。のち秀吉に仕え、さらに家康のもとで大和五万石の大名。

**おだ-のぶなが**【▽織田▽信長】(一五三四〜八二) 戦国・安土桃山時代の武将。永禄三年(一五六〇)、桶狭間(現在の愛知県豊明市・名古屋市緑区)に今川義元を破り、以後勢力を拡大。天正元年(一五七三)、第一五代将軍足利義昭を追放して、室町幕府を滅ぼす。天正四年(一五七六)、安土城を築き、天下統一を半ば成就したが、京都本能寺で家臣明智光秀の襲撃を受けて、自殺。↓写

**おだ-のぶひで**【▽織田▽信▽秀】(一五一〇〜五一) 室町後期の武将。信長の父。尾張の人。清洲織田家三家老の一人で、一族を統一。信長の勢力拡大の基礎を作る。

**お-たび**【▽御旅】①祭礼のときに、神輿をお旅所にすえること。②「御旅所」の略。

**おたび-しょ**【▽御旅所】祭礼で神輿が本宮から渡御する神幸の途中、仮に安置される場所。神輿宿。頓宮。

**おたふく**【▼阿多福】①おかめに似た女の顔。②女を悪く言う語。

**おたふく-かぜ**【▼阿多福風邪】《ほおがはれることから》流行性耳下腺炎の俗称。ウイルス性の伝染病。片側または両側の耳下腺がはれて痛みを伴うのが特徴。子どもに多く、一度かかると免疫となる。mumps

**おたふく-まめ**【▼阿多福豆】《形がお多福の面に似ていることから言う》ソラマメの実で大粒のもの。また、乾燥させてもどし、黒砂糖としょうゆで煮たもの。

**お-だぶつ**【▽御▼陀仏】《俗語。阿弥陀仏を唱えて往生する意》①死ぬこと。②失敗して、回復の見とおしがつかないこと。比較 おしゃか。

**お-たま**【▽御玉】①「おたまじゃくし」①の略。②《女性語》たまご。

**お-だまき**【▼苧▽環】①つむいだ麻糸を、内をからにして丸くまいたもの。②餡入りの求肥の上に、そば粉でねった細いひもで、渦巻きを付けた和菓子。③キンポウゲ科の耐寒性の多年草。茎は直立し、高さ二〇〜三〇cm。初夏、枝の先端に、多くは青紫色の花が下向きに咲く。観賞用。↓写

● オダマキ③

**おだまき-むし**【小田巻(き)蒸し】ゆでたうどんを入れた、茶わん蒸し。具は鶏肉・シイタケ・ミツバなど。

**おたま-じゃくし**【▽御玉▼杓子】①汁などをよそうのに使う、しゃくし。おたま。ladle ②カエルの幼生。頭から、すぐしっぽがついているように見える。tadpole ③《カエルの幼生の形に似ているところから》音楽で、音符の♩・♪などの俗称。musical note

**おたま-ぼや**【お玉▽海▼鞘】オタマジャクシ形の海産プランクトンの総称。体は卵円形で、全長五mm以下。後端から、膜状の長い尾がでる。自分の分泌した袋の中に入って、浮遊生活をする。暖海性。日本近海に十数種が生息。

**お-たまや**【▽御霊屋】貴人の霊を祭ってある所。みたまや。mausoleum

**おだ-みきお**【▽織田幹雄】(一九〇五〜) 元陸上競技選手。広島県生まれ。アムステルダムオリンピックで三段跳びに優勝、日本人初のオリンピック優勝者となる。

**お-ため**【▽御▽為】相手のために利益をはかること。

**おため-ごかし**【▽御▽為ごかし】人のためにするように見せて、実は自分の利益をはかること。

**おだやか**【穏やか】(形動)①安らかなさま。温和。平穏。calm; quiet ②ゆったりと落ち着いているさま。平静。gentle; quiet

**おたり**【小▽谷】〈村〉長野県北部、姫川に沿う村。稲作中心。小谷・姫川温泉、栂池自然園などがある。人口四六三五(一九八八)。

**オタリア**【Otaria】アシカ科の哺乳動物。南アメリカ沿岸に生息する。体長二m前後。

**オダリスク**【odalisk トルコ】トルコのスルタン(皇帝)に仕えた、白人の女奴隷。転じて、ハレムの女たちを言う。

**おたる**【小▼樽】〈市〉北海道西部、石狩湾に臨む市。日本海側の重要な港で、水産物・合板などの積み出し港。新潟・敦賀・舞鶴・利尻島・礼文島へのフェリー便がある。「坂の町」として有名。人口一七万七七四(一九八八)。

**オタワ**【Ottawa】カナダの首都。同国南東部、オタワ川左岸にある美しい都市で、製材・パルプ・製紙業がさかん。人口二九・五万(一九八一)。

**オタワ-かいぎ**【オタワ会議】(Ottawa Conference) 一九三二年にカナダのオタワで開かれた、イギリス帝国経済会議。オタワ協定が締結され、イギリス連邦特恵関税制度が形成された。

**おだわら**【小田原】〈市〉神奈川県南西部、相模湾に臨む市。旧城下町・宿場町。商工都市で、特産に、かまぼこ・ミカンなど。箱根観光の起点。人口一八万八八一五(一九八八)。

**おだわら-せいばつ**【小田原征伐】豊臣秀吉が後北条氏を滅ぼした戦い。天正一八年(一五九〇)、秀吉は、小田原城に立てこもる北条氏政・氏直親子を攻略し、全国平定を完成。

**おだわら-ぢょうちん**【小田原▽提▽灯】円筒形で、たたむと懐中に入るくらいの提灯。天文年間(一五三二〜五五)、小田原の甚左衛門という人によって初めて作られたといわれ、主として旅行用。↓写

● 小田原提灯 左は畳んだ状態。

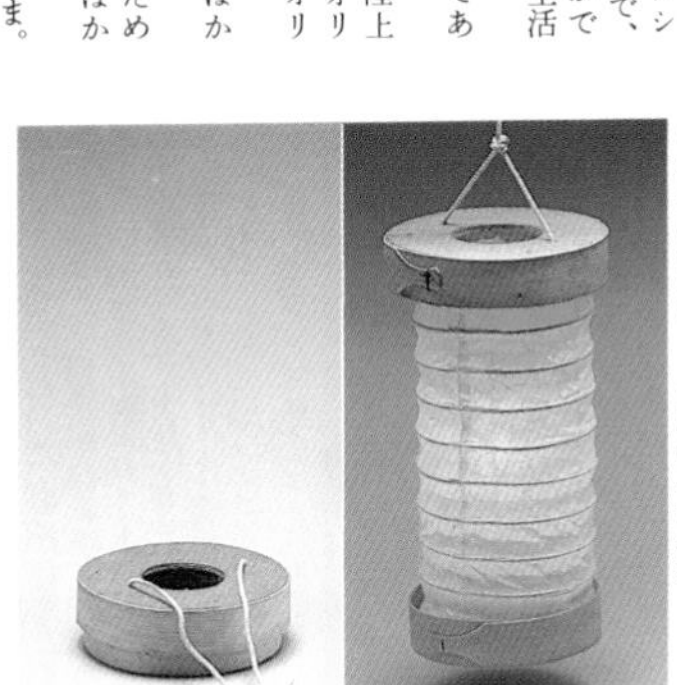

**おだわら-ひょうじょう**【小田原評定】《小田原城が豊臣秀吉の軍に囲まれたとき、和戦の相談が長い間まとまらなかったことから》話し合いなどがだらだらと長びいて、容易にきまらないこと。

**おたんこ-なす**《俗語》人をあざけって言う語。まぬけ。のろま。

**おたん-ちん**《俗語》人をあざけって言う語。まぬけ。のろま。

**おち**【落ち】①落ちること。ex 用例 配当—。②逃げ去ること。rout 用例 都—。③手ぬかり。おちど。fault 用例 書類に—がある。④終わり。結末。the end 用例 そうなるのが—だ。⑤落語などで、笑わせて、話の結びとする部分。さげ。punch line

**落ちが来る**(おちがくる) 「落ちを取る」と同意。

**落ちを取る**(おちをとる) 客から、ほめはやされる。評判を得る。落ちが来る。

**おち**【▽遠・▽彼▽方】古語(代)①《時間が隔たっていること》それより以後。将来。用例 今二日だみ遠くあらば七日の—は過ぎめやも(万葉・一七・四〇一一)。②《空間が隔たっていること》遠く離れた所。かなた。用例 水まさり—なる人ぞ恋しかりける(蜻蛉・下)。

**おち**【▽越知】〈町〉高知県中部、仁淀川沿いの町。山がちで木材・茶などを産する。横倉山、大樽の滝などの名所がある。人口八七七九(一九八八)。

**おち-あい**【落(ち)合い】①落ち合うこ



▼常用漢字表外。 ▽常用漢字表の音訓外。

と。meet ②川の合流地点。junction

**おちあい**【落合】〈町〉岡山県北部、旭川と備中川合流点にある町。船着き場として栄えた。農産物の集散地で、酪農もさかん。人口一万七〇六九(一九八八)。

**おちあい・なおぶみ**【落合直文】(一八六一～一九〇三)歌人・国文学者。号は萩之家。宮城県生まれ。和歌の改良を唱え、「あさ香社」を結成。典雅流麗な歌風。国語・国文学研究にも貢献。長詩『孝女白菊の歌』、歌文集『萩之家遺稿』など。

**おち-あ・う**【落(ち)合う】(五自) ①同じ所で、出会う。meet 用例 駅で—。②二つの川が、一つ所でいっしょになる。join

**おち-あし**【落(ち)足】①負けて逃げる、足どり。②水のひきぎわ。

**おち-あぶ・る**【落ちあぶる】古語(下二自) おちぶれる。用例 行く末遠き人は—・れて(源氏・橋姫)。

**おち-あゆ**【落(ち)▼鮎】秋、産卵のため、川を下るアユ。下りあゆ。さびあゆ。

**おち-い・る**【陥る】(五自) ①落ちこむ。fall into ②計略にかかる。fall into ③落城する。fall ④気絶する。死ぬ。faint; die

**おち-い・る**【落ち居る】古語(上一自) ①態度が落ち着いている。用例 のどかに—・ゐて(源氏・若菜上)。②心が落ち着く。用例 けふなむ—・ゐぬる(竹取)。

**おち-うお**【落(ち)魚】①晩秋、深い川へ移る魚。②産卵で、川を下る魚。③死んだ魚。

**おちうど**【落▽人】↓おちゅうど(落人)

**おち-えつじん**【▽越▼智越人】(一六五六～?) 江戸前期の俳人。加賀の人。尾張に住み、同地の蕉門作家として活躍。芭蕉の『更科紀行』の旅に随行。撰集『鵲尾冠』『庭竈集』など。

**おち-えん**【落(ち)縁】座敷の床より低くなっている縁。多くは濡れ縁になる。

**おち-おち**【落ち落ち】(副)《下に打ち消しをともなって》おちついて。ゆっくりと。quietly; calmly 用例 —ねむれない。

**おぢか**【小値▽賀】〈町〉長崎県北西部、小値賀島を中心とする町。畜産や、一本釣りなどの漁業を行う。人口四九一一(一九八八)。

**おち-かえ・る**【▽復ち返る・▽変▽若ち返る】古語(四自) ①若がえる。用例 石綱のまた—・りあをによし奈良の都をまた見なむかも(万葉・六・一〇四六)。②もとどおりになる。また、繰り返す。用例 この暁も—音も(更級)。

**おち-かた**【▽遠方】遠い所。用例 —びと。

**お-ちかづき**【▽御近付き】「近付き」の、丁寧な言い方。知り合って、親しくすること。acquaintance 用例 —のしるしに。

**おち-ぐち**【落(ち)口】①流れの落ちる所。②くじ・入札などに当たった人。

**おちくぼものがたり**【落▼窪物語】平安時代の物語。四巻。作者不詳。現存最古の継子いじめ物語。継母に虐待されていた落窪の姫が左近少将に救われ、みなが幸福になるというもの。

**おち-けん**【落(ち)研】落語研究会の俗称。おもに高校生・大学生による落語愛好者の組織。専門家の指導をうけているところが多い。

**おち-こち**【▽遠▽近】遠い所と近い所。遠くと近く。あちこち。here and there

**おち-こぼれ**【落(ち)▽零れ】①落ちてちらばっているもの。②残りもの。③学校の授業についていけない児童・生徒。また、その現象。

**おち-こ・む**【落(ち)込む】(五自) ①落ちて、はまる。おちいる。fall into ②へこんで、くぼむ。深くくぼむ。sink 用例 目が—。③よくない状態になる。fall into 用例 危険に—。④《俗語》気分が、沈んだ状態になる。気がめいる。めげる。feel depressed

**おち-しお**【落(ち)潮】↓ひきしお(引き潮)

**おち-そ・う**【落ち添う】古語(四自) そうように、落ちる。用例 わが涙さへ—・ひて(落窪・四)。

**おち-つき**【落(ち)着き】①落ち着くこと。ゆったりしたようす。calm; self-composed ②すわりぐあい。安定。stable 用例 —のいい石。

**おちつき-はら・う**【落(ち)着き払う】(五自) すっかり落ち着いて、すこしもさわがない。keep cool

**おち-つ・く**【落(ち)着く】(五自) ①居所・つとめ先などが、きまる。settle down 用例 東京に—。教師に—。②静まる。安定する。calm down 用例 騒ぎが—。景気が—。③おさまる。帰結する。用例 同じ結果に—。④調和する。しっくりする。match with 用例 —・かない表現だ。—・いた雰囲気。⑤どっしりした態度である。あわてない。calm 用例 —・いて行動する。⑥うわついた感じがなく、地味である。plain 用例 —・いた、着物の柄。

**おち-つ・ける**【落(ち)着ける】(下一自他) ①(他)落ち着かせる。静める。calm 用例 心を—。②(自)落ち着くことができる。用例 あそこは—店だ。

**おち-ど**【落(ち)度・▽越度】《「おつど(越度)」の転》①あやまち。過失。fault ②失敗。fault ③関所などをさけて通った罪。

**おち-の・びる**【落(ち)延びる】(上一自) 無事に遠く、または最後まで逃げていく。escape safely

**おち-ば**【落ち葉】①木から散り落ちた葉。fallen leaves ②練り香名。六種の薫き物の一種。宮中で、四季の薫き物として、冬あるいは秋にたかれるといわれる。

**おちば-いろ**【落ち葉色】赤みがかった黄茶色。

**おち-ふだ**【落ち札】入札で当たった札。らくさつ。

**おち-ぶ・れる**【落(ち)▼魄れる・▽零▽落れる】(下一自) 貧しく、みじめになる。零落する。down-and-out

**おち-ぼ**【落(ち)穂】取り入れたあとに落ちている、稲・麦などの穂。gleanings 用例 —ひろい。

**おち-むしゃ**【落(ち)武者】戦いに負けて、逃げていく武士。おちゅうど。

**落ち武者は薄の穂に怖じる**(おちむしゃはすすきのほにおじる) びくびくしている者は、ちょっとした事でも恐ろしく感じる。

**おち-め**【落(ち)目】勢力や境遇などが下り坂になること。on the skids

**お-ちゃ**【▽御茶】①「茶」の丁寧語。tea 用例 —をいれる。②仕事のあいだの短い休み。tea break 用例 —にする。③茶の湯。用例 —を習う。

**御茶を濁す**(おちゃをにごす) その場をごまかす。temporize

**御茶を碾く**(おちゃをひく) 芸者・遊女などが、客がなくてひまでいる。

**おぢや**【小千▽谷】〈市〉新潟県中部、信濃川沿いの市。旧宿場町。小千谷縮の町として栄えた。錦鯉・仏壇・花火も特産。人口四万四一八七(一九八八)。

**おちゃ-うけ**【▽御茶請(け)】お茶を飲むときに食べる菓子。tea-cake

**お-ちゃこ**【▽御茶子】《方言》おもに関西で、劇場・寄席などの、女の案内係。茶・食事などの世話もする。

**おぢや-ちぢみ**【小千▽谷縮】↓えちごちぢみ(越後縮)

**おちゃ-づけ**【▽御茶漬(け)】「茶漬け」の、丁寧な言い方。

**おちゃっぴい**(名・形動) 少女の、おしゃべりで、調子にのってこっけいなことをすること・さま。また、そういう少女。

**おちゃ-の-こ**【▽御茶の子】①茶菓子。ちゃのこ。②簡単にできること。朝飯前。

**御茶の子さいさい**(おちゃのこさいさい) 手がるにかたづくこと。cinch

**おちゃのみず**【▽御茶ノ水】東京都千代田区北部の地名。将軍が、湧水を茶の湯に用いたことに由来。ニコライ堂があり、学校も多い。

**おちゃのみず-じょしだいがく**【お茶の水女子大学】東京女子高等師範学校を前身とする国立の女子大学。明治七年(一八七四)女子師範学校として、お茶の水に創立。現在地は文京区大塚。

**おちゃ-ひき**【▽御茶▼碾き・▽御茶▼挽き】客がつかないため、暇でいる芸者・娼妓。お茶ひき女郎。

**お-ちゃや**【▽御茶屋】↓ちゃや(茶屋)

**おちゃら-か・す**(五他) ひやかす。からかう。ちゃかす。

**お-ちゅうげん**【▽御中元】↓ちゅうげん(中元)②

**おちゅうど**【落▽人】《「おちびと」の転》人目をさけて、逃げて行く人。用例 平家の—。

**おちゅうど-でんせつ**【落▽人伝説】落人を主人公とする伝説の総称。全国に分布している。鎧塚などの記念物の由来を説くものと、平家谷伝説のように、一族の出自を述べるものとがある。

**おち-ゆく**【落(ち)行く】文語的(五自) ①遠くへ逃げて行く。逃走する。flee ②最終的に、そこに落ち着く。結論が定まる。settle down

**オチョア**【Severo Ochoa】(一九〇五～) アメリカの生化学者。スペイン生まれ。リボ核酸の酵素学的生合成に成功した業績で、コーンバーグとともに一九五九年ノーベル生理学医学賞受賞。

**おちょうし-もの**【▽御調子者】①調子にのりやすい人。おっちょこちょい。②いいかげんに調子を合わせる人。timeserver

**おちょう-めちょう**【雄▼蝶▼雌▼蝶】婚礼で夫婦固めの杯事が行われるさい、銚子や提子につける、雄の蝶と雌の蝶のかたちをした折り形のこと。また、杯に酒をつぐ役を務める男児と女児のこと。

**おちょく・る**(五他)《方言》おもに関西・四国で、からかう。ばかにする。

**おちょぼ-ぐち**【おちょぼ口】女・子どもの、小さく、かわいい口。気どってすぼめた口。

**お・ちる**【落ちる】(上一自) ①《「墜ちる」とも》高い所から低い所へ、直線的に位置が移る。落下する。fall 用例 木から—。飛行機が—。②雨滴や水流が、勢いよく上から下へ移動する。fall 用例 小雨が—。滝が—。③とれてなくなる。用例 よごれが—。④太陽・月が没する。set 用例 日が—。⑤悪くなる。おとろえる。fade; fall; go down 用例 品が—。人気が—。⑥その人のものになる。fall into 用例 かれの手に—・ちた。月末に手形が—。⑦都から田舎へ、のがれる。leave; fly 用例 吉野山に—。⑧もれる。ぬける。omitted; missing 用例 二字—。⑨落第する。fail 用例 試験に—。⑩《「堕ちる」とも》おちぶれる。堕落する。corrupt 用例 —所まで—。⑪気絶する。swoon 用例 柔道の絞め技で—。⑫鳥などが死ぬ。用例 インコが—・ちた。⑬攻め落とされる。fall 用例 城が—。⑭本音をはく。blurt out 用例 語るに—。⑮ぴったりする。用例 腑に—・ちない。

**おっ**(感) 驚いたときや、事が急である場合に発する語。

**おっ**【押っ】(接頭)《「押し」の転》動詞の上について、動作を勢いよく表現する、また、意味を強める語。用例 —立てる。—ぱじめる。—かぶせる。

**オツ** 1画【乙】 部首[乙] 常用 JIS 1821

音 オツ・イツ・オチ

①きのと。十干の第二。②一般に、二番め。第二位。「甲乙丙」用例 (名)作文の評点は—だった。③邦楽で、甲に対して、一段低い音。また、低く、しんみりした音や調子。用例 (名)—へ入る。④しゃれたおもむき。一風かわった。用例 (形動)—なことをいう。—な味。⑤いつもとちがう感じ。妙である。変。用例 (形動)—にすました顔が、気になる。⑥おと。幼い・かわいいなどの意を表す。

**オツ** 14画【▼膃】 部首[月] JIS 7112

音 オツ

①「膃肭」は、ふとっているさま。②「膃肭臍」は、アシカ科の哺乳動物。

**オツ** 14画【▼榲】 部首[木] JIS 6037

音 オツ・オン

「榲桲」は、マルメロ。バラ科の落葉小高木。

**お・つ**【▽復つ・▽変▽若つ】古語(上二自)《「をとこ」「をとめ」の「をと」と同語源》もとどおりになる。はじめにかえる。若がえる。用例 薬はむともまた—・ちめやも(万葉・五・八四七)。

**お・つ**【落つ】古語(上二自)↓おちる(落ちる)

**おっ-か・ける**【追っ掛ける】(下一他)《「追いかける」の転》あとから、先に進んでいるもの・人を追う。run after

**おっかな・い**(形)《俗語》こわい。おそろしい。fearful 用例 —ゆめを見た。派生 おっかなが・る(五自)

**おっかな-びっくり**(副) びくびく。おそるおそる。fearfully

**おっ-かぶ・せる**【押っ▽被せる】(下一他) ①おおいかぶせる。cover 用例 ふくろを—。②なすりつける。lay … on 用例 責任を—。

**オッカム**【William of Ockham】(一二八五ごろ～一三四九) イギリスのスコラ哲学者。神学と哲学を峻別し、唯名論を記号論的に展開して、経験科学や現代論理学の先駆をなした。

**お-つき**【▽御付き】おとも。つきそい。用例 —の人。

**おっ-くう**【億▼劫】(名・形動)《「おくこう」の変》気が進まないこと。めんどうくさいこと。bothersome

**おっくう-が・る**【億▼劫がる】(五自) おっくうに思う。think it troublesome

**オックステール**【oxtail】牛の尾。シチューの材料や、スープをとるのに用いる。長時間煮

込んで、味を出す。

**オックスフォード【Oxford】** ①イギリス南部、ロンドン西北西にある学術都市。オックスフォード大学所在地。商工業が盛んで、郊外に自動車工場がある。人口一一・五万(一九八五)。②斜子織りの綿織物。スポーティな夏向き服地。③黒っぽい霜降りのフランネル。④甲部がひも締めになった短靴の総称。

**オックスフォード-うんどう【オックスフォード運動】** イギリス国教会における、信仰復興と教会改革の運動。一八三三年、ニューマンらが創唱。Oxford movement

**オックスフォード-えいごじてん【オックスフォード英語辞典】**(The Oxford English Dictionary) オックスフォード大学出版局刊行の英語辞典。初代編集主幹ジェイムズ=マリー。一八八四年から一九二八年にかけて一二巻、三三年、補遺一巻を刊行。七二年から八六年、増補四巻を出版。略称OED。旧略称NED。

**オックスフォード-だいがく【オックスフォード大学】**(Oxford University) オックスフォード市にある、イギリス最古の大学。一二世紀の創立。約四〇のカレッジ(=学寮)から構成される。

**お-つくり【ᐁ御作り】** ①化粧の丁寧語。お化粧。makeup ②鮮度のよい魚介類を生のままで食べる、日本特有の料理。刺身。うちみ。

**お-つけ【ᐁ御付け】** ①「汁」の丁寧語。②「みそ汁」の丁寧語。おみそしる。おみおつけ。

**お-つげ【ᐁ御告げ】** 神仏が、意思などを告げること。神仏によって告げられたことば。

**オッケー**(感)「オーケー」の俗な言い方。

**おっ-けん【ᐁ越権】**→えっけん(越権)

**おっ-けん【▼臆見・憶見】**(「おくけん」の変)《俗語》自分ひとりの判断。おくけん。こう思われるという程度の、主観的な判断。

**おっこ・ちる【落っこちる】**(上一自)《俗語》落ちる。

**おっこと・す【落っことす】**(五他)《俗語》落とす。

**おっ-さん**《俗語》壮年の男性を親しんで、また、さげすんで呼ぶ語。mister

**おつじ【乙字】**→おおすがおつじ(大須賀乙字)

**おっしゃ・る【ᐁ仰る】**(五自)《「仰せある」の転》「言う」の敬語。

**オッズ【odds】** 競馬などの概算払い戻し率。ふつう、賭け事の賭け率や予想配当など。

**おっ-そ【ᐁ越訴】** 所定の順序を越えて上訴すること。中世においては、幕府の行った判決内容に不満のときの再審要求をさす。律令制下および江戸幕府では、これを厳禁。えっそ。

**オッター-ボード【otter board】** トロール網を引いたとき、水圧で、その網口が水平方向に開くよう取りつけられた、一対の板。

**おっ-た・てる【押っ立てる】**(下一他) 勢いよく立てる。

**おっ-た・てる【追っ立てる】**(下一他)《「追いたてる」の転》追い出す。追っぱらう。

**おっちょこ-ちょい**(名・形動) 浮わついていて、考えが浅いこと・さま・人。scatterbrain

**おっつ-かっつ**(形動) ①ほとんど同じであるさま。nearly the same ②甲乙がつけられないさま。difficult to rank

**おっ-つ・く【追っ着く】**(五自)《「追い着く」の転》①追いかけて、先のものの所に行き着く。catch up with ②先行する目標に達する。catch up with

**おっ-つけ【押っ付け】** 押しつけること。その力。push against 用例 ―が強い。

**おっ-つけ【追っ付け】**(副) やがて。まもなく。soon 用例 ―来るころだ。

**おっ-つ・ける【押っ付ける】**(下一他) ①《俗語》押しつける。②相撲で、脇をしめ相手の腕を押さえて、差させないようにする。

**おっ-て【追っ手】**(「追い手」の転)逃げていく人を追いかける人。討っ手。pursuer

**おって【追って】** 一(副)《「おって…する」の形で》まもなく。あとで。later; afterwards 用例 ―指図する。二(接続)《手紙や掲示の本文がいったん終わったあとに、書き加える文があるとき、その書きはじめに使う》なお。つけ加えて。postscript; P.S.

**おって-がき【追って書き】** そえ書き。追伸。二伸。postscript; P.S.

**おっと【夫・ᐁ良ᐁ人】**(「おひと(男人)」の転)結婚した男女のうち、男のほう。husband 対義 妻。

**おっ-と**(感) ①急に気づいたときや、軽く驚いたときに発する語。用例 ―危ない。②相手に応じたり、呼びかけるときなどに発する語。用例 ―どっこい、そうはさせない。

**オットー【Nikolaus August Otto】**(一八三二〜九一) ドイツの技術者。ガス機関では最初に成功したオットー機関を開発した。オットーサイクルとよばれる燃焼過程の理論を提唱。

**オットー〈一世〉【Otto Ⅰ】**(九一二〜九七三) ドイツのザクセン朝第二代の王(在位九三六〜九七三)。神聖ローマ帝国の創始者。教会勢力と結んで、王権の確立をはかった。二度にわたりイタリアに遠征。九六二年、教皇より加冠され、神聖ローマ皇帝となる。帝国教会政策を展開。大帝と称される。

**おっとがた-きょじゅう【夫方居住】** 文化人類学の概念で、結婚した夫婦が、夫の居住地に住む婚姻居住方式。virilocal residence

**おっとせい【▼膃▼肭▼臍】**《onnepアイヌの中国での音写「膃肭」と、その臍が薬用として、日本へ輸入されたことから》アシカ科の哺乳動物。体長は雄二m以上、雌約一m。背側は濃茶色で、腹側は茶褐色。回遊生活をし、魚・イカを捕食。夏、上陸してハレムをつくり、繁殖。毛皮は敷物用。北太平洋に分布。fur seal →写

●オットセイ

**おっとせいほぞん-じょうやく【オットセイ保存条約】** 北太平洋におけるオットセイの資源保護を目的とする条約。昭和三二年(一九五七)に、日本・アメリカ・カナダ・ソ連のあいだで暫定的に締結された。Interim Convention on Conservation of North Pacific Fur Seals

**おっとっと**(感) 酌を受けて酒などをこぼしそうになったときなどに発する語。

**オットマン【ottoman】** 横畝織物の一種。主として、やや強いよりをかけた絹糸を使い、婦人服地に使用。

**お-つとめ【ᐁ御勤め】** ①官庁・会社などに勤めること。work ②《仏教語》経文を読むこと。勤行。

**おっとり**(副・サ変自) おうようなさま。ゆったり。gentle; generous 対義 こせこせ。

**おっとり-がたな【押っ取り刀】** ①急なとき、刀を手に持ったままで、腰にささないこと。②大急ぎでかけつけるようす。at breakneck speed

**おつ-なか【乙仲】**(「乙種海運仲立業者」の略)船会社と貿易業者のために、船積み・陸揚げ、通関業務の代行をする海運貨物取扱業者。shipping broker

**おつに【乙二】**(一七五五〜一八二三) 江戸後期の俳人。本名、岩間清雄。奥州白石の人で千手院住職。句集『松窓乙二発句集』など。

**おつ-に【乙に】**(副) しゃれて。気がきいて。また、奇異に。風変わりに。affectedly 用例 ―すます。

**乙に絡む**(おつにからむ) 変なふうに嫌味を言う。make sarcastic remarks 用例 乙に絡んだものの言いよう。

**おつ-にょう【乙▼繞】** 漢字を組み立てている部分の名。「乞・九・乱」などの「乙・乚」。つりばり。

**おつねん-とんぼ【ᐁ越年▼蜻▼蛉】** 小形のイトトンボ。体長約三・三cm。淡褐色で赤銅色の斑紋がある。翅は淡く褐色を帯びる。夏、成虫が現れ、成虫のまま越冬し、翌年春、池沼に産卵。日本全土に分布するが、南部ではまれ。

**おっぱい**《幼児語》乳。乳ぶさ。おちち。breast

**オッパ-とりひき【オッパ取引】** 先物の取引の一種。商社や問屋の間で、保証金を担保におかずに、相互の信用にもとづいて行われる取り引き。

**おっ-ぱら・う【追っ払う】**(五自)《「追い払う」の転》じゃまなものなどを追いたてて、どかせる。drive away

**おっ-ぴろ・げる【押っ広げる】**(下一他)《「押し広げる」の転》広げるを強めた言い方。

**オッフェンバック【Jacques Offenbach】**(一八一九〜八〇) フランスの作曲家。ドイツ生まれ。ナポレオン三世時代の代表的オペレッタ作曲家。作品『天国と地獄』『ホフマン物語』など。

**オッペンハイマー【Franz Oppenheimer】**(一八六四〜一九四三) ドイツの社会・経済学者。征服国家説と人種闘争説にたち、国家を人の労働を略奪する機関とみなして、自由市民社会を理想とした。著書『国家論』など。

**オッペンハイマー【John Robert Oppenheimer】**(一九〇四〜六七) アメリカの理論物理学者。中間子論、宇宙線シャワーの機構、および中性子星などを研究。原爆の完成を指導。水爆開発に反対し、公職を追放された。

**おっ-ぽ【尾っぽ】**《俗語》動物などの尾。しっぽ。tail

**おつぼ-ぐち【ᐁ御▼壺口】** つぼめた口つき。おちょぼ口。

**おっ-ぽりだ・す【押っᐁ放り出す】**(五他) 勢いよく、ほうり出す。投げ出す。throw out

**お-つまみ【ᐁ御ᐁ摘まみ】**「つまみもの」の丁寧語。snack with a drink

**お-つむ**《幼児語》あたま。

**おつむてんてん** 幼児が、手で頭を軽くたたくしぐさ。また、それをさせるためにかけることば。

**お-つもり【ᐁ御積(も)り】** ①酒宴で、その杯かぎりで終わりにすること。またその酒。②酒・会などの、おしまい。用例 これで―にする。

**おつ-や【乙夜】**→いつや(乙夜)

**お-つや【ᐁ御通夜】**「通夜」の丁寧語。おつうや。

**おづ-やすじろう【小津安ᐁ二郎】**(一九〇三〜六三) 映画監督。東京生まれ。日本人的な家庭劇を追求し続け、海外でも名声を得る。作品『晩春』『麦秋』『東京物語』など。

**お-つゆ【ᐁ御ᐁ汁】**《「汁」の丁寧語》①吸い物。②しる。

**おつゆう【乙由】**→なかがわおつゆう(中川乙由)

**お-て【ᐁ御手】** ①「手」の丁寧語。②人の筆跡を敬っていう語。③犬に片方の前足を上げさせ、人の手のひらにのせさせる芸。また、そのとき、命令してかける、かけ声。

**御手に取って**(おてにとって) ご自身の手に取って。用例 ―ご覧ください。

**御手を上げられい**(おてをあげられい)《手を上げてください、の意から》両手をついて丁寧にお辞儀されたことに対する、武士のあいさつの語。

**御手を付ける**(おてをつける) 使用人などの目下の女性と肉体関係を結ぶ。

**お-てあげ【ᐁ御手上げ】** どうにもならなくなって、途中でやめること。途方にくれること。give up

**お-でい【汚泥】** 下水などから分離された、かゆ状または固体状の汚物。腐植土を含み、有毒な産業廃棄物を含むこともある。スラッジ。sludge

**オデイ【Anita O'Day】**(一九一九〜) アメリカの女性ジャズ歌手。大胆なアドリブと、迫力あるスイングが特徴。

**オディッセー【Odyssey】**→オデュッセウス

**オデオン【odéonフランス】** 古代ギリシア・ローマの音楽堂。

**オデオン-ざ【オデオン座】**(Odéonフランス) フランスの国立劇場。一七八二年パリに創設。一九五九年テアトル-ド-フランスの名で独立。

**お-でき【ᐁ御出来】**「できもの」の丁寧語。

**お-でこ**《俗語》①ひたい。forehead ②ひたいが高く出ていること・人。prominent forehead

**お-てしょ【ᐁ御手ᐁ塩】**《「お手塩ざら」の約》小ざら。

**お-てだま【ᐁ御手玉】** 少女の遊びの一つ。小豆や米などを入れた小さな布製の袋を数個、かわるがわる投げ上げたり、受けたりして遊ぶ。また、その袋。比較 おはじき。

**お-てつき【ᐁ御手付き】** =おてつけ。①かるたなどをするとき、まちがったふだに手をふれること。②主人が、使用人などの女性と肉体関係を結ぶこと。また、そうなった女。

**お-てつけ【ᐁ御手付け】**→おてつき(御手付き)

**オデッサ【Odessa】** ソ連西部、ウクライナ共和国の、黒海に臨む大貿易港で工業都市。一九〇五年の、戦艦ポチョムキンの反乱で有名。人口一一三・二万(一九八六)。

**オデッタ【Odetta Felious】**(一九三〇〜) アメリカの黒人女性フォークソング歌手。堂々とした歌唱と幅広い表現力で、高く評価される。

**おてつだい-さん【ᐁ御手伝いさん】**《「女中」の語を嫌って、代用される呼び名》家事の手助けをする女性。

**オデッツ【Clifford Odets】**(一九〇六〜六三) アメリカの劇作家。戯曲『ゴールデン-ボーイ』など。

**おててこ-まい【おててこ舞】** 新潟県糸魚川市山寺の、日吉神社秋祭りに奉納される小歌踊り。裃に菅笠の舞い人四人



▼常用漢字表外。 ᐁ常用漢字表の音訓外。

と、振り袖に天冠の稚児四人が、大太鼓と笛の囃子に合わせ、扇子で「おててこてん」と膝などを打って、踊る。

**おて-の-うち**【▽御手の内】①手にはいった物。②金銭など、相手の持っているものをさす丁寧語。③茶・武芸の、うでまえ・わざの程度。

**おて-の-すじ**【▽御手の筋】《俗語》うまく言い当てること。

**おて-の-もの**【▽御手の物】得意のこと・わざ。おはこ。one's specialty

**お-てまえ**【▽御手前】㊀(名)①「手前」の丁寧語。②《「御点前」とも》茶の湯の作法・うでまえ。㊁(代)《武士仲間で》あなた。

**お-でまし**【▽御出▽座】出ていくこと、来ることを言う尊敬語。

**お-てもと**【▽御手元・▽御手▽許】①「手もと」の丁寧語。close at hand ②「箸」の丁寧語。chopsticks

**おてもやん** 熊本地方の民謡。維新前後から熊本地方で『熊本甚句』としてうたわれた。方言入りの歌詞のおもしろさと、陽気な節まわしで有名。

**お-てもり**【▽御手盛(り)】自分によいように、かってに事を決めること。用例 ―予算。

**おてやわらか-に**【▽御手柔らかに】(連語) 手荒くしないさま。勝負の前などのあいさつ語として用いる。Don't be too hard on me. 用例 どうぞ―。

**オデュッセイア**【Odysseia ギリシア】ギリシア最古の叙事詩。ホメロス作と伝えられ、前八世紀末に成立か。トロヤ陥落後の知将オデュッセウスの、海洋冒険譚と故国での復讐譚。

**オデュッセウス**【Odysseus ギリシア】ギリシア神話中の、知謀すぐれた英雄。イタカの王。ホメロス作と伝えられる『オデュッセイア』の主人公。トロヤ遠征軍での活躍後、帰途にさまざまな危難にあい、一〇年後に帰郷する。ユリシーズ。↓写

**おてら-さま**【▽御寺様】寺、また、住職・僧を呼ぶ敬語。お寺さん。

**お-てん**【汚点】①よごれ。stain ②欠点。fault ③不名誉。stain 用例 ―をのこす。

**お-でん**【▽御田】①豆腐・こんにゃく・水産練り製品・芋などを、だし汁で煮こんだ、なべ料理。煮込み田楽。関東焚き。②こんにゃくをくしに刺して、みそをつけた、田楽。③「豆腐田楽」または「木の芽田楽」のこと。

**お-てんき**【▽御天気】①「天気」の丁寧語。②人の機嫌。one's mood 用例 社長の―をうかがう。

**おてんき-や**【▽御天気屋】機嫌・態度の変わりやすい人。moody person

**おてんと-さま**【▽御天▽道様】太陽を敬っていう語。the sun

**お-てんば**【▽御転婆】(名・形動)《当て字。ontembaar オランダの転ともいうが、語源未詳》女性がとんだり、はねたり、活発なふるまいをすること・さま。おきゃん。tomboy

**おと**【▽弟・▽乙】㊀(名)①おとうと。また、妹。対義 兄。②「おとご」の略。㊁(接頭)①「次・幼い・末」などを表す語。用例 ―子。②「かわいい・美しい」などを表す語。用例 ―姫。

**弟は血の緒** 末の子が、もっともかわいいことに言う。

**おと**【音】①空気などの媒質の振動によって生ずる波。また、それが伝わって、聴覚に生ずる感覚。高さ・強さ・音色の三要素をもつ。音波。sound ②音声。voice ③評判。うわさ。news; rumor 用例 ―に名高い。

**音に聞く** ①人づてに聞く。②名高い。

**オドアケル**【Odoacer】(四三四ごろ〜四九三) 西ローマ帝国の、ゲルマン人傭兵隊長。四七六年西ローマ帝国を倒し、イタリアを支配したが、東ゴート王テオドリックに敗れ、暗殺された。

**おといねっぷ**【音威▽子府】〈村〉北海道北部、天塩川沿いの村。山林が多く、木工品が特産。水田の北限。人口一七二六(一九八八)。

**オトゥール**【Peter O'Toole】(一九三二〜) イギリスの映画俳優。主演作『アラビアのロレンス』『チップス先生さようなら』など。

**おとうかし**【▽弟▼猾】『日本書紀』にみえる、大和国宇陀郡の豪族。神武天皇を暗殺しようとした兄の兄猾を密告し、その功により猛田邑を賜ったと言う。

**お-とう-さん**【お父さん】父の敬称。father 対義 おかあさん。参考 子が父を呼び、また言うときに用いる。ただし、他人に対しては「父」

● オデュッセウス　セイレンの歌に誘惑されないよう帆柱に身を縛りつけている。大英博物館。

と言う。また、他人の父を敬って言うときに用いることもある。さらに、自分の夫をさして子どもを持つ妻が用いることもある。

**おと-うと**【弟】《「おとひと(弟人)」の転》対義 兄。①同じ親から生まれた、年下の男子。younger brother ②妻・夫の弟。妹の夫。義弟。brother-in-law

**おとうと-でし**【弟弟子】あとから同じ師についた、男のなかま。対義 兄弟子。

**おとうと-ぶん**【弟分】弟と同じ扱いを受ける者。

**オドーエフスキー**【Aleksandr Ivanovich Odoyevsky】(一八〇二〜一八三九) ロシアの詩人。返詩『プーシキンへの答え』が有名。

**オドーエフスキー**【Vladimir Fëdorovich Odoyevsky】(一八〇三〜一八六九) ロシアの小説家・音楽評論家。作品『生きている死人』『ロシア夜話』『公爵令嬢ジジー』など。

**お-とおし**【▽御通し】《注文の品を帳場に通したしるしに出す意から》いちばん先に出される簡単な料理。通し肴。つき出し。先付け。小付け。

**おど-おど**(副・サ変自) 緊張・おびえなどで、心が落ち着かないさま。おずおず。こわごわ。びくびく。timidly 用例 ―した目つき。

**おとがい**【▼頤】下あご。↓頭図

**頤が落ちる** ①味がたいへんよい。ほっぺたがおちる。②寒さにふるえる。③口数が多い。

**頤で蠅を追う**《手でハエを追い払う体力・気力もなく、あごで追う、の意から》体力の衰え果てたさま、疲れ切ったさまにいう。

**頤で人を使う**「顎で使う」と同意。

**頤の雫、口に入らぬ**《あごについたしずくは、口に入らないことから》すぐそばにあるが、意のままにならないことのたとえ。

**頤の離れる程** 食べ物の味の非常によいたとえ。頤が落ちる。

**頤を利く** よくしゃべることを、ののしって言う語。頤を叩く。用例 がたがたと―な。

**頤を叩く**「頤を利く」と同意。

**頤を解く** 大口をあけて笑う。大笑いする。頤を放つ。

**頤を放つ**「頤を解く」と同意。

**頤を開く** 口を利く。よくしゃべる。

**頤を養う** くらしを立てる。生活を営む。

**おどか-す**【脅かす・▽威かす・▽嚇かす】(五他) こわがらせる。おどす。frighten; intimidate

**お-とき**【▽御▽斎】①寺で檀家に出す食事。②法要のとき、檀家で僧や客に出す食事。

**お-とぎ**【▽御▼伽】「とぎ」の丁寧語。

**御伽に出される** 貴人の寝室での相手に出される。

**おとぎ-しゅう**【▽御▼伽衆】戦国から江戸時代、大名の側近くに仕え話し相手をした職。

**おとぎ-ぞうし**【▽御▼伽草子】室町時代から江戸初期にかけて作られた通俗短編小説の総称。江戸初期に大坂で出版された『文正草子』『鉢かづき』以下二三編。『御伽文庫』ともよばれた。のちに、類似の作品で、室町時代以降に作られたものも含めた。↓写

● 御伽草子『桃太郎』。大東急記念文庫(東京都)。

**おとぎ-ばなし**【▽御▼伽話・▽御▼伽▼噺】①中世以降、近世にかけて、御伽衆が大名の話し相手として語った昔話・合戦談・笑話など。②明治以降の、空想や伝説をもとにした子ども向きの話。③現実から離れた夢のような話。fairy tale

**おとぎ-ぼうこ**【▽御▼伽▼這子】子どもの這う形ににせた布製の信仰的人形。幼児の伽(=相手)をさせ、災厄の身代わりとしたもの。平安時代ごろから用いられた。

**おとぎぼうこ**【▽御▼伽▼婢子】浅井了意作の仮名草子。一三巻。寛文六年(一六六六)刊。中国小説『剪灯新話』などの翻案が多い怪異小説集。

**おとぎり-そう**【▽弟切草】オトギリソウ科の多年草。山中の草原にはえる。高さ約四〇cm。葉は対生。夏から秋に、径約二cmの黄色の五弁花をつける。茎や葉の乾燥したものを止血薬などに用いる。↓写

● オトギリソウ

**お-とくい**【▽御得意】①「得意」を丁寧に言う語。one's forte 用例 ―の芸。②ひいきにしてくれる客。good customer 用例 ―先。

**おとくに**【▽乙▽州】↓かわいおとくに(河合乙州)

**おどけ**【▽戯け・▼諧▼謔】①ふざけ。ふざける動作。joke ②しゃれ。じょうだん。joke

**おど・ける**【▽戯ける】(下一自) こっけいなことをしてみせる。ふざける。make a fool of

**おと-こ**【男】対義 女。①男性。男子。man 用例 生まれたのは―か女か。②一人前の男。man 用例 ―らしい働き。③男らしい男。man 用例 ―一匹。④男としての体面。用例 ―が立つ。⑤情夫。lover ⑥下男。manservant 用例 ―衆。

**男が廃る** 男としての面目が立たなくなる。reflect on one's honor

**男が出来る** 女に愛人ができる。情夫をもつ。

**男にする** ①一人前の男性にする。make a man of ②男の面目が保たれるようにする。男としての顔を立てる。satisfy one's honor

**男に成る** 元服して、一人前の男になる。また、男が、社会に出て立派な働きをするようになる。

**男の心と大仏の柱** 男は大仏の柱と同じように、太く大胆であれということ。

**男の中の男** 男らしい気性の男。男気に富んだ男。a man among men

**男の目には糸を引け、女の目には鈴を張れ** 男の目は細くきりりとしたのがよく、女の目はぱっちりと大きいのがよい。

**男は気で持て** 男は意気で、世の中を渡れ。

**男は閾を跨げば七人の敵が有る** 男は、社会に出ればたくさんの敵がいて、厳しい。

**男は辞儀に余れ** 男は謙虚すぎるくらいでよい。

**男は度胸、女は愛敬** 男には、物事に動じない心が必要であり、女は、にこやかさが大切である。Courage for men, grace for women.

**男は裸百貫** 男は裸でも百貫文の値打がある。男は働くことによって、富を作ることができる。

**男は松、女子は藤** マツにフジがからまるように、男が女から頼りにされることのたとえ。

**男を上げる** 立派な行いをして、男としての評判を高める。rise in public estimation

**男を売る** 男気がある人物だ、という評判を広める。rise in public estimation

男を拵える(おとこをこしらえる) 女が愛人や情夫を持つ。男をつくる。
男を下げる(おとこをさげる) 男としてすべきでないことをして、男の価値を下げてしまう。fall in public estimation
男を知る(おとこをしる) 女が、はじめて男と肉体関係を結ぶ。
男を作る(おとこをつくる) ①情夫をもつ。男を拵える。②男が、身なりなどを飾りたてる。男が出来る。比較 男を磨く。
男を磨く(おとこをみがく) ①男ぶりをよくする。build up one's character ②男伊達の修業をする。

**おと-ご**【▽乙子・▽弟子】末子。末っ子。おと。
**おとこ-いっぴき**【男一匹】一人前の男であることを強調する語。男ひとり。
**おとこえし**【男▽郎▽花】山地にはえるオミナエシ科の多年草。オミナエシに似るが茎や葉に毛が多く、地をはう枝を出す。夏から秋にかけて、白色の花が咲く。若葉は食用。↓写

●オトコエシ

**おとこ-ぎ**【男気】利益や情実よりも、正しいことや、弱い者に味方して事をする気性。侠気。chivalry
**おとこ-ごころ**【男心】対義 女心。①男に特有の心情。male instincts 用例 ―をみせる。②男が女を思う気持ち。love ③男の浮気な心。men's frivolity
男心と秋の空(おとこごころとあきのそら) 変わりやすい秋の空にたとえて、男の心の移ろいやすさを、女の側から、多く、嘆いて言ったもの。比較 女心と秋の空。
**おとこ-ごろし**【男殺し】①男を殺すこと。また殺した人。murder of a man ②男を悩殺するような美女。比較 女殺し。
**おとこ-ざか**【男坂】目的地に向かって二つある坂のうち、けわしいほうの坂。対義 女坂。
**おとこ-ざかり**【男盛り】男として、からだも働きもいちばん強くさかんな年配。in the prime of manhood 対義 女盛り。
**おとこ-しゅう**【男衆】①男たち。男。men 対義 女衆。②下男。manservant 対義 女衆。③役者の身のまわりの世話をする召し使いの男。
**おとこ-じょたい**【男所帯】男ばかりの家。male household
**おとこ-ずき**【男好き】対義 女好き。①男の好みに合うこと。agreeable to men 用例 ―のする顔。②男をたいへん好くこと・女。flirt
**おと-ごぜん**【▽乙御前】=おとごぜ。①おたふく・おかめ。②末の娘。
**おとこ-だて**【男▼伊▽達】①男の意地をとおすこと。②侠客。
**おとこっ-ぷり**【男っ振り】↓おとこぶり(男振り)
**おとこ-で**【男手】①男の働き手。male help 対義 女手。②対義 女手・女文字。㋐男の筆跡。man's handwriting ㋑漢字。
**おとこ-なき**【男泣き】男がこらえかねて泣くこと。weep in spite of one's manhood 用例 感きわまって―する。
**おとこ-ばら**【男腹】男ばかり産む女。対義 女腹。
**おとこ-ぶり**【男振り】=おとこっぷり。①男らしい態度。manly attitude ②男の器量・顔つき。男前。good-looking 用例 ―がいい役者。
**おとこ-まい**【男舞】①白拍子が男装して舞った舞。平安末期から鎌倉時代にかけて流行。白拍子舞。②能で直面で舞うテンポの速い舞。③歌舞伎舞踊の一つ。
**おとこ-まえ**【男前】いい男ぶり。handsome
**おとこ-まさり**【男勝り】男よりも働きのあること・婦人。mannish
**おとこ-みょうり**【男▼冥利】男に生まれた喜び。
男冥利に尽きる(おとこみょうりにつきる) 男として、これ以上ありがたいことはない。fortunate lot of men
**おとこ-むすび**【男結び】ひもの結び方の一つ。昔から垣根や俵を縛るとき用いられ、今でも広く荷造り用に使われている。一端を引いても決してほどけないもっとも堅固な結び。俵結び。対義 女結び。↓結び図
**おとこ-もじ**【男文字】=男手。対義 女文字。①漢字。②男の書いた筆跡。man's handwriting
**おとこ-もの**【男物】男性用としてつくった物。男持ち。for men 対義 女物。用例 ―のかさ。
**おとこ-やく**【男役】男の役をする女優。male part
**おとこ-やま**【男山】京都府八幡市にある山。標高一四三m。山頂に貞観元年(八五九)勧請の石清水八幡宮が鎮座。
**おとこ-やもめ**【男▼鰥】妻に死なれた男。widower
男鰥に蛆が湧く(おとこやもめにうじがわく) 男のひとり暮らしは、家事がおろそかになるので、不潔になる。Widowers are untidy.
**おとこ-よもぎ**【男▼艾】キク科の多年草。山地に自生。高さ八〇cm前後。葉はくさび形で先が広い。秋に、淡黄色の小頭花を穂状につける。種子が目立たないため、雄とみなされたことからの名称。
**おとこ-らしい**【男らしい】(形) ①おおしい。いさましい。manly ②物事にこだわらず、さっぱりしている。frank
**おと-さた**【音▼沙▼汰】たより。消息。連絡。news; letter 用例 このごろとんと―がない。
**おとし**【落(と)し】①落とすこと。fall ②話の落ち。punch line ③わな。trap ④長火鉢の、灰を入れる所。⑤戸の桟から敷居の穴にさす木片。

**おどし** 15画【▼縅】部首[糸]和製漢字 JIS 6947
《緒通し、の意》甲冑の札を糸や細い革でつづること。また、そのつなぐ糸・革ひもなど。材料・色・つづり方によって、糸縅・綾縅、小桜縅・緋縅、荒目・毛引などの別がある。

**おどし**【脅し・▽威し・▽嚇し】おどすこと。threat 用例 ―をかける。
**おとし-あな**【落(と)し穴】①人・けものをだまして落とす穴。陥穽。pit ②人をおとしいれる計略。悪だくみ。trap
**おとし-あみ**【落(と)し網】代表的な定置網。垣網・登り網・箱網からなるものと、登り網の前部にいったん魚をためる囲い網を加えたものがある。trap net ↓図
**おとし-い・れる**【陥れる】(下一他) ①人をだます。entrap ②人を罪に落ちこませる。frame up ③城などを攻め落とす。capture
**おとし-がみ**【落(と)し紙】便所で使う紙。トイレットペーパー。
**おとしき**【▽弟▼磯▽城】記紀にみえる大和国の豪族。東征した神武天皇に帰順し、のちに磯城の県主に任ぜられたという。兄磯城の弟。
**おとし-ざし**【落(と)し差し】こじりを下げて、刀をたてて差すこと。
**おとし-だな**【落(と)し棚】床の間のわきの地板に接して片よせて付けられている小棚。落とし違い棚。
**おとし-だね**【落(と)し▼胤】貴人が妻でない女に生ませた子。落胤。
**お-としだま**【▽御年玉】《「年玉」の丁寧語》新年にお祝いとして、子どもに与える金品。
**おとし-たまご**【落(と)し卵】①汁気の多い煮物や汁物の煮上がりぎわに形をくずさないように割り入れ軽く火を通した卵。②納豆やとろろなどに、割り入れた生の卵。月見。
**おとし-ちがいだな**【落(と)し違い棚】落とし棚。
**おどし-つ・ける**【脅しつける】(下一他) ひどく脅す。threaten

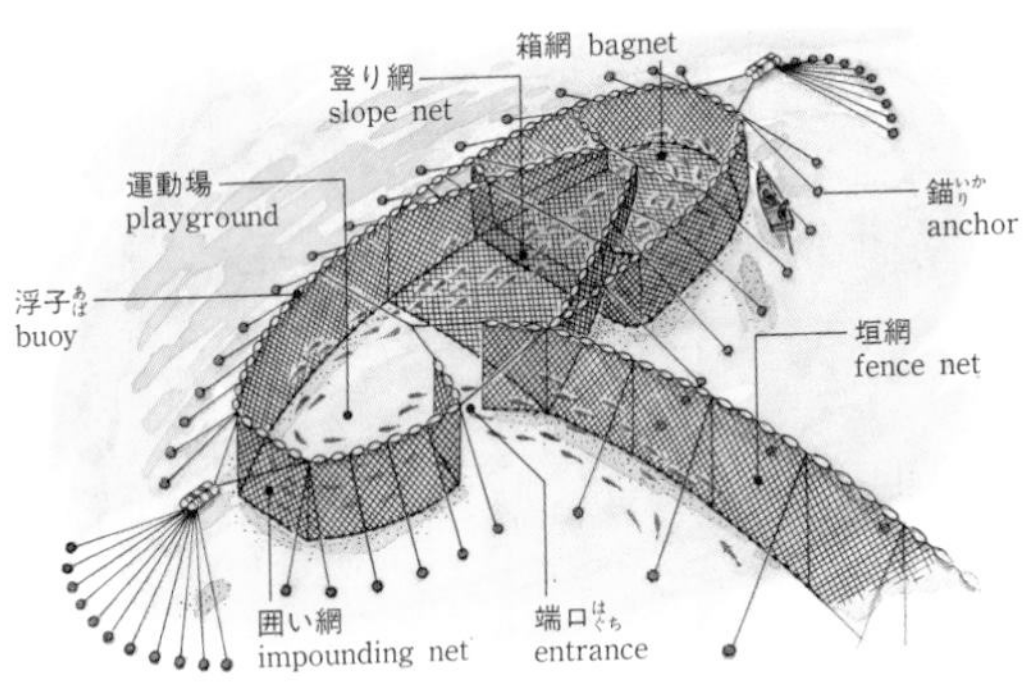

●落とし網

**おとし-ばなし**【落(と)し話・落(と)し▼咄・落(と)し▼噺】①人をかつぐ、しゃれた話。②落ちのあるはなしの意。落語の古い呼び名。
**おとし-ぶた**【落(と)し▼蓋】なべの内径よりひと回り小さいふた。煮物料理で材料に直接かぶせて、煮汁の回りをよくし、材料の煮くずれを防ぐ。
**おとし-ぶみ**【落(と)し文】①道路などにそっと落としておく無記名の文書。公然とは言えないことを書いたもの。落書。②ナラやクヌギなどの葉を円筒形に巻いて「ゆりかご」をつくり、その中に産卵するオトシブミ科の甲虫。名は「ゆりかご」の形が巻き手紙に似ていることに由来。体長七~一〇mm。日本全土・朝鮮半島・シベリアに分布。↓図

●オトシブミ②

**おとし-まえ**【落(と)し前】けんかや争いごとを解決すること。また、そのためのお金。用例 ―をつける。
**おとし-ミシン**【落としミシン】①下の布をとめるために縫い目のきわにミシンをかけること。②縁とり布をとめるため縁布のきわにミシンをかけること。topstitched seam
**おとし-みず**【落(と)し水】稲をかる前に田から流してしまう水。
**おとし・む**【▼貶む】古語 (下二他) ↓おとしめる(貶める)
**おとし・める**【▼貶める】(下一他) ①みさげる。さげすむ。look down upon ②名をけがす。disgrace
**おとし-もの**【落(と)し物】落として、なくした物。遺失物。lost article
**お-どしゃ**【▽御土砂】土砂加持を受けた砂。これをかけると硬直した死体もやわらかくなるという。土砂。
御土砂を掛ける(おどしゃをかける) 相手の気に入りそうなことを言って、相手の気持ちをやわらげたり、相手を乗り気にさせたりする。

**おと・す**【落(と)す】(五他) ①上から下へ移動させる。落下させる。drop 用例 柿の実を―。②物をなくす。lose 用例 万年筆を―。③ついていたものを取り去る。remove 用例 よごれを―。④攻めて手に入れる。capture 用例 城を―。⑤評判・品質などを、悪くする。調子を下げる。lower 用例 評判を―。⑥程度を低くする。用例 照明を―。⑦入札で手に入れる。落札する。knock down 用例 一〇〇万円で―。⑧落第させる。fail 用例 成績の悪い者は―。⑨忘れて抜かす。また、ある範囲から省く。forget 用例 書き―。⑩自白させる。用例 きびしい尋問で―。⑪差し引いて支払う。用例 銀行口座から―。⑫置いていく。用例 観光客が―金。⑬柔道などで気絶させる。用例 首をしめて―。⑭話をうまくしめくくる。用例 角を―。⑮将棋で、こまをはずして対戦する。用例 隣国に―・してやる。⑯逃がす。逃げさせる。
**おど・す**【脅す・▽威す・▽嚇す】(五他) 害を加えると言って、こわがらす。threaten
**おど・す**【▼縅す】(五他) よろいの札を革や糸でつづる。
**おと-ず・る**【訪る】古語 (下二自) ↓おとずれる(訪れる)
**おと-ず・れる**【訪れる】(下一自) ①たずねる。訪問する。visit ②たよりをする。手紙で安否をたずねる。write ③来る。come 用例 夏が―。
**お-とそ**【▽御▼屠▼蘇】「とそ」の丁寧語。
**おとたちばなひめ**【▽弟▼橘▼媛・▽弟▼橘比▽売】日本武尊の妃。東征の海路上、海神の怒りを鎮めるため尊に代わって海に身を投じたという。橘媛。
**おと-つ-い**【▽一▽昨▽日】↓おととい(一昨日)
**おとど**【▽大▽殿・▽大▽臣】《「おほとの」の転》①貴人の邸宅の敬称。②大臣や高位の公卿などの尊称。③貴婦人の尊称。④年長者を言った敬語。



▼ 常用漢字表外。 ▽ 常用漢字表の音訓外。

**おと-とい**【▽一▽昨▽日】《「おとつい」の転》きのうの前日。おとつい。いっさくじつ。the day before yesterday

**一昨日来い**（おととい）《人を追い払うときの語》二度と来るな。

**おと-とし**【▽一▽昨年】昨年の前の年。いっさくねん。the year before last

**おとな**【▽乙名】《「大人」と同語源》①一族の長。②《「老長」とも》中世後期の惣の実力者・代表者。近世、村役人に推移。

**おとな**【大人】①成人。adult 対義 子・子ども。用例 ―になる。②分別をわきまえていること。discreet 用例 彼もなかなかの―だ。③古語 ㋐成人。男子は元服、女子は裳着の儀式をすませた人。用例 ―になりたまひてのちは（源氏・桐壺）。㋑かしら。長。用例 父はただわれを―にするて（更級）。

**おと-な・う**【▽訪う・音なう】古語（四自）①音がする。用例 かけひのしづくならでは、つゆ―ものなし（徒然・一一）。②おとずれる。用例 ―・ひ聞こゆる人もなかりけるを（源氏・末摘花）。

**おとなげ-な・い**【大人気ない】（形）おとならしくない。子どもじみている。考えがおさない。childish; immature

**おとな・し**【大人し】古語（形シク）①おとならしい。用例 ほどより大きに―・しう（源氏・澪標）。②おもだっている。かしらしい。用例 ―・しき郎等進み来たるに（今昔・二六）。

**おとなし・い**【大人しい】（形）①性質がおだやかでおちついている。さからったりしないでものやわらかである。gentle; meek 用例 ―性質。②はでではない。plain 用例 ―柄。派生 おとなしげ（形動）おとなしさ（名）おとなしやか（形動）

**おとな・びる**【大人びる】（上一自）子どもが、おとならしくなる。mature; grown up

**おと-ひめ**【▽乙姫・▽弟姫】①妹の姫。年下の姫。②年若い姫。③浦島伝説で、竜宮に住むという美しく高貴な女性。

**おとひめ-えび**【▽乙姫▽海▽老】触角が白くて著しく長く、体が紅白にいろどられる美しいエビ。体長六cm内外。体の地色は透明で、頭胸部・腹部・はさみ脚に赤い横縞がある。浅海の岩礁域にすむ。房総半島以南に分布。

**おとひめ-の-はながさ**【▽乙姫の花▼笠】オオウミヒドラ科の腔腸動物。細長い柄の下端を砂泥中に埋め、上端から桃色の触手を花のようにたくさん垂らす。柄の長さ約一・五m、ポリプとしては世界最大。最初相模湾の深海底で発見。相模湾に多く、太平洋東岸・インド洋に分布。

**おとふけ**【音更】〈町〉北海道南東部、十勝平野にある町。小麦・豆類・テンサイ・ジャガイモ栽培と酪農が中心。十勝川温泉がある。人口三万三九五三（一九八八）。

**おとべ**【▽乙▽部】〈町〉北海道南西部、渡島半島の町。ゆり根・アスパラガス栽培と漁業がさかん。人口六五一六（一九八八）。

**おとみ-よさぶろう**【お富与▽三郎】歌舞伎世話物『与話情浮名横櫛』の主人公。伊豆屋与三郎と愛人お富の名。

**おと-め**【乙女・▽少女】①若い女子。娘。girl ②未婚の婦人。unmarried woman ③五節の舞姫。参考「乙女」は後世の当て字。

**おとめ-がり**【乙女刈（り）】髪型の一つ。おかっぱ型で、後ろ下がりのカット。

**おとめ-ぎきょう**【乙女▼桔▼梗】キキョウ科の観賞用多年草。カンパニュラ属の一種。高さ一〇cm前後。叢生する葉の間を紫色の花が埋める。南欧原産。

**おとめ-ご**【▽少女子】おとめ。少女。

**おとめ-ざ**【乙女座】天の赤道にある星座。一等星スピカがα星。黄道十二星座の一つ。六月七日ごろの午後八時ごろに南中。面積一二九四平方度。Virgo ↓図

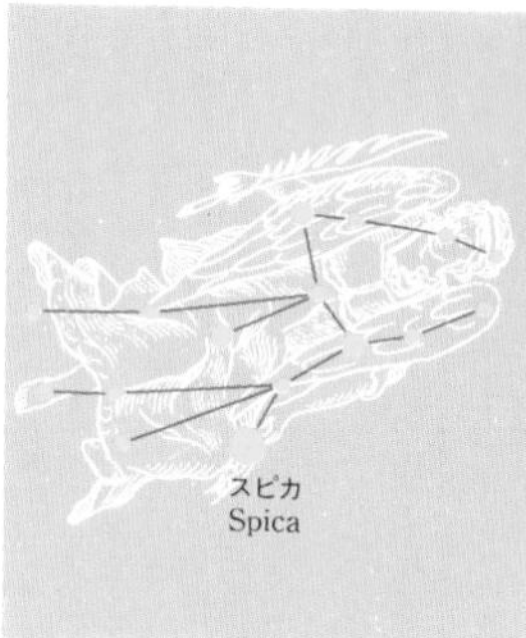

● 乙女座

**おとめ-ゆり**【乙女▽百▽合】ユリ科の多年草。山形・福島・新潟の山地に分布。高さ約五〇cm。五月上旬に淡桃色の花をつける。日本特産。ヒメサユリ。↓写

● オトメユリ

**おとめら-に**【▽少女▽等に】［枕ことば］「行きあひ」などにかかる。用例 ―行相の早稲を刈る時に成りにけらしも萩の花咲く（万葉・一〇・二一一七）。

**お-とも**【▽御供】（名・サ変自）供をすること・人。ともびと。attendant

**おと-や**【▽乙矢】二本の矢のうち、二番めに射る矢。対義 甲矢。

**オドラ-がわ**【オドラ川】（Odra）オーデル川の別称。

**おどら・す**【踊らす】（五他）①踊りをさせる。let one dance ②かげにいて思うように人を動かす。manipulate

**おどら・す**【躍らす】（五他）①ある物から勢いよくからだをはなす。spring 用例 身を―。②踊りたいような気持ちにさせる。わくわくさせる。be excited with 用例 胸を―。心を―。

**おとり**【▼囮・▽媒鳥】鳥・けもの・人などをさそい寄せるために利用する、鳥・けもの・人。decoy

**おどり**【踊（り）】①音楽に合わせて身ぶり・手ぶりをする身体の韻律的な運動または動作をすること。一般に足の動きの相違により舞と区別される。dance ②江戸時代に、借金の書きかえの月の利子が重なること。double interest

**おどり**【躍り】①とびはねること。spring; jump ②胸がわくわくすること。exciting

**おどり-あが・る**【躍り上がる】（五自）急に大きく躍る。とび上がる。jump up 用例 ―・って喜ぶ。

**おどり-おび**【踊（り）帯】日本舞踊に使う女帯。帯幅は三〇cmで胴の部分を半幅にしない。生地は金襴・緞子で、柄は通し柄。

**おどり-かか・る**【躍り掛（か）る】（五自）はげしい勢いで、とびかかる。spring at

**おどり-ぐい**【躍り食い】白魚・エビなどを、生きたまま酢やしょうゆなどにつけて食べる食べ方。

**おどり-ぐし**【躍り▼串】魚を姿焼きにするとき、魚がうねった形になるように打つくし。魚の口から尾に向けて打つ。

**おどり-こ**【踊（り）子】①踊りをする少女。dancer ②西洋舞踊を職業とする女性。ダンサー。dancer

**おとり-こうこく**【▼囮広告】客を呼び集めるため、通常価格よりきわめて安く商品・サービスを提供するとうたった広告。bait advertising

**おどりこ-そう**【踊子草】山地の道端にはえるシソ科の多年草。高さ三〇〜五〇cm。葉は対生し鋸歯がある。春に、白や淡紅色の花が咲く。若葉は食用、根は薬用。↓写

**おどり-こ・む**【躍り込む】（五自）勢いよくとび込む。

**おとり-さま**【▽御▼酉様】各地の大鳥（鷲）神社で営まれる一一月酉の日の祭礼の名称。この月の酉の日を順に一の酉、二の酉といい、三の酉がある年は火事が多いという俗信がある。酉の市。

**おどり-じ**【踊（り）字】同じ字や語が繰り返されるとき、二回め以下に文字の代わりに用いる符号。「アヽ、ゝ」「あゝ」「それ〳〵」「国々」「各ゝ」の「ヽ・ゝ・〳〵・々・ゝ」など。おどり。畳字。

**おとり-そうさ**【▼囮捜査】警官が身分をかくして容疑者の仲間に入りこんだり、わなにかけるなどして犯人を検挙する捜査方法。麻薬取締法はこれを認めている。criminal investigation using a decoy

**おどり・でる**【躍り出る】（下一自）①勢いよく外に出る。飛び出す。spring out ②急に目立った地位につく。急に目立つ存在になる。

**おどり-ねんぶつ**【踊（り）念仏】念仏踊りの別称。

**おどり-ば**【踊（り）場】①踊る所。dance hall ②階段の途中にある幅の広い部分。階段の方向を変えたり、足休めを目的として設けられる。landing

**おとり-ばら**【劣り腹】身分・家柄の低い妻の生んだ子。

**おとり-りょう**【▼囮猟】おとりの鳥獣や、その剝製・模型などを使って獲物を誘い、網や銃器などで捕獲する猟法。カモ猟・スズメ猟などに使われる。hunting with a decoy

**おと・る**【劣る】（五自）価値・数量・力量などが他よりも下がる、または悪い。inferior to 対義 まさる。用例 品質が―。まさるとも―・らない。

**おど・る**【踊る】（五自）①音楽に合わせて調子よくからだを動かす。dance 用例 タンゴを―。②人にそそのかされて行動する。用例 ボスに―・らされる。

● オドリコソウ

**踊る阿呆に見る阿呆**《徳島市に伝わる盆踊り歌の一節。「同じ阿呆なら踊らにゃ損々」と続く》踊り狂っている者もばかなら、それを見ている者もばかだ。

**おど・る**【躍る】（五自）①勢いよく動く。はねたり、とんだりする。spring; jump 用例 黒潮―太平洋。身を―・らす。②胸がわくわくする。exciting 用例 心が―。

**おどろ**【▼棘】（名・形動）①髪の毛などの、みだれたこと・さま。用例 ―にふり乱した髪。②古語 草木の茂ること。茂った所。また、そのさま。やぶ。用例 奥山の―の下をふみ分けて（増鏡・おどろのした）。

**おとろ・える**【衰える】（下一自）①勢いがなくなる。弱る。become weaker 用例 体力が―。②さかんな時が終わる。decline; fall off 対義 栄える。

**おどろ-おどろ・し** 古語（形シク）《物事の大がかりなさまを言う》①いかにもおそろしい。気味が悪い。用例 さみだれも過ぎて、いと―・しくかきたれ雨のふる夜（大鏡・道長上）。②おおげさである。用例 ―・しかりし御ありきの（蜻蛉・中）。③騒々しい。用例 捕へつつ殺しけるよそほひ、―・しく聞こえけるを（徒然・一六二）。

**おどろか・す**【驚かす】（五他）驚くようにする。びっくりさせる。surprise; amaze; astonish

**おどろき**【驚き】驚くこと。びっくりすること。surprise; amazement; astonishment 用例 ―のあまり声も出ない。

**驚き桃の木、山椒の木**（おどろきもものき、さんしょのき）《「おどろき」のどろを合わせてしゃれた語》これは驚いた。

**おどろき-い・る**【驚き入る】（五自）①たいへん驚く。be astonished ②たいへんあきれる。be amazed 用例 ―・った発言だ。

**おどろき-ばん**【驚き盤】玩具の一種。動作が少しずつ違っている人や、動物などを紙に描いて円盤の中に貼り、円盤を回転させて周りの穴からのぞくと絵が動いているように見える。驚盤。

**おどろ・く**【驚く】㊀（五自）思いがけないできごとで、心の平静を失う。びっくりする。be surprised 用例 大きな音に―。子どもの成長に―。㊁古語（四自）①目をさます。用例 寝入りたるほどに、門たたく音に―・かれて（蜻蛉・下）。②そうと気づく。用例 秋来ぬと目にはさやかに見えねども風の音にぞ―・かれぬる（古今・秋上）。

**驚く可し**（おどろくべし）驚いたことには。

**驚く勿れ**（おどろくなかれ）びっくりするな。驚いてはいけないぞ。なんと…だ。

**おとわ**【音羽】〈町〉愛知県南東部、豊川市西隣の町。旧宿場町。稲作などの農業が行われる。人口八三六六（一九八八）。

**オナー**【honor】ゴルフで、各ホールのティーグラウンドで最初にプレーする人の敬称。



↓ 行き先項目、図版・写真参照印。 JIS 日本工業規格情報交換用漢字符号コード（区点コード）。

**おない-どし**【同い年】《「おなじとし」の転》同じ年齢。同年。the same age

**お-なか**【▽御中】①《女性語》腹。用例 ―がすく。―が痛い。②《女房ことば》食事。③《女房ことば》綿。

**お-なが**【尾長】尾羽の長いカラス科の鳥。翼長約一四cm、尾長約二〇cm。頭が黒く、背面は青灰色、腹面は白い。人家付近や林に小群ですみ、昆虫・木の実を食べる。本州・九州・東アジアに分布。↓写

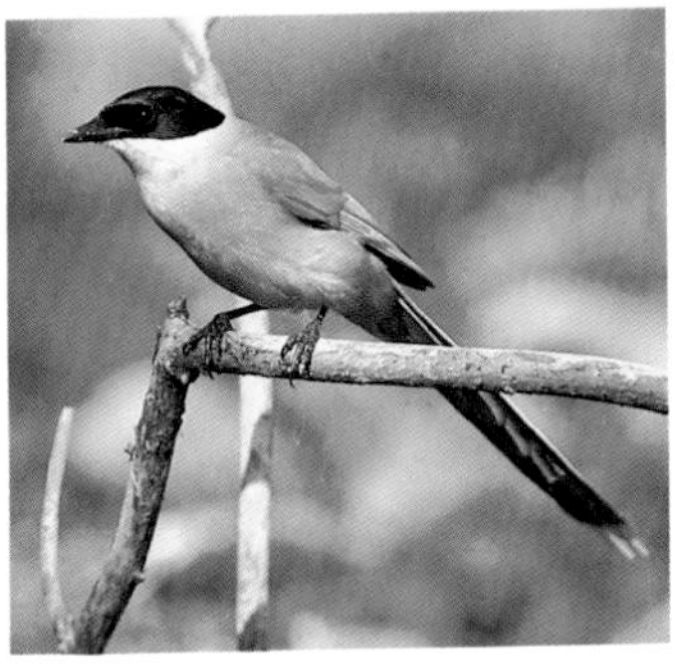
●オナガ

**オナガー**【onager】《ギリシア語で「野生のロバ」の意》ウマ科の哺乳類。体高一一〇〜一三〇cm。体は淡黄色か黄灰色で、耳はあまり長くない。おもに砂漠にすみ、低木の葉や芽を食べる。国際保護動物。イラン・イラク・シリアに分布。ペルシアノロバ。アジアノロバ。

**おなが-あげは**【尾長揚羽▼蝶】尾状突起がとくに長いアゲハチョウ。開張は春型が約一〇cm、夏型が約一二cm。黒色で、雄は後ろ翅の前縁に白条紋。食草はコクサギなどミカン科。日本全土・朝鮮半島・中国に分布。

**おなが-がも**【尾長▼鴨】ガンカモ科の鳥。黒い尾羽が長くとがっているカモ。全長約五五cm。ユーラシア中北部で繁殖し、北アフリカ・アジア中南部で越冬。日本全土の江湾・河口・湖沼に冬鳥として渡来。狩猟鳥で食用。northern pintail

**おなが-きじ**【尾長▼雉】中国産の尾が著しく長いキジ科の鳥。キジより大きく翼長約二六cm、尾長約一・五m。頸に黒色帯があり、それより上方の頭は白く、それより下方の背面と上胸は淡黄褐色。また嘴・目・後頭を結ぶはっきりした黒帯がある。中国の山地に分布。

●オナガドリ

**おなが-ざめ**【尾長▼鮫】サメの一種。全長約六m。尾びれが長く、体とほぼ等しい。体上面は青黒く、下面は白い。海の表層にすみ、イワシ類を捕食。卵胎生。練り製品の原料。世界の暖海域に分布。マオナガ。thresher ↓図

●オナガザメ

**おなが-ざる**【尾長猿】アフリカ産の尾の長いオナガザル科のサルの総称。体長約五〇cm、尾長五〇〜七〇cm。森林や草原に群れてすみ、植物を主とする雑食性。アカオザル・ミドリザルなど十数種いる。グエノン。ゲノン。cercopith

**おなが-どり**【尾長▽鶏】ニワトリの一品種。雄の尾羽がはえかわることなく伸び続け、最長八m余に達する。体重は雄約一・五kg、雌約一kg。江戸時代に土佐で改良。特別天然記念物。チョウビケイ。ナガオドリ。↓図

**お-ながれ**【▽御流れ】①目上の人の飲み残した酒を言う敬語。また、目上の人から酒をさしてもらうこと。用例 ―をちょうだいする。②流会。中止。call off 用例 雨で会が―になる。

**おながわ**【▽女川】〈町〉宮城県東部、牡鹿半島基部にある町。遠洋漁業の基地。水産加工業と海苔・カキなどの養殖がさかん。人口一万四八〇二（一九八八）。

**お-なぐさみ**【▽御慰み】《ふざけて、または皮肉に言う》おたのしみ。用例 うまくいったら―。

**おな-ご**【▽女子・▽女】《「おんなご」の転》①女の子。girl ②おんな。婦人。woman

**おなじ**【同じ】㊀（形動）変わりがないさま。共通である。同一である。おんなじ。same 用例 以前と―だ。―長さ。参考 連体形「同じな」は、「同じなので」「同じなのに」のように用いられ、連体修飾語としては「同じ」が用いられる。㊁（副）《「同じ…なら」の形で》どうせ。at all 用例 ―行くなら山がいい。

**同じ穴の狢**（おなじあなのむじな）《多く、よくない者たちについて言う》ちょっと見には、別種のものであるように思われても、実際は同じ類であること。同類の悪者。一味。一つ穴の狢。同じ穴の狐。birds of a feather

**同じ釜の飯を食う**（おなじかまのめしをくう）寝食をともにした、親しい仲。live under the same roof

**同じ流れを汲む**（おなじながれをくむ）＝同じ流れを掬ぶ。①同じ流派、また、系統に属する。be descended from ②お互い同じ流れの水を飲む意から、同じ因縁につながるたとえ。be related

**同じ流れを掬ぶ**（おなじながれをむすぶ）「同じ流れを汲む」と同意。

**おなじ・い**【同じい】（形）おなじだ。同一だ。「same

**おなじく**【同じく】（接続）同じように。ならびに。as ... as

**おなじく-は**【同じくは】（副）同じことなら。むしろ。いっそ。would rather

**おなじ-まいまい**【同じ▼蝸▽牛】オナジマイマイ科のカタツムリ。黄白色と赤褐色のものがある。殻径約一・五cm。庭園や田畑にすみ、野菜などを食害。東南アジア原産だが、現在、日本全土のほか、世界的に分布。

**お-なじみ**【▽御▼馴染み】「なじみ」の丁寧語。familiar

**おなじゅう-す**【同じゅうす】（連語）《「同じくす」の転》いっしょになる。同一にする。同じようにする。用例 席を―。

**おなつきょうらん**【お夏狂乱】お夏清十郎の悲恋に取材した舞踊劇。坪内逍遥の代表作の一つ。明治四一年（一九〇八）発表、大正三年（一九一四）初演。

**おなつ-せいじゅうろう**【お夏清十郎】寛文元年（一六六一）ごろの駆け落ち事件の人物で、姫路の旅宿の娘お夏と手代清十郎のこと。また二人の悲恋を描いた作品の通称。近松門左衛門の『お夏清十郎五十年忌歌念仏』、坪内逍遥作の舞踊劇『お夏狂乱』など。

**オナニー**【Onanieドイツ】自慰。手淫。マスターベーション。

**おなはま**【小名浜】福島県南東部、いわき市の地区。小名浜港は貿易港で、漁業基地。臨海工業地区を形成。

**お-なべ**【▽御▼鍋】①「鍋」の丁寧語。②《江戸時代の戯作者がしばしば台所ばたらきの女にこの名を使ったことから》台所ばたらきの女。

**お-なみ**【▽男波・▽男▽浪】高い低いのある波の、高いほうの波。対義 女波。

**お-なみだ**【▽御涙】①「涙」の丁寧語。②ほんのわずかなことのたとえ。

**御涙頂戴**（おなみだちょうだい）泣かせることを目的とすること・作品。

**おなもみ**【▼葈▽耳】キク科の一年草。野原・道ばたなどにはえる。高さ約一m。葉は互生し、浅く三裂する。夏から秋に、雄性と雌性の花を別々につける。果実にはまばらにとげがある。薬用。↓写

●オナモミ　オオオナモミ

**お-なら**《俗語。「鳴らすこと」から》屁。

**お-なり**【▽御成り】天皇・宮家・将軍などのお出かけ。また は、おいで。

**おなり-がみ**【おなり神】《「おなり」は、沖縄で姉妹のこと》奄美・沖縄地方の俗信で、兄弟を守護するという姉妹の霊。

**おなり-ど**田植えのときに、田で働く人々に食物を運ぶ役割の女性。

**お-なんど**【▽御納戸】①「納戸」の丁寧語。②「御納戸色」の略。

**おなんど-いろ**【▽御納戸色】↓なんどいろ（納戸色）

**おなんど-やく**【▽御納戸役】江戸時代、将軍や諸大名の衣服・調度を扱った役職。納戸役。

**おに**【鬼】①死者のたましい。ghost ②妖怪の一種。おそろしい形相で、怪力をもち、荒々しいものと信じられた。ogre ③無慈悲な人。冷酷な人。devil of a man 用例 渡る世間に―はなし。④人間的な感情を殺すこと。用例 心を―にする。⑤仕事などの目的の達成のために、常人には考えられない努力や集中力を見せる人。hard-working, unrelenting person 用例 土俵の―。⑥鬼ごっこで、つかまえるほうの役。tagger; it

**鬼が住むか蛇が住むか**（おにがすむかじゃがすむか）人の心のうちがよくわからないことに言う。

**鬼が出るか蛇が出るか**（おにがでるかじゃがでるか）次にはどんな恐ろしいことが起こるかわからない。予想のつかないことのたとえ。からくり人形の使い手の口上から出たもので、人の興味をそそろうとするときに言うことが多い。God only knows what may happen.

**鬼が出るか仏が出るか**（おにがでるかほとけがでるか）将来の予測はしがたいということ。God only knows what may happen.

**鬼が笑う**（おにがわらう）「来年の事を言うと鬼が笑う」の上略。

**鬼とも組みそう**（おにともくみそう）①強そうで、元気に見えるさま。②強いだけで人情を解しないように見えるさま。無慈悲に見えるさま。

**鬼に金棒**（おににかなぼう）ただでさえ強いものに、さらに強みが加わること。たいへん強いことに言う。double advantage 類似 虎に翼。

**鬼に衣**（おににころも）表面はふつうの人間のように見えても、内心は恐ろしいこと。

**鬼の居ぬ間に洗濯**（おにのいぬまにせんたく）気づまりな人がいないうちに、のびのびすること。When the cat's away, the mice will play.

**鬼の霍乱**（おにのかくらん）病気をしたこともない達者な人が、病気をしたときのたとえ。sickness of a stout man

**鬼の首を取った様**（おにのくびをとったよう）この上もない手がらを立てたような喜び方。be pleased as if one were a triumphant hero

**鬼の空念仏**（おにのそらねんぶつ）無慈悲な者が、うわべだけ情け深く装うこと。

**鬼の目にも涙**（おにのめにもなみだ）無慈悲な人も、時には人の真情に打たれることがあるということ。Even the hard-hearted can be moved to tears.

**鬼は外、福は内**（おにはそと、ふくはうち）《節分の夜、豆まきをするときにいうことば》鬼は出て行け、福は入ってこい。福は内、鬼は外。

**鬼も十八、番茶も出花**（おにもじゅうはち、ばんちゃもでばな）鬼でも年ごろは美しく、番茶でもいれたてはおいしいように、どんな女性も年ごろにはそれ相応に美しいものだ。娘十八、番茶も出花。Everything is good in its season.

**鬼を欺く**（おにをあざむく）その強さ・容貌が鬼とまちがえるほどだ。

**鬼を酢にして食う**（おにをすにしてくう）恐ろしいものを少しも気にしないことのたとえ。

**おに-あざみ**【鬼▼薊】キク科の多年草。アザミの一種。中部以北のおもに日本海側の山地にはえる。高さ一m以上になり、径三cm前後の紅紫色の頭花をつける。

**おに-あさり**【鬼浅▼蜊】潮間帯の砂礫泥底にすむマルスダレガイ科の二枚貝。殻長約五cm、殻高約四・五cm。ほぼ卵形で、よく膨らむ。灰褐色の殻表は、放射状に走る太い凸状のすじと成長脈とが交差するため布目状を呈する。食用。北海道南部以南・朝鮮半島・中国に分布。

**オニール**【Eugene Gladstone O'Neill】（一八八八〜一九五三）現代アメリカ演劇隆盛の基礎をつくった劇作家。一九三六年ノーベル文学賞受賞。戯曲『楡の木陰の欲情』『喪服の似合うエレクトラ』『夜への長い旅』など。↓写

●オニール

**おに-うち**【鬼打(ち)】↓おにやらい（鬼遣）

**おにうち-まめ**【鬼打(ち)豆】節分などの鬼やらいのとき、悪鬼を追い払うためにまく炒り大豆。



▼常用漢字表外。　▽常用漢字表の音訓外。

**おに-おこぜ**【鬼▼𧋬・鬼▼虎▽魚】俗にオコゼともいうカサゴ科の海水魚。全長約二〇㎝。浅い所のものは暗茶褐色、深い所のものは赤か黄色。背びれのとげに毒がある。沿岸から深海にかけての底層にすむ。美味。本州中部から南シナ海に分布。scorpion fish ↓図

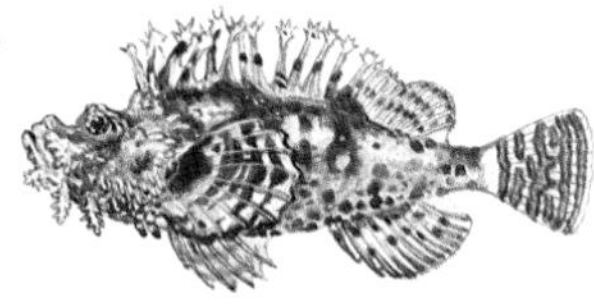

●オニオコゼ

**おに-おしだし**【鬼押出】群馬県嬬恋村、浅間山の北斜面にある安山岩質の溶岩流。天明三年(一七八三)の噴火によってできたもの。↓写

●鬼押出

**オニオン**〔onion〕タマネギ。

**オニオン-グラタン**〔onion gratin〕タマネギを使ったスープ。タマネギをあめ色にいため、ブイヨンを加える。薄切りのトーストとチーズをのせ、オーブンで焼きつける。オニオンスープ。

**おに-が-しま**【鬼ケ島】伝承に登場する鬼が住むとされている空想上の島。『一寸法師』や『桃太郎』の鬼退治などに登場する。

**おに-が-じょう**【鬼ケ城】三重県南部、熊野市にある海岸。外海の激しい波食を受けて海食崖・海食洞が発達。

**おに-かます**【鬼▼魳】暖海に多い大形のカマス。全長約一・八m。背面は青灰色、腹面は銀白色。本種の大形のものには毒があり、食べると中毒をおこすので、ドクカマスの別名がある。世界の熱帯・亜熱帯海域に広く分布。great barracuda

**おに-がみ**【鬼神】乱暴で恐ろしい神。きじん。

**おにがら-やき**【鬼殻焼(き)】伊勢えび・車えびなどを殻つきのまま焼いた料理。しょうゆとみりんでつくったたれを塗って照り焼きにする。

**おに-がわら**【鬼▼瓦】㊀①屋根の棟の両はしに置く大きなかわら。鬼面の形をしたものが多い。室町時代以後、それまで平面だったものが立体的になった。②妻を悪く言う語。㊁狂言の曲名。田舎大名が鬼瓦を見て女房を思い泣きだすが、慰められて笑う。

**鬼瓦にも化粧**(おにがわらにもけしょう) 醜い女でも、化粧しだいで美しくみえる。比較 馬子にも衣装。

**おに-ぎ**【鬼木・▽御▽新木】正月に門口などに立てる木。割り木にして用いる年木の一種で、正月用の薪。

**お-にぎり**【▽御握り】《「握り飯」の丁寧語》ご飯を握って丸や三角に形作ったもの。中に梅干しや香の物などを入れる。また、海苔で包む。おむすび。rice ball

**お-にく**【▽御肉】ハマウツボ科の一年草。高山のミヤマハンノキの根に寄生。高さ二〇～三〇㎝。葉は鱗片葉で黄褐色。夏に、暗紫色の花を穂状に密生。強壮薬に利用。キムラタケ。↓写

●オニク

**おに-くさ**【鬼草】紅藻植物テングサ科の海藻。平たい線状の体は暗紅色で、分枝する。寒天の原料。本州中部以南に分布。

**おに-ぐも**【鬼▼蜘▼蛛】コガネグモ科のクモ。体長は、雄約一・五㎝、雌約三㎝。黒褐色。人家の軒下や山野に大きな円網をはる。日本全土に分布。↓クモ図

**おに-ぐるみ**【鬼▼胡▽桃】山野の川沿いなどにはえるクルミ科の落葉高木。高さ約二五m。葉は大形の奇数羽状複葉。五～六月に開花。核果は直径約三㎝、核のなかの種子は食用。

**おに-げし**【鬼▼罌▼粟】ケシ科の多年草。観賞用に栽培される。高さ一m以上で、茎や葉に剛毛がある。夏に、紅・朱・桃・白などの径約一〇㎝の花が咲く。地中海地方原産、明治時代に渡来。オリエンタルポピー。Oriental poppy

**おに-けんばい**【鬼剣▽舞】岩手・宮城県にみられる剣舞の一種。鬼面の者が悪霊や亡魂の鎮送を願って太刀をふるい、足踏みしながら踊る。念仏踊りの一系統。↓写

●鬼剣舞 岩手県、北上市。

**おに-ご**【鬼子】①親に似ない子。おにっこ。②生まれたときに、歯がはえている子。

**おにこうべ-おんせん**【鬼▽首温泉】宮城県北西部、鳴子町にある温泉郷。特別天然記念物に指定されている雌釜・雄釜の間欠泉で知られる。

**おに-ごっこ**【鬼ごっこ】ひとりが鬼になり、他の者を追いかけてつかまえ、つかまった者が次の鬼になる子どもの遊び。tag

**お-にし**【▽御西】西本願寺および本願寺派の通称。

**おにし**【鬼▽石】〈町〉群馬県南部、神流川沿いにある町。農林業のほか、石材・造園業がさかん。三波石は庭石で有名。冬桜も名物。人口九〇三七(一九八八)。

**おに-しば**【鬼芝】イネ科の多年草。海浜に群生し、根茎は針金状で、節々から茎をたて、細く堅い葉を出す。葉は乾燥すると内に巻いて刺状になる。大きくて荒々しい形状からの名。

**おに-しばり**【鬼縛り】山地にはえるジンチョウゲ科の落葉低木。葉は秋にのび翌夏に落葉。本州以南に分布。早春に、黄緑色の小花が密生。果実は、夏に赤熟。ナツボウズ。

**おに-だいこ**【鬼太鼓】新潟県佐渡島の春祭りなどに行われる民俗芸能。雌雄の鬼が四輪車にのせた太鼓を打ち、二匹の獅子と踊る獅子舞。おんでこ。↓写

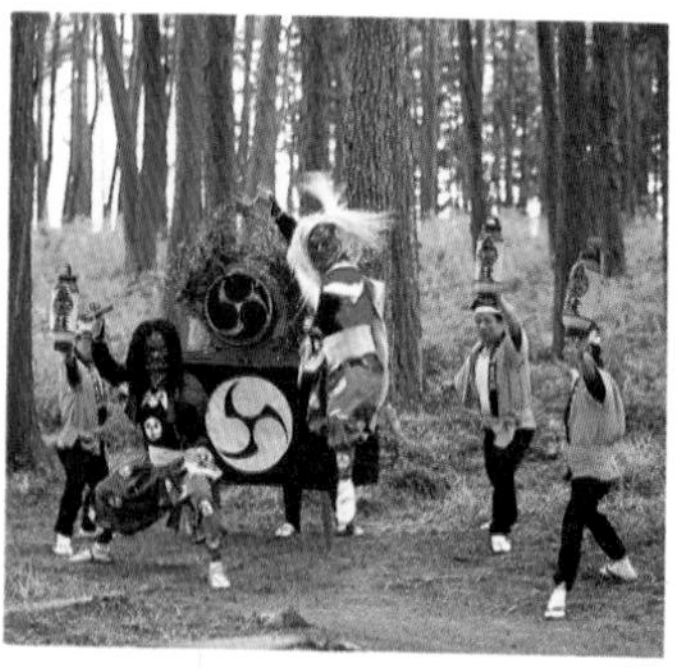

●鬼太鼓 新潟県、相川町。

**おに-たびらこ**【鬼田平子】《大形のタビラコ、の意》キク科の一、二年草。道ばたや荒れ地にはえる。高さ二〇～一〇〇㎝。タンポポに似た葉は茎の下部に集まる。五～一〇月黄色の舌状頭花をつける。

**オニチャ**〔Onitsha〕西アフリカ、ナイジェリア南部のニジェール川デルタに位置する河港都市。パーム油・キャッサバなど農産物の集散地。人口二二万(一九七九推定)。オニッシャ。オニッチャ。

**おにっ-こ**【鬼っ子】↓おにご(鬼子)

**おにつら**【鬼▽貫】↓うえしまおにつら(上島鬼貫)

**おに-どころ**【鬼▽野▽老】トコロの別名。

**おに-のげし**【鬼野▼芥子】キク科の二年草。道ばたや荒れ地に多い。ノゲシに似るが大形で、葉のへりはかたいとげ状。頭花は黄色で径約二㎝。ヨーロッパ原産。

**おに-の-しこくさ**【鬼の▽醜草】シオンの異名。

**おに-の-したぶるい**【鬼ノ舌振・鬼ノ舌震】島根県斐伊川の支流馬木川にあるV字状の谷。柱状節理・岩畳などの奇景が多い。

**おに-の-やがら**【鬼の矢▽幹】山地の樹陰にはえるラン科の多年草。茎は鱗片葉をつけ、高さ約一m。塊茎の内部にナラタケの菌糸を共生。夏に、黄褐色の花を穂状につける。ヌスビトノアシ。↓写

●オニノヤガラ

**おに-ば**【鬼歯】牙のように外向きにはえた八重歯。

**おに-ばす**【鬼▼蓮】沼にはえるスイレン科の一年生水草。水に浮かぶ葉は円形で、径〇・三～二m。葉脈上にとげがある。夏から秋に、径約四㎝の紫色の花が咲く。↓写

**おに-ばば**【鬼▽婆】①老女のすがたで現れる鬼。②無慈悲な老女をののしる語。おにばあ。

**おに-び**【鬼火】①沼地や墓地に現れるという赤や緑・青・黄色の燐光現象。燐火。②九州一帯で行われる正月七日の火祭り行事。一種の厄よけ行事。鬼火焚き。おねび。とんど。どんど。

●オニバス

**おに-びし**【鬼▼菱】ヒシ科の一年草。水中にはえる。ヒシに類似するが、果実は両側・腹背に四本のとげがあって、大形。

**おに-ひとで**【鬼▽海▽星】鋭い毒のとげがたくさんあるヒトデ。腕は一一～一六本。径約五〇㎝。造礁サンゴを食害する。天敵はホラガイ。太平洋・インド洋の暖海に分布。↓図 ↓ヒトデ図

●オニヒトデ

**おに-ふすべ**【鬼▼燻】担子菌類ホコリタケ科のキノコ。径二〇～四〇㎝の球塊状で竹やぶに発生する。初めは白色だが、のちに皮がはがれて、黄褐色の古綿状になる。若いものは食用。

**おに-やどかり**【鬼宿借】ヤドカリ科に属する中形のヤドカリ。甲長約五㎝。甲の背と脚に赤褐色と黄色の横縞がある。チョウセンサザエの殻を宿貝として利用することが多い。富山・相模両湾以南に分布。

**おに-やぶそてつ**【鬼▼藪▼蘇鉄】シダ植物オシダ科の常緑多年草。暖地の海岸にはえる。ヤブソテツに似るが葉は厚い革質で強い光沢があり、はるかに強壮。観賞用に植栽もされる。イソヘゴ。オニシダ。

**おに-やらい**【鬼▽遣・▽追▼儺】鬼を追い払って無病息災を願う行事。古代には、宮中の年越し行事だったが、近世以降、節分の晩に炒った大豆をまく民間の行事になった。その豆を年齢だけ、あるいは一つ余分に食べる習わしがある。追儺。鬼打ち。

**おに-やんま**【鬼▼蜻▼蜓】日本最大のトンボ。全長約一〇㎝。体は黒と黄の縞模様。夏から秋に平地や山地の路上を往復しながら飛

●オニヤンマ

び、昆虫を捕食。日本全土・朝鮮半島・中国に分布。↓写

**おに-ゆり**【鬼▿百▿合】ユリ科の多年草。山野にはえ、栽培もされる。高さ約一m。葉は広線形で互生。夏に、黄赤色で紫黒点のある六弁花が開く。葉のわきに黒紫色のむかごがつく。鱗茎は食用。テンガイユリ。↓写

●オニユリ

**おにわ-ばん**【▿御庭番】江戸幕府の職名の一つ。旗本から選ばれ、将軍直属の密偵を勤めた。

**おにわ-やき**【▿御庭焼】江戸時代に、大名やその家臣が城内・邸内に窯を築き、名工に焼かせた陶磁器。尾州徳川家の御深井焼など。

**お-ぬし**【▿御主】(代)《自分と同等もしくは下の者に》おまえ。そなた。

**おぬま-たん**【小沼丹】(一九一八) 小説家。本名、救。東京生まれ。早大卒。静かな諦念を もって平凡な日常生活をさりげないユーモアで描く。作品『懐中時計』『椋鳥日記』など。

**お-ね**【尾根】山頂と山頂を結ぶ、山の背のつながり。ridge 用例 ―伝い。

**おね-あるき**【尾根歩き】登山で、山の峰から峰へ長く続く稜線を歩くこと。ridge traversing

**オネーギン**【Evgeny Onegin】プーシキンの韻文小説。『エウゲニー＝オネーギン』。一八二五～三二年発表。「余計者」オネーギンと女主人公タチヤーナの恋を軸に当時のロシア社会を活写。

**オネガ-こ**【オネガ湖】(Onezhskoye Ozero) ソ連、ロシア共和国西部の大湖。面積九九〇〇km²。バルト海とボルガ川、白海を結ぶ水上交通路。

**オネゲル**【Arthur Honegger】(一八九二～一九五五) スイスの作曲家。「六人組」の一人としてフランスで活躍。フランス的造形感覚とドイツ的な深い精神性が共存した作風。交響的楽章『パシフィック二三一』、オラトリオ『火刑台上のジャンヌ＝ダルク』など。

**オネコタン-とう**【オネコタン島】(Ostrov Onekotan) ソ連、サハリン州東部、クリル列島北部の島。面積四・五km²。温禰古丹島。

**お-ねじ**【雄▾螺子】はめこむほうのねじ。bolt 対義 雌ねじ。

**お-ねしょ**【▿御寝▿小】《幼児・女性語》子どもが夜間、就寝中に尿をもらすこと。夜尿症。寝小便。bed-wetting

**オネッティ**【Juan Carlos Onetti】(一九〇九～) ウルグアイの小説家。実存主義的作品で知られる。作品『はかない人生』『造船所』など。

**お-ねり**【▿御練(り)・▿御▾邌(り)】①祭りの行列などが、ゆっくり進むこと。②だし。おどり屋台。

**おの**【▾斧】小さいまさかり。木をわるのに使う。よき。axe 数え方 一丁。

**斧の柄朽つ**《晋の王質が木を切りに行った山の中で、仙童が碁を打つのを見ていたが、一局が終わらないうちに斧の柄がくさっていたという故事から》わずかな間と思っているうちに、長い年月を過ごしてしまうたとえ。面白さに時のたつのを忘れることのたとえ。

**おの**【小野】〈市〉兵庫県南部、加古川中流の市。そろばん・家庭用刃物などの伝統工業がさかん。人口四万五六七〇(一九八八)。

**おの**【小野】〈町〉福島県東部、阿武隈山地にある町。タバコ栽培・酪農などがさかん。人口一万三九五七(一九八八)。

**おの**【▿己】古語 ㊀(代) わたくし。おのれ。用例 故母御息所は、―が叔父にものし給ひし按察の大納言の女なり(源氏・須磨)。㊁(名) 自分自身。おのれ。用例 鴨すらも―が妻どち求食して(万葉・一二・三〇九一)。

**己が頭の蝿を追え** 「自分の頭の蝿を追え」と同意。

**己が様様** めいめい。自分かって。己が向き向き。

**己が向き向き** 「己が様様」と同意。

**おのあし-るい**【▾斧足類】斧状をした肉質の大きな足をもつ貝類。二枚の石灰質の殻が体を左右から包む。大部分は海産で一部が淡水産。頭はないので目も触角もない。ハマグリ・アサリ・シジミ・アカガイなど、現存するのは約二万五〇〇〇種。二枚貝類。

**おの-あずさ**【小野▾梓】(一八五二～八六) 法学者・政治家。高知県生まれ。大隈重信を助け、立憲改進党の結成や東京専門学校(現在の早大)創立につとめた。著書『国憲汎論』など。

**お-の-え**【尾の▿上】山の高い所。山のてっぺん。山頂。頂上。

**おのえ**【尾▿上】〈町〉青森県南西部、弘前市東隣の町。米・リンゴの産地。猿賀神社の大祭は有名。人口一万六九三(一九八八)。

**おのえ-きくごろう**【尾▿上菊五郎】歌舞伎俳優。現在七世まで。屋号音羽屋。尾上家宗家。初世(一七一七～八三)は江戸へ下り、女方から立役に転じた。三世(一七八四～一八四九)は文化・文政期の江戸の名優。怪談物を「家の芸」とした。五世(一八四四～一九〇三)は幕末から明治期の名優。九世市川団十郎と「団菊」と並称された。「音羽屋の型」を確立。「新古演劇十種」を制定。六世(一八八五～一九四九)は近代歌舞伎を代表する名優。初世中村吉右衛門と「菊吉」時代を現出。舞踊・新作にもすぐれた。日本俳優学校創立。昭和二四年(一九四九)文化勲章受章。↓写

●尾上菊五郎 七世。『白浪五人男』の弁天小僧菊之助

**おのえ-さいしゅう**【尾▿上▾柴舟】(一八七六～一九五七) 歌人・国文学者・書家。本名、八郎。岡山県生まれ。東大卒。「あさ香社」に参加、のち『水甕』を創刊主宰。歌風は平明高雅。仮名の名手。歌集『静夜』『永日』、著書『平安朝時代の草仮名の研究』など。

**おのえ-しょうろく**【尾▿上松緑】歌舞伎俳優。現在二世まで。屋号音羽屋。初世(一七四四～一八一五)は文化期江戸の名優。四世鶴屋南北と組んで怪談物を完成。二世(一九一三～八九)は世話物を得意とする。舞踊は藤間流もと家元。

●尾上松緑 二世。『勧進帳』の武蔵坊弁慶

重要無形文化財保持者。昭和六二年(一九八七)文化勲章受章。↓写

**おのえ-ばいこう**【尾▿上梅幸】歌舞伎俳優。現在七世まで。屋号音羽屋。初世～五世は尾上菊五郎の俳名。六世(一八七〇～一九三四)は大正～昭和前期の名女方。生世話物・怪談物を得意とし、舞踊劇にもすぐれた。七世(一九一五～)は女方。舞踊にすぐれ二枚目も得意。重要無形文化財保持者。↓写

●尾上梅幸 七世。『藤娘』。

**おのえ-まつすけ**【尾▿上松助】歌舞伎俳優。屋号音羽屋。初世(一七四四～一八一五)は大坂の人。四世鶴屋南北と組んで怪談芝居に活躍し、敵役を得意とした。四世(一八四三～一九二八)は脇役の名優。

**おのえ-まつのすけ**【尾▿上松▾之助】(一八七五～一九二六) 映画俳優。岡山県生まれ。日本最初のサイレント映画時代劇スター。愛称「目玉の松ちゃん」。主演作『自来也』『荒木又右衛門』など。

**おのえ-やなぎ**【尾▿上柳】ヤナギ科の落葉高木。山野にはえる。高さ五～一〇m。葉は長披針形で互生。雌雄異株。雌花はやや細長い円柱状で細毛のため灰白色となる。カラフトヤナギ。

**おの-おの**【各・各各】㊀(名・副) めいめい。ひとりびとり。各自。each; every; everyone ㊁(代) みなさん。諸君。ladies and gentlemen 用例 いかに―。

**おのおの-がた**【各方・各各方】(代) 武士が多数の人に向かって敬意を込めて呼びかける語。みなさん。あなたがた。

**おの-おれ**【▾斧折】カバノキ科の落葉高木。雌雄同株。山地にはえる。高さ一五m前後。樹皮は暗灰色。花は円柱状花序。材質が堅いのが名の由来で、建材や炭の原料となる。オノオレカンバ。アズサミネバリ。

**おの-が-じし**【▿己がじし】(副) めいめいに。思い思いに。

**おのがつみ**【▿己が罪】新派脚本。菊池幽芳原作。明治三三年(一九〇〇)初演。人妻が若き日の過ちを夫に告白、最後に円満な生活を取り戻す。

**おの-がどう**【小野▾鵞堂】(一八六二～一九二二) 書家。静岡県生まれ。上代仮名の研究を通じて平明な書を広め、鵞堂流といわれた。

**おのがみ**【小野上】〈村〉群馬県中部、渋川市北隣の村。コンニャク・シイタケ栽培、養豚がさかん。人口二四二四(一九八八)。

**おのがわ-おんせん**【小野川温泉】山形県南部、米沢市にある温泉。大樽川沿いにあり、小野小町の発見と伝えられる。

**お-の-こ**【▿男】古語 ①おとこ。対義 おみな。用例 下戸ならぬこそ―はよけれ(徒然・一)。②男の子。用例 女ども―ども(源氏・玉鬘)。③しもべ。下男。用例 家に使はるる―ども(竹取)。

**おの-させお**【小野佐世▿男】(一九〇五～五四) 漫画家。横浜市生まれ。世相を反映した漫画で知られる。

**おのさと-としのぶ**【小野里利信】(一九一二～) 洋画家。桐生市生まれ。「オノサトシノブ」で知られる。幾何文様的意匠の抽象画を描く。

**おの-ずから**【▿自ずから】(副) ①あるがままに。ひとりでに。自然に。naturally ② 古語 ㋐かならず。きっと。用例 かく―若宮など生ひいで給はば(源氏・桐壺)。㋑たまたま。用例 ―都にいでて、身の乞丐となれることを恥づといへども(方丈記)。㋒万一。用例 ―平家の御事悪しざまに申す者あれば(平家・一・禿髪)。

**おの-ずと**【▿自ずと】(副) 自然に。おのずから。naturally

**おのだ**【小野田】〈市〉山口県南西部、周防灘に臨む市。工業都市で、セメントの町として有名。炭鉱都市として栄えた歴史をもつ。人口四万六〇〇六(一九八八)。

**おのだ**【小野田】〈町〉宮城県西部、鳴瀬川上流の町。稲作を中心に、畜産・林業などが行われる。人口九三〇四(一九八八)。

**おのだ-セメント**【小野田セメント】(株) 大手セメント会社の一つ。明治一四年(一八八一)設立。

**おの-ちくきょう**【小野竹▾喬】(一八八九～一九七九) 日本画家。岡山県生まれ。本名、英吉。洋画手法をとり入れた風景画で有名。昭和五一年(一九七

六八)文化勲章受章。

**おの-づくり**【▽斤▼旁】 漢字を組み立てている部分の名。「所・断」などの右にある「斤」。

**おのでら-なおすけ**【小野寺直助】(一八八三〜一九六八) 内科医。岩手県生まれ。九大卒。九大教授。圧診法を創案し、また胃運動曲線描写法を研究して胃癌早期診断に貢献するなど、内科臨床学に独創的研究が多い。

**おの-とおざぶろう**【小野十▽三郎】(一九〇三〜) 詩人。本名、藤三郎。大阪市生まれ。「短歌的叙情の否定」で戦後詩壇の注目を浴びた。詩集『大阪』など。

**おの-の-いもこ**【小野▽妹子】(生没年未詳) 飛鳥時代の官人。推古一五年(六〇七)聖徳太子の命により、第一回遣隋使として煬帝に国書を呈す。

**おの-の-おゆ**【小野老】(?〜七三七) 奈良前期の歌人。『万葉集』巻三・三二八の「あをによし寧楽の京師は咲く花の薫ふが如く今盛りなり」は有名。

**おのの-く**【▽戦く】(五自) 恐れや寒けで、ふるえる。わななく。shudder; shiver

**おの-の-こまち**【小野小町】(生没年未詳) 平安前期の女流歌人。六歌仙・三十六歌仙の一人。九世紀中ごろの人。哀調を帯び、情感の溢れた詠風。『古今集』以下の勅撰集にみえる。絶世の美女といわれて伝説が多く、謡曲・御伽草子などの題材になっている。家集『小町集』。↓写

●小野小町 『光琳かるた』より。

**おの-の-たかむら**【小野▼篁】(八〇二〜八五二) 平安初期の漢学者・歌人。官は参議にまで進んだ。遣唐副使を命じられたが、これを拝受しなかったため、隠岐に配流。のち召還され参議。『令義解』を撰進。

**おの-の-とうふう**【小野▽道風】(八九四〜九六六) 平安中期の書家。典雅な和様体の基礎を築く。篁の孫。三跡の一人。作品『智証大師諡号勅書』『屏風土代』『玉泉帖』など。

**おの-の-みちかぜ**【小野道風】↓おののとうふう(小野道風)

**おの-はじめ**【▼斧始(め)】↓ちょうなはじめ(手斧始め)

**おのぼり-さん**【▽御上りさん】《昔、京都に行くことを「上る」と言ったことから》都会見物に来た、田舎の人を、からかいながら親しんでよぶ語。hick; country cousin

**おのみち**【尾道】〈市〉広島県南東部、瀬戸内海に臨む市。内海航路の要地。古寺が多く、志賀直哉・林芙美子など文人ゆかりの地。人口一〇万八六六九(一九八八)。

**おの-らんざん**【小野▼蘭山】(一七二九〜一八一〇) 江戸中期の本草学者・博物学者。京都生まれ。名は職博、蘭山は号。日本における本草学の完成者といわれ、日本のリンネと称された。『本草綱目啓蒙』四八巻を著す。

**おのれ**【己】㊀(名) その人自身。oneself ㊁(代) ①《自称》わたし。おれ。I ②《対称》おまえ。you ㊂(感) 怒ったときに発する語。うぬ。you wretch!

**己達せんと欲すれば人を達せしむ** 自分が事を成し遂げようと思ったら、まず人を助けて目的を遂げさせる。仁ある者は自他の区別なく事を行うことをいう。

**己に克ち礼に復る** 私欲を押さえて、礼の精神に立ち返る。

**己に克つ** 自分の弱い意志にうちかつ。克己。be master of oneself

**己に如かざる者を友とする勿れ** 自分より劣った者は、道を修めるうえで助けとはならないから交わってはならない。

**己の欲せざる所は人に施す勿れ** 自分の好まないことは、人も好まないのだから、人にしてはならない。

**己を枉ぐ** 自分の信念・志などを捨てる。節を曲げる。

**己を虚しゅうす** 私情を捨てる。けんきょになる。be modest

**おのれ-ら**【己▽等】(代) ①《自称》わたしら。自分の側をけんそんしていう。②《対称》おまえたち。きさまたち。相手をいやしめていう。

**お-は**【尾羽】 鳥の尾とはね。

**尾羽打ち枯らす** 《タカの尾とはねの傷ついた無残な形から》落ちぶれて、みすぼらしくなる。

**お-ば**【小▽母】《ふつう「さん」をつけて用いる》↓おばさん(小母さん)

**お-ば**【伯母】 父母の姉。aunt 対義 伯父。

**お-ば**【叔母】 父母の妹。aunt 対義 叔父。

**お-ばあ-さん**【▽御▽祖▽母さん】 父母の母。grandmother 対義 おじいさん。

**お-ばあ-さん**【▽御▽婆さん】 老女を親しんで呼ぶ語。granny 対義 お爺さん。

**オパーリン**【Aleksandr Ivanovich Oparin】(一八九四〜一九八〇) ソ連の生化学者。『生命の起源』の著者。生命の起源の初期段階はコアセルベートというコロイド粒子の集まりであったとする仮説を提出。

**オパール**【opal】 含水コロイド珪酸鉱物。無色・白色が多いが、青・緑・赤・黄・黒などもある。とくに、内部の細い割れ目のため虹色に輝くものを貴たんぱく石といい、宝石とする。一〇月の誕生石。熱に弱い。たんぱく石。↓誕生石写

**オハイオ**【Ohio】 アメリカ中北部、五大湖南部の州。州都コロンバス。コーンベルトの東端にあたり、トウモロコシ栽培と豚などの飼育がさかん。東部のアパラチア山脈には大炭田があるほか、石油・天然ガスも産出し、クリーブランド、シンシナティなどの大工業都市が多い。人口一〇七九・八万(一九八〇)。

**お-はぎ**【▽御▼萩】 うるち米と餅米を混ぜて炊き、軽くついて丸め、あん・きな粉などをまぶした餅。花にちなんで、春の彼岸に作るものは牡丹餅、秋のものは萩餅。

**おば-くさ**【小婆草】 紅藻植物テングサ科の海藻。高さ二〇cm足らずで、形はテングサに似るが、寒天原料としては不良。ヨタクサ。

**お-はぐるま**【▽御羽車】↓はぐるま(羽車)

**お-はぐろ**【▽御歯黒・▽鉄▼漿】 鉄を酒や茶などにひたして酸化させた液で、成人した女性が歯を黒く染めること。中古のころは公家や武家の男子も行い、江戸時代には既婚婦人のしるしとされた。歯黒め。はぐろ。

**おはぐろ-とんぼ**【▽御歯黒▼蜻▼蛉】 ハグロトンボの異称。

**お-はけ**【▽御▽刷毛】 祭礼のとき、祭祀を主宰し、神霊を迎える神宿を務める家の前に立てる標識。葉付きの青竹の先に御幣や神符をつけたりしたものなどを用いる。

**お-ばけ**【▽御化け】 ①妖怪変化。幽霊。奇怪なもの。ばけもの。monster; ghost ②形態などが異常に大きいもの。monster 用例 ―かぼちゃ。

**お-はこ**【▽十▽八▽番】《「歌舞伎十八番」を市川団十郎家が、箱に入れて秘蔵したことからとも》①得意の芸。speciality; forte ②くせ。habit

**お-はこび**【▽御運び】「来ること・行くこと」を言う尊敬語。用例 雨の中を― いただいて恐縮です。

**おばこ-ぶし**【おばこ節】 秋田・山形(庄内)地方の民謡。秋田おばこ。庄内おばこ。

**お-ば-さん**【小▽母さん】 中年の女性に対する呼称。子どもは自分よりずっと年上と思った若い女性に対しても使う。woman; ma'am

**お-はじき**【▽御▽弾き】 少女の遊びの一つ。キサゴの貝殻や、平たいガラス玉などを指ではじき、当てたのを取り合って遊ぶ。また、それに使うガラス玉や貝殻。

**おばしま**【▽欄】 手すり。らんかん。

**お-はしょり**【▽御▽端▽折り】 女子の和装で、着物を腰の位置で、身丈までたくし上げて着ること。また、そのたくし上げた部分。

**おばすて-やま**【▼姨捨山】 老人を山に捨てるという伝説。老母を山に置き去りにした男が、また、迎えにいったという長野県更級郡冠着山の話が有名。うばすてやま。

**おばた**【小▼俣】〈町〉三重県伊勢市北隣の町。野菜・タバコ栽培がさかんで、伊勢たくあんの産地。人口一万六六三九(一九八八)。

**お-はち**【▽御鉢】 ①おひつ。めしびつ。②火山の火口。とくに、富士山頂のくぼ穴。crater

**御鉢が回る** 順番が自分に回ってくる。It's my turn.

**お-はつ**【▽御初】 ①はじめてであること・もの・事がら。first 用例 ―にお目にかかります。②《俗語》散髪したばかりの頭。また、おろし立ての服。

**お-はつほ**【▽御初穂】「初穂」の丁寧語。

**お-ばな**【尾花】 ススキ。また、ススキの穂。

**お-ばな**【雄花】 種子植物の単性花で、雄しべはあるが、雌しべが退化したか、またはない花。雄性花。ゆうか。male flower 対義 雌花。

**おばな-がゆ**【尾花▼粥】 陰暦八月一日、疫病よけに食べる、黒焼きのススキの穂を入れた粥。のちに早稲の黒焼き、黒胡麻も用いた。芒粥。

**おばなざわ**【尾花沢】〈市〉山形県北東部、山形盆地の市。農業中心。旧宿場町。近世初期に銀山で栄えた。人口二万四八〇七(一九八八)。

**おはな-ばたけ**【▽御花畑・▽御花▼畠】 高山帯・高原などで、一面に花の咲いている場所。field of alpine flowers

**おはなみ-ぜんせん**【▽御花見前線】↓さくらぜんせん(桜前線)

**お-はね** はねっかえり娘。おてんばな娘。

**お-ばね**【尾羽】 鳥類の尾骨にはえる羽。飛行時には方向を変えるのに役立つ。尾羽の基部上下をおおう一群の羽を尾筒といい、クジャクの飾り羽は上尾筒の発達したもの。tail feathers ↓鳥類図

**おばま**【小浜】〈市〉福井県西部、若狭湾に臨む市。旧城下町。港として栄え、社寺が多い。若狭塗・瑪瑙細工が特産。人口三万四二二二(一九八八)。

**おばま**【小浜】〈町〉長崎県、島原半島西岸の町。山中に雲仙温泉、海岸に小浜温泉がある。人口一万四〇七四(一九八八)。

**お-はもじ**【▽御は文字】《女房ことば》はずかしいこと。

**お-はよう**【▽御早う】(感) 朝、人に会ったときなどのあいさつ語。Good morning.

**オハラ**【John Henry O'Hara】(一九〇五〜一九七〇) アメリカの小説家。都会風俗を風刺的に描く。作品『バタフィールド8局』など。

**おばら**【小原】〈村〉愛知県北部、岐阜県に接する村。稲作・シイタケ栽培のほか、特産に小原和紙がある。人口四六七七(一九八八)。

**お-はらい**【▽御払い】 ①「払い・支払い」の丁寧語。pay 用例 ―をすます。②いらなくなったものを、くず屋に売り払うこと。sell junk

**お-はらい**【▽御▼祓い】 ①社寺がするやくばらいの行事。そのお札。purification ②伊勢神宮の大麻(=お札)。

**おはらい-ばこ**【▽御▼祓(い)箱・▽御払(い)箱】 ①伊勢神宮から頒布された大麻(=お札)や暦を入れてある箱。御師が毎年、全国の信者に配って歩いた。②《古い札が不用になることから、転じて》㋐不用品として、捨てること。discard ㋑使用人を解雇すること。fire

**御払い箱になる** 不用になる。また、解雇される。追放される。become useless; be dismissed 用例 利用されるだけ利用されたあげく、御払い箱になった。

**おはらい-もの**【▽御払(い)物】 不用品として売り払う物。

**おはら-うんしん**【小原雲心】(一八六一〜一九一六) 華道家。島根県生まれ。小原流初代家元。池坊に華道を学び、明治三三年(一九〇〇)に盛花瓶華を創始。

**おばら-おんせん**【小原温泉】 宮城県南部、白石市にある温泉。南蔵王温泉郷の一つ。近くに碧玉渓がある。

**おばら-くによし**【小原国▽芳】(一八八七〜一九七七) 教育者。鹿児島県生まれ。京大卒。全人教育を主唱し、成城学園・玉川学園を創設。

**おはら-こううん**【小原光雲】(一八八〇〜一九三八) 華道家。小原流二代家元。初代雲心が「国風盛花」と呼んでいたものを小原流と改め、盛花・瓶華の大成者となった。

**おはら-ぶし**【おはら節】《歌詞の「花は霧島…もえてあがるはオハラハア桜島」から》鹿児島県を中心とする民謡。鹿児島小原良節。

**おはら-め**【▽大原女】 京都の北郊大原や八瀬の里から京の町へ、薪を頭上にのせて売り

●大原女

りに来る女性。最近は洛北から花や餅などを行商に出る女性も含めていう。小原女。黒木売り。おおはらめ。↓写

**おはら-りゅう【小原流】** 華道流派の一つ。盛瓶華の代表的流派。関西を中心に活動。初代小原雲心、二代光雲、現在は三代豊雲。

**お-はり【▽御針】** ①針仕事。needlework ②針仕事にやとわれる女。お針子。needlewoman

**おはりだ-の-みや【小▼墾田宮・小▽治田宮】** 推古天皇の都宮。推古一一年(六〇三)豊浦宮から遷都。所在地は奈良県高市郡明日香村豊浦付近と推定。

**オパリナ【Opalinaラテ】** カエルなどの腸に寄生する原生動物。単細胞動物としては大きく、体長数百ミクロン。口はない。体表は多数の毛でおおわれる。

**おはん-ちょうえもん【お半長▽右▽衛門】** 浄瑠璃『桂川連理柵』の通称。信濃屋お半と帯屋長右衛門の心中物。一四歳の少女と中年男が京都桂川に浮かんだ事件に取材。

**おび【帯】** ①着物(長着)を着るとき、胴に巻いて後ろで結ぶ細長い布。男帯は幅がせまく実用的だが、女帯は幅が広く装飾性が強い。数え方 一本・一筋・一条。②「岩田帯」の略。用例 —祝い。③《比喩的》細長い形のもの。④物の中央に巻くもの。⑤新刊本などの表紙やケースの下部にまいた印刷物。腰巻き。帯封。帯紙。↓本図

**帯に短し襷に長し** 物事がはんぱで、どの役にも立たないことのたとえ。It is good for nothing.

**帯紐解く** ①警戒心を解き、安心してくつろぐ。②男女が仲良く一夜をすごす。

**帯を緩くする** 心配がなくなる。心が安らかになる。feel relieved

**おび-あげ【帯揚(げ)】** 和装小物の一つ。幅広の女帯が下がらないように用いる細長い布。帯枕をおおって使う。鹿の子絞りが多い。元来は外から見えないように結んだ。しょいあげ。

**おび-いた【帯板】** 和装小物の一つ。前帯を平らに整えるためのもの。多くは厚紙を芯とする布張りで、ポケット付きやベルト付きもある。前板。

**おび-いわい【帯祝(い)】** 妊婦が妊娠五か月ごろの戌の日に、安産を祈って岩田帯という腹帯をしめる時の祝い。

**おび-うら【帯▽占】** 縁結びの神事の一つ。茨城県の鹿島神宮の祭りで行われたもので、二つの帯に男女の名前を別々に書いて神前に供え、縁のよしあしを占う。常陸帯。

**オビエド【Oviedo】** スペイン北西部、ビスケー湾に臨む都市。同名州の州都。鉄と石炭の産地をひかえ重工業が発展。人口一九万(一九八二)。オビエード。

**おび・える【▼怯える】**(下一自) ①こわがる。恐れる。frightened ②悪夢にうなされる。have a nightmare

**おび-おや【帯親】** ①帯祝いのとき、妊婦に岩田帯をつけてやる人。②五歳になった女の子の祝いのときになる仮親。仮親は帯を贈り、以後、その子との親しいつきあいを続ける。

**お-ひがし【▽御東】** 東本願寺および大谷派の通称。

**おび-かなぐ【帯金具】** 皮や布の帯にとりつけた飾り金具。すぐれた文様彫刻もみられる。前一〇〇〇年ごろの内陸ユーラシアの騎馬民族から発し広く用いられた。日本でも古墳から出土。

**おび-がね【帯金】** ①物にまきつける金属製の帯。iron band ②刀のさやに付けた、ひも通しの環。

**おび-かれはが【帯枯葉▼蛾】** カレハガ科のガ。雄は開張約三・五cmで黄褐色、雌は開張約四cmで褐色か赤褐色。幼虫はサクラ・ウメなどを食害。夏、灯火に飛来。日本全土・ユーラシア・北アフリカに分布。

**おび-かわ【帯革・帯皮】** ①かわおび。ベルト。バンド。leather belt ②しらべがわ。機械のベルト。belt

**オビ-がわ【オビ川】**(Ob') ソ連、西シベリアの大河。長さ三六八〇km。流域には穀倉地帯やクズバス工業地域、チュメニ油田があり、ソ連の経済上重要な河川。

**お-ひきずり【▽御引(き)▼摺り】** ①衣服のすそを長くひきずること。②着飾ることばかりを考えて働かないこと、またそういう女。ひきずり。

**おびき-だ・す【▽誘き出す】**(五他) だまして、つれ出す。lure out

**おびき-よ・せる【▽誘き寄せる】**(下一他) だまして、近くへ来させる。lure

**おび-くい【帯食(い)】** 雅楽(舞楽)の衣裳の一部。鎧の胸につけられた木製の鬼の面。「秦王破陣楽」などの装束に用いられる。

**おび-くらげ【帯▽水▽母】** 体が帯のように扁平で細長いクラゲ。クシクラゲの一種。体は透明で長さ一m以上。世界の暖海に分布。

**お-ひげ【▽御▼髭】** 「ひげ」の敬語。

**御髭の塵を払う** 目上の人にこびへつらう。髭の塵を払う。

**おび-こう【帯鋼】** 帯状の長い鋼板。幅五〇cm以下で厚さは〇・九〜四・五mm。軽量形鋼などの素材。なお、幅五〇cm以上厚さ二m未満のものを広幅帯鋼といい、薄鋼板として用いる。band steel

**おび-こうこく【帯広告】** 一週間に五回以上、同じ時間帯に放送されるスポット広告。across-the-board advertisement

**お-ひ-さま【▽御日様】** 太陽を敬っていう語。おてんとさま。the sun

**御日様が黄色に見える** 《房事がすぎるとこのようになる、と言われることから》房事過多のたとえ。

**お-ひざもと【▽御▼膝元・▽御▼膝下】** ①高貴な人のそば。beside a noble person ②王宮や政府のある都会。帝都。首都。首府。capital

**お-ひしば【雄日芝】** イネ科の一年草。日当たりのよい地にはえる。高さ四〇cm前後。直立した茎から長い線形の葉を出す。夏に、かさの形にひろがった花穂をつける。チカラグサ。オヒジワ。

**おび-じめ【帯締(め)】** 和装小物の一つ。帯の結び目が解けないよう、帯の上から締めるひも。

**おびじょう-ぬの【帯状布】** 新体操の手具の一つ。長さ六mの帯状の布。または、その布を持って演技する競技種目。最初と最後のポーズ以外は、布を静止させてはならない。リボン。ribbon

**おびしろ-はだか【帯代裸】** 女の、細帯をしただけの、だらしないすがた。

**おび-しん【帯▼芯】** 婦人の帯のしんにする厚い布。

**お-ひたき【▽御火▼焚(き)】** 陰暦一一月に京都地方を中心に行われる、神社の霜月祭りの火焚き神事。社前に大火を焚き、神楽を奏し神酒・神饌を供える。おほたき。

**お-ひたし【▽御浸し】** 青菜類などをゆで、しょうゆをかけたもの。ひたし。ひたし物。

**おびたた・し【▼夥し】** 古語 (形シク) 《近世以後は「おびただし」》①はなはだしい。ものすごい。用例 震動する事—(宇治拾遺・二)。②数がきわめて多い。用例 あな—の源氏の陣の遠火のおほさよ(平家・五・富士川)。③さわがしい。用例 喚き叫ぶこと—(平家・七・還亡)。

**おびただし・い【▼夥しい】**(形) ①非常に多い。tremendous 用例 —出費。②はなはだしい。ひどい。terrible 用例 だらしのないこと—。派生 おびただしさ(名)

**お-ひつ【▽御▼櫃】** めしびつ。おはち。

**おひつじ-ざ【▼牡羊座】** 北天の星座。黄道十二星座の一つ。一二月二五日ごろの午後八時ごろに南中。面積四四一平方度。Aries ↓図

**お-びと【▽首】** 《「大人」の略》古代の姓の一つ。大化の改新まで小豪族や部民の統率者に多く与えられた。

**おび-とき【帯解き】** 女児の七歳の祝い。幼児がそれまでしていた付け紐をとって、帯を締めるようになるときの祝い。紐とき。帯なおし。初帯。

**おび-どめ【帯留(め)】** ①帯の正面に前結びに締めて帯全体を押さえるひも。帯締め。sash band ②帯締めのひもに通して帯の正面を飾る細工物。buckle ③両端に留め金具のついた帯締めのひも。sash band

**おひと-よし【▽御人▽好し】**(名・形動) 気がよくて、人の言うなりになること・人。好人物。good-natured

**おひな-さま【▽御▼雛様】** ①「ひな人形」の丁寧語。②ひなの節句。

**オピニオン-リーダー【opinion leader】** ある社会や集団の意思形成に大きな影響力をもち、指導的な役割をはたす人。世論を方向づける人。

**お-ひねり【▽御▼捻り】** お金を紙に包んで、ひねったもの。神仏に供えたり、祝儀として与えたりする。かみひねり。かみばな。

**おび-のこぎり【帯▼鋸】** 帯状の鋼鉄に鋸歯をつけ、動力で回転させて木材などを挽くのこぎり。おびのこ。

**おび-ばんぐみ【帯番組】** テレビ・ラジオで、毎日または毎週、同じ時間に放送される番組。across-the-board program

**おびひろ【帯広】**〈市〉 北海道東部、十勝平野の市。十勝地方の行政・経済の中心。農産物の集散地。人口一六万五二〇七(一九八八)。

**おび-ふう【帯封】** 新聞・雑誌などを郵送するとき帯のようにまいてあて名を記す紙。wrapper

**おび-まくら【帯▼枕】** 和装小物の一つ。帯結びに使う長円形で厚みのあるもの。帯の形を整えるために、背に当て、ひもで帯の合わせ目を固定する。帯揚げをかぶせて用いる。

**お-ひまち【▽御日待ち】** ↓ひまち(日待ち)

**お-ひや【▽御冷や】** ①水。つめたい飲み水。cold water ②つめたくなった飯。ひやめし。

**おびやか・す【脅かす】**(五他) ①力などで、こわがらす。おどかす。menace ②攻め入る。侵入する。invade ③《地位などを》あやうくする。undermine

●牡羊座

**お-ひゃくど【▽御百度】** 《「御百度参り」の略》社寺の中のきめた場所を往復して、いのること。百度参り。

**御百度を踏む** ①百度参りをする。②何度も行ってたのむ。visit repeatedly to ask for a favor

**おひゃら-か・す**(五他) からかう。ひやかす。

**おび・ゆ【▼怯ゆ】** 古語 (下二自) おびえる(怯える)↓

**おひょう【▽大▼鮃】** カレイ科の海水魚。全長約二・六m、体重二〇〇kg以上になり、ヒラメ・カレイ類の中で最大。目のある側は淡褐色で、乳白色点と黒斑が散在。稚魚は浮遊生活ののち、海底での生活に移行する。食用・肝油の原料。北太平洋に分布。halibut ↓図

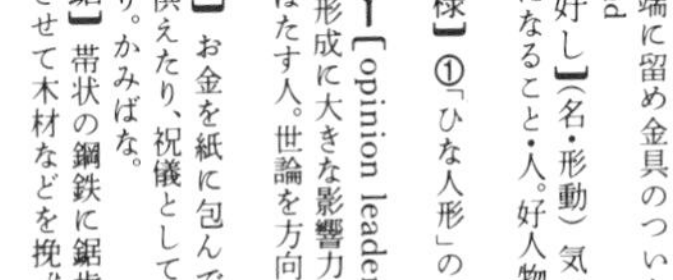

●オヒョウ(大鮃)

**オヒョウ**(opiwアイヌ) 山地にはえるニレ科の落葉高木。高さ約二五m。葉は倒卵形で二重の鋸歯がある。春に黄緑色の小花が咲く。樹皮の繊維は厚司の原料になる。アツシ。↓写

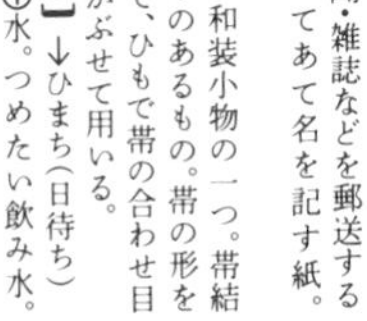

●オヒョウ

**お-ひら【▽御平】** 《女房ことば》①食器の一つ。煮物わんよりやや浅めのふたつき漆器。本膳の左向こうに、煮物を盛って出される。また、その煮物。ひらわん。おひらわん。②タイ・イワシの異名。

**御平の長芋** 《平わんに盛られた長芋は、見かけ倒しでおいしくないことから》見た目はきれいであるが、締まりのない男のたとえ。

**おびら【小平】**〈町〉 北海道北西部、日本海に臨む町。稲作中心の農業のほか、林業・漁業も行われる。人口五七六九(一九八八)。

**お-ひらき【▽御開き】** 《「終わる・逃げる」の語をさけて》①祝いごとや宴会の終わり。②逃げること。

**お・びる【帯びる】**(上一他) ①《「佩びる」とも》身につける。腰につける。wear 用例 刀を—。②受け持つ。引き受ける。be entrusted with 用例 使命を—。③ふくみ持つ。take on 用例 赤み



▼常用漢字表外。 ▽常用漢字表の音訓外。

を—。酒気を—。

**お-ひるぎ**【雄▼蛭木】 熱帯の浅い泥海にはえるヒルギ科の常緑小高木。樹上で発芽、海中に落ちて発育。夏に、黄白色の花が咲く。

**お-ひれ**【尾▼鰭】 ①魚の尾とひれ。tail and fin ②《転じて》付け加えたもの。誇張。addition; exaggeration ③魚体のいちばん後部にある尾としてのひれ。皮膚のひだとして生じ、おもに推進力を生む。おびれ。caudal fin ↓魚図

**尾鰭を付ける** たいした事実でもないのに、事実以上に話を誇張する。exaggerate

**話に尾鰭が付く** 話が大げさになる。get blown up

**お-ひろい**【▽御拾い】「歩行」の敬語。お歩き。

**お-ひろめ**【▽御披露目】《「広め」の丁寧語》広く知らせること。結婚式などの披露のこと。

**お-びんずる**【▽御▽賓頭▼盧】「賓頭盧」を親しみ、敬っていう語。

**オフ**【off】 ①電灯・機械などのスイッチが切れていること。「点滅」の「滅」。対義 オン。②あるものからはなれていること。用例 —ロード。シーズン—。③予定などが入っていないこと。日程・仕事が空きであること。

**お-ぶ**【帯ぶ】 古語 (上二他) ↓おびる(帯びる)

**オプ-アート**【op art】《optical art の略》視覚的・光学的な画面構成をめざす現代抽象美術の一傾向。一九六五年ニューヨークにおこる。画面に錯覚的効果・光学的トリックを導入し、新しいイメージを追求する。

**オフィシャル**【official】 ㊀(形動) 公認されているさま。公式であるさま。用例 —ハンディキャップ。㊁(名) ①職員。役人。公務員。②スポーツ競技などの審判員。

**オフィス**【office】 事務所。事務室。用例 —街。

**オフィス-オートメーション**【office automation】 文書や情報の作成・保管・伝送などのオフィス事務を、パーソナルコンピューター・ワードプロセッサー・ファクシミリなどの機器を活用して自動化すること。OA。

**オフィス-コンピューター**【office computer】 事務用の小型コンピューター。多数の端末機器を結合し会計処理・在庫管理などを行うが、上位機種とのデータ交換もできる。オフコン。

**オフィス-レディー**《和製語》女子事務員。OL。office worker

**おぶい-ひも**【負ぶい▼紐】 子どもを背負うのに用いるひも。おんぶひも。

**お-ぶう**《女性語・幼児語》①お湯。②お茶。

**おぶ-う**【負ぶう】(五他) 背負う。しょう。carry on one's back

**オフェーロン**【Seán O'Faoláin】(一九〇〇) アイルランドの小説家・伝記作家。短編集『真夏の夜の狂乱』、伝記『乞食の王』など。

**お-ふく**【▽御福】 ①いただき物。ちょうだい物。gift ②おたふく。

**お-ふくろ**【▽御袋】 ㊀《もとは敬称》男が母を呼ぶ語。対義 おやじ。㊁《おふくろ》田中千禾夫の戯曲。一幕。昭和八年(一九三三)初演。母親と一人立ちしていく息子との微妙な心理的対立を対話で描く。

**おふく-わけ**【▽御福分け】(名・サ変他) もらい物をよそに分けてやること。おすそわけ。

**オフ-コン**「オフィス-コンピューター」の略。

**オブザーバー**【observer】 ㊀①観察者。②議決権なしで会議に参加を許された人。傍聴者。㊁《The Observer》イギリスの高級日曜紙。左翼的な論調で外信面が充実し、文芸などの評論が豊富。一七九一年創刊。

**オフサイド**【offside】 サッカー・ラグビー・ホッケー・水球などの反則の一つ。選手がルールに違反した位置でプレーすること。

**おぶさ・る**【負ぶさる】(五自) ①背負われる。carried on one's back ②たよる。依存する。depend on ③《あし(お金)を使わないで済むところから》人に支払いをさせる。let on treat

**オフ-ザ-レコード**【off-the-record】 記録にとどめないこと。とくに、記者会見やインタビューなどで語られた内容の記録・報道をさし控えること。また、その条件で語られる話。オフレコ。

**お-ぶし**【雄節・▽男節】 カツオの背肉でつくったかつおぶし。本節。背節。対義 雌節。

**オブジェ**【objet フランス】《物・物体、の意》①自然の物体や既製品、またはその断片を寄せ集めて作品としたもの。ダダイスムやシュールレアリスムで一般化。②生け花で、花以外の材料を使って組み立てた作品。

**オブジェクト**【object】 対義 サブジェクト。①文法で、目的語。②哲学で、客観・客体・対象。

**オフショア-せいさん**【オフショア生産】 発展途上国などが経済発展をはかるため国内に保税地域を設け、外国資本を誘致して輸出向け生産を行わせること。NIES諸国発展の基礎となった。オフショア-インダストリー。オフショア-ビジネス。offshore production

**オフショア-センター**【offshore center】 国際金融市場の一つ。非居住者のために租税や為替管理上の規制を緩和し、金融サービスに特典が与えられている市場。外国の企業や銀行を誘致して課税収入を得ることが目的。

**オフショア-ファンド**【offshore fund】 税金の安い国外に本社を置く投資信託会社。国際証券市場で、きわめて投機的な投資運用を行う。

**オフショルダー-ネックライン**《off-the-shoulder neckline から》襟ぐりの形の一種。両肩を出すほど、大きく深くくられた襟あき。イブニングドレスなどにみられる。↓図

●オフショルダーネックライン

**オプション**【option】《選択の意》①先物取引において、一定期間内に、特定の価格で商品・株式・債券などを売る、または買う権利。この権利自体がオプション取引として売買される。選択権。②持ち主の好みで選んで取り付ける自動車などの部品。

**オプション-けいやく**【オプション契約】 ①オプション①を売買する契約。②納期の仮予約。仮発注。option contract

**オプション-とりひき**【オプション取引】 売買選択権取引。一定期間内に一定数量の株式などを一定の価格で売買する権利(=オプション)を売買すること。広義の信用取引の一つで、貿易取引にも使われる。option transaction

**オプス**【Ops】 ローマ神話の豊穣の女神。サトゥルヌス神の妻とされ、また農業の神コンススとも関係づけられて祭られる。

**オプストフェルダー**【Sigbjørn Obstfelder】(一八六六〜一九〇〇) ノルウェーの小説家。世紀末の雰囲気を反映した病的なかげりのある作品を残す。短編『十字架』、戯曲『赤い雫』など。

**オブストラクション**【obstruction】 ①サッカーやホッケーなどの反則の一つ。相手のボールを奪おうとする意志がなく、相手の行動を妨害する行為。②野球の走塁妨害。

**お-ふせ**【▽御布施】「布施」の丁寧語。

**おぶせ**【小布施】〈町〉 長野県北部、千曲川に沿う町。リンゴ・クリなど果樹栽培の先進地。人口一万一八四〇(一九八八)。

**オフセット-いんさつ**【オフセット印刷】 版面上のインクを一度ゴムブランケットに移したのち、紙などに印刷する方式の総称。主として平版印刷に利用される。offset printing

**お-ふだ**【▽御札】 ①社寺で出す神仏の守り札の一つ。神棚や仏壇に納めたり、門口などにかかげて災難よけにする。護符。神符。おまもり。②祈願のため姓名などを記し社寺に納める札。

**お-ぶつ**【汚物】 きたないもの。よごれてきたないもの。dirt; filth

**オプティミスト**【optimist】 楽天家。のんきや。楽観論者。オプチミスト。対義 ペシミスト。

**オプティミズム**【optimism】 楽天主義。楽観論。オプチミズム。対義 ペシミズム。

**お-ふでさき**【▽御筆先】 宗教的職能者が神意により書いたとされる文書。大本教の出口ナオ、天理教の中山みきなどのものが名高い。

**オプトエレクトロニクス**【optoelectronics】 オプティクス(光学)とエレクトロニクス(電子工学)を結合した、理論と技術。光通信・光情報処理が中心。

**オプトロニクス-さんぎょう**【オプトロニクス産業】↓ひかりさんぎょう(光産業)

**おふな-いり**【▽御舟入り】 天皇・皇族の葬儀のうち、最初の儀式。納棺にあたる。

**オフ-ネック**《和製語》洋服の襟ぐりの一形態でタートルネックの一種。首回りよりやや離れた、大きめのとっくり襟。

**オフ-ブロードウェー-えんげき**【オフ-ブロードウェー演劇】 アメリカのブロードウェー以外の場所での演劇活動。非商業的・実験的演劇を上演。うち一部はしだいに企業化され、オフ-オフ-ブロードウェー演劇が生まれた。off Broadway

**お-ふみ**【▽御文】『御文章』の別称。

**オブラート**【Oblate ドイツ】 でんぷんや寒天で作った薄膜。味やにおいの悪い薬をのみやすくしたり、あめなどを包むために用いる。すばやくとける性質をもつ。wafer

**オブラートに包む** 刺激的な表現を避けて、遠回しでおだやかな言い方をする。use an indirect expression

**オフ-ライン**【off-line】 コンピューターで、入出力装置と中央処理装置が直接結びついていないこと。対義 オンライン。

**オブリーク**《oblique line から》斜めのラインを強調した服装デザイン。一九五一年ごろ、パリの服飾デザイナーによって発表された。オブリークライン。

**オブリガート**【obbligato イタリア】 ①音楽で、楽器あるいは声部を省略してはいけないこと。②独唱(独奏)をひきたてる、助奏。

**オフ-リミッツ**【off-limits】 立ち入り禁止。対義 オンリミッツ。

**お-ふれ**【▽御触れ】 役所などから一般に出される通知・申し渡し。

**オフレアティ**【Liam O'Flaherty】(一八九六〜一九八四) アイルランドの小説家。作品『密告者』など。

**おふれ-がき**【▽御触書】 江戸時代、幕府・諸藩が出した、広く一般に触れ知らせる法令。

**おふれがきしゅうせい**【▽御触書集成】 江戸幕府の評定所が、御触書を編纂した法令集。八代将軍徳川吉宗以来、寛保・宝暦・天明・天保の四集成がある。

**オフ-レコ**《off the record の略》↓オフ-ザ-レコード

**オフ-ロード**【off-road】《「オフ」は、…からはなれて、の意》野山などの、道らしい道のない所。用例 —バイク。

**オブローモフ**【Oblomov】 ゴンチャロフの小説。一八五九年刊。知性・教養をもちながら何一つしない、無気力な地主オブローモフの物語。「余計者」の典型。

**オペ**《Operation ドイツ から》手術。

**オベーチキン**【Valentin Vladimirovich Ovechkin】(一九〇四〜一九六八) ソ連の小説家。現実の矛盾を記録文学形式で描写し、新文学運動を起こした。作品『地区の日常』など。

**オベール**【Daniel-François-Esprit Auber】(一七八二〜一八七一) フランスの作曲家。オペラを多数作曲。オペラ『フラ-ディアボロ』など。

**お-べっか**《俗語》人にへつらうこと。おべんちゃら。用例 —を使う。

**オペック**【OPEC】《Organization of Petroleum Exporting Countries の略》石油輸出国機構。一九六〇年、イラン・サウジアラビア・クウェート・イラク・ベネズエラが、石油の生産・価格調整を目的に結成。加盟一三か国。

**おへや-さま**【▽御部屋様】 大名など身分の高い人のめかけの敬称。

**オペラ**【opera イタリア】 歌劇。音楽・演劇・文学・舞踊・美術などを総合した音楽劇。せりふは、独唱・重唱や合唱などで歌われ、序曲や間奏曲などの器楽曲も付け加えられる。一六世紀末の、フィレンツェのカメラータによる作品が起源。

**オペラグラス**【opera glasses】 観劇などに使われる、倍率の低い小型の双眼鏡。

**オペラ-コミック**【opéra comique フランス】 ①一八世紀にフランス語で書かれた、軽い内容のオペラ。②対話を含む、フランス風オペラの総称。

**オペラ-セリア**【opera seria イタリア】 一八世紀に、イタリアで生まれたオペラ。神話や古代の英雄を題材とした、叙情的な悲劇。レチタティーボとアリアが中心。対義 オペラ-ブッファ。

**オペラ-パンプス**【opera pumps】 観劇用の婦人靴。また、盛装時にふさわしい、ドレッシーなデザインのパンプス。

**オペラ-ブッファ**【opera buffa イタリア】 一八世紀に、オペラ-セリアの幕間劇として生まれた、喜劇的なオペラ。庶民生活に題材をとり、風刺的な傾向をもつ。対義 オペラ-セリア。

**オペランド**【operand】 コンピューターで、操作に必要な、あるいは操作によって生じる数値の総称。演算数。

**オベリスク**【obelisk】 太陽信仰に基づく、古代エジプトの記念碑。神殿の正面に一対で建てられた石の角柱で、象形文字による碑文が刻まれていて、頂上はピラミッド形。方尖塔。↓写(次ページ)

**オペレーションズ-リサーチ**【operations research】 システム運用上の問題に、数学的・科学的方法を適用し、最適の選択を発見する

●オベリスク　エジプト、テーベのルクソル神殿。対の一本は、パリに現存する。

技法。経営・軍事での意思決定や、作戦計画などに利用。OR。

**オペレーター**[operator] ①機械装置を操作する係の人。電話交換手・キーパンチャーなど。②海運で、運航業者。

**オペレーティング-システム**[operating system] コンピューターを効率よく運用するために、各プログラムの入・出力機能を監視・制御する手続き。OS。

**オペレッタ**[operetta イタリア] 喜歌劇または軽歌劇。せりふ・歌・踊りがある陽気な、軽い内容の、娯楽的音楽舞台劇。オッフェンバックの『天国と地獄』、ヨハン＝シュトラウスの『こうもり』など。

**オベロン**[Oberon] ①中世フランスの武勲詩に登場する、妖精の王。②ウェーバー作曲のオペラ。三幕。一八二六年初演。①を題材にしたウィーラントの叙事詩により、プランシェが台本制作。序曲が知られる。

**オペロン**[operon] DNA遺伝情報をRNAへ転写するとき、単位となる遺伝子群。オペロン上の全ペプチドは同時に調節を受ける。

**オペロン-せつ**【オペロン説】 たんぱく質合成の調節機構についての仮説。一九六一年に、フランスのジャコブとモノーが提唱。operon theory

**お-べんちゃら**《俗語》誠意がなく、口先ばかりうまいこと・人。

**おぼえ**【覚え】①感じ。感覚。sense ②記憶。思い出。memory 用例うろ—。③理解。understanding 用例—がはやい。④自覚。経験。experience ⑤自信。confidence 用例うでに—がある。⑥信任。信用。trust 用例—がめでたい。⑦ひかえ。メモ。memorandum 用例—書き。⑧古語㋐世間の評判。用例小式部、これより、歌よみの世に—いできにけり(十訓抄・三)。㋑かわいがられること。寵愛。用例いとまばゆき人の御—なり(源氏・桐壺)。

**おぼえ-がき**【覚え書き・覚書】①メモ。②おもに外交上用いられる略式文書。交渉や会議の席では公文書としての効力をもち、国家間の合意をともなえば条約同様の効力をもつ。memorandum

**おぼえ-ず**【覚えず】(副) つい。われ知らず。うっかり。unconsciously

**おぼ・える**【覚える】(下一自) ①感じる。自覚する。feel 用例愛情を—。感動を—。②《「憶える」とも》忘れないでいる。記憶する。remember 用例よく—えていない。③学んで理解する。用例文字を—。learn ④習って身につける。用例仕事を—。

**オホーツク-かい**【オホーツク海】(Sea of Okhotsk) ソ連東部、北太平洋の縁海。カムチャツカ半島・樺太・北海道・千島列島に囲まれている。世界的大漁場の一つ。

**オホーツクかい-きだん**【オホーツク海気団】 夏の前後、オホーツク海を中心に出現する、湿潤の寒帯海洋気団。滞留が長引くと、東北地方や北海道に冷害を引き起こす。

**オホーツクかい-こうきあつ**【オホーツク海高気圧】 オホーツク海を中心とする高気圧。夏の前後の天気図に見られる。

**オホーツク-ぶんか**【オホーツク文化】 日本の古代から中世にかけて、樺太南部・北海道北東岸・千島列島などオホーツク海沿岸一帯に発達した、狩猟・漁労文化。モヨロ貝塚(網走市)はその代表的遺跡。

**オポーレ**[Opole] ポーランド南西、オーデル川沿岸の工業都市。九世紀以来の古都。人口一一・八万(一九八一)。

**おほけ-な・し** 古語(形ク) ↓おおけなし

**おぼこ** ①世なれないこと・人。うぶ。innocent ②「おぼこむすめ」の略。③ボラの幼魚。

**おぼこ-むすめ**【おぼこ娘・▽未▽通▽女】 まだ男子と性的関係を持たない女子。きむすめ。virgin

**おぼ・し**【▽思し・▽覚し】 古語(形シク) ①こうあってほしいと思う。用例—・しきこと言はぬは(徒然・一九)。②↓おぼしい(思しい)

**おぼし・い**【▽思しい】(形) 《多く、「…とおぼしい」の形で》思われる。見える。想像される。seem 用例相当の身分と—人。

**おぼし-めし**【▽思し召し】 ①お考え。お気持ち。your opinion ②寄付や見料などを、出す人の考えにまかせること。お志。at your will ③異性に対する特別な関心。fancy

**おぼし-め・す**【▽思し召す】(五他) 《「おぼす」の尊敬語》お思いになられる。

**おぼ・す**【▽思す】 古語(四他) 《「思ほす」の転。「思う」の尊敬語》お思いになる。お考えになる。用例これを聞きて、かぐや姫少しあはれと—・しけり(竹取)。

**オポチュニスト**[opportunist] その時々の情勢によって、自分のつごうのよいほうにつく人。日和見主義者。ごつごう主義者。時局便乗者。

**オポチュニズム**[opportunism] 機会主義。日和見主義。一定の原理や原則よりもむしろ、変化する状況に応じて行動すること。

**おぼつか-な・い**【覚▽束ない】(形) 《「覚束」は当て字》①はっきりしない。疑わしい。uneasy; unreliable 用例成功のほどは—。②心細い。不安だ。uncertain 用例—足取り。派生おぼつかなが・る(五自他) おぼつかなげ(形動) おぼつかなさ(名)

**おぼつか-な・し**【覚▽束なし】 古語(形ク) ①ぼんやりしている。用例夕月夜の—・き程に(徒然・一〇四)。②待ち遠しい。もどかしい。用例返り事せずは—・かりなむ(堤中納言・虫めづる姫君)。③↓おぼつかない(覚束ない)

**オポッサム**[opossum] オポッサム科の哺乳動物の総称。体長は種類によって異なり、一〇cmから五〇cm。尾が長く、子を育児嚢で育てる。夜行性で雑食性。南北両アメリカに分布。コモリネズミ。フクロネズミ。↓図

●オポッサム

**おほほ**(感) 女性が上品そうに口をすぼめて笑うときの声。

**おぼほ・る**【▼溺ほる・▼惚ほる】 古語(下二自) ①おぼれる。沈む。用例波のしわにや—・れむ(古今・雑体)。②涙にむせぶ。用例心をさめむ方なく—・れゐたり(源氏・早蕨)。③正気を失う。ぼんやりする。用例さることまかなる灰の目鼻にも入りて、—・れて物も覚えず(源氏・真木柱)。④そらとぼける。知らん顔をする。用例むげに世を思ひ知らぬやうに、—・れ給ふなむいとつらき(源氏・帚木)。

**おぼ-めか・し** 古語(形シク) ①はっきりしない。ぼんやりしている。用例夕涼みといふほど、物のさまなども—・しきに(枕・いみじう暑きころ)。②不確かだ。用例その方に—・しからぬ人(枕・清涼殿の丑寅のすみの)。③そらとぼける。用例あらはしのたまふべきならねば、しばし—・しくて(源氏・横笛)。

**おぼ-め・く** 古語(四自) ①不審に思う。疑う。用例「それにや、かれにや」など、—・き、ゆかしがり(枕・円融院の御はての年)。②そらとぼける。用例げにげにしく、ところどころうち—・き(徒然・七三)。

**オポヤーズ**[Opoyaz] 《Obshchestvo izucheniya poeticheskogo yazika の略》ロシア・ソ連の文芸団体。詩的言語研究会の略称。一九一四年、シクロフスキーらが結成。文芸批評に「フォルマリズム」の新方法をもたらした。

**おぼ・ゆ**【覚ゆ】 古語(下二自他) 《「おもほゆ」の転》①(自)㋐思われる。感じる。用例人にも人とも—・えたらぬを見れば(源氏・東屋)。㋑思い出される。想像される。用例うちある調度も昔—・えてやすらかなる(徒然・一〇)。㋒似る。用例げに、おんかたち、ありさま、あやしきまでぞ—・えたまへる(源氏・桐壺)。②(他)㋐思い出す。知る。用例ただ今—・えむ古き事一つづつ書け(枕・清涼殿の丑寅のすみの)。㋑思い出して語る。用例いと興あることなり。いで—・えたまへ(大鏡・序)。

**おぼ・る**【▼溺る】 古語(下二自) ↓おぼれる(溺れる)

**オポルト**[Oporto] ポルトの別称。

**おぼれ-だに**【▼溺れ谷】 海面の上昇または陸地の沈降で、もとの谷の地形に海水が入りこんでできた、細長い湾。海岸線の出入りが多く水深が大きいため、良港となる。ria

**おぼ・れる**【▼溺れる】(下一自) ①泳げないで、水に沈む。水に落ちて、死ぬ、または死にそうになる。be drowned 用例海で—。②夢中になる。ふける。indulge in 用例酒に—。愛欲に—。

**溺れる者は藁をも摑む** 危険なときには、助かろうとして、どんなことにもたよろうとする。A drowning man will catch at a straw.

**おぼろ**【▼朧】 ㊀(形動) はっきりしない。ぼうっとしている。ほのかである。vague 用例月が—にかすむ。㊁(名) 白身の魚肉やエビの身を裏ごしにかけて、調味し、きめ細かにいり上げたもの。紅色に着色したりする。

**おぼろ-け** 古語(形動ナリ) ①《多く打ち消しをともなう》通りいっぺんであるさま。用例泣くさま—ならず(宇治拾遺・九)。②《「おぼろけならず」が省略された形で》なみなみでないさま。用例—に忍ぶるにあまるほどを(源氏・胡蝶)。

**おぼろ-げ**【▼朧げ】(形動) はっきりしないで、ぼんやりしているさま。dim

**おぼろ-こんぶ**【▼朧昆布】 昆布の薄片。良質の昆布を酢に浸して柔らかくし、包丁で幅広くけずり取ったもの。とろろこんぶ。

**おぼろ-づき**【▼朧月】 春の夜の、ぼうっとかすんだ月。hazy moon

**おぼろ-づきよ**【▼朧月夜】 おぼろ月の出ている夜。おぼろ夜。misty moonlit night

**おぼろ-よ**【▼朧夜】 おぼろ月夜。おぼろ月の出ている夜。misty moonlit night

**おほん**(感) もったいぶってせき払いするときの声。

**お-ぼん**【▽御盆】 ①盂蘭盆の略称。②「盆」の丁寧語。

**オマール**[homard フランス] アカザエビ科の大形のエビ。ロブスターのフランス語名。

**オマーン**[Oman](Sultanate of Oman) アラビア半島南東端、アラビア海に臨む首長国。首都マスカット。一九七〇年、イギリスから独立。ナツメヤシの栽培がさかんで、石油産出量が多い。面積二一・二万km²。人口一一〇万(一九八三)。正称、オーマン国。

**オマーン-わん**【オマーン湾】(Gulf of Oman) アラビア海北西の湾。北西端のホルムズ海峡により、ペルシア湾と結ばれる。

**お-まいり**【▽御参り】(名・サ変自) 社寺に行って、拝むこと。参拝。worship

**お-まえ**【▽御前】 ㊀(名) 神仏や高貴な人の、前。御前。presence(of a high personage) ㊁(代) 《もとは敬称》「きみ」の、親しい、または、ぞんざいな言い方。you

**御前百迄わしゃ九十九迄**(おまえひゃくまでわしゃくじゅうくまで) 《「共に白髪のはえるまで」と続く。俗謡の一節》夫婦仲良く、ともに長生きしよう。

**おまえ-がた**【▽御前方】 文語的(代) あなたがた。

**おまえ-ざき**【▽御前崎】 静岡県南端、駿河湾と遠州灘を分ける岬。隆起海食台地。灯台・測候所がある。

**おまえざき**【▽御前崎】〈町〉 静岡県中部、駿河湾につき出た岬にある町。遠洋漁業の基地、木材輸入港。人口一万一四一〇(一九八八)。

**おまえ-さん**【▽御前▽様】(代) 《「おまえさま」の転》江戸時代にはかなり高い敬意を表したが、現在は軽い敬意や親しみをこめて使う。おまいさん。

**おまえ-たち**【▽御前▽達】(代) 目下の、複数の相手に対して用いる語。

**おまき-ざる**【尾巻猿】 尾の長い、オマキザル科のサルの総称。ウーリーモンキー・ヨザル・ゲルディモンキーなど。体長約四五cm。尾も同じぐらいの長さで、先端は巻いている。尾で、枝などからぶらさがることができる。雑食性。中・南米の森林に、約四五種がすむ。raccoon

**お-まけ**【▽御負け】(名・サ変他) ①値段を安くすること。わりびき。discount ②付け加えること。大げさに言うこと。exaggeration ③付録。prize 用例—が付く。

**おまけ-に**【▽御負けに】(接続) その上に。そればかりか。besides

**お-まし**【▽御▽座】 天皇または貴人の、御座所。みまし。

**お-まじり**【▽御交じり・▽御混じり】 おもゆに、おかゆの飯粒をほんの少しまぜたもの。病人食・乳児食などとする。一分がゆ。

**お-ま・す**【▽御▽座す】《方言》関西地方で、㊀

(五自) あります。用例兄弟が三人―。三(補動) ございます。用例よろし―。

お-ませ(名・形動)《俗語》ませていること・子。precocious

おまち-づかい【御待(ち)使い】宮城県地方などで、婿方から嫁を迎えに行く人々の中で、荷担ぎをする役。御中使。

おまちどお-さま【お待ち遠様】(感) 他人を待たせたときの、あいさつ語。Sorry to have kept you waiting.

お-まつ【雄松・男松】クロマツの別名。対義雌松。

おまつり-さわぎ【御祭(り)騒ぎ】①祭りのにぎやかさ。festival merrymaking ②大ぜいで、にぎやかにはしゃぐこと。make whoopee

オマハ【Omaha】アメリカ中北部、ネブラスカ州東部、ミズーリ川中流右岸の都市。同国有数の家畜市場・穀物市場がある、農畜産の中心地。人口二一・四万(一九八〇)。

おま-はん(代)《「おまえさん」の転。もと、大阪の遊里語》おまえさん。

お-まもり【御守(り)】一(名・サ変他)「守り」の丁寧語。用例幼君を―する。二(名)守りふだ。護符。charm

お-まる【御丸・御虎子】《古語の「くそまる」からとも、丸い形態から出たことばともいわれる》携帯用便器の俗称。主として、病人や小児用。御厠。小判。bedpan; pot

オマル-ハイヤーム【Umar Khayyām】(一〇四〇ごろ～一一二三ごろ) イランの数学者・天文学者・詩人。セルジューク朝治下で、暦を制定。詩集『ルバイヤート』の著者。

おまわり-さん【お巡りさん】警官。巡査。policeman

おまん-げんごべえ【おまん源五兵衛】江戸中期の心中事件の二人。井原西鶴の『好色五人女』、近松門左衛門の浄瑠璃『薩摩歌』などで有名。

お-まんま【御飯】《俗語》ごはん。めし。

おみ【臣】①臣下。家来。②古代の姓の一つ。皇族から臣籍降下した氏族に与えられ、もっとも尊重された。有力者は、大臣として大和朝廷の国政に参画。天武朝制定の八色の姓で、臣の有力者は朝臣となり、臣は第六位の姓となった。

お-み【御身】一(名) おからだ。おん身。body 二(代) あなた。you

おみ【麻績】〈村〉長野県中北部の村。稲作中心。聖高原・聖湖は観光・行楽地。人口三七七〇(一九八八)。

お-み【御御】(接頭) 丁寧・尊敬の意を表す語。用例―足。

お-みえ【御見え】だれかがその場所に来ることの敬語。arrival 用例ぼつぼつ―になるところだ。

おみ-おつけ【御御御付け】「みそしる」の丁寧語。

おみがわ【小見川】〈町〉千葉県北東部、利根川に沿う町。江戸時代、河港・城下町として栄えた。人口二万七〇〇二(一九八八)。

お-みき【御神酒】神に供える酒。古くは、神の祭りに、少女が口でかもす酒。みき。みわ。き。

お-みくじ【御御籤・御神籤・御御鬮】神前に祈願し、吉凶禍福を知るために引く籤。一般に、社寺で、筒の中から番号をつけた竹べらを振り出し、それに対応する紙片を受けて、占う。神籤。振りくじ。↓写

●御御籤

オミクロン【Ο・ο】ギリシア字母の第一五字。omicron

お-みこし【御神輿】①神幸のさい、神の乗り物とされる輿。奈良時代ごろから用いられた。みこし。②《「輿」を、「腰」にかけて》「腰」。用例―をすえる。

御神輿が重い なかなか物事にとりかからない。

御神輿を上げる 重い腰を上げる。ようやく立ち上がる。やっと事に取りかかる。go into action; rise from one's seat

おみ-さま【御身様】(代) 相手を敬い、丁寧に言う語。あなたさま。

おみず-かり【御水借り】雨乞いの方法の一つ。霊泉の水を、村人が次々と手移しで運び、日照りの田にかけると、降雨に恵まれるという俗信。

お-みずとり【御水取(り)】東大寺二月堂で行われる、修二会の行事の一つ。三月一二日の夜から翌朝未明にかけて、堂前の若狭井から水を汲んで仏前に供える式。また、この修二会の法会全体の俗称。↓写

お-みそれ【御見逸れ】(名・サ変他) 知人にうっかり気がつかないことの、また、相手の力量などを正しく認識しなかったことの、謙譲語。fail to recognize 用例これは―いたしました。

オミット【omit】(名・サ変他) とりのぞくこと。除外。省略。

おみな【女】古語 若いおんな。のち、おんな。対義おのこ。用例舞する―常世にもがも(古事記・下)。

おみな【嫗】古語 おうな。

おみなえし【女郎花】オミナエシ科の多年草。山野にはえる。高さ約一mで、直立。葉は対生し、羽状に分裂。夏から秋に、黄色の小花を多数つける。秋の七草の一つ。アワバナ。オモイグサ。オミナメシ。↓写

●御水取り 回廊で籠松明を振り回す。

●オミナエシ

おみなめし【女郎花】↓おみなえし(女郎花)

おみ-の-き【臣の木】モミの古名。

お-みや【御宮】①神社の丁寧語。shrine ②《俗語。ふつう、「お宮入り」として》事件の「迷宮入り」に使う、警察の用語。

おみやげ-にんぎょう【御土産人形】京都で作られる、御所人形の別称。江戸時代、勅使が下向のさい、幕府大奥などへの土産物としたため、この名がついた。

おみ-わたり【御神渡り】長野県の諏訪湖で、冬に湖面が全面結氷したさい、氷が、横圧力で割れて盛り上がる現象。諏訪明神が、上社から下社へと渡った跡といわれる。↓写

オム【homme フランス】《人間・男、の意。英語のmen'sに同じ》おもに服飾業界で、男性用。

お-むこう【御向(こ)う】《「向こう付け」の略。膳の向こう側(=奥)に配置されることから》懐石料理で出される刺身や野菜のなますのこと。

オムスク【Omsk】ソ連、西シベリア南部の重化学工業都市。西シベリアの中心地の一つ。人口一一二・二万(一九八六)。

お-むすび【御結び】《女性語》「握り飯」の丁寧語。おにぎり。rice ball

お-むつ【御襁・褓】《「むつき」の丁寧語》乳児や病人の下腹部をおおって、排泄物を受ける布や紙。おしめ。diaper

おむつ-カバー【御襁褓カバー】おむつを固定し、おむつ内の汚れが外に出るのを防ぐ、おむつのおおい。

おむつ-かぶれ【御襁褓気触れ】おむつを使用している者の、おむつのあたる部位に生じるただれ。汚物による接触皮膚炎。diaper rash

オムドゥルマン【Omdurman】北アフリカ、スーダン中部、ナイル川左岸の、同国最大の商業都市。イスラム勢力が強い。人口五二・六万(一九八三)。

オムニバス【omnibus】①乗り合い自動車。②それぞれに独立したいくつかの短編をまとめ、全体として一貫した作品にした映画。オムニバス映画。

オムニレンジ【omnirange】《omnidirectional range beacon の略》全方向式無線標識。送信局の発する無指向性の基準位相信号電波と、方位によって電場強度の異なる可変位相信号電波とを受信し、位相の比較によって正確な方位を測定するもの。

オムライス《和製語》チキンライスを、卵焼きで包んだ料理。船形に整えて、トマトケチャップをかける。rice omelette

オムレツ【omelette フランス】卵をほぐし、紡錘形に焼いた料理。ほかに、いためた肉・タマネギなどの具を卵で包んで焼いたり、他の材料を混ぜて焼いたりするものもいう。

●御神渡り

おむろ【御室】京都市右京区、双ケ丘の北にある地区。仁和寺があり、宇多天皇が同寺内に設けた御室御所にちなむ地名。

お-め【御目】①目の敬語。②人が見ることの敬語。用例―が高い。

御目が行く 目上の人に注目される。お気に召す。

御目長う 長い目で。あせらないで、気長に。

御目に入る 気に入られる。お気に召す。御目に参る。

御目に掛かる 《「会う」の謙譲語》お会いする。

御目に掛ける 《「見せる」の謙譲語》ご覧に入れる。

御目に留まる 目上の人や、上役などに注目される。attract (a person's) attention

御目を下さる 目をかけてくださる。とくに好意をよせてくださる。

お-めい【汚名】不名誉。悪い評判。disgrace 用例―をすすぐ。

おめ-おめ(副) 恥を恥とも思わずに。ずうずうしくも。のめのめ。shamelessly

オメガ【Ω・ω】①ギリシア字母の、最終の文字。omega ②《転じて》最終。omega 対義アルファ。

オメガ-こうほう【オメガ航法】オメガシステムを使った航法。omega navigation

お-めかし(名・サ変自)「めかし」の丁寧語。おしゃれ。

オメガ-システム【omega system】世界中のわずか八つの地上局から超長波の電波を発信し、航空機や船舶が、そのうちの一対の電波を受信することで自分の位置を知り、航行できるようにしている、航行援助システム。

お-めがね【御眼鏡】①「眼鏡」の丁寧語。②見きわめることの尊敬語。

御眼鏡に適う 見きわめられた上で、よいと認められる。気に入られる。find favor with

おめ-く【喚く】(五自) わめく。さけぶ。

お-めざ《幼児語》①目をさますこと。②幼児が目をさましたときにあたえる、菓子。めざまし。

お-めし【御召(し)】①「呼ぶこと・乗ること・着ること・食うこと」の尊敬語。②《「お召し物」の略》「相手・他人の衣服」の敬称。③「お召し縮緬」の略。

おめし-ちりめん【御召(し)縮・緬】染めた練り糸で織り、「しぼ」を出した絹織物。一一代将軍徳川家斉のときに作られ、家斉がこれを着用したところから御召しの名がある。おめし。

おめし-もの【御召(し)物】着ている人を敬ってその衣服をいう語。お召し。clothes 用例けっこうな―で。



↓行き先項目、図版・写真参照印。 JIS 日本工業規格情報交換用漢字符号コード(区点コード)。

**おめず-おくせず【▽怖めず・▼臆せず】**(連語) ひるまずに、堂々と。fearlessly

**お-めだま【▽御目玉】**《俗語》しかること。こごと。用例 ―をくう。

**お-めでた【▽御目出▽度】**《「目出度」は、当て字》めでたいこと。結婚・妊娠・出産などを言う。happy event

**お-めでた・い【▽御目出▽度い】**(形)《「目出度」は、当て字》①「めでたい」の丁寧語。happy 用例 ―日です。②《俗語》㋐うすのろだ。foolish ㋑お人よしだ。

**お-めでとう【▽御目出度う】**(感)《「目出度」は、当て字》新年・吉事・成功・幸福などを祝う、あいさつ語。「おめでとうございます」は、その丁寧な言い方。congratulations

**お-めみえ【▽御目見(え)・▽御目見得】**㊀(名・サ変自) ①高貴の人に、お目にかかること。audience ②奉公人が、二、三日ためしに使われること。trial service ③歌舞伎役者などが、その土地ではじめての舞台をつとめること。first appearance ㊁(名)《江戸時代、武士の格式を示す語》主君に会うことを許されたもの。

**おめみえ-いか【▽御目見(え)以下】** 江戸時代の武士で、主君に直接会うことを許されない者。幕臣では、御家人。

**おめみえ-いじょう【▽御目見(え)以上】** 江戸時代の武士で、主君に直接会うことを許される者。幕臣では、旗本。おめみえ。

**おめみえ-どろぼう【▽御目見(え)泥棒】** 奉公に来てすぐ、物を持ち逃げすること・者。

**お-めもじ【▽御目文字】**(名・サ変自)《女房ことば》お目にかかること。

**おも【面】** ①顔。おもて。face 用例 ―長。②表面。surface 用例 水の―。

**おも【主】**(形動) 中心であるさま。もっぱらなこと。重要。main

**おもい【思い】** ①思うこと。考え。思慮。thought 用例 ―をこらす。②気持ち。感じ。経験。feeling 用例 ―を新たにする。身を切られる―をした。③予想。想像。imagination 用例 彼の―通りになった。④回想。追想。recollection 用例 ―にふける。⑤心配ごと。worry 用例 ―に沈む。⑥願い。願望。desire 用例 ―がかなう。―どおり。⑦愛情。恋。love; affection 用例 ―を懸ける。⑧うらみ。bitter feeling ⑨深くその事情を考え、愛情をよせること。concern 用例 親―。

**思い内に在れば、色、外に現る** 思っていることがあると、きっと、顔色や言語・動作に出るものだ。Love and a cough cannot be hid.

**思いが届く** こちらの気持ちが、相手に通じる。get one's ideas across

**思いが晴れない** くさくさする。心配だ。feel depressed

**思い半ばに過ぎる** ①考えてみると、おのずから思い当たるところが多い。だいたいわかる。②感慨無量である。be filled with deep emotion 用例 ―ものがある。

**思いの丈** 異性を愛する気持ちの全部。

**思いの外** 意外に。unexpectedly

**思いの儘に** 気持ちの向くにまかせて。at one's will

**思いも掛けず** 意外にも。思ってもみなかったことに。予想もしていなかったことに。unexpectedly

**思いも付かない** 「思いも寄らない」と同意。

**思いも寄らない** 考えもしない。思いがけない。思いも付かない。unexpected; inconceivable

**思い邪無し** 私心がなく、公平である。不純な気持ちがない。

**思いを致す** よく考える。考えをおよぼす。give thought to

**思いを懸ける** 「思いを寄せる」と同意。

**思いを遂げる** かねてから希望していたことを、成し遂げる。とくに、異性に寄せる恋心が、達せられる。望みを果たす。achieve one's ends

**思いを馳せる** あれこれと考える。はるかに思う。think about

**思いを晴らす** ①憎しみや不安をなくす。relieve one's mind ②望みをとげる。思いを遂げる。satisfy one's desire

**思いを寄せる** 愛情をいだく。思いを懸ける。give one's heart to

**おも・い【重い】**(形) ①目方・程度などが、大きい。heavy 対義 軽い。用例 荷物。病気が―。②らくでない。たいせつだ。serious 対義 軽い。用例 役目。責任が―。③身分や地位が高い。important 用例 ―地位。④おしつけられるようだ。いやな感じだ。depressed 用例 気分が―。⑤動き・働きがにぶい。用例 腰が―。口が―。派生 おもげ(形動) おもさ(名) おもみ(名)

**重い物は箸より外に持たず** 何もしないで暮らしていける、結構な身分にあることのたとえ。箸より重い物は持ったことがない。類似 重い物は箸と茶碗。

**おもい-あ・う【思い合う】**(五自) ①皆でそれぞれ考える。think together ②恋し合う。love each other ③たまたま考えが一致する。happen to have the same idea

**おもい-あが・る【思い上がる】**(五自) ①うぬぼれる。いい気になる。conceited ②お高くとまる。haughty

**おもい-あぐ・ねる【思い▼倦ねる】**(下一自) ①考えがまとまらないで、もて余す。at a loss ②決心がつかない。waver

**おもい-あた・る【思い当(た)る】**(五自) ①なるほどとわかる。have an idea ②ふと、あることを思いつく。come across one's mind

**おもい-あま・る【思い余る】**(五自) 重大で、どう考えてよいか迷う。考えに余る。at a loss

**おもい-あわ・せる【思い合(わ)せる】**(下一他) あれこれくらべて、考える。他のことと結びつけて、考える。

**おもい-いた・る【思い至る】**(五自) 考えがそこに及ぶ。気づく。

**おもい-い・る【思い入る】** 古語 ㊀(四自) 深く思いこむ。ひたすら思いつめる。用例 東山に住まむと―・りて(伊勢・五九)。㊁(下二他) 胸におさめる。心に深くとどめる。用例 かたはらいたきことも―・れたるさまならで(源氏・夕顔)。

**おもい-いれ【思い入れ】** ①心をこめること。intensity ②芸能で、せりふを言わないで、気持ちを表すしぐさ。air of meditation

**おもい-うか・べる【思い浮(か)べる】**(下一他) 心の中にえがく。ふと思いつく。bring to mind

**おもい-えが・く【思い描く】**(五他) 心に浮かべてみる。想像する。imagine

**おもい-お・く【思い置く】**(五他) ①心に決めておく。考えておく。②思い残す。未練を残す。

**おもい-おこ・す【思い起(こ)す】**(五他) ①以前にあった、また、思ったことを、ふたたび思い浮かべる。recall ②自分で、わが心をはげます。

**おもい-おもい【思い思い】**(副) めいめい。すきかって。思い思いに。just as one likes 用例 ―の道に進む。

**おもい-およ・ぶ【思い及ぶ】**(五自) 考えが、そこへ行く。think as far as

**おもい-かえ・す【思い返す】**(五他) ①ふり返って、もう一度考える。think over ②思い直す。考えを変える。reconsider

**おもい-か・く【思い懸く】** 古語 (下二他) ①心におく。気にとめる。用例 ゐなかの通ひも―・けねば(源氏・夕顔)。②恋しく思う。したう。用例 ―・けたる女の(伊勢・五五)。③予想する。用例 かく―・けぬ罪に当たり侍るも(源氏・須磨)。

**おもいがけ-な・い【思い掛けない】**(形) 意外だ。unexpected

**おもいかね-の-かみ【思兼神・思金神】** 日本神話の神。高皇産霊神の子で、天照大神を補佐した、知恵の神。

**おもい-きって【思い切って】**(副) 強い決心で。断然。resolutely

**おもいき-や【思いきや】**(連語) …と思ったところ、まことに意外にも。unexpectedly

**おもい-きり【思い切り】** ㊀(名) あきらめること。断念。resignation ㊁(副) 思う存分。思いっ切り。to the utmost

**おもい-き・る【思い切る】**(五他) ①断念する。あきらめる。give up ②かたく決心する。make up one's mind

**おもい-ぐさ【思い草】** ①ナンバンギセルの古名。②オミナエシ・リンドウなどの古名。③タバコの異称。

**おもい-ぐさ【思い▽種】** 物思いのたね。心配のもと。

**おもい-こ・む【思い込む】**(五自他) ①そうだと信じてしまう。believe ②心に強く決心する。resolve firmly

**おもい-さだ・める【思い定める】**(下一他) はっきり決める。決心する。determine

**おもい-し・む【思い染む】** 古語 ㊀(四自) 心に、深くしみいる。いちずに思いつめる。用例 憂しと―・みにし世も(源氏・葵)。㊁(下二他) いつまでも心に深く思いこむ。用例 蔵人―・めたる人の(枕・四月、祭の頃)。

**おもい-しら・せる【思い知らせる】**(下一他) 相手に、強く感じさせる。have a revenge on

**おもい-し・る【思い知る】**(五自) ①身にしみて、よくわかる。さとる。realize ②思い当たる。have an idea

**おもい-すご・す【思い過(ご)す】**(五他) よけいなことまで考える。考え過ぎる。think too much of

**おもい-す・つ【思い捨つ】** 古語 (下二他) 見すてる。用例 ―・て給へる世なれども(源氏・橋姫)。

**おもい-だ・す【思い出す】**(五他) 以前にあった、また、思ったこと、忘れていたことを、思い起こす。recall

**おもい-た・つ【思い立つ】**(五他) ①心を決める。決心する。resolve ②くわだてる。plan

**思い立ったが吉日** 思い立ったら、すぐ実行するのがよい。思い立つ日がきちじつ。Make hay while the sun shines.

**思い立つ日が吉日** 「思い立ったがきちにち」と同意。

**おもい-ちがい【思い違い】**(名・サ変他) 考え違い。かん違い。錯覚。misunderstand

**おもい-つき【思い付き】** ①ふと心に浮かぶこと。思いつくこと。casual idea ②着想。考え。くふう。idea

**おもい-つ・く【思い付く】**(五他) ①考えが、心にふと浮かぶ。考えつく。hit on ②過去のことを、思いだす。recall

**おもい-つづ・く【思い続く】** 古語 (下二他) たえず思う。思いめぐらす。用例 からぞ―・け給ふ(平家・一一・内侍所都入)。

**おもい-つ・める【思い詰める】**(下一他) ①一つのことだけを、深く思う。think hard ②思いこんで、決心する。resolve

**おもい-で【思い出】** 前にあったことを、思い出すこと。思い出されたもの。回想。追憶。追想。recollections

**おもい-とどま・る【思い▽止まる】**(五他) あきらめる。思い切る。断念する。give up

**おもい-と・る【思い取る】** 古語 (四他) ①さとる。用例 世の中をかりそめのことと―・り(源氏・橋姫)。②決心する。用例 頭おろしなど、ふつつかに―・りたるにはあらで(徒然・五)。

**おもい-なお・す【思い直す】**(五他) 考えていたことを、変更する。考え直す。思い返す。reconsider

**おもい-なし(か)【思いなし(か)】**(副) そう思うせいか。気のせいか。fancy

**おもい-な・す【思いなす】**(五他) ①そのように思う。②思いこむ。

**おもい-なや・む【思い悩む】**(五他) あれこれと考えて、苦しむ。思いわずらう。worry

**おもい-な・る【思い成る】** 古語 (四自) そのように考えるようになる。用例 なべて世の中すさまじう―・りて(源氏・柏木)。

**おもい-のこ・す【思い残す】**(五他) 心をあとに残す。未練を残す。leave with regret

**おもい-まわ・す【思い回す】**(五他) あれこれと考える。思いめぐらす。

**おもい-むすぼ・る【思い結ぼる】** 古語 (下二自) 心が重苦しくて、はればれしない。気がふさぐ。用例 ねもころに―・れなげきつつ(万葉・一八・四一一六)。

**おもい-めぐら・す【思い巡らす】**(五他) あれこれと考える。じっくり思案する。think over

**おもい-もう・ける【思い設ける】**(下一他) 予期する。あらかじめ考えておく。expect

**おもい-もの【思い者】** こいびと。愛人。

**おもい-やり【思い▽遣り】** 思いやること。同情。consideration

**おもい-や・る【思い▽遣る】**(五他) ①おしはかる。推測する。guess ②相手の心になって、考える。considerate ③同情する。sympathize

**おもい-よ・る【思い寄る】**(五自) 考えつく。思いつく。

**おもい-わ・く【思い分く】** 古語 ①(四他) 区別する。見分ける。用例 ともかくも―・かれず、物に襲はるる心地して(源氏・帚木)。②(下二他) 区別して考える。差別する。用例 こ

▼常用漢字表外。▽常用漢字表の音訓外。

れを他人と—・けたることと(源氏・東屋)。

**おもい-わずら・う**【思い煩う】(五自) いろいろと考えて、苦しむ。考えなやむ。worry

**おもい-わ・ぶ**【思い▾侘ぶ】古語(上二自) 考えなやむ。思いわずらう。用例 —らむ妹が悲しさ(万葉・一五・三七二七)。

**おも・う**【思う】(五他) ①《「考える」よりも情意的》感じる。信じる。believe 用例 成功したと—。②予期する。expect 用例 —・ったほどできない。③《「想う」「憶う」とも》おしはかる。想像する。suppose 用例 得意さが—・いやられる。④願う。望む。wish 用例 —とおりの品。⑤《「想う」とも》大切なものとして気にかける。愛する。love 用例 子を—。国を—。⑥《「想う」「憶う」とも》思い出す。recall 用例 昔を—・えば。⑦《「念う」とも》常に気にかける。concern

**思う仲の小諍い**(おもうなかのこいさかい) 思い合う二人の間には、かえって小さな争いが起きやすい。

**思うに任せない**(おもうにまかせない) 思ったようにならない。計画通りにいかない。disappointing

**思うに別れ思わぬに添う**(おもうにわかれおもわぬにそう) 相愛の人とは結ばれないで、そうでない人と結婚する。男女の縁の思うようにいかないことをいう。

**思う念力、岩をも徹す**(おもうねんりき、いわをもとおす) 一心に努力をすれば、どんな困難なことでも、できないことはない。Where there is a will, there is a way. 類似 一念、岩をも徹す。

**おもう-さま**【▿御▿父様】 宮中・公家などで、父の敬称。対義 おたあ様。

**おもう-さま**【思う様】(副) 思い切り。思う存分。to one's heart's content

**おもう-ぞんぶん**【思う存分】(副) 十分に。満足するまで。思い切り。思うさま。to one's heart's content

**おもう-つぼ**【思う▾壺】 予期したところ。思っていたとおり。(fall into) a trap 用例 —にはまる。

**おもう-に**【思うに・▾惟うに】(副) 考えてみると。I think…

**おもえ-らく**【思えらく・▿以▿為えらく】文語的《多く副詞的に用いられる》思うことに。思うことには。

**おも・える**【思える】(下一自) 思われる。seem

**おもおし-め・す**【思おし召す】古語(四他)《「思ふ」の尊敬語》お考えになる。お思いになる。用例 いかさまに—・せか(万葉・一・二九)。

**おもお・す**【思おす】古語(四他)《「思ふ」の尊敬語》お思いになる。用例 心を近く—・せ吾妹(万葉・一五・三七六四)。

**おもおも-し・い**【重重しい】(形) 対義 軽々しい。①どっしりとして、いかめしい。imposing ②ゆったりとおちついている。solemn 派生 おもおもしげ(形動) おもおもしさ(名)

**おもお・ゆ**【思おゆ】古語(下二自)《「おもはゆ」の転》自然に思われる。感じられる。用例 瓜食めば子ども—(万葉・五・八〇二)。

**おも-がい**【面▾掛・面▿懸・面▾繫・▾羈】《「おもがき」の転》馬の頭の上からかけて、くつわをとめるひも。おもがけ。おもづら。比較 鞅・鞦。↓馬具図

**おもかげ** 9画 【▾俤】 部首「人・イ」 和製漢字 JIS 4863 ↓おもかげ[面影・俤]

**おも-かげ**【面影・▾俤】 ㊀①顔つき。おもざし。looks ②昔のものを思わせる姿・ようす。vestige ③まぼろし。phantom ㊁《於母影》森鷗外らの訳詩集。明治二二年(一八八九)発表。伝統的な雅語を用いて清新で憂愁な西欧詩の香気を伝え、近代詩の源流となる。

**おも-かじ**【面▾舵】 ①船首を右へ向ける、かじの取り方。starboard 対義 取り舵。用例 —いっぱい。②右舷。starboard

**おも-がわり**【面変(わ)り】(名・サ変自) 年をとったり、病気をしたりして、顔つきが変わること。change in one's look

**おもき**【重き】 重要であること。importance 比較 重み。

**重きを置く**(おもきをおく) 重視する。lay emphasis on

**重きを成す**(おもきをなす) 重んじられる。esteemed

**おも-き**【重木・主木】 和船の部材名称。船腹から船底にかけて、取り付けるL字形断面の部材をいい、江戸時代に北陸方面の大形の回船でおもに用いられた。

**おも-くるし・い**【重苦しい】(形) ①おさえつけられるようで苦しい。oppressive 比較 堅苦しい。②軽やかでない。うっとうしい。dull 比較 堅苦しい。派生 おもくるしげ(形動) おもくるしさ(名)

**おも-げ**【重げ】(形動) 重そうな感じ・ようす。

**おもご**【面▿河】〈村〉 愛媛県中部、石鎚山南麓の村。農林業中心。面河渓があり、石鎚観光の拠点。人口一二六八(一九九八)。

**おもご-けい**【面▿河渓】 愛媛県中部、仁淀川上流の渓谷。約一〇kmにわたる石英粗面岩の浸食地形で、滝・甌穴が多い。渓谷美と紅葉で知られる。

**おも-さ**【重さ】 ①重いこと・程度。weight 比較 重み。②目方。weight ③物体に作用する引力の大きさ。weight

**おも-ざし**【面差(し)】 顔かたち。face 比較 面相。

**おもし**【重▿石】 ①物をおさえておくもの。おし。weight ②漬物の上にのせて、おしつける石。weight stone ③はかりのおもり。weight ④かんろく。dignity

**おも・し**【重し】古語(形ク) ↓おもい(重い)

**おも-しろ**【面白】《「おもしろい」の語幹》おもしろいこと。

**おも-しろ・い**【面白い】(形) ①こっけいである。おかしい。funny 用例 —話。②たのしい。ゆかいだ。enjoyable 用例 勉強が—。③心をひかれる。pleasant 用例 —庭だ。—男だ。④望ましい。favorable 用例 —ほど仕事がはかどる。—・くない結論が出る。派生 おもしろがる(五自) おもしろげ(形動) おもしろさ(名) おもしろみ(名)

**おもしろ-おかし・い**【面白▿可▿笑しい】(形) おもしろい。笑いたくなるほどたいへん楽しい。amusing 用例 —・く暮らす。

**おもしろ-が・る**【面白がる】(五自) ①おもしろいと思う。②おもしろいと思うようすをする。おかしがる。enjoy be amused

**おも-しろ・し**【面白し】古語(形ク) ①快い。愉快である。用例 楽の声まさり、ものの—・きほどに(源氏・紅葉賀)。②おもむきが深い。用例 月ばかり—・きものはあらじ(徒然・二一)。

**おもしろ-ずく**【面白▿尽く】(名・形動) おもしろくて、いい気になってすること。

**おもしろ-ずくめ**【面白▿尽くめ】 何から何までおもしろいこと。full of amusement

**おもしろ-そう**【面白そう】(形動) おもしろいと思われる。look interesting

**おもしろ-はんぶん**【面白半分】(名・形動) なかばおもしろがって、いいかげんにすること。for fun

**おもた・い**【重たい】(形) ①重い。heavy ②気がはればれしない。gloomy 派生 おもたがる(五自) おもたげ(形動) おもたさ(名)

**おも-だか**【面高・▿沢▾瀉】 ①オモダカ科の多年草。水田など湿地にはえる。高さ三〇〜六〇cm。葉は根生し、矢じり形。八〜一〇月に雄花と雌花をつける。ナマイ。ハナグワイ。②①の葉を図案化した模様の名。③紋所の名。①の花や葉を紋章化したもの。↓図

**おもだか-ひさたか**【▿沢▾瀉久▿孝】(一八九〇〜一九八〇) 国文学者。三重県生まれ。京大卒。京大教授。緻密な訓詁注釈に基づく『万葉集』研究で知られる。著書『万葉集注釈』など。

**おもた・し**【重たし】古語(形ク) ↓おもたい(重たい)

**お-もたせ**【▿御持たせ】 人が持ってきたおくり物や、みやげ物を言う敬語。おもに、それを持ってきた客にすすめるときなどに言う。おもたせもの。用例 —ですが、どうぞ。

**おも-だた・し**【面立たし】古語(形シク) 名誉である。晴れがましい。用例 祭りの使ひなどに出でたるも、—・しからずやはある(枕・おひさきなく)。

**おも-だち**【面立ち】 顔つき。面ざし。face

**おも-だ・つ**【主立つ・重立つ】(五自) 物事の中心となる。集団のなかで中心となる。principal 用例 —・った人々。

**おもちゃ**【▾玩▿具】《「お持ち遊び」の約》①子供が遊ぶために使う道具。とくに、手に持って遊ぶもの。玩具。toy ②本物でなく、子供だましの、ちゃちなもの。plaything 用例 こんな—の万年筆。③なぐさみもの。the sport 用例 —にされる。

**玩具にする**(おもちゃにする) なぐさみものにする。play with

**玩具箱を引っ繰り返した様**(おもちゃばこをひっくりかえしたよう) たくさんのおもちゃを部屋中に散らかしているように、物が散らかっているさま。乱雑なさま。be in disorder

**おもちゃのこうきょうきょく**【おもちゃの交響曲】(Kindersymphonieドイ) 合奏曲。三楽章。モーツァルトの父レオポルド作曲、ミハエル=ハイドン編曲といわれる。児童用の簡易楽器を多く用いた曲。

**おもっ-たる・い**【重ったるい】(形) なんとなく体が重い。うっとうしい。depressing 派生 おもったるさ(名)

**おもて**【表】 ①物が二つの面をもつとき、外がわ、または前に来るほう。また人に見える面。表面。外見。front; surface 対義 裏。用例 紙の—。着物の—。②建物などの正面。前面。the front 用例 —はもう閉めた。③げた・ぞうり・畳などの、上の面にはるもの。④おおやけ。正式。official 対義 裏。用例 —向き。⑤家屋の中の入り口に近いほう。また、客に会う部屋。客間。guest room 対義 奥。用例 —座敷。⑥家の前・外。outside 用例 —で遊んでこい。⑦野球で、各回の前半。the first half 対義 裏。

**表へ出ろ**(おもてへでろ) 相手に向かって腕力で決着をつけようというときに言うことば。

●オモダカ①

●面高③

立ち面高

抱き面高

**おもて**【面】 ①顔。face ②仮面。mask ③体面。めんぼく。honor ④ようす。おもむき。appearance

**面置く**(おもておく) 顔を向ける。参考「面置かん方なし」と、恥ずかしくて顔向けができない意で用いられることが多い。

**面に負く**(おもてにまく) 相手を怖がっておじけづく。

**面も振らず**(おもてもふらず)《まわりをきょろきょろ見たりもせずに、の意から》わき見もしないで。まっしぐらに。いっしょうけんめいに。for one's dear life 類似 脇目も振らず。

**面を冒す**(おもてをおかす) 相手の気持ちにかまわずにいさめたり、意見を言ったりする。disgrace

**面を曝す**(おもてをさらす) ①大衆の前に顔を現す。appear before people ②ひとなかで恥をかく。humiliate oneself in public

**面を向かう**(おもてをむかう) ①顔を向ける。②敵に正面から立ち向かう。真っ向からはむかう。

**おも-て**【重手・重▿傷】 重いきず。じゅうしょう。ふかで。serious wound

**おもて-あみ**【表編(み)】 編み物で棒針編みの基本的編み方。メリヤス編みの表目を編む方法。plain knitting 対義 裏編み。

**おもて-がえ**【表替え】(名・サ変自他) 畳表などを取り替えること。

**おもて-がき**【表書(き)】 封筒・箱などの表に書くこと。書いたことば。address 対義 裏書き。

**おもて-かた**【表方】 劇場で、客に接する係。劇場支配人・観客係・宣伝係・案内係など。対義 裏方。

**おもて-がまえ**【表構え】 家などの正面の造り。front 用例 堂々とした—。

**おもて-かんばん**【表看板】 ①劇場の正面にかかげる看板。billboard ②うわべの名目。pretext

**おもて-ぐち**【表口】 正面の出入口。front door 対義 裏口。

**おもて-けい**【表▾罫】 印刷で、細いけい線。hairline 対義 裏罫。

**おもて-げい**【表芸】 ①その階層の人として熟達していなければならない技芸。武士では剣道など。one's principal accomplishment ②教養として習っておくべき技芸。女性では生け花など。③その人が専門としている技芸。

**おもて-げんかん**【表玄関】 家の正面にある



↓行き先項目、図版・写真参照印。 JIS 日本工業規格情報交換用漢字符号コード(区点コード)。

正式な玄関。来客用。front door 対義 内玄関。

**おもてごう【表郷】**〈村〉福島県南部、白河市南東隣の村。稲作・酪農などを行う。人口七五七〇(一九八八)。

**おもて-ござしょ【表御座所】** 皇居の正殿の後ろにある、天皇の公務のための部屋。

**おもて-さく【表作】** 同じ田畑で、一年間に二種類の作物をつくる場合の主要な方の作物。principal crop 対義 裏作。

**おもて-ざしき【表座敷】** 客間。guest room 対義 奥座敷。

**おもて-ざた【表▼沙▼汰】** ①世の中に知れわたること。おおやけ。publicity; public affair ②訴訟事件。lawsuit 対義 内沙汰。

**おもて-しょいん【表書院】** 表向きの位置に設けられた書院。対義 奥書院。

**おもて-せんけ【表千家】** 茶道流派、三千家の一つ。千利休を祖とし、三世宗旦の三男江岑宗左が、利休の建てた茶室不審庵を継いだのに始まる。現在は一四世而妙斎宗左。

**おもて-だか【表高】** 江戸時代、朱印状などに示された大名所領の公式上の石高。幕府に対する軍役・公役負担の基準となった。対義 内高。

**おもて-だ・つ【表立つ】**(五自) 世間に知られる。表向きになる。come out in the open

**おもて-どおり【表通り】** 町のおもだった所を通っている道路。main street 対義 裏通り。

**おもて-にほん【表日本】** 本州の太平洋側の地域。対義 裏日本。

**おもてにほんしき-きこう【表日本式気候】** ↓たいへいようがんしきこう(太平洋岸式気候)

**おもて-はっく【表八句】** 俳諧の連句で、百韻(＝百句)のとき、懐紙の第一枚めの紙の表にしるす八句。

**おもて-むき【表向き】** ㊀(名) ①表だつこと。公然。publicly ②うわべ。ostensible 対義 内実。用例 ―の理由。③おおやけ。官辺。official ㊁(副) うわべは。ostensibly 用例 ―知らない顔をしている。

**おもて-め【表目】** ①棒針編みの表編みによってできる編み目。knit stitch 対義 裏目。②指矩の実寸目盛り。

**おもて-もん【表門】** 家などの正面の門。正式な出入口。front gate 対義 裏門。

**おもて-りゅう【表流】** 茶道流派表千家の別称。

**おもと【▽万▽年▽青】** ユリ科の常緑多年草。観葉植物。葉は根生し長さ三〇～六〇㎝。根茎は太い。晩春に、白い小花をつける。実は球形で赤熟。原種は広く自生する。品種は多く、根は薬用。マンネンセイ。↓写

●オモト

**お-もと【▽御▽許】** ㊀(名) ①おそば。side ②おもに、婦人の手紙のわき付けに用いる語。用例 和歌子様―に。③古語《「…のおもと」の形で》女官・女房の名前の下につける敬称。用例 中将の―(源氏・夕顔)。㊁古語(代)《多く婦人をさして言う》あなた。用例 ―は、こよひ上にやさぶらひ給ひつる(源氏・空蟬)。

**おも-な【主な・重な】**(連体) 中心になる。おもだった。主要な。principal 用例 ―登場人物。―成分。

**おも-なが【面長】**(名・形動) 長めな顔。oval-faced

**おも-に【重荷】** ①重い荷物。heavy burden ②重大な責任・負担。heavy burden; heavy responsibility

**重荷に小づけ**(おもにこづけ)《「小づけ」は小さな荷物》ただでさえ大きい負担の上に、さらに負担が加わること。大荷に小づけ。

**重荷を下ろす**(おもにをおろす) 重い責任を果たして、ほっとする。be relieved of a burden

**おも-に【主に】**(副) 主として。多くは。mainly 用例 日本人は―米食だ。

**おもね・る【▼阿る】**(五自) 相手の機嫌をとろうとする。へつらう。こびる。flatter

**世に阿る**(よにおもねる) 世間の気に入るようなことを、言ったりしたりする。阿世。truckle to the times

**お-もの【▽御物】** ①貴人、とくに天皇の食事をいう敬語。②ぎょぶつ。③将軍の衣冠・刀剣。

**おもの-がわ【雄物川】** 秋田県を北西に流れる川。長さ一三三㎞。横手盆地・秋田平野を貫流し、鉄道開通前は重要な交通路。

**おものがわ【雄物川】**〈町〉秋田県南部、雄物川中流の町。稲作、野菜・果樹栽培、畜産を行う。人口一万二九三〇(一九八八)。

**おも-ばば【重馬場】** 競馬場の走路が雨や雪のためにぬかるんだ状態。水を含んでいる程度によって、稍重・重・不良とよぶ。heavy going 対義 良馬場。

**おも-はゆ・い【面映ゆい】**(形) きまりが悪い。はずかしい。てれくさい。bashful 派生 おもはゆが・る(五自) おもはゆげ(形動) おもはゆさ(名)

**おもほし-め・す【思ほし召す】** 古語(四他) ↓おもおしめす(思おし召す)

**おもほ・す【思ほす】** 古語(四他) ↓おもおす(思おす)

**おもほ・ゆ【思ほゆ】** 古語(下二自) ↓おもおゆ(思おゆ)

**おも-み【重み】** ①重いこと。weight 比較 重さ。②重要さ。importance 比較 重き。用例 ―のあることば。③かんろく。dignity 用例 ―がつく。

**おも-むき【趣】** ①事がら。大体の内容。事情。趣旨。effect 用例 お話の―。②ようす。感じ。appearance ③おもしろみ。味わい。taste 用例 ―がある。④…であるということ。用例 ご旅行の―と承りました。

**おも-む・く【赴く・▽趣く・▼趨く】** ㊀(五自)《「面向く」の意》①向かう。行く。go ②大勢や気運が、そうなる。get ㊁古語(下二他) ①しむける。向かわせる。用例 たちまちに仏の道に―・けんも(源氏・横笛)。②ほのめかす。用例 おくれきこえずだにあらばと―・けて(源氏・須磨)。

**おもむろ-に【▽徐ろに】**(副) ゆるやかに。ゆっくり。slowly 用例 ―手をあげる。

**おも-め【重め】**(名・形動) 程度が重いほうであること・さま。rather heavy 対義 軽め。

**おも-め【重目】** 目方。重さ。

**おも-もち【面持ち】** 内面が外に現れた顔つき。look 用例 不審な―。

**おも-や【母屋・母家】** ①家の中央の部分。もや。main wing 対義 ひさし。②主人や家族が住む、家の主要な建物。main house 対義 離れ。③本家。本店。head house; head shop

**おも-やつれ【面▼窶れ】**(名・サ変自) 顔がやせて、おとろえること。worn-out look

**おも-ゆ【重湯】** 白米を、七～八倍の水に入れてとろけるほど柔らかく炊いたお粥の上澄み液。病人・幼児用の流動食。

**お-もらい【▽御▼貰い】** ①「もらい」の丁寧語。tip ②ものもらい。こじき。beggar

**おもり【▽錘】**《「重る」の連用形から》①分銅。weight ②重さを増すために加えるもの。weight ③つり糸の先に付けて、つり針を沈めるもの。しずみ。sinker

**お-もり【▽御守】**(名・サ変他) 幼児をまもること。幼児の世話をすること。子守。baby-sitting; baby-sitter

**おも・る【重る】**(五自) ①重くなる。目方がます。②病状が悪くなる。

**おもろ** 琉球の古歌謡。昔、祭礼のときにとなえた神歌。これを集成した『おもろさうし』には総数一五五四(重複を除いた実数一二四八)編を収める。

**おも-わ【面輪】** 顔。顔つき。

**おもわ-く【思わく・思惑】**《「思う」に接尾語「く」の付いたもの。「惑」は当て字》①ある意図を持った考え。つもり。予期。expectation ②他人のその人に対する評判。気受け。opinion 用例 世間の―を気にする。③相場の上がり下がりを予想すること。speculation; venture

**おもわく-がい【思惑買(い)】** 相場で、先の値上がりを見越して買うこと。speculative purchase

**おもわく-し【思惑師】** 思わく買いをする人。相場師。

**おもわく-ちがい【思惑違い】** 予想がはずれること。miscalculation

**おもわし・い【思わしい】**(形) ①おしはかることができる。can be guessed ②なんとなく好ましく思われる。satisfactory 用例 結果は―・くない。天気が―・くない。

**おもわ-ず【思わず】**(副) われを忘れて。うっかり。unconsciously 用例 ―声を出す。

**おもわず-しらず【思わず知らず】**(連語) しらずしらずのうちに。無意識のうちに。involuntarily

**おも-わすれ【面忘れ】**(名・サ変自) 人の顔を見忘れること。fail to recognize

**おもわせ-ぶり【思わせ振り】**(名・形動) それとなくわからせたり、気を持たせたりすること・さま。意味ありげに見せかけること。mystification 用例 ―な態度。

**おもん・じる【重んじる】**(上一他) ↓おもんずる(重んずる)

**おもん・ずる【重んずる】**(サ変他) たいせつにする。重く見る。重んじる。have a regard for 対義 軽んずる。

**おもん-ぱかり【▽慮り】** 文語的《「おもいはかり」の転》①あれこれ考え合わせること。考慮。consideration ②心配。worry ③とりはからい。処置。arrangement

**おもん-ぱか・る【▽慮る】** 文語的(五他)《「おもいはかる」の転》よく考える。落ちなく思いめぐらす。

**おもん・みる【▼惟る】** 文語的(上一他)《「おもいみる」の転》深く思う。よく考える。

**おや【親】** ①子を生んだ人。子を育てる人。父と母の総称。parent 対義 子。②物の生じるもとのもの。source 用例 里芋の―。③《「祖」とも》始めのもの。元祖。founder ④小さなものに対して、大きいほう。主になるほう。main(thing) 用例 ―会社。―柱。⑤ゲームのとき、中心になる人として仮に決めた人。dealer 用例 トランプの―。⑥たのまれて、めんどうを見る人。sponsor 用例 名づけ―。

**親思う心に勝る親心**(おやおもうこころにまさるおやごころ)《吉田松陰の辞世の歌「親思ふ心に勝る親ごころけふの音づれ何ときくらん」の上の句》子が親を案じるよりも、親が子を案じる心のほうがいっそう深い。

**親が死んでも食休み**(おやがしんでもしょくやすみ) 食休みをとることが健康にたいせつなたとえ。It is the pace that kills.

**親ならぬ親**(おやならぬおや) 養父母・継父母。または、しゅうと・しゅうとめなど。

**親に跡を遣る**(おやにあとをやる) 子が親より先に死ぬ。

**親に先立つは不孝**(おやにさきだつはふこう) 親より先に死ぬ子は、親に悲しい思いをさせる不孝者だ。

**親に似ぬ子は鬼子**(おやににぬこはおにご)《子はかならず親に似るものだ、との考えから》親に似ぬ、悪い子をいやしめて言うことば。He is unworthy of his father.

**親の因果が子に報う**(おやのいんががこにむくう) 親のした悪業の結果が子におよび、罪もないのに子が苦しむこと。The sins of parents will be visited upon the children.

**親の敵でも討つ様**(おやのかたきでもうつよう)《親の敵討ちになぞらえたことば》物事をしゃにむにやるさま。

**親の心、子知らず**(おやのこころ、こしらず) 親が子のことを心配しているとも知らず、子はかってなことをする。No love like a father's.

**親の臑を齧る**(おやのすねをかじる) 子が、独立した生活ができずに、親に扶養してもらっている。親のすねかじり。hang upon one's parents 用例 いくつになっても親のすねをかじっている。

**親の七光り**(おやのななひかり)「親の光は七光り」と同意。

**親の光は七光り**(おやのひかりはななひかり) 親の威光が偉大であること。子が、親の地位・資産などによって出世すること。親の七光り。Having a famous parent's help.

**親の欲目**(おやのよくめ) 親が、わが子かわいさのひいき目で、自分の子を実際以上に評価すること。parents' partiality for their children 類似 親の目はひいき目。

**親は無くても子は育つ**(おやはなくてもこはそだつ) 親をなくした子でも、どうにか成長していくように、そう先を心配するほどのこともない。Nature itself is a good mother.

**親見たけりゃ子を見ろ**(おやみたけりゃこをみろ) 親のことは、子どもの躾を見ればよくわかる。Like father, like son.

**おや**(感) 意外なことに出合って軽い疑いや驚きを表す語。

**おや-いも【親芋】** サトイモの地下の塊茎の中心になっている芋。芋がしら。かしら芋。

**おや-おもい【親思い】** 親をたいせつに思い気づかうこと・人。filial affection

**おや-おや**(感)《「おや」を重ねた語》①意外なことに出合って軽い疑いや驚きを表す語。おや。②多少がっかりした気持ちを表す語。

**おや-がいしゃ【親会社】** ある会社の発行済み株式の過半数以上を所有するか、融資などをすることでその支配権をもつ会社。下請けに使うなど、業務上支配する場合もふくむ。parent company 対義 子会社。

**おや-がかり【親掛(か)り】** 子が独立しなければならない年齢になっても独立しないで、



▼常用漢字表外。 ▽常用漢字表の音訓外。

親の世話を受けていること。その子。dependence on one's parents

**おや-かた【親方】** ①主人として仕える人。親分。boss ②技芸の師匠。棟梁。master ③土木・建築作業など、現場作業の指揮者の通称。master ④親代わりの人。foster parent ⑤大相撲の年寄の通称。

**親方思いの主倒し**(おやかたおもいのしゅたおし) 主人のためにと思ってしたことが、かえって主人に不利益をもたらすこと。

**親方日の丸**(おやかたひのまる) 《親方は日の丸、つまり国だから、会計の心配などいらない、の意から》公営企業体などの経費の節約を考えない経営態度などを皮肉っていう。

**おやかた-かぶ【親方株】** ↓としよりかぶ(年寄株)

**おやかた-せいど【親方制度】** ↓とていせいど(徒弟制度)

**おや-かぶ【親株】** 対義 子株。①根を分けて苗木をとるとき、とられるもとになる株。stool ②旧株。old stock

**おや-がわり【親代(わ)り】** 親の代わりに世話をすること・人。foster parent

**お-やき【▽御焼(き)】** ①小麦粉などを薄くのばした皮で小豆あんや野菜あんなどを包み、鉄板上で焼いたもの。間食として食べる。②《女房ことば》焼き豆腐・焼きもちなど。

**おや-ぎ【親木】** 接ぎ木の台木。stock

**おや-きょく【親局】** ↓キーきょく(キー局)

**おやく-ごめん【▽御役御免】** ①仕事・役をやめさせられること。また、役目から解放されること。用例 役員を—になる。②古くなって、用いられなくなること。用例 あの機関車は—だ。

**おや-こ【親子】** ①親と子。血縁による実親子と法律上の養親子の二種があり、実親子は嫡出親子と非嫡出親子に分かれる。parent and child ②親と子にたとえられる二つのもの。double 用例 —電話。③「親子どんぶり」の略。

**親子は一世**(おやこはいっせ) 親子の関係は現世だけのものだということ。用例 —、夫婦は二世、主従は三世。

**おや-ご【親御】** 他人の親をいう敬語。

**おや-こうこう【親孝行】**(名・形動・サ変自) 親を尊敬し、よく仕えること・さま。孝行。filial piety 対義 親不孝。

**親孝行し度い時には親は無し**(おやこうこうしたいときにはおやはなし) 親のありがたみが実感としてわかるようになるころには、親は死んでいて、もういない。孝行しなかったことについて、とかく後悔することが多いことを言う。孝行をし度い時には親は無し。

**おやこ-かんべつ【親子鑑別】** 生物学的な親子関係の有無を判定すること。血液型、耳あかの乾湿などの遺伝形質、指紋、てのひらの筋、足の裏の筋、骨格の類似性などから判断する。paternity test

**おや-ごころ【親心】** ①子を思う親の情け。parental affection ②親が子を思うような親切心。parental affection

**おやこ-でんわ【親子電話】** 一本の回線に複数の電話機を接続したもの。

**おやこ-どんぶり【親子▼丼】** 《とりあわせの鶏と卵が親子であることから》鶏肉とネギ・シイタケなど味付けして煮て卵でとじ、飯の上にのせたもの。

**おやこ-なり【親子成り】** 血のつながっていない者の間で結ばれる義理の親子関係。烏帽子親と烏帽子子、親分と子分、家主と店子など。

**おやこ-ローン【親子ローン】** ↓にせだいローン(二世代ローン)

**おや-ざと【親里】** よめ・むこ養子・従業員などの、実の親の家。実家。親もと。さと。one's parental roof

**おや-じ【親▽父】** ①男が自分の父親のことをいう語。おもに親しい間での会話に使われる。daddy 対義 おふくろ。②ヒグマの俗称。

**おや-じ【親▼爺】** ①年をとった男の人を親近の意をこめて呼ぶ語。that old fellow ②親分、かしらなどを呼ぶ語。boss ③飲食店などの主人。対義 おかみ。

**おや-しお【親潮】** ベーリング海に源を発し、千島列島や北海道に沿って南下、三陸沖に達する寒流。北太平洋の亜寒帯環流の一部で、低温、低塩分、栄養分に富み好漁場。冬期の表面水温は二℃以下。千島海流。対義 黒潮。

**おや-しらず【親知らず】** ①幼いときに、親に別れた子。parentless ②そこを通るとき、親子連れでさえも、連れのことをかまっていられなくなるような難所。③「親知らず歯」の略。↓歯図

**親知らず子知らず**(おやしらずこしらず) 親は子を、子は親をかまっていられないほどに険しい場所。代表的な地は新潟県などにある。

**おやしらず【親▽不▽知】** 新潟県西頸城郡青海町にある地名。飛騨山脈が日本海に迫り、険しいがけをつくっている海岸。旧北陸街道最大の難所とされ、現在は海岸美で知られる。親不知子不知。

**おやしらず-ば【親知らず歯】** 智歯(第三大臼歯)の俗称。いちばん遅く生える歯で、ふつうは一八〜二四歳で生えるが、生えてこないことも多い。上下左右一本ずつ、計四本。炎症をおこしやすいので抜歯することが多い。wisdom tooth ↓歯図

**お-やす【▽御▽養】** ↓やすのごき(養の御器)

**お-やす・い【▽御安い】**(形) わけない。かんたんだ。easy 用例 —ご用だ。

**御安くない**(おやすくない) 男女の特別な間がらであることを、ひやかして言う語。

**お-やすみ【▽御休み】** ㊀(名) ①「寝る」の尊敬語。②休暇。holiday ③欠勤。absence ④休業。holiday ⑤休息。rest ㊁(感)《「お休みなさい」の略》寝るときのあいさつ語。Good night.

**おや-だま【親玉】** ①かしらに立つ人。かしら。頭領。chief ②数珠の中心になる大きな玉。

**お-やつ【▽御八つ】** 《江戸時代、八つ時(=午後二〜四時)に間食する習慣があったことから》食事と食事の間に軽く食べるもの。また食べること。お三時。間食。snack

**おやとい-がいこくじん【▽御雇(い)外国人】** 明治時代、政府・民間に雇用された外国人。西洋の政治制度・産業・教育などを移入し、日本近代化の基礎づくりに寄与した。

**おや-どり【親鳥】** 抱卵・育雛をする鳥。

**おや-にらみ【親▼睨】** スズキ科の淡水魚。全長一〇cm前後。えらぶたに濃青色の斑紋がある。観賞用。関西以西に分布。↓図

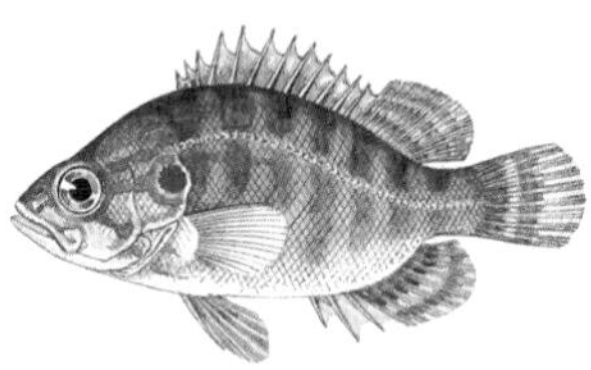

● オヤニラミ

**おや-ばか【親馬▼鹿】** 《「馬鹿」は当て字》わが子がかわいくて理性を失うこと・親。doting father; doting mother

**親馬鹿ちゃんりん**(おやばかちゃんりん) 《「そば屋の風鈴」などと続けてもいう》親ばかをからかい、あざけっていうことば。自嘲するときにもいう。

**おや-ばなれ【親離れ】**(名・サ変自) 子供が親から精神的・身体的または経済的に独立していく過程。become independent of parents

**おや-ひけ【親引け】** 株式や債券を公募形式で発行するとき、発行会社の希望によって特定の者に優先的に新株を割り当てること。underwriting of debentures

**おや-ふこう【親不孝】**(名・形動・サ変自) 親に不孝をすること・さま。undutifulness to one's parents 対義 親孝行。

**おや-ぶね【親船】** 小舟を従えている大きな船。母船。本船。mother ship

**親船に乗った様**(おやぶねにのったよう) すっかりまかせて安心しているさま。心じょうぶのたとえ。feel as secure as a rock

**おや-ぶん【親分】** ①仮の親子関係を結んだ間での親。仮の関係ではあるが、社会的、経済的に子分の者に対し庇護する義理がある。boss; leader 対義 子分。②同好の士の長などに対して、親しみをこめて言う俗称。boss; leader

**おやべ【小矢▽部】**〈市〉富山県西部、小矢部川沿いの市。旧宿場町・河港。工業がさかん。人口三万六八九八(一九八八)。

**おや-ぼね【親骨】** 扇の、両はしの太い骨。

**お-やま【お山・女▽形】** ①《多く「女形」で》歌舞伎で女役を演ずる男優。おんながた。②古語 上方で、遊女。

**おやま【小山】**〈市〉栃木県南部の市。旧城下町・宿場町。東北新幹線など諸鉄道が集中する交通の要地、工業都市。結城紬の産地。人口一二万七一四七(一九八八)。

**おやま【小山】**〈町〉静岡県北東端の町。紡績工業や農業がさかん。富士スピードウェイがある。須走は富士山登山口の一つ。人口二万二六四四(一九八八)。

**おや-まさり【親勝り】**(名・形動) 子が親よりすぐれていること。そういう子。child surpassing his parents

**おやまだ-ともきよ【小山田▽与清】**(一七八三〜一八四七) 江戸末期の国学者。別姓高田。武蔵の人。村田春海門下。蔵書家として知られる。随筆『松屋筆記』など。

**おやま-とくじろう【尾山篤▽二郎】**(一八八九〜一九六三) 歌人・国文学者。金沢生まれ。平明で放胆な歌風を旨とする。西行や『万葉集』研究でも有名。歌集『さすらひ』など。

**おやま-の-えんどう【▽御山の▼豌豆】** マメ科の多年草。高山の草地にはえる。高さ約一〇cm。葉は多くの小葉からなる。夏に、紅紫色の花をつける。↓写

● オヤマノエンドウ

**おやま-の-たいしょう【▽御山の大将】** ①子どもの遊びの一つ。盛り土などの上にいて、のぼってくる者をつき落とし合う。king of the mountain ②せまい分野で、得意になって、いばり返っている人・こと。king of the mountain

**おやま-ぼくち【雄山▽火口】** キク科の多年草。山野にはえる。ヤマボクチよりやや大形で、高さ一m以上。根出葉は大形三角状。茎葉は楕円形。秋に、幅四cmほどの暗紫色の頭花をつける。

**お-やみ【小▽止み】** 雨・雪・風などが少しやむこと。用例 —なく降る雪。

**おや-むし【親虫】** 子をもった、または産卵した成虫。

**おや-もじ【親文字】** ①欧文の大文字。capital letter ②漢和辞典などの、熟語のもとになる文字。親字。③活字の、字母。母型。matrix

**おや-もと【親元・親▽許】** 親のいる所。親ざと。one's home

**おや-ゆずり【親譲り】** 親から譲り受けたこと・もの。inherited from one's parents 用例 —の無鉄砲(夏目漱石・坊っちゃん)。—の財産。

**おや-ゆび【親指・▼拇指】** ①手足のいちばん太い指。母指。thumb; big toe ②《親指で表すところから》「主人・親方」の隠語。

**お・ゆ【老ゆ】** 古語(上二自) ↓おいる(老いる)

**おゆどののうえのにっき【▽御湯殿上の日記】** 清涼殿内の御湯殿上で、天皇の側に仕えた女官が書き継いだ日記。文明九年(一四七七)から幕末に至る部分が現存。

**およが・す【泳がす】**(五他) =およがせる。①泳ぐようにさせる。let a person swim ②体をのめらせる。lose one's balance ③《俗語》警察が容疑者などの行動から、有力な証拠や手がかりをつかむために、わざと捕まえないで自由に動き回らせる。leave the culprit at large

**およぎ【泳ぎ・▼游ぎ】** ①泳ぐこと。水泳。swimming ②世渡りの術。how to make living

**およ・ぐ【泳ぐ・▼游ぐ】**(五自) ①手足・ひれなどを動かして、水面・水中などを進む。swim 用例 海で—。②前のめりによろける。totter 用例 いなされて、体が前に—。③うまく世わたりをする。know how to get ahead 用例 政界を—ぎ回る。

**およず・く** 古語(下二自) =およすく・およすぐ。①成長する。成人する。用例 この御子の—・けもておはする御かたち心ばへ(源氏・桐壺)。②おとなびる。ませる。用例 いで、—・けたることは言はぬぞよき(源氏・帚木)。③年寄りくさい。地味である。用例 —・けたる姿にてもありなむ(徒然・一九一)。

**およそ【▽凡そ】** 《「おおよそ」の約》㊀(名) あらましのこと。概略。大略。generally 用例 —の見当。㊁(副) ①だいたいのところ。用例 —百人ほど集まった。②《下に打ち消しをともなって》少しも。まったく。not at all 用例 —考えられない。③一般に。そもそも。generally speaking 用例 —この世は住みにくいものだ。

**およばず-ながら【及ばず・▼乍(ら)】**(副) 《自分の力を謙遜していう》十分ではないが。お役に立たないが。to the best of my ability 用例 —協力する。

**およば-ない【及ばない】**(連語) ①かなわない。勝つことができない。be behind ②《「…に

(は)及ばない」の形で》…する必要がない。…するな。need not 用例それには—。

**お-よばれ【▽御呼ばれ・▽御▽招ばれ】** まねかれて、ごちそうになること。be invited

**およ び【▽指】** 古語 ゆび。用例—もそこなはれぬべし(土佐)。

**お-よび【▽御呼び】** 呼ぶこと。呼びかけること。声をかけること。また、歓迎して招じ入れること。用例—がかかる。

**御呼びじゃない(およびじゃない)** 《俗語》必要としない。関係ない。誘うことはない。用例ぼくなんか—よ。

**および【及び】** (接続)《体言、または体言と同じ資格の語を並べるときに使う》ならびに。また。と。and; as well 用例住所—氏名。東京・大阪—京都の三大都市。

**およ び-ごし【及び腰】** ①ひざを曲げ、手を前に出して腰を後ろに引いた、不安定な姿勢。lean over ②どっちつかずの態度。ひるんだ態度であるさま。indecisive

**お-よびたて【▽御呼(び)立て】**(名・サ変他) 人を呼び寄せることの丁寧語。用例—して、すみません。

**およ び-も-つかない【及びもつかない】** (連語) とてもかなわない。まったく及ばない。no match for

**およ・ぶ【及ぶ】** (五自) ①ある物・場所などに達する。reach 用例被害は隣町まで—。②ある時期・数量に届く。reach 用例一万人に—人出。③ある範囲まで届く。reach 用例影響は全国に—。④《「…におよぶ」の形で》あることをするようになる。come to 用例抗議に—。⑤《ふつう打ち消しをともなって》㋐する必要がある。need 用例説明をするには—・ばない。㋑追いつく。匹敵する。match 用例わたしの—ところではない。㋒取り返しがつく。recover 用例後悔しても—・ばない。㋓成しとげられる。かなう。be fulfilled 用例—・ばぬ恋。

**およぼ・す【及ぼす】**(五他) 及ぶようにする。ゆきわたらせる。exert 用例影響を—。

**お-よ・る【▽御▽寝る】**(五自) 《「ねる・休む」の尊敬語》お休みになる。

**おら【▼俺・▽己】**(代) 《俗語。「おれ」の変》おれ。おいら。用例—が村。

**おらがはる【おらが春】** 小林一茶の句文集。嘉永五年(一八五二)刊。五七歳の元旦から歳末までの一年を、発句をまじえつつ日記風に綴ったもの。

**オラシヨ【oratioラテン】** 《キリシタン用語》祈祷。

**オラディア【Oradea】** ルーマニア北西部、ビホール州の州都。一一世紀に建設された古い町で、鉄道の分岐点。人口二二〇・六万(一九八四)。グロスパーダイン。

**おらてがま【▽遠羅▽天▼釜】** 禅の書。白隠慧鶴の著した書簡の形式による仮名法語集。三巻。続集一巻。体験に基づく禅の要義や『法華経』観を平易に述べたもの。

**オラトリオ【oratorioイタリア】** 聖譚曲。独唱・合唱・管弦楽を用いた大規模な宗教的劇音楽の形式。聖書の物語・聖人の伝説などに題材をとる。一七世紀に発展。ヘンデルの『救世主(メサイア)』、ハイドンの『天地創造』など。

**オラニエ-け【オラニエ家】** オランダ王室の家系。ドイツのナッサウ伯家が一五世紀に南フランスのオランジュ公領を相続したのに始まる。オランダ独立に功をあげたウィレム一世、名誉革命に際しイギリス王となったウィリアム三世は同家出身。オレンジ家。the House of Orange

**おら・ぶ【▽叫ぶ】**(五自) 大声で言う。さけぶ。shout

**オラン【Oran】** 北アフリカ、アルジェリア、地中海に臨む港湾都市。貿易港として重要。ヨーロッパ人居住者が多い。人口六六・四万(一九八三)。

**オランウータン【orangutan】** ショウジョウ科の類人猿。雄で身長約一・四m、体重約七〇kg。体毛は赤褐色。毛が長く、樹上生活に適応。果実を好む。カリマンタン・スマトラの密林にすむ。ショウジョウ(猩猩)。↓写

●オランウータン 幼獣。

**オランダ【Holland・和蘭・阿蘭陀】**(Kingdom of the Netherlands) ヨーロッパ北西部、北海に臨む王国。首都アムステルダム。王宮はハーグにある。ベネルクス三国の一つ。国土の四分の一は海面下の低地で、干拓によるポルダーが広い。機械類・石油製品・球根を輸出。面積四・一万km²。人口一四五六万(一九八六)。正称オランダ王国。

**オランダ-あやめ【オランダ▼菖▼蒲】** ダッチアイリスの別名。

**オランダ-いちご【オランダ▼苺】** ↓いちご(苺)

**オランダ-かいう【オランダ海▽芋】** カラーの一品種。花は白い。

**オランダ-がらし【オランダ▼芥子】** ↓クレソン

**オランダ-きじかくし【オランダ▼雉隠】** アスパラガスの別名。

**オランダ-ご【オランダ語】** ゲルマン語派西ゲルマン語群の一つ。オランダのほかベルギー北部(フラマン語)・インドネシア・南アフリカ(アフリカーンス語)などで用いる。Dutch

**オランダ-こうくう【オランダ航空】** ↓ケーエルエムオランダこうくう(KLMオランダ航空)

**オランダじい【▽和▼蘭字▼彙】** 長崎のオランダ商館長ズーフが編纂したオランダ語と日本語の対訳辞書。天保四年(一八三三)幕命により桂川甫周が校訂。ズーフ・ハルマ。

**オランダ-ししがしら【オランダ▼獅子頭】** 金魚の一品種。大きくなる品種で全長が五〇cmにもなる。琉金と蘭鋳との交配種。頭に肉こぶがある。

**オランダ-しょうがつ【オランダ正月】** 太陽暦の正月。蘭学者大槻玄沢が、寛政六年閏一一月一一日、太陽暦で一七九五年の一月一日を祝う宴(新元会)を催したことに由来。

**オランダ-しょうかん【オランダ商館】** 江戸時代、日本に設けられたオランダ東インド会社の支店。慶長一四年(一六〇九)平戸に開設、寛永一八年(一六四一)長崎の出島に移転。鎖国下で、西欧文化伝来の唯一の窓口。

**オランダ-せきちく【オランダ石竹】** カーネーションの別名。

**オランダ-ぜり【オランダ▼芹】** パセリの別名。

**オランダ-せんそう【オランダ戦争】** ↓ネーデルラントせんそう(ネーデルラント戦争)

**オランダ-どくりつせんそう【オランダ独立戦争】** 一五六八年スペイン支配下での反乱に始まり、一六四八年ウェストファリア条約でオランダ連邦共和国が正式承認されるまで続いた、ネーデルラント北部七州の独立戦争。オラニエ公ウィレム一世とその子マウリッツが指導。八十年戦争。Eighty years' War

**オランダ-ふうせつがき【オランダ風説書】** 江戸時代、鎖国下でオランダ船がもたらした海外情報をまとめた報告書。オランダ商館長が長崎奉行を通じて幕府に提出。

**オランダ-ぼうえき【オランダ貿易】** 一七世紀以降、江戸時代の鎖国期を経て開国に至るまでの、オランダの日本に対する独占的な貿易。平戸、のち長崎に商館を置いて展開。ヨーロッパの文化がオランダを通じて鎖国下の日本に伝わり、日本の近代化に貢献。

**オランダ-みつば【オランダ三葉】** セルリーの別名。

**オランダ-もみ【オランダ▼樅】** コウヨウザンの別名。

**オランダ-りゅう【▼阿▼蘭▼陀流】** 談林派の井原西鶴一派の新しい俳風。貞門俳諧のマンネリズムを打破しようとした、軽口・狂句を主とするもの。初めは旧派のあざけりによる呼び名。

**オランダりょう-ひがしインド【オランダ領東インド】** 一七〜二〇世紀前半にオランダ領有植民地であった東南アジアの諸島域。ほぼ現インドネシア共和国領にあたる。オランダ領インドネシア。蘭印。

**オランデーズ-ソース【hollandaise sauceフランス】** オランダ風ソース。卵黄・バター・酢などで作るマヨネーズに似た温かいソース。

**おり【折(り)】** 一(名) ①折ること。fold 用例二つ—にする。②折ったもの。anything folded 用例半紙—。③折りばこ。chip box 用例—につめる。④《「折」で》㋐チャンス。機会。opportunity 用例—を見て話す。㋑そのとき。そのばあい。when 用例出かけた—に。二(助数) 折りを数える語。用例菓子箱二—。

**折しも有れ(おりしもあれ)** ちょうどそのとき。

**折もあろうに(おりもあろうに)** ほかによい時もあろうに。都合の悪いことに。at the inconvenient moment

**おり【織(り)】** ①織ること。weave ②織った物。texture

**おり【▼澱】** 下に沈んだかす。沈殿物。dregs

**おり【▼檻】** 猛獣・罪人などを入れるはこ・部屋。cage; cell

**お-り【汚吏】** 地位を利用して不正をする役人。

**お・り【▽居り】** 古語 一(ラ変自) ①いる。ある。用例人さはに入り—とも(古事記・中)。②すわっている。用例立てれども—・れども共に戯れ(万葉・五・九〇四)。二(補動ラ変)動作・状態の継続を示す。…ている。用例つれづれと籠り—けり(伊勢・四五)。

**おり-あい【折(り)合い】** =折れ合い。①人とのなか。和合。mutual relations 用例—が悪い。②ゆずり合うこと。妥協。compromise 用例—がつかない。

**おり-あ・う【折(り)合う】**(五自) ゆずり合って和解する。妥協する。折れ合う。compromise

**おり-あしく【折▽悪しく】**(副) 時機がわるいことに。あいにく。unfortunately

**おり-いって【折(り)入って】**(副) 《たのむときの語》とくに。切に。earnestly 用例—お願いがある。

**オリーブ【olive】** モクセイ科の常緑高木。葉は楕円形。初夏に、黄白色の小花をつける。果実に含まれるオリーブ油を食用や薬用とする。地中海沿岸原産。日本では小豆島で栽培に成功。↓写

●オリーブ 実。

**オリーブ-いろ【オリーブ色】** オリーブの実のような黄色がかった暗い緑。黄色の暗色系を総称する名ともなっている。橄欖色。olive; olive brown

**オリーブ-やま【オリーブ山】** エルサレムの東にある山。イエスの地上生活の最後の一週間、夜をこの山で祈りつつ過ごした。昇天もこの山からといわれる。橄欖山。Mount of Olives

**オリーブ-ゆ【オリーブ油】** オリーブの果実からとれる良質の油。不乾性油で、淡黄色の液体。食用・頭髪油・医薬などに利用。olive oil

**おり・いる【▽下り居る】** 古語 (上一自) ①馬などから降りてすわる。用例その木のもとに—・ゐて、枝を折りて(伊勢・八二)。②退位する。用例みかど—・ゐさせ給はむの御心づかひ近うなりて(源氏・紅葉賀)。

**おり-いろ【織(り)色】** 染めた糸で織った織物の色。対義染め色。

**おり-えぼし【折(り)▼烏▽帽子】** てっぺんを横に折り曲げたえぼし。対義立て烏帽子。

**おり-えり【折(り)襟】** 洋服の、そとへ折り返した襟。turned-down collar 対義詰め襟。

**オリエンタリスム【orientalismeフランス】** ①東洋学。オリエントの言語・歴史・文明などに関する研究。orientalism ②東洋風。東洋趣味。とくに一九世紀前半、ヨーロッパの芸術の全領域にあらわれたエキゾチスム。orientalism

**オリエンタル【oriental】**(接頭) 東洋の、東洋風の、の意を表す。東洋的。

**オリエンタル-カラー【oriental color】** 東洋的特色。

**オリエンタル-ポピー【Oriental poppy】** ↓おにげし(鬼罌粟)

**オリエンテーション【orientation】** ①生物体が能動的に自分の体位を定めること。定位。②進路や方向を決めること。③新人教育のための講習。

**オリエンテーション-きょういく【オリエンテーション教育】** 新人社員の受け入れ訓練。会社の方針を理解させ、必要最低限の基



▼常用漢字表外。 ▽常用漢字表の音訓外。

礎知識・技術を習得させる。orientation

**オリエンテーリング**【orienteering】 自然の地形の中にコースを設け、地図上に指定された七～一二個程度のポストをコンパスや歩測を利用して通過しゴールすることを競う。

**オリエント**【Orient】《ラテン語のオリエンス(＝日の出)に由来》①エジプト・メソポタミアを中心にイラン・アナトリア・シリアを含む地域。②東アジア地域の総称。

**オリエント-きゅうこう**【オリエント急行】(Orient Express) パリとイスタンブールを結ぶ国際急行列車。一八八三年創始、一九七七年廃止されたが、八二年に復活。車両の豪華さで有名。

**オリエント-びじゅつ**【オリエント美術】メソポタミアとイラン高原を中心とする西アジア文化圏の古代美術。エジプト美術を含む場合もある。年代的には、新石器時代からアケメネス朝ペルシアの崩壊までとするのが通例だが、ササン朝ペルシアを含むこともある。Oriental art

**オリエント-ぶんめい**【オリエント文明】古代の、エジプト・メソポタミア・シリア・パレスチナ地方に栄えた文明。人工灌漑による農業の発展、都市文明の成立により、成文法典・文字・暦法などを発達させた。the Orient civilization

**おり-おり**【折折】㊀(名) その時その時。そのつど。occasion 用例 四季――のながめ。㊁(副) ときどき。ときたま。occasionally 用例 ――は帰郷する。

**オリオン**【Orīon ギリシア】 ギリシア神話の巨人の狩人。曙の女神エオスに愛される。狩りの腕を自慢して女神アルテミスに殺された。星座神話で知られる。

**オリオン-ざ**【オリオン座】 天の赤道上の星座。一等星ベテルギウスはα星、リゲルはβ星。中央近くの三つ星は、中国名で参宿。オリオン星雲がある。二月五日ごろの午後八時ごろに南中。面積五九四平方度。Orion ↓図

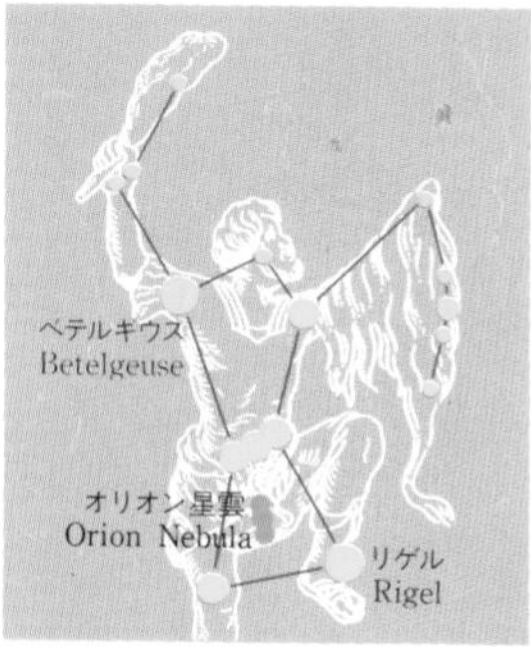


●オリオン座

●オリオン星雲 白河天体観測所撮影。

**オリオン-せいうん**【オリオン星雲】 オリオン座の三つ星のあたりにある、全天でもっとも明るい散光星雲。距離は約一三〇〇光年。Orion Nebula ↓写

**オリガーキー**【oligarchy】 ↓かとうせい(寡頭制)

**おり-かえし**【折(り)返し】㊀(名) ①折り返すこと。折り返したもの。turn up 用例 ズボンの――。②ひき返し。return 用例 マラソンの――点。――運転。③歌・楽曲などの一部のくり返し。リフレイン。refrain ㊁(副) すぐさま。ただちに。by return 用例 ――ご返事をください。

**おり-かえ・す**【折(り)返す】(五自他) ①(他)逆に折りまげる。turn up ②(自)㋐すぐひき返す。turn back ㋑くり返す。repeat

**おり-かさな・る**【折(り)重なる】(五自) 上へ上へと、いくえにも重なる。lie one upon another

**おり-かさ・ねる**【折(り)重ねる】(下一他) 紙のような薄い物を折って、いくえにも重ねる。fold back

**おり-がし**【折(り)菓子】 折り箱につめた菓子。

**おり-かばん**【折(り)鞄】 二つに折れる、かかえかばん。briefcase

**おり-がみ**【折(り)紙】 ①奉書・鳥の子紙などを横二つ折りにしたもの。進物の目録などを書く。②書画・刀剣などの製作者・伝来などを証明する鑑定書。また、証明のある品。用例 ――付き。③色紙を折っていろいろな形にする遊び。また、その紙。

**おりがみ-つき**【折(り)紙付き】 ①鑑定書が付いていること。また、その品物。certified ②定評のあること。保証付き。guaranteed

**おり-から**【折から・折柄】㊀(副) ちょうどそのとき。just then ㊁(接助) …のときであるから。…のときであるが。用例 向寒の――、ご自愛のほどを。

**おり-く**【折(り)句】 和歌・俳諧で、物の名などを各句の初め、あるいは終わりに一字ずつよみこんだもの。たとえば「からころも きつつなれにし つましあれば はるばるきぬる たびをしぞおもふ」に「かきつばた」がよみこまれているような歌。

**おり-くち**【降り口・下り口】 階段や通路などの、下りはじめの所。下りる所。おりぐち。the way down

**おりくち-しのぶ**【折口信夫】(一八八七～一九五三) 歌人・詩人・国文学者。筆名は釈迢空。大阪府生まれ。国学院大卒。近代短歌に独自の作風をひらいた。民俗学的方法に基づく国文学研究の体系を樹立。歌集『海やまのあひだ』、小説『死者の書』、詩集『古代感愛集』、論考『古代研究』など。

**オリゲネス**【Origenes】(一八五ごろ～二五四ごろ) ギリシアの神学者。キリスト教神学にプラトン哲学を導入、最初の組織神学者とされる。

**オリゴマー**【oligomer】 重合度が低く、分子量が約一〇〇〇以下のポリマーの総称。一般に流動性で、有機溶媒に溶ける。塗料・接着剤・ゴム・プラスチックへの添加剤など。

**おり-こみ**【折(り)込み】 折って入れることもの。付録・広告など。insert

**おり-こ・む**【折(り)込む】(五他) ①内へ折りまげる。tuck in ②折って他の物の間に挟む。insert

**おり-こ・む**【織(り)込む】(五他) ①中に織り入れる。interweave ②別の物を、組み込む。insert

**オリザニン**【Oryzanin ドイツ】《商標名》鈴木梅太郎が、明治四三年(一九一〇)、米ぬかから抽出した栄養素(ビタミン$B_1$)。

**オリサバ-さん**【オリサバ山】(Pico de Orizaba) メキシコ南部のアナワク高原にある休火山。同国の最高峰で標高五六九九m。シトラルテペトル山。

**おり-しき**【折(り)敷き・折敷】《軍隊の用語》折り曲げた右脚を、立てた左ひざの下に入れ、腰をおろした姿勢。kneel

**オリジナリティー**【originality】 独創。創意。独創力。独創性。創意性。

**オリジナル**【original】㊀(名) 原型。原作。原図。書きおろし。創作。㊁(形動) ①もとの。固有の。元来の。②独創的。

**オリジナル-プログラム**【original program】 フィギュアスケート競技の一種目。規定された数および種類の要素を含む自由演技。演技時間は二分四〇秒以内。

**おり-しも**【折しも】(副) ちょうどそのときに。おりもおり。just then

**おり-じゃく**【折(り)尺】 折りたたむことのできる、携帯用のものさし。zigzag rule

**おり-すけ**【折助】 武家の下男の異称。

**おりすけ-こんじょう**【折助根性】 奉公人が、人の見ていない所では、できるだけ怠けようとする性質。

**おりたくしばのき**【折たく▼柴の記】 新井白石の自叙伝。三巻。享保元年(一七一六)成立。江戸中期の重要な政治史料。

**おり-たた・む**【折(り)畳む】(五他) 折って重ねる。また、折り重ねて小さくする。fold

**おり-た・つ**【降(り)立つ・下(り)立つ】㊀(五自) 降りて立つ。go down 用例 飛行機から――。㊁古語(四自) 自分から進んでする。熱心にする。用例 惟光――・ちて万はもの し侍り(源氏・夕顔)。

**オリックス**【oryx】 長く伸びた角が特徴的なウシ科の大形レイヨウ。数種ある。東アフリカ産の代表種ベイサオリックスは肩高約一・一m、体重約一五〇kg、長さ一mほどの長剣形の角をもつ。いずれの種も乾燥した草原にすみ、雨季には砂漠の奥へ移動。アフリカ・アラビア半島に分布。

**オリッサ**【Orissa】 インド東部の州。ベンガル湾に臨む東部の海岸地域は、米・サトウキビなどを産出。北部の丘陵地は鉄・マンガン・石炭などが豊富で、ルールケラには国営製鉄所がある。人口二六二七・二万(一九八一)。

**おり-づめ**【折(り)詰め・折詰】 料理や菓子を折り箱に詰めること。また詰めたもの。みやげや進物・弁当用。折り箱はスギ・ヒノキの薄板でつくる。プラスチック製もある。折り。数え方 一折り。

**おり-づる**【折(り)▼鶴】 折り紙をツルの形に折ったもの。folded paper crane

**おりづる-らん**【折▼鶴▼蘭】 ユリ科の常緑多年草。葉は細長く緑葉か斑入り。匍匐枝が垂れ下がり、節ごとに幼植物をつくる。春から夏に、白い小花をつける。観賞用。南アフリカ原産。↓写

●オリヅルラン

**おり-ど**【折(り)戸】 戸と戸が蝶番などでつながれ、そこから折り畳めるようになっている戸。片折り戸・諸折り戸など。

**おり-な・す**【織(り)成す】(五他) ①模様などを、織ってつくる。interweave 用例 錦を――。②さまざまな要素を組み合わせてつくり出す。fabricate

**おりに-ふれて**【折に触れて】(連語) 何かきっかけがあると、いつも。何かのときごとに。on occasion 用例 ――便りをする。

**オリノコ-がわ**【オリノコ川】(Orinoco River) 南アメリカ北部、ギアナ高地に発し、ベネズエラを経て大西洋に注ぐ川。長さ二〇六〇km。

**オリバー-トゥイスト**【Oliver Twist】 ディケンズの小説。一八三八年刊。養育院で生まれた孤児が苦難ののちに幸せになる話。当時の社会制度などを攻撃した作品。

**おり-ばこ**【折(り)箱】 うす板・ボール紙などを折り曲げてつくった、菓子・すしなどを入れる箱。chip box

**オリビエ**【Laurence Olivier】(一九〇七～八九) イギリスの代表的俳優・演出家。的確な演技で多くのシェークスピア劇に名舞台を残す。映画『ハムレット』『オセロ』などで有名。↓写

●オリビエ『ハムレット』。

**おり-ひめ**【織(り)姫】 ①はたを織る婦人労働者。weaver ②たなばたひめ。織女星。Vega

**オリビン**【olivine】《オリーブからの派生》橄欖石。なかでも緑がかったもの。

**オリフィス**【orifice】 水槽や水門などの壁面に設けた流出孔。

**おり-ふし**【折節】㊀(名) ①その時々。occasionally ②季節。season 用例 ――の移り変わり。㊁(副) ①ちょうどそのとき。just then ②ときどき。たまに。once in a while 用例 ――たよりあり。

**おりふせ-ぬい**【折(り)伏せ縫い】 縫い方の一種。布を中表に合わせて縫い、一方の縫い代を折って、細くしたもう一方の縫い代をくるみ、折り山を押さえ縫いにすること。flat-fell seam

**オリベイラ**【Alberto de Oliveira】(一八五九～一九三七) ブラジルの高踏派詩人。温雅のなかに熱情をたたえた詩風。作品『ロマン的歌集』など。

**オリベッティ**【Ing.C. Olivetti & C., SpA】 イタリアの世界的事務機器メーカー。一九三二年設立。

**おりべ-やき**【織▽部焼】 尾張・美濃地方で安土桃山時代から焼造された陶器。装飾

性が強く、技法・形状・文様とも多種多様。茶陶として名高く、優品が多い。茶人古田織部の意匠により始められたといわれる。

**おりべ-りゅう【織▽部流】** 茶道流派の一つ。古田織部を祖とし、豊後中川藩の古田家に伝えられ、明治年間(一八六八～一九一二)の一四世宗閑におよぶ。現在は大分県を中心に九州方面に存続。

**おりほん【折(り)本】** ①紙を横に長く継ぎ合わせ、屏風のように折りたたんだ和装本。folded book 対義 とじ本。数え方 一冊・一帖。②製本で、印刷した紙をページ順になるように折ったもの。これを重ねてとじ、本にする。折り丁。section

**おりめ【折(り)目】** ①折りたたんださかいめ。fold ②物事のきまり。けじめ。manner; rule

**おりめ【織(り)目】** 織物の糸と糸とのすき「ま。texture

**おりめ-ただし・い【折(り)目正しい】** (形) きちんとしている。礼儀正しい。courteous

**おりも-おり【折も折】** (連語) ちょうどそのとき。折しも。折しも有れ。at the very moment

**おりもと【織(り)元】** 織物の製造元。textile 「manufacturer

**おりもの【下り物】** ①女性の生殖器内から流れ出る体液や組織片の総称。vaginal discharge ②あとざん。③月経。

**おりもの【織物】** 縦糸と横糸を特定の順序で直角に組み合わせ構成した布の総称。平織り・綾織り・繻子織りの三原組織が基である。布。反物。textiles; fabrics ↓図

**おりもよう【織(り)模様】** さまざまな色の糸を用いて織り出した模様。woven design

**オリャ-ポドリダ【olla podorida(スペイン)】** スペイン・ポルトガルに伝わる煮込み料理。ガルバンゾ(ひよこ豆)と、鶏肉・羊肉などでつくる。

**おり-やま【折(り)山】** 紙や布を折ったときの、折り目の外がわ。

**おりゃ・る** 古語 ㊀(四自)《「おいりある」の転》「行く・来く・あり・居をり」の尊敬・丁寧語。いらっしゃる。おいでになる。ござる。用例 いづかたへ―(狂言・宗論)。㊁(補動 四)《「て」「で」に付いて》丁寧の意を表す。…でございます。用例 なかなか、ようできて―(狂言・末広がり)。

**オリョール【Oryol】** ソ連、モスクワ南方のオカ川に沿う工業都市。ツルゲーネフ記念博物館がある。人口三三・五万(一九八四)。

**おり-よく【折よく】** (副) つごうよく。ちょうどよいときに。fortunately

**お・りる【下りる】** (上一自) ①高い所から、意図的に低い所へ移る。come down 対義 登る。用例 二階から―。②高い所から下へ動く。さがる。用例 幕が―。③体の中から外へ出る。用例 回虫が―。④鍵・錠が、しまる。lock 用例 鍵が―・りている。⑤役所などから与えられる。grant 用例 許可が―。⑥《俗語》勝負などで、参加をやめる。手をひく。drop out

**お・りる【降りる】** (上一自)《「下りる」とも》①高い所から下に移る。descend 対義 乗る。用例 飛び―。②乗り物・駅などの外に出る。get off 対義 乗る。用例 京都で―。③霜などが、地上や葉の上に生じる。fall 用例 露が―。④役や職を退く。resign 用例 社長を―。

**オリンパス-さん【オリンパス山】** (Mount Olympus) アメリカ西部、ワシントン州北西部の山。標高二四二八m。オリンピック国立公園の中心部をなしている。

**オリンピア【Olympia】** ギリシア南部、ペロポネソス半島西部の古代都市遺跡。古代ギリシアの聖域で、オリンピック競技の発祥地。

**オリンピア【Olympia】** アメリカ西部、ワシントン州中西部の港湾都市。州都。農林産品の積み出し港。人口二・七万(一九八〇)。

**オリンピアード【Olympiad】** ①一つのオリンピック大会と次のオリンピック大会のあいだの四年間。②オリンピック大会の別称。

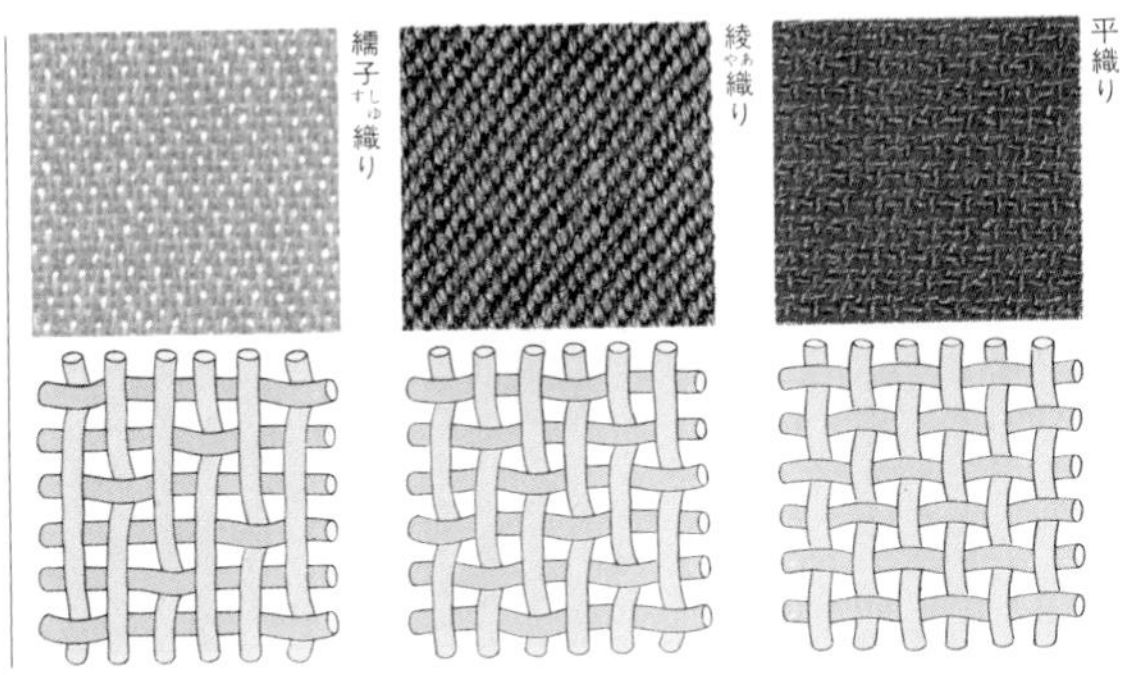

● 織物

**オリンピア-さい【オリンピア祭】** 古代ギリシアの主神ゼウスにささげる、祭典としての競技。紀元前八世紀から紀元四世紀まで四年ごとに、古代ギリシアのオリンピアで行われた。古代オリンピック。Olympian Games

**オリンピコ-げきじょう【オリンピコ劇場】** (Teatro Olimpico(イタリア)) 北イタリアのビチェンツァにあるルネサンス劇場。一五八五年開場。近代劇場の先駆。

**オリンピック【Olympic Games】** ①近代オリンピック。世界の友好と親善を目的として、IOC委員会が主催する国際的な総合スポーツ大会。第一回は一八九六年ギリシアのアテネで開催。以降四年に一回開催。②古代オリンピック。オリンピア祭。↓図

**オリンピック-きょうぎ【オリンピック競技】** ①近代オリンピックで、競技種目に採用されているもの。オリンピック種目。Olympic event ②近代オリンピックの競技会。オリンピック。Olympic Games

**オリンピック-けんしょう【オリンピック憲章】** オリンピックの根本的な原則に関する取り決め。四章と七一条、および付属細則から成る。the Olympic Charter

**オリンピック-こくりつこうえん【オリンピック国立公園】** (Olympic National Park) アメリカ西部、ワシントン州北西部の国立公園。針葉樹林が発達し、野生動物も多い。面積三六三〇km²。

**オリンピック-しゅもく【オリンピック種目】** オリンピックで行われる競技種目。アーチェリー・カヌー・近代五種・サッカー・射撃・柔道・重量挙げ・水泳・体操・馬術・バスケットボール・バレーボール・ハンドボール・ボクシング・ホッケー・ボート・ヨット・陸上・レスリングなど。Olympic program

**オリンポス【Olympos】** ↓オリンポスさん(オリンポス山)

**オリンポス-さん【オリンポス山】** (Ólimbos) ギリシア北部、テッサリアとマケドニアの境にある同国の最高峰。標高二九一七m。ギリシア神話で、最高神ゼウスをはじめとする十二神が住んだという山。オリンポス。

**お・る【▽居る】** ㊀(五自)《「処る」とも》いる。ある。用例 お父さんは―・られますか。㊁(補動) ①さげすむ意を表す。用例 また行き―・ったか。②《多く「…ております」の形で》「いる」の軽い丁寧語。用例 無事にくらして―・ります。

**お・る【折る】** (五他) ①棒や紙などを鋭く曲げたり、重なるようにしたりする。fold; bend 用例 枝を―。紙を―。②紙をたたんで、いろいろな形をつくる。fold 用例 ツルを―。③続けたことを中断する。今までとちがった態度をとる。用例 話

● オリンピック①　オリンピック競技大会一覧

夏季オリンピック

| 回数 | 開催年 | 開催地 | 参加国数 | 参加選手数 総数 | 参加選手数 日本 | 競技数 |
|---|---|---|---|---|---|---|
| 1 | 1896 | アテネ(ギリシア) | 13 | 295 | — | 8 |
| 2 | 1900 | パリ(フランス) | 21 | 1077 | — | 16 |
| 3 | 1904 | セントルイス(アメリカ) | 21 | 554 | — | 18 |
| 4 | 1908 | ロンドン(イギリス) | 22 | 2034 | — | 22 |
| 5 | 1912 | ストックホルム(スウェーデン) | 28 | 2504 | 2 | 15 |
| 6 | (1916) | (ベルリン)　第一次大戦のため中止 | | | | |
| 7 | 1920 | アントワープ(ベルギー) | 29 | 2591 | 15 | 23 |
| 8 | 1924 | パリ(フランス) | 44 | 3075 | 19 | 19 |
| 9 | 1928 | アムステルダム(オランダ) | 46 | 2971 | 43 | 16 |
| 10 | 1932 | ロサンゼルス(アメリカ) | 38 | 1331 | 131 | 16 |
| 11 | 1936 | ベルリン(ドイツ) | 49 | 3980 | 179 | 21 |
| 12 | (1940) | (東京)　第二次大戦のため中止 | | | | |
| 13 | (1944) | (ロンドン)　第二次大戦のため中止 | | | | |
| 14 | 1948 | ロンドン(イギリス) | 58 | 4062 | — | 19 |
| 15 | 1952 | ヘルシンキ(フィンランド) | 69 | 5867 | 72 | 18 |
| 16 | 1956 | メルボルン(オーストラリア) | 67 | 3184 | 117 | 17 |
| | | ストックホルム(馬術のみ) | 29 | 158 | 2 | 1 |
| 17 | 1960 | ローマ(イタリア) | 84 | 5396 | 167 | 18 |
| 18 | 1964 | 東京(日本) | 94 | 5586 | 355 | 20 |
| 19 | 1968 | メキシコシティ(メキシコ) | 113 | 6626 | 183 | 19 |
| 20 | 1972 | ミュンヘン(西ドイツ) | 122 | 8847 | 182 | 21 |
| 21 | 1976 | モントリオール(カナダ) | 94 | 6941 | 213 | 21 |
| 22 | 1980 | モスクワ(ソ連) | 81 | 5872 | — | 21 |
| 23 | 1984 | ロサンゼルス(アメリカ) | 140 | 7575 | 231 | 21 |
| 24 | 1988 | ソウル(韓国) | 160 | 9627 | 259 | 23 |
| 25 | 1992 | バルセロナ(スペイン) | | | | |

冬季オリンピック

| 回数 | 開催年 | 開催地 | 参加国数 | 参加選手数 総数 | 参加選手数 日本 | 競技数 |
|---|---|---|---|---|---|---|
| 1 | 1924 | シャモニーモンブラン(フランス) | 16 | 294 | — | 6 |
| 2 | 1928 | サンモリッツ(スイス) | 25 | 363 | 6 | 5 |
| 3 | 1932 | レークプラシッド(アメリカ) | 17 | 278 | 17 | 4 |
| 4 | 1936 | ガルミッシュパルテンキルヘン(ドイツ) | 28 | 756 | 34 | 4 |
| 5 | 1948 | サンモリッツ(スイス) | 28 | 878 | — | 5 |
| 6 | 1952 | オスロ(ノルウェー) | 30 | 732 | 13 | 4 |
| 7 | 1956 | コルティナダンペッツォ(イタリア) | 32 | 923 | 10 | 4 |
| 8 | 1960 | スコーバレー(アメリカ) | 30 | 646 | 41 | 4 |
| 9 | 1964 | インスブルック(オーストリア) | 36 | 933 | 48 | 6 |
| 10 | 1968 | グルノーブル(フランス) | 37 | 1293 | 62 | 6 |
| 11 | 1972 | 札幌(日本) | 35 | 1128 | 90 | 6 |
| 12 | 1976 | インスブルック(オーストリア) | 37 | 1261 | 57 | 6 |
| 13 | 1980 | レークプラシッド(アメリカ) | 37 | 1984 | 50 | 6 |
| 14 | 1984 | サラエボ(ユーゴスラビア) | 49 | 1509 | 37 | 6 |
| 15 | 1988 | カルガリー(カナダ) | 57 | 1807 | 48 | 6 |
| 16 | 1992 | アルベールビル(フランス) | | | | |
| 17 | 1994* | リレハメル(ノルウェー) | | | | |

＊この年から、2年ごとに冬季・夏季大会が交互に行われることになった。

日本体育協会調べ



▾常用漢字表外。▿常用漢字表の音訓外。

のこしを―。我を―。

**筆を折る** 書くことをやめる。give up writing

**お・る【織る】**（五他）①細長いものを、たて・よこに組み合わせる。②織って布などにつくる。weave 〔用例〕むしろを―。weave 〔用例〕絹を―。③組み合わせて一つのものを作り出す。

**織る様** 行き来のはげしいさま。

**お・る【下る・降る】**〔古語〕（上二自）↓おりる（下りる）↓おりる（降りる）

**オルカーニャ【Andrea Orcagna】**（一三〇八ごろ〜六八ごろ）イタリアの建築家・彫刻家・画家。ジョット死後のフィレンツェ派の代表的存在。

**オルガスムス【Orgasmusドイツ】** 性的な絶頂感。オーガズム。エクスタシー。orgasm

**オルガナイザー【organizer】** ①催し物・イベントなどを企画・実行する人。②上部機関から派遣され、未組織の労働者・農民などの中に入って、組合の結成や政党などの組織の強化・拡大にあたる人。オルグ。③生物学で、発生初期に個体形成に働く胚の部分。形成体。

**オルガニズム【organism】** ①有機体。生物。②組織。機構。構造。

**オルガヌム【organumラテン】** 九〜一三世紀までつくられたポリフォニー（多声）音楽の最古の形式の一つ。グレゴリオ聖歌を主旋律（定旋律）とし、その下に平行進行による旋律をつける平行オルガヌムが起源。

**オルガノン【organonギリシア】** 哲学で、『範疇論』『命題論』など、アリストテレスの論理学に関する諸著作の総括的名称。論理学を哲学の道具（＝オルガノン）と見なすペリパトス学派の立場からの呼称。

**オルガン【organ】** 鍵盤楽器。リードオルガンや電子オルガンなどの総称。発音体を風や機械で振動させて持続音を出す。本来はパイプオルガンをいう。風琴。〔数え方〕一台。↓〔写〕

●オルガン　リードオルガン。

**オルガンチノ【Gnecchi-Soldi Organtino】**（一五三〇〜一六〇九）イタリア人イエズス会士。元亀元年（一五七〇）来日。織田信長の信任を得、京都に南蛮寺、安土に神学校（＝セミナリヨ）を設立。滞日四〇年。長崎で病没。

**オルグ**「オルガナイザー」の略。

**オルグレン【Nelson Algren】**（一九〇九〜八一）アメリカの小説家。シカゴの貧民街の人々の姿をリアルに描く。作品『黄金の腕』など。

**オルケスタ・ティピカ【orquesta típicaスペイン】**《典型的楽団、の意》おもにアルゼンチン-タンゴの標準編成の楽団をさす。

**オルゴール【orgelオランダ】** 円筒に植えられたピンが、ぜんまい仕掛けでまわって箱の中の金属音階板を鳴らし、自動的に曲を演奏する装置。江戸時代に渡来。music box

**オルジョニキーゼ【Ordzhonikidze】** ソ連西部、北オセチア自治共和国の首都。グルジヤ軍道の起点。人口三〇・八万（一九八六）。

**オルスク【Orsk】** ソ連、ウラル山脈南部の工業都市。一七三五年、要塞として建設。人口二七万（一九八六）。

**オルタナティブ【alternative】**《代わりうるもの・代替物、の意》これまであった伝統的なものとは別の方策。

**オルタネート・ストライプ**《和製語》織物の柄の名。二種類の違った縞が、交互に配列されている縦の縞柄。

**オルツィ【Baroness Emmuska Orczy】**（一八六五〜一九四七）イギリスの女流小説家。ハンガリー生まれ。冒険小説『紅はこべ』や『隅の老人』連作で有名。

**オルテガ・イ・ガセット【José Ortega y Gasset】**（一八八三〜一九五五）スペインの哲学者。マドリード大教授。生の哲学の立場から現代文明批判を行った。著書『大衆の反逆』など。

**オルデンバーグ【Claes Oldenburg】**（一九二九〜）アメリカのポップアートの芸術家。スウェーデン生まれ。多くのハプニングを企画。ビニールを用いた日用品の複製などをつくる。

**オルト【ortho】**（接頭）《orthósギリシアに由来。正規の、の意》①ベンゼン置換体のうち、二個の置換基が隣り合ったもの。〔比較〕メタ・パラ。②酸素酸の分類に用いる。酸素酸のうち、生成するときの水の付加数がもっとも多いもの。「正」で示すこともある。〔比較〕メタ。

**オルドス【鄂爾多斯】**（Ordos）中国、内モンゴル自治区、黄河の湾曲部内側の砂漠・ステップ地域。南西部の湖底盆地や湖で、天然ソーダや塩が採取される。

**オルドバイ・ぶんか【オルドバイ文化】** 東アフリカ、タンザニア北部のオルドバイ遺跡で発見された世界最古の旧石器文化。

**オルドビス・き【オルドビス紀】** 古生代を区分する地質時代の中で二番目に古い時代。約五億年前から約四億三六〇〇万年前まで。筆石・三葉虫・腕足類・直角貝などが繁栄した。Ordovician Period

**オルニチン【ornithine】** アミノ酸の一種。アルギニンをアルギナーゼで分解すると尿素とともに生成される。たんぱく質中にはない。オルニシン。

**オルニチン・かいろ【オルニチン回路】** 生体内の肝臓でアンモニアから無害の尿素を合成する代謝回路。哺乳類では肝細胞中にみられる。アルギニン回路。尿素回路。ornithine cycle

**オルノス・みさき【オルノス岬】**（Cabo de Hornos）ホーン岬の別称。

**オルバース【Heinrich Wilhelm Matthäus Olbers】**（一七五八〜一八四〇）ドイツの医師・天文学者。開業医のかたわら天文学を研究。彗星・小惑星の研究やオルバースの背理で知られる。

**オルバース・の・はいり【オルバースの背理】** 宇宙で、無限遠まで星が一様に分布しているとすれば夜空も無限に明るいはずである、というもの。Olbers' paradox

**オルフ【Carl Orff】**（一八九五〜一九八二）ドイツの作曲家・教育家。ギュンター学校で新しい音楽教育法を開拓。作品『カルミナ-ブラーナ』など。

**オルフィスム【orphismeフランス】** 二〇世紀初めの抽象絵画の一傾向。キュビスムの単色調に対し、華麗な色彩とダイナミックな律動感の表現を意図した。ドローネーらの画風をさす。

**オルフェウス【Orpheusギリシア】** ギリシア神話で詩の女神カリオペの子。声が美しく、たて琴を奏でると野獣も足下に伏したという。愛する乙女エウリュディケの死を悲しんで冥府まで行き、地上近くで戒めを破って振り返ったため彼女を永遠に失う。オルペウス。↓〔写〕

●オルフェウス　『オルフェとユリディス』より。ルーブル美術館（フランス）。

**オルフェオとエウリディーチェ**《原題 Orfeo ed Euridiceイタリア》グルック作曲のオペラ。三幕。カルツァビージ台本。ギリシア神話が題材。一七六二年初演。

**オルフス【Arhus】** デンマーク中部、ユラン半島東岸にある港湾都市。中世の古い教会が残り、工業もさかん。人口二五・四万（一九八六）。

**オルブラフト【Ivan Olbracht】**（一八八二〜一九五二）チェコスロバキアの小説家。社会主義文学を開拓。作品『プロレタリア-アンナ』など。

**オルブリヒ【Josef Maria Olbrich】**（一八六七〜一九〇八）オーストリアの建築家。ホフマンらとゼツェッション（＝分離派）運動を起こす。

**オルペウス【Orpheusギリシア】** ↓オルフェウス

**オルメカ・ぶんか【オルメカ文化】** 紀元前一二〇〇年ごろから紀元前後にわたり、メキシコ湾岸南部の熱帯低地を中心に栄えた文化。メキシコ・中米文明の母体を形成。幼児とジャガーの融合した神を信仰。巨大な石彫や祭祀センターを築造。

**オルランドきょうらん【オルランド狂乱】**《原題 Orlando furiosoイタリア》アリオストの長編叙事詩。初版一五一六年。ボイアルド作『オルランド恋慕』の構想を受けついで書かれた、騎士道文学の最高傑作。

**オルリー・くうこう【オルリー空港】**（Aéroport de Orlyフランス）フランスのパリ南郊にある国際空港。おもにヨーロッパ国際線に利用。面積一六km²。一九四九年開設。

**オルレアン【Orléans】** パリの南、ロアール川河畔のロアレ県都。商業都市。交通の要衝。百年戦争当時、ジャンヌ＝ダルクにより英軍から解放された史実は有名。人口一〇・六万（一九八二）。

**オルレアン・け【オルレアン家】** フランスの王族で、オルレアン公領を与えられた家系。四家系に分かれた。ブルボン朝ルイ一四世の弟フィリップに始まり、フィリップ平等公、その子ルイ＝フィリップを出した家系がもっとも長く存続。the Orléans

**オルロ【Oruro】** 南アメリカ、ボリビア中西部の高原にある鉱業都市。付近に錫鉱山カタビがある。人口三八・五万（一九八二）。

**おれ【▼俺・▽己】**（代）①《自称。主として、同等、またはそれ以下の相手に使う》われ。わし。―②〔古語〕《相手をののしって言う》おまえ。おぬし。〔用例〕ほととぎす、―、かやつよ（枕・賀茂へまゐる道に）。

**おれ・あ・う【折れ合う】**（五自）↓おりあう（折り合う）

**お・れい【▽御礼】**《「礼」の丁寧語》感謝の気持ちを表す、あいさつ・おくりもの。thanks

**おれい・ぼうこう【▽御礼奉公】**（名・サ変自）奉公人が約束の期限後、感謝の意味で、なお、しばらく主人のために働くこと。

**おれい・まいり【▽御礼参り】**（名・サ変自）①神仏にかけた願がかなったとき、お礼に参拝すること。visit a shrine for thanksgiving ②《俗語》やくざ者が自分の悪事の証人になった人に、仕返しをすること。

**オレイン・さん【オレイン酸】** 化学式 $C_{17}H_{33}COOH$ 無色無臭の液体。動植物の油中にグリセリドとして広く存在。軟膏・防腐剤などの原料。油酸。oleic acid

**オレーシャ【Yury Karlovich Olesha】**（一八九九〜一九六〇）ソ連の小説家。幻想的な異色の作風。作品『羨望』『三人のでぶ』など。

**オレガノ【oregano】** シソ科の多年草。地中海沿岸が原産。チリパウダー・メキシコ料理などに使う香草。ワイルドマージョラム。↓〔写〕

●オレガノ　若い葉（上）、乾燥した香辛料（下）。

**お・れきれき【▽御歴歴】** 社会的地位や身分が高い人々。名士たち。

**おれ・くぎ【折れ▼釘】** ①頭の部分を折り曲げたくぎ。物を掛けるのに使う。おりくぎ。hooked nail ②折れ曲がって使えないくぎ。

**おれ・くち【折れ口】** ①折れたさかいめ・所。折れめ。fold ②人の死に会うこと。

**おれ・こ・む【折れ込む】**（五自）内側に折れ曲がる。be folded inside

**オレゴン【Oregon】** アメリカ北西部、太平洋岸の州。州都セーラム。平野部では農林業、沿岸で水産業が発達。林業は国内有数の生産量。人口二六三・三万（一九八〇）。

**おれ・さま【▼俺様・▽己様】**（代）自分自身を偉ぶって言う語。

**オレステイア【Oresteiaギリシア】** アイスキュロスの代表的悲劇三部作。紀元前四五八年上演。王妃と情人によるアガメムノン王の殺害、その子オレステスの復讐と救済の物語。

**オレステス【Orestēsギリシア】** ギリシア神話のミケーネ王アガメムノンの子。母クリュタイムネストラと情夫に父を殺され、姉エレクトラとともに復讐する。

**おれ・せん【折れ線】** 長さ・方向の異なる線分を順次つなげてできる線。

**おれせん・グラフ【折れ線グラフ】** 折れ線を用いた統計図表。数量の推移・変化を高さで示し、その先端を線で結んで示す。line graph

**オレフィン【olefin】** ↓アルケン

**おれ・まが・る【折れ曲(が)る】**（五自）折れて曲がる。be bent

**おれ・め【折れ目】** 折れた所。折れたさかい「め」。fold

**おれ・ら【▼俺▽等・▽己▽等】**（代）おれたち。

**お・れる【折れる】**（下一自）①角がついて曲がる。〔用例〕紙のはしが―。②曲がって取れる。be folded 〔用例〕台風で枝が―。③道を曲がっ



↓行き先項目、図版・写真参照印。　JIS 日本工業規格情報交換用漢字符号コード（区点コード）。

て進む。turn 用例角を右に―。④負ける。ゆずる。yield 用例先方が―・れた。

**オレンジ**【orange】①ミカン科の常緑小高木。世界的に代表的な柑橘類。生食用・果汁用。品種は多い。インド原産。アマダイダイ。②ミカン・夏ミカン・ネーブルなどの類の総称。↓写

●オレンジ① バレンシアオレンジ

**オレンジ-いろ**【オレンジ色】オレンジの実の皮のような赤みがかった黄色。オレンジピール。orange; orange peel

**オレンジエード**【orangeade】オレンジの汁に砂糖を加えて、水でわったもの。

**オレンジ-カード**《和製語》国鉄が昭和六〇年(一九八五)から発売した磁気カード。現在JR各社に引きつがれ、専用の自動券売機を利用すると、乗車券が買える。一〇〇〇円から一万円までの四種類がある。

**オレンジ-がわ**【オレンジ川】(Orange River) 南ア共和国、ドラケンスバーグ山脈に発し、大西洋に注ぐ川。長さ二一〇〇km。

**オレンジこう-ウィリアム**【オレンジ公ウィリアム】ウィリアム三世の通称。

**オレンジ-じゆうしゅう**【オレンジ自由州】(Orange Free State) 南ア共和国内陸部の州。もとオランダ系移民が開いた土地。人口の約八〇%は黒人で、人種隔離政策による人種差別をうけている。金・ダイヤモンド・ウランなどを生産。人口一九三・二万(一九八〇)。

**オレンブルク**【Orenburg】ソ連、ウラル川上流の工業都市。黒土地帯にあり、製粉などの食品工業がさかん。人口五二・七万(一九八六)。

**お-ろ**【悪露】出産後に排出される血液・リンパ液・脱落膜など。おりもの。lochia

**おろ-おろ** ㊀(副・サ変自) どうしてよいかわからず、あわてるさま。upset 用例―声。㊁古語(副) ①不十分に。ざっと。用例前の翁よりは天骨もなく―かなでたりければ(宇治拾遺・一)。②少し。用例翁の、髪もはげて、白きとても―ある頭に(宇治拾遺・一一)。

**おろか**【▽疎か】㊀(副)《「…はおろか」の形で》言うまでもない。to say nothing of 用例人は―、ネズミ一匹もいない。㊁古語(形動ナリ) いいかげん。おろそか。用例帝のお使ひをばいかでか―にせむ(竹取)。

**おろか**【愚か】(形動)《「疎か」と同源》①物わかりが、にぶい。ちえが足りない。ばか。dull; silly ②古語未熟だ。用例かしこき人の、この芸に―なるを見て(徒然・一九三)。

**おろか-しい**【愚かしい】(形) ばかげている。愚かだ。silly; foolish

**おろが・む**【▽拝む】古語(四他)《上代語》おがむ。用例―・みて仕へまつらむ(日本書紀・推古)。

**おろし** 12画【▼颪】部首[風] 和製漢字 JIS 8104
山から吹きおろしてくる風。特に、太平洋側の乾燥した冷たい冬の季節風をさすことが多い。用例(名)六甲―。赤城―。

**おろし**【下ろし・卸し】①おろすこと。unload; take down ②《多く「卸し」で》大根やしょうがなどをすりくずすこと。

**おろし**【卸(し)】商品を製造主や問屋から小売商に売ること。

**おろし-あえ**【卸し▽和え】大根おろしで、しらす干し・ナメコ・イクラ・貝柱などの具をあえること。また、その料理。しょうゆ・甘酢などで調味する。霙和え。

**おろし-うり**【卸売(り)】(名・サ変他) 生産者や製造業者から大量の商品を仕入れ、小売人に売りわたすこと。おろし。wholesale 対義小売り。

**おろしうり-かかく**【卸売価格】卸売商が小売商に商品を売り渡すときの価格。卸値。卸値段。卸売値段。wholesale price

**おろしうり-しじょう**【卸売市場】卸売りが行われる市場。取り引きされる商品により、農産物卸売市場・繊維製品卸売市場などとよばれる。wholesale market

**おろしうり-ぶっかしすう**【卸売物価指数】卸売段階の物価水準の動きをみるための物価指数。日本銀行が毎月発表するものが代表的。WPI。wholesale price index

**おろし-がね**【卸し金】調理に使う器具。大根・しょうがなどをすりおろすためのもの。銅製・アルミニウム製など。grater

**おろし-どんや**【卸問屋】卸売りをする業者。wholesaler

**おろし-に**【卸し煮】煮物の一種。煮物の汁に、おろした大根を加えて風味をつける。サバ・アジなどの魚が向く。煮おろし。

**おろし-ね**【卸値】卸売りの値段。小売商または営業用に使用する者に販売するさいの商品の価格。wholesale price 対義小売値。

**オロシャ**《和製語。Rossijaから》ロシアの異称。オロス。

**おろ・す**【下ろす】(五他) ①高い所から下の方へ位置を移す。take down 用例雪を―。たなから荷物を―。②中にある物を外へ出す。用例預金を―。回虫を―。③枝などを切り取る。prune 用例下枝を―。④髪をそる。用例髪を―。⑤鍵・錠をしめる。lock ⑥新品をはじめて使う。use a new thing 用例新しい靴を―。⑦魚肉を切り裂いて、小さい部分に分ける。slice into pieces 用例サバを三枚に―。⑧↓おろす(卸す)②。⑨《動詞の連用形に付いて》新しくそれをする。用例仕立て―。書き―。

**おろ・す**【降ろす】(五他) ①上から下へ移す。下げる。lower 用例旗を―。②乗り物などから外へ出す。let (a passenger) off 用例団体客を―。③地位・役目などから退かせる。relegate 用例主役から―。

**おろ・す**【卸す】(五他) ①卸売りする。wholesale 用例小売りに―。②おろしがねですりくずす。

**オロスコ**【José Clemente Orozco】(一八八三〜一九四九) メキシコの画家。革命の悲劇的光景をダイナミックに描く。壁画大作で有名。壁画『プロメテウス』など。

**おろ-そか**【▽疎か】(形動) ①いいかげんなさま。なおざり。ぞんざい。negligent 用例勉強を―にする。②手落ちのあるさま。不注意なさま。careless

**おろ-ち**【▽大▽蛇】大きなヘビ。うわばみ。

**オロチョン-ぞく**【オロチョン族】ツングース語系の言語を用いる狩猟民。中国東北部から東シベリアにかけて居住。主としてウマやトナカイの飼育と狩猟に従事。Orochon

**オロチョン-の-ひまつり**【オロチョンの火祭(り)】北海道網走市で毎年七月の第四土曜と日曜に行われる、北方少数民族の風習を伝える火の祭礼。

**オロチン-さん**【オロチン酸】ビタミン$B_{13}$のこと。牛乳・酵母・アカパンカビから分離される。orotic acid

**オロッコ-ぞく**【オロッコ族】サハリンや沿海州に住むツングース系の民族。トナカイ飼育も行うが、狩猟・漁労を主とする。ウイルタ族。Orokko

**おろ-ぬ・く**【▽疎抜く】(五他)《「うろぬく」の転》抜き取って、間をあける。間引く。thin out

**オロモーツ**【Olomouc】チェコスロバキア中部、モラビア地方の都市。一二〜一三世紀の建築物が残る。人口一〇・三万(一九八三)。

**おろろん-ちょう**【おろろん鳥】《「オロロン」「ウルルー」と聞こえる鳴き声に由来》ウミガラスの別名。

**お-わい**【汚▼穢】=おあい。①よごれ、けがれていること・もの。②大小便。

**おわしま・す**【▽御▽座します】古語 ㊀(四自)《「おはす」より高い敬意を表す》①「あり」「居り」の尊敬語。いらっしゃる。用例大后の宮―・しける西の対に(伊勢・四)。②「行く」「来」の尊敬語。いらっしゃる。おいでになる。用例御馬にて二条の院へ―・さなむ(源氏・夕顔)。㊁(補動 四) ①《用言および助動詞の連用形、またはそれに助詞「て」の付いたものに付いて》「あり」の尊敬語。…ていらっしゃる。用例うちは、まだいとはけなく―・すめるに(源氏・絵合)。②《動詞・助動詞「す・さす」の連用形「せ・させ」に付いて》とくに強い尊敬の意を表す。お…になる。…していらっしゃる。用例殿上に出でさせ―・して(大鏡・道長上)。

**おわ・す**【▽御▽座す】古語 ㊀(サ変自) ①「あり・居り」の尊敬語。いらっしゃる。おありになる。用例我朝ごと夕ごとに見る竹の中に―・するにて知りぬ(竹取)。②「行く・来」の尊敬語。おいでになる。用例今出川のおほい殿、嵯峨へ―・しけるに(徒然・一一四)。㊁(補動 サ変)《用言および助動詞の連用形、またはそれに助詞「て」の付いたものに付いて》「あり」の尊敬語。…ていらっしゃる。用例内裏・東宮へも参らず、籠り―・して(源氏・賢木)。聞きしにも過ぎて、尊くこそ―・しけれ(徒然・五二)。

**おわせ**【尾▼鷲】〈市〉三重県南部、熊野灘に臨む市。林業・製材業と、漁業・水産加工業がさかん。日本一の多雨地域で、年平均降水量四〇〇〇mm以上。人口二万九三八四(一九八八)。

**おわせ-ぶし**【尾▼鷲節】三重県の民謡。尾鷲港に古くから伝わる踊り唄。漁民の心意気や風習などがうたいこまれている。

**お-わらい**【▽御笑い】①落語。comic story 用例一席―を申し上げます。②笑いを起こさせる材料。物笑いの種。laughing-stock 用例とんだ―だ。

**おわら-ぶし**【おわら節】民謡の曲名。歌詞の中に囃子ことば「オハラ」「オワラ」が入る民謡をさすことが多い。『津軽おわら節』『越中おわら節』(富山県)、『鹿児島おはら節』が有名。

**おわり**【終(わ)り】《符号のように使うときは「終」と書く》①終わること。しまい。end 対義始まり・始め。用例夏の―。一巻の―。②死ぬこと。death 用例一生の―。

**終わり良ければ総て良し** 結果がいちばん大切で、その過程でどのような失敗があってもかまわない。All is well that ends well.

**終わりを告げる** 終わったことを知らせる。終わる。come to an end

**おわり**【尾張】↓おわりのくに(尾張国)

**尾張名古屋は城で持つ** 名古屋城を自慢した江戸時代の俗謡の一節。「伊勢は津で持つ津は伊勢で持つ」が前にくる。

**おわりあさひ**【尾張▼旭】〈市〉名古屋市北東隣の市。名古屋市の衛星都市。陶磁器の産地。人口六万一〇二一(一九八八)。

**おわり-け**【尾張家】現在の愛知県と岐阜県・長野県の一部に及んだ藩。徳川家康の九男義直が封ぜられ、御三家の一つとして続いた。表高六二万石。居城は名古屋城。

**おわり-ね**【終(わ)り値】取引所の午前または午後の最後の取り引きで成立した値段。とくに午後のものをいう。引け値。大引け値段。closing price 対義始め値。

**おわり-の-くに**【尾張国】旧国名。現在の愛知県西半部。東海道の一国。「延喜式」では上国、八郡。国府・国分寺はともに稲沢市。明治四年(一八七一)廃藩置県により名古屋県。同五年(一八七二)愛知県と改称。尾州。尾張。

**おわり-はつもの**【終(わ)り初物】時期の終わりになってできる野菜・くだもの。時期の初めの物のように、めずらしがられる。

**おわ・る**【終(わ)る】(五自) ①しまいになる。すむ。果てる。come to an end 対義始まる。用例夏が―。②《他動詞的に》しまいにする。finish 用例これで今日の会を―・ります。③死ぬ。die 用例一生が―。④《「…に、終わる」の形で》…の結果になる。come to 用例交渉は不成功に―。

**オン** 9画【▼怨】部首[心] JIS 1769
音エン・オン
うらむ。うらみ。「怨憎会苦・怨敵・怨念・怨霊」↓エン[怨]

**オン** 9画【音】部首[音] 教育小1 JIS 1827
9画【▼音】旧字
音オン・イン
訓おと・ね

①おと。ね。「擬音・騒音・低音」「音楽・音調」用例(名)―の感じがいい。②こえ。人や動物の発声器官からでる、おと。「清音・濁音」「音声」③漢字の中国風の発音。対義訓。「漢音・呉音」「音訓」用例(名)―で読む。④たより。しらせ。おとずれ。「音信」↓イン[音]

**オン** 10画【恩】部首[心] 教育小5 JIS 1824
音オン

めぐみ。なさけ。親切。いつくしむ。対義仇。「厚恩・謝恩・報恩」「恩愛・恩恵・恩師・恩情」用例(名)―を受ける。

**恩に受ける** 「恩に着る」と同意。

**恩に掛ける**(おんにかける)「恩に着せる」と同意。
**恩に着せる**(おんにきせる) 人に恩を与えて、ありがたがらせる。恩に掛ける。expect something in return
**恩に着る**(おんにきる) 人から恩を受けて、ありがたいと思う。恩に受ける。be obliged to
**恩の主より情けの主**(おんのぬしよりなさけのぬし) 人は、義務に近いものとして恩をかけてくれた人よりも、人間としての思いやりをかけてくれた人のほうをありがたいと思うものだ。恩よりも情けの主。
**恩の腹は切らねど情けの腹は切る**(おんのはらはきらねどなさけのはらはきる) 報恩のために命を捨てる者は少ないが、義理人情のために命を捨てる者は多い。
**恩を仇で返す**(おんをあだでかえす) 受けた恩に対して、恩返しをするどころか、かえって害悪をなすような所業にでる。return evil for good
**恩を売る**(おんをうる) 恩がえしなどを期待して、人が恩に思いそうなことを意図的に、する。
**恩を報ずる**(おんをほうずる) 恩にむくいる。恩がえしをする。repay kindness

**オン** 12画【温】 部首[氵](さんずい) 教育小3 JIS 1825
13画【▼溫】 旧字
音 オン・ウン
訓 あたたか・あたたかい・あたたまる・あたためる

温 温 温 温 温

①あたたか。あたたかい。ぬくい。ぬるい。対義 寒(かん)・冷(れい)。「温室・温暖」②あたたかさ、つめたさの度合い。温度。「気温・検温・体温」③おだやか。やさしい。「温顔・温厚・温順・温和」④ならう。おさらいをする。「温習」⑤大切にする。「温存」

**オン** 13画【遠】 部首[辶](しんにゅう) 教育小2 JIS 1783
14画【▼遠】 部首[辶](しんにゅう) 旧字
音 エン・オン
訓 とおい
筆順↓エン[遠]
とおい。はるか。ひさしい。「久遠(くおん)」「遠国(おんごく)・遠流(おんる・えんりゅう)」→エン[遠]

**オン** 15画【▼瘟】 部首[疒](やまいだれ) JIS 6573
音 オン
えやみ。はやりやまい。流行病。

**オン** 15画【▼縕】 部首[衤](ころもへん) JIS 7482
音 オン・ウン
ぬのこ。わたいれ。どてら。「縕袍(おんぼう)」

**オン** 16画【穏】 部首[禾](のぎへん) 常用 JIS 1826
19画【▼穩】 旧字 JIS 6751
音 オン
訓 おだやか
おだやか。やすらか。「安穏(あんおん・あんのん)・静穏・平穏」「穏健・穏当」

**オン** 21画【▼鰛】 部首[魚](うおへん) JIS 8259
20画【▼鰮】 異体字 JIS 8260
音 オン
イワシ。ニシン目に属する魚。マイワシ・カタクチイワシ・ウルメイワシなど。
**おん**【▼雄・▼牡】《俗語》おす。male 対義 めん。
**おん**【御】(接頭)《「おおん」の転》尊敬・丁寧の意をそえる語。用例 ──身。──願い申しあげます。
**オン**【on】①電灯・機械などのスイッチがはいっていること。点滅の点。対義 オフ。②ゴルフで、打球がグリーンに乗ること。用例 ワン──。
**おん-あい**【恩愛】 親子・夫婦の愛情。おんない。affection 用例 ──の道。
**おんあつ-レベル**【音圧レベル】 音による空気中の圧力の変化の大きさを表す量。単位はデシベル。記号dB sound pressure level
**おん-あびらうんけん**【▼唵▼阿▼毘羅▼吽▼欠】《仏教語。om,a-vi-ra-hūṃ-khaṃ梵の音写で、「唵」は聖音、「阿毘羅吽欠」は地水火風空、の意》大日如来(だいにちにょらい)の悟りを象徴する真言。このことばを唱えれば、あらゆることを達成できるとされる。
**おんあみ**【音▼阿▼弥】(一三九八〜一四六七) 室町前期の能楽師。観世元重(かんぜもとしげ)の法名。観世流四世宗家。信光の父。世阿弥(ぜあみ)の甥(おい)。将軍足利義教(あしかがよしのり)に愛され、太夫(たゆう)職を得た。おんなみ。
**おん-あんぽう**【温▼罨法】 湯・薬液で湿布する治療法。hot compress 対義 冷罨法(れいあんぽう)。
**おん-い**【恩威】 めぐみと威光。用例 ──ならび行わる。
**おん-い**【温位】 乾燥した空気塊を断熱変化させ、標準気圧下で測定した温度。potential temperature
**おん-い**【▼蔭位】 律令(りつりょう)制下、上級貴族の子孫が二一歳に達すると、位階を授けられる特典。
**おん-いき**【音域】 ①楽器・声などが出すことのできる音の範囲。compass ②全音域を区分したある一定の範囲。声の場合は声域という。ソプラノ・アルトなど。register
**おん-いん**【音韻】 ①音のひびき。音色。②漢字の音と韻。中国語で漢字のはじめの声母(語頭子音=音)と後半の韻母(母音と韻尾など=韻)。たとえば、東(dong)の[d]が音、[ong]が韻。③言語学で、ある言語におけることばを相互に区別する最小単位の音を、抽象化したもの。phoneme 比較 音声。
**おんいん-へんか**【音韻変化】 ある言語において、さまざまな要因によって、ある時期に特定の発音が規則的に変わること。日本語で、語頭以外のハヒフヘホが、平安中期にワヰウヱヲに変わったこと(ハ行転呼音)など。phonetic change

**おんいん-ほうそく**【音韻法則】 音韻変化の法則。
**おんいん-ろん**【音韻論】 言語学の一分野。対象とする言語について音素という単位をとり出し、その体系や結びつきなどを研究する。広義には、アクセントやイントネーションの研究も加える。音韻学。phonology
**おん-うち**【御内】 手紙のわき付け。相手の妻、家の人、または家族全体にあてて出すときに用いる。
**オン-エア**【on air】→オンジエア
**オン-エア-ランプ**《on the air lampから》スタジオなどで、放送中であることを示すランプ。
**おん-か**【音価】 表音文字の一字一字が受け持つ、音声の特性。phonetic value
**おん-が**【温雅】(名・形動) しとやかで上品なこと・さま。graceful
**おんが**【遠賀】〈町〉 福岡県北部で、遠賀川に沿う町。稲作のほかイチゴの産地。宅地化が進む。人口一万六六六七(一九八八)。
**おん-かい**【音階】 旋律に使われる音を高さの順に並べた音の階段。日本の伝統的な音階は五音音階、西洋などの音階は七音音階。スケール。scale
**おん-がえし**【恩返し】(名・サ変自) 受けた恩にむくいること。報恩。repay kindness
**おんが-がわ**【遠賀川】 福岡県北部を北流する川。長さ五八㎞。筑紫(つくし)山地に発し、響灘(ひびきなだ)に注ぐ。工業用水などに利用。
**おん-かく**【温覚】 皮膚感覚のうち、体温より高い温度で刺激された場合に知覚されるもの。体温より低い刺激は冷覚として知覚される。sense of warmth
**おん-がく**【音楽】 一般に、楽音を一定の法則に基づいて構成する時間芸術をいう。西洋近代の古典音楽では、リズム(=律動)・メロディー(=旋律)・ハーモニー(=和声)が音楽の三要素とされる。ミュージック。music
**おんがく-がく**【音楽学】 音楽に関する諸問題を科学的に研究する学問の総称。独立した学問として認められたのは一九世紀末。musicology
**おんがく-きょういく**【音楽教育】 音楽についての教育。一般には学校や私塾で行われる体系的な音楽教育のこと。専門家養成と普通教育における音楽教育がある。music education
**おんがく-けいしき**【音楽形式】 ①音素材を音楽たらしめる秩序・原理。②ソナタ形式・ロンド形式などの具体的な音楽の構造。通常はこの意味に用いる。musical form
**おんがく-コンクール**【音楽コンクール】 音楽の諸技能を競争によって評価し、表彰する制度。とくに第二次大戦後には楽壇への登竜門としての重要性が飛躍的に増大した。music competition
**おんがく-さい**【音楽祭】 作曲家の顕彰、特定の音楽運動の宣伝、観光客の誘致などを目的とし、定期的に開催される音楽行事。music festival
**おんがくちょさくけん-しようりょう**【音楽著作権使用料】 営業的に楽曲を使用するとき、著作権者に支払う使用料。
**おんがく-としょかん**【音楽図書館】 音楽に関する図書・資料を備えた専門図書館。
**おんがく-びがく**【音楽美学】 美学的見地から音楽を研究する学問領域。esthetics of music
**おんがく-りょうほう**【音楽療法】 音楽が人間の生理や精神に及ぼす影響や効果を応用した精神療法。音楽の鑑賞・演奏、舞踊などを通じて、情緒を解放したり、人間関係の交流を促進したりする。music therapy
**おん-かた**【御方】 ①おやしき。mansion ②貴人の敬称。
**おん-かん**【音感】 音のもつ諸要素に対する感受性。音の高さ・強さ・長さ・音色のほか、リズム(=律動)・旋律・和声など楽曲の構成要素に対する感受性まで含む。acoustic sensitivity
**おん-がん**【温顔】 あたたかみのある、おだやかな顔つき。gentle look
**おんかん-きょういく**【音感教育】 音の高低・音色などを聞き分ける能力を養うための訓練。絶対音感・和音感などの獲得をめざす。acoustic training
**おん-き**【遠忌】《仏教語》①一般に十三年忌以後にする法会(ほうえ)。えんき。②宗祖などの五十年忌以後、五〇年ごとにする法会。
**おん-ぎ**【音義】 ①漢字の音と意味。また、漢籍や仏書中の漢字の音と意味を注したものを集めた本。用例 一切経──。②一音ごとに有する意味。用例 ──説。
**おん-ぎ**【恩義・恩▼誼】 むくいるべき義理のある恩。moral obligation 用例 ──にむくいる。
**おんきせ-がまし・い**【恩着せがましい】(形) 前に恩を与えたことを、ことさらありがたがらせようとするさま。patronizing
**おんぎ-せつ**【音義説】 五十音図の各音には固有の意義があるとし、それによって語の意味や語源を考えようとする説。江戸時代、国学者の橘守部(たちばなもりべ)らが唱えた。一音一義説。
**おん-きゅう**【恩給】 一定年限つとめた公務員が退職または死亡したあと、国から本人または遺族に支給される年金または一時金。日本の恩給制度は、昭和三四年(一九五九)共済年金制度に切りかわった。pension
**おん-きゅう**【温▼灸】 まるい筒の中へもぐさを入れて間接に熱するきゅう。↓写
**おん-きょう**【音響】 おと。おん。ひびき。sound
**おんきょう-がく**【音響学】 音の性質や作用などを研究する学問。広義には、可聴周波数外の超音波などの音波をも対象とする分野をも含む。acoustics

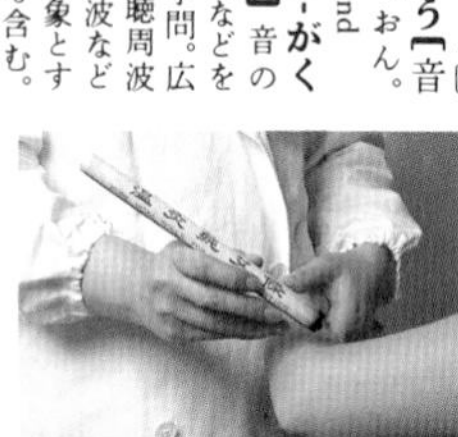
●温灸(おんきゅう)

**おんきょう-カプラー**【音響カプラー】 データ通信用の機器。コンピューターの端末装置と電話回線を結び、電話によるデータの送受信を可能にする。acoustic coupler
**おんきょう-ぎょほう**【音響漁法】 音を利用した漁獲法。魚の鳴音を探知したり、魚を威嚇・誘引したりする。acoustic fishing method
**おんきょう-こうか**【音響効果】 ①演劇・放送などで擬音などを使って演出の効果を高めること。また、そのしかけ。音効。sound effects ②ホールなどの、設計や構造からくる、観客への音の響きぐあい。acoustics 用例 ──がいい劇場。
**おんきょう-せっけい**【音響設計】 建物内での音の響きが、最良の状態で聞こえるように行う設計。音楽ホール・講堂などで、残響時間や音の分布などが考慮される。acoustical design
**おんきょう-そくしん**【音響測深】 音波を利用して水深を測定すること。船底から超音波を海底に向けて発し、海底で反射してもどってくるまでの時間から水深を求める。echo sounding
**おん-ぎょく**【音曲】 ①日本音楽で、音楽と同義。楽器演奏やうたうことのすべてを含む。舞踊や演劇ではそれに用いる音楽をいう。musical performance 用例 歌舞──。②箏(そう)・三味線などに合わせてうたう、近世の俗曲。
**おんぎょく-ばなし**【音曲▼噺・音曲▼咄】 はなしのなかに音曲のはいった落語。『音曲風呂(ぶろ)』『稽古屋(けいこや)』などがある。
**おんぎょく-ふきよせ**【音曲吹(き)寄せ】 音曲師が、いろいろな種類の音曲を、とりまぜてうたう芸。
**オングストレーム**【Anders Jöns Ångström】(一八一四〜一八七四) スウェーデンの物理学者。スペクトル分析の研究で著名。長さの単位のオングストロームは彼の名にちなむ。
**オングストローム**【ångström スウェーデン】《スウェーデンの物理学者オングストレームにちなむ》長さの単位。一億分の一センチメートルで



↓行き先項目、図版・写真参照印。 JIS 日本工業規格情報交換用漢字符号コード(区点コード)。

一〇分の一ナノメートルをいう。とくに光の波長などを測るのに用いられる。記号Å。angstrom

**オングル-とう【オングル島】**(Ongul) 南極、リュツォホルム湾東岸の島。東オングルと西オングルの二島からなり、東オングル島に日本の昭和基地がある。

**おん-くん【音訓】** 日本語として固定している漢字の読み方。中国語の日本式発音である字音と、その日本語訳である字訓のこと。

**おんくん-さくいん【音訓索引】** 漢和辞典などで、漢字を、その音または訓でさがす索引。比較 総画索引・部首索引。

**おんくん-せいり【音訓整理】** 漢字の字音・字訓を整理して、種類を制限すること。これが国語政策として具体化をみたのが、昭和二三年(一九四八)二月内閣告示の「当用漢字音訓表」で、ついで、その改定が、同四八年(一九七三)六月内閣告示の「当用漢字音訓表」となる。これを引き継いだものが、同五六年(一九八一)一〇月内閣告示の「常用漢字表」の「音訓」欄に示されている。

**おん-けい【恩恵】** 情け。めぐみ。恩。benefit 用例 ―に浴する。

**おんけつ-どうぶつ【温血動物】**→ていおんどうぶつ(定温動物)

**おん-けん【穏健】**(名・形動) 考えやことばが、おだやかで健全なこと・さま。適度。moderate 対義 過激。

**おん-げん【音源】** 音を発生する装置や機器などの総称。楽器やスピーカーなどのほか、騒音の発生源などもいう。sound source

**おん-こ【恩顧】** 情けをかけて、引き立てること。ひいき。patronage 比較 愛顧。用例 ―をいただく。

**オンコ**(onkoアイヌ) イチイのこと。

**おんこう【▽飲光】** 慈雲の諱。

**おん-こう【温厚】**(名・形動) 人がらがおだやかで、まじめなこと・さま。gentle; affable 用例 ―な紳士。

**おん-ごく【遠国】** 遠い国・地方。えんごく。

**おんごく-ぶぎょう【遠国奉行】** 江戸幕府が直轄する地方の要地に置いた奉行の総称。京都・大坂・伏見・駿府の各町奉行、長崎・山田・日光・奈良・堺・佐渡・下田・浦賀・箱館・新潟・兵庫・神奈川などの諸奉行。

**おんこ-ちしん【温故知新】** 古いことを調べて、新しい考えを得ること。故きを温ねて新しきを知る。

**おんこちしんしょ【温故知新書】** 室町時代の日常語辞書。文明一六年(一四八四)成立。大伴広公著。五十音引き国語辞書として最古のもの。乾坤・時候など一二部門に分類。

**おん-こと【御事】** ①「事」の敬語。②貴人の死を言う敬語。③人をさす敬語。おかた。

**おん-さ【音▼叉】** U字形の鋼鉄片に柄をつけた発音体。端を軽く打つと一定の周波数をもつ純音を発する。周波数の標準に使う。tuning fork

**オンサーガー【Lars Onsager】**(一九〇三〜七六) アメリカの物理学者・化学者。ノルウェー生まれ。不可逆反応の熱力学における相互作用の発見で、一九六八年ノーベル化学賞受賞。

**オン-ザ-マーク【On the mark!】** 競走で、スタートの位置につくことを命ずる号令。オンーユアーマーク。

**オン-ザ-ロック【on the rocks】** グラスに氷を入れ、ウイスキーなどをついだ飲み物。ロック。

**オン-サン【Aung San】**(一九一五〜四七) ビルマの独立運動指導者。第二次大戦中は対日協力政権の国防相。一九四四年、反ファシスト人民自由連盟を組織。四七年独立準備協定締結後に暗殺。

**おん-し【音詩】**《Tondichtungドイの訳》音楽で、物語・詩を音の流れで表そうとする器楽作品。

**おん-し【恩師】** 教えを受けた教師。former teacher

**おん-し【恩賜】** 天皇からいただくこと・もの。Imperial gift

**おん-じ【音字】** 音を表す文字。音節文字(=仮名)と単音文字(=ローマ字)とがある。表音文字。phonogram 対義 意字。

**おん-じ【遠志】** 生薬の一つ。ヒメハギ科のイトヒメハギの乾燥根。去痰・鎮静・強壮薬として、気管支炎・貧血・不眠などに用いる。Polygala

**オン-ジ-エア【on the air】** 放送局などで、番組の放送中を意味することば。オンエア。

**オンシジウム【Oncidiumラテ】** 洋ランの一属。ラン科のなかでは種類がもっとも多い。長い花茎に多くの褐色斑をもつ黄色花をつける。まれに桃色花もある。中南米原産。

**おん-じき【▽飲食】** 飲むことと食べること。また、飲み物と食べ物。いんしょく。

**おん-しつ【音質】** 音や声の性質・よしあし。timbre

**おん-しつ【温室】** 作物のための保温・加温の設備をもつ建物。熱帯産の植物などの栽培や、野菜・果物などの促成栽培を行う目的で、ガラス・ビニールなどの光を通す物質で造る。greenhouse

**おんしつ-こうか【温室効果】** 大気中の炭酸ガスや水蒸気などが地球を温室のように保温する作用。これらの気体は、光は通過させるが、地表からの熱は封じ込めるため、地表近くの温度が上昇する。greenhouse effect 参照 大気汚染。

**おんしつ-こなじらみ【温室粉▼虱】** コナジラミ科の微小な昆虫。体長約一・五㎜。野菜・花卉の葉裏に寄生し、汁を吸う。害虫。北アメリカから世界各地に広がる。

**おんしつ-さいばい【温室栽培】** 植物を温室で育てること。冬季に、外気中で栽培できない作物を育てる園芸農業など。greenhouse horticulture 対義 露地栽培。

**おんしつ-そだち【温室育ち】** ①温室で育った植物。green house plant ②両親のもとでなんの苦労も知らずに、のんびり育つこと・育った人。brought up on a bed of roses

**おん-しっぷ【温湿布】** 湯などにひたした布で患部をあたためる治療法。hot compress 対義 冷湿布。

**おん-しゃ【音写】**(名・サ変他) 異なる二つの言語において、一方の語音をもう一方の言語体系の文字で書き写すこと。用例 梵語を漢字で―する。

**おん-しゃ【恩赦】** 国が内閣の決定に基づき、国家的な祝い事などにあたって犯罪人の刑罰の全部または一部を免除すること。大赦・特赦・減刑、刑の執行免除など。amnesty

**おん-しゃく【恩借】**(名・サ変他) 人の情けによって、お金や物をかりること。おんじゃく。

**おん-じゃく【温石】** 軽石や固めた塩を焼いて熱くしたもの。ぼろ布などに包み、寒さや病気のさいに身につけてからだを暖める。

**おん-じゅ【▽飲酒】**《仏教語。「おん」は「飲」の呉音》五悪の一つ。酒を飲むこと。いんしゅ。

**おん-しゅう【恩▼讐】** 情けと、うらみ。love and hate

**恩讐の彼方**(おんしゅうのかなた) 恩やうらみをこえた世界。

**おん-しゅう【温習】** 芸事の練習。おさらい。

**おん-しゅう【▽隠州】** 隠岐国。

**おん-じゅう【温柔】**(名・形動) 人がらが、やさしく、穏やかなこと・さま。

**おんしゅう-かい【温習会】** 習った舞踊などの成果を発表する会。おさらい会。

**おんしゅう-せい【温周性】** 植物が、年周期、または日周期の温度変化に反応する性質。植物の生育のために必要な性質。thermoperiodism

**おんしゅうのかなたに【恩▼讐の▽彼▽方に】** 菊池寛の小説。大正八年(一九一九)発表。人間主義の立場から敵討ちの無意味さを批判した。

**おんじゅ-かい【▽飲酒戒】**《仏教語》五戒・八戒などの一つ。酒を飲むことを禁ずる戒め。不飲酒戒。

**おんじゅく【御宿】**〈町〉 千葉県南東部、太平洋に臨む町。漁業中心。海女の潜水、海水浴場で知られる。人口八三二二(一九八八)。

**おん-じゅん【温順】**(名・形動) 性質が、おだやかで、すなおなこと・さま。従順。gentle

**おん-しょう【恩賞】** ほうびとして地位・金品を与えること。そのほうび。reward

**おん-しょう【温床】** ①苗床の一つ。木材やコンクリートを枠にして、外側をガラス・ビニールなどでおおい、内部を堆肥の発酵熱や電熱で加温する。フレーム。hotbed 対義 冷床。②たくらみなどが育つのにつごうのよい場所。hotbed 用例 悪の―。

**おん-じょう【音声】** ①おんせい。voice 用例 大―。②雅楽で、管弦の音楽。用例 参入―。

**おん-じょう【恩情】** 情け深い心。

**おん-じょう【温情】** あたたかみのある気持ち。warmheartedness 用例 ―にあまえる。

**おんしょう-かた【恩賞方】** 建武政権の職名。元弘の変の後、武士の恩賞事務を扱うため建武元年(一三三四)に設置。

**おんじょう-じ【▽園城寺】** 滋賀県大津市にある天台寺門宗の総本山。通称は三井寺。天武三年(六七四)創建とされる。貞観元年(八五九)円珍が延暦寺別院として再興するが、のち、円仁門下と抗争し分離独立。

**おんじょう-しゅぎ【温情主義】** ①温情を中心にする考え方・方針。paternalism ②なにごとも温情だけで解決しようとする方針。paternalism

**おん-しょく【音色】** ねいろ。tone

**おん-しょく【温色】** ①おだやかな顔つき。gentle look ②暖色。warm color

**おん-しらず【恩知らず】**(名・形動) 恩を受けたことを感謝しないこと・人・さま。ingratitude

**おん-しん【音信】** ①たより。いんしん。correspondence 用例 ―不通。②電報の字数の単位。一五字まで一音信。あとは五字ごとに一音信。

**おん-じん【恩人】** 恩を与えてくれた人。世話になった人。benefactor

**オンス【ounce・▼啢】**《「穏斯」とも書いた》①ヤード-ポンド法における質量の単位。㋐常用オンス。一六分の一ポンド、二八・三五g。毛糸などに用いる。記号ozまたはoz av ㋑貴金属計量のトロイオンス。一二分の一ポンド、三一・一〇g。記号oz tr ㋒薬用オンス。一二分の一ポンド。三一・一〇g。記号oz ap ②容積単位の液量オンス。フルイドオンス。アメリカでは一二八分の一ガロン、二九・六㎖。イギリスで一六〇分の一ガロン、二八・四㎖。記号fl oz

**おん-すう【音数】** 言語で、音、または音節の数。

**おんすう-りつ【音数律】** 音節の数で組み立てるリズム。五七調・七五調など。

**おん-せい【音声】** 人間が、意志伝達のために音声器官を使って発する音。くしゃみ・せきばらいなどの反射音、鼻歌や口笛などの遊戯音は含まない。意識的なせきばらい・舌打ちは音声ではあるが、表情音として、言語研究の対象からは除外される。voice 比較 音韻。

**おんせい-がく【音声学】** 言語学の一分野。言語の音声について研究する学問。調音音声学(=音声生理学)・音響音声学・聴覚音声学に大別される。フォネティックス。phonetics

**おんせい-きごう【音声記号】** 言語の音声を音声学的に表す記号。国際音声記号が代表的。発音記号。表音記号。発音符号。音標文字。phonetic symbol

**おんせい-げんご【音声言語】** 音声を媒体として伝えられる言語。話しことば。spoken language

**おんせいたじゅう-ほうそう【音声多重放送】** テレビ電波のすき間を利用して二種類以上の音声を放送するもの。ステレオ放送・二か国語放送など主番組の補完的利用と、主番組に関係のない独立的利用があり、後者は災害時の緊急放送に限られている。multiplex broadcasting

**おんせい-にゅうりょくそうち【音声入力装置】** コンピューターへのデータの入力を音声によって行う装置。voice input unit

**おんせい-ひょうき【音声表記】** 具体的な音声を記号によって書き表す方法。国際音声記号などを用いる。phonetic transcription

**おん-せつ【音節】** 音声の単位の一つ。実際の発音において、その前後に切れ目が認められ、内部には切れ目が感じられない最小の区切り。その定義には諸説がある。日本語の音節は、ほぼ仮名一字にあたり、原則として母音で終わる(開音節)などの特徴を持つ。syllable

**おんせつ-もじ【音節文字】** 表音文字の一つ。日本のかなのように、一字が一音節を表すもの。syllabic character

**おん-せん【温泉】** ①その土地の年平均気温より高い温度の湧水。日本の温泉法では、湧出口での温度が二五℃以上か特定成分を規定量以上含むものをさす。浴用や飲用に利用される。いでゆ。hot springs 対義 冷泉。②①を利用する施設のあるところ。温泉場。

**おんせん【温泉】**〈町〉 兵庫県北西部の町。野菜・果樹栽培・牛の飼育がさかん。湯村温泉がある。人口八五三八(一九八八)。

**おんせん-か【温泉華】** 温泉の湧出口付近にできる沈殿物。珪華・石灰華・硫酸塩華・硫黄華など。travertine

**おんせん-そう【温泉藻】** 温泉中に生育する藻類の総称。日本に約五〇〇種産し、その大部分は藍藻類。ほかに珪藻類・緑藻類など。五〇℃以上の熱泉中で生育するものもある。

**おんせん-マーク【温泉マーク】** ①地図上で温泉を示す記号。♨。②《かつて♨のマークの看板が多かったことから》男女の休憩や宿



▼常用漢字表外。 ▽常用漢字表の音訓外。

泊を専門とする旅館。連れ込み宿。さかさくらげ。参照ラブホテル。

**おんせん-りょうほう【温泉療法】** 温泉への入浴をはじめ、飲泉・吸入・浣腸などにより病気をなおす方法。慢性病の予防や治療に用いる。balneotherapy

**おん-そ【音素】** その言語において各単語を区別する基礎となる音の最小単位。音節を構成する一つ一つの音。フォネーム。phoneme

**おん-ぞ【御▽衣】** 古語 衣服を言う敬語。おめしもの。みけし。みぞ。用例 いみじき宝の―の綿のいみじき給はらんものとは(宇治拾遺・一三)。

**おんぞうえ-く【▼怨憎会苦】**《仏教語》八苦の一つ。うらみ、にくむ者がいっしょにいなければならない苦しみ。

**おん-ぞうし【御▼曹司・御▼曹子】** ①名門の子息。a son of a distinguished family ②公卿の部屋住みの子を言う敬語。③《平家の公達に対して》源氏の血すじを直接にひく、部屋住みの子を言う敬語。

**おん-そく【音速】** 音が物質中を伝わる速さ。空気中のある温度 $t$ ℃での音速は、毎秒331.5+0.6$t$メートル。speed of sound

**おん-ぞん【温存】**(名・サ変他) ①そのまま大事にしておくこと。preserve ②《よくないことに言う》手をつけずに、そのままにしておく。leave ... to 用例 旧勢力を―する。

**おん-たい【御大】**《「御大将」の略》「かしら・首領・長」の愛称。boss

**おん-たい【温帯】** 中緯度、およそ緯度二三・五～六六・五度にある温暖な気候帯。最寒月の平均気温が一八～零下三℃の範囲。四季の区別が明瞭。気温や降水量の季節的変化や地域差が大きい。temperate zone 対義 寒帯・熱帯。

**おんたいち-せい【恩貸地制】** ヨーロッパの中世前期、封建君主が家臣に土地を授与し、軍役などの奉仕義務を要求した制度。

**おんたい-ていきあつ【温帯低気圧】** 温帯に発生する低気圧。悪天候の原因となることが多い。extratropical cyclone

**おんたい-モンスーンきこう【温帯モンスーン気候】** ↓モンスーンきこう(モンスーン気候)

**おんたい-りん【温帯林】** 暖帯と亜寒帯のあいだの気候帯にできる森林。北半球では、北緯三七～四五度のあいだで成立する。ブナが代表的。ブナ帯。temperate forest

**おん-たく【恩沢】** めぐみ。情け。おかげ。恩恵。benevolence

**おん-だけ【▽鬼岳】** 長崎県五島列島南端、福江島にある火山。標高三一五m。臼状火山で、西海国立公園に属する。

**おんたけ-きょう【御▼嶽教】** 教派神道十三派の一つ。木曽の御嶽神社の信仰に基づき、明治六年(一八七三)下山応助が御嶽教会を設立。のち大成教会と合同したが、同一五年(一八八二)独立。

**おんたけ-さん【御▼嶽山】** 長野・岐阜県境にそびえる火山。標高三〇六三m。古来修験道の霊山として有名。昭和五四年(一九七九)有史以来初の噴火。木曽御嶽。

**おん-たで【御▼蓼】** 高山に多いタデ科の多年草。高さ約四〇cm。葉は卵形で長さ約一五cm。雌雄異株。夏に、白花を円錐状に多数つける。↓写

●オンタデ

**オンタリオ【Ontario】** カナダ中南部、五大湖北部の州。州都トロント。南部のオンタリオ湖、東部のエリー湖両湖岸は重化学工業地域。その他は酪農地域で、鉱産物も豊富。人口八六二・五万(一九九一)。

**オンタリオ-こ【オンタリオ湖】**(Lake Ontario) アメリカとカナダの国境にある五大湖の一つ。面積二万km²。エリー湖との間にナイアガラ滝がある。

**おん-だん【温暖】**(名・形動) 気候があたたかくておだやかなこと・さま。mild 対義 寒冷。

**おんだんかう-きこう【温暖夏雨気候】** モンスーンの影響で夏は高温多雨に、冬は温暖少雨となる気候。アフリカの赤道をはさむ地域、オーストラリア北東岸などにみられる。亜熱帯モンスーン気候。temperate rainy-summer climate

**おんだん-こうきあつ【温暖高気圧】** 中心部が暖気に占められた高気圧。赤道から高緯度に向かう空気が、緯度三〇度付近に滞留してできる。warm anticyclone

**おんだんしつじゅん-きこう【温暖湿潤気候】** 年間を通じて雨が多く、寒暑の差が大きくて四季の変化がはっきりしている気候。中緯度の大陸東岸にみられる。temperate humid climate

**おんだん-ぜんせん【温暖前線】** 温暖な空気が優勢で前進し、寒冷気団の上にのりあげてできる不連続面が地表と接する部分。持続性の雨や雪を降らせる。warm front 対義 寒冷前線。

**おんだん-たう【温暖多雨】** 気温が高く、雨量が多いこと。

**おん-ち【音痴】** ①正しい節・調子などでうたえないこと・人。調子はずれ。tone-deaf ②音楽のわからないこと・人。have no ear for music ③《俗語》感じのにぶい人。用例 方向―。

**おんち-こうしろう【恩地孝四郎】**(一八九一～一九五五) 版画家。東京生まれ。抽象版画の先駆者。装丁も多い。作品『叙情』など。

**おん-ちゅう【御中】** わき付けの一つ。団体や会社などにあてた文書に使う。

**おん-ちょう【音調】** ①ことばの音の高低。intonation ②音楽で、調子。しらべ。tone ③アクセント。accent

**おん-ちょう【恩▼寵】** ①人を愛し、めぐみを与えること。grace ②《gratiaラテンの訳》キリスト教で、神が特別のおぼしめしで人間に与える愛。

**おん-つう【音通】** 五十音図の同行、または同列の字が互いに入れかわること。「うばら・いばら」「さびしい・さみしい」など。通音。

**おん-てい【音程】** 二つの音の間の高さのへだたり。七音音階の各段階に基づいて「度」で表す方式が一般的。たとえば、二段階にわたる二音の関係を二度という。interval

**おん-ていいん【温庭▼筠】**(八一二～八七〇ごろ) 中国、晩唐の詩人。字は飛卿。太原祁の人。楽府にすぐれ、詞を芸術的に洗練させた。詩集『温飛卿詩集』など。

**おん-てき【▼怨敵】** うらみのあるにくい敵。あだ。おんでき。

**おんてき-たいさん【▼怨敵退散】** 怨敵がにげ去ることをいのる語。

**おん-でこ【▽鬼▽太鼓】** ↓おにだいこ(鬼太「鼓」)

**おん-てん【恩典】** 情けのある処置。有利なりはからい。favor; privilege 用例 ―に浴す。

**おん-てん【温点】** ヒトの皮膚の表面で温かい感覚を感じるところ。一cm²以内には〇～三個の温点がある。warm point 対義 冷点。

**おん-でん【▽隠田】** 年貢などの租税を免れるため、農民がその存在を隠して耕作した田地。かくし田。

**おんでん-しゅうらく【▽隠田集落】** わが国中世末から近世初頭にかけて、落武者の一族が山間僻地など人目につかない場所に作った集落。

**おん-と【音吐】** こえ。音声。voice

**おん-ど【音頭】** =おんどう。①声明や雅楽で主唱・主奏者をさす。雅楽では管楽器の主奏者。②多人数でうたったり、音楽を奏したりするとき、ひとりが先に立って全体の調子をとること。用例 ―取り。③多くの人が歌に合わせてするおどり。その歌。用例 東京―。

**音頭を取る**(おんどをとる) 人の先に立って事を行う。take a lead

**おん-ど【温度】** 物体の温かさ冷たさの度合いを数量で示したもの。温度の異なる物体を接触させると高温から低温へ熱が流れる。微視的には、原子や分子の乱雑な運動の程度を表す値。temperature

**おんど【音戸】**〈町〉 広島県南部、倉橋島の町。音戸大橋で呉市方面と結ばれる。ミカン栽培やカキ・海苔の養殖がさかん。人口一万八〇一二(一九八八)。

**おん-とう【穏当】**(名・形動) 適度で無理のないこと・さま。妥当。中正。proper 用例 ―な処置。

**おん-どう【音頭】** ↓おんど(音頭)

**おん-どく【音読】**(名・サ変他) ①声に出して読むこと。read aloud 対義 黙読。②漢字・漢文を字音で読むこと。音読み。対義 訓読。

**おんど-けい【温度計】** 温度をはかる計器。水銀・アルコールなどの熱膨張を利用した液体温度計が一般的。ほかに、熱電対温度計・抵抗温度計・光高温計など。thermometer

**おんど-けいすう【温度係数】** 微小な温度変化に対する物質の物理的な性質を示す量の変化の割合。変化する量を温度の一次関数で表したとき、温度にかかる係数で表される。temperature coefficient

**おんど-の-せと【音戸ノ瀬戸】** 広島県呉市と、倉橋島音戸町との間の水路。最狭部の幅九〇m。平清盛が開いたという伝説がある。音戸大橋がかかる。

**オンド-マルトノ【ondes martenot フランス】** 小型リードオルガン風の電子楽器。一九二二年フランスの作曲家マルトノが発明。金属的な特異な音色をもつ。

**おんど-めもり【温度目盛(り)】** 冷温の度合いを表す基準。よく使われるのはセルシウス(セ氏。記号℃)温度目盛りと、ファーレンハイト(カ氏。記号°F)温度目盛り。また、熱学では絶対温度目盛り(記号Kケルビン)が使われる。temperature scale

**おん-どり【▽雄鳥・▽雄▽鶏】** 対義 めんどり。①おすの鳥。cock ②おすのニワトリ。cock; rooster

**オンドル【温突 朝】**(on-dol) 朝鮮半島・中国東北部で発達した暖房法。床下に土石などで煙道を設け、煙を通して室内全体を暖める。

**おんと-ろうろう【音吐朗朗】**(形動トタル) 声量のゆたかなさま。with a clear voice

**オントロギー【Ontologie ドイツ】** 存在論。

**おんな【女】**《「おみな」の転》対義 男。①人間の性のうち、子供を産む器官・機能をもつほう。女性。婦人。女子。woman; female 用例 ―親。②一人前の婦人。woman 用例 ―のつとめ。③情婦。mistress 用例 かれの―。④下働きの女。maid 用例 ―衆。

**女賢しくて牛売り損なう**(おんなさかしくてうしうりそこなう) 女はりこうなようでも、目先にとらわれて、物事の全体を見失うものだ。

**女三人寄れば姦し**(おんなさんにんよればかしまし) 《「姦」の字に「かしましい」の意があるのにも通じる》女が寄り集まると、まことにさわがしい。Three women make a market.

**女に成る**(おんなになる) ①女が成長して結婚してもよい年ごろになる。月経がはじまる。grow into a woman ②男と交わって、処女でなくなる。男を知る。lose one's virginity; know a man

**女の足駄にて造れる笛には秋の鹿寄る**(おんなのあしだにてつくれるふえにはあきのしかよる) どんな男も、女性の色香には迷いやすいことのたとえ。

**女の一念、岩をも通す**(おんなのいちねん、いわをもとおす) 女の執念深いことのたとえ。Women will have their wills.

**女の髪の毛には大象も繋がる**(おんなのかみのけにはたいぞうもつながる) 女性の色香は、どんな男もひきつけることのたとえ。No man can resist the lure of a woman.

**女の腐った様**(おんなのくさったよう) 意気地がなく、うじうじした性質の男をあざけって言う。めめしい男。sissy

**女の知恵は後へ回る**(おんなのちえはあとへまわる) 女は頭の回転がおそいので、事がすんだころになってから考えが浮かんでくる。

**女は三界に家無し**(おんなはさんがいにいえなし) 《「三界」とは、仏教で、欲界・色界・無色界を言い、全世界の意。男の側からは、女への軽蔑を、女の側からは、うらみ、または、自嘲の気持ちを表した語》女は、幼少時には親、とついでは夫、老いては子に従わねばならないから、広い世間で、どこにも安住できる家がない。

**女は弱し然れど母は強し**(おんなはよわしされどははつよし) 《子を守る母親の強さを言ったことば》弱い女も、母親になると強くなる。A mother is stronger than any other creature.

**女冥利に尽きる**(おんなみょうりにつきる) 女として、これ以上幸せなことはない。woman's ultimate happiness

**女を拵える**(おんなをこしらえる) 情婦を持つ。

**女を知る**(おんなをしる) 男がはじめて、女との肉体的交渉を経験する。know a woman

**女を見て色情を起こす者は、既に心の内にて姦淫したる也**(おんなをみてしきじょうをおこすものは、すでにこころのうちにてかんいんしたるなり) 《新約聖書『マタイによる福音書』にあることば》心の奥底から身をつつしむことが大切である、という戒め。

**おんな【恩納】**〈村〉 沖縄県、沖縄島中部西海岸の村。サトウキビ栽培が中心。真栄田岬など観光地が多い。人口八六七五(一九八八)。

**おんな-あるじ【女▽主】** 一家の主人である女性。hostess

**おん-ない【恩愛】**《「おんあい」の変》↓おんあい(恩愛)

**おんな-がた【女形・女方】** 歌舞伎・新派で女役を演じる男優。おやま。敬称、太夫。

**おんな-かぶき【女歌舞▼伎】** ①女の演ず

る歌舞伎。②江戸初期、出雲の阿国の歌舞伎をまねて、女だけで一座を組んだ歌舞伎。寛永六年(一六二九)に禁止された。比較 野郎歌舞伎・若衆歌舞伎。

**おんな-ぎだゆう**【女義太▽夫】女性の義太夫節の語り手、および語られた曲。娘義太夫。

**おんな-ぎらい**【女嫌い】男で、女、または女に接することが嫌いなこと・人。misogynist

**おんな-ぐるい**【女狂い】男が女色におぼれること・人。womanizer

**おんな-け**【女気】女性がいることでかもしだされるけはい。女性のいるようす。おんなっけ。用例 ——がない。

**おんなけいず**【▽婦系図】泉鏡花の小説。明治四〇年(一九〇七)発表。柳川春葉脚色の戯曲は新派古典の一つ。同四一年初演。早瀬主税と芸者お蔦の悲恋物語。

**おんな-けんげき**【女剣劇】大衆演劇の一つ。女性が男装して演ずる剣劇で、立ち回りを売り物とし、お色気で人気を呼んだ。昭和一〇年(一九三五)ごろから大江美智子などが浅草を中心に多くのスターが活躍したが、昭和三〇年代には衰微。

**おんな-ごころ**【女心】対義 男心。①女だけにある心情。女らしいやさしい心。female instincts ②男を思ってしたう心。love 用例 ——のいじらしさ。

**女心と秋の空**(おんなごころとあきのそら) 女の気持ちは、秋の空のように変わりやすい。愛情のさめやすさ、移り気をいったことば。Women are fickle as autumn sky. 比較 男心と秋の空。

**おんな-ことば**【女言葉】女性だけが使う特別なことば。女房ことばなど。女性語。婦人語。

**おんな-ごろし**【女殺し】①女を殺すこと。また、殺した人。murder of a woman ②女が夢中になるような美男。lady-killer 比較 男殺し。

**おんなころしあぶらのじごく**【女殺油地獄】浄瑠璃・世話物。近松門左衛門作。享保六年(一七二一)初演。甘やかされ放蕩のあげく金に困った大坂の油屋の与兵衛が、同業の油屋の嫁のお吉を惨殺する。二〇〇年近く上演が絶えていた。

**おんな-ざか**【女坂】目的地に向かって二つある坂のうち、なだらかなほうの坂。対義 男坂。

**おんな-ざかり**【女盛り】女としての美しさのもっともよく出る年配。prime of womanhood 対義 男盛り。

**おんなじ**【▽同じ】(形動・副)「おなじ」の転。

**おんな-しゅう**【女衆】対義 男衆。①女たち。女。women; girls ②下働きの女。maid

**おんな-しゅじんこう**【女主人公】作品の中心人物となっている女性。ヒロイン。heroine

**おんな-しょうがつ**【女正月】小正月の異称。男の正月とされる大正月に対するもの。この日を女の年始の日としている地方が多かった。

**おんな-じょたい**【女所帯】女だけの世帯。female household

**おんな-ずき**【女好き】対義 男好き。①女性の好みに合うこと・人。②女性をたいへん好くこと・男。

**おんな-ずもう**【女相撲】見世物の一種。女の力士による相撲で、一八世紀中ごろ江戸で興行されたのが始まり。大相撲と同じような方法で興行し、力持ちの曲芸や甚句などの歌や踊りを売りものとした。第二次大戦前までは存続していたが、現在は消滅。

**おんなだいがく**【女大学】江戸中期以降に普及した女子用の修身の本。貝原益軒の『和俗童子訓』から編集したもので、女子隷従の封建道徳を説くものとされる。

**おんなだてら-に**【女だてらに】(副) 女のくせに。woman as she is

**おんな-たらし**【女たらし】女をだましてもてあそぶこと・男。色魔。lady-killer

**おんな-で**【女手】①女の働き。female labor 対義 男手。用例 ——一つで育てた子。②女の書いた筆跡。woman's handwriting ㋐平仮名。女文字。対義 男手・男文字。㋑

**おんな-どうらく**【女道楽】女遊びにふけること。

**おんなのあいとしょうがい**【女の愛と生涯】《原題Frauenliebe und Leben ドイツ》一八四〇年シューマン作曲の歌曲集。八曲からなる連作。シャミッソーの詩により、一人の女性の愛情の歴史を描く。ピアノ伴奏を重視。

**おんなのいっしょう**【女の一生】①《原題Une Vie フランス》モーパッサンの小説。一八八三年刊。フランス自然主義小説の代表的作品。②山本有三の小説。昭和八年(一九三三)刊。③森本薫の戯曲。文学座の代表的演目。昭和二〇年(一九四五)初演。

**おんな-の-こ**【女の子】①女の子ども。young girl ②若い女。娘。young lady ③女性を軽んじて言う語。

**おんなのへいわ**【女の平和】《原題Lysistratē ギリシア》アリストファネスの喜劇。前四一一年上演。うち続く戦争に飽いた敵味方の女たちが結束、性的ストライキで男たちをあわてさせ、平和をかちとる。

**おんな-ばら**【女腹】女児ばかり産む女。対義 男腹。

**おんな-ひでり**【女▼旱】結婚や遊び相手になる女が少なくて、男が不自由する状態。

**おんな-ぶり**【女振り】女のきりょう・容姿。おんなっぷり。対義 男振り。

**おんな-へん**【女偏】漢字を組み立てている部分の名。「姉・始」などの「女」。

**おんなみ**【音▼阿▼弥】↓おんあみ(音阿弥)

**おんな-むすび**【女結び】ひもの結び方の一つ。男結びが、右端を上から左下に回し、右に返して輪をつくり、左端をその輪に通し結ぶのに対して、この順を左端から始める。おなご結び。対義 男結び。

**おんな-もじ**【女文字】=女手。対義 男文字。①女の書いた文字・筆跡。②平仮名。

**おんな-もの**【女物】女性用としてつくったもの。女持ち。対義 男物。

**おんな-らし・い**【女らしい】(形) 女として持つはずとされる性質を持っている。womanly; feminine

**おんな-わらべ**【女童】=女わらわ。①幼女。女の子。②婦人と子ども。

**おんねつ-りょうほう**【温熱療法】患部を温めて痛みや痙攣を和らげる治療法。血液の循環をよくし、代謝の促進に効果がある。温湿布・温浴・超音波などによる。thermotherapy

**おんねゆ-おんせん**【温根湯温泉】北海道北東部、留辺蘂町にある温泉。付近にはエゾムラサキツツジの大群落がある。

**おん-ねん**【▼怨念】深いうらみ。deep-seated grudge

**おん-の-じ**【御の字】《俗語》①特別なもの。極上。something special ②ありがたいこと。しめたもの。用例 今日中に終われば——だ。

**おんば**【▽乳▽母】《「おうば」の転》うば。

**おん-ぱ**【音波】空気中を伝わる縦波の弾性波で、振動数がおよそ二〇~二万ヘルツの耳に聞こえる範囲のもの。広義には、気体・液体・固体中の弾性波を総称していう。sound wave

**おん-はいすい**【温排水】火力発電所や鉄鋼業などで、冷却水として利用された温水が海や川に流れこんだもの。漁業に被害が出るので問題となる。thermal discharge

**おんぱさんらん-そう**【音波散乱層】音響測深機での測定のさい、海底に似た反射像を与える層。魚の群れの層、プランクトンの密集層、水温の不連続面など。深海散乱層。偽底像。deep scattering layer

**おんばしら-まつり**【御柱祭(り)】長野県諏訪市の諏訪大社の上社・下社で、七年目ごとの申・寅の年の春に行われる祭り。モミの大木を山から切り出し、各社殿の四隅に長短四本の御柱を立てる行事。↓写

**おんば-ひがさ**【▽乳▽母日傘】《乳母にだかれて、日傘をさしかけられる、の意》子どもがだいじに、または過保護に守り育てられること。

**オン-パレード**【on parade】①大行進。②総出演。

**おん-ばん**【音板】木琴・マリンバなどの調律された木片。

**おん-ばん**【音盤】レコード盤。record

**おん-びき**【音引(き)】①音によって、漢字や語を探し出すこと。そのようにした辞書など。対義 画引き。②印刷・校正などで、長音を表す「ー」のこと。

**おんぴょう-もじ**【音標文字】↓ひょうおんもじ(表音文字)

**おん-びん**【音便】発音の便宜のため、もとの音とは違った音に発音するもの。イ音便「い」・ウ音便「う」・撥音便「ん」・促音便「っ」の四種がある。

**おん-びん**【穏便】(名・形動) 方法・さばきなどが、あらだたず、おだやかなこと・さま。amicable 用例 ことを——に処理する。

**おんぶ**【負んぶ】(名・サ変自他)《「負ぶう」の転》①《幼児語》背負うこと。背負われること。②他人に依存すること。

**負んぶに抱っこ**(おんぶにだっこ) 何から何まで他人に頼ること。とくに金銭・物品を負担させること。Give him an inch and he'll ask for an ell.

**おん-ぶ**【音部】楽器や声音の出し得る音の範囲。高音部、中音部、低音部などに分かれる。

**おん-ぷ**【音符】①音楽に使われる音の表示記号。休符(=休止符)を含む。音の長さを音符自体の形により表示し、高さを譜表上の位置で示す。note 用例 四分——。②仮名につける補助符号。濁点の「゛」、半濁点の「゜」など。③漢字の形声字で、音を表す部分。「江」の「工」、「胴」の「同」など。

**おん-ぷ**【音譜】楽譜。music; score

**おんぷう-き**【温風器】電気・ガスなどで熱した空気を風として送り出して室内などを暖める器具。fan heater

**おんぷう-だんぼう**【温風暖房】ボイラーなどで加熱した空気を、送風機で室内に送り込み暖房する方式。warm-air heating

**おんぶ-きごう**【音部記号】五線譜上の音の高さを明確にするための記号。一つの音を五線上のどこに記譜するかを決めれば、他の音の位置も決まる。ト・ハ・ヘ音記号がある。clef

●御柱祭り

**おん-ぷく**【温服】(名・サ変他) 薬液をあたためて飲むこと。

**オンブズマン**【ombudsman】北欧諸国などで、公務員の法の遵守を監視し、行政に対する市民の苦情を調査して、勧告により行政運営の適正化をうながす役職。議会で選任され、議会からも独立している。行政監視官。

**おんぶ-ばった**【負んぶ▼蝗▽虫】畑などにみられる緑色ないし褐色のバッタ科の昆虫。雌は体長四cm余で、雄ははるかに小さい。名は、雄が雌の背に乗った交尾のさいの姿による。キクなどを食害。日本全土に分布。↓図

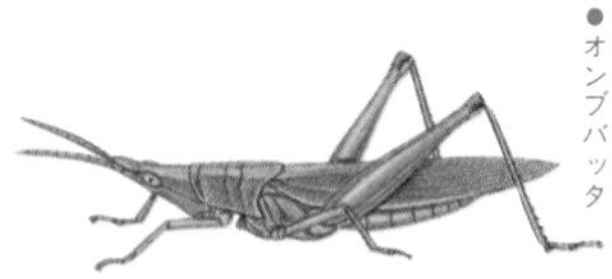

●オンブバッタ

**おんべつ**【音別】〈町〉北海道南東部、太平洋に臨む町。酪農が中心。木材の集散もさかん。人口三五一六(一九八八)。

**おん-ぼう**【▽隠亡・▽隠坊】《卑語》もと、火葬場で死体の火葬を職業とした人。

**おん-ぼう**【▼縕▼袍】どてら。たんぜん。

**おん-ぼろ**《俗語》非常にいたんでいること。worn-out 用例 ——自動車。

**おん-まつり**【御祭(り)】奈良市の春日大社の摂社である若宮神社の祭事。王朝風の代表的な祭りで、一二月一五~一八日まで古くから伝わる多くの芸能が奉納される。春日若宮御祭り。

**おん-み**【御身】㊀(名)「からだ」の敬語。お身。㊁(代) あなた。対等または目下の相手に対して、軽い敬意をもって用いる。

**おん-みつ**【▽隠密】㊀(名・形動) ひそか。ひみつ。secrecy ㊁(名) 江戸時代、幕府や藩の密偵の俗称。隠目付。忍びの目付。庭番。間者。細作。

**おんみょう-け**【▽陰▽陽家】陰陽道を専門にした家柄。のち、占い師をさす。

**おんみょう-どう**【▽陰▽陽道】↓おんようどう(陰陽道)

**おん-めい**【音名】一定の音組織の内部で音の高さを示す固有の名称。各国が独自のものを使用しており、洋楽の場合、日本ではハニホヘトイロで表す。pitch names 比較 階名。

**おん-めい**【恩命】情けのあることば。gracious command 用例 ——に浴す。



▼常用漢字表外。 ▽常用漢字表の音訓外。

**おんめい-しょうほう【音名唱法】** 旋律をその音名で歌うこと。参照 階名唱法。

**おん-もと【御▽許】** ①高貴な人のおそば。おもと。②女性の手紙のわき付けに用いる語。あて名の左下に付けて敬意を示す語。おもと。おそば。

**オン-モン【諺文 朝】**(ʼən-mun) ハングルの旧称。漢字に対する卑称として、現在用いられない。オンムン。

**おん-やく【音訳】**(名・サ変他) ①耳で聞いたままを適宜、漢字や仮名で、仮に書き表すこと。用例 犠牲者の氏名を——する。②漢字の音を借りて他国語の音を表すこと。Buddhaを仏陀、gasを瓦斯とした類。

**おんやく-ご【音訳語】** 外来語に漢字の読みを当てたもの。「倶楽部」「型録」など。

**オン-ユアー-マーク【On your mark!】** 陸上競技などで、スタートするときに「位置について」の意味を表すことば。オンーザーマーク。

**おん-よう【温容】** おだやかなようす・顔つき。kind face; gentle look

**おんよう-じ【▽陰陽師】** ①律令制下、陰陽寮に属し、陰陽道で災いの原因や処置などを占い定めた人。おんみょうじ。②のち、民間で加持祈禱をする人のこと。

**おんよう-どう【▽陰陽道】** 中国古代の陰陽五行説に基づき、天文・暦数などを扱う術。日本には七世紀初頭に伝わって俗信化し、平安時代に盛行した。いんようどう。おんみょうどう。

**おん-よく【温浴】**(名・サ変自) 湯にはいること。温水浴。warm bath

**おん-よみ【音読み】** 漢字を字音で読むこと。「たてよこ(縦横)」を「じゅうおう」と読むなど。おんどく。対義 訓読み。

**オン-ライン【on-line】** ①コンピューターにおいて、端末装置や周辺装置が中央処理装置と直接通信回線などでつながっていること。対義 オフライン。②球技などで、ボールがライン上に落ちること。

**オンライン-システム【on-line system】** コンピューターと入出力装置が、通信回線で接続され、データ処理や送受信が行える方式。

**オンライン-バンキング-システム【on-line banking system】** 銀行の各支店にある端末装置を中央のコンピューターに通信回線で連結し、広域的なサービスを可能にしたシステム。バンキングシステム。

**オンライン-はんざい【オンライン犯罪】** コンピューターのオンラインシステムを悪用した情報化時代の新しい型の犯罪。

**おんり**(名・サ変自) 《幼児語》おりること。

**オンリー【only】** ①《接尾的》それだけに限ること。…だけ。用例 勉強——。②《俗語》駐留軍人など、外国人の特定の個人とだけ継続的に性的行為をした女性。

**おんり-えど【▼厭離▼穢土】** ↓えんりえど(厭離穢土)

**おん-りつ【音律】** 音楽で使用する音の高さの相対的な関係を、音響理論的・物理的に振動数の比として規定したもの。平均律など。temperament

**オン-リミッツ【on limits】** 立ち入り自由。対義 オフリミッツ。

**おん-りょう【▼怨霊】** うらみを持った人のたましい。人にたたりをする死霊。furies

**おん-りょう【音量】** 音声や楽器の音の大きさ。volume 比較 声量。

**おん-りょう【温良】**(名・形動) 人がらが、穏やかで善良なこと・さま。gentle; amiable

**おんりょう-しすう【温量指数】** ↓あたたかさのしすう(暖かさの指数)

**おん-る【遠流】** 律令制で、流罪の中の、いちばん重いもの。島流し。罪人を、京からの遠地である伊豆・常陸・佐渡・土佐などに流したこと。比較 近流・中流。

**おん-わ【温和】**(名・形動) ①気候が、あたたかく、のどかなこと・さま。mild; temperate ②穏和。moderate; gentle

**おん-わ【穏和】**(名・形動) 性質がおだやかで、おとなしいこと・さま。moderate; mild; gentle 用例 ——な気性。——な表現。

# か カ

**か【か・カ】** 五十音図か行第一の仮名。平仮名「か」は「加」の草体。片仮名「カ」は「加」の左。濁音は「が」「ガ」。

**カ 3画【下】** 部首[一] 教育小1 JIS 1828
音 カ・ゲ
訓 した・しも・もと・さげる・さがる・くだる・くだす・くださる・おろす・おりる
下 下 下
①した。しも。対義 上。「以下・上下・地下・天下」「下級・下流」②くだる。くだす。「下降・下賜・下付・下命」③そのもとにあること。「時下・灯下・部下」用例《接尾的》支配——。影響——。④尊敬を示すのに用いる。「閣下・机下・殿下」⑤さげる。さがる。⑥おろす。おりる。⑦くださる。↓ゲ[下]

**カ 3画【▼个】** 部首[丨] JIS 4804
音 カ・コ
一つ一つ。ものを数えるのに用いる。参考 箇の略字。

**カ 4画【化】** 部首[匕] 教育小3 JIS 1829 ／ 4画【▼化】旧字
音 カ・ケ
訓 ばける・ばかす
化 化 化 化
①かわる。「退化・変化」②影響をおよぼす。「感化・教化・徳化」③そうなる。そうする。「開化・帰化・俗化・文化」用例《接尾的》民主——。④化学のこと。「理化」「化成」↓ケ[化]

**カ 4画【▼戈】** 部首[戈] JIS 5689
音 カ
ほこ。もろ刃の剣に長い柄をつけた武器。また、いくさ。戦争。「干戈」

**カ 4画【火】** 部首[火] 教育小1 JIS 1848 ／ 4画【▼灬】部首[灬] 異体字
音 カ・コ
訓 ひ・ほ
火 火 火 火
①ひ。かじ。対義 水。「失火・大火・放火」「火災・火事」②あかり。ともしび。「漁火・灯火」③はげしい。さしせまる。「情火」「火急」④銃砲などの兵器。「火器・火線・火薬」⑤七曜の一つ。火曜日のこと。⑥易で、五行の第二。⑦仏教で、四大の一つ。参考 灬は、火が漢字の脚のときの形。れっか。れんが。

**カ 5画【加】** 部首[力] 教育小4 JIS 1835
音 カ
訓 くわえる・くわわる
加 加 加 加 加
①くわえる。ます。対義 減。「追加・倍加」「加工・加筆」②くわわる。仲間になる。「参加」「加勢・加入・加盟」③たし算。「加減乗除・加法」④神や仏の守り。「加護・加持」⑤加賀国のこと。「加州」⑥カナダ(加奈陀)のこと。「日加貿易」⑦アメリカのカリフォルニア(加利福尼亜)のこと。「加州米」

**カ 5画【可】** 部首[口] 教育小6→教育小5 JIS 1836
音 カ・カク・コク
可 可 可 可 可
①よい。みとめる。対義 否。「許可・不可」「可決・可否」用例(名)分売も——。②できる。「可動・可燃性・可能・可溶性」
**可も無く不可もない**(かもなくふかもない) よくも悪くもない。普通だ。平凡だ。be fair to middling; be mediocre

**カ 5画【瓜】** 部首[瓜] ／ 6画【▼瓜】異体字 JIS 1727
音 カ
ウリ。ウリ科の植物、または、その果実の総称。マクワウリ・シロウリ・スイカなど。「西瓜」「瓜田」

**カ 5画【▼禾】** 部首[禾] JIS 1851
音 カ
①イネ。イネ科の一年草。②イネ科の植物、また、穀類の総称。「禾本科」③のぎ。イネ科の植物の果実の外がわの先にあるかたい毛。④部首の一つ。のぎへん。

**カ 6画【仮】** 部首[人・亻] 教育小5 JIS 1830 ／ 11画【▼假】旧字 JIS 4881
音 カ・ケ・カク
訓 かり
仮 仮 仮 仮 仮
①かりの。一時の。「仮死・仮称・仮説・仮定・仮泊」②にせ。うそ。「仮作」③ゆるす。かりる。「仮借」↓ケ[仮]

**カ 6画【▼冎】** 部首[冂]
音 カ

**カ 7画【▼伽】** 部首[人・亻] JIS 1832
音 カ・ガ・キャ
①梵語gha の音訳字。「閼伽」②とぎ。㋐話し相手になって、退屈をなぐさめること・人。㋑看護をすること・人。㋒寝所につきそうこと・女。↓ガ・キャ[伽]

**カ 7画【何】** 部首[人・亻] 教育小2 JIS 1831
音 カ・ガ
訓 なに・なん
何 何 何 何 何
なに。なん。どれほど。わからないこと。わからないもの。「幾何・誰何」

**カ 7画【▼囮】** 部首[囗] JIS 5189
音 ユウ・カ
おとり。ほかの鳥をさそいよせるための鳥や、人や動物をおびきよせるために利用するもの。「囮鳥」

**カ 7画【花】** 部首[艹] 教育小1 JIS 1854 ／ 7画【▼花】旧字
音 カ・ケ
訓 はな
花 花 花 花 花 花
はな。①植物のはな。はながさく。「開花・造花・百花」「花壇」②はなのような。「名花」「花押・花街・花客」③サクラのはな。古くは、ウメのはな。④いけばな。⑤墓前に供えるシキミの枝葉。⑥はなガルタ。⑦芸人などに与える祝儀。チップ。

**カ 8画【佳】** 部首[人・亻] 常用 JIS 1834
音 カ・カイ・ケ
①よい。うつくしい。「絶佳」「佳作・佳人」用例 風景すこぶる——なり。②めでたい。縁起がよい。「佳日・佳節」文語的(形動ナリ)

**カ 8画【価】** 部首[人・亻] 教育小5 JIS 1833 ／ 15画【▼價】旧字 JIS 4911
音 カ・ケ
訓 あたい
価 価 価 価 価
①あたい。ね。値段。「高価・売価・物価」「価格」②ねうち。しなさだめ。評判。「声価・評価」「価値」

**カ 8画【▼呵】** 部首[口] JIS 5074
音 カ
①とがめる。せめる。しかる。「呵責」②わらう。また、わらい声。「呵々」

**カ 8画【▼苛】** 部首[艹] JIS 1855

音カ
①きびしい。むごい。「苛酷・苛政・苛斂誅求」②皮膚を刺激する。「苛性」③いらいらする。じりじりする。

**カ 8画 【▾茄】** 部首[艹] JIS 1856
音カ
ナス。ナス科の一年草。なすび。

**カ 8画 【果】** 部首[木] 教育小5→教育小4 JIS 1844
音カ
訓はたす・はてる・はて
①くだもの。このみ。「珍果」「果実・果樹園・果汁」用例(助数)柿五——ほど。②くだもの類を数えるのに用いる。③はて。おわり。できばえ。むくい。仏教で、原因によって生じるもの。対義因。「因果・結果・効果・成果」「果報」用例(名)因となり——となる。④思いきってする。「果敢・果断」⑤はたす。なしとげる。⑥はたして。思ったとおりに。「果然」⑦はてる。おわる。⑧はては。おわりには。⑨仏教で、真理をさとること。さとり。「仏果」用例(名)——を得る。

**カ 8画 【河】** 部首[氵] 教育小5 JIS 1847
音カ・ガ
訓かわ
①かわ。大きな川。「山河・大河・氷河」「河口・河川」②川に似たもの。「運河・銀河」③河内国のこと。「摂河泉」「河州」④中国の黄河のこと。対義江。「江河」「河清・河北」

**カ 9画 【▾迦】** 部首[辶]
8画 【▾迦】 部首[辶] 異体字 JIS 1864
音カ
梵語kya・kaの音訳字。「釈迦」「迦陵頻伽」

**カ 9画 【架】** 部首[木] 常用 JIS 1845
音カ
訓かける・かかる
①かけておくもの。「画架・十字架・担架」②たな。ものをのせるところ。「書架・刀架」③かける。かけわたす。かかる。「高架線」「架橋・架設・架線」

**カ 9画 【▾枷】** 部首[木] JIS 5940
音カ
①からざお。かりとった穀物の穂をうって、脱穀する農具。②かせ。くびかせ。罪人の首にかけて、からだの自由をうばう刑具。

**カ 9画 【▾柯】** 部首[木] JIS 5941
音カ
①え。斧の柄。②えだ。木の枝。③くき。草の茎。

**カ 9画 【▾珂】** 部首[王] JIS 1849
音カ
①しろめのう。白い瑪瑙。宝石の一種。②くつわがい。バカガイ。ニマイガイ綱に属する軟体動物。みなとがい。③くつわがいの貝殻でつくった馬のくつわかざり。

**カ 9画 【▾珈】** 部首[王] JIS 6461
音カ
①女性のかみかざり。玉などをたれさげた、かんざし。②「珈琲」は、コーヒー(coffee)。

**カ 9画 【科】** 部首[禾] 教育小2 JIS 1842
音カ
①しな。品等。②すじ。条目。③区わけ。こわけ。「学科・外科」「科目」用例(名)——に分ける。④中国で、かつておこなわれた官吏登用試験。「科挙」⑤おきて。法律。「金科玉条」⑥あな。くぼみ。⑦生物分類上の一段階。目の下、属の上。「キク科」用例(名)——を立てる。⑧つみ。とが。あやまち。「罪科」「科料」⑨芝居のしぐさ。また、せりふ。「科白」
**科に盈ちて後進む**(かにみちてのちすすむ)《水の流れは、くぼみがあるとまずそこにたまってから先へ流れていく意から》学問をするにも、手をはぶかずに着実に一歩一歩進むべきである。

**カ 10画 【▾哥】** 部首[口] JIS 5107
音カ
①うたう。歌をうたう。歌。②あに。あにき。兄弟のうち、年上の男子。

**カ 10画 【夏】** 部首[夂] 教育小2 JIS 1838
音カ・ゲ
訓なつ
①なつ。四季の一つ。対義冬。「春夏秋冬・初夏・盛夏・仲夏」「夏季」②中国。中華。まわりの夷狄に対して、中央のひらけた国と自称した。③中国古代の伝説的王朝の名。前二一～前一六世紀ごろ。舜の禅譲で禹が王位につき、その子孫が継承した。一七代桀のとき、殷の湯王にほろぼされた。用例(固名)——殷周の三代。↓ゲ[夏]

**カ 10画 【家】** 部首[宀] 教育小2 JIS 1840
音カ・ケ・コ
訓いえ・や
①いえ。㋐すまい。や。「隣家」「家屋・家具」㋑うち。「旧家・実家」「家計・家事・家臣・家族」②その専門のいえ・ひと。「画家・作家・大家」用例《接尾的》実業——。読書——。↓ケ[家]

**カ 10画 【荷】** 部首[艹] 教育小3 JIS 1857
音カ
訓に
①に。にもつ。「出荷・入荷」②になう。かつぐ。「荷担」③かつぐものを数えるのに用いる。用例(助数)柴二——。④ハス。スイレン科の多年草。はちす。「荷風・荷葉」

**カ 10画 【華】** 部首[艹] 常用 JIS 1858
11画 【▾華】 旧字
音カ・ケ・ゲ
訓はな
①はな。ほまれ。「精華」②うつくしいこと。はなやか。「豪華」「華美」用例(名)——を去る。③さかえる。「栄華・繁華」④中国の美称。「中華」「華語」⑤おしろい。白い粉。「亜鉛華」↓ケ[華]
**華を去り実に就く**(かをさりじつにつく) うわべのかざりや見えをすてて、実質・中身をたっとぶ。

**カ 10画 【▾痂】** 部首[疒] JIS 6548
音カ
かさぶた。できもの・傷あとの上にできる、かたい皮。

**カ 10画 【▾蚵】** 部首[虫]
音カ
アブラムシ。カメムシ目に属する昆虫。ありまき。

**カ 11画 【▾啝】** 部首[口] JIS 5127
音カ・ワ
①したがう。②なく。こどもがなく。

**カ 11画 【▾崋】** 部首[山]
10画 【▾崋】 異体字 JIS 5428
音カ
「崋山」は、中国の山の名。五岳の一つとされる名山で、西安と洛陽の間にそびえる。

**カ 11画 【菓】** 部首[艹] 常用 JIS 1859
音カ
①くだもの。このみ。「水菓子」②間食品の総称。かし。おかし。「茶菓・製菓・乳菓」「菓子」

**カ 11画 【▾渮】** 部首[氵] JIS 6249
音カ
中国に昔あった川の名。山東省からながれだし、泗水にそそいでいた。渮水。

**カ 11画 【▾笳】** 部首[竹] JIS 6787
音カ
あしぶえ。アシの葉をまるめてつくった笛。

**カ 11画 【▾舸】** 部首[舟] JIS 7155
音カ
おおぶね。大きなふね。「舸船」

**カ 11画 【▾訛】** 部首[言] JIS 7534
19画 【▾譌】 異体字 JIS 7587
音ガ・カ
①あやまる。あやまり。文字やことばをまちがう。「訛伝」②なまる。なまり。ことばや発音が標準からはずれている。「転訛」「訛語」

**カ 11画 【▾谺】** 部首[谷]
12画 【▾谺】 異体字 JIS 7614
音カ
①谷が深く広いさま。②こだま。やまびこ。

**カ 11画 【貨】** 部首[貝] 教育小4 JIS 1863
11画 【▾貨】 旧字
音カ
①かね。たからもの。「金貨・通貨」「貨幣」②しなもの。物品。「雑貨・滞貨・日貨」「貨車・貨物」

**カ 12画 【▾堝】** 部首[土] JIS 5238
音カ
るつぼ。物質を直接火にふれさせずに、強く加熱するための容器。高熱にたえ、中の物質にも影響されないものでつくられる。

**カ 12画 【▾菓】** 部首[艹] JIS 7252
音カ

**カ 12画 【▾葭】** 部首[艹] JIS 7251
音カ
①草の一種。②フジのたぐい。

**カ 12画 【▾葭】**
音カ
アシ。イネ科の多年草。よし。

**カ 12画 【過】** 部首[辶] 教育小5 JIS 1865
13画 【▾過】 部首[辶] 旧字
音カ
訓すぎる・すごす・あやまつ・あやまち
①うつっていく。すぎる。すごす。「一過・経過・通過」「過去・過日・過程」②度がすぎる。「超過」「過不足・過分・過労」③しそこない。あやまつ。あやまち。「大過」「過誤・過失」

**カ 12画 【▾渦】** 部首[氵] 常用 JIS 1718
音カ
訓うず
①うず。うずまき。「渦状・渦紋」②もめごと。紛争。「渦中」

**カ 12画 【▾訶】** 部首[言] JIS 7537
音カ
しかる。せめる。どなる。

**カ 12画 【▾跏】** 部首[足] JIS 7672
音カ
あぐらをかく。足を組んですわる。「結跏趺坐」

**カ 12画 【▾軻】** 部首[車] JIS 7738
音カ
①車の軸をつなぐ。②「轗軻」は、車がなめらかに進まないさま。転じて、人が志を得ないで不幸なさま。「轗軻不遇」

**カ 13画 【嫁】** 部首[女] 常用 JIS 1839
音カ・ケ
訓よめ・とつぐ
①とつぐ。よめいりする。類似姻・婚。「降嫁」②ほかにうつす。おしつける。「転嫁」③よめ。㋐むすこの妻。㋑新婦。㋒妻。

**カ 13画 【▾廈】** 部首[广] JIS 5492
12画 【▾厦】 部首[厂] 異体字 JIS 5047
音カ
いえ。大きないえ。「大廈」

**カ 13画 【▾彁】** 部首[弓] JIS 5527
音カ・セイ
意義未詳。

**カ 13画 【▾遐】** 部首[辶] JIS 7802
音カ
①とおい。はるか。「登遐」②なんぞ。どうして。

**カ 13画 【暇】** 部首[日] 常用 JIS 1843
音カ
訓ひま
①ひま。いとま。てすき。「寸暇・余暇」②やすみ。「休暇・賜暇」

**カ 13画 【▾瑕】** 部首[王] JIS 6476
音カ



▾常用漢字表外。 ▿常用漢字表の音訓外。

**カ** 13画 【禍】 部首[ネ] 常用 JIS 1850 ／ 14画 【禍】 旧字 部首[示]
音 **カ**
①わざわい。災難。凶事。対義 福。「奇禍・水禍・戦禍」「禍根」用例《接尾的》交通—。

**カ** 13画 【窠】 部首[穴]
音 カ
あなの中にある、すみか。

**カ** 13画 【賈】 部首[貝] JIS 7643
音 コ・カ
①あたい。ね。値段。価格。②中国人の姓の一つ。↓コ[賈]

**カ** 13画 【靴】 部首[革] 常用 JIS 2304 ／ 13画 【鞾】 旧字 ／ 20画 【韡】 異体字
音 **カ**
訓 **くつ**
くつ。かわのくつ。類似 鞜。比較 沓・履。「隔靴掻痒・軍靴・製靴」

**カ** 14画 【嘉】 部首[口] 人名用 JIS 1837
音 カ
①よい。めでたい。よろこばしい。「嘉肴・嘉日・嘉辰・嘉例」②よろこぶ。ほめる。「嘉納」

**カ** 14画 【夥】 部首[夕] JIS 5278
音 カ
おおい。おびただしい。「夥多」

**カ** 14画 【寡】 部首[宀] 常用 JIS 1841
音 **カ**
①すくない。わずか。対義 多・衆。「衆寡・多寡」「寡言・寡少・寡聞・寡黙」用例(名)—をもって衆に当たる。②やもめ。夫に死なれた妻。また、やもお。妻に死なれた夫。「寡婦」③昔、中国で諸侯の自称。「寡君・寡人」
**寡は衆に敵せず**(かはしゅうにてきせず) 少数のものは多数のものにかなわない。衆寡敵せず。

**カ** 14画 【榎】 部首[木] JIS 1761
音 カ
エノキ。ニレ科の落葉大高木。え。

**カ** 14画 【歌】 部首[欠] 教育小2 JIS 1846 ／ 17画 【謌】 異体字 部首[言] JIS 7572
音 **カ**
訓 **うた・うたう**
歌 歌 歌 哥 歌 歌
①うた。うたう曲。うたうことば。比較 謡。「校歌」「歌曲・歌劇」②やまとうた。和歌。短歌。比較 句。「秀歌・名歌」「歌集・歌風」③うたう。メロディーをつけて声をだす。「放歌」「歌手」

**カ** 14画 【窩】 部首[穴] JIS 6761
音 ワ・カ
①むろ。あな。ほらあな。②す。あなの中にある、すみか。「蜂窩」

**カ** 14画 【箇】 部首[竹] 常用 JIS 1853
音 **カ・コ**
一つ一つ。ものを数えるのに用いる。「箇所・箇条・箇条書き」用例(助数)五—月。参考 もと「ケ」と書いた。「ケ」は个の変形、个は箇の略字。

**カ** 14画 【蜾】 部首[虫]
音 カ・ラ
「蜾蠃」は、ジガバチ。ハチ目に属する昆虫。すがる。こしぼそばち。

**カ** 14画 【裹】 部首[衣] JIS 7471
音 カ
つつむ。つつんだもの。つつみ。

**カ** 15画 【樺】 部首[木] ／ 14画 【椛】 異体字 JIS 1982
音 カ
かば。かんば。カバノキ。カバノキ科の落葉樹。シラカバ・ダケカンバ・ウダイカンバなど。

**カ** 15画 【稼】 部首[禾] 常用 JIS 1852
音 **カ**
訓 **かせぐ**
①かせぐ。はたらく。「稼業・稼働」②うえる。穀物をうえつける。「稼穡」

**カ** 15画 【蝌】 部首[虫] JIS 7388
音 カ
「蝌蚪」は、おたまじゃくし。カエルの幼生。

**カ** 15画 【蝦】 部首[虫] JIS 1860
音 カ
エビ。エビ目に属する甲殻類。イセエビ・クルマエビなど。

**カ** 15画 【蝸】 部首[虫] JIS 7387
音 カ・ラ
カタツムリ。マキガイ綱に属する軟体動物。かたつぶり。でんでんむし。まいまいつぶろ。「蝸牛」

**カ** 15画 【課】 部首[言] 教育小4 JIS 1861
音 **カ**
課 課 課 課 課 課
①こころみる。はかる。試験。「考課」②わりあてる。わりあて。「日課・賦課」「課業・課税・課題・課役」③会社や役所などのしごとの区わけ。局や部の下、係の上。比較 部。「課長」用例《接尾的》会計—。総務—。土木—。

**カ** 15画 【踝】 部首[足] JIS 7686
音 カ
①くるぶし。つぶぶし。足首の両がわにある突起。「踝跣」②くびす。きびす。かかと。

**カ** 17画 【檟】 部首[木]
音 カ
ひさぎ。キササゲ。ノウゼンカズラ科の落葉高木。

**カ** 17画 【罅】 部首[缶] JIS 7001
音 カ
あな。すきま。ひび。また、あながあく。われる。

**カ** 17画 【鍋】 部首[金] JIS 3873
音 カ
なべ。食べ物を煮炊きする道具。

**カ** 17画 【鍜】 部首[金] JIS 7908
音 カ
しころ。かぶとの鉢の左右・後方にたれさがって、首筋をおおうもの。参考 鍛は別字。

**カ** 17画 【霞】 部首[雨] 人名用 JIS 1866
音 カ
かすみ。かすむ。「雲霞」

**カ** 17画 【顆】 部首[頁] JIS 8089
音 カ
つぶ。小さくて、まるいもの。また、つぶ形のものを数えるのに用いる。「顆粒」

**カ** 18画 【譁】 部首[言] ／ 17画 【譌】 異体字 JIS 7586 ／ 14画 【嘩】 異体字 部首[口] ／ 13画 【嘩】 異体字 部首[口] JIS 1862
音 カ
かまびすしい。さわがしい。やかましい。

**カ** 20画 【鰕】 部首[魚] JIS 8249
音 カ
①エビ。エビ目に属する甲殻類。イセエビ・クルマエビなど。②サンショウウオ。サンショウウオ目に属する両生類。

**か**【香】 かおり。におい。scent; fragrance 用例 潮の—がただよう。

**か**【蚊】 双翅目カ科の昆虫の総称。世界に約二〇〇〇種、日本に約一〇〇種いる。吸血するのは雌。日本脳炎などの病原体を媒介することもある。イエカ類は夜間活動するが、ヤブカ類は昼間活動する。mosquito ↓図

●カ アカイエカ

**蚊の食う程にも思わない**(かのくうほどにもおもわない) なんとも思わない。なにも困らない。類似 痛くも痒くもない。
**蚊の臑**(かのすね) 蚊の脚のようにやせ細ったすね。
**蚊の鳴く様な声**(かのなくようなこえ) たいへんかすかな声。very thin voice
**蚊の涙**(かのなみだ) 数や量がごく少ないたとえ。類似 雀の涙。
「れ。

**か**【彼】 古語(代) 対義 こ・そ。①あれ。②かれ。
**か** 古語(副)《上代では「このように」の意で、多く「か…かく…」の形で使う》あのように。ああ。こう。用例 —行きかく行き見つれども(万葉・一七・三九九一)。

**か** ㊀(副助)①「だれ・何・なぜ」のような疑問詞、あるいは疑問を示す語に付いて、不確かな気持ちを表す。用例 何—言っている。だれ—知らざる。虎—吠ゆる。年のせい—、つかれが早い。②どれか一つをえらぶ意を表す。用例 きみ—ぼく—が行くことになろう。③「…するとすぐ」の意を表す。用例 始まる—始まらない—のうちに。㊁(終助)《体言および用言の連体形、形容動詞の語幹に付いて》①疑問の意を表す。用例 雪でも降るのだろう—。②質問の意を表す。用例 今、何時です—。③反語の意を表す。用例 こんなもの、食える—。④「う」「よう」や打ち消しの語とともに用いて勧誘の意を表す。用例 食事にしよう—。⑤打ち消しの語とともに用いて詰問の意を表す。用例 早く言わない—。いいかげんにしない—。⑥念を押したり、確かめたりする気持ちを表す。用例 わかった—。⑦感動や驚きの意を表す。用例 とうとうやった—。もう一年たった—。武士どもが夢のあと—。これだった—。㊂古語(係助)《文末の活用語は連体形をとる。参考 係結び》①疑問の意を表す。用例 木立ちいとよしあるは、「何人の住むに—」と問ひ給へば(源氏・若紫)。②反語の意を表す。用例 これを待つ間、何の楽しび—あらん(徒然・七四)。

**か**(接頭) おもに形容詞に付いて、語勢を強め、語調をととのえる語。用例 —弱い。—細い。

**か**【処】(接尾) 場所を言う語。用例 あり—。住み—。

**か**【日】(助数) 日数を数える語。用例 三—。

**が**【が・ガ】 ↓か【か・カ】

**ガ** 4画 【牙】 部首[牙] ／ 5画 【牙】 異体字 JIS 1871
音 ガ・ゲ
①きば。哺乳動物の犬歯が、大きくするどく発達したもの。「歯牙・爪牙」②本営。本陣。大将のいるところ。「牙城」③部首の一つ。きばへん。

**ガ** 5画 【瓦】 部首[瓦] JIS 2004
音 ガ
①かわら。土を焼いてつくった、屋根をふいたり、土間に敷くためのもの。「煉瓦」「瓦解」②グラム(gramme)。メートル法の重さの単位。一gは、一kgの一〇〇〇分の一。

**ガ** 7画 【伽】 部首[人・亻] JIS 1832
音 カ・ガ・キャ
梵語 ka・ga・gha などの音訳字。「迦陵頻伽」「伽藍」「瑜伽」↓カ・キャ[伽]

**ガ** 7画 【呀】 部首[口] JIS 5064
音 ガ・カ
くちをあける。くちを大きくあける。

**ガ** 7画 【我】 部首[戈] 教育小6 JIS 1870
音 **ガ**
訓 **われ・わ**
我 我 我 我 我 我
①われ。わ。わたくし。仏教では、行為の主体としての自己。対義 彼。「自我・彼我・無我」用例(名)—の意識。②わが。わたくしの。「我田引水」③かた意地。わがまま。「我意・我欲・我流」用例(名)—を通す。
**我が強い**(ががつよい) 強情だ。他人の言うことに従わず、自分の考えをあくまで押し通そうとする性質・性格だ。egoistic; selfish
**我を折る**(がをおる) 言い負かされて人に従う。give in
**我を出す**(がをだす) 本性をあらわす。
**我を立てる**(がをたてる) 「我を張る」と同意。
**我を通す**(がをとおす) わがままをむりに通す。have one's own way
**我を張る**(がをはる) 意地を通す。我を立てる。assert oneself

**ガ** 8画 【画】 部首[凵] 教育小2 JIS 1872 ／ 12画 【畫】 旧字 部首[田] JIS 6533
音 **ガ・カク・カイ・エ**



↓ 行き先項目、図版・写真参照印。 JIS 日本工業規格情報交換用漢字符号コード(区点コード)。

画 画 画 画 画 画

①え。ものの形などを平面にかきあらわしたもの。「映画・絵画・名画」「画用紙」②えがく。えにあらわす。「画家・画伯」③映画のこと。「邦画・洋画」↓カク【画】

**ガ** 8画【芽】部首[艹] 教育小4 JIS 1874　7画【芽】旧字
音 ガ・ゲ　訓 め

芽 芽 芽 芽 芽 芽

①め。草木のめ。それに似たもの。「肉芽・麦芽・発芽」②きざし。おこり。「萌芽」

**ガ** 8画【臥】部首[臣] JIS 1873
音 ガ
ふす。ねる。横になる。「仰臥・行住坐臥・病臥」「臥薪嘗胆」

**ガ** 9画【俄】部首[人・亻] JIS 1868
音 ガ
にわか。①にわかに。急に。突然。「俄然」②仁輪加。にわか狂言。茶番狂言。

**ガ** 10画【哦】部首[口] JIS 5108
音 ガ
うたう。くちずさむ。吟ずる。詩や歌を声にだして、うたう。

**ガ** 10画【娥】部首[女] JIS 5314
音 ガ
①うつくしい。みめよい。美女。「娥々」②「嫦娥」は、月へ逃げた美女の名。また、月のこと。

**ガ** 10画【峨】部首[山] JIS 1869　10画【峩】異体字 JIS 5422
音 ガ
けわしい。山が高くけわしいさま。「峨々」

**ガ** 10画【莪】部首[艹] JIS 7216
音 ガ
ヨモギの一種。ヨモギは、キク科の多年草。

**ガ** 11画【訝】部首[言]　12画【訝】異体字 JIS 7535
音 ガ・ゲ・ゲン
①むかえる。人をむかえて、ねぎらう。②いぶかる。あやしむ。うたがう。「怪訝」

**ガ** 12画【賀】部首[貝] 教育小5 JIS 1876
音 ガ・カ

賀 賀 賀 賀 賀 賀

よろこぶ。いわう。いわい。「慶賀・参賀・祝賀・年賀」「賀正・賀状・賀表」用例(名)七十の―。参照 賀の祝い。

**ガ** 13画【蛾】部首[虫] JIS 1875
音 ガ・ギ
①チョウ目に属する昆虫で、チョウ以外のものの総称。世界に約二〇万種、日本には約四〇〇〇種いる。チョウとは、触角などの形態で区別する。触角は、糸状・羽毛状・くし状など多様。幼虫は、芋虫・毛虫など。②まゆ。ガの触角のような形の美しいまゆげ。「蛾眉」

**ガ** 13画【衙】部首[行] JIS 7443
音 ガ・ギョ
①役所。官庁。「官衙・公衙・国衙」②あつまる。集合する。

**ガ** 13画【雅】部首[隹] 常用 JIS 1877　12画【雅】旧字
音 ガ
①ただしい。ただしくて上品。対義 俗。「高雅」「雅楽・雅語」②みやびやか。みやび。風流。対義 俗。「風雅・優雅」③もとより。つねづね。かねがね。④『詩経』の六義の一つ。ただしい音楽の歌詞の意。儀式のための詩。宮廷詩。

**ガ** 15画【餓】部首[食] 常用 JIS 1878　16画【餓】旧字
音 ガ
うえる。はらがへる。ひもじい。「飢餓」「餓鬼・餓死」

**ガ** 15画【駕】部首[馬] JIS 1879
音 カ・ガ
①乗り物。「車駕」②おいこす。しのぐ。「凌駕」
**駕を枉げる**《目上の人が訪ねてくれることを敬って言う》貴人が立ち寄る。

**ガ** 18画【鵝】部首[鳥] JIS 8301　18画【鵞】異体字 JIS 8302
音 ガ
「鵝鳥」は、ガンカモ科の飼い鳥。「鵝毛」

**が**(接続)《接続助詞の独立したもの。前の文を受けて、それの逆を説き起こす》けれども。しかし。用例 会いたい。―、都合がつかない。

**が** ㈠(格助)《体言や、それに準ずる語に付く》①動作・作用、あるいは性質・状態の主体を示す。用例 川―流れる。ここ―学校だ。②感情を表したり、可能であることを言ったりする語の対象を示す。用例 水―飲みたい。花―きれいだ。英語―できる。③古語 ㋐連体修飾語をつくる。用例 磐代の浜松―枝を引き結び(万葉・二・一四一)。㋑「…のもの」の意を表す。用例 このうたは、ある人のいはく、柿本人麿―歌なり(古今・恋三・左注)。㈡(接助)《現代語では終止形、文語では連体形に付く》①既定の逆接条件を示す。用例 雨は降った―、道はぬかっていない。②「…(う)が…(まい)が」の形で、どちらになっても、の意を表す。用例 降ろう―降るまい―、かまいはしない。③並列的に、また中止的に下に続ける。用例 英語もうまい―、フランス語もうまい。㈢(終助)あとを言いさして、婉曲に言う。用例 ちょっとお尋ねしたいのです―。

**カー**[car]①くるま。電車。車両。用例 ケーブル―。②自動車。用例 オープン―。

**カー**[Edward Hallett Carr](一八九二〜一九八二) イギリスの政治学者・歴史家。ケンブリッジ大卒。国際関係や政治史、さらにマルクス・バクーニンらの伝記など思想史に関する著述で知られる。著書『危機の二〇年』など。

**カー**[John Dickson Carr](一九〇六〜七七) アメリカの推理小説家。別名カーター＝ディクソン。作品『帽子収集狂事件』『ユダの窓』など。

**カー**[Vikki Carr](一九四〇〜) アメリカの女性ポピュラー歌手。『この恋に生きて』がヒット。

**カーエス**[Benno Chajes](一八八〇〜一九三八) ドイツの社会衛生学者。とくに職業中毒・産業衛生に深い関心を示す。著書『職業病概説』『社会衛生学綱要』など。

**カーキーキャンベル-しゅ**【カーキーキャンベル種】《イギリスのキャンベル夫人が、作りだしたことから》アヒルの一品種。全体が黄褐色で、首と腹面は青緑色が強い中形種。卵用種で、年間産卵数三〇〇個以上。Khaki Campbell

**カーキ-いろ**【カーキ色】《「カーキ」は、土色の、の意のkhākiヒンディーから》枯れ草色。黄と茶色のまざったもの。旧陸軍の軍服の色として知られる。国防色。

**カークウッド-の-すきま**【カークウッドの隙間】木星の摂動により小惑星が掃き出されたあとの、小惑星帯のすきま。Kirkwood gaps

**カーグ-とう**【カーグ島】(Khārg Island) ハールグ島の別称。

**カー-ゲー-ベー**【KGB】《Komitet Gosudarstvennoy Bezopasnostiロシアの略》ソ連の国家保安委員会。アメリカのCIAにあたる政治警察。ケージービー。

**カーゴ-カルト**[cargo cult] 一九世紀末以来、メラネシア各地に起こった宗教運動。白人が船などでもたらすカーゴ(積み荷)は、本来祖先が自分たちに送り届けてくれるべき至福を横取りしたものであり、熱狂的に祈りを捧げることによりカーゴが取り戻せると信じて破壊、敵対など、さまざまな行動をとった。積み荷崇拝。

**ガーザーン-ハン**[Ghāzān Khan](一二七一〜一三〇四) イルハン国第七代君主(在位一二九五〜一三〇四)。イスラム教に帰依し、宰相ラシード＝アッディーンの助力でイスラムの社会制度イクターの導入や税制改革など新政策を施行。

**かあ-さん**【母さん】子が母を親しんでよぶ語。mom; mommy 対義 父さん。

**カージャール-ちょう**【カージャール朝】イランの王朝。一七七九年トルコ系カージャール族のアガ＝ムハンマドがゼンド朝を倒して建国。レザー＝シャーのクーデターにより一九二五年王制を廃止。Qajar Dynasty

**カーシュ**[Yousuf Karsh](一九〇八〜) カナダの肖像写真家。アルメニア生まれ。世界の一流人を撮影。作品集『運命の顔』など。

**ガーシュウィン**[George Gershwin](一八九八〜一九三七) アメリカの作曲家・ピアニスト。ジャズの語法とヨーロッパの伝統を融合し、アメリカ独自の音楽を生んだ。管弦楽曲『ラプソディー-イン-ブルー』、オペラ『ポギーとベス』、ポピュラー曲『スワニー』など。

**カー-ステレオ**《和製語》自動車用のステレオ。

**カースト**[caste]《castaポルトガル(血統)から》インド特有の閉鎖的身分階層制度。インドの古文献ではバルナ(色)、ジャーティ(出生)と呼ぶ。バラモン(司祭)、クシャトリヤ(王族)、バイシャ(庶民)、シュードラ(隷民)の四階級(四種姓)をいい、職業は世襲、交際・結婚などは厳重に規制された。さらに社会の複雑化により種々の副カーストに分化され、数千のカーストがあるといわれる。四姓。カスト。

**ガーゼ**[Gazeドイツ] 軟らかくて目の粗い綿布。吸湿性が高く、おもに衛生用材料として利用される。gauze

**カーソル**[cursor]①計算尺にはめてその上をすべり動かす透明の板。中央に数値を読みとるための赤いカーソル線が入っている。②コンピューターの表示画面上に、入力する文字などの位置を示す印。

**カーゾン**[George Nathaniel Curzon](一八五九〜一九二五) イギリスの政治家。インド総督としてベンガル分割法を施行するなど、帝国主義政策を推進。第一次大戦後外相となり、一九二〇年ソ連・ポーランド国境としてカーゾンラインを提案。

**カーソン-シティ**[Carson City] アメリカ西部、ネバダ州西部にある同州の州都。鉱業・農業がさかんで、避暑地・行楽地としても有名。人口三・二万(一九八〇)。

**カーター**[Howard Carter](一八七三〜一九三九) イギリスの考古学者。エジプト、テーベの「王家の谷」を調査し、一九二二年ツタンカーメンの墓を発見。

**カーター**[James Earl Carter](一九二四〜) アメリカの政治家。民主党員。ジョージア州知事をへて第三九代大統領(在任一九七七〜八〇)。

**ガーター**[garter]①靴下留め。輪状のもの、つり下げてクリップで留めるサスペンダー式、ガードルに留め具のあるものなどがある。ガーターベルト。②英国の「ガーター勲章」の略。③「ガーター編み」の略。

**ガーター-あみ**【ガーター編み】棒針編みの編み方の一種。横方向に表編みと裏編みを交互に繰り返し、表側と裏側とが同じ仕上がりになる。garter stitch →写

●ガーター編み

**ガーター-くんしょう**【ガーター勲章】イギリスの最高勲章。ガーター(左脚に付ける)・頸飾・星章からなる。一三四八年ごろエドワード三世が制定。ナイト、外国の元首などに贈られる。the Garter

**カー-ダンパー**[car dumper] 砂利や鉱石などを一気に荷おろしするために、貨車の荷台を傾ける装置。

**ガーツ-さんみゃく**【ガーツ山脈】(Ghats) インド、デカン高原の東西を走る二つの山脈。ベンガル湾側を東ガーツ山脈、アラビア湾側を西ガーツ山脈という。最高峰は西ガーツ山脈のアナイムディ山で、標高二六九五m。

**かあつすいがた-げんしろ**【加圧水型原子炉】軽水型動力炉の一つ。一次冷却水が一〇〇℃以上でも沸騰しないように加圧(一〇〇〜一五〇気圧)して、蒸気発生器に導き発電させる。船舶の動力源、発電に利用。pressurized water reactor

**ガーディアン**[The Guardian] ロンドンに本社をおくイギリスの高級朝刊紙。公平な主張と報道で知られる。一八二一年創刊。

**カーディガン**[cardigan] 毛糸などで編んだ前あき襟無しジャケット。男女とも用いる。

**カーティス-おんがくいん**【カーティス音楽院】(Curtis Institute of Music) ジュリアード音楽院と並ぶアメリカの代表的音楽院。一九二四年設立。作曲家S＝バーバー、ピアノのP＝ゼルキンらの著名人を輩出。

**カーディナル**[cardinal]①猩猩紅冠鳥のこと。②ローマ-カトリック教会の枢機卿のこと。③深紅色。

**カーディフ**[Cardiff] イギリス南西部、セバン川北岸の炭田に近い工業都市。ウェールズ最大の都市。一一世紀以来の古都。人口二八万(一九八三)。



▼常用漢字表外。　▽常用漢字表の音訓外。

**カーテン**[curtain] ①窓際に掛けられる布類。外光や寒暖の調節・視線や騒音の遮断・室内装飾などが目的。また、部屋の間仕切りとしても使われる。用例 ―を引く。数え方 一枚・一張り。②さえぎって、内部をかくすもの。用例 鉄の―。

**ガーデン**[garden] ①庭。庭園。②果樹園。菜園。③公園。

**カーテン・ウオール**[curtain wall] 荷重を受けない構造の外壁。単に風雨・騒音の防止あるいは間仕切りなどに用いる。帳壁。

**カーテン・コール**[curtain call] 演劇・オペラ・コンサートなどの閉幕・終演後、観客が出演者を拍手でカーテン前や舞台に呼び戻し、称賛すること。

**ガーデン・トラクター**[garden tractor] 小型エンジンを動力とする歩行型または乗用型の簡易なトラクター。耕耘機などの作業機を取りつけて手軽に農作業を行うハンドトラクター。

**ガーデン・パーティー**[garden party] ↓えんゆうかい(園遊会)

**カート**[cart] 荷物を運ぶための手押し車。用例 ゴルフの―。

**カード**[card] ①厚紙を小さく四角に切ったもの。いろいろな事を記入し、整理するのに使う。用例 パンチ―。②トランプのふだ。③野球などで、組み合わせ。用例 好―。

**ガード**《girder bridgeから》鉄道線路の高架橋。道路上の陸橋。

**ガード**[guard] ①警備。警備に当たる人。護衛。守衛。②ボクシングで、競技姿勢をとったときの腕の構え。また、相手が打つ瞬間に自分の両腕を伸ばして相手のパンチ力を抑える防御技術。ガーディング。③バスケットボールなどの球技で、ゲームメーカー的な役割の選手。本来は守る役割の選手をさす。

**カード・ゲーム**[card game] カルタ・トランプなど、カードを使う遊びの総称。

**カード・システム**[card system] 情報やデータをカードに記入して分類・管理し、処理手続きの能率化をはかる仕組み。

**カード・しょくひん【カード食品】** ↓シートしょくひん(シート食品)

**カード・でんわ【カード電話】** 磁気カードで通話ができるカード公衆電話の通称。

**ガードナー**[Erle Stanley Gardner](一八八九～一九七〇) アメリカの推理小説家。弁護士ペリー＝メースンが主人公の連作で有名。作品『ビロードの爪』など。

**ガードナー**[John Gardner](一九三三～八二) アメリカの小説家。寓話的・牧歌的な物語を書く。作品『太陽の対話』『十月の光』など。

**ガード・マン**《和製語》現金・貴金属・建物・重要人物などを監視または護衛する民間の警備員。guard

**カートライト**[Edmund Cartwright](一七四三～一八二三) イギリスの牧師・発明家。蒸気動力を使用する力織機を開発した。

**カートリッジ**[cartridge] ①はめこみ式の交換部品。②薬莢つきの弾丸が入っている筒。③万年筆用のスペアインクの容器。④レコードプレーヤーのピックアップの針がついている部分。⑤専用容器(パトローネ)入りフィルム。⑥石油ストーブの石油タンク。

**カートリッジ・テープ**[cartridge tape] 録音されたエンドレス磁気テープをカートリッジに収めたもの。カーステレオ、背景音楽用など。

**ガードル**[girdle] 婦人用下着の一種。腹部から腰部にかけて体形を美しく整えるために用いる。↓写

●ガードル

**ガードレール**[guardrail] ①鉄道で、脱線防止のため、本線のレールと平行に設ける補助レール。②自動車と歩行者の交通安全のため、歩道と車道の間などに設置する防護柵。

**カー・トレーン**《和製語》貨車と客車を連結、乗用車やトラックをドライバーや同乗者とともに運ぶ列車。昭和六〇年(一九八五)国鉄(現JR)が汐留から東小倉間で運転開始。passenger and freight train

**カートン**[carton] ①銀行・郵便局などの窓口から、お金を入れて出す盆。②サイダー・ビール・タバコなどを、一〇本・一〇個などとひとまとめにして入れるボール紙製の箱。また、それを数える語。③ろうをひいた厚紙でつくった箱。瓶のかわりなどに用いる。

**ガーナ**[Ghana](Republic of Ghana) アフリカ西部、ギニア湾に臨む共和国。首都アクラ。一九五七年イギリスから独立。カカオ・金・ダイヤモンドを産出。旧称黄金海岸(Gold Coast)。面積二三・九万km²。人口一四〇四万(一九八六)。正称ガーナ共和国。

**カーナライト**[carnallite] カリウム・マグネシウム・塩素を成分とする鉱物。斜方晶系。グリース状光沢で無色や乳白色を示す。北ドイツの岩塩鉱床に産出。カナール石。

**カーニバル**[carnival] 謝肉祭。転じて、祭りさわぎを伴う催し。

**カーヌーン**[qānūnアラビア] アラビアやトルコの撥弦楽器。台形の箱上に約八〇本の腸弦(現在はナイロン製)を張り、三本ずつを同音に調律。両手の人差し指に義爪をはめて弾く。

**カーネーション**[carnation] ナデシコ科の一年草および多年草。高さ六〇cm～一m。葉は細く、白緑色で対生。花色は豊富。観賞用。母の日に送る花。南ヨーロッパ・西アジア原産。オランダセキチク。↓写

●カーネーション

**カーネギー**[Andrew Carnegie](一八三五～一九一九) アメリカの実業家。同国最大の製鋼企業を経営し、鉄鋼王と称される。引退後はカーネギー財団を設立、社会事業に巨財を投じた。

**カーネギー・ホール**[Carnegie Hall] ニューヨークにある演奏会場。一八九一年開場、九八年鉄鋼王カーネギーの寄付により改築、現名称となった。

**ガーネット**[David Garnett](一八九二～一九八一) イギリスの小説家。奇抜な着想でおとぎ話風の風刺的作品を書く。作品『狐になった奥様』など。

**ガーネット**[garnet] 珪酸塩鉱物。種類が多く、美しいものは宝石として珍重される。一月の誕生石。柘榴石。↓誕生石写

**カーバ**[Ka'baアラビア]《立方体の建物、の意》メッカにあるイスラム教の神殿。聖なる象徴として黒石を安置。教徒は毎日この神殿の方角に向かって礼拝を行い、また、巡礼もここをめざす。Kaaba

**カーバイド**[carbide]《本来は炭化物、の意》炭素と金属元素との化合物、とくに炭化カルシウムをさす。

**カービング**[carving] スキーで、エッジで雪面をけずり取るように滑ること。雪面の抵抗が少なく、スキー板の特性を生かした回転法。

**カービン・じゅう【カービン銃】**《もとは、騎銃の意》口径七・六二mmの自動装填式小銃。第二次大戦などで使われたアメリカ陸軍の制式銃。自衛隊でも使用。carbine

**カーフ**[calf] 子ウシ。また、その革。

**カーブ**[caveフランス] ワインを貯蔵しておくための部屋。地下にあり、温度は一〇～一二℃ 換気のよい場所が適する。

**カーブ**[curve](名・サ変自) ①曲がること。②道などの曲がっている所。③曲線。④野球で、投手の投球の変化球の一種。右投手なら左へ、左投手なら右へ曲がりながら落ちる球。球に回転を与えて変化させる。

**カープ**[carp] 鯉。

**ガーファンクル**[Art Garfunkel](一九四一～) アメリカの歌手。ポール＝サイモンと一九六三年サイモンとガーファンクルを結成、七三年解散。

**カー・フェリー**[car ferry] 自動車航送船。自動車ごと貨客をのせて、川や湖や海を輸送する連絡船。

**カーブ・じゃく【カーブ尺】** 洋裁用具。曲線のついた定規。曲率の多い側にメートル法で目盛りが刻まれている物差し。わき線や袖ぐり線などを描くのに用いる。curved ruler

**カーブル**[Kābul] アフガニスタンの首都。標高一八〇〇mの高原上の都市。インドと中央アジアを結ぶ交通の要地。人口九一・三万(一九七九)。カブール。

**カーペット**[carpet] 絨緞。

**ガーベラ**[gerbera] キク科の多年草。葉は根生。花は赤・黄・桃・白色など。四〇～八〇cmの花茎に一輪つく。一重・八重咲き。花期は五月から晩秋。観賞用。南アフリカ原産。↓写

●ガーベラ

**カーペンター**[Clarence Ray Carpenter](一九〇五～) アメリカの霊長類学者。霊長類の生態調査に方法論的な基盤を築いた。わが国の霊長類学にも影響を与えた。

**カーペンターズ**[The Carpenters] 歌と演奏のアメリカのグループ。一九八三年活動を中止。ヒット曲『遥かなる影』など。

**カーペンタリア・わん【カーペンタリア湾】**(Gulf of Carpentaria) オーストラリア北部の大湾。水深五五～七〇mの浅海の湾。

**カーポート**[carport] 住宅の敷地内に設けられた簡易車庫。屋根と支柱だけのロビー型が多い。本来は車寄せ場。

**カーボ・ベルデ**[Cabo Verdeポルトガル](Republic of Cape Verde) アフリカ最西端ベルデ岬の西方、大西洋上の火山島群からなる共和国。首都プライア。一九七五年にポルトガルから独立。住民はポルトガル人と黒人の混血。バナナ・コーヒー栽培のほか、観光が主要産業。面積四〇〇〇km²。人口三三万(一九八九)。正称カーボベルデ共和国。

**カーボランダム**[carborundum]《商標名》炭化珪素。アメリカのカーボランダム社が開発。研磨材・耐火材に使用。

**カーボン**[carbon] 炭素。また、炭素からできているもの。

**カーボン・し【カーボン紙】** カーボンブラックなどの顔料や染料をろうや油に混ぜ、薄い原紙の片面または両面に塗布した複写用紙。carbon paper

**カーボン・せんい【カーボン繊維】** ↓たんそせんい(炭素繊維)

**カーボン・ブラック**[carbon black] 黒色のやわらかい炭素の微粉末。炭化水素・アセチレン・メタンなどを不完全燃焼または熱分解して得る。ゴム補強・顔料・電池などに利用。

**カーマイケル**[Stokely Carmichael](一九四一～) アメリカの急進的な黒人運動家。トリニダード島出身。一九六六年、学生非暴力調整委員会委員長に就任し「ブラックパワー」を唱えた。

**カーマイン**[carmine] 絵の具の赤色の代表的な色名。洋紅。

**カーマスートラ**[Kāmasūtra梵] 古代インドの性愛に関する綱要書。バーツヤーヤナ著とされる。四世紀ごろ成立。性愛の知識や生活上の種々の技芸などを説く。

**カーラー**[curler] 毛髪をカールさせて、ウエーブや量感を出すために用いる筒形の器具。

**カーライル**[Thomas Carlyle](一七九五～一八八一) イギリスの思想家。予言者的な言説で反響をよんだ。著書『衣服哲学』『フランス革命史』『英雄および英雄崇拝論』など。

**ガーランド**[Hamlin Garland](一八六〇～一九四〇) アメリカの小説家。リアリズム文学の確立に寄与。短編集『本街道』『中部辺境の娘』など。

**ガーランド**[Judy Garland](一九二二～六九) アメリカのポピュラー歌手・映画女優。映画『オズの魔法使い』に主演。ライザ＝ミネリの母。ヒット曲『虹の彼方に』など。

**カーリー・ヘア**[curly hair] 頭髪全体を細かいカールで構成した髪型。

**カーリダーサ**[Kālidāsa](生没年未詳) 古代インドの詩人・劇作家。四世紀後半～五世紀前半の人。サンスクリット文学を完成の域まで高めたインド文学史上最高の詩人。叙事詩『クマーラ・サンババ(＝軍神の誕生)』『ラグバンシャ(＝ラグの系譜)』、叙情詩『メーガドゥータ(＝雲の使者)』、恋愛劇『シャクンタラー』など。

**ガーリック**[garlic] ニンニク。

**ガーリック・ソルト**[garlic salt] 食塩にニンニクの乾燥した粉末を混合した調味料。

**カーリット**[carlit]《商標名》過塩素酸塩の爆破薬。過塩素酸アンモニウムを基剤とし、珪

素・鉄・木粉・ワセリンなどを用途に応じて混合する。おもに土木工事に用いる。

**カーリング**[curling] スコットランド古来の氷上遊戯。四人ずつの二チームが、約二〇kgのストーン(平円形の石)を滑らせ、進行方向の氷面をブルーム(ほうき)で掃いてコースと速度を調整し、ハウス(円)内に入れて得点を競う。↓写

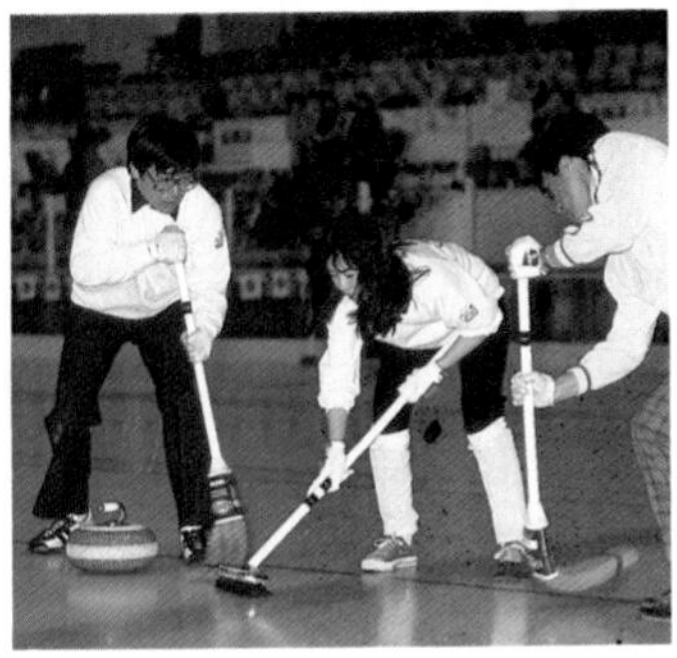

●カーリング

**カール**[curl](名・サ変自他) 髪の毛をうず巻状に形づけること。また、その巻き毛。

**カール**[Kar(ドイ)] 山岳氷河の浸食により形成された山頂付近の馬蹄形の窪地。岩壁での凍結・融解による破砕と氷河の移動、氷河底での研磨などにより形成。圏谷。cirque ↓氷河地形写

**カール**[Jerome Karle](一九一八) アメリカの化学者。ハウプトマンとともに、X線の回折強度を統計的に処理する方法を開発。一九八五年ノーベル化学賞受賞。

**カール**〈一世〉[Karl I](七四二―八一四) カロリング朝フランク国王(在位七六八―八一四)。小ピピンの子。七七四年以後、征討の軍を進め、北海から地中海に及ぶ地域を統一。八〇〇年教皇レオ三世より西ローマの帝冠を受けた。統治機構を整備し、学芸を奨励、カロリング-ルネサンスを現出。カール大帝。シャルルマーニュ。

**カール**〈四世〉[Karl IV](一三一六―七八) 神聖ローマ皇帝(在位一三四七―七八)。金印勅書を発布して七選帝侯制を定め、多数決による皇帝選挙制度を整備。アビニヨン幽囚中の教皇のローマ帰還を実現。プラハに大学を創設。

**カール**〈五世〉[Karl V](一五〇〇―五八) 神聖ローマ皇帝(在位一五一九―五六)。スペイン王としてはカルロス一世(在位一五一六―五六)。広大な領土を擁し、イタリアの覇権をめぐりフランスと慢性的に戦争を繰り返した。一五二一年のウォルムス国会ではルターを抑圧。四七年シュマルカルデン同盟との戦争には勝ったが、五五年アウグスブルクの宗教和議でルター派を承認。

**カール**〈六世〉[Karl VI](一六八五―一七四〇) 神聖ローマ皇帝(在位一七一一―四〇)。マリア=テレジアの父。トルコと戦い東方に進出、オーストリア最大の領域を形成。一七一三年相続権に関する家憲(=国事詔書)を列国に承認させた。

**ガール**[girl] 女の子。少女。対義ボーイ。用例―フレンド。

**カール-アウグスト**[Karl August](一七五七―一八二八) ザクセン-ワイマール公。啓蒙的君主で一八一六年ドイツで最初に憲法を発布。ゲーテを大臣に任用、シラーを招聘するなど文教振興に尽力。

**カールーン-がわ**[カールーン川](Kārūn) イラン南西部、ザグロス山脈に沿って流れる同国最長の川。長さ八四〇km。

**カール-シュミット**[Carl Schmitt] ↓シュミット

**ガール-スカウト**[Girl Scouts] 一九一〇年、イギリスのベーデン=パウエルがボーイスカウトについで「ガールガイド」として起こした世界的な教育運動。一二年、アメリカでジュリエット夫人が「ガールスカウト」と命名・創設。対義ボーイスカウト。

**カールスバート**[Karlsbad] カルロビバリのドイツ語名。

**カールズバッドカバーンズ-こくりつこうえん**[カールズバッドカバーンズ国立公園](Carlsbad Caverns National Park) アメリカ西部、ニューメキシコ州の石灰岩地帯を中心とする国立公園。面積一九〇km²。世界有数の鍾乳洞がある。

**カールスルーエ**[Karlsruhe] 西ドイツ南西部、バーデン地方の中心をなす商工業都市。放射・同心円状の都市形態で有名。人口二六・八万(一九八五)。

**カール-ビンソン**[Carl Vinson] アメリカ海軍の原子力推進攻撃型多目的航空母艦。ニミッツ級の三番艦で約九万一五〇〇トン、速力三〇ノット。艦載機約九〇機。

**カール-フィッシャー-しやく**[カール=フィッシャー試薬] 微量の水の定量用試薬の一つ。二酸化硫黄とピリジン、沃素をそれぞれメタノールに溶かして二液をつくり、使用直前に混合。一九三五年カール=フィッシャーが考案。Karl Fischer's reagent

**カールフェルト**[Erik Axel Karlfeldt](一八六四―一九三一) スウェーデンの詩人。自然と労働生活への愛をうたい、その作品は知的で響き高い。死後、一九三一年ノーベル文学賞追贈。詩集『荒野と愛の歌』など。

**ガールボルグ**[Arne Evenson Garborg](一八五一―一九二四) ノルウェーの詩人・小説家。同国の第二国語ランズモルを用いて創作。小説『百姓学生』など。

**カール-マルクス-シュタット**[Karl-Marx-Stadt] 東ドイツ、エルツ山地北西山麓の工業都市。人口三一・六万(一九八五)。旧称ケムニッツ。

**カーレーズ**[kārēz(ペルシア)] 乾燥地帯で水源から導水するための特殊構造の地下水道。通風・修理などのため、適当な間隔に竪穴を掘り下げて通してある。前六～前五世紀ごろ始められたという。イラン高原を中心に西はモロッコ、東は新疆まで普及。

**カーン**[Khan・汗] ↓カガン

**カーン**[Jerome Kern](一八八五―一九四五) アメリカの代表的ミュージカル作曲家。アメリカの社会・風俗などを巧みにいかした。作品『サニー』『ショーボート』など。

**ガーンジー-しゅ**[ガーンジー種] ウシの一品種。イギリス海峡チャンネル諸島中のガーンジー島原産の乳牛。雌の体重約六〇〇kg。体は褐色と白色のまだら。乳量は年約四五〇〇kgに達し、バター原料向き。Guernsey

**カーンプル**[Kanpur] インド北部、ウッタルプラデシュ州中部の商工業都市。ガンジス川の南岸に位置し交通の要地。一八五七年のセポイの反乱で、イギリス人が多数殺害された地。商業・綿工業の大中心地。人口一六八・八万(一九八一)。

**カイ** 4画 [▼丐] 部首[一] JIS 4802
音カツ・カイ
①こう。もとめる。ものごいをする。②こじき。ものもらい。

**カイ** 4画 [介] 部首[人・𠆢] 常用 JIS 1880
音カイ・ケ
①気にかける。「介意」②なかにたつ。世話をする。「紹介」「介在・介入・介抱」③つまらないもの。あくた。「一介の市民」④かい。貝の当て字。「魚介」⑤すけ。大宝令で、国司の次官。

**カイ** 4画 [▼夬] 部首[大] JIS 5279
音ケツ・カイ
①わける。区別する。②易で、六十四卦の一つ。↓ケツ[夬]

**カイ** 6画 [▼价] 部首[人・亻] JIS 4835
音カイ
①よい。すぐれている。②おおきい。③かいぞえ。つかいばしり。下僕。

**カイ** 6画 [会] 部首[人・𠆢] 教育小2 JIS 1881 | 13画 [▼會] 部首[曰] 旧字 JIS 4882
音カイ・エ
訓あう
①あう。であう。「再会・面会」「会見」②あつまる。あつまり。団体。「国会・参会・集会・村会」「会議・会合・会社」用例(名)月見の―。《接尾的》同好―。音楽―。③ぴったりする。かなう。「会心」④一定の地域。「社会・都会」↓エ[会]

**カイ** 6画 [回] 部首[囗] 教育小2 JIS 1883 | 5画 [▼囘] 部首[囗] 異体字 JIS 4937
音カイ・エ・ウイ
訓まわる・まわす
①《廻とも》まわす。まわる。めぐる。「旋回・転回」「回診・回送」②かえる。もどる。「回顧・回想」③たび。度数をかぞえるのに用いる。「今回・最終回・数回」用例(名)―を重ねる。(助数)九―裏。④さける。よける。「回避」⑤《蛔とも》はらのむし。「回虫」↓エ[回]

**カイ** 6画 [灰] 部首[火] 教育小6 JIS 1905 | 6画 [▼灰] 旧字
音カイ
訓はい
はい。もえがら。また、はいいろ。「石灰」「灰黒色・灰分」

**カイ** 7画 [▼芥] 部首[艹] JIS 1909
音カイ・ケ
①カラシナ。アブラナ科の一、二年草。ながらし。②からし。カラシナの種を粉にしたもの。香辛料。薬用。③あくた。ごみ。また、つまらないもの。「塵芥」

**カイ** 7画 [快] 部首[忄] 教育小5 JIS 1887
音カイ・ケ
訓こころよい
①こころよい。たのしい。「不快・愉快」「快活」用例(名)―をむさぼる。②すばらしい。はやい。「快晴・快走・快速」③病気がなおる。「全快」「快気・快方」

**カイ** 7画 [戒] 部首[戈] 常用 JIS 1892
音カイ
訓いましめる
①《誡とも》ときかす。いましめる。いましめ。「遺戒・訓戒・破戒」「戒告」②用心する。事前に手あてをする。「警戒」「戒心」③ものいみ。「斎戒」④仏教で、行動を自制するための条項。規律。三学・六波羅蜜の一つ。「五戒・受戒」「戒行・戒律」用例(名)―を破る。

**カイ** 7画 [改] 部首[攵] 教育小4 JIS 1894
音カイ
訓あらためる・あらたまる
①あらためる。あたらしくかえる。あらたまる。「変改」「改革・改正・改造・改良」②しらべる。あらため。「改札」

**カイ** 8画 [▼乖] 部首[丿] JIS 4810
音カイ
そむく。はなれる。もとる。「乖離」

**カイ** 8画 [▼佪] 部首[人・亻]
音カイ
めぐる。さまよう。あてもなく、あるきまわる。

**カイ** 8画 [届] 部首[尸] 教育小6 JIS 3847 | 8画 [▼屆] 旧字 JIS 5392
音カイ
訓とどける・とどく
①いたる。およぶ。②とどける。とどく。とどけ。

**カイ** 8画 [怪] 部首[忄] 常用 JIS 1888 | 9画 [▼恠] 異体字 JIS 5563
音カイ・ケ
訓あやしい・あやしむ
①変な。あやしい。「奇怪」「怪異・怪火・怪獣・怪盗」用例(名)深夜の―。②変に思う。あやしむ。③変なもの。また、ばけもの。「妖怪」「怪談」↓ケ[怪]

**カイ** 8画 [拐] 部首[扌] 常用 JIS 1893 | 8画 [▼拐] 異体字
音カイ
①こっそり、ごまかす。かたる。「公金拐帯」②かどわかす。だまして、こどもなどをつれていく。「誘拐」

**カイ** 9画 [▼咼] 部首[口] JIS 5105
音カイ・カ
ゆがむ。口がゆがむ。口もとがまがる。

**カイ** 9画 [▼廻] 部首[廴] JIS 1886
音カイ・エ
①まわす。まわる。めぐる。「旋廻」「廻船・廻廊」②かえる。もどる。「廻想」③さける。よける。

**カイ** 9画 [▼徊] 部首[彳] JIS 5543
音カイ
めぐる。さまよう。あてもなく、あるきまわる。



▼常用漢字表外。 ▽常用漢字表の音訓外。

「低徊・徘徊」

**カイ** 9画【恢】 部首[忄] JIS 1890
音カイ
①ひろい。おおきい。「天網恢々」 ②ひろめる。おおきくする。盛大にする。

**カイ** 9画【悔】 部首[忄] 常用 JIS 1889 ― 10画【悔】 旧字
音**カイ・ケ**
訓**くいる・くやむ・くやしい**
①悪かったと、くやむ。くいる。「後悔」「悔悟・悔恨」 ②くやしい。くい。 ③くやみ。人の死をとむらうこと・ことば。

**カイ** 9画【枴】 部首[木] ― 9画【柺】 異体字 JIS 5942
音カイ・ケ
つえ。老人の持つ、つえ。

**カイ** 9画【海】 部首[氵] 教育小2 JIS 1904 ― 10画【海】 旧字
音**カイ**
訓**うみ** 
①うみ。み。わたつみ。対義 陸。「沿海・公海・航海」「海岸」用例《接尾的》日本―。 ②みずうみ。 ③すずりのうみ。水をいれるくぼみ。 ④広く大きい。「海容」

**カイ** 9画【界】 部首[田] 教育小3 JIS 1906 ― 9画【畍】 異体字 JIS 6524
音**カイ** 
①さかい。しきり。区ぎり。はて。「境界・限界」 ②ところ。あたり。範囲。「下界・視界」 ③しきりの中。あるかぎられた社会。「学界・楽界・財界」用例《接尾的》経済―。文学―。 ④仏教で、分類の範疇となるもの。また、衆生のすむところ。「六界」 ⑤生物を分類する最上位の階級。動物界と植物界。 ⑥地質時代の地質系統。時代区分の「代」に相当する。古生代の地層や岩石は、古生界というなど。 ⑦用紙にひく罫。

**カイ** 9画【疥】 部首[疒] JIS 6546
音カイ
しつ。湿瘡。伝染性皮膚病の一つ。非常にかゆい。皮癬。「疥癬」

**カイ** 9画【皆】 部首[白] 常用 JIS 1907
音**カイ**
訓**みな**
すべて。みな。みんな。全部。「皆勤・皆済・皆無」

**カイ** 10画【廻】 部首[廴] JIS 7779
音カイ・エ
①まわす。まわる。めぐる。 ②さける。よける。

**カイ** 11画【偕】 部首[人・亻] JIS 4883
音カイ
ともに。一緒に。つれあって。「偕老同穴」

**カイ** 11画【掛】 部首[扌] 常用 JIS 1961
音カイ・ケ・カ
訓**かける・かかる・かかり**
①かける。ぶらさげる。かかる。 ②かかり。関係。受け持ち。費用。 ③かけ。かけ売り・買い。かけ値。かけうどん・そば。 ④…しかけ。 ⑤がけ。一〇分の一。割。

**カイ** 11画【晦】 部首[日] ― 10画【晦】 異体字 JIS 1902
音カイ
①みそか。つごもり。陰暦で、月の最終日。対義 朔。 ②くらい。まっくら。対義 明。「晦冥」 ③わけがわからない。「晦渋」 ④かくれる。くらます。「韜晦」

**カイ** 11画【械】 部首[木] 教育小4 JIS 1903
音**カイ** 
しかけ。こしらえ。道具。装置。「器械・機械」

**カイ** 12画【傀】 部首[人・亻] JIS 4890
音カイ
①おおきい。すぐれる。立派な。 ②「傀儡」は、あやつり人形。くぐつ。でく。

**カイ** 12画【喈】 部首[口]
音カイ
①さえずる。鳥のなく声。 ②鐘のひびき。

**カイ** 12画【喙】 部首[口] JIS 5128
音カイ
くちさき。 ①くちばし。鳥のくち。 ②ことば。言説。「容喙」

**カイ** 12画【堺】 部首[土] JIS 2670
音カイ
①さかい。しきり。区ぎり。土地の区ぎり。 ②ところ。あたり。地域。区域。ある範囲の場所。

**カイ** 12画【階】 部首[阝] 教育小3 JIS 1912
音**カイ** 
①はしご。あがり段。きざはし。「階下・階上・階段」 ②建物の層。また、高い建物の層を数えるのに用いる。「地階」用例(助数)三―。 ③順序。くらい。しな。「位階・音階・段階」「階層」

**カイ** 12画【揩】 部首[扌] JIS 5766
音カイ
ぬぐう。きれいにふきとる。また、こする。

**カイ** 12画【絓】 部首[糸]
音カイ・カ
①しけ。繭の上皮。糸も真綿も粗悪なものしかできない。 ②しけいと。しけおり。 ③かかる。ひっかかる。

**カイ** 12画【絵】 部首[糸] 教育小2 JIS 1908 ― 19画【繪】 旧字 JIS 6973
音**カイ・エ** 
え。えがく。ものの形などを平面上にかきあらわす。「絵画」↓エ[絵]

**カイ** 12画【蛔】 部首[虫] JIS 7360
音カイ
はらのむし。寄生虫の一つ。回虫。「蛔虫」

**カイ** 12画【街】 部首[行] 教育小6 →教育小4 JIS 1925
音**ガイ・カイ**
訓**まち**
筆順 ↓ガイ[街]
みち。大通り。「街道」↓ガイ[街]

**カイ** 12画【開】 部首[門] 教育小3 JIS 1911
音**カイ**
訓**ひらく・ひらける・あく・あける** 
①ひらく。対義 閉。「公開・切開・展開」「開通・開発・開放」 ②はじめる。あく。あける。対義 閉。「開校・開店・開幕」 ③知が広くなる。ひらける。「開化・開明」 ④ひらき。㋐ひらき戸。㋑へだたり。㋒散会。㋓魚のひらき。 ⑤…びらき。

**カイ** 13画【匯】 部首[匚] JIS 5027 ― 13画【滙】 異体字 部首[氵]
音カイ・エ・ワイ
①めぐる。水の流れがまわる。 ②あつまる。水があつまる。

**カイ** 13画【塊】 部首[土] 常用 JIS 1884
音**カイ**
訓**かたまり**
かたまり。くれ。つちくれ。「金塊・銀塊・土塊・肉塊」「塊根」

**カイ** 13画【嵬】 部首[山] JIS 5444
音ガイ・カイ
①たかい。ごつごつと大きくてたかいさま。「嵬峨」 ②変な。あやしい。

**カイ** 13画【隗】 部首[阝] JIS 8009
音ガイ・カイ
①たかい。ごつごつと大きくてたかいさま。 ②中国人名。戦国時代、燕の昭王の臣、郭隗のこと。
**隗より始めよ**《賢臣がほしいと言う燕の昭王に、郭隗が、まず私のようなつまらない者を優遇しなさいと答えた故事から》大きな計画も手近なところから始めよ。提案した本人から実行にとりかかるべきだ。 He who suggests it should be the first to do it.

**カイ** 13画【楷】 部首[木] JIS 6020
音カイ
漢字の書体の一つ。くずさずに、一点一画をきちんと書く書き方。書道で、五体の一つ。真書。比較 篆・隷・行・草。「楷書」

**カイ** 13画【褂】 部首[衤] JIS 7472
音カイ・ケ
うちかけ。上からはおる上着。

**カイ** 13画【解】 部首[角] 教育小5 JIS 1882 ― 13画【觧】 異体字 JIS 7527
音**カイ・ゲ**
訓**とく・とかす・とける** 
①とく。とける。とかす。ときはなす。比較 免。対義 任。「分解・溶解・和解」「解雇・解散・解除・解消・解放」 ②わかる。さとる。ときあかす。「理解・了解」「解釈・解説・解明」用例(名)問題の―を口頭で述べよ。 ③かんがえ。意見。「見解」↓ゲ[解]

**カイ** 13画【詼】 部首[言] JIS 7543
音カイ
たわむれる。ふざける。また、あざける。

**カイ** 13画【詿】 部首[言]
音カイ・ケ
①あやまる。まちがう。 ②あざむく。だます。ひっかける。

**カイ** 14画【槐】 部首[木] JIS 6039
音カイ
エンジュ。マメ科の落葉高木。中国原産。

**カイ** 14画【瑰】 部首[王] JIS 6483
音カイ
①美しい石。玉のような石。 ②おおきい。すぐれる。立派な。「瑰奇」

**カイ** 14画【稭】 部首[禾]
音カイ・カツ
みご。しべ。わらみご。わらしべ。わらの穂や茎のしん。

**カイ** 14画【誡】 部首[言] JIS 7551
音カイ
ときさかす。いましめる。いましめ。「教誡・訓誡」

**カイ** 14画【誨】 部首[言] JIS 7550
音カイ
おしえる。さとす。みちびく。おしえ。「教誨」

**カイ** 14画【魁】 部首[鬼] JIS 1901
音カイ
①かしら。おさ。統領。「巨魁・首魁」 ②さきがけ。第一。他人に先んずること。 ③おおきい。すぐれる。立派な。「魁偉」 ④北斗の第一星。「魁星」

**カイ** 15画【槶】 部首[木] ― 12画【椢】 異体字 JIS 5990
音カイ
①そこ。はこの底。 ②はこ。かたみ。 ③クヌギ。ブナ科の落葉高木。

**カイ** 15画【潰】 部首[氵] JIS 3657
音カイ
①こわす。こわれる。「倒潰・破潰」 ②やぶれる。くずれる。「潰走・潰瘍」 ③つぶす。つぶれる。つぶし。

**カイ** 15画【磈】 部首[石]
音カイ・イ
①たかい。ごつごつと大きくてたかいさま。 ②石がごろごろしているさま。

**カイ** 15画【魪】 部首[魚]
音カイ
カレイ。カレイ目に属する魚。

**カイ** 16画【壊】 部首[土] 常用 JIS 1885 ― 19画【壞】 旧字 JIS 5253
音**カイ・エ**
訓**こわす・こわれる**
《潰とも》こわす。こわれる。くずれる。「倒壊・破壊」「壊滅・壊乱」

**カイ** 16画【廨】 部首[广] JIS 5508
音カイ

役所。官庁。

**カイ** 16画 【▼薤】 部首[艹] JIS 7306
音カイ
おおにら。ラッキョウ。ユリ科の多年草。おおみら。

**カイ** 16画 【▼懈】 部首[忄] JIS 5672
音カイ・ケ
おこたる。なまける。だらける。「懈怠」↓ケ[懈]

**カイ** 16画 【懐】 部首[忄] 常用 JIS 1891 ―19画【▼懷】 旧字 JIS 5671
音カイ
訓ふところ・なつかしい・なつかしむ・なつく・なつける
①なつかしむ。しのぶ。「懐旧・懐古」②おもう。おもい。「述懐・所懐・素懐・追懐・本懐」「懐疑」③ふところに入れる。いだく。「懐紙」④ふところ。「懐中」⑤なつく。なつける。「懐柔」⑥なつかしい。したわしい。

**カイ** 16画 【▼獪】 部首[犭] JIS 6454
音カイ
わるがしこい。ずるい。「老獪」

**カイ** 16画 【▼諧】 部首[言] JIS 7563
音カイ
①ととのう。かなう。しっくりあう。調和する。ととのえる。「和諧」「諧声・諧調」②ユーモア。たわむれ。おどけ。「俳諧」「諧謔」

**カイ** 17画 【▼邂】 部首[⻌] JIS 7816
音カイ
「邂逅」は、めぐりあう。思いがけなく、であう。偶然に、であう。

**カイ** 17画 【▼膾】 部首[月] JIS 7126 ―24画【▼鱠】 部首[魚] 異体字 JIS 8270
音カイ
①なます。生の肉を細かく切ったもの。「膾炙」②なます。野菜や魚貝を細かく切って、酢であえた食べ物。

**カイ** 17画 【▼檜】 部首[木] JIS 5956 ―10画【▼桧】 異体字 JIS 4116
音カイ
ヒノキ。ヒノキ科の常緑針葉高木。

**カイ** 17画 【▼槲】 部首[木]
音カイ
①まつやに。松の木の幹からでる粘液。②カシワ。ブナ科の落葉高木。もちがしわ。かしわぎ。
参考 槲は別の字。②は、槲との混同による。

**カイ** 17画 【▼醢】 部首[酉] JIS 7847
音カイ
ししびしお。ひしお。しおから。肉のつけもの。

**カイ** 19画 【▼蟹】 部首[虫] JIS 1910 ―19画【▼蠏】 異体字 JIS 7423
音カイ
カニ。エビ目に属する甲殻類。タカアシガニ・ケガニ・サワガニなど。

**かい**【貝】 ①軟体動物。巻き貝・二枚貝のほか、貝殻をもたないナメクジ・イカ・タコの類も含まれる。多くは海産であるが、タニシ・カラスガイなど淡水産、カタツムリなどの陸産もある。shellfish ②貝殻。shell 用例 ―づか。③ほら貝。↓図
**貝吹いて逃ぐる**(かいふいてにぐる) けむに巻いて逃げる。いいかげんなことを言って逃げる。
**貝を作る**(かいをつくる)《泣き出す時の口つきがハマグリのようにへの字になるところから》泣きだす。べそをかく。泣きつらになる。

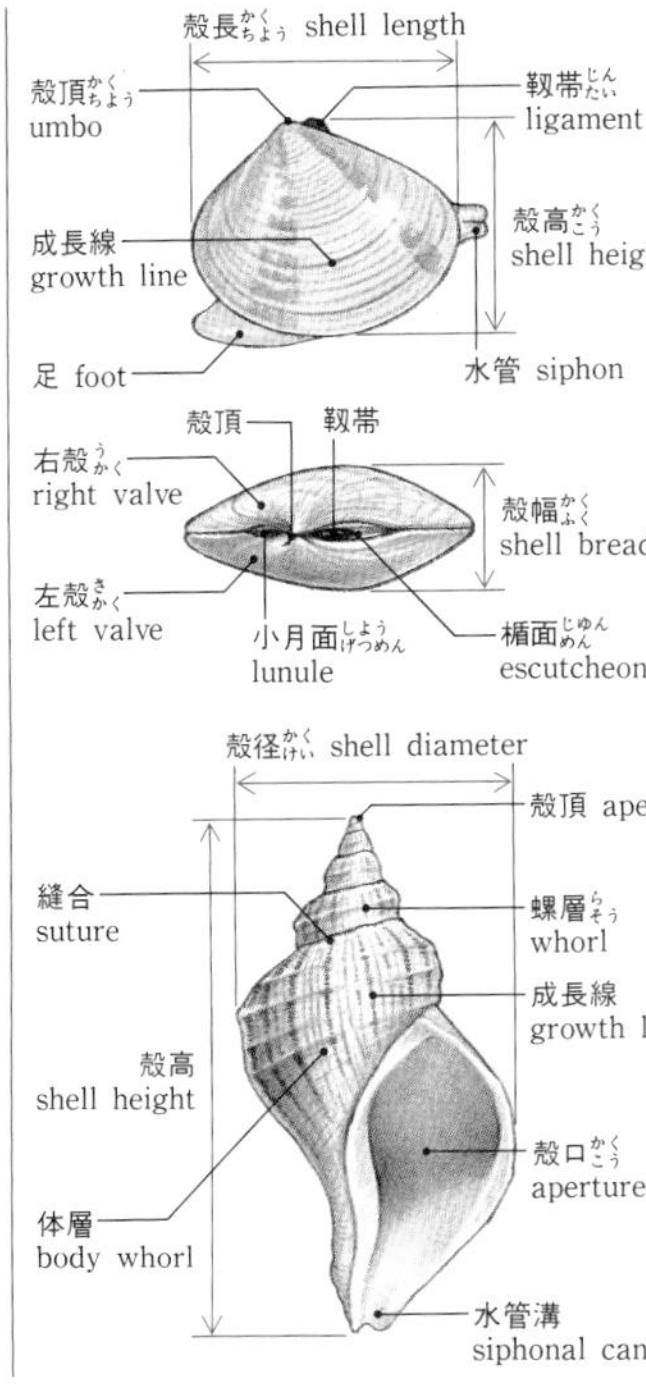

● 貝①

**かい**【▽峡】 両方から山がせまっている所。用例 山―。

**かい**【▼櫂】 舟をこぐための道具。上部は手で握るため円筒形で細く、水をかく下部は扁平で羽根形。材料はカシなど木製が多い。↓写
**櫂は三年、櫓は三月**(かいはさんねん、ろはみつき) 櫂の使い方のほうが、櫓にくらべてむずかしいこと。

● 櫂

**かい**【▽甲・▼斐・▼詮・▽効】 ききめ。はりあい。effect; worth 用例 行っても、―がない。

**か-い**【下位】 地位・順位などが低いこと。low rank 対義 上位・中位。

**か-い**【下意】 しもじもの人の希望。民意。popular opinion 対義 上意。用例 ―上達。

**か-い**【歌意】 歌の意味。

**かい**【▽甲・▼斐】↓かいのくに(甲斐国)

**か-い**(終助)《文末の種々の語に付く》①親しみをもって尋ねる。用例 もういい―。②反語の意を表す。用例 雨なんか降る―。

**かい**【▼掻い】(接頭)《「かき」の転》動詞に付いて意味を強める語。用例 ―出す。―つまむ。

**カイ**【X・χ】 ギリシア字母の第二二字。キー。[chi]

**ガイ** 2画 【▼乂】 部首[丿] JIS 4809
音ガイ・ゲ
①かる。草をかりとる。②おさめる。治まる。

**ガイ** 4画 【▽刈】 部首[刂] 常用 JIS 2002 ―7画【▼苅】 部首[艹] 異体字 JIS 2003
音ガイ・ゲ・カイ
訓かる
①かる。草をかりとる。②きる。たつ。

**ガイ** 5画 【外】 部首[夕] 教育小2 JIS 1916
音ガイ・ゲ・ウイ
訓そと・ほか・はずす・はずれる
①そと。ほか。はずす。はずれる。対義 内。「課外・市外・除外・例外」「外界・外気・外国・外泊・外聞・外面」用例《接尾的》問題―。②外国のこと。対義 内・中。「在外公使」「外交・外資・外人」③本筋でないこと。対義 正・本。「外史・外伝」④妻の方の身うち。「外祖父」↓ゲ[外]

**ガイ** 5画 【▼艾】 部首[艹] JIS 7172
音ガイ・ゲイ
①ヨモギ。キク科の多年草。もちぐさ。②もぐさ。ヨモギの葉をほし、もんで綿状にしたもの。灸に用いる。③としより。老人。④かる。草をかりとる。⑤おさめる。治まる。

**ガイ** 6画 【▼亥】 部首[亠] 人名用 JIS 1671 ―6画【▼亥】 旧字
音カイ・ガイ
い。十二支の第一二。いのしし。

**ガイ** 8画 【劾】 部首[力] 常用 JIS 1915 ―8画【▼劾】 旧字
音ガイ
罪をとりしらべる。罪をあばいて、うったえる。「弾劾」

**ガイ** 8画 【▼厓】 部首[厂]
音ガイ
①がけ。きりぎし。②きし。みずぎわ。③かぎり。はて。際限。

**ガイ** 9画 【▼咳】 部首[口] JIS 1917
音カイ・ガイ
①せき。しわぶき。せきをする。「謦咳」「咳嗽・咳唾」②「労咳」は、漢方で、肺結核のこと。

**ガイ** 9画 【▼垓】 部首[土] JIS 5222
音カイ・ガイ
①はて。国のはて。地のはて。②さかい。かぎり。③数の位。京の一万倍。

**ガイ** 9画 【▼孩】 部首[子] JIS 5356
音カイ・ガイ
ちのみご。みどりご。乳児。「孩子」

**ガイ** 10画 【害】 部首[宀] 教育小4 JIS 1918 ―10画【▼害】 旧字
音ガイ・カイ・カツ
①そこなう。きずつける。ころす。対義 益。「殺害・自害・傷害」「害悪・害虫」用例 (名)健康に―がある。②わざわい。災難。災禍。対義 利。「災害・惨害・水害・利害」用例 (名)戦火の―。③邪魔をする。「妨害・要害」

**ガイ** 10画 【▼欬】 部首[欠]
音カイ・ガイ
せき。しわぶき。せきをする。

**ガイ** 10画 【▼豈】 部首[豆] JIS 7617
音キ・カイ・ガイ
①かちどき。戦勝の音楽。②たのしむ。やわらぐ。やすらか。↓キ[豈]

**ガイ** 11画 【▼啀】 部首[口] JIS 5117
音ガイ
いがむ。いがみあう。①犬がかみあう。②いいあらそう。いさかう。

**ガイ** 11画 【▼崖】 部首[山] JIS 1919 ―11画【▼崕】 異体字 JIS 5429
音ガイ
①がけ。きりぎし。「懸崖・断崖」②かぎり。はて。際限。

**ガイ** 11画 【涯】 部首[氵] 常用 JIS 1922
音ガイ
①かぎり。いきつくはて。際限。「際涯・生涯」②きし。みずぎわ。

**ガイ** 11画 【▼痎】 部首[疒]
音カイ・ガイ
①おこり。マラリア。②「痨痎」は、漢方で、肺結核のこと。

**ガイ** 12画 【▼凱】 部首[几] JIS 1914
音カイ・ガイ
①かちどき。戦勝の音楽。「凱歌」②かちいくさ。「凱旋」③たのしむ。やわらぐ。やすらか。「凱風」

**ガイ** 12画 【▼剴】 部首[刂] JIS 4983
音カイ・ガイ
①する。こする。②きる。③あてはまる。適切である。

**ガイ** 12画 【街】 部首[行] 教育小6 ↓教育小4 JIS 1925
音ガイ・カイ
訓まち
まち。まちすじ。まちなみ。「市街」「街灯」用例《接尾的》商店―。↓カイ[街]

**ガイ** 13画 【▼蓋】 部首[艹] JIS 1924 ―12画【▼葢】 異体字 JIS 7268 ―11画【▼盖】 部首[皿] 異体字 JIS 6621
音カイ・ガイ・コウ



▼常用漢字表外。 ▽常用漢字表の音訓外。

①おおう。おおい。ふた。かさ。「無蓋車」②けだし。おおかた。多分。「蓋然性」
4画【▼乢】部首[乙] 異体字 JIS5406

ガイ 13画【▼愷】部首[忄]
音カイ・ガイ
たのしむ。やわらぐ。やすらか。

ガイ 13画【▼愾】部首[忄] JIS5633
音キ・ガイ
①なげき、かなしむ。ためいきをつく。②いかる。おこる。いきどおる。「敵愾心」

ガイ 13画【慨】部首[忄] 常用 JIS1920
14画【▼慨】旧字
音ガイ・カイ
①なげき、かなしむ。ためいきをつく。「感慨」「慨嘆」②いかる。いきどおる。「慷慨・憤慨」

ガイ 13画【▼睚】部首[目] JIS6642
音ガイ
①まなじり。まぶち。目のふち。②にらむ。怒りの目でみる。「睚眥」

ガイ 13画【碍】部首[石] JIS1923
19画【▼礙】異体字 JIS6708
音ガイ
さえぎる。さまたげる。邪魔をする。さしさわり。「障碍・阻碍・妨碍」「碍子」

ガイ 13画【該】部首[言] 常用 JIS1926
13画【▼該】旧字
音ガイ・カイ
①あたる。あてはまる。「当該」「該当」②ゆきわたる。そなわる。「該博」③その。この。用例(接頭)—案。—事件。

ガイ 14画【概】部首[木] 常用 JIS1921
15画【▼槪】旧字
15画【▼槩】異体字
音ガイ・カイ
①あらまし。おおむね。大体。「大概」「概観・概算・概説・概要」②おもむき。様子。「気概」用例(名)仁人の—がある。

ガイ 14画【▼漑】部首[氵]
15画【▼漑】異体字 JIS6284
音カイ・ガイ
①そそぐ。水をながしこむ。「灌漑」②すすぐ。あらう。あらいおとす。

ガイ 15画【▼皚】部首[白] JIS6613
音ガイ
しろい。雪や霜のしろいさま。

ガイ 15画【▼磑】部首[石] JIS6686
音ガイ
①うす。いしうす。ひきうす。②つむ。高くつむ。③かたい。石がかたい。

ガイ 16画【▼駭】部首[馬] JIS8147
音カイ・ガイ
おどろく。びっくりする。おどろかす。「震駭」

ガイ 16画【▼骸】部首[骨] JIS1928
音カイ・ガイ
①死者のほね。「骸骨」②むくろ。なきがら。死体。「遺骸・死骸」③からだ。形体。「形骸」

ガイ 17画【▼鮠】部首[魚] JIS8230
音ガイ
①ナマズに似た魚。②ハヤ。コイ目に属する淡水魚。オイカワ・ウグイ・カワムツなどのこと。

ガイ 18画【▼鎧】部首[金] JIS1927
音カイ・ガイ
よろい。からだをおおい守るための武具。「鎧袖一触」

**が-い【我意】** 自分かってな気持ち。わがまま。用例—を通す。—をはる。

**ガイア【Gaia ギリシア】** ギリシア神話で大地母神。天空神ウラノスを夫として、ティタン神族、キュクロペスなどを産む。Gaea

**かい-あく【改悪】**(名・サ変他) 改めて、かえって悪くすること。deterioration 対義改善・改良。

**がい-あく【害悪】** 害になる悪いこと。harm 用例世に—を流す。

**かい-あげ【買(い)上げ】** ①買い上げること。②《上に「お」を付けて》客が買うことを言う敬語。

**かい-あ・げる【買(い)上げる】**(下一他) 官公庁・企業などが民間・個人などから物を買いとる。procurement 用例政府が米を—。

**かい-あさ・る【買(い)▽漁る】**(五他) さがし回って、さかんに買う。hunt for 用例特売品を—。

**がい-あつ【外圧】** 外部から加えられる力。external pressure

**ガイアナ【Guyana】**(Cooperative Republic of Guyana) 南アメリカ北東部、ギアナ西部の協同共和国。首都ジョージタウン。一九六六年イギリスから独立。金・ボーキサイトの産出量が多い。面積二一・五万$km^2$。人口九七万(一九八六)。正称ガイアナ協同共和国。

**かい-あわせ【貝合(わ)せ】** ①物合わせの一つ。平安時代、美しい貝や珍しい貝を左右の組に分かれて出し合い、優劣を競ったもの。②平安時代末からの遊び。蛤の貝殻三六〇個を地貝と出貝に分け、合わせた数を競う。貝覆い。↓写

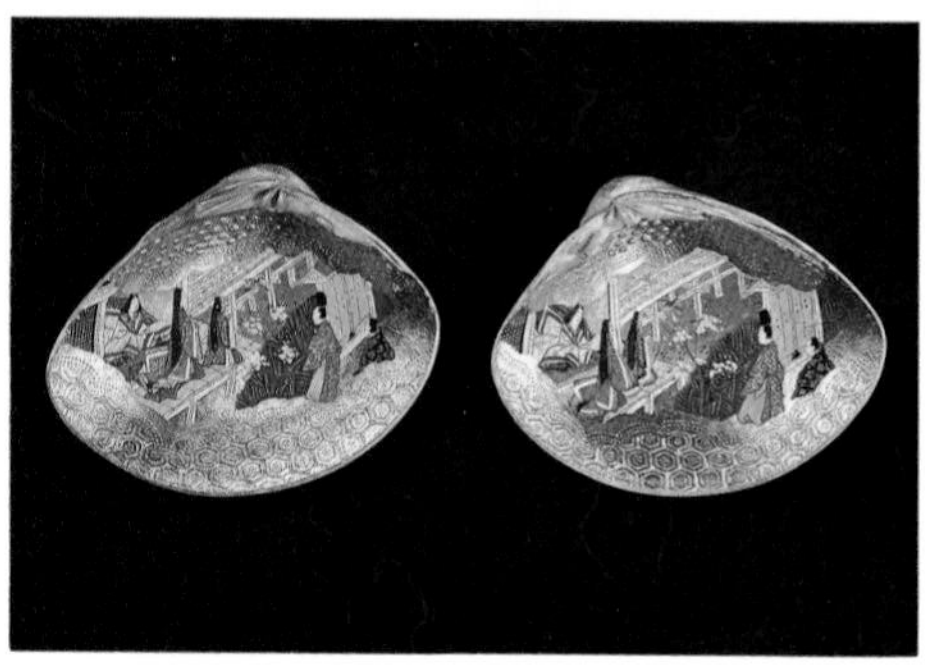

●貝合わせ② 林原美術館(岡山県)。

**かい-あん【改案】**(名・サ変自) これまでの案を改めること。また、その案。modified plan

**かい-い【介意】**(名・サ変他) 気にすること。心配。

**かい-い【会意】** 漢字の六書の一つ。二つ以上の漢字を、意味の上から組み合わせて、一字にした文字。山と石で岩、人と言で信など。比較象形・指事・形声・転注・仮借。

**かい-い【怪異】** ㊀(名) ばけもの。妖怪。monster ㊁(名・形動) あやしいこと・さま。不思議。mysterious; strange

**かい・い【▼痒い】**(形)「かゆい」のなまり。

**かい-い【▼魁偉】**(形動) 体格などがなみはずれて大きく、りっぱなさま。gigantic; imposing 用例容貌—な人物。

**がい-い【害意】** 害を加えようとする気持ち。害心。malice 用例—を抱く。

**かい-いき【海域】** 海面の一定の範囲。sea area

**かい-いぬ【▽甲▼斐犬】** 日本犬の一品種。肩高四〇cm内外で中形。虎毛が特徴。シカ狩りやタカ狩りに使われていた。天然記念物。山梨県の南アルプス地方原産。

**かい-いぬ【飼(い)犬】** 人家で飼っている犬。飼い主のいる犬。house dog 対義野良犬。
**飼い犬に手を噛まれる** かわいがっている者から害を受ける。He has brought up a bird to pick out his own eyes.

**ガイーヌ【Gayne】** バレエ音楽。ハチャトゥリヤン作曲。一九四二年初演。その中から演奏会用組曲が編まれ、とくに『剣の舞』が有名。

**かい-いれ【買(い)入れ・買入】** 買い入れること。

**かいいれ-しょうきゃく【買入消却】** 債券償還の方法の一つ。発行者が、自分で公社債・株式を買い戻すことによって債務を消滅させること。資本を減少させる手段ともなる。買入償還。redemption by purchase

**かい-い・れる【買(い)入れる】**(下一他) お金を払って品物を手に入れる。買いこむ。仕入れる。purchase; lay in

**かい-いん【会員】** 会を構成している人。member 用例ファンクラブの—。

**かい-いん【改印】**(名・サ変自) 届けてあった印を別の印にかえること。change of one's registered seal 用例—届。

**かい-いん【拐引】**(名・サ変他) だまして連れて行くこと。かどわかすこと。かどわかし。

**かい-いん【海員】** 船長以外の船員の総称。seaman

**かい-いん【開院】**(名・サ変自他) ①国会を開くこと。opening of the Diet 対義閉院。②病院などを開くこと。また、始業すること。

**かい-いん【▼誨▼淫】** みだらなことを教えること。用例—の書。

**がい-いん【外因】** その物事の外部にある原因。external cause 対義内因。

**がいいん-えん【外陰炎】** 女性の外陰部に起こる皮膚炎の総称。はれ・痛み・かゆみなどがあり、幼児・妊婦・老人に多くみられる。膣炎を併発することもある。vulvitis

**かいいん-くみあい【海員組合】**《「全日本海員組合」の略》民間船舶の船員によって組織された、日本で唯一の産業別単一組合。昭和二〇年(一九四五)結成。

**かいいん-ざんまい【海印三▼昧】**《仏教語》仏が『華厳経』を説いたときに入ったとされる境地で、大洋に万象が写し出されるような心の静まり。

**がい-いんぶ【外陰部】** ↓がいせいき(外性器)

**かい-う【怪雨】** 黄砂や煤煙などが混ざり黄褐色や黒色をした雨。また、竜巻で吸い上げられた魚などの異物をいっしょに降らせる異常な雨。

**かい-う【海▽芋】** カラーの別名。

**かい-う・ける【買(い)受ける】**(下一他) 買って手に入れる。purchase 対義売り渡す。

**かい-うさぎ【飼(い)▼兎】** アナウサギを飼いならし家畜化したもの。多くの品種があり、食肉用・毛皮用・愛玩用。イエウサギ。rabbit

**ガイウス【Gaius】**(生没年未詳) 二世紀ごろの古代ローマの法学者。本名・経歴不明。主著『法学提要』でローマ法を歴史的説明に重点をおいて概説、後世の私法体系に大きな影響を与えた。

**かい-うん【海運】** 海路、船舶などを利用して人・物資を輸送すること。海上運送。marine transportation 対義陸運。

**かい-うん【開運】** 運が開けること。improvement of one's fortune 用例—のお守り。

**かいうん-ぎょう【海運業】** 営業を目的として海運を行う業種。大量輸送による運賃の安さを特徴とし、ライナー(=定期船)とトランパー(=不定期船)の二種類がある。marine transportation

**かいうん-どうめい【海運同盟】** 定期航路での過当競争を回避するために運賃その他の運送条件について協定を結ぶ、海運業者の国際カルテル。運賃同盟。shipping conference

**かい-えい【開映】**(名・サ変自) 映画館などで、映画を映し始めること。上映を始めること。対義終映。

**かい-えき【改易】**(名・サ変他) ①官職や身分を取りあげること。②江戸時代、大名・旗本の領地・役儀・士分などを取りあげること。比較国替え。

**かい-えん【海▼淵】** 海底にある深さ六〇〇〇m以上のくぼ地のうち、測量され地形が明らかになった最深部の区域。海溝中のとくに深い部分をいう場合が多い。deep

**かい-えん【開園】**(名・サ変自他) ①動植物園や遊園地などの門をあけて客を入れること。②新しくできた動植物園や遊園地などが営業を開始すること。対義閉園。

**かい-えん【開演】**(名・サ変自) 演芸・演劇・演奏会などを始めること。始まること。raising of the curtain 対義終演。

**がい-えん【外延】** 哲学・論理学で、概念が指示する事物の全範囲。extension 対義内包。

**がい-えん【外▼苑】** 神宮・皇居などのそとがわの広い庭園。outer garden 対義内苑。用例神宮—。

**がい-えん【外炎】** ろうそくやガスなどの炎の外側の部分。内側の炎より暗いが、温度はもっとも高い。酸化性がある。酸化炎。outer flame 対義内炎。↓炎図

**かいえん-たい【海援隊】** 元治元年(一八六四)長崎で坂本竜馬らが組織した海運・貿易商社。西国諸藩の貿易に従事。はじめ亀山社中と称し、のち海援隊と改称。慶応四年(一八六八)解散。

**カイエンヌ【Cayenne】** フランス領ギアナの首都。貿易港。同植民地総人口の半数が集中し、交通・経済の中心。人口三・八万(一九八二)。

**カイエン-ペッパー**【cayenne pepper】香辛料の一つ。トウガラシの一種で非常に辛い。市販品は粉末状。肉料理やソースに少量使う。カイエンヌペッパー。

**かいおう-せい**【海王星】太陽系の第八惑星。直径は地球の四倍、質量は一七倍。一八四六年発見。八つの衛星がある。太陽からの平均距離三〇・一天文単位。自転周期〇・七六八日。公転周期一六四・八年。ネプチューン。Neptune ↓太陽系図

**かい-おおい**【貝覆い】㊀↓かいあわせ(貝合わせ)②。㊁《貝おほひ》松尾宗房(=芭蕉)編の三十番発句合わせ。寛文一二年(一六七二)刊。郷里の俳人の発句と自句の句合わせに芭蕉の判詞を加えたもの。芭蕉の処女出版。

**かい-おき**【買(い)置き】(名・サ変他)買って、しまっておくこと・物。stock 用例 ―のせっけん。

**かい-おけ**【貝▼桶】貝合わせの貝を入れておく二個で一組の桶。蒔絵などをほどこし、江戸期には嫁入り道具とした。現在も雛人形の道具として残る。

**かい-おけ**【飼(い)▼桶】牛馬に飼い葉をあたえるためのおけ。飼い葉桶。manger

**かい-オペレーション**【買いオペレーション】中央銀行が公開市場で債券を買い入れる操作。貨幣の供給が増加、金利が低下し、金融緩和がはかられる。買いオペ。買い操作。buying operation 対義 売りオペレーション。

**かい-おん**【快音】こころよい音。clear sound 用例 バットが―をひびかせる。

**かいおんじ-ちょうごろう**【海音寺潮五郎】(一九〇一〜七七)小説家。本名、末富東作。鹿児島県生まれ。国学院大卒。詩情をたたえた歴史小説を書いた。作品『平将門』『天と地と』など。

**かい-おんせつ**【開音節】母音で終わる音節。対義 閉音節。

**かい-か**【怪火】①あやしい火。mysterious fire ②原因不明の火事。不審火。fire of suspicious origin

**かい-か**【階下】①階段の下。under the stairs ②何層にもなった建物の、その階より下の階。とくに、二階建ての建物の一階。the lower floor; downstairs

**かい-か**【開化】(名・サ変自)人間の知恵が進み、文化が開けること。civilization 用例 文明―。

**かい-か**【開花】(名・サ変自)①種子植物で、成熟したつぼみが開く現象。日照時間・温度・湿度などに影響される。bloom ②努力などがむくいられること。be rewarded ③文化的な物事がさかんになること。flourishing

**かい-か**【開架】図書館で、入館者が図書を自由に書だなから出して利用できること。用例 ―式。

**かい-か**【▼槐花】生薬の一つ。マメ科のエンジュの開花直前のつぼみを乾燥したもの。中国では古来、収斂・止血・消炎・鎮痛剤として用いる。ルチンの製造原料。sophora flower

**かい-が**【界画】東洋画の画法。楼閣・舟車など建造物を界尺(=定規)を用いて描く。中国で宋代に盛行。郭忠恕『明皇避暑宮図』が有名。

**かい-が**【絵画】線と色彩とを基本的手段として平面上に構成する造形芸術。絵。picture 数え方 一点・一枚・一幅。

**かい-が**【▼嵬▼峨】(形動トタル)高いさま。

**がい-か**【外貨】①外国の通貨と、外国通貨で表示された債権との総称。foreign currency 用例 ―獲得。②外国製の商品。foreign goods

**がい-か**【▼凱歌】戦いに勝ったときにうたう歌。かちどき。triumphal song

**凱歌を揚げる**(がいかをあげる) =凱歌を奏する。①かちどきをあげる。sing in triumph ②戦いに勝つ。end in the victory of

**凱歌を奏する**(がいかをそうする)「凱歌を揚げる」と同意。

**がい-か**【▼蓋果】果実の一種。果実が熟すと、横方向に割れめができて、その上部がふたのようにとれるもの。オオバコ・スベリヒユなどにみられる。pyxidium

**ガイガー**【Johannes Hans Wilhelm Geiger】(一八八二〜一九四五)ドイツの物理学者。放射能・放射線を研究し、α崩壊に関するガイガー-ヌッタルの法則を発見。また、ガイガー-ミュラー計数管を発明した。

**ガイガー**【Moriz Geiger】(一八八〇〜一九三七)ドイツの美学者。著書『美的享受の現象学』など。

**ガイガー-けいすうかん**【ガイガー計数管】「ガイガー-ミュラー計数管」の略。

**ガイガー-ミュラー-けいすうかん**【ガイガー-ミュラー計数管】《考案者二人の名から》気体放電を利用した放射線の検出器の一種。放射線によって生じたイオンを増幅し、電気的出力パルスとして検出。ガイガーカウンター。ガイガー計数管。Geiger-Müller counter ↓写

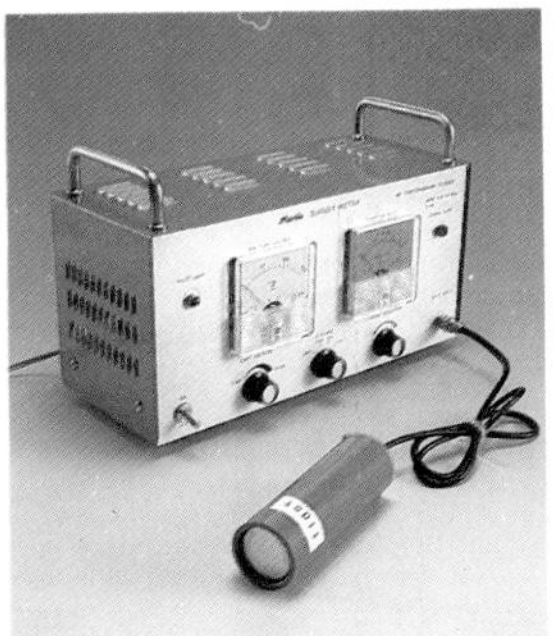
●ガイガー-ミュラー計数管

**かい-かい**【開会】(名・サ変自他)会を始めること。会が始まること。opening of a meeting 対義 閉会。用例 ―の辞。

**かい-がい**【海外】外国。海の向こうの国々。foreign countries 対義 国内。用例 ―旅行。

**がい-かい**【外海】①陸地に取り囲まれていない広い海。外洋。open sea 対義 内海。②陸地から遠くはなれている海。遠海。open sea

**がい-かい**【外界】対義 内界。①あるものをとりまく外の世界。external world ②哲学で、自己の意識と関係なく、独立に存在するすべての実在。客観的世界。自然界。external world

**がい-がい**【▼皚▼皚】(形動トタル)霜や雪が一面に白く見渡されるさま。用例 ―たる白雪。

**かいがいけいざいきょうりょく-ききん**【海外経済協力基金】発展途上国の経済の開発・安定に必要な資金を供給し、経済協力を促進する全額政府出資の特殊法人。日本輸出入銀行や一般金融機関からの借り入れが困難な事業を対象とする。昭和三六年(一九六一)設立。OECF。

**かいがい-し・い**【▽甲▼斐▽甲▼斐しい】(形)《「甲斐甲斐」は当て字》①きびきびしているさま。brisk; diligent ②けなげだ。praiseworthy 派生 かいがいしげ(形動) かいがいしさ(名)

**カイカイ-デー**【快快的】(kuàikuài de)(副)速く。急いで。対義 マンマンデー。

**かいがいとこうきんし-れい**【海外渡航禁止令】寛永一〇年(一六三三)江戸幕府が鎖国実施のために出した法令。朱印船以外の日本船の海外渡航を禁止。さらに二年後には、日本人の渡航・帰国を一切禁止した。

**かい-がいねん**【下位概念】種概念の別称。

**かいがい-はへい**【海外派兵】自国の軍隊・軍艦・軍用機を、軍事目的で他国の領土・領海・領空に派遣すること。

**かいがい-りょこう**【海外旅行】海を隔てている外国へ旅行すること。用務や学術研究・留学などで行く業務渡航と、観光渡航がある。go abroad

**かいがいりょこう-せいめいほけん**【海外旅行生命保険】海外旅行中の事故・疾病に対する生命保険。災害型と総合型とがある。overseas travel life insurance

**がいか-かんさん**【外貨換算】外貨金額を為替相場に照らして自国通貨に換算すること。外貨建て取引の場合や、在外支店などの外貨単位で表された財務諸表項目などについて行われる。foreign currency translation

**かい-かく**【改革】(名・サ変他)制度や習慣などをよりよく改めること。改新。reform

**がい-かく**【外角】①多角形の頂点で一辺と、それと隣り合う辺の延長とのなす角。external angle ②野球で、ホームベースの打者に遠いかど。アウトコーナー。outside 対義 内角。用例 ―すれすれの速球。

**がい-かく**【外核】地球の中心部に存在する液状の部分のうち、中心部から半径一二〇〇〜三五〇〇㎞のところ。鉄-ニッケル合金に近い成分を有する。outer core ↓地球図

**がい-かく**【外郭・外▼廓】物のそとがわ。そとがこい。outer fence

**がい-かく**【外殻】そとがわのから。shell

**がいかく-だんたい**【外郭団体】ある組織や団体の外部にあって、その業務遂行を手伝っている団体。outer organization

**かいかくは-きょうかい**【改革派教会】一般には、カルバンの教説に基づく教会の流れの総称。広義には、カトリック教会に対するプロテスタント教会。Reformed Churches

**かい-かけ**【買(い)掛け・買掛】物品やサービスを代金後払いで買うこと。また、その代金。account purchase 対義 売り掛け。

**かいかけ-きん**【買掛金】買い掛けから生じた未払い金。accounts payable 対義 売掛金。

**がいか-さい**【外貨債】外国市場において外貨建てで募集される公債や社債。元利とも支払いはその外国貨幣によるのが原則。外貨建て債。foreign currency bond

**がいか-じゅんびだか**【外貨準備高】ある国の政府や中央銀行が外国への支払いにそなえて保有している金や流動性の高い外貨資産の総額。official gold and foreign currency reserves

**かいか-ぜんせん**【開花前線】ある植物の最初の開花日を、地域ごとに結んだ曲線。サクラ前線などは北上し、ススキ前線などは南下する。inflorescence front ↓図

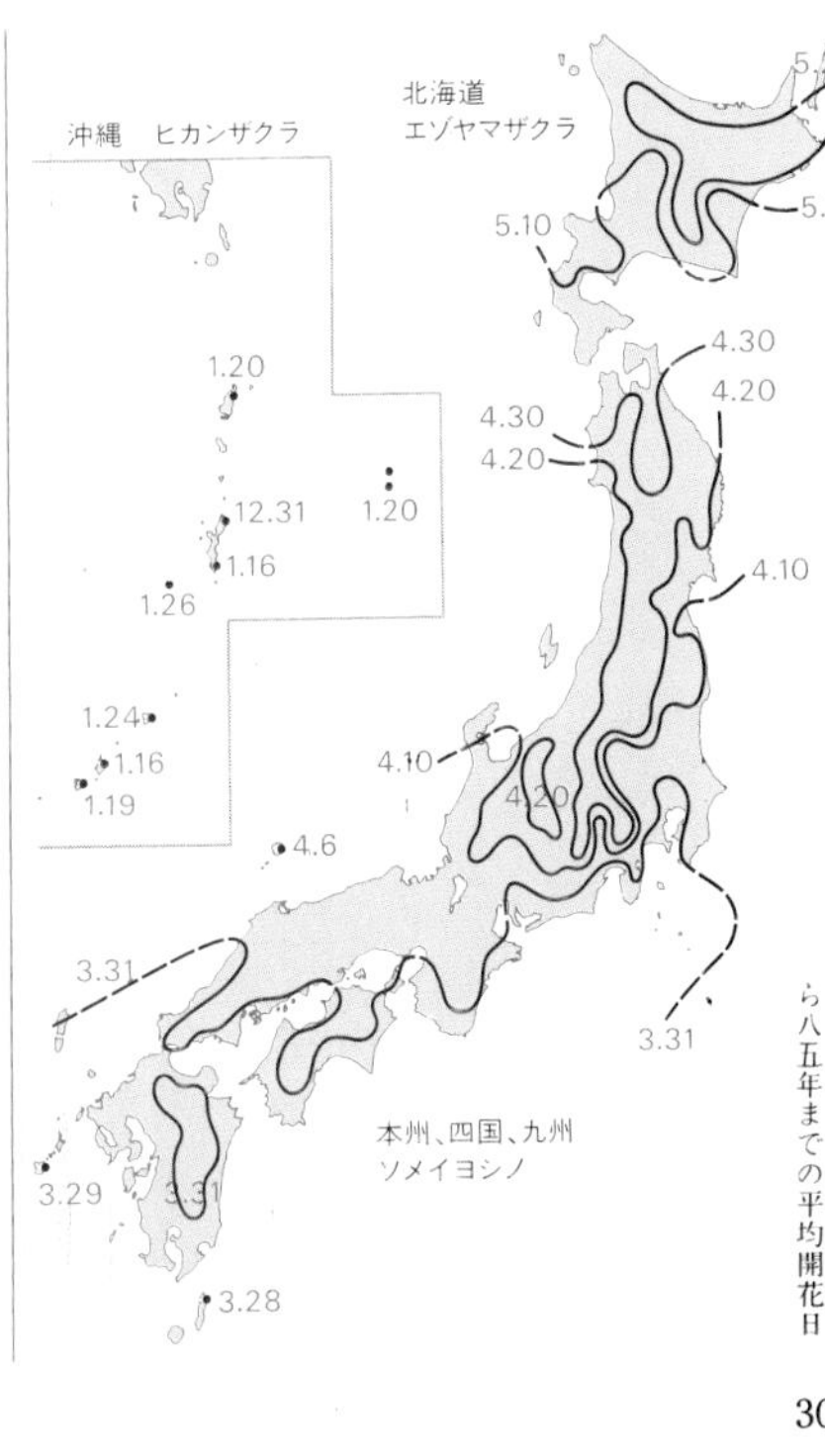

●開花前線 サクラの開花前線
気象庁による、一九五六年から八五年までの平均開花日

**かい-かた**【買い方】対義 売り方。①買う人。買い手。buyer ②買う方法・態度。how to buy

**がいか-だて**【外貨建(て)】外国為替相場での金額表示法の一つ。自国通貨の一定額に対して外貨での相当金額を表示するもの。受取勘定建て。rate in foreign currency 対義 円建て。

**かいか-ちょうせつ**【開花調節】花の観賞期間の延長、品種育成などのために開花時期・開花期間などを人為的に変更させること。flowering regulation 参照 電照栽培。

**かい-かつ**【快▼闊・快▼豁】(形動)①性質がからっとして度量の大きいさま。lively ②気象が晴れやかで気持ちのよいさま。comfortable

**かい-かつ**【快活・快▼闊】(形動)明るくほがらかなさま。明朗。lively; cheerful

**かい-かつ**【開▼豁】(形動)①広く開けているさま。open ②性質がからっとして大きいさま。open-minded

**がい-かつ【概括】**(名・サ変他) ①内容の大体をまとめること。要約。generalization; summary [比較]摘要・要旨。②共通な性質を一つにくくること。generalization [用例]この人々を——して自然主義作家と言う。

**かいが-てき【絵画的】**(形動) ①絵のように美しいさま。picturesque [用例]文字の——美しさ。②光・色・影の表現であるさま。pictorial [用例]舞台構成の——な扱い。③おくゆきがないさま。平面的。plane

**かいか-てんのう【開化天皇】** 記紀で、第九代天皇。名は稚日本根子彦大日日尊(わかやまとねこひこおおひひのみこと)。孝元天皇の皇子。

**がいか-てどり-りつ【外貨手取率】** 輸出商品の貿易収支に対する貢献度を示す指標。商品輸出価額と原材料の輸入価額の差額に対する商品の輸出額の比率。

**かいか-どんぶり【開化▼丼】**《文明開化期に入ってきたタマネギを使ったことから》どんぶり物の一つ。ご飯に、牛肉または豚肉とタマネギを煮て卵でとじたものをのせたもの。

**がいか-の-たたかい【▼垓下の戦い】** 中国、漢の高祖劉邦が紀元前二〇二年、垓下で楚の項羽を破った戦い。包囲された項羽は四面楚歌の中、虞美人と別れ自死。

**がい-かひ【外果皮】** 果皮の最外層。薄くて硬く、果実を包んでいる。↓果実[図]

**かい-かぶ・る【買(い)▽被る】**(五他) 実際よりもよいと思う。実力以上に評価する。overestimate

**かい-かむり【貝▽被】** 貝殻や海綿などを背負っているカイカムリ科のカニ。甲長約七cm、甲幅約八cm。甲は半球状に高まり、甲・脚ともに毛でおおわれる。函館以南に分布するが、暖海の海底に多い。

**がいか-よきん【外貨預金】** 外貨建てで外国為替銀行に預け入れる預金。foreign currency deposit

**かい-がら【貝殻】** 軟体動物の外套から分泌されて軟体部を包み、保護している石灰質の殻。二枚貝類・巻き貝類・ツノガイ類などにある。また、似たものとして、シャミセンガイなどの腕足類がもっている背腹二枚の貝殻がある。シェル。shell

**かいがらじょう-われくち【貝殻状割れ口】** 貝殻の内側のような円形、または扇状にくぼんだ割れ口。鉱物を破砕したときなどにできる。conchoidal fracture

**かいがら-ついほう【貝殻追放】**《オストラキスモスの誤訳》陶片追放。

**かいがら-ぼね【貝殻骨】** 肩甲骨。

**かいがら-むし【貝殻虫】** カイガラムシ上科の小昆虫の総称。体長は数ミリメートル。ろう状物質を分泌して殻を作る。雄は羽をもつ成虫になるが、雌は幼虫期から植物に寄生する。花木や果樹の汁を吸うので、ヤノネカイガラムシ(ミカン類につく)、ルビーロウムシ(チャノキ・ツバキなどにつく)など、害虫が多い。世界に五〇〇〇種、日本に約四〇〇種。scale insect ↓[図]

**かい-かわせ【買為替】** 銀行が外国貨幣または外国為替手形を買い入れ、その代金として自国通貨を支払うこと。buying exchange [対義]売為替。

**かい-かん【会館】** ①中国で同業者や同郷人が相互扶助などの活動の便宜のために設けた建物。宋代に始まり、明末より盛行。公所。公館。②会議・集会などのための建物。hall [用例]産業——。市民——。

**かい-かん【快感】** こころよい気持ち。pleasant feeling [用例]——をおぼえる。

**かい-かん【快漢】** さっぱりした気性の男。快男子。好漢。manly fellow

**かい-かん【怪漢】** あやしい男。suspicious fellow

**かい-かん【海関】** 中国、清代以後の外国貿易港におかれた税関。一六八五年、江(雲台山のち上海)・浙(寧波)・閩(漳州)・粤(広州)の四関の開設に始まる。

**かい-かん【開巻】** 書物の書き出し。

**かい-かん【開管】** 両端が開いた管。管内の空気を振動させると、振動数が管の長さに適合したとき内部の空気柱が共鳴する。管楽器の多くはこの性質を利用。open pipe

**かい-かん【開館】**(名・サ変自他) 図書館・映画館など、館と呼ばれる施設が新しくできること。また、その日の業務を始めること。[対義]閉館。

**かい-がん【海岸】** 陸と海が接する所。岩石海岸と砂浜海岸、海岸が隆起した離水海岸と海岸が沈降した沈水海岸などに区分される。海辺。coast

●カイガラムシ

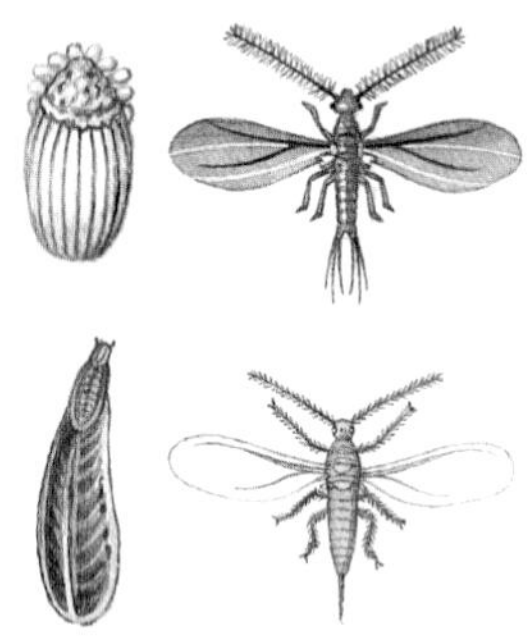

ワタフキカイガラムシ 雄(右)と雌(左)。

ヤノネカイガラムシ 雄(右)と雌(左)。

**かい-がん【開眼】**(名・サ変自他) ①(自他)見えなかった目を見えるようにすること。また、そうなること。gain eyesight ②(自)↓かいげん(開眼)②

**がい-かん【外患】** 外国・外部から受ける苦しみ・心配。foreign troubles [対義]内憂。

**がい-かん【外観】** うわべ。おもてむき。見かけ。外見。appearance [対義]内容。

**がい-かん【概観】**(名・サ変他) 全体のあらましを見ること。そのあらまし。概括。general view; outline [比較]概況。

**かいがん-きこう【海岸気候】** 海岸に接した地方にみられる気候。海洋性気候と大陸性気候の中間の気候。日中は海から陸の方へ、夜間は陸から海の方へ風が吹く。coastal climate; littoral climate

**がいかん-ざい【外患罪】** 自国に対して外国が武力行使をするようにしむけたり、自国に武力行使をしている国に協力したりする罪。背叛罪。crimes relating to external war

**かいがん-さぼう【海岸砂防】** 波の浸食などによる土砂の流出を防ぐために築いた、小堰堤などの造成設備。

**かいがん-しょくぶつ【海岸植物】** 海岸の砂地・岩壁などにはえる植物。強風・飛砂・塩分・乾燥などの環境条件に耐えるような形や性質をもつ。coastal plant

**かいがん-しんしょく【海岸浸食】** 海岸が波や沿岸流で浸食される現象。海食。coast erosion

**かいがん-せん【海岸線】** ①海と陸の境。coastline ②海岸に沿う交通の路線。coastal traffic network

**かいがん-だんきゅう【海岸段丘】** 海岸沿いにある階段状の地形。平坦な段丘面と、急傾斜の段丘崖からなり、地盤の隆起や海面の下降により生じる。海成段丘。coastal terrace

**かいがん-ちけい【海岸地形】** 主として、海水の作用を受けてできた地形の総称。岩石海岸、砂浜海岸のほか、現在は陸地となっている旧海岸線や海岸段丘なども含めていう。coastal land form

**かいかん-ぶんせき【開管分析】** 鉱物の定性分析法の一つ。細いガラス管を約三〇度曲げ、この部分に粉末試料を入れて熱し、臭気や昇華物の性質から元素を判定する。open tube test

**かいがん-へいや【海岸平野】** 遠浅の海底が、地盤の隆起または海面の低下により陸化した平野。低い平野になる場合と、低い台地状になる場合とがある。アメリカ大西洋岸やメキシコ湾岸、日本の宮崎平野などに発達。coastal plain

**かいがん-ほあんりん【海岸保安林】** 森林法に基づき、海岸地帯での飛砂・暴風・塩害などを防ぐ目的でつくられた保安林。クロマツを多く用いる。

**かい-き【買(い)気】** 買おうとする気持ち。bullish [対義]売り気。

**かい-き【海気・海黄・改機・▽甲▼斐▽絹】** 細い本練り糸で緻密に織った絹織物。なめらかで光沢がある。裏地・掛け布団地・傘などに用いる。のち、甲斐(現在の山梨県)から産するのに由来して「甲斐絹」と書くようになった。

**かい-き【会規】** 会についてのきまり。会則。rules of a society

**かい-き【会期】** ①会が開かれている期間。session ②議会が立法活動を行う一定の期間。国会の常会は召集の日から起算して一五〇日。地方議会では議会みずからの裁量で決める。session [用例]——を延長する。

**かい-き【回忌】**(名・助数) 死去の当月当日の忌日。満一年を一回忌、満二年を三回忌といい、以下七・十三・十七・二十三・二十七・三十三・五十・百回忌などがある。

**かい-き【回帰】**(名・サ変自) 一巡りして、元へもどること。revolution; recurrence [用例]彗星の——。

**かい-き【快気】**(名・サ変自) ①よい気持ちであること。②病気がよくなること。recovery [用例]——祝い。

**かい-き【怪奇】**(名・形動) あやしく、不思議なこと・さま。奇怪。mystery [用例]——小説。

**かい-き【開基】** ①物事の基礎をつくること。②寺院や一宗派を創建・創立すること。また、その人。開山。

**かいき【▼槐記】** ①近衛家熙の言行を侍医の山科道安がまとめた日記。享保九年(一七二四)から同二〇年に至る。茶道に関する記事が多い。②『台記』の別称。

**かい-き【▼瑰奇】**(名・形動) すぐれていて珍しいこと・さま。

**かい-ぎ【会議】**(名・サ変自) 委員や会員など関係ある人々が集まって話し合うこと。その会合や機関。conference; meeting [用例]各国首脳——。学術——。

**かい-ぎ【回議】**(名・サ変他) 担当者が案をたて、関係者に順々に回して、相談すること。

**かい-ぎ【懐疑】**(名・サ変他) ①うたがうこと。あやぶむこと。doubt; suspect ②哲学などで、これまでの考え方や価値判断をそのまま認めないで、肯定することをさしひかえている状態。skepticism [比較]疑惑。

**がい-き【外気】** 家のそとの空気。open air; fresh air [用例]——にふれる。

**かいき-いわい【快気祝(い)】** 病気が回復したことを祝うこと。また、その祝いの品。

**かいき-えいが【怪奇映画】** 超自然的な怪物や奇怪な現象などに対する恐怖を主題とした映画。horror picture

**かいぎ-がくは【懐疑学派】** 懐疑論を特徴とする古代ギリシア哲学の一流派。ピロンに始まり、カルネアデス、セクストゥス、エンピリクスなどが知られる。Skeptic

**かいき-げっしょく【皆既月食】** 月全体が地球の本影の中に入る現象。total lunar eclipse

**がいき-けん【外気圏】** 大気圏のもっとも外側の部分。高度五〇〇～一〇〇〇kmの部分で、大気粒子は電離した水素とヘリウムのプラズマからなっている。外圏。exosphere

**かいぎ-し【海技士】** 船舶の運航や機関の操作・通信技術などを専門職務とする者。

**かいぎ-しゅぎ【懐疑主義】** ①↓かいぎろん(懐疑論)。②これまでの道徳・宗教に不信の念をもち、しかも新しいものを確立しえず、常に否定的で迷っていること。skepticism

**かいき-しょく【皆既食・皆既▼蝕】** 地球-月-太陽の配列で太陽全体が月にかくされる皆既日食、および月-地球-太陽の配列で月全体が地球の本影に入る皆既月食のこと。total eclipse [比較]部分食。

**かいき-せい【回帰性】** ↓きそうせい(帰巣性)

**かいき-せん【回帰線】** 地球上で、南北の緯度二三度二七分の等緯度線。北半球のものを北回帰線、南半球のものを南回帰線、南北回帰線の間を熱帯という。太陽は、夏至のときに北回帰線上に、冬至のときに南回帰線上にあり、のちふたたび赤道上へもどることから、この名がある。the tropic

**かいき-にっしょく【皆既日食】** 太陽全体が月にかくされる現象。total solar eclipse

**かいき-ねつ【回帰熱】** スピロヘータの一種であるボレリアの感染で起こる熱性疾患。シラミやダニが媒介する。世界各地でみられるが日本ではまれ。届け出伝染病、国際監視伝染病。飢餓チフス。再帰熱。relapsing fever

**かいき-ねん【回帰年】** ↓たいようねん(太陽年)

**かいき-ぶんせき【回帰分析】** ある変数が別の変数によって説明されるとみなして、その関数関係を調べる統計的解析手法。regression analysis

**かいぎ-めんじょう【海技免状】** 船舶の安全な航行に必要な一定の技術資格をもつことを証する免状。国家試験によって資格が与えられる。seamen's competency certificate

**かい-きゃく【海脚】** 海底の隆起した地形で、隆起の中心からみて、外方へ突き出ている脚のようなところ。spur

**かい-きゃく【開脚】** 足を開くこと。[対義]閉脚。[用例]——跳び。

**かい-ぎゃく【▼諧▼謔】** 人を笑わせる話。冗談。しゃれ。humor; joke

**かいぎゃく-きょく【▼諧▼謔曲】** ↓スケルツォ

**かいぎゃく-しょうせつ【▼諧▼謔小説】** ユ

ーモア小説。humorous novel

**かい-きゅう【階級】** ①順位。段階。身分。地位。rank ②生産手段の所有・非所有などに基づく生産関係上の諸利害によって分化・対立する人々の集群。一般にはブルジョアジーとプロレタリアートの二つに大別する。class ③数学で、度数分布表をつくるとき、測定値が分類される小区間。class

**かい-きゅう【懐旧】** 昔をなつかしく思うこと。懐古。retrospection 比較 回想。用例 ―の情にたえない。

**かい-ぎゅう【海牛】** 海牛目に属する哺乳類の総称。草食性。体は紡錘形で、前肢はひれ状、後肢はない。尾の先端に尾びれがある。体長三m内外。人魚伝説の源になったジュゴンがインド洋・太平洋の熱帯・亜熱帯域に、マナティーが大西洋の熱帯・亜熱帯域に分布。sea cow

**かいきゅう-いしき【階級意識】** ある階級の成員がみずからの階級的利害や社会的役割を自覚し、それを実現していこうとする積極的な意識。class consciousness

**かいきゅう-こっか【階級国家】**(Klassenstaat ドイ) 国家は支配階級がみずからの階級的利害を実現するための機関であるとする考え方。また、その国家。マルクス主義により体系的に理論化された。class-state

**かいきゅう-しゃかい【階級社会】** 階級の区別と対立がある社会。原始共産制から社会主義にいたるすべての社会発展段階を含むという見解と、資本主義成立以後をさすとする見解がある。class society

**かいきゅう-せい【階級性】** 階級に基づく特色・違い。class system

**かいきゅう-せいとう【階級政党】** 特定の階級の利益を代表し、その実現のために階級闘争を指導する政党。とくに、労働者階級の立場や利害を代表するものをさすことが多い。class party

**かいきゅう-だん【懐旧談】** 思い出話。reminiscences

**かいきゅう-とうそう【階級闘争】** 対立する階級がみずからの階級的利害の実現と政治権力の掌握をめぐって行う闘争。中世の封建領主と農奴、近代のブルジョア階級とプロレタリア階級の闘争など。マルクス主義では社会発展の原動力とする。class struggle

**かい-きょ【快挙】** むねのすくような、すぐれた行為。壮挙。heroic deed

**かい-ぎょ【海魚】** 海にすむ魚。

**かい-きょう【回教】**《ウイグル(=回紇)族を通じて伝えられたことから》イスラム教の別称。

**かい-きょう【海峡】** 両側を陸地にはさまれた狭い海。海上交通や軍事上の拠点となり、貿易港や港湾都市が発達する。海門。strait; channel 対義 地峡。

**かい-きょう【懐郷】** ふるさとをなつかしむこと。「こと。

**かい-ぎょう【戒行】** 戒律を守って修行する

**かい-ぎょう【改行】**(名・サ変自) 文章の行をかえて書くこと。前の行につづけて書かないで、新しい行に移ること。start a new paragraph

**かい-ぎょう【開業】**(名・サ変自他) 対義 閉業。①営業を始めること。店びらき。開店。opening ②営業を行っていること。用例 駅前で―している。

**がい-きょう【概況】** 事件・気象など、移りかわるものの大体のようす・あらまし。general condition 比較 概観。

**かいぎょう-い【開業医】** 個人で病院・診療所を経営する医者。町医者。general practitioner

**かいきょうと-れんめい【回教徒連盟】** ムスリム連盟の別称。「ク。

**かいきょう-びょう【懐郷病】** ホームシッ

**かい-きょく【開局】**(名・サ変自) 郵便局・放送局など、局と呼ばれる施設が新しくできること。また、その日の営業を開始すること。

**がい-きょく【外局】** 内閣の統轄する府や省に直属しながら、外部にあって、特殊で独立性の強い事務を行う行政機関。国税庁(大蔵省)・防衛庁・公正取引委員会(総理府)など。対義 内局。

**がいき-よく【外気浴】** 軽装または裸で、新鮮な大気中で運動して皮膚・血管をきたえること。大気浴。air bath

**かいき-りつ【回帰率】** 回帰性をもつ動物が元の場所へもどってくる割合。たとえば、サケ・マス類は川で孵化して海へ下り、海洋を回遊したのちに二～三%が生まれた川へもどってくる。homing rate

**かい-き・る【買(い)切る】**(五他) ①全部を買いしめる。buy up ②返品しない約束で買い取る。

**かいぎ-ろん【懐疑論】** 人間の認識は主観的・相対的で、普遍的な真理を確実にとらえることは不可能であるとする説。ピロンに始まる古代ギリシアの懐疑学派、近世のモンテーニュ、ヒュームらが代表者。懐疑主義。skepticism 対義 独断論。

**かい-きん【皆勤】**(名・サ変自) 出勤・出席しなければならない日に、一日も休まないこと。皆出席。無欠勤。無欠席。perfect attendance

**かい-きん【開襟】** ①えり元を開くこと。転じて、心を開くこと。②「開襟シャツ」の略。

**かい-きん【解禁】**(名・サ変他) 法令で禁じていたことを解除すること。lifting of a ban 用例 アユ漁の―。

**がい-きん【外勤】**(名・サ変自) 外交・勧誘などのために社外で勤務すること。外務。outside duty 対義 内勤。

**かいきん-シャツ【開襟シャツ】** 開いた折り襟のついた前あきのシャツ。オープンシャツ。open shirt

**か-いく【化育】**(名・サ変他) 自然が、万物を生み育てること。

**かい-ぐ【皆具】** ①装束などの一式。②武士が出陣のときに必要とする武具・馬具・装束などの一式。③茶道具などの一式。

**がい-く【街区】** 市街地で、道路にとりかこまれた区画。block

**かい-ぐい【買(い)食い】**(名・サ変他) 子どもなどが、菓子などを自分で買って食べること。

**かい-くかん【開区間】** 数学で、両端を含まない区間。$a<x<b$をみたす実数$x$の集合を開区間$a$、$b$といい、$(a, b)$で示す。open interval 対義 閉区間。

**かい-くぐ・る【▼掻い▽潜る】**(五自)《「くぐる」を強めていう》すばやく、うまくくぐる。dodge one's way through

**かい-ぐすり【買い薬】** 薬屋から買って用いる薬。売薬。patent medicine

**かい-く・る【▼掻い繰る】**(五他)《「かきくる」の転》左右の手で、たぐる。用例 たづなを―。

**掻い繰り掻い繰りとっとの目**(かいぐりかいぐりとっとのめ) 幼児の遊戯で唱える文句。この文句を唱えながら両手を胸の前でくるくる回して、最後に、右手の指で左の手のひらを突くしぐさをする。

**かい-くん【回訓】** 外国にいる大使・領事などの問い合わせに対し、本国政府が回答として発する訓令。instructions 対義 請訓。

**かい-ぐん【海軍】** おもに海上の戦闘・防衛を任務とする軍隊。navy 対義 陸軍・空軍。

**かいぐん-きねんび【海軍記念日】** 旧日本海軍の記念日。明治三八年(一九〇五)の日本海海戦の勝利を記念した五月二七日。昭和二一年(一九四六)廃止。

**かいぐん-けいりがっこう【海軍経理学校】** 旧日本海軍で、会計経理・補給などを担当する士官・下士官・兵を教育した学校。明治四〇年(一九〇七)設立。昭和二〇年(一九四五)廃止。海経。

**かいぐん-こうしょう【海軍工▼廠】** 旧日本海軍で艦船・兵器の建造・修理や購入・実験を担当した組織。横須賀・呉・佐世保・広島におかれた。工廠。

**かいぐん-しょう【海軍省】** 旧日本海軍の軍事行政を統括した内閣各省の一つ。明治五年(一八七二)発足、昭和二〇年(一九四五)廃止。

**かいぐん-だいがっこう【海軍大学校】** 旧日本海軍の士官に高級指揮官として必要な兵学・兵術を教授し、あわせてその研究を行った機関。明治二一年(一八八八)設立。昭和二〇年(一九四五)廃止。海大。

**かいぐん-でんしゅうじょ【海軍伝習所】** 安政二年(一八五五)幕府が長崎に設置した海軍の教育機関。オランダ人を招き、幕臣・諸藩士に洋式海軍技術を学ばせた。同六年(一八五九)閉鎖。

**かいぐん-へいがっこう【海軍兵学校】** 旧日本海軍の兵科将校を養成した学校。所在地は広島県江田島。明治二年(一八六九)創立、昭和二〇年(一九四五)閉校。海兵。兵学校。比較 陸軍士官学校。

**かいぐん-りくせんたい【海軍陸戦隊】** 陸上での戦闘・警備のために編制した海軍部隊。旧日本海軍では臨時に軍艦乗組員をあてたもののほかに、最初から陸戦を目的とした特別陸戦隊も編制された。

**かい-けい【会計】**(名・サ変他) ①金銭や物品の出し入れを計算して管理すること。また、その担当者。account ②代金の支払い。勘定。bill ③財産の増減・変化を記録し、損益や財政状態を計算して経営の管理に役立てるとともに、株主・債権者その他の利害関係者にそれを報告する技術や制度。accounting

**かい-けい【塊茎】** 地下茎の一つ。塊状で肥大し、でんぷんなどを貯え、多くの芽をもつ。ジャガイモやツクネイモなど。tuber

**かい-けい【会▼稽】**《「会稽山」の略》中国の浙江省紹興県の南東にある山。

**会稽の恥**(かいけいのはじ)《中国で、越王勾践が呉王夫差に会稽山で負けた故事から》敗戦の恥。人から受けた、忘れられない恥。用例 ―をすすぐ。

**かいけい【快慶】**(生没年未詳) 鎌倉前期の仏師。康慶の弟子。慶派(=七条仏所)の中核として活躍。温雅秀麗な作風。作品に東大寺『地蔵菩薩像』など。

**がい-けい【外形】** そとから見た形。うわべ。外見。形式。external form 対義 内面。

**がい-けい【外径】** 管などの外がわの直径。outside diameter 対義 内径。

**かいけい-がく【会計学】** 企業の損益や財政状態の測定・公開に関する学問。ひろくは簿記論・原価計算論・財務諸表論・会計監査論・管理会計論などを含む。accounting

**かいけい-かんさ【会計監査】** 企業などの会計記録の正否・適否を、独立の第三者が公正中立の立場から検査証明すること。audit

**かいけい-けんさ【会計検査】** 国・公団・公社の決算に不正や誤りがないか検査すること。audit

**かいけいけんさ-いん【会計検査院】** 国の収入・支出の決算を法律に照らして検査し、内閣に報告することを任務とする国家機関。Board of Audit

**かいけい-し【会計士】**「公認会計士」の略。

**かい-けいし【▼蓋▼掔子】** 蓋つきの青磁茶碗をのせる台。宮中で、元旦から三日にかけて行う歯固めの行事に用いた。

**かいけいじょうほう-システム【会計情報システム】** 企業の財務データを、おもにコンピューターを利用して会計的に処理した情報にまとめ、利用者に伝達するシステム。AIS。accounting information system

**がいけい-てき【外形的】**(形動) ①外形から見たさま。外形上。external ②外形を第一とするさま。external 対義 内容的。

**かいけい-ねんど【会計年度】** 会計の便宜上設けられた計算期間。国では四月一日から翌年三月三一日まで。企業では任意に設定。事業年度。fiscal year

**かいけ-おんせん【皆▽生温泉】** 鳥取県米子市にある温泉。美保湾に臨む景勝地。

**かい-けつ【怪傑】** すぐれたうでまえの人物。extraordinary man; wonder man

**かい-けつ【解決】**(名・サ変自他) もつれた事件や問題をときほぐして処理すること。solution 用例 ―策。

**かいげつどう-やすのり【懐月堂安▽度】**(生没年未詳) 江戸中期の浮世絵師。号は「あんど」とも読む。肉筆画を専門とし、遊女立姿を描き、懐月堂派美人画様式を確立。作品『風前美人』など。↓浮世絵 写

**かいけつ-びょう【壊血病】** ビタミンCの欠乏による病気。出血しやすくなり、貧血・無力症などの症状がある。scurvy

**かい-けん【会見】**(名・サ変自) 決めた場所で、決めた時間に、公式に人にあうこと。interview 比較 面会。用例 ―記。

**かい-けん【改憲】** 憲法を改めること。constitutional revision

**かい-けん【懐剣】** ①ふところや帯のあいだに入れて持ち歩いた護身用の短刀。主として婦人用。ふところがたな。②連歌や俳諧の運座で、あらかじめ考えておいた句。懐句。～孕み句。

**かい-げん【戒厳】** 国家の非常事態にさいし、軍隊が立法・司法・行政の全部または一部の権限を行使すること。martial law

**かい-げん【改元】**(名・サ変自他) 元号(=年号)をかえること。明治以後は一世一元(一代一年号)となった。改号。change of an era

**かい-げん【開眼】**(名・サ変自) ①《仏教語》㋐新しくできた仏像・仏画に魂を入れること。入眼。用例 大仏―。㋑仏の道をさとること。②《①㋑から転じて》学問・技芸などの真髄をさとること。かいがん。用例 打撃―。

**がい-けん【外見】** そとから見たさま。うわべ。外観。外形。appearance 用例 ―にまどわ



▼常用漢字表外。　▽常用漢字表の音訓外。

される。—をとりつくろう。

**かいげん-くよう【開眼供養】** 仏像・仏画に魂を入れる儀式。

**かいげん-じ【開元寺】** 中国、唐の玄宗皇帝が、七三八年(開元二六年)全国各郡に建立した官立寺院。

**かいげん-の-ち【開元の治】** 中国、唐の玄宗の開元年間(七一三～七四一年)の治世。姚崇・宋璟の宰相の補佐を得、内政を充実。次の天宝年間(七四二～七五六)とあわせて唐のもっとも盛んな時代(＝盛唐)が現出した。

**かいげん-れい【戒厳令】** 国内の非常事態にさいし、立法・司法・行政の全部または一部の権限を軍隊にゆだねる宣言、または命令。martial law

**かいげんろく【開元録】** 《『開元釈教録』の略》仏教書の目録。二〇巻。中国、唐の智昇の撰。七三〇年(開元一八年)成立。一七六人の訳家が翻訳した大・小乗の三蔵の目録とその伝記などを記録したもの。

●カイコ

**かいこ【蚕】** カイコガの幼虫。代表的な有益昆虫。幼虫は体長約六cm。絹糸腺が発達し、さなぎになるときにつくる繭から生糸をとる。コ。オコ。カサン。クワムシ。silkworm ↓[写]

**かい-こ【回顧】** (名・サ変他) 自分や自分が関係した昔のことをふり返ること。回想。追憶。recollection; reminiscence [用例] —録。

**かい-こ【懐古】** (名・サ変自) 昔をしのんで、なつかしむこと。懐旧。retrospection [用例] 王朝時代を—する。

**かい-こ【解雇】** (名・サ変他) 使用者が労働者との労働契約を解約すること。くびにすること。免職。dismissal [対義] 雇用。

**かい-ご【介護】** (名・サ変他) 病人などの介添え・看護をすること。nurse [用例] 寝たきり老人の—。車いす利用者の—人。

**かい-ご【改悟・悔悟】** (名・サ変他) あやまちを後悔して、改めること。repentance

**かい-ご【解語】** ことばの意味を理解すること。ことばがわかること。

**解語の花**(かいごのはな) 《群臣が池のハスの花の美しいのをほめそやすのに、玄宗皇帝がかたわらの楊貴妃をかえりみて、「解語の花はどうじゃ」と言ったという故事から》①楊貴妃のこと。②美人をいう。

**がい-ご【外語】** ①外国語。foreign language ②「外国語学校」「外国語大学」の略。

**かい-こう【回航・▼廻航】** (名・サ変自他) ①各地を回って航海すること。navigation ②客や貨物を乗せずに、一定の場所へ船を回すこと。bring a ship

**かい-こう【改稿】** (名・サ変自他) 原稿を書き改めること。また、その改めた原稿。rewrite one's manuscript

**かい-こう【怪光】** あやしい光。ふしぎな光。

**かい-こう【▼恢▼宏】** 事業や制度などを広く行きわたらせること。

**かい-こう【海港】** 海岸にある港。seaport [対義] 河港。

**かい-こう【海溝】** 海底の急斜面に囲まれた細長い溝のような窪地。六〇〇〇m以上の深さで、プレートの沈み込み境界に位置する。マリアナ海溝・千島海溝など。trench [比較] 地溝・海淵。↓海底地形[図] ↓プレートテクトニクス[図]

**かい-こう【開口】** 口をあけて、ものを言うこと。open one's speech

**開口一番**(かいこういちばん) 口をあけるとすぐ。ものの言い始めに。at the very beginning of one's speech

**かい-こう【開坑】** (名・サ変自) 鉱山・炭鉱で、鉱石・石炭を採掘するため、地表から鉱床・炭層まで坑道を開くこと。立て坑・斜坑・水平坑道などを掘削する。opening of mine

**かい-こう【開校】** (名・サ変自他) 新しく学校を設立し、授業を始めること。open a school [対義] 閉校。

**かい-こう【開港】** (名・サ変自他) ①通商・貿易のために港を開くこと。open a port [用例] —場。②空港を開設すること。また、その業務を始めること。

**かい-こう【開講】** (名・サ変自他) 講義・講習会などを始めること。start a new course [対義] 閉講。

**かい-こう【▼邂▼逅】** (名・サ変自) 思いがけなく出会うこと。めぐり合い。出会い。come across; encounter

**かい-ごう【会合】** ㊀(名・サ変自) 話し合うために集まること。その集まり。meeting [数え方] 一回・一席・一会・一場。㊁(名) ①同じ物質の分子が二～一〇個くらい結合し、一つの分子のようにふるまう現象。association ②地球–惑星–太陽と一列に並んだ状態。また、その時刻。合。conjunction

**かい-ごう【改号】** (名・サ変自他) ①称号・雅号などを改めること。また、その改めた称号・名前。change of a title; change of a name ②元号を改めること。改元。

**かい-ごう【開合】** ①《中国音韻学の用語》円唇性の母音をもつ合口の音に対し、それ以外の音。②日本語で、中世、オ列の音の長音に存在した二種の発音。開口音と合口音。

**がい-こう【外交】** ①国と国とのつきあい。diplomacy [対義] 内治・内政。②外部との交際・交渉をすること・人。outdoors job [対義] 内勤。③「外交員」の略。canvasser; salesman

**がい-こう【外光】** 戸外の太陽の光。daylight [用例] —を取り入れる。

**がい-こう【外向】** 気持ちが外にむき、積極的で社交的であること。extrovert [対義] 内向。

**がい-こう【外港】** ①港で防波堤の外側の区域。船舶が仮泊したり沖荷役を行ったりする海域。[対義] 内港。②背後にある都市のために、海の玄関の役目を果たす港。パリに対するルアーブルなど。③在来の港を補完するために、近くにつくられた港。ハンブルクに対するクックスハーフェンなど。outer port

**がい-こう【外項】** 比例式 $a:b=c:d$ の両端にある二つの項、$a$ と $d$ のこと。外項の積は内項の積に等しい。external terms

**がい-ごう【外合】** 地球より内側をまわる惑星が、地球–太陽–惑星の順に一列に並んだ状態。また、その時刻。superior conjunction [対義] 内合。

**がいこう-いん【外交員】** 銀行・証券会社・保険会社などで、顧客に対し直接的に勧誘・宣伝を行う人。セールスマン。canvasser

**かいこう-おん【開口音】** ①《中国音韻学の用語》円唇性の母韻のない音節。②日本語で、中世に存在したオ列の長音の一つ。[au]から生じた[ɔː]の発音。開音。

**がいこう-かん【外交官】** 一国を代表し、外国に常駐または派遣されて国の意思を表明したり、一般の外交事務を行う公務員の総称。大使・公使・参事官・書記官・外交官補・総領事・領事など。diplomat

**がいこう-しせつ【外交使節】** 外交交渉を行うため国を代表して外国に派遣される人。外交特権が与えられる。diplomat

**かいこう-しゃ【▼偕行社】** 旧日本陸軍の将校たちの親睦機関。明治一〇年(一八七七)創設。第二次大戦後解散。昭和二七年(一九五二)親睦会的組織として復活。[比較] 水交社。

**かいごう-しゅうき【会合周期】** 地球からみて惑星の太陽に対する位置が同じになる周期。合から合、衝から衝まで。synodic period

**がいこう-じれい【外交辞令】** ①相手の気持ちをこわさないようにすることば・表現。diplomatic language ②うわべだけの美しいことば。おせじ。compliment [用例] それは—にすぎない。

**がいこう-せい【外向性】** ユングによる人格の基本類型の一つ。心のエネルギーが主として外界の人や事物に向かう性格。活動的で客観性をもつ。extroversion [対義] 内向性。

**がいこう-せん【外航船】** 外国航路に就航する商船。税関の発行する外国貿易資格証書をもつものをいう。ocean-going ship

**かいこう-たけし【開高▼健】** (一九三〇～八九) 小説家。大阪市生まれ。大阪市大卒。作品『パニック』『裸の王様』『輝ける闇』など。

**がいこう-だん【外交団】** 各国外交使節の団体。大使・公使と、その随員のなかで外交団員として登録されている書記官・参事官・陸海軍武官などの総称。diplomatic corps

**がいこう-どうぶつ【外▼肛動物】** 動物分類上、独立した外肛動物門を構成するもの。微小な個虫が多数集まってトサカ状・樹枝状・円盤状などの群体をつくり、岩石・海藻やほかの動物に付着する。植物のコケのように見えるのでコケムシ類ともいう。口の周りにある触手冠の外側に肛門が開く。大部分が海にいて、世界各地に分布。

**がいこう-とっけん【外交特権】** 外交官に対して受け入れ国が与える特別な権利。身体・財産の不可侵権や治外法権など。diplomatic immunity

**がいこう-は【外光派】** (plein air フランス) 空気と光の現象を表現しようと戸外で絵画制作した画家の総称。一九世紀後半から始まり、印象派の画家へと受け継がれ発展した。マネ・モネ・セガンティーニら。日本では黒田清輝とその流れをくむ画家たちをさす。

**がいこう-ぶんしょ【外交文書】** 国と国との間の外交に関する公文書。diplomatic document

**かいこ-が【蚕▼蛾】** カイコの成虫。開張約四cmの白色のガ。silkworm moth

**がい-こきゅう【外呼吸】** 生物が呼吸器官によって行うガス交換。多くの生物では、酸素を取り入れて二酸化炭素を排出。external respiration

**かい-こく【回国・▼廻国】** (名・サ変自) 諸国をめぐり歩くこと。[用例] —の僧。—巡礼。

**かい-こく【戒告・▼誡告】** (名・サ変他) ①いましめて注意すること。warning ②公務員に対する懲戒処分の一つ。職務上の義務違反を戒める申し渡し。③行政上の義務の履行を催告する通知制度。

**かい-こく【海谷】** ↓かいていこく(海底谷)

**かい-こく【海国】** 海にとりかこまれている国。島国。sea-bound country [用例] —日本。

**かい-こく【開国】** (名・サ変自) ①国を建てること。建国。foundation of a country ②外国と交際を始めること。とくに、江戸幕府が二〇〇年間守ってきた鎖国制度を廃し、欧米諸国と外交関係を結んだ過程。open a country [対義] 鎖国。

**がい-こく【外国】** 自分の国以外の国。よその国・国土。異国。とつくに。foreign country [対義] 自国・母国・本国。[用例] —語。—に行く。

**がいこく-がいしゃ【外国会社】** ↓がいこくほうじん(外国法人)

**がいこく-かわせ【外国為替】** [対義] 内国為替。①現金などを移動せずに国際貸借の決済を行う方法。外国為替手形・郵便為替・電信為替がある。外為。foreign exchange ②「外国為替手形」の略。foreign exchange bill ③「外国為替相場」の略。foreign exchange rate

**がいこくかわせかんり-ほう【外国為替管理法】** 「外国為替及び外国貿易管理法」の通称。外国為替・貿易などの対外取引を管理・調整するための法律。昭和二四年(一九四九)公布。同五四年(一九七九)全面改正。外為法。Foreign Exchange Control Law

**がいこくかわせ-ぎんこう【外国為替銀行】** 外国為替をとりあつかう銀行・金融機関の総称。為替銀行。foreign exchange bank

**がいこくかわせ-こうにんぎんこう【外国為替公認銀行】** 外国為替業務を行うことを政府が認めた銀行。日本では外国為替専門の東京銀行のほか、都市銀行から在日外国銀行まで広く認められている。authorized foreign exchange bank

**がいこくかわせ-しじょう【外国為替市場】** 外国為替取引が行われる市場。具体的な場所があるわけではなく、外国為替銀行・為替ブローカー・中央銀行が、外国為替の売買を通じて、為替持ち高や為替資金の過不足の調整をはかる仕組みをいう。為替市場。foreign exchange market

**がいこくかわせ-そうば【外国為替相場】** 異なる通貨間の交換比率。為替相場。rate of foreign exchange

**がいこく-こうろ【外国航路】** 船舶や航空機が外国を往復するときに通行する航路。foreign route [対義] 国内航路。

**がいこく-さい【外国債】** ↓がいさい(外債)

**がいこく-さん【外国産】** 外国でつくられた、または生まれたこと・もの。[対義] 国産。

**かいこく-じゅんれい【回国巡礼】** 日本各地の札所を礼拝して回ること。また、その人。

**がいこく-じん【外国人】** 日本国籍をもたない者。外国の国籍をもつ者と無国籍の者とがある。foreigner

**がいこくじん-とうろく【外国人登録】** 在日外国人が、その居住・身分関係を明らかにするため市町村長に対して行う登録。registration of foreigner

**がいこくぜいがく-こうじょ【外国税額控除】** 個人・法人が外国に納めた所得税・法人税額を、二重課税をとりのぞくために、本国での所得税・法人税額から控除すること。for-

eign tax amount reduction

**がいこくせんうちはらいれい【外国船打(ち)払い令】** 幕末、江戸幕府が江戸湾防備のために出した法令。文政八年(一八二五)、外国船はみつけ次第打ち払うことを指令。天保一三年(一八四二)廃止。異国船打ち払い令。

**がいこく-ぶぎょう【外国奉行】** 江戸幕府の職名。安政五年(一八五八)日米修好通商条約の締結にともない新設。老中の配下で外交事務や使節の応接などを担当。

**かいこくへいだん【海国兵談】** 林子平の著した兵書。一六巻。天明六年(一七八六)成立。ロシアの南下政策への注意を喚起し、海防の急務を説いた。

**がいこく-ほう【外国法】** 外国が定めている法律の総称。それぞれ、その領土内でだけ効力をもつのが原則だが、例外的に日本の裁判所で適用されることもある。foreign law

**がいこく-ほうじん【外国法人】** 日本の国籍をもたず外国の法律に基づいて設立された法人。商行為をする会社など一定のものだけ日本で活動できる。外国会社。foreign corporation

**がいこく-ゆうびん【外国郵便】** 郵便に関する条約に基づいた外国あて、または外国から到着する郵便物の総称。書状・はがき・印刷物・商品見本などの通常郵便物と小包郵便物に大別。foreign mail

**がいこく-ゆうびんかわせ【外国郵便為替】** 郵便為替のうち、日本と外国の間で交換するもの。通常為替と電信為替がある。foreign postal money order

**がい-こつ【▼骸骨】** ①からだの骨。②ほねだけになった死体。skeleton

**骸骨を請う**(がいこつをこう)《君にささげたからだをお返し願う意から》君主に辞職を願う。

**がい-こっかく【外骨格】** 節足動物や軟体動物(=貝類)などの体の外側をおおう堅いクチクラからなる殻や甲など。筋肉の付着点となり、また、体を保護する。exoskeleton

**かい-ことば【買(い)言葉】** 悪口などを言われたとき、負けずに言い返すことば。tit for tat 対義 売り言葉。

**かいこ-の-うじばえ【蚕の▼蛆▼蠅】** カイコの寄生虫。体長一・四cm内外。寄生バエの一種で、幼虫がカイコその他のガやチョウの幼虫に寄生。日本・中国・インドに分布。キョウソバエ。

**かい-こ・む【買(い)込む】**(五他) たくさん買い入れる。先を見越して、どしどし買う。lay in

**かい-こ・む【▼掻い込む】**(五他) ①かかえこむ。用例 かばんを—。②すくって入れる。用例 水を—。

**かい-ごろし【飼(い)殺し】** ①家畜が役に立たなくなっても、死ぬまで飼っておくこと。②使用人に働きがいのある仕事をさせないで、給料は払いつづけること。

**かい-こん【悔恨】**(名・サ変自) 過ちをくいて残念に思うこと。後悔。悔悟。remorse; regret 用例 —の情にかられる。

**かい-こん【開墾】**(名・サ変他) 山林・原野など未墾の土地を水田・畑・樹園地などの農地にすること。reclamation 用例 —地。

**かい-こん【塊根】** 植物で、球根の一種。養分をたくわえた、かたまり状の根。tuberous root

**がい-こん【外婚】** 配偶者を自分の所属する集団の外部に求めることが義務づけられる婚姻形態。exogamy

**かいごん-けんじつ【開権顕実】**《仏教語》天台智顗が『法華経』の特質を説明したことば。三乗は一乗を明かすための権(=仮)の教えであり、法華一乗だけが唯一真実であるというもの。開三顕一。

**かい-さ【階差】** 数列において、ある項とそのとなりの項の差。difference

**カイザー【Georg Kaiser】**(一八七八〜一九四五) ドイツ表現主義の代表的劇作家。機械文明を批判し、人間性の回復をめざす社会劇を確立。作品『カレーの市民』『朝から夜中まで』など。

**カイザー【Heinrich Kayser】**(一八一五〜一八八八) ドイツのバイオリン奏者・教育家。多数のバイオリン教則本は有名。

**かい-さい【快▼哉】** 愉快なこと。痛快。ばんざい。shout with delight 用例 —をさけぶ。

**かい-さい【皆済】**(名・サ変他) 支払いや納入を全部すますこと。対義 未済。

**かい-さい【開催】**(名・サ変他) 会や催し物を始めること・行うこと。hold; open

**かい-ざい【介在】**(名・サ変自) 間にはさまって、存在すること。lie between 用例 複雑な事情が—する。

**がい-さい【外債】** 外国市場でつのる日本の公社債。外貨建てがふつうで、おもに長期資金を調達する。外国債。foreign loan 対義 内債。

**がい-さい【▼睚▼眥】** 目をいからせてにらみつけること。

**睚眥の怨み**(がいさいのうらみ) にらまれたことに対するうらみ。少しばかりのことに対するうらみ。

**がい-ざい【外在】**(名・サ変自) 物事のそとにあること。対義 内在。

**かい-ざいく【貝細工】** ①貝を材料にした細工物。また、その技法。shell work ②キク科の一年草。高さ七〇cm前後。翼状の茎が特徴。秋に大形の白い総苞に包まれた黄色の頭花をつける。おもにドライフラワー用。オーストラリア原産。別名アンモビウム。

**がいざい-ひひょう【外在批評】** 文芸批評の一つ。作品を一つの社会現象として、おもに社会的な立場からする批評。

**かいざい-ぶっしつ【介在物質】** ↓イントロン

**かい-さく【改作】**(名・サ変他) 作りかえること。その作りかえた作品。adaptation

**かい-さく【開削・開▼鑿】**(名・サ変他) 山野を切り開いて、道や運河などをつくること。excavation; cut; construction

**かいさく-こう【快削鋼】** 高速度加工をしやすくするため、鉛・銅・硫黄などを加えた鋼。free-cutting steel

**かい-ささえ【買(い)支え】** 相場の下落を防ぐ目的で、買いの注文を出すこと。buying support

**かいさ-すうれつ【階差数列】** 隣接する項の差がつくる数列。階差数列の第 $n$ 項は、もとの数列の第 $n+1$ 項と第 $n$ 項との差で表される。progression of differences

**かい-さつ【改札】**(名・サ変自) 入り口で切符を調べること。examination of tickets 比較 出札。対義 集札。用例 —口。

**かい-さつ【開札】**(名・サ変自他) 入札箱を開いて入札の結果を調べること。

**かい-さん【海産】** 海からとれること・物。水産。marine 対義 陸産。

**かい-さん【開山】** ①寺院を創建すること。また、その人。あるいは、各宗派の祖。宗祖。開基。②物事の創始者。

**かい-さん【解散】**(名・サ変自他) ①集まった人々が別れ去ること。散会。dispersion ②議員全体に対し、任期満了前にその資格を失わせること。国会では衆議院に適用される。③会社が営業活動を停止し、法人格を消滅させること。dissolution

**かい-ざん【改▼竄】**(名・サ変他) 悪用しようとして、書類や証書の文字や語句を直すこと。falsify 比較 添削。

**かい-ざん【海山】** 大洋底からそびえたつ海中の山で比高が一〇〇〇mを超えるもの。おもに火山。離れて直線状に並ぶ海山列、麓を接して並ぶ海山脈、群れをなす海山群などがある。seamount ↓海底地形図

**がい-さん【概算】**(名・サ変他) およその計算や見積もりをすること。rough estimate 対義 精算。

**かいさん-けん【解散権】** 衆議院を解散する権限。内閣の助言と承認によって行う天皇の国事行為。

**かいさん-けんいち【開三顕一】** ↓かいごんけんじつ(開権顕実)

**がいざん-の-たたかい【▼厓山の戦い】** 中国、宋朝が完全に滅亡した戦い。厓山は広東省新会県の島。一二七九年宋の張世傑・文天祥らは幼帝を奉じ厓山に拠ったが、元軍に攻められ、南宋は滅亡。

**かいさん-ぶつ【海産物】** 海からとれる物。魚介・海藻類など。marine products; seafood 対義 陸産物。

**がいさん-ようきゅう【概算要求】** 次年度予算の見積もり要求。政府各省庁は例年八月末日までにこれを大蔵省に提出する。

**がいさんようきゅう-きじゅん【概算要求基準】** 大蔵省に対する各省庁の次年度予算の概算要求に一定の枠を設けるため、閣議了解によって定められる基準。シーリングといっていたが昭和六〇年度の予算編成から改称。

**かい-し【会誌】** 会で費用を出し、会に関係ある記事や、会員の作品などをのせる雑誌。coterie magazine

**かい-し【▼芥子】** 生薬の一つ。カラシナの種子。香辛料・薬用。

**かい-し【改氏】**(名・サ変自) 姓を変更すること。とくに外国人が日本に帰化するさい、姓を日本風に変更すること。比較 改名。

**かい-し【怪死】**(名・サ変自) 原因不明の死。mysterious death 比較 変死。用例 —体。

**かい-し【海市】** 蜃気楼の別称。

**かい-し【開始】**(名・サ変自他) 始めること。始まること。open; begin; start 対義 終了・終結。用例 試合—。

**かい-し【懐紙】** ①たたんで、ふところに入れておく和紙。菓子を食べるときに用いる。ふところがみ。②一定の書式を守って詩・和歌・連歌などを書く紙。檀紙・奉書紙・杉原紙などを使う。詩懐紙・和歌懐紙などがある。↓茶道具図

**かい-じ【快事】** 気持ちのよいできごと。pleasant matter 用例 近来まれな—。

**かい-じ【海事】** 海上に関することがら。maritime affairs

**かい-じ【界磁】** 「界磁石」の略。

**かい-じ【絵事】** 絵をかくこと。

**絵事は素を後にす**(かいじはそをのちにす) 絵画を描くときは、素(=白色の絵の具)を加えて仕上げるように、人間は、美質があっても、礼を学ぶことによってはじめて人格が完成する。

**かい-じ【開示】**(名・サ変他) ①説き示すこと。明らかに示すこと。かいし。②法律で、公開の法廷で示すこと。indication

**かい-じ【解字】** 文字、とくに漢字の字源の説明。比較 字解。

**がい-し【外史】** ①中国の周代の官名。外交文書を扱った。②民間の人の書いた歴史。野史。対義 正史。

**がい-し【外紙】** 外国の新聞。外字紙。foreign newspaper; foreign press

**がい-し【外資】** 外国・外国人または外国系企業によって国内の事業に投資された資金。外国資本。foreign capital 用例 —導入。

**がい-し【▼碍子】** 電線を支柱などに取りつけ、電線を絶縁する器具。insulator

**がい-じ【外字】** ①外国、とくに欧米の文字。foreign letter ②常用漢字表にない文字。表外字。

**がい-じ【外耳】** 耳のうち鼓膜から外側の部分。耳介(=耳殻)と外耳道からなる。耳介で集音された音波を外耳道を通して鼓膜に導く。external ear 対義 内耳。↓耳図

**がい-じ【外事】** 外国に関することがら。foreign affairs 用例 —係。

**がい-じ【▼孩児】** おさなご。乳飲み子。

**かいじ-えいせい【海事衛星】** 通信衛星の一種。航行中の船舶相互の間、および陸上と船舶の間の通信を中継する人工衛星。maritime satellite

**がいじ-えん【外耳炎】** 皮膚疾患や細菌などの感染によって起こる外耳道の炎症。おでき・かゆみ・耳だれなどが主症状。external otitis

**かいしえんがでん【▼芥子園画伝】** 中国、清初の画譜。全四集。一六七九年初集『山水樹石譜』刊。古来の画論の要旨と画法を図解し、絵画の教科書として用いられた。日本の江戸南画に影響。

**か-いしき【下意識】** ①前意識。preconscious ②無意識。unconscious ③潜在意識。subconscious

**かい-しき【▼掻敷・皆敷・▼苴】** 器に食物を盛るときに下に敷くもの。ナンテン・ヒバ・ユズリハなど、常磐木の葉が多く用いられ、のちに紙も用いた。

**かい-しき【開式】**(名・サ変自) 式を始めること。対義 閉式。

**かい-しき【解式】** 一定の記号で、計算の順序を表した式。solution

**かい-しき【皆式・皆色】**(副) ①全部。すべて。②《下に打ち消しをともなって》まったく。かいもく。用例 —わからない。

**かいじ-ごにゅう【開示悟入】**《仏教語》『法華経』「方便品」のことば。仏の出現の目的を四つに要約したもので、仏の知見(=悟り)を開き、仏の知見を示し、仏の知見を悟らせ、仏の知見に入らせること。

**がいじ-し【外字紙】** 外国文の新聞。外紙。foreign newspaper; foreign press

**かい-じしゃく【界磁石】** モーターや発電機で磁場を作りだすための磁石。界磁。field magnet

**がいじつ-リズム【概日リズム】** 生物が光や温度などの外的条件とは独立して、約一日を単位として繰り返す日周活動。サーカディアンリズム。circadian rhythm

**がい-して【概して】**(副) だいたい。おおむね。ひっくるめて。generally

**がいじ-どう【外耳道】** 耳殻から鼓膜まで

の屈曲した管。深さは二・七〜三・五㎝。いちばん奥に鼓膜がある。音波を鼓膜に導くと同時に一端が開口した共鳴管の役をする。外聴道。external auditory canal ↓耳図

**がいし-どうにゅう【外資導入】** 外国資本の国内への流入をはかること。国内産業の振興が目的で、技術導入も含む。induction of foreign capital

**かい-し・める【買(い)占める】**(下一他) 全部を一手に買ってしまう。買い切る。buy up 比較 買いだめる。

**かい-しゃ【会社】** 営利を目的とする社団法人のうち、商法および有限会社法によって設立されたものの総称。合名会社・合資会社・株式会社と有限会社。ふつうは銀行・相互会社・信託会社など特別法に基づくものも含めていう。company

**かい-しゃ【▾膾▾炙】**(名・サ変自)《膾(=なます)と炙(=あぶり肉)は、だれの口にも合い好まれることから》広く知れわたっていること。周知。well-known 用例 人口に—する。

**がい-しゃ【外車】** ①船の両外側または船尾につけ、回転させて水を掻いて船を進める水車状の車輪。外輪。paddle wheel ②外国製の自動車。imported car 対義 国産車。

**がい-しゃ【害者】**《隠語》殺人事件などの被害者。victim 用例 —の身元。

**かいしゃ-きぎょう【会社企業】** 私企業のうち法人格を有するもの。合名会社・合資会社・有限会社・株式会社などの諸形態がある。corporation 比較 個人企業。

**かい-しゃく【介▹錯】**(名・サ変他) ①つきそって世話をすること。attend ②切腹する人の首を切り落としたこと・役・人。用例 —をつとめる。

**かい-しゃく【解釈】**(名・サ変他) 物事の持つ意義や、ことば・語句・文章などの意味を説きあかすこと。その説明。interpretation 比較 訓詁・考証。用例 この事実をどう—するか。古文の—。

**かいしゃく-がく【解釈学】** 文献や芸術作品など広く人間の作り出す表現の意味を解読し、その真意をさぐる学問。hermeneutics

**かいしゃ-くみあい【会社組合】** ↓ごようくみあい(御用組合)

**かいしゃこうせい-ほう【会社更生法】** 経営が行きづまってはいるが再建の見込みのある株式会社に対し、債権者や株主等の利害を調整しながら、事業の維持や更生をはかる手続きを定める法律。昭和二七年(一九五二)公布。

**がいしゃ-せん【外車船】** 外車(=外輪)を推進機とする汽船。初期の蒸気船に採用された。外輪船。paddle steamer

**かいしゃ-ほう【会社法】** 会社の設立から消滅までの、組織と構成員にかかわる法律関係を規定する法の総称。

**かい-じゅ【▾槐樹】** エンジュの別名。

**がい-じゅ【外需】** 外国からの需要。foreign demand 対義 内需。

**かい-しゅう【会衆】** ①会に集まった人々。audience ②音楽会や討論会などに集まった人々。audience

**かい-しゅう【回収】**(名・サ変他) 一度配った物や使った物を、とりもどすこと。諸所からまとめること。collection; withdrawal 用例 廃品—。

**かい-しゅう【改宗】**(名・サ変自) 信仰する宗教をかえること。conversion

**かい-しゅう【改修】**(名・サ変他) 作り直すこと。repair; improvement 用例 道路の—。

**かいしゅう【海州】** 北朝鮮(朝鮮民主主義人民共和国)南西部、黄海南道南部の港湾都市。道庁所在地。交通・文化の要地。セメント・化学薬品・陶磁器工業が発達。近代的な海州精錬所がある。ヘジュ。

**かい-じゅう【怪獣】** えたいの知れない、あやしいけもの。

**かい-じゅう【海獣】** 海にすむ哺乳動物の総称。クジラ・ジュゴン・アザラシ・イルカ・トド・オットセイなど。sea mammal

**かい-じゅう【懐柔】**(名・サ変他) 手なずけて思うようにすること。だきこむこと。conciliation 用例 反対派を—する。

**かい-じゅう【▾晦渋】**(形動) 言い回しがむずかしくて、わかりにくいさま。難解。用例 —な表現。

**がい-しゅう【外周】** 外がわのまわり。その長さ。outer circumference 用例 城の—。

**がいしゅう-いっしょく【▾鎧▾袖一触】**《よろいのそでで、ちょっと払う意》かんたんに負かすこと。

**かいじゅう-えいが【怪獣映画】** SF映画のうち、空想的な巨大生物を主人公として登場させる映画。

**かいじゅう-せき【灰重石】** カルシウムのタングステン酸塩の組成をもつ鉱物。タングステンの主要鉱石。正方晶系で、八面体や板状の結晶。色は白・黄白・褐色などで半透明。scheelite

**がいじゅう-ないごう【外柔内剛】** やさしそうに見えるが、心の中はしっかりしていること。an iron hand in the velvet glove

**かいしゅうは-きょうかい【会衆派教会】** 組合教会の別称。

**かいじゅうぶどう-きょう【海獣▾葡▾萄鏡】** 中国の隋・唐時代の鏡。背面に葡萄唐草と海獣の模様がある。日本に多く輸入され、飛鳥・奈良時代の遺跡より出土。

**ガイジュセク**[Daniel Carleton Gajdusek](一九二三) アメリカの小児科医。ウイルス学者・文化人類学者。ニューギニア高地の神経症クールー病を研究し、遅発性ウイルス感染症であることを究明した。一九七六年ノーベル生理学医学賞受賞。

**がい-しゅつ【外出】**(名・サ変自) 家を出て、よそへ行くこと。go out 用例 —先。

**がい-しゅっけつ【外出血】** 血液が体外に流れ出ること。また、その血液。bleeding 対義 内出血。

**かい-しゅん【回春】** ①年が改まって、春がまたやって来ること。return of spring ②病気が治ること。recovery ③老人が若返ること。rejuvenation

**かい-しゅん【改▾悛・悔▾悛】**(名・サ変自) あやまちをくい改めること。改心。改悟。悔悟。repentance

**かい-しょ【会所】** ①集会する所。meeting place ②鎌倉・室町時代、貴族や上級武士の邸内の客殿。③江戸時代、株仲間の集会、商取引、村役人・町役人の事務所などに利用された公的な集会所。

**かい-しょ【▾楷書】** 漢字の書体の一つ。くずさずに、一点一画をきちんと書く書き方。真書。楷。比較 行書・草書。↓書体図

**かい-じょ【介助】**(名・サ変自) 病人や老人の行動に対して手助けすること。help

**かい-じょ【解除】**(名・サ変他) ①制限や禁止をとくこと。release 用例 武装—。②取り除くこと。cancellation ③当事者の一方の意思表示により、契約が最初からなかったものとすること。rescission 比較 告知。

**かい-しょう【▹甲▾斐性】**《「甲斐」は当て字》①けなげな性質。diligency ②仕事をして生きていく力。ability

**甲斐性が無い** いくじがない。ふがいない。働きがない。good-for-nothing 用例 —亭主。

**かい-しょう【会商】**(名・サ変他) 集まって相談すること。用例 日米—。

**かい-しょう【回章・▾廻章】** 回状。回報。circular

**かい-しょう【快勝】**(名・サ変自) みごとに勝つこと。圧勝。sweeping victory 比較 辛勝。

**かい-しょう【改称】**(名・サ変自他) 名称を改めること。その改めた名。改名。change of a name

**かい-しょう【海▾嘯】** 遠浅の海岸、とくに三角形状に開いた河口から、満ち潮が川をさかのぼっていくときにその前面に立つかべのような高い波。

**かい-しょう【解消】**(名・サ変自他) ①とりけすこと。なくなること。cancel; break off 用例 契約を—する。②団体を自発的に解体すること。dissolution 用例 発展的—。③解決すること。solution 用例 —した問題が再燃する。

**かい-じょう【会場】** 会を開く場所。meeting place

**かい-じょう【回状・▾廻状】** ①多くの人々に回覧されるように作成された文書。回報。回章。circular ②江戸時代、領主が村へ順次に回して用件を通達した書状。

**かい-じょう【海上】** 海。海面。marine 対義 陸上。

**かい-じょう【階上】** ①階段の上。on the stairs ②何層にもなった建物の、その階より上の階。とくに、二階建ての建物の二階。upstairs; the upper floor

**かい-じょう【階乗】** $n$を一つの自然数とするとき、1から$n$までのすべての自然数の積。$n!$で表す。つまり、$n!=1\times2\times3\times4\times\cdots\times n$ factorial

**かい-じょう【開城】**(名・サ変自) 敵に降参して城を明け渡すこと。surrender 用例 旅順—。

**かい-じょう【開場】**(名・サ変自) 会場を開いて、人を入れること。opening 対義 閉場。

**かい-じょう【塊状】** かたまりのような形。mass

**かいじょう【開城】** 北朝鮮(朝鮮民主主義人民共和国)南部、軍事境界線北西側の商工業都市。紡織・ゴム工業がさかんで、重要な工業地帯の一つ。人口二五・九万(一九八一)。ケソン。

**がい-しょう【外相】** 外務大臣。Foreign Minister

**がい-しょう【外商】** ①外国商人。foreign merchant ②店に来ない客に直接売ること。out-of-store sales 用例 —部。

**がい-しょう【外傷】** 外力によっておこる身体組織の損傷。刃物・銃弾などによる機械的損傷、化学薬品による化学的損傷、放射線・熱・電流による損傷などがある。trauma

**がい-しょう【街商】** 露天商の別称。

**がい-しょう【街▾娼】** 街頭で客をひく売春婦。street walker

**かい-じょう-え【戒定▾慧】**《仏教語》仏道修行者の実践すべき三つの要目。戒は道徳的生活によって身心を調えること。定は心の乱れを静め、統一すること。慧は悟りの智慧を得ること。三学。

**かいじょう-かざん【塊状火山】** ↓ようがんえんちょうきゅう(溶岩円頂丘)

**かいじょうかれつでん【海上花列伝】** 中国、清末の小説。韓邦慶の作。一八九四年刊。当時の上海の花柳界の姿を挿話を通して描いた暴露小説。

**かいじょう-くうこう【海上空港】** 海上に建設された空港。工法には、浮体方式・埋め立て方式などがある。建設中の関西新国際空港はその例。seadrome

**かいじょう-けん【海上権】** ↓せいかいけん(制海権)

**かいじょうこうつう-かんせい【海上交通管制】** 海上交通の安全と円滑な運航のために、船舶の行動を管理したり規制したりする措置。狭い水域や船の往来の激しい水域などで行われる。

**かいじょう-じえいたい【海上自衛隊】** 自衛隊の一つ。防衛庁に所属し、日本の海上防衛にあたる部隊。自衛艦隊・地方隊・教育航空集団などからなる。海上幕僚長の補佐のもとに防衛庁長官が統括。最高指揮は、内閣総理大臣が執る。昭和二九年(一九五四)発足。

**がいしょう-しんけいしょう【外傷神経症】** 災害などのあとに起こる異常な心的反応の総称。外傷を過度に心配したり、賠償獲得の欲望などが原因となって、外傷と関係のない種々の身体症状が起こる。traumatic neurosis

**がいしょうせい-てんかん【外傷性▾癲▾癇】** 頭部の外傷が原因となって起こるてんかん。頭蓋骨陥没骨折や脳外傷のあとにおこりやすい。おもに痙攣の発作を起こす。traumatic epilepsy

**がいしょうてき-たいけん【外傷的体験】** 心の中で処理できないほど大きな心理的な傷を与えられる体験。traumatic experience

**かいしょう-なし【▹甲▾斐性無し】** 甲斐性がないこと・人。いくじなし。good-for-nothing fellow

**かいじょう-ふうさ【海上封鎖】** 海軍力で敵国と外国との船舶の交通を遮断すること。sea blockade

**かいじょうほあん-ちょう【海上保安庁】** 運輸省の外局の一つ。沿海水域における人命や財産の保護、法律違反の予防・捜査・鎮圧、水路などの保全を担当する。

**かいしょう-ほう【海商法】** 海上運送業・海上保険業などの海上における商行為について定めた法律の総称。形式的には商法第四編に定めるものをいう。海事商法。maritime law

**かいじょう-ほかく【海上捕獲】** 国際法上、戦時に相手国や一定の中立国の艦船、もしくは貨物を交戦国が捕獲・没収すること。

**かいじょう-ほけん【海上保険】** 損害保険の一つ。船舶とその積み荷が沈没・衝突・火災などによって受ける損害を補う保険。船舶保険と積み荷保険がある。marine insurance

**かい-しょく【会食】**(名・サ変自) 人が集まって飲食をすること。dine together

**かい-しょく【戒▾飭】**「かいちょく」の誤り。

**かい-しょく【海食・海▾蝕】**(名・サ変他) 波や潮流など海水の運動が、海底や海岸などを浸食すること。marine erosion

**かい-しょく【解職】**(名・サ変他) 職をやめさせること。免職。解任。dismissal 用例 —処分。

**がい-しょく【外食】**(名・サ変自) 家庭外の食堂などで食事をすること。eat out

**かいしょく-がい【海食▼崖】** 波の浸食によってできた海岸線のがけ。sea cliff; abrasion cliff

**がいしょく-さんぎょう【外食産業】** 産業化した飲食業。外食需要が増えて産業化の機運が高まり、チェーン組織を背景とする大規模経営企業が出現している。food service industry

**かいしょく-せいきゅう【解職請求】** 地方公共団体の住民に認められる直接請求の一つ。特定の公務員を任期満了前に住民の意思でやめさせる制度。リコール。

**かいしょく-だい【海食台】** 海食で生じた土砂が堆積してできた海底の台地。波食台の末端に形成される。abrasion platform

**かいしょく-どう【海食洞】** 磯波の浸食作用によって、岩石海岸の海水面近くにできた洞穴。sea cave

**かい-しん【会心】**《「快心」は誤り》思ったとおりで満足なこと。satisfaction 用例 —の笑みをもらす。—の作。

**会心の友**(かいしんのとも) 気心をよく知り合った間柄である友。

**かい-しん【回心】**(名・サ変自) 心を改めて正しい信仰に入ること。心の大きな転換。仏教では、えしん。conversion

**かい-しん【回診】**(名・サ変自) 医師が入院患者を診察して回ること。doctor's round visits

**かい-しん【戒心】**(名・サ変自) 用心すること。caution

**かい-しん【戒慎】**(名・サ変自) 言動をいましめつつしむこと。

**かい-しん【改心】**(名・サ変自) 心を改めること。改悟。reform

**かい-しん【改進】**(名・サ変自他) 古いものを改め、進歩すること・させること。

**かい-しん【改新】**(名・サ変自他) 改め、新しくなること・すること。innovation

**かい-しん【海神】** 海の神。わたつみ。かいじん。the sea god; Poseidon

**かい-しん【海進】** 海域が陸地に対して相対的に浸入していくこと。海面の上昇または陸地の沈降で起きる。古い地層に対し不整合で新しい地層が順次重なっていく関係になる。transgression 対義 海退。

**かい-しん【海震】** 海上で感じる地震。おもに上下振動。seaquake

**かい-じん【灰▼燼】** 灰と燃え残り。ashes

**灰燼に帰す**(かいじんにきす) あとかたもなく燃えつきる。be reduced to ashes

**かい-じん【怪人】** 正体不明のあやしい人。mystery man

**がい-しん【外心】** 三角形の外接円の中心。三角形の三つの辺の垂直二等分線の交点。一般の多角形に対して用いる場合もある。circumcenter →五心 図

**がい-しん【外信】** 外国からの通信・ニュース・たより。foreign news 比較 外電。

**がい-しん【害心】** 害を加えようとする下心。用例 —をいだく。

**がい-じん【外人】** 外国人。異人。foreigner

**がい-じん【外陣】** →げじん(外陣)

**がいじんきしゃ-クラブ【外人記者クラブ】** 在日中の外国の報道機関の記者たちが取材の便宜や親睦を目的に結成する団体。foreign correspondents' club

**がいじん-せんしゅ【外人選手】** スポーツで、外国籍の競技者。ただし競技によっては、外国籍の選手でも日本居住年限などにより、その扱いをしない場合もある。foreign player

**がいじんせんしゅ-わく【外人選手枠】** スポーツ競技で、規則により定められた一チームに登録できる外国人選手の数。

**かいしん-とう【改進党】** ①立憲改進党の略称。②昭和二七年(一九五二)国民民主党が改組して成立した政党。協同組合主義と修正資本主義を目標とした。のちの日本民主党。

**がいしん-ぶ【外信部】** 新聞社・通信社などで、外国からの通信を取り扱う部局。外報部。foreign news department

**かい・す【介す】**(五他) ↓かいする(介する)

**かい・す【会す】**(五自) ↓かいする(会する)

**かい・す【解す】**(五他) ↓かいする(解する)

**かいず** クロダイの幼魚。

**かい-ず【海図】** 航海に必要な水深・底質・海岸地形・航路標識などの情報を表した地図。航洋図・航海図・海岸図・港泊図などがあり、日本では海上保安庁水路部が作成。chart

**がい・す【害す】**(五他) ↓がいする(害する)

**かい-すい【海水】** 海洋の水。一kg中に三五g前後の塩類を含むものが標準的。温度は表層でも三〇℃をこえることはまれ。一定方向に流れる海流、一定周期で変動する潮汐・潮流・うねり・内部波などが発生する。seawater

**かい-ずい【海▼瑞】**(一五一四〜八七) 中国、明代の官僚。郷紳の不当な土地取り上げに反対して地方官を罷免されたが、民衆の側に立つその態度は後世演劇の題材とされた。

**かいすい-ぎ【海水着】** 海水浴や水泳をするための衣服。水にぬれても軽く、水切りのよい素材で、水中での動作が容易であるよう作られている。水着。水泳着。swim suit

**かいすい-ぎょ【海水魚】** 海で生息する魚類の総称。サケ・ウナギなど海水と淡水を行き来するものは、一般に長く生息する水域の名でよばれる。サケ・マス・ボラなどは海水魚、アユ・ウナギなどは淡水魚。鹹水魚。saltwater fish 対義 淡水魚。

**かいすい-パンツ【海水パンツ】** 男性の水泳用パンツ。トランクス型とブリーフ型がある。swimming trunks

**かいすい-よく【海水浴】** 健康や避暑の目的で海浜に行き、泳いだり、遊んだり、日光浴をしたりすること。sea bathing

**かいすいよく-じょう【海水浴場】** 泳ぐのに適した遠浅の海岸。多く、脱衣場などが完備されている。

**かい-すう【回数】** 物事の起こる、行われる数。度数。number of times 用例 —を重ねる。

**がい-すう【概数】** おおよその数。低い位の数を四捨五入・切り捨て・切り上げなどで処理し、高い位の数字だけで表したもの。round number

**かいすう-けん【回数券】** 乗車券・入場券などで、何回分かの切符が一つづり、または組みになっているもの。coupon ticket 用例 バスの—。

**ガイスラー-かん【ガイスラー管】** 真空放電管の一種。陰極線やX線などの発見の手がかりになった。物理学者プリュッカーの依頼でガイスラーが製作。スペクトル実験や真空放電実験などに用いる。Geissler tube

**かい・する【介する】**(サ変他) =介す。①気にかける。mind; care 用例 意に—・しない。②間にはさむ。through 用例 人を—・して聞く。

**かい・する【会する】**(サ変自) =会す。①あつまる。meet; assemble 用例 一堂に—・した人々。②面会する。meet ③出あう。meet; join 用例 両河の—所。

**かい・する【解する】**(サ変他) =解す。①とき明かす。解釈する。interpret 用例 文意を—。②理解する。understand 用例 人情を—。気持ちを—。

**がい・する【害する】**(サ変他) =害す。①いためつける。そこなう。injure; damage 用例 健康を—。②邪魔をする。hinder ③殺す。kill

**かい-せい【回生】**(名・サ変自) 生き返ること。return to life; revival 用例 起死—。

**かい-せい【快晴】** よく晴れた天気。雲量0〜一の天気。fine weather 用例 —にめぐまれる。

**かい-せい【改正】**(名・サ変他) 改め、直すこと。revision 用例 規約の—。

**かい-せい【改姓】**(名・サ変自) 姓を改めること。改めた姓。change of one's family name

**かい-せい【▼魁星】** 北斗七星の、ひしゃく形に並んだ星の頭部にあたる四つの星。また、その第一星。

**かい-せい【▼諧声】** ①他の音・声としっくり合う音・声。harmonious voice ②六書の一つ、形声の別称。

**かいせい【開成】**〈町〉 神奈川県南西部、小田原市北隣の町。稲作のほか、ナシ・イチゴ栽培がさかん。人口一万一四六〇(一九八八)。

**がい-せい【外征】**(名・サ変自) 外国へ攻めていくこと。invade another country

**がい-せい【外政】** 外国に関する政治。対義 内政。

**がい-せい【▼蓋世】** 気力が非常にさかんなこと。用例 抜山—の英雄。

**がい-せい【慨世】** 社会の動きをなげき、いかること。慷慨。

**がい-せい【▽艾青】**(一九一〇) 中国の詩人。本名は蔣海澄。浙江省生まれ。詩と評論に指導的役割を果たす。詩集『大堰河』『北方』など。

**がい-せいき【外性器】** 外部にあらわれている性器。男性では陰茎・陰囊をいい、女性では大陰唇・小陰唇・陰核・膣前庭などをいう。外部生殖器。外陰部。外陰器。external genitals 比較 内性器。

**かいせい-じょ【開成所】** 幕末、幕府の洋学教育機関。文久二年(一八六二)に洋書調所を改称。明治政府が明治元年(一八六八)再開し、のち東京大学に吸収。

**かいせい-そう【海成層】** 海底に土砂が堆積してできた地層。深さによって、海浜堆積層・浅海堆積層・半深海堆積層・深海堆積層に分類。marine deposit

**かいせい-ブレーキ【回生ブレーキ】** 電車の駆動用電動機を発電機として作用させることによって得られる制動方式。regenerative brake

**かい-せき【会席】** ①会合する席。meeting place ②連歌・俳諧の席。③「会席料理」の略。

**かい-せき【開析】** 河川の浸食によって、平地に谷などが刻まれること。dissect

**かい-せき【解析】** 日(名・サ変他) 物事を細かくとき分け、理論的に研究すること。analysis 日(名)「解析学」の略。analysis

**かい-せき【懐石】**《禅僧が修行中、懐中に温石を入れ、空腹をしのいだことから》「懐石料理」の略。

**がい-せき【外▼戚】** 母方または妻の一族。maternal relative

**がい-せき【外積】** ベクトルの演算の一つ。空間の平行でもなく、0でもないベクトル$\vec{a}$、$\vec{b}$に対し、$\vec{a}\times\vec{b}$で表される。その大きさは$\vec{a}$、$\vec{b}$を二辺とする平行四辺形の面積に等しく、その向きは$\vec{a}$、$\vec{b}$の両方に垂直で、$\vec{a}$を$\vec{b}$に重ねるように一八〇度以内回転させたとき、右ねじの進む方向に同じ。ベクトル積。outer product

**かいせき-がく【解析学】** 微分積分学、それから発展した微分方程式論・積分方程式論・変分学・実関数論・複素関数論と、それらに引き続く諸分野の総称。代数学・幾何学と並ぶ数学の主要な一部門。解析。analysis

**かいせき-きかがく【解析幾何学】** 点の座標を利用して、それぞれの図形を方程式・不等式で表し、代数的手法で図形の性質を研究する幾何学の一分野。デカルトらによって始められた。analytic geometry

**かいせき-こ【海跡湖】** 海湾の一部が外海と切り離されてできた湖。土地の隆起や砂州の形成による。潟。lagoon

**かいせき-ぜん【会席▼膳】** 会席料理をのせて出す膳。塗りのものが多い。

**かいせき-りょうり【会席料理】** 宴会用として江戸時代に発達した日本料理。本来は本膳料理を略式にしたもの。作法・儀式を重視しないで、味本位で気楽に食べるのが特徴。

**かいせき-りょうり【懐石料理】** 簡素で美しく、旬の材料の滋味を生かした、茶事に出す簡単な食事。懐石。茶懐石。↓図

**かいせつ【回折】**(名・サ変自) 音波・電波・光などの波動が障害物の陰へまわりこんで伝わること。電子線・中性子線などにもみられる。diffraction

**かい-せつ【海雪】** 深海を沈下していく各種のプランクトンの死体が雪のように見えるもの。マリンスノー。marine snow

**かい-せつ【開設】**(名・サ変他) 新しく設けること。新設。establishment 用例 支局の—。

**かい-せつ【解説】**(名・サ変他) 物事の全体、または経過などをわかりやすく説くこと。その説いたもの。explanation 比較 説明・論説。用例 ニュース—。

**がい-せつ【外接】**(名・サ変自) ある図形が他の図形に外側から接すること。円の外部にある多角形の辺がすべてその円に接するとき、多角形の外部にある円が多角形のすべての頂点を通るとき、互いに外部にある二つの円が一点で接するときなど。circumscription 対義 内接。

**がい-せつ【概説】**(名・サ変他) 大要を述べること。述べたもの。概論。outline 用例 日本史—。哲学—。

**がいせつ-えん【外接円】** 多角形の外部にあり、多角形のすべての頂点を通る円。circumscribed circle →五心 図

**かいせつ-こうし【回折格子】** 光の回折を利用してスペクトルを得る光学装置。平面あるいは凹面に多数の溝を等間隔にきざんだもの。プリズムと同じく光を分散させるのに用いられ、プリズムより高性能のものが製作



▼常用漢字表外。 ▽常用漢字表の音訓外。

可能。平面格子・凹面格子・エシェレット格子などがある。グレーティング。diffraction grating

**かいせつ‐ぞう【回折像】** 光やX線および電子線や中性子線などが回折してつくる像。回折格子による光のスペクトル像や、結晶によるX線・電子線・中性子線の干渉模様など。diffraction figure

**カイセリ【Kayseri】** トルコ中部の都市。ビザンチン時代の対東方の要地。じゅうたんの産地。大繊維工場がある。人口三二七・八万(一九八五)。

**ガイセリック【Gaiseric】**(三九〇ごろ～四七七) バンダル族の王(在位四二八～四七七)。部族を率いてスペインから北アフリカに移住。カルタゴを中心に王国を建設。ローマを略奪するなど東地中海を制圧した。ゲイセリクス。

**カイゼル【Kaiserドイツ】** ドイツ皇帝の称号。古代ローマのカエサルに由来。日本では、とくにウィルヘルム二世(一八五九～一九四一)をいう。カイザー。

**カイゼルの物はカイゼルに**(カイゼルのものはカイゼルに) 神への務めと国家への務めとをともに行え、というキリスト教の教え。転じて、本来あるべきところに返せ、の意でも用いる。カエサルの物はカエサルに。

**カイゼル‐ひげ【カイゼル▼髭】**《ドイツ皇帝(＝カイゼル)ウィルヘルム二世の口髭から》両端のはね上がった形の口髭。Kaiser mustache →写

●懐石料理

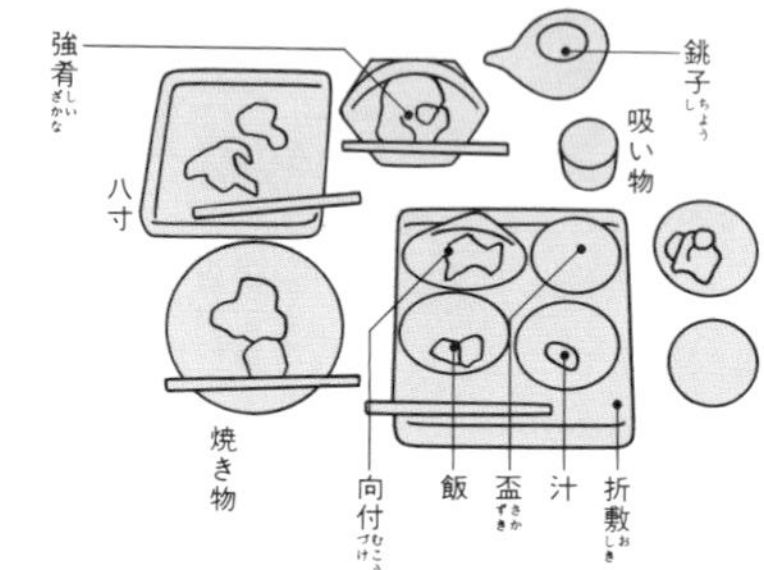


写真は料理の種類を見せるために並べたもので同時に出されるものではない。

**かい‐せん【会戦】**(名・サ変自) 一定の地域に大部隊を集めて行う大きな戦い。battle 比較 戦闘。対義 遭遇戦。

**かい‐せん【回旋・▼廻旋】**(名・サ変自他) ①くるくる回ること。回すこと。rotation ②植物のつるが他の物に巻き付きながら伸びていくこと。winding

**かい‐せん【▼廻船・回船】** 沿岸航路で旅客・貨物を輸送する船。また、それを業とすること。鎌倉時代に発達し、江戸時代には江戸・大坂と諸国の港を結んでさかんになる。菱垣廻船・樽廻船など。

**かい‐せん【回線】** 電信・電話などの回路。circuit

●カイゼル髭 『オリエント急行殺人事件』より。

**かい‐せん【改選】**(名・サ変他) 役員・議員などの任期満了後、改めて選挙をすること。reelection

**かい‐せん【海戦】** 海上での戦い。naval battle 用例 日本海―。

**かい‐せん【▼疥▼癬】** カイセンチュウによって生じる伝染性の皮膚病。皮膚の柔らかい指のあいだ、下腹部、外陰部などに多発し、夜間にかゆみが激しい。ひぜん。scabies

**かい‐せん【開戦】**(名・サ変自) 戦争を始めること。outbreak of war 対義 終戦。

**かい‐ぜん【改善】**(名・サ変他) 改めてよくすること。改良。improvement 対義 改悪。用例 ―の余地がある。

**がい‐せん【外線】** 対義 内線。①外がわの線。②屋外の電線。outside wire ③官庁・会社などから外部へ通じる電話。outside line 用例 ―電話。

**がい‐せん【▼凱旋】**(名・サ変自) 戦いに勝って国に帰ること。triumphal return 用例 ―将軍。

**がい‐ぜん【慨然】**(形動トタル) ①いかり嘆くさま。用例 ―として敗戦を語る。②心を奮い起こすさま。

**かいせん‐きょく【回旋曲】** ロンド。

**がいせん‐さくせん【外線作戦】** 敵を囲んで攻める作戦。対義 内線作戦。

**がいぜん‐せい【▼蓋然性】** たぶんそうなりそうだという見込み。確かさの度合い。公算。確率。プロバビリティー。probability 比較 可能性。対義 必然性。

**かいせん‐ちゅう【▼疥▼癬虫】** ↓ひぜんだに(皮癬蜱)

**かいせん‐どんや【▼廻船問屋】** 江戸時代、廻船の貨物運送を取り次いだ業者。

**がいせん‐もん【▼凱旋門】** 戦勝を記念して広場や街路に建てられた門。古代ローマで多く造られた。近代では、パリのエトワール凱旋門が有名。triumphal arch

**かい‐そ【改組】**(名・サ変他) 組織・構成を改めること。reorganization

**かい‐そ【開祖】** ①学問・芸能で、一派を開いた人。②一宗派を開いた人。また、寺院の創立者。開山。開基。

**かい‐そう【会葬】**(名・サ変自) 葬式に参列すること。attend a funeral

**かい‐そう【回送・▼廻送】**(名・サ変他) ①よそへ送ること。ほかへ回すこと。forwarding ②電車・バスなどを、空車にして車庫などに送ること。用例 ―車。用例 ―電車。

**かい‐そう【回想】**(名・サ変他) 自分の見聞したことを思い出すこと。回顧。recollection 比較 懐旧。用例 ―録。

**かい‐そう【回▼漕・▼廻▼漕】**(名・サ変他) 船で荷を運ぶこと。shipping 用例 ―業。

**かい‐そう【快走】**(名・サ変自) 気持ちのよいほど速く走ること。ひた走りに走ること。fast running

**かい‐そう【改葬】**(名・サ変他) 一度ほうむった遺体・遺骨を、別の所にほうむりなおすこと。

**かい‐そう【改装】**(名・サ変他) ①建物の模様替えをすること。remodel 用例 店内―。②荷造りをしなおすこと。

**かい‐そう【海草】** 海中に生育する種子植物の総称。アマモ・スガモなど。marine plant

**かい‐そう【海藻】** 海中に生育する藻類の総称。緑藻・褐藻かっそう・紅藻など。ビタミンやカルシウムなどに富み、食料や飼料などに用いられる。seaweed 参照 藻類。

**かい‐そう【階層】** ①建物の各階。story ②職業・学歴・収入・政治意識などさまざまな指標によって、人々の社会的位置を等級づける区分。social stratum ③一つの階級のメンバーの小区分。比較 階級。

**かい‐そう【▼潰走】**(名・サ変自) 戦いに負けて、ばらばらに逃げること。rout

**かい‐ぞう【改造】** 一(名・サ変他) つくりかえること。remodeling; reconstruction 用例 社会―。内閣―。二(名) 総合雑誌の一つ。急進的な論稿をのせ、社会主義運動に貢献。また文壇への登竜門でもあった。大正八年(一九一九)創刊。昭和一九年(一九四四)軍部により解散、同二一年(一九四六)復刊したが、同三〇年(一九五五)廃刊。

**かい‐ぞう【海象】** セイウチの別名。

**がい‐そう【外装】** ①荷物などの、外がわの包装。wrapping ②建物などの、外がわの飾り。exterior 対義 内装。

**がい‐そう【▼咳▼嗽】**(名・サ変自) せきこむこと。せき。

**かい‐そうさ【買(い)操作】** ↓かいオペレーション(買いオペレーション)

**がいそう‐ざい【外装材】** 屋根や外壁など、建物の外まわりの仕上げ用の材料。耐火性・耐水性・外観の良さなどを考慮。exterior finishing material

**かいぞう‐りょく【解像力】** レンズや感光材料で、撮影された被写体の細部を再現しうる能力。また、その大きさ。resolving power

**かいそう‐ろく【回想録】** 過去の体験・出来事などを思い出して綴る記録。回顧録。reminiscence

**かい‐ぞえ【介添え】**(名・サ変自) つきそって、世話をすること・人。helper 用例 ―役。

**かい‐そく【会則】** 会の規約・規則・きまり。会規。rules

**かい‐そく【快足】** 足の速いこと・人。nimble-footed

**かい‐そく【快速】** ①すばらしく速いこと。high speed ②電車・列車で、おもな駅にだけ停車して、速く走るもの。用例 ―電車。

**かい‐ぞく【海賊】** ①海上で、航行する船舶や、沿岸地方を襲う盗賊。pirate ②日本で中世、北九州・瀬戸内・志摩しまなどで海上活動に勢力をふるった豪族。水軍。

**がい‐そく【概則】** だいたいの規則。general rules 対義 細則。

**がい‐そく【概測】**(名・サ変他) だいたいの測量をすること。だいたいの測量。

**がいそく‐じしんたい【外側地震帯】** 日本列島の太平洋側に沿って存在する地震帯。環太平洋地震帯の一部を構成。対義 内側ないそく地震帯。

**かいぞく‐しゅう【海賊衆】** 中世、海賊として活躍した将士。

**かいぞく‐ばん【海賊版】** 著作権を侵害して違法に複製された出版物・レコード・カセットテープなどのこと。偽版ぎはん。pirated edition

**がい‐そふ【外祖父】** 母方の祖父。maternal grandfather 対義 外祖母。

**がい‐そぼ【外祖母】** 母方の祖母。maternal grandmother 対義 外祖父。

**かい‐ぞめ【買(い)初め】** 新年になって、はじめて買うこと。

**かい‐そん【海損】** 航海中の事故による船舶や積み荷の損害と、それにともなう経費(救助費など)のこと。average

**かい‐そん【塊村】** 集落の一形態。集村の一種で、民家が不規則にかたまりとなっている集落。自然発生的集落に多い。団村。agglomerated village

**かい‐ぞん【買(い)損】** 買って損になること。対義 買い得。

**がい‐そん【外孫】** 嫁に行った娘の生んだ子。そとまご。対義 内孫。

**がい‐そん【街村】** 集落の一形態。街路に沿い、両側や片側に家屋が細長く並んだ集落。商業上の目的から生まれたもので、宿場町や市場町・門前町など。

**かいた【海田】**〈町〉 広島市東隣の町。旧宿場町。広島市のベッドタウン。自動車関連産業などがある。人口三万五一〇(一九八八)。

**かいた【▼頴田】**〈町〉 福岡県北部、遠賀おんが川に沿う町。炭鉱の町で栄えたが、全鉱閉山にともない、農業中心となる。人口七九七〇(一九八八)。

**かいだ【開田】**〈村〉 長野県南西部、御嶽おんたけ山東麓とうろくの村。開田高原は、かつて木曽きそ馬の産地で知られた。人口二〇八〇(一九八八)。

**がい‐だ【▼咳▼唾】** ①せきとつば。②目上の人のことばの敬称。おことば。

**咳唾、玉を成す**(がいだ、たまをなす)《せきやつばのようにふと口から出ることばでさえ、珠玉の名句になっている、の意から》詩文の才能が豊かで



↓ 行き先項目、図版・写真参照印。 JIS 日本工業規格情報交換用漢字符号コード(区点コード)。

あるたとえ。

**ガイダール**【Arkady Petrovich Gaidar】（一九〇四―四一）ソ連の児童文学者。作品『チムール少年隊』など。

**かい-たい**【拐帯】（名・サ変他）預かった金品を持ち逃げすること。持ち逃げ。run away with 用例 公金―。

**かい-たい**【海退】海域が陸地に対して相対的に退いていくこと。海面の下降または陸地の隆起で起きる。regression 対義 海進。

**かい-たい**【解体】（名・サ変自他）①組織だっている物をばらばらにすること。また、ばらばらになること。take to pieces ②死体を解剖すること。用例 ―作業。

**かい-たい**【懐胎】（名・サ変自）①みごもること。妊娠。懐妊。pregnant ②内部に形づくること。胚胎。用例 かれの体験に―する思想。

**かい-たい**【▼懈怠】（名・サ変自）①なまけること。おこたること。けたい。②法律で、定められた期日を過ぎても、なすべきことを行わず責任を果たさないこと。default

**かい-だい**【改題】（名・サ変他）題名を新しく変えること。改めた題。changed title 対義 原題。

**かい-だい**【海内】①四海のうち。国内。天下。②世界。

**かい-だい**【海台】海底にある広大な台地状の地形。北大西洋のアゾレス海台、インド洋のセーシェル海台など。plateau →海底地形 図

**かい-だい**【開題】《仏教語》経典の題目を解釈し、その内容の大綱を示すこと。

**かい-だい**【解題】（名・サ変他）書物・作品の成立・体裁・系統・内容・著者などを解説すること。その解説。用例『国書―』。

**かいたいしんしょ**【解体新書】日本最初の西洋医学の翻訳書。ドイツの解剖学者クルムスの解剖書のオランダ語訳『ターヘルアナトミア』を、前野良沢・杉田玄白らが漢文に翻訳したもの。全五巻。安永三年（一七七四）刊。

**かい-たく**【開拓】（名・サ変他）①山林原野などの未墾地を切り開いたり、遠浅の湖沼や海を堤防で仕切って排水し、経済的に利用可能な土地につくりかえること。開墾。reclamation 用例 ―営農。②新しい分野や進路などを創造したり、切り開くこと。開発。development

**かい-だく**【快諾】（名・サ変他）こころよく承知すること。agree readily

**かいたく-し**【開拓使】北海道開拓・行政のための政府機関。明治二年（一八六九）設置。西洋農法の移入・石炭採掘・屯田兵の設置などにあたったが、同一五年（一八八二）廃止。

**かい-だし**【買(い)出し】①市場・問屋・商店で品物を仕入れること。②食料品などを消費者が直接生産者の所へ買いに出かけること。

**かい-だ・す**【▼掻い出す】（五他）《「かきだす」の転》外へくみ出す。かき出す。bail out 用例 水を―。

**かい-たた・く**【買(い)▼叩く】（五他）買うときに、値段をひどくねぎる。beat down the price 比較 売り叩く。

**かい-たて**【買(い)立て】①買い立てること。②買ったばかりであること。

**かい-だて**【買(い)建て・買建】株式や商品の信用取引や先物取引で成立した買い入れの注文や約定。対義 売り建て。

**かい-た・てる**【買(い)立てる】（下一他）どしどし買い入れる。

**かいたに-やおこ**【貝谷八▽百子】（一九二一）日本の代表的舞踊家の一人。福岡県生まれ。昭和一三年（一九三八）バレエ団を創設。

**がい-ため**【外▽為】「外国為替」の略。

**がいため-ほう**【外▽為法】外国為替管理法の通称。

**かい-だ・める**【買(い)▼溜める】（下一他）必要とする以上に買っておく。stock up on 比較 買い占める。

**かい-だれ**【▼掻い垂れ】《「かきたれ」の転》年中行事や農耕儀礼などで用いる削り掛けや御幣などの祭具。削り掛けは紙の普及以前から用いられた。

**かい-たん**【塊炭】大きなかたまりの石炭。

**かい-だん**【会談】（名・サ変自）会って直接話し合うこと。conference 用例 三国―。

**かい-だん**【戒壇】《仏教語》師が弟子に戒を授ける儀式に用いるため、石や土で築いた壇。天平勝宝六年（七五四）鑑真が東大寺大仏殿前に築いたのが日本で最初。

**かい-だん**【怪談】亡霊・妖怪など、超自然的なものを実在するかのように描くつくり話。ghost story

**かい-だん**【階段】①建物の上下階を連絡する段になった通路。stairs 数え方 一段。②等級。段階。grade; rank; ladder →図

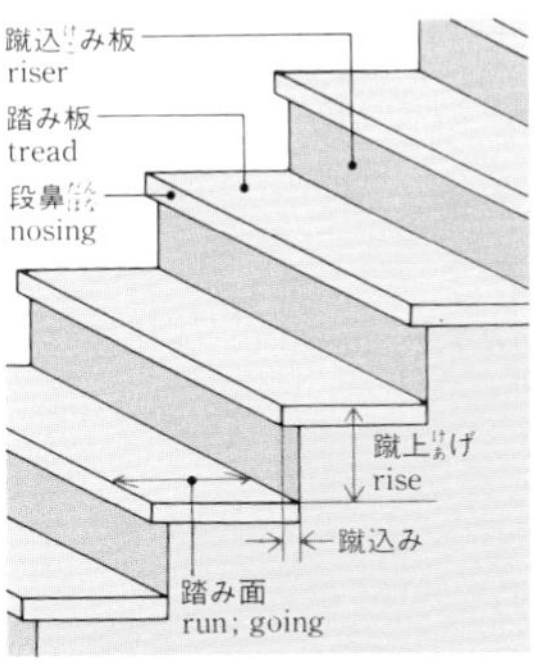


● 階段①

**かい-だん**【解団】（名・サ変他）団としての結合をとくこと。disband 対義 結団。用例 選手団の―式。

**がい-たん**【慨嘆・慨▼歎】（名・サ変自）国家・社会のありさま・なりゆきなどについて心を痛めること。うれいなげくこと。deploring 用例 ―にたえない世相。

**かいだん-いん**【戒壇院】寺院の建造物の一つ。戒壇が設けられている建物。

**かいだん-こうさく**【階段耕作】山地や丘陵の斜面に階段状の耕地をつくり、作物を栽培すること。棚田。段々畑。terrace culture

**がいだん-こうせつ**【街談▼巷説】世間のうわさ話。まちのうわさ。世評。

**かい-だんし**【快男子】さっぱりした気性のいい男。好漢。かいだんじ。manly fellow

**ガイダンス**【guidance】《指導の意》教育で、生徒の個性や能力に応じ、学習や進路などについて指導すること。

**かいだん-てき**【階段的】（形動）順序に従って進むさま。用例 ―人事。

**かいだん-ばなし**【怪談▼噺】幽霊や怨霊を題材にして、客をこわがらせようとするはなし。主として夏に落語家や講釈師によって演じられる。

**かいだんぼたんどうろう**【怪談▼牡丹灯▼籠】→ぼたんどうろう（牡丹灯籠）

**かいだん-もの**【怪談物】怪談を主題とする小説・歌舞伎・浄瑠璃・講談・落語などの総称。

**がい-ち**【外地】①外国の土地。overseas country ②内地以外の日本の旧領土。朝鮮・台湾・南樺太など。対義 内地。③第二次大戦で日本が出兵していた地域。

**かいち-いせき**【開地遺跡】川岸の段丘や台地上に展開した先史時代の遺跡。

**かい-ちく**【改築】（名・サ変他）面積を増やさないで、建物の一部を改造すること。内部の間取りの変更など。remodel 比較 増築。

**かい-ちゅう**【回虫・▼蛔虫】カイチュウ科の人体寄生虫。線虫の一種。体長は雌で約四〇cm、雄で約二五cm。淡桃色ないし黄白色。卵が経口感染して小腸に寄生し、いろいろの消化器障害をひき起こす。最近は寄生率が減少。はらのむし。roundworm

**かい-ちゅう**【改鋳】（名・サ変他）鋳造しなおすこと。いなおすこと。recast 用例 貨幣の―。

**かい-ちゅう**【海中】①海面の下。海の中。in the sea 用例 ―遊泳。②大洋のまん中。middle of the ocean 用例 ―の小島。

**かい-ちゅう**【懐中】㊀（名・サ変他）ふところ。ふところやポケットに入れること。携帯すること。pocket 用例 ―時計。―電灯。㊁（名）財布。紙入れ。wallet

**がい-ちゅう**【外注】（名・サ変他）よそへ注文を出すこと。その仕事。

**がい-ちゅう**【害虫】人畜・作物・建物などに害をあたえる昆虫類などの総称。衛生害虫・農業害虫・食品害虫・衣料害虫など。vermin 対義 益虫。用例 ―駆除。

**かいちゅう-がさ**【懐中▼笠】和紙に渋を塗り、たたんで懐中に入れて持ち歩けるようにした笠。上下に紐を通し、かぶるときには下を広げてにわか雨のときなどに用いる。

**かいちゅう-かざん**【海中火山】→かいていかざん（海底火山）

**かいちゅう-きょじゅうきち**【海中居住基地】海中に設置された作業の根拠地。深海における潜水作業の安全と効率化を目的とする。

**かいちゅう-こうえん**【海中公園】自然公園の一形態。海中の美観や資源の保護を目的とする。わが国では昭和四五年（一九七〇）国立および国定公園内に一〇か所が指定された。submarine park

**かいちゅう-じるこ**【懐中汁粉】干し餡・かたくり粉・砂糖などを混ぜ、最中の皮で包んだもの。熱湯を注ぐと汁粉になる。

**かいちゅう-でんとう**【懐中電灯】電源と豆電球を内蔵する携帯用の小型電灯。電源は乾電池・蓄電池・充電式電池などを使用。flashlight 数え方 一本・一個。

**かいちゅう-どけい**【懐中時計】ふところ・ポケットなどに入れて持ち歩く小型の時計。pocket watch

**かいちゅう-もの**【懐中物】ふところやポケットの中の物。多く、財布のこと。用例 ―ご用心。

**かい-ちょう**【会長】①会の代表者。会頭。chairman 用例 後援―。②会社で、社長の上位の職。chairman

**かい-ちょう**【回腸】小腸のうち下五分の三の部分。長さ約三・五m、太さ約二・五cmで、腹腔の右下部を占める。ileum →腸 図

**かい-ちょう**【快調】（名・形動）気持ちのよい調子。すらすらと進行するさま。好調。順調。excellent condition 対義 不調。

**かい-ちょう**【海鳥】海辺の断崖や島に巣をつくり、おもに魚類をえさにする鳥。うみどり。seabird

**かい-ちょう**【開帳】（名・サ変他）①寺院で特定の日に厨子の戸を開いて、本尊の仏像を一般の人々に礼拝させること。開扉。用例 御―。②《俗語》賭博の座を開くこと。

**かい-ちょう**【開張】チョウ・ガなど昆虫の標本で、ひろげた状態での、左右の前翅の長さ。

**かい-ちょう**【▼諧調】①調和のとれている音色。②整った調子。用例 万有の―を感じとる。

**がい-ちょう**【害鳥】害があると考えられる鳥類。農林・水産上で有害とされることが多い。vermin 対義 益鳥。

**かいちょう-おん**【海潮音】㊀《仏教語》仏の教法が海潮のように十方に響きわたり、ひろがること。㊁上田敏の訳詩集。明治三八年（一九〇五）刊。雅俗を併用した清新流麗な訳しぶりで西欧詩の移植に成功、日本に象徴詩を興す有力な一因をつくった。

**かい-ちょく**【回勅】ローマ教皇が全世界の司教に発する書簡。教会全体にかかわる信仰・道徳の問題について指導するもの。encyclical

**かい-ちょく**【戒▼飭】（名・サ変自他）《「かいしょく」は誤り》きびしくいましめ、つつしませること。また、自分からいましめて、つつしむこと。

**かい-ちん**【開陳】（名・サ変他）意見を申し述べること。意見を発表すること。state

**かいづ**【海津】滋賀県北部、マキノ町の地区。琵琶湖に臨み、港町として繁栄。海津大崎は景勝地、桜の名所。

**かいづ**【海津】〈町〉岐阜県南西部、長良川・揖斐川間の高須輪中にある町。旧城下町。稲作が中心。人口一万四〇七一（一九八八）。

**かい-つう**【開通】（名・サ変自他）道路・鉄道・トンネル・電話などが、はじめて通じること、通すこと。

**かいつうしょうこう**【華▼夷通商考】西川如見著の地理書。二巻。元禄八年（一六九五）刊。江戸時代初期の代表的海外地誌。

**かい-づか**【貝塚】古代人の食べ捨てた貝殻などが堆積した遺跡。世界的に分布。土器・石器・人骨・獣骨・住居址・炉址などが発見されている。考古学上の重要な研究対象。日本では三〇〇〇か所近く知られ、半数以上が縄文時代のもの。shellmound

**かいづか**【貝塚】〈市〉大阪府南部、大阪湾に臨む市。願泉寺の寺内町から始まる。繊維工業がさかん。人口七万八三一六（一九八八）。

**かいづか-いぶき**【貝塚▼伊吹】ヒノキ科の常緑高木。イブキの園芸変種。葉は暗緑色で、鱗片葉だけからなる。側枝は旋回し、主幹に巻きつく。

**かいつぎ-しょう**【買継商】生産者または生産地と大消費地の問屋との仲継ぎをする一種の卸問屋。織物業などに多い。broker

**かい-つけ**【買(い)付け・買付】買い付けること。buying

**かいつけ-どいや**【買付問屋】製造業者・輸出入業者などの委託を受けて商品の買い付けをする問屋。buyer agent

**かい-つ・ける**【買(い)付ける】（下一他）①いつも買う。buy ②商品を多量に買い入れる。purchase

▼常用漢字表外。 ▽常用漢字表の音訓外。

**かいつぶり**【▼鸊▼鷉】カイツブリ科に属するコガモ大の水鳥。翼長約一〇cm。雌雄は同色で灰褐色。潜水が巧み。水草を使って水上に「鳰の浮き巣」を作る。日本全土・ユーラシア・アフリカ・オーストラリアと広く分布。イッチョウモグリ。ニオ。ニオドリ。ムグッチョ。カイツムリ。grebe ↓写

●カイツブリ　右は幼鳥。

**かい-つま・む**【▼搔い摘む】(五他) 要点を取り出す。要約する。sum up 用例 ―・んで話す。

**かいつむり** ①カイツブリの異名。②カタツムリの異名。

**かい-づめ**【貝▼爪】平たく短いつめ。

**かい-て**【買(い)手】買うがわ・人。buyer 対義 売り手。用例 ―がつく。

**かい-てい**【改定】(名・サ変他) いったん決めたり、定めたりした事柄の内容を、新しく改めること。reform 用例 旅客運賃を―する。

**かい-てい**【改訂】(名・サ変他) すでに出版された図書の内容を、部分的に改め直すこと。改訂版。revision

**かい-てい**【海底】海の底。bottom of the sea 用例 ―資源。

**かい-てい**【階▼梯】①階段。②学芸などの学ぶべき順序。段階。③学芸などの手引き。入門書。

**かい-てい**【開廷】(名・サ変自) 法廷で裁判を始めること。open a court 対義 閉廷。

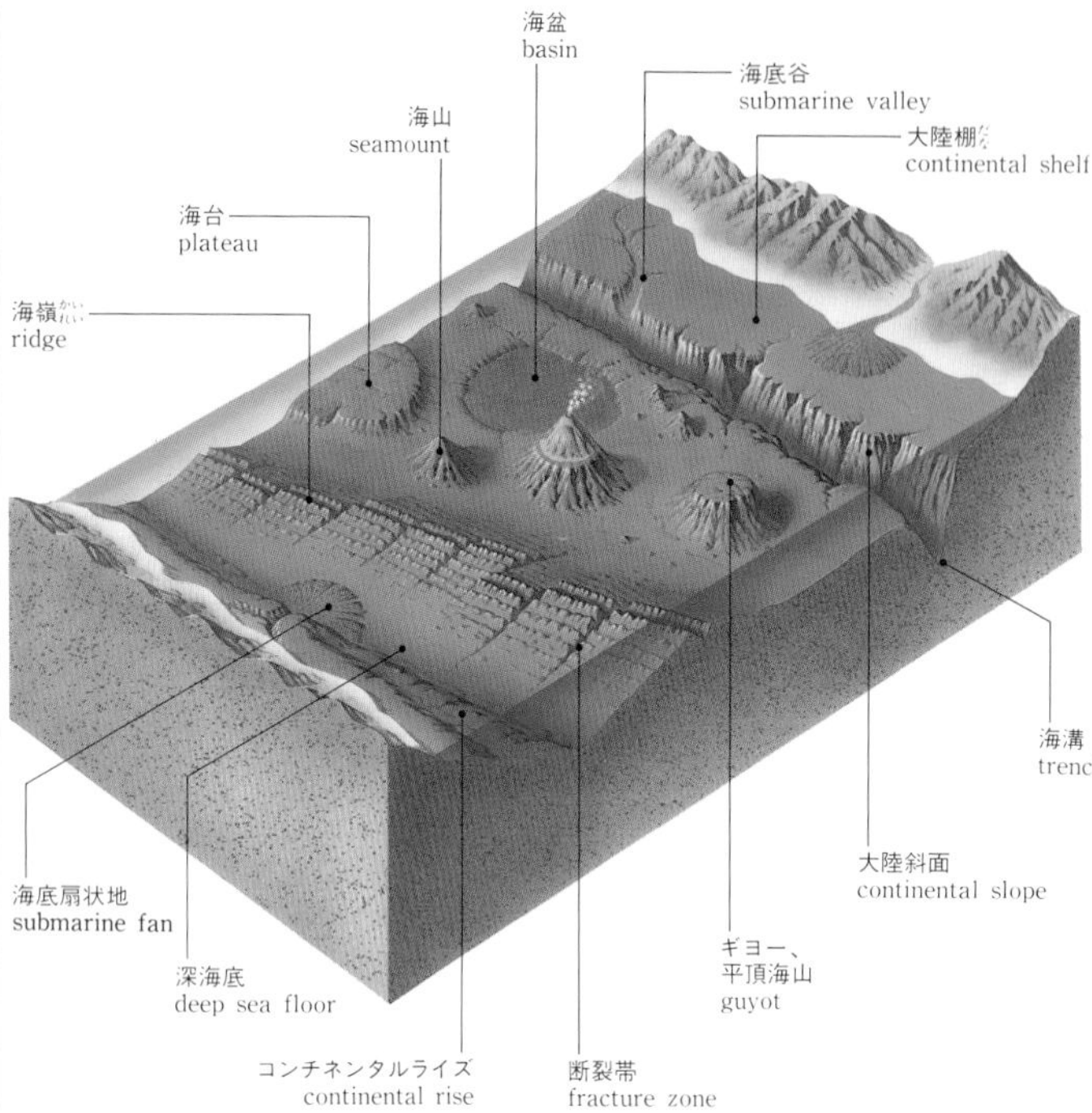

●海底地形

**かいていかくきんし-じょうやく**【海底核禁止条約】(Seabed Treaty) 締約国の海岸から一二海里以遠の海底に核兵器その他の大量破壊兵器を設置することを禁じた条約。一九七二年発効。海底軍事利用禁止条約。

**かいてい-かざん**【海底火山】海底の火山活動でできた山。高さ一〇〇〇m以上のものを海山、以下を海丘という。海中火山。submarine volcano

**かいてい-ケーブル**【海底ケーブル】海底に敷設した遠距離国際通信用のケーブル。同軸ケーブルを用い、二〇海里ごとに中継増幅器を内蔵する。海底電線。submarine cable

**かいてい-こく**【海底谷】海底にみられる谷。おもに、大陸斜面上にある谷。海谷。submarine valley ↓海底地形図

**かいてい-たんでん**【海底炭田】陸地の周辺や浅い海底の下にある炭田。海岸から立て坑や斜坑を掘り、また、海中に人工島を作って採掘する。submarine coal field

**かいてい-ちけい**【海底地形】海面下の地形。海底は一様に平坦でなく、種々のタイプの起伏に富み、大陸縁辺・海盆底・中央海嶺の三つの地形区がある。このような海底地形は、海洋底の生成と拡大にともなってできると考えられている。submarine topography ↓図

**かいてい-でんしん**【海底電信】海底ケーブルによる電信。現在では、電話・ファクシミリ・写真電送など多重通信に利用。submarine telegraphy

**かいてい-でんせん**【海底電線】↓かいていケーブル(海底ケーブル)

**かいていでんせん-ふせつせん**【海底電線敷設船】海底電線の敷設・修理を行う船。通常、船首に電線敷設用の大滑車を装備し、船首が突き出た独特の船型をしている。cable layer

**かいてい-トンネル**【海底トンネル】海底を掘り抜いて設けた交通用のトンネル。関門トンネル・青函トンネルなど。undersea tunnel

**かいてい-ぼくじょう**【海底牧場】↓かいようぼくじょう(海洋牧場)

**かいてい-ゆでん**【海底油田】含油層が海底にある油田。とくに大陸棚の油田開発は、掘削技術の進歩により進んでいる。北海・ペルシア湾など。海洋油田。submarine oil field

**かい-てき**【快適】(名・形動) 心身が気持ちよく感じること・さま。comfortable 用例 ―なスピード。―な旅。

**がい-てき**【外敵】外部の敵。外国から攻めて来る敵。foreign enemy

**がい-てき**【外的】(形動) 対義 内的。①物事の外がわに関するさま。external 用例 ―条件。②物質や肉体に関するさま。用例 ―欲求。③客観的。用例 不幸の深さは―には規定できない。

**かいて-しじょう**【買(い)手市場】供給のほうが需要より多いため、価格や産出高など市場の諸条件を買い手のほうが売り手より有利に導くことができる市場状態。不況下での雇用主(＝労働力の買い手)と求職者(＝売り手)との関係がその例。buyer's market 対義 売り手市場。

**がい-てつ**【街鉄】《「東京市街鉄道株式会社」の略》明治時代、東京市中の道路を走った電車。用例 ―の技師(夏目漱石・坊っちゃん)。

**カイテル**【Wilhelm Keitel】(一八八二―一九四六) ナチス-ドイツの軍人・元帥。一九三八年ドイツ国防軍総司令官となり、敗戦時には国防軍を代表して降伏文書に調印。ニュルンベルク裁判で絞首刑。

**かい-てん**【回天・▼廻天】①天下の大勢を変えること。おとろえた運命をもとに返すこと。用例 ―の事業。②《「回天」で》第二次大戦末期の日本軍の特攻兵器の一つ。人間が操縦して敵艦に体当たりする人間魚雷。

**かい-てん**【回転・▼廻転】(名・サ変自) ①くるくる回ること。revolution; spin ②平面または空間で、図形が一点Oあるいは一直線$l$のまわりを、ある角度だけ移動すること。Oを回転の中心、$l$を回転軸という。rotation ③車・機械・資金が回ること。turn ④↓かいてんきょうぎ(回転競技) ↓図

**かい-てん**【開店】(名・サ変自) 対義 閉店。①新しく店を始めること。みせびらき。open a store ②その日の営業を始めること。be open 用例 ―時間。

**かい-でん**【皆伝】師から技芸・武術などのすべてを伝授されること。比較 奥許し。用例 免許―。

**がい-てん**【外典】聖書の正典成立のさいに、選にもれた同時代のキリスト教関係文書。「旧約外典」と「新約外典」がある。聖書外典。アポクリファ。apocrypha

**がい-でん**【外伝】①経書の本文以外の説話などを集めた書物。用例『韓詩―』。②正史に記されていないようなこぼれ話などを集めた書物。対義 本伝・正伝。用例 義士―。

**がい-でん**【外電】《「外国電報」の略》外国の通信社から打ってよこした電報・電信。foreign dispatch 比較 外信。

**かいてん-いす**【回転▼椅子】座が水平に回転する椅子。作業性にすぐれ事務所などで多く用いられる。swivel chair

**かいてん-いせいたい**【回転異性体】立体異性体の一種。単結合のまわりに、分子内部の回転が起こることにより生じる。rotational isomer ↓図

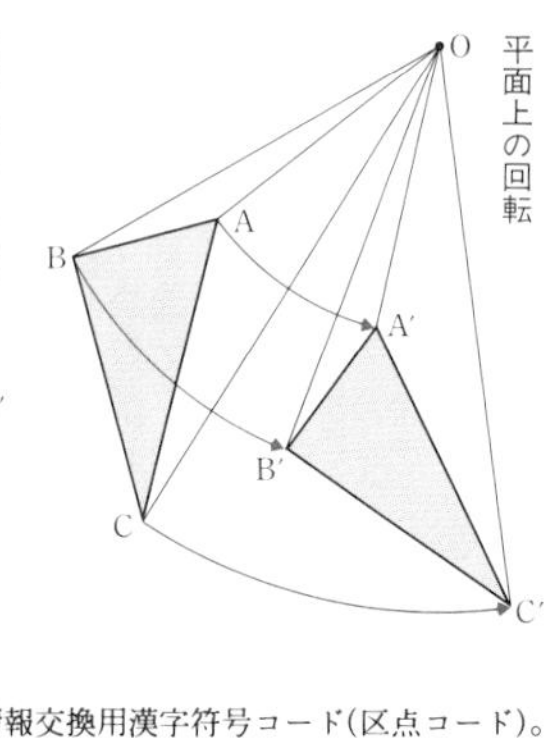

●回転② 平面上の回転

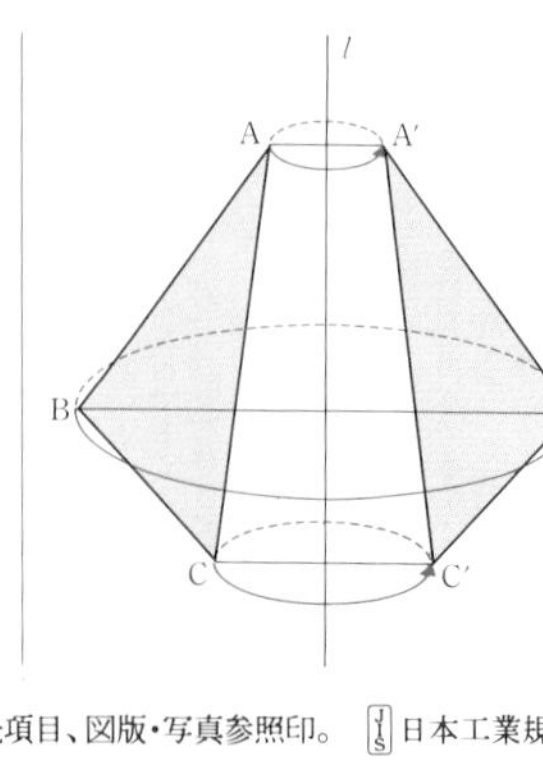

空間における回転

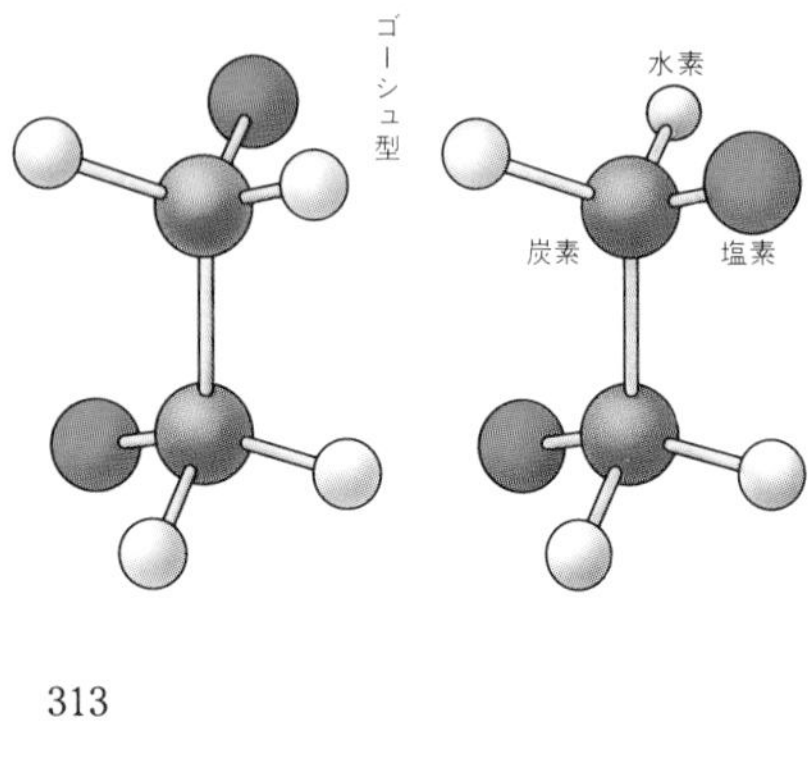

●回転異性体　ジクロロエタンの例


↓ 行き先項目、図版・写真参照印。 JIS 日本工業規格情報交換用漢字符号コード(区点コード)。

**かいてん-うんどう【回転運動】** くるくる回る運動。物体または質点系が、固定軸あるいは固定点のまわりを回る運動。rotation

**かいてん-かく【回転角】** 回転軸のまわりを回転した角度。angle of rotation

**かいてん-き【回転機】** 回転運動を使って仕事をする機械。タービン・電動機など。rotary machine

**かいてん-ぎ【回転儀】** ↓ジャイロスコープ

**かいてん-きゅうぎょう【開店休業】** ①開店してはいるが、客がさっぱり来ないこと。②名目だけで、実質的には活動していないこと。

**かいてん-きょうぎ【回転競技】** スキーのアルペン競技の一つ。定められた標高差の斜面に設けられた旗門の間をくぐって滑り降り、二回の合計時間を競う。スラローム。回転。slalom →図

**かいてん-けい【回転計】** ①機械軸など回転体の回転の速度をはかる装置。毎秒または毎分の回転数で表す。回転速度計。タコメーター。tachometer ②回転数をはかる器械。revolution counter

**かいてん-し【回転子】** 発電機・タービン・水車などの回転する部分。ローター。rotor

**かいてん-しきん【回転資金】** 企業の経常的な支払いにあてられる資金。運転資金。working funds

**かいてん-じく【回転軸】** 物体または質点系の回転運動の中心となっている一定の直線。rotation axis

**かいてん-じば【回転磁場】** 定速で回転する磁場。誘導電動機などの交流回転電気機械はこれを応用したもの。rotating field

**がいてん-しんけい【外転神経】** 脊椎動物の第六脳神経。脳の橋から出て眼窩に入る神経で、眼球を外側へ動かす外直筋をつかさどる。nervus abducens

**かいてん-たい【回転体】** 空間内の一平面上の図形を、その平面上の一直線を軸として一回転させたときにできる立体。solid of revolution

**かいてん-たいしょう【回転対称】** 一つの平面図形を一定角度だけ回転させたときに、最初の位置の図形と完全に重なること。その図形を回転対称な図形であるといい、回転の中心をその図形の回転対称の中心という。rotation symmetry

**かいてん-だえんたい【回転▼楕円体】** 楕円をその長軸または短軸を軸にして一回転させたときにできる立体。spheroid

●回転競技

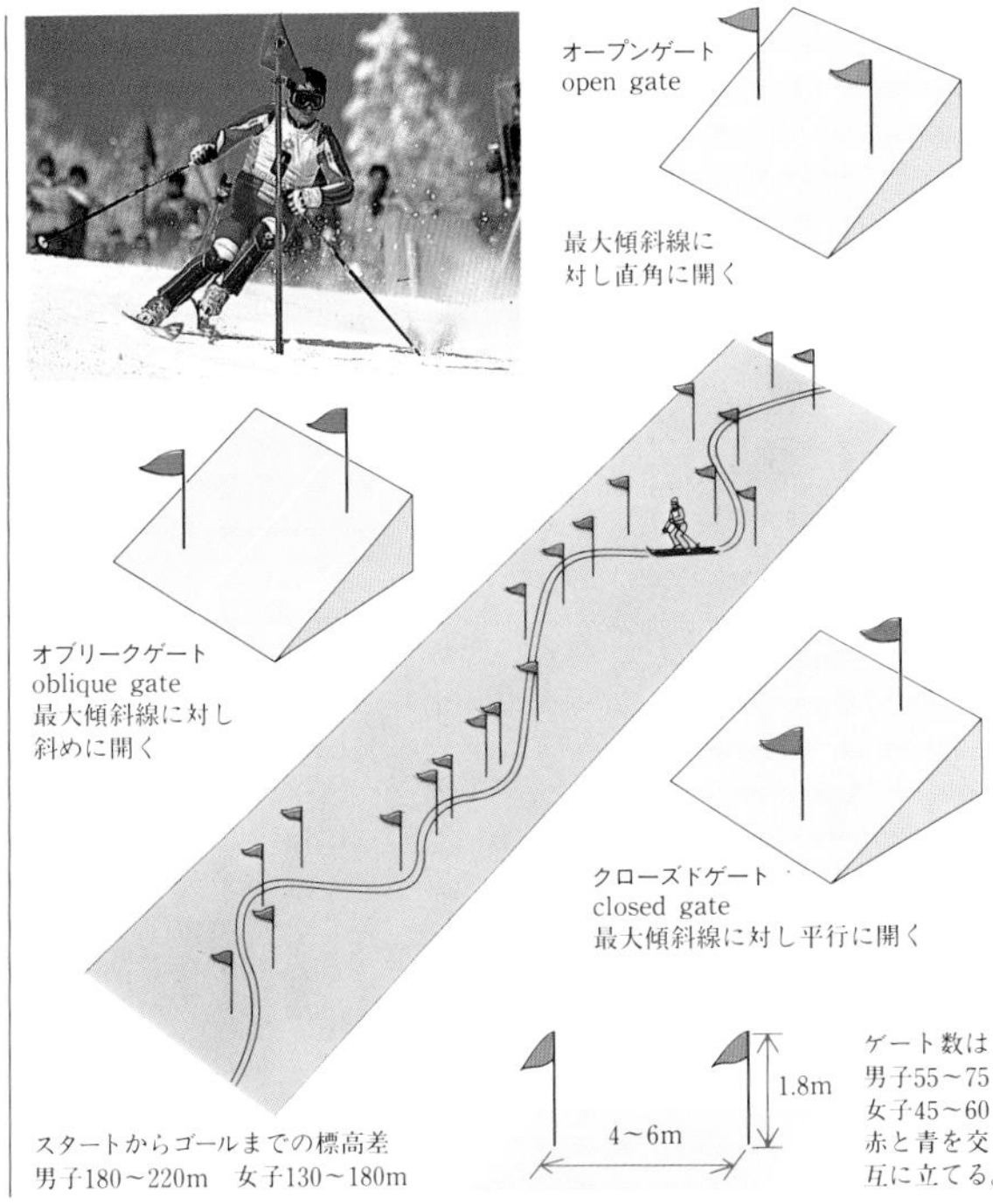


**かいてん-とびら【回転扉】** 垂直軸のまわりに十字形に取り付けた四枚の戸を回転させながら出入りする構造の扉。revolving door

**かいてん-はんけい【回転半径】** ある軸に関する剛体の慣性モーメントと剛体の質量の比の平方根で表される距離。剛体は、その回転軸から回転半径だけ離れた距離におかれた等質量の質点と同じ慣性モーメントをもつ。radius of gyration

**かいてん-ぶるい【回転▼篩】** 鉱石・石炭などを粒の大きさ別にふるい分ける装置。円筒形のふるいを、傾いた軸のまわりに回転させる。trommel

**かいてん-へんこう【回転偏光】** 光の偏光面(光の進行方向と振動ベクトルを含む平面)が回転すること。rotatory polarization

**かいてん-へんりゅうき【回転変流機】** 交流を直流に、あるいは直流を交流に変換する電気機械。rotary converter

**かいてん-まど【回転窓】** 回転させてあけたてする窓。窓枠の中央に縦か横の支えの軸をつくる。pivoted window 比較引き窓。

**かいてん-めん【回転面】** 空間内の一平面上の曲線を、その平面上の一直線を軸にして一回転させたときにできる曲面。surface of revolution

**かいてん-もくば【回転木馬】** 遊園地などの遊戯設備の一つ。円形舞台上の木馬を、中央の軸の回転とともに上下にも動くようにしたもの。メリーゴーラウンド。merry-go-round

**かいてん-レシーブ【回転レシーブ】** バレーボールで、ボールを受けるとき、または受けたのちに、身体を回転させるレシーブ技術。rolling reception

**かい-と【▽垣▽内】** 《「垣内式集落」の略》中世に防御を目的として、濠や塀でまわりを囲んだ集落。近畿地方の低地部に多い。条里式集落。かいち。かきつ。

**かい-ど【開度】** 茎の中心に対して、ある一枚の葉と次の葉とがなす角度。divergence

**ガイド【guide】**(名・サ変他) ①手引き。用例—ブック。②観光客・外人旅行者や登山者などを案内すること。また、それを職業とする人。用例バス—。③指針。目標。④誘導装置。

**かい-とう【会党】** 中国の民衆間の相互扶助的秘密結社。反支配階級的で、清末・民国初期には革命に参加し注目された。天地会・三合会・哥老会・青幇・紅幇など。

**かい-とう【会頭】** 会の代表者。会長。president 用例商工会議所—。

**かい-とう【回答】**(名・サ変自) 問い・要求に対する答え。返答。返事。answer 対義質問。

**かい-とう【灰陶】** 中国の新石器時代から青銅器時代に使用された灰色土器。彩陶・黒陶とともに中国先史時代の土器の三大系統の一つ。竜山文化期に現れ、殷・周時代にさかんに行われた。

**かい-とう【快刀】** よく切れる刀。sharp sword

**快刀乱麻を断つ** 《もつれたアサを快刀で切り断つように》ごたごたした問題を明快にかたづける。快刀乱麻。cut the Gordian knot

**かい-とう【怪盗】** 正体のわからない盗賊。phantom thief

**かい-とう【解党】**(名・サ変自他) 政党などが、その党を解散すること。dissolution 対義結党。

**かい-とう【解凍】**(名・サ変他) 冷凍したものをとかすこと。とくに冷凍食品を、常温内においたり、電子レンジ・流水などでとかすこと。defrost

**かい-とう【解答】**(名・サ変自) 問いなどを解いて、答えること。その答え。solution 対義問題。

**かい-とう【解糖】** でんぷん・グリコーゲン・ブドウ糖など生物体内の糖が嫌気的にピルビン酸に分解されエネルギーを得る過程。glycolysis

**かい-どう【会同】**(名・サ変自) 会議などのために寄り集まること。その集まり。会合。

**かい-どう【会堂】** ①集会などをするための大きな建物。hall ②キリスト教の教会の建物。教会堂。

**かい-どう【怪童】** ふつうより体が大きく、すぐれた子ども。比較神童。

**かい-どう【海道】** ①諸地方に通じる主要な道。main road ②海上の通路。海路。sea route ③東海道の略称。

**かい-どう【海▼棠】** バラ科の落葉小高木。庭などに栽培される。高さ二~四m。四月に、淡紅色の花を開く。同種のミカイドウの果実はリンゴ状で食用となる。中国原産。ハナカイドウ。↓写

**海棠睡り未だ足らず**(かいどうねむりいまだたらず) 美人の、まだ酔いのさめない、なまめかしさのたとえ。

**海棠の雨に濡れたる風情**(かいどうのあめにぬれたるふぜい) 美人が、憂いをふくんでしおれている姿のたとえ。

●カイドウ

**かい-どう【街道】** 諸地方に通じる主要な道路。

**かい-どう【開堂】** 《仏教語》禅宗の法会の一つ。新しく住職となった僧が、法堂を開いてはじめて説法する最初の行事。

**がい-とう【外▼套】** ㊀防寒・防雨のため、いちばん外側に着る外衣。布をまとう形のマント・ラップや、コートから派生したオーバーコート・トップコートなどがある。overcoat ㊁《原題Shinel'ﾛｼｱ》ゴーゴリの小説。一八四二年刊。最下級の小役人が新調した外套を強盗に奪われ、失意のうちに死ぬ。

**がい-とう【外灯】** 家の外につける電灯。outdoor lamp

**がい-とう【街灯】** 道を明るくするため街路につける電灯。street light

**がい-とう【街頭】** 町の通り。路上。street 用例—募金。

**がい-とう【該当】**(名・サ変自) 当てはまること。相当。falling under 用例条件に—する。

**がいとう-がん【外▼套眼】** 二枚貝の外套膜に多数ある視覚器。シャコガイ・アカガイ・ホタテガイなどに発達。pallial eye

**かいどうき【海道記】** 鎌倉前期の紀行文。作者未詳。貞応二年(一二二三)ごろ成立。仏教思想が色濃く、文体は和漢混交文。京から鎌倉、鎌倉滞在から帰途につくまでの記事と心境の記述とからなる。

**かいどう-くだり【海道下り】** 京都から東海道を通って東国に旅行すること。

**がいとう-まく【外▼套膜】** 軟体動物の体表が膜状に伸びて、内臓や体などをおおうもの。石灰質の殻を分泌する。イカでは円錐形、タコでは袋状。外套。mantle

**かいとう-めん【海島綿】** 亜熱帯性で、一年草の綿花。綿毛は長く、白色で光沢があり、細番手の綿糸の原料。現在では小アンチル諸島のごく限られた島々でのみ栽培されており、西インド諸島海島綿と呼ばれている。

**がいとう-ろくおん【街頭録音】** 時事問題などについて街頭で大衆の意見を聞き録音・公開すること。on-the-street interview

**かい-どく【買(い)得】** 買って得をすること。bargain 対義買い損。用例お—品。

**かい-どく【貝毒】** アサリ・カキ・イガイなどにまれに発生する毒。イガイでは、摂取したプランクトンの毒が体内に蓄積したもの。shellfish poison

**かい-どく【会読】**(名・サ変他) 人々が集まって本を読み、研究しあうこと。用例『源氏物語』を—する。

**かい-どく【回読】**(名・サ変他) 順々に回して読むこと。read in turn

**かい-どく【解毒】**(名・サ変自) 「げどく」の読み誤り。

**かい-どく【解読】**(名・サ変他) 暗号などを読

み解くこと。decipher

**がい-どく【害毒】** ①害と毒。②心身や風俗などをそこなうもの。evil 用例 社会に―を流す。

**かいとく-どう【懐徳堂】** 江戸中期から後期の学校。享保九年(一七二四)儒者中井甃庵が町人の出資を得て大坂に設立、二年後準官学となる。明治二年(一八六九)廃校。懐徳書院。

**ガイド-ナンバー【guide number】** 写真用のフラッシュ・ストロボの光量を表示する数値。絞り(=Fナンバー)と被写体までの距離の積で表す。

**ガイドブック【guidebook】** 手引書。案内書。

**ガイドライン【guideline】**《指針・指導目標、の意》①預金金利についての政府の指針。臨時金利調整法に基づいて最高限度が決められるが、実際の金利はその範囲内で日本銀行が決定する。②政府が労使に示す賃金引き上げの標準。用例 賃上げの―を一〇%台におく。③外国為替銀行に対して日本銀行が設定する短期外資の導入限度。

**かい-どり【▼搔い取り】** ①着物のつまをからげて持つこと。②《「▼搔取」とも》うちかけ。

**かい-どり【飼(い)鳥】** 家庭などで飼育する鳥類。poultry

**かい-と・る【買(い)取る】**(五他) 買って自分のものにする。

**かい-ど・る【▼搔い取る】** 古語(四他)《「かきとる」の転》着物の裾や褄を手でつまみあげる。

**かいな【▽腕】** ①うで。②二のうで。

**腕を返す** 相撲で、相手のわきの下に差し入れた腕を、ねじるように上げて、相手に褌を取らせないようにする。

**かい-な・い【▽甲▼斐無い】**(形) ①ききめがない。useless ②はりあいがない。discouraging ③いくじがない。weakhearted 派生 かいなさ(名)

**かい-な・し【▽甲▼斐無し】** 古語(形ク)↓かいない(甲斐無い)

**かい-なで【▼搔い▼撫で】**(形動) 通り一遍。

**かい-なん【海難】** 船の航海にともなって発生する事故の総称。沈没・座礁・火災・衝突など。marine disaster

**かいなん【海南】**〈市〉和歌山県北部、和歌山市南隣の市。黒江漆器などの伝統工芸の町から、石油精製などの近代工業都市に変貌した。人口五万七二九(一九八八)。

**かいなん【海南】**〈町〉徳島県南部、太平洋に臨む町。農林・漁業の町で、キュウリなどの野菜や草花の栽培がさかん。轟ノ滝がある。人口六七五七(一九八八)。

**かいなん【海南】**〈省〉中国南部、海南島全域を占める省。住民はタイ・カダイ語系に属するリー族が多い。北部は平地、中・南部は山が多く、ゴム・サトウキビなどの熱帯作物の栽培や製鉄業、ゴム加工業などがさかん。ハイナン。

**かいなん-しんぱん【海難審判】** 航海中の船舶の事故についての審判。海難審判庁が裁判の方法によってその原因を明らかにし、勧告・懲戒などをしたりする。marine disaster inquiry

**かいなんしんぱん-ちょう【海難審判庁】** 運輸省の外局の一つ。海難が発生した場合に、海難審判法に基づいてその原因を明らかにし裁決を行う行政機関。地方海難審判庁と高等海難審判庁とがある。Marine Accidents Inquiry Agency

**かいなん-とう【海南島】** 中国南部、南シナ海に浮かぶ大島。面積三・四万$km^2$。ハイナン島。

**かい-なんぷう【海軟風】** 海風の別称。対義 陸軟風。

**かいなん-ぼし【海難▽法師】** 毎年一月二四日に海からやってくるといわれる精霊。伊豆諸島での言い伝えで、この日は厳重な物忌みをする。海難坊主。

**カイニシクス【kinesics】** 話をするさいに自然にでる身振りや手振りの意味を研究する学問。

**かい-にゅう【介入】**(名・サ変自) ①間にはいること。intervention ②第三者が、事件などにわりこむこと。intervention

**がい-にゅう【外乳】** 胚乳の一種。胚嚢の周囲の組織が発達して養分を貯えたもの。ナデシコ科やスイレン科にみられる。外胚乳。perisperm

**かいにゅう-けん【介入権】** ①取次商が委託事務の処理方法としてみずから取り引きの相手方となる権利。intervention right ②取締役などが競業避止義務に違反した取り引きをした場合、会社が自分のためになしたものとみなして利益を取得する権利。intervention right

**かい-にん【解任】**(名・サ変他) 官職・任務をやめさせること。免職。dismissal

**かい-にん【懐妊】**(名・サ変自) みごもること。懐胎。妊娠。pregnant

**かいにん-けん【解任権】** 解任する権利。リコール権。recall

**かいにん-さん【海人酸】** 海人草(=マクリ)の主要有効成分。アミノ酸の一種。回虫駆除に有効。kainic acid

**かいにん-そう【海人草】** 紅藻植物フジマツモ科の海藻。円柱状の体が交差状に分枝し、高さ約二〇cm。上方は細毛でおおわれる。海人酸を含む。マクリ。

**かい-ぬし【買(い)主】** 買い手。買う人。buyer 対義 売り主。

**かい-ぬし【飼(い)主】** 犬・猫・牛・馬・鳥などを飼っている人。keeper

**かい-ね【買値】** ①買い取る値段。buying price 対義 売値。②買い入れの元値。cost price

**かいねい【会寧】** 北朝鮮(朝鮮民主主義人民共和国)北部、豆満江中流左岸の町。農林産物・畜産物の集散地。豆満江を隔てて、中国の三合村と対する。ホエリョン。

**カイネチン【kinetin】** 植物ホルモンの一種。細胞分裂を促進する作用をもつ。

**かい-ねり【▼搔い練り】**《「かきねり」の転》①ねりぎぬ。②襲の色目の一つ。表裏とも紅。

**がい-ねん【概念】** ①物事についてのおおよその考え。notion ②論理学で、個々の対象や事象から、共通の本質的な特徴をとりだしてまとめた一般性のある観念。concept

**がいねん-きかん【外燃機関】** 燃焼室が機関本体と分離している熱機関。蒸気機関など。external combustion engine 対義 内燃機関。

**がいねん-てき【概念的】**(形動) ①概念によってまとめられるさま。conceptional 用例 ―に総括する。②具体的でないさま。大まかであるさま。notional 用例 ―理解にとどまる。

**がいねん-ろん【概念論】** スコラ哲学における普遍論争で、実在論と唯名論を仲介し、普遍は心がつくった概念とする立場。conceptualism

**かい-のう【皆納】**(名・サ変他) 納めるべきものを全部納入すること。完納。

**かい-のう【開農】** 田植えの開始日。または、田植えにとりかかる直前の休みのこと。

**かい-の-くち【貝の口】**《ハマグリなどの貝が、足と口を出した形に似ていることから》角帯の結び方の一つ。一端は幅を、一端は丈を、二つ折りにして二度結び合わせ、余りを上に向ける。↓写

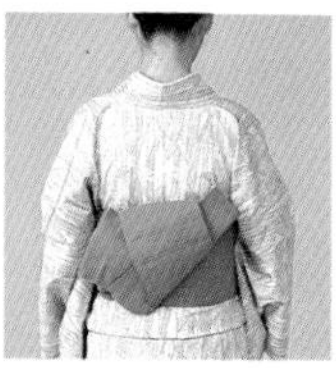

●貝の口

**かい-の-くに【▽甲▼斐国】**《周囲を山に囲まれた「峡」から》旧国名。現在の山梨県。東海道の一国。「延喜式」では上国、四郡。国府は東八代郡石和町、国分寺は同郡一宮町。明治元年(一八六八)府中・市川・石和三県となり、のち合併して甲斐府。同二年(一八六九)甲府県、同四年(一八七一)山梨県と改称。甲州。甲斐。

**かい-ば【海馬】** ①セイウチの異名。②タツノオトシゴの別名。

**かい-ば【買(い)場】** 買うのにちょうどよい時機。買いどき。chance to buy

**かい-ば【飼(い)葉】** 牛や馬などの飼料とする草・乾草・わらなど。まぐさ。fodder

**カイバー-とうげ【カイバー峠】**(Khyber Pass) アフガニスタンとパキスタンを結ぶ峠。標高一〇七二m。古来、インドと中近東間の文化交流上の要地。ハイバル峠。カイバル峠。

**かい-はい【改廃】**(名・サ変他) 法律・組織などを、変えたり、廃止したりすること。alternation and abolition

**がい-はいよう【外▼胚葉】** 原生動物以外の動物の発生過程で、胚の外表面に残る胚葉。感覚器・神経系・皮膚などに発達。ectoderm

**がい-はく【外泊】**(名・サ変自) 自分の家やいつもの宿所でない場所に泊まること。stay out

**がい-はく【該博】**(形動) 学識が豊かで、広く物事に通じているさま。profoundness 用例 ―な知識。

**かいはく-しつ【灰白質】** 中枢神経系で神経細胞の密集する部分。大脳や小脳では皮質、脊髄では髄質にあたる。substantia grisea

**かいはく-しょく【灰白色】** 灰色がかった白い色。ash-colored

**かい-ばしら【貝柱】** ①二枚貝の左右の貝殻を閉じる筋肉。通常、前後一対ある。ホタテガイなどのものは食用。閉殻筋。閉介筋。adductor ②ホタテガイなどの貝柱をほしたもの。食用。はしら。scallop

**かい-はつ【開発】**(名・サ変他) ①山地などを開いて生活に利用できるようにすること。cultivate 用例 宅地―。②産業をおこすこと。develop 用例 電源―。―計画。③実用化すること。develop 用例 電子頭脳を―する。④問答法などを使って、自発的に理解させるようにすること。enlighten

**かい-ばつ【海抜】** 平均海水面をもとにした陸地の高さ。日本の地形図は、東京湾の中等潮位面を平均海水面(=0m)として測るよう統一している。標高。height above sea level

**かいはつえんじょ-いいんかい【開発援助委員会】**(Development Assistance Committee) 経済協力開発機構(OECD)の三大委員会の一つ。発展途上国に対する西側援助の促進や調整を行う。一九六〇年に発足した開発援助グループが、翌年改組されたもの。DAC。

**がいばつ-てき【外罰的】**(形動) 心理学で、うまくいかないことが生じたときに、他人に責任があると考えて、他人を攻撃する傾向。他罰的。extrapunitive 対義 内罰的。

**かいはつとじょう-こく【開発途上国】**↓はってんとじょうこく(発展途上国)

**かいはつ-ゆにゅう【開発輸入】** 先進国が発展途上国に資本と技術を投入して一次産品を生産し、それを輸入することで自国への原料の安定供給と市場確保をともにはかること。develop-and-import formula

**かいばら【▼柏原】**〈町〉兵庫県東部、中国山地にある町。江戸時代は織田氏の陣屋町として発展した。酪農がさかん。人口八九六四(一九八八)。

**かいばら-えきけん【貝原益軒】**(一六三〇〜一七一四) 江戸前期の儒者。黒田藩の人。名は篤信。日本各地を旅して多くの学者と交流し、博物学者・本草学者・教育家としても有名。著書『養生訓』『大和本草』『慎思録』など多数。

**カイバル-とうげ【カイバル峠】**(Khyber Pass) カイバー峠の別称。

**かい-はん【改版】**(名・サ変他) ①原版を改めること。revision ②内容に手を加え、版を組み直して出版すること。その出版物。revised edition

**かい-はん【開版・開板】**(名・サ変他) 書物を出版すること。上梓。上木。

**かい-はん【解版】**(名・サ変他) 一度組んだ活字版をばらばらにすること。distribution of type

**がい-はんそく【外反足】** 足首が外側に反った足。足裏の小指側が上方に反り、親指側が下方に押しつけられるため扁平足になる。外翻足。

**がいはん-ちゅう【外反▼肘】** ひじを伸ばしたとき前腕の軸と上腕の軸が外側に開く角をつくるもの。男八度、女一二度を超えると病的。cubitus valgus

**がいはん-ぼし【外反母▼趾】** 足の親指が中足骨の関節から足裏の方に曲がっているもの。変形部位が炎症を起こし疼痛がある。靴を常用する欧米人に多いが、最近は日本人にも増えている。

**かい-ひ【会費】** 会を成り立たせるための費用として、会員が出すお金。membership fees

**かい-ひ【回避】**(名・サ変他) 責任などをさけること。まぬかれようとすること。evasion 比較 逃避・忌避。用例 責任―。争いを―する。

**かい-ひ【開披】**(名・サ変他) 封などをあけること。unseal

**かい-ひ【開扉】**(名・サ変他) ①とびらを開くこと。open the door ②寺院で特定の日に厨子の戸を開いて、本尊の仏像を一般の人々に礼拝させること。開帳。

**がい-ひ【外皮】** ①脊椎動物の体表面をおおう皮膚とその付属物・形成物(皮膚腺・うろこ・爪・毛・歯・角など)の総称。integument ②植物の種などの外がわを包んでいる皮。integument ③植物の器官で、外表面の細胞が内側の細胞に比べ分化しているもの。高等植物の茎や根にみられる。integument

**がい-ひ【外被】** ①外がわをおおうこと。covering ②もと軍隊で、レーンコートのこと。coat



↓行き先項目、図版・写真参照印。 JIS 日本工業規格情報交換用漢字符号コード(区点コード)。

**かい-びゃく【開白】**《仏教語》法会や修法の初めに、仏前で、これから行う供養の趣旨を申し述べること。表白。啓白。

**かい-びゃく【開▾闢】** 天地・世界の始め。creation of the world 用例 —以来の変事。

**かい-ひょう【海▾豹】** アザラシの別名。

**かい-ひょう【界標】** 土地や水面などの境界に立てるしるし。

**かい-ひょう【開票】**(名・サ変他) 投票箱をあけて、投票の結果を調べること。ballot counting

**かい-ひょう【解氷】**(名・サ変自他) 氷が解けること。thaw

**がい-ひょう【概評】**(名・サ変他) あらまし批評すること。その批評。general comment

**かいひょう-とう【海▾豹島】** 樺太(=サハリン)南東部の北知床岬沖の小島。世界の三大オットセイ繁殖地の一つ。チュレーニー島。

**かい-ひん【海浜】** はまべ。海のそばの土地。seashore

**がい-ひん【外賓】** 外国から来ている大事な客。foreign guest

**かいひん-しょくぶつ【海浜植物】** 生育地がおもに海浜に限られている植物。耐塩性、耐乾性が強い。ハマヒルガオ・ハマエンドウなど。beach plant

**かい-ふ【回付・▾廻附】**(名・サ変他) 回送すること。送り届けること。送付。

**かい-ふ【開府】** ①中国、漢代の三公の敬称。原意は役所をあらたに開き、属官をおくことで、三公にだけ許されたため。②中国、清代の巡撫・総督の敬称。

**かいふ【海▿部】**〈町〉徳島県南部、太平洋に臨む町。農・漁業がさかん。付近の海部川は大ウナギで有名。人口三三二〇(一九八八)。

**かい-ぶ【回部】** 中国、清代における東トルキスタンのトルコ系イスラム教徒の住地に対する呼称。一八世紀中葉ジュンガル部(=準部)とともに清の支配下に入り、新疆となった。

**カイプ【Albert Cuyp】**(一六二〇〜九一) オランダの画家。柔らかな大気と光の効果を巧みに表現した風景画を描く。作品『夕陽の牧場』など。

**がい-ぶ【外部】** 対義 内部。①外がわ。outside ②自分たちの仲間・組織などに属していないこと・人。outsider 用例 —の声。

**がい-ぶ【▾艾▾蕪】**(一九〇四) 中国の小説家。本名は湯道耕。四川省生まれ。下層民・少数民族の生活を詩情豊かに描く。作品『南行記』など。

**かい-ふう【海風】** ①海上を吹く風。sea breeze ②晴れた日の昼間、海から陸に向かって吹く風。海軟風。sea breeze 対義 陸風。

**かい-ふう【開封】**(名・サ変他) ①封を開くこと。open a letter ②密封していない手紙。開き封。unsealed letter

**がい-ふう【▾凱風】** 南風。南からのやわらいだ風。

**かいふうそう【懐風藻】** 奈良時代の漢詩集。天平勝宝三年(七五一)成立。編者未詳。一二〇編を作者別・年代順に収める。わが国現存最古の漢詩集。作者は官僚貴族がもっとも多い。

**カイフォン【開封】**(Kaifeng) ↓かいほう(開封)

**がいぶ-かんさ【外部監査】** 会社外の公認会計士や監査法人が公正な第三者の立場から企業会計を検査・報告すること。external audit 対義 内部監査。

**がいぶ-きおくそうち【外部記憶装置】** ↓ほじょきおくそうち(補助記憶装置)

**がいぶ-きせい【外部寄生】** 寄生生物が宿主の体表に付着して生活すること。ectoparasitism

**かい-ふく【回復・▾恢復】**(名・サ変自他) もとのようになること。一度失ったものを取り返すこと。restoration 用例 天候が—する。領土の—。

**かい-ふく【快復】**(名・サ変自) 病気がよくなること。快気。recovery

**かい-ふく【開腹】**(名・サ変他) 手術などのために、腹部を切り開くこと。用例 —手術。

**がいぶ-けいざい【外部経済】** 企業などの経済主体が、自分のコストによることなく、他の経済主体の活動によって受ける利益。輸送上の便宜や通信・補助産業などの外部的施設、または産業全体の発展からもたらされる利益など。external economies 対義 内部経済。

**か-いぶし【蚊▾燻し】** 蚊を追いはらうために煙をくゆらすこと。くゆらす物。蚊やり。mosquito-fumigation

**かい-ぶつ【怪物】** ①あやしいもの。ばけもの。monster ②才能・力量が、ふつうより飛び抜けてすぐれている人。outstanding figure

**がい-ぶつ【外物】** ①ほかのもの。②哲学で、心にふれる、すべての対象。

**かいふ-としき【海▿部▿俊▿樹】**(一九三一) 政治家。愛知県生まれ。早大卒。内閣官房副長官・文部大臣などを歴任。平成元年(一九八九)に自由民主党総裁・首相に就任。

**がいぶ-ろうどうしじょう【外部労働市場】** 企業の外部で労働力が商品として取り引きされ、その需給関係によって一般的な賃金が決定される仕組みや場。external labor market 対義 内部労働市場。

**かい-ぶん【回文・▾廻文】** ①いく人かが、つぎつぎに回して読むもの。回状。回章。回覧。circular ②上下どちらから読んでも同じ文になる詩歌・語句。かいもん。「たけやがやけた」の類。palindrome

**かい-ぶん【灰分】** ①灰。ash ②栄養学で、鉱物質。ash content

**かい-ぶん【怪聞】** 変なうわさ。strange rumor

**がい-ぶん【外分】** 一つの線分の分点が、その線分の延長上にあること。線分ABの延長上に点Pがあるとき、点Pは線分ABをAP：PBに外分するという。external division 対義 内分。

**がい-ぶん【外聞】** ①世間の評判。うわさ。reputation 用例 —をはばかる。②名誉。honor ③みえ、体裁。affect

**外聞が悪い**(がいぶんがわるい) 人に知られては、きまりが悪い。disreputable

**かい-ぶんしょ【怪文書】** 人の悪口などを書いた、出所のわからない文書。anonymous document 用例 —が乱れ飛ぶ。

**がいぶん-てん【外分点】** 線分を外分する点。externally dividing point 対義 内分点。

**がい-ぶんぴつ【外分泌】** 分泌物を導管を通して体表や体外または管腔に排出する作用。たとえば汗や消化液などの分泌。がいぶんぴ。external secretion 対義 内分泌。

**かい-へい【海兵】** ①海軍の下士官・兵士。marine ②海軍の陸戦隊の兵。marine 用例 —隊。③旧日本軍で、「海軍兵学校」の略。

**かい-へい【皆兵】** すべての国民が兵役に服する義務のあること。用例 —制度。

**かい-へい【開平】**(名・サ変他)・数学で平方根を求めること。extraction of square root

**かい-へい【開閉】**(名・サ変自他) あけたり、しめたりすること。ひらいたり、とじたりすること。open and shut 用例 自動的に—するしくみ。

**かいへい-き【開閉器】** 電気回路に電気を通したり、切ったりするために使用される器具。スイッチ。switch

**かいへい-たい【海兵隊】** おもに上陸作戦における地上戦闘を任務とする海軍部隊または独立した軍隊。一六六四年イギリスで制度化。ソ連では海軍歩兵という。Marine Corps米; Royal Marines英

**がい-へき【外壁】** 外がわのかべ。outer wall 対義 内壁。

**ガイベル【Emanuel Geibel】**(一八一五〜八四) ドイツの詩人・批評家。古典主義的傾向を示す。詩『五月はきた』『新詩集』など。

**かい-へん【貝偏】** 漢字を組み立てている部分の名。「財・販」などの左にある「貝」。

**かい-へん【改変】**(名・サ変他) 改めること。変えること。変改。change

**かい-へん【改編】**(名・サ変他) 編成・編集しなおすこと。

**かい-へん【海辺】** 海ばた。海べ。海浜。seashore 比較 水辺。

**かい-へん【壊変】**(名・サ変自) 放射性元素の原子核が不安定なために、放射線を出して自然にほかの安定な元素に変わる現象。崩壊。disintegration

**かい-べん【快弁・快▾辯】** 弁舌の巧みなこと。さわやかな弁舌。用例 —をふるう。

**かい-べん【快便】** 気持ちよい便通があること。regular motions

**がい-へん【外編・外▾篇】** 書物、とくに漢籍の、つけたりの部分。対義 内編。

**かい-ほ【海浦】** 海のほとり。うみべ。seaside

**かい-ほう【介抱】**(名・サ変他) 病人・けが人などの世話をすること。看護。nursing

**かい-ほう【会報】** 会に関することを知らせるパンフレットや雑誌。会誌。bulletin

**かい-ほう【回報・▾廻報】** ①回状。circular ②返事の書状。answer

**かい-ほう【快方】** 病気やけがが、よくなってくること。get better 用例 —に向かう。

**かい-ほう【快報】** よい知らせ。朗報。good news

**かい-ほう【開法・開方】** 累乗根を求める算法。開平。開立。evolution

**かい-ほう【開放】**(名・サ変他) ①門・窓・カメラの絞りなどを、あけはなすこと。open 対義 閉鎖。②だれでも自由に出入りできること。open 対義 封鎖。用例 門戸—。

**かいほう【開封】** 中国、河南省北東部、黄河に沿う工業都市。中国五大古都の一つで、宋代の国都。水陸交通の要地で、機械・紡織工業が発達。人口六一・九万(一九八四)。カイフォン。

**かい-ほう【解放】**(名・サ変他) 束縛をといて、自由にすること。liberation 対義 束縛・拘束。用例 農地—。奴隷—。

**かい-ほう【解法】** 数学で、問題の解き方。solution

**かい-ぼう【海防】** 海からの外敵に対する守り。coast defense

**かい-ぼう【海膨】** 深海底の隆起部。ゆるやかでなめらかな両側斜面をもち、長く幅が広い。海嶺に比べて両側の斜面の傾斜がゆるやかである。東太平洋海膨など。rise

**かい-ぼう【解剖】**(名・サ変他) ①研究手段として生物体を解体し調べること。調査目的によって系統解剖・病理解剖・法医解剖がある。anatomy ②物事を分解して研究すること。analysis 用例 農村の実態を—する。

**がい-ほう【外報】** 外国からの通信・報告。foreign news

**がい-ぼう【外▾貌】** ①顔かたち。looks ②うわべのようす。外観。そとみ。appearance 用例 事件の—。

**かいぼう-がく【解剖学】** 生物体の正常な構造と形態を研究する学問。現在の解剖学は形態学とほとんど同義。anatomy

**かいぼう-かん【海防艦】** 旧日本海軍で船団護衛、沿岸防備などにあたった艦。当初は老齢化した戦艦・巡洋艦を使用したが、昭和一二年(一九三七)以降、独立した対空・対潜能力に富む小型艦種として大量に建造された。

**かいほう-ぎょう【回峰行】** 比叡山の修験行法の一つ。無動寺を起点に山中を一日に一周巡拝し、一〇〇〇日で満願となる。円仁が中国から伝え、弟子の相応和尚に始まるという。

**かいほう-く【解放区】** ①帝国主義や独裁政権支配下の国で、革命派や市民が支配する地域。liberated area ②中国革命のさい共産党が支配していた地区。liberated area

**かいほう-けいざい【開放経済】** 外国との経済取引が自由にできる経済体制。open economy 対義 封鎖経済。

**かいほう-けっかんけい【開放血管系】** 節足動物や軟体動物などの血管系。動脈の末端が毛細血管とならずに組織内に開口。血液は組織内を不規則に流れ心臓にかえる。開放循環系。open blood-vascular system

**かいほう-じゅんかんけい【開放循環系】** ↓かいほうけっかんけい(開放血管系)

**かいほうせい-けっかく【開放性結核】** 菌が、つば・たんなどにまじって出て、伝染の危険がある結核。open tuberculosis

**かいほう-そう【開放創】** 皮膚または粘膜が破れ、外に向かって開いている傷。痛みと出血があり、細菌感染による化膿を起こしやすい。open wound

**かいほう-てき【開放的】**(形動) ①のびのびしているさま。open ②人を自由に受け入れるさま。あけっぱなし。frank

**かいほう-の-しんがく【解放の神学】** ラテンアメリカ諸国のカトリック急進派の思想。一九七一年リマで出版されたグスタボ=グチエレスの本の題名に由来する呼称。イエス=キリストによる救いを被抑圧者の解放の福音としてとらえる。theology of liberation

**がいほう-ぶ【外報部】** ↓がいしんぶ(外信部)

**かいほう-ゆうしょう【海▿北友松】**(一五三三〜一六一五) 安土桃山時代の画家。近江の人。名は紹益。豪壮な構図の水墨装飾画風をひらく。海北派の祖。「袋人物」と称する人物描法を創案。作品に建仁寺本坊水墨障壁画、禅居庵襖絵など。↓写 ↓障屏画写

**かいぼう-ろん【海防論】** 江戸後期の日本沿岸防備に関する論議。欧米艦船の日本近海出没に刺激されて起き、林子平・佐久間象山などの論が代表的。

**かいほ-せいりょう【海保青陵】**(一七五五〜一八一七) 江戸中期の経世家。江戸の人。諸国を巡歴、晩年は京都に塾を開く。商品経済の時代をとらえた経済論を提唱。著書『稽古談』など。

**かい-ぼり【▾搔い掘り】**(名・サ変他)《「かきぼり」の転》池や堀の水をくみ出して、魚などをとること。drain a pond

**かい-ぼん【海盆】** 深海底の大規模なくぼ地



▾常用漢字表外。　▿常用漢字表の音訓外。

●海北友松『松に孔雀図』。慶長四年(一五九九)ごろ、建仁寺(京都府)。

で、周囲は海嶺や海膨・海台などで区切られる。海盆底は比較的平坦で、海山などがある。basin ↓海底地形図

**かい-まい【▼廻米・回米】** 江戸時代、諸国の米を大坂・江戸へ回送したこと。また、その米。幕府の城米・諸藩の蔵米・民間の納屋米など。

**がい-まい【外米】** 外国産の米。輸入米。

**かい-まき【▼搔い巻き・▼搔巻】** 掛けぶとんの一種。綿入れの広袖長着を大きくした形のもの。関東以北での防寒用。古くは衾、夜着ともいわれた。↓写

●搔い巻き

**かい-まく【開幕】**(名・サ変自) 対義 閉幕。①映画・演劇で、幕があくこと。開演。the curtain rises ②物事が始まること。opening 用例 国会の—。プロ野球の—。

**がいま-こうげん【▼蓋馬高原】** 朝鮮半島北東部、北朝鮮(朝鮮民主主義人民共和国)の両江道南部から咸鏡南道北部にかけて連なる溶岩台地。標高一〇〇〇～二〇〇〇m。日本植民地時代から水力発電基地となる。ケーマ高原。

**かいま-みる【▼垣間見る】**(上一他) すきまからのぞき見する。ちらと見る。catching a glimpse of

**かいまわり-ひん【買(い)回り品】** 消費者商品のうち、耐久消費材など、顧客が商品の品質・価格・スタイルなどを比較検討してから買うのを常とするもの。shopping goods 比較 最寄り品。

**カイマン【caiman】** アリゲーター科のワニの一群。肉食性で気が荒い。体長一～二mのメガネカイマン、体長約四・五mのクロカイマンなど五種。中央・南アメリカに分布。↓ワニ図

**かい-み【快味】** 気持ちよい感じ・味わい。

**かい-みょう【戒名】** 僧が死者につける名前。真宗では法名、日蓮宗では法号という。

**かい-む【会務】** 会の事務。affairs of a society

**かい-む【皆無】**(名・形動) 全然ないこと・さま。一つもないこと・さま。none

**がい-む【外務】** ①外交に関する政務。foreign affairs 対義 内務。②「外務省」「外務大臣」の略。対義 内務。③そとまわりの仕事。外勤。

**がいむ-いん【外務員】** 営業所以外の場所で取り引きを勧誘・仲介する者。証券外務員・商品外務員など。canvasser

**がいむ-しょう【外務省】** 外交政策・通商航海・外交使節・国際協力・条約などの対外事務を主管する中央官庁。長は外務大臣。Ministry of Foreign Affairs

**がいむ-だいじん【外務大臣】** 国務大臣の一人。外務省の長。外相。Minister for Foreign Affairs

**かい-むらさき【貝紫】** 地中海産の巻き貝シリアツブリの鰓下腺の分泌液からとった紫色の染料。ローマ時代、入手するのに巨大な費用がかかって珍重され、この染料で染めた服は貴人が着用した。古代紫。ティリアンパープル。Tyrian purple

**かい-めい【改名】**(名・サ変自) 名を変更すること。比較 改氏。

**かい-めい【▼晦▼冥】** まっくらであること。用例 天地—。

**かい-めい【階名】** 音階の各段階の呼び名。ある音階のなかで、音の相対的な高さまたは機能を示すのに用いる。西洋音楽ではド・レ・ミ・ファ・ソ・ラ・シ。syllable names 比較 音名。

**かい-めい【開明】** 人知が進み、文明が開けること。文明開化。

**かい-めい【解明】**(名・サ変他) 物事を分析して、はっきりさせること。ときあかし。making clear elucidation 用例 疑惑の—。

**かいめい-しょうほう【階名唱法】** 旋律をその音階の階名(=ドレミファソラシ)で歌うこと。階名は音名と区別され、長調の場合、調が変わってもその主音をドとして読むため、移動ド唱法ともいわれる。solmization 参照 音名唱法。

**かい-めつ【壊滅・▼潰滅】**(名・サ変自他) 組織・機構などがまったくこわれほろびること。完全にやっつけて負かすこと。破壊。全壊。destruction 用例 —的打撃。

**かい-めん【界面】** 二つの物質が接している境界面。interface

**かい-めん【海面】** 海の表面。surface of the sea

**かい-めん【海綿】** ①《「海綿動物」の略》海綿動物門の総称。もっとも原始的な後生動物。体形、色彩は多様。水生で固着生活をする。カイロウドウケツなど大部分が海産。モクヨクカイメンを医療・文房具などに利用。sponge ②海綿動物の繊維状の骨格をほした品。小さなあなが無数にあき、綿のようにやわらかく、水分をすう。ウミワタ。スポンジ。sponge ↓図

●カイメン①

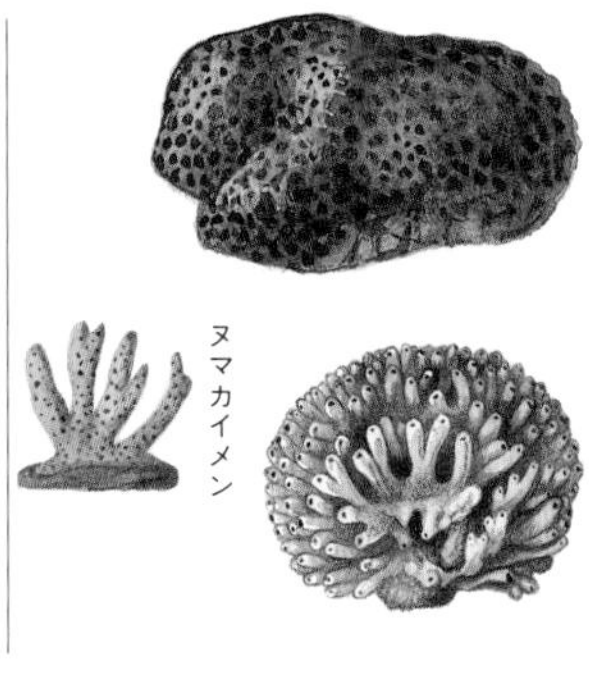


**がい-めん【外面】** 対義 内面。①外がわ。outside ②うわべ。外見。outside appearance

**かいめん-かがく【界面化学】** 界面現象を研究する物理化学の一分野。surface chemistry

**かいめん-かっせい【界面活性】** 水と油など異なった相が接しているとき、溶解している物質が界面に集まって界面張力を著しく低下させる性質。一般に、分子中に水になじむ部分と油になじむ部分をもつ物質が界面活性を示す。表面活性。surface active

**かいめんかっせい-ざい【界面活性剤】** 界面活性の大きい物質の総称。洗浄力・分散力・起泡力などが大きい。せっけん・洗剤など。表面活性剤。surfactant

**かいめん-げんしょう【界面現象】** 二つの相が接する界面での特徴ある物理化学的現象の総称。表面張力・吸着・ぬれなど。interfacial phenomenon; surface phenomenon

**かいめん-こうせい【海面更正】** 海面より高いところでの気圧や気温などの観測値を海面上での値に換算すること。reduction of mean sea level

**かいめん-しつ【海綿質】** 海綿動物の繊維状の骨格を構成する物質。弾力性に富み、沃素を多量に含む硬たんぱく質からなる。スポンジ。spongin

**かいめんじょう-そしき【海綿状組織】** 高等植物の葉肉を構成する組織。葉の裏面にあり、細胞間にすきまが多く、気孔で外部と連絡。spongy tissue

**かいめん-ちょうりょく【界面張力】** ↓ひょうめんちょうりょく(表面張力)

**がいめん-てき【外面的】**(形動) ①物事の外面に関するさま。external ②うわべの。見せかけの。外見的。superficial

**かいめん-どうぶつ【海綿動物】** ↓かいめん(海綿)①

**がいめん-びょうしゃ【外面描写】** 文学で、人物の行動や外から見えるようすをえがくことで、その性格や心理を示そうとする手法。対義 内面描写。

**かいめん-へんどう【海面変動】** 地球全体の海洋の海水面が、陸地に対して上がったり下がったりする変化。氷河の発達・後退などによるが、ふつう第四紀氷河時代の変動をさしていう。sea level change

**がい-もうこ【外▼蒙古】** ソ連と中国に接して広がるモンゴル高原のうち、中央部のゴビ砂漠から北の地域。そともうこ。

**かい-もく【皆目】**(副) 《下に打ち消しをともなって》すっかり。まるきり。まったく。全然。absolutely 用例 —見当がつかない。

**カイモグラフ【kymograph】** ↓キモグラフ

**かい-もち【買(い)持ち・買持】** ①商品を買いつけて転売せずに持っていること。overbought ②株式を空買いして未決済の状態。買い建て玉。③外国為替銀行の買為替合計が売為替合計を超えている状態。overbought position

**かい-もちい【▼搔い▼餅】** 古語 ぼたもち。用例 いざ、—せんと言ひけるを(宇治拾遺・一二)。

**かい-もどし【買(い)戻し】** ①一度売った物を、対価を出して取り戻すこと。②先物取引や信用取引で、売る約束をしたものについて、現物を渡さず逆に買いとる形で決済すること。short covering

**かい-もど-す【買(い)戻す】**(五他) いったん手放したものを、また買い取る。buy back

**かい-もの【買(い)物】**(名・サ変自) ①代金を支払って、物を買うこと。また、買ったもの。shopping ②買う値打ちのあるもの。買って得するもの。good bargain 用例 この品物はお—ですよ。

**かい-もん【海門】** 陸地が両側から迫って海がせばまっているところ。瀬戸。海峡。水道。strait

**かい-もん【開門】**(名・サ変自) 門を開くこと。open the gate 対義 閉門。

**かいもん【開聞】**〈町〉 鹿児島県薩摩半島南端の町。開聞岳・池田湖のある観光の町。人口八三〇一(一九八八)。

**かいもん-だけ【開聞岳】** 鹿児島県、薩摩半島南端にある火山。標高九二二m。霧島屋久国立公園の一部。薩摩富士。

**がい-や【外野】** 対義 内野。①野球場で、フェアグラウンド内で内野以外の部分。outfield ②「外野手」「外野席」の略。outfield stand

**かい-やく【改訳】**(名・サ変他) 以前に訳したものを、訳しなおすこと。また、しなおした訳。retranslate

**かい-やく【解約】**(名・サ変自他) ①賃貸借などの継続的な契約関係を将来に向かって消滅させること。cancellation ②取引所における売買を、当事者の合意の上で受け渡し期日前に解除すること。cancellation

**かいやく-てつけ【解約手付(け)】** 売買などの契約で、当事者双方に解約権を留保するために交付される手付け。手付けの交付者は手付けを放棄することにより、また受領者は手付けの倍額を返還することによって、契約履行が始まる前ならば契約を解除することができる。

**がいや-しゅ【外野手】** 野球で、外野を守備するプレーヤーの総称。右翼手(=ライト)・中堅手(=センター)・左翼手(=レフト)。外野。outfielder 対義 内野手。

**かい-ゆ【快癒】**(名・サ変自) 病気・けがなどがすっかりよくなること。全快。全治。本復。complete recovery

**かい-ゆう【会友】** ①その会の会員・仲間。②会員ではないが、会に関係のある人。

**かい-ゆう【回遊】**(名・サ変自) ①方々を旅行して回ること。circular trip 比較 周遊。用例 —切符。②《「回游」とも》魚が季節的に移動する現象。産卵・餌・水温などの生理的条件に適合するように移動する。migration

**がい-ゆう【外遊】**(名・サ変自) 外国へ旅行すること。travel abroad

**かいゆう-ぎょ【回遊魚】** 一定の時期と経路をたどり、移動を繰り返す魚類。サケ・マス・ウナギなどの産卵に関係した生殖回遊、餌を求めるためのサンマ・カツオ・マグロなどの索餌回遊などがある。migratory fish

**かい-よう【海洋】** 地球全表面の約七〇%を占める水圏。太平洋・大西洋・インド洋などの総称。地球上の水の九九%を占める。海。大洋。sea; ocean

**かい-よう【海容】** 広く大きな心で、人の罪やあやまちを許すこと。用例 ご―をこう。

**かい-よう【▼潰▼瘍】** 皮膚・粘膜などの表層が有害な刺激によって損傷を受け、下部組織にまで及ぶ欠損を生じた状態。欠損の浅いものを糜爛という。ulcer 用例 胃―。

**がい-よう【外用】**(名・サ変他) 薬を、皮膚・粘膜などに塗ったり、はったりして使用すること。対義 内用。

**がい-よう【外洋】** そとうみ。外海。大洋。

**がい-よう【▼艾葉】** 生薬の一つ。キク科ヨモギの葉の乾燥品。煎じて腹痛・下痢・子宮出血などに服用。

**がい-よう【概要】** あらまし。大要。大略。概略。outline 比較 摘要。

**かいようおんどさ-はつでん【海洋温度差発電】** 海洋の表面海水（二〇〜二五℃）と深海水（約五℃）との温度差を利用して行う発電。ocean thermal energy conversion

**かいよう-かいはつ【海洋開発】** 海洋の資源・空間・美観などを多面的に活用できるようにすること。鉱物資源・海洋エネルギーの開発、海洋空間の高度利用など。ocean development

**かいようかがくぎじゅつ-センター【海洋科学技術センター】** 海洋開発の技術研究を目的とした国立の機関。昭和四六年（一九七一）に横須賀市に設立。

**かいよう-がく【海洋学】** 海洋に起こる自然現象を科学的に研究する学問。海洋物理学・海洋化学・海洋生物学・海洋地質学・海洋地球物理学に大別される。oceanography

**かいようかんし-えいせい【海洋監視衛星】** 艦船、とくにミサイル原子力潜水艦をレーダーで監視する軍事衛星。アメリカとソ連が実用化。ocean surveillance satellite

**かいよう-かんそく【海洋観測】** 海洋ならびにそれに関連した現象を調査する目的の観測。物理学・化学・生物学・地質学・水産学・土木工学など多分野にわたる。oceanographic observation

**かいよう-きしょう【海洋気象】** 大気と海洋との間の熱の授受など、海洋が気象におよぼす影響。また、低気圧・風・雨など気象変化が海洋におよぼす影響などもいう。oceanic climate

**かいよう-きしょうだい【海洋気象台】** 気象庁の地方機関の一つ。分担する海域上の天気予報と、海上気象や海洋の観測を行う。一般の地方気象台業務も行う。marine observatory

**かいよう-こうぞうぶつ【海洋構造物】** 海洋の調査、資源開発などのために海面・海中・海底に設置される構造物。接地式と浮遊式がある。offshore structure

**かいよう-じゆう【海洋自由】** 海洋はいずれの国も領有してはならず、航行の自由が保障されているという考え方。オランダのグロティウスらが提唱。freedom of the sea

**かいよう-しょうかいき【海洋▼哨戒機】** 海洋の巡視・観測や救難捜索などを行う航空機。MPA。maritime patrol aircraft

**かいようせい-きこう【海洋性気候】** 海洋の影響を受ける温和な気候。大陸性気候に比べて昼夜・夏冬の気温の差は小さく、降水量が多い。海洋気候。oceanic climate 対義 大陸性気候・内陸気候。

**かいようせい-だいちょうえん【▼潰▼瘍性大腸炎】** 大腸に潰瘍が多発する非特異性炎症。原因は不明だが、ストレス・細菌感染も考えられる。主症状は下痢・腹痛・発熱など。ulcerative colitis

**かいようせいぶつ-ちりく【海洋生物地理区】** 海洋の生物分布による区分。marine biogeographic region

**がいよう-せん【外洋船】** 外洋の航海に用いる船舶。ocean-going vessel

**かいよう-ちしつがく【海洋地質学】** 海洋底を研究する地質学の一分野。海底堆積学・海洋底構造地質学など。submarine geology

**かいよう-ちょうさせん【海洋調査船】** 種々の海洋調査を行うためにつくられた船。気象観測・水路・海洋地質・水産資源などの調査を行う。ocean investigation ship

**かいよう-てい【海洋底】** ↓たいようてい（大洋底）

**かいようてい-かくだいせつ【海洋底拡大説】** 海底が、マントル対流によりたえず移動しているという説。地殻が、海嶺でわき出し新しい海洋底をつくり、古い海洋底は海溝で沈み込んでいるというもの。sea-floor spreading hypothesis

**かいようとうきせい-じょうやく【海洋投棄規制条約】**（Convention on the Prevention of Marine Pollution by Dumping of Wasted and Other Matters）人間の健康、海洋生物や資源保護などのため、有害物質を海に捨てることを禁止または制限する条約。一九七二年の国連人間環境会議で採択。

**かいよう-プレート【海洋プレート】** 地球表面を構成する巨大な十数枚の硬い岩板（＝プレート）のうち海底にあるもの。大洋底の海嶺からわき出して広がっている。太平洋プレートなど。oceanic plate 対義 大陸プレート。↓プレートテクトニクス図

**かいよう-ほう【海洋法】** 海洋の秩序を維持するために、海洋利用をめぐる基本的原則を定めた法律。国際連合で、昭和五七年（一九八二）制定。日本は同五八年に署名。Law of the Sea

**かいよう-ぼくじょう【海洋牧場】** 魚介類・海藻などの水産資源を増産するための人工的な水域。海底牧場。marine ranch; marifarm

**がいよう-やく【外用薬】** 皮膚や粘膜に、塗ったり張ったりして使う薬。軟膏や液状にした塗り薬や張り薬、点眼薬・坐薬など。対義 内服薬。

**かいよう-ゆでん【海洋油田】** ↓かいていゆでん（海底油田）

**かいよう-リモートセンシング【海洋リモートセンシング】** 海洋研究のための遠隔探査技術。とくに人工衛星による観測情報は、海洋構造や魚場を知るのに重要。ocean remote sensing

**かいよせ-の-かぜ【貝寄せの風】** 陰暦二月二〇日ごろの西風。大阪四天王寺の聖霊会に供える造花の材料の桜貝を浜辺に吹き寄せるという。

**カイヨワ【Roger Caillois】**（一九一三〜七八）フランスの批評家。広い知識に裏づけられた多くの評論を発表。著書『神話と人間』『人間と聖なるもの』『遊びと人間』など。

**かい-らい【界雷】** 前線とくに寒冷前線で、温暖な空気が寒冷な空気に急に押しあげられて発生する雷。前線雷。frontal thunderstorm

**かい-らい【▼傀▼儡】** ①あやつり人形。くぐつ。でく。puppet 用例 ―師。②他にあやつられ、利用される者。puppet 用例 ―政権。

**がい-らい【外来】** ①よそ・外国から来ること・人。come from outside ②「外来患者」の略。

**がいらい-かせん【外来河川】** 砂漠以外に源を発し、砂漠を横断してゆく河川。スーダンのナイル川、イラクのチグリス川・ユーフラテス川など。exotic stream

**がいらい-かんじゃ【外来患者】** 病院で、入院患者に対し、外部から診療を受けにくる人。outpatient

**がいらい-ご【外来語】** 外国語からとりいれて、その国の国語として使われるようになったことば。日本語では、比較的新しい西欧語源のものについて言い、古い時代に入ってきた漢語などは含めないのがふつう。loanword

**かいらい-し【▼傀▼儡師・▼傀▼儡子】** ①人形つかいの古称。漂泊の人々で源流は不明。くぐつまわし。えびすかき。くぐつし。②傀儡師の風俗をうつした近世舞踊の俗称。③他人を操って、利用する者。黒幕。↓図

**かいらいしき【▼傀▼儡子記】** 大江匡房の随筆。平安中期に活躍した流浪芸能集団である傀儡子に関する、漢文による短文。『群書類従』所収。

**かいらい-せいけん【▼傀▼儡政権】** 他国の意思のままになる、独立国の政府。puppet government

**かいらぎ【▽梅▽花▽皮・▼鰄】** ①東南アジア産の魚の背皮。刀の鞘や柄をつつむ材料として用いられた。また、それを用いた刀。②茶道の井戸茶碗などの、焼成段階で土の皺の間に釉が結粒し、その模様が①に似た部分。

**かい-らく【快楽】** ここちよく楽しいこと。とくに、欲望が満たされたときの感情。逸楽。歓楽。享楽。けらく。pleasure 対義 苦痛。用例 ―にふける。

**かいらく-えん【▼偕楽園】** 茨城県水戸市にある庭園。日本三名園の一つ。天保一三年（一八四二）水戸藩主徳川斉昭の造園。

**かいらく-げんそく【快楽原則】** 精神分析用語。刺激によって緊張が高まると不快感を生じ、早く緊張を解消して快感を得たいと感じる傾向。pleasure principle

**かいらく-しゅぎ【快楽主義】** 一般的に快楽を人生の根本の目的とみとめ、道徳はそれを実現するための手段にすぎないという考え方・態度。エピキュリアニズム。Epicureanism

**かいらく-せつ【快楽説】** 哲学で、快楽を最高の善とみなし、その追求を人生の究極の目的とするもの。hedonism

**ガイラルディア【Gaillardia】** キク科テンニンギク属の一年草または多年草の総称。高さ五〇cm前後。花は大輪で径六〜一〇cm。黄と赤の覆輪が多い。テンニンギク・オオテンニンギクなどがある。北アメリカ原産。

**かい-らん【回覧・▽廻覧】**(名・サ変他) 文書・知らせなどを順に回して見ること。その物。circulation 用例 ―雑誌。

**かい-らん【回▼瀾・▽廻▼瀾】** さかまく波。

**回瀾を既倒に返す**（かいらんをきとうにかえす）（正しくは「狂瀾を既倒に廻らす」）形勢が悪くなったのを、もとに戻す。

**かい-らん【解▼纜】**(名・サ変自)（「纜」は、ともづな）船出すること。出帆。

**かい-らん【潰乱】**(名・サ変自) 崩れ乱れてばらばらになること。負けいくさで、軍勢が散り散りになること。

**かい-らん【壊乱・潰乱】**(名・サ変自他) 秩序などが、崩れ乱れること。ふりみだすこと。disorder 用例 風俗の―。

●傀儡師① 三谷一馬『江戸商売図絵』より。

**かいらん-たんでん【開▼灤炭田】** 中国、河北省東部、唐山から灤県にかけての、中国最大規模の炭田。カイロワン炭田。

**かい-り【▼乖離】**(名・サ変自) そむき、はなれること。離反。用例 人心の―。

**かい-り【海里・▼浬】** 航海や航空で用いる距離の単位。一海里は一八五二m。以前は、緯度一分の長さであったが、一九二九年の国際会議で一八五二mに決められた。nautical mile

**かい-り【海▼狸】** ビーバーの異名。

**かい-り【解離】**(名・サ変自) ①解きはなれること。set free ②分子がより小さな分子・原子・原子団・イオンなどに可逆的に分解すること。電離・熱解離など。dissociation

**かい-りき【怪力】** ①非常に強い力。Herculean strength ②→かいりょく(怪力)

**かいりく-ふう【海陸風】** 海岸地方で、昼間は海から陸へ、夜間は陸から海へと吹く風。陸地と海面の温度差によって発生する。land and sea breeze

**かい-りつ【戒律】**《仏教語》仏教徒の守るべき行動規範。「戒」は個人的に守るべき基本道徳、「律」は禁止・罰則などの他律的な規範・威儀。

**かいり-ねずみ【海▼狸▼鼠】** ↓ヌートリア

**かいり-ねつ【解離熱】** 分子が解離するのに要する熱量。生成熱の符号を変えた値と等しい。heat of dissociation

**がい-りゃく【概略】** あらまし。大要。概要。outline

**かい-りゅう【海流】** 海水の運動のうちの一定方向の大きな流れ。貿易風と温度による吹送流がおもな原因であり、大気の大循環と対応して分布する。寒流と暖流がある。ocean current

**かい-りゅう【開立】** 立方根を求めること。かいりつ。extraction of cubic root

**かいりゅうおう-じ【海竜王寺】** 奈良市法華寺町にある真言律宗の寺。天平三年（七三一）玄昉の入唐にさいし、その無事帰朝を願って光明皇后が創建したという。皇后の父藤原不比等の邸の東北隅に位置したため、隅院・隅寺ともよばれた。

**かいりゅう-びん【海流瓶】** 海流や潮流の経路や速度を調べるために海に投入するびん。びんには、のちに拾った人に拾った日時や場所を書いて返送してもらうはがきを入れておく。

**かい-りょう【改良】**(名・サ変他) 悪い点を改めて、よくすること。improvement; reform 対義 改悪。用例 品種―。

**かい-りょう【飼(い)料】** 家畜をやしなうえさ。また、その費用。

**かいりょう-しゅ【改良種】** 交配などにより改良を加えて育成した動植物の新品種。improved strain 対義 原種。

**かいりょう-しゅぎ【改良主義】** 社会を漸

進的に改良することで十分だとする思想。

**かい-りょく【怪力】** 不可思議な力。かいりき。

**がい-りょく【外力】** 外部から加わる力。物理系に系外からおよぼされる力。external force 対義内力。

**かいりょく-らんしん【怪力乱神】** 怪異と、勇力(=力をたのむこと)と、悖乱(=秩序をみだすこと)と、鬼神(=宗教的なこと)と。理性で説明できる範囲を超えた物事。用例 ―を語らず(論語・述而篇)。

**がい-りん【外輪】** ①外がわの輪。outer ring ②外のまわり。車輪の外側につけた鉄製の輪。rim ③↓がいしゃ(外車)①

**がいりん-ざん【外輪山】** 山頂部にカルデラを生じ、その内部に新しい火山をもつ大型の火山の外壁部。箱根や阿蘇のものが有名。somma ↓火山図

**がいりん-せん【外輪船】** ↓がいしゃせん(外車船)

**かい-るい【貝類】** 古くは石灰質の殻をもっている動物をさして貝といい、動物学的にいえば種々雑多のものが含まれていた。ウニやフジツボ、シャミセンガイなどがそれだが、現在では軟体動物の総称として使われる。しかし、軟体動物といっても、イカやタコ、ナメクジには貝殻がないので、一般には巻き貝(=腹足類)・二枚貝(=斧足類)・ツノガイ(=掘足類)などの呼称。軟体動物は、昆虫を含む節足動物についで種類が多く、世界に約一二万種、日本に約六〇〇〇種を産する。shellfish

**かい-れい【回礼】**(名・サ変自) ①年始のあいさつ回り。②お礼回り。

**かい-れい【海▾嶺】** 深海底にある大山脈。帯状に長く連続し、起伏に富み、新しい海洋地殻の生成の場となっている。大西洋を南北に走る大西洋中央海嶺は幅一五〇〇km、高さ二～三km。海底山脈。ridge ↓海底地形図

**かい-れき【回暦】** 新年になること。新年。

**かい-れき【改暦】** ①暦法を改めること。revision of a calendar ②新年。new year

**かい-ろ【回路】** ①ふつうは電気回路を意味し、抵抗やコンデンサーなどの素子とそれらを結ぶ導線からなる終端のない電流の通路のこと。他に磁気回路や油圧回路などがある。circuit ②液体などが循環する通路。circuit

**かい-ろ【海路】** ①船の通る道。sea route ②海上を渡ること。going by sea 対義陸路。

**かい-ろ【▾薤露】**《漢の田横の自殺を悼み門人がつくったもの》昔、中国で、貴人の葬儀にうたった歌。挽歌。「薤」はニラ。ニラの葉におくつゆが消えやすいように、人生の無常を述べたもの。

**かい-ろ【懐炉】** 懐に入れ腹や胸などを暖める器具。医療にも用いる。銅・黄銅などの薄板製の容器で、懐炉灰やベンジンを燃料とする。

**カイロ【Cairo】** エジプト-アラブ共和国の首都。ナイル川三角州の頂点にあるアフリカ最大の都市。スフィンクス・ピラミッドなど古代エジプトの遺跡があり、観光地としても有名。エジプト最大の工業都市でもあり、重化学工業がさかん。人口五八八・一万(一九八三)。

**がい-ろ【街路】** 市街地を通る道路。区画区分をし、地区内交通を主目的とするほか、電気・ガス・上下水などの設置、都市防災など多元的な役割を果たす。street

**かい-ろう【回廊・▾廻廊】** ①宗教建築や宮城などで、主要な部分を囲んでいる屋根のある廊下。日本の宮城では内裏などを、寺院・神社では金堂・塔などを囲んだ。西洋の宗教建築では初期に中庭を囲い、のちに建物と建物をつなぐようになった。corridor; passage; gallery ②建物と建物をつなぐ回り廊下。

**かい-ろう【▾偕老】** 夫婦が老いるまで仲むつまじいこと。

**かいろう-どうけつ【▾偕老同穴】** ①《ともに年をとり、同じ墓にほうむられる、の意》夫婦の愛情が長続きすること。long-lasting affection of a couple ②カイロウドウケツ科の海綿動物。直径一～八cm、長さ三〇～八〇cm。花瓶状。白色から淡黄色。相模湾・駿河湾など太平洋の深海底に分布。この胃腔内に雌雄一対のドウケツエビがすみ、それが一生外に出られないことからの名。↓図

●カイロウドウケツ② ヤマトカイロウドウケツ

**がい-ろく【街録】** ラジオ・テレビの「街頭録音」「街頭録画」の略。

**がいろ-じゅ【街路樹】** 街路沿いや道路の中央分離帯に美観・保健などの目的で植える樹木。イチョウ・シダレヤナギなどの落葉樹が主。roadside tree

**かいろ-ず【回路図】** 素子がどのように接続されているかを示す図。circuit diagram ↓図

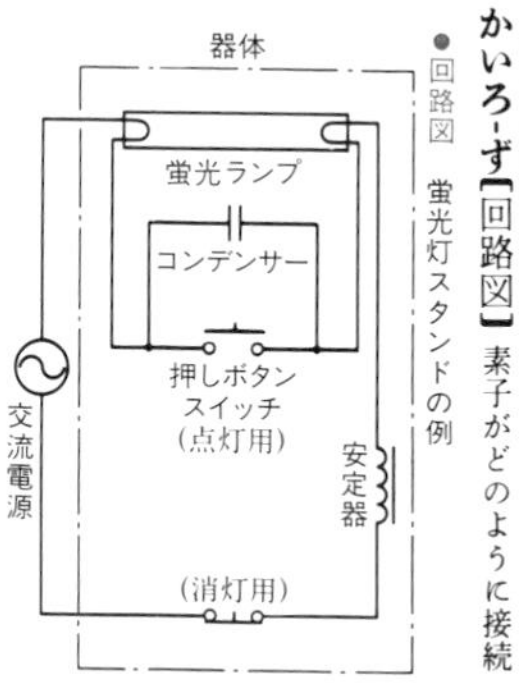


●回路図 蛍光灯スタンドの例

**カイロ-せんげん【カイロ宣言】** 一九四三年のカイロ会談にさいし発表されたアメリカ・イギリス・中国三国首脳による共同宣言。日本の無条件降伏を要求し、戦後日本の領土処理問題など、ポツダム宣言の基礎となる内容を含む。Cairo Declaration

**かいろ-そし【回路素子】** 電気回路をつくる導線以外の要素。抵抗・コイル・コンデンサー・トランジスター・電池・スイッチなど。circuit element

**かいろ-ばい【懐炉灰】** 懐炉の熱源として使用するための燃料。粉末にした桐やもぐさなどに助燃剤を加えて固めたもの。

**カイロ-びじゅつかん【カイロ美術館】** ↓エジプトびじゅつかん(エジプト美術館)

**カイロプラクティック【chiropractic】** 腰痛や手足の障害を脊椎の指圧で治す治療法。アメリカではじまった民間療法。脊椎矯正治療法。

**カイロワン-たんでん【カイロワン炭田・開▾灤炭田】**(Kāi-Luán) ↓かいらんたんでん(開灤炭田)

**がい-ろん【概論】**(名・サ変他) 内容のあらましを述べること。述べた文章。概説。outline; introduction 対義細論。用例 哲学―。

**かい-わ【貝輪】** 貝殻製の腕輪。縄文・弥生・古墳時代に使用された装身具。弥生時代にはゴホウラ・イモガイなど交易によって得られた南海産の貝を使用し、男女や小児によって使用貝にちがいがみられる。

**かい-わ【会話】**(名・サ変自) 話をやりとりすること。その話。conversation 比較対話。用例 英―。

**かい-わい【界▾隈】** あたり。近所。一帯。neighborhood 用例 丸の内―。

**がい-わくせい【外惑星】** 地球の軌道の外側を運行する惑星。火星・木星・土星・天王星・海王星・冥王星の六個。outer planet

**かいわ-ぶん【会話文】** 文章で、会話の部分を文字に表したもの。多く「 」などで囲んで、地の文と区別する。dialogue 対義地の文。

**かい-わり【貝割】** アジ科の海水魚。全長約三〇cm。背びれと、しりびれに黒帯がある。金華山・能登半島以南に分布。美味。

**かい-わり【貝割(り)・▽卵割(り)・▾穎割(り)】** ①貝が開いたような形。また、卵が二つに割れたような形。②アブラナ科、とくにダイコン・カブなどの、発芽したばかりの双葉。食用にする。かいわり菜。かいわれ菜。

**かい-われ【貝割れ】** ↓かいわり(貝割り)

**かい-わん【怪腕】** 非常にすぐれた腕力やうでまえ。

**か-いん【下院】** 二院制の議会で、国民一般の意思を直接代表する議員によって構成される議院。日本の衆議院など。the Lower House 対義上院。

**か-いん【禍因】** 災いの原因。cause of evil 比較禍根。

**カイン【Cain】** ①旧約聖書『創世記』中のアダムとイブの長子。ヤハウェが弟アベルの供物だけを受け入れたのをねたんで弟を殺害し、その罰として追放され、地上の放浪者となる。②《転じて》殺人者、不道徳漢の象徴。

**が-いん【画院】**《翰林図画院の略称》中国宮廷の絵画制作機関。唐の玄宗のとき開設、のち院体画を形成。清代まで続いた。

**か-う【寡雨】** ふつうより雨量が少ないこと。

**か・う【▽支う】**(五他) ささえにする。support 用例 戸に心張り棒を―。

**か・う【買う】**(五他) ①代価を払って求める。buy 対義売る。用例 一〇〇円で―・った。②自分の行為でよくない結果を受ける。まねく。incur 用例 反感を―。恨みを―。③求めて受ける。対義売る。用例 けんかを―・って出る。④価値を認める。appreciate 用例 努力を―。

**か・う【飼う】**(五他) 動物を養う。keep 用例 犬を―。

**か・う【交う】** 古語 ㊀(下二他) まじえる。かわす。用例 敷栲の袖―・へし君(万葉・二・一九五)。㊁(四自)《動詞の連用形に付いて》入りまじる。行き違う。用例 時移り、事さり、楽しび悲しびゆき―・ひて(徒然・二五)。

**か・う【変う・代う・替う】** 古語(下二他) ↓かえる(変える) ↓かえる(代える) ↓かえる(替える)

**カウ【cow】** 雌牛。とくに乳牛。

**ガウアー【John Gower】**(一三三〇ごろ～一四〇八) イギリスの詩人。英・仏・ラテン語で長大な教訓的寓意詩を書いた。作品『黙想者の鑑』など。

**ガヴァナビリティ【governability】** ↓ガバナビリティ

**ガウガメラ-の-たたかい【ガウガメラの戦い】** 紀元前三三一年、マケドニアのアレクサンドロス大王が、ペルシアのダレイオス三世をチグリス川上流のガウガメラとアルベラで撃破した戦闘。ペルシア帝国滅亡を決定的にした。アルベラの戦い。Battle of Gaugamela

**ガウス【gauss】** 磁化の強さ、または磁束密度のCGS電磁単位。真空中では、一エルステッドの磁場の強さに相当する。数学者ガウスにちなむ。記号G。

**ガウス【Carl Friedrich Gauss】**(一七七七～一八五五) ドイツの大数学者。代数学の基本定理を証明し、天体力学・測地学・電磁気学などにもすぐれた業績を残した。ゲッティンゲン大学教授兼天文台長。

**ガウス-の-きごう【ガウスの記号】** 実数 $x$ に対して $x$ を超えない最大の整数を表す記号。$[x]$ で表す。Gauss' notation

**ガウス-ぶんぷ【ガウス分布】** ↓せいきぶんぷ(正規分布)

**ガウス-へいめん【ガウス平面】** ↓ふくそへいめん(複素平面)

**ガウタマ【Gautama】**(一五〇〇ごろ～五〇〇ごろ) インドの哲学者。六派哲学の一つ、ニヤーヤ学派の開祖。別名アクシャパーダ。漢訳名は足目。同派の聖典『ニヤーヤ-スートラ』の著者とされる。

**ガウチョ【gaucho スペイン】** アルゼンチン・ウルグアイ・パラグアイのパンパ(=平原)の住民で、通常、牧夫をいう。原住民グァラニー族とスペイン・ポルトガル移民の混血。

**ガウチョ-パンツ【gaucho pants】**《南米の牧夫(=ガウチョ)が牧場ではくズボンに似ているところから》ふくらはぎ丈で、裾がやや広めのパンツ。↓図

●ガウチョパンツ

**カウチン-セーター【cowichan sweater】**《アメリカインディアンのカウチン族が作ったことから》雨水をはじくように、脱脂しない太糸を使い、グレーやこげ茶や白の自然色でライチョウやシカなどの動物模様を編みこんだもの。↓写

●カウチンセーター

**カウツキー【Karl Kautsky】**(一八五四～一九三八) ドイツの社会主義者。ドイツ社会民主党機関紙『ノイエ-ツァイト』主筆。第二インターナショナルを指導。ベルンシュタイン・ルクセンブルクら

と論争。一八九一年エルフルト綱領を起草。ボリシェビズムに反対し、レーニンから修正主義者として批判された。ナチスに追われアムステルダムで客死。

**ガウディ**【Antonio Gaudí y Cornet】(一八五二〜一九二六) スペインの建築家。故郷の南部カタロニアの風土と中世美術から影響をうけて、独特のシュールレアリスム的作風を創造。サグラダ-ファミリア教会、幻想的なグエル館などが代表作。↓[写]

●ガウディ　スペイン、バルセロナのサグラダ-ファミリア教会。

**カウナス**【Kaunas】ソ連、リトアニア共和国中部のネマン川に沿う河港都市。人口四〇万(一九八四)。

**カウプ-しすう**【カウプ指数】乳幼児の体の発育のバランスを知るために考案された指数。体重と身長の割合で示す。Kaup index

**カウフマン**【Angelika Kauffmann】(一七四一〜一八〇七) スイス出身の女流画家。イギリスへ渡り、のちローマに永住。宗教・神話・肖像画などで名高い。

**カウフマン**【Edgar Kaufmann Jr.】(一九一〇〜) アメリカのデザイン評論家。デザインの近代化の推進に貢献。

**カウボーイ**【cowboy】アメリカ西部・カナダ・メキシコなどの牧場で働く牛飼いの牧童。

**カウボーイ-ハット**【cowboy hat】カウボーイがかぶる、山部が高く、つばが広くて巻き上がっている帽子。テンガロンハット。

**カウリー**【Abraham Cowley】(一六一八〜一六六七) イギリスの詩人・随筆家。形而上詩人の最後を飾り、擬古典派の先駆。詩集『恋人』など。

**カウリー**【Malcolm Cowley】(一八九八〜一九八九) アメリカの「失われた世代」の代表的批評家。フォークナー・ヘミングウェーらの作品を紹介した。評論『亡命者帰る』、評論集『文学の状況』など。

**ガウル**【gaur】インド・ミャンマー・マレーシアの森林地帯に生息する大形のウシ。体長約三m。黒褐色で脚の下部は白い。肩のこぶが長いのが特徴。ガウア。インドヤギュウ。

**か-うん**【家運】一家の運勢・運命。fortunes of a family [用例]―が傾く。

**ガウン**【gown】丈の長いゆったりした上着。裁判官・牧師・大学教授などが着る職務用と、家庭用の部屋着に大別される。

**カウンシル**【council】会議。協議会。参事会。

**カウンセラー**【counselor】カウンセリングを専門とする人。相談員。相談相手。

**カウンセリング**【counseling】心理的な問題や悩みをもつ人に対して行われる相談活動。カウンセラーが専門的な立場からの助言や指導を行ったり、共感的理解を示して心理的相互交流をすることなどにより、問題や悩みをもった人の問題解決、適応援助、心理的成長をめざす。

**カウンター**【counter】①勘定台。帳場。②計算係。③数取り器。計数器。[用例]ガイガー―。④バーやすし屋などで、客がその前に腰をかけて飲み食いする、調理場のすぐ向かい側にしつらえた横長の台。

**カウンター-カルチャー**【counterculture】支配的な文化に対抗する下位文化(サブカルチャー)、あるいは対抗して新しく創造されようとする文化。対抗文化。反体制文化。

**カウンター-パーチェス**【counter purchase】見返り輸入。先進国が、発展途上国から一次産品・農作物などの一定量を輸入することを条件に、化学工業製品・ハイテク製品・プラントなどを輸出する契約を結ぶこと。輸出額の五〇%前後を輸入する形が一般的。CP。

**カウンター-パンチ**【counterpunch】↓カウンターブロー

**カウンター-ブロー**【counterblow】ボクシングの打法の一つ。相手が打ってくるのを察知して、一瞬早く打ち返す。カウンター。カウンターパンチ。

**カウント**【count】[一](名・サ変他) 数えること。計算。[用例]ボール―。―ファイブのダウンをくう。[二](名) ①放射線を測定する単位の一つ。ガイガー計数管で数えた、放射線の一秒または一分平均の粒子の数。[用例]三〇〇〇―の放射能を検出する。②英国以外の国で、伯爵。

**かえ**【代え・替え・換え】代わりとなるもの。かわり。substitute

**かえい**【▼嘉永】江戸末期の年号。弘化から改元。元年(一八四八)二月二八日〜七年(一八五四)一一月二七日。次に、安政に改元。

**かえ-うた**【替(え)歌】ある歌の曲節に、別の歌詞を当てはめたもの。parody [対義]原歌・元歌。

**かえ-えり**【替(え)襟】とりかえることができるか、もしくはとりかえるための襟の総称。和洋服どちらにも使う。spare collar

**か-えき**【課役】①律令制下、班田農民が毎年納めた課(=調)と役(=庸・雑徭)。かやく。②中世、戦乱時に賦課された兵糧米や、段銭・棟別銭など臨時に課せられた公事。③仕事を割り当てること。

**かえ-ぎ**【替(え)着】着替えの衣服。着替え。change of clothes

**替え着無しの晴れ着無し**(かえぎなしのはれぎなし) つねに同じ着物を着ていて、着がえの衣服を持たないことをいう。[類似]着たきりすずめ。

**カエサル**【Gaius Julius Caesar】(BC一〇〇ごろ〜BC四四) 古代ローマ共和政末期の政治家。紀元前六〇年ポンペイウス・クラッススと第一次三頭政治に参加。ガリア遠征後対立したポンペイウスを倒し、前四七年政権を掌握。前四四年終身独裁官となり、救貧政策、ユリウス暦制定などを断行したが、ブルートゥスら共和派によって暗殺された。著書『ガリア戦記』『内乱記』。シーザー。↓[写]

●カエサル

**かえし**【返し・▽反し】①返すこと。戻すこと。②仕返し。返礼。③返事。返歌。返り。④地震や台風などが一度やんで、また起こること。[用例]ゆり―。⑤↓はんせつ(反切)

**かえし-うた**【返し歌】①贈られた歌にこたえてつくった歌。返歌。②長歌のあとにそえる短歌。反歌。

**かえし-ぬい**【返し縫い】①洋裁で、仮縫い・ミシン縫いの、縫い始め・縫い終わりに、もとのほうへ数針縫い返して止めること。縫い目を丈夫にし、ほつれにくくする。②和裁で、縫い目を丈夫にするため、一針ごとに後ろへ戻しながら縫うこと。本返しと半返しがある。back stitch

**かえし-ばり**【返し針】縫い方の一種。並縫いの途中の要所となる位置で、一針返し縫いをすること。back stitch

**かえし-わざ**【返し技】格闘技で、相手のかけてきた技を防ぎながら、あるいは利用して、逆に攻撃する技。counter technique

**かえ・す**【返す】(五他) ①もとに戻す。return [用例]借りたものを―。白紙に―。②相手の行為にこたえる。返礼・仕返しをする。answer; return [用例]おことばを―ようですが。恩をあだで―。③《「反す」とも》表裏や上下を逆にする。turn over [用例]土を―。てのひらを―。④引き返す。return [用例]―・せ、もどせ。⑤《動詞の連用形に付いて》㋐繰り返す。[用例]読み―。㋑相手からされたのと同じ動作を自分もする。[用例]言い―。

**返す時の閻魔顔**(かえすときのえんまがお) 借金を返すときにする、むずかしい顔つき。[対義]借りる時の地蔵顔。

**かえ・す**【帰す・▽還す】(五他) もといた所へ帰るようにする。let... go back [用例]家へ―。

**かえ・す**【▼孵す】(五他) 卵をひな・幼虫などにする。孵化させる。hatch [用例]鶏が卵を―。

**かえすがえす-も**【返す返すも】(副) 重ね重ね。くれぐれも。なんとしても。はなはだ。really [用例]―残念だ。

**かえ-だま**【替(え)玉】ほんものの代用にするもの・人。にせもの。substitute; dummy

**かえ-ち**【替(え)地】(名・サ変自) ①土地を取り替えること。取り替えた土地。②代わりの土地。

**かえっ-て**【▽却って・▽反って】(副)《「かえりて」の転》逆に。反対に。on the contrary [用例]―手間がかかる。

**か-えつ-のう**【加越能】加賀と越中と能登。加賀(金沢)藩の旧領。

**かえで**【▼楓・▼槭・▼械・▽樹】《「かえるで(蛙手)」の転》カエデ科カエデ属の落葉高木の総称。北半球の温帯に分布。葉は対生。春に、総状または散房状の小花を密生。観賞用のほか、建材・家具などに利用。紅葉するのでモミジともいう。イロミグサ。maple ↓[写]

**かえ-で**【替(え)手】日本音楽で、楽曲の基本の旋律(本手)と合奏させるための対旋律。箏曲・地歌・長唄で用いられ、全曲または曲の一部につく。かえて。[対義]本手。

**かえで-ちょう**【▼楓鳥】嘴は鮮紅色で、目の周囲を横に走る赤紅色の線が紅葉に似るカエデチョウ科の飼い鳥。スズメより小さく全長約一〇cm。えさはアワやヒエ。アフリカ西部・中央部に分布。waxbill

**かえ-ば**【替(え)刃】安全かみそりなどの、取り換えて使うための刃。spare razor blade

**かえ-もん**【替(え)紋】定紋の代わりに使う紋所。裏紋。

**かえり**【返り】[一](名) ①返ること。②返事。返歌。reply ③返り点。[二][古語](助数) 回数・度数を数える語。度。回。[用例]ただ一―舞ひて(源氏・若菜下)。

**かえり**【帰り・▽還り・▽回り】帰ること・時・道。return [対義]行き。[用例]―に寄る。外国―。

**かえり-うち**【返り討ち】かたきを討つ人が逆に討たれること。[用例]―に遭う。

**かえり-がけ**【帰り掛け】帰るとき。帰る途中。on the way back

**かえり-ぐるま**【帰り車】①客を送って帰る途中の空車。returning car ②行楽地などから都市に戻って来る車。[用例]―情報。

**かえり-ざき**【返り咲き】①春が開花期の樹木に、秋にまた花が咲くこと。狂い咲き。re-flowering ②いったん失った名声や地位を取り戻すこと。カムバック。comeback

●カエデ

イタヤカエデ　花。

イロハカエデ　翼果。

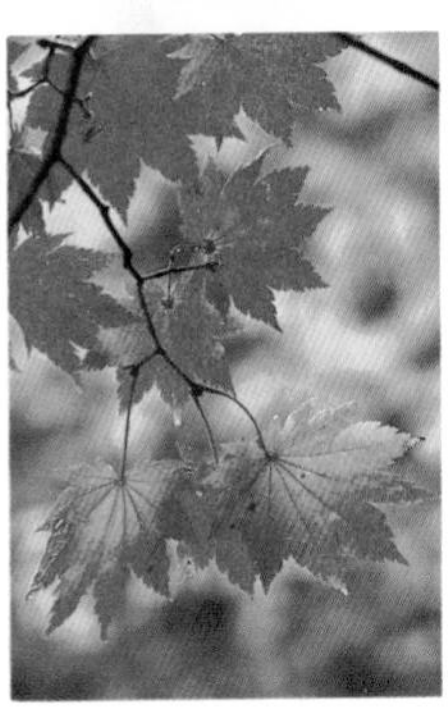
ハウチワカエデ

ヤマモミジ

**かえり-じたく【帰り支度】**(名・サ変自) 帰る準備をすること。帰るための身支度。preparation for going home

**かえり-しな【帰りしな】** 帰りがけ。帰るとき。on one's way back home 用例 ―に、雨が降り出した。

**かえり-しょうがつ【返り正月】**《朔日(ついたち)正月の後に、再び一五日に正月が来るの意》小正月の称。戻り正月。送り正月。

**かえり-しょにち【返り初日】** 上演期間中、一度休演したあと、再び開演したときの第一日。

**かえり-しんざん【帰り新参】**《武家奉公などで》いったんやめた人が、また元の所で働くこと・人。

**かえり-ち【返り血】** 刃物で切りつけた相手から、自分に飛びはねてくる血。spurt of blood 用例 ―をあびる。

**かえり-ちゅう【返り忠】** 主君を裏切って敵に忠をつくすこと。裏切り。内通。

**かえり-て【▽却りて・▽反りて】** 古語 (副) かえって。反対に。逆に。用例 かくありがたき人に対面したるよろこび、―は悲しかるべき心ばへを(源氏・桐壺)。

**かえり-てん【返り点】** 漢文を日本語として読むために、読む順序を示すしるし。「レ、一・二・三、上・中・下、甲・乙・丙」など。字の左下に付ける。「人能弘レ道、非二道弘一レ人也(人は能よく道を弘む、道の人を弘むるに非あらざるなり)」のように使う。

**かえり・みる【省みる】**(上一他) 自分の行いのよい・悪いを考える。反省する。reflect

**かえり・みる【顧みる】**(上一他) ①後ろをふり向く。look back ②気にかける。心配する。worry about 用例 前後を―。③世話をする。情けをかける。pay attention to 用例 他を―ゆとりがない。④昔を思う。回顧する。look back upon 用例 ―・みれば、遠い昔のことだ。

**顧みて他を言う**(かえりみてたをいう) 答えに困ったときや、立場上答えにくいときなどに、あたりをみまわすなどして別のことを言ったりする。話をはずす。話をはぐらかす。

**かえる【▼蛙】** 尾のない両生類の総称。現存する両生類中でもっとも繁栄している。後肢(うしろあし)はよく発達して前肢より長く、跳躍力が強く、よく泳ぐ。幼生はオタマジャクシで、えらと尾があり、水中生活するが、変態して成体になると肺呼吸をする。ウシガエルは食用。世界各地に約二六〇〇種、日本に三二種が分布。カワズ。カエロ。ヒキ。frog

**蛙が兜虫に成る**(かえるがかぶとむしになる) 成り上がる。金持ちになったり、出世したり、身分・地位が高まったりするさまに言う。

**蛙の行列**(かえるのぎょうれつ)《カエルが後ろ足で立つと、目は背の方を見て前方が見えないことから》向こう見ずなこと。また、そのような人々の集まりを言う。かわずの行列。

**蛙の子は蛙**(かえるのこはかえる) 子どもは親に似て、仕事など、多く親の歩んだ道を行くものだ。また、凡人の子はやはり凡人だ。Like father, like son.

**蛙の面に小便**(かえるのつらにしょうべん) 「蛙の面に水」と同意。

**蛙の面に水**(かえるのつらにみず) 何を言われても、されてもまったく平気なさま。ずうずうしいさまのたとえ。蛙の面に小便。like water off a duck's back

**蛙の頰冠り**(かえるのほおかむり)《カエルの目は背後にあるので、頰冠りすれば前方が見えないところから》目先の利かない、見通しのきかないことのたとえ。

**蛙は口故蛇に吞まるる**(かえるはくちゆえへびにのまるる)《カエルは大声で鳴くことから》豪勢なことばかり言って、かえってわざわいをまねくことのたとえ。

**かえ・る【▽反る】**(五自) ①弓形にまがる。そる。curve ②のけぞる。そる。bend backward

**かえ・る【返る】**(五自) ①もとの状態や、もとあった場所に戻る。return 用例 正気に―。落とし物が―。②こちらのしたことに相手が反応する。用例 答えが―。こだまが―。③《「反る」とも》表裏や上下が逆向きになる。用例 軍配が―。④漢文を日本語で読むとき、語順を上下逆にする。用例 下から―・って読む。⑤《動詞の連用形に付いて》程度のはなはだしいことを示す。すっかり…する。ひどく…する。用例 あきれ―。静まり―。

**かえ・る【帰る・▽還る・▽回る】**(五自) ①もとの場所に戻る。go back 対義 行く。用例 家に―。故郷に―。②野球で塁に出たランナーが、本塁に戻る。用例 三塁から―。

**帰らぬ旅**(かえらぬたび) 二度と戻ってこない旅。死。

**帰らぬ人**(かえらぬひと) 死んでしまった人。deceased person 用例 ―となる。

**帰りなんいざ**(かえりなんいざ)《陶淵明(とうえんめい)『帰去来辞(ききょらいのじ)』から》さあ帰ろう。帰ってしまおう。

**かえ・る【▼孵る】**(五自) 卵からひな・幼虫などになる。hatch

**か・える【代える】**(下一他) 代わりにする。代理にする。代理させる。substitute 用例 書面で、あいさつに―。

**か・える【換える】**(下一他) ①今までのものを除いて他の別のものをそれに当てる。交代させる。②互いに取りかえる。交換する。exchange 用例 親切は金に―・えられない。

**か・える【替える】**(下一他) 取りかえる。入れかえる。新しいものにする。replace; change 用例 たたみを―。

**か・える【変える】**(下一他) ①状態を変わらせる。変化させる。change 用例 顔色を―。②場所を移す。move 用例 所を―。席を―。③改める。reform 用例 心を―。

**か・える【買える】**(下一自) ①買うことができる。対義 売れる。②よいと認めることができる。用例 そのアイディアは―。

**かえる-およぎ【▼蛙泳ぎ】** 平泳ぎ。breast stroke

**かえる-さ【帰るさ】** 文語的 《「さ」は接尾語》帰りがけ。

**かえる-で【▼蛙手】**《葉形が蛙の手の形に似ることから》カエデの古称。

**かえる-また【▼蛙▼股・▼蟇▼股】** ①梁(はり)の上に置いた受け木。カエルの股を開いたような形をし、複雑な装飾的彫刻は建築物の年代判定に使われる。②魚網の編み方の一つ。刺し網や合成繊維の網に用いる。↓写 ↓寺院建築図

●蛙股(かえるまた)① 滋賀県、西明寺(さいみょうじ)本堂。

**かえろ【▼蛙】** かえる。

**か-えん【火炎・火▼焰】** ほのお。flame

**か-えん【夏▼衍】**(一九〇〇) 中国の劇作家。本名は沈乃熙(しんだいき)。浙江省生まれ。上海芸術劇社を起こし、左翼演劇運動に活躍。作品『ファシズム細菌』など。

**が-えん【賀宴】** 祝いの酒盛り。祝いの宴。

**がえん・じる【▽肯んじる】**(上一他) ↓がえんずる(肯んずる)

**がえん・ず【▽肯んず】** 文語的 (サ変他) ↓がえんずる(肯んずる)

**がえん・ずる【▽肯んずる】**(サ変他) 承知する。引き受ける。がえんず。がえんじる。accept

**かえん-そう【火▼焰草】** ↓マネッチア

**かえん-だいこ【火炎太鼓・火▼焰太鼓】** ㊀雅楽の舞楽の伴奏用の大太鼓(だだいこ)。㊁落語の題名。いつも損ばかりしている道具屋の、市場で買ってきたほこりだらけの太鼓が火焰太鼓という名器であったことによって引き起こされる騒動。↓写

●火炎太鼓㊀ 国立民族学博物館(大阪府)。

**かえん-どき【火▼焰土器】** 口縁部が火炎のように複雑に発達した縄文(じょうもん)時代の土器。最初の出土は新潟県長岡(ながおか)市馬高(うまだか)遺跡。北陸・中部地方の縄文時代中期遺跡から出土。

**かえん-びん【火炎瓶】** 空きびんにガソリンを入れ、口に詰めた布きれの導火線に点火し、目標に投げつけて発火させる簡易な武器。モロトフ-カクテル。petrol bomb; Molotov cocktail

**かえん-ほうしゃき【火炎放射器】** 陸上兵器の一つ。液体燃料を点火放射し、戦車やトーチカ内の敵の殺傷、防御物の焼却などに使用する。flamethrower

**かお【顔・▼貌】** ㊀(名) ①目・鼻・口などがある頭部の前面。顔面。おもて。つら。比喩(ひゆ)的に物の表側の意にも用いる。face ②顔だち。容貌(ようぼう)。顔つき。表情。feature; look; face; countenance 用例 しぶい―。知らん―。③名誉。面目。体面。honor; face 用例 ―が立つ。会わす―がない。④人。人数。member 用例 ―がそろう。⑤よく知られた名。その人。well-known figure 用例 ―で買う。㊁(接尾) ようす。けはい。countenance 用例 心配―。

**顔が合う**(かおがあう) ①《多くの場合、思いがけずに》両方が互いに顔を見る。②相撲などで、対戦する。用例 横綱と―。

**顔が好い**(かおがいい) ①目鼻立ちが美しい。good looking ②評判がいい。

**顔が売れる**(かおがうれる) ①顔が広く知られる。その人、また、その名が、世間の人々に知られる。popular ②親分や兄貴分として立てられるようになる。

**顔が利く**(かおがきく) 威力や信用があって、無理を言っても通る。influential

**顔が揃う**(かおがそろう) 出てくるべき人が全員出てくる。

**顔が潰れる**(かおがつぶれる) 面目がなくなる。名誉を傷つけられる。lose face

**顔が広い**(かおがひろい) 知り合いが多方面にある。widely known

**顔から火が出る**(かおからひがでる) ひどく恥じ入って、顔がまっかになる。be deeply ashamed 比較 目から火が出る。

**顔で笑って心で泣く**(かおでわらってこころでなく) 悲しみや苦しみを隠して、笑顔で人をもてなす。be smiling, though sad at heart

**顔に書いてある**(かおにかいてある)《心持ちが表情に表れる意、のから》言わなくとも顔つきをみればわかる。be written all over one's face

**顔に泥を塗る**(かおにどろをぬる) 恥をかかせる。面目を潰(つぶ)す。disgrace 類似 顔を潰す。

**顔に免ずる**(かおにめんずる) その人の面目を考慮して、許す。for one's sake 用例 君の顔に免じて、見逃してやる。

**顔に紅葉を散らす**(かおにもみじをちらす) 女性が恥ずかしがって赤面するたとえ。

**顔を当たる**(かおをあたる) ひげをそる。

**顔を合わせる**(かおをあわせる) ①出会う。②相撲などで、取り組むことになる。③演劇や映画で共演する。

**顔を売る**(かおをうる) 有名になろうとする。自分を広く世に知られるようにする。make oneself known 用例 会長になって顔を売っておく。

**顔を貸す**(かおをかす) 頼まれて人に会ったり、人前に出たりする。

**顔を利かす**(かおをきかす) 知名度や権威を利用して、物事を有利に運ぶ。use one's influence

**顔を曇らす**(かおをくもらす) 心配そうな顔つきになる。cloud one's face

**顔を出す**(かおをだす) ①表面にあらわれる。appear ②顔を見せる。また、訪問する。③会合などに出席・参加する。attend

**顔を立てる**(かおをたてる) その人の面目を傷つけないようにする。save one's face

**顔を繋ぐ**(かおをつなぐ) ①未知の人を紹介する。introduce ②知り合いの関係を続かせる。keep acquaintance with

**顔を潰す**(かおをつぶす) 「顔に泥を塗る」と同意。

**顔を振る**(かおをふる) ①振り向く。②顔をそむける。よそを向く。③聞き入れない意を表す。

**顔を見せる**(かおをみせる) 集会などに出席する。あいさつをしに行く。顔を出す。attend 用例 記念パーティーに―。

**かお-あわせ【顔合(わ)せ】**(名・サ変自) ①共同の仕事のためなどに、はじめて集まること。meet together ②劇団の違う俳優が、共演すること。③相撲などの取組。用例 初(はつ)―。

**かお-いろ【顔色】** ①顔の色。血色。complexion 用例 ―が悪い。②気持ち。きげん。mood

**顔色を窺う**(かおいろをうかがう) 相手の表情を見て、その心を察する。がんしょくを窺う。read one's face 類似 顔色を見る。顔色を読む。用例 上役

の――。

**か-おう【花押・華押】** 署名をした下に書き添える、字を模様化した独特の記号。平安中期以降、草名という草書体・二合体・一字体・別用体・明朝体・略押などが用いられた。書き判。↓図

●花押

草名　名の二字を草書で図案化　藤原佐理(佐理)

二合体　名の二字の部分を組み合わせる　源頼朝(束と月)

一字体　ある一字を選んで図案化　足利義政(慈)

別用体　名と関係ない別の形を図案化　三好政康(鳥)

**かおう【可翁】**(生没年未詳) 南北朝時代の画家。経歴不明で可翁・仁賀印を用いる。初期水墨画史上の傑作を残す。作品『寒山図』『竹雀図』など。

**かおう【花王(株)】** 業界最大手の洗剤メーカー。化粧品・家庭用品などにも進出。昭和一五年(一九四〇)花王石鹸として設立。同六〇年(一九八五)現社名に変更。

**かおう【▼鹿央】**〈町〉 熊本県北西部、山鹿市南隣の町。農林業がさかん。スイカの産地。人口六一七八(一九八八)。

**かおう【▼嘉応】** 平安末期の年号。仁安から改元。元年(一一六九)四月八日～三年(一一七一)四月二一日。次に、承安に改元。

**かお-かくし【顔隠し】** 入棺のとき遺体の顔にかける白い布。

**かお-かたち【顔形・顔▼貌】** 顔のつくり。とくに容貌の点から見た顔のありさま。顔だち。features

**か-おく【家屋】** 人が住むための建物。家。house

**かおく-だいちょう【家屋台帳】** 建物の所在・家屋番号・構造・種類などを明確にした公簿。

**カオシュン【高雄】**(Gāoxióng) ↓たかお(高雄)

**カオス【khaos ギリシア】**《ギリシア哲学で、宇宙ができる前の、混沌とした状態》混沌。混乱。対義 コスモス。

**かお-ぞろい【顔▼揃い】**(名・サ変自) ①出るべき人が出そろうこと。②すぐれた人がそろっていること。

**カオダイ-きょう【カオダイ教】**(Cao-Dai Tien-Ong ベトナム) ベトナムの新宗教。宇宙の至上神カオダイを信仰。一九二六年、レ＝バン＝チュンが組織。

**かお-だし【顔出し】**(名・サ変自) ①あいさつに人を訪ねること。訪問。call on ②会合

**かおだち【顔立ち】** 生まれつきの造作。目鼻立ち。きりょう。features

**かお-つき【顔付き】** ①顔立ち。features ②表情。expression 用例 きびしい――。

**かお-づくり【顔作り】** 一(名) 顔の造作。顔かたち。二(名・サ変自) 化粧すること。

**かお-つなぎ【顔▼繋ぎ】**(名・サ変自) ①未知の人を紹介すること。introduce ②知り合いになって、その関係を続けること。keep acquaintance with

**かお-なじみ【顔▼馴染み】** ①その人をよく知っていること。familiar ②親しい人。familiar 比較 幼馴染み。

**かお-ばせ【顔ばせ】** ↓かんばせ(顔)

**かお-ばな【顔花・▼貌花・▽容花】** 一般に美しい花のこと。古くはヒルガオのことともいわれるが、不詳。

**かお-ぶれ【顔触れ】** ①名を出しているおもな人々。連中。メンバー。lineup ②↓かおみせ(顔見世)②

**かお-まけ【顔負け】**(名・サ変自) ①相手のずうずうしさにあきれること。②相手がすぐれているために圧倒されて、恥ずかしくなること。be embarrassed

**かお-みしり【顔見知り】** 互いに顔を知っていること・人。acquaintance

**かお-みせ【顔見世】**《「世」は当て字》①はじめての人に会うこと。お目見え。②一座の役者が全部そろって、見物人にあいさつすること。顔ぶれ。顔見世興行。③現在、毎年一二月に京都南座で興行する、歌舞伎芝居。

**かおみせ-きょうげん【顔見世狂言】** 歌舞伎で、顔見世興行に上演する出し物。劇中で一座の役者を紹介し、筋などにさまざまな約束事がある。団十郎が出演するときは、必ず『暫』を上演した。

**かおみせ-こうぎょう【顔見世興行】** 歌舞伎で、一座の役者が総出で行う興行。毎年一一月、新契約の役者を加えた新しい座組みで披露する。歌舞伎年中行事の一つ。顔見世芝居。

**かおみせ-ばんづけ【顔見世番付】** 歌舞伎で、顔見世興行の前に、新しい座組を知らせるために、役者・囃子方・作者などの名を位順に掲げた番付。

**かおみせ-もの【顔見世物】** 歌舞伎舞踊で、顔見世興行で上演する舞踊系列。常磐津の『関の扉』など。

**かお-むけ【顔向け】** 人に顔を合わせること。

**顔向けが出来ない**(かおむけができない) 恥ずかしくて、また、済まなくて、相手に顔をあわせることができない。

**顔向けならない**(かおむけならない) 「顔向けが出来ない」と同意。

**かお-やく【顔役】** その土地で勢力や名声のある人。顔が利く人。boss

**かお-よごし【顔汚し】** 面目をつぶすこと。つらよごし。

**かおよ-ばな【顔▽佳花】** カキツバタの異名。

**かおり【薫り・香り】** ①よいにおい。か。fragrance ②古語 つややかな美しさ。用例 ――をかしき顔ざまなり(源氏・柏木)。

**かおり-たか・い【薫り高い】**(形) ①よいにおいがする。fragrant ②高尚な調子をもっている。

**カオリナイト【kaolinite】** アルミニウムの含水珪酸塩からなる粘土鉱物の一種。火山岩の風化物として土壌中の粘土に多く含まれる。紙・陶器などの原料。高陵石。

**カオリン【kaolin】** 長石類岩石の風化物。白色の粘土鉱物。主成分はカオリナイト。白陶土。

**かお・る【薫る・香る・▼馨る】** 一(五自) ①よいにおいがする。be fragrant 用例 花が――。②《おもに、比喩的・抽象的なものにいう》芳香が漂うようである。fragrant 用例 若葉――。風――五月。用例 つらつき、まみの――・れるほどなど、いへばさらなり(源氏・薄雲)。二古語(四自) はなやかに美しく見える。

**か-おん【▽和音】** ↓わおん(和音)③

**か-おん【▼訛音】** なまった発音。なまり。accent

**が-おん【▼牙音】** 中国音韻学における、声母(＝頭子音)の発音の分類の一つ。音声学の軟口蓋音にあたる。

**か-か【仮果】** ↓ぎか(偽果)

**か-か【▼呵▼呵】**(副) 大声で笑うさま。からから。用例 ――と大笑する。

**か-が【花芽】** やがて花となる芽。花または花序の未成熟な状態のものを中に含む。flower bud 対義 葉芽。

**か-が【夏芽】** 春から夏にかけて生じ、その年のうちにのびて茎や葉になる芽。summer bud 比較 冬芽。

**かが【加賀】** ↓かがのくに(加賀国)

**かが【加賀】**〈市〉 石川県南西端の市。旧城下町の大聖寺が中心。絹織物・チェーン工業・九谷焼で知られる。片山津・山代温泉郷がある。人口六万八六七一(一九八九)。

**が-か【画架】** 絵をかくとき、カンバスを立てかける三脚。イーゼル。easel

**が-か【画家】** 絵をかくのを職業とする人。絵かき。painter

**が-か【雅歌】**『旧約聖書』の中の一書。神とユダヤ民族との純愛詩集。The Song of Songs

**が-が【▼娥▼娥】**(形動タルト) 女性の顔かたちの美しいさま。

**が-が【▼峨▼峨】**(形動タルト) 山や岩が、けわしくそびえ立つさま。

**かかあ** 17画 **【▼嬶】** 部首[女]　和製漢字 JIS 5346

↓かかあ[嚊・嬶]

**かかあ【▼嚊・▼嬶】**《俗語》妻、また他人の妻を親しんで言う語。おっかあ。

**かかあ-でんか【▼嚊天下】** 夫より妻のほうがいばっていること。henpeck 対義 亭主関白。

**嚊天下に空っ風**(かかあでんかにからっかぜ)《「上州名物、」に続く。上野国(＝群馬県)の、人の気質と風土の特徴を並べた語》夫より妻のほうがいばっていることと、冬の空っ風がはげしいこと。

**か-かい【加階】** 位階がのぼること。

**か-かい【河海】** ①黄河と海。②河と海。

**河海は細流を択ばず**(かかいはさいりゅうをえらばず)《黄河や海はどんな支流や小川の水も受け入れることから》大事業をなす人物は度量が広く、分けへだてなく人を受け入れることのたとえ。

**か-かい【歌会】** 何人かが集まって和歌を詠み、発表し批評しあう会。うたかい。比較 句会。

**か-がい【加害】**(名・サ変自) 害を与えること。damage 対義 被害。

**か-がい【花街】** 遊郭のある街区。江戸末期、官許の遊郭を花街といったことに由来。はなまち。遊里。色町。

**か-がい【花▼蓋】** 萼と花弁の色や形が同じ場合、両者を総称していう。ヤマユリ・ヒガンバナなど。perigone

**か-がい【禍害】** さいなん。わざわい。

**か-がい【課外】** きまっている学科・課業以外であること。extra curriculum 用例 ――授業。

**かがい【▼嬥▽歌】** 上代、春秋に行われた青年の行事。神を祭り飲酒して男女が舞い、歌をよみかわした。一種の求婚の場。歌垣。

**が-かい【▼瓦解】**(名・サ変自) 組織などの一部が壊れることによって、全体がどっと崩れてしまうこと。崩壊。collapse

**が-かい【画会】** ①画家が自分の作品を人々に見せ、希望者に販売する会。art exhibition ②集まって絵をかき、互いに批評する会。painters' meeting

**が-かい【雅懐】** 風流を楽しむ心。みやびな心。

**かがい-しゃ【加害者】** 他人に危害や損害をあたえた者。assaulter 対義 被害者。

**かがいしゃふたん-げんそく【加害者負担原則】** ↓おせんしゃふたんげんそく(汚染者負担原則)

**かかいしょう【河海抄】** 四辻善成著の『源氏物語』の注釈書。二〇巻。貞治六年(一三六七)以前の成立。それ迄の諸説を、批判を加えながら総合する。

**がが-いも【▼蘿▼藦】** 原野にはえるガガイモ科のつる性多年草。茎葉を切ると乳液が出る。葉は対生し、ハート形。夏に淡紫色の花を開き、果実は薬用。チチグサ。

●ガガイモ

**かか・う【抱う】** 古語(下二他)↓かかえる(抱える)↓図

**かかえ【抱え】** 一(名) ①抱えること。holding ②《上に「お」を付けて》雇っている運転手・芸者・遊女など。二(接尾) 両手で抱えるほどの大きさ。用例 ふた――の大木。

**かかえ-おび【抱え帯】** ①着物をたくし上げるため腰に巻き、前で結び垂らす帯。しごき。②花嫁衣装の帯にそえて締める細い装飾用の帯。

**かかえ-こ・む【抱え込む】**(五他) ①だいて中に入れる。だき込む。hold ②負担になるものをしょい込む。take; be paddled with 用例 大仕事を――。

**かか・える【抱える】**(下一他) ①腕にだく。hold ②世話・処理をしなければならないものをもつ。have 用例 妻子を――。病人を――。借金を――。③雇っている。employ; hire 用例 運転手を――。

**カカオ【cacao スペイン・加加阿】**《cacahuatl アステカが語源》アオギリ科の常緑高木。葉は長方形で互生。花は黄白色で五弁。果実は紡錘形。種子は扁平な楕円形。種子を水につけ発酵させ乾燥したココア豆は、ココア、チョコレート、カカオバターなどの原料。熱帯アメリカ原

●カカオ　花と実。

産。↓写

**かが-おとひこ【加賀▽乙▼彦】**（一九二九） 小説家・精神科医。本名、小木貞孝。東京生まれ。東大卒。作品『帰らざる夏』『宣告』など。

**がが-おんせん【▼峨々温泉】** 宮城県南西部、川崎町にある温泉。蔵王山東斜面の濁川沿いの一軒宿。

**か-かく【花客・華客】** ①花見の客。②お得意の客。

**か-かく【価格】** 物の交換価値を貨幣額であらわしたもの。価。値段。price

**か-かく【家格】** 家の格式。家柄。

**か-かく【過客】** すぎさっていく人。旅人。旅客。用例 月日は百代の―にして(奥の細道)。

**か-かく【歌格】** ①歌の規則。きまり。②歌のすがた。歌がら。歌の格式。用例 ―の高い歌。

**か-かく【▼蝸角】** カタツムリの触角。

**蝸角の争い**（かかくのあらそい） 小さな世界での、取るに足りないつまらない争い。蝸牛角上の争い。

**かか・ぐ【掲ぐ】** 古語（下二他）↓かかげる（掲げる）

**か-がく【下▼顎】** したあご。lower jaw 対義 上顎。

**か-がく【化学】** 物質の特性・構造・変化を対象として扱う自然科学の一部門。純正化学と応用化学に大別され、さらに、研究方法や対象物質によって細分される。chemistry

**か-がく【価額】** そのものの価値・価格に相当する金額。value

**か-がく【科学】** ①事柄の間に客観的なきまりや原理を見いだし、全体を体系的に組織し、説明すること。また、その学問。自然科学と社会科学とに大きく分ける。science ②とくに、自然に関する科学のこと。physical science

**か-がく【家学】** その家に代々伝わる学問。世襲的な学問。

**か-がく【歌学】** 和歌についての学問。

**が-がく【画学】** 絵についての学問。絵をかく技術。

**が-がく【雅楽】** ①《雅正の音楽、の意》優雅で正式の音楽。②古来の宮廷音楽の総称。古代の中国・朝鮮から伝来した唐楽・高麗楽、古代外国から渡来の楽器を伴奏に用いる催馬楽・朗詠、日本古来の久米舞・東遊などを含めたもの。↓写

**かかく-インデクセーション【価格インデクセーション】**《賃金や金利を物価上昇にスライドさせるインデクセーションの方式を価格に適用することから》産油国の原油価格を先進国のインフレ上昇率に合わせて引き上げること。price indexation

**かがく-えいが【科学映画】** 自然科学の現象や科学思想などを題材とする映画。science film

**かがく-エネルギー【化学エネルギー】** 化学結合の形で、物質内に含まれるエネルギー。化学変化に伴い、熱・光・電気エネルギーなどの形で放出される。chemical energy

**かかく-かくめい【価格革命】** 一六世紀中期、新大陸のスペイン領からの金銀の大量流入によってヨーロッパで起きた物価騰貴現象。これによりオランダ・イギリスなどの毛織物工業は近代的発展への刺激を受けた。price revolution

**かがく-かくめい【科学革命】** 一七世紀ヨーロッパに興った科学分野での画期的変革。近代科学技術開花への端緒となった。scientific revolution

**かかく-カルテル【価格カルテル】** 価格の引き上げ・維持を目的とし、販売価格を協定するカルテル。厳しい競争下におかれた各企業が競争を避けて利潤を上げる方法の一つ。価格協定。price cartel

**かがくかんそく-えいせい【科学観測衛星】** 地球や宇宙空間の観測、宇宙環境での科学実験を目的として打ち上げられる人工衛星。scientific research satellite

**かがく-きかい【化学機械】** 化学工業で使われる機械・装置類の総称。粉砕・かくはん・蒸留・抽出・分離など各工程により種々のものがある。chemical machinery

**かかく-きこう【価格機構】** 財・サービスの価格が需要と供給の関係を反映して上下することにより、社会全体の生産・流通・消費という経済活動が調整されること。また、その仕組み。価格メカニズム。price mechanism

**かがく-ぎじゅつ【科学技術】** ①科学および技術の総称。科学と技術の関連性とその必要性を強く意識し、それをひとまとめに論ずる場合によく使われる。science and technology ②自然科学の成果を実現し、実用化するための技術。scientific technology

● 雅楽② 皇居、東御苑。

**かがくぎじゅつ-かいぎ【科学技術会議】** 科学技術の振興を目的として、昭和三四年（一九五九）に総理府に設置された機関。科学技術に関する基本政策・長期的研究目標などを審議する。

**かがくぎじゅつ-ちょう【科学技術庁】** 総理府の外局の一つ。科学技術に関する行政の総合的推進をおもな任務とする中央行政機関。官房と五局からなり、航空宇宙技術研究所、金属材料研究所などの付属機関がある。長官は国務大臣。昭和三一年（一九五六）設立。Science and Technology Agency

**かかく-きょうそう【価格競争】** 同種の製品を販売している企業間で行われる、価格の引き下げ競争。price competition 対義 非価格競争。

**かかく-きょうてい【価格協定】** ↓かかくカルテル（価格カルテル）

**かかく-けいき【価格景気】** 物価の値上がりによって生じる好景気。対義 数量景気。

**かがくけいさつ-けんきゅうじょ【科学警察研究所】** 警察庁の付属機関。科学捜査についての研究・実験・鑑定のほか、少年非行防止・交通事故防止などの研究・実験を行う。

**かがく-けつごう【化学結合】** 分子や結晶などを形成する原子やイオンなどの結びつき。結合の形式によってイオン結合・共有結合・金属結合・配位結合などに分類される。chemical bond

**かがく-けんま【化学研磨】** 強酸・強塩基などの研磨液中に金属を短時間浸し、表面に光沢をもたせたり、耐食性の被膜を形成させる方法。めっきの前処理などで行われる。chemical polishing

**かかく-こうか【価格効果】** ある財やサービスの価格の変化が生産・需要に与える影響。理論的には二つの財・サービスの相対価格の変化で説明される。price effect

**かがく-こうがく【化学工学】** 化学工業における生産技術的側面を研究の対象とする工学の一分野。生産工程・装置の設計・操作、エネルギー収支・経済収支などを扱う。chemical engineering

**かがく-こうぎょう【化学工業】** 生産工程の主要部分に化学変化とそれに関連する技術を利用する工業。無機化学工業と有機化学工業に分けられる。chemical industry

**かがく-ごうせい【化学合成】** ①化学変化を利用して新しい物質をつくること。化成。chemical change ②水素細菌や硫黄細菌などの化学合成細菌が、無機物の酸化によるエネルギーを利用して炭酸同化を行うこと。chemosynthesis

**かがく-こうぞう【化学構造】** 化学的な方法によって解明された分子の構造。分子を構成している原子の配列順序、結合の種類、結合間隔、結合角などを構造式などで表す。chemical structure

**かがく-こきゅう【下▼顎呼吸】** 呼吸困難のときにみられる呼吸。吸息のときに下あごが下がって口を開き、魚がパクパクするのに似ている。あえぎ呼吸。jaw breathing

**かがく-こつ【下▼顎骨】** 下あごを形成する骨。上顎骨に対し、顔面の前下部にあるひづめ形の骨。可動性の顎関節で頭蓋と連結する。mandible ↓頭蓋図

**かかく-さべつ【価格差別】** 企業が同一商品を二つ以上の異なる価格で販売すること。電力会社が家庭用・工業用で異なる価格を設定している例など。price discrimination

**かがく-さよう【化学作用】** 化学変化を起こさせるはたらき。chemical action

**かがく-し【科学史】** 自然科学についての歴史。また、理論の発展とその思想の文化的・社会的な意義を史的に考察する学問。history of science

**かがく-しき【化学式】** 物質の組成や結合様式を表す式。実験式（組成式）・分子式・示性式・構造式など。chemical formula ↓図

● 化学式

| 種類 | | 化学式(酢酸の例) |
|---|---|---|
| 分子式 | 分子を構成する原子とその数を表したもの | $C_2H_4O_2$ |
| 実験式(組成式) | 物質を構成する元素の種類と原子数の割合を最も簡単に表したもの | $CH_2O$ |
| 示性式 | 有機化合物の分子の特性がわかるように表したもの | $CH_3COOH$ |
| 構造式 | 分子内の原子の結合のしかたを表したもの | $\mathrm{H{-}\overset{\displaystyle H}{\underset{\displaystyle H}{\overset{\vert}{\underset{\vert}{C}}}}{-}\underset{\displaystyle O}{\underset{\Vert}{C}}{-}O{-}H}$ |

**かがくしき-りょう【化学式量】** ↓しきりょう（式量）

**かがくしゃ-きょうとかいぎ【科学者京都会議】** 核問題をきっかけに、日本の進歩的科学者が、世界の平和への貢献を目的に、開催した会議。昭和三七年（一九六二）に、第一回会議が湯川秀樹・朝永振一郎らの参加で京都で開かれた。

**かがくしゃ-けんしょう【科学者憲章】** 科学者の責任と権利をうたったもの。世界科学者連盟（一九四八年）、日本学術会議（一九八〇年）、国際連合会議（一九四九年）など。

**かがくしゅう【下学集】** 室町時代の百科辞書。文安元年（一四四四）成立。著者不詳。約三〇〇〇語を天地・時節など一八の部門に分け、漢文による語注を施す。

**かがく-しょうせつ【科学小説】** ↓エスエフ（SF）

**かがく-しんか【化学進化】** 原始地球の大気海洋系中で、簡単な有機分子からより複雑なたんぱく質・核酸などの有機物が合成され生命が発生するまでの過程。chemical evolution

**かがくしんとうあつ-せつ【化学浸透圧説】** ミトコンドリアや葉緑体の膜面でエネルギーがATPの形で蓄積される機構を説明する説。chemiosmotic hypothesis

**かがく-せい【科学性】** 科学的に物事を扱うこと。科学的であること。比較 実証性・合理性。

**ががく-せい【画学生】** 絵を習う学生。art student

**かがく-せいひん【化学製品】** 化学的処理を経て製造される製品。基礎化学薬品・化学肥料・染料・合成樹脂など。chemical products

**かがく-せんい【化学繊維】** 化学的方法で人工的につくられた繊維の総称。合成繊維（ナイロンなど）・半合成繊維（アセテートなど）・再生繊維（レーヨンなど）がある。人造繊維。化繊。chemical fiber

**かがくせんい-し【化学繊維紙】** 石油・石炭などを原料として、化学的に合成された繊維を二〜三㎜に切断し、接着剤を加えてすいた紙。

**かがく-そうさ【科学捜査】** 科学技術を利用した犯罪捜査の方法。血液型や声紋による犯人の特定など。scientific crime detection

**かがく-ちょうみりょう【化学調味料】** 鰹節・昆布などの天然の食品のうま味成分を化学的に合成、あるいは分解・抽出し、純粋な形でとり出した調味料。グルタミン酸ナトリウム・イノシン酸ナトリウムなど。chemical seasoning

**かがく-てき【化学的】**（形動） ①化学に関するさま。chemical ②物質の構造・性質が変化するさま。chemical

**かがく-てき【科学的】**（形動） ①科学に関するさま。scientific ②科学の方法によっていて、厳密で正確なさま。scientific

**かがくてき-かんりほう【科学的管理法】** 思いつきや勘にたよらない、科学的・合理的な経営管理法。狭義には、二〇世紀のはじめアメリカのフレデリック＝テーラーが主唱した工場管理の方法をさす。scientific management

**かがくてき-さんそようきゅうりょう【化学的酸素要求量】** 水質汚濁の指標の一つ。水中の有機物が反応して消費する過マンガン酸カリウム量を、酸素量に換算してppmで表した量。COD。chemical oxygen demand

**かがくてき-しゃかいしゅぎ【科学的社会主義】** 資本主義の科学的分析に基づいて社会主義への必然的移行を主張する理論。エンゲルスが『空想から科学へ』で定式化した。scientific socialism 対義 空想的社会主義。

**かがくてき-しょうか【化学的消化】** 食物を消化酵素の働きによって分解すること。chemical digestion 参照 機械的消化。

**かがく-てつがく【科学哲学】** 科学に関する哲学的考察。一般に分析哲学の立場からする科学の検討をさす場合が多い。科学批判。scientific philosophy

**かがく-てんびん【化学天▼秤】** 化学の定量分析などに使用する高感度のてんびん。一mgまで測定できる。chemical balance

**かかく-とうせい【価格統制】** 国家が価格安定のため市場の価格機構に干渉し、国民生活を安定させようとする政策。price control

**かがく-とうりょう【化学当量】** ①酸素の二分の一グラム原子と化合する他の元素のグラム数。元素の化学当量。②酸・塩基の当量。水素イオン・水酸化物イオンの数で酸または塩基の分子量を割った量。③酸化剤・還元剤の当量。酸化還元反応に関与する電子の数で酸化剤または還元剤の分子量を割った量。chemical equivalent

**かがく-ねつりきがく【化学熱力学】** 熱の出入りを伴う現象について、原子や分子の立場から、また化学平衡の立場から研究する学問。chemical thermodynamics

**かかく-の-かほうこうちょくせい【価格の下方硬直性】** 価格が需給変動から独立し、供給が需要を上まわっても価格が低下しないこと。市場不均衡状態・寡占状態のときによく現れる。downward price rigidity

**かがく-はっこう【化学発光】** 化学反応にともなって発生するエネルギーが、光となって放出される現象。レーザー・反応機構の研究に利用。chemiluminescence

**かがく-はんのう【化学反応】** 物質が、熱・光などや他の物質の作用によって、化学的な変化を起こすこと。その過程。chemical reaction 参照 化学変化。

**かがく-はんのうしき【化学反応式】** 化学反応を化学式を用いて表した式。左辺に反応物質、右辺に生成物質を書く。左辺と右辺で各原子の数の和が等しくなるように係数をつける。化学方程式。reaction formula

**かがく-ひりょう【化学肥料】** 化学工業的に製造される無機質肥料。石灰窒素・硫安など。人造肥料。化肥。chemical fertilizer 対義 天然肥料。

**かがく-ぶつりがく【化学物理学】** 物性物理学の一分野。物質の分子構造や化学反応機構など、以前は化学が取り扱った問題を量子力学や統計力学などの方法で研究する学問。chemical physics

**かがく-ぶんせき【化学分析】** 化学的な手法を用いて、物質またはその成分の検出・確認・組成や存在比の決定などを行うこと。定性分析・定量分析など。chemical analysis

**かがく-へいき【化学兵器】** 化学反応を利用する兵器。火薬類は除く。狭義には毒ガスをさすが、一九二五年のジュネーブ議定書で使用禁止。chemical weapon

**かがく-へいこう【化学平衡】** 可逆反応で、正反応と逆反応の速度が等しく、見かけ上反応が停止した状態を、化学平衡に達したという。chemical equilibrium

**かがく-へんか【化学変化】** ある物質が、化学反応によって異なる物質に変わること。物質を構成している原子や電子の組み替えを伴う。chemical change 比較 物理変化。

**かがく-ほうていしき【化学方程式】** ↓かがくはんのうしき(化学反応式)

**かがく-ポテンシャル【化学ポテンシャル】** 物質を構成する原子間の化学結合のエネルギー。化学変化によって増減し、その差が自由エネルギー(反応熱)として計算される。chemical potential

**かがく-りょうほう【化学療法】** 合成化学薬品や抗生物質を用いて、直接病原体を殺したり、その増殖を阻止したりする療法。制癌剤による癌治療など。chemotherapy 対義 物理療法。

**かが-けいせい【花芽形成】** 植物の生長点組織が花芽をつくり出す現象。flower-bud formation

**かか・げる【掲げる・▽挑げる】**(下一他) ①高くあげる。hoist 用例 国旗を―。②書物や新聞などにのせる。run 用例 見出しに―。③掲示板・壁などに、書いたものをはりだす。put up ④主義・方針などを広く人に示す。用例 スローガンを―。⑤灯心を搔き立てて明るくする。

**かか-ざ【▼嬶座】** いろり端で、一家の主婦が座る場所。主婦権を象徴する。

**がか-ざ【画架座】** 南天の星座。日本では南天に低く、見にくい。二月八日ごろの午後八時ごろに南中。面積二四七平方度。Pictor

**かかし【▽案▽山子・▼鹿▽驚】**《鳥獣のきらう獣肉など悪臭のするものを田畑においたことから、「嗅がし」の転といわれる》①鳥獣の害から農作物を守るために田畑に立てる竹や藁で作った人形。かがし。そめ。そおず。scarecrow ②見せかけだけで能力の伴わない人。scarecrow →写

●案山子①

**かか・す【欠かす】**(五他) ぬかす。miss 用例 ―・さず出席する。

**かかずら・う【▽拘らう】**(五自) ①かかわりあう。関係する。be concerned with ②こだわる。なずむ。stick to 用例 名目に―。

**か-がすり【蚊▼絣・蚊▽飛▽白】** 絣柄の一種。十字形の細かい柄。→絣写

**かが-ぞうがん【加賀象眼】** 江戸初期から加賀(現在の石川県)に伝承される象眼細工。平象眼した上に糸象眼を打ちこみ、草花・虫の模様をあらわす精緻な手法で、鐙象眼ともいう。前田侯が京都の象眼師をよんで武具・馬具を装飾させて以来の技法。

**かが-そうどう【加賀騒動】** 江戸中期、加賀藩前田家のお家騒動。藩主前田吉徳の信任厚い革新派の大槻朝元(伝蔵)と保守派の家老前田直躬が対立。吉徳没後、直躬の策謀で、朝元が主家押領を企てていると幕府に訴え、その結果、大槻一派は一掃された。

**かかぢ【香々地】**〈町〉 大分県北東部、国東半島の町。ミカンなどの果樹栽培がさかん。人口四六四〇(一九八八)。

**かがち** ホオズキの古名。

**かかと【▼踵】** ①足の裏の後ろの部分。きびす。heel ②はきものの裏の後方部。heel →足図 →靴図

**かが-とび【加賀▼鳶】** 江戸時代、加賀藩前田家が江戸本郷の上屋敷に召し抱えた火消し。

**かか-に【かか煮】**《女房ことばで鰹節を、おかかといったことに由来》煮物の一つ。竹の子・フキなどに削り節を加えて煮る。土佐煮。

**かが-の-くけど【加賀▽潜戸】** 島根県島根半島の岬、潜戸鼻にある洞門・洞窟。

**かが-の-くに【加賀国】** 旧国名。現在の石川県南半部。北陸道の一国。「延喜式」では上国、八郡。国府・国分寺はともに小松市。明治四年(一八七一)廃藩置県により金沢県。同五年(一八七二)石川県と改称し、のち七尾県を合併。加州。加賀。

**かが-の-ちよじょ【加賀の千代女】**(一七〇三―七五) 江戸中期の女流俳人。加賀の人。繊細で理知的な作風で有名。句集『千代尼句集』『松の声』。千代尼。千代。

**かが-はん【加賀藩】** 江戸時代、加賀・能登・越中の三国を領した藩。藩主は前田氏。一〇二万石。天正一一年(一五八三)藩祖前田利家が豊臣秀吉の北陸平定によって加賀を領したのに始まり、次いで能登・越中を加増。金沢藩。前田藩。

**がが-ぶた【▽金▽銀▼蓮▽花】** リンドウ科の多年生水草。池や沼の泥の中の根茎から茎をのばし、数枚の葉を浮かべる。葉はスイレンに似る。白小花を多数つける。

**がか-マティス【画家マティス】**《原題Mathis der Maler ドイ》ヒンデミット作曲の交響曲。一九三四年作。画家マティス=グリューネワルトの祭壇画を主題とした、標題音楽。

**かがま・る【▽屈まる】**(五自) かがむようなかっこうをする。そのかっこうになる。かがむ。

**かがみ【鏡】** ①姿や物の形を映し見る道具。現在はガラス製だが、古くは金属製で、背面に文様を表した。mirror 数え方 一面。②《「鑑」「鑒」とも》手本。模範。model; example 用例 万世の―。③酒だるのふた。barrel head 用例 ―をぬく。④鏡もち。⑤鏡板。

**鏡と相談せよ** 鏡で顔をよく見て、自分の言動が自分の容貌にふさわしいものであるかどうかを考えよ。自分の容貌をよく知った上で、言動せよ。

**鏡の様** ①ぴかぴか光っているさま。glaring ②滑らかで波立たないさま。as smooth as glass

**鏡は女の魂**《多く「刀は武士の魂」と対にして、言う》鏡は、女にとって命ともいえるほど、大切なものである。

**かがみ【香我▽美】**〈町〉 高知県東部の町。米の二期作、野菜栽培、山北ミカンで知られるミカン栽培がさかん。人口六二四九(一九八八)。

**かがみ【鏡】**〈町〉 熊本県、八代平野北部の町。大部分が干拓地で、稲作・イグサ・野菜栽培がさかん。人口一万八四一一(一九八八)。

**かがみ【鏡】**〈村〉 高知県中部、高知市北西隣の山村。農林業主体。人口一八六一(一九八八)。

**かがみ-いし【鏡石】** ①表面が滑らかで、鏡のように物を映す石。伝説の主人公が姿を映したり、やましい心の人は映らずに曇るといわれたりする。化粧石。鏡岩。②手水鉢の前に置く石。

**かがみいし【鏡石】**〈町〉 福島県中部、須賀川市南隣の町。稲作中心の農業地帯だが、都市化が進む。人口一万一八八二(一九八八)。

**かがみ-いた【鏡板】** ①戸・天井・壁に使う、表面が平らで滑らかな板。panel board ②額縁・框などにはめ込んだ一枚板。③能舞台の正面奥の羽目板。老松が描かれる。④ボイラーなど円筒状圧力容器の両端部のふたとなる板。→能楽図

**かがみ-がい【鏡貝】** 殻・肉とも白色のマルスダレガイ科の海産二枚貝。円形で、殻長約七cm、殻高約六・五cm。浅海の細砂底にすむ。食用。北海道南部以南に分布。モチガイ。シラガイ。

**かがみ-が-いけ【鏡ケ池】** 伝説の主人公が鏡を落としたり、姿を映したとされる池。また、その伝説。池の水面に物を映すとともに、人の心や霊魂も映し出すといわれたりする。鏡ケ淵。

**かかみがはら【▽各▽務原】**〈市〉 岐阜県南部、各務原台地にある市。旧陸軍の航空基地で、現在は自衛隊の岐阜航空基地がある。航空・輸送機器などの工業がさかん。人口一二万六八九五(一九八八)。

**かがみ-ぐさ【鏡草】** ①ビャクレンの古名。②ウキクサの古名。

**かがみ-ごい【鏡▼鯉】** コイの一品種。大きな鱗が側線部・背部などにある。ドイツゴイの突然変異種を固定したもの。オーストリア原産種。

**かがみ-こうぞう【▽各▽務鉱▽三】**(一八九六―一九八五) ガラス工芸家。岐阜県生まれ。東京高等工芸学校卒。日本のガラス工芸の発達に尽くす。

**かがみ-しこう【▽各▽務支考】**(一六六五―一七三一) 江戸中期の俳人。美濃の人。蕉門に入り、師の没後美濃派を興す。蕉風俳諧の体系化につとめた。俳論『葛の松原』『俳諧十論』、追善句文集『笈日記』など。

**かがみじし【鏡▼獅子】** 歌舞伎舞踊『春興鏡獅子』の通称。長唄。明治二六年(一八九三)初演。福地桜痴作詞。新歌舞伎十八番の一つ。長唄『枕獅子』が下敷き。優美な前半、勇壮な後半の対照が鮮やか。→写

●鏡獅子 二世中村扇雀。

**かがみ-じたて【鏡仕立(て)】** ↓がくぶちじたて(額縁仕立て)

**かがみ-だい【鏡▼鯛】** マトダイ科の海水魚。全長約七〇cm。体は長卵形で青みがかった銀白色。背びれの一部が糸状に伸びる。鱗を欠く。泥質の海底にすむ。かまぼこの原料。日本中部以南に分布。

**かがみ-てんじょう【鏡天井】** 和風建築で、支持材をなかに隠して下面に鏡板という一枚板を張りつめた天井。禅宗様の仏殿などにみられる。

**かがみ-なす【鏡なす】** ［枕ことば］《見るものの、大切にするものということから》「見る・思ふ」などにかかる。用例 ―見れども飽かず望月のいやめづらしみ思ほしし(万葉・二・一九六)。

**かがみの【鏡野】**〈町〉岡山県北部、津山市北西隣の町。稲作・野菜栽培・肉牛飼育・林業がさかん。人口一万二〇七四(一九八八)。

**かがみ-の-おおきみ【鏡王▽女】**(?～六八三) 万葉歌人。天智天皇に愛され、のち藤原鎌足の妻。一説には額田女王の姉。

**かがみ-の-ま【鏡の間】** 能舞台と楽屋の中間の板敷きの部屋。大きな鏡があり、演者が面をつけ精神統一を行ったり、囃方が楽器の調子調べに曲を奏したりする。

**かがみ-びらき【鏡開き】** 正月の鏡餅を下げて、吸い物や汁粉にして食べる行事。もとは一月二〇日に行われたが、現在は一一日が一般的。鏡割り。

**かがみ-もち【鏡▼餅】** 正月などに神棚などに供える餅。平たく円い大小二個の餅を重ねたもの。床飾り化するにつれ、蓬萊飾りと結びつきダイダイや昆布などを添えるようになった。お供え。おかがみ。数え方 一重ね・一据わり。↓写

●鏡餅

**かがみ-もの【鏡物】** 和文で書かれた歴史物語の総称。『大鏡』『今鏡』『水鏡』『増鏡』(この四書を合わせて「四鏡」という)など。鏡類。

**かがみ-やま【鏡山】** 佐賀県、唐津市の東部にある丘陵。標高二八四m。唐津湾・虹ノ松原を見おろす景勝地。領巾振山。

**かがみやまこきょうのにしきえ【加賀見山▽旧▼錦絵】** 人形浄瑠璃・歌舞伎時代物。容楊黛作。加賀騒動に松平周防守の邸に起こった奥女中の仇討ち事件を加えて脚色。天明二年(一七八二)初演。

**かがみ-わり【鏡割(り)】** ↓かがみびらき(鏡開き)

**かが・む【▽屈む】**(五自) ①腰などが、おれまがる。bend ②しゃがむ。うずくまる。stoop 用例 地面に―。

**かが・める【▽屈める】**(下一他) かがむようにする。おりまげる。bend 対義 伸ばす。用例 腰を―。

**かがやかし・い【輝かしい・▼耀かしい】**(形) ①きらきらする。まばゆい。bright; brilliant ②りっぱだ。brilliant 用例 ―成功。派生 かがやかしさ(名)

**かがやか・す【輝かす・▼耀かす】**(五他) ①きらきらと光らせる。light up 用例 目を―。②りっぱなものを広く知れわたるようにする。make... famous 用例 名を海外に―。

**かがやき【輝き・▼耀き】** きらきら光ること。輝くこと。はなばなしいこと。brightness; brilliance

**かがや・く【輝く・▼耀く】**《古くは「かかやく」》□一(五自) ①きらきら光る。きらめく。glitter; brilliant 用例 星が―。太陽が―。②名誉で、はなばなしい。be glorious 用例 優勝に―。③希望や喜びが表情に出る。beam 用例 希望に―顔。□二 古語 (四自)恥ずかしくて顔がほてる。用例 女、扇をもって顔にさし隠して、―を(今昔・二七)。

**かがや・ける【輝ける】**(連体) ①きらきら光っている。bright; shine ②希望にあふれている。promising 用例 ―前途。

**カガヤン-がわ【カガヤン川】**(Cagayan) フィリピン北部、ルソン島中北部を流れる最大の川。長さ三五〇km。下流の平野部はマニラシガーの産地として有名。

**かが-ゆうぜん【加賀友禅】** 加賀国の金沢の友禅染め。のり置きのあと梅の皮や柿渋で染めたものに始まり、江戸時代初期に現在のような友禅染めが始まった。文様は様式化された独特の図案が用いられ、京友禅とは異なった重厚さや落ちつきがみられるのが特徴。↓写

●加賀友禅

**かがよ・う【▼耀う】** 古語 (四自) ①きらめく。用例 ―珠を取らずはやまじ(万葉・六・九五一)。②ちらつく。用例 灯の影に―うつせみの妹が笑まひし面影に見ゆ(万葉・一一・二六四二)。

**かかり【係(り)】** ①《「係」で》その事務の受け持ち。受け持つ人。clerk ②文法で、あとの述語の述べ方に関係する語句。対義 結び。

**かかり【掛(か)り・懸(か)り】** ①かかること。用例 かぎの―が悪い。②関係すること。relation 用例 何のゆかりも―もない。③費用。入費。経費。expenses 用例 ―がかさむ。

**かか・り【▼斯かり】** 古語 (ラ変自)《「かくあり」の約》かようである。こうである。用例 ―・らむの懐ひ知りせば(万葉・二・一五一)。

**かがり【▼篝】** ①篝火を入れる鉄製・半球形の籠。照明や鵜飼いの漁り火などに用いられる。篝籠。②「篝火」の略。③松明。torch ↓写

●篝①

**がかり【係】**(接尾) その事を扱う役目・人。用例 受付―。進行―。参考 官庁・鉄道などでは「掛」を用いる。

**がかり【掛(か)り】**(接尾) ①たよること。用例 親―。②それだけの数で行うこと。用例 総―。三人―。③時間をかけること。用例 四日―。④ついでであること。用例 通り―。

**カカリア【Cacalia】** キク科の観賞用一年草。高さ約六〇cm。夏から秋に、細長い花茎の先に橙紅色の小花をつける。インド原産。ベニニガナ。↓写

●カカリア

**かかり-あい【掛(か)り合い】** ①物事に関係すること。関係。relation ②物事に巻き込まれること。まきぞえ。be involved 用例 ―になる。

**かかり-いん【係員】** その事を扱う人。person in charge

**かかり-きり【掛(か)り切り】** ある事にとりかかって、それだけをしていること。つききり。be devoted to

**かかり-じょし【係(り)助詞】** 助詞の一種。いろいろの語について、下の述語に影響を及ぼす。文語では文末の述語の活用形が、これに応じて一定の形をとる。係助詞。「は・も・ぞ・なむ・や・か・こそ」など。

**かかり-ちょう【係長】** 会社・官庁などの課を小さく区分した係の責任者・役。

**かかり-つけ【掛(か)り付け】** いつも、頼っていること。用例 ―の医師。

**かがり-ぬい【▼縢り縫い】** 縫い方の一種。縫い代や折り代の裁ち目がほつれないように、糸を一定の方向に巻く方法。裁ち目かがりなど。overcasting

**かがり-び【▼篝火】** 周りを照らすために、鉄のかごに入れて燃やすたいまつの火。かがり。bonfire

**かかり-むすび【係(り)結び】** 文法で、文語文にみられるきまり。文中に特定の助詞が用いられると、それに呼応して、文末が特定の活用形で終止すること。「ぞ・なむ・や・か」のときは連体形、「こそ」のときは已然形で結ぶ。「花ぞ散りぬる」「花こそ散りぬれ」など。

**かかり-ゆ【掛(か)り湯】** あがり湯。おか湯。

**かかりゅうど【掛▽人】**《「かかりびと」の転》いそうろう。食客。

**かか・る【係る】**(五自) ①《「繫る」とも》関係する。かかわる。affect 用例 名誉に―。②人の手になる。be done 用例 運慶の手に―仏像。③文法で、あとのことばに関係する。対義 受ける。

**かか・る【架(か)る】**(五自) 橋・鉄道などが一方から一方へ渡されて通じる。be built 用例 鉄橋が―。

**かか・る【掛(か)る】**(五自) ①ある物を支えにしてたれ下がる。ぶら下がる。hang 用例 壁に絵画が―・っている。②依存する。たよる。用例 努力いかんに―。③ひっかかる。be trapped 用例 あみに―。計略に―。④関係する。fall upon 用例 疑いが―。彼に―・ったらかなわない。⑤被害が及ぶ。damage; splash 用例 迷惑が―。泥が―。⑥劇などが上演される。be on 用例 A座に芝居が―・っている。⑦錠がおりる。lock 用例 かぎが―。⑧攻める。attack 用例 どこからでも―・ってこい。⑨機械が作用する。用例 電話が―。エンジンが―。⑩費用・時間などを要する。cost; take 用例 負担が―。⑪目方がある。weigh 用例 五〇kg―。⑫《「繫る」とも》船が港などに停泊する。用例 船が―。⑬仕事に着手する。begin 用例 著述に―。⑭料理などで、火の上にすえられる。be put 用例 なべがガスに―・っている。⑮一面におおう。用例 霧が―。おおいが―。⑯《動詞の連用形に付いて》始まる、中途である、今にもするところである、などの意を表す。be about to 用例 落ち―。暮れ―。死に―。

**御目に掛かる** 「会う」の謙譲語。

**気に掛かる** 心配である。

**かか・る【▼皹る】** 古語 (四自) あかぎれができる。用例 稲つけば―吾が手を(万葉・一四・三四五九)。

**かか・る【懸(か)る】**(五自) ①高い所に存在する。hang 用例 月が中天に―。②賞などが出される。be offered 用例 賞金が―。

**かか・る【▼罹る】**(五自) 病気などになる。いやな目にあう。suffer from 用例 火災に―。

**かかる【▼斯かる】**(連体)《「かくある」の約》こういう。こんな。such

**かが・る【▼縢る】**(五他) ①布のたち目などがほつれないように、糸で縫いつづる。hemstitch 用例 たち目を―。②布の破れをつくろう。darn 用例 靴下を―。

**がか・る**(接尾)《名詞に付いて動詞を作る。五段型》ようす・性質・色彩などをおびている、の意を表す語。用例 黄色―・った緑。しばい―・った動作。

**かがわ【香川】**〈県〉四国地方北東部、瀬戸内海に臨む県。県庁所在地は高松市。南は讃岐山脈、北は讃岐平野。小豆島など島も多い。瀬戸内型気候で寡雨、ため池が多い。農業・水産業のほか工業もさかん。面積一八八二km²、人口一〇二万七六一〇(一九八八)。

**かがわ【香川】**〈町〉香川県中部、高松市南隣の町。農業と住宅の町。奇祭「ひょうげ祭」が有名。人口二万一五七一(一九八八)。

**かがわ-かげき【香川▽景▽樹】**(一七六八～一八四三) 江戸後期の歌人。号は桂園。鳥取の人。『万葉集』支持の賀茂真淵に抗して、和歌の本質を「調べ」とし、清新な歌風を特色とした。桂園派を樹立。その歌風は明治まで隆盛だった。家集『桂園一枝』、歌論『古今和歌集正義』など。

**かがわ-げんえつ【▽賀川玄悦】**(一七〇〇～一七七七) 江戸中期の産科医。賀川流産科の祖。手術を用いた独特の助産術を実施した。著書『産論』。

**かがわ-しゅうとく【香川修徳】**(一六八三～一七五五) 江戸中期の医師。古医方四大家の一人。号は修庵・一本堂。師、後藤艮山の説の祖述に努め、儒学を伊藤仁斎に学び、「儒医一本」を説く。著書『一本堂行余医言』など。

**かがわ-とよひこ【▽賀川▽豊▼彦】**(一八八八～一九六〇) 牧師・キリスト教社会運動家。神戸生まれ。神戸神学校・米プリンストン大卒。神戸貧民街の伝道をはじめ、労働運動・普通選挙運動・農民運動・生活協同組合事業などに尽力。著書『死線を越えて』など。

**かかわら-ず【▽拘(わ)らず・係(わ)らず】**(連語)《「に(も)かかわらず」の形で》かまわずに。それに関係なく。in spite of 用例 晴雨に―行う。

**かかわり-あ・う【▽係(わ)り合う】**(五自) 互いに関係し合う。係わりを持つ。be involved 用例 つまらないことに―。

**かかわ・る【係(わ)る】**(五自) ①《「関わる」とも》関係する。たずさわる。have to do

with 用例 命に―。名誉に―。②《「拘る」とも》こだわる。なずむ。stick to 用例 小事に―。

**か-かん【火管】** ①ボイラー内にあって、熱を水に伝えるための管。煙管。fire tube ②大砲など大口径の火砲で、弾丸の発射用火薬の点火に用いる発火具の総称。撃発火管と電気火管などがある。

**か-かん【加冠】** ①元服したものが、成人のしるしの一つとして、初めて頭に冠を加えること。また、その儀式。②元服する人に冠を授ける役。烏帽子親。

**か-かん【花冠】** 花弁の集まり。種子植物の花の構成要素の一つで、萼の内側に生じ、雄しべ・雌しべを守る。合弁花・離弁花がある。corolla

**か-かん【河漢】** ①あまのがわ。天漢。銀河。Milky Way ②黄河と漢水。

**か-かん【果敢】**(形動) 思いきってするさま。勇気や決断力のあるさま。daring 用例 ―に立ち向かう。

**か-がん【河岸】** 川のきし。riverbank

**かがん【華▼嵒】**(一六八二～一七五六?) 中国、清代中期の画家。号は新羅山人。超俗的な性格で、山水・人物・花鳥にすぐれていた。

**カガン【Khaghan・可汗】** 北アジア遊牧民族における君主の称。四世紀ごろ柔然が使用したのが最初とされる。カーン。ハン。ハガン。

**かかんき-しょうこうぐん【過換気症候群】**《「換気」は、肺への空気の出入り、すなわち呼吸のこと》重症の神経症が原因で、過剰換気がおこり、動脈中の血液から二酸化炭素が異常に多く排泄される症状。呼吸困難・めまいなどを起こす。hyperventilation syndrome

**がかん-きんきゅう【▼牙関緊急】** ものをかむ筋肉が痙攣を起こし、口が開かなくなる状態。破傷風・ヒステリー・てんかんなどの全身痙攣状態の部分症として起こる。咬痙。frismus; lockjaw

**かかんしゅう【花間集】** 中国の詞の撰集。一〇巻。五代の後蜀の趙崇祚の編。晩唐・五代の一八人の優雅艶麗な作品五〇〇首を収める。

**か-かんせつ【仮関節】** ↓ぎかんせつ(偽関節)

**かがん-だんきゅう【河岸段丘】** 河川の流路に沿った斜面が階段状になった地形。平坦面を段丘面、急崖を段丘崖という。浸食、地盤の隆起・沈降などによる。河成段丘。river terrace

**ががんぼ【▽大▽蚊】** 体と脚が細長く、カを引き伸ばしたような形のガガンボ科の昆虫の総称。種類は多い。体長一・二～一二cm。幼虫は土中にすみ、植物の根などを食べる。全世界に分布。カガンボ。crane fly ↓図

**かき** 12画 **【▼硴】** 部首[石] 和製漢字 JIS 6677

●カキ(柿)

地名や姓氏に用いられる。「かば」とも。

**かき【垣・▼墻・▼牆】** ①敷地の内外の仕切りや目隠しとして作られた工作物。竹・柴などが主材。垣根。hedge ②《比喩的》人間同士の関係などをさえぎるもの。barrier

**垣堅くして犬入らず**(かきかたくしていぬいらず) 家庭が堅実であれば、これを乱すような者は外部から入ってこない。

**垣に耳**(かきにみみ) どこでだれに聞かれているかわからない。秘密の話が世間にもれやすいことをいう。壁に耳あり。

**垣を造る**(かきをつくる) わけへだてをする。

**かき【▼柿】** カキノキ科の落葉高木。五～六月に、淡黄色の花をつける。雌雄同株。日本の代表果樹で、品種は多数。甘ガキ(富有・次郎・御所など)と渋ガキ(西条・平核無など)がある。渋ガキは渋抜きをするか干し柿にする。収穫期は九～一一月。木材は器具用。↓写

**柿の皮は乞食に剝かせ、瓜の皮は大名に剝かせよ**(かきのかわはこじきにむかせ、うりのかわはだいみょうにむかせよ) 柿の皮は物惜しみの強い乞食にむかせ、ウリの皮はぜいたくでおうような大名にむかせるのがよい。柿の皮は薄く、ウリの皮は厚くむけという教え。

**かき【▼牡▼蠣・▼蠔】** イタボガキ科の二枚貝の総称。殻の形は、付着生活のため一定しない。左殻で、岩礁に付着。日本では食用ガキとしてマガキが養殖されるが、世界各地では古くからその土地特産のいろいろなカキが養殖されている。oyster ↓図

**か-き【下記】** 以下に書きつけてあること。following 比較 左記。対義 上記。

**か-き【火気】** ①火のけ。fire 用例 ―厳禁。②「火の勢い。

**か-き【火器】** ①火薬を利用して弾丸を発射する兵器の総称。拳銃・小銃・大砲など。鉄砲。firearms ②火を入れる器具。

**か-き【花▼卉】** ①花の咲く草。flowering plant ②観賞用に栽培する植物。花だけでなく実などを観賞するものも含む。flowering plant

**か-き【花期】** 花の咲いている期間。花の咲く時期。花どき。flowering period

**か-き【花器】** 花を生けるうつわ。花生け。

**か-き【夏季】** 夏の季節。夏。summer 対義 冬季。

**か-き【夏期】** 夏の期間。summer 対義 冬期。用例 ―講習。

**かき【▼掻き】**(接頭)《動詞に付けて》語勢を強める。用例 ―消す。

●ガガンボ　キリウジガガンボ

**かぎ【▼鉤】** ①先のまがった金具。物をかけるときなどに使う。hook 用例 ―針。自在―。②かぎの形になったもの。hooked 対義 さお。用例 雁が―になって飛ぶ。③会話・引用や、重要な部分であることを示すため、文や語句の上下に付ける符号。かぎかっこ。「 」や『 』など。quotation mark 用例 引用文を―でかこむ。

**かぎ【▼鍵】** ①錠のあなに入れて、あけたてする器具。key ②錠。用例 ―をおろす。③物事の、重要な手がかり。解決に役立つもの。ヒント。糸口。key; clue 用例 和平の―をにぎる。事件をとく―。④紋所の名。↓箱錠図

**鍵の穴から天覗く**(かぎのあなからてんのぞく) 見識のせまいたとえ。葦の髄から天井覗く。

**か-ぎ【▼賈▼誼】**(BC二〇〇～BC一六八) 中国、前漢の文人・政治家。文帝に重用され、儒教を基とする対匈奴政策、勧農政策など、旧制度改革に貢献。著書『新書』など。

**が-き【餓鬼】** ①《仏教語》生前の悪業の報いとして、餓鬼道に落ちた亡者。常に飢えと渇きに苦しみ、たまたま食べ物を得ても、飲食しようとすると食べ物が炎に変わり飲食することができないという。②子どもなどを、ののしっていうことば。brat

**餓鬼に苧殻**(がきにおがら) 力のない者が折れやすい苧殻をふりまわすようなもので、たよりにも力にもならない。まったく当てにできないことのたとえ。

**餓鬼の断食**(がきのだんじき) あたりまえのことなのに、特別なことをしているかのように装うこと。

**餓鬼の目に水見えず**(がきのめにみずみえず)《餓鬼は飢えと渇きがひどいので、かえってそばにある水に気がつかない、の意から》熱望のあまり、かえって求める物が見つからない。また、熱中のあまり、かえって大事なことを見落とすことのたとえ。

●カキ(牡蠣)

**餓鬼の物をびんずる**(がきのものをびんずる)《「びんずる」は「引き取る」の転》貧しい者から、物をうばい取る。

**餓鬼も人数**(がきもにんじゅ) つまらぬ者でも、時にはなにかの役に立つ。また、そのような者でも、群をなすとあなどれない。

**かき-あげ【▼掻き揚げ・▼掻き上げ】** ①てんぷらの揚げ方の一つ。魚介類・野菜などの細かい材料を、小麦粉の衣でつなぎ、かきよせて揚げたもの。②灯心などを引き出すこと。

**かき-あ・げる【書(き)上げる】**(下一他) ①すっかり書いてしまう。finish writing ②一つ一つ書いて、示す。書きたてる。make a list 用例 罪状を―。③書いて、たてまつる。

**かき-あ・げる【▼掻き上げる・▼掻き揚げる】**(下一他) ①上へ引いて、上げる。comb up 用例 髪の毛を―。②灯心などを、かきたてる。

**かき-あつ・める【書(き)集める】**(下一他) 種々のことを集めて、書き取る。書きまとめる。

**かき-あつ・める【▼掻き集める】**(下一他) 寄せ集める。collect 用例 仲間を―。お金を―。

**かぎ-あ・てる【▼嗅ぎ当てる】**(下一他) ①かいで、その正体やあり場所を、当てる。scent out ②探り当てる。sniff out 用例 不正を―。

**かぎ-あな【▼鍵穴・▼鍵▽孔】** かぎをさしこむための、錠についた穴。keyhole

**かき-あぶら【▼牡▼蠣油】** 中国料理の調味料。カキの煮干しをつくったあとの煮汁を加熱濃縮するもの。おもに広東料理で、煮物・炒め物などに用いる。オイスターソース。oyster sauce

**かき-あみ【垣網】** 定置網で、魚類をみちびき寄せる網。leader; barrier net

**かき-あらわ・す【書(き)表す・書き表わす】**(五他) 文字に書いて、はっきりと示す。describe

**かき-あらわ・す【書(き)著す・書き著わす】**(五他) 書いて本にする。著述する。write

**かき-あわせ【▼掻き合(わ)せ】** ①かき合わせること・所。②琴・琵琶などで、調律のために弾くこと。また、その旋律。

**かき-あわ・せる【▼掻き合(わ)せる】**(下一他) ①手で寄せ合わせる。用例 えりもとを―。②琴などの弦を整えて、調子を合わせる。

**かき-いだ・く【▼掻き▽抱く】**(五他) だく。「embrace

**かき-いれ【書(き)入れ】** ①帳面や書物などに記入すること。その文字。書き込み。filling in; entry ②「書き入れ時」の略。

**かきいれ-どき【書(き)入れ時】** 商売など

▼常用漢字表外。▽常用漢字表の音訓外。

で、いちばん忙しい時。もうかる時。the best season; prime time

**かき-い・れる【書(き)入れる】**(下一他) 中に書きこむ。間や、あいている所などに書き加える。fill in

**かき-いろ【▼柿色】** ①柿の実の色。赤茶色。reddish brown ②暗褐色。dark brown

**かき-うちわ【▼柿▽団▽扇】** 紙の表面に柿渋を塗って丈夫にし、破れないようにした団扇。柿渋団扇。渋団扇。

**かきえもん【▼柿▽右▽衛門】** ↓さかいだかきえもん(酒井田柿右衛門)

**かき-えんげい【花▼卉園芸】** 草花・観葉植物・花木などの観賞用植物を対象とする園芸。flower gardening

**かき-おき【書(き)置き・書置】**(名・サ変自他) ①書き残すこと。また、そのもの。置き手紙。a note left behind ②遺書。遺言。will

**かぎ-おくみ【▼鉤▼衽】** 衽の一種。用尺不足のとき、衽先をかぎの形に組み合わせて裁ったもの。また、その裁ち方。表裏の区別のない布の場合に限る。

**かき-おく・る【書(き)送る】**(五他) 用件などを書いて、人に送る。write

**かき-おこし【書き起(こ)し・書起(こ)し】** ①書き出し。書き始め。②日本画で、下絵の線描を着彩で塗り隠し、その上に再び線描を描き加えること。また、その仕上げの線描。

**かき-おこ・す【▼搔き起(こ)す】**(五他) ①かき出してさかんにする。用例炭火を―。②手を使って起こす。用例ころんだ子を―。

**かき-おとし【書き落(と)し・書落(と)し】** 書くのを忘れること。書き漏らしたもの。forget to write

**かき-おと・す【書き落(と)す・書落(と)す】**(五他) 書き忘れる。書きもらす。forget to write

**かき-オリンピック【夏季オリンピック】** 近代オリンピックで、夏季に行われる競技会。オリンピック種目のうち冬季競技を除き、少なくとも一五種目を行うことになっている。オリンピック。Summer Olympic Games 比較 冬季オリンピック。

**かき-おろし【書(き)下ろし】** 書き下ろすこと。その作品・論文。newly written work

**かき-おろ・す【書(き)下ろす】**(五他) 新たに書く。とくに、長編の作品や論文を新たに書く。

**かき-かえ【書(き)換え・書(き)替え】**(名・サ変他) ①書き改めること。書き直し。re-write ②期日の過ぎた証書を書き改めて、新しい証書とかえること。renewal 用例免許証の―。

**かき-か・える【書(き)替える・書(き)換える】**(下一他) 書きなおす。あらためて書く。

**かぎ-かずら【▼鉤▼葛】** アカネ科のつる性木本。房総半島以西の山地に自生。卵形の葉は対生。そのつけ根に丸く曲がった鉤形の托葉が生じてからみつく。

**かき-かた【書き方】** ①文字・文章などを書くきまり。manner of writing ②筆の運びかた。penmanship ③《もと小学校の課目の名》習字。

**かき-がっこう【夏期学校】** 夏休みに開く教育施設。サマースクール。summer school

**かきかんせい-そうち【火器管制装置】** レーダーでとらえた目標の移動方向や速度などをコンピューターで計算し、火器・ロケットなどを予測位置に照準する装置。FCS。fire control system

**かき-き・える【▼搔き消える】**(下一自) 不意に、跡形もなく消える。vanish

**かき-き・る【▼搔き切る】**(五他) 刃物で力を入れて切る。搔っ切る。用例腹を―。

**かき-くだし【書(き)下し】** ①書き下すこと。書き下したもの。②「書き下し状」の略。

**かきくだし-じょう【書(き)下し状】** 鎌倉時代に、執筆奉行が将軍の命を受けて公布した文書。書下し文。

**かき-くだ・す【書(き)下す】**(五他) ①上から下へ順に書いていく。write down ②筆にまかせて書く。write off ③漢文を仮名交じり文に書き改める。

**かき-くど・く【▼搔き口説く】**(五他) ①しつこく、ぐちを言う。complain ②繰り返し繰り返し、頼む。plead

**かき-くも・る【▼搔き曇る】**(五自) すっかり曇る。become overcast 用例一天にわかに―。

**かき-くら・す【▼搔き暗す】** 古語(四他) ①空を暗くする。用例―・し雨降りて、神いとおそろしう鳴りたれば(枕・五月の御精進のほど)。②悲しみに心を暗くする。用例何事にかあらむ、―・して、涙こぼるる(蜻蛉・下)。

**かき-く・れる【▼搔き暮れる・▼搔(き)▼昏れる】**(下一自) ①空などが暗くなる。②心が悲しみでいっぱいになる。用例涙に―。

**かき-け・す【▼搔き消す】**(五他) 消してしまう。erase 用例―ように見えなくなる。

**かき-ごおり【欠(き)氷】** ①食用に割りくだいた氷。ぶっかき。cracked ice ②氷を細かく削ってシロップや甘く煮た小豆などをかけたもの。氷水。shaved ice

**かき-ことば【書(き)言葉】** 対義話し言葉。①文字によって表す言語。文字言語。②文章に使うことば。文章語。文語。written language

**かき-こみ【書(き)込み】** ①書き入れること。その文字。書き入れ。filling in; entry ②コンピューターで、一方の記憶装置から、他方の記憶装置へ情報・データなどを送ること。write

**かき-こ・む【書(き)込む】**(五他) 書き入れる。記入する。fill in; write in 用例余白に―。

**かき-こ・む【▼搔き込む】**(五他) =かっこむ。①手もとに寄せ集める。rake in ②引き寄せる。③大急ぎで食事をとる。gulp down 用例お茶づけを―。

**かきざき【▼柿崎】**〈町〉新潟県南西部の町。旧宿場町。農業と鉄鋼を中心とする工業がさかん。人口一万三五一一(一九八八)。

**かぎ-ざき【▼鉤裂き】**(名・サ変他) かぎの形のように直角に着物などが裂けること。また、その裂け目。くぎなどに引っ掛けてできる。

**かき-さし【書(き)▽止し】** 中途で書きやめること。書きやめたもの。leave ... unfinished

**かき-さ・す【書(き)▽止す】**(五他) 物を書いていて、中途でやめる。leave ... unfinished 用例―の手紙。

**かき-しぶ【▼柿渋】** 渋柿から採取した液。防腐・防水剤として、木・麻布・紙などに塗る。

**かぎ-じゅうじ【▼鉤十字】** 卍の変形。反セム主義の象徴としてナチスが用い、一九一九年以来党章、三五～四五年、ドイツ国旗に使用された。ハーケンクロイツ。swastika ↓十字架図

**かき-しる・す【書(き)記す】**(五他) 書き付ける。記す。書く。write down

**かき-すて【▼搔き捨て】** 恥をかいたままで平気なこと。用例旅の恥は―。

**かき-す・てる【書(き)捨てる】**(下一他) ①書いたままほうっておく。②ぞんざいに書く。

**かぎ-そう【▼鍵層】** 比較的短時間に広い地域に堆積した地層。特徴のある岩相を示し、地層の対比に使われる。火山灰層など。鍵層。key bed

**がきぞうし【餓鬼草紙】** 餓鬼の宿命を主題とした絵巻物。六道輪廻思想を背景とする。

●餓鬼草紙 『餓鬼草紙』(部分)。鎌倉時代(一二世紀末)、京都国立博物館。

**かき-そ・える【書(き)添える】**(下一他) 書き加える。add 用例一筆―。

**かき-そこな・い【書(き)損ない】** 書きまちがうこと。その文字。書き損じ。miswriting

**かき-そこな・う【書(き)損なう】**(五他) 書きまちがえる。miswrite; make a slip of the pen

**かき-そこ・ねる【書(き)損ねる】**(下一他) 書きまちがう。

**かき-ぞめ【書(き)初め】** 正月にその年初めて書や絵を書く行事。正月二日に行うのが一般的。筆始め。

**かき-そんじ【書(き)損じ】** 書きそこない。「miswriting

**がき-だいしょう【餓鬼大将】** いたずらっ子の親分。bully

**かき-たし【書(き)足し】** 補って、あとから書くこと。add

**かき-だし【書(き)出し】** ①書き始め。opening sentence ②抜き出して書くこと。extract ③請求書。勘定書き。

**かき-だ・す【書(き)出す】**(五他) ①書くことを始める。begin to write ②書いて出す。③問題になっている事がらをはっきり示すために、文字に書き記す。make a list of ④抜き出して書く。書き抜く。extract

**かき-だ・す【▼搔き出す】**(五他) かいて中の物を出す。かい出す。scrape out 用例ボートの水を―。

**かぎ-だ・す【▼嗅ぎ出す】**(五他) ①においをかいで、探り出す。scent out ②こうではないかと思って、探り出す。detect ③かぎ始める。

**かき-た・てる【書(き)立てる】**(下一他) ①一つ一つ書き並べる。make a list 用例罪状を―。②目立つように、さかんに書く。write up 用例新聞が―。

**かき-た・てる【▼搔き立てる】**(下一他) ①かき混ぜる。stir up ②かきおこす。さかんにする。arouse 用例気力を―。③灯心を出して明るくする。

**かぎ-タバコ【▼嗅ぎタバコ】** 粉末を鼻孔に吸いこんで、その香りを楽しむタバコ。snuff

**かきたま-じる【▼搔き玉汁・▼搔き▽卵汁】** 汁物の一つ。水にといたかたくり粉を汁に入れ、ほどよく固まったところへ、といた卵を入れ、かき混ぜる。かきたま。

**かき-ちしゃ【▼搔▼萵▼苣】** チシャの一品種で、伸長に従って下方より葉をかきとって用いる。葉は線状楕円形。アスパラガスレタス。asparagus lettuce

**かき-ちら・す【書(き)散らす】**(五他) ①筆にまかせてどんどん書く。書きまくる。scribble ②あちこちに書く。

**かきつ【▼嘉吉】** 室町中期の年号。永享から改元。元年(一四四一)二月一七日～四年(一四四四)二月五日。次に、文安に改元。

**かき-つけ【書(き)付け・書付】** ①書き付けたもの。note ②文書。document ③証文。bond ④勘定書き。bill

**かき-つ・ける【書(き)付ける】**(下一他) ①書き記す。書き留める。write down ②書き慣れる。

**かぎ-つ・ける【▼嗅ぎ付ける】**(下一他) ①においをかいで気づく。sniff out ②秘密などを、探り当てる。get wind of

**かぎっ-こ【▼鍵っ子】** 共働きなどで両親が不在がちで、帰宅したときのために家の鍵を持たされている子ども。latchkey child

**かきつ-の-らん【▼嘉吉の乱】** 嘉吉元年(一四四一)播磨国の守護赤松満祐が、将軍足利義教を謀殺して幕府に反抗した事件。領国に帰った満祐は幕府軍に攻められ、一族とともに自殺。

**かきつばた【▼燕▽子▽花・▼杜▽若】** ①《花汁を染料に用いた「書き付け花」より》アヤメ科の多年草。水湿地にはえる。葉は広剣状。初夏に青紫や紫の花が花茎の先に咲く。カオヨバナ。②カキツバタの葉と花をとりあわせた紋章名。③[枕ことば]「につらふ・にほふ」にかかる。用例われのみやかく恋すらむ―丹つらふ妹は如何にかあらむ(万葉・一〇・一九八六)。↓写

●カキツバタ①

**かぎ-づめ【▼鉤▼爪】** 鋭く湾曲した爪。哺乳類・鳥類・爬虫類などで発達。クモやダニ、その他の無脊椎動物にみられるかぎ状の小突起をもさす。claw

**かき-つら・ねる【書(き)連ねる】**(下一他) 書いて並べる。長々と書く。enumerate

**かき-て【書き手】** ①文章を書く人。筆者。文章家。writer ②文字や絵にたくみな人。書家。能書家。

**がき-どう【餓鬼道】** 仏教の六道の一つ。餓鬼の世界、またその状態。

**かき-どおし【▼垣通】** 道端にはえるシソ科の多年草。茎は長く地をはう。葉は対生、心臓形。春に淡紫色の花を葉腋に開く。若葉は食用。全草を干して強壮薬とする。↓写(次ページ)

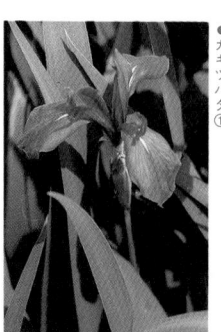

**かき-とめ【書(き)留め】** ①書き留めること。その文書。write down ②《「書留」で》「書留郵便」の略。

**かきとめ-ゆうびん【書留郵便】** 特殊扱い郵便物の一つ。引き受けから配達までの全送達経路を記録する一般書留と、引き受けと配達だけを記録する簡易書留がある。万一取り扱い中に亡失毀損した場合には、その損害が賠償される。registered mail米; registered post英

●カキドオシ　花。

**かき-と・める【書(き)留める】**(下一他) ①忘れないように書いておく。write down ②書き残す。

**かき-とり【書(き)取り】** ①書き写すこと。copy ②文字・語句・文章などを正しく書くこと。用例 —の試験。③朗読・講演などを筆記すること。recording

**かき-と・る【書(き)取る】**(五他) 書き写す。copy; transcribe

**かき-なおし【書(き)直し】**(名・サ変他) 書き誤りや書き損じを、改めて書くこと。書き改め。rewrite

**かき-なが・す【書(き)流す】**(五他) 筆にまかせて、さらさらと書く。無造作に書く。write off

**かき-なぐ・る【書きなぐる】**(五他) 乱暴に書く。scribble

**かき-な・す【書(き)成す・書(き)▼做す】**(五他) そのように書く。わざとそう書く。

**かき-なます【▼柿▼膾】** 酢の物の一つ。大根を主にした大根なますに柿を加えたもの。干し柿のほか生柿を使うこともある。

**かき-なら・す【▼搔き鳴らす】**(五他) 琴などの弦楽器を、奏でる。

**かぎ-なり【▼鉤▽状・▼鉤▽形】** かぎのように曲がった形。かぎのて。

**かぎ-なわ【▼鉤縄】** かぎを取り付けてある縄。

**かき-ぬき【書(き)抜き】**(名・サ変他) 書き抜くこと。書き抜いたもの。抜き書き。extract

**かき-ぬ・く【書(き)抜く】**(五他) ①一部を抜き出して書く。抜き書きする。extract ②最後まで書きとおす。

**かき-ね【垣根】** ①屋敷や庭園の囲いまたは仕切りとして設ける工作物。石垣・生け垣・竹垣などがある。垣。fence; hedge ②垣の根もと。

**かきね-ごし【垣根越し】** 垣根をへだてて行うこと。doing ... over a fence 用例 —にあいさつする。

**かき-ねつ【夏季熱】** 夏に高温の日が続いたとき、体温が三九度近くなること。生後三〜一〇か月の人工栄養乳児に多い。不眠・不機嫌になる。summer fever

**かきのき【▼柿木】**〈村〉島根県南西端、山口県に接する村。山がちで農林業を主とし、ワサビの栽培がさかん。人口二二八三(一九八八)。

**かき-の・ける【▼搔き▽退ける】**(下一他) 手などで押したり、払ったりして、除く。払いのける。

**かき-のこ・す【書(き)残す】**(五他) ①書いて、あとに残す。leave a note ②書き落とす。書き漏らす。forget to write

**かき-のし【書(き)▼熨▽斗】** 贈り物の上包みに、あわびのしをつけるべきところを略して、「のし」と書いたもの。

**かぎ-の-て【▼鉤の手】** ①かぎの形に曲がっていること・物。②折れ曲がった所。曲がりかど。

**かきのは-ずし【▼柿の葉▼鮨】** なれずしの一種。薄切りにした塩さばなどをすし飯の上にのせ、柿の葉で包み、軽い重石をかけ、一昼夜ほどおく。奈良県吉野町上市の郷土料理。

**かきのもと-の-ひとまろ【▼柿本人麻▼呂】**(生没年未詳)『万葉集』の歌人。天武・持統・文武の三朝に仕えた下級官吏で、石見国で死んだともいわれる。序詞・対句など華麗な修辞技巧を駆使した重厚な歌風で、『古今集』序に「歌の聖」と称され、その後も歌聖として仰がれた。『万葉集』には、『柿本朝臣人麻呂歌集』所出とするものが見られる。↓写

●柿本人麻呂　『百人一首歌がるた』道勝法親王筆より。滴翠美術館(兵庫県)。

**かぎば-が【▼鉤▼翅▼蛾】** 前翅の先がかぎ状にとがって突出するカギバガ科のガの総称。中形または小形のガで、日本産は二六種。幼虫は頭頂に一対の角状突起、腹端に尾状突起をもつ。

**かき-はじめ【書(き)始め】** ①書くことを始めること。始めたところ。begin writing ②書き出し。冒頭。opening sentence

**かぎ-ばな【▼鉤鼻】** 先の曲がった鼻。わし鼻。hooked nose 用例 引き目—。

**かぎ-ばり【▼鉤針】** ①先のとがった部分が曲がっている針の総称。hook ②手芸用具の一種。棒の先端に鉤の付いた編み針。鉤針編みに用いる。棒の部分の太さが均一で長いものはアフガン編み用。crochet

**かぎばり-あみ【▼鉤針編(み)】** 鉤針で糸を編む手法。また、その製品の総称。ヘアピンレース・タッチングレースも含む。crochet 比較 棒針編み。

**かき-はん【書(き)判】** 文書の最後に自筆で書くしるし。花押。対義 印判。

**かぎ-ばん【▼鍵番】** 江戸幕府の職名。勘定奉行の配下で、下勘定所の鍵を管理、火の元の点検などにあたった。

**かき-ぶり【書(き)振り】** ①書くときのようす。②書いたもののようす。筆跡・文体など。

**かき-べ【▽部▽曲・▽民▽部】** 律令制以前、豪族が私有した部民。租税を納め、徭役に従事。蘇我部・大伴部のように豪族の氏名を冠する。大化の改新で廃止。かき。部民。

**か-きほう【何▼其芳】**(一九一二〜七七) 中国の詩人・作家・評論家。四川省万県生まれ。中国文学界指導者の一人。詩集『漢園集』、評論集『西苑集』など。

**かぎ-ホック【▼鉤ホック】** 金属製のかぎと受けからなる衣服の留め具。丸い受けの付いたフックアンドアイ、棒状のフックアンドバーもある。hook and eye

**かき-ま・ぜる【▼搔き混ぜる・▼搔き▽雑ぜる】**(下一他) かき回して混ぜあわせる。mix up; stir up

**かき-まわ・す【▼搔き回す】**(五他) ①手などで円をかくようにして、混ぜる。stir up ②ことさら混乱を起こさせる。stir up 用例 クラスを—。

**かき-みそ【▼牡▼蠣味▼噌】** すり身にした生ガキを、仙台みそとみりんで煮ながら練り合わせたもの。宮城県松島の名物。

**かき-みだ・す【▼搔き乱す】**(五他) ①かき混ぜて乱す。かき回す。stir up ②混乱させる。ごたごたを起こさせる。disturb 用例 統制を—。

**かぎ-むし【▼鉤虫】** 特異な体節制をもつ無脊椎動物群。環形動物と節足動物の両方の特徴を合わせもつ。体は細長く体長は数センチメートルから十数センチメートル。多数のいぼ状の歩脚をもち、脚の先端につめがあるのでカギムシや有爪動物といわれる。熱帯地方に八〇種以上が分布。日本にはいない。

**かき-むし・る【▼搔き▼毟る】**(五他) ①ひっかいてむしる。tear off; pluck ②つめを立てて、むやみにかく。scratch off

**かき-めし【▼牡▼蠣飯】** カキを加えた炊き込みご飯。薬味は、きざんだミツバ、もみのりなど。熱いかけ汁をかけて食べることもある。

**かき-もち【欠(き)▼餅・▼搔(き)▼餅】** ①薄く切って干したもち。焼いて食べる。おかき。②正月の鏡もちをつちなどで欠き割ったもの。

**かきもと-とよじ【▼柿本▽豊次】**(一八九三) 能楽囃子方・太鼓方。金春流。石川県生まれ。鬘物・早舞物などに傑出。重要無形文化財保持者。

**かき-もの【書き物】** ①文章などを書くこと。write ②文字に書いたもの。文書。書類。document

**かき-もよう【▽描(き)模様】** 筆でかいた模様。染め模様・縫い模様・織り模様に対して言う。

**かき-もら・す【書(き)漏らす】**(五他) 書き落とす。forget to write

**かき-もん【▽描(き)紋】** 衣服などに筆でかいた紋。対義 縫い紋・染め抜き紋。

**かぎ-や【▼鍵屋】** 江戸時代の花火屋。万治二年(一六五九)鍵屋弥兵衛の創立。玉屋と並び称される。

**か-きゃく【花客・華客】** ↓かかく(花客)

**かき-やく【書(き)役】** 江戸幕府の職名。文書の草案づくりや筆写をする役。

**か-ぎゃく【可逆】** 逆戻りが可能なこと。逆の方向にも進めること。reversibility 用例 —性。

**かぎゃく-きかん【可逆機関】** カルノーサイクルのように、すべての熱力学的変化が可逆的におこるような理想的熱機関。reversible engine

**かきゃく-せん【貨客船】** 貨物と旅客の両方を運ぶ船舶。かかくせん。passenger-cargo ship

**かぎゃく-でんち【可逆電池】** 電池から外部に電流を取り出したのち、外部から逆方向に電流を流すと最初の状態にもどる電池の総称。このうち実用に耐えるものを蓄電池という。reversible cell

**かぎゃく-はんのう【可逆反応】** 化学反応で、一つの反応(正反応)とその逆の反応(逆反応)がともに起こりうるもの。reversible reaction

**かぎゃく-へんか【可逆変化】** 変化を受けた物質系の状態が再びもとの状態にもどり、周囲の状態もはじめにもどっているような変化。reversible change 対義 不可逆変化。

**か-きゅう【下級】** 下の等級。下のクラス。lower grade 対義 上級。

**か-きゅう【火急】**(名・形動) さしせまっていること。大急ぎ。大至急。emergency 用例 —の用。

**か-きゅう【火球】** ①火の玉。fireball ②流星のうち、特別に大きくて明るいもの。bolide

**か-ぎゅう【▼蝸牛】** ①カタツムリ。snail ②内耳の聴覚に関係するカタツムリ形の部分。前庭階と鼓室階に分かれ、そのあいだにリンパ液を満たした蝸牛管がある。蝸牛管の底の基底膜に音波の受容器(コルティ器)がある。蝸牛殻。うずまき管。cochlea ↓耳図

**蝸牛角上の争い**(かぎゅうかくじょうのあらそい) 取るに足りない、つまらない争い。また、つまらないことに起因する争い。蝸角の争い。storm in a teacup 類似 コップの中の嵐。

**かきゅう-き【過給機】** 内燃機関の出力を上げるため、吸入された空気の圧力をあらかじめ高める圧縮機。スーパーチャージャー。supercharger

**かきゅう-さいばんしょ【下級裁判所】** 最高裁判所の下位にある高等裁判所・地方裁判所・家庭裁判所・簡易裁判所の総称。lower court; inferior court 比較 上級裁判所。

**かきゅう-しん【下級審】** 審級において下位に位置する裁判所。または、その審判。lower court 対義 上級審。

**かきゅう-てき【可及的】**(副) できるだけ。なるべく。用例 —すみやかに。

**か-きょ【科挙】** 中国、隋代から清代まで行われた官吏の任用制度。経書を中心とした古典の教養、作詩・作文など文学の才能が要求された。隋・唐では秀才・明経・明法・明算・明書・進士の六科。宋代には州試・会試・殿試の三段階制を採用。清末の一九〇五年廃止。

**か-きょ【家居】** ㊀(名・サ変自) 家にひきこもっていること。また、任官しないで家に居ること。㊁(名) 住居。すまい。いえい。

**か-きょう【佳境】** ①すばらしい眺めの所。scenic spot ②おもしろい場所・部分。climax 用例 話が—にはいる。

**か-きょう【架橋】**(名・サ変自) ①橋をかけること。また、かけた橋。bridge construction ②直鎖状の高分子の分子間を化学結合させ、三次元の網目構造にすること。ゴムの加硫など。橋かけ。cross-linking

**か-きょう【家郷】** ふるさと。

**か-きょう【華▼僑】** 中国人の海外移住者の総称。東南アジアを中心に世界各地に散在。明末以降清末に急増。巨富を蓄積した者も多く、東南アジアでの経済的影響力が強い。華商。overseas Chinese

**かきょう【▼嘉▽慶】** 日本の南北朝で、北朝の年号。至徳から改元。元年(一三八七)八月二三日〜三年(一三八九)二月九日。次に、康応に改元。かけい。

**か-きょう【歌境】** ①歌の詠みぶりのうまさ。②歌を詠むときの心境。用例 だいぶ—が進んだ。

**か-ぎょう【家業】** 家の職業。one's father's business 用例 —を継ぐ。

**か-ぎょう【稼業】** 職業としている仕事。商売。business; occupation 用例 浮き草—。板



▼常用漢字表外。　▽常用漢字表の音訓外。

前—。

**か-ぎょう【課業】** ①するべき仕事。task ②わりあてた学科。lesson

**が-きょう【画境】** ①絵をかくときの気持ち。②絵にあらわれた境地。絵の味わい。

**が-ぎょう【画業】** 絵をかく仕事・業績。works of painting

**かきょう-うんどう【下郷運動】** 革命中の中国で、都市の知識人が宣伝工作や労働参加のために農村(郷)に入って行った啓蒙運動。一九一九年の五・四運動中におこり、三五年の一二・九学生運動で抗日宣伝活動と結びついて盛んに行われた。

**かき-ようかん【▼柿羊▼羹】** 転柿(干し柿)の果肉をすりつぶし、寒天を溶かした糖液に混ぜ、固めたようかん。容器に二つ割りの竹を用いる。岐阜県大垣の銘菓。

**がぎょう-びおん【ガ行鼻音】** ガ行音で、鼻に抜ける音。単音は「ŋ」や「ng」で表し、音節音は「カ゚・キ゚・ク゚・ケ゚・コ゚」で表す。鼻濁音。

**かきょうひょうしき【歌経標式】** 奈良後期の歌学書。藤原浜成の著。宝亀三年(七七二)成立。日本最古の歌学書。和歌の意義・起源、歌病・歌体を論じる。歌式・浜成式。

**かぎょう-へんかく-かつよう【カ行変格活用】** 動詞の活用の種類の一つ。文語の「来く」、口語の「来る」だけにみられる、特殊な活用をさす。カ変。

**か-きょく【佳局】** 興味深い局面。

**か-きょく【歌曲】** ①詩歌のふし。song ②叙情詩を歌詞として歌う曲。一般に芸術作品として作曲された独唱曲をさすことが多い。シューベルトのリートなど。song 比較 歌謡曲。

**かき-よ・せる【▼搔き寄せる】**(下一他) ①手でかいて寄せる。scrape up ②かき集める。rake up 用例 落ち葉を—。

**かき-らん【▼柿▼蘭】** ラン科の多年草。山地や谷間の湿地にはえる。高さ四〇~五〇cm。披針形の葉を互生。初夏に、黄褐色の花を一〇個ほど総状につける。スズラン。

**かぎり【限り】** ①制限すること。limit 用例 人数に—がある。②さかい。きわ。bound 用例 北の—をさまよう。③はて。おしまい。for good and all 用例 今を—と戦う。今を—と泣く。—ある身。④《接尾的》㋐条件・範囲を示す。用例 この—にあらず。直さない—はだめだ。㋑限度までの間。用例 あらん—の力を出す。

**限り有る別れ**(かぎりあるわかれ) 命に限りのあるこの世で、いつか必ずくる別れ。死に別れ。死別。永訣。

**限りでない**(かぎりでない) 必ずしも、その範囲内だけのことではない。be not applied 用例 その場合にはこの規則の—。

**限りを尽くす**(かぎりをつくす) 持っているものすべてを出し尽くす。try every means

**かぎり-な・い【限り無い】**(形) ①はてしがない。きりがない。endless ②この上ない。the greatest 用例 —喜び。

**かぎり-な・し【限り無し】** 古語 (形ク) ↓かぎりない(限り無い)

**かぎ・る【限る】** (五自他) ①(自)㋐限定する。limit 用例 うちの子に—って、そんなことはない。㋑《「…にかぎる」の形で》及ぶものがない。いちばんいい。be the best for 用例 危険なときは逃げるに—。㋒《打ち消しをともなって》そうとは決まらない。be not necessarily… 用例 夏に—・らず冬もにぎわう。②(他)境界や範囲を決める。limit 用例 人数を—。

**かぎろい【▽陽▽炎】** 古語 ①かげろう。用例 —の燃ゆる荒野に白栲の(万葉・二・二一〇)。②日の出のころの、ちらちら光る日の光。用例 東の野に—の立つ見えて(万葉・一・四八)。

**かぎろい-の【▽陽▽炎の】** [枕ことば]「春・もゆ・ほのか」などにかかる。用例 平城の京師は—春にしなれば春日山三笠の野辺に(万葉・六・一〇四七)。

**かき-わ・ける【書(き)分ける】**(下一他) 区別して書く。

**かき-わ・ける【▼搔き分ける】**(下一他) かくようにして進路を開く。push one's way through 用例 人波を—。

**かき-わり【欠(き)割り・欠割】** みがきにし

**かき-わり【書(き)割り・書割】** 演劇で、大道具の中の背景の一部。木・川・海・家などを絵にかいた装置。

**か-きん【家▼禽】** 卵や肉を食用とするために飼養する鳥類。ニワトリ・アヒル・ガチョウなど。poultry 対義 野禽。

**か-きん【▼瑕▼瑾・▼瑕▼釁】** 《「瑕」はきず、「瑾」は美しい玉、の意》①家名・評判などについたきず。flaw ②欠点。短所。fault

**かきん-コレラ【家▼禽コレラ】** ニワトリやアヒルなどにみられる細菌性の急性伝染病。出血性敗血症で、ほとんど死亡する。家畜法定伝染病。fowl cholera

**かきん-ペスト【家▼禽ペスト】** ニワトリなどの家禽や野鳥にみられるウイルス性の伝染病。トリインフルエンザのこと。また、トリインフルエンザのなかでも極急性の型のこと。家畜法定伝染病。fowl pest

**カク** 6画 **【各】** 部首[口] 教育小4 JIS 1938
音 カク
訓 おのおの
それぞれ。おのおの。めいめい。「各位・各一個・各国・各自・各種・各論」用例 (接頭)—学校。

**カク** 7画 **【角】** 部首[角] 教育小3 →教育小2 JIS 1949
音 カク・ロク
訓 かど・つの
①つの。動物のつの。つの状のもの。つきでたもの。「触角・頭角」②かど。もののとがったところ。「稜角」③場所などのすみ。「口角」④数学で、相まじわる二直線または二平面のなす開き・程度。「鋭角・三角・直角」「角度」用例 (名)二直線のなす—。⑤くらべる。きそう。「角逐」⑥さかずき。中国古代の銅製の酒器。⑦方形。四角。四角な。「角材・角帽」用例 (形動)—に切る。《接尾的》五寸—。⑧印刷で、活字一つの大きさ。「全角」⑨将棋のこまの一つ。「角行」用例 (名)—を取られる。⑩相撲のこと。「角界」⑪まがりかど。⑫かどばった性質。

**カク** 8画 **【画】** 部首[凵] 教育小2 JIS 1872 ／ 12画 **【▼畫】** 部首[田] 旧字 JIS 6533
音 ガ・カク・カイ・エ
筆順 ↓ガ【画】
①漢字を形づくっている一つ一つの線や点。「三画・字画・点画」用例 (名)—を数える。②《劃とも》しきる。区ぎる。かぎる。「区画」「画一・画期的・画然・画定」③はかる。はかりごと。「企画・計画・参画」「画策」↓ガ【画】

**カク** 8画 **【拡】** 部首[扌] 教育小6 JIS 1940 ／ 18画 **【▼擴】** 旧字 JIS 5818
音 カク
ひろくする。ひろげる。ひろがる。「軍拡」「拡充・拡声器・拡大・拡張」対義 縮。

**カク** 9画 **【客】** 部首[宀] 教育小3 JIS 2150
音 キャク・カク
筆順 ↓キャク【客】
①ひと。人士。「剣客・論客」②一つまえ。すぎさった。「客月・客年」③たび。たびびと。「客死・客舎」④自分・主体のほか。相手。対義 主。「主客」「客観」↓キャク【客】

**カク** 9画 **【▼茖】** 部首[艹] JIS 7203
音 カク
ギョウジャニンニク。ユリ科の多年草。

**カク** 9画 **【▼恪】** 部首[忄] JIS 5577
音 カク
つつしむ。つつしみ。きまじめ。「恪勤・恪守」

**カク** 9画 **【▼挌】** 部首[扌] JIS 5740
音 カク
うつ。たたく。たたかう。「挌闘」

**カク** 9画 **【革】** 部首[革] 教育小6 JIS 1955
音 カク
訓 かわ
①あらたまる。あらためる。「沿革・改革・変革」「革新・革命」②かわ。つくりがわ。なめしがわ。「皮革」「革質」

**カク** 10画 **【▼埆】** 部首[土] JIS 5229
音 カク
やせち。そね。石が多く、地味のやせている土地。

**カク** 10画 **【核】** 部首[木] 常用 JIS 1943 ／ 10画 **【▼核】** 旧字
音 カク
①たね。さね。果実の種子をつつむ、かたい部分。「核果」用例 (名)果実の—。②ものの中心。もっとも大切なところ。「中核」「核心」③地表面下二九〇〇kmから地球の中心までの部分。「地核」④生物で、細胞の中心にある小体。膜につつまれ、内部の液中には染色糸と仁がある。細胞活動の中枢で、遺伝をつかさどる。「核細胞・核膜」用例 (名)細胞の—。⑤原子核のこと。「核爆発・核兵器」⑥核兵器のこと。用例 (名)—の傘。↓細胞図

**カク** 10画 **【格】** 部首[木] 教育小5 JIS 1942
音 カク・コウ・キャク
①きまり。さだめ。基準。「規格・合格・資格・破格」用例 (名)—に合わない。②身分。くらい。「格上げ」用例 (名)—を下げる。《接尾的》主人—。③しな。がら。「人格・体格・品格」「格調」④《挌とも》うつ。たたく。たたかう。「格闘」⑤とめる。いれる。「格納庫」⑥いたる。およぶ。きわめる。「格物致知」⑦文法で、文の中で体言が他の語との間に持つ資格。「主格」「格助詞」↓キャク・コウ【格】

**カク** 10画 **【▼鬲】** 部首[鬲] JIS 8215
音 レキ・カク
へだてる。へだたる。へだたり。↓レキ【鬲】

**カク** 11画 **【郭】** 部首[阝] 常用 JIS 1952
音 カク
①くるわ。㋐かこい。「外郭・城郭・輪郭」㋑一区画をなす地域。㋒遊里。「遊郭」②ひろびろした。ひろげる。「郭大」

**カク** 11画 **【▼桷】** 部首[木] JIS 5968
音 カク
①たるき。棟から軒にわたして、屋根板をささえる木。②ズミ。バラ科の落葉低木。こりんご。ひめかいどう。

**カク** 11画 **【殻】** 部首[殳] 常用 JIS 1944 ／ 12画 **【▼殼】** 旧字 JIS 6155
音 カク・コク
訓 から
から。そとがわ。外皮。「甲殻・地殻・皮殻・卵殻」

**カク** 12画 **【▼喀】** 部首[口] JIS 5129
音 カク
はく。口の奥から、ものを外へだす。「喀血・喀痰」

**カク** 12画 **【▼椁】** 部首[木] JIS 5986 ／ 15画 **【▼槨】** 異体字 JIS 6058
音 カク
ひつぎ。うわひつぎ。棺をおさめる外がこいの箱。外棺。

**カク** 12画 **【▼确】** 部首[石]
音 カク
①やせち。そね。石が多く、地味のやせている土地。②かたい。たしか。③くらべる。きそう。

**カク** 12画 **【覚】** 部首[見] 教育小4 JIS 1948 ／ 20画 **【▼覺】** 旧字 JIS 7520
音 カク・コウ
訓 おぼえる・さます・さめる
①おぼえる。感じる。さとる。気づく。「感覚・錯覚・自覚・知覚」「覚悟」②さとり。さとった人。「正覚・先覚・大覚」③ばれる。秘密を人にしられる。「発覚」④さめる。目がさめる。さます。目をさます。「覚醒」⑤おぼえる。記憶する。⑥おぼえ。㋐記憶。㋑自信。㋒信用。㋓メモ。

**カク** 13画 **【▼塙】** 部首[土] JIS 4025
音 カク・コウ
①かたい。かたい土。②はなわ。山のつきでた場所。小高いところ。

**カク** 13画 **【隔】** 部首[阝] 常用 JIS 1954 ／ 13画 **【▼隔】** 旧字
音 カク
訓 へだてる・へだたる
①へだてる。へだたる。とおざける。とおざかる。「遠隔・間隔」「隔絶・隔離」②一つおいて次

の。…おきに。「隔週・隔世遺伝」

**カク** 13画【▼貉】部首[豸] JIS 7627
9画【▼狢】部首[犭] 異体字 JIS 6434
音カク・バク
むじな。アナグマ、または、タヌキのこと。↓バク[貉]

**カク** 13画【較】部首[車] 常用 JIS 1951
音カク・コウ
くらべる。①ひきあわせる。しらべる。「比較」②はりあう。

**カク** 14画【▼劃】部首[刂] JIS 1936
音カク
しきる。区ぎる。かぎる。「区劃」「劃然」

**カク** 14画【▼幗】部首[巾] JIS 5478
音カク
ちきりこうぶり。ちきりこうむり。ちきりかんむり。かぶりものの一種。かざり布。特に、老婦人が喪中に用いた。

**カク** 14画【▼廓】部首[广] JIS 1939
音カク
①くるわ。㋐かこい。「外廓・城廓・輪廓」㋑一区画をなす地域。㋒遊里。「遊廓」②ひろびろした。ひろげる。「廓大」

**カク** 14画【▼愨】部首[心] JIS 5634
音カク
①つつしむ。つつしみ。②まこと。すなお。きまじめ。

**カク** 14画【▼摑】部首[扌]
11画【▼掴】異体字 JIS 3647
音カク
①うつ。耳を手のひらでうつ。②つかむ。㋐にぎる。㋑自分のものにする。

**カク** 14画【▼膈】部首[月] JIS 7113
音カク
胸部と腹部とのあいだ。

**カク** 14画【▼赫】部首[赤] JIS 1950
音カク
①あかい。まっか。②かがやく。ひかりかがやく。「赫々」③さかん。勢いがさかんなさま。

**カク** 14画【閣】部首[門] 教育小6 JIS 1953
音カク
①高い建物。たかどの。「高閣・天守閣・楼閣」「閣下」②内閣のこと。「組閣・入閣」「閣議・閣僚」

**カク** 15画【▼膕】部首[月] JIS 7118
音カク
ひかがみ。よぼろ。ひざの後ろのくぼんでいる部分。

**カク** 15画【確】部首[石] 教育小5 JIS 1946
音カク
訓たしか・たしかめる
かたい。しっかりと。はっきりした。たしか。たしかめる。「正確・的確」「確実・確守・確信・確認・確保」

**カク** 16画【獲】部首[犭] 常用 JIS 1945
17画【▼獲】旧字
音カク
訓える
①つかまえる。える。「捕獲」「獲得」②つかまえたもの。えもの。「漁獲」

**カク** 16画【▼霍】部首[雨] JIS 8025
音カク
にわか。はやい。急に。「霍乱」

**カク** 16画【▼骼】部首[骨] JIS 8178
音カク
ほね。ほねぐみ。されぼね。白骨。「骨骼」

**カク** 17画【▼嚇】部首[口] 常用 JIS 1937
音カク
①おこる。いかる。「嚇怒」②おどす。おどかす。「威嚇」

**カク** 17画【▼擱】部首[扌] JIS 5808
音カク
①おく。やめる。「擱筆」②のせる。のりあげる。「擱坐」

**カク** 17画【▼馘】部首[首] JIS 8137
音カク
①くびきる。首を切る。転じて、官や職をやめさせる。くびにする。「馘首」②みみきる。敵を殺した証拠として、左耳を切りとる。

**カク** 18画【穫】部首[禾] 常用 JIS 1947
19画【▼穫】旧字
音カク
かる。とる。かりとる。かりいれ。とりいれ。「収穫」

**カク** 19画【▼藿】部首[艹]
音カク
まめのは。豆の葉。食用にする。

**カク** 19画【▼覈】部首[襾] JIS 7510
音カク
①しらべる。事実をしらべ考えて、あきらかにする。②きびしい。はげしい。③たね。さね。果実の種子をつつむ、かたい部分。

**カク** 20画【▼矍】部首[目] JIS 6663
音カク
①おどろく。おどろいて、目をきょろきょろさせる。②さかん。勢いがさかんなさま。「矍鑠」

**カク** 20画【▼蠖】部首[虫]
19画【▼蠖】異体字 JIS 7431
音ワク・カク
「尺蠖」は、しゃくとりむし。シャクガ科の昆虫の幼虫。

**カク** 21画【▼癨】部首[疒] JIS 6589
音カク
「癨乱」は、日射病。また、急性のはきくだし。霍乱。

**カク** 21画【▼鶴】部首[鳥] 人名用 JIS 3665
音カク
①ツル。ツル目に属する鳥。たず。「孤鶴」②ツルのような。「鶴首・鶴翼・鶴林」

**カク** 22画【▼鑊】部首[金]
音カク
かなえ。足のない、大きなかなえ。

**カク** 23画【▼攪】部首[扌] JIS 5788
15画【▼撹】異体字 JIS 1941
音コウ・カク
①みだす。かきみだす。「攪乱」②まぜる。かきまぜる。かきまわす。「攪拌」↓コウ[攪]

**カク** 23画【▼攫】部首[扌] JIS 5828
音カク
①つかむ。とる。つかみとる。「一攫千金」②さらう。㋐横から急にうばいさる。㋑全部もちさる。

**カク** 24画【▼鷽】部首[鳥] JIS 8331
音カク・ガク
①サンジャク。カラス科の鳥。②ウソ。アトリ科の鳥。

**カク** 28画【▼钁】部首[金] JIS 7955
音カク
くわ。大きなくわ。土をたがやす農具。

**か-く【佳句】**①詩歌などの、すぐれた語句。よい文句。②よい俳句。比較 秀句。

**か・く【欠く・▼闕く】**(五他)①あるべきものを、持っていない。lack 用例 常識を―。礼儀を―・いている。②堅い物の一部を、こわす。chip 用例 茶わんを―。③十分にそなえていない。lack 用例 統一を―。

**か・く【▼舁く】**(五他)かごなどを、かつぐ。

**か・く【書く】**(五他)①字や文章、点や線を記す。write 対義 読む。用例 手紙を―。②著作する。本を著す。write 用例 大作を―。

**か・く【▽描く・▽画く】**(五他)絵にあらわす。えがく。draw 用例 似顔絵を―。

**か・く【▼搔く】**(五他)①つめなどで、跡が残るほど、強くこする。ひっかく。scratch 用例 頭を―。②切り取ったり、削ったりする。用例 かつおぶしを―。③手で、左右におしやる。用例 オールで水を―。雪を―。④かきまぜる。用例 からしを―。⑤琴をひく。

**か・く【▽構く】**(五他)はっきり外にあらわれるように構え出す。用例 あぐらを―。汗を―。いびきを―。恥を―。

**か・く【掛く・懸く】**古語(下二他)↓かける(掛ける)↓かける(懸ける)

**か・く【駆く】**古語(下二自)↓かける(駆ける)

**かく【▼斯く】**(副)こう。このように。このとおり。thus; like this 用例 ―のごとき。―語りき。

**か-ぐ【下愚】**ひどくおろかなこと・人。対義 上知。

**か-ぐ【家具】**建物や住居に付属する、生活用具類の総称。いす・机・たんすなど。調度。furniture

**か・ぐ【▼嗅ぐ】**(五他)鼻で、においを感じる。また、そうしようとして、息を吸う。smell 用例 花の香を―。

**ガク** 8画【学】部首[子] 教育小1 JIS 1956
16画【▼學】旧字 JIS 5360
7画【▼斈】異体字 JIS 5361
音ガク
訓まなぶ
①まなぶ。まなぶこと。「独学・晩学」「学校・学資・学習・学問」②学問上の、広い知識。「医学・国文学・数学・博学・無学」「学識・学者」用例 (名)―を修める。③学校。まなびや。「入学・夜学」「学制・学長」
**学が有る**(がくがある) 学問を深く修め、教養が身についている。いろいろのことをよく知っている。learned 用例 あの人は―。

**ガク** 8画【岳】部首[山] 常用 JIS 1957
17画【▼嶽】旧字 JIS 5454
音ガク
訓たけ
①たかい山。たけ。「山岳」②富士山のこと。「富岳」「岳麓」③妻の父。しゅうと。「岳父」
参考 岳は、嶽の古字とされている。

**ガク** 9画【▼咢】部首[口] JIS 5088
音ガク
おどろく。びっくりする。おどろき。

**ガク** 12画【▼萼】部首[艹] JIS 7253
15画【▼蕚】異体字 JIS 7254
音ガク
うてな。花の一番そとがわにあって、花びらをささえ守るもの。被子植物の花被のうち、外輪のものをいう。

**ガク** 12画【▼鄂】部首[阝] JIS 7831
音ガク
①中国の春秋時代、楚の国の地名。鄂王の都があった。現在の湖北省武昌付近にあたる。②中国の湖北省の別称。③直言する。気がねせずに、ずばりという。

**ガク** 12画【▼愕】部首[忄] JIS 5619
音ガク
①おどろく。びっくりする。「驚愕」「愕然」②直言する。気がねせずに、ずばりという。「愕々」

**ガク** 13画【楽】部首[木] 教育小2 JIS 1958
15画【▼樂】旧字 JIS 6059
音ガク・ラク・ゴウ
訓たのしい・たのしむ
①おんがく。音曲。「音楽・雅楽・器楽・俗楽・能楽・舞楽」「楽劇・楽章・楽隊・楽団・楽譜」用例 (名)―の音。《接尾的》交響―。管弦―。吹奏―。②雅楽のこと。能楽・俗楽と対照させて用いる。③能で、舞楽の技法をとりいれた舞事。④こと・三味線・歌舞伎の音楽などで、雅楽の手法をとりいれた部分や曲。↓ラク[楽]

**ガク** 16画【▼噩】部首[口]
音ガク
おどろく。びっくりする。おどろき。

**ガク** 16画【▼諤】部首[言] JIS 7564
音ガク
直言する。気がねせずに、ずばりという。「侃々諤々」「諤々」



▼常用漢字表外。 ▽常用漢字表の音訓外。

**ガク** 17画【▼壑】部首[土] JIS 5259
音カク・ガク
たに。山と山のあいだの、くぼんでいるところ。土地がくぼんでいるところ。

**ガク** 17画【▼鍔】部首[金] JIS 3655
音ガク
つば。刀剣の刃と柄のあいだにはさむ金具。

**ガク** 18画【額】部首[頁] 教育小5 JIS 1959
音ガク
訓ひたい
額 額 額 額 額 額
①ひたい。ぬか。「前額部」②かいた字や絵をいれて、門・壁などにかけるもの。「掲額」「額縁」用例(名)弘法筆の―。―をうつ。数え方一面・一架。③分量。たか。「金額・総額・多額」「額面」用例(名)―の多少を問わない。

**ガク** 18画【▼顎】部首[頁] JIS 1960
音ガク
あご。口の上下の部分。「下顎・上顎」「顎骨」

**ガク** 20画【▼鰐】部首[魚] JIS 4744 ― 27画【▼鱷】異体字
音ガク
ワニ。ワニ目に属する爬虫類。

**ガク** 20画【▼鶚】部首[鳥] JIS 8313
音ガク
ミサゴ。ワシタカ科の鳥。水辺にすみ、魚をとらえる。

**ガク** 24画【▼齶】部首[齒] JIS 8391 ― 13画【▼腭】部首[月] 異体字
音ガク
はぐき。歯の根もとをつつむ肉。

**かく-あげ【格上げ】**(名・サ変他) ①価値・資格・格式・等級などを、上げること。elevation in rank 対義格下げ。②経済で、値段を上げること。raising price

**がく-あじさい【額▽紫▽陽▽花】** ユキノシタ科の落葉低木。暖地の海岸近くにはえる。初夏に、枝先に大きな集散花序をつける。花序の周囲にがく片からなる青紫・白などの方形の装飾花をもち、額縁のようにみえる。ガクバナ。↓写

**かく-アレルギー【核アレルギー】** 核兵器に対する、鋭い拒否反応。nuclear allergy

**かく-い【各位】** 多くの人をさす敬語。みなさま。おのおのがた。用例父兄―。会員―。

**かく-い【隔意】** うちとけない気持ち。隔心。用例―ない意見をかわす。

**かく・い【角い】**(形) かどばっている。四角い。対義丸い。用例―物入れ。

**がく-い【学位】** 一定の専門的な学問を修め、業績をあげたと認められる人に与えられる称号。現制度では、大学院に一定年限在籍し、論文の審査・試験に合格した人に修士・博士の号が授与される。degree

**かく-いしょく【核移植】** ある細胞の核を、あらかじめ核を取りのぞくか、紫外線で不活化した他の細胞に移す操作。実験発生学の分野で用いられる手法で、核と細胞質の相互作用をみるもの。nuclear transplantation

**かく-いつ【画一・▼劃一】**(名・形動)《「統一」と違う。ふつう、よい意味には使わない》質や内容を考えずに、一様にすること。uniformity 比較均一。

**がくい-ろんぶん【学位論文】** 博士・修士などの学位を得るための論文。thesis for a degree

**かく-いん【各員】** めいめい。ひとりひとり。各人。each; individual

**かく-いん【客員】** 正規の構成員でなく、客分の扱いを受けるメンバー。きゃくいん。guest member 用例―教授。

**がく-いん【学院】** 学校。比較学園。

**がく-いん【楽員】** 楽団を構成する人。楽団員。member of an orchestra

**か-くう【架空】** ①空中にかけわたすこと。用例―ケーブル。②根拠がないこと。つくり事。imaginary 対義実在。用例―の人物。

**か-ぐう【仮▼寓】**(名・サ変自) かりの家。かり住まい。

**カグー【cagu】** ニューカレドニア島特産のツル目カグー科の鳥。この科はカグー一種だけ。後頭に総状の冠羽をもつ。全長約六〇cm。全体が灰色で、翼に黒と白と栗色のしまがある。山地の森林にすみ、夜行性。ほとんど飛べず、地上で昆虫などをあさる。国際保護鳥。カンムリサギモドキ。

**がく-うつぎ【額▽空木】** ユキノシタ科の落葉低木。山野にはえる。ガクアジサイに似るが小形で、中央の両生花は黄緑色、装飾花は白い。

●ガクアジサイ

**がく-うら【額裏】** ①額の裏。②《「額付き裏地」の略》和服の仕立てで、襟・褄・裾など裏の見えやすい箇所に、よい布や花鳥などの模様のある布を用いるもの。

**かくう-りえき【架空利益】** 正しい会計計算によらず、事実に合わない、紙上の利益。資産の過大評価などによって生じる。fictitious profit

**かく-うんどうりょう【角運動量】** 回転する物体の回転運動の勢いを示す量。運動量と原点からの距離との積。angular momentum

**かくうんどうりょうほぞん-の-ほうそく【角運動量保存の法則】** 回転する物体系に外力が働かないとき、系の全角運動量は一定に保たれるという法則。law of conservation of angular momentum

**かく-エネルギー【核エネルギー】** 原子核の分裂や融合のときに放出されるエネルギー。原子核エネルギー。nuclear energy

**がく-えん【学園】** 学校。初級から上級までのいくつかの学校からなる場合が多い。educational institute 用例―都市。

**がくえん-じ【▼鰐▼淵寺】** 島根県平田市別所町にある天台宗の寺。推古朝の創建で、延暦寺初の末寺とされる。

**がくおう【岳翁】**(生没年未詳) 室町後期の画僧。周文流の水墨山水・道釈人物にすぐれる。作品『山水図』など。

**かく-おうだん【核黄▼疸】** 新生児の黄疸の一つ。血中のビリルビン濃度が上昇することで、大脳の基底核などに沈着しておこる疾患。神経細胞がおかされ脳性麻痺となることが多い。nuclear icterus

**かく-おち【角落ち】** 将棋で、上位者が、角行を使わないで相手と対局すること。

**かく-おとし【角落(と)し】** 水をせき止めるための簡単な装置。堰柱の内側に戸溝を設け、木またはコンクリート製の角材や板材を必要な高さまで落とし入れる。

**かく-おび【角帯】** 男帯の一種。博多織などの帯地を二つ折りにし、芯を入れて、幅約八cm、丈約四mに仕立てる。

**がく-おん【楽音】** ①弦楽器・管楽器など、打楽器以外の音高の明確な普通の楽器音。一定の周期をもつ振動によって生じ、基音とその整数倍の倍音の複合波からなる。musical tone 比較騒音。②こころよく聞こえる音。pleasant sound 対義雑音。

**がく-おん【▼顎音】** 硬口蓋音の別称。

**かく-か【角化】** 脊椎動物の表皮細胞が、基底層から表面の角質細胞まで形成されていく状態。ふつう、この周期は一四日間とされる。cornification

**かく-か【角果】** アブラナやナズナの果実のように、細長いものやばち形の実。

**かく-か【核果】** 果実の構造の一種。内果皮が堅くなって種子を包み、水分に富んだ中果皮と薄い外果皮とからなる果実。ウメ・モモなど。石果。drupe

**かく-かい【角界】** ↓かっかい(角界)

**かく-かい【郭▼隗】**(生没年未詳) 中国、戦国時代の燕の政治家。「隗より始めよ」のことばで有名。

**かく-がい【格外】** 一定の規格にはずれていること・もの。また、なみはずれていること・もの。規格外。nonstandard

**かく-がい【閣外】** 内閣のそと。outside the Cabinet 対義閣内。用例―協力。

**がく-がい【学外】** 大学の外部。学校組織の外部。extramural 対義学内。

**かくがい-いでんし【核外遺伝子】** 細胞の核以外の細胞質中にある遺伝子。色素体・ミトコンドリア・ゴルジ体にあるDNA。プラスミドなども含む。細胞質遺伝子。プラズマジーン。plasmagene

**かくがい-しょう【閣外相】** イギリスの大臣の分類。いつも閣議に参加するわけではない大臣たち。対義閣内相。

**かく-かく【▼赫▼赫】**(形動トタル) ↓かっかく(赫赫)

**かく-かく【▼斯く▼斯く】**(副)《同じことを繰り返して述べる代わりに使う》これこれ。かようかよう。しかじか。such and such 用例―の次第で。

**がく-がく**(副・サ変自) ①固定されていたものがゆるんで、動きやすくなっているさま。ぐらぐら。unsteady 用例机の脚が―になる。②からだが小さく震えるさま。tremble 用例ひざが―する。

**がく-がく【▼諤▼諤・▼愕▼愕】**(副・形動トタル) ①正しいと思うことを、ずばずば言うさま。用例―の正論。②口やかましく論じるさま。

**かく-かくさん【核拡散】**《「核兵器拡散」の略》核兵器や、それを持つ国がふえること。nuclear proliferation

**かくかくさんぼうし-じょうやく【核拡散防止条約】**(Treaty on the Non-Proliferation of Nuclear Weapons) 核兵器保有国を限定し、また保有国が非保有国に核兵器を提供しないことを目的とする国際条約。日本は昭和五一年(一九七六)批准。フランス・中国は未加盟。核不拡散条約。核防条約。

**かくか-しょう【角化症】** 皮膚の表面の角質が、硬く厚くなる疾患。うおの目やたこなど。keratosis

**かく-かぞく【核家族】** 夫婦だけ、あるいは夫婦とその未婚の子女からなる家族。あらゆる家族形態の基礎になる最小単位。nuclear family 用例若い世代の―化。

**かく-かそくど【角加速度】** 角速度の時間変化の割合。angular acceleration

**かく-がた【核型】** 生物の種によって定まっている、染色体の形と数を示したもの。核型の相違から、形態の類似する生物群を区別することが可能。karyotype

**かく-がり【角刈(り)】** 男性の髪型の一つ。頭の形を四角にみせるよう、全体を短く刈ったもの。↓図

●角刈り

**がく-かんせつ【▼顎関節】** あごの開閉運動のための関節。jaw joint

**がくかんせつ-しょう【▼顎関節症】** 口を動かすときに顎関節の部分に痛みや雑音があり、開口の障害、あごの運動の異常などが起こる、慢性の病気。arthrosis of temporomandibular joint

**かく-き【郭▼熙】**(生没年未詳) 中国、北宋の画院画家。大観的な山水画を描いた。画論『林泉高致』。

**かく-ぎ【格技】** ↓かくとうぎ(格闘技)

**かく-ぎ【閣議】** 内閣がその職務を行うために開く会議。定例閣議・臨時閣議・持ち回り閣議に分かれ、非公開で行われる。内閣は連帯責任を負うので、閣議の決定は全員一致の形をとる。Cabinet meeting

**がくき【楽▼毅】**(生没年未詳) 中国、戦国時代の燕の武将。昭王に仕えて将軍となり、紀元前二八四年、斉を討ち破った。昭王の死後、恵王にうとまれて趙に逃れたが、のち和解した。

**かくぎ-ぶっきょう【格義仏教】** 仏教を、道教など仏教以外の諸宗教・諸思想の観念にあてはめて理解しようとすること。中国に仏教が伝わった当初の、老荘思想による仏教理解など。

**かく-ぎょう【角行】** 将棋の駒の一つ。斜めなら一度にいくつでも進める。敵陣に入って竜馬(=馬)となると、さらに前後左右に一枡動ける。かく。かっこう。

**がく-ぎょう【学業】** 学問を身につけること。学校で学習すること。studying

**かく-きょへい【▼霍去病】**(BC一一七?) 中国、前漢の将軍。武帝の治世の紀元前一二三年、衛青の匈奴征討に従軍。前一二一年驃騎将軍として遠征し、大功をあげた。

**かく-きょり【角距離】** 二点間の距離を、定点とその二点を結ぶ二直線のなす角度で表したもの。angular distance

**かく-ぎり【角切(り)】** 料理で、材料を立方体に切ること。日本料理では約一・五cm以上。それ以下を、さいの目切りという。



↓行き先項目、図版・写真参照印。 JIS 日本工業規格情報交換用漢字符号コード(区点コード)。

**かく-きん【核禁】** 核兵器の製造や使用の禁止。

**かくきん-かいぎ【核禁会議】** 核兵器禁止平和建設国民会議の略称。日本原水協から脱退した民社党・同盟系が、昭和三六年(一九六一)に結成。

**かく-クラブ【核クラブ】** 核兵器保有国の通称。アメリカ・ソ連・イギリス・フランス・中国の五か国をさす。nuclear club

**かく-ぐんしゅく【核軍縮】** 核兵器を削減したり、配備を縮小すること。nuclear disarmament

**がく-けい【学兄】** ↓がっけい(学兄)

**がく-げい【学芸】** ①学問と芸術・技芸。art and science ②学問。learning

**がくげい-かい【学芸会】** 児童・生徒の学習した知識・技能などを発表する催し。school arts festival

**がくげい-だいがく【学芸大学】** 第二次大戦後、旧師範学校を母体に、一般教養を教えることを中心として設置された大学。現在、多くは教育大学と改称。小・中・高等学校の教員養成を主とする。

**がく-げき【楽劇】** ワーグナーが創案した、劇音楽の形式。従来のアリア中心のオペラを批判し、オペラの構成諸要素を一つの舞台芸術に総合しようとした。music drama 比較 オペラ。

**かく-げつ【各月】** 毎月。

**かく-げつ【客月】** 先月。去月。きゃくげつ。

**かく-げつ【隔月】** ひとつきおき。every other month 用例 ―配本。

**かく-げん【格言】** 人生の真実・いましめなどを、短い形で述べたもの。金言。proverb 比較 警句。

**かく-げん【確言】**(名・サ変他) 自信をもって、言いきること・ことば。

**かく-ご【客語】** ↓きゃくご(客語)

**かく-ご【覚悟】**(名・サ変自他) ①決心すること。心がまえ。resolution 用例 ―を決める。②《仏教語》迷いを脱して、真理をさとること。

**かく-こう【▼霍光】**(?～BC六八) 中国、前漢中期の政治家。霍去病の異母弟。武帝に信任され、昭帝・宣帝を助けて二〇年間権力を握った。死後、一族は誅滅。

**かく-さ【格差】** 資格・価格・等級などの違い。difference 比較 較差。用例 経済力の―。

**かく-さ【較差】**「こうさ」の慣用読み。

**かく-ざ【▼擱座・▼擱▼坐】**(名・サ変自) ①船が暗礁などに乗り上げること。stranding 比較 座礁。②車両や戦車が、こわれて動けなくなること。

**かく-さい【客歳】** 昨年。去年。客年。

**かく-ざい【角材】** 切り口の四角な、木材。squared lumber 対義 丸材。

**がく-さい【学才】** 学問上の才能。

**がく-さい【学債】** 学校、とくに大学が、経費をまかなうために発行する債券。school bond

**がく-さい【学際】**《interdisciplinaryの訳》異なる学問分野にまたがること。また、多数の異なる専門家・技術者が結集して、複雑な仕事にあたること。

**がく-さい【楽才】** 音楽上の才能。

**かくさ・う【隠さう】** 古語 (四他) 繰り返し隠す。隠し続ける。用例 三輪山をしかも隠すか雲だにも情あらなも―べしや(万葉・一・一八)。

**かく-さく【画策】**(名・サ変他) たくらむこと。plan; maneuver

**かく-さげ【格下げ】**(名・サ変他) ①資格・格式・等級などを下げること。demote 対義 格上げ。②経済で、値段を下げること。

**かくさ-ちんぎん【格差賃金】** 同一労働に対して支払われる金額に差がある賃金。男女間や企業規模の違いによる差を非難する意味で使われることが多い。differential wage 比較 賃金格差。

**かく-ざとう【角砂糖】** グラニュー糖に湿り気を与えて圧縮・成形し、六〇℃程度で乾燥したもの。コーヒーなどの甘味料として用いる。lump sugar

**がく-ざら【額皿】** 額のように壁に下げるなどして飾る絵皿。

**かく-さん【拡散】**(名・サ変自) ①広がり散ること。広がってふえること。spread 用例 核兵器の―。②濃度が一様でない状態から、均一の状態になる現象。粒子が熱運動により移動する。気体・液体・固体のいずれにもみられる。diffusion

**かく-さん【核酸】** 細胞核内または細胞質中に存在し、遺伝情報をになう物質。ヌクレオチドが多数結合した高分子化合物でできている。DNAとRNAに大別。nucleic acid

**かくさん-ポンプ【拡散ポンプ】** 蒸気噴流を利用して、高真空をつくるポンプ。水銀または油の蒸気噴流の吸引作用で、気体を外部に排出する。diffusion pump

**かくし【隠し】** ①隠すこと。hide ②《衣服の、外側からは見えない所につけられたことから》洋服のポケット。pocket 用例 内―。

**かく-し【客死】**(名・サ変自) ↓きゃくし(客死)

**かく-し【客思】** 旅先での思い。旅先での気持ち。旅情。

**かく-し【核子】** 原子核を構成する陽子と中性子の総称。nucleon

**かく-じ【各自】** それぞれの人。おのおの。各人。each one 用例 ―持参のこと。

**がく-し【学士】** 大学の学部修了者に授与される称号。大学に四年以上在学し、一般教育や専門科目など一二四単位以上を修得して、最終試験に合格しなければならない。bachelor's degree 比較 学位。

**がく-し【学資】** 修学のための費用。学費。school expenses

**がく-し【楽士】** 劇場などでの演奏者。bandsman; musician

**がく-し【楽史】**(一〇三〇～一〇〇七) 中国、北宋の学者。字は子正。撫州宜黄の人。全国地誌の『太平寰宇記』二〇〇巻が代表作。『楊太真外伝』などの伝奇小説もある。

**がく-し【楽師】**《もと、雅楽について言った》①音楽を演奏する人。=楽人・伶人。②雅楽を奏でる職の人。

**がく-じ【学事】** 学問・学校に関すること。educational affairs 用例 ―報告。

**かくし-あじ【隠し味】** 調理法の一つ。塩・砂糖・酢などの調味料を目立たない程度にごく少量加えること。主となる味を引き立てる。

**がくし-いん【学士院】** 日本学士院の略称。

**がくしいん-しょう【学士院賞】** 日本学士院が学術上すぐれた研究業績に贈る学術賞。明治四四年(一九一一)の制定。

**かく-シェルター【核シェルター】** ↓シェルター

**かくし-がまえ【隠し構え】** 漢字を組み立てている部分の名。「匹・匿」などの「匚」。比較 はこ構え。

**かく-しき【格式】** ①身分・家柄。それによって定まった礼儀・作法。status; formality 用例 ―を重んじる。②↓きゃくしき(格式)

**かく-しぎ【郭子儀】**(六九七～七八一) 中国、唐の武将。玄宗以下四代に仕え、安史の乱鎮圧に活躍。さらに、吐蕃の侵攻防衛に功をたてた。

**がく-しき【学識】** 学問上の知識と、それで得られた見解。learning; scholarship

**かくじき-きょうめい【核磁気共鳴】** スピンをもつ原子核が、電磁波の振動磁界とのあいだで共鳴をおこす現象。この原理を利用して、水素・炭素・窒素などの原子の電子状態を追跡し、化学物質の立体的構造をくわしく知ることができる。また、人体の断層画像も得られる。NMR。nuclear magnetic resonance

**がくしき-けいけんしゃ【学識経験者】** 学識があって、社会的な経験も豊かな人。man of learning and experience

**かくしき-ば・る【格式張る】**(五自) 格式を重んじて、かた苦しくする。stick to formalities

**かくし-くぎ【隠し▼釘】** 頭が外から見えないように、かくして打ったくぎ。しのびくぎ。

**かくし-げい【隠し芸】** ふだんは見せない芸当。parlor trick 比較 裏芸。

**かくし-ごと【隠し事】** 人に知られないようにしている事柄。secret

**かく-じし【核磁子】** 原子核の磁気モーメントの単位。nuclear magneton

**かくし-しつけ【隠し仕付け】** 縫い方の一種。きせのくずれを防ぐために、表に小さな針目を出しながら、裏から縫い代を押さえて縫う方法。表地と同色の糸で縫い、着るときも取らない。

**かくし-だ【隠し田】** 中・近世、農民がひそかに耕作し、租税を納めない田。おんでん。

**かくじだい-てき【画時代的・▼劃時代的】**(形動) ↓かっきてき(画期的)

**かくし-だて【隠し立て】**(名・サ変自他) かくして人に知られないようにすること。keep ... secret

**かくし-だま【隠し球】** ①野球で、トリックプレーの一つ。野手が、攻撃側に気づかれないようにボールを隠し、知らずに塁を離れた走者にタッチして、アウトにする。②交渉などで、最後の武器として隠しておくもの・事柄。

**かく-しつ【角質】** ↓ケラチン

**かく-しつ【革質】** 革のように固い性質。leathery

**かく-しつ【核質】** 核膜内の原形質の総称。染色質・仁・小顆粒・核液などからなる。nucleoplasm

**かく-しつ【確執】**(名・サ変自) ①互いに自分の意見・主張を固守して、ゆずらないこと。②人と争うこと。不和。discord

**かく-じつ【隔日】** 一日おき。every other day 用例 ―に病院へ通う。

**かく-じつ【確実】**(形動) たしかなさま。まちがいないさま。trustworthy; certain 用例 ―な人物。―な証拠。

**かくしつ-かいめん【角質海綿】** モクヨクカイメンの仲間。骨格が、角質の繊維からできている海綿類。これをさらして骨格だけにしたものを、入浴用、またはペン先のインクなどをぬぐうのに利用。熱帯・亜熱帯の浅海に分布。

**かく-じっけん【核実験】** 核兵器または核爆発装置の実験。地表・大気圏内・大気圏外・地下・水中実験に大別されるが、一九六三年に結ばれた部分的核実験禁止条約によって、地下実験以外は禁止されている。nuclear test

**かくしつ-そう【角質層】** 皮膚の最外層部。角質化した扁平細胞からなり、絶えず表面からあかとなって脱落。足裏などでは厚い。皮膚を保護し、水分のむだな蒸散を防ぐ。角化層。角層。horny layer

**かく-して【▼斯くして】**(副・接続) このようにして。こうして。thus

**かくし-どころ【隠し所】** ①物を隠す場所。hiding place ②陰部。genitals

**かくし-どり【隠し撮り】**(名・サ変自他) 相手に知られないように撮影すること。take a photo on the sly

**かくし-ぬい【隠し縫い】** 裁縫で、縫い方の一つ。縫い目を表面に出さないように縫うこと。布の厚みの半分くらいをすくって、縫う。blind stitch

**かくし-ねんぶつ【隠し念仏】** 東北地方にみられる浄土真宗の一派。「くろぼとけ」と称する親鸞の像を本尊とし、念仏を唱えつつ秘密の儀式を行う。土蔵秘事。蒲団かぶり。御庫念仏。

**かくし-ぼうちょう【隠し包丁】** 調理法の一つ。材料の見えない部分に切れ目を入れること。火の通りをよくし、食べやすくする。隠し刃。しのびぼうちょう。

**がくし-ほけん【学資保険】** 生存保険の一つ。子どもの教育資金の確保を目的とし、子どもが一定の年齢に達したとき保険金が支払われる。教育保険。educational endowment insurance

**かくし-マイク【隠しマイク】** 相手にわからないように聞いたり録音したりするためのマイク。bug

**かく-しゃ【客舎】** ↓きゃくしゃ(客舎)

**がく-しゃ【学者】** ①学問のある人。また、俗に、物知り。learned man ②学問研究に従事する人。scholar

**かく-しゃく【▼矍▼鑠】**(形動トタル) 年をとっても心身が強いさま。hale and hearty 用例 老いてなお―たるものだ。

**がくしゃ-はだ【学者肌】** 学者らしい気質。scholarly

**かく-しゅ【各種】** いろいろな種類。諸種。variety 用例 ―各様。

**かく-しゅ【▼恪守】**(名・サ変他) つつしんで守ること。

**かく-しゅ【核種】** 原子や原子核の種類。原子核を構成する陽子と中性子の数で分類される。陽子数が同じで、中性子数が異なる核種を同位体という。nuclide 用例 ―コバルト六〇。

**かく-しゅ【確守】**(名・サ変他) しっかり守ること。堅持。用例 主義を―する。城を―する。

**かく-しゅ【▼馘首】**(名・サ変他) ①首を切ること。decapitation ②職をやめさせること。解雇。免職。首切り。dismissal

**かく-しゅ【▼鶴首】**(名・サ変自他) ツルのように首を長くして待つこと。待ちわびること。用例 ―して返事を待つ。

**かく-しゅう【各週】** 毎週。

**かく-しゅう【客愁】** 旅のさびしさ。旅先でのもの思い。旅愁。

**かく-しゅう【隔週】** 一週間おき。every two weeks; biweekly

**かく-じゅう【拡充】**(名・サ変他) 組織や設備



▼常用漢字表外。 ▽常用漢字表の音訓外。

などを広げて、内容を充実させること。expansion [用例]施設の—。

**がく-しゅう【学修】**(名・サ変他) 学んで身につけること。

**がく-しゅう【学習】**(名・サ変他) ①学びならうこと。勉強。study [用例]—参考書。②心理学で、同じ条件が繰り返される結果、行動のしかたが定着すること。learning

**がくしゅう【岳州】**↓がくよう(岳陽)

**がくしゅう-いん【学習院】**①江戸末期の公家の子弟の教育機関。儒学・和学教授を目的に弘化四年(一八四七)京都に開校。明治三年(一八七〇)閉鎖。②宮内省直轄の皇族・華族の子女教育のための学校。明治一〇年(一八七七)東京に創立。戦後は私立学校に改組。

**がくしゅう-けん【学習権】**子どもや青年が学習をする権利。教育を受け、学習することを、人間的発達のための生得的な権利としてとらえるもの。自治権とあいまって教育権を構成。right of learning

**がくしゅうけんきゅう-しゃ【(株)学習研究社】**総合教育企業をめざす大手出版社。昭和二一年(一九四六)創業。学研。

**がくしゅうしどう-ようりょう【学習指導要領】**文部省が定める小・中・高校などの教育課程の基準。昭和二二年(一九四七)初めて試案として作成。教科書はこれに基づいて編集される。指導要領。

**がくしゅう-たんげん【学習単元】**学習指導のために計画予定される教育内容のまとまり。カリキュラム構成の単位。単元。learning unit

**がくしゅう-づくえ【学習机】**学習用の机。椅子・机とも、高さの調節の可能なものが多い。writing desk

**かくしゅう-はすう【角周波数】**回転運動における角速度のこと。振動数にπの二倍をかけたもの。角振動数。angular frequency

**かくしゅ-がっこう【各種学校】**学校教育法第八三条に規定された、学校教育に類する教育を行う施設の総称。美容・経理・語学・デザインなど約六〇種類の学校がある。vocational schools

**かく-じゅしん【▼郝寿臣】**(一八八六〜一九六二) 中国京劇の俳優。多くの名舞台を残した。

**がく-じゅつ【学術】**①学問。learning ②学問と芸術。art and science

**がくじゅつ-かいぎ【学術会議】**日本学術会議の略称。

**がくじゅつ-しんぎかい【学術審議会】**学術に関する文部大臣の諮問機関。基本的な施策、研究費の配分などについて調査・審議する。昭和四二年(一九六七)に設置。

**かく-しょ【各所・各処】**いたるところ。あちこち。everywhere

**かく-しょう【各省】**①法律で、内閣に属し、それぞれ分担の行政事務をとり行う機関。each ministry ②おのおのの省。each ministry [用例]—大臣。

**かく-しょう【確証】**しっかりした証拠。corroboration [用例]—をにぎる。

**がく-しょう【学生】**《「がくせい」は別語》①律令制下、中央の大学、地方の国学で学業を受けた人。②大寺にあって学ぶ者。また、教学を深く修めた人。

**がく-しょう【学匠】**①学者。②《仏教語》師匠の資格のある僧。また、師に学ぶ僧。

**がく-しょう【楽匠】**音楽の大家。大作曲家。大音楽家。楽聖。

**がく-しょう【楽章】**二つ以上の楽曲を有機的に組み合わせた、交響曲やソナタなどで、その個々の楽曲。movement [用例]第一—。

**かく-しょうたい【核小体】**細胞の核に含まれている小球体。多量のRNAと少量のたんぱく質とからなる。仁。nucleolus

**がく-しょく【学殖】**身につけた学問。学問の素養。scholarship [用例]豊かな—。

**かく-じょし【格助詞】**助詞の一種。主として体言に付いて、その語が、ほかの語に対して持つ関係を表す語。「ぼくの弟がそこにいる」の「の・が・に」、その他「を・へ・で・と・から・より」など。

**かく-しん【客心】**旅の気持ち。旅行中の心持ち。きゃくしん。

**かく-しん【革新】**㊀(名・サ変他) 組織・風習・制度などを、すっかり新しくすること。reform [対義]保守。㊁(名) 左翼。left [用例]—政党。

**かく-しん【核心】**①くだものの種。seed ②いちばん大事な所・点。中心。point; core [用例]問題の—にふれる。

**かく-しん【隔心】**うちとけない心。隔意。

**かく-しん【確信】**(名・サ変他) かたく信じること。信念。conviction [用例]—を抱く。

**かく-じん【各人】**めいめい。各自。each person

**がく-じん【岳人】**山登りのすきな人。alpinist; mountaineer

**がく-じん【楽人】**音楽を演奏する人。がくにん。musician

**かくじん-かくせつ【各人各説】**人によって、それぞれ説・意見が違うこと。

**かくじん-かくよう【各人各様】**何かのことについて、人によって、違いがあること。So many men, so many ways. [用例]—のやりかた。

**かくしん-かんりょう【革新官僚】**満州事変後台頭した革新派の高級官僚。親軍的で、強力な国家統制を主張・実施。

**かくしん-クラブ【革新▼倶▽楽部】**大正一一年(一九二二)、犬養毅を党首として結成された自由主義的政党。普選運動・第二次護憲運動を推進。護憲三派の一つ。同一四年(一九二五)、立憲政友会に合流。

**かくしん-しゅぎ【革新主義】**二〇世紀初めのアメリカでおこった、政治・経済革新の主張および運動。資本の集中独占化による弊害排除を目標に、ルーズベルト・タフト・ウィルソン各大統領らの政策となったが、実効は少なかった。progressivism

**かくしん-せいとう【革新政党】**現存体制の改革をめざす左翼的・進歩的政党一般に対する呼称。ひろくは革命政党をも含む。社会主義イデオロギーの分裂を背景に、第二次大戦後はじめて用いられた用語。reformist political party [対義]保守政党。

**かくしん-てき【革新的】**(形動) 革新にかなうさま。progressive [対義]保守的。[用例]—な言動。

**かくしん-はん【確信犯】**道徳的・宗教的または政治的信念を動機とし、正当であるという確信をもってなされる犯罪。思想犯・政治犯・国事犯など。prisoner of conscience

**かく・す【隠す・▽匿す・▽蔵す】**(五他) [対義]現す。①人の目にふれないようにする。hide; conceal [用例]姿を—。身を—。②秘密にする。keep ... secret [用例]名を—。

**隠すより現る**「隠すより現るるは無し」と同意。

**隠すより現るるは無し** 隠し事は、隠そうとすればするほど、かえって人に知られてしまうものである。Murder will out.

**かく・す【画す・▼劃す】**(五他) ↓かくする(画する)

**かく・す【▼馘す】**[文語的](サ変他) ＝馘首。①くびを切る。②職をやめさせる。

●角錐

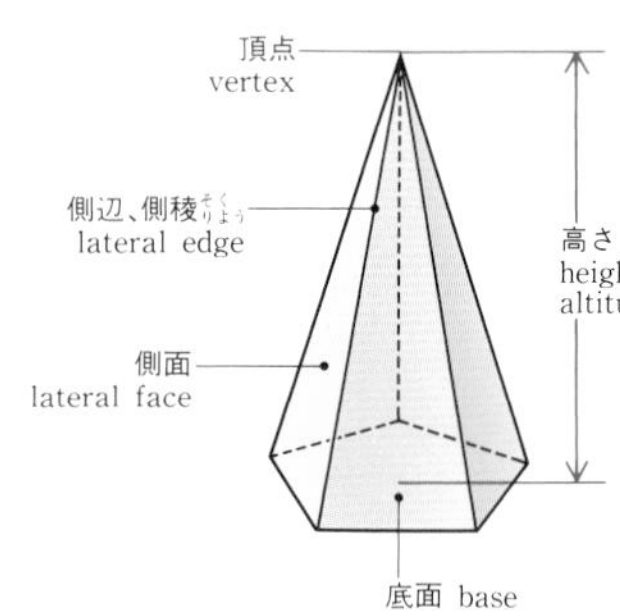


**がく・す【学す】**[文語的](サ変他) まなぶ。修行する。

**かく-すい【角▼錐】**平面上の多角形S(底面)と平面上にない一点O(頂点)が与えられているとき、Sの各辺とOがつくる三角形と、Sとで囲まれた立体。底面がn角形の角錐をn角錐という。pyramid ↓図

**かくすい-だい【角▼錐台】**角錐を、その底面に平行な平面で切るとき、その切り口と底面との間にできる立体。prismoid ↓図

●角錐台

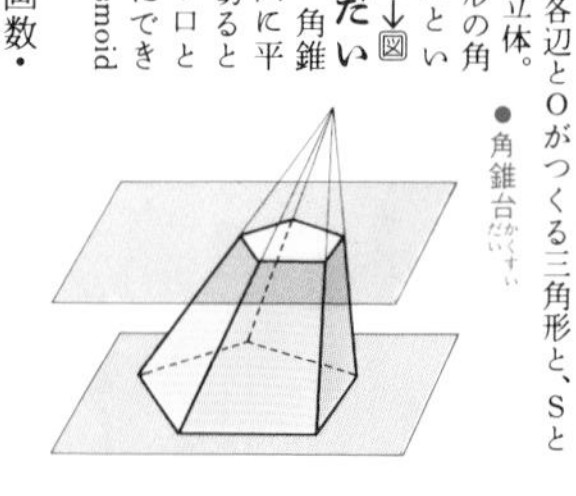

**かく-すう【画数・▼劃数】**漢字を形づくる、線や点などの数。

**かく-ずきん【角頭▼巾】**袋形の四角形の布を二つ折りにして、頭部をおおう頭巾。江戸中期にもっとも流行した。

**かく・する【画する・▼劃する】**(サ変他) ＝画す。①線を引く。draw ②物事をはっきりくぎる。mark [用例]新時代を—。一線を—。③計画する。plan [用例]事業の拡張を—。

**かく-せい【客星】**一時的に現れる星。彗星・新星など。きゃくせい。

**客星、帝座を犯す** 身分のいやしい者が、天子の位をねらうことに言う。

**かく-せい【郭清・▼廓清】**(名・サ変他) 不正や悪習をきれいに片付けること。粛正。[用例]政界の—。

**かく-せい【覚▼醒】**(名・サ変自他) ①目がさめること。さますこと。be awakened ②迷いからさめて、本来の姿に戻ること。awakening [用例]当局者の—をうながす。

**かく-せい【隔世】**①時代をへだてること。時代が異なること。②世代をへだてること。

**隔世の感** 時代が変わったと思う感じ。[用例]—がある。

**がく-せい【学生】**《「がくしょう」は別語》学業をおさめる人。とくに、大学生。undergraduate [比較]生徒・児童。

**がく-せい【学制】**①学校や教育に関する制度。educational system ②近代学校教育制度に関する日本最初の法令。明治五年(一八七二)公布。

**がく-せい【楽聖】**大音楽家。楽匠。celebrated musician [比較]歌聖。[用例]—ベートーベン。

**かくせい-いでん【隔世遺伝】**何世代も前に存在した形質が、突然発現すること。ヒトの副乳や過毛症など。また、両親には発現しなかったが祖父母の形質に似ることも言う。先祖返り。atavism

**がくせい-うんどう【学生運動】**学生が、その自治組織などを通じて、学内問題や社会的・政治的問題に批判的にかかわる運動。急進的な反体制運動に発展することもある。student movement

**かくせい-き【拡声器】**↓スピーカー

**がくせい-ことば【学生言葉】**学生に特有な俗語のことで、外国語系や略語が多い。「まじ(＝真面目・本当)」「バイト(＝内職)」など。学生語。

**かくせい-ざい【覚▼醒剤】**中枢神経を興奮させて、疲れや不快感をまぎらせる薬。覚醒剤取締法により使用を規制。stimulant

**がくせい-しんぶん【学生新聞】**各大学で学生の手で編集・発行されている新聞。高校以下のものについては、学校新聞という。school paper

**かくせい-そうち【拡声装置】**劇場や野外で、音声や音楽の音量を大きくして多くの人に聞かせる装置。おもにマイクロホン・増幅器・スピーカーなどからなる。loud speaker equipment

**がくせい-ふく【学生服】**学生・生徒が着用する制服。おもに男子の詰め襟、五つボタンの服をさす。プロイセン軍の服装が元になっている。school uniform

**がく-せき【学績】**①学業の成績。school record ②学問上の業績。achievement

**がく-せき【学籍】**在学している学生・生徒・児童の籍。在学生についての身上事項。school register

**がくせき-ぼ【学籍簿】**在籍する児童の氏名・生年月日・成績・出欠席などを記録した学校の帳簿。昭和二四年(一九四九)廃止され、指導要録にかわった。school register

**かく-せつ【確説】**しっかりした考え。まちがいのない意見。established theory

**かく-ぜつ【隔絶】**(名・サ変自) かけはなれていること。be isolated [用例]本土から—した孤島。古今に—した業績。

**がく-せつ【学説】**学問上の主張・意見・見解。theory

**がく-せつ【楽節】**楽曲構造における一つのまとまった単位。ふつう八小節からなる大楽節を意味することが多い。passage

**かく-せん【客船】**↓きゃくせん(客船)

**かく-ぜん【画然・▼劃然】**(形動トタル) 区別が明白なさま。くっきり。きっちり。distinct

**かく-ぜん【確然】**(形動トタル) たしかなさま。definite [用例]—たる証拠。—とした違い。

**がく-ぜん【▼愕然】**(形動トタル) 非常におどろくさま。be amazed [比較]茫然。

**かくせん-せき【角▼閃石】**岩石を構成する、

重要な珪酸塩鉱物の一つ。斜方晶系または単斜晶系。柱状の結晶。カルシウム・マグネシウム・ナトリウムなどを含む。火成岩や変成岩中に広く存在する。amphibole

**かく-せんそう【核戦争】** 核戦力を使用する戦争。戦術核戦力を局地的に用いる限定核戦争もいうが、ふつう、戦略核戦力を使用する全面核戦争をさす。原子戦争。nuclear war

**かく-せんりゃく【核戦略】** 核兵器を中心に組み立てられた軍事戦略。相手の第一撃を受けた後でも、相手に決定的打撃を与える報復力をもつことによって、相手の攻撃を抑止しようとするもの。nuclear strategy

**かく-せんりょく【核戦力】** 核兵器を装備した兵力。全面核戦争用の戦略核戦力と、限定核戦争用の戦術核戦力とに大別される。nuclear force

**かく-そう【各層】** ①それぞれの層。each layer ②それぞれの階層・階級。each class

**かく-そう【核相】** 細胞の核の、染色体数の状態。減数分裂により、染色体が一組みとなるものを単相(n)、対になっているものを複相(2n)という。nuclear phases

**がく-そう【学窓】** ①学校。用例 ―を巣立つ。②学校生活。用例 ―の思い出。

**がく-そう【学僧】** ①学問の深い僧。②修学中の僧。

**がく-そう【楽想】** 楽曲の構想。

**かくそう-こうたい【核相交代】** 生物の生活史の中で、染色体数がn(基本数)の世代と2n(倍数)の世代が交互に現れる現象。alternation of nuclear phases

**がく-そく【学則】** 学校の教育・修学上の規則。school regulations

**かく-そくど【角速度】** 物体の回転の速さを表す量。単位時間当たりの回転角で表す。angular velocity

**かく-そくりょう【角測量】** 目標地点の方位角を測る作業。angle measurement

**がく-そつ【学卒】** 「学校卒業者」の略。主として、大学卒業者を言う。

**かく-そで【角▼袖】** ①八つ口のあかない、長方形の袖。男物の長着・コートなどに使用。②「角袖巡査」の略。

**かくそで-じゅんさ【角▼袖巡査】** 明治時代、制服ではなく、和服を着ていた巡査。角袖。

**かくだ【角田】**〈市〉宮城県南部、阿武隈(あぶくま)川下流の市。旧城下町。稲作・タバコ栽培などがさかん。人口三万五五二八(一九八八)。

**かく-たい【客体】** →きゃくたい(客体)

**かく-だい【拡大】**(名・サ変自他) 広げて大きくすること。広がって大きくなること。郭大(かくだい)。enlargement 対義 縮小。

**かく-だい【郭大・▼廓大】** ①広く大きいこと。②→かくだい(拡大)

**がく-たい【楽隊】** ①簡易な楽団。band ②楽器を演奏する人々の行列。band 比較 楽団。

**かくだい-きょう【拡大鏡】** 物体を拡大して見るための簡単な器具。凸(とつ)レンズで正立像を見る。虫眼鏡。ルーペ。magnifying glass

**かくだい-きんこう【拡大均衡】** 経済の安定を図りながら、生産・所得・雇用・貿易など、経済のすべての規模を拡大していくこと。対義 縮小均衡。

**がく-だいこ【楽太鼓】** 雅楽用の三種類の太鼓。ふつう釣り太鼓をさす。革で先を巻いた二本の桴(ばち)で打つ。

**かくだい-さいせいさん【拡大再生産】** 再生産様式の一つ。利潤をすべて消費するのではなく、その一部を資本に加え、従来の生産規模を上回って行われる再生産。extended reproduction 対義 縮小再生産。

**カクタス【cactus】** ①サボテン科植物の総称。②ダリアなどの花形による分類の一つ。花弁が内側に巻くインカーブドカクタス、真っ直ぐなストレートカクタス、中間のセミカクタスがある。

**かく-たる【確たる】**(連体) たしかな。まちがいのない。certain 用例 ―証拠がない。

**かく-たん【▼喀▼痰】** 痰をはくこと。また、その痰。sputum

**かく-だん【格段】**(副・形動) きわめて違いがあるさま。remarkable 用例 実力に―の差がある。

**がく-だん【楽団】** 音楽の演奏のための集団。バンド。orchestra; band 比較 楽隊。

**がく-だん【楽壇】** 音楽家の仲間・社会。楽界。musical world

**かく-だんとう【核弾頭】** ミサイル・魚雷・砲弾などに装備される核爆発部分。小型・軽量化が進み、一五五㎜級砲弾にも装備されている。nuclear warhead

**かく-たんぱくしつ【核▼蛋白質】** 核酸とたんぱく質との複合体の総称。すべての細胞の核に含まれる。nucleoprotein

**かく-ち【各地】** それぞれの土地。each place 用例 全国―の名産。

**かく-ち【客地】** =きゃくち。①旅先の土地。②他郷。

**かく-ちく【角逐】**(名・サ変自) せり合うこと。競争。competition 比較 逐鹿(ちくろく)。

**かく-ちゅう【角柱】** ①上下両面の多角形が、同じ大きさと形で平行なはしら。側面はすべて長方形か、または平行四辺形となる。prism ②四角なはしら。square pillar →図

**かく-ちょう【拡張】**(名・サ変他) 範囲・勢力などを広げること。expansion 用例 胃―。軍備―。

**かく-ちょう【格調】** ①詩歌などの体裁や調子。tone 用例 ―が正しい。②芸術作品などの品格・風格。style 用例 ―の高い歌。―の高い文章。

**がく-ちょう【学長】** 大学の長。president㊥; chancellor㊤

**がく-ちょう【楽長】** 楽隊・楽団の長・指揮者。bandmaster

**がく-ちょう【楽調】** 音楽の調子。musical tone

**かく-つう【角通】** 相撲界にくわしい人。角界「通」。

**かく-づくり【角作り】** 刺身の切り方の一つ。四角に切ったもの。身が柔らかいマグロやカツオなどに用いる。

**かく-づけ【格付け】**(名・サ変他) ①商品取引所で、標準品に比べて商品の品質の等級をつけること。grading ②地位・等級を決めること。ranking

**かく-て【▼斯くて】**(副・接続) このようにして。こうして。さて。thus

**かく-てい【画定・▼劃定】**(名・サ変他) 区切りをつけて決めること。demarcation 用例 国境―。

**かく-てい【確定】**(名・サ変自他) たしかに決まること。決めること。decision 比較 決定。用例 期日が―する。転任が―する。

**かくてい-しんこく【確定申告】** 納税義務者が税額を確定するために、その年度の所得などを自分で計算して申告すること。final return

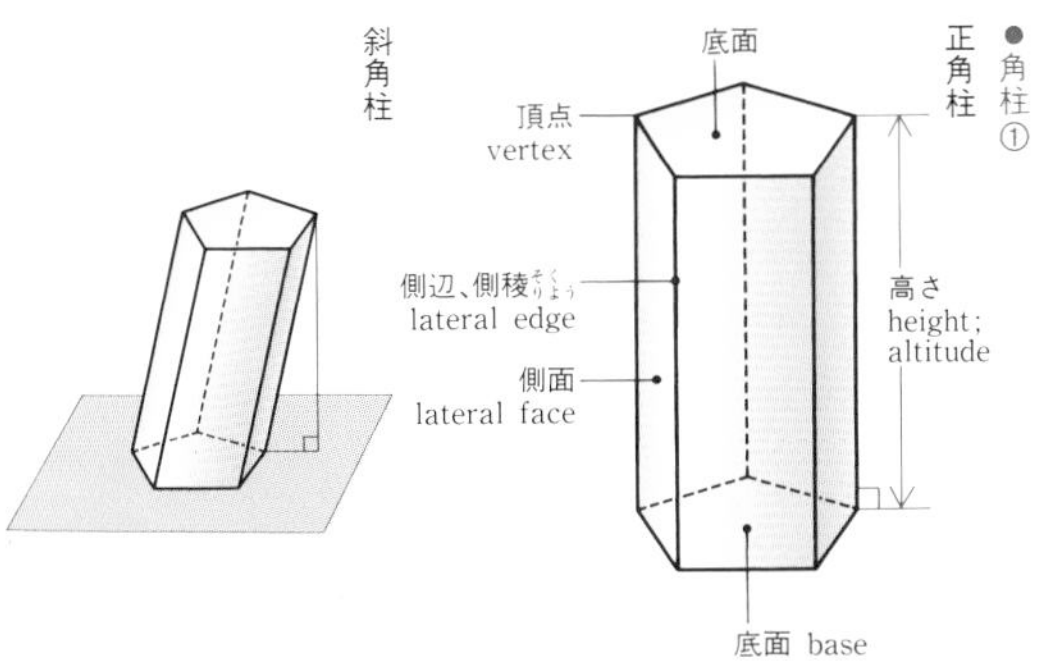


●角柱①

**かくてい-てき【確定的】**(形動) ほぼ確定したさま。definitely 比較 決定的。用例 有罪は―だ。

**かくてい-ねんきん【確定年金】** 年金保険の一つ。年金の受取期間が本人の生死に関係なく、前もって決められている年金。annuity certain

**かくてい-はんけつ【確定判決】** 上訴によって取り消すことができない判決。判決に対する不服申し立て期間が経過した場合や上級裁判所で争う権利を放棄した場合、または最高裁判所などの最終審の判決が出た場合などに確定する。final judgement

**かくてい-ひづけ【確定日付】** 公正証書や内容証明郵便などの証書がその日に作成されたものと法律上認められる日付。fixed date

**かくてい-よさん【確定予算】** 暫定(ざんてい)予算をうけて成立する本予算。

**かくていりつき-しょうけん【確定利付証券】** 一定率の利子支払が発行時に確約され、金利変動のない証券。日本で発行される公社債のほとんどはこれにあたる。fixed interest bearing securities

**がく-てき【学的】**(形動) ①学問に関するさま。scholarly ②学問にふさわしいさま。合理的、体系的であるさま。学問的。scientific 用例 ―根拠。

**カクテル【cocktail】** ①数種類の洋酒に香料・ジュースなどを配合した飲み物。混合酒。②カクテルグラスに盛ったオードブル用の冷製料理。③いくつかちがった種類のものがまじって、一つの全体をなしているもの。用例 ―光線。

**カクテル-コート【cocktail coat】** 夕刻のカクテルパーティーなどに着るコート。カクテルドレスに合わせて用いられる装飾性の強いもの。シルクや毛皮製のものが多い。

**カクテル-スーツ【cocktail suit】** カクテルパーティーのときに着るスーツ。形にとくに決まりはなく、タフタ・ベルベット・絹などを使い、ドレッシーな感じのもの。

**カクテル-ドレス【cocktail dress】** 婦人がカクテルパーティーなどで着る袖(そで)なしまたは半袖のドレス。アフタヌーンドレスとイブニングドレスの中間的なもの。→写

●カクテルドレス

**カクテル-パーティー【cocktail party】** カクテルを主とした飲み物・軽食などの出る、立食形式の社交的な集会。

**カクテル-ハット【cocktail hat】** 婦人帽の一種。カクテルパーティー用の小さめで装飾性の強いもの。カクテルドレスと調和するように色彩・光沢などが工夫される。

**がく-てん【楽典】** 音楽の基礎的な諸知識。主として楽譜の読み書きに必要なさまざまの約束ごと。また、それを書いた本。musical grammar

**かく-と【殻斗】** クヌギやカシ・ナラなどの実(どんぐり)を支えている椀(わん)状の部分。包葉が多数癒合(ゆごう)したもの。cupule →写

●殻斗(かくと) ミズナラ

**かく-ど【角度】** ①角の大きさ。その測り方には一回りを三六〇度、一度を六〇分、一分を六〇秒とする六十分法のほか、ラジアンを用いる弧度法がある。angle ②ものの見方。観点。point of view 用例 ―をかえて見る。

**かく-ど【客土】** 旅先。きゃくど。

**かく-ど【確度】** 確実であることの度合い。たしかさ。degree of accuracy 用例 ―の高い情報。

**かく-ど【▼赫怒・▼嚇怒】**(名・サ変自) ひどく「おこること」。

**がく-と【学徒】** ①学問に専念している人。student 用例 一介(いっかい)の―。②学生と生徒。students and pupils 用例 ―動員。

**がく-と【学都】** 大学その他の学校がたくさんある都市。大学を中心とした町。学園都市。比較 商都。

**かく-とう【角灯】** 灯火具の一種。四面がガラス張りの箱の中に光源を入れ、軒先に掲げたり、手に提げて持ち歩いたりして用いる。ランタン。

**かく-とう【格闘・▼挌闘】**(名・サ変自) 腕力でたたかうこと。取っ組むこと。組み打ち。fight

**かく-とう【確答】**(名・サ変自) たしかな返

▼常用漢字表外。 ▽常用漢字表の音訓外。

事。definite answer [用例]―が得られない。

**がく-とう【学頭】** ①勧学院の職員。②社寺の学事をつかさどる僧の職名。③学校長または首席の地位にある教師。

**がく-どう【学童】** ①学問をする子ども。②小学校の児童。school children [用例]―給食。

**かくとう-ぎ【格闘技】** スポーツで、二人が相対して格闘し、勝負を争う競技。組み合ったり、腕や脚を使って相手を制する。柔道・相撲・ボクシングなど。格技。

**がくどう-そかい【学童疎開】** 太平洋戦争末期、戦災を避けるため大都市の小学生を集団で近郊農村や地方都市に移動させた政策。昭和一九年(一九四四)七月以降、国民学校初等科三～六年生で地方に縁故者のない者を対象。集団疎開。

**がくどう-ほいく【学童保育】** 放課後や休日、保護者、とくに母親が働いている家庭の低学年児童に対して行われる保育。

**かく-とく【獲得】**(名・サ変他) かちとること。自分のものにすること。acquisition [用例]政権―。優勝旗を―する。

**がく-とく【学徳】** 学問と徳行。learning and virtue [用例]―兼備の人。

**かくとく-けいしつ【獲得形質】** 生物が環境の直接の影響によって獲得するとされる形質。一般に、獲得形質は遺伝しないとされている。後天形質。acquired character
**かくど-ゲージ【角度ゲージ】** 角度の測定用標準器。精密に焼き入れ仕上げした鋼片の組み合わせで任意の角度が測定できる。angle gauge
**かく-と-した【確とした】**(連体) はっきりした。たしかな。positive [用例]―証拠。

**がくと-しゅつじん【学徒出陣】** 太平洋戦争時の学生・生徒の入隊・出征。昭和一八年(一九四三)に大学生、高等・専門学校生徒の徴兵猶予を取り消し、入隊させたのが始まり。

**がくと-どういん【学徒動員】** 太平洋戦争下に強行された学生・生徒の動員。昭和一九年(一九四四)の「学徒勤労令」公布により、中学生以上の全員が軍需工場などに就労した。

**がくと-へい【学徒兵】** 太平洋戦争末期、昭和一八年(一九四三)法文系学生の徴兵猶予停止以降、在籍のまま召集された学生兵士。

**かく-ない【閣内】** 内閣のなか。inside the Cabinet [対義]閣外。

**がく-ない【学内】** 大学の内部。学校組織の内部。intramural [対義]学外。

**かくない-しょう【閣内相】** イギリスの大臣の分類。首相をはじめ、閣内内閣を構成して常に閣議に参加する大臣たち。Cabinet ministers [対義]閣外相。

**かくない-ないかく【閣内内閣】** ↓インナーキャビネット

**かく-なわ【▽結▽果】** [古語]《「かくのあわ」の転》①↓かくのあわ(香菓の泡)。②あれこれと心の乱れるさま。[用例]―に思ひ乱れて降る雪の(古今・雑体)。③刀を切り結んだ形。[用例]蜘蛛手、―十文字(平家・四・橋合戦)。
**かく-に【角煮】** 煮物の一つ。豚肉・カツオなどを立方体に切って煮る。
**かくにょ【覚如】**(一二七〇〜一三五一) 鎌倉後期の僧。浄土真宗本願寺の第三世で親鸞の曾孫。大谷御影堂を本願寺と改称、諸国の真宗門徒を統一して本願寺教団の基礎を確立。著書『報恩講式』。
**かく-にん【確認】**(名・サ変他) ①たしかめること。confirm [用例]出発時間を―する。人数を―する。②念をおされて、はっきりみとめること。convince [用例]自己の非を―する。
**がく-にん【楽人】** 雅楽の演奏家。伶人。がくじん。
**かくにん-そしょう【確認訴訟】** 特定の権利や法律関係が存在すること、またはしないことを主張し、その確定を求める民事訴訟。確認の訴え。act for confirmation
**かく-ねん【客年】** 昨年。去年。きゃくねん。
**かく-ねん【隔年】** 一年おき。every other year [用例]―の行事。
**がく-ねん【学年】** ①学校で、一年ごとに区切った修学期間。school year [用例]―末試験。②修学期間で区別した学生・生徒・児童の集まり。grade [比較]学級。
**かくねん-けつじつ【隔年結実】** 果樹などで、よく実る年とあまり実らない年が、一年おきに現れること。alternate bearing
**がくねんべつ-かんじはいとうひょう【学年別漢字配当表】** 小学校学習指導要領で、教育漢字九九六字を学年別に割りふってある表。平成四(一九九二)年度から、新配当の一〇〇六字に移行。
**かく-ねんりょう【核燃料】** 核反応によって、原子核エネルギーを放出できる物質。ウラン二三五・プルトニウム二三九・トリウム二三二をさし、核融合の重水素を含めることもある。原子燃料。nuclear fuel
**かくねんりょう-サイクル【核燃料サイクル】** 核燃料の採鉱、ウランの濃縮、使用済み核燃料の回収・再処理、放射性廃棄物の処分にいたる循環の過程。原子燃料サイクル。nuclear fuel cycle
**かくねんりょう-さいしょり【核燃料再処理】** 使用済み核燃料から放射性核分裂生成物を除き、燃え残りのウランと新しく生じたプルトニウムを回収し、再び核燃料に加工すること。nuclear fuel reprocessing
**かく-の-あわ【香▽菓の泡・▽結▽果】** ひもで結んだ形をした古代の揚げ菓子。かくなわ。
**かくのう-こ【格納庫】** 航空機を収容する建物。hangar
**かく-の-かさ【核の傘】** 核兵器保有国の戦略核報復力で、同盟国の安全を守ること。。nuclear umbrella [用例]―にはいる。
**かくのだて【角▽館】**〈町〉 秋田県、横手盆地北部の町。佐竹氏の旧城下町。武家屋敷、檜木内川堤の桜などの観光名所がある。樺細工が特産。人口一万六三〇三(一九八八)。
**かく-の-ふゆ【核の冬】** 核戦争によって生じる塵と煙の厚い雲が太陽の熱と光を遮り、地球の気候が長期間寒冷化する状態。一九八三年カール＝セーガンらが唱えた。八五年の国際学術連合会議の研究報告では、寒冷化と食糧不足によって一〇億～四〇億の人間が死亡するという。nuclear winter
**かく-のり【角乗り】** 水面に浮かぶ角材に乗って作業すること。また、その人。水上の角材の上で披露する軽業をもさす。↓[写]

● 角乗り

**がく-は【学派】** 学問上での流派。school
**かく-はいぜつ【核廃絶】** 核兵器の全廃。total abolition of nuclear weapons [用例]―を訴える。
**かく-はく【郭▼璞】**(二七六〜三二四) 中国、東晋の学者・詩人。元帝に仕え、卜筮をよくしたが、王敦の反乱に従わなかったため殺された。『爾雅』『山海経』などの注釈がある。
**かく-ばくはつ【核爆発】** 原子核の分裂による爆発。または、核爆弾の爆発。nuclear explosion
**がく-ばつ【学閥】** 出身学校・学派の同じ者が結束して親密な関係を結び、仲間の利をはかろうとする傾向。また、その集団。academic clique [比較]軍閥・財閥。[用例]―の弊。
**かく-ばな【格花】** 立花や生花のこと。定められた基本の技(格)と形式をもつ床飾りの花をさす。かくか。[比較]自由花。
**かく-ば・る【角張る】**(五自) ①四角い形になる。②かたくなる。まじめくさる。[用例]―・ってすわる。③かどが立つ。[用例]話が―。
**かく-はん【各般】** いろいろ。さまざま。各方面。諸般。various
**かく-はん【▼攪▼拌】**(名・サ変他)《「こうはん」の慣用読み》かきまぜること。かきまわすこと。
**かくばん【覚▼鑁】**(一〇九五〜一一四三) 平安後期の僧。新義真言宗の祖。高野山大伝法院を建立し、金剛峰寺座主を兼ねたが、一山の反対にあい紀州の根来に移る。興教大師。
**かくはん-き【▼攪▼拌機】** 材料を均一にしたりするためにかきまぜる機械。かきまぜき。
**かく-はんのう【核反応】** 原子核が他の原子核、あるいは中性子や陽子および光子などと衝突して新しい原子核に変換する現象。原子核反応。nuclear reaction
**かく-ひ【角皮】** ↓クチクラ
**がく-ひ【学費】** 勉学に必要な費用。学資。school expenses
**がく-ひ【岳飛】**(一一〇三〜一一四二) 中国、南宋の武将。農民から立身し軍閥の首領となったが、金国に対して主戦論を唱え、和平派の宰相秦檜により獄死させられた。後世救国の英雄として岳王廟にまつられる。
**かく-びき【画引(き)】** 漢和辞典などの索引の一種。必要な漢字をその総画数順に配列した索引。また、それによって探し出すこと。[対義]音引き。
**かく-ひつ【角筆】** 明治以前、漢籍を初めて学ぶ人に教えるとき、文字をさすのに用いた箸のようなもの。木・竹・象牙などでつくる。つのふで。字指し。字突き。
**かく-ひつ【▼擱筆】**(名・サ変自) 筆をおくこと。書き終えること。[対義]起筆。
**がく-ふ【岳父】** 妻の父。しゅうと。father-in-law [用例]最高―。
**がく-ふ【学府】** 学校。educational institution
**がく-ふ【楽譜】** 楽曲を一定の約束(記譜法)に従って視覚的に表示したもの。score
**がく-ぶ【学部】** ①大学で、専攻学科の類によって分けた組織。理学部・法学部など。department ②旧制大学の本科。[対義]予科。
**がく-ぶ【楽部】** 雅楽の演奏団体。宮内庁式部職楽部の略称。雅楽の教習・伝承・保存を行う。おもに宮中の儀式で演奏する。
**がく-ふう【学風】** ①学問研究の態度・傾向。academic traditions ②学校の気風。school characteristics
**かく-ふく【拡幅】**(名・サ変他) 道路などの幅を広げること。[用例]―工事。
**かく-ぶそう【核武装】** 自国の力で核戦力を保有すること。現在の核兵器保有国は、アメリカ・ソ連・イギリス・フランス・中国の五か国。他国の核兵器の国内配備を含んでいうこともある。nuclear armament [用例]―禁止地帯。
**がく-ぶち【額縁】** ①書画を収めて掲げるためのわく。frame ②窓・出入り口の回りに付ける飾りの木材。architrave; casing
**がくぶち-したて【額縁仕立(て)】** 和裁で褄先の処理方法。衣服の裾や襟、布団の裏布などの折り返しの角を、額縁のように仕立てること。鏡仕立て。
**かくぶつ-ちち【格物致知】** 儒学のことば。『大学』で学問修得の順序を説く八条目のうち、初めの二条目。朱子学では、物の理をきわめてその極に至り、知識を完全にすること。陽明学では、物事の善悪を正し、先天的な良知の働きを完全にすること。
**かく-ぶん【確聞】**(名・サ変他) はっきりと聞くこと。[用例]―するところによれば。
**かく-ぶんれつ【核分裂】** ①生物の細胞分裂のとき、核が二分する現象。染色体が二分される。nuclear division ②ウラン・プルトニウムなどの重い原子核が分裂する反応。このとき、大きなエネルギーを放出する。原子核分裂。nuclear fission [対義]核融合。
**かく-へいき【核兵器】** 核分裂または核融合反応から生じる放射エネルギーを破壊殺傷力として利用する兵器の総称。核分裂兵器は原子爆弾、核融合兵器は水素爆弾。使用目的により戦略核兵器と戦術核兵器に大別する。nuclear weapon
**かくべえ【角▽兵▽衛】** ①長唄、常磐津節の曲名。文政一一年(一八二八)初演。越後の角兵衛獅子と女太夫の踊り。②「角兵衛獅子」の略。
**かくべえ-じし【角▽兵▽衛▼獅子】** ①大道芸の一つ。少年が頭に獅子頭をつけ、胸にかけた羯鼓を打ち、種々の曲芸を演じる。越後獅子。②越後国の角兵衛という人がつくった獅子の面。↓[写]

● 角兵衛獅子①
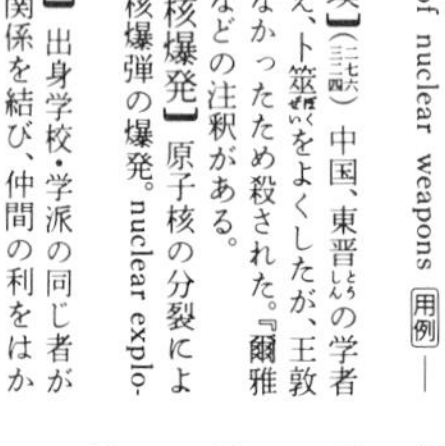

**かく-へき【隔壁】** 仕切るために設けたかべ。しきり。partition [用例]圧力―。
**かく-べつ【格別】**(副・形動) ①とりわけ。特別。格段。particular [用例]―な味だ。―変わったこともない。②別として。ともかく(も)。[用例]行かないなら―、行ったのだから、何も言うことはない。
**がく-へん【▼萼片】** 萼を構成する一枚一枚の葉。sepal ↓花[図]
**かく-ほ【確保】**(名・サ変他) しっかりと持っていること。secure [用例]地位を―する。資材を―する。


↓ 行き先項目、図版・写真参照印。 [JIS] 日本工業規格情報交換用漢字符号コード(区点コード)。

**かく-ほう【確報】** たしかな知らせ。definite report

**かく-ぼう【角帽】** ①上面が四角い帽子。大学生の制帽など。②大学生。

**かく-ぼう【客坊】** →きゃくぼう(客坊)

**がく-ぼう【学帽】** 学校の学生・生徒・児童がかぶる、その学校で定めた帽子。school cap 比較 制帽。

**かくぼう-じょうやく【核防条約】** 「核拡散防止条約」の略。

**がく-ぼく【学僕】** 明治初期、塾・学校などの雑用をしながら勉強をした人。

**かく-ぼん【角盆】** 四角い盆。

**かくま・う【▽匿う】**(五他) 人をかばって、ひそかにかくす。shelter 用例 犯人を—。

**かく-まき【角巻(き)】** 婦人が頭・肩からかけて体をくるむ防寒用の大きな肩掛け。ふつう、ふさつきの毛布の類を用い、三角に折って着用する。東北地方で用いられる。→写

●角巻き

**かく-まく【角膜】** 眼球の前方、黒目の部分にある透明円形の部分。神経が豊富で刺激に敏感である。cornea 用例 —移植。→目図

**かく-まく【核膜】** 核と細胞質を仕切る膜。二重膜構造で、多くの核膜孔を通して物質が出入りする。核膜が存在する生物を真核生物という。nuclear membrane

**かく-まく【隔膜】** ①一般には、動植物内部の組織や器官を区切っている膜のこと。横隔膜・腹膜など。septum;diaphragm ②溶液の電気分解のさい、陽極および陰極生成物の副反応を防ぐため、両極間を仕切る隔壁。

**かくまく-いしょく【角膜移植】** 混濁した角膜を除去し、他人の正常な角膜を移植すること。視力回復術。keratoplasty

**かくまく-えん【角膜炎】** 角膜の炎症の総称。細菌感染・アレルギーなど原因はさまざま。眼痛・異物感・視力障害など。keratitis

**かくまく-かんそうしょう【角膜乾燥症】** 角膜を保護する涙液の分泌不足でおこる眼痛。ビタミンA欠乏症の一つ。xerosis corneal

**かくまく-ぎんこう【角膜銀行】** 角膜移植に使う眼球(角膜)をあっせんする施設。設置には厚生大臣の許可が必要。eye bank

**かくまく-なんかしょう【角膜軟化症】** 小児とくに乳児に多い眼病。結膜の乾燥、角膜の混濁ののち潰瘍が発生して失明する。原因はビタミンAの欠乏。keratomalacia

**かくまく-はんしゃ【角膜反射】** 角膜を刺激すると眼瞼が反射的に閉じることをいう。この反射のしかたで意識障害の程度を判定したりする。corneal reflex

**かくまく-ヘルペス【角膜ヘルペス】** 単純ヘルペスウイルスの感染で起こる眼病。まぶしさ・異物感・流涙などの症状が出る。専門医による治療が必要。herpetic keratitis

**かくまく-ほう【隔膜法】** 食塩水の電気分解法の一つ。陽極と陰極の間をアスベストなどの隔膜で分け、両極で生成した塩素と水酸化ナトリウムが反応するのを防ぐ。diaphragm process

**かく-まつじゃく【郭▼沫若】**(一八九二〜一九七八) 中国の作家・歴史学者。一九一四年日本留学、九大医学部卒。二五年帰国。二七年日本へ亡命、中国古代史を研究。三七年日中戦争開始と同時に帰国し、抗日文化工作に従事。解放後は国務院副総理・科学院長を歴任。著書『屈原』『中国古代社会研究』『創造十年』など。

**かく-ミサイル【核ミサイル】** 核弾頭の搭載可能なミサイルの総称。nuclear missile

**がく-む【学務】** 学校や教育に関する事務。school affairs

**かく-めい【革命】**《昔中国で、天命を革める、の意》①被支配階級が支配階級から政治権力を奪い(政治革命)、新社会建設のため社会組織の根本的変革(社会革命)を断行すること。revolution ②現状がはげしく変わること。技術革命・交通革命など。revolution 比較 改良。③天子の子孫が徳を失ったとき、天が別に有徳の人を選んで、これに統治権を授けたこと。易姓革命。比較 起義。④陰陽道で辛酉の歳をいう語。この年には変乱が多いとされ、年号を改めたりした。

**がく-めい【学名】** ①学問上の名声。fame as a scholar 用例 —高い人。②国際命名規約にのっとり、生物につけられる世界共通の学術上の名称。種の場合、属名と種名の二語のラテン語で表記する。scientific name 比較 和名。参照 二名法。

**かくめい-てき【革命的】**(形動) ①政治革命をめざすさま。revolutionary 用例 —情勢が熟している。②今までの物事を根本的に変えるさま。revolutionary 用例 —学説。

**かくめい-ひょうぎかい【革命評議会】** 革命の過程で、新しい社会をになう諸勢力が形成する評議会。revolutionary council

**かくめい-れき【革命暦】**(calendrier républicain フランス) フランス革命当時、国民公会が制定した新暦法。一七九二年九月二二日の共和政宣言の日を紀元第一年第一日とし、一年を一二月、一月を三〇日とし、余日を革命祭日とした。一八〇五年一二月三一日で廃止。共和暦。

**がく-めん【額面】** ①額。かけ額。tablet; plaque ②公債・株式・貨幣に記された金額。face value; denomination

**がくめん-かぶ【額面株】** 株券に一株の金額(=額面価額)を表示した株式。par value stock 対義 無額面株。

**がくめん-どおり【額面通り】** ①記載された金額そのままであること。at face value ②ことばの表面上の意味そのまま。at face value

**がくめん-はっこう【額面発行】** 株式や債券を額面価額で発行すること。金融債に多い。par issue 対義 時価発行・割引発行。

**がくめん-われ【額面割れ】** 株式・公債・社債などが、額面価額を割ってその市場価格を下げること。drop below par

**がく-もん【学問】** 一(名・サ変自) 物事を研究すること。学び習うこと。learning 二(名) 体系的な知識・方法。学術。scholarship

**学問に王道なし**《エジプト王トレミーに対して、ユークリッドが答えたとされることば。一説に、「学問」は「幾何学」とも》国王だからといって、学問を修めるための安楽な方法というものはない。There is no royal road to learning.

**がくもん-てき【学問的】**(形動) ①学問についての。academic 用例 —な話。②物事をするのに、理性的で、厳密なさま。

**がくもん-の-じゆう【学問の自由】** 憲法第二三条で規定された基本的人権の一つ。学問研究を宗教や政治などの外部権力から独立させ、その自由を保障すること。

**がくもんのすすめ【学問のすゝめ】** 福沢諭吉著の啓蒙的論文集。一七編一巻。明治五〜九年(一八七二〜七六)刊行。封建道徳を排し平等・独立を説く。

**かく-や【覚▼弥】**《岩下覚弥が徳川家康にすすめたのが始まりという》漬物の一種。数種類の漬物の古漬けを細かくきざみ、塩出しして酒・しょうゆをかけたもの。

**がく-や【楽屋】** ①劇場の舞台の裏にある、出演者の化粧・着がえ・休息などのための部屋。楽屋裏。backstage; greenroom ②雅楽で、楽人が音楽を奏でる所。③物事の内情。裏面。用例 —話。

**楽屋から火を出す** 自ら災難をひきおこす。身内から問題が持ち上がる。内部から紛争がおこる。

**楽屋で声を嗄らす** いくら苦労しても、他人に認められないことにいう。

**がくや-いちょう【楽屋▽銀▼杏】** ①女性の髪型の一種。前は中分け、鬢・髱・髷を小さめにまとめた銀杏返し。②歌舞伎役者のかつら下の一種。髷が低い。

**がくや-うら【楽屋裏】** ①楽屋の内部。backstage ②うちまく。内情。inside affairs 用例 政界の—。

**がくや-おち【楽屋落ち】** ①寄席・芝居などで、出演者が、仲間うちだけに通じて観客にはよくわからない台詞・しゃれなどを言うこと。②一部の関係者にだけ通じて、他にはわからないこと。

**かく-やく【確約】**(名・サ変自他) かたく約束すること。たしかな約束。definite promise 用例 —をかわす。

**かく-やす【格安】**(形動) たいへん安いさま。cheap; inexpensive 比較 割安。用例 —な商品。

**がくや-すずめ【楽屋▼雀】** ①楽屋に出入りして、芝居社会の内情に通じている人。芝居通。②特定の社会の内情に通じている人。

**かぐやひめ【かぐや姫】** 『竹取物語』の女主人公。月の世界からきた神仙の美女。竹の中から生まれ、竹取りの翁夫婦に育てられて美しい姫となる。多くの求婚を退け、八月十五夜の晩に月の都に帰る。

**かくゆう【覚▼猷】** →とばそうじょう(鳥羽僧正)

**がく-ゆう【学友】** ①同じ学校の友だち。校友。同窓生。schoolmate ②学問上の友人。

**かく-ゆうごう【核融合】** ①軽い原子核である重水素などが融合して新しい原子核をつくる反応。このとき大きなエネルギーを生じる。水素爆弾はこれを利用している。nuclear fusion 対義 核分裂。②動物や植物の受精のとき、精子が卵の中に入り、両者の核が一つに合すること。核合体。karyogamy

**かくゆうごう-はんのう【核融合反応】** 重水素やヘリウムなどの軽い原子核が融合して、重い原子核になり、大きなエネルギーを放出する反応。恒星のエネルギー源となっている。nuclear fusion

**かく-よう【各様】** それぞれのありさま。用例 各人—。

**がくよう【岳陽】** 中国、湖南省北東端の港町。京広鉄道と揚子江水運の要地で、省北東部の物資集散地。人口四〇・二万(一九八四)。ユエヤン。岳州。

**がくよう-ひん【学用品】** 学習に必要な道具、文房具。ノート・鉛筆など。school supplies; stationery

**がくよう-ろう【岳陽楼】** 中国湖南省洞庭湖に臨む岳陽城西門上の楼。楼上からの揚子江、洞庭湖の眺望で有名。

**かく-よく【▼鶴翼】** ①ツルのつばさ。②陣形の一つ。ツルがつばさを広げたように、中央部から離れるにしたがって兵を前に進め、敵兵を中にとりこめようとする陣形。比較 魚鱗。

**かく-よくしろん【核抑止論】** 核軍事力の均衡が戦争を防止し、世界の平和維持に役立つという主張。nuclear deterrent theory

**かぐら【神楽】**《神霊の依る「神座」の転》①神を祭るときに奉納される舞楽。宮廷で行われる御神楽と民間で行われる里神楽がある。おかぐら。②能・狂言の舞事の一つ。→写

●神楽①　出雲大社(島根県)。

**かぐら-うた【神楽歌】** 神楽で歌われる歌謡。平安時代に発達、現在も宮中で行われる約九〇首をさす。「神おろし」の採物、「神あそび」の前張、「神あがり」の星に三大別。

**かぐらざか【神楽坂】** 東京都新宿区北東部、牛込見附から西に上る坂の名。および付近の商店街。戦前には花街があり、現在も繁華街としてにぎわっている。

**かぐら-ざさ【神楽▼笹】** オカメザサの異名。

**かぐら-ざめ【神楽▼鮫】** サメの一種。全長四m以上で淡褐色。鰓孔は六対(ふつうのサメは五対)。深海にすむ。太平洋・大西洋の熱帯・亜熱帯海域に分布。

**かぐら-ばやし【神楽▼囃子】** 神楽に付随する器楽。各地の神楽では全般に、太鼓(大太鼓・締め太鼓など)・鉦・笛を伴奏楽器に用いる。

**かぐら-ぶえ【神楽笛】** 日本固有の管楽器。おもに雅楽の神楽歌で用いられる六孔で全長約四六cmの横笛。比較的低く静かな音色をもつ。大和笛。

**かく-らん【▼霍乱】** ①日射病。②急性のはきくだし。用例 鬼の—。

**かく-らん【▼攪乱】**(名・サ変他)《「こうらん」の慣用読み》①かき回すこと。②混乱させること。

**かく-り【隔離】**(名・サ変他) ①離して別にすること。②伝染病が広がるのを防ぐため、患



▼常用漢字表外。　▽常用漢字表の音訓外。

者を他の人から隔てること。isolation ③生物集団がいくつかに分かれて遺伝子の交換が起こらなくすること。生物の種分化の重要な原因となる。地理的隔離や生殖的隔離などがある。isolation

**がく-り【学理】** 学問上の理論・原理。theory

**かくり-せつ【隔離説】** 生物の進化論の一つ。地理的隔離が種の分化に極めて重要であるという説。ドイツのモーリッツ=ワーグナーらによって提唱された。isolation theory

**かく-りつ【格率・格律】**《哲学の用語》①論理上の主要命題、証明なしに許容される命題など。準則。②カント以後、個々人の行為の主観的な規則・原理。③倫理学で、行為を決める主体的原理。maxim

**かく-りつ【確立】**(名・サ変自他) しっかりと立つこと。establishment 用例 主体性を―する。

**かく-りつ【確率】** ①ある事柄の起こりうる可能性の程度。また、それを示す数値。蓋然性。probability ②みこみ。公算。probability

**がく-りつ【楽律】** ①中国や日本の伝統音楽の音律。②楽音を音律の高低にしたがって理論的に整えたもの。十二律など。

**かくりつ-かてい【確率過程】** 時間とともに断続して現れる偶然的現象の数学的モデル。たとえば偶然的な外力の作用下で動く質点の運動、通信の雑音の強さの時間的変動など。マルコフ過程・定常過程などに分類される。stochastic process

**かくりつ-し【確率紙】** 統計で用いられる特殊な方眼紙。資料が正規分布にしたがう母集団からの標本であるかどうかの判断や、統計的推論などに用いられる。probability paper

**かくりつ-ぶんぷ【確率分布】** 確率変数の分布状態。離散型の場合には、確率変数の各値に対し、その値をとる確率を対応させたもの。連続型の場合には、一般に分布関数、確率密度関数などで表す。二項分布・ポアソン分布・正規分布など。probability distribution

**かくりつ-へんすう【確率変数】** 試行のおのおのの結果に対し、実数値が与えられる変数。たとえば、二個のサイコロを投げるとき、その目の和に対応させる二～一二の数値。stochastic variable; random variable

**かくりつ-ろん【確率論】** 確率を研究対象とする数学の一分野。近代統計学に応用する。theory of probability

**がくり-と**(副) 急に物が折れたり、取れたり、勢いがなくなったりするさま。がっくりと。with a shock 用例 力が―ぬける。

**かくり-びょうしゃ【隔離病舎】** 病院で伝染病患者や、他の患者と同居させられない患者だけを収容する建物。隔離病棟。isolation ward

**がく-りょ【学▼侶】** ①学友。②学業に専心した僧。

**かく-りょう【閣僚】** 内閣を構成する大臣のこと。閣員。Cabinet member

**がく-りょう【学寮】** ①学校の寄宿舎。学生の修学・宿泊などに当てた建物。dormitory ②大寺院で、学生の修学・宿泊などに当てた建物。③カレッジ。college

**かく-りょく【核力】** 陽子と中性子の間にはたらき、その二つを結びつけて原子核をつくる力。力のおよぶ距離は非常に短いが、電磁気力にくらべて非常に強い。nuclear force

**がく-りょく【学力】** 学習の結果、獲得され、現時点において発揮できる能力。achievement

**かく-りん【獲▼麟】**《「麟」は麒麟。『春秋』がこの語で終わっていることから》①孔子の絶筆。②孔子の死。転じて、臨終。

**かく-りん【▼鶴林】**《釈迦牟尼の入滅のとき、沙羅双樹がツルの羽のように白くなったということから》①沙羅双樹の林。ツルのはやし。②釈迦牟尼の入滅。

**かく・る【隠る】** 古語 (下二自) ↓かくれる(隠れる)

**かくれ【隠れ】** ①隠れること。②《上に「お」を付けて》身分の高い人の死を言う敬語。用例 お―になる。

**がく-れい【学齢】** ①義務教育を受けなければならない年齢。満六歳から一五歳まで。school age ②小学校にはいるべき年齢。school age 用例 ―に達する。

**がくれい-じどう【学齢児童】** 満六歳から一二歳までの、小学校に就学の義務のある児童。children of school age

**がくれい-せいと【学齢生徒】** 中学校に就学の義務のある者。

**かくれ-うお【隠魚】** 共生の好例とされる、カクレウオ科の海水魚。全長約二〇cm。体は細長く、淡灰色で、フジナマコなどの腸内に隠れすむ。本州中部以南に分布。↓図

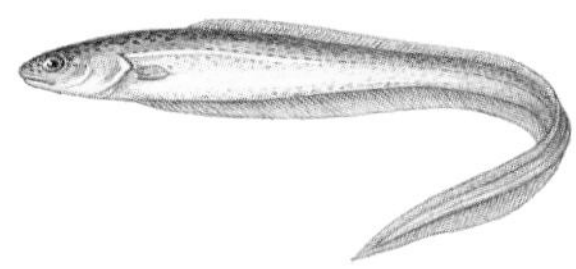
●カクレウオ

**かくれ-が【隠れ家・隠れ▽処】** ①人や世間をさけて住む所・家。retreat ②ものかげ。

**かくれ-がさ【隠れ▼笠】** 〔一〕隠れ蓑の。〔二〕昔話の一つ。かぶれば他人から身体が見えなくなる不思議な天狗の笠を手に入れた男が、女房に笠を焼かれて、その灰を体に塗り身を隠すという話。

**かくれ-がに【隠▼蟹】** 二枚貝やナマコなどの体内にすむ小形のカニの総称。雌は甲長一cm内外、雄ははるかに小さい。甲は円形で、白くて軟らかい。この仲間には、オオギピンノのように海中で自由生活をしているものもあるが、日本にオオシロピンノなど約一〇種いる。pea crab ↓カニ図

**がく-れき【学歴】** 学校へ行って学習した経歴。educational background 対義 職歴。

**かくれき-がん【角▼礫岩】** 角ばった岩石の破片を含む堆積岩。がけの崩壊・断層運動・火山噴火などが成因。breccia

**がくれき-しゃかい【学歴社会】** ある人の社会的地位を決定する要因のうち、学歴の比重が相対的に大きい社会。

**かくれ-キリシタン【隠れキリシタン】** 江戸幕府のキリシタン弾圧後、現在にいたるまで、禁制時代のひそかな信仰形態を続けている人々。長崎県に存在。

**かくれ-ざと【隠れ里】** ①世間を避けて隠れ住む所。隠遁所。②山奥や塚穴の向こうにあると考えられた平和な理想郷。竜宮や長者話と結び付いたものが多い。

**かくれ-な・し【隠れ無し】** 古語 (形ク) 隠れたところがない。広く世の中に知れ渡っている。用例 しのぶとも、世にある事、―・くて(源氏・夕顔)。

**かくれぬ-の【隠れ▽沼の】** [枕ことば]《「かくれぬ」は、表面が草などにおおわれて外からは見えない沼》「底・下」などにかかる。用例 紅の色にはいでじ―したにかよひて恋ひは死ぬとも(古今・恋三)。

**かくれ-ねんぶつ【隠れ念仏】** 江戸時代、藩の念仏の禁制下で他宗を信仰すると見せかけ、隠れて念仏を行った信仰集団。カヤカベ教など。

**かくれ-みの【隠れ▼蓑】** ①着ると、からだが見えなくなるという想像上のみの。cloak of invisibility ②真相を隠すための手段。cloak; pretext ③《「隠蓑」で》ウコギ科の常緑小高木。暖地の山林にはえ、高さ約九m。葉は互生、厚くて光沢がある。夏に、黄緑色の五弁花を枝先に密につける。果実は黒く熟す。↓写

●カクレミノ③

**かくれ-も-ない【隠れも無い】**(連語) 広く知られている。有名である。はっきりした。well-known 用例 ―事実。

**かく・れる【隠れる・▼匿れる】**(下一自) ①ある物の後ろになって見えなくなる。hide 対義 現れる。用例 月が雲に―。②世の中に名が知られていない。unknown 用例 ―・れた人材。③人目につかなくなる。用例 人に―・れて悪事をはたらく。

**隠れたるより見るるは莫し**(かくれたるよりあらわるるはなし) 知られまいと意識すればするほど、逆に態度に現れてしまうものである。包み隠そうとすると、かえって世間に知られやすいことをいう。類似 隠すことは現る。

**隠れての信は顕れての徳**(かくれてのしんはあらわれてのとく) 心のうちにある信実は、やがてその身の利徳となって現れてくる。類似 隠れたる信あらば顕われたる験。

**かくれん-ぼう【隠れん坊】** 子どもの遊びで、鬼ごっこの一種。鬼が目をふさいでいるあいだに他の者が隠れ、「もういいよ」の合図で鬼が隠れた者を探す。最初に発見された者が次の鬼となる。かくれんぼ。hide-and-seek

**かく-ろう【客▼臘】**《「臘」は一二月》昨年のくれ。旧臘。

**かく-ろう【閣老】** 江戸幕府の老中。

**かくろ・う【隠ろう】** 古語《「かくる」の未然形に継続の助動詞「ふ」が付いた「かくらふ」の転》〔一〕(四自) 隠れ続ける。用例 ―・ひかねて人に知らゆな(万葉・一〇・二二六七)。〔二〕(下二自) 隠れる。用例 中納言は―・へたる方に入り給ひて、忍びておはす(源氏・総角)。

**がく-ろく【岳▼麓】** ①高い山のふもと。山麓。②富士山のふもと。

**か-ぐろ・し【か黒し】** 古語 (形ク)《「か」は接頭語》黒い。用例 ―・き髪に何時の間か霜の降りけむ(万葉・五・八〇四)。

**かく-ろん【各論】** 全体でなく、それぞれの項目などについての議論・論説。detailed discussion 対義 総論・通論。

**かぐわし・い【▽香しい・▽芳しい・▼馨しい】**(形) かおりがよい。かんばしい。fragrant

**がく-わり【学割】** 「学生割引」の略。special discount for students

**か-くん【家君】** ①自分の父。②一家の長。head of a family

**か-くん【家訓】** 家の繁栄のために一族子孫に与えた訓戒。中世、武家社会で多く行われたが、江戸時代、武家のほか、商人層や有力農民層にも広まった。家憲。庭訓。

**か-くん【寡君】**《「寡」は、徳の少ない、の意》他に対して、自分の主君をいう謙譲語。

**が-ぐん【▼牙軍】** 中国で、元来は節度使配下の私兵をいったが、転じて将軍の護衛兵をさす。

**がくん-と**(副) ①不意に動いたり、揺れたりするさま。with a jerk 用例 電車が―止まる。②体力・気力が突然おとろえるさま。suddenly 用例 ―老い込む。

**かけ【欠け・▼闕け】** ①欠けること。用例 月の満ち―。②かけら。

**かけ【掛け】** 〔一〕(名) ①《「懸け」とも》掛けること・物。用例 帽子―。②「掛け売り」「掛け買い」の略。用例 ―で買う。③「掛け値」の略。対義 もり。④「掛けうどん」「掛けそば」の略。〔二〕(接尾)《動詞に付いて》動作の途中であることを表す語。用例 読み―。食べ―。

**掛けも構いも無し**(かけもかまいもなし) 掛かりあいもなく、心にかけることもない。無関係。

**かけ【▼賭(け)】** 勝負ごとに金品を出し合い、勝ったほうがその金品を取ること。その金品。かけごと。bet; gamble

**かけ【▽鶏】** ニワトリの古名。

**かけ【加▽計】**〈町〉広島県西部、太田川中流の町。木材の集散地。モリアオガエルが生息する吉水園がある。人口五九一八(一九八八)。

**かげ【陰・▼蔭・▼翳】** ①光の当たらない所。shadow 対義 光・ひなた。用例 木の―。②風雨の当たらない所。shade 用例 ビルの―で雨やどりする。寄らば大樹の―。③人目につかない所。見えない所。behind 用例 ―で悪く言う。島―。―ながらご多幸を祈る。④《上に「お」を付けて》人のめぐみ。助け。thanks to… 用例 お―をこうむる。⑤暗さ・陰気さを感じさせる人・雰囲気。gloomy 用例 ―のある人。

**陰で糸を引く**(かげでいとをひく) 裏でたくらみをして人をあやつる。wire-pulling

**陰で舌を出す**(かげでしたをだす) その人の前ではへつらい、いないところでは悪くいったりあざけったりする。

**陰に居て枝を折る**(かげにいてえだをおる) 恩を仇でかえす。《「陰」は、木陰、転じて、恩恵の意》

**陰になり日向になり**(かげになりひなたになり) 《絶えず、さまざまに、助けたりかばったりするさまにいう》人知れぬ面でも、また、表だっても。陰に陽に。support openly and help secretly

**陰の朽ち木**(かげのくちき) 人に知られず、世に認められないまま老いて死ぬこと。

**かげ【影】** ①光をさえぎってできる物の形。投影。shadow 用例 ―絵。②日・月・電灯などの光。light 用例 月―。③水・鏡などにうつった物の形。映像。reflection ④姿。形。figure 用例 人―もまばらだ。⑤比喩的に、姿、投影。shadows 用例 戦争の―がつきまとう。⑥ 古語 おもかげ。用例 ―だにおぼえたまはぬを(源氏・桐壺)。

**噂をすれば影**(うわさをすればかげ) その人のことを話していると、妙に当人が姿を現すものだ。Talk of the devil, and he is sure to appear.

**影が薄い**(かげがうすい) ①なんとなくようすがさびしく見える。また、存在感があまりなく、印象が弱い。②死が近いようすだ。

**影が差す**(かげがさす) ①人影などがちらとあらわれる。catch a glimpse ②光がさえぎられて、その物の影ができる。cast a shadow ③病気や不吉の兆候があらわれる。cast a shadow

**影と添う**(かげとそう) 「影の形に添う様」と同意。

**影の形に随うが如し**(かげのかたちにしたがうがごとし) 「影の形に添う様」と同意。

**影の形に添う様**(かげのかたちにそうよう) いつも離れないことの形容。影と添う。影、身に添う。影の形に随うが如し。

**影踏む許り**(かげふむばかり) 影を踏みそうなほど、ひどく接近するさま。

**影、身に添う**(かげ、みにそう) 「影の形に添う様」と同意。

**影も形も無い**(かげもかたちもない) 何もかもまったく残っていない。影も形も見えない。disappear without a trace

**影も形も見えない**(かげもかたちもみえない) 「影も形も無い」と同意。

**影を搏つ**(かげをうつ) 手ごたえのないこと。できないことのたとえ。

**影を畏れ迹を悪む**(かげをおそれあとをにくむ) 《自分の影と足跡におびえて逃げて走り続け、ついに死んだという故事から》心の中に勝手に苦悩をつくりあげ、心の平静を保つことのできないことのたとえ。

**影を落とす**(かげをおとす) ①光が照らしている。light 用例 十五夜の月が—。②光を受けた物が、その後ろに影をつくっている。cast a shadow 用例 ビルが—。③かつて経験したことの影響が見えかくれする。influence 用例 戦争が今でも影を落としている。

**影を潜める**(かげをひそめる) 人や物が、表立ったところから姿を隠す。表面から消える。hide; disappear 用例 あれ以来、彼はすっかり影を潜めてしまった。

**か-げ【▼鹿毛】** 馬の毛色の一つ。茶褐色で、たてがみ・尾・四肢の下部が黒いもの。その馬。

**がけ** 9画 **【▼垳】** 部首「土」(つちへん) 和製漢字 JIS 5224 土がくずれること。地名や姓氏に用いられる。姓氏では、「いけ・いげ」とも。

**がけ【▼崖・▼厓】** 山や岸などの、まっすぐに切り立っている所。きりぎし。絶壁。断崖。cliff

**がけ【掛け】**(接尾) ①かけること。腰かけること。用例 たすき—。三人—。②しようとするとき。用例 寝—に。③それを失う危険をおかすこと。用例 いのち—。④数詞に付き、その数の割であること。たとえば「八がけ」は八割。⑤倍。用例 四つ—の大きさ。

**かけ-あい【掛(け)合い】** ①掛け合うこと。negotiate ②音曲などを二人で演じること。

**かけあい-ばなし【掛(け)合い話】** 語り口が軽妙で面白く、洒落などでしめくくる軽口話の古称。落語の原型。いまでは、二人以上でひとつのはなしを分担する芸の意味で使われることが多い。軽口。

**かけあい-まんざい【掛(け)合い万歳】** 二人で滑稽な会話をして笑わせる芸。軽口から発生した万歳の一種で、多くは俄狂言の前に演じられた。

**かけ-あ・う【掛(け)合う】**(五他) ①かわるがわる掛ける。用例 水を—。②かわるがわるする。用例 なぞを—。③交渉する。談判する。negotiate

**かけ-あし【駆(け)足・▼駈(け)足】**(名・サ変自) ①はやく走ること。running fast 対義 並み足。②馬術で、㋐最大速度の走り方。ギャロップ。gallop ㋑《「駈歩」とも》馬の三歩調の歩法。左後肢、右後肢と左前肢、右前肢の順、またはその逆に動かす。キャンター。canter

**かけ-あわせ【掛(け)合(わ)せ・掛合(わ)せ】** ①俳句で、一つの句に、二様の意味を持たせること。②交配。crossbreeding

**かけ-あわ・せる【掛(け)合(わ)せる・掛合(わ)せる】**(下一他) ①談判させる。negotiate ②掛け算をする。multiply ③交配させる。cross breed

**かけ-い【▼筧・懸(け)▼樋】** ↓かけひ(筧)

**か-けい【火刑】** 火あぶりの刑。burning at the stake

**か-けい【花茎】** ①花をつける茎。scape ②葉をつけず上端に花だけをつける茎。タンポポ・ヒガンバナなど。scape

**か-けい【佳景】** いいけしき・ながめ。

**か-けい【河系】** 川の本流・支流すべてを合わせていう語。水系。

**か-けい【家兄】** 他人に対して、自分の兄をいう語。

**か-けい【家系】** 家の系統。血統。家柄。lineage 数え方 一代。

**か-けい【家計】** 一家の経済状態。企業・政府とともに経済を構成する経済主体の一つ。household; livelihood

**かけい【▼嘉慶】** ↓かきょう(嘉慶)

**か-けい【夏▼珪】**(生没年未詳) 中国、南宋の画家。字は禹玉。南宋院体山水画の代表的画家。日本の室町中期以後の水墨画に影響を与えた。作品『山水図』など。

**かけい【荷▼兮】** ↓やまもとかけい(山本荷兮)

**が-けい【雅兄】** 手紙などで、友人に対する敬語。

**かけい-ちょうさ【家計調査】** 全国の消費者世帯の家計内容を明らかにするための調査。総務庁統計局が実施。別に、農林水産省が行う農家経済調査もある。family budget survey

**かけ-いね【懸(け)稲】** ①収穫後、乾燥させるために稲架などにかけた稲。②稲の初穂を神に供える行事。田に立てた竹にかけたり、家の中のかまど神に供えたりする。懸け税。穂掛け。

**かけい-ぼ【家計簿】** 一家の収入と支出を記入し、家庭の経済状態を明確にする帳簿。household account book

**か-けいめい【何景明】**(一四八三〜一五二一) 中国、明代の詩人。号は大復山人。信陽の人。「前七子」の一人で復古主義を唱えたが、のち創造を重んじた。詩文集『大復集』。

**かけ-うどん【掛(け)▼饂▼飩】** かけ汁をかけたうどん。かけ。

**かけ-うり【掛(け)売り】**(名・サ変他) 信用販売の方法の一つ。売り手が品物を先に渡し、代金は一定期日後に受け取る方法。貸し売り。かけ。selling on credit 対義 現金売り。

**かけ-え【掛(け)絵】** 絵をかいた掛け物。床の間などに掛ける。比較 掛け字。

**かげ-え【影絵・影▽画】** 指や手で動物・人などの形をまねて、障子などにうつして楽しむ遊び。また、その絵。紙を切りぬいたものもある。shadowgraph ↓写

●影絵

**かけ-えり【掛(け)襟】** ①和服の襟の上に共布でかける襟のこと。共襟。②丹前や夜着などのよごれを防ぐのにかける別布の襟。長着には黒繻子、丹前や半天には黒八丈、夜着にはビロードなどをかける。上襟。

**かけ-おち【駆(け)落ち・欠(け)落ち・▼駈(け)落ち】**(名・サ変自) ①武士が戦いに敗れて他郷に逃げること。②江戸時代、農民などが行方をくらますこと。③結婚を許されない男女が、しめし合わせて逃げかくれすること。elopement

**かけ-おどり【掛(け)踊り・懸(け)踊り】** 集団どうしが互いに踊りを掛け合い、競い合うこと。盆踊りに多く、また、疫病送りに村から村へ、踊りをリレー式に送っていくこともいう。室町末期から近世初期に流行。

**かけ-がい【掛(け)買い】**(名・サ変他) 品物を先に入手し、支払いは一定期日後という約束の購入方法。かけ。buy on credit 対義 現金買い。

**かけ-がえ【掛(け)替え】** 代わり。予備。

**掛け替えの無い**(かけがえのない) 代わりとなる人・物がないほど、非常に大切である。irreplaceable 用例 会社にとって—人。

**かげ-かくし【影隠し】** 仮埋葬、または密葬の隠語。静岡県や、三重県の一部などでいう。

**かけ-がね【掛(け)金】** 開き戸の戸締まりに用いる金物。戸の側に輪形の掛け金を付け、止める側の受け壺に掛けて釘や錠を差す。また、箱などのかぎとしても用いる。かきがね。latch

**かけ-がみ【懸(け)紙】** ①文書や書状などに、かけて包む紙。包み紙。②贈り物の上にかけたり包んだりする紙。のし・水引を印刷してあることが多い。

**かけがわ【掛川】**〈市〉 静岡県西部の市。旧城下町・宿場町。茶・シイタケなどの集散地。葛布が特産。花菖蒲園がある。人口七万一一三五(一九八八)。

**か-げき【歌劇】** 劇の形式で上演される音楽作品。管弦楽の伴奏により、声楽・器楽のあらゆる編成・表現で行われる総合舞台劇。オペラ。opera 比較 楽劇・詩劇。

**か-げき【過激】**(形動) 行動・思想などがはげしすぎるさま。急進的。radical 対義 穏健。

**かげき-は【過激派】** ①暴力などによる過激な方法で主義・思想の実現をはかろうとする党派。今日ではとくに、新左翼系の運動グループをさす。radicals; extremists ②ボルシェビキの訳語の一つ。

**かげきよ【▽景清】** ①平景清。②能の曲名。四番目物。作者未詳。日向国の宮崎へ流された悪七兵衛景清を、娘の人丸が尋ねる。③幸若舞の曲名。悪七兵衛景清は源頼朝を討とうとして果たさず、両眼をえぐって西国に行く。清水観音の霊験により、両眼が治る。のちに、浄瑠璃・歌舞伎に大きな影響を与えた。④歌舞伎十八番の一つ。『菊重栄景清』として元文四年(一七三九)二代目団十郎が初演。⑤浄瑠璃『出世景清』の通称。

**かけ-きん【掛(け)金】** ①日掛け・月掛けなどのお金。installment; premium ②掛け売りした商品の代金。掛け代金。bill

**かげ-ぐち【陰口】** その人のいない所で悪口を言うこと。また、その悪口。かげごと。speak ill of ... behind one's back 用例 —をきく。—をたたく。

**かけ-くらべ【駆(け)▽競べ・▼駈(け)▽競べ】**(名・サ変自)走って、どちらが速いか競うこと。かけっこ。かけくら。競走。race

**かけ-ご【▼賭(け)碁】** 金品をかけてする碁。

**かけ-ご【掛(け)子・懸(け)▼籠】** ①箱などの内側の縁にかけわたして、はめこむようにつくられている浅い内箱。nesting boxes ②《外箱の底が見えなくなるところから転じて》本心を見せないこと。

**かけ-ごえ【掛(け)声】** ①人に呼びかける声。call ②拍子をとり、また気勢をつけるために出す声。encouraging shout 用例 —だけに終わる。

**かけ-こだい【懸(け)小▼鯛】** 正月飾りの一種。掛け鯛のこと。

**かけ-ごと【▼賭(け)事】** 金品をかけて、勝ち負けを争うこと・遊び。かけ。gambling

**かげ-ごと【陰言】** ↓かげぐち(陰口)

**かけ-ことば【掛(け)▽詞・懸(け)▽詞】** 古文に多い修辞技巧の一種。一つの語句に同音異義の機能をもたせること。「わが身世にふる(経る・降る)ながめ(詠め・長雨)せしまに」など。

**かけ-こみ【駆(け)込み・駆(け)込み】** ①駆け込むこと。run in 対義 駆け出し。②「駆け込み訴え」の略。

**かけこみ-うったえ【駆(け)込み訴え】** 江戸時代の越訴の一つ。一定の手順を経ないで評定所・奉行所・領主などに直訴すること。駆け込み願い。

**かけこみ-でら【駆(け)込み寺】** 近世、離婚したい婦人が、逃げ込んで三年間勤行すると、縁切りが成立した寺。縁切寺。

**かけ-こ・む【駆(け)込む・▼駈(け)込む】**(五自) ①走って、はいる。run in ②駆け込み訴えをする。③駆け込み寺にはいる。

**かけ-ざかな【懸(け)魚】** 神前に供える魚。漁船が帰港後、氏神に魚を供えたり、初漁のときに漁獲物をえびす神に供える。婚礼のときに嫁・婿などをもらう側から酒につける魚のこともいう。かけのうお。

**かけ-さだめ【掛(け)定め】** 小作人が地主に対して小作権の継続を依頼する正月礼。田掛け。

**かけ-ざん【掛(け)算】** 二つ以上の数または式を掛けて、その結果を求める計算。乗法。multiplication 対義 割り算。

**かけ-じ【掛(け)字】** 文字を書いた掛け物。床の間などに掛ける。比較 掛け絵。

**かけ-じく【掛(け)軸】** 紙や絹などに書や絵画をかき、これを軸物に仕立てて、床の間や壁に飾るもの。掛け物。掛け字。数え方 一幅・一軸・一対(二幅)。↓図

**かけした-おび【掛(け)下帯】** 打ち掛けの下に締める女帯。幅約二六cm、丈約四m。生地は錦・緞子などを用いる。

**かけ-しょうぎ【▼賭(け)将棋】** 金品をかけてする将棋。

●掛け軸 三段表具の例

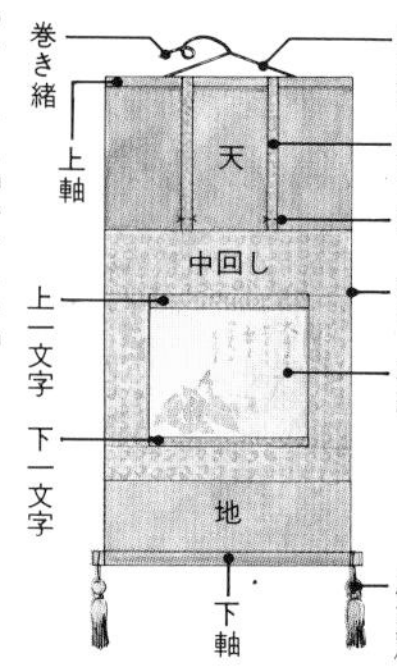


**かけ-じる【掛(け)汁】** うどんやそばなどにかける濃いめの汁のこと。かけづゆ。

**かけす** 18画【▼鵥】 部首〔鳥〕 和製漢字

↓かけす【懸巣・鵥】

**かけ-す【懸巣・▼鵥】** カラス科の鳥。翼長約一八cm。体はぶどう色でジャージャーと鳴く。雑食性。森林にすむ。留鳥だが、地方によっては渡り鳥ともなる。日本全土・ユーラシアに分布。カシドリ。jay ↓写

●カケス

**かけ-ず【掛(け)図】** 壁などに掛けて見るようにした、地図・絵など。wall chart; wall map

**かけ-ず【懸けず】** 古語（副）わけもなく。むぞうさに。軽々しく。用例 —けおさるるこそ、本意なきわざなれ（徒然・一）。

**かけ-すずり【掛(け)▼硯・懸(け)▼硯】** ①（「掛け硯箱」の略）掛け子のついた硯箱。掛け子に硯や墨などを入れ、別に料紙を入れる引き出しなどがつくりつけになっているもの。②江戸時代から明治まで、商家の金庫として用いられた家具。長方形の木箱で、側面に片開き戸がつき、中は引き出しとなっており、一段は硯箱として使い、他には現金や書類を入れた。上面に提げ手がついて、持ち運びやすくできている。蓋が上に開く小型のものもある。

**かけ-すて【掛(け)捨て】**（名・サ変他）①保険などの掛け金を、中途でやめること。かけずて。②保険で、該当する傷害・災害にあわない場合、満期になっても掛け金の払い戻しがないこと・もの。

**かけずり-まわ・る【駆けずり回る】**（五自）①走りまわる。run about ②あるものごとのためにせわしく動きまわる。奔走する。busy oneself with

**かげ-ぜん【陰▼膳】** 旅行などで不在の家人のために、留守宅で供える食膳。不在者の無事を願う習俗。用例 —を据える。

**かけ-そば【掛(け)▼蕎▽麦】** かけ汁（かけづゆ）をかけたそば。汁そば。そばかけ。かけ。対義 もりそば。

**かけ-だい【懸(け)▼鯛】** ①正月の儀式用の干し鯛。昔、床の間、竈などに、二尾を向き合わせて掛けた。かけこだい。②祝賀用の生鯛。二尾を縄で結び合わせて台の上に置く。

**かけ-だおれ【掛(け)倒れ】** ①掛け金が取れないこと。②費用が多くて利益が少ないこと。

**かけ-だし【駆(け)出し・▼駈(け)出し】** ①走って出ていくこと。run out 対義 駆け込み。②物事に慣れないこと。また、その人。新米。新参者。greenhorn

**かけ-だ・す【駆(け)出す・▼駈(け)出す】**（五自）①走りはじめる。用例 あわてて—。②外へ走って出る。run out 用例 教室の外へ—。

**かけ-だ・す【掛(け)出す】**（五他） 建物の一部を張り出してつくる。

**かげ-ち【陰地・▼蔭地】** 日当たりの悪い土地。shady land

**かけ-ちが・う【掛(け)違う】**（五自）①行きちがう。②くいちがう。用例 話が少々—。

**かけ-ちから【懸(け)▽税】** 古代、刈りはじめの稲の初穂を青竹に掛けて、家の神などに供えた行事。懸け稲。

**かけ-ぢゃや【掛(け)茶屋】** 道ばたに葦簀などを立てかけて営業している、通行人相手の茶店。腰掛け茶屋。

**か-けつ【可決】**（名・サ変他） 会議で、議案をよいとして決めること。approval 対義 否決。

**か-げつ【花月】** 一 ①花と月。②千家茶道の七事式の一つ。亭主と客四人が一組みとなり、裏に花か月の絵（字）の書いてある札をまわし、花に当たった者が薄茶をたて、月に当たった者が飲む。二 能の曲名。四番目物。作者未詳。子を尋ねる旅僧が清水寺で花月という芸人の少年に会い、我が子と知る。

**か-げつ【佳月】** さえた月。明月。bright moon

**か-げつ【▼嘉月】** 陰暦三月の異称。

**かげつ【箇月・▽個月】**（助数） 月数を数えるのに使う語。用例 三—。

**かけ-つけ【駆(け)付け・▼駈(け)付け】** 駆けつけること。

**かけつけ-さんばい【駆(け)付け三杯】** 宴会などにおくれた人に、酒などを三杯つづけて飲ませること。

**かけ-つ・ける【駆(け)付ける・▼駈(け)付ける】**（下一自） 大急ぎでそこへ行く。run to 用例 発車まぎわに—。

**かけっ-こ【駆けっこ】**（名・サ変自） 走って速さを競うこと。かけくらべ。race

**かげつそうし【花月草紙】** 江戸後期の随筆。松平定信著。六巻。寛政八～享和三年（一七九六～一八〇三）ごろ成立。政治・経済・学芸・自然現象・日常生活の各分野にわたる。優雅な擬古文体。

**かけ-づつ【掛(け)筒・懸(け)筒】** 筒状花入れの総称。壁や柱などに打った釘に掛けて用いる。竹製が多いが、銅製・陶製もある。

**かけつなぎ-とりひき【掛▼繋取引】** ↓ヘッジング

**かけ-て**（連語）①…について。…に関して。用例 語学に—は。②…にわたって。用例 春から夏に—。関東から東北に—。

**かけ-て【掛けて】** 古語（副）①心にかけて。用例 玉たすき—しのはむ（万葉・二・一九九）。②《打ち消しの語をともなって》まったく。用例 —こそ思はざりしか（更級）。

**かけ-ても【掛けても】** 古語（副）①少しでも。用例 昔の御けはひに、—触れたらむ人は（源氏・宿木）。②《打ち消しの語をともなって》いささかも。用例 —いと似げなき御事と（源氏・若紫）。

**かけ-どけい【掛(け)時計】** 柱または壁などに掛ける時計。柱時計。wall clock

**かけ-とり【掛(け)取り】** 掛け金を受け取りに回ること・人。collect a bill; bill collector

**かけ-どり【掛(け)鳥】** 祭りのとき神前に供える鳥。

**かけ-どり【▼翔け鳥】** ①飛んでいる鳥。②（「賭け鳥」とも）勝敗をかけて、飛んでいる鳥を射ること。

**かげ-ながら【陰▼乍(ら)】**（副） 人知れず。よそながら。secretly 用例 —成功を祈る。

**かけ-ぬ・ける【駆(け)抜ける・▼駈(け)抜ける】**（下一自） 走って通り過ぎる。走って追いこす。run through 用例 ゴールを—。

**かけ-ね【掛(け)値】** ①正価より高くした値段。overcharge 比較 正札。用例 —なし。②大げさにいうこと。exaggeration

**かけ-の-いお【懸けの▽魚】** 九州地方の一部で、正月に横に吊った幸木に魚を掛ける習俗。また、その魚。かけのうお。

**かげ-の-ないかく【影の内閣】** 一九世紀以後のイギリス独特の制度。野党が将来政権をとるときに備え、前もって組織する内閣。政権の即時円滑な交替や政策の代替案提出が目的。シャドーキャビネット。shadow cabinet

**かけ-のれん【掛(け)▽暖▼簾】** ↓のれん（暖簾）②

**かけ-はぎ【掛(け)▽接ぎ】** 布の破れた部分を共布などで目立たないようにつくろうこと。invisible mending

**かけ-はし【掛(け)橋・懸(け)橋】** ①（「桟」とも）板・丸太・つたなどで、谷や川にかけ渡した橋。また、けわしい崖に沿ってつくった桟道。suspension bridge; viaduct ②仮にかけた橋。temporary bridge ③橋わたし。なかだち。mediation 用例 恋の—。④はしご。

**かけはし-の【掛(け)橋の】**〔枕ことば〕「あやふし」にかかる。用例 人妻に心あやなく—あやふきものは恋にぞありける（後撰・恋二）。

**かけ-ばな【掛(け)花・懸(け)花】** 生け花の一形式。壁や柱に掛けられた花器に花を生けるもの。対義 置き花・釣り花。

**かけ-はな・れる【掛(け)離れる・懸(け)離れる】**（下一自）①遠く離れる。far apart ②友人や親類とのつきあいが遠ざかる。③大きくへだたる。quite different 用例 —・れた実力。

**かけ-ばり【掛(け)針・掛(け)▼鉤】** 和裁道具の一つ。釣り針形をしたものにひもをつけ、机などにとめ、そのひもを布につけた針にかけて布を引っぱりながら縫うのに用いる。くけ台にかわるもの。

**かけ-ばん【懸(け)盤・掛(け)盤】** 一人用の食器をのせる台。方形の盆に猫足をつくりつけにし、脚の下に畳ずりがある。膳としては格の高い物で、漆塗りに高蒔絵を施すなど、華美なものが多い。

**かけ-ひ【▼筧・懸(け)▼樋】** 水を必要な場所に導く樋。節を抜いた竹、くりぬいた木などを地上にかけ渡してつくる。かけどい。かけい。対義 うずみひ。

**かけ-ひき【駆(け)引き・掛(け)引き】**（名・サ変自）①策略。trick ②商売や交渉などで、強く出たり、弱く出たりして、自分に有利になるようにすること。bargaining ③兵を進めたり退かせたりすること。tactics

**かげ-ひなた【陰日▽向】** ①日陰と日なた。light and shade ②人目のあるとないとで、言動に裏表のあること。うらおもて。double-faced

**陰日向無く** 人が見ている、いないの別なく。裏表なしに。faithfully

**陰日向になって** 裏にまわったり、表に立ったりして、なにくれとなく人を助けるさま。both openly and privately

**かけ-ぶとん【掛(け)布団】** 寝るときに上にかける夜具。洋掛け・夏掛け・肌掛けなどがある。comforter; quilt 対義 敷き布団。

**かげ-ふみ【影踏み】** 鬼ごっこの一種。逃げる者は、追う鬼に影を踏まれたら、鬼役に代わる。

**かけ-へだた・る【懸(け)隔たる】**（五自）①遠くはなれる。far apart ②大きな違いができる。quite different

**かけ-へだ・てる【懸(け)隔てる】**（下一他） 遠くはなれさせる。あいだを隔てる。estrange

**かけ-べり【掛(け)減り】** ↓めべり（目減り）

**かげ-べんけい【陰弁慶】** ↓うちべんけい（内弁慶）

**かげ-ぼうし【影法師】** ①地上や障子などにうつる人の姿。shadow ②うつし絵。silhouette

**かげ-ぼし【陰干し・陰▽乾し】**（名・サ変他） 直射日光にあてず、日陰で干して乾かすこと。drying in the shade

**かけ-ぼとけ【懸(け)仏】** 円形の木板・銅板などに半肉彫・鋳出しなどで神像・仏像を表し、寺社の堂内に懸けて礼拝の対象としたもの。

**かげ-ま【陰間】** ①江戸時代、まだ舞台に立っていない歌舞伎の年少俳優。蔭子。色子。②近世後期、江戸で、宴席にはべり男色の対象となった少年。男娼。

**かけまく-も【掛けまくも・懸けまくも】** 文語的（連語）口に出していうのさえ。「い。懸けまくも畏し」非常におそれおおい。

**かげま-ぢゃや【陰間茶屋】** 江戸時代、陰間を置いて客にはべらせて、男色を売らせた茶屋。子供屋。

**かげ-まつり【陰祭(り)】** 大祭（本祭）が一年おきの場合、大祭のない年に行う質素で簡略な小祭。対義 本祭り。

**かけ-まわ・る【駆(け)回る・▼駈(け)回る】**（五自）①走り回る。run around ②奔走する。hustle

**かげ-み【影見】** 小正月に行われる年占の一種。月光で映し出された自分の影で、その年の運勢を占うもの。

**かげ-み【影身】**《影は体からはなれないので》いつもそばにいること。用例 —になって世話をする。

**がけ-みち【▼崖道】** がけのふちについている道。path along a cliff

**かげ-むしゃ【影武者】** ①主将と同じ姿で、敵の目をくらますために身代わりをつとめる武者。②かげで人のために働き、また、指図する人。黒幕。

**かけ-め【欠(け)目】** ①たりない目方。②欠けている部分。欠点。③囲碁で、目の形はしているが、完全な目となっていない目。

**かけ-め【掛(け)目】** ①はかりで量った目方。量目。weight ②編み物の編み目の一種。前段の編み目にくぐらせず、編み針に糸をかけて編み進むもの。増し目・透かし編みなどに用いる。stitch ③生糸一貫目（三・七五kg）を得るのに必要な原料のまゆ。

**かけ-めぐ・る【駆(け)巡る・▼駈(け)巡る】**（五自） 走り回る。run about

**かけ-もち【掛(け)持ち】**（名・サ変他） 二つ以上の役目を受け持つこと。兼務。work at two or more places

**かけ-もの【掛(け)物】** 字を書いた掛け字、絵



↓行き先項目、図版・写真参照印。 JIS 日本工業規格情報交換用漢字符号コード（区点コード）。

をかいた掛け絵の総称。かけじく。

**かけ-もの【▼賭(け)物・懸(け)物】** 勝負ごとにかける金品。bet

**かげ-もん【陰紋】** 紋章の一種。輪郭線だけで表した略式のもの。

**かけ-や【掛(け)矢】** くいなどを打ちこむための、大きな木づち。

**かけ-や【掛(け)屋・懸(け)屋】** 江戸時代、幕府および諸藩の会計を担当した金融業者。おもに諸藩の蔵物の代金の出納を請け負い、資金の融通をした。

**かけや【掛▽合】**〈町〉島根県東部山間の町。稲作を中心にみその醸造も行う。竜頭滝・八重滝がある。人口四五三五(一九八八)。

**かげやま-ひでこ【▽景山▽英子】** →ふくだひでこ(福田英子)

**かけゆ-おんせん【▼鹿▽教湯温泉】** 長野県東部、丸子町にある温泉。内村温泉郷の一つ。温泉療養研究所がある。

**かげゆ-し【▽勘解由使】** 平安時代、官吏交替のさい、事務引き継ぎの監督に任命された令外官。とくに地方官の交替を監督。

**かけ-よ・る【駆(け)寄る・▼駈(け)寄る】**(五自) 走って近寄る。run up to

**かけ-ら【欠▽片】** ①壊れた物のはしくれ。破片。broken pieces ②ほんの少し。an ounce of [用例]—ほども反省の色がない。

**かけり【▼翔り】** ①空を飛ぶこと。②能・狂言で、合戦・狂乱の場の囃子事。③芝居で、保名や狂女物などに使う、はやしの一種。④俳諧で、構想・表現が明敏なこと。

**かげり【陰り・▼翳り】** ①かげること。かげのあるようす。shadow ②《比喩的に》衰運のきざし。cloud [用例]—が見えはじめる。

**か・ける【欠ける・▼闕ける】**(下一自) ①不足する。lack [用例]常識に—。熱意に—。②そろいものの一部がなくなる。[用例]メンバーの一人が—。③物の一部分がこわれる。be chipped [用例]刃が—。④《「虧ける」とも》月が小さくなる。wane [対義]満ちる。

**か・ける【架ける】**(下一他) 橋・はしごなどを渡す。span

**か・ける【掛ける】**(下一他) ①ぶら下げる。ひっかける。hang [用例]壁に絵を—。タオルを肩に—。②火の上にのせる。[用例]鍋を火に—。③計略にはめる。cheat a person [用例]ぺてんに—。④及ぼす。cause [用例]迷惑を—。⑤椅子などにすわる。[用例]ベンチに—。⑥身に着ける。put on; wear [用例]めがねを—。⑦掛け算をする。multiply [対義]割る。[用例]三に八を—。⑧掛け金を払う。pay [用例]保険を—。⑨錠をおろす。lock [対義]はずす。[用例]かぎを—。⑩目方をはかる。weigh [用例]はかりに—。⑪機械を活動させる。turn on [用例]電話を—。ラジオを—。⑫支配する。[用例]スピッツとテリヤを—。⑬費用や時間などをついやす。spend; take [用例]着物にお金を—。⑭かまえる。[用例]小屋を—。⑮気にとめる。思いやる。worry about [用例]心に—。⑯見せる。[用例]お目に—。⑰一定の手続きに任せる。[用例]会議に—。⑱ある範囲にわたる。over [用例]中部から関東に—・けて。⑲かぶせる。ひたす。[用例]ふとんを—。水を—。⑳負担させる。levy a tax [用例]税金を—。㉑火をはなってもやす。[用例]火を—。㉒《「…にかけては」の形で》…に関しては。[用例]碁に—・けては右に出る者がない。㉓《動詞の連用形に付いて》し始める、中途までしている、今にもするところである、などの意を表す。be going to; be about to [用例]落ち—。暮れ—。

**口に掛ける**(くちにかける) ものを言う。

**口を掛ける**(くちをかける) ①あらかじめ先方に連絡を入れる。話を通す。申し込む。②呼び出すはたらきかけをする。声をかける。誘う。

**鼻に掛ける**(はなにかける) 自慢する。be proud of

**目を掛ける**(めをかける) とくにかわいがる。look after; favor

**か・ける【懸ける】**(下一他) ①ぶら下げる。ひっかける。hang [用例]看板を—。すだれを—。②気にとめる。[用例]心に—。③ある目標を達成した人に与えるために差し出しておく。offer [用例]賞金を—。④失ってもいい覚悟で行う。[用例]命を—。威信に—・けても。⑤人目にふれるように掲出する。[用例]獄門に—。⑥相手に及ぼす。[用例]おもいを—。

**かけ・る【▼翔る】**(五自) 鳥などのように空高く飛ぶ。soar [用例]天—。

**か・ける【駆ける・▼駈ける】**(下一自) ①速く走る。run [用例]駅まで—。②馬で走る。馬をとばす。ride

**か・ける【▼賭ける】**(下一他) ①金品を出し合って勝負を争う。bet ②かけごとに金品を出す。bet ③危険を覚悟して事を行う。賭す。risk [用例]命を—。

**かげ・る【陰る・▼翳る】**(五自) ①かげになる。光が暗くなる。get dark ②日が傾く。go down

**かげろう【▽陽▽炎】**《「かぎろひ」の転。ちらちらと光るもの、の意》日射の強い春の日や夏の海浜などで、物の形がゆらいで見える現象。温度の上昇した地面近くの空気と周囲の空気のあいだに密度の差ができ、光が屈折するために起こる。いとゆう。ゆうし。shimmer

**陽炎稲妻水の月**(かげろういなずまみずのつき) 手に取ることのできないもの、身軽ですばやいもののたとえ。

**かげろう【▼蜉▼蝣・▼蜻▼蛉】** ①成虫の寿命の短いカゲロウ目の昆虫の総称。幼虫は水生。春から夏、水辺に現れる成虫は、体長二cm以下。成虫の寿命は数時間から数日。世界に約二〇〇〇種、日本に約六〇種が分布。短命であることから、はかないことにたとえられる。dayfly ②トンボの古名。→[写]

●カゲロウ① モンカゲロウ

**かげろ・う**[古語](四自) ①光がちらちらする。shimmer [用例]松の絶間より僅かに月の—・ひて見えけるを見て(山家集)。②光がさえぎられてかげになる。[用例]よられつる野もせの草の—・ひて(新古今・夏)。

**かげろうにっき【▼蜻▼蛉日記】** 平安中期の日記。藤原道綱母の作。三巻。女流日記文学の先駆。夫の漁色ぶりに苦悩し、愛児に期待をかけ、ようやく心の落ち着きを得る。その二十余年間を歌をまじえて描く。

**かけろま-じま【加▽計▼呂麻島】** 鹿児島県奄美大島南隣の島。面積八〇$km^2$。畑作・畜産などの農業や、沿岸漁業などを行う。

**かけ-わた・す【掛(け)渡す・架(け)渡す】**(五他) 向こうに渡しかける。

**か-けん【家憲】** 一家・子孫が守るべきおきて。家法。家訓。

**か-げん【下弦】** 月が太陽の西にあって、黄経の差が九〇度になる時刻。また、その現象。月の入りのとき、弓のつるが下にある形に見える。満月から約一週間後の半月。弓張り月。有り明けの月。last quarter [対義]上弦。

**か-げん【下限】** ①下の、または新しいほうの限界。lower limit ②実数の集合Aのどの数よりも大きくない数をAの下界というが、下界のうちで最大の数。greatest lower bound; infimum ③定積分の下の限界。lower limit

**か-げん【加減】** ㊀(名) 足したり、引いたりすること。数学で加法と減法。addition and subtraction ㊁(名・サ変他) ほどよくすること。手かげん。ぐあい。調子。adjustment [用例]—が悪い。陽気の—。処置を—する。㊂(接尾) ①ぐあい。程度。[用例]はいり—。ばかさ—。②…らしいようす。[用例]うつむき—。

**かげん【▼嘉元】** 鎌倉末期の年号。乾元から改元。元年(一三〇三)八月五日〜四年(一三〇六)一二月一四日。次に、徳治に改元。

**か-げん【寡言】** ことば数の少ないこと。ほとんどしゃべらないこと。[比較]無口・寡黙。

**が-けん【我見】** ①ひとりよがりの、かたよったせまい考え。selfish mind ②《仏教語》実体的な不変の主体があるとする考えに執着する見解。我執。

**が-げん【雅言】** ①みやびやかで正しいことば。雅語。[対義]俚言・俗言。②和歌などに用いた、奈良・平安時代のことば。

**かげん-うんどう【仮現運動】** 客観的には不動の対象が、見かけ上動いてみえる現象。静止画の連続である映画が動いて見えるのはこの一種。みかけの運動。apparent movement

**がげんしゅうらん【雅言集覧】** 江戸末期の辞書。石川雅望著。文政九〜嘉永二年(一八二六〜四九)刊。平安時代の仮名文学書を中心に語を集め、いろは順に並べ用例・出典などを示す。現在の古語辞典の基となる。

**かげん-じょうじょ【加減乗除】** 数学で、加法・減法・乗法・除法の総称。四則。arithmetical operations

**かげん-ず【加減酢】** 調味料の一つ。酢にだしや酒・砂糖・しょうゆなどの調味料を加えて酸味をやわらげたもの。

**かげん-てき【仮言的】**(形動) ある条件を仮定的に立言すること。「もし…ならば—である」は仮言的な命題。hypothetical

**かげんてき-めいれい【仮言的命令】** カント哲学で、ある目的を達成する手段を命令するもの。その目的を受け入れない人は従う必要はないので、絶対的な命令とはならない。hypothetical imperative [対義]定言的命令。

**か-げん-み【過現未】**《仏教語》過去・現在・未来。

**かげん-もの【加減物】** 調節の難しいもの。

**か-こ【▽水▽夫】** ふなのり。船頭。[用例]朝凪に—整へ夕潮に(万葉・二〇・四三三一)。

**か-こ【過去】** ①すぎさった時。昔。the past [対義]現在・未来。[用例]—の人。②人に知られたくない前歴。one's past life [用例]暗い—がある。—のある女。③《仏教語》前世。④文法で、過去を表す語法。past tense [用例]—形。

**過去の物になる**(かこのものになる) ①過ぎ去った昔のことになる。時代おくれになる。get old-fashioned ②死ぬ。pass away

**かご【▼籠】** 竹・柳・籐・革・針金などの材料で、あらく編んだ容器の総称。basket

**籠で水を汲む**(かごでみずをくむ) 苦労しても、かいのないたとえ。[類似]骨折り損の草臥れ儲け。

**籠の鳥**(かごのとり) ①かごの中に飼われている小鳥。②《多く、女に言う》かごの中の小鳥のように、自由を奪われている人。

**か-ご【▼駕▼籠】** 前後を人がかついで運ぶ乗り物。平安時代の輿が変化したもので、室町時代中期ごろから明治初期まで使われた。竹や木でつくり、上部に一本の轅が通る。身分・用途などにより種類が異なっていた。[数え方]一丁。→[写]

**駕籠に乗る人担ぐ人、其の又草鞋を作る人**(かごにのるひとかつぐひと、そのまたわらじをつくるひと) 人は階級や貧富により、その境遇の差がはなはだしいことのたとえ。また、人と人とはどこかでつながりあっていることのたとえ。

●駕籠 大名駕籠。東京国立博物館。

**か-ご【加護】**(名・サ変他) 神や仏が守ってくれること。[用例]神の—を祈る。

**か-ご【華語】** 中国語。

**か-ご【▼訛語】** 標準の、または、共通語としての発音からはずれた音でいうことば。「火ばし」を「しばし」、「動く」を「いごく」、「すくない」を「すけない」など。

**か-ご【過誤】** 思いがけないしくじり。やりそこない。

**か-ご【歌語】** 和歌に用いられることば。「鶴」を「田鶴」など。[比較]詩語。

**が-ご【雅語】** 洗練された和語。詩歌・古文の表現に用いられることば。

**かこい【囲い】** ①物の四方をふさぐこと・物。かきね・へいなど。enclosure; fence ②野菜・果実などを季節過ぎまでたくわえておくこと。preserve [用例]—がきく。③《もとは、広い部屋の一部を囲ったことから》茶室。④→かこいもの(囲い者)

**かこいこみ-うんどう【囲い込み運動】** →エンクロージャー

**かこい-まい【囲い米】** 江戸時代の貯米・貯籾制度。幕府・諸藩・郷村で兵糧・備荒・米価調節などを目的に米穀類を貯蔵。囲い籾。

**かこい-もの【囲い物】** 囲っておいて、時期後に売ったり食べたりする野菜・果実など。

かこい。

**かこい-もの【囲い者】** 別宅などに人に知られないように住まわせておく、妻以外の女性。囲い女。外妾。かこい。concubine

**か-こう【下降】**(名・サ変自) おりること。さがること。descend 対義 上昇。

**か-こう【火口】** 地下のマグマや火山ガスの地上への噴出口。噴火口。crater 比較 カルデラ。

**か-こう【加工】**(名・サ変他) ①原料や製品に手を加えて、新しい製品をつくること。processing ②法律用語で、天然物または他人の動産に細工を施し、他の形に変更すること。transacting

**か-こう【可耕】** 農耕ができること。cultivable 用例 ―面積。

**か-こう【仮構】**(名・サ変他) ないことを仮にあるとすること。比較 架空・虚構。

**か-こう【花▼梗】** ↓かへい(花柄)

**か-こう【佳▼肴・▼嘉▼肴】** ①おいしい酒のさかな。②うまい料理。用例 珍味―。

**佳肴有りと雖も食らわずんば其の旨きを知らず**(かこうありといえどもくらわずんばそのうまきをしらず)《おいしいごちそうがあっても、食べてみなければそのうまさはわからない、の意から》聖人のりっぱな道も、学ばなければその理は知り得ない。また、大人物も実際に用いなければその器量・能力を知ることができない。

**か-こう【河口】** 川が海や湖に流れでるところ。かわぐち。estuary 比較 港口。

**か-こう【河港】** 河口または河岸に位置する港。おもに河川交通のための港。river port 対義 海港。

**か-こう【華甲】**《「華」の字は六つの「十」と「一」に分解でき、「甲」は甲子で、十干と十二支の最初であるから》数え年六一歳のこと。還暦。本卦還り。

**か-こう【歌稿】** 歌を書いた原稿。詠草。比較 句稿。

**か-こう【課口】** 律令制下、課役を負担させられた人民男子。課丁。

**かこ・う【囲う】**(五他) ①まわりにめぐらす。とりまく。enclose 用例 金網で―。②かくまう。かくす。shelter 用例 犯人を―。③野菜・果実などを季節過ぎまでたくわえる。preserve 用例 野菜を―。④妾を別宅などにこっそり住まわせる。keep 用例 若い女を―。

**か-ごう【化合】**(名・サ変自) 二種類以上の元素または純物質が結合して別の純物質が生じること。また、その変化。結合様式は、イオン結合・共有結合・配位結合など。chemical combination 比較 混合。対義 分解。用例 水素と酸素とが―して水ができる。

**か-ごう【加号】** 加法を示す記号。+。プラス。plus 対義 減号。

**が-こう【▼牙行】** 中国の商取引の仲介業者あるいはその組合。商業の発展に伴い、仲介のほか商品の委託販売・運送・保管、旅宿の提供なども行った。宋・明・清時代に発達。

**が-こう【画工】** 絵かき。画家。

**が-こう【画稿】** ①絵の下書き。②絵。

**が-ごう【雅号】** 本名の他に名のる風雅な名前。文人・画家などがよく用いる。中国より伝来。

**かこうえきむ-ばいしょう【加工役務賠償】** 相手国の原材料を無料で加工したり、自国の原材料を工賃ぬきで加工して提供したりして行う賠償方式。

**かこう-かい【華興会】** 中国、清末の革命秘密結社。一九〇三年、黄興を会長に留日学生らが、湖南省で結成。孫文の興中会などと合同し、中国革命同盟会へ発展。

**かごう-かやく【化合火薬】** 火薬類のうち、単一の化合物のままで爆発反応に利用されるもの。ニトロ化合物・硝酸エステル・雷酸塩・アジ化物など。対義 混合火薬。

**かこう-がん【花▼崗岩】** 火成岩のうち、石英や長石および雲母を主成分とする酸性の深成岩。大陸地殻をつくる主要物質。石材に使用。御影石は花崗岩の石材名。granite

**かこうがんしつ-マグマ【花▼崗岩質マグマ】** 花崗岩と似た化学組成をもつマグマ。granitic magma

**かこう-きゅう【火口丘】** ↓ちゅうおうかこうきゅう(中央火口丘)

**かこう-きりゅう【下降気流】** 高気圧域における下向きの気流や山頂から吹きおりる気流。downward air current

**かこう-げん【火口原】** カルデラの内側、カルデラ壁と中央火口丘のあいだの平坦な部分。箱根の仙石原など。crater floor ↓火山図

**かこうげん-こ【火口原湖】** 火口原に水がたまってできた湖。火口原の全部ないしは大半が湖になっている場合は、一般にカルデラ湖という。atrio lake ↓火山図

**かこう-こ【火口湖】** 火口に水がたまってできた湖。crater lake ↓火山図

**かこう-こうか【加工硬化】** 金属加工で、塑性変形された部分の硬さが加工前より増す現象。work hardening

**かこう-すいどう【火耕水▼耨】** 中国、古代の江南に行われた水稲栽培法。前年休閑した耕地の雑草を焼き、これに注水し播種する。田植え農法以前の技術で、五～六世紀ごろまで行われた。

**かこう-ぜき【河口▼堰】** 河口近くに設けられた水門などの施設。海水の逆流を防止し、河川の水の有効利用を図る。estuary weir

**かこう-せんりょくがん【花▼崗▼閃緑岩】** 石英・長石・黒雲母・角閃石などを主成分とする、完晶質で粗粒の深成岩。花崗岩と閃緑岩の中間の組成で、日本では花崗岩と一括されているものが多い。granodiorite

**がこう-そう【▼鵞口▼瘡】** 口腔粘膜に白斑を生ずる疾患。真菌のカンジダ-アルビカンスの感染による。乳幼児に多い。thrush

**かご-うつし【▼籠写し】** 書や絵画などを書き写す方法。薄紙などをのせて、輪郭だけを線でなぞる。

**かこう-ひん【火工品】** 火薬の燃焼、爆薬の爆発の補助手段として使用する火薬製品の総称。火管類・雷管類・導火線・信管・花火類など。priming materials

**かごう-ぶつ【化合物】** 二種類以上の元素が結合してできる純物質。無機化合物と有機化合物に大別され、一定の組成をもつ。化合物は各成分元素と異なった性質をもつ。compound 比較 混合物。

**かごうぶつ-はんどうたい【化合物半導体】** 二種類以上の元素からなる化合物結晶で、半導体の性質をもつもの。ガリウム-砒素系、インジウム-燐系が代表的で、超高速集積回路の材料などとして研究開発がさかん。compound semiconductor

**かごうぶつ-めいめいほう【化合物命名法】** 化合物に名称をつけるときの規則。世界的にはIUPAC規則が制定されており、日本では昭和四八年(一九七三)にこの日本語版がつくられた。

**かこう-ぼうえき【加工貿易】** 原材料または半製品を輸入し、それを加工した製品を輸出する形で行われる貿易。加工輸出。improvement trade

**かご-かき【▼駕▼籠▼舁き】** 駕籠をかついで、人を運ぶことを業とする人。また、その業。かごや。

**駕籠舁き駕籠に乗らず**(かごかきかごにのらず) つねに人のために用いてはいるが、自分のことには使用しない。人にはつくすが、自分のことには手がまわらないたとえ。類似 髪結いの乱れ髪。

**かごかき-だい【▼籠▼舁▼鯛】** 淡黄褐色の地に黒褐色の五本の太い縦縞が走る、カゴカキダイ科の海水魚。全長約二〇cm。沿岸の岩礁帯にすむ。食用。本州中部以南に分布。

**かこ-がわ【加古川】** 兵庫県中部を南流する川。長さ八七km。丹波高地に発し播磨灘に注ぐ。重要な工業用水・上水道源。

**かこがわ【加古川】**〈市〉 兵庫県南部、加古川の三角州にある市。工業都市で播磨臨海工業地域の中心の一つ。繊維・織物業がさかん。名刹鶴林寺がある。人口二二三万三七二〇(一九八八)。

**か-こきゅう【過呼吸】** 体内の酸素不足や二酸化炭素の蓄積によって、呼吸が深くなること。hyperpnea

**か-こく【河谷】** 河川の浸食作用によって形成された細長い凹地地形。浸食谷。valley

**か-こく【▼苛酷・▼苛刻】**(形動) 非常に厳しいようす。むごいさま。無慈悲。severe; cruel 用例 ―な条件を押しつける。

**か-こく【過酷】**(形動) 度を越してひどいさま。きびしすぎるさま。severe 用例 ―な労働条件。

**か-こくほう【華国▼鋒】**(一九二一) 中国の政治家。文化大革命で活躍し、一九七一年林彪事件の処理に参加。七六年総理となり、翌年党主席を兼任。八一年以後、失脚。

**かこく-るい【▼禾穀類】** でんぷんの充実した種子(=禾穀)をつけるイネ科植物の総称。cereal crops

**かこげんざいいんがきょう【過去現在因果経】** 仏伝の一つ。中国、劉宋の求那跋陀羅訳。四巻。釈迦の過去世から現世にわたる生涯を描く。因果経。

**かごさか-とうげ【▼籠坂峠】** 富士山東麓、山梨・静岡県境にある峠。標高一一〇〇m。富士山や山中湖の好展望地。

**かご-じ【▼籠字】** 籠写しにした文字。書などの文字の輪郭だけを写しとった文字。

**がごーじ【▽元▽興寺】**《「がんごうじ」に、鬼が出たという伝説から》=がごうじ・がごぜ。①鬼の別称。②顔をしかめて子どもをおどすのにいう語。

**かこ-しちぶつ【過去七仏】** 釈迦と、釈迦以前にこの世に現れたとされる仏たち。毘婆尸仏・尸棄仏・毘舎浮仏・拘留孫仏・拘那含牟尼仏・迦葉仏・釈迦牟尼仏の七仏の総称。七仏。

**かごしま【▼鹿▽児島】**〈県〉 九州地方南部の県。県庁所在地は鹿児島市。本土と薩南諸島からなる。霧島山・桜島など火山が多く、シラス台地が広く分布。畑作・畜産などの農業がさかん。国分市を中心に先端産業が進展。遠洋漁業をはじめ、水産業も発達している。面積九一六五km²、人口一八一万七〇二一(一九八八)。

**かごしま【▼鹿▽児島】**〈市〉 鹿児島県中部、鹿児島湾に臨む市。県庁所在地。島津氏の城下町から発展。桜島・城山・磯庭園など観光地が多い。人口五二二万七七九(一九八八)。

**かごしま-じゅぞう【▼鹿▽児島寿蔵】**(一八九八―一九八二) 人形作家。アララギ派の歌人。福岡県生まれ。独自の紙粘土による紙塑人形を創作。重要無形文化財保持者。歌誌『潮汐』主宰。

**かごしま-ほんせん【▼鹿▽児島本線】** JR九州の鉄道幹線の一つ。門司と鹿児島を結び九州西岸を走る。長さ三九九・五km。明治四一年(一九〇八)開通。

**かごしま-みんよう【▼鹿▽児島民謡】** 鹿児島地方の民謡。南国特有の陽気で開放的な曲風で、方言入りのものが多い。『鹿児島おはら節』など。

**かごしま-わん【▼鹿▽児島湾】** 鹿児島県の中央部に南から入りこんだ湾。湾内に桜島がある。霧島屋久国立公園の中心の一つ。錦江湾。

**かこ-じもの【▼鹿▽児じもの】**［枕ことば］《シカは、一年に一回、一頭しか子を生まないことから》「ひとり」または「ひとり子」にかかる。用例 ―わが独子の草枕旅にし行けば(万葉・九・一七九〇)。

**かこ-そう【夏枯草】** 漢方薬の一つ。ウツボグサの花穂を乾燥したもの。利尿・消炎などの薬効。成分はウルソール酸の配糖体。

**かこ-ちょう【過去帳】** 寺院で檀家・信徒の俗名・法名・死亡年月日などを記入する帳簿。鬼籍。点鬼簿。necrology

**か-こつ【化骨】** ↓こっか(骨化)

**かこ・つ【▽託つ】**(五他) ①かこつける。make an excuse for ②不平・ぐちをいう。complain of 用例 不遇を―。

**かこつけ【▽託け】** 言いわけ。excuse

**かこつ・ける【▽託ける】**(下一自) 原因を他のものにかぶせる。口実にする。make an excuse for

**かごつるべさとのえいざめ【▼籠▽釣▽瓶▽花▽街▽酔▼醒】** 歌舞伎世話物。三世河竹新七作。佐野次郎左衛門が吉原で花魁八つ橋に愛想づかしをいわれ、妖刀籠釣瓶で八つ橋をはじめ大勢を殺害する。明治二一年(一八八八)初演。

**かご-ぬけ【▼籠抜け・▼籠▽脱け】**(名・サ変自) ①かごを抜けて出る曲芸。②「かご抜け詐欺」の略。

**かごぬけ-さぎ【▼籠抜け詐欺】** 建物の表口や内部で、部内者をよそおって金品などを受け取り、裏口などから逃げ去って、だましとること。

**かご-の-き【▼鹿子の木】** 暖地にはえるクスノキ科の常緑高木。幹は鹿の子模様になる。葉は長楕円形。夏に、黄色の小花を多数密集させる。コガノキ。

**かご-まくら【▼籠▼枕】** 竹や籐で編んだ夏用の枕。

**かご-まり【▼籠▼毬】** 曲芸の一つ。毬受けのついた、柄の長い抜け籠を用いた毬の曲取りで、太神楽の代表的演技。

**かこみ【囲み】** ①囲むこと・もの。周囲。包囲。enclosure 用例 ―を破る。②新聞などで、罫線で囲んだ記事・読み物。コラム。box; column

**カコミスル【cacomistle】** アライグマ科の哺乳類。アライグマより鼻がとがり、尾も長い。体長約三〇cm、尾長約五〇cm。木登りが巧みで雑食性。米国南西部・メキシコに分布。

**かこ・む【囲む】**（五他）①回りをとりまく。enclose 用例 敵城を—。森に—・まれた家。②《盤などのまわりに集まることから》碁・将棋などのゲームをする。用例 碁を—。雀卓を—。

**かご-め【▼籠目】**①かごの編み目。meshes of a basket ②かごの目のような模様・編み方。woven bamboo pattern ③子どもの遊び「かごめかごめ」の略。④紋所の名。正三角形を二個上下に重ねた形を紋章化したもの。竹籠などの編み目の形象化で、厄除けのしるしとして尊ばれる。→図

●籠目④

**かごめ-かごめ【▼籠目▼籠目】**子どもの遊戯の一つ。数人が輪をつくり、目隠ししてしゃがんだ鬼の周囲を歌いながらまわる。歌い終わったとき、鬼が背後の者をあてる。

**かごめ-こもん【▼籠目小紋】**細かい籠目模様の着物地。

**かごめ-のり【▼籠目▽海▼苔】**褐藻植物カヤモノリ科の海藻。外海に面する海岸の潮だまりに多い。幼時は黄褐色の中空の塊であるが、生長するにつれ体表に穴があき、籠目状になる。

**かご-や【▼駕▼籠屋】**①駕籠に客を乗せてかつぐ人。かごかき。②かごかきを常駐させ、客に駕籠を仕立てる業者。

**か-こん【仮根】**下等植物に生じる根のように見える器官。外見や機能は根に似るが、内部に維管束などの複雑な分化がない。シダ植物の前葉体、コケ植物、多細胞の藻類などにみられる。rhizoid →蘚苔植物図

**か-こん【禍根】**わざわいのもと。root of the evil 比較 禍因。用例 —を絶つ。

**か-ごん【過言】**言いすぎ。saying too much 用例 失敗作と言っても—ではない。

**かさ【▼毬・▼梂】**マツ・トチなどの実の殻。

**かさ【▼笠】**①かぶりものの一種。雨・雪・日光などを防ぐため頭にかぶるもの。編み笠・網代笠・市女笠・陣笠など多種多様。被笠。数え方 一蓋・一枚。②①の形をしたもの。電灯のかさなど。数え方 一個・一枚。③紋所の名。笠を紋章化したもの。高橋氏の代表紋。丸に笠・二階笠など。→図

●笠③
笠

頭合わせ三つ笠

**笠に着る**（かさにきる）①権勢者を後ろだてにして、いばりかえる。類似 虎の威を借る狐。②恩を売って、それをいいことにいばる。

**笠の台が飛ぶ**（かさのだいがとぶ）《「笠の台」は、首の意》①打ち首になる。②免職になる。

**笠の台の生き別れ**（かさのだいのいきわかれ）《「笠の台」は、首の意》斬られて、首と胴とが別々になること。打ち首になること。

**かさ【傘】**①雨・雪・日ざしなどを避けるためにかざす柄のついた用具。から傘・こうもり傘・日傘の総称。さしがさ。umbrella 用例 —をさす。数え方 一本・一張り。②①の形をしているもの。きのこの上部など。③紋所の名。開いた傘、閉じた傘、花傘などを紋章化。→図 →キノコ図

●傘③
三つ傘

開き傘

**かさ【▼嵩】**①大きさ。容積。bulk 用例 荷物の—が大きい。②分量。volume 用例 水の—が増す。③相手を押さえつけるような態度。威容。

**嵩が張る**（かさがはる）体積が大きくて、多くの空間を占める。嵩張る。bulky

**嵩から出る**（かさからでる）「嵩に懸かる」と同意。

**嵩に懸かる**（かさにかかる）①優勢に乗じて攻めかかる。②おしつけるような態度に出る。嵩から出る。

**嵩に回る**（かさにまわる）相手に勝る勢いとなる。優位な立場になる。

**かさ【▼暈】**太陽や月の周囲に見える光の輪。氷の結晶からなる薄い雲(巻層雲)が出ているときにできる。光が、雲をつくる氷晶によって反射や屈折を受けて起こる。halo 比較 光環。

**かさ【▼瘡】**→くさ(瘡)

**がさ**《俗語。「さがす」の倒語》警察の用語で、家宅捜索のこと。用例 —を入れる。

**ガザ【Gaza】**エジプト‐アラブ共和国北東部、イスラエルとの国境に近い都市。古代から交易の要地。イスラエルの管理下にあり、中東の係争地。

**かさ-あげ【▼嵩上げ】**（名・サ変他）①土などを盛ってさらに高くすること。raising 用例 土手の—。②金額などをさらにふやすこと。addition 用例 予算の—。

**かざ-あし【風足・風脚】**自然に吹く風の速さ。

**かざ-あな【風穴】**①風の吹き込むすきま。opening ②住宅の窓・壁・床下の基礎部分などに設けられた換気孔。虫除けなどの網を付けたりする。ventilating hole 比較 風窓。③山腹などにある奥深い穴。ふうけつ。cave

**風穴を空ける**（かざあなをあける）刃物・短銃などで、腹・胸などを貫き通す。

**か-さい【火災】**①人の意図に反して、建物・山林などが燃えること。消防庁では火災統計上、建物火災・林野火災・車両火災・船舶火災・航空機火災、その他の火事に分類。fire ②火事の災難。fire 用例 —保険。

**か-さい【花菜】**→かさいるい(花菜類)

**か-さい【果菜】**→かさいるい(果菜類)②

**か-さい【家裁】**「家庭裁判所」の略。

**か-さい【歌才】**歌をつくる才能。用例 —に富む。

**かさい【加西】**〈市〉兵庫県南部の市。播州織・畳表・ござの産地で知られ、近代工業もさかん。人口五万二七四八(一九八八)。

**か-ざい【家財】**①住宅内部の道具や家具の総称。household goods ②一家の財産。assets

**か-ざい【貨財】**貨幣と財物。財産。財貨。

**か-ざい【歌材】**歌をつくる材料。歌の素材。

**が-さい【画才】**絵をかく才能。artistic talent 用例 —にめぐまれる。

**が-ざい【画材】**①絵をかく材料。drawing materials ②絵にかく対象。object for a painting 用例 すばらしい—。

**カサイ-がわ【カサイ川】**(Kasai) アフリカ中央、アンゴラ中部に発し、ザイール国境を流れ、ザイール川に注ぐ川。長さ二二〇〇km。

**かさい-がん【火砕岩】**火山の爆発によって噴出した砕屑岩からなる岩石。火口から噴出して直接堆積したものと、それが風や流水などの力によって移動したのち再堆積したものとがある。pyroclastic rock

**かさい-ぐも【火災雲】**大火災のとき発生する雲。森林火災や石油タンク爆発および広域火災のときにできる、積雲状の暗黒色の雲。

**かさい-しんごう【火災信号】**消防法に定められた消防信号の一つ。サイレンまたは鐘によって火災を知らせるもの。

**かさい-ぜんぞう【▼葛西善蔵】**(一八八七〜一九二八) 小説家。青森県生まれ。貧乏と孤独を主題に典型的な私小説を書いた。作品『哀しき父』『子をつれて』など。

**かさい-せんぷう【火災旋風】**火災時に発生する渦巻き状の空気の流れ。関東大震災のときのように、火災による上昇気流を補う風を周辺から巻きこんで起こる。

**かさい-ほうちき【火災報知機】**火災の発生場所を消防署や管理室などの必要な場所に通報する装置。fire alarm

**かさい-ほけん【火災保険】**火災によって生じる損害を補う保険。fire insurance

**かさい-りゅう【火砕流】**火口から噴出した高温の火山砕屑物と火山ガスの混合物が高速で斜面を流れる現象。熱雲・軽石流・岩滓流・火山灰流などが含まれる。しばしば大きな被害をもたらす。pyroclastic flow

**かさい-るい【花菜類】**花を食用とする野菜類。カリフラワー・ブロッコリーなど。花菜。

**かさい-るい【果菜類】**①くだものと野菜。fruits and vegetables ②実を食用とする野菜類。トマト・キュウリ・ナスなど。果菜。

**かざ-いれ【風入れ】**風を通して室内や衣類などの湿気をとばすこと。虫干し。

**かさい-れっとう【花▼綵列島】**花をつなげてつくった花綵(=花飾り)のような形の列島。アジア大陸東側に多い。日本列島・千島列島などが代表的。弧状列島。festoon islands

**かさおか【▼笠▼岡】**〈市〉岡山県南西端、瀬戸内海に臨む市。化学・紡績のほか、たんす製造などの工業がある。天然記念物カブトガニは有名。人口六万一二四一(一九八八)。

**かさ-おどり【▼笠踊(り)】**笠または傘を、かぶり物・採物として踊る民俗芸能。北陸地方の笠踊り、鳥取地方の傘踊りが有名。

**かざ-おもて【風面】**風の吹いて来る方角。

**かざおり-えぼし【風折(り)▼烏▽帽子】**立て烏帽子の頂を、風に吹き折られたように斜め横に折り伏せたもの。狩衣・水干・直垂などを着るときに用いた。→直垂図

**かざ-おれ【風折れ】**木などが風に吹かれて折れること。比較 雪折れ。

**かさ-がい【▼笠貝】**①菅笠を伏せたような形から、ヨメガカサ・アオガイ・スゲガサガイなどの俗称。②小笠原諸島特産の巻き貝。殻長約七cm、殻高約五cmの円錐形で、殻は巻いていない。黄灰色地に黒斑がある。潮間帯の岩礁に付着。天然記念物。

**かさかけ【▼笠懸】**〈村〉群馬県南東部、桐生市南西隣の村。スイカ・ダイコン・菊栽培がさかん。人口二万六三三二(一九八八)。

**かさ-がけ【▼笠懸(け)】**騎射の一つ。射場に笠をかけて的とし、馬上から射る。平安・鎌倉時代、武士のたしなみとしてさかんに行われた。流鏑馬との相違は的が一つであること。→写

**かさ-かさ** 一（副）干からびたものが、触れ合って立てる音。rustle 用例 落ち葉が—と風に舞う。二（形動・副・サ変自）①乾き切って、水け・油けのないさま。dry and rough 用例 —の手。②つやや潤いのない感じのするさま。rough 用例 —した人。

**がさ-がさ** 一（副）《「かさかさ」より騒がしい》乾いたものが触れ合って立てる音。rustle 用例 新聞を—畳む。二（形動・副・サ変自）①ざらざらして、滑らかでないさま。rough 用例 —とした生地。②落ち着きがなく、がさつなさま。また、騒々しいさま。rough 用例 —した男。

**かさ-かぶせ【▼笠▽被せ】**嫁ぎ先に嫁が到着したとき、その門口で嫁に笠を被せる習俗。もとは嫁が被ってきた笠を脱がせる習わしであったが、笠を被らなくなってこのように変化したものという。

**かざ-かみ【風上】**風の吹いて来る方向。windward 対義 風下。

**風上に置けない**（かざかみにおけない）《風上に置くと、くさくて我慢できない意》卑劣な者をののしっていうことば。be a disgrace to…

**かさ-ぎ【▼笠木】**鳥居・門などの上にわたす横木。冠木。→鳥居図

**かさぎ【▼笠▽置】**〈町〉京都府南部、木津川沿いの町。笠置山を中心とする観光・休養地。農林業もさかん。人口二三九五(一九八八)。

**かさぎ-さんち【▼笠▽置山地】**京都府南部から奈良県北部にかけての山地。主峰は鷲峰山六八五m。木津川以南の地域は大和高原ともいう。

**かさぎ-やま【▼笠▽置山】**京都府南東端にある山。標高二八八m。南北朝時代、後醍醐天皇の行在所があった。

**かざ-きり【風切り】**①風向きを知るため船上にたてる旗。風見。dogvane ②「風切り羽」の略。③桟瓦ぶきの切り妻屋根で、妻側の近くを、棟から軒までふきあげた丸瓦の列。

**かざきり-ばね【風切(り)羽】**鳥類の翼の後縁に並ぶ大羽。最外側の初列風切り羽(手羽)は普通一〇枚、その内側にあって胴に近い次

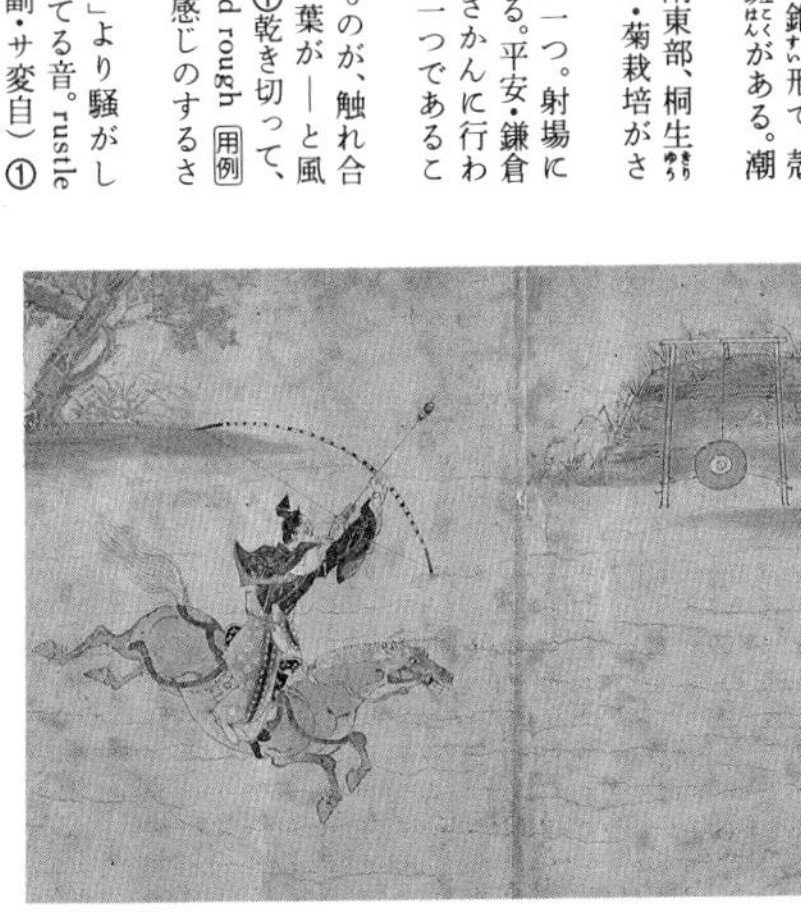

●笠懸 『男衾三郎絵巻』より。

▼常用漢字表外。▽常用漢字表の音訓外。

列風切り羽は六〜三〇枚。飛び羽。かざきりばね。かざきり。flight feather

**か-さく**【仮作】(名・サ変他) ほんとうではないこと。作り事。フィクション。

**か-さく**【佳作】できばえのよい作品。fine work 用例 選外―。

**か-さく**【家作】①家を造ること。build a house ②貸家。house for rent米; house to let英

**か-さく**【寡作】(名・形動) 作品の数が少ないこと。write little 比較 乱作。対義 多作。用例 ―の作家。

**か-さく**【歌作】和歌をつくること。和歌を詠むこと。その和歌。比較 詩作。

**かざ-くち**【風口】ストーブ・ふろなどのたき口の、風の吹きこむ所。

**風口の蠟燭**(かざくちのろうそく) 消えやすいこと。はかないことのたとえ。心もとないこと。類似 風前の灯(ともしび)。

**かさ-ぐも**【▼笠雲】山の頂に帽子をかぶせたような形の雲。高積雲や層積雲などがつくる。cap cloud

**かざ-ぐも**【風雲】強い風が吹く前兆となるような雲。レンズ状の雲など。

**かざ-ぐるま**【風車】①風の力で回るしかけの車。ふうしゃ。windmill ②紙やセルロイドなどでつくった車輪形のものに柄(え)をつけ、風力でまわす玩具(がんぐ)。pinwheel ③キンポウゲ科クレマチス属のつる性落葉低木。葉は対生。花は紫色または白色。花弁はなく、径一〇〜一五cmの八枚の萼(がく)片が花弁のように車輪状に開く。

**かざ-け**【風邪気】少し風邪をひいたようなからだの具合。かぜぎみ。かざっけ。かぜけ。feel like having a cold

**かさ-ご**【▼笠子】カサゴ科の海水魚。全長約二五cm。黒褐色から赤褐色。岩礁帯から沖合いの深いところまで生息。卵胎生で冬に一万匹前後の子を産む。食用。日本各地から朝鮮半島・中国に分布。↓図

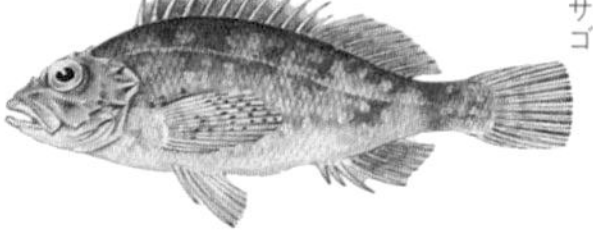

●カサゴ

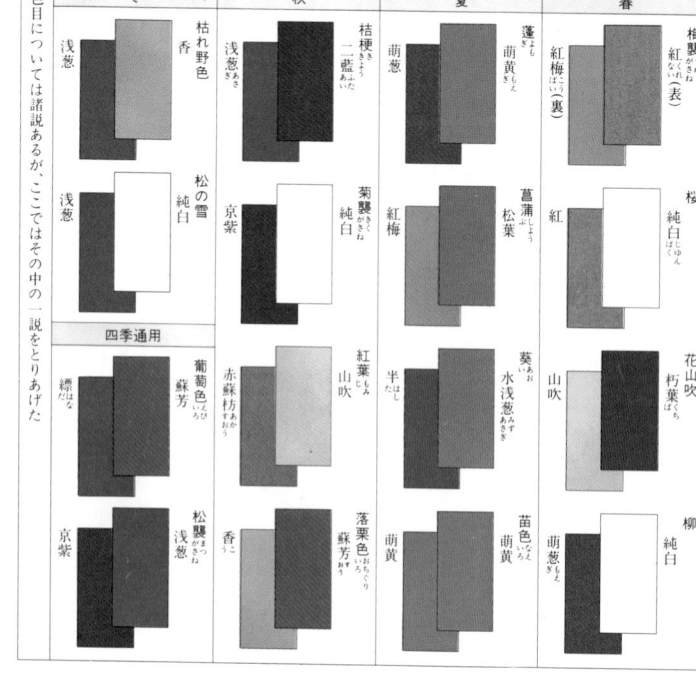

**かざ-ごえ**【風邪声】かぜをひいたときの、はなのつまった、かれた声。かぜごえ。hoarse voice

**かさ-ごけ**【傘▼苔】カサゴケ科の大形コケ。低山の腐植土上に群生する。地下茎から直立する茎に、葉がかさ状に集まる。美しいコケで、鉢植えにも向く。

**カザコフ**【Yury Pavlovich Kazakov】(一九二七〜八二) ソ連の小説家。非政治的な自然派と目される異色短編作家。作品『青色と緑色』『猟犬アルクトゥル』『アダムとイブ』など。

**かさ-さ**【▼笠▼沙】〈町〉鹿児島県、薩摩(さつま)半島南西端の町。ポンカンや野菜などの栽培がさかん。人口五一二六(一九八八)。

**かささぎ**【▼鵲】カラス科の鳥。ハトぐらいの大きさで、翼長約二〇cm。緑黒色で、腹部が白い。カチカチと鳴く。日本には朝鮮半島から一六〇〇年ごろ輸入、放鳥され北九州にすみついたとされる。ユーラシア・北アメリカ西部に分布。カチガラス。magpie

**かささぎ-の-はし**【▼鵲の橋】①カササギが牽牛(けんぎゅう)星と織女(しょくじょ)星のために、天の川に架けるといわれている伝説上の橋。七夕(たなばた)の夜に、その翼を連ねて架け渡すという。②宮中の御殿に上がる階段。

**かざし**【▽挿▽頭(し)】冠に挿(さ)した花や枝、また造花。奈良時代は自然の花を髪に挿したが、のちに中国にならって、儀式のとき冠に造花を挿した。

**かざししょう**【▽挿▽頭抄】江戸時代の文法書。富士谷成章(ふじたになりあきら)著。明和(めいわ)四年(一七六七)成立。日本語の形式的な連用修飾機能をもつ語彙(ごい)(副詞・接続詞・感動詞など)を挿頭と名づけ、解説したもの。

**かさじぞう**【▼笠地蔵】昔話の一つ。雪の中の六地蔵を哀れんだおじいさんが笠をかぶせてやると、返礼に地蔵が金や米を運んで来て、よい正月を迎えられたという話。

**かざ-しも**【風下】風の吹いて行くほう。leeward 対義 風上。

**風下に居る**(かざしもにいる) ①人のやりかたをまねる。②勢力下にいる。

**かざ・す**【▼翳す】(五他) ①光を遮るために、頭やひたいの前にさしかける。用例 小手を―・して遠くを見る。②ものの上にさしかける。用例 火鉢に手を―。③手に持ったものを頭の上に高く掲げる。用例 刀を―。④高く掲げて光に当てるようにする。hold up ... over 用例 明かりに―・して手紙を読む。

**かざ・す**【▽挿▽頭す】古語(四他) 花や枝などを髪の毛や冠にさす。用例 桜―・してけふも暮らしつ(新古今・春下)。

**かさ-すげ**【▼笠▼菅】カヤツリグサ科の多年草。水辺に群生。高さ約一m。葉は互生し線形。春に紫褐色の雄花穂を頂生し、淡緑色の雌花穂を側生。

**かさ-だか**【▼嵩高】(形動) ①かさばるさま。bulky ②威圧的で、横柄なさま。haughty 用例 ―に言う。

**がさつ**(形動) ことばや動作が荒々しいさま。ぞんざい。無作法。rough; rude 用例 ―者。

**がさ-つ・く**(五自) ①がさがさと音がする。rustle ②動作が騒がしく、落ち着かない。rough

**カサット**【Mary Cassatt】(一八四五〜一九二六) アメリカの女流画家・版画家。ドガに師事。母と子を題材にした作品が多い。作品『行水(ぎょうずい)』など。

**かざ-とおし**【風通し】風が吹き通ること。また、その程度。通風。かぜとおし。ventilation

**かさど-じま**【▼笠戸島】山口県南部、下松(くだまつ)市に属し瀬戸内海に浮かぶ島。面積一一・七km²。笠戸大橋で本土と結ばれ観光地化。

**カザドジュ**【Robert Casadesus】(一八九九〜一九七二) フランスのピアノ奏者・作曲家。洗練された技巧と明快な演奏が特徴。作品『ピアノ協奏曲』など。

**かさな・る**【重なる】(五自) ①物の上に物がのる。be piled up 用例 落ち葉が―。②物事に、別の物事が加わる。overlap 用例 日曜と祭日が―。―不幸。

**ガザニア**【Gazania】キク科の観賞用一年草。高さ二〇〜三〇cm。春から夏に、径八cm前後の白・黄・紅などの花をつける。アフリカ原産。クンショウギク。↓写

●ガザニア　サンシャイン

**かさ・ぬ**【重ぬ】古語(下二他) ↓かさねる(重ねる)

**かさね**【重ね・▽襲】㊀(名) ①重ねること・もの。pile; overlap; layer ②衣服を重ねて着ること。③(「▽襲」で)中古、袍(ほう)の下に重ねて着た衣服。また、その色の配合。用例 桜―。④上着と下着のそなわった衣服。㊁(助数) 重ねた物を数える語。用例 二―。

**かさね**【▽累】①江戸時代初期、下総(しもうさ)羽生村の百姓与右衛門の妻、累をめぐる因縁話。顔がみにくいことから夫に殺害され、その怨念(おんねん)が一族にたたるが、祐天上人の祈りで解脱する。②歌舞伎(かぶき)舞踊。『色彩間苅豆(いろもようちょっとかりまめ)』の通称。清元。文政(ぶんせい)六年(一八二三)初演。与右衛門が累と心中しようとするが、死霊(しりょう)の怨念で累を殺す。

**かさねあわせ-の-げんり**【重ね合(わ)せの原理】波の干渉やうなりなど、ある現象の状態が二つあるいはそれ以上の状態を加え合わせたものとして与えられること。principle of superposition

**かさね-おり**【重ね織り】織物で、縦・横とも糸を二種以上使い、織物の組織が二重、三重になるように織ったもの。風通(ふうつう)織りなど。

**かさね-がさね**【重ね重ね】(副) ①ますます。more and more ②かえすがえす。repeatedly 用例 ―おわびします。

**かさね-ぎ**【重ね着】(名・サ変自他) ①保温のために衣服を重ねて着ること。wear one over another ②装束や式服などで同形態の衣服を重ねて着ること。また、その衣服。襲(かさね)。重ね袿(うちき)。

**かさね-ことば**【重ね言葉・重ね▽詞】①修辞法の一つ。意味を強めるために、同じ意味の語を繰り返して使うもの。「ぬれにぞぬれし」など。重言。②語頭が似通う語の重なる文句を、間違えずに言う遊び。「この長なぎなたは、誰(た)が長なぎなたぞ」の類。

**かさね-さかずき**【重ね杯】大・中・小と三個の杯を重ねたもの。儀式用に使われる。

**かさね-じゅう**【重ね重】二つ以上を重ねるようにつくった重箱。三つ重ね・四つ重ねなどがある。

**かさね-だんす**【重ね▼簞▼笥】収納部分が二つ以上重なって一棹(ひとさお)となっている簞笥。運ぶときなどに分離できる。double chest of drawers

**かさね-ちがいだな**【重ね違い棚】違い棚を二段以上重ねたもの。参照 違い棚。

**かさね-ちゃわん**【重ね茶▼碗】茶道で、客が多数のとき二つの茶碗を重ねて持ち出し、茶をたてる方式。

**かさね-て**【重ねて】(副) ふたたび。繰り返し。again

**かさね-ぬい**【重ね縫い】布の接(は)ぎ方。二枚の布の端を少し重ねて、その中央もしくは両端を縫う。表から見えない襟芯(えりしん)や裾芯(すそしん)などの接ぎ合わせに使う。重ね接ぎ。

**かさね-の-いろめ**【▽襲の色目】女性の袿(うちき)を重ねたときの、上着と下着の色合い。また、男性の袷(あわせ)の衣服の表地と裏地の配色。平安貴族の間で発達。一定の組み合わせが考案され、季節の変化に応じた着用の決まりや、名称が伝えられている。かさねいろめ。↓図

●襲(かさね)の色目　表と裏の配色例

| 季節 | 名称 | 表 | 裏 |
|---|---|---|---|
| 春 | 梅襲(うめがさね) | 紅(くれない)(表) | 紅梅(こうばい)(裏) |
| 春 | 桜 | 純白(じゅんぱく) | 紅 |
| 春 | 花山吹 | 朽葉(くちば) | 山吹 |
| 春 | 柳 | 純白 | 萌葱(もえぎ) |
| 夏 | 蓬(よもぎ) | 萌黄(もえぎ) | 萌葱 |
| 夏 | 菖蒲(しょうぶ) | 松葉 | 紅梅 |
| 夏 | 葵(あおい) | 水浅葱(みずあさぎ) | 半(はした) |
| 夏 | 苗色(なえいろ) | 萌黄 | 萌黄 |
| 秋 | 桔梗(ききょう) | 二藍(ふたあい) | 浅葱(あさぎ) |
| 秋 | 菊襲(きくがさね) | 純白 | 京紫 |
| 秋 | 紅葉(もみじ) | 山吹 | 赤蘇枋(あかすおう) |
| 秋 | 落栗色(おちぐりいろ) | 蘇芳(すおう) | 香(こう) |
| 冬 | 枯れ野色 | 香 | 浅葱 |
| 冬 | 松の雪 | 純白 | 浅葱 |
| 四季通用 | 葡萄色(えびいろ) | 蘇芳 | 縹(はなだ) |
| 四季通用 | 松襲(まつがさね) | 浅葱 | 京紫 |

色目については諸説あるが、ここではその中の一説をとりあげた

**かさ・ねる【重ねる】**(下一他) ①物の上に物をのせる。上に積む。pile up 用例紙を―。②さらに加える。add; pile up 用例得点を―。練習を―。③繰り返す。repeat 用例交渉を―。

**かさ-の-いらつめ【▼笠▽郎女】**(生没年未詳) 奈良中期の歌人。大伴家持との間に恋歌の贈答があり、『万葉集』に二九首の短歌を残す。

**カザノーバ【Giovanni Giacomo Casanova】**(一七二五～九八) イタリアの自伝作家。全欧州を旅行し、波瀾と女性遍歴にみちた生涯を送った。著書『回想録』は貴重な風俗資料。

**かさ-の-かなむら【▼笠金村】**(生没年未詳) 奈良初・中期の歌人。元正・聖武両朝に仕えた宮廷歌人的な存在。行幸に従っての作歌が多い。

**かさ-のり【傘▽海▼苔】** 浅海のサンゴ片や貝殻上に群生する一年生海藻。高さ四～六㎝。石灰を付着した棒状の柄に、径約一㎝の緑色のかさをつける。体は単細胞性。↓緑藻植物図

**かさ-はぐるま【傘歯車】** 交差する二軸間に用いられる円錐台形の歯車。歯が直線の直歯傘車、曲線の曲がり歯傘車などがある。bevel gear

**かざ-はな【風花】** =かざばな。①初冬の風が吹いて、雪または雨がぱらぱらと降ること。②晴れた日に風に吹き送られてくる雪。

**かさはら【▼笠原】**〈町〉岐阜県南部、多治見市に接する町。古くは茶碗の産地として、また現在はタイル生産地として知られる。人口一万二八三六(一九八八)。

**かさ-ば・る【▼嵩張る】**(五自) 分量が大きくなる。かさむ。bulky 用例荷物が―。

**かざ-ひまち【風日待ち】**↓かざまつり(風祭り)

**カザフ-きょうわこく【カザフ共和国】**(Kazakhskaya SSR) ソビエト連邦を構成する共和国の一つ。首都アルマアタ。共和国中ロシア共和国につぐ面積をもつ。鉱物資源が豊富で、重工業がさかん。住民はロシア人・トルコ系カザフ人・ウクライナ人。面積二七一・七万㎢。人口一六〇二・八万(一九八六)。正称カザフ-ソビエト社会主義共和国。

**かさ-ぶた【▼瘡▼蓋・▼痂】** 外傷やできものが治るにつれ、その上にできる皮状の塊。体表に分泌された血液・うみ、死んだ組織などからなる。痂皮。crust

**カサブランカ【Casablanca】** 北アフリカ、モロッコの大西洋に臨む国際的港湾都市。アフリカ・ヨーロッパなどを結ぶ海と空の要地。オリーブ・柑橘類などの農産物や燐鉱石などの鉱産物を輸出。人口二一四万(一九八二)。

**かさ-ぼこ【傘▼鉾・▼笠▼鉾】** 祭りのときに使われる飾り物の一つ。山車の屋台の上に、大きな傘を広げた形に鉾や太刀・薙刀・造花などを飾りつけたもの。京都の祇園祭りや東京の山王祭り・神田祭りのものが有名。

**かさぼこ-ぐも【傘▼鉾雲】** 南の空に傘を開いた形にできる雲。強い風の前兆とされる。

**かざ-ぼし【風干し】** 魚を乾燥する方法。風通しのよい日陰で生干しにする。また、日光にわずかな時間あてて乾燥させること。

**かざ-ほろし【風▼疿】**《かぜが原因と思われていたため》発熱によってできる発疹。風花ほろせ。exanthematous fever

**かさま【▼笠間】**〈市〉茨城県中部の市。旧城下町・宿場町、稲荷神社の門前町。石材・笠間焼の産地。人口三万一六五二(一九八八)。

**かざ-ま【風間】** ①風のやんでいるあいだ。calm period ②風の吹いているとき。blowing period ③風の通るすきま。風穴。windhole ④風雨が激しく、漁に出られないとき。

**かざまうら【風間浦】**〈村〉青森県下北半島北端、津軽海峡に臨む村。イカ漁がさかん。下風呂温泉がある。人口三五八三(一九八八)。

**かざ-まち【風待ち】**(名・サ変自) 風を推進力として利用する帆船・熱気球などが、順風(=追い風)を待つこと。かぜまち。

**かざまち-こう【風待ち港】** 帆船時代に船が順風(=追い風)を待つために利用した港。下田・鳥羽など。

**かさまつ【▼笠松】**〈町〉岐阜県南部、木曽川右岸にある町。古くは美濃縞、現在は毛・化繊織物、既製服製造などの繊維工業がさかん。人口二万二二三八(一九八八)。

**かざ-まつり【風祭(り)】** 二百十日のころに、風をしずめるために風神を祭る行事。風日待ち。かぜまつり。

**かざ-まど【風窓】** ①通風のためにつくられた窓。air hole ②床下や天井裏などの壁に設けた換気孔。vent 比較風穴。

**かざ-み【風見】** ①風の向き・強さを観察すること。②風向きを知るために、尖塔や屋根、船の帆柱などにとりつけるもの。板や金属でつくり、動物や紋章などをかたどったものが多い。風信器。風向計。vane

**風見の鳥**(かざみのからす) ①カラスの形をした風向計。②《高い所から見下ろすことから》お高くとまり、いばっているさまのたとえ。

**か-ざみ【▽汗▼衫】**《汗衫の字音「かんさむ(かんさん)」の転》①奈良から平安初期にかけて、汗取りのために着た単の衣。②平安期、童女が初夏に上衣の上に着た正装用の表衣。

**がざみ【▼蝤▼蛑】** ワタリガニ科の食用ガニ。甲幅約一五㎝。甲はひし形で暗緑色。内湾の砂泥にすみ夜行性。美味。青森湾以南の日本、台湾・中国に分布。ワタリガニ。swimming crab ↓図

**かざみ-どり【風見▽鶏】** ①鶏の形にデザインされた屋根の上にとりつける風向計。weathercock ②定見がなく、周囲の意向に合わせ、処世をはかる人。weathercock

●ガザミ

**かさ・む【▼嵩む】**(五自) ①かさが大きくなる。かさばる。pile up ②数量がます。go up 用例出費が―。

**かざ-むき【風向き】** =かぜむき。①風の吹く方向。wind direction ②機嫌。temper ③形勢。situation

**風向きが悪い**(かざむきがわるい) ①人の機嫌がよくない。in a bad temper ②形勢が不利だ。in a bad situation

**かさや-ゆきお【▼笠▽谷▽幸生】**(一九四三～) 元スキーのジャンプ競技選手。北海道生まれ。一九七二年(昭和四七)札幌冬季オリンピックの七〇m級ジャンプで優勝。冬季五輪での日本初の優勝者。

**かざ-よけ【風▽除け】** 風を防ぐこと・もの。かぜよけ。windbreak

**かさり【▼笠利】**〈町〉鹿児島県、奄美大島北東端の町。サトウキビ中心の農業、大島紬の生産がさかん。人口八四一八(一九八八)。

**かざり** 15画 **【▼錺】** 部首[金]かねへん 和製漢字 JIS 7905 金属製の装飾品。かんざしや帯留めなど、こまかい細工もの。「錺職」

**かざり【飾り】** ①飾ること。飾ったもの。装飾。decoration ②表面だけの美しさ。用例―のない文章。③《上に「お」を付けて》松飾り・しめ飾りのこと。④髪の毛。

**飾りを下ろす**(かざりをおろす) 出家する。

**かざり-あみ【飾り編み】** 編み物や布でつくった品の周囲や縁に装飾として編み付けた部分。また、その編み方。finishing

**かざり-うま【飾り馬】** ①初荷を運ぶ馬や、祭礼のときの美しく飾られた馬。②花嫁を乗せる馬。

**かざり-ぎり【飾り切り】** 料理で材料を美しく見せる切り方。梅形・扇形など、季節や祝い事などに合わせて切る。

**かざり-け【飾り気】** ①身のまわりをかざる気持ち。用例―のない部屋。②人前をつくろう気持ち。かざりっけ。affectation 用例―のない態度。

**かざり-さんぼう【飾り三方】** 正月に年始客をもてなすときに出す三方。硯蓋にのしあわびとコンブを飾り、白い箸をつける。

**かざり-じお【飾り塩】**↓けしょうじお(化粧塩)

**かざり-しょく【飾り職・▼錺職】** 装飾の金物の細工をする職人。釣り灯籠・神輿なども製作する。飾り師。飾り屋。

**かざり-せっちん【飾(り)雪隠・▽荘(り)雪隠】** 茶の湯で内露地に設けられている便所。貴人用とされるが、実用を目的とはしていない。砂雪隠。

**かざり-だけ【飾り竹】** 正月の門松に添えて立てる竹。年神の依代と考えられる。

**かざり-た・てる【飾り立てる】**(下一他) ごてごてと飾る。deck out with

**かざり-だな【飾り棚】** 美術品や貴重な収集品などを飾る陳列用の棚。意匠的に引き出しや収納戸棚などを備えるものが多い。display shelf

**かざり-つけ【飾り付け】** 飾り付けること。また、そのもの。decorations

**かざり-つ・ける【飾り付ける】**(下一他) ①いろいろ物をつけて飾る。decorate ②美しく飾って並べる。display 用例商品を―。

**かざり-どり【飾鳥】** カザリドリ科の鳥の総称。スズメ大からカラス大まで。冠羽・気嚢などの奇妙な付属物をもち、独特の求愛行動をする。約九〇種が中南米の森林に分布。↓図

●カザリドリ　カサドリ

**かざり-なわ【飾り縄】** 新年に張る注連縄。神聖な場を限定して他と遮断する目印で、小正月に焼却する例が多い。

**かざり-ぬい【飾り縫い】** 装飾のために色糸などで縫うこと。また仕上がり時の装飾をかねた縫い目。飾り仕付け・飾りミシン・千鳥かがりなどがある。decorative stitch

**かざり-ばな【飾り花】** ①里方から赤ん坊の初正月に贈った邪気よけの花。②祭礼のとき民家の軒先に出す提灯につける紙の花。

**かざり-まど【飾り窓】**↓ショーウインドー

**かざり-ミシン【飾りミシン】** 装飾のために、布の表面からかけたミシンの縫い目。topstitching

**かざり-もの【飾り物】** ①装飾。decoration ②名目だけの物・人。figurehead 用例―の会長。

**カサリン〈二世〉【Catherine II】** エカテリーナ二世の英語名。

**かざ・る【飾る】**(五他) ①美しくする。よそおう。decorate 用例部屋を―。②とりつくろう。affect 用例ことばを―。うわべを―。③美しく並べる。display 用例品物を―。④はなやかさを添える。round off 用例有終の美を―。

**カザルス【Pablo Casals】**(一八七六～一九七三) スペインのチェロ奏者。現代のチェロ奏法を確立。バッハ研究家。演奏は温かい人間味ある音楽性を備える。

**かさ-れんばん【傘連判】** 中・近世、起請文の署判の一つ。首謀者を隠すため、また構成員の平等を表明するために、円形に連名押印したもの。からかさ連判。円連判。

**かざわ-おんせん【▼鹿沢温泉】** 群馬県西端、湯ノ丸山北麓の温泉。スキーや登山の基地になっており、国民休暇村もある。

**か-さん【加算】**(名・サ変他) ①いままでに得られている数に、新しい数を加えて計算すること。合算。count; enumeration ②加え算。足し算。加法。addition 対義減算。

**か-さん【加▼餐】**(名・サ変自) 食物に気をつけて養生すること。用例時節柄ご―ください。

**か-さん【家産】** 家の財産。身代。資産。family property 用例―を傾ける。

**か-ざん【火山】** 地下のマグマが溶岩や火山砕屑物として地表に噴出し、火口の周辺に堆積してできた地形。また、噴出している山。マグマの上昇にともなう局地的な隆起や水蒸気爆発による地形も含まれる。噴火山。volcano ↓図

**か-ざん【華山】** 中国、陝西省東部にある名山。標高二四三七m。五岳中もっとも険しい山で、西岳ともよばれる。ホワシャン。

**カザン【Kazan'】** ソ連、タタール自治共和国の首都。ロシア革命の拠点の一つで、革命後工業都市として発展。毛皮の有数の加工地。人口一〇三・九万(一九八四)。

**カザン【Elia Kazan】**(一九〇九～) アメリカの映画監督。作品『欲望という名の電車』『波止場』『エデンの東』など。

**が-さん【画賛・画▼讃】** 絵の余白に書く詩文・和歌など。

**かざんいん-ながちか【花山院長▽親】**(?～一四二九) 南北朝・室町初期の学者・歌人。姓は藤原、号は耕雲。『新葉和歌集』の撰に参画。のち出家。著書『耕雲口伝』『倭片仮字反切義解』など。

**かざん-うん【火山雲】** 火山の噴火による雲。激しい上昇気流にともなう、火山灰を含んだ濃密な雲。

**かさんか-ししつ【過酸化脂質】** 不飽和脂肪酸が酸素を吸収、酸化してできた物質。体内で増えると老化がすすみ、動脈硬化や肝臓病



▼常用漢字表外。　▽常用漢字表の音訓外。

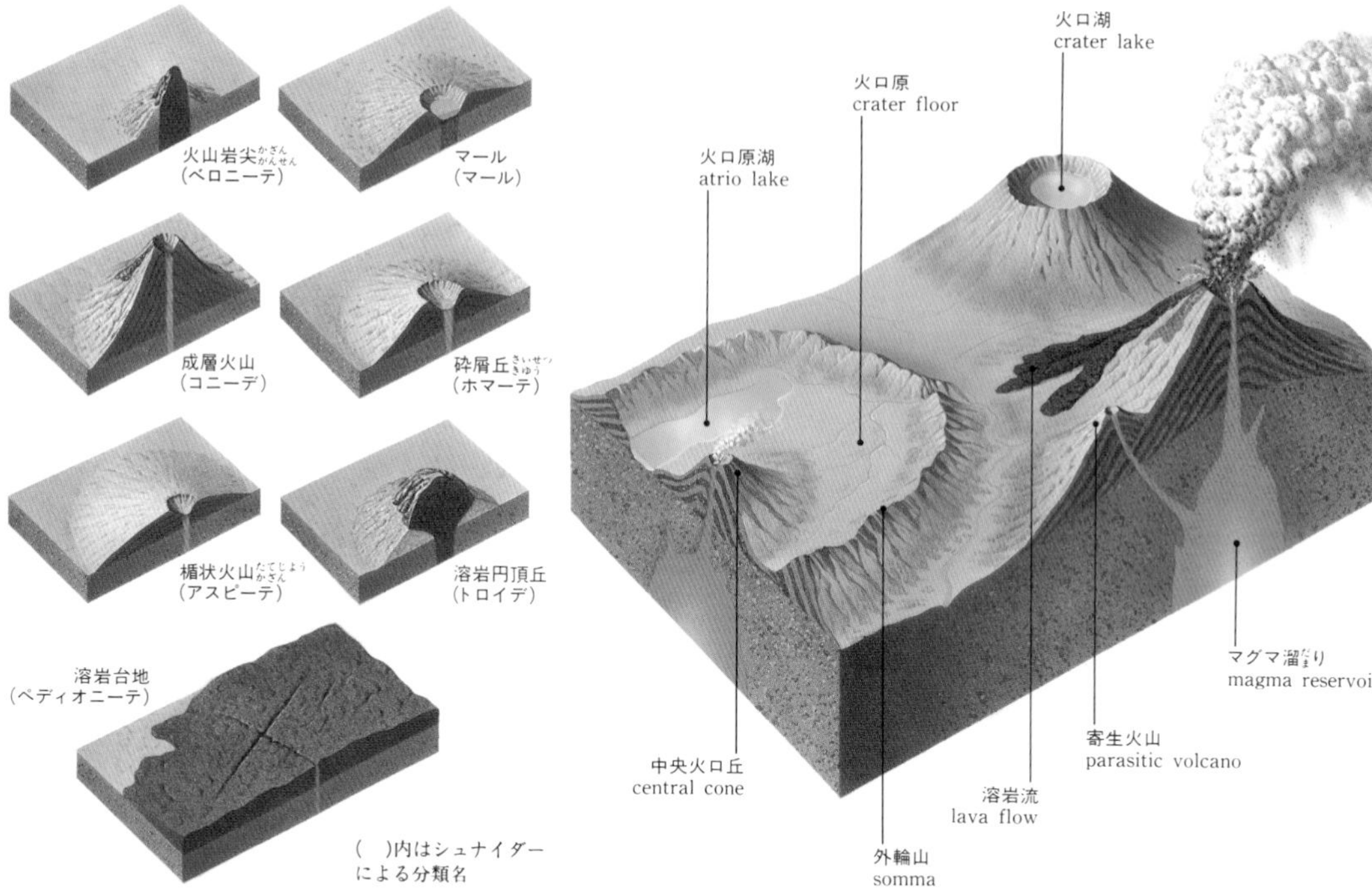

●火山　地形と形態の種類

が進行する。fatty acid peroxides

**かざん-ガス【火山ガス】** 火山活動のさいに火口から地表に放出される気体。九〇%以上が水蒸気で、他に塩酸・亜硫酸・硫化水素・二酸化炭素・水素・窒素などを含む。volcanic gas

**かさんか-すいそ【過酸化水素】** 化学式$H_2O_2$ 水素の過酸化物。純粋なものは無色の油状液体。通常は水溶液で、薄いものはオキシドールとよばれる。酸化剤・漂白剤・消毒薬・ロケット燃料として利用。hydrogen peroxide

**かざん-かつどう【火山活動】** 地下の高温のマグマに起因する噴火、溶岩の流出、火山性地震など。volcanic activity

**かさんか-ナトリウム【過酸化ナトリウム】** 化学式$Na_2O_2$ 淡黄色の粉末。室温で水と反応し、酸素を発生する。酸化剤・漂白剤・酸素発生剤など。sodium peroxide

**かさんか-バリウム【過酸化バリウム】** 化学式$BaO_2$ 白色または灰白色の粉末。熱すると、酸素と酸化バリウムに分解。酸化剤として織物・麦わらの漂白に利用。火薬の原料など。barium peroxide

**かさんか-ぶつ【過酸化物】** 分子内に-O-O-をもつ化合物。過酸化ナトリウム$Na_2O_2$や過酸化水素$H_2O_2$など。漂白剤などに利用される。peroxide

**かさんか-ベンゾイル【過酸化ベンゾイル】** 化学式$CO(C_6H_5)OOCO(C_6H_5)$ 水に溶けない無色の結晶。爆発性がある。ビニル樹脂の重合開始剤などに利用。benzoyl peroxide

**かざん-がん【火山岩】** マグマが地表または水中に噴出し、冷えて固まってできた岩石。急冷されるため、斑状組織を示す。玄武岩・安山岩・流紋岩など。volcanic rock

**かざん-がんせん【火山岩▼尖】** 火山分類の一つ。粘性の大きい溶岩が地下から押し出され、尖頭をつくったもの。昭和新山など。ベロニーテ。volcanic spine ↓火山図

**かざん-かんそくじょ【火山観測所】** 火山活動を常時観測し、火山の研究や災害防止に当たっている機関。

**かさん-き【加算機】** 加減だけができる計算機。adding machine

**かざん-さいせつぶつ【火山砕▼屑物】** 火山活動によって、地表に放出された破片状の固体物質。pyroclastic material

**カザンザキス【Nikos Kazantzakis】**(一八八三〜一九五七) ギリシアの詩人・小説家。幅広い著作活動を行った。小説『その男ゾルバ』、長詩『オデュッセイア』など。

**かさん-しゅうごう【可算集合】** ↓かふばんしゅうごう(可付番集合)

**かさん-ぜい【加算税】** 国税の無申告や過少申告・納付遅延などの場合に本税額に加算される税。一種の行政罰。地方税については加算金という。additional tax

**かざんせい-じしん【火山性地震】** 火山活動にともなう地震。震源の深さは一〇km以下。マグマや火山ガスの体積変化や移動が原因で、規模は小さく、発生原因や発震機構は一般の地震と異なる。volcanic earthquake

**かざん-ぜんせん【火山前線】** 日本の火山帯の海溝側の縁。この前線より東側には火山はない。volcanic front

**かざん-たい【火山帯】** 多数の火山が分布する比較的細長い地域。地球上の火山の多くは、火山帯に属する。火山帯の大形のものは幅一〇〇〜二〇〇kmに達する。最大は、日本を含む環太平洋火山帯。火山脈。volcanic zone 用例 富士—。

**かざんたい-れっとう【火山帯列島】** 火山帯に属する海底火山の噴火によってできた列島。千島列島など。

**かざん-だん【火山弾】** 火山噴火のさいに火口から放出されるマグマの破片。空中で固まり、一定の外形、内部構造を示す。紡錘状またはリボン状の外形や、パンの皮状の表面で中心部が多孔質などさまざま。volcanic bomb

**かざん-でいりゅう【火山泥流】** 火山地域で発生する泥流。噴火にともなう火砕流や火山灰降下に、降雨や融雪などの大量の水が加わって突然発生するもの。volcanic mudflow

**かざん-てんのう【花山天皇】**(九六八〜一〇〇八) 第六五代天皇(在位九八四〜九八六)。名は師貞。冷泉天皇の第一皇子。中宮に死別し、出家。法名は入覚。

**かざん-てんもんだい【花山天文台】** 京都大学理学部付属の天文台。京都市山科区にあり、惑星観測が中心。

**かざん-とう【火山島】** 海底火山の噴出物が累積してできた島。大小火山体の集合(ハワイ島など)と、単一火山体(伊豆七島など)がある。volcanic island

**カサンドラ【Kassandra ギリシア】** ↓カッサンドラ

**かざん-ばい【火山灰】** 火山砕屑物の一種。直径四mm以下の粒子で、噴き出た岩石が細かくくだけたもの。volcanic ash

**かざんばいち【火山灰地】** 久保栄の戯曲。第二次大戦前のリアリズム演劇の代表作。昭和一三年(一九三八)初演。火山灰地の土地改良に信念を貫く科学者の姿を描く。

**かざんばい-ど【火山灰土】** 火山から噴出した細かい粒子が風により運ばれ、地表に堆積してできた土壌。日本全土の約二五%を占める。volcanic ash soil

**かざん-ばくはつ【火山爆発】** マグマの中の気体成分、おもに、水蒸気が噴火口から激しく噴出する現象。volcanic explosion

**かざん-ふんしゅつぶつ【火山噴出物】** 火山の噴火により地表へ放出された物質。ガス・灰・礫・溶岩など。volcanic product

**かざん-みゃく【火山脈】** 火山帯の旧称。

**かざん-もう【火山毛】** 火山爆発のとき、マグマの一部が引き伸ばされ、糸状になったもの。ペレーの毛。volcanic hair

**かざん-らい【火山雷】** 火山噴火のときに発生する雷。噴煙による電荷分離作用が原因で火花放電が起こる。volcanic thunderstorm

**かざん-るい【火山涙】** 火山爆発のさい、粘性の低いマグマの小片が固まってできたガラス質の丸い小粒。ペレーの涙。volcanic tear

**かざん-れき【火山▼礫】** 火山から噴出した溶岩の破片。直径は四〜三二mm。lapilli

**かざん-れっとう【火山列島】** ↓いおうれっとう(硫黄列島)

**かし【▼槝】** 14画 部首[木]きへん 和製漢字 JIS 6047 地名に用いられる。姓氏では、「木島」の合字とされる。

**かし【▼樫】** 15画 部首[木]きへん 和製漢字 JIS 1963 ↓かし【樫・橿・櫧】

**かし【河岸】** ①川ぎし。人や荷のあげおろしをする所。riverbank ②魚市場など川ぎしに開く市場。fish market ③事を行う場所。用例 —をかえよう。

**かし【貸し】** 対義 借り。①貸すこと。貸してあること・もの・金。lending 用例 —がある。②人に与えた恩恵。用例 —を作る。③簿記で、「貸方」の略。

**かし【▼樫・▼橿・▼櫧】** ブナ科コナラ属の常緑高木の総称。暖地にはえる。葉は互生し、革質で光沢がある。雌雄同株で異花。春夏に雄花の穂は細長く垂れ、雌花は葉腋に数個つく。果実は楕円形のどんぐり。かしのき。oak ↓写

●カシ　アラカシ

**か-し【下士】** ↓かしかん(下士官)

**か-し【下肢】** ①大腿・下腿・足の総称。脚部。足。lower limbs ②けものの後ろあし。後肢。hind legs 対義 上肢。

**か-し【下賜】**(名・サ変他) 天皇・貴人から物などを、たまわること。用例 御—品。

**か-し【可視】** 目に見えること。visibility 対義 不可視。

**か-し【仮死】** 生体が生活現象を、一時停止したようにみえるか、または停止した状態。救急処置で蘇生する可能性がある。asphyxia

**か-し【花糸】** 雄しべの、葯を支えている細長い部分。filament ↓花図

**か-し【華氏】**《考案者のドイツ人ファーレンハイト Fahrenheit の中国音訳「華倫海」による》温度計の目盛りの一つ。水の氷点を三二度、沸点を二一二度として、その間を一八〇等分したもの。記号F。華氏温度。カ氏。Fahrenheit 対義 摂氏。

**か-し【菓子】**《昔、果物を菓子と書いたのが語源》主要な食事以外に食べる嗜好品。和菓子・洋菓子・中国菓子に大別される。sweets 数え方 一個・一袋・一箱・一折り。

**か-し【▼瑕▼疵】** ①きず。欠点。fault ②法律上期待される完全性が欠けていること。瑕疵ある意思表示とは、詐欺・強迫による意思表示をいう。defect

**か-し【歌詞】** ①和歌のことば。②歌曲・歌劇・歌謡曲などの文句。

**か-し【歌誌】** 短歌に関する専門雑誌。

**かし**(終助) 古語《言い切りの文に付く》念をおして強調する意を表す。…よ。…ね。用例 今一度都のおとづれをもまて――(平家・三・有王)。参考 現在「幸あれかし」「よかれかし」のように慣用句としてみられる。

**かじ【▼梶】** ①カジノキ。②紋所の名。カジノキの枝葉を紋章化したもの。梶は古代から神に捧げる神木として尊ばれたところから、諏訪神社では神紋。神社、または神職が多く使用。立ち梶の葉、抱き梶の葉など。↓図

●梶②

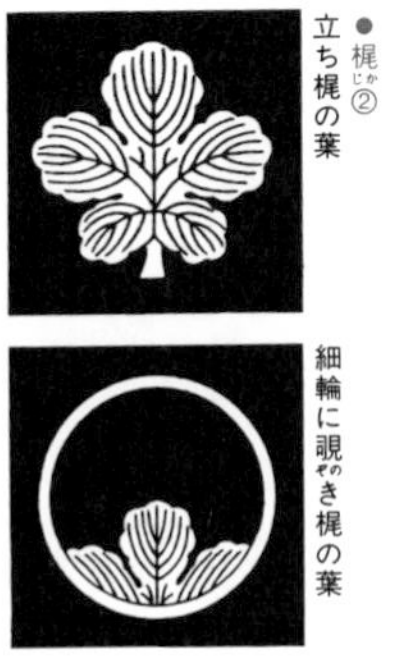

立ち梶の葉　細輪に覗き梶の葉

**かじ【▼舵・▼梶・▼楫】** ①船の進行方向を制御するため船尾にある装置。rudder ②飛行機の姿勢や方向を制御するための装置。rudder ③櫓や櫂など、船をこぐための道具。oar ④車のかじ棒。shaft ⑤船のかじをかたどった紋所の名。

**舵を取る**(かじをとる) ①かじで方向を決める。steer ②事がうまく運ぶように、全体を導く。manage

**かじ【▽鍛▼冶】**《当て字。「かなうち(金打)」の変化した「かぬち」の転》金属を熱して打ちきたえ、いろいろの器具をつくること・人。鍛冶屋。smithery

**か-じ【火事】** 建築物・山林などが焼けること。火災。fire 用例 山――。

**火事と喧嘩は江戸の華**(かじとけんかはえどのはな) 火事とけんかは、威勢がよくはなやかで、江戸の二大風物である。

**か-じ【加持】**(名・サ変自) ①仏・菩薩が超自然的な力で人々を守ること。②真言密教で、信じる人の心に仏・菩薩の力が加わり、人がそれを感得すること。③人が病気や災いから救われるために神仏の加護を願って行う祈禱、またはその儀式の作法。比較 祈禱。用例 ――祈禱。

**か-じ【家事】** 家庭内の用事・仕事。家政。housework 用例 ――を手伝う。

**か-じ【華字】** 中国の文字。漢字。Chinese character

**が-し【賀詞】** 祝う気持ちを述べることば。新年のあいさつのことば。祝詞。congratulatory greetings

**が-し【餓死】**(名・サ変自) 飢え死にすること。かつえじに。starvation

**がし**(接尾)《助詞「かし」の転用。動詞の命令形に付く》…と言わんばかり。用例 これ見よ――。

**かし-あげ【借上】** 鎌倉時代から室町時代初期の金融業者。高利・無担保で金銭を貸した。かりあげ。

**ガジアンテプ【Gaziantep】** トルコ南東部、ユーフラテス川に臨む商工業都市。農産物の集散地。十字軍時代の要地。人口四六・六万(一九八五)。

**かしい-ぐう【香▼椎宮】** 福岡市東区香椎にある旧官幣大社。祭神は仲哀天皇と神功皇后ほか二神。

**かじ-いちご【▼梶▼苺】** バラ科キイチゴ属の落葉低木。高さ約二m。葉は三～七裂する大形掌状葉。晩春に白花が咲く。淡黄色の果実は食用。海岸部に分布。エドイチゴ。

**かしい-づくり【香▼椎造(り)】** 神社建築の形式の一つ。福岡市の香椎宮本殿にみられる。三間四方の入り母屋造りで、左右に翼部を出して車寄せとする。

**かじい-もとじろう【▼梶井基次郎】**(一九〇一～三二) 小説家。大阪生まれ。東大中退。澄明な珠玉の詩的短編を残す。作品『檸檬』『冬の蠅』『交尾』など。

**カシウス【Gaius Cassius Longinus】**(?～BC四二) 古代ローマの政治家。カエサル暗殺者の一人。事件後アウグストゥスに攻められ、自殺。

**かし-うり【貸(し)売り】**(名・サ変他) ↓かけうり(掛け売り)

**かじ-お【▼楫緒・▼梶緒】** 楫を船にとりつける綱。

**カシオペイア【Kassiopeia(ギリシア)】** ギリシア神話のエチオピア王ケフェウスの妃。アンドロメダの母。海神ポセイドンの怒りを買い、娘をいけにえに捧げた。

**カシオペヤ-ざ【カシオペヤ座】** 北天の星座で、日本などでは地平線下に沈まない周極星となる。五個の二等星がつくるW形として有名。ギリシア神話に由来。一二月二日ごろの午後八時ごろに南中。面積五九九平方度。いかりぼし。カシオペイア座。Cassiopeia ↓図

●カシオペヤ座

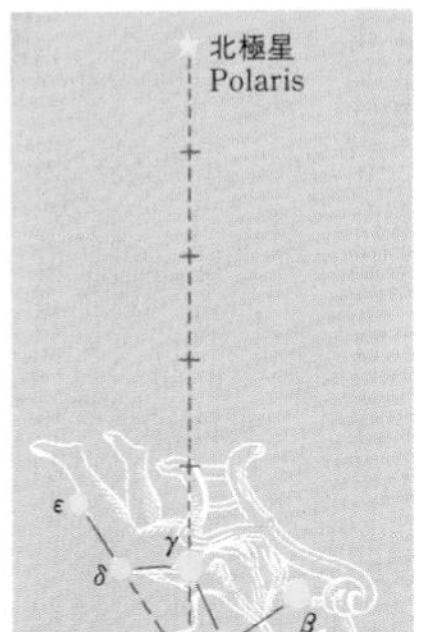


αβ，δε の延長線の交点とγ間の距離をγの方へ5倍伸ばすと北極星が見つかる

**かし-おむつ【貸(し)▽御▼襁▼褓】** 有料で業者が貸し出すおむつ。

**かし-おり【菓子折(り)】** 菓子を入れる折り箱。また、おもに進物用の菓子の入ったもの。

**かし-おんど【華氏温度】** ↓かし(華氏)

**かじか** 16画【▼鮖】 部首[魚]うおへん 和製漢字 JIS 8227 地名に用いられる。「かじこ」とも。

**かじか【▼鰍・▼杜▽父▽魚】** ①カジカ科の淡水魚と海水魚の総称。アジア、アメリカに分布。トゲカジカ・ケムシカジカなど。②カジカ科の淡水魚。体長約一五㎝。水生昆虫を捕食する。北海道以南の日本各地に分布。金沢ではゴリとして賞味される。マゴリ。↓図

●カジカ

**かじか【河▼鹿】** ↓かじかがえる(河鹿蛙)

**かじ-かえで【▼梶▼楓】** カエデ科の落葉高木。山地にはえる。高さ二〇m余になり、壮大。雌雄異株。葉は深く五裂、縁に鋸歯がある。翼果は大形で剛毛を密生する。オニモミジ。

**かじか-がえる【河▼鹿▼蛙】** 山間の渓流にすむアオガエル科のカエル。体長約五㎝。灰褐色で暗色の斑をもつ。指先に吸盤がある。六～七月の産卵期に雄は美声で鳴く。本州・四国・九州に分布。カジカ。↓図

●カジカガエル

**かじかざわ【▼鰍沢】** 落語の題名。身延参詣帰りの江戸商人が、一夜の宿を借りた民家でしびれ薬を飲まされるが、鰍沢の急流のいかだの上に身を投じて助かるはなし。三遊亭円朝作の三題噺の代表作。

**かじかざわ【▼鰍沢】**〈町〉 山梨県南西部の町。富士川水運の拠点として発達した商業の町。すずりが特産。人口五三〇八(一九八八)。

**かし-かた【貸(し)方】** 対義 借り方。①貸す人。貸し手。creditor; lender ②貸す方法や態度。way of lending ③《「貸方」で》複式簿記で、帳簿の右側の金額記入欄。負債・資本の増加、資産の減少、利益の発生などを記入する。credit side

**かしがまし・い【▼囂しい】**(形) やかましい。うるさい。さわがしい。noisy 派生 かしがましさ(名)

**かじか・む【▼悴む】**(五自) 手足が、寒さで自由に動かない。be benumbed

**かし-かり【貸し借り】**(名・サ変他) 貸しと借り。たいしゃく。lending and borrowing

**貸し借りは他人**(かしかりはたにん) 親子兄弟の間でも、金銭の貸借は他人同様の冷たい関係になるということ。

**かじかわ【加治川】**〈村〉 新潟県北部、加治川沿いの村。稲作中心の農村。畜産・シイタケ栽培もさかん。人口七六五六(一九八八)。

**かじ-がわ【加治川】** 新潟県北部、蒲原平野を流れる川。長さ六五㎞。下流は穀倉地帯。日本海へ本流と分水に分かれて注ぐ。

**か-しかん【下士官】** 軍隊の下級幹部。旧日本陸軍では曹長・軍曹・伍長、海軍では上等・一等・二等の各兵曹をいう。下士。

**かし-き【菓子器】** 菓子を盛る器。縁高・銘銘・蓋物などを生菓子に、盆のような塗り物を干菓子に使う。

**かじき【▼樏・▼檋】** ↓かんじき(樏)

**かじ-き【▼梶木・▽旗▽魚】** マカジキ科とメカジキ科の海水魚の総称。マカジキ科のものは海の表層部に、メカジキ科のものは深層にいる。太平洋・インド洋の暖海に七種が分布。marline ↓図

**かじき【加治木】**〈町〉 鹿児島県中部、鹿児島湾に臨む町。旧城下町。薩摩焼の一派、竜門司焼の産地。人口二万二七二四(一九八八)。

**かじき-ざ【▽旗▽魚座】** 南天の星座。日本などでは一部しか見られない。大マゼラン星雲がある。一月三一日ごろの午後八時ごろに南中。面積一七九平方度。Dorado

●カジキ　マカジキ

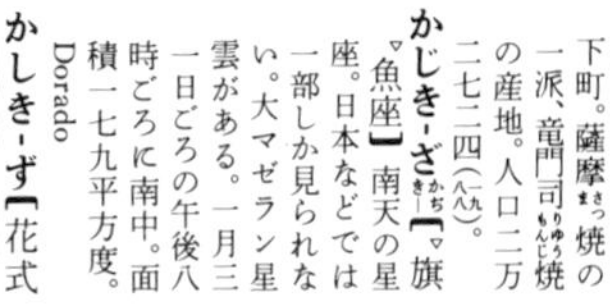

**かしき-ず【花式図】** 花の各要素の花軸に対する配列を模式的に表したもの。外観上異なる花でも、対応する器官の確認と比較検討が可能。floral diagram ↓図

●花式図　ユリの例

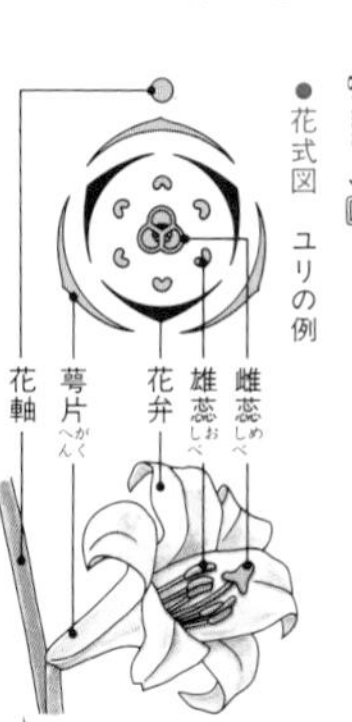


**かじ-きとう【加持祈▼禱】** 加持と祈禱。密教などで行われる修法の作法。手に印契を結び、口に真言を唱えて病気平癒や除災を祈るもの。

**かじき-まぐろ【▼梶木▼鮪】**《身がマグロに似ることから》マカジキの別名。

**かし-きり【貸(し)切り・貸切】** 貸し切ること。その約束。chartered 用例 ――バス。

**かし-き・る【貸(し)切る】**(五他) ①きまった人だけに貸す。reserve ②全部を貸す。lend all

**かし-きん【貸(し)金】** 貸したお金。loan 対義 借金。

**かし-きんこ【貸(し)金庫】** 銀行の付随業務の中の保護預かりの一つ。銀行が保有する大金庫の内部に設けられた多数の保管箱を、顧客が使用料を払って専用に使用する制度。safe deposit box

**かしく【▼畏・▽賢・▽恐】** ↓かしこ(畏)

**かし・ぐ【▽炊ぐ】**(五他) めしをたく。炊事をする。

**かし・ぐ【▽傾ぐ】**(五自) かたむく。lean

**か-じく【花軸】** 花をつける茎。総状花序では中軸をなす茎。floral axis

**かし-くだされ【貸(し)下され】**(連語) 貸したものが、返されないままになっていること。

▼常用漢字表外。　▽常用漢字表の音訓外。

**かし・げる**【▽傾げる】(下一他) かたむける。incline 用例首を―。
**かじ・ける**【▼悴ける】(下一自) かじかむ。be benumbed
**かしこ**【▼畏・賢・▽恐】《「かしこし」の語幹。おそれおおい、の意》婦人が手紙の終わりに置く、あいさつ語。かしく。比較敬具。用例あらあら―。
**かし-こ**【▽彼▽処】(代) あすこ。あそこ。対義ここ・そこ。用例ここ―。
**かしこ・い**【賢い】(形) ①頭の働きがすぐれている。利口だ。bright 用例―子。②ぬけめがない。要領がいい。shrewd 用例―やりかた。派生かしこげ(形動) かしこさ(名)
**かし-こうせん**【可視光線】人が肉眼で光として感じる電磁波。波長が約三八〇〜七八〇ナノメートルの範囲。波長の長い順に赤から青紫まで。visible ray
**かしこ-がお**【賢顔】利口ぶった顔つき。knowing looks
**かしこき-あたり**【▼畏き辺り】(連語)《おそれおおい場所、の意》皇居・宮中・皇室などを遠回しに言う語。
**かしこく-も**【▼畏くも】(副) おそれおおくも。
**かし-こし**【貸(し)越し・貸越】一定限度以上に金銭を貸すこと。とくに、銀行が当座預金残高以上に金を貸すこと。overdraft 対義借り越し。
**かしこ・し**【▼畏し・▽恐し】古語(形ク) ①こわい。おそろしい。用例―・き海に船出せり見ゆ(万葉・六・一〇〇三)。②おそれおおい。用例懸けまくもあやに―(万葉・三・四七五)。
**かしこ・し**【賢し】古語(形ク) ①すぐれている。利発だ。用例弁も、いと才―・き博士にて(源氏・桐壺)。②すばらしい。よい。用例いと―・くたばかりて(竹取)。③《「かしこく」の形で》程度がはなはだしい。用例これかれ―・く嘆く(土佐)。
**かしこし-きん**【貸越金】貸し越しになった金額。overdraft
**かしこ-じま**【賢島】三重県南東部、英虞湾の島。面積〇・七km²。先志摩方面観光の基地。国立真珠研究所がある。
**かしこ-だて**【賢立て】利口ぶってすること。さかしら。
**かしこ-どころ**【賢所】宮中で、三種の神器の一つである八咫の鏡を祭ってある所。宮中三殿の一つ。温明殿。内侍所。
**かしこまり**【▼畏まり】①おそれつつしむこと。恐縮。humble oneself ②古語㋐お礼。敬意。用例から問はせたまへる―は、この世ならでも聞こえさせむ(源氏・若紫)。㋑言いわけ。用例え参らぬ由の―申したまへり(源氏・椎本)。㋒とがめ。勘当。用例さて、のち―許されて(枕・うへにさぶらふ御猫は)。
**かしこま・る**【▼畏まる】㊀(五自) ①恐縮する。be awed ②「承知する」の謙譲語。つつしんでうけたまわる。③きちんとすわる。用例神妙に―。㊁古語(四自) わび・礼を言う。用例僧都も―・り聞こえたまふ(源氏・若紫)。
**かしこ・む**【▼畏む】古語(四自) ①おそれおおいと思う。用例千代にも斯くもが―・みて仕へ奉らむ(日本書紀・推古)。②つつしんでうけたまわる。用例天皇の御命―・み(万葉・一・七九)。
**かし-さ・げる**【貸(し)下げる】(下一他) 政府が民間に貸し与える。lend
**かし-ざしき**【貸(し)座敷】①料金をとって客に貸す座敷。貸し席。②江戸時代、男女の密会に座敷を貸したところ。出合い茶屋。③《遊女屋が明治以降貸し座敷業と改称されたため》娼妓を寄宿させ、客を遊ばせる家。また、その場所。
**かし-ざら**【菓子皿】菓子を盛るための皿。陶磁器・塗り物・金属・ガラス・木・竹製。cake dish
**か-じし**【加地子】国衙(平安後期)や荘園領主(中世)への本年貢とは別に、中間地主である荘官や名主などに納めた追加の地子(地代)。
**かじ-し**【華字紙】中国語の新聞。華字新聞。Chinese newspaper
**かし-しつ**【貸室】料金をとって人に貸す部屋。貸間。room for rent米; room to let英
**かじ-しつ**【家事室】炊事作業を除く、洗濯・裁縫など家事一般を行うための部屋。utility room
**かし-じゅう**【菓子重】重箱のように重ねて用いる塗り物の菓子器。縁高。ふつう、五段一組。
**かじ-しょうぞく**【火事装束】江戸時代、火消しの消火活動用の衣装。大名火消しは兜頭巾に羅紗の火事羽織と緞子の野袴、町火消しは半纏に組の紋を入れ、猫頭巾に錣と釘抜き模様の派手な股引。↓写

●火事装束　藩老本多蔵品館(石川県)。

**かじ-しんぱん**【家事審判】家庭裁判所が家事審判法で定められた家庭事件について行う審判。訴訟手続によらない裁判の一つ。adjudgement of domestic relations
**カシス**【cassis フランス】クロスグリのフランス語名。
**かしず・く**【▼傅く】(五自) ㊀①大切に扱う。仕える。look after ②嫁に行く。嫁ぐ。get married ㊁古語(四自) 大事に育て上げる。用例母后世になく―・ききこえ給ふを(源氏・桐壺)。
**かし-せき**【貸(し)席】会・食事などのために料金をとって貸す部屋。貸し座敷。room for hire
**かし-たい**【▼樫帯】植物の垂直分布で、アカガシ・ウラジロガシなどカシ林の分布する地帯。照葉樹林帯の上部に位置するが、現在この語はあまり用いられない。
**かし-だおれ**【貸(し)倒れ】貸付金や売掛金などが回収不能になること。ふみ倒されること。
**かし-だし**【貸(し)出し・貸出】①物や金銭を他に貸すこと。lending ②貸し付けと手形割引。銀行業務の中心をなす。loans and discounts ③貸し付けの目的をもって金融機関が金銭を支出すること。lending; loan
**かしだし-きん**【貸出金】貸し出す金銭。loaned money
**かしだし-ぐち**【貸出口】貸し出す事務を扱う窓口。lending section
**かしだし-ひょう**【貸出票】貸し出すための伝票。lending form
**かし-だ・す**【貸(し)出す】(五他) ①貸し付けのため支出する。loan ②貸して持ち出させる。lend out; rent out
**かじた-はんこ**【▼梶田半古】(一八七〇〜一九一七) 日本画家。東京生まれ。本名錠次郎。新聞・雑誌の挿絵で名声を得た。作品『春宵怨』など。
**かじ-ちょうてい**【家事調停】家庭裁判所が家事審判法に定められた家庭事件について行う調停。conciliation
**かし-ちん**【貸(し)賃】物を貸して取る料金。損料。rent米; hire英 対義借り賃。
**か-しつ**【過失】①あやまち。そそう。②法律で、注意義務を怠ったために、発生する事態を予期できなかったこと。negligence 比較故意。
**か-じつ**【花実】花と実。
**か-じつ**【佳日・▼嘉日】縁起のいい日。めでたい日。auspicious day; lucky day
**か-じつ**【果実】①種子植物の花が成熟してできたものの総称。子房が成熟した真果と、花床や萼筒など子房以外のものを含めて成熟した偽果がある。くだもの。fruit ②元物から産出される経済的収益物。耕地から産出される農作物などの天然果実と、家賃・地代などの法定果実がある。profit ↓図
**か-じつ**【過日】(名・副) せんだって。このあいだ。先日。the other day
**が-しつ**【画室】絵をかく部屋。アトリエ。atelier
**が-しつ**【画質】テレビなどで、色調・鮮明さなど、画像の調子。quality of picture
**かしつ-き**【加湿器】水を霧状に噴き出して室内の乾燥を防ぐ電気器具。humidifier
**かし-つけ**【貸(し)付け・貸付】①銀行などの主要な業務の一つ。利子・損料・返済期限などをとりきめ、借用証書をとって金銭・物品・権利などを他に貸すこと。loan; lending ②貸付金。loan
**かしつけ-きん**【貸付金】貸し付けた金銭。貸し金。loan
**かしつけ-しほん**【貸付資本】↓りしうみしほん(利子生資本)
**かしつけ-しんたく**【貸付信託】金銭信託の一種。信託銀行が金銭を委託する者に受益証券を発行し、受託した資金を長期貸し付けの形で運用して、利益を信託者に配分する制度。loan in trust
**かし-つ・ける**【貸(し)付ける】(下一他) 利子や返す期限をきめて、金品を人に貸す。loan
**かじつ-しゅ**【果実酒】果実を原料として発酵させたアルコール飲料と、蒸留酒に果実を漬けて作った果実混成酒の総称。日本では、ふつう果実混成酒をいう。wine
**かしつしょうがい-ざい**【過失傷害罪】あやまちにより他人に傷を負わせる罪。業務上の場合は罪が重い。accidental infliction of injury
**かしつ-そうさい**【過失相殺】損害賠償額の算定にあたり、被害者や債権者に過失があった場合にその事情を考慮に入れること。

●果実①

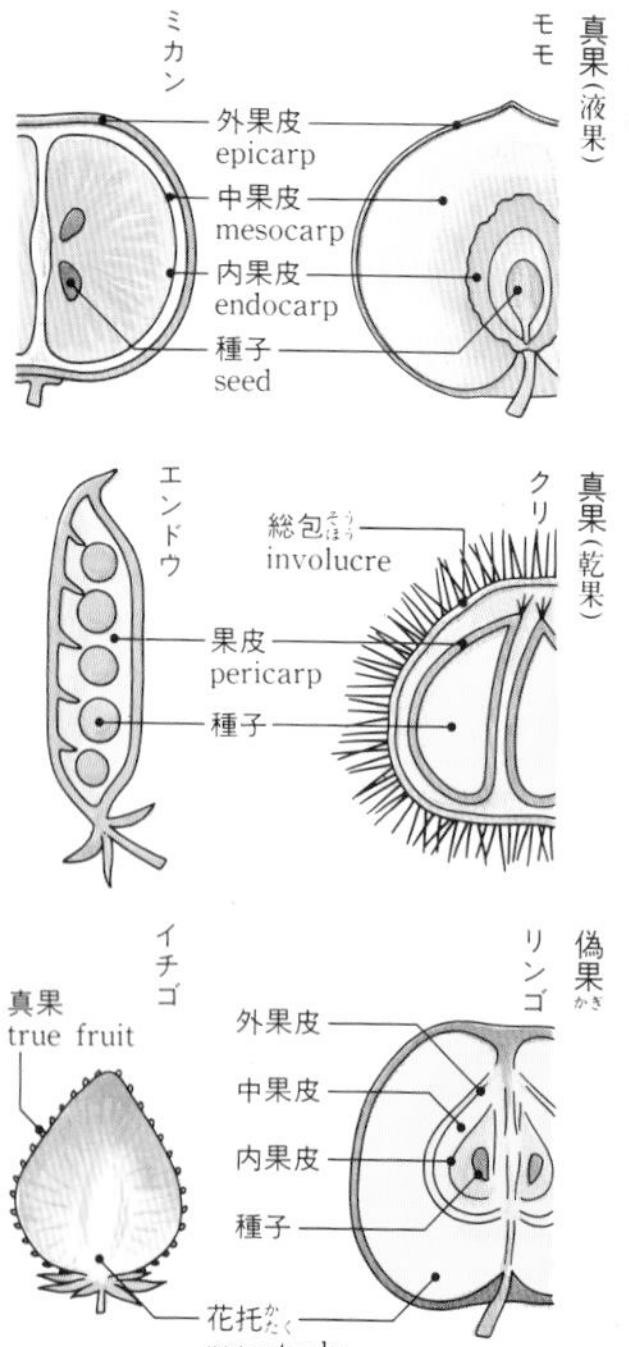


**かしつちし-ざい**【過失致死罪】あやまちにより、他人を死にいたらしめる罪。業務上の場合は罪が重い。
**かじ-つねきち**【▼梶常吉】(一八〇三〜一八八三) 江戸末期の七宝工芸家。尾張の人。オランダ七宝の技法を研究、名古屋七宝焼の祖となる。
**かし-て**【貸(し)手】金品を貸す人。貸し主。lender 対義借り手。
**かし-てぬぐい**【貸(し)手▼拭い】銭湯などで客に賃貸しする手拭い。
**か-じどう**【▼賈似道】(一二一三〜一二七五) 中国、南宋末の政治家。一二五九年丞相となり、公田法など財政再建策を断行。七五年元軍に大敗、殺された。
**かし-どり**【▼樫鳥】《カシの実(=どんぐり)をよく食べることから》カケスの別名。
**かじ-とり**【▼舵取(り)・▼楫取(り)】①舵をあやつって船の進行方向を定めること。また、その人。古代・中世では、航海の責任者。近世では、船の責任者。steersman ②組織などをある方向へと導くこと。また、その人。leader
**かじ-どろ**【火事泥】《俗語》「火事場泥棒」の略。
**かし-ぬし**【貸(し)主】貸し手。lender 対義借り主。
**カシノ**【Cassino】↓カッシーノ
**カジノ**【casino フランス】①ルーレット・カード遊びなどで賭博を行う公認娯楽場。歴史的には一八六一年開設のモンテカルロのカジノがとくに著名だが、現在では世界各国に多くのカジノがある。②トランプ遊びの一つ。花札のように、札を合わせて取るゲーム。
**かじ-の-き**【▼梶の木】クワ科の落葉高木。製紙原料として栽培。高さ約一〇m。葉は互生で広卵形。雌雄異株。雌花穂は球形、雄

花穂は尾状である。カジ。→図

●カジノキ

**かし-の-たま【▽和氏の▼璧】**《楚の卞和が発見した玉のことから》すばらしい宝。連城の璧。

**かじ-の-は**【▼梶の葉】カジノキの葉。昔、七夕祭りに供える歌を書くのに使った。

**カジノ-フォーリー** 軽演劇の座名。昭和四年(一九二九)七月、東京浅草で旗上げ。一一月榎本健一を中心に第二次カジノ、翌年新カジノ結成。いずれも短命だったが、浅草オペラ衰退後の新しいボードビル形式を生んだ。

**かしのみ-の【▼樫の実の】**[枕ことば]《カシの実は、一つずつしかならないことから》「ひとり・ひとつ」などにかかる。用例若草の夫かあるらむ—独りか寝ぬらむ(万葉・九・一七四二)。

**かしば【香芝】**〈町〉奈良県、奈良盆地西縁、二上山の北麓の町。交通の便がよく宅地化が進む。農業と、靴下製造などの工業がある。人口四万七九九六(一九八八)。

**かじ-ば【火事場】** 火災が発生し、燃えている現場。scene of a fire

**かじ-ばおり【火事羽織】** 江戸時代、火消しの火事装束として用いられた羽織。武家の火消しは陣羽織型で布や革製、背に家紋をつけた。町火消しのものは羽織型、無地の木綿の刺し子で、背中に組の名を染め抜いたものが多い。

**かじば-どろぼう【火事場泥棒】** 火事のどさくさにまぎれ、盗みをする人。転じて、どさくさにまぎれて不正な利益を得る人。かじどろ。looter

**かしはら【▼橿原】**〈市〉奈良県、奈良盆地南部の市。日本古代文化の中心地。大和三山・歴代天皇陵・藤原宮跡・橿原神宮など名所・旧跡が多い。人口一一万三一七一(一九八八)。

**かしはら-じんぐう【▼橿原神宮】** 奈良県橿原市久米町にある旧官幣大社。祭神は神武天皇と媛蹈鞴五十鈴媛命。明治二三年(一八九〇)、神武天皇が即位した橿原宮の跡と伝えられる地に創建。

**かしはら-の-みや【▼橿原宮】** 記紀で神武天皇が即位したと伝えられる宮。

**かし-パン【菓子パン】** 甘味をつけたり、チーズやクリームなどを包んだりのせたりして焼きあげたパン類の総称。あんパン・カレーパンなど。bun

**かしパン-うに【菓子▼麵▼麭▽海▽胆】** ウニ類のうち不正形類のウニの総称。丸みがかった平たい五角形で菓子パンまたはビスケットに似て径四～一二cm。赤褐色から暗紫色で、表面に短いとげが密生。浅海の砂底にすむ。日本の沿岸ではスカシカシパン・ハスノハカシパン・ヨツアナカシパンなどがふつう。sand dollar →図

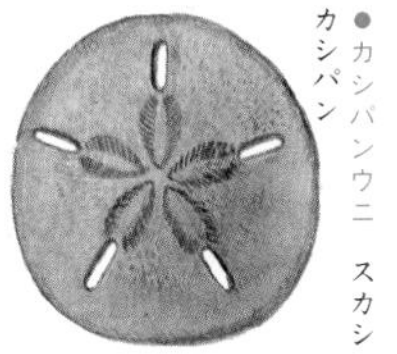

●カシパンウニ　スカシカシパン

**かし-ビル【貸しビル】** 全部または一部を区切って貸すビルディング。事務所・営業所用。building for rent

**かし-べっそう【貸(し)別荘】** 貸すことを目的に造った営利用の別荘。短期滞在の不特定な利用者を対象に、生活用品を備え、売店やレジャー施設を併設する大規模な別荘群もある。villa for rent

**かじ-ぼう【▼楫棒・▼梶棒・▼舵棒】** ①人力車・荷車などの前部にとりつけられている長い柄。楫。shafts ②船の舵をとるため、舵の頭部にとりつけた取っ手。舵柄。

**かし-ほけん【嫁資保険】** 生存保険の一つ。子供の結婚費用の調達を目的とした保険。結婚適齢期になると保険金が支払われる。

**かし-ほん【貸本】** 料金をとって貸す書籍・雑誌。book for rent

**かし-ぼん【菓子盆】** 菓子を盛るための盆。おもに干菓子に用いる。銘々盆など。

**かしほん-や【貸本屋】** 料金を取って本を貸す店。また、その商人。安永年間(一七七二～八一)のころから浮世絵の挿絵が入った読み本や絵本が登場し、これを商人が大風呂敷に包み、背負って武家屋敷などを回ったのが始まり。

**かし-ま【貸間】** 貸室。room for rent米; room to let英

**かしま【▼鹿島】**〈市〉佐賀県南西部、有明海に臨む市。旧城下町。農業・水産業・工業がさかん。ミカンの産地。祐徳稲荷神社が知られる。人口三万五三四五(一九八八)。

**かしま【▼鹿島】**〈町〉福島県北東部、浜通り地方の町。旧宿場町。相馬米の中心産地。人口一万三九三八(一九八八)。

**かしま【▼鹿島】**〈町〉茨城県南東部、太平洋に臨む町。純農村地帯から鹿島臨海工業地域の中核に発展。鹿島神宮がある。人口四万四〇八八(一九八八)。

**かしま【▼鹿島】**〈町〉石川県北部、邑知潟地溝帯の中央にある町。稲作中心の農業と織物工業がさかん。人口九九七三(一九八八)。

**かしま【▼鹿島】**〈町〉島根県東部、島根半島北岸の町。原子力発電所がある。恵曇は県の主要漁港。人口九五七六(一九八八)。

**かしま【▼鹿島】**〈村〉鹿児島県、東シナ海に浮かぶ下甑島の村。沿岸漁業とカノコユリの生産がさかん。人口一〇〇六(一九八八)。

**かしま【▼嘉島】**〈町〉熊本県中部、熊本市南隣の町。農業中心。装飾古墳で著名な井寺古墳がある。人口七三四二(一九八八)。

**かしま-おどり【▼鹿島踊(り)】** 江戸時代、常陸の鹿島神宮のお告げを諸国に触れ歩いた、「鹿島の事触」と名のる芸能者が広めた踊り。民俗芸能化したものは関東の海沿いに多く分布する。弥勒踊り。

**かしまきこう【▼鹿島紀行】** 松尾芭蕉の俳諧紀行。門人河合曾良・宗波とともに鹿島詣をした旅の記。貞享四年(一六八七)成立。

**かじ-まくら【▼楫▼枕】** 船中にねること。船旅。なみまくら。

**かじま-けんせつ【▼鹿島建設(株)】** 業界トップを争う総合建設会社。最先端分野に実績。天保一一年(一八四〇)創業。昭和五年(一九三〇)設立。

**かしまし・い【▼姦しい・▼囂しい】**(形) やかましい。うるさい。noisy 用例女三人寄ればー。派生かしましさ(名)

**かしま-じんぐう【▼鹿島神宮】** 茨城県鹿島郡鹿島町にある旧官幣大社。祭神は武甕槌命ほか二神。東国第一の大社で、古来武神として崇敬を集める。常陸国一の宮。

**かしま-だい【▼鹿島台】**〈町〉宮城県中部の町。品井沼干拓地での稲作が主体。畜産もさかん。人口一万四二八六(一九八八)。

**かしま-だち【▼鹿島立ち】**(名・サ変自)《昔、軍旅に際して鹿島の神に参拝した故事から》長い旅に出発すること。かどで。

**かしま-なだ【▼鹿島▼灘】** 茨城県の太平洋岸、那珂川河口から犬吠埼までの沖合の海域。寒暖流の合流海域で好漁場。沿岸南部は鹿島臨海工業地域。

**かじま-や【加島屋】** 江戸時代の大坂の豪商。米穀・両替商として発展。諸藩の蔵屋敷為替方を務め、大名貸しで有名。

**かじまやあ**《風車の意》沖縄で、九七歳の祝いのこと。高齢者は童心にかえるとして風車を飾ることから。かじまやあ祝い。

**かしま-やりがたけ【▼鹿島▼槍ケ岳】** 富山・長野県境にある飛驒山脈の山。標高二八八九m。北峰の北側稜線は「八峰キレット」とよばれるけわしいのこぎり状をなす。

**かしまりんかい-こうぎょうちいき【▼鹿島臨海工業地域】** 茨城県鹿島灘の砂丘地帯に建設された工業地域。鉄鋼・機械・石油中心の重化学工業地域。

**がじまる【▼榕▽樹】** →がじゅまる(榕樹)

**カシミア【cashmere】** =カシミヤ。①《原産地カシミール地方の名から》カシミア糸で織った織物。洋服地・ショール用。用例—のマフラー。②カシミア糸を用いず、メリノ羊毛を混紡して本物の風合いを持たせた織物。

**カシミア-いと【カシミア糸】** カシミアヤギの毛を紡いだ糸。弾性・保温性に優れる。cashmere yarn

**カシミア-やぎ【カシミア▽山▽羊】** ヤギの一品種。冬毛は絹糸状で、カシミア織りの原料。インドのカシミール地方原産。Cashmere

**カシミール【Kashmir】** インド北西部からパキスタン北東部にかけての山岳地域。一九四七年のインド・パキスタンの分離以来、インド－パキスタン間、インド－中国間の国境紛争の地となっている。面積二二・三万km²。

**カシミール-サウス【Kashmir-South】** スリナガルの別称。

**カシミール-もんだい【カシミール問題】** 一九四七年以来、インドとパキスタンの間でカシミール地方の帰属をめぐって続いている紛争。Kashmir problem

**かじ-みまい【火事見舞(い)】** 火事にあった家や、類焼の危機にあった家を見舞うこと。

**かじ-むき【家事向き】** ①家事に関する用向き。domestic affairs ②家事に適していること。domesticity

**かじ-め【▼搗▽布】** 低潮線以下に群生するコンブ科の多年生海藻。長さ一～二m。暗褐色で一本の茎に羽状の幅広い葉片。アルギン酸やヨードの原料、アワビなどの飼料に用いる。→褐藻植物図

**かしも【加子▽母】**〈村〉岐阜県東部、長野県に接する村。農林業主体。トマトの栽培がさかん。人口三六〇八(一九八八)。

**かし-もと【貸(し)元】** ①お金を貸す人。金主。financier ②ばくち打ちの親分。banker

**か-しゃ【仮▽借】** 漢字の六書の一つ。漢字の転用方法の一種。ある語を表す文字がないとき、意味に関係なく、同音の他の文字をかりてその語を表すこと。万葉仮名もこの類とみなす。「阿弥陀」「釈迦」など。かしゃく。比較象形・指事・形声・会意・転注。

**か-しゃ【華▼奢】**(名・形動) はでなこと・さま。gorgeous 比較きゃしゃ。

**か-しゃ【貨車】** 貨物を輸送するための鉄道車両。構造によって有蓋車・無蓋車・タンク車・ホッパー車に、用途によって冷蔵車・家

●貨車
おもな貨車の種類

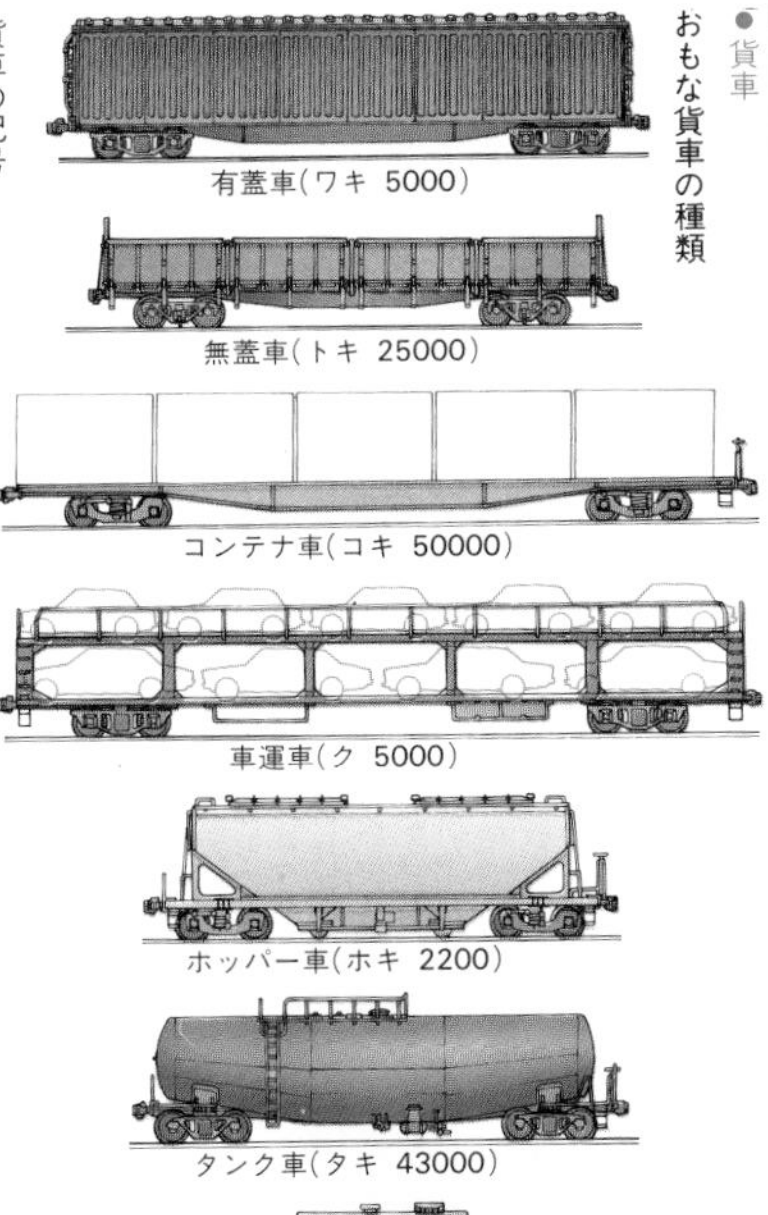


貨車の記号

| 用途による分類 | 一番目の記号 |
|---|---|
| 営業用貨車 | |
| 有蓋車 | ワ |
| 無蓋車 | ト |
| 長物車 | チ |
| コンテナ車 | コ |
| 大物車 | シ |
| 車運車 | ク |
| ホッパー車 | ホ |
| 石炭車 | セ |
| タンク車 | タ |
| 事業用貨車 | |
| 車掌車 | ヨ |
| 雪かき車 | キ |
| 検重車 | ケ |
| 操重車 | ソ |
| 試験車 | ヤ |
| 控車 | ヒ |

| 荷重による分類 | 二番目の記号 |
|---|---|
| 13t以下 | 記号なし |
| 14～16t | ム |
| 17～19t | ラ |
| 20～24t | サ |
| 25t以上 | キ |

畜車・長物車・コンテナ車などに分けられる。freight car 数え方 一両・一車。↓図

**か-し-や【貸家】** 人に貸す家。かしいえ。house for rent米; house to let英 対義 借家。

**か-じゃ【▽冠者】**《「かんじゃ」の「ん」を表記しない形》①元服して冠をつけた男。②大名の若い召使。

**かじ-や【▽鍛▼冶屋】** ①金属を鍛えて器物を作ることを職業とする人。また、その家。blacksmith ②釘を抜くときに使う、先がL字形にまがった道具。crowbar

**か-しゃく【仮借】**(名・サ変他) ①借りること。borrow ②許すこと。pardon 用例 ―なく責めたてる。③↓かしゃ(仮借)

**か-しゃく【▼呵▽責・▼呵▼嘖】**(名・サ変他) むごく責めること。きびしく責めること。torture 用例 良心の―にたえられない。

**か-しゃく【▽掛▼錫・▼挂▼錫】**《仏教語》禅僧が僧堂に籍をおいて修行すること。掛搭。

**かしや-ふだ【貸家札】** 貸し家に貼ってある札。斜めに貼るのが慣例。

**かしゃ-わたし【貨車渡し】** 貿易の取引条件の一つ。指定出荷地における鉄道貨車への積み込みまでの費用が売り主負担となる。FOR。free on rail

**か-しゅ【火手】** 蒸気機関のボイラーの火をたき、手入れをする者。かまたき。火夫。stoker

**か-しゅ【火酒】** ①火をつけると燃えるほどアルコール分の多い酒。spirits ②しょうちゅう。③ウオツカ。vodka

**か-しゅ【華主】** 商家で、お得意。華客。good customer 用例 ―名。

**か-しゅ【歌手】** うたうことを職業にしている人。歌い手。声楽家。singer

**か-じゅ【花樹】** 花の咲く木。花を観賞する樹木。

**か-じゅ【果樹】** くだもののなる樹木。fruit tree

**が-しゅ【画趣】** 絵のようなおもむき。画題になりそうなよい景色。picturesqueness 用例 ―に富む地方。

**が-しゅ【雅趣】** みやびやかなありさま。上品なおもむき。雅致。tastefullness

**カジュアル【casual】**(名・形動)《定めない・なにげない・臨時の、の意》略式の。気軽な。対義 フォーマル。用例 ―な装い。―シューズ。

**カジュアル-ウエア【casual wear】** 気軽に着られるくだけた服装。スポーツウエアやレジャーウエアとほぼ同じ。改まったものに対して遊び着的な服装をさす。

**かしゅう【何首▼烏】** 生薬の一つ。ツルドクダミの塊根を乾燥させたもの。煎じて緩下・強壮薬として、また慢性腸炎に服用。生の葉は腫れ物のうみを吸い出す。

**か-しゅう【河州】** 河内国。

**か-しゅう【家集】**《「歌集」は別語》個人の和歌集。対義 撰集。

**か-しゅう【歌集】** ①和歌をあつめた本。比較 詩集・句集。用例 室町時代の―。②歌曲の歌詞をあつめた本。

**か-しゅう【加州】** ①アメリカ、カリフォルニア州の略称。California ②加賀国。

**カシュー【cashew; cachu】** ウルシ科の常緑高木。高さ約一五m。鮮紅色、腎臓形の果実(カシューアップル)をつける。種子をカシューナッツといい、果実とともに食用。また、殻皮から塗料を作る。

**か-じゅう【加重】**(名・サ変自他) ①重さが加わる、また、加えること。load 対義 軽減。②二つ以上の刺激が重なって神経・筋肉などに与えられたとき、個々に刺激が加えられた場合より大きな効果が表れる現象。③↓かちょう(加重)

**か-じゅう【佳▼什】** りっぱな詩歌。fine piece

**か-じゅう【果汁】** 果実をしぼった液汁。そのまま飲用したり、果汁飲料の原料に用いる。ジュース。juice

**か-じゅう【家▼什】** 家庭で、日常生活に用いるための家具・道具の総称。

**か-じゅう【荷重】** ①荷物の重さ。②力学で、物体に作用する外力。また、その力に構造物などが耐えられる限度の重量。load

**か-じゅう【過重】**(形動) 負担や労働などが、重すぎるさま。overload 用例 ―な労働。

**が-しゅう【我執】** ①《仏教語》永遠不滅の自我が実在すると考え、執着すること。②自分の意見を押し通すこと。我をはること。

**が-しゅう【画集】** 絵を集めてまとめた本。book of paintings

**が-しゅう【賀州】** 伊賀国。

**カシュー-アップル【cashew apple】** カシューの花托の肥大した部分で、洋酒・製菓の味つけに利用。

**かしゅう-いも【何首▼烏芋】** ヤマノイモ科のつる性多年草。根は大形の球形で外部黒色。零余子も径約二cmと大きい。中国原産。食用。カシュウ。

**カシュー-ナッツ【cashew nut】** カシューの種子。脂肪・たんぱく質に富み、食用。

**かじゅう-へいきん【加重平均】** 調べる対象の重要度に応じ、測定値に重みをつけて計算される平均値。weighted mean

**かじゅ-えん【果樹園】** 果樹を栽培する農園。fruit garden

**かじゅ-えんげい【果樹園芸】** 食用の果実や種子を産する樹木を対象とした園芸。果樹農業。果樹栽培。fruit growing

**カシュガル【Kashgar・喀什噶爾・喀什】** 中国、新疆ウイグル自治区西部の都市。中央アジアとの交易中心地。農畜産物の集散地。人口一八・七万(一九八四)。

**カシュガル-じょうやく【カシュガル条約】** 一八八二年と八四年、中央アジアでの国境画定に関し、ロシアと清朝とが結んだ条約。

**か-じゅく【家塾】** 江戸時代に発達した藩士教育機関の一つ。儒者が自宅に開いたが、藩や幕府の援助や公認を受け、私塾とは異なる公的性格を帯びた。

**かじゅく-じ【過熟児】** 子宮内で正常以上に成熟し、出生体重四kg以上の新生児。また、予定日を二週間以上過ぎて生まれた児。postmature infant

**が-じゅつ【▼莪▼蒁】** ショウガ科の多年草。芳香性健胃薬。中国・ベトナムなどに産し、日本では屋久島で栽培。

**がじゅまる【▼榕▽樹】**《沖縄地方の語に由来》クワ科の常緑高木。多くの気根をだし、高さ一五〜二〇m。葉は互生し長楕円形。果実は径約一cm。防風林に利用。材は器具用。種子島以南に分布。がじまる。ヨウジュ。↓写

●ガジュマル

**カジュラーホ【Khajurāho】** インド中央部にあるチャンデーラ朝(九〜一二世紀)の古都。ヒンズー教やジャイナ教の寺院があり、外壁の彫刻群、とくに男女愛欲のミトゥナ像(一〇〜一一世紀ごろ)で有名。↓写

●カジュラーホ カンダーリャーマハーデーブ寺院外壁のミトゥナ像。

**が-しゅん【賀春】**《「春」は、新年の意》新年を祝って年賀状などに書くことば。

**が-じゅん【雅▼馴】**(形動) 文章などが上品で、穏やかなさま。refined

**か-しょ【家書】** ①自分の家から届いた手紙。家信。②自分の家の蔵書。

**か-しょ【華▼胥】**《『列子』から》昔、中国の黄帝が昼寝の夢に見たという理想の国。

**華胥の国に遊ぶ** いい気持ちで昼寝をする。

**か-しょ【過所・過書】** 古代以来、旅行者に対して下付された関所通行の許可証。中国の唐の制度にならったもの。江戸時代には関所手形。

**か-しょ【箇所・▽個所】** 一(名) そのところ・部分。part 用例 いたんだ―はないか。二(助数)《「か所・カ所・ヵ所・ケ所・ヶ所」とも》場所・部分を数えるのに使う語。用例 三―。

**か-しょ【歌書】** 歌集・歌論書のこと。

**か-じょ【加除】**(名・サ変他) 加えたり、除いたりすること。addition and exclusion

**か-じょ【花序】** 種子植物の花の集合や配列の仕方。開花の順序により、下方から開花する無限花序(ムギ・アブラナなど)と先端から開花する有限花序(ナデシコ・チューリップなど)に大別。また、枝の分かれかたから、単軸分枝による総穂花序と仮軸分枝による集散花序に大別。inflorescence ↓図

**か-しょう【火傷】**(名・サ変自) やけどを負うこと。やけど。burn

**か-しょう【仮称】**(名・サ変自) かりに名づけること。そのかりの名。tentative name

**か-しょう【仮象】** ①かりの形。いつわりの姿。②客観的実在を欠いた単なる主観的表象。幻像。semblance

**か-しょう【花床】** ↓かたく(花托)

**かしょう【▼迦▽葉】** ↓まかかしょう(摩訶迦葉)

**か-しょう【河床】** 川の地盤。かわどこ。riverbed

**か-しょう【▽和尚・▽和上】**《仏教語》「おしょう」の天台宗・華厳宗での呼称。

**か-しょう【華商】** 華僑の別称。

**か-しょう【過賞・過称】**(名・サ変他) ほめすぎること。overpraise 用例 ―にして当たらず。

**か-しょう【▼煆焼】** 加熱により、化合物の脱水や分解を行い、揮発性成分を分離する操作。石灰石を熱して二酸化炭素と生石灰に分離する操作など。calcination

**かしょう【▼嘉祥】** 平安初期の年号。承和から改元。元年(八四八)六月一三日〜四年(八五一)四月二八日。次に、仁寿に改元。かじょう。

**か-しょう【佳賞・▼嘉賞】**(名・サ変他) よいとほめること。praise

**か-しょう【寡少】**(形動) 少ないさま。little; few

**か-しょう【歌唱】**(名・サ変自他) 歌をうたうこと。その歌。singing 用例 ―指導。

**か-しょう【過小】**(形動) 小さすぎるさま。too small 対義 過大。

**か-しょう【過少】**(形動) 少なすぎるさま。too few; too little 対義 過多。

**か-じょう【下情】** 民間の実情。living conditions of the masses 用例 ―に通じる。

**か-じょう【火定】** 仏道の修行者が、自らを火の中に投じることによって、入定すること。比較 土定。

**か-じょう【科条】** 法律。おきて。さだめ。

**か-じょう【家常】** 日ごろありふれたこと。日常のならわし。

**か-じょう【家醸】** 自分の家でつくった酒。

**か-じょう【過剰】**(名・形動) ありすぎること・さま。excess 用例 人口―。自意識―。

**か-じょう【渦状】** うずまき形。spiral 用例 ―星雲。

**かじょう【▼嘉承】** 平安末期の年号。長治から改元。元年(一一〇六)四月九日〜三年(一一〇八)八月三日。次に、天仁に改元。

**か-じょう【▼嘉祥・▼嘉定】** ①疫病から身を守るため神に供えた食物を食べる行事。陰暦六月一六日に、一六個の餅、または菓子を供えて食べる。嘉通。②↓かしょう(嘉祥)

**か-じょう【箇条・▽個条】** 一(名) 分類した一つ一つ。条項。item 二(助数)《「か条・カ条・

●花序

ヵ条・ケ条・ヶ条」とも》条項を数えるのに使う語。clause [用例]三―。

**が-しょう【画商】** 絵画を売り買いする人・店。picture dealer

**が-しょう【画障】** 絵が描かれている襖障子。絵の題材は花鳥風月、歴史や物語上の人物などが多い。

**が-しょう【▼臥床】** ㊀(名・サ変自) 病気などで床に就くこと。lie in bed ㊁(名) 寝床。bed

**が-しょう【賀正】**《正月・新年をことほぐ、の意》年賀状に用いることば。New Year's Greetings

**が-しょう【雅称】** 風流な呼び名。雅号。

**が-じょう【▼牙城】**《「牙」は「牙旗」で、大将の立てる旗、の意》①大将のいる城の本丸。ねじろ。inner citadel [用例]敵の―に迫る。②本拠。stronghold

**が-じょう【画▼帖】** ①絵を集めた本。book of paintings ②絵などをかくために折り本のようにしたもの。picture album [比較]画帳。

**が-じょう【賀状】** 祝賀の手紙。とくに新年を祝う年賀状をいう。New Year's greeting card

**かじょう-がき【箇条書(き)】** 項目に分けて書き並べること。また、書き並べた文書。itemize

**かしょうかようぶん-そうりょう【可消化養分総量】** 飼料のもつ代謝エネルギーを表す値。TDN。total digestible nutrients

**かしょうき【可笑記】** 江戸前期の仮名草子。五巻。如儡子作。寛永一三年(一六三六)刊。『徒然草』を模し約四〇〇の短文を収める。教訓的意図が濃く、政治・世相の批判もあり愛読された。

**かじょう-さはん【家常茶飯】** ↓にちじょうさはん(日常茶飯)

**かしょうしんこく-かさんぜい【過少申告加算税】** 付帯税の一つ。申告税額が実際の額より少なかった場合、修正申告または更正により新たに納付すべきこととなった税額に一定割合を乗じて課される税。

**かじょう-せいうん【渦状星雲】** ↓うずまきせいうん(渦巻き星雲)

**かじょう-だいし【▼嘉祥大師】** 吉蔵の謚号。

**かじょう-とうし【過剰投資】** 機械・工場など生産設備への投資が、製品の消費の伸びに比較して過度に行われる状態。不況をもたらす原因の一つ。over investment

**かしょう-ひょうか【過小評価】**(名・サ変他) 実際以下に値踏みすること。見くびること。underestimate

**がじょう-へんい【芽条変異】** 植物の生長点の細胞に遺伝子の突然変異が生じ、他の部分と異なる形質を生じること。枝変わり。bud mutation

**かじょう-ぼうえい【過剰防衛】** 防衛としての行為が、正当と認められる範囲を超えること。また、その行為。excessive self-defense

**かじょう-りゅうどうせい【過剰流動性】** 通貨・債券などの金融資産が、経済活動にとって適正な需要を超えて市場に存在している状態。excess liquidity

**かじょうるいてん【科条類典】** 江戸幕府の基本法典「公事方御定書」に関する記録・資料を整理・編集したもの。明和四年(一七六七)に完成。

**か-しょく【火食】**(名・サ変他) 煮たり焼いたりして食べること。

**か-しょく【仮植】**(名・サ変他) 植物の苗を種まきから定植するまでの間、短時日、かりに植えておくこと。かりうえ。tentative planting [参照]定植。

**か-しょく【河食・河▼蝕】**(名・サ変他) 河川による地表の浸食作用。浸食の方向によって、下方浸食と側方浸食に分けられる。fluvial erosion

**か-しょく【家職】** ①家の職業。家業。one's occupation ②武家・華族・富豪などの家の事務をつとめる職の人。

**か-しょく【華▼燭】** ①はなやかな明かり。②美しく彩色したろうそく。

**か-しょく【貨殖】** 財産をふやすこと。利殖。moneymaking

**か-しょく【過食】**(名・サ変自他) 食べすぎ。暴食。overeating

**か-しょく【稼▼穡】**《「稼」は、穀類を植え付ける、「穡」は、取り入れる意》穀物の植え付けと取り入れ。農事。農業。farming

**かしょく-しょう【過食症】** 食欲が異常に増して、必要以上の食べ物を摂取する症状。神経性の摂食障害で、思春期の女子に多くみられる。肥満をおそれて節食中に、ある時期から衝動的に大食するが、ほとんど吐いたりして衰弱する。多食症。bulimia [比較]拒食症。

**かしょく-の-てん【華▼燭の典】** 結婚式の美称。wedding ceremony

**かしょぶん-しょとく【可処分所得】** 個人所得から個人の支払う税金や社会保険料などを差し引いた手取り所得。自由に処分できることからいう。disposable income

**かしら【頭】** ㊀(名) ①あたま。head [用例]尾―付き。②あたまの毛。hair ③いちばん始め・上・前のもの・こと。top [用例]一二歳を―に五人の子がいる。④親分。棟梁。boss [用例]お―。―だつ人。⑤人形浄瑠璃に使う人形の首。⑥漢字の字形の部分の名。「発・登」などの「癶(はつがしら)」、「内・全」などの「入(いりがしら)」など。㊁(助数) 仏像などを数える語。体。

**頭動かねば尾が動かぬ**(かしらうごかねばおがうごかぬ) 上の者が先に立って活動しないと、下の者も働かない。

**頭が回らにゃ尾も回らぬ。**

**頭が打つ**(かしらがうつ) 頭痛がする。頭が割れそうにいたむ。

**頭堅し**(かしらかたし) からだがじょうぶですこやかである。

**頭は一年物**(かしらはいちねんもの) 出家しても、頭髪は一年すると人並に伸びる。

**頭振る間**(かしらふるま) 非常に短い時間。かぶりする間。

**頭を下ろす**(かしらをおろす) 頭をそって僧になる。出家する。tonsure

**頭を剃りても心を剃らず**(かしらをそりてもこころをそらず) 仏門にはいっても、心は出家前といっこうに変わっていない。

**かしら**(終助)《「か知らぬ(ん)」の略。文末の種々の語に付く》①疑問や問いかけの意を表す。[用例]どうなる―。②《打ち消しの助動詞「ない」の下に付いて》願望・依頼の意を表す。[用例]なおしていただけない―。

**がしら【頭】**(接尾) ①そのとたんであること。[用例]出合い―。②月日や時刻の始め。[用例]月―。③多くのものの中でいちばんすぐれていること・人。[用例]出世―。もうけ―。

**かじ-らい【火事雷】** 大火災にともなう雷。火災が大きくなると強い上昇気流を生じ、火災雲ができて雷を発生させる。

**かしら-がき【頭書き】** ①書物の本文の上の欄に置く注釈。頭注。とうしょ。headnote ②書物の章や論文などの冒頭に付す、要約や注釈。headnote

**かしら-じ【頭字】** ①語句・文章の、初めの文字。first letter ②かしらもじ。initial

**かしら-だか【頭高】** ホオジロ科の小鳥。興奮すると頭の羽毛を逆立てるのでこの名がある。翼長約七・五cm。日本全土へ冬鳥として渡来し、湿田に群棲して雑草の種子を食べる。ユーラシア北部で繁殖し、冬は中国や日本へ渡る。↓[図]

●カシラダカ

**かしら-だ・つ【頭立つ】**(五自) 人の上に立つ。おもだつ。lead others

**かしら-ぬき【頭▽貫(き)】** 柱の最上部をつなぐ横木。古くは柱貫きといった。↓寺院建築[図]

**かしら-ぶん【頭分】** 仲間を統率する人。町火消しの組頭、大工・左官の棟梁など。親分。首領。

**かしら-もじ【頭文字】** ①欧文で、文や固有名詞の初めなどに使う大文字。花文字。イニシアル。キャピタルレター。かしら字。capital letter ②頭字①。

**かじり-つ・く【▼齧り付く】**(五自) ①かみつく。勢いよくかじる。bite [用例]犬は骨に―・いた。②離れずに、すがりつく。しがみつく。cling to [用例]父に―。③一所懸命に取り組む。cling to [用例]字引に―。

**かし-りょう【貸(し)料】** 物を貸す料金。損料。貸し賃。rent米; hire英

**かじ・る【▼齧る】**(五他) ①歯で少しずつかむ。gnaw ②ほんの少しを知る・勉強する。smatter [用例]英語を―。

**かし-レコード【貸しレコード】** 一定の料金を徴収して貸しだすレコード。昭和五五年(一九八〇)に始まり、全国に普及。

**かじ-ろうどう【家事労働】** 家庭生活を営むために行う日常的な仕事。営業や収入を得るための家内労働や内職は除く。housework

**かしわ【▼柏・▼槲・▼檞】** ①山野にはえるブナ科の落葉高木。高さ約一〇m。葉は互生し、倒卵形で縁にあらい鋸歯がある。雌雄同株。五月ごろ新枝の基部に黄褐色の雄花をつけ、雌花は葉腋につく。建築・船材のほか、樹皮は染色用。若葉は柏餅に用いる。②紋所の名。①の葉をかたどったもの。神木であることから神社などで多用。↓[図]

**かしわ【▽黄▽鶏】** ①茶褐色のニワトリ。肉が美味。和鶏。②《転じて》鶏肉。chicken

**かしわ【▼柏】**〈市〉千葉県北西部の市。食品・繊維の工業団地や住宅団地の造成などで、東京の近郊都市として急発展。人口二九万七七六二(一九八八)。

**かしわ【▼柏】**〈村〉青森県津軽半島南部、岩木川に沿う村。稲作・リンゴ栽培がさかん。人口五〇九一(一九八八)。

**かしわざき【▼柏崎】**〈市〉新潟県中部、米山山麓の日本海に臨む市。旧宿場町。製油の町で知られた。原子力発電所がある。海水浴場が多い。人口八万六七〇八(一九八八)。

**かしわ-で【▼膳・▼膳▽夫】** 律令制下、朝廷の食膳をつかさどった官人。宮内省の大膳職・内膳司などに属して調理を担当。膳部。

**かしわ-で【▼柏手・▽拍手】** 神道祭祀の基本作法の一つ。神を拝むとき両手を打ちあわせて鳴らすこと。開手。[用例]―を打つ。

**かしわ-もち【▼柏▼餅】** ①カシワの葉であん入りのしん粉餅を包んだ菓子。おもに端午の節句(五月五日)に作る。②一枚のふとんを二つに折って、中にくるまって寝ること。

**かしわら【▼柏原】**〈市〉大阪府南東部、大和川沿いの市。古来河港として発展。ブドウ栽培や工業がさかん。人口七万二七九八(一九八八)。

**かじわら-かげすえ【▼梶原▽景▽季】**(一一六二―一二〇〇) 鎌倉初期の武将。源頼朝の家臣。景時の子。源義仲追討の際の佐々木高綱との宇治川の先陣争いで有名。のち有力御家人と対立、景時とともに駿河で戦死。

**かじわら-かげとき【▼梶原▽景時】**(?―一二〇〇) 鎌倉初期の武将。平家追討の功により侍所所司となるが、弁舌が巧みで、源義経のほか多くの人を讒訴して失脚させた。源頼朝の死後、有力諸将に排斥され、挙兵、討死。

**かじわら-しょうぜん【▼梶原性全】**(一二六五―一三三七) 鎌倉時代の僧・医師。宋の医学によって新しい医学体系を樹立した。著書『頓医抄』『万安方』。

●カシワ① 花(上)と実(下)。

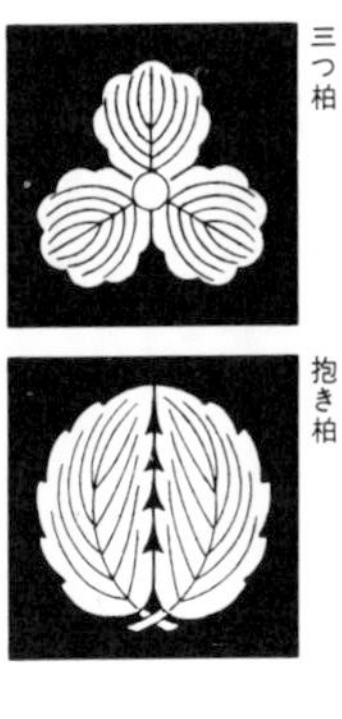
●柏② 三つ柏 抱き柏

**か-しん【下唇】** 下のくちびる。

**か-しん【花心】** ↓かずい(花蕊)

**か-しん【花信】** 花が咲いた知らせ。花だより。[比較]魚信。

**か-しん【花唇】** ①花びらの美称。②《転じて》美人のくちびる。

**か-しん【家臣】** 家に仕える臣下。家来。家人。vassal

**か-しん【家信】** ↓かしょ(家書)①

**か-しん【過信】**(名・サ変他) 信じすぎること。overestimate [用例]能力を―する。

**か-しん【佳▼辰・▼嘉▼辰】** めでたい日。よい日がら。吉日。

**か-じん【佳人】** 美しい女性。美人。beauty

**佳人薄命**(かじんはくめい) 美人には早く死ぬ人、不幸な人が多いものだ。Prettiness dies first. [比較]才子多病。

**か-じん【家人】** ①家族。身内。family ②家臣。けにん。vassal

**か-じん【寡人】**（代）《徳の少ない者、の意》中国で、王侯が自分をけんそんして言った語。比較 朕。

**か-じん【歌人】** 和歌をつくる人。うたよみ。比較 詩人・俳人。

**がしん-しょうたん【▼臥薪▼嘗胆】**《たきぎの上に寝た呉王、夫差、苦いきもをなめた越王、勾践の故事から》①かたきを討つため、つらい苦労をすること。②将来のために我慢する苦労。

**カジンツィ【Kazinczy Ferenc】**（一七五九〜一八三一） ハンガリーの小説家。国語改革運動や西欧民主主義の導入に尽力。作品『とげと花』など。

**かじんのきぐう【佳人▼之奇遇】** 東海散士の政治小説。明治一八〜三〇年（一八八五〜九七）刊。世界の亡国の歴史を回顧しつつ、国家や民族の自由と独立への悲願を描く。

**かす**《俗語》しかること。こごと。用例 ―をくう。

**かす【▼滓】** ①おり。dregs ②のこり。leavings ③劣ったもの。くず。dross 用例 みそっ―。

**かす【▼粕・▼糟】** 酒かす。みりん・焼酎・調味料を加えてかす漬けの漬け床にする。かす汁や、即席の甘酒の材料にも用いる。

**か・す【化す】**（五自他）↓かする（化する）

**か・す【仮す】**（五他）①かりに与える。grant 用例 時を―。②ゆるす。見逃す。forgive 用例 罪を―。

**か・す【貸す】**（五他） 対義 借りる。①返してもらう約束で金品を使わせる。lend 用例 金を―。傘を―。②助けるために与える。役立てる。aid 用例 力を―。

**手を貸す**（てをかす） 助ける。

**耳を貸さない**（みみをかさない） 聞こうともしない。

**かず【数】** ①物の多少。一つ二つとかぞえられるもの。すう。number 用例 ―をかぞえる。②たくさんあること。numerous 用例 ―ある中にも。③数に入れられるほど価値あるもの。significance 用例 ―に入れる。―ならぬ身。④仲間。group; friends 用例 ―に加える。

**数限り無い**（かずかぎりない）「数を知らず」と同意。

**数の外**（かずのほか） 定員外。not counted

**数を知らず**（かずをしらず） 無数である。uncountable 類似 数限り無い。

**数を尽くす**（かずをつくす） 残らず挙げる。残らずする。用例 道楽の―。

**物の数ではない**（もののかずではない） 取るに足らない。

**ガス【gas オランダ・英・瓦斯】** ①気体。②気体燃料。都市ガスなど。

**か-すい【下垂】**（名・サ変自） たれさがること。hanging down 用例 胃―。

**か-すい【▼禾穂】** イネ科植物の穂。

**か-すい【仮睡】**（名・サ変自） うたたねすること。かりね。仮眠。doze 対義 熟睡。

**か-すい【花穂】** 花が穂のように集まって咲いている形。穂状花序・総状花序など。spike

**か-ずい【花▼蕊】** 花の雄しべと雌しべの総称。しべ。花心。

**かすい-たい【下垂体】** 間脳の視床下部からたれ下がっている小さな内分泌器官。各種のホルモンを分泌し、他の内分泌腺の働きを調節する。脳下垂体。pituitary gland ↓脳図

**かすいたい-ホルモン【下垂体ホルモン】** ↓のうかすいたいホルモン（脳下垂体ホルモン）

**ガス-いと【ガス糸】** 糸の表面に出ている繊維（毛羽）などをガスの炎で焼き取った糸。表面がなめらかで光沢がある。gassed yarn

**かすい-ぶんかい【加水分解】** 化合物が水と反応して起こる分解。酸・アルカリまたは酵素が触媒となる。とくにエステルのアルカリ分解を鹸化、でんぷんの場合は糖化、蔗糖の場合は転化という。hydrolysis

**かすいぶんかい-こうそ【加水分解酵素】** 加水分解反応を触媒する酵素の総称。微生物・高等動植物の諸組織に広く分布し、消化・発酵・腐敗などに重要な役割を果たしている。hydrolase

**か-すう【加数】** 加法（=たし算）で加えるほうの数。addend 対義 被加数。

**か-すう【仮数】** ある数の常用対数を整数と1より小さい正の小数との和で表したとき、その小数部分。数字の並びが同じで、小数点の位置だけが違う数の仮数は等しい。mantissa

**か-すう【価数】** 酸の分子一個当たりが放出できる水素イオンの数。または、塩基の分子一個当たりが受けとることのできる水素イオンの数。

**カスー【Jean Cassou】**（一八九七〜） フランスの小説家。スペイン生まれ。詩集『三十三のソネ』、小説『パリの虐殺』、評論『スペイン文学展望』など。

**ガス-えき【ガス液】** 石炭の乾留ガスを水で洗浄したとき得られる水溶液。アンモニア・アンモニウム塩・フェノール類・ピリジン・ゲルマニウムなどを含む。gas liquor

**ガス-えそ【ガス▽壊▼疽】** ガス壊疽菌と総称される嫌気性細菌からおこる炎症。土壌中の細菌により傷口から感染する。gas gangrene

**かす-か【▽幽か・▽微か】** 一（形動） ①はっきりしないさま。ほのか。faint 用例 ―に聞こえる。―にふれる。②よわよわしいさま。feeble 用例 ―な声。 二 古語（形動ナリ） 人けがなく、さびしいさま。用例 ―なる所にしのばせて夜な夜な召されけるほどに（平家・六・小督）。

**かすが【▽春▽日】**《もと、「かすが」にかかる枕ことばであった「はるび（の）」に漢字を当てた》①奈良公園一帯。②奈良市と付近一帯。③「春日大社」の略。

**かすが【▽春▽日】**〈市〉 福岡市南隣の市。新興住宅都市で、宅地化が著しい。自衛隊基地がある。人口八万三七〇（一九八八）。

**かすが【▽春▽日】**〈町〉 兵庫県東部の町。ナスの産地として知られる。ナシなどの観光農園も多い。人口一万三四六六（一九八八）。

**かすが【▽春▽日】**〈村〉 岐阜県南西部、伊吹山東麓の村。農林業主体。畜産なども行われる。人口一二四〇二（一九八八）。

**ガスカール【Pierre Gascar】**（一九一六〜） フランスの小説家。作品『けものたち』『死者の時』『魅惑』など。

**かすがい【▼鎹】** 18画 部首［金］かねへん 和製漢字 JIS 7917
①かけがね。戸締まりにかけるもの。②二つの材木をつなぎとめる、コの字形の先のとがった金具。③両方をつなぎとめるもの。用例（名）子は―。↓図

● 鎹② 

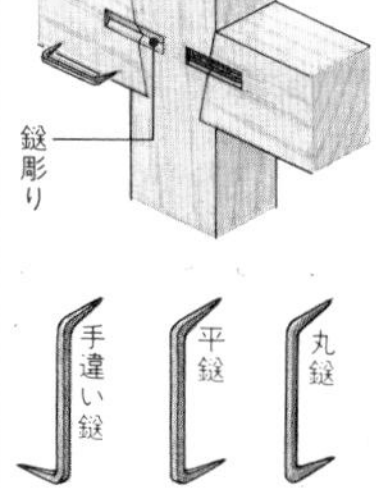


**かすがい【▽春▽日井】**〈市〉 名古屋市北隣の市。製紙・電気機器などの工業が発達。宅地化が著しい。人口二五万九三九三（一九八八）。

**かすがい【▽春▽日居】**〈町〉 山梨県中部、甲府市東隣の町。モモなどの果樹栽培がさかん。人口五七五一（一九八八）。

**ガス-かがくこうぎょう【ガス化学工業】** 天然ガスを原料にメタノールやアセチレンなどの中間原料を製造する業種。ひろくは、その中間材料からさまざまな化学製品をつくる産業をも含む。gas chemical industry

**かすが-ごんげん【▽春▽日権現】** 春日大社の祭神の総称。春日明神。

**かす-かす**（副・形動） ①やっとのことであるさま。すれすれ。barely ②食物の水分がなく、味のないさま。dry

**かず-かず【数数】**（名・副） 多数。いろいろ。種々。great many

**かすが-たいしゃ【▽春▽日大社】** 奈良市春日野町にある旧官幣大社。日本三社の一つ。平城京遷都後、藤原氏一門の氏神として、鹿島神宮・香取神宮・枚岡神社から祭神を勧請して奉斎。↓写

● 春日大社本殿。

**かすが-づくり【▽春▽日造（り）】** 神社の建築形式の一つ。切り妻の妻入りで正面に庇を付け、屋根に千木と鰹木を設ける。春日大社本殿に代表され、流れ造りに次いで多い。↓写

**かすが-どうろう【▽春▽日灯▼籠】** 春日大社にはじまった、円形の竿、六角の火袋の形式の石灯籠。火袋に雌雄の鹿を刻む。これをかたどった釣り灯籠もいう。

**かすが-の【▽春▽日野】** 奈良市、春日山のふもと一帯の呼び名。四季を通じて美しい自然が見られ、万葉時代から歌に詠まれた。

**かすが-の-つぼね【▽春▽日▽局】**（一五七九〜一六四三） 江戸前期、三代将軍徳川家光の乳母。名は福。家光の将軍位継承に尽力、その後大奥の実権を掌握。

**かすが-はちろう【▽春▽日八郎】**（一九二七〜） 歌手。『お富さん』などがヒット。

**かすかべ【▽春▽日▽部】**〈市〉 埼玉県東部の市。旧宿場町。桐だんす・押し絵羽子板が特産。住宅団地の造成など住宅都市化が著しい。牛島のフジが有名。人口一八万四六（一九八八）。

**かすが-まんだら【▽春▽日▼曼▼荼羅】** 春日大社の祭神や社地などを描いた曼荼羅。神鹿を描いた鹿曼荼羅や社地鳥瞰図を描いた宮曼荼羅が多い。

**かすが-やま【▽春▽日山】** 新潟県上越市にある山。戦国時代、上杉氏の山城があったところで、城跡がある。

**かすかわ【▼粕川】**〈村〉 群馬県南部、前橋市東隣の村。農業中心。シクラメン栽培などに力を注ぐ。人口一万七一八（一九八八）。

● 春日造り 奈良市忍辱山、円成寺春日堂、白山堂。

**ガス-かん【ガス管】** ①都市ガスの輸送に用いる鋼管。内径・肉厚などは工業規格による。gas pipe ②室内で、ガス器具に使用されるゴム管。gas tube

**かずき【▽被き・▽被▽衣】** ①頭にかぶること。②↓きぬかずき（衣被き）

**ガス-きかん【ガス機関】** 可燃ガスを燃料とする内燃機関。天然ガスなどを空気と混合、圧縮したのち点火し、その爆発・燃焼により動力を発生させる。gas engine

**かず・く【▽被く】** 古語 一（四他） ①頭にかぶせる。用例 ―にしきを頭にも―・き（更級）。②褒美に、衣服をいただく。また、それを左肩にかける。用例 薄色の袿ひとかさね―・きたり（蜻蛉・下）。 二（下二他） ①褒美に、衣服を肩にかけて与える。用例 大将の君御衣ぬぎて―・け給ふ（源氏・賢木）。②かぶせる。用例 風の―・くる錦なりけり（伊勢集）。↓写

**かず・く【▽潜く】** 古語（四自） 水にもぐる。

● 被く 一② 『紫式部日記絵巻』より。

用例鳰鳥の―池水情あらば(万葉・四・七二五)。

**ガス-クロマトグラフィー【gas chromatography】** 複数の成分からなる試料をガス状にして、試料を吸着させる充塡物をつめた分離管内を、窒素などとともに流し、各成分に分離して定性・定量分析を行う方法。

**かす-げ【▼糟毛】** ①ウマの毛色の一種。灰色に白色のさし毛の加わったもの。②白髪のまじった頭髪。糟尾。grizzly hair

**カスケード-さんみゃく【カスケード山脈】**(Cascade Range) 北アメリカ西部、ロッキー山脈に沿って南北に走る山脈。最高峰レーニア山は標高四三九二m。

**カスケード-シャワー【cascade shower】** 高エネルギー電子やγ線が物質に入射するとき、γ線による電子と陽電子の対発生の過程が何重にも繰り返され、シャワーのように見える現象。もとは、宇宙線の現象だが、ウィルソン霧箱で実験できる。

**かずけ-もの【▽被け物】** 古語 褒美として与える品物。用例御わたりのほどの―どもなど、ことごとしからぬものから(源氏・早蕨)。

**かず・ける【▽被ける】**(下一他) ①かこつける。②人に負わせる。③かぶらせる。

**ガス-こうかん【ガス交換】** 生物が外界から酸素をとり入れ、二酸化炭素を排出すること。気体交換。gas exchange

**ガスコーニュ【Gascogne】** フランス南西部、旧ガスコーニュ公国の領域。今日のオートピレネー・ジェール・ランドの三県が主体。ブドウ栽培やランドの豊富な石油・天然ガスが有名。

**ガス-こんろ【ガス▼焜炉】** ガスを燃料とする加熱器具。炊事用など。ガスレンジ。gas range

**かずさ【▽上▽総】** ↓かずさのくに(上総国)

**かずさ-の-くに【▽上▽総国】**《「かみつふさ」の転》旧国名。現在の千葉県中部。東海道の一国。「延喜式」では大国、一一郡。国府・国分寺はともに市原市。明治四年(一八七一)廃藩置県により木更津県となる。同六年(一八七三)印旛県と合併し千葉県。南総。上総。

**かす-ざめ【▼糟▼鮫】** カスザメ科の体が平たくてエイに似ているサメ。全長約二m。茶褐色に小黒点がある。浅海底にすみ、小魚などを捕食。卵胎生。かまぼこの原料、皮はさめやすり用。本州中部以南に分布。

**ガス-じゅう【ガス銃】** ①空気銃の一種。液化炭酸ガスの気化によるエネルギーで弾丸を発射する。gas gun ②催涙剤・くしゃみ剤などのガス弾を発射する銃。警察が暴動の鎮圧などに用いる。tear gas gun

**ガスじょう-せいうん【ガス状星雲】** 希薄な気体からなり、中心部の恒星から出る紫外線を受けて発光する星雲。発光星雲。gaseous nebula ↓星雲図

**かす-じる【▼粕汁・▼糟汁】** 酒かすを入れた汁物。塩ざけや塩だらの切り身に野菜・こんにゃくなどを入れる。また、みそ汁に酒かすを入れたもの。

**ガス-ストーブ【gas stove】** ガスを燃料とする室内用暖房器具。

**ガス-せん【ガス栓】** ガス管の出口の開閉栓。鉄管接続とゴム管接続があり、ふつうゴム管接続用は一〇㎜と一三㎜が用いられる。gas cock

**カスター【caster】** 食卓に塩・こしょう・からしなどを出すときにまとめて置くための洋食器。

**カスタード【custard】** デザートの一種。卵黄・砂糖・牛乳を合わせて、焼いたり、蒸したり、凍らせたりしたもの。

**カスタード-プディング【custard pudding】** 洋菓子の一種。卵と牛乳を合わせたものを型に流し入れ、蒸し焼きにしたもの。プリン。

**カスターニョ【Andrea del Castagno】**(一四二三―五七) イタリア初期ルネサンスの画家。フィレンツェ派。線遠近法と明暗法で人物画に彫塑的写実性を追求。作品『最後の晩餐』『キリスト磔刑』など。

**ガス-タービン【gas turbine】** 気体の熱エネルギーを動力に変える原動機。圧縮空気に燃料を混合し、爆発・燃焼させ、生じた高温高圧の気体でタービンを回転させる。航空用・発電用など。

**カスタネット【castañeta(スペイン)】** 打楽器の一種。ひもで結んだ二枚の貝殻状の木片を打ち合わせる。スペイン・南イタリアの郷土楽器で、踊り子が鳴らしながら踊る。castanet

**カスタム-カー**《customized car から》本来は、特別注文の高級乗用自動車。日本では、販売台数を限定した特別仕様の自動車を言う。

**カスタム-コミュニケーション**《customized communication から》注文情報。個別通信。電話回線・有線テレビなどで各契約者と中央局を結び、それぞれ個別の注文に応じて情報を送るサービス。比較マスコミュニケーション。

**ガス-だん【ガス弾】** 毒ガスを充塡した砲弾や爆弾。gas bomb

**ガス-タンク【gas tank】** ガスを貯蔵する装置。水槽に鉄製のガス槽を浮かせた有水式、ガス量に応じて上下するピストンを内蔵した無水槽式、高圧の球形タンクなどがある。

**かず-ちゃ【▽員茶・数茶】** 千家茶道の七事式の一つ。亭主のたてた茶を、席順にとらわれず、札を引きあてた順に客が飲んでいく。

**ガス-ちゅうどく【ガス中毒】** 有毒ガスの吸入による中毒の総称。一酸化炭素によるものが多い。gas poisoning

**かす-づけ【▼粕漬(け)・▼糟漬(け)】** 酒かすに野菜・魚貝・肉などを漬けること。また、その漬けたもの。奈良漬け・大根の守口漬け・鯨のかぶら骨の松浦漬けなどが有名。

**ガス-ていすう【ガス定数】** ↓きたいていすう(気体定数)

**カスティリア【Castilla】** スペイン中部から北部にかけての地方。スペイン民族発祥の地。現在、新旧二州に分かれる。

**カスティリア-おうこく【カスティリア王国】** 中世スペイン中央部の王国。一〇三五年フェルナン=ゴンザレスが建国。一三世紀中期にレオン王国を併合。ウマイヤ朝治下のコルドバを征して国土を回復。一四七九年アラゴン王国とともにスペイン王国を形成。

**カスティリオーネ【Baldassare Castiglione】**(一四七八―一五二九) イタリアの人文主義者。主著『廷臣論』は、貴族たちの会話の形式で宮廷人の理想像を描き、西洋上流階級の作法の形成に強い影響を与えた。

**カスティリオーネ【Giuseppe Castiglione】** ↓ろうせいねい(郎世寧)

**ガス-テーブル**《和製語》一口または二口・三口のガスこんろやそれに魚焼き器などを組み合わせた調理器具。ガス台。

**カステーロ-ブランコ【Camilo Castelo Branco】**(一八二五―一八九〇) ポルトガルの小説家。ロマン派に属し多彩に活躍。作品『破滅の恋』『物語集』など。

**カステラ【Castilla(ポルトガル)】** 小麦粉・砂糖・卵などを混ぜ、蒸し焼きにした菓子。もとスペインのカスティリアでつくられ、室町末期、長崎に伝来。数え方一切れ・一箱・一釜・一本。

**カステルヌオーボ-テデスコ【Mario Castelnuovo-Tedesco】**(一八九五―一九六八) イタリアの作曲家。のちアメリカに帰化。作品『ギター協奏曲』など。

**ガス-でん【ガス田】** 可燃性の天然ガスが埋蔵されている場所。天然ガスには、原油や石炭と共存する油田ガス・炭田ガスのほかに、共存していない構造性ガス・水溶性ガスなどがある。gas field

**ガス-とう【ガス灯】** 石炭ガスを利用した灯火。一七九八年イギリスで実用化。日本では、明治五年(一八七二)横浜に初めて点灯、同七年(一八七四)には銀座に設置、文明開化の象徴であった。gas light

**ガス-とっしゅつ【ガス突出】** 炭鉱で炭層や岩盤から可燃性ガス(おもにメタン)が突発的に噴出する現象。しばしばガス爆発の誘因となる。outburst of gas

**かす-とり【▼粕取(り)・▼糟取(り)】**《「粕取り焼酎」の略》①酒粕を原料として蒸留した焼酎。古くから酒造業者の副業としてつくられた。②米または芋から急造された下等な密造酒。

**かず-とり【数取り】**(名・サ変他) ①数をかぞえること。その道具。②数をたくさんとることを競う遊び。

**カストリーズ【Castries】** カリブ海東部、小アンティル諸島中の島国セントルシアの首都。農産物の積み出し港で、観光地。人口四・六万(一九八〇)。

**かすとり-ざっし【▼粕取(り)雑誌】** 第二次大戦直後、粗悪な仙花紙などを使って発刊された低俗な内容の雑誌。「かすとり」は三合飲めばつぶれるということから、三号でつぶれる意の軽蔑した言い方。

**ガストリン【gastrin】** 胃の幽門部粘膜から分泌される消化管ホルモンの一つ。とくに塩酸とペプシンの分泌を促進する。

**カストル【Castor】** ふたご座α(アルファ)星。ギリシア神話でポルックスと双子の兄弟。実視光度一・六等。距離約四五光年。観望好期は三月。

**カストレル【Alfred Kastler】**(一九〇二―一九八四) フランスの実験物理学者。原子のラジオ波共鳴の研究における光学的方法の発見と開発により、一九六六年ノーベル物理学賞受賞。

**カストロ【Américo Castro】**(一八八五―一九七二) スペインの批評家。スペイン黄金世紀の文学研究に業績。著書『セルバンテスの思想』など。

**カストロ【Fidel Castro】**(一九二七―) キューバの政治家。一九五九年バティスタ独裁政権を打倒、キューバ革命を成功させた。以来首相として社会主義革命を推進。↓写

●F=カストロ

**カストロ【Guillén de Castro】**(一五六九―一六三一) スペインの劇作家。伝説的英雄の一生を最初に戯曲化した『エル-シードの青春賦』で有名。

**カストロ【Rosalía de Castro】**(一八三七―一八八五) スペインの女流詩人。叙情性豊かな詩で知られる。詩集『サール河畔にて』など。

**ガストロ-カメラ【gastro-camera】** ↓いカメラ(胃カメラ)

**ガストロノミー【gastronomie(フランス)】**《ギリシア語の gastro(=胃・腹)と nómos(=法則)とからつくられた語》美食術。美味学。

**カスナー【Rudolf Kassner】**(一八七三―一九五九) オーストリアの批評家・哲学者。神秘的直観に基づく「観想学」を樹立。著書『一九世紀』など。

**ガズナ-ちょう【ガズナ朝】** アフガニスタンのガズナを都としたトルコ系イスラム王朝。九六二年トルコの奴隷出身のアルプテギーンが建国した。マフムードの治世(九九八―一〇三〇)に最盛。一一八六年ゴール朝により滅亡。ガズニ朝。Ghaznavid dynasty

**かず-ならぬ【数ならぬ】**(連体)《けんそんして言う語》とくに数え上げるほどのものでもない。いやしい。ふつつかな。用例―身。

**かずのこ** 18画 **【▼鯑】** 部首[魚] 和製漢字 JIS 8238 ↓かずのこ【数の子・鯑】

**かず-の-こ【数の子・▼鯑】**《「鰊の子」の転》ニシンの卵巣。通常は塩漬け・乾燥品。子孫繁栄の縁起物として正月料理に多く用いられる。herring roe

**かず-の-みや【▽和宮】**(一八四六―一八七七) 孝明天皇の妹。親子内親王。公武合体策のため文久二年(一八六二)一四代将軍徳川家茂に降嫁。

**カスバ【qasba(アラビア)】**《城塞の意》北アフリカのアラブ諸都市にある首長(スルタン)の居城または館。さらに周辺の居住区をも指し、アルジェリアの首都アルジェのカスバがとくに有名。

**ガス-バーナー【gas burner】** 燃料ガスを燃焼させて光源または熱源とする装置。↓図

●ガスバーナー

**ガスパチョ【gazpacho(スペイン)】** スペインの冷たい野菜スープ。各種の生野菜と、パンをすりつぶし、オリーブ油・酢・水を加えてつくる。

**カスピ-かい【カスピ海】**(Caspian Sea) ソ連、中央アジア西部にある世界最大の内陸湖で塩湖。古地中海の一部。面積三七万㎢。ソ連の主要な内陸漁場の一つで、北東岸は油田地帯。水深一八四m。裏海。

**カズビン【Qazvīn】** イラン北部、テヘラン北西にある、四世紀以来の交易都市。一六世紀初期サファビー朝の首都。人口二四・四万(一九八二)。

**ガス-ぶろ【ガス風▼呂】** ガスを燃料とする風呂。

**ガス-ぶんせき【ガス分析】** ガス状の試料や、固体・液体中のガス成分を分析する方法。ガスクロマトグラフィーなど。gas analysis

**カズベク-さん【カズベク山】**(Kazbek) ソ

連南西部、カフカス山脈中にある高峰。標高五〇四七m。

**ガスボンベ**【Gasbombeドイ】圧縮した高圧気体や液化ガスを入れる鋼鉄製の円筒形容器。gas cylinder

**かず-ま・う**【数まう】古語(下二他)人なみに数え入れる。用例まさにかくたづきなく、人わろき御有り様を、—・へ給ふ人はありなむや(源氏・蓬生)。

**ガス-マントル**【gas mantle】ガス灯の発光体として用いるおおい。木綿・人絹などを硝酸トリウムや硝酸セリウムで処理したのち網状に編み、焼いて硬化させたもの。加熱により灼熱し発光する。

**かすみ**【▼霞】①霧・靄・スモッグ、低い雲などで空がぼんやりと見える状態。とくに春に起こるものをいう。haze 参考 煙霧・霧・スモッグ・靄。用例—たつ春。②朝焼け。夕焼け。③《「翳」とも》物がはっきり見えないこと。blur 用例目に—がかかる。④酒の異名。⑤「かすみあみ」の略。

**霞敷く**(かすみしく) 霞があたり一面にひろがる。霞み渡る。

**霞に千鳥**(かすみにちどり)《霞は春のもの、千鳥は冬のもので、たいそう隔たった存在であることから》実際にはありえない、また、ふさわしくないとりあわせであることのたとえ。

**霞を食う**(かすみをくう)《仙人は霞を食べて生きる、という言い伝えから》食べ物を食べずに生きる。live on air 用例霞を食って生きていくわけにはいかない。

**かすみ**【香住】〈町〉兵庫県北部、日本海に臨む町。山陰屈指の漁港で、マツバガニが名産。山陰海岸国立公園の観光基地。人口一万五四八九(一九八八)。

**かすみ-あみ**【▼霞網】小鳥をとる網。黒色の目に見えないような細い糸で編み、木立の間などにしかける。現在は法令で使用禁止。

**かすみ-いし**【▼霞石】ナトリウムとカリウムおよびアルミニウムの珪酸塩鉱物。六方晶系の柱状結晶。白ないし灰色。アルカリ火成岩中に特徴的にみられる鉱物。ガラスや窯業などの原料。nepheline

**かすみ-が-うら**【▼霞ケ浦】茨城県南東部にある湖。面積一六八km²は琵琶湖につぎ日本第二位。水深七m。水産・観光資源に富む。

**かすみがせき**【▼霞ケ関】①東京都千代田区南部にある地区。国の司法・行政機関が集まっている。江戸時代は譜代大名の藩邸が多かった。②《転じて、俗に》中央官庁・省庁などをいう。

**かすみ-さんしょううお**【▼霞山▼椒魚】サンショウウオの一種。全長一〇cm内外。背面は褐色に小黒点をもつ。昼は林や田畑の落ち葉の下などにひそみ、夜出て昆虫やミミズを食べる。早春、水田・池沼に産卵。近畿地方以西の低山地帯に分布。↓サンショウウオ図

**かすみ-そう**【▼霞草】ナデシコ科の観賞用の一、二年草。小花を無数につける。高さ六〇〜九〇cm。花色は白・桃・赤色。切り花・花壇用。宿根カスミソウは花がいっそう密。↓写

●カスミソウ

**かす・む**【▼霞む】(五自)①かすみが立つ。また、たなびく。be hazy ②《「翳む」とも》はっきり見えない。grow dim 用例目が—。

**かす・む**【▼掠む】古語(下二他)↓かすめる

(掠める)

**ガス-メーター**【gas meter】管内を流れるガスの流量を測定・表示する計器。

**かすめ-と・る**【▼掠め取る】(五他)①奪い取る。盗み取る。snatch ②人目をごまかして奪い取る。steal

**かす・める**【▼掠める】(下一他)①盗む。ごまかす。elude; steal 用例人目を—。②速く行き過ぎながら、ちょっとさわる。かする。graze 用例海面を—・めて飛ぶ。

**かず-もの**【数物】①数の多いもの。items in large numbers ②安物。cheap goods ③一定の数がそろって、はじめて役に立つもの。set 用例—の茶わん。

**ガスもれ-けいほうき**【ガス漏れ警報器】ガス漏れセンサーで察知し警報を発する装置。都市ガス用・プロパンガス用などがある。gas leak sensor

**かず-もん**【数紋】衣服に自家の紋と並べて、ひいきの遊女や役者の紋をいくつもつけること。また、その紋。江戸時代に流行した風俗。

**かすや**【▼粕屋】〈町〉福岡県北西部、福岡市東隣の町。旧炭鉱町。農林業を主とするが、工業化・宅地化が著しい。人口二万九一七八(一九八八)。

**かず-ようじ**【数▼楊枝】量産された粗末な楊枝。

**ガス-ようせつ**【ガス溶接】金属溶接法の一つ。アセチレンや水素などを酸素と混合して燃焼させ、二〇〇〇℃以上の高温で溶接棒を溶かしながら行う。gas welding

**かずら**【▼葛・▼蔓】つる性植物の総称。また、そのつる。vine

**かずら**【▼鬘】①髪の毛につけた花・つる草などのかざり。古代、神事などに用いた。②↓かつら(鬘)

**かずらき-し**【▼葛▽城氏】古代、大和葛城地方の豪族。姓は臣。武内宿禰の子襲津彦を始祖とし、その娘磐之媛が仁徳天皇の皇后となり、天皇家の外戚として勢力を誇った。

**かずら-し**【▼鬘師】鬘をつくる職人。かもじ屋をかねるものが多く、人工毛のなかった時代は、毛髪を集めてつくった。

**かすり** 13画【▼綛】部首[糸] 和製漢字 JIS 6925
↓かすり〔絣・飛白・綛・纃〕

**かすり** 20画【▼纃】部首[糸] 和製漢字 JIS 6977
14画【▼緕】異体字 和製漢字 JIS 6978
↓かすり〔絣・飛白・綛・纃〕

**かすり**【▼掠り・▽擦り】①かすること。軽く触れること。graze ②物がかすってできた傷。scratch ③文字がかすれていること。また、その箇所。④上前をはねること。ぴんはね。rake off ⑤秀句・地口・口合の類の洒落の技巧。俳諧で、もとの語の一部の音や意味に他の意味を兼ねさせること。

**かすり**【▼絣・▽飛白・▼綛・▼纃】《掠りの意》輪郭がかすれた模様。また、その織物、染め模様。久留米絣・伊予絣など。↓写

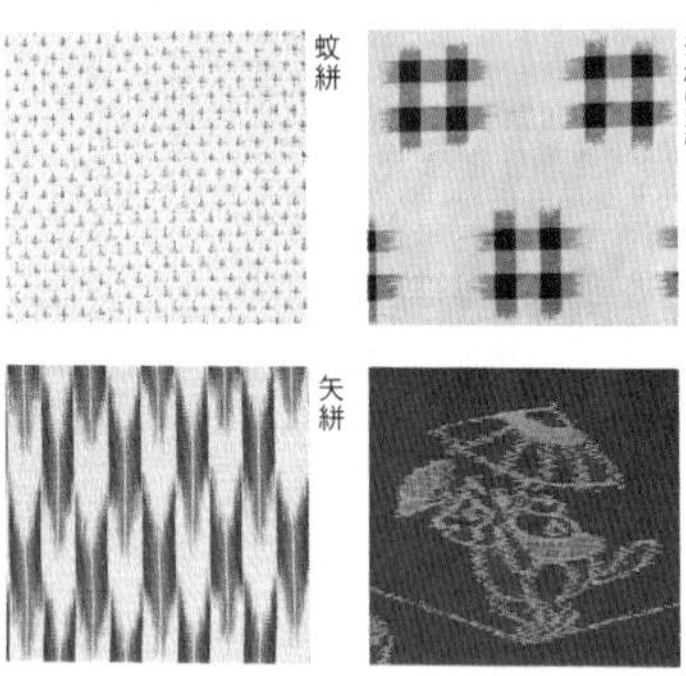
●絣
井桁絣　絵絣　蚊絣　矢絣

**かすり-きず**【▼掠り傷】①物に触れて、皮膚に受けた、わずかなきず。scratch ②《転じて》少しの損失・損害。slight damage

**カスリーン-たいふう**【カスリーン台風】昭和二二年(一九四七)九月、関東南部に大災害を与えた台風。死者・行方不明者一五二九名。

**かす・る**【▼掠る・▽擦る】(五他)①こするようにさわる。graze 用例腕を—・った死球。②上前をはねる。squeeze ③かすらせて書く。become blurred

**か・する**【化する】(サ変自他)＝化す。①かえる。かわる。…になる。change ②感化する。感化される。be influenced

**か・する**【▼呵する】(サ変他)①しかりつける。②息を強くふきかける。

**禿筆を呵する**(とくひつをかする)↓とくひつ(禿筆)

**か・する**【科する】(サ変他)科料に処する。科す。fine 用例三万円を—。

**か・する**【架する】(サ変他)橋・綱などをかけわたす。架す。lay; span

**か・する**【嫁する】(サ変自他)＝嫁す。①(自)よめに行く。とつぐ。marry ②(他)㋐よめにやる。とつがせる。marry ... off ㋑他になすりつける。転嫁する。impute 用例責任を部下に—。

**か・する**【課する】(サ変他)わりあてる。課す。impose 用例税を—。

**が・する**【▼臥する】(サ変自)寝る。横になる。臥す。lie

**が・する**【賀する】(サ変他)祝う。ことほぐ。賀す。congratulate

**が・する**【▼駕する】文語的(サ変自)①馬・車などに乗る。②他をしのぐ。用例相手を—勢い。

**かすれ**【▼掠れ・▽擦れ】①かすれること。かすれた所。blur ②現品が不足すること。shortage of goods

**ガス-れいきゃくろ**【ガス冷却炉】原子炉のうち、冷却材に加圧炭酸ガスなどの気体を使用するものの総称。圧力容器内のガスは、熱交換器で水を蒸気にかえる。gas-cooled reactor

**カスレー**【cassoulet フランス】フランスの地方料理。白いんげん豆といろいろな肉を、長時間蒸し煮したもの。地方や好みによって加える材料が変化する。

**かす・れる**【▼掠れる・▽擦れる】(下一自)①墨が十分につかないで、ところどころ白く欠ける。be blurred 用例字が—。②声がしわがれる。hoarse

**ガス-レンジ**【gas range】ガスを燃料とするこんろ。

**カズワル**【casuar ポルトガル】ヒクイドリの別名。cassowary

**かせ** 10画【▼桛】部首[木] 和製漢字
↓かせ〔桛・綛〕

**かせ** 13画【▼綛】部首[糸] 和製漢字 JIS 6925
↓かせ〔桛・綛〕

**かせ**【▼枷】①刑具の一つ。罪人の首や手足にはめて自由を奪うもの。鉄・木製。かし。shackles 用例手—。足—。②行動のさまたげとなるもの。shackles ③三味線の音色などを調節する器具。木・象牙製などで、弦の上からさおにあてて用いる。↓図

**枷を嵌める**(かせをはめる) 人の自由を束縛する。fetter; shackle 用例金の—。

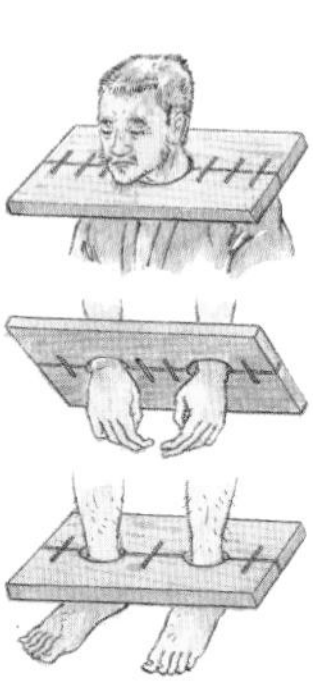
●枷①
首枷　手枷　足枷

**かせ**【▼桛・▼綛】①《「桛」で》つむいだ糸をまきとるI(イ)字形の道具。reel ②「桛糸」の略。③手ぬぐいかけ。towel rail ④《「綛」で》運搬、販売などに便利なように、一定の長さの糸を枠に巻いて輪状にしたもの。一綛の糸の長さは、綿糸が八四〇ヤード(約七六八m)、毛糸が五六〇ヤード(約五一二m)。hank

**かぜ**【風】㊀(名)①空気の流れ。気圧の差や地球の自転および温度差などにより起こる。気流。wind 用例—が吹く。②形勢。なりゆき。situation 用例—向きがわるい。③ならわし。しきたり。風習。custom 用例都会の—。④どこからともなく伝わってくること。rumor 用例—のたより。⑤↓かぜ(風邪)。㊁(接尾)①露骨に見せつけるようす。put on air 用例役人—をふかす。②人をある気持ちにさせるさま。用例臆病—にふかれる。

**風、枝を鳴らさず**(かぜ、えだをならさず) 社会が平和なたとえ。

**風薫る**(かぜかおる) 新緑をわたる風。初夏のさわやかに吹く風のさま。薫風。

**風が吹けば桶屋が儲かる**(かぜがふけばおけやがもうかる)《風による砂ぼこりで盲人がふえ、盲人の使う三味線に張るネコの皮が必要なためネコが減り、そのためネズミがふえて桶をかじるので桶屋が繁盛する、ということから》予想もしなかった結果になること、また、あてにならない期待をすることのたとえ。

**風に櫛り雨に沐う**(かぜにくしけずりあめにかみあらう)「雨に沐い風に櫛る」と同意。

**風に順いて呼ぶ**(かぜにしたがいてよぶ) 風上から風下に向かって呼ぶと声がよくとおるように、勢いに乗って物事にあたれば、たやすく、そして、すみやかに成功するというたとえ。



↓行き先項目、図版・写真参照印。 JIS 日本工業規格情報交換用漢字符号コード(区点コード)。

**風に付く**(かぜにつく) ①風に乗る。風に任せる。②風の便りにことづけする。

**風に靡く草**(かぜになびくくさ) 権力者や有徳者にへつらい、従う人のたとえ。

**風にも当てぬ**(かぜにもあてぬ) 冷たい風、また、世間の悪い影響にさらされないようにする。子どもを大切に養育することのたとえ。be brought up like a tender plant

**風に柳**(かぜにやなぎ) ほどよく応対して、さからわないたとえ。柳に風。Soft words pacify wrath.

**風の便り**(かぜのたより) うわさ。風聞。hearsay

**風の吹き回し**(かぜのふきまわし) その時しだいで、気持ちなどが変わるたとえ。blind chance

**風の前の塵**(かぜのまえのちり) 物事がはかなく不安定なことのたとえ。危険な状態にあることのたとえ。be in an extremely precarious position

**風、破窓を射る**(かぜ、はそうをいる) 窓の破れているところから風がふきこむ。貧しいわび住まいを言う。

**風は吹けども山は動かず**(かぜはふけどもやまはうごかず) 混乱した状態の中にあっても、少しも動じない。

**風光る**(かぜひかる) 春の陽光の中を風がさわやかにふきわたるさまを言う。

**風を入れる**(かぜをいれる) ①風が入るようにする。ventilate ②外部から新しいものを移入して、内部がその影響を受けるようにする。admit fresh air

**風を吸い露を飲む**(かぜをすいつゆをのむ) 食を絶っている仙人の生活を言う。現実離れしたさま。

**風を摑む**(かぜをつかむ) てがかりがなく、つかまえどころのないことを言う。風を捕らえる。

**風を吹かす**(かぜをふかす) 何らかの地位や身分を鼻にかけて、いばる。put on airs [用例]先輩―。

**風を結ぶ**(かぜをむすぶ) 「風を摑む」と同意。

**肩で風を切る**(かたでかぜをきる) 威勢のよいたとえ。

## かぜ【風邪】

《「風」とも》おもにウイルスによる上気道の炎症の総称。症状は、鼻汁・せき・発熱・頭痛・のどの痛みなど。感冒・インフルエンザ。cold [用例]―は万病のもと。

**風邪を引く**(かぜをひく) ①風邪にかかる。catch a cold ②ばんそうこう・ゴムなどの効力がなくなる。

**がせ** 《俗語》にせもの。[用例]―ねた。

**かぜ-あたり【風当(た)り】** ①風が当たること。blowing ②受ける非難・圧迫。outside pressures [用例]世間の―が強い。

**か-せい【化生】**(名・サ変自) 成長して生物の器官の形・働きが変わること。

**か-せい【化成】**(名・サ変自他) ①育てて成長させること。②形を変えて他のものになること。③「化学合成」の略。[用例]―肥料。

**か-せい【化性】** 昆虫が一年間に何回世代を繰り返すかという性質。化性の数により、一化性・二化性・多化性という。metaplasia

**か-せい【化政】** 江戸末期の年号、文化・文政の併称。

**か-せい【火星】** 太陽系の第四惑星。大きさは地球の約半分。地球のすぐ外側をまわっている。太陽からの平均距離は一・五二天文単位。自転周期二四時間三七分、公転周期一・八八一年。二個の衛星がある。Mars ↓[写] ↓太陽系[図]

●火星　白い部分が極冠。アメリカ、ローエル天文台撮影。

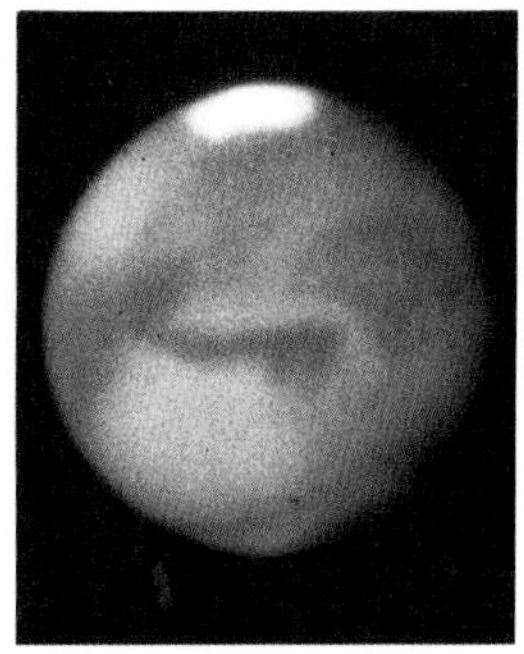

**か-せい【火勢】** 火の燃える、また、おきる勢い。force of the fire

**か-せい【加勢】**(名・サ変自) 助けること・人。援兵。help; helper

**か-せい【仮性】** 症状・性質が、真性のものに似ていること。false; pseudo- [対義]真性。[用例]―近視。

**か-せい【河清】** 中国の黄河の濁った水が、清く澄むこと。

**百年、河清を待つ**(ひゃくねん、かせいをまつ) ↓ひゃくねん(百年)

**か-せい【▽和声】** ↓わせい(和声)

**か-せい【▼苛性】** 皮膚などの組織をただれさせる性質。caustic [用例]―ソーダ。

**か-せい【▼苛政】** 国民に対する、むごい政治。暴政。悪政。圧政。tyranny

**苛政は虎よりも猛し**(かせいはとらよりもたけし) 悪政は、獰猛な獣よりもひどい害を人々にもたらす。

**か-せい【家政】** ①家庭生活を営むうえでの方針。plan for housekeeping ②一家の経済。一家のくらしむき。家庭生活を営むうえでの生活管理。housekeeping

**か-せい【寡勢】** すくない人数。無勢。numerical inferiority

**か-せい【歌聖】** きわめてすぐれた歌人。[比較]歌仙・詩聖。[用例]―人麻呂。

**か-ぜい【課税】**(名・サ変自) 国または地方公共団体が国費・公費をまかなうために、個人や法人に税金を課すること。納税義務者・課税標準・課税方法・税率などは租税法で規定されている。taxation

**が-せい【画聖】** きわめてすぐれた画家。[比較]楽聖。

**が-せい【賀正】** ↓がしょう(賀正)

**かせい-がく【家政学】** 家庭生活を円滑に保持するための知識と技術を学ぶ学問。伝統的な家事技術の伝達法がしだいに学校教育にとり入れられたもの。home economics

**かせい-かつどう【火成活動】** マグマの活動。地下深部のマグマが地表に噴出する火山活動と、地下深い部分で地殻内に貫入する活動(深成活動)とがある。火成作用。igneous activity

**かせい-カリ【▼苛性カリ】** 水酸化カリウムの俗称。

**かせい-がん【火成岩】** マグマが固まってできる岩石。地表や地表近くでマグマが急冷して固まってできる火山岩、地下深所でゆっくり固まってできる深成岩、中間的な半深成岩に大別。igneous rock [対義]堆積岩。

**かせい-きゅう【華清宮】** 中国、唐の太宗が陝西省臨潼県の驪山に建てた離宮。玄宗と楊貴妃の故事で有名。驪山宮。

**かせい-きゅうまひ【仮性球麻▼痺】** 《「球」は延髄の意》延髄より上部、とくに大脳の両側の障害によって起こる症状。言語障害・嚥下困難などをきたす。pseudobulbar palsy

**かせい-きんし【仮性近視】** 近視のうち、長時間の読書などで毛様体筋が緊張して水晶体が過調節状態となったもの。学校近視。偽近視。false myopia

**かせい-きんひだい【仮性筋肥大】** 筋ジストロフィー症や多発性筋炎などにみられる特異的症状。筋肉の肥大ではなく、脂肪の浸潤や結合組織の増殖によって、外見上、肥大してみえる。false muscular hypertrophy

**かせい-クループ【仮性クループ】** 急性喉頭炎のなかでも、とくに小児に突然起こる呼吸困難。犬が吠えるようなせき、かれ声などの重い症状を呈する。pseudocroup

**かせい-こうしょう【火成鉱床】** マグマの活動によってできた鉱床。地下深部でのマグマの活動によるものと、火山作用にともなうものとに分類される。マグマ鉱床。igneous deposit

**かせい-さよう【火成作用】** ↓かせいかつどう(火成活動)

**かぜい-しょとく【課税所得】** 所得のうち課税の対象とされるもの。総所得から所得控除額を差し引いた分。taxable income [対義]非課税所得。

**かぜい-しょぶん【課税処分】** 納めるべき税額の計算を税務官庁が行い、納税者にそれを納付する義務を負わせる行政処分。

**かせい-そ【花青素】** ↓アントシアン

**かせい-そうろう【河西走廊】** 中国、甘粛省北西部、祁連山脈とモンゴル高原間の帯状地域。シルクロードの東端で、玉門、敦煌などの歴史的都市がある。ホーシー走廊。

**かせい-ソーダ【▼苛性ソーダ】** 水酸化ナトリウムの俗称。

**かせい-ち【華清池】** 中国陝西省、西安東郊の驪山山麓にある温泉。唐代、楊貴妃が入浴したことで有名。ホワチンチー。

**かせ-いと【▼桛糸・▼綛糸】** 桛からはずした糸。あるいは、その糸を束ねたもの。unreeled thread

**かせい-ひそ【仮性皮▼疽】** ウマなどの慢性伝染病。病原は真菌の一種で、傷口から接触感染する。リンパ節・リンパ管などに潰瘍性炎症を起こす。

**かぜい-ひょうじゅん【課税標準】** 税額を算定する基礎となる数値。所得税・法人税と、各税法によってそれぞれ基準が示されている。base of taxation

**かせい-ひりょう【化成肥料】** 無機質の肥料である窒素・燐酸・カリウムの肥料三要素のうち二成分以上を配合しさらに、化学的操作を加えて製造した肥料。粒状で、包装・運搬・施肥などに便利。compound fertilizer [比較]配合肥料。

**かせい-ふ【家政婦】** 家事労働や病人などの付き添いのために、臨時に雇用される婦人。政府認可の家政婦紹介所か、職業安定所を通して依頼する。home help

**かぜい-ぶっけん【課税物件】** 課税の対象となる物・行為その他の事実。所得税・法人税における所得、相続税における相続財産、入場税における興行場への入場など。課税客体。租税客体。

**かせい-ぶんか【化政文化】** 江戸中期、一一代将軍徳川家斉治世の文化・文政年間(一八〇四～三〇)に開花した町人文化。放漫な治世下、爛熟した文化情況を現出。滝沢馬琴・山東京伝・式亭三馬らの戯作、安藤広重・葛飾北斎らの絵画、小林一茶の俳諧、鶴屋南北の脚本などすぐれた作家・作品を輩出。

**かぜい-りつ【課税率】** ↓ぜいりつ(税率)

**カゼイン【casein】** 乳汁たんぱく質の主成分。燐を含む複合のたんぱく質。すべての必須アミノ酸を含み、栄養学上重要である。白・黄色のつぶ状物質でチーズの原料・接着剤などに使う。

**かぜ-がまえ**(―がまへ)**【風構え】** 漢字を組み立てている部分の名。「きにょう」「つくえ」ともいう。「凧・凡」などの「几」や「几」。

**か-せき【化石】** 一(名) 地質時代に生きていた生物の遺体や生活の痕跡が地層中に保存されたもの。生物進化の研究対象となるだけでなく、化石を含有する地層の年代や堆積環境などの判定に重要である。fossil 二(名・サ変自) 石のように動かなくなること。petrifaction [用例]―したようにすわっている。

**かせぎ【稼ぎ】** ①働いて得るもの。収入。みいり。稼ぎ高。earnings [用例]荒―。―が少ない。②仕事。occupation

**かせき-こ【河跡湖】** 河川の蛇行が激しくなり、上流側と下流側の湾曲部が接して、河道が短絡された結果、旧河道の一部が残ってできた三日月形の湖沼。石狩川下流部が好例。三日月湖。牛角湖。crescentic lake; oxbow lake ↓[写]

●河跡湖　石狩平野(北海道)。

**かせき-じんこつ【化石人骨】** 化石人類の骨。

**かせき-じんるい【化石人類】** 化石として発見された人類。第四紀更新世、およびそれ以前に生存していた人類の総称。アウストラロピテクス・ピテカントロプス類・シナントロプス・ネアンデルタール人・クロマニョン人など。fossil men

**かせき-すい【化石水】** 地層ができるときに、地層の中にとじ込められた水。fossil water

**かせぎ-だか【稼ぎ高】** 働いて得た金額。earnings

**かせき-ねんりょう【化石燃料】** 古代の生物が堆積し、分解してできた燃料。石炭や石油など。fossil fuel

**かぜ-ぎみ【風邪気味】** 風邪をひいたらしいようす。かぜけ。かざけ。かぜごこち。have a slight cold

**かぜきり-がま【風切(り)▼鎌】** 強風の害を防ぐ呪いとする鎌、または木で作った鎌形。竿の先に結んで庭や屋根の棟に、風の吹いてくる方向に鎌先を向けて立てる。

**かぜきり-ばね【風切(り)羽】** ↓かざきりばね

ね(風切り羽)

**かせき-るいじんえん【化石類人猿】** 化石として知られる類人猿の総称。プロプリオピテクス・プリオピテクス・ドリオピテクス・ラマピテクス・ギガントピテクスなど。anthropoid fossil

**かせ・ぐ【稼ぐ】**(五自他) ①(自)精出して働く。toil ②(他)もうける。earn 用例 大金を―。

**稼ぐに追いつく貧乏無し**(かせぐにおいつくびんぼうなし) つねに働いていれば、貧乏することはない。Poverty is a stranger to industry.

**かぜ-くさ【風草】** イネ科の多年草。多数の扁平な茎が密集して出る。長さ五〇㎝前後。秋に花茎に赤紫の花穂をつける。強力な雑草。ミチシバ。カゼシリグサ。

**かぜ-ぐすり【風邪薬】** 風邪によっておこるいろいろな症状をやわらげる対症療法薬。かざぐすり。

**かぜ-け【風邪気】** ↓かざけ(風邪気)

**かぜ-ごえ【風邪声】** ↓かざごえ(風邪声)

**かぜ-ごこち【風邪心地】** ↓かぜぎみ(風邪気味)

**かぜしり-ぐさ【風知草】** カゼクサの別名。

**かせだ【加世田】**〈市〉 鹿児島県、薩摩半島南西部の市。県下有数の焼酎の産地。海岸は景勝の吹上浜。人口二万五二一四(一九八八)。

**かぜ-たいふう【風台風】** 雨が少なく、風の活動が顕著な台風。動きが速く強い台風は風台風になりやすい。typhoon with severe wind

**かぜたちぬ【風立ちぬ】** 堀辰雄の小説。昭和一一～一三年(一九三六～三八)発表。胸を患う婚約者と「私」とのサナトリウムでの愛の生活を描く。

**か-せつ【仮設】**(名・サ変自他)《「仮説」は別語》 ①かりにつくること。temporary construction ②ないものを、あると仮定すること。supposition ③数学・論理学などで、一つの命題を導くためにおく前提条件。hypothesis 対義 終結。

**か-せつ【仮説】** 自然科学をはじめとする経験科学で、現象を統一的に説明するために立てられる理論的な仮定。hypothesis

**か-せつ【佳節・▼嘉節】** めでたい日。祝日。auspicious occasion 用例 菊花の―。

**か-せつ【架設】**(名・サ変他) 橋・電線などをかけわたすこと。construction

**かせつ-こうじ【仮設工事】** 建築や土木工事で、本工事に必要な仮の現場事務所・足場・給排水設備などの施設をつくる工事。temporary work

**かせつじっけん-じゅぎょう【仮説実験授業】** 理科の授業形態の一つ。生徒みずからが仮説や予想をたてて、それを討論・実験していくことにより、概念・法則をつかませる。

**カセット[cassette]** ①録音テープやフィルムなどの入れ替えを容易にするための小箱。②「カセット式テープレコーダー」の略。cassette tape recorder

**ガゼット[gazette]** ①新聞または時事問題をあつかった定期刊行物。②官報。

**カセット-テープ[cassette tape]** 専用のプラスチックケースに収納した磁気テープ。一九六三年、オランダのフィリップス社が開発。テープの幅は三・八㎜。秒速四・八㎝で最大往復二時間のステレオ録音・再生が可能。秒速二・四㎝と一・二㎝のマイクロカセットもある。

**かぜ-つなみ【風津波】** ↓たかしお(高潮)

**かぜ-とおし【風通し】** 風が通ること。室内などに風が吹き通ること。また、その程度。かざとおし。ventilation

**かぜとともにさりぬ【風と共に去りぬ】**《原題Gone with the Wind》アメリカのマーガレット=ミッチェル作。一九三六年刊。南北戦争を主題に、南部の大農場主の娘スカーレット=オハラの愛の変遷を描いた長編小説。一九三七年ピューリッツァー賞受賞。

**カセトメーター[cathetometer]** 高さの差を測定する器具。目盛りつき円柱に付属する望遠鏡を上下移動させてその目盛りを読み、二点間の高低差を求める。

**かせどり** 小正月の夜に蓑笠を身にまとった子どもや若者たちが、各戸を訪れて祝儀をもらう風習。全国的に広く行われていた。

**かぜにふかれて【風に吹かれて】**《原題Blowin' in the wind》ボブ=ディラン作詞作曲の歌。一九六二年作。平和を強く訴えた歌。

**かぜ-の-いき【風の息】** 風が短時間に強くなったり弱くなったりする現象。その風速の最大と最小の差を風の息の大きさという。gustiness

**かぜ-の-かみ【風の神】** ①風をつかさどる神。風神。②風邪をはやらせる疫病神。③昔、風邪がはやったとき、その疫病神を追い払うといって、仮面をつけ太鼓を打って門付けして歩いた乞食。

**かぜのかみ-おくり【風の神送り】** 流行する風邪に対する呪い的な行事。疫神を擬したわら人形などを形代として練り歩き、他の地域に送り出す。

**かぜのと-の【風の▽音の】**「枕ことば」「遠し」にかかる。用例 ―遠き吾妹が着せし衣手本のくだり紕ひ来にけり(万葉・一四・三四五三)。

**かぜ-の-ぼん【風の盆】** 富山県婦負郡八尾町で、越中おわら節を踊って祖先供養と台風災害のない実りの秋を祈る行事。

**かぜ-ひき【風邪引き】** 風邪にかかっていること・人。have a cold

**かぜ-まち【風待ち】**(名・サ変自) ↓かざまち(風待ち)

**かぜ-まつり【風祭(り)】** ↓かざまつり(風祭(り))

**かせ-みみず【かせ▼蚯▼蚓】** ミミズに似た円筒形の細長い海生動物。原始的な貝類で、終生貝殻をもたない。体長約三〇㎝、径約一㎝。焦げ茶色の地に黄や緑などの斑紋がある。水深四〇～六〇mの岩礁に付着し、ウミトサカなどを食べる。和歌山から天草以南に分布。

**かぜ-むき【風向き】** ↓かざむき(風向き)

**かぜ-よけ【風▽除け】** ↓かざよけ(風除け)

**カセラ[Alfredo Casella]**(一八八三～一九四七) イタリアの作曲家・ピアノ奏者。作品は多岐にわたり、作風は保守的。古典音楽の再興・普及に貢献。

**か・せる【▼痂せる・▼悴せる】**(下一自) ①できもの・きずの表面がかわく。②かぶれる。

**ガゼル[gazelle]** ウシ科の偶蹄類。ガゼル属の中・小形のレイヨウ類。グラントガゼル・トムソンガゼルなど。アジア・アフリカに分布。

**か-せん【化繊】**「化学繊維」の略。

**か-せん【火▼箭】** ①昔、戦いなどで火をつけて射た矢。敵陣を焼いたり、味方との連絡に用いた。火矢。②船の遭難用の夜間信号器具。打ち上げると赤色の光を放つ。

**か-せん【火線】** ①交戦のさいに直接相手と射撃を交える最前線。また、火砲陣地の列。firing line ②収差のため光線束が一点に集まらないときにできる包絡線。非点光線束。caustic curve

**か-せん【河川】** 大小の川の総称。rivers

**か-せん【河船】** おもに川を行き来する船。かわぶね。river boat

**か-せん【架線】**(名・サ変自他) 電線をかけわたすこと。かけわたした電線。aerial wiring 参考「がせん」は職場用語。

**か-せん【夏▼癬】** ウマの皮膚病の一種。夏に、小疹を生ずる。

**か-せん【▼舸船】** 大きなふね。

**か-せん【貨泉】** 古代中国、新の王莽発行の貨幣の一つ。円形方孔、「貨泉」の二字の銘をもつ。

**か-せん【寡占】** 少数の大企業が市場の大部分を支配している状態。oligopoly 用例 ―体制。

**か-せん【歌仙】** ①すぐれた歌人を尊敬していう語。六歌仙・三十六歌仙など。比較 歌聖。②《三十六歌仙に由来》三六句からなる連歌および連句の一形式。用例 ―を巻く。

**か-せん【▼跰▼跣】** すあし。はだし。

**か-ぜん【果然】**(副) はたして。やはり。案の定。as was expected

**が-ぜん【▼瓦全】** 無駄に生きていること。何もできずに生きながらえること。対義 玉砕。

**が-ぜん【▼俄然】**(副) にわかに。たちまち。急に。突然。suddenly

**かせん-え【歌仙絵】** 歌仙の像に和歌を書き添えたもの。鎌倉初期から江戸時代まで栄え、絵巻物・画帖・扁額がある。『佐竹本三十六歌仙絵巻』など。↓写

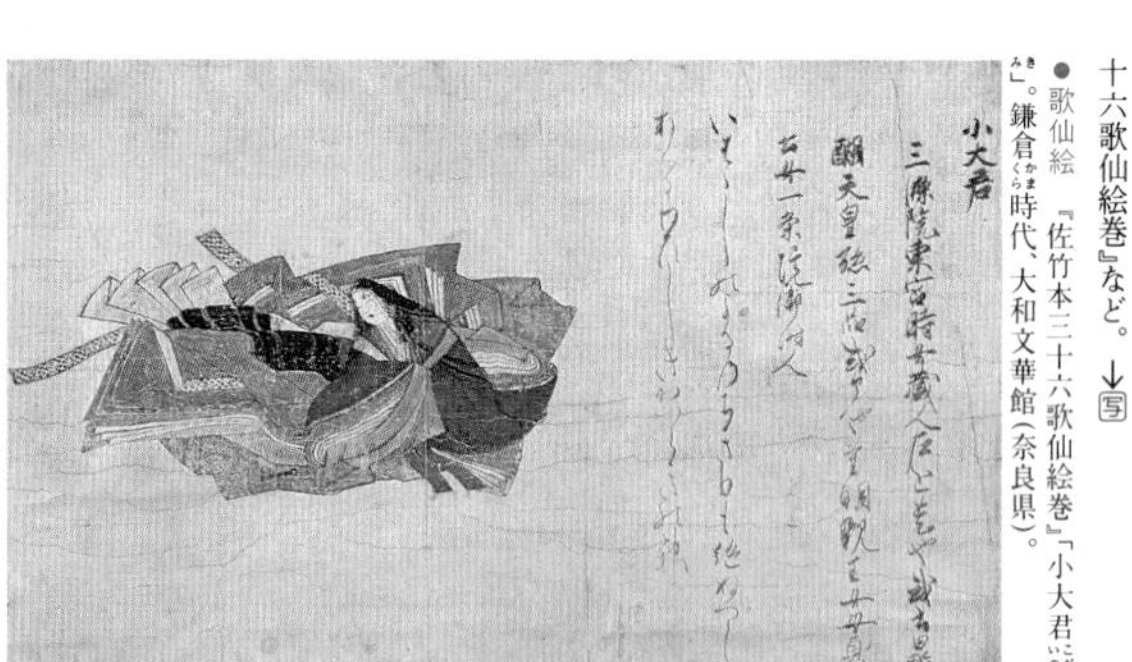

●歌仙絵 『佐竹本三十六歌仙絵巻』「小大君」。鎌倉時代、大和文華館(奈良県)。

**かせん-こうがく【河川工学】** 河川の保全と利用に関する問題を扱う工学。河川調査・河川工事・総合開発など、基礎手法の研究と技術開発を主眼とする。river engineering

**がせん-し【画仙紙・画▼牋紙・雅仙紙・雅宣紙】** 書画用の手すき和紙。本来、中国産の宣紙の別称。

**かせん-しき【河川敷】** ①河川の敷地。一般に河川の両岸にある堤防間の区域をさす。riverbed ②河川法の定めによる河川区域。

**かせん-すいうん【河川水運】** 川船で人や物資を運送すること。江戸初期、角倉了以が大堰川(=保津川)・富士川・天竜川・高瀬川の水路を開き、河川水運の発達の先駆となった。

**かせん-そう【歌仙草】** キク科の多年草。山野の湿地にはえる。高さ五〇㎝前後。広披針形の葉が互生。夏に、径約四㎝の黄色頭状花をつける。

**かせん-そうごうかいはつ【河川総合開発】** 治水や利水のための河川の総合開発。各種の利水間の利害を総合的に検討し、全体としての調和と効果をめざす。integrated river-basin development

**かせん-そくりょう【河川測量】** 河川の平面形・断面・流域の標高差・流速などを調べる測量。river surveying

**かせんねん【▼迦▼旃▽延】**《kātyāyana梵の音写》釈迦十大弟子の一人。論議第一と称せられる。摩訶迦旃延。カーティヤーヤナ。

**かせん-ほう【河川法】** 河川災害の防止、河川の適切な利用、流水の正常な機能維持など河川の総合的な管理について定めた法律。昭和三九年(一九六四)公布。

**か-そ【過疎】** 対義 過密。①まばらすぎること。sparseness ②人口が大幅に減少し、地域住民が一定の生活水準を維持できない状態。過疎地域対策緊急措置法に基づいて振興措置がとられている。depopulation

**かぞ【加▼須】**〈市〉 埼玉県北東部の市。被服工業がさかん。手描き鯉のぼりが特産。人口五万二五九九(一九八八)。

**が-そ【画素】** テレビなどの画像を構成する最小の単位。画素が小さく数が多いほど、画面が鮮明になる。picture element

**か-そう【下層】** ①重なっている物の下の部分。lower layer 対義 上層。②下積みの人々。下流。lower class 用例 ―階級。

**か-そう【火葬】**(名・サ変他) 遺骸を焼いて灰にする葬制。ヨーロッパでは新石器時代から紀元前後まで。アジアでは仏教とともに普及。死に対する恐怖やけがれをはらうという考え、また、霊魂の自在な活動を念願する信仰と結びついている。cremation

**か-そう【仮葬】**(名・サ変他) かりにほうむること。対義 本葬。

**か-そう【仮装】**(名・サ変自) ①余興などで他の人物や動物などに扮装すること。disguise ②かりに装備すること。provisional equipment

**か-そう【仮想】**(名・サ変自他) かりに想定すること。supposition 用例 ―敵国。

**か-そう【河相】** 形態・流れなど、絶えず変化する川の姿。

**か-そう【家相】** 陰陽五行説を基礎として判断する、家の位置・間取り・方向などの吉凶。

**か-そう【歌僧】** 和歌にたくみな僧。用例 ―西行。

**か-ぞう【加増】**(名・サ変他) 領地や禄高をふやすこと。

**か-ぞう【架蔵】**(名・サ変他)《おもに書物についていう》棚に所蔵しておくこと・もの。

**か-ぞう【家蔵】**(名・サ変自他) 家に大切にしまっておくこと・もの。

**かぞ・う【数う】** 古語 (下二他) ↓かぞえる(数える)

**が-ぞう【画像】** ①絵にかいた、すがた。えすがた。肖像画。portrait ②テレビなどの映像。image

**かそう-うん【下層雲】** 中緯度地方で高度およそ二〇〇〇m以下に発生する雲。層雲・層積雲など。lower level clouds [対義]上層雲。

**かそう-かいきゅう【下層階級】** 貧しく社会的地位が低いため、生活水準の低い社会階級。また、その人々。lower class

**かそう-ぎょうれつ【仮装行列】** 仮装してねり歩く行列。costume parade

**かそうしごと-の-げんり【仮想仕事の原理】** 釣りあいを説明する原理。釣りあっている質点にわずかな変位を起こさせても、各質点にはたらく力のなす仕事の和が零になること。principle of virtual work

**かそう-しゃかい【下層社会】** 下層階級にある人々が形成する社会。lower strata of society

**がぞう-しょり【画像処理】** 文書・図形・パターン認識などの画像を、コンピューターで拡大・縮小・移動・回転・組み合わせ・編集処理などを行うこと。イメージプロセシング。image processing

**がぞう-しんだん【画像診断】** 断層撮影・造影剤使用撮影・X線テレビ造影など、身体各部位をテレビ画面などに映し出して行う診断。総合的診断に有効。image diagnosis

**がぞう-せき【画像石】** 中国で墳墓の祠堂・闕・墓室の石材に画像を彫刻したもの。後漢時代の山東省に多い。画題は人物、人間社会全般の事象から、天体・神話・故事など。

**がぞう-せん【画像▾塼】** 塼(=れんがの一種)に図文・図像・吉祥語句などを印刻したもの。塼は中国の戦国時代末以来、墓や建物の造築に使用。

**かそう-てきこく【仮想敵国】** 戦争・紛争に備えて、国防計画立案の対象とする国。hypothetical enemy

**かそう-ば【火葬場】** 火葬を行う場所。crematory

**かそう-ぶとうかい【仮装舞踏会】** 仮装してダンスをする会。fancy ball

**かぞえ【数え】** ①数えること。また、数えたもの。count ②「数え年」の略。[用例]—で八〇歳。

**かぞえ-あ・げる【数え上げる】**(下一他) ①一つ一つ数える。enumerate ②数え終わる。finish counting

**かぞえ-うた【数え歌・数え▾唄】** ①日本歌謡のなかで、一つ二つと数を数えながら歌う形式。童歌の「ひとつとや…」など。②《「数え歌」で》『詩経』の六義の一つの賦になぞらえた和歌の一体。

**かぞえ-た・てる【数え立てる】**(下一他) 一つ一つ数えて言う。enumerate [用例]好物を—。

**かぞえ-どし【数え年】** 年齢計算の方法の一つ。生まれた年を一歳とし、正月を迎えるたびに一つ年を加える数えかた。[対義]満。

**かぞえ-び【数え日】** ①年内に残った日を数えること。②年末の日。

**かぞ・える【数える】**(下一他) ①数を調べる。勘定する。count [用例]順番を—。②一つ一つ言う。並べ立てる。enumerate [用例]長所を—。③…町では名士に—・えられている。あげて—・えがたし。

**かぞえる-ほど【数える程】**(連語) 非常に少なく。わずかに。very few [用例]—しかない。

**カソード【cathode】**《ギリシア語で、電流の出口、の意》電子を放出する側の電極。または陽イオンが引きつけられる方の電極。[対義]アノード。

**カソーナ【Alejandro Casona】**(一九〇三〜六五) スペインの劇作家。空想と現実のないまざった世界を創造。戯曲『われらのナターチャ』など。

**か-そく【加速】**(名・サ変自他) 速度を加えること。加えられた速度。acceleration [対義]減速。

**か-そく【仮足】** アメーバなどの原生動物やリンパ球・食細胞にみられる一時的突起。摂食・移動に使われる。原形質が流動して細胞表面から突出して形成される。偽足。擬足。虚足。pseudopod

**か-ぞく【家族】** ①夫婦関係を基礎とし、親子関係・兄弟姉妹関係などによって構成される近親者の集団。産業の進展とともに直系家族・複合家族から核家族へと変化してきている。family ②一家を形づくっている、所帯主以外の人。one's family

**か-ぞく【華族】** 明治二年(一八六九)従来の公卿・諸侯に与えられた族称。同一七年(一八八四)華族令で公・侯・伯・子・男の五爵が定められ、国家に勲功ある者もこれに列し、特権のある社会的身分となった。昭和二二年(一九四七)廃止。[比較]士族・平民。

**が-ぞく【雅俗】** みやびやかなことと、俗っぽいこと。雅と俗。culture and vulgarism

**かぞく-あわせ【家族合(わ)せ】** 合わせ物カルタの一種。一家族五人ずつ一〇家族分の札を配り、札を交換し合って、家族の構成員を表す札をそろえる遊び。明治時代末に始まる。

**かぞく-おん【下属音】** 音階の第四度の音。主音の下方完全五度にある音。たとえばハ長調ではヘ音。サブドミナント。subdominant ↓主音[図]

**かぞく-かいたい【家族解体】** 家族の共同生活が何らかの原因で混乱し維持できなくなること。不和・別居・家出・離婚・蒸発など、さまざまの形態・段階がある。family disorganization

**かそく-き【加速器】** 陽子・電子・原子核などを電場や磁場によって加速し、高いエネルギーの粒子線を発生させる装置。accelerator

**かぞく-けいかく【家族計画】** 育児・教育をはじめ、家族の文化的で幸福な生活を考えた出産計画。family planning

**かぞく-しゅぎ【家族主義】** ①家族を第一とする考え方。②家制度のもとでの家族関係や行動様式が家族外の社会集団の運営にまで拡大される社会関係・価値体系。日本的経営の特質とされる。

**かぞく-せいど【家族制度】** ①家族の構造・機能を支配する社会的形式。family system ②日本の旧民法に規定された家制度。家族は戸主(=家長)の強い統制に服した。

**かぞく-てあて【家族手当】** 企業が従業員の扶養家族に対して支給する一定額の手当。family allowance

**かそく-ど【加速度】** ①速さがしだいにますこと。acceleration ②運動速度が時間とともに変化しているとき、速度の単位時間での変化の割合。acceleration

**かそくど-けい【加速度計】** 運動体に生じる加速度をはかる計器。ばねや粘性液体で支えたおもりの変位ではかる。accelerometer

**かそくど-げんり【加速度原理】** 消費財に対する需要の増加が、加速度的に投資財に対する需要の増加をもたらすという理論。アフタリオンに始まり、サムエルソンらが発展させた。acceleration principle

**かそくど-てき【加速度的】**(形動) 速度や勢いなどが、急速に加わるさま。accelerative

**かそくど-びょう【加速度病】** 自動車や航空機などの揺れと加速度刺激により起きる病的反応。乗り物酔い。kinetosis

**かぞく-ぶろ【家族風▾呂】** 温泉旅館などで、一家族が貸し切りで入浴できる風呂。

**かぞく-ほう【家族法】** 夫婦・親子・相続など、家族の身分や家族関係から派生する権利義務を定める法。民法典第四編・第五編。

**かぞく-れき【家族歴】** 家族や近親者の健康状態、死因、罹患や疾患などの記録。医学上の治療や予防のためのもの。family history

**かぞく-ろうどう【家族労働】** 家族の構成員がその家族の行っている事業のために働くこと。

**かそけ・し【▿幽けし】** [古語](形ク) わからないほど少しである。かすかだ。[用例]音の—・きこの夕べかも(万葉・一九・四二九一)。[派生]かそけさ(名)

**かそ-ざい【可塑剤】** 樹脂に柔軟性・可塑性を与えるために用いる低分子量の物質。フタル酸エステル系・燐酸エステル系・脂肪酸系などがある。plasticizer

**かそ-せい【可塑性】** 物体に圧力などの外力を加えて変形させ、外力を除いても物体がもとの形にもどらない性質。塑性。plasticity

**かそせい-ぶっしつ【可塑性物質】** 可塑性を示す物質。プラスチック・セルロイドなど。plastic materials

**かそり-かいづか【加▾曾利貝塚】** 千葉市桜木町(旧地名、字加曾利)にある縄文時代の大貝塚。南北両環状貝塚からなる。埋葬人骨・住居址・土器など出土。

**カソリック【Catholic】** ↓カトリック

**ガソリン【gasoline】** 沸点の比較的低い炭化水素の混合物原油を蒸留して得られる沸点三〇〜二二〇℃の留分を精製したもの。多くは無色透明で芳香がある。用途により、自動車・航空・工業ガソリンに大別。揮発油。[数え方]一ガロン・一ℓ・一缶。

**ガソリン-エンジン【gasoline engine】** ガソリンと空気の混合ガスを圧縮、爆発・燃焼させて動力を得る内燃機関。自動車や航空機のエンジンによく使われる。ガソリン機関。

**ガソリン-カー**《gasoline engine car から》ガソリン機関を動力源とする鉄道車両。

**ガソリン-きかん【ガソリン機関】** ↓ガソリンエンジン

**ガソリン-スタンド**《和製語》街頭の自動車用ガソリン販売店。ガスステーション。gas station

**ガソリン-ぜい【ガソリン税】** ↓きはつゆぜい(揮発油税)

**かた【方】** ㊀(名) ①むき。方向。方角。direction [用例]西の—。②ばくぜんとした時間を示す。ころ。時分。[用例]来し—。③二つあるものの一方。one of the two [用例]貸し—。借り—。④「人」の敬称。[用例]あの—。お望みの—。㊁(接尾)《「がた」は別語》①しかた。手段。方法。[用例]読み—。話し—。②担当者。係。[用例]まかない—。道具—。③…すること。[用例]捜索—を頼む。④属しているほうを示す語。[用例]母—のいとこ。⑤仮に身を寄せている家を示す語。[用例]木村様—川上二郎様。

**かた【片】** ㊀(名) ①一組みになるものの一方。side [用例]—や東軍の大将。②物事の始末。㊁(接頭) ①一つがいのものの一方。[対義]両。[用例]—足。—側。②へんぴ。[用例]—いなか。—山里。③少し。わずか。[用例]—時。④完全でない。[用例]—言。⑤かたよっていて、好ましくない。[用例]—意地。

**片が付く**(かたがつく) 仕事や、借金の返済などが終わる。けじめがつく。片づく。settle

**片を付ける**(かたをつける) 決着をつける。処理する。おさめる。settle

**かた【肩】** ①おもに人体で、肩甲骨と上腕骨との連絡部。shoulder ②衣服の肩にあたる所。the shoulders [用例]着物の—。③物の上の部分。upper corner [用例]封筒の右—。④山頂付近のやや平らな所。shoulder ⑤肩を使う動作。shoulder [用例]—を貸す。⑥物を投げる力。pitching ability [用例]—が強い。⑦責任。負担。responsibility; burden [用例]—が軽くなる。↓腕[図]

**肩が良い**(かたがいい) 野球などで、球を速く、しかも遠くまで投げられる。強肩である。

**肩が怒る**(かたがいかる) ①肩がかどばった、いかつい感じを言う。②肩身が広くなる。気持ちがたかぶる。

**肩が凝る**(かたがこる) ①肩の筋肉が疲れて、固くなる。stiff shoulders ②固苦しくて、気づまりである。神経を使う。ill at ease [用例]—本。あの例会は—。

**肩が痞える**(かたがつかえる) 「肩が凝る」と同意。

**肩が張る**(かたがはる) ①肩の筋肉がこる。stiff shoulders ②負担を感じて、緊張する。feel constrained

**肩が悪い**(かたがわるい) ①肩に故障がある。②野球で、球を投げる力が弱い。

**肩で息をする**(かたでいきをする) 苦しげに呼吸する。pant

**肩で風を切る**(かたでかぜをきる) 意気揚々と歩くさま。swagger about

**肩の荷が下りる**(かたのにがおりる) 責任・負担から解放されて、気が楽になる。feel relieved

**肩を怒らせる**(かたをいからせる) 肩を高く張り、威圧する態度をとる。肩を怒らす。square one's shoulders

**肩を入れる**(かたをいれる) 本気で後援する。肩入れする。patronize

**肩を落とす**(かたをおとす) 力がぬけて両腕が下がった姿勢になる。気力を失ったり、ひどくがっかりしているさま。drop one's shoulders

**肩を窄める**(かたをすぼめる) 肩をちぢこめる。寒さを感じたり、意気があがらないようすを言う。shrug one's shoulder

**肩を聳やかす**(かたをそびやかす) 「肩を怒らせる」と同意。

**肩を叩く**(かたをたたく) ①凝りや疲れをほぐすために、肩を連続的にたたく。massage one's shoulders ②なだめたり、注意を促すために、相手の肩をたたく。tap on the shoulder ③退職などを勧める。urge to resign

**肩を並べる**(かたをならべる) 対等になってせり合う。rank with

**肩を抜く**(かたをぬく) 責任をのがれる。担当したことから離れる。

**肩を解す**(かたをほぐす) ①張っていた肩を柔らかくする。feel easy on one's shoulders ②難しいことを片付けてほっとする。feel relieved

**肩を持つ**(かたをもつ) ひいきする。助力する。suport

**かた【形】** 比較型。①物のかたち。姿。模様。shape 用例星—。洋服の—がくずれる。②借りた物の代わりにあずける物。担保。抵当。security 用例借金の—におく。

**かた【型】** 比較形。①もとになる形や模様。原型。パターン。mold; pattern 用例鋳—。—紙。②もとになるやり方。規範となる一定の形式。様式。フォーム。style; type 用例柔道の—。③習慣としてきまっている形式。用例—を破る。④人や物などで、同種の性質や形式。用例新しい—の人。

**型に嵌まる**(かたにはまる) ①ならわし通りで、作法にのっとっている。conventional 用例型に嵌まった祝辞。②形式通りで、特色・創意・個性がみられない。つきなみである。stereotyped

**型に嵌める**(かたにはめる) きめられた形にする。型通りのやり方や見方をする。また、そのように、人に押しつける。stereotype

**型の如く**(かたのごとく) ①形式の通りに。慣例に従って。in due form ②心がこもっていないで、形式だけ。かたちばかりに。in a stereotyped manner

**かた【堅・固】**(接頭)《「かたい」の語幹》かたいこと。用例—物。—太り。

**かた【潟】** ①砂丘などで外海から切り離されてできた湖や沼。lagoon ②遠浅で潮が引くと出る所。beach 用例若の浦に潮満ち来れば—を無み(万葉・六・九一九)。③浦。入り江。inlet

**か-た【▽掛▽搭・▼挂▽搭】** 掛錫の別称。

**か-た【過多】**(形動) 多すぎるさま。excess 対義過少。用例胃酸—。

**か-た【▼夥多】**(形動) 非常に多いさま。おびただしいさま。numerous

**か-だ【華▼陀】**(生没年未詳) 中国の三国時代の医師。字は元化。鍼灸・麻酔剤を用いて開腹手術を行ったといわれる。

**か-だ【▼伽▼陀】**《gāthā梵の音写で、歌謡の意》①サンスクリット文献のうち、韻文体の聖歌・歌謡・詩句などをいう。②仏教で十二部経の一部の諷頌、経文の最後にある偈頌のこと。

**がた**《俗語》機械・組織・身体などが、満足に働かなくなること。用例—が来る。

**がた【方】**(接尾) ①大勢であることを表す語。用例敵—。②人々をうやまってさす語。用例先生—。③ころ。時分。用例夕—。④だいたいの数量を表す。用例五割—。

**ガター【gutter】** ボウリングのレーンの両側にある溝。また、ボールがその溝に落ちること。

**カターエフ【Valentin Petrovich Katayev】**(一八九七〜一九八六) ソ連の小説家。社会主義リアリズムの小説で文名を確立。小説『時よ、進め!』『孤帆は白む』、『聖なる井戸』などのエッセー。

**かた-あき【肩明き】** 衣服の着脱のために、肩部分につくられた明き。

**かた-あげ【肩揚げ】**(名・サ変自) 肩の縫い揚げ。子供の和服の裄を肩で縫って着裄に合わせること。また、その縫い揚げた部分。

**肩揚げが取れる**(かたあげがとれる) 成人する。少年・少女の時期を脱する。類似肩揚げを下ろす。

**肩揚げを下ろす**(かたあげをおろす) ①肩の縫い揚げを下ろして裄を長くする。②成人する。類似肩揚げが取れる。

**カターサリットサーガラ【Kathāsaritsāgara】** 一一世紀ごろのインドの詩人ソーマデーバの説話集。一八巻。神話・伝説・寓話・童話などあらゆる種類の物語を含む。

**かた-あて【肩当て】** ①衣服の肩の部分につける補強布。肩すべり。shoulder reinforcement ②肩をおおう薄い綿入れなどの寝具。③物をかつぐときに肩に当てる布。④肩飾り。肩章。epaulet

**カタール【Qatar】**(State of Qatar) アラビア半島東部、ペルシア湾に突出した首長国。首都ドーハ。一九七一年イギリスから独立。国土の大半が砂漠の石油産出国。OPEC・OAPEC加盟国。住民はアラブ人。面積一・一四万km²。人口三三万(一九八六)。正称カタール国。

**かた-い【▼乞▼丐・▽傍居】**《路傍に居る、の意》こじき。物もらい。

**か-たい【下▼腿】** ひざからくるぶしまでの部分。脛骨と腓骨の二本の骨がある。脛。はぎ。leg 対義上腿。

**か-たい【過怠】** ①あやまち。てぬかり。過失。error; mistake ②中・近世、武家法における過失行為に対する刑罰。社寺・道路の修理や過怠銭が科せられた。

**か-たい【歌体】** 和歌の形式。短歌・長歌・旋頭歌・仏足石歌など。比較歌風。

**かた・い【堅い】**(形) ①力を加えても容易に形が変わらないほどしっかりしている。solid 対義もろい・柔らかい。用例—材木。②確実だ。手堅い。firm 用例成功は—。③危ういところがない。sound 用例—商売。④きちょうめんだ。rigid 用例義理に—。派生かたさ(名)

**かた・い【固い】**(形) ①しっかり合わさっている。きつい。用例—・く門をとざす。結び目が—。②きびしい。厳格だ。strict 用例—・く戒める。③柔軟性がない。tense 用例頭が—。初出場で—・くなる。④形がくずれない。用例粉を—・く練る。派生かたさ(名)

**かた・い【硬い】**(形)《「堅い」「固い」とも》対義軟らかい。①石・金属などが、曲がったりへこんだりしない。じょうぶである。hard 対義もろい。用例—石。②ぎくしゃくしている。よくねれていない。stiff 用例—表現。③緊張している。こわばっている。stiff 用例—表情。派生かたさ(名)

**かた・い【難い】**(形) むずかしい。たやすくない。hard; difficult 用例想像に—・くない。

**か-だい【仮題】** 仮につけた題名。

**か-だい【架台】** ①足場にする台。rest ②鉄道・橋などをささえる台。abutment

**か-だい【課題】** ①与えられた問題。subject 用例作文の—。②解決すべき問題。problem 用例重要な—に取り組む。

**か-だい【過大】**(形動) 大きすぎるさま。excessive 対義過小。用例—評価。

**がた・い【難い】**(接尾)《動詞の連用形に付いて形容詞をつくる》たやすく…しにくい。対義易い。用例いわく言い—。忘れ—。

**が-だい【画題】** ①絵の題。title ②絵にかく事がら。subject

**かた-いじ【片意地】**(名・形動) 思うことをがんこに押し通すこと。言ったことを引っこめない。かたくな。stubborn 用例—を張る。

**かだい-し【過大視】**(名・サ変他) 物事を実際よりも大げさに考えること。誇大視。overestimate

**かた-いた【型板・形板】** ①曲線・文様などの形につくった板。その形をなぞって写すのに使う。②紙・布・ガラスなどに、彫りつけた模様を写すための板。形木。

**かた-いたガラス【型板ガラス】** 片面または両面に細かな凹凸模様をつけた板ガラス。光は通すが、透視を防ぐ。figured glass

**かた-いっぽう【片一方】** ↓かたほう(片方)

**かた-いと【片糸】** よりあわせる前の一方の糸。

**かたいと-の【片糸の】** [枕ことば]《片糸はより合わせるものなので》「よる・あふ」などにかかる。用例—逢はずはさてや絶えなましちぎりぞ人の長き玉の緒(新勅撰・恋五)。

**かた-いなか【片田舎】** 都会から遠く離れた田舎。へんぴな田舎。remote district

**かた-いみ【方忌み】** 陰陽道で、行く方角とか、何かをする方角にさわりがあるとして避けること。比較方違え。

**かた-いれ【肩入れ】**(名・サ変自) ひいきすること。patronize

**かた-うた【片歌】** 記紀の歌体の一つ。五・七・七の三句で一首をなす歌。

**かた-うで【片腕】** ①一方の腕。one of the arms ②頼みとする部下。right-hand man 用例—となって働く。

**片腕を捥がれた様**(かたうでをもがれたよう) 頼みとする部下・相談相手などを失ったようすにいう。feel something important missing

**かた-うど【方▽人】** 文語的《「かたひと」の転》=かとうど。①歌合わせなどで両方に分けたときの一方の人。②ひいきする人。味方。

**かた-うらみ【片恨み】**(名・サ変自他) 一方的に恨むこと。one-sided grudge

**かた-え【片▽方】** 古語 ①かたほう。用例高麗錦ひもの—ぞ床に落ちにける(万葉・一一・二三五六)。②かたわら。そば。用例—の人、笑ふことやありけむ(伊勢・八七)。③一部分。一半。用例—はなくなりにけり(土佐)。④なかま。用例ある荒夷の恐しげなるが、—にあひて(徒然・一四二)。

**かたおか-けんきち【片▼岡健吉】**(一八四三〜一九〇三) 明治の政治家。土佐藩出身。民選議院設立の建白に参画。板垣退助とともに立志社を設立し、自由民権運動を指導。自由党・立憲政友会で活躍し、衆議院議長を務めた。

**かたおか-たまこ【片▼岡球子】**(一九〇五〜) 日本画家。札幌市生まれ。女子美術学校卒。強い色彩と大胆な構成の前衛的作風。作品『面構』など。

**かたおか-ちえぞう【片▼岡千恵蔵】**(一九〇三〜一九八三) 映画俳優。群馬県生まれ。主演作『番場の忠太郎・瞼の母』『赤西蠣太』『血槍富士』『大菩薩峠』など。

**かたおか-てっぺい【片▼岡鉄兵】**(一八九四〜一九四四) 小説家。岡山県生まれ。慶大中退。新感覚派から左傾し、のち転向。作品『綱の上の少女』『綾里村快挙録』など。

**かたおか-にざえもん【片▼岡仁左▽衛門】** 上方の代表的歌舞伎俳優。現在一三世まで。七世以後の屋号、松島屋。初世(一六五六〜一七一五)は元禄期の敵役・実悪の名優。七世(一七五五〜一八三七)は寛政〜天保年間に京坂で活躍。一一世(一八五七〜一九三四)は明治・大正期の名優。一二世(一九〇四〜)は上方歌舞伎の再建に努める。重要無形文化財保持者。

**がた-おち【がた落ち】**(名・サ変自) 生産高・値段・人気・成績などが、急にいちじるしく下がること。

**かた-おなみ【片▽男波】** 高い波。男波。参考『万葉集』九一九番の山部赤人の歌「若の浦に潮満ち来れば潟を無み葦辺をさして鶴鳴き渡る」の「かたをなみ」をもじってできた語。

**かた-おもい【片思い】** 一方だけが恋い慕い、相手はなんとも思っていないこと。片恋。unrequited love

**かた-おや【片親】** 対義二親。①両親の一方。one parent ②死んだり別れたりして父か母だけの、残った親。one parent

**かた-おりど【片折(り)戸】** 片方だけ吊り元を設けた片開きの折り戸。片折り片開き。folding door 比較両折り戸。

**かた-がい【片貝】** 殻が一枚のようにみえる貝。巻き貝のアワビ・トコブシなど。

**かた-がき【肩書(き)】** 姓名の右上に官名・職業・学位などを書きそえること。その地位・身分。title

**かた-かけ【肩掛(け)】** ①防寒や飾りのため、肩に掛ける布。婦人の外出用。和装用はショール、洋装用はストールという。shoul; stole 数え方一本。②肩に掛けること。shoulder 用例—のかばん。

**かた-かげ【片陰】** ①ちょっとした物陰。②日光の当たらない所。日陰。

**かた-かご【堅香子】** カタクリの古名。

**かた-かた【片方】** 二つのうち、一方。片一方。かたほう。one of a pair

**かた-かた**(副) かたいものが触れ合って立てる軽い音。clatter 用例かばんの中で筆箱が—鳴る。

**かた-がた【方方】** ㊀(名)「人々」の敬称。用例御見学の—。㊁古語(代) あなたがた。用例いかに—。

**かた-がた【▼旁】** ㊀(副・接続) ①一方では。on the other hand ②あれこれ。なにやかや。in various respects ③どのみち。いずれにせよ。anyway ㊁(接尾) …のついでに。…をかねて。用例お礼—。

**がた-がた** ㊀(副・サ変自) ①かたいものが触れ合って立てる騒がしい音。rattle noisily 用例風で雨戸が—いう。②寒さや恐怖でからだが震えるさま。tremble with fear or cold ③《比喩的に》落ちつかず、せわしないようす。また、うるさく不平・小言をいうようす。㊁(形動) 壊れかけていたり、組み立てが粗雑だったりするさま。rickety 用例からだが—になる。

**かた-かな【片仮名】** 仮名の一種。万葉仮名に用いられていた漢字の画の一部を省略したりしてできた音節文字。九世紀ごろからおもに漢文訓読に用いられ始めた。今は、平仮名の補助として、また発音や外来語の表記などに使われる。対義平仮名。

**かたかま-やり【片▼鎌▼槍】** 槍の身の根元ちかくの片方に短い鎌がついたもの。鎌槍の片方のみのもの。片鎌。↓槍図

**かた-がみ【型紙】** ①つくろうとする物の形をかたどった紙。paper pattern 用例洋服の—。②小紋・友禅など型染めするときの模様を彫り抜いた紙。

**かたかみ-のぶる【片上▽伸】**(一八八四〜一九二八) 文芸評論家・ロシア文学者。愛媛県生まれ。早大卒。早大教授。自然主義からプロレタリア文学に進む。評論集『生の要求と文学』など。

**カタカリ【kathākali梵】** インド古典舞踊の一つ。劇的要素の強い黙劇舞踊。

**かた-がわ【片側】** 一方のがわ。one side 対義両側。

**かた-がわせ【片為替】** 銀行のあつかう為替金額が売り為替・買い為替のどちらかに片寄った状態。one sided balance of exchange



↓行き先項目、図版・写真参照印。 JIS 日本工業規格情報交換用漢字符号コード(区点コード)。

**かたがわ-まち**【片側町】道の片がわにだけ家並のある町。

**かた-がわり**【肩代(わ)り・肩替(わ)り】(名・サ変自) ①かごなどを代わってかつぐこと・人。shoulder for ②他人の負担を引き受けること。take over

**かたき**【敵・▼仇】①相手。遊び相手や競争相手。用例 碁—。②戦いの相手。てき。enemy; opponent ③恨みのある人。あだ。enemy 用例 —討ち。

**敵を討つ**(かたきをうつ) 恨みをはらす。仕返しする。敵を取る。revenge oneself on

**敵を取る**(かたきをとる)「敵を討つ」と同意。

**かたき**【難き】《「難し」の連体形》物事をするのが、むずかしいこと。difficulty 対義 やすき。用例 —をさけて、易きにつく。

**かた-ぎ**【▽気▽質】身分・職業・年齢・環境などを同じくするものに似かよった性質。きしつ。spirit; character 用例 職人—。

**かた-ぎ**【形木・▽模】①物の形を彫った板。布や紙にその形を染め付けるのに用いる。②版木。

**かた-ぎ**【堅木】材のかたい木。とくに、カシ・クヌギ・ケヤキ・ナラなどブナ科のもの。薪炭に適する。hardwood

**かた-ぎ**【堅気】(名・形動) まじめな性質・職業。honest 対義 やくざ。用例 —になる。

**かたき-うち**【敵討(ち)】かたきを討ち殺すこと。あだうち。

**かた-ぎぬ**【肩▽衣】①上代の庶民の男女が着た服。袖のない上着。②裃姿の袖のない上着。室町時代から武士が使用し、江戸時代には礼服となった。↓裃図

**かたぎぬ-ばかま**【肩▽衣▼袴】江戸時代の武士の礼服。上は肩衣、下は半袴をつけ、長裃よりは略装となる。

**かたぎ-もの**【▽気▽質物】浮世草子の一様式。身分・職業・年齢・性別などに特徴的な性癖を類型的に誇張して描いたもの。江島其磧の『世間子息気質』など。

**かたき-やく**【敵役】①芝居で、悪人の役。あくがた。villain's part ②憎まれ役。ungracious role

**かたぎり-かつもと**【片▼桐且元】(一五五六〜一六一五) 安土桃山時代の武将。近江の人。豊臣秀吉に仕え、賤ケ岳七本槍の一人。秀吉没後、徳川家康に服属。

**かたぎり-せきしゅう**【片▼桐石州】(一六〇五〜一六七三) 茶人。摂津国茨木の人。名は貞昌。茶道石州流の祖。古田織部の茶から独自の境地を開拓。徳川四代将軍家綱の茶道師範となった。

**か-たく**【火宅】《仏教語》法華七喩の一つ。煩悩と苦しみに満ちた状態。またその状態にあるこの世のことを、燃えさかる家にたとえていう。用例 三界は—。

**か-たく**【仮託】(名・サ変自) ほんとうの原因や理由でないものにかこつけること。pretense

**か-たく**【花▼托】花柄の一端で、萼・花冠・雄しべ・雌しべなどの付着する部分。花床。receptacle ↓果実図 ↓花図

**か-たく**【家宅】家屋。住居。すまい。house; residence 用例 —侵入罪。

**かた-くずれ**【型崩れ】(名・サ変自) 型が崩れること。とくに着古して、洋服のもともとの形が崩れること。lose shape

**かたく-そうさく**【家宅捜索】裁判所の令状に基づき、被疑者・被告人その他の家に入って行われる捜索。住居主などの立ち会いが必要。domiciliary search

**かた-くち**【片口】①調理用の鉢。一方だけに注ぎ口がついていて、酒・しょうゆなどを移しかえるときに用いる。また長柄の銚子のこともいう。②一方だけの言い分。onesided argument ↓写

●片口①

**かた-ぐち**【肩口】肩の先のほう。shoulder

**かたくち-いわし**【片口▼鰯】沿岸に多いカタクチイワシ科の回遊魚。全長約一三cm。体の背側部は暗青色、腹側は白い。食用・釣りえさ用。日本・朝鮮半島・中国に分布。ヒシコ。シコ。セグロイワシ。↓図

●カタクチイワシ

**かたく-な**【▽頑な】(形動) へんくつ。いこじ。強情。stubborn 用例 —な態度。

**かたく-ない**【難くない】(連語) たやすい。むずかしくない。easy

**かたく-な・る**【堅くなる・硬くなる】(五自) 気をはって、のびのびしなくなる。stiffen 用例 ものも言えないほど—。

**かた-くり**【片▼栗】ユリ科の多年草。山野にはえる。葉は下部に一対、楕円形で紫斑がある。春に、淡紫色の花を一個下向きにつける。鱗茎から片栗粉をとる。カタカゴ。↓写

**かたくり-こ**【片▼栗粉】カタクリの地下茎からとった白い良質のでんぷん。料理に使ったり、湯でといて飲む。現在は、ほとんどがジャガイモから作られる。

**かた-くるし・い**【堅苦しい】(形) 厳格すぎてゆとりがない。しかつめらしい。strict 比較 重苦しい。派生 かたくるしが・る(五自) かたくるしげ(形動) かたくるしさ(名)

**かた-ぐるま**【肩車】①子どもなどを背後から両肩にまたがらせ、乗った者の足を押さえて安定を助けながら、かつぎ上げること。かたくび。かたうま。riding piggyback ②柔道で投げ技の一つ。相手を肩にかついで投げ落とす技。

**かた-け**【片▽食】《朝夕二食のうちの一方、という意味から》一回の食事。一食。また、食事の度数を数える語。

**かたけずり-ばん**【形削り盤】小さな工作物の平面や溝を切削する工作機械。工作物をテーブルに取り付け、刃物を往復させる。シェーパー。shaping machine

**かた・げる**【▽担げる】(下一他) 肩にのせる。かつぐ。

**かた・げる**【▽傾げる】(下一他) ななめにかたむける。かしげる。

**かた-こ**【潟湖】↓せきこ(潟湖)

**かた-こい**【片恋】一方だけが恋い慕うこと。片思い。one-sided love

**かた-こう**【形鋼】定形の断面をもつ圧延鋼材。断面の形により山形鋼・I形鋼・H形鋼・Z形鋼などがあり、住宅用・車両用の構造材に使用。shaped steel

**かた-こと**【片言】①ことばの一部分。へんげん。a few words ②幼児や外国人などの不完全なことば。babble 用例 —交じり。③なまりのあることば。方言や俗語。

**かた-こり**【肩凝り】首すじから肩にかけて起こる筋肉のこわばりの俗称。多くは疲労によるが、肩関節周囲炎・頸椎症・高血圧などが原因のこともある。shoulder stiffness

**カタコンベ**【catacumbae ラテン】初期キリスト教徒の地下共同墓地。とくにローマ近郊に多く、古代ローマのキリスト教徒迫害時代、教徒の避難所となった。カタコム。カタコンブ。catacomb ↓写

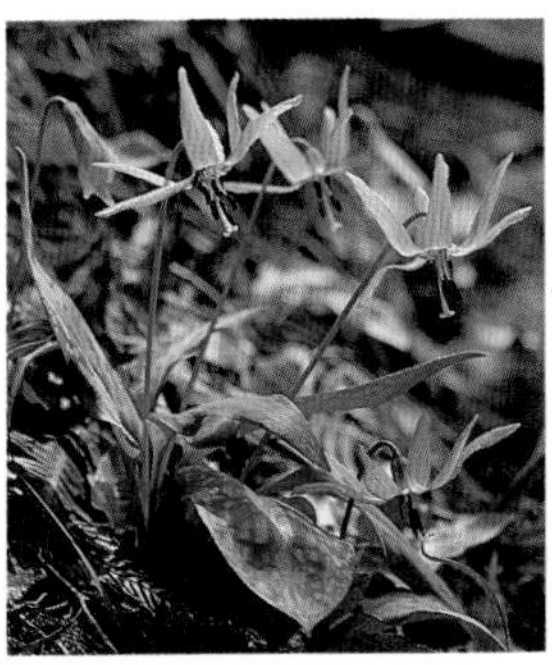

●カタクリ

●カタコンベ ローマ近郊、聖カリストのカタコンベ。

**かた-さき**【肩先】肩の腕に近い部分。肩口。「shoulder

**かた-ざくら**【堅桜】梼木の別名。

**かた・し**【堅し・固し・硬し】古語(形ク) ↓かたい(堅い) ↓かたい(固い) ↓かたい(硬い)

**堅き氷は霜を履むより至る**(かたきこおりはしもをふむよりいたる) 霜が降ると、やがて堅い氷にとざされる冬になる。なにごとも、きざしを見たら早く準備せよというたとえ。また、小さな災いから大きな災いに及ぶのをいましめるのに言う。霜を履んで堅氷至る。

**かた・し**【難し】古語(形ク) ↓かたい(難い)

**かた-しき**【型式】航空機・自動車・機械などの構造・外形による一定の型。用例 —証明。

**かた-し・く**【片敷く】古語(四他) 一方のそでを下に敷いてひとり寝をする。用例 衣—・きひとりかも寝む(万葉・九・一六九二)。

**かたじけな・い**【▼忝い・▽辱い】(形) ①おそれおおい。もったいない。gracious ②ありがたい。gracious 派生 かたじけなさ(名)

**かたじけなく-する**【▼忝くする】(連語) …を受けて、まことにありがたい。ありがたいことに…を下さる。かたじけのうする。用例 恩命を—。

**かたじけなく-も**【▼忝くも】(副) おそれおおくも。very gracious

**かたじけ-な・し**【▼忝し】古語(形ク) ↓かたじけない(忝い)

**かたじけのう-する**【▼忝うする】(連語) ↓かたじけなくする(忝くする)

**かたしな**【片品】〈村〉群馬県北東端、片品川上流の村。農林業がさかんで、特産にソバなど。北部に景勝地の尾瀬がある。人口六三二一(一九八八)。

**かたしな-がわ**【片品川】群馬県北東部を南流する、利根川の支流。長さ六一km。尾瀬沼付近に発し、沼田市で利根川に合流。

**かた-じまい**【片仕舞(い)】遊里で、遊女を昼または夜の一方だけ買い切り、半値で遊ぶこと。

**かた-しろ**【形代】①神を祭るとき、その依代となるもの。②災厄などを除く儀式に用いる、紙の人形。人間の身代わりとして災厄を負わせ、川に流す。人形。撫物。③身代わり。substitute; scapegoat

**かたしろ-ぐさ**【片白草】《葉の半分が白いことに由来》ハンゲショウの別名。

**かた-じん**【堅人】ものがたい人。実直な人。square 比較 堅物。

**かた・す**【片す】(五他) ①しまつをつける。かたづける。put in order ②移す。put aside

**かた-ず**【固▼唾】息をこらしたとき、口中にたまるつば。spittle

**固唾を呑む**(かたずをのむ) 緊張して、物事のなりゆきを見守る。hold one's breath

**かた-すかし**【肩透かし】①相撲の決まり手の一つ。深く差すとみせ、差し手で相手の肩をかかえ、体を開いて、もう一方の手で肩をはたくようにして前に倒す技。②勢いこんだ相手を軽くそらすこと。dodging

**肩透かしを食う**(かたすかしをくう) 勢いを、うまくはぐらかされる。気勢をそがれる。be parried

**カタストロフィー**【catastrophe】《ギリシア語のkatastrophe(上下転倒)から》①戯曲などの最後の場面。大詰め。②悲劇的な結末。破局。破滅。③人間も含めた自然界で、短時間のうちに急激におこる大変動。

**かた-すべり**【肩▼辷り】単仕立ての羽織やコートなどの肩の部分に、すべりをよくするためにつける裏布。

**かた-すみ**【片隅】家・部屋などの一方の隅。corner

**かた-ずみ**【堅炭】材質の堅いカシ・ナラなどを蒸し焼きにしてつくった炭。質がよく火力が強い。荒炭。hard charcoal

**かたせ**【片瀬】神奈川県、藤沢市の海岸地区。江の島を前に望み、海水浴場として人気が高い。水族館などの施設もある。日蓮法難の旧跡、竜口寺がある。

**かたせ-おんせん**【片瀬温泉】静岡県東伊豆町の海岸にある温泉。避寒・避暑地で、磯釣りや海水浴の客も多い。

**かた-ぞう**【堅蔵】まじめすぎて、男女間の微妙な感情などのわからない人。堅物。square

**かた-そぎ**【片▽削ぎ】①一方をそぎ落とすこと。また、そぎ落としたもの。②神社建築で、千木の先端の一角を、水平または垂直にそぐこと。

**かたそで-づくえ**【片▼袖机】甲板の下の左右いずれかに収納用の袖箱のついた机。single pedestal desk 比較 両袖机。

**かた-ぞめ**【型染(め)】(名・サ変他) 染色法の一つ。模様を彫った型紙を用いて染める方法。またこの方法で染めたもの。型付け。dyeing by mold



▼常用漢字表外。 ▽常用漢字表の音訓外。

**かたた【堅田】** 滋賀県大津市、琵琶湖西岸の地区。古来水運と漁業で知られた。琵琶湖大橋で対岸の守山市と結ばれる。湖中の浮御堂は有名。

**かた-だ【堅田】** 水がなく乾いた水田。かたた。

**かた-たがえ【方▽違え】** 陰陽道でいう凶方に向かうさいに行われる俗習。前夜、別な方角に泊まるなどして、方角を変えてから目的地に向かう。かたたがい。

**かたたがえ-どころ【方▽違え所】** 陰陽道で、転居や旅行に出る際に目的地が吉方でない場合、一時的に吉方として避ける所。

**かた-たたき【肩▼叩き】**(名・サ変自) ①凝りをほぐすために肩をたたくこと。その道具。massage ②退職の勧告などをすること。urge to resign

**かた-だより【片便り】** こちらから手紙を出しても、返事が来ないこと。one-way correspondence

**かたち【形】** 比較 型。①《「象」とも》手に触れ、目に見える物のありさま。shape 用例 ―を描く。②なかみを伴わない形式だけのこと。form 用例 出勤の―にする。③そのような状態。かっこう。mode 用例 わびを入れた―になる。④まとまり。form 用例 これで―がついた。⑤《「容」「貌」とも》外見。姿。容貌。looks 用例 顔―が整っている。

**容あり**(かたちあり) 容貌がすぐれている。美しい顔だちをしている。

**形が出来る**(かたちができる) ①物の輪郭ができる。shape ②形式ができる。form ③物事に習熟する。一人前になる。grow up

**形に影の添う如し**(かたちにかげのそうごとし) いつも離れないことの形容。影の形に添う様。

**形を変う**(かたちをかう) 仏門にはいって、髪の毛をそり落とす。出家する。

**形を繕う**(かたちをつくろう) 外から見て見苦しくないように、形や体裁をととのえる。keep up appearances

**形を取る**(かたちをとる) ①はっきりと形を表す。shape ②ある形式を選び採り、用いる。model

**かたち-づく・る【形作る】**(五自) 形をつくる。形につくりあげる。shape 用例 理論を―。

**かた-ちんば【片▼跛】**《卑語》①片方の足が不自由な人。②ふぞろいであること。

**か-たつ【下達】**(名・サ変他) 上の意思を下に伝えること。用例 上意―。

**かた-つき【肩付き】** 肩のようす。shape of shoulders

**かた-つき【形付き・型付き】** 模様のあること。また、そのもの。printed

**かた-づ・く【片付く】**(五自) ①きちんとまとまる。整理される。解決する。be put in order ②物事が処理される。解決する。get settled ③娘が嫁に行く。get married

**がた-つ・く**(五自) ①がたがたと音を立てる。rattle ②もめごとが起こる。be disturbed

**かた-つけ【型付け】** 染色で、布地に型紙をあて、その上に防染のりや写しのりを置いて模様をつけること。また、その職人。手捺染。型置き。printing

**かた-づ・ける【片付ける】**(下一他) ①ととのえる。せいとんする。始末をつける。put in order 用例 部屋を―。②解決すべきことを終わらせる。go through 用例 夏休みの宿題を―。③嫁にやる。marry off 用例 娘を―。④《俗語》人を殺す。用例 邪魔者を―。

**かたっ-ぱし【片っ端】** ↓かたはし(片端)

**かたっぱし-から【片っ端から】**(副) 順々にすべて。手当たり次第。one after another 用例 ―平らげる。

**かた-つむり【▼蝸▽牛】** 陸生巻き貝カタツムリ類の総称。頭部に二対の触角をもち、大きいほうの先端に目がある。日本産約七〇〇種。世界には二万種以上が知られ、エスカルゴは食用。最大種はメノウアフリカマイマイで殻高約一九cm、最小種はミジンマイマイで殻高約一mm。デデムシ。デンデンムシ。カタツブリ。マイマイ。マイマイツブリ。マイマイツブロ。カギュウ。snail ↓写

●カタツムリ　ミスジマイマイ

**かた-て【片手】** ①一方の手。one hand 対義 両手。②一方。one of the two ③片手間。side job ④五の数を表す語。five

**かたて-おけ【片手▼桶】** 片方だけに取っ手がついたおけ。大きなおけや浴槽などからの水や湯のくみ出しに使われる。single-handed pail

**かた-ておち【片手落ち】** 不公平。unfair

**かた-てま【片手間】** 本業のあいま。あいまにする仕事。内職。side job

**かた-ど【片戸】** 片開きの一枚の戸。その戸で仕切られた空間の一方のみに開く。片扉。single swinging door

**かた-どおり【型通り】** 決まった型のとおり。conventional 用例 ―の式辞。

**かた-とき【片時】**《「一時」の半分》しばらくの間。for a moment 用例 ―も忘れない。

**片時去らず**(かたときさらず) ほんの少しの間もおかず。始終。always

**かた-ど・る【▽象る・▽模る】**(五自他) 形をうつす。まねる。にせる。model ... on 用例 天に―。山水を―。

**かた-な【刀】**《「片方の刃」の意》①刀剣の総称。swords ②主として武器に使われた片刃の刃物。日本では両刃のものを剣といい区別。狭義には武士が腰におびた大・小刀のうちの大の方。大刀。sword 数え方 一腰・一口・一振。

**刀折れ矢尽きる**(かたなおれやつきる) 戦いに敗れて精根つきる。戦う手だてをなくす。物事に立ち向かう方策がまったくなくなる。弓折れ箭尽きる。It's all over now.

**刀にかけて**(かたなにかけて) かならず。絶対に。間違いなく。武士が、腕力にうったえてでもつらぬこうとしたり、何かの取り決めをかわそうとしたりするにあたっての、強い意志や固い決意、または矜持を示すときに言う。用例 ―お守りする。

**刀の錆となる**(かたなのさびとなる) 切られて死ぬ。

**刀の手前**(かたなのてまえ) 武士としての体面上。

**かたな-かけ【刀掛(け)】** 刀を掛けておく台。多くは大刀と小刀を置くため上下二段になっている。

**かたな-かじ【刀▽鍛▼冶】** 鉄を鍛えて刀身をつくり上げる職人。刀工。刀匠。swordsmith ↓図

●刀鍛冶　『人倫訓蒙図彙』より。

**かたな-がり【刀狩(り)】** 豊臣秀吉による農民の武器の所持禁止ならびに没収令。天正一六年(一五八八)方広寺の大仏鋳造を理由に発令したが、一揆防止と兵農分離が真の目的。

**かた-ながれ【片流れ】** ①《「片流れ屋根」の略》一方だけに傾斜のある屋根の形式。shed-roof ②屋根の棟から片方の軒までのこと。half span ↓屋根図

**かたながれ-づくり【片流れ造り】** 一方だけに傾斜のある屋根をもつ建物の造り。shed-roof

**かた-なし【形無し】**(名・形動) ①あとかたもないこと。ruined ②だいなし。ruined ③面目を失うこと。さんざんなありさまになること。losing face 用例 課長も―だ。

**かたな-めい【刀銘】** 刀剣についている固有の銘。刃を上にして柄から見て右側に刻印。

**かた-ならし【肩慣らし】**(名・サ変自) 肩の調子を慣らすこと。野球などで、投手が本格的な投球にはいる前に行う、軽い投球練習。また、一般の軽い準備運動もいう。warming up

**カタニア【Catania】** イタリア南部、シチリア島エトナ火山南麓の港湾・工業都市。オレンジなどの果実や硫黄の集散地。人口三三八万(一九八三)。

**かた-ぬぎ【肩脱ぎ】** ①着物の上部を脱いで、肩を出すこと。②中古、節会などの宴席で、くつろぐため装束の上着の肩を脱ぐこと。

**かた-ねり【固練り・固▼煉り】** 水分を少なくし、かたく練ること。そのように練ったもの。thick consistency 対義 半練り。用例 ―の羊かん。

**かたの【▽交野】**〈市〉 大阪府北東部、生駒山地北麓の市。古くは桜の名所として知られたが、現在は住宅都市化が著しい。人口六万五四六三(一九八八)。

**かだ-の-あずままろ【荷田▽春▽満】**(一六六九～一七三六) 江戸中期の国学者。本姓羽倉。京都伏見稲荷の祠官の子。復古神道を唱え、古道研究の端緒を開く。著書『日本紀神代巻劄記』『古事記劄記』『万葉集僻案抄』など。

**かだ-の-ありまろ【荷田在▽満】**(一七〇六～一七五一) 江戸中期の国学者・歌人。春満の甥で養子。江戸中期の国学者・歌人。田安宗武に仕え、近世歌論上画期的な『国歌八論』を書く。歌学・律令故実の研究などもある。

**かた-の-ごとく【形の▽如く】**(連語) 決まった通り。形式どおり。in the usual way 用例 ―あいさつを済ませる。

**かた-は【片刃】** 片がわだけに刃のついている刃物。かたば。single-edged 対義 もろ刃・両刃。

**かた-はい【片肺】** ①片方の肺。one lung ②片方のエンジン。one engine 用例 ―飛行。

**かた-ばかり【形▽許り】**(連語) しるしばかり。ほんのすこし。かたちばかり。a mere token 用例 ―の礼金。

**かた-はし【片端】** ＝かたっぱし。①一方のはし。one side 対義 両端。②ごくわずかのもの。ほんのすこし。a little

**かた-はだ【片肌】** 対義 もろ肌。①脱いであらわした一方の肌。②着物の一方の肩を脱ぐこと。

**片肌脱ぐ**(かたはだぬぐ) 人を助ける。加勢する。片肌を脱ぐ。lend a helping hand 類似 一肌脱ぐ。

**かたは-の-あし【片葉の▼葦】** 葉が左右対称でないようにみえる葦。また、それにまつわる伝説。この葦が生える所は神聖な場所とされ、各地にさまざまな伝説が残っている。

**かた-はば【肩幅】** いっぽうの肩先からもういっぽうの肩先までの長さ。breadth of one's shoulders ↓採寸図

**かたばみ【▽酢▼漿▽草・▽酸▼漿▽草】** ①カタバミ科の多年草。路傍や畑に多い。茎・葉は蓚酸を含む。葉は三小葉からなる。春から秋にかけて黄花が咲き、果実は熟すと種子をはじき出す。wood sorrel ②紋所の名。多くは葉を紋章化。葉のあいだに剣の出たものは剣酢漿草。↓図

●カタバミ①

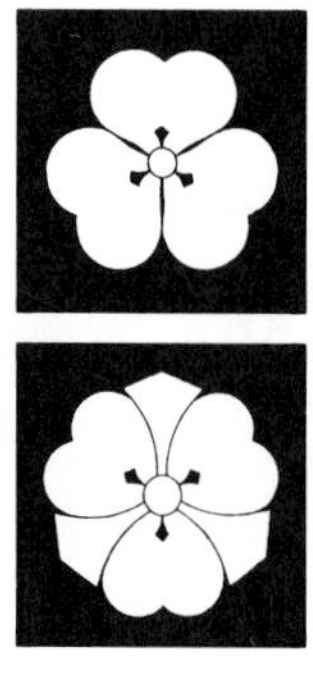

酢漿草　剣酢漿草

●酢漿草②

**かたばみ-も【▽酢▼漿▽草藻】** デンジソウの別名。葉がカタバミに似ていることからの名。

**かたはら-いた・い【片腹痛い】**(形)《「片腹」は当て字。「傍痛し」から転じた語》おかしくてたまらない。笑止だ。ridiculous

**カタパルト【catapult】** ①古代ギリシア・ローマで兵器として用いられた投石器。②軍艦の甲板から航空機を射出する装置。以前は火薬・圧縮空気などを動力としたが、現在では蒸気圧が一般的。射出機。

**かた-パン【堅パン】** ↓かんパン(乾パン)

**かたひがし【潟東】**〈村〉 新潟県越後平野、中ノ口川に沿う村。低湿地で、稲作中心の農業が行われる。人口六三一二(一九八八)。

**かた-びさし【片▼庇・片▼廂】** ①屋根の一方

だけに差し出ている、片流れのひさし。single-pitch eaves ②そまつな家。humble house
**かた-ひじ**【肩▼肘】肩とひじ。shoulders and elbows
**肩肘張る**(かたひじはる) ①気負う。いばる。swagger ②堅苦しい態度をとる。stiffen
**が-たひし**【我他彼▼此】《仏教語》われと他人とが対立していること。われと他人とを差別すること。
**がた-ぴし**(副・サ変自) ①立て付けが悪く、滑らかに動かないさま。用例障子が—する。②組織や人の関係がうまくいかないさま。ぎくしゃく。
**かた-ひば**【片▼檜葉】シダ植物イワヒバ科の常緑多年草。山地の岩の上などにはえる。細長い根茎から、鱗片状の葉の密生した軸を複葉状につける。
**かた-びら**【▼帷▽子】①和服で、裏無しの単物の総称。数え方一枚・一領。②麻地の単物。御殿女中らが夏期に着用した。③几帳・帳などのへだてに使った薄い布。④↓きょうかたびら(経帷子)
**カタピラー**[caterpillar] ↓キャタピラー
**カダフィ**[Mu'ammar al-Qadhdhāfī](一九四二—)リビアの軍人・政治家。一九六九年軍事政権を樹立し、革命評議会議長。翌年首相・国防相。七三年からイスラムの理念に基づく文化革命を推進。七九年以降肩書きはないが、事実上の国家元首。
**かた-ぶ・く**【▽傾く】(五自) ↓かたむく(傾く)
**かた-ぶつ**【堅物】がんこで、融通のきかない人。かたぞう。stubborn person 比較堅人。
**かた-ぶっしつ**【型物質】血液型を区別する物質。対応する抗体と特異的に反応する。たとえば、A型物質をもつ赤血球は、血清中の抗A抗体と混ぜると凝集反応を起こすので、血液型の判定ができる。group substance
**かた-ぶとり**【固太り・堅▽肥り】(名・サ変自) 肉づきがしまっていて、ふとっていること・人。hard fleshiness
**がた-べり**【がた減り】(名・サ変自)《俗語》ぐんとへること。激減。用例観光客が—した。
**かた-へん**【方偏】漢字を組み立てている部分の名。「旅・族」などの左にある「方」。ほうへん。
**かた-へん**【片偏】漢字を組み立てている部分の名。「版」などの左にある「片」。
**かた-ほ**【片帆】①帆の片方。②帆船が横風を受けて走るときの帆の状態。その帆。帆を斜めに片方に傾けて張る。reefed sail 対義真帆。③真帆にそえて張るせまい帆。extra
**かた-ほ**【▽偏・片▽秀】古語(名・形動ナリ) 物事が完全でないこと・さま。未熟。対義真秀。用例いまだ堅固—なるよりじやうずの中に交じりて(徒然・一五〇)。
**かた-ほう**【片方】二つあるうちの、一方。片一方。one of a pair 対義両方。
**かた-ぼう**【片棒】駕籠をかつぐ棒の、先棒か後棒。また、それを前後でかつぐ二人のうちの一人。
**片棒を担ぐ**(かたぼうをかつぐ) 仕事・計画などに協力する。take part
**かた-ぼうえき**【片貿易】二国間の貿易が、いずれか一方の輸出超過にかたよること。片道貿易。one-sided trade
**かた-ほとり**【片▽辺】①片田舎。remote country place ②片隅。corner 用例湖の—。
**かたぼり-ばん**【型彫(り)盤】円筒状の回転式切り刃をもち、型彫りや輪郭削りなどに用いられる工作機械。diesinking machine
**かた-まい**【片舞】東遊で、駿河舞するが求子舞の二つの舞のうち、求子舞だけを舞うこと。
**かた-まえ**【片前】①着物の打ち合わせの外面になる部分。②洋服の打ち合わせが浅く、ボタンが一列のもの。シングル。対義両前。
**カタマラン-せん**【カタマラン船】《「カタマラン」は、南方諸島で用いられる、木を結びつけて作った筏》双胴船。catamaran ship
**かたまり**【固まり・塊】①固まること。固まったもの。lump; mass; block ②寄り集まっているもの。group 用例学生の—。③ある傾向が強く出ること。また、その人。devotion 用例善意の—。信仰の—。
**固まり法華に徒党門徒**(かたまりぼっけにととうもんと) 法華宗の信者は宗旨にこりかたまることが多く、一向宗の信者は徒党を組むことが多い。
**かたま・る**【固まる】(五自) ①やわらかいものや粒状・液状のものがかたくなる。become hard 用例砂糖が—。寒天が—。②集まる。mass 用例五、六人—って来る。—って行動する。③熱中する。こりかたまる。devote to 用例信心で—。④しっかり定まる。settle 用例証拠が—。意見が—。⑤融通がきかなくなる。be stubborn 用例頭が—。
**かたみ**【▼筐】編み目の細かい竹かご。用例花—。
**かた-み**【片身】①魚などの、背骨を境にして、からだの半分。one side ②↓かたみごろ(片身頃)
**かた-み**【形見】①思い出のたねになるもの。keepsake ②死者や別れた人を思い出す品。遺品。keepsake
**かた-み**【肩身】面目。face
**肩身が狭い**(かたみがせまい) 人中で小さくなる思いである。肩身窄する。feel small
**肩身が広い**(かたみがひろい) 面目をほどこす。ほこらしい。feel proud
**かたみ-がわり**【片身替(わ)り】左右の半身または片袖の地色や模様・地質が相互に異なった衣服。能装束や小袖にみられる。
**かた-みごろ**【片身▼頃】衣服の背中心から左右の身頃のいずれか一方。片身。
**かた-みち**【片道】①行きか帰りかの一方。one way 対義往復。用例—切符。②一方だけであること。one way 用例—貿易。
**かた-みつわ**【片三輪】女性の髪型の一つ。丸髷の変形で、丸髷の輪の両側に輪が出るようにした三輪の片方をはずしたもの。
**かたみ-に**【▽互に】古語(副) 互いに。かわるがわる。用例つらきをもかしきも—言ひかたらふ人(更級)。
**かた-みみ**【▽傍耳】聞くともなしに聞くこと。用例—にはさむ。
**かた-みょうじ**【片名字・片▽苗字】名を略して呼ぶこと。江戸時代、名字や官職名を書状に略記するのが尊敬を表す形として流行。
**かたみ-わけ**【形見分け】形見の品を、親族や知友に記念に分け与えること。四十九日のさいなどに行われる。袖分け。すそ分け。
**かた・む**【固む】古語(下二他) ↓かためる(固める)
**かた-むき**【傾き】①傾くこと・程度。傾斜。inclination ②そういうようす。傾向。tendency
**かたむき-やま**【傾山】大分・宮崎県境、九州山地にある山。標高一六〇二m。山頂には本傾・後傾・前傾の三岩峰がある。
**かた-む・く**【傾く】(五自) ①ななめになる。incline 用例船が—。②太陽や月が沈みかける。go down 用例日が—。③考えや状態がある方向に向くようになる。かたよる。tend to 用例反対がわに—。柔弱に—。④心がひかれる。lean to 用例文学に—。⑤おとろえる。decline 用例家運が—。
**かた-む・ける**【傾ける】(下一他) ①ななめにする。incline ②精神などを集中させる。devote oneself to 用例力を—。③心をある方向へ向ける。attend ④おとろえさせる。ruin 用例家産を—。
**杯を傾ける**(さかずきをかたむける) 酒を飲む。
**かため**【固め】①固めること。make secure hardening ②確かにすること。make secure ③約束。ちかい。pledge; engagement 用例夫婦の—。④そなえ守ること。defense 用例北辺の—。
**かた-め**【堅め・固め】どちらかというと堅いほうであること。rather hard 用例—の御飯。
**かた-め**【片目】①一方の目。one eye ②見える目が片方だけであること・人。独眼。one-eyed person
**片目が明く**(かためがあく) ①ほんの少し字が読めるようになる。come to read a little ②相撲で、黒星が続いていたのがやっと一勝したときに言う。
**片目を入れる**(かためをいれる)《願いが達成されたときに他方の目にも墨を入れて完成させるよう、達磨にあらかじめ片方だけの目を描き入れておく風習から》何かの成就を願う。願を懸ける。
**かため-の-さかずき**【固めの杯・固めの▼盃】約束事を成立させるために交わす杯。とくに婚約成立時点で両家の間で交わされる杯をさす。手締めの酒。
**かた・める**【固める】(下一他) ①かたくする。harden 用例コンクリートで—。②一か所に集める。gather 用例荷物を—・めておく。③しっかりしたものにする。確実にする。用例証拠を—。決心を—。基礎を—。ひとり者が身を—(=結婚する)。④守りをきちんとする。guard 用例官邸を警官で—。⑤きちんと身づくろいをする。用例白装束に身を—。
**身を固める**(みをかためる) ↓み(身)
**かため-わざ**【固め技】柔道の技のうち、抑え技・絞め技・関節技の総称。一本となるのは、抑え技では三〇秒間抑え込んだとき。絞め技・関節技では「まいった」と合図したとき。
**かた-めん**【片面】一方の面。one side 対義両面。
**かた-もい**【片▼埦】《「わん」は、水をくむときに用いた。素焼きの蓋のない碗。
**かた-や**【方屋】古く相撲の興行などのとき、東西に分かれた力士がそれぞれ集まって出番を待った控え所。支度部屋。
**か-だやし**【蚊絶】ボウフラ退治の目的で日本へ移入され野生化した淡水魚。全長約二・五cm。メダカに似るが、しりびれの基底が短く、卵胎生(メダカは卵生)。北アメリカ南部原産。タップミノー。mosquito-fish ↓写

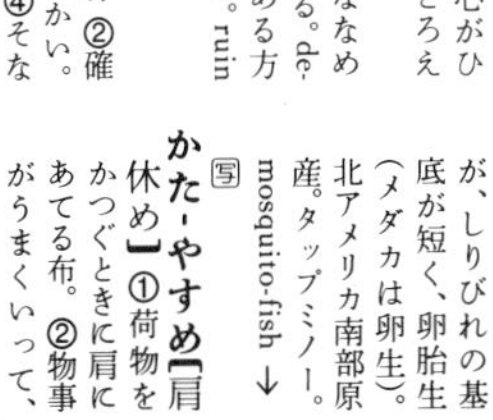
●カダヤシ

**かた-やすめ**【肩休め】①荷物をかつぐときに肩にあてる布。②物事がうまくいって、少し安心すること。feel relieved
**かた-やぶり**【型破り】(名・形動) ①型にはまっていないこと。常識はずれ。unconventional ②風変わり。singular
**かたやま-がい**【片山貝】イツマデガイ科の淡水産の巻き貝。水田や小川の水ぎわに生息。殻高約七〜八mm。日本住血吸虫の中間宿主。広島県福山市北方の片山付近の風土病として知られたことに由来。ミヤイリガイ。↓図

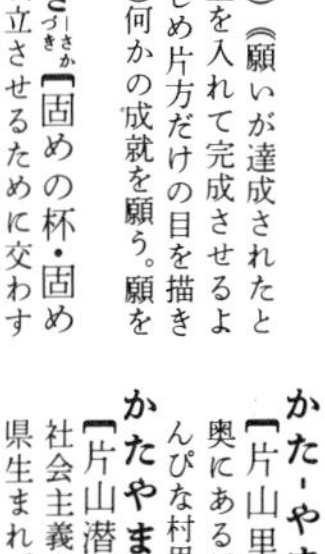
●カタヤマガイ

**かた-やまざと**【片山里】山の奥にある村里。へんぴな村里。
**かたやま-せん**【片山潜】(一八五九—一九三三) 社会主義者。岡山県生まれ。アメリカ留学から帰国後、労働組合の結成を指導し、国際的にも活躍。再渡米して共産主義者となり、コミンテルン執行委員となる。モスクワで死去。↓写

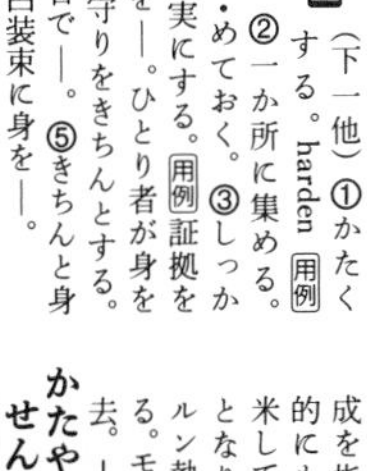
●片山潜

**かたやまづ-おんせん**【片山津温泉】石川県南部、加賀市にある温泉。近くに源平の古戦場など史跡がある。
**かたやま-てつ**【片山哲】(一八八七—一九七八) 政治家。和歌山県生まれ。東大卒。第二次大戦前は社会大衆党などに所属。戦後日本社会党の結成に参加し、昭和二一年(一九四六)委員長。翌年初の社会党内閣を組織し首相。のち社会党の分裂で民主社会党に移った。
**かたやま-なんぷう**【堅山南風】(一八八七—一九八〇) 日本画家。熊本県生まれ。日光東照宮「鳴竜」を復元。花鳥画にすぐれる。昭和四三年(一九六八)文化勲章受章。
**かたやま-まさお**【片山正雄】(一八七七—一九一九) 独語・独文学者。山口県生まれ。東大卒。著書『最近ドイツ文学の研究』『双解独和大辞典』など。
**かた-ゆで**【固▼茹で】茹でて材料に完全に火を通すこと。hard-boiled 用例—卵。
**かた-よ・せる**【片寄せる】(下一他) 一方へ寄せる。push to one side 用例がらくたを隅のほうへ—。
**かた-より**【偏り・片寄り】①一方に寄ること・程度。inclination ②不公平。partiality
**かた-よ・る**【偏る・片寄る】(五自) ①一方に寄る。incline ②不公平になる。be partial
**カタラーゼ**[catalase] 過酸化水素を分子状の酸素と水に分解する酵素。嫌気性菌を除くほとんどすべての生物に存在。
**かたらい**【語らい】①話し合うこと。talk ②男女の誓い。troth
**かたら・う**【語らう】㊀(五他)《「語る」の未然形に継続の意の助動詞「ふ」の付いたもの》①親しく話し合う。②なかまに引き入れる。さそう。用例仲間を—・って新しい組織をつくる。㊁古語(四他) 男女が言いかわす。ちぎる。用例昔、男、みそかに—・ふわざもせざ

りければ(伊勢・六四)。

**かたり【語り】** ①語ること。話。talk; narration ②平曲・能・狂言で、節をつけないで語る部分。その文句。③歌舞伎で、内容の概略を述べたもの。外題の上などに七五調で書き入れる。④ドラマや映画などで、合間に筋などを朗読すること。ナレーション。narration

**かたり【▼騙り】** だまして金品をとること・人。swindle [用例]―を働く。

**かたり-あ・う【語り合う】**(五他) 互いに語る。chat with

**かたり-あか・す【語り明かす】**(五他) 一晩じゅう話し合う。talk all the night

**かたり-く【語り句】** ①話のたね。②平曲で、琵琶に合わせないで語ること。また、その部分。[対義]引き句。

**かたり-ぐさ【語り▽種・語り草】** 話のたね。話題。topic [用例]後世まで―になる。

**かたり-くち【語り口】** ①語る口つき。one's way of talking ②講談・落語・物語などの、語る調子・態度。

**かたり-つ・ぐ【語り継ぐ】**(五他) 昔話などを、文字ではなく、口頭で受け継ぎ、伝える。hand down from generation to generation [比較]聞き継ぐ・言い継ぐ。

**かたり-て【語り手】** ①語る人。話し手。teller ②義太夫・新内などを語る人。③劇などの筋や内容などを朗読する人。narrator

**かたり-べ【語(り)▽部】** 古代、記憶口承により、宮廷や有力氏族に関する系譜や説話などの伝承を職とした部民。

**かたり-もの【語り物】** 芸能の一様式。叙情的な「謡物」に対し、叙事的な内容のものを節調をつけて語ったもの。平家琵琶・浄瑠璃や浪花節など。[対義]謡物。

**かた・る【語る】**(五他) ①ことばで述べる。言う。話す。talk; tell; speak [用例]体験を―。②節をつけて読み上げる。[用例]浪曲を―。

**語るに落ちる**(かたるにおちる) ふだんは心に秘めて口外しないことも、話しているうちには、つい表現の中に本心が出てしまう。betray oneself

**かた・る【▼騙る】**(五他) ①金品をだましとる。swindle ②名をいつわって言う。assume a person's name [用例]名士の名を―。

**カタル【Katarrh ドイ・加答児】**《下に流れるの意》組織の損傷を伴わず粘膜から粘液が滲出する炎症。粘液の分泌が異常に高まった状態。catarrh [用例]腸―。

**カタルーニャ【Cataluña】** スペイン北東部、地中海に臨む地方。オレンジ・ブドウなどの果樹栽培がさかん。人口五五九五・八万(一九八一)。カタロニア。

**ガダルカナル-とう【ガダルカナル島】**(Guadalcanal Island) 太平洋西部、独立国ソロモン諸島南部の火山島。面積五七〇〇km²。第二次大戦の激戦地。首都ホニアラがある。

**ガダルカナルとう-そうだつせん【ガダルカナル島争奪戦】** 昭和一七年(一九四二)西南太平洋ソロモン諸島のガダルカナル島をめぐる日米の戦い。陸海で約六か月間の激戦を展開し、日本軍は敗れて撤退。ミッドウェー海戦とこれを機に太平洋の戦局は逆転し、以後日本軍は守勢。

**カタルシス【katharsis ギリシア】** ①アリストテレスが『詩学』の中で用いたことば。悲劇が観客の情緒を浄化する作用。②《精神分析の用語》心の中に抑圧された感情のしこりが、ことばや行為による表出で消えること。浄化法。catharsis

**カタレプシー【catalepsy】** ある姿勢をとらされても、自らの意志でもとにもどそうとしない放心状態。緊張病性昏迷・ヒステリー・催眠状態にしばしばみられる。強硬症。

**が-たろ【▽河太▽郎】** ①河童の異称。かわたろう。②川底をさらって金目の廃品を回収する業の俗称。

**かた-ろうか【片廊下】** 片側だけに部屋や住戸が配置される形式の廊下。また、そのように作られている建築方式。アパート・マンションなどの集合住宅やホテルに多い。side corridor [比較]中廊下。

**カタログ【catalog・型録】** 商品目録。営業案内。

**カタログ-はんばい【カタログ販売】** あらかじめ商品カタログを配付し、郵便や電話で注文を受けて販売を行うこと。通信販売。catalog retailing

**カタロニア【Catalonia】** ↓カタルーニャ

**かた-わ【片端・片輪】**《卑語》㊀(名) 身体のどこかが不自由なこと・人。身体に障害のある人。cripple ㊁(形動) 不十分であったり、かたよっているさま。be biased

**かた-わく【型枠】** 鋳物やコンクリート構造物を必要な形状と寸法に完成させるための仮の枠。mold

**かた-わら【傍ら・▼旁・▽側】** ㊀(名) ①そば。わき。side ②《接続助詞的に》…と同時に。そのあいまに。besides [用例]勉強の―、働く。㊁(副) あることをしながら、一方では。[用例]作曲をし、―詩も書く。

**傍らに人無きが若し**(かたわらにひとなきがごとし) 「傍若無人」の読み下し。

**かたわら-いた・し【傍ら痛し】** [古語](形ク) ①はたから見て気の毒だ。心苦しい。はらはらする。[用例]憂へあへるを聞き給ふも―・ければ立ちのきて(源氏・末摘花)。②そばで見聞きしていて、にがにがしい。聞き苦しい。[用例]かやうの事こそは―・きことのうちに入れつべけれど(枕・中納言まゐり給ひて)。③はたから見られて、きまりが悪い。恥ずかしい。[用例]まだ験つくばかりの行ないにもあらねば―・けれど(源氏・柏木)。

**かた-われ【片割れ】** ①割れた一部分。fragment ②《よくない者にいう》なかまの一人。one of the party

**かたわれ-づき【片割れ月】** 半月。弓張り月。half moon

**か-たん【下端】** 下の方のはし。bottom tip [対義]上端。

**か-たん【荷担・加担】**(名・サ変自) 力をかすこと。味方すること。左袒。have a part in [用例]悪だくみに―する。

**か-だん【花壇】** 庭園などで、他と区切りをして草花などを植えた場所。花園。flower bed

**か-だん【歌壇】** 歌人の社会。うたよみの世界。[比較]俳壇・詩壇。

**か-だん【果断】**(形動) 思い切って事を行うさま。decisive [用例]―な処置。

**が-だん【画壇】** 画家の社会。えかきの世界。painting circles

**カタン-いと【カタン糸】**《カタンはcotton(木綿)から》ミシン用の木綿糸。太い八番から細い一二〇番まである。色は白・黒が中心。

**カタンガ【Katanga】** シャバの旧称。

**かたん-ちゅうてつ【可鍛鋳鉄】** 鋳造性のよい白銑を熱処理して靭性をもたせたもの。炭素を一部除去した白心可鍛鋳鉄と、炭化物を黒鉛化した黒心可鍛鋳鉄がある。薄くて強い鋳物ができるので車両・機械部品に利用。malleable cast iron

**がたん(と)**(副) ①かたいものがぶつかり合ったり、落ちたりして立てる音。がたり。[用例]雨戸が―はずれる。②事態が急によくないほうに変わるさま。fall unexpectedly [用例]売り上げが―落ちる。

**かち【勝ち】** 勝つこと。victory [対義]負け。

**勝ちに乗る**(かちにのる) ①勝って、勢いづく。勝ちに乗ずる。follow up a victory ②思惑どおりの展開になり、得意になって事にあたる。

**勝ちを千里の外に決す**(かちをせんりのそとにけっす) 戦場から遠く離れたところで戦略をねり、味方に勝利をもたらす。また、大局を見て、勝負をする。

**勝ちを拾う**(かちをひろう) 勝てると思っていなかった試合などに勝つ。pick up an unexpected win

**かち【▽徒・▽徒▽歩】** ①足で歩くこと。②《「徒士」とも》乗馬を許されない身分の武士。かちざむらい。かちもの。

**かち【▽褐】** ①黒に近い濃い紺色。濃紺。深藍色。かちいろ。かちん。②ウサギの毛を綿糸に混ぜて織った織物。上代では錦につぐ高価な布地。③襲の色目の名。表裏がともに萌黄色のもの。④褐衣。

**か-ち【価値】** ①事物のもつ、人間にとって意義のある性質。value; worth ②経済学で、なんらかの要求を満たす程度によって、その物に対して認められる意義。生活に直接効用をもつ使用価値と、他の財との相対関係においてもつ交換価値とがある。あたい。ねうち。value ③哲学上で、真・善・美・聖の究極的意義の役割。value

**が-ち【雅致】** 風流なようす。雅趣。

**がち【勝ち】**(接尾)《体言や、動詞の連用形に付いて形容動詞をつくる》多い、たびたびである、その傾向がある、などの意。[用例]くもり―。病気―。

**かち-あ・う【▼搗(ち)合う】**(五自) ①ぶつかり合う。clash [用例]頭と頭が―。②重なって起こる。fall on [用例]来客が―。

**かち-あげ【▼搗(ち)上げ】** 相撲で、立ち合いに肘を曲げて、相手の突き手や喉などを下からはねあげ、相手の出足をとめる戦法。かちあげ。

**かち-いくさ【勝ち戦・勝ち▽軍】** 戦いに勝つこと。勝った戦い。victory [対義]負け戦。

**かち-え【▽褐▽衣】** 狩衣に似た布製の服。袖がゆったりと広がり、腰から下は前と後ろに分かれる。随身の者の装束。かち。

**かち-える【勝(ち)得る・▼贏(ち)得る】**(下一他) 争いに勝って自分のものにする。努力して手に入れる。win [用例]勝利を―。

**カチオン【cation】** ↓ようイオン(陽イオン)

**かちかた** オオムギの別名。

**かち-かち** ㊀(形動) ①非常にかたいさま。hard [用例]―に凍る。②性質などが頑固で、融通のきかないさま。inflexible [用例]―の石頭。㊁(副) かたいものが触れ合う音。また、繰り返し打ち合う音。ticktock [用例]時計が―と時を刻む。

**がち-がち** ㊀(形動) ①恐怖や寒さで震えおののくさま。また、歯の根が合わないさま。chatter ②性格にゆとりの感じられないさま。cramped personality [用例]あの男は―の石部金吉よ。㊁(副) かたいものがぶつかり合う音。clatter

**かちかちやま【かちかち山】** 昔話の一つ。悪さをするタヌキにおばあさんを殺されたおじいさんのために、ウサギが敵討ちをするという話。勧善懲悪の精神を表したもの。

**かち-がらす【かち▼烏】**《鳴き声が「カチカチ」と聞こえることに由来》カササギの別名。

**かち-き【勝(ち)気】**(名・形動) 負けん気。きかん気。unyielding temper

**か-ちく【家畜】** 人間の生活に役立つように、品種改良され、飼養・繁殖管理される動物。狭義には哺乳類をさす。畜産物生産・畜力利用・愛玩・実験などに利用される。livestock [対義]野獣。[参照]家禽。

**かちく-しんさ【家畜審査】** 家畜の経済価値を判定する審査。種別・目的別に審査基準が決められていて、通常は外観から判断する外貌審査だが、能力審査・血統審査が加味される場合もある。judge for livestock

**かちく-とうろく【家畜登録】** 家畜の血統・体型・能力などを審査して、その記録を登録しておくこと。品種改良の基礎となり、種別・目的別に多くの登録が行われている。registration of livestock

**かちく-ほうていでんせんびょう【家畜法定伝染病】** 家畜伝染病予防法に定められた二五種の伝染病の総称。発生した場合、飼い主と診断した獣医は、市町村長に報告し、家畜防疫員の指示に従わなければならない。牛疫・口蹄疫・狂犬病・炭疽・鼻疽など。infectious livestock disease designated by law

**かちく-ほけん【家畜保険】** 農業共済制度の一つ。家畜の死亡・廃用(経済価値が失われたもの)・疾病・けがなどの損害に対する保険。

**かちく-ほけんえいせいじょ【家畜保健衛生所】** 都道府県に設置され、家畜の衛生の向上、防疫業務、人工授精などを行う機関。livestock hygiene service center

**かち-ぐみ【▽徒組・▽徒▽士組】** 江戸幕府の職名。平時は江戸城の玄関・中の口に勤番。将軍外出のさい、先払い・沿道警備などを担当。

**かち-ぐり【▼搗(ち)▼栗・勝(ち)▼栗】** クリの実を乾燥し、臼でついて殻と渋皮を除いたもの。勝ちに通じるところから祝儀に用いる。おしぐり。あまぐり。

**かち-こ・す【勝(ち)越す】**(五自) 勝った回数が、負けた回数より多くなる。相手よりも多く勝つ。また、試合中、相手より得点が多くなる。be ahead [対義]負け越す。

**かち-しゅう【▽徒衆・▽歩▽行衆】** 徒歩で行列につき従っている身分の低い侍。

**が-ちしょう【賀知章】**(六五九〜七四四) 中国、初唐期の詩人。字は季真、号は四明狂客。会稽の人。風流人として名高く、杜甫の「飲中八仙歌」中の一人。書にもすぐれた。

**かちっ-ぱなし【勝ちっ放し】** ずっと勝ち続けること。win through

**かち-どき【勝(ち)▼鬨・▼鬨】** 勝ったときの、喜びのときの声。凱歌。shout of victory [用例]―をあげる。

**かちどき-ばし【勝▼鬨橋】** 東京の隅田川河口にかかる橋。船の通過時に中央部が開閉するのが特色であるが、現在は開閉しない。長さ二四六m。昭和一五年(一九四〇)完成。

**かち-と・る【▽勝(ち)取る】**(五他) 努力によって成果を得る。win [用例]優勝を―。

**かち-なのり【勝(ち)名乗り】** 相撲で、勝った力士の名を、行司が呼びあげること。

**かち-にげ【勝(ち)逃げ】**(名・サ変自) かけごとなどで、勝ったまま、あとの勝負を続けない

こと。quit while one is ahead

**かち-ぬき【勝(ち)抜き】** 負ける、または優勝するまで相手をかえて戦うこと。トーナメント。tournament

**かち-ぬ・く【勝(ち)抜く】**(五自) ①次々と相手を負かしていく。defeat one after another ②最後まで勝ち通す。keep winning to the last [用例] 一致団結して―。

**かち-はだし【▽徒▼跣】** なにも履かずに歩くこと。はだし。go barefoot

**かち-はな・す【勝(ち)放す】**(五自) 最後までずっと勝ちつづける。勝ちっぱなす。win straight victories

**かち-はんだん【価値判断】** ①ある事柄について、よい悪いを述べる判断。value judgement ②全体的な価値、ことに真・善・美などの価値に関係させてする判断。value judgement

**かち-ぶんせき【価値分析】** 製造工程などを合理化して費用を減らし、製品の機能や使用価値を高めるための組織的分析手法。VA。value analysis

**かち-ほうそく【価値法則】** 商品の価値が決定されるメカニズムを、その源泉や商品交換などから解明する経済法則。とくにマルクスが『資本論』で展開したものをさす。law of value

**かち-ほこ・る【勝(ち)誇る】**(五自) 勝って、いい気になる。勝って意気があがる。be triumphant

**かち-ぼし【勝(ち)星】** =白星。①大相撲で、星取り表に勝ち力士を示すためにつけた白丸印。victory mark ②勝ち。勝つこと。win

**かち-まけ【勝ち負け】** 勝つことと負けること。勝つか負けるか。勝敗。勝負。victory or defeat

**かち-み【勝(ち)味】** 勝ち目。

**かち-め【勝(ち)目】** 勝つ見込み。勝ち味。chance of winning [用例] ―がない。―がうすい。

**かちゃあしい** 《方言》沖縄本島の祝いの座や遊びの場で奏される騒ぎ歌。即興的な早いテンポの三線とにぎやかな掛け声や囃子詞に合わせて歌い踊る。

**カチャーロフ【Vasily Ivanovich Kachalov】**(一八七五～一九四八) ソ連の俳優。モスクワ芸術座で戯曲五五編に主演。主演作『どん底』『ハムレット』など。

**がちゃ-がちゃ** 一(副・サ変自) かたいものどうしがぶつかり合って立てる騒がしい音。二(形動) 乱雑に入りみだれているさま。[用例] ひき出しの中が―になっている。三(名) 《鳴き声が「がちゃがちゃ」と聞こえるところから》クツワムシの別名。

**がちゃ-め【がちゃ目】** 《卑語》斜視。

●ガチョウ

**か-ちゅう【火中】** 火のなか。in the fire

**火中にする**(かちゅうにする) 火のなかに入れる。焼き捨てる。throw into the fire

**火中の栗を拾う**(かちゅうのくりをひろう) 人の利益のために、危険なことをする。risk one's life

**か-ちゅう【花柱】** 雌しべの、柱頭と子房の中間の細長い部分。これがほとんどない雌しべもある。style →花図

**か-ちゅう【家中】** ①家のなか。in the house ②家の全員。the whole family ③㋐家来の総称。㋑江戸時代、大名の家来。藩士。

**か-ちゅう【華▼胄】**《「冑」は、あとつぎ、の意。「冑」は別字》名門。華族。

**か-ちゅう【渦中】** ①うずのなか。in the vortex ②複雑な事件や、もめごとのなか。in the vortex [用例] ―にまき込まれる。―の人。

**渦中に身を投ず**(かちゅうにみをとうず) もめごとのなかに、自分から身をおく。go into the turmoil

**かちゅう【華中】** 中国中部、揚子江中流の江西・湖北・湖南三省の総称。広義には揚子江下流部の華東も含む。水田耕作が農業の中心。水陸運の発達により、経済・産業の進んだ地域。ホワチョン。

**カチューシャ【Katyusha】** レフ=トルストイの小説『復活』の女主人公の名。

**かちゅう-るい【花虫類】** 造礁サンゴやイソギンチャクなどの仲間で、腔腸動物門の一綱を構成するもの。サンゴなどは外骨格をつくって群体を形成するが、各生体(=個虫)はイソギンチャクと同じ着生性のポリプ型だけで、浮遊性のクラゲ型を欠く。Anthozoa

**か-ちょう【加重】** 法律で、累犯または併合罪の場合、罪名を変えずに刑を重くすること。かじゅう。aggravate

**か-ちょう【▼囮鳥】** 他の鳥をおびき寄せるために使う鳥。おとり。

**か-ちょう【花鳥】** ①花と鳥。flowers and birds ②花を見、鳥の声を聞いて楽しむ風雅な心。elegance ③「花鳥画」の略。

**か-ちょう【家長】** ①家族や一族の長。②旧民法で、戸主。[比較] 戸籍筆頭者。

**か-ちょう【課長】** 会社や役所などで、一つの課の責任者となっている人。section chief

**が-ちょう【画帳】** 絵をかくための帳面。スケッチブック。sketchbook [比較] 画帖。

**が-ちょう【画調】** 絵にあらわれているおもむき・調子。mood of a picture

**が-ちょう【▼鵞鳥】** ガンを飼いならしたガンカモ科の水鳥。アヒルより大きい。おもに肉用に飼育。粗食に耐え、じょうぶ。ハイイロガンを祖先とするヨーロッパ系と、サカツラガンを祖先とする中国系の二系統がある。goose →写

**かちょう-いき【可聴域】** 音として耳に感じられる周波数領域。個人差はあるが、毎秒一六ないし二〇ヘルツから一六ないし二〇キロヘルツ程度。threshold of audibility

**かちょう-が【花鳥画】** 東洋画の一部門。花木・草虫・禽鳥を題材としたもの。中国、六朝に始まり、唐代に発達、宋代以後多様化した。とくに宋代画院で盛行。日本では室町時代以降に発達。→写

**かちょう-きん【課徴金】** ①国が国民に課して徴収する金銭のうち、租税を除いたものの総称。手数料・罰金など。②闇価格協定によって不当な利益を得た事業者に課される金銭負担。昭和五二年(一九七七)の改正独禁法の骨子の一つ。surcharge

**かちょう-けん【家長権】** 家父長制・家産制のもとで家長がもつ支配的権利。一般には子に対する親権、妻に対する夫権。旧民法は戸主権として多くの権利を規定していた。patriarchal right

**かちょう-ふうえい【花鳥▼諷詠】** 高浜虚子が唱えた俳句理念。花鳥は花鳥風月、すなわち自然(人事を含む)の意で、諷詠はそれを詠みあげること。この理念の実践が客観写生。

**かちょう-ふうげつ【花鳥風月】** ①自然界のけしき。beauties of nature ②風流。elegance

**かちょう-まい【加徴米】** 公領・荘園で正税などの基本的貢租のほかに農民から徴収した米。地利米。

**がちりん-かん【▽月輪観】**《仏教語》密教で行う観法で三観の一つ。月輪を描いた掛け軸に向かって座し、印を結んで満月の象徴する白く浄い菩提心を観ずるという瞑想法。

**かち-ろん【価値論】** ①哲学で、価値や価値判断の本質・基準などを論じる領域。axiology ②経済学で、価値とはなにか、なにを源泉とするかを説明する理論。古典学派の労働価値説と新古典学派の効用価値説が知られる。theory of value

**かちろん-ろんそう【価値論論争】** マルクスの労働価値説をめぐる論争。ベーム=バウェルクのマルクス批判に対するヒルファーディングの反批判が発端。日本でも大正中期から昭和の初めにかけて展開された。

**かち-わたり【▽徒渡り】**(名・サ変自) 徒歩で川を渡ること。

●花鳥画

徽宗『桃鳩図』。北宋、大観元年(一一〇七)、個人蔵。

李迪『紅白芙蓉図』「紅芙蓉図」。南宋、慶元三年(一一九七)、東京国立博物館。

**かちんこ** 映画撮影で、そのカットの合い印を記して開始・終了の合図に鳴らす、小黒板付きの拍子木の通称。のち、フィルムの編集、画面と音との同調などに利用する。

**カチン-ぞく【カチン族】** 北東ビルマ、インドのアッサム北東部および中国雲南省南部に住む諸民族。チベット-ビルマ語派に属するジンポー語その他、種々の語を話す。焼き畑耕作に従事。Kachin

**かちん(と)**(副) ①かたいものがぶつかり合って出す音。chink [用例] 氷を―割る。②相手のことばやふるまいを、不愉快に思うさま。

**かちんと来る**(かちんとくる) 相手の言動が心にこたえて、非常に不愉快になる。be offended get on one's nerves

**カッ** 6画 **【合】** 部首[口] 教育小2 [JIS]2571

[音] ゴウ・ガッ・カッ・コウ

[訓] あう・あわす・あわせる

[筆順]↓ゴウ【合】

あう。あわす。あわせる。「合戦」↓ガッ・ゴウ【合】

**カツ** 8画 **【▼刮】** 部首[刂] [JIS]4973

[音] カツ

①けずる。こそげる。けずりそぐ。②する。こする。「刮目」

**カツ** 8画 **【▼劼】** 部首[力] [JIS]5004

[音] カツ

①つつしむ。慎重にする。②かたい。しっかりしている。

**カツ** 9画 **【括】** 部首[扌] 常用 [JIS]1971

[音] カツ

くくる。まとめる。くくり。「一括・総括・包括」「括弧」

**カツ** 9画 **【▼曷】** 部首[日] [JIS]5911

[音] カツ

①なに。なんぞ。どうして。②いつか。いつのときか。

**カツ** 9画 **【活】** 部首[氵] 教育小3 →教育小2 [JIS]1972

[音] カツ

①いきる。いきている。いかす。[比較] 生。[対義] 死・殺。「死活・生活」「活計・活用」[用例](名)死中に―を求める。《接頭的》―火山。②いきいきしている。「快活」「活気・活動・活発・活躍」③固定していない。「活字・活版」④活字のこと。「木活」⑤活用のこと。「五段活」⑥活動写真のこと。「活弁」⑦柔道などで、気絶した人を蘇生させる方法。[用例](名)―を入れる。

**活を入れる**(かつをいれる) ①気絶した人の息を吹き返させる。bring to life ②元気づける。buck up

**カツ** 10画 **【▼栝】** 部首[木]

[音] カツ

①びゃくしん。イブキ。ヒノキ科の常緑針葉高木。②ためぎ。ゆがんだものを正しくなおすためにあてる木。

**カツ** 11画 **【喝】** 部首[口] 常用 [JIS]1969　12画 **【▼喝】** 旧字

[音] カツ

①しかる。どなる。大声でおどす。その声。「一喝・恐喝・大喝」[用例](感)―、とさけぶ。②大声で説きやぶる。「喝破」③ほめはやす。「喝

采」④禅宗で、師が修行者を叱咤激励するときに発せられる音。言語や文字では表しえない心のはたらきを示す。

**カツ** 11画【▾戛】 部首[戈] JIS 5694 ｜12画【▾戞】 異体字 JIS 5701
音カツ
①金属や石などのかたいものがふれあう音。「戛々・戛然」②する。こする。きしる。③ほこ。刃の長いほこ。

**カツ** 11画【渇】 部首[氵] 常用 JIS 1973 ｜12画【▾渴】 旧字
音**カツ**・ケツ　訓**かわく**
①かわく。のどがかわく。「飢渇」用例(名)—を覚える。②かれる。水がかれる。「枯渇」「渇水」③はげしく望む。「渇望」
**渇に臨みて井を穿つ**(かつにのぞみていをうがつ) 必要にせまられ、あわてて準備しても間にあわない。
**渇を癒す**(かつをいやす) quench one's thirst ①のどのかわきをうるおす。②望んでいたものを手に入れる。get one's wish

**カツ** 12画【割】 部首[刂] 教育小6 JIS 1968 ｜12画【▾割】 旧字
音**カツ**　訓**わる・わり・わ**れる・さく
割 割 割 割 割 割
①わる。さく。たちわる。「分割」「割拠・割腹」②わける。一部を他にわける。「割愛・割譲」③われる。われ。④わり。㋐歩合・比率の単位。元高の一〇分の一。㋑損得の比率。㋒配分。

**カツ** 12画【▾葛】 部首[艹] ｜11画【▾葛】 異体字 JIS 1975
音カツ・カチ
①クズ。マメ科のつる性多年草。くずかずら。「葛藤」②かずら。つる性の植物の総称。③つづら。衣服などを入れるかご。もとは、ツヅラフジで編んでつくった。

**カツ** 12画【▾筈】 部首[竹] JIS 4006
音カツ
はず。①やはず。矢の末端で、弓の弦にかけるところ。②ゆはず。弓の両端の、弦をうけるところ。③相撲の手の一つ。④道理。わけ。⑤予定。約束。

**カツ** 12画【▾聒】 部首[耳] JIS 7058
音カツ
かまびすしい。かしましい。さわがしい。

**カツ** 12画【▾蛞】 部首[虫] JIS 7361
音カツ
①おたまじゃくし。カエルの幼生。②「蛞蝓」は、ナメクジ。ナメクジ科の軟体動物。

**カツ** 13画【滑】 部首[氵] 常用 JIS 1974
音**カツ**・コツ　訓**すべる・なめらか**
①なめらか。すべすべしている。「円滑・潤滑油・平滑」②すべる。なめらかにすすむ。「滑空・滑車・滑走」

**カツ** 13画【▾猾】 部首[犭] JIS 6449
音カツ
①みだれる。かきみだす。②わるがしこい。ずるい。「狡猾」

**カツ** 13画【褐】 部首[衤] 常用 JIS 1976 ｜14画【▾褐】 旧字
音**カツ**・カチ
①麻などの粗い繊維で織った布や粗い毛織物でつくった衣服。粗末な衣服。②身分の低い人。その人の着る衣服。③色の名の一つ。濃い茶色。「茶褐色」「褐色」④かちいろ。濃い藍色。濃紺。
**褐を釈く**(かつをとく) 粗服をぬぎ、官服を着る。民間にいた者が官途につく。

**カツ** 15画【▾瞎】 部首[目] JIS 6650
音カツ
①かため。独眼。②盲目。目が見えないこと・人。

**カツ** 15画【▾碣】 部首[石] JIS 6687
音カツ
①器をつくるための石。②「碣石」は、薬の名。

**カツ** 15画【▾蝎】 部首[虫] JIS 7389
音カツ
①すくもむし。コウチュウ目コガネムシ科に属する昆虫の幼虫。じむし。②サソリ。サソリ目に属する節足動物。③キクイムシ。コウチュウ目に属する昆虫。

**カツ** 17画【▾豁】 部首[谷] JIS 7615
音カツ
①ひらける。ひろくひらけている。「開豁」「豁然」②ひろい。おおきい。おおらか。「豁達」

**カツ** 17画【轄】 部首[車] 常用 JIS 1977 ｜17画【▾轄】 旧字
音**カツ**
①とりしまる。支配する。「管轄・所轄・統轄」②くさび。車輪が車軸からはずれないようにとめるもの。

**カツ** 17画【▾闊】 部首[門] JIS 7972 ｜17画【▾濶】 部首[氵] 異体字 JIS 7973
音カツ
①ひろい。おおきい。おおらか。「快闊・寛闊・広闊」「闊達・闊歩・闊葉樹」②ひさしい。はるか。とおい。「久闊」③うとい。まわりどおい。「迂闊」

**カツ** 18画【▾鞨】 部首[革] JIS 8066
音カツ
①かわぐつ。はきもの。②「靺鞨」は、中国北方のツングース系の民族の名。

**カツ** 18画【▾黠】 部首[黒] JIS 8360
音カツ
①わるがしこい。ずるい。②さとい。さかしい。

**カツ** 19画【▾蠍】 部首[虫] JIS 7424
音ケツ・カツ
サソリ。クモ綱サソリ目に属する節足動物。「蛇蠍」

**カツ** 20画【▾鶡】 部首[鳥]
音カツ
ヤマドリ。キジ科の鳥。

**か・つ**【勝つ・▾贏つ・▾捷つ】(五自) ①相手を負かす。勝利をえる。win 対義 負ける。用例 試合に—。②その状態・ようすがまさる。dominate 用例 赤みの—・った顔。理性の—・った人。③《「克つ」とも》がまんする。おさえる。overcome 用例 おのれに—。
**勝って兜の緒を締めよ**(かってかぶとのおをしめよ) 勝っても いい気にならず、いっそう心を引き締めよ。Don't crow too much over your enemy.
**勝って負け**(かってまけ) 勝っても、理で負けている。また、勝っても、ちっとも得にならない。
**勝ちに乗る**(かちにのる) 勝利を得て、その勢いに乗る。調子づく。勝つに乗る。follow up a victory
**勝てば官軍**(かてばかんぐん) 《「負ければ賊軍」と続く》勝った方がすべて正しいということになる。勝てばこっちのもの。
**勝てば官軍、負ければ賊軍**(かてばかんぐん、まければぞくぐん) 勝利を得た方が、道理が正しいとされ、負けると、不正なものとされる、ということ。Losers are always in the wrong.
**勝てば負ける**(かてばまける) 争いに勝つと謙虚さを失い、結局は滅ぼされてしまう。

**か・つ**【▾糅つ】 古語 (下二他) まぜる。用例 ひしほ酢に蒜搗き—・てて(万葉・一六・三八二九)。

**かつ**【且つ】 ㊀(副) ある動作が、他の動作と相並んで行われる意を表す。一方では。用例 —歌い、—飲む。㊁(接続) …であり、その上に。用例 おどろき、なお—またよろこぶ。

**カツ** 「カツレツ」の略。用例 とん—。—丼。

**ガッ** 6画【合】 部首[口] 教育小2 JIS 2571
音**ゴウ・ガッ・カッ**・コウ　訓**あう・あわす・あわせる**
筆順↓ゴウ【合】
あう。あわす。あわせる。「合宿・合点・合併」↓カッ・ゴウ【合】

**ガツ** 4画【月】 部首[月] 教育小1 JIS 2378 ｜4画【▾月】 旧字
音**ゲツ・ガツ**　訓**つき**
筆順↓ゲツ【月】
①つき。地球の衛星。②時間のつき。一年を一二分した期間。また、つきの番号に添えて用いる。「三月・年月日」↓ゲツ【月】

**ガツ** 4画【▾歹】 部首[歹] JIS 6138 ｜5画【▾歺】 異体字
音ガツ・タイ
①のこりぼね。残骨。ばらばらの骨。②部首の一つ。がつへん。かばねへん。↓タイ【歹】

**かつ-あい**【割愛】(名・サ変他) 惜しいと思うものを思い切って省く、または手放すこと。spare; give up 比較 省略。

**かつ-あい**【渇愛】(名・サ変他)《仏教語》のどが渇いた人が水を求めるように、盲目的に欲望に執着すること。愛。無明。

**かつ-あげ**《俗語》おどしつけ、こわがらせて金品をうばうこと。恐喝。threat

**かつうら**【勝浦】 和歌山県那智勝浦町の中心地区。漁業基地。温泉がある。

**かつうら**【勝浦】〈市〉 千葉県南東部、太平洋に臨む市。勝浦港はマグロ・カツオ漁業の基地。海女によるアワビ・サザエの潜水漁業もさかん。人口二万五九〇六(一九八八)。

**かつうら**【勝浦】〈町〉 徳島県東部、徳島市南隣の町。県内の温州ミカン栽培の中心地。人口七八五二(一九八八)。

**かつ-えき**【滑液】 生物で、関節から分泌する粘液。関節の運動をなめらかにする。

**かつ・える**【▿餓える・▿飢える】(下一自) ①うえる。starve ②ひどくほしがる。want 用例 書物に—。

**かつお**【▾鰹・▿松▿魚・▿堅▿魚】 サバ科の海水魚。暖海の表層にすむ典型的な回遊魚。全長四〇〜六〇cm。背側は暗青色、腹部は銀白色。死後、腹部に数本の青い縦じまが出る。一本釣りが大半。刺身・かつおぶし用。土佐のたたきが有名。世界の温帯・熱帯海域に分布。ショウギョ。bonito 数え方 一本・一尾。↓図

**かつお-ぎ**【▾鰹木・▿堅▿魚木・勝▿男木】 神社本殿の大棟木に直角におかれた木。円柱状で、鰹節に似ている。↓神社建築図

**かつお-どり**【▾鰹鳥】 嘴の大きなカツオドリ科の海鳥の総称。大きなものは翼長八〇cm余におよぶ。胸腹部は白いが、他は濃褐色。上空から海中に突入して魚をとる。西太平洋からオーストラリア・小笠原諸島などに分布。booby ↓図

**かつお-の-えぼし**【▾鰹の▾烏▿帽子】 えぼし形のうきぶくろ(=気胞体)をもつコバルト色のカツオノエボシ科のクラゲ。長径五〜一〇cm。群体を形成する。触手の刺胞は毒性が強い。世界各地の暖海域に分布。俗に電気クラゲという。Portuguese man-of-war ↓図

● カツオ

● カツオドリ

● カツオノエボシ

**かつお-の-かんむり**【▾鰹の冠】 太平洋の暖海にすむカツオノカンムリ科のクラゲの一種。コバルト色のうきぶくろ(=気胞体)の下に、それぞれ特殊化した個虫が集まって群体をつくる点でカツオノエボシに似る。触手は短い。うきぶくろの径約五cm。夏期に黒潮にのって日本沿岸にも多数浮遊してくることがある。

**かつお-ぶし**【▾鰹節】 カツオの身を煮て火であぶって干し、カビづけ(カビを生えさせる)したもの。おもにだしをとるために使用。かつぶし。数え方 一本・一節・一折り・一台・一連。

**かつおぶし-むし**【▾鰹節虫】 干魚・絹・毛織物などを食害するカツオブシムシ科の甲虫の総称。体は楕円形か円形。体長二〜一〇mm。骨格標本作製にこの虫の食性を利用。世界

に約七〇〇種、日本に約七〇種が分布。dermestid beetle →図

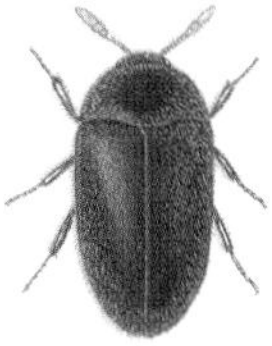
●カツオブシムシ

**かっ-か【核果】**《「かくか」の変》薄皮・多肉で、核の中に種を持つ果実。ウメ・モモなど。

**かっ-か【閣下】**《「かくか」の変》閣僚や他国の大統領・大臣・大使などにつける敬称。もと、勅任官・将官につけた。Your Excellency

**がっ-か【学科】**《「がくか」の変》①学校での科目。②大学の学部を構成する専門の単位。department

**がっ-か【学課】**《「がくか」の変》学校で学習すべき学業の課程。subject

**かっ-かい【各界】**《「かくかい」の変》それぞれの職業・職務によって分けられた社会の各分野。each social class

**かっ-かい【角界】**《「かくかい」の変》相撲の社会。用例―通。

**がっ-かい【学会】**《「がくかい」の変》①学術上の会合。scientific meeting ②学術研究の促進、学者相互の連絡・協議のための団体。scientific soceity

**がっ-かい【学界】**《「がくかい」の変》学問・学者の社会。academic world

**がっ-かい【楽界】**《「がくかい」の変》音楽家の社会。音楽界。楽壇。musical world

**かつ-かいしゅう【勝海舟】**(一八二三～九九) 幕末・明治の政治家。名は義邦、のち安芳。通称、麟太郎。江戸の人。万延元年(一八六〇)咸臨丸で渡米。軍艦奉行として幕府海軍整備に尽力。幕府代表として西郷隆盛と会見し、江戸の無血開城に成功。維新後、新政府に出仕し、参議、海軍卿などを経て枢密顧問官。著書『氷川清話』など。→写

●勝海舟

**かっ-かく【▼赫▼赫】**(形動トタル)《「かくかく」の変》①光り輝くさま。brilliant ②手柄や名声が際立つさま。glorious

**かっ-かざん【活火山】**現在、火山活動を続けている火山。活動的で噴火のおそれのある火山。桜島や浅間山など。active volcano 比較 休火山・死火山。

**がっか-せん【▼顎下▼腺】**《「がくかせん」の変》耳下腺・舌下腺とともに三大唾液腺の一つ。下顎の下部内側に左右一対あり、おもに哺乳類に発達。粘液性細胞からなり、アミラーゼなどを分泌する。submaxillary

**かっか-そうよう【隔靴▼掻▼痒】**《「かくかそうよう」の変。くつの上からかゆい所をかく、の意》もどかしいこと。靴を隔てて痒きを掻く。irritating 用例―の感がある。

**かつ-かつ【▼戛▼戛】**(形動トタル)①かたいもののふれる音。用例―たる馬蹄の音。②互いにうち合う音。

**かつ-かつ**(副)①まあまあ。まずまず。barely ②やっと。かろうじて。barely 用例―まにあった。

**かつ-がつ**(副)①やっと。かろうじて。②不十分であるが。まあまあ。用例―買えそうだ。③古語㋐とりいそぎ。とりあえず。用例―南都の狼藉しづめんとて(平家・五・奈良炎上)。㋑早くも。用例我山の衆徒、―以て承悦す(平家・七・返牒)。

**がつ-がつ**(副・サ変自)①ひどく腹がへっているさま。hungrily ②ひどくほしがるさま。be greedy ③むさぼり食うさま。gobble

**かっ-か(と)** ㊀(副)①火がさかんにおこるさま。flare up; in a blaze 用例炭が―おきる。②強い日差しが照りつけるさま。blaze down; scorchingly ㊁(副・サ変自)①からだがほてるさま。flush ②激情にかられるさま。怒りに燃えるさま。go mad with 用例―のぼせる。

**がっかり**(副・サ変自)①期待や希望がはずれて気を落とすさま。がっくり。用例―して、やる気をなくす。②ひどく疲れたさま。がっくり。用例疲れて―した顔をする。

**かつかわ-しゅんしょう【勝川春章】**(一七二六～九二) 江戸中期の浮世絵師。役者似顔絵の開拓者。肉筆美人画にも優品を残す。勝川派の祖。作品『東扇』(版画)、『婦女風俗十二ケ月図』(肉筆画)など。

**かっ-かん【客観】**《「かくかん」の変》→きゃっかん(客観)

**かつ-がん【活眼】**物事の真相を見ぬく見識。piercing eye

**がっ-かん【学監】**《「がくかん」の変》学校・学生の取り締まりをする役・人。

**かっ-き【客気】**《「かくき」の変》はやり立つ気持ち。血気。用例―にかられる。

**かっ-き【活気】**いきいきした気分・ようす。high spirits 用例―横溢。

**かつぎ【▽被ぎ・▽被▽衣】**→かずき(被き)

**がっ-き【月忌】**死者の命日と同じ毎月の忌日。また、その日に行われる仏事。

**がっ-き【学期】**《「がくき」の変》学年をさらに区分けした一定期間。school term

**がっ-き【楽器】**《「がくき」の変》音楽に用いられる音を発する器具。管楽器・弦楽器・打楽器・鍵盤楽器など。発音体によって体鳴・膜鳴・気鳴・弦鳴・電鳴楽器に分類される。musical instrument

**かっき-てき【画期的・▼劃期的】**(形動)《「かくきてき」の変》新しい時代をつくるほど、めざましいさま。今までにない新しいさま。画時代的。エポックメーキング。epoch-making

**かつぎ-や【担ぎ屋】**①縁起を気にする人。superstitious person ②人をだまして喜ぶ人。practical joker ③《俗語》第二次大戦中から戦後にかけて、統制物資を扱った行商人。米・野菜・魚などをひそかに生産地で買い付け、リュックなどで担いで運搬した。

**かづき-やすお【香月▽泰▽男】**(一九一一～七四) 洋画家。山口県生まれ。東京美術学校卒。深みのある色調で、戦争体験をいかしたシベリア連作を発表。

**かつき-やすじ【勝木▽保次】**(一九〇五～) 生理学者。石川県生まれ。東大卒。感覚生理学の分野で聴覚機構の解明に努め、高等動物の聴覚系路を明らかにして機能の発達についての業績をあげた。昭和四八年(一九七三)文化勲章受章。

**かっ-きゅう【割球】**初期卵の発生のさい、卵割によりできた細胞。未分化の細胞で、二細胞期から細胞が数千になる胞胚期までのものをいう。blastomere

**がっ-きゅう【学究】**《「がくきゅう」の変》①学問・真理をきわめること。study 用例―の徒。②世俗を超越して学問だけに関心を持つ人。scholar ③世事にうとい学者を皮肉って言う語。

**がっ-きゅう【学級】**《「がくきゅう」の変》授業のために、生徒を一定の人数にまとめたもの。クラス。組。class 比較 学年。

**かっ-きょ【割拠】**(名・サ変自)めいめいが自分の支配する土地に立てこもり、その地域内に勢力を張ること。hold one's own 用例群雄―。

**かつ-ぎょ【活魚】**生きている魚。生魚。live fish

**かっ-きょう【活況】**商売・景気などのさかんなようす。activity 用例―を呈する。

**がっ-きょく【楽曲】**《「がくきょく」の変》音楽作品。曲。声楽曲・器楽曲・管弦楽曲などに大別される。musical piece

**かっきり**(副)①明白なさま。はっきり。clearly 用例―と示す。②ちょうど。just 用例正午―。

**かっ-き・る【▼掻っ切る】**(五他)→かききる(掻き切る)

**かっ-きん【▼恪勤】**《「かくきん」の変》よくつとめること。勤勉。精勤。かくごん。

**かつ・ぐ【担ぐ】**(五他)①肩にになう。carry on the shoulder 用例荷を―。②表面におし立てる。まつりあげる。用例会長に―。③だます。あざむく。take in 用例うまく―・がれる。④迷信・縁起などにとらわれる。用例御幣を―。

**がっ-く【学区】**《「がくく」の変》通学区域。公立の小・中・高等学校で、特定の学校に入学するよう指定される地域。西日本では校区または校下と言う。school district

**かっ-くう【滑空】**(名・サ変自)エンジンなしで、またはエンジンを止めて行う飛行。グライダーの飛行や着陸直前の航空機の飛行など。glide

**かっくう-き【滑空機】**→グライダー

**がっくり** ㊀(副・サ変自)はりつめた気持ちがにわかにゆるむさま。がっかり。㊁(副)急に折れ曲がるさま。用例―ひざをつく。

**かっ-け【▽脚気】**ビタミン$B_1$の欠乏による病気。成長期の小児や授乳期の妊婦などの代謝が高まったときにかかりやすい。脱力感・足のしびれ・むくみなどが初発症状。beriberi

**かっ-けい【活計】**くらしむき。生計。

**がっ-けい【学兄】**《「がくけい」の変》学問上の、また同窓の親しい友人の敬称。

**かつ-げき【活劇】**①大立ち回りを主とした映画・演劇。action film; action play ②はげしいとっくみあい。fight

**かっけ-しょうしん【▽脚気衝心】**ビタミン$B_1$の欠乏で起こる脚気に伴う急性の心臓障害で、心悸亢進・心肥大・浮腫などを生じ、重症例では死亡する。beriberi

**かっ-けつ【▼喀血】**(名・サ変自)《「かくけつ」の変》気管支や肺の出血がかなり大量に口から出ること。肺結核や肺癌が原因であることもある。鮮血で泡状。肺出血。hemoptysis 比較 吐血。

**かっ-こ【各戸】**《「かくこ」の変》それぞれの家。each house

**かっ-こ【各個】**《「かくこ」の変》めいめい。個々。each person

**かっ-こ【括弧】**数字や文章を他と区別したり、注記したりするとき、前後をかこむ符号。( )〔 〕「 」など。また、それを付けること。

**かっ-こ【格▽好・▼恰▽好】**《「かっこう」の転》かっこう。appearance

**格好付ける**(かっこつける)《俗語》人に格好よく見せる。体裁をかざる。虚勢を張る。かっこうつける。try to look smart

**かっこ-いい【格▽好▽良い】**(連語)若者が、人や物をほめるときに使う語。smart; groovy

**かっ-こ【▼羯鼓・▼鞨鼓】**雅楽で用いられる打楽器。中央がふくらんだ木製胴をもつ両面太鼓。ひもで革面を締め、台の上に横に置き、二本の桴で打つ。

**かっ-こ【確固・確▼乎】**(形動トタル)《「かくこ」の変》しっかりしたさま。firm 用例―たる信念。―不動。

**確固として抜く可からず**(かっことしてぬくべからず) しっかりしていて、容易に動かしたり、とりのけたりすることができない。

**かっ-こう【角行】**《「かくこう」の変》→かくぎょう(角行)

**かっ-こう【格好・▼恰好】**《「かくこう」の変》㊀(名)すがた。かたち。figure 用例なんという―だ。㊁(形動)ちょうどよいさま。ころあいだ。てごろだ。suitable 用例―な旅館だ。㊂(接尾)それくらいである。用例五〇―の人。

**格好良い**(かっこういい) 体裁がいい。ちょっと一般とちがった、粋な格好をしている。格好がいい。smart

**格好が付く**(かっこうがつく) どうやら体裁がととのう。どうにか見られるようになる。

**格好を付ける**(かっこうをつける) 体裁をととのえる。体面をなくさないようにする。気どる。それらしくよそおう。put on airs

**かっ-こう【郭公】**ホトトギス科の鳥。翼長約二〇㎝。体上面と胸が灰色、白い腹には黒い横縞がある。体形、飛び方は小形のタカに似る。草原や疎林にすみ、ガの幼・成虫を捕食。巣をつくらず、ホオジロ・モズ・ヒバリ・オオヨシキリなどの巣に卵をあずける習性(托卵性)がある。ユーラシア・アフリカに分布。日本へは夏鳥として五月ごろ渡来、繁殖する。カッコドリ。カンコドリ。ヨブコドリ。cuckoo →図

●カッコウ

**かっ-こう【滑降】**(名・サ変自)スキーやグライダーなどで、すべりおりること。descent 用例直―。

**かっ-こう【▼葛洪】**(二八三～三四三ごろ) 中国、東晋初期の思想家・道士。号は抱朴子。金丹(仙薬)による神仙術を説いた。著書『抱朴子』『神仙伝』。

**かつ-ごう【渇仰】**(名・サ変他)①《仏教語》深く信仰すること。②強くあこがれること。敬慕。adoration 用例―の的。

**がっ-こう【学校】**《「がくこう」の変》教育の中心的施設。教師が児童・生徒・学生に計画的・系統的な教育を授けるために、一定の場所にあって、一定の設備を備えてある。学園。スクール。school 用例―にあがる。

**かっこう-あざみ【▼藿香▼薊】**→アゲラータム

●月光菩薩 東大寺三月堂(奈良県)。

**がっこう-い【学校医】** 学校保健法により小・中・高等学校の保健管理を指導・実施する医師。開業医の嘱託が多い。school doctor

**がっこう-きょういく【学校教育】** 学校に通って受ける教育。school education 対義 社会教育・成人教育。

**がっこうきょういく-ほう【学校教育法】** 教育基本法に基づき第二次大戦後の学校教育の基本を定めた法律。昭和二二年(一九四七)公布。男女共学、教育の機会均等、学校系統の単一化などを理念とし、新しく六・三・三・四の現行学制の根幹を定めた。

**かっこう-きょうぎ【滑降競技】** スキーのアルペン競技の一つ。標高差八〇〇〜一〇〇〇m(女子五〇〇〜七〇〇m)のコースを一気に滑り降りて、所要時間を競う。ダウンヒル。downhill racing

**がっこう-ぎょうじ【学校行事】** 学校が教育計画に基づき特別活動の一部として計画・実施する行事。儀式・遠足・運動会など。school event

**がっこうぐん-せいど【学校群制度】** 高校入試でとられる総合選抜制の一つ。同一学区内の高校数校で群をつくり、受験生はその群を志願し、合格者を配分する方式。

**がっこう-げき【学校劇】** 学校の教育活動の一環として、児童・生徒が行う演劇活動の総称。広くは幼稚園児などの演ずる幼児劇も含み、児童の演じる児童劇、狭義の学校劇(小・中学生)、学校演劇(高校生)などがある。

**がっこう-ちゅう【顎口虫】** 《「がくこうちゅう」の変》おもにイヌ・ネコに寄生し、ときにヒトの寄生虫となる線虫。体長一〜三cm。中間宿主はケンミジンコ、ついでライギョ。幼虫を体内にもったライギョを動物が食べると、その胃壁で成虫となる。ヒトもライギョの生食により感染し、皮下その他に寄生。

**がっこうはいぞく-しょうこう【学校配属将校】** 戦前の学校教育で、軍事教練のために中学校以上に配属された陸軍の現役将校。大正一四年(一九二五)より実施。

**がっこう-ほうじん【学校法人】** 財団法人の一つ。私立学校の設立を目的に、私立学校法に基づいて設置される法人。

**がっこう-ほけん【学校保健】** 学童・生徒・教職員の健康保持を目的とする保健活動。昭和三三年(一九五八)、学校保健法を制定。school health

**がっこう-ぼさつ【月光菩薩】** 薬師如来の右の脇士。左は日光菩薩。↓写

**がっこう-れい【学校令】** 明治一九年(一八八六)に公布された、学校制度に関する法令の総称。

**かっ-こく【各国】** 《「かくこく」の変》おのおのの国。それぞれの国。each nation

**かっこ-げきは【各個撃破】**(名・サ変他) ①相手が分散した勢力をまとめて優勢になる前に、それぞれの勢力を一つずつ撃ち破ること。②事の成就をはかって、関係者をひとりずつ説得していくこと。

**がっ-こつ【顎骨】** 《「がくこつ」の変》あごのほね。

**かっ-こ-む【搔っ込む】**(五他) ↓かきこむ(搔き込む)

**かっ-こん【葛根】** 生薬の一つ。マメ科の多年草クズの乾燥根。発汗・解熱などの作用がある。

**かっこん-とう【葛根湯】** 漢方薬の一つ。成分は葛根・麻黄・桂枝・甘草・芍薬・大棗・生姜。熱病の初期の発熱・悪寒、うなじや背のこわばりなどのときに用いる。

**かづさ【加津佐】**〈町〉 長崎県、島原半島南部の町。中世の学校跡などキリシタン遺跡がある。島原鉄道の終点。人口一万二二六(一九八八)。

**ガッサー【Herbert Spencer Gasser】**(一八八八〜一九六三) アメリカの生理学者。神経線維の活動電流を研究し、個々の線維が高度に分化された特性をもっていることを発見。アーランガーとともに一九四四年ノーベル生理学医学賞受賞。

**かっ-さい【喝采】**(名・サ変自) 大声でほめはやすこと・声。applause 用例 拍手—。

**かつ-ざい【滑剤】** ↓じゅんかつざい(潤滑剤)

**がっ-さい【合切】** 残らず全部。なんでもかんでも。用例 一切—。

**がっさい-ぶくろ【合切袋】** 《一切合切、つまり何でも入れられる袋物、の意》口をひもでくくるようにした携帯用の布袋。信玄袋。千代田袋。

**かつさか-いせき【勝坂遺跡】** 神奈川県相模原市磯部にある縄文中期の遺跡。大正一五年(一九二六)発掘。勝坂式土器の標式遺跡。

**がっ-さく【合作】**(名・サ変自他) 協力して作ること。作ったもの。collaboration 用例 日米—映画。

**がっさく-しゃ【合作社】** 中国の農業集団化の一形態。農業生産協同組合。一九五八年人民公社へ改組。

**かっ-さつ【活殺】** 生かすことと殺すこと。生殺。用例 —の権を握る。

**がっ-さつ【合冊】**(名・サ変他) 何冊かの本を合わせてとじること。とじたもの。

**かっさつ-じざい【活殺自在】** 生かすも殺すも思いのままにできること。他人や物を自分の思うままに扱うこと。

**がっ-さん【合算】**(名・サ変他) ①すべての数を加えること。合計。adding up ②いっしょに加えて計算すること。加算。addition

**がっ-さん【月山】** 山形県中部にある火山。標高一九八〇m。典型的な楯状火山。出羽三山の一つとして修験者信仰の地であった。夏山スキーも有名。

**がっさん-かぜい【合算課税】** ↓ユニタリータックス

**がっさん-じんじゃ【月山神社】** 山形県東田川郡立川町の月山山頂にある旧官幣大社。祭神は月読命。出羽三山神社の一つ。

**ガッサンディ【Pierre Gassendi】**(一五九二〜一六五五) フランスの哲学者。エピクロスの原子論を復活して自然学を提唱、キリスト教神学との融合をはかった。

**カッサンドラ【Kassandrā ギリシア】** ギリシア神話のトロヤ王プリアモスの娘。アポロンに予言能力を授けられたが、神の意に従わなかったためその予言を人が信じないようにされた。トロヤ戦争を予言。のち殺された。

●葛飾北斎『富嶽三十六景』「神奈川沖浪裏」。天保二年(一八三一)ごろ、東京国立博物館。

**カッサンドル【Cassandre】**(一九〇一〜一九六八) フランスのグラフィック-デザイナー。本名Adolphe-Jean-Marie Mouron(アドルフ=ジャン=マリー=ムーロン)一九三〇年代ポスター作家として活躍。のち、舞台装置なども手がける。

**かっ-し【甲子】** ①干支の最初。暦に対応させ、甲子にあたる年または日のこと。この日は大黒天の縁日にあたる。こうし。きのえね。②干支の総称。③《転じて》年齢。

**かつ-じ【活字】** ①活版印刷に用いる文字を左右反対に浮き彫りにした角柱。活字合金を母型に流し込んで鋳造する。種々の書体があり、大きさの規格として号数とポイントがある。printing type 数え方 一本。②活字で印刷した文字。印刷物。printed matter

**活字に親しむ**(かつじにしたしむ) 本や雑誌などを、好んで読む。読書にふける。be fond of reading

**活字になる**(かつじになる) 書いたものが、本や雑誌などに掲載される。be printed

**カッシート【Kassite】** 古代オリエントのアーリア系の山岳民族。紀元前一六世紀ごろバビロニア第二王朝を倒し、第三王朝を樹立。前一一五五年エラム人によって滅亡。

**カッシーニ【Gian Domenico Cassini】**(一六二五〜一七一二) フランスの天文学者。イタリア生まれ。木星自転周期の決定、土星環のカッシーニの間隙の発見など。

**カッシーニ-の-かんげき【カッシーニの間隙】** 土星のA環とB環との間の、幅約二六〇〇kmの間隙。一六七五年に天文学者カッシーニが発見。Cassini's division

**カッシーニ-の-らんけい【カッシーニの卵形】** 二定点からの距離の積が一定である点の軌跡。天文学者カッシーニが着想。Cassinian ovals

**カッシーノ【Cassino】** イタリア中南部の都市。リリ川支流のラーピド川の中流沿岸に位置。人口三・一万(一九八一)。

**かつしか【葛飾】** ①東京都東部の区。荒川下流・江戸川・中川などにはさまれた下町の住宅・工場地域。②旧下総国の郡。東京都の隅田川より東、江戸川流域を中心にした地域をさす。

**かつしか-ほくさい【葛飾北斎】**(一七六〇〜一八四九) 江戸後期の浮世絵師。江戸の人。浮世絵に風景版画の新しい道を樹立。勝川春章に入門。狩野派・琳派・土佐派・洋風画など諸派を学び、画号も次々に変えた。風景版画のほかに読本挿絵・狂歌絵本・摺物などに腕をふるい、素描家としてすぐれた力量を示す。作品『北斎漫画』『富嶽三十六景』など。↓写

**かっ-しき【喝食】** ①禅宗で、食事の名・順序などを大声で伝える役割の僧。喝食行者。②能面の一つ。喝食行者の少年の役柄に用いられる。

**かっしき-すがた【喝食姿】** 武家の子どもの髪型の一つ。髪の毛を頭の頂で結び束ねて後ろへたらし、肩のあたりで切りそろえる。

**かつじ-ごうきん【活字合金】** 活字用の合金。鋳造性・耐摩耗性にすぐれていることが必要。鉛を主体とし、アンチモン一二〜二〇%、錫一〜一〇%を加える。type metal

**かつじ-たい【活字体】** 文字の印刷用の書体。①和文では、明朝体・清朝体・宋朝体・ゴシック体・アンチック体などの種類がある。②ローマ字で、*a*に対するaなどのこと。block letters 対義 筆記体。

**かつじ-ぶんか【活字文化】** 情報伝達や記録の手段として、活字などの文字媒体を利用する社会活動。対義 映像文化。

**かつじ-ぼん【活字本】** 活版で印刷された書籍。活刻本。

**かっ-しゃ【活写】**(名・サ変他) いきいきとうつし表すこと。用例 世相を—する。

**かっ-しゃ【滑車】** 綱や鎖をかけて回転するようにしたみぞのある車。力の向きや大きさを変えたり、動力の伝達に用いる。軸の位置を固定した定滑車と軸が移動できる動滑車がある。pulley ↓図

●滑車

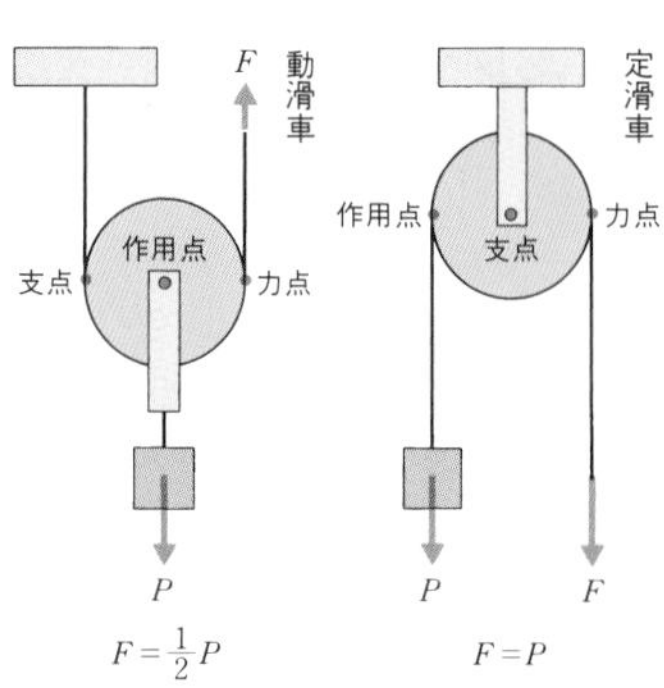


F 力 P 荷重

定滑車を利用した手動のチェーンブロック。

**かっ-しゃかい【活社会】** 現在活動している社会。実社会。

**かっしゃ-しんけい【滑車神経】** 脊椎動物の第四脳神経。中脳から出て眼窩に入る神経で、眼球を下方外側に動かす上斜筋をつかさどる。nervus trochlearis

**ガッシャブルム-さん【ガッシャブルム山】**(Gasherbrum) 中央アジア南部、カラコルム山脈バルトロ氷河最奥の山。六峰からなり、第一峰は標高八〇六八m。

**かっしやわ【▽甲子夜話】** 肥前平戸藩主松浦静山の随筆。文政四年(一八二一)から二〇年間書き続けた。宮廷・徳川将軍・大名・学者、その他名士の逸話や世相風聞を記す。当時の時代相を描く貴重な資料。

**ガッシュ【gouache】** ↓グアッシュ

**がっしゅう-こく【合衆国】** ①二つ以上の州あるいは国家が、連合してつくった単一国家。federal state ②「アメリカ合衆国」の略。

**がっ-しゅく【合宿】**(名・サ変自) グループが一定の目的を達成するために生活をともにして励むこと。学生のサークル活動・共同研究・職業上の訓練など。lodging together

**かっ-しょう【滑▼翔】**(名・サ変自) 鳥が羽ばたきせずに空中を滑るように飛ぶこと。glide

**かつ-じょう【割譲】**(名・サ変他) 領土などの一部を、他国にゆずりわたすこと。cession 比較 分譲。

**がっ-しょう【合従】** 中国、戦国時代に蘇秦が唱えた外交政策。秦に対し趙・魏・韓・燕・斉・楚の六国が同盟して対抗する策。

**合従連衡**(がっしょうれんこう)《中国で、戦国時代に蘇秦や張儀の唱えた連合・同盟策から》国と国などが同盟を結んだり連合するなど、はかりごとの巧みにめぐらされた外交政策。

**がっ-しょう【合唱】**(名・サ変他) ①多声部の声楽曲が、各声部複数の人たちによってうたわれること。混声・男声・女声・児童合唱などがある。コーラス。chorus 比較 重唱・斉唱。対義 独唱。②《俗に》声をそろえてうたうこと。chorus

**がっ-しょう【合掌】**(名・サ変自) ①仏教で、胸の前で両方のてのひらと指を合わせること。インドの古来の礼法が、仏教の礼拝の形式とされたもの。②木材などを組み合わせて山形にしたもの。principal rafter

**かっしょう-ぎり【滑昇霧】** 山の斜面に沿って風が吹き上げるときにできる霧。山霧。upslope fog

**がっしょう-ぐみ【合掌組(み)】** 建築材を山形に交差させた小屋組み。

**がっしょう-づくり【合掌造(り)】** 梁の上に合掌の形に材を組んで棟を支えた切り妻式住居。岐阜県白川村、富山県五箇山地方の民家が有名。↓写

**がっしょう-とりい【合掌鳥居】** 笠木の上に合掌を組んで、山形にした鳥居。山王鳥居。

**かっ-しょく【褐色】** やや黒みをおびた濃い茶色。茶褐色。brown 参考 褐を「かち」「かちん」と読む場合は、多く濃紺色を示し、別な色を表す。

**かっしょく-さいぼうしゅ【褐色細胞▼腫】** 副腎髄質または交感神経に発生する腫瘍。カテコールアミンを産生する。良性のものが多いが、カテコールアミンを過剰分泌すると、頭痛・発汗・動悸などの症状が起こる。pheochromocytoma

**かっしょく-しんりんど【褐色森林土】** 温暖湿潤気候の地方の落葉広葉樹林下に生成する土壌。表層は腐植に富み、下層は褐色を呈する。日本では中部地方以北のブナ林にとくに発達。brown forest soil

**がっしり**(副・サ変自) からだつきなどがしっかりしてたくましいさま。組み立てなどがしっかりして堅固な感じであるさま。がっちり。sturdy

**かつじん-が【活人画】** 沈黙不動の生きた人間を配置し、おもに歴史的場面や名画を模擬的に表現するもの。明治初期にヨーロッパから伝わり、同中期以後流行。tableaux vivants

**かつじん-けん【活人剣】** 人を殺傷するための剣も、使い方によっては人を生かすものとなるということ。人のために役に立つ強い手段。対義 殺人剣。

**かっ-すい【渇水】** 雨が降らないで、水がかれること。water famine 対義 豊水。

**かっすい-き【渇水期】** 一年じゅうでもっとも水のとぼしい期間。dry season 対義 豊水期。

**かっ・する【渇する】**(サ変自) =渇す。①のどがかわく。be thirsty ②求めるものがないので、それをひどくほしがる。long for ③水がかれる。dry

● 合掌造り 岐阜県白川村。

**渇しても盗泉の水を飲まず**(かっしてもとうせんのみずをのまず) ひどい苦難や貧乏にあっても、不正なことには加わらない。

**がっ・する【合する】**(サ変自他) ①(自)一つになる。合わさる。unite 用例 二つの川が—。②(他)一つにする。合わす。unite 用例 三つの学校を—・して一校にする。

**かっ-せい【活性】** 化学反応が活発になりやすい性質。activity

**かっせい-アルミナ【活性アルミナ】** 化学式 $Al_2O_3$ 非結晶質で吸着能力が強い酸化アルミニウム。吸着剤や化学反応の触媒などに利用。activated alumina

**かっせい-おでい【活性汚泥】** 下水に十分な酸素を供給し、有機物を酸化・分解して沈殿させてつくる褐色の泥。有機物の吸着や酸化を活発に行うので、下水処理に用いる。activated sludge

**かっせい-か【活性化】**(名・サ変他) ①物質の反応性を高めること。原子や分子が光・熱により励起されることや酵素が触媒効率を高めることなど。activation ②組織などのもつ機能を活発にすること。activation

**かっせいか-エネルギー【活性化エネルギー】** 反応物の分子が、化学反応を起こすために必要なエネルギー。活性化エネルギーより大きいエネルギーをもつ分子のみが反応して生成物の分子に変わる。activation energy

**かっせい-ざい【活性剤】** 物質の表面の性質を変えることで、吸着・溶解・浸透・拡散など、表面でおこる界面現象を促進するために用いる物質。activator 参照 界面活性剤。

**かっせい-たん【活性炭】** 微細な孔を無数にもち、気体や液体中に含まれる物質を吸着する力が、とくに強い炭。物質の脱臭・脱色・精製、防毒面などに使用。active carbon

**かっ-せき【滑石】** マグネシウムの含水珪酸塩鉱物。単斜晶系。もっとも軟らかい鉱物。真珠光沢があり白色。潤滑剤、薬品・化粧品の添加剤、製紙用などに使われる。タルク。タルカン。talc

**カッセル【Karl Gustav Cassel】**(一八六六〜一九四五) スウェーデンの経済学者。北欧学派の一人。購買力平価説を提唱した。主著『理論的社会経済学』。

**カッセル【Kassel】** 西ドイツ東部、ヘッセン州にある工業都市。ガラス・精密機械工業などがさかん。人口一八・五万(一九八五)。

**かっ-せん【合戦】**(名・サ変自) 敵味方が出会って戦うこと。用例 川中島の—。

**かっ-せん【活栓】** 器の口や管に取り付け、開閉して液体を出したり止めたりする栓。コック。faucet; valve

**かっ-せん【割線】** 円周または曲線と、少なくとも二点で交わる直線。secant

**かつ-ぜん【▼戛然】**(形動トタル) ①かたいものがふれ合って音を発するさま。②ツルなどがするどく鳴く声の形容。

**かつ-ぜん【▼豁然】**(形動トタル) ①けしきなどが急にひらけるさま。②迷い・疑問などが急に解けるさま。用例 —とさとる。

**かっ-そう【割創】** なたのような重い鈍器によってできた傷。切り口の周囲が挫滅され、内部の組織が破壊されていることが多い。cut wound

**かっ-そう【滑走】**(名・サ変自) ①すべり、はしること。glide ②航空機が離着陸時に地上や水上をすべるように進むこと。taxing

**がっ-そう【合奏】**(名・サ変他) 二つ以上の楽器がおのおの独自の声部を受け持ち、いっしょに演奏すること。また、その音楽。ensemble 比較 重奏。対義 独奏。

**かっそう-しょくぶつ【褐藻植物】** 植物界の一部門。ほとんどが海産で、とくに寒海に多い。キサントフィルを含む色素体をもち、体色は黄褐色や暗褐色。大きさは一cmぐらいから七〇mにもおよぶ。世界に約一五〇〇種。モズク・コンブ・ワカメ・ヒジキは食用。カジメ・アラメはアルギン酸・沃素の原料。brown alga ↓図

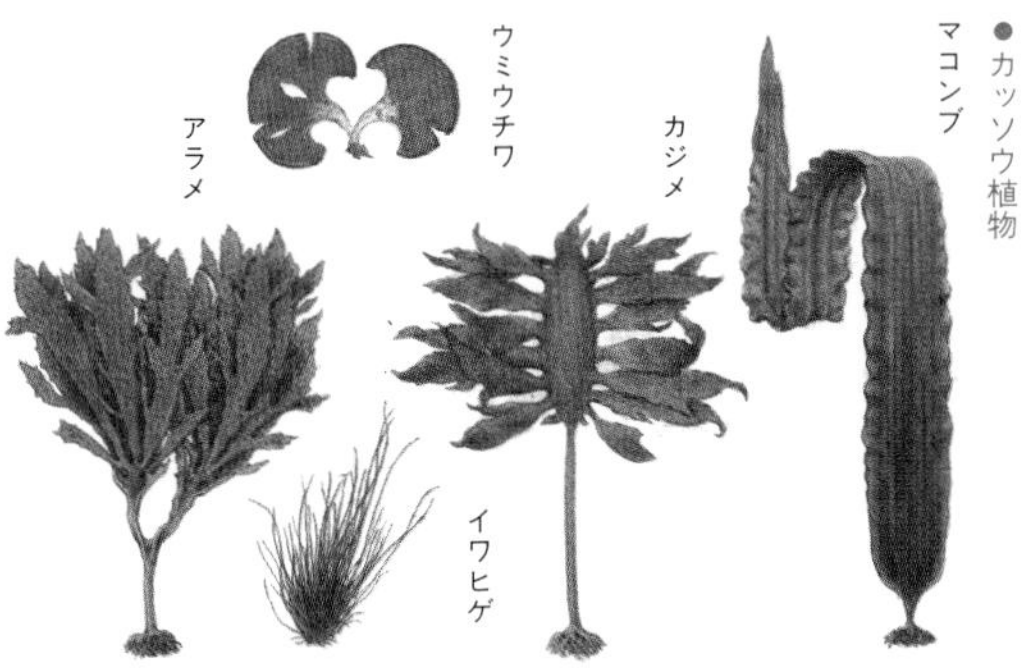

● カッソウ植物

**かっそう-そ【褐藻素】** 褐藻植物・黄色植物などに含まれる色素。キサントフィルの一種だが、構造など不明な点も多い。フコキサンチン。fucoxanthin

**かっそう-ろ【滑走路】** 航空機が離着陸に用いる路面。まっすぐで平坦、大きな衝撃に耐えられるように舗装されている。runway

**かっ-そく【活▼塞】** ↓ピストン

**かつた【勝田】**〈市〉 茨城県中部、水戸市東隣の市。電気機器製造などの工業都市。人口一〇万六六三八(一九八八)。

**かつた【勝田】**〈町〉 岡山県北東部の町。タバコ栽培、畜産がさかん。ミツマタ・シイタケ・竹の子が特産。人口四五四三(一九八八)。

**ガッダ【Carlo Emilio Gadda】**(一八九三〜一九七三) イタリアの小説家。人間存在への強い不信と言語実験の手法によって、前衛文学の新しい地平をきりひらいた。作品『メルラーナ街の恐るべき混乱』など。

**カッター【cutter】** ①切ったり削ったりするための道具。裁断器、フライス盤用の切削工具など。②艦船に搭載する、帆とオールを備えた大型のボート。③帆船の一種。一本マストの小型帆船。

**カッター-シャツ**《和製語》外衣として着る男子用の長袖シャツ。襟・カフスがついていて、もとはスポーツ用だったが、現在はネクタイとともに背広の下に着用される。

**カッター-シューズ**《和製語》かかとが低く、底が平らなパンプス型の婦人靴。舟のカッターに似ているのでこの名がある。↓写

● カッターシューズ

**かったい【▼癩・▼乞▼丐】**《卑語》ハンセン病にかかっている人の古い呼び名。かたい。

**癩の瘡羨み**(かったいのかさうらやみ) 凡俗が、自分より少しでもましな同類を見てうらやむ心理のたとえ。癩の瘡恨み。

**がっ-たい【合体】**(名・サ変自) ①一つになること。union 用例 公武—。②原生動物で二個の生殖細胞(個体)が合一すること。融合。copulation ③受精または交尾。copulation

**かっ-たつ【▼闊達・▼豁達】**(形動)《古くは「かつだつ」》心が大きく、こせこせしないさま。気がさっぱりしているさま。broad-minded 用例 自由で—な気性。

**かつ-だつ【滑脱】**(形動) よどみなく自由に変化するさま。用例 円転—。

**がったり-さんりょう【がったり三両】**(連語) 物事が少しでも行われると、それ相当の

▼ 常用漢字表外。 ▽ 常用漢字表の音訓外。

費用がかかるということ。

**かっ・たる・い**(形)《俗語》①つかれて、だるい。②もどかしい。用例あいつの話は―・くてこまる。

**かっ・たん【褐炭】** 石炭化が完全でない褐色の石炭。褐色褐炭と黒色褐炭がある。水分・灰分が多く、発熱量が低い。石炭液化・ガス化用。brown coal; lignite

**かつ・だんそう【活断層】** 新生代第四紀に繰り返し活動し、今後も活動する可能性があるとみなされる断層。地震活動の予知に重要。active fault

**がっ・ち【合致】**(名・サ変自) ぴったり合うこと。coincidence 用例要求に―する。

**カッチーニ[Giulio Caccini]**(一五五〇ごろ-一六一八) イタリアの作曲家・歌手。モノディー様式を確立。歌曲『アマリリ麗(うるわ)し』など。現存最古のオペラの一つ『エウリディーチェ』をペリと競作。

**カッチ・しっち【カッチ湿地】**(Rann of Kachchh) インド西部、グジャラート州北西部から、パキスタンにかけて広がる大きな塩性湿地。かつて浅海であった。

**かっ・ちゃく【活着】**(名・サ変自) 移植・さし木などをしたものの根がついて生長すること。rooting; taking root

**かっ・ちゅう【▽甲▼冑】** よろい(甲)とかぶと(冑)。戦いのとき、敵の攻撃から身を守るために着用した武具。具足。よろいかぶと。armor ↓写 ↓大鎧図

●甲冑(かっちゅう) 赤糸威鎧兜(あかいとおどしよろいかぶと)、大袖付。鎌倉(かまくら)時代、櫛引(くしびき)八幡宮(青森県)。

**かっちゅう・ぎょ【▽甲▼冑魚】** おもに古生代シルル紀からデボン紀の淡水魚類。よろいかぶとに身を固めたような外観をしている。

**かっちゅう・し【▽甲▼冑師】** よろいや、かぶとを作る職人。具足師(ぐそくし)。

**かっ・ちり**(副・サ変自) ぴたりと合って、すき間のないさま。また、かたく引き締まっているさま。tight 用例ふたが―締まる。

**がっ・ちり**(副・サ変自) ①↓がっしり。②じゅうぶん組み合うさま。tightly ③物事にぬけ目のないさま。shrewd

**ガッツ[guts]** 根性。勇気。用例―のある人。

**ガッツェローニ[Severino Gazzelloni]**(一九一九-) イタリアのフルート奏者。現代音楽のすぐれた演奏者として有名。

**がっ・つ・く**(五自)《俗語》がつがつと欲しがる。むさぼる。greedy

**かっ・て【勝手】** ㊀(名) ①台所。kitchen ②暮らしむき。生計。livelihood 用例―を預かる。③事情。circumstances 用例―がわからない。㊁(名・形動) ①わがまま。selfishness ②都合のよいこと・さま。convenience

**勝手が違う**(かってがちがう) ようすや事情が違っていて、事を運ぶのにとまどう。そのために、思うようにいかない。be not in one's line

**勝手が解る**(かってがわかる) 「勝手を知る」と同意。

**勝手な熱を吹く**(かってなねつをふく) 言いたいことをしゃべりちらす。じまんする。

**勝手な真似をする**(かってなまねをする) 身のほども知らずに、自分のしたいようにふるまう。人の意見を聞かないで、身勝手にふるまう。have one's own way

**勝手にする**(かってにする) 好きなようにする。自分にとってぐあいのよい、また、都合のよいやり方でする。do as one pleases

**勝手を知る**(かってをしる) ある物事のやり方、場所のようすなどを心得る。内々の事情に通じる。be familiar with; know how to do 用例勝手を知ったる他人の家。

**かつて【▼曾て・▼嘗て】**(副) ①あるとき。at one time ②以前。before ③今まで一度も。ever; never 参考「かって」とも言う。

**カッティング[cutting]** ①カットすること。切ること。②映画で、フィルムを切ってつなぎ編集すること。③洋裁で、布を裁ち切ること。型紙に合わせてする平面裁断と、人台に布を当ててする立体裁断がある。裁断。④テニスや卓球で、球を斜めに切りおろすように打つこと。⑤↓カット⑥

**カッテージ・チーズ[cottage cheese]** ナチュラルチーズのうち、軟質チーズの一つ。白色で酸味が強い。低脂肪。アメリカで最初に作られた。↓チーズ図

**かって・ぐち【勝手口】** ①台所の出入口。裏口。kitchen door; backdoor ②茶室で亭主が出入りする茶道口(さどうぐち)の別称。service entrance ↓茶室図

**かって・しだい【勝手次第】**(名・形動) 思うとおりにしてよいこと・さま。思いどおりにふるまうこと・さま。

**かっ・てっこう【褐鉄鉱】** 水酸化鉄を主成分とする微細粒ないし土状の鉄鉱石。黄褐色または黒褐色で軟らかい。鉄を含む鉱物の風化や温泉・沼での沈殿物として産出する。ときに鉱床を形成する。limonite

**かって・でる【買って出る】**(連語) 進んで引き受ける。volunteer 用例なだめ役を―。

**かって・むき【勝手向き】** =勝手許(かってもと)。①台所に関係のあること。用例―のことが不得手だ。②家計。暮らし向き。family finance 用例―がよくない。「向き」

**かって・もと【勝手▽許】** ↓かってむき(勝手向き)

**がっ・てん【月天】**《仏教語》密教で十二天の一つ。バラモン教で月を神格化したものが仏教に転入。月天子。

**がっ・てん【合点】**(名・サ変自) ①うなずくこと。承知。がてん。consent ②和歌などの評点。それを合計すること。③回状などで、承諾したしるしに自分の名の上方にうった点。

**合点、承知の助**(がってん、しょうちのすけ) 納得した、また、承知したと威勢よくうけあうことを、人名めかしていう言い方。用例おっと―だ。

**かっ・と** ㊀(副) ①火の勢いがはげしくなるさま。flare up 用例―燃え上がる。②太陽が強く照りつけるさま。blaze down ③目や口を急に大きく開くさま。open wide 用例―目を見開く。㊁(副・サ変自) 急に怒ったり、興奮したりするさま。be enraged; go mad with 用例思わず―なる。

**カット[cut]**(名・サ変他) ①一部分を切り取ること。②削除。とくに映画などで、よくないとして切り取ること。③映画などで、一つのカメラから写された一場面。ショット。比較シーン・シークェンス。④印刷物に組み入れる小形の絵・模様。比較さし絵。⑤球技で、㋐球をななめに切りおろすように打つこと。㋑送球を中途でうばうこと。⑥髪の毛を切りととのえること・わざ。カッティング。

**ガット[GATT]**《General Agreement on Tariffs and Tradeの略》関税および貿易に関する一般協定。一九四七年ジュネーブで調印された、関税上の差別待遇をなくすための国際協定。日本は昭和三〇年(一九五五)加盟。

**ガット[gut]** テニスのラケットの網や、バイオリンなどの弦楽器の弦に使われている糸や紐(ひも)。原料は、羊・馬・豚などの腸、ナイロン、クジラのひげなど。

**カット・アンド・ソー[cut and sew]** ニット商品で、編んだ生地を裁断縫製して作られるもの。

**カット・イン[cut-in]** 映画やテレビで、画面の間に他の画面を入れること。

**かっ・とう【▼葛▼藤】**(名・サ変自) ①いざこざ。争い。もめごと。②互いに相反するいくつかの要求を同時に満足させることができないときに生じる心理的状態。conflict

**かつ・どう【活動】** ㊀(名・サ変自) ①元気よく動き、働くこと。勢いよく行動すること。activity 用例政界で―する。研究所が―を始める。②エネルギーを放出すること。用例火山が―を始める。㊁(名)「活動写真」の略。用例―屋。

**かつどう・しゃしん【活動写真】** 映画の旧称。活動。movie

**かつどう・てき【活動的】**(形動) てきぱきと動き、働くさま。active

**かつどう・でんい【活動電位】** 筋肉や神経など生体の組織・細胞が刺激されたり、傷を受けた場合に、その部位に起きる膜電位の変化。これによって一時的に流れる微弱な電流が、脳波や心電図に利用される。action potential

**かつどう・でんりゅう【活動電流】** 神経・筋肉・感覚器・腺(せん)などが興奮するときに生じる微弱な電流。心電図や脳波などとして記録できる。動作電流。action current

**かつどう・ど【活動度】** ↓かつりょう(活量)

**かつどう・ぶんせき【活動分析】** 生産工程を分析して、目標達成のためにどのような生産技術が重要か、また不要かを、発見・処理するための数理的方法。リニアプログラミングなど。activity analysis

**カット・オフ**《cutoff playから》野球で、送球を別の野手が他の走者の進塁に備えて、途中で捕球すること。

**カット・グラス[cut glass]** 表面に溝(みぞ)を切りこんで装飾としたガラス食器や装飾品。切り子。参照ガラス工芸。↓写

●カットグラス『薩摩切子舟形鉢(さつまきりこふながたばち)』。江戸時代、サントリー美術館(東京都)。

**ガットじゅういちじょう・こく【ガット一一条国】** ガット第一一条の規定によって、国際収支上の理由では輸入制限できないという義務を負う国。Article XI nation of GATT

**カットバック[cutback]** 映画やテレビで、別の時間空間をもつ場面に切り替え、また初めの場面にもどす表現法。切り返し。

**カットワーク[cutwork]** 刺繍(ししゅう)技法の一つ。刺繍をしてから不要部分の布地を切り取り、透かし模様をつくる。↓写

**カツ・どん【カツ▼丼】** どんぶり物の一つ。甘辛く煮たとんカツに溶き卵を加えてとじ、汁ごとご飯にかける。

**かつぬま【勝沼】**〈町〉山梨県、甲府盆地東部の町。ブドウの産地として知られ、ワイン工場が多い。人口九〇〇六(一九八八)。

**かつぬま・せいぞう【勝沼精蔵】**(一八八六-一九六三) 内科医。静岡県生まれ。東大卒。組織細胞内の酸化還元酵素オキシダーゼについて組織学的に究明。老人医学の権威。昭和二九年(一九五四)文化勲章受章。

●カットワーク

**かづの【▼鹿角】**〈市〉秋田県北東端の市。十和田(とわだ)湖・八幡平(はちまんたい)への入り口。リンゴ栽培がさかん。人口四万四〇五四(一九八八)。

**かつ・は【且つは】**(副)《多く「かつは…、かつは…」の形で用いられる》一方では。用例―歌い、―飲む。

**かっぱ【▽河▽童】**《「かわわっぱ」の転》㊀①想像上の動物で水界の妖怪(ようかい)。水神の零落して妖怪化したもの。体は青く童形で、おかっぱ頭の上に水を入れた皿があり、水がなくなると霊力を失うという。馬を川に引き込む河童駒引譚(こまひきたん)は全国的に分布する。河伯(かはく)。河太郎。がたろ。②水泳のうまい人。③《①の好物とされることから》キュウリの俗称。④「かっぱまき」の略。㊁芥川竜之介(あくたがわりゅうのすけ)の小説。昭和二年(一九二七)発表。河童の国へ行ったという精神病院の患者の話を通して、人間世界の社会・政治・宗教・芸術などへの風刺が語られる。↓写

●河童(かっぱ)㊀① 『百鬼夜行(ひゃっきやこう)絵巻』より。

**河童の川流れ**(かっぱのかわながれ) 熟練者も失敗することがあるということ。類似猿(さる)も木から落ちる。

**河童の屁**(かっぱのへ) わけもなくできること。たやすいこと。屁の河童。類似朝飯前。

**かっ・ぱ【喝破】**(名・サ変自他) ①人の意見を大声で説きやぶること。道破。②まちがいを正し、真理を明らかにすること。

**カッパ【K・κ】** ギリシア字母の第一〇字。kappa

**カッパ[capa(ポルトガル)・合羽]** ①雨具兼防寒具のマント。一六世紀中期に南蛮から渡来以後、江戸時代、明治時代にかけて流行。②荷物など

●カッパ① 歌川広重『木曽海道六十九次』より。

の雨よけに使う桐油紙。↓写

**かっ-ぱつ【活発・活▼潑】**（形動）きびきびして元気がよいさま。いきいきしているさま。lively 対義 不活発。

**かっぱてんごく【かっぱ天国】** 昭和二八年（一九五三）にはじまった、清水崑作の漫画。『小学生朝日』、『週刊朝日』に連載。

**カッパドキア【Cappadocia】** トルコの中部高原を占める地域の古名。主要都市はカイセリ。前三世紀に独立、後一七年ローマに併合。八〜一三世紀ごろの洞窟修道院壁画が東方系のキリスト教絵画として注目されている。

**かっぱ-まき【▽河▽童巻(き)】**《「かっぱ」は、すし屋の俗語でキュウリのこと》キュウリをしんにして海苔で巻いた細巻きずし。

**かっ-ぱらい【▼掻っ払い】** すきをねらって他人の品物を盗むこと・人。pilferer

**かっ-ぱら・う【▼掻っ払う】**（五他）すきをねらってすばやく盗む。rip off

**かっ-ぱん【活版】** 活字を主体に組み上げた凸版。写真やカットは銅版や亜鉛凸版を作製して組み入れる。印刷版。活字版。printing 比較 謄写版。用例 ―印刷。↓図

**がっ-ぴ【月日】** ①そのことのある月と日。date 用例 ―が知りたい。②日づけの月と日。date 用例 ―を入れる。

**かっ-ぴつ【渇筆】** 書道・水墨画の筆法。筆の穂先が割れたり、含む墨の量が少なくなって生じる、かすれを利用する。

**がっ-ぴつ【合筆】**（名・サ変他）田畑・宅地などの土地の登記簿上の数区画を合併して一つにすること。対義 分筆。

**がっ-ぴょう【合評】**（名・サ変他）人々が集まって批評し合うこと。その批評。joint review 用例 作品―。

**カッブ【Tyrus Raymond Cobb】**（一八八六〜一九六一）アメリカのプロ野球、デトロイト-タイガースの外野手。生涯通算打率〇・三六七。数多くの大リーグ記録をもち、とくに通算安打四一九一本は一九八五年ピート＝ローズによって更新されるまで五七年間破られなかった。通称タイ＝カップ。

**かっ-ぷ【割賦】** 代金を何回かに分けて支払うこと。分割払い。the installment plan

**カップ【cup】** ①食品を入れる洋風のうつわ。㋐コップ。㋑コーヒー・紅茶用の取っ手つき茶碗。㋒アイスクリームやインスタント食品などの容器。②「計量カップ」の略。③賞杯。④ブラジャーの、乳房にあてる部分。

**かっ-ぷく【▼恰幅】** 肉づきや押し出しから見た、体のかっこう。どっしりした体つき。presence 用例 ―がいい。

**かっ-ぷく【割腹】**（名・サ変自）自分で腹を切って死ぬこと。切腹。はらきり。

**カップケーキ【cupcake】** 洋菓子の一種。バターが多めの生地をカップ型に流し入れて焼いたもの。ドライフルーツなどを飾る。

**かつ-ぶし【▼鰹節】** ↓かつおぶし(鰹節)

**かつ-ぶつ【活仏】** 人間の姿で現世に現れた仏。また、非常に徳の高い僧。生きぼとけ。

**かつ-ぶつ【活物】** 生きているもの。対義 死物。

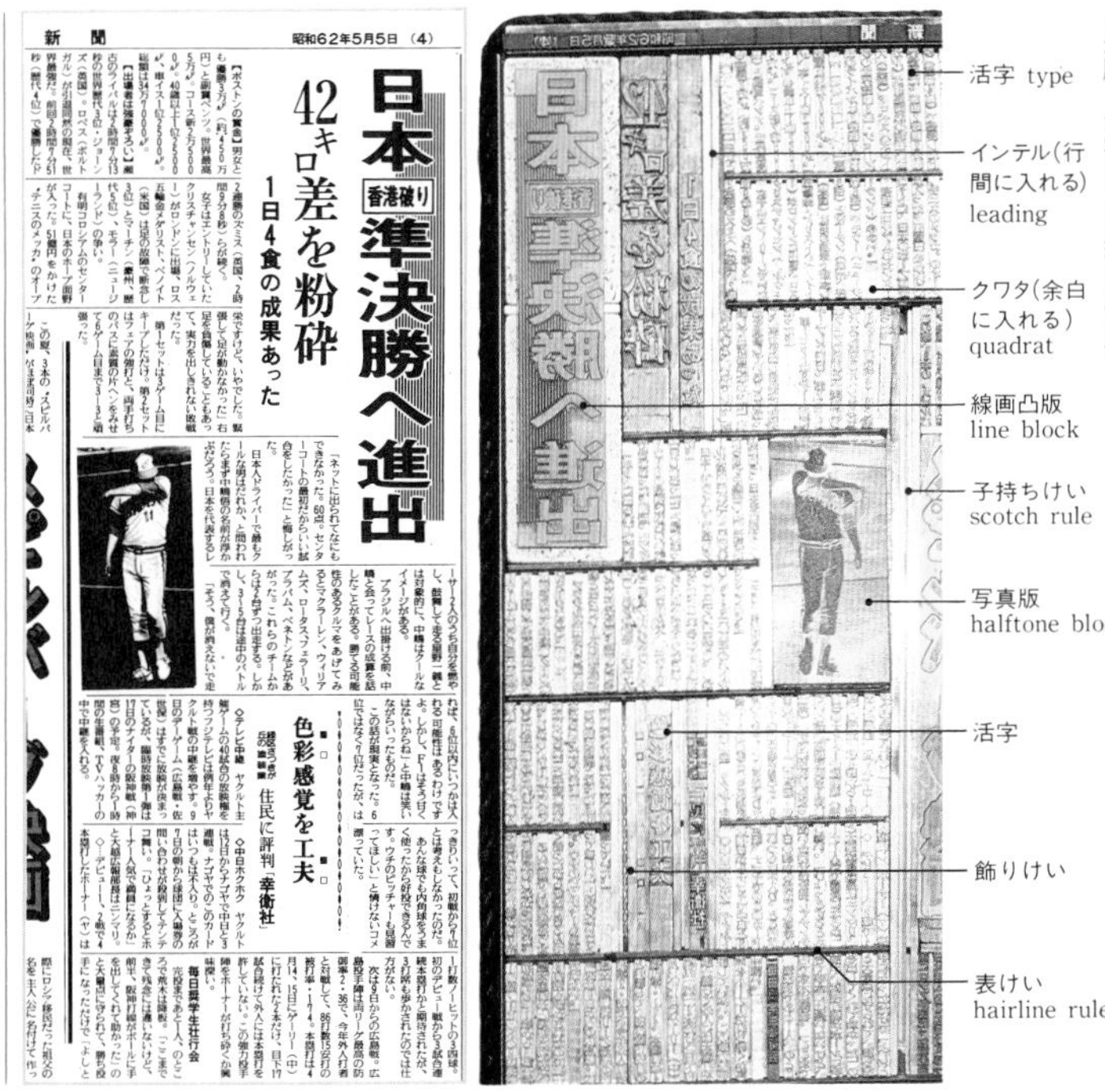


●活版 活字による組み版の例

**かつぶつ-きせい【活物寄生】** ノミなどが、生きている生物に寄生すること。寄生。parasite 対義 死物寄生。

**かっぷ-はんばい【割賦販売】** 商品の代金を分割して支払う条件で売買契約をする販売制度。

**カップボード【cupboard】** 食器棚。

**がっぷり**（副）十分に組みあうさま。用例 ―右四つ。

**カップリング【coupling】** 有機化学において、芳香族ジアゾニウム塩が芳香族アミンやフェノールなどと反応し、アゾ化合物をつくる反応。アゾ染料の製造などに利用。

**カップリング-シュガー【coupling sugar】**《「カップリング」は結合の意》砂糖一に対してでんぷん一〜二の割合で混ぜたものに酵素を加えた糖。甘味は砂糖の半分強。虫歯になりにくい砂糖。

**カップル【couple】** ①対になっているもの。②夫婦。③男女の一組。アベック。

**がっ-ぺい【合併】**（名・サ変自他）①一つに合わさること。合わせること。併合。統合。union 用例 町村―。②法律上、二つ以上の会社が契約で一つの会社に合同すること。企業合同のもっとも進んだ段階。amalgamation

**がっぺい-しゅうごう【合併集合】** ↓わしゅうごう(和集合)

**がっぺい-しょう【合併症】** 二つ以上の病気が、同時にあるいは相前後しておこった症状。相互に関係がない場合をいう。complication

**がっ-ぺき【合壁】** かべ一つでへだてられた、となりの家。用例 近所―。

**かつ-べん【活弁・活▼辯】**《「活動写真弁士」の略》無声映画時代に、映画の筋を説明し、俳優の会話を代弁した職業。弁士。

**かつ-べん【滑弁・滑▼瓣】** 蒸気機関の蒸気口と排気口の開閉をする箱型の弁。すべりべん。

**がつ-へん【▼歹偏】** ↓いちたへん(一タ偏)

**かっ-ぽ【▼闊歩】**（名・サ変自）①大またにゆうゆうと歩くこと。stride 用例 街頭を―する。②いばって行動すること。strut 用例 親の財力で世の中を―する。

**かつ-ぼう【渇望】**（名・サ変他）《のどがかわいて水をほしがるように》強くほしがること。切望。熱望。eager desire

**かっ-ぽう【割▼烹】**《「割」は包丁で切ること、「烹」は火で処理すること、の意》①調理すること。料理。cooking ②《転じて》日本料理。③料理屋。restaurant

**がっ-ぽう【合邦】** ㊀一つ以上の国家を合わせること。合わせた国。㊁浄瑠璃『摂州合邦辻』の通称。

**かっぽう-ぎ【割▼烹着】** 袖口をゴムひもで絞ったエプロン形式の仕事着。家庭内の労働をするときに着る。大正中期以後に普及。

**かっぽう-りょかん【割▼烹旅館】** 日本料理・会席料理を出す旅館。

**がっぽり**（副）《俗語》金額の多いさま。どっさり。lot 用例 ―課税される。したたま。

**かっぽれ** 俗謡に合わせて踊る軽妙で滑稽味のある舞踊。幕末ごろの大道芸が明治になり寄席で演じられた。名称は囃子詞から。

**がっ-ぽん【合本】**（名・サ変他）雑誌や小冊子類を数冊綴り合わせて一冊に製本すること。また、その本。合冊。composite volume

**かつ-ま【▼羯磨】**《仏教語。karman梵の音写で、行為の意》①受戒や懺悔・結界などの儀式・作法のこと。②《「羯磨金剛」の略》密教法具の一つ。

**かつ-また【且つ又】**（接続）その上さらに。moreover 用例 仕事に、―趣味に活躍する。

**かつみ-まさる【勝見勝】**（一九〇九〜八三）デザイン評論家。東京生まれ。東京オリンピックのアートディレクターとして有名。

**かつもう-わしゅ【褐毛和種】** ↓あかげわしゅ(褐毛和種)

**かつ-もく【▼刮目】**（名・サ変自）注意してよく見ること。強い関心を持つこと。注目。期待。watch eagerly 用例 ―に値する。

**かつもと【勝本】**〈町〉長崎県、壱岐島北部の町。ブリ・イカの一本釣りがさかん。古くは大陸交通の中継地として栄えた。蛇ケ谷に海食崖がある。人口八三一六(一九八八)。

**かつ-やく【活躍】**（名・サ変自）めざましく活動すること。activity

**かつやく-きん【括約筋】** 眼裂や消化管などの開口部を輪状に囲み、収縮してこれらを閉じる筋。外肛門括約筋・瞳孔括約筋など。sphincter

**かつ-やま【勝山】** 女性の髪型の一種。毛髪を後頭部で束ね、その先を細くし、大きな輪をつくるように上へ曲げて留めたもの。江戸初期、吉原の遊女勝山が最初に結ったという。

**かつやま【勝山】**〈市〉福井県北東部の盆地にある市。旧城下町。織物関係の工場が多い。人口三万八三六(一九八八)。

**かつやま【勝山】**〈町〉岡山県北部、旭川上流の町。木材の集散地。高田硯が特産。神庭滝がある。人口一万七〇一(一九八八)。

**かつやま【勝山】**〈町〉福岡県北東部、北九州市南隣の町。稲作中心の農業、スギ・ヒノキの林業が主体。人口七五四二(一九八八)。

**かつやま【勝山】**〈村〉山梨県南東部、河口湖岸の村。民宿観光に力を入れている。竹ざるが特産。人口二一八八(一九八八)。

**かつ-ゆ【活▼喩】** 修辞法の一種。無生物を人間にたとえていう法。擬人法。「花が笑う」「台風のつめあと」など。

**かつ-ゆ【▼蛞▼蝓】** ナメクジの異名。

**かつ-よう【活用】**（名・サ変自他）①生かして使うこと。利用。運用。practical use ②文法で、「書く」が「書かナイ」「書きマス」などとなるように、用法に応じて用言や助動詞の形が規則的に変わること。用言の語形は、ふつう変化しない部分(語幹)と、変化する部分(語尾)とに分ける。ただし、「する・来る」などのように分けられないものもある。conjugation

**かつよう-けい【活用形】** 用言や助動詞が活用する場合の、それぞれの形。未然形・連用形・終止形・連体形・仮定形(文語では已然形)・命令形の六つの形がある。conjugation

**かつよう-ご【活用語】** 活用する単語の総称。用言(動詞・形容詞・形容動詞)と助動詞。

**かつよう-ごび【活用語尾】** ↓ごび(語尾)

**かつよう-じゅ【▼闊葉樹】** ↓こうようじゅ(広葉樹)

**かつよう-れんご【活用連語】**《活用する連語の意》用言または体言に助動詞の付いたも

▼ 常用漢字表外。 ▽ 常用漢字表の音訓外。

の。全体として一つの用言と同様の機能を持つ。「行かない」「生徒だ」「花のごとし」など。

**かつら** 20画【▼縵】 部首[艹] 和製漢字 JIS 7338 姓氏に用いられる。

**かつら【▼桂】** ①カツラ科の落葉高木。日本特産。山地にはえ、庭木としても栽培。高さ約三〇m。樹皮は灰白色。葉は心臓形。雌雄異株。早春に紅色の小花をつける。果実は濃紫色。建築・家具に利用。②中国の伝説で、月にあるという木。③月の別名。

**桂を折る** 昔、文章生が、官吏登用試験に及第することを言う。

**かつら【▼鬘】** 扮装のために、または美容上の目的で用いるにせの頭髪。全鬘(=ウイッグ)と部分鬘(=ヘアピース)がある。かずら。wig; hairpiece

**かつら【▼桂】** 京都市西郊、桂川に沿う田園地帯。古代には楓渡という船着き場があった。桂離宮がある。

**かつら【▼桂】**〈村〉 茨城県北部、那珂川に沿う農村。稲作のほかタバコ栽培、イチゴなどの園芸農業がさかん。人口六九一二(一九八八)。

**かつらお【▼葛尾】**〈村〉 福島県東部、阿武隈高地の中央にある山村。稲作・タバコ栽培がさかん。人口二〇四八(一九八八)。

**かつら-かご【▼桂▼籠】** 生け花で、籠の花入れの一つ。京都の桂川の漁民が使っていた鮎籠を、千利休が見立てて花入れに用いてからの名称。桂川籠。

**かつら-がわ【▼桂川】** 相模川の上流、山梨県内での名称。長さ五三km。山中湖から郡内地方を経て、相模湖に流入。

**かつら-がわ【▼桂川】** 京都市西部を流れる川。長さ三一km。大堰川下流の嵐山から淀川合流点までをいう。古来、交通と農業に利用。

**かつらがわ-ほしゅう【▼桂川▼甫周】**(一七五一—一八〇九) 江戸後期の蘭学者。幕府の奥医師。『解体新書』の翻訳に参加。『北槎聞略』などを著述。

**かつらぎ**〈町〉 和歌山県北部、紀ノ川沿いの町。旧宿場町。ミカン・柿の栽培がさかん。人口二万二九〇八(一九八八)。

**かつらぎ【▼葛▽城】** 奈良県、奈良盆地の南西部一帯をさす。古代の豪族葛城氏ゆかりの地といわれ、古墳・遺跡などが多い。

**かつらぎ-さん【▼葛▽城山】** 大阪府と奈良県の境にある山。標高九六〇m。金剛山地の一峰。東側にロープウエーがある。

**かつらぎ-さん【▼葛▽城山】** 大阪府と和歌山県の境にある山。標高八五七m。和泉山脈の一峰。ブナの原生林がある。

**かつ-らく【滑落】**(名・サ変自) 登山などで、すべり落ちること。slip down 用例 ——事故。

**かつら-こごろう【▼桂小五郎】** 木戸孝允の初名。

**カッラス【Aino Kallas】**(一八七八—一九五六) フィンランドの女流小説家。印象主義と心理主義の中間をいく作風。作品『レイギの牧師』『狼花嫁』など。

**かつらだ-ふじろう【▼桂田富士郎】**(一八六七—一九四六) 病理学者。石川県生まれ。東大・ユトレヒト大卒。日本寄生虫病学の開拓者の一人。ジストマの研究をし、明治三七年(一九〇四)には日本住血吸虫を発見。

**かつら-タフト-きょうてい【▼桂-タフト協定】** 明治三八年(一九〇五)桂太郎首相と米陸軍長官タフトの間で結ばれた秘密覚書。アメリカのフィリピン支配と日本の朝鮮支配などを相互に承認。

**かつら-たろう【▼桂太郎】**(一八四七—一九一三) 陸軍大将・政治家。公爵。長州藩出身。三次にわたって組閣、日英同盟締結・日露戦争推進・日韓併合、また国内の社会主義運動弾圧などを断行。

**かつら-の-みや【▼桂宮】** 旧四親王家の一つ。天正一八年(一五九〇)後陽成天皇の弟智仁親王が八条宮を称したのに始まる宮家。明治一四年(一八八一)廃絶。

**かつら-はま【▼桂浜】** 高知市、浦戸湾口にある浜。小石の多い浜で五色石を産する。観月の名所。坂本竜馬の銅像が立つ。

**かつら-はるだんじ【▼桂春団治】** 落語家。現在三代まで。初代(一八七八—一九三四)は本名皮田藤吉。のち岩井姓。大阪落語の第一人者として、独特のあくの強い芸で人気を博し、レコード・ラジオ出演で活躍。

**かつら-ひめ【▼桂姫】** 桂女①の別称。

**かつら-ぶんじ【▼桂文治】** 落語家。現在一〇代まで。初代(一七七三—一八一五)は上方落語の元祖とされ、芝居噺の大成者として知られる。六代(一八四六—一九一一)は、芝居噺で人気があり、西南の役を高座で演じ話題となった。

**かつら-ぶんらく【▼桂文楽】** 落語家。現在八代まで。八代(一八九二—一九七一)は本名並河益義。東京生まれ。幇間もの・盲人ものなどが有名。紫綬褒章・勲四等瑞宝章受章。

**かつら-みきすけ【▼桂三木助】** 落語家。現在四代まで。三代(一九〇二—一九六一)は本名小林七郎。東京生まれ。NHK「とんち教室」のレギュラーとなって売りだし、三木助襲名後は芸風が大いに上がった。

**かつら-むき【▼桂▼剝き】** 野菜の切り方の一つ。ダイコンやニンジンなどを、五～六cmの長さに輪切りにし、薄く皮をむくように切って帯状にする。↓図

**かつら-め【▼桂女】** ①昔、京都の桂の里に住んでいた巫女。貴人や富豪の家の祝い事のときに、祝言の祓いをした。桂姫。②桂の里から京の町に来て鮎鮨や桂飴を売り歩いた物売り女。③貴人の婚礼で、花嫁の供をした女。

**かつら-もの【▼鬘物】** 能で、女性を主人公にした優美な曲。三番目物。かずらもの。『松風』『羽衣』など。

**かつら-ゆき【▼桂ゆき】**(一九一三—) 洋画家。東京生まれ。作品『ゴンベとカラス』など。

**かつら-りきゅう【▼桂離宮】** 京都市西京区桂御園にある離宮。八条宮(桂宮の)家の別荘として元和六年(一六二〇)ごろに創建。古書院・中書院・新書院と池泉回遊式庭園からなり、茶室が点在する。その調和のとれた美は海外にも著名。

**かつ-りょう【活量】** 実際の気体や液体において、理想気体や理想液体中と同じに行動すると考えられる分子やイオンの、各成分ごとの濃度。活動度。activity

**かつ-りょく【活力】** 活動する力。エネルギー。vitality

**かつりょく-せつ【活力説】**《哲学用語》生命現象は、無生命界を支配する原理とは異なった特別のある種の生命力、すなわち活力に支配されていると説くもの。生気説。vitalism

**かつ-れい【割礼】** 男女の性器の一部を切除または切開する儀礼的慣習。男子の場合が一般的。集団への加入の儀式の一つとして行われることが多い。古代エジプト・イスラエル、現在ではユダヤ教徒やイスラム教徒、また未開社会などで行われている。circumcision

**かつ-れき【活歴】**《活きた歴史劇、の意》歌舞伎時代物の一種。史実に忠実な舞台風俗、脚本・演技の写実化をめざした、明治時代の九世市川団十郎による歌舞伎近代化の一所産。

**カツレツ【cutlet】** 牛・豚・鶏などの肉を平たく切って、パン粉をまぶし、油で揚げた料理。欧米ではバターかラードで焼く。カツ。

**かつれん【勝連】**〈町〉 沖縄県、沖縄島東岸の町。サトウキビ栽培が主。勝連城跡がある。人口一万四一五六(一九八八)。

**かつ-ろ【活路】** 生きられる道・方法。助かる道。means of escape 用例 ——を求める。

**活路を開く** 苦境から逃れ出る方法、生き延びる道を見つける。find a way out of the difficulty 用例 敵中突破に——。

●桂剝き

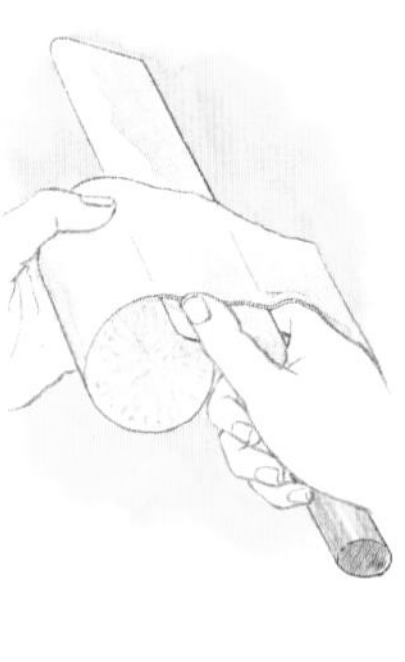

**かて【▼糅】**《「糅つ」の名詞形》 米をたくときに混ぜる他の穀物。また、それを混ぜた飯。かてめし。

**かて【糧・▼粮】** ①たくわえておく食物。food ②旅行などに持っていく、干した飯。昔の携帯食。ほしい。③活動の支えとなるもの。力づけるもの。food 用例 心の——。

**糧を棄て船を沈むる謀** 生きては帰らない覚悟をするたとえ。決死の覚悟で敵と対決すること。

**糧を敵に借る**《敵の食糧をうばい、味方のものにする、の意から》対立する勢力や反対する者を、たくみに利用すること。

**か-てい【仮定】**(名・サ変他) かりにきめること。きめたもの。supposition 比較 仮説・憶説。

**か-てい【家庭】** 親子・夫婦など家族が生活を共にする社会最小の集団。また、その生活場所。現代は夫婦と子供の二代の家庭が多くなった。home

**家庭を持つ** 結婚する。所帯をもつ。get married 類似 家庭をつくる。

**か-てい【過程】** 物事が変化、進展していく段階的なすじ道。経路。プロセス。process 用例 成長——。

**かてい【▼嘉▼禎】** 鎌倉中期の年号。文暦から改元。元年(一二三五)九月一九日～四年(一二三八)一一月二三日。次に、暦仁に改元。

**か-てい【課程】** 学校などで、ある一定期間に割り当てて修得させる学習・作業の内容。curriculum

**かてい-い【家庭医】** 家族の健康管理をうけもつ医師。かかりつけの医者。home doctor

**かてい-か【家庭科】** 学校の教科の一つ。衣食住など家庭生活にかかわることを教える。home economics

**かてい-かんご【家庭看護】** 慢性的な病人を家族が家庭で看護すること。また、家族がする応急的な看護。home nursing

**かてい-ぎ【家庭着】** 家庭内で、仕事や休息に着る衣服。ホームウエア。ハウスドレス。housedress

**かてい-きょういく【家庭教育】** 家庭で行われる教育。言語や考え方、行動のしかたなど、人格形成に深い影響をあたえる。

**かてい-きょうし【家庭教師】** 個人的に、家庭などの私的な場所で子どもの学習を指導する人。tutor

**かてい-けい【仮定形】** 口語の活用形の一つ。「行けば」のように「ば」をともなって用いられる。仮定条件を表すところから仮定形とよばれる。参照 已然形。

**かてい-さいばんしょ【家庭裁判所】** 下級裁判所の一つ。家庭内事件と少年に関する事件を審判または調停する。昭和二四年(一九四九)開設。家裁。family court

**かてい-しょうせつ【家庭小説】** 新旧思想の対立や、封建的家庭における女性の悲劇を題材とした小説。明治三〇年代に出現。徳富蘆花の『不如帰』など。

**カディス【Cádiz】** スペイン南部、同名州の州都。大西洋岸の港湾都市。紀元前一〇世紀ごろフェニキア人が開いたスペイン最古の都市。カナリア諸島への渡航基地。人口一五・八万(一九八一)。

**かてい-そうぎ【家庭争議】** 家庭内のもめごと。family trouble

**かてい-てき【家庭的】**(形動) ①家庭をだいじにするさま。family-minded 用例 ——な人。②一家族のなかにいるような感じであるさま。homely 用例 ——な雰囲気。

**かていない-ぼうりょく【家庭内暴力】** 肉親に対して少年少女が暴力をふるうこと。一般的には家庭内で起こる暴力ざたのことだが、とくに、昭和五二年(一九七七)ごろから目立ちはじめて社会問題化した、子どもが親に対してふるう暴力をいう。domestic violence

**かてい-らん【家庭欄】** 新聞・雑誌などで、育児・料理・美容・趣味など家事に関する記事を載せるページ。home-life page

**カテーテル【catheter】** 体腔から液を排出するための有孔管状の器具。ゴム製・合成樹脂製・金属製がある。

**カテガット-かいきょう【カテガット海峡】**(Kattegat) スウェーデン南西部とデンマーク北東部間の海峡。北は北海、南はバルト海に通じる。幅一四〇km。最大水深一二九m。

**カテキズム【catechism】** キリスト教信仰を初心者たちに教えるための、問答体の解説書。教理問答。

**カテコール【catechol】** 化学式$C_6H_4(OH)_2$ 植物や馬尿中に存在する無色の結晶。金属分析用試薬・現像液に利用。ピロカテキン。

**カテコールアミン【catecholamine】** 狭義にはカテコール構造の生体アミンの総称。広義にはイソプロテレノールなどの合成物質も含む。

**カテゴリー【Kategorieドイツ】** =範疇。①同類のものが、その中にはいるべき部門・範囲・種類。②《哲学用語》アリストテレスで、事物の存在を分類するもっとも普遍的、一般的な類概念。カントで、判断が成り立つために従わなければならない思考(悟性)の形式。

**かてて-くわえて【▼糅てて加えて】**(連語) その上、さらに。用例 ——病人まで出る。

**カテドラル【cathédraleフランス】** カトリック教会・イギリス国教会で司教(主教)区の首位にあり、司教(主教)座をもつ大聖堂。司教(主教)座聖堂。大聖堂。cathedral

**かでな【▼嘉手納】**〈町〉 沖縄県、沖縄島西岸の

町。嘉手納飛行場で知られるアメリカ軍基地の町。人口一万四二三六(一九八八)。

**かて-めし【▼糅飯】** ご飯料理の一つ。米に、糅(雑穀や野菜、海藻などの具)を加えて炊いたもの。かて。

**がてら(接尾)** 《体言や動詞の連用形に付いて》…しながら。…のついでに。かたがた。用例散歩—おいでください。

**か-てん【火点】** ①機関銃・小銃を主体とする射撃陣地。対戦車砲・トーチカ陣地を含める場合もある。②発火にいたる温度。

**か-てん【加点】**(名・サ変自他) ①点数を加えること。また、その点数。対義減点。②漢文に訓点をつけること。

**か-てん【▼嘉典】** めでたい儀式。

**か-でん【火田】** 山野を焼いて、その灰を肥料とし、作物を作る原始的農法。焼き畑。slash-and-burn agriculture

**か-でん【▼瓜田】** ウリの畑。

**瓜田に履を納れず**(かでんにくつをいれず) 《ウリ畑で、はきものを直すと、ウリを盗んでいるように見えることから》人に疑われやすい行動をすることをいましめた語。瓜田の履。類似李下の冠。

**瓜田の履**(かでんのくつ) 「瓜田に履を納れず」の約。

**瓜田李下**(かでんりか) 「瓜田の履」と「李下の冠」という、二つの同義の語を合わせた言い方。

**か-でん【家伝】** その家に先祖代々伝えられてきたこと。また、その家代々の記録。

**か-でん【家電】** 「家庭電気器具」の略。

**か-でん【荷電】** ①電荷。electric charge ②帯電、つまり物体に電荷をもたせること。また、電荷をもった状態。electrification

**か-でん【▼訛伝】** まちがって伝えられていること。あやまった言い伝え。

**が-てん【▽合点】**(名・サ変自) 《「がってん」の転》うなずくこと。承知すること。

**合点が行く**(がてんがいく) 理解する。承知する。納得がいく。understand 用例どうも合点が行かない。

**がでん-いんすい【我田引水】** 《自分の田へ水をひく、の意から》自分のつごうのよいように言ったり、取り計らったりすること。

**か-でんし【価電子】** 一個の原子中で他の原子との結合に関与できる電子。原子の性質を左右する。原子価電子。valence electron

**かでんしょ【花伝書】** 能楽の芸術論集。世阿弥元清の作。能を大成した観阿弥・世阿弥父子の芸術論の集大成。全七編。応永七年(一四〇〇)ごろ成立。正しくは『風姿花伝』。

**カデンツァ【cadenza イタリア】** ①音楽で、終止形。カデンツ。②独唱曲・協奏曲などの、楽曲の終止近くに挿入される装飾的な即興風の楽句。

**かでん-みん【火田民】** 朝鮮半島の焼き畑耕作民。火田の記録は新羅時代にさかのぼり、李朝・日本統治時代に拡大したが、現在は見られない。

**かでん-りゅうし【荷電粒子】** 正または負の電荷をもつ微小粒子。イオン、電子や陽子などの素粒子など。素電荷の整数倍の電荷をもつ。charged particle

**か-と【河図】** 八卦の起源とされる図。中国の伝説で、黄河に出現した竜馬の背の旋毛の形状を写したといわれる。

**か-と【過渡】** ある状態から他の状態へうつる途中。比較過程。用例—期。

**か-と【▼蝌▼蚪・科斗】** オタマジャクシの漢名。

**かど【▽才】** 古語才能。才覚。用例少しも—あらむ人の耳にも目にも留まること(源氏・帚木)。

**かど【角】** ①物のとがった所。edge 用例机の—。②道の曲がり目。corner 用例—の雑貨店。—を曲がって二軒目。③物のすみ。corner ④けわしい感じ。rigidness 用例—のある人。—を立てておこる。

**角が立つ**(かどがたつ) 物事がなめらかにいかない。円満にいかない。荒立つ。

**角が取れる**(かどがとれる) 世なれて、円満になる。

**角を入る**(かどをいる) ①元服前の一四、五歳のころ、前髪の生え際を四角くそる。②目に角を立てる。おこった目つきをする。

**角を倒さぬ**(かどをたおさぬ) 「廉を倒さぬ」と同意。

**角を立てる**(かどをたてる) 荒だてる。挑戦的な態度を示す。speak harshly

**かど【門】** ①屋敷の外側の出入り口。もん。gate ②家の前。門のあたり。前庭。house front ③農家の敷地内の農作業場として利用する空き地。open space in farmyard ④家。house ⑤一族。一門。kin

**御門が違う**(おかどがちがう) 専門外である。見当違いである。bark at the wrong tree 用例こちらに文句を言うのは—。

**門広し**(かどひろし) 一族が繁栄するさま。

**門を出ず**(かどをいず) 家を出る。出家して僧尼になる。

**門を売る**(かどをうる) 門口に立ち、商品の名を呼び上げて、売る。

**門を広ぐ**(かどをひろぐ) 一族をふやす。一族を繁栄させる。

**門を塞ぐ**(かどをふさぐ) 不義理をしたために、その家が訪ねにくくなる。敷居が高くなる。

**かど【▽廉】** 数えたてるべき箇条。目につく特徴。用例不審の—をただす。

**廉を倒さぬ**(かどをたおさぬ) 《器具や衣類が古くなっても形がくずれない、の意から》人がおちぶれても、面目を大切にし、格式を保ち続けることを言う。

**かど【▼鰊】** ニシンの異称。

**か-ど【過度】**(名・形動) 度をすごすこと。行きすぎ。excess

**か-とう【下等】**(名・形動) 対義上等。①品質が悪いこと・さま。inferiority ②下品なこと・さま。いやしいこと。vulgarity ③等級が低いこと・さま。下位。low grade

**か-とう【火灯・▼瓦灯】** 昔の照明用具。陶製で、上が狭く下が広がった箱型のもの。

**か-とう【果糖】** 化学式$C_6H_{12}O_6$ 果汁や蜂蜜などに存在する単糖。蔗糖の加水分解によっても得られる。食用として甘味料、糖尿病患者の栄養食、利尿剤に利用。フルクトース。フラクトース。左旋糖。fructose

**かとう【華東】** 中国東部、揚子江下流の江蘇・浙江・安徽の三省と上海特別市を含む地域の総称。人口密度が高く、多くの都市が集中。中国一の稲作地帯。人口一億六一九〇万(一九八四)。ホワトン。

**か-とう【▼賈島】**(七七九〜八四三) 中国、中唐の詩人。字は浪仙。范陽の人。苦吟ぶりは有名で詩句を練った故事から「推敲」の語を生んだ。詩文集『賈浪仙長江集』。

**か-とう【過当】**(形動) ほどよい程度をこえるさま。excessive

**か-どう【可動】** 動かすことが可能なこと。動かせること。movable

**か-どう【華道・花道】** 江戸時代前期ごろからの生け花の総称。単なる造形美の追求だけでなく、花を生けることを通して人格を高める意味を含む。art of flower arrangement

**か-どう【渦動】** 流体が回転していること。渦。vortex

**か-どう【歌道】** 和歌の作法や技術。和歌の道。

**か-どう【稼働・稼動】**(名・サ変自他) ①かせぎ働くこと。実働。operation 用例—人口。②機械を働かすこと。work 用例—時間。

**が-とう【▼瓦当・▼瓦▼璫】** 屋根瓦の軒先の小口をふさぐ部分。狭義には軒丸瓦の先端部。広義には軒平瓦の先端部をもさす。多く、文様が描いてある。

**が-どう【画道】** 絵の技術。絵の道。art of painting

**かとう-うまき【加▼藤▽美▽樹】**(一七二一〜七七) 江戸中期の国学者・歌人。宇万伎とも書く。江戸の人。賀茂真淵に学び、門人に上田秋成などをもつ。家集『静舎歌集』、研究『土佐日記解』など。

**かとう-かげまさ【加▼藤▽景正】** ↓とうしろう(藤四郎)

**か-どうかん【仮導管・仮道管】** 植物の維管束の木部にある組織。導管と同様に水液の通路となり、シダ植物と裸子植物では木部の構成組織をなす。tracheid

**かどう-きょう【可動橋】** 船舶の航行を妨げないように、橋の中央部などが開くなどする橋。movable bridge 参照跳ね橋。

**かどう-きょう【架道橋】** 道路や鉄道の上にかけわたした橋。陸橋。ガード。

**かとう-きょうそう【過当競争】** 同種の企業どうしが、長期間にわたって採算を度外視した生産・販売競争をすること。excessive competition

**かとう-きょうたい【加▼藤▽暁台】**(一七三二〜九二) 江戸中期の俳人。本名、周挙。尾張の人。蕉風復興を志し、俳諧中興の中心的存在として活躍。優麗な句風を示した。句集『暁台句集』。

**かとう-きよまさ【加▼藤清正】**(一五六二〜一六一一) 安土桃山時代の武将。賤ケ岳七本槍の一人。尾張の人。幼少より豊臣秀吉に仕え、多くの戦功により熊本城主となる。文禄・慶長の役に奮戦し、関ケ原の戦いでは徳川方。

**かとう-げんいち【加▼藤元一】**(一八九〇〜一九七九) 生理学者。岡山県生まれ。京大卒。単一神経線維摘出実験に成功し、神経線維の興奮の強度・伝導速度は不減衰であるという不減衰伝導学説をたてた。

**かとう-しゅういち【加▼藤周一】**(一九一九〜) 評論家・小説家。東京生まれ。東大卒。幅広い教養と知性で多方面に活動。著書『芸術論集』など。

**かとう-しゅうそん【加▼藤▼楸▼邨】**(一九〇五〜) 俳人。本名、健雄。東京生まれ。東京文理大卒。生活に根ざした作風で、人間探究派ともよばれた。『寒雷』主宰。句集『寒雷』など。

**かとう-しょくぶつ【下等植物】** 組織や器官の発達の悪い植物の総称。一般には菌類・藻類・コケ類などをさす。lower plants 対義高等植物。

**かとう-せい【寡頭制】** 少数者が権力を握って支配する政治体制。オリガーキー。oligarchy

**かどう-ぜき【可動▼堰】** 河川に設けた堰堤のうち、流量調節のため一部を取りはずしできる形式のもの。movable weir

**かとう-たかあき【加▼藤高明】**(一八六〇〜一九二六) 外交官・政治家。愛知県生まれ。東大卒。明治三三年(一九〇〇)第四次伊藤博文内閣以来四代の内閣の外相を歴任後、護憲三派内閣および憲政会内閣の首相。普通選挙法・治安維持法を制定。

**かとう-ちかげ【加▼藤千▼蔭】**(一七三五〜一八〇八) 江戸後期の国学者・歌人。本姓、橘。江戸の人。優雅繊細な歌風で江戸派の中心。書でも一家をなす。賀茂真淵門下。著書『万葉集略解』、家集『うけらが花』。

**かとう-とうくろう【加▼藤唐九郎】**(一八九八〜一九八五) 陶芸家。愛知県生まれ。桃山時代の陶技を復興、織部写しが得意。

**かとう-どうぶつ【下等動物】** 生体の発生や構造が簡単で、進化の程度が低いと考えられる動物。相対的な言い方なので、その範囲は定まっていない。lower animals

**かとう-ともさぶろう【加▼藤友▽三郎】**(一八六一〜一九二三) 海軍大将・元帥・政治家。広島県生まれ。日露戦争のとき連合艦隊参謀長。四代の内閣の海相を歴任後、ワシントン会議の首席代表。のち首相。

**かとう-はじめ【加▼藤▽土▽師▼萌】**(一九〇〇〜六八) 陶芸家。愛知県生まれ。本名、一。色絵磁器で重要無形文化財保持者。

**かとう-ひろゆき【加▼藤▼弘▼之】**(一八三六〜一九一六) 法学者。男爵。出石藩出身。東大総長。帝国学士院長。初め天賦人権論・平等論を唱えたが、進化論を知り国権論者となった。著書『人権新説』など。

**かとう-ぶし【河東節】** 浄瑠璃の流派名。享保二年(一七一七)十寸見河東が江戸でおこした。古曲の一つ。代表曲『助六』。

**かどう-まじきり【可動間仕切(り)】** 設置・移動・撤去が可能な間仕切り。事務所・会議室・宴会場などに使用。movable partition

**かとう-まど【火灯窓・▼瓦灯窓・花頭窓】** 尖頭アーチ形の輪郭をもち、内側に障子を入れた窓。寺院建築に使われる。↓写

●火灯窓 岡山県備前市、旧閑谷学校。

**かとう-みちお【加▼藤道▽夫】**(一九一八〜五三) 劇作家。福岡県生まれ。慶大卒。ジロドゥに傾倒、詩的な幻想劇を発表。文学座に参加。戯曲『なよたけ』など。

**かどう-りつ【稼働率】** 企業の生産設備が、実際にどれだけ稼働しているかを示す度合い。操業度を具体的にパーセンテージで表示したもの。参照操業度。

**カトゥルス【Gāius Valerius Catullus】**(BC八四ごろ〜BC五四ごろ) 古代ローマの叙情詩人。ギリシア叙情詩の影響を受け、人間の愛憎を率直、真摯にうたった。作品『詩集』など。

**かとう-れんにゅう【加糖練乳】** 全乳または脱脂乳に砂糖を加えて濃縮したもの。主として製菓材料。condensed milk

▼常用漢字表外。 ▽常用漢字表の音訓外。

**カトー**〈大〉【Marcus Porcius Cato Censorius】(BC二三四〜BC一四九) 古代ローマの政治家・文人。第二次ポエニ戦争で活躍。財務官・コンスル・検察官を歴任。中小農民の保護、反カルタゴ政策を主唱。主著『農業論』『起源論』はラテン語散文の範とされる。大カトー。

**カトー**〈小〉【Marcus Porcius Cato Uticensis】(BC九五〜BC四六) 古代ローマ共和政末期の政治家。大カトーの曾孫。ストア哲学を信奉、共和政を固守。カエサルと戦って敗北し自殺。小カトー。

**かどかど・し**【▽才▽才し】 古語 (形シク) 才気があふれている。かしこい。用例 うち見るに、―・しく気色だちたれど(源氏・帚木)。

**かどかど・し**【角角し】 古語 (形シク) ↓かどかどしい(角角しい)

**かどかどし・い**【角角しい】(形) ①形がかどばっている。angulate ②性格・態度などが円満でない。かどがある。angular

**かど-がみ**【門神】 ①神社の門の左右に祭られる神。随身または矢大臣という二体の像で表される。門守り。門客人。 ②年頭に屋敷の入り口に立てる木。門松。 ③鹿児島県大隅地方で、小地域単位・門の守護神。門の神。

**かどがわ**【門川】〈町〉 宮崎県北部、延岡市南隣の町。漁港があり、イワシなど水産物の加工場が多い。人口一万九一四〇(一九八八)。

**か-とき**【過渡期】 ①うつり変わりの中間期。transition ②物事が確立せず、ぐらついている時期。age of transition

**か-とく**【家督】 家族を統轄するもの。鎌倉時代の武家では、血族的団結を行った一族・一門などの首長。南北朝以降は個々の家の長をさすようになり、近世では家を継いだ者、また、その相続した所領をいう。

**かとく-そうぞく**【家督相続】 戸主の身分と財産を単独で受けつぐこと。ふつうは長男が相続した。第二次大戦後の民法改正で廃止。succession to the headship of a house 比較 遺産相続。

**かど-ぐち**【門口】 家の表の出入り口。また、その付近。かど。gate

**かと-げんしょう**【過渡現象】 ある定常状態から別の定常状態へ移行するさいに、一時的に発生する現象。transient

**かど-ざ**【角座】 大阪市中央区にある劇場。元和年間(一六一五〜一六二四)の創立。宝暦八年(一七五八)並木正三考案の回り舞台を設備。現在は映画館。

**かど-た**【門田】 門の前にある田。屋敷地の近くで耕作に便利なことから重視され、中世には武士の自作地・直轄地として一族・被官・下人らに耕作させた。もんでん。門畠。

**かど-だち**【門立ち】 ①門口に立つこと。②門口に立って金品を乞うこと。また、その人。乞食。 ③遊女が門口に立って客を誘うこと。

**かど-だ・つ**【角立つ】(五自) ①角がとがっていて、なめらかでない。be angular ②事があらっぽくなる。あらだつ。become harsh; be rough 用例 ことばづかいが―。

**かど-だ・てる**【角立てる】(下一他) ①ものに角をつくる。angulate ②事をあらっぽくさせる。あらだてる。aggravate

**かど-ち**【角地】 道路の交わる角に面する土地。corner lot 用例 東南の―。

**かど-ちがい**【門違い】 ①めざす家をとり違えること。②《ふつう上に「お」を付けて》相手や目標をとりちがえること。見当違い。用例 お―の質問。

**かど-ちゃ**【門茶】 門前で茶をわかして、道行く人に振る舞うこと。死者の功徳のための施しとして、盆月である陰暦七月に行われたもの。

**かど-づけ**【門付(け)】(名・サ変自) 家々の門口で芸能を演じ、金品をもらうこと。また、その人。猿まわしなど季節的なものと、歌祭文など季節に関係ないものがある。

**かど-で**【門出・▽首▽途】(名・サ変自) ①旅行などでわが家を出ること。旅立ち。出立。departure ②新しい生活を始めること。

**かど-てきおう**【過度適応】 生物のある形質が適応の範囲を超えて発達し、かえってそれがその生物にとって障害となっている現象。マンモスの大きくなりすぎた牙など。参照 定向進化。

**かど-なみ**【門並(み)】 家がならんでいる状態。また、その一つ一つ。のきなみ。

**かど-ば・る**【角張る】(五自) ①丸みがなく、ごつごつしている。かくばる。be angular ②とげとげしくする。be sharp

**かど-ばん**【角番】 ①囲碁・将棋で、何番勝負かの対局のさいに、あと一敗すれば負けが決まる一番。make-or-break game ②《転じて》大相撲などで負け越しが決まるかどうかの、分かれ目の勝負。make-or-break bout 用例 ―に立つ。

**かど-び**【門火】 ①盂蘭盆で、先祖の霊を迎え、また送るときに門口でたく火。②葬儀で、出棺のときに門前でたく火。③婚礼の輿入れのさい、花嫁が実家を出るときに門前でたく火。↓写

**カトビーツェ**【Katowice】 ポーランド南部、同国最大の鉱工業都市。シロンスク工業地域の中心で大炭田の中にある。人口三六・三万(一九八五)。

**かどま**【門真】〈市〉 大阪市の北東に接する市。松下電器産業の進出により工業都市として発展。人口一四万七四八(一九八八)。

**かど-まつ**【門松】 正月に門口あるいは玄関の前に立てる飾りの松。本来は、年神を迎えるための依代であった。松飾り。↓写 門松は冥土の旅の一里塚 門松を飾るごとに年を重ねるから、門松は死の旅路にいたる目印のようなものだということ。

**かど-まもり**【門守り】 ①↓かどがみ(門神)。②悪霊や流行病の侵入を防ぐため、家の門につけるもの。社寺のお札のほか、団扇・しゃもじなど。

**カトマンズ**【Kathmandu】 ネパールの首都。標高一三〇〇mの盆地にあり、仏教やヒンズー教の古寺院が多い。人口二三・五万(一九八一)。

**カドミウム**【cadmium】 金属元素。記号Cd 原子番号四八。原子量一一二。比重八・六四。青みを帯びた銀白色で軟らかい。カドミウム塩・カドミウム蒸気は有毒。亜鉛製錬の副産物として回収。易融合金・軸受け合金・原子炉制御材などに使用。カドミ。

**カドミウム-あか**【カドミウム赤】 赤色の無機顔料。硫化カドミウムと硫化セレンの固溶体。光や熱に安定。ガラス・陶磁器・絵の具などに利用。セレン赤。cadmium red

**カドミウム-イエロー**【cadmium yellow】 油絵の具の一つ。硫化カドミウムが原料。鮮やかな黄色系の色相で、変色しにくい。

**カドミウム-ちゅうどく**【カドミウム中毒】 おもに酸化カドミウムの吸入による中毒。産業中毒が多く、合金製造・亜鉛製錬などの従事者にみられる。症状は吐き気・下痢・痙攣など。イタイイタイ病はカドミウム中毒が原因といわれる。cadmium poisoning 参照 イタイイタイ病。

**カドミウム-ひょうじゅんでんち**【カドミウム標準電池】 電池の起電力を測定するときに用いる標準電池。cadmium standard cell

**かど-みせ**【角店】 道の曲がり角にあって二面が道に面する商店。町角の店。

●門火①

**かと-もじ**【▼蝌▼蚪文字・科斗文字】《オタマジャクシの形に似ているところから》古代中国の文字(古体篆字)。

●門松

**カドモス**【Kadmos ギリシア】 ギリシア神話のテュロス王アゲノルの子。神託により竜を殺し、その歯を蒔いて生まれた戦士を従え、テーベ市を建設した。

**カトリーヌ-ド-メディシス**【Catherine de Médicis】(一五一九〜一五八九) フランス王アンリ二世の妃。フィレンツェのメディチ家出身。幼少で病弱のフランソワ二世・シャルル九世の摂政として、ユグノー戦争の混乱期に王権を維持。サン=バルテルミーの虐殺の首謀者の一人といわれる。

**カドリーユ**【quadrille フランス】 ↓カドリール

**カドリール**【quadrille】 一八世紀末から一九世紀に、フランスから全ヨーロッパに流行した社交ダンス、またその曲。四人一組みが方形になり、相対して踊る。カドリーユ。

**カトリシズム**【Catholicism】 カトリック主義。ローマ＝カトリック教会の信仰形式。

**かとり-じんぐう**【香取神宮】 千葉県佐原市香取にある旧官幣大社。祭神は経津主命。鹿島神宮とともに武神として崇敬された。下総国の一の宮。

**かとり-せんこう**【蚊取(り)線香】 蚊よけに使ううずまき形の線香。除虫菊を原料としてつくる。かやり線香。

**カトリック**【katholiek オランダ・加特力】《ギリシア語カソリコス(＝普遍的)に由来》ローマ＝カトリック教会。また、その信徒。Roman Catholic 対義 プロテスタント。

**カトリック-きょうかい**【カトリック教会】 正称は「聖なる公同の使徒的ローマ教会」。ローマ教皇を最高首長とする世界最大のキリスト教会。信徒七億余。原始キリスト教会を起源とし、正統教義を継承。ローマ＝カトリック教会。ローマ教会。天主教会。公教会。Catholic Church

**カトリック-せいとう**【カトリック政党】 カトリックの世界観や価値体系を基礎に結成された政党。イタリアのキリスト教民主党など。Catholic Party

**かとり-なひこ**【▼楫取▽魚▼彦】(一七二三〜一七八二) 江戸中期の国学者・歌人。本名、伊能景良。下総の人。賀茂真淵門下。国学を研究、古語を駆使して万葉調の歌を詠んだ。著書『古言梯』『続冠辞考』、『楫取魚彦家集』など。

**ガドリニウム**【gadolinium】 希土類元素の一つ。元素記号Gd 原子番号六四。原子量一五七。銀白色の金属。ランタノイド族の中央で、重希土と軽希土の性質の分岐点にある。テレビ画面の蛍光体などに用いる。

**かとり-ほずま**【香取▽秀真】(一八七四〜一九五四) 鋳金家・歌人。千葉県生まれ。東京美術学校教授。昭和二八年(一九五三)文化勲章受章。著書『金工史談』、歌集『天之真榊』など。

**かとり-やんま**【蚊取▼蜻▼蜓】 中形のヤンマ。腹が基部近くで著しくくびれたトンボで、体長約七cm。胸は黄緑色、腹は黒色で緑斑などがある。夏に現れ、日中は木陰にひそみ、夕方飛び回って力などを捕食。本州以南に分布。

**カトレア**【cattleya】 ラン科の洋ランの一種。高さ三〇〜五〇cm。茎葉は厚く棒状または扁平状。花は径一〇〜二〇cm、色が豊富。観賞用。↓ラン 写

**かどわか・す**【▽拐かす】(五他) だまして連れていく。誘拐する。kidnap

**かど-わり**【門割】 薩摩藩の割地制度。数戸単位からなる門ごとに耕地を分配、三〜八年で定期的に交換。

**か-とん**【火▼遁】 忍術の一つ。火の中にはいって逃げる術。

**か-とんぼ**【蚊▼蜻▼蛉】 ①カに似て大きく足の長い昆虫、ガガンボの異名。②やせて、ひょろひょろしている人をあざけっていう語。

**か-な**【仮名・仮字】《「かりな」の転の「かんな」の「ん」の無表記形から。「な」は文字の意》音節文字の一種。日本人が日本語を書き表すために、漢字から作ったもの。「きょ・しゃ」などの場合を除いて、原則として一字が一音節に当たる。字体によって万葉仮名・平仮名・片仮名など。「ん」を加えて四八字。現代仮名遣いでは四六字を使用。対義 漢字・本字・真名。用例 漢字に―をふる。

**仮名に言う** 漢字語をわかりやすく平易にいう。

**か-な**(連語)《疑問または反語の終助詞「か」に、感動または強めの終助詞「な」の付いたもの》軽い自問の意を表す。用例 そう―。明日は天気になる―。

**かな**【▼哉】 古語 (終助)《体言、活用語の連体形に付いて》感動の意を表す。…だなあ。用例



↓行き先項目、図版・写真参照印。 JIS 日本工業規格情報交換用漢字符号コード(区点コード)。

優いに情ありける三蔵—(徒然・八四)。

**がな** 古語 ㊀(終助)①《多く「…てしがな」「…にしがな」の形で》自分が望む意を表す。…たいなあ。用例 いかでこのかぐや姫を得てし—(竹取)。②《多く「…もがな」の形で》自分が望む意を表す。…があればいいなあ。用例 心あらん友も—と、都恋しう覚ゆれ(徒然・一三七)。㊁(副助) 疑問の語を伴って、不定の気持ちを表す。…はて。…さて。用例 何を—形見に嫗にとらせむ(今昔・一六)。

**がな**(接尾) あるかぎり。用例 日—一日。

**が-な(あ)**(連語)《終助詞「が」に詠嘆の終助詞「な」の付いたもの》①詠嘆を表す。用例 そんなこと、すぐできる—。②できそうもない願望にこだわる気持ちを表す。用例 月に行ければいいんだ—。

**カナーダ**[Kaṇāda・迦那陀](BC一五〇ごろ—BC五〇ごろ) インド六派哲学の一つバイシェーシカ学派の開祖。基本経典『バイシェーシカ-スートラ』の著者と伝えられる。

**カナート**[qanatペルシア] 乾燥地帯で、地下水を利用するために設けられたもので、地下水路式の灌漑施設。イラン高原を中心に、東は新疆、西はモロッコまで見られる。起源はペルシア。参照 フォガラ。

**かな-あみ【金網】** はりがねで編んだ網状のもの。wire net 用例 —を張る。

**か-ない【家内】** ①家の中。また、家族。family 用例 —安全。②自分の妻をけんそんしていう語。my wife

**かない【金井】**〈町〉新潟県、佐渡島中部の町。稲作中心。佐渡の最高峰金北山・黒木御所跡などがある。人口七五四〇(一九八八)。

**かない-こうぎょう【家内工業】** ①自宅を作業場とし、おもに家族だけで営まれる規模の小さな工業。domestic industry ②問屋からわたされた材料や半製品を自宅で加工する仕事。問屋制家内工業。domestic industry

**かない-ろうどう【家内労働】** 材料や機械などを支給され、自宅を作業場として少数の者で営まれる労働。労働条件改善のため昭和四五年(一九七〇)家内労働法が制定された。industrial home work

**かな・う【▼叶う】**(五自) 思いどおりになる。できる。達する。be fulfilled 用例 願いが—。身に—ことなら。養生—・わず。

**叶わぬ時の神頼み**(かなわぬときのかみだのみ) ふだんは神を拝まない者が、困ったときだけ神の助けを借りようとして祈ること。Man turns to God only in his trouble.

**かな・う【▽適う】**(五自) あてはまる。合う。適合する。suit 用例 理想に—・った人。

**かな・う【▽敵う】**(五自) はりあう。匹敵する。match 用例 —者なし。

**かな-うす【▽鉄▼臼】** 鉄製の小さな臼。香料をついて粉にするのに用いる。

**かな-え【▼鬲】** 漢字を組み立てている部分の名。「鬻」などの「鬲」。

**かな-え【▼鼎】**《古代中国で》①食べ物を煮るのに使った三本脚の金属器。②帝位の象徴。

**鼎の軽重を問う**(かなえのけいちょうをとう)《古代中国の楚の荘王が、周の王からの使者に、周の王位の象徴である九鼎の大きさや重さを問いただすという無礼をした故事から》価値や権威、また、責任者の能力などをうたがう。

**鼎の沸くが如し**(かなえのわくがごとし) 鼎の中の湯が煮えかえるようすにたとえて、人々や世間が非常にさわぐことに言う。

**鼎を扛ぐ**(かなえをあぐ) 力の強いことのたとえ。

**かな・える【▼叶える】**(下一他) 思いどおりにさせる。grant 用例 願いを—。

**かな・える【▽適える】**(下一他) あてはめる。適合させる。apply 用例 条件を—。

**かな-がき【仮名書(き)】** 漢字やローマ字でなく、仮名で書くこと。書いたもの。

**かながき-ろぶん【仮名垣▼魯文】**(一八二九—一八九四) 戯作者・新聞記者。本名、野崎文蔵。江戸の人。文明開化期の世相を活写した。明治初期戯作界の大御所。作品『西洋道中膝栗毛』『安愚楽鍋』など。

**かな-がしら【金頭】** ホウボウ科の海水魚。全長約三〇cm。淡赤色。食用。本州から東シナ海に分布。カナド。↓図

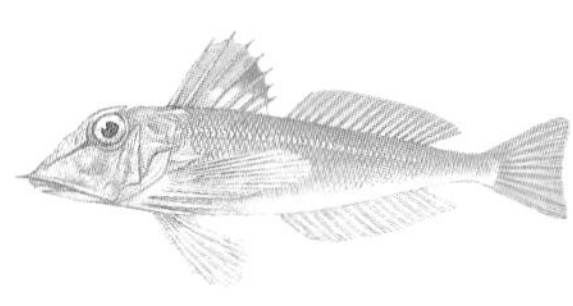

●カナガシラ

**かな-かな【▼蜩】**《鳴き声から》ヒグラシの俗称。

**かながわ【▽神▼奈川】** 横浜市北部の地区。旧宿場町。江戸幕府がペリーと日米和親条約を締結した地。

**かながわ【▽神▼奈川】**〈県〉関東地方南西部の県。県庁所在地は横浜市。西に高く東に低い地形。工業県で、とくに東京湾岸は京浜工業地帯を形成し、重化学・機械工業がさかん。三浦半島や相模原の台地では、生鮮野菜や果樹栽培も行われる。面積二四〇二km²、人口七六七万六六五〇(一九八八)。

**かながわ-じょうやく【▽神▼奈川条約】** 日米和親条約の別称。

**かなぎ【金木】**〈町〉青森県、五所川原市北隣の町。稲作と製材がさかん。作家太宰治の生家がある。人口一万三七二六(一九八八)。

**かなぎ【金▽城】**〈町〉島根県南西部、山間の町。稲作中心、ワサビ栽培もさかん。人口五八三四(一九八八)。

**かなきり-ごえ【金切(り)声】** 女性のかん高い声。shriek

**かなきん【金▼巾】**《canequimポルトガルから》目を細かく織った、薄くて広幅の平織り綿布。敷布・肌着・裏地など。

**かな-ぐ【金具】** 物に取り付ける金属製の器具または細工物の総称。金物。metal fittings

**かな-くぎ【金▼釘】** 鉄や真鍮などの金属製の釘。nail 用例 ドアの—。

**かなくぎ-りゅう【金▼釘流】** 曲がった金釘のようにぎくしゃくした、へたな字を書道の流派めかしてあざけることば。

**かな-くさ・い【金臭い】**(形) 金属のにおいや味がする。かなけくさい。

**かな-ぐし【金▼串】** 肉・野菜などを刺して焼く鉄やステンレスなどのくし。西洋料理に使うくしは、ブロシェット。iron skewer

**かな-くず【金▼屑】** 金属を細工するときに出るくず。scrap metal

**かな-くそ【金▼屎】** ①鉄のさび。rust ②とかした鉱石のかす。鉱滓。scum ③水分を含んで、ねばねばしたかなくず。slag

**かな-ぐつわ【金▼轡】** =かねぐつわ。①金属製のくつわ。②口止めなどのためのわいろ。

**金轡を嵌める**(かなぐつわをはめる) 賄賂を贈って、口止めをする。

**かなぐり-しぞう【金▼栗四▽三】**(一八九一—一九八三) 陸上競技選手。熊本県生まれ。東京高師卒。マラソン選手としてストックホルムオリンピックに参加。日本人初のオリンピック選手。箱根大学駅伝を創設。

**かなぐり-す・てる【かなぐり捨てる】**(下一他) 身につけていたものなどを、むしり取って捨てる。throw away 用例 恥も外聞も—。

**かなぐ・る** 古語(四他) 荒々しくひきむしる。かきむしる。用例 死人の髪を—・り抜き取るなりけり(今昔・二九)。

**かな-け【金気・▽鉄気】** ①水などに含まれる鉄分。metallic taste ②新しいなべ・かまなどから赤黒くとけ出るもの。metallic taste 用例 —が抜ける。③金銭に関すること。また、金銭。money

**かな-ごよみ【仮名暦】** 仮名で書かれた暦。漢字で書かれた暦に対し、学問の浅い者や女性用のものとされた。

**かなさごう【金砂郷】**〈村〉茨城県北部、常陸太田市西隣の村。稲作・タバコ栽培・肉牛飼育がさかん。人口一万八一二(一九八八)。

**かなざわ【金沢】**〈市〉石川県中部の市。県庁所在地で、北陸地方の中心的都市。加賀百万石の城下町として知られ、金沢城跡・兼六園・武家屋敷など名所・旧跡が多い。人口四二万二七五一(一九八八)。

**かなざわ-はっけい【金沢八景】** 神奈川県、横浜市南部にあった海岸景勝地。現在は埋め立てられて宅地や工業用地となった。

**かなざわ-ぶんこ【金沢文庫】** 鎌倉中期創立の図書館。北条実時が金沢庄(現在の神奈川県)の別荘に設立した文庫を基礎とする。北条氏滅亡後、称名寺に移った。現在は神奈川県立金沢文庫。

**かなざわ-へいや【金沢平野】** 石川県南部の平野。金沢・松任・小松・加賀の四市がある。稲作・工業が主。

**かな・し【悲し】** 古語(形シク) ↓かなしい(悲しい)

**かな・し【▽愛し】** 古語(形シク) ①いとしい。かわいい。いじらしい。用例 妻子見れば—・しくめぐし(万葉・一八・四一〇六)。②おもしろい。すばらしい。みごとだ。用例 しほがまの浦こぐ舟のつなで—も(古今・東歌)。

**かなし・い【悲しい・▽哀しい】**(形) 心がいたむさまである。いたましい。なげかわしい。つらい。かなし。sad 対義 うれしい・喜ばしい。用例 母に死なれて—。—物語。派生 かなしげ(形動) かなしさ(名) かなしが・る(五自)

**悲しい哉**(かなしいかな) 悲しいことに。残念なことに。しゃくではあるが。sad to say 用例 —、とうてい力が及ばない。

**かな-しき【▽鉄敷(き)・金敷(き)】** 金属加工用の鉄製の台。鍛造作業・板金加工などに用いる。鉄床。anvil

**かなしきがんぐ【悲しき▼玩具】** 石川啄木の第二歌集。没後の明治四五年(一九一二)刊行。『一握の砂』に続き、三行書きの形式で、自己の生活感情を痛切に歌いあげる。

**かな-しばり【金縛り】** ①動けないように縛りつけること。bind hand and foot ②鎖などで厳重に縛られたように、動こうとしても身動きできないこと。be frozen

**かなしばり-の-ほう【金縛りの法】** 修験者の行う呪術的な秘法。人や人に害を加えるものを、鎖で縛ったときのように身動きできなくする。

**かな-しぶ【金渋・▽鉄渋】** 鉄さびに水が混じったもの。

**かな-し・ぶ【▽愛しぶ・悲しぶ・▽哀しぶ】** 古語(四他) ①《「愛しぶ」で》いつくしむ。いとおしむ。用例 かすみをあはれび、つゆを—心(古今・仮名序)。②《「悲しぶ」「哀しぶ」で》なげく。悲しむ。用例 惜しみつつ—・び坐せ(万葉・二〇・四四〇八)。

**かなし-み【悲しみ・▽哀しみ】** 悲しむこと。悲しむ心。grief 対義 喜び。用例 —に沈む。

**かなし・む【悲しむ・▽哀しむ】**(五他) 心の痛む思いがする。悲しい気持ちを持つ。なげく。いたむ。うれえる。feel sad 対義 喜ぶ。用例 母の死を—。—べき事。

**かな-じゃくし【金▼杓子】** 調理器具の一つ。汁物をすくうのに用いる。金属製。metal ladle

**かな・ず【▽奏ず】** 古語(下二他) ①舞を舞う。用例 しばし—・でてのち、抜かむとするに(徒然・五三)。②↓かなでる(奏でる)

**かな-ぞうし【仮名草子】** 江戸初期、平易な仮名文で書かれた小説類の総称。『醒睡笑』『根之介』など。

**かなた【▽彼▽方】**(代) あっち。あちら。あなた。there 対義 あなた・こなた・そなた。用例 山の—に。

**かなだ【金田】**〈町〉福岡県、田川市北隣の町。明治中期以降炭鉱の町として発展したが、全炭鉱が閉山。人口九六二三(一九八八)。

**カナダ**[Canada・加奈陀] 北アメリカの北部を占める国。首都オタワ。一〇州二準州の連邦で、面積はソ連につぎ、世界第二位。西部はロッキー山脈。東部は楯状地とラブラドル高原。中央部はプレーリーで春小麦の大産地。北部には氷河湖が多い。鉱産資源が豊富で、セントローレンス川沿いに工業地域を形成。面積九九七・六万km²。人口二五六一万(一九八六)。

**カナダ-たてじょうち【カナダ▼楯状地】** 北米大陸のほぼ北半分を占める先カンブリア時代の岩石よりなる平坦な地域。Canadian shield

**カナダ-バルサム**[Canada balsam] カナダバルサムノキから採取される樹脂。顕微鏡のプレパラート作製用・レンズ接着用。

**カナダ-ほうそうきょうかい【カナダ放送協会】**(Canadian Broadcasting Corporation) カナダの公共放送機関。民間放送と共同で全国ネットワークを組織している。一九三六年設立。CBC。

**カナダ-も【カナダ藻】** カナダ原産のトチカガミ科の多年草。池や沼などにはえる。葉は対生または輪生し、長さ約一・五cm。雌雄異株。花は白色で水上に咲く。

**かな-だらい【金▼盥】** 銅・アルマイトなどの金属製たらい。metal washbowl

**かなづ【金津】**〈町〉福井県北部、石川県に接する町。旧宿場町。織物・化学・製紙などの工場がある。人口一万七七六四(一九八八)。

**かな-づかい【仮名遣い】** ことばを仮名で書くときの仮名の用い方。とくに同音の仮名が二種以上あるとき、どの仮名を用いるかのきまり。用例 歴史的—。字音—。

**かなづかいおくのやまみち【仮▽字遣奥山▽路】** 江戸時代の仮名遣い研究書。寛政一〇年(一七九八)以前の成立。石塚竜麿著。万葉仮名の用法を検討し、平仮名には見られない区別があることを示したもの。上代特

▼常用漢字表外。 ▽常用漢字表の音訓外。

殊仮名遣い研究の先駆となる。

**かな-づち【金▼槌・▽鉄▼鎚】** ①頭部が鉄でできた槌。くぎ打ちやのみの頭をたたくのに用いる。大形のものは玄能。hammer 対義 木づち。②泳げないこと。まったく泳げない人。

**金槌の川流れ** 《浮かびあがることがない、の意》生涯うだつが上がらず、出世の見込みのないこと。

**かなづち-あたま【金▼槌頭】** 考えのがんこなこと。石頭。hard-headed

**カナッペ【canapé フランス】** オードブルの一種。薄切りのパン・クラッカーなどの上に、魚・肉・チーズなどをのせた食べ物。

**かな-つぼ【金▼壺】** 金属の壺の総称。銅壺など。

**かなつぼ-まなこ【金▼壺眼】** おちくぼんだ、まるい目。欲のふかそうな目つきをいう。

**かな-つんぼ【金▼聾】** 《卑語》まったく耳の聞こえないこと・人。

**カナディアン-カヌー【Canadian canoe】** カヌー競技の一種目。片膝を立て、一端に水かきのついたパドルで、カヌーの片側だけを漕いで速さを競う。

**カナディアン-こうくう【カナディアン航空】** (Canadian Airlines International Limited) カナダの航空会社。一九四二年設立。旧称カナダ太平洋航空。CAIL。

**かな-てこ【▽鉄▼梃】** 鉄製のてこ。荷造りの木箱を解体するときなどに、てこ・釘抜きに使える長い鉄棒。かなてこ棒。バール。crowbar

**かなでほんちゅうしんぐら【仮名手本忠臣蔵】** 人形浄瑠璃・歌舞伎時代物の最高傑作。竹田出雲・三好松洛・並木千柳の合作。一一段。寛延元年(一七四八)竹本座初演。同年大坂で歌舞伎化。赤穂義士の敵討ちを扱う。時代を室町時代に移し、家老大星由良之助を主筋に早野勘平を副筋に構成。通称『忠臣蔵』。↓写

●仮名手本忠臣蔵　大星由良之助を演じる一三世片岡仁左衛門。

**かな・でる【奏でる】** (下一他) 音楽を奏する。とくに弦楽器を鳴らす。play

**かな-とこ【▽鉄床・金床】** ↓かなしき(鉄敷)

**かなとこ-ぐも【▽鉄床雲】** 積乱雲が発達し、その頂部がかじ屋の使う鉄床状に広がった形の雲。anvil cloud

**かな-ばさみ【金▼鋏・金▼鉗】** ①金属を切断するためのはさみ。snips ②焼けた鉄をはさむためのはさみ。かなばし。tongs

**かな-ばん【金版】** 箔押し印刷に用いる凸版。真鍮や黄銅の角柱に文字や模様を彫刻して用いる。brass die

**かなびき-のこぎり【金▼挽き▼鋸】** 金属を切るためのこぎり。薄い鋼鉄の縁に多くの歯を作り、全体に焼き入れをして強靱な刃とする。hacksaw

**かな-ひばし【金火▼箸】** 金属製の火箸。

**かな-ぶつ【金仏】** ①金属製の仏像。②人情のない人。冷酷な人。用例 木仏、—、石仏。

**かな-ぶみ【仮名文】** 仮名で書かれた文章・手紙。かなぶん。比較 真名文。

**かな-ぶん【金▼蚉】** コガネムシ科の甲虫。光沢のある茶色か青銅色で、体長三cm内外。夏季、クヌギなどの樹液に集まる。本州以南に分布。↓図

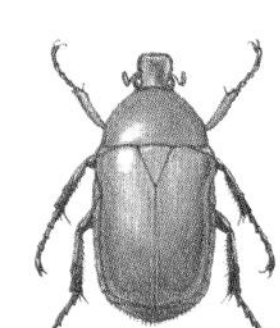

●カナブン

**かな-へび【金蛇】** トカゲの一種。全長約二〇cmで尾が長い。褐色。草むらでクモや昆虫を捕食。卵生。日本全土に分布。↓図

●カナヘビ

**かな-ぼう【金棒・▽鉄棒】** ①鉄製の棒。てつぼう。iron rod ②周囲にいぼのある太い鉄棒で、打ち振って人を倒すのに用いた武器。鉄撮棒。鉄尖棒。③頭部に数個の輪をつけた杖状の鉄の棒。昔、夜回りが突き鳴らして歩いた。参照 金棒引き。

**金棒を引く** 《金棒を突き鳴らしながら、警固の夜回りをしたことから》ささいなことを大げさにふれまわる。となり近所のことをいいふらす。金棒引き。

**かなぼう-ひき【金棒引(き)・▽鉄棒▼曳(き)】** ①金棒を突き鳴らしながら町内をめぐり歩き、夜番をすること。また、その人。②ちょっとしたできごとを、おおげさにいいふらす人。近所のうわさを吹聴して回る人。用例 町内の—。

**かな-ぼん【仮名本】** 仮名で書いた書物。対義 真名本。

**カナマイシン【kanamycin】** 抗生物質の一つ。各種微生物に強い抗菌力を示す。昭和三二年(一九五七)梅沢浜夫らが発見。結核・赤痢などの治療に用いる。

**かな-まじりぶん【仮名交じり文】** 漢字と仮名をまぜてつづった文。用例 漢字—。

**かなまじりむすめせつよう【仮名▽文▽章娘節用】** 曲山人の人情本。天保二～五年(一八三一～三四)刊。武家生活の義理と人情のからむ悲恋物語。人情本全盛の端緒となる。

**かな-まり【金▼椀・▼鋺】** 金属製の椀。

**かな-むぐら【金▼葎・▼葎▽草】** クワ科のつる性一年草。野原・路傍に多い。茎や葉柄にとげがある。葉は五～七裂。雌雄異株。秋に、円錐状の雄花序と球果状の雌花序をつける。日本全域・中国・台湾に分布。↓図

●カナムグラ　雄花。

**かなめ【▽要】** ①扇の骨を止めるくぎ。pivot ②物事のもっともたいせつなところ。要点。vital part 用例 肝心—。

**かなめ-いし【▽要石】** ①鹿島神宮の林中にある石。鹿島神天降りのとき、この石に座ったと伝えられ、根が土中深く埋まり、地震をしずめるという。②建築で、アーチの中にさし入れ、全体の力を支える石。キーストーン。keystone

**かなめ-がき【▽要垣】** カナメモチを植えた生け垣。

**かなめ-もち【▽要▼黐】** バラ科の常緑小高木。温暖な地にはえ、庭木、生け垣にもされる。高さ五～六m。新芽が赤い。葉は長楕円形で両端がとがる。春、白色五弁の小花を密生。四国・九州に分布。アカメモチ。カナメノキ。↓写

●カナメモチ

**かな-めん【▽鉄面】** 顔面を守るために用いる鉄製の武具。顔の全部をおおう総面と、一部をおおう頬当がある。

**かな-もの【金物】** 金属製の器具。hardware 米; ironmongery 英 用例 —屋。

**かなもり-そうわ【金森宗和】** (一五八四～一六五六) 江戸初期の茶人。飛驒高山城主金森可重の長男。茶道宗和流の祖。「きれいさび」を好み、姫宗和といわれる。飛驒高山の春慶塗は宗和の遺業。

**かなや【金▽谷】** 〈町〉静岡県中部、大井川西岸の町。茶の生産地として知られる。旧宿場町で、江戸時代は川越しでにぎわった。人口二万二三八四(一九八八)。

**かなや【金屋】** 〈町〉和歌山県北部、有田川に沿う町。旧城下町。明恵上人誕生の地。ミカンの産地。人口一万一〇〇四(一九八八)。

**かな-やき【金焼(き)・▽印焼(き)】** ①焼いた鉄で焼き印を押すこと。かねやき。②持ち主のしるしとして馬や牛などのももに押す焼き印。

**かな-やま【金山】** 鉱山。mine

**金山にかかる** 投機的な鉱山事業に手を出す。

**かなやま【金山】** 〈町〉岐阜県中部、飛驒川中流の町。農林業中心で茶の産地。中山七里の景勝がある。人口九〇三二(一九八八)。

**かならず【必ず】** (副) ①きっと。たしかに。まちがいなく。surely 用例 人間は—死ぬ。—間にあうように行きます。②いつも。きまって。always 用例 会えば—けんかだ。戦えば—勝つ。

**かならず-しも【必ずしも】** (副)《下に打ち消し・反語をともなって》きっと…だとはきまらない。not ... necessarily 用例 —正しいとは言えない。—勝つとはきまっていない。

**かならず-や【必ずや】** (副)《下に推量の表現をともなって》自分の確信や願望を強めた言い方。きっと…(だろう)。用例 —成功するであろう。

**か-なり【可成・可▼也】** 一(形動) 普通より程度が上であるさま。pretty 用例 —なできばえ。二(副) 相当。思った以上に。pretty 用例 —疲れている。

**か-なり【可なり】** 文語的 (連語) 可である。よろしい。用例 朝に道を聞かば夕に死すとも—(論語・里人篇)。

**カナリア【canaria スペイン・金糸雀】** アトリ科の飼い鳥。翼長約七cm。原種の地色は白・赤・オリーブ色など。雄の鳴き声が美しく、飼育や繁殖が容易なので世界的に飼われている。日本への移入は江戸時代。品種が多く、その改良もさかん。カナリア諸島などの原産。カナリヤ。canary ↓写

**カナリア-いろ【カナリア色】** 小鳥のカナリアの羽のような明るい黄色。ラッパズイセンの花の色から、ダフォディルイエローともいう。カナリー。canary; daffodil yellow

●カナリア

**カナリア-かいりゅう【カナリア海流】** アフリカ北西岸の沖を南に流れる寒流。北大西洋の環流を構成する。Canary Current

**カナリア-しょとう【カナリア諸島】** (Canary Islands) アフリカ大陸北西、大西洋上の火山島群。スペイン領。カナリアの原産地。人口一四四・五万(一九八一)。

**カナリー-やし【カナリー▼椰子】** ヤシ科の常緑樹。カナリア諸島原産で、現地では一〇m以上になる。日本では街路樹・庭木のほか、観葉植物として鉢植えにもする。

**が-な・る** (五自)《俗語》どなる。があがあ言う。shout 用例 耳もとで—・りたてる。

**カナレット【Canaletto】** ①本名アントニオ=カナル Antonio Canal(一六九七～一七六八)。イタリアの画家・銅版画家。生地ベネチアを正確な遠近法と細密な描写で表現。作品『サン-マルコ広場』など。②本名ベルナルド=ベロット Bernardo Bellotto(一七二〇～八〇)。イタリアの画家。アントニオの甥。都市の景観を綿密な遠近法で描く。作品『ドレスデン風景』など。

**カナロ【Francisco Canaro】** (一八八八～一九六四) アルゼンチン-タンゴの作曲家・指揮者・バイオリン奏者。タンゴの規範的奏法を確立。「タンゴの王様」とよばれた。作品『センティミエント-ガウチョ』など。

**かな-わ【金輪・▽鉄輪】** ①金属製の輪。また、鉄製の車輪。②鉄製の輪に三本の脚をつけ、炉の中に立てて鍋などをのせる道具。五徳。③紋所の名。細い輪を数個つないで紋章化したもの。↓図

●金輪③　三つ金輪

金輪崩し

**かなわ‐ない**【▽敵わない】（連語）①対抗できない。勝つことができない。no match for 用例 ―相手。②やりきれない。がまんができない。unbearable 用例 暑くて―。③できない。ゆるされない。unable 用例 強風で立っていることも―。

**かな‐わらび**【▽鉄▼蕨】オシダ科の常緑性シダ。暖地山中の林下にはえる。高さ六〇～一〇〇cm。葉は光沢のある三回羽状複葉。関東以西に分布。オオカナワラビ。→図

●カナワラビ

**か‐なん**【火難】火事にあうこと。火災。fire disaster 対義 水難。

**かなん**【河南】〈町〉宮城県北部、北上川下流の町。稲作のほか、ジャガイモ栽培がさかん。人口一万八七九四（九八）。

**かなん**【河南】〈町〉大阪府南東部の町。野菜やミカン栽培を中心とする近郊農業地帯。植木の生産も多い。人口一万三八三九（九八）。

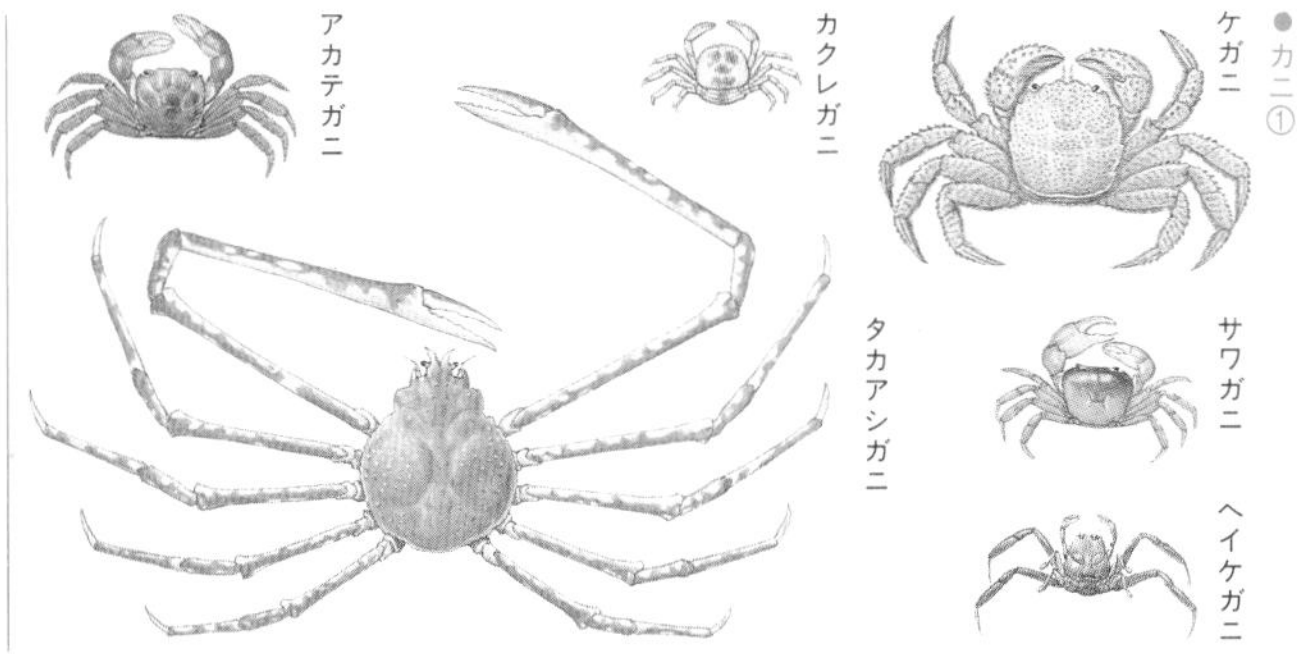

●カニ①

**かなん**【河南】〈省〉中国東部、黄河中・下流域の省。省都は鄭州（ていしゅう）。中国有数の畑作地帯。人口七五九一万（九四）。ホーナン。

**かなん**【華南】中国南部、福建・広東（カントン）の二省、広西壮族自治区に属する地域および台湾の総称。華中・華北に比して経済・産業は未発達。華僑（かきょう）の出身地域。ホワナン。

**カナン**【Canaan】①旧約聖書『創世記』で、神がアブラハムとその子孫に与えるとした約束の地。パレスチナの古称。②《神がアブラハムに約束したような》理想郷。天国。

**カナンガ**【Kananga】アフリカ中央部、ザイール共和国西カサイ州の州都。商業都市。人口七〇・四万（七六）。

**かに**【▼蟹】①甲殻類短尾目の節足動物の総称。体はキチン質の甲殻でおおわれ、腹部は退化して腹面に巻き込まれる。第一胸脚は強大なはさみで、捕食用。大部分は海産であるが、サワガニ科は淡水産。世界に約五〇〇〇種、日本に約一〇〇〇種が分布。crab ②紋所（もんどころ）の名。蟹を図案化。→図

**蟹の穴入り**（かにのあなはいり） あわてふためくさま。うろたえるさま。

**蟹の念仏**（かにのねんぶつ） 口の中でぶつぶついうさま。ひとりごとをつぶやくさま。

**蟹の横這い**（かにのよこばい） ①《カニが横に歩くところから》じゃまがはいったりして、物事がてきぱきと進まないこと。②《カニは横向きに歩くので、一見歩きづらそうに見えるが実はそうではないところから》ほかから見ると不自由でつらそうに見えることでも、当人にとっては都合がよく、快適であること。

**蟹は甲羅に似せて穴を掘る**（かにはこうらににせてあなをほる） 人は概して、その人相応の考えや行いしかしないものだ。A little bird is content with a little nest.

**かに**【可児】〈市〉岐阜県南部、木曽（きそ）川沿いの市。旧宿場町。工業化・住宅地化が進む。人口七万四四五（九八）。

**がに** 古語 ㊀（接助）《動詞や助動詞「ぬ」の終止形に付く》状態・程度を表す。…するほどに。…かのように。…しそうに。用例 雁（かり）が音寒し霜も置きぬ―（万葉・八・一五五六）。㊁（終助）《動詞の連体形に付く》理由または目的を表す。…するように。…するであろうから。用例 新草（にいくさ）まじり生（お）ひは生ふる―（万葉・一四・三四五二）。

**か‐に‐あられ**【▼窠に▼霰】織り紋の一種。細かい市松（いちまつ）模様に、瓜（うり）の輪切り面を図案化した窠の飛び紋を散らしたもの。窠の中の模様は唐花（からはな）・蝶（ちょう）・菊などいろいろある。束帯（そくたい）の表袴（うえのはかま）などに用いた。

**かにえ**【▼蟹江】〈町〉名古屋市西隣の町。名古屋との交通の便に恵まれ、工場・住宅がふえ、都市化。人口三万三三九六（九八）。

**かに‐かくに** 文語的（副）いろいろと。あれこれと。用例 ―思いわずらう。

**か‐にく**【果肉】果物の肉の部分。sarcocarp

**かにくい‐ざる**【▼蟹食猿】オナガザル科のサル。体長約四〇cm。尾もほぼ同長。海や川に近い森林にすみ、カニ、木の実などを食べる。東南アジアに分布。crab-eating macaque

**かに‐くさ**【▼蟹草】カニクサ科のシダ。山野にはえ、葉はつる状に伸び二m以上になる。小羽片は薄く羽状につく。先端の羽片は長く伸び、胞子は丸薬の衣に用いられる。関東以西に分布。ツルシノブ。→写

●カニクサ

**かに‐ぐも**【▼蟹▼蜘▼蛛】網を張らないカニグモ科に属する徘徊（はいかい）性のクモの総称。体長は雌五～一〇mm、雄は小さい。草木の葉上、花の上や草の間などにひそみ、昆虫を捕食。世界に約二〇〇〇種、日本にはアズチグモ・ハナグモ・ヤミイロカニグモなど約六〇種がいる。

**かに‐こうせん**【▼蟹工船】㊀カニの刺し網漁船の母船。漁獲したカニを船内で缶詰にする設備がある。現在は操業していない。crab factory-ship ㊁小林多喜二（たきじ）の小説。昭和四年（一九二九）発表。蟹工船労働者の闘争を描く。プロレタリア文学の代表作。

**かに‐ざ**【▼蟹座】北天の星座で、しし座の西にあり、中央にプレセペ（＝蜂（はち）の巣）星団がある。黄道十二星座の一つ。三月二六日ごろの午後八時ごろに南中。面積五〇六平方度。Cancer →図

●蟹（かに）座

**カニシカ**【Kaniska】（生没年未詳）インド、クシャン朝最盛期（二世紀前半）の王。ガンジス川中流域からデカン高原、東トルキスタンに及ぶ地域を支配。仏教を保護し、第四回仏典結集を行った。

**かに‐せいうん**【▼蟹星雲】おうし座にあるガス星雲。カニの形に見えることからの名称。毎秒一一〇〇kmで拡大している。一〇五四年出現の超新星残骸（ざんがい）。Crab Nebula →写

●蟹（かに）星雲 アメリカ、マウナケア天文台撮影。

**かにた**【▼蟹田】〈町〉青森県北部、津軽（つがる）半島東岸の町。旧宿場町。稲作・沿岸漁業のほか、ヒバ材を産出。人口五一五二（九八）。

**かに‐たま**【▼蟹玉】カニ入りの中国風卵焼き。日本では広東（カントン）式の、あんをかけたものが一般的。フーヨーハイ。

**かに‐の‐て**【▼蟹の手】干潮時よりも深い岩上に生育する海藻。淡紫褐色で糸状の枝が分岐し、石灰を多量に含む。高さ一〇cm以上。中部地方以南に分布。

**かに‐の‐ふんどし**【▼蟹の▼褌】《形が似ていることから》カニの裏側下部、腹部にあたる部分の俗称。

**かに‐の‐め**【▼蟹の目】ツルアズキの別名。

**かにば‐サボテン**【▼蟹葉サボテン】サボテン科の多肉植物。扁平（へんぺい）な茎の連続がカニに類似。一一～三月に、紅色花を頂端につける。多くの品種がある。カニサボテン。→写

●カニバサボテン

**カニバリズム**【cannibalism】人間が人肉を食べる慣習。社会的に認められ風習化したものや宗教儀礼など、さまざまな信念に基づいて行われる。人肉嗜食（じんにくししょく）。食人。

**かに‐びしお**【▼蟹▼醢】カニの塩辛（しおから）。シオマネキなどの小形のカニを食塩とともにすりつぶして、熟成させた「がん漬け」は佐賀県の名産。

**ガニベー**【Ángel Ganivet】（一八六五～九八）スペインの思想家・小説家。次代の文学革新運動に影響を与えた。著書『スペインの理念』など。

**がに‐また**【▼蟹▼股】両足が外側に曲がっていること・人。bandy leg

**かに‐むし**【▽擬▼蠍】外形がサソリに似た微小な節足動物の一群。体長一～六mm。黄褐色。頭胸部にあるはさみに触れるとすばやく後退する。山野の石や枯れ葉の下などにすむ。世界に八〇〇種以上が分布。アトシザリ。アトビサリ。→図

●カニムシ

**かにもり‐がい**【▼蟹守貝】オニノツノガイ科の海産巻き貝。殻高約四cm、殻径約一・四cm。褐色の地に黄白色の粒状のいぼが並ぶ。名は、ヤドカリがこの貝殻によく入っていることによる。潮間帯ないし水深二〇mの細砂底にすむ。本州以南に分布。

**か‐にゅう**【加入】（名・サ変自）団体などに加わること。仲間になること。joining 比較 加盟。対義 脱退。

**かにゅう‐でんしん**【加入電信】電話と同様に番号で相手を呼び出してから、テレタイプを動かし、通信を文字にして送受するもの。加入者相互間で記録通信を行う。テレックス。

**かにゅう‐でんわ**【加入電話】会社・個人などが、日本電信電話株式会社（NTT）などと契約して設置した電話。

**カニューレ**【Kanüle ドイ】医療器具の一種。身体に刺し、薬物を注入したり、体液を採取したりするための管。挿管。

**ガニュメデス**【Ganymedes ギリ】ギリシア神話のトロヤ王トロスの子。美少年で、ワシに姿を変えたゼウスがオリンポスに連れ去り、酒杯の奉持者とした。その代償として父トロスには神馬が与えられた。

**カニング**【George Canning】（一七七〇～一八二七）イギリスの政治家。トーリー党の進歩派。外相として自由主義外交を展開。モンロー主義を支持し、中南米諸国やギリシアの独立を支援。首相に就任後、半年で病死。

**か・ぬ**【兼ぬ】古語（下二他）→かねる（兼ね

▼常用漢字表外。▽常用漢字表の音訓外。

る）

**カヌー【canoe】** 短い櫂でかいであやつる細長い原始的な小舟。丸木舟・葦舟・皮舟などがある。世界の民族に広く分布するが、カナダ北西太平洋岸インディアンやポリネシア・メラネシアの住民の間で発達。また、それから進歩した競漕用ボートもさす。

**カヌー-きょうぎ【カヌー競技】** 軽快な小舟をパドルであやつって速さを競うスポーツ。カナディアンカヌーとカヤックの二種目がある。canoeing ↓写

●カヌー競技　カナディアンカヌー。

**かぬま【▼鹿沼】**〈市〉 栃木県中部、足尾山地東麓の市。旧宿場町。鹿沼土の産地。サツキやイチゴを栽培。建具など木工業がさかん。人口八万九七五〇（一九八八）。

**かぬま-つち【▼鹿沼土】** 浮き石（軽石）が風化してできた黄褐色の粒状土壌。北関東とくに鹿沼地方から産出。保水力と通気性が大。園芸用に使われる。

**かね【金】** ①金属。metal 用例 ―のたらい。②貨幣。金銭。黄白。おかね。money 用例 ―がかかる。―で買う。

**金が唸る**（かねがうなる） お金がありあまるほどある。be rolling in money 用例 金庫には金が唸っている。

**金が敵**（かねがかたき） ①お金はいろいろな災いのもとになる。②《かたきを訪ね当てるのが難しいことから》お金には簡単にめぐり会えない。また、お金を得るのはたいへんだ。

**金が子を生む**（かねがこをうむ） 預けたお金に利子がつく。Money begets money.

**金が物を言う**（かねがものをいう） お金の力がことばや道理以上に威力をもつことをいう。Money talks.

**金で面を撲る**（かねでつらをはる） 金銭の力で、むりやりに人を従わせる。

**金に飽かす**（かねにあかす） 費用を惜しまない。without worrying about bill

**金に糸目を付けない**（かねにいとめをつけない） 惜しげもなくお金を使う。

**金に手を付ける**（かねにてをつける） 金銭を着服する。使ってはいけないお金を使う。pocket 用例 会社の―。

**金になる**（かねになる） もうけになる。利益を得られる。profitable 用例 ―仕事をする。

**金に目が眩む**（かねにめがくらむ） お金に心をうばわれて、みさかいがなくなる。お金ほしさに自制心を失う。be blinded by money

**金の切れ目が縁の切れ目**（かねのきれめがえんのきれめ） お金によって成り立っている関係は、お金がなくなったら終わってしまう。When poverty comes in at the door, love flies out at the window.

**金の鎖も引けば切れる**（かねのくさりもひけばきれる） ①どんなに意志が強くても、誘惑に勝てないときがある。②努力すればどんなことでも可能になる。

**金の轡を食ます**（かねのくつわをはます） 「金轡を嵌める」と同意。

**金の生る木**（かねのなるき） お金がどんどん出るもと。財源。the goose that lays the golden eggs

**金の番人**（かねのばんにん） お金をためるばかりで、その活用を考えようともしない者。守銭奴。

**金の世の中**（かねのよのなか） すべてのことが金銭で解決される世間。Money rules the world.

**金の草鞋で尋ねる**（かねのわらじでたずねる） 「金の草鞋を履く」と同意。

**金の草鞋を履く**（かねのわらじをはく） 《鉄の草鞋はいくら履いても擦り切れないことから》あくまでさがし歩くたとえ。金の草鞋で尋ねる。

**金は天下の回り物**（かねはてんかのまわりもの） お金は世間を回っているもの。現在の貧乏を苦にするな。Money will come and go.

**金は湧き物**（かねはわきもの） 金銭は思いがけなく入ってくるものである。

**金を掛ける**（かねをかける） お金を惜し気もなくつぎこむ。spend money 用例 教育に―。

**金を貸せば友を失う**（かねをかせばともをうしなう） お金を貸すと、とかくそれが原因で疎遠になり、友情を失うことになる。友人にはお金を貸すなという戒め。Money gone, friends gone.

**金を食う**（かねをくう） 効果があがらないのに、費用がかさむ。

**金を包む**（かねをつつむ） お礼などのため、お金をつつんで、差し出す。

**金を寝かす**（かねをねかす） お金を活用しないで、しまっておく。

**金を回す**（かねをまわす） ①お金を融通する。finance ②利息や配当を目あてに、お金を預けたり貸したりする。invest

**金を湯水の様に遣う**（かねをゆみずのようにつかう） 金銭を惜し気もなく、みだりに費やす。お金を浪費する。throw away one's money

**かね【▼矩】** ①↓かねじゃく（曲尺）①。②まっすぐなこと。直線。直角。straight; right angle

**かね【▼鉦】** たたいて鳴らす小型で平たいかね。楽器としても用いる。しょう。

**鉦や太鼓で探す**（かねやたいこでさがす） 大さわぎで探し回る。鉦太鼓で探す。

**かね【鐘】** ①金属製で、打ったり、たたいたり、撞いたりして鳴らすもの。bell ②つりがね。hanging bell ③かねの音。toll; chimes 用例 お寺の―が聞こえる。

**鐘も撞木の当たり柄**（かねもしゅもくのあたりがら） 《鐘の音のよしあしは、撞木のあたり具合によることから》接し方により相手もこれにむくいる。また、連れ添う人しだいでよくも悪くもなるたとえ。

**かね【▽鉄▼漿】** 御歯黒に用いる液。

**か-ね**（連語） 《疑問の終助詞「か」に終助詞「ね」の付いたもの》念をおす意を表す。用例 それは事実―。

**がね** 古語（終助）《動詞の連体形に付いて》…するため。…するよう。用例 後見む人は語り継ぐ―（万葉・三・三六四）。

**がね**（接尾） …するためのもの。…になる予定の者。用例 むこ―。

**かね-あい【兼（ね）合い】** ちょうどよいようにすること。つり合うようにすること。平均。balance 用例 両者の―がむずかしい。

**千番に一番の兼ね合い**（せんばんにいちばんのかねあい） 一〇〇〇度やっても一度できるかどうかというくらい、難しい。

**かね-あ・う【兼（ね）合う】**（五自） 両方のつりあいがとれる。balance

**かね-いれ【金入れ】** さいふ。がまぐち。purse; wallet

**かね-うけ【金請（け）】** 江戸時代、借金の保証。

**金請けするとも人請けするな**（かねうけするともひとうけするな） 借金の保証人ならまだしも、人物の保証人になると、ひどく面倒なことに巻き込まれる。

**かねうり-きちじ【金売吉次】** 源平時代の伝説的な人物。奥州の金を京へ運んで長者となり、牛若丸（源義経の幼名）を京都鞍馬から奥州平泉へ連れ出したという。

**かね-おや【▽鉄▼漿親】** 初めて鉄漿（お歯黒）をつけるとき、その世話をする女性。もとは女子が成年のときに立てた仮親。鉄漿つけ用具一式を贈る習わしがあった。お歯黒親。

**かねがさき【金ケ崎】**〈町〉 岩手県南部の町。稲作と酪農がさかん。駒ケ岳山麓に国営放牧場がある。人口一万六〇四〇（一九八八）。

**かね-かし【金貸し】** お金を貸して利息をとる商売・人。money lender

**かね-がね【▽予▽予・兼（ね）兼（ね）】**（副） 以前から。あらかじめ。かねて。previously 用例 ―お知らせいたしましたとおり。

**かねがみさき【鐘が岬】** 日本音楽曲名。①山田流箏曲名。生田流『新娘道成寺』と同歌詞。②地唄の同名異曲。③荻江節曲名。鐘の岬。

**かね-ぐつわ【金▼轡】** ↓かなぐつわ（金轡）

**かね-くよう【鐘供養】** 釣り鐘のつき初めの式。鐘を新たに鋳造したときに営まれるもので、道成寺の縁起に始まるとされ、女性がつく場合が多い。

**かね-ぐら【金蔵】** ①金銀などをしまっておく蔵。safe ②重要な収入源となっている手段・方法・人物。金づる。source of revenue

**かね-ぐり【金繰り】** 金銭のやりくり。資金ぐり。financing

**かね-ぐろ【▽鉄▼漿黒】** 鉄漿をつけて歯を黒く染めること。かつて、女子は成年に達すると鉄漿を筆につけて毎日歯を染めていたが、時代とともに時期はしだいに遅くなり、のちには既婚者のしるしとなった。

**かね-ごえ【金肥】** ↓きんぴ（金肥）

**かねこ-くんえん【金子薫園】**（一八七六―一九五一） 歌人。本名、雄太郎。東京生まれ。尾上柴舟と叙景詩の運動を推進。歌風は温雅。歌集『片われ月』『白鷺集』など。

**かねこ-けんたろう【金子堅太郎】**（一八五三―一九四二） 政治家。伯爵。枢密顧問官。福岡県生まれ。伊藤博文の下で大日本帝国憲法の起草に尽力。農商務相・法相などを歴任。

**かね-ごと【▽予言・兼（ね）言】** 前もっていうこと。将来についていうこと。よげん。かねこと。

**かねこ-みつはる【金子▽光▽晴】**（一八九五―一九七五） 詩人。本名、大鹿保和。愛知県生まれ。海外放浪で詩風が発展。詩集『こがね虫』、現実批判の精神に支えられた『鮫』、反戦詩『落下傘』など。

**かねこ-もとおみ【金子元▽臣】**（一八六八―一九四四） 国文学者・歌人。静岡県生まれ。短歌の革新や古典の注釈に努めた。著書『古今和歌集評釈』など。

**かねこ-ようぶん【金子洋文】**（一八九四―一九八五） 劇作家。秋田県生まれ。大正・昭和前期のプロレタリア作家として活躍。戯曲『飛ぶ唄』など。

**かね-ざし【▼矩差（し）・▼矩▽尺】** ↓かねじゃく（曲尺）①

**かねざわ-さねとき【金沢▽実時】**（一二二四―一二七六） 鎌倉中期の武将。引付衆・評定衆などを歴任。学問を好み、金沢文庫の基をつくった。北条実時。

**かね-じゃく【▽曲尺・▼矩尺】** ①直角に曲がった金属製物差し。木工職人などが使う。長いほうを長手、短いほうを妻手または横手という。表裏に目盛りを刻み、裏は表の$\sqrt{2}$倍。墨金。曲がり金。差し金。②尺貫法の長さの単位系。くじら尺の八寸を一尺とする。一尺は約三〇・三cm。かね。↓写

●曲尺①

**かね-ずく【金▽尽く】** すべてを、お金の力だけで片づけようとすること・態度。金銭ずく。by force of money

**かね-そな・える【兼（ね）備える】**（下一他） 同時にそなえもつ。兼備する。have both 用例 知恵と勇気を―。

**かね-だか【金高】** 金銭の額。きんだか。amount of money

**かね-たたき【▼鉦▼叩き】** ①かねをたたいて鳴らす棒。撞木。bell hammer ②かねをたたくこと。また、その人。ringing a bell; bellman ③かねをたたき、お経を唱えて回る乞食。mendicant priest ④《「鉦叩」で》コオロギ科の昆虫。雄で体長約一cm。翅は雄だけにあり黒褐色。八～一一月にみられ、草の上でチンチンと鳴く。関東以西に分布。↓図

●カネタタキ④

**かねだ-まさいち【金田正一】**（一九三四―） プロ野球、国鉄スワローズ・読売ジャイアンツの元投手。愛知県生まれ。昭和四四年（一九六九）引退。通算四〇〇勝。通算奪三振四四九〇。一四年間連続二〇勝以上。黄金の左腕とうたわれた。

**か-ねつ【火熱】** 火の熱さ。heat of fire

**か-ねつ【加熱】**（名・サ変他） 熱を加えること。熱すること。heating

**か-ねつ【過熱】**（名・サ変自他） ①熱を加え、熱くし過ぎること。overheat ②液体を沸点以上に熱したときに、沸騰を起こさないこと。また、その状態。superheat ③水蒸気を、水との平衡状態の温度（一気圧では一〇〇℃）以上に熱すること。superheat ④度を過ぎて高まること。overheat 用例 景気が―。

**かね-づかい【金遣い】** お金をつかう方法・程度。spending money 用例 ―が荒い。

**かね-つき【鐘▼撞き】** 釣り鐘を撞くこと。また、寺などで時刻ごとに鐘を撞く役目の人。

**かねつ-き【加熱器】** 電気・ガス・石炭・水蒸気・湯などを熱源にして、目的物を暖める器具。

か



↓ 行き先項目、図版・写真参照印。　JIS 日本工業規格情報交換用漢字符号コード（区点コード）。

●狩野永徳 上杉本『洛中洛外図屛風』(部分)。室町時代(一六世紀)、上杉隆憲。

電熱器・ガスコンロ・スチーム暖房器など。heating apparatus; heater

**かねつ-き【過熱器】** 発生した蒸気をさらに加熱し、高温の過熱蒸気にする装置。superheater

**かねつき-どう【鐘▼撞き堂】** 寺で、つり鐘のある建物。鐘楼。bell tower

**かね-つけ【▽鉄▼漿付(け)】** お歯黒ぞめにすること。近世以後は女子の成人儀礼の一つ。叔母などに「鉄漿付け親」になってもらい、多く一五、六歳のときに行う。鉄漿始め。参照 お歯黒。

**かねつ-じょうき【過熱蒸気】** ある圧力において沸点以上に熱せられた蒸気。水の場合、一気圧で一〇〇℃よりも高温の水蒸気。superheated vapor

**カネッティ【Elias Canetti】**(一九〇五) 小説家・思想家。ブルガリア生まれ。一九八一年ノーベル文学賞受賞。小説『幻惑』、評論『群衆と権力』など。

**かねつね-きよすけ【兼常清▽佐】**(一八八五～一九五七) 音楽学者。山口県生まれ。京大卒。音響学的方法で日本音楽、とくに民謡や日本語の研究を行い、独自の見解をもった。

**かね-づまり【金詰(ま)り】** お金のやりくりがつかなくなること。また、デフレのこと。shortage of money 用例 ―で倒産する。

**かね-づる【金▼蔓】** お金を手に入れる手段・手がかり。supplier of funds 用例 いい―をつかむ。

**かねつ-ろ【加熱炉】** 炉の一種。鍛造・圧延のため金属を加熱するときに使う。陶磁器・耐火物焼成用のトンネル炉などの直接加熱炉と、燃焼室と焼成室がわかれている間接加熱炉がある。heating furnace

**かね-て【▽予て】**(副) 前々から。あらかじめ。かねがね。beforehand

**かね-ない【兼ねない】**(連語)《動詞の連用形に付いて》…しないとはいえない。…するかもしれない。用例 自殺をし―。あの人ならやり―。

**かねなが-しんのう【▽懐▽良親王】**(一三二九～一三八三) 後醍醐天皇の皇子。征西大将軍として九州で南朝勢力の維持に尽力。

**かね-ばこ【金箱】** ①金銭や貴重品を入れておく箱。銭箱。cashbox ②《転じて》金銭を得させてくれる所・物。また、その人。ドル箱。source of profit; breadwinner

**かね-はじめ【▽鉄▼漿始(め)】** ↓かねつけ(鉄漿付け)

**かね-ばなれ【金離れ】** お金のつかいぶり・払いぶり。用例 ―がいい。

**かね-びら【金▽片】** お金。金銭。札片。

**金片を切る**(かねびらをきる) 「札片を切る」と同意。

**ガネフォ【GANEFO】**《Games of the New Emerging Forces の略》新興国スポーツ大会。一九六三年インドネシア主催の招待大会のとき発足。以後、IOCとの折り合いが悪く、六七年インドネシアのIOC復帰とともに消滅。

**かね-へん【金偏】** ①漢字を組み立てている部分の名。「針・鈍・鉄・銭」などの「釒」。②《俗語》鉱山・金属産業。用例 ―景気。

**かねぼう【鐘紡(株)】** 繊維・医薬品・化粧品などの多角的企業。カネボウグループの中心。昭和一九年(一九四四)設立。

**かね-まわり【金回り】** ①金が人から人にまわること。金銭の流通。金融。circulation of money ②収入のぐあい。ふところぐあい。financial conditions 用例 ―がよい。

**かね-め【金目】** ①金銭に換算したねうち。monetary value ②値段が高いこと。高価なもの。valuable 用例 ―の品。

**かね-もうけ【金▼儲け】**(名・サ変自) お金をもうけること。money making

**かね-もち【金持(ち)】** お金や財産をたくさん持っていること。また、その人。rich person

**金持ち金を遣わず**(かねもちかねをつかわず) 金持ちの多くがけちなことを言う。

**金持ち喧嘩せず**(かねもちけんかせず) けんかをすれば損をしがちだから、金持ちは争わない。金持ちは、利にさとく、計算だかいことに言う。

**金持ち小銭に困る**(かねもちこぜににこまる) 金持ちは多額の金をもっているのに、普段の小銭に困ることがあるということから、矛盾していることに言う。

**金持ちと灰吹きは溜まる程汚い**(かねもちとはいふきはたまるほどきたない) 資産がふえればふえるほど、物惜しみするようになるたとえ。

**かね-もと【金元】** 資金を出す人。金主。

**かね-やき【金焼(き)・▽印焼(き)】** ↓かなやき(金焼き)

**かねやま【金山】**〈町〉 山形県北東部、新庄市北隣の町。杉の美林で知られ製材業がさかん。人口八〇二一(一九八八)。

**かねやま【金山】**〈町〉 福島県西部の山間の町。農林業が主体。沼沢湖・会津金山スキー場がある。人口四二五〇(一九八八)。

**かねやま【兼山】**〈町〉 岐阜県南部、木曽川に沿う町。旧城下町。商業がさかん。人口二〇二九(一九八八)。

**かね-よつ【鐘四つ】** 鐘が知らせる「四つ(午後一〇時)」の刻。参考 江戸吉原では営業は四つまでと決められていたのを、時間延長のため九つ(午前零時)を刻限として、これを拍子木で知らせた。この合図を「木の四つ」と呼んだのに対して言う語。

**か・ねる【兼ねる】**(下一他) ①二つ以上の役目や働きを合わせもつ。兼備する。用例 大は小を―。首相と外相を―。墓参を―・ねて田舎へ帰る。②《動詞の連用形に付いて》㋐できにくい。しにくい。用例 言い出し―。㋑《「兼ねない」の形で》…しないとはいえない。用例 大事故になり―・ねない。

**気を兼ねる**(きをかねる) 遠慮する。はばかる。

**カネロニ【cannelloni イタリア】** 代表的なイタリア料理。パスタの生地に肉類などの詰め物をしてグラタンになどしたもの。

**か-ねん【加年】** 新年をむかえて、年齢を加えること。加齢。aging

**か-ねん【可燃】** もえること。もえやすいこと。inflammable 対義 不燃。用例 ―物。

**かねん-せい【可燃性】** よく燃焼する性質。combustibility

**か-ねんど【過年度】** すぎた年度。経過した会計年度。the past fiscal year

**かの【▼鹿野】**〈町〉 山口県東部、錦川上流の町。農林業中心。ワサビが特産。シイタケ栽培もさかん。人口五三九九(一九八八)。

**か-の【▽彼の】**(連体)《古語は「か(代名詞)+の(格助詞)」》あの。that 対義 あの・この・その。参考 古語の代名詞「か」に、格助詞「の」の付いたもの。

**カノ【Kano】** アフリカ西部、ナイジェリア北部の都市。イスラム教と商業の中心地。綿花・落花生などの大集散地。人口四七・五万(一九八二推定)。

**が-の-いわい【賀の祝(い)】** 長寿の祝い。還暦(満六〇歳)・古稀(七〇歳)・喜寿(七七歳)・傘寿(八〇歳)・米寿(八八歳)・卒寿(九〇歳)など。親類縁者を招き祝宴や祝いの品の贈答などを行う。年祝い。参考 還暦以外は、数え年で行ったりもする。

**か-のう【化▼膿】**(名・サ変自) 膿をもつこと。傷などがうむこと。化膿菌によって起こる炎症。suppuration

**か-のう【可能】**(名・形動) できること。できる見込みがあること。possible 対義 不可能。用例 不可能を―にする。―な範囲で協力する。

**か-のう【▼嘉納】**(名・サ変他) 進言・進物などを、喜んで受け入れること。

**が-のう【画▼嚢】** 洋画の用具を入れるバッグ。

**かのう-えいとく【▽狩▽野永徳】**(一五四三～一五九〇) 安土桃山時代の画家。京都の人。名は州信。元信の孫。古永徳。安土城・大坂城などの障壁画を描く。壮麗な金碧装飾画風を確立。作品『洛中洛外図屛風』『唐獅子図屛風』など。↓写

**かのう-こうきち【▽狩▽野▼亨吉】**(一八六五～一九四二) 思想家・哲学者。秋田県生まれ。一高校長・京大文科大学初代学長。日本自然科学思想史の開拓者で、安藤昌益の発掘者として知られる。

**かのう-さくじろう【加能作次郎】**(一八八五～一九四一) 小説家。石川県生まれ。早大卒。自然主義の流れに立ち、深い情味をもつ作品を書いた。作品『厄年』『世の中へ』など。

**かのう-さんらく【▽狩▽野山楽】**(一五五九～一六三五) 安土桃山から江戸初期の画家。近江の人。本名木村光頼。障壁画に活躍。京狩野の祖。作品に大覚寺襖絵など。

**かのう-じごろう【▼嘉納治五郎】**(一八六〇～一九三八) 講道館柔道の創始者。兵庫県生まれ。東大卒。IOC委員。初代大日本体育協会会長。貴族院議員。

**かのう-せい【可能性】** 対義 現実性。①実現できる見込み。possibility ②実現できる要素。possibility 比較 蓋然性。

**が-の-うた【賀歌】** 『古今和歌集』以下の勅撰集の和歌の部立ての一つ。長寿を祝福する歌が多い。

**かのう-たんゆう【▽狩▽野探幽】**(一六〇二～一六七四) 江戸初期の画家。名は守信。幕府の御用絵師。二条城などの障壁画を制作。武家精神に適合した絵画様式を創出、狩野派繁栄の基礎を築いた。作品『東照宮縁起絵巻』『鵜飼図屛風』など。↓写

●狩野探幽『東照宮縁起絵巻』(部分)。寛永一七年(一六四〇)、日光東照宮(栃木県)。

**かのう-どうし【可能動詞】** 「…できる」という意味を表す下一段活用の動詞。命令形はない。だいたい五段活用の動詞と対応する。「書ける(書くに対する)」「読める(読むに対する)」など。

**かのう-なおき【▽狩▽野直喜】** ↓かのなおき(狩野直喜)

**かのう-なおのぶ【▽狩▽野▽尚▽信】**(一六〇七～一六五〇) 江戸初期の画家。京都の人。幕府の御用絵師となり、木挽町狩野派をたてた。作品『瀟湘八景図』など。

**かのう-なつお【加納夏雄】**(一八二八～一八九八) 彫金家。京都生まれ。京都美術学校教授。明治政府の新貨幣の彫刻に従事。作風は写実的で、片切り彫を得意とした。作品『月雁図鉄額』など。

**かのう-は【▽狩▽野派】** 室町後期から明治初

▼常用漢字表外。 ▽常用漢字表の音訓外。

期まで栄えた日本画の一大流派。始祖の正信と元信以後、時の権力者の御用絵師となり、門流の繁栄を確保した。明治初期まで、日本の絵画界に大きな影響力をおよぼした。

**かのう-ほう【加農砲】** ↓カノンほう(カノン砲)

**かのう-ほうがい【▽狩▽野芳▼崖】**(一八二八～八八) 日本画家。長門の人。岡倉天心・橋本雅邦らと明治の日本画復興革新運動に活躍。雄勁な筆法と動的な表現をもつ生気あふれる作風。作品『不動明王』『悲母観音』など。↓写

●狩野芳崖『悲母観音』(部分)。明治二一年(一八八八)、東京芸術大学。

**かのう-まさのぶ【▽狩▽野正▽信】**(一四三四～一五三〇) 室町後期の画家。元信の父。狩野派の始祖。室町幕府の御用画家となる。漢画を土台としながら平明な和風味を加え、狩野派様式の基礎をつくる。作品『周茂叔愛蓮図』など。

**かのう-もとのぶ【▽狩▽野元▽信】**(一四七六～一五五九) 室町後期の画家。正信の子。狩野派の大成者。古法眼と称された。和漢の古典を折衷した平明・率直な新様式を確立。作品に大徳寺大仙院襖絵『花鳥図』など。

**かのう-もろひら【加納▽諸平】**(一八〇六～五七) 江戸末期の国学者・歌人。遠江の人。紀州藩に仕え『紀伊続風土記』を編む。長歌にすぐれた。家集『柿園詠草』など。

**か-の-え【▼庚】** 十干の七番目。こう。

**かのえ-さる【▼庚▽申】** ↓こうしん(庚申)

**かの-おけ【▽狩野▼桶】** 狩りのさいに用いた食器。のちに旅行・行楽などのさいにも使われるようになった。かりのおけ。

**カノーバ【Antonio Canova】**(一七五七～一八二二) イタリアの彫刻家。新古典主義の代表。作品『ナポレオン像』など。

**カノープス【Canopus】** りゅうこつ座α星。全天第二の輝星。実視光度マイナス〇・七等。距離は約二〇〇光年。老人星。

**かの-がわ【▽狩野川】** 静岡県伊豆半島を北流する川。長さ四八km。天城峠に発し、沼津市で駿河湾に注ぐ。昭和三三年(一九五八)の狩野川台風で大水害があった。

**かのがわ-たいふう【▽狩野川台風】** 昭和三三年(一九五八)九月に相模湾に上陸した台風。静岡県に大災害をもたらした。死者・不明者約一二〇〇名。

**か-の-こ【▼鹿の子】** ①シカ。シカの子。白斑が美しい。②シカの毛の模様に似ているもの。用例 —しぼり。③甘く煮たままのアズキやインゲンマメを、あんころもちの回り全体につけた和菓子。かのこもち。

**かのこ-あみ【▼鹿の子編み】** 棒針編みの模様編みの一つ。表編み・裏編みを交互に繰り返して編む。moss stitch; seed stitch

**かのこ-うお【▼鹿の子魚】** ↓イットウダイ(一等鯛)

**かのこ-が【▼鹿の子▼蛾】** 黒い翅に数個の透明紋のあるカノコガ科の小形のガ。開張約三～四cm。体も黒く、二本の黄帯がある。夏、草原に多く、昼間活動する。食草はツメクサ・タンポポなど。日本全土に分布。↓図

●カノコガ

**かのこ-ぎり【▼鹿の子切り】**《包丁の切れ目が鹿の背の模様に似ていることから》料理で、イカ・赤貝などに、格子状に切れ目を入れる切り方。

**かのこ-しぼり【▼鹿の子絞り】** 絞り染めの一種。細かい絞りを、シカの斑点のようにぎっしり並べた模様の絞り染め。↓写

●鹿の子絞り

**かのこ-そう【▼鹿の子草】** オミナエシ科の多年草。山地の草地にはえる。高さ四〇～八〇cm。葉は対生し、羽状に深く切れる。五～七月に、淡紅色の花を多数つける。根を鎮静剤に利用。ケッソウ。ハルオミナエシ。↓写

**かのこ-まだら【▼鹿の子▼斑】** シカの毛の白いまだら。また、他の色の地に白い斑紋があること。

**かのこ-もち【▼鹿の子▼餅】**《形が布地の鹿の子しぼりに似ていることから》餅をあんで包み、甘く煮た小豆をまぶした菓子。

**かのこ-ゆり【▼鹿の子▽百▽合】** ユリ科の多年草。山地のがけにはえ、観賞用に栽培もされる。高さ一～一・五m。葉は卵形。七～八月に白色で赤い斑点のある美しい花を開く。↓写

●カノコユリ

**かの-じょ【彼女】** 対義 彼。㊀(代)《英語のsheを「かのおんな」と訳し、音読した語》話し手・相手以外の女性をさす語。あの女性。㊁(名) 男性からみて、恋人・愛人としての女性。対義 彼氏。用例 ぼくの—。

**かのせ【▼鹿瀬】**〈町〉 新潟県北部、阿賀野川に沿う町。電源地帯で発電所が多い。麒麟山・角神などの温泉がある観光地。人口三六〇一(一九八八)。

**カノッサ-の-くつじょく【カノッサの屈辱】** 一〇七七年、聖職叙任権をめぐって、教皇グレゴリウス七世と争い破門された神聖ローマ皇帝ハインリヒ四世が、北イタリアのカノッサ城にいた教皇に恭順を誓い、雪中にたたずむこと三日にして赦免された事件。帝権が教権に屈服した象徴的事件とされる。penance of Emperor Henry Ⅳ

**か-の-と【▽辛】** 十干の八番目。しん。

**かの-なおき【▽狩野直喜】**(一八六八～一九四七) 漢学者。熊本県生まれ。京大教授。中国文明の研究に新分野を拓いた。昭和一九年(一九四四)文化勲章受章。著書『支那学文藪』など。

**か-の-も【▽彼の▽面】** 古語《「かのおも」の約》あちらのほう。むこうがわ。対義 このも。用例 つくばねのこのも—に影はあれど(古今・東歌)。

**かのや【▼鹿屋】**〈市〉 鹿児島県南東部、大隅半島にある市。シラス台地にあり、落花生・サツマイモ栽培などがさかん。かつては海軍航空隊の町で知られた。人口七万六〇三三(八八)。

●カノコソウ

**カノン【canon】**《規範・標準、の意》①キリスト教で、教理・戒律・教会法・聖書正典。②音楽で、先行する声部の旋律をほかの声部が模倣する手法により構成された楽曲。機械的に構成された小規模なカノンを日本では輪唱とよぶことがある。追復曲。③美術で、理想的な人体比例であること。

**カノン-ほう【カノン砲】** 砲身が長く、おもに射角四五度以下の低い弾道による遠距離射撃に適した火砲。加農砲。cannon

**か-は** 古語(連語)《係助詞「か」に係助詞「は」の付いたもの。種々の語に付く》①反語または疑問の意を表す。用例 なに—露を玉とあざむく(古今・夏)。②文末に用いられ、反語の意を表す。…か。…ものか。用例 月はくまなきをのみ見るもの—(徒然・一三七)。

**かば【▼蒲】** ①植物のガマの異名。②「蒲色」の略。

**かば【▼樺】** ↓しらかば(白樺)

**か-ば【河馬】** カバ科の大形草食獣。体長四～五m、体重二～四tで茶黒褐色。四股は短く、頭が大きい。ほとんど無毛。二〇～三〇頭の群れをつくり、日中は河川・湖沼の水中にひそみ、夜間上陸して草を食べる。サハラ以南のアフリカに分布。hippopotamus ↓写

**カバー【cover】**(名・サ変他) ①汚れを防ぐためにかけるおおい。ふとんカバー・洗濯機カバー・足袋カバーなど。②本の表紙。表紙をおおうかけ紙。ブックジャケット。↓本図 ③不備や損害を補うこと。用例 赤字を—する。④野球などで他の人の守備を助けること。バックアップ。

**カバー-グラス【cover glass】** 顕微鏡で観察するとき、スライドグラスの上にのせた標本の上におく薄いガラス。参照 プレパラート。

**カバーロールス【coveralls】** 袖付きの上着とズボンが一つになった服。つなぎ。本来は機械工などの作業服。参照 オーバーオールス。

**か-はい【加配】**(名・サ変他) 食糧や衣料品などの配給制度下にあって、特別な人に普通より多く品物を割り当てること。

**かばい-だて【▼庇い立て】**(名・サ変他) なにかとかばうこと。用例 —は無用。

**かばい-て【▼庇い手】** 相撲で、折り重なって倒れるときに、相手をかばう目的で体勢有利な方が先に手をつくこと。この場合は負けにはならない。

**かば-いろ【▼蒲色・▼樺色】** ガマの穂のような色。赤みをおびた黄色。reddish yellow

**かば・う【▼庇う】**(五他) 助け守る。だいじにする。いたわる。protect 用例 だれも—・ってくれない。

**がば-がば** ㊀(形動) 大きすぎて、緩いさま。締まりのないさま。all loose 用例 —のシャツ。㊁(副) ①容器の中で、水などがはげしく揺れ動く音。gurgling ②金銭などがたくさん手に入ってくるさま。make a packet 用例 —もうかる。

●カバ

**か-ばかり【▼斯▽許り】** 古語(副) ①こんなに。これほど。用例 あがりても—の秀歌えさぶらはじ(大鏡・道長上)。②これだけ。これっきり。用例 今は亡き人なれば、—の事も忘れがたし(徒然・三一)。

**か-はく【下▼膊】** ひじと手首の間。forearm 対義 上膊。

**か-はく【仮泊】**(名・サ変自) 艦船が仮に停泊すること。

**か-はく【科白】**《「科」はしぐさ、「白」はせりふ、の意》役者のしぐさとせりふ。いまはおもにせりふをいう。

**が-はく【夏伯】** 禹の尊称。

**が-はく【画伯】** 画家の敬称。用例 梅原—。

**かば-さん【加波山】** 茨城県中部、真壁町にある山。標高七〇九m。明治一七年(一八八四)加波山事件で有名。

**かばさん-じけん【加波山事件】** 自由民権運動の激化事件の一つ。明治一七年(一八八四)県令三島通庸らの暗殺を企てる福島の自由党員河野広躰らは茨城県加波山で挙兵し、下山して警官隊と交戦、鎮圧された。

**かばしま-かついち【▼椛島勝一】**(一八八八～一九六五) 挿絵画家。長崎県生まれ。少年向けの冒険・戦記物のペン画などで活躍。

**か-ばしら【蚊柱】** カが柱状に群飛するさま。夏の夕方によく見られる。用例 —が立つ。

**カバティーナ【cavatina イタリア】** オペラやオラトリオ中の小独唱曲。アリアより短く単純な形式。転じて旋律的な器楽曲をもさす。作品例に、モーツァルトの『フィガロの結婚』中の曲など。

**がば-と**(副) 急に激しい動作をするさま。用例 —起きあがる。

**ガバナー【governor】** 統治者。アメリカの州

知事。日本では転じて、大臣・長官・知事などをさす。

**ガバナビリティ**【governability】＝ガヴァナビリティ。①統治されやすさ。被統治能力。②《本来の意味が誤って》統治能力。③自己管理能力。

**かばね**【▽姓】古代氏族の地位や職掌を表す世襲の称号。臣・連を頂点に造・君・直・首など数十種。天武一三年(六八四)八色の姓により整備。

**かばね**【▼屍・▼尸】死体。しかばね。corpse

**屍に血を零す**(かばねにちをあやす) 死者の名誉をけがす。

**かばね-がき**【▽姓書(き)】古代の豪族の家柄を示す臣、連、造などといった姓を、氏名に加えて書くこと。

**かば-の-き**【▼樺の木】シラカバの別名。また、カバノキ科カバノキ属の樹木の総称。

**かば-のり**【▼樺▽海▼苔】紅藻植物オゴノリ科の海藻。幅二㎝位の平たい体が叉状に分枝。高さ二〇㎝前後。紅褐色。糊用。北海道から九州に広く分布。

**カバフィス**【Konstantínos Pétrou Kaváfis】(一八六三～一九三三) ギリシアの詩人。エジプト生まれ。本国の詩壇から離れ、歴史を題材に人間の運命を叙情的にうたった。作品『詩集』。

**かば-まだら**【▼樺▼斑▼蝶】マダラチョウ科のチョウ。開張六・五㎝内外。食草はトウワタなど。沖縄以南、アジア・アフリカの熱帯・亜熱帯に分布。沖縄以外の日本産は迷チョウ。↓チョウ[写]

**カハマルカ**【Cajamarca】ペルー北部、アンデス山脈の標高二七五〇mにある都市。織物・皮革工業がさかん。人口七・七万(一九八一)。

**かば-やき**【▼蒲焼(き)】ウナギ・アナゴなど、長身の魚をさいて骨をとり、くしに刺すなどして照り焼きにする料理法。また、そのように料理した食べ物。一説にはウナギをまるのまま くし刺しにした姿・色がガマの穂に似ていたことから名づけられたという。[数え方]一串・一本・一枚。

**かばやま-すけのり**【▼樺山▽資▽紀】(一八三七～一九二二) 海軍軍人。伯爵。鹿児島の人。海相をへて日清戦争では軍令部長。初代台湾総督・内相・文相などを歴任。

**カバラ**【Kabbālāh ヘブライ】《相伝・伝統、の意》中世から近世にかけて広まったユダヤ教の神秘主義。また、その教えを記した書物。一三世紀の文献『ゾーハル』が有名。cabala

**か-ばり**【蚊▼鉤】毛鉤の一種。羽毛を素材に蚊の形に似せて作った擬似鉤。アユのどぶ釣りによく用いられる。加賀・土佐が発祥地。かがしら。fly [比較]毛鉤。

**カバリェロ**【Fernán Caballero】(一七九六～一八七七) スペインの女流小説家。スイス生まれ。南部スペインの民衆の生活を描いた、リアリズム文学の先駆者。作品『かもめ』など。

**カバルカンティ**【Guido Cavalcanti】(一二五五ごろ～一三〇〇) イタリアの詩人。ダンテと親交があり、清新体派の代表的存在。

**カバルディノバルカル-じちきょうわこく**【カバルディノバルカル自治共和国】(Kabardino-Balkarskaya ASSR) ソビエト連邦を構成する自治共和国の一つ。首都ナリチク。カフカス山脈北麓を占める。面積一・三km²。人口七〇・八万(一九八四)。正称カバルディノバルカル自治ソビエト社会主義共和国。

**カバレフスキー**【Dmitry Borisovich Kabalevsky】(一九〇四～一九八七) ソ連の作曲家。親しみやすく叙情的な器楽曲やオペラを書いた。オペラ『コラ-ブルニョン』、組曲『道化師』など。

**カバレリア-ルスティカーナ**【Cavalleria Rusticana】マスカーニ作曲のオペラ。全一幕。一八九〇年初演。メナッシらによる台本で、ベリズモ-オペラの傑作。間奏曲などが有名。

**か-はん**【加判】①公文書に、花押の判をしるすこと。また、借用書などに連帯保証人の署名捺印をすること。連判・合判すること。②公文書に判を加えるような地位の人。③江戸時代、親分に次ぐ地位の博徒。

**か-はん**【河畔】川のほとり。川ばた。riverside

**か-はん**【過半】半分以上。大部分。greater part

**か-はん**【過般】このあいだ。さきごろ。先般。[用例]—参上の節。

**かばん**【▼鞄】物を持ち運ぶ袋状や箱状の入れ物。小形のハンドバッグより大形のものをいう。bag [用例]—に書類を入れる。[参考]中国語の「夾板」のなまりという。「鞄」は、なめしがわをつくる職人、の意。明治期に字義に関係なくこの字を当てたもの。

**か-ばん**【下番】(名・サ変他) 交替制の勤務を終わって退出すること。[対義]上番。

**が-ばん**【画板】①絵をかくとき、画用紙の台にする板。drawing board ②油絵で、絵をかきつける板。painting board

**か-はんしん**【下半身】腰から下の部分。the lower half of the body [対義]上半身。

**かはん-すう**【過半数】半数をこえる数。majority

**かばん-もち**【▼鞄持(ち)】①偉い人にいつもお供をして、雑用をする人。private secretary ②偉い人や上役などにへつらってばかりいる人を、あざけっていう語。

**かはん-らい**【過般来】(副) この間から。

**か-ひ**【下▼婢】召し使いの女。はしため。maid servant

**か-ひ**【化肥】「化学肥料」の略。

**か-ひ**【可否】①いいか悪いか。よしあし。right or wrong [比較]良否。[用例]行動の—。②賛否。また、許可と不許可。for and against [用例]—を決める。

**か-ひ**【花被】萼と花冠の総称。両者がよく似ているとき、萼に当たるものを外花被、花冠に当たるものを内花被という。perianth

**か-ひ**【果皮】種子を包む皮。子房の壁が変化した部分。外果皮・中果皮・内果皮の三層がある。pericarp ↓果実[図]

**か-ひ**【歌碑】和歌を刻んで立てた石碑。[比較]句碑・詩碑。

**かび**【▼黴】①菌類のなかで、動植物に寄生したり、衣類・食物などに発生するものの俗称。糸状菌類。mold ②《古くなった状態を意味することから》朽ちはてて、むなしくなってしまうもの。価値のないもの。moldy things

**黴が生える**(かびがはえる)《物が古くなると、かびが付くところから》古めかしくなる。古くさくて役に立たなくなる。get moldy; get out-of-fashion

**か-び**【華美・花美】(名・形動) はなやかで、美しいこと・さま。けばけばしいこと・さま。はで。splendor [対義]質実。[用例]—な服装。

**か-び**【▼鹿火・蚊火】農作物に害を与えるシカなどの害獣を追い払うためにたく火。また、蚊遣り火のことともいう。

**が-び**【▼蛾▼眉】①ガの触角のように細く弧を描いた眉。美人の眉を形容した。②《転じて》美人。

**ガビアル**【gavial】吻の細長いワニ。二種ある。①ガビアル科。全長四m内外。インダス川・ガンジス川・ブラマプトラ川流域にすむ。現地名ガリアール。インドガビアル。②クロコダイル科。全長四m弱。ボルネオ・スマトラなどに分布。マレーガビアル。ガビアルモドキ。↓ワニ[図]

**かび-くさ・い**【▼黴臭い】(形) ①かびのにおいがする。musty [用例]—本。②古くさい。古めかしい。tired old [用例]—話。[派生]かびくさげ(形動) かびくささ(名)

**がび-さん**【▼峨▼眉山】中国、四川省中部の山。標高三〇三五m。五台山・天台山とともに三大霊山の一つ。峨眉十景の名がある景勝の山。オーメイシャン。

**カピタン**【capitão ポルトガル・甲比丹・甲必丹】《長の意》①オランダ船・ポルトガル船などの船長。②鎖国後の長崎のオランダ商館長。

**カピチュレーション**【capitulation】一般に自国内の外国人に与える法的特権をいうが、とくにイスラム教国が非イスラム教徒に与えた旅行・在留・通商に関する恩恵的特権をいう。一五三五年スレイマン一世がフランスに与えたのに始まり、順次他国にも認めた。

**がび-ちょう**【画▼眉鳥】スズメ目ヒタキ科の鳥の総称。体は褐色で、目の周辺が白いのでこの名がついた。翼長約一三㎝。中国中南部の竹やぶに多く、日本では江戸時代より飼い鳥。

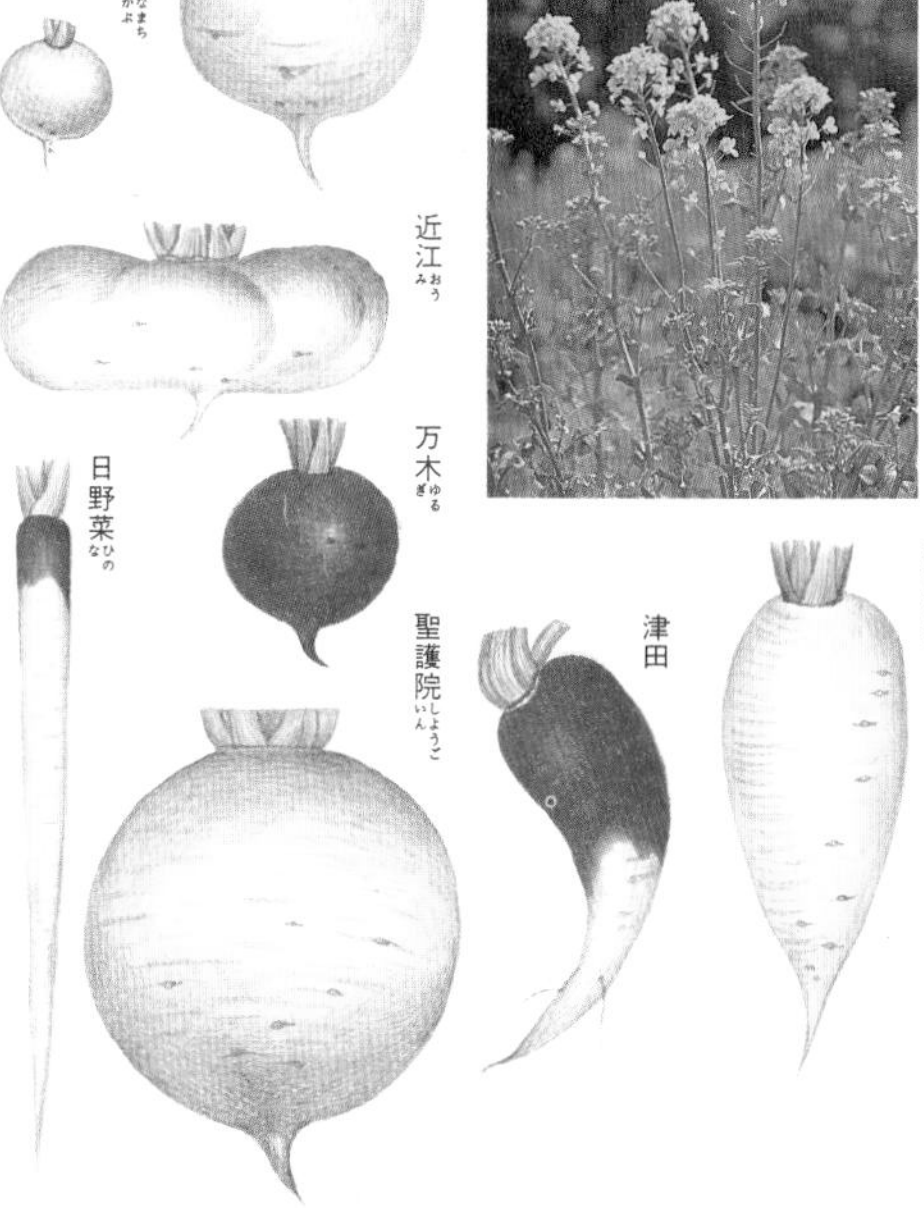


●カブ①

**か-ひつ**【加筆】(名・サ変他) 文章を書き加えたり、訂正したりすること。correction [用例]—訂正。

**が-ひつ**【画筆】絵をかく筆。絵筆。artist's paintbrush [用例]—をふるう。

**カピッツァ**【Pyotr Leonidovich Kapitsa】(一八九四～一九八四) ソ連の物理学者。強磁場の作成や極低温実験および液体ヘリウムの研究などが有名。低温物理における基礎的発明・発見により、一九七八年ノーベル物理学賞受賞。

**かひ-の-り**【加比の理】二つの比が等しいとき、その各比の前項の和と、後項の和との比もまた、もとの比に等しいという定理。$a:b=c:d$ ならば、$(a+c):(b+d)=a:b$ がなりたつ。componendo

**カピバラ**【capybara】カピバラ科の哺乳類。齧歯類のなかで最大。肩高約五〇㎝、体長約一・五m。尾はなく、足にみずかきがある。河川・湖沼などの水辺にすみ、カバのように半水生の生活をする。南アメリカに分布。

**かび-や**【▼鹿火屋】夜中に、鹿火をたいて警戒する小屋。蚊遣り火をたく小屋ともいわれる。

**か-びょう**【歌病】和歌の修辞的欠点とされること。漢詩の「詩病」を模して考えられた語。同心病・声韻病・平頭病など。かへい。うたのやまい。

**が-ひょう**【賀表】《「表」は、中国の文章の一種》お祝いの気持ちを表して、臣下が天子にたてまつる文章。

**が-びょう**【画▼鋲】図画や習字などを壁面などにとめるための鋲。頭部を平らにして扱いやすくしている。thumbtack

**カピラ**【Kapila】(生没年未詳) インドの哲学者。六派哲学の一つサーンキヤ学派の開祖とされる。著書とされる『サーンキヤ-スートラ』ははるか後代の書。

**か・びる**【▼黴びる】(上一自) かびがはえる。また、物事が古くさくなったことをたとえていう。become moldy

**か-ひん**【佳品】芸術品などのすぐれた品。excellent work

**か-びん**【花瓶】花を活けるための瓶・壺。多くは筒または壺形で、素材はガラス・陶磁・銅など。花器。vase [数え方]一個・一瓶・一本・一対(二個)。

**か-びん**【過敏】(名・形動) 感じ方が敏感すぎること・さま。oversensitiveness [用例]神経—。

**かびん-しょう**【過敏症】ふつうではなんでもない弱い刺激に過剰な生体反応を示し、その結果一定の症状が現れること。アレルギーと同義に使われることも多い。感受性亢進。hypersensitiveness

▼常用漢字表外。　▽常用漢字表の音訓外。

**かびんせいだいちょう-しょうこうぐん【過敏性大腸症候群】** 自律神経系の失調により起こる結腸の運動・分泌機能異常。腹部不快感・粘液便・悪心・疲労感・動悸・多汗など。irritable colon syndrome
**か-ふ【下付・下附】**(名・サ変他) 官庁から申請した人に金銭・物品・書類などを渡すこと。用例免許状の—。
**か-ふ【火夫】** 火手の旧称。
**か-ふ【花譜】** 花を、咲く時節の順に並べた図譜。分類・名所などについて記すこともある。
**か-ふ【家父】** 自分の父を言う語。my father
**か-ふ【家扶】** もと、皇族・華族の家の職員の一つ。会計などを扱った人。家令の次位。steward
**か-ふ【華府】** 米国の首府、ワシントン(華盛頓)のこと。
**か-ふ【寡夫】** 妻に死別して再婚していない男性。男やもめ。widower
**か-ふ【寡婦】** 夫に死別して再婚していない女性。やもめ。後家。未亡人。widow
**かぶ【株】** ㊀(名) ①草木の根のついた一まとまり。roots 用例—分け。②草木を切って残った根もとの部分。stump 用例切り—。③株式。株券。stock米; share英 用例新—。④相場。stock米; share英 用例—に手を出す。⑤江戸時代、限定された職業上・営業上の特権。monopoly ⑥《上に「お」を付けて》得意のこと。芸。forte 用例お—を取られる。⑦評判。reputation 用例—が上がる。㊁(助数) 根付きの植物や株券などを数える語。用例五百—。㊂(接尾)《名詞に付いて》身分・地位を表す。用例親分—。古—。
**株が上がる** ①株価が上がる。one's stock rises ②世間での評判がよくなる。評価が上がる。rise in public estimation
**株を守りて兎を待つ**《中国の故事から》同じ方法にばかりこだわって、進歩を知らないことのたとえ。守株の愚。
**かぶ【▼蕪・▼蕪▼菁】** ①アブラナ科の一、二年草。葉は大きく長方形。古くから栽培され、葉も根も食用。大カブ・小カブ・赤カブなど。ヨーロッパ原産。カブラ。カブナ。古名スズナ。turnip ②カブの形を図案化した紋章。↓図(前ページ)

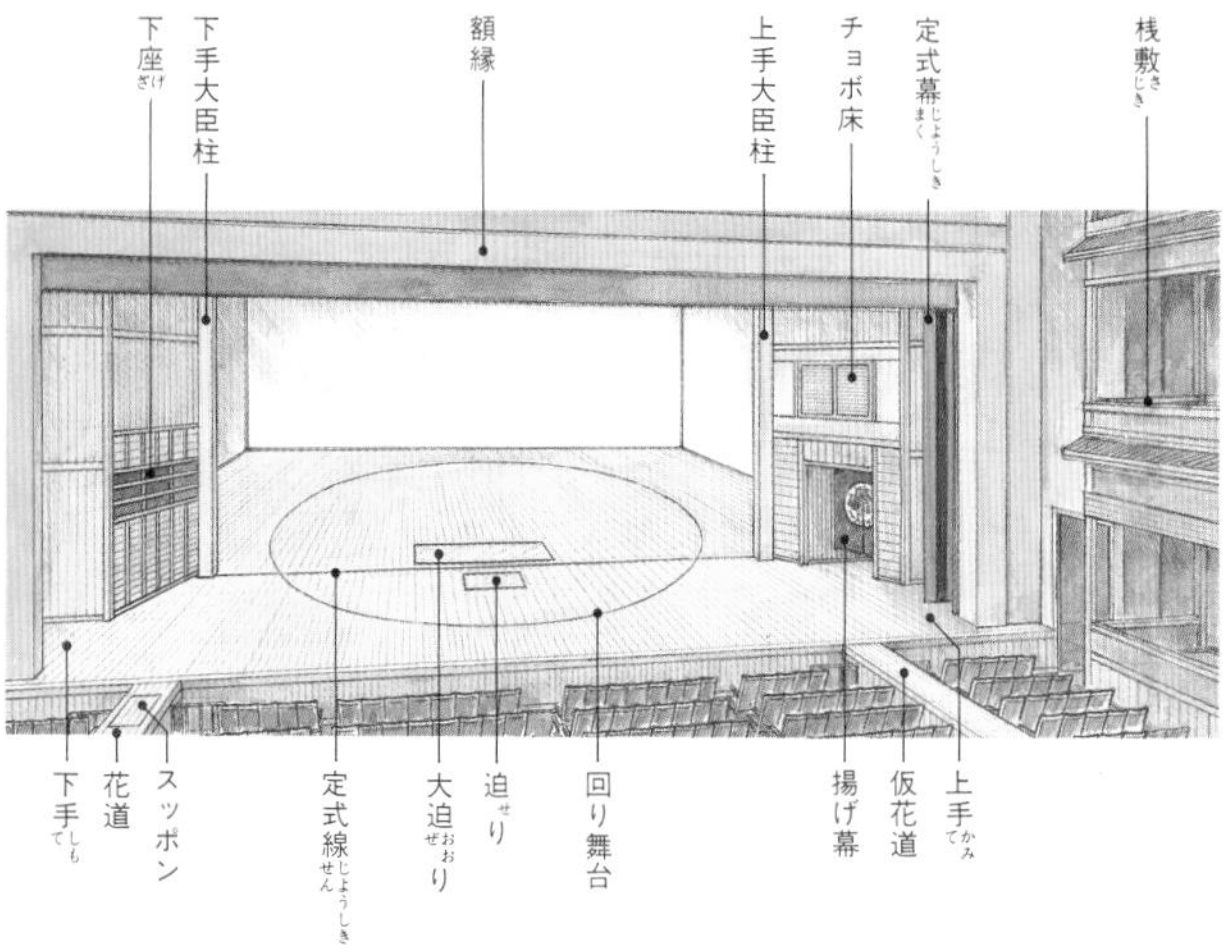


●歌舞伎舞台

定式幕

花道

**か-ぶ【下部】** 下の部分。lower part 対義上部。
**か-ぶ【歌舞】** ㊀(名) うたと、まい。㊁(名・サ変自) うたったり、おどったりすること。
**が-ふ【画布】** 油絵をかく布。カンバス。canvas
**が-ふ【画譜】** ①絵画を種類別にしてのせた本。②画法を論じたもの。
**が-ふ【▽楽府】** ①もと漢の武帝創設の、音楽をつかさどる役所。文人の詩や民謡に楽曲をつけ、朝廷で演奏させた。のちには、曲につけられた歌詞そのものを楽府と呼んだ。②中国の民謡風の体裁の詩体「古楽府」と、唐代に生まれた「新楽府」をさす。
**カプアーナ【Luigi Capuana】**(一八三九～一九一五) イタリアの小説家・批評家。ベリズモ(真実主義)を唱えた。小説『ロッカベルディーナ侯爵』、評論『現代文学の研究』、童話『スクルピッドゥ』など。
**カフィエリ【Jacques Caffiéri】**(一六七八～一七五五) フランスの金工家。ロココ様式の代表的存在。華麗な装飾彫刻・めっき・装飾金具の製作で有名。
**か-ふう【下風】** ①かざしも。leeward ②他の者の支配下にあること。人の下位。under someone 用例—に立つ。
**か-ふう【家風】** 家の生活様式。その家に特有のならわしや決まり。その家だけの流儀。しきたり。
**か-ふう【荷風】** ①ハスの上に吹く風。②↓ながいかふう(永井荷風)
**か-ふう【歌風】** 和歌のよみぶり。和歌の作風。style of poetry 比較歌体。
**が-ふう【画風】** 絵の作風。style of painting 用例雪舟の—。
**カブール【Camillo Benso di Cavour】**(一八一〇～六一) イタリアの政治家。サルデーニャ王国の首相としてナポレオン三世と結び、イタリア統一運動の主導権を握る。一八六一年イタリア王国成立と同時に初代首相となったが急死。
**カブール【Kābul】**↓カーブル
**カフェア【CAFEA】**《Commission on Asian and Far Eastern Affairs の略》アジア極東問題委員会。国際商業会議所(ICC)の委員会の一つ。この地域の経済関係について実業人の立場から研究討議を行う。一九五三年設立。
**カフェイン【caffeine】** コーヒー・茶・ココアなどに含まれるアルカロイド。中枢興奮作用・強心作用・利尿作用がある。
**カフェー【caféフランス】** ①コーヒー。②コーヒーを飲ませる店。喫茶店。コーヒー店。③日本で大正から昭和初期にかけて、女性が接待をした洋風の酒場。カフエー。
**カフェ-オ-レ【café au laitフランス】** ミルク入りコーヒー。大きめのカップに濃いコーヒーと温めた牛乳を半々に注ぐ。ヨーロッパ、とくにフランスのモーニングコーヒー。
**カフェ-テラス**《caféフランスとterraceから》喫茶店などで、歩道上に張り出して椅子・テーブルを並べたところ。terrace
**カフェテリヤ【cafeteria】** 客が好みの料理を自分自身で選んで食卓に運ぶ仕組みの軽食堂。発生はアメリカ。
**かぶ-おんぎょく【歌舞音曲】** うたと、まいと音楽。
**カフカ【Franz Kafka】**(一八八三～一九二四) ユダヤ系のオーストリアの小説家。プラハ生まれ。現代社会に生きる人間の不安を特異な寓意の世界に描き、実存主義文学の先駆とされる。作品『変身』『審判』『城』など。↓写

●カフカ

**かぶ-か【株価】** 株式の市場価格。株式の売買市場で需要と供給により成立する。stock price
**かぶか-しすう【株価指数】** 株価指標の一つ。一定時を一〇〇として、複数の銘柄の株価変動を総合的に表す。ダウ平均株価・東証株価指数など。stock price index
**かぶか-しゅうえきりつ【株価収益率】** 株価指標の一つ。株価を一株当たり純利益で割った値。企業利益の成長性・危険性を見きわめるのに適した指標。レシオ。PER。price earnings ratio
**カフカス【Kavkaz】** 黒海とカスピ海にはさまれた地域で、大部分がソ連領。面積四四万km²。古くからの交通路で、イラン・ロシア・トルコ系などの諸民族が混在。カフカス山脈の北はステップ地帯で小麦の産地。黒海岸の低地は地中海性気候で保養地が多い。コーカサス。

**カフカス-さんみゃく【カフカス山脈】**(Bolyshoy Kavkaz) 黒海北東岸からカスピ海西岸にいたる険しい大山脈。最高峰エルブルース山は標高五六三三m。アジアとヨーロッパの境界をなす。

**がぶ-がぶ**(副) 液体を勢いよく音を立てて飲むさまの形容。gulp 用例水を—飲む。

**かぶ-き【▽冠木】** ①門柱などの上部を貫く水平材。②笠木。③「冠木門」の略。

**かぶき【歌舞▼伎・歌舞▼妓】**《動詞「傾く(異風で人目にたつ風俗をする、の意)」の名詞化したもの》近世初め(一六世紀末)に流行した踊りに始まる、日本の代表的演劇。慶長八年(一六〇三)ごろの出雲の阿国を中心とする歌舞伎の一団が最初で、若衆歌舞伎・野郎歌舞伎が出、元禄期(一六八八～一七〇四年)に演劇として確立された。日本人の演劇的表現法のあらゆる面をもつとされる。比較新派・新劇。↓図
**かぶき-ざ【歌舞▼伎座】** ①歌舞伎を上演する役者などの一座。②東京都中央区銀座にある歌舞伎の上演を専門とする劇場。福地桜痴が中心となり、明治二二年(一八八九)に開場。

**かぶき-じゅうはちばん【歌舞▼伎十八番】** 七世市川団十郎が市川家の家の芸として制定した一八種の狂言。「不破」「鳴神」「暫」「不動」「勧進帳」「嫐」「象引」「助六」「押戻」「外郎売」「矢の根」「関羽」「景清」「七つ面」「毛抜」「解脱」「蛇柳」「鎌髭」。

**かぶき-ぞうし【歌舞▼伎草子】** 初期歌舞伎のようすを描いた草子・絵巻の総称。『国女歌舞妓絵詞』『かふきのさうし』『歌舞伎図巻』など。

**かぶきちょう【歌舞▼伎町】** 東京都新宿区、西武新宿駅近くから新宿区役所あたりまでに広がる遊楽街。第二次大戦後、町の復興に歌舞伎劇場・映画など娯楽センター建設を設計したことに由来する町名。

**かぶきねんだいき【歌舞▼伎年代記】** 歌舞伎の興行を逐年的に記した書物。江戸の『花江都歌舞妓年代記』とその続編、京坂の『大歌舞妓外題年鑑』、京坂・江戸の『歌舞伎年表』など。

**かぶき-ぶよう【歌舞▼伎舞踊】** 日本舞踊の主流をなす一形態。歌舞伎のなかで演じられた舞踊や舞踊劇から発した。現代では歌舞伎舞踊の手法で振り付けた新作もある。

**かぶき-もん【▽冠木門】** 二本の柱の頂部近くに、横木(冠木)を通した二枚開きの扉付きの門。屋根はなく、武家屋敷に用いられた。↓写

●冠木門 長野県馬籠、藤村記念館。

**か-ふきゅう【過不及】** 度が過ぎることと、十分でないこと。適度でないこと。過不足。用例—なし。
**かぶ-きん【株金】** 株式会社の株への出資金。stock investment

**か-ふく**【禍福】わざわいと、しあわせ。幸不幸。吉凶。good and evil
**禍福は糾える縄の如し**(かふくはあざなえるなわのごとし) 幸と不幸とは、より合わされている縄のように、交互にやってくるものだ。吉凶は糾える縄の如し。
**禍福、門無し、唯、人の招く所**(かふく、もんなし、ただ、ひとのまねくところ) 悪を行えばわざわいが来るし、善を行えばしあわせが来る。禍福は定められた門から入ってくるのではなく、結局は自らの行いがまねくものである。
**禍福を擅にする**(かふくをほしいままにする) 権威を濫用して、思いどおりの賞罰をあたえたり、また、人を勝手に退けたり引き上げたりする。
**かぶ・く**【▽傾く】古語(四自) ①頭がかたむく。かしぐ。用例八束穂の――・きわたりて(六帖詠草)。②はでで異様なふるまい・みなりをする。用例――・きたる形ばかりを好み(御伽草子・猫のさうし)。
**が-ふく**【画幅】絵画の軸物。
**かふく-ぶ**【下腹部】①腹の下の部分。abdominal region ②陰部。private parts
**かぶ-けん**【株券】株式、つまり株主としての地位と権利を表す有価証券。株。stock certificate米; share certificate英 数え方一枚。
**かぶ-こうぞう**【下部構造】《Unterbauドイ の訳》史的唯物論の用語。物質的生産の過程で人々がとり結ぶ経済的諸関係の総体。法律・政治・社会制度や宗教などの土台となる。substructure 対義上部構造。
**かぶさ・る**【▽被さる】(五自) ①あるものの上に別のものがおおいかかる。hang over ②自分におよぶ。負担になる。be charged 用例責任が――。
**かぶ-しき**【株式】①株式会社において株主がもつ法律上の地位。株主権。stock; share ②①を表す有価証券。株券。stock; share
**かぶしきかいうけけんつき-しゃさい**【株式買受権付社債】一定期間内に特定数の一定内容の株式を一定価格で買う権利を与える旨の証書(＝ワラント)を付けた社債。株式買取権付社債。ワラント債。bond with stock purchase warrant
**かぶしき-がいしゃ**【株式会社】有限責任社員である株主によって組織される会社。株主は会社に対して出資額を限度とする有限責任だけを負う。stock company
**かぶしきかいとりせいきゅう-けん**【株式買取請求権】株主が会社に自分の株式の買い取りを請求する権利。合併や営業譲渡などに関する株主総会の重要な決議に反対した株主だけがもつ。right of demand for buying shares
**かぶしき-きんゆう**【株式金融】①企業が新たに株式を発行することによって資金を調達すること。fund procurement by stock issue ②株式を担保として銀行から資金を借りること。stock collateral loan
**かぶしき-こうかい**【株式公開】限られた株主が保有していた会社の株式を、ひろく一般の投資家が保有できるようにすること。going public
**かぶしきこうかいかいつけ-せいど**【株式公開買付制度】ある企業の経営を支配するために株式を買い取る方式の一つ。取得希望者が不特定多数の株主に対して買付価格・数量・期間などを公開して行う。日本では昭和四六年(一九七一)制度化。TOB。tender offer米; take-over bid英
**かぶしき-しじょう**【株式市場】株式の取り引きが行われる市場。株式の発行取引・売出取引が行われる株式発行市場と、売買取引が行われる株式流通市場とがある。stock market
**かぶしき-しひょう**【株式指標】市場全体の株価水準をとらえる指標。単純平均株価・ダウ式平均株価など。stock price index
**かぶしき-じょうと**【株式譲渡】自分が持っている株式を他人に譲り渡すこと。transfer of stocks
**かぶしき-そうば**【株式相場】株の取引値段のこと。その変動は経済の動向の重要な指標となる。stock market quotation
**かぶしき-とうししんたく**【株式投資信託】信託財産を株式に投資して運用する投資信託。償還期限を前もって設定するユニット型、無期限運用のオープン型などに分けられる。stock investment trust
**かぶしき-はいとう**【株式配当】①株式に対する配当。dividend on stock ②株式会社の利益を、現金でなく新しく発行する株式で配当すること。会社は資金を社内に留保できる点で現金配当より有利。stock dividend
**かぶしき-ぶんかつ**【株式分割】発行済みの株式を資本額は変えずに細分化して数を増やすこと。株価を低くして流通性を高めるのが目的。stock split
**かぶしき-ほゆうせいげん**【株式保有制限】一定の取引分野での自由競争を実質的に排除するような株式の取得や所有を制限すること。独占禁止法で規定されている。limitation in stock investment
**かぶしき-もちあい**【株式持合】会社どうしが、互いに相手の株式を持ち合うこと。業務提携・外資対策・グループ化や経営権の取得などをねらいとする。cross shareholdings
**がふ-ししゅう**【▽楽府詩集】中国、古代歌謡の楽府の選集。一〇〇巻。北宋の郭茂倩の編。古代～五代の作品を網羅的に集める。作品数五二九〇首。各曲調に解題が付けてある。
**カフジ-ゆでん**【カフジ油田】サウジアラビアとクウェート両国の中立地帯沖合にある海底油田。日本のアラビア石油会社(AOC)が開発・操業。Khafji Oil Field
**カフス**〔cuffs〕ワイシャツやブラウスなどの袖口の総称。または、その折り返した部分。アメリカでは、ズボンの裾の折り返した部分もいう。↓ワイシャツ図
**カフス-ボタン** 袖口をとめる飾りボタン。カフスリンク。cuff link
**カフス-リンク**〔cuff link〕ワイシャツや婦人のシャツ・ブラウスなどのカフスをとめるための飾りボタン。カフスボタン。
**かぶせ-あみ**【▽被せ網】魚群の上方からかぶせて漁獲する円錐状の網。一般に河川や湖沼などの浅いところで使用される。投網・卸網など。corner net
**かぶせ-め**【▽被せ目】棒針編みの編み目の一つ。編み目を止めるとき、減らし目をするとき、模様編みに用いる。伏せ目。binding stitch
**かぶ・せる**【▽被せる】(下一他) ①上からおおう。cover ②上から浴びせる。pour 用例水を――。③人に罪や責任などを、なすりつける。おわせる。charge 用例罪を――。
**カプセル**〔Kapselドイ〕①ゼラチンでつくった小さい筒形の入れ物。薬を入れ、そのまま飲むのに使う。capsule ②物や人を入れる気密容器。capsule
**カプセル-ホテル**《和製語》宿泊施設の一種。カプセルのような形をした一人用の就寝スペースが、蜂の巣状に並んでいるもの。カプセルイン。
**か-ふそく**【過不足】過ぎることと足りないこと。excess and deficiency 用例――なし。
**かぶ-だち**【株立ち】一本の株から多くの茎が生じた草や木。あるいはその状態。
**カフタン**〔caftan〕中近東諸国で着られている、和服に似た前あき服。長袖・丈長で襠や衽がつき、ほとんど直線裁ち。帯を締めて着る。
**かふちょう-せい**【家父長制】家長である男子が家長権の強力な行使によって構成員を統率・支配する家族形態。patriarchalism
**かぶつち-の-たち**【▽頭▼椎の大刀・▽頭▼槌の大刀】古代の大刀の様式の一つ。古墳時代後期に盛行。柄頭がこぶし状の、主として儀礼用の大刀。
**かぶと**【▼兜・▼冑・▽甲】頭部にかぶる武具。頭を入れる鉢と首の後ろからほおにかけておおう錏からなる。鎧と併用した。helmet 数え方一頭。
**勝って兜の緒を締める**(かってかぶとのおをしめる) 勝っても油断せずに、用心する。兜の緒を締める。Don't halloo till you are out of the wood.
**兜の緒を締める**(かぶとのおをしめる)「勝って兜の緒を締める」の上略。
**兜を脱ぐ**(かぶとをぬぐ) 降参する。あやまる。take one's hat off

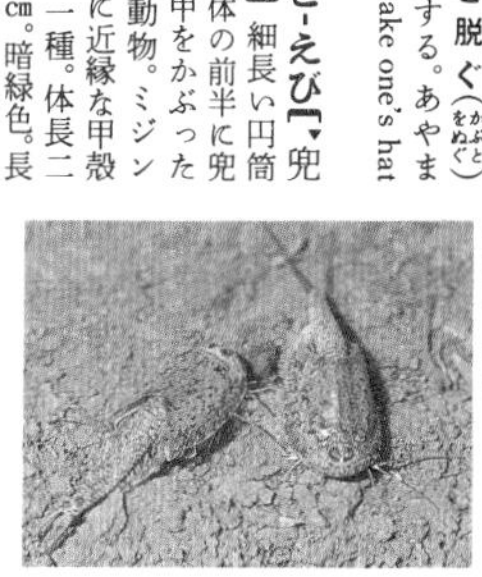
●カブトエビ

**かぶと-えび**【▼兜▼蝦】細長い円筒形の体の前半に兜状の甲をかぶった水生動物。ミジンコ類に近縁な甲殻類の一種。体長二～三cm。暗緑色。長さ約二cmの尾鞭をもつ。脚は四〇対以上。本州中部以西の水田に初夏のころ大発生し、一か月ほどで死ぬ。↓写
**かぶと-がに**【▼兜▼蟹】剣尾目カブトガニ科の節足動物。外観は甲殻類に似るが、クモ類に近縁。体長約六〇cm、褐色。胸甲・腹甲・尾の三部からなる。浅海に生息。瀬戸内海・博多湾に分布。岡山県笠岡では天然記念物。↓写

●カブトガニ

**かぶと-ぎく**【▼兜菊】トリカブトの別名。
**かぶと-くび**【▼兜首】大将や部将などの、かぶとをつけた身分ある者の首。
**かぶと-ごけ**【▼兜▼苔】ヨロイゴケ科の地衣類の一つ。山地の樹上や腐植土上に葉状に群生する。表面は褐色、または黄褐色。日本全土に分布。
**かぶとちょう**【▼兜町】東京都中央区日本橋にある日本の代表的証券街。東京証券取引所の通称として用いられ、また証券市場・証券界一般をもさす。
**かぶと-にんぎょう**【▼兜人形】端午の節句(五月五日)に飾る人形類。江戸中期以後は武者人形の別称。五月人形。
**かぶと-の-お**【▼兜の緒】兜を顎にかけて固定させる紐。忍びの緒。
**かぶと-ばち**【▼兜鉢】兜の頭部を入れる部分。
**かぶと-ばな**【▼兜花】トリカブトの別名。
**かぶと-むし**【▼兜虫・▽甲虫】雄の頭に角のある、コガネムシ科の大形甲虫。体長三～五・五cm。全体が黒っぽい。雌には角がない。幼虫は堆肥などの中で発生。成虫は夏現れ、サイカチ・クヌギなどの樹液に集まる。本州以南に分布。↓写

●カブトムシ 雄。

**かぶと-やき**【▼兜焼(き)】《焼き上がりの形が、かぶとに似ているところから》調理法の一つ。魚、おもにタイなどの頭を照り焼きにしたもの。
**かぶと-やま**【▽甲山】兵庫県西宮市、六甲山地東端の山。標高三〇九m。形がかぶとに似ているところからの名。
**かぶ-な**【▼蕪菜】カブの別名。
**かぶ-なかま**【株仲間】江戸時代、幕府や諸藩公認の、商工業者の独占的な同業組合。
**かぶ-ぬし**【株主】株式の所有者。持ち株数に比例して利益配当請求権などの自益権と株主総会議決無効・取り消しなどの共益権をもつ。stockholder
**かぶぬし-けん**【株主権】株主が会社に対してもつ権利義務の総称。経済的利益を受ける自益権、運営に参画する共益権や出資義務など。stockholder's right
**かぶぬし-そうかい**【株主総会】株主によって構成され、株式会社の意思を決定する最高機関。general meeting of stockholders
**がぶ-のみ**【がぶ飲み・がぶ▼呑み】(名・サ変他) がぶがぶと勢いよく飲むこと。gulp
**かふばん-しゅうごう**【可付番集合】自然数の集合と一対一の対応をつけることができる集合。可算集合。denumerable set; countable set
**かぶ-ふだ**【株札】①江戸時代、株仲間であることを証明した木札。②カルタの一種で、おいちょかぶなどに使う札。
**かぶ-ま**【株間】植え付けた植物の、株と株のあいだ。
**かぶら**【▼蕪・▼蕪▼菁】↓かぶ(蕪)
**かぶら**【▼鏑】①《形が蕪に似ているところから》武具の一つ。木やシカの角などでできた作り物。矢の先に付けて用いる。②「鏑矢」の略。
**かぶらぎ-きよかた**【▼鏑木清方】(一八七八～一九七八) 日本画家。東京生まれ。美人風俗画の大家。明治・大正の庶民風俗の考証に精通し、作風は情緒豊かで清雅。随筆もよくした。昭和二九年(一九五四)文化勲章受章。作品『築地明石町』

●鏑木清方『築地明石町』(部分)。昭和二年(一九二七)、個人蔵。

『三遊亭円朝』など。↓写

**かぶら-ずし**【▼蕪▼鮨】金沢に伝わるなれずし。カブと塩ブリを合わせてこうじに漬け込んでつくる。正月用の料理。

**かぶら-はばち**【▼蕪葉▼蜂】ハバチの一種。体長約七㎜。幼虫がカブ・アブラナなどのアブラナ科植物の葉を食害。日本全国に分布。カブラバチ。ナノクロムシ。

**かぶら-むし**【▼蕪蒸し】蒸し物の一つ。秋から冬にかけてつくられる料理。魚などにカブをすりおろしたものをかけて蒸す。

**かぶら-や**【▼鏑矢】矢の一種。木や鹿角を蕪形に削り、中を空にして穴をあけたものを矢につけ、その先に雁股の鏃をつけたもの。射たとき大きな音を響かせる。儀式や矢合わせなどに使用。

**カプラン-すいしゃ**【カプラン水車】プロペラ水車のなかで、羽根の取り付け角を変えられるもの。Kaplan turbine

**かぶり**【▽被り・▽冠(り)】①かぶること。②かんむり。③写真フィルムや印画紙を現像したとき、製品・保存状態の不良や露出過度などで未感光部分が黒味がかって現像される現象。【fog

**かぶり**【▽頭】あたま。head

**頭する間**(かぶりするま) きわめて短い時間。かしらを振る間。

**頭を振る**(かぶりをふる) 《頭を横に振ることから》不承知であることを示す。shake one's head

**か-ぶり**【過振り】当座預金の残高や当座貸し越し契約額を超過して小切手を振り出すこと。overdraft

**ガブリエリ**[Andrea Gabrieli](一五一〇ごろ～八六) イタリアの作曲家。宗教合唱曲などを作曲し、ベネチア楽派に影響を与えた。

**ガブリエリ**[Giovanni Gabrieli](一五五七～一六一二) イタリアの作曲家・オルガン奏者。アンドレアの甥。ベネチア楽派に属し、一七世紀バロック音楽への道を開いた。作品にサクラ-シンフォニア集、カンツォーネとソナタなど。

**ガブリエル**[Gabriel] 聖書中の天使長の一人。マリアにキリストの降誕を予告した。

**かぶり-がさ**【▽被り▼笠】頭に直接のせてかぶるかさの総称。菅笠・編み笠など。hat 比較 差し傘。

**かぶり-だに**【▼咬▼蜱】果樹や農作物に寄生する害虫ハダニを捕食するダニ類。胴長〇・三～〇・五㎜内外。種々の植物上にみられ、ハダニの有力な天敵。

**カプリチオ**[capriccio イタリア] 音楽で、ユーモラスで気まぐれな性格の小品。メンデルスゾーンのピアノ曲など。奇想曲。狂想曲。カプリッチオ。

**かぶり-つき**【▼齧り付き・▼噛り付き】劇場の客席の最前列。舞台に近く、舞台で水などを使うときに防水用のかぶり物を配ったため、あるいは、舞台にかぶりつくような席のためともいわれる。

**かぶり-つ・く**【▼齧り付く・▼噛り付く】(五自) ①大きく口をあけて、食べ物にいきおいよくかじりつく。bite ②対象に、いきおいよく、しっかりと取りつく。しがみつく。むしゃぶりつく。かじりつく。

**カプリッチオ**[capriccio イタリア] ↓カプリチオ

**がぶり(と)**(副) 大きく口をあけて、一気に食いつくさま、また、一息に飲み込むさま。snap up; gulp 用例 ―かみつく。

**カプリ-とう**【カプリ島】(Isola di Capri) イタリア南部、ナポリ湾にある小島。面積一〇km²。世界的な観光・保養地。青の洞窟で有名。

**かぶり-もの**【▽被り物・▽冠(り)物】帽子・笠・手ぬぐいなど頭部に着装するものの総称。headgear

**カプリン-さん**【カプリン酸】化学式$CH_3(CH_2)_8COOH$ 炭素の数が一〇個の飽和脂肪酸。多くの油脂中にグリセリドとして広く分布。酸敗臭のある白色の針状結晶。デカン酸。デシル酸。capric acid

**かぶ・る**【▼齧る・▼噛る】古語(四自他) ①(他)少しずつかんで食う。かじる。用例 犬の、枯れたる骨を―に(霊異記・下)。②(自)《虫が腹の中をかじると考えて》腹が、はげしく痛む。用例 虫腹が―・らうとも(狂言・宗論)。

**かぶ・る**【▽被る・▽冠る】(五自他) ①(他)㋐頭や顔、全体をおおう。wear 用例 帽子を―。ふとんを―。㋑上からあびる。be covered with 用例 火の粉を―。水を―。㋒身に受ける。take… on oneself 用例 罪を―。②(自)乾板・フィルムの異常や露出過度などから、現像した画面が黒ずんだり、不鮮明になったりする。be fogged 用例 写真が―。

**がぶ・る**(五自) ①船が波にのみ込まれそうなほどゆれる。②相撲で、四つに組んで、相手を胸や腹で激しくゆさぶって攻める。

**か-ぶれ**【▽気触れ】①ウルシ・薬品など外界物質の刺激によって生じる皮膚の炎症。接触皮膚炎。contact dermatitis ②《名詞に付いて》ある物事にひどく影響をうけて、感化されること。infection 用例 西洋―。

**カブレラ-インファンテ**[Guillermo Cabrera Infante](一九二九～) キューバの小説家。言語実験的作品から自伝的作品まで幅広い作風を示す。作品『三頭の淋しい虎』など。

**か-ぶ・れる**【▽気触れる】(下一自) ①ウルシ・こうやくなどの刺激で、皮膚が赤くはれる。get a rash ②悪いものにそまる。感化される。be influenced 用例 テロ思想に―。

**かぶろ**【▼禿】↓かむろ(禿)

**カプロー**[Allan Kaprow](一九二七～) アメリカの美術家。ハプニングの創始者。『六部からなる十八のハプニング』展(一九五九年)が最初。

**かぶろ-だち**【▼禿立ち】一〇歳前後の少女が見習いとして上級の遊女に仕えている時期。また、禿を経て遊女になった者。

**かぶ-わけ**【株分け】(名・サ変他) ①植物の繁殖法の一つ。根をつけて分けて植えるもの。分蘖法。②生け花で、水盤などに同一種類の花材を二株以上に分けていける手法。

**か-ふん**【花粉】種子植物の雄しべの葯の中にある粉状の生殖細胞。pollen

**か-ぶん**【可分】分けられること。分割ができること。divisible 対義 不可分。

**か-ぶん**【過分】(名・形動) 分に過ぎること。身分に合わないこと。対義 分相応。用例 ―のおほめをいただく。

**か-ぶん**【寡聞】(名・形動) 見聞がせまいこと・さま。けんそんしていう場合に用いる。用例 ―にして存じません。

**が-ぶん**【雅文】①上品で、優雅な文章。とくに、平安時代の仮名文。elegant style 対義 俗文。②文語文の一種。江戸時代の国学者が平安時代の仮名文を手本にしてつづった文章。比較 和文・擬古文。

**かふん-かん**【花粉管】雌しべの柱頭に付着した花粉が発芽してつくる管で、精核を胚嚢まで運ぶ。pollen tube

**かふんかん-かく**【花粉管核】成熟花粉の中にある栄養核。花粉管の発芽・伸長に重要な役割をすると考えられるが、正確には不明。pollen-tube nucleus

**かふん-しょう**【花粉症】花粉に対する過敏性(=アレルギー性)により起こる疾患。結膜炎・鼻炎・気管支ぜんそく・消化器症状・皮膚炎など。花粉病。pollinosis

**か-ぶんすう**【仮分数】分子が分母と同じか、それより大きい分数。整数と真分数の和の形に直すことができる。improper fraction 比較 真分数・帯分数。

**かふん-ぶんせき**【花粉分析】堆積物中の花粉化石を抽出し、種類や割合を調べること。地層の年代や過去の植生や気候など自然環境の推定に有用。pollen analysis

**かふん-ぼさいぼう**【花粉母細胞】若い雄しべの葯の中にあり、減数分裂をして花粉四分子をつくる細胞。pollen-mother cell

**かべ**【壁】①建築物の周囲、室内の空間に設けた垂直な仕切り。音・風雨・光熱・湿気・視線を遮断する効果がある。wall 用例 ―をぬる。②障害物。ゆきづまり。wall; barrier ③直立した岩。wall ④《女房ことば》とうふ。おかべ。

**壁と見る**(かべとみる) 野暮とみなして、人をばかにする。けいべつする。類似 壁にする。

**壁に馬を乗りかける**(かべにうまをのりかける) ①不意に行動したり、また、無理を押しとおそうとする。②とつぜんの難儀に、どうしてよいかわからなくなる。

**壁にする**(かべにする) 不粋とみなして、人をけいべつしたり、ばかにしたりする。類似 壁と見る。

**壁に突き当たる**(かべにつきあたる) 困難に直面して、行きづまる。reach a deadlock 用例 研究が―。

**壁に塗られた田螺**(かべにぬられたたにし) 身動きできないたとえ。また、死ぬまで世に出られない、永久に栄えることのないたとえ。

**壁にぶつかる**(かべにぶつかる) 「壁に突き当たる」と同意。

**壁に耳有り**(かべにみみあり) 「壁に耳有り障子に目有り」の下略。

**壁に耳有り障子に目有り**(かべにみみありしょうじにめあり) 密談などのもれやすいたとえ。

**壁の物言う世**(かべのものいうよ) 気のぬけない、ゆだんのならない世の中。

**壁を破る**(かべをやぶる) 障害を乗り切る。とくに、記録をあらそうスポーツ競技などで、限界とされていた記録をやぶる。break through a wall of 用例 一〇〇m競走で一〇秒の―。

**か-へい**【花柄】花序をつくる枝で、花をつけている柄の部分。花梗。peduncle ↓花図

**か-へい**【貨幣】お金。ふつうは金貨・銀貨・銅貨・白銅貨・アルミ貨などの硬貨と紙幣、および要求払い預金をさす。定期性預金を含めることもある。money

**か-へい**【寡兵】少ない兵力。small army 対義 大軍。用例 ―よく強敵を制す。

**が-べい**【画▼餅】《絵にかいたもち、の意》役に立たないもの。また、骨折り損になることのたとえに言う。がへい。pie in the sky

**画餅に帰す**(がべいにきす) 実際に役立たず、だめになる。計画が失敗して努力がむだになる。come to naught

**カペイカ**[kopeyka ロシア] ソビエト連邦の通貨単位。一ルーブルの一〇〇分の一。コペイカ。コペック。Kopeck

**かへい-かち**【貨幣価値】貨幣の一般的な購買力。一単位の貨幣で他の商品・サービスを購入できる能力。value of money

**かへい-けいざい**【貨幣経済】経済発展段階の一つ。生産物の交換手段として貨幣が用いられる経済。monetary economy

**かへい-さっかく**【貨幣錯覚】貨幣の実質価値が変化しているのに、名目価値にまどわされ、賃金・所得の実質価値の変化に気づきにくい状態。money illusion

**かへい-しほん**【貨幣資本】産業資本の循環過程において、貨幣の形であらわれる資本。貸し付け可能な貨幣資本。利子生み資本。money capital

**かへい-すうりょうせつ**【貨幣数量説】物価水準は貨幣数量に比例して決まるとする理論。古典学派貨幣理論の基礎。quantity theory of money

**かへい-せいど**【貨幣制度】貨幣の発行や通用基準について国が定める制度。金本位・銀本位・管理通貨制度など。monetary system

**かへい-せき**【貨幣石】原生動物門の大形有孔虫類の化石。石灰質の殻は円盤状で、直径は一～一〇㎝。新生代の古第三紀に特徴的な化石であるが、類縁種は熱帯の浅海に現存。小笠原産のもの(直径約四㎝)やギゼーの豆石は有名。

**かべ-いた**【壁板】①建物の壁に用いる板。wallboard ②洋室の装飾に用いる蒔絵を施した板。wall decoration

**かべ-いと**【壁糸】細い糸の周囲に、太い糸がらせん状に巻きつけられた糸。横糸として織りこむと壁のような外観を呈する。

**カペー-ちょう**【カペー朝】(dynastie Capétienne フランス) フランスの王朝。九八七年ユーグ=カペーが推戴されて国王となり創始。初め王権は弱体であったが、一二世紀のフィリップ二世以降強盛となった。フィリップ四世は絶対主義君主として近世国家の基礎を固めたが、その子シャルル四世(在位一三二二～二八)で後継者が絶え、バロア家に代わった。

**カベーリン**[Veniamin Aleksandrovich Kaverin](一九〇二～八九) ソ連の小説家。技巧をこらした構成の作品を書く。作品『二人の船長』など。

**かべ-おりもの**【壁織物】壁糸で織った織物の総称。布面に縮緬状の凹凸がある。

**かべ-がき**【壁書(き)】室町・戦国時代、幕府・大名が殿中の壁にはりだした法令・掟。へきしょ。

**かべ-かけ**【壁掛(け)】①室内の壁にかけて装飾とするものの総称。刺繡・絵皿・剝製など。mural decoration ②タピスリー。タペストリー。tapestry

**かべ-がみ**【壁紙】壁面に貼る仕上げ用の紙。紙以外のクロス(=織物)・ビニールなどを含めて壁装材ともいう。wallpaper

**かべ-ごし**【壁越し】壁を隔てていること。壁を隔ててすること。用例 ―に聞く。

**かべ-したじ**【壁下地】壁の骨組みとなる部分。木舞(=細いタケや木)を縦横に組み、壁土を塗り付ける。壁代。lathing

**かべ-しま**【加▽部島】佐賀県北西部、呼子

町に属する島。面積二・七km²。石器・土器が出土。県下最古の田島神社がある。

**かべ-しろ【壁代】** ①寝殿造りの住宅で、壁の代用として垂れ下げられた帷（とばり）。冬季、人目をさえぎり寒さを防ぐために用いられた。②壁下地。

**かべ-しんぶん【壁新聞】** ①職場・学校・病院・公共機関などの壁や常設の掲示板にかかげられたニュース。主張や漫画などもとり入れた手書きのものが多い。wall newspaper ②大字報（だいじほう）の通称。

**かべ-そしょう【壁訴訟】** ひとりでぶつぶつ小言をいうこと。遠回しにあてこすりをいうこと。かべぞしょう。

**かべつき-だんろ【壁付(き)暖炉】** 壁に造り付けた暖炉。煙突のない装飾的なものもある。fireplace

**かべ-つち【壁土】** 壁をぬるのに使う土。plaster

**かべ-どこ【壁床】** ↓つりどこ(釣り床)①

**かべ-ひとえ【壁一重】** となりと壁一枚のへだたりしかないこと。ひどく接近していること。very near

**カペラ【Capella】**《ラテン語で、雌のヤギ、の意》ぎょしゃ座のα（アルファ）星。実視光度〇・一等。距離約五〇光年。観測の好期は二月。

**カベルネ【cabernet（フランス）】** 赤ぶどう酒の原料となるブドウの名。ボルドー産の著名な品種。タンニンが多く、渋味が特徴のワイン（ぶどう酒）となる。

●カボチャ

**か-へん【カ変】**「カ行変格活用」の略。

**か-へん【可変】** 他の状態に変えることができること。変わることができること。variable 対義 不変。用例 ―コンデンサー。

**か-へん【佳編】** すぐれた作品。佳作。excellent work

**か-へん【花片・花▼瓣】** 花びらの一つ一つ。

**か-べん【花弁・花▼瓣】** 花びら。集まって花冠をつくる。一枚一枚離れている離弁と、癒合（ゆごう）している合弁がある。花唇。petal ↓花図

**かへん-コンデンサー【可変コンデンサー】** 一方の極板を動かして電気容量を変えるようにしたコンデンサー。ラジオの同調回路部分などに使用される。バリコン。variable condenser

**かへん-しほん【可変資本】** 生産過程に投下された貨幣資本のうちで、労働力の購入にあてられた資本部分。生産過程で剰余価値をも生産し、価値量が増大することからいう。variable capital 対義 不変資本。

**かへん-ていこうき【可変抵抗器】** 電気抵抗値を連続的または段階的に変えられる抵抗器。抵抗体上を移動できる接触子を使うものが多い。rheostat; variable resistor

**かへんピッチ-プロペラ【可変ピッチプロペラ】** プロペラ翼の回転軸への取り付け角度（＝ピッチ角）を自由に変えることができるプロペラ。この機構によって、エンジン出力を変えることなく、増減速・前後進などが効率よくできる。variable pitch propeller

**かへん-へんあつき【可変変圧器】** 二次コイルの巻き数を変化させ、出力電圧をある範囲で変えられるようにした変圧器。variable transformer

**かへん-よく【可変翼】** 飛行中に、翼面積・後退角・取り付け角を変えることができる翼。低速から超音速までの速度に合わせて変化させる。variable geometry wing

**か-ほ【花▼圃】** 花ばたけ。花園。

**かほ【▼嘉穂】**〈町〉福岡県中部、遠賀（おんが）川上流の町。稲作、野菜・果樹栽培、酪農がさかん。人口一万一九一〇(一九八八)。

**ガボ【Naum Gabo】**(一八九〇～一九七七) アメリカの彫刻家。ロシア生まれ。ペブスナーの弟。純粋な抽象的空間構成を特徴とした。作品『柱』など。

**か-ほう【下方】** 下のほう。down; lower part 対義 上方（じょうほう）。

**か-ほう【火砲】** 口径の比較的大きい火器。旧日本陸軍では口径一三mm以上の火器を火砲、それ以下を銃に分類。現在では、一般に大砲をさす。gun

**か-ほう【加法】** ↓たしざん(足し算)

**か-ほう【加俸】** 仕事の性質や勤務地などにしたがって本来の給与に付け加えられる俸給。additional allowance 対義 本俸（ほんぽう）。

**か-ほう【果報】** 一(名) 過去・前世の行為のむくい。二(名・形動) しあわせ。幸運。luck 用例 ―者。

**果報は寝て待て**（かほうはねてまて） 幸運はあせらずに待っていれば必ずやって来る。Everything comes to him who waits.

**か-ほう【家宝】** 家のたからもの。その家に代々伝わる宝物。family treasure

**か-ほう【家法】** ①それぞれの家で定められた行動の規範・掟（おきて）。family rules ②その家に代々伝わる商品の作り方。③戦国大名の領国法。

**か-ほう【過褒】** ほめすぎること。過賞。overpraise

**かほう【▼嘉▽保】** 平安末期の年号。寛治（かんじ）から改元。元年(一〇九四)一二月一五日～三年(一〇九六)一二月一七日。次に、永長（えいちょう）に改元。

**が-ほう【芽胞】** ↓ほうし(胞子)

**が-ほう【画法】** 絵のかきかた。drawing technique; painting technique

**が-ほう【画報】** 絵や写真を中心として編集した雑誌・刊行物。pictorial 用例 風俗―。

**かほう-うんどう【下放運動】** 中国の党・政府関係者や企業幹部・知識人・学生が、一定期間工場や農村で生産に参加する運動。官僚主義・主観主義の欠陥を改め、プロレタリア的世界観を確立するため行われた。一九五七年ごろから普及し、文化大革命後停止。

**がほう-きかがく【画法幾何学】** 空間図形を平面上に表す方法を研究する幾何学の一分野。descriptive geometry

**かほう-こんしょく【加法混色】** 光の色を重ね合わせて他の色をつくる方法。カラーテレビなどで用いられる。重ねるほど明るくなり、作られる色はもとの光の明るさの和になる。赤・緑・青紫を基本三原色として用いる。additive mixture of colors ↓三原色図

**かほう-ちかん【下方置換】** 気体を誘導する管を捕集容器の底まで差し込んで、空気と置換する気体捕集法。水に溶けやすく空気より重い気体に適用。↓図

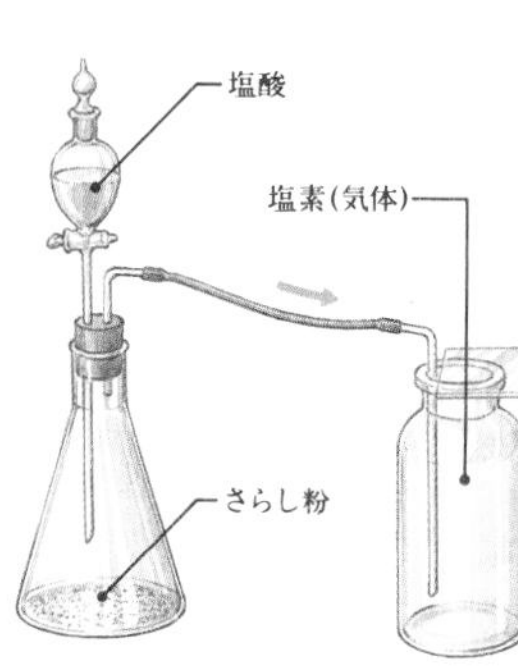

●下方置換
塩素の捕集例

**かほう-ていり【加法定理】** ①二つの角の和の三角関数を個々の角の三角関数によって表す定理。たとえば $\sin(\alpha+\beta)=\sin\alpha\cos\beta+\cos\alpha\sin\beta$ など。addition theorem of trigonometric functions ②確率の加法定理。いくつかの背反事象のどれかが起こる確率は、各事象の起こる確率の和に等しい。addition theorem

**かほう-もの【果報者】** 運のよい人。しあわせな人。fortunate person

**か-ほうわ【過飽和】** ①蒸気が、ある温度での飽和蒸気圧以上である状態。supersaturation ②溶液の濃度が、ある温度での溶質の溶解度以上である状態。supersaturation

**かほうわ-じょうき【過飽和蒸気】** ある温度で飽和蒸気圧以上の圧力で存在する蒸気。不安定で、凝縮する核があれば、ただちに液滴を生じて飽和蒸気になる。supersaturated vapor

**かほうわ-ようえき【過飽和溶液】** ある温度で、その溶質の溶解度以上に溶質を溶解している溶液。結晶化の核になるものがあると、過剰の溶質が析出し、飽和溶液となる。supersaturated solution

**カポーティ【Truman Capote】**(一九二四～八四) アメリカの小説家。作品『遠い声、遠い部屋』『ティファニーで朝食を』『冷血』など。

**ガボール【Dennis Gabor】**(一九〇〇～七九) イギリスの電気工学者・応用物理学者。ハンガリー生まれ。ホログラフィーの発見とその発展により、一九七一年ノーベル物理学賞受賞。

**かほく【河北】**〈町〉宮城県北東部、石巻（いしのまき）市北隣の町。北上川はここで太平洋側に向きをかえる。稲作が主で、畜産も行われる。人口一万五五八六(一九八八)。

**かほく【河北】**〈町〉山形県中部、最上（もがみ）川沿いの町。稲作・果樹栽培を主とする。谷地（やち）は最上川の河港として栄えたところ。人口二万二五二九(一九八八)。

**かほく【河北】**〈省〉中国北部の省。省都は石家荘（せっかそう）。北京（ペキン）・天津（てんしん）は同省の中にある中央直轄市。平野部は畑作地帯で、渤海（ぼっかい）沿岸では製塩業がさかん。石炭・鉄鉱などの鉱産資源も豊富。人口五三五六万(一九八四)。ホーペイ。

**かほく【香北】**〈町〉高知県東部、物部（ものべ）川中流の町。米・ヒノキ材・シイタケなどを産する。人口六一九六(一九八八)。

**かほく【華北】** 中国大陸の北部、首都北京（ペキン）市と河北（かほく）・山西（さんせい）・河南（かなん）・山東（さんとう）の四省にわたる地域の通称。黄河（こうが）流域の一帯で黄土が厚く堆積（たいせき）。小麦・綿花・落花生などの畑作地帯。開灤（かいらん）炭田の石炭、山西省の鉄鉱・石炭で重化学工業が発達。ホワペイ。

**かほく【▼鹿北】**〈町〉熊本県北部、山鹿（やまが）市北隣の町。稲作と、ミカン・クリ・茶・タバコ栽培が行われる。人口六三四八(一九八八)。

**か-ぼく【花木】** ①花と木。②花の咲く木。比較 果樹。

**か-ぼく【家僕】** ①家臣。家来。②家の雑事をする男の使用人。manservant

**かほく-がた【河北潟】** 石川県金沢（かなざわ）市の北西端にある潟湖（せきこ）。面積二三km²であったが、干拓工事により、ほぼ三分の一になっている。

**かほく-へいげん【華北平原】** 中国東部、黄河（こうが）下流域の平原。古くは中原（ちゅうげん）と呼ばれ、中国文明の発祥地。小麦・綿花・ダイズなどの畑作地域。ホワペイ平原。

**カポグロッシ【Giuseppe Capogrossi】**(一九〇〇～七二) イタリアの画家。櫛（くし）の歯状の記号を羅列した平面的抽象画を制作。

**か-ほご【過保護】** 子どもに対して必要以上に世話をやき、指図しようとする親の養育態度。また、その結果、独立心に欠け、依頼心の強くなった子どもの状態。overprotection 用例 ―の子。

**カポジ-にくしゅ【カポジ肉▼腫】** 悪性腫瘍の一種。血管での増殖をおもな特徴とし、皮膚・粘膜・リンパ腺（せん）などに多発する。国や人種によって症例はさまざまである。一八七二年モ

リッツ＝カポジが発見。Kaposi's sarcoma

**かぼす** ミカン科の常緑高木。九～一〇月に採取される果実は、種子は多いが果汁に芳香があり、食酢用。大分県に多い。

**か-ぼそ・い【か細い】**(形) ほそぼそと、よわよわしい。slender 用例 ―腕。派生 かぼそげ(形動) かぼそさ(名)

**カボチャ【南瓜】**《カンボジアから伝来したのでこの名がある》ウリ科のつる性一年生野菜。雌雄異花。花は黄色。ビタミンAに富む。ニホンカボチャ・セイヨウカボチャ・ポンキンが代表的で、それぞれに品種がある。アメリカ大陸原産。トウナス。ナンキン。ボウブラ。pumpkin; squash ↓図(前ページ)

**南瓜に目鼻**(カボチャにめはな) 丸顔で、太っている不美人のたとえ。

**カポック【kapok】** ①東南アジアに分布するパンヤ科の落葉高木。カポックノキ。パンヤノキ。②ウコギ科シェフレラの園芸品種の通称。ホンコンカポック。③パンヤ科のカポックの種子を包む毛。浮力、断熱性などにすぐれ、救命胴衣やクッションなどに利用。↓写

●カポック②

**ガボット【gavotte(フランス)】** 一七～一八世紀のフランスの舞踊および舞曲。二拍子の優雅な踊りで、一七世紀に宮廷でも流行。舞曲は四分の二または二分の二拍子。のちバッハやヘンデルらによって器楽の組曲に導入された。

**か-ほど【▼斯程】**(副) これほど。これくらい。

**かぼと-いせき【河▼姆渡遺跡】** 中国浙江省余姚県河姆渡村にある中国新石器時代早期の遺跡。一九七三～七四年発掘調査。最下第四層は約七〇〇〇年前にあたり、高床式建築遺構、米・稲、骨製農具などが出土、稲栽培の存在を示す。

**カポネ【Alfonso Capone】**(一八九九～一九四七) アメリカのギャング団の首領。禁酒法時代にシカゴで暗躍、酒類密売で巨利を得る。アル＝カポネ。

**ガボローネ【Gaborone】** ↓ハボローネ

**ガボン【Gabon】**(Gabonese Republic) 中央アフリカ、ギニア湾東岸の赤道直下にある共和国。首都リーブルビル。一九六〇年フランスから独立。かつての奴隷貿易の中心地。林業のほか石油を産出する。面積二六・八万km²。人口一一七万(一九八六)。正称ガボン共和国。

**ガポン【Georgy Apollonovich Gapon】**(一八七〇～一九〇六) ロシアの司祭。一九〇五年労働者を率いて「血の日曜日」事件を起こしたが、警察との内通を疑われイギリスへ亡命。帰国後暗殺された。

**かま【▽缶・▼罐・▼鑵】** ボイラー。用例 ―一基。―を焚く。

**かま【▼釜】** ①炊飯・煮炊き・湯沸かし用の器具。炊飯用のつばのあるものは羽釜という。電気釜・ガス釜・圧力釜・二重釜・蒸気釜などもある。cooker ②茶道で湯をわかす器具。茶釜。数え方 一口。↓茶道具図

**釜の中に遊ぶ魚**(かまのうちにあそぶうお)《魚が、自分が煮られるのも知らずに釜の中で泳いでいる、の意から》結局は身をほろぼす運命にあること。また、差し迫った死を知らぬことのたとえ。釜中の魚。

**かま【窯】** ①高温で物を焼いたり、溶かしたりする設備。furnace; stove 用例 炭―。②土器や陶磁器を焼き上げる装置。目的により素焼き窯・本焼き窯・絵付け窯、炎の方向により昇炎式・倒炎式、形状外観により穴窯・登り窯・円窯・トンネル窯などの種類がある。kiln

**かま【▼鎌】** ①柄に三日月状の刃をとりつけ、草・柴などを刈る道具。sickle 用例 ―一丁。②鎖鎌や鎌槍など鎌状の刃をもつ武器。③心の曲がっていること。④紋所の名。①または①をとりあわせたものの紋章化。⑤魚の胴の先の部分。えらぶたの後ろの鎌状の骨部分をいう。↓図

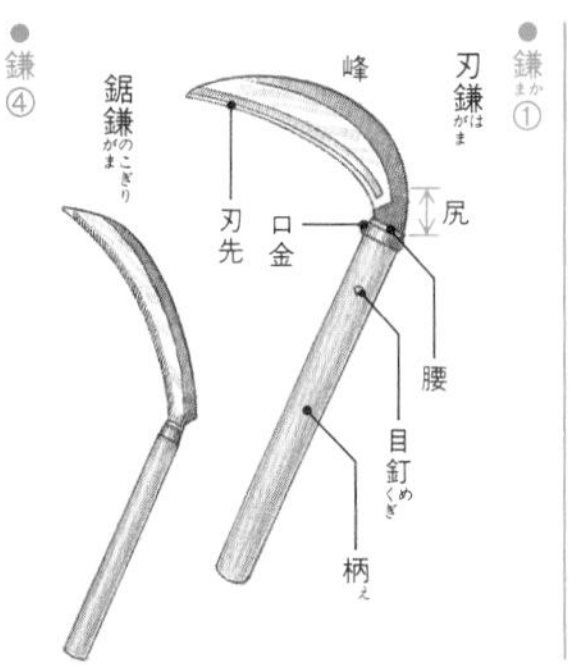


●鎌①

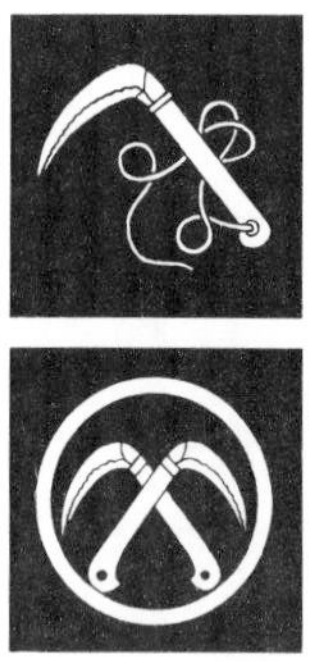


●鎌④

**鎌を掛ける**(かまをかける) 相手から、本当のことを聞き出そうとして、じょうずに誘いをかける。put an enticing question

**かま【▼竈】** かまど。

**がま【▼蒲・▽香▼蒲】** ガマ科の多年草。浅い水中に群生する。高さ二mに達し、葉は厚く線形。夏に濃褐色の花穂をつけ、雄花は上方、雌花は下方に密集。花粉は薬用。茎葉はすだれなどの原料。コウホ。ナンカ。ミスグサ。↓写

●ガマ

**がま【▼蝦▼蟇・▼蟇】** ↓ひきがえる(蟇蛙)

**ガマ【Gama】** ↓バスコ＝ダ＝ガマ

**かまあげ-うどん【▼釜揚(げ)▼饂▼飩】** うどんをゆで、そのまま熱湯にうかせたもの。つけ汁につけて食べる。湯づけ。

**かまあし-むし【▼鎌脚虫】** もっとも原始的な微小昆虫類。外形はシラミに似、カマアシムシ目という一目を構成。石や落ち葉の下にすみ、体長一mm内外。歩脚は三対で、歩くときに前脚を鎌のようにふりかざす。日本では本州・四国に同類のヨシイムシが分布。

**カマーバンド【cummerbund】** タキシードの下にチョッキ代わりに着用する、腹飾り帯。中近東やインドで用いられていた腰帯の転用とされる。

**かまい【構い】**《ふつう、上に「お」を付けて》①もてなし。接待。treat 用例 お―もしませんで。②↓おかまい(御構い)③

**かまいし【▼釜石】**〈市〉 岩手県東海岸、釜石湾に臨む市。三陸沿岸漁業の拠点。製鉄の町としても知られる。人口五万六五七九(一九八八)。

**かまいし-こうざん【▼釜石鉱山】** 岩手県釜石市西部にある鉱山。生産量日本一の鉄山で、この鉄鉱石を原料に釜石製鉄所が発展。

**かま-いたち【▼鎌▼鼬】**《鎌を持ったいたちの仕業とされたことから》物に触れてもいないのに、皮膚に裂けたような切り傷ができる現象。小規模な旋風などで空気中に真空ができ、そこに皮膚が触れて起こると考えられている。昔、信越地方でよくいわれた。神奈川では、鎌風という。

**かまい-つ・ける【構い付ける】**(下一他) 相手にする。とりあう。用例 ―ひまもない。

**かまい-て【構い手】** かまってやる人。世話をする人。one who cares for another 用例 ―がいない。

**かま-いと【▼釜糸】** 釜から繭を繰り取ったまま、よりをかけていない絹糸。平糸。floss

**かま-いり【▼釜▼煎り・▼釜▼熬り】** 戦国時代の死刑の一種。大釜に罪人を入れて熱し、煮殺した。釜茹で。

**かま・う【構う】** 一(五自他) ①(自)㋐問題にする。かかわる。care 用例 経費に―・わず計画を進める。㋑気にかける。せわをする。mind 用例 忙しくて―・ってやれない。㋒《「…て(も)かまわない」の形で》許容の意を表す。…してよい。用例 付いてきても―・わないよ。②(他)㋐ふざける。からかう。tease 用例 犬を―。㋑江戸時代、追放の刑にする。二 古語 (下二他) ①まえもって準備をする。用例 こよひなむ会はむと―・ふる(宇治拾遺・二)。②計画する。くふうする。用例 とかく―・へて京にあげ奉りてむ(源氏・玉鬘)。

**かま-うら【▼竈▽占】** 朝食の仕度をするときに、かまどから出る炎のようすを見てその日の天気を占うこと。

**かまえ【構え】** ①建物の造り。外見。appearance 用例 門―。家の―。②用意。準備。preparation 用例 戦の―。③姿勢。posture 用例 上段の―。④漢字を組み立てる部分の名。「国・回」などの国構え、「開・問」などの門構え、「勺・包」などの包み構えなど。

**かまえ【▼蒲江】**〈町〉 大分県南端、日向灘に臨む町。ブリ・タイなどの漁業基地で、水産加工もさかん。リアス式海岸では真珠養殖。人口一万一四六五(一九八八)。

**かまえ-て【構えて】** 古語 (副) ①注意して。用例 歌を―よむべし(宇治拾遺・三)。②《下に打ち消しをともなって》決して。用例 ―その日のさはりあらせじと(十訓抄・七)。

**かま・える【構える】**(下一他) ①建物などを組み立てる。また、家や店を持つ。set up 用例 家を―。②態度をとる。pose 用例 のんきに―。③身構えをする。assume a posture 用例 上段に―。④用意する。prepare for 用例 カメラを―。ストを―。⑤…だといつわる。つくろう。feign 用例 病気を―。

**かまがや【▼鎌ケ▽谷】**〈市〉 千葉県北西部の市。ナシの産地。宅地化が進んでいる。人口九万七〇四(一九八八)。

**かまがり【▼蒲刈】**〈町〉 広島県、安芸灘の上蒲刈島からなる町。ミカン栽培・沿岸漁業・海苔の養殖など。人口三七八八(一九八八)。

**カマ-がわ【カマ川】**(Kama) ソ連、ロシア共和国西部の川。ウドムルト自治共和国から北に流れ、クイビシェフ湖でボルガ川に注ぐ。長さ二〇〇〇km。

**かま-きり【▼鎌切・▼杜▽父▽魚】** カジカ科の魚食性の魚。全長約三〇cm。灰褐色で腹部は白く、体側に四本の黒色横帯がある。冬、川を下り、河口付近で産卵したのち海で死ぬ。孵化した稚魚はいったん海に入り、春、川をさかのぼる。食用。南日本の河川に生息。アユカケ。

**かま-きり【▼蟷▼螂・▼螳▼螂・▼鎌切】** 前脚が鎌状をしたカマキリ目の大形昆虫の総称。体長三～八cm。頭部は三角形で大きな複眼をもつ。肉食性。交尾中や交尾後、雌が雄を食べることがある。世界中に分布し、日本に十数種が分布。トウロウ。イボジリ。イボムシリ。オノムシ。カマギッチョウ。ハエトリムシ。mantis ↓写

**蟷螂が斧**(かまきりがおの) 「とうろうの斧」と同意。

●カマキリ

**かまきり-もどき【▼蟷▼螂▽擬】** クサカゲロウ類に近縁のカマキリモドキ科の昆虫。体長約二cm。翅は透明。虫を捕食。カマキリに似たかま状の捕獲肢をもつが、カマキリ類とは縁がない。世界に約一七〇種、日本に五種が分布。mantispid ↓写

●カマキリモドキ

**カマグエイ【Camagüey】** キューバ中部の都市。同名州の州都。牧畜とサトウキビ栽培の中心地。農産物の集散地。人口二五・四万(一九八四)。

**がま-ぐち【▼蝦▼蟇口】**《ガマの口に似ていることから》口金つきの銭入れ。明治四年(一八七一)新貨幣の発行につれて普及。purse

**かま-くび【▼鎌首】** 草刈りがまのように曲がった首。ヘビなどが威嚇するときにする首の

鎌倉時代美術
運慶、快慶『仁王像』。建仁三年(一二〇三)、東大寺南大門。

藤原隆信『平重盛像』。神護寺(京都府)。

『山越阿弥陀図』。禅林寺(京都府)。

『一遍上人絵伝』(部分)。正安元年(一二九九)、東京国立博物館。

形。gooseneck 用例 —をもたげる。

**かま-くら** 秋田県下で行われる小正月の子ども行事。雪で作った室の中に水神を祭り、子どもたちが簡単な飲食物で仲間たちを接待する。また、その雪室のこと。↓写

かまくら 秋田県、横手市。

**かまくら【▼鎌倉】**〈市〉 神奈川県南東部、相模湾に臨む市。鎌倉幕府のあった地で、鶴岡八幡宮・鎌倉五山・長谷の大仏など社寺・史跡が多い。高級住宅地・行楽観光地。人口一七万七三七二(一九八八)。

**かまくら-アカデミア【▼鎌倉アカデミア】** 昭和二一年(一九四六)鎌倉市に創設された寺子屋式の青年教育機関。敗戦直後の混乱期に民主主義的な学びの場を提供。昭和二五年(一九五〇)九月廃校。学長は哲学者の三枝博音。

**かまくら-かいどう【▼鎌倉街道・▼鎌倉海道】** 鎌倉と各地を結ぶ古道の総称。武蔵国府から通じる上の道・中の道、奥州・房総から通じる下の道がとくに知られる。

**かまくら-ぐう【▼鎌倉宮】** 鎌倉市二階堂にある神社。祭神は大塔宮護良親王。明治二年(一八六九)創建。社殿の背後に親王が幽閉されたという土牢がある。

**かまくら-くぼう【▼鎌倉▽公方】** 室町幕府の関東支配機関である鎌倉府の首長。足利基氏の子孫が世襲。関東公方。鎌倉殿。鎌倉御所。

**かまくら-ござん【▼鎌倉五山】** 鎌倉市にある臨済宗の五大寺。建長寺・円覚寺・寿福寺・浄妙寺・浄智寺の総称。

**かまくら-じだい【▼鎌倉時代】** 鎌倉に幕府が存在していた時代。建久三年(一一九二)源頼朝が鎌倉に幕府を開いてから、元弘三年(一三三三)に北条氏が滅ぶまでの約一五〇年間。始まりの時期については諸説がある。封建制度の上に立つ最初の武家政治の時代。農業・商業が発達し、法然・親鸞・道元・日蓮らの宗教家が活躍。

**かまくらじだい-びじゅつ【▼鎌倉時代美術】** 鎌倉時代に行われた美術。従来の貴族美術から前進し、武家や新興教団を基盤にした美術が成立した。剛健な作風、写実性や平明性を重んずる様式は、時代性を反映したもので、宋文化の輸入もこの傾向を助長した。建築の構築的な大仏様や禅宗様は宋代建築の影響が著しい。彫刻では写実表現の運慶一派の作風が、時代共通の様式となる。絵画では仏教説話画や伝記画、さらに絵巻物が盛行し、日本独自の垂迹画が成立。工芸でも新しい飛躍が行われた。↓写

**かまくら-の-だいぶつ【▼鎌倉の大仏】** 鎌倉市長谷にある高徳院の野天に安座する金銅の阿弥陀如来像。建長四年(一二五二)、大野五郎左衛門の作という。仏身の高さ一一・五m。長谷の大仏。↓写

**かまくら-ばくふ【▼鎌倉幕府】** 建久三年(一一九二)から元弘三年(一三三三)まで、鎌倉を中心として存続した最初の武士政権。源頼朝が開く。源氏三代のあと北条氏が実権を握るが、後醍醐天皇の討幕運動により滅亡。↓幕府図

**かまくら-ひば【▼鎌倉▼檜葉】** チャボヒバの別名。

**かまくら-ぶっきょう【▼鎌倉仏教】** 鎌倉時代に興った仏教の新興諸宗。浄土宗・浄土真宗・時宗・臨済宗・曹洞宗・日蓮宗。鎌倉新仏教。

**かまくら-ぼり【▼鎌倉彫】** 漆工芸の一種。木彫りの上に黒漆を塗り、その上に朱・緑漆を塗って研いだもの。室町時代にさかんとなる。現在、鎌倉市を中心に盆・箱・装身具などが製作される。↓写

**かまくらむろまち-じだい【▼鎌倉室町時代】** 鎌倉時代の初めから室町時代の終わりまで約四〇〇年間。その間に南北朝時代約六〇年をはさむ。中世。

**かま・ける**(下一自) 一つのことにとらわれて、他のことがおろそかになる。be engrossed in 用例 子どもに—。

**がまごおり【▼蒲▽郡】**〈市〉 愛知県南東部、三河湾に臨む市。沿岸漁業の基地。綿織物・ロープ工業がさかん。温泉と風光に恵まれた観光地。人口八万六一六二(一九八八)。

**かまさき-おんせん【▼鎌先温泉】** 宮城県南部、白石市にある温泉。蔵王山の南東麓に位置し、近くの弥次郎集落はこけしの産地。

**かま-し【▼釜師】** 茶の湯の釜を製作する鋳物師。安土桃山時代ごろからの呼び名とされ、元禄期には京都三条の釜屋浄味が将軍家御用をつとめていた。

**カマシア【camassia】** ユリ科の観賞用球根草。春、細長い葉の集まりから六〇cm位の花茎を出し、径三cm位の青色・白色の花を多数穂状につける。球根は有毒。北アメリカ原産。

**がまし・い**(接尾)《名詞や動詞の連用形に付いて形容詞をつくる》…のきらいがある。…らしい。用例 押し付け—。

**かま-しき【▼釜敷(き)】** ①鍋・釜・やかんなどを火から下ろして置いておくときに、その下に敷くもの。材質は籐・竹・わらなど多種。②茶室で炭をつぐとき、炉や風炉から下ろした釜に敷くもの。

鎌倉の大仏

鎌倉彫 『鎌倉彫牡丹文大合子』。室町時代、大和文華館(奈良県)。

**かまじょうせっけっきゅう-ひんけつしょう【▼鎌状赤血球貧血症】** 遺伝病の一つ。ヘモグロビン(=血色素)の構造が異常で、赤血球が半月型に変型している。溶血性貧血・多血症などの原因となる。sickle cell anemia

**かま-す** 5画 **【▼叺】** 部首[口]くちへん 和製漢字 JIS 5061

①むしろを二つ折りにしてつくった袋。米・麦・塩や石炭・コークスなどを入れるのに用いた。かまけ。②《①の形をしているところから》布・油紙・革などでつくった小物入れ。タバコ入れ・財布などにする。

**かます【▼魳・▼梭▽子▽魚】** カマス科の海水魚の総称。全長五〇～六〇cmで円筒形。アカカマス・アオカマスなどがあり、美味。本州中部以南に分布。くちぼそ。barracuda ↓図

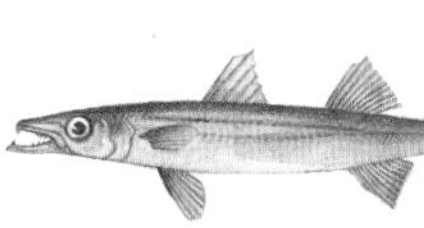

カマス アカカマス

**かま・す【▼噛ます】**(五他)《俗語》①てこなどをさしこむ。②相撲で、ぶちかましをする。③相手をひるませるようなことばをあびせる。かませる。用例 一発—・してやれ。

**かま-すえ【▼釜据(え)】** 茶道で、水屋道具の一つ。釜に湯水をはるとき安定させ、また地肌に直接触れないために据える台。木製で釜底の丸味に

合わせ、くりぬいてある。

**がま-ずみ【▼莢▼蒾】** スイカズラ科の落葉低木。山野にはえる。高さ約二m。葉は対生で毛が密生。春に、多数の白花をつけ、果実は秋に紅色に熟す。↓写

●ガマズミ

**がま-せんにん【▼蝦▼蟇仙人】** 中国の仙人。蝦蟇による幻術に長じていたという。とくに三国時代の呉の葛玄、のちには五代後梁の劉海蟾をいう。

**かま-たき【▽缶▼焚き】** ↓かしゅ（火手）

**かまち【▼框】** ①床・縁などの端部分をかくすための化粧横木。用例上がり―。②戸・障子・窓などの建具の周囲の枠。rail; stile

**かま-つか【▼鎌▽柄】** ①鎌の柄。②ウシコロシのこと。材が固く、鎌の柄などに使われる。③コイ科の淡水魚。体長約二五cm。砂中の小動物を捕食。食用。岩手県以南に分布。スナムグリ。オコト。カワキス。

**かま-ど【▼竈】**（「釜処」の意）①土・石・れんがなどで作った、煮炊きするための設備。へっつい。くど。かま。cooking stove; kitchen furnace ②独立した生活単位としての家。所帯。household 用例―を分ける。↓写

**竈が賑わう**（かまどがにぎわう） 暮らしがゆたかになる。

**竈に媚ぶ**（かまどにこぶ） 主人にではなく、実務をあずかる者にこびへつらう。

**竈に跨がる**（かまどにまたがる）（釜は金属でできており、竈は土・石でつくるから釜のほうが貴いということから）子が親にまさることを言う。

**竈を起こす**（かまどをおこす） ①独立の生活を始める。②財をたくわえる。

●竈① 土竈。

**竈を破る**（かまどをやぶる） 身代をなくす。破産する。

**かまど-うま【▼竈馬】** 床下など暗所にすむ昆虫。体長約二cm。暗褐色で背がエビのように曲がる。触角は長く、後脚は強大。夜行性。日本全土に分布。↓図

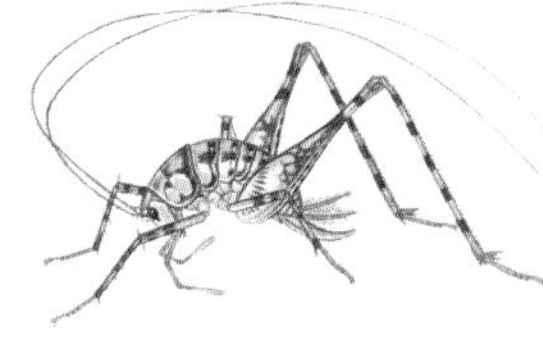

●カマドウマ

**かまど-がみ【▼竈神】** 囲炉裏や、かまどなど、家の火のある所を守護する神。火の神信仰に基づき、火が生活に欠かせない食事にかかわるところから、炊事を行うかまどを神聖視した。荒神様。

**かま-とと**（俗語。かまぼこは魚か、と聞くとからいうとされる）よく知っているくせに、知らないふりをすること・人。むじゃきなふりをすること・人。

**かま-どめ【▼鎌止め】** 山野で、草を刈ったり、木を切ったりするのを禁じること。

**かまなし-がわ【▼釜無川】** 山梨県、甲府盆地西部を流れる川。長さ六四km。笛吹川と合流して富士川になる。農業用水などに利用。

**がま-の-あぶら【▼蝦▼蟇の油・▼蝦▼蟇の▼膏】** ヒキガエルが分泌する粘液。または、それでつくった軟膏。江戸時代ごろから、あかぎれ・切り傷などの塗り薬として用いられた。

**がまのあぶら-うり【▼蝦▼蟇の油売り】** 江戸から明治時代にかけて、蝦蟇の油でつくった軟膏を、独得の口上を述べながら、大道で売った香具師。↓大道芸写

**かま-の-かみ【▼竈の神】** かまどを守護する神。土公さま。三宝荒神。

**かま-ば【窯場】** 陶磁器を焼く窯が設置されている作業場。

**かま-び【▼釜日】**（師匠が弟子を集め釜に湯を沸かすことから）茶道で、稽古をする日。

**かま-ひげ【▼鎌▼髭】** 鼻の下に鎌をさかさまにしたような形にはね上げたひげ。江戸時代、奴などが多くはやした。奴髭。

**かまびすし-い【▼喧しい・▼囂しい】**（形）やかましい。そうぞうしい。noisy 用例―議論。派生かまびすしさ（名）

**かま-ぶろ【▼竈風▼呂】** 蒸しぶろの一種。室町時代初期に京都の八瀬で始まった。大きな土室の中で青葉などを焼き、灰をかきだしたあとで中に入り、体を蒸し汗を流す。

**かま-ぼこ【▼蒲▼鉾】** ①ガマの花の穂。②練り製品の一つ。白身の魚類の肉を、すり身にして味をつけ、加熱したもの。日本独特の食品。数え方一枚・一本。③宝石をはめていない中高の指輪。↓練り製品写

**かまぼこ-ごや【▼蒲▼鉾小屋】**（形が食品のかまぼこに似ているところから）そまつな小屋。

**かまめ【▼鴎】** カモメの古名。用例海原は―立ち立つ（万葉・一・二）。

**かま-めし【▼釜飯】** ①おひつに移さず、かまからすぐ茶わんに盛る飯。②小さなかまで一人前ずつ炊く炊きこみご飯。カニ・エビ・鶏肉・野菜などを具にし、器のまま出す。

**かま-もと【窯元】** 窯を用いて陶磁器を作る人。また、その製造所。pottery

**かまもと-くにしげ【▼釜本▽邦茂】**（一九四四－）元サッカー選手。京都府生まれ。早大卒。一九六八年（昭和四三）メキシコオリンピックで得点王となる。昭和五六年（一九八一）日本リーグ通算二〇〇得点を達成。

**かま-や【▼竈屋】** ①母屋とは別棟の竈を据えた小屋。南島ではここに火の神が祭られていた。②醸造所で竈をたく男。新潟地方では味噌煮釜を貸す者をいった。

**かま-ゆで【▼釜▼茹で】** ①かまでゆでること。そのゆでた物。boiling in an iron pot ②昔、罪人を煮殺した刑。釜煎り。

**カマラン-とう【カマラン島】**（Kamarān Island） 紅海南東部の島。面積五七km²。メッカ巡礼の検疫所、飛行場がある。一九六七年南イエメン領となる。

**カマルゴ【Marie-Anne de Cupis de Camargo】**（一七一〇－一七七〇） フランスのバレリーナ。ベルギー生まれ。バレエの衣装と技法の改革者。

**が-まん【我慢】**（名・サ変他）①こらえしのぶこと。しんぼうすること。patience; endurance 用例タバコを吸うのを―する。②こらえて大目に見ること。tolerance 用例今度だけは―してやる。③（仏教語）自分をたのんで、おごりたかぶること。慢心して他をあなどる心。

**我慢の角**（がまんのつの） 強情なことや、高慢なことを、かたい角にたとえて言う。

**我慢の剣**（がまんのつるぎ） おごりたかぶったり、我意を張ったりすることが、自他をひどく傷つけるのを剣にたとえて言う。

**我慢の旗矛**（がまんのはたほこ） 無理に我意を張って人に対すること。

**我慢の山**（がまんのやま） 我慢強いことを山にたとえて言う。

**かマンガンさん-カリウム【過マンガン酸カリウム】** 化学式$KMnO_4$ 赤紫色の柱状結晶。酸化剤（指示薬も兼ねる）・漂白剤・殺菌剤などに利用。potassium permanganate

**がまん-づよ・い【我慢強い】**（形） しんぼう強い。patient 派生がまんづよさ（名）

**カマンベール【camembert仏】** ナチュラルチーズのうち、軟質チーズの一つ。フランスのノルマンディー地方原産。白カビで熟成させる。デザート用。↓チーズ図

**かみ【上】** 対義下。①根源や中心に近い方。用例川の―。②ひと続きのものの始めに近い方。用例―に述べたとおり。③高い地位にあるもの。天皇・将軍・高官・主人の敬称。用例お―。④政府・官庁の敬称。用例お―の言い付け。⑤昔。用例その―。⑥台所（下）に対して、主人に近い方。用例―女中。⑦和歌の初めの五・七・五の部分。用例―の句。⑧人の妻の敬称。用例お―。⑨「上方」の略。

**上漏り下潤う**（かみもりしもうるおう） 政治を行う者が恵みをほどこせば、民はうるおって豊かになる。

**上を学ぶ下**（かみをまなぶしも） 下位の者は、上位にある者のすることを見ならうということ。

**かみ【神】** ①人間を超えた力をもつものと想定され、信仰の対象となる観念。キリスト教では、全知全能で愛を持ち、宇宙を創造して支配する唯一絶対者。ゴッド。god 用例―をあがめる。②ふしぎな力で人間や山川・土地を支配するもの。③死んで神社に祭られた人の霊。

**神ならぬ身**（かみならぬみ） 神ではない、能力に限りある人間の身。生身の人間。mortal 用例―のかなしさ。

**神の正面、仏のま尻**（かみのしょうめん、ほとけのまじり） 神様は正面の高い神棚に、仏壇はかげに設けるのがよいということ。

**神は敬するに威を増す**（かみはけいするにいをます） 神は敬うことで、より貴さが増してくる。

**神は正直の頭に宿る**（かみはしょうじきのこうべにやどる） 「正直の頭に神宿る」と同意。

**神は見通し**（かみはみとおし） 神はどんな小さなことでもごらんになっており、ごまかすことはできない。

**神も仏も無い**（かみもほとけもない） 慈悲をかけてくれる人がいない。思いやりがなく、残酷なことのたとえ。血も涙もない。no mercy

**触らぬ神に祟り無し**（さわらぬかみにたたりなし） 関係をもたなければ害を受けることがない。Let sleeping dogs lie.

**正直の頭に神宿る**（しょうじきのこうべにかみやどる） 神はまじめな人間を守り助ける。Honesty is the best policy.

**かみ【紙】** ①植物繊維を水に分散させて薄くすきあげ、脱水乾燥させたもの。paper 数え方一枚・一葉・一帖・一締め・一束・一連。②じゃんけんで片手の指を全部ひろげた形。石に勝ち、はさみに負ける。ぱあ。paper

**かみ【髪】** ①頭部にはえている毛。頭蓋を保護する働きがある。髪の毛。頭髪。hair 用例―結い。②髪の毛を結ったかみかたち。髪型。hairstyle 用例―がよくできた。

**髪を降ろす**（かみをおろす） 頭を丸めて僧尼となる。

**髪を生やす**（かみをはやす）（「生やす」は、「切る」が忌みことばであるための語）童髪を切って元服する。

**かみ【▽長▽官・▽守】** 律令官制で、四等官のうちの最上の官。各官庁の最高責任者で、役所によってあてる文字が異なる。神祇官では「伯」、省では「卿」、寮では「頭」、兵衛府・衛門府では「督」、諸国では「守」など。

**か-み【加味】**（名・サ変他）①食べ物に味をつけ加えること。seasoning ②あるものに別のものの性質や調子などをまじえ入れること。addition 用例生徒の希望を―する。

**か-み【佳味】** ①よい味。味のよい食べ物。good taste ②よい趣。おもしろみ。good taste

**かみ【上】**〈村〉 長野県南部の山村。シイタケ・茶の栽培がさかん。人口一〇〇二（一九八九）。

**かみ【加▽美】**〈町〉 兵庫県中部、杉原川に沿う町。稲作・野菜栽培・牧牛などの農業のほか、林業もさかん。人口七八九六（一九八九）。

**かみ【可▽美】**〈村〉 静岡県南西部、浜松市に囲まれた村。自動車などの工場が多数立地する工業地域。人口一万二九三三（一九八九）。

**かみ-あ・う【▼嚙(み)合う】**（五自） ①歯やきばで、互いに食いつく。bite each other ②はげしく争う。fight each other ③でこぼこなどが、ぴったりとはまり合う。mesh ④意見・考えなどが合う。agree

**かみあがた【上▽県】**〈町〉 長崎県対馬北部の町。シイタケの産地。磯ではアワビ・サザエ・ウニ漁がさかん。人口五四九九（一九八九）。

**かみ-あげ【髪上げ】** ①髪を結い上げること。②昔、女子が成人したしるしに振り分け髪を結い上げたこと。また、その儀式。みぐしあげ。③食膳の給仕をする女官が垂れ髪を上げてかんざしでとめたこと。また、そのような髪型の女官。

**かみ-あわせ【▼嚙み合(わ)せ・▼嚙合(わ)せ】** ①かみ合わせること。clench ②上下の奥歯が互いにふれる部分。occluding parts ③かみ合うぐあい。mesh 用例歯車の―が悪い。

**かみ-あわ・せる【▼嚙み合(わ)せる・▼嚙合(わ)せる】**（下一他） ①上下の歯を合わせて力を入れる。clench ②かみ合いをさせる。けんかさせる。set fighting ③歯型のものどうしをぴったり合うようにする。mesh 用例歯車を―。

**かみいしづ【上石津】**〈町〉 岐阜県南西端の町。米・茶などの農業と林業が主。電機・繊維工場がある。人口七五九四（一九八九）。

**かみいずみ【神泉】**〈村〉 埼玉県北西部、神流川沿いの村。野菜栽培がさかん。三波峡・下久保ダムがある。人口一四三二（一九八九）。

**かみいずみ-ひでつな【上泉▽秀綱】**（生



↓行き先項目、図版・写真参照印。 JIS 日本工業規格情報交換用漢字符号コード（区点コード）。

没年未詳）室町時代末期の剣客。伊勢守と称した。上野の人。諸国を遍歴し神（新）陰流を創始。門下に柳生宗厳・塚原卜伝ら。こういずみひでつな。

**かみいそ【上▼磯】**〈町〉北海道南西部、函館湾に臨む町。トラピスト修道院がある。七重浜は臨海工業地。セメント工業がさかん。人口三万一四一七(一九八八)。

**かみいた【上板】**〈町〉徳島県北東部、香川県に接する町。中心は鍛冶屋原。古来、砂糖の産地で有名。人口一万二八二四(一九八八)。

**かみいち【上市】**〈町〉富山県東部の町。旧市場町で、立山詣での人でにぎわった。製薬業がさかん。人口二万三九八二(一九八八)。

**かみいちだん-かつよう【上一段活用】**動詞の活用の型の一つ。「見る」の語尾が、「み・み・みる・みる・みれ・みろ（よ）」となるように、五十音図のイの段のみに活用するもの。[対義]下一段活用。

**かみ-いれ【紙入れ】**①紙幣などを入れるための携帯用品。札入れ。wallet ②鼻紙・薬品・小楊枝などを入れて外出の時懐中にする用具。

**かみ-うち【紙打ち】**和紙を製造するときに、原料の樹皮を木槌でたたいて繊維と非繊維質を分ける方法。

**かみうら【上浦】**〈町〉愛媛県の芸予諸島、大三島東部の町。ミカン栽培・稲作が主。人口四八七二(一九八八)。

**かみうら【上浦】**〈町〉大分県東部、佐伯湾に臨む町。ミカンの栽培と漁業がさかん。人口三四五九(一九八八)。

**かみ-えび** アオツヅラフジの別名。

**かみおか【神▼岡】**〈町〉秋田県中部、大曲市の北西隣の町。旧河港。農業・醸造・製材が主産業。人口六六七三(一九八八)。

**かみおか【神▼岡】**〈町〉岐阜県北端の町。江戸時代に開かれた神岡鉱山は、鉛・亜鉛の産出量が多い。人口一万四〇六七(一九八八)。

**かみおか-こうざん【神▼岡鉱山】**岐阜県北部神岡町の鉱山。亜鉛・鉛・銀などを産出。廃液で富山県神通川のカドミウム公害「イタイイタイ病」が発生。

**カミオカンデ【Kamiokande】**岐阜県神岡鉱山の地下一〇〇〇mにある宇宙線検出装置。約三〇〇〇tの純水を使い、太陽からのニュートリノなどを観測。昭和六二年（一九八七）超新星からのニュートリノを検出した。東大宇宙線研究所を中心に各大学などと共同観測。

**かみ-おくり【神送り】**①陰暦九月末日から一〇月一日にかけての夜、出雲へと旅立つ神々を送る行事。また、そのときの社参。陰暦一〇月に、全国の神々が出雲大社に会合するという俗説に基づく。②人間にたたりをもたらす神を追い払うこと。また、そのまじない。疫病神送り・風の神送りなど。

**かみ-おしろい【紙▽白▽粉】**薄紙に練りおしろいを塗り、乾かしてとじたもの。手軽な化粧直しに用いる。

**かみ-おむつ【紙▽御▼襁▼褓】**不織布・粉砕パルプなどで作った使い捨てのおむつ。diaper

**かみ-おろし【神降ろし】**①祭りのとき、神霊を祭場に呼びよせること。②巫女が神霊をわが身にのりうつらせること。

**かみ-がかり【上掛（か）り】**能楽で、もと京都を本拠とした流派のこと。シテ方では観世・宝生の二流、ワキ方では福王・進藤の二流をいう。「上」は京都に由来するともいわれる。

**かみ-がかり【神懸（か）り・神▼憑り】**①神霊が人に乗り移り、その意思を告げるとされる現象。また、乗り移られた人。②道理にはずれた狂信的なこと。また、その人。③科学や理論を無視し、否定する言動。

**かみ-かくし【神隠し】**①人が急に姿を消し、行方知れずになる現象。天狗・キツネ・鬼・隠し神などのしわざとしていう語。②喪中の家で、白い紙を張って神棚を隠す風習。

**かみ-かけて【神懸けて・神掛けて】**（副）きっと。必ず。ちかって。

**かみ-かざり【髪飾り】**頭髪を飾るための付属品の総称。日本髪用のくし・かんざし・丈長・手絡、洋髪用のくし・リボン・飾りピンなど。hair ornament

**かみ-かぜ【神風】**①神が起こすという風。とくに、文永・弘安両役の蒙古来襲のさいの大風。かむかぜ。divine wind ②《接頭的。第二次大戦末期の特攻機の名から》向こう見ずな。命知らずの。reckless

**かみかぜ-とくべつこうげきたい【神風特別攻撃隊】**第二次大戦末期に旧日本海軍が編制した、敵艦船への体当たり攻撃を行う航空部隊。

**かみかぜ-や【神風や】**［枕ことば］《伊勢神宮や神に縁のあることからか》「伊勢・玉串」などにかかる。[用例]―玉ぐしのはをとりかざし内外の宮に君をこそ祈れ（新古今・神祇）。

**かみ-がた【上方】**《明治以前、都が京都にあったので》京都とその周辺。現在は、京都・大阪を中心とする近畿地方。[用例]―芸能。

**かみ-がた【髪型・髪形】**頭髪の形。未開人・文明人を問わず、人間社会の民族色が反映され、その時代背景や風俗がもっとも象徴される。ヘアスタイル。かみかたち。hairstyle

**かみがた-げいのう【上方芸能】**関西の地域性に根ざした芸能全般。

**かみがた-ご【上方語】**関西方言。とくに、近世に京都・大坂で用いられたことばをいう。[対義]江戸語。

**かみがた-すじ【上方筋】**京都・大阪を中心とした地域。江戸時代に、畿内五か国と近江・丹波・播磨の計八か国をさした。

**かみがた-ぜいろく【上方▼贅六】**江戸で上方の人をあなどっていういい方。贅六は才六の江戸なまりで丁稚や小者のこと。かみがたぜえろく。

**かみ-かたち【髪形】**→かみがた（髪型）

**かみがた-ぶんがく【上方文学】**上方を中心に発達した江戸時代前半期の文学の総称。元禄期（一六八八～一七〇四）を中心に町人文化が隆盛となり、小説では井原西鶴が浮世草子を創始、韻文学では松尾芭蕉が俳諧文学を確立、演劇では近松門左衛門が浄瑠璃を完成した。

**かみがた-まい【上方舞】**上方を中心に流布する日本舞踊の一形態。京舞・地歌（唄）舞・座敷舞などの総称。

**かみがた-らくご【上方落語】**京都・大阪で創作された落語。江戸初期の露の五郎兵衛、初代米沢彦八らが、その祖とされる。

**かみがた-りょうり【上方料理】**《京都および大阪風料理、の意》関西料理。江戸前にくらべ、薄味で材料の持ち味や色を生かす。

**かみかつ【上勝】**〈町〉徳島県東部、勝浦川に沿う町。スダチ・ユズなどの果樹栽培がさかん。人口二八四四(一九八八)。

**がみ-がみ**（副）口やかましくしかったり、文句をつけたりするさま。nag [用例]―と口うるさい親父。

**かみがみのたんじょう【神々の誕生】**《原題Theogonia（ギリシア）》ヘシオドス作の叙事詩。カオスの時代から宇宙の生成、神々の誕生、英雄の出生までのギリシア神話を述べたもので、神話の系譜の原典。紀元前八世紀ごろ成立。

**かみがも-じんじゃ【上▽賀茂神社】**賀茂別雷神社の俗称。

**かみ-かやつり【紙蚊帳釣】**→パピルス①

**かみかわ【上川】**〈町〉北海道中部、石狩川上流の町。林業地で木彫り熊、割りばしが特産。層雲峡がある。人口七〇〇七(一九八八)。

**かみかわ【上川】**〈村〉新潟県東部、福島県に接する山間の村。農林業中心。阿賀野川ライン観光の中心。人口四〇一四(一九八八)。

**かみかわ【神川】**〈町〉埼玉県北西端、神流川沿いの町。ナシ・メロン・イチゴなどの栽培がさかん。人口一万一五五五(一九八八)。

**かみかわち【上▽河▽内】**〈村〉栃木県中部、宇都宮市北東隣の村。稲作のほか、野菜の栽培もさかん。人口八一三九(一九八八)。

**かみかわ-ぼんち【上川盆地】**北海道中部の盆地。米の収穫量が多く、野菜栽培もさかん。中心は旭川市。

**かみ-かんむり【髪冠】**漢字を組み立てている部分の名。髪がしら。「髪・髭」などの「髟」。

**かみ-き【上期】**→かみはんき（上半期）

**かみ-きず【▼咬み傷】**人間を含めた動物にかまれてできた傷。動物の口内には細菌などが多く、体表のきずが小さくても危険なときがある。bite injury

**かみきた【上北】**〈町〉青森県東部、小川原湖の南にある町。稲作を中心にナガイモ栽培がさかん。人口一万七四二二(一九八八)。

**かみきたやま【上北山】**〈村〉奈良県南東部、三重県に接する村。スギ・ヒノキなどの林業が主体。人口一一二二(一九八八)。

**かみぎょう【上京】**京都市の市街地北部をいう。中世ごろは二条通り以北を上京と称したが、明治になって三条通り以北とされた。その後、昭和初期の左京・中京・東山三区の新設にともない、範囲がさらに縮小した。

**かみ-きり【紙切り】**①寄席演芸の一種。客の注文した題などに応じて、即座にはさみで紙を切りぬきシルエットを作る芸。silhouette cutting ②ペーパーナイフ。paper knife

●カミキリムシ　ゴマダラカミキリ

**かみきり-むし【髪切虫・▽天▽牛】**カミキリムシ科の甲虫の総称。体長数ミリメートルから一〇cm。体は円筒形。大あごが発達して強く、糸をもかみ切る。幼虫は樹幹に食い入り穴をあけるので鉄砲虫といわれ、農林業上の害虫。世界に二万種以上、日本に約六〇〇〇種が分布。テンギュウ。long-horned beetle →[写]

**かみきり-もどき【▽天▽牛▽擬】**カミキリムシに似るが、体も柔らかく弱々しい小甲虫の総称。体長一〇㎜内外。幼虫は朽ち木にすみ、成虫は花に集まるが、夜、灯火に飛来。毒液をもち、これに触れると皮膚が赤くはれあがる。日本に四〇種以上生息。→[写]

●カミキリモドキ　アオカミキリモドキ

**かみ-き・る【▼嚙（み）切る】**（五他）歯でかんで切る。食い切る。bite off

**かみ-きれ【紙切れ】**ちぎったり切ったりしてできる紙の小片。紙片。scrap of paper

**かみくいしき【上九▽一色】**〈村〉山梨県南部、富士山北麓の村。富士五湖の精進湖・本栖湖、青木ケ原樹海など観光資源に富む。人口一八三七(一九八八)。

**かみ-くず【紙▼屑】**書きそんじたりして、いらなくなった紙。ほご。wastepaper

**かみ-くだ・く【▼嚙（み）砕く】**（五他）①よくかんで細かくする。masticate ②わかりやすく説明する。explain plainly

**かみくろいわ-いせき【上黒岩遺跡】**愛媛県上浮穴郡美川村にある縄文時代早期の洞穴遺跡。地層は九層に分かれ、最下層から草創期の細隆線文の土器や、線刻の女性像のある礫などを出土。昭和三六年（一九六一）に発見され、早期縄文文化の編年に問題を提起した。

**かみ-こ【紙子・紙▽衣】**紙で作った衣服。腰の強い和紙をこんにゃくのりではり合わせ、柿渋を塗って、乾かし、もんで柔らかくし、布の代用とする。かみぎぬ。

**紙子着て川へ嵌まる** 無茶なことをして、自ら破滅することのたとえ。

**紙子四十八枚**《一枚の紙子は、四八枚の紙で作られたので言う》紙子を着るような貧しさを言うことば。

**かみこあに【上小▼阿仁】**〈村〉秋田県北部、小阿仁川に沿う村。稲作とスギなどの林業が主体。人口四一〇二(一九八八)。

**かみこうち【上高地】**長野県西部、飛驒山脈の山間にある盆地状高地。穂高連峰を望み、大正池などがある景勝・観光地。中部山岳国立公園の中心をなす。

**かみごおり【上▽郡】**〈町〉兵庫県西端にある町。千種川に沿い、農林産物の集散地。人口一万九二六七(一九八八)。

**かみこしき【上▼甑】**〈村〉鹿児島県、甑島列島の上甑島西半と中甑島からなる村。カノコユリが特産。人口二四五五(一九八八)。

**かみごとう【上五島】**〈町〉長崎県五島列島、中通島北西部の町。巻き網漁業の基地。ハマチ養殖もさかん。人口八六七二(一九八八)。

**かみ-こな・す【▼嚙（み）▽熟す】**（五他）①食べ物をよくかんで、細かくくだく。chew ②よく理解する。digest

**かみ-ころ・す【▼嚙（み）殺す】**（五他）①かみついて殺す。bite to death ②笑い・あくびなどを、じっとこらえる。suppress

**かみ-ざ【上座】**いちばん上の席。入り口から遠い所。床の間の前。洋室では暖炉の前。上席。じょうざ。top seat [対義]下座・末座。

**かみさいばら【上斎原】**〈村〉岡山県北東部、吉井川上流の村。肉牛の飼育が活発。恩原

▼常用漢字表外。　▽常用漢字表の音訓外。

高原がある。人口一一三〇(一九八八)。

かみさと【上里】〈町〉埼玉県北西端、本庄市西隣の町。野菜・果樹栽培がさかん。都市化が著しい。人口二万三四四九(一九八八)。

かみさと【上▽郷】〈町〉長野県南部、飯田市北隣の町。トマト・キュウリなどのハウス栽培がさかん。人口一万四二四七(一九八八)。

かみ-さ・びる【神さびる】(上一自)＝かんさびる。①古びて、こうごうしくなる。②古めかしくなる。

かみ-さま【上様】①身分のある人の妻の敬称。②商人・職人などの妻。かみさん。

かみ-さま【神様】①神をいう敬語。②神のようにすぐれた人。godhood 用例 経営の―。

かみ-ざま【上▽様】対義 下様。①上のほう。②上流社会。③京都で、北の方角。

かみ-さ・る【神去る】古語 (四自) 貴人が死ぬ。かんさる。かみあがる。用例 かれその―・りましし伊邪那美神は(古事記・上)。

かみ-さん【上さん】①商家の主婦。②妻。

かみじ【紙治】↓かみやじへえ(紙屋治兵衛)

かみしいば-ダム【上▼椎葉ダム】宮崎県北西部、耳川上流の椎葉村にあるダム。有効貯水量七六〇〇万$m^3$。日本最初のアーチ式ダム。日向椎葉湖。

かみ-しお【紙塩】調理法の一つ。材料の下ごしらえ。淡泊な魚や貝などを和紙でおおい、上から塩を振って水をかけ、わずかに塩味をつける。

かみ-しばい【紙芝居】せりふや説明に合わせて順々に画を見せ、物語を展開させる子ども向き演芸。picture-story show
かみしひ【上志比】〈村〉福井県北部、勝山市西隣の村。稲作・野菜栽培・スギなどの林業がさかん。人口三七〇四(一九八八)。

かみしほろ【上士▼幌】〈町〉北海道東部、十勝平野の町。酪農が主。夏の熱気球フェスティバルが有名。人口六九二三(一九八八)。

かみ-し・める【▼嚙(み)締める】(下一他)①よくかむ。chew well ②意味や表現をよく味わう。深く考える。digest
かみ-しも 11画【▼裃】部首[ネ] 和製漢字 JIS 7465
《「上下の衣服」の意》①衣と裳。上衣と袴。②江戸時代の武士の礼装の一つ。肩衣と袴とから成る。地質と色合いが同じ。↓図
**裃を脱ぐ**(かみしもをぬぐ) 堅苦しいことをやめる。気楽にうちとける。at one's ease
かみ-しも【上下】①上と下。②上半身と下半身。用例 あんま―一六文。③上流と下流。④うわぎとはかま。

かみ-じょちゅう【上女中】主人のそば近く仕える女性。奥女中。対義 下女中。

かみ-しんじん【神信心】(名・サ変自)①神を信じること。②信仰。

かみす【神▼栖】〈町〉茨城県南東部、太平洋に臨む町。鹿島臨海工業地域に属し石油化学コンビナートが建設された。付近はピーマンの産地。人口三万八六五三(一九八八)。

かみ-すき【紙▼漉き】紙を作るため原料をいれた水槽から漉きあげること。また、それを生業とする人。

かみすき-うた【紙▼漉(き)歌】製紙作業の過程で紙を漉くときに歌う歌。奈良県吉野地方や、山梨県市川地方などに残る。

かみすながわ【上砂川】〈町〉北海道中部、砂川市の東隣の町。かつて石狩炭田の代表的な炭鉱町として発展した。観光開発が行われている。人口七五七六(一九八八)。

かみすわ-おんせん【上▼諏▽訪温泉】長野県中部、諏訪市にある温泉。湯量豊富。霧ケ峰・蓼科観光の基地。

かみ-せき【上席】寄席などで、その月の上旬(一日から一〇日)までの興行。対義 中席・下席。

かみ-ぜに【紙銭】紙を銭の形に切ったもの。中国などで祭事に神に供え、または葬式のとき三途の川の渡し金として棺の中に入れる。しせん。

かみ-そり【▼剃▽刀】①髪やひげを剃るための刃物。刃は薄く、きっ先がなく、非常に鋭い。razor 用例 ―を当てる。②《よく切れることから》才知のするどい人。a man as sharp as a razor 用例 ―大臣。数え方 一丁。

**剃刀の刃を渡る**(かみそりのはをわたる) 危険な行動をする。おぼつかない生き方をする。

かみそり-まけ【▼剃▽刀負け】「(毛瘡)」↓もうそう
かみたいら【上平】〈村〉富山県南西端、庄川に沿う山村。五箇山には合掌造りの民家の集落がある。人口九五一(一九八八)。

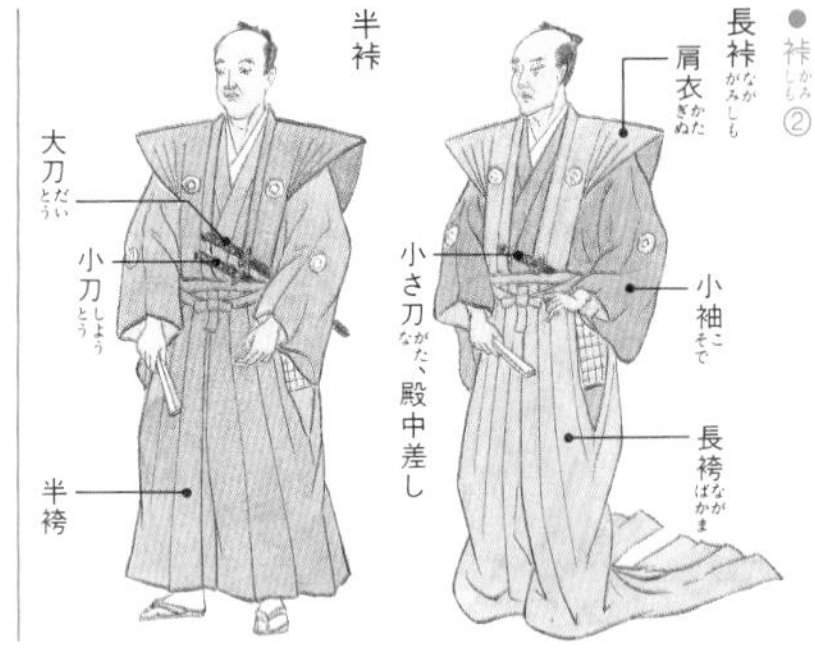

● 裃②

かみたから【上宝】〈村〉岐阜県北東端の村。北アルプスを控え、奥飛驒温泉郷をもつ観光と農林業の村。人口四二八八(一九八八)。

かみたち-ぼうちょう【紙裁(ち)包丁】紙を裁ち切るのに用いる、幅が広く刃の薄い包丁。紙裁ち。

かみたつ-かぜ【神立風】《神無月に出雲大社に集まる諸国の神々の出立を送る風の意》陰暦一〇月に吹く風。神渡し。

かみ-だな【神棚】家庭で神を祭る祭壇。多くは鴨居に板棚をつって作る。↓写

● 神棚

かみ-だのみ【神頼み】神に加護を祈願すること。用例 苦しいときの―。
かみ-タバコ【▼嚙みタバコ】嚙んで香りを味わうタバコ。圧縮して固めたタバコの葉に香味・色彩を加え、表面を葉巻き状にして菓子のような感覚で味わう。chewing tobacco
かみちか-いちこ【神近市子】(一八八八～一九八一) 評論家・婦人解放運動家。長崎県生まれ。津田英学塾卒。青鞜派に参加。大杉栄との恋愛事件ののち文筆活動や婦人運動で活躍し、第二次大戦後、社会党代議士。著書『私の半生記』など。
か-みつ【花▼蜜】花の蜜腺から出る甘い液。昆虫が好んで吸う。nectar
か-みつ【過密】(名・形動) 対義 過疎。①こみすぎていること・さま。overcrowded 用例 ―ダイヤ。②人口集中がはなはだしく、社会生活に支障が生じていること・さま。企業の都市集中がおもな原因で、住宅・交通問題などを生む。over-population
かみつえ【上津江】〈村〉大分県西部の山間の村。良質の杉材(日田杉)・シイタケなどを産する。人口一四八八(一九八八)。
かみつかさ-しょうけん【上▽司小剣】(一八七四～一九四七) 小説家。本名、延貴。奈良市生まれ。社会的視野が特色だが、情話文学にも手腕を示した。作品『鱧の皮』『U新聞年代記』など。
かみつき-がめ【▼嚙付▼亀】鋭い爪と強力な顎をもつ淡水産のカメ。甲長約三〇cm。甲長ほどもある尾をもつ。水生動物・水鳥を捕食。北アメリカの湖沼などに分布。
かみ-つ・く【▼嚙(み)付く】(五他)①歯で食いつく。かじりつく。bite at ②くってかかる。turn on 用例 上役に―。
かみつしま【上▽対馬】〈町〉長崎県、対馬北端の町。中心の比田勝は漁業基地。イカ・ウニ漁などがさかん。人口六四〇四(一九八八)。
かみ-づつみ【紙包み】紙で包まれたもの。paper parcel
かみ-づな【髪綱】髪の毛で作った綱。伸縮性に富むので船の引き綱・碇綱に用いられ、また、寺に納めて信仰のしるしともされた。
かみ-つぶ・す【▼嚙(み)▼潰す】(五他)①かんでつぶす。かみくだく。chew up 用例 苦虫を―。②口をあけないで、じっとがまんする。かみ殺す。suppress 用例 あくびを―。
かみ-つぶて【紙▼礫】紙を嚙んで丸めて投げつけるもの。本来は、仁王様に投げて健康を祈願した。紙鉄砲の弾丸にも使われる。
かみ-つ-よ【上つ世・上つ代】上代。上古。
カミツレ ↓カミルレ
かみ-て【上手】対義 下手。①川の上流のほう。②上座のほう。③芸能で、舞台に向かって右のほう。↓歌舞伎図
かみ-でっぽう【紙鉄砲】①おもちゃの鉄砲。細い竹筒の両側に紙を丸めて詰め、一方から棒で押し出すと空気圧で紙玉が飛び出す。popgun ②折り紙の一種。新聞紙や厚紙などを三角形に折り込み、端を持って上から振ると音が出る。origami popgun
かみ-どこ【髪床】①理髪店。barber ②江戸時代、鬢・月代を剃り、髪を結うことを業とした家。髪結い床。
かみとんだ【上▽富田】〈町〉和歌山県南部、富田川に沿う町。レタス・ニンニクなどの野菜栽培がさかん。人口一万二九九五(一九八八)。
かみなか【上中】〈町〉福井県南西部、小浜市東隣の町。稲作・野菜栽培が中心で、畜産もさかん。人口八〇五五(一九八八)。
かみなか【上▼那▽賀】〈町〉徳島県南部、那賀川中流の町。木頭林業地帯の中心の一つでスギの美林がある。人口二九九八(一九八八)。
かみな-づき【神無月】陰暦一〇月の異称。かんなづき。
かみ-ナプキン【紙ナプキン】紙製のナプキン。使い捨てにできるので、綿や麻のナプキンの代わりに使われる。paper napkin
かみ-なり【雷】《「神が鳴る」と昔考えられたことから》①大気中の放電現象で、雷鳴をともなうもの。強い上昇気流にともなう大気中の電位差によって発生する。熱雷・界雷・渦雷に分ける。thunder ②雲の上で、虎の皮のふんどしをしめ、太鼓を打つ鬼。人間のへそをとるという。かみなりさま。雷神。god of thunder ③がみがみ言うこと。また、その人。scolding; scold 用例 ―おやじ。
**雷が落ちる**(かみなりがおちる) 目上の人などから、ひどくしかられる。どなりつけられる。be scolded
**雷が臍を取る**(かみなりがへそをとる) 裸でいる子どもを戒めるときの、おどし文句。
**雷を落とす**(かみなりをおとす) どなりつける。thunder against
かみなり-いか【雷▼烏▽賊】モンゴウイカの別称。
かみなり-おやじ【雷親▽父】がみがみと口うるさい父親・主人・上役。snarling old man
かみなり-ぐも【雷雲】雷光・雷鳴を発生する雲。積乱雲など。雷は、雲の中の氷の粒が帯びる静電気に起因。らいうん。thunder cloud
かみなり-ぞく【雷族】交通規則を無視し、爆音とともに猛スピードでオートバイを乗り回す若者。また、その集団。昭和三四年(一九五九)ごろから、社会問題化した。暴走族。
かみなり-の-おの【雷の▼斧】石器時代の遺物、石斧・石槌・曲玉などを、落雷の際に天から降ってきた雷の使用物とした呼称。雷斧。雷の鉞。天狗の鉞。
かみなり-の-つぼ【雷鳴の▼壺】内裏の五舎の一つ、襲芳舎の異称。かんなりのつぼ。
かみなり-ぼし【雷干(し)・雷▽乾(し)】《つるすと雷神の持っている太鼓のような形になるところから》シロウリを螺旋状につなげて切り、塩漬け後乾燥させたもの。
かみなり-ほうでん【雷放電】雷雲内または雷雲と地面との間に起こる放電現象。雷光と雷鳴をともなう。地面への放電が落雷。
かみにだん-かつよう【上二段活用】文語動詞の活用の種類の一つ。「起く」の語尾が「き・き・く・くる・くれ・きよ(ろ)」となるように、五十音図の行の上部、イ・ウ二段に活用するもの。口語では、すべて上一段活用の語となっている。対義 下二段活用。
かみ-なわ【紙縄】和紙を細長く切ってよりをかけ、ひも状にしたもの。こより。
かみ-ねんど【紙粘土】パルプや新聞紙などを細かく切って水にひたし、粘着剤を加えて粘土状にしたもの。幼児の手工材などに使用。papier-mâché
かみのかわ【▽上三川】〈町〉栃木県南部、鬼怒川沿いの町。かんぴょうの生産で知られ、自動車関連工業も重要な産業。人口二万五〇〇七(一九八八)。

**かみ-の-き【紙の木】** 樹皮を和紙の原料とするガンピ・コウゾなどの異名。

**かみ-の-く【上の句】** ①和歌で、初めの五・七・五の一七音のこと。対義下の句。②俳句で、始めの五音。かむり句。

**かみのくに【上ノ国】**〈町〉北海道南西部、日本海に臨む町。マンガン採掘が産業の中心であったが昭和六二年(一九八七)閉山。人口八二五九(一九八八)。

**かみ-の-くに【神の国】** ㊀キリスト教の中心教理。神が支配する国が、イエス=キリストの十字架と復活によって成就し、終末のイエスの再臨によって完成するという教え。天国。神の支配。Kingdom of God ㊁《原題De civitate Dei(ラテ)》アウグスティヌスの著書。全二二巻。四二六年完成。異教徒のキリスト教攻撃に対する護教論を展開。

**かみ-の-け【神の気】** ①神の気配。神々しさ。神の威力。②神の祟り。また、そのためにかかるとされる病気。

**かみ-の-け【髪の毛】** 頭髪。hair

**かみのけ-ざ【▽髪座】** 北天の星座。かみのけ座銀河団がある。五月二八日ごろの午後八時ごろに南中。面積三八六平方度。Coma Berenices

**かみ-の-こ【神の子】**『新約聖書』で、イエス=キリストをよぶ称号の一つ。Son of God

**かみ-の-しもべ【神の▽僕】** 聖書で、神に仕える者、礼拝者のこと。イエス=キリスト・預言者・使徒・信徒などをさす。Servant of God

**かみのせき【上関】**〈町〉山口県南東部、瀬戸内海に臨む町。室津半島の先端と、長島・祝島などからなる。半農半漁。かつては内海航路の要点。人口六二〇八(一九八八)。

**かみ-の-たみ【神の民】** ①『旧約聖書』で、選民イスラエル、すなわちユダヤ民族。②『新約聖書』で、キリスト教徒。People of God

**かみ-の-つかい【神の使い】** 神の使者となると考えられている、神社に特有の動物。稲荷のキツネ、日吉のサル、熊野のカラス、春日のシカ、八幡のハトなど。御先。使婢。

**かみ-の-はくぶつかん【紙の博物館】** 東京都北区にある紙専門の博物館。和・洋紙の歴史、製法などの資料を収集展示。昭和二五年(一九五〇)開設。

**かみのほ【上▼之保】**〈村〉岐阜県南部、長良川支流の津保川に沿う村。農林業中心で、製材・木工がさかん。人口二九二九(一九八八)。

**かみのやま【上山】**〈市〉山形市の南隣の市。旧城下町・宿場町。温泉で知られ、果樹栽培がさかん。斎藤茂吉の生地で、記念館がある。人口三万八二一九(一九八八)。

**かみ-ばさみ【紙挟み】** 書類や用紙などを挟むための用具。挟む紙の分量に応じて使えるよう、サイズは各種ある。ペーパーホルダー。クリップ。paper holder; paper clip

**かみ-ばな【紙花】** ①紙でつくった造花。とくに、葬式のときに用いるもの。死花花。死花。②おひねり。

**かみはやし【神林】**〈村〉新潟県北部、村上市南隣の村。稲作を中心に、養豚もさかん。人口一万一七八一(一九八八)。

**かみ-はんき【上半期】** 会計年度などの一年のうち、前の半期。上期。first half of the year 対義下半期。

**かみ-ひこうき【紙飛行機】** 紙で作ったおもちゃの飛行機。紙を折ったり、あるいは厚紙を切って組み立てて作る。paper plane

**かみ-ひとえ【紙一重】**(名・形動) 紙一枚ほどの、ほんのわずか。very slight 用例実力は――の差。

**かみ-びな【紙▼雛】** 紙で折ったひな人形。はじめは祓い信仰の行事に用いられたが、のちに男女一対の立ちびなを作るようになり、三月節句のひな段に飾られるようになった。↓写

●紙雛

**かみ-ひねり【紙▼捻り】** ①こより。paper string ②金銭を紙に包んでひねったもの。賽銭などに使う。おひねり。paper-wrapped gratuity

**かみ-ふうせん【紙風船】** ㊀紙をはり合わせて球形になるように作ったおもちゃ。息を吹き込んで風船のようにふくらませる。㊁岸田国士の戯曲。大正一五年(一九二六)初演。新劇草創期に一つの方向を示唆した対話劇。若い夫婦の日常の心理の起伏を描く。

**かみ-ぶえ【紙笛】** 紙を巻いたり折ったりして作るおもちゃの笛。paper pipe

**かみふくおか【上福▼岡】**〈市〉埼玉県南部、川越市南隣の市。住宅団地が多く東京のベッドタウン。人口五万七一九二(一九八八)。

**かみ-ぶくろ【紙袋】** 紙で作ったふくろ。かんぶくろ。paper bag

**かみ-ぶすま【紙▼衾】** 中にわらを入れた、紙のふとん。天徳寺。

**かみ-ふぶき【紙吹雪】** ①紙が吹雪のように乱れ舞う状態のたとえ。paper snowfall ②色紙を細かく刻んで、歓迎や祝いでまき散らすこと。confetti

**かみふらの【上富▽良野】**〈町〉北海道中部、富良野盆地北端にある町。十勝岳西麓にあり、農業が主。ラベンダーが特産。人口一万四〇九五(一九八八)。

**かみ-ほとけ【神仏】** 神と仏。

**神仏は水波の隔て**(かみほとけはすいはのへだて) 神仏はもと同体であり、水と波とのように、形が異なるだけである。

**かみ-まき【紙巻(き)】** ①紙で巻くこと。また、巻いたもの。roll with paper ②「紙巻きタバコ」の略。

**かみまき-タバコ【紙巻きタバコ】** タバコの葉を刻み、紙で巻いたもの。フィルターつきのものと両切りのものがある。シガレット。cigarette

**かみみね【上峰】**〈町〉佐賀県東部、佐賀平野の町。稲作・ミカン栽培・酪農が主。人口七四四九(一九八九)。

**かみ-むかえ【神迎え】** ①祭りに先だつ儀礼。「神送り」に対しての語。②陰暦一〇月の晦日、出雲から帰ってくる神々を迎えること。また、その儀式。

**かみむすび-の-かみ【神▽皇▽産▽霊神・神▽産巣日神】** 造化の三神の一柱。天地開闢のときに、天御中主神についで高天の原に出現した女神とされる。かみむすひのかみ。

**かみ-もうで【神▼詣(で)】**(名・サ変自) 神社へお参りすること。神参り。

**かみ-や【紙屋】** ①紙を商う店。紙を製造し、売る家。また、その人。paper store; dealer in paper ②平安時代、京都にあった官用の製紙所、「紙屋院」の略。

**かみやく【上屋久】**〈町〉鹿児島県大隅諸島、屋久島の北半分と口永良部島を含む町。屋久杉の産地。人口七六二〇(一九八八)。

**かみ-やしき【上屋敷】** 江戸時代に在府の大名や禄の高い旗本が常に居住した家。対義下屋敷。

**かみや-じへえ【紙屋治▽兵▽衛】** 近松門左衛門の浄瑠璃『心中天網島』の中の人物。大坂天満の紙屋。貞節な妻おさんがいながら曾根崎新地の遊女小春と心中する。紙治。

**かみ-やすり【紙▼鑢】** 紙や布に金鋼砂またはガラスの粉を塗りつけたもの。ものの表面を磨くのに用いる。目の粗いものから細かいものまで数種ある。サンドペーパー。やすり紙。sandpaper

**かみや-そうたん【神▽谷宗▼湛】**(一五五一～一六三五) 安土桃山時代・江戸初期の豪商・茶人。筑前博多の人。豊臣秀吉・徳川家康の厚遇を得、海外貿易で巨利を獲得。

**かみ-やつで【紙八手】** ウコギ科の常緑低木。幹は灰白色。葉は円形で先が七裂し、その各片がさらに二裂する。葉柄が長く、枝先に束生する。沖縄以南のアジアに分布。ツウダツボク。

**かみやはぎ【上矢▽作】**〈町〉岐阜県南東端、長野・愛知両県に接する町。林業が主体。シイタケ・クリも多い。人口三四二九(一九八八)。

**かみやま【神山】**〈町〉徳島県中部、鮎喰川上流の町。稲作のほか梅・スダチなどの果樹栽培がさかん。人口一万七三五(一九八八)。

**かみやまだ【上山田】**〈町〉長野県北部、千曲川に沿う町。戸倉上山田温泉がある。花の栽培がさかん。人口七一六六(一九八八)。

**カミュ【Albert Camus】**(一九一三～一九六〇) フランスの小説家。アルジェリア生まれ。実存主義文学を代表する一人。運命の不条理に反抗する人間の価値を強調。一九五七年ノーベル文学賞受賞。小説『異邦人』『ペスト』、戯曲『カリギュラ』、エッセー『シジフォスの神話』『反抗的人間』など。↓写

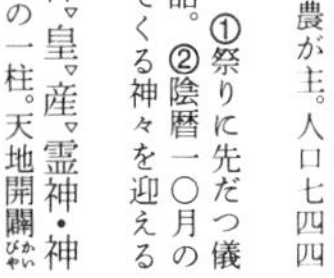
●カミュ

**かみ-ゆい【髪結(い)】** 髪を結うこと。また、その職業・店。男性のための髪結いは安土桃山時代(一五七三～一六〇三)に、女性のための髪結いは寛政年間(一七八九～一八〇一)に発生した。かみどこ。hairdresser

**髪結いの亭主**(かみゆいのていしゅ)《稼ぎのよい髪結い業の女房を持っていると、亭主が遊んで暮らしていられることから》妻の稼ぎで養われている夫。

**かみゆい-しんざ【髪結新▽三】** 歌舞伎『梅雨小袖昔八丈』の通称。また、その登場人物名。

**かみゆい-どこ【髪結(い)床】** 髪を結う店。かみどこ。

**かみゆうべつ【上▼湧別】**〈町〉北海道北部、紋別市東隣の町。畑作がさかん。リンゴ栽培の北限地。人口七三七七(一九八八)。

**かみ-よ【神代・神世】** ①神々の時代。記紀で、天地開闢から神武天皇までの時代。じんだい。②ずっと大昔。ancient time

**かみ-よせ【神寄せ】** 神霊を招き寄せ神託を聞くこと。また、神託をいただくために巫女がわが身に神霊をのりうつらせる神降ろしを行うこと。

**かみよ-ななよ【神代七代】** 日本の創世神話で、国常立神から伊奘諾・伊奘冉の二神誕生までの七代の神々。

**かみ-より【紙▼縒(り)・紙▼撚(り)・紙▼捻(り)】** ↓こより(紙縒り)

**かみ-りゅう【上流】** 京都の上京にある三つの千家の茶道の総称。下京の藪内家の茶道を「下流」と称したのに対する呼称。対義下流。

**カミルレ【kamille(オランダ)】** キク科の一、二年草。高さ約五〇cm。葉は二、三回羽状に分裂し、香気がある。夏に白い頭花をつける。花を乾燥させ、発汗・感冒などの生薬として用いる。カミツレ。chamomile ↓写

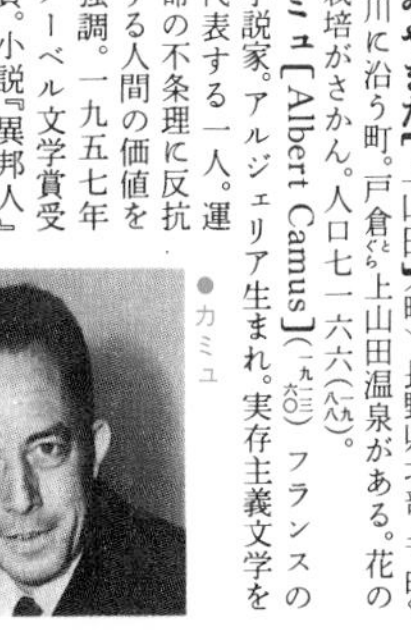
●カミルレ

**カミルレ-ゆ【カミルレ油】** 香油の一種。カミルレ(カミツレ)の花から採集する揮発性の油。chamomile oil

**かみ-ろ-き【神▽漏岐】** ↓かむろき(神漏岐)

**かみ-ろ-み【神▽漏▽美】** ↓かむろみ(神漏美)

**かみ-わ・ける【▼嚙(み)分ける】**(下一他) ①よくかんで味わう。taste ②よく考えて、違いを見分ける。distinguish

**酸いも甘いも嚙み分けた人**(すいもあまいもかみわけたひと) 世の中・人情に通じていて、ものわかりのいい人。man of the world

**かみ-わざ【神業・神▽事】** ①神に関する行事。神事。②神のする非常にふしぎなこと・働き。人間ばなれした技術。神技。divine work; miracle 対義人間業。

**かみ-わたし【神渡し】** ↓かみたつかぜ(神立風)

**か-みん【仮眠】**(名・サ変自) うたたね。かりね。仮睡。nap

**か-みん【夏眠】**(名・サ変自) 生物が暑さや乾燥の激しい時期を、ほとんど息をとめ、食物をとらないで休眠してすごすこと。aestivation 対義冬眠。

**カミングズ【Edward Estlin Cummings】**(一八九四～一九六二) アメリカの詩人。さまざまな斬新な手法で視覚的効果や非論理的な連想をめざした。散文物語『巨大な部屋』『詩集』など。

**か・む【▼擤む・▼洟む】**(五自) 鼻じるを強い息で鼻から出して、ぬぐう。blow one's nose 用例鼻を――。

**か・む【▼嚙む・▼咬む・▼嚼む】**(五 他) ①上下の歯を



▼常用漢字表外。 ▽常用漢字表の音訓外。

強く合わせる。bite 用例よく—・んで食べる。②歯の間に物をはさむ。bite 用例舌を—。③歯車などの上下の歯がぴったり合う。mesh 用例—・み合う。④はげしくぶつかる。crash 用例岩を—激流。⑤《俗語》関係する。gear with 用例彼も一枚—・んでいる。

**噛ませて呑む**(かませてのむ)《人にかみくだかせた物をのむことから》人のほねおりによって功をなすことのたとえ。

**噛む馬は仕舞い迄噛む**(かむうまはしまいまでかむ) 悪い癖は、いつまでもなおらない。比較三つ子の魂、百迄。

**噛んで吐き出した様**(かんではきだしたよう)《不愉快・不機嫌、また、しゃくにさわったようす、の意》そっけなく、ぶっきらぼうに、また、苦々しく、あるいは、口ぎたなく言うときの形容。

**噛んで含める**(かんでふくめる) よくわかるようにいい聞かせる。

**か・む【醸む】** 古語(四他)《古くは、米を歯でかんで、それをもとにして造ったところから》酒を造る。用例すすこりが—・みし御酒(古事記・中)。

**カム【cam】** さまざまな曲線をもった板状または円筒状の回転部品。一定軸のまわりを回転させ、さまざまな周期運動をつくり出すのに用いる。工作機械・ミシンなどに応用。

**ガム【gum】** ①植物からとったのびちぢみする性質をもつ物質。飲料や菓子類の品質向上に利用。②「チューインガム」の略。

**かむ-あが・る【神上がる】** 古語(四自) 神が天にのぼる。転じて、貴人が亡くなる。かみあがる。かむのぼる。用例天の原石門を開き—・りあがり座しぬ(万葉・二・一六七)。

**カムイ**(kamuy) 神。

**かむいこたん【神居古潭】**《アイヌ語で、神のいますところ、の意に由来》北海道中部、旭川市西端にある峡谷。奇岩・怪石・深淵が多い景勝地。先住民族の竪穴住居跡がある。

**かむ-おや【神祖】** 子孫に祭られる先祖神。かんおや。

**かむかぜ-の【神風の】**[枕ことば]《伊勢神宮や神に縁のあることから》「伊勢」などにかかる。用例山の辺の御井を見がてり—伊勢少女ども相見つるかも(万葉・一・八一)。参考中世以降は「かみかぜの」の形が多い。

**が-むし【牙虫】** 藻や水草を食べる水生の甲虫。体長三cm内外。体は長卵形で黒色。池沼にすみ、泳ぎは速くない。本州以南・朝鮮半島・中国などに分布。↓図

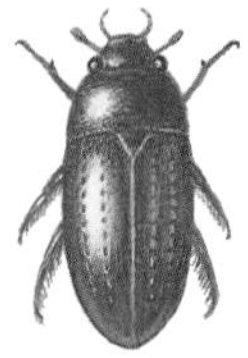
●ガムシ　ヒメガムシ

**がむしゃ-ら【我武者羅】**(名・形動) 無鉄砲にふるまうこと・さま。向こう見ず。reckless

**カムチャツカ-はんとう【カムチャツカ半島】**(Kamchatka) ソ連、極東北東部、ベーリング海とオホーツク海を分ける半島。中央部と東部にカムチャツカ山脈が走る。活火山が多い。海域はニシン・サケ・タラなどの水産業がさかん。

**ガム-テープ**《和製語》包装に使う幅広の粘着テープ。packing tape

**かむ-なび【神奈備・神名備・神南備】** 神道で、神の鎮座する場所。山や森、小さな茂みなどの神聖な場所をいう。かんなび。

**カムバック【comeback】**(名・サ変自) もとの地位にもどること。返り咲き。再起。復帰。

**カムフラージュ【camouflage フランス】**(名・サ変他) =カモフラージュ。①内心や本質を、なんらかの方法で人に知られないようにすること。disguise one's intention 用例ほんとうの気持ちを—して話す。②敵の目をごまかすために色・草木・あみなどを用いて、身体・兵器などをかくすこと。迷彩。擬装。

**かむ-ほき【神祝・神賀】** 神道で、神が祝福すること。

**かむら-いそた【嘉村礒多】**(一八九七—一九三三) 小説家。山口県生まれ。きびしく自己をさばく私小説を書いた。作品『業苦』『崖の下』『途上』など。

**ガムラン【gamelan】** インドネシアに伝わる器楽合奏による民族音楽。純粋の器楽演奏よりも舞踊や演劇の伴奏として演奏されることが多い。打楽器がおもに使われる。

**カムラン-わん【カムラン湾】**(Vinh Cam Ranh) ベトナム南部の東海岸にある小湾。山に囲まれた良湾。主要港バゴイ。工業基地として発展している。ソ連の軍事基地でもある。

**かむり【冠】** ↓かんむり(冠)

**かむりき-やま【冠着山】** 長野県北部にある山。別名、姨捨山。標高一二五二m。付近には棚田が多く、「田毎の月」で知られる。姨捨山伝説の地。

**かむり-だな【冠棚】** 衣冠束帯用の冠を飾るための棚。のちには香炉なども置くようになった。かんむりだな。

**かむり-づけ【冠付(け)】** 雑俳の一つ。句の上五字(=冠)を題とし、これに中七字と下五字を付けるもの。笠付け。

**カムルチー**(kamulch'i 朝) 大正末期に朝鮮半島から移入されたタイワンドジョウ科の淡水魚。全長約八五cm。空気呼吸をする。貪食で小魚・エビ・カエルを好む。北海道を除く日本各地に分布。アジア大陸東部原産。タイワンドジョウとともに「ライギョ」ともよばれる。

**かむろ【禿】** =かぶろ。①頭や山がはげていること。②子どもの髪型。切りそろえて結ばないもの。また、その髪型の子ども。③近世、遊女に仕えた少女。↓図

●禿②

**かむ-ろ-き【神漏岐】** 神道で、男神の尊称。とくに、男性皇祖神の称。かみろき。

**かむ-ろ-み【神漏美】** 神道で、女神の尊称。とくに、女性皇祖神の称。かみろみ。

**かめ【亀】** ①硬い箱状の甲をもった爬虫類の総称。脊椎と肋骨は背甲と癒着する。腹甲は扁平で背甲につながる。スッポン・オサガメなどは甲が退化して柔らかい。歯はない。卵生。海水産と淡水産があり、世界の熱帯・温帯に約二二〇種が分布。tortoise; turtle ②大酒飲み。heavy drinker ③紋所の名。↓図

**亀の上の山**(かめのうえのやま) 蓬莱山の異称。亀山。

**亀の甲より年の功**(かめのこうよりとしのこう)《「功」は「劫」とも》多年の経験は、たっとぶべきだ。Years know more than books.

**亀の年を鶴が羨む**(かめのとしをつるがうらやむ)《一〇〇〇年の長寿を保つといわれる鶴が、一万年の寿命があるとされる亀をうらやましがる、の意から》欲には限りのないことをいう。

●カメ①

**亀は万年**(かめはまんねん) 長生きを祝って言う語。鶴は千年、亀は万年。

**鶴は千年、亀は万年**(つるはせんねん、かめはまんねん) ↓つる(鶴)

**かめ【瓶・甕】** ①液体をいれる深型の陶製容器。crock 用例水—。②酒を杯につぐ器。徳利。③花をいける容器。花瓶。vase

**カメ**《俗語。明治時代の初め、英米人が犬を come here とよんだのが、「カメヤ」と聞こえたことから》洋犬。

**か-めい【下名】** ①あとにならべた名。②手紙の本文で、自分をけんそんしていう語。

**か-めい【下命】**(名・サ変他) ①命令すること。order ②《上に「御」を付けて》自分が受けた命令をいう敬語。

**か-めい【加盟】**(名・サ変自) 盟約に加わること。affiliation 比較加入。対義脱退。用例国連—国。

**か-めい【仮名】** 本名をふせて、かりにつけた名前。かりの名。pseudonym 比較ペンネーム。対義実名・本名・真名。

**か-めい【家名】** ①家の名。家号。family name ②一家の名誉。family honor

**かめい-かついちろう【亀井勝一郎】**(一九〇七—六六) 評論家。函館市生まれ。東大中退。左翼運動に参加、転向後『日本浪漫派』創刊に参加。日本古典・仏教思想に傾倒した。著書『大和古寺風物誌』『日本人の精神史研究』など。

**かめいど-じけん【亀戸事件】** 関東大震災時の弾圧事件の一つ。大正一二年(一九二三)九月、震災の混乱のさい、南葛労働組合の河合義虎やアナーキスト系の活動家平沢計七ら十数人が、亀戸警察署で軍隊に虐殺された事件。

**カメオ【cameo】** 浮き彫りを施した細工品。めのう・大理石・貝殻などのほかに陶製・ガラス製もある。図柄は肖像画が主。装身具用、または装飾品。

**かめおか【亀岡】**〈市〉京都市の西隣、亀岡盆地の市。盆地の中心。古代から丹波の国府がおかれた。旧城下町・宿場町。京都市の衛星都市化。人口八万六八二二(一九八八)。

**かめ-がい【亀貝】** カメガイ科の浮遊性の貝の一種。巻き貝であるが殻は巻かず、一見カメの甲に似ているのでこの名がある。殻長約二cm。殻は薄く、あめ色。左右に翼状の足をひろげて泳ぐ。温・熱帯に広く分布。

**かめがおか-いせき【亀ケ岡遺跡】** 青森県西津軽郡木造町亀ケ岡にある縄文晩期の遺跡。江戸時代から知られた遺跡で、亀ケ岡式土器は東北地方を中心に広く分布。

**かめがわ-おんせん【亀川温泉】** 大分県別府市北部にある温泉。国立別府病院の温泉治療棟がある。

**かめ-かん【甕棺】** 甕を用いた棺。世界的に使われたが、日本の縄文時代晩期には主として乳幼児の埋葬に用いられた。弥生時代には北九州を中心に盛行し、中期の甕棺からは多量の遺物が発見された。葬制としては、中世にも各地で使用された。↓写

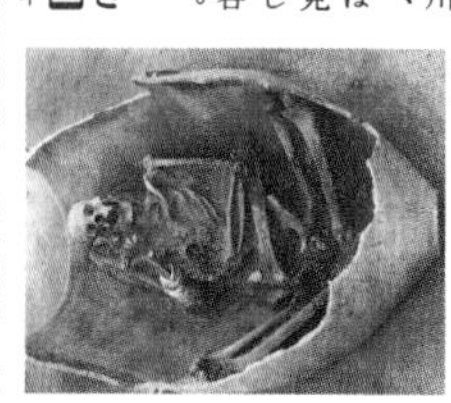
●甕棺　福岡県、立岩遺跡出土。

**かめくら-ゆうさく【亀倉雄策】**(一九一五— ) グラフィックデザイナー。新潟県生まれ。代表作は東京オリンピックのポスター。

**かめだ【亀田】**〈町〉新潟市の南隣の町。旧市場町。肥沃な農業地帯であるが、新潟市のベッドタウン化が進む。人口二万九八四五(一九八八)。

**かめだ-ほうさい【亀田鵬斎】**(一七五二—一八二六) 江戸後期の儒者・書家。江戸の人。折衷学派にたつ。寛政異学の禁で異端とされ、抵抗。著書『鵬斎詩鈔』など。

**がめつ・い**(形)《俗語。菊田一夫の戯曲『がめつい奴』から広まった。「がめる」と「がみつい」の混交という》利益をつかむために、抜けめなく、いやらしいほどあくどい。派生がめつさ(名)

**がめつい-やつ【がめつい奴】** 菊田一夫作の戯曲。昭和三四年(一九五九)初演。釜ケ崎を舞台にお鹿婆さんの徹底したがめつさを描く。

**かめ-の-こ【亀の子】** ①カメの子ども。小ガメ。②カメの愛称。③カメの形。④カメの甲。

**かめのこ-だわし【亀の子束子】**《商標名》台所や清掃用に使うブラシの一種。シュロなどの繊維を短く切りそろえて針金でまとめて棒状にし、楕円形に整えたもの。

**かめのこ-ながし【亀の子流し】** 片流れになっている流し。井戸端などで使った。

**かめのこ-はむし【亀の子葉虫・亀の甲葉虫】** 楕円形をしたハムシ科の小甲虫。体長七mm内外。灰白ないし黄褐色の地に小黒斑がある。幼虫・成虫ともテンサイなどアカザ科の植物を食害。日本全土に分布。

**かめのこ-ばんてん【亀の子半纏】** 子どもの防寒衣。亀の甲の形に仕立てた袖なしの綿入れ半天。ねんねこを簡略化したもの。

**かめ-のぞき【瓶覗き】** ごく薄い青。布を藍の入った瓶にほんの少し浸っけた色の意で、日本の伝統色の一つ。覗き色。

**かめ-の-て【亀の手】** カメの手のような形

をした甲殻綱ミョウガガイ科の固着動物。体長約七㎝。幼生は浮遊して生活する。潮間帯の岩礁に群棲する。→図

●カメノテ

**かめ-ぶし【▼亀節】**《形が亀甲に似るところから》小ぶりのカツオを三枚におろし、左右両側の肉から得られる鰹節。

**かめ-むし【▼亀虫・▼椿▽象】** 独特の臭気をだすカメムシ科の昆虫の総称。体はカメの甲に似た六角形。植物の汁を吸う害虫も多い。世界に約二万種、日本に約九〇種が分布。ヘッピリムシ。ヘクサムシ。stink-bug →写

●カメムシ　アカギカメムシ

**かめやま【▼亀山】**〈市〉三重県北部の市。旧城下町・宿場町。関西本線・紀勢本線、高速道路・幹線国道の集まる交通の要地。果樹・茶園が多い。人口三万六九四六(一九八八)。

**かめやま-てんのう【▼亀山天皇】**(一二四九〜一三〇五) 第九〇代天皇(在位一二五九〜七四)。後嵯峨天皇の第三皇子。後宇多天皇の父。大覚寺統の祖。譲位後院政を行い、両統迭立のもととなる。

**カメラ【camera】** ①暗箱内に収めた感光材料に、レンズを通して光を入れ、画像を撮しとる装置。一般に、三五㎜または六〇㎜幅のロールフィルムを用い、大型カメラにはシートフィルムを使用する。三五㎜フィルムを使うものには一眼レフカメラが多く、自動焦点・自動露出が主流となっている。ムービーカメラ・テレビカメラなどもある。写真機。キャメラ。[数え方]一台。②「カメラマン」の略。

**カメラータ【Camerata イタリア】** 一五八〇〜一六〇〇年ごろ、フィレンツェのバルディ伯邸に本拠をおいた文学者・音楽家・芸術愛好家のグループ。オペラの創始に貢献。

**カメラ-アングル【camera angle】** 写真撮影のさいの、被写体に対するカメラの向き・角度。

**カメラマン【cameraman】** ①映画・テレビの撮影技師。②写真をとる職業の人。写真家。

**カメラリウス【Rudolf Jakob Camerarius】**(一六六五〜一七二一) ドイツの医師・植物学者。植物の交配実験によって雄しべの役割を明らかにした。

**カメラワーク【camerawork】** 映画撮影で、カメラによる対象のとらえ方。

**カメリア【camellia】** ①ツバキ・サザンカの属名で園芸的な呼称。②ツバキの花のような紫がかった明るい赤。

**が・める**(下一他)《俗語》①人のものをちょろまかす。pilfer ②麻雀で、もっと大きな手で上がろうと欲ばる。

**カメルーン【Cameroun】**(Republic of Cameroon) 西アフリカ、ギニア湾東端に臨む共和国。首都ヤウンデ。一九六〇年フランスから独立。内陸は高地、海岸は低湿地で世界最多雨地の一つ。カカオ・コーヒー・落花生を生産。面積四七・五万km²。人口一〇四五万(一九八六)。正称カメルーン共和国。

**カメルーン-さん【カメルーン山】**(Mount Cameroun) カメルーン南西部、ギニア湾沿岸の活火山。同国最高峰で、標高四〇七〇m。

**カメルリン-オンネス【Heike Kamerlingh-Onnes】**(一八五三〜一九二六) オランダの物理学者。空気・水素・ヘリウムなどの気体の液化に成功。極低温で、ある種の金属の示す超電導現象を発見し、一九一三年ノーベル物理学賞受賞。

**カメレオン【chameleon】** 体色変化をすることで有名な爬虫類の総称。全長約三㎝から約六〇㎝まで各種。体色は光・熱・生理状態で変わる。樹上生活をし、左右の目は別々に動き、長い舌を伸ばして虫を捕食する。約八〇種のほとんどがアフリカ・マダガスカルに分布。→写

**カメレオン-ざ【カメレオン座】** 南天の小星座。日本からは見えない。四月二八日前後の午後八時ごろに南中。面積一三一平方度。Chamaeleon

●カメレオン

**カメロン【Julia Margaret Cameron】**(一八一五〜一八七九) イギリスのアマチュア女流写真家。初期写真芸術の先駆者。著名人を多数撮影。

**か-めん【仮面】** 儀式・演劇・仮装などのとき、顔につけるもの。木や土・紙などで人間や動物などの顔を模して作り、変身を表現する手段に用いられる。めん。マスク。mask

**仮面をかぶる**(かめんをかぶる) 本心・素性をかくす。ごまかす。put on a mask

**仮面を脱ぐ**(かめんをぬぐ) 本性を表す。unmask

**が-めん【画面】** ①絵の表面。picture ②映画・テレビで、映し出されている場面。シーン。scene

**かめん-うつびょう【仮面▼鬱病】**《仮面をかぶった鬱病、の意》食欲不振・動悸・疲労感など、種々の身体的症状は訴えるが、精神症状はあまり表面にでない鬱病。抗鬱剤の服用で好転する。masked depression

**かめん-げき【仮面劇】** 面をつけて演じる芝居の総称。代表的なものにギリシア古典劇、日本の能などがある。masque

**かめんのこくはく【仮面の告白】** 三島由紀夫の小説。昭和二四年(一九四九)刊。幼年期からの同性愛的な倒錯した性的リビドーを描く。

**かも【▼鴨・▼鳧】** ①ガンやハクチョウの仲間を除いたガンカモ科の水鳥の総称。体は小形で、頸が比較的短い。日本では大部分が秋に渡来する冬鳥で狩猟鳥。食用。羽毛も有用。全世界に約一二〇種が分布。duck [数え方]一羽・一番(雌雄二羽)。②利用されやすい人。だましやすい相手。好人物。sucker ③試合などで、らくに負かせそうな相手。pushover →写

●カモ①　マガモ

**鴨が葱を背負って来る**(かもがねぎをしょってくる) もともと好つごうである相手の出方が、さらに自分の望むとおりであることなどのたとえ。鴨葱。

**鴨の浮き寝**(かものうきね)《カモが水に浮きながら寝ること、の意》心の安静が得られないことのたとえ。

**鴨の脛**(かものはぎ) 短いもののたとえ。

**鴨の水掻き**(かものみずかき)《カモの泳ぎは一見気楽そうに見えるが、水面下では水かきをたえず動かしているところから》人知れぬ苦労のあることのたとえ。

**かも【加茂】**〈市〉新潟県中部の市。加茂川の谷口に位置する。古くからの市場町で、今も露天市がにぎわう。桐たんすで有名。人口三万五九三八(一九八八)。

**かも【加茂】**〈町〉京都府南部、木津川に沿う町。稲作・茶の栽培のほか、壁紙が特産。恭仁京跡・浄瑠璃寺など名所旧跡が多い。人口一万六〇五一(一九八八)。

**かも【加茂】**〈町〉島根県北東部山間の町。ブドウ栽培がさかん。人口六九八七(一九八八)。

**かも【加茂】**〈町〉岡山県北部、中国山地の町。和牛・木材・クリ・シイタケなどを産する。人口六四九〇(一九八八)。

**かも【▽賀茂・加茂】** 京都市北区と左京区にまたがる地区。賀茂川に沿う上賀茂・下鴨の総称。住宅地区で学校が多い。

**かも【▽賀茂】**〈村〉静岡県、伊豆半島西岸の村。農・漁業が主体で花卉栽培がさかん。安良里港はイルカ漁で知られる。珪石の産地。人口四三一七(一九八八)。

**かも** [古語](終助)①体言、用言の連体形を受けて詠嘆を含む疑問を表す。…かしら。[用例]浦廻より楫の音するは海人娘子—(万葉・一五・三六四一)。②已然形を受けて反語の意を表す。…かしら、そんなことはない。[用例]筑波の山を恋ひずあらめ—(万葉・二〇・四三七一)。③《「ぬかも」の形で》願望の意を表す。…ないかしら。[用例]花にも君はありこせぬ—(万葉・八・一六一六)。[参考]上代語。平安時代以後はおおむね「かな」を用いる。

**か-も**(連語)《係助詞「か」に係助詞「も」の付いたもの》①[古語]詠嘆を含む疑問の意を表す。…かなあ。…かしら。[用例]長々し夜を独り—寝む(万葉・一一・二八〇二・或本歌)。②《俗語》「かも知れない」の略。

**かも-あおい【▽賀茂▼葵】** フタバアオイの別名。京都賀茂神社の祭礼に用いられた。

**かも-い【▼鴨居】** 引き戸・ふすま・引き違い障子などを立てる場所の上部にある溝付きの横木。溝のない無目鴨居、壁面に取り付ける付け鴨居など。[対義]敷居。→和風住宅図

**かもう【▼蒲▽生】**〈町〉鹿児島県中部の町。鹿児島湾岸と薩摩地方北部を結ぶ宿場町として発達。人口八二五八(一九八八)。

**が-もう【▼鵞毛】** ①ガチョウの羽毛。goose down ②非常に軽いもののたとえ。feather

**がもう【▼蒲▽生】**〈町〉滋賀県南部、日野川中流域の町。稲作中心。石塔寺の石造三重塔が有名。人口一万五五七〇(一九八八)。

**がもう-うじさと【▼蒲▽生氏▽郷】**(一五五六〜一五九五) 安土桃山時代の武将・茶人。近江の人。キリシタン大名。織田信長、豊臣秀吉に仕え会津若松城主となる。利休七哲の筆頭。

**がもう-くんぺい【▼蒲▽生君平】**(一七六八〜一八一三) 江戸後期の勤王家。宇都宮の商家の出。『不恤緯』で対露国防を説き、歴代天皇陵を調査して『山陵志』を著した。高山彦九郎・林子平とともに「寛政の三奇人」の一人。

**かも-うし【かも牛】** ウシの卵巣に一個から数個の排卵されない卵胞が残存するため、性欲昂進状態にある雌ウシの俗称。この状態のときにはウシの尾根部が高くなるので尾高ともいう。

**がもうだ-みさき【▼蒲▽生田岬】** →かもだみさき(蒲生田岬)

**かも-うり【▼氈▼瓜】** トウガンの古名。果皮の毛に由来。

**かもえない【▽神恵内】**〈村〉北海道積丹半島西岸の村。漁業・水産加工業がさかん。人口一六七一(一九八八)。

**かもがしら-のり【▼鴨頭▽海▼苔】** 紅藻植物ベニモズク科の海藻。円柱状の体が不規則に分枝し、半球状の塊をつくる。本州中部以南に広く分布。イソモチ。トオヤマノリ。

**かもがた【▼鴨方】**〈町〉岡山県南西部の町。手延そうめん・モモなどを産する。竹林寺山に天体物理観測所がある。人口二万一八九九(一九八八)。

**かも-がや【▼鴨▼茅】** イネ科の多年草。牧草として北米から渡来し、帰化。高さ約一m。葉は広線形で白緑色。夏に、多数の小穂が集まって花序をつくる。沖縄を除く日本全土に分布。オーチャードグラス。orchard grass →図

●カモガヤ

**かもがわ【加茂川】**〈町〉岡山県中部、吉備高原の町。稲作、ハクサイなどの畑作と牧畜がさかん。人口六七四一(一九八八)。

**かも-がわ【▼鴨川・▽賀茂川】** 京都市を南流する川。長さ三五㎞。京都のシンボル的な川で、出町から上流を賀茂川、下流を鴨川と記す。

**かもがわ【▼鴨川】**〈市〉千葉県南部、太平洋に臨む市。近海漁業の根拠地。海岸は景勝地が多く、観光開発が進んでいる。人口三万二〇一〇(一九八八)。

**か-もく【科目】** ①学問を分野別に分類した個々の項目。subject [用例]選択—。②ある事柄を内容別に分類した個々の項目。item [用例]予算—。勘定—。

**か-もく【課目】** 学校教育で修得を課せられた項目・学課。item

**か-もく【寡黙】**(名・形動) 口数が少ないこと・さま。口が重いこと・さま。無口。taciturn [比較]寡言。[対義]多弁。

**か-もじ【▽髪文字・▼髢】** ①《女房ことば》髪。②髪を結うとき、添えて用いる髪。江戸時代に女髷が複雑になり一般に普及した。入れ髪。hairpiece [対義]地髪。

●カモシカ

**かも-しか**【▼羚羊・▼氈▼鹿】日本特産のウシ科の動物。体長約一〜一・二m。体色は黒っぽいものから白っぽいものまで地域差がある。雌雄とも短い角をもつ。山岳地帯に単独で生活し、草の生えた岩場を好む。特別天然記念物。本州・中国・九州に分布。シーロー。アオシシ。ニホンカモシカ。カモシシ。chamois ↓写

**かもじ-かけ**【▼髢掛(け)】女性の添え髪にする髢を掛けておく道具。

**かもじ-ぐさ**【▼髢草】イネ科の多年草。草原・道ばたなどに群生。高さ五〇〜一〇〇cm。葉は線形で白緑色。五〜七月に、白緑色で長さ約二〇cmの花穂をつける。↓図

●カモジグサ

**かもし-だ・す**【醸し出す】(五他) 感じや気分をつくり出す。cause 用例 好ましい雰囲気を—。

**かもじま**【▼鴨島】〈町〉徳島県北部、吉野川中流の町。野菜などの農業が主。かつては藍生産の中心地、養蚕・製糸の町として栄えた。人口二万六七一三(一九八八)。

**かも-しれない**【かも知れない】(連語) 断定はできないが、可能性がありそうである。かも。may 用例 雨が降る—。

**かも-じんじゃ**【▽賀茂神社】京都市の賀茂別雷神社(=上賀茂神社・上社)と賀茂御祖神社(=下鴨神社・下社)の総称。ともに旧官幣大社。平安遷都にさいして王城鎮護の社とされた。五月一五日の例祭は葵祭りで知られる。↓写

**かも・す**【醸す】(五他) ①発酵させて、酒・しょうゆ・みそなどを造る。醸造する。brew ②生じさせる。つくり出す。cause 用例 物議を—。

**かもす-じんじゃ**【▽神▽魂神社】松江市大庭町にある旧県社。祭神は伊弉冉大神を配祀。出雲国造ゆかりの古社。大庭大宮。

**かもたけつのみ-の-みこと**【▽賀茂▽建角身▽命・▽鴨▽武津身▽命】日本神話の神。神武天皇の東征のさい、熊野から大和にはいるため八咫烏に化身して東征軍を先導したとされる。

**かもだ-みさき**【▼蒲▽生田岬】徳島県東部、紀伊水道に突出する岬。阿南市に所属。ウミガメの上陸で有名。がもうだみさき。

**かもち-まさずみ**【▼鹿持▽雅澄】(一七九一〜一八五八) 江戸末期の国学者。本姓は藤原。号は山斎など。土佐の人。近世における『万葉集』研究の集大成をなす。著書『万葉集古義』など。

**か-もつ**【貨物】貨車やトラックなどに積んで輸送する物品で、小荷物・手荷物以外のもの。freight米; goods英

**かもつ-えき**【貨物駅】鉄道で貨物だけを取り扱う駅。旅客や手荷物などの取り扱いはしない。freight depot

**かもつ-じどうしゃ**【貨物自動車】貨物の輸送を目的とする自動車。荷台がむきだしの普通型と有蓋車(バン)があり、他に各種の特殊用途自動車もある。トラック。truck; ban

**かもつ-せん**【貨物船】貨物を輸送する商船。一般の雑貨を輸送する一般貨物船・コンテナ船と、石油・鉱石・穀物・自動車などをそれぞれ専用に輸送するものに分けられる。freighter; cargo boat

**かもつ-ほけん**【貨物保険】海上・陸上運送および航空機により輸送される貨物が事故でこうむる損害を補う保険。ふつうは貨物海上保険のこと。積み荷保険。cargo insurance

**かもつ-れっしゃ**【貨物列車】貨物を輸送するために、貨車だけで編成した列車。freight train

●賀茂神社 上賀茂神社。

**かもと**【▼鹿本】〈町〉熊本県北部、山鹿市東隣の町。稲作、畜産、菊・メロンなどの栽培がさかん。藩政時代からの「しぶうちわ」が特産。人口九二九九(一九八八)。

**かもなく-ふかもなし**【可も無く不可も無し】(連語) とくによくもなく、とくに悪くもない。neither good nor bad

**かも-なんばん**【▼鴨南蛮】鴨肉を入れ、薬味にネギを使ったうどん・そば。鶏肉で代用させることもある。

**かも-ねぎ**【▼鴨▼葱】「鴨が葱を背負って来る」の約。

**かも-の-くらべうま**【▽賀茂の▽競(べ)馬】陰暦五月五日、京都市北区の上賀茂神社境内で、その年の豊凶を占う競馬の儀式。現在は六月五日に行われる。

**かも-の-ちょうめい**【▼鴨長明】(一一五五〜一二一六) 鎌倉前期の歌人。名を「ながあきら」とも読む。京都の下鴨神社の禰宜鴨長継の次男。五〇歳ごろ出家遁世。日野山に方丈の庵を結ぶ。中世隠者文学の代表的作家。随筆『方丈記』、歌論『無名抄』、仏教説話集『発心集』、家集『鴨長明集』など。

**かも-の-はし**【▼鴨の▼嘴】①カモノハシ科の単孔類。卵をうむ原始的な哺乳類で、くちばしの形はカモに似ていて尾は扁平。全長約六〇cm。川や沼にすみ、水中でザリガニなどを捕食。オーストラリア・タスマニアに分布。duckbill ②イネ科の多年草。高さ約六〇cmで葉は細長い。夏、長い軸を出して頂端に円柱状の穂状花序をつける。本州以西の海浜に自生。platypus ↓図

●カモノハシ①

●カモノハシ②

**かも-の-まぶち**【▽賀茂真▼淵】(一六九七〜一七六九) 江戸中期の国学者・歌人。俗姓は岡部、名は春栖など。号は県居。遠江の人。荷田春満に学び、田安宗武に仕える。国学研究に一時期を画し、『万葉集』研究に業績を残す。歌人としては万葉調の「ますらおぶり」を提唱。門人に本居宣長など。研究書『万葉考』『冠辞考』『祝詞考』、歌論『歌意考』、『源氏物語新釈』、『賀茂翁家集』など。↓写

●賀茂真淵

**ガモフ**【George Anthony Gamow】(一九〇四〜一九六八) アメリカの物理学者。ロシア生まれ。原子核のα崩壊理論、恒星進化論、元素の起源の理論などを発表。他に多くの一般向け著作があり、科学への啓蒙にも貢献した。

**カモフラージュ**【camouflageフランス】(名・サ変他) ↓カムフラージュ

**かも-まつり**【▽賀茂祭(り)】葵祭りの正称。

**かもみおや-じんじゃ**【▽賀茂▽御▽祖神社】京都市左京区下鴨泉川町にある旧官幣大社。祭神は玉依姫命と賀茂建角身命。山城国一の宮。通称は下鴨神社。上賀茂神社とともに総称して「賀茂神社」とよばれ、葵祭りで知られる。

**かもめ**【▼鷗】㊀①カモメ科の鳥の総称。海上などを群れをなして飛ぶ。世界に四十余種、日本にはユリカモメ・ウミネコ・カモメなど一二種が分布する。②カモメ科の鳥の一種。海辺または海上でみられる中形の鳥。翼長約三五cm。背と翼上面は淡灰色、胸腹部は白い。雑食性で、北半球北部に分布し、日本へはカムチャツカ・千島で繁殖したものが冬鳥として飛来、越冬。ハマネコ。カゴメ。ゴメ。gull ㊁《原題Chaykaロシア》チェーホフの戯曲。四幕。一八九六年初演。著者四大戯曲の一つ。↓写

●カモメ㊀②

**かもめ-がい**【▼鷗貝】潮間帯の泥岩に穴をあけてすむニオガイ科の二枚貝。殻長約四cm、殻高約二cm。黄白色、卵形で、前端が丸く、後方へ細くなる。北海道南部以南に分布。

**かも-りょう**【▼鴨猟】①カモを狩猟すること。銃や網を使った各種の猟法がある。duck hunting ②カモの猟法の一種。鴨場をしつらえて囮を使い、カモを叉手網で捕獲する伝承猟法。江戸時代に大名間でさかんに行われ、今日では宮内庁が皇室の接待用年中行事として保存している。鴨場猟。

**かも・る**【▼鴨る】(五他)《俗語。鴨②を動詞化した語》相手をうまく利用して利益を得る。かもにする。trick

**かもわけいかずち-じんじゃ**【▽賀茂▽別▽雷神社】京都市北区上賀茂本山町にある旧官幣大社。祭神は賀茂別雷命。通称は上賀茂神社。下鴨神社とともに総称して「賀茂神社」と呼ばれ、葵祭りで知られる。

**かもわけいかずち-の-みこと**【▽賀茂▽別▽雷▽命】賀茂別雷(上賀茂)神社の祭神。火雷命と玉依姫の間の子。

**か-もん**【下問】(名・サ変他) ①目下にたずねること。②《上に「御」を付けて》自分が受けた質問をいう敬語。

**か-もん**【家門】①家の門。gate ②一家の全体。一門。family ③家柄。家筋。lineage ④徳川将軍家の一族で御三家・御三卿を除いたもの。御家門。

**か-もん**【家紋】各家が自家のしるしとして定めている紋章。庶民が定紋として用いるのは江戸時代ごろからで、初めは支配者層のみが使用。主要なものは約三〇〇種といわれる。紋所。family crest 参照 紋章。↓図(次ページ)

**かもん**【▽掃▽部】《「掃部司」の略》律令制下、宮内省に属し、そうじ、式場の設備などを扱った役所。かもりのつかさ。

**か-もん**【渦紋】うずまきの模様。volute pattern

**カモンイシュ**【Luís Vaz de Camões】(一五二五ごろ〜一五八〇) ポルトガルの詩人。黄金時代を代表し、愛国的な叙事詩『ウズールジーアダシュ』はポルトガル国民の聖書といわれる。

**かや**【▼茅・▼萱】①ススキの別名。②ススキ・スゲ・チガヤなど屋根ふきの材料とした植物の総称。

**かや**【▼榧】イチイ科の常緑高木。山野にはえ、庭木にもする。高さ一五〜二〇m。葉は線形。雌雄異株。四月に開花。果実は紫褐色。種子は油をとり、また薬用にもする。材は緻密で堅く、木工・碁盤・将棋盤に利用。↓写

●カヤ(榧) 若い実。

**か-や【蚊帳・蚊屋】** 寝室につり下げて、蚊や虫などを防ぐ道具。麻・綿などで作る。八世紀ごろ中国から伝来。数え方 一張り。↓写

●蚊帳 鈴木春信『蚊帳美人』より。

**かや【加▽悦】**〈町〉京都府北部、大江山北麓の町。丹後縮緬の産地。わさび漬け・ころ柿が特産。人口八六五六(一九・八)。

**か-や** 古語(終助) 感動・詠嘆を表す。…ことだなあ。用例 うれたき——(日本書紀・神武)。

**ガヤ【Gaya・伽耶】** インド東部、ビハール州中部の都市。ヒンズー教の中心地。市南方に仏教の聖地ブッダガヤがある。人口二一四・七万(一九・八一)。

**カヤーオ【Callao】** ペルー中部、太平洋岸の港湾都市。首都リマの外港で、同国最大の貿易港。人口四四・三万(一九・八一)。カイヤオ。

**ガヤール【gayal】** インドのアッサム地方の山地に生息するウシ。大形、黒褐色でガウルに似る。捕らえて慣らし、労役に使う。↓図

●ガヤール

**がや-がや**(副) 多くの人が声高に話すさま・声。noisily 用例 部屋の中が——と騒がしい。

**かや-きり【▼茅▼螽▼蟖・▼萱切】** キリギリス科の昆虫。体長六〜七cm。緑色で、頭上と胸背の両側に白線が走る。八月下旬から出現。カヤ(=ススキ)原に生息し、ジージーと連続して鳴く。本州・九州・朝鮮半島に分布。↓写

**か-やく【火薬】** 爆発で発生するエネルギーが利用できる物質の総称。一部に刺激を与えると急激な化学反応が連鎖的におこり、多量の熱・ガスを発生する。反応が瞬時に全体に及ぶものを爆薬、比較的ゆるやかに伝わるものを発射薬(=推進薬)という。explosive

**か-やく【加薬】** ①おもな薬の補助の薬。adjuvant ②薬味。garnishing ③五目飯などに入れる材料。④あえ物に使う材料。おもに関西で用いる。

**か-やく【可約】** 分数・整数・整式などが約せること。reducible

**か-やく【課役】** 律令制度で調と庸と雑徭の総称。「課」は調、「役」は労役で庸と雑徭をさす。

**かや-くぐり【▼茅▽潜】** 高山にすみ、ハイマツや草むらのなかをもぐり歩く、イワヒバリ科の小鳥。スズメ大で全長約一四cm。背面は縞のある暗赤褐色。地上で小昆虫や雑草の実などを食べる。南千島・北海道・本州の高山で繁殖し、冬は低地に移る。↓写

●カヤクグリ

**かやく-めし【加薬飯】** 五目飯あるいは混ぜご飯。関西でよくいわれる。

**かや-しらお【加▽舎白雄】**(一七三八〜九一) 江戸中期の俳人。本名、吉春。信濃の人。俳諧中興に尽くし、平明繊細な句を残す。句集『白雄句集』、俳論『俳諧寂栞』など。

**かや-せいじ【▼茅誠司】**(一八九八〜一九八八) 物理学者。神奈川県生まれ。東北大卒。東大総長。磁性体の研究、学術行政に手腕を発揮。日本学術会議会長。湯川秀樹らと世界平和アピール七人委員会に参加、また、「小さな親切」運動を提唱。昭和三九年(一九六四)文化勲章受章。

**かや-たけ【▼茅▼茸・▼萱▼茸】** 担子菌類シメジ科のキノコ。かさは径四〜一二cm、肉色ないし淡赤褐色。生長すると漏斗状。ひだは白色。食用。

**か-やつ【▽彼▽奴】**(代) あいつ。きゃつ。他人をいやしめていう。

**カヤック【kayak】** ①エスキモーが海獣猟に使う、座席以外を皮でおおった小舟。両端に水かきのついた櫂(=パドル)で操作する。②

●カヤキリ

▼常用漢字表外。 ▽常用漢字表の音訓外。

●カヤック②

カヌー競技の一種目。①を使用し、その両舷をパドルで交互に漕いで技能や速さを競う。↓写

**かやつり-ぐさ【蚊屋▼吊草・▼莎草】** カヤツリグサ科の一年草。道ばたや草地にはえる。高さ二〇～五〇cm。茎の断面は三角形。葉は根生し、細長く線形。八～一〇月に、黄褐色の花穂を生じる。↓写

●カヤツリグサ

**かや-ねずみ【▼萱▼鼠】** 日本で最小のネズミ。体長五～七cm、尾長五～九cm。体はこはく色。カヤなどの茂みに巣をつくる。雑食性。関東以西に分布。harvest mouse ↓ネズミ写

**かや-の-あぶら【▼榧の油】** イチイ科のカヤの実からとる乾性油。食用・灯用・理髪用として使う。パルミチン酸・ステアリン酸・リノール酸・オレイン酸を成分とする。

**かやばちょう【▼茅場町】** 東京都中央区日本橋にある町名。兜町に隣接する、証券会社・銀行などの多いビジネス街。

**かや-ぶき【▼茅▼葺(き)・▼萱▼葺(き)】** 茅で屋根を葺くこと。また、それで葺いた屋根。茅以外の草で屋根を葺くこともいう。比較 わらぶき。

**かや-ふだ【▼萱札】** カヤを刈るための入山許可証。入り会い山を管理するため、各村落の費用を納めた者に交付された。

**かや-まち【蚊帳待ち】** 瀬戸内地方で六月二三日に行われる日待ちの一種。その日一晩じゅう蚊帳に入らず語り明かす。愛媛県宇和島の和霊神社に伝わる、蚊帳の中で殺害された人物の伝承から。

**かやま-またぞう【加山又造】**(一九二七) 日本画家。京都生まれ。東京美術学校卒。装飾的作風で知られる。作品『冬』『千羽鶴』など。

**かやも-のり【▼萱藻▽海▼苔】** 褐藻植物カヤモノリ科の海藻。中空、円柱状の体が叢生。高さ三〇cm前後。干して食用にもする。スガラ。ムギワラノリ。

**か-やり【蚊▽遣り】** 蚊・ブヨなどの害虫を追い払うために香をたいたり、煙でいぶしたりすること。また、そのもの。蚊火。蚊いぶし。

**かやりび-の【蚊▽遣り火の】** [枕ことば]《蚊やり火は下にこもって燃えることから》「底・下」などにかかる。用例 夏なればやどにふすぶる―いつまでわが身したもえをせむ(古今・恋一)。

mosquito smudge

**かゆ【▼粥】** 米を多めの水で柔らかく炊いた半流動食。病人食。また、具を入れた七草がゆ、小豆がゆなどもある。rice porridge 比較 重湯・飯。用例 ―をすする。

**か-ゆ【花油】** スミレ・バラ・モクセイ・スズランなどの花からとれる揮発性の芳香油を脂肪油に吸着・抽出した混合油。

**かゆ・い【▼痒い】** (形)《「かいい」はなまり》皮膚がむずむずして、かきたい感じだ。itchy 用例 虫にさされて―。派生 かゆが・る(五自) かゆさ(名) かゆみ(名)

**痒い所に手が届く** 細かい点にまで注意が行き届く。be very attentive

**かゆう-ごうきん【可融合金】** 錫の融点二三二℃以下の低融点合金の総称。ビスマスを主成分に錫・鉛・カドミウムを加えたもの。多種類あるが、ウッド合金が代表的。ヒューズや安全弁に利用。易融合金。fusible alloy

**かゆ-うら【▼粥▽占】** 年占の一つ。小正月の神事で、米・小豆・アワなどで粥を炊き、中に入れた細い竹の管に入った米粒や、かきまわした棒に付く米粒の数などで豊凶を占う。粥占の神事。

**かゆ-さ【▼痒さ】** かゆいこと・程度。itch 比較 かゆみ。

**かゆ・し【▼痒し】** 古語(形ク)↓かゆい(痒い)

**かゆ-ばら【▼粥腹】** かゆを食べただけで力が入らない腹。用例 ―で力が出ない。

**かゆ-み【▼痒み】** かゆい感じ。痛みと同一の神経で伝えられ、皮膚・粘膜の痛点へ弱い刺激が持続的に加わるときに生じると考えられている。itch 比較 かゆさ。

**が-よ【▼駕▼輿】** 屋形に人を乗せ、人の手で運ぶ乗り物。肩にかつぐ輦と、手で持ち、腰の位置で支える腰輿との二種類がある。輿。御輿。

**かよい【通い】** ①行き来すること。come and go ②「通い帳」の略。③自宅から、通って勤めること。commute 対義 住み込み。

**がよい【通い】**(接尾) いつもそこへ行くこと。往復すること。用例 映画館―。

**かよい-あきない【通い商い】** ↓ぎょうしょう(行商)

**かよい-ぐち【通い口】** 茶室と水屋との間の亭主側の出入り口。茶道口。給仕口。禿口。

**かよい-じ【通い路】** 行き通う道。

**かよい-ちょう【通い帳】** ①掛け買いをした日付・商品名・金額などを記入する帳面。②預金などの通帳。

**かよい-つ・める【通い詰める】**(下一自) しきりに通う。ずっと通う。frequent

**か-よう【可溶】** 物質が溶媒に溶けること。溶媒一〇〇gに対して一g以上溶けるときに用いる。soluble 対義 不溶。

**か-よう【仮葉】** 葉柄が扁平になり、葉身と同じような形と働きをするもの。アカシアは複葉の柄が仮葉状をなす。偽葉。phyllode

**か-よう【花葉】** 葉から変形した花のことで、花を形成している各器官。生殖作用を営む雄しべと雌しべを実花葉、花被を構成する花弁・萼・包葉を裸花葉という。floral leaf

**か-よう【荷葉】** ①ハスの葉。lotus leaf ②練り香の名。六種の薫き物の一種。宮中の四季の薫き物として夏に焚く。

**か-よう【歌謡】** 詩歌のなかで歌われるものの総称。狭義には「謡い物」をさし、広義には「語り物」を含める。

**かよう【▽賀陽】**〈町〉岡山県中部、総社市北隣の町。稲作、タバコ・ブドウ・ナシ栽培、畜産がさかん。人口九一四四(一九八八)。

**かよ・う【通う】**(五自) ①二つの場所の間を行ったり来たりする。come and go 用例 船が―。学校へ―。②気持ちが伝わる。communicate with 用例 心が―。③似る。resemble 用例 おもかげが―。④流れる。流通する。circulate 用例 血が―。

**か-よう【▼斯様】**(形動) このよう。このとおり。like this

**かよう-きょく【歌謡曲】** 演歌を中心とする日本独自の大衆的な歌曲。多くは西洋音階によるが、日本の音感覚が折衷されている。

**がよう-し【画用紙】** 絵をかくのに使う、厚手の紙。drawing paper

**かよう-せい【可溶性】** 水などの液体に溶けやすい性質。solubility 対義 不溶性。

**かよう-び【火曜日】** 週の第三番目の日。月曜日の次の日。火曜。Tuesday

**かよう-ろうきょく【歌謡浪曲】** 浪花節と歌謡曲を合体させたもの。歌謡曲ふう浪花節で、浪花節がレコード産業と手を結んだ昭和期に誕生。

**か-よく【寡欲・寡▼慾】**(名・形動) 欲が少ないこと・さま。

**が-よく【我欲・我▼慾】** 人をおしのけても、自分だけが得ようとする欲望。selfish desire; egoism

**かよ-ちょう【▼駕▼輿丁】** 奈良時代以降、天皇や貴人の輿をかついだり、前後につけた綱を手にとって歩いた下級職員。

**か-よわ・い【か弱い・▽繊い】**(形) 弱々しくて力がない。frail 派生 かよわげ(形動) かよわさ(名)

**かよわ・す【通わす】**(五他) 通うようにする。通じさせる。communicate 用例 心を―。

**から【空】** ㊀(名) ①中に何もはいっていないこと。空っぽ。うつろ。empty 用例 ―の箱。②何も持っていないこと。be empty-handed 用例 ―で帰る。㊁(接頭) 形だけで実質のないこと。用例 ―元気。―念仏。

**から【唐・▽漢・▼韓】** ㊀(名) ①古く、中国をいった語。唐土。漢土。比較 天竺。用例 ―の物は薬のほかはなくとも事欠くまじ(徒然・一二〇)。②古く、朝鮮半島をいった語。㊁(接頭) 中国、また広く諸外国から伝来したものの意。用例 ―歌。

**唐へ投げ銀** 利益がなく、金銭をむだに使うこと。

**から【殻】** ①貝や果実などの中身のないもの。shell ②穀物の外皮。hull ③ぬけがら。slough ④とうふのしぼりかす。おから。きらず。うのはな。⑤古語《「骸」とも》なきがら。死体。用例 ―はけうとき山の中に納めて(徒然・三〇)。

**殻に閉じ籠もる** 《貝類がふたをとじることから》自分の世界にとじこもり、広く大勢の意見を聞かない。withdraw into oneself

**から【▽幹】** 木のみき。草のくき。

**から【加羅】** 古代朝鮮で、朝鮮半島南部、洛東江の流域一帯にあった諸国の総称。伽倻。

**か-ら【▽掛▽絡・▽掛▽落・▽掛羅】** 禅宗の僧が用いる略式の袈裟。首に掛けて胸に垂らす、小さい方形のもの。絡子。

**から** ㊀(格助)《体言に付く》①起点を示す。用例 地方―上京する。三時―始まる。②材料を示す。用例 ワインはブドウ―造る。③もととなる人や物事を示す。用例 先生―ほめられる。④原因・理由を示す。用例 興奮―泣きだす。⑤経由を示す。用例 窓―はいる。⑥以上。用例 一万円―する。㊁(接助)《終止形に付く》理由・原因を示す。用例 おいしくない―いやだ。参考「ので」と比べ、主観性が強い。

**から(接頭)** まったく。さっぱり。用例 ―へた。

**カラ[Carlo Carrà]**(一八八一～一九六六) イタリアの画家・評論家。「未来派画家宣言」に署名、のち形而上絵画派運動に参加。作品『男女両神』など。

カッラ。

**がら** 《「から(殻)」の転》①肉をとったあとの鶏の骨。煮出してスープをとる。②質の悪いコークス。

**がら【▼瓦▽落】** 《当て字。ががらとくずれるの意》株や商品の大暴落。

**がら【柄】** ㊀(名) ①からだ。体格。build 用例 ―が小さい。②模様。pattern 用例 いい―だ。③身なりや態度。性質。quality 用例 ―が悪い。④自分にふさわしい身分・能力。pertinence 用例 ―になく。㊁(接尾) ①身分・性質・状態。用例 続き―。人―。②それにふさわしい性質・状態。用例 場所―。

**柄にも無い** 自分の身分・地位・能力・性格などでは追随して行くことができない。something unbecoming to 用例 ―ことを言う。

**カラー[calla]** サトイモ科の春植え球根草。葉は大形の三角状。夏に、花茎の先に苞に包まれた肉穂花序をつける。苞は白・黄・桃など豊富。切り花、花壇用。南アフリカ原産。カイウ。↓写

●カラー

**カラー[collar]** ①洋服やシャツの襟の総称。②カラーのラペル(=下襟)を除き、直接首をとり巻く部分。↓図(次ページ) ↓ワイシャツ図

**カラー[color]** ①いろ。色彩。用例 ―フィルム。②特色。用例 スクール―。

**カラー[Paul Karrer]**(一八八九～一九七一) スイスの化学者。モスクワ生まれ。糖類およびカロチノイドの構造、ビタミンA・$B_2$の構造などを研究。一九三七年ノーベル化学賞受賞。

**から-あい【▼韓▼藍】** ①ケイトウの古名。②きれいな藍色。

**カラー-えいが【カラー映画】** 被写体の色彩をスクリーンに再現する映画。色彩映画・天然色映画。

**から-あおい【唐▼葵・▼蜀▼葵】** タチアオイの古名。

**がら-あき【がら空き・がら明き】**(形動) 中ががらっぽで、だれもいないこと・さま。empty 用例 ―の車両。

**から-あげ【空揚げ・唐揚げ】** 肉・野菜などをそのままか、かたくり粉をまぶしたり下味を

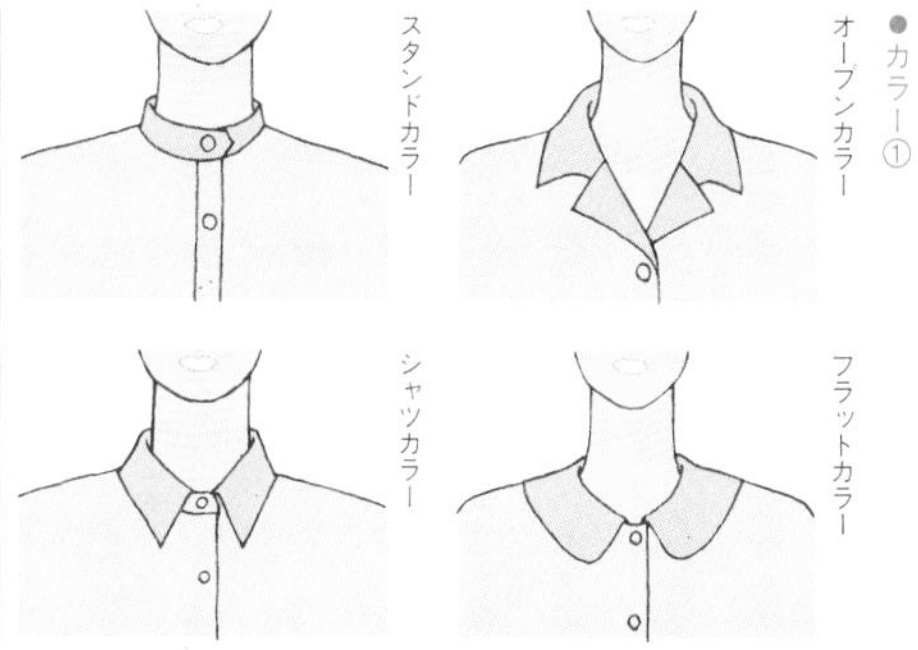

●カラー①

つけてから、揚げること。また、その揚げ物。fries

**カラー-コンディショニング**【color conditioning】色彩調節。色彩の心理的効果を考えて、生活環境・作業環境に適正な彩色を施し、衛生・能率・保全・快適などに配慮すること。色彩管理。

**から-あし**【空足】①むだ足。②はだし。③足を踏むとき、踏む高さを間違えたために、足にむだな力が加わること。**空足を踏む**(からあしをふむ) 階段の上り下りのとき、高さを誤って空をふむ。

**カラー-しゃしん**【カラー写真】カラーフィルムを用いて被写体を写真撮影し、現像して印画紙に焼き付けたカラー画像。color photo

**カラーテレビ**「カラーテレビジョン」の略。

**カラー-テレビジョン**【color television】色彩をもつ画像を送るためのテレビ方式。また、この方式に用いる受像機。

**カラー-トタン**《和製語》亜鉛鉄板(＝トタン板)に合成樹脂塗料を焼き付け塗装したもの。塗装不要の屋根材として用いられる。colored steel sheet

**カラー-バー-しんごう**【カラーバー信号】カラーテレビジョンの受像機の色調を正しく調整するための信号。color bar signal

**カラー-フィルム**【color film】フィルムベース上に、ハレーション防止剤・赤感乳剤・緑感乳剤・黄色フィルター・青感乳剤を順に塗布した写真用フィルム。一回の露光で三色分解ネガが得られ、発色現像によって赤感乳剤層はシアン(青緑)に、緑感乳剤層はマゼンタ(赤紫)に、青感乳剤層は黄色に発色する。直接陽画をつくるリバーサルカラーと、カラー陰画をつくるネガカラーがある。

**から-あや**【唐▼綾】中国から渡来した綾。綾を浮き織りにした紋織物。紋と地の綾の方向が異なり、紋様がはっきり目立つのが特色。今の、綸子の類。平安貴族に好まれた。用例——おどしの鎧。

**カラー-リンス**【color rinse】毛染めの方法。洗髪後のゆすぎに水溶性染毛剤を用いて、一時的に毛を染める方法。

**か-らい**【渦雷】低気圧や台風の中心部の強い上昇気流によって起こる雷。うずらい。cyclonic thunder-storm

**から・い**【辛い】(形) 対義 甘い。①舌がひりひりする味だ。hot; pungent 用例 わさびがききすぎていて——。山椒は小粒でもぴりりと——。②《「鹹い」とも》塩気が多い。しょっぱい。salty 用例 海の水は——。③きびしい。むごい。severe 用例 採点が——。派生 からさ(名) からみ(名) からめ(名・形動)

**から-いけ**【空生け・空▽活け】いけばなの一手法で、水を用いない生け方。花器を使わず、奉書や扇を用いる奉書生けや扇面生けなどがある。

**からい-せんりゅう**【▽柄井川柳】(一七一八〜九〇) 江戸中期の前句付の点者。名は正通。江戸の人。彼の万句合中の佳句集『誹風柳多留』は広く流布し、以後前句付は「川柳」という新しい江戸庶民文芸として確立した。

**から-いと**【唐糸】①中国から渡来した糸。また、その糸で織った織物。②《糸をひくことから》納豆。

**からいと-そう**【唐糸草】バラ科の多年草。中部高山帯にはえる。高さ約一m。根出葉は羽状複葉。夏に、茎端に大形で紅色の穂状花序をつける。名の由来となっている、突出した糸状の雄しべが美しい。↓写

●カライトソウ

**から-いぬ**【唐犬】中国産の犬。舶来の犬。こま犬。

**から-いばり**【空威張り】(名・サ変自) 実力がないのに、えらそうにふるまうこと。虚勢。bluff

**から-いも**【唐▼薯】①↓さつまいも(薩摩芋)。②↓きくいも(菊芋)

**から-いり**【▽乾▼煎り・殻▼熬り】(名・サ変他) 豆腐などの食品を水・油を使わないで煎ること。また、そうした食べ物。parch

**から-いわし**【唐▼鰯】イワシ類と形も色も似ているカライワシ科の海水魚。鱗はイワシ類よりはるかに小さい。全長約三〇cm。千葉・富山以南に分布。

**から-うす**【唐▼臼・▼碓】①搗臼の一種。杵の柄を足で踏み、てこの原理を応用してつくもの。②磨臼の一種。上臼と下臼をすり合わせ、もみなどを脱穀するもの。

**から-うた**【唐歌・▽漢▽詩】漢詩。対義 やまと歌。

**から-うつし**【空写し】①カメラ操作の不備で、シャッターを押しても写真が写っていないこと。②写真を写すためでなく、フィルムを送るために、シャッターを押すこと。

**から-うま**【空馬】人も荷ものせていない馬。用例——で帰る。**空馬に怪我無し**(からうまにけがなし) 無一文の者は、損のしようがない。

**から-うめ**【唐梅】ロウバイの別名。

**から-うり**【空売り】(名・サ変他) 株式の信用取引や商品の先物取引において、現物を持たず一定の保証金を積むだけで売りの取り引きをすること。売った株・商品が値下がりしたときに買い戻して差益をとり、決済する。short selling 対義 空買い。

**から-え**【唐絵】中国絵画およびその模倣作の総称。平安から鎌倉時代にかけては中国画風の作品・中国的題材の絵を、室町時代には中国伝来の水墨画を意味した。参考 大和絵。↓写

**から-おくり**【空送り】テープレコーダーの操作で、録音・再生のためにではなく、テープを回すこと。winding or rewinding

**から-オケ**【空オケ】《「オケ」は「オーケストラ」から》伴奏用音楽だけが録音されているテープ・レコード・ディスク。また、それを伴奏にして歌うこと。また、その再生のための装置。昭和五二年(一九七七)ごろから急激に普及。

**から-おし**【空押し】模様や文字を、すみ・インクなどをつけないで押し、紙面などに浮き出させること。また、その模様。

**から-おり**【唐織】①↓からおりもの(唐織物)。②能装束の一つ。装束で、女役が着る唐織で作ったもの。

**から-おりもの**【唐織物】中国から渡来した織物。また、それを模した織物。横糸に色糸を用いて模様を織りだした絹織物で、錦・緞子・金襴などがある。唐織。

**カラ-かい**【カラ海】(Karskoye More) 北極海の一部で、西シベリア北方の海。水深二〇〇m以下で、冬季は結氷。主要港ディクソン。

**から-がい**【空買い】(名・サ変他) 株式の信用取引や商品の先物取引で、現金を持たずに買いつけること。値上がりによる値鞘をかせぐのが目的。信用買い。マージン買い。margin buying 対義 空売り。

**からか・う**(五他) 人をおこらせたり、こまらせたりして、楽しむ。ひやかす。なぶる。banter

**から-かさ**【▽傘・唐傘】竹の細い骨に紙を張って油をひいた差し傘。雨傘と日傘があり、晴雨兼用のものを両天(照り降り傘)という。差し傘。手傘。

**からかさ-たけ**【▽傘▼茸】担子菌類ハラタケ科のキノコ。大形で、かさの径八〜三〇cm、高さ二〇〜四〇cm。上面褐色、ひだは白色。食用。

**カラカス**【Caracas】南アメリカ、ベネズエラの首都。カリブ海沿岸の標高一〇〇〇mの高原にある近代都市。南アメリカ独立運動の指導者ボリバルの出生地。人口一八一・七万(一九八一)。

**から-かぜ**【空風・▽乾風】↓からっかぜ(空っ風)

**から-かね**【唐金】《中国から伝来したことから》青銅のこと。

**から-かみ**【唐紙】《「とうし」は別語》①中国から渡った紙の一種。美しい色彩の模様を刷ったもの。②「唐紙障子」の略。③襖の別称。④織色の名。⑤襲の色目。表は白、裏は黄。

**からかみ-しょうじ**【唐紙障子】唐紙を張った襖障子。または襖。絹張り障子に対し、紙張り障子のこと。

**から-から**【空空】(形動) 中に何もないさま。empty 用例 さいふが——だ。

●唐絵 『山水屛風』(部分)。平安時代、京都国立博物館。

**から-から**【▽乾▽乾】(形動) すっかりかわいているさま。bone-dry 用例 のどが——だ。

**カラカラ**【Caracalla】(一八八〜二一七) 古代ローマの皇帝マルクス＝アウレリアス＝アントニヌス(在位二一一〜二一七)の通称。帝国内の全自由民にローマ市民権を与えた。カラカラ浴場など壮大な建造物を造営。その政治は冷酷な策謀にみちたもので、遠征途上で暗殺された。

**カラカラ**【caracara】ハヤブサ科カラカラ亜科の鳥の総称。くちばしの根元から目にかけて皮膚が裸出。全長四〇〜六五cm。南アメリカの森林・平原・海岸などに一〇種が生息。

**から-がら**【辛辛】(副) やっと。ようやく。かろうじて。barely 用例 いのち——逃げのびる。

**がら-がら** ㊀(名) 振るとがらがら鳴るおもちゃ。rattle ㊁(副) ①物のぶつかる音。くずれる音・さま。rattling ②声などが、しわがれていることを表す語。また、うがいのときの音。用例——声。③ことばや動作が、荒っぽいさま。がさつなさま。rude 用例——した人。㊂(形動) ひどくすいているさま。empty 用例——の電車。

**からからあ** 沖縄から九州南部で使われている酒器で、吸い飲み型の銚子。扁平なもの、ふっくらしたものなどもある。

**からから(と)**(副) ①乾いたもの・固いものが互いに軽く触れ合って鳴る音・さま。clatter ②男が声高く笑うさま。laugh cheerfully

**がらがら-へび**【がらがら蛇】尾を振って警戒音をだすクサリヘビ科の毒ヘビ。全長〇・五〜二・四m。尾の先端に角質の輪が連なるので、尾を振ると独特の音が出る。砂漠や森林などにすむ。卵胎生。アメリカ大陸に三一種が分布。rattlesnake ↓図

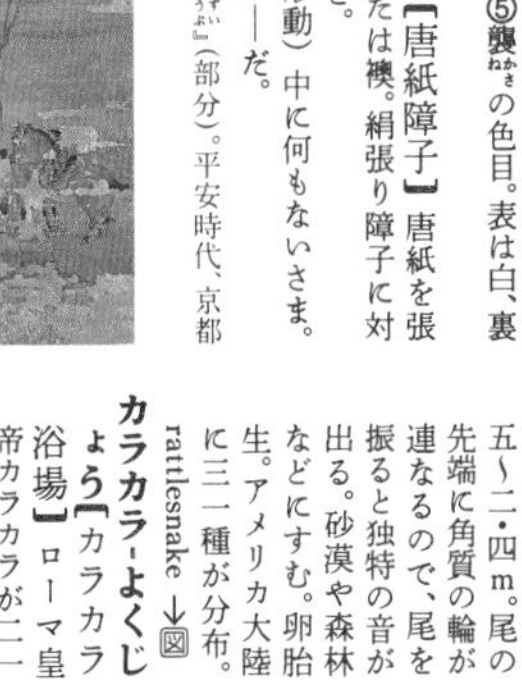
●ガラガラヘビ

**カラカラ-よくじょう**【カラカラ浴場】ローマ皇帝カラカラが二一一〜二一六年にローマ市内に建造した公衆浴場。庭園・図書室・遊戯施設などをもち、市民の娯楽センターであった。Baths of Caracalla

**カラカル**【caracal】平原で鳥などを捕らえるのを得意とするネコ科の肉食獣。体長約六〇cm。赤褐色。三角形にとがった耳介の先端に黒いふさ毛がある。敏捷で、鳥・ウサギ・ネズミなどを捕食。アフリカ・南アジアに分布。↓写

**カラカルパク-じちきょうわこく**【カラカルパク自治共和国】(Karakalpakskaya ASSR) ソビエト連邦を構成する自治共和国

●カラカル

の一つ。首都ヌクス。ウズベク共和国西部のアラル海に臨む。面積一六・五㎞²。人口一〇四・四万(一九八四)。正称カラカルパク自治ソビエト社会主義共和国。

**カラガンダ**【Karaganda】ソ連南部、カザフ共和国の鉱工業都市。カラガンダ炭田の中心で、一九三〇年代に発展。人口六〇・八万(一九八四)。

**から-きし**(副)《下に打ち消しをともなって》さっぱり。まるきり。まったく。からっきし。entirely 用例 ── だめだ。

**カラキタイ**【Kara Khitai】中央アジアに建てられた契丹の王朝。遼の滅亡後、王族耶律大石が西走してウイグル人の国を征服して一一三二年に建国。東西文化交流に大きな役割を果たしたが、一二一一年トルコ系のナイマン部に滅ぼされた。中国では西遼と称された。

**から-ぎぬ**【唐▽衣】中古の朝廷に仕える女官の正装の表衣。十二単のいちばん上に着る、丈が短く、半袖か袖のないもの。↓女房装束図

**カラクーム-うんが**【カラクーム運河】(Karakumsky Kanal) ソ連南部、トルクメン共和国の運河。アムダリヤ川上流からマルイ、テジェンを通り、アシハバードを経てカスピ海に注ぐ。長さ一一〇〇㎞。

**カラクーム-さばく**【カラクーム砂漠】(Peski Karakumy) ソ連中南部、トルクメン共和国にある砂漠。灌漑水路のカラクーム運河があり、乾燥地開発の実験場となっている。

**カラクール-しゅ**【カラクール種】毛皮用のヒツジの一品種。生まれたての子ヒツジの毛は黒色で強く縮れ、その毛皮はアストラカンの名で珍重される。中央アジア・南アフリカ・バルカン諸国などが産地。Karakul

**から-くさ**【唐草】①ウマゴヤシの別名。②「唐草模様」の略。

**からくさ-もよう**【唐草模様】《「唐」は当て字で「絡み草」の略》植物のつるを図案化した曲線模様。古代ローマの唐草やサラセンのアラベスクなど、自然に近い模様から幾何学的な模様まで、洋の東西を問わず古くから好まれた。arabesque pattern

**から-くじ**【空▼籤】はずれるくじ。なにも当たらないくじ。blank 用例 ── なし。

**から-くしげ**【唐▼櫛▼笥・▽厳▽器】①櫛・髪かき・櫛はらい・鏡・おしろいなどの化粧道具を入れる美しい小箱。鷺足の台にのせて使う。唐匣。②〔枕ことば〕《櫛などを入れる美しい箱が開く、というところから》「明く」にかかる。用例 ── 明けくれものを思ひつつみなむなしくもなりにけるかな(宇津保・あて宮)。

**がら-くた**【▼瓦落多・我楽多】《ともに当て字》①値打ちのない道具類。junk ②自分の持ち物をけんそんしていう語。

**がらくたぶんこ**【我楽多文庫】硯友社の機関雑誌。わが国最初の文芸同人雑誌。尾崎紅葉・山田美妙らの回覧雑誌に始まる。明治一八年(一八八五)創刊。同二二年廃刊。

**から-くだもの**【唐果物・唐▽菓▽子】中国から伝来した菓子。奈良時代に中国から伝来したが、そのころわが国では菓子を果物とよんでいたため、こうよんで区別した。唐菓子。

**から-くち**【辛口】対義 甘口。①口あたりが辛いこと・物。酒などについていう。dry ②辛い味をこのむこと・人。salty tooth

**ガラクトース**【galactose】化学式 $C_6H_{12}O_6$。乳糖を加水分解して得られる単糖の一つ。還元性があり、水に溶けやすく、弱い甘味がある。Dガラクトースは動物(脳や神経組織など)や植物(寒天、マメ科の種子など)に広く分布。

**からくに-だけ**【▼韓国岳】宮崎・鹿児島県境の霧島山の最高峰。標高一七〇〇m。山頂に直径九〇〇mの大火口がある。

**からくに-の**【唐国の・▼韓国の】〔枕ことば〕《同音を繰り返すことから》「辛く」にかかる。用例 昔より言ひける言の ── 辛くも此処に別れするかも(万葉・一五・三六九五)。

**からく-も**【辛くも】(副) どうにかこうにか。やっとのことで。かろうじて。barely 用例 ── 危機を脱する。

**から-くら**【唐▼鞍】平安時代以降、外国使節の接待など公用行事のおりに用いた馬の鞍。多様な飾りをつけた唐風の鞍を使用。対義 大和鞍。

**から-くり**【▽絡繰り・▽機▽関】①あやつること。manipulate ②工夫をこらして仕組むこと。細工すること。device ③計略。trick ④糸・ぜんまい・水・砂などを用い、陰であやつり、物を動かして見せる仕掛け。しくみ。構造。⑤仕掛けで動くもの。からくり人形など。tricked ⑥のぞきめがね。peep show

**からくり-にんぎょう**【▽絡繰(り)人形】①糸やぜんまい、ばねなどの仕掛けで自動的に動く人形。江戸時代に発達し、茶運び人形や竹田からくりなど精巧なものが作られた。trick-ed doll; puppet ②他人の意のままに動く人。puppet ↓写

●絡繰り人形① 茶運び人形。

**から-く・る**【▽絡繰る】(五他) ①あやつる。②かげで動かす。

**から-ぐるま**【空車】荷物・乗客を乗せていない車。くうしゃ。

**から-ぐるま**【唐車】牛車の一種。屋根を唐庇に作り檳榔の葉でふいた、牛車の中でもっとも大きく立派なもの。太上天皇・皇后・東宮・親王、摂政・関白などの乗り物。

**から-くれない**【唐紅・▼韓紅】《舶来の紅、の意》濃い紅色。紅の染料が海外から渡来したことを意味し、その色の赤く美しいことを強調する色名。

**からくわ**【唐桑】〈町〉宮城県北東端にある町。漁業の町で、カキ・海苔・ワカメの養殖がさかん。海岸の奇勝、巨釜・半造で知られる。人口一万四六(一九八八)。

**から-げいき**【空景気】うわべだけは景気がよく見えること。つけ景気。false prosperity 用例 ── をつける。

**からげ-ぬい**【▽絡げ縫い】縫い方の一種。縁を始末した布に糸を絡げるようにして合わせ縫うこと。また、裁ち目のほつれを防ぐためにかがる縫い方。overcasting

**から・げる**【▽絡げる・▼紮げる】(下一他) ①くくる。しばる。tie up 用例 荷を ──。②着物をまくりあげて帯の間にはさむ。tuck up 用例 すそを ──。

**から-げんき**【空元気】見せかけだけの元気。虚勢。show of courage

**から-こ**【唐子】①服装や髪型を中国風にしている幼い子ども。②①の姿に似せて作られた人形。唐子人形。③「唐子髷」の略。④頭頂と両側に髪を残して剃った幼児の髪型。江戸期、おもに幼女が用いた。

**ガラゴ**【galago】↓ギャラゴ

**からこ-いせき**【唐古遺跡】奈良県磯城郡田原本町唐古にある弥生時代の遺跡。昭和一一〜一二年(一九三六〜三七)調査され、集落の遺構、土器、石器、農耕用の木製品など弥生文化研究の重要資料を多く発掘。

**からこぎ-かえで**【▼鹿子木▼楓】カエデ科の落葉小高木。山地の湿地に散発的にはえる。高さ五〜八m。葉は切れ込みのある楕円形で、木綿を灰黒色に染めるのに使う。

**から-ごころ**【▽漢心・▽漢▽意・唐心】漢学、とくに儒教の強い影響を受け、傾倒する思潮。近世の国学者が用いた語。対義 大和心。

**から-こと**【唐言】当事者だけに通じるようにつくられた一種のことば遊び。「かきくけこ」の五音をそれぞれ五十音の「あいうえお」各段の音の下に組み入れて話すものが、江戸中期に深川の遊郭で流行した。挟み詞。

**からこ-まげ**【唐子▼髷】もとどりから上の髪を、頭上で二つの輪にむすんだ、子どもの髪型。のち、輪が一つの女性の髪型にも言う。かららわ。からこ。

**カラコルム**【Kharakhorum・喀喇和林】一二三五年にオゴタイ＝ハンが建設したモンゴル帝国の首都。モンゴル高原中央、オルホン河畔に位置。一九四七年ソ連考古学隊が遺跡発掘。カラコラム。

**カラコルム-さんみゃく**【カラコルム山脈】(Karakoram Range) 中央アジア南部、世界の屋根パミール高原からチベット高原にのびる山脈。最高峰K2は標高八六一一m。標高七五〇〇m以上の高峰や巨大な氷河が多い。南西にカシミール地方がある。カラコラムさんみゃく。

**カラコルム-とうげ**【カラコルム峠】(Karakoram Pass) 中央アジア南部、カラコルム山脈を横断する峠。標高五五七五m。インドと中国を結ぶ峠。カラコラムとうげ。

**から-ころも**【唐衣・▼韓衣】①中国風、また韓の国(朝鮮半島の古称)風の衣服。袖は大きく、丈はくるぶしまであり、上前と下前を深く打ち合わせて着用する。転じて、美しい衣服のこと。②〔枕ことば〕「きる・たつ・ひも・すそ」などにかかる。用例 雁がねの来鳴きしなへに ── 竜田の山はもみち始めたり(万葉・一〇・二一九四)。

**からごろも-きっしゅう**【唐衣▼橘▼洲】(一七四三〜一八〇二) 江戸中期の狂歌師。本名、小島源之助。江戸の人。幕臣。天明調狂歌の代表作家。作風は温雅だが生彩に欠ける。家集『酔竹集』など。

**カラザ**【chalaza】鳥のたまごの卵黄の両端より出ていて、卵黄を定位置に保ち、胚盤を常に上方に保持しようとするひも状のもの。↓卵図

**から-ざお**【殻▼竿・▽連▼枷】イネ・ムギ・マメなどの脱穀用農具。さおの先に自由に回転する短い打ち棒をつけ、イネやムギの穂を打つ。からさお。flail

**からさお-うた**【殻▼竿歌】↓むぎうちうた(麦打ち歌)

**からさき**【唐崎】滋賀県大津市北部、琵琶湖岸の地名。近江八景の一つ「唐崎の夜雨」で知られる景勝地。

**から-ざけ**【▽乾▼鮭】はらわたをとって陰干しにしたサケ。

**から-さわぎ**【空騒ぎ】(名・サ変自) わけもなく騒ぎたてること。

**からし**【▼芥子・▼芥・辛子】香辛料の一つ。カラシナの種子。粒と粉、洋がらし・和がらしがある。和がらしのほうが、香り・辛味ともに強い。薬用にも使う。mustard

**から・し**【辛し】古語 (形ク) ①あぶないめにあう。用例 ── き命まうけて(徒然・五三)。②↓からい(辛い)

**カラジアーレ**【Ion Luca Caragiale】(一八五二〜一九一二) ルーマニアの劇作家。リアリズム演劇の確立に寄与。喜劇『失われた手紙』など。

**からし-あえ**【▼芥子▽和え】からしを使ったあえ物。溶きがらしに、しょうゆ・みそなどの調味料を合わせ、青菜類・魚介類などをあえる。

**からし-いろ**【▼芥子色】洋がらしのようなくすんだ濃い黄色。フランスではカリー(cari)といい、カレー粉の色をさす。マスタード。mustard

**カラジウム**【caladium】サトイモ科の多年草。観葉植物として栽培。高さ三〇〜五〇㎝。葉は大きな心臓形で白・赤・桃などの斑紋がある。アマゾン川流域原産。ニシキイモ。↓写 ↓観葉植物写

**から-しし**【唐▼獅子】《外国産の獣、の意》=からじし。①獅子。ライオン。②美術的に装飾化した獅子。桃山期にとくに好まれた。

●カラジウム

**からし-すみそ**【▼芥子酢味▼噌】調味料の一つ。溶きがらしに酢・みそを加えて合わせる。ぬたなどに使う。

**カラジチ**【Vuk Stefanović Karadžić】(一七八七〜一八六四) ユーゴスラビアの言語学者・民俗学者。セルボ-クロアチア語の言語改革と、民謡・民話の収集に貢献した。著書『セルビア民族詩集』など。

**からし-づけ**【▼芥子漬(け)】漬物の一種。からし粉・米こうじ・調味料を配合したからし床で野菜類を漬ける。塩蔵した小形のナスを用いることが多い。

**からし-な**【▼芥子菜】アブラナ科の二年草。高さ約一m。葉は根出葉で切れこみが多い。花は黄色。葉は食用。黄色の種子から油をとり、粉末は香辛料にする。ナガラシ。

**からし-ゆ**【▼芥子油】からしをはじめ、カラ

●ガラス① おもなガラスの種類と用途

| 名称 | おもな構成元素 | 特徴 | 用途 |
|---|---|---|---|
| ソーダガラス | 酸素、珪素、ナトリウム、カルシウム | 最も多く作られる一般的なガラス | 板ガラス(すりガラス、熱線吸収ガラス、強化ガラスなど)、電球、瓶、食器などの日用品 |
| カリガラス | 酸素、珪素、カリウム、カルシウム | 耐熱性、耐水性に優れ、薬品にも強い。光沢が良く、硬いガラス | 眼鏡などの光学レンズ、色ガラスなど |
| 石英ガラス | 酸素、珪素 | 耐熱性がきわめて良く、急熱急冷にも強い | ヒーター用ガラス管、高圧水銀灯、プリズムなど |
| 鉛ガラス | 酸素、珪素、鉛、アルカリ元素 | 軟らかく、カットしやすいガラス。屈折率が高く、光沢に富んで美しい | クリスタルガラスとして、高級食器、工芸品のほか、光学ガラスなど |
| 硼珪酸ガラス | 酸素、珪素、硼素、カルシウム、アルカリ元素 | 耐熱性が良く、急熱急冷にも強い。商標としてパイレックスなどがある | 化学実験器具、寒暖計、耐熱ガラス製品など |
| ガラスセラミックス | 酸素、珪素、アルミニウム、リチウム、マグネシウム、チタン、弗素 | 耐熱性、強度に優れた結晶化ガラス。商標としてパイロセラムなどがある | 電気絶縁材、食器、ミサイル弾頭など |
| ガラス繊維 | 酸素、珪素、カルシウム、マグネシウム、アルミニウム、硼素 | 耐熱性が良く、燃えない。薬品にも強く、電気絶縁性も良い | 断熱材、電気絶縁材、防音材、保温材、プラスチック強化材、グラスファイバーなど |

クリスタルガラス 鉛クリスタルのタンブラー。

硼珪酸ガラス 中身の見えるパイレックス鍋な。

熱線吸収ガラス 赤外線を減らし冷房効率を上げる。

シナ・ワサビ・ダイコンなどの辛味成分。また、カラシナの種子に含まれる油。mustard oil

**から-じゅうろう【唐十郎】**(一九四〇 ) 劇作家・演出家・俳優・小説家。本名、大靏義英。東京生まれ。明大卒。劇団状況劇場を主宰。戯曲『腰巻お仙』、小説『佐川君からの手紙』など。

**からし-れんこん【▼芥子▼蓮根】** れんこんの穴にからしみそを詰め、卵黄やクチナシの実で黄色く着色した衣をつけて揚げたもの。熊本県の郷土料理。

**からす【▼烏・▼鴉】** ㊀(名) ①カラス科のうちカラス属に属する鳥の総称。ふつう全長五〇cm内外。雌雄とも黒色。知能が高い。雑食性で腐敗物も食べる。全世界に分布し、日本にはハシブトガラス・ハシボソガラスなど五種がいる。crow; raven ②口やかましい人。nagging person ③いじのきたない人。greedy person ㊁(接頭) つやのある黒色。glossy black 用例 —石。↓図

●カラス㊀① ハシボソガラス(上)、ハシブトガラス(下)。

**烏が鵜の真似**(からすがうのまね) 自分の力量を知らずに人のまねをして失敗すること。

**烏に反哺の孝有り**(からすにはんぽのこうあり) 《「反哺」は、口うつしで食物をあたえること。カラスは、ひなのときに育てられた恩返しに、餌を口移しして老いた親鳥を養う、といわれることから》子は親孝行しなければならないというたとえ。

**烏の足跡**(からすのあしあと) 目尻にできるしわ。

**烏の頭白く、馬、角を生ず**(からすのかしらしろく、うま、つのをしょうず) あり得ないことを言う。

**烏の髪**(からすのかみ) 「烏の濡れ羽色」と同意。

**烏の行水**(からすのぎょうずい) 入浴時間の短いことのたとえ。

**烏の雌雄**(からすのしゆう) 似ていて区別しにくいもののたとえ。

**烏の鳴かぬ日は有れど**(からすのなかぬひはあれど) 《毎日のように鳴くカラスでもたまには鳴かない日があるかもしれないが、の意》あとに続く「何かのない日はない」また「何かをしない日はない」という語を強調する。

**烏の濡れ羽色**(からすのぬればいろ) 髪の毛が、つやつやと黒いこと。烏の髪。

**烏を鵜に使う**(からすをうにつかう) 無能な者を、才能を必要とする地位に置く。

**烏を鷺**(からすをさぎ) 正を誤、誤を正といいくるめること。不合理を押し通すこと。

**からす【香▽良▼洲】**〈町〉 三重県中部、雲出川河口の三角州にある町。沿岸漁業・水産加工がさかん。人口五七九六(一九九八)。

**から・す【枯らす】**(五他) 枯れるようにする。wither 用例 木を—。

**から・す【▼涸らす】**(五他) 水を汲みつくす。水けをなくする。dry up 用例 池を—。

**から・す【▼嗄らす】**(五他) 声をしわがれさせる。get hoarse

**カラス【Maria Callas】**(一九二三〜一九七七) ギリシア系のソプラノ歌手。幅広い音域と高度の歌唱技術に支えられたドラマチック-ソプラノによって、イタリアオペラの典型的プリマドンナとなる。

**ガラス【glasオランダ・硝子】** ①高温で溶融させた物質を急冷したとき、結晶化しないで固化したものの総称。かたくてもろい。一般には炭酸ナトリウム・珪砂・石灰などを原料とするソーダガラスをさす。窓や器具など用途は広い。玻璃。ビードロ。ギヤマン。glass ②こわれやすく、もろいもの。用例 —の心。↓図

**からす-あげは【▼烏揚羽▼蝶】** ごくふつうにみられるアゲハチョウの一種。開張八〜一四cm。翅は黒色。食草はコクサギなど。日本全土・東アジアに分布。↓図

**ガラス-いた【ガラス板】** ↓いたガラス(板ガラス)

**ガラス-ウール** 綿状にしたガラス繊維。おもにアルカリを含む硼珪酸塩ガラスを遠心力や噴出気体を利用して細くする。吸音・絶縁・断熱材などに利用。グラスウール。glass wool

●カラスアゲハ

**からす-うら【▼烏▽占】** カラスの鳴き声で吉凶を占うもの。一回しか鳴かないものをひとつガラスといい、死の前兆とした。

**からす-うり【▼烏▼瓜】** ウリ科のつる性多年草。山野に多い。雌雄異株。夏に、白花が夜咲き、翌朝しぼむ。果実は長さ約六cmで朱色に熟す。根・果肉・種子は薬用。↓写

●カラスウリ 花(上)と実(下)。

**ガラス-え【ガラス絵】** ①ガラスの一方の面に泥絵の具や油絵の具で描いた絵。他の面から透かして見る。江戸中期から流行した。picture painted on glass ②ステンドグラス。stained glass

**からす-おうぎ【▼烏扇】** ヒオウギの別名。種子が黒色であることからの名。

**からす-がい【▼烏貝】** 湖沼にすむイシガイ科の淡水産二枚貝。殻は楕円形で、殻長約二五cm、殻高約一二cm。殻表は黒く、殻質は薄い。食用。殻はボタンなどに加工。日本全土・朝鮮半島・中国に分布。↓図

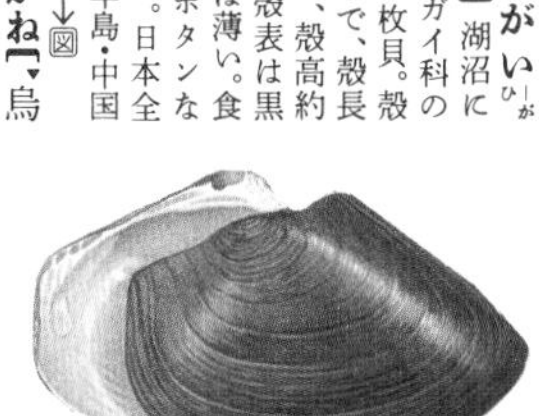

●カラスガイ

**からす-がね【▼烏金】** 《夜明けにカラスが鳴くころ返済しなくてはならないことから》江戸・明治時代、日歩で貸し付けた高利な金銭。

**から-すき【唐▼鋤】** 牛や馬などにひかせて、田畑を耕作する農機具。柄が曲がっていて刃が広い。Chinese plow

**からす-ぐち【▼烏口】** 製図用具の一つ。建築・機械などの図面の墨入れに使う。ねじで調節できるカラスのくちばしに似た金属部分に墨を含ませて線を引く。drawing pen

**ガラス-こうげい【ガラス工芸】** ガラスを素材とした工芸の総称。製品は各種の器類・装飾品・鏡などに大別される。glasswork ↓写

●ガラス工芸 『瑠璃坏』。天平時代(八世紀ごろ)、正倉院(奈良県)。

**からす-ざ【▼烏座】** 南天の小星座。おとめ座の南にある。五月二三日ごろの午後八時ごろに南中。面積一八四平方度。Corvus

**ガラス-ざいく【ガラス細工】** 鉛ガラス・ソーダガラスを材料として作られる工芸品。また、その技法。鋳造・吹きガラス、モザイクガラスなどの成形法、カッティング・ステンドグラスなどの加工法がある。glasswork

**からす-しじみ【▼烏▽小▼灰▼蝶】** 翅が黒褐色のシジミチョウ。開張約三cm。年一回発生し、シシウドなどの花に集まる。食草はハルニレなど。北海道・本州・九州に分布するが、九州ではまれ。

**ガラス-しつ【ガラス質】** ↓ひしょうしつ(非晶質)

**ガラス-せんい【ガラス繊維】** 溶融したガラスを細孔を通して繊維にしたもの。短繊維と長繊維があり、短繊維を綿状にしたものがガラスウール。絶縁・断熱・防音など保温材料として利用。グラスファイバー。glass fiber

**ガラス-たい【ガラス体】** ↓しょうしたい(硝子体)

**からす-てんぐ【▼烏天▼狗】** カラスに似た嘴や羽を持ってんぐ。

**ガラス-ど【ガラス戸】** 木・鉄・アルミ製などの枠に板ガラスをはめ込んだ戸。または一般に板ガラスを用いた戸。glass door

**からす-とんび【▼烏▼鳶】** イカ類の咀嚼器(=顎片)の俗名。口中に上下一対あって、カラスやトビの嘴に似る。これで餌をかみ

くだき、口腔底にある歯舌で、餌をわさび下ろし金のようにこすりとって食べる。

**からす-なき**【▼烏鳴き・▼鴉鳴き】 カラスの鳴き声。それで吉凶を判断する俗信がある。

**から-すね**【空▼臑・空▼脛】 むき出しにしたすね。からずね。bare shin

**からす-のえんどう**【▼烏野▼豌豆】 マメ科の二年草。田のあぜなどに多い。高さ約一m。葉は羽状複葉。春に紅紫色の小花をつけ、さやは黒く熟す。ヤハズエンドウ。↓図

● カラスノエンドウ

**からす-ばと**【▼烏▼鳩】 全身黒色の大形のハト。翼長約二四cm。森にすみ、モウモウと鳴くのでウシバトともいう。本州・四国・九州の南部沿岸以南の諸島に分布。↓ハト図

**ガラス-ばり**【ガラス張り】 ①ガラスを張ってあること。また、そのもの。用例 ―の窓。②《透けて見えるので》秘密がなく、公明正大なこと。clean 用例 ―の政治。

**からす-びしゃく**【▼烏▽柄▼杓】 サトイモ科の多年草。田畑にはえる雑草。根出葉は三枚の小葉からなる。夏に緑色の仏焔苞に包まれた花序をつける。根茎は半夏といい、薬用。↓図

● カラスビシャク

**がらすひばあ** 《沖縄の方言》沖縄にいる無毒のヘビ。全長一m内外。体は黒色ないし黒褐色に黄色の斑紋。水田周辺に多い。奄美・沖縄両諸島に分布。

**ガラス-ブロック**【glass block】 ガラス製の中空の建築用ブロック。光の拡散・遮音・断熱性にすぐれ、採光用の壁などに使用する。

**からす-へび**【▼烏蛇】 ①シマヘビの黒変種。クロヘビ。②ガラスヒバアの別名。

**からすま-どおり**【▼烏▽丸通(り)】 京都市内の主要道路の一つ。御所の西側を南北に、市街地の中央を通り京都駅前まで。下を地下鉄烏丸線が走る。

**からすまる-みつひろ**【▼烏丸▽光広】 (一五七九―一六三八) 江戸初期の歌人。細川幽斎に古今伝授を受ける。狂歌に長じ、書家としても著名。仮名草子数編の作者に擬せられる。家集『黄葉和歌集』、歌論『耳底記』など。

**から-すみ**【唐墨・▼鱲▽子】 《形が中国の墨に似ることから》ボラ・サワラなどの卵巣を塩漬けにし、加圧・乾燥した食品。長崎産が有名。酒の肴。↓写

● 唐墨

**からす-むぎ**【▼烏麦】 イネ科の一、二年草。空き地や田畑にはえる帰化植物。高さ五〇～九〇cm。夏、円錐状の花穂を出し、下向きの小穂をつける。ヨーロッパ原産。エンバクの祖先型。チャヒキグサ。oat

**からすやま**【▼烏山】〈町〉 栃木県東部、那珂川沿いの町。タバコ栽培などの農業のほか、和紙製造で有名。人口二万一四〇〇(一九八八)。

**から-せき**【空▼咳・▽乾▼咳】 ①咽喉にねばりけがなく、痰の出ない、または痰の切れない苦しい咳。からぜき。dry cough ②わざとする咳。cough intentionally

**から-せじ**【空世辞】 口先だけのお世辞。

**からだ**【体・▽身▽体・▼躰・▼軀】 ①頭のてっぺんから、足のつま先までの全体。body ②身体のうち、頭と手、足を除いた部分。胴体。body ③肉体の状態や機能。用例 ―をきたえる。④活動の面から見ての情況。用例 ―にひまがない。

**体が空く**(からだがあく) ひまになる。become free

**体が続く**(からだがつづく) 体力がおとろえない。体の健康状態などを一定に保ちつづける。keep oneself well

**体で覚える**(からだでおぼえる) 理論ではなく、体験によって身につける。体得する。learn from experience

**体に障る**(からだにさわる) 体に害になる。病気になる。be bad for health

**体を惜しむ**(からだをおしむ) 体を動かすことをいやがる。労力を惜しむ。なまける。be lazy

**体を粉にする**(からだをこにする) せいいっぱい働くたとえ。work like a bee

**体を壊す**(からだをこわす) 健康をそこねる。病気になる。impair one's health

**体を張る**(からだをはる) いのちを失ってもいい覚悟で行動する。at the risk of one's life

**から-だき**【空▼焚き】(名・サ変自他) ふろ・なべなどに水・材料を入れないで、火をつけたり火にかけたりすること。

**から-たけ**【唐竹・▽漢竹】 中国から渡来の竹。笛などの材料。カンチク。

**から-たけ**【▽幹竹】 マダケ・ハチクなどの別名。

**幹竹を割った様**(からたけをわったよう) 《幹竹を割ると、勢いよくまっすぐにさけることから》①ゆがみや曲がりがなく、まっすぐなようす。②性格が、明るくさっぱりしているさまにいう。

**からたけ-わり**【▽幹竹割(り)】 縦にまっすぐに割ること。

**から-たち**【▼枸▼橘・▼枳▽殻】 ミカン科の落葉低木。中国原産で、古くから栽培。高さ約二m。枝はとげが多く、葉は三枚の小葉からなる。春に白花をつけ、秋に丸い果実が熟す。未熟の果実は健胃薬。キコク。↓写

● カラタチ　花(上)と実(下)。

**から-たちばな**【唐▼橘】 ヤブコウジ科の常緑低木。関東南部以南の林にはえる。高さ約三〇cm。径六mm前後の果実は赤く熟したまま年を越す。観賞用に栽培もする。コウジ。

**からだ-つき**【体付き】 体のかっこう。build

**カラチ**【Karachi】 パキスタン南部、インダス川デルタ北西部のアラビア海に臨む同国最大の都市。第一の貿易港でもある。ヨーロッパとアジアを結ぶ航空路の要地。同国の独立後、一九五九年、イスラマバードに移転するまでの首都。人口五一〇・三万(一九八一)。

**から-ちゃ**【空茶】 茶ばかりで、菓子をそえないこと。

**からつ**【唐津】〈市〉 佐賀県北西部、唐津湾に臨む市。古代から大陸との交通の要地としてにぎわった港町。旧城下町。漁業・工業がさかん。特産唐津焼。秋祭「唐津くんち」で知られる。人口七万九四三九(一九八八)。

**ガラツィ**【Galați】 ルーマニア東部、ドナウ川沿岸の河港で重要な貿易港。人口二五・五万(一九八三)。

**からっ-かぜ**【空っ風・▽乾っ風】 雨雪をともなわない、寒冷で乾いた強い風。大陸からの冬の季節風が、日本列島の中央山脈を越え、太平洋側に吹き下りる風など。からかぜ。

**からっ-きし**(副) ↓からきし

**からっ-けつ**【空っ穴】《俗語》なにもないこと。無一物。空っぽ。すっからかん。

**カラッチ**【Carracci】 イタリア、ボローニャの画家一族。当時のマニエリズモの傾向に批判的でバロック絵画の成立に寄与。①ロドビコ Lodovico(一五五五―一六一九)は、二人の従弟とともに美術学校を開く。②アゴスティノ Agostino(一五五七―一六〇二)は、ロドビコの従弟。③アンニバレ Annibale(一五六〇―一六〇九)は、アゴスティノの弟。バロック絵画の形成に重要な役割を果たす。

**からっ-と**(副) ↓からりと

**カラット**【carat; karat】 ①宝石の重量単位。一カラットは〇・二〇五g。記号はKまたはct ②金の合金中に含まれる純金の割合(重量比)を表す単位。記号K, Kt 純金を二四Kとする。日本では「金」ともいう。「十八金」など。金位。

**カラッパ**【Calappa(ラテ)】 浅海の砂泥底にすむカラッパ科カラッパ属のカニの総称。丸い甲の背面がドーム状にふくらみ、甲後部の左右側縁はひさし状に張り出す。はさみ脚は非常に大きい。甲長三～一〇cm、甲幅四～一五cm。日本産は約一〇種。食用にはしない。

**からっ-ぺた**【からっ下手】(名・形動) ↓からへた(空下手)

**からっ-ぽ**【空っぽ】(名・形動) 中に何もないこと・さま。から。empty

**からつ-やき**【唐津焼】 佐賀県唐津市一帯でつくられた焼き物の総称。一般には文禄・慶長の役を契機に渡来した陶工が肥前地方に築窯、焼造した朝鮮風の日用雑器をいう。茶陶として知られる。現在は民芸的な陶磁器を製作。↓写

● 唐津焼　『絵唐津葦文壺(銘津の国)』。桃山～江戸時代、出光美術館(東京都)。

**から-つゆ**【空梅雨】 梅雨期に晴天つづきで、雨量が少ない現象。梅雨前線が日本の南方または北方に片寄ることが原因。

**から-づり**【空釣(り)】(名・サ変他) えさを付けないで魚を釣る方法。二本爪の釣り針と大きな沈子(おもり)を用い、釣り糸を長くして水底をかきながら釣る。baitless angling

**からつ-わん**【唐津湾】 佐賀県北西部の湾。高島・鳥島・大島・神集島が天然の防波堤となっている。一部を埋め立て工業用地を造成。

**から-て**【空手】 手ぶら。素手。empty hand

**から-て**【空手・唐手】 格闘技の一つ。徒手で行い、突き技・打ち技・蹴り技などが主体。琉球王朝の禁武政策のもとで、一四世紀以来武器に代わる護身術として発達。現在は競技化され、世界的に広まっている。Karate ↓写

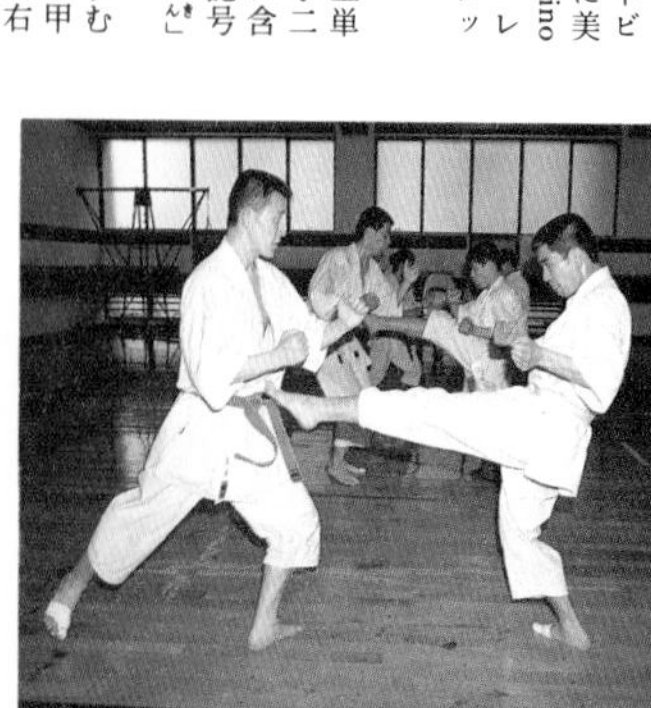

● 空手

**カラテア**【Calathea】 観葉植物として栽培されるクズウコン科の多年草。葉の形、葉紋がさまざまに美しい。細い葉柄をもつ根生葉を束生する。南アメリカ原産。ヒメバショウ。↓写

● カラテア

**から-てがた**【空手形】 ①取り引きがまったくないのに手形の当事者が資金融通のために作成した手形。融通手形。くうてがた。accommodation bill ②実行されない約束。空証文。empty promise

**からて-チョップ**【空手チョップ】 プロレスの技の一つ。空手の手刀の形で相手を打つ。第二次大戦後のプロレスブームを起こすきっかけとなった力道山の得意技。karate chop

**からて-どう**【空手道】 空手を主体とする武技。また、それによって心身をきたえる道。karate

**ガラテヤ**【Galatia】 小アジア中央部、現トルコのアンカラ付近の古名。紀元前三世紀から前一世紀にかけてケルト人が王国を建設。部族制を存続させながらヘレニズム要素をとり入れ、紀元前二五年、ローマの属州に編入された。ガラティア。

**ガラテヤびとへのてがみ【**ガラテヤ人への手紙**】**(The Letter of Paul to the Galatians)『新約聖書』中の使徒パウロの書簡の一つ。小アジアのガラテヤ地方にある諸教会にあてたもの。ガラテヤ書。

**から-ど【唐戸】** 框の中に縦横の桟を組み、それに薄い板(入れ子板・綿板)を張った開き戸。桟唐戸。

**から-とう【辛党】** 酒が好きな人。左党。drinker 対義 甘党。

**カラトーゾフ【Mikhail Kalatozov】**(一九〇三〜七三)ソ連の映画監督。作品『戦争と貞操』『送られなかった手紙』など。

**から-とて**(接助)《用言の終止形に付く》①言いわけにした原因・理由を示す。ので。用例 雨が降った―来なかった。②予想される結果がみちびかれないことを示す。からといって。用例 からだが大きい―、強いとは言えない。

**から-とむらい【空▽葬】** 仮の葬式。遺体がまだみつからない死者のために行う。

**から-とりひき【空取引】** ↓くうとりひき(空取引)

**ガラナ【guarana】** ムクロジ科の木性つる植物。五枚の小葉からなる複葉が互生。種子は多量のカフェインを含む。炭酸飲料の原料。ブラジル原産。

**から-なし【唐▼梨】** ①カリンの異名。②赤色のリンゴの古名。

**から-なでしこ【唐▼撫子】** セキチクの別名。

**から-に【辛煮】** しょうゆ、あるいは、しょうゆにみりんを少し加えただけで、塩辛く煮ること。また、その食べ物。対義 甘煮。

**から-に**(接助)①…だけで。…だけですぐに。―ということ、ただそれだけの理由で。用例 見る―たのもしい。②古語 …とすぐに。…と同時に。用例 吹く―秋の草木のしをるれば(古今・秋下)。

**から-にしき【唐▼錦】** ①唐織の錦織り。のちの日本産の高級な錦に対して用いられる語。②「枕ことば」「裁つ・織る・縫ふ」などにかかる。用例 おもふどちまとゐせるよは―たたまくをしき物にぞありける(古今・雑上)。

**から-には**(接助)…する(した)以上は。用例 始めた―終わりまでやる。

**から-ねんぶつ【空念仏】** ①口先だけで、心のともなわない念仏。②実行のともなわない主張。用例 ―に終わる。

**から-の-かがみ【唐の鏡】** ①中国から渡来した鏡。舶来の上等な鏡。②《貴重品なので大切に扱うということから》妻や母など、自分にとって大事な女性のこと。唐鏡。

**から-の-かしら【唐の頭】** ヤクの尾の毛を束ねた兜の鉢の飾り。また、これをつけた兜。

**からのす-しょうこうぐん【空の巣症候群】** 主婦の心身症の一つ。夫は仕事で不在がち、子どもは就職などで巣立った状態で、家庭がからっぽになったように感じ、鬱屈などを起こす。empty nest syndrome

**ガラパゴス-こばねう【**ガラパゴス小羽▼鵜**】** 翼が退化して飛べないウ。全長約九〇cm。ガラパゴス諸島特産。flightless cormorant

**ガラパゴス-しょとう【**ガラパゴス諸島**】**(Galápagos Islands) 赤道直下、エクアドルの西方約一〇〇〇kmの洋上にある火山島群。エクアドル領。巨大なゾウガメやイグアナなど特有な生物で知られ、ダーウィンの進化論に影響を与えた。

**ガラパゴス-フィンチ【Galapagos finch】** ガラパゴス諸島にすむアトリ科の小鳥類。一四の固有種があり、南アメリカ大陸から渡ってきた原種が、生態的隔離と食性の差異によって分化したものと考えられる。進化と適応の関係についてダーウィンに示唆を与えたものとされ、別名ダーウィンフィンチ。

**から-はし【唐橋】** 中国風の、欄干のある橋。

**カラバッジョ【Caravaggio】**(一五七三〜一六一〇) イタリアの画家。バロック絵画の確立に寄与。光と形の写実的原則にたち、宗教感情と人間性の表現により一七世紀絵画の先駆者となる。作品『キリストの埋葬』など。

**から-はな【唐花】** 紋所の名。大陸から伝来した唐風の花文様の花弁の紋章化。先が丸く突出した花弁文様。特定の花を模したものではなく、四弁から八弁まであり、他の紋にも多く転用されている。↓図

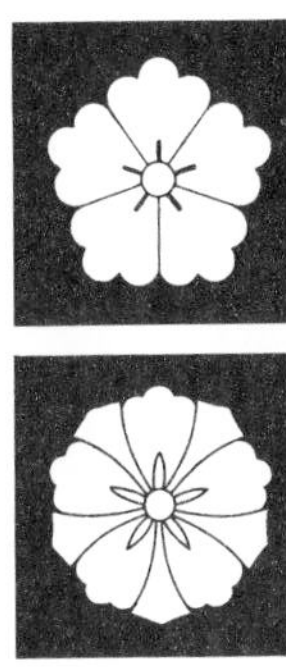
唐花　有馬唐花

●唐花

**からはな-そう【唐花草】** クワ科の多年草。中部地方以北の山野にはえる。つる性で茎と葉柄に小さいとげがある。雌雄異株で、八〜九月ごろ開花。雄花は円錐形で淡黄色、雌花は卵状円形で淡緑色。若芽は食べられる。

**から-はふ【唐破風】** 建築で、中央部が上にふくらみ、両端がはねた形の複雑な曲線をもつ破風。玄関・門・神社の屋根などに多くみられる。↓城図

**カラハリ-さばく【**カラハリ砂漠**】**(Kalahari Desert) アフリカ南西部、ボツワナ西部から西はナミビア、南はオレンジ川に広がる砂漠。多数のワジや塩湖が散在する。

**カラハン-せんげん【**カラハン宣言**】** 一九一九年と二〇年の二回、ソ連外務人民委員長代理のカラハンの名で発せられた対中国宣言。帝政ロシアが中国にもつすべての権益を無条件に放棄した。Karakhan Manifesto

**カラハン-ちょう【**カラハン朝**】**(Karakhan) 一〇〜一二世紀の中央アジアのトルコ系王朝。九四〇年ごろサトゥク＝ブグラハンが創建。東西トルキスタンを領域とした。一一世紀末にはセルジューク朝に服属。一二世紀にカラキタイに征服され滅亡。イリクハン朝。Karakhanid dynasty

**から-びつ【▽屍▼櫃・辛▼櫃】** 遺体を入れるひつぎ。かろうと。

**から-びつ【唐▼櫃・▼韓▼櫃】** 脚のついたひつ。脚は四本か六本で、白木・塗り・蒔絵・螺鈿など装飾も種々。装束・鎧・文書などを収納。かろうず。かろうと。

**から-びと【唐人・▽漢人・▼韓人】** ①中国または朝鮮の人。②外国人。

**カラビナ【Karabiner ドイ】** 登山用具の一つ。岩登りに使うハーケンにかける金属製の輪で、これにザイルを通して手掛かりを確保する。参照 ハーケン。

**から・びる【▽乾びる・▼涸びる・枯らびる】**(上一自)①水気がなくなってかさかさになる。ひからびる。②草木などがしおれる。③枯れた趣になる。

**から-ぶかし【空吹かし】** 自動車のエンジンを空転させること。からふかし。アイドリング。idling

**から-ぶき【▽乾▼拭き】**(名・サ変他) 床・家具などのつやを出すために、かわいた布でふくこと。つやぶき。

**からふと【▼樺太】** 太平洋北西部、オホーツク海と日本海にはさまれた南北に細長い島。面積七・六万km²。一八〇八年、間宮林蔵が島であることを確認、奥蝦夷と称する。一九〇五年のポーツマス条約以降北緯五〇度以南は日本領となったが、第二次大戦後は全島がソ連領となる。サハリン島。

**からふと-けん【▼樺太犬】** イヌの一品種。大形で、肩幅が広く、耳が立ち、尾が巻きあがり、毛深い。南極観測隊がそり犬に使用。樺太・北海道北部産。カラフトイヌ。

**からふとちしま-こうかんじょうやく【▼樺太千島交換条約】** 明治八年(一八七五)調印の、日本とロシアの国境画定条約。樺太をロシア領、千島を日本領と定めた。

**からふと-ます【▼樺太▼鱒】** サケ科の魚。全長約五〇cm。サケ・マス類では小形。産卵期の雄の背中が極端に張り出す。北太平洋に分布。セッパリマス。pink salmon ↓図

**からふと-まつ【▼樺太松】** グイマツの別称。

**からふと-やなぎ【▼樺太柳】**《自生地名より由来》オノエヤナギの別名。

**からふね-ぶぎょう【唐船奉行】** 室町幕府の職名。明との通商、五山僧の留学などの事務を担当。

**から-ぶり【空振り】**(名・サ変他) ①バット・クラブなどを振って、球に全然当たらないこと。②まったく手ごたえがないこと。in vain

**カラブリア【Calábria】** イタリア南部の州。山岳地帯で森林・牧草地に富む。州都レッジョ-ディ-カラブリア。人口二〇九・八万(一九)。

**カラフル【colorful】**(形動)《色数が多い、の意》多くの色が同時に用いられていて、しかも軽快でリズミカルではなやかなさま。

**から-へた【空下手】**(名・形動) この上もなく下手なこと・さま。からっぺた。a very poor hand at

**がら-ぼう【がら紡】** 水車を利用して綿糸をつくる紡績の方法。明治一〇年(一八七七)臥雲辰致がイギリスの機械紡績に対抗して発明したもので、紡績機の発する音に由来する名。水車紡績。

**カラ-ホージョ【哈拉和卓】**(Kara Khojo) 中国、新疆ウイグル自治区トゥルファン盆地の廃都。五世紀には高昌国の首都、九世紀にはウイグルの根拠地となったが、一五世紀に放棄された。

**カラボガズゴル-わん【**カラボガズゴル湾**】**(Zaliv Kara-Bogaz Gol) ソ連南部、カスピ海東部の内湾。水深四〜七m。年々干上がりつつある。食塩・硫酸ナトリウムを採取。塩分三〇%。

**カラホト【Khara Khoto】** 中国の内モンゴル自治区、エチナ河畔にある西夏、元代の都市遺跡。ソ連のコズロフ、イギリスのスタインらが発掘調査。黒水城。

**から-ぼり【空堀】** 水のない堀。dry moat

**カラマーゾフのきょうだい【**カラマーゾフの兄弟**】**《原題Bratya Karamazovy ロシア》ドストエフスキーの小説。一八七九〜八〇年発表。神と人間存在、善と悪など、思想的宗教的問題を追求。

●カラフトマス　雄(上)と雌(下)。

**からま・す【絡ます】**(五他) ＝絡ませる。①まきつかせる。entwine 用例 つたを―。②関係づける。relate to 用例 国際情勢に―・して説明する。③複雑にもつれさせる。entangle 用例 ひもを―。

**からま・せる【絡ませる】**(下一他) ↓からます(絡ます)

**から-まつ【唐松・▽落▽葉松】** マツ科の落葉針葉高木。寒地に多く自生し、人工的にも植栽される。高さ約三〇m。葉は針状で晩秋に黄変する。耐水性が強く、建築・木工用材のほか、樹皮からテレピン油をとる。染料にも利用。フジマツ。ラクヨウショウ。↓写

●カラマツ

**からまつ-そう【唐松草】** キンポウゲ科の多年草。山地の草原にはえる。高さ約八〇cm。葉は複葉。夏に、白・淡紅色の小花を密につける。↓写

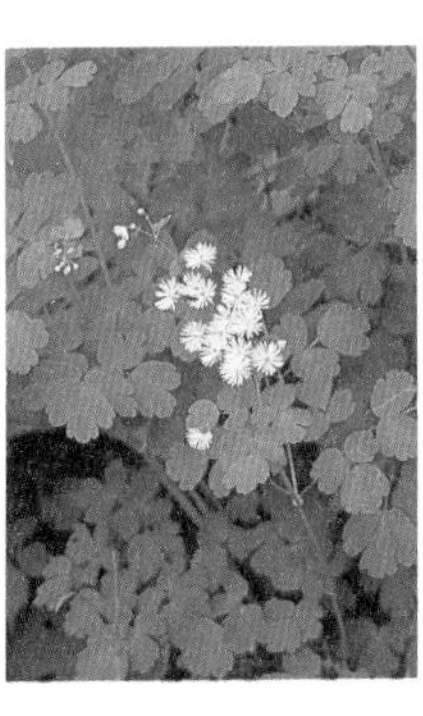
●カラマツソウ

**から-まめ【唐豆】** ラッカセイの別名。

**からま・る【絡まる】**(五自) ①まきつく。entwine ②もつれる。get entangled ③まといつく。entwine 用例 複雑な理由が―・っている。

**から-まわり【空回り】**(名・サ変自) ①車輪が回っていても、前へ進まないこと。race ②エンジンなどが回っていても、その動力が仕事をしていないこと。空転。racing ③活動はしているが、少しも効果・実績のあがらない



▼常用漢字表外。　▽常用漢字表の音訓外。

こと。fruitless effort [用例]議論が―する。

**からみ【▼鍰】** 非鉄金属の製錬のさいに生ずるかす。slag

**から-み【辛味】** [対義]甘味。①辛いこと・感じ。[比較]辛さ。②辛い味。sharp taste; salty taste ③コショウ・ワサビ・ショウガなど辛いものの総称。hot taste

**から-み【空身】** 荷物や同行者のないこと。

**がらみ【▼搦み】**(接尾) ①ぐるみ。…ごと。[用例]土地―家を買う。②ある数に近いこと。見当。[用例]五〇―。

**からみ-あ・う【絡み合う】**(五自) ①互いに絡む。intertwine ②二つの力がかかわり合う。intertwine [用例]二つの理由が―。

**からみ-おり【絡み織り】** 縦糸を互いにからませながら、横糸を打ち込む織物の総称。薄地で通気性に富む。紗・絽など。もじり織り。leno cloth

**から-みそ【辛味▼噌】** 食塩一二%程度の塩辛いみそ。長期熟成型でうま味が強く、保存性も高い。仙台みそ・信州みそなどが著名。

**からみ-つ・く【絡み付く】**(五自) ①まきつく。まといつく。entwine ②人に言いがかりをつける。いやがらせをする。pick a quarrel with [用例]酔って―。

**から・む【絡む】**(五自他) ①(自)㋐まといつく。entwine ㋑言いがかりをつけて困らせる。pick a quarrel with [用例]いやに―・んだ言い方をする。②(他)まきつかせる。entwine

**から・む【▼搦む】** [古語](下二他) ↓からめる(搦める)

**から-むし【▼苧・▼紵・▼苧▽麻】** イラクサ科の多年草。山野にはえ、繊維原料として栽培もされる。高さ約二m。葉は卵形で互生、裏面は白色。雌雄同株。中国原産。チョマ。マオ。↓[写]

●カラムシ

**から-むし【空蒸し】** 材料の持ち味を生かすために、調味料を使わず蒸すこと・料理。

**カラムジン【Nikolai Mikhaylovich Karamzin】**(一七六六〜一八二六) ロシアの小説家・歴史家。主情主義文学を指導。文章語改革に貢献。作品『ロシア人旅行者の手紙』『哀れなリーザ』『ロシア国家史』など。

**から-め【辛め】**(名・形動) [比較]辛さ。①辛みの強いこと・さま。[用例]―に味をつける。②きびしさのあること・さま。[用例]―の採点。③目方・ます目が少なめなこと。

**からめ-て【▼搦め手】** ①城の裏門。[対義]大手。②敵の後ろを攻める軍勢。転じて、相手の弱点、物事の裏面。[対義]大手。③捕り方。

**からめ-と・る【▼搦め捕る】**(五他) つかまえて縛る。arrest

**からめ-ぶし【からめ節】** 岩手県の民謡。「からめる」とは鉱石を精選すること。

**から・める【絡める】**(下一他) 関連づける。からませる。connect

**から・める【▼搦める】**(下一他) しばる。とらえる。

**カラメル【caramel】** ①糖類に高熱を加えるとできる淡褐色のかたまり。こうばしい香り・甘味とわずかな苦味がある。食品・ビールの着色などに使う。[参照]カルメラ。②キャラメル。

**から-もの【唐物】** ①中国など外国から渡来した陶器・織物など舶載品の総称。とうぶつ。とうもつ。②唐織物。③古道具。

**がら-もの【柄物】** 模様のある品物。

**からものがたり【唐物語】** 鎌倉時代の説話集。作者未詳。中国の故事・伝説二七編を和訳し和歌を配したもの。蒙求の韻文とともに、日本最初のまとまった翻訳・翻案文学。

**から-もも【唐桃】** ①アンズの古名。②中国原産のモモの一種。西王母。寿星桃。

**から-もん【唐門】** 唐破風をもつ門。正面を唐破風造りとしたものを向う唐門、側面の妻の部分を唐破風としたものを平唐門という。↓[写]

**カラヤン【Herbert von Karajan】**(一九〇八〜一九八九) オーストリアの指揮者。一九五五年以来ベルリン-フィルの常任指揮者。オーケストラの技能を最高度に洗練し、絶大な演奏効果を挙げる。世界的な人気がある。

**から-ゆき【唐行き】** 明治から昭和のはじめにかけて、九州北西部から東南アジア方面へ出かせぎに出た女性。からゆきさん。

**がら-ゆき【柄行】** がら。模様。[用例]着物の―。

**から-よう【唐様】** ①昔の中国風。からざま。からふう。②中国風の書跡。とくに江戸時代の中国書風(明清風)をさすことが多い。[対義]和様。③漢字書体のうち行書・草書以外の楷書・篆書・隷書など。④禅宗寺院の建築様式。鎌倉時代に宋から伝わる。

**売り家と唐様で書く三代目**(うりいえとからようでかくさんだいめ) ↓うりいえ(売り家)

**がらり** 一定間隔で幅の狭い薄板を平行に取り付けたもの。斜めに透かして張るなどして、建物の通風・換気・目隠し・遮光などの目的に使用される。louver

**カラリスト【colorist】** 彩色にすぐれた画家。彩色派。

●唐門 京都市西本願寺、向う唐門。

**からり-と**(副) ①状況が一変するさま。すっかり。fully ②明るく、さわやかなさま。clear up [用例]―晴れた空。③物が湿り気を帯びていないさま。crisp [用例]てんぷらが―揚がる。④さっぱりして、朗らかなさま。frank and cheerful [用例]―した気立て。

**がらり(と)**(副) ①戸などをあらあらしくあけるさま・音。②ようすなどが急にいちじるしく変わるさま。

**がらり-ど【がらり戸】** がらりの付いた戸。遮光・通風機能があり、雨戸や浴室のドア下部などに用いられる。鎧戸。ルーバー。louver

**カラン【kraanオランダ】** 給油・給水・ガス管などの出口に付けた開閉栓のついた口金。蛇口。faucet; cock; tap

**がらん【▼伽▼藍】**《Saṅghārāma梵の音写「僧伽藍摩」の略。「僧園・精舎」などと訳す》僧が住んで仏道を修行する所。寺。寺院。

**カランコエ【Kalanchoe】** ベンケイソウ科の多肉植物。高さ一五〜四〇cm。晩秋から春に四弁の小花を開く。色は緋紅・濃赤・桃色など。観賞用に栽培。マダガスカル原産。↓[写]

●カランコエ

**ガランサス【Galanthusラテン】** ヒガンバナ科の球根草。葉は線形で、茎頂に白い花を下向きにつける。スノードロップ。

**ガランタミン【galanthamine】** ヒガンバナ・スノーフレークなどから得られるアルカロイド。アセチルコリンエステラーゼの作用を阻害。筋無力症に有効。

**がらん-ちょう【▼伽▼藍鳥】** ペリカンの別名。

**ガランティン【galantineフランス】** 鶏肉に詰め物をした料理。詰めたあと、ゆでるか焼く。詰め物はひき肉のほかさまざま。

**がらん-と**(副) 建物が広くて、中に何もないさま。vacantly

**がらん-どう**(形動) ①からっぽ。うつろ。hollow ②家の中などに、何もなくて広々としたさま。bare

**かり【仮】** ①まにあわせ。一時。臨時。temporary [用例]―免許状。②正式・本来のものでないこと。fictitious [用例]―の契約。

**仮の世**(かりのよ) 《真実の世界は別にある、とする考え方からいう語》はかないこの世。仮の宿り。

**かり【狩(り)・▽猟】** ①鳥獣を追い立て、銃や弓矢・罠・網などを用いてとること。キツネ狩り・猪狩りなど。hunting [用例]―に行く。②山野、海浜などで動植物を採集、また観賞して楽しむこと。キノコ狩り・潮干狩り・紅葉狩りなど。gathering; viewing ③山野に潜んだ犯罪者を大ぜいで探して捕らえること。山狩り。to comb a hill

**かり【借り】** [対義]貸し。①借りること。borrow ②借金。loan ③負い目。be in debt

**かり【▼雁・▼鴈】**《鳴き声から》①ガンカモ科の水鳥、ガンの異名。goose ②ガンの鳴き声。

**雁の便り**(かりのたより) 《前漢の蘇武が、北の国に捕らわれていたとき、雁の足に手紙を結びつけて故国に送った故事から》手紙。雁の使い。

**雁の使い**(かりのつかい) 「雁の便り」と同意。

**カリ【kaliオランダ・加里】** ①「カリウム」の略。②炭酸カリウムの俗称。potassium carbonate ③一般にカリウム塩類の総称。potassic salt

**カリ【Cali】** コロンビア西部、アンデス山中のカウカ谷にある商工業都市。農産物の集散地。人口一三五万(一九八五)。

**がり**《俗語》「ガリ版」の略。[用例]―を切る。

**がり**《俗語》すし屋の用語で、甘酢に漬けたショウガの根を薄く切ったもの。

**が-り【我利】** 自分だけの利益。[用例]―私欲。

**ガリア【Gallia】** 現在のフランス・ベルギー・北イタリアにあたる地域のローマ時代の呼称。ケルト族に属するガリア人の地の意。紀元前三世紀初頭からローマによる征服が始められ、カエサルの遠征によりほとんど全域がローマの属領となった。ゴール。

**かり-あげ【刈(り)上げ】** 襟足の毛を後頭部に向けて短く刈ること。また、その髪型。

**かり-あげ【借(り)上げ】** 江戸時代、諸藩が財政窮乏の打開のために行った策。家臣の知行・俸禄を借り上げる形で減俸。

**かり-あ・げる【刈(り)上げる】**(下一他) ①全部刈る。刈り終える。[用例]田を―。②上のほうまで刈る。

**かり-あ・げる【借(り)上げる】**(下一他) 政府が民間から借りる。take over

**ガリアせんき【ガリア戦記】**《原題Commentarii de bello Gallicoラテン》紀元前五八〜前五一年のカエサルのガリア遠征記。全八巻。一〜七巻はカエサル、八巻は部下のヒルチウスの著。貴重な歴史的資料であると同時に、その簡潔な文体はラテン文学の規範となっている。

**かり-あつ・める【駆(り)集める】**(下一他) とび回って、また追いたてるようにして、ほうぼうから人を集める。gather; round up

**カリアティード【caryatid】** 女像柱。古代ギリシア建築とこれを模した後代の建築で、柱にかえて支柱として用いた女性像。

**カリアリ【Cagliari】** イタリア西部、サルデーニア島南部の港湾都市。付近に塩田が広がる。人口二二・五万(一九八三)。

**かり-いえ【借り家】** かりて住む家。しゃくや。rented house

**かりいお-の-まつり【仮▼庵の祭(り)】** ユダヤ教三大祭の一つ。ユダヤ暦ティシュレ月(九〜一〇月)の一五日から一週間行われる収穫祭。Sukkoth; Feast of Tabernacles

**カリーナ【Anna Karina】**(一九四〇〜) フランスの映画女優。主演作『女は女である』『女と男のいる舗道』など。

**カリーニン【Kalinin】** ソ連、モスクワ北西、ボルガ川上流の工業都市。人口四四・二万(一九八六)。旧称トベリ。

**カリーニン【Mikhail Ivanovich Kalinin】**(一八七五〜一九四六) ソ連の政治家。一九二三年連邦中央執行委員会議長。一九三八年から死去するまでソビエト最高会議幹部会議長。

**カリーニングラード【Kaliningrad】** ソ連西部、バルト海に臨む港湾都市。外国貿易・漁港として知られる。中世ハンザ同盟の有力市。一九四五年までドイツ領。人口三八・九万(一九八六)。

**かり-いれ【刈(り)入れ】** イネ・ムギなど穀物を刈り取ること。収穫。harvest

**かり-いれ【借(り)入れ・借入】** お金や品物を他から借りること。[対義]貸し出し。

**かりいれ-きん【借入金】** 必要に応じて外部から借り入れた金銭。短期と長期の別がある。loan payable

**かりいれ-しほん【借入資本】** ↓たにんし

ほん(他人資本)

**かり-い・れる【刈(り)入れる】**(下一他) イネ・ムギなどを刈って取りこむ。harvest

**かり-い・れる【借(り)入れる】**(下一他) お金や品物を他から借りる。borrow

**かり-うえ【仮植え】**(名・サ変他) 苗木などを定植するまで、仮に植えておくこと。かしょく。対義 定植。

**かり-う・ける【借(り)受ける】**(下一他) 借りて受けとる。borrow

**かり-うち【▼樗▼蒲】** 賭博の一つ。「かり」という楕円形の平たい木製のさいころを四個投げ、出た面の組み合わせで勝負を争う。ちょぼ。

**かり-うど【狩▽人】** ↓かりゅうど(狩人)

**カリウム【Kalium ドイ】**《アラビア語qali(灰)に由来》アルカリ金属の一つ。元素記号K。原子番号一九。原子量三九・一。銀白色で軟らかい。ナトリウムに似た性質をもつ。空気中で酸化されやすいので石油系溶媒中に保存する。原子炉冷却材原料など。カリ。potassium

**ガリウム【gallium】** 金属元素。元素記号Ga原子番号三一。原子量六九・七。比重五・九。帯青白色で軟らかく、化学的性質はアルミニウムに似る。半導体材料・低融点合金などに使用。

**カリウム-アルゴン-ほう【カリウム-アルゴン法】** 放射性元素を利用した年代測定法の一つ。カリウム(半減期約一三億年)がアルゴンになる現象を利用。potassium-argon dating

**ガリウム-ひそ-はんどうたい【ガリウム-▼砒素半導体】** ガリウムと砒素の化合物でできた半導体。発光・受光機能があり、光電変換効率が高い。また、単結晶は動作速度も速く消費電力も少ない。電界効果トランジスター・太陽電池などに使用。gallium arsenide semiconductor

**カリウム-みょうばん【カリウム明▼礬】** ↓カリみょうばん(カリ明礬)

**ガリェーゴス【Rómulo Gallegos Freire】**(一八八四〜一九六九) ベネズエラの小説家・政治家。自然主義的な作風で知られる。作品『ドニャ=バルバラ』など。

**カリエール【Eugène Carrière】**(一八四九〜一九〇六) フランスの画家。母子を題材としたものが多く、暗い夢幻的な色調。作品『母性愛』『接吻』など。

**カリエス【Karies ドイ】**《もろい、の意》骨が慢性的炎症によって部分的に腐り、破壊(腐骨化)された状態。ほとんどが結核菌による。背や腰が運動時にひどく痛む。骨瘍。骨疽。caries 用例 脊椎――。

**ガリオア【GARIOA】**《Government Appropriation for Relief in Occupied Area Fundの略》アメリカ政府による占領地救済資金。第二次大戦後、飢餓・疾病による社会不安を防ぎ占領行政を円滑化するために支出された。比較 EROA。

**かり-おや【仮親】** ①やしない親。養父母。adoptive parents ②名目上、親となる人。親代わり。assumed parents

**かり-かえ【借(り)換え・借換】** 借り換えること。

**かりかえ-さい【借換債】** 満期の近づいた公債の償還にあてるため、あらたに発行される公債。refunding bond

**かり-か・える【借(り)換える】**(下一他) 前の借りを返して、新しく借りる。renew a debt

**かり-かた【借(り)方】** 対義 貸し方。①借りる人。借り手。debtor; borrower ②借りる方法や態度。way of borrowing ③《「借方」で》複式簿記で、帳簿の左側の金額記入欄。負債・資本の減少、資産の増加、損失の発生などを記入する。debit side

**かりかち-とうげ【狩勝峠】** 北海道中部、日高山脈にある峠。標高六四四m。十勝平野を一望できる。

**カリカチュア【caricature】** 戯画のこと。絵・文・芝居で、人や事物の特徴を滑稽に誇張した描写。風刺画など。カリカチュール。

**カリカチュール【caricature フランス】** ↓カリカチュア

**カリカット【Calicut】** インド南部、マラバル海岸にある港湾都市。コプラ・コーヒー・茶などの輸出港。人口五四・六万(一九八一)。コジコーデ。

**かり-かつよう【カリ活用】** 文語の形容動詞の活用の型の一つ。形容詞の連用形に動詞「あり」が融合し活用したもの。「寒くあり」が「寒かり」となる類。現在では形容詞の活用の一部として扱われる。

**ガリカニズム【Gallicanism】** ガリア主義。教会の自治を強調し、ローマ教皇権の制限を要求したガリア教会(フランスカトリック教会)の主張。対義 ウルトラモンタニズム。

**かり-が-ね【▼雁が音・▼雁・▼雁金】** ①水鳥のガンの異名。②ガンの鳴き声。③紋所の名。ガンの姿を紋章化したもの。④ガンカモ科の水鳥。マガンによく似ているが翼長約三五cmと小さく、額の白色部が広い。↓図

●雁金③ 三つ斜め雁金 結び雁金

**かりがね-そう【▼雁金草】** クマツヅラ科の多年草。山野にはえる。高さ一m前後。四角な茎で、葉は対生。八〜九月、紫色の花をつける。不快な臭気がある。ホカケソウ。

**かり-かぶ【刈(り)株】** 草木を刈ったあとの切り株。

**カリ-ガラス** 《Kali オランダとglas オランダから》ソーダガラスに含まれるナトリウムを、カリウムで置換したガラス。カリウム含量がナトリウムより多い。彩飾用の無色ガラスなど。potash glass

**かり-かり**(副・サ変自) ①かたいものをかみ砕く音。また、歯切れのよいさま。用例 たくあんを――かじる。②神経をとがらせているさま。be nervous 用例 気が高ぶって、――する。

**がり-がり【我利我利】** 人にかまわず、自分だけの利益をはかること・人。用例 ――亡者。

**がり-がり** 一(副) ①かたいものをかじったり、かみ砕く音。また、ものをひっかく音。grate; gnaw; scratch 用例 つめで――ひっかく。②しゃにむに、事を行うさま。grind 用例 ――勉強する。二(形動) ひどくやせているさま。skinny 用例 ――のやせっぽち。

**かり-ぎ【借(り)着】**(名・サ変他) 人から衣服を借りて着ること。その衣服。borrowed clothes

**かり-ぎぬ【狩▽衣】** 公家や武家の服装の一種。本来布製だったため、布衣ともいった。まるい襟つきで、脇があき、袖口にくくり緒の飾りがついている。もとは民間の実用衣で狩猟などに用いたが、近世は武家の礼服。↓図

●狩衣 鎌倉時代の狩衣

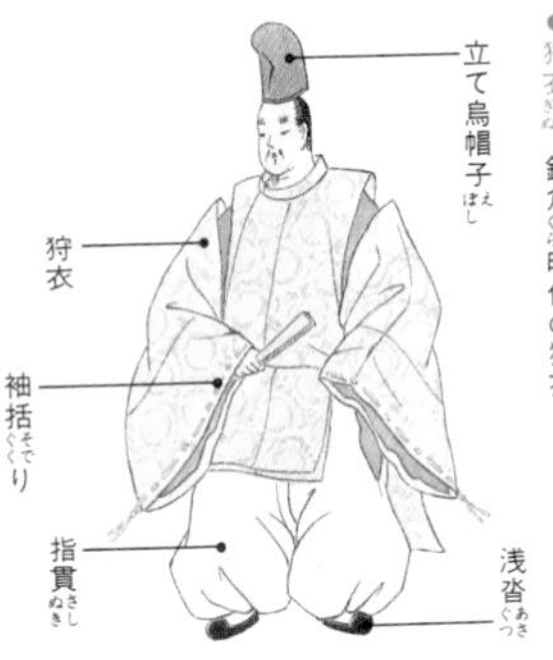


**カリキュラム【curriculum】** 教育課程。地域・学校・児童・生徒などの実態にもとづいて、計画的に組織・編成された教育活動のプログラム。

**かり-き・る【借(り)切る】**(五他) ①全部借りる。charter ②自分だけが借りる。専用に借りる。hire 用例 バスを――。

**かり-くら【狩(り)▽座・狩倉】** 鳥獣を狩る場所。狩り場。

**カリグラ【Caligula】**(AD一二〜四一) ローマ皇帝(在位AD三七〜四一)。即位直後精神異常をきたし、神人として崇拝を強要するなど暴政が多く、妻子とともに殺された。本名はガイウス=ユリウス=カエサル=ゲルマニクス。カリグラは愛称で幼児靴のこと。

**カリクラテス【Kallikratēs】**(生没年未詳) 紀元前五世紀後半のギリシアの建築家。アクロポリスのアテナ-ニケ神殿のほか、イクティノスと協力してパルテノン神殿を建造。

**カリグラフィー【calligraphy】** 芸術的もしくは装飾的な書の制作。また、書そのもの。絵画では、線描的性格の強いものについていう。

**ガリ-クルチ【Amelita Galli-Curci】**(一八八二〜一九六三) アメリカのコロラトゥーラ-ソプラノ歌手。イタリア生まれ。一九二〇年『椿姫』以来世界的となる。

**カリクレイン【callicrein】** 哺乳類の膵臓や脾臓でつくられるたんぱく質分解酵素。著しい血管拡張作用がある。

**かり-こし【借(り)越し・借越】** ①一定の限度を超過して金銭を借りること。とくに当座預金についていう。borrow exceedingly 対義 貸し越し。②貸してあるものより借りているものが多いこと。overdrawing

**かりこし-きん【借越金】** 借り越しになったお金。overdraft

**かり-こ・す【借(り)越す】**(五他) ある限界より多く借りる。overdraw

**かりこみ-ばさみ【刈(り)込み▼鋏】** 園芸用のはさみの一種。樹木などの枝を刈り込むのに用いるもので、柄が長く両手で使うはさみ。

**かり-こ・む【刈(り)込む】**(五他) ①枝葉や頭の毛を刈って、形をととのえる。手入れをする。②刈り取ってたくわえる。

**かり-こ・む【狩(り)込む】**(五他) 罪人・容疑者・浮浪者・売春婦・暴力団などを、とつぜん追い立ててつかまえる。round up

**カリコム【CARICOM】**《Caribbean Communityの略》カリブ共同体。

**かりこも-の【刈▼菰の・刈▽薦の】**［枕ことば］《「かりこも」は、敷物などを編むために刈り取ったマコモ》「乱る」などにかかる。用例 飼飯の海の庭好くあらし――乱れ出づ見ゆ海人の釣船(万葉・三・二五六)。

**かり-ごろも【狩衣】** ①↓かりぎぬ(狩衣)。②［枕ことば］「すそ野・立つ」などにかかる。用例 ――すそ野もふかしはしたかのとかへる山の峯の白雪(新勅撰・冬)。

**かりさか-とうげ【▼雁坂峠】** 埼玉・山梨県境にある峠。標高二〇八二m。秩父地方と甲府盆地を結ぶルートにある。展望がよい。

**かり-さしおさえ【仮差(し)押(さ)え・仮差押】** 金銭債権者が訴訟をおこすさいに、裁判所に申請して債務者が判決前に自己の財産を処分・移転できないように、これを仮に差し押さえて確保する手続き。provisional attachment 比較 仮処分。

**ガリシア【Galicia】** スペイン北西部、大西洋岸の地方。同国での最多雨地。リアス式海岸で有名。漁業がさかん。

**かり-しっこう【仮執行】** 仮執行の宣言のついた判決、または支払命令にもとづく強制執行。勝訴した原告の権利を、判決が確定する前に仮に実現するためのもの。provisional execution

**かり-しゃくほう【仮釈放】** 刑期などの収容期間が満了する前に収容者を釈放して社会復帰を促進する制度。仮出獄・仮出場や、少年院などからの仮退院の三種類。parole

**かり-しゅうげん【仮祝言】** 身内の者だけでとり行う仮の婚礼。正式の祝言に先立って行われるが、仮祝言だけですませてしまうこともある。

**かり-じゅきゅう【仮需給】** 売買による差益を得るために、他人から資金あるいは株券を借りて行う仮の売買。空売りと空買い。speculation demand and supply

**かり-しゅつごく【仮出獄】** 懲役または禁錮の刑により刑務所に入れられている者が、改悛の情があると認められた場合、一定の条件のもとに出獄を許されること。release on parole

**かり-しゅっしょ【仮出所】** 仮出獄・仮出場の一般的な呼称。parole

**かり-しゅつじょう【仮出場】** 拘留刑に処せられたり労務場に留置されたものが、改悛の情があると認められた場合、一定の条件のもとに釈放されること。conditional release from a workhouse

**かり-しょうぞく【狩(り)装束】** ①公家が遊行や狩りに出かけるとき着た装束。②武家が狩猟や騎射のときに着た装束。直垂か狩衣に行縢をはき、太刀を帯び、綾藺笠をかぶり、重籐の弓と征矢を携えた姿。かりそうぞく。

**かり-じょうやく【仮条約】** 仮調印され、正式に批准される前の条約。provisional treaty

**かり-しょぶん【仮処分】** ①仮に処分すること。②金銭債権以外の請求権をもつ者が、後日の強制執行にそなえて目的物を確保するため、裁判所に対して仮の処置を求める制度。distress 比較 仮差し押さえ。③権利者が裁判所に、一定の権利を仮に確保する処置を求める制度。provisional disposition

**カリステモン【Callistemon】** フトモモ科の常緑低木。高さ三m前後。初夏に、紅赤の雄しべが長く突き出た穂状花序をつけ、ブラシに似る。観賞用に栽培。オーストラリア原産。ブラッシノキ。



▼常用漢字表外。 ▽常用漢字表の音訓外。

**カリスト**【Kallistōギリシア】ギリシア神話の少女。ゼウスと通じたのでヘラの怒りをうけてクマに変えられ、息子のアルカスに追われた。ゼウスがあわれみ、母をおおぐま座に、息子はアルクトゥルス星にしたという。

**カリスマ**【charismaギリシア】《恵みの賜物の意》①初期キリスト教会で、神から特別に与えられた能力・資質、とくに人を愛する能力をいう。一般には、奇跡、治癒、予言能力が重視された。②特定の個人に非日常的で超人的な力をそなえた資質。英雄や予言者などにみられる。マックス=ウェーバーが支配の類型概念として用い、のち一般化。用例 ―的支配。

**かり-ずまい**【仮住(ま)い】(名・サ変自) 仮に住むこと。また、その家。仮寓。temporary residence

**かり-せい**【仮製】「仮製本」の略。

**かり-せいふ**【仮政府】臨時につくられた政府。革命などのさい一時的に設けられる。provisional government

**かり-せいほん**【仮製本】本格的な装丁を施さないで、糸や針金でとじた中身に簡単な表紙をつけた製本の用式。また、その書物。仮とじ。仮製。unbound

**カリ-せっけん**【カリ石▼鹼】油脂または高級脂肪酸を水酸化カリウムで鹼化して得られるせっけん。軟質のり状で水に溶けやすい。軟せっけん。potash soap

**かり-そめ**【仮初め・▼苟▽且】①まにあわせ。一時的。temporary ②おろそか。軽率。negligent ③ふとしたこと。trivial

**かりそめ-にも**【仮初めにも】(副) ①いやしくも。かりにも。用例 ―本校の生徒ではないか。②少し(の間)でも。かたときも。用例 ―法にそむけば。③《下に打ち消しをともなう》決して。断じて。用例 ―法にそむいてはならない。

**かり-たお・す**【借(り)倒す】(五他) 借りたものを返さないで、相手に損害を与える。ふみ倒す。bilk

**かり-だ・す**【駆(り)出す・狩(り)出す】(五他) ①追い立ててひっぱり出す。round up 用例 えものを―。②人がいやがるのを、ひっぱり出す。drag one out

**かり-た・てる**【駆(り)立てる】(下一他) ①《「狩り立てる」とも》追い立てる。駆り出す。urge; drive 用例 えものを―。②無理に行かせる。drive 用例 戦争に―。

**かり-ちょういん**【仮調印】(名・サ変他) 外交交渉で、条約や協定の内容がほぼ確定したさいに行われる略式の署名。政府代表が自分の名前の頭文字を記す。initial signature

**カリ-ちょうせき**【カリ長石】カリウムとアルミニウムの珪酸塩鉱物。岩石を構成する鉱物の一種。白色で長柱状の正長石が代表的。potash feldspar

**かり-ちん**【借(り)賃】物を借りて支払う料金。借り料。rental fee 対義 貸し賃。

**ガリック**【David Garrick】(一七一七〜一七七九) イギリスの俳優・劇場経営者・劇作家。シェークスピア劇などの主役を演じ人気を得た。

**カリッシミ**【Giacomo Carissimi】(一六〇五〜一六七四) イタリアの作曲家・声楽家。初期オラトリオ・カンタータの大家。作品『イェフテ』など。

**かり-て**【借(り)手】金品を借りる人。借り主。borrower; debtor 対義 貸し手。

**かりてい-も**【▼迦▼梨帝▽母】《Hārītī梵の音写》→きしもじん(鬼子母神)

**かり-とうき**【仮登記】不動産の本登記に必要な条件が整わないとき、将来の本登記の順位を確保するために行う予備的な登記。provisional registration

**かり-とじ**【仮▼綴(じ)】→かりせいほん(仮製本)

**かりとり-き**【刈(り)取り機】イネやムギなどの収穫用機械。reaper

**かり-と・る**【刈(り)取る】(五他) ①イネ・ムギなどを切り取る。mow ②とりのぞく。nip 用例 悪の根を―。

**かり-な**【仮名】①かなもじ。かんな。②仮の呼び名。かめい。pseudonym

**かり-に**【仮に】(副) ①まにあわせに。temporarily ②そうと仮定して。granted that

**カリニ-はいえん**【カリニ肺炎】ニューモシスティス-カリニという原虫の寄生による肺炎。発熱・せき・呼吸困難・胸痛などの症状を呈する。エイズの二次感染症の一つでもある。ニューモシスティス-カリニ肺炎。pneumocystis carinii pneumonia

**かりに-も**【仮にも】(副) ①《下に禁止・打ち消しをともなう》どんなことがあっても。絶対に。用例 ―そんなことを言ってはならない。②いやしくも。かりそめにも。

**かり-ぬい**【仮縫い】(名・サ変他) 裁縫で、本縫いの前に仕付け糸でほぼできあがりの形に縫うこと。またそれを着用させ、体形に合わせて補正する作業。下縫い。fitting

**かり-ぬし**【借(り)主】借り手。borrower 対義 貸し主。

**かり-ね**【仮寝】(名・サ変自) ①うたたね。nap ②たびね。stay at an inn ③野宿。bivouac

**かり-ば**【狩(り)場・▽猟場】鳥や獣を狩猟する場所。狩りくら。hunting ground

**ガリバー-がた-かせん**【ガリバー型寡占】一社の市場占有率が圧倒的に高く、他の多くの企業との格差がきわめて大きい形の寡占。小人国でのガリバーになぞらえていわれる。Gulliver's oligopoly

**ガリバー-りょこうき**【ガリバー旅行記】《原題 Gulliver's Travels》スウィフトの小説。一七二六年刊。船員ガリバーの漂流記に託し、人間世界を痛烈に風刺。

**カリパス**【calipers】寸法計測用の器具。コンパス形の両脚を開閉して円筒の厚み、穴の内径、球の外径などを測る。パス。

**カリバ-ダム**【Kariba Dam】アフリカ南部、ジンバブエとザンビア国境のザンベジ川中流にある水力発電用ダム。

**かり-ばち**【狩▼蜂】カリュウドバチの別名。

**かり-はっちゅう**【仮発注】とりあえず発注の形をとり、正式発注をするかどうかの選択は一定期間内にすればよいという契約。

**ガリバルディ**【Giuseppe Garibaldi】(一八〇七〜一八八二) イタリア統一運動の指導者。一八三三年以降統一運動に参加。南米に亡命後、六〇年赤シャツ千人隊を組織、両シチリア王国を征服し、サルデーニャ国王に献上。

**がり-ばん**【ガリ版】《「がり」は、やすり板で原紙に鉄筆で文字などを書くときの音から》謄写版のこと。謄写版用やすり。謄写版印刷。mimeograph

**カリ-ひりょう**【カリ肥料】植物が必要とする元素のカリウムを含む肥料。塩化カリ・硫酸カリ・木草灰・海草灰など。potash fertilizer

**カリフ**【caliph】《アラビア語のハリーファ(後継者)が語源》イスラム教団の最高権威者の尊称。ムハンマド没後の六三二年アブーバクルが教団指導者になったときに採用。イマーム。

**カリブー**【caribou】北アメリカ北部に生息するトナカイ。英語では、ユーラシア北部に生息するトナカイを区別して、レインディアということがある。

**カリフォルニア**【California】アメリカ南西部、太平洋岸の州。気候温暖で同国屈指の果物・野菜の産地。一九世紀の中ごろから、ゴールドラッシュや石油の発見により急速に発展。人口三三六六・八万(一九九八)。加州。

**カリフォルニア-かいりゅう**【カリフォルニア海流】北アメリカ大陸の太平洋側、カリフォルニアの沖合いを赤道方向へ流れる海流。寒流でサケ・ニシンなどが多い。California Current

**カリフォルニア-はんとう**【カリフォルニア半島】(California Peninsula) メキシコ北西部、太平洋に突き出た半島。灌漑農業による綿花、トウモロコシなどの栽培がさかん。

**カリフォルニア-ポピー**【California poppy】ハナビシソウの別名。

**カリフォルニア-ゆでん**【カリフォルニア油田】(California Oil Fields) アメリカ、カリフォルニア州にある油田の総称。同国有数の産出量を誇る。

**カリフォルニア-わん**【カリフォルニア湾】(Golfo de California) メキシコ北西部、カリフォルニア半島で太平洋と隔てられた細長い湾。

**カリブ-かい**【カリブ海】(Caribbean Sea) 大西洋西部、西インド諸島と中・南アメリカに囲まれた海域。最深部はケイマン海溝の七六八〇m。ハリケーンの発生地。パナマ運河により太平洋と結ばれる。

**かり-ぶき**【仮▼葺(き)】(名・サ変他) ①まにあわせに屋根を葺くこと。その屋根。②瓦をのせる前の板葺きの屋根。

**カリブ-きょうどうたい**【カリブ共同体】(Caribbean Community) カリブ諸国の政治的経済的統一組織。カリブ自由貿易連合(CARIFTA)を発展させて一九七三年発足。CARICOM。

**かり-ぶしん**【仮普請】(名・サ変他) まにあわせの建築工事。また、その建物。temporary building 対義 本普請。

**カリプソ**【calypso】西インド諸島、トリニダード島起源の民俗音楽。また、そのリズム(四分の二拍子)名。元来は黒人の即興的な物語歌。

**カリフラワー**【cauliflower】アブラナ科の一、二年草。キャベツの変種。茎の先の乳白色の肥厚した花蕾が食用となる。たんぱく質・鉄分・ビタミンCに富む。ハナキャベツ。ハナヤサイ。ハナカンラン。→写

●カリフラワー

**がり-べん**【我利勉】《「我利」は当て字》がむしゃらに勉強すること・人。grinding

**かり-ほ**【刈(り)穂】刈り取った稲穂。harvested rice ears

**かりぼしきり-うた**【刈(り)干し切り▼唄】宮崎県高千穂地方の民謡。節まわしは寂しく悠長。萱刈り節。

**カリホルニウム**【californium】超ウラン元素の一つ。元素記号Cf 原子番号九八。原子量二五一。金属だが性質の詳細は不明。一九五〇年、カリフォルニア大学でつくられたのにちなんで命名。

**ガリマール**【Gallimard】フランスの代表的出版社。一九一九年創業。NRF誌とその寄稿家グループを中心に、二〇世紀フランスの思想・文学をリードした。

**かり-まいそう**【仮埋葬】(名・サ変他) 一時的に仮に埋葬すること。死者の遺族が不明な場合など、本葬ができないときに行う。仮埋め。

**カリマコス**【Kallimachos】(BC三一〇ごろ〜BC二三五ごろ) ヘレニズム時代のギリシアの詩人・文献学者。高踏的な詩を書き、後代のローマ詩人に影響を与えた。アレキサンドリア図書館で『目録』を作成。作品『賛歌』『各地祭祀縁起詩集』など。

**かり-また**【▼雁▼股】矢じりの一つ。股の形で、内がわに刃がある。また、それを付けた矢。

**カリマンタン**【Kalimantan】東南アジア、カリマンタン島のうちインドネシア領の南半部・東部をよぶ。全島の八〇%を占める。島全体をさすこともある。面積五五万km²。赤道直下で高温多湿。原始マライ系のダヤク族のほか、マライ族・華僑などが居住。人口六七二・三万(一九八〇)。

**カリマンタン-とう**【カリマンタン島】(Kalimantan) 東南アジア、インドネシアの北部にある世界第三の島。面積七四・六万km²。ボルネオ島。

**かり-みや**【仮宮】①仮に造った御殿。temporary palace ②祭りのみこしを仮に置く所。お旅所。③天子の旅行先の居所。行在所。

**カリ-みょうばん**【カリ明▼礬】化学式KAl$(SO_4)_2$・$12H_2O$ 複塩の一種。水に溶ける無色の結晶。染色・顔料・製紙・凝結剤・医薬などに利用。硫酸アルミニウム-カリウム十二水和物。みょうばん。potassium alum

**かり-むしゃ**【駆(り)武者・仮武者】国司の命令でかり集めた臨時の兵士。

**かり-めん**【仮免】「仮免許」の略。

**かり-めんきょ**【仮免許】一定の資格を得た者に対し、最終的な免許の確認がすむまでの間、仮に与えられる免許。temporary license

**かり-もがり**【▼殯・▽先▼殯】遺体を埋葬する前に、一定期間、納棺したままで安置すること。また、その期間。もがり。

**かり-もの**【借(り)物】借りた物。臨時に使わせてもらう物。borrowed thing

**かり-や**【仮屋】仮に造った小屋。temporary shelter

**かり-や**【借(り)家】借りている家。しゃくや。rented house

**かりや**【刈▽谷】〈市〉愛知県中部にある市。旧城下町。トヨタ系の工場が多く、自動車・織機・製鋼などの工業がさかん。人口一二万四六一一(一九九八)。

**ガリヤード**【galliard】二分の三拍子、ときには四分の二拍子で踊る陽気で快活な踊り。一六世紀後半イギリスで流行。

**かりや-えきさい**【狩▽谷▼棭斎】(一七七五〜一八三五) 江戸後期の考証学者。江戸の人。古典の実証的学風で知られた。著書『箋註倭名類聚鈔』ほか。

**か-りゃく**【下略】→げりゃく(下略)

**かりゃく**【▼嘉▽暦】鎌倉末期の年号。正中二年(一三二六)四月二六日〜四年(一三二九)八月二九日。次に、元徳に改元。

**かり-やす【刈安】** 山野にはえるイネ科の多年草。高さ約一m。線形の葉は互生し、長さ二〇～四〇cm。秋に、ススキのような花穂をつける。

**かりやす-もどき【刈安▽擬】** イネ科の多年草。山野にはえる。カリヤスに似るが長い芒をもつ。

**か-りゅう【下流】**《「しもりゅう」は別語》対義上流。①川の流れの、川口に近いほう。かわしも。lower reaches ②下位。下層。下等。lower classes

**か-りゅう【加硫】** ①ゴムに硫黄を加えて処理すること。その弾性・耐熱性を向上させる。②ひろく、薬品などを使用し、プラスチックなど可塑性の材料を弾性物質に変化させる操作。vulcanization

**か-りゅう【花柳】** ①紅の花と、緑のヤナギ。また、きれいなもののたとえ。②遊郭。花街。red-light district 用例―界。

**か-りゅう【▼顆粒・▼粿粒】** ①つぶの形をしたもの。あわ状のつぶ。granule ②細胞内や体液内のごく小さな粒子の総称。granulation 参照リソソーム。③眼病のトラコーマの特徴的な病変。結膜に生じる淡赤色の粒。granular

**が-りゅう【我流】** 自分かってのやりかた。自己流。one's own way

**が-りゅう【画竜】** →がりょう(画竜)

**が-りゅう【▼臥竜】** →がりょう(臥竜)

**が-りゅう【賀竜】**(一八九六～一九六九) 中国の軍人。共産党員。長征時の第二方面軍総司令。以後抗日戦に活躍。一九五五年元帥。国務院副総理等の要職を歴任。文化大革命で批判され失脚。

**かりゅう-かい【花柳界】** ①遊郭や待合などのある地域。②遊女や芸者の社会。江戸末期、官許の遊郭を花街、岡場所など非官許の私娼街を柳巷と呼び分けたためという。

**かりゅうど【狩▽人】** 鳥・けものをとる職業の人。猟師。hunter

**かりゅうど-ばち【狩▽人▼蜂】** 昆虫やクモを刺して麻痺させ巣内に蓄え、幼虫のえさにするハチの総称。ジガバチ・ベッコウバチ・トックリバチなどの仲間。巣のつくりの多くは単純。カリバチ。wasp →写

●カリュウドバチ　ジガバチ

**かりゅう-はっけっきゅう【▼顆粒白血球】** 細胞質中に多くの顆粒を含む白血球。人間では白血球の六〇～七〇%を占める。好中球・好酸球・好塩基球の三種類がある。顆粒球。granulocyte

**かりゅう-びょう【花柳病】** →せいこうい かんせんしょう(性行為感染症)

**カリュプソ【Kalypsōギリシア】** ギリシア神話のニンフ。アトラスの娘。オギュギア島に住み、漂着したオデュッセウスを愛して七年間引き留めたが、送り出す。

**カリュブディス【Kharybdisギリシア】** ギリシア神話の海の女怪物。女怪スキュラと海峡をはさんで向き合い、日に三度海水で巨大な渦巻きをつくり、船を難破させた。

**か-りょう【下僚】** 役所などで地位の低い役人。下役。

**か-りょう【加療】**(名・サ変自) 病気・けがを治療すること。medical treatment 比較治療。

**か-りょう【科料】** ①罪をつぐなうために出す金品。police fine ②犯罪者から金額を徴収する刑。刑罰の中ではもっとも軽く、その金額は現在は二〇円以上四〇〇〇円未満。とが料。minor fine

**か-りょう【過料】**《「科料」は別語。区別するために「あやまち料」ともいう》罰金や科料のように刑罰として科されるもの以外の金銭罰の総称。法令違反に対する制裁、強制執行の代用や懲戒の手段となる。correctional fine

**か-りょう【佳良】**(形動) よいさま。まさっているさま。good 用例成績―。

**が-りょう【画▽竜】** 竜をえがくこと。がりゅう。

**画竜、点睛を欠く**《竜をかいて、最後に、睛をかき落とす、の意》かんじんの仕上げがまずい。画竜点睛。

**が-りょう【▼臥▽竜】** =がりゅう。①ねむっている竜。②民間にうもれている大人物。

**臥竜、雲を呼ぶ** うもれていた大人物が、社会に出て大活躍をする。

**が-りょう【雅量】** おくゆかしい心。大きな心がまえ。generosity 比較度量。

**かりょうびんが【▼迦陵頻▼伽】**《kalavinka 梵の音写。妙音鳥・好声鳥と訳す》仏教で極楽にいるとされる鳥。人頭鳥身で美声を発するという。迦陵頻。

**か-りょく【火力】** ①火。火の勢い。force of fire 対義水力。②火器の威力。firepower

**かりょく-じゅりん【夏緑樹林】** 冬に落葉し、夏に葉が茂る広葉樹林。温帯北部付近に分布し、日本では中部以北の大部分。落葉広葉樹林。summer-green forest

**かりょく-はつでん【火力発電】** 石油・天然ガスなどの火力で発生させた蒸気を動力として発電機を回し、電力を発生させる方式。thermal power generation 対義水力発電。

**ガリラヤ【Galilaíaギリシア】** イエスの主要活動地。現在のイスラエル北部地方。

**か・りる【借りる】**(上一他) ①返す約束で、ある期間、人のものを使う。borrow 対義貸す。用例金を―。本を―。②一時的に利用する。borrow 用例有名人の名を―。③《「藉りる」「仮りる」とも》㋐助けを受ける。get help 対義貸す。用例知恵を―。力を―。㋑代わりに使う。substitute 用例文字を―・りて写す。

**借りて来た猫の様** いつもとは違い、たいへんおとなしいようすをいう。play the hypocrite

**借りる時の地蔵顔** 金を借りるときは、あいそよく借りること。借る時の地蔵顔。対義返す時の閻魔顔。

**ガリレイ【Galileo Galilei】**(一五六四～一六四二) イタリアの物理学者・天文学者。はじめ医学を学んだが数学へ転向。物体運動論を研究、慣性の法則、落下物体の加速度が一定であること、弾道が放物線をえがくことなどを明らかにした。自ら望遠鏡を製作。月の山谷、太陽黒点、銀河が星の集団であること、木星の衛星などを発見。コペルニクスの地動説を立証し、『天文対話』の公刊で宗教裁判を受ける。『新科学対話』などを発表。近代科学の父と呼ばれ、科学の方法論を明確にした。→写

●ガリレイ

**ガリレイ-えいせい【ガリレイ衛星】** ガリレイが発見した、木星の衛星。イオ・エウロパ・ガニメデ・カリストの四つ。Galilean satellites

**ガリレイしき-ぼうえんきょう【ガリレイ式望遠鏡】** 対物レンズに凸レンズ、接眼レンズに凹レンズを用いた望遠鏡。像は正立だが虚像。低倍率で構造は簡単。一六〇八年オランダのリパーシャイムがはじめて製作。ガリレイは一六〇九年に製作。オランダ式望遠鏡。

**ガリレオ-けいかく【ガリレオ計画】** アメリカ航空宇宙局(NASA)の木星探査計画。スペースシャトルを使って打ち上げ、探査機「ガリレオ」からパラシュートを付けた機器を木星に降下させ、各種の観測を行う。Galileo Project

**かりろく【▼訶▼梨▼勒】**《harītakī梵の音写》①シクンシ科の高木。高さ三〇m前後。白色花を穂状につける。材は器具用、果実は薬用。中国・インドシナなど原産。②室町時代に使われた柱飾り。カリロクの実を模し、邪気払いとしたことに始まる。

**かりわ【刈羽】**〈村〉 新潟県、柏崎市北隣の村。稲作、果樹栽培などがさかん。原子力発電所がある。人口五四九〇(一九八八)。

**かり-わたし【仮渡し】** 仮に渡すこと。とくに、精算が不明な場合に金銭を概算で支払うこと。仮払い。かわたし。

**かり-わたし【▼雁渡し】**《雁を運んでくる風、の意》初秋から仲秋にかけて吹く北風。青北風。がん渡し。

**か-りん**《一般に「花櫚」の字を当てるが、これは、カリンに材の目が似た東南アジア原産のマメ科の植物》①バラ科の落葉高木。観賞用に栽培。高さ約六m。四月に淡紅色の花を開く。秋に果実が黄熟、芳香を放つ。果実酒・せき止め用。材は床柱・器具用。中国原産。カラナシ。キボケ。②マルメロの別名。→写

**カリンガ【Kalinga】** インド南東岸、ベンガル湾一帯の古地名。紀元前四世紀ごろ、強大な王国があったとされる。

**かりんさん-せっかい【過▼燐酸石灰】** 燐酸肥料の一種。燐酸水素カルシウムと硫酸カルシウムからなる粗い粉。土壌を問わず、肥料効果は大きい。近年、溶成燐肥や化成肥料にとってかわられつつある。superphosphate

**かりん-とう【花林糖】** ふくらし粉を加えた小麦粉をこねて小指大に切り、油で揚げて砂糖みつをまぶした駄菓子。

**か・る【刈る・▼苅る】**(五他) ①きりとる。reap 用例稲を―。草を―。②毛などを短く切る。cut 用例頭を―。

**か・る【狩る・▽猟る】**(五他) ①魚・鳥・けものを追ってとらえる。hunt ②さがし求める。quest for

**か・る【借る】**(五他)《方言》多く関西地方で、借りる。

**借る時の地蔵顔** 「借りる時の地蔵顔」と同意。

**か・る【駆る・▼駈る】**(五他) ①追い立てる。無理にさせる。urge; drive 用例国民を戦争に―。②走らせる。drive 用例馬を―。③《「駆られる」の形で》ある気持ちにさせられる。be stricken 用例不安の念に―・られる。

**か・る【枯る】** 古語(下二自) →かれる(枯れる)

**か・る【▼涸る】** 古語(下二自) →かれる(涸れる)

**か・る【▽離る】** 古語(下二自) はなれる。遠ざかる。用例妹がたもとを―・るるこのころ(万葉・一一・二六六八)。

**が・る**(接尾)《形容詞語幹・体言などに付いて動詞をつくる。五段型》①しきりに…と思う。用例寒―。あわれ―。②…のふりをする。…ぶる。用例強―。

**ガル【gal】**《イタリアの天文学者ガリレオ=ガリレイにちなむ》加速度の単位。秒速一cmあたりの速度変化を示す。記号Gal

**ガル【gull】** カモメ。

**ガル【Franz Joseph Gall】**(一七五八～一八二八) フランスの医師・解剖学者。骨相学の祖。脳の生理学・病理学の開拓者で、精神作用は大脳皮質に局在すると説いた。

●カリン①　花(上)と実(下)。

**かる・い【軽い】**(形) ①目方・程度などが小さい。light 対義重い。用例―荷物。―きず。②楽だ。軽快だ。あっさりしている。light 対義重い。用例気持ちが―。―朝食。③重要でない。用例―・く見る。④そそっかしい。軽はずみである。careless 用例―人物。⑤くみしやすい。easy 対義手ごわい。用例―相手。―・く連勝する。派生かるげ(形動) かるさ(名) かるみ(名)

**かるいざわ【軽井沢】**〈町〉 長野県東部にある町。旧宿場町。浅間山を北西に望む国際的高原避暑地。別荘が多い。高原野菜栽培の発祥地。人口一万五四二六(一九八八)。

**かる-いし【軽石】** 火山放出物の一種。多孔質で、明るい色の固結物。軽いものは水に浮く。珪長質のマグマから、火山ガスが噴出してできる。浮石。pumice

**カルヴィン【Melvin Calvin】** →カルビン

**カルーガ【Kaluga】** ソ連中西部、モスクワ南西の工業都市。機械・マッチ・家具製造工業が発達。人口三〇・二万(一九八六)。

**カルーゾ【Enrico Caruso】**(一八七三～一九二一) イタリアのテノール歌手。輝かしい声と演技力で当時を代表する名テナー。一九〇三年以来、メトロポリタン歌劇場を中心に活躍した。

**ガルーダ-インドネシア-こうくう【ガルーダ-インドネシア航空】**(Garuda Indonesian Airways) インドネシアの国営航空会社。一九五〇年設立。GIA。

**カルカソンヌ【Carcassonne】** フランス南部の観光都市。交通の要地で、ぶどう酒の集散地として知られる。人口四・二万(一九八二)。

**カルカッタ【Calcutta】** インド北東部、西ベンガル州の州都。インド有数の商工業都市で、ボンベイにつぐ屈指の貿易港。ガンジス川の三角州上にあり、ジュート工業がさかん。人口九一六・六万(一九八一)。

**かる-がも【軽▼鴨】** 雌雄同色のガンカモ科の大形の水鳥。翼長約二七cm。体長約六〇cm。体は暗褐色で、胸は黄褐色に暗褐色斑。留鳥と



▼常用漢字表外。　▽常用漢字表の音訓外。

して日本全土の湖沼・河川などにすみ、繁殖するので、ナツガモ・トオシガモと俗称される。東アジア地域に分布。↓図

●カルガモ

**かる-かや【刈▼萱・刈▼茅】** ㊀《「刈る草(かや)」の意で、屋根を葺(ふ)く草のこと》オガルカヤ、またはメガルカヤ、オガルカヤのこと。おもにメガルカヤをさし、メガルカヤの葉には粗毛がある。㊁《苅萱》①浄瑠璃『苅萱桑門筑紫轢』の通称。並木宗輔・並木丈輔作。享保二〇年(一七三五)初演。筑前の武士加藤左衛門尉繁氏が出家、高野山へ入り苅萱と名のる説話を軸に、息子石童丸との邂逅の哀話などがある。②説経節。苅萱道心の説話に高野山苅萱堂縁起などを付してつくられた作品。↓図

●カルカヤ㊀ メガルカヤ(右)、オガルカヤ(左)。

**かるかや-どうしん【▼苅・▼萱道心】** 浄瑠璃・説経節『苅萱』の登場人物。石童丸の父で、加藤左衛門尉繁氏の出家後の名。

**かるかや-の【刈▼萱の】** 〔枕ことば〕「乱る・束・穂」などにかかる。用例 まめなれどなにぞはよけく―みだれてあれどあしけくもなし(古今・雑体)。

**かるが-ゆえ-に【かるが故に】**(接続)《「かあるがゆえに」の約》それゆえに。だから。

**カルガリー【Calgary】** カナダ南西部、アルバータ州の都市。同国の石油・天然ガス産業の中心地。一九八八年冬季オリンピックの開催地。人口六四・一万(一九八六)。

**かるがる-し・い【軽軽しい】**(形) 対義 重々しい。①軽そうである。look light ②重みがない。軽はずみだ。けいそつだ。careless 派生 かるがるしさ(名)

**かる-がる(と)【軽軽(と)】**(副) いかにも軽そうに。たやすく。easily

**かる-かん【軽▼羹】** 蒸し菓子の一つ。すりおろした山芋、うるちの米の粉、白砂糖を混ぜ合わせて、せいろうで蒸したもの。あん入りのものもある。鹿児島の名物。

**ガルガンチュアパンタグリュエルものがたり【ガルガンチュア-パンタグリュエル物語】**《原題Gargantua et Pantagruelフランス》ラブレー作の長編物語。全五巻。一五三二～六四年発表。巨人王父子の冒険を中心に、おおらかな笑いと鋭い時代批判、怪奇な幻想と克明な写実とが奔放雄大にくりひろげられる。フランス-ルネサンス最大の傑作。

**カルキ【kalkオランダ】** ↓さらしこ(晒し粉)

**カルグーリ-ボールダー【Kalgoorlie-Boulder】** オーストラリア南西部にある鉱山都市。一九世紀末のゴールドラッシュ後に発展。人口九一〇〇(一九八二)。

**かる-くち【軽口】** ①出まかせのこっけいな話。light jest 用例 ―をたたく。②しゃれ。地口。秀句。pun ③べらべらしゃべること・人。talkative

**かるくち-ばなし【軽口話】** 笑い話や落語など。light jest

**カルケミシュ【Carchemish】** ユーフラテス川上流の古代ヒッタイト帝国の都市遺跡。紀元前一五世紀には帝国南部の中心として、その後はアラム人支配の貿易地として栄えた。

**かる-こ【軽子】** 港や問屋場などで、軽籠(かるこ)とよばれた「もっこ」を担いで荷を運ぶことを業とした人。

**カルコ【Francis Carco】**(一八八六～一九五八) フランスの詩人・小説家。作品『追いつめられた男』、伝記小説『ビヨン物語』など。

**カルサビナ【Tamara Platonovna Karsavina】**(一八八五～一九七八) イギリスのバレリーナ。ロシア生まれ。優雅で正確な技術と美貌で人気を得た。

**カルサン【calçãoポルトガル・軽衫・軽袗】** 山袴の一種。狭い裾に筒状の裾継ぎをつけたもの。近世初期に広く着用され、現在は中部地方の山村などで着用。たっつけ。

**かる・し【軽し】** 古語(形ク) ↓かるい(軽い)

**ガルシア-マルケス【Gabriel García Márquez】**(一九二八～) コロンビアの小説家。魔術的リアリズムの代表的存在。一九八二年ノーベル文学賞受賞。作品『百年の孤独』『族長の秋』など。

**ガルシア-ロルカ【Federico García Lorca】**(一八九八～一九三六) スペインの詩人・劇作家。斬新な詩法・劇作法の中に伝統を復活。詩集『ジプシー歌集』、戯曲『血の婚礼』など。

**カルシウム【calcium】** アルカリ土類金属の一つ。元素記号Ca 原子番号二〇。原子量四〇・一。銀白色のやわらかい金属。鉱石は石灰岩・石膏など。歯や骨の主要成分。

**カルシウム-シアナミド【calcium cyanamide】** 化学式$CaCN_2$ 炭素との混合物は石灰窒素とよばれ、肥料に利用。除草剤・メラミンなどの原料。

**カルジオリピン【cardiolipin】** 燐脂質の一つ。ウシの新鮮な心筋から単離され、梅毒血清診断の特異抗原となる。ワッセルマン反応に用いる。

●カルセオラリア

**カルシトニン【calcitonin】** 甲状腺から分泌されるホルモン。造骨細胞を刺激して血中カルシウムの骨への蓄積を促進させることで、血中の濃度を減少させる。

**ガルシン【Vsevolod Mikhaylovich Garshin】**(一八五五～一八八八) ロシアの小説家。社会悪に対する理想主義的な戦いの苦悶を描く。作品『四日間』『赤い花』『信号』など。

**カルス【callus】** 癒傷ホルモンやオーキシンの作用で植物体の傷口に生ずる腫瘍状の組織。癒傷組織。

**カルスト【Karst】** ユーゴスラビア、アドリア海に臨むイストリア半島北部を中心とする地方。石灰岩層からなる地形で、「カルスト地形」は、この地方に由来。ドリーネ・鍾乳洞などの奇景に富む。

**カルスト-ちけい【カルスト地形】** 石灰岩台地に発達する浸食地形。石灰岩の主成分の炭酸カルシウムが水に溶食され、カレンフェルト・ドリーネ・鍾乳洞などができる。ユーゴスラビアのカルスト地方の地形に名付けたことからいう。karst ↓写 ↓鍾乳洞図

●カルスト地形 山口県、秋吉台。

**カルゼ【kersey】** ①密に織った黒・紺地の非常に軽い毛織物。コート地などにする。②綿小倉織の一種。より合わせた杢糸を縦縞・格子に織った綾織物。作業衣などにする。

**カルセオラリア【calceolaria】** ゴマノハグサ科の一年草。高さ約二〇cm。花は袋状で赤・黄・橙または斑入りなど。鉢植えの観賞用。キンチャクソウ。↓写

**ガルソン【garçonフランス】** =ギャルソン。①男の子。青年。boy ②給仕の少年。ボーイ。waiter

**ガルソンヌ【garçonneフランス】** ①男のような女。モダンガール。②一九二五年ごろ世界的に流行した断髪。

**カルタ【cartaポルトガル・歌留多・骨牌】**《ポルトガル語やスペイン語で、カードの意》室内遊戯に用いる札の一般的な名称。数え方 一枚・一組み。

**カルダーノ【Girolamo Cardano】**(一五〇一～一五七六) イタリアの数学者・医師・自然哲学者。三次方程式の解法を発表したが、実際の発見者はタルタリアといわれる。

**カルタ-かい【カルタ会】** カルタ遊びをする集まり。

**カルタゴ【Carthago】** 北アフリカのチュニス北方にあったフェニキア人植民市。紀元前九世紀末の建設とされる。前六世紀には西地中海の制海権を握り繁栄。三回にわたるポエニ戦争に敗北、前一四六年ローマの属州となった。帝政期に復興。学問、商業の中心となったが五世紀にバンダル族、七世紀にアラブ人に占領された。

**ガルダ-こ【ガルダ湖】**(Lago di Garda) イタリア北部、ロンバルディア州とベネト州の境にある同国最大の氷河湖。面積三七〇km²。最大水深三四六m。

**カルタ-とり【カルタ取り】** カルタを取る遊び。一人が読み手となり読み札を読み上げ、他の者が、並べた札の中からそれに合うものを取り合い、数を競う。

**カルタヘナ【Cartagena】** スペイン南東部、地中海に臨む港湾都市で軍港。紀元前三世紀のカルタゴ時代からの町。人口一七・三万(一九八一)。

**カルタヘナ【Cartagena】** コロンビア北部、カリブ海に臨む港湾都市。スペインの南米侵攻の根拠地として栄えた。人口五三・一万(一九八五)。

**カルダモン【cardamon】** 香辛料の一つ。ショウズクの種子。↓写

●カルダモン 種子と粉末。

**カルダン【Pierre Cardin】**(一九二二～) フランスの服飾デザイナー。布地の魔術師といわれる。服飾のほか家具や食器のデザインなど多方面で活躍。

**カルチエ-ラタン【Quartier latin】** フランスのパリ市中央部、セーヌ川左岸の区域。教育の中心地で、ソルボンヌ大学などがある。

**カルチノフィリン【carzinophilin】** 抗生物質の一つ。抗腫瘍剤として用いられる。

**カルチベーター【cultivator】** 中耕(畑を浅く耕す)・除草・培土作業を行う農業機械。

**カルチャー【culture】**《もと、耕作の意》文化。教養。カルチュア。

**カルチャー-ショック【culture shock】** 自分のとは異なる文化・慣習・考え方に触れた人間の感じる、強い違和感をともなう驚き。異世代や外国人との接触によって生じる。

**カルチャー-センター【cultural center】** 教養教室。規模が大きく趣味・職業教育など、多種多様の講座をもつもの。従来の個人的な教室が企業化された。

**カルツーム【Khartoum】** ↓ハルツーム

**カルテ【Karteドイツ】** 医師の診察記録カード。病歴・検査所見・処方・治療など、患者に関する情報を記入。診察簿。病症録。clinical chart

**カルデア【Chaldea】** バビロニア南部の古地名。紀元前一〇世紀ごろからセム系のカルデア人が定住し、前七世紀に新バビロニア王国を建国、オリエントを支配した。天文・暦法にすぐれた。

**カルデア-おうこく【カルデア王国】** ↓しんバビロニア(新バビロニア)

**カルティエ-ブレッソン【Henri Cartier-Bresson】**(一九〇八～) フランスの報道写真家。強烈な人間的興味を表現。作品『決定的瞬間』など。

**カルディナーレ【Claudia Cardinale】**(一九三九～) イタリアの映画女優。主演作『刑事』『ブーベの恋人』など。

**カルテット【quartettoイタリア】** =クァルテット。音楽で、①四重奏。四重唱。quartet ②四重奏団。四重唱団。quartet

**カルデラ【caldera】** 火山の中心部またはまわりの大形のくぼ地。成因から、陥没カルデラ・爆発カルデラ・浸食カルデラなどに分類。多くは陥没カルデラ。阿蘇山のものは世界最大。

**カルデラ-こ【カルデラ湖】** 火山のカルデラに水がたまってできた湖。湖岸は切り立った崖で、湖の中央に火口丘が島として残ることが多い。十和田湖・洞爺湖など。caldera lake

**カルテル【Kartellドイツ】** 独占の一形態。同一産業内の複数企業がグループをつくり、価格・生産量・販売量などについての協定を結んで市

場の独占と利潤の増大をはかるもの。企業連合。cartel

**ガルデル**[Carlos Gardel](一八九〇〜一九三五) アルゼンチンタンゴ歌手・作曲家。フランス生まれ。作品『想いのとどく日』など。

**カルデロン-デ-ラ-バルカ**[Pedro Calderón de la Barca](一六〇〇〜一六八一) スペインの劇作家。黄金世紀の最後を飾る。史劇『サラメアの村長』、宗教劇『人生は夢』など。

**カルドゥッチ**[Giosuè Carducci](一八三五〜一九〇七) イタリアの詩人。新古典主義の代表的存在。文芸論で古典の伝統的精神を擁護した。一九〇六年ノーベル文学賞受賞。詩集『青春の季』『擬古詩集』など。

**ガルトニア**[Galtoniaラテン] ユリ科の観賞用球根草。葉は幅約六cm、長さ約六〇cm。夏に一m前後の花茎の先に二〇〜三〇輪の芳香のある白色花が咲く。ツリガネオモト。summer hyacinth

**カルナータカ**[Karnataka] インド南西部、デカン高原南部からマラバル海岸にわたる州。州都バンガロール。経済・文化の水準が高い。人口三七〇四・三三万(一九八一)。旧称マイソール。

**カルナック-しんでん**[カルナック神殿] テーベにある古代エジプト最大の神殿。中王国時代第一二王朝のアメン=エム=ヘト一世の創建以来、増築を重ね、構成はきわめて複雑。Temple of Karnak

**カルナック-れっせき**[カルナック列石] フランスのブルターニュ地方カルナック村にある列石群。新石器時代に属するもので、三kmにわたり三群の立石が並ぶ。

**カルナップ**[Rudolf Carnap](一八九一〜一九七〇) ドイツの哲学者。アメリカに亡命してシカゴ大教授。ウィーン学団の指導者で、論理実証主義の代表的存在。著書『世界の論理的構成』など。カールナフ。

**ガルニエ**[Robert Garnier](一五四四〜一五九〇) フランスの劇作家。悲喜劇『ブラダマント』、悲劇『ユダヤの女たち』など。

**ガルニチュール**[garnitureフランス] ①付属品。装飾品。garniture ②西洋料理のつけ合わせ野菜。主材料をひきたてるもの。クレソン・揚げポテトなど。garniture

**カルネ**[Marcel Carné](一九〇九〜) フランスの映画監督。作品『霧の波止場』『北ホテル』『天井桟敷の人々』『嘆きのテレーズ』など。

**カルノー**[Lazare Nicolas Carnot](一七五三〜一八二三) フランス革命期の軍人・政治家・数学者。公安委員会で徴兵制による近代的国民軍を編制。

**カルノー**[Nicolas-Léonard-Sadi Carnot](一七九六〜一八三二) フランスの物理学者。理想的な熱機関であるカルノーサイクルの考案者。熱力学第二法則の基礎をつくる。

**カルノー-サイクル**[Carnot's cycle] カルノーの考えた理想的な熱機関。作業物質を可逆的に、準静的な等温膨張(高温側)・断熱膨張・等温圧縮(低温側)・断熱圧縮のサイクルで変化させ、エネルギーを取り出す。効率は温度差と高温側の絶対温度の比で与えられる。

**ガルバーニ**[Luigi Galvani](一七三七〜一七九八) イタリアの医学者。筋肉中の生物電気が痙攣を起こすと考えた。これは誤りであったが、電気生理学の糸口をつくり、ボルタの電池発明にヒントを与えた。

**かる-はずみ**[軽はずみ](名・形動) 言動が軽々しいこと・さま。けいそつ。rashness

**カルパチア-さんみゃく**[カルパチア山脈](Carpathians) チェコスロバキアとポーランドの国境付近から、ウクライナ西部を経てルーマニアに連なる弧状の山脈。最高峰ゲルラホフカ山は標高二六六三m。石炭・石油・天然ガスなど鉱産資源が豊富。

**カルパッチョ**[Vittore Carpaccio](一四五五ごろ〜一五二五ごろ) イタリアの画家。ベネチア派。風俗画風の宗教画・歴史画を描く。作品『聖ウルスラ伝』など。

**カルバドス**[calvadosフランス] りんごを原料としたブランデー。フランス、カルバドス地方産。アルコール分約四〇〜五〇%。

**ガルバノメーター**[galvanometer] →けんりゅうけい(検流計)

**カルバラー**[Karbalā'] イラク中部、バグダード南南西にある都市。イスラム教シーア派の聖地。同地方の交易の中心地。人口一〇・一万(一九七〇)。ケルベラ。

**カルバン**[Jean Calvin](一五〇九〜一五六四) スイスの宗教改革者。改革派教会(カルバン派)の祖。フランス生まれ。一五四一年以後ジュネーブで活躍。聖書を最高の権威として教会制度を改革、市政や市民生活も厳しく律した。主著『キリスト教綱要』。カルビン。→写

**カルバン-しゅぎ**[カルバン主義] カルバンの宗教改革思想と継承者らの思想。厳格な聖書主義、神の絶対支配、恩恵に基づく予定説を説き、「世俗内禁欲主義」は初期資本主義の基本理念となった。Calvinism

**カルビ**(kalbi朝) 焼き肉などにする牛・豚のばら肉。

**カルビーノ**[Italo Calvino](一九二三〜一九八五) イタリアの小説家。ネオレアリズムから幻想と寓意の文学へと実験的な探究を続けた。作品『木のぼり男爵』『不在の騎士』『宿命の交わる城』など。

**カルビン**[Melvin Calvin](一九一一〜) アメリカの生化学者。カルビン回路を解明。一九六一年ノーベル化学賞受賞。

**カルビン-かいろ**[カルビン回路] 緑色植物の光合成の暗反応で、二酸化炭素から炭水化物が生成する反応経路。カルビンらが解明した。Calvin cycle

●カルバン 右から三番目。宗教改革記念碑(スイス)。

**ガルフ-オイル**[Gulf Oil Corporation] アメリカの国際的石油会社。一九二二年設立。八四年シェブロンの子会社となった。

**ガルブレース**[John Kenneth Galbraith](一九〇八〜)アメリカの経済学者。ハーバード大教授。現代資本主義を拮抗力・依存効果などの概念により分析。著書『不確実性の時代』など。

**カルペンティエール**[Alejo Carpentier](一九〇四〜一九八〇) キューバの小説家。幻想性豊かな魔術的リアリズム風の作品が多い。作品『失われた足跡』『光の世紀』など。

**ガルボ**[Greta Garbo](一九〇五〜) アメリカの映画女優。スウェーデン生まれ。神秘的な魅力で人気をよんだ。主演作『肉体と悪魔』『アンナ=カレーニナ』『ニノチカ』など。

**カルポー**[Jean-Baptiste Carpeaux](一八二七〜一八七五) フランスの彫刻家・画家。躍動的な群像彫刻の名作を残す。作品『フローラ』など。

**カルボキシペプチダーゼ**[carboxypeptidase] たんぱく質分解酵素の総称。ペプチド鎖のカルボキシル基末端にあるアミノ酸残基を切り離す作用をもつ。

**カルボキシメチルセルロース**[carboxymethylcellulose] アルカリセルロースにクロロ酢酸塩を反応させて得られるセルロースエステル。繊維のり剤・アイスクリームの安定剤などに利用。CMC。

**カルボキシラーゼ**[carboxylase] ①二酸化炭素を結合させるリガーゼの総称。②脱炭酸反応を触媒する酵素の総称。カルボキシル化酵素。③ピルビン酸の脱炭酸分解酵素。ピルビン酸デカルボキシラーゼの通称。

**カルボキシルか-こうそ**[カルボキシル化酵素] →カルボキシラーゼ②

**カルボキシル-き**[カルボキシル基] 化学式-COOH 炭素原子に酸素原子と水酸基のついた一価の原子団。水素イオンを電離し、酸性を示す。有機酸であるカルボン酸の官能基。carboxyl group

**カルボナリ-とう**[カルボナリ党](Carbonariイタリア) 一九世紀初頭、南イタリアで結成された秘密結社。ウィーン体制反対の自由主義的運動を展開したが、一八三〇年代に衰退。炭焼党。

**カルボニル**[carbonyl] ①カルボニル基のこと。②一酸化炭素が配位子として存在するときの名称。また、その錯化合物である金属カルボニルの略称。

**カルボニル-かごうぶつ**[カルボニル化合物] カルボニル基をもつ有機化合物であるアルデヒド・ケトンの総称。carbonyl compound

**カルボニル-き**[カルボニル基] 化学式>C=O 炭素と酸素からなる二価の原子団。アルデヒドやケトンの分子中に存在。carbonyl group

**カルボン-さん**[カルボン酸] 一般式RCOOH カルボキシル基をもつ有機酸。遊離酸の状態で、またエステルや塩として広く動植物界に分布する。carboxylic acid

**カルマ**[karman梵]《原義は行為。「羯磨」と音写》業の原語。業。宿業。カルマン。

**かるまい**[軽米]〈町〉 岩手県北部の町。旧宿場町。稲作のほか、ホップ・タバコ栽培、酪農がさかん。人口一万三八九一(一九八八)。

**カルマル-の-かいめい**[カルマルの会盟] 一三九七年スウェーデンのカルマルで成立した北欧三国の連合。デンマーク王兼ノルウェー王マルグレーテは、スウェーデン王を廃し、三国統治の実権を掌握。一五二三年スウェーデンの独立により消滅。カルマル同盟。Kalmar Union

**カルマン-の-うず**[カルマンの渦] 柱状の物体が流体中を動くとき、また、その逆のときに、物体の後方にできる規則的な渦。物体の左右両側から交互に発生する逆向きの渦が二列に並ぶ。アメリカのカルマンが理論化。カルマン渦列。Karman's Vortex Street

**かる-み**[軽み] ①軽い感じ。②軽いこと・程度。③松尾芭蕉晩年の俳諧理念。平淡な美を基調とし、『俳諧七部集』の『炭俵』に代表される。深遠な詩精神に基づく平明率直な表現による新風とされた。

**カルミア**[kalmia] ツツジ科の常緑低木。庭木などの観賞用に栽培。高さ一〜三m。五〜六月に紅斑のある白花をつける。北アメリカ原産。アメリカシャクナゲ。→写

**カルミナ-ブラーナ**[Carmina Buranaラテン] ①一一〜一三世紀ヨーロッパの叙情詞華集。一八〇三年ドイツの修道院で発見。風刺詩・恋愛詩・酒宴歌・宗教劇詩がラテン語で表現され、当時の僧や学生に愛唱された。ほとんどが無名の放浪詩人の作。②ドイツの作曲家オルフのカンタータ『勝利』第一部。①から二五編を選び、自作の詩曲を加えて構成。

**カルムイク-じちきょうわこく**[カルムイク自治共和国](Kalmychkaya ASSR) ソビエト連邦を構成する自治共和国の一つ。首都エリスタ。カスピ海沿岸北西部を占める。牧畜と小麦などの灌漑農業が中心。面積七・六万km²。人口三二・五万(一九八四)。正称カルムイク自治ソビエト社会主義共和国。

**かる-め**[軽め](名・形動) 程度が軽いほうであること・さま。rather light 対義 重め。

**かる-め**[軽目] 目方が少し軽いこと。

**カルメット**[Albert Léon Charles Calmette](一八六三〜一九三三) フランスの細菌学者。免疫学の分野で大きな業績をあげた。とくにゲランとともにBCGをつくり、結核予防に貢献した。

**カルメ-やき**[カルメ焼き] →カルメラ

**カルメラ**[carameloポルトガル] 砂糖菓子の一つ。氷砂糖に卵の白身を加え、煮て泡立たせ、固まらせたもの。カルメ焼き。現在ではざらめと重曹とで作る。

**かる-める**[▽甲▽乙・▽上▽下] 邦楽で、「かる」は音を高く、「める」は音を低くすること。めりかり。

**カルメン**[Carmen] ①メリメの小説。ジプシー女カルメンと竜騎兵伍長ドン=ホセとの愛の葛藤を描く。②フランス-オペラの代表作。ビゼー作曲。四幕。メリメの小説により、アレビーとメイヤックの台本。一八七五年パリで初演。前奏曲や『ハバネラ』『セギディリア』『闘牛士の歌』などが有名。

**かる-も**[刈る藻] 刈りとった藻。

**かるも-かく**[枯る▽草▼搔く][枕ことば]《イノシシは枯れ草をかき集めて寝床とすることから》「猪」、または同音を含む語にかかる。用例 ―ゐな野の原のかり枕さてもねられぬ月を見るかな(続古今・羇旅)。

**カルモジュリン**[calmodulin] 広く生体内に存在し、カルシウムイオンのもとで酵素活

●カルミア

性化などを行う低分子量のたんぱく質。

**カルモチン**【Calmotin】《商標名》睡眠・鎮静剤。白色結晶の粉末で無臭。かすかに苦味がある。

**かる-もの**【軽物】絹織物のこと。他の布に比べ目方が軽いことから。

**かるら**【▽迦▽楼羅】《garuda梵の音写》仏教の八部衆の一つ。想像上の大鳥で竜を常食とし、金色の両翼を広げると三三六万里、口から火を吐くという。密教では梵天・大自在天の化身とされる。金翅鳥。ガルダ。↓写

●迦楼羅　『迦楼羅像』。興福寺（奈良県）。

**カルルス-おんせん**【カルルス温泉】北海道南部、登別市の温泉。名称は、泉質の似たチェコのカルロビバリの温泉にちなむ。

**カルロビ-バリ**【Karlovy Vary】チェコスロバキア西部の温泉保養都市。国際映画祭開催地。人口六・一万（一九八〇）。カールスバート。

**かる-わざ**【軽業】①危険をともなう事業や計画を身軽にやりこなすこと。acrobatics ②難しい動作を身軽に演じてみせる芸。大道芸、見世物として発達したが、明治以降は曲馬団、サーカスのなかの出し物の一つとなった。曲芸。acrobatics

**かれ**【彼】㊀（代）話し手・相手以外の男をさす語。あの男。he 対義 彼女。㊁（名）女性から、恋人・愛人としての男。boyfriend 比較 彼氏。対義 彼女。③古語 遠くにある事物をさす。あれ。用例 吾が思ふ君が御船かも——（万葉・一八・四〇四五）。

**彼と言い此れと言い**（かれといい これといい）あれもこれも一様に。いずれにしても。とにかく。in any case

**彼も一時、此れも一時**（かれもいちじ、これもいちじ）時代のなりゆきによって、地位や境遇はさまざまに変わる。この世は常ならぬものである。

**彼も人也、我も人也**（かれもひとなり、われもひとなり）《彼も我も同じ人間である、の意》人にできることが、自分にできないはずはない。また、自分にも、それなりの言い分はある。彼も丈夫なり我も丈夫なり。

**彼を知り己を知れば百戦殆うからず**（かれをしり おのれをしれば ひゃくせん あやうからず）敵のことも味方のこともよく知っていれば、何回戦っても敗れることはない。

**かれ**【▽故】古語（接続）こうしたわけで。それゆえ。用例 ——今に焼遺といふ（古事記・中）。

**がれ** 登山で、山の斜面がくずれて、岩石などが落ちやすくなっている所。scree slope 用例 ——場。

**がれ**【枯れ】（接尾）①枯れること。用例 冬——。②なくなること。用例 品——。

**ガレ**【Emile Gallé】（一八四六〜一九〇四）フランスのガラス工芸家。アール-ヌーボー様式の代表者の一人。高級装飾家具も手がける。↓アール-ヌーボー 写

**かれい**【▽鰈】カレイ科の海水魚の総称。全長一〇cm〜一m前後。体は長卵形で左右に平たく、体の右側に二眼がある。底生生活を営み、肉食性。食用。北半球の寒帯から温帯に分布。日本近海にはマガレイ・イシガレイなど二十数種がいる。flatfish ↓図

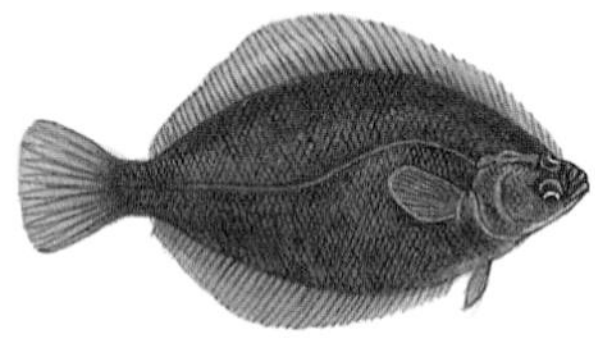

●カレイ　マガレイ

**か-れい**【家令】①旧皇族・華族の家で家事を管理した人。家扶の上。②平安時代、親王・内親王・公卿家の事務をとった職。

**か-れい**【佳例・▽嘉例】めでたい先例。吉例。

**か-れい**【加齢】（名・サ変自）①新年または誕生日がきて、一つ年をとること。②生物が成熟後に必ず受ける、時間経過に伴う生理機能の衰退過程。老化。エージング。用例 ——現象。

**か-れい**【佳麗】（形動）ととのって美しいさま。きれい。

**か-れい**【華麗】（形動）はなやかで美しいさま。brilliant

**か-れいきゃく**【過冷却】㊀（名・サ変他）過度に冷やすこと。excessive cooling ㊁（名）液体の温度を凝固点以下に下げても、凝固が起こらない不安定状態。かきまぜたり結晶の核を与えたりすると、ただちに凝固する。純粋な液体に起こりやすい。過冷。supercooling

**かれいきゃく-うん**【過冷却雲】過冷却状態の水滴からなる雲。水はふつう0℃で凍るが、雲の中ではしばしば零下四〇℃くらいまで凍らない。

**かれ-いろ**【枯（れ）色】草木の枯れた色。

**カレー**【curry】《原語は、インドのタミル語で、ソースの意》①香辛料の一つ。粉末にした十数種の香辛・香味料を混ぜ合わせたもの。黄色で、辛味・香りが強い。インドが発祥地。カレー粉。カレーパウダー。カリー。②「カレーライス」の略。

**カレー**【Calais】フランス北部、ドーバー海峡に臨む港湾都市。イギリスとヨーロッパ大陸を結ぶ海の玄関口。人口七・七万（一九八二）。

**ガレー**【galley】ギリシア-ローマ時代から一八世紀まで、地中海で用いられた大型の軍船。船体は細長く、帆と多数の櫂を装備。奴隷・罪人に櫂を漕がせた。ガリー。ガレー船。↓写

**カレー-こ**【カレー粉】↓カレー①

**ガレージ**【garage】自動車の車庫。

**ガレージ-セール**【garage sale】中古品・不用品をまとめて自宅のガレージなどで売ること。アメリカの習慣が日本にも伝わったもの。

**ガレー-せん**【ガレー船】↓ガレー

**かれ-えだ**【枯（れ）枝】①枯れた枝。dead branch ②葉の落ちた枝。branch with no leaves

**カレードスコープ**【kaleidoscope】↓まんげきょう（万華鏡）

**カレーム**【Marie-Antonine Carême】（一七八四〜一八三三）フランス料理の創始者。一八世紀、タレーラン（フランスの政治家）・ロシア皇帝・オーストリア皇帝などに仕えた。

**カレー-ライス**【curry and rice】肉類や野菜をカレー味で煮込み、米飯にかけた料理。もとはインド料理だが、日本独自のものに発達した。ライスカレー。カレー。

**かれ-おばな**【枯（れ）尾花】㊀枯れたススキ。枯れたススキの穂。用例 幽霊の正体見たり——。㊁《枯尾花》榎本其角編の俳諧集。元禄七年（一六九四）刊。其角の「芭蕉翁終焉記」と門人による芭蕉追悼の発句・連句などを収める。

**ガレオン**【galleon】一六〜一九世紀にスペインなどで使われた大型帆船。船首の楼が低く、船体が細長い。

**かれ-がれ**【枯れ枯れ】（形動）草木が枯れそうなさま。

**かれ-がれ**【▽涸れ▽涸れ】（形動）水などの今にもかれようとするさま。用例 井戸が——だ。

**かれ-がれ**【▽嗄れ▽嗄れ】（形動）声のしわがれているさま。用例 ——の声。

**かれ-がれ**【▽離れ▽離れ】古語（形動）つきあいが、とだえがちなさま。用例 ——にとだえ置かむ折こそは（源氏・夕顔）。

**かれ-がわ**【▽涸（れ）川】↓ワジ

**かれ-き**【枯れ木】枯れた木。こぼく。dead tree

**枯れ木に花**（かれきにはな）おとろえたものが、また栄えるたとえ。類似 炒り豆に花。

**枯れ木も山の賑わい**（かれきもやまのにぎわい）《謙譲の意を表すときに使う。尊敬表現に使うのは誤り》つまらないものでもないよりはましだ、というたとえ。A bad bush is better than open field.

**が-れき**【▽瓦▽礫】①かわらと小石。tiles and pebbles ②役に立たないもの。値打ちのないもの。trash 用例 ——にひとしい存在。

●ガレー　一六世紀初めのガレーによる海戦。

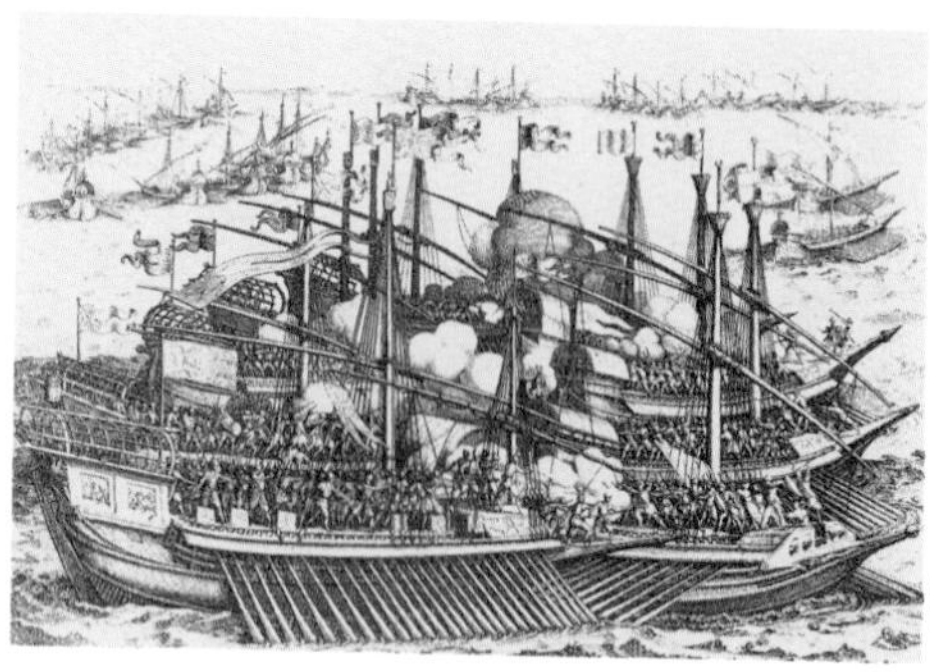

**かれ-くさ**【枯（れ）草】枯れた草。dry grass

**かれ-ごえ**【枯（れ）声・▽嗄（れ）声】しわがれ声。声の音質異常で、喉頭や声帯の病気や外傷によっておこる。ささやき声に近い失声、息漏れの強い気息声、ガラガラ声の粗糙声がある。嗄声。hoarseness

**かれ-これ**【彼▽此】㊀（代）あれとこれ。this and that ㊁（副）①とやかく。つべこべ。one thing or another 用例 ——文句を言うな。②およそ。ほとんど。about; nearly 用例 ——五時だ。

**かれ-さんすい**【枯れ山水】室町時代に中国の宋・明の山水画の影響を受けた日本庭園の様式の一つ。水を使わないで、砂・石・樹木などで海や山川を象徴的に表現する。京都、竜安寺の石庭などが有名。こさんすい。こせんすい。かれせんずい。からさんすい。

**かれ-し**【彼氏】《俗語》対義 彼女。㊀（代）あの人。かれ。㊁（名）愛人である男。

**ガレスピー**【Dizzy Gillespie】（一九一七〜）アメリカのジャズ-トランペット奏者・作曲家・指揮者・歌手。バップ-スタイルの創始者の一人。

**かれ-だに**【▽涸（れ）谷】↓ワジ

**か-れつ**【▽苛烈】（名・形動）きびしくはげしいこと・さま。severity 用例 ——な勝負。

**カレッジ**【college】①イギリスの大学の学寮。教師が学生と共同生活をしながら学問伝達と人格形成を行う場。②一般教育のみを行うアメリカの四年制大学。③単科大学。対義 ユニバーシティー。

**ガレット**【João Baptista da Silva Leitão de Almeida Garrett】（一七九九〜一八五四）ポルトガルの詩人・劇作家。ロマン主義運動を指導。戯曲『修道士ルイース=デ=ソーザ』など。

**カレドニア-ぞうざんうんどう**【カレドニア造山運動】古生代前半の造山運動。本来、スコットランドからノルウェーにかけて起きた造山運動をさすが、世界各地の同時期のものにも用いる。Caledonian orogeny

**かれ-の**【枯（れ）野】①草の枯れはてた野原。desolate field ②襲の色目の名。表が黄、裏がうす青。↓襲の色目図

**ガレノス**【Galenos】（一二九?〜一九九?）ギリシアの医師。当時の医学知識を体系化した。とくに動物解剖をもとに人体の構造や機能についてすぐれた考えを示した。著作も多い。

**かれ-は**【枯（れ）葉】㊀草木の、枯れた葉。dead leaf ㊁《枯葉。原題Les Feuilles mortes》一九四五年ジョセフ=コスマ作曲、ジャック=プレベール作詞のシャンソンの名曲。

**かれは-が**【枯葉▽蛾】カレハガ科のガ。静止した姿が枯れ葉に似ている。開張は雄約四・五cm、雌約八cm。食草はモモ・サクラなどの葉。日本全土・朝鮮半島・中国北部に分布。↓写

●カレハガ　ツガカレハ

**かれは-ざい**【枯（れ）葉剤】植物を枯れ死にさせる化学物質・除草剤を軍事目的に応用したもの。アメリカ軍がベトナム戦争で2,4-Dなどを大量に使用した。現在もその汚染による奇形児出産など人体への影響が問題になっている。defoliant

**かれ-ば・む**【枯ればむ】（五自）枯れかかる。begin to wither

**かれ-もの**【枯れもの】いけばなで使う、枯れた枝や花。

**かれ-ら**【彼▽等】（代）《「ら」は複数を表す接尾語》あの人たち。あいつら。they

**カレリヤ-じちきょうわこく**【カレリヤ自治共和国】（Kalelyskaya ASSR）ソビエト連邦を構成する自治共和国の一つ。ロシア共和国西部にあり、国土の大部分は針葉樹森地帯。氷河湖も多い。面積一七・二万$km^2$。人口七六・九万（一九八四）。正称カレリヤ自治ソビエト社会主義共和国。

**カレリヤ-ちきょう**【カレリヤ地峡】（Kareliya Peresheyek）ソ連、バルト海のフィンランド湾とラドガ湖間の地峡。レニング

ラードとフィンランド間の軍事・交通の要地。

**か・れる【枯れる】**(下一自) ①草木の命が終わる。wither 用例松が—。花が—。②年功をつんで、俗気や欲気が抜け、人格や芸に深い味わいが出るようになる。枯淡になる。be seasoned 用例芸が—。

**か・れる【▼涸れる】**(下一自) ①水がかわいてなくなる。dry up 用例水の—・れた川。②出つくす。尽きる。dry up 用例詩想が—。財源が—。

**か・れる【▼嗄れる】**(下一自) 声がかすれる。get hoarse

**カレル【Alexis Carrel】**(一八七三〜一九四四) フランスの生理学者。組織培養や臓器移植など、組織の生理・治療に新生面を開いた。一九一二年ノーベル生理学医学賞受賞。

**カレワラ【Kalevala】** フィンランドの民族叙事詩。エリアス＝ロンルート(一八〇二〜一八八四)が、中世初めからの口承文芸を体系的に構成したもの。一八三五年刊、四九年定本刊。題名は「カレワの国(フィンランド)」の意。

**か-れん【可▼憐】**(形動) いじらしく、かわいいさま。pretty 用例—な花。

**カレン-ぞく【カレン族】** ビルマとタイの国境地帯に住む少数民族。山地では焼き畑農耕、平地では水稲耕作に従事。Karen

**カレンダー【calendar】** ①暦。教会の祝日などを月日の順に編集した中世の民衆用暦から発達。現代の日本では装飾用を兼ねた七曜表。②年中行事表。

**カレンダー-かこう【カレンダー加工】** 数本のロールを組み合わせたカレンダーとよばれる機械で、塩化ビニル樹脂などをフィルムに成形したり、布や紙に積層する加工法。calendering

**かれん-ちゅうきゅう【▼苛▼斂▼誅求】** 税などの、むごい取り立て。

**カレント-トピックス【current topics】** 時事問題。今日の話題。

**カレント-ニュース【current news】** 時事ニュース。

**カレンフェルト【Karrenfeld ドイツ】** 石灰岩台地で、墓石のような形の岩柱が林立する原野。石灰岩が表面を流下する水に溶食されて深い溝が刻まれ、分離して生じる。鍾乳洞。karst topography →鍾乳洞 図

**か-ろ【火炉】** ①暖をとるために火を入れて使うものの総称。いろり・こたつ・火鉢など。fireplace ②蒸気機関などで燃料を燃やすところ。boiler furnace

**カロ【Jacques Callot】**(一五九二〜一六三五) フランスの銅版画家。宮廷風俗や庶民的題材などを活写した。作品『ブレダの攻囲』『戦争の惨禍』など。

**ガロア【Évariste Galois】**(一八一一〜一八三二) フランスの数学者。群の概念をはじめて導入。革命運動に参加し入獄。仮出所中決闘で死亡。死後、研究ノートから代数方程式と群との関連を示す「ガロア理論」が誘導された。

**ガロア-むし【ガロア虫】** ケラとコオロギの中間の体形をした原始的な昆虫。体長約二cm。淡褐色で翅はなく、目は退化傾向。本州山地の朽ち木や石の下などにすみ、小昆虫を捕食。夜行性。同類は北アメリカ北西部と日本を含む極東に片寄って生息。名は、日光でこの虫を発見したフランス人ガロアにちなむ。

**ガロア-りろん【ガロア理論】** $n$次の代数方程式$f(x)=0$が$n$乗根を用いて解けるかどうか判定するための理論。ガロアの研究から発展。Galois theory

**か-ろう【花郎】** 朝鮮の新羅時代の戦士団が推戴した美少年。六世紀の真興王の治世に貴族出身の戦士が組織したものに始まる。

**か-ろう【家老】** 江戸時代、大名家中の藩政を統括した重臣。江戸と国元にわかれ、数人が合議輪番制で担当。

**か-ろう【過労】** 働きすぎて、ひどく疲れること。overwork

**が-ろう【画廊】** 絵画・彫刻・書・工芸・写真などの作品を一定期間展示する場所。ギャラリー。gallery

**かろう-かい【▼哥老会】** 中国、清末から中華民国初期にかけての秘密結社。農村を基盤とし、地主・豪紳などを指導者とした。反清復明をかかげ、排外運動を行い、辛亥革命には革命軍に協力。のち天地会と合して紅幇となった。

**かろう-じて【辛うじて】**(副)《「からくして」の転》やっと。どうやらこうやら。ようやく。barely 用例—間に合う。

**かろうと【▼屍▼櫃・辛▼櫃】** →からびつ(屍櫃)

**かろうと【唐▼櫃・▼韓▼櫃】** →からびつ(唐櫃)

**かろがろ-し・い【軽軽しい】**(形) かるがるしい。thoughtless 派生 かろがろしげ(形動) かろがろしさ(名)

**ガロ-きゅうりょう【ガロ丘陵】**(Gāro Hills) インド、アッサム州西部の丘陵。世界的な多雨地域で密林におおわれる。住民はガロ族が多い。

**か-ろく【家▼禄】** 中世・近世、主君が家臣の奉公の代償として与えた俸禄。江戸時代には原則として家に与えられ、世襲化。

**かろく【▼嘉▼禄】** 鎌倉中期の年号。元仁から改元。元年(一二二五)四月二〇日〜三年(一二二七)一二月一〇日。次に安貞に改元。

**かろ-こん【▼栝▽楼根・▼瓜▼呂根】** 生薬の一つ。キカラスウリ・オオカラスウリの乾燥根。汗疹に散布したり化粧用とするほか、内服により解熱・排膿・利尿などの薬効がある。

**カロザーズ【Wallace Hume Carothers】**(一八九六〜一九三七) アメリカの化学者。デュポン有機化学研究所所長。ネオプレン(合成ゴム)の合成のほか、ナイロンを発明した。

**かろ・し【軽し】** 古語(形ク) ＝かるし。①目方が軽い。用例風に散る紅葉は—(源氏・少女)。②軽々しい。うわついている。用例—・くほしきままにしてみだりなれば(徒然・一七一)。③身分が低い。用例おのづから—・き方にも見えしを(源氏・桐壺)。④激しくない。重大ではない。用例仏ひじりも罪—・きをこそみちびきよくし給ふなれ(源氏・蓬生)。

**かろ-し・める【軽しめる】**(下一他) ①見下げる。ばかにする。look down on ②軽く見る。軽んずる。make light of

**カロシュティー-もじ【カロシュティー文字】**(Kharoṣṭhī) 古代インドの文字。アラム文字に起源を有し、左書き。紀元前三世紀のアショーカ王の碑文が最古の文献とされる。

**ガロ-ぞく【ガロ族】** インド東部、アッサム地方のガロに住む民族。言語はチベット-ビルマ語族に属する。母系制社会を形成。焼き畑農耕に従事。かつては首狩りの習俗があった。Garo

**カロチノイド【carotenoid】** 動植物界に広く分布する色素で、発色の原因となる長い鎖状の共役二重結合をもつカロチン類縁物質の総称。黄から赤、まれに紫色を示す。

**カロチン【carotin; carotene】** 植物体に広く分布するカロチノイド色素。動物の体内で変化してビタミンAを形成する。ニンジンの根やトウガラシの実などに含まれる。

**カロッサ【Hans Carossa】**(一八七八〜一九五六) ドイツの詩人・小説家・医師。自伝的告白的要素が強い。小説『ドクトル-ビュルガーの運命』『美しき惑いの年』、体験記『ルーマニア日記』など。

**ガロップ【Galopp ドイツ】** →ギャロップ(galop)

**かろ-とうせん【夏炉冬扇】**《夏の火ばちと冬のおうぎ、の意》時期に合わない無用のもののたとえ。冬扇夏炉。比較 六日の菖蒲、十日の菊。

**かろ・む【軽む】** 古語《＝かるむ》㊀(四自) かるくなる。用例罪—・ませ給はめ(源氏・玉鬘)。㊁(下二他) ①かるくする。用例後の世の罪も少し—・みなむやと思す(源氏・柏木)。②かろんずる。みくびる。用例人に—・められ給ふこともやあらまし(源氏・宿木)。

**かろ-やか【軽やか】**(形動) 非常にかるそうなさま。軽快。かろらか。lightly

**カロリー【Kalorie ドイツ】**《ラテン語で、熱の意から》①熱量の単位。一気圧のもとで、純水一gの温度を一℃上げるのに要する熱量。記号cal 小カロリー。一カロリーは約四・一八ジュール。②栄養学の一カロリーは①の一キロカロリーに相当。記号Cal 大カロリー。calorie

**カロリング-ちょう【カロリング朝】**(dynastie Carolingienne フランス) フランク王国第二の王朝。メロビング朝に代わり七五一年ピピン(小)が創始。カール一世治世に大国家に発展。八四三年のベルダン条約、八七〇年のメルセン条約により三国に分裂し、一〇世紀末までに王朝は断絶。

**カロリングちょう-ルネサンス【カロリング朝ルネサンス】** 八世紀末〜九世紀初期における、フランク王国カール大帝の宮廷を中心とする古典文化の興隆運動。ラテン語の普及に努め、美術・建築では古典様式を範とした。

**カロリン-しょとう【カロリン諸島】**(Caroline Islands) 太平洋西部、ミクロネシア南部を東西に連なる九六三の島群。大別してパラオ・ヤップ・トラック・ポナペの各諸島に分かれる。一九七九年、パラオを除く諸島でミクロネシア連邦を結成。

**カロル【carol】** →キャロル

**か-ろん【歌論】** 和歌に関する批評・評論。

**カロン【Charōn ギリシア】** ギリシア神話で冥府へ渡る川アケロンの老渡し守り。船賃として死者の口中の一オボロス銅貨をとった。

**カロン【François Caron】**(一六〇〇ごろ〜一六七三) 江戸初期の平戸のオランダ商館長。フランス人。元和五年(一六一九)来日し、二十余年の滞在で日本事情に通じる。著書『日本大王国志』。

**が-ろん【画論】** 絵画に関する評論。画法・品評・画伝・題賛が中心。

**ガロン【gallon フランス・呏】**《「瓦侖」とも書いた》ヤード-ポンド法における容積の単位。一米ガロンは、三・七九ℓ。一英ガロンは、四・五四ℓ。日本は、米ガロンを採用。

**かろん・じる【軽んじる】**(上一他) →かろんずる(軽んずる)

**かろん・ずる【軽んずる】**(サ変他)《「軽みする」の転》＝軽んじる。①ばかにする。look down on 用例敵を—。②たいせつにしない。make light of 用例命を—。対義 重んずる。

**ガロンヌ-がわ【ガロンヌ川】**(Garonne) フランス南西部、アキテーヌ盆地を流れる川。長さ五八〇km。上流を中心に流域には水力発電所が多い。

**かわ【川・河】** 地表の水が集まって細長い水路を流れるもの。河川の水は、降水の流入や地下水によって供給される。また河川は上流部では浸食、下流部では堆積を行って地形を変化させる。river 対義 山。

**川に蓋は出来ぬ** 川へ身投げするのを防ぐことはできない。

**川の字** 夫婦が、子どもを中に挟んで、川の字の形に寝るさまにいう。

**川の字に寝る** 「川の字」と同意。

**かわ【皮】** ①動植物その他のからだや表面をおおい包むもの。skin; bark; rind 対義 肉。用例—をはぐ。みかんの—。②外側を包んでいるもの。cover 用例まんじゅうの—。③表面的なもの。うわべ。disguise 用例化けの—。

**皮か身か** 外見からだけでは、物の区別がつけにくい。

**皮を斬らせて肉を斬り、肉を斬らせて骨を斬る** 自分も傷つくことを覚悟して、より大きな傷を敵にあたえよ。強敵に対するときの心構えをいう。

**皮を引けば身が上がる**《皮膚を引っぱれば筋肉もいっしょについてくる、の意》関係が深く、互いに影響を受けやすい状態にいう。皮引けば身がつく。皮引けば身が痛い。

**かわ【革】** 毛皮の毛をとり、なめしたもの。なめしがわ。leather 数え方 一枚・一張り・一坪。

**かわ【側】** →がわ(側)

**かわ【▼鈹】** 銅・ニッケルなどの溶融製錬での中間産物。目的金属を多量に含む硫化物で、さらに転炉で製錬すると金属ができる。マット。matte

**か-わ【佳話】** ①うるわしい話。美談。beautiful story ②おもしろい話。interesting story

**か-わ【歌話】** 和歌に関する話。

**がわ【▽側】** ＝かわ。①すぐそば。まわり。side 用例—がうるさい。②包み囲んでいるもの。case 用例金—の時計。③対立するものの一方。the other 用例向こう—。われわれの—にも言い分がある。

**ガワー【John Gower】** →ガウアー

**かわ-あかり【川明(か)り】** 川の表面の、ほのかな明るさ。

**かわ-あき【川明き】** 川止めがとけて川を渡ることができるようになること。対義 川止め。

**かわ-あそび【川遊び】** 川で行楽すること。水泳をしたり、船をうかべたり、魚をとったりして遊ぶこと。river amusement

**カワード【Noel Coward】**(一八九九〜一九七三) イギリスの劇作家・俳優。イギリス風習喜劇の系統をひく多才な作家。戯曲『花粉熱』『私生活』『陽気な幽霊』など。

**かわい【川井】**〈村〉 岩手県中部、早池峰山の東にある村。林業のほか野菜栽培・肉牛飼育がさかん。人口五一三六(一九九八)。

**かわい【▽河▽合】**〈町〉 奈良県、奈良盆地西部の町。果樹栽培のほかスポーツ用品製造でも知られる。住宅地が増加。人口一万八八六六(一九九八)。

**かわい【▽河▽合】**〈村〉 岐阜県北部、富山県に接する村。農林業中心。ナメコ・ワサビ・和紙が特産。人口一六五三(一九九八)。



▼常用漢字表外。 ▽常用漢字表の音訓外。

**かわ・い**【可▽愛い】（形）《「かわゆい」の転。「可愛」は当て字》①愛する気持ちを起こさせる。大切に思う。lovely 用例 ―孫。②小さくて愛らしい。cute 用例 ―時計。派生 かわいが・る（五他）かわいげ（形動）かわいさ（名）

**可愛い子には旅をさせよ**（かわいいこにはたびをさせよ）子をりっぱにするには、かわいがって甘やかすよりも世間に出して苦労を経験させるのがよい。Spare the rod and spoil the child.

**可愛可愛は憎いの裏**（かわいかわいはにくいのうら）口先でかわいいと言いながら、心中に憎しみを秘めていること。また、過度の愛情は憎悪に変わりやすいということ。

**可愛さ余って憎さ百倍**（かわいさあまってにくさひゃくばい）かわいいと思う気持ちが強かっただけ、憎いと思いはじめるとはなはだしく憎らしくなる。可愛さ余って憎さが百倍。Excessive tenderness switches to hundredfold hatred

**かわい-えいじろう**【▽河▽合栄治郎】（一八九一～一九四四）経済学者。東京生まれ。東大教授。自由主義者として活躍。昭和一三年（一九三八）軍国主義批判で著書が発禁となり、休職処分をうける。著書『社会政策原理』など。

**かわい-おとくに**【▽河▽合▽乙▽州】（生没年未詳）江戸中期の俳人。大津の人。智月尼の弟。芭蕉の門人で、師を経済的に援助した。芭蕉の『笈の小文』を出版。随筆集『それ〴〵草』。

**かわい・が・る**【可▽愛がる】（五他）①かわいく思ってせわをする。treat with love ②《俗語》いじめる。bully

**かわい-かんじろう**【河井寛次郎】（一八九〇～一九六六）陶芸家。島根県生まれ。東京高工卒。民芸運動の先覚者。

**かわい-ぎょくどう**【▽川▽合玉堂】（一八七三～一九五七）日本画家。本名、芳三郎。愛知県生まれ。情趣あふれる自然風景を描く。東京美術学校教授。昭和一五年（一九四〇）文化勲章受章。作品『彩雨』など。→写

**かわい-すいめい**【河井酔▼茗】（一八七四～一九六五）詩人。本名、又平。堺市生まれ。平明温雅な詩風。口語詩の発展につくした。詩集『無弦弓』『塔影』など。

**かわい-そう**【可▽哀相】（形動）《当て字》きのどくなさま。同情にたえないさま。pitiful 用例 ―なことをした。

**かわい-そら**【▽河▽合▼曾▽良】（一六四九～一七一〇）江戸前期の俳人。本名、岩波庄右衛門正字。信濃の人。芭蕉に師事し衷心から師に仕えた。『鹿島紀行』『奥の細道』の旅に随行。著書『奥の細道随行日記』。

**かわい-たけお**【▽河▽合▽武雄】（一八七七～一九四二）新派俳優。本名、内山武次郎。東京生まれ。美貌とはでな芸風の女方。大正期、伊井蓉峰と喜多村緑郎とともに新派三頭目時代を現出。

**かわい-つぐのすけ**【河井継▼之助】（一八二七～一八六八）江戸末期の越後長岡藩士。家老として長岡藩の藩政改革に尽力。戊辰戦争で新政府軍に中立をうったえたが、受け入れられず交戦し、戦死。

**かわ-いのしし**【河▼猪】アフリカ・マダガスカルの森林にすむイノシシの一種。体長約一三〇cm。体は赤褐色から黒色で美しい。目の前にこぶがあり、ニホンイノシシと同じ程度の牙が上下両あごに一対ずつある。雑食性。bush pig

**かわい-らし・い**【可▽愛らしい】（形）①子どもらしくて、ほほえましい。lovely 用例 ―子ども。②小さく、愛らしい。cute 用例 ―靴。派生 かわいらしげ（形動）かわいらしさ（名）

**かわ-いるか**【河▽海▽豚】カワイルカ科に属する原始的なハクジラの総称。全長二m内外。吻が発達して長い。魚やエビなどを捕食。インダス川・ガンジス川・揚子江・アマゾン川などにいるが数は少ない。river dolphin

**かわ-う**【川▼鵜】湖沼や海湾にすむ黒色のウ科の水鳥。全長約八〇cm。繁殖期には顔や腹側部が白くなる。海岸や内陸の森林の高い位置に皿形の巣をつくる。日本全土に分布。鵜飼いに使われるのは、本種に酷似するウミウ。

**かわうえ**【川上】〈村〉岐阜県南東部、長野県に接する村。林業・ニジマス養殖などが行われる。人口一〇三二（一九八八）。

●川合玉堂『彩雨』。昭和一五年（一九四〇）、永青文庫（東京都）。

**かわ-うお**【川魚】河川のような淡水に生息する魚類。フナ・コイ・ウナギなど。かわざかな。river fish

**かわうお-りょうり**【川魚料理】川や湖にすむ淡水魚を材料とした料理。アユの塩焼き、コイの洗い、柳川なべなど。その他、天ぷら・みそ汁などとして供される。

**かわ-うそ**【▼獺・川▼獺】水辺にすむイタチ科の肉食獣。体長五〇～九五cm、尾長二六～五五cm。夜行性。魚・カエルなどを捕食。ユーラシア・北アフリカに分布。日本では四国の宿毛湾などに少数すむ。特別天然記念物。かわおそ。おそ。otter →写

●カワウソ

**かわうち**【川内】〈町〉青森県下北半島、むつ市西隣の町。ホタテガイ養殖などの漁業が中心。人口七二七一（一九八八）。

**かわうち**【川内】〈町〉愛媛県北部の山間の町。松山市のベッドタウン。稲作とミカン栽培が中心。人口一万一一七（一九八八）。

**かわうち**【川内】〈村〉福島県東部、阿武隈高地にある村。稲作・タバコ栽培・畜産・養蚕などを行う。人口四一七三（一九八八）。

**かわうら**【河浦】〈町〉熊本県天草下島の町。隠れキリシタンの里で知られ、崎津には天主堂がある。人口八二六三（一九八八）。

**かわ-えび**【川▼蝦】淡水域、とくに河川に棲息するエビの俗称。テナガエビ・ヌマエビなど。

**かわ-おと**【川音】川の水の流れる音。murmuring of a stream

**かわ-おび**【革帯・皮帯】革で作った帯。帯皮。バンド。ベルト。leather belt

**かわか・す**【乾かす】（五他）日光や火に当てて水気を取りのぞく。dry 用例 ぬれたシャツを―。

**かわ-かぜ**【川風】川を吹きわたる風。川筋に沿って吹く風。また、川から吹いてくる風。川おろし。

**かわ-かみ**【川上】川のみなもとのほう。上流。upstream 対義 川下。

**かわかみ**【川上】〈町〉岡山県西部、吉備高原の町。稲作、ブドウ・白菜栽培がさかん。人口五〇六九（一九八八）。

**かわかみ**【川上】〈村〉長野県東部、千曲川上流の村。高原野菜の栽培がさかん。人口四六八八（一九八八）。

**かわかみ**【川上】〈村〉奈良県南東部、吉野の川流域の村。林業地帯で吉野杉の産地。人口三五九一（一九八八）。

**かわかみ**【川上】〈村〉岡山県北西部、鳥取県に接する村。酪農と大根などの野菜栽培がさかん。蒜山高原をひかえ観光地化。人口二七二一（一九八八）。

**かわかみ**【川上】〈村〉山口県中部の山間の村。林業がさかん。ユズが特産。名勝長門峡がある。人口一三九一（一九八八）。

**かわかみ-おとじろう**【川上音▽二郎】（一八六四～一九一一）俳優・興行師、新派の生みの親。博多生まれ。『オッペケペ節』で人気を得、民権思想の鼓吹と演劇改良を志し、川上書生芝居・正劇（翻案劇）運動をおこす。妻の貞奴らと欧米を巡演。→写

●川上音二郎　日比谷図書館（東京都）。

**かわかみ-さだやっこ**【川上▽貞▽奴】（一八七二～一九四六）女優。東京生まれ。芸妓の出。夫の音二郎と欧米を巡業。正劇（翻案劇）で活躍。わが国で初めて「女優」とよばれた。帝国女優養成所を創設。

**かわかみ-じょうたろう**【河上丈太郎】（一八八九～一九六五）政治家。東京生まれ。東大卒。第二次大戦後、社会党結成に参加。昭和二七年（一九五二）右派社会党委員長。同三六年（一九六一）日本社会党委員長。

**かわかみ-すみお**【川上澄生】（一八九五～一九七二）版画家。横浜生まれ。南蛮趣味・文明開化趣味の作風で知られる。作品『南蛮船図』『青髯』など。

**かわかみ-てつたろう**【河上徹太郎】（一九〇二～一九八〇）文芸評論家。長崎市生まれ。東大卒。日本における近代批評開拓の一翼をになう。著書『日本のアウトサイダー』『吉田松陰』など。

**かわかみ-てつはる**【川上哲▽治】（一九二〇～）プロ野球、元読売ジャイアンツ一塁手。熊本県生まれ。昭和三三年（一九五八）現役引退。通算打率〇・三一三。最優秀選手三回。首位打者五回。本塁打王二回。昭和三六年（一九六一）から同四九年（一九七四）まで、読売ジャイアンツ監督としてリーグ優勝一一回、日本シリーズ優勝一一回（九連覇）。

**かわかみ-とうがい**【川上冬▼崖】（一八二七～一八八二）南画家・洋画家。信州松代の人。近代洋画の開拓者。洋風地図作成に尽力。

**かわかみ-の-たける**【川上▼梟▽帥】記紀で南九州に居住していたとされる熊襲の首長。景行天皇の皇子小碓命に征伐されたさい、日本武の名を奉ったという。熊襲建。

**かわかみ-はじめ**【河上▼肇】（一八七九～一九四六）マルクス経済学者。山口県生まれ。東大卒。京大教授。マルクス主義経済学の普及に努めた。著書『資本論入門』『貧乏物語』など。

**かわかみ-びざん**【川上▼眉山】（一八六九～一九〇八）小説家。本名は亮。大阪市生まれ。硯友社に参加。観念小説の代表的作家。行き詰まって自殺。作品『うらおもて』『観音岩』など。

**かわかみ-ふはく**【川上不白】（一七一六～一八〇七）茶道の江戸千家、不白流の祖。紀州新宮藩士。表千家七世宗左に師事、はじめ宗雪、のち不白を号す。七事式の創案に加わる。寛延三年（一七五〇）江戸に下り、千家茶道を広め、江戸千家を称することを許された。

**かわ-がらす**【河▼烏】渓流にすむ全身濃褐色のカワガラス科の鳥。翼長約一〇cm。水中にもぐって水生昆虫などを捕食。アジア・日本全土に分布。→写

●カワガラス

**かわ-がり**【川狩（り）】川で網をはるなどして、魚などをとること。川漁。

**かわき**【乾き】水気がなくなること・程度。dryness

**かわき**【渇き】①のどがかわくこと・程度。口腔内や咽頭の粘膜面に生じる乾燥またはねばねばした感じ。thirst ②満たされない欲求を求める心的状態。thirst 用例 心の―。

**かわ-ぎし**【川岸】川の両がわの土地。かし。riverside

**かわきた**【川北】〈町〉石川県南西部、手取川下流の町。稲作中心の農業と、江戸時代からの和紙製造がある。人口四四七二（一九八八）。

**かわきた-ながまさ**【川喜多長▽政】（一九〇三～一九八一）映画輸入業者。東京生まれ。昭和三年（一九二八）東和商事（現在の東宝東和）を創立、かしこ夫人とともに外国映画輸入と国際間の映画交流に貢献。



↓行き先項目、図版・写真参照印。 JIS 日本工業規格情報交換用漢字符号コード（区点コード）。

**かわ-きり**【皮切り】《最初にすえる灸の意》物事をする手始め。初手。beginning

**かわ-ぎり**【川霧】川にたちこめる霧。river fog

**かわ・く**【乾く】（五自）布や空気などの水分がなくなる。dry 用例 せんたく物が―。

**かわ・く**【渇く】（五自）①のどがからからになって水気が欲しくなる。be thirsty 用例 のどが―。②うるおいを求めてがつがつする。thirsty 用例 いい読物に―・いている。

**かわ-ぐ**【革具】革を用いて製作された道具や身のまわりの小物類。leather articles

**かわ-くだり**【川下り】舟やいかだなどで川の上流から下流へ下ること。とくに、周囲の景観を楽しむ行楽をさす。

**かわ-ぐち**【川口・河口】川が海・湖などにそそぎこむ所。河口。川尻。mouth of a river

**川口で船を破る**（かわぐちでふねをわる）《海を越え、川口までたどりついたのに、船が破損する、の意》あと一歩というところで、失敗することにいう。

**かわぐち**【川口】〈市〉埼玉県南東部の市。荒川をはさんで東京都と接し、東京のベッドタウン。鋳物の工業で知られ、安行の植木も有名。人口四一万八八〇（一九八八）。

**かわぐち**【川口】〈町〉新潟県中部、信濃川と魚野川の合流点にある町。農業主体。錦鯉が名産。人口六五〇四（一九八八）。

**かわぐち-えかい**【河口▼慧海】（一八六六〜一九四五）仏教学者・チベット探険家。堺生まれ。仏教経典の原典を求めて、鎖国中のチベットに日本人として初めて潜入、多数の資料を持ち帰った。著書『西蔵旅行記』など。

**かわぐち-こ**【河口湖】山梨県、富士山の北麓にある湖。面積六$km^2$。最深一四・六m。富士五湖の一つ。釣り・モーターボートなどのレジャーがさかん。湖面に写る「さかさ富士」は有名。

**かわぐちこ**【河口湖】〈町〉山梨県南東部、河口湖畔の町。中央自動車道・富士スバルラインが通じ、観光地となっている。人口一万五八二九（一九八八）。

**かわぐち-まつたろう**【川口松太郎】（一八九九〜一九八五）小説家・劇作家。東京生まれ。大衆小説や新派に名作を残す。小説『鶴八鶴次郎』『愛染かつら』など。

**かわ-ぐつ**【革靴・皮靴】皮革製の靴の総称。また、とくに短靴。leather shoes

**かわくぼ-れい**【川久保▼玲】（一九四二〜）服飾デザイナー。東京生まれ。慶応大学卒。既成の概念をはなれた自由な作風が特徴。

**かわ-ぐも**【川▼蜘▼蛛】アメンボの別名。

**かわげ**【河▽芸】〈町〉三重県中部、伊勢湾に臨む町。農業のほか沿岸漁業・煮干し製造がさかん。人口一万七二一七（一九八八）。

**かわ-げら**【川▼螻▼蛄・▼襀▼翅▽虫】水辺にみられるカワゲラ科の昆虫。雄は体長二〜二・五cmで、雌はやや大きい。翅は背中に重ね合わせてたたむ。飛ぶ力は弱い。幼虫は水生で石の下などにすむ。日本全土に分布。→図

●カワゲラ

**かわ-ご**【皮▼籠・革▼籠】①かわではったかご。leather-covered box ②紙ではったつづら。

**かわごえ**【川越】〈市〉埼玉県中部の市。旧城下町。土蔵造りの建物が残る。交通の便に恵まれ、東京の衛星都市化が進む。桐だんすが特産。喜多院など史跡も多い。人口二九万八二八（一九八八）。

**かわごえ**【川越】〈町〉三重県北部、四日市市東隣の町。食品・機械などの工業と沿岸の養殖漁業が主。人口一万一八九（一九八八）。

**かわ-ごけ**【川▼苔】小川の清流中の岩上に着生するコケ。黒緑色で長さ二〇cm以上。北海道から本州にかけて分布。

**かわごけ-そう**【川▼苔草】カワゴケソウ科の多年草。暖地の清流中の岩にコケのように固着して生育する。葉状体は濃緑色で羽状に分裂。秋に花茎の先に小花をつける。南九州に分布。

**かわ-ごし**【川越し】㊀（名・サ変自）川をわたること。cross a river 用例 ―してとなり村へ行く。㊁（名）①川をへだてること。across the river 用例 ―に呼びかける。②「川越し人足」の略。

**かわごし-にんそく**【川越（し）人足】江戸時代の交通制度。要衝の地にある河川には橋や渡し船を設けず、人足の肩車・輦台などで渡らせ、勝手に渡ることを禁じた。かわごし。

**かわ-ごろも**【皮衣・▼裘】毛皮の衣服。かえ。かわごし。「わぎぬ。

**かわ-ごんどう**【河▽巨▽頭▽鯨】吻がなく頭が丸い小形のハクジラ。全長約二m。イラワジ川に生息し、雨期にはベンガル湾にも現れる。

**かわ-ざいく**【革細工・皮細工】革を材料とする手芸・工芸。また、その作品。染色・彫り・縫い・刺繍・箔押しなどの技法を使う。leather craft

**かわ-ざかな**【川魚】↓かわうお（川魚）

**かわさき**【川崎】〈市〉神奈川県北東端の市。政令指定都市。旧宿場町。京浜工業地帯の中心をなす重化学工業都市。全国有数の貿易港で、北西部は田園・住宅地域。川崎大師は有名。人口一一万四一七三（一九八八）。

**かわさき**【川崎】〈町〉宮城県南西部、蔵王山北東麓の町。農林業が中心。青根と峨々の両温泉がある。人口一万一一六八（一九八八）。

**かわさき**【川崎】〈町〉福岡県、田川市南隣の町。筑豊有数の炭鉱町であったが、全山が閉山した。人口二万三六二七（一九八八）。

**かわさき**【川崎】〈村〉岩手県南部、北上川に沿う村。稲作が主で、肉牛飼育・野菜栽培などを行う。人口五四一三（一九八八）。

**かわさき-きゅうえん**【川崎九▼淵】（一八七四〜一九六一）能楽囃子方。大鼓の名人。葛野流。愛媛県生まれ。能の囃子の理論を確立。重要無形文化財保持者。

**かわさき-じゅうこうぎょう**【川崎重工業(株)】日本を代表する総合重工業会社の一つ。明治二九年（一八九六）設立。

**かわさき-せいてつ**【川崎製▼鐵(株)】銑鉄から鋼材までの大手一貫製鉄会社。昭和二五年（一九五〇）設立。

**かわさき-だいし**【川崎大師】川崎市川崎区大師町にある真言宗智山派の大本山。正称は金剛山平間寺。厄除大師として有名。

**かわさき-ちょうたろう**【川崎長太郎】（一九〇一〜一九八五）小説家。小田原市生まれ。女性との愛欲を描いた私小説作家。作品『路草』『抹香町』など。

**かわさき-びょう**【川崎病】《昭和四二年（一九六七）川崎富作医師らが発見したことから》急性熱性皮膚粘膜リンパ節症候群。四歳以下の小児に多発し、一〜二週間つづく発熱、足の指先の紅斑、浮腫など、独特の症状を示す。原因は不明で、ときに急性心不全死をおこす。

**かわさき-ぶね**【川崎船】江戸時代から使われている沖合い漁業用の和舟。やや大型で、ニシン・タラ漁などで活躍。これに動力を付けたものが、漁獲物を母船に渡す小廻船として蟹工船漁業の母船に搭載された。

**かわさと**【川里】〈村〉埼玉県北東部、行田市南東隣の村。稲作・園芸農業・畜産などが行われる。人口七六〇八（一九八八）。

**かわざんしょう-がい**【川山▼椒貝】河口付近の汽水域にすむ卵円錐形の小巻き貝。殻高約八mm、殻径約六mm。殻表は黄橙色から褐色。肺吸虫の中間宿主。日本全土・中国に分布。

**かわ-ざんよう**【皮算用】《「捕らぬ狸の皮算用」の略》まだ手にはいらない前から、あてにして、計算すること。比較 胸算用。

**かわ-じ**【川路】川の流れてゆく路。川筋。course of a river

**がわし・い**（接尾）《動詞の連用形や体言に付いて形容詞をつくる》…のようすである。…らしい。がましい。用例 みだり―。

**かわじ-おんせん**【川治温泉】栃木県北部、鬼怒川上流の温泉。北に五十里湖、南に竜王峡の景勝がある。

**かわじ-としあきら**【川路▽聖▼謨】（一八〇一〜一八六八）幕末の政治家。勘定奉行・外国奉行。ロシア使節プチャーチンの長崎来航のとき交渉を担当。慶応四年（一八六八）江戸開城締結の翌日自殺。

**かわしま**【川島】〈町〉岐阜県南部、木曽川の中州にある町。愛知県に接する。撚糸業がさかん。人口八三七一（一九八八）。

**かわしま**【川島】〈町〉徳島県北部、吉野川中流の町。吉野川南岸地方の行政の中心。農業がさかん。人口八四四一（一九八八）。

**かわじま**【川島】〈町〉埼玉県中部、川越市北隣の町。稲作中心で、イチゴ栽培もさかん。人口二万五一五（一九八八）。

**かわしま-じんべえ**【川島甚▽兵▽衛】（一八五三〜一九一〇）染織家。京都生まれ。帝室技芸員。渡仏してゴブラン織りを研究。のち、唐錦・綴錦の改良、再製技法を確立。

**かわしま-ゆうぞう**【川島雄▽三】（一九一八〜一九六三）映画監督。青森県生まれ。作品『幕末太陽伝』『雁の寺』など。

**かわ-しも**【川下】川の流れの、川口に近いほう。下流。downstream 対義 川上。

**かわ-じり**【川▼尻】↓かわぐち（川口）

**かわじり**【川▼尻】〈町〉広島県、呉市東隣の町。古くは漁港として栄え、今は商工業の町。川尻筆が特産。野呂山登山口。人口一万七五一（一九八八）。

**かわじ-りゅうこう**【川路柳▼虹】（一八八八〜一九五九）詩人。本名、誠。東京生まれ。東京美術学校卒。口語自由詩の口火を切る。知的な明るい詩風。美術評論も多い。詩集『路傍の花』『歩む人』など。

**かわ-しんじゅがい**【川真珠貝】山間の清流にすむカワシンジュガイ科の二枚貝。殻長約一三cm、殻高約六cm。殻は長楕円形で黒く、内面は真珠光沢が強い。北海道・本州の日本海側からシベリアに分布。

**かわ・す**【交わす】（五他）①やりとりする。交換する。exchange 用例 ことばを―。あいさつを―。意見を―。②まじり合うように交差させる。cross 用例 枝を―。③《動詞の連用形について》互いに…し合う。用例 見―。取り―。

**かわ・す**【▼躱す】（五他）はずす。よける。dodge 用例 身を―。攻撃を―。

**かわず**【▼蛙】①カエルの異名。②カジカガエルの古名。

**かわず-いくさ**【▼蛙▽軍】多数のカエルが繁殖のために、水田や池などに集まって騒々しい状態。多くはヒキガエルの場合をいう。蛙合戦。

**かわず-がっせん**【▼蛙合戦】↓かわずいくさ（蛙軍）

**かわ-すじ**【川筋】①川の流れの道すじ。川路。course of a river ②川にそった道・地域。land along a river

**かわ-すずみ**【川涼み】夏の暑いさかりに、川舟などに乗ったり川原に桟敷を設けたりして涼を求める遊び。

**かわ-すずめ**【川▼雀▽魚】↓テラピア

**かわ-せ**【川瀬】川底が浅くて、流れの速い所。浅瀬。rapids 対義 川淀。

**かわせ**【為替】①取りかわすこと。②遠隔地間の債権・債務の決済を現金輸送によらずに行う仕組み。手形・小切手・証書などを用いる。郵便為替・銀行為替・外国為替・内国為替など。exchange

**かわ-せがき**【川施餓鬼】①水死者の供養のために川辺で行う法要。水中に塔婆を立てたり、法名を記したものを投げ入れたりする。②難産で死んだ妊婦の供養。水辺に設けた棚などに通行人が水を手向ける。流灌頂。

**かわせ-かんり**【為替管理】国際収支の均衡や為替相場の安定のため、政府や中央銀行が外国為替取引に直接の規制を加えること。為替制限。exchange control

**かわせ-ぎんこう**【為替銀行】「外国為替銀行」の略。

**かわせ-さいてい**【為替裁定】世界各地の地域的・時間的な為替相場の差を利用し、その差額から生じる利益を目的に資金を運用すること。exchange arbitrage

**かわせ-さえき**【為替差益】外国為替相場の変動から生まれる利益。円高差益など。

**かわせ-しじょう**【為替市場】外国為替取引の行われる市場。外国為替市場。exchange market

**かわせ-じり**【為替▼尻】銀行で為替取引から生じた債権・債務の残高。balance of exchange

**かわせ-そうば**【為替相場】《「外国為替相場」の略》ある国と他の国の通貨の交換比率。為替レート。exchange rate

**かわせ-ダンピング**【為替ダンピング】ダンピングの一つ。為替レートを実勢より切り下げることで輸出を拡大させる方策。exchange dumping

**かわせ-てがた**【為替手形】発行者（＝振出人）が支払人にあてて、受取人や正当な所持者に対し一定の金額を所定の時期に支払うことを委託する有価証券。B E。bill of exchange; draft

**かわせ-とうき**【為替投機】対外決済の



▼常用漢字表外。▽常用漢字表の音訓外。

ためではなく、外国為替相場の変動を利用して利鞘をかせぐために行われる為替売買。おもに先物為替取り引きが利用される。exchange speculation

**かわせ-へいか**【為替平価】金の含有量によって決められた二国間の貨幣の交換比率。国際通貨基金(IMF)制度の下では、基準相場が定められ、上下一%以内の変動が認められていた。現在は各国が変動為替相場制に移行。金平価。par value; exchange parity

**かわせ-へいこうかんじょう**【為替平衡勘定】為替市場の安定をはかるため設けられた政府資金。投機的な外貨の流出入によって引き起こされる悪影響を排除し、為替市場の安定をはかるために用いられる。為替安定基金。Exchange Equalization Account

**かわせ-マリー**【為替マリー】外国為替銀行が顧客による為替の売りと買いを結びつけて相殺し、差益をかせぐこと。exchange marry

**かわ-せみ**【川▼蟬・▼翡▼翠】水辺にすむカワセミ科の鳥。翼長約七cm。体上面がコバルトブルー、下面が濃褐色で美しい。嘴は長く、尾は短い。水中に飛び込んで小魚などを捕らえる。日本全土・ユーラシア・アフリカなどに分布。カワセミ科は世界に約八〇種。ヒスイ。カワセビ。kingfisher ↓写

●カワセミ

**かわせ-よやく**【為替予約】顧客と銀行、または銀行どうしの間で行われる先物為替の売買契約。あらかじめ受け渡し時期や外貨の種類など一定の条件を決め、のちに売買を実行することによって為替相場の変動による危険を防ぐ。exchange contract

**かわせ-レート**【為替レート】↓かわせそうば(為替相場)

**かわ-ぞい**【川沿い】川に沿うこと。また、その場所。along a river 用例 ―に行く。

**かわ-そう**【革装・皮装】表紙を革で装丁すること。leather-bound

**かわそえ**【川▽副】〈町〉佐賀県南東部、有明海に臨む町。大半は干拓地で、稲作・海苔の養殖がさかん。人口二万一五八(一九八八)。

**かわ-たけ**【川竹】①川のほとりにはえる竹。②遊女。

**川竹の流れの身**(かわたけのながれのみ)《川辺にはえている竹が、流れに身を任せているようであることから》遊女などの、はかない身の上。

**かわたけ-しげとし**【河竹▽繁▽俊】(一八八九～一九六七)演劇研究家。歌舞伎の啓蒙に貢献。長野県生まれ。河竹黙阿弥の養嗣子。坪内逍遥に師事。早大教授。早大演劇博物館館長。著書『歌舞伎史の研究』『日本演劇全史』など。

**かわたけ-しんしち**【河竹新七】歌舞伎脚本作者。初世(一七四六～一七九五)は世話物にひいで、中村仲蔵のために『垣衣恋写絵』などを書いた。二世新七は河竹黙阿弥の前名。

**かわたけ-の**【川竹の】[枕ことば]《川竹の流れの身の上(浮き世を流れただよう遊女)、また、竹の節ということから》「流る・世・よ」などにかかる。用例 うきふしにしづみもやらで―世にためしなき名をやながさむ(平家・一・二代后)。

**かわたけ-もくあみ**【河竹黙▼阿▼弥】(一八一六～一八九三)歌舞伎脚本作者。本名、吉村芳三郎。江戸生まれ。江戸歌舞伎最後の集大成者とされる。五世鶴屋南北に入門、のち二世河竹新七。黙阿弥は引退後の名。本領は生世話物。活歴・散切り物・松羽目物も開拓。作品は約三六〇編。生世話物『三人吉三廓初買』『青砥稿花紅彩画』『天衣紛上野初花』など、散切り物『島鵆月白浪』など。古河黙阿弥とも。↓写

●河竹黙阿弥

**かわだ-じゅん**【川田順】(一八八二～一九六六)歌人。東京生まれ。東大卒。佐佐木信綱の門下。初期は浪漫的傾向が濃く、のち写実的作風に転じた。歌集『伎芸天』『山海経』など。

**かわ-だち**【川立ち】川のほとりで生まれ育った人。また、水泳のうまい人。

**川立ちは川で果てる**(かわだちはかわではてる)《川に慣れている者はとかく川で死ぬことが多いものだ、の意から》得意な技をもっている者は、かえってそのために、身を滅ぼすことがある。

**かわたな**【川棚】〈町〉長崎県、大村湾の北東岸にある町。耐火れんが・クレー工場などがある。人口一万四七三〇(一九八八)。

**かわたれ-どき**【▽彼は▼誰時】《かれはだれと見分けのつかぬ時、の意》夜明けがた。比較 たそがれ時。参考 古くは、夕がたをも言った。

**かわ-たろう**【河太郎・川太郎】①河童の異名。②河童の頭の皿に似て、上が丸くくぼみ胴が少し細くなった形の茶入れ・花器。

**かわち**【▽河▽内】↓かわちのくに(河内国)

**かわち**【▽河▽内】〈町〉栃木県中部、宇都宮市の北隣の町。農業・工業の町で、宇都宮市のベッドタウン化が進行。人口二万七五五四(一九八八)。

**かわち**【▽河▽内】〈町〉熊本県西部、金峰山北麓の町。県下一のミカン産地。河内温泉がある。人口八七二五(一九八八)。

**かわち**【▽河▽内】〈村〉茨城県南部、利根川沿いの村。稲作中心に畑作・酪農などを行う。人口一万一五四六(一九八八)。

**かわち**【▽河▽内】〈村〉石川県南部、金沢市の南に接する村。農林業主体でエノキダケ栽培がさかん。人口一〇五五(一九八八)。

**かわちながの**【▽河▽内長野】〈市〉大阪府南部、和歌山県に接する市。高野山参詣の要地として発展した。つまようじが特産。人口一〇万六二六(一九八八)。

**かわち-の-くに**【▽河▽内国】《「淀川の内」の意》旧国名。現在の大阪府東部。五畿内の一国。「延喜式」では大国、一四郡。国府は藤井寺市、国分寺は柏原市。明治四年(一八七一)廃藩置県により堺県。同一四年(一八八一)大阪府に編入。河州。河内。

**かわち-の-ふひとべ**【▽西▽文▽部】河内に本拠をもつ渡来人系豪族。王仁の子孫といわれ、文筆をもって朝廷に仕えた。西文氏。

**かわづ**【河津】〈町〉静岡県伊豆半島東岸、下田市北隣の町。湯ケ野・峰・谷津などの温泉で知られる河津温泉郷がある。ミカン・サヤエンドウ・花の栽培がさかん。人口九一八九(一九八八)。

**かわ-づくり**【皮作り】皮のついたままのさしみ。

**かわ-づたい**【川伝い】川に沿って行くこと。また、その所。

**かわ-づら**【川面】川の表面。かわも。surface of the river

**かわつら-ぼんじ**【川面凡児】(一八六二～一九二九)神道家。大分県生まれ。禊を中心とした古神道説を主唱実践。超国家主義に理論的根拠を与えたとされる。

**かわ-づり**【川釣(り)】(名・サ変自他)川で魚を釣ること。おもにアユ・コイ・フナ・ヤマメなどが対象。池や湖での釣りも含めて言う。river fishing 対義 海釣り。

**かわ-と**【革▼砥】かみそりなどの刃物をとぐのに使うかわ。strop

**かわ-どこ**【川床】川の流れる地面。川底の地盤。河床。riverbed

**かわ-とじ**【革▼綴(じ)・皮▼綴(じ)】①表紙を革装にする製本。また、その本。leather covering ②革のひもで書類などを綴じること。leather binding

**かわ-どめ**【川止め・川留め】江戸時代、増水時の川越し禁止の措置。対義 川明き。

**かわ-とんぼ**【河▼蜻▼蛉】山間の渓流付近に多いカワトンボ科の昆虫。腹長四cm前後。雄の体は金緑色。四～六月に出現。日本全土に分布。↓図

●カワトンボ

**かわ-なか**【川中】川の流れの中央。

**川中には立てども人中には立たれず**(かわなかにはたてどもひとなかにはたたれず)急流の中に立つのはむずかしいが、それにもまして、人の中に立つのは困難だということ。世渡りのむずかしさを言う。

**かわなかじま**【川中島】長野市内の千曲川と犀川にはさまれた地域。古来、軍事・交通の要地で、天文二二年(一五五三)上杉謙信と武田信玄の戦った古戦場として有名。

**かわなかじま-の-たたかい**【川中島の戦い】戦国時代、甲斐の武田信玄と越後の上杉謙信の戦い。両者は天文二二年(一五五三)から五回、信濃の領有をめぐり川中島で交戦。信濃は信玄の所領となる。

**かわ-ながれ**【川流れ】川でおぼれ死ぬこと。おぼれ死んだ人。

**河童の川流れ**(かっぱのかわながれ)↓かっぱ(河童)

**川流れの芥で杭に掛かってる**(かわながれのごみでくいにかかってる)《「杭」に「食い」をかけて》頭を上げるひまもなく、夢中でものを食べているさまに言う。

**かわなべ**【川▽辺】〈町〉鹿児島県、薩摩半島南部の町。農業と畜産がさかん。仏壇が特産。人口一万七一六二(一九八八)。

**かわなべ-きょうさい**【河▼鍋暁斎】(一八三一～一八八九)日本画家。下総古河の人。くせの強い暢達な画風で、風刺的戯画も多い。作品『花鳥図』など。

**かわ-なみ**【川波・川▽浪】①川に立つ波。ripples on a river ②川の流れ。その姿。用例 ―の清き河内そ(万葉・六・九二三)。

**かわにし**【川西】〈市〉兵庫県南東部、猪名川西岸にある市。友禅染め、なめし革の伝統工業、航空機精密機械などの近代工業がさかん。人口一四万三九〇(一九八八)。

**かわにし**【川西】〈町〉山形県南部、米沢盆地の町。穀倉地帯。酒造業・木工業がある。ダリア園が有名。人口二万二〇七二(一九八八)。

**かわにし**【川西】〈町〉新潟県南部、十日町盆地北端の町。稲作、野菜・タバコ栽培などが中心。絹織物の産地。人口九三〇四(一九八八)。

**かわにし**【川西】〈町〉奈良県、奈良盆地中央部の町。野菜栽培のほか、ボタン製造がさかん。人口九七六〇(一九八八)。

**かわ-にな**【川▼蜷・河▼貝▽子】淡水産の小巻き貝。殻高約三cm、殻径約一・二cm。殻表は暗褐色。肺吸虫の中間宿主。卵胎生。日本全土・台湾・朝鮮半島に分布。ニナ。↓図

●カワニナ

**かわね**【川根】〈町〉静岡県、大井川の中流に沿う山間の町。林業が主体でスギ・ヒノキ材を産出。良質の川根茶の産地としても知られる。人口七五一六(一九八八)。

**かわ-ねずみ**【川▼鼠】トガリネズミ科の水生動物。体長・尾長ともに一〇cm内外。背面は灰褐色、腹面は灰色。手足の指の縁に並ぶ剛毛が水かきの代用。山地の渓流にすみ、泳ぎが巧み。昼行性で、魚やエビ・カニなどを捕食する。本州以南から中国・ビルマなどに分布。water shrew

**かわのえ**【川▼之江】〈市〉愛媛県東端、瀬戸内海に臨む市。西隣の伊予三島市とともに製紙工業地域を形成する。人口三万九三五八(一九八八)。

**かわ-のり**【川▽海▼苔】日本特産の淡水藻。一層の細胞からなる膜状のもの。大きさは一〇cm前後。干して食用にする。山間の渓流に生ずる。分布が限られ、特定の河川にだけみられる。

**かわば**【川場】〈村〉群馬県北部、武尊山の南斜面の村。林業がさかん。ナメコ・シイタケの産も多い。人口四〇二九(一九八八)。

**かわ-はぎ**【皮▼剝】カワハギ科の海水魚。全長約二〇cm。体は平たく、吻が突出する。名は皮をはいで食べるのに由来。肝臓も美味。本州中部以南に分布。スブタ。ツノコ。キンチャク。ハゲ。↓写

●カワハギ

**かわ-ばた**【川端】川のほとり。川べり。川ぶち。riverside

**かわばた-ぎょくしょう**【川端玉章】(一八四二～一九一三)日本画家。本名、滝之助。京都生まれ。円山四条派。精緻な山水花鳥図を描く。川端画学校を創立。作品『墨堤桜花』など。

**かわばた-ぼうしゃ**【川端▼茅舎】(一八九七～一九四一)俳人。本名、信一。東京生まれ。高浜虚子に師事。花鳥諷詠に徹し、「茅舎浄土」と称される求道的作風に達した。句集『華厳』など。

**かわばた-やすなり【川端康成】**(一八九九～一九七二)小説家。大阪生まれ。東大卒。『文芸時代』創刊に参加、新感覚派の代表作家となる。戦後は日本美の伝統を継ぐ姿勢を強くした。昭和三六年(一九六一)文化勲章受章、同四三年(一九六八)ノーベル文学賞受賞。ガス自殺。作品『伊豆の踊子』『雪国』『山の音』『眠れる美女』など。↓写

●川端康成

**かわばた-りゅうし【川端竜子】**(一八八五～一九六六)日本画家。本名、昇太郎。和歌山県生まれ。大胆な線と色彩、奔放な構成の剛健な大作が多い。青竜社を創立。昭和三四年(一九五九)文化勲章受章。作品『魚紋』『筏流し』など。

**かわはら【河原】**〈町〉鳥取県東部、千代川沿いの町。アユ漁・酒造が行われ、陶器の牛戸焼が有名。果実栽培もさかん。人口九二八五(一九八八)。

**かわひがし【河東】**〈町〉福島県、会津盆地東部の町。稲作が中心。人口九七一三(一九八八)。

**かわひがし-へきごとう【河東▼碧▼梧▼桐】**(一八七三～一九三七)俳人。本名、秉五郎。松山市生まれ。子規門下。新傾向俳句の中心。のち自由律俳句へ進む。紀行文集『三千里』など。

**かわ-ひき【皮引き】**調理法の一つ。魚を刺身にするとき、皮を取り除くこと。

**かわ-ひとえ【皮一重】**(名・形動)美しいも、みにくいも、皮膚一枚のうえのこと。転じて、ほんの少しの差。紙一重。

**かわ-びらき【川開き】**①夏が来て、納涼の季節の開始を祝う河畔の行事。東京の両国のものが著名。river festival ②川漁の解禁日。opening of the fishing season

**かわ-ぶくろ【革袋・皮袋・革▼嚢】**かわでつくった袋。おもに、財布。leather bag

**新しい酒を古い革袋に盛る**(あたらしいさけをふるいかわぶくろにもる)↓あたらしい(新しい)

**かわ-ぶね【川舟・川船】**川や湖で用いる舟。

**かわ-ぶね【皮舟】**木などの骨組みの上に、獣皮や樹皮をおおいかぶせた原始的な小舟。先史時代からつくられ、世界各地に分布。エスキモーのカヤック、イギリスのコラクルなどが有名。

**かわ-べ【川辺】**川のそば。川岸に近い所。riverside 比較海辺。

**かわべ【河辺】**〈町〉秋田県中部、秋田市東隣の町。稲作と林業がさかん。岨谷峡などの景勝地がある。人口一万一五九一(一九八八)。

**かわべ【川辺】**〈町〉岐阜市東方、飛驒川渓谷下流部にある町。商業と農業がさかん。人口一万五六二(一九八八)。

**かわべ【川辺】**〈町〉和歌山県中部、日高川流域の町。農業中心でミカンの産地。「安珍と清姫の物語」で有名な道成寺がある。人口六七三九(一九八八)。

**かわべ【河辺】**〈村〉愛媛県南部山間の村。林業・タバコ栽培などが行われる。人口一八〇一(一九八八)。

**かわ-ほね【河骨】**↓こうほね(河骨)

**かわ-ほり【▼蝙▼蝠】**①コウモリの古名。②「蝙蝠扇」の略。

**かわほり-おうぎ【▼蝙▼蝠扇】**《開いた形がコウモリに似ていることから》扇。↓扇図

**かわ-ます【河▼鱒】**北アメリカから移入されたサケ科の淡水魚。全長約八〇cm。口が大きく歯が強い。三年で成熟。食用。冷水性で、原産地は北アメリカ。日本へは一九〇一年に移入。brook trout ↓図

●カワマス

**かわまた【川▼俣】**〈町〉福島県北東部の町。織物工業がさかん。古くから羽二重の産地で知られた。人口二万七二五(一九八八)。

**かわまた-おんせん【川▼俣温泉】**栃木県北西部、鬼怒川上流の温泉。山間にあり、奥鬼怒温泉郷の入り口にあたる。

**かわまた-ダム【川▼俣ダム】**栃木県の鬼怒川上流にあるダム。有効貯水量七三一〇万$m^3$。アーチ式多目的ダム。川俣湖。

**かわ-みどり【川緑】**シソ科の多年草。高さ八〇cm前後。四角な茎に葉は対生。夏に、多数の小形、紫色の唇形花を一五cmほどの穂に密集。全体に香りがある。漢方薬の原料。

**かわみなみ【川南】**〈町〉宮崎県、宮崎平野北部の町。農業中心で、養鶏・養豚・ミカン栽培がさかん。人口一万八七二八(一九八八)。

**かわ-むかい【川向(か)い】**川をへだてた、向こう岸。対岸。川向こう。the other side of the river

**かわ-むこう【川向(こ)う】**↓かわむかい(川向かい)

**川向こうの火事**(かわむこうのかじ)自分とは無関係なことのたとえ。

**かわ-むつ【河▼鯥・川▼鯥】**オイカワに似たコイ科の淡水魚。全長約一六cm。体側に暗青色の太い縦帯がある。川の上・中流域にある河岸の木の茂ったところを好み、昆虫を捕食。西日本・朝鮮半島に分布。

**かわむら-きざん【川村▼驥山】**(一八八二～一九六九)書家。本名、槙一郎。静岡県生まれ。巧妙な技法を駆使し、楷書・草書に独自の作風を示した。

**かわむら-きよお【川村清雄】**(一八五二～一九三四)洋画家。東京生まれ。明治洋画壇の開拓者。作品『画室』『虫干し』など。

**かわむら-ずいけん【河村▼瑞賢】**(一六一七～一六九九)江戸前期の豪商。伊勢の人。瑞見・瑞軒とも書く。東回り・西回り航路の開発、淀川治水工事などの功により旗本に登用された。

**かわむら-たみじ【川村多実▽二】**(一八八三～一九六四)動物生態学者。岡山県生まれ。東大卒。京大教授。日本の淡水生物学を創成。

**かわむら-りんや【川村▼麟▼也】**(一八七九～一九四七)病理学者。山梨県生まれ。東大卒。類脂肪体の研究、ことにツツガムシ病病原体の決定は、新潟地方病の惨禍を予防するうえに大きく寄与した。

**かわ-も【川▽面】**川の表面。川づら。surface of a river

**かわ-もずく【川▽水▽雲】**紅藻植物カワモズク科の淡水藻。湧き水のようなきれいな流れの中の石や杭に塊になって付着する。赤褐色。細くわかれた枝上に丸い数珠玉状の小枝がつく。ところによっては食用とする。↓紅藻植物図

**かわもと【川本】**〈町〉埼玉県北部、荒川中流の町。稲作、野菜栽培、養蚕がさかん。人口一万一七二四(一九八八)。

**かわもと【川本】**〈町〉島根県中部、江の川中流にある町。江の川水運の中継地として栄えた。人口五八四四(一九八八)。

**かわもと-こうみん【川本幸民】**(一八一〇～一八七一)幕末期の蘭学者・化学者。摂津の人。蕃書調所の教授、その化学部門の指導者。島津藩でも化学技術を指導。

**かわもり-よしぞう【河盛▽好蔵】**(一九〇二～)仏文学者・評論家。堺市生まれ。京大卒。仏文学研究のほか明快で知的な文芸評論を書く。著書『フランス文壇史』『パリの憂愁』など。昭和六三年(一九八八)文化勲章受章。

**かわ-や【▼厠・▼圊】**便所。川の上に架け渡された川屋を、古来便所としていたことから生じた呼称といわれる。

**かわや-がみ【▼厠神】**便所を守る神。出産の神として信仰され、便所でつばを吐くこと、裸や洗い髪で入ることを嫌うといわれる。便所神。

**かわ-やつめ【川八目】**↓やつめうなぎ(八つ目鰻)

**かわ-やなぎ【川柳・川▼楊】**①川べにはえているヤナギ。②ネコヤナギの別名。③茶の一種。上等な番茶。

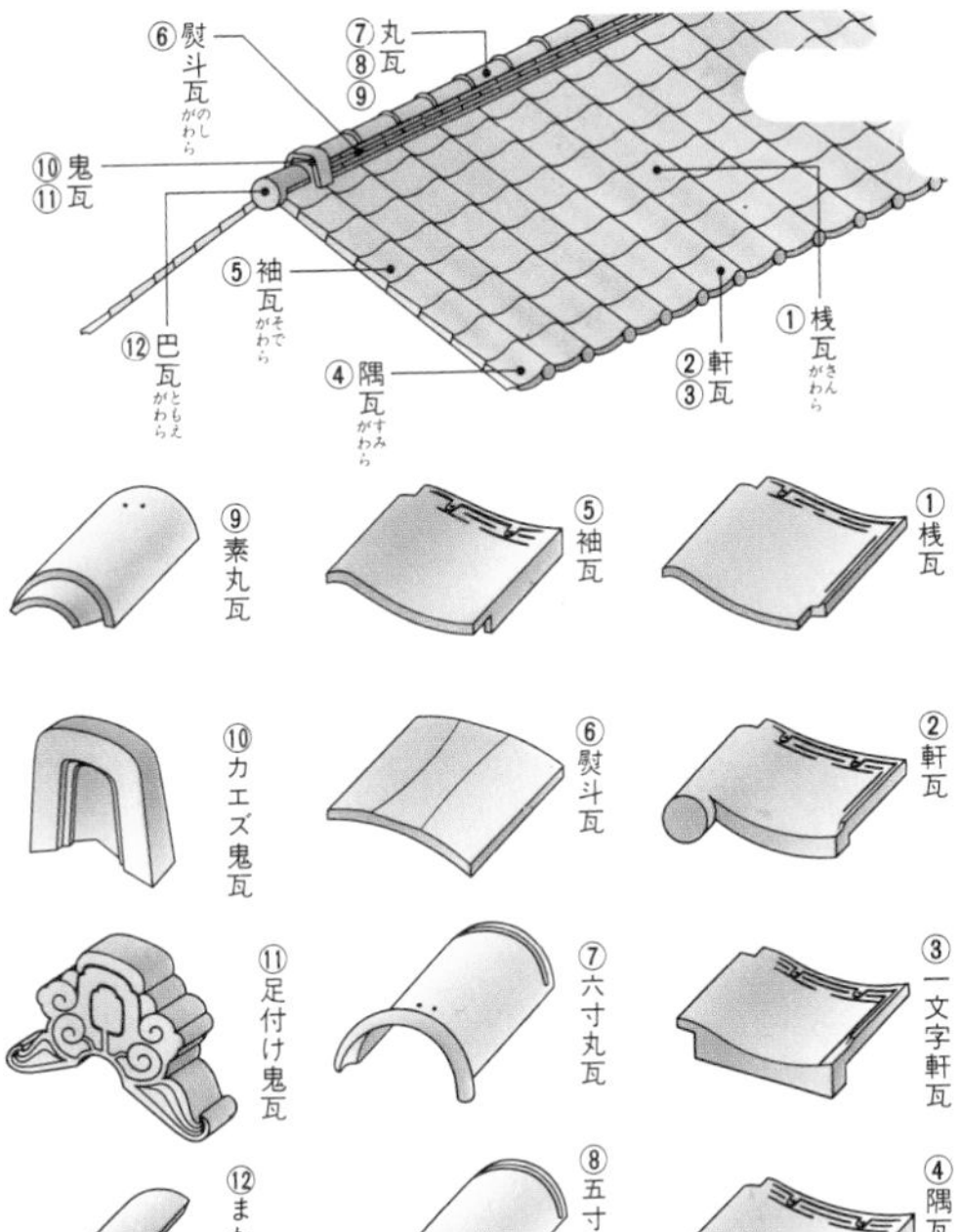

●瓦① 屋根用瓦の形状と使用例

**かわゆ・い【可▽愛い】**(形)↓かわいい(可愛い)

**かわゆ-おんせん【川湯温泉】**北海道東部、屈斜路湖の東にある温泉。阿寒国立公園探勝の基地として重要。湯量豊富で、余った湯が川のように流れることからの温泉名。

**かわ-よど【川▼淀】**川の流れのよどんでいる所。対義川瀬。

**かわら【▼瓦】**《kapāla 梵 から生じた語か》①粘土を成形し焼成した板。おもに屋根をふくのに用い、また、敷石とすることもある。丸瓦・平瓦・鬼瓦・敷平など。roofing tile ②価値のないもののたとえ。↓図 ↓和風住宅図

**かわら【川原・河原・▼磧】**《「かわはら」の約》川の両岸の、いつもは水の流れていない、砂や石の多い平地。dry riverbed

**かわら【香▽春】**〈町〉福岡県北東部、田川市東隣の町。炭鉱閉山で衰退したが、セメント工場が進出。人口一万五二〇五(一九八八)。

**かわら-うら【▼瓦▽占】**神前で瓦を投げて吉凶を占うもの。表が出れば吉、裏が出れば凶とする。

**かわら-け【▽土▽器】**素焼きの土器。とくに、酒を飲むための器。↓写

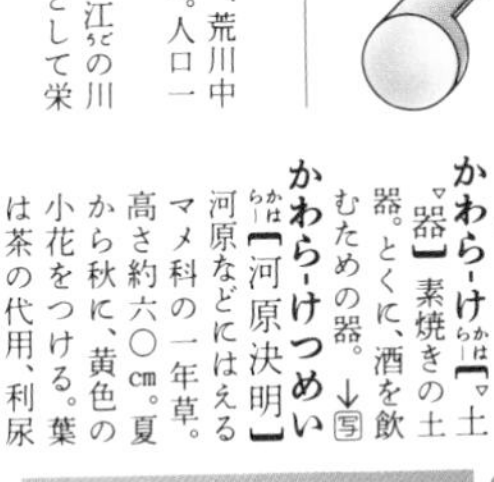
●土器

**かわら-けつめい【河原決明】**マメ科の一年草。河原などにはえる。高さ約六〇cm。夏から秋に、黄色の小花をつける。葉は茶の代用、利尿薬などに利用。ノマネ。ネムチャ。↓図

**かわらけ-な【▽土▽器菜】**タビラコの別名。

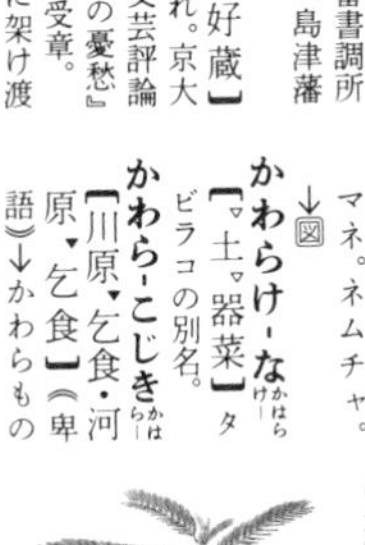
●カワラケツメイ

**かわら-こじき【川原▼乞食・河原▼乞食】**《卑語》↓かわらもの(川原者)

**かわら-さいこ【河原▼柴▼胡】**バラ科の多年草。日当たりの良い草地や川原にはえる。茎は叢生し、高さ約六〇cm。羽状複葉で、小葉は線状。夏になると、枝の端に黄色の五弁花を開く。

**かわらさき-ちょうじゅうろう【河原崎長十郎】**歌舞伎俳優。二世(一九〇二～一九八一)は封建的な歌舞伎界に抗して前進座を結成、のち退座。豪快な芸風。

**かわら-し【▼瓦師】**瓦を製造する人。また、



▼常用漢字表外。▽常用漢字表の音訓外。

●瓦師 葛飾北斎『今戸の瓦焼き』より。

屋根瓦をふく人。↓写

**かわら-すずり**【瓦硯】陶製の硯。近世になって石の硯が主になるまで多く用いられた。がけん。

**かわら-せんべい**【瓦煎餅】せんべいの一種。小麦粉・砂糖・卵などに水を加えて練り、瓦形の焼き型に入れて焼いたせんべい。

**かわら-たけ**【瓦茸】担子菌類サルノコシカケ科のキノコ。灰褐色、薄い半円形で硬い。枯れ木の表面に重なってはえ、木材を腐らせる。

**かわら-なでしこ**【河原撫子】ナデシコの別名。

**かわら-ばった**【河原飛蝗】河原などにすむバッタ。体長四cm内外。砂礫の色とまぎらわしい体色だが、飛ぶと、広げた後翅の空色が目立つ。日本全土に分布。

**かわら-ばと**【河原鳩】家禽のイエバトの原種。全長約三三cm。青みを帯びた灰色で、くびが虹色。岩壁にすみ、地上でえさをあさる。ヨーロッパ・西アジア・インド・北アフリカに分布。現在、世界各地でみられる類似の鳥は、イエバトが野生化したドバト。pigeon ↓ハト図

**かわら-ははこ**【川原母子】キク科の多年草。各地の河原や砂地にはえ、高さ三〇cm内外で細く、茎が多く分枝し、夏に白い頭状花をつける。カワラホウコ。

**かわら-ばん**【瓦版】①粘土に絵や字を彫って焼き固めたものを原版としてつくられた印刷物。②江戸時代に事件の報道を目的として不定期に刊行された、半紙一枚から数枚の木版印刷物。読み売り。

**かわら-ひわ**【河原鶸】人家近くに巣をつくるアトリ科の小鳥。全長約一三cm。灰褐色で部分的に黄色みが強く、翼と尾の先は黒い。嘴は太い。アジアの極東部に分布し、日本では全土で繁殖する留鳥か漂鳥。↓図

**かわら-ぶき**【瓦葺(き)】①屋根を瓦でふくこと。また、その屋根。tile roofing ②《中世まで瓦葺きの建物は寺だけだったので》寺のこと。また、寺をさす伊勢斎宮の忌み詞。

**かわらまち**【河原町】京都市、鴨川の西を南北に走る河原町通り付近をいう。三条と四条の間は京都の繁華街の一つ。

●カワラヒワ

**かわら-まつば**【川原松葉】アカネ科の多年草。山野や川原にはえる。高さ約五〇cm。葉は細く八〜一二枚が輪生。夏に、白または淡黄色の小花が円錐状に密生。

**かわら-もの**【川原者・河原者】《卑語。昔、京都の四条河原で興行したので》歌舞伎役者をいやしんで言った語。かわらこじき。

**かわら-やね**【瓦屋根】瓦でふいた屋根。瓦葺き。

**かわらゆ-おんせん**【川原湯温泉】群馬県北西部、吾妻渓谷沿いの温泉。天然記念物の川原湯岩脈と湯かけ祭は有名。

**かわら-よもぎ**【河原艾】キク科の多年草。川岸や海岸の砂地にはえる。高さ三〇cm〜一m。葉は互生し、羽状に細裂。初秋に黄色の小頭花を多数つける。若葉を食用にするほか、全草を薬用。↓図

●カワラヨモギ

**かわり**【代(わ)り】①代わること・もの。substitution 用例 ―の人。②あるものと同じ働きや役割をする、別のもの。代理。substitute; representative 用例 父の―に行く。③お返し。引きかえ。つぐない。用例 その―、これあげる。④飲食物の二杯め以後。おかわり。another cup of 用例 ごはんのお―。

**かわり**【替(わ)り】入れ替わること。交替。replacement

**かわり**【変(わ)り】①以前と違った状態になること。変わること。変わったこと。change 用例 その後、お―ありませんか。②いくつかのもののなかでの違い。用例 二人の間の意見に―はない。③ふつうと違うこと。unusual 用例 風―。

**かわり-あ・う**【代(わ)り合う】(五自) 順番に代わる。交替する。take turns

**かわり-え**【替(わ)り絵・変(わ)り絵】玩具の一種。折り方や畳み方で、一枚の絵がさまざまな絵に変化するようにつくられているもの。

**かわり-がわり**【代(わ)り代(わ)り】(副) ↓かわるがわる(代わる代わる)

**かわり-きょうげん**【替(わ)り狂言】歌舞伎で、前の興行にかわって新しく上演される別の狂言。

**かわり-だね**【変(わ)り種】①違った種類。hybrid 用例 ―の菊。②その社会の中で、普通の人とは違った経歴・性格を持っている人。eccentric

**かわり-に**【代(わ)りに】㊀(副) それに代わって。それをおぎなうものとして。instead of ㊁(接続) そのかわりに。instead

**かわり-ばえ**【代(わ)り映え・代(わ)り栄え】(名・サ変自)《ふつう、下に打ち消しをともなう》代わったので、いっそうよく見えること。用例 ―がしない。

**かわり-は・てる**【変(わ)り果てる】(下一自) すっかり変わってしまう。undergo a complete change 用例 ―・てた姿。

**かわり-ばんこ**【代(わ)り番こ】互いに代わり合ってすること。代わる代わる。alternately

**かわり-びな**【変(わ)り雛・代(わ)り雛】①その年の話題の人物などをとり上げ、時事・流行をパロディー化した雛人形。②《「代わり雛」で》人間の病気・災難などを代わりに引き受けるとされている雛人形。流し雛が代表的。

**かわり-み**【変(わ)り身】①とっさに姿勢・位置を変えること。quick motion ②情勢に応じて考えを変えること。転身。転向。change of stance 用例 ―がはやい。

**かわり-め**【代(わ)り目】代わり合うとき。change

**かわり-め**【変(わ)り目】変わるとき。change 用例 季節の―。

**かわり-もの**【変(わ)り者】ふつうと違う人。変人。eccentric person

**かわ-りょう**【川漁】↓かわがり(川狩り)

**かわ・る**【代(わ)る】(五自) 代わりをする。take the place 用例 わたしが―・ります。

**かわ・る**【替(わ)る】(五自) 入れ替わる。交替する。change 用例 課長が―。

**かわ・る**【変(わ)る】(五自) ①以前と違ったものになる。移る。change 用例 季節が―。住所が―。②ふつうと異なる。へんである。differ; unusual 用例 一風―・った人だ。

**変われば変わる**《「変わる」を強める言い方》すっかり変わる。be entirely changed 用例 あのやんちゃ坊主が変われば変わったもんだ。

**かわ・る**【換(わ)る】(五自) あるものが退いて、他の別のものが、その位置にくる。交代する。とってかわる。change 用例 土地が、金に―。

**かわる-がわる**【代(わ)る代(わ)る】(副) 代わり合って。交替に。かわりがわり。alternately

**カワレロビチ**【Jerzy Kawalerowicz】(一九二二― ) ポーランドの映画監督。作品『夜行列車』『尼僧ヨアンナ』など。

**カン** 2画【凵】部首[凵] JIS 4965
音カン ①上方に口をひらいているさま。②部首の一つ。かんにょう。かんがまえ。うけばこ。

**カン** 2画【厂】部首[厂] JIS 5044
音カン ①がけ。きりたった、がけ。きし。②部首の一つ。がんだれ。

**カン** 3画【干】部首[干] 教育小6 JIS 2019
音カン 訓ほす・ひる
干 干 干
①さからう。おかす。「干犯」②もとめる。「干禄」③あずかる。関係する。「干渉・干与」④たて。ふせぐ。「干戈」⑤ほす。ひる。かわく。対義 満。「干潮」⑥すこし。いくばく。「若干」⑦えと。五行をそれぞれ陰陽一〇に分けたもの。「十干」「干支」

**カン** 5画【丱】部首[丨] JIS 4805
4画【卝】部首[卜] 異体字
音カン・ケン あげまき。つのがみ。こどもの髪型の一つ。

**カン** 5画【刊】部首[刂] 教育小5 JIS 2009
音カン
刊 刊 刊 刊 刊
①けずる。きざむ。②版木をほる。③本や新聞などを出版する。「休刊・週刊・新刊・創刊・廃刊」「刊行・刊本」用例 (名) 一九八九年―。

**カン** 5画【甘】部首[甘] 常用 JIS 2037
音カン 訓あまい・あまえる・あまやかす
①あまい。うまい。対義 苦。「甘美・甘味・甘露」②あまんずる。満足する。「甘受・甘心」③あまえる。④あまやかす。

**カン** 5画【甲】部首[田] 常用 JIS 2535
音コウ・カン
①かたい外がわ。から。「甲板」②高い音域の音。「甲声」↓コウ[甲]

**カン** 6画【奸】部首[女] JIS 5301
音カン
①わるもの。わる。「漢奸」「奸臣・奸雄」用例 (名) 君側の―。②わるがしこい。よこしま。「奸悪・奸計・奸智」

**カン** 6画【扞】部首[扌] JIS 5710
音カン
ふせぐ。ふせぎとめる。たてで、まもる。「扞格」

**カン** 6画【汗】部首[氵] 常用 JIS 2032
音カン 訓あせ
①あせ。あせをかく。「発汗・流汗」「汗顔」②蒙古やトルコなど、遊牧民族の首長の称号。ハン。「成吉思汗」

**カン** 6画【缶】部首[缶] 常用 JIS 2044
24画【罐】旧字
23画【鑵】異体字 JIS 7005
11画【鉱】異体字
音カン・フ
①ブリキでつくったはこ。オランダ語kan・英語canの音訳字。「製缶」「缶詰め」用例 (名) ―のはいったバッグ。②かま。蒸気機関のかま。ボイラー。「汽缶」③金属製の湯わかし。「薬缶」参考 缶と罐とは、もとは別の字。缶は、「フ」とよみ、ほとぎ、もたいの意。胴が太く、口の小さい土器で、湯・水・酒などを入れたもの。

**カン** 7画【串】部首[丨] JIS 2290
音セン・カン
ならう。なれる。習慣になる。なれしたしむ。↓セン[串]

**カン** 7画【坎】部首[土] JIS 5212
音カン
あな。くぼんだ穴。おとし穴。

**カン** 7画【完】部首[宀] 教育小4 JIS 2016
音カン
完 完 完 完 完 完

**カン** 7画 【旰】 部首[日]

[音]カン
くれる。ひがくれる。ひぐれ。

**カン** 7画 【旱】 部首[日] [JIS]5861

[音]カン
ひでり。長いあいだ雨がふらず、水がかれること。「大旱」「旱害・旱天・旱魃」

**カン** 7画 【肝】 部首[月] 常用 [JIS]2046

[音]**カン**
[訓]**きも**
①きも。「肝臓・肝油」②こころ。「心肝」「肝銘」③中心。大切なところ。「肝心・肝要」

**カン** 7画 【杆】 部首[木] [JIS]5924

[音]カン
①たて。敵の矢・やり・弾丸などをふせぐ武具。②てこ。てこぼう。棒とその支点を利用して、小さい力を大きい力にかえる棒。そのしかけ。「槓杆」

**カン** 7画 【罕】 部首[穴] [JIS]7007

[音]カン
まれ。まばら。まれに。たまに。

**カン** 8画 【侃】 部首[人・イ] [JIS]2006

[音]カン
つよい。ひるまない。剛直。「侃々諤々」

**カン** 8画 【函】 部首[凵] [JIS]4001 ― 9画 【凾】 [JIS]4966 異体字

[音]カン
①いれる。外から中にいれる。②はこ。ものをいれるはこ。「潜函・投函」③「函嶺」は、箱根山の中国風の呼称。

**カン** 8画 【坩】 部首[土] [JIS]5216

[音]カン
つぼ。土でつくったつぼ。るつぼ。「坩堝」

**カン** 8画 【官】 部首[宀] 教育小4 [JIS]2017

[音]**カン**

官官官官官官

①おおやけ。政府。[対義]私。「官学・官選・官費・官立」②つかさ。役人。その位。[対義]民・野。「上官・任官」「官途」[用例](名)―を辞す。③見たり聞いたり味わったりなどするはたらき。「器官・五官」「官能」

**官を退く**( ) 役人をやめる。官を辞す。[類似]野に下る。

**カン** 8画 【邯】 部首[阝] [JIS]7824

[音]カン
「邯鄲」は、中国の地名。戦国時代の趙の国の都。現在の河北省邯鄲市のあたり。

**カン** 8画 【拑】 部首[扌] [JIS]5726

[音]ケン・カン
①はさむ。はさんでもつ。②つぐむ。とじる。しめる。「拑口」

**カン** 9画 【冠】 部首[冖] 常用 [JIS]2007

[音]**カン**
[訓]**かんむり**
①かんむり。かむり。[対義]履。「衣冠・栄冠・王冠」[用例](名)―を挂く。②成年式。元服。かんむりをつける。「弱冠」「冠婚葬祭」③一番すぐれた。「冠絶」

**冠を挂く**( ) 辞職する。

**カン** 9画 【咸】 部首[口] [JIS]5089

[音]カン
みな。ことごとく。すべて。

**カン** 9画 【奐】 部首[大] [JIS]5286

[音]カン
①かえる。いれかえる。かわる。②あきらか。ひかりかがやく。

**カン** 9画 【姦】 部首[女] [JIS]2015

[音]カン・ケン
①わるがしこい。よこしま。「姦悪・姦策・姦臣」②みだら。道にそむいて男女がまじわる。「強姦・和姦」「姦通」③かしましい。やかましい。うるさい。

**カン** 9画 【宦】 部首[宀] [JIS]5365

[音]カン
①つかえる。仕官する。②つかさ。つかさびと。役人。③昔、去勢されてから、宮中の奥御殿につかえた男。「宦官」

**カン** 9画 【巻】 部首[己] 教育小6 [JIS]2012 ― 8画 【卷】 部首[卩] 旧字 [JIS]5043

[音]**カン**・ケン
[訓]**まく・まき**

巻巻巻巻巻巻巻巻巻

①まきもの。「巻子本」②書物。本。「万巻」「巻頭」③書物・まきものの数をかぞえたり、書物の区分をかぞえるのに用いる。[用例](助数)全五―の事典。第一―は先史時代の物語。④フィルム・テープなどをかぞえるのに用いる。[用例](助数)実験の記録テープ七―。⑤まく。丸くたたむ。

**巻を追う**( ) 一巻二巻と順序に従って読み進む。

**カン** 9画 【柑】 部首[木] [JIS]2027

[音]カン
ミカン・コウジなど、ミカン科の常緑樹。また、その果実。「金柑・蜜柑」「柑橘類・柑子」

**カン** 9画 【柬】 部首[木] [JIS]5943

[音]カン
えらぶ。えりわける。よりぬく。

**カン** 9画 【看】 部首[目] 教育小6 [JIS]2039

[音]**カン**

看看看看看看看

①みる。ながめる。「看過・看取・看破」②みまもる。みはる。「看護・看守・看病」

**カン** 9画 【竿】 部首[竹] [JIS]2040

[音]カン
さお。たけざお。「釣竿」「竿頭」

**カン** 10画 【莞】 部首[艹] [JIS]2048

[音]カン
①フトイ。カヤツリグサ科の多年草。まるすげ。まるがま。②にっこりとわらうさま。「莞爾」

**カン** 10画 【莧】 部首[艹]

[音]カン・ゲン
ヒユ。ヒユ科の一年草。インド原産。蔬菜としても栽培される。ひょうな。

**カン** 10画 【陥】 部首[阝] 常用 [JIS]2057 ― 11画 【陷】 旧字 [JIS]7992

[音]**カン**
[訓]**おちいる・おとしいれる**
①おちこむ。おちいる。「失陥」「陥没・陥落」②欠点があること。「欠陥」③おとしいれる。おとしこむ。「陥穽」

**カン** 10画 【悍】 部首[忄] [JIS]5591

[音]カン
あらい。はげしい。たけだけしい。「精悍」「悍馬・悍婦」

**カン** 10画 【捍】 部首[扌] [JIS]5750

[音]カン
ふせぐ。ふせぎとめる。たてでまもる。

**カン** 10画 【栞】 部首[木] [JIS]5957

[音]カン
しおり。①木の枝を折って、道しるべにすること。②手引き。案内。③読みかけの本の間に、はさむもの。④しおり戸。

**カン** 10画 【桓】 部首[木] [JIS]2028

[音]カン
①中国の漢代、宿場のしるしの木。②「桓々」は、たけだけしいさま。いさましいさま。

**カン** 10画 【浣】 部首[氵] [JIS]6217

[音]カン
①あらう。すすぐ。「浣腸」②旬。一〇日間。月の上・中・下旬を、それぞれ上浣・中浣・下浣という。

**カン** 10画 【疳】 部首[疒] [JIS]6549

[音]カン
①皮膚や粘膜にできる小さなおでき。②むし。神経質なこどもにおこる病気。一種の小児神経症。また、栄養不良や寄生虫などが原因でもおこる。ひきつけなど。

**カン** 11画 【乾】 部首[乙] 常用 [JIS]2005

[音]**カン**・ケン・ゲン
[訓]**かわく・かわかす**
かわく。かわかす。ほす。[対義]湿。「乾燥・乾杯・乾物・乾麺」→ケン[乾]

**カン** 11画 【勘】 部首[力] 常用 [JIS]2010

[音]**カン**
①かんがえる。しらべる。「勘案・勘考・勘定」②つみする。とがめをうける。「勅勘」「勘気・勘当」③大切なところ。[用例](名)―どころ。④すばやく判断や見当をつける心の働き。さとり。[用例](名)―のにぶい人。[参考]堪とは別の字。

**カン** 11画 【菅】 部首[艹] [JIS]3191

[音]カン
スゲ。カヤツリグサ科の植物。すが。

**カン** 11画 【患】 部首[心] 常用 [JIS]2021

[音]**カン**・ゲン
[訓]**わずらう**
①やむ。わずらう。病気。「急患・疾患」「患者」②なやみ。うれい。心配ごと。「内憂外患」「患難」

**カン** 11画 【桿】 部首[木] [JIS]5969

[音]カン
①さお。木の棒。「桿菌」②てこ。てこぼう。重いものを動かす棒。③ポール(pole)。イギリスの長さの単位。五ヤード半。約五・〇三m。

**カン** 11画 【涵】 部首[氵] [JIS]6230

[音]カン
①ひたす。ひたる。②うるおす。うるおう。「涵養」

**カン** 11画 【淦】 部首[氵] [JIS]6232

[音]カン・コン
①あか。船底にたまる水。②どろ。

**カン** 11画 【蚶】 部首[虫] [JIS]7352

[音]カン
アカガイ。フネガイ科の軟体動物。

**カン** 11画 【貫】 部首[貝] 常用 [JIS]2051

[音]**カン**・ワン
[訓]**つらぬく**
①つらぬく。つきとおる。「首尾一貫」「貫通・貫徹・貫流」②昔のお金の単位。一貫は、銭一〇〇〇文、または九六〇文。③尺貫法の重さの単位。開元通宝銭一〇〇〇枚の重さが基礎。一貫は、三・七五kg。

**カン** 12画 【喊】 部首[口] [JIS]5131

[音]カン
さけぶ。わめく。声をはりあげる。鬨の声をあげる。「吶喊」「喊声」

**カン** 12画 【喚】 部首[口] 常用 [JIS]2013

[音]**カン**
①よびよせる。めす。「召喚」「喚問」②大声でよぶ。さけぶ。「叫喚」「喚起・喚声」

**カン** 12画 【堪】 部首[土] 常用 [JIS]2014

[音]**カン**・タン
[訓]**たえる**
①たえる。こらえる。我慢する。[類似]耐。「堪忍」②よくできる。すぐれている。「堪能」[参考]勘は別字。

**カン** 12画 【寒】 部首[宀] 教育小3 [JIS]2008 ― 12画 【寒】 旧字

[音]**カン**
[訓]**さむい**

寒寒寒寒寒寒寒

①さむい。さむさ。[対義]暑・温・暖。「飢寒・向寒・酷寒」「寒気」②さびしい。まずしい。「貧寒」「寒村」③二十四節気の一つ。冬の、一番さむい一月五、六日から、二月三、四日ごろまで。「小寒・大寒」[用例](名)―の入り。

**寒に帷子、土用に布子**( ) ①季節に合った衣服が着られないこと。貧乏なさまに言う。②時節にはずれていて、用のないもの。また、目的が違っているため、無意味なこと・もの。

**カン** 12画 【嵌】 部首[山] [JIS]5440



▼常用漢字表外。 ▽常用漢字表の音訓外。

15画【篏】 部首[竹] 異体字 JIS 6829

音カン
はまる。はめる。はめこむ。「象嵌」

カン 12画【蒄】 部首[艹] JIS 7255
音カン
草の名。

カン 12画【逭】 部首[辶]
音カン
のがれる。にげる。まぬかれる。

カン 12画【揀】 部首[扌] JIS 5767
音カン
えらぶ。えりわける。よりぬく。

カン 12画【換】 部首[扌] 常用 JIS 2025
音カン
訓かえる・かわる
かえる。いれかえる。かわる。「交換・転換」「換言・換算」

カン 12画【敢】 部首[攵] 常用 JIS 2026
音カン
思いきってする。あえてする。「果敢・勇敢」「敢行・敢然・敢闘」

カン 12画【棺】 部首[木] 常用 JIS 2029
音カン
ひつぎ。人の死体を入れるもの。「出棺・寝棺」「棺桶」用例(名)―に入れる。
棺を蓋う(かんをおおう) ①棺にふたをする。②死ぬ。
棺を蓋って事定まる(かんをおおってことさだまる) 人のほんとうの値打ちは、その人の死後、はじめてはっきりする。

カン 12画【款】 部首[欠] 常用 JIS 2030
11画【欵】 異体字
音カン
①したしみ。よしみ。「交款」「款語・款待」用例(名)―を通ずる。②法律や規約の項目。「定款」③決算・予算書の分類の一段階。部の下、項の上。「款項目」用例(助数)第一―。④画家や書家がおす判。「落款」⑤国家間の貸し借り。「借款」
款を通ずる(かんをつうずる) ①よしみを結ぶ。②敵と内通する。

カン 12画【欿】 部首[欠]
音カン
あきたりない。ものたりない。満足できない。

カン 12画【湲】 部首[氵] JIS 6250
音カン
①水のさかんに流れるさま。「湲々・湲発」②あきらか。ひかりかがやく。

カン 12画【渙】 部首[氵] JIS 6251
音エン・カン
「潺湲」は、水の清らかに流れるさま。また、さらさらという、その音。↓エン[湲]

カン 12画【皖】 部首[白] JIS 6610
音カン
①中国の春秋時代の国の一つ。現在の安徽省にあった。②中国の安徽省の別称。

カン 12画【睆】 部首[目]
音カン
①大きな目。目をみはる。②みのる。実がなる。実をむすぶ。

カン 12画【稈】 部首[禾] JIS 6735
音カン
わら。イネ・ムギなど、イネ科の植物の茎をほしたもの。中空で、節がある。「麦稈」

カン 12画【酣】 部首[酉] JIS 7839
音カン
①たのしむ。酒をくみ杯をやりとりして、たのしむ。②たけなわ。酒宴が、最もさかんなころ。ものごとが、最高潮のとき。「酣宴」

カン 12画【閑】 部首[門] 常用 JIS 2055
音カン
①ひま。手すき。対義忙。「安閑」「閑職」用例(名)忙中、―あり。②しずか。のんびりした。さみしい。対義繁。「閑居・閑寂・閑静」用例《接頭的》―日月。―文字。③なおざり。おろそか。「等閑」「閑却」
忙中、閑有り(ぼうちゅう、かんあり) いそがしい中にも、ひまはあるものだ。忙中おのずから閑有り。

カン 12画【間】 部首[門] 教育小2 JIS 2054
12画【閒】 旧字
音カン・ケン
訓あいだ・ま
①あいだ。「中間・夜間」「間隔・間色・間接」用例(名)天地の―。《接尾的》京浜―。②すきま。へだてる。ぬける。「行間・中間」「間道」③うかがう。こっそりさぐる。スパイ。「間者・間諜」用例(名)―を放つ。↓ケン[間]
間、髪を容れず(かん、はつをいれず) ①髪の毛一本も入るすきまのないこと。②すぐさま。たちまち。即座に。in no time; immediately 用例―答える。

カン 13画【勧】 部首[力] 教育小6 JIS 2011 →常用
20画【勸】 旧字
19画【勧】 異体字 JIS 5016
音カン・ケン
訓すすめる
すすめる。はげます。類似奨。「勧業・勧告・勧奨・勧善懲悪・勧誘」

カン 13画【嗛】 部首[口]
音ケン・カン・キョウ
ふくむ。ほおばる。また、うらむ。↓ケン[嗛]

カン 13画【寛】 部首[宀] 常用 JIS 2018
15画【寬】 旧字
音カン
①ひろい。心がひろい。対義厳。「寛大・寛容」②ゆたか。③くつろぐ。

カン 13画【幹】 部首[干] 教育小5 JIS 2020
音カン
訓みき
①みき。くき。「根幹」②もと。おもだったもの。「主幹」「幹線・幹部」③はたらき。わざ。「才幹」

カン 13画【感】 部首[心] 教育小3 JIS 2022
音カン
①おもう。きもち。印象。知覚。「好感・同感・敏感」「感覚・感情・感想」用例《接尾的》無力―。②ふかく心にしみる。「万感」「感嘆・感動・感銘・感涙」用例(名)―きわまる。③ふれる。かかる。「感染・感電」
感に堪えない(かんにたえない) 深く感動する。be extremely moved

カン 13画【戡】 部首[戈] JIS 5702
音カン
かつ。勝利をえる。「戡定」

カン 13画【漢】 部首[氵] 教育小4 JIS 2033 →教育小3
14画【漢】 旧字
音カン
①から。昔の中国の名。対義和。「漢土・漢民族」②中国の王朝名。㋐秦の次に、劉邦が建てた。前漢。西漢。前二〇二～後八年。首都は長安。㋑劉秀(光武帝)が再興した。後漢。東漢。二五～二二〇年。首都は洛陽。㋒三国の一つ。蜀。蜀漢。二二一～二六三年。劉備が、成都に都した。③中国の。漢民族の。中国からきた。類似呉・唐。「漢語・漢詩・漢文」用例《接頭的》―詩文。④おとこ。男子。「悪漢・好漢」用例《接尾的》熱血―。

カン 13画【煥】 部首[火] JIS 6369
音カン
あきらか。ひかりかがやく。「煥発」

カン 13画【豢】 部首[豕] JIS 7622
音カン・ケン
やしなう。かう。えさをやって、家畜をやしなう。

カン 13画【鉗】 部首[金] JIS 7873
音ケン・カン
①くびかせ。くびがね。罪人や猛獣などのくびにはめる鉄の輪。②つぐむ。とじる。しめる。③はさむ。かなばさみ。「鉗子」

カン 13画【骭】 部首[骨] JIS 8176
音カン
①はぎ。すね。すねぼね。ひざとくるぶしのあいだ。②わき。あばら。あばらぼね。肋骨。

カン 14画【僩】 部首[人・亻]
音カン
たけだけしい。いさましい。

カン 14画【慣】 部首[忄] 教育小5 JIS 2023
音カン
訓なれる・ならす
①なれる。ならう。ならす。「慣熟・慣用」②ならわし。しきたり。「旧慣・習慣」「慣行・慣習・慣例」

カン 14画【箝】 部首[竹] JIS 6815
音ケン・カン
①くびかせ。罪人などのくびにはめる輪。②はさむ。はさんでもつ。③つぐむ。とじる。しめる。「箝口」

カン 14画【管】 部首[竹] 教育小4 JIS 2041
音カン
訓くだ
①くだ。つつ。「鉛管・気管・血管」用例(名)ガスの―。②ふえ。吹きならす楽器の総称。「管弦楽」③ふで。筆の軸。「彩管」④筆・笛などを数えるのに用いる。用例(助数)一―の筆。⑤つかさどる。事務をとりあつかう。「所管」「管轄・管区・管理」⑥せまい。「管見」

カン 14画【銜】 部首[金] JIS 7882
11画【啣】 部首[口] 異体字
12画【啣】 部首[口] 異体字 JIS 5118
音カン・ガン
①くつわ。くつばみ。はみ。馬の口にはめて、たづなをつける金具。②ふくむ。ほおばる。③うらむ。根にもつ。④うける。意をうける。うけたまわる。

カン 14画【関】 部首[門] 教育小4 JIS 2056
19画【關】 旧字 JIS 7980
音カン・ワン
訓せき
①せき。せきしょ。でいりぐち。「玄関・税関」「関西・関東」②大切なところ。「機関・難関」「関頭」用例《接尾的》函谷―。③かかわる。たずさわる。「相関・連関」「関係・関心・関知・関与・関連」④せきとり。ぜき。十両以上の力士。

カン 15画【嫺】 部首[女] JIS 5338
15画【嫻】 異体字 JIS 5339
音カン
①みやびやか。しとやか。上品。②なれる。ならう。ならす。

カン 15画【樌】 部首[木] JIS 6078
音カン
木がむらがりはえる。

カン 15画【歓】 部首[欠] 教育小5 JIS 2031 →常用
22画【歡】 旧字
21画【懽】 異体字 JIS 6136
音カン
よろこぶ。たのしみ。対義哀。「哀歓・交歓」「歓迎・歓呼・歓談」用例(名)―を尽くす。
歓を尽くす(かんをつくす) 十分に楽しむ。have a very good time

カン 15画【澗】 部首[氵] JIS 2034
音カン
①たに。山の尾根と尾根のあいだの低くなっているところ。「澗峡」②たにがわ。たにみず。たにを流れる川。

カン 15画【熯】 部首[火]
音ゼン・カン
かわく。かわかす。ほす。

カン 15画【監】 部首[皿] 常用 JIS 2038
音 カン・ケン
①とりしまる。とりしまり。みはり人。「舎監・総監」「監査・監視・監督」用例《接尾的》軍医——。②ろうや。ひとや。「監獄・監房」用例《接尾的》未決——。

カン 15画【▼緘】 部首[糸] JIS 6940
音 カン
①封じること。封じ目。「封緘」②つぐむ。とじる。しめる。「緘口・緘黙」参考 手紙の封じ目に、この字を用いる。

カン 15画【緩】 部首[糸] 常用 JIS 2043 ｜ 15画【▼緩】 旧字
音 カン
訓 ゆるい・ゆるやか・ゆるむ・ゆるめる
ゆるい。ゆるやか。ゆるむ。ゆるめる。対義 急。「弛緩・遅緩」「緩和」

カン 16画【▼圜】 部首[囗] JIS 5208
音 カン・エン
まわる。めぐる。かこむ。↓エン【圜】

カン 16画【▼寰】 部首[宀] JIS 5378
音 カン
①天子がおさめる直轄地。②天下。天地。世界。

カン 16画【還】 部首[辶] 常用 JIS 2052 ｜ 17画【▼還】 部首[辶] 旧字
音 カン・ゲン・セン
もとへかえる。かえす。「生還・返還」「還元・還付・還暦」

カン 16画【憾】 部首[忄] 常用 JIS 2024
音 カン
うらめしい。うらむ。残念に思う。「遺憾」

カン 16画【▼撼】 部首[扌] JIS 5794
音 カン
うごかす。ゆりうごかす。ゆるがす。「震撼」

カン 16画【▼橄】 部首[木] JIS 6077
音 カン
「橄欖」は、カンラン科の常緑高木。

カン 16画【▼澣】 部首[氵] JIS 6321
音 カン
①あらう。すすぐ。②旬。一〇日間。月の上・中・下旬を、それぞれ上澣・中澣・下澣という。

カン 16画【▼盥】 部首[皿] JIS 6625
音 カン
①あらう。すすぐ。「盥洗」②そそぐ。水をながしこむ。③たらい。㋐手をあらうための容器。㋑洗濯に用いる、まるくてひらたい容器。

カン 16画【▼翰】 部首[羽] JIS 2045
音 カン
①ふで。文字などをかく道具。「翰墨」②てがみ。文章。筆でかいたもの。比較 簡。「書翰」「翰林院」

カン 16画【▼諫】 部首[言] JIS 7561 ｜ 15画【▼諌】 異体字 JIS 2050
音 カン
いさめる。忠告する。人の悪い点をあらためさせるためにいう。「直諫」「諫言・諫止・諫死」

カン 16画【館】 部首[食] 教育小3 JIS 2059 ｜ 17画【▼館】 旧字 ｜ 16画【▼舘】 部首[舌] 異体字 JIS 2060
館 館 館 館 館 館
音 カン
①いえ。やかた。大きな建物。「会館・商館・新館・洋館」②やどや。宿泊施設。「旅館」「館舎」③公共施設などのこと。「館員・館長」用例《接尾的》映画——。公民——。大使——。図書——。博物——。④たち。たて。小規模な城。
館を捐つ（かんをすつ） 貴人が死去する。

カン 17画【▼歛】 部首[欠] JIS 6134
音 カン
のぞむ。ねがう。こう。

カン 17画【環】 部首[王] 常用 JIS 2036 ｜ 17画【▼環】 旧字
音 カン
①まわり。めぐり。まわる。めぐる。「循環」「環境・環視」②まるい。わ。たまき。「金環食」「環状線」用例（名）カーテンの——。③数学で、加法と乗法がなりたち、加法については可換群、乗法については半群をなし、加法と乗法の間に分配法則がなりたつような代数的構造をもつ数の集合。

カン 17画【▼癇】 部首[疒] JIS 6582
音 カン
おこりっぽい性質や性格。「癇癪・癇癖」用例（名）——に触る。——が高ぶる。
癇に触る（かんにさわる） 腹立たしい気持ちにさせられる。get on one's nerve 類似 癪に触る。
癇の虫（かんのむし） かんしゃくを起こさせると考えられたもの。

カン 17画【▼瞯】 部首[目]

音 カン・ケン
うかがう。そっとみる。のぞいてみる。

カン 17画【▼瞰】 部首[目] JIS 6655
音 カン
のぞむ。みる。みおろす。「鳥瞰・俯瞰」

カン 17画【▼艱】 部首[艮] JIS 7169
音 カン・ケン
①かたい。むずかしい。「時艱」②なやむ。くるしむ。くるしみ。「艱苦・艱難」

カン 17画【▼鍰】 部首[金]
音 カン
からみ。かなくそ。鉱石をとかして精錬するときにでてくる不純物。

カン 17画【▼韓】 部首[韋] ｜ 18画【▼韓】 異体字 JIS 2058
音 カン
①大韓民国のこと。「韓国」②朝鮮の旧称。「三韓」③中国の戦国時代の一国名。前四〇三～前二三〇年。現在の山西省から河南省にかけて領有。七雄（＝七大国）の一つ。

カン 17画【▼駻】 部首[馬] JIS 8151
音 カン
あらうま。はねうま。勢いのつよい馬。「駻馬」

カン 17画【▼鼾】 部首[鼻] JIS 8377
音 カン
いびき。ねいき。いびく。いびきをかく。

カン 18画【▼檻】 部首[木] JIS 6103
音 カン
①おり。けものや罪人などをいれるはこ。また、へや。②てすり。おばしま。欄干。「折檻」

カン 18画【簡】 部首[竹] 教育小6 JIS 2042 ｜ 18画【▼簡】 旧字
簡 簡 簡 簡 簡 簡
音 カン・ケン
①ふだ。たけふだ。長さ二五～七五cmほどで、文字をかいた。中国では、秦代以前から使用された。「竹簡」②かきもの。てがみ。「手簡・書簡」③えらぶ。えりわける。よりぬく。「簡抜」④つづめる。てがるな。おおまかな。対義 繁。「簡易・簡潔・簡素・簡単・簡明・簡略」用例（名）——にして要を得た文章。
簡にして要を得る（かんにしてようをえる） 簡単だが要点を捕らえている。brief and to the point

カン 18画【観】 部首[見] 教育小4 JIS 2049 ｜ 25画【▼觀】 旧字 ｜ 24画【▼觀】 異体字 JIS 7523
観 観 観 観 観 観
音 カン
①みる。ながめる。「参観・拝観・傍観」「観客・観察・観覧」②様子。ありさま。「偉観・景観・壮観・美観」用例（名）別人の——を呈する。③かんがえる。かんがえかた。「客観・悲観」「観点・観念」用例《接尾的》人生——。先入——。

カン 18画【▼鯇】 部首[魚]
音 カン
①ソウギョ。コイ科の淡水魚。平野の河川・湖沼に生息。②あめのうお。あめ。㋐ビワマス。サケ科の湖沼型の魚。㋑ヤマメ。サケ科の魚。サクラマスの陸封型。

カン 19画【▼瀚】 部首[氵] JIS 6343
音 カン
ひろい。広大なさま。「浩瀚」

カン 19画【▼簳】 部首[竹]
音 カン
①ヤダケ。イネ科のタケササ類。矢に用いる。②やがら。の。矢の幹の部分。

カン 19画【▼羹】 部首[羊] JIS 7029 ｜ 15画【▼羮】 異体字 JIS 7030
音 コウ・カン
①あつもの。肉や野菜などを煮た吸い物。②「羊羹」は、和菓子の一つ。↓コウ【羹】

カン 20画【▼轗】 部首[車] JIS 7762
音 カン
「轗軻」は、車がなめらかに進まないさま。転じて、人が志を得ないで不幸なさま。「轗軻不遇」

カン 20画【▼轘】 部首[車]
音 カン
くるまざき。車二台に足を片方ずつ縛りつけ、車を反対の方向に走らせて、からだをひきさく刑。

カン 20画【▼闞】 部首[門]
音 カン
のぞむ。みる。みおろす。

カン 20画【▼鰔】 部首[魚] JIS 8250
音 カン
①タラ。タラ目に属する魚。②カレイ。カレイ目に属する魚。

カン 20画【▼鹹】 部首[鹵] JIS 8336 ｜ 16画【▼醎】 部首[酉] 異体字
音 カン
①しおからい。しょっぱい。しおけがつよい。「鹹味」②しおけ。塩分。「鹹湖・鹹水」

カン 21画【▼懽】 部首[忄] ｜ 20画【▼懽】 異体字 JIS 5685
音 カン
よろこぶ。たのしみ。

カン 21画【▼灌】 部首[氵] ｜ 20画【▼灌】 異体字 JIS 6285 ｜ 14画【▼潅】 異体字 JIS 2035
音 カン
①そそぐ。水をながしこむ。「灌漑・灌頂・灌水・灌腸・灌仏会」②むらがりはえる。「灌木」

カン 21画【艦】 部首[舟] 常用 JIS 2047
音 カン
ふね。いくさぶね。たたかうためのふね。「旗艦・巨艦・軍艦・戦艦・母艦・砲艦」「艦首・艦隊・艦長」

カン 21画【▼鐶】 部首[金] JIS 7934
音 カン
①わ。かねのわ。②引き出しなどの、輪の形の取っ手。用例（名）簞笥の——が鳴った。

カン 21画【▼鰥】 部首[魚] JIS 8261
音 カン
やもお。妻のない男。妻をうしなった男。男やもめ。

カン 23画【鑑】 部首[金] 常用 JIS 2053 ｜ 22画【▼鑒】 異体字 JIS 7940
音 カン
①かがみ。てほん。「殷鑑・亀鑑・明鑑」②みわける目印。「印鑑・門鑑」③みわける。めききをする。「鑑査・鑑札・鑑識・鑑定・鑑別」

カン 23画【▼鬟】 部首[髟] JIS 8205
音 カン
①わげ。まげ。髪をたばねて、まるく輪にしたもの。②みずら。古代の男子の髪型。中央から左右に分け、両耳のあたりで輪に結んだもの。

カン 25画【▼讙】 部首[言] ｜ 24画【▼讙】 異体字 JIS 7612
音 カン・ケン
①かまびすしい。さわがしい。やかましい。②よろこぶ。たのしみ。

カン 25画【▼貛】 部首[豸]



▼常用漢字表外。 ▽常用漢字表の音訓外。

音カン
まみ。アナグマ。イタチ科の哺乳動物。ささぐま。

**カン** 26画【▾鑵】 部首[金] 25画【▾鑵】 異体字 JIS 7949
音カン
①ブリキでつくったはこ。オランダ語kan・英語canの音訳字。②かま。蒸気機関のかま。ボイラー。③金属製の湯わかし。

**カン** 27画【▾顴】 部首[頁] 26画【▾顴】 異体字 JIS 8102
音ケン・カン
ほおぼね。ほおげた。ほおの上部のでっぱっている骨。「顴骨」

**カン** 28画【▾驩】 部首[馬] 27画【▾驩】 異体字 JIS 8173
音カン
よろこぶ。たのしみ。「交驩」

**カン** 29画【▾鸛】 部首[鳥] 28画【▾鸛】 異体字 JIS 8333
音カン
コウノトリ。コウノトリ目に属する鳥。こうづる。

**カン**[槓中](gàng) 麻雀で、同一牌を四枚そろえた組み合わせ。手牌の中でそろえる場合を暗槓、他者の捨て牌によってできる場合と、明刻になっているものに自摸牌を加えてできる場合とを明槓と言う。参照 刻子

**かん**【▾燗】 清酒を徳利に入れ、湯の中で温めること。また、温められた程度。用例 ——をする。いい(お)——だ。
**燗をつける**(かんをつける) 酒を、適当な温度に温める。warm sake

**ガン** 3画【丸】 部首[丶] 教育小6→教育小2 JIS 2061
音ガン
訓まる・まるい・まるめる
丸 丸 丸
①まるい。まるめる。「丸剤・丸薬」②まる。㋐まるいもの。薬の名に添えたりする。用例《接尾的》救命——。㋑完全。全部。㋒城の内部。㋓船名・名剣の名・人名・馬名などに添える。③たま。「一丸・弾丸・砲丸」

**ガン** 4画【元】 部首[儿] 教育小2 JIS 2421
音ゲン・ガン
訓もと
筆順→ゲン[元]

**ガン** 6画【▾刓】 部首[刂] JIS 5441
①もと。もとで。「元金・元利」②はじめ。ものごとの最初。「元日・元祖」→ゲン[元]
音ガン
けずる。まるめる。かどをとる。角をけずりとって、まるくする。

**ガン** 7画【含】 部首[口] 常用 JIS 2062
音ガン・カン・ゴン
訓ふくむ・ふくめる
①ふくむ。中にもっている。「包含」「含蓄・含有」②ふくめる。いいきかす。

**ガン** 8画【岩】 部首[山] 教育小3→教育小2 JIS 2068
音ガン
訓いわ
岩 岩 岩 岩 岩 岩
いわ。いわお。大きな石。「安山岩」「岩塩・岩石」参考 巌(巖)の俗字。

**ガン** 8画【岸】 部首[山] 教育小3 JIS 2063
音ガン
訓きし
岸 岸 岸 岸 岸 岸
①きし。みぎわ。がけ。「沿岸・河岸・海岸・対岸」「岸頭・岸壁」②たかい。かどだつ。「傲岸」

**ガン** 8画【▾玩】 部首[王] JIS 2065
音ガン
①もてあそぶ。めずらしがって好む。「愛玩」「玩具」②かみしめ味わう。「玩味」

**ガン** 9画【▾紈】 部首[糸]
音カン・ガン
しろぎぬ。白い練り絹。細かく、つやのある白絹。

**ガン** 10画【▾莟】 部首[艹] JIS 7217
音カン・ガン
つぼみ。花のひらく前のふくらみ。

**ガン** 11画【眼】 部首[目] 教育小5 JIS 2067
音ガン・ゲン
訓まなこ
眼 眼 眼 眼 眼 眼
①まなこ。め。比較 目。「肉眼・複眼」「眼科・眼球」用例(名)——のくばり。②みぬくこと。みぬく力。「着眼」「眼光・眼識・眼力」用例《接尾的》観察——。③大切な点。かなめ。「主眼」「眼目」→ゲン[眼]

**眼を付ける**(がんをつける)《顔をじっと見つめる、の意》不良仲間が、相手に言いがかりをつけるときに使うことば。眼を飛ばす。

**ガン** 12画【▾嵒】 部首[山] JIS 5441
音ガン
いわ。いわお。大きな石。

**ガン** 12画【雁】 部首[隹] JIS 2071 15画【▾鴈】 部首[鳥] 異体字 JIS 8278 13画【▾鳫】 部首[鳥] 異体字 JIS 8279
音ガン
かり。かりがね。カモ科の大形の水鳥。マガン・シジュウカラガン・ハイイロガンなどの総称。全長三〇～一〇〇cm。マガン類は、秋、日本に渡って越冬し、三月ごろ北へ帰る。「雁行・雁書」↓写
**雁が飛べば石亀も地団駄**(がんがとべばいしがめもじだんだ) 身のほどをしらずに、他のまねをしようとするたとえ。

●ガン マガン

**ガン** 13画【頑】 部首[頁] 常用 JIS 2072
音ガン
①かたくな。かた意地。「頑愚・頑固・頑迷」②つよい。堅固な。「頑強・頑健・頑丈」

**ガン** 15画【▾翫】 部首[羽] JIS 2069
音ガン
①もてあそぶ。めずらしがって好む。②もてあそびもの。おもちゃ。

**ガン** 16画【▾頷】 部首[頁] JIS 8087
音カン・ガン
①あご。おとがい。②うなずく。承知の意を示す。「頷首」

**ガン** 17画【▾癌】 部首[疒] JIS 2066
音ガン
①皮膚や粘膜などにできる悪性の腫瘍。体組織の上皮性細胞の一部が、性質をかえて無秩序に増殖するようになったもの。比較 肉腫。参照 悪性腫瘍。「胃癌」「癌腫」②根強い障害。用例(名)議会政治の——。

**ガン** 18画【顔】 部首[頁] 教育小2 JIS 2073 18画【▾顏】 旧字 JIS 8090
音ガン・ゲン
訓かお
顔 顔 顔 顔 顔 顔
①かお。かんばせ。「汗顔・紅顔・童顔」の表情。「温顔・破顔」②かおいろ。いろどり。「顔料」③たち。性質。「厚顔」④

**ガン** 19画【▾贋】 部首[貝] JIS 2070
音ガン
にせること。にせ。にせもの。「真贋」「贋作・贋造」

**ガン** 19画【願】 部首[頁] 教育小4 JIS 2074
音ガン・ゲン
訓ねがう
願 願 願 願 願 願
①ねがう。ねがい。「懇願・志願・念願」「願書」②神仏へのねがい。用例(名)——がかなう。③仏教で、目標をたてて、それを達成しようと、ねがいちかうこと。
**願果たす**(がんはたす) 神仏への願いごとがかない、お礼参りをする。
**願を起こす**(がんをおこす) 「願を懸ける」と同意。
**願を懸ける**(がんをかける) 神仏にねがう。願を立てる。願を起こす。
**願を立てる**(がんをたてる) 「願を懸ける」と同意。

**ガン** 20画【▾巌】 部首[山] 人名用 JIS 2064 23画【▾巖】 旧字 JIS 5462
音ガン
①けわしい。いわがつみかさなっていて、けわしい。「巌壁」②いわ。いわお。大きな石。「巌頭」③いわや。いわあな。「巌窟・巌穴」

**ガン** 22画【▾龕】 部首[龍] JIS 8392
音カン・ガン
①厨子。仏像・宝物をおさめるはこ。「龕灯」②仏像などを安置するための壁面のくぼみ。

**ガン**[gun] ①銃。鉄砲。火薬や圧縮空気・炭酸ガス・ばねなどの力を利用して弾丸を発射する。ライフル銃・散弾銃・空気銃・拳銃など。②銃の形をした道具。

**ガン**[Gand] ベルギーの都市、ヘントの別称。

**かん-あおい**【寒▾葵】 ウマノスズクサ科の常緑多年草。林内にはえ、茎葉に芳香がある。葉は根生し、心臓形。一〇～二月に、つぼ形の暗褐色の花が咲く。↓図

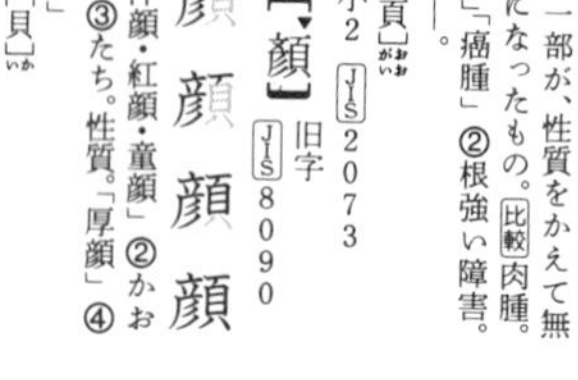
●カンアオイ

**かん-あく**【▾奸悪・▾姦悪】(名・形動) 心がねじけて悪いこと・さま。また、その人。wickedness

**かん-あく**【▾韓▾偓】(八四四～九二三) 中国、晩唐の詩人。字は致尭。艶麗な詩風は、詩集の名にちなんで「香奩体」と呼ばれる。詩集『香奩集』『玉山樵人集』など。

**かん-あけ**【寒明け】 寒が過ぎて立春になること。

**がん-あつ**【眼圧】 眼球内の房水・ガラス体などの液体の圧力。高眼圧は、緑内障・牛眼などのおもな徴候。血圧との関係はない。intraocular pressure

**かんあつ-し**【感圧紙】 筆記具の圧力で複写ができるように加工してある紙。通常はノーカーボン紙をいう。carbonless duplicating paper

**かんあつ-ダイオード**【感圧ダイオード】 外部からの圧力により、電圧-電流特性が大きく変化するダイオード。感圧スイッチ・無接点ボリュームなどに使用。pressure sensitive diode

**かんあみ**【観▾阿▾弥】(一三三三～一三八四) 南北朝時代の能役者・能作者。伊賀の人。名は清次。大和猿楽観世座を創設し、観世流の祖となった。将軍足利義満の恩顧を受け、猿楽隆盛のもとを開く。田楽の長所を学び、曲舞の曲風を能にとり入れた。作品『自然居士』『求塚』など。

**かん-あん**【勘案】(名・サ変他) あれこれくらべて考えること。take into consideration

**かん-い**【官位】 ①官職と位階。②官等。

**かん-い**【冠位】 冠の色で、朝廷における位をあらわした制度。また、その位。

**かん-い**【敢為】(名・形動) おしきって行うこと・さま。用例 ——の気性。

**かん-い**【簡易】(形動) 手軽なさま。simple

**がん-い**【含意】(名・サ変他) 表面には現れない意味をふくむこと。言外の意味。implication

**かんい-かきとめ**【簡易書留】 書留郵便の一種。郵便物の引き受けと配達部分の記録を行い、亡失したり棄損した場合は、限度をもうけて実損額を賠償する。郵便法および郵政大臣の指定する物品や、現金には使用できない。



↓行き先項目、図版・写真参照印。 JIS 日本工業規格情報交換用漢字符号コード(区点コード)。

**かんい-げんご【簡易言語】** コンピューターで、プログラム言語のうち、一般の人がプログラミングしやすいように考案したもの。オフィスなどでも、一般業務のデータ処理プログラムが容易に作成できる。spread sheet

**かんい-さいばんしょ【簡易裁判所】** 最下級の裁判所。少額の、また、軽微な訴訟についての第一審。summary court

**かんい-じゅうにかい【冠位十二階】** 推古一一年(六〇三)聖徳太子が制定した日本最初の冠位制。徳・仁・礼・信・義・智の六徳目を各大小に分け、冠と衣服の色で区別。

**かんい-しょかん【簡易書簡】** 郵便書簡の旧称。昭和二三～四一年(一九四八～六六)に用いられた名称。

**かんい-すいどう【簡易水道】** 市町村の小規模な上水道。水道法で、給水人口が一〇一人以上、五〇〇〇人以下の地域に設置。

**かんい-せいめいほけん【簡易生命保険】** 郵便局があつかう無診査・分割払い・集金方式を採用した、小口の生命保険。簡易保険。

**かんい-そうとう【官位相当】** 律令制の官人機構。位階に対応して官職に任命する制度。正三位が大納言、従三位が大宰帥など。

**かんい-たいかこうぞう【簡易耐火構造】** 耐火構造と木造との中間的な構造で、外壁・屋根に不燃材料を用いた建築構造。

**かん-いっぱつ【間一髪】**《髪の毛一本ほどのすきましかない、の意から》物事がさしせまって、きわどいありさま。by a hair's breadth 用例 ―、助かった。

**かんい-ほけん【簡易保険】**「簡易生命保険」の略。

**かん-いん【官印】** 官庁または官吏が、職務上使う印。対義 私印。

**かん-いん【▼姦▼淫】**(名・サ変自他) 男女の不道徳な情事。人のみちにそむく肉体関係。adultery

**かんいん-の-みや【閑院宮】** 江戸時代からの親王家の一つ。宝永七年(一七一〇)東山天皇の第八皇子直仁親王に始まる。昭和二二年(一九四七)臣籍降下。

**かん-う【冠羽】** →うかん(羽冠)

**かん-う【換羽】** 鳥の羽毛が季節や生育段階に応じて脱落し、新しい羽にはえかわる現象。ニワトリでは秋におこり、その間は産卵しない。molting

**かん-う【関羽】**(?～二一九) 中国の三国時代、蜀の武将。劉備に仕え、武名を高めた。魏呉の連合軍に挟撃され戦死。後世、軍神また商業神として関帝廟に祭られ、広く信仰された。張飛と合祀したものが武廟。

**がん-ウイルス【▼癌ウイルス】** 癌を起こすウイルス。動物を含め全部で一〇〇種類以上の癌がウイルスによって発生することが確認されており、最近では、レトロウイルスによる成人T細胞白血病の発病機構が解明されている。cancerogenic

**カンウォン-ド【江原道】**(Kangwŏn Do) ↓こうげんどう(江原道)

**かんう-き【換羽期】** 鳥類の羽毛が抜け代わる時期。ふつう、繁殖期が終了すると羽毛が更新される。molting season

**かん-うん【▼旱雲】** 日でり続きの空の雲。

**かん-うん【寒雲】** さむざむとした冬空の雲。

**かん-うんせき【貫雲石】**(一二八六～一三二四) 中国、元代の文人。字は酸斎。散曲の代表的作家。ウイグル族出身。作品『貫酸斎詩集』『酸甜楽府』など。

**かんうん-やかく【閑雲野▼鶴】** のんびりとしていられる境遇。

**かん-えい【完泳】**(名・サ変他) 最後まで泳ぎきること。

**かん-えい【官営】** 政府の経営。国営。government management 対義 民営。

**かんえい【寛永】** 江戸初期の年号。元和から改元。元年(一六二四)二月三〇日～二一年(一六四四)一二月一六日。次に、正保に改元。

**かん-えい【艦影】** 軍艦のすがた。用例 遠く―を発見。

**かん-えい【甘英】**(生没年未詳) 中国、後漢の部将。九七年、班超の命で、安息(＝パルチア)を経て大秦(＝ローマ)へ向かったが、条支(＝シリア)で断念し、帰国。

**かんえい-きぎょう【官営企業】** 公企業の一形態。国または地方公共団体の全額出資によって運営される。日本では郵便・国有林野・造幣などがこれにあたる。government enterprise

**かんえい-こうじょう【官営工場】** 明治政府直営の工場。先進国の技術を導入し、民間工業の発達を指導。富岡製糸場・赤羽工作所など。

**かんえいごぜんじあい【寛永御前試合】** 講談の題名。武道を奨励した徳川三代将軍家光が催した、上覧試合の模様を描いたもの。荒木又右衛門・曲垣平九郎などが活躍する。

**かんえい-じ【寛永寺】** 東京都台東区上野にある天台宗の寺。寛永二年(一六二五)、徳川家の菩提所として家光が創建、開山は天海僧正。山号は、東の比叡山の意で、東叡山。

**かんえい-せん【寛永銭】** ↓かんえいつうほう(寛永通宝)

**かんえい-つうほう【寛永通宝】** 寛永一三年(一六三六)から明治の中ごろまで流通した銭貨。一文銭と四文銭があり、素材は青銅・鉄・真鍮。表に「寛永通宝」と記してある。寛永銭。

**かん-えつ【簡閲】**(名・サ変他) 数え調べること。選び調べること。

**かん-えつ【観閲】**(名・サ変他) 軍隊を検閲すること。inspection of troops 用例 ―式。

**かんえつ-じどうしゃどう【関越自動車道】** 東京都練馬区と新潟県長岡市を結ぶ高速道路。長さ四二七㎞。昭和六〇年(一九八五)開通。

**かんえつ-トンネル【関越トンネル】** 群馬・新潟県境の三国山脈の下を貫く関越自動車道のトンネル。道路トンネルとしては日本最長の一万九二六m。昭和六〇年(一九八五)開通。

**かん-えん【肝炎】** 肝臓の炎症性疾患の総称。ウイルス性のものと、中毒・薬物・アルコール・アレルギーなどによるものがある。黄疸が典型症状。慢性のものが多いが、ときに急性で死亡することもある。hepatitis

**かん-えん【▼酣宴】** 盛大な酒盛り。また、盛大に酒盛りをすること。

**かんえん【寛延】** 江戸中期の年号。延享から改元。元年(一七四八)七月一二日～四年(一七五一)一〇月二七日。次に、宝暦に改元。

**がん-えん【岩塩】** 陸地でとれる塩。地層中に岩塩層として、また火山昇華物として局部的に産する。食用には精製が必要。山塩。rock salt

**がん-えん【顔▼淵】** 顔回の別称。

**がん-えんし【顔延▼之】**(三八四～四五六) 中国、南朝の宋の詩人。臨沂の人。謝霊運と並称された。詩は形式美に富み典故を重視。作品『秋胡詩』『五君詠』。

**かんえん-めいり【寒煙迷離】** 訪れる人もない古跡などに、煙が寂しく立ちさまよっていること。

**かん-おう【感応】**(名・サ変自) ↓かんのう(感応)

**かんおう【観応】** ↓かんのう(観応)

**かん-おう【観桜】** サクラの花を見て楽しむこと。花見。用例 ―会。

**かん-おけ【棺▼桶】** 死体を入れる木のはこ。お棺。coffin

**棺桶に片足を突っ込む** 年をとって、または不治の病で、余命の短いこと。have one foot in the grave

**かん-おん【幹音】** 嬰記号(♯)や変記号(♭)によって変化されていない音。鍵盤楽器の白鍵にあたる音で、ハ長調の音階を構成する諸音(ハニホヘトイロ)。自然音。

**かん-おん【漢音】** 日本の漢字音の一つ。隋・唐時代の、中国西北方の発音に基づいたもの。八～九世紀に日本に伝わった。現在の漢語もこれによるものが多い。「行」の「コウ(カウ)」、「人」の「ジン」など。比較 呉音・唐音。

●漢画②
雪舟『慧可断臂図』。明応五年(一四九六)、斎年寺(愛知県)。

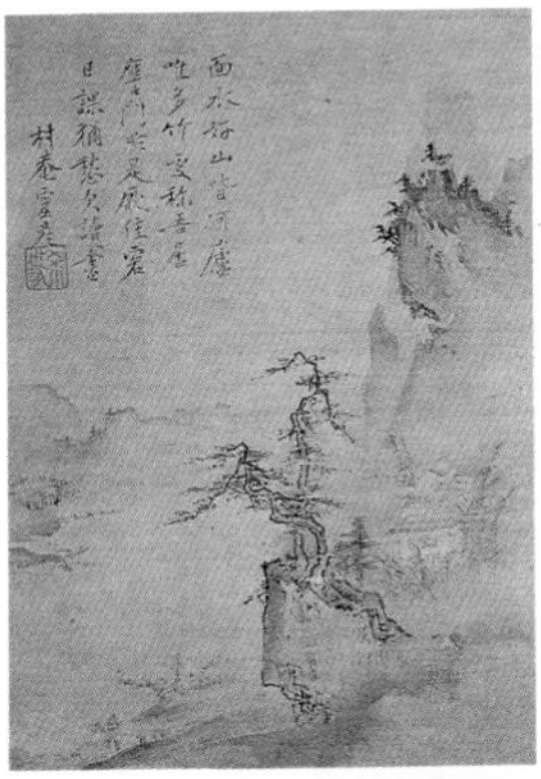

伝周文『竹斎読書図』(部分)。文安三年(一四四六)ごろ、東京国立博物館。

如拙『王義之書扇図』。室町時代、京都国立博物館。

**かんおんじ【観音寺】**〈市〉 香川県西部、燧灘に臨む市。農・漁業のほか工業もさかん。市内の琴弾山からの眺望がよい。市名は名刹の観音寺に由来。人口四万六一九三(一八九)。

**かん-か【干▼戈】** ①干と、戈。武器。②戦。

**干戈を動かす** 戦いを始める。

**干戈を交える** 戦う。

**かん-か【▼柑果】** ↓みかんじょうか(蜜柑状果)

**かん-か【看過】**(名・サ変他) ①見逃すこと。overlook 用例 ―できない事態。②ざっと目をとおすこと。go through

**かん-か【乾果】** 成熟後、果皮の乾燥している果実。豆・アブラナなど。dry fruit ↓果実図

**かん-か【患家】**《医師の側からいう語》患者の家。病家。

**かん-か【閑暇・間暇】** ひま。いとま。手すき。leisure

**かん-か【感化】**(名・サ変他) 人に影響を与えて、考え方や行動を変えさせること。influence; inspire 比較 教化。

**かん-か【管下】** 役人や役所の受け持ち区域。管轄下。under jurisdiction

**かん-が【官▼衙】**《「衙」は、役所の意》官庁。役所。

**かん-が【閑雅】**(名・形動) ①しとやかで上品なこと・さま。refinement ②静かで、おもむきのあること・さま。quietude

**かん-が【漢画】** ①中国絵画の総称。②画題・技法などの点で、中国絵画を志向した日本絵画。室町時代の宋元画風の絵画や、江戸時代の狩野派の中国的な題材をとった絵画など。↓写

**がん-か【眼下】** 見おろす下のほう。below 用例 ―の光景。

**眼下に見る** ①下にながめる。overlook ②見くだす。look down on

**がん-か【眼科】** 眼を構成する器官や視覚機能の研究、病気の予防・治療などを行う医学の部門。ophthalmology

**がん-か【眼▼窩・眼▼窠】** 眼球の入っている四角錐状のくぼみ。眼孔。orbit ↓頭蓋図

**ガンガー-がわ【ガンガー川】**(Ganga) ガンジス川の現地呼称。

**かん-かい【官界・官海】** 官吏の社会。官途。officialdom

▼常用漢字表外。 ▿常用漢字表の音訓外。

**かん-かい【勧戒】**(名・サ変他) ①善をすすめ悪をいましめること。②《仏教語》受戒をすすめること。

**かん-かい【寛解・緩解】**(名・サ変自) 病状が一時的あるいは定期的に、軽くなること。remission

**かん-かい【感懐】** 心に感じ思うこと。感想。impression

**かん-かい【環海】** ①四方をめぐっている海。②四方に海をめぐらすこと。用例 —の国日本。

**かん-がい【干害・旱害】** 日照りや水不足により起こる作物の被害。drought damage

**かん-がい【函蓋】** はことふた。かんかい。

**函蓋相応ず**(かんがいあいおうず) 物事がよく合致する。また、互いに補いあって、完全なものになる。

**かん-がい【寒害】** 寒さによる農作物への被害。凍害による作物の枯死や貯蔵農産物の腐敗など。冷害。damage due to severe cold

**かん-がい【感慨】** しみじみと感じること。deep emotion 用例 —深い旅。

**かん-がい【灌漑】**(名・サ変他) 田畑に農作物の生育のために水を引くこと。irrigation 用例 —用水。

**がん-かい【眼界】** ①目に見える範囲。視界。sight 用例 —がひらける。②考えのおよぶ範囲。視野。viem 用例 —がせまい。

**がんか-い【眼科医】** 目の病気の診察・治療をする医者。eye doctor

**がん-かい【顔回】**(BC五二一〜BC四九〇) 中国、春秋時代の儒者。「孔門の十哲」の一人。字は子淵。聡明・徳行をもって知られ、亜聖と称された。顔淵。

**かんかい-が【勧戒画】** 儒教的道徳に基づき、善を勧め悪を戒める目的で描かれた絵画。聖賢・忠臣・悪人などの肖像や行状画が多く、中国で漢代に盛行。日本では江戸時代に多い。

**かんがい-むりょう【感慨無量】**(形動) はかり知れないほど感じるさま。あることに感じて、胸がいっぱいになるさま。be filled with deep emotion

**かんか-いん【感化院】** 犯罪行為などをした非行少年・少女の矯正施設。明治三三年(一八九〇)から昭和八年(一九三三)まで、感化法に基づき各府県に設置された。現在は教護院と改称。

**かんが・う【考う】** 古語(下二他) ↓かんがえる(考える)

**かんがえ【考え】** ①考えること。thought 用例 —へたの—、休むに似たり。②思考。idea 用例 一歩進んだ—。—が浅い。③つもり。覚悟。resolution 用例 わたしにも—がある。④意見。見解。opinion 用例 君の—を聞かせてもらいたい。⑤くふう。考案。idea 用例 うまい—だ。

**かんがえ-かた【考え方】** ①考える方法。思考の方法。way of thinking ②考えの傾向。思考の癖。inclination of one's thinking

**かんがえ-ごと【考え事】** ①思いめぐらすこと。something to think about ②心配。worry 用例 —で夜も眠れない。

**かんがえ-こ・む【考え込む】**(五自) つきつめて深く考える。brood over

**かんがえ-ちがい【考え違い】** まちがった考えをすること。まちがって思いこむこと。思い違い。misunderstanding 用例 —をおかす。

**かんがえ-つ・く【考え付く】**(五他) 新しい考えが頭に浮かぶ。思いつく。think of

**かんがえ-なお・す【考え直す】**(五他) もういちど考えてみる。再考する。reconsider

**かんがえ-ぬ・く【考え抜く】**(五他) 十分に考える。think thoroughly

**かんがえ-もの【考え物】** ①よく考えなければならないこと・場合。debatable 用例 これは—だ。②考えて答えを当てるあそび。はんじもの。quiz

**かんが・える【考える】**(下一他) ①《「校える」「勘える」とも》ああだろうか、こうだろうかと、すじを立てて頭をはたらかす。「思う」よりも知的。think 用例 あれこれと—。将来を—。②くふうする。案出する。devise 用例 図案を—。方法を—。

**かんがえる-あし【考える葦】**(roseau pensant フランス) パスカルの『パンセ』の中にあることば。「人間は、自然のうちでもっとも弱い一本の葦のようなものにすぎない。だが、それは考える葦である」として、「考える」という人間の特性の偉大さを説いた。

**かん-かく【扞格・捍格】**(名・サ変自) 互いにこばむこと。

**かん-かく【間隔】** ①物と物とのへだたり。距離。interval ②ある事とある事との間の時間。interval 用例 電車は三〇分—で発着する。

**かん-かく【感覚】** ①感じること。感じとる力。sensation ②心理学で、身体の外部または内部に加えられた刺激によって、ひき起こされる意識現象。味覚・聴覚・視覚・触覚・嗅覚など。sensation 比較 知覚。用例 足の—がなくなる。③物事を感じとる精神のはたらき。センス。感性。sense 用例 芸術的—。④哲学などで、五官によって生ずる、外界についての意識内容。sensibility 比較 知覚。「く。

**かん-かく【観客・看客】** 見物人。かんきゃく。

**かん-がく【官学】** ①政府が設立する学校。government school 対義 私学。②時の権力者が正しいと定めた学問・学説。江戸時代の朱子学など。

**かん-がく【勧学】** ①学問をすすめること。encouragement of learning ②浄土宗・浄土真宗本願寺派で、学僧にさずける最高の位階。

**かん-がく【漢学】** ①中国、清代の客観的・実証的な訓詁学を中心とする学問。経学。②中国の学問一般。伝統的な中国文化すべてを研究対象とする。対義 国学・洋学。

**かんがく-いん【勧学院】** 平安時代、藤原氏が一族の子弟教育のためにつくった大学。弘仁一二年(八二一)創設され一時は隆盛をきわめたが、約四〇〇年後には衰微した。

**勧学院の歩み**(かんがくいんのあゆみ) 平安時代、藤原氏に慶事があったとき、勧学院の学生が整列して祝賀に赴いたこと。

**勧学院の雀は蒙求を囀る**(かんがくいんのすずめはもうぎゅうをさえずる) 《『蒙求』は、中国で唐時代に編まれた史書の名。勧学院などで、教科書として用いられた》つねに見聞きしていると、むずかしいことも自然に覚えこんでしまう。類似 門前の小僧、習わぬ経を読む。

**かんかく-き【感覚器】** 感覚をつかさどる器官の総称。感覚細胞が集合し、それぞれ特定の刺激に反応する装置をもつ。触覚器官・視覚器官・嗅覚器官など。sense organ

**かんかく-さいぼう【感覚細胞】** 外界からの特定の刺激にとくに強く反応するように発達した細胞。視細胞・味細胞・聴細胞など。sensory cell

**かんかく-しんけい【感覚神経】** 興奮を皮膚などの受容器(感覚器)から中枢に伝える求心性神経のこと。知覚神経。sensory nerve

**かんかく-てき【感覚的】**(形動) ①感じとれるさま。sensible 用例 —な言い方。②人間の感覚に訴えてくる、あるいは感覚をしげきするさま。sensuous 用例 —なおどり。

**かんかく-てん【感覚点】** ヒトの皮膚にある感覚器。温点・冷点・圧点(触点)・痛点の四種に区別され、その分布は均一ではない。sense spot

**かんかく-もう【感覚毛】** 外界の刺激を受けいれるための毛状の突起。基部に特殊な神経終末をもっている。主として味覚・嗅覚・触覚・振動覚の受容器。sensory hair

**かんかく-よけん【感覚与件】** 認識者の感覚によって受容される、対象に関する基礎的な認識素材。感覚所与。sense datum

**かんかく-ろん【感覚論】** 哲学で、認識論上の学説の一つ。いっさいの認識は、感覚的知覚からのみ生じると説く経験論。sensationalism

**がん-かけ【願掛(け)】** 神仏に祈願すること。個人で供物・絵馬などを奉納したり、百度参りや茶断ちなどの断ちものをすることが多い。願立て。

**かんか-けい【寒霞渓】** 香川県、小豆島東部にある景勝地。山の急斜面に浸食による多数の奇岩怪石があり、紅葉のころが絶景。ロープウエーがある。

**かん-か-こ-どく【鰥寡孤独】** 《「鰥」は妻のない男、「寡」は夫のない女、「孤」は親のない子ども、「独」は年老いて子のない者、の意》寄るべのない人。

**がん-がさ【雁瘡】** 慢性でかゆみがあり、簡単には治らない湿疹。雁が渡ってくるころ発病して、帰るころに治ることからつけられた。

**がん-がぜ【雁甲蠃】** ガンガゼ科の棘皮動物。殻径五〜七cmの暗紫色のウニ。殻の五〜六倍の長さのとげがある。とげが刺さると抜けにくく、激痛をひきおこす。房総半島以南の岩礁帯に分布。↓ウニ 図

**かん-かつ【管轄】**(名・サ変他) 一定の権限で支配すること・範囲。jurisdiction 用例 文部省の—に属する。

**かん-かつ【寛闊】**(形動) ①ゆったりしているさま。②気性がはでなさま。だて。

**かん-がっき【管楽器】** 管を利用し、管内の空気の流れによって音を出す楽器の総称。フルート・尺八・クラリネットなどの木管楽器、トランペット・ホルンなどの金管楽器などをさす。気鳴楽器。吹奏楽器。wind instrument 比較 弦楽器・打楽器。

**かんか-どう【乾河道】** 川が干上がったために、できた道。

**かんか-ふぐう【轗軻不遇】** 《「轗軻」は車の行きなやむさま》運が悪くて出世しないこと・境遇。

**かんが・みる【鑑みる】**(上一他) ①実例や手本にてらして考える。take warning 用例 経験に—・みて。②したがう。のっとる。in the light of 用例 教訓に—。

**がんかも-るい【雁鴨類】** 脚が短く、みずかきが発達した、ガンカモ目を構成する水鳥の総称。渡りをするものが多い。日本ではふつう冬鳥。ハクチョウ・ガン・カモ・オシドリなど。

**カンガルー【kangaroo】** カンガルー科の有袋類の総称。雌が下腹部に育児嚢をもつ。後肢はよく発達し、跳躍に適する。尾も長大。大形種は体長約一・六m、体重約八〇kg。草食性で臆病。オーストラリア・タスマニア・ニューギニアに約六〇種が分布。↓写

**カンガルー-とう【カンガルー島】**(Kangaroo Island) オーストラリア南岸、セントビンセント湾口の島。面積四三五〇km²。アデレード方面からの避暑地。

**カンガルー-ねずみ【カンガルー鼠】** ケットネズミ科の小形の齧歯類。体長一〇〜一八cm。後肢と尾が長く、カンガルーのように跳ね歩く。夜行性で、果実・種子・昆虫などを食べる。水は飲まない。北アメリカの乾燥地帯に分布。kangaroo rat

**かん-かん【看貫】** ①品物の量目をはかって重さを定めること。目方。②台ばかり。

**かん-かん【漢奸】** 中国で、敵側に内通するもの。売国奴。とくに、第二次大戦中の対日協力者。

**かん-かん【感官】** 外界の刺激を受けて脳に伝える器官。目・耳・舌・皮膚など。感覚器。

**かん-かん【韓幹】**(生没年未詳) 中国、唐代の画家。王維に画才を認められ、宮廷画家となる。とくに画馬に巧みで宮廷の名馬を描いて名高い。

**かん-かん【渙渙】**(形動トタル) 水の勢いよく流れるさま。

**かん-かん【閑閑】**(形動トタル) のんびりしているさま。おちついているさま。ゆうゆう。

**かん-かん【関関】**(形動トタル) 鳥ののどかな鳴き声。

**かん-かん** ㊀(副) ①金属などがぶつかって立てる音。かちんかちん。clang ②日が激しく照りつけるさま。blaze 用例 —照り。㊁(形動) ①火が勢いよくおこるさま。red-hot 用例 —におこった炭火。②ひどく怒るさま。furious

**カンカン【cancan】** 二拍子・四拍子の速い音楽にのって、女性の踊り子が足を高くけるように上げながらスカートをはねあげて踊る活発な踊り。フレンチカンカンとして有名。

**かん-がん【汗顔】** 汗をかくほど、恥じること。赤面。be ashamed of 用例 —のいたり。

**かん-がん【宦官】** 去勢された男子で宮廷に仕えた者。中国のほかオリエント・ローマ・イスラム諸国にみられ、後宮の監督や宮中の雑役に任じた。中国では、天子の側近にあって政治に関与、権力を握ることが多かった。閹官。eunuch

**がん-がん** ㊀(副) ①やかましく、また続けて鳴り響く音。clangour 用例 鐘を—打ちならす。ラジオを—鳴らす。②うるさく小言・文句をいうさま。がみがみ。make a din ③火をさかんに燃やすさま。at full blast 用例 ストーブを—たく。㊁(副・サ変自) さわがしい

●カンガルー



↓ 行き先項目、図版・写真参照印。 JIS 日本工業規格情報交換用漢字符号コード(区点コード)。

音や痛みで、頭が強く打たれたように響くさま。throbbing 用例 頭が—する。

**かんかん-おどり【看看踊(り)】** 江戸後期、長崎に伝わり、大坂・江戸で流行した中国趣味の踊り。清楽の九連環に由来。

**かんかん-がくがく【▼侃▼侃▼諤▼諤】**(形動トタル) 直言して、遠慮なく議論するさま。outspoken argument 比較 喧喧囂囂。 用例 —の議論。

**かん-かんけい【関漢▼卿】**(生没年未詳) 中国、元代の劇作家。一三世紀後半に大都(北京)で活躍。人物の心理表現に卓越。作品『竇娥冤』『魯斎郎』『救風塵』など。

**かんかん-しき【観艦式】** 自国の艦隊を、国家元首などが観閲する儀式。軍事力を内外に誇示するなどが目的。naval review

**かんかん-でり【かんかん照り】** 真夏の太陽が強く照りつけること。また、そのような天候。shining hotly

**かんかん-ぼう【かんかん帽】** ひさしとクラウン(山)が平らな、固く編んでつくった麦わら帽子。stiff straw hat; boater

**かんかん-むし【かんかん虫】**《俗語。ハンマーで、かんかんとたたくところから》汽船やボイラーなどのさび落としをする人。

**かん-き【刊記】** 和漢書で、その書物の刊行の由来・刊行年・刊行者など、刊行に関することがらを書いた部分。通常、巻末か序文の末尾に記される。

**かん-き【官紀】** 官吏が守るべき規律。

**かん-き【官記】** 官吏の任命書・辞令。

**かん-き【乾季・乾期】** 雨の少ない季節。熱帯・亜熱帯では太陽高度の低い期間が乾季、地中海沿岸などでは夏が乾季となる。日本では冬に太平洋側にみられる。dry season 対義 雨季。

**かん-き【勘気】** 主君・親などから、とがめを受けること。用例 —にふれる。—をこうむる。

**かん-き【寒気】** 寒さ。the cold 対義 暑気。用例 —がゆるむ。

**かん-き【喚起】**(名・サ変他) 世論・注意などを、よび起こすこと。rousing; calling

**かん-き【換気】**(名・サ変他) 工場・室内などのよごれた空気を外部の新鮮な空気と入れ換えること。内外の温度差や自然風を利用した自然換気と、送風機や換気扇を用いる機械(強制)換気がある。ventilation 比較 通気。

**かん-き【歓喜】**(名・サ変自) 大いに喜ぶこと。大喜び。delight

**かんぎ【寛喜】** 鎌倉中期の年号。安貞から改元。元年(一二二九)三月五日～四年(一二三二)四月二日。次に、貞永に改元。

**かん-ぎ【歓喜】**《仏教語。「かんき」と読まない》仏の教えを聞き信仰を得て喜ぶこと。

**がん-き【顔輝】**(生没年未詳) 中国、元代の画家。字は秋月。仏教・道教の人物・鬼神画を得意とし、強い描線と重い色調が特色。作品『蝦蟇・鉄拐図』など。

**がん-ぎ【▼雁木】** ①ガンが群れで飛ぶようなぎざぎざの形。zigzag ②船着き場・桟橋の階段。steps of pier ③雪国で軒から出た深いひさし。冬その下が通路となる。雁木造り。covered alley ④目の粗い大形ののこぎり。large-toothed saw ⑤「雁木やすり」の略。⑥いろりに下がる鍋などをつるす先の曲がった木。↓写

●雁木③ 新潟県小千谷市。

**がんぎ-えい【▼雁木▼鱝】** ガンギエイ科の海水魚の総称。その一種のガンギエイは、ひし形で体長約六〇cm。背面は淡褐色で大小の円斑が散在し、腹面は暗灰色。練り製品の原料。青森以南・東シナ海に分布。カスベ。skate ↓図

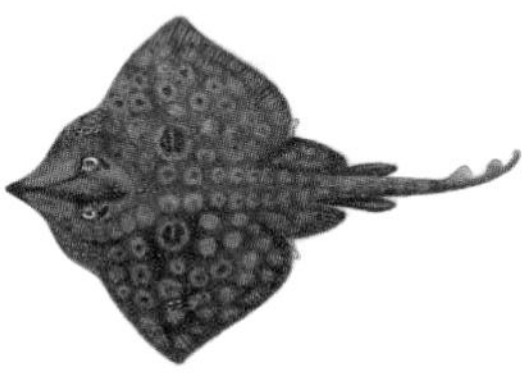

●ガンギエイ

**かん-ぎく【寒菊】** キク科アブラギクの園芸品種。耐寒性が強く、晩秋から冬に花を開く。頭花は黄色で、中心花が大きい。フユギク。

**かん-ぎく【観菊】** キクの花を見て楽しむこと。菊見。

**かんき-こう【換気口】** 空気の入れ換え、あるいは温度調節をするために設けた開口部。vent; ventilation opening

**かんき-しゅくせい【官紀粛正】** 官紀がたるんだのを、きびしくただすこと。

**かんき-せん【換気扇】** 室内の汚れた空気、においや煙などを排出し、屋外の新鮮な空気を取り入れる電気器具。ventilation fan

**かんき-そうち【換気装置】** 室内などの汚れた空気を、きれいな空気と入れ換えるための機械および装置。ventilating device

**がんぎ-だな【▼雁木棚】** 床の間の脇に設ける違い棚の一種。棚板三段を順にずらして重ねたもの。

**かんき-だん【寒気団】** 寒帯で形成される気団。日本付近では海洋性のオホーツク海気団と大陸性のシベリア気団をいう。cold air mass

**かんき-ちく【寒忌竹】** タデ科の低木。観賞用に栽培。よく分岐する茎は扁平で葉のように見える。三cmほどの葉は茎の生長とともに脱落。花は節に束生。ソロモン島原産。

**かんきつ-るい【▼柑▼橘類】** ミカン科植物中のカラタチ属・カンキツ属・キンカン属からなる果樹の総称。温暖な風土を好む。ミカン・キンカン・ダイダイ・ザボン・ライム・レモンなど。citrus fruits ↓写

**かんぎ-てん【歓喜天】** ヒンズー教の神でシバ神の子の異称。仏教に入って仏法の守護神となり、韋駄天の兄弟とされた。形像は象頭人身の単身と双身とがあり、双身のものは男女和合の姿で表してある。夫婦和合・子宝・財宝の神とされる。聖天。大聖歓喜自在天。↓写

●歓喜天 興福寺(奈良県)。

**かんき-まど【換気窓】** 室内の換気を目的とする窓。室内の温度、湿度の上昇を防ぎ、空気を新鮮に保つ。vent

**かん-きゃく【閑却】**(名・サ変他) いいかげんにほうっておくこと。なおざりにすること。negligence 用例 注意を—する。

**かん-きゃく【観客】** 見物人。かんかく。audience

**がんぎ-やすり【▼雁木▼鑢】** 太くて目のあらいやすり。押しても引いても削れる。雁木。rasp

**かん-きゅう【官給】** 国家や、官公庁などが金銭や物品を支給すること。government supply

**かん-きゅう【感泣】**(名・サ変自) 深く感動して泣くこと。うれし泣きすること。be moved to tears

**かん-きゅう【管球】** ①くだ形の細長い電球。②真空管。vacuum tube

**かん-きゅう【緩急】** ①ゆるやかなことと急なこと。fast and slow motion ②《「緩」に意味はない》さしせまった場合。危急。emergency 用例 いったん—あれば。

**緩急宜しきを得る**(かんきゅうよろしきをうる) さまざまな状況の出来事を適切に処置して、落度がない。be tactful in dealing with

**かんきゅう【貫休】**(八三二～九一二) 中国、唐末五代の禅僧。号は禅月大師。詩・画にすぐれ、禅月様とよばれる特異な風貌の羅漢図を描いた。

**がん-きゅう【眼球】** 光を感じ、物を見分ける脊椎動物の感覚器。ほぼ球形で、角膜・水晶体・網膜・虹彩・強膜などからなる。eyeball

**かんきゅう-あん【官休▼庵】** 京都の武者小路千家家元の邸内にある茶室。初代の一翁宗守が建てたもの。現在の建物は大正一五年(一九二六)に再建。

●柑橘類



**かんきゅう-おんどけい【乾球温度計】** 乾湿球湿度計の二本の温度計のうち、水で湿らせないほうの温度計。dry-bulb thermometer

**がんきゅう-ぎんこう【眼球銀行】** ↓アイバンク

**かんきゅうしゅう【漢宮秋】** 中国、元代の戯曲。馬致遠の作。四幕。漢宮の美女王昭君の故事を素材にした元曲悲劇の傑作。

**かんぎゅう-じゅうとう【汗牛充棟】**《牛にひかせると牛が汗をかくほどの重さと、家のむねにつかえるほどの分量、の意》所蔵している本がたいへん多いこと。

**がんきゅう-しんとう【眼球振▼盪】** 意志とは無関係におこる眼球の運動。原因は視力障害、内耳・脳の障害など。眼振。nystagmus

**かん-きゅうちゅう【肝吸虫】** 寄生虫の一つ。ヒト・イヌ・ネコなどの肝臓に寄生。体長一～二cm。体はへら形で扁平。タニシ・モロコなどの中間宿主を生で食べると感染。肝臓ジストマ。Oriental liver fluke

**かん-きょ【官許】** 政府の許可。

**かん-きょ【閑居】**(名・サ変自) 社会から離れ

て、のんびりくらすこと。また、その静かな住まい。quiet life 用例 小人 — して不善を為す。

**かん-きょう【干▼姜・乾▼薑】** 生薬の一つ。ショウガの根茎を蒸すか湯通ししてから乾燥したもの。芳香性の精油を含み、健胃・下痢・腹痛などに用いる。

**かん-きょう【感興】** おもしろいと感じること。おもしろみ。interest 用例 — をそそる。

**かん-きょう【漢鏡】** 中国、漢代につくられた金属製鏡。大部分は白銅鏡だが鋳鉄製もある。神獣鏡や神人画像鏡など。日本の遺跡からも出土。

**かん-きょう【▼澗峡】** 深い谷。

**かん-きょう【緩▼頰】** ①顔色をやわらげること。おだやかに話すこと。②「緩頰を煩わす」の略。

**緩頰を煩わす**(かんきょうをわずらわす) 自分のことを婉曲に他の人に話してもらう。また、他の事にかこつけて自分のことをいってもらう。

**かん-きょう【環境】** ①広く生物が生活する場の周囲の状態。人間では、自然環境・社会環境などに分けられる。environment ②心理学で、意識・無意識にかかわらず、個体に影響をおよぼす外界の諸条件。environment 用例 — に適応する。

**かん-きょう【艦橋】** 軍艦で上部構造物の中心部。ここで指揮をとる。ブリッジ。bridge

**かん-ぎょう【官業】** 《「官営企業」の略》政府が行う営利事業。対義 民業。

**かん-ぎょう【寒行】** 寒苦にたえて修行すること。寒の三〇日間、毎夜行う仏道の修行。

**かん-ぎょう【勧業】** 産業をすすめること。encouragement of industry 用例 — 博覧会。

**かん-ぎょう【観経】** 『観無量寿経』の略称。

**がん-きょう【眼鏡】** めがね。eye-glasses

**がん-きょう【頑強】**(形動) がんこで、強いさま。なかなか負けないさま。obstinacy 用例 — に抵抗する。

**がんぎょう【元▽慶】** 平安初期の年号。貞観から改元。元年(八七七)四月一六日〜九年(八八五)二月二一日。次に、仁和に改元。げんけい。

**がんぎょう【元暁】**(六一七〜六八六) 新羅の華厳宗の学僧。義湘とともに入唐し、唯識や華厳を学ぶ。

**かんきょう-アセスメント【環境アセスメント】** 大規模な地域開発を行う場合に、それが自然環境に与える影響を前もって調査し評価すること。環境影響評価。environmental impact assessment

**かんきょう-えいせい【環境衛生】** 公衆衛生の一分野。水・食品・ネズミ類・昆虫類・営業施設などによる健康障害を未然に防ぐこと。environmental hygiene

**かんきょうえいせい-かんしいん【環境衛生監視員】** クリーニング店、理・美容院など環境衛生関係の営業施設に対して、衛生措置の監視・指導を行う人。

**かんきょう-おせん【環境汚染】** 人間の活動により、自然環境の構造や状態が変化し、その環境がもとで悪化した状態。大気汚染・水質汚染・騒音など。environmental pollution

**かんきょう-きじゅん【環境基準】** 公害から人の健康を守るため、公害対策基本法第九条に基づいて定められた基準。現在、大気汚染・水質汚濁・騒音について規制が行われている。environmental standard

**かんきょう-けん【環境権】** 健康的で快適な生活を営むための環境を維持する権利。environment right

**かんきょう-じょうけん【環境条件】** 環境「要因とほぼ同義。

**かんきょう-ちょう【環境庁】** 環境保全行政を推進する、総理府の外局。国務大臣を長官とする。昭和四六年(一九七一)七月発足。Environment Agency

**かんきょう-デザイン【環境デザイン】** 快適な生活ができる環境を総合的に計画・設計すること。建造物だけでなく、道路・公園・学校などを含めた屋外空間全体の総合デザインをさす。environmental design

**かんきょう-なんどう【▼咸鏡南道】** 北朝鮮(朝鮮民主主義人民共和国)東部の道。北西は鉱産・林産資源が豊かな山岳地帯、中央部は平野。中心地は咸興。ハムギョンナムド。

**かんきょう-はかい【環境破壊】** 人間をはじめ動植物にとって、自然などの好ましい環境がこわされること。environmental destruction

**かんきょうはかいへいききんし-じょうやく【環境破壊兵器禁止条約】**(Convention on the Prohibition of Military or Any Other Hostile Use of Environmental Modification Techniques) 地球の環境を変えるような技術を、軍事またはその他の敵対的用途に使用することを禁じる条約。一九七七年に成立。日本は昭和五七年(一九八二)加盟。環境条約。

**かんきょう-はくしょ【環境白書】** 公害対策基本法により、政府が国会に提出する年次報告。内容は、公害の実状と施策。環境庁発足にともない、昭和四七年(一九七二)に従来の公害白書の名称を変更した。

**かんきょう-ビデオ【環境ビデオ】** テレビ画面に自然の風景などを映し出し、インテリア的な役割をもたせるためのビデオ。また、その装置。インテリアビデオ。interior video

**かんきょう-へんい【環境変異】** ↓こたいへんい(個体変異)

**かんきょう-ほくどう【▼咸鏡北道】** 北朝鮮(朝鮮民主主義人民共和国)北東部の道。東と南は日本海に臨む。中心地清津。ハムギョンプクド。

**かんきょうほごしゅぎ-しゃ【環境保護主義者】** 自然環境・生活環境などの維持・保全を主張する人々。エコロジスト。

**かんきょう-ほぜん【環境保全】** 広義には自然環境・生活環境などの人間環境の質を正しく、かつ高度に維持していくこと。また、主として公害を防止し、自然環境の保全をはかること。environmental integrity

**かんきょう-もんだい【環境問題】** 自然環境・生活環境に悪い影響を与えるさまざまな問題。大気や水質の汚染、環境破壊など。environmental problem

**かんきょう-よういん【環境要因】** 生物を取り巻く環境を構成する要素や条件。気候・土壌・大気の化学的性質などの無機的要因と、食物連鎖や競争などの生物的要因に大別できる。environmental factor

**かんきょう-ようりょう【環境容量】** ある環境の中で特定の種が繁殖し、維持できる最大個体数。環境収容力。carrying capacity

**かん-きょく【寒極】** 南北それぞれの半球で、もっとも気温の低い場所。現在までの最低記録は、南半球では南極のボストーク基地(一九八三年に零下八九・二℃)、北半球はシベリアのオイミャコン(一九三三年に零下六七・七℃)。寒冷極。cold pole

**かんきょのとも【閑居友】** 鎌倉前期の仏教説話集。慶政著か。承久四年(一二二二)成立。

**かん-きり【缶切(り)】** 缶詰めのふたを切り開く道具。昔からの押し切り式のほか、回転式・電動式などがある。can opener

**かん-きん【官金】** ①政府が所有する金銭。government funds 比較 公金。②盲人が高利で貸した金銭。③江戸時代に、盲人が検校などの位を得るために幕府に納入した金銭。

**かん-きん【看▽経】**(名・サ変自)《仏教語》①お経を黙読すること。②お経を音読して勤行すること。

**かん-きん【▼桿菌】** 直棒形の細菌。細長い円筒形、先のとがった紡錘形などをなすものがある。病原菌としては結核菌・大腸菌・ジフテリア菌など。bacillus

**かん-きん【換金】**(名・サ変自) 品物を売り、現金にかえること。realization 対義 換物。

**かん-きん【監禁】**(名・サ変他) ある場所にとじこめること。confinement 比較 軟禁。

**かん-ぎん【閑吟】**(名・サ変他) 詩歌などを静かに口ずさむこと。

**かん-ぎん【感吟】**(名・サ変他) 人の詩歌を感心して口ずさむこと。とくに、俳句にいう。

**がん-きん【元金】** ①商売のもとで。資本。capital ②金銭の貸借で、利子を含まない元の金額。もときん。principal 対義 利子・利息。

**がん-きん【眼筋】** 眼球の運動をつかさどる筋肉。瞳孔括約筋などの内眼筋と、眼球をいろいろの方向に動かす筋肉からなる外眼筋とに大別される。ocular muscle

**かんぎんしゅう【閑吟集】** 室町後期の歌謡集。編者未詳。永正一五年(一五一八)成立。当代流行の小歌など三一一首を集録。恋愛歌が多く、軽妙洒脱な表現に富む。

**がんきん-まひ【眼筋麻▼痺】** 目の筋肉またはそれを支配する神経の麻痺。物が二重に見えたり、近くが見えにくくなる。脳腫瘍・脳出血などが原因のときもある。paralysis of ocularmuscles

**かん-く【甘苦】** ①甘いことと、苦いこと。②楽しみと、苦しみ。さまざまな経験。用例 人生の — を味わいつくす。

**かん-く【管区】** 受け持ちの区域。district

**かん-く【▼艱苦】** なんぎと苦労。辛苦。

**がん-く【岸▼駒】**(一七四九/五六〜一八三八) 江戸後期の画家。加賀金沢の人。岸派の祖。覇気に富んだ花鳥画に一風をひらいた。作品『猛虎図』など。

**がん-ぐ【▼玩具・▼翫具】** 遊び道具。主として子ども用だが、成人向け、観賞用のものもある。おもちゃ。toy

**がん-ぐ【頑愚】**(名・形動) おろかで、がんこなこと・さま。

**かんく-きしょうだい【管区気象台】** 気象庁の地方機関。管区内の地方気象台や測候所などの管理運営と技術指導を行う。札幌・仙台・東京・大阪・福岡に設置されている。district meteorological observatory

**かんく-けいさつきょく【管区警察局】** 警察庁の地方機関。大規模な災害・騒乱・緊急事態などを扱う。

**がん-くつ【岩▼窟・▼巌▼窟】** いわあな。いわや。cave

**がんくつおう【▼巌▼窟王】** デュマ(父)の小説『モンテクリスト伯』の黒岩涙香による邦訳題名。

**かんく-の-みず【寒九の水】** 寒に入って九日目にくんだ水。薬を服用するのに用いると効きめが増すという。

**がん-くび【▼雁首】** ①煙管の頭の部分。②頭を俗に言う語。用例 — をそろえる。③片端が煙管の頭の形をした土管。pipe head

**がんくび-そう【▼雁首草】** 山野にはえるキク科の多年草。高さ約五〇cm。葉は互生し、卵形で長柄。秋に、煙管の雁首に似た黄色の頭花をつける。↓図

**ガンクラブ-チェック** 《和製語》織物の柄の名。白・黒・赤茶の三色の糸で織り出すチェック。一九世紀にアメリカのガンクラブの制服に使われたところからこの名がある。図柄はシェパードチェックに同じ。

**ガングリオン【ganglion】** 手関節部や足背部などにできる硬い腫瘤。成人に多くみられるが、障害はほとんどない。

**かん-ぐ・る【勘繰る】**(五他) 気をまわす。邪推する。suspect

**かん-ぐん【官軍】** 朝廷方の軍隊。官兵。対義 賊軍。用例 勝てば — 。

**かん-げ【勧化】**(名・サ変他)《仏教語》①仏道修行をすすめること。②寺の修理・建築などに寄付を求めること。勧進。

**かん-けい【▼奸計・▼姦計】** 悪だくみ。悪計。trick

●ガンクビソウ

**かん-けい【関係】** ㊀(名・サ変自) ①あることと他のことが、互いにかかわり合っていること。かかわり合い。relation 用例 事件に — した人。②あるものが他のものに与える影響。つながり。influence 用例 成績は進学に — する。③男女が深い仲になること。情事。relation 用例 — をもつ。㊁(名) ①二つのものの続き合い。ゆかり。つて。縁故。connection 用例 同郷の — で入社する。②その方面。用例 出版 — の仕事。

**かん-けい【簡▼勁】**(名・形動) ことばや文章が、短くて力強いこと・さま。

**かん-げい【歓迎】**(名・サ変他) 喜んでむかえること。welcome 対義 歓送。

**かんけい-がいねん【関係概念】** 哲学で、複数の対象のあいだの相互関係を規定する概念。concept of relation

**かん-げいこ【寒▼稽古】** 武道・芸ごとなどのけいこを寒の入りから明けまでの早朝または夜間に行うこと。日本古来の訓練法で、肉体訓練と精神修養に主眼をおく。

**かんけい-しき【関係式】** 数学で、量または文字のあいだの関係を表す式。relation

**かんけい-だいめいし【関係代名詞】** 《英文法のrelative pronounの訳語》ヨーロッパ諸語で、接続詞と代名詞の働きを合わせた語。日本語にはない。This is the hat that I bought yesterday. のthatのような語で、日本語では、「これは私が昨日買った帽子です」となり、動詞の連体形などが、そのかわりをする。

**かんけい-ちょう【関係調】** 音楽で、ある一つの調を中心にその調と近親関係にある調。近親調ともいい、人により解釈が異なる。一般には、属調・下属調・平行調・同主調。relative key



↓行き先項目、図版・写真参照印。 JIS 日本工業規格情報交換用漢字符号コード(区点コード)。

**かんけい-づ-ける【関係付ける】**(下一他) ①二つのもののあいだに存在する関係を見いだす。connect with ②何かの関係があるとして、それらを結びつけて考える。relate to 用例 海水温度と冷害を—・けて研究する。

**かんけい-どうぶつ【環形動物】** 円筒状の細長い体に環状の節がある無脊椎(むせきつい)動物の一群。体表はクチクラという膜でおおわれる。陸のミミズ、淡水のヒル、海のゴカイなどの仲間。世界各地の水陸に約七〇〇〇種が分布する。環虫類。annelid

**かんけい-もうそう【関係妄想】** 現実には自分となんらかかわりのない周囲の事象を、なにか自分と関係あることのように判断すること。delusion of reference

**かん-げき【間▼隙】** ①すき。すきま。gap 用例 —をつく。②不和。estrangement

**間隙を生ずる**(かんげきをしょうずる) ①すきまができる。②仲が悪くなる。

**間隙を縫う**(かんげきをぬう) すきまをうまく利用する。

**かん-げき【感激】**(名・サ変自) 心に強く感じること。deep emotion 比較 感動。

**かん-げき【観劇】**(名・サ変他) 芝居・劇を見ること。theatergoing

**かんげ-ざい【緩下剤】** 便をやわらかくして、おだやかに排出させるための薬物。laxatives 参照 下剤。

**かん-けつ【完結】**(名・サ変自) 物事がすっかり終わること。完了。conclusion

**かん-けつ【間欠・間▼歇】** きまった時間をおいて、止んだり起こったりすること。intermittence 用例 —熱。

**かん-けつ【簡潔】**(形動) 簡単で、要点を尽くしているさま。concise 対義 冗漫・冗長。

**かん-げつ【寒月】** 冬の月。冬空にさえる月。

**かん-げつ【観月】** ↓つきみ(月見)

**がん-けつ【岩穴・▼巌穴】** 岩のほらあな。

**かんげつ-かい【観月会】** 八月の十五夜や、九月の十三夜など名月を観賞するために催される会。月見の宴。

**かんけつ-せん【間欠泉】** 熱湯や水蒸気を周期的に断続して噴出する温泉。地熱活動の激しい地域に多い。地下の空洞に流入した地下水が地熱で加熱され、沸騰(ふっとう)すると噴出する。geyser ↓写

**かんけつ-てき【間欠的】**(形動) 一定の時間をおいて繰り返すさま。intermittent

**かんけつ-ねつ【間欠熱】** マラリアなどにかかったときの特徴的な熱型。急に高熱が出るが、数時間後に平熱になり、数日してまた発熱するといった一定のパターンを繰り返す。intermittent fever

**かんけつ-ば【汗血馬】** 西域のフェルガナ(=大宛)に産した優良馬。一日に千里を走り血のような汗を流したという。漢の武帝はこれを得るため遠征を行った。

**かん-けり【缶▼蹴り】** 子どもの遊びで、かくれんぼの一種。円内に空き缶を置いて、鬼以外の全員が隠れ、鬼は隠れた者を見つけ、その名前を呼ぶ。隠れている者が、鬼に気づかれずに缶を蹴ったら、遊びはまた振り出しに戻る。

**かん-けん【官権】** 政府の権力。役所の権限。government authority 比較 国権。

**かん-けん【官憲】** ①官庁の法規。②政府。役所。authorities ③官吏。警察官。officials; police 用例 —の圧迫。

**かん-けん【寒▼暄】**《「暄」はあたたかい、の意》寒さと暖かさ。寒暖。

**寒暄を叙す**(かんけんをじょす) 時候のあいさつをする。

**かん-けん【管見】**《くだの穴から見るような、せまい考え、の意》自分の意見をいうけんそん語。私見。

**かん-けん【関▼鍵】** ①かんぬきとかぎ。②門の戸じまり。③物事の本質をつかむための要所。

**かん-げん【甘言】** 相手が喜びそうなことば。おべっか。flattery 対義 苦言。用例 —に乗る。

**かん-げん【乾▼舷】** 船体の中央で測った喫水線から上甲板までの垂直距離。freeboard

**かん-げん【換言】**(名・サ変他) 別のことばにかえていうこと。いいかえること。in other words 用例 —すれば。

**かんげん【寛元】** 鎌倉(かまくら)中期の年号。仁治(にんじ)から改元。元年(一二四三)二月二六日～五年(一二四七)二月二八日。次に、宝治(ほうじ)に改元。

**かん-げん【寛厳】** ゆるやかなことと、きびしいこと。

**寛厳宜敷きを得る**(かんげんよろしきをえる) 寛大さと厳格さとの度合いが適切である。

**かん-げん【管弦・管▼絃】** ①管楽器(竜笛(りゅうてき)・笙(しょう)など)と弦楽器(琵琶(びわ)・箏(そう)など)。wind and string instruments ②音楽のこと。music ③雅楽のジャンルの一つ。器楽合奏だけの演奏形態をさす。管・弦・打楽器からなる。

**かん-げん【▼諫言】**(名・サ変他) 主君や目上の人をいさめること・意見。忠言。admonition

**かん-げん【還元】**(名・サ変自他) ①もとにかえること。ある状態になったものを、経過を逆にしてもとに戻すこと。戻ること。return; reduction 用例 収益を社会に—する。②化学で、酸化物から酸素をうばうこと。また、物質が水素と結合すること。原子や原子団に電子を与えること。reduction 対義 酸化。

●間欠泉 宮城県、鳴子(なるこ)温泉。

**がん-けん【岩圏】** 地球の固体部分で、地殻の下の深さ約一〇〇㎞までの部分をさす。プレートテクトニクスの基本概念の一つ。岩石圏。lithosphere

**がん-けん【眼▼瞼】** 眼球を保護し、角膜を清浄に保つ働きをする組織。まぶた。eyelid ↓目図

**がん-けん【頑健】**(名・形動) がっちりしていて、健康なこと・さま。robust 用例 —な身体。

**かんげん-えん【還元炎】** ↓ないえん(内炎)

**がんけん-えん-えん【眼▼瞼縁炎】** 結膜と皮膚の結合部位である眼瞼縁の炎症。かかると治りにくい。湿疹(しっしん)性のものと化膿(かのう)性のものがある。原因は黄色ブドウ球菌・真菌など。marginal blepharitis

**がんけん-がいはん【眼▼瞼外反】** まぶたが外にそり、眼球結膜が外面に露出しているもの。目が閉じられないと角膜障害が起こり視力不良になる。ectropion of eyelid

**かんげん-がく【管弦楽】** 器楽合奏の一形態。管・弦・打楽器などで編成された合奏。また、その楽曲。オーケストラ。orchestral music 比較 吹奏楽。

**がんけん-かすい【眼▼瞼下垂】** 上まぶたがさがり、十分に目を開けられない状態。先天性の場合が多い。blepharoptosis

**かんげん-ぎゅうにゅう【還元牛乳】** 脱脂粉乳または脱脂練乳に脂肪分を加え、通常の牛乳に似た成分に調製したもの。

**かんげん-ざい【還元剤】** 還元反応を起こさせる物質。それ自体は酸化されやすい。水素、不安定な水素化物、アルカリ金属など。reducing agent

**かんげん-しゅぎ【還元主義】** 直接的に観察されることのない事物の概念や法則の独立性を認めず、それらを観察された諸現象(直接経験・感覚所与)に置き換える考え方。reductionism

**かんげん-とう【還元糖】** 遊離のアルデヒド基またはケトン基をもち、還元性を示す糖。ブドウ糖・麦芽糖など。reducing sugar

**がんけん-ないはん【眼▼瞼内反】** まぶたが内方に折れ込んでいるもの。まつげが角膜を傷つけるため、流涙・異物感・視力障害などの症状がある。entropion

**かんげん-ゆうし【還元融資】** 大蔵省資金運用部への預託金のうち、厚生年金と国民年金の積立金の一定割合を、被保険者に融資すること。それによって福祉増進がはかられる。

**かん-こ【官戸】** 中国や、日本の律令(りつりょう)制の下での官有の賤民(せんみん)。

**かん-こ【歓呼】**(名・サ変自) 喜びの声をあげること。cheer

**かん-こ【▼諫鼓】** 昔、中国で、君主に諫言(かんげん)しようとするものに打ち鳴らさせるために、朝廷の門外に設けたという鼓(つづみ)。

**諫鼓、苔蒸し鳥驚かず**(かんこ、こけむしとりおどろかず)《諫鼓を用いぬことが久しく、その音に鳥が驚くこともない、の意》世の中がよく治まっている。

**かん-こ【▼鹹湖】** ↓えんこ(塩湖)

**かん-ご【看護】**(名・サ変他) けが人・病人・老人などの病気治療の介助、心身の健康回復への援助、および病気の予防などの助言・教育・指導を行うこと。看病。nursing

**かん-ご【款語】** うちとけて話し合うこと。

**かん-ご【閑語】**(名・サ変自) ①しずかに話すこと。②時間つぶしの話。むだばなし。

**かん-ご【漢語】** 中国語から取り入れられて日本語となったことば。ふつう、漢音・呉(ご)音などの漢字音で読むものをいう。現代語に大きな比重を占める。対義 和語・やまとことば。

**かん-ご【監護】**(名・サ変他) 監督し保護すること。

**がん-こ【頑固】**(形動) 思いこんだら、そのとおり押しとおそうとするさま。片意地(かたいじ)。かたくな。stubborn 用例 —一徹。

**かん-こう【刊行】**(名・サ変他) 書物などを印刷物として世の中に広く出すこと。上梓(じょうし)。出版。publish

**かん-こう【完工】**(名・サ変自) 工事が終わること。completion 対義 起工。

**かん-こう【官公】** 官職と公職。官吏と公吏。官庁と公庁。

**かん-こう【勘考】**(名・サ変他) よく考えること。思案。考慮。consideration

**かん-こう【勘校】**(名・サ変他) 比べて考えること。比べ合わせて異同やまちがいを調べて正すこと。書物を校訂すること。

**かん-こう【敢行】**(名・サ変他) 思いきって行うこと。強行。決行。dare to do

**かん-こう【勧降】** 降伏をすすめること。用例 —状。

**かんこう【寛▼弘】** 平安中期の年号。長保(ちょうほう)から改元。元年(一〇〇四)七月二〇日～九年(一〇一二)一二月二五日。次に、長和(ちょうわ)に改元。

**かん-こう【感光】**(名・サ変自) 光に感じること。光の照射で物質に化学的・物理的変化を生じる現象。写真感光材料では潜像を生ずる。exposure to light

**かん-こう【慣行】** ①ならわし。custom ②いつも繰り返し行うこと。habitual practice

**かん-こう【▼箝口・▼鉗口・▼緘口】**(名・サ変自他)《「けんこう」の慣用読み》①口をふさぐこと。ものを言わないこと。②言論をおさえること。

**かん-こう【緩行】**(名・サ変自) ゆっくり進むこと。徐行。go slowly 対義 急行。

**かん-こう【還幸】**(名・サ変自) ①天皇が行幸からお帰りになること。②神霊がお帰りになること。

**かん-こう【観光】** 日常の生活地域を離れ、他の土地の風景や史跡などを見物し、楽しみながら旅行すること。sightseeing

**かんこう【▼咸興】** 北朝鮮(朝鮮民主主義人民共和国)東部、咸鏡南道(かんきょうなんどう)の道都。李朝(りちょう)の発祥地。日本海に臨む化学工業地域。人口七七・五万(一九八一)。ハムフン。

**かんこう【漢口】** 中国、華中地区北部、揚子江(ようすこう)と漢江の合流点付近の地区。水陸交通の一大中心地。新中国成立後、漢陽・武昌(ぶしょう)とともに武漢市となった。旧称夏口(かこう)。ハンコウ。

**かん-こう【漢江】** 韓国東部、太白(たいはく)山脈から北西に流れ、黄海に注ぐ川。長さ五一〇㎞。冬季は結氷する。ハンガン。

**かん-こう【▼贛江】** 中国、江西省中部の川。贛州から北に流れ、鄱陽(はよう)湖に注ぐ。長さ七五八㎞。贛水。カンチアン。

**かん-こう【▼菅公】** 菅原道真(すがわらのみちざね)の敬称。

**かん-こう【▼桓公】**(?～BC六四三) 中国、春秋時代の斉の君主(在位BC六八五～BC六四三)。春秋五覇の一人。鮑叔牙(ほうしゅくが)・管仲を登用、富国強兵策をとり国力を充実。

**かん-こう【寛厚】**(形動) 心がひろく温厚なさま。

**かん-ごう【勘合】**(名・サ変他) ①考え合わせること。よく調べてただすこと。②「勘合符」の略。

**がん-こう【眼孔】** ①眼球がおさまるべきくぼみ。眼窩(がんか)。eyehole; eye socket ②見識の広さ。眼界。discernment

**がん-こう【眼光】** ①目の光。glitter of one's eyes ②物事を見ぬく能力。insight

**眼光、紙背に徹す**(がんこう、しはいにてっす) 字句の解釈にとらわれず、文章の真意をつかみ取る。類似 行間を読む。

**がん-こう【▼雁行】**(名・サ変自) ①空を行くガンの列。②ガンが群れで飛ぶ形のように、ななめに並んで行くこと。

**かんこう-あんないじょ【観光案内所】** 観光のための情報提供や、乗り物・宿泊施設の予約・紹介を行うところ。tourist information center

**かんこう-さい【還幸祭】** 神が御輿(みこし)で神幸を終えて本社に帰ったさい、神霊を社殿に遷座する祭り。

**かんこう-ざいりょう【感光材料】** 写真用感光乳剤を塗布し乾燥したものの総称。フィルム・乾板(かんばん)・印画紙など。sensitive material

**かんこう-さんぎょう【観光産業】** 旅行業・旅館・みやげ品店・飲食店など、観光客を相手にする業種の総称。tourist industry

**かんこう-し【感光紙】** 感光乳材を塗布した紙。印画紙。photosensitive paper

**がんごう-じ【元興寺】** ①奈良市芝新屋町にある華厳宗の寺。平城京遷都のさい、飛鳥寺(=法興寺)別院として天平一七年(七四五)落成。南都七大寺の一つ。新元興寺。②奈良県高市郡明日香村飛鳥にある真言宗豊山派の寺。蘇我馬子が推古四年(五九六)に創立した飛鳥寺(=法興寺)が改称したもの。本元興寺。

**かんこう-しげん【観光資源】** 観光の対象となる景観・行事・習俗など。sightseeing resources

**かんこう-しせつ【観光施設】** 観光客の便益に供するためにつくられた施設の総称。宿泊・休憩・交通施設のほか、娯楽・文化・野外活動施設なども含まれる。tourist facilities

**かんごう-しゅうらく【環▼濠集落】** 周囲に濠をめぐらした丘陵上に営まれた、弥生時代の集落。濠の多くは断面がV字形の溝で、防衛的性格をもつものと思われる。

**がんこう-しゅてい【眼高手低】** 批評眼はすぐれているが、実際の制作は下手であること。

**かんこう-しょ【官公署】** 官公庁。

**かんこうせい-じゅし【感光性樹脂】** 光化学反応により溶剤に対する溶解性が変化する高分子化合物の総称。ポリ桂皮酸エステルなど。新聞印刷の凸版などに利用。photo-sensitive resin

**かんごう-せん【勘合船】** 室町幕府が明に派遣した貿易船。足利義満が初めて正式に明と国交を開き、応永一一年(一四〇四)に公式の遣明船であることを証明する勘合符を持たせたのが始まり。

**かんこう-ちょう【官公庁】** 官庁と公庁。government offices

**かんこう-ど【感光度】** 写真感光材料の感光能力の大きさを示す数値。ASA感光度・DIN感光度・JIS感光度などがあったが、現在ではISO(国際標準規格)感光度を用い、ISO100、ISO400などと表す。数字が四倍になれば、フィルムの感光度も四倍になる。sensitivity

**かんこう-どうろ【観光道路】** 観光のためにつくった道路。sight-seeing road 対義 産業道路。

**かんこう-とし【観光都市】** 観光資源の豊富な都市。京都・奈良・日光など。

**かんこう-ば【勧工場】** 明治・大正期に出現した日本独特の百貨商品陳列・販売所。現在のデパートやスーパーマーケットの前身。

**かんごう-ふ【勘合符】** 室町時代、中国の明の皇帝から足利将軍に送られた遣明船のための渡航証明用割符。勘合。

**かんこう-ぶつ【刊行物】** 印刷して、世の中に広く出されている書籍・雑誌・新聞など。出版物。publication

**かんこう-へん【肝硬変】** 肝臓が実質細胞の破壊、結合組織の増殖により硬化し萎縮する病気。肝障害の終末状態。liver cirrhosis

**かんごう-ぼうえき【勘合貿易】** 室町時代、日本と明との間に行われた公認の貿易。幕府船のほか有力守護大名や寺院・商人の船が主体となり、渡明する船は勘合符を持参して検証を受けた。刀剣・扇・硫黄などを輸出、銅銭・生糸などを輸入。

**がんこう-らん【岩高▼蘭】** 高山に群生するガンコウラン科の常緑小低木。葉は線形で密生。雌雄異株。初夏に紫黒色の小花を開く。紫黒色の果実は食用。↓写

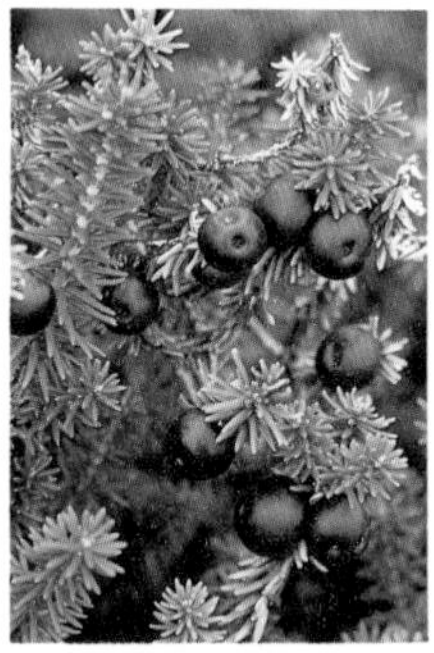

●ガンコウラン

**かんこう-り【官公吏】** 官吏と公吏。国家公務員と地方公務員。役人。public officials

**かんこう-れい【▼箝口令】** 言論の自由を制限する法令・命令。gag rule 用例 ―をしく。

**かんこう-ろう【官公労】** ①《「日本官公庁労働組合協議会」の略》昭和二四年(一九四九)国家・地方公務員、公共企業体職員などの労働組合で組織された協議体。同三三年(一九五八)総評に合流した。②一般に、公務員と公共団体職員の労働組合。

**かん-ごえ【甲声】** するどく高い声。かん高い声。

**かん-ごえ【寒声】** 声楽家や僧などが声をきたえるために、寒中の早朝や夜間に、屋外で行う発声練習や読経。また、その声。

**かん-ごえ【寒肥】** 冬の間にほどこす肥料。土壌腐植ならびに樹木の春先の生長を促進させる目的で、おもに、有機質肥料を用いる。寒ごやし。midwinter manure

**かん-ごえ【▼癇声】** かんしゃくの強い人の声。かんしゃくを起こした高声。

**かんこ-おどり【▼羯鼓踊(り)】** 《「かんこ」は「かっこ」の転》太鼓踊りの一種。「羯鼓」と称する大小の締め太鼓を胸にかけ、または脇に抱えて打ち鳴らしながら踊る。三重県に広く分布し、石川・福井県でも行われる。盆の供養のほか、厄疫退散や雨乞いなどにも行われる。

**かん-こく【勧告】**(名・サ変他) ある事項を伝達し、それに添うよう相手方に適切な措置を勧めること。行政指導などでよく使われるが、法的拘束力はない。用例 スト中止を―する。

**かん-こく【漢国】** 中国の漢時代の国土。

**かん-こく【▼韓国】** ①清から独立した一八九七年から日本に併合される一九一〇年までの大韓帝国の略称。②大韓民国の略称。Korea

**かん-ごく【監獄】** 刑務所・少年刑務所・拘置所の総称。懲役・禁錮・拘留などの刑に処せられた者、死刑の確定した者、勾留された容疑者・被告人などを収容する施設。prison

**かんこく-かん【▼函谷関】** 中国河南省北西部、関中と中原を結ぶ交通上の要衝。関の東西を関東・関西と称する。

**函谷関の鶏鳴**(かんこくかんのけいめい) 《『史記』にある語》孟嘗君が、秦を逃れて夜半、函谷関まで来たとき、その関所は、ニワトリが鳴くまで開かないきまりがあった。しかし、食客に、ニワトリの鳴きまねのうまいものがいて、無事に脱出することができたという故事。参照 鶏鳴狗盗。

**かんこく-ご【▼韓国語】** ↓ちょうせんご(朝鮮語)

**がん-こくち【▼癌告知】** 医療者が、癌であることを患者に知らせること。欧米では大部分の医師が行っているが、日本では一般に慎重論が多い。

**かんこく-ちゅうおうじょうほうぶ【▼韓国中央情報部】** ↓ケーシーアイエー(KCIA)

**かんこく-とうかんふ【▼韓国統監府】** 明治三八年(一九〇五)日本が朝鮮統治のため京城に設けた機関。初代統監は伊藤博文。同四三年(一九一〇)韓国併合で朝鮮総督府となる。

**かんこく-プロやきゅう【▼韓国プロ野球】** 大韓民国のプロ野球。一九八一年一二月創立、翌年三月よりMBC・OB・三星・ロッテ・ヘッテ・三美の六球団で公式戦開始。のち三美は青宝に変わり、八七年にビングレが加わって七球団となった。

**かんこく-へいごう【▼韓国併合】** 明治四三年(一九一〇)八月の「日韓併合に関する条約」による朝鮮の日本植民地化。朝鮮総督府をおき、昭和二〇年(一九四五)の敗戦まで日本が領有した。

**かんごく-べや【監獄部屋】** もと、工事現場や鉱山などの労働者を収容した、そまつな宿舎。虐待し、逃げられないようにした。たこべや。

**かんご-し【看護士】** 医療機関で、傷病者の看護や、医師の診療の手助けをする男性。看護婦と同じ資格免許が必要。

**かん-こつ【▼顴骨】** 《「けんこつ」の慣用読み》ほおぼね。用例 東洋人はだいたい―が出ている。

**かんこつ-だったい【換骨奪胎】**(名・サ変他) ①古人の詩文の語句や内容を生かしながら、表現を変えるなどして新しいものをつくること。②俗に、焼き直し。

**かんこ-どり【閑古鳥】** カッコウの異名。

**閑古鳥が鳴く**(かんこどりがなく) 非常にさびれていることの形容。とくに、商売がはやらないさまに言う。比較 ぺんぺん草がはえる。

**かんご-ふ【看護婦】** 病院・診療所などで、医師の診療を助け、病人・産婦・老人の世話などの業務を行う女性。厚生大臣の免許が必要。nurse

**かん-ごり【寒▼垢離】** 寒中に水をあびて、神や仏に祈ること。用例 ―をとる。

**かんころ** 《方言》瀬戸内海沿岸・北九州地方でサツマイモの切り干しのこと。生がんころはでんぷん製造用、湯がきかんころは食用。

**かんこんき【還魂記】** 中国、明代の戯曲。湯顕祖作。五五幕。一五九八年の作。正称『牡丹亭還魂記』。夢で会った自分を恋して死んだ娘の墓を、その青年が開くと娘は蘇生し、二人は結婚する。

**かん-こん-そう-さい【冠婚葬祭】** 冠は元服、婚は結婚、葬は葬儀、祭は祖先の祭りを意味する。古来、四大礼式としたが、現在では人生儀礼全般の総称となる。

**かん-さ【感作】** 生体に処置を加え、反応性を増大させること。免疫学的にはより狭義に用いられる。sensitization

**かん-さ【監査】**(名・サ変他) 監督し検査すること。inspection; auditing 用例 会計―。商法―。

**かん-さ【鑑査】**(名・サ変他) よく見て優劣・適否を見分けること。めきき。鑑定。judge 用例 日展無―。

**かん-さい【完済】**(名・サ変他) 借金などをすっかり済ますこと。皆済。full payment

**かん-さい【漢才】** ↓かんざい(漢才)

**かん-さい【簡裁】** 「簡易裁判所」の略。

**かん-さい【艦載】** 軍艦にのせること。用例 ―機。

**かんさい【関西】** 対義 関東。①近畿地方から西の地域。西国。②京都・大阪を中心にした地域。用例 ―弁。

**かん-ざい【寒剤】** 低温度をつくるための混合物。氷七七・六%と食塩二二・四%の混合物はマイナス二一・二℃まで温度が下がる。freezing mixture

**かん-ざい【漢才】** 中国の学問・漢籍に通じ、漢詩文をつくるのが巧みなこと。また、中国の学問そのもの。漢学。かんさい。からざえ。用例 和魂―。

**かん-ざい【管財】** 財産を管理すること。administration of property

**がん-ざい【丸剤】** まるい形のくすり。丸薬。pill

**かんさ-いいん【監査委員】** 地方公共団体の財務に関する事務の執行や、公営事業の経営状況を監査するため、各地方公共団体に置かれる委員。

**かんさい-がくせいやきゅう【関西学生野球】** 関西大・関西学院・同志社・立命館・京大・近畿大で結成する関西学生野球連盟が毎年春秋に行うリーグ戦。

**かんさい-しんこくさいくうこう【関西新国際空港】** 関西圏の中心空港として建設中の空港。輸送需要や騒音対策上から、大阪湾の沖合い約五㎞の海上を埋め立てた用地につくられる。開港目標は一九九二年度末。

**かんさい-だいがくやきゅう【関西大学野球】** 関西学生・関西六大学・近畿大学・阪神大学・京滋大学の各野球連盟がそれぞれ行うリーグ戦の総称。

**かんさい-テレビ【関西テレビ(株)】** 大阪の民間放送会社の一つ。昭和三二年(一九五七)設立。フジテレビ系列。KTV。

**かんさい-でんりょく【関西電力(株)】** 近畿とその周辺を供給区域とする電力会社。昭和二六年(一九五一)設立。

**かんざい-にん【管財人】** 破産者や更生会社などの財産を管理するための代理権をもつ人。trustee; administer

**かんさい-ぶし【関西節】** 大阪を中心に発達した浪花節。水調子などとよばれた低い調子の三味線に特徴がある。比較 関東節。

**かん-さいぼう【間細胞】** 動物体のある部分の固有な細胞組織に混じって存在する異質な細胞。未分化な細胞のことが多い。interstitial cells

**がん-さいぼう【▼癌細胞】** 癌化した細胞。正常細胞と異なり、無制限に分裂を繰り返して増殖する。cancer cells

**かんさい-ほんせん【関西本線】** JR東海とJR西日本の鉄道幹線の一つ。名古屋と大阪の湊町を結ぶ。長さ一七五・一㎞。明治三二年(一八九九)開通。

**かんさい-ろくだいがくやきゅう【関西六大学野球】** 大商大・大経大・大阪学院・神戸学院・竜谷大・京産大で結成する関西六大学野球連盟が毎年春秋に行うリーグ戦。

**かんざき【神崎】**〈町〉 兵庫県中部の町。中心の粟賀は旧陣屋町。農林業中心。蠟石・線香の産地。人口八七一〇(一九八八)。

**かんざき【神▼埼】**〈町〉 佐賀県東部の町。農業・製麺業が中心で、神埼そうめんが特産。人



↓行き先項目、図版・写真参照印。 JIS 日本工業規格情報交換用漢字符号コード(区点コード)。

口一万七九一一(一九八八)。

**かんさ-きじゅん【監査基準】** 財務諸表の監査にあたり、公認会計士などの監査人が準拠しなければならない指針。audit standard

**かんざき-よごろう【神崎与五郎】**(?〜一七〇三) 赤穂義士の一人。和歌・俳諧を心得、俳号を竹平と称した。

**かん-さく【▼奸策・▼姦策】** 悪がしこい計画。sly scheme

**かん-さく【間作】**(名・サ変他) ①ある農作物を植えてある畑の畝と畝の間に、他の作物を栽培すること。また、その作物。耕地の有効な利用や、生長した作物で若い苗の保護が図れる。intercrop ②輪作の一種。主となる作物を作っていない期間を利用して他の作物をつくること。また、その作物。あいさく。

**がん-さく【▼贋作】**(名・サ変他) 他人の作品をそっくりまねてにせものをつくること。その作品。counterfeit 比較贋造。

**かん-ざくら【寒桜】** バラ科の落葉高木。オオシマザクラとカンヒザクラとの雑種。花は淡紅色。花期が非常に早く、二月の寒のうちに咲くので、この名がある。

**かんさく-りん【間作林】** 高木の伐採後に植えた苗木の間で、農作物を栽培している林野。苗木が生長するまでつづけられる。木場作林。

**かん-ざけ【▼燗酒】** かんをした酒。あたためた酒。対義冷や酒。

**かん-さざん【▼菅茶山】**(一七四八〜一八二七) 江戸後期の漢詩人。名は晋帥。備後の人。宋詩を尊び、清新平明で風格ある詩で著名。詩文集『黄葉夕陽村舎詩』など。

**かん-ざし【▼簪】**《「かみさし」の転》①日本髪の髪飾りの一種。髷の両脇・前後にさす。②冠の付属品。冠が落ちないように、もとどりを貫いて支えるもの。③櫛。

**かん-ざし【貫▼緡・貫差(し)】** 銭を束ねるため中央の穴に通す紐(緡)。または緡に差された一貫文の銭。

**かんざし-うら【▼簪▽占】** かんざしを使った吉凶占い。かんざしを畳の上に投げて、かんざしの脚から畳のへりまでの目数を数え、偶数ならば凶、奇数ならば吉とする。

**カンザス【Kansas】** アメリカ中部の州。州都トピカ。グレートプレーンズからプレーリーにかけて広がる農業州で、州の九五%が農地。西部は畑作、東部は畜産がさかん。石油・天然ガスの産出により工業化も進展。人口二三六・四万(一九八〇)。

**カンザス-シティ【Kansas City】** アメリカ中北部、カンザス州北東部、ミズーリ川右岸、カンザス川との合流点にある商工業都市。食肉加工業がさかん。人口一六・一万(一九八〇)。

**かんさ-せいきゅう【監査請求】** ①地方自治法上の直接請求の一つ。地方公共団体の事務などについて住民が監査を求めること。事務の監査請求。②地方公共団体の財務会計上の不正について住民が監査を求めること。住民監査請求。

**かん-さつ【監察】**(名・サ変他) 行政や経営に規定の違反がないかを監督し、検査すること・人。inspect; inspector 用例人事を―する。

**かん-さつ【観察】**(名・サ変他) ①注意深く、くわしく見ること。observation 比較視察。用例時勢を―する。②人手を加えず、物事・現象を、ある目的に従って、客観的な立場でくわしく見きわめること。observation 比較観測。用例生態―。

**かん-さつ【鑑札】** ある営業・行為を認可したしるしに官庁が出すふだ。許可証。licence

**がん-さつ【▼贋札】** にせ札。forged bill

**かんさつい-せいど【監察医制度】** 伝染病・災害などで死亡した人、または死因の明らかでない死体を検査し、死因の究明などを行い、必要と認めた場合は行政解剖を行う制度。medical examination system

**かんさつ-しん【間擦▼疹】** 互いに接触する皮膚面がすれ合って赤くただれた状態。湿疹性とカンジダ性がある。乳幼児や太った人のまた・わきの下・首などにできやすい。intertrigo

**かんさつ-りょく【観察力】** 観察によって物事の本質を認識する能力。power of observation

**かん-さ・びる【神さびる】**(上一自) ↓かみさびる(神さびる)

**かんさ-ほうこくしょ【監査報告書】** 企業の業務や会計が適正に実施されているかどうかを報告した書類。監査役や公認会計士によってなされる。audit report

**かん-ざまし【▼燗冷まし】** かんをした酒の冷えたもの。

**かんさ-やく【監査役】** 株式会社と有限会社で、会計や業務が正しく行われているかどうかを監視する機関また、その役の人。株式会社には必ずおかなければならないが、有限会社については任意。auditor

**かん-ざらし【寒▼晒し】** ①寒中に晒すこと。そうした食べ物。②「寒晒し粉」の略。

**かんざらし-こ【寒▼晒し粉】** もち米を細かく砕き、水で晒してから乾燥した穀粉。寒中の冷水で晒すところからの呼び名。白玉粉。

**かん-さん【甘酸】** ①あまいとすい。②人生の苦楽。

**かん-さん【換算】**(名・サ変他) ある単位で表された数量を、他の単位による値に直すこと。conversion

**かん-さん【漢▼讃】**《仏教語》梵語の仏教讃歌を漢訳したもの。また、漢文でつくった仏教讃歌。対義梵讃・和讃。

**かん-さん【閑散】**(形動) ひっそりしているさま。静かでひまなさま。leisurely and quiet 対義繁劇。

**かんざん【寒山】** 中国、唐代の僧で、伝説的人物。詩作が巧みで「寒山詩」で知られる。脱俗の風があり、拾得と併称される。「寒山拾得図」として、水墨画の画題となる。↓写

●寒山 伝天章周文『寒山拾得図』。東京国立博物館。

**がん-ざん【元三】** =がんさん。①《年・月・日の三つの始め、の意》正月一日。②正月一日から三日までの間。

**かんざん-えげん【関山▼慧玄】**(一二七七〜一三六〇) 南北朝時代の僧。臨済宗妙心寺派の開祖。信濃の人。大徳寺の宗峰妙超(=大灯国師)に参禅して法をつぐ。花園の上皇の帰依をうけ、妙心寺の開山となった。無相大師。

**かんざん-し【寒山詩】** 中国、唐代の僧寒山の詩。寒山・拾得と豊干の詩を閭丘胤が編んだ『寒山詩集』に約三〇〇首収録。すべて五言古詩。

**かんざん-じ【寒山寺】** 中国、蘇州市郊外の楓橋鎮にある寺。張継の「楓橋夜泊」の詩で知られる。

**がんざん-だいし【元三大師】**(九一二〜九八五) 平安中期の天台宗の僧。慈恵大師。名は良源。天台座主として活躍、比叡山中興の祖とされる。正月三日に没したことによる称。

**かんざん-ちく【寒山竹】** イネ科のタケササ類の一種。中国原産で観賞用に栽培。短い根茎上に、高さ約五mの稈がはえる。葉は披針形で、長さ約三〇cm、幅約二cm。小枝が密で、竹ぼうきの材料となる。「寒山拾得」の絵のなかの拾得の持つほうきにちなむ名。

**かんさん-ひょう【換算表】** ある単位で表された数量が他の単位ではいくらになるかを示した表。conversion table

**かん-さんぼん【▼菅三▽品】** 菅原文時の異称。

**かん-し【干支】** 十干と十二支のこと。また、それらの組み合わせ。古代中国で発生し、年・月・日に配し、陰陽五行説による吉凶が付加された。えと。

**かん-し【冠詞】** 品詞の一つ。英語のa; an(不定冠詞)、the(定冠詞)のように、名詞の前にそえて、一種の限定を加える語。日本語にはない。article

**かん-し【看視】**(名・サ変他) 警戒して見守ること・役人。watch

**かん-し【幹枝】** ①木の幹と枝。②物事の構成主体。

**かん-し【漢詩】** ①中国漢代の詩。②一般に中国の詩。またそれをまねてつくった、中国風の詩。古詩・絶句・律詩など。からうた。

**かん-し【▼鉗子】** 診療・手術・外科的処置に用いられる器具。ものをはさむのに使用。はさみ状で刃はない。用途により多種ある。forceps

**かん-し【監視】**(名・サ変他) 気をつけて見張ること。watch

**かん-し【▼諫止】**(名・サ変他) いさめて思いとどまらせること。dissuasion

**かん-し【▼諫死】**(名・サ変自) いさめるために死ぬこと。死ぬ覚悟でいさめること。

**かん-し【環視】**(名・サ変他) みんなが見ていること。用例衆人―の中で。

**かんし【管子】** ①中国、春秋時代の法家の書。斉の宰相管仲の著とされるが不明。現存七六編。国権の強化、富国強兵による人民の生活の安定を説く。②管仲の敬称。

**かん-じ【感じ】** ①感じること。感覚。sense 用例手足の―がない。②物や事から受ける印象・感想。impression 用例明るい―。―が悪い。―がよい。③いかにもそのものらしい気分。sign 用例春の―。

**かん-じ【幹事】** ①団体の事務を扱う役・人。secretary 用例―長。②世話人。steward 用例忘年会の―。

**かんじ【寛治】** 平安末期の年号。応徳から改元。元年(一〇八七)四月七日〜八年(一〇九四)一二月一五日。次に、嘉保に改元。

**かん-じ【漢字】** 表意文字の一つ。中国で発明され、秦時代に現在の文字の大部分が整った。日本語の表記にも用いられる。字形の成り立ちには基本的な象形・指事と、その結合として会意や形声など六書がある。筆写の書体には隷書・楷書・行書・草書など。活字の書体には明朝・宋朝などがある。真名。本字。対義和字・仮名。

**かん-じ【監事】** ①団体の庶務を受け持つ役。また、その人。manager ②法律で、法人の財産および理事の業務を監査する機関。また、その役の人。supervisor

**かん-じ【▼莞▼爾】**(形動トタル) にっこり笑うさま。用例―とほほえむ。

**ガンジー【Mohandas Karamchand Gandhi】**(一八六九〜一九四八) インドの政治家。独立運動の指導者。イギリスに留学。弁護士の資格を取得して帰国。南アフリカでインド人の差別虐待に抗議し、不殺生を基調とする非暴力主義運動を展開。一九一四年帰国後は独立運動に従事。不可触民救済の提唱、イスラムとヒンズー両派の対立緩和にも努力。独立後狂信的ヒンズー教徒に暗殺された。独立の父、マハトマ(=大きな魂)と称される。↓写

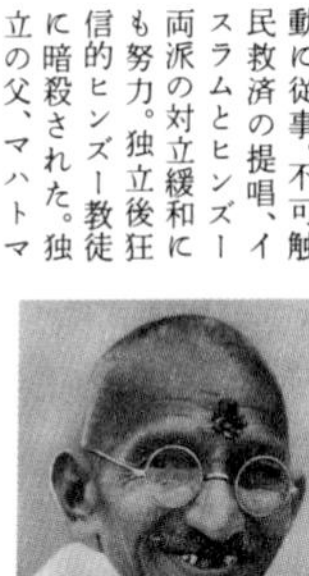

●M=K=ガンジー

**ガンジー【Shrimati Indira Priyadarshini Gandhi】**(一九一七〜一九八四) インドの政治家。ネルーの娘。イギリスに留学後、民族独立運動に参加。一九六六年首相。七七年失脚。八〇年再び首相。シク教徒により暗殺された。↓写

●S=I=ガンジー

**かんじ-い・る【感じ入る】**(五自) 深く、強く感心する。be moved

**かんじ-おん【漢字音】** ①漢字に結びついている中国語の音韻。②日本語の中に入った漢字の日本流の発音。呉音・漢音・唐音(唐宋音)・慣用音など。

**かんしがいでん【▼韓詩外伝】** 中国、前漢の詩書。韓嬰の著。一〇巻。先秦時代の故事、古語を『詩経』の句で解説したもの。

**がんしかくん【顔氏家訓】** 中国の教訓書。六朝末の儒者顔之推の著書。家族生活を中心とした実際的訓戒を内容とし、六朝史研究の好資料。

**かんじかなまじり-ぶん【漢字仮名交じり文】** 表記の点からみた日本における文章の一種類。漢字・平仮名・片仮名が交じっている文章。現代文はふつうこれで書かれる。古文では、片仮名交じりのものは漢文書き下し文や公文書に、平仮名交じりのものは和歌・物語・謡曲・俳文・草子などに多い。比較仮名文。対義漢文。

**がんじ-がらめ【▼雁字▼搦め】** ひもなどを交差させて、きつくまきつけること。がんじがらみ。be bound firmly hand and foot 参考精神的な束縛に関してもいう。

**かん-しき【乾式】** 溶液・溶剤などの液体を使わない方式。dry process 対義湿式。

**かん-しき【鑑識】**(名・サ変他) ①物のよしあし・真偽などを見分けること。めきき。鑑定。judge; discern 用例―眼。②犯罪に関係のある物を科学的知識や技術、組織的な資料を駆使して異同を識別し、犯人と犯罪事実との関係を立証すること。criminal identification

▼常用漢字表外。　▽常用漢字表の音訓外。

**かんじき【▼樏・▼橇】** 泥土・氷・雪上などの歩行に用いる特殊な履物の総称。足の埋没や滑りを防ぐため履物の下に着ける。足裏より広い枠状や輪状のもの、また鉄の爪状のものが付いている。かじき。↓写

●樏

**がん-しき【含識】** 《仏教語》こころを有するものすべて。がんじき。衆生。有情。

**がん-しき【眼識】** 物のよしあしを見分ける能力。discernment

**かんしき-かごうぶつ【環式化合物】** 分子内に環状の構造をもつ化合物。環の構成元素が二種類以上のものは、複素環式化合物という。環状化合物。cyclic compound

**かんしき-こうほう【乾式工法】** 建物の組み立て現場で、水を用いない建築工法。工期の短縮が可能となる。プレハブ建築・鉄骨組み立て建築など。dry construction 対義 湿式工法。

**かんしき-せいれん【乾式製錬】** 金属の製錬法の一つ。鉱石を高温で溶かして炭素・水素などで還元して金属を得る方法。鉄・銅・鉛などに広く適用される。fire refining

**かんしき-たんかすいそ【環式炭化水素】** 炭化水素を構成する炭素原子が結合して環をつくっている化合物。環をつくる炭素の数により、五員環・六員環などがある。cyclic hydrocarbon

**かん-じく【巻軸】** ①巻き物。②巻き物の軸に近い部分。書物の終わりの部分。③巻き物・書物の中のすぐれた詩歌。

**がん-しこ【顔師古】**（五八一〜六四五）中国、初唐の学者。名は籀。顔之推の孫。臨沂の人。太宗の勅命で『五経正義』の編纂に参加、太子承乾のために『漢書』の注を著した。

**かんじこう【冠辞考】** 賀茂真淵著の語学書。一〇巻。宝暦七年（一七五七）成立。『古事記』『日本書紀』『万葉集』の枕ことばを解説した書。

**かん-じざい【観自在】** 《仏教語》迷いから解放された境界にあって、もろもろの存在を自由自在に正しく見きわめること。

**かんじさんおんこう【漢字三音考】** 江戸時代の日本漢字音研究書。天明五年（一七八五）刊。本居宣長著。呉音・漢音・唐音の伝来について論じ、五十音の優位を述べる。

**かんし-じゅつ【幹枝術】** 《幹枝は干支の意》生年月日の干支によって、人の運命・吉凶・禍福を占うもの。

**がん-しすい【顔▼之推】**（五三一〜？）中国、北周の文人。字は介。顔師古の祖父。臨沂の人。南朝の梁、北朝の北斉・北周、隋に出仕。家学の経学に明るく、散文も能くした。『顔氏家訓』が現存、家訓の祖といわれる。

**ガンジス-がわ【ガンジス川】**（Ganges）インド北部を南東に流れ、バングラデシュでベンガル湾に注ぐ大河。本流は長さ二五〇〇km。流域は世界でもっとも人口密度の高い地域の一つ。ヒンズー教徒が「聖なる川」として崇拝、河岸に多くのみそぎ場がある。

**かんじ-せいげん【漢字制限】** 日本語を書き表すための漢字の字数を一定の範囲にへらすこと。制限論を唱えたのは明治六年（一八七三）の福沢諭吉の『文字之教』が最初。実施されたのは、昭和二一年（一九四六）内閣告示の当用漢字表などであり、その改定が同五六年（一九八一）内閣告示の常用漢字表である。

**カンジダ-しょう【カンジダ症】** 真菌の一種、とくにカンジダ-アルビカンスの寄生による病気の総称。膀胱炎・膣炎・敗血症・心内膜炎など。モニリア症。candidiasis

**かん-しつ【乾湿】** 乾燥と湿気。

**がん-しつ【眼疾】** 目の病気。眼病。eye disease

**がん-じつ【元日】** 一年の初めの日。一月一日。New Year's Day

**元日に掃除をすると福の神が出て行く**（がんじつにそうじをするとふくのかみがでていく） 元日に掃除をするものではない、という俗信。

**かんしつきゅう-しつどけい【乾湿球湿度計】** 乾球と、水でしめらした湿球の、二本の温度計をそなえた湿度計。乾球と湿球の温度の差から、湿度を求める。乾湿計。wet and dry bulb thermometer ↓写

**かんしつ-けい【乾湿計】** 「乾湿球湿度計」の略。

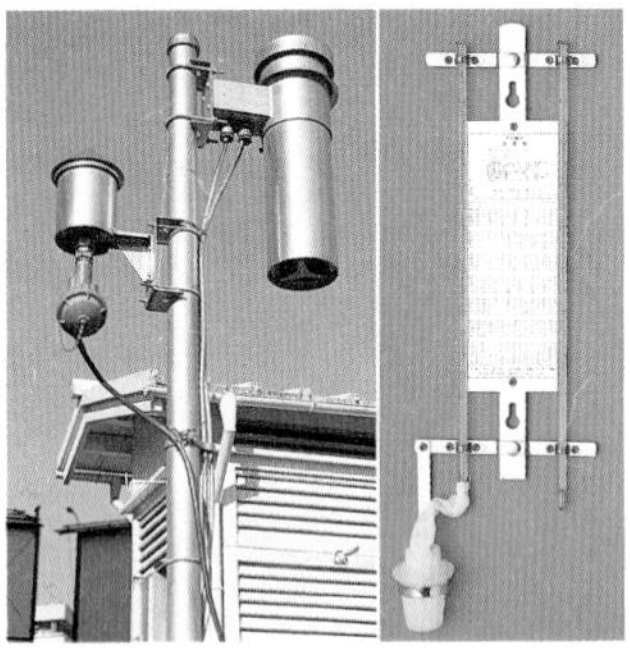

●乾湿球湿度計　オーガスト乾湿計（右）、隔測温湿度計センサー（左）。

**かん-じつげつ【閑日月】** ①ひまな月日。leisure ②気分にゆとりのあること。be relaxed 用例 英雄——あり。

**かんしつ-ぞう【乾漆像】** 麻布と漆を用いた特殊な技法による像。中国から伝わり、天平期に盛行。比較 木像・銅像。↓写

●乾漆像　『不空羂索観音像』（部分）。天平勝宝元年（七四九）以前、東大寺三月堂（奈良県）。

**がんじつ-そう【元日草】** フクジュソウの別名。

**かんじ-テレタイプ【漢字テレタイプ】** タイプライターのようにキーをたたいて、漢字仮名交じりの文を送受信することのできる電信用端末装置。

**かんじ-と・る【感じ取る】**（五他） 心に感じてわかる。感じとして受け取る。feel 用例 気持ちを——。

**かんし-ぶんべん【▼鉗子分▼娩】** 産科用の鉗子で胎児の頭部をはさんで外方に引き出し、人工的に分娩させる産科手術の一つ。長時間に及ぶ出産などで、母体または胎児の生命に危険のある場合に行う。forceps delivery

**かんし-もう【監視網】** 連絡をとり合って、方々で見はること・組織。surveillance network 用例 ——をくぐりぬける。

**かん-しゃ【甘▼蔗】** サトウキビの別名。

**かん-しゃ【官社】** ①律令制下、神祇官の神名帳に記載され、官の幣帛をささげられた神社。式内社。②明治以降、官幣社と国幣社の総称。

**かん-しゃ【官舎】** 国家・自治団体が建てた、官公吏のための住宅。official residence

**かん-しゃ【感謝】**（名・サ変自他） ありがたいと思うこと。また、その気持ちを表すこと。appreciation 用例 お見送りを——します。——の念にたえない。

**かん-しゃ【館舎】** 建物。やかた。

**館舎を捐つ**（かんしゃをすつ） 貴人の死去をいう。捐館。館を捐つ。

**かん-じゃ【冠者】** ＝かじゃ・かざ。①元服をすませ冠をつけた若い男性。②位は六位であるが無冠の人。③若い男の従者。

**かん-じゃ【患者】** 《医師からいう語》病人。patient

**かん-じゃ【間者】** 間諜。スパイ。spy

**かんじゃかんし-そうち【患者監視装置】** 患者の体温・心拍数・血圧・心電図などの状態を、計測器を通して常時監視するための装置。オートナース。multiple monitor system for patients

**かん-しゃく【官爵】** 官職と爵位。

**かん-しゃく【▼癇▼癪】** ①おこりっぽい性質。be hot-tempered 用例 ——持ち。②腹を立てること。lose one's temper 用例 ——を起こす。

**かん-じゃく【閑寂】**（名・形動） ものしずかなこと・さま。閑静。tranquility

**かんしゃく-だま【▼癇▼癪玉】** ①癇癪。fit of rage ②子どものおもちゃ。火薬を紙に包んだ小さな玉で、地面になげつけると爆発して音を出す。firecracker

**かんしゃ-さい【感謝祭】** アメリカやカナダの祭日で、神の恵みに感謝する日。アメリカでは一一月の第四木曜日、カナダでは一〇月の第二月曜日。清教徒が移住後初めての収穫を祝ったことにちなむ。Thanksgiving Day

**かんじ-やす・い【感じ▽易い】**（形） ちょっとしたことにも敏感に感じる。sensitive 用例 ——年ごろ。

**かんじゃ-ちょうさ【患者調査】** 病院・診療所など、医療機関を利用する患者の傷病名・治療期間・治療費支払方法・退院理由などを、つかむために厚生省が行う調査。patient survey

**かん-しゅ【巻首】** 巻き物や本の始めの部分。巻頭。対義 巻尾。

**かん-しゅ【看守】** 刑務所の監視・警備その他の監獄事務を行う法務事務官。prison officer

**かん-しゅ【看取】**（名・サ変他） 事情や状況を読みとること。見知ること。

**かん-しゅ【館主】** 旅館・映画館などの経営者。manager

**かん-しゅ【艦首】** 軍艦の前の部分。軍艦のへさき。

**かん-じゅ【干珠】** 海に投げ入れると、潮を引かせる呪力があるという伝説上の珠。対義 満珠。

**かん-じゅ【甘受】**（名・サ変他） 甘んじて受けること。submission 用例 非難を——する。

**かん-じゅ【官需】** 政府が買い入れること。その物資。official demand 対義 民需。

**かん-じゅ【感受】**（名・サ変他） ①感覚によって外界の刺激を受け入れること。sense ②物事について深く感じること。sensitive

**がん-しゅ【▼頷首】**（名・サ変自） うなずくこと。願い・要求を聞き入れること。

**がん-しゅ【▼癌▼腫】** ↓がん（癌）①

**がん-しゅ【願主】** 神仏に願を掛ける人。ねがいぬし。prayer

**がん-しゅ【願酒】** 禁酒を条件に、神仏に願いごとをすること。酒断ち。

**かん-しゅう【慣習】** ①以前からしつづけられてきて、きまりのようになっているやり方。ならわし。custom ②長い間ある社会で発達し、その社会の成員に広く承認されている伝承的な行動様式。common practice 比較 風習。用例 ——に従う。

**かん-しゅう【監修】**（名・サ変他） 本や辞典などの編集を監督すること。supervise 比較 校閲。

**かん-しゅう【観衆】** 大勢の見物人。観客。audience 比較 聴衆。

**がん-しゅう【含▼羞】** はじらい。はにかみ。

**かんじゅう-しき【間充織】** 多細胞動物の発生の初期に外胚葉と内胚葉の間を埋めるように形成される組織。血管・リンパ管などの形成に関与する。間葉。間充組織。mesenchyme

**かんじゅう-そしき【間充組織】** ↓かんじゅうしき（間充織）

**かんしゅう-てき【慣習的】**（形動） 社会的なものとして、以前からしつづけられてきたさま。customary

**かんしゅう-ほう【慣習法】** 立法機関が制定したものでなく、社会生活上の慣習に基づいて成立する法。customary law 比較 不文法。

**かんしゅく【甘粛】**〈省〉 中国北西部、黄河上流域の省。省都は蘭州。石油・石炭・鉄鉱石など地下資源が豊富。人口一九八八万（一九八四）。カンスー。

**かん-じゅく【完熟】**（名・サ変自） 果実や種子が十分に熟すること。

**かん-じゅく【慣熟】**（名・サ変自） 物事になれて、じょうずになること。become skillful

**かんじゅ-せい【感受性】** ①外界の刺激を、印象として心に感じとる能力。外界から心に感動をよびさます能力。感受力。sensitivity ②生理的に、環境や身体に対する刺激に感覚や反応を起こすことができる性質。sensitivity 用例 ——のするどい詩人。

**かんじゅせい-くんれん【感受性訓練】** ↓エスティーほう（ST法）

**かん-しょ【甘▼蔗】** 《「かんしゃ」の慣用読み》↓さとうきび（砂糖黍）

**かん-しょ【甘▼諸・甘▼薯】** ↓さつまいも（薩摩芋）

**かん-しょ【寒暑】** 寒いことと暑いこと。temperature

**かん-しょ【漢書】** 《「かんじょ」は別語》↓かんせき（漢籍）

**かん-しょ【関▼雎】** 《『詩経』国風の中の詩句から》夫婦仲がよいとされる、水鳥のミサ



↓ 行き先項目、図版・写真参照印。　JIS 日本工業規格情報交換用漢字符号コード（区点コード）。

ゴの、その鳴く声がやわらいでいるさま。
**関雎の楽しみ**(かんしょのたのしみ) 夫婦が和合し、礼にかなった円満な家庭生活を営む楽しさ。
**かん-じょ【官女】** 宮中や将軍家に仕えた女性。女官。かんにょ。
**かん-じょ【寛▼恕】**(名・サ変他) ①心が大きく思いやりがあること。②とがめずに許すこと。
**かんじょ【漢書】** 中国、二十四史の一。前漢の歴史を『史記』にならって紀伝体で記述。班固撰。その死後妹の班昭が補撰。帝紀・表・志・列伝一〇〇巻よりなり、以後の正史の定型とされる。
**かん-じょ【緩徐】**(名・形動) ゆるやかでしずかなこと・さま。
**かん-じょ【▼灌所】** ①手を洗うところ。手洗い。②便所。かわや。閑所。
**がん-しょ【▼雁書】** 手紙。雁の便り。
**がん-しょ【願書】** ①神仏への願文。②許可申請のため必要なことを書いた書類。application form 用例 入学—。数え方 一通。
**かん-しょう【干渉】**(名・サ変自) ①権限がないのに立ち入って口出しすること。interfere ②二つ以上の波動が同時に同一点で合うとき、それらの波動が重なって互いに強めあったり弱めあったりする現象。interference ③同種または異種のウイルスが、一つの細胞に感染したとき、一方または両方の増殖が妨げられる現象。viral interference
**かん-しょう【▼奸商・▼姦商】** 不正で悪徳な商人。dishonest merchant
**かん-しょう【完勝】**(名・サ変自) 試合などで、完全に勝つこと。complete victory 対義 完敗。
**かん-しょう【冠省】**《季節のあいさつなどを省く意。「前略」より丁寧》手紙の書き出しに置く語。
**かん-しょう【勧奨】**(名・サ変他) ①すすめはげますこと。encouragement ②ほめて、ひきたてること。promotion
**かんしょう【寛正】** 室町中期の年号。長禄から改元。元年(一四六〇)一二月二一日〜七年(一四六六)二月二八日。次に、文正に改元。
**かん-しょう【感傷】** 感じやすいこと。ものに感じて心をいためること。センチメント。sentiment; sentimentalism
**かん-しょう【感賞】**(名・サ変他) ①感心してほめること。②功績をたたえて与える褒美。
**かん-しょう【管掌】**(名・サ変他) その人・部署の仕事として取り扱うこと。管轄。management
**かん-しょう【緩衝】**(名・サ変他) 対立するものの間にあって、不和・衝突をやわらげること。buffering 用例 —地帯。

**かん-しょう【環礁】** 珊瑚礁の一種。環状に発達し、内部に浅い礁湖がある。主として太平洋およびインド洋に分布する。atoll
**かん-しょう【▼癇性・▼疳性】** ①おこりっぽい性質。irritable ②病的にきれい好きな性質。fastidiousness
**かん-しょう【観象】** ①気象を観測すること。②人相・家相などを見ること。
**かん-しょう【観照】**(名・サ変他) ①見て明らかに知ること。現実を冷静に見つめる心境。観想。contemplate; meditate ②事物に対して先入観をまじえることなく、あるがままの姿を冷静にながめ、その真の意味を認識すること。contemplate 用例 人生を—する。③芸術作品および自然などの美的対象における美を享受する心の受容態度。enjoy; admire
**かん-しょう【観賞】**(名・サ変他) 美しいもの、かわいいものなどを見て楽しむこと。enjoy 用例 草花を—する。
**かん-しょう【鑑賞】**(名・サ変他) 物の真価を深く味わい、明らかにすること。芸術作品を理解し味わうこと。appreciate 対義 批評。用例 詩歌を—する。
**かん-しょう【簡▼捷】**(形動) 手軽で、すばやいさま。prompt
**かん-じょう【干城】**《「干」は、盾の意》国を守る武士。戦士。用例 国家の—。
**かん-じょう【冠状】** かんむりのような形。かんむり状。

## かん-じょう【勘定】

㊀(名・サ変他) ①計算すること。calculation ②考えに入れること。take into consideration 用例 —に入れる。③代金を支払うこと。代金。payment 用例 お—をする。④利益・損得などを予測して計算すること。calculate ㊁(名) 複式簿記における分類記録の計算単位。資産・負債・資本・収益・費用について、借方と貸方に対照させて表示する。a/c account
**勘定合って銭足らず**(かんじょうあってぜにたらず) 計算は合っているが、お金は足りない。理論と実際が食い違うたとえ。
**勘定に入れる**(かんじょうにいれる) 前もって予定する。あてにする。計算に入れる。take into account
**勘定をする**(かんじょうをする) ①数を数える。計算する。count ②代金を支払う。pay
**かん-じょう【勧▽請】**(名・サ変他) ①神仏の分霊を移して祭ること。②神仏の来臨やお告げを願うこと。
**かん-じょう【感状】** てがらを褒めて主君や上官が与える書きもの。

## かん-じょう【感情】

物事に触れて生じる心の状態。喜怒哀楽・快不快など。feeling; affection 対義 理性。

**感情に走る**(かんじょうにはしる) 感情にかられて物事にあたる。
**感情を害する**(かんじょうをがいする) 心を傷つける。不愉快な気持ちにする。hurt one's feeling
**かん-じょう【管状】** くだのような形。くだ状。tubular
**かん-じょう【環状】** 輪のような形。loop; ring 用例 —線。
**かん-じょう【▼灌頂】**《仏教語》①古来インドで、国王の即位のときに水を頭頂に注いだ儀式。②密教で、仏位の継承を示す作法。結縁灌頂・伝法灌頂・学法灌頂などがある。
**がん-しょう【元正】** 一月一日。元日。
**がん-しょう【岩床】** 岩脈のように直立ではなく、地層面に平行か傾斜した板状の貫入岩体をいう。sheet
**がん-しょう【岩▼漿】** マグマの旧称。
**がん-しょう【岩礁】** 海中に隠れている岩。暗礁。reef
**がん-じょう【頑丈】**(名・形動) からだや機械などのつくりが、とくにしっかりとして強いこと・さま。stout; solid; firm
**かんじょう-いにゅう【感情移入】**《Einfühlung(ドイツ)の訳》ドイツの哲学者リップスの美学の根本原理。外的対象によって共感され、自分自身の情緒や感動を体験する心的過程。empathy
**かんじょう-エーエムピー【環状AMP】** →サイクリックエーエムピー(サイクリックAMP)
**かんしょう-えき【緩衝液】** 弱酸とその強塩基との塩、または弱塩基とその強酸との塩からなる溶液。酸や塩基を加えたときpHの変化が小さい。生体内でもpHを制御する役割を担っている。buffer solution
**かんじょう-か【感情家】** 感情に動かされやすい人。emotional person
**かんじょう-か【管状花】** 花冠が管状になった花。キクやヒマワリの花序の中心部分。アザミは花序全体が管状花からなる。筒状花。tubulous flower
**かんじょう-かた【勘定方】** 江戸幕府・諸藩の各役所内で会計関係を担当した役。勝手方。
**かんじょう-かもく【勘定科目】** 簿記で元帳に記録するさい、便宜的に分類した計算単位の名称。現金・借入金・資本金・売上・仕入など。account title
**かんしょう-き【緩衝器】** ゴム・ばね・圧縮空気・油などの弾性力を利用して機械的な衝撃をやわらげる装置。鉄道車両・自動車・航空機などの機構の一部として利用。ショックアブソーバー。buffer; shock absorber
**かんしょう-ぎょ【観賞魚】** 姿・色などを見て楽しむために飼育する魚類。錦鯉・金魚・熱帯魚など。

**かんじょうきょういく【感情教育】**《原題L'Éducation sentimentale(フランス)》フロベールの小説。一八六九年刊。一青年を中心に、二月革命前後のフランス社会を描く。
**かんじょう-きん【環状筋】** 環形動物の体壁、脊椎動物の腸管などにある筋肉。内腔を環状に取り囲み、縦走筋とで蠕動運動を行う。circular muscle
**かんしょう-けい【干渉計】** 光の干渉を測定する装置。一つの光源から出た光を二つまたはそれ以上に分け、それぞれ別の経路を通過させて、再び集めたときに生じる干渉縞を観測し、波長・屈折率・スペクトルなどを求める。interferometer
**かんじょうげんけいき【官場現形記】** 中国、清末の風刺小説。李宝嘉の作。一九〇三〜〇五年、新聞に連載。官吏の腐敗ぶりを描き、社会の裏面を暴露した。
**かんじょう-こうぞう【環状構造】** 物質を構成する原子が環状に結合している構造。黒鉛・ベンゼン・シクロヘキサンなど。cyclic structure
**かんしょう-こく【緩衝国】** 複数の強国間に位置し、強国どうしの衝突を緩和する機能をはたす国。buffer state
**かんしょう-しつ【完晶質】** 岩石全体が、ガラス質を含むことなく、完全に結晶化している状態。火成岩のなかの、半深成岩・深成岩にみられる。holocrystalline
**かんじょう-しっきん【感情失禁】** ささいなことにも自制できず、過度に泣いたり笑ったりする症状。脳動脈硬化症・老人性痴呆などでよくみられる。emotional incontinence
**かんしょう-じま【干渉▼縞】** 光の干渉によってできる明暗の縞模様。interference fringe →写

●干渉縞 電灯光による反射光の干渉縞。

**かんしょう-しゅぎ【感傷主義】** ①感傷に傾きやすいこと。sentimentalism ②文芸で、理性よりも感情に傾き、詠嘆の調子の高い表現の傾向。センチメンタリズム。sentimentalism

**かんしょう-じゅつ【観掌術】** 手のひらの形・色・筋を見て、その人の性格や運勢を占うもの。手相術。
**かんじょう-しょ【勘定所】** 江戸幕府の役所。租税徴収、幕府財政の運営、直轄領の訴訟などを管掌。
**かんじょう-しょ【勘定書】** お客への代金の請求書。かんじょうがき。bill
**かんしょう-しょく【干渉色】** 薄膜などに白色光を当てると現れてくる色。波長によって干渉条件が異なるため、反射光や透過光のスペクトルが白色の分布から変化する。interference color
**かんしょう-しょくぶつ【観賞植物】** 花や葉、実などを見て楽しむ植物。ornamentals
**かんじょう-じょひ【環状除皮】** 幹や枝の樹皮を環状にはぎとること。花芽の形成を助け、落果を防ぎ、果実の肥大を促進する。girdling
**かんじょう-しんけいけい【管状神経系】** 脊椎動物にみられる中枢神経系。神経管から分化したもので、前方が脳、後方が脊髄となった。tubular nervous system
**がんしょう-すい【岩▼漿水】** →マグマすい(マグマ水)
**かんじょう-ずく【勘定▽尽く】**(名・形動) なにごとも損得を考えて行動すること・さま。打算的。
**かんじょう-せいうん【環状星雲】** 中心に高温天体があってその光で輝くガス状星雲。こと座のβ星とγ星の間にあるものが代表例。惑星状星雲。リング星雲。ring nebula →星雲写
**かんじょう-たい【▼桿状体】** 視細胞の一種。棒状で視紅(=ロドプシン)をもち、微量の光に反応する細胞。夜行性動物の網膜にはこの細胞が多い。桿体。棒細胞。rod
**かんじょう-だか・い【勘定高い】**(形) 損得の計算が細かい。けちだ。calculating
**かんしょう-ちたい【緩衝地帯】** 対立する二国の直接対決の危険性を緩和するために設けられる中立地域や非武装地帯。buffer zone
**かんじょう-ちょう【勘定帳】** ①江戸時代に幕府の郡代・代官が金銭・米穀の出納を記録した帳簿。②江戸時代の商人が一定期間の損益を計算した帳簿。
**かんしょう-てき【感傷的】**(形動) ①ものに感じて、心をいためやすいさま。sentimental ②感じやすく、涙もろいさま。センチメンタル。sentimental
**かんしょう-てき【観照的】**(形動) ①主観をまじえないで冷静に対象を見つめ、その美を味わうさま。contemplative ②静かに見ている態度。contemplative

**かんじょう-てき【感情的】**(形動) 感情をすぐ言動に表して興奮するさま。感情にとらわれるさま。emotional

**かんじょう-てんい【感情転移】** 精神療法で、治療が進むうち、患者が幼児期の親に対する愛情・憎悪などの感情を、治療者へ向けること。転移。transference

**かんじょう-どうとくせつ【感情道徳説】**(Gefühlsmoral[ドイツ]) 行為の道徳的評価の規準を感情に基づかせる学説。シャフツベリーらイギリス啓蒙期の哲学者が主張。

**かんじょう-どうみゃく【冠状動脈】** 心臓壁に冠状に分布し、心臓に栄養を送る動脈。左右二本からなる。coronary artery ↓心臓図

**かんしょう-ひひょう【鑑賞批評】** 鑑賞を中心とする芸術作品の批評。appreciative criticism

**かんじょう-ぶぎょう【勘定奉行】** 江戸幕府の職名。三奉行の一つ。幕府財政の運営のほか、天領の郡代・代官の監督、農民の訴訟などを管掌。

**かんしょうふ-しょう【官省符▽荘】** 平安時代、太政官符と民部省符をうけて正式に不輸租の特権を得た荘園。

**かんじょう-ろん【感情論】** 感情に偏った意見・議論。sentimental argument

**かん-しょく【官職】** ①官と職。government post ②国家公務員法などによって定められた職務、および職務上の地位・人。government service

**かん-しょく【寒色】** 寒い感じを与える色。水色・青・藍など。cold color 対義 暖色。

**かん-しょく【寒食】** 冬至から一〇五日目に、火で煮炊きをせず、冷食した中国の風習。また、その日。風雨が多い時期で火災予防の習俗化と考えられる。

**かん-しょく【間色】** 三原色と白黒以外の色。原色を混ぜ合わせてできる色。中間色。compound color

**かん-しょく【間食】**(名・サ変自) 三度の食事のあいだに食べること・もの。あいだぐい。eating between meals; snack

**かん-しょく【閑職】** ひまな職務。重要でない職。sinecure 対義 重職・激職。用例 ―に回される。

**かん-しょく【感触】** ①刺激に触れて感じること。手ざわり。はだざわり。触感。touch ②《比喩的に》心に感じること。prospects 用例 交渉の成立しそうな―を得る。

**がん-しょく【顔色】** 顔いろ。顔つき。complexion

**顔色無し**(がんしょくなし) 《顔に血の気がない、の意から》①強く、恐れたり、恥じたり、驚いたりして、顔が青くなる。②相手に圧倒されて、手も足も出ない。

**顔色を窺う**(がんしょくをうかがう) 顔つきをひそかにさぐって、相手のほんとうの気持ちを知ろうとする。相手の態度に対応して事を行うことにいう。

**かんしょく-せい【感色性】** 写真の感光材料が色に感ずる性質。color-sensitivity

**かんしょくひ-しょう【▼柑色皮症】** ↓かんぴしょう(柑皮症)

**かんしょ-せんせい【甘▼諸先生】** 青木昆陽を親しんでいう語。

**かんじょ-ちりし【漢書地理志】** 中国、前漢の歴史書『漢書』(前漢書)の巻二八の下。日本に関する中国正史中最古の記述がある。

**かん・じる【感じる】**(上一自他) =感ず・感ずる。①感覚が生じる。知覚する。feel 用例 痛みを―。②物事に触れて、心が働く。think 用例 必要を―。③感動する。心にしみる。be moved 用例 その悲壮さに―・じた。④あることをもとにして、反応する。用例 ―ところがあって。

**かん・じる【観じる】**(上一他) ↓かんずる(観ずる)

**かんし-るい【管歯類】** ↓つちぶた(土豚)

**かん-しん【甘心】**(名・サ変自) ①満足し、納得すること。②思う存分すること。

**かん-しん【▼奸臣・▼姦臣】** 主家に悪だくみをする家臣。悪臣。

**かん-しん【寒心】**(名・サ変自) ぞっとすること。恐ろしいと思うこと。用例 ―にたえない。

**かん-しん【感心】** ㊀(名・サ変自) ①すぐれたもの、みごとなものに、深く感じること。admiration 比較 感服。用例 彼の態度に―した。②《皮肉の気持ちで》あきれること。be amazed 用例 物覚えの悪さには―する。㊁(形動) 偉い。褒めるべきだ。admirable 用例 ―な生徒だ。

**かん-しん【関心】** 心にかけること。ひかれる気持ち。interest 比較 興味。用例 ―を持つ。異性への―。

**かん-しん【管▼鍼】** 鍼療治で、金属製の管の中に入れて用いる鍼。くだばり。

**かん-しん【歓心】** うれしいと思う気持ち。favor 用例 ―を得ようとする。

**歓心を買う**(かんしんをかう) 人の機嫌をとる。気に入られるようにする。try to win one's favor

**かん-しん【▼諫臣】** 主君のまちがいをいさめる家臣。

**かん-しん【▼韓信】**(?～BC一九六) 中国、漢初の武将。劉邦の部将として華北を平定、天下統一に貢献。王に封じられたが、謀反の疑いをうけ誅殺。「韓信の股潜り」の逸話で知られる。

**韓信の股潜り**(かんしんのまたくぐり) 《漢の韓信が、若いころ、他人の股をくぐらせられるという恥辱によく耐えて、のちに大成したことから》大志のある者は、当面の恥辱などには耐えなければいけないということ。

**かん-じん【肝心・肝▼腎】**(名・形動) 《肝臓と心臓、または肝臓と腎臓はともに人に大切なものと考えられたことから》とくに大切なこと・さま。肝要。essentialness

**かん-じん【閑人】** ひまの多い人。ひまじん。leisured man

**かん-じん【勧進】**(名・サ変他) ①仏道を広めて人々を善に向かわせること。勧化。②寺院の建築・修理費の寄付を集めること。

**かん-じん【寛仁】**(名・形動) 心が広くて思いやりがあること・さま。

**かん-じん【漢人】** 漢民族の人。中国の人。

**かん-じん【観心】** 《仏教語》実践・修行の法として、自己の心を観ずること。

**がんじん【▽鑑真】**(六八八～七六三) 中国、唐代の僧。日本律宗の祖。揚州の人。日本からの要請をうけ、海難、失明の辛酸をなめながら天平勝宝五年(七五三)六回目の航海でようやく来日。東大寺に戒壇を設け、日本初の授戒の師となった。唐招提寺の開基。過海大師。唐大和尚。↓写

● 鑑真 『鑑真和上座像』。唐招提寺(奈良県)。

**かんじん-かなめ【肝心▽要】**(名・形動) 《「肝心」を強めた語》とくに大切なこと・さま。main point

**がんしん-けい【眼振計】** 眼球の律動的な運動を客観的に記録する装置。現在は、電気眼振計が用いられ、めまいや平衡障害を観察する。nystagmograph

**がん-しんけい【顔真▼卿】**(七〇九～七八五ごろ) 中国、唐の政治家・書家。字は清臣。琅邪臨沂の人。安史の乱で義軍を起こし、その後殺された。書家としては、形式的な調和美を排し、肉太な線の重厚な書風で新生面を開いた。作品『麻姑仙壇記』など。

**かんしん-じ【関心事】** 心にかかって、離れない物事。matter of concern

**かんしん-じ【観心寺】** 大阪府河内長野市にある高野山真言宗の寺。役行者が創建した雲心寺を空海が改称。天長二年(八二五)弟子の実恵が再興。

**かんじん-ずもう【勧進相撲】** ①江戸時代、社寺の建設や修理のための資金調達を名目に催された相撲興行。②入場料を取る相撲興行。

**かんしん-せい【完新世】** ↓ちゅうせきせい(沖積世)

**かんじん-たいど【寛仁大度】**(名・形動) 《「寛仁」を強めた語》度量が大きく、なさけ深いこと・さま。

**かんじん-ちょう【勧進帳】** ㊀勧進の趣旨をしるし、寄進者の名を書き入れる帳面。㊁歌舞伎十八番の一つ。能の『安宅』から移す。奥州へ落ちる義経主従が、安宅の関を通過する情景を描く。天保一一年(一八四〇)七世市川団十郎(弁慶)初演。↓写

**かんじん-のう【勧進能】** 勧進のために催す能楽。

**かんじん-ひじり【勧進▽聖】** 社寺や仏像などの建立のため、諸国を巡り歩いて寄付を募った僧。

**かんじんほんぞんしょう【観心本尊抄】** 日蓮の著。日蓮宗の根本聖典。文永一〇年(一二七三)の作。唱題によってそのまま成仏できることを説く。正称は『如来滅後五五百歳始観心本尊抄』。本尊抄。観心抄。

**かんじん-もと【勧進元】** ①勧進相撲などの主催者。②発起人。世話人。

**かんじん-より【かんじん▼縒り】** 《「かんぜより」の転》↓かんぜより(観世縒り)

**かん-す【貫▽首・貫主・管主】** 仏教各宗の総本山や諸大寺の長の称。管長。貫長。かんじゅ。

**かん-す【▼鑵子】** ①釜形の湯わかし。②茶の湯で使う釜。

**かん-す【監▽寺】** 禅宗で、寺を監督・統率する役。

**かん・ず【感ず】** 文語的(サ変自) ↓かんじる(感じる)

**ガンス【Abel Gance】**(一八八九～一九八一) フランスの映画監督。フラッシュバックの技法を創始した。作品『戦争と平和』『鉄路の白薔薇』『ナポレオン』など。

**かん-すい【完遂】**(名・サ変他) 《「かんつい」は誤り》物事をすっかりしとげること。accomplish

**かん-すい【冠水】**(名・サ変自) 洪水などによって、田畑・農作物などが水をかぶること。submergence 比較 浸水。

**かん-すい【▼梘水】** 中華そばをつくるときに用いるアルカリ性の水。小麦粉の粘りを増し、色と香りをつける。

**かん-すい【▼鹹水】** ①塩分を多量にふくんだ水。塩水。salt water 対義 淡水。用例 ―湖。②海水。sea water

**かん-すい【▼灌水】**(名・サ変自) 水をかけること。用例 鉢植えに―する。

● 勧進帳㊁ 武蔵坊弁慶を演じる一二世市川団十郎。

**かんすい【漢水】** 中国、揚子江最大の支流。陝西省西部から湖北省湖北平原を経て、武漢で揚子江に合流。長さ一二〇〇㎞。水運・発電・灌漑に利用。ハンシュイ。漢江。

**かんすい-ぎょ【▼鹹水魚】** 海水魚の別名。

**かんすい-こ【▼鹹水湖】** ↓えんこ(塩湖)

**がんすい-たんそ【含水炭素】** 炭水化物または糖の旧称。carbohydrate

**かん-すう【巻数】** ①巻き物の数。②書物の冊数。number of volumes ③映画で、ひとつながりのフィルムの数。number of reels

**かん-すう【関数・▼函数】** 二つの変数$x$と$y$において、$x$の値を定めるとそれに応じて$y$の値が定まるときに、$y$を$x$の関数という。$y=f(x)$と書き、$x$を独立変数、$y$を従属変数という。function

**カンスー【甘粛】**〈省〉(Gānsù) ↓かんしゅく(甘粛)

**かんすう-かいせき【関数解析】** 数学の一分野。解析学を、位相数学などを用いて、総合的に研究する。位相解析。functional analysis

**かんすう-かんけい【関数関係】** 一つの物事と、その変化によって変化を受ける他の物事との間の関係。functional relation

**かんすう-くうかん【関数空間】** 関数を要素とする集合。ふつうの関数空間は実数を係数とする線形空間をつくることが条件となる。functional space

**かん-すうじ【漢数字】** 数を表す漢字。一・二・三・十・百・千・万など。比較 アラビア数字・ローマ数字。

**かんすう-ひょう【関数表】** 独立変数のいろいろな値に対応する関数の値を示した表。三角関数表・対数関数表など。functional table

**かんすう-ほうていしき【関数方程式】** 未知の関数を含む方程式。微分方程式・積分方程式・差分方程式など。functional equation

**かんすう-ろん【関数論】** 複素変数の関数について微分・積分を研究対象とする数学の一分野。theory of functions

**かん-すげ【寒▼菅】** カヤツリグサ科の多年草。福島県以西の林中にはえる。硬く常緑の線形葉が叢生し、基部に黒紫褐色の鞘がつく。カンスキ。

**かんす-ぼん【巻子本】** 書物装丁の一種。紙や絹を横に長く継ぎ合わせ、その一端に軸をつけて巻き物とし、表紙をつけてひもでとめるもの。けんずぼん。scrolled book 対義 冊子。→図

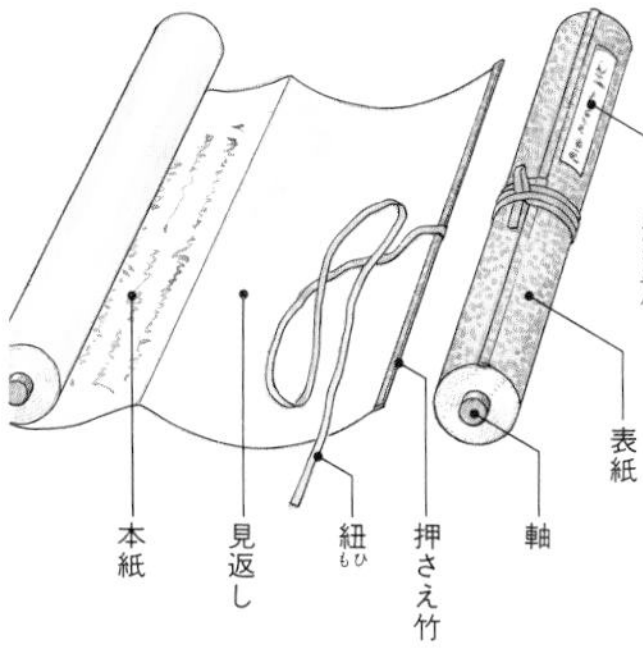


●巻子本

**かん・する【冠する】**(サ変他)＝冠す。①上にのせる。頭にかぶせる。修飾語などを上につける。crown; cap ②かんむりをつける。元服する。celebrate one's coming of age

**かん・する【▼姦する】**(サ変自他)＝姦す。①(自)男女が不義な肉体関係を結ぶ。姦通する。commit adultery ②(他)女性を犯す。rape

**かん・する【管する】**(サ変他)＝管す。①とりしまる。manage ②領地などを治める。manage

**かん・する【関する】**(サ変自) かかわる。関係する。関す。concerning 用例 試験に―注意。

**かん・する【▼緘する】**(サ変他) 封をする。とじる。緘す。seal; close

**かん・する【▼燗する】**(サ変他) 酒を温める。燗す。warm up

**かん・ずる【感ずる】**(サ変自他) ↓かんじる(感じる)

**かん・ずる【観ずる】**(サ変他)＝観じる・観ず。①心に思い浮かべて考える。contemplate 用例 人生の無常を―。②《仏教語》真理を観察して悟りを得ようと努める。

**かん-せい【甘井】** おいしい水の出る井戸。

**甘井、先ず竭く**（かんせい、まずつく） 才能のあるものは、早く才能をつかい果たして衰退する。

**かん-せい【完成】**(名・サ変自他) すっかりしあげること。しあがること。completion 対義 未完。

**かん-せい【官制】** 行政機関の設置・廃止・組織・権限を定めた規定。

**かん-せい【官製】** 政府がつくること。また、そのもの。government-manufactured 対義 私製。用例 ―はがき。

**かん-せい【陥▼穽】** ①おとしあな。わな。②謀略。

**かん-せい【乾生】** おもに植物が、乾燥した環境で生育すること。対義 湿生。

**かん-せい【乾性】** すぐかわく性質。水分が少ない性質。対義 湿性。

**かん-せい【喚声】** さけび声。shout

**かん-せい【▼喊声】** ときの声。war cry

**かん-せい【間性】** 性徴が雌雄の中間型を示す異常個体または形質。染色体異常などにより出現する。intersex

**かんせい【寛政】** 江戸末期の年号。天明から改元。元年(一七八九)一月二五日～一三年(一八〇一)二月五日。次に、享和に改元。

**かん-せい【感性】** ①心理学で、外界の刺激を受けて、それに対応する感覚内容をまとめる働き。sensibility 用例 ―が鋭い。②哲学で、㋐悟性とともに認識能力を形づくる心の働き。対象は現象界。㋑直接に見聞きする主観的な認識。理性によって整理されて、真の認識となる。sensibility

**かん-せい【慣性】** 静止、あるいは等速度運動をしている物体が、外力が作用しないかぎり、そのまま静止状態あるいは等速度運動を続けようとする性質。惰性。inertia

**かん-せい【管制】**(名・サ変他) 管理・制御・制限すること。control 用例 報道―。

**かん-せい【歓声】** よろこんで、さけぶ声。歓呼の声。shout of joy 用例 ―をあげる。

**かん-せい【▼鼾声】** ↓いびき(鼾)

**かん-せい【閑静】**(形動) ものしずかなさま。閑寂。quiet 用例 ―な住宅街。

**かん-ぜい【勧説】**(名・サ変他) よく話して自分の意見に従わせようとすること。比較 勧誘。

**かん-ぜい【関税】** 国家が輸入品に課す租税。間接税の一種。tariff; customs; duty

**かんせいいがく-の-きん【寛政異学の禁】** 江戸幕府が発した教学統制令。寛政二年(一七九〇)朱子学以外を異学として昌平坂学問所での講義研究を禁じ、官吏登用試験は朱子学で行うこととした。

**かんぜいおよびぼうえきにかんする-いっぱんきょうてい【関税及び貿易に関する一般協定】** ↓ガット(GATT)

**かんせい-かい【感性界】** 哲学で、人間の感覚で認識することのできる世界。対義 英知界。

**かんせい-けい【慣性系】** ニュートンの運動の法則が成り立つ座標系。この系では、力がはたらいていない物体は等速度運動を続ける。inertial system

**かんせい-こうほう【慣性航法】** 航空機や船舶などで、それ自体の加速度(慣性)を利用して、ジャイロとコンピューターにより、航行中の位置や目的地までの距離・時間・方向などを算出する航法。inertial navigation system

**かんぜい-じしゅけん【関税自主権】** 自国の関税を自主的に定める権利。tariff autonomy

**かんぜい-しょうへき【関税障壁】** 関税を操作することによって輸入品の流入を制限し、国内産業を保護すること。tariff barrier 対義 非関税障壁。

**かんせい-しょくぶつ【乾生植物】** 水が少ない所や、低温、塩類の過多などで吸水が困難な所に生育する植物。サボテンなど。xerophyte 比較 湿生植物・中生植物。

**かんせい-せんい【乾生遷移】** 火山の爆発などによってできた岩石地・砂地などで、植物がなにもない裸地からはじまる植物群落の遷移。一年草・多年草から低木林を経て高木林へと植物相が変化していく。xerarch succession 比較 湿生遷移。

**かんせいちょうしゅうしょかふ【寛政重修諸家譜】** 江戸幕府が編纂した大名・旗本の家譜。一五三〇巻。文化九年(一八一二)成立。ただし、徳川氏に関する記述はない。

**かんぜいていりつ-ほう【関税定率法】** 関税の税率その他関税制度について定めた法律。明治四三年(一九一〇)公布。

**かんせい-とう【管制塔】** 航空交通管制業務のため、空港内に設けられる四面がガラス張りの塔。レーダーや航空機との交信施設などをもつ。コントロールタワー。control tower

**かんせい-の-かいかく【寛政の改革】** 松平定信による江戸幕府の政治改革。天明七年(一七八七)から寛政五年(一七九三)まで。倹約令・棄捐令・人返し・異学の禁などによって幕藩体制の危機打破をはかる。

**かんせい-の-さんきじん【寛政の三奇人】** 江戸中期、尊皇や外交に活躍した林子平・高山彦九郎・蒲生君平の三人。

**かんせい-の-ほうそく【慣性の法則】** 物体は、外力が作用しないかぎり静止あるいは等速度運動の状態を続けるという、ニュートンの運動の第一法則。law of inertia

**かんせい-はがき【官製葉書】** 郵政省令で規格および様式を定めて発行された葉書。通常葉書と往復葉書・小包葉書がある。

**がんせい-ひろう【眼精疲労】** 目が疲れやすい状態。目を使う仕事を続けると、疲労を感じ、頭痛や視力の減退をおこす。つかれ目。asthenopia

**かんせい-モーメント【慣性モーメント】** 物体が回転を続けようとするはたらきの大きさを表す量。慣性モーメントが大きいほど、回転状態を変えにくい。moment of inertia

**かんせい-ゆ【乾性油】**《空気と接触して固化・乾燥することから》沃素価一三〇以上の高度不飽和脂肪油。亜麻仁油・桐油など。塗料などに利用。drying oil

**かんせい-ゆうどう【慣性誘導】** 船舶・航空機・ミサイルなどの加速度(慣性)を利用して、速度・方向、出発地点からの距離を計算し、進路の誤差を修正すること。また、その方法。inertial guidance 参考 慣性航法。

**かんぜいわりあて-せいど【関税割当制度】** 保護関税の方式の一つ。ある輸入品目につき割当数量までは低率関税、超過分については高率関税を課す二重税率制度。tariff quota system

**かんぜおん【観世音】** 観世音菩薩の略称。

**かんぜおん-じ【観世音寺】** 福岡県太宰府市にある天台宗の寺。天智天皇の発願により天平一八年(七四六)創建。日本三戒壇の一つがあったところ。

**かんぜおん-ぼさつ【観世音▼菩▼薩】** 救いを求めている人々を大慈大悲でもって直ちに救済するという菩薩。聖観音のほか千手・十一面・如意輪など、その姿によって多くの名がある。観世音。観音菩薩。観自在菩薩。観音。観自在。円通大士。アバローキテーシュバラ。

**かんぜ-かせつ【観世華雪】**(一八八四～一九五九) 能楽師。シテ方。観世流。東京生まれ。六世観世銕之丞の隠居名。観世流の中心として活躍。

**かん-せき【漢籍】** ＝漢書。対義 和書。①中国の書物。②漢文で書かれた書物。

**かん-せき【艦籍】** 軍艦が、管理上登録されている籍。または、その所属する国籍。

**がん-せき【岩石・▼巌石】** 地殻から上部マントルを構成する数種(まれに一種)の鉱物の集合体。火成岩・堆積岩・変成岩に分けられる。rock

**がんせき-がく【岩石学】** 岩石の生成条件や生成過程の物理的・化学的側面を研究する学問。petrology

**がんせき-けん【岩石圏】** ↓がんけん(岩圏)

**かんせき-こくじかい【漢籍国字解】** 中国の書物を日本語で注釈したもの。

**がんせき-じき【岩石磁気】** ある種の岩石がもっている、ごく弱い磁気。強磁性鉱物を含む岩石が、その生成時の地球磁場の影響で残留磁気をもつことによる。rock magnetism

**かんぜ-さこん【観世左▽近】**(一八九五～一九三九) 能楽師。シテ方。観世流二四世宗家。京都生まれ。左近元滋を襲名。東京音楽学校教授。

**かん-せつ【官設】** 国家が設けつくること。官立。national 対義 私設。

**かん-せつ【冠雪】** 雪がふり積もって、野山が帽子をかぶったようになること。また、そのようにふり積もった雪。

**かん-せつ【間接】**(名・形動) 対義 直接。①あいだに物事をおいて対すること・さま。なかだちを通して行うこと・さま。indirect ②遠回し。indirect 用例 ―表現。

**かん-せつ【関節】** 骨と骨とのつながりの部分。骨の面は互いにかみあう形をし、滑液が分泌される関節腔内におさまっている。joint

**かん-せつ【環節】** 環形動物・有爪動物・緩歩動物・舌形動物・節足動物などにみられる動物体の環状の分節構造。環形動物では、環節と体節とが一致する。節足動物では、環節が分化して頭・胸・腹部の区別が生ずる。なお、条虫の分節構造は片節という。segment

**かん-ぜつ【冠絶】**(名・サ変自) もっともすぐれていること。卓絶。用例 世界に―する発見。

**かんせつ-えん【関節炎】** 関節に炎症が起こった状態。もっとも多くみられるのは、ブドウ球菌・連鎖球菌などによる化膿性関節炎。はれ・激痛・発熱を伴う。arthritis

**かんせつ-きつえん【間接喫煙】** 非喫煙者が、喫煙者のタバコの副流煙を吸わされること。受動喫煙。

**かんせつ-きんゆう【間接金融】** 企業などが金融機関を介し、間接的に個人その他の預金者から資金を調達すること。indirect financing 対義 直接金融。

**かんせつ-さつえいほう【間接撮影法】** X線撮影法の一つ。とくに胸部のX線検診で、蛍光板上に映された肺の投影像を、写真機で縮小撮影すること。間接撮影。fluoroscopy

**かんせつ-しょうめい【間接証明】** ある命題を間接に証明する方法。帰謬法。背理法。indirect proof

**かんせつ-しょうめい【間接照明】** 光源からの光を天井や壁面に反射させ、和らげて用いる照明。indirect lighting 比較 直接照明。

**かんせつ-しんりゃく【間接侵略】** 直接軍事力によらず他国内の反政府活動や内戦を挑発・支援すること。indirect aggression 対義 直接侵略。

**かんせつ-すいしゅ【関節水▼腫】** 関節内に液がたまる疾患。関節のはれ・運動障害などを起こす。原因は、結核性関節炎や慢性関節リュ

▼常用漢字表外。　▽常用漢字表の音訓外。

ーマチなど種々の病気による。hydrops of the joint

**かんせつ-ぜい【間接税】** 法律上の納税義務者が、直接には税を負担せず、実質的な税負担が他の者に転嫁される租税。酒税など。indirect tax 対義 直接税。

**かんせつ-せいこうほう【間接製鋼法】** まず高炉で銑鉄をつくり、これを精錬して鋼をつくる方法。indirect steel making

**かんせつ-せいはん【間接正犯】** みずからは直接手を下さず、責任能力のない者や犯罪の意思のない者を自分の犯罪に利用すること。対義 直接正犯。

**かんせつ-せんきょ【間接選挙】** 有権者が選挙人を選び、その選挙人の投票によって当選者を決める制度。アメリカ大統領選挙など。複選挙。indirect election 対義 直接選挙。

**かんせつ-てき【間接的】**(形動) 間接にするさま。間接であるさま。indirect

**かんせつ-とうし【間接投資】** 他の企業、とくに外国企業に対して行われる、経営参加を目的としない証券投資や資金貸し付け。indirect investment 対義 直接投資。

**かんせつ-どうぶつ【環節動物】** 体が多数の環節(体節)からなる動物。環形動物と節足動物をさす。体節動物。articulata

**かんせつ-ねずみ【関節▼鼠】** 関節内に生じた骨や軟骨の遊離体。関節の運動で移動して滑膜を刺激したり、関節の継ぎ目にはさまって痛みを生じたりする。ひじ・ひざに多い。joint mouse

**かんせつ-ぶんれつ【間接分裂】** ↓ゆうしぶんれつ(有糸分裂)

**かんせつ-ほう【関節包】** 関節を構成する両端の骨をとりまいている結合組織。関節嚢。joint capsule

**かんせつ-みんしゅせい【間接民主制】** 国民がみずから選んだ代表者からなる議会を通じて、間接的にその意思を国家意思の決定・執行に反映させる民主政治の一形態。代表民主制。indirect democracy 対義 直接民主制。

**かんせつ-リューマチ【関節リューマチ】** 関節の痛みやはれ、さらに運動障害を主症状とする疾患。膠原病の一つで急性・慢性がある。中年以後の女性に多い。原因は不明で、なかでも悪性関節リューマチは特定疾患(難病)に指定されている。articular rheumatism

**かんせつ-わざ【関節技】** 柔道などの技のうち、相手の関節を制する技の総称。locking technique

**かんせつ-わほう【間接話法】** 話法の一種。他人の述べたことを、そのまま引用するのではなく、話し手のことばに直して述べる形式。人称・時制などが変わったりする。indirect narration 対義 直接話法。

**かんぜ-てつのじょう【観世▼銕▼之▼丞】** 能楽師。シテ方。観世流宗家の分家名。現在八世まで。七世(一八九八)は六世(一八八四〜一九五九)華雪の弟。銕仙会を主宰。

**がんぜ-な・い【頑是無い】**(形) ①幼くて聞き分けがない。②あどけない。

**かんぜ-のぶみつ【観世▽信▽光】**(一四三五〜一五一六) 室町後期の能役者・能作者。観世座のワキ方・太鼓方。音阿弥の子。作品『安宅』『船弁慶』『紅葉狩』など。

**かんぜ-ひでお【観世▽栄▽夫】**(一九二七) 俳優・演出家。東京生まれ。能の観世流の家に生まれたが新劇で活躍。現在は能舞台を勤める。

**かんぜ-もとまさ【観世元正】**(一九三〇) 能楽師。シテ方。観世流二五世家元。能楽流派最大の家元として活躍。

**かんぜ-もとまさ【観世元▽雅】**(一三九四ごろ〜一四三二) 室町中期の能役者・能作者。世阿弥の子。作品『隅田川』『弱法師』など。

**かんぜ-よしゆき【観世▽喜▼之】** 能楽師。シテ方。観世流。初世(一八八五〜一九四〇)は細心な芸風で知られる。二世(一九〇七)は九皐会を主宰。

**かんぜ-より【観世▼縒(り)】** 和紙を細長く切ってよった、ひも状のもの。こより。かんじんより。用例 ―で原稿をとじる。

**かんぜ-りゅう【観世流】** ①能楽シテ方の一流派。大和猿楽四座の一つ結崎座の末流。南北朝時代の観阿弥が流祖。現在二五世宗家元正。②能楽小鼓の流派名。③能楽太鼓の流派名。

**かん-せん【汗▼腺】** 哺乳類の体表にあって、汗を分泌する外分泌腺。アポクリン腺とエクリン腺があり、ヒトでは後者が発達する。sweat gland

**かん-せん【官▼撰】**(名・サ変他) 政府・官庁で編集すること。また、その書物。government compilation 対義 私撰。

**かん-せん【官選】**(名・サ変他) 政府・官庁がえらぶこと。appointed by the government 対義 公選・民選。

**かん-せん【乾▼癬】** 慢性の皮膚病。体に赤い斑点を生じ、銀白色の雲母状の鱗屑が固着し、はがすと出血する。鱗屑癬。psoriasis

**かん-せん【幹線】** 鉄道・道路・電線などの、おもとなる線。とくに、鉄道・道路などの、輸送密度の高い線。本線。trunk line 対義 支線。用例 ―道路。

**かん-せん【感染】**(名・サ変自) ①微生物が動植物の体内に侵入して増殖すること。病原体による感染には接触や咳の飛沫などによる直接感染、器物・飲食物・ネズミなどを介する間接感染がある。infection ②他の風習や考えにそまること。infection 比較 感化。

**かん-せん【▼盥洗】**(名・サ変自) 水で手を洗うこと。

**かん-せん【観戦】**(名・サ変他) 戦闘・競技・試合などのなりゆきを見ること。watch games 用例 ―記。

**かん-せん【艦船】** 軍艦と船舶。数え方 一隻・一杯。

**かん-ぜん【完全】**(名・形動) 欠点や不足のないこと・さま。十全。perfection 対義 不完全・不全。用例 ―無欠。―に仕事を終える。

**かん-ぜん【間然】**(名・サ変自) けちをつけること。非難すること。

**間然する所が無い**(かんぜんするところがない) 少しも非難すべきところがない。とやかく文句をつけるところがない。

**かん-ぜん【敢然】**(形動トタル) 思いきってするさま。resolutely 用例 ―と強敵に立ち向かう。

**がん-せん【頑▼癬】** 白癬菌が皮膚に寄生して起こす皮膚病。かゆみが強い。陰金田虫。田虫。tinea cruris

**がん-ぜん【眼前】** 目の前。まのあたり。目前。right before one's eyes

**かんせん-えん【汗▼腺炎】** 汗腺にブドウ球菌が感染して化膿する病気。エクリン汗腺炎とアポクリン汗腺炎がある。

**かんぜん-か【完全花】** 萼・花冠・雄しべ・雌しべのそろっている花。完備花。complete flower 対義 不完全花。

**かんぜん-きょうそう【完全競争】** 市場における競争の一形態。製品に質的な差がなく、きわめて多数の市場参加者がそれぞれ完全な商品知識・市場情報をもち、買い手も売り手も価格に支配力をもたない場合をいう。perfect competition 対義 不完全競争。

**かんせん-げん【感染源】** 病原体を保有し、感染の源となるすべてのものの総称。source of infection

**かんぜん-こよう【完全雇用】** 労働の供給と需要が一致し、働く意思と能力のあるものすべてが雇用される状態。full employment

**かんぜん-しあい【完全試合】** 野球で、相手チームにまったく出塁を許さずに勝った試合。無安打・無得点・無四死球・無失策で、記録は投手記録となる。パーフェクトゲーム。perfect game 比較 ノーヒットノーラン。

**かんせん-しょう【感染症】** 病原体がヒトや動物の体内に侵入し、増殖した結果、発病する病気の総称。伝染病よりも広義。infectious disease

**かんぜん-すう【完全数】** その数以外の一を含むすべての約数の和が、その数に等しい自然数。六、二八など。perfect number

**かんぜん-だんせいしょうとつ【完全弾性衝突】** 二つの物体の衝突の前とあとで系の内部エネルギーに変化がなく、運動エネルギー、正確には力学的エネルギーが保存される場合のこと。巨視的には、反発係数が一の衝突。ビリヤードの、球間の衝突はこれに近い。perfectly elastic collision

**かんぜん-ちょうあく【勧善懲悪】** 善をすすめ、悪をこらすこと。勧懲。

**かんぜんちょうあく-しょうせつ【勧善懲悪小説】** 江戸時代末期の、勧善懲悪を骨子とした通俗小説。勧懲小説。

**かんぜん-ねんしょう【完全燃焼】** 酸素と十分に化合する燃焼。炭素は二酸化炭素に、水素は水になる。perfect combustion

**かんぜん-ばいち【完全培地】** 微生物を培養するのにもっとも適した栄養素をそなえた培地。complete medium

**かんぜん-へいほうしき【完全平方式】** ある整式の平方の形をした式。perfect square expression

**かんぜん-へんこう【完全偏光】** 自然光を偏光角で物体表面に入射させ、反射光を完全に直線偏光させること。completely polarized light

**かんせん-べんごにん【官選弁護人】** 国選弁護人の旧称。

**かんぜん-へんたい【完全変態】** 昆虫の変態の一様式。卵・幼虫・さなぎ・成虫の順序で変化をする。holometaboly 対義 不完全変態。

**かんぜん-よう【完全葉】** 葉身・葉柄・托葉のそろっている葉。complete leaf 対義 不完全葉。

**かんぜん-りゅうたい【完全流体】** 粘性のない流体。理論的取り扱いを簡単にするために考えられた仮想的物質。理想流体。perfect fluid

**かん-そ【簡素】**(名・形動) 余分なものがなく簡単で、質素なこと。simplicity

**がん-そ【元祖】** ①一家の先祖。ancestor ②創始者。開祖。founder

**ガンゾ【Robert Ganzo】**(一八九八) フランスの詩人。ベネズエラ生まれ。詩集『オリノコ河』『領地』『言語』『パンフレット』など。

**かん-そう【完走】**(名・サ変自) 最後まで走り抜くこと。run the whole distance

**かん-そう【乾草】** 刈り取った飼料作物を、天日、または人工乾燥で、水分一五%以下に乾かしたもの。栄養価は多少下がるが、保存しやすく冬期の重要な家畜飼料。ほしくさ。hay

**かん-そう【乾燥】**(名・サ変自他) ①かわくこと。かわかすこと。dry ②物質に含まれている水分を除くこと。加熱・乾燥剤などによる。dry ③うるおいがなく、おもしろみのないこと。insipidity 用例 無味―。

**かん-そう【感想】** あること・ものに対して感じたこと。所感。感懐。impressions 用例 ―文。

**かん-そう【歓送】**(名・サ変他) 人の出発を喜んで送り出すこと。hearty send-off 対義 歓迎。用例 ―会。

**かん-そう【還送】**(名・サ変他) 送りかえすこと。送還。

**かん-そう【観相】** 手相・人相・骨相などを見て、性質や運命などを判断すること。physiognomy

**かん-そう【観想】** ①ある対象に心を向けて、思いを凝らすこと。②《仏教語》特定の対象に精神を集中して想念すること。

**かん-ぞう【甘草】** マメ科の多年草。高さ約一m。葉は羽状複葉。夏から秋に、淡紫色の花を穂状につける。果実は赤褐色。乾燥した根も甘草といい、古くから薬草として知られ、解毒剤・去痰剤・甘味料として用いられる。中国西部・シベリアなどに分布する。アマキ。アマクサ。licorice ↓写

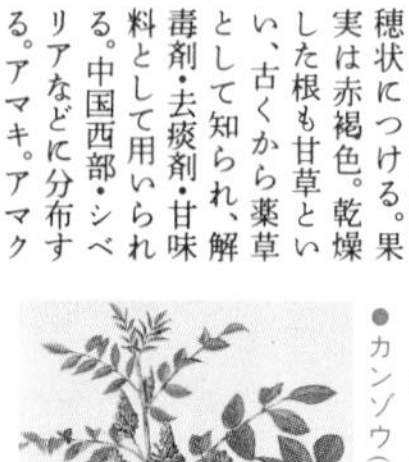

●カンゾウ(甘草)

**甘草の丸呑み**(かんぞうのまるのみ) 《「甘草」は、独特な甘みをもち、調味料としても用いられた》 ①食物を、よくかみしめないため、その真の味がわからないこと。②物事の真価を理解しようとしないこと。

**かん-ぞう【肝臓】** 脊椎動物において、消化管に付随する最大の臓器。糖質をグリコーゲンとして貯蔵、胆汁の生成と分泌、アミノ酸からのたんぱく合成など重要な機能をもつ。肝。liver ↓図(次ページ)

**かん-ぞう【▼萱草】** ユリ科の常緑多年草。高さ五〇〜一五〇cm。山野にはえるが、デイリリーの名で観賞用にも栽培。花は黄橙色の筒状ラッパ形。一日花で昼咲きと夜咲きがある。コイワスレグサ。ヘメロカリス。

**がん-そう【含▼嗽・含▼漱】**(名・サ変自) 口をすすぐこと。うがい。用例 ―剤。

**がん-ぞう【▼贋造】**(名・サ変他) 実物に似せてつくること・もの。にせもの。偽造。forgery 比較 贋作。用例 ―紙幣。

**がん-ぞう【▼龕像】** 《「龕」は壁面に設けた凹所》小さな厨子の中に安置する仏像。インドや中国の石窟寺院の仏龕を模したもので、遺品には中国製が多い。

**かんぞう-いしょく【肝臓移植】** 臓器移植の一つ。重症肝硬変・肝臓癌などの患者に肝臓を移植するもの。一九六三年アメリカで初めて行われた。liver transplantation

**かんぞう-いろ【▼萱草色】** ユリ科の多年草カンゾウの花のような、黄色がかった明るいオレンジ色。日本の伝統色の一つ。

**かんそう-がく【観相学】** 頭蓋骨の形から

●肝臓 人の肝臓と関連器官

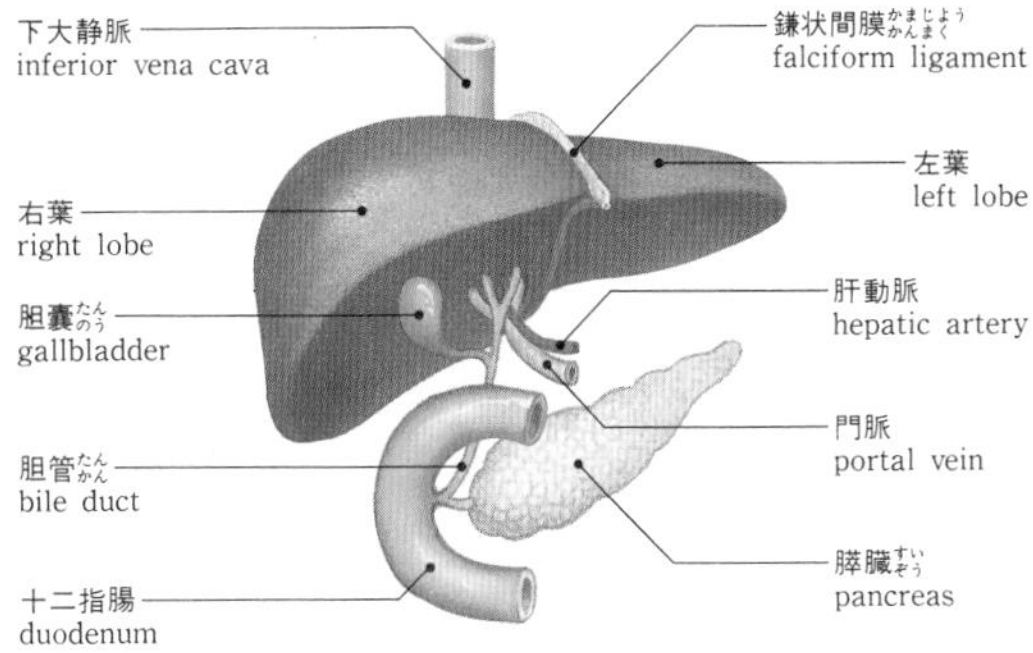


脳の発達のようすを類推し、性格や精神的特質を判断しようとする学問。一九世紀初頭ドイツで起こる。骨相学。phrenology

**かんそう-きこう【乾燥気候】** 降水量が蒸発量に比べて少ない乾燥した気候。一年を通じて亜熱帯高気圧の支配下にある地域か、大陸内部に多くみられ、砂漠気候とステップ気候に分かれる。arid climate

**かんそう-きょく【間奏曲】**《intermezzo イタリア》①芝居やオペラの幕間に余興として上演・演奏される作品。②オペラの幕間に演奏される器楽曲。③一九世紀の器楽用小曲。

**かんそう-けっしょう【乾燥血▼漿】** 採血後七二時間以内に、血漿を凍結乾燥したもの。長期保存が可能。輸血に代わるものとして、低たんぱく血症などに用いる。dried plasma

**かんそう-ざい【乾燥剤】** 水分を除去するために用いる吸湿性の強い物質。中性・酸性・塩基性のものがある。シリカゲル・濃硫酸など。desiccating agent

**かんぞう-ジストマ【肝臓ジストマ】** ↓かんきゅうちゅう(肝吸虫)

**かんそうせい-ぜんびえん【乾燥性前鼻炎】** 鼻の入り口の鼻中隔側が刺激のため乾き出血しやすくなる病気。鼻血の大部分はこれが原因。鼻前庭炎。rhinitis sicca anterior

**かんぞう-たけ【肝臓▼茸】** 担子菌類カンゾウタケ科のキノコ。シイの幹に発生し、形が動物の肝臓に似る。色は赤く、肉質は多汁で厚く、裏面に密に細孔がある。食用。

**かんそう-ちけい【乾燥地形】** 乾燥気候の地域にみられる地形。とくに砂漠地方に発達し、昼夜の気温差によるはげしい風化作用や、一時的な豪雨、風の浸食・堆積により、砂丘・岩石床などを形成。arid landforms

**かんそう-ちゅういほう【乾燥注意報】** 空気が乾燥し、火災の危険が大きいと予想されるときの気象注意報。warning of dry air

**かんそう-のうぎょう【乾燥農業】** 乾燥に耐える小麦や牧草などを生産する農業。アメリカ中西部や南米のパンパなどで機械を用いて大規模に行われる。

**かんそう-やさい【乾燥野菜】** 自然に、または人工的に乾燥させた野菜。干しシイタケ・切り干し大根など。dried vegetable

**かんそ-か【簡素化】**(名・サ変他) 簡素にすること。simplification 用例 事務の―。

**かん-そく【管束】** ↓いかんそく(維管束)

**かん-そく【管足】** ウニ・ヒトデ・ナマコ類の棘皮動物の体表で袋状に突き出る細管。先端の吸盤で吸着、移動する。tube foot

**かん-そく【観測】**(名・サ変他) 天体や気象などを観察、測定すること。observation 用例 南極―船。

**かん-ぞく【▼奸賊・▼姦賊】** 憎むべき悪人。villain

**かん-ぞく【漢族】** 漢民族の別称。

**がん-そく【▼雁足】** クサソテツの別名。

**かんそく-ききゅう【観測気球】** 高層大気の状態、気温や湿度および風などを観測するために使われる気球。observation balloon

**かん-そん【寒村】** さびれた村。貧しい村。

**かん-そん【環村】** ↓えんそん(円村)

**かんそん-みんぴ【官尊民卑】** 政府・官庁の役人や意向を重んじ、民間のことや民間人を軽んずる考え。

**かんだ【神田】** 東京都千代田区北東部にある地域。都心の商業地区。大学や書店が多く「学生の街」としても知られる。

**かんだ【▼苅田】**〈町〉福岡県、北九州市の南東隣、周防灘に臨む町。貿易港の苅田港を中心に、自動車・セメントなど臨海工業地域として発展。人口三万二一〇八(一九八八)。

**カンタータ【cantata イタリア】** 声楽曲の形式。多楽章形式で独唱・重唱・合唱・器楽を組み合わせ、叙情的・劇的内容をもつ。一七世紀前半に成立。バッハの教会・世俗両カンタータを頂点とする。交声曲。

**カンタービレ【cantabile イタリア】** 音楽で、歌うように、優美に、の意。カンタビーレ。

**ガンダーラ【Gandhāra】** パキスタン北部の歴史上の地域名。ヘレニズム彫刻の影響を受けた仏教美術が有名。現在のペシャワル、タクシラなどを中心とする地域。

**ガンダーラ-びじゅつ【ガンダーラ美術】** 現在のパキスタン北西部、ペシャワルに相当するガンダーラ地方に、紀元前後から数世紀にわたり栄えた仏教美術。インド的伝統とヘレニズム様式が融和したもので、ギリシア的要素が強い。この地方特産の石を用いた石像美術とストゥッコ(化粧しっくい)・粘土による塑像美術を中心とする。

**かん-たい【寒帯】** 南・北両半球の、緯度六六度三三分(=極圏)からそれぞれの極までの寒冷な気候帯。最暖月の平均気温が0℃未満の氷雪気候区と、0～一〇℃のツンドラ気候区に分けられる。polar zone 対義 温帯・熱帯。

**かん-たい【歓待・款待】**(名・サ変他) 手厚くもてなすこと。親切に待遇すること。warm reception

**かん-たい【緩怠】** ①おこたり。なまけ。②ておち。過失。③無礼。用例 ―千万。

**かん-たい【環帯】** ①シダ植物の胞子嚢の縁を形成する厚い一列の細胞。annulus ②ミミズやヒルなどの生殖器口付近にある環節がふくらんで環状になった部分。clitellum

**かん-たい【艦隊】** 海軍の部隊単位。二個戦隊以上、または軍艦二隻以上で編制した部隊。fleet

**かん-だい【寒▼鯛】** ベラ科の海水魚。全長約六〇cm。赤紫色を帯び、雄は成長に従い額が突出する。本州中部から東シナ海に分布。コブダイ。↓図

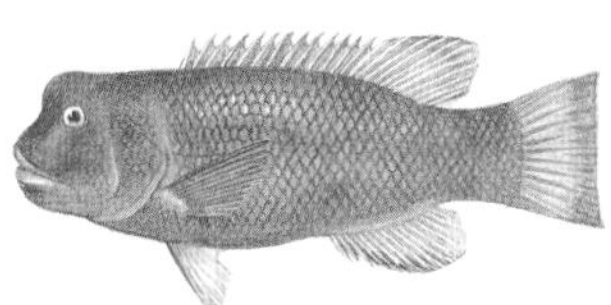
●カンダイ

**かん-だい【寛大】**(名・形動) 心が広くゆったりしていること・さま。寛容。generous 用例 ―な処置。

**がん-たい【眼帯】** 眼病の人が目をおおうガーゼなどの布。eye bandage

**かん-たいし【▼韓退▼之】** ↓かんゆ(韓愈)

**かんたい-じ【簡体字】** 中国で、画数の多い漢字を簡単にして正字としたもの。機を机、雲を云とするなど。一九五六年国務院公布の「漢字簡化方案」による。簡化字。

**かんたい-ぜんせん【寒帯前線】** 寒帯気団と中緯度気団の間の前線。両気団の消長により移動するが、平均位置(北緯三〇～五〇度付近)は季節によりほぼ一定。亜寒帯低気圧帯。極前線。polar front

**かんたいぜんせん-ジェットきりゅう【寒帯前線ジェット気流】** 寒帯前線の上空で、ほぼ緯度線に沿って動く強い西風。polar front jet stream

**かんたいへいよう-かざんたい【環太平洋火山帯】** 太平洋の周囲をとりまく火山帯。地球上の活火山の六〇%がここにある。circum-Pacific volcanic belt

**かんたいへいよう-じしんたい【環太平洋地震帯】** 太平洋の周辺の大陸と海洋との境界付近にある、世界でもっとも大きい地震帯。世界の巨大地震の大部分が発生している。circum-Pacific seismic zone

**かんたいへいよう-ぞうざんたい【環太平洋造山帯】** 太平洋をとり囲む造山帯。中生代ジュラ紀以降、いまも造山運動が起きている。環太平洋火山帯、環太平洋地震帯とほぼ一致する。circum-Pacific orogeny

**かんたい-りん【寒帯林】** シベリアや北アメリカ北部にみられる広い針葉樹林帯。カラマツ・モミ・エゾマツ・トウヒなどからなる。タイガ。polar zone forest

**かん-だか【貫高】** 鎌倉・室町時代の土地面積の表示方法の一つ。その土地の収納税額を銭(貫文)に換算し、その高で面積を表示。

**かん-だか・い【甲高い・▼疳高い】**(形) 声の調子が高く鋭い。shrill 用例 ―モズの声。

**かんだ-がわ【神田川】** 東京都山の手地区を東流する川。長さ二五km。両国付近で隅田川に注ぐ。上流は旧神田上水。

**かん-たく【干拓】**(名・サ変他) 湖沼や海湾の浅い水域を堤防で囲って排水し、水底の地盤を乾かして陸地化すること。古くからある農地増設の一つ。inning 用例 ―地。

**かんだ-じょうすい【神田上水】** 江戸初期につくられた上水道。総延長約二八km。井の頭池を水源に神田・日本橋一帯に給水。明治三三年(一九〇〇)給水は廃止。

**カンタス-こうくう【カンタス航空】**(Qantas Airways Limited) オーストラリアの航空会社。一九二〇年設立。四七年国営化。QFA。

**かんだ-たかひら【神田▽孝平】**(一八三〇～九八) 幕末・明治の蘭学者・政治家。美濃の人。開成所教授・明六社同人として欧米文化の紹介につとめた。兵庫県令、元老院議官などを歴任。

**かんだち-め【▽上▽達▽部】** 摂政・関白・太政大臣・左大臣・大納言・中納言・参議及び三位以上の人の総称。公卿。かんだちべ。

**がん-だて【願立て】**(名・サ変自) 神仏にねがいごとをすること。願かけ。立願。

**カンダハル【Kandahar】** アフガニスタン南部の都市。周辺は国内随一の灌漑農業地帯。人口一七・八万(一九七九)。

**カンタブリア-さんみゃく【カンタブリア山脈】**(Sierra de Cantábria) スペイン北部、ビスケー湾岸沿いに連なる山脈。全長四八〇km。最高峰セレド山は標高二六七八m。

**カンタベリー【Canterbury】** イギリス南東部の宗教都市。カンタベリー大聖堂がある。人口三・四万(一九八一)。

**カンタベリー-だいせいどう【カンタベリー大聖堂】**(Canterbury Cathedral) イギリス国教会の大主教座がある聖堂。ケント州カンタベリーに所在。

**カンタベリー-ものがたり【カンタベリー物語】**《原題 The Canterbury Tales》チョーサー作の散文を含む未完の韻文物語。中世イギリス文学の最高峰。カンタベリー巡礼の人々が、物語を競い合うという枠物語の形式。

**かん-たまご【寒卵】** ニワトリが寒の季節に生んだ卵。栄養が多いといわれる。

**かんだ-まつり【神田祭(り)】** 東京都千代田区の神田神社(=神田明神)で、五月一四、一五日に行われる祭り。古くは日枝神社の山王祭りとともに天下祭りといわれ、江戸二大祭りとされる。また、日本の代表的な祭りの一つ。↓写

●神田祭り

**かんだ-みょうじん【神田明神】** 東京都千代田区外神田にある旧府社。正称は神田神社。祭神は大己貴命と少彦名命。相殿に平将門の霊を祭る。神田祭りで知られる。

**かん-たる【冠たる】**(連体) もっともすぐれた。第一位の。the greatest 用例 世界に―大事業。

**がん-だれ【▼雁垂れ】** 漢字を組み立てている部分の名。「暦・歴」などの上にある「厂」。

**かん-たん【肝胆】**《肝臓と胆嚢の意》心の中。心底。

**肝胆相照らす**(かんたんあいてらす) 気持ちがぴったり合う。

**肝胆寒し**(かんたんさむし) ぞっとする。ひやりとする。

**肝胆を砕く**(かんたんをくだく) たいへん苦心する。

**かん-たん【感嘆・感▾歎】**(名・サ変自) 感心して、褒めること。admiration

**かん-たん【▾邯▾鄲】** コオロギ科の昆虫。体長一・二cm内外。淡い黄緑色で弱々しい。北海道以外の各地に分布。成虫は夏から晩秋まで草むらにすみ、美しい声で切れ目なく、ルル…と鳴く。

**かんたん【▾邯▾鄲】** 中国、河北省南部の工業都市。古くから交易都市として栄えた交通の要地。人口九五・四万(一九八四)。ハンタン。

**邯鄲の歩み**(かんたんのあゆみ) 《中国の燕の国の田舎者が、趙の国の邯鄲の人たちの品のよい歩き方をまねしたがうまく覚えられないばかりでなく、今までの歩き方まで忘れてしまい、はって帰ったという故事から》むやみに他人のまねをするのを戒めるたとえ。類似 鵜の真似する烏。

**邯鄲の枕**(かんたんのまくら) 「邯鄲、夢の枕」に同意。

**邯鄲の夢**(かんたんのゆめ) 「邯鄲、夢の枕」に同意。

**邯鄲、夢の枕**(かんたん、ゆめのまくら) 《昔、中国の盧生という青年が、趙の邯鄲の町で、呂翁から、栄達が意のままになるという枕を借りて寝たところ、一生の間に栄華・富貴を極めた夢を見、覚めてみると、眠るまえに炊きかけていた黄粱がまだ煮えていないほどの短い間であった、という故事から》人の世の栄華・功名は、はかないものであることのたとえ。盧生の夢。一炊の夢。邯鄲の枕。邯鄲の夢。

**かん-たん【簡単】** (形動) こみいっていないさま。やさしいさま。手短。簡略。simple 対義 複雑。用例 ——な問題。——にできる。

**かん-だん【寒暖】** 寒さと、暖かさ。heat and cold

**かん-だん【間断】** 切れ目。たえま。pause; interval

**間断無く**(かんだんなく) ひっきりなしに。ceaselessly 用例 雨が——降る。

**かん-だん【閑談】**(名・サ変自) ①のんびりと話をすること。閑話。②無駄話。

**かん-だん【歓談・款談】**(名・サ変自) うちとけて、愉快に話し合うこと。pleasant chat 用例 一夕の——。

**がん-たん【元▾旦】** ＝元朝。①一月一日の朝。②元日。New Year's Day 用例 一年の計は——にあり。

**かんだん-けい【寒暖計】** 気温や室温を測定するために工夫された温度計。thermometer

**かんたん-し【感嘆詞】** 感動詞。

**かんたん-ふく【簡単服】** かんたんに仕立てた女性の夏の洋服。あっぱっぱ。light summer wear

**かん-ち【▾奸知・▾奸▾智・▾姦▾智】** 悪だくみをする知恵。悪知恵。craftiness 用例 ——にたける。

**かん-ち【官治】** 国が、国家機関を通じて直接行政にあたること。direct administration by the government 比較 自治。

**かん-ち【寒地】** 寒い土地。cold region 対義 暖地。

**かん-ち【換地】**(名・サ変自) ①土地をとりかえること。また、代わりの土地。substitute land ②土地区画整理または土地改良のため、土地の権利関係を変更し、従前の土地に相当する別の土地を交付する行政処分。また、その土地。換地処分。

**かん-ち【閑地】** ①しずかな所。quiet place ②使われていない土地。fallow land ③のんきな地位。閑職。sinecure 用例 ——につく。

**かん-ち【感知】**(名・サ変他) 気配などから直観的に感じ知ること。気づくこと。perception 比較 感得・察知。用例 危険を——する。

**かん-ち【関知】**(名・サ変自) 関係をもつことによって知ること。あずかり知ること。concern 比較 関与・感知。

**カン-チアン【▾贛江】**(Gàn Jiāng) ↓かんこう(贛江)

**カンチェンジュンガ【Kanchenjunga】** ヒマラヤ東部、インドとネパール国境にある世界屈指の高峰。標高八五九八m。

**かん-ちがい【勘違い】**(名・サ変自) 思い違い。考え違い。misunderstanding

**かん-ちく【寒竹】** タケの一品種。高さ二〜三m。表皮は紫色。庭や生け垣用に栽培。竹の子は食用。漢竹。紫竹。

**がん-ちく【含蓄】** 意味する内容が豊かで、味わいのあること。implication 用例 ——のあることば。

**かんち-しょぶん【換地処分】** 土地改良や土地区画整理の必要上、土地所有者に対し、今までの土地に相当する代替土地の提供や金銭での清算を行う行政処分。disposition of land substituting

**かん-ちつ【巻▾帙】** ①書物の巻と帙。②書物。books

**かん-ちゅう【寒中】** 寒の間。小寒から大寒の終わりまでの約三〇日間。対義 暑中。

**かんちゅう【漢中】** 中国、陝西省南西部、漢江上流沿岸の商業都市。漢中盆地の中心地で、米・麦・綿花などの栽培がさかん。人口四一・二万(一九八四)。ハンチョン。

**かんちゅう【関中】** 中国、陝西省中部、渭水流域平野の呼称。東西南北に関所があった中国古代王朝の中心地。カンチョン。

**かん-ちゅう【管仲】**(?〜BC六四五) 中国、春秋時代斉の桓公の宰相。富国強兵策を推進、桓公を覇者とするのに貢献。鮑叔牙との交友は「管鮑の交わり」として有名。管子。

**がん-ちゅう【眼中】** ①目の中。②見るところ。関心のあるところ。

**眼中に無い**(がんちゅうにない) 問題にもしない。眼中に置かない。think nothing of

**眼中に人無し**(がんちゅうにひとなし) いばり返ったさま。arrogant

**眼中の人**(がんちゅうのひと) ①ふだんから、よく見知っている人。②とくに期待をかけている人。気掛かりな人。

**かんちゅうき【勘仲記】** 鎌倉時代の公家勘解由小路兼仲の日記。文永五〜正安二年(一二六八〜一三〇〇)の記録。弘安の役の記事は貴重な史料。

**かんちゅう-すいえい【寒中水泳】** 冬の寒さのきびしい期間(一般には小寒から大寒まで)に行う水泳。心身の鍛練を目的として、川や海などで行う。

**かんちゅう-るい【環虫類】** ↓かんけいどうぶつ(環形動物)

**かん-ちょう【干潮】** 一日の潮汐のうち、潮位がいちばん下がったときの状態。ひきしお。低潮。low tide 対義 満潮。

**かん-ちょう【完調】** 調子がきわめてよいこと。good condition

**かん-ちょう【官庁】** ①国務を処理する機関。government agency ②一般に、役所。また、その庁舎。public office

**かん-ちょう【貫長・貫頂】** ↓かんす(貫首)

**かん-ちょう【間▾諜】** 秘密の手段を用いて、敵のようすを探り、味方に通報すること。また、その人。スパイ。間者。まわし者。密偵。spy

**かん-ちょう【勧懲】** 「勧善懲悪」の略。

**かん-ちょう【管長】** 仏教・神道などで、一つの宗派を管理する、最高位の職・人。

**かん-ちょう【▾翰長】** ①中国で、翰林院の長官。②内閣書記官長(現在の内閣官房長官にあたる)の別名。

**かん-ちょう【館長】** 美術館・図書館・博物館・水族館などの長。director

**かん-ちょう【▾浣腸・▾灌腸】**(名・サ変他) 排便促進・薬剤投与・栄養補給などの目的で、肛門から大腸へ直接液剤を注入すること。enema

**かん-ちょう【艦長】** 軍艦の乗組員を指揮・統率する人。captain

**がん-ちょう【元朝】** ↓がんたん(元旦)

**かんちょう-せん【干潮線】** 潮がひいて、海水面がもっとも低くなったときの海岸線。ebb tide line

**カンチン【康定】**(Kāngdìng) ↓こうてい(康定)

**かん-つい【完▽遂】**(名・サ変他) 「かんすい」の誤り。

**かん-つう【▾姦通】**(名・サ変自) 男女が不義な肉体関係を結ぶこと。とくに、夫のある女性が他の男と通じること。adultery 用例 ——罪。

**かん-つう【貫通】**(名・サ変自他) ①つき抜けること。pierce ②トンネルなどをつらぬき通すこと。通ること。bore through

**かんつう-じゅうそう【貫通銃創】** 銃弾が体をつき抜けてできた傷。対義 盲管銃創。

**カンツォーネ【canzoneイタリア】** 《歌の意》中世以降の世俗歌曲一般をさすが、今日ではイタリアのポピュラーソングをよぶ。

**カンツォネッタ【canzonettaイタリア】** 《「カンツォーネ」の縮小詞》一六世紀後半に流行した小歌曲。

**かん-づ・く【感付く・勘付く】**(五自) ぴんとわかる。それと察する。気付く。suspect

**がん-づけ【がん漬け】** シオマネキ(カニの一種)をつぶし、塩と唐辛子で漬けたもの。酒の肴。有明海沿岸の名産。

**かん-つばき【寒▾椿】** サザンカに似たツバキの園芸品種の一群。冬に、淡紅色または濃紅色の八重咲きの花をつける。中国原産。

**かん-づめ【缶詰(め)】** ①缶に詰めること。can ②金属製の缶に食品を密封し、加熱殺菌した保存食品。canned goods 数え方 一個・一缶。③人をある場所にとじこめること。lock up 用例 ホテルに——にする。↓図

●缶詰め② マークの読み方(表示の一例)

**かん-てい【官邸】** 高級国家公務員の官舎。公邸。official residence 対義 私邸。用例 首相——。

**かん-てい【▾戡定】**(名・サ変他) 《「戡」は、勝つの意》敵に勝って、乱を治めること。

**かん-てい【艦艇】** 軍艦の総称。「艦」は大型、「艇」は小型のものをいう。naval vessels

**かん-てい【鑑定】**(名・サ変他) 美術品・資料・人物などを調べて、その真偽や良否を見分けること。めきき。鑑識。judgment 用例 刀剣の——。

**かんてい【関帝】** 中国、三国時代の蜀の武将関羽の神霊。八世紀末から崇拝の対象となり、宋代には武神・財神として民間に盛行。清代には朝廷がとくに崇敬し、民間でもいっそう信仰された。

**がん-てい【眼底】** 眼球内の奥の面。網膜のある部分。eyeground 用例 ——出血。

**カンディー【Kandy】** スリランカ中部、人造湖畔の美しい観光都市。小乗仏教の中心地。現地名マハヌワラ。人口九・八万(一九八一)。

**がんてい-カメラ【眼底カメラ】** 瞳孔を通して眼底の状態を撮影するための医学用カメラ。ophthalmoscopic camera

**がんてい-けんさ【眼底検査】** 眼底の状態を診察する眼科の重要な検査の一つ。眼病のほか、糖尿病・動脈硬化症などの重要な病気の診断や経過の判定にも役立つ。examination of fundus; funduscopy

**がんてい-しゅっけつ【眼底出血】** 網膜の血管が破れて出血すること。眼球の打撲、高血圧症・動脈硬化症などによる。retinal hemorrhage

**がんてい-どうみゃく【眼底動脈】** 眼底にある網膜中心動脈。眼底をのぞき眼底動脈の硬化度などを検査することにより、脳の動脈硬化の程度を類推できる。また、高血圧症・糖尿病などの診断にも利用される。

**かんてい-りゅう【勘亭流】** 歌舞伎・相撲で使う書法。江戸時代の岡崎屋勘六(号は勘亭)が創作。装飾性の強い文字。↓書体図

**カンディンスキー【Wassily Kandinsky】**(一八六六〜一九四四) フランスの画家。ロシア生まれ。抽象絵画の先駆者の一人。表現主義的抽象から構成的抽象様式を開拓。バウハウス教授となる。著書『芸術における精神的なもの』など。↓写

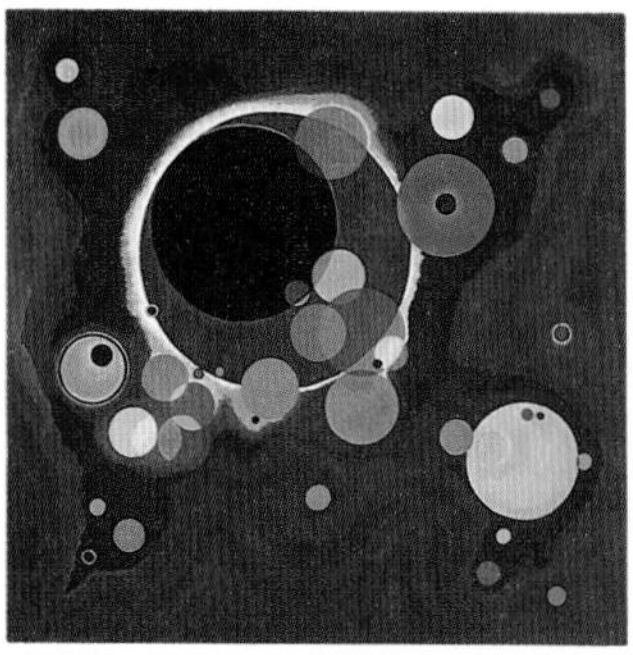

●カンディンスキー 『いくつかの円』。一九二六年、グッゲンハイム美術館(アメリカ)。

**かんてき** 《方言》関西で、七輪。

**かん-てつ【肝▾蛭】** 寄生虫の一つ。ヒツジ・ヤギ・ウシなどの肝臓に寄生。体長約三cmにもなる葉状扁平な吸虫。中間宿主は淡水産巻き貝ヒメモノアラガイで、そこから出た幼虫により経口感染。人にもまれに寄生し、肝臓障害をおこす。

**かん-てつ【貫徹】**(名・サ変他) つらぬき通す

●乾電池 おもな種類と用途

| 種類 | 公称電圧(V)*1 | 特徴 | 用途 |
|---|---|---|---|
| マンガン乾電池 | 1.5 | 安価で最も広く使われている。間欠的に使った方が長持ちする | ラジオ、懐中電灯、テープレコーダーなど |
| アルカリ-マンガン電池 | 1.5 | マンガン乾電池より容量が大きく、したがって寿命も長い。電力消費量の比較的大きな器具に向く | ストロボ、玩具、電気かみそり、テープレコーダー、ラジオなど |
| 酸化銀電池 | 1.55 | 使用中の電圧は安定している。小型で容量が大きく、小電力の器具に向いている | 時計、電子体温計、カメラ、ライター、電子計算機など |
| 水銀電池 | 1.35または1.4 | 小型で容量が大きく、小電力の器具向き。電圧は安定している。マンガン乾電池に比べ寿命は長い | カメラ、補聴器、医療器具、測定器など |
| リチウム電池*2 | 3.0 | 電圧が高く、他の電池の約2倍。寿命は最も長い | 時計、電卓、カメラ、電子浮き、コンピューターの非常用電源など |
| 空気ボタン電池 | 1.4 | 環境保全のため、水銀電池に代わって使われだした。水銀電池よりさらに寿命が長く電圧も安定している | 補聴器など |

*1 JIS規格により定められた電圧
*2 フッ化黒鉛リチウム電池、二酸化マンガンリチウム電池をさす
日本乾電池工業会調べ

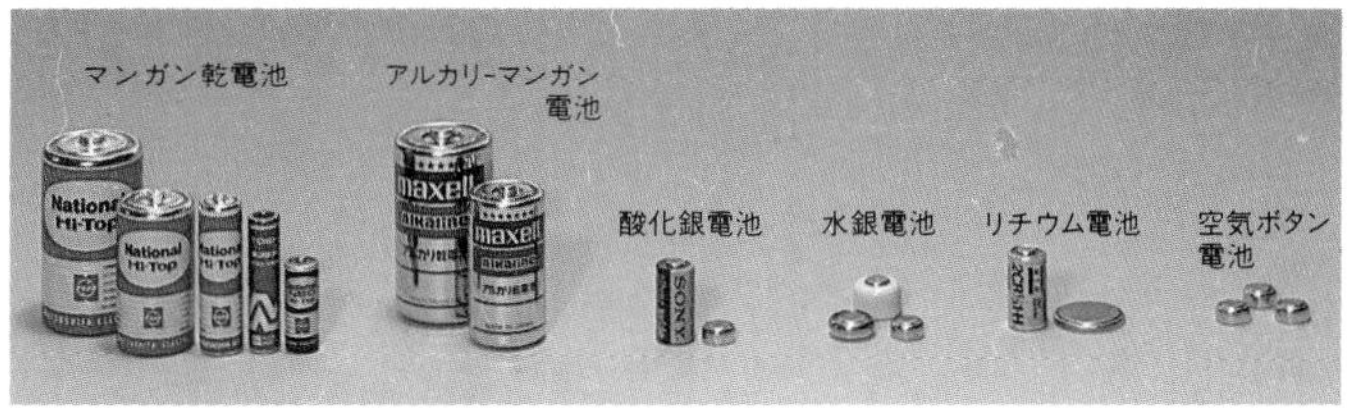


こと。やり通すこと。accomplishment 用例 初志—。

**カンテミール**【Antiokh Dmitriyevich Kantemir】(一七〇八〜四四) ロシアの詩人・外交官。ロシア古典主義文学の創始者。九編の風刺詩がある。

**カンテラ**【kandelaar ポルトガル】 持ち歩きできる灯火具。芯を油に浸してある。明治時代の手さげ式は四方がガラスの角形、鉄道・鉱山では前方がレンズの筒形。角灯。lantern ↓写

●カンテラ

**カンデラ**【candela ラテン】《ろうそくの意》光度の単位。白金の凝固温度(一七七〇℃)にした黒体の平らな表面一㎡当たりの光度の六〇万分の一。国際度量衡委員会で、昭和二三年(一九四八)に定められた基本単位。記号cd

**かん-てん**【干天・▼旱天】 ひでりの天気。dry weather
**干天の慈雨**(かんてんのじう)《ひでり続きのときに降ってくる雨から》困っていたときに来た助け。

**かん-てん**【寒天】 ①冬のさむざむとした空。さむぞら。chilly sky ②テングサを煮とかして、凍結させ、乾燥した食品。棒・糸・粉状のものがある。agar

**かん-てん**【寒点】 皮膚の、体温より低い温度を感じる感覚点。冷点。

**かん-てん**【寛典】 ゆるやかな処罰。用例 —に処する。

**かん-てん**【観点】 物事を見たり、考えたり、判断したりするときの、その人のとる立場・見方。見地。立脚点。viewpoint 用例 教育的な—。

**かん-でん**【乾田】 ①水はけのよい田。排水をすれば畑に使える田。対義 湿田。②収穫後のかわいた田。

**かん-でん**【感電】(名・サ変自) 身体に電気が流れ、衝撃を感じること。electric shock 用例 —死。

**がん-てん**【眼点】 下等無脊椎動物の光を感じる器官。鞭毛虫類などでは鞭毛の基部付近にあり、光の方向・強度・波長によって鞭毛の活動を変化させる。

**かんてん-きち**【歓天喜地】(名・形動)《天を仰いで喜び、地に向かって喜ぶ、の意から》大喜びすること・さま。非常に喜ぶこと・さま。

**かん-でんち**【乾電池】 電解質がもれないようにした携帯用小型電池。マンガン乾電池・アルカリーマンガン乾電池・水銀乾電池など。dry cell ↓図

**かんてん-ばいち**【寒天培地】 寒天に肉汁その他の栄養分を加えて固めた半透明の培地。一般細菌の培養・保存のための基礎培地として使われる。nutrient agar

**かんてん-ぼうき**【観天望気】 風や雲から天気を予測すること。天文から天気を判断するのが観天、空模様や色合いから天気を知るのが望気。

**かん-と**【官途】 ①官吏の職務・地位。government service ②官吏になること。用例 —に就く。

**カント**【Immanuel Kant】(一七二四〜一八〇四) ドイツの哲学者。ケーニヒスベルク大教授。合理主義と経験主義の総合により、科学・道徳・宗教の領域の明確化をはかり、三批判書といわれる『純粋理性批判』『実践理性批判』『判断力批判』を著した。

**カント**【Minna Canth】(一八四四〜九七) フィンランドの女流小説家。現実主義文学の代表的存在。虐げられた女性を描く。戯曲『労働者の妻』など。

**かん-ど**【感度】 ①外部からの刺激に対して感じる度合い・程度。敏感さ。sensitivity ②計測器などが検知できる最小の量、または変化量。sensitivity ③受信機の性能。sensitivity ④感光材料の性能。感光度。sensitivity 用例 —良好。

**かん-ど**【漢土】 中国。もろこし。から。

**がん-と**【丸都】 高句麗の、二〇九年以来四二七年に平壌へ遷都するまでの王都。中国の吉林省輯安県城北方の山城子山城に比定される。

**かん-とう**【完投】(名・サ変自) 野球で、ひとりの投手がその試合の開始から終了まで投げ通すこと。pitchawholegame 比較 継投。用例 —勝利。

**かん-とう**【官等】 官職の等級。昭和二一年(一九四六)に高等官(親任・勅任・奏任官)と判任官の区別をやめて級別を採用したが、同二五年(一九五〇)これも廃止。

**かん-とう**【巻頭】 ①巻き物・書物などの最初のところ。巻首。beginning of a book 対義 巻尾・巻末。②巻き物・書物の中で、もっともすぐれた詩歌や句。

**かん-とう**【▼竿灯】 秋田市で、八月五〜七日にかけて行われる七夕行事。また、竹竿に数本の横竹をつけ、数十個の提灯を下げたもの。曲芸風に支えて町中を練り歩く、東北の代表的な祭りの一つ。↓写

●竿灯

**かん-とう**【▼竿頭】 さおの先。

**かん-とう**【敢闘】(名・サ変自) みごとにたたかうこと。fight gallantly 用例 —精神。

**かん-とう**【間投】 あいだに入れること。interjection

**かん-とう**【間▽道・▽広東・漢島】 縞織物の古い呼称。足利時代中国から渡来。材質は綿が主。当時の茶人・好事家が愛用。かんどう。↓縞写

**かん-とう**【関頭】 ①分かれ目。用例 生死の—に立つ。②大切な時。

**かんとう**【関東】《「三関」の東、の意》対義 関西。東京を中心に近接六県を含む地域。東国。関東地方。用例 —一円。参考 律令制下では鈴鹿・不破・愛発の三関以東の地をさし、のち逢坂の関以東をさすようになった。中世以降は箱根の関以東をさすようになった。

**かん-どう**【勘当】(名・サ変他) ①罪を勘案し、刑を当てる。②主従・師弟・親子の縁を絶つこと。③江戸時代以降は親が子を絶縁すること。勘当されると相続権を失った。義絶。
**勘当切る**(かんどうきる) 勘当して縁を切る。

**かん-どう**【間道】 ぬけみち。わきみち。side road 対義 本道。用例 —を抜ける。

**かん-どう**【感動】(名・サ変自) すっかり感心して心が強く動かされること。be impressed 比較 感心・感激・感服。用例 —を覚える。

**がん-とう**【岸頭】 岸の上。岸のほとり。

**がん-とう**【岩頭・▼巌頭】 いわの上。いわの突端。用例 —に立つ。

**がん-どう**【▽強盗】 ↓ごうとう(強盗)
**強盗打つ**(がんどううつ) 強盗におし入る。

**がん-どう**【▼龕灯】 ①仏壇の灯火。灯明。②「がんどうちょうちん」の略。

**かんとう-い**【貫頭衣】 布地の中央に頭を通す穴をあけ、体の前後に垂らして着る衣服。わが国では千早、裲襠がある。

**がんどう-がえし**【▽強盗返し】 芝居の舞台で、大道具を後ろへ倒すことによって、場面を転換する装置。どんでんがえし。

**かんとう-かんれい**【関東管▽領】 室町幕府で鎌倉公方の補佐職。貞治二年(一三六三)上杉憲顕が任命されて以後、上杉氏が世襲。鎌倉管領。

**かんとう-くぼう**【関東▽公方】 鎌倉公方の別称。

**かんとう-ぐん**【関東軍】 満州(現在の中国東北部)に駐屯した旧日本陸軍の部隊。大正八年(一九一九)関東都督府陸軍部が独立して関東軍司令部となった。かつての全満州を統轄し、満州事変の計画・推進にあたったが、昭和二〇年(一九四五)壊滅。

**かんとうぐん-とくべつえんしゅう**【関東軍特別演習】 昭和一六年(一九四一)七月の日本陸軍の対ソ大作戦計画。独ソ開戦に刺激され、満州(現在の中国東北部)へ七〇万の兵力を集中、対ソ作戦を準備したもの。関東軍特種演習とも。関特演。

**かんとう-げん**【巻頭言】 雑誌・書籍の最初にのせる文章。foreword; preface

**かんとう-こうぞうせん**【関東構造線】 関東地方の基盤(中生層と古生層)の地質構造を二分すると推定される構造線。ほぼ利根川に沿って、関東山地と足尾・八溝山地の構造を分ける。Kanto tectonic line

**かんとう-ごぶんこく**【関東御分国】 鎌倉時代の将軍家の知行国。朝廷により国務執行と国衙領からの収益の取得を認められたもの。頼朝時代には武蔵・相模・伊豆・駿河・信濃・上総・下総・越後・豊後の九か国に及んだ。

**かんとう-さんち**【関東山地】 関東・中部地方の境にある山地。秩父山地と丹沢山地の総称。千曲川・荒川などの水源。

**かんとう-し**【間投詞】 感動詞。

**かんどう-し**【感動詞】 品詞の一つ。活用のない自立語で、感動・呼びかけや話の受け答えを表す。「まあ」「もしもし」「はい」「いいえ」など。間投詞。感嘆詞。exclamation; interjection

**かんとう-しゅう**【関東州】 中国遼東半島西南端の旧称。明治三八年(一九〇五)日露戦争後のポーツマス条約で、ロシアがもっていた租借権を日本が継承。第二次大戦後ソ連の租借地となるが、のち中国に返還。

**かんとう-しょう**【敢闘賞】 ①スポーツ競技などで、勝者あるいは最優秀者にはなれなかったが、よくたたかい活躍した者に贈られる賞。②大相撲本場所での三賞の一つ。優勝に

次ぐ好成績をあげたもの、または特別に活躍した力士に与えられる。Fighting Spirit Prize

**かんとう-じょし**【間投助詞】 助詞の一種。文節の切れ目に付いて、感動・呼びかけ・念押しなどの意を表す。「ぼくがね」「それがさ」の「ね」「さ」など。

**かんどう-じょし**【感動助詞】 終助詞。

**かんとう-だいしんさい**【関東大震災】 大正一二年(一九二三)九月一日午前一一時五八分、関東全域にわたった大地震による災害。相模湾を震源地とし、マグニチュード七・九。死者九万人、罹災者三四〇万人といわれる。関東地震。

**かんとう-だき**【関東炊き】 ↓かんとうに(関東煮)

**かんとう-たんぽぽ**【関東▼蒲▽公▽英】 キク科の多年草。関東・中部地方東部に分布。近年あまり見られなくなった。総苞の外片は卵形でそり返らず、目立った小角突起がある。

**かんとう-ちほう**【関東地方】 日本中央部の東寄りに位置する地方。東京都と、茨城・栃木・群馬・埼玉・千葉・神奈川六県がある。

**がんどう-ちょうちん**【▽強盗▽提▽灯・▼龕▽灯▽提▽灯】 銅・ブリキ製のつりがね形で、中に自由に回転するろうそく立てと反射鏡を付け、前方だけを照らす仕掛けのちょうちん。がんどう。忍びぢょうちん。↓図

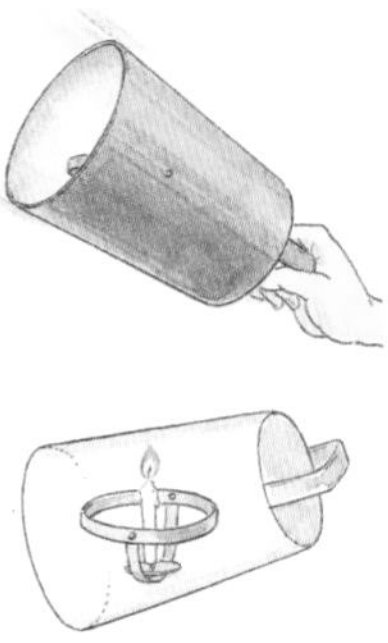
●強盗提灯

**かんとう-に**【関東煮】《関西で》東京風のおでん。関東炊き。

**かんとう-ぶし**【関東節】 主として東京を中心に発達した浪花節。高い調子の三味線にあわせ、はりあげる高音に特徴がある。高調子。比較関西節。

**かんどう-ぶん**【感動文】 表現の上から見た文の種類の一つ。感動の気持ちを表したもの。感動詞や感動を表す助詞を用いることが多い。「ああ、おもしろい」「きれいだなあ」など。exclamatory sentence 比較平叙文・命令文・疑問文。

**かんとう-へいや**【関東平野】 関東地方の大部分を占める日本最大の平野。東京をはじめ多数の都市があり、経済活動がきわめてさかん。

**かんとう-ローム**【関東ローム】 関東地方の台地や丘陵をおおう赤土。第四紀洪積世の降下火山灰を主とする火砕物質層。関東火山灰土。関東赤土。Kanto loam

**カン-トー**【Can Tho】 ベトナム南部の都市。メコンデルタ地域の政治・経済の中心地。周辺は稲作地帯。人口一八・三万(一九七九)。

**かんど-がわ**【神戸川】 島根県東部を流れる川。長さ八七㎞。源流は赤名川。下流は出雲平野西部を形成。名勝立久恵峡がある。

**かんとく**【寛徳】 平安中期の年号。長久から改元。元年(一〇四四)一一月二四日~三年(一〇四六)四月一四日。次に、永承に改元。

**かん-とく**【感得】(名・サ変他) 深い道理を感じさとること。比較感知。

**かん-とく**【監督】(名・サ変他) ①指揮・命令し、また取り締まること。また、その人。direction; director ②スポーツ競技で、チームを指導し、作戦などの指揮をとる人。manager; head coach

**かん-とく-えん**【関特演】 「関東軍特別演習」の略。

**かん-どころ**【勘所】 ①三味線などで、音の高さを決めるおさえどころ。つぼ。②物事の、急所。vital point 用例 ―をおさえる。

**がん-と-して**【頑として】(副) 自説を主張して動じないさま。stubbornly 用例 ―聞き入れない。

**ガント-チャート**【Gantt chart】 作業工程管理のための図表。各機械に割りあてられた作業を図表で示し、その機械の有効的な利用をはかる。アメリカのヘンリー=ガントが考案。

**かん-ドック**【乾ドック】 船舶の建造・修理のための施設。船が出入りできる大きさの掘割りの内部をコンクリートで固め、入り口に水門を設けて、内部の水を排出できるようにしたもの。dry dock 対義浮きドック。

**ガントナー**【Joseph Gantner】(一八九六~ ) スイスの美術史学者。美術史に人間学的解釈の新生面を開く。著書『人間像の運命』など。

**カントメーター**【Quantometer】 米国ARL社製の直読式の発光分光装置。一九四七年に発売された。炉に入れる前の鉄鋼などに含まれる元素の分析に適する。

**カントリー-アンド-ウエスタン**【country and western】 音楽の一分野。アメリカ西部の古いカウボーイ-ソングや中部山岳地帯の民謡、それらの系統のポピュラー音楽を含めたものを称する。カントリー。C&W。

**カントリー-ウエア**【country wear】 旅先や野外で着るのに適したスポーティーな服。また、その服装。対義タウンウエア。

**カントリー-エレベーター**【country elevator】 穀粒の大規模乾燥・貯蔵施設。エレベーターで貯蔵庫まで運ぶのでこの名がある。

**カントリー-クラブ**【country club】 ゴルフ・テニスなどの戸外スポーツの遊戯施設を持った、郊外のレクリエーション施設。

**カントリー-リスク**【country risk】 対外投融資や貿易の相手国が債務を履行できなくなる危険の度合い。外貨準備・国際収支・国民所得などから判定する。

**カントル**【Georg Cantor】(一八四五~一九一八) ドイツの数学者。ハレ大学教授。三角級数の単独数の研究から集合論を創始。

**カンドル**【Alphonse-Louis-Pierre Pyrame de Candolle】(一八〇六~九三) スイスの植物学者。世界で初めて栽培植物の原型、原産地を総合的に研究した。

**カントロビッチ**【Leonid Vitalyevich Kantorovich】(一九一二~八六) ソ連の経済学者。線形計画法の創始者で「資源の適正配分の理論」の発展に貢献。一九七五年ノーベル経済学賞受賞。

**かん-とん**【▼嵌▼頓】 腸管など腹部の内臓器官が部分的に腹壁の間げきから脱出してしまい、もとにもどらなくなった状態。早期手術が必要。嵌頓ヘルニア。ヘルニア嵌頓。incarceration

**カントン**【広東】〈省〉(Guǎngdōng) 中国南部の省。珠江、韓江流域を中心とする地域で、米・サトウキビなどの農業がさかん。省都広州を中心に重化学工業も発達。人口五九八八七万(一九八四)。

**カントン-コミューン**【▽広▽東コミューン】 一九二七年一二月、中国共産党が広州で武装蜂起した事件。張太雷・葉剣英らが指導。広州の要所を占拠、人民政府を樹立したが、国民党軍閥により三日で鎮圧された。

**カントン-じゅうけつきゅうちゅう**【▽広▽東住血吸虫】 ヒトの血管内に寄生する大陸産の吸虫の一種。中間宿主はカタツムリなど。日本にも分布。

**カントン-とう**【カントン島】(Canton Island) 太平洋中部、フェニックス諸島最大の珊瑚礁の島。一九七九年からキリバス領。面積八八㎢。

**カントン-りょうり**【▽広▽東料理】 中国料理の一つ。気候に恵まれているために素材が豊富で、調理法も多彩。美味。素材の鮮度がよいため、薄味が特徴。「食は広州に在り」といわれるほど、中国でも代表的な料理。

**かんな**【▼鉋】《「かな(鉋)」の転》木材の表面を平滑に削るための木工用の道具。かんな台に刃を適度な勾配でさし込む。使用目的により形が異なり、種類も多い。plane 用例 ―をかける。数え方一丁。↓写

**かんな**【寛和】《「かんわ」の変》平安中期の年号。永観から改元。元年(九八五)四月二七日~三年(九八七)四月五日。次に、永延に改元。かんわ。

**カンナ**【canna】 カンナ科の春植え球根草。観賞用に栽培。高さ一~二m。葉は広大で、緑色または紫銅色。花弁は小さく、おしべが花弁状に変形。夏から秋にかけて、茎の先に赤・白・桃・黄・だいだいなどの花が咲く。↓写

●カンナ

**かん-ない**【管内】 管轄の区域の中。within a district

**がんない-レンズ**【眼内レンズ】 水晶体摘出手術後に眼内に入れる人工のレンズ。白内障手術後などに使われる。人工水晶体。intraocular lens

**かん-ながら**【▽随▽神・▼惟▽神】(副)《「かん」は神、古くは「かむながら」》①神でおわすまま。②神代からのままに。

**かんながら-の-みち**【▽随▽神の道・▼惟▽神の道】 国家神道の別称。復古神道以降強調され、神代からそのまま伝えられた日本固有の道とされる。

**かんな-がわ**【神▽流川】 群馬県南西部を流れる川。長さ七七㎞。関東山地に発し、新町付近で烏川に合流し、利根川に注ぐ。

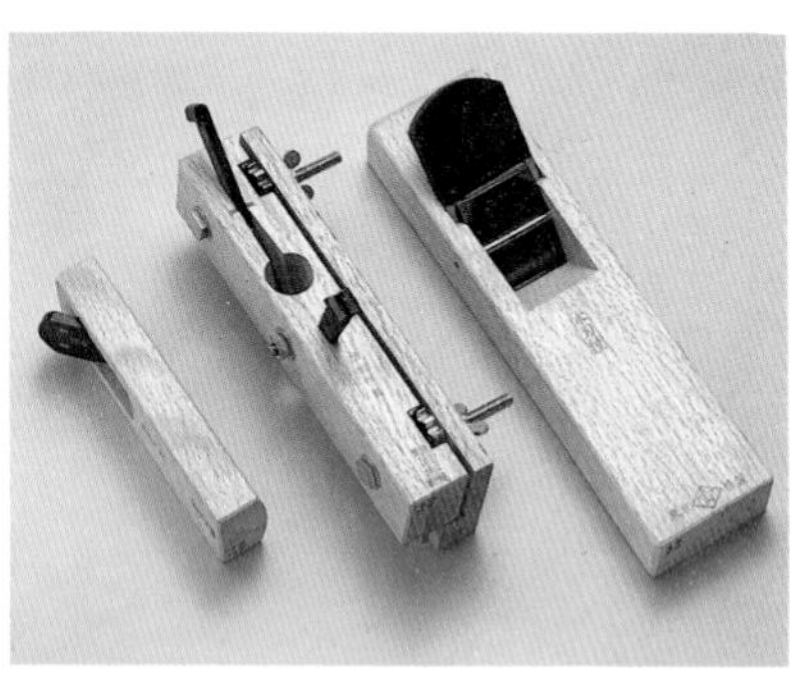
●鉋　右から、平鉋、溝鉋、平丸鉋。

**かん-なぎ**【▼巫・▼覡】 神に仕える者。神楽を奏して神慮をなだめ、また神意をうかがい託宣を告げる人。かむなぎ。こうなぎ。

**かん-なぎ**【寒▼凪】 寒中に、西高東低の気圧配置による季節風がやみ、海の波も穏やかになぎわたること。冬凪。

**かんな-さん**【漢▼拏山】 朝鮮半島の南西海上、済州島中央の休火山。標高一九五〇m。裾野が広く、牛・馬が放牧される。ハルラサン。

**かんな-ぜん**【看▽話禅】 禅宗で、与えられた公案の研究を重ねて、悟りに至ろうとする禅風。一般に、臨済禅のこと。対義黙照禅。

**かんな-づき**【神無月】《「かみなづき」の転》陰暦の一〇月の異称。

**かん-なび**【神▼奈備】 ↓かむなび(神奈備)

**かんなべ**【神▽辺】〈町〉 広島県東部、福山市北隣の町。旧宿場町。機業と農業の町で福山のベッドタウン。人口三万九八二四(一九八八)。

**かんなみ**【▼函▽南】〈町〉 静岡県東部、三島市東隣の町。ニンジン・イチゴ・スイカなどの栽培がさかん。宅地が増加。畑毛温泉がある。人口三万三一四〇(一九八八)。

**かんなめ-さい**【神▼嘗祭】 伊勢神宮の収穫祭で神宮祭祀中でも重要なもの。毎年一〇月一五~一七日、外宮と内宮で御饌・神酒の供進を行い、勅使の奉幣がある。皇居では一七日、天皇が賢所で祭儀を行い、神宮を遥拝する。あいなめのまつり。かんにえのまつり。

**かんなり**【▽金成】〈町〉 宮城県北端の町。旧宿場町。北上川の支流、迫川に沿う水田地帯で良質米の産地。人口九一六一(一九八八)。

**かん-なん**【患難】 難儀。心配。hardships

**かん-なん**【▼艱難】 辛く苦しいこと。苦難。困苦。hardships

**艱難辛苦**(かんなんしんく) 困難に遭い、つらく苦しい思いをすること。hardships

**艱難汝を玉にす**(かんなんなんじをたまにす) 困難は人間をみがいて、りっぱにするものだ。人は困難を克服してりっぱになっていく。

**かん-にゅう**【貫入】 ㊀(名・サ変自他) ①(自他)つらぬいて中に入ること、入れること。②(自)マグマが岩石の割れ目や既存の地層中に入り込むこと。㊁(名) ↓かんにゅう(貫乳)

**かん-にゅう**【貫乳】 陶磁器の表面に出る細かなひび。貫入。

**かん-にゅう**【▼嵌入】(名・サ変自他) はまりこむこと。はめこむこと。

**かん-にゅう**【観入】(名・サ変自)《斎藤茂吉の造語》心眼をもって物事をよく見定めること。用例 宇宙の神秘に―する。参照実相観入。

**かんにゅう-がん**【貫入岩】 マグマが周辺の岩石に貫入してできた火成岩。intrusive rock 比較噴出岩。

**かん-にょ**【官女】 ↓かんじょ(官女)

**かん-にん【官人】** 律令制で、六位以下、主典以上の役人。

**かんにん【寛▽仁】** 平安中期の年号。長和から改元。元年(一〇一七)四月二三日～五年(一〇二一)二月二日。次に、治安に改元。

**かん-にん【堪忍】**(名・サ変自)①我慢すること。patience ②怒りをこらえて、人の過ちを許すこと。

**堪忍は一生の宝** がまんすることは、幸福をもたらすもとであり、一生涯守るべき、大切なものであるということ。

**堪忍袋の緒が切れる** もう許せない。これ以上がまんができない。run out of patience

**がん-にん【願人】** ①ねがいぬし。請願人。②願をかけた人。③「願人坊主」の略。

**カンニング【cunning】**(名・サ変自)《ずるい、の意から》試験のときなどの不正行為。cheat in an examination

**がんにん-ぼうず【願人坊主】**《代願人の坊主、の意》江戸時代、僧形のこじき。人に代わって願かけや水ごりなどもした。がんにん。

**カンヌ【Cannes】** 南フランスのコートダジュールにある国際的保養・観光都市。国際映画祭の開催地として有名。人口七・二万(一九八二)。

**かんぬき【▼閂】**《「かんのき(貫の木)」の転》①左右の扉の金具に差し通して門や戸を開かないようにする横木。貫の木。bar 用例 ―をさす。②相撲で、もろ差しになった相手の両腕を外側からかかえこんでしぼり上げるかたち。double-arm lock →写 →箱錠図

●閂① 京都市、二条城北大手門。

**かんぬき-どめ【▼閂止め】** 縫い止まりなどほつれやすい所を補強する止め縫い。糸を渡してからその糸をかがったり、針に数回糸を巻きつけて止めたりする。bartack stitch

**かん-ぬし【神主】** ①神を祭る祭主。②神社に仕える神職の長。③神社の神事に仕える人。神官。神職。

**カンヌン【江陵】**(Kangnŭng) →こうりょう(江陵)

**かん-ねい【▼奸▼佞・▼姦▼佞】**(名・形動) 心が曲がっていて、悪賢く、人にこびへつらうこと・人。また、そのようす。用例 ―邪知。

**カンネー-の-たたかい【カンネーの戦い】** 紀元前二一六年、第二ポエニ戦争中にハンニバルの率いる五万のカルタゴ軍が、南イタリアのカンネーで八万のローマ軍を包囲全滅させた戦い。Battle of Cannae

**かん-ねん【観念】** ㊀(名)①見解。考え。idea ②心理学・哲学などで、対象を心のなかでまとめた形。意識のうちに現れるイメージ。意識内容。イデア。理念。表象。idea 比較 概念。対義 実在。㊁(名・サ変自他)あきらめること。覚悟すること。resignation 用例 もうだめだと―した。

**観念の臍を固める** もうこれまでと、最後の覚悟をする。

**がん-ねん【元年】** ①紀元の第一年。②治世の第一年。③年号の改まった最初の年。④あるものごとの始まった最初の年。用例 鉄道―。

**かんねん-か【観念化】**(名・サ変他)①あるイメージにまとめること。ideation ②頭で考えただけのものとなること。生き生きした実際性を失うこと。

**かんねん-しょうせつ【観念小説】** ある観念の具象化を目的とした小説。とくに日清戦争後、川上眉山・泉鏡花らの試みた主観的傾向の強い小説をいう。比較 テーマ小説。

**かんねん-てき【観念的】**(形動)①現実を問題としないで、観念でものごとを割り切ろうとするさま。ideal ②現実離れしているさま。空想的。ideal

**かん-ねんぶつ【寒念仏】** 寒中、明け方、山野に出て念仏を唱える行。かんねぶつ。

**かんねん-ろん【観念論】** ①哲学などで、外界の事物はわれわれの観念・意識が、それを認めたから実在するのであるとし、こうした精神的存在が根源的であるとする考え方。idealism 比較 唯心論。対義 唯物論・実在論。②現実離れのした、頭の中だけでつくり出した考え。理想論。idealism

**かん-の-あめ【寒の雨】**(連語) 寒中に降る冷たい雨。

**かん-の-いり【寒の入り】** 寒の期間に入ること。また、その日。新暦で一月六日ごろ。

**かん-のう【完納】**(名・サ変他) 定められた額・量を全部おさめること。full payment 対義 未納。用例 税金を―する。

**かん-のう【肝脳】** 肝臓と脳髄。転じて、肉体と精神。

**肝脳、地に塗る** むごたらしい状態で、殺される。

**肝脳を絞る** 知恵のありたけを出し、全力をつくして事にあたる。類似 心を砕く。

**かん-のう【官能】** ①感覚を起こす器官の働き。生物が生活器官によって営む作用。organic functions ②俗に、性に関する器官の働き。肉体的満足だけを受け入れ、喜ぶ働き。

**かん-のう【堪能】**(名・形動)《「たんのう」は慣用読み》専門のわざに練達していること・人。用例 ―の嗜まざるよりは、終に上手の位にいたり(徒然・一五〇)。

**かん-のう【間脳】** 脊椎動物で、左右の大脳半球と中脳のあいだに位置する大脳部分。視床と視床下部などに分かれ、嗅覚以外のすべての感覚路の大脳皮質への中継所であり、また自律神経系の中枢がある。interbrain

**かん-のう【勧農】** 農業をすすめること。

**かん-のう【感応】**(名・サ変自)《「かんおう」の変》①物事に感じて心が動くこと。感情が他のものにまで誘発されていくこと。response ②導体が磁場・電場によって磁気・電気を帯びること。誘導。induction ③宗教で、信仰心が深くて神仏にまで心が通じること。用例 神の―を得てなしとげられる仕事。

**かんのう【観応】** 日本の南北朝で、北朝の年号。貞和から改元。元年(一三五〇)二月二七日～三年(一三五二)九月二七日。次に、文和に改元。かんおう。

**かん-のう【観能】** 能楽を観賞すること。

**かんのうかすいたい-けい【間脳下垂体系】** 間脳、とくに視床下部と下垂体が構成する高次の中枢。下垂体からのホルモン分泌は視床下部によって緊密に調節されているが、この系に障害が起こると、尿崩症・思春期早発症・巨人症などの病気が発生する。diencephalohypophysial system

**かんのう-き【官能基】** 有機化合物を特性づける原子団。カルボン酸のカルボキシル基など。機能原子団。functional group

**かんのう-けんさ【官能検査】** 人間の五感によってものの品質を評価する方法。sensory evaluation

**かんのう-てき【官能的】**(形動)①感覚器を強く刺激するさま。sensuous ②肉欲をそそるさま。sensual 用例 ―な踊り。

**かんのう-どうこう【感応道交】**《仏教語》仏のはたらきかけと、それを感じる人の心とが互いに合致すること。

**かん-の-き【貫の木】** →かんぬき(閂)

**かんの-すが【管野スガ】**(一八八一～一九一一) 社会主義者・新聞記者。京都生まれ。幸徳秋水の内妻。大逆事件で刑死。著書に『死出の道艸』。

**かん-の-むし【▼疳の虫】** ①疳、つまり、ひきつけをおこす原因と考えられた虫。②疳の俗称。ひきつけ。

**かん-の-もどり【寒の戻り】** 春、気候が暖かくなったあと、突然寒くなる現象。

**かんのわのなのこくおう-の-いん【漢▼倭▽奴国王印】** 天明四年(一七八四)筑前志賀島(現福岡県粕屋郡)で発見された金印。「漢委奴国王」の刻字がある。『後漢書』「東夷伝」に記述のある、五七年に光武帝が倭の奴国王に与えた印綬と推定される。国宝。→倭奴国王印写

**かん-のん【観音】**《「かんおん」の変》観世音菩薩の略称。

**かんのん-ぎょう【観音経】**『法華経』第二五品「観世音菩薩普門品」の通称。観世音菩薩が人々を苦難から救い、願いをかなえることを説く。普門品。

**かんのん-ざき【観音崎】** 神奈川県三浦半島東端、浦賀水道に臨む岬。明治二年(一八六九)設置の日本最古の洋式灯台がある。

**かんのん-じゅろ【観音▼棕▼櫚】** ヤシ科カンノンジュロ属の総称。幹は叢生し、高さ一～四m、径約三〇cm。葉は光沢のある掌状深裂葉。カンノンチク・シュロチクなど。園芸用に栽培。lady palm

**かんのん-しんこう【観音信仰】** 観世音菩薩に対する信仰。衆生を救済する菩薩、現世利益の仏さまとして古くから庶民信仰の中心となり、西国三十三所・坂東三十三所・秩父三十四所など百観音札所巡礼が盛行。

**かんのん-そう【観音草】** キチジョウソウの別名。

**かんのん-ちく【観音竹】** ヤシ科の常緑低木。茎に七、八葉が互生し、扇の骨のように五～七枚の小葉を広げ、つやがあって美しい。観葉植物として江戸時代以降栽培。小達磨・大黒天などの品種がある。中国南部原産。→写

●カンノンチク

**かんのん-びらき【観音開き】** ①《観音の厨子に使われることから》両開き戸で、開いた戸がさらに内側に折れ曲がる構造の戸。また、その開き方。倉庫・仏壇などに多用。②魚や鶏肉に詰め物をするために切れ目を入れる調理法。中央に包丁を入れて両側に開く。→写

**かんのん-ふもんぼん【観音普門▽品】**『法華経』第二五品「観世音菩薩普門品」の略称。『観音経』として独立に扱われることが多い。

**かんのん-ぼさつ【観音▼菩▼薩】** 観世音菩薩の略称。

**かんば【▼樺】** →しらかば(白樺)

●観音開き① 鎌倉市、建長寺仏殿。

**かん-ば【汗馬】** ①馬を走らせて、あせをかかせること。②名馬。

**汗馬の労** ①《戦場で、馬が汗をかくほどかけ回り、活躍した功労、の意から》戦功。②《転じて、話のとりまとめなどのために》あちこち走り回る苦労。比較 犬馬の労。

**かん-ば【▼悍馬・▼駻馬】** 気の荒い馬。暴れ馬。

**かん-ぱ【看破】**(名・サ変他) 見やぶること。見抜くこと。penetrate

**かん-ぱ【寒波】** 北極やシベリアの寒気団が来襲し、急激な気温低下を起こす現象。また、その気流。秋から冬、または春先の温暖な日の後に生じる。cold wave

**カンパ**(名・サ変他)《ロシア語「カンパニア」の略》①政治・社会運動に必要な運動資金を集める募金運動。また、集まった資金。②募金活動一般。campaign

**カンパーニア【Campania】** イタリア南部の州。州都ナポリ。オリーブ・柑橘類の栽培がさかん。人口五五六・三万(一九八一)。

**かん-ばい【寒梅】** 寒中に咲くウメ。早咲きのウメ。

**かん-ばい【観梅】** ウメの花を観賞すること。うめみ。比較 探梅。

**かん-ぱい【完配】**(名・サ変他) くばる予定のものを全部くばりおえること。

**かん-ぱい【完敗】**(名・サ変自) 完全に負けること。complete defeat 比較 全敗。対義 完勝。

**かん-ぱい【乾杯】**(名・サ変自) 杯の酒を飲み干すこと。健康や成功などを祝って、杯を上げ、酒を飲みほすこと。また、そのときいう合図の語。toast

**かん-ぱい【漢俳】**《中国語俳句、の意》中国人

が、日本の俳句を訳したり、それにならって作る短詩。
**かん-ぱい【感▼佩】**(名・サ変自) ①恩を深く感じて忘れないこと。②ありがたいと感じること。用例 ―措く能わず。
**がん-ぱい【眼杯】** 脊椎動物の眼の発生時に前脳の一部が分化したもの。眼球のもとになる眼胞を包み込むためにできたさかずき状の構造。optic cup
**かん-ぱく【関白】** ①《天下の万機を「関り白す」の意》天皇を助けて政務をとった最高の職。平安時代に設置され、王政復古に際し廃止された。阿衡。比較 摂政。②権力の強い者。用例 亭主―。
**かんばし・い【芳しい・▽香しい・▼馨しい】**(形) ①においがよい。fragrant ②ほまれが高い。評判がよい。名誉だ。favorable ③《ふつう下に打ち消しをともなって》りっぱと言える。りっぱだ。用例 ―・くない成績だ。
**かん-ばし・る【甲走る・▼癇走る】**(五自) 声が高く細くて、鋭く響く。きんきんする。sound shrill
**カンバス【canvas】** =キャンバス。①画布。麻・ジュート・木綿の厚手の布で、表を滑らかにし、白く地塗りをしたもの。木枠に張って油絵を描くのに用いる。ヨーロッパでは一六～一七世紀から使用。数え方 一枚・一号(大きさ)。②粗目の麻布。帆・テントなどに用いる。ズック。
**かん-ばせ【▽顔】**《「かほばせ」の転》①かお。かおつき。用例 花の―。②面目。名誉。
**かん-はた【▼綺】** 古代絹織物の一種。幅は狭く、薄地で縦縞がある。帯・巻き物のひもに使用。かんばた。き。おりもの。
**かん-ぱち【間八】** アジ科の海水魚。全長約一・五m。ブリに似るが、前額部に八の字形の暗色斑がある。美味。本州中部以南・台湾に分布。↓図

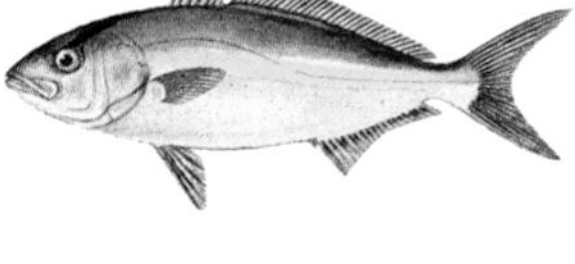
●カンパチ

**かん-ばつ【▼旱▼魃】**《「魃」は、ひでりの神》ひでりや水がれ。とくに、農耕に必要な梅雨時の雨不足による水がれ。夏の高気圧におおわれたときなどに起こる。河川の水量や土壌の水分が減って、干害をもたらす。drought
**かん-ばつ【間伐】**(名・サ変他) 森林や樹園の手入れ法の一つ。主要な木の生長を促すため、適切な栽植密度になるよう一部の木を伐採すること。疎伐。thinning
**かん-ばつ【簡抜】**(名・サ変他) よりぬくこと。
**かん-ぱつ【▼渙発】**(名・サ変他) 天皇が詔勅を出すこと。用例 大詔を―する。
**かん-ぱつ【▼煥発】**(名・サ変自他) 火が燃え上がるように、外に輝いて現れ出ること。用例 才気―。
**かん-ぱつ【間髪】**「間、髪を入れず」の「間、髪」の誤読。用例 ―を入れず。参照 間、髪を入れず。
**かん-はっしゅう【関八州】**《「関東八州」の略》江戸時代の関東八か国。相模・武蔵・安房・上総・下総・常陸・上野・下野の八か国。
**カンパニア【kampaniyaロシア】** ↓カンパ
**カンパニー【company; Co.】** 会社・商社。
**カンパニュラ【campanula】** キキョウ科ホタルブクロ属の一、二年草または多年草の総称。約二五〇種が温帯に分布。釣り鐘状の花を開く。花色は紫系が多く、白・淡紅色などもある。観賞用に栽培。↓写

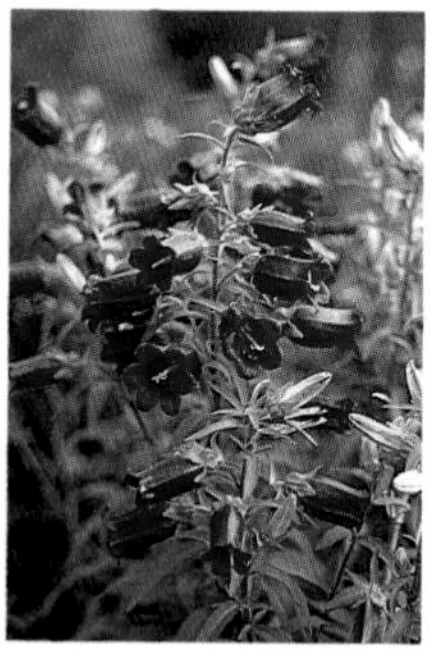
●カンパニュラ

**カンパネラ【Tommaso Campanella】**(一五六八～一六三九) イタリアールネサンス期の哲学者。ドミニコ会修道士。感覚知に基づいた自然哲学を説いた。ナポリ独立運動に参加し、捕らえられて二七年間下獄。著書『太陽の都』は共産主義的ユートピア物語として知られる。
**かんばやし-あかつき【▽上林暁】**(一九〇二～一九八〇) 小説家。本名、徳広巌城。高知県生まれ。東大卒。代表的な私小説作家で病妻物が有名。作品『聖ヨハネ病院にて』『白い屋形船』など。
**かんばやし-おんせん【▽上林温泉】** 長野県北東部、山ノ内町にある温泉。志賀高原への入り口で、近くにスキー場もある。
**かんばら【▼蒲原】**〈町〉 静岡県、富士川河口の町。旧宿場町。アルミニウム精錬と食品加工業がさかん。人口一万五三二二(一九八八)。
**カンパラ【Kampala】** アフリカ中部、ウガンダの首都。ビクトリア湖北岸の交易都市。赤道直下にあるが高原気候で快適。人口四五・八万(一九八〇)。
**かんばら-ありあけ【▼蒲原有明】**(一八七六～一九五二) 詩人。本名、隼雄。東京生まれ。独自の象徴詩風を完成した。新体詩集『草わかば』、日本最初の象徴詩集『春鳥集』、『有明集』など。
**がんばりズム**《俗語。「がんばる」と「イズム」の混交》猛烈に努力する主義。
**がん-ば・る【頑張る】**(五自) ①我を張る。自説を押し通す。insist on 用例 自分が正しいと主張して―。②我慢して、あくまで努力する。hold out 用例 元気で―・ろう。③ある場所を動かないで、いつまでもいる。guard 用例 出口で父が―・っているから出られない。
**かん-ばん【看板】** ①屋号・商品名・職業名などを記し、屋外に掲げる宣伝標識。また、劇場などで俳優名を記し演芸の大略など画に描いて小屋の前に掲げたもの。signboard 比較 ポスター。数え方 一枚。②得意とするもの。strong point ③人の注意をひきつけるもの。attraction ④見せかけ。かざり物。figurehead ⑤飲食店などで、閉店。closed
**看板が泣く**(かんばんがなく) ①見せかけと実際とが違っている。be not true to one's name ②これまでの名声・栄誉に、内実がついていけなくなる。become unworthy of one's reputation
**看板に偽り無し**(かんばんにいつわりなし) 外見に内容がともなっていること。be true to its name; sail under one's true colors
**かん-ぱん【干犯】**(名・サ変他) 干渉して他の権利をおかすこと。用例 統帥権―。
**かん-ぱん【甲板】** 船舶の上部にある広く平らな床。デッキ。こうはん。deck
**かん-ぱん【肝▼斑】** 顔面、とくに目の周囲や頬、額の部分にできる褐色ないし黒褐色のしみ。思春期以後の女性に多い。原因不明であるが、紫外線のほか、月経異常・妊娠・ホルモン・中毒・化粧品などとの関連が考えられる。liver spots
**かん-ぱん【官版・官板】** ①政府の出版。また、その出版物。governmental publication ②江戸時代、昌平坂学問所で教科書として刊行した漢籍。昌平版。
**かん-ぱん【乾板】** ハロゲン化銀とゼラチンからなる感光乳剤を塗布した平滑なガラス板。現在では、寸法安定度が必要な科学用写真など、特殊な用途のみ。dry plate 対義 湿板。
**かん-パン【乾パン】** 油脂・糖分・水分をへらし、型抜きしてかたく焼いたビスケット風のパン。長期保存がきくので非常食や携帯食にする。かたパン。hardtack
**がん-ばん【岩盤】** 固まった大規模な岩石体。表面の土層の下の岩石層、岩石で構成された地盤など。軟弱な堆積層の基盤となっている。rock bed
**かんばん-だおれ【看板倒れ】**(かんばんだふれ) ①外見だけがりっぱで、内容がともなっていないこと。gorgeous in appearance but poor in substance ②外部からはりっぱに見えるが、経営が成り立たないこと。not so good as it looks
**かんぱん-バタビヤしんぶん【官板バタビヤ新聞】** 文久二年(一八六二)に創刊された日本初の翻訳新聞。オランダ政庁の機関紙を抄訳して刊行したもの。のち、「官板海外新聞」と改題。文久新聞。バタビヤ新聞。
**かんばん-ほうしき【かんばん方式】** トヨタ自動車(株)独自の生産管理方式の一つ。「かんばん」と呼ばれる指示票を使って部品の製造と組み立て工程のタイミングを合わせ、無駄をはぶくことを目的とする。kanban system; just-in-time method
**かんばん-むすめ【看板娘】** 店先で働いて客をひきつける美しい娘。draw girl
**かん-び【完備】**(名・サ変自) 完全にそなわっていること。be full-equipped 対義 不備。用例 冷暖房―。
**かん-び【巻尾】** 本や巻き物の終わり。巻末。end of a book 対義 巻首・巻頭。
**かん-び【艦尾】** 軍艦の後ろの部分。軍艦のとも。
**かん-び【甘美】**(形動) ①とろりとして、おいしいさま。delicious ②うっとりするような快さ。sweet 用例 ―な空想に浸る。
**かん-ぴ【官費】** ①政府から支出する費用。国費。government expense 対義 私費。用例 ―留学。②俗に、公金。
**かん-ぴ【▼韓非】**(BC?～BC二三三) 中国、戦国時代末期の思想家。韓の公子。法家思想の完成者。刑名法術を好み荀子に学んだ。国王を諫めたがいれられず、国を憂い、憤慨して『韓非子』を著した。秦に使して客死。
**がん-ぴ【▼雁皮】** ①ジンチョウゲ科の落葉低木。日本特産で暖地の山地にはえる。高さ約一・五mに達する。初夏に、筒形の花を密生。樹皮から雁皮紙をつくる。東海道以西に分布。カミノキ。②「雁皮紙」の略。
**ガンビア【Gambia】**(Republic of The Gambia) アフリカ西端、セネガル国に囲まれた小共和国。首都バンジュル。一九六五年イギリスから独立。落花生の生産が多い。面積一・一万km²。人口六六万(一九八六)。正称ガンビア共和国。
**カンピーナス【Campinas】** ブラジル南部、サンパウロ北西一〇〇kmにある都市。サンパウロ国際空港がある。人口五六・七万(一九八〇)。
**カンピーリ【Massimo Campigli】**(一八九五～一九七一) イタリアの画家。淡い色彩で、エトルスク(エトルリア)美術を思わせるアルカイックな作風を示す。
**ガンビール【gambirラテン・オランダ】** アカネ科のつる性植物。葉は長さ約一〇cmの卵形。淡紅色の筒状花が多数開く。若枝や葉のエキスがガンビール阿仙薬で、染料・薬用。
**かん-ひござい【肝▼庇護剤】** 肝臓機能障害の予防・改善に使用される薬剤。ビタミンB群・含硫化合物・肝エキス・副腎皮質ステロイドなど。liver protection
**かんぴし【▼韓非子】** ①韓非の敬称。②中国、戦国時代の韓非の論集。富国強兵のための権力強化の手段としての法と、臣下を刑と賞とで操縦する法家思想を論述。二〇巻。
**がんぴ-し【▼雁皮紙】** 雁皮の樹皮の繊維を原料として漉きあげた和紙。表面を滑らかに仕上げた薄い高級紙。鳥の子。
**かんぴ-しょう【▼柑皮症】** ミカン類・カボチャ・海苔などを多食すると、カロチンが皮膚に沈着して、手のひら・足のうらなどが黄味を帯びること。柑色皮症。aurantiasis
**かんぴ-しょう【乾皮症】** 皮膚が乾燥する病気。皮脂および汗の分泌が減少し、光沢を失って浅い亀裂を生じる。xerosis
**カンビュセス〈二世〉【Kambyses II】**(BC?～BC五二二) アケメネス朝ペルシア帝国第二代の王(在位BC五三〇～BC五二二)。キュロス二世の子。紀元前五二五年エジプトを征服し、オリエント世界を統一。
**かん-びょう【看病】**(名・サ変他) 病人を看護すること。nursing
**かん-ぴょう【乾▼瓢・干▼瓢】** ユウガオの果肉を細長く帯状にむき、天日乾燥したもの。すしの具、汁の実などに用いる。
**かんぴょう【寛平】** 平安初期の年号。仁和から改元。元年(八八九)四月二七日～一〇年(八九八)四月二六日。次に、昌泰に改元。かんぺい。かんぺい。
**がん-びょう【眼病】** 目の病気。眼疾。eye disease
**かんぴょう-き【間氷期】** 二つの氷期の間にはさまれた、温暖な気候を示す時期。この期間は氷がとけて、氷河が著しく後退する。現在は間氷期にある。interglacial epoch
**かんぴょう-の-いっぱん【管▼豹の一▼斑】**(連語)《狭い管の穴から見た、ヒョウの毛皮の模様の一部分、の意から》せまい見識。物の見方がせまいこと。
**かん-ぶ【官武】** ①公家と武家。朝廷と幕府。②文官と武官。civilian and military man
**かん-ぶ【患部】** 病気のある、また、けがをした部分。affected part 用例 ―に湿布する。
**かん-ぶ【幹部】** 組織や団体の中心となる人たち。首脳。executive
**かん-ぷ【完膚】**《傷のない皮膚、の意》無傷。
**完膚無き迄(に)**(かんぷなきまで(に)) 徹底的に。completely 用例 ―やっつける。
**かん-ぷ【官府】** ①朝廷。Imperial Court ②官庁。government office ③政府。government
**かん-ぷ【▼姦夫】** 人妻と関係した男。まおとこ。adulterer
**かん-ぷ【▼姦婦】** 夫以外の男と関係した女。a-

dulteress

**かん-ぷ【▼悍婦】** 性質の荒い女。じゃじゃ馬。

**かん-ぷ【乾布】** かわいた布。dry towel 対義 湿布。

**かん-ぷ【還付】**(名・サ変他) ①かえすこと。もどすこと。return ②行政庁・裁判所などが金銭や物件を正当な権利者に返還すること。国税・押収物などについて適用される。restoration

**カンファー【camphor】** ↓カンフル

**かん-ぷう【完封】**(名・サ変他) ①手も足も出ないほど、押さえつけてしまうこと。complete blockade ②野球で、投手が一試合を無得点に押さえること。shutout

**かん-ぷう【寒風】** 寒い風。cold wind 対義 熱風。

**かんぷう-ざん【寒風山】** 秋田県西部、男鹿半島にある複式火山。標高三五五m。山頂は東西二峰に分かれ、二つの火口湖がある。

**かんぷ-きん【還付金】** ①納付・徴収された税金のうち、国や地方公共団体で保有する理由がなくなったとして納税者に返還される税額。源泉徴収または予定納税されていた所得税額、中間申告に基づいて納付された法人税額が確定申告額を超えている場合、または純損失・欠損金の繰り戻しの場合、などに還付される。②簡易生命保険で、契約の解除・失効・変更などがあった場合、保険金受取人が支払いを請求できる金額。

**かん-ぷく【官服】** 官吏が着用する制服のこと。官給の衣服。対義 私服。

**かん-ぷく【感服】**(名・サ変自) 感心して従うこと。敬服。心服。admiration

**がん-ぷく【眼福】** 目を楽しませること。目の保養。用例 ―を得る。

**かんぷ-ぜい【還付税】** 地方分与税の一つ。国税として徴収した地租・家屋税・営業税を道府県に分与したもの。昭和一五年(一九四〇)創設、同二二年(一九四七)廃止。

**かん-ぷぜん【冠不全】** 冠状動脈の血流量の低下により、心筋組織が酸素欠乏状態になることの総称。coronary insufficiency

**かん-ふぜん【肝不全】** たんぱく質の合成、解毒などの代謝機能の働きが高度に障害された状態。hepatic insufficiency

**かん-ぶつ【▼奸物・▼姦物】** 悪知恵の働く人。心の曲がった人。crafty fellow

**かん-ぶつ【官物】** 政府の所有物。かんもつ。対義 私物。

**かん-ぶつ【乾物】** 乾燥した食品の総称。素干し、塩乾物・燻乾物などがある。かんぴょう・海苔・昆布・干しざかななど。dried goods 用例 ―屋。

**かん-ぶつ【換物】**(名・サ変自) お金を品物にとり換えること。資金を物に換えて持っていること。対義 換金。

**かん-ぶつ【▼灌仏】** ①仏像に香を加えた水をそそぎかけること。②四月八日の釈迦の誕生日に、その誕生像に甘茶をそそぎかける仏事。灌仏会。

**がん-ぶつ【▼玩物】** ①ものをもてあそぶこと。②もてあそぶもの。おもちゃ。

**がん-ぶつ【▼贋物】** ほんとうのものでないもの。にせもの。偽物。imitation

**かんぶつ-え【▼灌仏会】** 釈迦の誕生日とされる四月八日を祝って寺院で行われる法会。花御堂に安置された誕生仏に甘茶をそそぐ。花祭。花供養。仏生会。降誕会。

**がんぶつ-そうし【▼玩物喪志】** 珍しいものにうつつを抜かして大切な志を失うこと。

**カンプトサウルス【Camptosaurus ラテン】** ジュラ紀後期のヨーロッパや北アメリカにいた草食恐竜。全長五～九m。採食のさいは四脚で歩き、敵から逃げるときには二脚で走ったとされる。顎の前部に歯はないが、奥歯が発達し、若葉を食べるのに適応。

**かん-ぶな【寒▼鮒】** 寒中にとれたフナ。美味とされる。

**かんぷ-まさつ【乾布摩擦】** 健康法の一つとして、乾いた布で、からだをこすること。対義 冷水摩擦。

**かん-ぶり【寒▼鰤】** 寒中にとれたブリ。あぶらがのっていて美味。

**カンブリア【Cumbria】** イギリス、イングランド北西部の州。州都カーライル。湖沼地方は観光地として名高い。人口四八・三万(一九八三)。

**カンブリア-き【カンブリア紀】** 古生代を細分する地質時代の最初の時期。約五億七〇〇〇万年前から約五億年前まで。各種の無脊椎動物が出現。とくに三葉虫が繁栄した。Cambrian Period

**カンブリア-さんち【カンブリア山地】** (Cumbrian Mountains) イギリス、イングランド北西部の丘陵地域の総称。標高八〇〇～一〇〇〇m。

**カンフル【Kamfer オランダ】** クスノキに含まれるテルペン誘導体。中枢神経を興奮させる。強心剤。樟脳。カンファー。camphor

**カンフル-ちゅうしゃ【カンフル注射】** ①心臓の機能を増大させるために行われた、カンフル液の注射。②《転じて》状態が打開できないときにとる効果的な手段。

**がん-ぶろ【▼雁風▼呂】** 浜辺の木片を拾い集めて風呂をたき、人々にふるまったという風習。海を渡る途中で生命を落としたガンの供養のためといわれる。ガンは、海上で羽を休めるために木片をくわえて飛ぶという。

**かんぶん【寛文】** 江戸初期の年号。万治から改元。元年(一六六一)四月二五日～一三年(一六七三)九月二一日。次に、延宝に改元。

**かん-ぶん【漢文】** ①中国の、とくに漢代の文章・文学。②日本では一般に、漢字だけでつづった中国式の文章・文学。漢民族による文語体の中国文と、それにならって外国人の作った文章・文学を含む。

**かん-ぷん【感奮】**(名・サ変自) 強く感動してふるい立つこと。感激。stir up 用例 ―興起する。

**かんぶん-かきくだし【漢文書(き)下し】** 漢文を訓読し、普通の漢字仮名交じりの文章に書くこと。書いたもの。比較 訓読文。

**かん-ぶんがく【漢文学】** 日本人の作った漢詩および文学的な漢文。漢文学は奈良時代に入って発達し(『懐風藻』)、平安時代に全盛期を迎える(『凌雲集』『文華秀麗集』『経国集』の三勅撰集、『和漢朗詠集』など)。鎌倉時代の漢文学の中心は禅僧による五山文学だが、室町時代に入り衰退。江戸時代後期に詩人が輩出して黄金時代を築くが、明治維新以降は衰え、大正期を最後に漢文学は影をひそめた。

**かんぶん-くんどく【漢文訓読】** 漢文を日本語の文法にあてて読むこと。対義 棒読み。

**かんぶん-たい【漢文体】** 漢文読み下し文のような文体。文語文に多い。漢文脈。

**かんぶん-ちょくやくたい【漢文直訳体】** 漢文の訓読を、そのまま漢字仮名まじりに書き下した文体。

**かんぶん-もよう【寛文模様】** 小袖模様の一種。寛文年間(一六六一～七三)の小袖模様の様式。小袖全体を一つの画面とみなし、背の右肩から左裾に向けて雄大な絵模様を表現。

**かん-べ【神▽戸】** 律令制下、神社に属して租・庸・調を納めた人々。封戸の一種。じんこ。

**かん-ぺい【官幣】** 律令制のもとで、神祇官が祈年・月次・新嘗祭などに奉った幣帛。用例 ―社。

**かん-ぺい【寛平】** ↓かんぴょう(寛平)

**かんぺい【寛平】** ↓かんぴょう(寛平)

**がん-ぺい【眼柄】** 甲殻類のうち、エビ・カニなどの複眼のついている柄。内部にサイナス腺・X器官など重要な神経分泌構造をもつ。optik stalk

**かんぺい-しき【観兵式】** 軍隊を整列させて、これを国の元首などが観閲する儀式。military review 比較 分列式。

**かんぺい-しゃ【官幣社】** 旧社格の一つ。律令制下では神祇官、明治以後は宮内省から幣帛を受けた社。

**かん-ぺき【完▼璧】**(名・形動) 《傷のない宝玉の意》まったく欠点がないさま。完全無欠。perfection 用例 ―を期する。

**かん-ぺき【▼癇癖】** かんしゃく。かんしゃく持ちの性質。用例 ―が強い。

**がん-ぺき【岸壁】** ①きり立った岸。cliff ②船を横づけさせるために、岸に沿って造った壁状の構造物。wharf

**がん-ぺき【岩壁・▼巌壁】** かべのように直立した岩。wall of rock 用例 ―をよじ登る。

**がんぺき-が【岩壁画】** 岩壁に鉱物性の顔料で描いた「彩画」と、石または金属ののみで刻んだ「刻画」の総称。旧石器時代の洞窟壁画など。今日まで各時代・各地に見いだされる。

**かん-べつ【鑑別】**(名・サ変他) 見分けること。discrimination 比較 鑑定。用例 ひよこの雌雄を―する。

**かん-べに【寒紅】** 寒中につくられた紅。色がとくに美しく、最上のものとされた。寒の紅。参照 丑紅。

**かん-べん【冠▼冕】** かんむり。

**かん-べん【勘弁】**(名・サ変他) ①よく考えること。②罪や過失を許すこと。勘忍。pardon ③うまくやりくりすること。

**かん-べん【簡便】**(名・形動) 手軽で、便利なこと・さま。simple and easy 用例 ―な方法。

**かん-ぺん【官辺】** 政府方面。用例 ―筋の意向。

**かん-ぽ【簡保】** 「簡易保険」の略。

**カンポ【campo ポルトガル】** ブラジル高原に分布するまばらな林。生育している植物の樹高は一〇m以下。サバナやセラドを含めることもある。

**カンポアモール【Ramón de Campoamor y Campoosorio】**(一八一七～一九〇一) スペインの詩人。思索的な詩風。作品『ドロラス』『ウモラーダス』など。

**かん-ぼう【官房】** 内閣や各中央官庁の内部部局の一つ。その長に直属し、秘密事項・庶務事項・予算会計・人事など組織の維持管理を担当する。secretariat

**かん-ぼう【感冒】** かぜ。風邪。cold

**かん-ぼう【監房・▼檻房】** 囚人を入れる部屋。cell

**かん-ぼう【観望】**(名・サ変他) けしき・なりゆきなどを眺めること。observe 用例 形勢を―する。

**かん-ぽう【官報】** ①法令その他の国民に知らせるべき事項を掲載する、国の日刊紙。大蔵省印刷局発行。法令は官報で公布されることにより、効力を発生する。official daily gazette ②官庁などで、公用電報のこと。official telegram 対義 私報。

**かんぽう【寛▽保】** 江戸中期の年号。元文から改元。元年(一七四一)二月二七日～四年(一七四四)二月二一日。次に、延享に改元。

**かん-ぽう【漢方】** 中国から日本へ渡来した医術。江戸時代に日本独自の発達をとげ一応の完成をみた。西洋医学をもとにする現代医学とは発生も体系もまったく異なる。漢方薬による薬物療法を重視し、ほかに鍼、灸などの療法がある。医書には『黄帝内経』『傷寒論』『神農本草経』がある。漢方医学。東洋医学。対義 蘭方。用例 ―薬。

**かん-ぽう【管▼鮑】** 管仲と鮑叔。いずれも、中国、前七世紀の人。

**管鮑の交わり(かんぽうのまじわり)** 《管仲と鮑叔との交友の故事から》信頼し合う友人どうしのつきあい。類似 水魚の交わり。

**かん-ぽう【観法】** ①心で仏法を念じ修行すること。②人相をみる法。

**かん-ぽう【艦砲】** 軍艦にそなえてある火砲。現在では大型艦砲はミサイルにかわり、小型で発射弾数の多いものが装備される。naval gun 用例 ―射撃。

**がん-ぼう【願望】**(名・サ変他) 願い望むこと。がんもう。desire 比較 欲求。

**かんぽう-い【漢方医】** 漢方による医者。対義 蘭医。

**かんぽう-いがく【漢方医学】** ↓かんぽう(漢方)

**かんぼう-がく【官房学】** 《Kameralwissenschaft ドイツの訳》一七～一八世紀のドイツ・オーストリアで発達した政策学。官房財政の維持と、能率的統治のためのもの。狭義には、国家収入の獲得に関する理論をさす。cameralism

**がんぼう-じゅうそく【願望充足】** フロイトの精神分析の用語。①願望が充たされた状態を空想すること。wish fulfillment ②無意識の願望を、夢・錯誤行為・神経症症状などで充たし、心理的緊張を解消すること。wish fulfillment

**かんぼう-ちょうかん【官房長官】** 「内閣官房長官」の略。

**かんぽう-やく【漢方薬】** 中国から伝来した薬物。草の根、木の皮、葉を主とする。『本草綱目』には一八九八種の動・植・鉱物由来の薬物が記載されている。Chinese drugs

**かん-ぼく【肝木】** スイカズラ科の落葉低木。東アジアの山地にはえる。高さ四～五m。葉は倒卵形で、掌状に三裂。葉柄の上部に一対の蜜腺がある。初夏にアジサイに似た花が咲く。材に香気があるので楊枝にする。

**かん-ぼく【▼翰墨】** ①筆と墨。②書画・詩文をかくこと。その書画・詩文。

**かん-ぼく【▼灌木】** ↓ていぼく(低木)

**カンボジア【Cambodia】** インドシナ半島南西部、メコン川下流にある国。首都プノンペン。一九五三年フランスから独立。数次の政変・内戦をへる。木材・米・生ゴムの生産が多い。アンコールワットの仏教遺跡で知られる。面積一八・一万km²。人口七四九万(一九八九)。

**カンポス【Campos】** ブラジル中東部、リオデジャネイロ北東、パライバ川下流の海岸平野にある商業都市。人口三四・七万(一九八〇)。



▼ 常用漢字表外。 ▽ 常用漢字表の音訓外。

●カンボタン

**かん-ぼたん【寒▼牡丹】** ボタンの変種。二季咲き性のボタンで、春に形成される花芽を摘んで、秋にできるつぼみを冬に開かせる。↓写

**かん-ぼつ【陥没】**(名・サ変自) 地面や海底などが沈下すること。depression

**かんぼつ-こ【陥没湖】** 断層や火山爆発によって、地盤が低下してできた湖。カルデラ湖はこの例。collapse lake

**かんぽ-どうぶつ【緩歩動物】** 節足動物門の一綱。体長一㎜以下。頭と四胴節からなり、胴部にいぼ足状の短い四対の脚がある。クマムシの仲間で、淡水生。世界各地に分布。tardigrade

**カンホワ-とう【カンホワ島・▽江▽華島】**(Kanghwa) ↓こうかとう(江華島)

**かん-ぽん【刊本】** ①印刷し、刊行された図書。printed book 対義 写本。②近世に出版された木活字本・銅活字本・整版本など。版本。

**かん-ぽん【完本】** 全集本などで、全部そろっている状態の書籍。対義 欠本・端本・零本。

**がん-ぽん【元本】** ①それを使用することによって収益を生むもとになる財産。利息つきの貸し金など。げんぽん。principal ②元金。もとで。principal

**ガンマ【Γ・γ】** ①ギリシア字母の第三字。gamma ②重量の単位の一つで、一〇〇万分の一グラム。マイクログラム。gamma ③星座の中で、三番めに明るい星。gamma

**ガンマ-アミノらくさん【γアミノ酪酸】** ↓ギャバ(GABA)

**かん-まいり【寒参り】** 寒の三〇日間、信心や祈願のため毎夜社寺に参詣すること。また、その人。寒詣で。

**かんまき【▽上牧】**〈町〉奈良県、奈良盆地中部の町。農業が主。活発な宅地開発が行われ、工場も進出。人口二万九三六(一九八八)。

**ガンマ-グロブリン【γ-globulin】** 血液の成分たんぱく質の一つ。感染性疾患時に増量し、免疫反応のさいに生じる抗体はこれに含まれている。免疫グロブリン。

**ガンマ-ジー-ティー-ピー【γGTP】**《γ-glutamyl transpeptidase の略》アミノ酸を細胞内に取り込む作用をする酵素。肝炎・心筋梗塞などの疾患があると増加するので指標になり、その数値は血液検査で測定できる。測定値六〇単位以下なら正常。

**ガンマ-せい【γ星】** 星座の中で、三番目に明るい星。γ star

**ガンマ-せん【γ線】** 放射線の一種。波長が短い電磁波で、原子核のガンマ崩壊のときにできる放射線。電離作用は小さいが、物質透過力が大きい。γ ray

**ガンマせん-てんもんがく【γ線天文学】** 宇宙からのγ線を電波望遠鏡でとらえ、星間ガスの密度などを研究する天文学。γ ray astronomy

**かん-まつ【巻末】** 巻き物や書物の末尾。巻尾。end of a book 対義 巻頭。

**ガンマ-フィールド【gamma-field】** ↓ほうしゃせんいくしゅじょう(放射線育種場)

**かん-まん【干満】** 海水面が、月や太陽の引力の影響を受けて上下運動をすること。ebb and flow

**かん-まん【緩慢】**(形動) ①動きがおそいさま。のろのろ。slow ②処置が手ぬるいさま。slack

**かん-み【甘味】** ①あまい味。また、あまい食べ物。sweetness ②物事のうまみ、おもしろさ。charm

**かん-み【▼鹹味】** 塩からい味。salty taste

**がん-み【▼玩味・▼翫味】**(名・サ変他) ①食物をよく味わうこと。taste ②意味を深く味わうこと。appreciation 用例 熟読—。

**がん-みゃく【岩脈】** 斜めに、板状に地層などに貫入した岩体。マグマが貫入して固まってできた火成岩の岩脈が多い。崩壊した岩石が割れ目を埋めてできた砕屑岩脈もある。dike

**かんみ-りょう【甘味料】** 食品・医薬品などに甘味をつけるために用いる物質。砂糖・水あめ・果糖・サッカリンなど。sweetening agent

**かん-みん【官民】** 政府と民間、官吏と民間人。用例 —一体。

**かん-みんぞく【漢民族】** 中国全人口の約九割を占める主要民族。モンゴロイドに属する。黄河中流域に興って中国北東部へと広がり、多数の異民族を同化しながら独自の文化を形成していったものとみられる。漢族。Han race

**かんむ-てんのう【▼桓武天皇】**(七三七〜八〇六) 第五〇代天皇(在位七八一〜八〇六)。光仁天皇の第一皇子。長岡京に遷都、ついで延暦一三年(七九四)平安京に遷都。班田制の励行、蝦夷征討、新仏教の保護などを行う。

**かんむ-へいし【▼桓武平氏】** 桓武天皇の系譜をもつ賜姓平氏。諸流のうち桓武天皇の皇子葛原親王の孫高望王に始まる武家の系統が有名。伊勢平氏・北条氏・坂東八平氏など。

**かんむり【冠】**《「こうぶり」の転》①頭にかぶるものの総称。かぶり物。かむり。crown ②祭りなどに神主のかぶるもの。昔、公卿が朝廷で正式の服装のときかぶった。crown ③漢字の字形の部分のうち、上部をなすもの。かしら。「宗」「家」などの「宀」はウかんむり、「雲」「雪」などの「雨」は雨かんむり。↓衣冠図

**冠旧けれど沓に履かず**《冠がいくら古びたからといって、くつとして履くわけにはいかない、の意》上下・貴賤の別は、乱すことができない。

**冠を挂く**《制服の衣冠をぬいで、柱などにかける、の意。中国、後漢の逢萌が、わが子を王莽に殺されたとき、冠を東都の城門に掛けて、遼東にのがれたという故事から》官を去り、職をやめる。挂冠する。

**冠を曲げる** 機嫌を悪くする。おかんむり。

**かんむり-うみすずめ【冠海▼雀】** 白い頭に黒い冠羽があるウミスズメ科の海鳥。全長約二五㎝。分布が日本およびその近海に限られるウミスズメで、伊豆七島や福岡の沖ノ島などで繁殖。

**かんむり-ざ【冠座】** 北天の星座。王冠状に並んだ星が見事な小星座。七月一三日ごろの午後八時ごろに南中。面積一七九平方度。Corona Borealis

**かんむり-たいかい【冠大会】** スポーツ競技大会の名称に、スポンサーとなる企業名や商標名をかぶせたもの。企業の宣伝などが目的。

**かんむり-つくしがも【冠▼筑紫▼鴨】** 頭の上部は緑黒色で長い冠羽のあるガンカモ科の鳥。全長約六〇㎝。過去、朝鮮半島・中国・日本などの一部区域に分布していた。一九七一年観察されたというが絶滅が危ぶまれている。残存標本は三個のみ。

**かんむり-づる【冠▼鶴】** 頭に美しい黄色の冠羽のあるツル。全長約一m。背は黒色、下面は灰色。アフリカ中・南部の沼地や川原などに生息。crowned crane

**かんむり-ばと【冠▼鳩】** 頭に扇状の美しい冠羽をもつハト。世界最大のハトで、全長約八〇㎝。青灰色で肩と背に赤斑があり、翼に白帯がある。おもに地上で生活し、木の実などを食べる。ニューギニアとその付近諸島に分布。crowned pigeon

**かんむり-やま【冠山】** 中国山地西部、島根・広島・山口三県の県境にある山。標高一三三九m。山頂部が平坦。

**かん-むりょう【感無量】**(形動) いちどきにいろいろな思いが去来して、何とも言いようのない気持ちであるさま。また、深くしみじみと感じ入るさま。

**かんむりょうじゅ-きょう【観無量寿経】** 浄土三部経の一つ。劉宋の畺良耶舎の訳。仏陀がマガダ国の王妃韋提希のために浄土往生の法を説き示すという劇的な構成をとる。観経。観無量寿仏経。

**かんむり-わし【冠▼鷲】** 頭に白と黒のまだらな冠羽をもつ小形のワシタカ科の鳥。翼長約三五㎝。森林にすみ、樹上に巣を作る。ヘビを好んで食べるが他の動物も捕食。アジア南部に分布し、日本では八重山諸島のみに生息。serpent eagle

**かん-め【貫目】** ①重さ。その単位。一貫目は一〇〇〇匁。約三・七五㎏。②かんろく。dignity

**かん-めい【官名】** 官職の名称。

**かん-めい【官命】** 政府の命令。

**かん-めい【感銘・肝銘】**(名・サ変自) 深く心をうたれて忘れないこと。deep impression 比較 銘肝。用例 深い—を受ける。

**かん-めい【簡明】**(名・形動) 簡単で、よくわかるさま。簡単明瞭。simple and clear

**がん-めい【頑迷・頑▼冥】**(名・形動) 道理がまるでわからないこと・さま。bigotry 用例 —固陋。

**かん-めん【乾▼麺】** 保存用に乾燥させためん類。ゆでて食べる。dried noodles

**がん-めん【岩綿】** 安山岩・玄武岩・蛇紋岩などを溶融し、繊維状にした人造鉱物繊維。不燃性。断熱材・吸音材に使用。ロックウール。rock wool

**がん-めん【顔面】** 顔の表面。顔。おもて。face 用例 —蒼白。

**がんめん-かく【顔面角】** 顔を横から見たときに顎の突出の程度を示す尺度。耳眼平面(=左右の外耳孔の上縁点と、左の眼窩入り口の最低点とがつくる面)と、顔の前面とがなす角。facial angle

**がんめん-しんけい【顔面神経】** 脊椎動物の第七脳神経。おもに顔の表情筋を支配する運動神経。味覚神経、唾液腺を支配する副交感神経などを含む。第七脳神経。facial nerve

**かん-もう【冠毛】** 植物の、子房の上部に束になって生じる毛。タンポポなどキク科では萼が毛状に変化する。pappus

**かん-もう【寛猛】** 寛大なことと、きびしいこと。

**寛猛相済う** 政治は、寛大な心ときびしい態度とを調和させて行わなければならない。

**がん-もう【願望】**(名・サ変他) ↓がんぼう(願望)

**かん-もく【▼緘黙】**(名・サ変自) 口をとざして、何もいわないこと。比較 沈黙。

**がん-もく【眼目】**《顔の中でもっとも大事なところである目の意から》物事や話・文章などのかなめ。要点。主眼。point

**かん-もじ【閑文字】** 無駄なことば・文章。かんもんじ。

**かん-もち【寒▼餅】** 寒中に作ったもち。また、それを水にひたしたままたくわえたもの。かんのもち。

**がん-もどき【▼雁▽擬き】**《雁の肉に味を似せたもの、の意》豆腐をつぶし、細かく切った野菜・こんぶなどを入れて揚げたもの。関西では、飛竜頭。がんも。

**がん-もどし【願戻し】** 死者が生前に神仏にかけていた願を、遺族が解除すること。死者の着物を逆さに振るなどする。願ほどき。

**かん-もん【喚問】**(名・サ変他) 呼び出して問いただすこと。summons 用例 証人の—。

**かん-もん【関門】** ①関所。その門。gateway ②通るのが難しいが、通らなければならない所。barrier 用例 入試の—を突破する。③下関と門司。用例 —トンネル。

**かん-もん【観門】**《仏教語》理論的方面に対して、教義の実践的方面。観心門。対義 教門。

**がん-もん【願文】** 神仏へのねがいを書いた文章。

**かんもん-かいきょう【関門海峡】** 山口県下関市と福岡県北九州市門司区との間の海峡。海上交通上重要。海峡の下に関門トンネル、上に関門橋があり、本州と九州を結ぶ。下関海峡。

**がんもん-かん【▼雁門関】** 中国山西省代県西北にある句注山中の隘路。『呂氏春秋』による天下九塞の一つ。古くから北方民族に対する防御拠点とされた。

**かんもん-きょう【関門橋】** 山口県下関市と福岡県北九州市門司区を結ぶ、関門高速道路の吊り橋。長さ一〇六八m。昭和四八年(一九七三)完成。

**かんもん-ぎょき【看聞御記】** 室町中期、伏見宮貞成親王の日記。四四巻。応永二三〜文安五年(一四一六〜四八)の宮中・幕府・市井の諸事件や行事などを記述。当時の世相を知るための基本史料。看聞日記。

**かん-もんじ【閑文字】** ↓かんもじ(閑文字)

**かんもん-トンネル【関門トンネル】** 本州と九州を結ぶ海底トンネル。昭和一九年(一九四四)に開通した鉄道トンネル(長さ三六一四m)、同三三年(一九五八)に開通した国道トンネル(三四六一m)、同四九年(一九七四)に開通した新幹線用の鉄道トンネル(長さ一万八七一三m)の三つがある。

**かん-やく【完訳】**(名・サ変他) 全文を訳すこと。また、訳したもの。全訳。complete translation 対義 抄訳。

**かん-やく【漢訳】**(名・サ変他) 日本語や梵語

●観葉植物
クロトン　タマシダ　カラテア
カラジウム　ベンジャミンゴムノキ　アナナス

などを中国語に翻訳すること。また、その訳した文章。用例 ―仏典。
**かん-やく【簡約】**（名・形動・サ変他）簡単に要点をまとめて、つづめること。concise
**がん-やく【丸薬】** 医薬品に賦形剤・結合剤を加えて練り合わせて丸めた薬。丸剤。pill
**かんやまといわれびこ-の-みこと【神▽日本▼磐▽余▼彦▽尊・神▼倭▼伊波▽礼▼毘古▽命】** 神武天皇の尊号。
**かん-ゆ【肝油】** タラなどの魚類の肝臓からとった油脂。ビタミンA・Dが多い。栄養障害・くる病・夜盲症などの医療用、また、強化食品用・飼料用。liver oil
**かん-ゆ【換▼喩】** 修辞法の一種。あるものを、それと縁の深いもので表す方法。柔道の有段者を「黒帯」というなど。比較 提喩。
**かん-ゆ【▼韓▼愈】**（七六八〜八二四）中国、中唐の詩人・文章家・政治家。字は退之、世に昌黎先生といい、諡は文。鄭州南陽（現在の河南省）の人。古文の復興を提唱し、新しい文体を創出、唐宋八大家の筆頭。詩人としては李白・杜甫・白居易とあわせて「李杜韓白」といい、唐詩四大家の一人。詩文集『韓昌黎集』。
**かん-ゆう【官有】** 政府の所有。国有。state ownership 対義 私有。
**かん-ゆう【▼奸雄・▼姦雄】** 悪知恵のすぐれた豪傑。
**かん-ゆう【勧誘】**（名・サ変他）人をさそい、すすめること。invite; persuade
**がん-ゆう【含有】**（名・サ変他）成分として中にふくんでいること。contain 用例 ―量。
**かんゆう-りん【官有林】** 政府が所有した森林。現在の国有林。対義 民有林。
**かん-よ【関与・干与】**（名・サ変自）物事に関係すること。かかわること。participation 比較 関知。
**かん-よう【肝要】**（名・形動）非常に重要なこと・さま。importance
**かん-よう【官窯】** 中国の宮廷が築いた陶窯。政府の監督下に製陶。宋代の官窯がもっとも名高い。景徳鎮窯など。
**かん-よう【▼涵養】**（名・サ変他）《「涵」は水でひたす、の意》①知識や見識をゆっくりと身につけること。cultivation ②ゆるやかに養い育てること。cultivation 用例 水源―林。
**かん-よう【寒羊】** ヒツジの一品種。毛は白く長く、毛皮用。尾に脂肪を蓄え、冬に備える性質がある。中国に多い。
**かん-よう【寛容】**（名・形動）心が広く、人をよく受け入れ、過ちを許すこと・さま。tolerance: generosity 対義 狭量。
**かん-よう【慣用】**（名・サ変他）ふだんよく使うこと。使いなれていること。usage
**かんよう【▼咸陽】** 中国陝西省、渭水に臨む都市。水陸交通の要地。綿花・小麦などの農業のほか、綿紡織工業がさかん。人口六二・四万（一九八四）。シエンヤン。
**かんよう【漢陽】** 中国、湖北省東部、武漢市の重工業地域。揚子江と漢江の合流点南岸に位置し、古くから軍事上の要地。第二次大戦後、対岸の武昌、漢口とともに武漢市となった。ハンヤン。
**かんよう-おん【慣用音】** 日本の漢字音の一種。漢音・呉音・唐音以外の誤読などによって生じ、慣用として固定している音。劇（けき）を「げき」、耗（こう）を「もう」、攪（こう）を「かく」と読むなど。prevalent pronunciation
**かんよう-く【慣用句】** 固定した言い回し。故事から「牛耳をとる」、古語から「采配を振る」、碁から「駄目を押す」、比喩から「腹を割る」、強意で「好き好んで」、語調から「平気の平左」「愛想もこそも」など。慣用語。イディオム。idiomatic expression
**かんよう-ご【慣用語】** ①「こんにちは」など日常用いられる決まり文句。②限られた社会の通用語。官庁語・学術語など。③慣用句。idiom
**かんよう-しょくぶつ【観葉植物】** 葉の色彩や形態の美しさなどを、観賞して楽しむために栽培される植物。ハゲイトウ・フェニックス・オモト・シダ類など。foliage plant ↓写
**かんよう-めい【慣用名】** 化学などで、国際的な命名法の規則には合わないが、従来から使われ、広く知られている化合物などの名称。アンモニア・硫酸など。trivial name
**かんよう-よみ【慣用読み】** 本来は正しい読み方ではないが、広く一般で用いられるようになったため、完全な誤りとはいえなくなっている読み方。「借問」を「しゃくもん」と読む類。参照 慣用音。
**かんら【甘▽楽】**〈町〉群馬県南西部、富岡市南東隣の丘陵地にある町。農業・商業中心。人口一万四四〇二（一九八八）。
**かん-らい【寒雷】** 寒中に鳴る雷。冬季、日本海沿岸で寒冷前線にともなって発生することが多い。降雪前に鳴るのを雪起こしという。
**がん-らい【元来】**（副）もともと。はじめから。originally
**がんらい-こう【▼雁来紅】**《雁の来るころに赤くなることから》ハゲイトウの漢名。
**かん-らく【陥落】**（名・サ変自）①城などが攻めおとされること。surrender ②地面などがおちこむこと。陥没。cave-in ③くどきおとされること。surrender
**かん-らく【乾酪】** チーズ。cheese
**かん-らく【歓楽】** 喜び楽しむこと。pleasure
**歓楽極まりて哀情多し**（かんらくきわまりてあいじょうおおし）《漢武帝の『秋風辞』にあることば》喜び・楽しみを尽くしたあとには、かえって悲しみがわいてくる。
**かんらく-がい【歓楽街】** 劇場・遊技場・飲食店などが集まっていて、にぎやかな所。amusement quarter
**かん-らん【甘▼藍】** ①ハボタン。②キャベツ。
**かん-らん【寒▼蘭】** ラン科の多年草。高さ三〇〜七〇cm。葉は長く剣状。一一〜一月、一花茎に五〜一〇花をつける。花色は紅・白・黄など。観賞用に栽培。↓写

●カンラン（寒蘭）花。

**かん-らん【観覧】**（名・サ変他）見物すること。view
**かん-らん【▼橄▼欖】** ①カンラン科の常緑高木。鹿児島南部や種子が島などで栽植。羽状複葉をもち、春に、白い小三弁花をつける。果実は長球形の緑色で、食用・薬用。種子から油をとる。中国原産。②オリーブの誤称。↓写

●カンラン（橄欖）①

**かんらん-がん【▼橄▼欖岩】** 橄欖石や輝石を主成分鉱物とする粗粒の岩石。玄武岩質の溶岩中に含まれる。マントル上層部はこの橄欖岩でできていると考えられている。peridotite
**かんらん-ざん【▼橄▼欖山】** ↓オリーブやま（オリーブ山）
**かんらん-せき【▼橄▼欖石】** 主要な造岩鉱物の一つ。マグネシウムと鉄の珪酸塩鉱物。斜方晶系。短柱状の結晶または粒状。ガラス光沢で新鮮なときは黄色ないし緑色。おもに玄武岩・斑糲岩・橄欖岩などに含まれる。最高品質のものは宝石となり、ペリドットとよばれる。olivine
**かん-り【官吏】** 国家公務員。官員。government official 比較 公吏。用例 高級―。
**かん-り【監吏】** 監督する役目の公務員。
**かん-り【管理】**（名・サ変他）①そのものが、望ましい状態を保つように、必要な手段を使ってとりしきること。administration 用例 業務を―する。②いつもよい状態に機能するようにすること。用例 健康―。③金品などを大事に預かっておくこと。take care of 用例 物品を―する。
**かん-り【監理】**（名・サ変他）監督下において管理すること。取り締まること。supervision 用例 建築工事の―。
**がん-り【元利】** 元金と支払利子。principal and interest 用例 ―合計。
**かんり-えいようし【管理栄養士】** 栄養士の業務のなかで、複雑・困難な内容の仕事を行いうる適格者として、厚生大臣の登録を受けた者。昭和三九年（一九六四）から実施。
**かんり-かいけい【管理会計】** 経営管理者が企業の経営諸活動についての計画と統制のために会計情報を利用する手法。managerial accounting 比較 財務会計。
**かんり-かかく【管理価格】** 企業の市場支配力により需給関係を無視して定められた価格。企業間の協定による独占価格とは区別される。administered price
**がん-りき【眼力】**《視力のことから》物事のよしあしを見ぬく力。がんりょく。insight
**がん-りき【願力】** ①願いごとを貫こうとする精神力。念力。②《仏教語》阿弥陀仏の本願の力。
**かんり-きょういく【管理教育】** 厳重な規則等で児童・生徒をきびしく取り扱い、管理する形態の教育。管理主義教育。education that regiments children
**かんり-しゃかい【管理社会】** 組織の官僚化や高度情報化社会の実現により人間の管理が強化された社会。人間疎外が深化する社会状況を批判的にとらえたことば。controlled society
**かんり-しょく【管理職】** 部下に対して管理・監督・命令を行う立場。また、その人。課長・部長など。middle management 用例 ―手当。
**かんり-そしき【管理組織】** 作業システムを指揮する管理担当者の組織。management organization
**かん-りつ【官立】** 国家が設立、管理すること・もの。national 対義 公立・私立。
**かんり-つうかせいど【管理通貨制度】** 通貨当局が国内の通貨量を、金保有量に左右されず政策判断で管理・調節する制度。日本も昭和七年（一九三二）から事実上採用。managed currency system
**かんり-ないかく【管理内閣】** 新規の施策は行わず、一時的に選挙事務などを管理する



▼常用漢字表外。　▽常用漢字表の音訓外。

だけの内閣。

**かんり-にん**【管理人】①法律で、他人の財産を管理する人。委任管理人・法定管理人・選任管理人などに分類される。②持ち主からまかされてアパート・施設などの管理をする人。manager; caretaker

**かんり-フロートせい**【管理フロート制】完全なフロート制(変動相場制)ではなく、その建て前に立って通貨当局が外国為替相場を管理状態におくこと。managed float system

**かんり-ぼうえき**【管理貿易】政府が直接に輸入数量・貿易内容・決済方式などを管理し統制して行われる貿易。controlled trade 対義 自由貿易。

**かん-りゃく**【簡略】(名・形動) 手軽なこと・さま。簡単。simplicity 対義 煩雑・繁雑。

**かん-りゅう**【乾留・乾▾溜】(名・サ変他) 固体の天然有機物を空気から遮断して熱し、熱分解させる操作。木材を乾留して木炭・木ガス・木タールを得るなど。dry distillation

**かん-りゅう**【貫流】(名・サ変自) 川などが、広い地域を貫いて流れること。flow through

**かん-りゅう**【環流】(名・サ変自) 水などの流れがふたたびもどってくること。return current

**かん-りゅう**【還流】蒸留でいったん蒸気になったものが、凝縮してもどること。reflux

**かん-りゅう**【寒流】流域外より温度が低く、高緯度から低緯度へ向かう海流。低塩分だが栄養分に富み、魚類も豊富。日本の近海では、千島海流やリマン海流など。cold current 対義 暖流。

**かん-りゅう-おう-そ**【▾韓柳欧▾蘇】中国、唐代の韓愈・柳宗元、宋代の欧陽修・蘇軾の四人の文学者の総称。いずれも詩文にすぐれ、とくに古文の唱導者として名高い。唐宋八大家の代表的な文学者。

**がんりゅう-じま**【▾巌流島】山口県下関市、関門海峡にある小島の通称。面積〇・一km²。名称は宮本武蔵と佐々木小次郎(=巌流)の試合の場とのいい伝えからで、正称は船島。

**かん-りょう**【完了】(名・サ変自他) ①動作や物事がすっかり終わること、終えること。completion 対義 未完。②動作がその時点にすでに完了していることや、完結した結果が現在まで継続している状態などを表す語法。口語では「た(だ)」、文語では「つ」「ぬ」「たり」「り」などの助動詞を、動詞に添えて表す。

**かん-りょう**【官僚】国家公務員。役人。とくに、官僚制組織の担い手として実際の権力をもつ高級官吏。bureaucrat

**かん-りょう**【感量】はかりの針が示すことのできる最低の重さ。対義 秤量。

**かん-りょう**【管領】①取り締まること・人。支配者。②↓かんれい(管領)

**がん-りょう**【含量】中にふくまれている量。含有量。content

**がん-りょう**【顔料】①水や油などに溶けない着色用の微粉末の総称。無機顔料と有機顔料に大別される。塗料・印刷インキ・絵の具などのほか、ゴム・化粧品の着色などにも利用。pigment ②絵の具や塗料。color; paint

**かんりょう-しゅぎ**【官僚主義】官僚制組織にみられる硬直化した行動様式や意識。専横・形式主義・秘密主義・事なかれ主義・非能率などが特徴。bureaucracy

**かんりょう-せい**【官僚制】①政治権力が特権的な行政官僚の掌中に握られている政治構造。官僚政治。bureaucracy ②ピラミッド型に合理化された、企業など現代の大規模組織の形態。bureaucracy

**かんりょう-せいじ**【官僚政治】↓かんりょうせい(官僚制)①

**かんりょう-てき**【官僚的】(形動) 国家権力を後ろだてにして先例を尊び、形式や法規を万能とする考え方。また、派閥・縄張り・役得を好む気風があるさま。官僚主義。bureaucratic

**がん-りょく**【眼力】物を見る目の働き。がんりき。insight

**かん-りん**【寒林】①冬枯れしていて、さむざむとした林。②古代インドで死体を捨てた場所。転じて墓地。

**寒林に骸を打つ**(かんりんにかばねをうつ) ある人が死んで、霊魂が悪道におち、自分がこんなに苦しむのは、この肉体がなした悪業のせいだといって、自らの死骸をむち打ったということをいう。

**かんりん-いん**【▾翰林院】中国、唐初に設置された官署。学者・文人・道士・技術者などを集め翰林学士とし、天子の諸問に備えた。玄宗のころから上奏文に対する回答文や詔勅などの起草を管掌。宋代・明代には政務にも関与し、清代には史書の編纂などを担当。翰林学士院。

**かんりん-まる**【▾咸臨丸】幕末、幕府がオランダから購入した木造の軍艦。万延元年(一八六〇)遣米使節の随行艦として、日本人による最初の太平洋横断に成功した。艦長は勝海舟。

**かん-るい**【感涙】心をうたれて流すなみだ。tears of gratitude 用例 ―にむせぶ。

**かん-れい**【▾函▾嶺】箱根山の異称。

**かん-れい**【寒冷】(名・形動) 気候が寒く、冷たいこと・さま。chill 対義 温暖。

**かん-れい**【慣例】ならわし。しきたり。慣習。custom; precedent

**かん-れい**【管▿領】室町幕府の職名。将軍を補佐し、幕政を統轄。斯波・細川・畠山の三氏が交替で就任したので、三管領と称した。

**かんれい-こうきあつ**【寒冷高気圧】シベリア大陸など寒冷地にできる高気圧。冬の大陸の寒冷がおもな発生原因。cold anticyclone

**かんれい-しゃ**【寒冷▾紗】六〇〜一〇〇番手の綿糸をあらく平織りにし、固くのり付けした綿織物。蚊帳地・造花布用。ビクトリアローン。cheesecloth; victoria lawn

**かんれい-ぜんせん**【寒冷前線】温暖な気団が後退し、寒冷な気団がその下に入りこんで前進して行くときの最前線が地表と接触する部分。通過するとき、急に気温が下がり、にわか雨が降り、ときに突風が吹く。cold front 対義 温暖前線。

**かん-れき**【還暦】数え年六一歳のこと。また、その長寿の祝い。十干と十二支の組み合わせでは、六一年目に元の干支にもどるので、これを祝う。本卦返り。華甲。

**かん-れん**【関連・関▾聯】(名・サ変自) かかわり、つながっていること。二つ以上の事柄の間に原因と結果の関係があること。連関。関係。relation 用例 政治に―する話題。

**がん-れん**【▾頷▾聯】中国古典詩の詩法の一つ。律詩の第三句と第四句の二句をいう。対句であるのが原則。律詩の八句は二句ずつ、首聯・頷聯・頸聯・尾聯とよび、頷聯と頸聯はそれぞれ対句で作るため前聯ともいう。

**かんれん-せい**【関連性】関連していること。relation 用例 二つの事件に―はない。

**かん-ろ**【甘露】①不老不死の霊薬。古代中国の伝説で、天子が仁政を行うと天から降るというあまいつゆ。②古代インドの伝説で神々の飲み物。仏教で釈迦の教えや悟りのたとえに用いる。③あまくておいしいこと。

**かん-ろ**【寒露】①二十四節気の一つ。一〇月八、九日ごろ。②晩秋から初冬にかけて降りるつゆ。

**がん-ろう**【▾玩▾弄・▾翫▾弄】(名・サ変他) ①もてあそぶこと。toying with 用例 ―物。②人をばかにすること。なぶりものにすること。愚弄。make fun of

**かん-ろく**【貫▾禄】身に備わっている威厳。堂々とした風格。dignity 用例 ―がつく。―が出る。

**かんろく**【観▾勒】(生没年未詳) 百済の僧。推古一〇年(六〇二)来日。元興寺に住み、仏教のほか、天文・暦法などを教授。日本最初の僧正に任ぜられた。

**かんろ-に**【甘露煮】フナやハゼなどの小魚を、しょうゆ・酒・みりんなどで甘辛く照りをつけて煮たもの。また、クリなどの果実を砂糖と水で汁けがなくなるまで煮つめたもの。

**かん-わ**【官話】現代中国の標準語。用例 北京―。

**かん-わ**【閑話】①むだばなし。idle talk; chat ②しずかな談話。閑談。quiet talk

**かんわ**【寛和】↓かんな(寛和)

**かん-わ**【漢和】①中国と日本。②中国語と日本語。また、漢語と日本語。③「漢和辞典」の略。

**かん-わ**【緩和】(名・サ変自他) 程度・制限などをやわらげること、やわらぐこと。relaxation

**かんわ-きゅうだい**【閑話休題】(連語)《むだばなしはさておいて、の意》話を本筋に戻すときに使う語。それはさておき。さて。apart from this

**かんわ-きょくせん**【緩和曲線】道路や線路の曲線部分と直線部分のあいだに挿入する曲線。運行をなめらかにするために、曲率半径が順次変化する曲線を使用。transition curve

**かんわ-げんしょう**【緩和現象】熱平衡が乱れたあと定常状態にもどる現象。定常状態に達するまでの時間を緩和時間という。relaxation phenomenon

**かんわ-じかん**【緩和時間】↓じていすう(時定数)

**かんわ-じてん**【漢和辞典】漢字・漢語を一定の順序に並べ、日本語で説明した辞書。

**がん-わたし**【▾雁渡し】↓かりわたし(雁渡し)

# きキ

**き**【き・キ】五十音図か行第二の仮名。平仮名「き」は「幾」の草体。片仮名「キ」は「幾」の草体の下略。濁音は「ぎ」「ギ」。

**キ** 2画 【▾几】 部首[几]きにょう JIS 4960
音 キ
①つくえ。また、ものをのせる足つきの台。「床几」②「几帳」は、台に柱をたてて、とばりをかけたもの。貴人のへやの中のしきり。③部首の一つ。きにょう。

**キ** 3画 【己】 部首[己]おのれ 教育小6 JIS 2442
音 コ・キ
訓 おのれ
筆順 ↓コ[己]
①わたくし。おのれ。自分。自身。「克己・知己」②十干の第六。つちのと。③おのれ。㋐おまえ。㋑うぬ。怒ったときにいう。参考 已・巳は別の字。↓コ[己]

**キ** 4画 【▾旡】 部首[无]むにょう JIS 5860
音 キ・ケ
いきがつまる。むねがつかえる。

**キ** 4画 【▾气】 部首[气]きがまえ JIS 6167
音 キ・ケ
①水蒸気。もや。いき。呼吸。②部首の一つ。きがまえ。

**キ** 5画 【▾卉】 部首[十]じゅう JIS 5035
音 キ
くさ。草類の総称。「花卉」

**キ** 6画 【企】 部首[人・𠆢]ひとがしら 常用 JIS 2075
音 キ
訓 くわだてる
もくろむ。くわだてる。くわだて。「企画・企業・企図」

**キ** 6画 【危】 部首[卩・㔾]ふしづくり 教育小6 JIS 2077 6画【▾危】旧字
音 キ
訓 あぶない・あやうい・あやぶむ
危危危危危危
①あぶない。あやうい。対義 安。「安危」「危機・

危急・危険・危地・危篤」②そこなう。害する。「危害」③あやぶむ。不安に思う。「危惧(きぐ)」

**キ** 6画 **【▽肌】** 部首[月](にくづき) 常用 JIS 4009

音 キ

訓 **はだ**

はだ。①皮膚。はだえ。「肌理(きめ)」②うわかわ。③気質。

**キ** 6画 **【机】** 部首[木](きへん) 教育小6 JIS 2089

音 **キ**

訓 **つくえ**

つくえ。よみかきする台。「明窓浄机」「机下(きか)・机上」

**キ** 6画 **【気】** 部首[气](きがまえ) 教育小1 JIS 2104　10画 **【▼氣】** 旧字 JIS 6170

音 **キ・ケ**

①空間をみたし、目にみえないもの。かすみ。もや。ガス。「空気・大気」「気圧・気体・気流」②天地間に起こる自然のありさま。「天気」「気候・気象」③いき。呼吸。「気絶・気息」④特有の要素・味わい。におい。「香気」用例(名)―の抜けたビール。⑤心のはたらき。心もち。もちまえ。「意気・元気・短気」「気質・気性(きしょう)・気分」用例(名)―がはる。―がきく。⑥漠然とした感じ。おもむき。「雰囲気」⑦意識。用例(名)―を失う。⑧中国哲学で、存在論上の概念。人間の呼吸の気息、つまり生命力をいう。『孟子(もうし)』では、肉体に充満し、意志により統御されるべきものと規定。『易』では、陰陽五行と結びつき、自己運動によって全存在を生成する要素。朱子学では、万物の根源となる形而上(けいじじょう)的存在として理をたて、気は存在を生成する質料とされた。↓ケ[気]

**気が合う**(きがあう) 何となく気性が合う。気持ちが通じ合う。get along well with; be congenial to

**気が有る**(きがある) ①関心をもっている。be interested in ②恋心を抱いている。have a tender feeling

**気が行く**(きがいく) 細かいところまで、気配りが行き届く。気が利く。be attentive

**気が多い**(きがおおい) あれもこれも欲しがる。いろいろのことをしたがる。浮気である。capricious

**気が大きい**(きがおおきい) 心がゆったりとして広く、細かいことにこだわらない。また、自信をもっている。generous 対義 気が小さい。

**気が置ける**(きがおける) 自然に、気をつかうことになる。うちとけられない。気詰まりだ。類似 気が詰まる。

**気が重い**(きがおもい) ①心がふさぐ。気が晴れない。feel depressed ②気が進まない。おっくうである。be in no mood to

**気が勝つ**(きがかつ) 気が強い。勝ち気である。

**気が軽い**(きがかるい) 気持ちが明るい。気楽だ。

**気が変わる**(きがかわる) 気分がふと動揺する。気持ちがほかのことに移る。考えがちがってくる。change one's mind 用例 気が変わって、取りやめる。

**気が利き過ぎて間が抜ける**(きがききすぎてまがぬける) よけいに気をまわして、かえって手落ちがある。

**気が利く**(きがきく) 注意が行き届く。smart

**気が気でない**(きがきでない) 心配で、いらいらする。terribly anxious 類似 気が揉める。気に病む。気を病む。

**気が腐る**(きがくさる) がっかりする。気がはれない。類似 気落ちする。

**気が差す**(きがさす) 自分で自分の行為をやましいと思う。feel guilty

**気が渋る**(きがしぶる) しようという気がわかない。気乗りがしない。

**気が知れない**(きがしれない) どんな考え・心でいるのかわからない。incomprehensible

**気が進まない**(きがすすまない) 気乗りがしない。する気にならない。be in no mood to do; be reluctant to do 用例 今日は―。

**気が済む**(きがすむ) 満足して、気分が落ち着く。気持ちがおさまる。be satisfied

**気がする**(きがする) 心に感ずる。心持ちがする。feel 用例 どこかで会ったような―。

**気が急く**(きがせく) 物事を早くしたくて、または、しなければならないので、心がそわそわする。気持ちがあせる。be impatient 用例 あと一〇分しかないので―。

**気が立つ**(きがたつ) いきりたつ。興奮する。be on edge

**気が小さい**(きがちいさい) 小心である。また、ささいなことを気にする。be timid 対義 気が大きい。用例 うちの子は―。

**気が違う**(きがちがう) 精神の状態が正常でなくなる。気が変になる。気が狂う。気が触れる。go mad

**気が散る**(きがちる) 色々なことに心が引かれて、一つのことに集中できない。cannot concentrate 用例 騒音で―。

**気が尽きる**(きがつきる) ①気力がなくなる。②たいくつする。

**気が付く**(きがつく) ①思い付く。考えがうかぶ。notice ②細かいところにまで、注意が行き届く。be attentive to 用例 よく―人だ。③意識をとりもどす。息を吹き返す。recover consciousness 用例 失神していたが、ようやく気が付いた。

**気が詰まる**(きがつまる) 窮屈に感じる。気詰まりである。feel ill at ease

**気が強い**(きがつよい) 負けず嫌いで、強情である。strong-willed

**気が遠くなる**(きがとおくなる) ①意識を失う。ぼうっとなる。正気を失う。faint ②思いがけないことが起こったりして、判断ができなくなる。

**気が咎める**(きがとがめる) 後ろめたさを感じる。なんとなく、申しわけない感じがする。feel guilty 用例 陰口をして―。

**気が取り上す**(きがとりのぼす) 逆上する。

**気が無い**(きがない) 気乗りがしない。気に入らない。halfhearted

**気が長い**(きがながい) ①性質が、のんびりしている。be patient 用例 二時間も待つとは―。②仕事などが、ひどく長期にわたる。用例 一〇〇年がかりの事業とは、―話だ。

**気が抜ける**(きがぬける) ①魂が抜けたように、ぼんやりする。虚脱する。be let down ②古くなって、かおり・風味・味などが薄れる。とくに、炭酸飲料・ビールなどについて言う。go flat; lose its flavor 用例 気が抜けたビール。

**気が乗る**(きがのる) 興味を感じる。乗り気になる。take interest in 用例 今日は気が乗らない。

**気が早い**(きがはやい) 急ぎすぎる傾向がある。せっかちである。

**気が逸る**(きがはやる) ①そわそわする。焦る。be impatient ②早く行動に移したくて、じっとしていられない。気持ちが勇みたつ。

**気が張る**(きがはる) 心がはりつめる。緊張する。strain every nerve

**気が晴れる**(きがはれる) 心配なことがなくなって、安心する。気分がすっきりとする。feel refreshed

**気が引ける**(きがひける) 遠慮を感じる。気後れする。feel diffident

**気が鬱ぐ**(きがふさぐ) 「気が滅入る」と同意。

**気が触れる**(きがふれる) 「気が違う」と同意。

**気が減る**(きがへる) ①気がもめる。気疲れする。②気がめいる。

**気が紛れる**(きがまぎれる) 嫌な気分などが、ほかのことをすることなどにより、忘れられる。be diverted 用例 彼女と話していると―。

**気が回る**(きがまわる) ①推測がおよぶ。suppose 用例 そこまでは気が回らなかった。②細かいところまで、よく気がつく。be attentive 用例 あの人は―人だ。

**気が短い**(きがみじかい) せっかちだ。短気だ。short-tempered

**気が向く**(きがむく) 関心を示す。やる気になる。feel like doing 用例 ―とやり出す。

**気が滅入る**(きがめいる) 気分をそこなうものの影響などで、元気がなくなる。落ち込む。feel depressed 用例 長雨で―。

**気が揉める**(きがもめる) あれこれと心配する。やきもきする。be anxious

**気が休まる**(きがやすまる) 心の緊張がとける。feel at ease 用例 ―間もない。

**気が緩む**(きがゆるむ) 緊張感が失われる。心の張りがなくなる。feel relaxed

**気が良い**(きがよい) 性格が温和である。気だてがよい。good-natured 用例 あの夫婦は―。

**気が弱い**(きがよわい) 気おくれがして、自分の考えをはっきり言動に表せない。引っ込み思案だ。timid

**気が若い**(きがわかい) 年齢の割に、考え方・感じ方などの気持ちが、若々しい。be young at heart 用例 六〇歳には思えないほど―。

**気で気を病む**(きできをやむ) 必要もないのに悩んで、自分を苦しめる。fret about

**気で持つ**(きでもつ) からだは弱っているが、気力で生命を支えている。

**気に入る**(きにいる) 心にかなう。よいと思う。like 類似 気に染む。対義 気に食わない。

**気に掛かる**(きにかかる) 心配である。気になる。weigh on one's mind

**気に掛ける**(きにかける) ①心配する。worry ②いつも忘れない。

**気に食わない**(きにくわない) 好きになれない。よくないと思う。しゃくにさわる。dislike 対義 気に入る。

**気に障る**(きにさわる) 不愉快になる。get offended 類似 気を触る。

**気に済む**(きにすむ) 納得できて、気持ちがすっきりとする。気が済む。

**気にする**(きにする) 心配する。心にかける。気に病む。worry

**気に染む**(きにそむ) 気に入る。like

**気に留める**(きにとめる) 心にとどめる。心にかける。気にかける。忘れずにいる。意識する。keep ... in mind

**気になる**(きになる) ①気に掛かる。care 用例 あとのことが―。②そのような気持ちになる。be in the mood to do 用例 しようという―。

**気に病む**(きにやむ) 「気にする」と同意。

**気の置けない**(きのおけない) 遠慮やこだわりなどの、心のへだてを感じない。intimate 用例 ―仲間。

**気の利いた**(きのきいた) しゃれた。洗練された。smart 用例 ―あいさつ。

**気の所為**(きのせい) 自分の意識のありようによって、実際にはありもしないことを、見聞きしたり感じたりしてしまうこと。

**気の儘**(きのまま) 思いのまま。勝手。as one wishes

**気の迷い**(きのまよい) あれこれと気持ちが移って、定まらないこと。気迷い。用例 ―を生じる。

**気の回り**(きのまわり) いろいろと気を回すこと。疑って気にすること。

**気は心**(きはこころ) 《贈り物をするときなどに使う》そまつで少しだが、真心の一端を示すものであるということ。

**気は確か**(きはたしか) 気持ちが正常である。気の持ちようがしっかりしている。be in one's right mind(to ...) 用例 そんなことをするなんて―か。

**気は持ち様**(きはもちよう) うれしいことも悲しいことも、その人の受け止め方次第。Everything depends on how you look at it.

**気は世を蓋う**(きはよをおおう) 気構えが、全世界をおおい尽くすほどに大きい。気力の非常にすぐれたようすに言う。類似 蓋世(がいせい)・蓋世の気(き)。

**気も漫ろ**(きもそぞろ) そわそわして、心が落ちつかないようす。be distracted

**気を入れる**(きをいれる) 本気になってとりくむ。do in earnest 用例 気を入れていこう。

**気を失う**(きをうしなう) 失神する。意識をなくす。faint

**気を移す**(きをうつす) ①心を他に移す。気持ちを変える。change one's mind ②心を向ける。

**気を落とす**(きをおとす) がっかりして、元気をなくす。be discouraged

**気を兼ねる**(きをかねる) 遠慮する。はばかる。

**気を利かせる**(きをきかせる) 相手のことを思いやって、細かいところまで気を配る。また、その場の状況に合わせた心遣いをする。have the sense

**気を挫く**(きをくじく) やる気を失わせる。discourage

**気を砕く**(きをくだく) 心を使う。心配する。care

**気を配る**(きをくばる) 気をつける。注意をする。気を遣う。pay attention 用例 細かいことに―。

**気を静める**(きをしずめる) 心を落ち着かせる。精神を安定させる。calm one's mind

**気をそそる**(きをそそる) ある物事に対し、意欲・欲望をおこさせる。encourage

**気を逸らす**(きをそらす) 心をほかのことに向ける。気分を変える。take one's mind off

**気を損ずる**(きをそんずる) ①機嫌をそこねる。気分を悪くする。hurt one's feelings ②気力をなくす。意気消沈する。be disheartened

**気を確かに持つ**(きをたしかにもつ) しっかりする。意識をはっきりともつ。keep one's senses

**気を通ず**(きをつうず) 互いの気持ちを通じ合わせる。意志が通じ合うようにする。

**気を遣う**(きをつかう) 気をつける。気を配る。care about

**気を尽くす**(きをつくす) ①夢中になる。②気疲れする。

**気を付け**(きをつけ) 団体行動などで、直立不動の姿勢をとらせるときの号令。Attention!

**気を付ける**(きをつける) 注意力を働かす。pay attention

**気を詰める**(きをつめる) ①緊張する。心を集中する。strain one's nerve 用例 気を詰めて仕事をする。②遠慮をする。気兼ねをする。feel constrained

**気を通す**(きをとおす) 気をきかす。



▼常用漢字表外。▽常用漢字表の音訓外。

き

**気を取られる**(きをとられる) 注意を、ほかのものに奪われる。be preoccupied with
**気を取り直す**(きをとりなおす) 失意の状態からぬけ出して、もとの気分にもどる。pull oneself together 用例 気を取り直してがんばる。
**気を取る**(きをとる) 「機嫌を取る」と同意。
**気を直す**(きをなおす) 再び元気になる。やる気を取り戻す。類似 気を取り直す。
**気を抜く**(きをぬく) ①息抜きをする。のんびりとする。また、気力を尽くさない。relax 用例 気を抜かずに励む。②驚かせる。
**気を呑まれる**(きをのまれる) 相手の勢いに圧倒される。be overwhelmed 用例 あまりのけんまくに——。
**気を吐く**(きをはく) ①意気さかんな力を示す。make a good showing ②景気のいいことを言う。talk big
**気を晴らす**(きをはらす) 暗い気持ちをとりのぞいて、すっきりさせる。憂いを晴らす。cheer oneself up
**気を張る**(きをはる) ①心を引き締める。緊張させる。strain ②奮発する。気張る。brace oneself up
**気を引き締める**(きをひきしめる) 気のゆるみをなくして、心を物事に集中させる。brace oneself
**気を引き立てる**(きをひきたてる) 沈みがちな気分を、元気づける。cheer up
**気を引く**(きをひく) それとなく相手の気持ちを探る。相手の心がこちらに向くようにする。attract one's attention
**気を触る**(きをふる) ①気にさわる。②他に気をとられる。他に注意を向ける。
**気を回す**(きをまわす) 相手の気持ちを、先回りしてあれこれ考える。assume one's feeling
**気を迎える**(きをむかえる) 相手の思いどおりに従おうとする。機嫌を取る。用例 ひいきの客の——。
**気を持たせる**(きをもたせる) 期待させる。encourage
**気を揉む**(きをもむ) 心配で落ち着かない。やきもきする。worry about
**気を養う**(きをやしなう) 疲労した気分を休める。心を豊かにする。refresh
**気を休める**(きをやすめる) 心を落ち着かせる。安心した気分になる。relax 用例 ——いとまもない。
**気を許す**(きをゆるす) 安心して心を任せる。be off one's guard
**気を緩める**(きをゆるめる) 緊張を解いて、警戒心をなくす。relax one's attention
**気を良くする**(きをよくする) 良い気分になる。満足する。be pleased
**気を楽にする**(きをらくにする) 緊張をとき、ゆったりした気持ちをもつ。relax
**気を悪くする**(きをわるくする) 感情を害され、嫌な気持ちになる。be displeased by

キ 7画【圻】 部首[土] JIS 5213

キ 7画【岐】 部首[山] 常用 JIS 2084
音 キ・ギン
①王城のまわりの千里四方の地域。②さかい。かぎり。境界。

音 キ・ギ
①わかれるところ。えだみち。「多岐・分岐点」「岐路」②岐阜のこと。「三岐」

キ 7画【希】 部首[巾] 教育小4 JIS 2085
音 キ・ケ
①ねがう。こいねがう。「希求・希望」②《稀とも》㋐まれ。めずらしい。「希少・希代」㋑うすい。まばら。「希薄」③ギリシア(希臘)のこと。

キ 7画【忌】 部首[心] 常用 JIS 2087
音 キ
訓 いむ・いまわしい
①きらう。はばかる。いむ。「禁忌」「忌憚・忌避」②親族の死で、ひきこもって、つつしむこと。いみ。「忌中・忌引き」用例(名)——があける。③命日。故人が死んだ日にあたる日。「一周忌・遠忌・回忌」「忌日」用例《接尾的》河童——(=芥川竜之介の命日)。④いまわしい。

キ 7画【杞】 部首[木] JIS 5925
音 キ・コ
①クコ。ナス科の落葉小低木。②コリヤナギ。ヤナギ科の落葉低木。③おうち。センダン。センダン科の落葉高木。④中国周代の国の一つ。現在の河南省杞県。「杞憂」↓コ[杞]

キ 7画【汽】 部首[氵] 教育小2 JIS 2105
音 キ
ゆげ。蒸気。「汽缶・汽車・汽船・汽笛」

キ 8画【其】 部首[八] JIS 3422
音 キ
そ。その。それ。相手のがわにある事物などをさす。

キ 8画【奇】 部首[大] 常用 JIS 2081
9画【奇】 部首[立] 異体字 JIS 5284
音 キ
①めずらしい。かわっている。「好奇心・新奇」「奇異・奇禍・奇襲・奇想天外・奇特」用例(名)——をてらう。②あやしい。不思議な。「怪奇」「奇術」③二でわりきれない。対義 偶。「奇数」用例(名)——の数。④《畸とも》普通でない。「奇形・奇人」⑤《詭とも》こじつけ。「奇弁」
**奇を衒う**(きをてらう) 変わっていることを見せびらかして、他人の注意をひく。

キ 8画【季】 部首[子] 教育小4 JIS 2108
音 キ
①一年を春夏秋冬と四つにわけた、その一つ。「四季」「季節」②年月の区分。「年季・半季」③俳句で、その句のあらわす季節。「季語・季題」用例(名)この句の——は春だ。④すえ。おわり。対義 伯・仲・叔。「季春・季世」

キ 8画【祁】 部首[示]
7画【祁】 部首[ネ] 異体字 JIS 2323
音 キ
さかんなさま。おおきい。おおい。

キ 8画【祈】 部首[ネ] 常用 JIS 2107
9画【祈】 部首[示] 旧字
音 キ
訓 いのる
神仏にねがう。いのる。いのり。「祈願・祈請・祈誓・祈念」

キ 9画【枳】 部首[木] JIS 5944
音 キ・シ
カラタチ。ミカン科の落葉低木。

キ 9画【洎】 部首[氵]
音 キ
①そそぐ。水をつぐ。うるおす。②およぶ。いたる。および。……と……。

キ 9画【癸】 部首[癶] JIS 6603
音 キ
みずのと。十干の第一〇。

キ 9画【紀】 部首[糸] 教育小4 JIS 2110
音 キ
①とし。歳月。年代。「世紀」「紀元」②しるす。かきとめること。「紀行・紀伝体・紀要」③きまり。のり。「官紀・校紀・風紀」④地学で、地質時代の区分上の一段階。代の下、世の上。「石炭紀・白亜紀」⑤『日本書紀』のこと。「記紀」用例(名)——の一書によれば。⑥紀伊国のこと。「南紀」「紀州」

キ 9画【虺】 部首[虫]
音 キ・カイ
マムシ。トカゲ目に属する爬虫類。毒ヘビの一種。

キ 9画【軌】 部首[車] 常用 JIS 2116
音 キ
①車輪のとおったあと。わだち。レール。「広軌」「軌条・軌道」用例(名)——を一にする。②てほん。のり。「常軌」「軌範」
**軌を一にする**(きをいつにする) やりかたが同じである。揆を一にする。have the same way of doing

キ 10画【剞】 部首[刂] JIS 4980
音 キ
きざむ。ほる。える。

キ 10画【唏】 部首[口] JIS 5109
音 キ
①なく。すすりなく。②なげく。かなしむ。いたむ。

キ 10画【姫】 部首[女] 常用 JIS 4117
9画【姬】 旧字
音 キ
訓 ひめ
ひめ。①貴婦人。貴人のむすめ。「美姫」②未婚の女子の敬称。③小さくて、かわいらしい。

キ 10画【屓】 部首[尸] JIS 5394
音 キ
ひいき。力をだすさま。「贔屓」

キ 10画【帰】 部首[巾] 教育小2 JIS 2102
18画【歸】 部首[止] 旧字 JIS 6137
9画【皈】 部首[白] 異体字 JIS 6607
音 キ
訓 かえる・かえす
①かえる。もどる。比較 返。「復帰」「帰還・帰校・帰省・帰宅・帰着」②まとまる。おさまる。「帰一・帰結・帰納」③したがう。なつく。「帰依・帰化・帰順・帰服」④かえす。

キ 10画【既】 部首[无] 常用 JIS 2091
11画【旣】 旧字
音 キ
訓 すでに
①つくす。つきる。すっかり。「皆既食」②すでに。もう……した。対義 未。「既刊・既決・既製・既知・既得権・既報」

キ 10画【耆】 部首[老] JIS 7045
音 キ・ギ・シ
①おいる。老人。六〇歳、または、八〇歳。「耆宿」②「耆婆」は、古代インドの名医。「耆婆扁鵲」

キ 10画【記】 部首[言] 教育小2 JIS 2113
音 キ
訓 しるす
①かく。しるす。「筆記・付記」「記述・記入・記名」②事実をそのままのべた文章。「手記・伝記・日記」用例(名)思い出の——。《接尾的》旅行——。③おぼえていること。「暗記・博覧強記」「記憶・記念」④『古事記』のこと。「記紀」用例(名)——を読む。

キ 10画【豈】 部首[豆] JIS 7617
音 キ・カイ・ガイ
あに。①どうして。なんで。なんで…であろうか。②なんと。なんと…ではないか。↓ガイ[豈]

キ 10画【起】 部首[走] 教育小3 JIS 2115
10画【起】 旧字
音 キ
訓 おきる・おこる・おこす
①おきる。たつ。対義 伏・居。「突起」「起居・起床・起伏・起立」②おこる。おこり。「縁起・発起」「起因・起句・起源・起点」③おこす。はじめる。「喚起」「起工・起草・起動」④漢詩の起句。対義 結。「起承転結」

キ 10画【飢】 部首[食] 常用 JIS 2118
11画【飢】 旧字
音 キ
訓 うえる
うえる。ひもじい。うえ。比較 渇。「飢餓・飢寒・飢饉」

キ 10画【鬼】 部首[鬼] 常用 JIS 2120
音 キ
訓 おに
①おに。「悪鬼」「鬼神・鬼面・鬼門」②死んだ人。「餓鬼」「鬼籍」③ばけもの。「疑心暗鬼・百鬼夜行」④残酷な人。「債鬼」用例《接尾的》殺人——。⑤はなはだすぐれた。「神出鬼没」「鬼才」

キ 11画【基】 部首[土] 教育小5 JIS 2080
音 キ
訓 もと・もとい
①もと。もとい。土台。もとづく。「開基」「基因・基準・基礎・基本」②墓石や灯籠などを数えるのに用いる。用例(助数)灯籠一——。③もとになる物質。「培養基」④化学反応のとき、一



↓行き先項目、図版・写真参照印。 JIS 日本工業規格情報交換用漢字符号コード(区点コード)。

●基④ おもな基の種類

無機化合物でよくみられる基

| 名称 | 化学式 | 化合物の例 | |
|---|---|---|---|
| 水酸基 | $OH^{-}$ | 水酸化ナトリウム | $NaOH$ |
| 硝酸基 | $NO_3^{-}$ | 硝酸 | $HNO_3$ |
| 硫酸基 | $SO_4^{2-}$ | 硫酸 | $H_2SO_4$ |
| 亜硫酸基 | $SO_3^{2-}$ | 亜硫酸カリウム | $K_2SO_3$ |
| アンモニウム基 | $NH_4^{+}$ | 塩化アンモニウム | $NH_4Cl$ |
| シアン基 | $CN^{-}$ | シアン化カリウム | $KCN$ |
| 塩素酸基 | $ClO_3^{-}$ | 塩素酸ナトリウム | $NaClO_3$ |
| 炭酸基 | $CO_3^{2-}$ | 炭酸カルシウム | $CaCO_3$ |
| 燐酸基 | $PO_4^{3-}$ | 燐酸 | $H_3PO_4$ |
| クロム酸基 | $CrO_4^{2-}$ | クロム酸カリウム | $K_2CrO_4$ |
| 二クロム酸基 | $Cr_2O_7^{2-}$ | 二クロム酸カリウム | $K_2Cr_2O_7$ |
| ヘキサシアノ鉄(Ⅲ)酸基 | $[Fe(CN)_6]^{3-}$ | ヘキサシアノ鉄(Ⅲ)酸化カリウム | $K_3[Fe(CN)_6]$ |
| ヘキサシアノ鉄(Ⅱ)酸基 | $[Fe(CN)_6]^{4-}$ | ヘキサシアノ鉄(Ⅱ)酸化カリウム | $K_4[Fe(CN)_6]$ |

有機化合物でよくみられる基

| 名称 | 化学式 | 化合物の例 | |
|---|---|---|---|
| メチル基 | $-CH_3$ | 塩化メチル | $CH_3Cl$ |
| エチル基 | $-C_2H_5$ | エタノール | $C_2H_5OH$ |
| ビニル基 | $CH_2=CH-$ | 塩化ビニル | $CH_2=CHCl$ |
| フェニル基 | $-C_6H_5$ | フェノール | $C_6H_5OH$ |
| アルデヒド基 | $-CHO$ | アセトアルデヒド | $CH_3CHO$ |
| カルボニル基 | $>CO$ | アセトン | $CH_3COCH_3$ |
| カルボキシル基 | $-COOH$ | 酢酸 | $CH_3COOH$ |
| ニトロ基 | $-NO_2$ | ニトロベンゼン | $C_6H_5NO_2$ |
| アミノ基 | $-NH_2$ | アニリン | $C_6H_5NH_2$ |
| スルホン酸基 | $-SO_3H$ | ベンゼンスルホン酸 | $C_6H_5SO_3H$ |
| 水酸基 | $-OH$ | メタノール | $CH_3OH$ |

つの化合物から他の化合物に変化することなく移動できる原子の集団。「硫酸基」⑤キリスト(基督)のこと。「基教」↓図

**キ** 11画【▼埼】部首[土]つちへん JIS 2675
音キ
さき。みさき。山のはし。

**キ** 11画【寄】部首[宀]うかんむり 教育小5 JIS 2083
音キ 訓よる・よせる
①よる。たちよる。「寄港・寄生・寄留」②よせる。あたえる。「寄贈・寄付・寄与」

**キ** 11画【▽崎】部首[山]やまへん 常用 JIS 2674
12画【▼嵜】異体字 JIS 5431
音キ 訓さき
①けわしい。さがしい。「崎嶇(きく)」②さき。みさき。山のはし。

**キ** 11画【▼萁】部首[艹]くさかんむり
音キ
まめがら。豆の実をとってしまったあとの茎・さや。

**キ** 11画【▼悸】部首[忄]りっしんべん JIS 5609
音キ
①むなさわぎがする。胸がどきどきする。「動悸」②おそれる。わななく。ふるえる。

**キ** 11画【▼掎】部首[扌]てへん JIS 5754
音キ
①ひく。ひきぬく。②ひきとめる。

**キ** 11画【▼晞】部首[日]ひへん JIS 5875
音キ
かわく。ひる。かわかす。さらす。

**キ** 11画【▼欷】部首[欠]あくび JIS 6124
音キ
①なく。すすりなく。②なげく。かなしむ。いたむ。

**キ** 11画【▼淇】部首[氵]さんずい JIS 6231
音キ
中国の川の名。河南省をながれ、衛河にそそぐ。淇水。

**キ** 11画【規】部首[見]みる 教育小5 JIS 2112
音キ
①きまり。てほん。のり。「正規・法規」「規格・規準・規則・規定・規律」②円をかく道具。コンパス。ぶんまわし。「規矩(きく)」

**キ** 11画【▼跂】部首[足]あしへん JIS 7669
音キ
①足の指の数が普通より多いこと。②はう。虫がはう。③つまだつ。つま先でたつ。

**キ** 11画【▼馗】部首[首]くび JIS 8136
音キ
①みち。九方に通じる道。②ほおぼね。ほおげた。③「鍾馗(しょうき)」は、病気をはやらせる悪神を、おいはらう神。

**キ** 11画【▼亀】部首[亀]かめ 人名用 JIS 2121
16画【▼龜】部首[龜]かめ 旧字 JIS 8393
音キ・キュウ・キン
①カメ。カメ目に属する爬虫(はちゅう)類。「盲亀」「亀甲(きっこう)・亀背」②カメの甲。カメの骨。「亀卜(きぼく)・亀裂」③うらない。かめうら。カメの甲を焼いて、その表面のひびわれで吉凶をうらなう。「亀鑑」

**キ** 12画【喜】部首[口]くち 教育小4 JIS 2078
音キ 訓よろこぶ
①よろこぶ。うれしい。対義怒(ど)・悲(ひ)。「歓喜・悲喜」「喜悦・喜劇・喜怒」②《嬉とも》うれしい。うれしがる。「喜々」③《喜の草体㐂から》七十七歳。その祝い。「喜寿」用例(名)――の祝い。

**キ** 12画【▼喟】部首[口]くちへん JIS 5132
音キ
なげく。ためいきをつく。ためいき。

**キ** 12画【幾】部首[幺]いとがしら 常用 JIS 2086
12画【▼幾】旧字
音キ 訓いく
①きざし。けはい。「幾微」②ほとんど。もうすこしで。「幾殆(きたい・ほとんどあやうし)」③いくつ。いくばく。なにほど。「幾何(きか・いくばく)」④ねがう。こいねがう。のぞむ。「庶幾(しょき・こいねがわくは)」

**キ** 12画【▼葵】部首[艹]くさかんむり 人名用 JIS 1610
音キ
①アオイ。アオイ科の植物。タチアオイ・フユアオイなど。②「向日葵(こうじつき)」は、ヒマワリ。キク科の一年草。

**キ** 12画【▼逵】部首[辶]しんにゅう JIS 7792
音キ
①みち。九方に通じる道。ちまた。②おおじ。大通り。

**キ** 12画【▼揆】部首[扌]てへん JIS 5768
音キ
①はかる。はかりごと。「一揆・測揆」「揆度(きたく)」②やりかた。道。「一揆」**揆を一にする**(きをいつにする)「軌を一にする」と同意。

**キ** 12画【揮】部首[扌]てへん 教育小6 JIS 2088
音キ
①ふるう。あらわす。はたらかす。「発揮」「揮毫(きごう)」②指図する。「指揮」③まきちらす。とびちる。「揮発」

**キ** 12画【▼攲】部首[支]し
音キ
①そばだてる。かたむける。かたむく。②けわしい。

**キ** 12画【▼晷】部首[日]ひ
音キ
ひかげ。①日のひかり。日光。②はしらかげ。日時計の柱のかげ。時刻。

**キ** 12画【▼朞】部首[月]つき JIS 5914
音キ
ひとめぐり。まる一年。まる一か月。

**キ** 12画【期】部首[月]つき 教育小3 JIS 2092
12画【▼期】旧字
音キ・ゴ
①とき。一定の日時・時間。おり。「学期(がっき)・時期・期間・短期・満期・無期」「期間・期限」②時期・期間を数えるのに用いる。用例(助数)第三――。③あてにする。もとめる。「予期」「期成・期待」↓ゴ[期]

**キ** 12画【棋】部首[木]きへん 常用 JIS 2093
12画【▼棊】異体字 JIS 5987
音キ
①しょうぎ。「将棋」「棋界・棋士・棋譜」②碁。また、碁石。「棋院・棋界・棋士・棋譜・棋羅」

**キ** 12画【▼欹】部首[欠]あくび JIS 6126
音イ・キ
そばだてる。かたむける。かたむく。

**キ** 12画【▼稀】部首[禾]のぎへん JIS 2109
音キ・ケ
①まれ。めずらしい。「古稀」「稀覯(きこう)本」②うすい。まばら。「稀薄」

**キ** 12画【貴】部首[貝]かい 教育小6 JIS 2114
音キ 訓たっとい・とうとい・たっとぶ・とうとぶ
①たっとい。とうとい。比較尊(そん)。対義卑(ひ)・賤(せん)。「高貴・富貴(ふうき)」「貴重(きちょう)」用例《接頭的》――金属。②値がたかい。「騰貴」③相手をうやまっていう。「貴君・貴紙・貴社・貴店」用例《接頭的》――銀行。④たっとぶ。とうとぶ。

**キ** 13画【▼愧】部首[忄]りっしんべん JIS 5635
音キ
はじる。はずかしく思う。はじ。「慙愧(ざんき)」「愧死」

**キ** 13画【▼暉】部首[日]ひへん JIS 5886
音キ
①かがやき。ひかり。「落暉」②かがやく。きらきらひかる。

**キ** 13画【棄】部首[木]き 常用 JIS 2094
12画【▼棄】旧字
7画【▼弃】部首[廾]にじゅうあし 異体字 JIS 5517
音キ
①すてる。うちすてる。比較捨(しゃ)。「遺棄・廃棄・破棄・放棄」「棄権」②《毀とも》そしる。悪口をいう。くさす。人をきずつける。対義誉(よ)。「名誉棄損」

**キ** 13画【▼毀】部首[殳]るまた JIS 5244
音キ
①やぶる。こわす。きずつける。「破毀」「毀壊・毀棄・毀傷・毀損」②そしる。悪口をいう。くさす。人をきずつける。対義誉(よ)。「毀言・毀謗(きぼう)・毀誉褒貶(きよほうへん)」

**キ** 13画【▼熙】部首[灬]れっか
13画【▼熈】異体字 JIS 6370
14画【▼凞】異体字 JIS 6371
音キ
①ひかる。かがやく。②ひろい。ひろまる。ひろめる。③やわらぐ。たのしむ。よろこぶ。

**キ** 13画【▼畸】部首[田]たへん JIS 6535
音キ
①のこり田。わりのこりの田。井田法で、井田に区切ったとき、わりのこった土地。井田として区切れない、はしたの耕地。②はした。あまり。わりのこり。③めずらしい。風がわり。「畸人」④からだのどこかに欠陥があること。「畸形」



▼常用漢字表外。▽常用漢字表の音訓外。

キ 13画 【碕】 部首[石] JIS 2676
音キ
さき。みさき。山のはし。

キ 13画 【祺】 部首[示] JIS 6718
音キ
さいわい。めでたい。

キ 13画 【棋】 部首[禾] JIS 6737
音キ
ひとめぐり。まる一年。まる一か月。

キ 13画 【詭】 部首[言] JIS 7544
音キ
いつわる。あざむく。こじつけ。「詭計・詭弁」

キ 13画 【跪】 部首[足] JIS 7678
音キ
ひざまずく。両ひざを地面やゆかにつけて、ももをたてたままの姿勢となる。「跪拝」

キ 14画 【僖】 部首[人・亻] JIS 4905
音キ
①よろこぶ。うれしい。②たのしむ。たわむれる。

キ 14画 【匱】 部首[匚] JIS 5028
音キ
①ひつ。大きな箱。②とぼしい。たりない。

キ 14画 【旗】 部首[方] 教育小4 JIS 2090
音キ
訓はた

①はた。しるし。「国旗・弔旗」「旗手」用例《接尾的》日章——。②軍隊のはた。「義旗・反旗」「旗下」③最高司令官のはたじるし。「旗艦」④酒を売るしるしののぼり。「旗亭」

キ 14画 【榿】 部首[木] JIS 6040
音キ
ハンノキ。カバノキ科の落葉高木。はりのき。

キ 14画 【箕】 部首[竹] JIS 4407
音キ
①み。穀物をあおりふるって、まじっているごみ・もみがらなどをとりわける農具。②ちりとり。ごみとり。

キ 14画 【綺】 部首[糸] JIS 6926
音キ
あや。①あや織り。あや絹。「綺羅」②あやのある。㋐うつくしい。はなやかな。「綺麗」㋑たくみな。工夫の多い。「綺語・綺談」

キ 14画 【豨】 部首[豕]
音キ
いのこ。大きないのこ。ウシ目に属する哺乳動物。イノシシ。

キ 15画 【嘻】 部首[口]
音キ
ああ。たのしいとき・かなしいとき・おどろいたとき・感動したときなどの声。

キ 15画 【器】 部首[口] 教育小4 JIS 2079
16画 【器】 旧字
15画 【噐】 異体字 JIS 5158
音キ
訓うつわ

①いれもの。うつわ。「食器・陶器」②「機」より簡単な道具。「楽器」「器具」用例《接尾的》電熱——。受話——。③生きるはたらきをうけもつもの。「器官」用例《接尾的》消化——。④才能やはたらきがあること・人。「才器・大器」⑤度量。人徳。よく人をうけいれる性質。「器量」

キ 15画 【嬉】 部首[女] JIS 2082
音キ
①たのしむ。たわむれる。「嬉遊」②うれしい。うれしがる。「嬉々」

キ 15画 【槻】 部首[木] JIS 3648
音キ
つき。ニレ科の落葉高木。ケヤキの古名。

キ 15画 【毅】 部首[殳] 人名用 JIS 2103
音ギ・キ
たけだけしい。いさましい。つよい。「剛毅・沈毅」「毅然」

キ 15画 【畿】 部首[田] JIS 2106
音キ
みやこ。天子の居城のある土地。天子の直轄地。「近畿・京畿」「畿内」

キ 15画 【踦】 部首[足]
音キ・イ
①足の不自由な人。②ひとつ。かたわれ。対のものがふぞろい。③けわしい。さがしい。

キ 15画 【輝】 部首[車] 常用 JIS 2117
音キ
訓かがやく
①かがやく。きらきらひかる。かがやき。ひかり。「光輝」「輝石」②かがやかしい。

キ 15画 【麾】 部首[麻] JIS 6164
音キ
①さしまねく。さしずをする。②さしずばた。あいずばた。指揮・合図のためのはた。「麾下」

キ 16画 【冀】 部首[八] JIS 4935
音キ
①ねがう。こいねがう。のぞむ。②ねがわくは。こいねがわくは。のぞむところは。

キ 16画 【憙】 部首[心] JIS 5658
音キ
①よろこぶ。よろこび。②ああ。感嘆の声。

キ 16画 【曁】 部首[日] JIS 5890
音キ
①およぶ。達する。いたる。②および。ともに。…と。

キ 16画 【機】 部首[木] 教育小4 JIS 2101
16画 【機】 旧字
音キ
訓はた

①しおどき。きざし。きっかけ。はずみ。チャンス。「待機・動機・臨機応変」「機運・機会・機敏」用例(名)——を見るに敏。②大切なところ。かなめ。秘密。「軍機」「機微・機密」③はた。布をおる装置。「織機」「機業」④「器」よりもいりくんだ道具。「機械・機関」⑤飛行機のこと。「敵機」「機体」用例(名)——から降りる。⑥機械・飛行機などを表すのに用いる。用例(接尾)練習——。輪転——。⑦飛行機を数えるのに用いる。用例(助数)七——編隊。
**機が熟す**(きがじゅくす) ちょうどよい時機になる。the time comes
**機に乗ずる**(きにじょうずる) チャンスを生かす。take advantage of an opportunity
**機に臨み変に応ず**(きにのぞみへんにおうず) そのとき、その場によって適切に処置する。臨機応変。
**機に因りて法を説く**(きによりてほうをとく) 仏教の真理は一つであるが、相手の人がらに合わせてそれぞれ適切な説法をする。臨機応変。
**機を逸する**(きをいっする) 目的を果たすための機会を逃がしてしまう。好機を逃がす。機を失する。miss a chance
**機を失する**(きをしっする) 「機を逸する」と同意。
**機を見るに敏**(きをみるにびん) チャンスを見てとるのがすばやい。be quick to grasp an opportunity

キ 16画 【熹】 部首[灬] JIS 6384
音キ
①あぶる。やく。むす。にる。②さかん。炎がさかん。

キ 16画 【窺】 部首[穴] JIS 1714
音キ
うかがう。のぞく。そっとみる。「窺知」

キ 16画 【諱】 部首[言]
17画 【諱】 異体字 JIS 7565
音キ
①いむ。きらう。さける。はばかる。「忌諱」②いみな。死者の生前の本名。人が死ぬと、おくりなをよんで、生前の本名でよぶことをさけた。③のちのいみな。おくりな。人の死後の名。

キ 17画 【徽】 部首[彳]
16画 【徽】 異体字 JIS 2111
音キ
①よい。うつくしい。②しるし。はたじるし。「徽章」

キ 17画 【燬】 部首[火] JIS 6391
音キ
①やく。また、火がおこる。②ひ。はげしくもえる火。

キ 17画 【瞶】 部首[目] JIS 6656
音キ・ユイ
①みつくす。みきわめる。②目にひとみがない。

キ 17画 【磯】 部首[石] 人名用 JIS 1675
17画 【磯】 旧字
音キ
いそ。なみうちぎわ。海や湖などの岸辺の岩が多いところ。

キ 17画 【禧】 部首[示] JIS 6722
音キ
さいわい。めでたい。「新禧」

キ 17画 【虧】 部首[虍] JIS 7344
音キ
かく。かける。かけおちる。すくなくなる。

キ 17画 【覬】 部首[見] JIS 7517
音キ
ねがう。こいねがう。のぞむ。

キ 18画 【櫃】 部首[木] JIS 6104
音キ
ひつ。大きな箱。

キ 18画 【簣】 部首[竹] JIS 6847
音キ
あじか。もっこ。土をはこぶのに用いる竹かご。

キ 18画 【釐】 部首[里] JIS 7858
音リ・リン・キ
①さいわい。神からさずかる福。②ひもろぎ。ひぼろぎ。神にそなえる肉。↓リ【釐】

キ 18画 【騎】 部首[馬] 常用 JIS 2119
音キ
①のる。またがる。馬にのる。「単騎」「騎士・騎手・騎馬・騎兵」②馬にのった人やその馬を数えるのに用いる。用例(助数)武者七——。

キ 18画 【騏】 部首[馬] JIS 8154
音キ
①くろみどり色の馬。②よくはしる、すぐれた馬。「騏驎」

キ 19画 【譆】 部首[言]
音キ
ああ。たのしいとき・かなしいとき・おどろいたとき・感動したときなどの声。

キ 19画 【譏】 部首[言] JIS 7588
音キ
そしる。とがめる。いさめる。

キ 19画 【闚】 部首[門]
音キ
うかがう。のぞく。そっとみる。

キ 19画 【餼】 部首[食]
音キ・ケ
①おくる。食物をおくる。おくりものの食物。②いけにえ。

キ 19画 【餽】 部首[食] JIS 8125
音キ
①食物をそなえて死者をまつる。②おくる。食物をおくる。おくりものの食物。

キ 19画 【麒】 部首[鹿] JIS 8342
音キ
「麒麟」は、①中国の想像上の動物。聖人があらわれる前に出るという。②ウシ目に属する哺乳動物。ジラフ。

キ 20画 【旗】 部首[竹] 和製漢字 JIS 6857
音キ
はた。地名や姓氏に用いられる。

キ 21画 【饋】 部首[食] JIS 8131
音キ
おくる。食物をおくる。おくりものの食物。

**キ** 21画 【▼饑】 部首[食]しょくへん JIS 8132
音 キ
うえる。うえ。①不作で食糧がとぼしい・たりない。②ひもじい。空腹である。「饑餓」

**キ** 21画 【▼鰭】 部首[魚]うおへん JIS 4141
音 キ
ひれ。はた。魚のひれ。

**キ** 22画 【▼羇】 部首[罒]あみがしら JIS 7020 ― 23画 【▼羈】 部首[覀]おおいかんむり 異体字
音 キ
たび。たびびと。旅住まい。旅暮らし。「羇旅」

**キ** 23画 【▼夔】 部首[夊]すいにょう
音 キ
①もののけ。木石の精という。②つつしむ。つつしみおそれる。③中国の人名。帝舜の臣下で、音楽をつかさどった。

**キ** 24画 【▼羈】 部首[罒]あみがしら JIS 7019 ― 25画 【▼覊】 部首[覀]おおいかんむり 異体字 JIS 7511
音 キ
①おもがい。馬の頭の上から、くつわにかけるひも。②たづな。③つなぐ。拘束する。「不羈」「羈束・羈絆」④たび。たびびと。「羈旅」

**キ** 27画 【▼驥】 部首[馬]うまへん ― 26画 【▼驥】 異体字 JIS 8171
音 キ
一日に千里をはしるという、すぐれた馬。たとえて、才能のある人、俊才をいう。「驥足・驥尾」

**き【木・▽樹】** ①多年生の植物のうち木質の茎をもつもの。茎の高さで低木と高木に分け、葉の形状で広葉樹と針葉樹に、また、冬期も緑のままの常緑樹と落葉する落葉樹とに区別。木本。tree 対義 草。②材木。lumber米; timber英 用例 ―をけずる。③《「柝」とも》ひょうしぎ。用例 ―を入れる。↓図

**木が入る**(きがはいる) 演劇・相撲などで、開幕・口上などの時を伝えるために、拍子木が打たれる。

**木から落ちた猿**(きからおちたさる) よりどころを失ったことのたとえ。a fish out of water

**樹静かならんと欲すれども風止まず**(きしずかならんとほっすれどもかぜやまず) 《木が静かになろうと思っても、風がやまない、の意から》よいことをしようにも、状況が悪く、思うようにならないことを言う。とくに、孝行しようと思うときには、親は死んでいて、この世にいないこと。風樹の嘆。

**木で鼻を括る**(きではなをくくる) 《「木で鼻をこくる」の転》そっけなく応対する。to snap one's nose off; answer snappishly

**木に竹を接ぐ**(きにたけをつぐ) 《つながりぐあいがおかしなことから》物事が不調和であること、ようすなどが不自然であることのたとえ。sew the fox's skin to the lion's

**木にも草にも心を置く**(きにもくさにもこころをおく) 草木のちょっとした動きにも警戒して、びくびくする。

**木に縁って魚を求む**(きによってうおをもとむ) ①やりかたが見当違いで、目的がとげられない。to ask pears of an elm tree ②望んでも無理なことのたとえ。can't get blood from a turnip

**木の股から生まれる**(きのまたからうまれる) 人情を解さないこと・人にいう。

**木六竹八塀十郎**(きろくたけはちへいじゅうろう) 木は陰暦六月、竹は八月に切るとよく、土塀は一〇月に塗ると長もちすることを、人名のように言った語。

**木を見て森を見ず**(きをみてもりをみず) 細かい点に気をとられて、全体をつかまえることができない。

● 木①

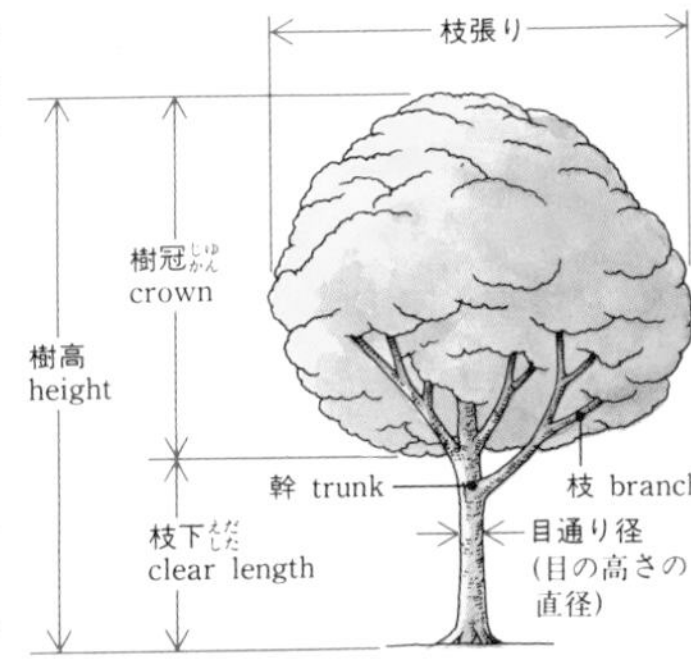


**き【生】** 一(名) まじりけのないこと。straight 用例 ―で飲む。二(接頭) ①まじりけのないさま。純粋。pure 用例 ―じょうゆ。―まじめ。②手を加えないこと。unprocessed 用例 ―糸。

**き【▽城】** しろ。castle 用例 ―戸。

**き【▼柝】** ↓き(木)③

**き【黄】** 三原色の一つ。きいろ。黄色。yellow

**黄なる泉**(きなるいずみ) 「黄泉」の訓読み。

**黄なる物**(きなるもの) 小判。

**き** 古語 (助動 特殊型)《用言の連用形に付く。ただし、カ変・サ変には特殊な付き方をする》過去のことを、見たり経験したりしたものとして、確かな過去として述べる言い方。…た。比較 けり。用例 ある時にはかて尽きて、草の根を食ひ物とし―(竹取)。世の中にたえてさくらのなかりせば(古今・春上)。参考 未然形「せ」は、接続助詞「ば」を伴って「せば」の形で仮定条件を表すときのみ用いられる。

**き【▽寸】**(助数) 馬のたけをはかる語。四尺を標準とし、それ以上を一寸ごとに「ひとき・ふたき」とかぞえた。用例 八―の馬。

**ぎ【ぎ・ギ】** ↓き【き・キ】

**ギ** 6画 【▼伎】 部首[人・亻]にんべん JIS 2076
音 キ・ギ
①役者。わざおぎ。「伎楽」②わざ。うでまえ。「伎癢」

**ギ** 7画 【▼妓】 部首[女]おんなへん JIS 2124
音 キ・ギ
女のわざおぎ。芸者。遊女。「芸妓・娼妓・美妓・名妓」「妓女・妓楼」

**ギ** 7画 【技】 部首[扌]てへん 教育小5 JIS 2127
音 ギ
訓 わざ
《伎とも》わざ。うでまえ。「演技・競技・国技・妙技」「技師・技術・技能」用例 (名)―をきそう。

**技、神に入る**(ぎ、しんにいる) かみわざと思われるほどである。

**ギ** 7画 【▼沂】 部首[氵]さんずい JIS 6175
音 ギ・キ・ギン
「沂水」は、中国の川の名。山東省をながれ、江蘇省で運河にそそぐ。

**ギ** 8画 【宜】 部首[宀]うかんむり 常用 JIS 2125
音 ギ
①よろしい。ほどよい。「機宜・時宜・適宜・便宜」②むべ。うべ。当然。③よろしく…べし。決定の意を表す。

**ギ** 9画 【▼祇】 部首[示]しめす ― 8画 【▼祇】 部首[ネ]しめすへん 異体字 JIS 2132
音 キ・ギ・シ
くにつかみ。地の神。「神祇・地祇」↓シ【祇】

**ギ** 11画 【偽】 部首[人・亻]にんべん 常用 JIS 2122 ― 14画 【▼僞】 旧字 JIS 4906
音 ギ・カ
訓 いつわる・にせ
①いつわる。だます。「偽証・偽善・偽造」②うそ。にせ。にせもの。対義 真。「虚偽・真偽」「偽書」

**ギ** 11画 【▼萓】 部首[艹]くさかんむり JIS 7232
音 ギ
「萓草」は、ヤブカンゾウ。ユリ科の多年草。わすれぐさ。

**ギ** 12画 【欺】 部首[欠]あくび 常用 JIS 2129
音 ギ・キ
訓 あざむく
だます。ごまかす。あざむく。「詐欺」「欺瞞」

**ギ** 13画 【義】 部首[羊]ひつじ 教育小5 JIS 2133
音 ギ
①正しい、立派なこと。人の行うべきこと。みち。すじ。のり。「信義・仁義・忠義」「義挙・義務」用例 (名)―にもとる。②儒教で、徳目をいう五常の一つ。礼にかなった正しい行為。③キリスト教で、契約に基づく共同体に対し誠実な態度を示すこと。また、悪をさばき弱者を保護する神の属性を表す。④わけ。意味。内容。「意義・奥義・疑義・講義・同義語」用例 (名)文字の―を解する。⑤血の続かないものが親子・兄弟になっていること。対義 実。「義父・義母」用例《接頭的》―兄弟。⑥からだの一部の代用。「義眼・義歯」

**義を見てせざるは勇無き也**(ぎをみてせざるはゆうなきなり) 人間として行わなければならない場合に行動に出ないのは、勇気がないというべきである。

**ギ** 14画 【疑】 部首[疋]ひき 教育小6 JIS 2131
音 ギ
訓 うたがう
うたがう。あやしむ。信用しない。「懐疑・質疑・被疑者・容疑者」「疑義・疑点・疑念・疑問」

**ギ** 15画 【儀】 部首[人・亻]にんべん 常用 JIS 2123
音 ギ
①礼式。典礼。「婚儀・盛儀・葬儀」用例 (名)即位の―。②きまり。のり。「威儀・行儀・礼儀」③天体などを測定する器械。用例《接尾的》水準―。地球―。④こと。ことがら。用例 (名)その―ばかりは、お許しを。《接尾的》私―。

**ギ** 15画 【▼嬀】 部首[女]おんなへん
音 キ・ギ
①「嬀水」は、中国の川の名。山西省をながれる黄河の支流。②中国の姓氏。古代の伝説上の聖天子、舜の姓。

**ギ** 15画 【戯】 部首[戈]ほこづくり 常用 JIS 2126 ― 17画 【▼戲】 旧字 JIS 5706
音 ギ・キ・ゲ
訓 たわむれる
①あそぶ。ふざける。たわむれる。「児戯・遊戯」「戯画」②芝居をする。「戯曲」

**ギ** 15画 【▼誼】 部首[言]ごんべん JIS 2135 ― 14画 【▼谊】 異体字
音 ギ
①よろしい。ただしい。すじ。道理。②よしみ。したしみ。「交誼・厚誼・高誼・情誼・友誼」

**ギ** 16画 【▼劓】 部首[刂]りっとう
音 ギ
はなきる。はなきり。はなをそぐ刑罰。

**ギ** 16画 【▼巇】 部首[山]やまへん JIS 5452
音 ギ
けわしい。さがしい。山などがけわしい。

**ギ** 16画 【▼羲】 部首[羊]ひつじ JIS 7028
音 キ・ギ
姓名に用いられる。「伏羲」は、中国古代の伝説上の天子。「王羲之」は、晋代の書家。

**ギ** 17画 【▼嶷】 部首[山]やま JIS 5456
音 ギ・ギョク
「九嶷」は、中国の山の名。舜(=古代の伝説上の天子)をほうむったという。湖南省寧遠県にある。↓ギョク【嶷】

**ギ** 17画 【擬】 部首[扌]てへん 常用 JIS 2128
音 ギ
まねる。にせる。なぞらえる。「擬音・擬人法・擬声語・擬装」用例《接頭的》―国会。

**ギ** 17画 【犠】 部首[牛]うしへん 常用 JIS 2130 ― 20画 【▼犧】 旧字 JIS 6426
音 ギ・キ
いけにえ。神前に供える生き物。また、人のために自分を捨てること。「犠牲・犠打」

**ギ** 18画 【▼礒】 部首[石]いしへん JIS 6706
音 ギ
①いわ。いわお。②いそ。なみうちぎわ。海や湖などの岸辺の岩が多いところ。

**ギ** 18画 【▼魏】 部首[鬼]きにょう JIS 8218
音 ギ
①たかい。おおきい。「魏々」②中国の戦国時代の一国名。前四〇三～前二二五年。七雄(=七大国)の一つ。③中国の王朝名。㋐三国の一つ。二二〇～二六五年。都は洛陽。曹魏。㋑南北朝時代の北朝の最初。三八五～五五六年。北魏。後魏。

**ギ** 19画 【▼艤】 部首[舟]ふねへん JIS 7163
音 ギ
ふなよそおい。ふなもよい。出船のため、ふねを整備する。「艤装」

**ギ** 19画 【▼蟻】 部首[虫]むしへん JIS 2134 ― 16画 【▼螘】 異体字
音 ギ
アリ。ハチ目に属する昆虫。「蟻集」



▼常用漢字表外。 ▽常用漢字表の音訓外。

**ギ**［曦］ 20画 部首［日］(ひへん) JIS 5907
音キ・ギ
太陽。日のひかり。かがやき。

**ギ**［議］ 20画 部首［言］(ごんべん) 教育小4 JIS 2136
音ギ
議 議 議 議 議 議
はかる。はなしあう。相談。「異議・協議・評議」「議案・議決・議事・議題・議論」用例(名)委員会の―をへて。

**ギ**［巍］ 21画 部首［山］(やま) JIS 5459
音ギ
たかい。おおきい。山が高く大きくそびえるさま。「巍々・巍然」

**ギア**［gear］ 歯車。また、二つ以上の歯車を組み合わせた伝動装置。↓写

**き-あい**［木▼藍］ 天然染料の藍のうち、木本植物からとれる藍。インドアイが代表的。

**き-あい**［気合(い)］ ①いき。呼吸。breath ②相手に激しく迫る勢い・かけ声。yell ③心持ち。気分。feeling; spirit 用例いい―の人。

**気合いが掛かる**(きあいがかかる) 何かをするにさいし、気持ちが集中して熱が入る。気合いが入る。concentrate one's energies; be fired up 用例気合いが掛かった顔つき。

**気合いが入る**(きあいがはいる) 何かするにさいし、精神が集中し、熱がこもる。気合いが掛かる。be spirited

**気合いに当たる**(きあいにあたる) 心配になる。気に掛かる。worry about

**気合いに構う**(きあいにかまう) ①気に障る。②病気のためによくない。病気に障る。

**気合いを入れる**(きあいをいれる) 心をふるいおこして、事に臨む。show fight

**気合いを掛ける**(きあいをかける) 人を励ます。encourage

**きあい-まけ**［気合(い)負け］(名・サ変自)

●ギア
平歯車

傘歯車

ウォームギア

試合する前から、相手の気勢に圧倒されていること。be overawed by one's opponent's show of determination

**ぎ-あく**［偽悪］ わざと、悪人であるかのような言動をすること。pretend to be wicked 対義偽善。

**き-あけ**［忌明け］ 喪に服する期間が終わること。いみあけ。

**き-あげ**［生上げ］ ゆでたものを水にさらさず、ざるに上げて冷ますこと。関東では、「おか上げ」という。

**き-あげは**［黄揚羽▼蝶］ もっともふつうに見られるアゲハチョウ科のチョウ。開張約一〇cm。ニンジン・セリなどが食草。幼虫は緑と黒の横じまが美しい。日本全土、北半球の温帯から寒帯にかけて広く分布。↓図

●キアゲハ

**きあし-しぎ**［黄脚▼鷸］ 脚が濃い黄色のシギ科の鳥。翼長約一七cm。東シベリアで繁殖し、オーストラリア方面に渡って越冬する旅鳥で、日本には五～六月と八～九月の二回立ち寄る。海岸・干潟・水田などに大群で舞い降りる。

**きあし-どくが**［黄足毒▼蛾］ 翅(はね)が半透明で白く、脚の先が橙黄(とうこう)色のドクガ科のガ。開張五cm余。昼行性。食草はミズキ・エゴノキ。北海道・本州・朝鮮半島・中国に分布。

**キアズマ**［chiasma］《交叉を意味するギリシア語から》減数分裂の第一分裂前期に、対合した相同染色体の四本の染色分体が示すX字形の像。染色体交叉。

**き-あつ**［気圧］ ①大気の圧力。おもに地表で測ったものをいい、新聞などの天気図では海面上の気圧を示す。一$cm^2$あたり約一kg重。atmospheric pressure 用例―配置。―の谷。②気体の圧力の単位。水銀柱の高さで七六〇mmに相当する圧力を一気圧とし、一〇一三ミリバールにあたる。atmospheric pressure

**きあつ-けい**［気圧計］ 気圧を測るための器械。気圧の高低が天気の良否と深い関係があるので、気象観測用のものは晴雨計ともいう。barometer ↓写

**きあつ-けいど**［気圧傾度］ 気圧変化の距離に対する割合。便宜上経度線一度の長さ、約一一〇kmに対する気圧差。空気を動かし、風を起こす力の一つ。pressure gradient

**きあつ-の-おね**［気圧の尾根］ 高気圧の中心から細長く伸びた気圧の高い区域。気圧の嶺(ね)。ridge

**きあつ-の-たに**［気圧の谷］ 気圧の低い地域が細長く伸びているところ。谷の地域では雲が多い。trough

**きあつ-はいち**［気圧配置］ 天気図上で、高気圧や低気圧、前線などで表された気圧の分布状態。pressure pattern

**ギアナ**［Guianas］ 南アメリカ北東部、ブラジルとベネズエラに囲まれた地方で、ガイアナ・スリナム・フランス領ギアナの三地域をいう。人口七・三万(一九八二)。

**ギアナ-こうち**［ギアナ高地］(Guiana Highlands) 南アメリカ大陸北部、ベネズエラ南東部からブラジル北部に広がる高地。ほとんどが標高五〇〇～一〇〇〇m。最高峰ロライマ山は標高二八一〇m。

**き-あわ・せる**［来合(わ)せる］(下一自) 同じ所へちょうど来て出あう。同じ所でひょっこり会う。happen to come by

**き-あん**［起案］(名・サ変他) 草案を作ること。また、その草案。draft

**ぎ-あん**［議案］ 会議に出す原案。bill

**きあん-こう**［輝安鉱］ 硫化鉱物の一つ。アンチモンの重要な鉱石鉱物。斜方晶系。柱状結晶で条線がある。金属光沢をもち鉛灰色。stibnite

**き-い**［忌▼諱］《「きき」の慣用読み》嫌うこと。恐れはばかること。

**忌諱に触れる**(きいにふれる・ききにふれる) 忌み嫌っていることを言ったりして、目上の人の機嫌を損ねる。

**き-い**［貴意］ 相手の意向をいう敬語。

**貴意を得る**(きいをえる) 《多く、「貴意を得たい」の形で使う。おもに手紙文中で用いられる、相手に対して敬意を表した言い方》あなた様のお考え・気持ちをお聞きする。

**きい**［紀▼伊］ ↓きいのくに(紀伊国)

**き-い**［奇異］(形動) ふつうと違って変なさま。奇妙。奇怪。strange 対義正常。

**キー**［key］ ①指で押したり打ったりするところ。ピアノの鍵盤(けんばん)、電信機・電子計算機などの指で押すところ。②鍵(かぎ)。錠前を開閉する器具。③解決の手がかり。ヒント。④中心となるもの。重要なこと。用例―ポイント。⑤データを識別する要素。キーワード。⑥電気回路などの手動スイッチ。⑦回転軸に歯車・ベルト車・軸継ぎ手などを固定するための、細長いくさび状の小片。⑧音楽の調。調性。用例―を変えて歌う。

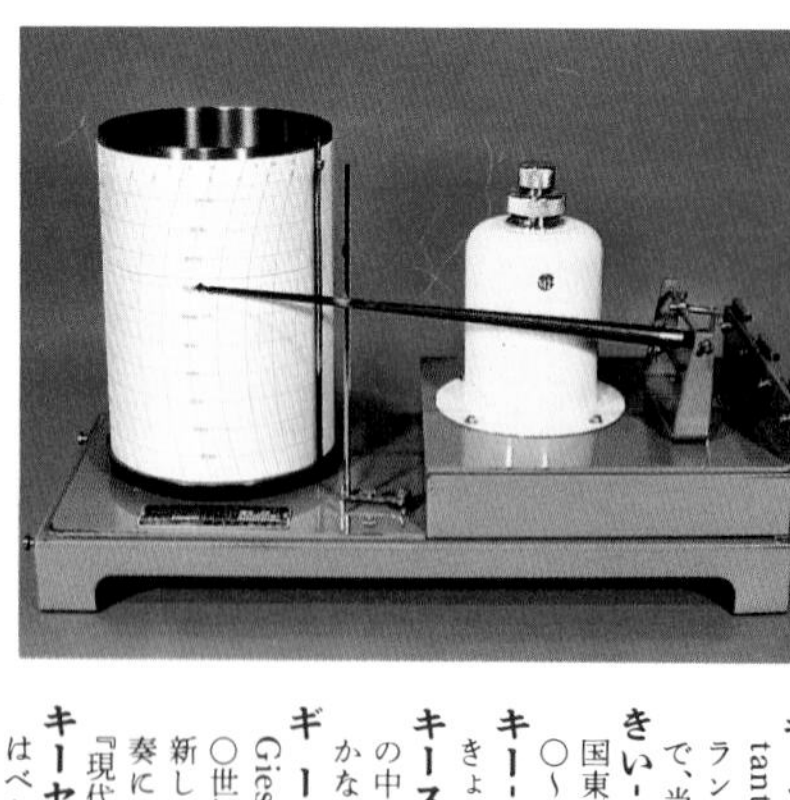

●気圧計 アネロイド型自記気圧計。

**ギー**［ghee ヒンディー］ インドで広く常食される濃厚なバター。半流動状で、九九・三%以上というほぼ完全な乳脂肪からなる。

**キー-インダストリー**［key industry］ 基幹産業。

**キー-ウェスト**［Key West］ アメリカ、フロリダ州南部のキーウェスト島にある都市。アメリカ最南端の都市で観光客が多い。海軍基地がある。人口二・五万(一九八〇)。

**キー-カレンシー**［key currency］ 基軸通貨。

**キー-きょく**［キー局］ テレビやラジオの番組・ニュースなどを制作し、他の地方局に供給する放送局。親局(おやきょく)。キーステーション。key station

**ギーザ**［Gīza］ エジプト北部の観光都市。ナイルの西、カイロの対岸にあり、エジプト古王国時代の大ピラミッドで有名。人口一二四・七万(一九七六)。ギゼー。

**きい-さんち**［紀▼伊山地］ 紀伊半島を構成する山地。最高峰は八剣(はっけん)山、一九一五m。近畿(きんき)地方でもっとも高峻(こうしゅん)な深山地域。

**キージー**［Ken Kesey］(一九三五～) アメリカの小説家。『郭公(かっこう)の巣』で有名。

**キージンガー**［Kurt Georg Kiesinger］(一九〇四～八八) 西ドイツの政治家。キリスト教民主同盟員。一九五四年連邦議会の外交委員長。六六年エアハルトの退陣後、首相。

**ギース**［Ernst Adolphe Hyacinthe Constantin Guys］(一八〇二～九二) フランスの画家。オランダ生まれ。素描に淡彩を施す独特の筆致で、当時の社会風俗を軽快に描写。

**きい-すいどう**［紀▼伊水道］ 紀伊半島と四国東岸との間にある海域。南北五〇km、東西三〇～五〇km。水深一〇〇m。

**キー-ステーション**［key station］ ↓キーきょく(キー局)

**キーストーン**［keystone］ ①建築で、アーチの中ほどにさし入れて、全体の力を支える石。かなめ石。くさび石。②野球で、二塁のこと。

**ギーゼキング**［Walter Wilhelm Gieseking］(一八九五～一九五六) ドイツのピアニスト。二〇世紀前半の巨匠の一人。新即物主義を提唱。新しい奏法を確立。ドビュッシー・ラベルの演奏にすぐれる。著書に、師ライマーとの共著『現代ピアノ奏法』。

**キーセン**［妓生 朝］(kisaeng) 朝鮮で、酒席にはべり、歌曲や舞踊により興を添えることを職業とする女性。歌曲舞踊だけでなく、詩書画をよくする者もある。キーサン。

**ギータゴービンダ**［Gitagovinda］ インドの一二世紀後半の詩人ジャヤデーバの叙情詩。ビシュヌ神の化身クリシュナと牧女ラーダとの恋愛を、信仰を基本とし、官能的にうたう。

**きいた-ふう**［利いた風］(連語) 知ったかぶり。生意気。saucy airs 用例―な口をきく。

**き-いちご**［木▼苺］ バラ科キイチゴ属植物の総称。ふつう落葉低木で、山野にはえる。直立性とつる性のものがあり、茎と葉は有刺。花は白色五弁。小核果を多数集合。熟した実は食用になるものが多い。栽培種にはラズベリー・ブラックベリー・デューベリーなどがある。raspberry ↓写

●キイチゴ モミジイチゴの花(上)と実(下)。

**きいち-ほうげん**［鬼一法眼］ 『義経記(ぎけいき)』などに登場する伝説的人物。京都一条堀河に住む陰陽師(おんようじ)で、兵法書『六韜三略(りくとうさんりゃく)』を源義経(よしつね)に盗まれたことで有名。

**き-いつ**［帰一］(名・サ変自) 分かれているものが、結局みな一つのものになること。

**キーツ**[John Keats]（一七九五〜一八二一）イギリス‐ロマン派の詩人。簡潔・端正に地上の感覚的美と永遠との一致をうたった。長詩『エンディミオン』、詩集『レイミア、イザベラ、聖アグネス祭の前夜、その他の詩集』、叙事詩『ハイペリオンの没落』など。

**き‐いっぽん【生一本】**（名・形動）①純粋で混じりけのないこと・物・さま。purity 用例 灘の—。②思いこんで、それにうちこんでいくさま・性質。straight forwardness 用例 —な人。

**き‐いと【生糸】** カイコの繭から取った繊維を縒り合わせたままの糸。絹織物の原料。酸に強いがアルカリに弱い。伸長弾性に富む。raw silk 対義 練り糸。

**キートン**[Buster Keaton]（一八九五〜一九六六）アメリカの映画俳優。無声映画時代に「笑わぬ喜劇俳優」として人気を得た。主演作『キートンの恋愛三代記』など。

**きいながしま【紀▼伊長島】**〈町〉三重県南部、熊野灘に臨む町。林業・水産業中心で、ミカン栽培もさかん。人口一万三三八三（一九八八）。

**キー‐ノート**[keynote] ①音楽で、音階の第一音。主音。②基本的な傾向。基調。絵画・文芸などで、中心思想。

**きい‐の‐くに【紀▼伊国】**《古くは「木国」・紀国」。和銅六年（七一三）「紀伊国」と改称》旧国名。現在の和歌山県と三重県南部。南海道の一国。「延喜式」では上国、七郡。国府は和歌山市府中。国分寺は那賀郡打田町。明治四年（一八七一）廃藩置県により和歌山・度会二県となる。同九年（一八七六）、度会県は三重県に併合。紀州。紀伊。きのくに。

**キー‐パー**[keeper] ①番人。監視員。世話をする人。②「ゴールキーパー」の略。③「グラウンドキーパー」の略。

**キー‐パンチャー**[key puncher] 情報を記録するため、電子計算機用カードや紙テープに穿孔機で穴をあける仕事をする人。

**キー‐パンチャー‐びょう【キーパンチャー病】** 電子計算機やワープロのオペレーターがかかる職業病の一つ。神経の緊張状態のまま連続して長時間パンチ作業を行うことにより、手指・上腕・肩部に生じる疲労性疾患。

**きい‐はんとう【紀▼伊半島】** 近畿地方南部の太平洋に突出する日本最大の半島。三重・奈良・和歌山三県にまたがり、東は熊野灘、西は紀伊水道に臨む。半島の大部分は紀伊山地で平地にとぼしい。多雨地帯。

**キー‐ポイント**《和製語》事件や問題の解決にあたって、手がかりになる要点。the key

**キー‐ボード**[keyboard] ①鍵盤。②鍵盤楽器。とくに電気を使用するものをいう。③ホテルの帳場などで、客室のかぎを下げる板。

**キー‐ホール‐ネックライン**[keyhole neckline] 襟ぐりの形の一種。丸い襟ぐりに、円や三角や四角などの形に切り込みを入れて、全体がキーホール（＝かぎ穴）のような形となる襟あき。↓図

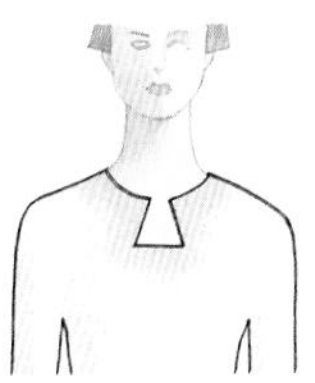
●キーホールネックライン

**キー‐ホルダー**《和製語》色々なかぎを、まとめて束ねておくもの。

**キーランド**[Alexander Kielland] ↓シェラン

**キール**[keel] ①↓りゅうこつ（竜骨）②。②イギリス沿岸で石炭運搬などに用いられる、帆をもった平底船。

**キール**[Kiel] 西ドイツ北部、シュレスビヒホルシュタイン州の州都。港湾都市。軍港でありヨーロッパ最大級の造船所がある。人口二四・五万（一九八五）。

**キール‐うんが【キール運河】**（Kiel Kanal）↓ノルトオストゼーうんが（ノルトオストゼー運河）

**ギールケ**[Otto Friedrich von Gierke]（一八四一〜一九二一）ドイツの法学者。国家の起源や社会と国家と個人の関係を、ゲルマン法的団体思想の歴史的研究を通して解明した。著書『ドイツ団体法論』など。

**キールン【基隆】**（Jīlóng）中国、台湾省北部の港湾都市。台北の外港で貿易の中心地。縦貫鉄道の起点。人口三五万（一九八一）。

**きいれ【喜入】**〈町〉鹿児島県薩摩半島の鹿児島湾に臨む町。畑作・畜産などがさかん。大規模な石油備蓄基地がある。人口一万二八四四（一九八八）。

**き‐いろ【黄色】** レモンの皮、菜の花、卵の黄身のような色。山吹色・卵色などの総称。加法・減法混色における基本三原色の一つ。イエロー。yellow

**きいろ・い【黄色い】**（形）①黄色である。yellow 用例 —花。②《さげすむ気持ちでいう》幼い。未熟な。green 用例 くちばしが—。

**黄色い声**（きいろいこえ） おもに女性・子どもの、かん高い声。きゃあきゃあ言う声。

**きいろうすば‐あげは【黄色薄羽揚羽▼蝶】** ↓うすばきちょう（薄羽黄蝶）

**きいろ‐しょうじょうばえ【黄色▼猩▼猩▼蠅】** 黄褐色の小形のショウジョウバエ科の昆虫。体長約二㎜。幼虫は、腐った果物や酒粕・ぬかみそなどの中で発育。全世界に分布。アメリカのモーガンが、本種から白眼の突然変異種を発見して以来、重要な実験動物となる。fruit fly

**きいろ‐すずめ【黄色▼雀▼蛾】** 全体が黄褐色の大形のスズメガ科のガ。体は太い流線形で、翅は細長く、ほぼ三角形。開張約一〇㎝。食草はヤマイモ・サトイモなど。本州以南、および中国・南アジアに分布。hawk moth

**キーロフ**[Kirov] ソ連中西部、ウラル西方ビャトカ川左岸の工業都市。人口四一・五万（一九八六）。旧称ビャトカ。

**キー‐ワード**[key word] 文章全体の意味を引き出すための重要な手がかりとなる語。

**き‐いん【気韻】** 品格のあるおもむき。気品。

**き‐いん【起因】**（名・サ変自）何かによって起こること。起こる原因。起こり。motive; cause 比較 原因。用例 社会の混乱は経済不安に—する。

**き‐いん【基因】**（名・サ変自）いくつかの原因のうち、いちばんもととなること。そのような原因。origin

**き‐いん【棋院】** 囲碁の専門家の団体。また、その本部などの建物。日本棋院は、大正一三年（一九二四）囲碁界の大同団結が実現し誕生。関西棋院は、昭和二五年（一九五〇）に橋本宇太郎を中心に大阪で設立。

**キーン**[Donald Keene]（一九二二〜）アメリカの日本文学研究者。コロンビア大教授。日本文学の紹介と、その鋭い批評を展開。著書『日本文学史』など。

**キーン**[Edmund Kean]（一七八七〜一八三三）イギリスの舞台俳優。シェークスピア劇の悪役を得意とし、とくに狂気と熱情の表現に迫真の演技をみせた。

**ぎ‐いん【議員】** 合議制の機関を組織し、議決に加わる権利を持った人。assemblyman 用例 国会—。

**ぎ‐いん【議院】** 国会。国の議会。日本では衆・参両院のこと。the Diet

**ぎいんうんえい‐いいんかい【議院運営委員会】** 衆・参両院の常任委員会の一つ。議院の運営・諸規則に関する事項、国会図書館・裁判官弾劾裁判所・裁判官訴追委員会に関する事項などを扱う。

**ぎいん‐きそく【議院規則】** 衆議院規則と参議院規則の併称。国会の両院が、それぞれ議事手続きと内部の規律に関する事項を定めた規則。

**きいん‐せいどう【気韻生動】** 絵などで、気品がみちあふれていること。

**ぎいん‐とくてん【議員特典】** 国会議員に与えられる特典。国会会期中は、院外の現行犯以外では所属議院の許諾なしに逮捕されないこと、議院内における発言・表決について院外で責任を問われないことなど。議員特権。

**ぎいん‐ないかくせい【議院内閣制】** 内閣の存立が議会の信任で決まる制度。内閣は議会の信任に基づいて組織され、議会に対し連帯して責任を負い、議会（日本では衆議院）の信任を失った場合には総辞職する。責任内閣制。parliamentary cabinet system

**ぎいん‐りっぽう【議員立法】** 政府（＝内閣）ではなく、議員の発議にもとづく立法。

**き‐う【気宇】** 心の広さ。気ぐらい。気性。心意気。broad-mindedness 用例 雄大な—。

**キウイ**[kiwi] ①マタタビ科の落葉果樹。つる性。雌雄異株。葉は大きく、互生。花は乳白色五弁。卵形の果実は短毛におおわれ茶褐色で八〇〜一〇〇g。果肉は淡緑色で多数の種子があり、甘味と淡い酸味がある。中国原産。キウイフルーツ。②キウイ科の鳥。体長五〇〜八〇㎝。翼と尾は痕跡程度しかなく飛べない。ニュージーランド産。ニワトリ大で土中の小動物を捕食。夜行性。↓図

●キウイ①

●キウイ②

**キウィタス**[civitas ラテ] 古ゲルマン人の小規模の国家的結合体。一人の王または数名の首長により統率されたが、重要問題の決定は成年男子自由人全体が参集する「民会」によった。ローマ時代には国家・都市を意味した。

**キウイ‐フルーツ** ↓キウイ①

**き‐うけ【気受け】** ある人に対して他の人が持っている感じ。世間の評判。受け。popularity 用例 —のいい人。

**き‐うつ【気▼鬱】**（名・形動）気がふさぐこと・さま。depression 用例 —な話。

**き‐うつり【気移り】**（名・サ変自）気持ちが集中せず、あれこれ移り動くこと。むらき。distraction

**き‐うま【木馬】** 山で、木を切り出すのに用いる、人力でひくそりに似た用具。きんま。

**き‐うら【木裏】** 対義 木表。①板目材の樹心に近い方の面。inside surface ②板のきずの多い方の面。back side

**き‐うり【▼胡▼瓜・黄▼瓜・木▼瓜】** ↓きゅうり（胡瓜）

**き‐うるし【生漆】** 木からとったままで、精製していない漆。

**き‐うん【気運】** 時勢のなりゆき。時運。trend 用例 —が盛り上がる。

**き‐うん【機運】** 時の巡り合わせ。時機。チャンス。opportunity 用例 一大飛躍の—が熟した。

**き‐え【帰依】**（名・サ変自）神仏や高僧を敬い、その教えに従うこと。have faith

**き‐えい【気鋭】**（名・形動）意気ごみのさかんなこと・さま。spirited 用例 新進—。

**き‐えい【帰営】**（名・サ変自）兵営に帰ること。

**き‐えい【機影】** 飛行機の姿。sight of an airplane

**きえ‐い・る【消え入る】** 一（五自）消えてなくなる。vanish 用例 —ような声。二 古語（四自）①悲しんで気を失う。用例 あるかなきかに—・りつつ、ものしたまふを（源氏・桐壺）。②息が絶える。死ぬ。die 用例 目に見す見す—・り給ひにし事など語る（源氏・浮舟）。③平静を失う。用例 忍びてありしさまを聞こゆるに、言ふ人も—・り、え言ひやらず（源氏・蜻蛉）。

**きえ‐う・せる【消え▽失せる】**（下一自）①消えてなくなる。disappear ②逃げてしまう。get out of sight

**きえ‐かた【消え方】** 消えるようす・ぐあい。

**きえ‐がた【消え方】** 火・光・勢いなどが消えようとするとき。

**きえ‐ぎえ【消え消え】**（形動）①ほとんど消えようとするさま。faintly ②びっくりして、生きた心地もしないさま。

**きえ‐さんぼう【帰依三宝】**《仏教語》仏・法・僧の三宝を敬い、その教えに従うこと。三帰依。三帰。

**き‐えつ【喜悦】**（名・サ変自）よろこぶこと。よろこび。歓喜。delight

**きえ‐のこ・る【消え残る】**（五自）①ほとんどが消えたあとに少しだけ消えないで残る。remain unextinguished ②生き残る。survive

**ギエバー**[Ivar Giaever]（一九二九〜）アメリカの物理学者。ノルウェー生まれ。半導体および超電導体におけるトンネル現象の実験的発見で、一九七三年ノーベル物理学賞受賞。

**きえ‐は・てる【消え果てる】**（下一自）すっかり消える。vanish completely

**キエフ**[Kiev] ソ連南西部、ウクライナ共和国の首都。ドニエプル川沿岸にあり、ドニエプル地方の工業・交通・文化の中心。スラブ民族最古の都市の一つ。人口二四九・五万（一九八六）。

**キエフ‐こうこく【キエフ公国】** 中世ロシアの初期封建国家。九世紀末キエフを中心に



▼常用漢字表外。　▽常用漢字表の音訓外。

オレーグが創建。一〇世紀末ギリシア正教を公認。ヤロスラフ一世治下に最盛となったが、以後衰退。一二四〇年モンゴルの侵入で滅亡。

**き・える【消える】**(下一自) ①なくなる。go out 用例 火が―。痛みが―。②見えなくなる。disappear 用例 画面が―。③気持ちや状態が薄れる。用例 印象が―。④《俗語》人がいなくなる。ものがなくなる。disappear 用例 彼は、いつのまにか―・えた。

**キエルツェ[Kielce]** ポーランド南東部の商業都市。繊維・金属工業が発達。人口二〇・一万(一九八五)。

**き-えん【気炎・気▼焔】** さかんな意気。気勢。high spirits; big talk

**気炎万丈**(きえんばんじょう) 大いに気勢を上げること。high spirits

**気炎を上げる**(きえんをあげる) 威勢のよいことを得意になって言う。気炎を吐く。talk big

**気炎を吐く**(きえんをはく) 「気炎を上げる」と同意。

**き-えん【奇縁】** 思いもよらない、不思議な縁。strange fate 用例 また会うとは―だ。合縁―。

**き-えん【機縁】** 《仏教語》教えを会得する資質と、教えを受ける縁のあること。きっかけ。用例 これを―によろしく。

**ぎ-えん【義▼捐・義援】** 慈善・公益のためにお金や物品を出すこと。ほどこし。寄付。喜捨。contribution; donation

**ぎえん【義▼淵】**(?―七二八) 奈良時代の学僧。大和の人。岡寺を開創、法相宗をひろめた。

**ぎえん-きん【義▼捐金】** 義捐のためのお金。義金。contribution; donation

**き-えんさん【希塩酸】** 濃度三六%の濃塩酸を水で希釈したもの。dilute hydrochloric acid

**きえん-れい【棄▼捐令】** 江戸時代、幕府が旗本・御家人の札差からの債務を破棄させた法令。中世の徳政令に相当。

**きおい【▽競い】** ①競うこと。rival; compete ②「きおいはだ」の略。

**き-おい【気負い】** 勇み立つこと。意気ごむこと。

**きおい-こ・む【気負い込む】**(五自) 意気ごむ。勢いこむ。be eager to

**きおい-た・つ【気負い立つ】**(五自) 負けまいとして、はりきる。勢いこむ。勇み立つ。be stirred up

**きおい-はだ【▽競い肌】** 男らしい、正義に熱しやすい気持ち。勇み肌。

**き-おう【既往】** すぎさった昔。以前。過去。past 対義 将来。

**既往は咎めず**(きおうはとがめず) 過去のことを咎めだてするよりは、将来を慎むことが大切である。

**きお・う【▽競う】**(五自) 負けまいと争う。競争する。rival; compete

**き-お・う【気負う】**(五自) 我こそはと意気ごむ。ここ一番だと張り切る。get worked up

**ぎおう【▼祇王・▼妓王】** 『平家物語』に登場する京の白拍子。平清盛の寵愛を失い、出家して嵯峨に隠棲。妹の祇女と母も祇王に従った。

**ぎおう-じ【▼祇王寺】** 京都市右京区嵯峨にある高野山真言宗の尼寺。古くは往生院といい、『平家物語』で有名な祇王・祇女・仏御前らが隠棲した寺として知られる。

**きおう-しょう【既往症】** 今は治っているが、前にかかったことのある病気。anamnesis

**きおう-れき【既往歴】** 患者の過去の病歴。現在の病気の診断や予後判定に役立たせるために医療者がたずねるもの。病気のほか、外傷・飲食習慣・日常生活も含む。anamnesis

**き-おく【記憶】**(名・サ変他) 対義 忘却。①おぼえていて、忘れないこと。過去の経験から影響を受けて心に残っているもの。ものおぼえ。memory 用例 ―すべきできごと。―にとどめる。②機械などで、経験・情報を蓄積し、必要に応じて再生することができる働き。memory 用例 コンピューターに―させる。

**きおく-しょうがい【記憶障害】** 記憶の働きが妨げられること。新しい体験を覚えこむこと(=記銘力)の障害、記銘したことを保持することの障害、記銘したことを必要に応じて再生することの障害の三つに分類される。disturbance of memory

**きおく-しょく【記憶色】** 実際にその物を見なくても思い浮かべられる固有の色。

**きおく-そうち【記憶装置】** 《memory; storageの訳》デジタルコンピューターを構成する部分の一つ。コンピューターに計算や事務処理を行わせるためのプログラムやデータを、入力装置から入れて蓄えておく装置。主記憶装置と外部記憶装置とがある。メモリー。

**きおく-そし【記憶素子】** データを蓄積するための回路を構成する最小の要素。第二世代コンピューターでは磁気コアを用いたが、現在は、LSI・VLSIを用いる。storage cell 比較 演算素子。

**きおく-ばいたい【記憶媒体】** 大量のデータを蓄積しておくための物体。磁気テープ・磁気ディスク・磁気ドラム・フロッピーディスクなど。storage medium

**きおく-ぶっしつ【記憶物質】** 記憶に関与する生体内化学物質。まだ、仮説の段階。memory substance

**きおく-ようりょう【記憶容量】** コンピューターの記憶装置に蓄えることのできる情報の量。その容量はビット・バイトなどの単位で表される。memory capacity; storage capacity

**きおく-りょく【記憶力】** おぼえる能力。memory

**き-おくれ【気後れ】**(名・サ変自) おじけて、ひるむこと。diffidence

**キオスク[kiosk]** 《中近東で、四阿の意》世界各国の公園や駅で新聞・タバコなどを売る簡易な売店。また、野外音楽堂・電話ボックスなど、簡易な構造の設備の称。

**キオソーネ[Chiossone]** ↓キヨソーネ

**き-おち【気落ち】**(名・サ変自) がっかりすること。失望。落胆。despondent; be discouraged

**き-おも【気重】**(名・形動) 気が晴れないさま。気分のしずんださま。gloomy

**き-おもて【木表】** 板材で、年輪の中心から見て外がわに当たる面。対義 木裏。

**き-おん【気温】** 大気の温度。地上気象観測では、地表面上約一・五mの高さで風通しがよく、直射日光が当たらない場所で測定。temperature 対義 水温。用例 ―が高い。

**き-おん【黄▼苑】** キク科の多年草。高さ約九〇cm。葉は互生し鋸歯をもつ。夏に、径二cmぐらいの黄色の頭花を密生。山地にはえる。↓図

●キオン

**き-おん【基音】** ①物理で、複合音を構成する部分音のうちで、振動数のもっとも小さい音。fundamental note ②音楽で、調子を決める音。原音。主音。keynote

**ぎ-おん【擬音】** 演劇・放送劇などで、小道具を使って出す、風雨・鳥獣などの音や声に似せた音。imitation sound 用例 ―効果。

**ぎ-おん【▼祇▽園】** ①「祇園精舎」の略称。②京都市東山区、八坂神社の門前付近の地区。鎌倉時代に門前町として成立、近世に入り遊里として発展した。京情緒を代表する歓楽街。

**ぎおん-え【▼祇▽園会】** 京都の八坂神社(=祇園神社)の祭礼。祇園祭り。

**きおん-ぎゃくてん【気温逆転】** 上空になるほど気温が高くなるか、気温が下がらない現象。地表付近の接地逆転と、一〇km以上にできる上層逆転がある。temperature inversion

**きおん-げんりつ【気温減率】** 地表からの高さが増すにつれて気温が変化する割合。対流圏では、一〇〇mごとに約〇・六℃気温が下がる。lapse rate of temperature

**ぎおん-ご【擬音語】** 物音や声の感じを言語音でまねたことば。「ワンワン・カーカー・バタン・ガチャン」など。擬声語。onomatopoeia 対義 擬態語。

**ぎおん-しょうじゃ【▼祇▽園精舎】** 《仏教語。Jetavana-vihāra梵の訳》祇樹給孤独園精舎の略称。舎衛城の南にあった僧坊。給孤独と称される須達長者が、釈迦のために祇陀太子の庭園に建立した寺院。竹林精舎とともに二大精舎の一つ。

**ぎおん-なんかい【▼祇▽園南海】**(一六七七―一七五一) 江戸中期の文人画家。名は瑜。紀州藩の儒官。清雅な水墨画を描く。作品『山水図』など。

**ぎおん-ばやし【▼祇▽園▼囃子】** ①祇園祭りのとき、山車の上で、笛・鉦・太鼓などでするはやし。②芝居で、下座音楽の一つ。

**ぎおん-ぼう【▼祇▽園坊】** 渋柿の一種。広島地方を中心に栽培。果実は大形の長円錐形で、四本の縦溝がある。種子はない。

●祇園祭り

**ぎおん-まつり【▼祇▽園祭(り)】** 京都市東山区の八坂神社で、七月一日から二一日まで行われる祭り。一七日の山鉾巡行が有名。日本の代表的な祭りの一つ。祇園御霊会。祇園会。↓写

**ぎおん-まもり【▼祇▽園守(り)】** 紋所の名。京都の八坂神社(=祇園神社)の神紋。紋形は、ふつう、中心に八坂神社で出すお守りが交差し、外郭に領巾やらっぱのような形が付いている。↓図

●祇園守り

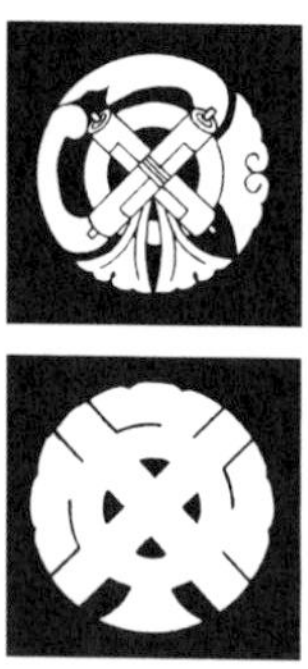

祇園守り

祇園守り崩し

**き-か【机下】** ①つくえの下。②《「おそば」の意》手紙のわき付けに用いる語。あて名の左下につけて敬意を示す。

**き-か【気化】**(名・サ変自) 物質が液体から気体に変わる現象。液体の表面から気化する蒸発と、内部から気化する沸騰とがある。また、固体が直接気体に変わる昇華を含める場合もある。vaporization 対義 液化。

**き-か【奇貨】** ①珍しい品物。②利益をもたらす見込みのある品物・機会。思いがけない幸い。

**奇貨居く可し**(きかおくべし) 《珍しい品物だから、買っておいて、のちに利益を得るのがよいということから》よい機会を逃すな。

**き-か【奇禍】** 思いがけない災難。不慮の災難。accident

**き-か【季夏】** ①夏の末。晩夏。late summer ②陰暦六月の異称。

**き-か【帰化】**(名・サ変自) ①他国の国籍を取得し、その国の国民になること。外国人が日本に帰化する場合は、国籍法の定める要件をみたしたうえで、法務大臣の許可が必要。naturalization ②君主の徳に服して、その臣下になること。③生物が原産地から離れた別の土地に渡来して、その土地の気候・風土になじみ、自生・繁殖するようになること。naturalization

**き-か【幾何】** ↓きかがく(幾何学)

**き-か【貴家】** 相手の家をいう敬語。おたく。尊家。

**き-か【旗下】** 将軍の旗のもと。

**き-か【▼麾下】** 指揮権下にあること・人。また、将軍直属の部下。

**き-か【貴下】**(代) 相手をいう敬語。あなた。貴殿。

**き-が【起▼臥】**(名・サ変自) ①おきることと、ねること。起居。②日常の生活。用例 ―を共にする。

**き-が【飢餓・▼饑餓】** 食物の欠乏によるひどい空腹。うえ。hunger; inanition; starvation 比較 飢饉。

**き-が【帰▼臥】**(名・サ変自) 官職をやめて故郷に帰り、静かに生活すること。

**ぎ-か【偽果】** 子房以外の萼・花托・花軸などの一つが発達した果実。ナシ状果・イチゴ状果・イチジク状果など。仮果。pseudocarp 対義 真果。↓果実図

**ぎ-が【戯画】** ユーモア・風刺・寓意を内容とする絵の古来の名称。鳥羽僧正の『鳥獣戯画』など。西洋のカリカチュア・カートゥーンにあたるもの。caricature; cartoon

**ギガ[giga]**(接頭) 《gigasギリシア(巨人)に由来》単位で一〇億倍($10^9$)を表す。記号G。

**き-かい【奇怪】**(名・形動) =きっかい。①あやしいこと・さま。不思議。mysterious 用例 ―な事件。②納得のできないこと・さま。ふつごう。outrageous 用例 ―な言動。

**き-かい【棋界】** 囲碁を打ったり、将棋を指したりすることを愛好する人々の仲間・世界。多く、それらで競技することを職業または専門とする人たちで構成する社会についていう。用例 ―のホープ。

**き-かい【▼毀壊】**(名・サ変自他) こわすこと。

また、こわれること。

**き-かい【機会】** 何かをするよいおり。チャンス。opportunity; chance 用例 ―をつかむ。―を逃がす。

**き-かい【器械】** 動力を持たない、測定・実験・治療などに使う器具。instrument 比較 機械。数え方 一台。

**き-かい【機械】** ①からくり。しかけ。machinery; mechanism ②動力装置をもつしかけ。原動・伝達・作業などの機構をそなえる。machine 比較 器械。数え方 一台・一基。③人にあやつられるもの。puppet

**きかい【喜界】**〈町〉鹿児島県、奄美諸島の喜界島からなる町。サトウキビ栽培と製糖がさかん。人口一万四六二二(〇九)。

**き-がい【危害】** 生命を脅かし、身体を傷つけること。injury; harm 用例 ―を加える。

**き-がい【気概】** くじけない、強い意気ごみ。spirit; backbone

**ぎ-かい【義解】** ↓ぎげ(義解)

**ぎ-かい【議会】** 国民・住民による投票で選ばれ、その意思を代表する議員が構成する合議制の立法・議決機関。国会・都道府県議会など。the Diet assembly 用例 市―。

**きかい-あみ【機械編(み)】** 機械を用いて編み物を編むこと。また、その製品。工業用機械によるものと家庭用手編み機によるものがある。machine-knitted 対義 手編み。

**きかい-か【機械化】**(名・サ変自他) ①生産の過程で、人手のかわりに機械を取り入れること。mechanization ②人間の意志の働きが失われて機械のようになること。mechanization

**きかい-が-しま【鬼界島】** 九州南方の島の古称。場所は不詳。古くから罪人配流の島として有名。薩南群島の一つとも、硫黄島ともいう。

**きかいか-ぶたい【機械化部隊】** 戦車・装甲車・自走砲などを主体に編制された歩兵部隊。迅速な作戦行動が特徴。mechanized troops

**きかい-きんとう【機会均等】** みんなに同じ権利や待遇が与えられること。equal opportunity 用例 教育の―。

**きかいげんいん-ろん【機会原因論】** マールブランシュら、一七世紀後半のデカルト学派の唱えた哲学説。精神・物体のいずれにも作用力を認めず、神だけが動力因であり、被造物は神の作用の機会原因にすぎないとする。偶因論。occasionalism

**きかい-ご【機械語】** コンピューターが直接解読し、実行することができる形式の命令用符号体系。「なにを」「どうせよ」という形に仕事の手順を分解し、命令を文字や二進法で示す。機械コード。machine language

**きかい-こうがく【機械工学】** 力学・熱力学・電磁気学などの物理学を基礎として、各種の機械の設計・製作などを研究する学問の総称。mechanical engineering

**きかい-こうぎょう【機械工業】** 各種機械・機器を製造する工業の総称。ひろくは電気機械・輸送機械・精密機械なども含むが、一般機械工業だけをいう場合もある。machine industry

**きかい-さくにゅう【機械搾乳】** 搾乳機(=ミルカー)を用いて乳をしぼること。酪農の経営規模拡大にともなう省力化のため、広く普及している。machine milking

**きかい-しま【喜界島】** 鹿児島県、奄美大島の東にある島。面積五五・七$km^2$。サトウキビ栽培や畜産がさかん。大島紬が特産。

**ぎかい-しゅぎ【議会主義】** ①大衆の直接行動より議会で多数議席を占めることを重視して社会の変革をなしとげようとする考え方。parliamentarism ②議会政治の別称。

**ぎかい-しゅけん【議会主権】** 議会に政治の主権をおく制度。一六八八年の名誉革命で、国王・貴族・市民の統一体としての議会に主権を認めさせたのが最初。parliamentarism

**きかい-すいらい【機械水雷】** 機雷の正称。

**ぎかい-せいじ【議会政治】** 国政運営の中心を議会におく政治方式。議会主義。parliamentarism 対義 独裁政治。

**きか-いせいたい【幾何異性体】** 立体異性体の一つ。二重結合をもつ化合物で、その二原子と結合している原子や基が同じ側にあるものをシス型、互いに反対側にあるものをトランス型といい、これらを幾何異性体という。環式化合物では環の平面に対して同じ側か反対側かでいい、錯化合物では同一の配位子がたがいに近いか遠いかでいう。シス-トランス異性体。geometrical isomer ↓図

● 幾何異性体　ジクロロエチレンの例

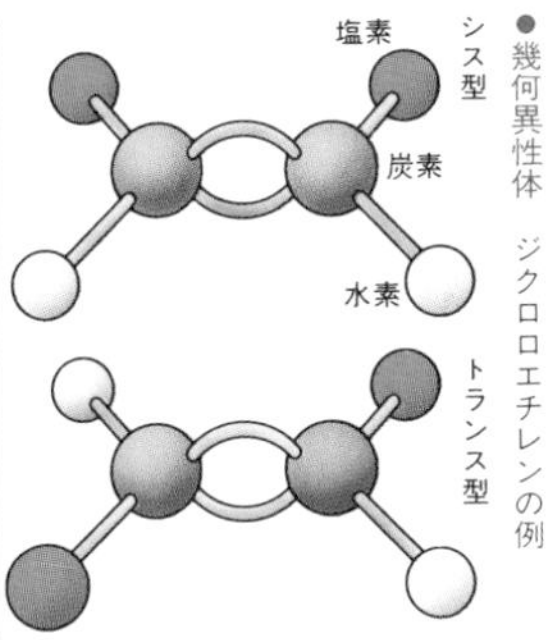


**ぎかいせい-みんしゅしゅぎ【議会制民主主義】** 議会を中心として民主主義を達成しようとする政治体制。parliamentary democracy

**きかい-そしき【機械組織】** 植物体を強固にし、骨組みの役割をする組織。細胞壁が厚く、原形質はほとんど失われている。mechanical tissue

**きかい-たいそう【器械体操】** 器具を使って行う体操。鉄棒・平行棒・鞍馬・吊り輪・マット・平均台・トランポリン・跳び箱など。gymnastics with apparatus 比較 徒手体操。

**きかい-てき【機械的】**(形動) ①同じ動作を正しく繰り返すさま。規則的。mechanical ②意志を働かせないで動作をするさま。by rote 対義 意志的。用例 ―に暗記する。③型にはまったさま。図式的。mechanical 用例 ―な分類。④単なる部分の集まりであるさま。

**きかいてき-エネルギー【機械的エネルギー】** 巨視的にみた運動エネルギーと位置エネルギー。力学的エネルギー。mechanical energy

**きかいてき-しょうか【機械的消化】** 食物を消化器官内で砕いたり、消化液と混ぜる作用。physical digestion 対義 化学的消化。

**きかい-ひよう【機会費用】** ある生産要素を他の用途に使ったとき得られるはずの金額の最大値。opportunity cost

**きかい-ぶんめい【機械文明】** 近代文明を、機械の高度な発達の点からいった語。machine civilization

**きかい-ほけん【機械保険】** 損害保険の一つ。機械設備・装置に偶発的事故が起きたとき、その修理費を補うための保険。machinery insurance

**きかい-ほんやく【機械翻訳】** 英語や日本語などの自然言語の翻訳をコンピューターを用いて自動的に行うこと。コンピューターには、ある国語を他の国語に置きかえるための単語辞書と構文表が記憶させてある。自動翻訳。machine translation

**きかい-ろん【機械論】** 哲学で、すべての事柄を機械的、必然的な因果作用によって説明しようとする立場。mechanism 対義 目的論。

**き-がえ【着替え】**(名・サ変自) 着物を着かえること。着かえるための着物。change clothes

**き-か・える【着替える】**(下一他) 着ている物を脱いで、別の着物を着る。きがえる。change clothes

**ぎが-か【戯画化】**(名・サ変他) 皮肉や親しみをこめて、こっけいに表現すること。caricature; cartoon

**きか-がく【幾何学】** 図形・空間の性質を研究する数学の一分野。代数学・解析学など他の分野と密接な関連をもちながら発展。ユークリッド幾何学・微分幾何学・解析幾何学・位相幾何学など。幾何。geometry

**きかがく-げんろん【幾何学原論】**《原題 Stoicheia(ギリシア)》ユークリッド編の幾何学書。ギリシア数学の成果を集大成したもの。「平面幾何」六巻、「数論」四巻、「立体幾何」三巻からなる。

**きかがく-てき【幾何学的】**(形動) ①美しさが法則的・規則的であるさま。geometric ②理性的・論理的に感じられるさま。logical

**きかがくてき-さくし【幾何学的錯視】** 錯覚の一種。図形の大きさ・方向・距離・形などの幾何学的関係が、実際と異なってみえる現象。geometrical optical illusion ↓錯視図

**きかがくてき-せいしん【幾何学的精神】**(esprit géométrique(フランス)) 若干の原理から出発して、推論を秩序正しく継続していく数学的な精神。パスカルの用語。対義 繊細の精神。

**きかがく-もよう【幾何学模様】** 三角形・ひし形・多角形・円形などを一つ、または、いくつか組み合わせた模様。幾何学的模様。geometric pattern

**きかがく-ようしき【幾何学様式】** 形態や文様が幾何学的な線や形の集合体として構成される表現様式。初期ギリシア美術に発達。geometric style

**き-がかり【気掛(か)り・気懸(か)り】**(名・形動) 気にかかること・さま。心配。懸念。worry

**き-か・か・る【来掛(か)る】**(五自) ①ちょうどその所に来る。happen to come ②ちょうどその所に来ようとする。about to come

**きか-き【気化器】** ガソリンなどの液体燃料を気化させ、爆発燃焼に適するように空気と混合してシリンダーに送る装置。キャブレター。carburetor

**きか-きゅうすう【幾何級数】** ↓とうひきゅうすう(等比級数)

**き-かく【企画・企▼劃】**(名・サ変他) 計画を立てること。また、その計画。plan 用例 ―を実行に移す。

**き-かく【規格】** ①おきて。さだめ。rule ②各種製品についての技術的事項(原材料・種類・寸法・成分・性能など)を統一して定めた標準。西ドイツのDINや日本のJISなど。標準規格。standard

**き-かく【棋客】** 囲碁・将棋をする人。ききゃく。

**きかく【▼其角】** ↓えのもときかく(榎本其角)

**き-がく【器楽】** 楽器だけで演奏される音楽。instrumental music 対義 声楽。

**ぎ-かく【擬革】** 天然革に似せてつくられた人工皮革・合成皮革・レザークロスなどの総称。紙・布・不織布などを塩化ビニル樹脂やポリアミド樹脂などの高分子膜でおおう。artificial leather

**ぎ-がく【▼伎楽】** 日本古代の外来芸能。西域地方の雑劇の一種が呉(中国)を経て伝えられたとされる、楽器伴奏の無言仮面劇。平安初期に衰退し、仮面のみを残す。くれのうたまい。↓写

● 伎楽　四天王寺(大阪府)。

**ぎ-がく【偽学】** ①正しくない学問。pseudo learning ②その時代に公認された学問に反する学問。異学。

**きかく-いん【企画院】** 戦時経済の企画・推進にあたった内閣総理大臣直属の官庁。昭和一二年(一九三七)企画庁と資源局が合併して設立され、同一八年(一九四三)軍需省に吸収された。

**きかく-か【規格化】**(名・サ変他) ①規格を定め、製品をそれに統一すること。standardization ②型にはめて個性をなくすこと。standardization

**きがく-きょく【器楽曲】** 器楽のために作曲した曲。instrumental music piece 対義 声楽曲。

**きかく-ばん【規格判】** ①決まった一定の様式。standard form ②日本標準規格による、出版物・事務用品などの紙の仕上げ寸法。standard size

**ぎがく-めん【▼伎楽面】** 伎楽に用いる面。能面より大きく、頭からかぶる形。木製・乾漆などがあり、正倉院や法隆寺に保存。

**き-がけ【来掛け】** やってくる途中・ついで。来しな。on one's way here 用例 ―に本を買ってきた。

**き-かげき【喜歌劇】** 喜劇的なオペラ。オペラ-ブッファ。狭義にはオペレッタのこと。comic opera

**きか-こうがく【幾何光学】** 媒質中における光線の伝わり方を幾何学的に取り扱う学問の分野。光の直進・反射・屈折などの性質を基礎



▼ 常用漢字表外。　▽ 常用漢字表の音訓外。

にして、結像・収差・像の性質などを調べる。geometrical optics 比較物理光学。

**き-かざ・る**【着飾る】(五他) 美しい衣服を着る。盛装する。dress up

**きが-し**【飢餓死】 食物の不足のために起こる死。成人の場合水だけでは一か月内外、水もないときは六〜一〇日で死亡。starvation

**きか-じょう**【帰化城】 フフホトの旧称。

**きか-しょくぶつ**【帰化植物】 本来の野生地から、人間の移動や動物の媒介によって他の地域に持ち込まれ、自然に定着した植物。ブタクサ・ヒメジョオン・セイタカアワダチソウなど。naturalized plant

**きか-じん**【帰化人】 古代、中国や朝鮮半島から日本に渡来した人々。中国の中華思想にならった古代国家為政者の側からの用語。渡来人。

**きか・す**【利かす】(五他) ↓きかせる(利かせる)

**きか・す**【聞かす】(五他) ↓きかせる(聞かせる)

**き-ガス**【希ガス】 大気中にわずかにあって、他の元素と化合しにくい気体の元素。周期表第0族のヘリウム・ネオン・アルゴン・クリプトン・キセノン・ラドンの六元素。ヘリウムは気球など、ネオンは放電管などに利用。rare gas

**きか・せる**【利かせる】(下一他) =利かす。①あることの効きめがあるようにする。make effective 用例塩を—。すごみを—。②細かいことに気を配って、言われる前に物事をする。be sensible enough to do 用例気を—。機転を—。

**幅を利かせる**(はばをきかせる) 勢いをふるう。exercise great influence

**きか・せる**【聞かせる】(下一他) =聞かす。①相手が聞くようにする。let a person hear 用例言って—。②聞き入るようにさせる。be worthy of listening 用例彼の歌はなかなか—。③承知させる。make a person agree 用例むりを—。

**き-がた**【木型】 木でできた模型。鋳型をつくるときに使う原型・部分型・骨型などや、帽子や靴などの形を整えるために使うものなど。wooden model

**き-かつ**【飢渇】 飲食物がなく、腹が減りのどがかわくこと。うえと、かわき。hunger and thirst

**きか-どうぶつ**【帰化動物】 本来の分布地域から、人為的に他の地域に移動・定着し、そこに自力で繁殖するようになった動物。アメリカザリガニ・ライギョ・アメリカシロヒトリなど。naturalized animal

**きかぬ-き**【利かぬ気】(名・形動) ↓きかんき(利かん気)

**き-がね**【気兼ね】(名・サ変自) 他人に気をつかうこと。気がおけること。遠慮。reserve

**きか-ねつ**【気化熱】 液体の物質が気体になるときに周囲から吸収する熱。蒸発熱。heat of vaporization

**きか-へいきん**【幾何平均】 ↓そうじょうへいきん(相乗平均)

**き-がまえ**【気構え】 ①心構え。用意。readiness ②漢字を組み立てている部分の名。「気」などの「气」。

**き-がみ**【生紙】 米のりなどをまったく加えずに、コウゾ・ミツマタ・雁皮だけですいた和紙。生漉き紙。

**きが-ゆしゅつ**【飢餓輸出】 国内消費を切り下げて輸入を抑制する一方、国民生活を犠牲にし、生活必需物資までも切りつめて強行される輸出のこと。hunger export

**き-からすうり**【黄▼烏▼瓜】 野原にはえるウリ科の多年草。カラスウリに似るが、茎に毛がなく、花冠裂片の先にある房は短い。果実はカラスウリより大きく、黄熟する。塊根から天瓜粉をとる。テンカ。

**き-がらちゃ**【黄▼枯茶】 ①暗い灰黄色。②《「黄枯茶飯」の略》しょうゆ・酒を入れてたいた飯。

**キガリ**【Kigali】 アフリカ中部、ルワンダの首都。政治・経済の中心地。人口一五・七万(一九八一)。

**き-がる**【気軽】(形動) あっさりしてこだわらないさま。気さくなさま。lighthearted

**き-がる・い**【気軽い】(形) 気軽である。きさくだ。

**き-がわり**【気変(わ)り】(名・サ変自) 気が変わること。change of mind

**き-かん**【気管】 ①脊椎動物で、喉頭から肺に通ずる呼吸器の一部分。心臓の上で左右の気管支に分かれる。tranchea ②陸生の節足動物の呼吸器官。体内にある、体表の表皮と同じ内壁をもつ樹枝状の細管。気門を通じて外界と連絡している。windpipe ↓呼吸器系図

**き-かん**【汽缶・汽▼罐】 ↓ボイラー

**き-かん**【奇観】 ①珍しい見もの。rare sight ②すぐれた風景。wonderful sight

**き-かん**【季刊】 一年に、四回発行されること。また、その雑誌など。クオータリー。quarterly 比較月刊・年刊。

**き-かん**【軌間】 鉄道の軌条(=レール)の幅のこと。標準軌間は一・四三五mで、これより広いものを広軌、狭いものを狭軌という。gauge

**き-かん**【既刊】 すでに出版してあること・物。previous publication 対義未刊。

**き-かん**【帰還】(名・サ変自) 戦地・外地などから帰ること。homecoming 用例—兵。

**き-かん**【飢寒・▼饑寒】 うえと、寒さ。用例—に苦しむ。

**き-かん**【基幹】 おおもと。土台。根幹。basis

**き-かん**【期間】 ある時期からある時期までのあいだ。period

**き-かん**【貴簡・貴▼翰】 相手の手紙をいう敬語。お手紙。

**き-かん**【旗艦】《指揮官の階級を示す旗章をマストに掲げることから》艦隊または戦隊において、司令長官または司令官の乗り組む軍艦。flagship

**き-かん**【器官】 何種類かの組織が集まってまとまった形となり、ある決まったはたらきを営むもの。胃・眼・生殖器など。organ

**き-かん**【機関】 ①活動のしかけのあるもの。しかけのある機械。からくり。engine ②水力・火力・電力などのエネルギーを機械的な力や運動に変換し、他へ送る機械装置。原動機。engine 用例内燃—。③個人・法人・団体が、その目的を達成する手段として設置した組織。行政機関・株式会社の株主総会・代表取締役など。organization; system 比較機構。用例金融—。

**き-かん**【▼亀鑑】《「亀」はうらないに使うもの、「鑑」はかがみ》手本。模範。かがみ。paragon

**き-かん**【貴官】(代) 相手の役人・軍人をいう敬称。

**き-がん**【奇岩・奇▼巌】 形の珍しい岩。strangely shaped rock 用例—怪石。

**き-がん**【祈願】(名・サ変他) 神仏にいのりねがうこと。比較祈誓。用例母の病気回復を—する。

**き-がん**【帰▼雁】 春に、南から北へ帰るガン。

**き-がん**【輝岩】 輝石を主成分とし、全体が結晶している粗粒で暗色の火成岩。pyroxenite

**ぎ-かん**【技官】 特別の学術・技芸に関することを担当する国家公務員。technical official 比較事務官・教官。用例厚生—。運輸—。

**ぎ-かん**【技監】 国家公務員の技官のうち最高級の職名。また、その人。建設省と特許庁に各一名置かれている。

**ぎ-がん**【義眼】 人工の眼球。外傷や腫瘍などで眼球を除去したあとに入れる。入れ目。artificial eye 比較義足・義手。

**きかん-えら**【気管▼鰓】 昆虫の水生幼虫のときの呼吸器官。糸状・葉状・袋状にふくれた表皮の中に気管が入り込み、表皮を通してガス交換する。カワゲラ・トンボ・カゲロウなどでみられる。tracheal gill

**きかん-き**【利かん気】(名・形動) 勝ち気で、負けることの嫌いなこと・性質・人。また、そのさま。利かぬ気。unyielding

**きかん-けいせい**【器官形成】 個体発生において胚葉から原基の状態を経て諸器官が完成されるまでの過程。organogenesis

**きかん-こ**【機関庫】 ①機関車の車庫。roundhouse米; engine shed英 ②機関車をあつかう人の勤務する所。

**きかん-こきゅう**【気管呼吸】 昆虫などの節足動物の気管系による呼吸様式。体表の表皮が樹枝状に分かれた細管として体内に進入したものが気管で、気管の外界への開口部が気門。空気の出入りは気門で行われ、ガス交換は細管の壁を通して行われる。

**きかん-さんぎょう**【基幹産業】 一国の産業の基礎となる重要産業。鉄鋼・エネルギー・機械・化学など重要生産財・投資財産業をさすが、運輸・通信部門を含めることもある。基礎産業。key industry

**きかん-し**【気管支】 気管分岐部から肺胞までの気道の一部分。心臓の上後方で二つに分かれ、その先は樹枝状となって肺胞へ続く。bronchus ↓呼吸器系図

**きかん-し**【機関士】 汽車・船舶・飛行機のエンジン・メーターなどの機械系統を扱ったり、運転にあたる乗員。engineer

**きかん-し**【機関紙】 特定の組織や団体が発行する新聞。内部の構成員向けのものと、外部への宣伝のためのものとに分かれる。organ

**きかん-し**【機関誌】 特定の組織や団体が発行する定期刊行の雑誌。organ

**きかんし-えん**【気管支炎】 気管支粘膜の炎症。急性はウイルスなどで起こり、激しいせき・痰が特徴。慢性気管支炎は急性とは関係なく、喫煙・大気汚染などの長期間の気道刺激から起こる。bronchitis

**きかんし-かくちょうしょう**【気管支拡張症】 気管支が棒状・数珠状・袋状に拡張したことにより起こる炎症。先天性のほか、多くは乳幼児期にかかった重い百日咳や肺炎が原因である。大量の濃い痰が出る。bronchiectasis

**きかんし-けっかく**【気管支結核】 肺の空洞から流れ出た結核菌が気管支に病変をつくった病気。激しいせきと痰が特徴で診断には気管支鏡が使われる。bronchial tuberculosis

**きかんし-ぜんそく**【気管支▼喘息】 発作性の呼吸困難が起こり、喘鳴が聞かれる病気。家庭のちり・ダニ・かび・花粉などに対するアレルギー反応が主因となる。bronchial asthma

**きかんし-はいえん**【気管支肺炎】 気管支炎が肺小葉におよんだ疾患。肺炎巣が気管小支を中心に小葉単位で広がる。小葉性肺炎。カタル性肺炎。bronchopneumonia

**きかん-しゃ**【機関車】 動力装置をもち、客車や貨物車を牽引する鉄道車両。電気機関車・蒸気機関車・ディーゼル機関車など。locomotive; engine 比較牽引車。

**きかん-じゅう**【機関銃】 引き金を引きつづけていれば連続して弾丸が出る自動火器。口径二〇mm未満。軽機関銃・重機関銃の区別がある。機銃。machine gun 参考口径二〇mm以上のものは、機関砲。

**きかんし-ろう**【気管支▼瘻】 肺切除後に気管支の切断端にあなを生じた状態。縫合不全によるものが多く、せき・血痰などがみられる。bronchial fistel

**き-かんすう**【奇関数】 恒等的に、$f(-x)=-f(x)$をみたす関数。奇関数のグラフは原点に関して対称。odd function 対義偶関数。

**ぎ-かんせつ**【偽関節】 骨折の治癒障害の一つ。骨折部の癒合が不良で、骨折部で、あたかも関節のように動くのでこの名がある。仮関節。pseudoarthrosis

**きかん-せっかい**【気管切開】 気管の一部に穴をあけ、直接気管から空気を出入りさせる救急手術療法。呼吸困難がはげしいときの救命処置。tracheotomy

**ギガンテス**【Gigantesギリシア】 ギリシア神話の巨人神族。天空神ウラノスが倒されて流した血と大地ガイアが交わって生まれた。オリンポスの神々と戦って敗れ、火山や島の下敷きになる。ヘシオドスの『神々の誕生』に登場。英語ジャイアントの語源。Giants

**きかん-とうしか**【機関投資家】 有価証券への投資によって生じる利益を重要な収益源とする法人形態の投資家。保険会社・銀行・投資信託会社など。institutional investor

**き-がんぴ**【黄▼雁皮】 ジンチョウゲ科の落葉低木。近畿地方以西の山地にはえる。高さ約一m。葉は楕円形で対生。一〇月ごろ、小形の筒状黄花を開く。樹皮は製紙原料。キミガンピ。

**きかん-ほう**【機関砲】 機関銃のうち、口径二〇mm以上のもの。

**きかん-ぼう**【利かん坊】 強情っぱりなわんぱくぼうず。naughty boy

**き-き**【危機】 あぶない時。危険な状態。ピンチ。crisis

**き-き**【忌▼諱】《「きい」は慣用よみ》嫌うこと。恐れはばかること。

**忌諱に触れる**(ききにふれる) 「きいに触れる」と同意。

**き-き**【記紀】 『古事記』と『日本書紀』。

**き-き**【鬼気】 恐ろしい気配。weirdness 用例—せまる怪談。

**き-き**【▼毀棄】(名・サ変他) こわしてすてること。

**き-き**【機器・器機】 器具・器械・機械の総称。equipment

**き-き**【▼騏▼驥】《「騏」も「驥」もともに名馬の意》①足の速いすぐれた馬。駿馬。②賢人のたとえ。

**騏驥の跼躅は駑馬の安歩に如かず**(ききのきょくちょくはどばのあんぽにしかず) すぐれた馬もぐずぐずしていれば、つまらない馬が静かに歩き続けるのに及ばな



↓行き先項目、図版・写真参照印。 JIS日本工業規格情報交換用漢字符号コード(区点コード)。

い。転じて、たとえ凡人であっても、努力しつづけることによって他をしのぐようになる。

**きき【▼窺基】**（六三二〜六八二）中国、唐代の僧。法相宗の初祖。師の玄奘とともに中国の唯識思想を大成。慈恩大師。著書『成唯識論述記』など。

**き-き【▼嬉▼嬉・▼嘻▼嘻】**（形動トタル）よろこび楽しむさま。merrily

**き-ぎ【木木】** いろいろの木。多くの木。trees

**き-ぎ【起義】** 昔、中国で、革命を起こすこと。成功すれば革命、失敗すれば乱という。

**き-ぎ【▼嬉戯】**（名・サ変自）遊びたわむれること。

**き-ぎ【機宜】** 時機に適していること。時宜。timely 用例 ―を得た処置。

**ぎ-き【義気】** 正義を守ろうとする心。義侠心。chivalry

**ぎ-き【義旗】** 正義のためのはたじるし。

**義旗を翻す**（ぎきをひるがえす） 正義のために兵を挙げる。

**ぎ-き【儀軌】**《仏教語》密教の儀式規則。また、それらを記した経典。諸尊の造像や曼荼羅の描き方、念誦の唱法、供養の仕方などが規定されている。秘密儀軌。

**ぎぎ【義義】** ナマズに似たギギ科の淡水魚。全長二〇〜三〇cm。口ひげは八本。背びれや胸びれに刺をもつ。本州中部以西、四国・九州に生息。→図

●ギギ

**ぎ-ぎ【疑義】** うたがわしい意味。疑問に思う点。doubt 用例 その点に―がある。

**ぎ-ぎ【▼巍▼巍・▼魏▼魏】**（形動トタル）山などが高く大きいさま。

**きき-あし【利き足】** 力が入ってよりよく使えるほうの足。dominant foot

**きき-あやま・る【聞（き）誤る】**（五他）聞き違える。聞き損なう。mishear

**きき-あわ・す【聞（き）合（わ）す】**（五他）→ききあわせる（聞き合わせる）

**きき-あわせ【聞き合（わ）せ・聞合（わ）せ】** 問い合わせ。inquiry

**きき-あわ・せる【聞（き）合わせる・聞合（わ）せる】**（下一他）＝聞き合わす。①問い合わせる。照会する。make inquiries; refer to ②同時に聞く。

**きき-いしき【危機意識】** 危機の中にあるという自覚・予感。sense of crisis

**きき-いっぱつ【危機一髪】** ほんの少しのところで、大変なことになる瀬戸際。きわどい危険な状態。imminent danger

**きき-い・る【聞（き）入る】**（五自）熱心に聞く。聞きほれる。listen attentively to 比較 見入る。

**きき-い・れる【聞（き）入れる】**（下一他）①聞いて心に留める。listen ②承知する。同意する。accept

**きき-うで【利き腕】** 左右を比べて、力がよく入り、またよく働く方の腕。利き手。dominant arm

**きき-お・く【聞（き）置く】**（五他）①聞いて覚えておく。keep in mind ②処理はしないで、ただ聞くだけにしておく。do no more than listen to

**きき-おさめ【聞（き）納め】** 聞くことの最後。hear the last of 用例 きのうの話が―になる。

**きき-おとし【聞き落（と）し・聞落（と）し】** 聞き漏らすこと。fail to hear

**きき-おと・す【聞き落（と）す・聞落（と）す】**（五他）聞いて覚えるべきことを、うっかりも らす。聞き漏らす。fail to hear

**きき-おぼえ【聞（き）覚え】** ①前に聞いた記憶があること。familiar 比較 見覚え。用例 ―のある声だ。②聞いて覚えること。耳学問。learning by ear; picked-up knowledge

**きき-およ・ぶ【聞（き）及ぶ】**（五他）人から伝え聞く。hear about 用例 ―・んだところでは…。

**きき-かいかい【奇奇怪怪】**（形動）《「奇怪」の強意》ひどく変で、わけのわからないさま。たいへん奇怪なさま。bizarre

**きき-かえ・す【聞（き）返す】**（五他）①人から尋ねられているときに、こちらから逆に尋ねる。throw back a question ②相手の尋ねていることを、改めて尋ね直す。ask again ③もう一度聞き直す。listen again

**きき-がき【聞（き）書き】**（名・サ変他）人から聞いて書き取ること。また、その文章・記録。dictation

**きき-かじり【聞（き）▼齧り】** 聞いて一部分を知っていること。半可通。smattering

**きき-かじ・る【聞（き）▼齧る】**（五他）聞いて少しだけ知っている。have a smattering knowledge of

**きき-かた【聞き方】** ①人の話などを聞く態度・方法。way of listening ②主として人の話などを聞くだけの立場。話を聞く人。聞き役。listener 用例 今日は専ら―に回ります。

**きき-かよう【記紀歌謡】**『古事記』や『日本書紀』の中にある歌謡。古代歌謡。

**きき-かよ・う【聞き通う】** 古語（四他）①伝え聞く。自然に聞こえてくる。用例 おのづから、―・ひて隠れなきこともこそあれと思ひて（源氏・浮舟）。②聞いて互いに心を通じ合う。用例 御遊びの折り折り、琴・笛の音に―・ひ（源氏・桐壺）。

**きき-かんり【危機管理】** ①→クライシスマネジメント。②→リスクマネジメント

**ぎぎ-きょうてん【疑偽経典】** インド以外の地域、とくに中国で仏説として後世に偽作された経典。偽経。

**きき-ぐるし・い【聞（き）苦しい】**（形）①聞いていて、不愉快である。unpleasant to hear 用例 陰口は―。②聞きとりにくい。hard to hear 用例 騒がしくて―。

**きき-ごうしゃ【聞（き）巧者】** うまく相手の話を引き出し、受け答えすること。また、それのたくみな人。聞きじょうず。

**きき-ごたえ【聞（き）▽応え】** 聞いただけの価値があったと思えること。worth listening 用例 ―のある講演。

**きき-こみ【聞（き）込み】** 手がかりになることを、あちこち聞き歩くこと。run around getting information 用例 ―捜査。

**きき-こ・む【聞（き）込む】**（五他）①人から聞いて知る。耳に入れる。get information ②聞き込みで知る。get information

**きき-ざけ【聞き酒・利き酒】** 口中で味わって酒質の良否を鑑定する検査。また、それに用いる酒。liquor tasting

**きぎし【▼雉・▼雉子】** キジの古称。

**雉の頓使い**（きぎしのひたづかい）《神の命令で天降り、そのまま復命しない天若日子のところに、問い合わせるためのキジを遣わしたところ、それを天若日子が射殺してしまったという神話から》行ったきり帰って来ない使者。使いをやるときに、供の者をつけずに遣わすことを忌んでいうことば。

**きき-しの・ぶ【聞き忍ぶ】** 古語（四他）聞かないふりをする。聞いてたえしのぶ。用例 心やましううち思ひて、―・び給ふ（源氏・横笛）。

**きき-じょうず【聞（き）上手】**（名・形動）話し手が話しよいように、上手に聞くこと・さま・人。聞きごうしゃ。good listener 対義 話上手。

**きぎす【▼雉・▼雉子】** キジの古称。キギシ。

**きき-すご・す【聞き過（ご）す・聞過（ご）す】**（五他）①聞いても心にとめないでおく。take no notice of; ignore ②聞かなかったことにする。ignore

**きき-ずて【聞（き）捨て】** 聞いても、取り上げて問題にしないこと。聞き流すこと。ignore 用例 ―ならない発言。

**きき-すま・す【聞（き）澄ます】**（五他）心をしずめ、注意して聞く。耳を澄まして聞く。be all ears

**きき-そこな・う【聞（き）損なう】**（五他）①聞き違える。mishear ②聞く機会を失う。fail to hear

**きぎ-たかたろう【木々高太郎】**（一八九七〜一九六九）推理小説家・生理学者。本名、林髞。山梨県生まれ。慶大医卒。探偵小説芸術論を主張。作品『人生の阿呆』『新月』など。

**きき-だ・す【聞（き）出す】**（五他）①聞いて秘密を探り出す。聞き込む。find out ②聞き始める。begin to hear

**きき-ただ・す【聞（き）▼糺す】**（五他）聞いて確かめる。聞いて、はっきりさせる。make sure of

**きき-ちがい【聞（き）違い】** まちがえて聞くこと。mishear

**きき-ちが・える【聞（き）違える】**（下一他）ある事の内容をまちがって聞く。聞き誤る。mishear

**きき-ちゃ【聞（き）茶・利（き）茶】** ①お茶の香りをかいで良否を鑑別すること。嗅ぎ茶。②昔の遊びの一つ。本茶（本場の茶）と非茶（本場以外の茶）を飲み比べて識別し、勝負を競った。闘茶。

**きき-つ・ぐ【聞（き）継ぐ】**（五他）①続けて聞く。continue hearing ②人から人へと伝え聞く。伝えてきた話を聞く。learn by hearsay 比較 言い継ぐ・語り継ぐ。

**きき-つ・ける【聞（き）付ける】**（下一他）①音や声を耳にして、気づく。②他から聞いて知る。hear 比較 かぎつける。③聞きなれる。get used to hearing

**きき-つた・う【聞き伝う】** 古語（下二他）→ききつたえる（聞き伝える）

**きき-つたえ【聞（き）伝え】** 人づてに聞くこと。伝聞。ききづたえ。know from hearsay

**きき-つた・える【聞（き）伝える】**（下一他）人づてに聞く。伝え聞く。ききづたえる。用例 評判を―・えて来る。

**きき-づら・い【聞（き）▽辛い】**（形）対義 聞き良い。①聞いて不愉快になる。unpleasant to hear ②聞き取りにくい。difficult to hear ③相手にたずねにくい。

**きき-て【利き手】** ①左右の手のうち、より巧妙に、より多く使うほうの手。利き腕。dominant hand; dominant arm ②うでまえのある人。skillful person 用例 なかなかの―だ。

**きき-て【聞き手・聴き手】** 聞く人。listener 対義 話し手・読み手。

**きき-とが・める【聞（き）▼咎める】**（下一他）人の話の変な点に気づいて、問いただす。find fault with

**きき-どころ【利き所】** ①ききめのあるところ・場合。effective point 用例 灸の―。②要所。急所。the point 用例 ―を押さえる。

**きき-どころ【聞き所】** 注意して聞くべきところ。聞く値打ちのある所。

**きき-とど・ける【聞（き）届ける】**（下一他）目下の人の申し出を承知する。grant

**きき-とり【聞（き）取り】** 聞き取ること。聞いて、ことばをとらえること。hearing

**ききとり-ざん【聞（き）取り算】** 読み上げる数を聞き取りながらする、暗算やそろばんの計算。比較 見取り算。

**ききとり-しょ【聞（き）取り書】** 検事や警察官などが、被疑者や関係者から聞いて書き取った記録。調書。record; report

**きき-と・る【聞（き）取る】**（五他）①はっきり聞く。catch; follow ②聞いてわかる。understand ③事情などがわかるように聞く。inquire

**きき-と・れる【聞（き）取れる】**（下一自）①はっきり聞くことができる。audible ②相手の言うことがわかる。understandable

**きき-と・れる【聞（き）▼蕩れる・聞（き）▼惚れる】**（下一自）聞きほれる。比較 見とれる。

**きき-なお・す【聞（き）直す】**（五他）①聞いて、あやまちを直す。②改めて聞き返す。ask again

**きき-なが・す【聞（き）流す】**（五他）聞いても気にとめない。聞き捨てにする。take no notice of; ignore

**きき-な・す【聞（き）▼做す】**（五他）聞いて、それだと思う。それとして聞く。用例 口実だと―・された。

**きき-にく・い【聞（き）▽難い】**（形）①聞き取りにくい。difficult to hear 用例 声が小さくて―。②聞いて愉快ではない。unpleasant to hear 用例 人の悪口は―。③質問しにくい。awkward to ask 用例 ―ことをお尋ねしますが…。

**き-ぎぬ【生絹】** 練らない生糸で織った絹布。raw silk 対義 練り絹。

**きき-はず・す【聞（き）外す】**（五他）①聞き漏らす。miss ②終わりまで聞かない。

**きき-ふる・す【聞（き）古す・聞（き）▽旧す】**（五他）何度も聞く。聞きなれて、珍しくない。用例 ―・した話。

**きき-ぶんせき【機器分析】** 化学分析のうち、各種の機器で行う分析法。紫外・可視・赤外部での吸光分析・質量分析・放射能測定など。instrumental analysis

**きき-ほ・れる【聞（き）▼惚れる】**（下一自）うっとりとして聞く。聞きとれる。listen to in an ecstasy 比較 見ほれる。

**きき-みみ【聞き耳】** 聞こうと注意すること。attentive ears 用例 ―を立てる。

**聞き耳遠し**（ききみみとおし） 聞いても実感がわかない。

**聞き耳を立てる**（ききみみをたてる） よく聞こうとして、神経を集中する。strain one's ears



▼常用漢字表外。 ▽常用漢字表の音訓外。

**聞き耳を潰す**(ききみみをつぶす) わざと聞こえていないふりをする。

**きき-みみ【聴(き)耳】** 昔話の一つ。ある男が、氏神や動物の危難を救ったところ、耳にあてると動物のことばがわかる頭巾をもらって宝のありかを知ったり、長者に婿入りしたりする話。動物恩返し話の類で、世界各地にある。

**きき-め【効き目・利き目】** 効く力。効力。効能。effect

**きき-もた・り【聞き持たり】** 古語 (ラ変他) 聞いて覚えている。用例「今来むよ」といふも—・りてまねびありく(蜻蛉・上)。

**きき-もの【聞き物】** 聞く値打ちのあるもの。比較見物。

**きき-もら・す【聞(き)漏らす】**(五他) 聞き落とす。fail to hear

**き-きゃく【棋客】** ↓きかく(棋客)

**き-きゃく【棄却】**(名・サ変他) ①すてて取り上げないこと。dismissal ②民事訴訟法上、裁判所に対する申し立てを理由なしとして退けること。③刑事訴訟法上、申し立てや請求を理由なし、または不適法として退けること。用例公訴—。

**きき-やく【聞(き)役】** ①人の話を聞く役目。また、その人。listener ②江戸幕府の目付の別称。③江戸時代、幕府が長崎においた役職。海岸警備の連絡のため、中国・九州の諸藩から藩士二名ずつをあてた。聞番。

**ききゃく-るい【▼鰭脚類】** 四肢が鰭状の水生の食肉類。アザラシ・セイウチ・アシカの類。

**き-きゅう【企及・▼跂及】**(名・サ変自) 力を尽くして、人と同じ程度の結果を得ること。肩を並べること。用例余人の—すべからざる研究。

**き-きゅう【危急】** 危険が迫っていること。「crisis

**き-きゅう【気球】** 水素・ヘリウムなどの空気より軽い気体、または加熱した空気を満たして空中に上げる球体。推進装置はない。気象観測・宣伝などに使われる。balloon 参照熱気球。数え方一機。↓写

● 気球 プロパンガスを利用した熱気球。

**き-きゅう【希求・▼冀求】**(名・サ変他) 手に入れたいと、願い求めること。desire

**き-きゅう【帰休】**(名・サ変自) 自分の家や郷里に帰って休むこと。とくに、勤めのある者が、ある期間休みをとること。leave

**ききゅう-そんぼう【危急存亡】** 危険がせまって、生き残るか滅びるかがかかっていること。

**危急存亡の秋**(ききゅうそんぼうのとき) 危急存亡にかかわる、重大な瀬戸際。critical time

**き-きょ【起居】**(名・サ変自) ①起きることと、座ること。②たちいふるまい。behavior ③日常の生活。daily life 用例—を共にする。

**ぎ-きょ【義挙】** 正義のためのくわだて・行動。heroic deed

**きき-よ・い【聞(き)良い】**(形) 対義聞き辛い。①聞き取りやすい。easy to hear 用例—音の高さ。②聞いて気持ちがよい。pleasant to hear 用例人を褒めるのは—。③質問しやすい。

**き-きょう【気胸】** ①胸膜腔内に空気またはガスのたまった状態。肺結核・肺炎などによる自然気胸、外傷性気胸、治療を目的とする人工気胸などがある。pneumothorax ②《「人工気胸療法」の略》肺結核を治すために肋膜腔に空気を送って気胸をおこさせ、肺を安静に保つこと。artificial pneumothorax

**き-きょう【奇矯】**(名・形動) 言動の風変わりなこと・さま。eccentric

**き-きょう【帰京】**(名・サ変自) ①都へ帰ること。②東京へ帰ること。

**き-きょう【帰郷】**(名・サ変自) 故郷へ帰ること。homecoming 比較帰省。

**き-きょう【▼桔▼梗】** ①キキョウ科の多年草。山野の草地にはえる。高さ六〇cm〜一m。葉は互生し、下面はやや白い。七〜九月に、先の五裂した青紫色の釣鐘状の花を開く。二重咲きや白花の栽培品種がある。根にサポニンを含む。アサガオ。アノヒフキ。キチコウ。ボンカ。②キキョウの根を乾燥させた生薬。去痰薬・排膿薬。platy condon ③紋所の名。土岐氏の系統などが使用。↓図 ④襲の色目。表は二藍、裏は青。↓襲の色目図

**き-ぎょう【企業】** 財・サービスの生産または販売を継続的に営む組織体。enterprise

**き-ぎょう【機業】** 織物をつくる事業。はた織り業。

**ぎ-きょう【偽経】**「疑偽経典」の略。

**ぎ-きょう【義▼侠】** 強いものをくじき、弱いものを助けようとする気持ち。おとこぎ。chivalrous spirit 用例—心。

**きぎょう-アマ【企業アマ】** 企業に籍を置き、アマチュアの扱いを受けているが、実質的にはプロに近い競技者。企業の宣伝などを目的に、特別待遇で練習や競技を行う。比較ステートアマ。

**きぎょう-かいけい【企業会計】** おもに営利企業の経営活動を貨幣金額で表して記録し、期間損益と期末の財政状態を計算・監査・報告する手続きの総称。business accounting

**きぎょうかいけい-げんそく【企業会計原則】** 企業の会計処理についての基準。一般原則・損益計算書原則・貸借対照表原則からなる。昭和二四年(一九四九)設定。business accounting principle

**ききょう-がさ【▼桔▼梗▼笠】** 祭礼や踊りなどに用いる被り笠の一種。キキョウの花を伏せたような形をし、青・黄・赤などで彩ってある。

**きぎょう-かぞくしゅぎ【企業家族主義】** ↓けいえいかぞくしゅぎ(経営家族主義)

**きぎょう-がっぺい【企業合併】** 二つ以上の企業が法的契約により単一企業体に統合すること。吸収合併・新設合併など。merger

**きぎょうかん-しんよう【企業間信用】** 企業間の貸し借りを通じて貸し手が借り手に与える信用。支払手形・買掛金・未払金などの形をとる。trade credit

**きぎょう-きょうてい【企業協定】** ある事業について関連企業の間で結ばれる取り決め。とくに独占を目的としたものをカルテルという。inter-enterprise convention

● キキョウ①

桔梗

捻じ桔梗

● 桔梗③

**きぎょうけいざい-ろん【企業経済論】** ミクロ経済学の一分野。企業の経済的行動を研究するもの。business economics

**きぎょう-けいたい【企業形態】** 所有形態別にみた企業の種類。公企業・公私合同企業・私企業に分かれる。form of business organization

**きぎょう-けつごう【企業結合】** ↓コンビナート

**きぎょう-ごうどう【企業合同】** ↓トラスト

**ききょう-しき【帰▼敬式】** 浄土真宗で、在家の者が仏門に入るときの儀式。法主が頭にかみそりを当てて、剃髪のしるしとする。おこうぞり。おかみそり。

**きぎょう-しゅうだん【企業集団】** 二つ以上の企業が経営・金融面の利益を追求するなかで形成するグループ。企業グループ。コンビナートなどをいうこともある。industrial affiliations

**きぎょう-しゅうちゅう【企業集中】** 企業資本間の結合。急速な資本の拡大を可能にし、同時に個別資本間の競争を弱めて管理価格の形成を容易にする。

**きぎょう-せいび【企業整備】** 経済環境の変化に対応するために行われる企業の統合・閉鎖・規模縮小。しばしば人員整理をともない社会問題化する。industrial adjustment

**ぎ-きょうだい【義兄弟】** ①義理の兄弟。夫または妻の兄弟。姉または妹の夫。父または母の違う兄弟。brother-in-law ②まったくの他人どうしで、約束を結んでなった仮の兄弟。sworn brother

**きぎょう-ち【機業地】** 織物業を営む地域。原料産地や消費地に立地する。綿織物の大阪、絹織物の伊勢崎・福井、毛織物の尾西など。

**きぎょうないかんとくしゃ-くんれん【企業内監督者訓練】** ↓ティーダブリューアイ(TWI)

**きぎょうない-きょういく【企業内教育】** 企業の存続・成長のために、経営者や従業員の知識・技能・態度を訓練・育成・開発すること。企業内研修。社内教育。in-house training

**きぎょうない-くみあい【企業内組合】** 特定企業の従業員だけで構成されている労働組合。企業別組合。enterprise union

**きぎょうない-ふくし【企業内福祉】** 企業が独自に、従業員とその家族の生活の安定と充実をはかること。企業内福利厚生。intra-company welfare

**きぎょうない-ろうどうしじょう【企業内労働市場】** ↓ないぶろうどうしじょう(内部労働市場)

**きぎょう-ねんきん【企業年金】** 企業が、一定期間勤続した従業員の退職後の生活を保障する目的で支給する私的年金。occupational annuity

**きぎょう-ひみつ【企業秘密】** 企業の新技術や経営戦略など、外部の者に知られたくないことがら。industrial secret

**きぎょうべつ-くみあい【企業別組合】** 一企業または一事業所ごとにつくられる労働組合。日本の典型的な組合組織の型。enterprise union 比較産業別組合・職業別組合。対義横断組合。

**きぎょう-モデル【企業モデル】** 企業の行動を抽象化・模式化したもの。コンピューターによる企業戦略の決定などに用いられる。company model

**きぎょう-りろん【企業理論】** 企業・法人などの経済行動を統一的に説明する論理体系。企業行動の経済的側面に主眼がおかれる。

**きぎょう-れんごう【企業連合】** ↓カルテル

**き-きょく【危局】** さしせまった危険な場面。

**き-きょく【棋局】** ①碁盤または将棋盤。②碁・将棋の局面。

**ぎ-きょく【戯曲】** 上演を目的とし文学的内容をもつ演劇の脚本。劇に演じられる劇的内容を、対話を主体とし、演技・場面・演出を指示するト書きを加えて文章に表現したもの。ドラマ。drama; play

**ききょ-ちゅう【起居注】** 中国の日記体の官撰記録。皇帝の日々の言行(=起居)を記録したもの。明末三代と清朝歴代の皇帝のものが現存。

**ききょらいのじ【帰去来の辞】** 中国、東晋の詩人陶淵明の有韻の文。四〇五年官職をすてて郷里に帰ったときの作。田園の中で人間性をとり戻す喜びをのべた隠者文学の傑作。

**き-ぎれ【木切れ】** 材木を必要に応じて切ったあとの切れはし。こっぱ。chip of wood

**きき-わ・く【聞き分く】** 古語 ㊀(四他) 聞いて分別する。用例つねに聞かぬ人はさらにえ—・かず(枕・成信の中将こそ)。㊁(下二他) ↓ききわける(聞き分ける)

**きき-わけ【聞(き)分け】** 聞いて道理がわかること。分別。discretion 用例—のない子。

**きき-わ・ける【聞(き)分ける】**(下一他) ①聞いて音や内容を区別する。recognize 用例鳥の声を—。②聞いて納得する。understand 用例子どもながら、よく—。

**きき-わす・れる【聞(き)忘れる】**(下一他) ①聞くことを忘れる。forget to ask ②聞いたことを忘れる。forget what was heard

**き-きん【飢▼饉・▼饑▼饉】** ①不作で食物が不足し、人々が飢えに苦しむこと。凶作。famine 比較飢餓。②物の不足。欠乏。shortage 用例水—。

**き-きん【基金】** ①経済活動の財産上の基礎となる資金。fund ②法律上、特定目的にあてる基本財産や会計をもつ特殊法人。または、その資金。農業共済基金・経済協力基金など。fund

**き-きん【寄金】** 金銭を寄付すること。また、その金。寄付金。contribution

**きぎん【季吟】** →きたむらきぎん(北村季吟)

**ぎ-きん【義金】** 義捐金。contribution 比較 醵金。

**きぎん-こう【輝銀鉱】** 硫化鉱物の一つ。銀の主要な鉱石鉱物。等軸晶系。暗灰色の金属光沢をもつ。低温の熱水鉱床から産出する。argentite

**き-きんぞく【希金属・▼稀金属】** 天然の存在量が少なかったり、鉱石から分離しにくいなどの理由で生産量が少ない金属。ウラン・ガリウム・トリウムなど。希少金属。レアメタル。rare metal

**き-きんぞく【貴金属】** 産出量が少なく、酸化その他の化学変化を受けにくくて、美しい金属光沢を保っている金属。白金・金・銀など。とくに白金と金は、王水以外の酸あるいはアルカリにも侵されない。precious metals 対義 卑金属。

**き-く【▽崎▼嶇】**(名・形動タル) 山路がけわしく急であること・さま。転じて、物事の困難なこと・さま。

**キク** 11画 **【菊】** 部首[艹] 常用 JIS 2138
音 **キク**
①中国から八世紀に伝わった栽培植物。キク科の多年草。葉は単葉できれこみがある。頭花の大きさや形、また舌状花の形や色は多種多様。短日植物で、普通、秋に花が咲く。食用種もある。千代見草。秋草の花。花の弟。「寒菊・春菊」「菊水・菊見」用例(名)— の季節。②模様、または、紋所の一つ。キクの花、または、それに葉をとりあわせて描いたもの。一六弁の八重表菊は皇室の、一四弁の裏菊は皇族の紋章。③本の形の名。「菊判」④菊見の宴のこと。⑤菊襲のこと。襲の色目の一つ。用例(名)— を祝う。→写

**菊の宴**(きくのえん) 陰暦九月九日の菊見の酒宴。菊の節会。菊見の宴。重陽の宴。

**キク** 11画 **【▼掬】** 部首[扌] JIS 2137
音キク
すくう。くみとる。水などをすくいあげる。

**キク** 12画 **【▼椈】** 部首[木] JIS 5988
音キク
ヒノキ。ヒノキ科の常緑針葉高木。

**キク** 12画 **【▼毱】** 部首[毛]
音キク
まり。けまり。

●キク① 懸崖造り

大菊

伊勢菊

嵯峨菊

肥後菊

**キク** 17画 **【▼鞠】** 部首[革] JIS 2139
音キク
①まり。けまり。「蹴鞠」 ②かがむ。かがめる。からだをおりまげる。つつしむ。「鞠躬如」

**キク** 18画 **【▼鞫】** 部首[革] JIS 7581
音キク
きわめる。ただす。といつめる。とりしらべる。

**キク** 19画 **【▼麴】** 部首[麦]
音キク
15画 【▼麹】 部首[麦] 異体字 JIS 2577
17画 【▼麯】 異体字
①こうじ。かむだち。穀類・ぬかなどをむして、こうじ菌を繁殖させたもの。②さけ。酒。「麴生」

**き-く【起句】** ①書き出しに使う文句。②漢詩で、絶句の第一句。律詩の第一・二句。対義 承句。

**き-く【規▼矩】**《「規」はコンパス、「矩」はさしがね》手本。規則。

**き・く【利く】**(五自) ①よくはたらく。work 用例 機転が —。指先が —。②できる。can; be able to 用例 無理が —。やり直しが —。③効果がよく出る。用例 わさびが —。

**口を利く**(くちをきく) ①しゃべる。say ②物事がまとまるように、紹介・あっせんなどをする。

**き・く【効く】**(五自) 効き目がある。be effective 用例 薬が —。宣伝が —。

**き・く【聞く】**(五他) ①ことばや音を耳でとらえる。hear 対義 見る。用例 話を —。うわさを —。②承知する。聞きいれる。listen to 用例 親の言うことを —。たのみごとを —。③《「訊く」とも》たずねる。ask 用例 住所を —。— は一時の恥。④味わいわける。taste; smell 用例 香を —。

**聞いて呆れる**(きいてあきれる) 《意外、また、軽蔑の気持ちをこめて言う》言っていることを聞いただけで、あっけにとられてしまう。be astonished

**聞いて極楽、見て地獄**(きいてごくらく、みてじごく) うわさではたいへんよいが、実際は悪い。Reputed to be a paradice, but a hell at sight. 類似 聞いて千金、見て一文。聞くと見るとは大違い。

**聞いて千金、見て一文**(きいてせんきん、みていちもん) 「聞いて極楽、見て地獄」と同意。

**聞いては居られない**(きいてはいられない) おかしくて、相手の言うことを聞いていることができない。または、ばかばかしくて、終わりまで聞く気にならない。not worth listening to

**聞きしに勝る**(ききしにまさる) かねて聞いていた以上である。exceed one's expectations

**聞くとは無しに**(きくとはなしに) 「聞くとも無く」と同意。

**聞くと見るとは大違い**(きくとみるとはおおちがい) 話に聞いていたのと実際に自分の目で見るのとでは、非常に違っている。There is a great difference between what one hears and what one sees.

**聞くとも無く**(きくともなく) しぜんに耳に入る。ふと、耳にする。聞くとは無しに。get wind of

**聞くにも増して**(きくにもまして) うわさ以上に。聞きしに勝る。exceeding one's expectation

**聞くは一時の恥、聞かぬは末代の恥**(きくはいっときのはじ、きかぬはまつだいのはじ) 知らないことを人に尋ねるのは、その場かぎりの恥にすぎないが、尋ねないままで過ごすと、後々の世まで語り伝えられるような大きな恥をかく。Better ask than go astray.

**聞く耳持たぬ**(きくみみもたぬ) まったく聞こうとしない。turn a deaf ear

**聞けば聞き腹**(きけばききばら) 聞かなければそれですんだことが、聞いたために腹立たしくなること。

**聞けば気の毒、見れば目の毒**(きけばきのどく、みればめのどく) 聞いたり見たりすることすべてが心を悩ませ、心身の害になるということ。聞くは気の毒、見るは目の毒。

**き・く【聴く】**(五他) 耳を傾けて聞く。listen 用例 音楽を —。市民の声を —。

**き-ぐ【危▼惧】**(名・サ変他) 心配しおそれること。fear 用例 — の念を抱く。

**き-ぐ【器具】** うつわ。道具。apparatus 用例 電気 —。

**き-ぐ【機具】** 機械や器具類。equipment

**ぎ-く【疑▼懼】**(名・サ変他) うたがいおそれること。

**きく-いし【菊石】** アンモナイトの和名。

**きく-いただき【菊▼戴】** ヒタキ科の小鳥。全長約一〇cmで、日本産として最小。頭上に橙色斑。夏季は亜高山帯の針葉樹林で繁殖、冬季は暖地へ移る。

**きくい-むし【木食虫】** ①海水中の木材を食害する甲殻類。体長約三mm。黄白色、半円柱形で強力なあごをもつ。世界各地の沿岸に分布。gribble ②幼虫・成虫とも樹木を食害する小甲虫の総称。森林の大害虫。半円筒形で体長一〜九mm。マツノキクイムシなど。世界に約七〇〇〇種、日本に約二八〇種が分布。wood borer →図

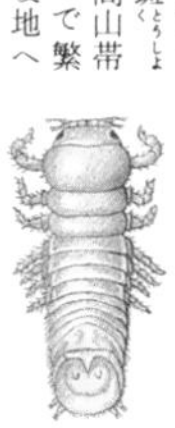
●キクイムシ①

●キクイムシ② マツノキクイムシ

**きく-いも【菊芋】** キク科の多年草。高さ一・八〜二・四m。秋に、キクに似た黄花を咲かせる。地下茎の先端に塊茎をつける。塊茎は飼料・食用。北アメリカ原産。カライモ。ハッショウイモ。→図

●キクイモ

**き-ぐう【寄▼寓】**(名・サ変自) ①人の家に世話になること。stay with ②仮住まい。temporary residence

**き-ぐう【奇遇】** 思いがけなく巡り会うこと。meet by chance

**きく-か【菊花】** →きっか(菊花)

**きくか【菊▼鹿】**〈町〉熊本県北部、内田川に沿う町。肥後米・タバコ・メロン・スイカ・クリなどの産地。人口八八五八(一九八八)。

**きくがしら-こうもり【菊頭▼蝙▼蝠】** 顔に菊の花に似た複雑な葉状物(鼻葉)のあるコウモリ。体長七cm内外。灰赤褐色。虫を捕食。日本全土・ユーラシア大陸に分布。horseshoe bat →写 →コウモリ図

**きくがわ【菊川】**〈町〉静岡県、掛川市東隣の町。牧ノ原の茶産地があり、製茶関係

●キクガシラコウモリ

の工場が多い。人口二万八五一八(一九八八)。

**きくがわ【菊川】**〈町〉山口県西部、下関市北東隣の町。園芸農業がさかん。田部盆地の中心に位置する。人口八一八三(一九八八)。

**き-くぎ【木▼釘】** 細工物などに使う、木製のくぎ。

**きくきゅう-じょ【▼鞠▼躬如】**(形動トタル) ↓きっきゅうじょ(鞠躬如)

**きく-ごぼう【菊▽牛▼蒡】** キク科の多年草。ヨーロッパ原産で明治中期に渡来。高さ六〇～九〇cm。夏に黄色花を開く。根と葉を食用。キバナバラモンジン。

**きくざき-いちりんそう【菊咲一輪草】** キンポウゲ科の多年草。中部地方以北の山地にはえる。高さ一〇～二〇cm。葉は三枚輪生。早春に、淡紫色の花をつける。キクザキイチゲ。イチゲソウ。

**きく-ざけ【菊酒】**《長寿に効き目があると信じられた》①重陽の節句に飲む酒。②菊の花を浸して飲む酒。

**ぎく-しゃく**(副・サ変自) 言動がぎごちなく、滑らかでないさま。awkward 用例 ——とした歩きぶり。お互いの仲が——する。

**きく-じゅつ【規▼矩術】**《「規」は円を描くコンパス、「矩」は直角をつくる曲尺のこと》日本古来の建築技術。部材の加工処理のさい、立体幾何学の図式解法を曲尺でする。墨金。stereotomy

**きく-じゅんじょう【規▼矩準縄】** 人の行いの手本。物事の基準となるべき法則。

**き-くず【木▼屑】** 木材を切ったくず。wood chip

**きく-すい【菊水】** 紋所の名。菊花の上半分を水流に浮かせた形。紋形にも数種類ある。中世に後醍醐天皇から楠木氏が功によって下賜されたといわれる。↓図

●菊水

菊水　変わり菊水

**きくすい【菊水】**〈町〉熊本県北部、菊池川中流の町。稲作・養蚕が主体で、工業化も進む。船山古墳がある。人口七七四四(一九八八)。

**きくすい-かみきり【菊吸▽天▽牛】** キクの新芽を枯らす体長九mm内外の黒色のカミキリムシ。胸背部に赤い円斑があり、触角が長い。本州以南に分布。↓写

**きく-ずみ【菊炭】**《切り口が菊花状であることから》茶道に用いる炭の一種。櫟を焼いて作る。

**き-ぐすり【生薬】** ①漢方で、まだ調合していない薬。unprepared medicine ②↓しょうやく(生薬)

**きく・する【▼掬する】** 文語的(サ変他) ①水を両手ですくう。scoop up ②気持ちを推し量る。take into consideration 用例 真情を——。

●キクスイカミキリ

**き-くずれ【気崩れ】**(名・サ変自) ①意気が崩れて弱ること。②特別の原因もないのに、株式などの相場が下がること。

**き-くずれ【着崩れ】**(名・サ変自) 着ているうちに衣服の着つけが乱れること。be worn out of shape

**きくた-かずお【菊田▽一▽夫】**(一九〇八～一九七三) 劇作家。神奈川県生まれ。東宝現代劇を創設、商業演劇の興隆につとめる。放送劇『鐘の鳴る丘』『君の名は』、戯曲『がめつい奴』など。

**きくたけ-すなお【菊竹▼淳】**(一八八〇～一九三七) ジャーナリスト。号は六鼓。福岡県生まれ。昭和七年(一九三二)五・一五事件にさいし、「福岡日日新聞」の社説で軍部のファシズムを批判。

**きくち【菊池】**〈市〉熊本県北部の市。旧城下町の隈府が中心。稲作・製糸・木工・醸造などがさかん。特産はカスミソウ。人口二万八六〇八(一九八八)。

**き-ぐち【木口】** ①材木の品質・種類・等級。②木材の横の切断面。こぐち。cut end ③手さげバッグなどで、木製の手でさげる部分。

**きくち-かずお【菊池▽一雄】**(一九〇八～一九八五) 彫刻家。京都生まれ。東大卒。父は菊池契月。東京芸大教授。作品『原爆の子の像』など。

**きくち-がわ【菊池川】** 熊本県北部を西流する川。長さ七一km。大分県との境に発し、玉名平野を経て有明海に注ぐ。

**きくち-かん【菊池寛】**(一八八八～一九四八) 小説家・劇作家。本名は寛。高松市生まれ。京大卒。芥川竜之介らと『新思潮』に参加。のち『文芸春秋』創刊。新聞小説に新生面を開く。戯曲『父帰る』、小説『恩讐の彼方に』『真珠夫人』など。

**きくちかん-しょう【菊池寛賞】** 菊池寛の提唱で、文化一般に関する創造的な業績をあげた個人・団体に年一回授賞する賞。昭和一三年(一九三八)創設、中断ののち同二八年(一九五三)に復活。

**きくち-けいげつ【菊池契月】**(一八七九～一九五五) 日本画家。本名完爾。長野県生まれ。菊池芳文に学び養子となる。京都画壇で活動。作品『立女』など。

**きく-ぢしゃ【菊▼萵▼苣】** エンダイブの和名。

**きくち-せいし【菊池正士】**(一九〇二～一九七四) 実験物理学者。東京生まれ。東大卒。阪大名誉教授。理化学研究所で電子回折現象を研究。日本原子力研究所理事長。昭和二六年(一九五一)文化勲章受章。

**きくち-だいろく【菊池大▼麓】**(一八五五～一九一七) 数学者・教育者。東京生まれ。ケンブリッジ大卒。日本の近代数学の開拓者。東大総長・文相・京大総長・学士院長・理化学研究所長などを歴任。

**きくち-たけとき【菊池▽武時】**(?～一三三三) 鎌倉末期の武将。武光の父。後醍醐天皇から錦旗を賜わり、元弘三年(一三三三)三月鎮西探題北条英時を博多に攻めたが、敗死。

**きくち-たけみつ【菊池▽武▽光】**(?～一三七三) 南北朝時代の武将。武時の子。懐良親王を奉じ、九州の南朝軍の主将として活躍。

**きくち-へいや【菊池平野】** 熊本県北西部、菊池川流域の平野。干拓地も広い。良質米を産する。玉名平野。

**きくち-ゆうほう【菊池幽芳】**(一八七〇～一九四七) 小説家。本名、清。水戸市生まれ。家庭小説の代表的作家。作品『己が罪』『乳姉妹』など。

**きくち-ようさい【菊池容斎】**(一七八八～一八七八) 幕末～明治初期の日本画家。江戸の人。歴史画に新風をみせた。作品『堀河夜討図』など。

**き-ぐつ【木▼沓・木▽履】** 木製の靴の総称。wooden shoes ①束帯を着るさいに履く浅沓。②フランス・ベルギーなどのサボ、オランダのクロンプ、イギリスのクロッグ。③中国・朝鮮半島に伝わる、二枚の厚歯のある靴。

**きく-づき【菊月】** 陰暦九月の異称。

**きくとかたな【菊と刀】**《原題 The Chrysanthemum and the Sword》アメリカの文化人類学者ルース＝ベネディクトの日本文化研究の著書。一九四六年刊。西欧の「罪の文化」に日本の「恥の文化」を対置させた。

**きく-な【菊菜】** シュンギクの別名。

**きく-ならく【聞くならく・聞▽説・聞▽道】** 文語的(連語)《「ならく」は伝聞・指定の助動詞「なり」に接尾語「く」が付いたもの》聞くところによれば。

**きく-にんぎょう【菊人形】** 菊の花や葉でこしらえた人形。また、それを用いた見世物。芝居や物語などの一場面をつくって見せるものが多い。江戸中期、江戸の植木屋が製作した富士山や帆掛け船などの菊細工に始まる。↓写

**きく-の-きせわた【菊の▽被綿】** 長命を願うために行う習俗。陰暦九月八日に菊の花に綿をかぶせ、それに露と香を移しとり、九日の重陽の節句にその綿で体をなでて長命を祈った。きせわた。菊の綿。

**きく-の-さかずき【菊の杯】** 観菊の宴で、長寿を祝って酒杯に菊花を浮かべること。また、その杯。

**きく-の-せっく【菊の節句・菊の節供】** 五節句の一つ。陰暦九月九日。この日に、菊花を浮かべた酒を飲むと長生きするといった伝承がある。重陽。重陽の節句。九月節句。

**きく-のり【菊▽海▼苔】** オキツノリの別名。

**き-くばり【気配り】**(名・サ変自) 細かに気を使うこと。心づかい。care; attentiveness

**きく-ばん【菊判】** 用紙規格基準制定前から用いられている洋紙の寸法。六三六×九三九mm。また、この紙を一六折りにした書籍の大きさ。A5判より少し大きく仕上がり、二一八×一五二mm。medium octavo; small octavo ↓判型図

**きく-はんさい【菊半▼截】** 書籍の判型の一つ。菊判の半分の大きさ。菊半。菊半切。demi-octavo

**きく-はんせつ【菊半切】** ↓きくはんさい(菊半截)

**きく-はんとう【企▽救半島】** 九州北東端にある半島。北九州市に属し西側の関門海峡をはさみ、本州西端に対する。壇ノ浦も近く、源平合戦ゆかりの景勝地。

**きく-びな【菊▼雛】** 菊の節句とよばれる、陰暦九月九日に飾る雛人形のこと。

**きく-びより【菊日和】** 菊が咲くころの、秋のよい天気。

**きくま【菊間】**〈町〉愛媛県北条市東隣の町。約七〇〇年前に始まる菊間瓦は有名。人口九三一六(一九八八)。

**きく-み【菊見】** 菊の花を見て楽しむこと。

**き-ぐみ【木組(み)】** 建築などで、材木に穴やほぞをつくり、組み合わせること。wooden framework

**き-ぐみ【気組(み)】** 意気ごみ。心がまえ。

**きくめ-いし【菊目石】** 表面に菊の花状の模様がある、塊状または球状のサンゴ。造礁サンゴの仲間で、径二～三m。模様は、サンゴをつくる個虫が入っていたあと。相模湾以南、太平洋・インド洋の暖海に分布。

●菊人形

**キクユ-ぞく【キクユ族】** アフリカ、ケニアに住む最大の部族。言語はバンツー語族に属する。一九五二年マウマウ団を組織、イギリスからケニア独立の先駆的役割を果たす。主として農耕・家畜飼育に従事。Kikuyu

**きくよう【菊陽】**〈町〉熊本県中北部、白川中流の町。タバコ栽培・酪農がさかん。熊本空港がある。人口二万二九一九(一九八八)。

**き-ぐらい【気位】** 他人より自分が上だと定め、その品位を保とうとする心の持ち方。pride 用例 ——が高い。

**き-くらげ【木▽耳】** 担子菌類キクラゲ科のキノコ。広葉樹の枯れ木に群生する。乾燥すると堅いが、吸水するとふくらむ。中華料理の材料によく用いられる。キノミミ。↓写 ↓キノコ写

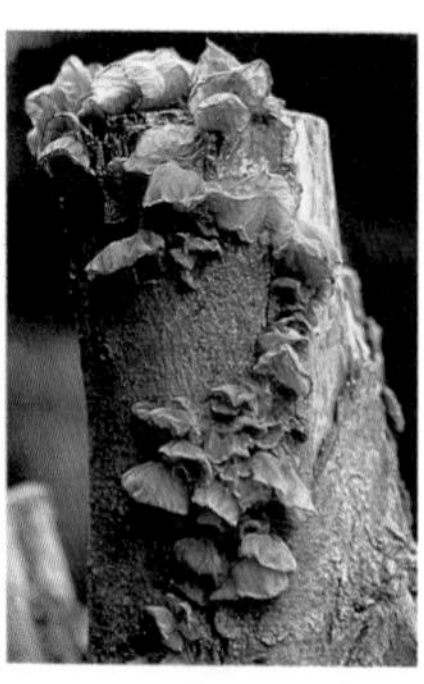

●キクラゲ

**キクラデス-しょとう【キクラデス諸島】**(Kikládhes) ギリシア南東部、エーゲ海南西部の二百余の島群。彫刻用大理石の産地。

**ぎくり-と**(副) 不意の出来事におどろくさま。be surprised 用例 物音に——する。

**き-ぐろう【気苦労】**(名・形動) 精神的な苦労をすること・さま。気を使うこと・さま。心配。気配り。worry

**き-くん【貴君】**(代) 男子が、同輩もしくは、目下の相手を言う敬語。参考「きみ」より丁寧。

**ぎ-くん【義訓】** 対義 正訓。①語句・文章の意味を明らかにすること。②『万葉集』に代表的にみられる用字法の一つ。漢字を、その本来の意義から発展させて訓読するもの。「暖」を「はる」、「寒」を「ふゆ」とよませる類。

**ぎ-くん【戯訓】** 漢字の字形・意義等を利用した、遊戯的な用字法。『万葉集』にみられる。「出」の字の形から「山上復有山」を「いづ」とよませ、「十六」を九九の唱え方によって「しし(獣)」とよませるなどが有名。後世「五月蠅」を「うるさい」とよむのもこの類。

**ぎ-ぐん【義軍】** 正義のために戦う軍勢。義兵。義勇軍。righteous army

**ぎ-げ【義解】** 意義をときあかすこと。解義。ぎかい。用例『令の——』。

**き-けい【奇形・▼畸形】** ①ふつうと変わった形。deformation ②個体発生の過程で出てくる、形態の異常。遺伝的なものとウイルス感染など外的要因によるものがある。malfor-

mation 用例植物の―。

**き-けい【奇計】** 変わった、うまい計略。clever scheme

**き-けい【奇警】**(名・形動) ①すぐれてさといこと・さま。smart; witty ②きばつ。original; novel 用例―の言をはく。

**き-けい【▼詭計】** 人をだます計略。ぺてん。trick

**き-けい【貴兄】**(代) 男子が、同輩を言う敬語。あなた。きみ。

**ぎ-けい【義兄】**《義理の兄、の意》①夫または妻の兄。姉の夫。brother-in-low ②約束を結んで、兄となった人。義兄弟の兄貴分。sworn brother

**ぎ-げい【▼伎芸】** 歌舞・音曲などの芸能・わざ。accomplishments

**ぎ-げい【技芸】** 美術・工芸などの技術。arts

**ぎけいき【義経記】** 室町初・中期成立の準軍記物語。八巻。作者未詳。源義経(みなもとのよしつね)の幼年期と流浪期を中心に自刃するまでを描く。義経物語。判官(ほうがん)物語。

**きけい-じ【奇形児】** 身体の発育や機能に障害をもって出生した小児のこと。出生時に認められるものと、潜在していて成長に伴って現れてくるものがある。malformed child

**ぎげい-てん【▼伎芸天】** 仏教の天部の一つ。大自在天から化生(けしょう)した天女で、福徳を司(つかさ)どる。端正な顔で、一般に左手に花を盛った皿をささげ、右手は裾(すそ)を持ちあげている。↓写

●伎芸天(ぎげいてん) 秋篠(あきしの)の寺(奈良県)。

**き-げき【喜劇】** ①笑いや快活な気分をよびおこし、明るい結末に終わる文学・演劇の総称。コメディー。comedy 対義悲劇。②ふき出してしまうような、滑稽(こっけい)なできごと。comedy

**きげき-えいが【喜劇映画】** 見る人の笑いをひき起こす映画。comic film

**きげき-てき【喜劇的】**(形動) 対義悲劇的。①喜劇らしいさま。comical ②こっけいで、みっともないさま。ridicurous

**き-けつ【既決】** すでに決まってしまっていること。決済の済んでいること。have already decided 対義未決。

**き-けつ【起結】** ①始めと終わり。the beginning and the end ②漢詩文の起句と結句。

**き-けつ【帰結】**(名・サ変自) ①落ち着く所。終わり。とどのつまり。決着。conclusion ②いろいろの過程を経た結果。result ③なんらかの原因があって、その結果として生ずる状態。十分な論理的な理由があって行きつく結果。consequence 用例事件の―を予想する。

**ぎ-けつ【議決】**(名・サ変他) 討議して決めること。また、その決めたこと。decision

**ぎけつ-きかん【議決機関】** 国・公共団体・会社など法人で、多人数の合議により一定の事項について意思の決定をする機関。国会・都道府県議会・株主総会など。deliberative organ

**ぎけつ-けん【議決権】** 合議体の構成員がその意思を決定する行為に加わる権利。表決権。voting right

**き-けつ-すい【気血水】** 漢方独自の病理観。血は血液、水は体液、気は水血を循環させ精神をつかさどる機能をさす。これらの循環が正常ならば健康だが、停滞すると特有な病態となると考える。

**き-けまん【黄華▼鬘】** 海岸にはえるケシ科の一年草。高さ約五〇㎝。全体にやや緑白色。葉は羽状。春に、黄色四弁花を穂状につける。関東以西に分布。↓図

●キケマン

**きけ-もの【利け者】** ①腕前のすぐれた者。able man ②働きがあって、幅を利かせている者。man of influence

**き・ける【聞ける】**(下一自) ①聞くことができる。audible ②聞くだけの値打ちがある。worth listening

**キケロ【Marcus Tullius Cicero】**(BC一〇六～BC四三) ローマの政治家・弁論家・哲学者。執政官に選ばれ、共和政擁護につくす。アントニウスと反目し暗殺された。明晰(めいせき)で論理的な文体は古典的ラテン語散文の範となる。著書『弁論集』『共和政論』『義務について』、『書簡集』など。

**き-けん【危険】**(名・形動) ①身体の安全がそこなわれそうなことさま。あぶないこと・状態。danger 対義安全。用例―が迫る。―を冒す。―を招く。②悪い結果が起こるおそれがあること。用例地震で塀が倒れる―がある。

**き-けん【気圏】** 地球をとりまく大気の部分。高度一〇〇〇㎞ぐらいまでをいう。対流圏・成層圏・中間圏・熱圏(＝電離圏)に分けられる。大気圏。atmosphere 比較水圏・岩圏。

**き-けん【貴顕】** 身分が高く、名を広く知られていること・人。distinguished person 用例―紳士。

**き-けん【棄権】**(名・サ変他) 権利を自発的に放棄し行使しないこと。とくに、選挙人がその投票の権利を使わないこと。abstention

**き-げん【紀元】** 歴史上の年数を示すとき基準とする年。現在、世界で広く用いられているキリスト降誕を元年(実際は生後四年目)とする西暦紀元のほか、マホメットのメディナ移住を元年(＝西暦六二二年)とするイスラム紀元、日本の皇紀など。era: epoch

**き-げん【起源・起原】** 物事の始まり。起こり。origin

**き-げん【期限】** ①前もって決められた時期。term 用例納税―。―切れ。②法律行為の効力の発生・消滅または債務の履行を、将来確実におきる事実が発生する時点に限定する条項。limitation

**き-げん【▼毀言】** 人をそしることば。悪口。

**き-げん【機嫌】** ㊀(名) ①安否。起居。one's health 用例ご―うかがい。②気持ち。気分。temper; mood 用例―がよい。③古語ころあい。時機。用例世に従はん人は、まづ―を知るべし(徒然・一五五)。㊁(形動)《多く「ご」を付けて》よい気分であるさま。being cheerful;good humor 用例ご―だね。

**機嫌を損ねる**(きげんをそこねる) 気分を害する。offend

**機嫌を取る**(きげんをとる) 人の気に入るようにする。機嫌気褄(きづま)を取る。flatter 類似気を取る。

**機嫌を直す**(きげんをなおす) 気分を害していた人が、もとの、気分よい状態に戻る。get back into a better mood

**ぎ-げん【▼魏源】**(一七九四～一八五六) 中国、清(しん)代の学者。公羊学(くようがく)に基づく経世実用の学を唱え、阿片(あへん)戦争後、西洋事情を研究して近代的軍備の採用を主張。著書『海国図志』など。

**きげん-かい【機嫌買い】** ①《「機嫌変え」の転か》気分の変わりやすい性質・人。②人の機嫌を取ること・人。

**きげん-きづま【機嫌気▼褄】** 人の気分。感情。

**機嫌気褄を取る**(きげんきづまをとる) 「機嫌を取る」と同意。

**きげん-ご【紀元後】** 西暦で、紀元より以後の年代を意味する用語。A.D.

**きけん-しそう【危険思想】** 国家・社会を危険な状況に導くとみなされる思想。dangerous thoughts

**きけん-しんごう【危険信号】** 危険を知らせる信号。danger signal

**きけん-じんぶつ【危険人物】** ①危険な思想などの持ち主。person who has dangerous thoughts ②油断のならない人物。警戒しなければいけない人物。dangerous person

**きけん-せい【危険性】** 危険の程度。danger

**きげん-せつ【紀元節】** もと、四大節の一つ。明治以後、二月一一日を神武天皇即位の日として祝った祝日。現在の「建国記念の日」。

**きげん-ぜん【紀元前】** 西暦で、紀元より以前の年代を意味する用語。B.C。Before Christ

**き-げんそ【希元素・▼稀元素】** 地球上にまれにしか存在しないと考えられる元素。希ガス・希土類元素・白金属元素など。rare element

**きげんつき-てがた【期限付手形】** 手形呈示後三〇日・六〇日・九〇日・一二〇日というように支払期限の定められた手形。ユーザンス。usance bill; time bill 対義一覧払手形。

**きげん-なおし【機嫌直し】** 機嫌の悪いのを直すこと。また、そのためのもの。

**きけんなかんけい【危険な関係】**《原題Les Liaisons dangereuses(フランス)》ラクロの書簡体小説。一七八二年刊。フランス心理小説の傑作。

**きけん-はんえん【危険半円】** 北半球で、台風の進行方向に対する右側の半円のこと。とくに風が強い。dangerous semicircle

**きけん-ふたん【危険負担】** 双務契約において、一方の債務が債務者の責めに帰することのできない理由で消滅した場合、他方の債務がどうなるかという問題。たとえば家屋の売買で、引き渡しがすまないうちにその家屋が類焼したような場合、売り手と買い手のどちらがその損失を負担するかの問題。risk-bearing

**き-こ【旗鼓】** ①いくさに使う旗と鼓。②軍隊。

**旗鼓の間**(きこのあいだ) 戦場。旗鼓のかん。

**旗鼓の間に相見ゆ**(きこのあいだにあいまみゆ) 戦場で、敵味方となって対決する。旗鼓のかんに相見ゆ。

**き-こ【騎▼虎】** トラに乗ること。

**騎虎の勢い**(きこのいきおい) いきがかり上、途中でやめにくいようす。

**き-ご【季語】** 連歌・俳諧(はいかい)・俳句で、季節を示すために詠みこむ語。季題。

**き-ご【▼綺語】** ①たくみにうわべを飾ったことば。用例狂言―。②詩文などの修飾されたことば。③《仏教語》十悪の一つ。真実にそむいて飾りたてたことば。そのことばをもてあそぶこと。

**ぎ-こ【擬古】** 昔に似せること。

**き-こう【気孔】** ①コケ植物以上の高等植物の表皮にあって、二個の孔辺細胞に囲まれた小孔。蒸散作用や二酸化炭素・酸素の通路となる。葉の裏面に多く見られる。stoma ②溶岩の表面に残る、ガス・水蒸気の出たあとの小さな穴。vesicle ↓写

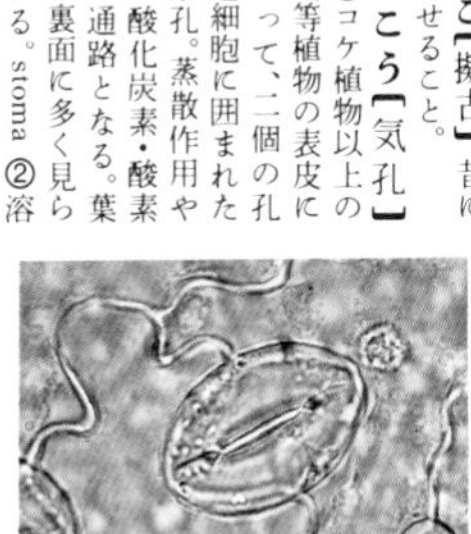

●気孔① ホウセンカ

**き-こう【気候】**《二十四気七十二候に由来する語といわれる》季節や天候。その土地の一年を周期として繰返される大気の総合的な状態。日照・日射・気温・湿度・降水量・気圧・風などが要素。時候。climate

**き-こう【奇行】** ふつうと違った奇妙な言動。

**き-こう【奇効】** 不思議なほどのききめ。

**き-こう【季候】** 季節。時候。climate

**き-こう【紀行】** 旅行中の事柄や感想を書いた文章。紀行文。account of a journey

**き-こう【帰校】**(名・サ変自) 学校に帰ること。

**き-こう【帰航】**(名・サ変自) 帰りの航海・航空。復航。homeward voyage; homeward flight

**き-こう【帰港】**(名・サ変自) 出発したみなとに帰ること。return to port

**き-こう【起工】**(名・サ変自) 工事を始めること。着工。start of construction 対義落成・完工。

**き-こう【起稿】**(名・サ変自) 原稿を書き始めること。起草。begin to write 対義脱稿。

**き-こう【寄口】** 古代の戸籍・計帳にみえる戸内の寄留者。また、その小家族。

**き-こう【寄港・寄航】**(名・サ変自) 船・飛行機が、港・空港に立ちよること。また、その港・空港。call; call at a port

**き-こう【寄稿】**(名・サ変自他) 原稿を新聞・雑誌に載せるために送ること。また、その原稿。contribution 用例―家。

**き-こう【▼亀甲】** ↓きっこう(亀甲)

**き-こう【▼稀▼覯・希▼覯】** めったに見られないこと。非常に珍しいもの。用例―本。

**き-こう【機巧】** ①細工。くふう。trick 用例たくみな―。②才知を働かすこと。用例―のすぎた人。

**き-こう【機甲】** 機械化した兵器と装甲した車両の総称。用例―部隊。

**き-こう【機構】** ①しくみ。組み立て。組み合わせ。structure ②官庁・会社・団体などの組織。organization 用例社内の―改革。③社会的な活動をする組織体。organization 比較機関。用例ワルシャワ条約―。④機械の内部構造。からくり。mechanism

**き-こう【貴公】**(代) 男子が同輩もしくは目下の相手を言う敬語。きみ。貴殿。御辺(ごへん)。

**き-ごう【記号】** ①何かの意味を表す、言語以外の補助符号。「!」「?」「+」など。符号。sign ②一定の内容を示す言語・文字やその他のしるし。symbol

**き-ごう【揮▼毫】**(名・サ変他) 書や絵をかくこと。writing; painting 用例―料。

**ぎ-こう【技工】** 手で加工する技術。また、そ

の技術者。craft 用例 歯科の―。

**ぎ-こう【技巧】** ①たくみな技術。technical skill ②芸術表現などにおける技術。art

**技巧を弄す**(ぎこうをろうす) 本来の目的を二の次にして、技術的な華やかさの向上にのみ心を配る。resort to artifice

**きこう-いんし【気候因子】** 気候に影響を与え、気候を決定する諸条件。緯度・海陸分布・海流・地形など。climate factor

**きこう-がく【気候学】** 気候を研究する科学の一分野。現象面の解析では気象学の、生活環境としての研究では地理学の一部とも考えられる。climatology

**きごう-がく【記号学】** ↓きごうろん(記号論)①

**きこう-がた【気候型】** 気候要素(気温・風・降水量など)や気候因子(緯度・海陸分布・海流・地形など)によって分類された気候の型。climatic type

**きこう-く【気候区】** 同一の気候特性を示す範囲。熱帯・温帯などの気候帯の中を、さらに植生、海洋に対する位置、山脈の配置・高さなどから細分して設定される。climatic province

**き-こうし【貴公子】** ①身分の高い家の子弟。youth of noble birth ②気品のある若い男子。noble young man

**きこう-しすう【気候指数】** 気候の特色の表現方法の一つ。海洋・大陸度、乾燥・湿潤度あるいは乾燥限界、温暖・寒冷度などを表すもの。climatic index

**きこう-じゅんか【気候順化】** ↓きこうじゅんのう(気候順応)

**きこう-じゅんのう【気候順応】** 気候の異なった土地に移住した生物、とくに人間が、その気候環境に適応するようになること。気候順化。気候適応。acclimatization

**きこう-じょうさん【気孔蒸散】** 気孔を通して水分の蒸散が行われること。stomatal transpiration 比較 クチクラ蒸散。

**きこう-たい【気候帯】** 地球上の気候をいくつかに大別したときの各気候の分布範囲。一般に太陽の輻射量の関係で、緯度にほぼ平行して帯状に分けるが、実際には海陸分布などに影響される。climatic zone

**ぎこう-てき【技巧的】**(形動) ①技巧をこらすさま。elaborate ②技巧に走りすぎるさま。resort to artifice

**きこう-でん【▼乞巧▼奠】** 陰暦七月七日の夜に行う星祭り。中国では牽牛・織女の両星に、婦女子が手芸の上達を願う祭り。きっこうでん。参照 七夕。

**ぎこう-は【技巧派】** 内容より技巧を重んずる人々。technician

**き-こうばし【木香▼箸】** 香道具の一つ。紫檀製の小さな箸。伽羅香木の小片を扱うのに用いる。

**きこう-ぶたい【機甲部隊】** 戦車を主体に、装甲車・自走砲などで編成された陸軍の戦闘部隊。機械化部隊を含めることもある。armor

**きこう-ぶん【紀行文】** ↓きこう(紀行)

**きこう-ぶんがく【紀行文学】** 旅行中に見聞した事柄や感想を、独自の観察眼と文学的な表現・構成で書き記したもの。日本では紀貫之の『土佐日記』や松尾芭蕉の『奥の細道』などが有名。

**きこう-へんどう【気候変動】** ある地点や地域に特徴的な、気候の変化。太陽活動や地軸の傾きの変化などの原因で起こる寒暖の変化などをさす。climatic fluctuation

**きごう-ほうちくほう【記号放逐法】** ↓ひょうしきさいほほう(標識再捕法)

**きこう-ようそ【気候要素】** 気候を構成する要素。気温・降水量・湿度・風・日照など。climate element

**きこう-りょうほう【気候療法】** 気候が生体におよぼす影響を利用する治療法。climatotherapy

**きごう-ろん【記号論】** ①記号および記号としての言語を対象とする学問。パース・ソシュールに始まる。記号学。semiotics ②科学的経験主義の立場からの、記号の働きについての理論。semiotic

**きごう-ろんりがく【記号論理学】** 概念・命題などを、記号で表し、記号の式を変形するという形式的な法則をもとに推論を行う論理学。現代論理学。symbolic logic

**きこえ【聞(こ)え】** ①うわさ。評判。外聞。publicity 用例 ―が悪い。②音や声を聞き取った感じ。hearing

**きこえよ-がし【聞(こ)えよがし】**(形動)《「がし」は接尾語》悪口・皮肉などを、わざと本人に聞こえるように言うさま。

**きこ・える【聞(こ)える】**(下一自) ①音やことばが耳に入る。hear 用例 小鳥の声が―。②わけがわかる。make sense 用例 そりゃ―・えません。③うけとれる。sound 用例 褒めているように―。④広く伝わる。be noted 用例 名声が海外にも―。

**き-こく【▼枳▽殻】** カラタチの別名。

**き-こく【鬼▼哭】** 死者の魂がなくこと・声。

**き-こく【帰国】**(名・サ変自) ①外国・外地から自分の国へ帰ること。帰朝。return to one's country ②ふるさとへ帰ること。帰郷。go home

**ぎ-ごく【疑獄】** ①罪状がはっきりせず、判決の出しにくい裁判事件。②大がかりな汚職事件。bribery scandal

**きこく-しじょ【帰国子女】** 勤務の関係で海外で生活し、日本に帰ってきた人々の子ども。とくに、外国の学校で教育を受けた児童・生徒などをいう。

**きこく-しゅうしゅう【鬼▼哭▼啾▼啾】**(形動タルト)《亡霊の泣き声が聞こえるようなさま》寂しく、恐ろしげで、気味の悪いさま。weird as the wailing of a ghost

**きこく-しゅぎ【旗国主義】** 公海上にある船舶に対しては、その船舶が登録され、その国旗を掲げている国(=旗国)だけが管轄権を有するという国際法上の原則。協定違反などの裁判権はその所属国にあり、公海上の航空機や自然人についても準用される。principle of flag state

**きごけ** 地衣類ハナゴケ科キゴケ属の総称。山地の岩上にはえ、高さ二～一〇cmになり、短枝を出して樹枝状になる。ジョウゴゴケ・アカミゴケなどがある。

**き-ごこち【着心地】** 着物などを着たときの感じ・具合。comfortableness to wear

**き-ごころ【気心】** 気持ち。気だて。disposition 用例 ―の知れた人。

**きこし-め・す【聞こし召す】** ㊀古語(四他) ①「聞く・聞き入る」の尊敬語。お聞きになる。用例 かたちの世に似ずめでたきことを御門―・して(竹取)。②「食ふ・飲む」の尊敬語。召し上がる。用例 物も―・さず、御遊びなどもなかりけり(竹取)。③「治む・行ふ」の尊敬語。お治めになる。用例 わご大君の―天の下に(万葉・一・三六)。㊁(五他) 酒を飲むことをおどけて言う語。drink

**ぎこ-しゅぎ【擬古主義】** ①ことさら古風な語句や言いまわしを用いる態度。②美術で、古代芸術の単純・素朴を理想とする主義。アーケイズム。アルカイスム。archaism

**ぎごち-な・い**(形) =ぎこちない。①動作・表現などがなめらかにいかない。ぎくしゃくしている。clumsy 用例 ―ことば。②無愛想だ。unsociable 派生 ぎごちなげ(形動) ぎごちなさ(名)

**き-こつ【気骨】** 自分の考えを容易に変えない意気。気概。backbone; spirit 用例 ―のある人。

**気骨稜稜**(きこつりょうりょう) 自己にきびしく、断じて節をまげない強い意気ごみを言う。用例 ―たる人物。

**き-こつ【▽肌骨】** はだとほね。骨身。

**肌骨を驚かす**(きこつをおどろかす) 恐怖でふるえあがらせる。類似 肝胆を寒からしめる。

**き-こつ【奇骨】** 風変わりな性格。独自のすぐれた性格。grit 用例 ―に富む人。

**ぎ-こっかい【擬国会】** 国会に似せて、政治上の討論をする会合。

**きこない【木古内】**〈町〉 北海道南西部、津軽海峡に臨む町。農・漁業の町で、酪農やワカメの養殖もさかん。人口八七七四(一九八八)。

**き-こな・す【着こなす】**(五他) よく似合うように、うまく着る。wear stylishly 用例 洋服を―。

**きこ-にち【帰▽忌日・帰己日】** 暦注の一つ。旅行の出発・帰宅・移転・婚礼などに凶とされる日。一二日に一度の割で巡ってくる。帰忌。

**ぎこ-ぶん【擬古文】** 文語文の一種。平安時代のかな文をまねた文章。おもに近世の国学者が書いたものをいう。比較 和文・雅文。

**き-ごみ【気込み】** 意気込み。enthusiasm

**き-こ・む【着込む】**(五他) ①衣服を重ねて着る。wear extra clothes ②「着る」を強めた語。きちんと身につける。dress up

**ぎこ-ものがたり【擬古物語】** 平安時代の物語を模倣してつくった物語。主として鎌倉時代の物語をさす。前代の物語(とくに『源氏物語』)の模倣と影響が著しく新味に乏しい。現存作品『松浦宮物語』『住吉物語』『石清水物語』など。江戸時代の国学者の創作物語をさすこともある。

**きこ・ゆ【聞こゆ】** 古語 ㊀(下二自他) ①(自)耳に入る。㋐聞こえる。用例 浦廻漕ぐらし楫の音―(万葉・一五・三六六四)。㋑広く知られる。用例 平家の方に―・ゆる唐皮といふよろひごさんなれ(平治)。㋒わけがわかる。用例 ―・えぬことども言ひつつよろめきたる(徒然・一七五)。②(他)㋐「言う」の謙譲語。申し上げる。用例 御答へもえ―・え給はず(源氏・桐壺)。㋑「やる・おくる」の尊敬語。さしあげる。用例 院みづから御銚子取りて―・えたまふに(増鏡・草枕)。㋒(その方の名を)…と申し上げる。用例 良覚僧正と―・えしは(徒然・四五)。㊁(補動 下二)《動詞の連用形に付いて》謙譲の意を表す。…申しあげる。…申したてまつる。用例 世にもてかしづき―・ゆれど(源氏・桐壺)。

**き-こり【▼樵・▼樵▽夫】** 山林の木を切る職業・人。lumberjack米; woodcutter英

**き-こん【気根】** 植物体の地上の茎、および地中の根から出ている空気中の根。植物体の支持、養分・水分の吸収の機能をもつ。aerial root ↓写

● 気根　タコノキ

**き-こん【既婚】** 結婚していること。be married 対義 未婚。

**き-こん【既墾】** 開墾して農耕に使っていること。be cultivated 対義 未墾。用例 ―地。

**き-こん【気根・機根】** ①《仏教語》仏の教化によって働き出す、人々の心の中にある能力。②困難などにたえる精神力。気力。根気。patience

**きさ【▽吉▽舎】**〈町〉 広島県北東部、三次市南東隣の町。旧城下町。山林が多く、林業・製材がさかん。人口六〇六二(一九八八)。

**き-ざ【起座・起▼坐】**(名・サ変自) 起き上がって座ること。

**き-ざ【▼跪座・▼跪▼坐】**(名・サ変自) ひざまずいてすわること。

**き-ざ【気▽障】**(形動)《「気ざわり」の略》服装や言動が気取っていて、嫌味が感じられるさま。affected

**き-さい【奇才】** 世にまれな才能。また、それを持つ人。genius

**き-さい【奇祭】** 風変わりな行事の行われる祭り。unique festival

**き-さい【既済】** すでにすませたこと。対義 未済。have already settled

**き-さい【記載】**(名・サ変他) 文書・書類などに書き記すこと。description 用例 願書―の事項。

**き-さい【起債】**(名・サ変自他) ①借金すること。debt ②国・地方公共団体・会社などが一般から資金を募集するため、それぞれ国債・地方債・社債などの債券を発行すること。floatation of a loan

**き-さい【鬼才】** 人間ばなれのした、とびぬけてすぐれた才能。また、それを持つ人。genius

**き-さい【機才】** ひらめくように鋭い才気の働き。shrewd

**きさい【騎西】**〈町〉 埼玉県北東部、加須市西隣の町。旧城下町。野菜・果樹栽培、畜産などがさかん。人口一万七九七〇(一九八八)。

**き-ざい【器材】** ①器具の材料。equipment ②器具と材料。equipment and material

**き-ざい【器財】** 道具。

**き-ざい【機材】** ①機械の材料。materials for machinery ②機械類とそれに付属する材料。machinery and accessories

**きさい-しじょう【起債市場】** 国債・事業債・金融債などの債券の発行市場。株式市場のように取引場所があるわけではなく、債券の発行会社・募集受託会社・引受会社などで構成される取引の仕組みをいう。issue market

**きさ-がい【▼蚶貝】** アカガイの古名。

**きさかた【▽象潟】** 秋田県南西部、日本海岸にある地名。かつては潟湖で、松島と並ぶ景勝地であり、芭蕉の『奥の細道』にも記されたが、文化元年(一八〇四)の大地震で地盤が

き

隆起し消滅した。きさがた。

**きさかた【▽象潟】**〈町〉秋田県南西端、鳥海山北西麓の町。酪農がさかん。人口一万四三九六(一九八八)。

**きさき【▽后・▽妃】**①天皇の妻。皇后。Empress ②国王・王族・皇族の妻。

**き-さき【気先】**気勢の進む所・勢い。

**きざき-こ【木崎湖】**長野県北西部、大町市の北部にある湖。面積一・四km²。最深二九m。断層湖。仁科三湖の一つ。

**ぎざ-ぎざ**(名・形動)のこぎりの歯のような刻み目の並ぶこと・さま。その刻み目。notched 用例硬貨のへりの―。

**き-さく【奇策】**奇抜な計略。奇計。ingenious scheme

**き-さく【気さく】**(形動)気持ちがさっぱりしていて、物事にこだわらないさま。気取りがなく、親しみやすいさま。気軽。frank

**ぎ-さく【偽作】**(名・サ変他)①似せてつくること。その作品。原作でないのに原作を呼称する作品。贋作。にせもの。forgery ②著作権法に違反して、著作権者の許可なく複製・発行された著作物。piracy

**ぎ-さく【戯作】**↓げさく(戯作)

**き-ざけ【生酒】**まざりもののない純粋の酒。きいっぽん。

**きさご【▽細▼螺・▼扁▼螺・喜佐古】**浅海の砂底に群棲するニシキウズガイ科の巻き貝。そろばん玉のような形で、殻高約一cm、殻径約一・五cm。青黒色と黄色の絣模様。貝細工用。北海道南部以南・台湾に分布。キシャゴ。シタダミ。ゼゼガイ。イシャラガイ。

**きざ-こきゅう【起座呼吸】**心臓性喘息などの患者が、就寝中に呼吸困難で起き上がり座ってする呼吸。orthopnea

**き-ささげ【木▼豇▽豆】**ノウゼンカズラ科の落葉高木。高さ約一〇m。葉は広卵形。夏、淡黄色の花が咲き、秋に豆果が熟す。果実は利尿薬。庭に植栽。中国原産。↓写

●キササゲ

**きざし【兆し・▼萌し】**兆すこと。物事の起ころうとする気配。兆候。signs 用例春の―が感じられる。

**きざ・す【兆す・▼萌す】**(五自)①芽ばえる。sprout ②物事が起ころうとする。もよおす。be sign of

**き-さつ【貴札】**相手の手紙を言う敬語。

**きざっ-ぽ・い【気▽障っぽい】**(形)いかにもきざな感じがする。affected

**きざ-はし【▽階】**①階段。はしご段。②能の舞台の正面中央にある階段。↓能楽図

**き-さま【貴様】**(代)《もと、目上に対する敬語》①男性が相手をののしって言う語。②ごく親しい男性どうしで、相手をさす語。

**きざみ【刻み】**①刻むこと。carving ②刻み目。nick ③階級・等級。class ④「刻みタバコ」の略。shredded tabacco ⑤《接尾的》くぎりごとに、の意。用例五分―に合図する。

**きざみ-あし【刻み足】**小またに急いで歩くこと。

**きざみ-タバコ【刻みタバコ】**葉を細かく刻み、きせるですうタバコ。きざみ。shredded tabacco 対義巻きタバコ。

**きざみ-つ・ける【刻み付ける】**(下一他)①刻んで彫りつける。engrave ②深く心にとどめる。impress 用例胸に―。

**きざみ-め【刻み目】**刻んだ跡。また、その跡の残る箇所。nick; notch

**きざ・む【刻む】**(五他)①細かに切る。切り刻む。cut 用例大根を―。②刻み目をつける。notch 用例目盛りを―。③時が刻々と過ぎていく。tick 用例時を―。④彫りつける。彫刻する。carve 用例石に文字を―。⑤しっかりと印象づける。impress 用例心に―。

**き-さめ【▽樹雨】**濃霧のとき、霧が樹木の枝や葉に付着して大粒の水滴となり、雨のように落下する現象。fog precipitation

**き-ざら【木皿】**木製の皿。wooden plate

**きさらぎ【▽如▽月・▽衣更着】**陰暦二月の異称。

**きさらぎ-な【▽如▽月菜】**アブラナ科の二年生野菜。葉は濃緑色で肉厚、葉縁は内側に曲がり、縮みがある。昭和九年(一九三四)に導入、群馬県下で栽培。耐寒性が強く、二月に収穫。中国原産。

**きさらづ【木更津】**〈市〉千葉県西部、東京湾に臨む市。江戸時代、江戸への渡船場。かつては海軍、現在は自衛隊の基地がある。工業・商業がさかん。人口一二万一〇二〇(一九八八)。

**きさらづ-じんく【木更津甚句】**千葉県の民謡。船頭衆の心意気をうたい、囃子詞はにぎやか。

**きさわ【木沢】**〈村〉徳島県南部、那賀川上流の村。杉の美林で有名。ユズ・スダチなどの果樹も栽培。人口一二六四(一九八八)。

**き-ざわし【木▼醂】**枝になったまま甘くなった柿の実。あまがき。

**き-ざわり【気障り】**(名・形動)気に障ること・さま。いやな感じを受けること・さま。きざ。disagreeableness 比較目障り。

**き-さん【帰山】**(名・サ変自)僧が自分の住んでいる寺に帰ること。対義出山。

**き-さん【帰参】**(名・サ変自)①帰って来ること。return ②暇をとった、あるいは暇を出された家来が、再び元の主君に仕えること。用例―がかなう。③勘当された子が、許されて親の家へ帰ること。

**き-さん【起算】**(名・サ変自)数え始めること。counting from 用例着工日から―する。

**き-ざん【▼箕山】**中国河南省登封県の南東にある山。また、河北省行唐県の北西にある山。ともに、許由が堯の譲位の申し出を断り、隠れ住んだと伝えられる。

**箕山の志**(きざんのこころざし)《堯が天下を譲ろうとするのを聞いて、許由は、それを避けるため箕山にかくれ住んだといわれる故事から》高潔な隠遁の気持ちを言う。

**箕山の節**(きざんのせつ)《許由が箕山にかくれ、堯の願いをことわって野に居つづけて、隠者としての節操を守ったといわれる故事から》自らの信念に忠実であることのたとえ。

**ぎ-さん【▼蟻蚕】**《黒くて毛があり、蟻のように見えるので》卵からかえったばかりの蚕。けご。走りご。

**ぎ-さん【▼蟻酸】**化学式HCOOH　アカアリ・ハチの体内にある刺激臭がある無色の液体。皮膚に触れると水疱ができる。有機合成原料・溶剤・染色助剤として利用。formic acid

**キサンガニ[Kisangani]** アフリカ中央部、ザイール共和国、上ザイール州の州都。木材・コーヒーの集散地。人口二九・八万(一九七八)。旧称スタンリービル。

**き-さんじ【気散じ】**㊀(名)気ばらし。㊁(形動)きらくなさま。のんき

**キサントソーマ[Xanthosoma ラテン]** サトイモ科キサントソーマ属の総称。熱帯アメリカ原産で昭和初期に渡来。観葉植物。葉は鮮緑色で、葉脈が白く浮き出す。リンデニー・ビオラセウムなど。

**キサントフィル[xanthophyll]** カロチノイドのうち、構造に水酸基を含む黄色色素類の総称。花弁・果実・卵黄などのほか、葉緑体にも含まれ、光合成の補助色素としてはたらく。

**キサントプロテイン-はんのう【キサントプロテイン反応】**アミノ酸やたんぱく質の存在を調べる反応の一つ。たんぱく質を含む物質に濃硝酸を加え加熱すると黄色になる。尿検査に応用する。xanthoprotein reaction

**きし【岸】**①陸地が川・湖・海などに接する所。水ぎわ。bank; shore 対義沖。用例―を洗う波。向こう―。②がけ。絶壁。cliff 用例切り―。

**き-し【起死】**死にそうな病人を生かすこと。

**き-し【棋士】**碁・将棋を職業とする人。

**き-し【棋史】**碁・将棋の歴史。

**き-し【貴紙】**相手の手紙や、相手のつくる新聞をいう敬語。

**き-し【貴誌】**相手の編集する雑誌をいう敬語。

**き-し【▼愧死】**(名・サ変自)①死ぬほど恥ずかしく思うこと。②深く恥じて死ぬこと。

**き-し【旗▼幟】**①はたじるし。flag ②主義。主張。立場。attitude

**旗幟を鮮明にする**(きしをせんめいにする)主張・態度などを明らかにする。make one's attitude clear

**き-し【騎士】**中世ヨーロッパの騎兵戦士。一一世紀ごろまでに聖職者・農民と区別されて下級貴族として成立。ナイト。knight

**きじ【▼雉・▼雉子】**キジ科の鳥。日本の国鳥。翼長二〇cm内外。雄は濃緑色を基調にして美しく、目の周囲は裸出して赤い。雌は全体に黄褐色で地味。草原や疎林に、繁殖期以外は単独で生息。警戒心が強い。狩猟鳥。本州以南に分布。pheasant ↓写

●キジ　雄。

**雉の隠れ**(きじのかくれ)《キジが草の中にかくれるとき、首だけかくして尾を出していることから》一部だけかくし、他の部分が現れているのを知らずにいること。雉の草隠れ。雉の浅知恵。類似頭隠して尻隠さず。

**雉も鳴かずば撃たれまい**(きじもなかずばうたれまい)余計なことを言ったりしたりしたために、災難を招くたとえ。There is safety in silence.

**き-じ【木地】**①塗らない、白木のままの木。plain wood ②木目。grain of wood ③《「木地塗り」の略》薄く漆を塗って木目をきれいに出したもの。

**き-じ【生地・▽素地】**①持って生まれたままの性質。素質。one's true nature ②織物の地質。布地。cloth; material ③釉をかけない陶磁器。biscuit

**き-じ【記事】**事実を書きしるした文章。article 用例新聞―。

**きじ【▼亀▼兹】**中国、新疆ウイグル自治区クチャの漢代から宋代にかけての呼称。

**ぎ-し【技師】**①工業・土木などの高級な技術を持つ専門家。engineer ②技術専門の官吏。今、技官。technical official

**ぎ-し【義士】**義を守り抜く武士。比較義民。

**ぎ-し【義子】**義理の子。adopted child

**ぎ-し【義姉】**《義理の姉、の意》①夫または妻の姉。兄の妻。sister-in-law ②約束を結んで、姉となった人。sworn sister

**ぎ-し【義肢】**事故などで失われた四肢の形と機能を補う用具、あるいは代用肢。義手や義足。artificial limb

**ぎ-し【義歯】**入れ歯。陶器や合成樹脂でつくった人工の歯の総称。denture

**ぎ-し【擬死】**刺激を感じた動物が、全身を硬直させて動かなくなり、いわゆる死んだふりをすること。昆虫に多い。death mimicry

**ぎ-じ【疑似・擬似】**区別がつけにくいほど、見かけがよく似ていること。suspected 用例―コレラ。

**ぎ-じ【擬▼餌】**①魚の食べる虫など(＝生き餌)に、色・形を似せたもの。②「擬餌針」の略。

**ぎ-じ【議事】**ある事柄を討議すること。また、その事柄。proceedings

**ぎじ-イベント【疑似イベント】**マスメディアによってつくりあげられた事件・出来事。意図的に演出されたり、マスコミの機構により事実がゆがめられて発生。pseudo-event

**きし-かいせい【起死回生】**①死にかかっているのを生き返らせること。resuscitation ②ほとんど望みのなくなった状態を、再び元の状態に盛り返すこと。revival

**きじ-かくし【▼雉隠】**ユリ科の多年草。山野にはえる。高さ約一m。葉は膜質。葉状枝は束生し鎌形。初夏に、淡黄緑色の小花が咲く。果実は球形。↓図

●キジカクシ

**きし-かた【来し方】**＝こしかた。対義行く末。①過ぎ去った時。過去。②通り過ぎてきた方向。

**きしがわ【貴志川】**〈町〉和歌山県北西部、貴志川に沿う町。野菜や柑橘類の栽培を主とする。人口一万六四〇九(一九八八)。

**きし-かん【既視感】**↓デジャビュ

**ぎじ-かんきょう【疑似環境】**おもにマスメディアを通じて得た情報から、人々の頭の中につくられるイメージとしての環境。pseudoenvironment

**ぎ-しき【儀式】**①式典。ceremony ②定まった作法。formality

**ぎし-ぎし【▽羊▼蹄】**タデ科の多年草。高さ六〇～一〇〇cm。道ばたや荒地に多い。葉は狭楕円形。夏に、緑白色の小花を穂状につけ、心臓形の小果実を結ぶ。根は皮膚薬。↓図

▼常用漢字表外。　▽常用漢字表の音訓外。

**ぎし-ぎし**(副) ①かたいものがこすれ合う音。きしるさま。creak 用例 大波で船が―音を立てる。②無理に詰め込むさま。ぎゅうぎゅう。用例 ―押し込む。squeeze; cram

●ギシギシ

**きし-きねんたいいくかいかん**【岸記念体育会館】東京都渋谷区にある会館。日本体育協会のほか三十余種のスポーツ団体の事務所を収容。昭和一六年(一九四一)IOC委員岸清一の寄付を基に造られた。

**ぎしき-ば・る**【儀式張る】(五自) わざとらしく形式を整える。be formal

**ぎしき-りょうり**【儀式料理】古くは宮中や武家社会の儀式に用いる祝い膳。のちに民間の招宴や、一般の慶弔儀礼に伴う料理。

**きしく**【岐宿】〈町〉長崎県五島列島、福江島北部の町。農業とブリ定置網、ハマチ・タイ養殖などを行う。人口五一〇四(一九八八)。

**き-じく**【基軸】物事の中心となるもの。criterion 用例 ―通貨。

**き-じく**【機軸】①車輪や機関などの中心の軸。shaft; axle ②地球の回転の軸。地軸。axis ③活動の中心。center ④くふう。やりかた。device 用例 新―を出す。

**きじく-つうか**【基軸通貨】国際間の取り引きの決済手段として使用される特定国の通貨。かつての米ドル・英ポンドなど。現在では英ポンドがその地位を失い、米ドルとならんで円・西独マルクなどが使われる。キーカレンシー。key currency

**ぎじ-こうかい**【議事公開】代議制議会の原則の一つ。議会における議事の内容をひろく一般国民に公開し見聞させる制度。

**きしざわ-しきさ**【岸沢式佐】常磐津節三味線方の芸名。現在一一世まで。初世(一七三〇〜八三)は初世常磐津文字太夫と協演。五世(一八〇六〜六六)は現存常磐津節の名曲の大半を作曲。

**きじ-し**【木地師】↓きじや(木地屋)

**きし-しゅうどうかい**【騎士修道会】十字軍の時代、修道会として教皇の認可を受けた騎士団。聖地防衛・巡礼者保護のために設立され、教皇以外のすべての権力から独立し、十字軍の主戦力を形成。テンプル騎士団・ヨハネ騎士団・ドイツ騎士団が有名。

**ぎじ-しょう**【疑似症】ほんものの伝染病に似た症状の病気。対義 真性・真症。

**きした-あげは**【黄下揚羽▼蝶】大形のアゲハチョウ。開張一〇〜一二・五㎝。幼虫の食草はウマノスズクサ。台湾・中国・インド・マレー半島に分布。↓写

**きしだ-ぎんこう**【岸田吟香】(一八三三〜一九〇五) 新聞記者・事業家。岡山県生まれ。本名は銀次。ヘボンの『和英語林集成』の編集に協力。のち、『東京日日新聞』主筆。また医薬・大陸貿易などの先駆的事業家としても活躍。

●キシタアゲハ

**きしだ-くにお**【岸田国▽士】(一八九〇〜一九五四) 劇作家・小説家。東京生まれ。陸士卒。新劇界の指導者。ことばを重視した演劇を主張。文学座を結成。戯曲『紙風船』『牛山ホテル』、小説『暖流』など。

**き-したば**【黄下▼翅▼蛾】ヤガ科の中形のガ。開張約七㎝。後翅は黄色く黒いしまがある。幼虫の食草はフジの葉。日本全土・中国などに分布。

**きしだ-りゅうせい**【岸田▼劉生】(一八九一〜一九二九) 洋画家。岸田吟香の子。東京生まれ。フューザン会や草土社を設立。深い内省力と緻密な描写力で東洋的な美を油彩画に生かした。作品『切通しの写生』『麗子像』、著書『劉生画集及芸術観』など。↓写

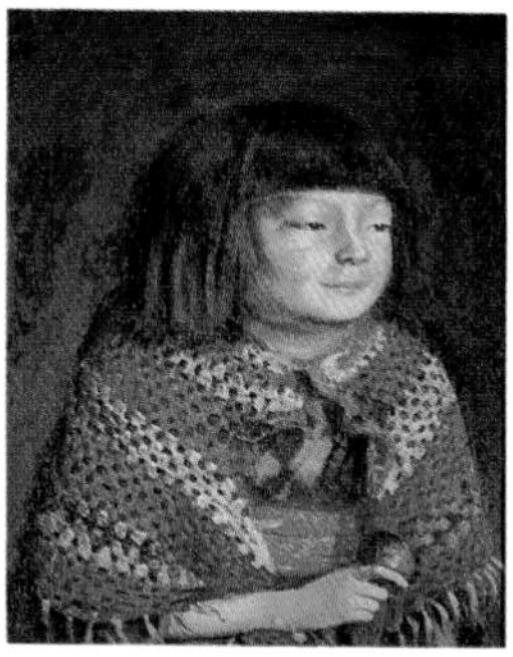
●岸田劉生『麗子像』。大正一〇年(一九二一)、東京国立博物館。

**きし-ちょうせん**【▼箕氏朝鮮・▼箕子朝鮮】古代朝鮮の王朝。伝説上の国で、戦国時代に箕氏の子孫と自称する漢族が朝鮮半島の北西部に建国、王険城(現在の平壌)を都としたという。紀元前一九五年ごろ燕人の衛満に国を奪われた。

**き-しつ**【気室】①圧縮機の、圧縮空気を入れる室。②往復ポンプの噴出管とポンプのあいだに設けられた円筒形の室。

**き-しつ**【気質】①人がその身に備え、それが行動を規定する基本的な性質。気だて。disposition ②心理学で、個人の性格の基礎をなし、遺伝・体質と関係があると考えられる感情面の特徴。temperament

**き-しつ**【基質】①酵素などの作用で化学変化を起こす物質。substrate ②動物の組織において、細胞の間をみたす物質。③呼吸や発酵の出発物質。

**き-しつ**【器質】医学で、生体の器官を形づくっている組織の本質のこと。器官の機能的性質に対する語。organic mechanism

**き-じつ**【忌日】↓きにち(忌日)

**き-じつ**【▼枳実】生薬の一つ。ミカン・ナツミカンなどの未熟果実。味は苦く、特異なにおいがある。リモネンなどを含み芳香性健胃薬に使われる。

**き-じつ**【期日】①前もって決めた日。fixed date ②期限の日。deadline

**きしつ-か**【器質化】外からの異物、また生体組織内に生じた血栓や壊死組織などの異物が、周囲の組織に融解・吸収されること。be absorbed into the organ

**きじつしてい-ていきよきん**【期日指定定期預金】三か月から二年の間の任意の日を満期日に指定できる定期預金。

**きし-づたい**【岸伝い】岸に沿って行くこと。along the shore

**きし-つつじ**【岸▼躑▼躅】渓谷の川岸にはえるツツジ科の常緑低木。若い枝は毛が多くねばる。葉は披針形。花は径五〜六㎝で淡紫紅色。中国・四国地方、大分県に分布。

**きしつ-てき**【気質的】(形動) 気質として決まっているさま。

**ぎし-でん**【義士伝】講談・浪花節の『忠臣蔵』に関する出し物のうち、赤穂義士の事跡を伝えたもの。義士銘々伝。

**きし-どう**【騎士道】中世ヨーロッパの騎士社会に育成された特有の風習と倫理。ゲルマン的慣習とキリスト教の影響を受け、忠誠と武勇、神への奉仕、謙譲、弱者の保護、貴婦人に対する献身などが徳目とされた。chivalry

**ぎじ-どう**【議事堂】①議員の会議場。assembly hall ②「国会議事堂」の略。

**きしどう-ものがたり**【騎士道物語】西欧の騎士道を中心とした物語文学の総称。一二世紀の「アーサー王伝説」など。romance

**き-しな**【来しな】《「しな」は接尾語》来がけ。来る途中。on the way here 対義 行きしな。

**キシニョフ**【Kishinev】ソ連南西部、モルダビア共和国の首都。ドニエストル川支流ブイク川沿岸の商工業都市。人口六四・三万(一九八六)。

**きじのお-しだ**【▼雉尾▼羊▼歯】キジノオシダ科の常緑のシダ。暖地にはえる。地下の根茎より葉を叢生。葉は鎌形。別に胞子葉を出す。葉は一回羽状に分裂。小葉は鎌形。キジノオ。

**きし-のぶすけ**【岸▽信▽介】(一八九六〜一九八七) 政治家。山口県生まれ。東大卒。東条内閣の商工相などをつとめ、戦犯容疑で入獄。昭和二八年(一九五三)日本民主党幹事長として保守合同を促進し、同三二年(一九五七)自民党総裁・首相。同三五年(一九六〇)安保改定にともない内閣総辞職。

**きじ-はた**【▼雉羽太】紫褐色の地に橙色の小斑点が散在するスズキ科の海水魚。ハタの一種。全長約二五㎝。沿岸の岩礁地帯にすむ。美味。本州中部以南に分布。

**きじ-ばと**【▼雉▼鳩】日本産の野生バト。灰褐色の地味な羽色で、翼長約二〇㎝。植物質を食べる。狩猟鳥。ユーラシア東部の温帯に広く分布し、日本全土に留鳥として生息。ヤマバト。eastern turtle-dove ↓図

●キジバト

**ぎじ-ばり**【擬▼餌針・擬▼餌▼鉤】人工的なえさと釣り針を一体にした漁具。蚊針・皮針・角針・トンボ針など。対象魚はアユ・カツオ・イカ・ブリなど。擬餌。artificial bait; lure

**きじ-ぶん**【記事文】散文の一種。事実のありのままを伝えようとする文章。descriptive composition

**きし-べ**【岸辺】川や池などの水に沿った所。岸のあたり。shore

**ぎじ-ぼうがい**【議事妨害】議会政治で反対党の合法的な権利として認められる対抗手段の一つ。長時間の演説、修正案または先決動議の提出による議事引き延ばしなど。日本では投票での牛歩戦術などを多用。filibuster

**きしぼ-じん**【鬼子母神】↓きしもじん(鬼子母神)

**きじほんまつ-たい**【紀事本末体】中国の歴史記述の一形式。紀伝体と編年体を折衷し、事件ごとにまとめて記述。

**きじま-こうげん**【▽城島高原】大分県中部、鶴見岳南麓の高原。九州横断道路に沿う、眺望のよい高原で観光化が進む。

**きじまだいら**【木島平】〈村〉長野県北東部、飯山市南東隣の村。良質米を産し、キノコ類の栽培がさかん。人口六一二〇(一九八八)。

**きし・む**【▼軋む】(五自) ①こすれあう。grate ②こすれあって音を出す。きしる。きしめく。creak

**きじ-むしろ**【▼雉▼筵】バラ科の多年草。山野や道ばたにはえる。地面をはって広がる根出の複葉がある。小葉は卵形。春に、径約一・五㎝の黄花を開く。↓図

●キジムシロ

**きじむなあ** 沖縄諸島で、古木に住むとされている妖怪。小人で、魚を好み、松明を持って海辺などを歩く、などの伝承があり、親しくなると漁に恵まれるとされる。

**きしめ・く**【▼軋めく】(五自) きしんで音がする。

**き-しめじ**【黄占地】担子菌類キシメジ科のキノコ。かさは径五〜一〇㎝で、黄色。ひだは鮮黄色。食用。松林・雑木林の地上に発生。

**きし-めん**【▼棊子▼麵・▽碁子▼麵】《「棊子」は碁石のこと》①小麦粉を水でこね、碁石の形に切ってゆで、きな粉をかけた食べ物。②平たいひも状のうどん。名古屋地方の名産。ひもかわ。ひもかわうどん。

**きしも-じん**【鬼子▽母神】《Hārītī梵の訳。訶梨帝と音写》仏教の神。もとは人食いの夜叉。仏の方便で、安産や幼児保護の神となった。かりていも。きしぼじん。↓写

●鬼子母神『鬼子母神像』。東大寺(奈良県)。

**きしもと**【岸本】〈町〉鳥取県西部、大山西麓の町。稲作、野菜・果樹栽培、酪農などがさかん。人口六七六四(一九八八)。

**きしもと-ゆずる**【岸本由豆流】(一七八九〜一八四六) 江戸後期の国学者。本姓朝田氏。伊勢の人。村田春海の門人。古典の考証的研究に努力。著書『万葉集攷証』など。

**き-しゃ**【汽車】蒸気機関車などが牽引する客車や貨車で編成された列車。train

**汽車の後押し**(きしゃのあとおし) 無駄なほねおりをすること。類似 汽車の先引き。

**き-しゃ**【記者】①書きしるす人。reporter; writer ②新聞や雑誌などの記事を取材・執筆・編集する人。journalist

**き-しゃ**【帰社】(名・サ変自) 出先から会社へ戻ること。

**き-しゃ**【喜捨】(名・サ変他) ①よろこんで寺に金品を寄付すること。offering ②貧しい人に施すこと。give alms

**き-しゃ**【貴社】相手の神社・会社を言う敬語。

**き-しゃ**【騎射】(名・サ変自) 馬に乗って弓をいること。やぶさめ・かさがけの類。shooting on horseback



↓ 行き先項目、図版・写真参照印。 JIS 日本工業規格情報交換用漢字符号コード(区点コード)。

**きじ-や【木地屋】** 木材を荒挽きし、轆轤など を使って盆・椀・杓子など木地そのままの器類を作る職人。木地師。↓図

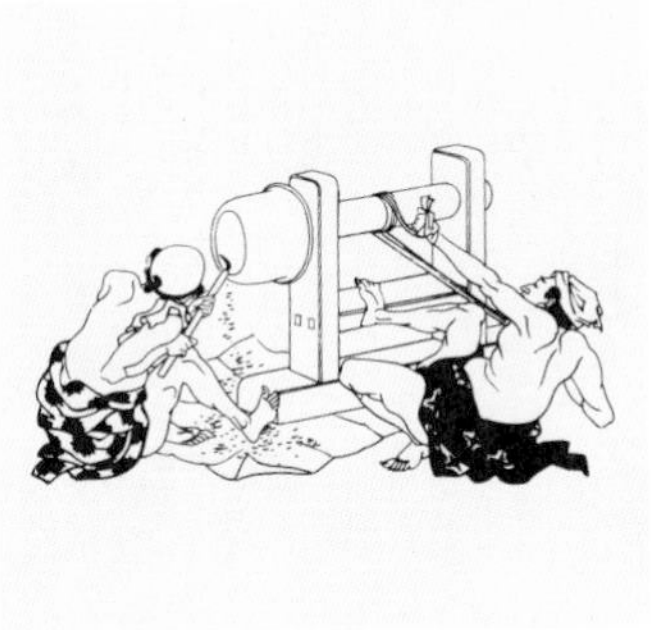

● 木地屋 三谷一馬『江戸商売図絵』より。

**きしゃ-かいけん【記者会見】** 政治家などが、記者と会って説明し、質問に答えること。press conference

**き-しゃく【希釈・▼稀釈】**(名・サ変他) 溶液に溶媒を加えてうすめること。dilution

**き-じゃく【着尺】** ①おとなの着物一枚を作るのに必要な反物の長さと幅。日本工業規格では幅三六cm、丈一一m。②着尺の反物。着尺地。 対義 羽尺。

**き-じゃくし【木▼杓子】** 木製の玉じゃくし。ご飯をすくうへら。しゃもじ。

**きじゃく-じ【着尺地】** ↓きじゃく(着尺)

**きしゃく-ねつ【希釈熱】** 溶液に溶媒を加えてうすめるときに発生または吸収する熱量。強電解質の濃厚溶液に多量の水を加えた場合以外は小さい。heat of dilution

**きしゃ-クラブ【記者クラブ】** 公共機関などに設けられる、各報道機関の記者の組織。取材の便宜をはかり、互いに親睦を深める。また、その部屋。press club

**きしゃご【▽細・▼螺・▼扁▼螺・喜▽佐古】** キサゴの別名。

**きじや-しゅうらく【木地屋集落】** 木地屋たちが、原材料に恵まれた山村などに定着してつくった集落。古くは全国各地に分布した。

**き-しゅ【奇手】** 定石をはずれた意外な手段。相手の意表をつく変わったやり方。surprise move

**き-しゅ【鬼手】** 囲碁・将棋で、人の思いつかない奇抜な手。その一手で大きく形勢が変わったときなどにいわれる。おにて。「し。

**き-しゅ【寄主】** 寄生される側の生物。やどぬし。

**き-しゅ【期首】** ある期間の始め。対義 期末。

**き-しゅ【貴種】** 貴人の血筋。noble birth

**き-しゅ【旗手】** ①はたを持つ役の人。standard-bearer 用例 連隊—。②新しい芸術運動・社会運動などの先頭に立つ人。vanguard

**き-しゅ【機首】** 飛行機の前部。nose of an airplane 対義 機尾。

**き-しゅ【機種】** 飛行機・機械の種類。types of machines

**き-しゅ【騎手】** 馬に乗る人。馬の乗り手。ジョッキー。jockey

**き-じゅ【喜寿】**《「喜」という字の草書体「㐂」が七十七と読めることから》数え年七七歳のこと。また、その長寿の祝い。喜の字の祝い。喜の祝い。喜の字。参照 賀の祝い。

**ぎ-しゅ【技手】**《「ぎし(技師)」と紛れやすいので、「ぎて」ともいう》技師の下で、技術を担当する人。assistant engineer

**ぎ-しゅ【義手】** 事故などで失われた腕や手の形と機能を補う用具。外観の形に重点をおく装飾用と、機能性に重点をおく能動・作業用に分類される。artificial arm

**き-しゅう【奇習】** 風変わりなならわし。strange custom

**き-しゅう【奇襲】**(名・サ変他) 不意に攻めること。不意打ち。sudden attack 用例 —攻撃。

**き-しゅう【季秋】** ①秋の末。晩秋。late fall米; late autumn英 ②陰暦九月の異称。

**き-しゅう【既習】**(名・サ変他) すでに学習してあること。learned already 対義 未習。

**き-しゅう【貴酬】** 手紙のわき付けの一つ。返事の謙譲語。御返事。

**きしゅう【紀州】** 紀伊国。きのくに。

**きしゅう【貴州】**〈省〉中国南部の省。省都は貴陽。雲貴高原の東部にあり、農・林・牧畜業が中心。人口二九〇一万(一九八四)。黔。コイチョウ。【ウ。

**ぎ-しゅう【▼蟻集】**(名・サ変自) アリのように群がり、集まること。密集。

**き-じゅう【機銃】**「機関銃」の略。

**きじゅう-き【起重機】** ↓クレーン

**きしゅう-け【紀州家】** 水戸家・尾張家とともに、徳川御三家の一つ。和歌山藩。紀伊家。

**きしゅう-けん【紀州犬】** 日本犬の一品種。肩高五〇cm内外。イノシシ狩りに使われた勇猛な中形犬。天然記念物。和歌山・三重両県原産。↓イヌ 写

**きしゅうぼうし-えいせい【奇襲防止衛星】** 敵の長距離ミサイルの攻撃を早期に発見して警報を発する人工衛星。early-warning satellite

**きしゅう-みかん【紀州▼蜜▼柑】** ミカン科の常緑小低木。中国原産で、約七〇〇年前に渡来。熊本地方で栽培されたものが、天正二年(一五七四)に紀州有田に伝えられ、これが寛文一一年(一六七一)に江戸に出荷されて名が広まった。ウンシュウミカンの前の代表的品種。↓写

**き-しゅく【寄宿】**(名・サ変自) ①人の家に身をよせていること。②「寄宿舎」の略。

**き-しゅく【▼耆宿】** 名望・経験のある老大家。

**ぎ-じゅく【義塾】** 公益のための私立の学校。

**きしゅく-しゃ【寄宿舎】** 学校・会社などが学生・従業員のために設けた単身者用の共同宿舎。寮。dormitory

**きしゅく-にち【鬼宿日】** 暦注の一つ。二十八宿を暦と対応させたときに「かに座」にあたる日。嫁取りを除けば、すべてに大吉とされる日。鬼宿。

**きしゅ-せんたく【寄主選択】** 寄生生物が特定の宿主(＝寄主)を選んで寄生すること。host selection

**きしゅ-そ【気▼腫▼疽】** 気腫疽菌の感染によるウシ・ヒツジなどの急性伝染病。高熱を発し、肩・背などの筋肉に気腫や腫脹を生じる。一～二日で死亡する。家畜法定伝染病。blackleg

**き-じゅつ【奇術】** ①ふしぎな術。conjuring tricks ②見世物の一つ。通常では考えられないことをやってみせる芸。手練、「たね」と称する仕掛け、心理的トリックの三つからなる。手品。マジック。てづま。conjuring tricks; magic

**き-じゅつ【既述】**(名・サ変自) すでに述べたこと。above-mentioned

**き-じゅつ【記述】**(名・サ変他) 文章に書きしるすこと。description 比較 叙述。

**ぎ-じゅつ【技術】** ①手先のわざ。craft 用例 —を身につける。—がいる。②理論を実際に応用し、人間生活に役立てる手段。technique 比較 技能。用例 土木—。

**ぎじゅつ-いてん【技術移転】** 技術の発展した先進国から発展途上国へ、また、国内の大企業から技術開発力の弱い中小企業へ、諸種の技術が移転されること。technology transfer

**ぎじゅつ-えんじょ【技術援助】** 先進国の政府や民間企業などがおもに発展途上国に対して行う、技術の供与による援助とそれにともなう資金の提供。technological assistance

● キシュウミカン

**ぎじゅつ-かいはつ【技術開発】** 人間生活や産業において利用される技術を得るための組織的な努力の総称。technical development

**ぎじゅつ-かくしん【技術革新】** ①技術を根本的に新しくすること。technological innovation ②第二次大戦後のオートメーションの飛躍的進歩による技術の大幅な新旧交替のこと。人類の思想・社会体制までをふくむ革新となった。innovation

**ぎじゅつ-きょうりょく【技術協力】** 技術による経済協力。おもに先進国の政府や民間企業が発展途上国に対して行う技術の提供のこと。technical cooperation

**ぎじゅつきょうりょく-センター【技術協力センター】** 発展途上国の技術者養成や技術の改良・普及のため、日本政府が相手国と共同で現地に設置する施設。昭和三三年(一九五八)発足。

**ぎじゅつ-し【技術士】** 昭和三二年(一九五七)の技術士法により公認された、科学技術の指導的業務を行う者。consulting engineer

**ぎじゅつしけん-えいせい【技術試験衛星】** ロケット打ち上げ技術や衛星技術を修得することを目的として打ち上げる衛星。ETS。engineering technology satellite

**ぎじゅつ-ていけい【技術提携】** 特定商品の製法・建設工法などの技術の特許権・ノウハウの使用許可や、技術指導・援助による企業どうしの結びつき。technical cooperation

**ぎじゅつ-てき【技術的】**(形動) ①技術に関するさま。技術上の。technical 用例 —に不可能である。②実際に運営するさま。practical 用例 —な段階に入る。

**ぎじゅつ-どうにゅう【技術導入】** 企業が外部で開発された技術を導入すること。おもに外国からの導入をいう。technology imports

**きじゅつ-ぶんぽう【記述文法】** ある言語の、ある時期・場所の文法の様相を、起源や変遷などは説明しないで記述するもの。descriptive grammar 比較 説明文法。

**きしゅ-ぶっしん【鬼手仏心】** 医者が手術をするとき、むごくみえるが心は仏のようであること。

**きしゅりゅうり-たん【貴種流離▼譚】** 説話の類型の一つ。尊貴な人が漂泊の旅に出て、辛苦するが、種々の助けなどにより試練にうちかつという主題。大国主命・日本武尊の説話など。

**き-しゅん【季春】** ①春の末。晩春。late spring ②陰暦三月の異称。

**き-じゅん【帰順】**(名・サ変自) 背くのをやめて服従すること。submission

**き-じゅん【基準】** もとになる標準。standard

**き-じゅん【規準】** 行為などのよりどころになる規則。規範。criterion

**きじゅんがい-ちんぎん【基準外賃金】** 所定の労働時間や作業条件以外の労働に対して支払われる賃金。時間外手当・休日就業手当・特殊労働手当など。extra wages 対義 基準内賃金。

**きじゅん-かわせそうば【基準為替相場】** 外国為替相場の算定にあたって常に基準となる相場。日本の場合は対米ドル相場。basic exchange rate 対義 裁定為替相場。

**きじゅん-かんご【基準看護】** 厚生省が定めた社会保険医療における入院サービス業務、とくに看護要員と看護体制に関する基準の一つ。

**きじゅん-ちか【基準地価】** 土地取引の指標となる価格。都道府県が毎年七月に調査発表する。

**きじゅんない-ちんぎん【基準内賃金】** 一定の労働給付において必ず支給される賃金部分。基本給・業績給・家族給など。fixed wages 対義 基準外賃金。

**きじゅん-めん【基準面】** ①高低を測るときの目安となる面。datum level ②水深・標高などの基準となる面。標高の基準面としては平均海面を使う。datum of chart

**き-しょ【希書・▼稀書】** 手に入れにくい本。古写本・限定版など。稀覯本。rare book

**き-しょ【奇書】** 珍しい書物。珍本。用例 中国の四大—。

**き-しょ【寄書】**(名・サ変自他) ①手紙を送ること。②原稿を送ること。

**き-しょ【貴所】** 一(名) 相手の住所を言う敬語。二(代) 手紙で、相手を言う敬語。あなた。貴君。

**き-しょ【貴書】** 相手の手紙を言う敬語。お手紙。比較 貴著。

**き-じょ【鬼女】** ①女の姿をした鬼。ogress; demoness ②鬼のようにむごい女。she-devil

**き-じょ【貴女】**(代) 相手の婦人をいう敬語。あなた。

**ぎ-しょ【偽書】** ①似せて書いた字。偽筆。forged writing ②にせの手紙・書物。forged writing

**ぎ-しょ【戯書】** ①たわむれに書いた文字。らくがき。②たわむれに書き著した書物。③戯「訓。

**ぎ-じょ【▼妓女】** 芸妓や遊女。

**き-しょう【気性】** 生まれつきの性質。気だて。資質。気象。disposition 用例 —が激しい。

**き-しょう【気象】** ①雲や風雨のように、対流圏内で起こる天気現象。また、それにともなう大気中の現象。meteorological phenomena ②自然の姿。けしき。おもむき。nature ③性質。気性。nature ④精神。意気。spirit

**き-しょう【奇勝】** 一(名) すぐれた景色。その場所。beauty spot 二(名・サ変自) ①思いがけず勝つこと。unexpected victory ②珍し

▼常用漢字表外。 ▽常用漢字表の音訓外。

い計略で勝つこと。victory by uncommon stratagem

**き-しょう【起床】**(名・サ変自) ねどこからおき出ること。get up 対義 就床。

**き-しょう【記章】** ①記念のために参加者・関係者に与えるしるし。badge; medal 用例 従軍—。②《「徽章」とも》身分・職業・資格・所属などを表す、帽子・衣服などにつけるしるし。バッジ。badge

**き-しょう【起▽請】**(名・サ変自) ①昔、主君に願い出たこと。また、その文章。petition ②神仏にちかいを立てること。また、その文章。vow

**き-しょう【▼毀傷】**(名・サ変他) 「つけること。損傷。

**き-しょう【希少・▼稀少】**(形動) いため、きずまれなさま。非常にすくないさま。

**き-じょう【机上】** つくえの上。

**机上の空論**(きじょうのくうろん) 理屈だけの、実際には役立たない案・意見。armchair theory

**き-じょう【軌条】** レール。線路。軌道。

**き-じょう【貴嬢】** 未婚の女性に対する敬称。多く書簡文中に使う。

**き-じょう【機上】** 飛行機の中。飛行機に乗っていること。in the airplane 用例 —の人となる。

**き-じょう【騎乗】**(名・サ変自) 馬に乗ること。騎馬。ride on horseback

**きじょう【木城】**〈町〉 宮崎県中部、西都市北隣の町。農林業中心。武者小路実篤が開いた「日向新しき村」がある。人口六一八四(一九八八)。

**き-じょう【気丈】**(形動) 心がしっかりしているさま。気丈夫。stouthearted

**ぎ-しょう【偽称】**(名・サ変他) にせの名。また、氏名・身分などをいつわること。false statement 比較 偽名。

**ぎ-しょう【偽証】**(名・サ変他) ①うその証明。false evidence ②裁判所や国会などで、法律に基づき証人または鑑定人として宣誓した者が故意に虚偽の陳述・鑑定をすること。

**ぎしょう【宜▼昌】** 中国、湖北省西部、揚子江中流左岸の河港・商業都市。四川盆地への交通の要地。人口三九万(一九八四)。イーチャン。

**ぎじょう【義浄】**(六三五〜七一三) 中国、唐代の僧。六七一年広州より海路でインドに渡り、六九五年四百余部の仏典をたずさえ帰国。『華厳経』などを翻訳。旅行記に『南海寄帰内法伝』『大唐西域求法高僧伝』がある。

**ぎ-じょう【議定】**(名・サ変他) ①会議で決めること。決めたこと。ぎてい。②さだめ。おきて。③明治政府の初期の官職の一つ。

**ぎ-じょう【議場】** 会議を開く場所。assembly hall

**きしょう-いがく【気象医学】** 気象の変化が人体におよぼす影響を研究する学問。気象病・季節病など。meteorotropic medicine

**きしょう-えいせい【気象衛星】** 気象観測を目的として打ち上げられた人工衛星。極軌道衛星と静止衛星がある。雲の分布、地面・海面・雲頂の温度測定、台風や前線の活動状況を観測。meteorological satellite

**きしょう-がく【気象学】** 雲や雨や風のような大気中の天気現象と、それに関係する諸現象を研究する学問。meteorology

**きしょう-かち【希少価値】** 希少であることによって生ずる価値。scarcity value

**きしょう-かんそく【気象観測】** 大気中に起こっている気象現象の特徴を、科学的な方法によって測定すること。風速・気圧・気温・雨量・雲量など多様なものが対象となる。weather observation

**きしょうかんそく-せん【気象観測船】** 海洋観測ならびに洋上での気象観測を総合的に行うための船舶。船の速度を考慮に入れた風向・風速計、振動に左右されずに水平を保つ気象レーダー、海水温自動測定装置などが設置されている。weather ship

**きしょう-きんぞく【希少金属】** ↓ききんぞく(希金属)

**きしょう-けいほう【気象警報】** いちじるしい災害の発生が予想される場合、一般の人に警告するために、各地の気象台が特別に出す予報。暴風警報・大雨警報・大雪警報など。weather warning

**ぎしょう-ざい【偽証罪】** 法律により宣誓した証人が偽りの証言をなし、適正な審判を害する罪。crime of perjury

**きしょう-さいがい【気象災害】** 気象に起因する災害。洪水・霜害・凍害・冷害・雷害・旱魃・風害など。meteorological disaster

**きしょう-じょうほう【気象情報】** ①天気予報・気象注意報や天気図など、気象についての各種情報。②気象庁や気象台が注意報や警報に先立って発表する、気象の変化についての注意をうながす情報。

**きしょうせい-の-げんり【希少性の原理】** 物やサービスの価値は、その需要に対する供給量または入手の困難度に依存するという考え方。principle of scarcity

**きしょう-だい【気象台】** 気象および気象と関係のある地球物理的観測を行い、予報などの情報を提供する気象庁の地方機関。meteorological observatory

**きしょう-だいがっこう【気象大学校】** 気象庁・気象台の技術職員の養成を行う学校。運輸省所管で、大正一一年(一九二二)設立。所在地は千葉県柏市。

**きしょう-ちゅういほう【気象注意報】** 気象が原因で被害の発生が予想されるとき、各地の気象台が特別に出す気象予報。風雨注意報・風雪注意報・大雨注意報など。weather advisory

**きしょう-ちょう【気象庁】** 気象および地震や火山などに関連した観測を行う運輸省の外局。観測資料の収集と配布、各種の予報、調査や研究などを行う。前身は中央気象台。

**きしょうちょう-ふうりょくかいきゅう【気象庁風力階級】** 目測によって風速を知るために定められた段階。広く用いられているのは、ビューフォートの風力階級で、0から一二で表示。

**きしょう-つうほう【気象通報】** 一般の人または特定の機関や団体などに、気象に関する各種の情報を知らせること。weather information

**き-しょう-てん-けつ【起承転結】** ①漢詩の句の配列。起句・承句・転句・結句。比較 転結。②文章のまとまった組み立て。用例 —が整わない。③物事の構想。

**きしょう-びょう【気象病】** 気象の変化によって発生する病気。喘息・リューマチ・神経痛など。meteorotropic disease

**き-しょうぶ【黄▼菖▼蒲】** アヤメ科の多年草。葉は剣状で長さ約六〇㎝。五月ごろ、数個の大きな黄花をつける。観賞用に水辺に栽培され、ときに野生化。ヨーロッパ原産。↓写

●キショウブ

**き-じょうぶ【気丈夫】**(形動) ①心配がないさま。心強いさま。feel reassured ②心がしっかりしているさま。気丈。stouthearted

**ぎじょう-へい【儀▼仗兵】** 儀式・警護のために皇族・大臣・国賓などにつけられる兵隊。guard of honor

**きしょう-むせん【気象無線】** 気象の情報を各測候所から地方気象台や気象庁に送ったり、気象庁から官庁や会社に予報を送るための無線通信。meteorological radio

**きしょう-もん【起▽請文】** 平安末期以後、自分の行為・言説に偽りのないことを神仏にかけて誓約するさいに作成した文書。誓書。誓詞。誓紙。

**き-じょうゆ【生▼醤油】** ①他の調味料を加えたり水で薄めたりしないしょうゆ。②加熱しないで使うしょうゆ。

**き-しょく【気色】** ①気持ちの表れた顔つき・ようす。おももち。顔色。looks ②気分。feeling

**気色が悪い**(きしょくがわるい) ①おもしろくない気分だ。愉快でない。②気味が悪い。

**き-しょく【寄食】**(名・サ変自) 他家に身をよせて生活すること。いそうろうすること。

**き-しょく【喜色】** うれしそうな顔いろ。joyful look 対義 憂色。用例 —満面にあふれる。

**きじょ-らん【鬼女▼蘭】** ガガイモ科の常緑つる草。茎の下部は木化している。葉は円形で長い柄がある。夏に、淡黄色の花を開く。果実は太い。関東以西から琉球、朝鮮半島南部に分布。

**き-じらみ【木▼蝨】** 外形がややセミに似たキジラミ科の微小昆虫群。体長一〜四㎜。各種植物の茎や葉の上にすみ、よく跳躍する。植物の汁液を吸ったり、虫こぶをつくる害虫も少なくない。全世界に一〇〇〇種以上、日本に数十種を数える。jumping plant louse

**き-じりょく【起磁力】** 磁気回路で回路を磁化させる原因になる原動力。magnetomotive force

**きし・る【▼軋る・▼轢る・▼轣る】**(五自) ①こすれ合って、きしきし音がする。きしむ。grate ②にくみ合う。be at odds

**キジルクム-さばく【キジルクム砂漠】**(Peski Kyzylkum) ソ連中南部、中央アジアの砂漠。アラル海・シルダリヤ川・アムダリヤ川に囲まれる。

**き-じるし【木印】** きこりが自分の切った木に目じるしとしてつけるきざみ目。

**キシレン【xylene】** 化学式 $C_6H_4(CH_3)_2$ 芳香をもつ無色透明の燃えやすい液体。オルト・メタ・パラの三種類の異性体がある。溶剤・合成繊維の原料。

**ぎじ-ろく【議事録】** 合議制の機関で、議事の内容・経過や結果を記録したもの。minutes

**ぎし-わじんでん【▼魏志▼倭人伝】** 中国の三国志『魏志』の列伝に所収の巻三〇、東夷伝中の倭人について述べた部分の通称。卑弥呼の邪馬台国を中心とした倭国の事情が記された、日本古代史学上最古の資料。

**きしわだ【岸和田】**〈市〉 大阪府南部にある市。旧城下町。明治以降、泉州紡織工業地帯の、中心地の一つとして発展した工業都市。人口一八万六六九一(一九八八)。

**き-しん【帰心】** 帰りたい気持ち。homesick 用例 —矢のごとし。

**き-しん【寄進】**(名・サ変他) 社寺に金品を寄付すること。奉納。

**き-しん【貴紳】**《「貴顕紳士」の略》身分の高い人々。noble man

**き-じん【奇人・▼畸人】** 風変わりな人。変人。「crank

**き-じん【鬼神】** =きしん。①超人的な力をもつ霊的な存在。本来、鬼は死者の霊魂、神は天地の神霊をさす。夜叉・羅刹など。②人に害を与えるおそろしいもの。鬼。変化。

**鬼神に横道無し**(きじんにおうどうなし) 鬼神は、道にはずれたことはしない。鬼神は邪なし。

**き-じん【帰陣】**(名・サ変自) 戦場から陣屋に帰ること。

**き-じん【貴人】** 身分の高い人。noble man 数え方 一所・一方。

**き-じん【旗人】** 中国、清代の八旗の籍に属する者の称。初めは満州人のみであったが、のち蒙古人、漢人も含まれるようになった。

**ぎ-しん【義心】** 正義のために勇み立つ心。義俠心。chivalrous spirit

**ぎ-しん【義臣】** 忠義のために一身を顧みない家来。用例 —すぐつて、この城にこもり(奥の細道)。

**ぎ-しん【疑心】** うたがう気持ち。suspicion

**ぎ-じん【義人】** ①弱い人・貧しい人のためにつくす人。selfless man ②聖書で、神の意志に従って生きようとする敬虔な人。pious man

**ぎ-じん【擬人】** 人間でないものを人間に見立てること。personification 対義 擬物。

**ぎしん-あんき【疑心暗鬼】**《「疑心暗鬼を生ずる」の略》疑心があると、つまらないことまで、恐ろしく思われてくること。

**ぎじん-か【擬人化】**(名・サ変他) 人間以外のものを人間の行為のように考えること。personification

**ぎしん-きょう【▼魏▼晋鏡】** 中国で、魏晋時代に製作された金属鏡。神獣鏡・画像鏡など。

**きしん-しゃ【起震車】** 地震に似た揺れを起こす装置をもった自動車。種々の震度の人工地震を体験できる。横浜市が創始。↓写

●起震車

**ぎしんなんぼくちょう-じだい【▼魏▼晋南北朝時代】** 中国、漢の滅亡(二二〇年)から、隋の統一(五八九年)に至る三国、晋、五胡十六国、南北朝時代の約三七〇年間の総称。

**ぎじん-ほう【擬人法】** 擬人化して表現する方法。「花わらい、鳥うたう」「春は馬車に乗って」「太陽がほほえむ」「風がいかる」など。活喩。personification

**きす** 23画 **【▼鱚】** 部首[魚]うおへん 和製漢字 JIS 8269 キス科の海水魚。沿岸の砂泥底にすむ。全長約三〇cm。体は筒形で、細長い。背側は黄褐色で、腹側は、白色。北海道以南の日本各地・朝鮮半島・フィリピンなどに分布。しろぎす。↓写

●キス

**き・す【記す】**(五他)↓きする(記する)

**き・す【帰す】**(五自他)↓きする(帰する)

**き・す【期す】**(五他)↓きする(期する)

**キス【kiss】**(名・サ変自) 口づけすること。接吻。キッス。

**きず【傷・▼疵・▽創】** ①けが。外傷。injury 用例 —が痛む。②物のいたみ。損傷。flaw; bruise 用例 柱の—。③《「瑕」とも》不完全な部分。欠点。defect 用例 玉に—。④心に受けた痛手。用例 心の—をいやす。⑤《「瑕」とも》失敗。不名誉。恥。用例 履歴に—がつく。

**傷が付く**(きずがつく) ①表面に傷が残る。leave a scar ②不名誉な汚点を残す。bring disgrace upon

**疵無き玉**(きずなきたま) 完全で、欠点・欠陥のないもの。完璧なこと。また、とても大切なもの。

**疵に玉**(きずにたま) 欠点ばかりの中にも、よい点がわずかにふくまれること。比較 玉に疵。

**疵持つ足**(きずもつあし) 犯した罪のため、つねに内心が不安で、落ち着かないたとえ。疵持つ脛。疵持つ身。

**疵持つ脛**(きずもつすね) 「疵持つ足」と同意。

**傷を付ける**(きずをつける) ①切ったり、突いたりして、皮膚などをそこなう。scratch ②精神的に、打撃を与える。hurt

**傷を求む**(きずをもとむ) 無理に人の欠点や過失をさがし求める。

**臑に傷持つ**(すねにきずもつ) ↓すね(臑)

**き-ず【生酢】** 調味料・香辛料などを加えない生のままの酢。きす。

**ぎ・す【擬す】**(五他)↓ぎする(擬する)

**ぎ・す【議す】**(五他)↓ぎする(議する)

**きず-あと【傷跡・▼疵▼痕】** ①皮膚などの傷の治ったあと。scar ②被害のなごり。aftermath 用例 台風の—。

**き-すい【汽水】** 潟や河口部で、海水と淡水が混じりあっている水。brackish water

**き-すい【既遂】** ①すでになし終えたこと。②法律で、犯罪を構成する要件が整い、犯罪が完成すること。対義 未遂。

**きすい【帰▼綏】** 中国内モンゴル自治区の首都フフホトの旧称。明代に帰化城と呼ばれた旧城と、清の乾隆年間建設の綏遠と呼ばれた新城を合わせた呼称。

**き-ずい【奇▼瑞】** めでたいことの前兆。good omen

**き-ずい【気随】**(形動) 気ままなさま。わがまま。用例 —気まま。

**き-すいえんこう【輝水鉛鉱】** 硫化鉱物の一つ。モリブデンの鉱石鉱物。六方晶系。六角板状・葉状・鱗片状の結晶。鉛灰色で金属光沢をもち、層状構造のため層に平行に割れやすい。潤滑剤などに利用する。molybdenite

**きすい-ぎょ【汽水魚】** 海水と淡水が混ざる汽水域に生息する魚類。ハゼ・トビハゼなど。

**きすい-こ【汽水湖】** 海とつながっているため、海水と淡水が混ざった湖。汽水湖の下層は比重の大きい海水、上層は淡水と二層構造をなす。塩湖よりは塩分が少なく、海水魚・淡水魚がともに棲む。浜名湖・サロマ湖など。brackish water lake

**き-ずいせん【黄水仙】** ヒガンバナ科の球根草。南ヨーロッパ原産。三〜四月、黄色の六弁花を花茎に数個つける。香気がある。

**き-すう【奇数】** 二で割りきれない整数。odd number 対義 偶数。

**き-すう【帰▼趨】**(名・サ変自) 落ち着くところ。なりゆき。帰結。consequence 用例 勝敗の—はまだ分からない。

**き-すう【基数】** ①十進法で基礎として用いる一から九までの整数。cardinal number 比較 序数。②個数など、物の多い少ないを表すときの自然数。number 対義 序数。③集合で、要素の個数。

**き-すうし【基数詞】** 数量を表す数詞。対義 順序数詞。

**きすう-ほう【記数法】** 数を数字で表す方法。十進法のほか、二進法・十二進法・六十進法など。numeration system; scale of notation

**キスカ-とう【キスカ島】**(Kiska Island) 太平洋北部アリューシャン列島西部の火山島。アメリカの軍事基地がある。面積二八五km²。第二次大戦中の激戦地。

**きすき【木▽次】**〈町〉島根県東部、斐伊川中流の町。旧市場町で、出雲南部地方の商業・行政の中心地。人口一万八〇六(一九八八)。

**きずき-あ・げる【築き上げる】**(下一他) ①土・石などを積んで建築物をつくる。build up ②地位・財産を努力してつくり上げる。build up 用例 一代で—。

**ぎす-ぎす**(副・サ変自) ①やせこけて骨ばったさま。angular 用例 —した体。②堅苦しく融通のきかないさま。awkward; heartless

**き-すぐ【生▽直ぐ】**(形動) すなおで、飾りけがないさま。用例 —した世の中。

**きず・く【築く】**(五他) ①土や石をつき固めて造る。construct 用例 地盤を—。②基礎を固める。build up ③しっかりと作り上げる。確かなものにする。用例 地位を—。身代を—。④多くのものが集まってなにかを造りあげる。用例 まわりに人山を—。

**きず-ぐすり【傷薬・▼疵薬】** 傷に付ける薬。ointment

**きず-ぐち【傷口・▼疵口】** ①傷ができたところ。wound ②失敗。あやまち。wound 用例 古い—に触れる。

**傷口に塩**(きずぐちにしお) 傷口に塩を擦り込めば痛さが増すように、悪い状態の上に、さらに災難が降り懸かること。

**き-すげ【黄▼菅】** ユウスゲの別名。

**きず-つ・く【傷付く・▼疵付く】**(五自) ①けがをする。get wounded ②そこなわれる。get damaged

**きず-つ・ける【傷付ける・▼疵付ける】**(下一他) ①傷をつける。壊す。wound ②損なう。害する。hurt; disgrace 用例 他人の気持ちを—。

**きずな【▼絆・▼紲】** ①動物をつなぐつな。tether ②肉親間などの、絶ちがたいつながり。深い関係。ほだし。bonds 用例 恩愛の—。

**キスム【Kisumu】** 東アフリカ、ケニア共和国のビクトリア湖畔の都市。綿花・コーヒーなどの集散加工地。人口一五・二万(一九七九)。

**きず-もの【傷物・▼疵物】** ①傷のある品物。defective article ②処女を失った未婚の女性。deflowered woman

**キスリング【Kissling】** スイスのキスリングが考案した登山用のリュックサック。口紐のしめ方で大きさが変わるのが特徴。

**キスリング【Moïse Kisling】**(一八九一〜一九五三) フランスの画家。ポーランド生まれ。エコール-ド-パリの一人。華やかな色彩と簡潔な画面で人物像などを描く。作品『裸婦』など。↓エコール-ド-パリ 写

**き・する【記する】**(サ変他) =記す。①書き付ける。書きとめる。record ②おぼえている。記憶する。remember

**き・する【帰する】**(サ変自他) =帰す。①(自)㋐結果として…に終わる。result in 用例 水泡に—。㋑…のものになる。落ち着く。fall into 用例 勝利はかれの手に—・した。㋒帰依する。have faith ②(他)…のせいにする。かこつける。attribute 用例 失敗を人の責任に—。

**帰する所**(きするところ) つまり。結局。after all

**き・する【期する】**(サ変他) =期す。①期限を決める。fix 用例 月末を—・して発売する。②決心する。覚悟する。determine 比較 期す。用例 必勝を—。③約束する。期待する。promise 用例 再会を—。④予期する。期待する。expect 用例 生還を—。

**期する所**(きするところ) ①ことをなしとげようとする決意。用例 心中深く—がある。②あらかじめ期待している事柄。用例 君に—大である。

**ぎ・する【擬する】**(サ変他) =擬す。①まねる。似せる。imitate 用例 山水に—・した庭園。②あてがう。つきつける。point ... at 用例 銃を—。③なぞらえる。compare 用例 自分を天才に—。④あらかじめ定める。あてはめる。mention as 用例 次期会長に—・せられる。

**ぎ・する【議する】**(サ変他) 集まって意見を述べ合う。相談する。討論する。議す。confer

**きせ【▽被】** おもに和裁で、縫い目を片返しにするとき、縫い目より心もち奥で折り返す処理法のこと。縫い目がはだけたり、表から見えたりしないようにするためのもの。

**き-せい【気勢】** 元気。意気ごみ。ardor 用例 —をあげる。

**気勢が揚がる**(きせいがあがる) 意気込みが高まる。be in high spirits

**気勢を殺ぐ**(きせいをそぐ) 張り切った気持ちを、減少させる。discourage

**き-せい【希世・▼稀世】** 世にまれなこと。希代。

**き-せい【季世】** 末の世。末世。

**き-せい【寄生】**(名・サ変自) ①一般に、生物がその栄養分を他の生物の一部から取って、一緒に生活すること。寄生する側を寄生者、寄生される側を宿主(寄主)という。parasitism 用例 —虫。②《比喩的に》自分は働かずに、他人をあてにして生活すること。live idle upon others

**き-せい【奇声】** 奇妙な声。とんきょうな声。queer voice 用例 —を発する。

**き-せい【祈誓】**(名・サ変自) 神仏にちかいを立てること。比較 祈願。

**き-せい【祈請】**(名・サ変自) 神仏にいのり願うこと。祈願。

**き-せい【既成】** 事柄などがすでにできあがっていること。established 比較 既遂。対義 未成。用例 —の事実。

**き-せい【既製】** 品物などが買い主の注文によらずすでにできあがっていて、いつでも利用できる状態にあること。レディーメード。ready-made 対義 注文。用例 —品。—服。

**き-せい【帰省】**(名・サ変自) 故郷に帰って、親の安否を問うこと。go home 比較 帰郷。用例 —バス。

**き-せい【規正】**(名・サ変他) 悪いところを直しただすこと。correction

**き-せい【規制】**(名・サ変他) ①規則で制限すること。control 用例 自主—。②規則によって定めること。規定。regulation 用例 法律の—により…。

**き-せい【規整】**(名・サ変他) 規律を立ててととのえること。正しくととのえること。

**き-せい【期成】** 目的を果たすことをめざすこと。用例 —同盟。

**き-せい【棋勢】** 囲碁・将棋の勝負の形勢。

**き-せい【棋聖】** ①囲碁や将棋の、名人中の名人。②囲碁・将棋の、棋聖戦の勝者に贈られる称号。

**き-せい【機制】** しくみ。機構。

**きせい【紀勢】**〈町〉三重県南部、熊野灘に臨む町。農林業のほか漁業がさかん。人口五七二三(一九八八)。

**ぎ-せい【擬制】** ①見せかけ。look ②本質の異なるものに同じ法的効果を与えること。たとえば婚姻した未成年者を成年とみなすなど。fiction

**ぎ-せい【擬製】**(名・サ変他) ①まねて作ること。また、作ったもの。imitation ②「擬製豆腐」の略。

**ぎ-せい【擬勢・義勢】** ①見せかけの威勢。からいばり。虚勢。bluff 用例 —を示す。②動物が威嚇のために体の一部の色・模様・付属物などを変化させてとる体勢。

**ぎ-せい【犠牲】** ①神などに供物としてささげる生き物。いけにえ。animal sacrifice ②大事のために、進んで身命その他貴重なものをささげること。sacrifice 用例 仕事を—にする。③不測の災難にあって死傷すること。victim 用例 戦争の—。

**きせい-かざん【寄生火山】** 火山のふもとや斜面に新しくできた小さな火山。富士山には宝永山など六〇個ある。浅間火山の離山など。側火山。parasitic volcano ↓火山 図

**きせい-きょせい【寄生去勢】** 寄生を受けた宿主の生殖腺が退化したり、性徴が変化したりすること。parasitic castration

**ぎせい-ご【擬声語】** ↓ぎおんご(擬音語)

**きせい-こん【寄生根】** ヤドリギ・ナンバンギセルなどの根のように他の植物の組織内に寄生し栄養を得るもの。吸根。parasitic root

**きせい-じぬし【寄生地主】** 所有地を小作人に貸し出し、自らは農業経営をせず、小作料収入で生活する地主。明治維新以来、農村で支配的な地主の形態であったが、第二次大戦

後の農地改革により消滅。

**ぎせい-しほん【擬制資本】** 公・社債の利子、株式の配当、地代などを市場利子率で割る資本還元の手続きで得られた資本額。fictitious capital 対義 投下資本。

**ぎせい-しゃ【犠牲者】** ①犠牲にされた人。victim 用例 汚職隠蔽の――。②不幸な災難にあった人。victim 用例 衝突事故の――。

**きせい-しょくぶつ【気生植物】** ↓ちゃくせいしょくぶつ（着生植物）

**きせい-しょくぶつ【寄生植物】** 他の植物体に付着し、養分をとって生活する植物。葉緑素をもつヤドリギなどを半寄生、葉緑素がないナンバンギセルなどを全寄生という。parasitic plants 比較 着生植物。参照 寄生根。

**きせい-せん【棋聖戦】** 囲碁・将棋の棋聖位を決めるタイトル戦。将棋は昭和三七年（一九六二）以来産経新聞が主催、囲碁は同五一年（一九七六）から始まり読売新聞が主催。

**きせい-ちゅう【寄生虫】** 人畜に寄生し、病害を起こす生物。回虫・条虫・吸虫などの内部寄生虫、ノミ・シラミなどの外部寄生虫がある。parasite

**ぎせい-てき【犠牲的】**（形動） 進んで犠牲となるさま。self-sacrificing

**ぎせい-てき-おやこかんけい【擬制的親子関係】** 文化人類学の概念で、血縁的には親子の間柄にない人々の間に設定された、親子と類似の社会的関係（養子縁組は除く）をいう。カトリック社会のゴッドファーザー（代父）など。fictive kinship

**ぎせい-どうふ【擬製豆腐】** 精進料理の一つ。水気を切ってほぐした豆腐に卵を加えて味をつけ、ニンジン・シイタケなどの野菜を加えて焼く。ぎせどうふ。ぎせい。

**きせい-ばち【寄生蜂】** 幼虫が他の昆虫やクモなどの体内に寄生するハチの総称。親バチは他の昆虫に卵を産みつけ、孵化した幼虫は宿主から栄養分を得て成長する。ヒメバチ・コマユバチ・コバチ・セイボウなどの類。ヤドリバチ。

**ぎせい-バント【犠牲バント】** 野球で、無死または一死で、走者の進塁を助ける目的で行うバント。打者はアウトとなり走者の全員が進塁したときに記録される。送りバント。サクリファイスバント。sacrifice hit

**きせい-ふく【既製服】** すぐ着用できるよう各サイズ別に仕立てて、市販されている衣服。量産できるので値段が安く、デザイン・サイズも豊富。レディーメード。ready-made clothing 対義 注文服。

**ぎせい-フライ【犠牲フライ】** 野球で、無死または一死で、打者はアウトとなったが、その打球のため走者が得点したフライ。犠飛。sacrifice fly

**きせい-ほんせん【紀勢本線】** ＪＲ東海とＪＲ西日本の鉄道幹線の一つ。関西本線亀山と和歌山を結び紀伊半島沿岸を半周。長さ三八四・二㎞。昭和三四年（一九五九）開通。

**ギゼー【Gizeh】** ↓ギーザ

**きせかえ-にんぎょう【着せ替え人形】** 玩具の一種。着物の着せ替えをして遊べる人形。dress-up doll

**きせ-がわ【黄瀬川】** 静岡県東部の川。長さ三二㎞。狩野川の支流で、御殿場市に発し、箱根用水を合わせ、沼津市で本流に入る。

**き-せき【奇跡・奇蹟】** 一 ①常識ではありそうもないと思われるふしぎなできごと。miracle ②神的な力のはたらきが認められる超自然的な現象。イエスの復活など、多くの宗教信仰にみられる。mighty works 二《奇蹟》文芸同人誌。大正元年（一九一二）九月創刊、翌年五月終刊。広津和郎・葛西善蔵らと美術家が同人。早稲田系の自然主義の雑誌。

**き-せき【軌跡】** ①車の輪のあと。track; rut ②先人の良い行いのあと。good behavior ③点が、ある条件をみたしながら動くときに描く図形。たとえば、平面上で一定点から等距離にある点の軌跡は円。locus ④ある人がこれまでにしてきたこと。物事のうつり変わってきたあと。track

**き-せき【鬼籍】** 死者の法名・俗名・死亡年月日・略歴などを書く帳面。過去帳。点鬼簿。

**鬼籍に入る**（きせきにいる） 死ぬ。

**き-せき【輝石】** 大部分の火成岩に含まれる主要な造岩鉱物の一つ。カルシウム・鉄・マグネシウムをおもに含む珪酸塩。斜方晶系または単斜晶系。柱状結晶で暗灰色・黒色・灰緑色。宝石や飾り石として使用。pyroxene

**ぎ-せき【擬石】** モルタルに径六㎜以下の花崗岩や安山岩などの砕粒を加え、硬化後、必要に応じ、白色セメントや顔料を上塗りした人造石。壁や床などに用いる。imitation stone

**ぎ-せき【議席】** ①議場における議員の席。seat ②議員としての資格。seat

**きせき-てき【奇跡的】**（形動） 奇跡であるさま。奇跡に近いさま。miraculous 用例 ――に生還する。

**き-せきれい【黄鶺鴒】** 体の下面が黄色く尾の長いセキレイ科の小鳥。翼長約八㎝。水辺にすみ、チチッと鳴く。ユーラシアに分布。↓図

●キセキレイ

**きせず-して【期せずして】**（連語） 思いがけず。偶然に。by accident 用例 ――意見の一致をみた。

**き-せつ【季節】** ①一年を、規則的に繰り返される気候現象で区分したもの。ふつう温帯では、気温により春・夏・秋・冬の四季に、熱帯では、降水量により乾季と雨季に分ける。シーズン。season ②おり。時節。occasion; time

**き-せつ【既設】** すでに備えつけてあること。established 対義 未設。

**き-ぜつ【気絶】**（名・サ変自） 一時息がたえること。気を失うこと。fainting

**ぎ-ぜつ【義絶】**（名・サ変他） 君臣・肉親・友人などの縁をたつこと。勘当。disownment

**きせつ-かん【季節感】** その季節らしさを感じさせること。sense of the season

**きせつ-てき【季節的】**（形動） ①季節に左右されるさま。seasonal ②季節によって違うさま。seasonal 用例 ――な変動。

**きせつてき-せんい【季節的遷移】** 季節的な温度や光などの要因により生物群集の生息のようすが変化すること。これに応じて植物の景色なども変化する。植物の例として、早春のサクラソウの群落は、夏にはオギの群落に変化することなど。seasonal succession

**きせつ-びょう【季節病】** 季節との関連で発病したり、病状が悪化する病気。冬の気管支炎、夏の食中毒など。seasonal disease

**きせつ-ふう【季節風】** 夏は海洋から大陸へ、冬はその反対に吹く風。東アジアやインドに著しい現象。モンスーン。monsoon

**きせつふう-きこう【季節風気候】** ↓モンスーンきこう（モンスーン気候）

**きせつ-へんい【季節変異】** 同一種の生物が、季節によって形態や体色が変化すること。アゲハチョウの羽型変化やライチョウの羽色変化など。seasonal variation ↓写

●季節変異　サカハチチョウ、春（上）、夏（下）。

**きせつ-よほう【季節予報】** 梅雨の長さ、夏の暑さ、降雪の模様など、暖候期（四～九月）と寒候期（一〇～三月）の特徴的な天候を予報すること。seasonal weather forecast

**きせつ-れっしゃ【季節列車】** 夏の海水浴、冬のスキーなど、季節で利用者が増加する期間に運転する臨時列車。

**きせつ-ろうどう【季節労働】** ①農林漁業などのように、多忙な期間が特定の季節に集中する労働。seasonal work ②本業のひまな時期に他の仕事に従事すること。

**きせつ-ろうどうしゃ【季節労働者】** ①酒造・漁業などの業種で、一定の季節に集中して労働に従事する者。②農閑期の出稼ぎ労働者。seasonal worker

**キセニア【xenia ラテ】** 植物で、重複受精の結果、雄の形質が雌の形質である種子の胚乳にすぐに現れる現象。

**キセノン【Xenon ドイ】** 希ガス元素の一つ。元素記号Xe 原子番号五四。原子量一三一。無色無臭で化学的に不活性だが、近年、弗化物などが合成された。

**キセノン-アークランプ**《Xenon ドイ とarc lampから》キセノン中での放電を利用した電灯。映写機用光源に利用。

**キセノン-ランプ**《Xenon ドイ とlampから》キセノンガスを封入した石英ガラス製の放電管。直流パルス電圧で自然光に近い性質の光が得られ、映写機・ストロボフラッシュなどの光源に用いる。キセノンフラッシュランプ。

**き・せる【着せる・著せる・被せる】**（下一他） ①着るようにする。着させる。dress ②罪・責任などをかぶせる。なすりつける。impute

**恩に着せる**（おんにきせる） 人に恩を施して、ありがたがらせる。用例 ぬれぎぬを――。

**キセル【khsier カンボジア・煙管】**《カンボジア語で、管、の意》①刻みタバコを吸うために日本で古くから使われた用具。古くは、竹ギセルから、あとから金属製のものも作られた。②「キセル乗車」の略。↓写

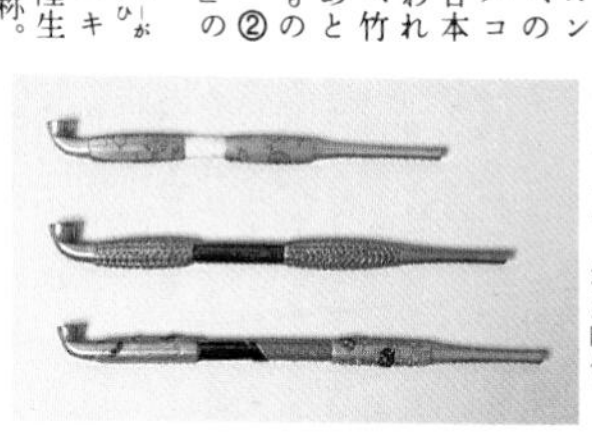

●キセル①　江戸時代。

**キセル-がい【煙管貝】** キセルガイ科の陸生の巻き貝の総称。形がタバコを吸う道具のキセルに似る。日本産約一四〇種。日本中の最大種は、殻高約四・七㎝。本州以南・ヨーロッパ・南アメリカに分布。↓図

●キセルガイ　ナミキセルガイ

**キセル-じょうしゃ【キセル乗車】**《「キセル」は、中間が竹で雁首と吸い口だけが金で作られていることから》乗車駅の近くと、降車駅の近くの乗車券や定期券とを買って、途中区間を無賃乗車すること。キセル。

**き-ぜわ【生世話】** 歌舞伎の世話物のうち、とくに写実的な要素の強い脚本。またその演出。生世話物。

**き-ぜわし・い【気忙しい】**（形） ①いそがしくて落ち着かない気分がする。restless ②せっかちだ。短気だ。fussy 派生 きぜわしげ（形動） きぜわしさ（名）

**きせ-わた【着せ綿・被綿】** ①物の上にかぶせた綿。②↓きくのきせわた（菊の被綿）

**き-せん【汽船】** ①蒸気機関を動力とする船舶。蒸汽船。steamer ②動力機関で航行する大型船舶の総称。liner 数え方 一隻・一杯。

**き-せん【基線】** ①投影図における立体面と平面の交線。base line ②三角測量や製図で、基準となる線。base line ③極座標で、基礎にとる半直線。base line

**き-せん【貴・賤】** 身分の高い人と低い人。high and low 用例 ――を問わない。

**き-せん【輝線】** 物理学で、スペクトル中に現れる、かがやいている線。bright line

**き-せん【機先】** 物事が起ころうとするやさき。

**機先を制す**（きせんをせいす） 一歩先に行動を始めて、相手の気勢をそいだり、計画をくじいたりする。先手を打つ。forestall

**き-せん【機船】**《「発動機船」の略》内燃機関を動力とする船。motor ship

**きせん【喜・撰】**（生没年未詳） 平安初期の歌人。六歌仙の一人。宇治山に庵を結んだ隠者と伝えられる。歌学書『喜撰式』の作者ともいう。喜撰法師。

**き-ぜん【毅然】**（形動トタル） 信念が強くて動じないさま。firm 用例 ――たる態度。

**ぎ-せん【義戦】** 正義のためのいくさ。

**ぎ-ぜん【偽善】** ①実際の自分よりもよく見せかけ、うわべを飾る態度。ねこかぶり。hypocrisy ②見せかけだけの善を行うこと。hypocrisy 対義 偽悪・露悪。

**ぎ-ぜん【巍然】**（形動トタル） 高くそびえるさま。

**きせん-スペクトル【輝線スペクトル】** ↓せんスペクトル（線スペクトル）

**きせんそこびきあみ-ぎょぎょう【機船底引（き）網漁業】** 動力船で、底引き網を使用する漁業。一五トン以上で操業するものを沖合底引き網、それ未満を小型機船底引き網という。Danish seine fishery

**きせん-ほうし【喜撰法師】** ↓きせん（喜撰）

**き-そ【起訴】**（名・サ変他） 検察官が地方裁判

所または簡易裁判所に刑事事件の公訴を提起すること。訴追。indictment

**き-そ【基礎】** ①建物の土台。いしずえ。base 用例 ―工事。②物事のもとになって全体を支えること。基本。basis 用例 ―知識。学問の―。

**きそ【木▼曽・木▼曾】** 長野県南西部、木曽川上流域の総称。

**きそ【木祖】**〈村〉長野県南西部、木曽川最上流部の村。中心の藪原は旧宿場町。林業・木工業などがさかん。特産に「お六ぐし」がある。人口四一一六(一九八八)。

**き-ぞ【▽昨▽夜・▽昨】** 古語 きのう。また、きのうの夜。きぞ。用例 恋ひてか寝らむ―も今夜も(万葉・一四・三五〇五)。

**きそ-あみ【基礎編(み)】** 編み物の基本的技法。棒針編みでは、表編み・裏編みなど。鉤針編みでは、鎖編み・細編み・長編みなど。basic stitches

**きそい-がり【着▽襲狩(り)・競い狩(り)】** 端午の節句に狩り装束で、野山の薬草を採集した行事。薬狩り。

**き-そう【気相】** 物質が気体として均一になっている状態。gaseous phase

**き-そう【奇想】** 奇抜な思いつき。fantastic idea

**奇想、天外より来る**(きそう、てんがいよりきたる) 思いもよらぬ考えが、ふと浮かぶ。奇想、天外より落つ。

**き-そう【起草】**(名・サ変他) 原稿・文案を作ること。drafting 用例 ―委員会。

**き-そう【基層】** 事物を支えるものとして、その根底に横たわっているもの。基盤。base

**き-そう【寄贈】**(名・サ変他) 品物を差し上げること。贈呈。きぞう。donation

**き-そう【貴僧】** ㊀(名) 地位の高い僧。high priest ㊁(代) 相手の僧を言う敬語。対義 愚僧。

**き-そう【▼徽宗】**(一〇八二〜一一三五) 中国、北宋第八代皇帝(在位一一〇〇〜二五)。高宗の父。政治力に欠け、国政を乱し、一一二五年、金に攻められて退位。のち捕らえられ幽閉死。詩文・書画をよくし、芸術面での功績は大きい。とくに花鳥画にすぐれ、また書では痩金体を創始した。↓花鳥画 写

**きそ・う【競う】**(五自) ①はりあう。compete ②はげむ。strive

**ぎ-そう【義倉】** 律令時代および江戸時代に行われた備荒用貯穀倉の一つ。平時に財産に応じて穀物を徴収、貯蔵した。

**ぎ-そう【偽装・擬装】**(名・サ変他) ①いつわりごまかすこと。camouflage 用例 ―工作。―殺人。②相手の目をくらますために、周囲の自然の色や形に似せること。カムフラージュ。camouflage; disguise 比較 迷彩。

**ぎ-そう【▼艤装】**(名・サ変自他) 船をつくり終えた後、航海に必要な装備を整える工事。また、その装備。船装の旧称。equipment

**ぎ-そう【議奏】** 中世・近世の朝廷の職名。鎌倉時代は政務審議、江戸時代は天皇の勅命を受けて事務を扱い、奏請取り次ぎにあたった。

**ぎ-ぞう【偽造】**(名・サ変他) 本物に似せてつくること。forgery 用例 ―紙幣。

**き-そうえんこう【輝▼蒼鉛鉱】** ビスマス(=蒼鉛)と硫黄を主成分とする鉱物。ビスマスの鉱石。斜方晶系。通常塊状・葉片状・繊維状。劈開があり。金属光沢があり、銀白または鉛灰色。bismuthinite

**ぎそう-かいさん【偽装解散】** 負債の支払いをのがれたり労働組合をつぶす目的で企業を形式的に解散し、実質的には事業を継続すること。

**きそう-かん【気送管】** 管路内の空気流によって茶筒状の入れ物を移動させ、軽量物を輸送する装置。おもに同じビル内での書類などの輸送に利用。pneumatic tube

**ぎそう-かん【▼蟻走感】** 皮膚にアリがはいまわっているような、むずむずする感じの異常知覚。知覚性刺激症候の一つ。脊髄などの神経疾患のさいにみられる。formication

**きそう-きょく【▼綺想曲】** ↓カプリチオ

**きそう-せい【帰巣性】** 動物が、自分の生まれた所あるいはすみかの位置をおぼえていて、はるか遠方からもどってくる性質。たとえば、サケが産卵のために行う母川回帰、鳥の渡りなど。帰巣本能。回帰性。homing ability

**きそう-てんがい【奇想天外】**(形動)《「奇想、天外より来る」から》考えや発想がたいへん奇抜なさま。totally unexpected

**きそう-ぶんか【基層文化】** 外部から新しくとりいれられた表層的な文化に対し、民衆がもち続けてきた基底的で伝統的な文化。basic culture

**きそう-ほんのう【帰巣本能】** ↓きそうせい(帰巣性)

**きそ-うま【木▼曽馬】** 日本在来の馬の一品種。体高一・二〜一・五m。足が丈夫で山道に強い。農用馬・荷馬として利用。現在では数が減り純粋のものはほとんどいない。木曽谷産。

**ギゾー【François - Pierre - Guillaume Guizot】**(一七八七〜一八七四) フランスの政治家・歴史家。初め立憲主義的立場をとっていたが、七月王政下に保守化。文相・外相ののち一八四七年首相となり、制限選挙制を維持して反対派を抑圧。二月革命を招来しイギリスへ亡命。その後は著作に専念。主著『ヨーロッパ文明史』『フランス文明史』。

**きそ-おんたけ【木▼曽御▼嶽】** 御嶽山の俗称。

**きそ-かいどう【木▼曽街道】** 中山道の一部。信濃の塩尻から美濃の中津川までの街道。木曽路。

**きそ-がわ【木▼曽川】** 長野・岐阜・愛知・三重の四県を流れる川。長さ二二七km。長野県木曽地方に発し、飛驒・木曽両山脈の間を南西に流れ、濃尾平野で伊勢湾に注ぐ。洪水が多発する川で、下流には輪中が発達。

**きそがわ【木▼曽川】**〈町〉愛知県北西端の町。繊維工業がさかんで、尾西地方の機業地の中心の一つ。人口二万七九八七(一九八八)。

**き-そく【気▽色】** 古語 ↓きしょく(気色)

**き-そく【気息】** いき。呼吸。breath

**き-そく【規則】** それに基づいて行為や手続きなどが行われるように定めた規準。きまり。おきて。rule 用例 ―を守る。競技―。

**き-そく【▼亀足】**《紙の端をひねった形がカメの脚に似ていることから》①魚や鳥肉をさした串の手で持つ部分を紙で巻き、余りをひねったもの。②折敷などに敷く紙の端を上方に折り返したもの。③容器のふたがわりに紙をかぶせ、とれないよう四隅をひねっておくこと。

**き-そく【▼羈束】**(名・サ変他) 束縛して自由を与えないこと。

**き-そく【▼驥足】**《すぐれて速い馬、の意》すぐれた才能。

**驥足を伸ばす**(きそくをのばす) すぐれた人物が、その才能を十分に発揮する。

**き-ぞく【帰属】**(名・サ変自) ①つき従うこと。belong to ②そこのものになること。そこに所属すること。revert to 用例 国庫に―する。

**き-ぞく【貴族】** ①血統・門閥などの優越性をもって国家から特権的地位を与えられた階層。aristocracy ②《比喩的に》特権的地位に安住している者。peer 用例 労働―。

**ぎ-そく【偽足・擬足】** ↓かそく(仮足)

**ぎ-そく【義足】** 事故などで失った脚や足の形・機能を補うための用具。artificial leg

**ぎ-ぞく【義賊】** 金持ちから盗んで、貧しい者に与える盗人。chivalrous robber

**きぞく-いしき【帰属意識】** 個人が、他の個人・集団・組織などに一体感をもち、ともに行動しようとする意識。identification

**きぞく-いん【貴族院】** 大日本帝国憲法下の帝国議会の上院。皇族・華族・勅選・帝国学士院・多額納税者の議員で構成された。明治二三年(一八九〇)成立。昭和二二年(一九四七)廃止。

**きそく-えんえん【気息▼奄▼奄】**(形動タル) 息が絶え絶えのさま。今にも死にそうなさま。gasp for breath

**きそく-しょ【規則書】** 規則の書いてある文書・書類。prospectus

**きそく-ずくめ【規則▽尽(く)め】**(名・形動) なにごとも規則に照らしてすること・さま。stick to regulation

**きぞく-せい【貴族制】** 家柄や財力などにより特権を認められた少数の貴族が支配する政治形態。中世のベネチアがその典型。aristocracy

**きそく-ただし・い【規則正しい】**(形) 物事が一定のきまりに従っているように、きちんとしている。用例 ―生活。―・く並ぶ。

**きそく-だ・つ【規則立つ】**(五自) 規則にのっとる。regular

**きそく-てき【規則的】**(形動) ①規則にかなうさま。regular 用例 ―な生活。②一定のリズムで繰り返すさま。機械的。routine 対義 不規則。用例 ―運動。

**きぞく-てき【貴族的】**(形動) 貴族らしいさま。また、気位が高く、形式ばるさま。aristocratic 対義 庶民的・平民的・民衆的。

**きぞく-ぶんか【貴族文化】** 貴族がつくりだした文化。西洋ではギリシアの文化にはじまり、中国では春秋時代から唐代、日本では律令体制以降成立。優雅・繊細・豪華などを特徴とする。

**きそ-けしょうひん【基礎化粧品】** 顔や全身の皮膚の状態を整え、美しさを保つための化粧品類。skin-care products

**きそ-ごい【基礎語▼彙】** 少数の単語と、その組み合わせで、日常必要な言い回しができるようにくふうした単語の集まり。basic vocabulary 比較 基本語彙。

**きそ-こうじょ【基礎控除】** 個人についての税金を計算するとき、所得金額・課税価格から一定の金額を無条件に差し引くこと。また、その金額。所得税・住民税・相続税・贈与税に適用される。basic deduction

**きそ-こうほう【基礎工法】** 構造物を地盤に安定・支持させ、構造物の破壊や沈下を防ぐための工法。構造物の下部構造と地盤工作の両方をいう。foundation practice

**きそさき【木▼曽▽岬】**〈村〉三重県北東端、木曽川河口の干拓地の村。トマトなど野菜の促成栽培がさかん。人口六七〇一(一九八八)。

**きそ-さんぎょう【基礎産業】** ↓きかんさんぎょう(基幹産業)

**きそ-さんみゃく【木▼曽山脈】** 長野県南西部を南北に走る山脈。最高峰は駒ケ岳二九五六m。中央アルプス。

**きそ-じ【木▼曽路】** ↓きそかいどう(木曽街道)

**きそ-しゅうし【基礎収支】** 国際収支のうちの貿易収支・貿易外収支・移転収支に、資本収支のなかで比較的変動の小さい長期資本収支を加えたもの。政策的に使われることが多い。basic balance of payments 比較 総合収支。

**きそ-じょう【起訴状】** 刑事訴訟において検察官が裁判所へ提出する、公訴事実・罪名などを明示した文書。indictment

**きそ-しょくひん【基礎食品】** 健康維持に必要な栄養素を含む食品。栄養面から、それらの食品を組み合わせて、食生活の目安にする。fundamental foods ↓図

**きそ-たいおん【基礎体温】** 朝、目がさめたときに床の中ではかった婦人の体温。毎日測

●基礎食品　四つの食品群

| | | 1日の摂取量の目安(g)* | | おもな食品 |
|---|---|---|---|---|
| 1群 | 300 | 250 | 乳・乳製品 | 牛乳、脱脂乳、粉乳、練乳、ヨーグルト、チーズ |
| | | 50 | 卵 | 鶏卵、ウズラの卵、アヒルの卵、ピータン、卵豆腐 |
| 2群 | 200 (180) | 120 (100) | 魚介、肉 | 生鮮魚、冷凍魚、塩干魚、魚加工品、貝類、イカ、エビ、鶏肉、豚肉、牛肉、レバー、ハム、ソーセージ、ベーコン |
| | | 80 | 豆・豆製品 | 大豆、小豆、枝豆、ソラマメ、インゲン豆、豆腐、納豆、みそ、おから、油揚げ、きな粉 |
| 3群 | 600 | 100 | 緑黄色野菜 | ホウレンソウ、小松菜、ピーマン、ニラ、ニンジン、カボチャ、パセリ、ブロッコリー |
| | | 200 | 淡色野菜 | キャベツ、白菜、レタス、キュウリ、ナス、ゴボウ、カリフラワー、セロリ、モヤシ、海藻類 |
| | | 100 | 芋類 | ジャガイモ、サツマイモ、里芋、山の芋 |
| | | 200 | 果物 | ミカン、リンゴ、ブドウ、イチゴ、桃、バナナ、ナシ |
| 4群 | 290 (220) | 250 (180) | 穀物 | 米、麦、パン、もち、めん類 |
| | | 20 | 砂糖 | 砂糖、はちみつ、水あめ |
| | | 20 | 油脂 | バター、マーガリン、ヘット、ラード、大豆油、サラダ油 |

＊軽い労作の成人男子を基準とする。(　)は成人女子
香川綾案による



▼常用漢字表外。▽常用漢字表の音訓外。

定し、その変化で排卵日などを知る。basal body temperature

**きそ-たいしゃ【基礎代謝】** 生命の維持に必要な最低熱量。食後一二〜一五時間後、安静仰臥の状態でのエネルギー消費量を基礎代謝量とする。basal metabolism

**きそ-だに【木▼曽谷】** 長野県南西部、木曽山脈と飛騨山脈の間の谷。木曽川沿いに中山道が通じ、木曽十一宿が置かれた。ヒノキを主とする森林は日本三大美林の一つ。

**きそ-づ・ける【基礎付ける】**(下一他) ある物事の成り立つ根拠を確かなものにする。lay the foundation of 用例正当性を—。

**きそっ-て【競って】**(副) われがちに。compete with

**きそ-てき【基礎的】**(形動) ある物事が成り立つための、いちばんもとであるさま。basic; elementary 用例—な知識。

**きそてき-しゅうだん【基礎的集団】** 自然に発生し、人々がその中に生まれてくる集団。人為的に構成される機能的集団に先行し、それらが発生する母体になるもの。家族・村落・民族など。基礎集団。fundamental group

**きそ-ねんきん【基礎年金】** 昭和六〇年(一九八五)の年金改正で全国民に適用されることになった国民年金のうち、だれにでも共通に支給される定額の部分。basic pension

**き-そば【生▼蕎▽麦】** 小麦粉を混ぜずに、そば粉だけでつくったそば。

**きそ-はじめ【着▽衣始(め)】** 江戸時代の風習で、正月に新しい衣服をおろして着ること。また、その儀式。

**きそふくしま【木▼曽福島】**〈町〉長野県南西部、木曽谷の中心的な町。製材・木工業などがさかん。人口九一二三(一九八八)。

**きそ-ぶし【木▼曽節】** 長野県木曽地方の民謡。盆踊り唄としてうたわれている。『御嶽山節』が原調ともいわれる。

**き-ぞめ【着初め】** 新しい衣服を、はじめて着ること。the first wearing

**きそ-ゆうよ【起訴猶予】** 起訴するのに十分な証拠や条件がそろっていても、年齢・境遇や犯罪後の情況などを考慮し、検察官の裁量で被疑者を起訴しないこと。suspension of indictment 比較執行猶予。

**きそ-よしなか【木▼曽▽義仲】** 源義仲の通称。

**き-そん【既存】** 前から存在していること。existing 用例—の権益。

**き-そん【帰村】**(名・サ変自) 自分の村に帰ること。return to one's home village

**き-そん【▼毀損】**(名・サ変自他) 傷つけること。傷つくこと。損傷。damage 用例名誉—。

**きた【北】** ①四方の一つ。日の出る方(東)に向かって左のほう。北方。the north 対義南。②「北風」の略。north wind 用例—が吹く。参考ふつう地図では、北を上に書く。

**北を枕にして寝るな** 死者を、北側を枕にして寝かせる風習から、ふだん寝るときに頭を北向けにして寝ることを忌み嫌って言うことば。北枕はせぬもの。

**きた【北】**〈村〉北海道石狩平野中央部にある村。石狩川に沿う農業地帯。淡水魚も多く産する。人口四七二三(一九八八)。

**ぎ-だ【犠打】** 野球で、打者が犠牲になって、走者の進塁や得点を助けた打撃。犠牲フライと犠牲バントがあり、いずれも打数には含まれない。sacrifice

**ギター【guitar】** 撥弦楽器。弦・棹・共鳴胴を備え、一般に左手の指頭で弦を押さえ、右手の指で弦をはじく。ふつう、弦は六本。オリエント起源でスペイン中心に発展。音域が広く音質は繊細でゆたか。

**きたあいき【北相木】**〈村〉長野県東部、群馬県に接する村。山がちで農林業中心。花の栽培がさかん。人口一二二〇(一九八八)。

**きたあいづ【北会津】**〈村〉福島県、会津若松市西隣の村。稲作を中心に、野菜栽培・畜産がさかん。人口七一一五(一九八八)。

**きた-アイルランド【北アイルランド】**(Northern Ireland) アイルランド島北東部、アルスター地方のうちイギリスに属する六県。中心はベルファスト。プロテスタント系住民とカトリック系住民の紛争が続く。面積一・四万$km^2$。

**きたアイルランド-もんだい【北アイルランド問題】** 北アイルランドのイギリス統治からの解放・独立や差別撤廃をめざすカトリック系住民(IRAが中心)とイギリス軍・プロテスタント系組織との紛争。一九六〇年代後半から激化。Northern Ireland problem

**きた-アフリカ【北アフリカ】** アフリカ大陸のサハラ砂漠以北の地域。モロッコ・アルジェリア・チュニジア・リビア・エジプトなどの国々がある。North Africa

**きた-アメリカ【北アメリカ】** アメリカ大陸の北半部の総称。一般にはパナマ地峡より北をさす。メキシコからパナマまでを中央アメリカとして区分することもある。面積二一五一・五万$km^2$。北米。North America

**きたアメリカ-せいうん【北アメリカ星雲】** はくちょう座のデネブのすぐ東にある北アメリカの形に似た散光星雲。North America Nebula

**きたありま【北有馬】**〈町〉長崎県、島原半島南部の農林業の町。メロン・ミカンの産地。縄文時代の遺跡の原山ドルメンがある。人口五二一四(一九八八)。

**きた-アルプス【北アルプス】** 飛騨山脈の通称。中央アルプス・南アルプスとともに日本アルプスとよばれる。

**き-たい【危▼殆】**(名・形動) あぶないこと。危険な状態。peril 用例—に瀕する。

**き-たい【幾▼殆】** もう少しで、あぶないところ。危機一髪。

**き-たい【気体】** 固体や液体と同じく、物質の状態の一つ。流動性をもち、きまった形や体積をもたない。固体や液体にくらべて密度が小さい。すべての物質は高温、低圧で気体になる。ガス。gas

**き-たい【希代・▼稀代】**(名・形動) ①世にもまれなこと・さま。きだい。rarity ②考えられないようであること・さま。けったい。uncommonness

**き-たい【奇態】**(名・形動) 珍しい格好・姿。

**き-たい【基体】**《substratumラテの訳語》哲学で、①作用や性質の基礎になっている実体。basic substance ②主体の精神活動の基礎にあって、客観的存在のもとになる実在。

**き-たい【期待】**(名・サ変他) ①あてにして待つこと。expect 用例—にこたえる。②経済学で、消費・貯蓄・生産などについての予想。expectation

**き-たい【機体】** ①飛行機の胴体。fuselage ②飛行機などの発動機以外の部分。airframe

**キタイ【Khitai】** ↓きったん(契丹)

**き-だい【黄▼鯛】** マダイに似たタイ科の海水魚。全長約三五cm。黄ばんだ赤色。食用。本州中部から南シナ海に分布。

**き-だい【季題】** 連歌・俳諧・俳句で、季節を示すために詠みこまれる題、それを表す詞。季語。

**き-だい【貴台】** 手紙などで、相手をいう敬語。

**ぎ-たい【擬態】** 動物の色・形・姿勢が、他の動植物などに似ていること。動物が捕食者から身を守るのに役立つ。ナナフシやコノハチョウなどのように環境からめだたなくする隠蔽と、南米産のドクチョウ類に似るシロチョウ類などのように、無毒種が警戒色をもつ有毒な種などに似せてめだたせる標識擬態とがある。ミミクリー。mimicry

**ぎ-だい【議題】** 会議で討議する題目。agenda

**きた-イエメン【北イエメン】**(Northern Yemen) イエメンアラブ共和国の通称。

**きたい-おんどけい【気体温度計】** 気体の体積変化、または、圧力変化を利用した温度計。gas thermometer

**きたい-かのうせい【期待可能性】** 刑法上、行為時の状況のもとで違法行為をせずに適法行為をなしうる可能性。

**ぎたい-ご【擬態語】** ものの状態・動き・変化や身振りなどの感じを、言語音で写したことば。擬態語が多いことは日本語の特徴である。「さっ(と)」「からり(と)」「うきうき」「のろのろ」など。mimesis 対義擬声語。

**きたい-ち【期待値】** 確率変数Xのとる値が$x_1, \ldots, x_n$であり、それらの値をとる確率が$p_1, \ldots, p_n$であるとき、$x_1p_1+\cdots+x_np_n$をXの期待値といいE(X)で表す。Xが連続的な値をとるときも積分を用いて定義される。平均値。expectation

**きた-いっき【北一輝】**(一八八三〜一九三七) 国家社会主義者。佐渡生まれ。ファッショ的国家改造運動の理論家として活躍。二・二六事件に連座して逮捕、処刑。著書『国体論及純正社会主義』『日本改造法案大綱』など。↓写

●北一輝

**きたい-ていすう【気体定数】** ボイル-シャルルの法則にあらわれる比例定数。低圧高温下の気体一モルの圧力と体積と絶対温度の逆数の積にほぼ等しい。気体の種類によらない普遍定数で、8.31445J/K・mol ガス定数。gas constant

**きたいばらき【北▼茨▽城】**〈市〉茨城県北端の市。石炭の町であったが、閉山により工業化を進めている。五浦の日本美術院跡などが有名。人口五万一九七二(一九八八)。

**きたいはんのう-の-ほうそく【気体反応の法則】** 同温同圧下では、反応する気体と生成する気体の体積間に簡単な整数比の関係が成立するという法則。ゲーリュサックの法則。law of gaseous reaction

**きたいぶんし-うんどうろん【気体分子運動論】** 気体の性質を気体分子の運動によって説明する理論。マクスウェルとボルツマンによって発展させられ、統計力学へと進んだ。kinetic theory of gases

**きた-いん【喜多院】** 埼玉県川越市小仙波町にある天台宗の寺。天長七年(八三〇)慈覚大師円仁の開創。のち天海が再興した。川越大師。

**きたうら【北浦】** 茨城県南東部、霞ケ浦の東にある湖。面積三六$km^2$。最深七m。かつて入り江だったが、海と隔てられ湖となった。コイの養殖などがさかん。

**きたうら【北浦】**〈町〉宮崎県北東端、太平洋に臨む町。ハマチ養殖が活発。南北浦はリアス式海岸の景勝。人口五七七四(一九八八)。

**きたうら【北浦】**〈村〉茨城県南東部、北浦に臨む村。タバコ・ミツバなどの栽培と、北浦での漁業がさかん。人口一万一三六〇(一九八八)。

**きたえ-あ・げる【鍛え上げる】**(下一他) ①金属を十分に鍛える。forge ②じゅうぶんに鍛練する。きたえて完成する。make oneself proficient

**きた-えぞ【北▼蝦▼夷】** 樺太の古称。現在のサハリン。

**きた・える【鍛える】**(下一他) ①鉄を繰り返し熱し、打って、かたさとねばりを増す。forge ②訓練を繰り返したり、修練を積んで、心身を強健にしたり技能を向上させる。train

**きたおおじ-ろさんじん【北大路▼魯山人】**(一八八三〜一九五九) 陶芸家。本名房次郎。京都生まれ。はじめは書家・篆刻家として名をなし、料理道でも知られる。北鎌倉に窯を開き、斬新で独特な食器用の陶磁器を制作。

**きたお-しげまさ【北尾▽重▽政】**(一七三九〜一八二〇) 江戸中・後期の浮世絵師。北尾派の祖。号は花藍など。江戸の人。鳥居清満・鈴木春信らの画風を学び、美人画で一家をなす。

**きたオセチヤ-じちきょうわこく【北オセチヤ自治共和国】**(Severo-Osetinskaya ASSR) ソビエト連邦を構成する自治共和国の一つ。首都オルジョニキーゼ。カフカス山脈北麓中部を占める。トウモロコシ・小麦などの農業や金属・食品工業がさかん。人口六一万(一九八四)。正称、北オセチヤ自治ソビエト社会主義共和国。

**きた-おもて【北面】** ①北向き。northern aspect ②寝殿造りの北に面した部屋。③北面の武士。

**き-だおれ【着倒れ】** 着物にぜいたくをして、財産を使い果たすこと。extravagance in dress 比較食い倒れ。用例京の—。

**きた-かいきせん【北回帰線】** 北緯二三度二七分の緯線。夏至の日には、太陽がこの線の真上から照らす。The Tropic of Cancer 対義南回帰線。

**きた-かぜ【北風】** 北から吹く風。おもに冬の風をいう。きた。north wind

**きたかた【北方】**〈町〉宮崎県北部、延岡市西隣の町。農林業主体で、シイタケ・茶などを産する。人口六二三一(一九八八)。

**きたかた【喜多方】**〈市〉福島県、会津地方北部にある市。漆器(会津塗)・醸造・製糸などの伝統工業がさかん。蔵が多いことで有名。人口三万七二九二(一九八八)。

**きたがた【北方】**〈町〉岐阜市の西隣にある町。農業地帯の中心にあるが、既製服製造などの工業が伸展し、また宅地化も進む。人口一万四九九六(一九八八)。

**きたがた【北方】**〈町〉佐賀県西部、武雄市東隣の町。旧宿場町。炭鉱で栄えたが閉山、今は農業が中心。人口九四六八(一九八八)。

**きたかみ【北上】**〈市〉岩手県中南部にある市。中心の黒沢尻は旧宿場町。稲作、果樹・野菜栽培、畜産がさかん。県の内陸工業地帯の中心。人口五万七四二七(一九八八)。

**きたかみ**【北上】〈町〉宮城県東部、追波湾に臨む町。農業と沿岸漁業が主。酪農にも力を入れている。人口五三八〇(一九八八)。

**きたかみ-がわ**【北上川】岩手県北部から宮城県東部を南流し石巻湾に注ぐ川。長さ二四九km。東北地方第一の長流。ダム建設・改修工事で洪水を克服。

**きたかみ-こうち**【北上高地】青森県八戸市付近から宮城県牡鹿半島に至る高地。最高峰は早池峰山で一九一四m。北上山地。

**きたかみ-ぼんち**【北上盆地】岩手県中央部、北上川沿いの盆地。盛岡市付近から一関市付近までに広がる、県の穀倉地帯。

**きたがわ**【北川】〈町〉宮崎県北東部、延岡市北隣の町。林業のほかに畜産なども行われる。人口五八八三七(一九八八)。

**きたがわ**【北川】〈村〉高知県東部、室戸市北隣の村。農林業中心。ユズの特産地として知られ、山菜類も多い。人口一八七五(一九八八)。

**きたがわ-うたまろ**【喜多川歌▼麿】(一七五三〜一八〇六)江戸後期の浮世絵師。本姓北川。美人画で浮世絵版画界を風靡し、肉筆画・絵本にも活躍。美人の大首絵を創案、造形的構成にすぐれた。作品『高名美人六家撰』『婦人相学十躰』など。↓写

●喜多川歌麿『高名美人六家撰』「富本豊雛」。寛政八年(一七九六)、東京国立博物館。

**きたがわ-しゃせんせいげん**【北側斜線制限】建物の高さに関する建築規制の一つ。北側にある建物の日照を確保するためにもうけられた、一定基準による高さの制限。

**きたがわ-たみじ**【北川民次】(一八九四〜一九八九)洋画家。静岡県生まれ。早大中退後、アメリカ・メキシコで絵画を研究。作品『大地』など。

**きたがわ-ふゆひこ**【北川冬▼彦】(一九〇〇〜)詩人・映画評論家。本名、田畔忠彦。大津市生まれ。東大卒。『詩と詩論』により超現実主義を推進、現代詩展開の先頭に立った。詩集『戦争』『いやらしい神』など。

**きたかわべ**【北川辺】〈町〉埼玉県北東端、利根川と渡良瀬川にはさまれた町。稲作・野菜栽培が中心。人口一万五二一八(一九八八)。

**きたがわ-もりさだ**【喜田川守▽貞】(一八一〇〜?)江戸後期の風俗史家。大坂の人。著書『守貞漫稿』は近世末期の著名な風俗史文献。

**きたぎ-しま**【北木島】岡山県南西部、笠岡市の島。面積七・三km²。花崗岩採石で知られ、「北木石」の名で大坂城築城にも使用。

**きた-きつね**【北▼狐】北海道にすむキツネ。体長約七〇cm、尾長約四〇cm。背面は鮮やかな橙褐色で、前後足の前面が黒い。本州・四国・九州にすむ、背面が褐色がかったホンドギツネより大形で、その一亜種。↓写

●キタキツネ

**きたきゅうしゅう**【北九州】〈市〉福岡県北端の市。門司・小倉・戸畑・八幡・若松の五市が合併してできた市で、七つの区がある。政令指定都市。日本有数の重化学工業都市で、交通の要地。人口一〇三万五〇五三(一九八八)。

**きたきゅうしゅう-こうぎょうちたい**【北九州工業地帯】福岡県北部の工業地帯。広くは山口県南部の地域も含める。鉄鋼・化学・窯業など素材工業部門の比重が大きい。

**きたきり-すずめ**【着た切り▼雀】《俗語。「舌切りすずめ」をもじった語》着替えがないこと・人。

**き-たく**【寄託】(名・サ変他)①人に物をあずけて、その保管・処理をたのむこと。deposit ②他人の物を預かり保管する契約。民法上は原則として無償だが、特約や慣習で有償のものもある。deposit

**き-たく**【帰宅】(名・サ変自)自分の家に帰ること。home coming

**き-たく**【▼揆度】《「揆」も「度」も、はかる、の意》はかること。はかり考えること。

**き-たけ**【着丈】衣服を着たときの丈。洋服では、後ろ襟ぐりから裾までの寸法。和服では、着付けしたときの長さ。参照 身丈。↓採寸図

**きたごう**【北郷】〈町〉宮崎県南部、日南市北隣の町。飫肥杉の産地。人口六〇六八(一九八八)。

**きたごう**【北郷】〈村〉宮崎県北部山間の村。林業・稲作が主体。人口二六六六(一九八八)。

**きた-さだきち**【喜田▽貞吉】(一八七一〜一九三九)歴史学者。徳島県生まれ。京大教授。明治三二年(一八九九)日本歴史地理学会を設立。法隆寺再建論を主張。

**きたざと-しばさぶろう**【北里▼柴▽三郎】(一八五三〜一九三一)細菌学者。熊本県生まれ。東大卒。ドイツでコッホに師事。破傷風菌の純粋培養に成功。抗毒素を発見し、血清療法を確立。また、エミール＝ベーリングとジフテリアの血清療法を確立。北里研究所・慶大医学部を創設。

**きたざわ-らくてん**【北沢楽天】(一八七六〜一九五五)日本近代漫画の創始者。東京生まれ。「時事新報」に漫画を連載。作品集『楽天全集』。

**きたしおばら**【北塩原】〈村〉福島県北部、磐梯山の北の村。裏磐梯の景勝と温泉に恵まれた観光地。人口三七二九(一九八八)。

**きたしげやす**【北茂安】〈町〉佐賀県東部、筑後川に沿う町。稲作などの農業地帯。白石焼が特産。人口一万一二八九(一九八八)。

**きた-しちだゆう**【喜多七太▽夫】(一五八六〜一六五三)江戸初期の能役者。喜多流の祖。堺の人。初め豊臣秀吉に仕え、金春流の太夫。のち徳川秀忠より一流の創立を許された。

**きたじま**【北島】〈町〉徳島市北隣の町。繊維・化学・機械などの工場が集中し、宅地の造成もさかん。人口一万八三二二(一九八八)。

**きたじま-せつざん**【北島雪山】(一六三六〜一六九八)江戸前期の書家。熊本の人。江戸唐様書道の先駆者。奇行が多く、書風は豪快。

**きたしらかわ-の-みや**【北白川宮】旧宮家の一つ。明治三年(一八七〇)伏見宮邦家親王の皇子智成親王が創始。昭和二二年(一九四七)皇籍離脱。

**きた・す**【来す】(五他)起こす。招く。bring about 用例 損失を—。支障を—。

**きた・する**【北する】(サ変自)北へ行く。対義 南する。

**きた-せきどうかいりゅう**【北赤道海流】赤道から北回帰線の間を、東から西に向かう海流。北太平洋・北大西洋では年中みられるが、インド洋では北半球の冬に限られる。North Equatorial Current

**きたぞの-かつえ**【北園▽克▽衛】(一九〇二〜一九七八)詩人。本名、橋本健吉。三重県生まれ。中大卒。モダニズム詩人として超現実主義の方法的実験を推進。詩集『白のアルバム』『円錐詩集』など。

**ぎだ-たいし**【▼祇▼陀太子】古代インド、コーサラ国の波斯匿王の皇太子。所有地の林苑を釈迦に献じ、そこに須達長者が祇園精舎を建立した。ジェータ。

**きたたいせいよう-じょうやく**【北大西洋条約】(North Atlantic Treaty)アメリカと西ヨーロッパ諸国が一九四九年に締結した集団安全保障条約。NAT。

**きたたいせいようじょうやく-きこう**【北大西洋条約機構】(North Atlantic Treaty Organization)西ヨーロッパ諸国とアメリカの間で締結された北大西洋条約に基づく地域的集団安全保障機構。一九四九年設立。一九六六年フランスの脱退で、総本部がパリからベルギーのブリュッセルに移転。NATO。

**きただいとう**【北大東】〈村〉沖縄県、沖縄島東方の北大東島からなる村。サトウキビ栽培が中心。人口五六六(一九八八)。

**きたたいへいよう-こうきあつ**【北太平洋高気圧】北太平洋上にほぼ一年中存在する亜熱帯(中緯度)高気圧。夏は勢力が強くなり、冬は弱まる。North Pacific anticyclone

**き-たたき**【木▼叩】キツツキ科の大形のキツツキ。翼長約二五cm。雄は頭頂が赤く、腹部が白い。森林にすむ。朝鮮半島南部・対馬に分布。対馬のものは天然記念物とされたが、絶滅したと考えられる。↓図

●キタタキ

**きた-だけ**【北岳】山梨県西部、赤石山脈にある白根山の一峰。標高三一九二m、日本第二の高山。岩壁「北岳バットレス」は有名。

**きただけ-そう**【北岳草】キンポウゲ科の多年草。南アルプスの北岳にのみ自生する。高さ一〇〜一五cm。葉は羽状複葉で、花は白色。夏に開花する。↓写

●キタダケソウ

**きたたちばな**【北▼橘】〈村〉群馬県中部、赤城山西麓の村。ユキヤナギなどの花卉栽培がさかん。人口九三八二(一九八八)。

**き-だち**【木太刀】木でつくった、かたな。木剣。木刀。singlestick

**きだち-とうがらし**【木立唐辛子】ナス科の多年草。高さ約一m。花は白色五弁。果実は約三cmで上向きにつく。赤熟して、きわめて辛い。香辛料。熱帯アメリカ原産。bird pepper

**きだち-トマト**【木立トマト】ナス科の常緑低木。葉は狭い心臓形。春に、桃色のナスに似た花を開く。果実は卵形で房状につき、赤熟。トマトに似た風味があり、ジャムにする。南アメリカ原産。

**きだち-はっか**【木立薄荷】シソ科の一年草。ヨーロッパ東南部原産。高さ約二〇cm。茎は紫色をおび芳香がある。夏に、淡い藤色の四弁花を開く。葉や芽を料理にもちいる。summer savory

**きだち-わた**【木立綿】アオイ科の一年草。東南アジア原産。在来のワタは本種だが、最近は栽培されない。黄または濃赤色の花を開く。綿毛は短い。棉実油をとる。

**き-だて**【気立て】心の持ち方。性質。気前。disposition 用例 —がよい。

**き-たては**【黄立羽▼蝶】ふつうに見られるタテハチョウの一種。開張約六cm。翅は黄褐色の地に黒い斑紋をちらす。成虫で越冬。食草はカナムグラなど。日本全土に分布。↓図

●キタテハ

**きたドイツ-へいや**【北ドイツ平野】(Nord-Deutsches Tiefland)北海・バルト海に臨む、北ドイツを中心とした平野。ベルリン・ハンブルク・ブレーメン・ハノーバー・ケルンが中心都市。

**きたドイツ-れんぽう**【北ドイツ連邦】普墺(＝プロイセンとオーストリア)戦争後の一八六七年、プロイセンを盟主として北ドイツ二二か国によって結成された連邦。七一年ドイツ帝国成立のため解消。German Confederation

**きた-な・い**【汚い・▼穢い】(形)①よごれている。dirty 対義 きれい。用例 —足。②不正だ。unfair 用例 —手を使う。③ひきょうだ。foul 対義 いさぎよい。用例 —やり方。④けちだ。stingy 用例 金に—。⑤聞き苦しい。indecent 用例 —話だ。派生 きたなが・る(五自) きたなげ(形動) きたなさ(名)

**きたなかぐすく**【北中▽城】〈村〉沖縄県、沖縄島中城湾に臨む村。サトウキビ・野菜・草花栽培がさかん。人口一万二七八八(一九八八)。

**きたな・し**【汚し】古語 (形ク)↓きたない(汚い)

**きたなら-し・い**【汚らしい・▼穢らしい】(形)いかにもきたなく見える。不潔でけがらわしい感じである。dirty

**きたに-ほうぎん**【木谷▼蓬吟】(一八七七〜一九五〇)浄瑠

璃と近松門左衛門の研究家。大阪生まれ。大阪高商卒。編著『大近松全集』など。

**きたに-みのる【木谷実】**(一九〇九–七五) 囲碁棋士。九段。兵庫県生まれ。呉清源とともに新布石を創始。門下生から多数の高段者・タイトル獲得者を出している。

**きたの【北野】** 京都市街北西部、上京区の地名。北野天満宮の門前町として栄えた。

**きたの【北野】**〈町〉 福岡県南西部、久留米市北隣の町。筑後川中流の肥沃な農業地帯。人口一万五一三九(一九八八)。

**きた-の-かた【北の方】** ①北の方角・方向。north side ②《妻は寝殿造りの北の対の屋に住んだことから》公卿など貴人の妻。

**きた-の-しょう【北▽荘】** 福井市の古称。戦国時代、朝倉氏の居城があった。織田信長の平定後、柴田勝家が入国して新たに城を築き、発展。寛永元年(一六二四)松平忠昌入国にさいして福井と改称。

**きたの-じんじゃ【北野神社】** 北野天満宮の別称。

**きたの-てんまんぐう【北野天満宮】** 京都市上京区馬喰町にある旧官幣中社。祭神は菅原道真ほか二神で、学芸の神として信仰される。太宰府天満宮とともに、各地の天満宮・天神社の総本社。北野神社。北野天神。天満宮。↓写

● 北野天満宮

**きた-の-まる【北の丸】** 将軍・大名の正妻の居所。

**きた-の-まんどころ【北の▽政所】** ①摂政・関白の妻を言った敬語。②大・中納言の妻。③豊臣秀吉の妻の敬称。

**きたはた【北波多】**〈村〉 佐賀県北西部、唐津市南隣の村。農業主体。旧炭鉱地。人口五四三五(一九八八)。

**きたばたけ-あきいえ【北▼畠▽顕家】**(一三一八–三八) 南北朝時代の武将。親房の長男。建武政権において陸奥守となり、義良親王を奉じて奥羽を鎮定。南北両朝に分裂後、足利軍に敗れ、和泉国の石津で敗死。

**きたばたけ-ちかふさ【北▼畠▽親房】**(一二九三–一三五四) 南北朝時代の武将・学者。建武政権に仕え、南北朝分裂後は吉野で南朝の指導的立場にたつ。著書『神皇正統記』『職原抄』『元元集』など。

**きたはま【北浜】** 大阪市中央区、土佐堀川沿いにある地区。東京の兜町とともに、日本の代表的な証券街。

**きたばやし-たにえ【北林谷▽栄】**(一九一一–) 女優。本名、安藤令子。東京生まれ。劇団民芸の重鎮で映画出演も多い。

**きたはら-たけお【北原▽武▽夫】**(一九〇七–七三) 小説家。神奈川県生まれ。慶大卒。作品『妻』『情人』、評論『告白的女性論』など。

**きたはら-はくしゅう【北原白秋】**(一八八五–一九四二) 詩人・歌人。本名、隆吉。福岡県柳川生まれ。早大中退。「パンの会」を起こし耽美主義を表明。のち自然賛美に向かう。「多磨」短歌会を創設、清澄な境地を示す。童謡・民謡にも才能を発揮。詩集『邪宗門』『思ひ出』、歌集『桐の花』『雲母集』『白南風』など。↓写

● 北原白秋

**きた-はんきゅう【北半球】** 地球の赤道から北の部分。Northern Hemisphere 対義 南半球。

**きたひやま【北▼檜山】**〈町〉 北海道南西部、渡島半島西岸の町。稲作・酪農などの農業とイカ漁などが中心。人口七三九一(一九八八)。

**きた-ベトナム【北ベトナム】** 旧ベトナム民主共和国。一九七五年四月、南北ベトナムが統一されベトナム社会主義共和国となった。

**きた-ほっそうしゅう【北法相宗】** 昭和四〇年(一九六五)に法相宗より分派、独立した仏教宗派。本山は京都市東山区の清水寺。

**きたまえ-ぶね【北前船】** 江戸時代の回船の一つ。江戸中期から明治初期にかけて、北海道の海産物や北国の米などを日本海・瀬戸内海回りで上方へ、上方の酒・塩などを北国に運搬した。北国回船。北国船。

**きた-まくら【北▼枕】** ①枕を北にして寝ること。釈迦が涅槃のさい、西面し北枕だったことから、仏教では死者を北枕にして寝かせる。②キタマクラ科のフグ。体長約二〇cm。皮に猛毒がある。本州中部以南に分布。

**北枕はせぬもの**(きたまくらはせぬもの) 「北を枕にして寝るな」と同意。

**きたまち-ぶぎょう【北町奉行】** 江戸の町奉行の一つ。南町奉行と月番で交替して江戸町方の行政・司法を担当。

**きたまつうら-はんとう【北松浦半島】** 長崎県北部の半島。東部の国見山系から西に低くなり、九十九島のリアス式海岸に終わる。

**きたみ【北見】**〈市〉 北海道北東部、常呂川中流の市。北見盆地の中心的商工都市。タマネギの大産地。製糖など農産加工や木材工業がさかん。人口一〇万六三九八(一九八八)。

**きたみ-さんち【北見山地】** 北海道北部を南北に連なる山地。主峰天塩岳は一五五八m。なだらかな老年期山地。森林資源の宝庫。

**きた-みのる【喜多実】**(一九〇〇–八六) 能楽師。シテ方。喜多流一五世宗家。土岐善麿と協力して新作能を発表。能の海外紹介にも意欲的。作品『夢殿』『秀衡』など。

**きだ-みのる**(一八九五–一九七五) 小説家。本名、山田吉彦。鹿児島市生まれ。慶大中退。第二次大戦後の社会と文化を風刺的に描き、日本文化の原形を探る。作品『気違い部落周游紀行』など。

**きたみ-ぼんち【北見盆地】** 北海道北東部、常呂川に沿う盆地。畑作・稲作・酪農などの農業がさかん。

**きたみまき【北▽御牧】**〈村〉 長野県東部、千曲川に沿う村。稲作が中心。平安時代、朝廷の牧場であった御牧ケ原がある。人口五四七〇(一九八八)。

**きたむら-きぎん【北村季吟】**(一六二四–一七〇五) 江戸前期の俳人・歌人・古典学者。名は久助。近江の人。松永貞徳らに歌学・俳諧を学ぶ。歌学方として幕府に仕え和歌を指導。中世以来の古典注釈を集大成した。俳書『山の井』『新続犬筑波集』、古典注釈書『徒然草文段抄』『源氏物語湖月抄』など。

**きたむら-きはち【北村喜八】**(一八九八–一九六〇) 演出家・評論家。石川県生まれ。東大卒。築地小劇場に属し欧米戯曲を翻訳。のち芸術小劇場主宰。著書『西洋演劇史概説』など。

**きた-むらさきうに【北紫▽海▽胆】** 北日本沿岸にいるオオバフンウニ科のウニ。殻径約八・五cm。殻は半球状で、とげは暗紫色または暗褐色。

**きたむら-せいぼう【北村西望】**(一八八四–一九八七) 彫刻家。長崎県生まれ。東京美術学校卒。昭和三三年(一九五八)文化勲章受章。作品『平和祈念像』など。

**きたむら-とうこく【北村透谷】**(一八六八–九四) 評論家・詩人。本名、門太郎。神奈川県生まれ。東京専門学校(現、早大)中退。島崎藤村らと『文学界』を創刊。ロマン主義的文学思想を代表。劇詩『蓬萊曲』、評論『厭世詩家と女性』など。

**きたむら-のぶよ【喜多村▽信▽節】**(一七八三–一八五六) 江戸後期の国学者。江戸の人。通称を彦兵衛。博学で和漢の書に通じ、とくに民俗・風俗についての記録・考証に業績を残した。著書は『嬉遊笑覧』など多数。名は節信とも。

**きたむら-ろくろう【喜多村緑郎】**(一八七一–一九六一) 新派俳優。女形。本名、六郎。東京生まれ。成美団を結成、写実的新派劇を確立。重要無形文化財保持者。主演作『滝の白糸』『婦系図』など。

**きたもと【北本】**〈市〉 埼玉県中部の市。首都近郊都市として急速に発展。洋ランの栽培で知られる。人口六万六一七(一九八八)。

**きた-もりお【北▼杜▽夫】**(一九二七–) 小説家。本名、斎藤宗吉。茂吉の二男。東京生まれ。東北大卒。作品『夜と霧の隅で』『どくとるマンボウ航海記』『楡家の人びと』など。

**きた-やま【北山】** ①北方の山。②京都市で、その北方にある諸山。③《俗語》「空いてきた」などの「きた」を「北」にかけて言うしゃれ。用例 腹が―。

**きたやま【北山】** 京都市北部、丹波高地の山々。鞍馬山五七〇m、貴船山七〇〇m、愛宕山九二四mなどがある。北山杉は高級建材として有名。

**きたやま【北山】**〈村〉 三重県と奈良県にはさまれた、和歌山県の飛び地の村。北山川に沿う山峡にある。人口六七八(一九八八)。

**きたやま-がわ【北山川】** 紀伊山地南部を南西に流れる川。長さ九二km。奈良県南東部に発し、十津川と合して熊野川となる。

**きたやま-すぎ【北山杉】** 京都の北山付近に見られる美林を形成するスギ。材は北山丸太。

**きたやま-どの【北山殿】** ①室町幕府三代将軍足利義満が京都衣笠山の東北麓に建てた別荘。義満の死後、鹿苑寺(=金閣寺)となった。②足利義満の別称。

**きたやま-ぶんか【北山文化】** 室町初期の足利義満・義持将軍時代の文化。公家文化と武家文化が融合。文学・美術では、五山文学や水墨画が盛行した。義満が北山に別荘をもうけたことに由来する呼称。

**きたやま-まるた【北山丸太】** 京都の北山一帯で生産される細めのスギの丸太。独特な育成技術による良質のみがき丸太が有名。

**ぎだゆう【義太▽夫】**「義太夫節」の略。

**ぎだゆう-ぶし【義太▽夫節】** 日本伝統音楽の一つ。竹本義太夫が創始し、人形芝居と結びついて発展した浄瑠璃。竹本義太夫は古浄瑠璃各派の芸風を取り入れて統一。貞享元年(一六八四)人形劇の竹本座を創設。近松門左衛門と結び、浄瑠璃を発展させた。義太夫。

**きた-ヨーロッパ【北ヨーロッパ】** ヨーロッパ北部の呼称。一般にノルウェー・スウェーデン・フィンランド・デンマーク・アイスランドの五か国をさす。北欧。Northern Europe

**キタラ【kithara ギリシア】** リラとともに古代ギリシアの主要な撥弦楽器。ギター・チターなどの語源となる。

**きた-りゅう【喜多流】** 能楽のシテ方の一流派。流祖北(喜多)七太夫長能(一五八六–一六五三)。従来の観世・宝生・金春・金剛とともに四座一流と称された。一四世太夫は喜多六平太。

**き-た・る【来る】** ㊀(五自) くる。やってくる。用例 大サーカス―。㊁古語(四自) 古くなって、だめになる。用例 角琴柱はちと―・ったから(浮世風呂・二)。

**きたる【来る】**(連体)《近いうちにくる、の意》今度の。next 対義 去る。用例 ―五日。

**きた-ローデシア【北ローデシア】**(Northern Rhodesia) ザンビアの旧称。

**きた-ろっぺいた【喜多六平太】**(一八七四–一九七一) 能楽師。シテ方。喜多流一四世宗家。東京生まれ。喜多流を再興する。昭和二八年(一九五三)文化勲章受章。重要無形文化財保持者。著書『六平太芸談』。

**きたわき-のぼる【北▼脇昇】**(一九〇一–五一) 洋画家。名古屋生まれ。シュールレアリスム的作風で関西画壇に活躍。作品『空港』など。

**き-たん【忌▼憚】**《多く、下に打ち消しをともなう》気兼ねし、はばかること。遠慮。reservation 用例 ―のない意見。

**き-だん【気団】** 広い範囲にわたって一様な性質を備える、大気の塊。大陸や海洋のような、ほぼ均一な性質の地表の上に大気が長期間滞留するときに、一団の空気の温度や水蒸気量などが均一になり、気団が形成される。オホーツク気団・揚子江気団・熱帯海洋性気団など。air mass

**き-だん【奇談】** ①珍しく、おもしろい実話。珍談。strange story ②↓きだん(綺談)

**き-だん【▼綺談】** おもしろくつくった話。romantic story

**ぎ-だん【疑団】** 心にしこりとなった、うたがいのかたまり。用例 ―が氷解する。

**きたん-かいきょう【紀淡海峡】** 和歌山県北西端と淡路島南東端の間の海峡。紀伊水道と大阪湾を結ぶ。友ケ島水道。

**キチ【吉】** 6画 部首[口] 常用 JIS 2140

音 キチ・キツ

さいさきがよい。めでたい。よい。対義 凶。「大吉」「吉事」・吉日・吉例」用例 (名)知らせが―と出る。↓キツ[吉]

**き-ち【危地】** あぶない場所・場合。dangerous position 用例 ―に陥る。

**き-ち【奇知・奇▼智】** 奇抜な知恵。

**き-ち【既知】** とっくに知られていること。すでに経験して知っていること。known 対義 未知。用例 ―の事実。

**き-ち【基地】** 軍隊・探険隊などで、活動の根拠となる地点。根拠地。用例 登山隊の―。

**き-ち【貴地】** 相手のいる土地を言う敬語。御地。

**き-ち【機知・機▼智】** 時に応じて、とっさに働く才知。とんち。ウイット。wit 用例 ―に富む。

**き-ち【▼窺知】**(名・サ変他) うかがい知ること。察知。用例 ―することも許さない。

**き-ぢ【黄血】**《体液が黄色っぽいことに由来》シマミミズの釣り餌としての俗称。

**き-ちがい【気違い・気▽狂い】**《卑語》①精神の状態がふつうでないこと・人。lunatic ②物事に熱中していること・人。マニア。mania; maniac

**気違いに刃物** 無鉄砲な人が凶器を持っていて、非常に危険なこと。危険なものを、いっそう危険にするたとえ。It's like giving a loaded revolver to a lunatic.

**きちがい-ざた【気違い▼沙▼汰】** ふつうでは考えられない、気違いじみたこと。狂人のような行動。madness 用例 こんな大吹雪に外出するなんて―だ。

**きちがい-じ・みる【気違い染みる】**(上一自) 狂人のように見える。mad 用例 ―・みた行動。

**きちがい-なすび【気違い▼茄▽子】** チョウセンアサガオの別名。葉を喘息の薬とするが、猛毒で中毒になると暴れ苦しむため、この名がある。

**きちがい-みず【気違い水】**《飲むと人が変わったようになることから》酒の別称。

**きち-きち** ㊀(形動) ①すき間のないさま。窮屈なさま。pinch; tight 用例 ―の靴。②数量や時間などに余裕のないさま。ぎりぎり。ぎっしり。barely; jam 用例 ―で間に合う。㊁(副) 決められたとおりにするさま。きちょうめんなさま。きちんきちん。accurately 用例 ―と片付ける。

**きちきち-ばった【きちきち▼蝗▽虫】** ①《飛ぶときにキチキチと音を出したことから》ショウリョウバッタの俗称。②バッタ科の昆虫。ショウリョウバッタに似るが、より小形。飛ぶときに音は出さない。ショウリョウバッタモドキ。

**きち-きょく【基地局】** 陸上移動局と通信を行うため開設する、移動しない無線局。base station

**き-ちく【鬼畜】** ①《仏教語》餓鬼と畜生。鬼畜生。②残酷な行為をする人。brute

**きちく-もの【鬼畜物】** 能楽で、鬼などが登場するもの。五番目物。切能。

**きち-こう【▼桔▼梗】** キキョウの古名。

**きち-じ【吉事】** ＝きつじ。①縁起のよいこと。めでたいこと。auspicious event 対義 凶事。②《江戸時代の忌みことば》葬儀。

**きち-じ【喜知次・吉次】** カサゴ科の赤色の海水魚。水深三〇〇～四〇〇mの深海にすむ。全長三〇cm余。目が大きく、背びれに一つの黒斑がある。総菜用、かまぼこの原料。本州中部以北に分布。↓図

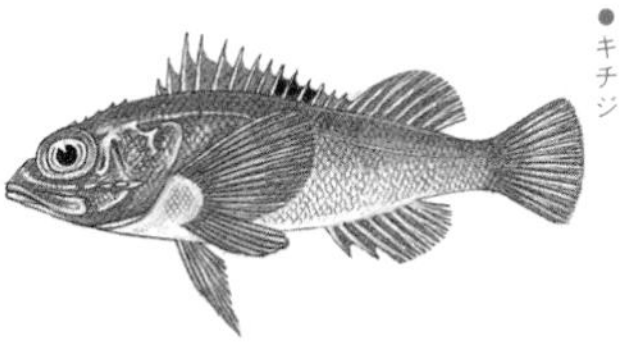
●キチジ

**きち-じつ【吉日】** ↓きちにち(吉日)

**きちじょうじ【吉祥寺】** 東京都、武蔵野市東部の地区。デパートや近代的商店が多く、若者志向の繁華街を形成。周辺は住宅地。

**きちじょう-そう【吉祥草】** ユリ科の多年草。常緑で日陰にはえる。披針形で先のとがった葉が束生。晩夏、葉間から花茎を出し、淡紅紫色の花を穂状につける。カンノンソウ。

**きちじょう-てん【吉祥天】** 仏教で天部の一つ。毘沙門天の妃。福徳を与える女神として尊崇される。豊満な感じで、天衣・宝冠をつけ、左手に蓮華または如意宝珠をささげ持つ姿で表される。きっしょうてん。↓天平時代写

**きち-すう【既知数】** 方程式に含まれている具体的な数や、値のわかっている文字。known quantity 対義 未知数。

**きちぞう【吉蔵】**(五四九～六二三) 中国、隋の僧。隋唐仏教の第一人者で、三論宗を大成。著書『三論玄義』など。嘉祥大師。

**きち-にち【吉日】** 物事をするのによい日。めでたい日。きつじつ。きちじつ。auspicious day 対義 悪日・凶日。用例 黄道―。思い立ったが―。

**きち-む【吉夢】** めでたい夢。よい夢。きつむ。

**き-ちゃく【帰着】**(名・サ変自) ①帰り着くこと。return ②ある点に落ち着くこと。帰一。帰結。conclusion

**き-ちゅう【気柱】** 細長い管の内部の空気。管の形に応じた特定の振動数の音を加えると共鳴が起こる。管楽器は、この共鳴を利用している。air column

**き-ちゅう【忌中】** 人の死後、近親者が喪に服する期間。一般には四九日間。mourning

**ぎちゅう-じ【義仲寺】** 大津市馬場にある天台宗の寺。巴御前が木曽義仲の討死した地に草庵をつくり、天文二二年(一五五三)佐々木高頼が諸堂を建立。義仲・芭蕉の墓がある。

**き-ちょ【貴著】** 相手の著書を言う敬語。比較 貴書。対義 拙著。

**き-ちょう【黄▼蝶】** 翅の黄色いシロチョウ科のチョウ。開張約四cm。草原に多い。食草はハギ・ネムノキなど。本州以南・アジア・アフリカに分布。↓図

●キチョウ

**き-ちょう【▼几帳】** 間仕切りや風を防ぐために用いられた家具。台に二本の柱を立て横木を渡し布を掛けたもので、おもに貴人の調度であった。↓写

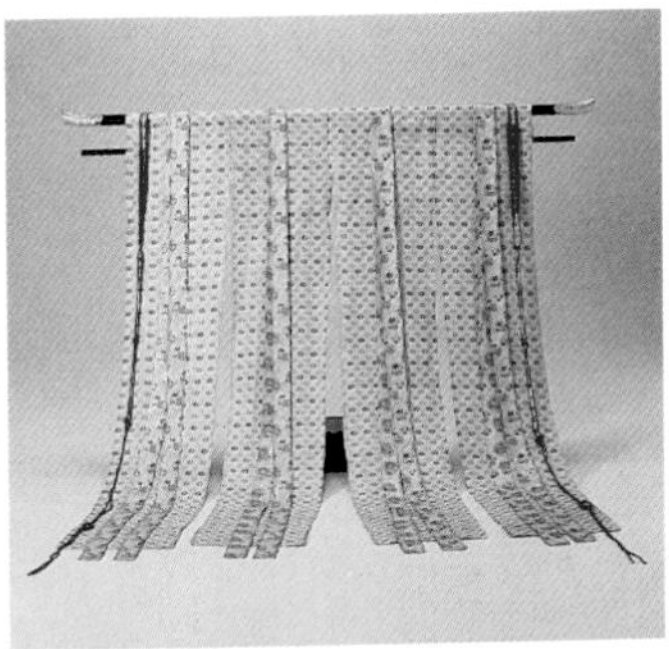
●几帳

**き-ちょう【記帳】**(名・サ変他) 帳面に書き入れること。register 用例 ―済み。

**き-ちょう【帰朝】**(名・サ変自) 外国から帰ってくること。帰国。return from abroad 比較 来朝。

**き-ちょう【基調】** ①音楽・絵画・デザインなどで、その作品に支配的な調子や色。②思想・学説などの根底となる傾向・考え方。keynote

**き-ちょう【機長】** 航空機の正操縦士で、乗務員中の最高責任者。航空法に基づき、運輸大臣の技能証明を取得し、さらに数年の訓練を積むことが必要とされる。captain

**き-ちょう【貴重】**(形動) 非常に大切なさま。valuable 用例 ―品。

**ぎ-ちょう【議長】** ①会議で議事の進行や採決の主宰者。chairperson ②国会や地方公共団体の議会で議員のうちから選挙され、議会を運営し、議会を代表する人。③連合体などの代表者。用例 総評―。

**ぎ-ちょう【▼魏徴】**(五八〇～六四三) 中国、唐代初期の名臣。太宗に「守成の難」を論じ、諫臣の第一とされた。『隋書』『群書治要』編纂を主宰。

**ぎちょう-しょっけん【議長職権】** 国会や地方議会の議長に与えられる、緊急に必要と判断したとき独自に開・閉会や議事の進行・採決などを行う権限。authority as speaker

**きちょう-めん【▼几帳面】** ㊀(名)《もと几帳の柱に用いられたことから》柱などの角を丸く削り、その丸みを残してその両側に段をつけたもの。㊁(形動) きちんとして規則正しく厳格なこと。precise

**きちょう-りょく【起潮力】** 潮汐を起こす力。月と太陽の引力が要因。月の地球へおよぼす引力と地球の公転による遠心力との差で、月に面する側とその裏側で最大となる。太陽の起潮力は月の約半分。tide generating force

**きち-れい【吉例】** めでたいしきたり。きつれい。

**キチン**[chitin] アミノ酸の一種。節足動物のかたい表皮、軟体動物の殻などの重要な構成物質。窒素を含む多糖類で、酸にもアルカリにも強い。

**キチン**[kitchen] ↓キッチン

**きちん-と**(副) ①かたづいて、よく整っているさま。neatly 用例 ―かたづける。②規則正しいさま。正確なさま。punctually 用例 ―した生活。―九時に始まる。

**キチン-の-なみ【キチンの波】** 資本主義経済に見いだされる、平均四〇か月を周期とした景気の循環。アメリカのジョセフ＝キチンが発見。キチン循環。在庫循環。Kitchin cycles

**きちん-やど【木賃宿】** ＝木賃。①調理に必要な薪代(＝木賃)だけを払って宿泊した簡易宿泊所。江戸時代、旅籠屋が完備すると宿場の端に位置。木銭宿。雲助宿。②安く、そまつな宿屋。cheap inn

**キツ** 3画 **【▼乞】** 部首[乙] JIS 2480
音 キツ・コチ・コツ
こう。もとめる。ものもらい。「乞食」

**キツ** 5画 **【▼仡】** 部首[人・亻] 
音 ギツ・キツ・ゴツ・コツ
いさましい。たけだけしい。いさむさま。

**キツ** 6画 **【▼吃】** 部首[口] JIS 2141
音 キツ
①どもる。発音がつかえる。「吃音」②たべる。くらう。「吃水」

**キツ** 6画 **【吉】** 部首[口] 常用 JIS 2140
音 キチ・キツ
めでたい。さいわい。よい。「不吉」「吉凶・吉事・吉日・吉例」↓キチ【吉】

**キツ** 6画 **【▼屹】** 部首[山] JIS 5408
音 ギツ・キツ
たかい。そばだつ。山が高くそびえたつ。「屹然・屹立」

**キツ** 7画 **【▼迄】** 部首[辶]
6画 **【▼迄】** 部首[辶] 異体字 JIS 4388
音 キツ
①およぶ。いたる。②まで。範囲・限度を示す。

**キツ** 8画 **【▼佶】** 部首[人・亻] JIS 4843
音 キツ
すこやか。つよい。強健。「佶屈聱牙」

**キツ** 9画 **【▼拮】** 部首[扌] JIS 5741
音 キツ・ケツ
①はたらく。手と口とを一緒にはたらかす。②はりあう。「拮抗」

**キツ** 10画 **【▼訖】** 部首[言] JIS 7531
音 キツ
①おわる。おえる。おわりになる。②つきる。つくす。なくなる。③ついに。結局。到頭。

**キツ** 12画 **【喫】** 部首[口] 常用 JIS 2142
12画 **【▼喫】** 旧字
音 キツ・ケキ
①のむ。たべる。くらう。「満喫」「喫煙・喫茶・喫水」②せまられる。大切な。「喫緊」

**キツ** 13画 **【詰】** 部首[言] 常用 JIS 2145
音 キツ
訓 つめる・つまる・つむ
①なじる。せめたてて問いただす。「難詰・面詰」「詰問」②かがむ。のびのびしない。「詰屈」③つめる。つまる。④つむ。つみ。

**キツ** 16画 **【▼橘】** 部首[木] 人名用 JIS 2144
音 キツ
①タチバナ。ミカン科の常緑低木。「柑橘類」②姓氏の一つ。たちばな氏。「源平藤橘」

**きづ【木津】**〈町〉 京都府南端にある町。古く河港として栄え、今も鉄道の合する交通の要地。人口一万九〇六二(一九八八)。

**きつ・い**(形) ①はげしい。ひどい。severe ②つよい。気性が強い。strong 対義 あまい。用例 ―仕事。③きびしい。つらい。hard 対義 緩い。用例 ―子。―く叱る。―寒さ。④窮屈だ。すきまがない。tight 対義 緩い。用例 靴が―。派生 きつさ(名) きつ

▼常用漢字表外。 ▽常用漢字表の音訓外。

め(名)

**きつ-えん【喫煙】**(名・サ変自) タバコをすうこと。smoking 比較 禁煙。用例 ―室。数え方 一服。

**きつ-おん【吃音】** どもる音声。言語障害の一つ。発語の繰り返し・ためらい・引き伸ばしを主症状とするもの。stammering

**きっ-か【菊花】**《「きくか」の変》①菊の花。chrysanthemum ②練り香の名。六種の薫き物の一つ。宮中で、四季の薫き物として秋または冬にたかれる。③紋所の名。菊の花を紋章化したもの。天皇家では一六弁八重表菊。各宮家共通は一四弁一重裏菊。ほかに菊水・乱菊など。↓図

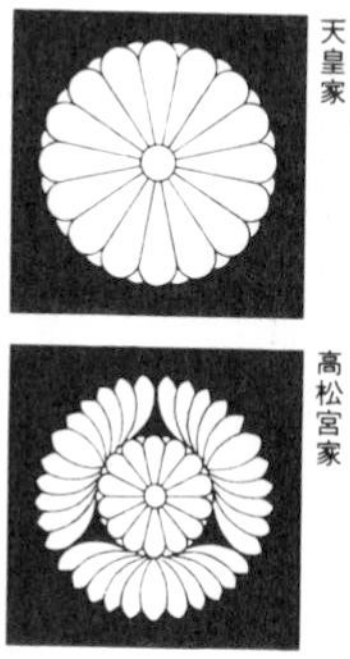

●菊花③

**きっ-かい【奇怪】**(名・形動)《「きかい」の転》↓きかい(奇怪)

**き-づかい【気遣い】** 気を遣うこと。心遣い。worry 用例 お―はご無用に。

**きっかい-せんばん【奇怪千万】**(形動) ①たいへん不思議なさま。mysterious ②たいへんけしからぬさま。outrageous

**き-づか・う【気遣う】**(五他) いろいろ心配する。worry 用例 安否を―。

**きっか-ぎり【菊花切(り)】** カブ・ダイコンなどを縦横に切れ目を入れ菊の花に見立てて切る切り方。↓図

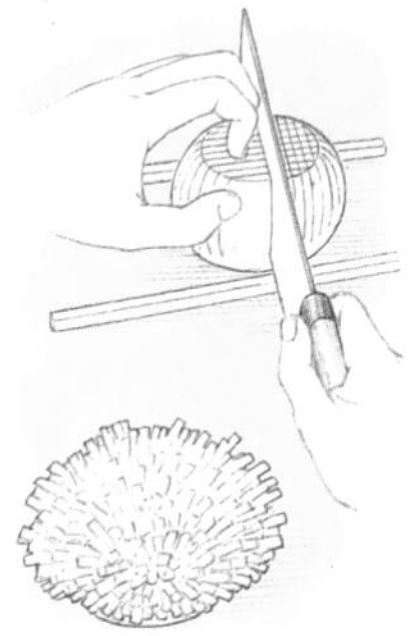
●菊花切り

**きっ-かけ【切っ掛け】** ①物事をする始まり。手始め。beginning ②とき。おり。しお。契機。機縁。chance ③はずみ。動機。motive

**きっか-しょう【菊花章】**《「大勲位菊花章」の略》大勲位に叙せられた人に与えられる勲章。菊花大綬章と菊花章頸飾。

**きっか-しょう【菊花賞】** 中央競馬の五大クラシックレースの一つ。四歳馬の牝・牡ともに出走資格がある。毎年一一月に京都競馬場で開催。距離三〇〇〇m。きくかしょう。

**きっかしょう-けいしょく【菊花章頸飾】**《「大勲位菊花章頸飾」の略》大勲位に叙せられた人に与えられるくび飾り状の勲章。

**きっか-だいじゅしょう【菊花大綬章】**《「大勲位菊花大綬章」の略》大勲位に叙せられた人に与えられる勲章。↓勲章図

**きっかり**(副) ①正確なさま。ちょうど。きちんと。exactly 用例 九時―に始める。②きわだって、はっきりしているさま。くっきり。clearly 用例 ―した線で描く。

**き-づかれ【気疲れ】**(名・サ変自) 心が疲れること。心労。mental fatigue

**きづ-がわ【木津川】** 京都府南部を流れる川。長さ八九km。笠置山地から木津町を経て、八幡市で宇治川と合流、淀川となる。

**きっかわ-これたる【吉川惟足】**(一六一六〜一六九四) 江戸前期の神道家。吉田家奥義を伝授され、吉川神道を唱道した。天和二年(一六八二)幕府の神道方となる。

**き-づかわし・い【気遣わしい】**(形) 気がかりだ。心配だ。懸念される。anxious 派生 きづかわしげ(形動) きづかわしさ(名)

**きつき【杵築】**〈市〉 大分県国東半島の南の入り口の市。旧城下町。ミカン・茶の栽培がさかん。人口二万二四〇〇(一九八八)。

**きっきゅう-じょ【鞠躬如】**(形動トタル)《「きくきゅうじょ」の変》身をかがめて、かしこまるさま。用例 ―として進み出る。

**きっ-きょう【吉凶】**《「きちきょう」の変》吉事と凶事。禍福。

**吉凶は糾える縄の如し** 幸と不幸とは、縄がより合わされているように、かわるがわるやってくるものだ。

**きっ-きん【喫緊・吃緊】**(名・形動) 非常に急を要すること。用例 現下―の課題。

**キック【kick】**(名・サ変他) ①蹴ること。②サッカー・ラグビーなどで、ボールを蹴ること。③水泳で、水を蹴るようにして推進力を得ること。蹴り足。④プロレス・キックボクシングなどで相手を蹴る攻撃法。蹴り。

**き-づ・く【気付く】**(五自) ①気がつく。感づく。さとる。notice ②正気に戻る。come to one's senses

**キックオフ【kickoff】** ラグビーやサッカーなどで、ボールを蹴り、試合を開始、または再開すること。

**きっ-くつ【詰屈・佶屈】**(名・サ変自・形動) ①つまることと、かがまること。②文字が難しくて、わかりにくいこと・さま。

**きっくつ-ごうが【佶屈聱牙】** 文章が難しくて、わかりにくいこと。

**キックボール【kickball】** ボールを敵陣に早く蹴りこんだほうが勝つ遊び。参考 アメリカでは、足で蹴る野球のような遊び。

**キック-ボクシング【kick boxing】** タイ式ボクシングを母体に、柔術や空手など日本古来の格闘技をまじえたプロスポーツ。体のどこを使って相手を攻撃してもよい点が特徴。初公開試合は昭和四一年(一九六六)。↓写

●キックボクシング

**きづくり【木造】**〈町〉 青森県、五所川原市西隣の町。良質米の産地。縄文時代の亀ケ岡遺跡は有名。人口二万二八四六(一九八八)。

**ぎっくり**(副・サ変自) 不意の出来事におどろくさま。ぎくり。be surprised

**ぎっくり-ごし【ぎっくり腰】** 中腰で重いものを持ちあげたり、腰をひねったはずみにおこるはげしい腰の痛み。椎間板ヘルニア。lumbosacral strain

**き-つけ【気付け】** ①元気をつけること。encouragement ②気絶した人を正気づかせること。bring around ③《「気付け薬」の略》気付けのための興奮剤。restorative

**き-つけ【着付(け)】** ①着たぐあい。着こなし。dressing; the way one dresses ②着なれていること。③着物を形よく着せること。そのできあがり姿。dress well ④装束や舞台衣裳などの特殊な衣服の着装およびその衣服。

**き-づけ【気付】** 郵便物などをその人の住所でない所に送るとき、中継者の名の下に書く語。care of; c/o

**き-つ・ける【着付ける】**(下一他) ①いつも着ている。着慣れる。be used to wear ②着物を着せる。dress

**きっ-こう【拮抗・頡頏】**(名・サ変自)《「頡頏」は、「けっこう」が正しい》同等の力で張り合うこと。rivalry

**きっ-こう【亀甲】** ①カメの甲羅。堅い箱状の外骨格で、背甲と腹甲からなる。甲は、上層が表皮性の角質板、下層が真皮性の骨質板の二層からなる。きこう。tortoiseshell ②六角形が連続している模様。亀甲形。hexagonal pattern; honeycomb ③紋所の名。亀甲の筋文の形を紋章化。↓図

●亀甲③

**きっこうじゅうこつ-もじ【亀甲獣骨文字】**↓こうこつもじ(甲骨文字)

**きっこう-ちく【亀甲竹】** イネ科モウソウチクの変種。モウソウチクに酷似するが、稈の下部で節が斜めに密について、節間が亀甲状に見える。稈を杖・釣り竿に利用。

**きっこう-でん【乞巧奠】**↓きこうでん(乞巧奠)

**きっこう-はぐま【亀甲羽熊】** キク科の多年草。山地の木陰にはえる。葉は五角形で茎の基部に集まる。秋に、白色筒状の頭花を穂状につける。

**きっこう-もよう【亀甲模様】** 亀の甲羅を図案化した六角形の文様。めでたい印として古くから単独・連続で使われる。hexagonal pattern

**キッコーマン【キッコーマン(株)】** 最大手の醬油メーカー。大正六年(一九一七)設立。

**ぎっこどく【給孤独】** 須達の別称。

**ぎっこどく-おん【給孤独園】** 祇園精舎の別称。

**きっ-さ【喫茶】** 茶を飲むこと。きっちゃ。tea drinking 用例 ―店。

**きっ-さ【譎詐】**《「けっさ」の慣用読み》いつわること。たばかり。

**きっ-さき【切っ先】** ①刃先。point of a sword ②切りそいで、とがった物の先。edged point 用例 竹の―。↓包丁図

**きっさ-てん【喫茶店】** コーヒー・紅茶などの飲み物を中心に、軽食やケーキなどを提供する飲食店。第二次大戦後、打ち合わせ・待ち合わせなどの場所として急激に増加。ジャズ喫茶・画廊喫茶など特色あるものも多い。coffee shop; tea room

**きっさようじょうき【喫茶養生記】** 鎌倉初期の医書。二巻。栄西著。建保二年(一二一四)完成。茶の効用を強調し、伝説と宋の医学の新説を結びつけた。

**きつ-じ【吉事】**↓きちじ(吉事)

**きつ-じつ【吉日】**↓きちにち(吉日)

**ぎっ-しゃ【牛車】** 平安時代、牛にひかせた、貴人の乗用の車。乗る人の身分によって種類が異なった。唐庇車・檳榔毛車・糸毛車・網代車など。ぎゅうしゃ。↓図

**きっしゅう【吉州】** 北朝鮮(朝鮮民主主義人民共和国)北東部、咸鏡北道の都市。農業、パルプ・製紙業、食品工業がさかん。キルジュ。

**きっしゅう-よう【吉州窯】** 中国、江西省吉安市永和鎮にあった陶窯。唐代に精巧な彫文様のある青白磁を、北宋時代に玳皮盞といわれる天目茶碗を焼造した。

**キッシュ-ロレーヌ【quiche lorraine フランス】** フランスのロレーヌ地方の名物料理。パイ生地にチーズ・カスタードなどを流して焼いたもの。

**きっ-しょう【吉祥】** さいわい。めでたいこと。きちじょう。

**きっしょう-てん【吉祥天】**↓きちじょうてん(吉祥天)

**きっしょう-もんよう【吉祥紋様】** 中国伝来の瑞祥的な意味をもつ構成模様。松竹梅・鶴・亀・鳳凰・几帳・小槌などめでた

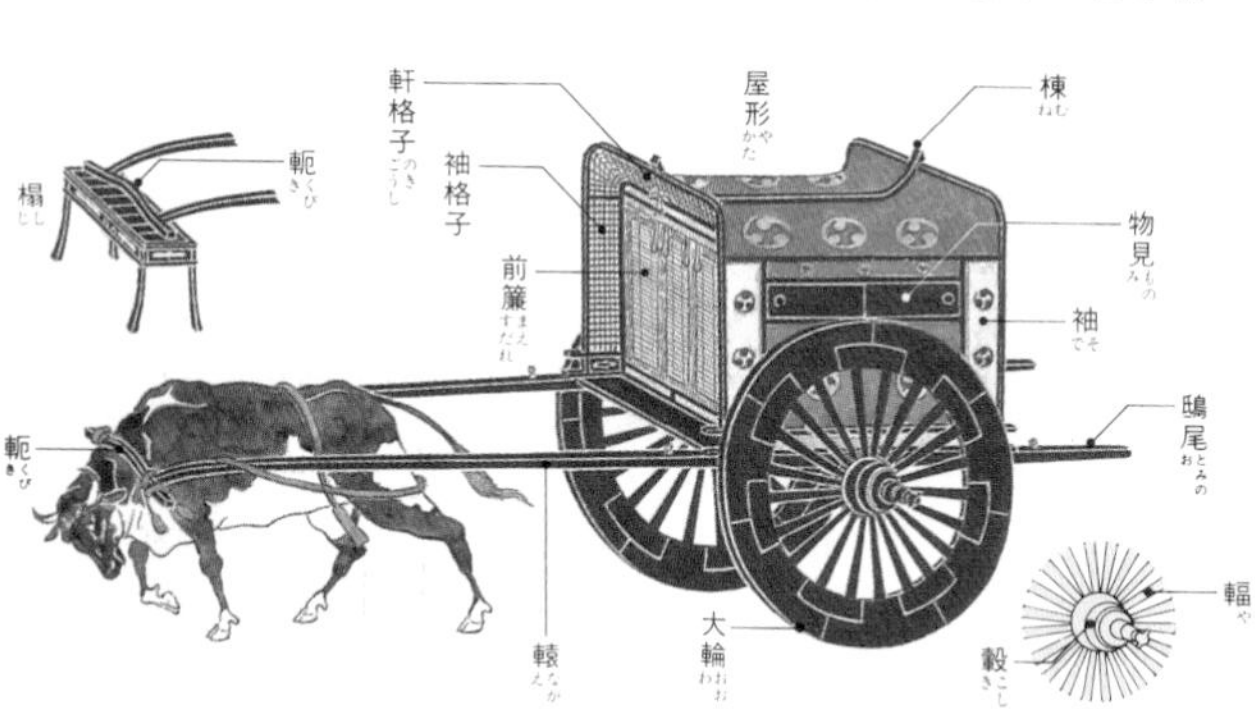

●牛車 網代車の各部名称



↓ 行き先項目、図版・写真参照印。 JIS 日本工業規格情報交換用漢字符号コード(区点コード)。

●吉祥紋様

いものを組み合わせる。訪問着や留め袖などに用いられる。→写

**ぎっしり**(副) すきまなく詰まっているさま。be crammed with 用例観客席が―埋まる。

**きっ-しん【吉▼辰】** めでたい日。吉日。

**ギッシング【George Gissing】**(一八五七～一九〇三) イギリスの小説家。下層社会の生活を率直に描いた。小説『当世三文文士街』、随筆集『ヘンリー=ライクロフトの私記』など。

**キッシング-グーラミー【kissing gourami】** 仲間どうしでキスする習性をもった淡水産の熱帯魚。全長約三〇㎝。ピンクがかった白色。キスはテリトリーを守るための闘争行動で、負けたほうは退散する。石などについた付着藻類を食べる。東南アジア原産。

**キッシンジャー【Henry Alfred Kissinger】**(一九二三～) アメリカの政治家。ドイツ生まれ。ハーバード大教授。一九六九年以降、ニクソン大統領の補佐官・国務長官としてニクソン訪中やベトナム和平交渉に活躍。一九七三年ノーベル平和賞受賞。著書『核兵器と外交政策』など。

**キッス【kiss】**(名・サ変自) →キス

**きっ-すい【生っ粋】**《「きすい」の転》まじりけのないこと。純粋。genuine; pure 用例―の江戸っ子。

**きっ-すい【喫水・▼吃水】** 船が水に浮かんだとき、船体の最下部から水面までの垂直距離。船脚。draft

**きっすい-せん【喫水線】** 船体が水に浮かんだときの、水面が船腹に接する線。海水と淡水のちがい、積み荷の有無などによって変わる。水線。water line

**きっ-する【喫する】**(サ変他) =喫す。①飲食する。eat; drink ②すう。smoke ③こうむる。suffer 用例惨敗を―。

**きつ-ぜん【▼屹然】**(形動タル) ①山が高くそびえ立つさま。②人が物に動じないさま。

**きっ-そう【吉▽左右】** ①よいたより。吉報。②善悪どちらかのたより。

**きっ-そう【吉相】** ①よい事の前触れ。吉兆。good omen ②よい人相。lucky physiognomy ③縁起を祝うこと。

**き-づた【木▼蔦】** ウコギ科のつる性常緑低木。葉は互生し、濃緑色。一〇～一一月に黄緑色の小花が球形に密集。果実は黒熟。気根を出し木や岩にからむ。フユヅタ。

**きったん【▽契丹】** 四世紀以降、東蒙古のシラムレン川流域に現れた遊牧民族。モンゴル系でツングース族との混血とされる。一〇世紀初め耶律阿保機が諸部族を統合、帝位につき、中国の東北部から内外蒙古を支配して国号を遼とした。キタイ。Khitan

**き-づち【木▼槌】** 木でつくったつち。wooden hammer 対義金づち。

**キッチナー【Horatio Herbert Kitchener】**(一八五〇～一九一六) イギリスの将軍。ファショダ事件の解決に尽力し、南ア戦争の総司令官などを歴任。第一次大戦中陸相に就任。軍備拡張を実施。協議のためロシア訪問途上、乗艦が機雷に触れ沈没して戦死。

**きっ-ちゃ【喫茶】** →きっさ(喫茶)

**キッチュ【Kitschドイ】** ①もとは、俗悪な作品やまがいものをいうが、あえて低俗ふうに作品をつくろうとする表現形式、およびその作品をさす。映像・音楽・絵画・演劇などの分野におよぶ。②《転じて》俗悪。悪趣味。

**ぎっちょ** ①左きき。左ぎっちょ。left-handed ②《鳴き声に由来》キリギリスの俗称。

**きっ-ちょう【吉兆】** よい前触れ。吉相。good omen 対義凶兆。

**ぎっ-ちょう【▼毬▼杖・▼毬▽打】** 正月に行う玉打ちの遊び。槌の形をした杖で、木製の毬を打つ。ぎちょう。

**きっちょむ-ばなし【吉▽四六話】** 大分県地方に伝わる吉四六が主人公の頓知話。

**きっちり**(副・サ変自) ①すきまのないさま。tightly ②よく適合しているさま。ちょうど。きっかり。exactly

**キッチン【kitchen】** 台所。調理場。キチン。

**キッチン-ドリンカー【kitchen drinker】** 台所にあるアルコール類をひそかに口にする人。とくに常習化してアルコール依存症になった主婦をいう。

**き-つつき【▼啄▽木▽鳥】** キツツキ科の鳥の総称。森林にすみ、長く鋭い嘴で幹をつつき、虫を引き出して食べる。日本にはコゲラ・ヤマゲラなど一〇種が分布し、オーストラリアなどを除く全世界に約二一〇種が分布。ケラ。ケラツツキ。キタタキ。タクボク。タクボクチョウ。woodpecker →図

●キツツキ　アカゲラ

**きっ-て【切手】** ①金銭を受け取る証拠とする紙片。手形。bill; check 用例小―。②商品券。gift certificate 用例商品―。③「郵便切手」の略。postage stamp 用例―をはる。数え方一枚・一シート。

**きって-の【切っての】**(連語)《名詞を受け、接尾的に使う》…の中で一番の。随一の。the most … of all 用例校内―音楽通。

**きっ-と【▼屹度・▽急度】**(副)《「きと」の転》①たしかに。まちがいなく。必ず。certainly 用例―来る。②急に態度が厳しくなるようす。sternly 用例―にらみつける。③厳しく。きりりと。用例―申しつける。④古語すぐに。とっさに。用例―思ひいだして(平家・九・生ずきの沙汰)。

**屹度する**(きっとする) ①緊張した厳しいさまです る。おごそかに行う。②たしかにする。きちんとする。しっかりやる。

**キット【kit】** 道具・部分品などの一そろい。

**キッド【kid】** ①子ヤギ。②子ヤギなどのなめし革。薄手でやわらかく、じょうぶなので、高級ぐつ・手袋などに使う。

**キッド【Thomas Kyd】**(一五五八～一五九四) イギリスの劇作家。復讐悲劇を確立、シェークスピアらの先駆となる。戯曲『スペインの悲劇』。

**キットピーク-てんもんだい【キットピーク天文台】**(Kitt Peak National Observatory) アメリカ合衆国国立天文台。アリゾナ州ツーソン近郊のキットピークにある。一九五九年設立。

**きつね【▼狐】** ①イヌ科に属する哺乳動物。古くから民話・伝説に登場する。イヌに似た動物。毛色は変化に富む。口吻は細長くとがり、尾は太くふさ状。体長六〇～八〇㎝、尾長三〇～四八㎝。雑食性。毛皮獣。日本全土・ユーラシア・北アメリカなどに分布。fox ②「きつねうどん」「きつねそば」の略。→写

**狐が落ちる**(きつねがおちる) 狐つきがなおる。精神の錯乱状態が、けろりとなおる。

**狐と狸**(きつねとたぬき) ①くせもの同士。②「狐と狸の化かし合い」と同意。

**狐と狸の化かし合い**(きつねとたぬきのばかしあい) ずるい者同士が、互いにはかりごとを用いて、だまし合うこと。outfox each other

**狐に小豆飯**(きつねにあずきめし)《キツネに好きな物を出すとすぐ手を出す、の意》油断できないこと、また、危険なことのたとえ。類似猫に鰹節。金魚に子孑。

**狐に撮まれる**(きつねにつままれる)《キツネにだまされる、の意》わけがわからず、意外のことにぼんやりする。

**狐の子は頰白**(きつねのこはつらじろ) 子が親に似ていることのたとえ。

**狐を馬に乗せた様**(きつねをうまにのせたよう) ①落ち着きのないようす。②言うことが信用できないさま。

●キツネ①　ホンドギツネ

**きつね-あざみ【▼狐▼薊】** キク科の二年草。道ばたや畑にはえる。高さ六〇～八〇㎝。葉は羽状に全裂。初夏に、アザミに似た紅紫色花をつける。本州以南に分布。

**きつね-いろ【▼狐色】** くすんだ橙色。

**きつね-うどん【▼狐▼饂▼飩】** 味つけした油揚げとネギとを入れた、かけうどん。きつね。

**きつね-けん【▼狐▼拳】** 拳の一種。二人で向かいあって行う。両手を耳にあてるのがキツネ、膝の上が庄屋、左手を握り前に出すのが猟師(鉄砲)。キツネは庄屋に、庄屋は猟師に、猟師はキツネに勝つ。藤八拳。庄屋拳。

**きつね-ごうし【▼狐格子】** 民家の屋根で、切妻破風の下に設けられる格子。裏に板が張ってある。木連れ格子。lattice →写

●狐格子

**きつね-ざる【▼狐猿】** キツネザル科のサルの総称。サルのなかでもいちばん下等な原猿類の仲間で、一六種いる。夜行性。マダガスカル特産。その中の一種ワオキツネザルは体長約五五㎝、尾約四五㎝。体は灰褐色で、尾に横じまがある。lemur →写

**きつね-つかい【▼狐使い・▼狐遣い】** キツネを使った妖術で富を得たり、人をだましたり、人に害を与えるとされること。また、その術を使うとされる人。稲荷使い。飯綱使い。

●キツネザル　ワオキツネザル

**きつね-つき【▼狐▼憑き】** キツネの霊が人体にとり憑いたとされる一種の精神の異常状態。また、その人。飯綱憑き。

**きつね-の-えふで【▼狐の絵筆】** 担子菌植物スッポンタケ科のキノコ。高さ七～一二㎝、太さ径六～一五㎜の角状で、かさを欠く。頭部に異臭のある胞子液をつける。

**きつね-の-かみそり【▼狐の▼剃▽刀】** ヒガンバナ科の多年草。山野の樹陰にはえる。線形の葉は、春に出て夏に枯れる。八～九月に、黄赤色の花が長い花茎の先に数個咲く。→写

●キツネノカミソリ

**きつね-の-たいまつ【▼狐の▽松▽明】** 担子菌植物スッポンタケ科のキノコ。夏から秋にかけて、林や畑などに発生。高さ一〇～一五㎝、太さ一～一・五㎝。かさは鐘形、黒褐色、悪臭のある胞子液をつける。

**きつね-の-ちゃぶくろ【▼狐の茶袋】** ①ホコリタケの異名。②コミカンソウの異名。

**きつね-の-てぶくろ【▼狐の手袋】** ジギタリスの異名。

**きつね-の-ぼたん【▼狐の▼牡丹】** キンポウゲ科の多年草。野原や湿地にはえる。高さ約三〇㎝で有毒。葉は三裂して、鋸歯がある。四～七月に、黄色の小花をつける。→図

●キツネノボタン

**きつね-の-まご【▼狐の孫】** 野原

や道ばたにはえるキツネノマゴ科の一年草。高さ一〇～四〇cm。葉は対生、茎とともに毛を密生。八～一〇月に、淡紫紅色の小花を穂状につける。若葉は食用。

●キツネノマゴ

**きつね-の-よめいり**【▼狐の嫁入り】①夜中に山野で、狐火が多く現れ、提灯の列のように見えるもの。②太陽が出ているのに雨が降る天気。天気雨。↓図

**きつね-び**【▼狐火】深夜に山野で見られる怪火。キツネが闇夜に火をともすという俗信による。燐の燃焼ともいわれるが原因は不明。狐の提灯。鬼火。燐火。will-o'-the-wisp

**きつね-めし**【▼狐飯】飯の中に、刻んだ味つけの油揚げを混ぜ入れたもの。

**きつねものがたり**【▼狐物語】《原題Roman de Renart(フランス)》キツネのルナールを主人公とした中世動物寓話詩。一二世紀後半から一三世紀の北フランスで流布。作者未詳。

**きつね-やなぎ**【▼狐柳】ヤナギ科の落葉低木。山地にはえる。葉は長楕円形で、裏は灰白色。春に、黄緑色の花穂をつける。

**きっ-ぱ**【切っ刃】《「きりは」の転》刀の刃の部分。

**切刃を回す**(きっぱをまわす)①刀のつかに手をかけ、今まさに引き抜こうとする。②刀を振り回す。③縦横に弁じて、反論する。

**きっぱり**(副)はっきりした言動をとるさま。flatly 用例 ―と断る。

**ギッピウス**【Zinaida Nikolayevna Gippius】(一八六九～一九四五)ロシアの女流詩人・小説家。メレジコフスキーの妻。小説『悪魔の人形』など。

**きっ-ぷ**【切符】①乗車・入場などのときに、料金支払い済みであることなどを示す、ある権利をもっているしるしに用いる小形の紙片。乗車券・入場券・観覧券など。チケット。ticket 用例 ―を買う。②特定の資格・権利。用例 地区予選に勝って甲子園出場の―を手に入れた。

**きっ-ぷ**【気っ風】《「きふう(気風)」の転》きまえ。気性。disposition 用例 ―がいい。

**キップ-の-そうち**【キップの装置】塊状の固体と液体を反応させ、必要なだけ断続的にガスを発生させる装置。オランダのキップが一八六二年ごろに考案した。Kipp's generator ↓図

**きっ-ぽう**【吉報】うれしい知らせ。good「news 対義 凶報。

**き-づま**【気▼褄】相手の機嫌・思わく。機嫌気褄。

**気褄を合わす**(きづまをあわす)機嫌をとるように調子を合わせる。

**き-づまり**【気詰(ま)り】(名・形動)気分が窮屈なこと・さま。constraint

**きつ-む**【吉夢】↓きちむ(吉夢)

**きつ-め**(名・形動)少しきゅうくつであること。a little tight

**きつ-もん**【詰問】(名・サ変他)相手をとがめる気持ちで、厳しく問いただすこと。cross-examination

**き-づよ・い**【気強い】(形)①心強い。feel reassured ②情に負けない。stouthearted 派生 きづよさ(名)

**きつ-りつ**【▼屹立】(名・サ変自)山が高くそびえ立つこと。soar

**き-つりふね**【黄釣船】ツリフネソウ科の一年草。山中の湿地にはえる。高さ四〇～八〇cm。夏に、淡黄色の花をつり下げて開く。↓図

●キツリフネ

**きつりん**【吉林】〈省〉中国、東北地区中部の省。省都長春。長白山脈の山地と松花江流域平野が中心で、製材業・農業がさかん。地下資源も豊富。長春・吉林周辺は重化学工業地域。人口二二七〇万(一九八四)。チーリン。

**きつりん**【吉林】中国東北部、吉林省中部の都市。木材の集散地で、製材・製紙工業などが発達。豊満ダムの水力発電を基礎に化学工業なども発展。人口一二一・四万(一九八四)。チーリン。

**きつれがわ**【喜連川】〈町〉栃木県東部の町。旧城下町・宿場町。稲作・畜産などを主とする農業地域。人口一万一五二二(一九八八)。

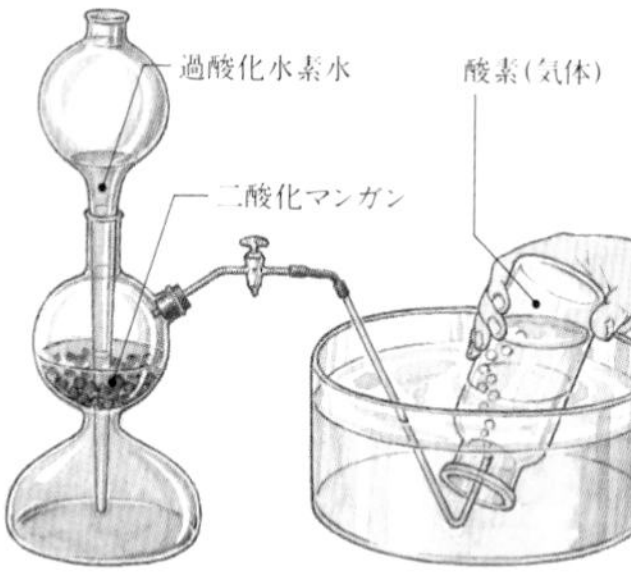



●キップの装置　酸素の捕集例

**きつれ-ごうし**【木連(れ)格子】↓きつねごうし(狐格子)

**き-て**【来手】来てくれる人。用例 嫁の―がない。

**き-て**【着手】着る人。

**ぎ-て**【技手】《「ぎし(技師)」と紛れやすいので、「ぎしゅ」をこう言う》↓ぎしゅ(技手)

**き-てい**【汽艇】↓ランチ(launch)

**き-てい**【既定】もう決まっていること。established 対義 未定。用例 ―の事実。

**き-てい**【基底】物事のもととなっている事柄。具体的なものをふまえて、しかもその底にある精神的なもの。base

**き-てい**【規定】㊀(名・サ変他)①はっきりときめること。また、そのきまり。rule; regulation ②条文として定めること。その条文。provisions ㊁(名)①規定度を表す単位。溶液一ℓ中に溶質が一グラム当量含まれるときの濃度が一規定。normal ②体操競技などで、「規定問題」の略。compulsory exercises 用例 ―終了時点でトップ。

**き-てい**【規程】官公庁の執務上の規則。official regulations

**き-てい**【旗亭】《昔、中国で、目印に旗を掲げたことから》①料理屋。酒楼。restaurant ②旅館。inn

**ぎ-てい**【義弟】《義理の弟、の意》①夫または妻の弟。妹の夫。brother-in-law ②約束を結んで、弟となった人。sworn brother

**ぎ-てい**【議定】(名・サ変他)相談して決めること。その約束。ぎじょう。agreement

**きてい-えき**【規定液】標準溶液のうち、濃度を規定度で表したもの。normal solution

**きてい-えんぎ**【規定演技】↓きていもんだい(規定問題)

**ぎてい-けんぽう**【議定憲法】↓きょうていけんぽう(協定憲法)

**ぎてい-しょ**【議定書】①関係国が署名した国際会議や外交交渉の報告書。protocol ②国家間の合意に関して記名調印した文書。protocol

**きてい-じょうたい**【基底状態】原子・分子・原子核などの量子力学的な系の定常状態のうち、もっとも安定で、最低エネルギーの状態。ground state

**きてい-だせきすう**【規定打席数】野球で、リーグ戦や大会などの個人打撃成績を作成するときに、資格の基準とする最少の打席数。野球規則上は試合数を三・一倍したもの。

**きてい-ど**【規定度】溶液の濃度の表し方。溶液一ℓ中に含まれる溶質のグラム当量数で表される。記号N。当量濃度。normality

**きてい-まく**【基底膜】①上皮とその下にある結合組織との間の薄い膜。basement membrane ②内耳の蝸牛管の内部を上下に仕切る膜。この膜の上部に聴細胞のならぶコルティ器がある。basement membrane

**きてい-もんだい**【規定問題】採点を競うスポーツの競技課題の一つ。あらかじめ定められた演技問題。おもに体操やフィギュアスケートで用いられる。規定演技。規定。compulsory exercises 比較 自由問題。

**きてい-るい**【奇▼蹄類】哺乳類の一目。指先で歩くか、あるいは蹄をもった哺乳類のうち第三指(中指)で体重を受けるもの。ウマ・バク・サイの三科が現存。草食性。反芻はしない。perissodactyl 対義 偶蹄類。

**きてい-れきがん**【基底▼礫岩】礫岩を地層中の位置によって分類した用語。ある連続した堆積層の最下部、不整合面のすぐ上にできる礫岩。下底礫岩。basal conglomerate

**き-てき**【汽笛】蒸気機関車や船などが、蒸気の力で鳴らすふえ。steam whistle

**ぎてき**【儀▼狄】中国、夏の時代に初めて酒をつくったと伝えられる伝説上の人物。禹はそれを飲み、必ず国を亡ぼす者が出るだろうと言ったという。酒の異名としても用いる。

**きてれつ**【奇ᵛ天烈】(形動)たいへん風変わりなさま。very strange 用例 奇妙―。

**き-てん**【起点】はじまりの点・所。出発点。starting point 対義 終点。

**き-てん**【基点】距離を測るときの、もとになる点・所。datum point

**き-てん**【貴店】相手の店に対する敬語。多く書簡文中に使う。

**き-てん**【機転・気転】才知がよく働くこと。ready wit 用例 ―がきく。

**機転を利かす**(きてんをきかす)とっさにその場にふさわしい行動をとる。気を利かせる。set one's wits to work

**き-でん**【紀伝】①伝記を書いた本。biography ②「紀伝道」の略。また、それを修めた学者。③「紀伝体」の略。

**き-でん**【記伝】①記録と史伝。②『古事記伝』の略。

**き-でん**【起電】電気を発生させること。electric generation

**き-でん**【貴殿】(代)《男子が相手を言う敬語》あなたさま。貴下。

**ぎ-てん**【偽典】『旧約聖書』と『新約聖書』の中間時代に書かれた宗教文書中、『旧約聖書』の正典と外典に選ばれなかったもの。一三巻。『新約聖書』には偽典はない。

**ぎ-てん**【疑点】うたがわしい箇所。疑問の点。doubtful point

**ぎ-てん**【儀典】①儀式の規定。儀式に関するきまり。rules of ceremonies ②よりどころとなる先例。典範。典例。rite

**ぎてん**【義天】(一〇五五～一一〇一)高麗の僧。一〇八五年入宋し華厳・天台・禅を学ぶ。三年後に多くの仏典をたずさえ帰国。『続蔵経』四〇〇〇余巻を刊行。

**きでん-き**【起電機】静電気を力学的な操作で多量につくり、蓄え、高電圧をつくり出す装置。静電高圧発生機など。electric generator

**きでん-たい**【紀伝体】中国の歴史記述の一形式。本紀(帝王の年代記)・列伝(臣下の伝記)・志(社会・文化など)・表(年表・世系表)からなる。『史記』において司馬遷が創始、班固が『漢書』で継承、以後正史はすべてこの形式を踏襲。比較 編年体・列伝体。

**きでん-どう**【紀伝道】律令制の大学の一科。『史記』『漢書』などの歴史や『文選』などの詩文を教えた。文章道。

**きでん-りょく**【起電力】導体内に電位差を作り出し、回路に電流を流す力。電磁誘導によるもの、熱起電力、乾電池の化学起電力など。単位はボルト。electromotive force

**き-と**【企図】(名・サ変他)計画すること。くわだて。もくろみ。plan

**き-と**【帰途】帰り道。帰る途中。帰路。on one's way home 用例 ―につく。

**キト**【Quito】南アメリカ北西部、エクアドルの首都。アンデス山脈中の高原都市で、標高は二八一二m。古くはインカ帝国の中心都市。外港はグアヤキル。人口一一一万(一九八二)。

**き-ど**【木戸】①《「城戸」とも》城門。②簡単な開き戸の門。用例 庭―。③興行場の出入り口。entrance 用例 ―番。④「木戸銭」の略。

**き-ど**【輝度】発光体の表面の明るさを表す量。観測方向に垂直な単位面積当たりの光度。一m²当たり一カンデラの光度をもつ光源の輝度が一ニト。記号nt luminance

**き-ど-あい-らく**【喜怒哀楽】①よろこび、いかり、悲しみ、楽しみ。one's joy, anger, sorrow and pleasure ②人間のさまざまな感情。one's feelings 用例 ―を顔に出さない。

**き-とう**【気筒・汽筒】中をピストンが往復運動する円筒。シリンダー。cylinder 用例 六―エンジン。

**き-とう**【祈▼禱】(名・サ変他)神仏にいのること。いのり。prayer 比較 加持。

**き-とう**【季冬】①冬の末。晩冬。late winter ②陰暦一二月の異称。

**き-とう**【既倒】すでに倒れてしまったもの。

**狂瀾を既倒に廻らす**(きょうらんをきとうにめぐらす)↓きょうらん(狂瀾)

**き-とう**【帰投】(名・サ変自)軍隊で、航空機・艦船・兵士などが基地に帰り着くこと。

**き-とう**【▼亀頭】陰茎の先端部分。glans

**きとう**【木頭】〈村〉徳島県南部、那賀川上流の村。山深い林業の村で、スギの美林が多い。良質のユズの産地。人口二二七三(一九八八)。

**きとう**【▼几▼董】↓たかいきとう(高井几董)

**き-どう**【気道】肺に出入りする空気の通路。

鼻腔・咽頭・喉頭を上気道、気管・気管支を下気道という。airway

**き-どう【奇道】** きばつな方法。対義 正道。

**き-どう【軌道】** ①わだち。rut ②汽車・電車の線路。railroad track ③天体・人工衛星の運行する道筋。orbit

**軌道に乗る(きどうにのる)** ①物事がすらすら進む。get under way ②人工衛星が予定の運動域に達する。go into orbit

**き-どう【起動】**(名・サ変自) 機関が運転を始めること。始動。start

**き-どう【棋道】** 碁・将棋の道。

**き-どう【機動】** 軍隊などで、状況・時機に応じた適切な活動を展開すること。movement

**ぎ-とう【技倒】** ↓テクニカルーノックアウト

**ぎ-とう【擬闘】** 映画やテレビなどの、演技でやる格闘。

**きどう-いぶつ【気道異物】** 誤って飲みこんで気道内に入ってしまった異物。幼児・老人に多く、喉頭・気管・気管支中のものは生命の危険が大。foreign body in airway

**キトウェ-ヌカーナ【Kitwe-Nkana】** アフリカ南部、ザンビア中部の鉱業都市。世界有数の銅鉱山に隣接、精錬所がある。人口三二一・五万(一九八〇)。

**きどう-こう【輝銅鉱】** 硫化鉱物の一つ。銅の主要な鉱石鉱物。斜方晶系。短柱状・厚板状または塊状の結晶。黒灰色で、金属光沢をもつ。chalcocite

**ぎどうさんし-の-はは【儀同三司母】**(?～九九六) 平安中期の歌人。名は貴子。儀同三司(准大臣)藤原伊周の母。円融天皇の内侍。高内侍。一条天皇中宮定子の母。

**きどう-しゃ【気動車】** ディーゼル機関などの原動機をもち、旅客・手小荷物を輸送する鉄道車両。電車は含まない。railcar

**ぎどう-しゅうしん【義堂周信】**(一三二五～一三八八) 南北朝時代の臨済宗の僧。土佐の人。五山文学の代表者の一人。夢窓疎石に師事。建仁寺・南禅寺の住持。詩文集『空華集』、日記『空華日用工夫略集』など。

**きとう-しょ【祈▼禱書】** キリスト教会で、教会暦・聖書日課・一定時の祈り・礼拝式の順序や祈りを記した書物。prayer book

**きどう-せい【機動性】** 機動できる能力。mobility

**きどう-たい【機動隊】** 治安の維持と災害時の警備をおもな任務とする警察部隊。警視庁と各道府県警に配置され、常設と随時・臨時編成に分かれる。riot police

**きどう-てき【機動的】**(形動) 機動性のあるさま。mobile

**きどう-でんし【軌道電子】** 原子・原子団・分子・結晶の中で束縛されている電子。この電子は、前期量子論やボーアの原子模型では一定の軌道を描くと考えられたが、量子力学では、主量子数などいくつかの量子数の値できまる波動関数を使った確率密度として表される。orbital election

**きどう-ばくだん【軌道爆弾】** 人工衛星の軌道に打ち上げられ、目標に近づくと大気圏に再突入して攻撃する核爆弾。FOBSと MOBSの総称。また単にFOBSのこと。orbital bombardment system

**きどう-ぶたい【機動部隊】** ①特別任務のため、迅速な展開のできる作戦部隊。task force ②航空母艦を中心に洋上航空作戦を行う艦隊。機動艦隊。

**きとうぼうきょう-じちせいふ【▼冀東防共自治政府】** 昭和一〇年(一九三五)日本の関東軍が中国河北省(冀)東部に樹立させた傀儡政権。首都は通州、のち唐山。政務長官は殷汝耕。同一三年(一九三八)北京の中華民国臨時政府(日本の傀儡政権)に合流、解消。

**きどう-ようそ【軌道要素】** 天体の軌道の大きさ・形・向きなどを決めるための量。長半径(平均距離)・離心率・軌道傾斜角・昇交点黄径・近日点引数と近日点通過の時刻のこと。orbital elements

**き-どうらく【着道楽】** 衣服を集めたり、ぜいたくな衣服を着るのを楽しむこと・人。衣装道楽。love of finery 比較 食い道楽。

**きどう-りょく【機動力】** 状況をみてすばやく動く能力。また、その程度。mobility

**きどう-ろん【軌道論】** 天体の位置からその軌道を計算で求めたり、その変化を研究する天文学の分野。determination of orbit

**き-とく【危篤】** 病状などが悪化し、死が目前に迫っていること。また、その状態。critical condition 用例 ―におちいる。

**き-とく【奇特】**(名・形動) ＝きどく。①とくにすぐれていること・さま。superior ②感心なこと・さま。殊勝。admirable 用例 ―な若者。③神仏などの、不思議な力。miraculous efficacy

**き-とく【既得】** すでに手に入れていること。vested

**きとく【貴徳】** 雅楽の曲名。舞楽。一人舞。大きな面をつけて舞う。

**きとく-けん【既得権】** 人または国家がすでに獲得・保有している権利。vested rights

**きど-こういち【木戸幸一】**(一八八九～一九七七) 政治家。東京生まれ。京大卒。侯爵。孝允の孫。文相・内相などを歴任。内大臣として東条内閣成立に尽力。第二次大戦後A級戦犯として終身禁錮刑。日記が『木戸幸一日記』として公刊。

**きど-ごめん【木戸御免】** 芝居・見世物などに無料で入れること。

**きど-しろう【▽城戸四郎】**(一八九四～一九七七) 映画企業家。東京生まれ。松竹映画に独特の小市民ドラマの系譜をつくる。撮影所所長・社長・会長を歴任。

**きど-せん【木戸銭】**《芝居小屋、寄席などで、入場券を発売しないで木戸口で現金を徴収したことから》興行や見世物の入場料。見物料。admission fee

**きど-たかよし【木戸▽孝▼允】**(一八三三～一八七七) 明治初期の政治家。長州藩出身。桂小五郎の名で幕末の尊攘・討幕運動に指導的役割を果たした。維新後は版籍奉還・廃藩置県を断行。参議・内閣顧問などを歴任。↓写

●木戸孝允

**キドニー-パイ【kidney pie】** キドニー(牛の腎臓)と牛肉を薄切りにし、きざんだタマネギやマッシュルームとブラウンソースで煮て、パイ皮をかぶせてオーブンで焼いたもの。代表的なイギリス料理。

**きど-ばん【木戸番】** ①江戸時代、江戸の町々に設けられた木戸口の番人。番太郎。②興行場の入り口の番人。

**きとら-こふん【▼亀▼虎古墳】** 奈良県高市郡明日香村にある、七世紀後半から八世紀初めの終末期古墳。玄武を描いた彩色壁画の存在が確認された。

**き-どり【木取り】**(名・サ変自) 大形の木材から用途に応じた小形の材木を取ること。conversion of timber ↓図

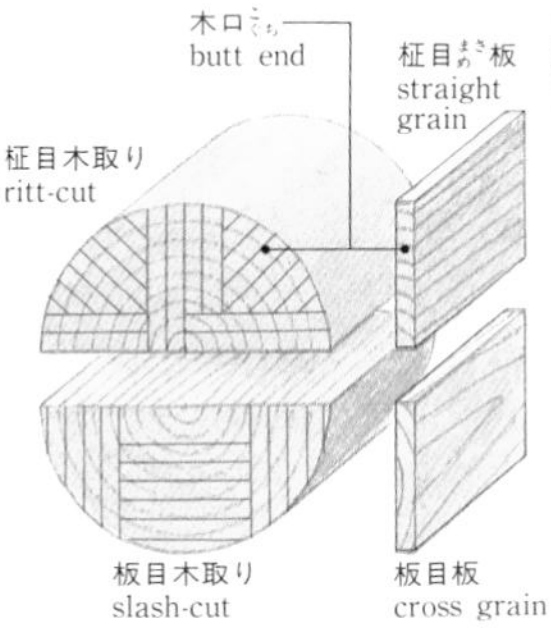


●木取り

**き-どり【気取り】** ①もったいぶって振る舞うこと。気どること。put on airs 用例 ―屋。②それらしく振る舞うこと。pose as

**ギトリー【Lucien Germain Guitry】**(一八六〇～一九二五) フランスの俳優。サッシャは息子。劇場の経営にあたる一方、性格俳優としても声名を高めた。

**ギトリー【Sacha Guitry】**(一八八五～一九五七) フランスの劇作家・俳優・映画監督。ブールバール演劇や映画で活躍。戯曲『美しき結婚』など。

**き-ど・る【木取る】**(五他)《材木を用途に応じてむだなく切る「木取り」に由来》料理の材料を用途に応じて、むだの出ないように適当な形や大きさに切る。用例 ダイコンを長方形に―。

**き-ど・る【気取る】**(五自) ①もったいぶる。体裁を飾る。put on airs ②感づく。けどる。suspect ③それらしく装う。pose as

**きどるい-げんそ【希土類元素・▼稀土類元素】** 周期表第3族のうち、スカンジウム・イットリウムおよびランタンからルテチウムまでの一五元素を含むランタノイド元素の計一七元素の総称。一般に銀白色の金属。天然には岩石圏に少量ずつ含まれる。rare earth element

**キトン【khitōn ギリシア】** 古代ギリシアで男女が着た服。下着と表着を兼ねた巻衣形式の単。ピンで留め、ひだを作って着用する。毛織地のドーリア式と亜麻布のイオニア式があるが、ドーリア式のキトンはペプロスとよんで区別することが多い。↓写

●キトン　パルテノン神殿の浮き彫り。ルーブル美術館(フランス)。

**き-とんぼ【黄▼蜻▼蛉】** 全身橙黄色のトンボ。腹長約三cm。翅の大半は黄金色。夏から秋、林の中の池や沼に出現。日本全土・朝鮮半島・中国に分布。

**キナ【kina オランダ・規那】** アカネ科の常緑高木。葉は対生し、楕円形。花は淡紅紫色、小形で円錐状に密集。果実は紡錘形。樹皮からキニーネをとるために栽培。南米アンデス地方原産。↓図

●キナ

**キナーゼ【kinase】** アデノシン三燐酸の末端の燐酸基を他の物質に移転する酵素の総称。

**き-ない【▼畿内】** ①王城付近の地。②都の周辺の、大和・山城・河内・摂津の四国。のちに河内から和泉が分立し五国。大宝令で、調は諸国の半分、庸は全免という特典があった。五畿。近畿。

**きない-しょく【機内食】** 運航中の航空機内で、食事時間に乗客に提供される食事。in-flight meals

**き-なが【気長】**(名・形動) 気が長いこと・さま。のんびりしていること・さま。patience 対義 気短。用例 ―に待つ。

**き-ながし【着流し】** はかまをはかない、くだけた和服姿。用例 ―で散歩に出る。↓写

●着流し

**きな-くさ・い【きな臭い】**(形) ①紙など、植物性の焦げるにおい。smell something scorching ②武力行使の気配。signs of using armed force 用例 国境近辺が―紛争当事国。③いいかげんであやしげ。用例 彼のあの話は、どうも―。

**き-なぐさみ【気慰み】** 気をはればれさせること。きばらし。

**きな-こ【黄な粉】**《「黄なる粉」の意》大豆を煎っていた粉。黄大豆からは黄色、緑色大豆から淡緑色のものができる。芳香があり、消化がよい。soybean flour

**きなさ【鬼無▽里】**〈村〉長野県北部、戸隠山麓の村。ミズバショウの群落で有名。人口二九五一(一九八八)。

**キナバル-さん【キナバル山】**(Mount Kinabalu) マレーシア、サバ州北部の山。同国の最高峰で、標高四一〇一m。一帯は国立公園。

**き-なん【危難】** あぶないこと。災難。わざわい。難儀。danger

**ぎなん【▽岐南】**〈町〉岐阜県南部、岐阜市南隣の町。繊維・機械などの工業と、近郊野菜栽培がさかん。人口一万九九六(一九八八)。

**ぎ-なんたいどうぶつ【擬軟体動物】** 原腸から体腔ができる最下等の動物。肛門が口の近くにあり、肛門動物ともいう。内肛動物・外肛動物・箒虫動物・腕足動物の四門に分けられる。

**ギニア【Guinea】**(Republic of Guinea) アフリカ西端、大西洋に臨む共和国。首都コナクリ。一九五八年フランスから独立。鉱産資源に富み、ボーキサイトの世界的産地。面積二四・六万km²。人口六二二万(一九八六)。正称ギニア共和



▼常用漢字表外。▽常用漢字表の音訓外。

国。

**ギニア-かいりゅう【ギニア海流】** アフリカ大陸西岸のギニア湾にみられる海流。湾の北岸に沿って赤道反流として東に向かい、東岸付近で反転する。Guinea current

**ギニア-ビサオ【Guinea-Bissau】**(Republic of Guinea-Bissau) アフリカ西端、太平洋に臨む共和国。首都ビサオ。一九七三年ポルトガルから独立。農業が主産業。面積三・六万km²。人口九一万(一九八六)。正称ギニアビサオ共和国。

**ギニア-わん【ギニア湾】**(Gulf of Guinea) アフリカ西部、大西洋に臨む大湾。リベリアのパルマス岬からガボンのロス岬までの海域。沿海地域は一六〜一八世紀の奴隷貿易の中心地で、象牙海岸・黄金海岸・奴隷海岸などの名称が残る。

**ギニー【guinea】**《ギニア産の金で鋳造したことに由来》イギリスで一六六三〜一八一三年に流通した一ポンド一シリングの金貨の名。一七一七年以後、一ギニーは二一シリングをさす単位となった。

**キニーネ【kinine オラ・規尼涅】** キナの樹皮に含まれるアルカロイドの主成分。抵抗性の強い熱帯性マラリアの治療に使用。quinine

**き-に-いり【気に入り】**《多く、上に「お」を付けて》心にかなうこと。かなった人・物。ひいき。favorite

**キニク-がくは【キニク学派】** アンティステネスを祖とする古代ギリシア哲学の一派。シノペのディオゲネスに代表されるような、単純で簡素な生活を理想とした。犬儒学派。キュニコス派。Cynics

**キニジン【quinidine】** キナの樹皮に含まれるアルカロイド。キニーネの立体異性体。不整脈の治療に用いる。

**き-にち【忌日】** 人の死んだ日に当たる毎年・毎月の日。命日。きじつ。an anniversary of a person's death

**き-にゅう【記入】**(名・サ変他) 書き入れること。書き込み。entry

**き-にょう【鬼▾繞】** 漢字を組み立てている部分の名。おに。「魁・魅」などの「鬼」。

**ギニョール【guignol フランス】** 人形劇に使う指人形。また、それを用いてする劇。

**き-にら【黄▾韮】** ニラの新葉を光に当てないで育成したもの。淡黄色でやわらかく、ニラ特有の臭気がない。中国料理に用いる。コガネニラ。

**き-にん【帰任】**(名・サ変自) 任地・任務に戻ること。return to one's post 比較 着任。

**ぎ-にん【義認】**《キリスト教用語》人間が神によって義と認められ、罪をゆるされること。聖化の前段階。カトリックでは「成義(＝義と成す)」といい、超自然的な生命を与えられるという意味も含む。justification

**ぎ-にんしん【偽妊娠】** ↓そうぞうにんしん(想像妊娠)

**きにん-だたみ【貴人畳】** 茶室の中で、貴人の座る畳。通常は四畳半における床前の畳をいう。

**きぬ【▽衣】** 着物。衣服。

**きぬ【絹】** 蚕の繭からとった繊維。また、それで作る生糸・絹紡糸・絹織物などの総称。silk 用例 ― のハンカチ。数え方 一反・一疋。

**絹を裂く様** 女性の非常にかん高く、鋭い叫び声の形容。piercing 用例 ― な悲鳴。

**きぬ-あさ【絹麻】** 麻の原糸に特殊な加工を施して、絹のような光沢をもたせて織った布。絹麻上布。

**きぬ-あや【絹▾綾】** 綾織りの薄い絹織物。

**きぬ-いと【絹糸】** ①蚕の繭からとった生糸。silk thread ②生糸を精練した練り糸(光沢のある糸)の総称。silk thread

**きぬ-うんも【絹雲▽母】** 白雲母に近い化学組成で、細粒・鱗片状の鉱物。白色または淡青色。良質のものは陶石として利用。sericite

**きぬ-え【絹絵】** 絹地に描いた絵。

**きぬ-おりもの【絹織物】** 絹糸で織った織物。柔らかく腰があり美しく着心地がよい。古来貴重な高級衣料であった。羽二重・縮緬・絽・綸子・錦・紬など。silk fabric

**きぬ-かいどう【絹街道】** ↓シルクロード

**きぬ-がき【絹垣】** 神道で、祭場のまわりに垣のようにひきめぐらした垂れ絹。また、神幸の際、神体の側面をおおうための絹布。

**きぬ-がさ【▽衣▾笠・絹傘・▾蓋】** ①古代、外出・行列のさいなどに貴人の頭上にさしかけた絹張りで長柄の傘。↓長柄の傘 写 ②仏像の上につるす傘。天蓋。

**きぬがさ-さちお【▽衣▾笠▽祥雄】**(一九四七〜) プロ野球、元広島東洋カープ選手。京都府生まれ。連続試合出場二二一五の世界記録をもつ。昭和六二年(一九八七)現役引退。同年国民栄誉賞受賞。

**きぬがさ-そう【▽衣▾笠草】** ユリ科の多年草。高山の樹陰にはえる。高さ約五〇cm。葉は茎上部に輪生。夏に、白花を一個上向きにつける。ハナガサソウ。↓写

●キヌガサソウ

**きぬがさ-たけ【絹傘▾茸】** 担子菌植物スッポンタケ科のキノコ。高さ一〇〜二〇cm、白色レース状のマントを広げ、悪臭を放つ。中国料理に用いられる。↓写

●キヌガサタケ

**きぬがさ-ていのすけ【▽衣▾笠貞▾之助】**(一八九六〜一九八二) 映画監督。三重県生まれ。作品『雪之丞変化』『地獄門』など。

**きぬ-かずき【▽衣▽被き】** 昔、上流婦人が外出のときにかぶった衣服。それを着た婦人。きぬかつぎ。被衣。↓図

●衣被き 室町時代の衣被き

**きぬ-かつぎ【▽衣▽被ぎ】** ①皮のままゆでて、皮をむいて食べるサトイモの子芋。中秋の名月(陰暦八月一五日)に供えたりする。②きぬかずき。

**きぬ-がわ【鬼▽怒川】** 栃木県中部を南流する川。長さ一七七km。県北西部に発し、茨城県で利根川に合流。流域には温泉や景勝地が多い。

**きぬがわ-おんせん【鬼▽怒川温泉】** 栃木県北西部、鬼怒川に沿う温泉。日光に近く、竜王峡の景勝もあり観光・行楽の基地。

**きぬ-ぎぬ【▽衣▽衣・▽後▽朝】** ①《昔、男女が共寝するとき、脱いだ着物を重ねて上にかけ、翌朝の別れには、またそれぞれ自分の着物を着たことから》男女が共寝をした翌朝。また、そのときの別れ。後朝の別れ。②《転じて》男女、とくに夫婦が別れること。

**後朝の恋** 男女がいっしょに一夜を過ごした翌朝の、別れを惜しむ気持ち。

**後朝の別れ** 男女が共に一夜を過ごした翌朝の別れ。

**きぬ-くばり【▽衣配り】** 年の暮れに出入りの職人や奉公人・目下の者などに正月用の衣服を与えること。お仕着せ。

**き-ぬけ【気抜け】**(名・サ変自) ①はりあいが抜けること。気落ち。being dispirited ②失神。faint

**きぬげ-ねずみ【絹毛▾鼠】** ネズミ科の哺乳類。ハツカネズミに似るが、尾が短く、頰袋が大きい。体長一四〜一九cm。体は暗褐色で、毛は柔らかく絹状。原野や砂漠の周辺に深いトンネルを掘ってすむ。中国北部・朝鮮半島に分布。giant hamster

**きぬ-ごし【絹▾漉し】** ①絹布で、細かくこすこと・もの。②「絹漉し豆腐」の略。

**きぬごし-どうふ【絹▾漉(し)豆腐】**《きめが細かく舌ざわりが滑らかなところから》濃い豆乳に凝固剤を加えて、重しをかけずそのまま固めた豆腐。

**きぬ-こまち【絹小町】**「絹小町糸」の略。

**きぬこまち-いと【絹小町糸】** 絹の手縫い糸。絹の紡績糸で、絹糸の代用品。上等な絹布を縫うさいには用いない。

**きぬ-ざる【絹猿】** キヌザル科に属する約三〇種の総称。細い柔らかな体毛をもった、リスに似た小ザルで、尾が長い。サル類中もっとも小形のグループ。最小のピグミーマーモセットは体長約一五cm。中央・南アメリカの熱帯雨林に小群ですむ。マーモセット。ポケットモンキー。marmoset

**きぬ-じ【絹地】** ①絹の布地。silk cloth ②日本画をかく絹。絵絹。参照 絹本。

**きぬ-ずれ【▽衣擦れ・▽衣▾摺れ】** 着ている着物のすそなどが擦れ合うこと・音。

**きぬた【▾砧】** 一布のつやを出し、また和らげるために、木づちで布を打つときに使う木や石の台。また、砧を打つことや、その音。二能の曲名。四番目物。世阿弥作。長い間帰らぬ夫を恋慕する妻が、砧を打って思いをまぎらせるが、ついに心変わりしたと思い込み、死後も妄執に苦しむ。↓写

●砧 一 葛飾北斎『詩歌写真鏡』より。

**きぬた-こつ【▾砧骨】** 哺乳類の耳小骨の一つ。つち骨とあぶみ骨の間にあり、関節状に連結している。鼓膜の振動を内耳に伝える。incus ↓耳図

**きぬた-そう【▾砧草】** アカネ科の多年草。高さ三〇〜六〇cm。根は赤みをおびる。葉は四枚ずつ輪生。夏に、白い小花を円錐状に多数つける。山地にはえる。↓図

●キヌタソウ

**きぬた-まき【▾砧巻(き)】** ウドや大根などをかつらむきにし、砧のつちの形に巻いた料理。しんにエビやサケを入れる。

**きぬ-の-みち【絹の道】** ↓シルクロード

**きぬばね-どり【絹羽鳥】** 熱帯林にすむキヌバネドリ科の鳥の総称。全長二三〜三五cm。体は赤・緑・茶などで美しい。ケツァール(グアテマラの国鳥)など三四種が中南米に分布。trogon ↓図

●キヌバネドリ

**きぬ-ばり【絹針】** 絹布を縫うのに使う針。木綿針に比べて細い。

**きぬ-ばり【絹張(り)】** ①絹布を張ってつくること。また、張った製品。②絹布をのり張りする板。③絹布の両端につけ、ひっぱってしわを伸ばすための細い棒。

**きぬ-ぶるい【絹▾篩】** 絹布を張ったふるい。目がこまかい。

**きぬ-め【絹目】** 印画紙で、表面が細かく美しい絹織りのような目を付け、艶消しになっているもの。silk texture

**きぬ-もの【絹物】** ①絹織物。②絹織物でつくった着物。silk fabrics

**きぬ-やなぎ【絹柳】** ヤナギ科の落葉低木。小枝には灰色の毛が密生。葉は狭い披針形で約二〇cm、裏面に銀白の絹毛が密生。春に、葉に先立って花穂を出す。関東以西で栽植。

**ギヌラ【gynura】** キク科の多年草。観葉植物で厚い葉と肉質の茎に微毛がはえ、紫色に輝く。秋に、一cmほどの樺色の頭状花をつける。アジア・アフリカに分布。

**キヌレニン【kynurenine】** トリプトファンの代謝中間体。ショウジョウバエなど、昆虫の目の色素発現の作用物質。

**きぬ-わた【絹綿】** 真綿の一種。屑繭のけば

を原料とする。かさ高で保温性に富む。floss

**きね【▼杵】** ①臼で穀類やもちなどをつくのに用いる道具。一本の丸木の、握りの部分を細くした竪杵と、丸木の横に長い柄を差し込んだ形の横杵とがある。pestle; pounder 対義 うす。用例 ── 一丁。②紋所の名。手杵の形を紋章化。↓図

**杵で当たり杓子で当たる**(きねであたりしゃくしであたる) 当たりちらす。やつあたりをする。杵に当たり臼に当たる。

●杵②
丸に一つ杵

違い杵

**キネシス【kinesis】** 刺激の方向に対し直接に関係のない(無定位)生物の移動。定位のある走性と区別する。無定位運動。

**ギネス-ブック【Guiness Book of Records】** イギリスのビール会社アーサー-ギネス-サン社が毎年刊行する世界一の記録集。一九五六年創刊。

**き-ねずみ【木▼鼠】** ↓りす(栗鼠)

**きね-づか【▼杵▽柄】** きねのえ。

**昔取った杵柄**(むかしとったきねづか) 《多く、自慢したり、感心したり、また、ちゃかしたりして言う》昔、よくやっていたことや鍛練していたことは、年月がたった今でも、じょうずにできるものだ。utilizing one's experience of former days

**キネマ【kinema】** 《「キネマトグラフ」の略》活動写真。映画。シネマ。cinema

**きねや-えいじ【▼杵屋栄▽二】**(一八九四-一九七九) 長唄三味線方の芸名。東京生まれ。本名、藤間吉太郎。歌舞伎の音楽部門を担当し活躍。重要無形文化財保持者。

**きねや-かんごろう【▼杵屋勘五郎】** 長唄三味線方の芸名。現在六世まで。初世は杵屋姓の、二世は長唄三味線の祖といわれる。三世(一八一五ごろ-七七)は一一世杵屋六左衛門の後名。五世(一八七五-一九一七)は作曲にすぐれ、歌舞伎長唄の育成に尽くした。

**きねや-さきち【▼杵屋佐吉】** 長唄三味線方の芸名。現在五世まで。四世(一八八四-一九四五)は三味線のみによる「三絃主奏楽」を創始、大三味線や電気三味線を試作。

**きねや-じょうかん【▼稀音家浄観】** 長唄三味線方の芸名。現在二世まで。四世杵屋勘五郎(一八三九-一九二七)がおこす。二世(一八七四-一九五六)は長唄研精会の創設者の一人。昭和三〇年(一九五五)文化勲章受章。

**きねや-ろくざえもん【▼杵屋六左▽衛門】** 長唄三味線方・唄方の芸名。杵屋の宗家といわれる。現在一五世までだが、三味線方は一三世まで。一一世(一八一五ごろ-七七)は「根岸の勘五郎」といわれ作曲の名人。一四世(一九〇〇-八〇)は唄方に転向。重要無形文化財保持者。

**きねや-ろくさぶろう【▼杵屋六▽三郎】** 長唄三味線方の芸名。現在一一世まで。二世(一七一〇-九〇)は名人として有名。四世(一七九九-一八五五)は作曲・演奏に活躍。

**き-ねん【祈念】**(名・サ変他) 心の中で神仏にいのること。祈願。

**き-ねん【紀年】** 紀元から数えた年数。

**き-ねん【記念】**(名・サ変他) ①のちのちの思い出に残すこと・もの。形見。commemoration; keepsake 用例 い──になる。亡父の──。②過ぎ去った日の記憶を新たにすること。用例 創立──行事。

**き-ねん【期年】** 一年たつこと。満一か年。一周年。用例 ──ならずして。

**ぎ-ねん【疑念】** うたがう気持ち。疑心。doubt; suspicion 用例 ──を抱く。

**きねん-きって【記念切手】** 特別な行事や事柄を記念して発行される郵便切手。commemorative stamp

**きねん-さい【祈年祭】** 陰暦二月四日、各神社で穀物の豊作や国家の安泰を祈った祭典。豊作感謝の新嘗祭に対応するもので、現在は二月一七日。としごいの祭り。

**きねん-さい【記念祭】** 記念のために行う祭りや催し。memorial festival

**きねん-ひ【記念碑】** ある事柄を記念するためにたてた石碑。monument 数え方 一基。

**きねん-び【記念日】** 記念すべき出来事があった日。思い出の日。anniversary

**きねん-ひん【記念品】** ある事柄を記念する品物。remembrance; memento

**きねん-ぶつ【記念物】** 文化財保護法によって、とくに保護の措置が図られている史跡・名勝・天然記念物の総称。memorial

**き-の-いわい【喜の祝(い)】** 《「喜の字の祝い」の略》↓きじゅ(喜寿)

**きのう【昨日】** ①今日の一日前の日。さくじつ。yesterday 対義 あした・あす。②あまり時間の過ぎ去っていない過去。past 用例 ──の人になる。

**昨日の今日**(きのうのきょう) 日時的に近過ぎることのたとえ。

**昨日の襤褸、今日の錦**(きのうのつづれ、きょうのにしき) 栄枯盛衰のはげしいこと。人の世の常でないことに言う。昨日の錦、今日の襤褸。Today a man, tomorrow a mouse.

**昨日の敵は今日の友**(きのうのてきはきょうのとも) 昨日までは敵であった者同士が、事情が変わって今日は味方となること。人の心や運命は定まらないことのたとえ。

**昨日の友は今日の敵**(きのうのともはきょうのてき) 昨日までは味方であった者が、事情が変化して今日は敵対者となること。人の離合の定かでないことに言う。A friend today may turn against you tomorrow.

**昨日の花は今日の夢**(きのうのはなはきょうのゆめ) 「昨日の襤褸、今日の錦」と同意。

**昨日の淵は今日の瀬**(きのうのふちはきょうのせ) 《『古今集』にある歌「世の中は何か常なる飛鳥川昨日の淵ぞ今日は瀬になる」の上略》人生の移り変わりの激しく、はかないことのたとえ。

**昨日は昨日、今日は今日**(きのうはきのう、きょうはきょう) 昨日のことは昨日のこと、今日はまた新しい日が始まる。割り切って物事を考えることにいう。

**昨日は人の身、今日は我が身**(きのうはひとのみ、きょうはわがみ) 他人の身の上に起こったことを無関係だと思って、安心していられないことのたとえ。

**き-のう【気▼嚢】** 鳥類の肺に付属する空気の袋。九個あって内臓や筋肉の間、骨格の中に入り込み、体重を軽くして、飛ぶのに都合よくする。なお昆虫にも気管の一部がふくらんだ気嚢があり、同じ目的に役立つ。air-sac

**き-のう【帰納】**(名・サ変他) 論理学で、一つ一つの具体的な事実から、共通点を求め、一般的な法則を導き出すこと。induction 対義 演繹。

**き-のう【帰農】**(名・サ変自) ①町での仕事を辞めて郷里に帰り、農業に従うこと。帰耕。return to farms ②農業をやめていた者が農業に戻ること。return to farming

**き-のう【機能】**(名・サ変自) ①物の働き。作用。目的のある働き。function 対義 形態。用例 言語の──。②美学で、建築工芸などがその用途のために果たす役目。function

**ぎ-のう【技能】** わざのうまさ。うでまえ。技量。skill 比較 技術。

**ぎのう-オリンピック【技能オリンピック】** 国際職業訓練競技大会の通称。機械組み立て・溶接・旋盤・フライス盤・機械製図などの青年技能者の技能向上と親善を、国際的に達成することを目的とする。一九五〇年創始。International Vocational Training Competition

**きのう-きょう【昨日今日】** ①昨日と今日。②近ごろ。つい最近。recent

**きのう-くんれん【機能訓練】** 体幹および四肢の機能回復のための治療法。徒手や器具により、治療体操・日常生活動作訓練を主として行う。functional training

**ぎのうけんてい-せいど【技能検定制度】** 技術水準の向上をはかるため、労働省が検定によって一定の基準をみたす人に技能士の称号を与える制度。

**ぎのう-し【技能士】** 労働省の技能検定試験に合格した人に与えられる称号。一級・二級・単一級の別がある。

**きのう-しゅぎ【機能主義】** ①認識論・科学方法論上の一つの立場。事物・事象の理解にあたって作用・機能を重視し、動的・相関的にとらえるもの。functionalism ②建築は、機能を十分に満足させるよう設計されるべきだとする考え。

**ぎのう-しょう【技能賞】** ①スポーツ競技などで、すぐれた技能を発揮した者に贈られる賞。②大相撲本場所の三賞の一つ。もっとも優秀な相撲技術を発揮した力士に与えられる。Technique Prize

**きのう-しょうがい【機能障害】** 身心の機能や器官が正常に働かない状態。disfunction

**きのうせい-しきゅうしゅっけつ【機能性子宮出血】** ホルモンの分泌障害などによる卵巣系の機能失調を主因とする、子宮からの不正出血。functional uterine bleeding

**きのうせい-しんざつおん【機能性心雑音】** 心臓に異状のない健康者にみられる心雑音。心臓内の血流速度の変化などによる、無害な心雑音。functional heart murmur

**きのうち-せきてい【木内石亭】**(一七二四-一八〇八) 江戸後期の奇石収集家。近江の人。鉱物学や考古学に貢献。著書『雲根志』など。

**きのうち-よし【木内▽克】**(一八九二-一九七七) 彫刻家。水戸市生まれ。テラコッタの裸婦像で有名。作品『女の顔』など。

**きのう-てき【帰納的】**(形動) 帰納に関するさま。inductive 対義 演繹的。用例 ──法則。

**きのう-てき【機能的】**(形動) ①作用に関係するさま。functional ②能率のよいさま。能力のあるさま。efficient

**きのうてき-しゅうだん【機能的集団】** 基礎的集団から派生し分化する集団。ある目的のもとに人為的に組織され、特定の機能を果たす。地方自治体・政党など。機能集団。functional group 比較 基礎的集団。

**きのうはきょうのものがたり【きのふはけふの物語】** 江戸初期の噺本。二巻。作者未詳。口語体の笑話で猥雑なものが多い。

**きのう-ほう【帰納法】** いくつかの経験的事実から一般的な原理・法則を発見する方法。帰納的推理。inductive method 対義 演繹法。

**ぎのう-ろうどうしゃ【技能労働者】** 特定の技能が要求される作業に従事する者。機械組立工・仕上工・鋳物工など職種は多様。skilled laborer

**き-の-え【▽甲】** 《「木の兄」の意》十干の第一。こう。

**きのえ【木江】**〈町〉 広島県南部、大崎上島の町。古来、海運・造船業で知られる港町。ミカン栽培もさかん。人口四一一六(一九八八)。

**きのえ-ね【▽甲▽子】** 干支の一番目。暦に対応させ、甲子にあたる年または日のこと。この日に集まる甲子講が各地にあり、大黒天を祭る。こうし。かっし。

**きのえね-だいこく【▽甲▽子大黒】** 甲子の日に大黒天を祭ること。甲子待ち。甲子祭り。

**きのえね-まち【▽甲▽子待ち】** 甲子の日に、福徳を得る目的で大黒天を祭り、大豆・黒豆・二股大根などを食膳に供える行事。とくに、一一月の甲子が重んじられる。甲子大黒。甲子祭り。参照 子の日の遊び。

**きのえね-まつり【▽甲▽子祭(り)】** ↓きのえねまち(甲子待ち)

**き-の-か【木の香】** 新しい材木のかおり。smell of fresh timber 用例 ──も高い家。

**き-の-かいおん【紀海音】**(一六六三-一七四二) 江戸中期の浄瑠璃作者。大坂の人。豊竹座の座付き作者となる。理知的作風で、叙情的作風の竹本座の近松門左衛門に対抗。作品『椀久末松山』など。

**き-の-かわ【紀ノ川】** 和歌山県北部を西流する川。長さ一三六km。奈良県大台ヶ原山に発し、和歌山平野をうるおして紀伊水道に注ぐ。古くから吉野の材のいかだ流しに利用。

**き-の-くに【紀国・木国】** 紀伊国の古称。

**きのくにや-ぶんざえもん【紀▼伊国屋文左▽衛門】**(生没年未詳) 江戸中期の豪商。紀伊の人。ミカン輸送で巨利を得、のち材木問屋を開き、幕府御用商人として成功、紀文大尽といわれた。俗伝には誇張されたものがあり、伝説的要素が多い。

**き-の-こ【▼茸・▽菌・▼蕈】** 《「木の子」の意》菌類のうち、からかさ状の大形菌類。シイタケ・マツタケなど。大部分は担子菌類に、一部は子嚢菌類に属する。食用と有毒のものの識別は難しいが、食用キノコはビタミン$B_2$、Dに富むものが多い。たけ。mushroom ↓写

**きのこ-がり【▼茸狩(り)】** 野山などに行って、キノコを探して採集すること。たけ狩り。mushroom gathering

**きのこ-ぐも【▼茸雲】** 火山爆発や核爆発のさいに見られる大きなキノコ形の雲。成層圏にまで達し、頂部が横にひろがる。mushroom cloud

**きのこ-さいばい【▼茸栽培】** シイタケなどのキノコ類を食用にするために育てること。周年栽培・オガクズ栽培などがある。mushroom cultivation ↓写

**きのこ-むし【▼茸虫】** キノコに集まる甲虫類。デオキノコムシ・オオキノコムシ・コキノコムシが代表的。二〇以上の科に及ぶ。

**ぎのざ【宜野座】**〈村〉 沖縄県、沖縄島中部東岸の村。サトウキビ・パイナップル栽培が主。米軍用地が広い。人口四六六五(一九八八)。

●キノコ　日本産のおもな食用キノコ

キノコの部分名称

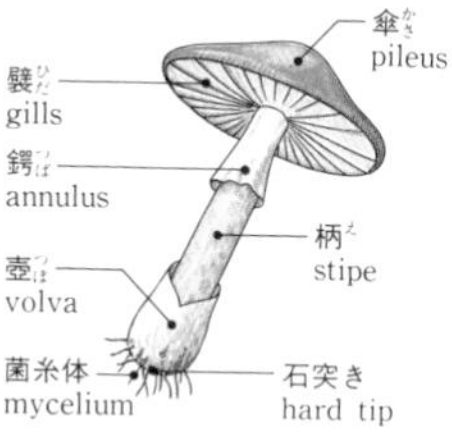


●茸の栽培　宮崎県でのシイタケの栽培。

**きのさき【▽城崎】**〈町〉兵庫県北部、円山川に沿う町。一三〇〇年前、道智上人が発見という古い温泉の町。志賀直哉の小説『暗夜行路』などに登場する名湯。人口四九六一(一九八八)。

**き-の-じ【喜の字】**《「喜の字の祝い」の略》↓きじゅ(喜寿)

**きのした-いつうん【木下逸雲】**(一八〇〇〜六六)幕末の日本画家。長崎の人。作品『武陵桃源図』など。

**きのした-けいすけ【木下恵▽介】**(一九一二〜)映画監督。浜松市生まれ。作品『二十四の瞳』『楢山節考』など。

**きのした-じゅんあん【木下順▼庵】**(一六二一〜九八)江戸前期の儒者。名は貞幹。京都の人。加賀藩に仕えたのち将軍徳川綱吉の侍講。その門下に木門の十哲(新井白石・室鳩巣・雨森芳洲ら)を輩出。

**きのした-じゅんじ【木下順▽二】**(一九一四〜)劇作家。東京生まれ。東大卒。リアリズム演劇の担い手。民話劇を開拓、「ぶどうの会」を指導。戯曲『夕鶴』『子午線の祀り』、小説『本郷』、シェークスピア劇の翻訳など。

**きのした-たかふみ【木下▽幸文】**(一七七九〜一八二一)江戸後期の歌人。備中の人。香川景樹に入門。家集『亮々遺稿』中の「貧窮百首」は異色作として知られる。

**きのした-ちょうしょうし【木下長▼嘯子】**(一五六九〜一六四九)江戸初期の歌人。名は勝俊。尾張の人。小浜城主。豊臣秀吉の縁者。関ヶ原の戦いののち隠棲。清新で個性的歌風で近世和歌革新の先駆者。家集『挙白集』など。

**きのした-とうきちろう【木下▼藤吉郎】**豊臣秀吉の初名。

**きのした-なおえ【木下▽尚江】**(一八六九〜一九三七)社会思想家・小説家。長野県生まれ。普通選挙運動・足尾鉱毒問題に活躍。キリスト教社会主義の立場から日露戦争に非戦論を展開。小説『火の柱』『良人の自白』など。

**きのした-もくたろう【木下▼杢太郎】**(一八八五〜一九四五)詩人・劇作家・医学者。本名、太田正雄。静岡県生まれ。東大卒。北原白秋とともに『スバル』や「パンの会」の耽美主義を代表。詩集『食後の唄』、戯曲集『和泉屋染物店』など。

**きのした-ゆうじ【木下夕▼爾】**(一九一四〜六五)詩人・俳人。広島県生まれ。本名、優二。名古屋薬専卒。詩集『田舎の食卓』、句集『遠雷』など。

**きのした-りげん【木下利玄】**(一八八六〜一九二五)歌人。本名は利玄。岡山県生まれ。東大卒。『白樺』同人。口語的発想の「利玄調」といわれる独自の歌風をなした。歌集『銀』『一路』など。

**きのじ-の-いわい【喜の字の祝(い)】**↓きじゅ(喜寿)

**きのじゅうじか-しょうねんがっしょうだん【木の十字架少年合唱団】**パリの少年合唱団。一九〇七年結成。宗教音楽およびルネサンスの多声音楽を歌う。

**き-の-つらゆき【紀▽貫▼之】**(八六八ごろ〜九四五)平安前期の歌人。三十六歌仙の一人。『古今和歌集』撰者の中心で「仮名序」を執筆。日記文学の先駆『土佐日記』の作者。歌風は理知的・技巧的で流麗な調べにより「古今調」を代表。家集『貫之集』、撰集『新撰和歌』。

**き-の-と【▽乙】**《「木の弟」の意》十干の第二。おつ。

**き-の-どく【気の毒】**(名・形動)①人の悲しみや苦しみについて同情にたえないこと。かわいそう。feel sorry for 用例 —に思う。②他人に迷惑や厄介をかけてすまないと思うこと。feel sorry for 用例 それは—なことをしたね。

**気の毒を掛ける**　気の毒な思いをさせる。心配をかける。

**きのどく-が・る【気の毒がる】**(五自)気の毒に思う。feel sorry for

**きのどく-げ【気の毒げ】**(形動)気の毒に感じているさま。

**きのどく-さ【気の毒さ】**気の毒なこと・程度。

**き-の-とものり【紀友▽則】**(?〜九〇五ごろ)平安前期の歌人。紀貫之の従兄。三十六歌仙の一人。『古今和歌集』の撰者になるが完成前に没す。家集『友則集』。

**き-の-ないし【紀内▽侍】**(生没年未詳)平安中期の歌人。貫之の娘。鶯宿梅の話で有名。『古今和歌六帖』の撰者との説もある。

**き-の-はせお【紀▽長▽谷雄】**(八四五ごろ〜九一二)平安前期の漢学者。淑望の父。菅原道真に学び文名高く、『延喜格』の編集に参加。『本朝文粋』などに詩文がのこされている。

**キノフェン【chinophenum】**神経痛・痛風・リューマチの治療薬の一つ。解熱・鎮痛作用と尿酸排泄作用がある。

**き-のぼり【木登り】**①木に登ること。②木に登るのがうまい人。

**木登り川渡り**　危険なことのたとえ。

**木登りは木で果てる**　得意の技能のある者は、かえってその技能のために災難をまねくことがある。

**きのぼり-うお【木登魚】**キノボリウオ科の熱帯淡水魚の総称。水から出て地面を動き回るが、胸びれと吸盤状の腹びれで体の安定をとりながら尾の力で跳ねて木に登ることもある。東南アジアに分布。淡水産アナバスは、長時間水から出て陸上を動き回るが、木に登ることはない。climbing perch

**きのぼり-カンガルー【木登りカンガルー】**樹上生活に適応したカンガルー類。全長五〇〜八〇cm。七種いて、前後肢の長さはほぼ同じ。樹上では非常に機敏で、果実や木の葉が主食。オーストラリア・ニューギニアに分布。tree kangaroo

**きのぼり-とかげ【木登▼蜥▼蜴】**樹上生活をするアガマ科のトカゲ。全長約二五cm。尾が長く、細長い四肢と指をもつ。体は緑褐色であるが体色を変える。昆虫などを捕食。南西諸島・台湾・東南アジアに分布。tree lizard

**キノホルム【chinoform】**整腸剤・皮膚病薬の一種。細菌性下痢止めの特効薬であったが、スモン病の原因とされ、昭和四五年(一九七〇)に使用禁止。

**き-の-み【木の実】**木になった実。このみ。nuts; berries

**木の実は本へ**《木になった実は、その木の根元に落ちることから》物事はすべてそのもとへかえることのたとえ。

**きのみ-きのまま【着の身着の▼儘】**(連語)着ているもののほかは何も持っていないこと・状態。用例 —で飛び出す。

**き-の-みみ【木の耳】**キクラゲの異名。

**き-の-め【木の芽】**①樹木の新芽。このめ。bud ②サンショウの若芽・若葉。田楽みそ・吸い物などに用いる。bud of Japanese pepper

**きのめ-あえ【木の芽▽和え】**サンショウの若葉をすり、白みそや砂糖・だしなどを合わせ、ゆでた竹の子やイカをあえたもの。このめあえ。

**きのめ-づけ【木の芽漬(け)】**漬物の一種。アケビのつる先、あるいはサンショウの若芽を塩で漬ける。京都の名産。

**きのめ-でんがく【木の芽田楽】**サンショウの若芽など、木の芽をすりこんだみそを塗り、火であぶった豆腐料理。

**きのめ-とうげ【木ノ芽峠】**福井県、敦賀市と今庄町との境の峠。標高六二八m。海岸道路開通まで、県の南北を結ぶ重要な峠であった。

**きのもと【木▼之本】**〈町〉滋賀県北部の町。旧宿場町。林業がさかん。和楽器の糸が特産。人口一万五三九(一九八八)。

**き-の-やまい【気の病】**心労などから起



↓行き先項目、図版・写真参照印。　JIS 日本工業規格情報交換用漢字符号コード(区点コード)。

こる病気。きやみ。nervous breakdown

**き‐の‐よしもち【紀▽淑▽望】**(?‐九一九) 平安前期の漢学者・歌人。長谷雄の子。『古今和歌集』の真名序の作者とされる。

**き‐のり【気乗り】**(名・サ変自) 気が進むこと。be inclined to 用例 — がしない。

**きのり‐うす【気乗り薄】**(形動) 気の進まないさま。reluctant 用例 — な顔。

**キノリン[quinoline]** 化学式$C_9H_7N$ 特異臭のある無色の液体。コールタール中に存在。染料・医薬などの原料。

**ぎのわん【宜野湾】**〈市〉沖縄県、沖縄島中部の市。中心は普天間。基地依存の商工業やサービス業が多い。サトウキビ栽培もさかん。人口七万一六五〇(一九八八)。

**キノン[quinone]** 芳香族化合物のベンゼン核に結合する水素二原子が酸素二原子で置換された化合物の総称。染料中間体として重要。

**きば【▼牙】** 食肉目などの哺乳類で、犬歯または切歯の一対が長く強大に発達したもの。攻撃・防御あるいはえさを捕らえるのに使う。tusk; fang

**牙を嚙む** 非常にくやしがったり、興奮したりして歯をくいしばる。歯ぎしりをする。

**牙を研ぐ** 相手を害しようとする。戦いの準備をする。

**牙を鳴らす** ①動物がきばをむき出しにする。②敵意を露骨に表す。

**牙を剝く** 他に危害を加えようとする。snarl at

**き‐ば【木場】** ①木材の集配に便利な場所に設けられた貯木場。また、周辺に材木商の多い地区。市場の性格をもつものもある。lumberyard ②東京都江東区深川にある地区。江戸時代からの材木屋街だったが、貯木場は一四号埋立地(新木場)へ移転。

**き‐ば【騎馬】** 馬に乗ること。また、乗っている人。riding on horseback 用例 — 武者。数え方 一騎。

**ぎば【▼耆婆】**《Jivaka梵の音写》古代インドの名医で釈迦の弟子。阿闍世王の兄で、王を導いて、釈迦に帰依させた。

**き‐はい【気配】**《「けはい」は別語》取引所で、景気。ありさま。にんき。tone

**き‐はい【起拝】** 宮廷などで、神や貴人に対して行う座礼の作法。一度立って、笏を正しくからだの中央に持って礼をして、また伏す。

**き‐はい【▼亀背】** ①亀の背。②背中が亀の背中のように曲がる病気。

**き‐はい【▼跪拝】**(名・サ変自) ひざまずいて、おがむこと。

**き‐ばい【木灰】** 草や木・落ち葉を焼いてつくった灰。

**き‐ばえ【着映え・着栄え】** 着てみて、衣装がすばらしく見えること。look good on a person 用例 — がする。

**きば‐が【▼牙▼蛾】** 下唇のひげが長く、上向きに牙状に突き出すキバガ科のガの総称。開張一～二cm。幼虫が葉を綴り合わせたり、茎や葉・根などに潜入するので、害虫が多い。ガは昼間は落ち葉の下などにもぐり、夜活動する。全世界に分布、日本では約七五種が知られる。

**き‐はぎ【木▼萩】** マメ科の落葉低木。葉は、三小葉からなる複葉。夏に、淡黄白色で紫斑のある蝶形花をつける。岩手県以西の山野にはえる。

**き‐はく【気迫・気▼魄】** 激しい気力。気概。「spirit

**き‐はく【希薄・▼稀薄】**(名・形動) ①液体または気体の密度・濃度がうすいこと。thin; diluted; rare 対義 濃密。②乏しいこと。be lacking in; poor 用例 誠意の — な人。

**き‐ばく【起爆】**(名・サ変自) 火薬が爆発の反応を起こすこと・現象。explosion 用例 — 剤。

**きばく‐やく【起爆薬】** 周囲の火薬を爆発させるために用いる爆薬。小さな刺激で容易に爆発する。雷酸銀・雷金・アジ化鉛・アセチレン化合物など。initiator

**き‐ばさみ【木▼鋏】** 木を刈る、長い柄のついたはさみ。pruning shears

**き‐ばしり【木走】** 低山帯から亜高山帯の針葉樹林にすむキバシリ科の鳥。翼長約七cm。キツツキのように樹幹を巧みに歩く。日本全土に分布。留鳥。

**き‐はずかし・い【気恥ずかしい】**(形) 恥ずかしく感じる。きまりが悪い。be embarrassed 派生 きはずかしげ(形動) きはずかしさ(名)

**き‐はだ【木肌・木▽膚】** 樹木の外皮。bark

**き‐はだ【黄肌】** サバ科の海水魚。マグロ類の一種。全長約三m。体側に黄色みがあるが、鮮度が落ちると消失する。第二背びれと尻びれは鎌状で大きい。第一背びれ以外のひれが黄色。美味。熱帯海域を回遊。キハダマグロ。キワダ。↓図

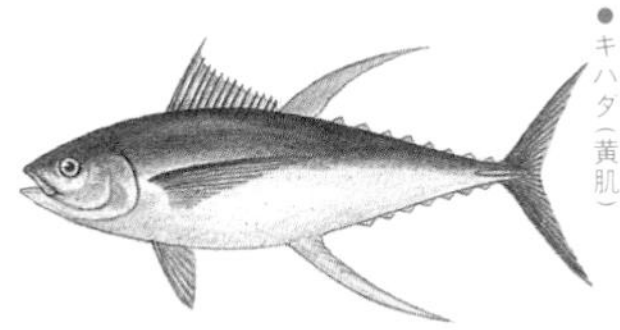

●キハダ(黄肌)

**き‐はだ【黄▼蘗】** ミカン科の落葉高木。高さ二〇m以上。雌雄異株。初夏に黄緑色の小花が密生。樹皮の内皮にベルベリンを含む。樹皮は黄蘗または黄柏といい、黄色の染色剤・漢方薬剤。キワダ。オウバク。↓写

**き‐ばたらき【気働き】** 心のはたらき。機転。tact 用例 — のある人。

●キハダ(黄蘗)

**き‐ばたん【黄▼巴▼旦】** 黄色の冠羽が目立つ白色のオウム科の鳥。全長約五〇cm。森林に群棲し、種子・球根などを食べる。飼い鳥とされ、物まねがうまい。オーストラリア・ニューギニアなどが原産。

**き‐ばち【▽樹▼蜂】** 森林にすむキバチ科のハチの総称。体は円筒状で胴にくびれがない。雌の産卵管は強大で、これを木の中に刺し込んで産卵。幼虫は樹木の材部を食害。日本に一二種、世界に約九〇種が分布。wood wasp

**ぎ‐ばち【義▼蜂】** ギギ科の淡水魚。全長二〇cm内外。体は黄褐色。背びれと胸びれとにとげがあり、さされると痛い。胸びれのとげで、ギューと音を出す。外形・習性その他がギギに類似。美味。関東以北の本州と九州北西部に不連続分布。ギギュウ。↓図

●ギバチ

**き‐はちじょう【黄八丈】** 黄色の地に茶・とび色などの縞柄のある絹織物。原産地は伊豆八丈島。着尺地などに用いる。↓写

●黄八丈

**き‐はちす【木▼蓮】** ①フヨウの異名。②ムクゲの異名。

**き‐はつ【揮発】**(名・サ変自) 常温で液体が気体となって、蒸発すること。volatilization

**き‐ばつ【奇抜】**(形動) ①意外にすぐれているさま。original; unconventional ②風変わり。eccentric 用例 — な趣向。

**きはつ‐ゆ【揮発油】** ①ガソリン。②家庭で、着物の汚れ落としなどに使うベンジン。

**きはつゆ‐ぜい【揮発油税】** 間接消費税の一つ。揮発油に課される国税。同じく揮発油に課される地方道路税を加えてガソリン税とよばれる。

**き‐ばな【木鼻】** 日本建築で、頭貫きなどの端が柱から突出した部分。そこに施した彫刻の形によって象鼻・獏鼻・拳鼻などという。突出部が頭貫きなどの本木と別材の場合は掛け鼻という。

**きばな‐うつぎ【黄花▽空木】** スイカズラ科の落葉低木。葉は卵状長楕円形で薄い。春に、淡黄色で無柄の花をつける。本州中部・北部の山地にはえる。庭木にもする。

**きばな‐コスモス【黄花コスモス】** キク科の一年草。メキシコ原産。草丈約二m。よく分枝し、先端に八～十数弁の橙黄色の花をつける。

**きばな‐しゃくなげ【黄花石▽南▽花】** ツツジ科の常緑低木。高山帯にみられる。茎は地表をはい、葉は長楕円形で輪生。七月ごろ、花弁が五裂した黄色の花を開く。↓写

●キバナシャクナゲ

**きばな‐の‐あまな【黄花の甘菜】** ユリ科の多年草。早春、鱗茎から約二〇cmの花茎を出す。花茎の基部に一個の線形の根葉と、先端に花被片が六個の黄色花を数個つける。北日本に分布。

**きばな‐の‐こまのつめ【黄花の▼駒▼爪】** 高山にはえるスミレ科の多年草。高さ約一〇cm。葉は心臓形。夏に、黄色の小花を開く。↓写

**きばな‐ばらもんじん【黄花婆羅門▽参】** ↓きくごぼう(菊牛蒡)

**きば‐のろ【▼牙▼麞・▼牙▼麕】** シカの一種。肩高約五〇cm。角はなく、雄には長い牙がある。水辺や草原に棲息。朝鮮半島から中国東北部に分布。

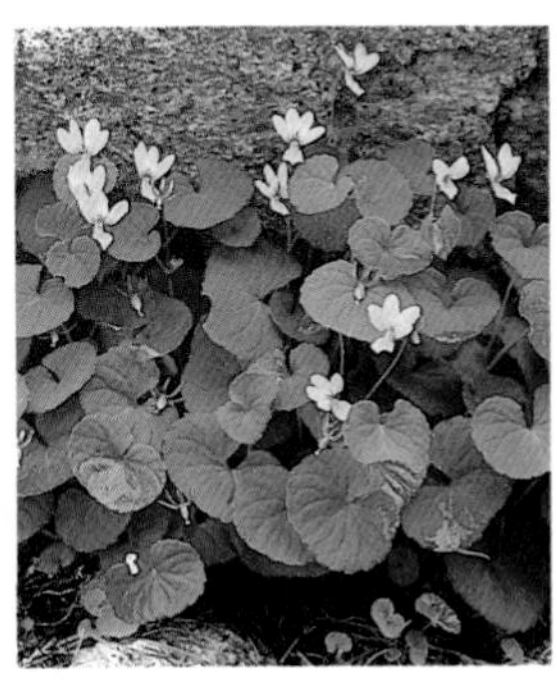

●キバナノコマノツメ

**ぎば‐へんじゃく【▼耆婆▼扁▼鵲】**《「耆婆」はインドの、「扁鵲」は中国の名医の名》世にもまれな名医。

**きばみんぞく‐せつ【騎馬民族説】** 大陸北方系の騎馬民族が日本に渡来し、大和王朝をたてたとする学説。昭和二四年(一九四九)雑誌『民族学研究』の座談会で江上波夫が創唱。

**き‐ば・む【黄ばむ】**(五自) 黄色がかる。黄色みを帯びる。yellowish

**き‐ばや【気早】**(名・形動) せっかちなこと・さま。短気。impatience

**き‐ばや・い【気早い】**(形) 気短である。血気にはやる。quick-tempered 派生 きばやさ(名)

**き‐ばらい【既払い】** もう支払ってあること。having paid 対義 未払い。

**き‐ばらし【気晴(ら)し】**(名・サ変自) 気をはればれさせること。気散じ。気慰み。recreation; diversion

**きはら‐ひとし【木原▽均】**(一八九三‐一九八六) 植物遺伝学者。東京生まれ。京大教授。のち、木原生物研究所を創設。コムギの起源をゲノム分析という方法でつきとめた。昭和二三年(一九四八)文化勲章受章。

**き‐ば・る【気張る】**(五自) ①奮発する。exert oneself ②気勢を示す。strain oneself ③気前よくお金を出す。はずむ。be generous

**き‐はん【帰帆】**(名・サ変自) 船が港・故国に帰ってくること。その船。

**き‐はん【規範・軌範】** ①判断・評価・行為などのよりどころとしての法則。criterion ②従うべき規準。手本。のり。模範。example; model

**き‐はん【▼羈▼絆】** きずな。束縛。

**き‐ばん【基盤】** ①土台。基礎。基本。foundation ②地盤。foundation

**きはん‐せん【機帆船】** 発動機付きの帆船。総トン数二〇〇トンまでの木造船が多い。

▼常用漢字表外。 ▽常用漢字表の音訓外。

**きはん-てき【規範的】**(形動) 行為の規準として従うべきさま。理想的なさま。normative

**きはん-りょく【既判力】** 一度裁判によって確定した判断について訴訟をむしかえすことはできないという、確定判決のもつ効力。res adjudicata

**き-ひ【忌避】**(名・サ変他) ①いみきらって避けること。evasion 比較 回避。用例 徴兵—。②裁判で、当事者の申し立てにより特定の裁判官にその事件に関する職務を行わせないようにできる制度。裁判官が事件になんらかの関係をもつ場合などに適用される。

**き-ひ【基肥】** 種まきや定植の前にほどこす肥料。もとごえ。

**きび【▼黍・▼稷】** イネ科の一年草。穀物。高さ一〜一・五m。穂には散穂・片穂・密穂の三形がある。子実は餅・だんごにして食用とするほか、小鳥の飼料に。また、茎は家畜の飼料。古くから栽培。東インド原産。millet →図

●キビ

**き-び【気▽味】**「きみ」のなまり。

**気味の好い**(きびのよい) 気がせいせいする。きみが好い。

**き-び【機尾】** 飛行機の後部。tail 対義 機首。

**き-び【機微】** かすかな味・点・事柄。小さくて大事なところ。subtlety 用例 人情の—を解しない。

**き-び【▼驥尾】** 走るのが速い馬の尾。

**驥尾に付す**(きびにふす)《遠くまで飛べないアオバエも、驥尾につけば遠い所に達せられるように》①すぐれた人につき従うことにより、自分だけではできないことをなしとげるたとえ。②大家・年長者につき従って行動することを、けんそんして言うことば。

**きび【▽吉備】**〈町〉和歌山県北西部、有田川に沿う町。有田ミカンの産地。飯尾宗祇の生地。人口一万三三四六(一九八八)。

**キビ【Aleksis Kivi】**(一八三四〜七二) フィンランドの劇作家・小説家。フィン語文学の創始者。戯曲『村の靴屋』、小説『七人兄弟』など。

**ぎ-ひ【犠飛】** 野球で、犠打の一つ。走者を生還させることのできる飛球。

**きび-あらし【▼黍▼嵐】** 晩秋に冬のおとずれをつげる強い季節風。実って穂の重いキビの茎を倒さんばかりに吹くあらし、との意からの名。芋嵐。

**きび-がく【▽吉備楽】** 明治五年(一八七二)ごろ雅楽を学んだ岡山の岸本芳秀が雅楽を参考にして創始。黒住教・金光教の祭楽に採用。

**きび-がら【▼黍殻】** トウモロコシの茎の心(=髄)。用例 —細工。

**き-びき【忌引(き)】**(名・サ変自) ①近親の死のために、喪に服すること。②忌で欠勤・欠席すること。

**きび-きび**(副・サ変自) 言動に張りがあって、勢いのあるさま。briskly 用例 —した行動。

**きび-こうげん【▽吉備高原】** 岡山・広島両県にまたがる小起伏の低い山地。標高二〇〇〜四〇〇m。畑作・牧牛などのほか石灰岩採掘もさかん。

**きひ-ざい【忌避剤】** 有害動物がきらう刺激性の物質の総称。衛生用・農薬用。repellent

**きび・し【厳し】** 古語 (形シク) ①おごそかだ。厳重である。用例 なだむることなく—・しう行なへ(源氏・少女)。②けわしい。鋭い。用例 すぐれて山—(梁塵秘抄)。③程度がはなはだしい。はげしい。用例 このあるじは—・しく、はしたなく物を忌み(沙石集)。④たいしたものである。用例 これは—・しい(金々先生栄花夢)。

**きびし・い【厳しい】**(形) ①少しもいい加減なところがない。人を甘えさせない。strict 用例 —しつけ。—けいこ。②はげしい。はなはだしい。un-bearable 用例 —残暑。③《「緊しい」とも》さしせまっている。緊迫した。tense 用例 —国際情勢。派生 きびしげ(形動) きびしさ(名)

**きび-しょ【▽急▽焼・▽急▼須】**《「急焼」の唐音「きゅうしゃ」の転》急須。

**きびす【▼踵】** かかと。くびす。

**踵を返す**(きびすをかえす) 引き返す。踵を巡らす。go back

**踵を接する**(きびすをせっする) 人のあとにぴったりついて行く。転じて、物事が次々に続いて起こる。follow heel after heel

**踵を巡らす**(きびすをめぐらす)「踵を返す」と同意。

**きひすいしゅ【貴妃酔酒】** 中国京劇の代表作。玄宗の帰りを待つ楊貴妃が寂しさを酒にまぎらす心情を哀調に満ちた節回しでうたう名作。

**き-びたき【黄▼鶲】** ヒタキ科の鳥。翼長約八cm。雄はのどと胸が橙色で、美声。山林にすむ。日本で繁殖し、冬はアジア南部へ去る夏鳥。narcissus flycatcher →写

**きび-だんご【▽吉備団子・▼黍団子】** ①もち米粉と砂糖を練った求肥状の柔らかいもち菓子。安政年間に茶菓子用に作られた。岡山の名産品。②キビの実の粉で作った団子。

**き-ひつ【起筆】**(名・サ変自) 書き始めること。書き出し。beginning to write 対義 擱筆。

**ぎ-ひつ【偽筆】** 他の人のかいた字・絵に似せてかいた絵・文字・文書。多く、有名な人の作品に似せたものに言う。forged handwriting 対義 真筆。

**きびつ-じんじゃ【▽吉備津神社】** 岡山市吉備津高松町にある旧官幣中社。祭神は大吉備津彦命ほか八神。吉凶の占いとしての鳴釜の神事が名高い。備中国一の宮。

**きび-なご【▼黍▽魚子】** 外洋にすむウルメイワシ科の海水魚。全長約一〇cm。体側を銀白色と青色の二本の帯が並走する。産卵期に岸に近づくのを捕獲。食用。本州中部以南に分布。→図

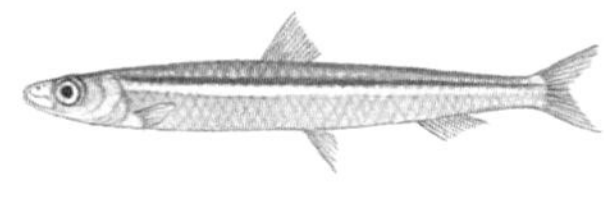

●キビナゴ

**きび-にんぎょう【▽吉備人形】** 魔除けの小形土人形。岡山県吉備津神社で授ける信仰玩具。土犬と鳥の三個一組のこともある。

**きび-の-くに【▽吉備の国】** 備前・備中・備後・美作の地域の古称。吉備。

**きび-の-まきび【▽吉備▽真備】**(六九三〜七七五) 奈良時代の学者。養老元年(七一七)安倍仲麻呂らと留学生として入唐。天平七年(七三五)帰国後は橘諸兄のもとで活躍。再び渡唐し、のち右大臣。吉備大臣。

**きびゅう-ほう【帰▼謬法】** 証明法の一種。命題を正しくないと仮定した推論に不都合が生じたとき、もとの命題が正しいと結論する方法。背理法。reduction to absurdity

**き-びょう【奇病】** ふつうにない病気。珍しい病気。strange disease

**ぎ-ひょう【儀表】** 模範。手本。paragon

**ぎ-ひょう【戯評】** 漫画や風刺などでする社会批評。satire

**き-びょうし【黄表紙】** 江戸時代の草双紙の一種。表紙は黄色。安永四年(一七七五)恋川春町の『金々先生栄花夢』の大当たりに始まる。大人向きの洒落・滑稽を描き、以後草双紙は大人も読むようになった。

●キビタキ

**き-びら【生平】** チョマやタイマの糸を平織りにした麻布。元来漂白しないで着物に使用。これをさらした奈良晒し・近江晒しは有名。

**き-ひん【気品】** ①りんとした上品さ。grace; class 用例 —のある人。②気高い品位。no-bility 用例 —のない絵。

**き-ひん【気▼稟】** 生まれつき備わっているすぐれた気質。天性。nature

**き-ひん【貴賓】** 身分の高い客。honored guest 用例 —室。

**き-びん【機敏】**(名・形動) すばやく動くさま。smart

**き-ふ【寄付・寄附】**(名・サ変他) 公共事業・寺社などに金品を出すこと。contribution 数え方 一口。

**き-ふ【棋譜】** 囲碁・将棋の対局で、初手から最終手までの経過を、符号や数字で記録した譜面・記録。比較 局譜。

**き-ぶ【基部】** ねもとの部分。基礎をなす部分。「base

**ぎ-ふ【義父】**《義理の父、の意》①養父。継父。foster father ②夫または妻の父。father-in-law

**ぎふ【▽岐▼阜】**〈県〉中部地方西部内陸の県。県庁所在地は岐阜市。南西端の濃尾平野を除いて大半は山地で森林・鉱物・水資源が豊富。平野部は中京工業地帯と連なり、繊維・窯業・重化学工業が発達。面積一万五九六km²、人口二〇四万五三一一(一九八八)。

**ぎふ【▽岐▼阜】**〈市〉岐阜県南部、長良川に臨む市。県庁所在地。旧城下町・宿場町。既製服の生産・販売は有名。ちょうちん・うちわが特産。人口四〇万七八二八(一九八八)。

**ギブ-アップ【give up】**(名・サ変他) ①あきらめること。用例 ネバー—。②降参。

**ギブ-アンド-テーク【give-and-take】**《与えて取る、の意》相手に利益を与え、同時に自分も相手から利益を得ること。

**き-ふう【気風】** 団体・地方などの人々に共通している気だて。trait(s)

**き-ふう【棋風】** 囲碁・将棋で、その人の個性のある打ち方・指し方。

**き-ふく【起伏】**(名・サ変自) ①高くなり低くなること。高低。rise and fall; undulation 用例 —のゆるやかな丘陵。②盛んになったり衰えたり変化すること。ups and downs 用例 —の多い人生。感情の—が激しい。

**き-ふく【帰服・帰伏】**(名・サ変自) 降参すること。帰順。surrender

**き-ぶく【忌服】** 近親などの死で、一定の期間喪に服すること。

**きふく-りょう【起伏量】** 地表の起伏の程度を示す指標。一般に単位面積内の最高点と最低点の高度差などで示す。relief

**き-ぶく・れる【着膨れる・着▽脹れる】**(下一自) たくさん重ねて着て、ふくれあがる。be thickly clad

**きふ-こうい【寄付行為】** ①一定の公益目的のために無償で財産を提供し、財団法人を設立する行為。②書面に記される財団法人の根本規則。社団法人の定款にあたる。

**き-ふじ【黄▼藤】** エンジュの異名。

**き-ぶし【木付子・木▽五▽倍子】** 山野に多いキブシ科の落葉低木。高さ二〜三m。葉は狭卵形。早春、淡黄色の六弁花を葉に先だって多数つける。果実は薬用。ヌルデの五倍子の代用として黒色染料をとる。→写

●キブシ

**き-ぶしょう【気無精・気不精】**(名・形動) 気持ちが引き立たないこと・さま。気がふさぐこと・さま。

**き-ふじん【貴婦人】** 身分の高い婦人。上流婦人。lady

**ギプス【Gips ドイツ】**《正しくは「ギプス」で、石膏の意》石膏の粉をガーゼにふくませた包帯。骨・関節の病気や骨折などした所を固定する。ギプス。plaster cast

**き-ぶた【黄豚】** ブタの病気の一つ。ブタの体脂肪が黄変し、悪臭を伴う。食欲不振により成長停止。魚のあら・さなぎかすの与えすぎが原因。ビタミンEの投与で予防。

**キプチャク-ハンこく【キプチャクハン国】** 南ロシアのモンゴル王朝。四ハン国の一つ。チンギス＝ハンの孫バツが、ロシア遠征後の一二四三年、サライを都として建国。一四世紀前半が最盛期。一五〇二年モスクワ公国のイワン三世によって滅ぼされた。Qipchaq Khān

**ぎふ-ちょう【▽岐▼阜▼蝶】** 日本特産のアゲハチョウの一種。開張約六cm。食草はカンアオイ類。早春、本州の山地の斜面をゆるやかに飛ぶ。中央構造線の東には近似種のヒメギフチョウが分布。→写(次ページ)

**ぎふ-ぢょうちん【▽岐▼阜▽提▽灯】** 細い骨組みに薄い和紙を張って、秋草などを描いた優雅なちょうちん。岐阜地方で作られる。ぼんぢょうちん。



↓行き先項目、図版・写真参照印。 JIS 日本工業規格情報交換用漢字符号コード(区点コード)。

●ギフチョウ

**き-ぶつ【木仏】** ①木製の仏像。②感覚のはなはだ鈍い人。an insensible person
木仏、金仏、石仏(きぶつ、かなぶつ、いしぼとけ) 人情の機微を解しない、また、融通のきかない人のたとえ。
**き-ぶつ【器物】** 器具。道具。implement; tool
**キブツ[qibbūṣ(ヘブライ)]** イスラエルの集団農場。私有財産の否定、すべての生産や消費の集団化、子供の集団教育などの諸原理をもとにした完全な集団主義にたつ。
**ぎ-ぶつ【偽物】** にせもの。模造品。forgery
**ぎ-ぶつ【擬物】** 人間を物になぞらえていうこと。泳げない人を「金づち」というなど。対義 擬人。
**き-ぶっ-せい【気ぶっせい】**(形動)《俗語》気が詰まるさま。くさくさするさま。
**ギフト[gift]** 贈り物。
**き-ふどう【黄不動】** 大津市園城寺(三井寺)にある平安初期の不動明王の絵。身体が淡黄色に描かれている。京都曼殊院に模作がある。
**ギフト-カード**《和製語》①贈り物にそえるカード。gift card ②贈答用の商品券。gift certificate
**ギフト-チェック[gift cheque]** 贈答を目的として銀行が振り出す小切手。現在は廃止。
**き-ぶとり【着太り】**(名・サ変自) 衣服を着ると、太って見えること。対義 着やせ。
**きぶね-じんじゃ【貴船神社】** 京都市左京区鞍馬貴船町にある旧官幣中社。祭神は高龗神。奥宮の祭神の闇龗神とともに水神として尊崇された。
**キブラ[qiblah(アラビア)]** イスラム教における礼拝の方向。メッカのカーバの方角をさす。
**キプリング[Rudyard Kipling]**(一八六五〜一九三六) イギリスの小説家・詩人。インド生まれ。一九〇七年ノーベル文学賞受賞。小説『ジャングル-ブック』『キム』など。

**き-ふるし【着古し】** 着て古くなったこと。また、その着物。worn-out clothes
**き-ふる・す【着古す】**(五他) 長い間着て古くなる。wear out
**キプロス[Kypros(ギリシア)]**(Republic of Cyprus) 西アジア、地中海東端のキプロス島を占める共和国。首都ニコシア。一九六〇年イギリスから独立。ギリシア、トルコの両民族が居住し、その係争地となっている。果樹栽培のほか、クロム鉱などを産出。面積九二五〇km²。人口六六七万(一九八六)。正称キプロス共和国。
**きふ-ワイン【貴腐ワイン】** 白ワインの一種。貴腐菌というカビが果皮につき、糖分が十分に残った白ぶどうから作る。
**き-ぶん【気分】** ①気持ち。心持ち。feeling 用例 —を変える。—が悪い。②心身の調子。physical condition 用例 —がすぐれない。③感じ。情調。雰囲気。mood 用例 —を出す。正月らしい—。
**き-ぶん【奇聞】** 珍しい話。用例 —珍談。
**き-ぶん【記聞・紀聞】** 覚え書き。聞き書き。用例『西洋—』。
**ぎ-ふん【義憤】** 正義・人道のための怒り。公憤。righteous indignation 対義 私憤。
**ぎ-ぶん【戯文】** ①たわむれに書いた文章。滑稽を主とした文章。②中国、明代中期以降に盛行した戯曲。高明の『琵琶記』など。南曲。南戯。
**きぶんだいじん【紀文大尽】** 長唄の曲名。作詞中内蝶二、曲は四世吉住小三郎と二世稀音家浄観の合作。明治四四年(一九一一)発表。紀国屋文左衛門の物語。
**きぶん-てき【気分的】**(形動) ①気持ちの上でのこと。of feeling 用例 —な問題だ。②その時々の気持ちしだいであるさま。up to the mood 用例 —に処理してはいけない。
**き-へい【奇兵】** 敵の不意をうつ軍隊。
**き-へい【騎兵】** ①騎馬に乗って戦う兵。②陸軍の兵科の一つ。乗馬した戦闘部隊。機動力を生かして正面突破、または伝令・偵察などにあたった。現在では機甲部隊に発展。cavalry
**ぎ-へい【義兵】** 正義のために起こす戦。また、その兵。義軍。用例 —を募る。
**きへい-たい【奇兵隊】** 文久三年(一八六三)創設の長州藩の非正規軍。高杉晋作が最下層の武士を中心に農民・町人をふくめ有志で組織。戊辰戦争などで活躍。
**き-へき【奇癖】** 変なくせ。珍しいくせ。eccentric habit
**き-べつ【記別】** 授記の別称。
**きべ-は【木辺派】** 浄土真宗十派の一つ。滋賀県野洲郡中主町木辺の錦織寺が本山。明治一〇年(一八七七)木辺派を公称。錦織寺派。
**きべり-たては【黄▽縁立羽▼蝶】** 黒褐色の翅の縁が黄色のタテハチョウ。開張約七cm。食草はバッコヤナギ・ドロノキ・シラカバなど。本州中部以北に分布し、山地に多い。
**ギベリン[Ghibelline]** 中世末期、神聖ローマ皇帝とローマ教皇の対立時代の皇帝支持派。ドイツの封建貴族やイタリアのビスコンティ家など富豪に多かった。教皇支持派はゲルフ。
**ギベルティ[Lorenzo Ghiberti]**(一三七八〜一四五五) イタリア初期ルネサンスの代表的彫刻家。浮き彫りに遠近法を応用した絵画的手法を樹立。作品にフィレンツェ大聖堂洗礼堂の門扉など。↓写

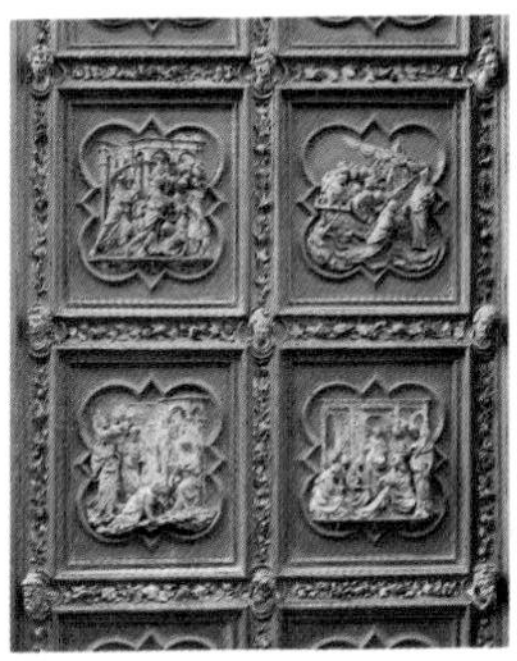
●ギベルティ フィレンツェ大聖堂洗礼堂北側門扉(部分)。一四〇三〜二四年(イタリア)。

**き-へん【木偏】** 漢字を組み立てている部分の名。「校・村・柱」などの左にある「木」。
**き-へん【机辺】** つくえのそば。つくえのあたり。
**き-べん【▼詭弁・▼詭▼辯】** ①たくみな言い回しで、正当でないことを、正当らしく言いくるめること。こじつけの議論。quibble ②哲学などで、うそいつわりを意識的に真と見せかけようとする推論。sophistry ③ある前提から、誰が考えてもおかしい結論を導き出しているが、それに反論しがたい論法。sophistry 用例 —を弄する。
**き-べん【旗弁・旗▼瓣】** マメ科の花に共通して見られる特徴のある花弁。五弁の中で、もっとも大きく、外側にあって直立し、つぼみのときに他の部分を包んでいるもの。翼弁。vexillum
**ぎ-べん【擬▼娩】** 分娩にさいして、夫も日常の活動を控えて禁忌に服し、妻の出産に伴う行為をまねる風習。未開社会に広く見られるが、とくに南米アマゾン川流域で顕著。
**き-ぼ【規模】** ①しくみ。かまえ。スケール。scale ②精神的内容や建物の構造、社会組織などのもっている大きさ・複雑さなどのこと。scale
**ぎ-ぼ【義母】**《義理の母、の意》①養母。継母。foster mother ②夫または妻の母。mother-in-law
**き-ほう【気泡】** 液体や固体の中につつみこまれた気体のあわ。あぶく。air bubble
**き-ほう【既報】** 前に知らせてあること。have already announced
**き-ほう【貴方】** 一(名) 相手の居所をいう敬語。二(代) あなた。貴下。
**き-ほう【機▼鋒】** ①ほこ先。きっ先。brunt ②鋭い勢い。force
**きほう【紀宝】**〈町〉三重県南部、熊野灘に臨む町。稲作、梅・ミカン栽培、スギなどの林業がさかん。人口八二五一(一九八八)。
**き-ぼう【希望・▼冀望】**(名・サ変他) 対義 絶望。①こうなって欲しい、また、こうありたいと願い望むこと。hope; wish 用例 —を持つ。明るい—。②心理学で、よいことがありそうだと期待するときに起こる感情。hope
**き-ぼう【既望】** 陰暦の一六日の夜。また、その夜の月。いざよい。
**き-ぼう【鬼謀】** あっと驚くようなうまいはかりごと。
**き-ぼう【▼毀▼謗】**(名・サ変他) 人を非難すること。そしること。
**ぎ-ほう【技法】** わざ。やりかた。技術。technique
**ぎ-ぼうし【擬宝▽珠】** ①高欄や欄干の親柱上の宝珠形の装飾。ぎぼし。きぼうし。ぎぼうしゅ。②ユリ科ギボウシ属の多年草の総称。葉は根生し、へら形または広卵形。夏、白色・淡紫色・紫色などの花を穂状につける。オオバギボウシ・ミズギボウシなど。③ネギの花。ねぎぼうず。↓図
**きぼう-てき【希望的】**(形動) そうありたいと願うさま。期待をかけるさま。wishful 用例 —観測。
**きほう-ぶろ【気泡風▼呂】** 浴槽内の湯に空気を送りこんで気泡を立て、これで体をマッサージする風呂。jaccuzzi; bubble bath
**きぼう-ほう【喜望峰】**(Cape of Good Hope) アフリカ大陸南端近くの岬。一四八八年、ポルトガル人ディアスが発見。一四九七年バスコ=ダ=ガマがこの岬を通り、インドへの航路をひらいた。
**きほく【輝北】**〈町〉鹿児島県東部、大隅半島の町。畜産を中心に、サツマイモ・タバコなどの栽培がさかん。人口五〇九一(一九八八)。
**き-ぼく【▼亀▼卜】** 古代中国で行われた占いの一つ。亀の甲に穴をあけ、そこに焼けた棒を差し込み、生じたひび割れにより吉凶を判じる。殷代には卜占のなかでもっとも重要なものとされた。

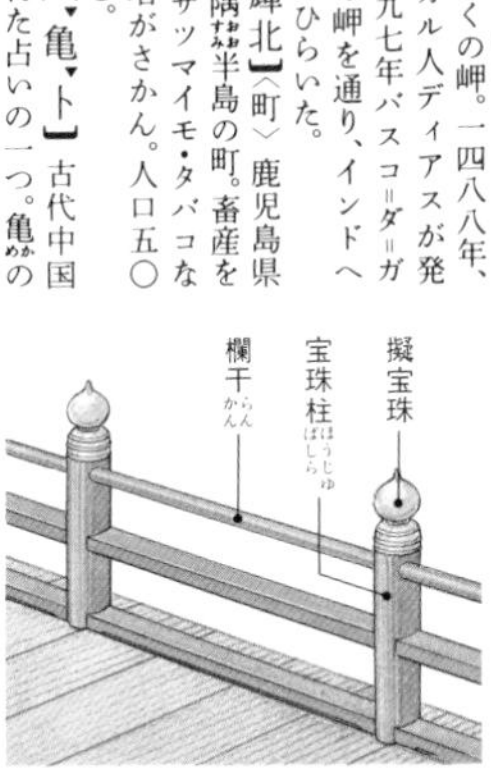

●擬宝珠①

●ギボウシ② ムラサキギボウシ

**ぎ-ぼし【擬▽宝▽珠】** →ぎぼうし(擬宝珠)
**きぼし-まるとびむし【黄星丸跳虫】** マルトビムシ科の微小昆虫。体長約一・五mm。体は円球状で、暗紫色に黄橙色の細点を散らす。野菜類の若芽や幼根を食害。日本全土・世界に広く分布。
**ぎぼし-むし【擬▽宝▽珠虫】** 半索動物腸鰓綱に属する海産動物の総称。干潟に穴を掘ってすむ。体はミミズ状で体長七〇〜一〇〇cm。相模湾以南の暖海域に分布。↓図

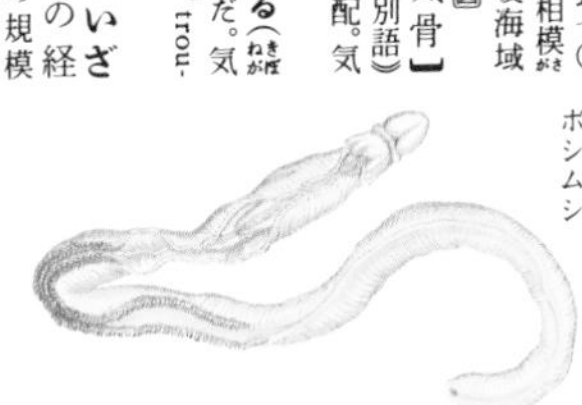
●ギボシムシ ミサキギボシムシ

**き-ぼね【気骨】**《「きこつ」は別語》心づかい。心配。気苦労。
**気骨が折れる**(きぼねがおれる) 気苦労だ。気疲れがする。troublesome
**きぼ-の-けいざい【規模の経済】** 企業の規模が拡大するのに対応して、平均生産費が低下すること。economies of scale
**き-ほよう【気保養】**(名・サ変自) 気晴らしをすること。気散じ。
**き-ぼり【木彫(り)】** 木を彫ってつくった彫刻。木彫。woodcraft
**き-ほん【基本】** 物事のもとになる、もっとも大切なもの。大もと。土台。foundation 用例 学問の—。—を身につける。
**ギボン[gibbon]** テナガザルの別名。
**ギボン[Edward Gibbon]**(一七三七〜九四) イギリスの歴史家。一七七六〜八八年、『ローマ帝国衰

●基本的人権　日本国憲法の基本的人権

| 平等権 | 自由権 | | | 社会権 | 参政権 | 国務請求権 |
|---|---|---|---|---|---|---|
| | 精神の自由 | 身体の自由 | 経済の自由 | | | |
| 法の下の平等(第一四条)<br>男女の本質的平等(第二四条)<br>参政権の平等(第四四条) | 思想・良心の自由(第一九条)<br>信教の自由(第二〇条)<br>集会・結社・表現の自由、検閲の禁止(第二一条)<br>学問の自由(第二三条) | 奴隷的拘束および苦役からの自由(第一八条)<br>法定手続きの保障(第三一条)<br>住居の不可侵(第三五条)<br>拷問および残虐刑の禁止(第三六条)<br>刑事裁判を受ける権利(第三七条)<br>黙秘権(第三八条)など | 居住・移転および職業選択の自由、外国移住・国籍離脱の自由(第二二条)<br>財産権の保障(第二九条) | 健康で文化的な最低生活の保障(第二五条)<br>教育を受ける権利(第二六条)<br>勤労条件の基準の法定、児童の酷使禁止(第二七条)<br>勤労者の団結権、団体交渉権、争議権(第二八条) | 公務員の選定・罷免(ひめん)の権利(第一五条)<br>最高裁判所裁判官の国民審査権(第七九条)<br>地方公共団体の長・議員の選挙権(第九三条)<br>憲法改正の国民投票権(第九六条)など | 請願権(第一六条)<br>国・公共団体に対する損害賠償請求権(第一七条)<br>裁判を受ける権利(第三二条)<br>刑事補償請求権(第四〇条) |

亡史』全六巻を完成。

**きほん-きゅう【基本給】** 基準内賃金の中心となる部分。一般に年齢・学職歴・勤続年数などを考慮して決定。退職金・賞与などの算定基準となる。本俸。本給。本人給。basic pay

**きほん-ごい【基本語▼彙】** その国語で広く一般に使われる基本的な単語の集まり。basic vocabulary [比較]基礎語彙。

**きほん-しんどう【基本振動】** 弦の振動や気柱の振動などの固有振動のなかで、振動数が最小のもの。fundamental vibration

**きほん-そしきけい【基本組織系】** 高等植物の表皮系および維管束系以外の部分。植物体内の同化・貯蔵・分泌などの生理作用が行われる。fundamental tissue system

**きほん-たかみず(―たかみづ)【基本高水】** 洪水対策計画で用いる基本的洪水モデル。最大流量・流量変化・関連水系、過去の洪水資料などを総合してきめる。standard for flood

**きほん-たんい【基本単位】** 独立に定められ、各種単位の基礎となる単位。ふつうは長さ(m)・質量(kg)・時間(秒・s)を基本単位とする。standard unit [比較]誘導(ゆうどう)単位。

**きほん-てき【基本的】**(形動) 物事の基本になっているさま。basic

**きほんてき-じんけん【基本的人権】** 人間ならだれでも生まれながらにもっていて、なにものにも侵されない権利。わが国では、日本国憲法で規定され、一般に平等権・自由権・社会権などに分類される。fundamental human rights ↓[図]

**ぎ-ま【義▽万】** 腹びれと背びれのとげが強大なギマ科の海水魚。全長約三〇㎝。尾びれが長い。背側は青灰色、腹側は銀色。胸びれと尾びれは黄色。皮を剝(は)いで食用。本州中部以南に分布。ギンカワムキ。トゲハゲ。

**ぎ-まい【義妹】**《義理の妹、の意》①夫または妻の妹。弟の妻。sister-in-law ②約束を結んで、妹となった人。sworn sister

**き-まえ(―まへ)【気前】** ①気だて。generosity ②金・物を惜しげもなく出す気性。generous

**気前が好い**(きまえがいい) 金離れがよい。品物を惜しまずに与える。generous

**ぎま-かこう【擬麻加工】** 綿やスパンレーヨンに麻のような触感を与える加工。imitation linen finish

**き-まかせ【気任せ】**(名・形動) 思いのまま。気まま。at will [用例]―な旅。

**ぎ-まく【偽膜・義膜】** ジフテリアなどにかかったとき、罹患(りかん)部の粘膜にみられる灰白色の苔(こけ)のようなもの。咽頭(いんとう)ジフテリアでは呼吸困難をおこしたりする。pseudomembrane

**き-まぐれ【気▽紛れ】**(名・形動) ①気の変わりやすい性質・さま。capricious ②一時の思いつき。whimsical

**き-まじない(―まじなひ)【木▼呪い】** 小正月の行事の一つ。年頭に、果樹に豊熟を誓わせる呪術(じゅじゅつ)的儀礼。果樹を前に刃物をふりかざし、「なるかならぬか」と問い、「なり申す、なり申す」と答える形式をとる。成(な)り木責め。

**き-まじめ【生真▽面目】**(名・形動) まじめすぎるほどであるさま・人。very earnest

**き-まず・い(―まづい)【気▽不▽味い】**(形) 気持ちがしっくりせず不愉快だ。unpleasant [用例]―仲になる。[派生]きまずげ(形動) きまずさ(名)

**きまた-おさむ(―をさむ)【木▼俣修】**(一九〇六〜八三) 歌人・国文学者。滋賀県生まれ。東京高師卒。北原白秋(はくしゅう)に傾倒し浪漫性を発揮。歌集『高志(こし)』『冬暦(ふゆごよみ)』、著書『昭和短歌史』『白秋研究』など。

**きまだら-せせり【黄▼斑▼挵▼蝶】** 暗褐色の地に黄褐色の斑紋(はんもん)のあるセセリチョウ。開張約三㎝。食草はエノコログサ・ススキなど。日本全土に分布し、暖地ほど数が多くなる。

**きまだら-ひかげ【黄▼斑日陰▼蝶】** ヤマキマダラヒカゲとサトキマダラヒカゲの総称。両種ともジャノメチョウ科に属し、開張六㎝内外。翅(はね)は茶褐色で、外縁に黄色の楕円(だえん)状斑紋(はんもん)がある。食草はタケ・ササ類。日本特産種。↓[写]

●キマダラヒカゲ　ヤマキマダラヒカゲ

**きまだら-るりつばめ【黄▼斑▼瑠▼璃▼燕▼蝶】** 翅(はね)の表は瑠璃色を帯びた暗褐色、翅裏は黄色地に特異な黒条紋のあるシジミチョウ。開張約三・五㎝。後翅(こうし)に二本のひも状の尾状突起がある。幼虫はマツやサクラなどの樹皮下にあるシリアゲアリの巣の中でアリに養われる。幼虫で越冬し、成虫は夏に出現。本州に局地的に分布。鳥取市のものは天然記念物。

**き-まつ【季末】** 季節の終わり。the end of a season

**き-まつ【期末】** ある期間の終わり。the end of a term [対義]期首。[用例]―試験。

**きまっ-て【決(ま)って・▽極(ま)って】**(副) かならず。常に。always

**き-まま【気▼儘】**(名・形動) 他人のことに気を遣わず、自分の好きかってにふるまうこと・さま。気のまま。selfishness

**き-まよい(―まよひ)【気迷い】**(名・サ変自) ①心が迷うこと。心の迷い。気の迷い。②相場の上がり下がりの見当がつかず、株式の売買がふるわないこと。

**きまり【決(ま)り・▽極(ま)り】** ①きまっていること。きめたこと。規則。rule [用例]―を守る。②きまること。くぎり。決着。settlement [用例]―がつく。③いつもきまってすること。habitual way [用例]お―のお説教。④他人に対する気持ち。面目。 tle

**決まりが付く**(きまりがつく) 物事に決着がつく。set-

**決まりが悪い**(きまりがわるい)《人前をうまくとりつくろえないことから》恥ずかしい。feel awkward

**きまり-きった【決(ま)り切った・▽極(ま)り切った】**(連体) ①あたりまえの。obvious ②いつもと同じで新味のない。commonplace

**きまり-て【決(ま)り手・▽極(ま)り手】** 相撲で、勝負がついたときにもっとも有効であった技。古来、四十八手というが、土俵が設けられてから新手が増え、日本相撲協会制定の大相撲の決まり手は七〇手ある。winning trick

**きまり-もんく【決(ま)り文句・▽極(ま)り文句】** いつも言うことば。常用文句。cliché

**きま・る【決(ま)る・▽極(ま)る】**(五自) ①きちんとさだまる。動かない結果が出る。be decided [用例]考えが―。社長に―・った。②勝負がつく。be settled [用例]東土俵で―。③わざをかけられて動けなくなる。[用例]右腕が―。④ぴたりとあてはまる。fit [用例]司会ぶりがぴたり―。⑤動作が型どおりうまくいく。be appropriate [用例]踊りの型が―。内掛けが―。⑥《「…にきまっている」の形で》必ず…だ。[用例]今からあわてても、間に合わないに―・っている。

**き-まわり(―まはり)【木▼回】** ゴミムシダマシ科の甲虫。朽ち木や古木上でみられ、黒色で銅光沢がある。体長約二㎝。幼虫は朽ち木を食べる。日本全土に分布。↓[写]

●キマワリ

**ぎ-まん【欺▼瞞】**(名・サ変他) だますこと。ごまかし。deception

**きみ【君】** [一](名) ①主上。君主。主君。lord; master [用例]わが―。②人の敬称。[用例]師の―。③親しい人を呼ぶ語。[用例]背の―。うるわしの―。[二](代) 同輩、それ以下を親しんでいう語。おもに男性が使う。あんた。あなた。[対義]僕。[用例]―はどうする。

**君、君たらずとも、臣、臣たらざる可からず**(きみ、きみたらずとも、しん、しんたらざるべからず) 主君に徳がなく、主君としての務めを果たさなくても、臣下は忠義をつくし、その道を守らなければならない。

**君、君たり、臣、臣たり**(きみ、きみたり、しん、しんたり) 君臣は、それぞれの分に応じて道を守ること。

**君辱められれば臣死す**(きみはずかしめらるればしんしす) 主君が恥かしめをうけたら、臣下は死を覚悟で、その恥をそそがなければならない。臣下は主君と生死・苦楽をともにすべきことを言う。

**君は舟、臣は水**(きみはふね、しんはみず)《主君と臣下の関係を、舟と水にたとえた語》舟をささえて浮かべている水も、大波となって舟をくつがえすことがあるように、時には臣下も主君に害をなすことがある。

**君、僕の間柄**(きみ、ぼくのあいだがら) ごく親しい友人関係。

**きみ【▼黍・▼稷】** キビの古名。穎果(えいか)が淡黄色であることによる名。

**き-み【黄み】** 黄色がかった色あい。yellowish [用例]―をおびる。

**き-み【黄身】** 卵の中央にある黄色の部分。主成分のたんぱく質・脂肪のほかビタミンA・D・Eに富む。卵黄(らんおう)。yolk [対義]白身。

**き-み【気味】** ①気持ち。気分。feeling [用例]―が悪い。②傾向。傾き。tendency [用例]慢心の―がある。③[古語]㋐味わい。おもむき。[用例]人事おほかる中に、道をたのしぶより―ふかきはなし(徒然・一七四)。㋑かおりと味わい。[用例]のどかはき、口損じて、―もみな忘れにけり(源平盛衰記・一一)。

**気味が好い**(きみがいい) 気持ちがすっきりする。気分がせいせいする。すかっとする。きびがよい。

**ぎ-み【気味】**(接尾) …のようなさま。傾き。ようす。[用例]態度を控え―にする。

**きみ-あい(―あひ)【気味合(い)】** おもむき。心持ち。

**気味合いを付ける**(きみあいをつける) ①相手の心をそれとなくさぐる。②異性に対する気持ちをそれとなく表す。

**きみかげ-そう【君影草】** スズランの別名。

**きみ-が-よ【君が代】** [一]①天皇の御代(みよ)。聖代。②あなたの寿命。[二]日本の国歌ということになっているが、法制上は明治二六年(一八九三)文部省制定の祝日大祭日唱歌。歌詞は『古今和歌集』の一首で、作曲は宮内省の林広守(はやしひろもり)。

**きみがよ-らん【君が代▼蘭】** リュウゼツラン科の常緑低木。高さ約二m。革質で長さ約一m、幅約七㎝ほどの青緑色の葉が叢生(そうせい)し、多少垂れ下がる。夏に、花茎を出し、黄白色の花を多数つける。関東以南で庭木とする。北アメリカ原産。

**き-みじか【気短】**(形動) せっかち。短気。short-tempered [対義]気長。

**き-みず(―みづ)【黄水】** 吐き戻すときに出る、胆汁の混じった黄緑色の液。

**きみず-あえ(―あへ)【黄身酢▽和え】** 魚貝や野菜を、卵黄とみりん・酢などを合わせてつくった黄身酢であえたもの。

**きみた【君田】**〈村〉 広島県北部、三次(みよし)市北隣の村。稲作・野菜栽培・畜産などがさかん。人口二一二二(一九八八)。

**き-みつ【気密】** 熱機関・容器などで、気体をまったく通さないようにした状態。[用例]―室。

**き-みつ【機密】** おもに政治・軍事についての



↓行き先項目、図版・写真参照印。　[JIS]日本工業規格情報交換用漢字符号コード(区点コード)。

重大な秘密。secret

**きみつ【君津】**〈市〉千葉県南部、東京湾に臨む市。製鉄を中核とする工業地域。行楽地鹿野山がある。人口八万七〇九一(一九八八)。

**きみつ-ひ【機密費】** 使い道を明らかにしない、機密の用途に使う費用。secret funds

**きみ-とうげ【紀見峠】** 大阪府と和歌山県の境、和泉山脈にある峠。標高三七〇m。古来高野山詣での道としてにぎわった。

**き-みどり【黄緑】** 黄色がかった緑色。yellowish green

**き-みゃく【気脈】** ①血管。②気持ちの通じる道。意志の連絡。

**気脈を通じる**(きみゃくをつうじる) ひそかに共謀する。conspire 密接な連絡をとる。

**き-みょう【帰命】**《仏教語》心から信じ敬うこと。自己のすべてをささげて仏に従うこと。南無。

**き-みょう【奇妙】**(形動) ①不思議なさま。珍しいさま。strange ②変わっているさま。eccentric

**きみょう-きてれつ【奇妙奇▽天烈】**(形動) 非常に変わっていること。用例 ―な話。

**きみょう-ちょうらい【帰命頂礼】**《仏教語》①仏に深く帰依すること。身命をささげ、頭を地につけて礼拝すること。②仏を礼拝するとき、唱える語。

**きみよしるやみなみのくに【君よ知るや南の国】**《原題Connais-tu le pays?フランス》トマ作曲のオペラ『ミニヨン』中のアリア。一八六六年作曲。帰郷を願う気持ちを歌う。

**きみ-わる・い【気味悪い】**(形) 怖いようで、また、嫌な感じがして、気持ちが悪い。weird 派生 きみわるが・る(五自) きみわるげ(形動) きみわるさ(名)

**き-みん【棄民】** 国家から見捨てられた人民。比較 難民。

**ぎ-みん【義民】** 一身を投げ出して公衆に尽くす民間人。比較 義人・義士。用例 ―宗吾。

**キム【Roman Nikolayevich Kim】**(一八九九〜一九六七) ソ連の小説家。朝鮮の亡命政治家の子。作品『広島の娘』『特務機関』など。

**ぎ-む【義務】** 対義 権利。①しなければならない事柄。duty 用例 すべての人に負わされる―。②哲学で、道徳が人間の意志や行為などにおよぼす強制・拘束。ある道徳法則を当然そうしなければならない理性的意志と見ること。duty ③法律が強制する行為のこと。obligation 用例 国民の―。

**キム-イルスン【金日成】**(Kim Il-song) ↓きんにっせい(金日成)

**ぎむ-きょういく【義務教育】** 国民の教育を受ける権利を保障するため、国が保護者に対し子どもを一定期間就学させることを義務づけている教育。国は無償制の実施、学校設置などの義務を負う。日本では小学校六年と中学校三年の九年間。compulsory education

**キム-ジハ【金芝河】**(Kim Jiha) ↓きんしが(金芝河)

**き-むずかし・い【気難しい】**(形) ①機嫌がとりにくい。hard to please ②不愉快を表している。fastidious 用例 ―顔。派生 きむずかしげ(形動) きむずかしさ(名)

**き-むすめ【生娘】** うぶな娘。処女。おぼこ。

**キム-ダルス【金達寿】**(Kim Dalsu) ↓きんたつじゅ(金達寿)

**キムチ**(kimchi朝) 朝鮮古来の野菜類の漬物。白菜などに魚・塩辛・多量の唐辛子・ニンニクを入れる。朝鮮漬け。

**キムチェク【金策】**(Kimch'aek) ↓きんさく(金策)

**ぎむ-づ・ける【義務付ける】**(下一他) 義務として、しなければならなくさせる。obligate

**ぎむ-てき【義務的】**(形動) 進んでする意志がなく、やむをえずするさま。obligatory

**キム-デジュン【金大中】**(Kim Dae-chun)(一九二五〜) 韓国の政治家。全羅南道生まれ。一九七三年(昭和四八)在日中に韓国人グループによりソウルに拉致され、日本の主権を侵害する事件となった。八〇年政府転覆の容疑で死刑判決を受けたが、八二年に釈放。七一年・八七年の大統領選でいずれも落選。きんだいちゅう。

**ギムナジウム【Gymnasiumドイツ】** ドイツにおける一六世紀来の伝統的な中等教育機関。九年制で大学進学の準備教育を主とする。

**きむら-いへえ【木村伊▽兵▽衛】**(一九〇一〜一九七四) 写真家。東京生まれ。人間の機微を軽妙洒脱にとらえる。日本写真家協会初代会長。

**きむら-き【木村▼毅】**(一八九四〜一九七九) 評論家・小説家。岡山県生まれ。早大卒。明治文化研究の先駆者。著書『日米文学交流史の研究』など。

**きむら-ぐも【木村▼蜘▼蛛】** 腹部に環節の跡を残す原始的なキムラグモ科のクモ。体長は雌約一・五cm、雄約一cm。崖地に横穴を掘る。九州・沖縄に分布。

**きむら-しげなり【木村▽重成】**(?〜一六一五) 安土桃山時代の武将。豊臣秀頼に仕え大坂冬の陣で活躍、夏の陣で戦死。

**きむら-しょうのすけ【木村▼庄▼之助】** 大相撲の立行司の名家で、軍配には紫色の房を用いる。参照 立行司。

**きむら-しょうはち【木村▽荘八】**(一八九三〜一九五八) 洋画家。東京生まれ。挿絵・随筆にもすぐれる。作品『パンの会』など。

**きむら-たいけん【木村泰賢】**(一八八一〜一九三〇) 仏教学者。岩手県生まれ。東大教授。イギリスに留学、インド仏教を研究。著書『六派哲学』『阿毘達磨論の研究』など。

**きむら-たけ【黄▽紫▼茸】** オニクの別名。

**きむら-ひさし【木村▽栄】**(一八七〇〜一九四三) 天文学者。石川県生まれ。東大卒。緯度変化の公式中にZ項を発見。イギリス王立天文学会金牌、昭和一二年(一九三七)文化勲章受章。

**きむら-まさこと【木村正▽辞】**(一八二七〜一九一三) 国学者。下総の人。東大教授。『万葉集』研究に業績を残す。著書『万葉集美夫君志』など。

**きむら-よしお【木村▽義雄】**(一九〇五〜一九八六) 将棋棋士。東京生まれ。一四世名人。昭和一〇年(一九三五)、師の一三世名人関根金次郎の世襲名人位開放以来、実力戦で通算八期にわたり名人位を保持。昭和二七年(一九五二)引退し、一四世の永世名人となる。

**きめ【決め・▽極め】** さだめ。きまり。約束。決定。agreement; rule 用例 ―を守る。

**き-め【木目・▽肌▽理】** ①《「木理」とも》もくめ。きり。grain ②人のはだの表面。きり。texture 用例 ―のあらい肌。③物の表面。④物事をするときの細かい心くばり。attentiveness 用例 ―の細かい論文。

**き-めい【記名】**(名・サ変自) 姓名を書き込むこと。register 対義 無記名。

**き-めい【貴名】** 相手の名の敬称。お名前。尊名。

**ぎ-めい【偽名】** 名前をいつわること。うその名。alias 比較 偽称。対義 実名。

**きめい-かぶ【記名株】** 株主の氏名が株式名簿と株券に記載されている株式。registered stock 対義 無記名株。

**きめい-とうひょう【記名投票】** 投票者の名前を記入して行う投票。open vote 対義 無記名投票。

**きめい-なついん【記名▼捺印】**(名・サ変自) 名前や商号を文書に記載して、印章を押すこと。署名とちがい、権限を与えられれば、他人が代行してもよい。記名押印。

**きめい-りょく【記銘力】** 新しいことを覚える能力。

**きめ-こみ【木目込み】** 押し絵の一種。綿を入れずに、板目紙に切れ地を平らに張ったもの。

**きめこみ-にんぎょう【木目込(み)人形】** 木彫り、または練製の人形に衣装切れを張りつけたもの。衣装の縫い目に当たる部分に溝をつけ、その区画ごとに綾・錦などの布をはって、その端を溝にきめ込む。賀茂川人形。大八人形。↓写

**きめ-こ・む【決(め)込む・▽極(め)込む】**(五他) ①強く思う。presume 用例 合格と―。②ようすをつくる。ふりをする。pretend 用例 たぬきねいりを―。

**きめ-だし【▽極(め)出し】** 相撲の決まり手の一つ。相手の差し手の肘を外側からかかえこんで強くはさみつけ、寄り進んで土俵外へ運ぶ技。差し手の極め方は「かんぬき」などいろいろ。frontal crush-out

**きめ-だま【決め球・▽極め球】** 野球で、投手が打者を追いこんでから、三振などにうちとろうと投げるもっとも得意な球。ウイニングショット。winning pitch

**きめ-つ・ける【決(め)付ける・▽極(め)付ける】**(下一他) ①悪いところを指摘して、はげしくしかりとばす。scold 用例 頭ごなしに―。②断定的に、はっきりといいきる。assert 用例 頭から―。

**きめ-て【決め手・▽極め手】** ①物事を決める人。a person who decides 用例 だれも―にりたがらない。②勝敗・判断などを確定する決定的な手段・方法・もの。deciding factor 用例 犯人と断定する―がない。

**きめ-どころ【決め所・▽極め所】** ①かんじんな所。crucial point ②決めるのに最適の時機。perfect chance

**キメラ【chimera】** 遺伝子型の異なる二つ以上の細胞や組織からつくられている生物体。突然変異のほか、接ぎ木あるいは胚移植による。高等植物の葉・花弁の斑入りやキメラマウスなど。

**き・める【決める・▽極める】**(下一他) ①きちんと定める。動かない結果を出す。decide 用例 心を―。話を―。あす来ると―。②技をうまく演じる。勝負をつける。decide 用例 上手投げで―。シュートを―。③わざとあるふるまいをする。きめこむ。用例 どろんを―。④《「…と決めている(と決めてかかる)」の形で》…と思いこむ。用例 うまくゆくものと―・めている。⑤気のきいた服装をする。用例 黒のスーツで―。

**き-めん【鬼面】** ①おにの顔。②おにの面。

**鬼面、人を威す**(きめん、ひとをおどす) 「鬼面、人を驚かす」と同意。

**鬼面、人を驚かす**(きめん、ひとをおどろかす) 強がりを見せて人をおどす。こけおどしをかける。鬼面、人を威す。

●木目込み人形

**きめん-がに【鬼面▼蟹】**〈ヘイケガニ科のカニ。甲幅約三cm。甲羅には怒った人面に似た模様がある。東京湾以南、太平洋・インド洋に分布。

**きも【肝】** ①肝臓。②内臓。③《「胆」とも》肝っ玉。胆力。

**肝が据わって居る**(きもがすわっている) 落ち着いていて、びくつかない。大胆だ。have iron nerves

**肝が潰れる**(きもがつぶれる) 「肝を潰す」と同意。

**肝が太い**(きもがふとい) おそれることなく、度胸があって強い。大胆だ。また、物に動じない。ずぶとい。肝が大きい。have guts; daring

**肝に染みる**(きもにしみる) 深い感銘を受けて、忘れられない。be deeply impressed 類似 肝に銘ず。

**肝に銘ずる**(きもにめいずる) 心に強く刻みつける。take ... to heart

**肝も興も醒める**(きももきょうもさめる)《興ざめる、の意を強めた語》あきれてしまう。また、すっかり興味をそがれる。

**肝を煎る**(きもをいる) ①肝をあぶり焦がすようにつらい思いをする。いら立つ。肝を焦がす。②あいだに入ってほねをおる。世話をする。類似 気を揉む。

**肝を消す**(きもをけす) ひどく驚く。肝を潰す。

**肝を潰す**(きもをつぶす) たいへんおどろく。肝を消す。肝が潰れる。be frightened out of one's wits

**肝を嘗める**(きもをなめる)《動物の肝が、食べるとにがいことから》にがい思いをする。苦しい目にあう。

**肝を冷やす**(きもをひやす) おどろきおそれる。ひやっとする。be scared out of one's life

**肝を焼く**(きもをやく) 気をもむ。心をいら立てる。肝を煎る。

**きも-いり【肝▼煎り・肝入り】** ①世話をすること、もしくは人。do good offices; caretaker ②名主・庄屋の別称。

**き-もう【起毛】** 織物仕上げ工程の一つ。ネル・スエード・綿などの織物や、毛糸編みの表面の繊維をかき立て、けばだてる仕上げ加工。触感が柔らかく、保温力も増す。nap raising

**キモグラフ【kymograph】** 速さの比較的遅い運動を連続記録する装置。金属円筒とそれを回転させる装置で、筋収縮や心臓拍動などを記録。カイモグラフ。参照 ミオグラフ。

**きも-すい【肝吸い】** ウナギの肝を入れた吸い物。

**きも-せい【肝精】** 力を尽くすこと。ほねおり。

**肝精焼く**(きもせいやく) ①世話をやく。あいだを取りもつ。②やきもきする。気をもむ。

**きも-だま【肝玉・肝▽魂】** ↓きもったま(肝っ玉)

**きも-だめし【肝試し】** 夏の夜などに、暗い



▼常用漢字表外。 ▽常用漢字表の音訓外。

人気のない所などを歩かせ、度胸があるかないかを試すこと。test one's courage

**き-もち**【気持(ち)】①物事に対して感じる心の状態。心持ち。feelings 用例 老人の―を大切にする。―のやさしい人。②感情。気分。feelings 用例 船酔いで―が悪い。③感謝や弔意などの心遣いをけんそんして言うときに使う語。a mere token of thanks 用例 これは―だけの品です。④《副詞的に》いくらか。少し。just a bit 用例 ―大きめの服。

**きもつき-さんち**【肝▽属山地】鹿児島県、大隅半島の南部を占める山地。亜熱帯広葉樹林が発達し、南国的な景観に富む。

**きもっ-たま**【肝っ玉・肝っ▽魂】気力。胆力。きもだま。きも。pluck; guts

**キモトリプシン**【chymotrypsin】たんぱく質分解酵素の一種。脊椎動物の膵液中に存在する。

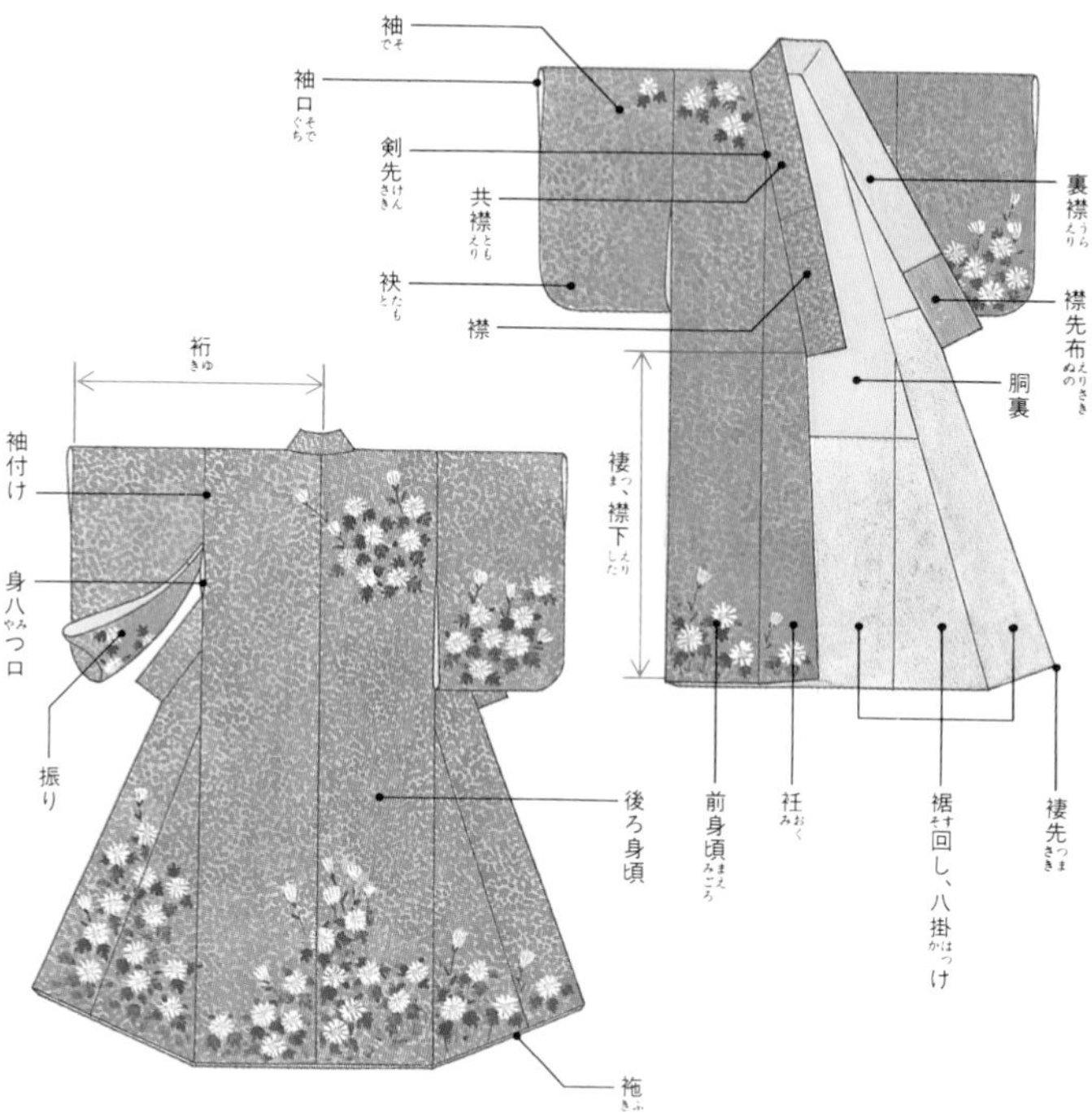


●着物③ 女物袷長着の各部名称

**きも-なます**【肝▽膾】肝で作ったなます。
**肝膾を作る**(きもなますをつくる)《自分の肝でなますをつくる、の意から、自分の身を切りきざむように》非常に心配する。気をもむ。やきもきする。

**き-もの**【着物】①身にまとい着るものの総称。衣服。服装。clothes ②日本の衣服(和服)の総称。kimono ③和服の中の長着。数え方 一枚・一襲・一揃い・一領。↓図

**きもの-じ**【着物地】和服に使うために織った生地。kimono material

**きもの-じらみ**【着物▼虱】↓ころもじらみ(衣虱)

**きもの-スリーブ**【着物スリーブ】袖型の一つ。袖付け線がなく、身頃から袖がひと続きに裁ち出されたもの。肩のあたりの感じが、日本の着物に似ているのでこの名がある。

**きもべつ**【喜茂別】〈町〉北海道南西部、羊蹄山東麓の町。アスパラガスの栽培・加工の町として有名。人口三五七九(一八)。

**きも-むかう**【肝向かう】［枕ことば］「心」にかかる。用例 這ふ蔓の別れし来れば―心を痛み思ひつつかへりみすれど(万葉・二・一三五)。

**き-もん**【気門】昆虫や気管呼吸をする節足動物などの体表にある呼吸門。昆虫類では胸部に二対、第一から第八腹節に一対ずつ、計一〇対ある。spiracle ↓昆虫図

**き-もん**【奇問】きばつな質問。珍問。unexpected question 用例 ―を発する。

**き-もん**【記問】書物を読んでただ暗記しているだけで、その知識を実際には少しも役立てていないこと。
**記問の学**(きもんのがく) 記問にすぎない学問。実際には少しも役立つことのない学問・知識。

**き-もん**【鬼門】①丑寅(=艮)すなわち東北の方角。また、その場所。陰陽五行説で、鬼の出入りする方角として忌み嫌い、出入り口や便所をつくってはいけないとする。鬼方。比較 裏鬼門。②相性の悪い人。また、場所。にがて。

**き-もん**【旗門】スキーのアルペン競技やカヌー競技のコースに設けられる旗竿。選手はその間を通過する。gate

**キモン**【Kimon】(BC五一二ごろ～BC四四九) 古代アテネの政治家・軍人。反ペルシア的政策を唱え、デロス同盟結成に尽力。紀元前四六一年オストラキスモスにあったが、のち許されて帰国。キプロス島遠征中に没する。

**ぎ-もん**【疑問】①疑って、たずねること。question 用例 ―に答える。②疑わしいこと。わからないこと。doubt 比較 疑惑。用例 彼が賛成するかどうかは―だ。
**疑問が残る**(ぎもんがのこる) すっきりしないものが残る。納得できない点がある。There are still some doubtful points.

**きもん-がくは**【▽崎門学派】闇斎学派の別称。

**ぎもん-し**【疑問詞】疑問、あるいは不定の事物を表す語。「いつ・どこ・だれ」などの代名詞、「いくつ・いくら・何人」などの数詞、「なぜ・どうして」などの副詞、「どの・どんな」などの連体詞の総称。interrogative

**ぎもん-ふ**【疑問符】疑問を表す符号。クエスチョンマーク。「?」。question mark

**ぎもん-ぶん**【疑問文】表現から見た文の種類の一種。疑問や反語の意味を表した文。疑問詞や疑問の意味の助詞を用いることが多い。「いつ行きますか」「そんなことがあるものか」など。interrogative sentence 比較 感動文・平叙文・命令文。

**きもん-よけ**【鬼門▽除け】鬼門とされる方角に神仏を祭ったりすること。また、その祭るもの。災難を避けるためで、屋根に鬼瓦をのせたり、難を転じるとしてナンテンを植えたりもする。

**キャ** 7画【▼伽】部首［人・イ］ JIS 1832
音 カ・ガ・キャ
梵語 ka の音訳字。「伽羅」↓カ・ガ［伽］

**キャ** 11画【脚】部首［月］常用 JIS 2151 ／13画【▼腳】異体字
音 キャク・キャ・カク
訓 あし
あし。あし状のもの。「行脚」「脚立・脚絆」

**ギヤ**【gear】↓ギア

**きゃあ-きゃあ**(副) 少女・子供が驚いたり、喜びはしゃいだりして、騒ぎたてる声・さま。

**ぎゃあ-ぎゃあ**(副) ①泣きわめいたり、騒ぎたてたりする声・さま。②やかましく言いたてるさま。用例 つまらぬことに―言う。用例 ―歓声をあげる。

**ギャウロフ**【Nicolai Ghiaurov】(一九二九～) ブルガリアのバス歌手。ボリス=ゴドノフ役などで有名。

**キャク** 7画【却】部首［卩］常用 JIS 2149 ／9画【▼卻】異体字 JIS 5042
音 キャク
①しりぞける。しりぞく。「退却」「却下」 ②かえって。逆に。反対に。

**キャク** 9画【客】部首［宀］教育小3 JIS 2150
音 キャク・カク
客 客 客 客 客 客
①まねかれてくる人。たずねてくる人。まろうど。対義 主。「珍客・来客」「客室・客人・客間」用例 (名)―をむかえる。②買い手。見物人。船や車に乗る人。「観光客・顧客」「客足・客止め」用例 (名)だいじな―。③たび。たびびと。「旅客」「客死・客車」④ひと。人士。「剣客・政客・論客」⑤自分・主体のほか。相手。対義 主。「主客」「客語・客観・客体」⑥もてなしにつかう器を数えるのに用いる。用例 (助数)吸いものわん三―。↓カク［客］
**客が付く**(きゃくがつく) 買い手が付く。draw customers
**客発句に亭主脇**(きゃくほっくにていしゅわき)《連歌で発句を客によませ、亭主は脇を付けることから》主人が客に花をもたせること。
**客を取る**(きゃくをとる) 芸者や娼妓などが客を迎え、その相手をつとめる。
**客を引く**(きゃくをひく) 旅館・風俗営業などで客を誘う。solicit customers

**キャク** 10画【▽格】部首［木］教育小5 JIS 1942
音 カク・コウ・キャク
筆順 ↓カク［格］
平安時代、律令の不備をおぎなうために、必要に応じて臨時に出された詔勅・命令など。用例 (名)律・令・―・式。↓カク・コウ［格］

**キャク** 11画【脚】部首［月］常用 JIS 2151 ／13画【▼腳】異体字
音 キャク・キャ・カク
訓 あし
①あし。大腿、下腿、あしの総称。「健脚・馬脚・飛脚」「脚力」②物の下側で胴体をささえる部分。「橋脚」③あしのある器具を数えるのに用いる。用例 (助数)いす五―。④物の下のほう。すそ。「脚光・脚注」⑤芝居にしくむ。「脚色・脚本」⑥たちば。身分。「失脚」↓キャ［脚］

**キャク** 16画【▼噱】部首［口］
音 キャク・キョ
わらう。声をたてて大笑いする。

**き-やく**【奇薬】非常に効き目のあるふしぎな薬。

**き-やく**【既約】分数の分母、分子が1以外の公約数をもたないこと。また、整数や整式がそれ自身と1以外に約数をもたないこと。irreducible

**き-やく**【規約】相談し合って決めた約束・規則。agreement

**ギャク** 9画【逆】部首［辶］教育小5 JIS 2153 ／10画【▼逆】部首［辶］旧字
音 ギャク・ゲキ
訓 さか・さからう
逆 逆 逆 逆 逆 逆
①さからう。さかさ。反対。「逆行・逆算・逆襲・逆手・逆転・逆流」用例 (名・形動)それは―だ。―にしてはおかしい。―を取る。②数学の、ある定理に対して、条件と結論がいれかわっている定理のこと。③論理学で、逆命題のこと。「AはBである」に対して、「BはAである」という命題。また、「AのBに対する関係」に対して、逆関係の「BのAに対する関係」のこと。用例 (名)―は必ずしも真ならず。④主君にそむく。対義 順。「大逆罪・反逆」「逆臣・逆賊」⑤よくない。「逆運・逆境」⑥あらかじめ。まえもって。「逆睹」
**逆を取る**(ぎゃくをとる) ①人の手を、背中の方へねじあげること。類似 逆手をとる。②相手のしかけてくる方法を、反対に使って相手をやっつけること。類似 逆手にとる。

**ギャク** 9画【虐】部首［虍］常用 JIS 2152 ／9画【▼虐】旧字
音 ギャク
訓 しいたげる
むごくあつかう。しいたげる。「残虐・暴虐」「虐殺・虐待」



↓行き先項目、図版・写真参照印。 JIS 日本工業規格情報交換用漢字符号コード(区点コード)。

**ギャク** 15画【▼瘧】 部首［疒］ JIS 6574
音 ギャク
マラリアの旧称。おこり。わらわやみ。「瘧疾」

**ギャク** 17画【▼謔】 部首［言］ JIS 7566
音 キャク・ギャク
たわむれる。おどける。ざれごとをいう。おどけ。「諧謔」

**ぎ-やく**【偽薬】↓プラシーボ

**ギャグ**【gag】 演劇・映画・テレビ番組などで、客を笑わせるためにはさむ、その場あたりのせりふ・動作。

**きゃく-あし**【客足】 客の入りぐあい。customers 用例 ―が落ちる。

**きゃく-あしらい**【客あしらい】 客をもてなすこと・方法。客扱い。hospitality 用例 ―が悪い。

**きゃく-あつかい**【客扱い】 ①客あしらい。hospitality ②鉄道で、旅客輸送の仕事。passenger service

**きゃく-い**【客位】 主人に対置するものとしての客の地位・座席。

**ぎゃく-い**【逆位】 染色体突然変異の異常の一つ。染色体の一部が切れて逆につくので、遺伝子の配列が逆転する。inversion

**きゃく-いん**【客員】 客分として待遇される人。かくいん。guest member 対義 正員。用例 ―教授。

**きゃく-いん**【脚韻】 詩の各行の終わりに同じ韻をそろえること。rhyme 対義 頭韻。

**きゃく-うけ**【客受け】 客からの気受け。客からの人気。customer's favor

**ぎゃく-うん**【逆運】 順当でない運命。

**きゃく-えん**【客演】（名・サ変自） ほかの劇団に臨時に出演すること。guest appearance 比較 助演。

**ぎゃく-えん**【逆縁】《仏教語》対義 順縁。①悪事が仏道にはいる縁になること。②年長者が若い死者の供養をすること。とくに、親が子の供養をすること。

**ぎゃく-えんざん**【逆演算】 一つの演算の結果得られた数・式からもとの数・式を得る演算。たとえば、加法と減法、乗法と除法は互いに逆演算の関係にある。inverse calculation

**ぎゃく-オイルショック**【逆オイルショック】 石油価格の下落によって産油国の石油収入が減少し、国際的な信用不安などのマイナスをもたらすこと。

**ぎゃく-がって**【逆勝手】 ①書院造りの座敷で、向かって右に床の間、左に棚、右手前に付け書院のあるかたち。②茶室で、点前畳の主人の向かって左に客畳がある場合。左勝手。比較 本勝手。

**ぎゃく-がわせ**【逆為替】 債務者側からの送金によらず、債権者側から手形を振り出して代金を請求する方式。輸出為替など。adverse exchange 対義 送金為替。

**ぎゃく-かんすう**【逆関数】 $x$ の関数 $y=f(x)$ において、$y$ のおのおのの値に対して、それに対応する $x$ の値が一つ定まるとき、$x$ を $y$ の関数とみなして $x=f^{-1}(y)$ と書き、これを $f(x)$ の逆関数という。inverse function

**ぎゃく-きでんりょく**【逆起電力】 電流が変化するときに、その回路に誘導される電圧。電圧の極性は電源電圧と逆向き。counter electromotive force

**ぎゃく-ぎょうれつ**【逆行列】 $A$ を $n$ 次の正方行列、$E$ を単位行列とするとき、$AX=XA=E$ となる正方行列 $X$ を $A$ の逆行列という。$A$ の逆行列が存在する必要十分条件は $A$ の行列式の値が0でないこと。inverse matrix

**きゃく-ご**【客語】 文法で、他動詞の表す動作・作用の対象を示す語。「顔を洗う」の「顔」の類。目的語。かくご。object

**ぎゃく-こう**【逆光】 ↓ぎゃっこう（逆光）

**ぎゃく-こう**【逆行】 ↓ぎゃっこう（逆行）

**ぎゃく-こうか**【逆効果】 思ったのと反対の効果。ぎゃっこうか。reverse effect 対義 効果的。

**ぎゃく-こうせん**【逆光線】 ↓ぎゃっこう（逆光）

**ぎゃく-コース**【逆コース】 ＝ぎゃっコース。①反対のコース。reverse course ②進歩に背を向けるような動き。reverse course

**きゃく-ざしき**【客座敷】 客をもてなすざしき。きゃくま。

**ぎゃく-さつ**【虐殺】（名・サ変他） むごたらしく殺すこと。惨殺。slaughter

**ぎゃく-さべつ**【逆差別】 差別される側を、必要以上に優遇すること。

**ぎゃく-ざや**【逆▼鞘】 ①株価水準が当然高くてよい銘柄が安く、安くてよい銘柄が高い状態。negative spread 対義 本鞘。②公定歩合が市中金利を上回った状態、およびその差。negative spread 対義 順鞘。③食糧管理制度のもとで、米の政府買い入れ価格より売り渡し価格のほうが安い状態。

**ぎゃく-さん**【逆産】 中国で、政府・革命に反対する者の財産を没収すること。

**ぎゃく-さん**【逆算】（名・サ変他） ①逆の順に計算すること。counting backward ②結果からさかのぼって計算すること。reverse operation

**ぎゃく-ざん**【逆産】 胎児が、足から先に生まれること。さかご。

**ぎゃく-さんかくかんすう**【逆三角関数】 三角関数の逆関数。$y=\sin x$ の逆関数は $x=\sin^{-1}y$ など。inverse trigonometric function

**きゃく-し**【客死】（名・サ変自） 旅先・他国で死ぬこと。かくし。dying abroad

**ぎゃく-し**【虐使】（名・サ変他） こき使うこと。酷使。

**きゃく-しき**【▽格式】 「格」は律・令の不備をおぎなうための法令。「式」はそれらに基づく施行細則。詔勅などの形で出したもの。比較 律令。用例 弘仁―。

**きゃく-しつ**【客室】 客をもてなすへや。とくに、旅館・客船などの客用のへや。guest room; passenger cabin

**きゃく-しつ**【脚質】 競馬・競輪などで、その馬や選手がもっとも得意とする戦法やレース運び、あるいは決め手のこと。逃げ・先行・差し・追い込みなど。

**ぎゃく-しつ**【▼瘧疾】 マラリア性の熱病。おこり。

**ぎゃく-しめい**【逆指名】 指名される立場の者が逆に指名すること。とくに、プロ野球のドラフト会議以前に、選手の方から希望球団を公表することをいう。player's choice of team

**きゃく-しゃ**【客車】 旅客を運搬する鉄道車両。郵便や小荷物も輸送する。動力はもたない。passenger car

**きゃく-しゃ**【客舎】 旅のやど。かくしゃ。

**ぎゃく-しゃぞう**【逆写像】 写像 $f$ が集合 $A$ から $B$ への一対一の対応を表す写像のとき、$B$ に属する任意の $y$ に対して、$f(x)=y$ となるような $A$ の $x$ を対応させる写像。$f$ に対して $f^{-1}$ で表す。inverse mapping

**ぎゃく-しゅ**【逆修】《仏教語》①生前に自分の死後の供養をすること。②年長者が若い死者の供養をすること。

**ぎゃく-しゅう**【逆襲】（名・サ変自他） 守りから攻めに転じること。counterattack

**ぎゃく-じゅん**【逆順】 ①物事の正しい筋道に反することと従うこと。②逆に数えた順序。

**ぎゃく-じょう**【逆上】（名・サ変自） かっとのぼせること。be beside oneself 用例 ―して取りみだす。

**きゃく-しょうばい**【客商売】 客をもてなす商売。接客業。旅館・飲食店など。service business

**きゃく-しょく**【脚色】（名・サ変他） ①小説・事件などを、映画・演劇・放送劇に仕組むこと。dramatization ②枝葉をつけて大げさにすること。embellishment

**きゃく-じん**【客人】 客として来ている人。客になっている人。

**ぎゃく-しん**【逆心】 主君にそむく気持ち。逆意。treachery

**ぎゃく-しん**【逆臣】 主君にそむいた臣下。対義 忠臣。

**ぎゃく-シングル**【逆シングル】 野球で、グラブをはめた手を、からだの反対側に伸ばして片手で捕球する動作。circus catch

**ぎゃくしん-ぜい**【逆進税】 ↓るいげんぜい（累減税）

**ぎゃく-すう**【逆数】 ある数 $a$ $(a\neq0)$ に掛けた結果1になる数。$\frac{1}{a}$ のこと。inverse number; reciprocal

**きゃく-すじ**【客筋】 ①客の種類。客だね。②株式で、一般投資家。比較 地場筋・法人筋・金融筋。

**ぎゃく-せい**【虐政】 人民を苦しめる政治。tyranny

**ぎゃくせい-せっけん**【逆性石▼鹸】 ↓ようせいせっけん（陽性石鹸）

**きゃく-せき**【客席】 客のために設けた席。とくに、劇場などの客のすわる席。seat

**ぎゃく-せつ**【逆接】《「逆態接続」の略》前の叙述にそぐわない関係として、あとの叙述を続けること。「しかし・けれど（も）・ところが・が」の類の接続詞や接続助詞などの役目。対義 順接。

**ぎゃく-せつ**【逆説】 ①一般の見解には反するが、一面の真理を鋭くえぐり出す働きをもつ説。paradox ②論理学で、一見、真理に反するようで、事実は、矛盾をつつむ真理をふくんだ根拠のある説。パラドックス。「不合理ゆえにわれ信ず」「急がば回れ」など。paradox

**ぎゃくせつ-じょうけん**【逆接条件】 予想にそぐわない結果を導くときの条件。

**ぎゃくせつ-てき**【逆説的】（形動） 逆説であるさま。paradoxical 用例 あの人の言い方はひねくれていて、いつも―だ。

**きゃく-せん**【客船】 旅客を運ぶ船。海上運送法では、旅客定員一三名以上の船を旅客船とし、その中には貨客船を含む。passenger ship 対義 貨物船。

**きゃく-ぜん**【客▼膳】 客のために出す食事。また、そのぜん。↓図

**ぎゃく-せんでん**【逆宣伝】 相手の宣伝を逆用して、相手を不利にしようと宣伝すること。また、その宣伝。counterpropaganda

**きゃくせん-び**【脚線美】 女性の足の曲線の美しさ。beauty of leg lines

**きゃく-そう**【客僧】 ①修行のために旅をする僧。旅僧。②その寺に客として身をよせている僧。

**きゃく-そう**【客層】 職業・年齢・性などによって区別される客の種類。quality of customers 用例 若い―をねらう。

**ぎゃく-ぞく**【逆賊】 反逆した悪者。

**きゃく-たい**【客体】 ＝かくたい。①目的物。対象。object ②人間の精神的・肉体的・物的行為の向けられるもの。主体の主観作用の対象となるもの。人間の意思行動の対象となるもの。存在論上の対象のこと。object 対義 主体。③人間にかかわりなく独立して外界に存在する事物。人間の精神以外の物質。object 対義 主体。

**ぎゃく-たい**【虐待】（名・サ変他） むごくあつかうこと。abuse; ill-treatment 用例 動物を―する。

**きゃく-だたみ**【客畳】 茶室の中で、客の座る畳。小間では、踏み込み畳・貴人畳も客畳となる。

**きゃく-だね**【客種】 客の性質・種類。客すじ。quality of customer 用例 ―が落ちる。

**ぎゃく-だんそう**【逆断層】 断層面から見た上盤が相対的に下盤の上にずり上がった断層。reverse fault 対義 正断層。

**ぎゃく-たんち**【逆探知】 電話の通話中や電波の受信中に、受信側から発信箇所を突き止めること。tracing the phone

**きゃく-ち**【客地】 ↓かくち（客地）

**きゃく-ちゅう**【脚注・脚▼註】 本文の下に書いた注釈。footnote 対義 頭注・脇注・標注。

**ぎゃく-ちょう**【逆潮】 ①風向きと逆の方向に流れる潮。②船の進路に逆らって流れる潮流。

**きゃく-づとめ**【客勤め】 客をもてなす勤め。おもに水商売などでいう。

**ぎゃく-て**【逆手】 ①他人の腕を背の方にねじり上げること。dislocate a joint ②柔道などの関節技の一つ。相手の関節を逆にとって痛めつける技。dislocate a joint ③相手の攻勢を逆に利用して攻め返すこと。④通常とは逆に物を握ったりとったりすること。対義 順手。

**きゃく-でん**【客殿】 寺院などで、客に会うための建物。禅宗では方丈の別称。

**ぎゃく-てん**【逆転】（名・サ変自他） ①反対の方向へ回ること。reversal ②形勢がひっくり返ること。reversal 用例 ―ホームラン。③宙返り。somersault

**ぎゃく-てんしゃこうそ**【逆転写酵素】 RNAを鋳型にしてDNAを合成する酵素。癌ウイルスなどのレトロウイルス中に存在する。reverse transcriptase

**ぎゃくてん-そう**【逆転層】 大気中で、高度が増しても気温が下がらないか、逆に上昇する現象を示す部分。inversion layer

**きゃく-ど**【客土】 ＝かくど。①旅先の土地。②他国。alien land ③農地の改良や造成のためにほかから土壌を運び入れること。地力を増し、作物の生育障害を除くことができる。置き土。入れ土。soil dressing

**ぎゃく-と**【逆徒】 反逆を起こした一味。rebel

**ぎゃく-と**【逆▼睹】（名・サ変他） あらかじめ見通しをつけること。予想。げきと。用例 形勢は―しがたい。

**きゃく-どめ**【客止め】 興行場などで、満員のため、入場をことわること。札止め。draw a full house 用例 満員―。



▼常用漢字表外。 ▽常用漢字表の音訓外。

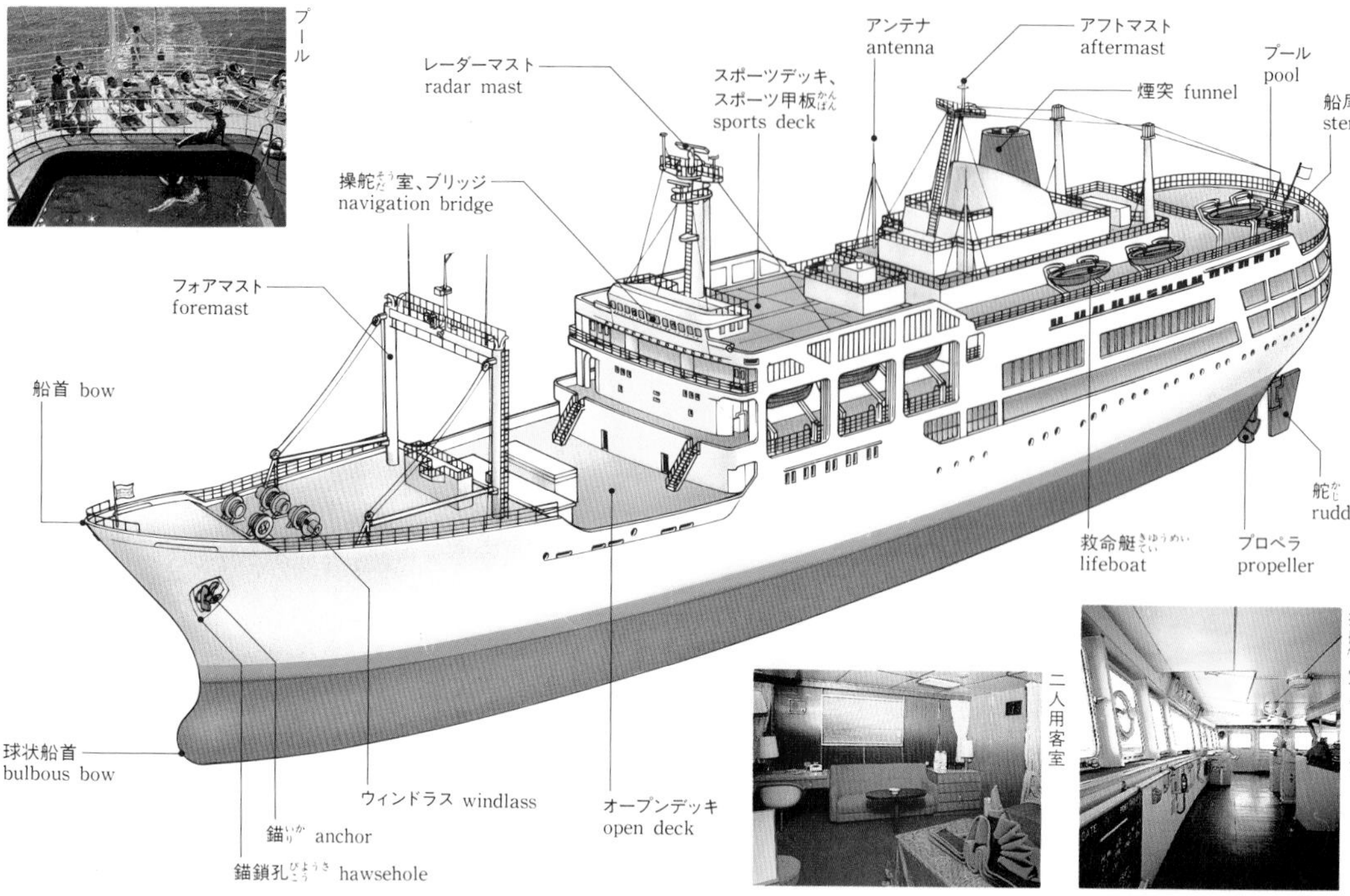


●客船 新さくら丸

**ぎゃく-はんのう【逆反応】** 可逆反応において、生成系から原系に向かう反応。reverse reaction 対義 正反応。

**ぎゃく-ひ【逆比】** ↓はんぴ(反比)

**きゃく-ひき【客引き】** 風俗営業などで、店に客を誘うこと。また、それをする人。tout

**ぎゃく-ひぶ【逆日歩】** 信用取引で、ある銘柄の空売りの貸し株残高が空買いの融資残高を上回った場合、買い方が売り方から受け取る品貸し料。backwardation 対義 順日歩。

**ぎゃく-ひれい【逆比例】** ↓はんぴれい(反比例)

**きゃく-ぶ【脚部】** ①あし。下肢。leg ②脚の部分。leg

**ぎゃく-ふう【逆風】** 向かい風。adverse winds 対義 順風。

**きゃく-ブロック【脚ブロック】** 心臓の刺激伝導障害の一種。心室内で左右二つの脚に分かれている刺激伝導路の一方に障害があり、左右心室の収縮に時間的なずれを生じた状態。bundle branch block

**きゃく-ぶん【客分】** 客としてのあつかいを受ける人・身分。guest

**ぎゃく-ふんしょく【逆粉飾】** 事実に反して利益を過少に表示すること。配当や税金を軽減したり、もうけ過ぎの批判をかわすためになされる。比較 粉飾決算。

**きやく-ぶんすう【既約分数】** 分母と分子が1以外の公約数をもたない分数。不可約分数。irreducible fraction

**ぎゃく-ベクトル【逆ベクトル】** 一つのベクトルに対して、そのベクトルと向きが反対で、長さの等しいベクトル。inverse vector

**ぎゃくへんかん-そうち【逆変換装置】** 直流を交流に変換する装置。通信機、情報処理装置の停電時の電源などに使用。インバーター。power inverter

**きゃく-ぼう【客坊】** 寺院で、客を泊める建物。

**きゃく-ほん【脚本】** 演劇や劇映画・テレビドラマなどの台本。場面ごとに登場人物の動作・せりふや情景などが指定してある。シナリオ。script; scenario

**きゃく-ま【客間】** 和風住宅で、客の応対や宿泊のための専用の部屋。客座敷。guest room

**きゃく-まち【客待ち】** 客の来るのを待つこと。waite for 用例 —タクシー。

**ぎゃく-めいだい【逆命題】** 「AならばBである」という命題に対し、その仮定と結論を入れ換えた「BならばAである」という命題。converse proposition

**ぎゃく-もどり【逆戻り】**(名・サ変自) ①もとに戻ること。going backward ②退歩。retrogression

**ぎゃく-ゆしゅつ【逆輸出】** いちど輸入した品物を、加工などをして、逆に相手の国に輸出すること。reexport

**ぎゃく-ゆにゅう【逆輸入】** いちど輸出した品物を、加工品などの形で、逆に輸入すること。reimport

**きゃく-よう【客用】** 客のために用意すること・もの。for guests 用例 —のスリッパ。

**ぎゃく-よう【逆用】**(名・サ変他) 反対の目的に利用すること。reverse use

**きゃく-よせ【客寄せ】** 客を招き寄せるためのてだて。attraction 用例 —のショー。

**ぎゃく-りゅう【逆流】**(名・サ変自) 川上のほうに流れること・水。counter current

**きゃく-りょく【脚力】** ①足の力。脚力計によって測定された力。strength of one's legs ②歩いたり走ったりする能力。one's walking and running ability

**ぎゃく-ろう【逆浪】** 逆風によって起こる波。流れにさからって起こる波。逆巻く波。げきろう。逆波。

**キャザー【Willa Cather】**(一八七三〜一九四七) アメリカの女流小説家。西部開拓地の自然と生活を描いた。作品『おお開拓者よ』『私のアントーニア』など。

**ギャザー【gathers】**《集める・寄せる、の意》洋裁で、布を縫い縮めてできるひだ。スカート・ヨークの切り替え・袖山・袖口などに用いる。

**ギャザー-スカート【gathered skirt】** ウエスト部分を縫い縮めてひだをよせたスカート。直線裁ちにしたものと、フレアを入れたものとがある。↓図

●ギャザースカート

**きゃ-しゃ【▽華▽奢・▽花車】**(名・形動) ①ほっそりとして上品なこと・さま。比較 華奢。用例 —な体つき。②古語 はなやかで美しいさま。用例 この女も昔は…—にて暮らせし身なれども(世間胸算用)。

**ギャス【William Gass】**(一九二四〜) アメリカの小説家・評論家。作品『オーメンセッターの幸運』『アメリカの果ての果て』など。

**き-やす・い【気安い】**(形) ①安心だ。easy of access ②親しい。気がおけない。familiar 派生 きやすげ(形動) きやすさ(名)

**キャスケット【casquette フランス】** 前びさしのある帽子。本来は男性用。狩猟・ゴルフなどのスポーツや、ユニホームに用いられる。↓図

**ギャスケル【Elizabeth Cleghorn Gaskell】**(一八一〇〜一八六五) イギリスの女流小説家。暖かいユーモアとペーソスで、社会問題を人道主義的にとらえた。作品『メアリー=バートン』『クランフォード』など。

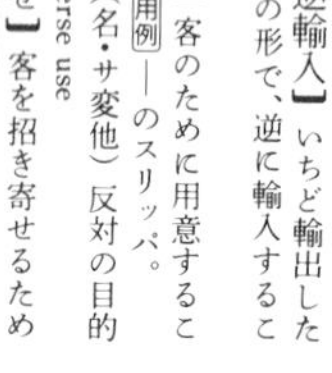

●キャスケット

**キャスター【caster】** ①印刷で、活字を自動的につくり出す機械。自動活字鋳造機。②自由に向きの変わる、小さい車輪。重い家具などに付ける。③《「ニュースキャスター」の略》テレビなどで、ニュースを解説する人。

**キャスティング-ボート【casting vote】** ①議案の採決で、可否同数のとき行われる議長の決裁。決定投票。②二大政党の勢力が拮抗している結果、少数第三党がもつ決定権。用例 —をにぎる。

**キャスト【cast】** 映画・演劇などで、役をふりあてること。配役。

**き-やすめ【気休め】** 一時の安心。その場だけのなぐさめ。soothing 用例 —を言う。

**き-やせ【着▽瘦せ】**(名・サ変自) 衣服を着ると、かえってやせて見えること。対義 着太り。

**キャセイパシフィック-こうくう【キャセイパシフィック航空】**(Cathay Pacific Airways) 香港に本社がある、イギリス系資本の航空会社。一九四六年設立。CPA。

**キャセロール【casserole フランス】** ふたつき厚手なべ。銅や、耐熱性の陶磁器で作る。直接オーブンに入れられるので、煮込み料理に最適。

**キャタストローフ【catastrophe フランス】** ↓カタストロフィー

**きゃ-たつ【脚立・脚▽榻】** 四本脚の、はしご形の台。踏み台。stepladder

**キャタピラー【caterpillar】** 鋼板をつないだ環状のベルトを、前後の車輪の周囲に取り付けた走行装置。接地面積が大きく、軟質地や凹凸地形でも走行可能。無限軌道。

**キャタピラー【Caterpillar Inc.】** アメリカにある世界最大手の土木・建設機械メーカー。一九二五年設立。もと、キャタピラートラクター。

**ギャチュン-カン【Gyachung Kang】** ネパール・ヒマラヤ東部の高峰。標高七九二二m。一九六四年、長野県山岳連盟隊が初登頂。

**きゃつ【▽彼▽奴】**(代)《俗語。「かやつ」の転》人をののしったり、軽蔑したり、冗談まじりにぞんざいに言ったりするときなどに使う語。あいつ。

**きゃっ-か【却下】**(名・サ変他)《「きゃくか」の変》①申し出・願書などを、取りあげないでさしもどすこと。rejection ②国家機関に対する行政上の申し立てや司法上の訴訟申請を、不適法として、しりぞける処分。rejection 用例 控訴—。

**きゃっ-か【脚下】**《「きゃくか」の変》足もと。下のほう。対義 頭上。

**きゃっか-しょうこ【脚下照顧】**《仏教語。足元に注意、の意から》自己の心を追求し、他に悟りを求めるな、ということ。

**きゃっ-かん【客観】** 対義 主観。①個人的・経験的意識にとらわれることなく、見たり、考えたりすること。object ②人間の行動・思惟には関係なく、独立に存在する物質・自然。外界。客体。object 用例 —的存在。③哲学などで、知るという主観の認識の対象になるもの。認識論上の対象。object

**客観視する**(きゃっかんしする) 自分だけの考えや立場などを入れないようにして、第三者的立場で対象を見る。take an objective view

**きゃっかん-か【客観化】**(名・サ変他) 人が見たり知ったりすることのできるようにすること。客体化。objectification

**きゃっかん-しゅぎ【客観主義】** 対義 主観主義。①個人的、独断的な見方をしりぞけて、実験や統計などの方法を重視する立場。objectivism ②哲学で、真理の普遍性・妥当性をみとめ、真理が主観に依存しないで客観的に存在する、と主張する立場。objectivism ③刑法理論で、外部に現れた行為や結果をもって刑罰の基準とする立場。objectivism

**きゃっかん-せい【客観性】** ①自己の意識をはなれていること。objectivity 用例 —に立つ。②物事が独立にもつ性質。objectivity ③普遍妥当性。objectivity 用例 —を持つ。④対象に対する態度が、個人的な感情をまじえず公平であること。objectivity 用例 —に富む。

**きゃっかん-てき【客観的】**(形動) 対義 主観的。①主観の働きに支配されず、第三者が批評するように公平に判断しようとする態度。objective ②精神にかかわりなく、外界に独立して存在しているさま。objective 用例 —世界。③いつだれが見てもあてはまるという性質があるさま。objective 用例 —真理。

**きゃっかんてき-ひひょう【客観的批評】** 自分の考えにとらわれずに、第三者の立場で、冷静に下した批評。自己の主観・直観だけによらないで、客観的な方法や評価の基準によって行われた批評。objective criticism

**きゃっかん-びょうしゃ【客観描写】** 自然主義文学で、主観を加えず、ありのままに対象を観察し、描写する態度。objective description 用例 —に徹する。

**ぎゃっ-きょう【逆境】**《「ぎゃくきょう」の変》つらい境遇・立場。adversity 対義 順境。用例 —にめげない。

**きゃっ-こう【脚光】**《「きゃくこう」の変。footlightの訳語》舞台の前の床から舞台をてらす証明。フットライト。

**脚光を浴びる**(きゃっこうをあびる) ①舞台に立つ。come into the limelight ②広く、社会の注目の的になる。come into the limelight

**ぎゃっ-こう【逆光】**《「ぎゃくこう」の変。「逆光線」の略》対象の後ろからさす光線。backlight 対義 順光。

**ぎゃっ-こう【逆行】**(名・サ変自)《「ぎゃくこう」の変》反対の方向に進むこと。retrogression 対義 順行。

**ぎゃっ-こうか【逆効果】**→ぎゃくこうか「(逆効果)」

**ぎゃっこうせい-けんぼう【逆行性健忘】** 記憶喪失の一種。意識喪失中のことだけでなく、それ以前の一定期間の記憶をも失うこと。頭部外傷などで突然意識を失ったときなどにおこる。retrograde amnesia

**キャッサバ【cassava】** トウダイグサ科の落葉低木。高さ一～三m。葉は掌状。塊根はでんぷんに富み、食用。熱帯・亜熱帯で栽培。タピオカノキ。→写

●キャッサバ

**キャッシュ【cash】** 現金。現なま。小切手やクレジットカードなどは含まない。用例 —で支払う。

**キャッシュ【Johnny Cash】**(一九三二～) アメリカのカントリー歌手。太く低い声で語るような唱法が特徴。

**キャッシュ-カード**《和製語》金融機関の現金自動支払機(CD)や現金自動支払預入機(ATM)を通じて、現金の引き出し・預け入れが可能なカード。bank card

**キャッシュ-ディスペンサー【cash dispenser】** 現金自動支払機。CD。

**キャッシュ-フロー【cash flow】** ①一定期間に、企業に流出・流入する資金額。②減価償却引き当て金と利潤とを合計したもの。

**キャッシュ-レジスター【cash register】** 金銭登録器。

**キャッシュレス-しゃかい【キャッシュレス社会】** コンピューターの発達やクレジットカードなどの普及により、金銭の決済に現金を使う必要がほとんどなくなるとする未来社会。cashless society

**キャッスル【Vernon Castle】**(一八八六～一九一八) イギリスの舞踊家。夫婦で社交ダンス界に活躍。フォックストロットを創案。

**キャッチ【catch】**(名・サ変他) ①とらえること。用例 人工衛星の信号音を—する。②球技で、捕球すること。③「キャッチャー」の略。

**キャッチ-セールス**《和製語》都市の盛り場などで通行人、とくに若者に声をかけ、その場でレジャー関係の商品・サービスや英会話教材などの購入契約をとる販売方法。キャッチ商法。

**キャッチ-フレーズ【catch phrase】** 広告などで、人の注意をひこうとするうたい文句。

**キャッチ-ボール**《和製語》野球で、ボールを交互に投げたり捕ったりすること。play catch

**キャッチ-ホン**《和製語》通話中に他から電話がかかってきたとき、切り換えスイッチで、あとからの電話との通話もできる装置。call-waiting telephone

**キャッチャー【catcher】** 野球で、本塁後方に位置し、投手の投球を受け、また本塁を守備するプレーヤー。捕手。

**キャッチャー-ボート**《和製語》母船に従い、捕鯨砲を用いてクジラをとる漁船。捕鯨船。

**キャッチワード【catchword】** ①政治宣伝のスローガン。商品などの宣伝文句。②辞書などの欄外の見出し語。そのページの最初の項目と最後の項目を表記したりする。

**キャッツ-アイ【cat's-eye】** 宝石の一つ。クリソベリルの一種。はちみつ色を最上とする。ネコの瞳孔を思わせる光条がある。猫目石。

**キャット【cat】** ネコ。また、ネコ科の動物。

**きゃつ-ばら【▽彼▽奴ばら】**(代)《「きゃつ」の複数形》あいつら。きゃつら。

**キャップ【cap】** ①縁なし、または前部につばのついた帽子の総称。比較 ハット。用例 ナイト—。②万年筆、びんなどのふた。③《「キャプテン」の略》比較的少人数の組織・グループの責任者。報道関係などで用いる語。→帽子図

**ギャップ【gap】** すきま。へだたり。くいちがい。用例 理想と現実との—。

**きゃつ-め【▽彼▽奴め】**(代) あいつめ。「きゃつ」をさらにいやしめて言う語。

**きゃつ-ら【▽彼▽奴▽等】**(代)《「きゃつ」の複数形》あいつら。

**キャディー【caddie】** ゴルフコースで、クラブを運んだり、ボールを拾ったり、助言をしたりして、プレーヤーを援助する人。

**キャド-キャム【CAD/CAM】**《CADはcomputer-aided designの略。CAMはcomputer-aided manufactureの略》コンピューターによる設計と製造。

**キャノチエ【canotier フランス】**《ボートを漕ぐ人、の意》低い円筒形のクラウン(=山)に、水平のブリム(=縁)のついた帽子。おもに麦わら帽。漕艇用帽子から転じ、婦人帽として流行した。ボーター。↓図

●キャノチエ

**キャノン【Walter Bradford Cannon】**(一八七一～一九四五) アメリカの生理学者。消化の生理から血液の調節機能に注目し、生体の恒常性を意味するホメオスタシスの概念を確立。

**キャノン【キヤノン(株)】** 大手のカメラ・事務機器メーカー。昭和一二年(一九三七)設立。

**キャパ【Robert Capa】**(一九一三～一九五四) ハンガリーの報道写真家。戦争写真の第一人者。雑誌『ライフ』に発表した「倒れる人民兵士」で一躍有名になる。スペイン内乱以降五つの戦争を取材。インドシナ戦争で、取材中死亡。

**ギャバ** 「ギャバジン」の略。

**ギャバ【GABA】** 正式名称「γアミノ酪酸」。高等動物の中枢神経に高濃度に分布。脳の代謝促進剤として用いる。γ-aminobutyric acid

**キャパシティー【capacity】** ①容量。②収容能力。③能力。

**ギャバジン【gabardine】** 目のつんだ綾織物。本来は毛と綿の交織物をさすが、綿や化繊のものもある。紳士服・婦人コートなどに使う。ギャバ。

**キャバレー【cabaret】** 舞台やダンスホールの設備がある、洋風の酒場。

**きゃ-はん【脚▼絆・脚半】** すねに巻きつける布。屋外労働・旅行・防寒用に着用。ゲートル。gaiter 対義 手っ甲。→手っ甲図

**ギャバン【Jean Gabin】**(一九〇四～一九七六) フランスの代表的映画俳優。主演作『望郷』『大いなる幻影』『ヘッドライト』など。↓写

●ギャバン　中央。『望郷』。左はミレーユ=バラン。

**キャビア【caviar フランス】** チョウザメの卵の塩漬け。世界的珍味。主産地はソ連南部・イラン。

**キャピタリズム【capitalism】** 資本主義。

**キャピタル【capital】** ①首都。首府。②資本。③かしら文字。大文字。

**キャピタル-ゲイン【capital gain】** 資本利得。有価証券・不動産などの売買による利益。比較 インカムゲイン。

**キャビテーション【cavitation】** スクリューや水力タービンのように、水中を高速で動く物体によって水圧が下がり、水中に気泡が発生して性能を低下させる現象。空洞現象。

**キャピトル-ヒル【Capitol Hill】** ワシントンDCの、アメリカ連邦議会議事堂がある丘。転じて、連邦議会そのものをもいう。

**キャビネット【cabinet】** 書類や貴重品などを収納する家具。戸棚。飾り棚。用例 ファイリング—。

**キャビネ-ばん【キャビネ判】** 印画紙やフィルムのサイズで、一二×一六・五cmの大きさのもの。大キャビネは一三×一八cm。cabinet size

**キャビン【cabin】** 船室。客室。ケビン。

**キャビン-アテンダント【cabin attendant】** 旅客機の客室乗務員。スチュワーデス・エアホステスに代わる呼称として用いられるようになった。フライトアテンダント。

**キャブ【cab】** ①辻馬車。②タクシー。taxicab ③機関車の運転室や、トラックなどの運転台。

**キャプション【caption】** ①見出し。表題。②写真などの説明文。③映画の字幕。

**キャプスタン【capstan】** ①たて軸の巻き揚げ機械。人力・汽力・電力によって、綱や鎖をその胴に巻き込む。船の甲板上または陸上に装備し、船をつなぐ綱の巻き取りなどに用いる。②テープレコーダーの、テープを送り出すローラー。

**キャプター-きらい【キャプター機雷】**《キャプター(CAPTOR)は、capsulated torpedoの略》アメリカの対潜水艦新型機雷。海底に敷設され、カプセル内の魚雷が目標の接近を感知して自走し、目標を破壊する。

**キャフタ-じょうやく【キャフタ条約】** 一七二七年ロシアと清国の間に締結された条約。両国の国境画定、交易場開設を決定。

**キャプテン【captain】** ①チームの主将。用例 ボート部の—。②船長。艦長。機長。

**キャプテン-システム**《和製語。character and pattern telephone access information networkの頭文字をとり、CAPTAINとした》文字図形情報ネットワークシステム。コンピューターセンターと結んだ電話回線を介して、家庭のテレビ画面に利用者の要求する生活情報を映し出す。

**キャプラ【Frank Capra】**(一八九七～) アメリカの映画監督。作品『或る夜の出来事』『スミス都



▼常用漢字表外。▽常用漢字表の音訓外。

へ行く』など。

**キャプリン**【capeline】縁が幅広く、山の浅い婦人帽。アフタヌーンの装いや、日よけ用。↓図

●キャプリン

**キャブレター**【carburetor】内燃機関の気化器。燃料を気化し、空気と混合する装置。

**ぎゃふん**(副)完全に言い負かされ、一言もないさま。be crushed; at a loss as to what to do 用例 ——と言わせる。

**キャベツ**[cabbage]アブラナ科の二年草。直径三〇㎝ほどの、球形に重なり合った葉を食用にする。葉は、厚く幅広で大形。日本には江戸時代末期に渡来。野生種はヨーロッパの海岸地帯にはえる。カイランサイ。カンラン。タマナ。↓写

●キャベツ

**キャベル**[James Branch Cabell](一八七九〜一九五八)アメリカの小説家。中世風寓話ロマンス『伝記マニュエル』で現代を風刺した。

**キャベンディシュ**[Henry Cavendish](一七三一〜一八一〇)イギリスの化学者・物理学者。水素の発見者で、はじめて水の組成を解明。

**きやま**【基山】〈町〉佐賀県東端の町。鳥栖市に接し、農林業の町から工業の町へ移行している。人口一万三五七八(一九八八)。

**ギヤマン**《diamantオランダの転》①江戸時代、ダイヤモンドのよび名。②《ダイヤモンドをガラス切りに使ったことから》ガラスの古名。その製品。

**き-やみ**【気病み】心配から起こる病気。mental depression

**キャミソール**[camisole]《フランス語のキャミゾールから》婦人用下着の一種。胸からウエスト下までの、肩ひもつきのもの。多くは、ペチコートやフレアパンティーなどと併用される。↓写

**キャメラ**[camera]↓カメラ

**キャメル**[camel]①ラクダ。②ラクダの体毛のような薄茶色。二〇世紀初めごろの流行色。らくだ色。

**きゃ-ら**【伽羅】《kālāguru梵が語源》沈香の中で、香道に用いられる上質のものの一つ。香炉木。紅塵。

**ギャラ**《guarantee(担保・保証となるもの)から》契約出演料。保証金。

**きゃら-いろ**【伽羅色】濃い茶色。

**キャラウェイ**[caraway]セリ科の宿根性多年草。葉は数回羽状に分かれる複葉。花は黄色の小花で、複散形花序をつくって咲く。果実には芳香があり、種子はキャラウェイシーズといって、香辛料に用いる。↓写

●キャラウェイ　種子。

**キャラクター**[character]①性格。性質。②映画・演劇・漫画などの登場人物。また、その役柄。

**キャラクター-しょうひん**【キャラクター商品】人気のあるキャラクター(＝人や動物などの姿)をデザインにとりいれた商品。文房具・腕時計・衣類などに多い。

**キャラコ**[calico]目を細かく織った、白色の平織り綿布。金巾を漂白して仕上げ、のりを施したもの。衣料やシーツなどに用途は広い。キャリコ。

**ギャラゴ**[galago]ロリス科ギャラゴ亜科に属するサルの総称。原始的で、目と耳が大きく、尾が長い。体長一五〜三五㎝、尾長二〇〜三七㎝。森林にすみ、夜行性。昆虫・果実などを食べる。ショウギャラゴ・オオギャラゴなどが代表的。サハラ以南のアフリカに分布。ガラゴ。ブッシュベビー。

**ギャラップ**[George Horace Gallup](一九〇一〜一九八四)アメリカの心理学者。世論調査を企画化し、一九三五年アメリカ世論研究所(American Institute of Public Opinion)を設立。同研究所の行う調査は「ギャラップ調査」として有名。

**きゃら-の-き**【伽羅の木】↓きゃらぼく(伽羅木)

●キャミソール

**キャラバン**[caravan]砂漠の隊商。

**キャラバン-シューズ**《商標名Caravan shoesから一般化》ナイロン製でゴム底の軽登山靴。夏山の軽登山やハイキングなどで履く。

**きゃら-ぶき**【伽羅蕗】フキ、またはツワブキの若い茎をあく抜きし、しょうゆで伽羅色に煮つけたもの。保存食でもある。

**きゃら-ぼく**【伽羅木】イチイ科の常緑針葉樹。低木状で、幹が地をはうようにのびる。葉は、厚みがあり幅が広い。本州の亜高山帯にはえる。庭木として植えられる。キャラノキ。aloeswood

**きゃら-まくら**【伽羅枕】中で香をたくための引き出しの付いた木枕。遊女などが用いた。香枕。

**キャラメル**[caramel]砂糖・牛乳・水あめなどを煮詰め、さまして小さく切ったあめ菓子。アーモンドなどを加えたものもある。

**ギャラリー**[gallery]①美術品などの展覧をさせる所。画廊。②見物人。とくに、展覧会やゴルフ・テニス競技会などの観客・観衆。

**き-やり**【木遣り】①大きな材木を伐り出して、歌に合わせて大勢で運ぶこと。また、そうして運ぶ人。②「木遣り歌」の略。

**キャリア**[career]①経歴。とくに、実地の経験。②職業。③公務員の中で上級公務員に昇進できる有資格者。

**キャリア-ウーマン**[career woman]職業をもっている婦人。とくに、専門的な職業についている女性。キャリアガール。

**キャリア-ぐみ**【キャリア組】旧高等文官試験や、国家公務員試験の上級甲種に合格し、中央本省に採用された者。幹部候補者として昇進の道が保証される。

**きやり-うた**【木遣(り)歌】民謡の一種。木遣りのときに歌われる歌。地歌・富本節にも同名の曲がある。木遣り。木遣り音頭。

**ギャル**[gal]《girlがなまった語》若くてぴちぴちした女性。日本では、昭和四七年(一九七二)に、Galsという女性用ジーンズが発売されたときから広まったという。

**ギャレー**[galley]船舶や航空機内の調理室。

**ギャロッピング-インフレーション**[galloping inflation]駆け足のインフレーション。一年あたり数パーセントから数十パーセントの物価上昇を言う。一九五〇年代の南アメリカ諸国における物価騰貴がその典型。比較 ハイパーインフレーション。

**ギャロップ**[gallop]馬の、もっとも速いかけ方。

**ギャロップ**[galop]一九世紀ごろヨーロッパにおこった、四分の二拍子の軽快なダンス。また、その曲。ガロップ。

**キャロル**[carol]クリスマスなどと結びついた宗教的な歌曲。一四世紀イギリスの宗教歌曲の一形式として生まれ発展したが、のちにはクリスマスの歌をさすようになった。カロル。用例 クリスマス——。

**キャロル**[Lewis Carroll](一八三二〜一八九八)イギリスの童話作家・数学者。本名チャールズ＝ラトウィジ＝ドジソン。ユーモアと機知に富んだ童話を書いた。作品『ふしぎの国のアリス』『鏡の国のアリス』など。

**きゃん**【侠】江戸文芸にみられる美意識の一つ。男性は、勇み肌・きおい肌でいきなこと、女性はおてんばなこと。または、そのような人。

**キャン**[kiang]ウマ科に属するアジアノロバの一亜種。体高約一・五m。体は赤褐色、四肢や腹は白い。チベット高原の半砂漠にすむ。チベットノロバ。

**ギャング**[gang]主としてアメリカの、強盗・誘拐・殺人・賭博・密輸・麻薬取引などを行う組織的な犯罪集団。日本では、一般的に暴力的な犯罪者を言う場合が多い。

**ギャング-えいが**【ギャング映画】暴力的悪漢を題材とする映画。gangster film

**ギャング-エージ**[gang age]発達心理学で、同性の閉鎖的徒党集団をつくって遊ぶ、八〜一四歳ごろの年代。

**キャンセル**[cancel](名・サ変他)①約束を取り消すこと。解約。契約解除。②貿易で、輸出入契約を当事者のいずれかが、一方的に取り消すこと。

**キャンター**[canter]馬の足の運び方(歩法)の一つで、駆歩とよばれるゆるい駆け足。同じ駆け足でも、競馬などにみられる全力疾走の襲歩(＝ギャロップ)とは区別される。

**キャンティ**[Chiantiイタリア]イタリア、トスカナ地方特産のワイン。赤と白がある。びんを麦わらの苞で包むのが特徴だが、現在ではわら苞なしのものが多い。アルコール分は一二%。

**キャンデー**[candy]①洋風あめ菓子の総称。ドロップ・キャラメル・ヌガーなど多種類がある。②「アイスキャンデー」の略。

**キャンドル**[candle]ろうそく。ともしび。

**キャンドル-サービス**《和製語》①ろうそくを携えたミサ。キリスト教の復活祭前夜などに行われる儀式。②結婚披露宴で、新郎新婦が参会者のテーブル上のろうそくに火をともして回ること。candlelight service

**キャンパー**[camper]野営をする人。

**キャンバス**[canvas]↓カンバス

**キャンパス**[campus]大学の校庭・構内。

**キャンバス-ワーク**[canvas work]キャンバス地を基布とした刺繡の総称。クロステッチなど。おもにウール糸を用いる。

**キャンピング**[camping]海岸や高原・山などにテントを張り、野外生活を楽しむレクリエーション。

**キャンピング-カー**《和製語》調理および宿泊の設備をもつ自動車。牽引式のものもある。アメリカで開発されたもので、おもにキャンプ用だが、季節労働者などの宿舎としても利用。mobile home; camper

**キャンプ**[camp]㊀(名・サ変自)野山にテントを張って、野営すること。また、その小屋。㊁(名)①兵営。②捕虜などの収容所。

**キャンプを張る**(キャンプをはる)①テントを張って、野営する。camp ②スポーツなどの訓練のために、合宿する。stay together in a camp

**キャンプ-デービッド**[Camp David]アメリカのメリーランド州にある、大統領専用の山荘。一九七八年、ここでアメリカ大統領のカーター、エジプト大統領サダト、イスラエル首相ベギンの三者会談が行われ、中東和平に関する合意が成立した。

**キャンプファイア**[campfire]キャンプの夜、皆で燃やすたき火。また、それを囲んで歌ったり踊ったりする集い。

**ギャンブラー**[gambler]賭博師。ばくち打ち。

**ギャンブル**[gamble]勝負に金品を賭けること。また、その行為。丁半・双六・麻雀・トランプ・ルーレット・競馬・競輪など。かけごと。賭博。ばくち。

**キャンペーン**[campaign]①政治・社会問題などについて行われる、組織的な運動や闘争。②新聞・放送などが、特定の問題を連続的に取り上げ、社会的啓発を行うこと。プレスキャンペーン。③大規模な商業宣伝。

**キャンペーン-セール**[campaign sale]ある目標に向けて全店をあげて取り組む、組織的な販売運動。創業記念売り出し・開店売り出しなどを言う。

**キャンベラ**[Canberra]オーストラリア南東部、マランビジ川支流のモロングロ川に臨む、同国の首都。一九一三年、アメリカのグリフィンが設計した計画都市。近代的な都市美が有名。人口二五・六万(一九八三)。

**キャンベル**[Roy Campbell](一九〇一〜一九五七)イギリスの詩人。風刺的・情熱的な詩風で「現代のバイロン」と称された。詩集『燃える亀』など。

**き・ゆ**【消ゆ】古語(下二自)↓きえる(消える)

**キュイ**[Tsezar Antonovich Kyui](一八三五〜一九一八)ロシアの作曲家・音楽評論家。ムソルグスキーらとともに「五人組」の一人。

**ギュイエンヌ**[Guyenne]フランス南西部の旧州名。現在のランド・ジロンドなど七県を含む。ボルドーが中心都市。ぶどう酒が有名。

**ギュイヨー**[Jean Marie Guyau](一八五四〜一八八八)フランスの哲学者。芸術・道徳の根本原理を、進化説に基づく生の社会的拡充、個の連帯性に見出す。著書『社会学からみた芸術』など。

**キュウ** 2画 **【九】** 部首[乙] 教育小1 [JIS]2269
[音]**キュウ・ク**
[訓]**ここの・ここのつ**
①ここのつ。ここの。「九州・九族」[用例](名)―という数。②あまた。沢山。「九牛の一毛・九死に一生を得る・三拝九拝」↓ク[九]

**キュウ** 3画 **【久】** 部首[丿] 教育小5 [JIS]2155
[音]**キュウ・ク**
[訓]**ひさしい**
ひさしい。時間や年月が長い。「永久・持久戦・長久」「久闊」↓ク[久]

**キュウ** 3画 **【及】** 部首[丿] 常用 [JIS]2158
4画 **【▼及】** 部首[又] 旧字
[音]**キュウ**
[訓]**およぶ・および・およぼす**
①およぶ。ゆきわたる。「言及・追及・波及・普及」②合格する。「及第・及落」③およぼす。およばせる。④および。ならびに。…と。

**キュウ** 3画 **【弓】** 部首[弓] 教育小6 →教育小2 [JIS]2161
[音]**キュウ**
[訓]**ゆみ**
ゆみ。矢をつがえて射る武器。また、ゆみ形のもの。「強弓・半弓」「弓馬」

**キュウ** 4画 **【▼仇】** 部首[人・亻] [JIS]2156
[音]キュウ・グ
あだ。かたき。うらみのある相手。「仇敵」

**キュウ** 5画 **【丘】** 部首[一] 常用 [JIS]2154
[音]**キュウ・ク**
[訓]**おか**
①おか。小高いところ。「砂丘・段丘」「丘陵」②つか。大きな墓。③孔子の名。孔丘。

**キュウ** 5画 **【旧】** 部首[日] 教育小5 [JIS]2176
18画 **【▼舊】** 部首[臼] 旧字
17画 **【▼舊】** 部首[臼] 異体字 [JIS]7149
[音]**キュウ・グ**
①ふるい。長い時間や年月を経た。[対義]新。「新旧」「旧家・旧式」②むかし。もとの。「懐旧・復旧」[用例](名)―に復す。《接頭的》―主人。③旧暦(＝太陰暦)のこと。[対義]新。[用例](名)―の三月。④前年の。「旧冬」
**旧に倍する**《今まで以上にということをやや誇張して言う語》以前にまさる。倍旧の。further [用例]―ご愛顧。
**旧に復す**( ) もとの状態にもどる。re-store

**キュウ** 6画 **【休】** 部首[人・亻] 教育小1 [JIS]2157
[音]**キュウ・ク**
[訓]**やすむ・やすまる・やすめる**
①やすむ。いこう。やめる。やすみ。「運休・小休止・定休・不眠不休」「休暇・休業・休息・休養」②やすらか。ゆるやか。「休戚」

**キュウ** 6画 **【吸】** 部首[口] 教育小6 [JIS]2159
7画 **【▼吸】** 旧字
[音]**キュウ**
[訓]**すう**
すう。いきをすいこむ。ものをすすりこむ。のむ。[対義]呼。「呼吸」「吸引・吸血・吸収」

**キュウ** 6画 **【朽】** 部首[木] 常用 [JIS]2164
[音]**キュウ**
[訓]**くちる**
くちる。くさる。「不朽・腐朽・老朽」「朽壊・朽廃」

**キュウ** 6画 **【▼臼】** 部首[臼] [JIS]1717
[音]キュウ
うす。つきうす。また、うす形のもの。「脱臼」「臼歯」

**キュウ** 7画 **【▼岌】** 部首[山] [JIS]5409
[音]ギュウ・キュウ
たかい。山がけわしく高い。

**キュウ** 7画 **【▼汲】** 部首[氵] 
6画 **【▼汲】** 異体字 [JIS]2166
[音]キュウ
①くむ。水をくみあげる。②「汲々」は、齷齪して一心になるさま。

**キュウ** 7画 **【求】** 部首[氺] 教育小4 [JIS]2165
[音]**キュウ・グ**
[訓]**もとめる**
①もとめる。たずねる。さがす。「請求・探求・追求・要求」「求愛・求刑・求職・求人」②買いもとめる。↓グ[求]

**キュウ** 7画 **【▼灸】** 部首[火] [JIS]2168
[音]キュウ
やいと。もぐさをはだの経穴(つぼ)でやき、その熱や刺激で病気をなおす方法。「鍼灸」「灸穴・灸治・灸点」
**灸を据える**( ) ①灸をする。②しかる。こらしめる。punish; chastise

**キュウ** 7画 **【▼玖】** 部首[王] [JIS]2274
[音]キュウ・ク
うつくしい黒色の石。

**キュウ** 7画 **【究】** 部首[穴] 教育小3 [JIS]2170
[音]**キュウ・ク**
[訓]**きわめる**
①きわめる。よくしらべる。「研究・考究・追究」「究明」②きわまる。つまるところ。「究竟・究極」③きわめる人。「学究」

**キュウ** 8画 **【▼咎】** 部首[口] [JIS]5075
[音]キュウ
①とがめ。とが。にくしみ。あやまち。わざわい。やまい。②とがめる。㋐なじる。㋑あやしんで聞く。㋒はれもの・傷などをひときわ悪くする。

**キュウ** 8画 **【▼邱】** 部首[阝] [JIS]7825
[音]キュウ
おか。小高いところ。

**キュウ** 8画 **【泣】** 部首[氵] 教育小6 →教育小4 [JIS]2167
[音]**キュウ**
[訓]**なく**
なく。涙をながして、なく。[比較]鳴。「感泣・号泣」「泣訴」

**キュウ** 8画 **【▼疚】** 部首[疒] [JIS]6544
[音]キュウ
①やむ。ながわずらい。②やましい。なやましい。気がかりな。うしろ暗い。

**キュウ** 8画 **【▼穹】** 部首[穴] [JIS]6754
[音]キュウ
①そら。あめ。おおぞら。「蒼穹」「穹窿」②ゆみ形。ドーム形。丸天井。「穹窿」

**キュウ** 8画 **【▼虬】** 部首[虫]
7画 **【▼虯】** 異体字
[音]キュウ
みずち。想像上の動物。竜の一種。

**キュウ** 9画 **【急】** 部首[心] 教育小3 [JIS]2162
9画 **【▼急】** 旧字
[音]**キュウ**
[訓]**いそぐ**
①いそぐ。いそぎの。[対義]緩・慢。「緩急・至急・早急」「急行・急造・急用」[用例](名・形動)―の用事。②さしせまった。あぶない。「危急」「急迫」[用例](名)事態は―を告げている。③にわか。はげしい。「急激・急転・急変・急流」[用例](形動)流れは―だ。④重要な。大事な。「急所」⑤けわしい。「急坂」[用例](形動)―な登り道。⑥舞楽などで、最後の段。[用例](名)序破―。⑦急行列車のこと。「準急・特急」

**キュウ** 9画 **【▼柩】** 部首[木] [JIS]5945
[音]キュウ
ひつぎ。棺おけ。死体をいれるはこ。「霊柩」[用例](名)―をおおいて事定まる。

**キュウ** 9画 **【級】** 部首[糸] 教育小3 [JIS]2173
10画 **【▼級】** 旧字
[音]**キュウ**
①しな。順序。くらい。程度。「階級・下級・高級・等級」「級数」[用例](接尾)一線―の投手。②クラス。「学級」「級長」[用例](名)彼とは―が同じだ。③討ち取った首。「首級」

**キュウ** 9画 **【糾】** 部首[糸] 常用 [JIS]2174
8画 **【▼糾】** 旧字
7画 **【▼糺】** 異体字 [JIS]6893
[音]**キュウ**
①ただす。とりしらべる。「糾弾・糾明・糾問」②あつめる。あつまる。「糾合」③よじれる。もつれる。「紛糾」④あざなう。縄・ひも・糸などをなう。

**キュウ** 9画 **【▼韭】** 部首[韭] [JIS]8076
12画 **【▼韮】** 異体字 [JIS]3903
[音]キュウ・ク
①ニラ。ユリ科の多年草。②部首の一つ。にら。

**キュウ** 10画 **【宮】** 部首[宀] 教育小3 [JIS]2160
[音]**キュウ・グウ・ク・クウ**
[訓]**みや**
①天子の御所。神や王の御殿。「王宮・離宮」「宮城・宮中・宮廷・宮殿」②大きな建物。「迷宮」③天球の区分。「十二宮・白羊宮」④中国・日本などの音楽で用いる音階の第一音。⑤刑罰の一つ。生殖器をとってしまう。「宮刑」↓ク・グウ[宮]

**キュウ** 10画 **【▼恷】** 部首[心] [JIS]5578
[音]キュウ
意義未詳。

**キュウ** 10画 **【▼烋】** 部首[灬] [JIS]6362
[音]コウ・キュウ
うつくしい。よい。さいわい。↓コウ[烋]

**キュウ** 10画 **【▼笈】** 部首[竹]
9画 **【▼笈】** 異体字 [JIS]2172
[音]キュウ
おい。①修験者などが背負う、足のついたはこ。②背に負う書物ばこ。
**笈を負う**( ) 勉強のために、故郷を出て行く。

**キュウ** 10画 **【▼赳】** 部首[走] 人名用 [JIS]7666
9画 **【▼赳】** 旧字
[音]キュウ
たけし。つよい。思いきりがよい。

**キュウ** 10画 **【▼躬】** 部首[身] [JIS]7727
14画 **【▼躳】** 異体字
[音]キュウ
①み。からだ。②わがみ。自分自身。みずから。「躬行」③かがむ。かがめる。からだをおりまげる。つつしむ。「鞠躬如」

**キュウ** 11画 **【▼逑】** 部首[辶] [JIS]7783
[音]キュウ
①あつめる。あつまる。②つれあい。配偶者。たぐい。とも。

**キュウ** 11画 **【救】** 部首[攵] 教育小4 [JIS]2163
[音]**キュウ・ク・グ**
[訓]**すくう**
すくう。力をそえる。たすける。「救援・救急・救護・救済」

**キュウ** 11画 **【▼毬】** 部首[毛] [JIS]6160
[音]キュウ
①まり。たま。ボール。②いが。クリなどの実をつつむ、とげのある外皮。

**キュウ** 11画 **【球】** 部首[王] 教育小3 [JIS]2169
[音]**キュウ・グ**
[訓]**たま**

①たま。㋐まるいもの。「地球・電球」「球形・球根」㋑まり。ボール。「庭球・投球・排球」「球技」②野球のこと。「球場・球団・球歴」③野球の投手の投球を数えるのに用いる。用例(助数)三百──の投球練習。④数学で、空間において、一定点(中心)から等距離(半径)にある点のつくる曲面。また、この曲面の内部のつくる立体。用例(名)──と立方体。↓図

●球④

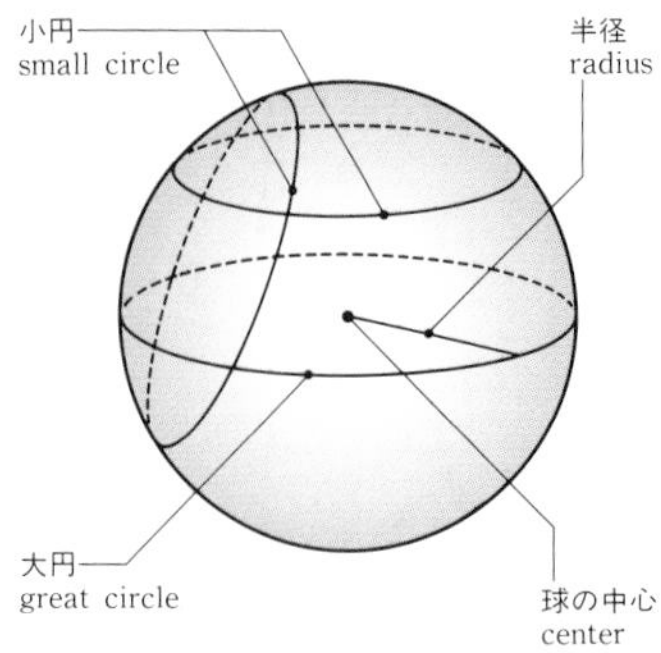


**キュウ** 11画 【蚯】 部首[虫] JIS 7353
音キュウ
「蚯蚓」は、ミミズ。ミミズ綱に属する環形動物。めめず。

**キュウ** 12画 【給】 部首[糸] 教育小4 JIS 2175
音キュウ
①あたえる。たまう。くばる。対義需。「供給・自給・配給」「給食・給水・給付」②てあて。つとめの人にだすお金。「恩給・月給・日給」「給与」用例《接尾的》固定──。③世話をする。「女給」「給仕」

**キュウ** 12画 【翕】 部首[羽] JIS 7037
音キュウ
①あう。あわせる。「翕然」②あつまる。あつめる。「翕然」③おこる。ものごとが一斉におこる。「翕然」

**キュウ** 13画 【嗅】 部首[口] JIS 5144
音キュウ
かぐ。①においをかぐ。鼻でにおいを感じる。「嗅覚」②さぐって知る。

**キュウ** 13画 【舅】 部首[臼] JIS 7147
音キュウ
①母方のおじ。母親の兄弟。②しゅうと。夫の父親。妻の父親(外舅)。対義姑。

**キュウ** 13画 【裘】 部首[衣] JIS 7468
音キュウ
かわごろも。毛皮でつくった衣服。

**キュウ** 13画 【貅】 部首[豸] JIS 7628
音キュウ
昔、飼いならして戦闘に用いたという猛獣。また、勇猛な兵士。

**キュウ** 13画 【鳩】 部首[鳥] 人名用 JIS 4023
音キュウ・ク
①ハト。ハト目に属する鳥。「鳩舎」②あつめる。あつまる。「鳩合・鳩首」

**キュウ** 14画 【廏】 部首[广] JIS 5494
音キュウ
うまや。馬を飼っておく小屋。馬小屋。「廏舎」

14画【廐】 異体字 JIS 5493
13画【厩】 異体字 部首[厂]
12画【既】 異体字 部首[厂] JIS 1725

**キュウ** 14画 【摎】 部首[扌] JIS 5787
音キュウ・コウ
①くくる。しめる。②もとめる。

**キュウ** 15画 【樛】 部首[木] JIS 6060
音キュウ
①くねる。まがる。木の枝がさがりまがる。②めぐる。めぐらす。③ツガ。マツ科の常緑針葉高木。とが。

**キュウ** 15画 【窮】 部首[穴] 常用 JIS 2171
音キュウ
訓きわめる・きわまる

19画【竆】 異体字

①きわめる。きわまる。いきづまる。「無窮」「窮境・窮極・窮地」②ひどくこまる。まずしくてこまる。「困窮・貧窮」「窮乏」

**キュウ** 16画 【歙】 部首[欠] JIS 6132
音キュウ
①すう。いきを、すいこむ。ものを、すすりこむ。②あう。あわせる。ものごとが、一斉におこる。

**キュウ** 16画 【糗】 部首[米]
音キュウ
①火でいった穀物。いりごめ。②ほしいい。かれいい。飯をかわかしたもの。

**キュウ** 17画 【鵂】 部首[鳥]
音キュウ
「鵂鶹」は、コノハズク。フクロウ目に属する鳥。「ブッポーソー」となく。

**キュウ** 26画 【鬮】 部首[鬥] JIS 8213
音キュウ
①とる。たたかってとる。②くじ。くじびき。

**キュー**【Q・q】①アルファベットの第一七文字。②《大文字で》問い(question)の略号。

**キュー**【cue】①幕の開閉・俳優の動きなどの、きっかけの合図。演出記号としては台本にQと記入される。②玉突きで、玉を突く棒。

**き-ゆう**【希有・稀有】まれなこと。ひじょうに少ないこと。けう。rarity 用例──金属。──元素。

**き-ゆう**【杞憂】《昔、中国の杞の国の人が、天がくずれて落ちてきはしないかと心配したということから》将来のことについて、あれこれといらない心配をすること。取り越し苦労。用例──に終わる。

**き-ゆう**【喜遊・嬉遊】(名・サ変自) 楽しみ遊ぶこと。

**ギュウ** 4画 【牛】 部首[牛] 教育小2 JIS 2177
音ギュウ・ゴ
訓うし
①ウシ。ウシ目に属する家畜。「水牛・肉牛・乳牛」「牛馬・牛歩」②ウシの肉。「牛缶・牛鍋」用例(名)豚より──がいい。↓ゴ[牛]

**ぎゅう**【妓夫・牛】↓ぎゅうたろう(妓夫太郎)

**ぎ-ゆう**【義勇】正義に基づく勇気。heroism

**きゅう-あい**【求愛】(名・サ変自) 異性の愛をもとめること。courtship 比較求婚。

**きゅう-あく**【旧悪】①以前の悪事。one's old misdeed 用例──暴露。②江戸時代、特定の重罪を除き、罪を犯してもその後一年間発覚しなかった場合は処罰を免れた制度。現在の時効にあたる。

**きゅうあん**【久安】平安末期の年号。天養から改元。元年(一一四五)七月二二日~七年(一一五一)一月二六日。次に、仁平に改元。

**きゅう-い**【九夷】中華思想に基づく東方の九つの異民族の呼称。畎夷・于夷・方夷・黄夷・白夷・赤夷・玄夷・風夷・陽夷。

**きゅう-い**【球威】野球で、投手の投球の威力。

**きゅう-いん**【吸引】(名・サ変他) すいこむこと。ひきつけること。absorption; suction 用例──力。

**きゅう-いん**【吸飲】(名・サ変他) すって飲むこと。suck

**ぎゅういん-ばしょく**【牛飲馬食】(名・サ変自)《牛のように飲み、馬のように食うことから》大酒を飲み、大食すること。暴飲暴食。heavy eating and drinking

**きゅういん-ぶんべん**【吸引分娩】吸引牽出器という器具を、胎児の頭に密着させ、引き出して分娩させること。vacuum extraction

**きゅう-えい**【仇英】(生没年未詳) 中国、明代の画家。山水・人物・楼閣を組み合わせた図にすぐれ、とくに細密な美人風俗画は明代第一。作品『桃李園図』など。

**ぎゅう-えき**【牛疫】家畜法定伝染病の一つ。ウシ・スイギュウなどのウイルス性急性伝染病。伝染性が強く、高熱・下痢症状を呈し、多くは死亡する。cattle plague

**きゅう-えん**【旧怨】昔のうらみ。old grudge

**きゅう-えん**【旧縁】古いえにし。昔からのなじみ。

**きゅう-えん**【休園】(名・サ変自) 幼稚園・動物園などが休むこと。用例──日。

**きゅう-えん**【休演】(名・サ変自) 出演・公演を休むこと。suspension of the performance

**きゅう-えん**【求縁】(名・サ変自) 結婚の相手をもとめること。courtship 比較求婚。用例──広告。

**きゅう-えん**【救援】(名・サ変他) すくい助けること。relief 用例──物資。

**きゅう-えん**【球宴】スター選手を集めて行うプロ野球の試合。all star baseball game 用例夢の──。

**きゅう-おん**【旧恩】昔受けた恩。old favors 用例──に報いる。

**きゅう-おん**【吸音】音を吸収または透過によって反響させないようにすること。sound absorption

**きゅうおん-ざい**【吸音材】音を吸収する材料。グラスウール・フェルト・綿・吸音ボードなど。sound absorbing material

**きゅう-か**【旧家】①古くから続いている家。old family ②以前住んでいた家。

**きゅう-か**【休暇】学校・官庁・会社などのおやけの休み。holiday 用例──をとる。──日。

**きゅう-か**【急火】①にわかにおこった火事。②近所の火事。近火。

**きゅう-か**【球果・毬果】まつかさのように、堅く木化した鱗片が球状に集まり、それぞれの内側に二個の種子をもつもの。cone

**きゅう-かい**【旧懐】以前のことをなつかしむこと。懐旧。reminiscence

**きゅう-かい**【休会】(名・サ変自) ①会を休むこと。adjournment ②国会・地方議会などが会期中、その議決によって一時活動を休むこと。recess 比較自然休会・停会。③取引所の立ち会い休止。closing

**きゅう-かい**【朽壊】(名・サ変自) くちてこわれること。

**きゅう-かい**【球界】野球をする人、またその組織に関係している人たちの世界。

**きゅう-かく**【嗅覚】においを感じる感覚。物質から揮発した粒子が鼻腔上部の粘膜(嗅部)を刺激してにおいを感じる。臭覚。olfaction

**きゅう-がく**【休学】(名・サ変自) 病気などで長期間、学校を休むこと。temporary absence from school 比較停学。

**きゅうかく-き**【嗅覚器】においを感受する器官。陸生動物では空中に、水生動物では水中に拡散したにおいを感じる。脊椎動物では鼻腔内に、昆虫類では触角にある。臭覚器。olfactory organ

**きゅうかく-しょうがい**【嗅覚障害】嗅覚が失われたり、鈍くなったりすること。嗅覚中枢、または、そこの神経経路が侵されたものと、鼻腔内に障害があるものに分けられる。olfactory disturbance

**きゅう-がくは**【九学派】九流の別称。

**きゅう-かざん**【休火山】有史以来、噴火の記録があるが、現在活動をしていない火山。dormant volcano 比較活火山・死火山。

**きゅう-かつ**【久闊】長い間たよりをしないこと。無沙汰。

**久闊を叙する**(きゅうかつをじょする) 久しぶりのあいさつをする。無沙汰をわびる。

**きゅう-かつ**【裘葛】《「裘」は冬に着る皮衣、「葛」は夏に着るくずかたびら》冬の衣と夏の衣。

**裘葛を易う**(きゅうかつをかう)《冬の衣と夏の衣に着がえる意から》一年の月日がたったことに言う。

**きゅう-かなづかい**【旧仮名遣い】歴史的仮名遣い。昭和二一年(一九四六)内閣告示の「現代かなづかい」を新仮名遣いとよぶのに対していう。

**きゅう-かぶ**【旧株】株式会社の既発行株式。親株。old stock 対義新株。

**きゅう-かん**【九官】中国古代、舜が定めたと伝えられる九つの官の総称。司空・后稷・司徒・士・共工・虞・秩宗・典楽・納言をいう。

**きゅう-かん**【旧刊】前に出版したこと・本。old publication 比較旧版。対義新刊。

**きゅう-かん**【旧慣】古いならわし。旧習。

**きゅう-かん**【旧館】古い建物。前からある建物。older building 対義新館。

**きゅう-かん**【旧観】昔のありさま・ながめ。

**きゅう-かん**【休刊】(名・サ変自) 新聞・雑誌などが発行を休むこと。suspension of publi-

cation 比較 廃刊・発刊。用例 新聞—日。

**きゅう-かん【急患】**《患者を受け入れる側から言うことば》急病。急病人。emergency case

**ぎゅう-かん【牛缶】** 牛肉の缶づめ。canned beef

**ぎゅう-がん【牛眼】** 先天性緑内障。乳幼児期に発病し、眼球と角膜が異常に拡大する。発病率は二万人に一人で遺伝との関係は不明。buphthalmia

**きゅうかん-ち【休閑地】** ①作付けされないで一時的に遊休している土地。耕地の地力を回復させるなどが目的。休耕地。fallow land ②空き地。vacant land

**きゅうかん-ちょう【九官鳥】**《日本に紹介した中国人、九官にちなんだ名》ムクドリ科の鳥。翼長約一六㎝。全身が黒く、嘴・足が橙色。人語のまねがオウム以上に巧み。飼い鳥。中国南部・インドからボルネオまで分布。九官。hill mynah ↓写

●キュウカンチョウ

**きゅう-き【旧記】** 古い記録。old chronicle

**きゅう-き【吸気】** すいこむ息。対義 呼気。

**きゅう-ぎ【旧▾誼】** 古いなじみ。古いつきあい。

**きゅう-ぎ【球技】** ボールを使ってする競技の総称。野球・テニス・卓球・サッカー・ゴルフ・バスケットボール・バレーボールなど。ball game

**きゅう-ぎ【球戯】** ①ボールを使う遊び。ball game ②玉つき。billiard

**きゅうき-おん【吸気音】** 吸いこむ息によって出す音。発音は呼気によるのが一般的で、吸気によるのは例外的。inspiratory sound 対義 呼気音。

**きゅう-きゅう【救急】** ①急場の難をすくうこと。②急な場合の手当て。first aid 用例 —病院。

**きゅう-きゅう【▾汲▾汲】**(形動トタル) あくせくして一心になるさま。用例 蓄財に—とする。

**きゅう-きゅう**(形動・副) ①物を締め付けたり、押し込んだりするさま。squeeze 用例 —に詰め込む。②ひどい目にあって苦しむさま。pant and gasp 用例 —やりこめられる。③暮らしなどに、ゆとりのないさま。from hand to mouth 用例 —の生活。

**きゅう-ぎゅう【九牛】** 九頭の牛。多くの牛。

**九牛の一毛**(きゅうぎゅうのいちもう)《九頭もの牛のうちの毛一筋》多数の中のごく一部分。問題にならないほどわずか。

**ぎゅう-ぎゅう**(形動・副) ①物を強く締め付けたり、押し込んだりするさま。squeeze 用例 —詰め込む。②手ひどくこらしめるさま。forcefully; mercilessly 用例 —の目にあわせる。

**きゅうきゅう-いりょう【救急医療】** 事故・急病・自殺未遂など、緊急の診断と治療を必要とするあらゆる分野を扱う医療部門。また、その学問体系。emergency medical care

**きゅうきゅう-しゃ【救急車】** 不慮の災害によるけが人や急患を運ぶための特殊自動車。消防署に配置。ambulance

**きゅうきゅう-しょち【救急処置】** 急の病気やけがなどに必要最小限度の手当てをすること。人工呼吸・止血など。first aid measure

**きゅうきゅう-にょりつりょう【急急如律▿令】**《中国の公文書の末尾に添えた語で、急々に律令にあるようにせよ、の意》まじないのはりふだに、悪魔よ立ち去れの意の呪文として書くことば。

**きゅうきゅう-ばこ【救急箱】** 急病や思わぬけがを、その場で手当てするための医薬品などを入れた箱。first-aid kit

**きゅうきゅう-びょういん【救急病院】** 救急隊によって搬送される傷病者の医療を担当する病院。都道府県知事が認定して、名称・所在地が告示されている。emergency hospital

**きゅう-きょ【旧居】** もと住んでいた所・家。former residence 対義 新居。

**きゅう-きょ【急▾遽】**(副) にわかに。急に。いそいで。in haste 用例 —出発する。

**きゅう-きょう【旧教】** ローマ-カトリック教の日本での呼称。おもにプロテスタント側で用いる。対義 新教。

**きゅう-きょう【究▾竟】** ①つまるところ。究極。終極。②根本。普遍。用例 —の原理。

**きゅう-きょう【窮境】** ①苦しい境遇・立場。distress ②精神的に苦しく困難な立場。distress 用例 —にたえる。

**きゅう-ぎょう【休業】**(名・サ変自) 営業を休むこと。suspension of business 比較 廃業・閉業。

**きゅうぎょう-てあて【休業手当】** 使用者の都合によって休業したとき労働者に支払わなければならない手当。平均賃金の六〇%以上。absence allowance

**きゅうぎょう-ほしょう【休業補償】** 労働者が労働災害により休職した期間中の所得保障として、使用者が平均賃金の六割を給付する制度。compensation for temporary disability

**きゅう-きょく【究極・窮極】** ①はて。きわみ。とどのつまり。ultimate ②きわめつくした最後のところ。長い過程をへてきた最後のところ。ultimate 用例 —の目的。

**きゅう-きょく【喜遊曲】** ↓ディベルティメント

**きゅうきょく-へいき【究極兵器】** ↓さいしゅうへいき(最終兵器)

**きゅう-きん【球菌】** 球形の細菌。正円形のものから腎臓形のものまである。病原菌としてはブドウ球菌・双球菌・連鎖球菌など。coccus

**きゅう-きん【給金】** ①給与としてはらうお金。給料。wage; pay ②相撲の制度で、力士に払われる褒賞金。

**きゅうきん-ずもう【給金相撲】** 大相撲の本場所で、この一番に勝てば勝ち越しが決まる取組。給金直しの一番。

**きゅうきん-なおし【給金直し】** 大相撲の本場所で勝ち越すこと。勝ち越せば、力士の褒賞金があがることから。

**きゅう-くつ【窮屈】**(名・形動) ①身動きが不自由なこと・さま。tightness ②気づまりなこと・さま。constraint ③融通がきかないこと・さま。strictness

**ぎゆう-ぐん【義勇軍】** 戦争・紛争のさい、有志によって組織される正規軍以外の戦闘部隊。volunteer army

**きゅう-ぐんしん【九軍神】** 太平洋戦争勃発時の真珠湾攻撃で戦死した特殊潜航艇五隻の乗組員九人を、軍神として祭った呼称。昭和一六年(一九四一)一二月、真珠湾口から進入して攻撃を敢行、一名が捕虜となったが、残る九人が戦死。

**きゅう-けい【九刑】** 中国、周代の九種の刑罰。大辟・宮・剕・劓・墨の五刑と流・贖・鞭・朴の諸刑。

**きゅう-けい【九経】** 九種の経書。その称は唐代に始まる。唐の谷那律の九経庫では『易経』『書経』『詩経』『周礼』『儀礼』『礼記』『左伝』『公羊伝』『穀梁伝』。他にも数種類の異説がある。

**きゅう-けい【九▾卿】** 中国秦漢時代、政務を総理する丞相の下で庶務を管掌した九つの役所の長官。漢代では太常(礼儀祭司)・光禄勲(宮中護衛)・衛尉(宮門守護)・太僕(車馬牧畜)・廷尉(司法)・大鴻臚(賓客接待)・大司農(国家財政)・宗正(皇室管理)・少府(帝室財政)。

**きゅう-けい【弓形】** ①弓のような形。②円の弧と弦で囲まれた図形。ゆみがた。segment; crecent ↓円図

**きゅう-けい【休憩】**(名・サ変自) しばらく休むこと。休息。recess 用例 —所。

**きゅう-けい【求刑】**(名・サ変他) 検察官が裁判での論告のしめくくりに、被告人の量刑について具体的な見解を述べること。

**きゅう-けい【宮刑】** 中国古代の刑の一つ。男子は生殖機能を奪われ、女子は宮中に生涯幽閉されたといわれるが、異説もある。死刑につぐ重刑とされた。腐刑。

**きゅう-けい【球形】** たまのような丸い形。globular form

**きゅう-けい【球茎】** 地下茎の一つ。養分を貯えて球状にふくらみ、大きな頂芽をもつ。グラジオラス・シラン・サトイモ・クワイなどにみられる。corm 参照 球根。

**きゅうけい-かんらん【球茎甘▾藍】** ↓コールラビ

**きゅう-げき【旧劇】** ①歌舞伎。比較 新派劇・新劇。②日本映画で、時代物のこと。

**きゅう-げき【急激・急劇】**(形動) にわかではげしいさま。sudden 用例 —な変化。

**きゅう-けつ【吸血】** 血をすうこと。sucking blood 用例 —鬼。

**きゅう-けつ【▾灸穴】** 灸をすえる場所。三里・身柱など。灸点。ツボ。

**きゅう-けつ【宮▾闕】** 宮殿。皇居。

**きゅう-けつ【給血】**(名・サ変自) 輸血用の血液を供給すること。donation of blood 用例 —者。

**きゅうけつ-き【吸血鬼】** ①夜間、人畜の血を吸うとされる魔物。スラブ伝説を起源とし、中世以降、東欧諸国を中心に伝播。vampire ②《転じて》他人を犠牲にして自分の利益をはかる強欲な人。greedy fellow

**きゅうけつ-こうもり【吸血▾蝙▾蝠】** チスイコウモリの別名。

**きゅうけつ-どうぶつ【吸血動物】** 他の動物の体表から血液を吸う動物の総称。ノミ・カ・シラミ・アブ・ヒルなど。bloodsucker

**きゅう-げん【急減】**(名・サ変自) 急にへること。rapid decrease 対義 急増。

**きゅう-げん【給源】** 供給するもと。用例 電力の—。

**きゅう-こ【旧故】** 古くからの知人。旧友。故旧。

**きゅう-ご【九五】**《易の卦から》天子の位。

**きゅう-ご【救護】**(名・サ変他) 傷病者の看護・治療をすること。aid 用例 —班。

**ぎゅう-ご【牛後】** ①牛のしっぽ。②《転じて》権力者につき従って使われること・人。対義 鶏口。

**鶏口となるも牛後となる勿れ**(けいこうとなるもぎゅうごとなるなかれ) ↓けいこう(鶏口)

**きゅう-こう【旧交】** 古いつきあい・友情。old friendship

**旧交を温める**(きゅうこうをあたためる) とだえていた交際や友情を、相手と久しぶりに会って、昔どおりにもどす。renew old friendship 用例 同窓会で、—。

**きゅう-こう【旧稿】** 以前に書いた草稿。

**きゅう-こう【休校】**(名・サ変自) 学校が授業を休むこと。closure of school 用例 流感で三日間—となる。

**きゅう-こう【休航】**(名・サ変自) 船や飛行機などが運航を休むこと。cancel a flight; cancel a sailing

**きゅう-こう【休講】**(名・サ変自) 教授などが講義を休むこと。give no lecture

**きゅう-こう【急行】** 一(名・サ変自) いそいで行くこと。go in haste 対義 緩行。用例 現場へ—する。二(名)《「急行列車」「急行電車」「急行バス」などの略》おもな駅にだけ止まり、目的地に早く着く乗り物。express 用例 —に乗る。

**きゅう-こう【▾躬行】**(名・サ変自) みずから実行すること。用例 実践—。

**きゅう-こう【救荒】** 不作に苦しむ人民をすくうこと。

**きゅう-こう【九江】** 中国江西省の北端、揚子江沿いの河港都市。茶・陶磁器の輸出港。南方に廬山がある。人口三二七・八万(一九八四)。チウチアン。

**き-ゆうこう【帰有光】**(一五〇六〜七一) 中国、明代中期の文学者。号は震川。崑山の人。明代第一の古文家。『帰震川全集』。

**きゅう-ごう【糾合・▾鳩合】**(名・サ変他) 一つに寄せ集めること。rally 用例 同志を—する。

**きゅう-こうか【急降下】**(名・サ変自) 飛行機が急角度で降下すること。nose dive 用例 —爆撃。

**きゅう-こうぐん【急行軍】**(名・サ変自) とくに急いで目的地に着くための行軍。旧日本陸軍では時速五㎞以上で進む行軍をいった。比較 行軍。

**きゅうこう-さくもつ【救荒作物】** イネやムギなどの一般の作物が凶作のとき、代用となる作物。ヒエ・ソバ・サツマイモ・ジャガイモなど。hardy plants

**きゅうこう-しょくぶつ【救荒植物】** 凶作などにより飢饉になったとき、食用にする野生の植物。emergency crop

**きゅう-こうばい【急▾勾配】** 傾きがはげしいこと。急傾斜。steep slope

**きゅうこう-れっしゃ【急行列車】** おもに長距離を運行し、主要駅だけに停車する高速列車。乗車券のほか、急行券が必要。エクスプレス。express train

**きゅうこ-かく【▾汲古閣】** 明代末、毛晋がつくった書庫の名。

**きゅう-こく【急告】**(名・サ変他) 急いで知らせること。急報。urgent notice

**きゅう-こく【救国】** 国難をすくうこと。save one's country

**きゅう-ごしらえ【急▾拵え】** 間にあう



▾常用漢字表外。 ▿常用漢字表の音訓外。

ように急いでつくること。また、そのもの。にわかごしらえ。にわかづくり。improvised preparation

**きゅうご-ほう【救護法】** 病弱・幼少・貧困などのために生活が苦しい者を救護することを定めた法律。昭和四年(一九二九)制定。同二一年(一九四六)生活保護法の制定にともない廃止。

**きゅう-こん【吸根】** ↓きせいこん(寄生根)

**きゅう-こん【求婚】**(名・サ変自) 結婚を申し込むこと。プロポーズ。courtship [比較]求愛・求縁。

**きゅう-こん【球根】** 多年草の地中にある部分が球状の塊になったもの。芽を保護し、次期生長に備えて養分を貯蔵する。形態により、鱗茎・球茎・塊茎・根茎・塊根の五種に分ける。bulb [数え方]一球・一個。

**きゅうこん-るい【球根類】** 球根をもつ多年草の総称。チューリップ・グラジオラス・ヒガンバナなど。bulbous plant

**きゅう-さい【旧債】** 昔の借金。古い負債。old debt

**きゅう-さい【休載】**(名・サ変他) 新聞・雑誌などで、続きものなどをのせるのを一時休むこと。withhold

**きゅう-さい【救済】**(名・サ変他) 災害や不幸から人々を救い助けること。救恤。relief [用例]難民—。

**きゅう-さいぼう【▼嗅細胞】** においに反応する神経細胞。哺乳類では、鼻腔上部の粘膜にある。臭細胞。

**きゅう-さく【旧作】** 以前の作品。old work [対義]新作。

**きゅう-さく【朽索】** 腐った綱・縄。

**朽索の六馬を馭するが如し**(きゅうさくのろくばをぎょするがごとし)《くさったつなで六頭の馬をあやつるようだ、ということから》きわめて困難で危険なことのたとえ。

**きゅう-ざひょう【球座標】** 空間における座標の定め方の一つ。空間内の任意の点に対して、その動径$r$、動径と$z$軸のなす角$\theta$、動径と$z$軸を含む平面と$x$軸・$z$軸を含む平面とのなす角$\varphi$で点の位置を表す。spherical coordinates

**きゅう-さん【急▼霰】** にわかにふるあられ。その音。[比較]万雷。[用例]—のような拍手。

**きゅう-し【九死】** ほとんど死にそうになるほどの危機。

**九死に一生を得る**(きゅうしにいっしょうをえる) 死にそうなところを、やっと助かる。have a hairbreadth escape

**きゅう-し【九紫】** 九星の一つ。南を本位とし、火星に属する。

**きゅう-し【旧▼址】** 昔、有名な建物や事件などのあったあと。旧跡。historic site

**きゅう-し【旧師】** 自分が以前に教えを受けた教師。one's former teacher

**きゅう-し【休止】**(名・サ変自他) 休むこと。やめること。rest; suspension

**きゅう-し【▼臼歯】** 哺乳類で、歯列の上下両端最後方にある歯。前臼歯と後臼歯にわかれ、後臼歯は生えかわらない。おくば。うすば。molar

**きゅう-し【▼灸師】** 灸による治療を行う人。法律の定める学術を修得し、都道府県知事の行う試験により資格を取得することが必要。

**きゅう-し【急死】**(名・サ変自) 急に死ぬこと。心停止による突然死と、病気の急変による二四時間以内の死との二つがある。急逝。突然死。頓死。sudden death

**きゅう-し【急使】** 急ぎの使者。express messenger

**きゅう-し【球史】** 野球の歴史。baseball history

**きゅう-し【窮死】**(名・サ変自) 生活難や病苦の中で死ぬこと。[用例]陋巷に—する。

**きゅう-じ【旧辞】** 古代の歴史記録。伝承の神話・説話などを筆録したもので、記紀編纂の素材となったといわれる。くじ。本辞。

**きゅう-じ【▼灸治】**(名・サ変他) きゅうをすえて治すこと。

**きゅう-じ【給仕】** ㊀(名・サ変自) 飲食の世話をすること。service at table ㊁(名) ボーイ、接客係の旧称。waiter; waitress

**きゅう-じ【給▼餌】**(名・サ変自) 飼っている動物にえさをやること。

**ぎゅう-し【牛脂】** ウシの脂肪。白色の塊で良質のものは食用とし、ほかはせっけん・ろうそくなどの原料。ヘット。beef tallow

**ぎゅう-じ【牛耳】** ①ウシの耳。②一党・一派の首領。

**牛耳を執る**(ぎゅうじをとる)《昔、中国で、諸侯の同盟のちかいに、盟主となるべき人が牛の耳をさき、その血をすすり合った故事から》同盟の盟主となる。転じて、団体・党派の支配的な立場に立つ。take the lead in

**キュー-シー【QC】**《quality controlの略》品質管理。

**キューシー-サークル【QCサークル】** 職場や工程の改善を自主的活動として行う、作業現場の小集団。品質管理活動の単位となる。quality control circle

**きゅう-しき【旧式】**(名・形動) 古いしかた・様式。old type [対義]新式。

**きゅう-じたい【旧字体】** ①古い字体。②昭和二四年(一九四九)内閣告示「当用漢字字体表」制定前に標準となっていた字体の一般的な呼び名。康熙字典体。「旧」の「舊」、「当」の「當」など。[対義]新字体。

**きゅう-しつ【吸湿】**(名・サ変自) 湿気を吸い取ること。moisture absorption

**きゅう-しつ【宮室】** ①帝王の宮殿。御殿。palace [比較]皇居。②帝王の一族。the family of Emperor

**きゅう-じつ【休日】** ①休みの日。holiday ②習慣や規約などで決めた休み。盆・彼岸・定休日など。holiday ③国家が、休みと決めた日。「国民の祝日」など。holiday [比較]休暇。

**きゅうじつ-しんけいしょう【休日神経症】** サラリーマンが休日に示す心身症。いらいらして落ちつかず、不眠や胃痛を訴えたり、高じると無人の職場へ出かけたりする。holiday syndrome

**きゅうしつ-せい【吸湿性】** 物質が水分を吸着する性質。hygroscopicity

**きゅうし-ふ【休止符】** 休符の旧称。

**きゅう-しゃ【▼柩車】** ひつぎを運ぶためのくるま。霊柩車。

**きゅう-しゃ【▼厩舎】** ①うまや。馬小屋。stable ②競馬で、競走馬を調教・管理するところ。stable

**きゅう-しゃ【▼鳩舎】** ハトを飼う小屋。pigeon house

**ぎゅう-しゃ【牛車】** ①牛が引く車。oxcart ②↓ぎっしゃ(牛車)

**ぎゅう-しゃ【牛舎】** 牛を飼う小屋。牛小屋。cowhouse

**きゅう-しゅ【旧主】** もとの主人・主君。

**きゅう-しゅ【▼鳩首】**(名・サ変自)《「鳩」は、集める、の意》大ぜい集まること。[用例]—協議する。

**きゅうじゅ【久寿】** 平安末期の年号。仁平から改元。元年(一一五四)一〇月二八日～三年(一一五六)四月二七日。次に、保元に改元。

**きゅう-しゅう【旧習】** 古くからのならわし。旧慣。old custom [対義]新風。

**きゅう-しゅう【吸収】**(名・サ変他) ①すいこむこと。suction ②集めて一つにすること。gather [用例]資金を—する。③取り入れること。assimilation [用例]栄養物を—する。文化を—する。

**きゅう-しゅう【急襲】**(名・サ変他) 急に攻めかかること。surprise attack [比較]奇襲。

**きゅうしゅう【九州】** ①九州地方。②西海道の筑前・筑後・肥前・肥後・豊前・豊後・日向・大隅・薩摩の九か国と、壱岐・対馬。

**きゅうしゅう-おうだんどうろ【九州横断道路】** 九州の別府から熊本を通り長崎までを結ぶ道路。国道五七号・やまなみハイウエー・三角～島原国道フェリー・島原雲仙道路・国道三四号によって形成。長さ約三〇〇km。昭和三九年(一九六四)開通。

**きゅうしゅう-がっぺい【吸収合併】** 会社の合併方式の一つ。二つ以上の企業の一つだけが存続し、他企業は消滅して形式的・実質的に一企業となること。merger

**きゅうしゅう-さんち【九州山地】** 九州の中央部を走る脊梁山地。最高峰は祖母山一七五七m。壮年期の地形でけわしい。

**きゅうしゅうじゅうかん-じどうしゃどう【九州縦貫自動車道】** 北九州市～鹿児島市間三四五km(鹿児島線)と、北九州市～宮崎市間三五八km(宮崎線)を結ぶ高速道路の総称。昭和六三年(一九八八)全線開通。

**きゅうしゅう-スペクトル【吸収スペクトル】** ある物質に光を通したとき、その物質に特有の波長の光が吸収され、その部分が暗線として示されるスペクトル。天体の物質構成や有機化合物の構造決定、化学分析などに利用される。absorption spectrum

**きゅうしゅう-せいばつ【九州征伐】** 天正一五年(一五八七)豊臣秀吉が薩摩の島津氏を降伏させた戦い。秀吉はこの結果九州の統一に成功、朝鮮出兵の基地とした。

**きゅうしゅう-せん【吸収線】** 吸収スペクトルにおける暗線。物質の構造に特有な光が吸収されたことによる。absorption line

**きゅうしゅう-だいがく【九州大学】** 旧帝大系の国立総合大学の一つ。明治四三年(一九一〇)創立、昭和二四年(一九四九)現制。本部は福岡市東区箱崎。

**きゅうしゅう-たんだい【九州探題】** 室町幕府が設けた職。延元元年(一三三六)足利尊氏が九州統轄のため、鎌倉幕府の鎮西探題のあとをうけて設置。九か国と壱岐・対馬の二島を管下におき、外国使臣の応接、辺土防衛を管掌。

**きゅうしゅう-ちほう【九州地方】** 日本列島の南西端、九州とその属島からなる地方。福岡・佐賀・長崎・熊本・大分・宮崎・鹿児島・沖縄の八県がある。

**きゅうしゅう-ばしょ【九州場所】** 大相撲本場所の一つ。毎年一一月に福岡で行われる興行。福岡場所。[参照]本場所。

**きゅうしゅう-りつ【吸収率】** ①光や放射線などが物質を通過するあいだに吸収される割合。absorptivity ②食品中の栄養素が消化吸収される割合。coefficient of digestibility

**きゅう-しゅつ【救出】**(名・サ変他) すくいだすこと。rescue [比較]救助。

**きゅう-じゅつ【弓術】** 弓を射るわざ。弓道。archery

**きゅう-じゅつ【救▼恤】**(名・サ変他) 貧者や難民をすくうため、めぐむこと。救済。

**きゅう-しゅん【急▼峻】**(名・形動) 急でけわしいこと・さま。steepness

**きゅう-しょ【▼灸所】** ↓きゅうてん(灸点)①

**きゅう-しょ【急所】** ①からだの中で、外部からの攻撃などに致命的なもろさをもつ弱点。vital point ②物事のもっとも重要な所。要点。main point

**きゅう-じょ【救助】**(名・サ変他) 災害などのため危険にさらされている人を、すくいたすけること。rescue

**きゅうじょ-あみ【救助網】** 路面電車の前に取り付けて、人などがひかれる事故をふせぐ鉄製の網。きゅうじょもう。streetcar cowcatcher

**きゅう-しょう【旧称】** 古い名称。旧名。

**きゅう-しょう【求償】**(名・サ変他) 賠償または償還を求めること。

**きゅう-しょう【急症】** ↓きゅうびょう(急病)

**きゅう-じょう【弓状】** ゆみがた。ゆみなり。bow-shaped

**きゅう-じょう【休場】**(名・サ変自) ①興行などを休むこと。closure [比較]休演。②力士・選手などが休んで出場しないこと。absence

**きゅう-じょう【宮城】** 皇居の旧称。

**きゅう-じょう【球状】** たまの形。globular shape

**きゅう-じょう【球場】** 野球場。baseball stadium

**きゅう-じょう【窮状】** 貧しくて困っている状態。distress [用例]—を訴える。

**きゅう-しょうがつ【旧正月】** 旧暦の正月。

**きゅうしょうさんじゅつ【九章算術】** 中国最古の数学書。二六三年魏の劉徽が『九章算術註』を著してから普及した。

**きゅうじょう-せいだん【球状星団】** 数万個以上の恒星が球状に密集している星団。銀河から離れたところに分布。globular cluster ↓星団[写]

**きゅうじょう-せんしゅ【球状船首】** 船首下部を球状に膨らませた船型。波の抵抗が少なくてすむ。現在、多くの大型船舶に採用されている。bulbous bow ↓客船[図]

**きゆうしょうらん【▼嬉遊笑覧】** 江戸時代の随筆。喜多村信節著。文政一三年(一八三〇)刊。江戸時代の風俗・習慣・芸能などの事柄について、諸文献から抜粋・分類し、考証を加えたもの。

**きゅう-しょく【休職】**(名・サ変自) 公務員または会社員が、その地位を保留したまま一定期間職務を休むこと。layoff [用例]待命—。

**きゅう-しょく【求職】**(名・サ変自) 職業をもとめること。就職をのぞむこと。job hunting [対義]求人。

**きゅう-しょく【給食】**(名・サ変自) ①食事を支給すること。②学校・工場などで、生徒・従業員などに食事を出すこと。provision of meals [用例]—費。

**きゅうしょく-びょう【給食病】** 集団給食

で発生する原因不明の熱性疾患。給食によく用いられるソーセージ類による食中毒の一種と考えられる。

**ぎゅうじ・る【牛耳る】**(五他)《「牛耳」の動詞化》盟主となって人や物事を思うままに左右する。牛耳を執る。take the lead in

**きゅう-しん【旧臣】** ①古くからの家来。②かつての家臣。

**きゅう-しん【休心・休神】** 安心すること。用例 ご―ください。

**きゅう-しん【休診】**(名・サ変自) 医者・病院などが診察・治療を休むこと。closed 用例 本日―。

**きゅう-しん【求心】** 中心に近づこうとすること。向心。be centripetal 対義 遠心。

**きゅう-しん【急伸】**(名・サ変自) 利益や売り上げなどが、急にのびること。

**きゅう-しん【急信】** いそぎの便り。

**きゅう-しん【急進】**(名・サ変自) 対義 漸進。①急いで進むこと。rapid progress ②早く目的や理想を実現しようとすること。radicalism

**きゅう-しん【急診】** 急病人や、病状の急変した患者を急いで診察すること。urgent medical examination

**きゅう-しん【球審】** 野球の審判員の一人。捕手後方で、投手の投球の判定や本塁上のプレー、ゲームの進行に関する判定を行う。主審。chief umpire

**きゅう-じん【九▼仞】**《「一仞」は約一・八m》非常に高いこと。

**九仞の功を一簣に虧く**(きゅうじんのこうをいっきにかく)《「一簣」は、土運び用の竹かご一杯のこと》多くの努力・苦労も、最後の仕上げを怠ったために全部むだになるたとえ。Plow the field and forget the seed.

**きゅう-じん【旧人】** ①古くからいる人。長くその分野で活躍している人。対義 新人。②時代の動きからとりのこされた人。③原人と新人の間に位置する化石人類の総称。ネアンデルタール人など。Palaeoanthropic

**きゅう-じん【求人】** 働く人を求めること。job offer 対義 求職。用例 ―難。

**きゅう-しんけい【▼嗅神経】** 脊椎動物の第一脳神経。鼻粘膜から大脳へ嗅覚を伝える神経。olfactory nerves

**きゅうしん-しゅぎ【急進主義】** 既成の原理・秩序・制度などの全体を、根本的かつ急激に変革しようとする立場や思想。radicalism

**きゅうしん-しんけい【求心神経】** 感覚器に生じた興奮を中枢へ伝える神経。感覚神経はすべてこれにあたる。afferent nerve 対義 遠心神経。

**きゅうしん-てき【急進的】**(形動) 目的の実現のために、はげしい行動をとるさま。radical 対義 漸進的。

**きゅうしん-りょく【求心力】** ↓こうしんりょく(向心力)

**きゅう-す【急▼須】** 茶葉に湯を注いで茶を浸出させるための容器。おもに陶磁製。中国で酒のかんに用いたものが江戸時代中期に渡来。きびしょ。茶出し。small teapot

**きゅう・す【休す】** 文語的 (サ変自) ①休息する。②終わる。用例 万事―。

**きゅう-すい【休錘】** 紡績会社が過剰生産を調整するために、生産設備を一時的に休止すること。

**きゅう-すい【吸水】**(名・サ変自) ①水を吸うこと。water absorption ②植物が外界から水を吸収する作用。陸生の高等植物ではほとんど根から、水生の植物では全体から吸収する。water absorption

**きゅう-すい【給水】**(名・サ変自) 水、とくに上水をくばること。water supply 対義 排水。

**きゅうすい-せい【吸水性】** 水分を吸いとる性質。

**きゅう-すう【級数】** ①一定の規則で並んだ数または関数の各項を加法記号+で結合したもの。$a_1+a_2+\cdots+a_n+\cdots$。series 用例 等差―。等比―。②印刷で、写真植字の文字の大きさを表す数。

**きゅう・する【給する】**(サ変他) あてがう。与える。支給する。給す。supply

**きゅう・する【窮する】**(サ変自) =窮す。①苦しむ。困りきる。be at a loss ②行きづまる。be at a loss 対義 通じる。③貧乏で苦しむ。be in want

**窮すれば通ず**(きゅうすればつうず) どうにもならなくなると、かえって、なんとか道が開けるものだ。Necessity is the mother of invention.

**きゅう-せい【九星】** 九数字の魔方陣(縦・横・斜めの三数字の和がすべて一五になる)と五行説を組みあわせ、運勢を判断する方法。一白水星・二黒土星・三碧木星・四緑木星・五黄土星・六白金星・七赤金星・八白土星・九紫火星をいう。古代中国におこり、日本の陰陽道にも取り入れられた俗信で、個人の運命、相性判断などに用いられた。九宮。

**きゅう-せい【旧制】** 以前の制度。old system 対義 新制。用例 ―高校。

**きゅう-せい【旧姓】** 結婚などで姓の変わった人の、もとの姓。one's former name

**きゅう-せい【急性】** 病気などが急に起こり、症状の進行が速いという性質。acute 対義 慢性。

**きゅう-せい【急逝】**(名・サ変自) 思いがけず急に死ぬこと。急死。sudden death

**きゅう-せい【救世】** 乱れた世の中をよくすること。また、苦しみや不幸から人々をすくうこと。salvation of the world

**きゅうせい【救▽済】** ↓ぐさい(救済)

**きゅうせい-かいはくずいえん【急性灰白髄炎】** ↓ポリオ

**きゅうせい-ぐん【救世軍】** キリスト教プロテスタントの一派。一八六五年、イギリスのメソジスト教会牧師ブースが創始。七八年、軍隊式に編成した伝道と社会事業を行う組織。Salvation Army

**きゅうせい-こうこう【旧制高校】** 旧制で、高等普通教育を行った男子の高等学校。修業年限三年。

**きゅうせい-しゅ【救世主】** ①世の中の人々を救う人。savior ②キリスト教、ユダヤ教で人類の救済のため、神が終末時につかわす者。ヘブライ語でメシア。ギリシア語でクリスト。『新約聖書』ではイエス=キリストをさす。the Savior

**きゅうせいしゅっけつせい-けつまくえん【急性出血性結膜炎】** 急に結膜が赤くなる眼病。症状は二〜四週間で自然に消えるが、後遺症(足の麻痺)が出ることもある。アポロ症。acute haemorrhagic conjunctivitis

**きゅうせい-ちゅうがく【旧制中学】** 旧制で、中等普通教育を行った男子の中等学校。修業年限五年。

**きゅうせい-にゅうじへんまひ【急性乳児片麻▼痺】** 乳児がとつぜん痙攣を起こし、意識障害をきたして身体の片側に麻痺を残す疾患の総称。動脈の閉塞・脳炎などによる。acute infantile hemiplegia

**きゅうせい-ふくしょう【急性腹症】** 急激に起こる腹痛を主症状とする腹部の急性疾患の総称。acute abdomen

**きゅう-せかい【旧世界】** 旧大陸。対義 新世界。

**きゅう-せき【旧跡・旧▼蹟】** 歴史的事件や物事のあった土地・建物。古跡。historic site; remains 用例 名所―。

**きゅう-せき【休▼戚】** よろこびと悲しみ。幸不幸。用例 ―を共にする。

**きゅう-せき【求積】** 面積や体積を求めること。mensuration

**きゅうせき-ほう【求積法】** 微分方程式を解くさいに不定積分を有限回行うことによって解を求める方法。quadrature

**きゅう-せつ【急設】**(名・サ変他) 急いで設備、設立すること。speedy laying

**きゅうせっき-じだい【旧石器時代】** 石器時代のうちで、もっとも古く位置づけられる時代。人類文化最古の時代。打製石器を用い狩猟・採集生活を営む。前・中・後の三期に区分。Paleolithic Period

**きゅう-せん【求仙・九仙】** 浅海にすむベラ科の海水魚。全長約二五cm。体色が雄は青みを、雌は赤みを帯び、それぞれアオベラ・アカベラとよび分ける。美味。東北地方以南に分布。ギザミ。

**きゅう-せん【弓▼箭】** ①弓と矢。②武器。③弓矢をとること。戦争。

**弓箭の道**(きゅうせんのみち) 武士として果たすべき道。武芸。武術。

**きゅう-せん【休戦】**(名・サ変自) 交戦国が、互いの合意によって戦闘を一時的に中止すること。戦争状態は続いていると認められる。armistice 比較 停戦。用例 クリスマス―。

**きゅう-ぜん【▼翕然】**(形動トタル) 多くのものが一つに寄り集まるさま。一致するさま。

**きゅうせん-きょうてい【休戦協定】** 戦時中、全戦闘区域での軍事行動停止について交戦国間に結ばれる協定。cease-fire agreement

**きゅう-せんぽう【急先▼鋒】** まっ先に立って勢いよく進むこと・人。van

**きゅう-そ【泣訴】**(名・サ変自他) 泣いて苦しみを訴えること。

**きゅう-そ【窮▼鼠】** 追いつめられたネズミ。

**窮鼠、猫を噛む**(きゅうそ、ねこをかむ) どたん場になれば、弱者も強者に反撃する。A stag at bay is a dangerous foe.

**きゅう-そう【急送】**(名・サ変他) いそぎ送ること。send by express

**きゅう-ぞう【旧蔵】**(名・サ変他) ①昔から自分のものとして持っていること。②もと、その所蔵であったこと。

**きゅう-ぞう【急造】**(名・サ変他) いそいで造ること。急ごしらえ。にわか造り。hurried construction

**きゅう-ぞう【急増】**(名・サ変自) 急にふえること。rapid increase 対義 急減。

**ぎゅう-そうじゅ【牛僧▼孺】**(七七九〜八四七) 中国、唐代の政治家。科挙の同門による朋党の首領として、八二三年宰相となり反対党を追放。以後宦官らと結んで李徳裕の一党と対立、牛李の党争を起こした。

**きゅう-そく【休息】**(名・サ変自) からだを休ませること。休憩。rest; relaxation 用例 ―をとる。

**きゅう-そく【急速】**(名・形動) 速いこと・さま。すみやかなこと・さま。swiftness 用例 ―さ。―な進歩を見せる。

**きゅう-そく【球速】** 野球で、投手の投球の速さ。

**きゅう-ぞく【九族】** 高祖父・曾祖父・祖父・父・自分・子・孫・曾孫(=ひまご)・玄孫(=やしゃご)の九代の親族。用例 昔、中国では罰を―に及ぼした。

**きゅう-そだい【窮措大】**《「措大」は書生の意》貧乏な学者。貧しい書生。

**きゅう-たい【旧態】** 昔からのありさま。former state of things

**きゅう-たい【球体】** たまの形の物体。sphere

**きゅう-たい【球帯】** 球を平行な二つの平面で切ったとき、その二平面にはさまれる帯状の部分。zone of sphere

**きゅう-だい【及第】**(名・サ変自) 試験に合格すること。passing 対義 落第。

**きゅうたい-いぜん【旧態依然】**(形動トタル) 昔のままで、進歩・改良のないさま。remain unchanged

**きゅう-だいす【及台子】**《「及第台子」の略称ともいう》茶道で用いる台子の一種。二本柱で天板の両端には筆返しがある。中国の科挙の、合格者のくぐった門をかたどったといわれる。弓台子。

**きゅう-たいりく【旧大陸】** ヨーロッパ人によるアメリカ新大陸発見以前に知られていた大陸。ユーラシア大陸とアフリカ大陸。旧世界。Old Continent; Old World 対義 新大陸。

**きゅう-たく【旧宅】** 以前に住んでいた家。one's former residence

**キュー-ダブリュー-エル【QWL】**《Quality of Working Life の略》労働生活の質の向上と労働の人間化を目的に、労務管理の改善をめざす世界的運動。また、その理論。

**ぎゅう-たろう【▼妓▽夫太郎・牛太郎】** 遊女屋の客引きをする若い男。また、遊女屋で酒席の道具や料理の運搬、客の勘定の取り立てなどをする男。妓夫。

**きゅう-たん【急▼湍】** 川の、浅くて流れのはやい所。早瀬。

**きゅう-だん【糾弾・▼糺弾】**(名・サ変他) 罪・欠点をあげてとがめること。弾劾。糾問。impeachment 用例 行政の失敗を―する。

**きゅう-だん【球団】** 専属チームをもち、球団経営とプロ野球興行を事業としている企業。baseball club

**きゅう-ち【旧知】** 昔からの知人。旧友。旧識。old acquaintance 用例 ―の間柄。

**きゅう-ち【窮地】** 苦しい境遇・立場。predicament 用例 ―におちいる。―に立つ。

**キュー-ち【Q値】** 共振の鋭さを表す量。共鳴エネルギーとエネルギー損失の比で表される。Q-value

**きゅうち-しん【求知心】** 自分の知識を広めたいと思う気持ち。知識欲。

**きゅう-ちゃく【吸着】**(名・サ変自) ①すいつくこと。stick ②固体や液体の表面に、ほかの原子または分子が吸いつくこと。多孔質で表面積の大きい物質は吸着性が大きい。adsorption

**きゅう-ちゅう【宮中】** ①宮殿のなか。天子の日常の住まい。禁中。奥向き。Imperial Court 対義 府中。②神宮の境内。

**宮中府中の別を正す**(きゅうちゅうふちゅうのべつをただす) 国の政治と天子一家のことを混同しない。

**きゅうちゅう-さいし【宮中祭▼祀】** 古来から宮中で行われる祭祀。大祭と小祭に分かれ

る。大祭は天皇自ら祭典を執行するもので、神嘗祭・新嘗祭など。皇室祭祀。

**きゅうちゅう-さんでん【宮中三殿】** 皇居の吹上御苑内にある賢所・神殿・皇霊殿の総称。

**きゅうちゅう-るい【吸虫類】** 吸虫綱に属する扁形動物の総称。体は扁平な卵円形で、頭部と腹面中央に吸盤がある。ヒトをはじめ動物の肝臓や肺などに寄生し、害を与えることもある。肝吸虫・日本住血吸虫など。旧称ジストマ。

**きゅう-ちょ【旧著】** 以前に出版した本。古い著作。対義 新著。

**きゅう-ちょう【九重】** ①いくえにも重なること。②天子の住む所。禁中。ここのえ。

**きゅう-ちょう【九腸】** 多くのはらわた。腸全体。

**九腸、寸断す**(きゅうちょう、すんだんす) はらわたがずたずたに切られるほどに、つらく、また、悲しくて、たえられない。断腸の思い。

**きゅう-ちょう【級長】** 旧学制で、学級を代表した児童・生徒。今の「学級委員」に当たる。

**きゅう-ちょう【窮鳥】** 追いつめられた鳥。

**窮鳥、懐に入る**(きゅうちょう、ふところにいる) 窮地に立った者が救いを求めるたとえ。

**窮鳥、懐に入れば猟師も殺さず**(きゅうちょう、ふところにいればりょうしもころさず) 追いつめられ、逃げ場を失ったものがたすけを求めてきたならば、これをたすけずにおくことはできない。

**きゅう-つい【急追】**(名・サ変他) はげしく追いかけること。hot pursuit

**きゅう-つい【窮追】**(名・サ変他) ①厳しく追い詰めること。②問い詰めること。

**きゅう-つう【窮通】** ①行きづまることと、通じること。②貧乏と出世。窮達。

**きゅう-てい【旧邸】** 以前に住んでいた屋敷。former mansion

**きゅう-てい【休廷】**(名・サ変自他) 法廷の裁判を休むこと。adjourn the court 比較 閉廷。

**きゅう-てい【宮廷】** 天皇・国王の御所。宮中。Court

**きゅうてい-おんがく【宮廷音楽】** 王侯貴族の宮廷で催される祝典・宴席などのために演奏された音楽。court music

**きゅうてい-がいこう【宮廷外交】** 国民に公開されず、宮廷内の貴族や官僚の権謀術数によってくりひろげられる外交。palace diplomacy

**きゅうてい-がか【宮廷画家】** 宮廷に仕え、命に応じて装飾画や肖像画などを描いた画家。一七世紀のルーベンス・ベラスケス・ル=ブランらが有名。

**キューティクル[cuticle]** ①生物の表皮。外皮。クチクラ。②爪の付け根の甘皮。③植物の上皮。クチクラ。

**きゅうてい-ぶんがく【宮廷文学】** 宮廷生活を中心として栄えた文学。中世フランスの恋愛叙情詩や騎士道物語、日本の平安時代王朝文学など。

**きゅう-てき【▼仇敵】** 憎い敵。あだ。かたき。mortal foe

**きゅう-てつ【吸▼啜】** 乳房に吸いついて、乳を口から吸い込むこと。乳児が母親の乳房から乳汁を吸う意で用いる保育専門用語。

**きゅう-てん【九天】** ①中国で、天を九つの方位に分けた称。鈞天(=中央)・蒼天(=東方)・変天(=東北方)・玄天(=北方)・幽天(=西北方)・昊天(=西方)・朱天(=西南方)・炎天(=南方)・陽天(=東南方)をいう。②高い天。大空。sky ③宮中。Court 用例 ―に奏す。

**きゅう-てん【▼灸点】** ①灸をすえる場所。東洋医学で、特定の内臓を通る連絡路の特定の部位で、外部と交渉をもつ所。全身で三六五か所ある。灸所。②灸をすえること。

**きゅう-てん【急転】**(名・サ変自) 急に変わること。sudden change

**きゅう-でん【休電】**(名・サ変自) 電力を送ることを一時やめること。suspension of power supply 比較 停電。用例 ―日。

**きゅう-でん【宮殿】** 国王・帝王・天皇の御殿。西洋の貴族・法王などの大邸宅をもいう。palace

**きゅう-でん【球電】** 雷雨の最中や直後に、比較的低い空を赤黄色の球状物が移動していく現象。直径一〇～二〇㎝の球状の電光で、人の歩くほどの速さで進む。非常にまれな現象で、発生の原因に定説はない。ball lighting

**きゅう-でん【給田】** 荘園領主が荘官などに給与した田地。年貢・公事は免除された。給地。

**きゅう-でん【給電】**(名・サ変自) 電力を供給すること。feed

**きゅうてん-えん【九点円】** 三角形の各辺の中点、各頂点から対辺に下ろした垂線の足、各頂点と垂心を結ぶ線分の中点、これら九個の点を通る円。オイラー円。nine point circle

**きゅうでん-せん【給電線】** 電力を供給するための電線。feeder

**きゅうてん-ちょっか【急転直下】**(名・サ変自) 形勢・事態が急変して、決着すること。all of a sudden

**きゅう-テンポ【急テンポ】**(名・形動) ①調子が急なこと・さま。quick tempo ②物事の進み方が速いこと・さま。rapid progress 用例 ―な開発に、驚くばかりだ。

**きゅう-と【旧都】** 昔のみやこ。古都。ancient capital 対義 新都。用例 ―奈良。

**キュート[cute]**(形動) 利口でかわいく、魅力のあるさま。

**きゅう-とう【旧冬】** 昨年の冬。昨冬。last winter

**きゅう-とう【旧▼套】** 古い形式・物事。ありきたりのやり方。旧態。conventionalism 用例 ―を脱する。

**きゅう-とう【急騰】**(名・サ変自) 物価・相場が急に上がること。jump 比較 高騰・暴騰。対義 急落・惨落。

**きゅう-とう【給湯】**(名・サ変自) 湯を供給すること。hot-water supply 用例 ―設備。

**きゅう-どう【弓道】** 古武道の一つ。弓矢で的を射る武技。また、それによって心身を鍛えること。近代に入ってスポーツ化。↓写

● 弓道

**きゅう-どう【旧道】** 新たに開いた道に対して、古くから存在していた道。older road 対義 新道。

**きゅう-どう【求道】** ↓ぐどう(求道)

**きゅう-どう【球道】** 野球で、たまの進むコース。用例 ―が定まらない。

**ぎゅう-とう【牛刀】** ①ウシを解体するのに用いる大きな包丁。butcher knife ②家庭用の汎用包丁。carving knife ↓包丁図

**鶏を割くに牛刀を用いる**(にわとりをさくにぎゅうとうをもちいる) ↓にわとり(鶏)

**ぎゅう-とう【牛痘】** ウシの乳頭や乳房に水疱ができる伝染病。ヒトに対する毒性が弱いので、ジェンナーがはじめて天然痘の予防(種痘)に用いた。cowpox

**きゅうとう-き【給湯器】** 台所・浴室・洗面所などに温水を供給するボイラー。一般にガス湯沸かし器や電気温水器などが用いられる。hot water supply system

**ぎゅう-どん【牛▼丼】** 牛肉とネギかタマネギを、しょうゆとみりんなどで甘辛く煮て、ご飯の上にのせたもの。牛めし。beef bowl

**ぎゅう-なべ【牛▼鍋】** ①牛肉を煮るなべ。②牛肉・ネギ・豆腐などを煮ながら食べるなべ物。参考 明治の中ごろから東京で人気を呼んだ。関西では、「すきやき」と言われ、現在ではこれが一般的な呼び名。

**きゅう-なん【急難】** 思いがけなく起こった災難。さしせまっている難儀。用例 ―を救う。

**きゅう-なん【救難】** 災難から救うこと。rescue 用例 ―用ヘリコプター。

**きゅうなん-せん【救難船】** ↓サルベージせん(サルベージ船)

**きゅう-に【急に】**(副) にわかに。すぐに。suddenly

**ぎゅう-にく【牛肉】** ウシの肉。部位によってヒレ・ロース・リブ・サーロインなど、見かけによって赤肉・霜降りなど、産地によって神戸牛・松阪牛などに、分けられる。ぎゅう。beef 数え方 一グラム・一枚・一ブロック・一枝。↓図

**きゅう-にゅう【吸入】**(名・サ変他) すいこむこと。inhalation 用例 酸素―。

**ぎゅう-にゅう【牛乳】** ウシのちち。たんぱく質・カルシウム・ビタミンなどが多い栄養食品。法律上、牛乳・加工乳・乳飲料に分類される。ミルク。milk

**きゅうにゅう-りょうほう【吸入療法】** 食塩水や重曹食塩水など種々の薬剤を、吸入器で霧状にして気道に吸入させる治療法。気管支炎・喘息など呼吸器系疾患の治療に用いられる。inhalation therapy

**キュー-ねつ【Q熱】** ダニ類から感染する伝染性疾患。主症状は頭痛・発熱、しばしば肺炎を起こす。病原はリケッチア。オーストラリア・アメリカに多い。Q fever

**きゅうねつ-ガラス【吸熱ガラス】** 赤外線を吸収する特性をもったガラス。二価の鉄分を多く含む。無色ないし青色。自動車などの窓ガラス、保護眼鏡などに使用。赤外線吸収ガラス。heat-absorbing glass

**きゅう-ねったいく【旧熱帯区】** 動物地理区分の一つ。東洋区とエチオピア区を合わせていう。Palaeotropical region

**きゅうねつ-はんのう【吸熱反応】** 化学反応が起こるとき、熱の吸収をともなう反応。endothermic reaction

**きゅう-ねん【旧年】** 去年。昨年。last year 対義 新年。

**きゅう-のう【▼嗅脳】** 嗅覚や素朴な情動的意識ないし精神作用などに関係する、大脳半球の小部分。下等動物では大脳皮質の大部分を占める。rhinencephalon

**きゅう-は【旧派】** 対義 新派。①古くからの流派。②とくに新派劇に対して、歌舞伎。旧劇。

**きゅう-は【急派】**(名・サ変他) 急いで派遣すること。dispatch 用例 使者を―する。

**きゅう-ば【弓馬】** ①弓術と馬術。武芸。用例 ―の道。②戦争。

**弓馬の家**(きゅうばのいえ) 武士の家柄。

**きゅう-ば【急場】** さしせまった場合。emergency

**急場を凌ぐ**(きゅうばをしのぐ) 一時しのぎの策で、急場をなんとか切りぬける。tide over a crisis

● 牛肉 利用部位(日本式)の名称

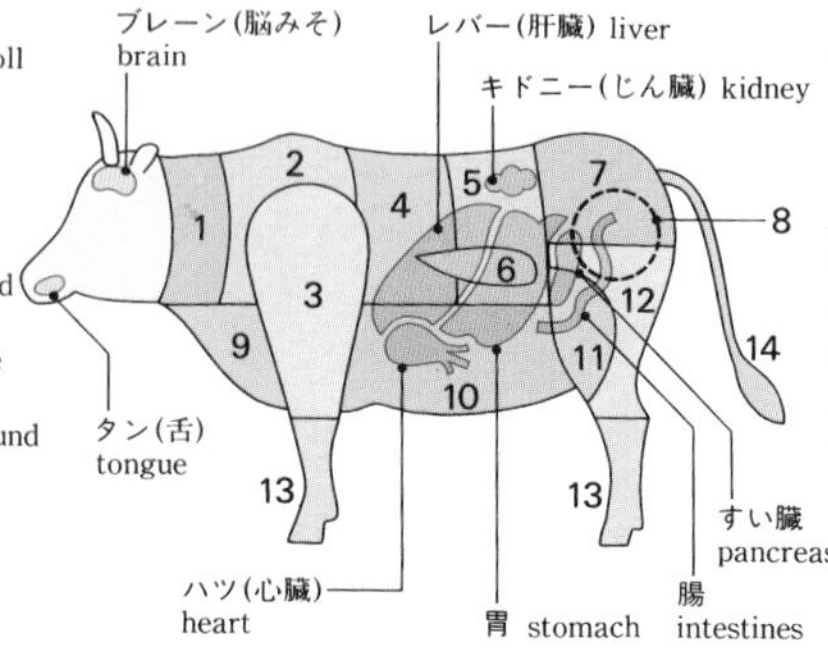


1 ネック neck
2 かたロース chuck roll
3 うで shoulder clod
4 リブロース rib roll
5 サーロイン sirloin
6 ヒレ tenderloin
7 らんいち rump
8 うちもも inside round
9 かたばら brisket
10 ともばら short plate
11 しんたま bottom
12 そともも outside round
13 すね shank
14 テール tail

**キューバ[Cuba・玖馬]**(Republic of Cuba) 中央アメリカ、西インド諸島のキューバ島と、それに付属する島々からなる国。首都ハバナ。スペイン、アメリカの統治を経て、一九五九年の革命後社会主義体制をとる。低平・肥沃な土地で、砂糖・タバコの世界的な産地。ニッケル鉱の産出も多い。面積一一・一万㎢。人口一〇二五万(一九八六)。正称キューバ共和国。

**ぎゅう-ば【牛馬】** ウシとウマ。

**牛馬の様に使う**(ぎゅうばのようにつかう) 《牛馬が、労役に使われる代表的な家畜動物だったことから》人をこき使うことのたとえ。牛馬のごとくこき使う。

**きゅう-はい【九拝】** ①中国、周代に定められた九種類の礼拝法。②天皇に対する臣下の敬礼法。③幾度も礼拝し、深く敬意を表すこと。用例 三拝―。④手紙の終わりに置く敬語。

**きゅう-はい【朽廃】**(名・サ変自) くさって、ぼろぼろになること。用例 ―した校舎。

**ぎゅう-はいえき【牛肺疫】** 牛肺疫菌により肋膜肺炎を起こすウシの伝染病。致死率は高いが、日本では昭和一六年(一九四一)以来絶滅。家畜法定伝染病。

き

**きゅうはい-すい【給排水】** 水道で水を供給することと、使った水を流し出すこと。water supply and drainage

**キューバ-かくめい【キューバ革命】** カストロの指導により遂行されたキューバの社会主義革命。バチスタ独裁政権打倒をめざし一九五三年に始まり、五九年に政権を掌握。カストロを首相とし、農業改革、アメリカ系企業の国有化など諸改革を推進。六一年、キューバ社会主義宣言を行った。Cuban Revolution

**キューバ-きき【キューバ危機】** 一九六二年キューバのミサイル基地建設を援助しようとするソ連と、その阻止をはかるアメリカが核戦争の瀬戸際まで緊迫した事件。国連緊急安保理事会での交渉などで衝突は回避され、これを機にホワイトハウスとクレムリン間にホットラインが敷設された。Cuban crisis

**きゅう-はく【急迫】**(名・サ変自) せっぱつまること。切迫。urgency

**きゅう-はく【窮迫】**(名・サ変自) 生活に困りきること。窮乏。needy circumstances

**きゅう-ばく【旧幕】** 明治維新後に江戸幕府を呼んだ語。

**ぎゅう-ばこう【牛馬耕】** ウシやウマを使って田畑をたがやすこと。

**きゅうば-しのぎ【急場▼凌ぎ】** その場かぎりの間に合わせ。また、それによって、当面の苦境から脱すること。

**キューバ-とう【キューバ島】**(Cuba) 大アンティル諸島の主島。亜熱帯性気候でサトウキビの栽培がさかん。面積一〇・八万km²。

**きゅう-はん【旧版】** 同一出版物で、内容を改訂・増補した版に対し、もとのもの。first edition 対義 新版。用例 ―の改訂。

**きゅう-はん【旧藩】** 明治維新後に江戸時代の各藩を呼んだ語。また、廃藩置県後に各藩を呼んだ語。

**きゅう-はん【急坂】** 急なさか。steep slope

**きゅう-ばん【吸盤】** ①動物が他物に吸着するための盤状構造。タコの足・ヤモリの足など、さまざまな動物にみられる。sucker ②ガラスやなめらかな壁などにすいつかせて固定し、物をぶらさげるための器具。

**キューバン-ヒール【Cuban heel】** 靴のかかとの一種。高さは三〜五cmの中ヒールで、太くて安定性のよいもの。

**きゅう-ひ【給費】** ㊀(名・サ変自他) 費用を与えること。その費用。㊁(名) 学資として与えるお金。

**きゅう-ひ【▼廏肥】** 家畜の糞尿(ふんにょう)と敷きわらを堆積(たいせき)・腐熟させた有機質肥料。代表的な自給肥料の一つ。うまやごえ。barnyard manure

**きゅう-び【急火】** ①急に燃え上がった火。②強い火力の火。

**ぎゅう-ひ【牛皮】** 牛の皮。

**ぎゅう-ひ【▽求肥・牛皮】** 蒸した白玉粉に砂糖や水あめを加えて練った、薄いもち状の和菓子。生菓子のほか、さまざまな菓子に応用される。

**ぎゅうひ-あめ【▽求肥▼飴】** 求肥に砂糖や香料を加えたあめ。白玉粉・白砂糖・水あめを加熱しながら練りあげる。

**キューピー【Kewpie】**《Cupid; Cupidoの転》ローマ神話の恋愛の神キューピッドを戯化した、裸で目の大きい人形。

**きゅう-ひしつ【旧皮質】** 大脳皮質のうち、個体発生上もっとも古い部分。魚類は旧皮質のみをもつ。哺乳(ほにゅう)類へと発達するにつれ、古皮質と同様、大脳半球の底面や内部へと押しやられる。本能行動に関係するといわれる。paleocortex

**キュービズム【cubism】** →キュビスム

**キューピッド【Cupid英・Cupidoラテン】** ローマ神話の恋愛の神。ふつう、はだかで背につばさがあり、手に弓を持っている男の子の姿をしている。比較 エロス。→写

●キューピッド ティツィアーノ『パルドのビーナス』より。

**きゅうび-の-きつね【九尾の▼狐】** 尾が九つに分かれているという想像上のキツネ。

**きゅう-びょう【急病】** 急に起こった病気。急症。sudden illness 比較 急患。用例 ―人。

**きゅう-ひん【救貧】** まずしい人々を救うこと。relief of the poor 用例 ―事業。

**きゅう-びん【急便】** 至急の通信・運送。express

**きゅうひん-ほう【救貧法】** 貧困者に対する公的扶助を目的とする法律。一七世紀イギリスの救貧法が最初の整備された法体系とされる。poor law

**きゅう-ふ【休符】** 音楽で、音のない箇所の長さを示す記号。休止符。記号𝄽(四分)と𝄾(八分)など。rest

**きゅう-ふ【給付】**(名・サ変他) ①品物やお金をくばり与えること。presentation ②売り主が物を引き渡し買い主が代金を支払うというように、債務をはたす行為。③社会保険で、保険加入者に与えられる利益。delivery

**きゅう-ふう【旧風】** 古くからのしきたり。昔の風俗習慣。

**きゅうふ-そしょう【給付訴訟】** 金銭の支払い、物の引き渡し、騒音の防止など、被告に対し行為の請求の形をとる民事訴訟。

**きゅう-ぶつ【旧物】** ①古い品。②古い制度やしきたり。③古い考えの人。用例 話にならない―。

**キューブリック【Stanley Kubrick】**(一九二八〜) アメリカの映画監督。作品『博士の異常な愛情』『時計じかけのオレンジ』など。

**きゅう-ふん【丘墳】** つか。墳墓。

**きゅう-ぶん【旧聞】** 新しくない話。前に聞いた話。old story 用例 ―に属する。

**きゅう-ぶん【給分】** 家臣に与える米または銭。また、奉公人に与える給金。給料。

**給分立つ(きゅうぶんだつ)** 奉公人が、雇い主から前借りしていた給金を、主人に払いもどす。

**きゅう-へい【旧弊】** ㊀(名) 古くからある悪習。long existing abuses 比較 因習。用例 ―を打破する。㊁(形動) 昔ながらの習慣・しきたりにとらわれているさま。stick to old ways

**ぎゆう-へい【義勇兵】** 徴兵によらず、自分の意思で志願した非常備の兵士。volunteer soldier

**きゅう-へん【急変】** ㊀(名・サ変自) 急に変わること。sudden change 用例 容態が―する。㊁(名) にわかに起こった変事。emergency

**きゅう-ぼ【急募】**(名・サ変他) 大急ぎで人を募集すること。urgent recruit

**ぎゅう-ほ【牛歩】** ①牛のようにのろい歩み。snail's pace ②物事が遅々として進まないこと。slow progress

**きゅう-ほう【旧法】** ①今は廃止されている、古い法律・規則。defunct law ②古い方法。旧式。old method

**きゅう-ほう【▼臼砲】** 口径に比べて、砲身が短くずんぐりした形の火砲。大きな射角で、重い弾丸による近距離射撃に用いられたが、現在は迫撃砲が、その任を継承。mortar

**きゅう-ほう【急報】**(名・サ変他) 急いで知らせること。また、その知らせ。urgent report

**きゅう-ぼう【窮乏】**(名・サ変自) お金がなくて、生活に困ること。poverty 用例 ―生活。

**きゅうぼうか-りろん【窮乏化理論】**《Verelendungstheorieドイツの訳》資本蓄積の発展は労働者階級の状態の悪化をうみだすというマルクス経済学の理論。

**きゅう-ほくく【旧北区】** 動物の地理区分の一区で、北界に属する。ユーラシア大陸のヒマラヤ山脈以北で、北極をのぞく部分と、アフリカ大陸のサハラ砂漠以北の部分を含む。Palaearctic subregion

**ぎゅうほ-せんじゅつ【牛歩戦術】** 議会での投票などをのろのろ行い、議事の進行を遅らせること。snail's pace tactics

**ぎゅうほ-ちち【牛歩遅遅】**(形動トタル) 進みぐあいがいかにものろいさま。

**キューポラ【cupola】** ①鋳造(ちゅうぞう)のため銑鉄(せんてつ)や鉄くずを溶解する直立型の炉。溶銑炉。②半円球形の屋根や天井。ドーム。

**きゅう-ぼん【旧盆】** 旧暦に基づいて行われる盂蘭盆(うらぼん)の行事。

**キュー-マーク【Qマーク】**《Qはquality(=品質)の略》繊維製品の品質を保証する印。

**きゅう-まい【救米】** 昔、災害にあった人々を救うために無償で配った米。救恤(きゅうじゅつ)米。

**きゅう-まひ【球麻▼痺】**《「球」は、延髄の意》延髄の運動性脳神経の障害によって起こる症状。舌萎縮(ぜついしゅく)・言語障害・嚥下(えんげ)困難などをきたす。bulbar palsy

**きゅう-みん【休眠】**(名・サ変自) ①生物の生長・活動が一時的に停止すること。種子や胞子の休眠、動物の冬眠や夏眠など。dormacy ②物事が全く活動していないこと。suspension

**きゅう-みん【救民】** 困窮している人民を救うこと。relief of people

**きゅう-みん【窮民】** 生活に困っている人々。poor people

**きゅうみん-が【休眠芽】** 一時生長を停止している芽。ホルモンの作用で生長が抑えられている芽と、冬や乾期をしのぐ芽とがある。resting bud

**きゅう-む【急務】** 急いですべき、大切な任務。urgent business 用例 最大の―。

**きゅう-めい【旧名】** もとの名まえ。former name 比較 旧姓。

**きゅう-めい【究明】**(名・サ変他) 道理・事実をつきつめて明らかにすること。investigation 用例 原因を―する。

**きゅう-めい【糾明・▼糺明】**(名・サ変他) 罪を問いただして明らかにすること。吟味。糾問。close examination

**きゅう-めい【救命】** 危険にさらされている人のいのちをすくうこと。lifesaving 用例 ―ボート。

**きゅうめい-いかだ【救命▼筏】** 船舶に備え、遭難時の救命に使う筏。救命艇の代用として用いる。浮力を大きくするため枠をつけた板状のものと、ガスでふくらませる膨脹式のものとがある。liferaft

**きゅうめい-き【救命器】** 鉱山・炭鉱の坑内での爆発・火災の発生時に、救護隊員が有毒ガスや酸欠から身を守るために使用する装備。breathing apparatus; rescue apparatus

**きゅうめい-ぐ【救命具】** 船舶や航空機の遭難のさい、人命を救うために用いられる道具。救命ボート・浮き袋・救命胴衣など。life preserver

**きゅうめい-てい【救命艇】** 船舶に搭載して、遭難のさい、人命救助に用いるボート。救助艇。救命ボート。ライフボート。lifeboat

**きゅうめい-ボート【救命ボート】** →きゅうめいてい(救命艇)

**きゅう-めん【球面】** ①球の表面。spherical surface ②空間内で、一定点から一定の距離にある点の軌跡(きせき)。spherical surface

**きゅうめん-きかがく【球面幾何学】** 球面上にある図形の性質を研究する、幾何学の一分野。spherical geometry

**きゅうめん-きょう【球面鏡】** ガラスの球面に光を反射させる処理をほどこした鏡。自動車のバックミラー、顕微鏡の照明用反射鏡などに使用。spherical mirror

**きゅうめん-けい【球面計】** 球面の曲率半径を測定する器具。スフェロメーター。spherometer

**きゅうめん-さんかくけい【球面三角形】** 球面上の三点を球面に沿った弧で結んでできる図形。内角の和は二直角より大きい。spherical triangle

**きゅうめん-さんかくほう【球面三角法】** 球面上の三角形の辺と角の間の関係を三角関数を使って研究し、その応用をはかる数学の一分野。天文学・航海術・測量などに応用。spherical trigonometry

**きゅうめん-しゅうさ【球面収差】** レンズや球面鏡などが球面でつくられていることが原因で、一点から出た光線が完全に一点に集まらないで、輪郭がぼやける現象。光線収差。spherical aberration

**きゅうめん-てんもんがく【球面天文学】** 天体の見かけの位置・運動などの表し方や、実際の運動との関係などを幾何学的に研究する天文学の一分野。spherical astronomy

**きゅうめん-は【球面波】** 一様な媒質中の一点から出て四方に均等に伝わる波。球面状の波面となって周囲に広がる。spherical wave

**きゅう-もん【糾問・▼糺問】**(名・サ変他) 罪人などをせめて、問いただすこと。弾劾。糾明。

**きゅう-もん【宮門】** 宮殿・皇居の門。とくに、内裏(だいり)の外郭に設けられた門。

**きゅう-やく【旧約】**『旧約聖書』の略。

**きゅう-やく【旧訳】** ①古い翻訳。old translation 対義 新訳。②↓くやく(旧訳)

**きゅうやく-せいしょ【旧約聖書】**《「旧約」はイエス=キリストの出現を預言した古い契約、の意》キリスト教の教典の一つ。全三九巻。モーセ五書(=律法)・歴史・詩歌・教訓・預言の書からなる。元来はユダヤ教の正典で、ユダヤ教では単に「聖書」「タナハ」と呼ばれ、律法・預言書・諸書の順に配列されている。The Old Testament 対義 新約聖書。

**きゅう-ゆ**【給油】(名・サ変自) ①機械やエンジンに、あぶらをさすこと。lubrication ②液体燃料を補給すること。refuel

**きゅう-ゆう**【旧友】 昔からの友人。旧知。old friend

**きゅう-ゆう**【旧遊】 以前、旅行したことがあること。曾遊(そうゆう)。have visited formerly 用例 ―の地。

**きゅう-ゆう**【級友】 同じ学級の友人。クラスメート。classmate

**きゅうゆ-き**【給油機】 空中給油装置を装備し、飛行中の他の航空機への燃料補給を任務とする航空機。軍用機の航続距離を延ばすために使われる。tanker

**きゅう-よ**【給与】 ㊀(名) 給料・手当などの総称。salary ㊁(名・サ変他) 金品を与えること。また、その金品。allowance

**きゅう-よ**【窮余】 苦しまぎれ。desperate 用例 ―の一策。

**きゅう-よう**【休養】(名・サ変自) 仕事などを休んで保養すること。rest 比較 静養。

**きゅう-よう**【急用】 急にできた、急いですますべき用事。urgent business

**きゅう-よう**【給養】(名・サ変他) ①物を与えて養うこと。maintenance ②軍隊で、人や馬に食糧・衣料などを与えること。feed

**きゅう-らい**【旧来】 昔から。従来。conventionally

**きゅう-らい**【救▾癩】 ハンセン病患者を助けること。用例 ―事業。

**きゅうらぎ**【▿厳木】〈町〉 佐賀県中部にある町。旧炭鉱町。ミカン栽培がさかん。繊維工業も行われる。人口七一八三(一九九八)。

**きゅう-らく**【及落】 及第と落第。合格と不合格。用例 ―すれすれの成績。

**きゅう-らく**【急落】(名・サ変自) ①急に落ちること。sudden drop ②相場・物価がにわかに下がること。slump 対義 急騰。

**ぎゅう-らく**【牛酪】 バター。

**きゅうり**【▾胡▾瓜・黄▾瓜・木▾瓜】 ウリ科の一年草。全体に粗毛がある。茎はつる性で巻きひげが出る。葉は掌状で互生し、花は黄色で雌雄同株。果実は多肉質で円柱形。未熟果を食用。日本では一二世紀ごろから栽培された。インド原産。キウリ。cucumber ↓写

●キュウリ

**きゅう-り**【久離・旧離】 江戸時代、下級武士・町人・百姓の父兄や近親らが、失踪(しっそう)人との親族関係を断絶したこと。連帯責任から免れるために行った。

**久離を切る**(きゅうりをきる) 親子・親族と縁を切る。勘「当する。

**きゅう-り**【窮理・究理】 ①物事の道理・法則をきわめること。pursuit of truth ②《「窮理」で》朱子学における学問修養の二大方法の一つ。順次に万物の理をきわめ、知ること。③《「窮理学」の略》江戸後期、西洋物理学の称。physics

**きゅうり-うお**【▾胡▾瓜魚】 キュウリウオ科の海水魚。全長約二〇cm。野菜のキュウリのにおいがすることからこの名がある。ワカサギに似るが、口裂が大きく、歯が強大。食用。北海道以北の太平洋岸に分布。↓図

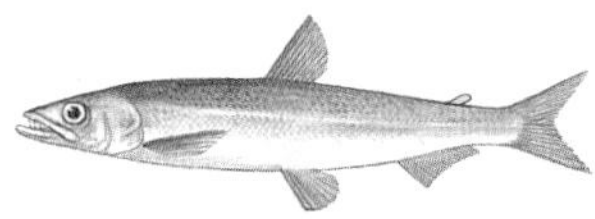
●キュウリウオ

**きゅうり-ぐさ**【▾胡▾瓜草】 ムラサキ科の多年草。畑や山地にはえる。根出葉は卵形で柄が長い。春に、多数のるり色の小花を下から開く。葉をもむとキュウリのにおいがする。

**きゅうり-もみ**【▾胡▾瓜▾揉み】 キュウリを薄い輪切りにして塩でもみ、三杯酢であえたもの。ワカメやしらす干しなどを加えることもある。

**きゅう-りゅう**【九流】 中国、戦国時代の九つの学派。儒家・道家・陰陽家・法家・名家・墨家・縦横家・雑家・農家をいう。九学派。九家。

**きゅう-りゅう**【▾穹▾窿】 ①弓形、または半球状の形。また、その形のもの。vault ②晴れた大空。青空。蒼穹(そうきゅう)。clear sky ③丸みのついた天井。ドーム。dome

**きゅう-りゅう**【急流】 勢いのはげしい水の流れ。rapid stream

**きゅうりゅう**【九竜】 中国九竜半島南端、香港(ホンコン)の対岸にあるイギリス租借地内の都市。セメント・紡績などの工業が発達。香港とはトンネルとフェリーで連絡する。人口七一・五万(一九七一)。チウロン。カオルン。

**きゅうりゅう-ちゅう**【九竜虫】 小甲虫。体長六mm内外。黒褐色。穀類・乾果などを食べる。本州・中国・東南アジアに分布。キュウリュウゴミムシダマシ。

**きゅうりゅう-はんとう**【九竜半島】 中国広東省の半島。九竜市がある。イギリスの租借地。チウロン半島。

**きゅう-りょう**【丘陵】 山地より起伏が小さく、低いなだらかな地形。おか。小山。hill

**きゅう-りょう**【旧領】 ①もとの領地・領土。②昔から領有してきた土地。

**きゅう-りょう**【休漁】(名・サ変自) 漁に出かけるのを休むこと。suspension of fishing

**きゅう-りょう**【救療】 治療を施して救うこと。貧困者の病人に診療を施すこと。

**きゅう-りょう**【給料】 労働に対して支払われる金。給与。俸給。サラリー。salary

**きゅうりょう-く**【休猟区】 狩猟鳥獣の保護増殖を目的として、狩猟が一定期間禁止された区域。

**きゅう-れい**【旧例】 ①昔からの慣例・しきたり。②過去の例。

**きゅう-れい**【急冷】(名・サ変自他) 急に冷やすこと、急に冷えること。

**きゅう-れき**【旧暦】 対義 新暦。①明治五年(一八七二)まで行われた天保(てんぽう)暦。また、それに準じた太陰太陽暦による暦日。②現行暦以前の暦法の総称。

**きゅう-れき**【球歴】 ある人の、野球などの球技の経歴。

**きゅう-ろう**【旧▾臘】 《「臘」は陰暦一二月の異称》前年の一二月。

**キュクロペス**【Kyklopes(ギリシア)】 ギリシア神話の一つ目の巨人族。ウラノスとガイアとの子、またはポセイドンの子。その一人ポリュフェモスが有名。Cyclops

**きゅっ-と**(副) 強く締めたり、握ったり、こすったりするさま。tightly

**ぎゅっ-と**(副) 力を入れて強く押さえつけたり、締めつけたり引っぱったりするさま。tightly

**キュナード-きせん**【キュナード汽船】(Cunard Steamship Co., Ltd.) イギリスの海運会社。クイーンエリザベス二世号を運航させていることで知られる。

**キュニコス-がくは**【キュニコス学派】 キニク学派の別称。

**キュビエ**【Georges Léopold Chrétien Frédéric Dagobert Cuvier】(一七六九～一八三二) フランスの動物学者・古生物学者。動物分類および古生物学の基礎を築く。化石にみられる差異が天変地異によるとする天変地異説を提唱。

**キュビスム**【cubisme(フランス)】 《立体主義・立体派の意》二〇世紀初め、主観的なフォービスムについで起こった主知的な美術運動。ピカソやブラックを中心に、形態の単純化をめざし、対象を幾何(きか)学的形態に還元し、再構成する表現を試みた。他にグリス・レジェ・ドローネーなど。キュービズム。↓写

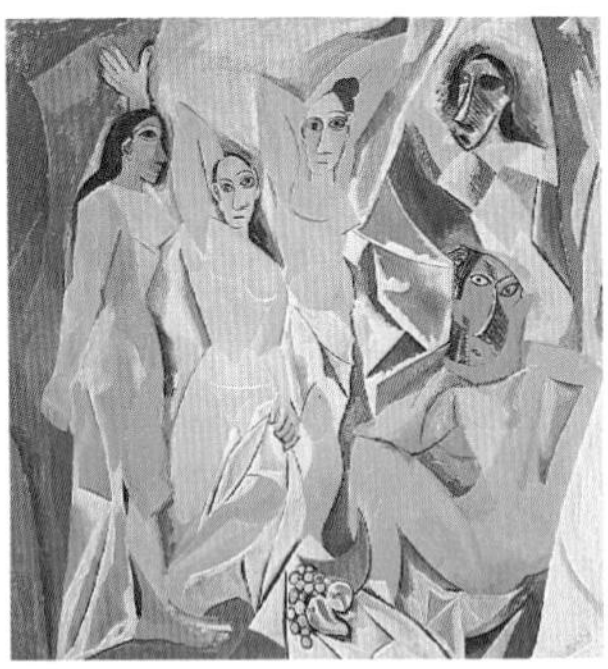
●キュビスム
ピカソ『アビニョンの娘たち』。一九〇六～〇七年、ニューヨーク近代美術館。

ブラック『レスタックの家』(部分)。一九〇八年、ベルン美術館(スイス)。

**キュベレ**【Kybelē(ギリシア)】 アナトリアの大地母神。小アジアだけでなく、ローマに至るまで広く信仰され、ギリシア神話ではレアと同一視される。繁殖の女神だが、治療・神託もつかさどる。Cybele

**キュラソー**【Curaçao(フランス)】 ビターオレンジ(ダイダイの類)の果皮から抽出した成分で香りをつけたリキュール。オレンジは西インド諸島のキュラソー島特産。アルコール分は三〇～四〇%。

**キュラソー-とう**【キュラソー島】(Curaçao) 南アメリカ、ベネズエラ北岸沖のカリブ海上の島。オランダ領。面積四四四km²。クラサオ島。

**キュリー**【curie(フランス)】 《提案者キュリー夫人の名にちなむ。「居里」「居礼」とも書いた》放射能の強さの単位。一秒間に$3.7×10^{10}$個の原子核が崩壊するときの放射能量。記号Ci 平成元年(一九八九)に新単位のベクレルにかわった。$1Ci=3.7×10^{10}Bq$

**キュリー**【Marie Curie】(一八六七～一九三四) フランスの物理学者。ポーランド生まれ。夫のピエール＝キュリーとともに放射能を研究し、ラジウム・ポロニウムを発見した。さらに、金属ラジウムの分離に成功。一九〇三年ノーベル物理学賞、一一年ノーベル化学賞を受賞。マリー＝キュリー。↓写

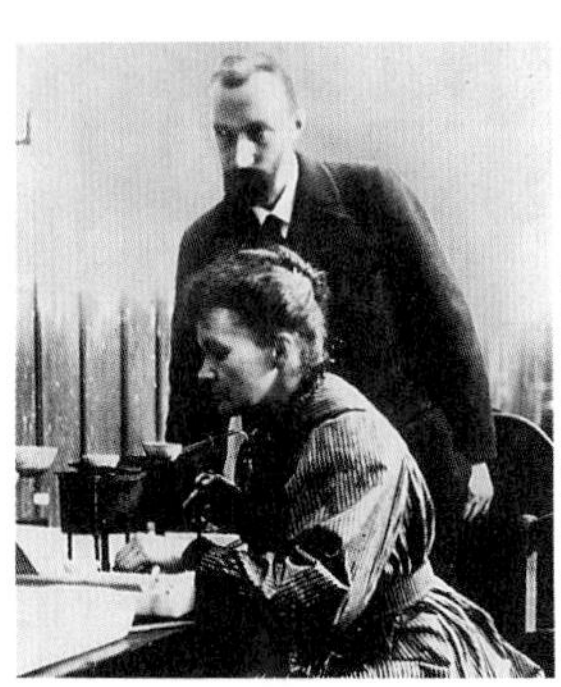
●M＝キュリー　後ろに立つのが夫のピエール。

**キュリー**【Pierre Curie】(一八五九～一九〇六) フランスの物理学者。磁性に関するキュリーの法則を発見。放射能を研究し、夫人のマリー＝キュリーとともに一九〇三年ノーベル物理学賞受賞。ピエール＝キュリー。

**キュリー-おんど**【キュリー温度】 温度上昇で、強磁性体の自発磁性が消失する温度。キュリー点。Curie temperature

**キュリー-の-ほうそく**【キュリーの法則】 常磁性体の磁化率が絶対温度に反比例するという法則。磁気モーメントを決定するのに利用。Curie's law

**キュリウム**【curium】 《キュリー夫妻の名にちなむ》超ウラン元素の一つ。元素記号Cm 原子番号九六。質量数二四七。人工放射性元素。銀色の金属。一九四四年につくられた。

**ギュルデン**【gulden(オランダ)】 ↓グルデン

**ギュルビッチ**【Georges Gurvitch】(一八九四～一九六五) フランスの社会学者・法学者。ロシア生まれ。現象学の影響をうけ、「深さ」の社会学を中心に一般理論を構築した。著書『社会学の現代的課題』など。

**キュレネ**【Kyrēnē】 北アフリカ、リビアにあったギリシアの植民市。紀元前七世紀ドーリア人により建設。プトレマイオス朝支配下では学芸の中心地であったが、前一世紀ローマの属州となり、七世紀アラビア人に征服された。

**キュレネ-がくは**【キュレネ学派】 古代ギリシアの哲学派の一つ。紀元前五世紀ごろ、アリスティッポスが、北アフリカのキュレネで創唱。教養や識見に裏づけられた快楽主義を唱えた。Cyrenaic school

**キュレル**【François de Curel】(一八五四～一九二八) フラ

ンスの劇作家。戯曲『聖女の裏面』『新しい偶像』など。

**キュロス**〈二世〉[Kyros II]（BC六〇〇ごろ～BC五二九）アケメネス朝古代ペルシア帝国の創始者（在位BC五五九～BC五二九）。メディア・リディア・新バビロニアを征服、帝国の基礎を固めた。バビロン捕囚のユダヤ人の解放など、被征服民の宗教・習慣を尊重。大王と称された。

**キュロット**[culotte フランス]①ひざ丈で脚部に密着した男子用半ズボン。一七～一八世紀に用いられた。②「キュロットスカート」の略。

**キュロット-スカート**《culotte フランス から》ズボン状に両脚が分かれていながら、裾広がりでスカートのように見えるもの。ディバイデッドスカート。divided skirt →図

●キュロットスカート

**キュンメル**[Kümmel ドイツ] ヒメウイキョウで風味をつけたリキュール。アルコール度数と甘味で、ベルリン・アラッシュ・アイスの三種類がある。アルコール分四〇～六〇%。

**キョ** 5画【巨】 部首[工] 常用 JIS 2180 | 5画【▼巨】 部首[工] 旧字
音キョ・ゴ
①おおきい。はなはだ大きい。はなはだ多い。対義 細。「巨額・巨人・巨大・巨万・巨利」②えらい。偉大な。「巨匠」

**キョ** 5画【去】 部首[厶] 教育小3 JIS 2178
音キョ・コ
訓さる
去 去 去 去 去
①さる。いってしまう。対義 来。「死去・退去」「去就・去来」②とりのける。のぞく。「除去」「去勢」③一つ前の。対義 来。「去年」④漢字音の四声の一つ。「平・上去入」「去声」↓コ[去]

**キョ** 8画【居】 部首[尸] 教育小5 JIS 2179
音キョ・コ・キ
訓いる
居 居 居 居 居 居 居
①いる。おる。すわる。対義 起。「起居」②すむ。すまい。「住居・同居・別居」「居住・居宅」用例(名)――を定める。③そのまま。なにもない。「居然」

**居は気を移す** 人の性質・考えは、住む場所や環境によって変化する。

**キョ** 8画【▼苣】 部首[艹] JIS 7180
音キョ
①たいまつ。葦などをたばね、火をつけて照明に用いたもの。②チシャ。キク科の一、二年草。ちさ。ちさな。

**キョ** 8画【拒】 部首[扌] 常用 JIS 2181 | 8画【▼拒】 旧字
音キョ
訓こばむ
①こばむ。ことわる。対義 容。「峻拒」「拒絶・拒否」②ふせぐ。はばむ。さえぎる。

**キョ** 8画【拠】 部首[扌] 常用 JIS 2182 | 16画【▼據】 旧字 JIS 5801
音キョ・コ
①よる。よりどころ。「割拠・根拠・準拠・占拠・本拠・論拠」「拠点」②《醵とも》つのる。お金をだしあう。「拠金・拠出」↓コ[拠]

**キョ** 9画【▼炬】 部首[火] JIS 6357
音キョ・コ
かがりび。たいまつ。「炬火」。用例 文語的 (名)眼光――のごとし。――に付す。

**キョ** 10画【▼倨】 部首[人・亻] JIS 4866
音キョ
おごる。たかぶる。いばる。「倨傲」

**キョ** 10画【▼莒】 部首[艹]
音キョ
いも。植物の地下茎や根が発達肥大して、澱粉などをたくわえたもの。

**キョ** 10画【挙】 部首[手] 教育小4 JIS 2183 | 18画【▼擧】 旧字 JIS 5809 | 17画【▼舉】 部首[臼] 異体字 JIS 5810
音キョ・コ
訓あげる・あがる
挙 挙 挙 挙 挙 挙 挙
①あげる。もちあげる。「推挙・選挙・枚挙・列挙」「挙手」②くわだて。おこなう。「快挙・軽挙・再挙・美挙」「挙行・挙式」用例(名)反攻の――に出る。③こぞって。あげて。「挙家・挙国」④身のこなし。ふるまい。「挙止・挙動」

**キョ** 10画【▼秬】 部首[禾] JIS 6732
音キョ
くろきび。実の黒いキビ。

**キョ** 10画【▼袪】 部首[衤]
音キョ・コ
①そで。たもと。②そでぐち。③ふところ。

**キョ** 11画【▽据】 部首[扌] 常用 JIS 3188
音キョ
訓すえる・すわる
①すえる。すわる。②よる。よりどころ。

**キョ** 11画【▼粔】 部首[米]
音キョ
「粔籹」は、おこし。むして、かわかした米などをいり、蜜・水飴・砂糖などをまぜて、まとめた菓子。

**キョ** 11画【虚】 部首[虍] 常用 JIS 2185 | 12画【▼虛】 旧字
音キョ・コ
①からっぽ。むなしい。「空虚」「虚心・虚脱」②うわべの。実体のない。対義 実。「虚栄・虚偽・虚構・虚字・虚勢・虚名」③よわよわしい。「虚弱」④油断。不用意。用例(名)――をつく。↓コ[虚]

**虚に乗ずる** 相手の油断につけこむ。また、弱点を攻撃する。take advantage of a person's weak point

**キョ** 11画【許】 部首[言] 教育小5 JIS 2186
音キョ・コ
訓ゆるす
許 許 許 許 許 許 許
①ききとどける。ゆるす。ゆるし。「特許・免許」「許可・許諾・許容」②ばかり。…ほど。「許多」③もと。ところ。場所。

**キョ** 12画【▼渠】 部首[氵] JIS 2184
音キョ・ゴ
①みぞ。通水路。「暗渠・溝渠」用例(名)――成って水至る。②かしら。親分。「渠魁・渠帥」③かれ。あれ。④なんぞ。なんすれぞ。いずくんぞ。

**キョ** 12画【▼詎】 部首[言]
音キョ
①とめる。とどめる。②いたる。いきつく。③なんぞ。なんすれぞ。いずくんぞ。

**キョ** 12画【距】 部首[足] 常用 JIS 2187 | 12画【▼距】 旧字
音キョ
間がある。へだたる。へだたり。比較 隔。「距離」

**キョ** 13画【▼筥】 部首[竹] JIS 6808
音キョ
①はこ。米などを入れる、まるい竹のかご。②いねたば。刈った稲の束。

**キョ** 13画【▼裾】 部首[衤] JIS 3194
音キョ
すそ。①衣服の下端。②山のふもと。③しもすえ。ものの下部。④川しも。

**キョ** 13画【▼鉅】 部首[金] JIS 7874
音キョ
①はがね。かたい鉄。鋼鉄。②おおきい。おおい。

**キョ** 15画【▼嘘】 部首[口] | 14画【▼噓】 異体字 JIS 1719
音キョ
①ふく。はく。息をはきだす。②うそ。そらごと。いつわり。

**キョ** 15画【▼墟】 部首[土] JIS 5250
音キョ
あと。ふるきあと。かつてあったものがすたれて、荒れたところ。「殷墟・廃墟」

**キョ** 15画【▼踞】 部首[足] JIS 7687
音キョ
①うずくまる。しゃがむ。「蹲踞」②おごる。たかぶる。いばる。

**キョ** 16画【▼歔】 部首[欠] JIS 6133
音キョ
すすりなく。むせびなく。「歔欷」

**キョ** 16画【▼鋸】 部首[金] JIS 2188
音キョ
のこぎり。のこ。材木などをひききる工具。「鋸歯」

**キョ** 17画【▼遽】 部首[辶] JIS 7817
音キョ
すみやか。にわか。あわただしい。いそがしい。「急遽」

**キョ** 20画【▼蘧】 部首[艹]
音キョ
①ナデシコ。ナデシコ科の多年草。②からなでしこ。セキチク。ナデシコ科の多年草。③はっとするさま。はっとさとるさま。

**キョ** 20画【▼醵】 部首[酉] JIS 7851
音キョ
つのる。広くあつめる。お金をだしあう。「醵金・醵出」

**キョ** 21画【▼欅】 部首[木] JIS 6116
音キョ
ケヤキ。ニレ科の落葉高木。

**き-よ**【寄与】(名・サ変自)①与えること。寄贈。donation ②そのことのために尽くすこと。貢献。contribution 用例 学問の発達に――する。

**き-よ**【▼毀誉】悪口を言うことと、ほめること。

**ギョ** 10画【▼圄】 部首[囗] JIS 5193
音ギョ・ゴ
ひとや。ろうや。「囹圄」

**ギョ** 11画【▼圉】 部首[囗] JIS 5194
音ギョ・ゴ
①ひとや。ろうや。②うまかい。御者。

**ギョ** 11画【魚】 部首[魚] 教育小2 JIS 2191
音ギョ・ゴ
訓うお・さかな
魚 魚 魚 魚 魚 魚 魚
①うお。さかな。「金魚・深海魚・鮮魚」「魚群・魚肉・魚類」②さかなに似たもの。「人魚・木魚」「魚雷」

**ギョ** 12画【御】 部首[彳] 常用 JIS 2470 | 11画【▼御】 旧字
音ギョ・ゴ
訓おん
①《馭とも》馬をあつかう。おさめる。「制御・統御」「御者」用例(名)――を習う。②天皇に属することを示すのに用いる。「崩御」「御苑・御感」③《禦とも》ふせぐ。とめる。「防御」↓ゴ[御]

**ギョ** 12画【▼馭】 部首[馬] JIS 8139
音ギョ・ゴ
①馬をあつかう。あやつる。御者。「馭者」②おさめる。すべる。

**ギョ** 14画【漁】 部首[氵] 教育小4 JIS 2189
音ギョ・リョウ
漁 漁 漁 漁 漁 漁 漁
①すなどる。いさる。魚・貝など水産物をとる。対義 狩。「漁期・漁業・漁港・漁船・漁村・漁夫」②あさる。さがしまわる。「漁色」↓リョウ[漁]

**ギョ** 16画【▼禦】 部首[示] | 17画【▼禦】 異体字 JIS 2190
音ギョ
ふせぐ。とめる。くいとめる。「防禦」「禦止」

**ギョ** 22画【▼籞】 部首[竹]
音ギョ
①とめば。漁・狩り・伐木などを禁止した場所。②おり。鳥をかうための竹や木の囲い。③いけす。魚をかうところ。

**きょ-い【虚位】** ①あいている地位。空位。②実権のともなわない地位。

**きよ・い【清い・▽浄い】**（形）①濁っていない。曇っていない。clean 用例 ―水。―月。②けがれがない。pure 用例 ―心。―交際。―き一票。③きれいさっぱりとしている。いさぎよい。clear 用例 ―く座を退く。派生 きよげ（形動）きよさ（名）

**ぎょ-い【御衣】** 天皇や皇族など、身分の高い人の衣服。比較 御衣。

**ぎょ-い【御意】** ①《人の考えや気持ちを言う敬語》お考え。おぼしめし。貴意。②《長上に対する返事のことば》おおせのとおり。

**御意に召す**（ぎょいにめす） お気に入る。

**御意を得る**（ぎょいをえる） ①お考えをうかがう。用例 殿の御意を得たい。②お目にかかる。

**キョウ** 3画【▼廾】 部首［廾］ JIS 5516
音 キョウ・ク
①ささげる。両手で、ものをさしだす。②部首の一つ。にじゅうあし。

**キョウ** 4画【凶】 部首［凵］ 常用 JIS 2207
音 キョウ
①さい先のわるいこと。わざわい。対義 吉。「吉凶・大凶」用例（名）おみくじに―と出た。②不作。農作物がとれないこと。飢饉。対義 豊。「豊凶」「凶荒・凶作・凶年」③《兇とも》㋐きずつけるもの。「凶器」㋑わるもの。「元凶」「凶徒」㋒心がわるい。むごい。「凶悪・凶行」

**キョウ** 5画【兄】 部首［儿］ 教育小3 →教育小2 JIS 2327
音 ケイ・キョウ
訓 あに
筆順↓ケイ［兄］
あに。年上の男の人。対義 弟。「兄弟」↓ケイ［兄］

**キョウ** 5画【▼叶】 部首［口］ JIS 1980
音 キョウ
かなう。達する。思いどおりになる。

**キョウ** 6画【▼兇】 部首［儿］ JIS 2204
音 キョウ
わるい。むごい。わるもの。きずつけるもの。「元兇」「兇徒」

**キョウ** 6画【共】 部首［八］ 教育小4 JIS 2206
音 キョウ・グ・ク
訓 とも

①ともに。そろって。一緒に。比較 協。「公共」「共栄・共学・共通・共同・共鳴・共有」②共産主義・共産党のこと。「中共・反共・容共」

**キョウ** 6画【▼匈】 部首［勹］ JIS 5019
音 キョウ
①むね。むな。首と腹のあいだ。②「匈々」は、㋐さわがしく議論しあうさま。㋑不安でさわぐさま。③中国の西北方にすんでいた遊牧騎馬民族。「匈奴」

**キョウ** 6画【▼匡】 部首［匚］ 人名用 JIS 2209
音 キョウ
ただす。ただしくする。「匡正」

**キョウ** 6画【叫】 部首［口］ 常用 JIS 2211 ／ 5画【▼叫】 旧字
音 キョウ
訓 さけぶ
さけぶ。わめく。「絶叫」「叫喚・叫号」

**キョウ** 7画【▼亨】 部首［亠］ 人名用 JIS 2192
音 キョウ・コウ・ホウ
たてまつる。すすめる。もてなす。↓コウ［亨］

**キョウ** 7画【▼劫】 部首［力］ JIS 2569 ／ 7画【▼刧】 部首［刀］ 異体字 JIS 4971
音 キョウ・コウ・ゴウ
①おびやかす。②おどしとる。うばいさる。↓コウ・ゴウ［劫］

**キョウ** 7画【▼夾】 部首［大］ JIS 5283
音 コウ・キョウ
①はさむ。はさまる。「夾撃・夾纈・夾竿・夾侍」②「夾竹桃」は、キョウチクトウ科の常緑低木。

**キョウ** 7画【▼抂】 部首［扌］ JIS 5716
音 キョウ
「抂攘」は、みだれるさま。

**キョウ** 7画【▼杏】 部首［木］ 人名用 JIS 1641
音 コウ・アン・キョウ
アンズ。バラ科の落葉小高木。「杏仁・杏林」

**キョウ** 7画【狂】 部首［犭］ 常用 JIS 2224
音 キョウ
訓 くるう・くるおしい
①くるう。気がちがう。「発狂」「狂犬・狂人」②くるったような。「熱狂」「狂喜・狂信」③一つのことに熱中すること・人。マニア。用例《接尾的》競馬―。野球―。④たわむれ。滑稽。「酔狂」「狂歌・狂言」

**キョウ** 7画【▼皀】 部首［白］ JIS 6605
音 キョウ・コウ
①こうばしい。穀物のよいにおい。②ひとつぶ。穀物のひとつぶ。

**キョウ** 8画【▼享】 部首［亠］ 常用 JIS 2193
音 キョウ
①うける。うけいれる。わがものとする。「享受・享楽」②生をうける。「享年」③たてまつる。すすめる。もてなす。「享宴」

**キョウ** 8画【京】 部首［亠］ 教育小2 JIS 2194 ／ 9画【▼亰】 異体字 JIS 4823 ／ 16画【▼鍄】 部首［金］ 異体字 JIS 7893
音 キョウ・ケイ・キン

①みやこ。首都。明治時代からは東京。「帰京・出京・上京」②大きな都会。「中京」③京都のこと。「京女・京舞」用例（名）―の美人。↓ケイ［京］

**京男に伊勢女**（きょうおとこにいせおんな） 男は京都出身が、女は伊勢出身がよいということ。類似 東男に京女。

**京に田舎在り**（きょうにいなかあり） 開けて賑やかな都にも、田舎のように開けていない所がある。対義 田舎に京在り。

**京の着倒れ、大阪の食い倒れ**（きょうのきだおれ、おおさかのくいだおれ） 京都の人は着る物に、大阪の人は食べる物に金を使い、そのために財産をなくしてしまうほどであるということ。

**キョウ** 8画【供】 部首［人・亻］ 教育小6 JIS 2201
音 キョウ・ク・グ
訓 そなえる・とも

①そなえる。さしだす。「提供」「供給・供出・供託・供用」②いう。のべる。白状をする。「口供・自供」「供述」③もてなす。ふるまう。「供応」↓ク［供］

**キョウ** 8画【協】 部首［十］ 教育小4 JIS 2208 ／ 9画【▼恊】 部首［忄］ 異体字 JIS 5580
音 キョウ

①あわせる。力をあわせる。比較 共。「協議・協調・協定・協同・協力」②おれあう。ゆずりあう。「妥協」③かなう。あう。調子があう。「協和」

**キョウ** 8画【▼怯】 部首［忄］ JIS 2217
音 キョウ
①おびえる。おじける。おそれ。②意気地がない。よわむし。臆病。「卑怯」「怯弱・怯懦」

**キョウ** 8画【▼況】 部首［氵］ 常用 JIS 2223 ／ 7画【▼况】 部首［冫］ 異体字 JIS 4955 ／ 7画【▼兄】 部首［二］ 異体字
音 キョウ
①ありさま。様子。「近況・実況・状況」②たとえる。くらべる。「比況」③ますます。いよいよ。④まして。いわんや。

**キョウ** 8画【▼羌】 部首［羊］ JIS 7021 ／ 10画【▼羗】 異体字
音 キョウ
①えびす。中国西北部にすんでいたチベット系の民族の名。②ああ。なげいて、ためいきをつく声。

**キョウ** 9画【▼俠】 部首［人・亻］ ／ 8画【▼侠】 異体字 JIS 2202
音 キョウ・キャン
おとこぎ。おとこだて。「任俠」「俠客・俠気」

**キョウ** 9画【▼姜】 部首［女］ JIS 5310
音 キョウ
①「姜水」は、中国の陝西省をながれる川。②中国人の姓の一つ。

**キョウ** 9画【峡】 部首［山］ 常用 JIS 2214 ／ 10画【▼峽】 旧字 JIS 5423
音 キョウ・コウ
①はざま。かい。両岸が高くせまった谷あい。「地峡」「峡谷・峡湾」②細長くせまいところ。「海峡」

**キョウ** 9画【▼恟】 部首［忄］ JIS 5579
音 キョウ
おそれる。びくびくする。「恟々」

**キョウ** 9画【▼拱】 部首［扌］ JIS 5742
音 キョウ
こまぬく。「拱手」①左右の手を胸の前でくみあわせて、敬礼をする。②うでぐみをしたまま何もしない。

**キョウ** 9画【挟】 部首［扌］ 常用 JIS 2220 ／ 10画【▼挾】 旧字 JIS 5749
音 キョウ・ショウ
訓 はさむ・はさまる
はさむ。はさまる。「挟撃・挟殺」

**キョウ** 9画【▼洶】 部首［氵］ JIS 6208
音 キョウ
わく。水がわく。また、その音。

**キョウ** 9画【狭】 部首［犭］ 常用 JIS 2225 ／ 10画【▼狹】 旧字 JIS 6437
音 キョウ・コウ
訓 せまい・せばめる・せばまる
①せまい。場所などがせまい。心がせまい。対義 広・寛。「偏狭」「狭隘・狭義・狭小・狭量」②せばめる。せばまる。③さ。語調をととのえるのに用いる。

**キョウ** 9画【▼矜】 部首［矛］ JIS 6666
音 キン・キョウ・カン
①あわれむ。気のどくに思う。②つつしむ。③ほこる。自慢する。「矜持」

**キョウ** 9画【▼衿】 部首［衤］
音 キョウ
①すそ。もすそ。衣服のすそ。②えり。えりくび。③しごき。しごきおび。

**キョウ** 9画【香】 部首［香］ 常用 JIS 2565
音 コウ・キョウ
訓 か・かおり・かおる
将棋のこまの一つ。「香車」用例（名）―落ち。↓コウ［香］

**キョウ** 10画【▼莢】 部首［艹］ JIS 7218
音 キョウ
さや。豆類の種をつつんでいる外皮。

**キョウ** 10画【▼陜】 部首［阝］ JIS 7993
音 コウ・キョウ
①せまい。場所などがせまい。②はざま。かい。やまあい。

**キョウ** 10画【恐】 部首［心］ 常用 JIS 2218 ／ 10画【▼恐】 旧字
音 キョウ
訓 おそれる・おそろしい
①おそれる。こわがる。こわがらす。「恐喝・恐怖」②おそれいる。「恐悦・恐縮」③おそらくは。思うに。想像するに。④おそろしい。こわい。ひどい。

**キョウ** 10画【恭】 部首［心・㣺］ 常用 JIS 2219
音 キョウ
訓 うやうやしい
うやうやしい。つつしむ。「恭悦・恭賀新年・恭謙・恭順」

**キョウ** 10画【胸】 部首［月］ 教育小6 JIS 2227 ／ 10画【▼胷】 異体字
音 キョウ
訓 むね・むな

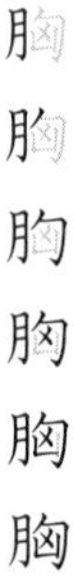

**キョウ** 10画【脅】 部首[月] 常用 JIS 2228
音キョウ・キュウ 訓**おびやかす・おどす・おどかす**
①おびやかす。おどす。おどかす。「脅威・脅喝・脅迫」 ②わき。わきばら。かたわら。

**キョウ** 10画【▼脇】 部首[月] JIS 4738
音キョウ
わき。①わきばら。よこはら。②かたわら。そば。「脇士・脇息」

**キョウ** 10画【▼栱】 部首[木]
音キョウ
①くい。大きなくい。②ますがた。とがた。柱などの上に設けられた四角な木。

**キョウ** 10画【▼框】 部首[木] JIS 5958
音キョウ
かまち。①ゆかのはしにわたす横木。②戸や障子などのまわりの枠。

**キョウ** 11画【強】 部首[弓] 教育小2 JIS 2215 ／ 12画【▼强】 旧字
音キョウ・ゴウ 訓**つよい・つよまる・つよめる・しいる**
強強強強強
①つよい。つよめる。対義 弱。「屈強・富強・補強」「強化・強固・強調」用例(名)大国の——をもってしても…。②しいて。無理に。「強行・強制」③つとめる。はげむ。「勉強」④それより少し多いこと。対義 弱。用例(接尾)四キロ——。↓ゴウ【強】

**キョウ** 11画【郷】 部首[阝] 教育小6 JIS 2231 ／ 13画【▼鄕】 旧字
音キョウ・ゴウ
郷郷郷郷郷郷
①ふるさと。生まれ育った土地。「帰郷・故郷」「郷愁・郷土・郷党」用例(名)——を出て、はや十年。②ところ。土地。「異郷・他郷」用例(接尾的)理想——。↓ゴウ【郷】
**郷の三物** 古代の中国で、大司徒(＝地方の長官)が万民に教えた三事で、六徳・六行・六芸を言う。

**キョウ** 11画【教】 部首[攵] 教育小2 JIS 2221 ／ 11画【▼敎】 旧字
音キョウ・コウ 訓**おしえる・おそわる**
教教教教教教
①おしえる。しらせる。みちびく。さとす。「胎教・文教」「教育・教化・教官・教訓・教習」②神仏などのおしえ。宗教。「異教・布教・仏教」「教祖・教徒」用例(接尾)キリスト——。

**キョウ** 11画【▼梟】 部首[木] JIS 5970
音キョウ
①フクロウ。フクロウ目に属する鳥。②たけだけしい。つよい。いさましい。「梟雄」③さらす。さらし首。「梟首」

**キョウ** 11画【▼眶】 部首[目]
音キョウ
まぶた。まぶち。まなぶち。目のふち。

**キョウ** 11画【▼竟】 部首[立] JIS 8079
音ケイ・キョウ
①きわまる。きわめる。②おわる。おえる。「竟宴」③わたる。およぶ。④ついに。しまいに。結局。「究竟・畢竟」⑤さかい。区ぎり。

**キョウ** 11画【経】 部首[糸] 教育小5 JIS 2348 ／ 13画【▼經】 旧字 JIS 6920
音ケイ・キョウ 訓へる
筆順↓ケイ【経】
①仏教で、仏の教えを書いたもの。また、それを集大成したもの。「写経」「経文」用例(名)——を読む。(接尾)大蔵——。②仏教に関する典籍一般。三蔵(経・律・論)など。スートラ。③儒教で、聖人の教えを書いた、たっとい書物。「四書五経」数え方 一巻。一冊。↓ケイ【経】

**キョウ** 12画【▼卿】 部首[卩] ／ 10画【▼卿】 異体字 JIS 2210
音ケイ・キョウ
①くげ。大臣。②貴族を敬って付けて用いる。「リットン卿」↓ケイ【卿】

**キョウ** 12画【▼喬】 部首[口] 人名用 JIS 2212
音キョウ
①たかい。高くそびえる。そばだつ。「喬木」②おごる。おごりたかぶる。ほしいまま。「喬志」

**キョウ** 12画【▼筐】 部首[竹] JIS 6794 ／ 13画【▼筺】 異体字 JIS 6801
音キョウ
かご。かたみ。ものをいれる竹製の四角いかご。「筐底」

**キョウ** 12画【▼蛩】 部首[虫] JIS 7362
音キョウ
コオロギ。①バッタ目に属する昆虫。②キリギリスの古名。

**キョウ** 12画【▼蛬】 部首[虫] JIS 7363
音キョウ
キリギリス。①バッタ目に属する昆虫。②コオロギの古名。

**キョウ** 12画【▼貺】 部首[貝]
音キョウ
たまう。下の者にあたえる。くださる。たまもの。

**キョウ** 13画【▼跫】 部首[足] JIS 7679
音キョウ
あしおと。歩く足の音。「跫音」

**キョウ** 14画【▼僑】 部首[人・亻] JIS 2203
音キョウ
かりずまい。旅まわり。他国に仮住まいをする人。「華僑」

**キョウ** 14画【▼兢】 部首[儿] JIS 4930
音キョウ
おそれる。つつしむ。「戦々兢々」

**キョウ** 14画【境】 部首[土] 教育小5 JIS 2213 ／ 14画【▼境】 旧字
音キョウ・ケイ 訓**さかい**
境境境境境境
①さかい。区ぎり。「国境」「境界・境内」用例(名)無人の——。②ところ。土地。「異境・辺境」用例(名)無我の——。③おかれている地位・位置・状況。「環境・逆境・心境」「境遇・境地」用例(名)無我の——。④仏教で、五官と心とによって認識され思慮される対象。六境。↓ケイ【境】

**キョウ** 14画【▼誑】 部首[言] JIS 7552
音キョウ
たぶらかす。だます。たらす。

**キョウ** 15画【▼僵】 部首[人・亻] JIS 4912
音キョウ
たおれる。たおれふす。たおす。

**キョウ** 15画【▼嬌】 部首[女] JIS 5340
音キョウ
なまめかしい。うつくしい。いろっぽい。「愛嬌」「嬌笑・嬌声・嬌態・嬌名」

**キョウ** 15画【▼嶠】 部首[山]
音キョウ
①たかい。たかい山。②やまみち。山のほそいみち。

**キョウ** 15画【▼蕎】 部首[艹] JIS 2230
音キョウ
「蕎麦」は、そば。①ソバ。タデ科の一年草。②そば。ソバの実の粉を原料にしてつくった食品。

**キョウ** 15画【▼篋】 部首[竹] JIS 6826
音キョウ
はこ。衣服や書物などをいれる長方形の竹のはこ。「篋底」

**キョウ** 15画【▼鋏】 部首[金] JIS 7887
音キョウ
①かなばし。やっとこ。熱い鉄などをはさむ工具。②つるぎ。刀身。また、つるぎのつか。③はさみ。紙や布などをはさんできる刃物。

**キョウ** 15画【▼鞏】 部首[革] JIS 8063
音キョウ
かたい。かたくしばる。「鞏固・鞏膜」

**キョウ** 15画【▼鮫】 部首[魚]
音ゴウ・キョウ
①ひもの。ほしうお。②コチ。カサゴ目に属する海水魚。

**キョウ** 16画【▼彊】 部首[弓] JIS 2216
音キョウ・ゴウ
①つよい。つよめる。②つとめる。はげむ。「自彊」③しいる。しいて。

**キョウ** 16画【▼徼】 部首[彳] JIS 5553
音キョウ・ギョウ・ヨウ
①もとめる。幸福をまちうける。②めぐる。みまわる。③くにざかい。国境のとりで。↓ヨウ【徼】

**キョウ** 16画【▼薑】 部首[艹] JIS 7308
音キョウ・コウ
はじかみ。ショウガ。ショウガ科の多年草。

**キョウ** 16画【橋】 部首[木] 教育小3 JIS 2222
音**キョウ** 訓**はし**
橋橋橋橋橋橋
①はし。かけはし。「架橋・鉄橋・陸橋」「橋脚・橋梁」用例(接尾)開閉——。②哺乳動物の脳の一部。延髄の上方に位置し、中脳の下方に続く。延髄をとりまいて、小脳の左半球と右半球をつなぐもの。↓脳図

**キョウ** 16画【興】 部首[臼] 教育小5 JIS 2229
音**コウ・キョウ** 訓**おこる・おこす**
筆順↓コウ【興】
①おもしろみ。たのしみ。「感興・座興・即興・余興」「興味」用例(名)——がわく。②『詩経』の六義の一つ。比喩によって感想をのべること。↓コウ【興】
**興が乗る** おもしろさに心身を任せて、物事が進む。調子がついてくる。become more and more interested
**興に入る** おもしろがって、誘いこまれる。興を感じて、我を忘れる。get absorbed in
**興に乗ずる** おもしろさのままに、何かをする。興に乗る。be driven by one's enthusiasm 類似 調子に乗る。
**興をさかす** (「さかす」は、さかんにする、の意)興を起こさせる。興味を感じさせる。
**興を醒ます** おもしろく思っていた気分や感動が、消える。興味がうすれる。しらじらしくなる。興ざめる。しらける。spoil the fun of

**キョウ** 16画【▼襁】 部首[衤] JIS 7486
音キョウ
むつき。①赤ん坊をせおう帯。②うぶぎ。③おむつ。おしめ。

**キョウ** 16画【▼頰】 部首[頁] ／ 15画【▼頬】 異体字 JIS 4343
音キョウ
ほお。ほほ。ほっぺた。「豊頰」

**キョウ** 16画【▼鴞】 部首[鳥]
音ヨウ・キョウ
フクロウ。フクロウ目に属する鳥。

**キョウ** 17画【▼橿】 部首[木] JIS 1964
音キョウ
①モチノキ。モチノキ科の常緑高木。②え。鋤の柄。③カシ。ブナ科の常緑高木。

**キョウ** 17画【▼殭】 部首[歹]
音キョウ
①しかばね。死んで硬直している死体。②たおれる。たおれふす。たおす。

**キョウ** 17画【矯】 部首[矢] 常用 JIS 2226
音**キョウ** 訓**ためる**
①ただす。ためる。「矯正・矯風」②はげしい。つよい。「奇矯」「矯激」③いつわる。あざむく。「矯詐」

**キョウ** 17画【▼繈】 部首[糸] ／ 18画【▼繦】 異体字 JIS 6958
音キョウ

き

①ふし。ふしいと。ところどころに節のある糸。②ぜにさし。穴あき銭の穴にさしとおしてくくる、ひも・縄。③むつき。㋐赤ん坊をせおう帯。㋑うぶぎ。㋒おむつ。おしめ。

**キョウ** 18画【竅】 部首［穴］ JIS 6765
音キョウ
あな。人体にあるあな。

**キョウ** 19画【嚮】 部首［口］ JIS 5176
音キョウ・コウ
①むく。むかう。「嚮導」②さきに。以前に。

**キョウ** 19画【疆】 部首［田］ JIS 6537
音キョウ
さかい。区ぎり。かぎり。はて。国や土地の境界。「辺疆」「疆域・疆界」

**キョウ** 19画【繳】 部首［糸］
音シャク・キョウ
まとう。からまる。まといつく。↓シャク【繳】

**キョウ** 19画【趫】 部首［走］
音キョウ
①すばやい。はやい。身が軽い。②たけだけしい。つよい。いさましい。

**キョウ** 19画【轎】 部首［車］ JIS 7761
音キョウ
かご。肩でかついでいく輿。

**キョウ** 19画【鏡】 部首［金］ 教育小4 JIS 2232 ｜ 19画【鏡】 旧字
音キョウ・ケイ
訓かがみ
鏡 鏡 鏡 鏡 鏡
①かがみ。光の反射を利用して、人やものの姿をうつすもの。「明鏡止水」「鏡台・鏡裏」用例《接尾的》三面―。反射―。②めがね。また、かがみ・レンズなどでくみたててある光学器具・器械。「眼鏡・検鏡」用例《接尾的》顕微―。双眼―。望遠―。③てほん。かんがみる。「鏡鑑」

**キョウ** 20画【競】 部首［立］ 教育小4 JIS 2205 ｜ 22画【競】 異体字 JIS 4931
音キョウ・ケイ
訓きそう・せる
競 競 競 競 競
きそう。せりあう。あらそう。はりあう。「競泳・競演・競技・競争・競走・競売」↓ケイ【競】

**キョウ** 20画【響】 部首［音］ 常用 JIS 2233 ｜ 22画【響】 旧字
音キョウ
訓ひびく
①ひびく。とよむ。ひびき。「音響・反響」②およぶ。とどく。「影響」③交響楽団のこと。用例《接尾的》N―。

**キョウ** 22画【韁】 部首［革］
音キョウ
きずな。たづな。拘束。

**キョウ** 22画【饗】 部首［食］ ｜ 20画【饗】 異体字 JIS 2234
音キョウ
①もてなす。御馳走をする。さかもり。あえ。「饗宴・饗応」②うける。うけいれる。神が、そなえたものを受納する。

**キョウ** 22画【驕】 部首［馬］ JIS 8165
音キョウ
おごる。おごりたかぶる。ほしいまま。「驕児・驕奢・驕兵・驕慢」

**キョウ** 22画【驚】 部首［馬］ 常用 JIS 2235 ｜ 23画【驚】 旧字
音キョウ・ケイ
訓おどろく・おどろかす
おどろく。びっくりする。「一驚」「驚異・驚喜・驚嘆」

**きょう**【今日】 ①こんにち。本日。today 対義あす・きのう。用例父は―帰る。②同じ日付や同じ曜日。today 用例二年前の―のことだった。
**今日有って明日無い身**（きょうあってあすないみ） ①死期が目前に迫っていること。be on one's deathbed ②人の世の無常なさま。Today a man, tomorrow none.
**今日か明日か**（きょうかあすか） その日が待ち遠しいさま。また、その日の来るのを恐れるさま。
**今日という今日**（きょうというきょう） 今日こそは。
**今日の情けは明日の仇**（きょうのなさけはあすのあだ） 人の心は、その時々の利害・感情に左右されやすいので、あてにならないことのたとえ。
**今日の後に今日無し**（きょうののちにきょうなし） 今日は、すぎ去ったら二度ともどってこない。一日一日を大切にせよということ。
**今日は人の身、明日は我が身**（きょうはひとのみ、あすはわがみ） 今日は人のこととして気にかけなかった苦難も、明日は自分の身の上にふりかかるかもしれない。何事も、ひとごととしておろそかに見過ごしてはいけないということ。What chances to one man may happen to all.
**今日を晴れと**（きょうをはれと） 《事を行うにあたって。または、着飾って》今日こそ、表だった、大切なときと思って。今日こそ晴れ晴れしく。

**き-よう**【気葉】 水生植物の空中に出ている葉。水上葉。aerial leaf

**き-よう**【紀要】 大学・研究所などで刊行する研究報告書。bulletin

**き-よう**【起用】（名・サ変他） 人を取り立てて、用いること。appointment 用例新人の―。

**き-よう**【器用】 ㊀（名） 役に立つ才能。ability ㊁（形動） 対義無器用。①手先などがたくみなさま。skillfulness ②要領のいいさま。dexterity

**きよう**【貴陽】 中国、貴州省の省都。烏江上流に臨む、行政・文化の中心。製紙・機械・セメント工業がさかん。人口一三五・三万（一九八四）。クイヤン。

**ギョウ** 6画【仰】 部首［人・亻］ 常用 JIS 2236
音ギョウ・コウ・ゴウ
訓あおぐ・おおせ
①あおぐ。㋐みあげる。うわむく。対義俯。「仰角・仰天」㋑うやまう。したう。「仰望」②おおせ。おことば。御命令。↓コウ【仰】

**ギョウ** 6画【行】 部首［行］ 教育小2 JIS 2552
音コウ・ギョウ・アン
訓いく・ゆく・おこなう
筆順↓コウ【行】
①いく。ゆく。「行幸・行商・行列」②おこない。身持ち。「悪行・乱行」「行儀・行状」③すること。おこなう。「興行・奉行」「行事・行水・行政」④仏教で、㋐存在するもの。因縁によって成立した一切の現象世界。「諸行」㋑意志などの心のはたらき。五蘊の一つ。㋒過去の善悪のおこない。十二因縁の第二支。㋓四威儀の一つ。⑤宗教上の心身の鍛錬。「苦行・修行・難行」「行者」用例（名）捨て身の―。⑥文字のならび。「改行・別行」「行間」用例（名）―を追って読む。（接尾）第一―。⑦漢字の書体の一つ。対義楷・草。「行書」用例（名）―の名手。↓アン・コウ【行】

**ギョウ** 7画【形】 部首［彡］ 教育小2 JIS 2333
音ケイ・ギョウ
訓かた・かたち
筆順↓ケイ【形】
かたち。かた。「印形・人形」「形相」↓ケイ【形】

**ギョウ** 8画【尭】 部首［土］ 人名用 JIS 2238 ｜ 12画【堯】 旧字 JIS 8401
音ギョウ
①たかい。とおい。②中国古代の伝説上の理想的帝王。「尭舜」

**ギョウ** 12画【暁】 部首［日］ 常用 JIS 2239 ｜ 16画【曉】 旧字 JIS 5892
音ギョウ・キョウ
訓あかつき
①あかつき。よあけ。対義晩。「払暁」「暁鐘・暁星・暁天」②よくしっている。わかる。「通暁」「暁達」③さとる。「暁悟」

**ギョウ** 13画【業】 部首［木］ 教育小3 JIS 2240
音ギョウ・ゴウ
訓わざ
業 業 業 業 業
①しごと。つとめ。「営業・家業・学業・産業・事業・職業」「業績・業務」用例（名）―にはげむ。②事業や産業のこと。「企業・工業」「業界・業者」用例《接尾的》製造―。仲介―。↓ゴウ【業】

**ギョウ** 14画【僥】 部首［人・亻］ JIS 4907
音キョウ・ギョウ
もとめる。利をもとめる。幸運をもとめる。「僥倖」

**ギョウ** 15画【嶢】 部首［山］ JIS 5450
音ギョウ
けわしい。たかい。

**ギョウ** 15画【澆】 部首［氵］ JIS 6304
音キョウ・ギョウ
①そそぐ。水をふりかける。②うすい。かるい。軽薄な。「澆季」

**ギョウ** 16画【凝】 部首［冫］ 常用 JIS 2237
音ギョウ
訓こる・こらす
①こる。こりかたまる。「凝結・凝固」②心をこらす。集中する。「凝議・凝視」③とどまる。とどこおる。「凝滞」④きびしい。「凝寒」

**ギョウ** 16画【鄴】 部首［阝］
音ギョウ
中国、三国時代の魏の都の名。春秋時代、斉の桓公の造営に始まるとされる。現在の河北省臨漳県のあたり。

**ギョウ** 18画【翹】 部首［羽］ JIS 7043
音キョウ・ギョウ
①あげる。たてる。「翹望」②つまだてる。つまさきでたつ。

**ギョウ** 18画【蟯】 部首［虫］ JIS 7420
音ジョウ・ギョウ
白い糸くず状の寄生虫。「蟯虫」

**ギョウ** 22画【驍】 部首［馬］ JIS 8166
音キョウ・ギョウ
たけだけしい。つよい。いさましい。「驍将・驍名」

**ぎょ-う**【魚雨】 海や湖沼のある地方で、竜巻で吸い上げられた魚などをいっしょに降らせる雨。

**ぎょ-う**【御宇】 その天皇が治める世。ある天皇の在位期間。みよ。御治世。

**ぎ-よう**【技癢・伎癢】 腕前を示したくて、もどかしく思うこと。腕が鳴ること。用例―にたえない。

**ぎ-よう**【偽葉】 ↓かよう（仮葉）

**ぎ-よう**【儀容】 礼儀にかなった姿・形。mien

**きょう-あい**【狭隘】（名・形動） ①面積や心持ちがせまいこと。せま苦しいこと。narrowness ②きゅうくつ。narrowness

**ぎょうあ-かなづかい**【行阿仮名遣（い）】 「定家仮名遣い」のこと。定家の仮名遣いをしめした『仮名文字遣』を祖父源親行から受け継いで行阿が完成させたことからいわれる。

**きょう-あく**【凶悪・兇悪】（名・形動） 性質が悪く、荒々しいこと・さま。極悪。atrocity 用例―犯人。

**きょう-あく**【梟悪】（名・形動） 悪知恵のすぐれたこと・さま。

**きょう-あす**【今日明日】 ①今日と明日。②今日か、明日。まもなく。用例―じゅうにうかがいます。

**きょう-あつ**【強圧】（名・サ変他） 力や権力で強く押し付けること。pressure 用例―を加える。

**きょう-あん**【教案】 授業の目的・目標・内容・指導過程などについて、教師があらかじめ記述した計画。学習指導案。teaching plan

**ぎょう-あん**【暁闇】 明け方の、まだ暗い時。あかつきやみ。darkness before dawn

**きょう-い**【胸囲】 胸まわりの長さ。肩甲骨の下と乳頭を結んだ線上で胸郭を一周して測る。成人女子の場合は、乳頭を避けて測る。circumference of chest

**きょう-い**【脅威】 強い力でおびやかし、おどすこと。threat 用例敵の―となる。

**きょう-い**【強意】 文章表現で、意味を強めること。

**きょう-い**【驚異】 おどろきあやしむこと。wonder

**きょう-いき**【境域・疆域】 ①土地のしきり。境界。国の範囲。②分野。地域。

**きょう-いく**【教育】（名・サ変他） 教え育てること。また、その結果として身についたもの。education 用例―者。―がある。

**きょういく-いいんかい**【教育委員会】 地方教育行政のための機関。都道府県・市町村（特別区を含む）に設置。昭和二三年（一九四八）公布の教育委員会法により制度化。当初の公選制から昭和三一年（一九五六）、任命制となる。Board of Education

**きょういく-がく【教育学】** 教育に関する総合的な研究を行う学問。教育の本質・内容・方法・制度・計画などの諸側面を研究する。pedagogy; pedagogics

**きょういく-かてい【教育課程】** ↓カリキュラム

**きょういく-かんじ【教育漢字】** 義務教育期間で読み書きできるように選定し、当用漢字別表に掲げられた八八一字の漢字の通称。昭和二三年(一九四八)制定。のち、「備考漢字(一一五字)」が加えられ、実質的には同五二年(一九七七)学習指導要領の改正によって、「学年別漢字配当表」にあげられた九九六字に変わった。続く同六三年(一九八八)告示の学習指導要領の全面改定にともない、「新学年別漢字配当表」では漢字数が一〇〇六字となり、若干の入れ変えも行われた。まず小学校で平成四年(一九九二)から実施。

**きょういく-きほんほう【教育基本法】** 日本国憲法の精神に基づき、日本の民主主義教育の根本理念と方針を定めた法律。教育憲法的な性格をもち、すべての教育法令の基本となる。昭和二二年(一九四七)公布。

**きょういく-ぎょうせい【教育行政】** 国や地方公共団体が実施する教育政策。文部省、地方の教育委員会が担当。educational administration

**きょういくけい-しゅぎ【教育刑主義】** 刑罰は教育であるという考え方。〔対義〕応報刑主義。目的刑主義。

**きょういく-けん【教育権】** ①憲法第二六条で保障された国民の教育を受ける権利。学習権と自治権からなる。②教育をする権利。親・私的団体・教師・国家などが、教育内容を決め、実施する権利・権限。

**きょういく-げんり【教育原理】** 教育内容・教育方法・教育課程など、教育の基本的な一般原理を明らかにするための研究。教育の概説・通論。educational principles

**きょういく-こうがく【教育工学】** 教育学の新分野の一つ。教育効果をあげるために教育過程に人間工学・システム工学・情報工学などを応用したもの。educational technology

**きょういくこうむいん-とくれいほう【教育公務員特例法】** 教育公務員の職務と責任の特殊性に基づき、国家公務員法・地方公務員法の人事上の特例を定める法律。昭和二四年(一九四九)公布。

**きょういく-さんぎょう【教育産業】** 教育の近代化に必要な各種の機器やプログラムなどを開発・製造する産業、および仕事や知的生活のために必要な知識を提供する産業。education industry

**きょういく-じっしゅう【教育実習】** 大学などの教職課程の一部。学校教育の現場で実践的な技術を修得し、理論研究を検証する科目。practice teaching

**きょういくしょくいん-めんきょほう【教育職員免許法】** 小・中・高校、盲・聾・養護学校、幼稚園の教員の免許の基準を定めた法律。昭和二四年(一九四九)公布。

**きょういく-じんこう【教育人口】** 教育機関(主として学校)に在籍している者の数。学校教育を終了している者を含む場合もある。

**きょういく-しんりがく【教育心理学】** 応用心理学の一つ。教育事象を心理学的に解明し、教育実践に貢献しようとする学問。educational psychology

**きょういく-ちょう【教育長】** 教育行政事務の管理執行にあたる、教育委員会事務局の長。一般職の地方公務員で教育委員会が任命。

**きょういく-ちょくご【教育勅語】** 明治二三年(一八九〇)明治天皇の名で発布された「教育に関する勅語」の通称。明治憲法下の臣民道徳・臣民教育の基本方針を示す勅語で、終戦まで日本人の人格形成に絶大な影響を与えた。昭和二三年(一九四八)国会で失効が確認された。

**きょういく-てき【教育的】**(形動) 子どもを教育するために役立つようなさま。教育上よいさま。educational 〔用例〕―な話をする。―な雰囲気。

**きょういくとうし-ろん【教育投資論】** 教育の費用は、人的資源の開発として生産的効果をもつ有効な投資であるとする見解。

**きょういく-ひょうか【教育評価】** 教育の目標に照らして、児童・生徒の発達状況を判定すること。また発達のための要因としての学校、その他の環境の状態を評価すること。エバリュエーション。educational evaluation

**きょういく-ふじょ【教育扶助】** 生活保護法により、最低限度の生活を維持できない生活困窮者の子弟に対し、地方自治体が義務教育を受けるのに必要な費用を支給すること。educational aid

**きょういく-ほけん【教育保険】** ↓がくしほけん(学資保険)

**きょうい-てき【驚異的】**(形動) 目を見はるようなさま。wonderful

**きょう-いん【教員】** 学校や教習所などで指導をする人。教師。teacher

**きょういん-くみあい【教員組合】** ↓きょうしょくいんくみあい(教職員組合)

**きょう-う【強雨】** 短時間に多量に降る雨。一〇分間降水量の最大は、日本では昭和二一年(一九四六)足摺岬で記録された四九mm。

**きょう-うん【強運】** 運が強いこと。好運に恵まれていること。fortunate 〔用例〕―の持ち主。

**きょう-うん【▽慶雲】** 文武朝・元明朝の年号。大宝から改元。元年(七〇四)五月一〇日～五年(七〇八)一月一一日。次に、和銅に改元。けいうん。

**ぎょう-うん【暁雲】** 明け方の雲。

**きょう-えい【共栄】** ともに栄えること。coprosperity 〔用例〕共存―。

**きょう-えい【胸泳】** 平泳ぎ。ブレスト。

**きょう-えい【競泳】**(名・サ変自) 一定の泳法で、定められた距離を泳ぎ、速さを競う水泳競技。自由形・平泳ぎ・バタフライ・背泳・リレーなどの種目がある。swimming competition

**きょう-えい【競映】**(名・サ変自他) 映画館が類似の映画を上映して、観客の数を競争すること。competitive exhibition of films

**きょう-えき【共益】** 共同の利益。public benefit

**きょうえき-けん【共益権】** 法人の社員が法人に対してもつ権利のうち、経営に参与することを目的とする権利。議決権や帳簿の閲覧権など。〔対義〕自益権。

**きょうえき-ひ【共益費】** ①住宅団地などの入居者が家賃のほかに支払う、共同施設にかかわる費用。fee for common service ②ある債務者に対する債権者全員の共同の利益のために使った費用。expenses for common profit

**きょう-えつ【恐悦・恭悦】**(名・サ変自) 目上の人の幸いをつつしんで喜ぶこと。その気持ちを伝えることばとして、おもに手紙に用いる。delight 〔用例〕―至極に存じます。

**きょう-えん【共演】**(名・サ変自) いっしょに出演すること。多く、スター級の俳優について言う。costarring

**きょう-えん【▼竟宴】** ①おもに平安時代、御前講義や勅撰和歌集の撰進がすんだあと、宮中で催した宴会。②祭りのあとの宴会。

**きょう-えん【競演】**(名・サ変自他) ①演技をきそうこと。contest ②同じか類似の作品を同時に演じて競うこと。contest

**きょう-えん【▼饗宴・供宴】** 一客をもてなす、華やかな酒宴。盛宴。feast 二《饗宴》(原題Sympósion)哲学書。プラトンの対話篇の一つ。悲劇詩人アガトン邸での祝宴で、出席者による演説の最後に、ソクラテスがエロス賛美の独自の見解を語る形式をとる。

**きょう-えんき【強塩基】** 塩基のうち、水に溶けたときの電離度が大きいため塩基性の強いもの。水酸化ナトリウムなど。strong base

**きょう-おう【▼饗応・供応】**(名・サ変自) 酒食を出してもてなすこと。ごちそうすること。接待。entertainment 〔用例〕―を受ける。

**きょう-おう【胸奥】** むねのおく。心中。心底。the depth of one's mind

**きょう-おう【▼薑黄】** ショウガ科の多年草。インド原産。暖地にはえる。高さ約一m。葉は大きな長楕円形。春に、緑白色の包葉がうろこ状に重なった花茎を出す。包葉の間に黄色の唇弁花をつける。

**きょうおうごこく-じ【教王護国寺】** 京都市南区九条町にある東寺。真言宗の総本山。平安京造営のさい、都城鎮護のため延暦一五年(七九六)桓武天皇が建立。弘仁一四年(八二三)空海が嵯峨天皇より賜り、真言密教の根本道場とした。羅城門の東にあって西寺に対したため、東寺と称する。

**きょう-おく【胸▼臆】** ①むね。②心の中。胸奥。

**胸臆を行う(きょうおくをおこなう)** 自分の思いのままに実践する。

**胸臆を開く(きょうおくをひらく)** 心の中に蔵していることを、すっかりうちあける。胸中を見せる。

**きょう-おち【香落ち】** 将棋で、駒落ちの一種。実力差が一級(段)ぐらいあるとき、上手が左側の香車一枚を除いて対局すること。

**きょう-おん【▼跫音】** あしおと。

**空谷の跫音(くうこくのきょうおん)** ↓くうこく(空谷)

**きょう-おんな【京女】** 京都の女性。京都の美人。〔用例〕東男に―。

**きょう-か【狂歌】** 歌材・着想・用語に制約がなく、滑稽・諧謔を本旨とする短歌。『万葉集』の戯作歌、『古今集』の俳諧歌を源流とし、軽妙な天明調狂歌を頂点とする。代表的作者として唐衣橘洲・四方赤良(大田南畝)・朱楽菅江など。

**きょう-か【供花】** 仏や死者に供える花。くげ。

**きょう-か【強化】**(名・サ変他) 強くすること。strengthen 〔対義〕弱化・弱体化。

**きょう-か【教化】**(名・サ変他) 人を教え導くこと。enlightenment 〔比較〕感化・教化。〔用例〕―活動。

**きょう-か【教科】** 教える科目。学校で、教育内容を分野別に区分したもの。subject

**きょう-か【▼莢果】** ↓とうか(豆果)

**きょう-か【郷歌】** 朝鮮、新羅の歌謡。今日『三国遺事』に一四首、『均如伝』に一一首を伝えるのみ。漢詩に対して、朝鮮のうた、の意。朝鮮語ではヒャンガという。

**きょう-か【橋架】** 橋の桁。橋。bridge girder; bridge

**きょう-が【恭賀】** うやうやしく祝うこと。〔用例〕―新年。

**ぎょう-が【仰▼臥】**(名・サ変自) あおむけに寝ること。lie on one's back

**きょう-かい【協会】** 同じ目的のために会員が協力して設立、維持する会。society

**きょう-かい【胸懐】** 胸のうち。心。

**きょう-かい【教会】** ①同じ信仰をもつ者の集団。②信徒の会合・礼拝、信徒への説教に使う建物。教会堂。church

**きょう-かい【教戒・教▼誡】**(名・サ変他) 教えいましめること。admonish

**きょう-かい【教▼誨】**(名・サ変他) 教えさとすこと。preaching

**きょう-かい【境界・▼疆界】**《「きょうがい」は別語》土地のさかい。boundary 〔用例〕―線。

**きょう-がい【境界】**《仏教語。「きょうかい」は別語》①感覚や思考の対象となる世界。②果報として得た境遇。

**きょう-がい【境涯】** ①身の上。境遇。one's lot ②地位。身分。status ③分際。one's social standing

**ぎょう-かい【業界】** 同じ産業に従事しているものの社会。business world 〔用例〕―新聞。

**ぎょう-かい【凝塊】** こりかたまったもの。clot

**きょうかい-おんがく【教会音楽】** 一般にキリスト教会での典礼や儀式と結びついた音楽をいう。church music

**ぎょうかい-かくれきがん【凝灰角▼礫岩】** 火砕岩の一種。火山岩の塊と多量の火山灰とからなる。tuff breccia

**ぎょうかい-がん【凝灰岩】** 火砕岩の一種。直径四mm以下の粒子(＝火山灰)などからなる。大谷石など。tuff

**きょうかい-し【教▼誨師】** 刑務所で、受刑者などに教誨する人。prison chaplain

**ぎょうかい-し【業界紙】** 特定の産業分野を対象にして取材・編集・発行される商業新聞。業界新聞。trade paper

**きょうかい-せんぽう【教会旋法】** 中世から一六世紀にかけて生まれたヨーロッパ音楽の音組織。ドリア旋法・フリギア旋法などがある。church modes

**きょうかい-そう【境界層】** 水や空気のように粘性の小さい流体が物体に沿って流れるとき、物体に接するごく薄い層。そこでは粘性の影響を無視できない。boundary layer

**きょうかいち-もんだい【境界値問題】** 空間または平面・直線の領域の境界上での状態を知って、その領域内の状態を調べる問題。boundary-value problem

**きょう-かいどう【京街道】** 江戸時代、京都と大坂の間の街道。東海道五十三次の延長で、京都の四条縄手を発し、伏見・淀・枚方・守口の四宿を経て大坂京橋に至る。

**きょうかい-どう【教会堂】** キリスト教徒が礼拝およびその他の宗教活動を行う建物。教会。会堂。church

**きょうかいどう-けんちく【教会堂建築】** キリスト教の礼拝や典礼に用いられる聖堂の建築。ギリシア－ローマ時代のバシリカに由来する長方形のバシリカ式と、古代オリエントを起源とし中央にドームのある十字式の二つが基本的形態。church building

**きょうかい-ほう【教会法】** ①キリスト教会

の組織や活動を律する法。②ローマ-カトリック教会法。一九一七年公布、八三年改正。カノン法。Canon Law

きょうかい-りょう【教会領】 中世ヨーロッパでカトリック教会が領有した土地。古代ローマ末期のキリスト教公認以来拡大。逃亡者庇護権、公権不入権、教会守護職などが法的に認められていた。宗教改革により世俗領主に没収され、近世初頭には消滅。church domain

きょうかい-れき【教会暦】 イエス=キリストの救いの事跡を記念する祭式を一年に配分した、教会特有の暦。church calendar

きょうかえん【鏡花縁】 中国、清代の小説。李汝珍作。一八二八年刊。父と娘が二代にわたり奇怪な国々やユートピアを巡る話。文明批判が見られる。

きょうかがい-かつどう【教科外活動】 教科とならび教育課程を構成する一領域。学級会、ホームルーム、クラブ活動、児童・生徒会活動など、教科外における児童・生徒の自主的集団的活動をいう。extracurricular activities

きょうか-がっしゅく【強化合宿】 スポーツ選手を集めて合宿練習を行い、技術・体力の向上をはかること。camp training

きょうか-ガラス【強化ガラス】 焼き入れや表面処理などによって曲げや衝撃に対する強度を大きくしたガラス。破損すると全体がこなごなになり、安全性が高い。自動車・建築物の窓などに使用。tempered glass

きょうか-ぎれい【強化儀礼】 集団にとって望ましい事柄を達成するために行われる儀礼。豊かな収穫、病気・災害の追放、怨敵退散の祈願など。rites of intensification

きょう-かく【▼夾角】 多角形の隣あう二辺の間の角。included angle

きょう-かく【▼俠客】 仁俠をたてまえとした遊び人。江戸時代の町奴に始まる。一般にけんか・ばくちで渡世し、親分・子分関係で結ばれていた。おとこだて。

きょう-かく【胸郭】 胸部の骨格。脊柱とその上部から前下に出る胸骨を肋骨が両側に張り出すように水平に連結したもの。内部の肺・心臓などを保護する。thorax

きょう-がく【共学】(名・サ変自) 男女が同じ学校・学級で学ぶこと。coeducation

きょう-がく【教学】 教育と学問。education 用例 —を国権で支配する。

きょう-がく【驚▼愕】(名・サ変自) たいへんおどろくこと。astonishment

ぎょう-かく【仰角】 高い所を見る視線と水平面とのなす角度。angle of elevation 対義 伏角。

ぎょう-かく【行革】「行政改革」の略。

きょうがくこうきょうきょく【驚▼愕交響曲】(Surprise Symphony) ハイドンの交響曲第九四番、ト長調の通称。四楽章。一七九一年作曲。第二楽章で突然最強音を出し、聴衆を驚かせたのでこの名がある。

きょうかく-せいけいじゅつ【胸郭成形術】 肋骨を切除し、胸郭を縮小させる手術。おもに肺結核治療を目的とする。thoracoplasty

きょうかく-るい【▼鋏角類】 節足動物の一亜門で、カブトガニ・サソリ・ダニ・クモなど、体前部に一対の鋏状の角をもつ動物群。触角はなく、付属肢は類によって異なる。呼吸器官は気管か書肺。

きょうか-しょ【教科書】 学校で教科指導の中心的教材として用いられる図書。明治後期以来国定だったが、昭和二二年(一九四七)検定制度が発足。school textbook

きょうか-しょくひん【強化食品】 ビタミン・カルシウムなどの栄養素を補強した食品。米・小麦粉・ジュース・みそなどに多い。enriched foods

きょうかしょ-けんていせいど【教科書検定制度】 民間で著作・編集した教科書を、文部大臣が審査し、発行を認める制度。明治一九年(一八八六)から実施。国定制度をへて昭和二二年(一九四七)以来、現在にいたる。

きょうかしょ-たい【教科書体】 漢字・仮名活字の書体の一つ。小学校などの教科書に用いられる筆写体に近い楷書体。↓書体図

きょうかしょ-てき【教科書的】(形動) ①とおりいっぺんで型にはまったさま。textbookish ②実用に向かないさま。textbookish

きょうがせ【京ケ瀬】〈村〉 新潟県、新津市北隣の村。稲作のほか近郊農業が発達。人口七八七九(一八八)。

きょう-がた【京方】 ①都の方角。京都のほう。②公家。③京の天皇・公家の味方。公家方。対義 武家方。

きょう-かたびら【経▼帷▽子】 仏式の葬儀で、死者に着せる白い着物。帷子。

きょう-かつ【恐喝・恐▼愒・脅喝】(名・サ変他) おどしつけること。ゆすること。強迫。威迫。threat; blackmail

きょうかつ-ざい【恐喝罪】 人をおどすことによって財物を交付させるなど、自分または第三者に財産上不法の利益を得させる罪。blackmail

きょう-かのう【京▽狩▽野】 日本画の流派の一つ。京都の狩野派。江戸に下った狩野派本家の江戸狩野に対して言う。狩野山楽・山雪らの父子一族が中心。

きょう-がのこ【京▼鹿の子】 ①京都で染めたかのこしぼり。②紅あんのかのこもち。③バラ科の多年草。高さ六〇〜一五〇cm。初夏に紅紫色の小花をつける。白花の品種はナツユキソウ。観賞用。↓写

●キョウガノコ③

きょうがのこむすめどうじょうじ【京▼鹿子娘道成寺】↓むすめどうじょうじ(娘道成寺)

きょうか-プラスチック【強化プラスチック】 ガラス繊維や合成繊維などの補強材で強化したプラスチック。浴槽・つりざお・機械部品などに使用。reinforced plastics

きょうか-ぼく【強化木】 ベニヤ板にベークライト液をしみこませ、熱・圧力をくわえたもの。航空機などの用材。reinforced plywood

きょうか-まい【強化米】 人工的に栄養素を補強した米。ビタミン強化米・カルシウム強化米がある。

きょう-が・る【興がる】(五自) おもしろがる。

きょう-かん【凶漢・▼兇漢】 悪者。悪漢。ruffian

きょう-かん【叫喚】 □一(名・サ変自) わめきさけぶこと。shout 用例 阿鼻—。□二(名)「叫喚地獄」の略。

きょう-かん【共感】(名・サ変自) 考えや感情に親しみをもって、相手と同じように感じること。sympathy 比較 共鳴。用例 —を覚える。

きょう-かん【峡間】↓たにあい(谷間)

きょう-かん【胸間】 胸の辺り。胸の内。心の中。

きょう-かん【胸管】 リンパ管の本幹の一つ。腹大動脈の右側に沿って胸腔に入り、脊柱の前面を上って、左側の鎖骨下静脈と内頸静脈の合流するところに背の方から注ぐ。左側主大幹。thoracic duct

きょう-かん【教官】 教育職や研究職についている国家公務員。比較 技官・事務官。

きょう-かん【経巻】 経文を書いた巻き物。

きょう-かん【郷関】 ①ふるさとの村の門。②ふるさと。用例 —を出ず。

きょう-かん【鏡鑑】 ①かがみ。②手本。

ぎょう-かん【行間】 文章の行と行とのあいだ。

行間を読む(ぎょうかんをよむ) 文章の表面には表れていない真意をつかむ。read between the lines 類似 眼光、紙背に徹す。

ぎょう-かん【凝寒】 こごえるほどの寒さ。

きょう-かんかく【共感覚】 一つの刺激が同時に他の感覚をも引き起こす現象。たとえば、音を聴いて色を感ずる、など。synesthesia

きょうかん-じごく【叫喚地獄】《仏教語》八大地獄の一つ。熱湯や火に苦しめられて、なきさけぶ地獄。

ぎょうかん-ちょう【行管庁】 行政管理庁の略称。

きょうかんてき-りかい【共感的理解】《心理学用語》相手の心や感情を、外側から知的に理解するのではなく、相手が感じているままにわかること。empathic understanding

きょうかん-ふくいんしょ【共観福音書】 新約聖書の『マタイによる福音書』『マルコによる福音書』『ルカによる福音書』の総称。資料・内容などに共通点が多いところからの呼称。Synoptic Gospels

きょう-き【凶器・▼兇器】 人を殺傷する器具。murder weapon 用例 車は走る—だ。

きょう-き【狂気】 ①気がくるうこと。madness 対義 正気。②平常心でなくなること。乱心。insanity 用例 —の沙汰。

きょう-き【狂喜】(名・サ変自) くるったように喜ぶこと。rapture 用例 —乱舞。

きょう-き【▼俠気】 おとこぎ。chivalrous spirit 用例 —に富む。

きょう-き【狭軌】 鉄道の二本のレール間隔が標準軌間(一・四三五m)より狭いもの。新幹線を除くJRの軌条間隔は一・〇六七mで狭軌。narrow gauge 対義 広軌。

きょう-き【強記】 よくおぼえていること。用例 博覧—。

きょう-き【驚喜】(名・サ変自) 思いがけないことに出合って、おどろき喜ぶこと。pleasant surprise

きょう-き【▼姜▼夔】(一一五五ごろ〜一二二一ごろ) 中国、南宋の文人。号は白石道人。鄱陽の人。詞の名手で南宋の第一人者。著書『白石道人詩集』『白石道人歌曲』など。

きょう-ぎ【供犠】 宗教上の儀礼として、神にいけにえを捧げること。

きょう-ぎ【協議】(名・サ変他) 相談して決めること。conference

きょう-ぎ【狭義】 せまい解釈・意味。narrow sense 対義 広義。

きょう-ぎ【教義】 信仰の中心となる教え。教説。教理。ドグマ。dogma

きょう-ぎ【経木】《昔、経文を書くために用いたことから》スギ・ヒノキなどの木材を紙状にけずったもの。食べ物などをつつんだり、工芸材料として用いる。

きょう-ぎ【競技】(名・サ変自) ①わざをきそい、優劣を争うこと。competition ②運動競技。sport 用例 陸上—。

ぎょう-き【▼澆季】 ①道徳がおとろえ、風俗・人情が軽薄になること・世。末世。②のちの世。後世。

ぎょうき【行基】(六六八〜七四九) 奈良時代の高僧。和泉の人。民間布教に専念、全国を巡遊して寺・堤・道路・橋などを造った。のち聖武天皇の帰依をうけ、東大寺大仏の建立に協力。日本最初の大僧正。

ぎょう-ぎ【行儀】 ①起居・動作の作法。立ち居振る舞い。manners 用例 —がいい。②順序。秩序。order 用例 —よく並べる。

ぎょう-ぎ【凝議】(名・サ変他) 熱心に相談すること。

ぎょうぎ-さほう【行儀作法】 立ち居振る舞いについてのきまり。エチケット。etiquette

きょうぎしゃ-ききん【競技者基金】↓アスリートファンド

きょうきじゅんびしゅうごう-ざい【凶器準備集合罪】 他人の生命・身体・財産に共同して害を加える目的で凶器を準備し集合した者、あるいは集合させた者に適用される罪。

きょうぎ-じょう【競技場】 広い意味では、スポーツ全般の試合場(=スタジアム)をいうが、一般的には、付属設備を含めた陸上競技場をさす。sports stadium

きょうぎ-じんこう【競技人口】 ある競技を行っている人の数。特定の範囲はないが、一般に大小競技会への出場、あるいはその競技会出場を目標として練習している者の総計。

ぎょうき-ず【行基図】 奈良時代の僧行基の作成と伝えられる地図をもとにした、江戸時代以前の日本地図の総称。諸国を俵をならべたような形で配列し、街道が示されている。

きょう-きつ【▼喬吉】(?〜一三四五) 中国、元代の劇作家。美文による傑作を残す。作品『金銭記』『揚州夢』『両世姻縁』の恋愛喜劇三編など。

きょうぎ-ながし【経木流し】 仏教法会の一つ。死者の供養のため、経木に経文や法名・戒名を記し、海や川に流す行事。

きょうぎ-ねんれい【競技年齢】 スポーツ競技で、体力的にもっとも力を発揮できる年齢。競技の違いによって幅や程度はさまざま。

きょう-きゃく【橋脚】 橋の下部構造として、橋桁を支える柱。pier ↓橋図

きょうぎ-やっかん【協議約款】 労働協約などで、使用者が一定の事項について前もって労働組合と協議することを定めた条項。人事に関するものが多い。

きょう-きゅう【供給】(名・サ変他) ①要求に応じて物を提供すること。supply ②販売や交換のために商品・サービスを市場に出すこと。supply 対義 需要。

き



↓ 行き先項目、図版・写真参照印。 JIS 日本工業規格情報交換用漢字符号コード(区点コード)。

**きょうきゅうサイド-の-けいざいがく**【供給サイドの経済学】貯蓄・生産性などおもに供給側のはたす役割を重視する経済学。サプライサイドエコノミックス。supply-side economics
**きょう-きょう**【▼恟▼恟】(形動トタル) 恐れおののくさま。恐れてさわぐさま。tremble with fear 用例 人心―。
**きょう-きょう**【恐恐】(形動トタル)《手紙の結びに使う》おそれかしこまるさま。おそるおそる。用例 ―謹言。
**きょう-きょう**【▼兢▼兢】(形動トタル) びくびくして恐れているようす。be fearful of 用例 戦々―。
**きょう-ぎょう**【協業】生産過程で多人数が計画的・組織的に協力する労働形態。分業とともに生産力向上の重要な要素。cooperation
**きょうぎょう-きんし**【競業禁止】↓きょうぎょうひし(競業避止)
**きょうきょう-くまん**【胸▼脇苦満】《漢方医学の用語》自覚的には胸やわき腹の充満感を訴え、他覚的には肋骨弓の下縁に沿った抵抗・圧痛を認める症状。
**ぎょうぎょう-し**【行行子・仰仰子】《ギョッギョッなどと鳴くことに由来》ヒタキ科の小鳥、オオヨシキリの異名。
**ぎょうぎょう-し・い**【仰仰しい】(形) おおげさである。exaggerated; pompous 用例 ―宣伝文句。派生 ぎょうぎょうしげ(形動) ぎょうぎょうしさ(名)
**きょうぎょうしんしょう**【教行信証】親鸞の著。正称は『顕浄土真実教行証文類』。六巻。浄土真宗の立教開宗の書で、「行巻」にある「正信偈」は勤行に用いられる。
**きょうきょう-と**【今日今日と】[枕ことば]《今日から明日に続くことから》「飛鳥」にかかる。用例 かもかくも命受けむと―飛鳥に到り立てれども(万葉・一六・三八八六)。
**きょうぎょう-ひし**【競業避止】一定の地位にある営業者が、自分あるいは第三者のためにその営業と競争的な行為をしてはならないという商法上の義務。営業譲渡人のほか支配人・代理商・無限責任社員・取締役などに課される。競業禁止。
**きょうぎ-りこん**【協議離婚】夫婦の合意により婚姻を解消すること。divorce by mutual agreement
**きょう-きん**【胸襟】①胸と襟。②心。胸中。
**胸襟を開く**(きょうきんをひらく) 心の中を打ち明けて話す。うちとける。open one's heart
**きょう-く**【狂句】①連歌・俳諧で、滑稽な句。②川柳の異称。
**きょう-く**【恐▼懼】(名・サ変自) おそれかしこまること。awe 用例 ―おく所を知らず。
**きょう-く**【教区】宗旨を広めるため、便宜上設けた区域。parish
**きょう-ぐ**【教具】教授・学習に用いる器具。黒板・かけ図・標本など。teaching tools
**きょう-くう**【胸▼腔】↓きょうこう(胸腔)
**きょう-ぐう**【境遇】その人がめぐりあわせた運命的な事情。身の上。境涯。circumstances 用例 あわれな―。
**きょうくう-せんし**【胸▼腔▼穿刺】胸膜腔内に針を刺し、そこにたまった液などを吸引すること。胸水の性状を検査し原病を求める、あるいは胸水を除去し呼吸困難などの症状を軽くする目的で行う。pleural puncture
**きょう-くん**【教訓】教えさとすこと。いましめ。precept 用例 ―をたれる。
**きょうくんしょう**【教訓抄】狛近真著の雅楽の文献。日本最古の音楽書。天福元年(一二三三)成立。古代音楽・芸能全般を解説。
**きょう-け**【京家】藤原四家の一つ。藤原不比等の第四子、麻呂の子孫の家系。
**きょう-げ**【教化】(名・サ変他)《仏教語》=きょうけ。①仏法を説いて衆生をみちびくこと。②法会のとき仏前で朗唱される一種の賛歌。
**ぎょう-け**【行化】《仏教語》修行と教化。
**きょう-けい**【恭敬】つつしみうやまうこと。くぎょう。reverence
**ぎょう-けい**【行刑】犯罪者に刑を執行すること。ひろくは死刑執行を含むが、ふつう自由刑についていう。
**ぎょう-けい**【行啓】(名・サ変自) もと、三后および皇太子・皇太子妃・皇太孫が旅行などのため外出すること。現在は、お出掛け、御旅行などという。比較 行幸。
**きょう-げき**【京劇】中国の代表的古典演劇。一八世紀後半以来、各地の地方劇が北京に集まり、洗練されて大成されたもの。俳優の演技は、うた・しぐさ・せりふ・立ち回りからなり、伴奏は胡琴・銅鑼などで行われ、劇は舞踊的・リズミカルに運ばれる。↓写

●京劇 『大鬧天宮』の孫悟空(中央)。

**きょう-げき**【挟撃・▼夾撃】(名・サ変他) はさみうちにすること。pincer attack
**きょう-げき**【矯激】(名・形動) なみはずれて、はげしいこと・さま。過激。用例 ―な言動。
**きょう-けち**【▼夾▼纈】染色法の一つ。模様を彫った板の間に絹をはさみ、強くしめて染め出す。比較 纐纈。
**きょう-けつ**【供血】(名・サ変自) 輸血用の血液を提供すること。給血。donation of blood 用例 ―者。
**ぎょう-けつ**【凝血】(名・サ変自) 血管外に出た血液がゼリーのように固まること。また、その血。凝固因子の働きにより出血が止まる。血液凝固。blood-clot
**ぎょう-けつ**【凝結】(名・サ変自) ①こり固まること。coagulation ②蒸気が液化する現象。凝縮。condensation ③コロイド状の粒子が集まって沈殿する現象。coagulation
**ぎょうけつ-かく**【凝結核】空気中の水蒸気が雲粒や霧粒になるとき、また、飽和蒸気などが凝結するときの核となる液体または固体の粒子。燃焼酸化物や海塩粒子など。condensation nucleus
**ぎょうけつ-こうど**【凝結高度】上昇気流が雲をつくりはじめる高度。condensation level
**ぎょうけつ-ねつ**【凝結熱】気体が凝結して同温度の液体に変わるときに出す熱。凝縮熱。heat of condensation
**きょうげ-べつでん**【教外別伝】《仏教語》禅宗で、仏の真意をことばや文字によらずに伝えること。以心伝心。
**きょう-けん**【狂犬】狂犬病にかかっている犬。rabid dog
**きょう-けん**【恭倹】(名・形動) 人にはうやうやしく、自分の行動はつつしみ深いこと・さま。ひかえめ。
**きょう-けん**【恭謙】(名・形動) つつしみ深く、へりくだること・さま。
**きょう-けん**【強肩】野球などで、速く、また遠くへ球を投げる力があること。また、その送球力。用例 ―を誇る。
**きょう-けん**【強健】(名・形動) からだが強くてじょうぶなこと・さま。壮健。sturdy 対義 病弱。
**きょう-けん**【強堅】(名・形動) 力強くて、しっかりしていること・さま。用例 ―な身体。
**きょう-けん**【強権】強力な権力。とくに国家の強制的な権力。power of the state 用例 ―発動。
**きょう-けん**【教研】「教育研究」「教育研究所」の略。
**きょう-けん**【教権】①教会・教皇の権力。②教育上の権力。
**きょう-けん**【▼龔賢】(一六二〇〜一六八九) 中国、清初の文人画家。すぐれた山水を描く。金陵の八家の一人。作品『千巌万壑図』など。
**きょう-げん**【狂言】①能狂言のこと。日本の伝統芸能の一つ。能楽の間にはさんで演じられる、せりふ中心の喜劇。南北朝時代に猿楽の中の滑稽芸が独立したものという。江戸時代に大蔵流・鷺流・和泉流の三流が確立。比較 能。数え方 一番。②歌舞伎狂言のこと。歌舞伎芝居・脚本。用例 新作―。③道理にはずれたことば。とくに、仏教でいう。④たわむれごと。ざれごと。⑤わざと仕組んだことがら。用例 ―強盗。↓写

●狂言① 『宗論』、野村万作(右)と野村万之介(左)。

**きょう-げん**【郷原・郷▼愿】《「原」「愿」はともに、つつしむ意》郷里でよい評判を得ようと、正直・善良を装い、慎み深く見せかける小人。偽善者。えせ道徳家。
**郷原は徳の賊**(きょうげんはとくのぞく) 郷原は、見識も節操もなく、徳をそこなうものである。
**きょうげん-うたい**【狂言謡】狂言で用いられる歌謡。能の方式によるもの、狂言独自の方式によるもの、特殊なものなどがある。
**きょうげんき**【狂言記】江戸時代に刊行された狂言の台本集。万治三〜享保一五年(一六六〇〜一七三〇)刊の『狂言記』『狂言記外五十番』『続狂言記』『狂言記拾遺』に各五〇番、計二〇〇番の詞章を収録。
**きょうげん-きご**【狂言▼綺語】道理に合わないことばと巧みにかざったことば。とくに、小説・物語などをいやしめて言う。きょうげんきぎょ。
**きょうけん-しゅうかい**【教研集会】《「全国教育研究集会」の略》日教組が独自の教育研究活動の一つとして、昭和二六年(一九五一)から毎年一回開いている集会。
**きょうけん-びょう**【狂犬病】家畜法定伝染病の一つ。狂犬病ウイルスによって起こるイヌの急性感染病。発病すると神経系統を冒され、昏睡状態となり、ほとんど死亡する。病犬にかまれると人・動物にも伝染する。恐水病。rabies
**きょうげん-まわし**【狂言回し】主人公ではないが、劇の進行に必要な役柄・人物。
**きょうげん-めん**【狂言面】狂言に用いる二〇種ほどの面。神仏面・鬼畜面・老人面・醜女面など。能面とは対照的な写実性とおかしみのある表情をしている。
**きょう-こ**【強固・▼鞏固】(形動) しっかりして、ゆるがないさま。firm 用例 ―な決意。
**きょう-ご**【教護】(名・サ変他) 罪を犯したり、犯すおそれのある児童を指導し保護すること。
**ぎょう-こ**【凝固】(名・サ変自) ①こり固まること。coagulation ②物質が液体や気体から固体に変化する現象。たとえば、水が氷に、二酸化炭素ガス(=炭酸ガス)がドライアイスになるなど。solidification
**ぎょう-ご**【暁悟】さとること。
**きょうご-いん**【教護院】児童福祉法に基づく児童福祉施設の一つ。不良行為をしたり、するおそれのある一八歳未満の児童を入院させて教育・保護する。前身は感化院。juvenile reformatory英; reform school米
**ぎょうこ-いんし**【凝固因子】血液中にあり、血管外に出た血液を凝固させる物質。現在、一二種類が知られている。先天性の凝固因子欠損の例として血友病がある。blood coagulation factor
**きょう-こう**【凶行・▼兇行】殺人・傷害などのむごい行為。outrage 用例 ―におよぶ。
**きょう-こう**【凶荒】ひどい不作。ききん。famine
**きょう-こう**【▽向後・▼嚮後】今からのち。今後。
**きょう-こう**【峡江】↓フィヨルド
**きょう-こう**【恐慌】①おそれあわてること。panic 用例 ―をきたした。②経済恐慌。資本主義の景気循環で起こる最悪の局面。企業の連鎖倒産・信用不安・株価暴落・生産低下・投資停止・大量失業などが集中的に発生する。crisis
**きょう-こう**【恐▼惶】恐れかしこまること。
**きょう-こう**【胸▼腔】《医学では、「きょうくう」》胸郭の中の空間。一二本の肋骨および肋軟骨とそれらの間に張る筋肉によって囲まれ、内部はおもに左右の肺と心臓で満たされている。下部は、横隔膜によって腹腔と区分される。thoracic cavity

▼常用漢字表外。 ▽常用漢字表の音訓外。

**きょう-こう【強行】**(名・サ変他) 無理に行うこと。おしとおすこと。enforcement 用例 ストを―する。

**きょう-こう【強攻】**(名・サ変他) 無理を承知で攻めること。

**きょう-こう【強硬】**(名・形動) 強く主張して屈しないこと・さま。firmness; uncompromisingness 対義 柔軟・軟弱。用例 ―に反対する。

**きょう-こう【教皇】** カトリック教会の最高首長の正称で、バチカン市国の元首。法王は俗称。Pope; the Supreme Pontiff

**きょう-ごう【叫号】**(名・サ変自) さけび呼ばわること。

**きょう-ごう【▽校合・▼挍合】**(名・サ変他) =こうごう。①原稿・原本と比べ合わせて訂正すること。collation 比較 校訂。②文献学で、底本をもとにして異文を検討すること。collation 比較 校本。

**きょう-ごう【強剛】**(名・形動) 意志などが強くてしっかりしていること・さま。

**きょう-ごう【強豪】** 勢いがさかんで強いこと・人。veteran

**きょう-ごう【競合】**(名・サ変自) ①せり合うこと。competition ②刑法で、単一の行為が複数の罪名にあたること。concurrence

**きょう-ごう【▼驕▼傲】**(名・形動) おごり高ぶること・さま。

**ぎょう-こう【行幸】**(名・サ変自) 天皇が旅行などのため外出すること。現在は、お出掛け、御旅行など。きょうこう。ぎょうごう。御幸。比較 行啓。対義 還幸・還御。

**ぎょう-こう【▼僥▼倖】** 思いがけない幸運。こぼれ幸い。まぐれ幸い。good luck; fluke 用例 成功は―であった。

**きょうこう-きんげん【恐▼惶謹言】**《おそれかしこみ、つつしんで申しあげる、の意》手紙の終わりに置くあいさつ語。恐々謹言。

**きょうこう-ぐん【強行軍】** ①ふつうよりも短時間で歩きとおす行軍。forced march ②無理を承知で、物事を進めること。enforcement

**きょうこう-さいけつ【強行採決】** 国会・議会などで上程案について、十分な審議や討論をせずに多数派の意見を無理に押し通して採決すること。steamroller voting

**きょうこう-しょう【強硬症】** ↓カタレプシー

**きょうこう-せんし【胸▼腔▼穿刺】** ↓きょうくうせんし(胸腔穿刺)

**きょうごう-だっせん【競合脱線】** いくつかの原因が重なって起こったとみられる鉄道車両の脱線事故。

**きょうこう-ちょう【教皇庁】** 全世界のカトリック教会を指導し、バチカン市国を統治する行政機関の総称。法王庁。ローマ聖庁。The Roman Court

**きょうこう-りょう【教皇領】** ローマ教皇の世俗的支配領域。五～七世紀に教会支配地であったシチリア、南イタリアの「ペテロの遺産」が起源。さらにフランク王ピピンが七五六年領地を寄進し、教皇領国家が成立。最盛期にはイタリア中部の大部分を領有。フランス革命・イタリア統一により廃絶と再興をくり返したが、一九二九年ラテラン協約によりバチカン市国となった。法王領。popedom

**きょう-こく【峡谷】** 幅にくらべて著しく深く、両側の崖が高くけわしい谷。ravine

**きょう-こく【強国】** 強大な国家。strong nation; great power 対義 弱国。用例 軍事―。

**きょう-こく【郷国】** ふるさと。故郷。

**きょう-ごく【京極】** 京都市内の地名。古くから平安京の東・西端の大路を東京極・西京極と呼び、とくに東京極(寺町通り)は単に京極ということが多い。

**きょうごく【京極】**〈町〉 北海道南部、羊蹄山東麓の町。ジャガイモ・アスパラガス栽培がさかん。人口三九二六(一九八八)。

**きょうごく-け【京極家】** 藤原定家の孫為教を祖とする歌道家。

**きょうごく-ためかね【京極▽為兼】**(一二五四―一三三二) 鎌倉後期の歌人。『玉葉和歌集』の撰者。藤原定家の曾孫。革新的な歌風と歌論で歌壇に新風を起こし、二条派の為世と対抗。京極派歌壇を結成し指導。佐渡・土佐へ流された。歌論『為兼卿和歌抄』など。藤原為兼。

**きょう-こつ【▼俠骨】** おとこぎのある性質。

**きょう-こつ【胸骨】** 胸郭前面中央にある骨。胸骨柄・胸骨体・剣状突起の三部に分かれ、鎖骨および第一～第七肋軟骨が左右からこれに接する。breastbone

**ぎょう-こつ【行▼乞】**《仏教語》僧が乞食を行うこと。托鉢。

**きょう-こつばん【狭骨盤】** 産道の入り口の部分である骨産道が狭い骨盤。出産のとき帝王切開などの処置が必要。contracted pelvis

**ぎょうこ-てん【凝固点】** 純粋な物質が凝固を始める温度。一定圧力下では凝固の始まりから終わりまで温度は一定。物質に固有で、未知の物質を知る手がかりとなる。solidifying point

**ぎょうこてん-こうか【凝固点降下】** 液体に別の物質(溶質)を溶解すると、液体の凝固点が降下する現象。希薄溶液では、溶質の種類に関係なく溶質のモル数に比例する。氷点降下。freezing point depression

**ぎょうこ-ねつ【凝固熱】** 液体一gが凝固するときに放出する熱量。物質に固有の値で、融解熱と値が等しく、符号が逆。heat of solidification

**きょう-このごろ【今日▼此の▼頃】** 近ごろ。recently

**きょう-さ【教唆】**(名・サ変他) ①教えそそのかすこと。instigation 比較 扇動。②刑法上の共犯の一種。犯意をもたない他人に、犯罪実行の意思を生じさせる行為。用例 殺人―。

**きょう-さ【矯詐】**(名・サ変自他) 事実をまげること。いつわること。

**きょう-さい【凶歳】** 不作の年。凶年。対義 豊歳。

**ギョウザ【▼餃▽子】** ↓ギョーザ(餃子)

**きょう-さい【共済】** 共同して助け合うこと。mutual aid

**きょう-さい【共催】**(名・サ変他) 《「共同主催」の略》二つ以上の団体が共同で催し物を行うこと。joint auspices

**きょう-さい【恐妻】**《俗語》夫が妻に頭があがらないこと。比較 愛妻。

**きょう-さい【境栽】** 花壇・道路・水辺などの縁にある植え込み。ツツジ・タマイブキなどが使われる。border plantation

**きょう-ざい【教材】** 教授・学習用の材料。teaching materials

**きょうさい-か【恐妻家】**《俗語》妻に頭のあがらない男のこと。比較 愛妻家。

**きょうさい-くみあい【共済組合】** ①同じ職業の人や同じ企業に働く人たちが互いに助けあうために、掛け金を出しあって設立する組織。benefit society ②社会保険制度の一環として、公務員などの医療保険・年金制度を運営するため、特別法に基づいて設立された組織。国家公務員等共済組合・私立学校教職員共済組合など。

**きょうさい-じぎょう【共済事業】** 共済組合・労働組合・協同組合などが組合員などから共済掛け金を受け取り、一定の事故が生じたときに共済金を給付する事業。cooperative insurance

**きょうさい-ねんきん【共済年金】** 公務員などの共済組合の職員を対象とした年金。

**きょう-さく【凶作】** 天災や悪天候などのために、農作物の収穫高が極度に少ないこと。天候不順や病害虫の大発生、夏の異常低温などが原因。不作。crop failure 対義 豊作・平作。

**きょう-さく【狭▼窄】**(名・形動) せばまっていること・さま。用例 視野―。

**きょう-さく【▽警策】** ㊀(名) 禅宗で座禅中の眠気や惰気を戒めるために指導者が用いる扁平な長方形の板。ふつう肩や背を打つ。曹洞宗の呼称で、臨済宗では「けいさく」。㊁古語(名・形動ナリ) 詩文にすぐれていること・さま。用例 文ども―に、舞・楽・物の音ども調ほりて(源氏・花宴)。↓写

**きょう-さく【競作】**(名・サ変他) 競争で作品をつくること。

**きょう-さつ【恐察】**(名・サ変他) 「察すること」の謙譲語。拝察。

**きょう-さつ【挟殺】**(名・サ変他) 野球などで、守備側が走者を塁間ではさみうちにしてアウトにすること。ランダウン。rundown

**きょうざつ-ぶつ【▼夾雑物】** あるものの中にまじっているよけいなもの。不純物。impurity

**きょうさ-はん【教唆犯】** 他人に示唆・命令して犯罪行為をするよう決意させ、実行にいたらせた者。instigation

**きょう-ざまし【興▼醒まし】**(名・形動) せっかくのおもしろみを壊してしまうこと・もの・さま。

**きょう-ざめ【興▼醒め】**(名・形動) おもしろみがなくなること・さま。

**きょう-ざ・める【興▼醒める】**(下一自) 興味がそがれる。have a wet blanket thrown on 用例 ―・めた顔つき。

**きょう-さん【共産】** 基本的生産手段や資産などが社会の共有物であること。財産を社会の共有にすること。common property

**きょう-さん【▼夾▼竿・▼夾算】** 昔、書物などの読みかけの所にはさんだ竹製のもの。後世の、しおり。

**きょう-さん【協賛】**(名・サ変他) 力を合わせて助けること。賛成して後援すること。cooperation 比較 賛助。

**きょう-さん【強酸】** 電離度の大きい酸。塩酸・硝酸・硫酸など。strong acid

**ぎょう-さん【仰山】**(副・形動) ①たくさんあるさま。plentiful 用例 ―叱られる。②大げさであるさま。exaggerated 用例 ―な話。

**きょうさん-か【共産化】**(名・サ変自他) ①私有の基本的生産手段や財貨を社会の共有にすること。communization ②共産党の指導・支配下にはいること。be communized

**きょうさん-けん【共産圏】** ソ連を中心とした社会主義国全体に対する、資本主義陣営からの呼称。communist bloc

●警策㊀ 耕雲寺(東京都)。

**きょうさん-しゅぎ【共産主義】** 私有財産制を廃止して、生産手段・生産物の共同所有と平等の消費を原理とする社会を実現しようとする思想・運動、またはその社会。ふつうはマルクス＝レーニン主義、またはそのめざす社会をいう。communism

**きょうさんしゅぎ-インターナショナル【共産主義インターナショナル】** ↓だいさんインターナショナル(第三インターナショナル)

**きょうさんしゅぎしゃ-どうめい【共産主義者同盟】** 一八四七年、マルクス・エンゲルスらを中心にロンドンで結成された国際的革命運動組織。四八年『共産党宣言』を発表。二月革命後、内部分裂により五二年解散。Communist League

**きょうさん-とう【共産党】** マルクス＝レーニン主義や毛沢東主義などを指導理念に、共産主義社会の実現を究極の目標とする政党。Communist party

**きょうさんとうせんげん【共産党宣言】**《原題Manifest der Kommunistischen Partei ドイツ》マルクスとエンゲルスによって起草された共産主義者同盟の綱領。一八四八年ロンドンで発表。プロレタリアートの革命的任務を明確化した。

**きょう-し【狂死】**(名・サ変自) くるい死にすること。death from madness

**きょう-し【狂詩】** 江戸中期から明治にかけて行われた滑稽文学の一様式。漢詩の形式で俗語・俗訓を用い、卑俗な事象を諧謔的に詠じるもの。寝惚先生(=大田南畝)、銅脈先生(=畠中観斎)などが代表作家。

**きょう-し【教士】** ①武道家の称号の一つ。明治中期に定められ、範士の下、錬士の上。②全日本剣道連盟などで用いられる称号の中位。段位・年齢などの資格を満たし、一定の審査を経た者に与えられる。

**きょう-し【教師】** 教授活動や訓育を通じて、子どもや青年たちを指導し、心身の発達を助ける人。学問や技芸を教える人、教員、宗教上の指導者など。teacher

**きょう-し【郷試】** 中国、元代以後の科挙の第一段階。宋代の州試にあたるもの。三年に一度、子・卯・午・酉の年に行われ、合格すると挙人となり、次の会試へすすむ。

**きょう-し【▼驕志】** おごりたかぶる心。

**きょう-じ【凶事】** ふきつなこと。縁起の悪いこと。tragic accident; misfortune 対義 吉事。

**きょう-じ【▼矜持・▼矜▼恃】**《「きんじ」は慣用読み》たのみとするところがあって、ほこること。ほこり。自負。プライド。pride 用例 横綱としての―をもつ。

**きょう-じ【▼脇侍・▼夾侍・挟侍・▼脇士】** 仏



↓行き先項目、図版・写真参照印。 JIS 日本工業規格情報交換用漢字符号コード(区点コード)。

像で、中尊の両脇に立つ菩薩(ぼさつ)・童子など。わきだち。わきじ。

**きょう-じ【教示】**(名・サ変他) 教え示すこと。きょうし。instruction 用例 ご—にあずかる。

**きょう-じ【経師】** ①経文(きょうもん)の書き写しを職業とした人。②経巻の表具をする職人。③書画の表装・和本の装丁・ふすまや屏風(びょうぶ)の上張りなどを行う職人。表具師。表装師。

**きょう-じ【▼驕児】** ①わがままな子。だだっ子。naughty child ②おごりたかぶった者。

**ぎょう-し【仰視】**(名・サ変他) ①上を向いて見ること。look up ②たっとんで見ること。あおぎ見ること。look up

**ぎょう-し【凝脂】** ①固まった脂肪。congealed fat ②つやのある白いはだ。

**ぎょう-し【凝視】**(名・サ変他) じっと見つめること。stare

**ぎょう-じ【行司】** 相撲で、力士を立ち合わせ、勝負の判定をする役目。また、その人。大相撲の行司は立(たて)行司を筆頭に五階級に分かれ、烏帽子(えぼし)・直垂(ひたたれ)など行司装束(しょうぞく)を着用し、軍配(ぐんばい)を持つ。sumo wrestling umpire

**ぎょう-じ【行事】** ①きまって行う事柄・催し。event 用例 年中—。学校—。②主になって事をとり行うこと・人。責任者。

**きょうしき-こきゅう【胸式呼吸】** 主として肋骨(ろっこつ)筋の周期的な収縮運動による呼吸形式。ふつう、人間は腹式呼吸だが、腹水貯留時や妊娠時にこれが顕著になる。女性は一般に胸式呼吸に傾くといわれる。thoracic respiration

**きょうし-きょく【狂詩曲】** ↓ラプソディー

**きょうじ-げんごがく【共時言語学】**《ソシュールの用語》言語を時間的変化の面を捨象した、一つの安定した状態としてとらえ、その構造・体系を研究する方法。synchronic linguistics 対義 通時言語学。

**きょう-じせい【強磁性】** 鉄などに磁場を加えたあとに磁場を取り去っても、強い磁性が残っている性質。ferromagnetism

**きょうじせい-こうぶつ【強磁性鉱物】** 磁石に吸いつくような強い磁性(=強磁性)を示す鉱物。岩石中に数パーセント程度含まれる。磁鉄鉱や磁硫鉄鉱など。ferromagnetic mineral

**きょうじせい-たい【強磁性体】** 強く磁化する物体。鉄やニッケルおよびコバルトなど。磁心材料・永久磁石・記憶素子(そし)などに使用。ferromagnetism

**きょう-じちん【▼龔自珍】**(一七九二〜一八四一) 中国、清(しん)末の学者・詩人。号は定盦(ていあん)。仁和(じんわ)の人。公羊(くよう)学派。憂愁(ゆうしゅう)をうたった。著書『龔自珍全集』。

**きょう-しつ【教室】** ①学校で授業や学習をする部屋。classroom ②大学などで、専攻科目ごとの研究室。laboratory; office 用例 物理学—。③特定の知識・技術を教えるところ。また、その集まり。school 用例 料理—。スキー—。

**きょう-じつ【凶日】** ふきつな日。悪日(あくにち・あくび)。unlucky day 対義 吉日(きちにち)。

**きょう-しゃ【狂者】** ①気の狂った人。狂人。②風流に遊ぶ人。風狂の人。③いたずらごとをする人。狂言師。

**きょう-しゃ【狭斜】**《昔の中国の都、長安(ちょうあん)にあった街の名で道幅が狭く、また遊里があったことから》花柳界の異称。色里。色街。

**きょう-しゃ【香車】** 将棋の駒(こま)の一つ。縦一筋なら一度にどこまでも進めるが、前方以外には進めない。敵陣に入って成れば金将と同じ動きができる。香。香子(きょうす)。槍(やり)。

**きょう-しゃ【強者】** 強い者。the strong 対義 弱者。

**きょう-しゃ【▼驕▼奢】**(名・形動) おごり高ぶること・さま。ほしいままにぜいたくすること。

**きょうじ-や【経師屋】** 屏風(びょうぶ)・ふすまの張り仕立てや、書画の表装などをする人。

**ぎょう-しゃ【業者】** ①商工業などの事業を営んでいる人。trader ②同業者。person of the same trade

**ぎょう-じゃ【行者】** 仏道など、宗教的な修行に専念する人。ascetic

**きょう-じゃく【▼怯弱】**(名・形動) 気が弱く、おくびょうなこと・さま。

**きょう-じゃく【強弱】** 強いことと弱いこと。強さと弱さ。

**ぎょうじゃ-にんにく【行者▼葫】** ユリ科の多年草。中部以北の深山や日本海沿いの林中にはえる。強い臭気がある。長さ約二〇cmの広く大きな葉が二または三枚根生。夏、花茎を出し、白花を散形花序につける。ヤマビル。

**ぎょうじゃ-の-みず【行者の水】** ブドウ科の落葉つる性植物。山地にはえる。葉は有柄で三角状広卵形。夏、葉の反対側に小柄のある円錐(えんすい)花序を出し、淡黄緑色の小花をつける。液果は黒熟し食用。サンカクヅル。

**きょう-しゅ【凶手・▼兇手】** 凶悪なことをする者。また、そのしわざ。用例 —に倒れる。

**きょう-しゅ【▼拱手】**(名・サ変自) ①中国の敬礼。腕を組んで礼をすること。fold one's arms ②何もしないでいること。手をこまねいて見ていること。be idle

**きょう-しゅ【教主】** 宗教の一派をひらいた人。教祖。宗祖。

**きょう-しゅ【▼梟首】**(名・サ変他) 打ち首にした首を木にかけてさらすこと。獄門。gibbeted head

**きょう-しゅ【興趣】** おもしろみ。taste 用例 —をそそる。

**きょう-じゅ【享受】**(名・サ変他) ①受け取り、自分のものにすること。receive and own ②芸術などを味わい楽しむこと。enjoyment 用例 美を—する。

**きょう-じゅ【教授】** ㊀(名・サ変他) 学問・技芸を教えさずけること・人。teaching ㊁(名) 大学などで講義し、研究を指導する職。professor

**ぎょう-しゅ【業主】** 事業または営業体の所有者。単独の場合は個人業主という。owner

**ぎょう-しゅ【業種】** 営業や事業の種類。category of business

**きょう-しゅう【強襲】**(名・サ変他) ①無理押しに攻めること。assault ②強烈におそうこと。vehement attack 用例 三塁—の内野安打。

**きょう-しゅう【教習】**(名・サ変他) 教え習わせること。training

**きょう-しゅう【郷愁】** ①故郷を遠くはなれているので、なつかしく思う気持ち。望郷心。ホームシック。homesickness ②なつかしいものや古いものを慕わしく思う気持ち。ノスタルジア。nostalgia 用例 —を感ずる。

**きょう-しゅう【▼嬌▼羞】** 女のなまめかしいはにかみ。はじらうなまめかしさ。

**ぎょう-しゅう【凝集・凝▼聚】**(名・サ変自) ①かたまり集まること。cohesion ②凝結。condensation ③抗体の作用により細菌などが集合してより大きな粒子をつくる現象。agglutination

**きょう-じゅうごう【共重合】** 二種類以上のモノマーを混合して重合を行うこと。copolymerization

**ぎょう-じゅう-ざ-が【行住▼坐▼臥】** ㊀(名) ①歩くこと・止まること・すわること・寝ることの四つ。仏教では、とくにこれを「四威儀」という。②日常の立ち居振る舞い。㊁(副) ふだん。日常。

**きょうしゅう-じょ【教習所】** ある特定の知識・技術などを教える所。training school 用例 自動車—。

**ぎょうしゅう-はんのう【凝集反応】** 微粒子の集積現象。例として、異なった血液型を混ぜ合わせたときに、赤血球の凝集塊を生ずる反応。凝着反応。agglutination

**ぎょうしゅう-りょく【凝集力】** 固体または液体において、構成している原子・イオンまたは分子の間にはたらく引力。cohesion

**きょうじゅ-かい【教授会】** 大学で、学部ごとに設置される機関。教授・助教授を主体に構成され、人事・教育課程・学生に関する問題などの重要事項を審議・決定する。faculty meeting

**きょう-しゅく【恐縮】**(名・サ変自) ①おそれいること。feel embarrassed 用例 反論されて—した。②ありがたいと思うこと。feel much obliged 用例 お心づかい—に存じます。③すまなく思うこと。be sorry 用例 お手数をかけまして、—です。

**きょう-しゅく【強縮】** 反復刺激を連続して受けた筋肉が、刺激の続く間に続ける収縮状態。強直(きょうちょく)。

**ぎょう-しゅく【凝縮】**(名・サ変自) ①こり固まってちぢむこと。condensation ②気体が圧力や温度の変化に伴い、液体に変化する現象。凝結。condensation

**ぎょうしゅく-ねつ【凝縮熱】** 気体が液体に変化するさいに発生する熱量。蒸発熱と大きさが等しい。heat of condensation

**きょう-しゅつ【供出】**(名・サ変他) ①要求に応じて物品を提供すること。delivery ②食糧管理法に基づき、農家が政府に主要農産物を義務として売り渡すこと。delivery

**きょう-じゅつ【供述】**(名・サ変他) 法律で、被告人などが尋問に応じて述べること。申し立て。口供。statement in court 比較 自供。用例 —書。

**きょうじゅつ-きょひけん【供述拒否権】** 証人などが、一定の場合に供述を拒否できる権利。被告人・被疑者に関しては、黙秘権と同義。

**きょうじゅつ-しょ【供述書】** 被告人・被疑者・証人などが自分の供述をみずから記した文書。deposition

**きょうしゅ-ぼうかん【▼拱手傍観】**(名・サ変他) 何もせず、そばで見ていること。stand by and watch

**きょう-じゅん【恭順】** つつしんで命令に従うこと。submission 用例 —をちかう。

**きょう-しょ【教書】** ①アメリカ大統領が連邦議会に書面または口頭で行う報告・勧告。大統領には法案提出権がないため、それに代わる役割ももつ。一般教書・年頭教書など。message ②ローマ教皇の布告書。bull ③中世、将軍・諸侯の命令書。

**きょう-じょ【狂女】** 気のくるった女。madwoman

**ぎょう-しょ【行書】** 漢字の書体の一つ。楷書(かいしょ)と草書の中間の書体。比較 楷書・草書。↓書体図

**きょう-しょう【協商】**(名・サ変自) ①相談。評議。consultation ②利害関係のある国家が協議してとり決めること。agreement 用例 三国—。

**きょう-しょう【狭小】**(形動) せまくて小さいさま。narrowness 対義 広大。

**きょう-しょう【強将】** 強い大将。勇将。

**強将の下に弱卒無し**(きょうしょうのもとにじゃくそつなし)《強将の配下にあるものは、その影響をうけて自然に強くなり、弱い兵はいない、の意から》上に立つ者が優秀だと、その下にいる者もすぐれる。勇将の下に弱卒無し。

**きょう-しょう【▼梟将】** 勇猛で強い武将。

**きょう-しょう【▼嬌笑】**(名・サ変自) 女が色っぽく笑うこと。また、その笑い。

**きょう-じょう【凶状・▼兇状】** 罪状。犯罪。crime

**きょう-じょう【教場】** 教授する場所。教室。classroom

**きょう-じょう【教条】** 教会公認の教義を箇条書きにしたもの。信仰箇条。ドグマ。dogma

**ぎょう-しょう【行商】**(名・サ変他) 商品を持って売り歩くこと。通い商い。また、その商人。peddle

**ぎょう-しょう【暁鐘】** 夜明けに打ち鳴らす鐘。morning bell 対義 暮鐘。

**ぎょう-しょう【▼驍将】** 強い大将。勇将。

**ぎょう-じょう【行状】** ①行いのありさま。品行。身持ち。behavior ②ある人の一生の記録・経歴。record of one's life; one's past career 用例 —記。

**きょうじょう-かかくさ【▼鋏状価格差】** 独占部門の生産物と非独占部門のそれとの価格の差が鋏(はさみ)を開いたような形で増大する現象。とくに工業製品価格と農産物価格との間にあらわれる。シェーレ。scissors-form difference in prices

**きょうじょう-しゅぎ【教条主義】** ①情況の推移と無関係に、原理・原則に固執する態度。マルクス主義の解釈・適用をめぐって用いられる批判的用語。dogmatism 対義 修正主義。②原典や前例・外国の例ばかりまねて融通のきかない公式主義的な態度。dogmatism

**ぎょうしょう-ぶんか【仰▼韶文化】** 中国河南(かなん)省の仰韶遺跡を標準とする新石器時代文化。黄河中流域、渭水(いすい)流域に分布。原始的な鋤耕(じょこう)農業でアワを栽培。豚・犬など家畜をもち、彩陶を主とする製陶技術にすぐれていた。ヤンシャオ文化。

**きょうじょう-もち【凶状持ち】** 凶悪な罪を犯したことがあること。また、その者。

**きょう-しょく【教職】** ①教育者の職務。teaching profession ②宗教で、信徒をみちびく職務。

**きょうしょく-いん【教職員】** 教員、および教育関係の事務や給食の調理などにあたる職員。teaching staff

**きょうしょくいん-くみあい【教職員組合】** 幼稚園から大学までの学校と、盲学校・養護学校などの教師・職員が組織する労働組合。教員組合。

**きょうしょく-かてい【教職課程】** 大学の資格教育課程の一つ。教員免許状取得の基礎

資格を得るための教育編成。

**きょうじょ-しぎ【京女▼鷸】** 一般のシギ類とちがって、嘴が短く、細い円錐形で先がとがり、脚も短いシギ。翼長約一五cm。ユーラシア大陸・北米北部で繁殖し、オーストラリア・南米などで越冬。日本へは旅鳥として全国の干潟・耕地などに春秋二回出現。turnstone

**ぎょうじ-りょうり【行事料理】** 古くから各節句に決まってつくられる料理。正月のもち・七草がゆ、三月三日の草もちなど。

**きょう・じる【興じる】**(上一自) おもしろがる。興ず。興ずる。amuse oneself

**きょう-しん【共振】**(名・サ変自) 共鳴。とくに電気回路における共鳴現象をさすことが多い。同調回路や発振器などに応用。resonance

**きょう-しん【狂信】**(名・サ変他) 強くそれだけを信じこむこと。fanaticism

**きょう-しん【強震】** 震度階で、震度五の地震。壁にひびが入り、石垣がこわれたり墓石が倒れる程度。烈震と中震のあいだ。violent earthquake

**きょう-しん【郷紳】** 近世中国に特有の特権的社会層。在郷の現職、または退職官吏や官吏有資格者をさす。

**きょう-じん【凶刃・▼兇刃】** 凶行に使う刃物。assassin's dagger [用例] ―にたおれる。

**きょう-じん【狂人】** 気のくるった人。madman

**きょう-じん【強▼靭】**(形動) しなやかで、ねばり強いさま。toughness [用例] ―なロープ。―な神経。

**きょうしん-かい【共進会】** 明治政府が各地で開いた特産物の展示会。生産物をならべて優劣を品評。

**きょうしん-かいろ【共振回路】** 抵抗・コンデンサー・コイルの組み合わせで構成された電気振動回路。回路に固有の振動数をもつ交流電圧あるいは電流が加えられると発振する。タンク回路。resonance circuit

**きょうじん-こう【強▼靭鋼】** 大きな強度と靭性をもつ鋼の総称。炭素を〇・二五～〇・五%含む鋼に一～数種類の元素を少量添加した低合金鋼。クロム鋼・ニッケル－クロム鋼が代表的。建築物・車両など構造物に用いられる。tough hardening steel

**きょうしん-ざい【強心剤】** 衰弱した心臓の機能を高める薬剤。カンフル・ジギタリスなどがある。強心薬。cardiotonics

**きょうしん-しゅうはすう【共振周波数】** 電気振動の共振回路や電磁波の共振器で共鳴する周波数。resonance frequency

**きょうしん-しょう【狭心症】** 冠状動脈の血行が一時とだえて起こる症候群。左前胸部から胸骨にかけて、しめつけられるような痛みが発作的に生じる。angina pectoris

**ぎょうしん-せい【暁新世】** 新生代第三紀を三分する時代のうちの最初の時代。中生代白亜紀より新しく、新生代第三期の始新世より古い。中生代の生物に代わって哺乳類や被子植物が発展した。有孔虫などが示準化石となっている。Palaeocene

**きょうしん-てき【狂信的】**(形動) ひたすら信じこんで理性を失うほどであるさま。fanatic [用例] ―信奉者。

**きょう-す【香子】** 将棋の香車の別称。

**きょう・す【供す】**(五他) ↓きょうする(供する)

**きょう・す【▼梟す】** [文語的](サ変他) 首を獄門にかける。さらし首にする。

**きょう・ず【興ず】**(五他) ↓きょうじる(興じる)

**ぎょう・ず【行ず】**(五他) ↓ぎょうずる(行ずる)

**きょう-すい【供水】**(名・サ変自) 水を供給すること。給水。

**きょう-すい【胸水】** 胸膜腔内にたまっている液体。肺炎・肺癌・心不全・急性腎炎など種々の病気で、その量が異常にふえる。pleural fluid

**ぎょう-ずい【行水】**(名・サ変自) たらいに湯水を入れて体の汗などを流すこと。本来は神仏に参詣する者が身を清める「みそぎ」のこと。↓[写]

●行水　勝川春章『婦女風俗十二ヶ月』より。

**きょうすい-びょう【恐水病】**《狂犬病にかかると、嚥下筋のけいれんで水も飲めなくなることから》狂犬病。

**きょう-すずめ【京▼雀】** 京都に住んで、市中の事情をよく知っている人。京烏。

**きょう・する【狂する】**(サ変自) 気がくるう。狂す。go mad

**きょう・する【供する】**(サ変他) ＝供す。①そなえる。offer [用例] 仏前に―。②さし出す。serve [用例] 茶菓を―。③役立てる。make use of [用例] 参考に―。

**きょう・する【▼饗する】**(サ変他) ごちそうする。もてなす。feast; treat

**きょう・ずる【興ずる】**(サ変自) ↓きょうじる(興じる)

●共生　イソギンチャクとカクレクマノミ。

**ぎょう・ずる【行ずる】**(サ変他) ＝行ず。①行う。する。do ②仏道などを修行する。

**きょう-せい【共生・共▼棲】** 異種の生物が緊密な関係を保ちつつ、互いに利益をうけながら、あるいは一方だけが利益をうけるかたちで共同生活をすること。前者は相利共生とよばれ、イソギンチャクとクマノミの関係などを、後者は片利共生とよばれ、サメとコバンイタダキの関係などをさす。symbiosis ↓[写]

**きょう-せい【胸声】** 音楽で、比較的低い声域の声。地声に相当する高さの声。[対義] 頭声。

**きょう-せい【強制】**(名・サ変他) 権力などで、無理に物事をさせること。compulsion

**きょう-せい【強請】**(名・サ変他) 無理に請い求めること。ゆすり。ごうせい。extortion [用例] 寄付を―する。

**きょう-せい【教生】** 教授法を実習する目的で生徒を教える学生。教育実習生。

**きょう-せい【▼嬌声】** 女のなまめかしい声。

**きょう-せい【矯正・▼匡正】**(名・サ変他) 欠点や、まちがいをなおして正しくすること。correction [用例] 性格を―する。―視力。

**ぎょう-せい【行政】** ①司法・立法とならぶ国家作用の一つ。国民の必要とする公共サービスの積極的充足をめざす活動。administration [対義] 司法・立法。②法律・政令などによって行われる政務。executive [用例] ―指導。

**ぎょう-せい【暁星】** ①夜明けの空に見える星。morning star ②明けの明星。金星。Venus

**ぎ-ようせい【疑陽性】** ツベルクリン反応などで、陽性に近い反応があること。

**ぎょうせい-いいんかい【行政委員会】** 一般の行政機構から独立して、政治的中立性や技術的・専門的な知識などを必要とする行政を推進するために設けられる合議制の機関。準立法権・準司法権を併せもつものが多い。公正取引委員会・労働委員会・公安委員会など。administrative commission

**きょうせい-いみん【強制移民】** 奴隷・囚人あるいは一定地域の住民などを強制的に植民地に移住させ、現地の開拓に当たらせること。一九世紀に列強がよく用いた政策。compulsory emigration

**ぎょうせい-いん【行政院】** 台湾の最高の行政機関。

**ぎょうせい-かいかく【行政改革】** 膨張した行政の組織と機能を再調整し、組織と権限の統廃合による簡素化・効率化をはかること。行革。administrative reform

**ぎょうせい-かいぼう【行政解剖】** 法医解剖の一つ。行路病死者・水死体・自殺死体・災害死体などの、死因を明らかにするための解剖。監察医が行う。administrative autopsy

**ぎょうせい-がく【行政学】** 行政機能の分析を行う社会科学の一分野。二〇世紀のイギリスとアメリカで、拡大した行政機構を科学的に管理する学問として成立。public administration

**きょうせい-カルテル【強制カルテル】** 国家が企業に対し、強制的に加入を求めるカルテル。戦時下や恐慌期に多い。coercive cartel

**ぎょうせい-かん【行政官】** 法律・政令・省令・条例に基づいて行政事務を行う公務員。executive official

**ぎょうせい-かんさつ【行政監察】** 行政機関や公共企業体の業務の実施についての調査や検査。総務庁行政監察局が行う。administrative inspection

**ぎょうせい-かんちょう【行政官庁】** 内閣あるいはその下で、行政に関する国の意思決定をする機関。中央官庁と地方官庁の別がある。行政庁。government office

**ぎょうせい-かんとく【行政監督】** 上級の行政官庁が、下級官庁の事務運営を監督すること。administrative control

**きょうせい-かんり【強制管理】** 不動産に対する裁判所の強制執行手続きの一つ。債務者の不動産を管理し、その収益によって債務を弁済すること。sequestration [比較] 強制競売。

**ぎょうせいかんり-いいんかい【行政監理委員会】** 臨時行政調査会の答申実現を監視・推進する機関。行政管理庁(現在の総務庁)の特別機関で、任期三年の民間人で構成されたが、第二臨時行政調査会の設置により、解散。

**ぎょうせいかんり-ちょう【行政管理庁】** 行政組織を総合的に管理した中央行政機関。昭和二三年(一九四八)総理府の外局として設置。同五九年(一九八四)総務庁に改編。Administrative Management Agency

**ぎょうせい-きかん【行政機関】** 行政事務を担当する国家機関。ひろく地方公共団体の機関を含めていうこともある。行政府。administrative organ

**ぎょうせい-きこう【行政機構】** 行政のために設けられた、国家または地方自治体の組織。行政組織。administrative organization ↓[図](次ページ)

**ぎょうせい-きゅうさい【行政救済】** 行政行為により不利益を受けた国民が、処分の取り消しや損害賠償などを求める制度の総称。administrative remedy

**きょうせい-きょういく【矯正教育】** 非行少年や犯罪者の収容施設で行われる、社会への復帰・適応のための教育。corrective education

**ぎょうせい-きょうてい【行政協定】** 国と国とが行う行政上の取り決め。国会での承認は必要としない。executive agreement

**ぎょうせい-く【行政区】** 政令指定都市に設けられる行政上の管轄区域。東京都の特別区と異なり区議会をもたない。administrative district

**ぎょうせい-くかく【行政区画】** 官公庁の行政の及ぶ範囲として定められた土地の区画。日本では、とくに都道府県・市町村などの区域。administrative district

**きょうせい-けいざい【強制経済】** 国・地方自治体などが、法的に強制して徴収した税金を財源として営む経済。

**ぎょうせい-けいさつ【行政警察】** ①国の行政権の作用としての警察。administrative police [比較] 司法警察。②各行政分野の秩序維持などを目的とする警察。交通警察など。

**きょうせい-けいばい【強制競売】** 不動産に対する裁判所の強制執行手続きの一つ。債務者の不動産を差し押さえ、競売にかけて債務の弁済を行うこと。forced auction [比較] 強制管理。

**ぎょうせい-けん【行政権】** 立法権・司法権とならぶ国家の統治権の一つ。内閣のもつ権能。executive power

**ぎょうせい-こっか【行政国家】** 国家のもつ司法・行政・立法の三権の中で、とくに行政権の優位が著しい国家。二〇世紀に特徴的。administrative state

**きょうせい-ざい【強精剤】** 正式の薬物分類にはない俗称。性欲回復のための薬物を意味する。性ホルモン剤・栄養剤など。tonic

**ぎょうせい-さいばん【行政裁判】** ①行政部内に設置された裁判所(行政裁判所)が行政事件に関する裁判を行う制度。日本では現在採用されていない。administrative litigation ②一般に、行政に関する争いについての裁判。administrative litigation

**きょうせい-しっこう【強制執行】** 確定判決や公正証書をもとに、私法上の請求権を国

き

●行政機構　日本の中央行政機構

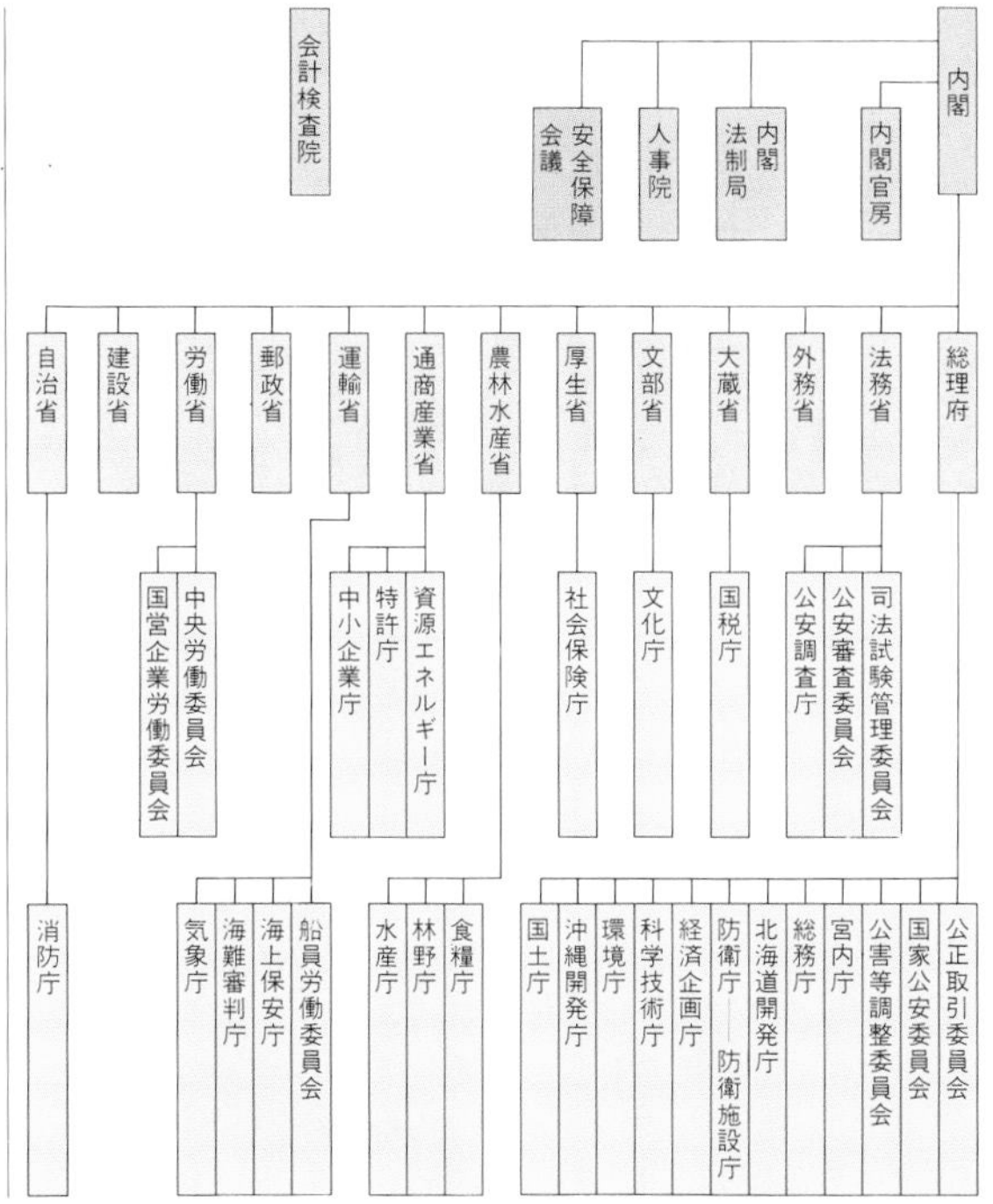


家の権力によって強制的に実現するための手続き。execution

**ぎょうせい-しどう【行政指導】** 行政機関が一定の目的を達成するため、国民や団体などに協力を求めて一定の方向に誘導すること。多くは法的な根拠をもたず、拘束力もない。administrative guidance

**きょうせい-しゅうようじょ【強制収容所】** 多数の一般市民を強制的に拘禁する施設。一九三三年以来のナチス-ドイツのもの、またスターリン時代のソ連のラーゲリなどが有名。concentration camp

**ぎょうせい-しょし【行政書士】** 他人の依頼により、官公署に提出する書類などの作成を業とする者。administrative scrivener

**きょうせい-しょぶん【強制処分】** 刑事訴訟法上、裁判所・捜査機関が強制的に行うことのできる逮捕・勾留・押収・捜索などの処分。刑の執行を保全するためのもので、原則として令状が必要。

**ぎょうせい-しょぶん【行政処分】** 行政機関が法律に基づき国民・住民に対して行う、許可・認可・命令・禁止などの具体的な行政作用。administrative measures

**きょうせい-しんどう【強制振動】** 抵抗力などのある振動系に周期的に変化する外力を作用させたときの振動。外力を取り去れば振動は減衰する。forced vibration

**ぎょうせい-せいり【行政整理】** 行政機構を縮小し、行政府の支出を削減するために公務員を減らすこと。

**きょうせい-そうかん【強制送還】** 密入国者や国内で罪を犯した外国人を、国家権力により強制的に国外に退去させること。forced repatriation

**きょうせい-そうさ【強制捜査】** 相手の意思にかかわりなく、強制的に行う捜査方法。現行犯以外には裁判官が発する捜査令状が必要。compulsory search 対義 任意捜査。

**ぎょうせい-そしき【行政組織】** 行政を合理的に推進するために定められた、職務・権限および人間関係を含む国・地方公共団体の全体系。administrative organization

**ぎょうせい-そしょう【行政訴訟】** ①行政上の争いについて裁判所があつかう訴訟。administrative action ②《「行政事件訴訟」の略》行政事件訴訟法に基づいて司法裁判所があつかう、公法上の権利関係に関する訴訟。

**ぎょうせい-そん【行政村】** 明治二一年（一八八八）の市町村制制定によって成立した村。それ以前の字を解体合併して組織された。

**きょうせい-だいしっこう【強制代執行】** 行政上の強制執行の手段の一つ。行政法上の義務を履行しない者に代わって、行政庁がこれを行うか第三者に行わせ、義務者から費用を徴収する制度。行政代執行。

**ぎょうせい-ちょう【行政庁】** 「行政官庁」の略。

**ぎょうせい-ちょうさ【行政調査】** 役所が行政上の必要のために行う調査。administrative inspection

**きょうせい-てき【強制的】**（形動）無理に押し付けるさま。compulsory 対義 自発的。

**きょうせい-バーター【強制バーター】** 物資を輸入するさい、相手にその輸入に見合う輸出の受け入れを認めさせたうえで行われる貿易取引。

**ぎょうせい-ばつ【行政罰】** 行政法上の義務違反に対する制裁として科される罰。原則的に刑法総則・刑事訴訟法が適用され、多くは秩序罰として過料が科される。

**ぎょうせい-はん【行政犯】** ↓ほうていはん（法定犯）

**ぎょうせい-ふ【行政府】** 行政機関の別称。

**ぎょうせい-ほう【行政法】** 行政に関する組織と作用を規定した国内法の総称。administrative law

**きょうせい-ほけん【強制保険】** 法律で、一定の者が加入することを義務づけられている保険。雇用保険などの社会保険の類。compulsory insurance 対義 任意保険。

**ぎょうせい-めいれい【行政命令】** 行政庁が制定する法規のうち、国民の権利義務に関係しない内部的な定め。告示・訓令・通達などの形をとる。行政規則。administrative order

**きょうせい-りこう【強制履行】** 債務者が自発的に債務を履行しない場合、債権者の申し立てに基づいて、国家権力が債務の内容を実現させること。compulsory performance

**きょうせい-ろうどう【強制労働】** 労働者の意思を無視し、無理やり労働に従事させること。労働基準法で禁止されている。forced labor

**きょうせい-わぎ【強制和議】** 破産手続きで、配当に代わる弁済方法を破産者と債権者の合意のうえで裁判所の認可により定めること。破産者・債権者双方により有利な解決をはかるためのもの。compulsory composition

**きょう-せき【共析】** 固溶体から二種類以上の異なる相の結晶を同時に析出すること。状態図上で共析の起きる点を共析点という。eutectoid

**ぎょう-せき【行跡】** 人の行いのあと。行状。behavior

**ぎょう-せき【業績】** 事業・学術上の成績。achievements 用例 ―をあげる。

**ぎょう-せき【凝析】**（名・サ変自）コロイド粒子が集合して大きな粒子をつくり、ついには沈殿する現象。凝結。凝固。凝集。coagulation

**ぎょうせき-そうば【業績相場】** 好景気のときの相場の型。企業の業績の向上によって上昇する株式相場。

**きょう-セラ【京セラ（株）】** 電子工業用セラミックスを主体とする総合材料メーカー。昭和三四年（一九五九）設立。

**きょう-せん【胸▼腺】** 胸骨の後方、心臓の前にある葉状の器官。リンパ球を産生し、免疫現象と関係がある。年齢とともに退行変性して脂肪塊となる。thymus

**ぎょう-ぜん【凝然】**（形動トタル）じっと動かないさま。stillness 用例 ―と立ちつくす。

**きょうせん-ひだい【胸▼腺肥大】** 新生児の三〇～四〇％にみられる胸腺の肥大。胸腺はふつう胎児期から思春期にかけて発達し、以後縮小する。原因は、副腎の機能低下とされる。thymus hyperplasia

**きょうせんリンパ-たいしつ【胸▼腺リンパ体質】** 特異体質の一つ。胸腺が肥大しリンパ組織の増大が著しい。外傷・注射などのわずかな刺激で急死することが多い。status thymicus

**きょう-そ【教祖】** ①宗教団体の創始者。特異な宗教体験を核とする型と、教義・組織の編成能力を核とする型に大別される。宗祖。founder of a religion ②大衆が心酔し、リーダー的存在としてあがめる人。用例 前衛芸術の―。

**きょう-そ【教組】** 「教員組合」の略。

**きょう-そう【狂騒・狂▼躁】** くるったようにさわがしいこと。うるさいさわぎ。frenzied uproar

**きょう-そう【教相】**《仏教語》密教で、教義の組織的な解釈など。対義 事相。

**きょう-そう【強壮】**（名・形動）強くてさかんなこと・さま。壮健。robustness

**きょう-そう【競争】** 一（名・サ変他）互いに負けまいと努めること。せりあい。competition 用例 ―相手。生存―。 二（名）生物の個体数または全体量が、空間や食物量にくらべ多すぎるようになった結果生じる、増殖や成長へのマイナスの影響。competition

**きょう-そう【競走】**（名・サ変自）人・動物・車両などが、走って速さを競うこと。また、その競技。一定の距離を走って所要時間を競う。race 比較 競歩。

**きょう-そう【競▼漕】** ↓ボートレース

**きょう-ぞう【胸像】** 人物の顔から肩ないし胸の部分までを表現した彫刻や絵画。バスト。bust 比較 座像・立像。

**きょう-ぞう【経蔵】** ①《仏教語》三蔵の一つ。経文を集めたもの。対義 律蔵・論蔵。②一切経をおさめる倉。経堂。

**きょう-ぞう【鏡像】** ①平面鏡に映った像。面対称となっている二点を互いに他の鏡像という。reflected image ②二つの円または球について反転の関係にある二点を互いに他の鏡像という。image by inversion

**ぎょう-そう【形相】** 顔かたち。顔つき。features; look 用例 必死の―。

**きょうそう-かかく【競争価格】** 完全競争の行われる市場で需要と供給が一致したときに形成される価格。competitive price 対義 独占価格。

**きょうそう-きょく【狂想曲】** ↓カプリチ「オ

**きょうそう-きょく【協奏曲】** 独奏楽器と管弦楽が、互いに力を競いあうように作曲された楽曲。独奏者の名人芸的な演奏技法に重きを置くものと、交響曲風につくられるものとがある。ピアノ協奏曲・バイオリン協奏曲など。コンチェルト。concerto

**きょうそう-けいやく【競争契約】** 契約を希望する複数の者を競争させ、もっとも有利な条件を提示した者と契約を結ぶこと。国や地方自治体が売買・請負などの契約を結ぶときは原則としてこの方法をとる。入札や競売など。competitive bidding

**きょうそう-ざい【強壮剤】** 栄養を補い、体力を増進し、体質を強化する薬剤。苦味健胃剤・消化剤・造血剤・栄養剤など。tonic

**きょうそう-しん【競争心】** 何事についても人に負けまいと張り合う気持ち。competitive spirit

**きょうそう-ば【競走馬】** 競馬に出走するための馬。競走の種類によっていくつかの品種があるが、日本では、サラブレッドとアングロアラブが主として使われる。racehorse

**きょうそう-はんじゃく【教相判釈】**《仏教語》多くの経典を、釈迦の説法の順序、教義内容の深さなどによって分類し、価値づけること。天台宗の五時八教、華厳宗の五教十宗などがあり、宗派成立の要件となった。教判。判教。

**きょう-そく【▼脇息】** 座ったときにわきに置き、肘をかけて体をもたせかける用具。ひじかけ。脇突。几。↓写

**きょう-そく【教則】** 物事を教える上の規則。rules

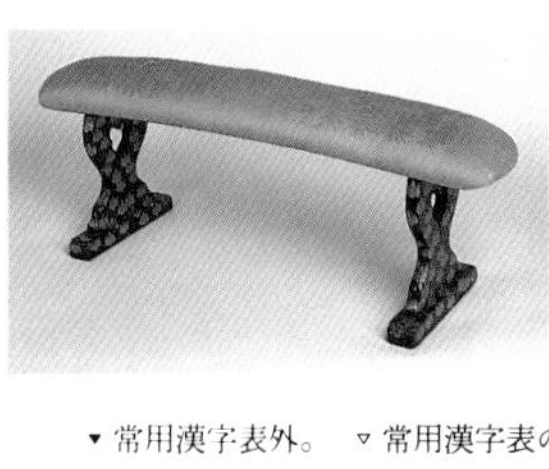

●脇息　『桐文蒔絵脇息』。大阪城天守閣。

of teaching

**きょう-ぞく【凶賊・▼兇賊】** 人の生命・財産をおびやかす賊。凶漢。brutal robber; villain

**きょうそく-ぼん【教則本】** 声楽・器楽の練習などのための、基本の技法などを順に書いた本。manual

**きょうそ-びょう【▼蠁▼蛆病】** カイコノウジバエの幼虫の寄生によって起こるカイコの病気。桑葉とともにカイコの体内に入った卵が、その体内で孵化発育し、カイコを死亡させたりまゆにあなを開けたりする。

**きょう-ぞめ【京染(め)】** ①京都で染めた染め物。②《京都は古来、染めの技術や染め色にすぐれていることから》上等の染め物。対義江戸染め。

**きょう-そん【共存】**(名・サ変自) 二つ以上のものがいっしょに存在すること。きょうぞん。coexistence 用例平和―。

**きょう-だ【▼怯▼懦】**(名・形動) おくびょうで弱気なこと・さま。cowardice

**きょう-だ【強打】**(名・サ変他) ①強く打つこと。heavy blow ②野球で、強い打撃。また、打撃にすぐれていること。hard hitting 用例―者。

**ぎょうだ【行田】**〈市〉 埼玉県北部の市。旧城下町。江戸時代から足袋の産地として発展。被服工業などがさかん。埼玉古墳群がある。人口八万六一九(一九八八)。

**きょう-たい【狂態】** 気がくるったような態度・行為。disgraceful conduct 用例―を演じる。

**きょう-たい【▼嬌態】** 女性の、なまめかしいさま。coquetry

**きょうたい【▽暁台】** ↓かとうきょうたい(加藤暁台)

**きょう-だい【兄弟】** ①兄と弟。兄、または弟。brother 対義姉妹。②親を同じくする子ども。兄と弟だけでなく、兄と妹、姉と弟、姉と妹などについても言う。はらから。sibling ③兄弟分。sworn brother ④親しい間柄の人。pal

**兄弟は左右の手**(きょうだいはさゆうのて) 兄弟は、左右二本の手のように、助けあわなければいけないということ。兄弟は両手の如し。けいていは左右の手なり。

**兄弟は他人の始まり**(きょうだいはたにんのはじまり) 兄弟が成長し、おのおの妻子を持てば、それらへの愛にひかれて、兄弟間の愛情もしだいにうすれていく。

**きょう-だい【強大】**(名・形動) 強くて大きいこと・さま。powerful 対義弱小。用例―な勢力。

**きょう-だい【橋台】** 橋の下部構造のうち、橋の両端にあって橋桁の端を支えるもの。bridge abutment

**きょう-だい【鏡台】** 化粧用の家具。化粧道具をしまう引き出し付き台に、鏡を組み合わせたもの。dresser 数え方一台・一基。

**ぎょう-たい【業態】** 営業・事業のありさま・状態。business conditions

**ぎょう-たい【凝滞】**(名・サ変自) 物事がとどこおって進まないこと。停滞。

**きょうだい-けんてい【きょうだい検定】** 家畜の個体の遺伝的素質がわからないとき、そのきょうだいの記録から推定すること。あるいは、すべてのきょうだいの記録の平均値で家系のよしあしをきめること。sib-test

**きょうだい-じけん【京大事件】** 滝川事件の別称。

**きょうだい-ぶん【兄弟分】** 同じ親方をとった子方どうし、また、真の血縁ではないが兄弟の約束を結んだ者どうしの間柄。義兄弟。sworn brother; pal

**きょう-たく【供託】**(名・サ変他) 法令の規定により、金銭・有価証券・その他の物品を供託所または一定の者に預けること。deposit

**きょう-たく【教卓】** 教室の、教師用の机。teacher's desk 比較教壇。

**きょうたく-きん【供託金】** ①供託された金銭。②公職選挙立候補者が、法令にしたがって法務局などの供託所に寄託する金銭。法定得票数に達しないと没収される。

**ぎょう-たつ【暁達】**(名・サ変自) くわしく知りぬいていること。通暁。

**きょう-たん【驚嘆・驚▼歎】**(名・サ変自) おどろき感心すること。非常に感心すること。admiration 用例―に値する。

**きょう-だん【凶弾・▼兇弾】** 悪者の撃った銃のたま。assasin's bullet 用例―に倒れる。

**きょう-だん【教団】** 宗教上の信仰・行事を信奉する同質的な集団。とくに新宗教にみられるような任意的な結社をいう。religious organization

**きょう-だん【教壇】** 教室で教師の立つ壇。platform

**教壇に立つ**(きょうだんにたつ) 教師になる。teach school 類似教鞭を執る。対義教壇を去る。

**きょう-ち【境地】** ①現在おかれている環境・立場。state 用例苦しい―に立つ。②心の状態・心境。state 用例無我の―。

**きょうちく-とう【▼夾竹桃】** キョウチクトウ科の常緑低木。高さ三〜五m。葉は細長くかたく三葉が輪生。花は夏から秋まで咲き、紅色・紫紅色・黄白色など。八重咲きもある。葉は強心・利尿剤。観賞用に栽培。oleander ↓写

**ぎょう-ちゃく【凝着】**(名・サ変自) 異種物質を接触させると、互いにくっつき合うこと。また、その現象。微視的には分子間力の作用による。付着。adhesion

**ぎょうちゃく-はんのう【凝着反応】** ↓ぎょうしゅうはんのう(凝集反応)

**きょう-ちゅう【胸中】** 胸のなか。心のうち。one's heart; intentions; thoughts 用例―察するに余りある。

**ぎょう-ちゅう【▼蟯虫】** ギョウチュウ科の線虫。細長い紡錘形で、白く、体長は雌八〜一三mm、雄二〜五mm。小児の腸に寄生する人体寄生虫。中間宿主をもたず、経口により侵入。pinworm

**きょう-ちょ【共著】** ふたり以上の著者が共同で書いた本。共同の著述。joint work

**きょう-ちょう【凶兆】** 縁起の悪いしるし。不吉なことの前ぶれ。ill omen 対義吉兆。

**きょう-ちょう【協調】**(名・サ変自) ①互いに歩み寄って相違点を解決しようとすること。cooperation 用例労使―。②仲よく力を合わせ、助け合うこと。cooperation 用例―性。

**きょう-ちょう【恐鳥】** ↓モア

**きょう-ちょう【強調】**(名・サ変他) ①調子を強めること。emphasis; stress ②強く主張すること。力説。emphasis ③印象づけるため、とくに際立たせること。emphasis 用例女らしさを―したデザイン。

**きょうちょう-かいにゅう【協調介入】** 各国の通貨当局が協調して外国為替市場に介入すること。急激な為替相場の変動を防止し、為替市場を安定させることを目的とする。coordinated intervention

**きょうちょう-てき【協調的】**(形動) ゆずり合って力を合わせるさま。cooperative 用例―精神。

**きょうちょう-ゆうし【協調融資】** 複数の銀行が協定して企業に融資すること。joint financing

**きょう-ちょく【強直】** ㊀(名・サ変自) ①関節の骨・軟骨などの運動障害。②↓きょうしゅく(強縮)。㊁(名・形動) 心がしっかりしていて正直なこと・さま。

**きょう-ちん【共沈】** 沈殿を生成するさい、共存する微量成分が沈殿中に取り込まれる現象。微量成分の分離や濃縮に応用される。coprecipitation

●キョウチクトウ

**きょう-つい【胸▼椎】** 脊椎の一部。頸椎に続く一二個の椎骨。各椎骨に左右一対の肋骨がつく。thoracic vertebra

**きょう-つう【共通】**(名・形動・サ変自) 二つ以上のもののどれにも通用し、あてはまること・さま。commonness 用例―の悩み。

**きょう-つう【胸痛】** 胸部に感じる痛み。痛みの程度・持続時間、また痛みにともなうせき・痰・冷汗・嘔吐などの症状から、狭心症・心筋梗塞・肺癌などの重要疾患を予測できる。chest pain

**きょうつう-いちじしけん【共通一次試験】** 私立大学の一部を含む、全国の国公立大学の入学志望者を対象とする統一学力試験。各大学独自の試験に先立って行われる。昭和五四(一九七九)年度より実施。平成二(一九九〇)年度からは、テストを利用するかどうかは大学の自由とする新テスト(共通テスト)に代わる。unified exam

**きょうつう-いんすう【共通因数】** いくつかの整数・整式に共通な因数。common factor

**きょうつう-かんぜい【共通関税】** 品目や数量とは関係なく、輸入された品物すべてに課される関税。common tariff

**きょうつう-げん【共通弦】** 二つの円に共通な弦。二円の交点を結ぶ線分。common chord

**きょうつう-ご【共通語】** ①言語の違う人々の意志の伝達のために共通に用いられる言語。国際社会で使われる英語など。common language ②一国内で、方言をこえて全国に通ずるものとして用いられることば。standard language 比較標準語。対義方言。

**きょうつう-しゅうごう【共通集合】** ↓せきしゅうごう(積集合)

**きょうつう-せっせん【共通接線】** 二つの曲線、とくに二つの円に接している直線。common tangent

**きょう-づか【経塚】** 末法思想を背景に、仏教経典を保存のため地中に埋納した塚。平安時代に慈覚大師円仁が唐から伝えたといわれる。経典を経筒・経箱に入れ、鏡・刀子・仏具をそえて埋納。

**きょう-づくえ【経机】** 仏前で経を読むときに、経文をのせておく机。

**きょう-づつ【経筒】** 経塚に埋めるための経典を入れる銅・陶・石製の筒状容器。円筒・六角筒・八角筒などの形がある。

**きょう-てい【協定】** ㊀(名・サ変他) 協議して取り決めること。また、決めた事柄。㊁(名) 文書作成には条約ほど厳重な形式をとらない国家間の取り決め。agreement

**きょう-てい【胸底】** 心のそこ。心中。bottom of one's heart

**きょう-てい【教程】** ①教える程度・順序・方法。curriculum ②教科書。textbook

**きょう-てい【▼筐底・▼篋底】** 箱の底。箱の中。

**筐底に秘す**(きょうていにひす) 深くかくして人に見せない。

**筐底に潜める**(きょうていにひそめる) 「筐底に秘す」と同意。

**きょう-てい【競艇】** 舟券を発売する公営のモーターボート競走。ボートレース。boat race

**きょうてい-けんぽう【協定憲法】** 統治者と国民またはその代表の合意によって制定された憲法。協約憲法。議定憲法。agreed constitution 比較欽定憲法・民定憲法。

**きょうてい-せかいじ【協定世界時】** セシウム原子時計の示す原子時に基づき、世界時と〇・九五秒以上の差の起こらないように閏秒により調整した時刻のこと。universal time coordinated

**きょうてい-ぼうえき【協定貿易】** 商品に関する貿易協定や代金決済に関する支払協定など、二国間または多数国間で結んだ貿易取引に関する協定にしたがって行われる貿易。trade by agreement

**きょう-てき【強敵】** 強い敵。手ごわい競争相手。formidable foe 対義弱敵。

**きょう-てき【狂的】**(形動) 気のくるったようなさま。insane 用例―な信仰。

**きょう-てん【教典】** ある宗教の教義を説き、当該教団によって正統と認められた典籍。scripture

**きょう-てん【経典】** ①仏教の聖典。仏の説法を書きとめた書物。経蔵・律蔵・論蔵の三蔵をさす。仏典。②信仰上の規範・訓戒を示した書物。聖典。

**きょう-でん【強電】** ①産業向けの大電力・高電圧・大電流。②電力の発生・輸送・利用およびその応用をあつかう電気工学の分野。対義弱電。

**ぎょう-てん【仰天】**(名・サ変自) 非常におどろくこと。astonishment 用例びっくり―。

**ぎょう-てん【暁天】** ①夜明けの空。dawn ②明けがた。dawn

**暁天の星**(ぎょうてんのほし) ごく少ないこと。needle in a haystack

**きょう-でんかいしつ【強電解質】** 電解質のうち、相当濃厚な溶液においてもほぼ完全に電離する物質。溶液は高い電気伝導性をもつ。strong electrolyte

**きょうてん-どうち【驚天動地】** 世間を強くおどろかすこと。world-shaken 用例―の大事件。

**ぎょうてん-もの【業転物】** 業者間で転売され、その時点での需給を価格に鋭く反映する商品。石油製品など。

**きょう-と【凶徒・▼兇徒】** ①悪者。悪徒。ruf-

fian ②暴徒。rioter

**きょう-と【教徒】** ある宗教を信仰する者、あるいは宗教団体に属する者。信徒。信者。believer; follower

**きょうと【京都】**〈府〉近畿地方北部の府。府庁所在地は京都市。丹波高地を中心に山地が多く、南部に京都盆地がある。北部は日本海型、南部は内陸型気候。伝統工芸から発展した工業と、古都の京都市を中心とした観光産業が発達。面積四六一三km²。人口二五四万一三九六(一九八八)。

**きょうと【京都】**〈市〉京都府南部、京都盆地に位置する市。府庁所在地。政令指定都市。延暦一三年(七九四)平安京として成立、明治元年(一八六八)まで首都。文化財・史跡・景勝地が多い。人口一四一万九三九〇(一九八八)。

**きょう-ど【強度】** ①強さの程度。intensity ②程度が強く、きついこと。of high degree 比較 極度。対義 軽度。用例 ― の近視。

**きょう-ど【強▼弩・▼彊▼弩】** 強い石弓。

**強弩の末(きょうどのすえ)** 「強弩の末、魯縞に入る能わず」の下略。

**強弩の末、魯縞に入る能わず(きょうどのすえ、ろこうにいるあたわず)** 強大であったものも、おとろえては、どうにもならないことのたとえ。

**きょう-ど【郷土】** ①生まれた土地、または育った土地。ふるさと。native place ②いなか。地方。country 用例 ― 芸能。

**きょう-ど【▼匈奴】** 紀元前三世紀末から紀元後五世紀、モンゴル高原に活躍した遊牧騎馬民族。トルコ系ともモンゴル系ともいわれる。前三世紀末冒頓単于が諸部族を統一。漢民族を圧迫したが、漢の武帝の征討で衰え、前一世紀には東西に、さらに後漢の時に南北に分裂。北匈奴は西走してフン族になったとされる。南匈奴は華北にはいり、五胡のうち趙・北涼などを建国。the Huns

**きょう-とう【共闘】**(名・サ変自) 共同して闘争すること。joint struggle

**きょう-とう【▼侠盗】** おとこ気のあるぬすびと。

**きょう-とう【教頭】** 小学校・中学校・高等学校などの職制の一つ。校長を補佐する役。

**きょう-とう【経塔】** 写経や陀羅尼をおさめて供養する塔。

**きょう-とう【郷党】** 同郷の仲間。郷里の人々。people of one's hometown

**きょう-とう【鏡筒】** 顕微鏡・望遠鏡などの光学機器で、レンズの保持および焦点の調節などをする筒。鏡胴。lens-barrel

**きょう-とう【驚倒】**(名・サ変自) 非常におどろくこと。astonishment 用例 一世を ― させた事件。

**きょう-どう【共同】**(名・サ変自) 対義 単独。①ふたり以上の人が力を合わせて事に当たること。cooperation ②ふたり以上の人が同資格・同条件で同じ事をすること。group work 用例 炊事場を ― で使用する。

**きょう-どう【協同】**(名・サ変自) 力・心を合わせて、ともに仕事をすること。cooperation

**きょう-どう【教導】**(名・サ変他) 教え導くこと。instruction; teaching

**きょう-どう【経堂】** 経文をおさめる堂。経蔵。

**きょう-どう【鏡胴】** →きょうとう(鏡筒)

**きょう-どう【▼嚮導】** 一(名・サ変他) さきだって導くこと。guidance; leading 二(名) 軍隊で部隊が横隊のとき、両翼で整列や行進などの基準の役目をする者。fugleman; pivot

**ぎょう-どう【行道】** ①仏道の修行。②仏教の法会で、多くの僧が読経しながら仏堂・仏像の周囲を回る儀式。繞仏。

**きょうどう-いっかんゆそう【協同一貫輸送】** 貨物輸送のシステムの一つ。コンテナを利用し、自動車・船舶・鉄道・航空機などを組み合わせ、戸口から戸口へ一貫して迅速に輸送する仕組み。intermodal transportation

**きょうどう-かいそん【共同海損】** 海難による沈没など、船舶と積み荷に生じる共同の危険を避けるため、船長が船を浅瀬に乗り上げたり積み荷を投棄したりすることによって生じる損害と費用。船舶と積み荷を一体とみなし、それぞれの利害関係者が公平に分担する。general average

**きょうどう-きぎょうたい【共同企業体】** 一企業では資金・労働力などの調達が困難なとき、複数の企業が共同で事業を行うために設立する企業。ジョイントベンチャー。JV。joint venture

**きょうどう-ぎょぎょうけん【共同漁業権】** ある一定の水面を共同で利用し、漁業を営む権利。漁業法に基づいて漁業協同組合にだけ認められる。common fishery right

**きょうどう-くみあい【協同組合】** 小資本の企業経営者・農民または消費者が共同出資して、共同購入・共同販売などの事業を行うためにつくる組織。農業協同組合・消費生活協同組合など。cooperative society

**きょうどう-けいえい【共同経営】** 複数の個人が協力して一つの企業を設立し、その運営にあたること。joint ownership

**きょうどう-げんしょう【協同現象】** 多数の粒子の集合体において、粒子間の力が互いに同傾向の影響を与え合い、全体として大きな変化を生み出す現象。協力現象。cooperative phenomenon

**きょうどう-げんそう【共同幻想】** 人間が個体としてでなく、何らかの共同性をもって世界と関係するときの観念のあり方。国家・法・宗教などとのかかわりがその典型。common idea

**きょうどう-こう【共同溝】** 電線・電話ケーブル・水道管・ガス管などをまとめて収容する地下トンネル。common duct

**きょうどう-こうにゅう【共同購入】** 消費者が共同で事業者や生産者から直接生活物資を購入すること。途中の流通コストを省いたり、消費者が分配を自分たちの手で行うことにより、物資を安定的に安く手に入れる方法。灯油・無農薬野菜などで行われることが多い。cooperative buying

**きょうどうざん-せっくつ【響堂山石▼窟】** 中国、河北省と河南省にまたがる石窟寺院。南響堂山・北響堂山石窟からなる。内部の石彫はともに、主として北斉時代(五五〇～五七七)の制作。

**きょうどうしせつ-ぜい【共同施設税】** 地方税の一つ。共同作業場や汚物処理施設などでとくに利益を受ける者から徴収する目的税。profit facilities tax

**きょうどう-しゃかい【共同社会】** →ゲマインシャフト

**きょうどう-じゅうたく【共同住宅】** 給排水設備・廊下・階段などの共同施設・共用部分をもつ集合住宅。apartment house

**きょうどう-じゅえきしゃ【共同受益者】** 債権を共同で管理し、便益も共有し合う契約関係にある者。co-beneficiaries 対義 単独受益者。

**きょうどう-せいはん【共同正犯】** 二人以上の者が意思の疎通をはかり、共同して犯罪を実行すること。各人が一様に罪に問われる。

**きょうどう-せいめい【共同声明】** 二か国以上の政府の首脳が公式会談終了後などに共同で発表する声明。joint communiqué

**きょうどう-せんげん【共同宣言】** ①複数の個人または団体が共同して発表する宣言。joint declaration ②国家間の合意や取り決めを公表・宣言すること。また、その宣言。法的拘束力をもつ。joint declaration

**きょうどう-せんせん【共同戦線】** 複数の人または団体が共通目的の遂行のために共同して行動すること。協同戦線。united front

**きょうどう-そかい【共同租界】** 一九～二〇世紀に中国に設定された租界のうち、複数国が共同で管轄したもの。一八六三年上海に、一九〇二年厦門に設けられた。

**きょうどう-たい【共同体】** ①メンバーどうしが親密で相互依存的な社会集団。community ②一定の土地を共同で所有することに基づく、閉鎖的で自給自足的な地域社会。資本主義以前の社会の基底。community

**きょうどうたい-きせい【共同体規制】** 《Gemeindezwang ドイツの訳》共同体を維持するために、土地の利用やメンバーの個人的自由に対して加えられた強い規制。

**きょうどう-ちょうし【共同聴視】** 多数の家庭のテレビを一基のアンテナで聴視すること。山間部や高層ビルの影響で電波の受信状態が悪いところで利用される。community receiving 参照 CATV。

**きょうどう-つうしんしゃ【共同通信社】** 日本を代表する通信社の一つ。同盟通信社のあとをうけ、全国のおもな報道機関の共同機関として、昭和二〇年(一九四五)設立の社団法人。

**きょうどう-でんわ【共同電話】** 複数の加入者が、一本の回線を共通利用する加入電話。

**きょうどう-フロート【共同フロート】** →きょうどうへんどうそうばせい(共同変動相場制)

**きょうどう-べんじょ【共同便所】** ①アパート・社宅・寮などの、共同で使う便所。public lavatory ②道路・公園などにある便所。公衆便所。public lavatory

**きょうどう-へんどうそうばせい【共同変動相場制】** 通貨ブロックを形成した諸国が、域内では固定為替相場制などをとりながら域外に対して共同で相場を変動させること。共同フロート。joint float

**きょうとう-ほ【橋頭▼堡・橋頭保】** ①橋を守るため橋のたもとに築いた陣地。bridgehead ②河・湖・海などを渡った地点に築いて上陸地域を掩護し、次の作戦のための拠点となる地点。bridgehead ③あしがかり。よりどころ。

**きょうどう-ほいく【共同保育】** 子どもをもつ親たちが寄り合って私設の保育所を作り、子どもたちを共同で保育するシステム。cooperative childcare

**きょうどう-ぼうぎ【共同謀議】** ①数人が共同して違法行為や犯罪の実行を協議すること。conspiracy ②英米法などにみられる特殊な犯罪行為。二人以上が共同して違法行為をすることに合意すること。合意だけで犯罪となる。conspiracy 比較 共謀共同正犯。

**きょうどう-ぼきん【共同募金】** 社会福祉事業のため、一定の民間募金機関がその資金を募る運動。日本では社会福祉法人の共同募金会によって行われる。community chest 参照 赤い羽根。

**きょうどう-ほけん【共同保険】** 同一の被保険利益について、複数の保険会社が共同で保険契約を引き受けるもの。coinsurance

**きょうどう-ぼち【共同墓地】** ①自治体が公衆のために定めた墓地。または、ある一つの団体が所有する墓地。public cemetery ②無縁仏を葬る墓地。

**ぎょうどう-めん【行道面】** 寺の練供養に用いる仮面。仏像を担う者や警護する者が着用する。

**きょうどうやく-せいしょ【共同訳聖書】** カトリック教会とプロテスタント諸教会の協力により、翻訳された聖書。日本では『新約聖書 共同訳』が昭和五三年(一九七八)に、『聖書 新共同訳』が同六二年(一九八七)に完成。

**きょうどう-よくじょう【共同浴場】** 住民や自治体などが設置し、無料あるいは低料金で入浴させる共同の浴場。共同湯。public bath

**きょうど-がし【郷土菓子】** 地方でつくられる、郷土色豊かな菓子。地方の銘菓。江戸時代に始まるものが多い。

**きょうど-がんぐ【郷土▼玩具】** 日本各地で古くから作られ、親しまれてきた郷土色の強い玩具。民間信仰に結びついたものが多い。こけし・手まり・拳玉など。folk toy →写

**きょうとく【享徳】** 室町中期の年号。宝徳から改元。元年(一四五二)七月二五日～四年(一四五五)七月二五日。次に、康正に改元。

**ぎょうとく【行徳】** 千葉県市川市南東部にある地区。旧宿場町・江戸川の河港。地下鉄の開通で住宅地域となった。

**きょうど-げいのう【郷土芸能】** 各地方特有の神事や娯楽を土台に伝承された、各種の伝統舞踊や民謡など。民俗芸能。民間芸能。

**きょうと-こくりつはくぶつかん【京都国立博物館】** 京都市東山区茶屋町七条にある国立博物館。各種文化財の保護や展示、調査研究を担う。明治三〇年(一八九七)、帝国京都博物館として開館。昭和二七年(一九五二)現在名に改称。収蔵品は歴史・美術・工芸の三部門に大別。

**きょうと-ござん【京都五山】** →ござん(五山)

**きょうと-ごしょ【京都御所】** 京都市上京区にある旧皇居。もとは里内裏で、現在のものは安政年間造営された。

**きょうと-しゅごしょく【京都守護職】** 江戸幕府末期の職名。反幕勢力の抑圧、京都の治安維持のため、文久二年(一八六二)会津藩主松平容保を任命。慶応三年(一八六七)廃止。

**きょうど-しょく【郷土色】** その地方独特の気風・風俗。地方色。ローカルカラー。local color

**きょうと-しょしだい【京都所司代】** 江戸幕府の職名。慶長五年(一六〇〇)設置。朝廷の守護と監視、京都・伏見・奈良の町奉行の統轄、西国大名の監察などを管掌。

**きょうと-だいがく【京都大学】** 旧帝大系の国立総合大学の一つ。京都帝国大学として明治三〇年(一八九七)創立。昭和二四年(一九四九)新制となり、旧制第三高等学校と合併。本部は京都市左京区吉田本町。



▼常用漢字表外。 ▽常用漢字表の音訓外。

●郷土玩具

ニポポ 北海道。 鳩笛 青森県。 手毬 長野県。 獅子頭 富山県。 鳥と犬 岡山県。
すすきみみずく 東京都。 ちゃぐちゃぐ馬子 岩手県。 お鷹ポッポ 山形県。 猩猩 奈良県。 神農の虎 大阪府。 阿茶さん 長崎県。
独楽 神奈川県 祝い鯛 静岡県。 首でこ 徳島県。 姫だるま 愛媛県。 ハーリー船 沖縄県。

**きょうとふりつ-しょくぶつえん【京都府立植物園】** 京都市左京区にある植物園。大正一三年(一九二四)に開園。面積二四ha。野生ランを中心に一万種以上の植物を植栽展示。

**きょうと-ぼんち【京都盆地】** 京都府南部の盆地。近畿中央低地帯の一部をなす。南北に細長い地溝盆地。中心は京都市。

**きょうと-まちぶぎょう【京都町奉行】** 江戸幕府の遠国奉行の一つ。慶長五年(一六〇〇)京都郡代として設置、のち町奉行と改称。畿内など八か国の幕府直轄地の管理、京都市内の統制を担当。

**きょうど-りょうり【郷土料理】** 地方独特の料理。土地の特産物を使い、ほとんど自然発生的に起こって伝わった家庭料理。local cuisine

**きょうどんみ【▼憍曇▼弥】**《Gautamī 梵の音写》釈迦の養母。摩耶夫人が、釈迦を生んで七日目に没したため、夫人の妹の憍曇弥が養母となった。ガウタミー。

**きょう-な【京菜】** アブラナ科の一、二年草。京都地方原産の野菜。葉の切れ込みの程度でいくつかの品種がある。一株から数百の茎を出す。湿地で栽培。漬け物・ひたし物などに利用。ミズナ。↓写

●キョウナ 花(上)と葉(下)。

**きょうにょ【教如】**(一五五八～一六一四) 安土桃山時代の浄土真宗の僧。顕如の子。諱は光寿。石山一揆で父とともに織田信長と戦う。のち徳川家康の命で京都七条烏丸に東本願寺を創建、初世法主となる。以後東西本願寺が並立。

**きょう-にん【▼杏▽仁】** アンズの種子の核。杏仁水としてせきどめや痰きりに用いる。あんにん。armeniaca

**ぎょう-にん【行人】** ①仏道修行をする人。②比叡山延暦寺の堂衆。③南都諸大寺・高野山における僧侶の階級の一つ。堂方。④乞食僧。

**きょう-にんぎょう【京人形】** 京都で制作された高級人形の総称。現在は一般に美しい衣装を着た、やまと人形ふうの人形をさす。

**きょうにん-どうふ【▼杏▽仁豆腐】** 中国料理のデザート。アンズの核の絞り汁に、煮溶かした寒天を合わせて固めたゼリー風のもの。あんにんどうふ。シンレンどうふ。

**ぎょう-にんべん【行人偏】** 漢字を組み立てている部分の名。「径・御」などの左にある「彳」。

**きょう-ねつ【狂熱】** 非常にはげしい情熱。enthusiasm

**きょう-ねつ【強熱】**(名・サ変他) 物質を強く熱すること。温度は、強熱後に得ようとする残留物や目的により異なる。化学用語では、微赤熱(約五二〇℃)から赤熱(約九五〇℃)の範囲をいう。ignition

**きょう-ねん【凶年】** ①天候不順や病虫害の発生などで、作物の収穫量が極めて少ない年。bad year 対義 平年・豊年。②災いの多い年。bad year

**きょう-ねん【享年】** この世に生存した年数。死んだときの年齢。行年。age at death

**ぎょう-ねん【行年】**《「行」は経る、の意》↓きょうねん(享年)

**ぎょうねん【凝然】**(一二四〇～一三二一) 鎌倉後期の華厳宗の学僧。伊予の人。東大寺戒壇院長老。仏教各宗の教学に通じ、『八宗綱要』『三国仏法伝通縁起』などを著した。

**きょう-ねんけつたん【強粘結炭】** 粘結炭のうち、高炉用コークスの製造に適するとくに堅い石炭。日本では大部分輸入。caking coal; coking coal

**ぎょうねん-すいにち【行年衰日】** 生まれた年の干支と年齢によって決められる凶日。年ごとに異なり、六日に一度の割合で配当される。衰日。

**きょう-は【教派】** 同じ宗教の流派。分派。宗派。religious sect

**きょう-ばい【競売】**(名・サ変他)《法律では「けいばい」》せり売りすること。auction

**きょう-ばい【競買】**(名・サ変他)《法律では「けいばい」》①せり買いすること。buy at an auction ②競売に出た品物を買い取ること。buy at an auction

**きょう-ばいばい【競売買】**↓けいばいばい(競売買)

**きょう-はく【強迫】**(名・サ変他) ①強く、あるいは、無理にせまり、おしつけること。coercion ②民法上、人に恐怖心を起こさせるために害を加えると通告し、相手の自由な意思決定をさまたげる違法行為。比較 脅迫。

**きょう-はく【脅迫】**(名・サ変他) ①おどしつけること。threat ②刑法上、他人を恐怖させる目的で、害を加えるという意思を示すこと。比較 強迫。

**きょうはく-かんねん【強迫観念】** 考えまいと努力するにもかかわらず、反復的に浮かび出る特定の考え。obsession

**きょうはく-ざい【脅迫罪】** 相手に恐怖を起こさせるために、相手またはその親族の生命・身体・自由・名誉・財産に害を加えると通知することで成立する罪。広くは強要罪を含むこともある。crimes of intimidation

**きょうはく-しんけいしょう【強迫神経症】** 神経症の一つ。不合理だと自分にもわかる観念や行為が意志に反して現れ、不快感をともなう状態。閉所恐怖症や、むやみに手を洗う強迫行為など。obsessional neurosis

**きょうばし【京橋】** 東京都中央区銀座の北に接する地区。商業・ビジネス街。地名は、日本橋から京に上る、最初の橋であることから。

**きょうは-しんとう【教派神道】** 明治政府公認の神道系宗教教団の総称。黒住教・出雲大社教・御岳教・金光教・天理教・神道大教・神道修成派・扶桑教・実行教・神道大成教・神習教・禊教・神理教のこと。宗教神道。対義 国家神道。

**きょう-はん【共犯】** 共同して罪をおかすこと。また、その犯人。共同正犯・教唆犯・従犯の三種類がある。complicity 比較 主犯。

**きょう-はん【共販】** 共同して商品を売ること。

**きょう-はん【教判】**「教相判釈」の略。

**きょう-はん【教範】** 教える法式。教典。

**きょう-はん【橋畔】** 橋のほとり。

**きょう-び【今日日】** 近ごろ。いまどき。nowadays

**きょうび-えんるい【狭鼻猿類】** ニホンザルを含むもっとも典型的なサルの仲間で、左右の鼻孔の間隔が狭い霊長類。アジア・アフリカにすむので、旧世界ザルともいう。しりだこをもち、知能が高い。オナガザル・テナガザル・オランウータン(ショウジョウ)・ヒトの諸科が含まれる。catarrhine 比較 広鼻猿類。

**きょうひ-しょう【強皮症】** 膠原病の一種。皮膚または身体の種々な臓器の炎症・硬化・萎縮を起こす病気。原因は不明。思春期の女子に多い。systemic scleroderma

**きょう-ひつ【共筆】** ふたりで一つの論文や報告などを仕上げること。joint authorship 比較 共著。

**きよう-びんぼう【器用貧乏】** 器用なので、あれこれと手がけるが、一つも大成できないこと。jack of all trades and master of none

**きょう-ふ【恐怖】**(名・サ変自) おそれること。こわがること。fear; dread; terror

**きょう-ふ【教父】** ①キリストの使徒伝承を正しく継承し、父と仰がれる者。ギリシア教父とラテン教父に分けられる。father ②聖公会で洗礼時に立ち会う保証人。名づけ親。godfather

**きょう-ぶ【胸部】** 胸の部分。chest

**きょう-ふう【狂風】** あれくるう風。

**きょう-ふう【強風】** ①強い風。strong wind

②風力階級七の風（毎秒一三・九～一七・一m）。樹木全体が揺れ、風に向かうと歩きにくい程度の風。near gale

**きょう-ふう【矯風】** 悪い風習を正すこと。reform of morals

**きょうぶ-がいしょう【胸部外傷】** 胸部の打撲・圧迫・刺創・射創などの原因で、胸壁および心臓・肺などの胸腔内臓器が損傷を受けること。また、その損傷。thoracic injury

**きょう-ぶく【▽軽服】** 軽い喪。血縁関係の遠い親類の喪に服すること。また、そのときに着用する喪服。対義 重服。

**きょうぶ-げか【胸部外科】** 胸部にある臓器の病気を対象とする外科。心臓・肺・大動脈・大静脈などの手術を行う。thoracic surgery

**きょうぶ-しっかん【胸部疾患】** 胸の病気。肺結核・肋膜炎など。chest disease

**きょうふ-しょう【恐怖症】** 理由なく特定の物品・状態・場所などを恐れる強迫神経症。対人恐怖・尖鋭恐怖・赤面恐怖・高所恐怖など。phobia

**きょうぶ-しょう【教部省】** 大教宣布を管掌した明治政府の官庁。

**ぎょうぶ-しょう【▽刑部省】** ①律令制下の八省の一つ。訴訟・刑罰を扱った役所。②明治の初め、裁判・警察などを扱った役所。

**きょうふ-せいじ【恐怖政治】** ①投獄・殺戮などの暴力的手段で反対派を弾圧して行う政治。terrorism ②フランス革命高揚期にロベスピエールらの指導するジャコバン党が行った弾圧政治。reign of terror

**きょう-ふつ【共沸】** 液体の混合物を圧力一定下で蒸留するとき、ある温度で蒸発する気体の組成が液体の組成と等しくなる現象。エタノールと水などで起こる。azeotropy

**きょうふ-てつがく【教父哲学】** 初期キリスト教会の思想家たちの思想体系。ギリシア哲学を取り入れた神学で、アウグスティヌスが大成。patristics; patrology

**きょうふ-の-きんこう【恐怖の均衡】** 核兵器の恐怖のもとで成り立っている平和。アメリカとソ連の核戦力のつりあいでたもたれた第二次大戦後の平和をいう。バランス-オブ-テラー。balance of terror

**きょう-ぶん【凶聞】** 不吉な知らせ。凶報。

**きょう-ぶん【狂文】** 江戸中期に流行した風刺・滑稽を主とする戯文。狂歌の隆盛に対応して興った。風来山人（＝平賀源内）の『風来六部集』などが代表的。

**きょう-へい【強兵】** ①強い軍隊。powerful army ②軍隊・軍備を強くすること。military buildup 用例 富国―。

**きょう-へい【▼驕兵】** いばりかえった軍隊。

**きょう-へき【胸壁】** ①人の胸の高さの垣根。胸墻。②とりで。③胸部の外がわ。

**ぎょう-ベクトル【行ベクトル】** 成分を横に並べて書いたベクトル。row vector

**きょう-へん【凶変・▼兇変】** 不吉な変事。calamity 用例 暗殺・暴動などの―。

**きょう-へん【共編】**（名・サ変他） ふたり以上が共同して編集すること。また、その書物。coeditorship

**きょう-べん【強弁】**（名・サ変他） ①無理に言いはること。obstinate insistence 比較 強調。②へりくつをつけて言いわけをすること。こじつけ。sophistry

**きょう-べん【教▼鞭】** 授業のとき、教師が指示に使うむち。teaching stick; birch

**教鞭を執る** 教師となって、教える。teach school 類似 教壇に立つ。

**きょう-ほ【競歩】** 歩く速さを競う競技。一方のかかとが必ず地面についているように歩かなければならない。男子のオリンピック種目としては二〇km・五〇kmがある。race walking 比較 競走。↓写

●競歩

**きょう-ほう【凶報】** ①不吉な知らせ。bad news 対義 吉報。②死去の知らせ。訃報。news of one's death

**きょうほう【享▽保】** 江戸中期の年号。正徳から改元。元年（一七一六）六月二二日～二一年（一七三六）四月二八日。次に、元文に改元。

**きょう-ほう【教法】** ①《仏教語》仏の教え。教義。②教える方法。

**きょう-ぼう【凶暴・▼兇暴】**（名・形動） 凶悪で乱暴なこと・さま。atrocity

**きょう-ぼう【共謀】**（名・サ変他） 共同で悪事をたくらむこと。conspiracy

**きょう-ぼう【狂暴】**（名・形動） 気がくるったようにあばれること・さま。常識はずれの乱暴。violence

**きょう-ぼう【強暴】**（名・形動） ①理性のない荒々しさ。brutality ②押し切って強引に暴行すること・さま。outrage

**ぎょう-ぼう【仰望】**（名・サ変他） あおぎ、のぞむこと。うやまい、したうこと。敬慕。adoration 用例 祖師を―する。

**ぎょう-ぼう【行法】** 《仏教語》仏道を修行すること・作法。

**ぎょう-ぼう【▼翹望】**（名・サ変他） 首を長くして待ちのぞむこと。look forward to 用例 平和の到来を―する。

**きょうぼう-きょうどうせいはん【共謀共同正犯】** 二人以上の者が犯罪を共謀し、そのうちのある者が犯罪を実行したとき、実行者以外の者も共同正犯として処罰すること。prosecution of an accessory to a crime

**きょうぼう-せい【凶暴性・▼兇暴性】** 凶暴な性質。atrocity

**きょうほう-の-かいかく【享▽保の改革】** 八代将軍徳川吉宗による政治改革。享保年間（一七一六～三六）前後、上米制・足高制・定免制・新田開発・良質の金銀貨の発行などで財政再建を企図。幕政三大改革の一つ。

**きょうほう-の-ききん【享▽保の飢▼饉】** 享保一七年（一七三二）イナゴの害から起こった西国地方の飢饉。餓死者多数で各地に一揆・打毀しが頻発、幕藩体制の基礎をゆるがした。

**きょう-ぼく【▼喬木】** ↓こうぼく（高木）

**きょう-ほん【狂奔】**（名・サ変自） ①くるったように走り回ること。rush about wildly ②夢中になって奔走すること。make desperate efforts

**きょう-ほん【教本】** 教科書。教則本。manual; textbook

**きょう-ま【京間】** 和風家屋の間取りの寸法の一つ。柱割りの場合は六尺五寸（一九七cm）が、畳割りの場合は長辺六尺三寸（一九一cm）が基準。近畿地方に多い。比較 田舎間。

●京舞 国立劇場（東京都）。

**きょう-まい【京舞】** 日本舞踊の上方舞の一つ。京都で発展した。井上流など。↓写

**きょう-まい【供米】** 農家が、政府の決めた値段で供出した米。供出米。

**きょう-まく【胸膜】** 胸壁を裏づけ、肺の表面をおおう膜。肺の表面の補強、肺の呼吸運動による胸壁との摩擦をへらすなどの機能をもつ。肋膜。pleura 用例 ―炎。↓呼吸器系図

**きょう-まく【強膜・▼鞏膜】** 眼球の表面の膜で、前面中央の角膜を除いた部分。不透明で堅く眼球前面では白目の部分。sclera ↓目図

**きょう-まく【▼莢膜】** 多くの細菌の被膜となっている細胞膜。菌体の防御の役割をする。capsule

**きょうまく-えん【胸膜炎】** 胸膜の炎症。ふつうは肺結核・肺炎などの合併症だが、癌性胸膜炎のときもある。肋膜炎。pleurisy

**きょうまち-おんせん【京町温泉】** 宮崎県南西部、えびの市にある温泉。霧島山西麓、川内川の上流に位置する。

**きょう-まちこ【京マチ子】**（一九二四～） 映画女優。大阪生まれ。主演作『羅生門』『雨月物語』『鍵』など。

**きょう-まん【▼驕慢・▼憍慢】**（名・形動） えらぶって、人をばかにすること・さま。arrogance

**きょう-み【興味】** 人の注意をさそうおもしろみ。interest 比較 関心。用例 ―深い。―津津。

**きょう-む【凶夢】** 不吉な夢。

**きょう-む【教務】** ①宗教上の事務。②教育上の事務。

**ぎょう-む【業務】** ①職業としての仕事。business ②経営活動のうち、生産・販売などの本来的企業活動。

**ぎょうむ-かんり【業務管理】** ①企業などの経営で、所定の仕事を統制・調整すること。business management ②労働争議で、労働者が経営者の意思を排して自主的に業務を管理・遂行する戦術。生産工場では生産管理とよばれる。

**ぎょうむじょう-おうりょう【業務上横領】** 業務として預かった公共の物や他人の金品を横取りすること。embezzlement

**ぎょうむじょう-かしつ【業務上過失】** 業務の遂行上必要な注意を怠ること。刑法上、通常の過失より刑が重くなる。negligence on duty

**ぎょうむぼうがい-ざい【業務妨害罪】** 虚偽の風説の流布、または他人の不知・錯誤を利用したり暴行・脅迫などの手段によって個人あるいは団体の業務を妨害する罪。interference with execution of duty

**ぎょうむ-めいれい【業務命令】** 業務の遂行上、使用者が雇用者に対して発する命令。order

**きょう-めい【共鳴】**（名・サ変自） ①振動体が、固有の、また、それに近い振動数の音波を外から受けるとき、自然に振動をはじめる現象。ともなり。resonance 参照 共振・Q値。②人の考えや態度などに同感すること。sympathy 比較 共感。

**きょう-めい【▼嬌名】** ①《芸者などについていう》美人だという評判。用例 ―をうたわれる。②なまめかしいうわさ。

**ぎょう-めい【▼驍名】** 武勇に関するよい評判。用例 ―をはせる。

**きょうめい-き【共鳴器】** 一定の振動数の音に共鳴する器具。音の高低を測定するのに利用。resonator

**きょうめい-せつ【共鳴説】** 聴覚に関する古典的な学説の一つ。音感覚は蝸牛管の基底膜の各線維がそれぞれ固有の周波数に共鳴震動して生ずるというもの。一八六八年、ヘルムホルツが提唱。resonance theory

**きょうめい-ばこ【共鳴箱】** 共鳴を利用し、特定の共鳴振動数の音だけを大きく取り出す中空の箱。resonance box

**きょうめい-りろん【共鳴理論】** 分子やイオンの安定性を説明した理論。ベンゼン・硫酸イオンなどが安定な状態にあるのは、二つ以上の化学構造が重なり合っているためとするもの。resonance theory

**きょう-もう【凶猛・▼兇猛】**（名・形動） あらあらしく、たけだけしいこと・さま。

**きょう-もん【教門】** 《仏教語》①実践的方面に対して、教義研究の理論的方面。対義 観門。②道に入る門としての各宗旨。

**きょう-もん【経文】** ①お経の文句。②経典。scriptures

**ぎょう-や【行屋】** 仏教や修験道などの行をする家屋。あるいは出羽三山などへ登拝する前に、一定期間こもって別火の生活をする小屋。

**きょう-やき【京焼】** 近世以後、京都で焼成さ

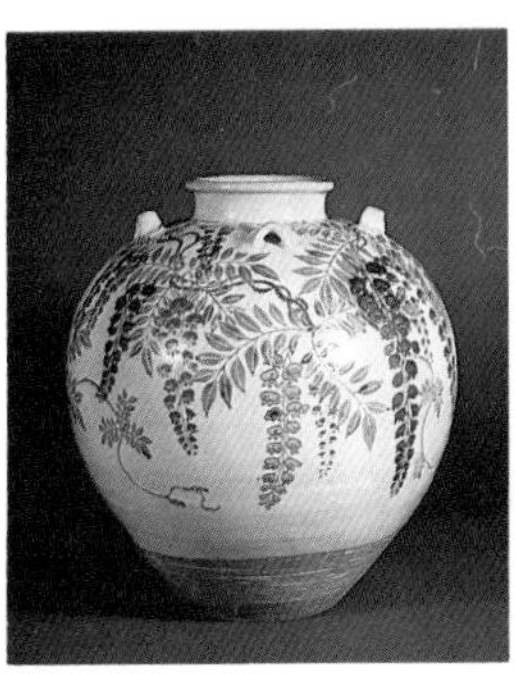
●京焼 野々村仁清『色絵藤花文茶壺』。江戸時代、MOA美術館（静岡県）。

れた楽焼以外の陶磁器。清水焼が京焼の主流。↓写

**きょう-やく【共役・共▼軛】** 対称的または相補的な関係にあること。数学の各分野で広く使う。一点から引いた二つの半直線のつくる二つの角、複素数$a+bi$と$a-bi$、双曲線$x^2/a^2-y^2/b^2=1$と$x^2/a^2-y^2/b^2=-1$など。conjugate

**きょう-やく【共訳】**(名・サ変他) ふたり以上で共同して翻訳すること。訳したもの。joint translation

**きょう-やく【協約】**(名・サ変自) ①相談して約束すること。また、その約束。agreement ②個人と団体との間、または団体どうしの間で約束を結ぶこと。また、その約束。agreement 用例労働—。

**きょうやく-けんぽう【協約憲法】** ↓きょうていけんぽう(協定憲法)

**きょうやく-にじゅうけつごう【共役二重結合】** ブタジエン$CH_2=CHCH=CH_2$のように単結合をはさんだ二重結合。conjugated double bond

**きょう-ゆ【教諭】** 一(名・サ変他) 教えさとすこと。訓諭。teaching 二(名) 幼稚園・小学校・中学校・高等学校の正教員。teacher

**きょう-ゆう【共有】**(名・サ変他) ①複数の人が一つの物を共同で所有すること。joint ownership 対義専有。②法律上の共同所有の形態の一つ。複数の人が一つの物を量的に分有すること。co-ownership 比較合有・総有。

**きょう-ゆう【享有】**(名・サ変他) 権利・能力などを、生まれながらにもっていること。be endowed by nature

**きょう-ゆう【▼侠勇】** おとこ気があり、勇気のあること・人。

**きょう-ゆう【▼梟雄】** 悪知恵のすぐれた強者。villain-type hero

**きょうゆう-けつごう【共有結合】** 二個の原子間で二個の電子を一対として共有している結合。非金属原子間の結合。水では酸素の二個の電子がそれぞれ水素の一個の電子に共有される。電子対結合。等極結合。covalent bond

**きょうゆうけつごう-けっしょう【共有結合結晶】** 共有結合によってできている結晶。共有結合は強いため、一般に熱に強く、かたい。ダイヤモンドなど。covalent crystal

**きょうゆう-こんごうぶつ【共融混合物】** 多成分の混合液体を冷却したとき、一定の温度で二成分以上が一定の組成で同時に析出するような混合物。eutectic mixture

**きょう-ゆうでんたい【強誘電体】** 一定の温度範囲で電場を加えなくても誘電分極を保ち、その分極が外からの電場によって反転可能な結晶。ロッシェル塩・燐酸二水素カリウム・チタン酸バリウムなど。ferroelectrics

**きょうゆう-りん【共有林】** 所有者が複数の森林。入り会い慣行のある村落の共有林が大部分。比較割り山。

**きょう-よ【供与】**(名・サ変他) 物品・利益を相手方に与えること・行為。giving

**きょう-よう【共用】**(名・サ変他) 共同で使用すること。common use

**きょう-よう【供用】**(名・サ変他) 使用に供すること。使わせること。用例—林。

**きょう-よう【強要】**(名・サ変他) むりに要求すること。むりじい。extortion

**きょう-よう【教養】** ①人間生活を豊かにするため知・情・意の修養をつむこと。culture ②人間性を開発・陶冶して精神文化を理解できる能力を身につけること。culture ③身についた学問・知識。culture 比較見識・人格。

**ぎょう-よう【▼杏葉】** ①唐鞍につける装飾。形が杏に似ているところからつけた名。②胴丸などの左右の肩につける小板。↓胴丸図 ③杏の葉を左右対称に描いた紋所。↓図

● 杏葉③
抱き杏葉

鍋島杏葉

**きょうよう-がくぶ【教養学部】** 大学で一般の専門分化した学部に対して、総合的な教養の修得を中心とする学部。college of general education

**きょうよう-ざい【強要罪】** 生命・財産などに害を加えると脅したり、暴力を加えたりすることにより、義務のない行為をさせたり権利の行使を妨害したりする罪。

**きょうよう-しょうせつ【教養小説】** 《Bildungsroman(ドイツ)の訳語》主人公の精神形成の過程を発展的に追求し、描きだそうとする小説。おもにドイツで発達。ゲーテの『ウィルヘルム=マイスター』など。

**ぎょうよう-ぼたん【▼杏葉▼牡丹】** 紋所の名。牡丹紋の一種。下部に牡丹の花、その両脇を杏葉形の牡丹の葉で抱く形。藤原氏流の津軽・林・佐山・幸田・重田等の諸氏が使用。↓図

**きょう-らく【享楽】**(名・サ変他) 快楽にひたること。官能的快楽にふけること。enjoyment; pleasure 対義禁欲。用例生活を—する。

**きょう-らく【京▼洛】** みやこ。とくに、京都。けいらく。

**きょう-らく【競落】**(名・サ変他) 競売で買い取ること。けいらく。

**きょうらく-しゅぎ【享楽主義】** ①人生の目的は快楽にあるとする思想。エピキュリアニズム。Epicureanism ②目先の官能的快楽を求めようとする考え。ヘドニズム。hedonism

**きょうらく-てき【享楽的】**(形動) 目先の快楽に走るさま。官能的快楽に傾くさま。pleasure-seeking

**きようら-けいご【清浦▼奎▼吾】**(一八五〇—一九四二) 政治家。伯爵。肥後の人。大正一三年(一九二四)貴族院を基礎とする超然内閣を組織し首相となるが、第二次護憲運動の矢面に立ち半年で総辞職。

**きょう-らん【狂乱】**(名・サ変自) ①くるって取り乱すこと。madness ②物事の状態がくるうこと。用例—物価。③歌舞伎で、狂人の舞いくるう所作。用例お夏—。

**きょう-らん【狂▼瀾】** ①あれくるう大波。怒濤。②物事がひどく乱れる状態。

**狂瀾を既倒に廻らす**(きょうらんをきとうにめぐらす) おとろえた大勢を、もとに返す。

**きょう-らん【供覧】**(名・サ変他) 一般の人々に見せること。display

**きょうらん-どとう【狂▼瀾怒▼濤】** 激しく荒れ狂う大波。

**きょうらん-もの【狂乱物】** 能・狂言・歌舞伎舞踊などの作品の一系統。ある劇的事件のために心の平静さが失われ、異常な精神状態となった物狂いを描く。能の『隅田川』、狂言の『金岡』、歌舞伎舞踊では女形中心の『賤機帯』、立役中心の『保名』など。

**きょう-り【胸裏・胸▼裡】** 胸の中。心中。胸中。one's heart; one's mind

**きょう-り【教理】** 特定の宗教の主張する真理・信仰内容の体系。教義。ドグマ。dogma

**きょう-り【郷里】** ふるさと。故郷。故里。hometown

**きょう-り【鏡裏・鏡▼裡】** 鏡のなか。物が映っている鏡のうち。

**ぎょう-りき【行力】** 仏道・修験道の修行で得た能力。

**きょうりき-こ【強力粉】** 硬質小麦からとった小麦粉。たんぱく質を多く含み、グルテンの質がすぐれていて、水を加えてこねたときの粘りが強い。パン・マカロニ・スパゲティなどを作るのに用いる。enriched flour 参照薄力粉。

● 杏葉牡丹
杏葉牡丹

花陰杏葉牡丹

**きょう-りつ【共立】**(名・サ変他) 共同で設立すること。joint establishment

**きょうりつ-ろん【経律論】** 《仏教語》経と律と論の三蔵。

**きょうり-もんどう【教理問答】** 初心者のため、キリスト教の教理をわかりやすく問答で示したもの。信仰問答。カテキズム。catechism

**きょう-りゅう【恐竜】** 地質時代の中生代に地球上に栄えた爬虫類の一群。骨盤の形から竜盤目と鳥盤目に分類され、全長六〇cmから三〇mにおよぶものまである。二脚か四脚歩行で、ほとんどが草食性。陸生または半水生。化石から四〇〇種以上が知られている。dinosaur ↓図(次ページ)

**きょう-りゅうし【強粒子】** ↓ハドロン

**きょう-りょう【狭量】**(名・形動) 度量のせまいこと・さま。心がせまいこと・さま。narrow-mindedness; intolerance 対義大度・広量・寛容。

**きょう-りょう【橋▼梁】** 交通の便をはかるため、川・道路・線路などの上にかける構造物。橋。bridge 比較陸橋。

**きょう-りょく【協力】**(名・サ変自) 同じ目的のために力を合わせること。cooperation 用例—を惜しまない。

**きょう-りょく【強力】**(名・形動) ①力が強いこと・さま。mightiness ②暴力。violence 用例—支配。

**きょうりょく-げんしょう【協力現象】** ↓きょうどうげんしょう(協同現象)

**きょう-りん【▼杏林】** ①アンズの林。apricot grove ②《古代中国の名医が、治療代のかわりにアンズを植えさせたという故事から》医師。doctor

**きょう-れい【凶冷】** 冷害による凶作。凶作をもたらす冷害。cold-weather damage

**きょう-れつ【強烈】**(形動) 強くはげしいさま。intensity 用例—な印象。—な打撃。

**ぎょう-れつ【行列】** 一(名・サ変自) 大勢の人が順に並ぶこと。その列。line 用例大名—。二(名) 数学で、数字や文字を方形に並べたもの。たとえば、

$$A=\begin{pmatrix}1 & -2 & 1\\ 3 & 0 & 5\end{pmatrix}\quad B=\begin{pmatrix}1 & -2\\ 5 & 6\end{pmatrix}$$

など。マトリックス。matrix

**ぎょうれつ-しき【行列式】** $n$行$n$列からなる正方行列において、各行・各列から一つの要素しかとりださないという規則にしたがってとりだした$n$個の要素の積に、一定の規則で正負の符号を与えて加え合わせたもの。たとえば、$A=\begin{pmatrix}a_{11} & a_{12}\\ a_{21} & a_{22}\end{pmatrix}$のとき、

$$|A|=a_{11}a_{22}-a_{12}a_{21}$$

である。determinant

**ぎょうれつ-ぼき【行列簿記】** 複式簿記の帳簿記入方式の一つ。すべての勘定科目を横(借方)と縦(貸方)に並べて行列をつくり、該当する二つの勘定の交差する箇所に累積的に記入するもの。マトリックス簿記。matrix bookkeeping

**きょう-れん【狂恋】** 気がくるったようなはげしい恋愛。mad love 比較悲恋。

**きょう-れん【教練】** 一(名・サ変他) 教えて、よくなれさせること。drill 二(名) 「軍事教練」の略。

**きょうろく【享▼禄】** 室町末期の年号。大永から改元。元年(一五二八)八月二〇日～五年(一五三二)七月二九日。次に、天文に改元。

**きょう-ろん【経論】** 仏教の経と論。三蔵のうちの経蔵と論蔵。

**きょう-わ【共和】** ①共同、和合して事に当たること。cooperation ②合議制の最高機関が政治を行うこと。republicanism

**きょうわ【享和】** 江戸末期の年号。寛政から改元。元年(一八〇一)二月五日～四年(一八〇四)二月一一日。次に、文化に改元。

**きょう-わ【協和】**(名・サ変自) 心を合わせて仲よくすること。harmony

**きょうわ【共和】**〈町〉 北海道、積丹半島基部の町。稲作のほか、スイカ・メロンなどの栽培がさかん。人口八〇三七(一九八八)。

**きょうわ【協和】**〈町〉 秋田県のほぼ中央にある町。稲作のほか峰吉川白菜が知られる。林業もさかん。人口一万二三六(一九八八)。

**きょうわ【協和】**〈町〉 茨城県西部、下館市東隣の町。稲作・園芸農業がさかん。小玉スイカが特産。人口一万七三一九(一九八八)。

**きょうわ-おん【協和音】** 同時に発せられて、よくとけあい、耳に快く聞こえる二つ以上の楽音。consonance 対義不協和音。

**きょうわ-こく【共和国】** 君主をおかず、国家権力の最高機関を国民からの代表によって組織する国家。republic 対義君主国。

**きょうわ-しゅぎ【共和主義】** 民主主義の原理に基づく統治形態を主張する政治的立場。republicanism

**きょうわ-せい【共和制】** 主権が人民にあり、直接または間接に人民から選ばれた代表者たちが合議で政治を行う制度。元首も人民によって選ばれる。republic 対義君主制。

**きょうわ-せいたい【共和政体】** 君主をおかず、人民が主権をもち、その代表が議会を構成して行う政治形態。共和政。republican government 対義君主政体。

**きょうわ-とう【共和党】**(Republican Party) 民主党とならぶアメリカの二大政党の一つ。奴隷制拡大に反対する勢力が、おもに

高所得層・農民などの支持をうけて一八五四年に結成。リンカーンをはじめ、近年ではニクソン・レーガン・ブッシュなどの大統領を出す。

**きょう-わらべ【京童】** 京の無頼な若者たち。きょうわらんべ。

**きょう-わん【峡湾】** ↓フィヨルド

**きょ-えい【虚栄】** ①みえ。うわべだけの栄誉。vanity ②外見ばかりかざって実質以上に見せること。vanity

**ぎょ-えい【魚影】** 水中に群れている魚の姿。signs of fish 用例 ―が濃い。

**ぎょ-えい【御詠】** 天皇や皇族のつくった詩歌。

**きょえい-しん【虚栄心】** 虚栄をしたがる気持ち。vanity

**きょえいのいち【虚栄の市】**《原題Vanity Fair》サッカレーの小説。一八四七～四八年刊。偽善と俗物根性にみちた上流社会を風刺的に描く。

**ぎょ-えん【御▼苑】** 皇居の庭。また、皇室所有の庭。Imperial garden

**ぎょ-えん【御宴】** 天皇・皇太子などがひらく宴会。Court banquet

**きょえん-かんかん【居延漢簡】** 中国、漢代に居延県がおかれていた内モンゴル自治区エチナ川流域のエチナ遺跡から出土した漢代の木簡。約一万片。居延駐留の守備隊の軍務に関する記録が大部分を占める。

**ギヨー【guyot】** 海山のうち、頂上が平らなもの。昔の火山島の頂上部が海食で礁となり、沈水してできる。平頂海山。↓海底地形図

**きよおか-たかゆき【清▼岡▽卓行】**（一九二二～）詩人・小説家。中国、大連生まれ。東大卒。詩集『氷った焰』、小説『アカシヤの大連』など。

**きょ-おく【巨億】** たいそう多いかず。巨万。millions 用例 ―の富。

**ギョーザ【▼餃▽子】** 中国料理の点心の一つ。小麦粉を練って、薄く円形にのばし、ひき肉と野菜の練り合わせたものを包む。半月形が一般的。ゆでたり、蒸したり、焼いたりする。チャオズ。↓点心写

**ギヨーマン【Jean-Baptiste-Armand Guillaumin】**（一八四一～一九二七）フランスの印象派の画家。荒々しい筆触と色調で田園風景を描く。

**ギヨーム【Charles Edouard Guillaume】**（一八六一～一九三八）フランスの実験物理学者。スイス生まれ。熱膨張率の少ないニッケル鋼の一種、インバーの発見で、一九二〇年ノーベル物理学賞受賞。時計の精度向上に貢献。

**きょ-か【▼炬火】** たいまつ。かがり火。

**きょ-か【挙家】** 一家の者残らず。家じゅう。用例 ―離村。

**きょ-か【許可】**（名・サ変他）①してよいとすること。ゆるすこと。聞きとどけること。permission 比較 許容。用例 ―がおりる。②法令で一般的に禁止されている行為について、特定の条件のもとにその禁止を解除する行政行為。official licence

**ぎょ-か【御歌】** 天皇のつくった歌。御製。比較 おうた。

**ぎょ-か【漁火】** 魚をさそいよせる火。いさり火。fishing fire

**ぎょ-か【漁家】** 沿岸を漁場として小規模な漁業を自営している世帯。fishery household

**きょ-かい【巨▼魁・▼渠▼魁】** 悪者のかしら。張本人。ring leader

**ぎょ-かい【魚介】**《「介」は貝の意》魚類と貝類。イカ・タコ・エビ・カニなども含めて水産動物全体をさすこともある。fish and shellfish 用例 ―類。

**ぎょ-かい【魚貝】** 魚類と貝類。

**きょか-ぎょぎょう【許可漁業】** 農林水産大臣または知事の許可を必要とする漁業。サケ・マス漁業、カツオ・マグロ漁業など。licensed fishery

**きょ-がく【巨額】** お金の額が大きいこと。多額。colossal sum

**ぎょ-かく【漁獲】**（名・サ変他）①水産動植物を採集・捕獲すること。fishery ②採集・捕獲した水産物。catch

**ぎょかく-だか【漁獲高】** とった水産物の総量。haul

**きよかわ【清川】**〈村〉神奈川県西部、丹沢山地にある村。茶やシイタケを産する。中津渓谷がある。人口二九〇五（'八九）。

**きよかわ【清川】**〈村〉大分県南部、傾山北麓の村。農業主体で畜産も行われる。岩戸遺跡が有名。人口三一二二（'八九）。

**きょ-かん【巨漢】** ずばぬけてからだの大きい男。大男。very big man

**きょ-かん【巨艦】** 大きな軍艦。big warship

**きょ-かん【居館】** 住まいにしているやかた。residence; mansion

**きょ-がん【巨岩】** 巨大ないわ。huge rock

**ぎょ-かん【御感】** 天皇・王が感心なさること。天皇・王のおほめ。用例 ―にあずかる。

**ぎょがん-レンズ【魚眼レンズ】** 撮影範囲が約一八〇度の広角レンズ。半球状の空間を円形に写すことができ、全天の雲の量など特殊撮影に利用。fish-eye lens ↓写真レンズ写

**きょ-き【虚器】** ①名ばかりで、役に立たない器物。②《転じて》実権のない、名目だけの地位。虚位。

**虚器を擁す**（きょきをようす） 実権のともなわない地位にあって、他の実力者の思いのままにあやつられることにいう。

**きょ-き【▼歔▼欷】**（名・サ変自） すすりなくこと。むせびなき。

**きょ-ぎ【虚偽】** ①うそ。いつわり。falsefood 用例 ―の証言をする。②論理学で、正しいとして通用したり、見せかけたりしているが、実際は正しくない論証。fallacy

**ぎょ-き【御忌】** ①貴人・祖師などの年忌の法会の敬語。②とくに浄土宗で、開祖法然の年忌の法会。

**ぎょ-き【漁期】** ①水産生物を捕獲するのに適した時期。初漁期・盛漁期・終漁期に分かれる。ふつうは一年一回であるが、回遊性の魚では地域によって異なる。りょうき。fishing season ②魚をとっていいときめられた期間・時期。fishing season

**きよき-あかき-こころ【清き明き心】** 神道でもっとも基本的な心のあり方を示す語。生まれながらの浄い本性。

**きょぎ-いしき【虚偽意識】**《falsches Bewußtseinドイの訳》マルクス主義の用語。みずからの存在基盤としての現実から遊離し、それを正しく反映していない思想やイデオロギー。

**きょぎ-ひょうじ【虚偽表示】** 法律で、相手方と示しあわせて行う仮装的な意思表示。民法では無効とされている。simulation

**ぎょき-もうで【御忌▼詣（で）】** ①高僧や貴人の法会に参詣すること。②京都の知恩院で営まれる法然上人の大法会に参詣すること。御忌参り。

**きょ-ぎょう【虚業】**《「実業」をもじった語》堅実でない事業。投機的な事業。

**ぎょ-きょう【漁協】**「漁業協同組合」の略。

**ぎょ-きょう【漁況】** 漁獲の状況。漁場における、魚の種類・漁獲量などの時間的な変化の状況。fishing condition

**ぎょ-ぎょう【漁業】** 水産動植物の採集・捕獲または養殖などにあたる業種。漁業法に基づく許可や認可が必要。fishery

**きょぎょう-か【虚業家】** 堅実でない事業や場当たりの事業を行って、大もうけをしようとする人。bubble venturer 対義 実業家。

**ぎょぎょう-きしょう【漁業気象】** 漁船の航海や操業に必要な海洋気象。低気圧の動き・風浪の強さ・海霧の有無など。weather forecasting for fishermen 用例 ―通報。

**ぎょぎょう-きょうてい【漁業協定】** 二国間または多国間の話し合いにより、国別・魚種別の漁獲量などを取りきめること。fisheries agreement

**ぎょぎょう-きょうどうくみあい【漁業協同組合】** 水産協同組合法に認められた業者の法人。地域内の漁業者を組合員とし、資金の貸し付け、漁獲物の保管・販売などを行う。漁協。Fisheries Co-operative Association 比較 水産業協同組合。

**ぎょぎょう-けん【漁業権】** 一定の漁場で排

他的に漁業を営む権利。定置漁業権・区画漁業権など。行政官庁の免許が必要。fishing right
**ぎょぎょう-さいがいほしょう【漁業災害補償】** 中小漁業者が漁業中に受ける災害の損失を補う制度。
**ぎょぎょう-しげん【漁業資源】** 水産資源。
**ぎょぎょう-せいさんくみあい【漁業生産組合】** 漁業生産面における労働の協同化を目的として漁民が組織する協同企業体。
**ぎょぎょうせんかん-すいいき【漁業専管水域】** ↓せんかんすいいき(専管水域)
**ぎょぎょう-とうろく【漁業登録】** 漁業法に基づき、漁業権・入漁権に関して免許漁業原簿になされる登録。fishery entry
**ぎょぎょう-はくしょ【漁業白書】** 沿岸漁業に関する年次報告書。沿岸漁業等振興法に基づき、毎年、沿岸漁業の現状と問題点についての報告書が国会に提出される。annual report on state of fishery
**ぎょぎょう-ほう【漁業法】** 漁業に関する基本法。昭和二四年(一九四九)公布。漁業権・入漁権・指定漁業・漁業調整などを規定する。
**ぎょぎょう-ほしょう【漁業補償】** 埋め立てなどの工事や演習の立ち入り制限などのため漁場放棄や操業縮小を余儀なくされた漁業従事者への補償。
**きょきょ-じつじつ【虚虚実実】** 計略とわざをつくして争うこと。diamond cut diamond 用例 ―のかけひき。
**きょ-きん【▼醵金・拠金】**(名・サ変自) お金を出し合うこと。そのお金。contribution 比較 義金。
**きょ-きん【許▼筠】**(一五六九〜一六一八) 朝鮮、李朝初期の小説家。『洪吉童伝』は朝鮮に小説文学の道を開く。詩文集『識小録』など。

**キョク** 6画 **【▼旭】** 部首[日] 人名用 JIS 1616
音キョク
あさひ。あさの太陽。「旭日」

**キョク** 6画 **【曲】** 部首[曰] 教育小3 JIS 2242
音キョク
訓まがる・まげる

曲 曲 曲 曲 曲 曲

①まがる。まげる。対義 直。「歪曲」「曲折・曲線」②ゆがめる。無理にまげる。事実をまげる。「曲解・曲学阿世・曲筆」③ふし。音楽のふし。「音曲・俗曲」④音楽の作品。「歌曲・名曲」「曲目」用例(名)月光の―。《接尾的》狂想―。⑤しばい。演劇。「戯曲」⑥すみ。こまかなこと。「委曲」⑦かるわざ。「曲芸・曲馬」⑧おもしろみ。⑨くせ。㋐謡曲の曲中で、もっとも大切なところ。㋑くせまい。㋒不正な。あやしい。

**曲が無い**(きょくがない) ①おもしろみがない。dull; uninteresting ②あいそがない。すげない。too practical; businesslike

**キョク** 7画 **【局】** 部首[尸] 教育小3 JIS 2241
音キョク

局 局 局 局 局 局 局

①しきる。区ぎった部分。比較 部。「局限・局所・局地・局部」②役所や会社のしごとの区分の一つ。「当局・部局・本局」用例(名)―付きを命ずる。《接尾的》編集―。③郵便局・放送局・電話局などのこと。「局長」用例(名)―に寄る。④今あつかっているしごと。場面。様子。「時局・戦局」「局外・局面」用例(名)その―にあたる。⑤碁や将棋などの勝負。「棋局・結局・終局」「局外・局面」⑥つぼね。宮中の御殿内のしきったへや。また、そこにすむ女官。
**局を結ぶ**(きょくをむすぶ) ある事柄、または場面を終わらせる。終局にする。

**キョク** 7画 **【▼臼】** 部首[臼]
音キョク・コク
こまぬく。手をくむ。

**キョク** 9画 **【▼亟】** 部首[二] JIS 4820
音キョク
はやい。すみやか。

**キョク** 9画 **【▼洫】** 部首[氵] JIS 6209
音キョク
みぞ。田のあいだの用水路。

**キョク** 11画 **【▼勖】** 部首[力]
11画 **【▼勗】** 異体字 JIS 5008
音キョク・ボウ
つとめる。はげむ。努力する。

**キョク** 12画 **【▼棘】** 部首[木] JIS 5989
音キョク
①いばら。うばら。とげのある植物の総称。「荊棘」②とげ。いら。はり。

**キョク** 13画 **【極】** 部首[木] 教育小4 JIS 2243
音キョク・ゴク
訓きわめる・きわまる・きわみ

極 極 極 極 極 極

①きわみ。はて。かぎり。「究極・終極」「極限・極地」用例(名)疲労の―。②きわめて。この上なく。「極右・極言・極度・極力」③地軸・電池・磁石などの両端。「北極・陽極」「極光」④きわめる。きわまる。↓ゴク[極]

**キョク** 13画 **【▼殛】** 部首[歹]
音キョク
ころす。罪をせめて、ころす。死刑にする。

**キョク** 14画 **【▼跼】** 部首[足] JIS 7682
音キョク
せぐくまる。せかがまる。からだをちぢませる。こごむ。「跼蹐」

**キョク** 15画 **【▼蕀】** 部首[艹] JIS 7291
音キョク
「蕀苑」は、ヒメハギ。ヒメハギ科の多年草。遠志。

**キョク** 16画 **【▼髷】** 部首[髟] JIS 8194
音キョク
まげ。わげ。髪のもとどりの余りをたばねて折った部分。

**きょ-く【巨▼軀】** 大きなからだ。巨体。massive body; big frame

**ギョク** 5画 **【玉】** 部首[玉] 教育小2→教育小1 JIS 2244
4画 **【▼王】** 部首[王] 異体字
音ギョク・ゴク
訓たま

玉 玉 玉 玉 玉

①たま。たからの石。「紅玉・珠玉・宝玉」「玉石」②軟玉と硬玉との二種類にわける宝石の総称。③うつくしい。みごとな。立派な。「玉稿・玉殿・玉杯・玉楼」④天子の事物の敬称。「玉音・玉座・玉体・玉歩」⑤将棋のこまの一つ。「入玉」「玉将」⑥球形のもの。真珠。⑦取引所で、売買する株や米。その数量。⑧飲食店で、鶏のたまご。⑨色町で、芸者。芸妓。「玉代」参考 もと王。楷書では、王と区別するために玉と書く。漢字の偏になると王。

**ギョク** 13画 **【▼閠】** 部首[門] 和製漢字 JIS 7964
音ギョク
うるう。閏(うるう)の転。地名や姓氏に用いられた。

**ギョク** 17画 **【▼嶷】** 部首[山] JIS 5456
音ギ・ギョク
①たかい。ぬきんでて高いさま。「嶷然」②さとい。かしこい。↓ギ[嶷]

**ぎょ-く【魚▼鼓】** 仏具の一つ。魚の形をした板鼓で、禅宗寺院で諸事の報知のために打ち鳴らす。魚板。
**ぎょ-く【漁区】** 漁業資源の保護や漁業調整のため、操業を制限する目的で設定された特定の水域。protected fishing zone
**ぎょ-ぐ【漁具】** 水産動植物を採集・捕獲するための道具。主漁具は網漁具・釣り漁具・雑漁具。副漁具は魚群探知機・集魚灯・揚網機・揚縄機など。fishing gear
**きょく-あじさし【極▼鯵刺】** アジサシのなかでもっとも長い距離の渡りをするカモメ科の鳥。全長約三五㎝。体が白、頭頂が黒、嘴と脚が赤い。北極地方が繁殖地で、南極地方が越冬地なので、片道一万六〇〇〇㎞に達する渡りをする。arctic tern
**ぎょく-あん【玉案】** ①机の美称。②人の机を言う敬語。
**ぎょくあん-か【玉案下】**《お机の下、の意》手紙のわき付けに用いる語。あて名の左下に付けて、敬意を示す。
**きょく-いどう【極移動】** 地球の磁極(および自転軸の極)が、地球生成以来大きく変化していること。各大陸の岩石の残留磁気と、その岩石の形成年代の研究から明らかにされた。大陸移動説の有力な根拠。polar wandering
**きょく-いん【局員】** ①官庁などで局と呼ばれる部署の職員。official; member of a bureau; staff of a bureau ②郵便局の職員。staff of post office
**ぎょく-いん【玉音】** ①玉のふれ合うような清らかで美しい声・音。②天皇の声。ぎょくおん。③相手の手紙を言う敬語。
**きょく-う【極右】** 極端に右翼的な政治思想や行動。また、それを信奉する人。extreme right 対義 極左。
**きょく-うち【曲打ち】**(名・サ変他) 太鼓などを変化のある打ち方で打つこと。acrobatic drumming
**きょく-うんどう【極運動】** 地球自転軸の地球に対する運動。緯度と経度の変化として現れる。地軸の角度にして、〇・三秒以下で、不規則に変化している。一三〜一四か月周期の運動と一年周期の運動の合成。polar motion
**ぎょくえん-ぼんぽう【玉▼畹▼梵芳】**(生没年未詳) 室町前期の禅僧。南禅寺八一世。応永詩画軸の優品に多く賛を残す。墨蘭の名手。作品『蘭石図』など。
**ぎょく-おん【玉音】** 天皇の声。ぎょくいん。
**ぎょくおん-ほうそう【玉音放送】** 天皇みずからの声による放送。ふつうは、昭和二〇年(一九四五)八月一五日、太平洋戦争の終結を国民に告げるために昭和天皇が行った終戦詔書のラジオ放送をさす。
**きょく-かい【曲解】**(名・サ変他) ↓きょっかい(曲解)
**きょく-がい【局外】** ①部局のそと。outside ②その事柄の関係外。outside
**ぎょくかい【玉海】** ①中国の類書。南宋の王応麟の撰。二一部門、二〇〇巻。諸制度・文物にくわしく、宋代研究の重要史料。②↓ぎょくよう(玉葉)㈡
**きょくがい-しゃ【局外者】** 第三者。outsider
**きょくがい-ちゅうりつ【局外中立】** ↓ちゅうりつ(中立)②
**きょくがい-ひひょう【局外批評】** その専門でない人、または、しろうとのする批評。layman's criticism
**きょく-かく【極核】** ↓きょっかく(極核)
**きょくがく-あせい【曲学▼阿世】** 真理をまげて、時勢にへつらうこと。用例 ―の徒。
**きょく-かん【極冠】** ↓きょっかん(極冠)
**ぎょくかん【玉▼澗】**(生没年未詳) 中国、宋末元初の画家。若芬玉澗のこと。字は仲石。天台宗の僧で詩も巧み。室町水墨画への影響大。作品『瀟湘八景図』。
**ぎょく-がん【玉顔】** 天皇の顔。天顔。
**きょく-ぎ【曲技】** かるわざ。曲芸。acrobatics
**きょくきどう-えいせい【極軌道衛星】** 地球の両極上を通る衛星。polar orbital satellite
**きょくぎ-ひこう【曲技飛行】** 急上昇・急降下・きりもみ・反転・背面飛行・超低空飛行などの特殊飛行。操縦法の訓練の成果や飛行機の性能を示すため行う。acrobatic flight ↓写

●曲技飛行 デルタ編隊を組む航空自衛隊のブルーインパルス。

**きょく-きょり【極距離】** 天球上の一点と北極または南極との角距離。polar distance
**きょく-げい【曲芸】** 見世物の一つ。肉体的熟練を土台とする離れ技をみせる芸。綱渡り・皿回し・足芸・曲馬など大道芸・寄席芸が多い。acrobatics; stunt
**きょくけい-どうぶつ【曲形動物】** 動物界の一門。他物に付着して生活する。スズコケムシなどがあり、多くは海産。内肛動物。
**きょく-けん【極圏】** 北緯と南緯六六度三三分の緯線を境として、その北部と南部。前者を北極圏、後者を南極圏といい、両半球での冬至における太陽光線の到達限界線。polar circle
**きょく-げん【曲言】**(名・サ変自)なるべく当たり障りのないよう遠回しに言うこと。
**きょく-げん【局限】**(名・サ変他) 範囲を一部にかぎること。制限。confinement
**きょく-げん【極言】**(名・サ変他) ①口をきわ



↓行き先項目、図版・写真参照印。 JIS 日本工業規格情報交換用漢字符号コード(区点コード)。

めて、だれはばかることなく言うこと。speak straight ②極端に言うこと。unreserved criticism

**きょく-げん【極限】** ①物事のいちばん終わりのところ。はて。かぎり。極度。limit ②↓きょくげんち(極限値)

**きょくげん-じょうきょう【極限状況】** 人間性を保つ、ぎりぎりのところまで追いつめられた状態。extreme situation

**きょくげん-ち【極限値】** ①数列$\{a_n\}$において、$n$が限りなく大きくなるとき、$a_n$が限りなく近づく値。極限。limit value ②関数$f(x)$において、$x$がある値に限りなく近づくとき、関数値$f(x)$が限りなく近づく値。limit value

**きょく-こう【曲▼肱】** ひじをまげて、まくらとすること。また、まくらを得られないぐらいの貧しさ。簡素な生活。

**曲肱の楽しみ**(きょくこうのたのしみ)《『論語』にある語》貧しくても、正しく清く生きる楽しさ。清貧の暮らしの中にある楽しみ。

**きょくこう-るい【▼棘▼鮫類】** 古生代のデボン紀から二畳紀に現れた古代サメの仲間。尾びれを除く各ひれの前後に大きな棘がある。尾びれは背腹で非対称の歪尾。

**きょく-ごま【曲▽独▽楽】** 大小の木製の独楽を、三味線の曲に合わせ、綱や刀の刃先で回転させる寄席演芸。独楽まわし。

**きょく-さ【極左】** 極端に左翼的な政治思想や行動。また、それを信奉する人。extreme left [対義]極右。

**ぎょく-ざ【玉座】** 天皇の席。

**ぎょく-さい【玉砕・玉▼摧】**(名・サ変自) 玉が砕けるように、美しく散ること。名誉・忠節にいさぎよく死ぬこと。death for honor [対義]瓦全。

**ぎょく-さい【玉▼釵】** 玉で作ったかんざし。

**きょく-ざひょう【極座標】** 座標の定め方の一つ。平面上に一点O(極・原点)と、Oを起点とする半直線OX(始線・原線)をとり、平面上の任意の点Pに対して、OPの長さが$r$、OPとOXとのなす角が$\theta$のとき、点Pを$(r, \theta)$で表したもの。$r$を動径、$\theta$を偏角という。空間の点でも同様に考えられる。polar coordinates →[図]

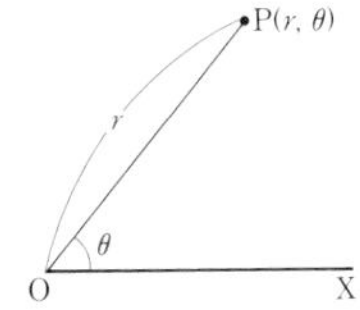

●極座標

**ぎょく-ざん【玉山】** ①珠玉を産出する山。②西王母が住むといわれた山。ユイシャン。③容姿のすぐれた人。

**玉山崩る**(ぎょくざんくずる) 容姿が清らかで美しい人が、酒に酔いつぶれることに言う。単に酔いつぶれることにも言われる。

**ぎょく-ざん【玉山】** 台湾山脈中部にある台湾の最高峰。標高三九九七m。濁水渓・下淡水渓の水源。旧称新高山。ユーシャン。

**きょくさんじん【曲山人】**(?～一八三六?) 江戸後期の人情本作者。本名、仙吉。江戸の人。市井風俗を描き為永春水とともに人情本の隆盛に貢献。作品『仮名文章娘節用』など。

**きょく-し【曲師】** 浪花節の三味線をひき、合いの手を入れる人。

**きょく-し【局紙】**《明治初年に大蔵省印刷局が鳥の子紙に似せて作製したミツマタ紙から》ミツマタを原料とした上質の和紙。淡黄色で厚く、耐久性があり、証券・賞状などに用いられる。

**きょくし【▼旭志】**〈村〉 熊本県北部、菊池市南隣の村。牧牛を中心とする畜産がさかん。人口五五六四(一九八八)。

**きょく-じ【曲事】** 不正な行い。ひがごと。injustice; unlawfulness

**ぎょく-し【玉▼趾】** 貴人などの足の敬語。おみあし。

**玉趾を挙ぐ**(ぎょくしをあぐ) 貴人が、わざわざ足を運ぶ。貴人の足労をあおぐ。

**きょく-じつ【▼旭日】** 朝日。rising sun [用例]――昇天の勢い。

**きょくじつ-き【▼旭日旗】** 朝日を図案化した旗。旧日本軍の連隊旗、旧海軍の軍艦旗。

**きょくじつ-しょう【▼旭日章】** 勲章の一つ。顕著な功労のあった男子に与えられる。勲一等から勲八等まで。明治八年(一八七五)制定。

**きょく-しゃ【曲射】** まがりの大きい弾道でうつこと。砲身を大きく斜め上に向けて撃つこと。high-angle fire [対義]平射。

**きょく-しゃく【曲尺】** ①平らな金属をL字形に曲げたものさし。かね尺。まがり尺。②尺貫法による長さの単位。一尺は約三〇・三cm。

**きょくしゃ-ほう【曲射砲】** 弾道が半円形をえがく火砲の総称。迫撃砲・榴弾砲・臼砲など。

**ぎょく-じゅう【玉▼什】** ①りっぱな詩歌。②人の詩歌をいう敬語。

**きょく-しょ【局所】** ＝局部。①限られた一定の場所。part [用例]――麻酔。②陰部。

**きょく-しょう【極小】** ①きわめて小さいこと。ミニマム。minimum ②$a$を内部に含むある区間において、関数$f(x)$が$x=a$で最小となるとき、関数$f(x)$は$x=a$で極小になるという。minimal [対義]極大。

**きょく-しょう【極少】**(名・形動) 非常に少ないこと・さま。最少。very small amount

**ぎょく-しょう【玉将】** 将棋の駒の一つ。慣例として、下位の者がもつ王将をいう。王将。

**ぎょく-しょう【玉章】** ①りっぱな詩文。②相手の手紙をいう敬語。たまずさ。

**きょくしょう-ち【極小値】** 関数が極小となるときの関数値。minimal value [対義]極大値。

**きょくしょ-せいたいせんしょく【局所生体染色】** 生体資料を生きたまま部分的に色素で染色すること。localized vital staining

**きょくしょ-ますい【局所麻酔】** 外科手術などで、意識を失わせることなく体の一部だけを麻酔すること。local anesthesia [対義]全身麻酔。

**きょく-すい【曲水】** ①庭園をまがりくねって流れる水。②「曲水の宴」の略。

**ぎょく-ずい【玉髄】** 石英の微小結晶が網目状に集まった珪酸の石。色はほぼ均質。瑪瑙もこの一種。紅玉髄・緑玉髄・血玉髄など。飾り石として使われる。chalcedony

**きょくすい-の-えん【曲水の宴】** 陰暦三月三日に宮中や貴族の邸で行われた行事の一つ。曲水に臨み、流れに浮かぶ杯が自分の前に来る前に詩歌をつくり、それから杯を取って酒を飲む遊び。奈良時代に中国から伝来したもの。ごくすいのえん。

**きょく-せい【極性】** ①相対する異なった性質が、一つの方向の両端に現れること。磁石のN極とS極、誘電体の正電荷と負電荷など。polarity ②生物体で、細胞や組織が一つの軸に沿って形態的・生理的に異なる分化を示すこと。polarity

**ぎょく-せい【玉成】**(名・サ変他) 完全になること。りっぱに仕上げること。

**きょくせい-そう【極盛相】** ↓きょくそう(極相)

**きょく-せき【▼跼▼蹐】**(名・サ変自)《「跼天蹐地」の略。からだをちぢめ、ぬき足で歩く意》たいへんおそれはばかること。

**ぎょく-せき【玉石】** ①玉と石。gems and stones ②よいものと悪いもの。wheat and tares

**玉石倶に焚く**(ぎょくせきともにたく) よいものも悪いものも、いっしょに滅びる。玉石倶に焦がる。

**ぎょくせき-こんこう【玉石混▼淆・玉石混交】** よいものと悪いものが入りまじっていること。mixture of wheat and chaff

**きょく-せつ【曲折】**(名・サ変自) ①まがりくねること。winding ②こみいった事情・変化。complication [用例]紆余――。

**きょく-せつ【曲節】** 楽曲の節回し・調子。tune

**きょく-せん【曲線】** ①なめらかに連続してまがった線。curve [用例]道が――を描く。②平面上または空間内の一点が連続して動いたときの軌跡。狭義には、そのうち直線でないものをいう。カーブ。curve [対義]直線。

**きょく-せん【極線】** 定点Pを通る任意の直線が一つの二次曲線と交わる点をQ、Rとするとき、RQをRP：PQの比に内分する点の軌跡として生じた直線。これを点Pの極線という。polar line

**ぎょく-ぜん【▼嶷然】**(形動タル) 高くぬきんでたさま。

**ぎょくせん-ざん【玉泉山】** 中国、北京市西郊の丘。標高一五〇m。金代の章宗の行宮の跡地。北京八景の一つとされる行楽地。ユーチュワンシャン。

**きょく-ぜんせん【極前線】** ↓かんたいぜんせん(寒帯前線)

**ぎょくせん-どう【玉泉洞】** 沖縄県、沖縄島南部玉城村にある鍾乳洞。鍾乳石の数は四〇万本をこす。

**きょくせん-び【曲線美】** 曲線のあらわす美しさ。とくに、女性の肉体のふくよかな線の美しさ。curves

**きょくせん-ひょう【曲線標】** 鉄道線路のカーブの規模を示す三角柱。カーブ地点の線路脇に立てられ、曲線半径や線路の傾きなどを記す。

**きょく-そう【極相】** 植物群落が環境と関係しながら移り変わっていくなかで、最終段階に達し長期的に安定した状態。極盛相。climax [参照]群落遷移。

**きょくそう-りん【極相林】** 気候条件の恵まれた地域で極相に達したとみなされる林。ブナ林・スダジイ林などはその例。climax forest [参照]極相。

**きょく-そうろ【曲走路】** 陸上競技場などのトラックの、カーブしている走路。curve [比較]直走路。

**きょく-たい【極体】** 卵形成の減数分裂でできた四個の細胞のうち、一個の大きな成熟卵を除いた三個の小さな細胞(＝娘細胞)。polar body

**きょく-だい【極大】** ①きわめて大きいこと。マキシマム。maximum ②$a$を内部に含むある区間において、関数$f(x)$が$x=a$で最大となるとき、関数$f(x)$は$x=a$で極大になるという。maximal [対義]極小。

**ぎょく-たい【玉体】** ①玉のように美しいからだ。②天子のからだ。聖体。

**ぎょく-だい【玉代】**《「玉」は美しい女から転じた芸妓・娼妓などをさすことば》芸妓や娼妓をよんで遊ぶための料金。はな。ぎょく。

**ぎょくだいしんえい【玉台新詠】** 中国の詩集。梁の簡文帝の命により徐陵が編集。一〇巻。漢魏以来梁代までの宮体詩(＝男女相思の情を歌った艶詩)と楽府を収録。

**きょくだい-ち【極大値】** 関数が極大となるときの関数値。maximal value [対義]極小値。

**きょく-たん【極端】**(名・形動) ①いちばんはし。extremity ②ひどくかたよること・さま。strong partiality; one-sidedness [対義]中正・中庸・妥当。

**きょく-ち【局地】** かぎられた土地・区域。locality

**きょく-ち【極地】** ①果ての土地。farthest land ②南極・北極の地方。polar regions

**きょく-ち【極値】** 関数の極大値または極小値。extremal value

**きょく-ち【極致】** ①きわめ尽くして行き着いたところ・ありさま。きわみ。culmination ②この上ないおもむき。culmination [用例]美の――。③最高の境地。acme

**きょくち-せんそう【局地戦争】** 全面戦争に拡大しない、地理的範囲が限定された戦争。limited war

**きょくち-ふう【局地風】** 局地的な地形などの原因で発生する、その地方特有の風。陸風・海風・フェーンなど。local wind

**きょくち-ほう【極地法】**《極地の探検に用いられたことから》登山で、安全な地点に基地となるキャンプをおき、多数の支援により次次に前進キャンプを設けて、最後にアタック隊が登頂をはかる方法。polar method

**きょく-ちょう【曲調】** 楽曲のふし・調子。曲節。melody; tune

**きょく-ちょう【局長】** 「局」と名の付く組織の最高責任者。director of a bureau

**きょく-ちょく【曲直】** まがったことと、まっすぐなこと。正邪。right and wrong [用例]理非――を明らかにする。是非――。

**きょく-ていおん【極低温】** 絶対零度、すなわち0K(＝マイナス二七三・一五℃)近くの温度領域。ふつうは液体ヘリウムの沸点四・二一K(＝約マイナス二七〇℃)以下の温度をさす。cryogenic temperature

**きょくてい-ばきん【曲亭馬琴】** ↓たきざわばきん(滝沢馬琴)

**きょく-てん【極点】** ①達することのできる最後の点。きわまった所。culminating point [用例]争いが――に達する。②南極点・北極点。pole

**ぎょく-でん【玉殿】** 美しい宮殿。また、宮殿の美称。

**きょくてん-せきち【▼跼天▼蹐地】** ↓きょくせき(跼蹐)

**きょく-ど【極度】**(名・形動) これ以上はないという度合い。extreme [用例]――の疲労。

**きょく-とう【極東】** ①東の果て。絶東。②アジア大陸の東部とその周辺の諸島。東アジアとほぼ同義。ファーイースト。Far East

**ぎょくとう【玉東】**〈町〉 熊本県北西部、玉名市東隣の町。ミカン栽培がさかん。西南戦争



▼常用漢字表外。　▽常用漢字表の音訓外。

の古戦場が多い。人口六二八八(一九八八)。

**きょくとう-いいんかい【極東委員会】** 第二次大戦後、連合軍がつくった対日管理委員会。昭和二〇年(一九四五)ワシントンに設置。サンフランシスコ講和条約の発効とともに自然消滅。Far Eastern Commission

**きょくとう-ぐんじさいばん【極東軍事裁判】** 第二次大戦における日本のおもな戦争犯罪人に対して行われた国際軍事裁判。昭和二一年(一九四六)五月開廷、同二三年(一九四八)判決。正称は極東国際軍事裁判。東京裁判。International Military Tribunal for the Far East

**きょくとう-ふう【極東風】** 極地方に発生する高気圧から流れ出す冷たい風。地球の自転の影響を受け、東風になる。周極風。polar easterly

**きょく-どめ【局留(め)】** 《「局留め置き」の略》①郵便物を、差出人が指定した郵便局が保管し、受取人がその局へ出むいて受け取る取り扱い。また、その郵便物。②旅行などで留守にするとき、受取人の事前の申し出により郵便局が郵便物を保管する制度。最長四〇日まで。

**きょく-のり【曲乗り】**(名・サ変自) 馬・自転車・玉などに乗って曲芸すること・人。circus riding

**きょく-ば【曲馬】** 馬で曲芸をすること。

**ぎょく-はい【玉杯・玉▼盃】** 杯の美称。

**ぎょく-はい【玉▼佩】** 礼服に添える服飾品。奈良時代以降、即位などの大儀のとき、天皇や臣が腰にさげた装飾。五色の玉を貫いた五本の紐のさきに金銅の花形を結び、沓にあたって鳴るようにする。

**きょくば-だん【曲馬団】** サーカス。馬術の余興が大道芸と結びついて、曲馬・曲芸・手品などといっしょに地方を巡回する興行団。circus

**きょく-ばん【局番】** 電話番号の前に添えられた、各電話局を表す番号。area code 用例 市外——。

**きょく-ばん【極板】** コンデンサーにおいて、空気あるいはほかの誘電体をはさんで向かい合う二枚の導体板。電荷が蓄えられると正と負の電極となる。plate

**きょく-はんけい【極半径】** 北極・南極を含む大円の半径。polar radius ↓地球図

**きょく-び【極微】**(名・形動) きわめて細かいこと・さま。ごくび。microscopic; infinitesimal 用例 ——の世界。

**きょく-びき【曲弾き】** ①日本音楽で、楽器の曲芸的な演奏法。浄瑠璃などの一部で極端な技巧をみせて三味線をひくこと。②寄席などで行う曲芸的楽器演奏。

**きょく-ひつ【曲筆】**(名・サ変他) 事実をまげて書くこと。その文章。distorted writings 対義 直筆。用例 舞文——。

**きょくひ-どうぶつ【▼棘皮動物】** 無脊椎動物の一門。通常放射状の体制をもつ動物群で、ウミユリ・ヒトデ・ウニ・ナマコなど。石灰質の骨格か骨片をもち、特有の水管系をもつ。すべて海産で、約七〇〇〇種。echinoderm

**きょく-ふ【曲譜】** 音楽、歌謡などの譜。music

**きょく-ふ【局譜】** 囲碁で、勝負の経過を図にまとめたもの。比較 棋譜。

**きょくふ【曲▼阜】** 中国、山東省南部の都市。周代の魯の都。孔子の生誕地。チューフー。

**きょく-ぶ【局部】** ↓きょくしょ(局所)

**ぎょく-ふ【玉▼斧】** 玉で飾りたてたおの。美しいおの。また、おのの美称。

**玉斧を乞う**(ぎょくふをこう) 詩歌や文章の添削を、人に依頼する。

**きょくぶ-ぎんがだん【局部銀河団】** アンドロメダ星雲やマゼラン雲を含めた二〇ほどの銀河の集まり。銀河系とアンドロメダ星雲が全体質量の七五%を占める。局所銀河群。local group of galaxy

**きょくぶ-てき【局部的】**(形動) 部分的。partial

**きょくふ-ぶんびょう【曲▼阜文▼廟】** 中国山東省の曲阜にある、孔子の故宅とされる地に建てられた孔子廟。紀元前四七八年(魯の哀公一七年)創建。歴代増補修築が行われた。曲阜孔廟。

**きょく-ほ【曲浦】** まがりくねった海岸。用例 長汀——。

**ぎょく-ほ【玉歩】** 天皇・皇后など高貴な人の歩行をいう敬語。

**きょく-ほう【局方】** 「日本薬局方」の略。

**きょく-ほう【局報】** ①電信事務・気象報告について関係官庁間に往復する電報。②「局」と呼ばれる所から出す通知・報告。

**きょく-ほく【極北】** ①北極に近いこと・所。②物事の限界点。用例 屈辱の——。

**きょくほく-しょご【極北諸語】** ギリヤーク語・ケット語・ユカギール語・チュクチ語など、アジアの北東端部の言語の総称。旧シベリア諸語。旧アジア諸語。Hyperborean

**きょく-まち【局待(ち)】** 「局待電報」の略。

**きょくまち-でんぽう【局待電報】** かつて発信人が発信局でその返信を待つ、特殊取り扱い電報。

**きょく-めん【曲面】** 数学で、曲線が空間内を連続的に動いたときの軌跡。狭義には、そのうち平面でないものをいう。surface 対義 平面。

**きょく-めん【局面】** ①囲碁・将棋の盤面。position ②勝負の経過・展開。state of a game ③現在直面している、なりゆき。情勢。situation 用例 ——を打開する。

**きょくめん-たい【曲面体】** 球・円錐など、曲面を持つ立体。solid with curved surface

**きょく-もく【曲目】** 楽曲の名前。また、演奏される楽曲名の順序を列記したもの。program

**ぎょく-もん【玉門】** ①かざりたてた美しい門。beautiful gate ②陰門。

**ぎょくもん【玉門】** 中国、甘粛省北西部の都市。重要な石油産地。古代、西域地方への関門であった。人口一七・九万(一九八四)。ユイメン。

**ぎょくもん-かん【玉門関】** 中国、漢代に甘粛省西端に置かれた関所。陽関とともに西域に通ずる重要な関門であった。その遺跡はスタインの調査で敦煌県北西の小方盤城とされた。

**きょく-よう【極葉】** ある種の環状動物や軟体動物の受精卵が、卵割をはじめる前に植物極の側につくる球形の細胞質の突起。polar lobe

**ぎょく-よう【玉葉】** 一 ①美しい葉。beautiful leaves ②天皇の一族をいう敬語。用例 金枝——。③受けた手紙をいう敬語。二 平安末期から鎌倉初期の日記。六六巻。九条兼実著。長寛二年(一一六四)から建仁三年(一二〇三)にわたる鎌倉幕府草創期の政治・社会情勢を知る重要史料。玉海。

**ぎょくようわかしゅう【玉葉和歌集】** 鎌倉後期の勅撰和歌集。二〇巻。伏見上皇の命で京極為兼が撰。正和元年(一三一二)完成。『風雅和歌集』とともに京極派の勅撰集。鋭い自然観照による叙景歌に特色がある。玉葉集。

**きょく-りつ【曲率】** 曲線または曲面のまがりの程度。曲率半径の逆数。curvature

**きょくりつ-えん【曲率円】** 曲線のまがりの程度を表す円。曲線上で、点Pに対し、Pに近い二点Q、Rをとり、これら三点を限りなくPに近づけたとき、三点P、Q、Rを通る円が限りなく近づく円。circle of curvature ↓図

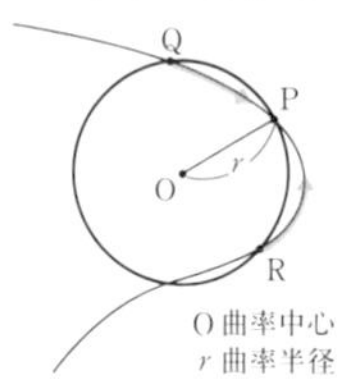

●曲率円

**きょくりつ-ちゅうしん【曲率中心】** 曲率円の中心。center of curvature ↓曲率円図

**きょくりつ-はんけい【曲率半径】** 曲率円の半径。radius of curvature ↓曲率円図

**きょく-りゅう【極流】** 極地方から赤道に向けて流れ出す冷たい海流。polar current

**きょく-りょう【極量】** 医薬品を投与するときの一つの目安。薬局方で定められた最大投与量で、中毒量より少ない量。maximum dose

**きょく-りょく【極力】**(副) できるかぎり。精一杯。to the utmost 用例 中止を——説得した。

**ぎょく-ろ【玉露】** ①玉のように美しい露。②最高級の煎茶。濃厚な風味と独特の香りをもち、鮮緑色。宇治茶など。

**ぎょく-ろう【玉楼】** りっぱな高い建物。用例 金殿——。

**きょく-ろく【曲▼彔】** 仏教で、法要のさいに僧の用いる椅子。背のよりかかりを丸くし、脚を交差させ折りたためる形のもので、ひじ掛けをつけたものもある。円椅。交椅。

**きょく-ろん【曲論】**(名・サ変自) 道理をまげて論ずること。その議論。対義 正論。

**きょく-ろん【極論】**(名・サ変自他) ①極力、論ずること。unreserved argument ②極端に言うこと。極端な議論。

**ぎょ-ぐん【魚群】** 魚の群れ。shoal of fish

**ぎょぐん-たんちき【魚群探知機】** 水中の魚群・水深・海底の状況などを知る装置。船底から超音波を発信し、その反響を受信して映像に変える。魚探。fishfinder

**きよ-げ【清げ】** 古語 (形動ナリ) 《清潔な感じの美を言う》さっぱりとして美しい。用例 ——なるおとなふたりばかり(源氏・若紫)。

**ぎょ-けい【御慶】** 新年の、およろこび・お祝い。

**ぎょけい-すいらい【魚形水雷】** ↓ぎょらい(魚雷)

**きょ-げつ【去月】** 前の月。先月。あとげつ。last month

**きょけつせい-きゅうせいしんふぜん【虚血性急性心不全】** 急性心筋梗塞のこと。

**きょ-げん【虚言】** いつわりのことば。うそ。そらごと。きょごん。lie

**ぎょ-げんき【魚玄機】**(八四四ごろ―八七一ごろ) 中国、晩唐の女流詩人。長安の娼家に生まれ、女道士となり、のち刑死。艶麗な詩を残す。著書『唐女郎魚玄機詩』。

**きょ-こう【挙行】**(名・サ変他) 式などを公に行うこと。performance

**きょ-こう【虚構】** ①つくりごと。事実でないことを事実らしく見せること。fabrication ②文芸で、しくみ・人物・事件などが現実そのままでないこと。現実を見て取捨・選択・概括・誇張などを行うことによって、かえって人間的・社会的真実をするどく印象づけるという作為。フィクション。fiction

**きょ-ごう【▼倨▼傲】**(名・形動) おごり高ぶること・さま。ごうまん。用例 ——な態度。

**ぎょ-こう【漁港】** 漁船が活動するための根拠地になる港。漁港法で指定され、漁船の停泊・係留、漁獲物の水揚げ、出漁準備などの役割をはたす。fishing port 比較 商港・軍港。

**きょ-こうへい【許広平】**(一八九八―一九六八) 魯迅夫人。筆名は景宋。全国婦女連合会副主席。第二次大戦中に魯迅全集を刊行。

**きょ-こく【挙国】** 国全体。国民全体。whole nation

**きょこく-いっち【挙国一致】** 全国民が一致して事に当たること。national unity

**きょこくいっち-ないかく【挙国一致内閣】** 戦争など国家的危機に対処するため、主要政党が協力して組織する内閣。一九三一年大恐慌のさいのイギリスのマクドナルド内閣が有名。他に第一次大戦中のロイド=ジョージ内閣、第二次大戦中のチャーチル内閣など。government of national unity

**きょ-こん【虚根】** 方程式の根(=解)のうち、虚数であるもの。対義 実根。

**きょ-こん【許婚】** 婚約をすること。婚約した相手。いいなずけ。

**きょ-こん【許▼渾】**(生没年未詳) 中国、晩唐の詩人。字は用晦・仲晦。潤州丹陽の人。今体の律詩に長じ、清新な叙情詩をつくった。詩集『丁卯集』。

**きょ-ざ【▼踞座・▼踞▼坐】**(名・サ変自) うずくまること。

**ぎょ-ざ【御座】** 天子・皇族・貴人などの座席。

**きょ-さい【去歳】** ①去年。②往年。

**きょ-さい【巨細】** ↓こさい(巨細)

**きょ-ざい【巨材】** ①大きな材木。②大人物。

**きょ-ざい【巨財】** ばくだいな財産。巨富。enormous fortune

**きょさい-とう【巨済島】** 韓国南部、鎮海湾口の島。面積三八九$km^2$。沿岸は好漁場。コジェ島。

**きょ-さつ【巨▼刹】** 大きな寺。大伽藍。

**きよさと【清里】**〈町〉 北海道東部、斜里川に沿う町。テンサイ・ジャガイモの栽培がさかん。人口六二五七(一九八八)。

**きよさと【清里】**〈村〉 新潟県南西部の村。豪雪地帯。稲作中心。人口三四〇三(一九八八)。

**きよざわ-まんし【清沢満▼之】**(一八六三―一九〇三) 明治時代の真宗大谷派の僧・哲学者。名古屋の人。真宗大学初代学監となり教育者として活躍。浩々洞を設けて『精神界』を発行し、近代的な仏教信仰を鼓吹した。著書『精神講話』など。

**ぎょ-さん【魚山】** ①声明発生に関する中国の伝説の山。②天台声明の中心地、京都大原のこと。③声明の譜本や理論書のこと。

**きょ-し【巨資】** 大資本。a large amount of capital

**きょ-し【挙止】** 立ち居振る舞い。挙動。挙措。bearing

**きょ-し【▼鋸歯】** ①のこぎりの歯。②植物の葉で、縁がのこぎりの歯のように切れこんだ形をしたもの。

**きよ・し【清し・▽浄し】** 古語 (形ク) ①《上代では、多く景色の美しさを形容するのに用い

た》汚れがなく、清らかだ。美しい。用例 ―・き河内の激つ白波(万葉・六・九〇八)。②濁っていない。曇っていない。用例 真澄鏡―・き月夜に(万葉・八・一五〇七)。③けがれない。潔白で、邪念がない。用例 うちうちの御心―・うおはすとも(源氏・夕霧)。④《連用形で、副詞的に用いて》さっぱりと。すっかり。用例 常に覚えたることも、また人の問ふに―・う忘れてやみぬる折ぞ多かる(枕・うれしきもの)。

**きょ-じ【虚字】** 対義 実字。漢文で、①抽象的意味を表す文字。動詞・形容詞に当たる字。②形式的意味を表す字。前置詞・助詞・助動詞などに当たる字。

**きょ-じ【虚辞】** うそ。虚言。lie

**ぎょ-し【▼禦止】**(名・サ変他) 防ぎとどめること。

**ぎょ-じ【御璽】** 天皇の印章をいう敬語。玉璽。用例 御名―。

**きょ-しき【挙式】**(名・サ変自) 儀式、とくに結婚式をあげること。hold a ceremony

**きよしこのよる【きよしこの夜】**《原題 Stille Nacht, heilige Nacht(ドイ)》クリスマス歌曲。賛美歌。一八一八年、オーストリアの司祭ヨーゼフ＝モル作詞、教会オルガン奏者フランツ＝グルーバー作曲。世界的な愛唱歌。

**ぎょし-だい【御史台】** 中国の官吏の監察を司る役所。その長官を御史大夫というが、漢代には実質的な長官は御史中丞であった。明代以後は都察院。

**きょしちょう-ざ【巨▼嘴鳥座】** 南天の星座。日本などでは一部しか見ることができない。小マゼラン星雲(＝銀河)がある。一一月一三日ごろの午後八時ごろに南中。面積二九四平方度。Tucana

**きょ-しつ【居室】** ふだんいる部屋。居間。living room

**きょ-じつ【虚実】**《無と有、の意》①無いことと有ること。空虚と充実。emptiness and fullness ②うそと、ほんとう。truth and falsehood ③「虚々実々」の略。④漢方医学で、病に抵抗する体力の充実の程度。虚は空虚で体力の衰え、実は体力の充実を意味する。

**きょじつ-ひにく【虚実皮▽膜】**《「ひにく」は、俗に「ひまく」と言い、皮と肉のこと》演劇のおもしろみは、虚でも実でもないところにある、という近松門左衛門の説。

**きょし-てき【巨視的】**(形動) ①大まかなさま。comprehensive 用例 ―なものの見方。②肉眼で見分けられるぐらいの大きさ。マクロ。macroscopic 対義 微視的。③物理で、人間の感覚でとらえられるさま。macroscopic ④経済学で、理論として経済社会全般から集計された所得・物価の統計から、社会全体の集団的な経済活動の法則を明らかにするさま。macroscopic

**きょしてき-けいざいがく【巨視的経済学】**↓マクロけいざいがく(マクロ経済学)

**きょしてき-せかい【巨視的世界】** 肉眼で見えるものの世界。感覚で直接知ることのできる世界。macroscopic world

**きょし-もん【▼鋸歯文】** 連続した三角形がかたちづくる文様。鋸の歯に似ているところからつけられた名称。日本では、装飾古墳・銅鏡などに多く見られる。

**ぎょ-しゃ【御者・▼馭者】** 馬車に乗って、馬をあやつる人。coachman

**きょ-じゃく【虚弱】**(形動) からだのひよわなさま。delicate 用例 ―体質。

**きょじゃく-じ【虚弱児】** 明らかな疾病異常があるわけではないが、かぜをひきやすい、下痢しやすいなどの、健康ともいえない状態の子ども。weak child

**ぎょしゃ-ざ【▼馭者座】** 北天の星座。一等星カペラはα星。北天の銀河(天の川)の中の五角形として知られる。二月一五日ごろの午後八時ごろに南中。面積六五七平方度。Auriga ↓図

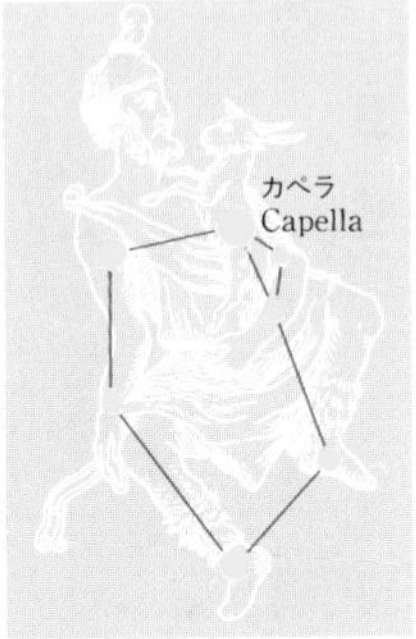


●馭者座

**ぎょし-やす・い【御し▽易い】**(形)《馬をあつかうのがたやすい、の意から》人を、思う通りにあつかいやすい。manageable

**きょ-しゅ【挙手】**(名・サ変自) 手を上げること。raise one's hand 用例 ―の礼。

**きょ-じゅ【巨儒】**↓たいじゅ(大儒)

**きょ-じゅ【巨樹】** 巨大な樹木。大樹。

**きょ-しゅう【去就】** ①さることと、とどまること。進退。course of action 用例 ―に迷う。②どのようにふるまうのかという、その出方。attitude 用例 彼の―が注目される。

**きょ-じゅう【居住】**(名・サ変自) 住みつくこと。residence 用例 ―性。

**ぎょ-しゅう【漁舟】** 漁業に用いる小舟。いさりぶね。fishing boat 比較 漁船。

**きょじゅう-けん【居住権】** 居住している家屋に継続して住む権利の通称。借家権が中心となる。the right of residence

**きょじゅう-すいじゅん【居住水準】** 住生活の面からみた生活水準。一人あたりの畳数や住居費などが、その指標となる。living conditions; dwelling level

**きょじゅう-せい【居住性】** 住宅・乗り物などの中に長くとどまる場合の、いごこち。habitability 用例 ―がいい。

**きょ-しゅく【虚宿】** 二十八宿の一つ。北方の宿。何をするにも凶で、とくに祝い事は控えたほうがよいとされる日。虚。

**きょ-しゅつ【▼醵出・拠出】**(名・サ変他) 金品を出し合うこと。donation

**きょしゅつせい-ねんきん【▼醵出制年金】** 被保険者の保険料負担をともなう年金。国民年金法により、被用者年金制度の適用を受けていない一般国民に対して定められた。contributory pensions

**きょ-しゅん【去春】** 去年の春。昨春。

**きょ-しょ【居所・居処】** ①いる場所。いどころ。すみか。residence ②《「居所」で》法律で、ある期間継続的に居住している場所。

**きょ-しょう【去声】** 漢字の四声の一。仄字の発音に属する、さがり型の声調。きょせい。

**きょ-しょう【巨匠】** 芸術界で、大家。名匠。master

**きょ-しょう【挙証】**(名・サ変他) 証拠をあげること。法律上、ある事実の有無を証明すること。立証。proof 用例 ―責任。

**きょ-しょう【▼裾礁】** 珊瑚礁の一種。もっとも基本的なタイプで、島の周囲に広がるもの。ほかに、堡礁・環礁などがある。fringing reef

**きょ-じょう【居城】** 日常住んでいる城。lord's castle

**ぎょ-しょう【魚礁・漁礁】** 海底が隆起してできた浅い岩場で、魚が集まりやすい所。人工魚礁もいう。fish reef

**ぎょ-じょう【漁場】** ①魚をとる水域。ぎょば。fishing ground ②漁業権のおよぶ水域。fishing right zone

**きょしょう-せきにん【挙証責任】** 訴訟で、自分の主張事実を証明する証拠を提出すべき責任。原則的に刑事訴訟では検察側、民事訴訟では原告側が最初にこれを負う。立証責任。burden of proof

**きょ-しょうてん【虚焦点】** 凹レンズや凸面鏡で、軸に平行な入射光が透過あるいは反射後に、あたかも軸上の一点から発しているような方向に進む。その点をいう。virtual focus

**きょ-しょく【虚飾】** 外見だけのかざり。みえ。ostentation

**ぎょ-しょく【漁色】** 次々に女をかえて、色欲にふけること。lechery 用例 ―家。

**きょしょく-しょう【拒食症】**↓しんけいせいしょくよくふしんしょう(神経性食欲不振症)

**きょ-しん【虚心】**(名・形動) 心に先入観やわだかまりがなく、すなおであること・さま。open-mindedness 対義 成心。

**きょ-しん【許慎】**(生没年未詳) 中国、後漢の学者。字は叔重。中国文字学の古典『説文解字』の編者。

**きょ-じん【巨人】** ①大男。ジャイアント。giant ②すぐれた人物。偉人。leading figure

**ぎょ-しん【魚信】** 魚つりのとき、魚がえさにふれたり食いついたりしたときの、糸・うき・さおなどに起こる変化・手ごたえ。比較 花信。

**ぎょ-しん【御寝】** 「ねること」を言う敬語。

**きょじん-しょう【巨人症】** 身体の発育が正常より過度に進んだもの。一般に、身長で二m以上をいう。病的なものの大部分は、脳下垂体機能亢進が原因。gigantism

**きょしん-たんかい【虚心▼坦懐】**(名・形動) わだかまりがなく、さっぱりしていること・さま。用例 ―に話しあう。

**きょじん-でんせつ【巨人伝説】** 超自然的な力を発揮する神や人物が存在したとして語られる伝説・神話。

**ぎょしん-な・る【御寝なる】** 古語 (四自) おやすみになる。ぎょしなる。用例 白河院は、北首に―・りけり(徒然・一三三)。

**きよす【清▼洲】**〈町〉 愛知県北西部、名古屋市北西の町。名古屋市のベッドタウン化がすすむ。清洲城跡がある。人口一万七六三〇(一九八八)。

**ぎょ・す【漁す】** 文語的 (サ変他) 魚や貝をとる。あさる。

**きょ-すい【▼渠帥】** 賊の頭目。首謀者。巨魁。

**きょ-すう【虚数】** 実数でない複素数。二つの実数 $a$、$b$ と虚数単位 $i=\sqrt{-1}$ で表される複素数 $a+bi$ のうち $b\neq 0$ であるもの。とくに、$a=0, b\neq 0$ のときを純虚数という。imaginary number 対義 実数。

**きょすう-かい【虚数解】**↓きょこん(虚根)

**きょすう-たんい【虚数単位】** 二乗してマイナス1になる数。ふつう、$i$ または $\sqrt{-1}$ で表す。imaginary unit

**キヨスク【kiosk】** JR各鉄道会社の駅構内にある売店の正式名称。経営はJR各社の管内によって異なる。全国的にはJR各駅構内売店のほぼ六割を占め、約四〇〇〇軒(一九八八)。参照 キオスク。

**きよすみ-うつぼ【清澄▼靫】** 山地の木陰にはえるハマウツボ科の寄生植物。高さ約一〇cm。全体に淡黄色。多数の鱗片葉が互生して密につく。夏、茎頂に黄色の筒状の唇形花をつける。千葉県清澄山で最初に発見。

**きよすみ-でら【清澄寺】**↓せいちょうじ(清澄寺)

**きよ-ずり【清刷(り)】** 活版などの原版からアート紙などにきれいに印刷すること。また、その刷ったもの。平・凹版などの版下に用いる。reproduction proof

**ぎょ・する【御する】**(サ変他) ＝御す。①馬を乗りこなす。manage ②人を思いどおりに使いこなす。manage ③国を治める。rule

**き-よせ【季寄せ】** 俳諧の季語を四季別に集めたもの。歳時記。

**きよせ【清瀬】**〈市〉 東京都北部、埼玉県と接する市。畑作中心の農業地帯から、急速に住宅地に変化。人口六万五五七八(一九八八)。

**きょ-せい【去声】**↓きょしょう(去声)

**きょ-せい【去勢】**(名・サ変他) ①動物の生殖腺を除去して、生殖能力をなくすこと。二次性徴の不発現、退化、性欲消失が起こる。家畜を従順にしたり肉質・毛質を向上させたりするために行う。castration ②勢いをそぐこと。enervation

**きょ-せい【巨星】** ①太陽にくらべ、半径が数十倍から一〇〇倍ほど大きく、絶対光度が一〇〇倍ほど明るい星。中心部の水素を消費して、半径が増大した恒星。カペラなど。giant star ②大人物。great man

**巨星墜つ**(きょせいおつ) 大人物の死を言うたとえ。

**きょ-せい【虚勢】** うわべばかりの、勢いの強さ。からいばり。から元気。bluff

**虚勢を張る**(きょせいをはる) 実力がないのに、いばって見せる。bluff

**きょ-せい【距星】** 二十八宿の各宿の基準となる星。

**きょ-せい【挙世】**(副) 世をあげて。世間全体が。

**ぎょ-せい【御製】** 天皇がつくった詩歌。

**きょせい-コンプレックス【去勢コンプレックス】** フロイトの精神分析用語。去勢をめぐる親のおどかしや、女は去勢されたために男根がなくなったという空想をめぐるこだわりによる不安や恐怖。castration complex

**きょ-せき【巨石】** 巨大な石。huge stone

**きょせき-きねんぶつ【巨石記念物】** 巨大な石材を用いて築いた、建築物以外の建造物。メンヒル・ストーンサークル・ドルメンなど。megalithic monument

**きょせき-ぶんか【巨石文化】** 巨石記念物に代表される文化。世界各地で、新石器時代から鉄器時代にかけて出現。megalithic culture

**きょ-せつ【虚説】** よりどころのないうわさ。無根の話。浮説。canard 対義 実説。

**きょ-ぜつ【拒絶】**(名・サ変他) ことわること。受けつけないこと。拒否。refusal 対義 承諾。

**きょぜつ-しょうしょ【拒絶証書】** 手形や小切手の引き受け、または支払いを拒絶したことを証明する公正証書。protest

**きょぜつ-はんのう【拒絶反応】** ①組織適合性が一致しない臓器移植を行った場合に、免疫反応のために移植が妨げられる現象。rejection ②特定の人やものを心理的・生理的に強く嫌う感情。拒否反応。negativism(心理);



▼常用漢字表外。 ▽常用漢字表の音訓外。

rejection(生理)

**きょ-せん【巨船】** 大きな船。おおぶね。big ship

**きょ-ぜん【居然】**(形動トタル) ①いながら。そのまま。②することがないさま。

**ぎょ-せん【御▼撰】** 天子が撰集すること。また、その書物。

**ぎょ-せん【漁船】** 漁業に使用される船。漁船法により、建造・登録・検査などが規定・管理される。いさりぶね。fishing vessel

**ぎょせん-ほけん【漁船保険】** おもに漁船の、不慮の事故による損害の復旧を目的とする保険。fishing boat insurance

**きょ-そ【挙措】** 立ち居ふるまい。挙動。挙止。behavior

**挙措を失う**(きょそをうしなう) 取り乱した行いをする。lose one's composure

**きょ-ぞう【虚像】** ①物体から出た光が光学系を通って像をつくるとき、光が発散して、光線を逆向きに延長したところにできる像。凸レンズや凹面鏡の焦点より外側に物体を置いた場合以外は、すべて虚像となる。virtual image [対義]実像。②実際とかけはなれた、みせかけの姿やイメージ。pretense

**キヨソーネ【Edoardo Chiossone】**(一八三二〜九八) イタリアの銅版画家。明治政府に仕え、紙幣・切手・印紙の原版製作を担当。明治八年(一八七五)来日、日本で客死。明治天皇や政府要人の銅版肖像画を残す。

**きょ-そく【虚足】** ↓かそく(仮足)

**ぎょ-ぞく【魚族】** 魚の種族。魚類。

**ぎょ-そん【漁村】** 漁業を中心とする、海べの村。fishing village [比較]山村・農村。

**きょ-た【許多・巨多】** 多数。あまた。

**きょ-たい【巨体】** 巨大なからだ。big body

**きょ-だい【巨大】**(形動) きわめて大きいさま。gigantic [対義]微細。

**ぎょ-たい【魚袋】** 束帯着用のさいに、廷臣の位階を標示する魚形の符。節会や大嘗会などの儀式のとき、束帯の石帯の右腰に装身具として下げた。白鮫の皮で包んだ長方形の小箱に、三位以上は金の魚、四位以下は銀の魚の形を付けた。

**ぎょ-だい【御題】** ①天子の書いた題字。②天子の選んだ、詩歌・文章の題。勅題。

**きょだい-しんけいせんい【巨大神経線維】** 無脊椎動物のある種にみられる、極端に太い神経軸索で、無髄。ヤリイカでは、直径〇・八㎜に達することがあり、神経生理学研究の好材料。giant nerve fiber

**きょだい-せんしょくたい【巨大染色体】** ユスリカやショウジョウバエなどの昆虫の唾液腺やマルピーギ管の細胞にみられる染色体。他の組織の細胞のものに比べて一〇〇倍以上も大きく、染色体の構造がはっきり見える。giant chromosome

**きょ-たく【居宅】** 日ごろ住んでいる家。すまい。住居。dwelling house

**きょ-だく【許諾】**(名・サ変他) 願いを聞き入れること。承諾。consent

**ぎょ-たく【魚拓】** 魚の拓本。魚体に墨や絵の具を塗り、和紙や布をあてて形をすり写す。本来は釣った魚の大きさの記録用だが、今は美術鑑賞的な面もある。fish print ↓[写]

●魚拓 イシダイ。

**きよたけ【清▽武】**〈町〉宮崎市南西隣の町。日向夏みかんなどの果樹を栽培。幕末の儒者安井息軒の生地。人口一万八五一七(一九八八)。

**きょ-だつ【虚脱】**(名・サ変自) ①がっかりして、無気力状態になること。気ぬけ。lethargy ②血液循環不全による無気力状態。皮膚が突然青白くなり、意識がぼんやりする。脳貧血・ショックなどによる。collapse

**きょだつ-かん【虚脱感】** ぼんやりとして、無気力になり、すべてがめんどうな気持ちになる状態。despondency

**きょ-たん【去▼痰・▼祛▼痰】** 気管または気管支にある痰を取り除くこと。[用例]—剤。

**きょ-たん【虚誕】** 大げさな話。でたらめ。

**きょ-だん【巨弾】** 小銃などの弾丸に対し、より大きな砲弾や爆弾のこと。

**ぎょ-たん【魚探】**「魚群探知機」の略。

**きょたん-ざい【去▼痰剤】** 気道にからまった痰を、気道分泌・繊毛運動を盛んにしたり、また、やわらかくしたりして排出しやすくする薬。サポニンなど。expectorant

**きょちゅう-ちょうてい【居中調停】** 第三国が、争いの当事国の間に立って、平和的な解決をはかること。仲裁。mediation [参考]個人間・団体間のことにも言う。

**きょっ-かい【曲解】**(名・サ変他)《「きょくかい」の変》わざとまげて解釈し、正しく理解しようとしないこと。perversion [比較]誤解・正解。

**きょっ-かく【極核】**《「きょくかく」の変》被子植物の雌しべの胚のうの中央にある二個の核。二個がくっついて中心核となっていることもある。受精後、分裂をくり返して胚乳となる。pole nucleus

**きょっ-かん【極冠】**《「きょくかん」の変》火星の極地に白く輝く部分。霜やドライアイスなどからできていて、火星の季節により拡大したり縮小したりする。polar cap

**きょっ-かん【極▼諫】**(名・サ変他)《「きょくかん」の変》きびしく忠告すること。強くいさめること。

**ぎょっ-き【玉器】**《「ぎょくき」の変》硬玉や軟玉で作られた器物で、中国で発達。宋以後の玉を「新玉」、それまでの玉を「古玉」とよぶ。

**きょっ-きゅう【曲球】**《「きょくきゅう」の変》野球で、カーブ。

**きよつ-きょう【清津峡】** 新潟県南部、清津川の峡谷。長さ八㎞。柱状節理の絶壁が特徴的。紅葉期の景観はとくに美しい。

**きょっ-けい【極刑】**《「きょくけい」の変》もっとも重い刑罰。死刑。capital punishment [用例]—に値する。

**きょっ-こう【▼旭光】**《「きょくこう」の変》朝日の光。

**きょっ-こう【極光】**《「きょくこう」の変》↓オーロラ

**ぎょっ-こう【玉稿】**《「ぎょくこう」の変》他人の原稿を言う敬語。

**ぎょっ-と**(副・サ変自) 不意の出来事に出合って、一瞬心が動揺するさま。be startled [用例]思わず—する。皆—驚いた。

**きよつね【清▽経】** 能の曲名。二番目物。世阿弥作。修羅物。平清経の形見の髪を見て悲しむ妻の前に、清経の霊が出て敗戦の恐怖や入水の様子を語り、戦いのむなしさ、修羅道の苦を舞う。

**ぎょ-てい【魚▼梯】** 河川のダムや堰によって魚の移動が妨げられないように設けられた、別の水路。ゆるい傾斜のものと階段状のものとがある。魚道。fish ladder

**きょ-てん【拠点】** 活動の足場となる地点・場所・組織。足場。base

**きょ-でん【虚伝】** ほんとうでないうわさ。虚聞。canard

**ぎょ-でん【魚田】** 魚の田楽。アユ・イワナ・キス・セイゴなどにくしを打ち、姿焼きにした料理。練りみそで味付けする。

**きょ-とう【巨頭】** ①大きな頭。big head ②国・団体などの最高責任者。leaders

**きょ-とう【挙党】** 党全体。全党をあげて、の意に使う。whole party [用例]—体制。

**きょ-どう【挙動】** ふるまい。ようす。挙止。挙措。behavior

**ぎょ-とう【漁灯】** 漁のために、魚をさそいよせる火。漁火。いさり火。fishing fire

**ぎょ-どう【魚道】** ①魚群がきまって通過する水域。fishway ②↓ぎょてい(魚梯)

**きょとう-かいだん【巨頭会談】**《summit conferenceの訳語》有力者が集まって、問題の解決を討議すること。

**きょどう-ふしん【挙動不審】** ふるまい・ようすがあやしい、変だと思われること。suspicious behavior

**きょと-きょと**(副・サ変自) 恐怖・心配などから、落ち着きなくあたりを見回すさま。look about restlessly

**きょとん-と**(副・サ変自) あっけにとられたり、相手の言うことがわからなかったりして、ぼんやりするさま。watch blankly

**きょなん【▼鋸南】**〈町〉千葉県南部、浦賀水道に臨む町。鋸山を北に望む。海岸は、内房有数の海水浴場。酪農、花・野菜の栽培がさかん。人口一万二四一五(一九八八)。

**きょ-なんき【許南▼麒】**(一九一八〜八八) 在日朝鮮人の詩人。中央大などに学ぶ。詩集『朝鮮冬物語』『火縄銃のうた』など。

**ぎょ-にく【魚肉】** 魚の身のうちの、食べられる部分の肉。赤身と白身がある。たんぱく質はリジンに富み、副食に適し、ソーセージなどの加工品にも用いられる。fish meat

**魚肉となる**(ぎょにくとなる)《魚肉が思うままに切り刻まれ料理されるところから》斬り殺される。また、他人の思うままにされる。

**きよね【清音】**〈村〉岡山県南部、倉敷市北隣の村。稲作のほか、ビール麦・フキなどを産する。人口五二〇二(一九八八)。

**きょ-ねん【去年】** ①ことしの一つ前の年。昨年。last year [用例]—の今夜。②すぎた年。

**きょ-ねん【巨然】**(生没年未詳) 中国、五代宋初の画僧。江南の湿潤な風景の描写にすぐれた。南宗画の祖という。

**きよの-けんじ【清野謙次】**(一八八五〜一九五五) 病理学者・人類学者。岡山県生まれ。京大教授。日本の生体染色学の創始者。全国の貝塚から多数の人骨を収集・計測し、原日本人説を提唱。著書『古代人骨の研究に基づく日本人種論』など。

**ぎょ-ば【漁場】** ↓ぎょじょう(漁場)

**きょ-はく【巨▼擘】** ①おやゆび。②かしら。巨頭。

**きょ-はく【虚白】**《『荘子』の一節、部屋の中を広々とさせると、光がはいって明るくなる、から》虚心になると、自然に真理を悟ることができる、の意の語。

**きよはら-の-たけのり【清原▽武▽則】**(生没年未詳) 平安後期の武将。出羽の俘囚の長。康平五年(一〇六二)前九年の役で、源頼義と同盟し安倍氏を破って、鎮守府将軍に任ぜられた。

**きよはら-の-ふかやぶ【清原深▽養父】**(生没年未詳) 平安中期の歌人。中古三十六歌仙の一人。元輔の祖父。家集『深養父集』。

**きよはら-の-もとすけ【清原元▼輔】**(九〇八〜九九〇) 平安中期の歌人。三十六歌仙の一人。深養父の孫、清少納言の父。『後撰和歌集』の撰者の一人。家集『元輔集』。

**ぎょ-ばん【魚板】** 魚の形に彫った、木製の仏具。仏教寺院で、食事などの合図にたたいて鳴らす。魚鼓。↓[写]

●魚板 万福寺(京都府)。

**きょ-ひ【巨費】** 巨額の費用。きわめて多額の出費。enormous expense [用例]—を投ずる。

**きょ-ひ【拒否】**(名・サ変他) ことわること。拒絶。refusal

**きょ-ひ【許否】** 許すことと、許さないこと。許すか許さぬか。permission and refusal

**ぎょ-ひ【魚肥】** 魚から作った、窒素・燐酸に富む肥料。代表的な有機質肥料の一つで、野菜や果樹の栽培に使われる。搾り粕・乾魚・荒粕など。fish manure

**きょひ-けん【拒否権】** 法案や決議の成立に必要な同意・承認を拒否し、無効にする権利。アメリカ大統領・州知事や、国連安全保障理事会の常任理事国に与えられている。veto

**きょ-ふ【巨富】** ばくだいな財産。巨万の富。巨財。vast wealth [用例]—を築く。

**ぎょ-ふ【漁夫・漁父】** 漁民。漁船員。

**漁夫の利**(ぎょふのり)《正しくは「漁父の利」》両者が争っている間に、第三者がその利益をちゃっかり横取りすること。Two dogs strive for a bone, and a third runs away with it. [類似]鷸蚌の争い。

**きよ-ぶき【清▼拭き】**(名・サ変他) ぬれた布でふいたあと、かわいた布で丁寧にみがくこと。

**ぎょ-ふく【魚腹】** 魚のはら。また、魚のはらの中。

**魚腹に葬られる**(ぎょふくにほうむられる) 水死する。be drowned

**ぎょ-ぶつ【御物】** 皇室の所蔵品。ぎょもつ。ごもつ。

**きょ-ぶん【虚聞】** ①事実でないうわさ。false rumor ②実力以上の評判。false reputation

**ぎょ-ふん【魚粉】** 魚から魚油をしぼったのち乾燥させた魚かすを粉末にしたもの。たんぱく質がきわめて多く、飼料や肥料にする。fish meal

**きょぶん-とう【巨文島】** 朝鮮半島と済州島の中間にある島。三島からなり、面積一一km²。コムン島。

**きょ-へい【挙兵】**(名・サ変自) 軍事行動を起こすこと。兵をあげること。旗揚げ。raise an army

**きょ-へん【巨編】** 文学・映画などの大作。great work

**きょ-ほ【巨歩】** ①大またに歩くこと。その歩み。②偉大なてがら・功績。brilliant achievement 用例 —を印する。

**きょ-ほう【巨砲】** ①大型の大砲。big gun ②野球で、強打者。ホームランバッター。slugger

**きょ-ほう【虚報】** うその知らせ。あやまった報告。デマ。false report

**ぎょ-ほう【漁法】** 水産生物を採集・捕獲する方法。網漁・釣漁・雑漁に大別。fishing method 用例 一本釣り—。

**きよ-ほうへん【▼毀誉褒▼貶】** 悪口と賞賛。用例 —相半ばする。

**きょ-ぼく【巨木】** 大きな木。大木。big tree

**きよ-まる【清まる】**(五自) 汚れが落ちる。きれいになる。清らかになる。be purified

**きょ-まん【巨万】** 非常に大きな量。millions 用例 —の富。

**きよみ【清見】**〈村〉 岐阜県北部、高山市西隣の山村。稲作・畜産などの農業のほかに、林業がさかん。人口二六二八(一九八八)。

**きよ-みず【清水】** きよらかな水。しみず。

**きよみず【清水】** 京都市東山区、東大路から清水寺に至る五条坂の付近一帯の地名。清水寺の参道は門前町を形成し、みやげ物店が並ぶ。清水焼の発祥地。

**きよみず-でら【清水寺】** 京都市東山区清水にある北法相宗の本山。延暦一七年(七九八)坂上田村麻呂の創建とされる。「清水の舞台」とよばれる、懸崖造りの本堂の掛け出しは有名。西国三十三所第一六番の札所。→写

**清水の舞台から飛び降りる**(きよみずのぶたいからとびおりる) 思いきって実行するたとえ。shoot Niagara

**きよみず-やき【清水焼】** 京都市清水五条坂でつくられる陶磁器。江戸後期から中国風磁器を生産し、京都の代表的焼き物となる。清水六兵衛・高橋道八・三浦竹泉などの、古い伝統をもつ陶家がある。

**きよみず-ろくべえ【清水六▽兵▽衛】** 京都の陶工。初代(一七三七～九九)は摂津の人。江戸中期、五条坂に窯を開く。以後、代々六兵衛を名乗る。六代(一九〇一～八〇)は、すぐれた装飾陶を開発。

**ぎょみ-の-いわい【魚味の祝(い)】** 小児に、生まれて初めて魚を食べさせる儀礼。真魚の祝い。真魚始め。

**ぎょ-みん【漁民】** 漁業を職業とする人々。fishermen 比較 農民。

**きょ-む【虚無】** ①何もないこと。空虚。nothingness ②何物にも価値を認めないこと。ニヒル。nihilism ③世界のむなしさを意識すること。be conscious of all being vanity ④老子の説で、形状がなくて視覚・聴覚にも認められない、宇宙の本体。

**きよ-む【清む】** 古語 (下二他) →きよめる(清める)

**きょむ-しゅぎ【虚無主義】** ①哲学で、実在も真理も一切の価値・規範も、単なる相対的・便宜的なものにすぎないとして否定する立場。nihilism ②道徳・宗教ばかりでなく既成のあらゆる権威・制度を否定し、個人の解放をめざす立場。nihilism ③老荘の思想で、宇宙の本体を虚無と見、それにのっとって無為自然を生活信条とする思想。nihilism

**きょむ-てき【虚無的】**(形動) 人生や世の中などをむなしいものと考えるさま。nihilistic

**きよめ【清め・▽浄め】** ①清めること。清浄にすること。②心身のけがれを除き、神聖な力を獲得すること。

**きょ-めい【虚名】** ①実力のともなわない名声。空名。false reputation ②うその名目。false name ③いつわりの名。偽名。false name 比較 仮名。対義 実名。

**ぎょ-めい【御名】** 天皇の名まえ。

**ぎょめい-ぎょじ【御名御璽】** 天皇の署名と印。

**きよ-める【清める・▽浄める】**(下一他) ①清くする。purify 用例 心身を—。②恥などをはらす。すすぐ。wipe out

**きょ-もう【虚妄】** ①うそ。いつわり。falsehood ②迷い。迷信。delusion 用例 —を払う。

●清水寺

**ぎょ-もう【漁網】** 魚をとるための網。昔は綿・マニラ麻などが用いられていたが、現在は合成繊維のものが多い。fishing net

**ぎょ-もつ【御物】** →ぎょぶつ(御物)

**きよもと【清元】** 「清元節」の略。また、その家系。

**きよもと-うめきち【清元梅吉】** 清元節三味線方の芸名。現在四世まで。二世(一八五四～一九一一)は『三千歳』など名曲多数を残す。三世(一八八九～一九六六)は、大正一一年(一九二二)清元流(梅吉派)を創立、二世寿兵衛を襲名、重要無形文化財保持者。

**きよもと-えんじゅだゆう【清元延寿太▽夫】** 清元節家元の芸名。現在六世まで。初世(一七七七～一八二五)は、文化一一年(一八一四)富本節から独立して清元節をおこした。二世(一八〇二～五五)は美声で有名。五世(一八六二～一九四三)は名人とうたわれた。

**きよもと-さいべえ【清元斎▽兵▽衛】** 清元節三味線方の芸名。現在四世まで。初世は、文化～天保年間(一八〇四～四四)に活躍し、清元節創立時から初世延寿太夫と協演。四世(一八五二～一九〇九)は明治時代の名人。

**きよもと-しずたゆう【清元志▽寿太▽夫】**(一八九八～) 清元節の太夫(語り手)。美声と華麗な節で有名。重要無形文化財保持者。

**きよもと-ぶし【清元節】** 浄瑠璃の流派名。清元延寿太夫が文化一一年(一八一四)におこし、歌舞伎の舞踊音楽として発展。粋で繊細かつ哀艶な芸風で、発声法は技巧的である。清元。

**ぎょ-ゆ【魚油】** 魚からしぼった油。油分の多いイワシ・ニシン・ホッケなどが原料。酸化しやすいのでおもに水素を添加して、マーガリン・せっけんなどの原料とする。ほかに皮革製造用・薬用ともする。fish oil

**きょ-ゆう【許由】** 中国古代の伝説上の人。尭帝が天下を譲ろうとしたのをことわり、隠遁したという。

**ぎょ-ゆう【御遊】** 宮中・院中で催された、音楽の遊び。

**きょゆう-そうほ【許由巣▽父】**(「許由」も「巣父」も、中国古代の伝説上の人。ともに、天下を譲ると言われたのをことわった隠君子) 許由が、尭帝から天下を譲ると言われたのを汚いことを聞いたとして穎水で耳を洗っていたところ、これを見た巣父が、こんな汚い水は牛にも飲ませられないと牛を連れ帰った、という故事。よく画題にもなる。

**きょ-よう【挙用】**(名・サ変他) その仕事・地位に人を引き上げて用いること。起用。登用。

**きょ-よう【許容】**(名・サ変他) 許し、受けいれること。大目に見ること。permission 比較 許可。用例 —範囲。

**きょよう-かん【居庸関】** 中国、北京の北西六〇kmにあった関。北京からモンゴルへの要路。元代築造の過街塔基はラマ教建築遺物で、その両壁には漢・梵・チベット・パスパ・ウイグル・西夏の六種の文字で陀羅尼が刻されている。

**きょよう-せんりょう【許容線量】** 放射線や放射性物質を利用するさいの、照射放射線の人体におよぼす影響が最小限にとどめられるとする放射線量の限度。最大許容線量。許容量。tolerance dose

**きょよう-でんりゅう【許容電流】** 流し得る最大の電流。電線や配線の電流容量・素子の電流容量などによって決まる。allowable current

**きょよう-りょう【許容量】** 放射線や有害物質などについて、これ以下なら安全だろうとする量。allowance

**きよ-ら【清ら】** 古語 ㊀(名) 華麗であること。華美。用例 万に—を尽くしていみじと思ひ(徒然・二)。㊁(形動ナリ) 清らかで美しいさま。比較 うつくし。用例 世になく—なる玉の男御子さへ生まれ給ひぬ(源氏・桐壺)。

**きょ-らい【去来】** ㊀(名・サ変自) 行ったり来たりすること。come-and-go 用例 心中を—する思い。㊁(名) 過去と未来。past and future

**きょらい【去来】** →むかいきょらい(向井去来)

**ぎょ-らい【魚雷】**(「魚形水雷」の略)水中を進み、目標に命中すると爆発して艦船を破壊する水雷。現在は大部分が目標を追尾し、その方式によって、ホーミング型・有線誘導型などに分類される。torpedo

**きょらいしょう【去来抄】** 向井去来著の俳論書。元禄一六年(一七〇三)前後成立。安永四年(一七七五)刊。芭蕉と門人の俳論・句評をまとめた、「先師評」「同門評」「故実」「修行」の四部。蕉風俳論を記す貴重な資料。

**ぎょらい-てい【魚雷艇】** 魚雷攻撃をおもな任務とする小型高速艇。小火器を備え、船団護衛・連絡・哨戒などにも使用される。torpedo boat

**きよ-らか【清らか】**(形動) けがれ・にごりのないさま。pure

**ぎょ-らん【魚▼籃】** 魚を入れるかご。びく。fish basket

**ぎょらん-かんのん【魚▼籃観音】** 三十三観音の一つ。びくを手にさげた姿や大魚に乗った姿で表される。

**きょ-り【巨利】** 巨大な利益。enormous profit 用例 —を博す。

**きょ-り【距離】** ①二つの物・場所のへだたり。distance 比較 間隔。用例 東京・広島間の—。だいぶ—がある。②数学で、二点を結ぶ線分の長さ。また、その拡張概念。distance

**きょりく【許▽六】** →もりかわきょりく(森川許六)

**きょり-けい【距離計】** 写真撮影などで、被写体までの距離を測る装置。range finder

**きょり-しすう【距離指数】** みかけの恒星のあかるさと絶対等級の差。天体の距離の算出に用いる。distance modulus

**きょ-りゅう【居留】**(名・サ変自) ①一時とどまり住むこと。residence 比較 寄留。②外国の居留地に住むこと。settlement

**ぎょ-りゅう【魚竜】** 三畳紀中期から白亜紀にかけて生息した海生の爬虫類。代表的なイクチオサウルスは体長約三m、魚類に似た流線形。ひれあし、尾びれ、肉質の背びれをもつ。ichthyosaur

**ぎょ-りゅう【御柳】** ギョリュウ科の落葉小高木。高さ約六m。針状の葉は枝をおおう。春と、夏から秋に、二度咲く花は淡紅色で小さい。観賞用。江戸中期に渡来。中国原産。タマリスク。tamarisk →写

●ギョリュウ

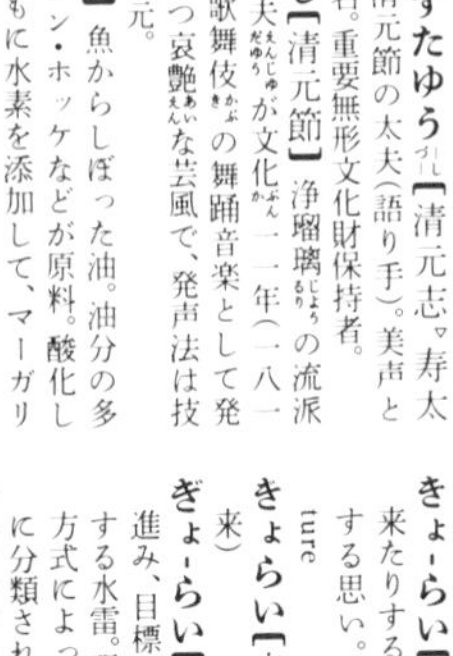

**きょりゅう-ち【居留地】** 外国人の居住・営業を許可した特別な地域。かつての中国での租界など。foreign settlement

**きょりゅうち-しんぶん【居留地新聞】** 幕末以来、横浜と長崎の外国人居留地で発行された外国語新聞、また日本人向けの邦字新聞の総称。変動期の日本に大きな影響をもたらした。

**きょりゅう-みん【居留民】** 居留地に住む外国人。residents 対義 原住民。

**ぎょ-りょう【漁猟】** ①漁業と狩猟。fishing and hunting ②漁業。すなどり。fishing 対義 狩猟。

**ぎょ-りん【魚▼鱗】** ①魚のうろこ。scales ②うろこ形に、中央を突出させて並べた陣形。比較 鶴翼。

**ぎょりん-ずさつ【魚▼鱗図冊】** 中国の絵図式の土地台帳。宋代以後、明・清まで行われた。土地の図形が魚鱗に似るための称。公租徴収の基礎とするためのもの。魚鱗冊。

**ぎょりん-せん【魚▼鱗▼癬】** 皮膚が乾燥して



▼常用漢字表外。▽常用漢字表の音訓外。

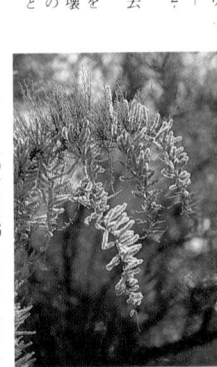

魚の鱗状になる、一種の皮膚病。ほとんどが先天性だが、ビタミンA欠乏などでもおこる。鮫肌。ichthyosis

**ぎょ-るい【魚類】** 脊椎動物の一系統に属する水生動物群の総称。軟骨か硬骨の内骨格をもち、からだは紡錘形状か円筒形状。鰭をもち、鱗でおおわれるものが多い。鰓で呼吸をする。一般に体外受精し、卵生。現生種は一万八〇〇〇種ほどで、日本近海に二六〇〇種ほどがすむ。うお。さかな。fishes

**きょ-れい【挙例】** 例をあげること。

**きょ-れい【虚礼】** 形だけで、誠意のない礼儀。empty formality 用例 ―廃止。

**ぎょ-ろう【漁労・漁▼撈】** 水生動植物を採集・捕獲すること。りょう。すなどり。fishing

**ぎょろう-ぶんか【漁労文化】** 漁業・海獣狩猟を基盤として形成された文化。担い手はエスキモー・北米北西海岸インディアン・アイヌ・ポリネシア人など。fishery culture

**きょろ-きょろ**（副・サ変自） 落ち着きなくあたりを見回すさま。look around restlessly 用例 目を―させる。

**ぎょろ-ぎょろ**（副・サ変自） 大きな目玉を光らせ、動かすさま。目をみはるさま。goggle one's eyes 用例 目を―光らせる。

**きょろく【▼鉅▼鹿】** 中国河北省平郷県地方の古名。秦の将軍章邯が項羽に大敗した故地。

**きょろ-つ・く**（五自） 落ち着かないようすであたりを見まわす。きょろきょろする。look around restlessly

**ぎょろ-つ・く**（五自） 目玉がぎょろぎょろ動く。目がらんらんと光り動く。goggle

**ぎょろ-め【ぎょろ目】** 大きな目玉。また、その目。

**きょろり(と)**（副） 目をすばやく動かすさま。with bright almond eyes

**ぎょろり(と)**（副） 大きな目玉を動かすさま。with one's eyes rolling

**き-よわ【気弱】**（名・形動） 気力に欠けていて、すぐぐらつくこと・さま・人。fainthearted 比較 弱気。

**キョン【kijiang・羌】** 小形で角の小さい、シカ科の動物。体高約四〇cm。眼下腺が発達し、犬歯が牙状にのびる。中国南部・台湾に分布。ヨツメジカ。

**キョンギ-ド【京畿道】**（Kyŏnggi Do） ↓けいきどう（京畿道）

**キョンサン-ナムド【慶尚南道】**（Kyŏng-sang Namdo） ↓けいしょうなんどう（慶尚南道）

**キョンサン-プクド【慶尚北道】**（Kyŏng-sang Pukdo） ↓けいしょうほくどう（慶尚北道）

**キョンジュ【慶州】**（Kyŏngju） ↓けいしゅう「（慶州）

**きら** ①水面に浮いてきらきらするもの。②きらら。雲母。

**き-ら【棋羅】** 碁石を並べたように、敷き並ぶこと。

**き-ら【▼綺羅】**《綾絹と薄ぎぬ、の意》①外見があでやかで美しいこと。華やかなこと。また、その人。比較 きら星。用例 ―、星のごとく居ならぶ。②美しい衣服。③古語 栄華をきわめること。用例 世のおぼえときの―めでたかりき（平家・一一・平大納言被流）。

**綺羅を付く**（きらをつく） 他人に、はなやかな地位を与える。

**綺羅を磨く**（きらをみがく） ぜいたくをきわめる。また、華美をこらす。

**きら【▽吉▽良】**〈町〉愛知県南部、三河湾に臨む町。農業と海苔の養殖などがさかん。吉田は、かつての塩の積み出し港。人口二万一八五一（一九八八）。

**キラー【killer】**《殺人者・殺し屋、の意》①特定の相手などに対して、とくに力を発揮する人。用例 ジャイアンツ―。マダム―。②生物学で、特定の細胞を殺す働きをもつ細胞。キラー細胞。

**キラー-えいせい【キラー衛星】** 衛星破壊衛星。人工衛星を敵の軍事衛星に直接衝突させるか、または目標付近で自爆させ、その破片によって破壊するもの。おもにソ連が一九六〇年代後半から開発を続けている。killer satellite 参照 エーサット。

**キラー-ティー-さいぼう【キラーT細胞】** 人体の免疫反応に関与するT細胞のうち、体内の異質の細胞などを直接攻撃して破壊するもの。killer T cell

**きらい【嫌い】** ㊀（名・形動） 好かないこと・さま。dislike 対義 好き。用例 食わず―。―になる。㊁（名） ①気味。傾向。touch 用例 どうも不正確な―がある。②区別。discrimination 用例 男女の―なく。だれ彼の―なく。

**き-らい【帰来】**（名・サ変自） 帰ってくること。

**き-らい【機雷】**《「機械水雷」の略》水中に敷設され、敵の艦船に接触、またはその接近にともなう磁気・音響・水圧などに反応して爆発する兵器。mine 対義 地雷。

**ぎらい【儀礼】** 儒教経典で、三礼の一つ。中国、周代のあらゆる儀礼を詳述した書。一七編。周公旦の作と伝えられるが不明。

**きらい-げん【機雷原】** 機雷を多数敷設した水域。

**きら・う【嫌う】**（五他） ①好ましくない。いやだ。dislike 対義 好く。用例 タバコを―。②あわない。さける。hate 用例 せんべいは湿気を―。③区別する。discriminate 用例 ところ―・わず。

**きら・う【▽霧らう】** 古語（連語）《動詞「きる」の未然形に反復・継続の助動詞「ふ」の付いたもの》霧が立つ。かすむ。用例 秋の田の穂の上に―朝霞（万葉・二・八八）。

**キラウエア-さん【キラウエア山】**（Kilauea Crater）アメリカ、ハワイ州ハワイ島南東部の活火山。標高一二四二m。山頂に大カルデラがある楯状火山。

**きら-きら**（副・サ変自） 光り輝くさま。twinkle 用例 星が―またたく。

**ぎら-ぎら**（副・サ変自） ①強く光り輝くさま。glaringly 用例 太陽が―照りつける。②あぶらぎったさま。greasily

**きら-きら・し** 古語（形シク） ①きらきらと輝いている。用例 茎はいと赤く―・しく見えたるこそあやしけれ（枕・花の木ならぬは）。②整って美しい。堂々としている。用例 ―・しきもの、大将の御前駆追ひたる（枕・きらきらしきもの）。③きわだっている。格別だ。用例 さりとてそのありさまの、たちまちに―・しき勢ひなどあんべいやうもなく（更級）。

**き-らく【気楽】**（名・形動） 心配のないこと・さま。のんき。carefree; easy-going 用例 ―な仕事。

**き-らく【帰▼洛】**（名・サ変自） みやこ・京都に「かえること。

**きら-こうずけのすけ【▽吉▽良上▽野▽介】**（一六四一―一七〇二） 江戸中期の幕臣。高家筆頭。名は義央。元禄一四年（一七〇一）勅使接待の件で浅野長矩を侮辱し江戸城中において刃傷を受け、そのため長矩は切腹。翌年元浅野家家臣（赤穂義士）に討たれた。

**きら・す【切らす】**（五他） 切れた状態にする。たくわえをなくす。たやす。run out of 用例 息を―。タバコを―。

**きら-ず【▽雪▽花▽菜】**《切らなくともよい、の意》とうふのしぼりかす。おから。うのはな。

**きら-つ・く**（五自） きらきらと光る。きらめく。

**ぎら-つ・く**（五自） 光が強く反射して光る。ぎらぎらする。glare; shine

**きらび-やか【▼煌びやか】** ㊀（形動） きらめいて美しいさま。gorgeous ㊁ 古語（形動ナリ） きっぱりしているようす。はっきり。用例 ―に申してけり（古今著聞集・六）。

**きら-ぼし【▼綺羅星・▼煌星】**《「綺羅」①の誤用から出た語》美しく輝く星々。

**きら-めか・す【▼煌めかす・▼燦めかす】**（五他） きらめくようにする。きらきらさせる。make glitter

**きら-め・く【▼煌めく・▼燦めく】**（五自） 光り輝く。glitter

**きら-よしなか【▽吉▽良▽義▽央】** 吉良上野介の本名。

**きらら【▽雲▽母】** うんも。

**きらら-え【▽雲▽母絵】** 浮世絵版画で、背景を摺った色の上に白雲母の粉をかけ、輝きのある色面をつくったもの。歌麿・写楽などに作例。

**きらら-か【▼煌らか】**（形動） きらきらして美「しいさま。

**きらら-がみ【▽雲▽母紙】** 雲母（きらら・きら）を散らせて装飾した紙。きららびき。

**きられよさ【切られ与▽三】** 歌舞伎生世話物『与話情浮名横櫛』の通称。また主人公伊豆屋与三郎のこと。

**ギ-ラローシュ【Guy Laroche】**（一九二三―一九八九） フランスの服飾デザイナー。

**き-らん【貴覧】** 相手が見ることをいう敬語。高覧。用例 ―に供する。

**きらん-そう【▽金▼瘡▽小草】** シソ科の多年草。茎は地上を這う。長さ五～一五cm。全草に毛が多く、葉は長楕円形で基部はくさび形。春に、濃紫色の唇形花を開く。本州以南に分布。ジゴクノカマノフタ。

**きり【切り・▽限】** ①切ること。cutting ②区切り。切れ目。end; stop; pause 用例 ―をつける。③はて。際限。limit 用例 ―がない。④演劇などで、最終部分を示す。final performance ㋐文楽などで、各段・作品の最終部分。また、その日の最後の出し物。切り狂言。㋑能楽で、曲の結末部。また、その日の最後の一番。切り能。

**切りが良い**（きりがいい） 区切りがよい。そのときの仕事などを終えるのに、量や時間などからして妥当な切れめであることに言う。be a good place to leave off

**きり【▼桐】** ①ゴマノハグサ科の落葉高木。高さ約一〇m。樹皮は灰白色。葉は対生し、ハート形で径約三〇cm。五月ごろ、大きな円錐花序をつくり紫色の花を開く。材は軽く、湿気を通さないので和家具に利用される。中国原産。②紋所の名。桐には鳳凰（聖天子）の意があり、古来皇室で使用され、のち、武家にひろまった。五三桐・五七桐・太閤桐など。↓図

● キリ①

● 桐②
五七桐
桐車

● 錐 右から、四つ目錐、三つ目錐、ねずみ歯錐、つぼ錐。

**きり【▼錐】** 小さな穴をあける工具。先端のとがった鉄棒に木の柄をつけ、手で回転させて穴をあける。三つ目錐・四つ目錐・つぼ錐・ねずみ歯錐などがある。drill ↓写

**錐、嚢中に処る**（きり、のうちゅうにおる） 「嚢中の錐」と同意。

**錐、嚢を脱す**（きり、ふくろをだっす） 「嚢中の錐」と同意。

**錐を立つ可き地**（きりをたつべきち） きりを立てるような、わずかな土地。ごく狭い場所。転じて、人が群がって、少しのゆとりもないさまに言う。類似 立錐の余地。

**嚢中の錐**（のうちゅうのきり） 才能のある人は、やがてかならず世にみとめられるということのたとえ。

**きり【霧】** ①地表付近の大気に浮遊する煙のような微細な水滴の集まり。気象用語では、視程が一km以下のときをいう。本質的には雲と同じで、違いは下底が地表に達していること。平地では秋に多い。fog 用例 ―がたちこめる。―がはれる。②こまかい水滴。spray 用例 ―をふく。

**霧、不断の香を焚く**（きり、ふだんのこうをたく）《「不断の香」は、仏前で絶やさずに焚いている香》霧が絶えずたちこめていて、香を続けてたいているようである。

**き-り【奇利】** 思いがけなく得た利益。

**きり**（副助）《体言および連体形に付く》①強くそれと限る意を表す。ぎり。用例 ふたり―で話す。②《下に打ち消しをともなって》他を

しりぞけて、それと限る意を表す。しか。だけ。用例これ—ありません。

**キリ**《十字架を意味する「クルス(cruzポルトガル)」のなまり》①《十字架の意から転じて》十の意。②《「ピンからキリまで」から》終わり。また、最低のもの。対義ピン。

**ピンからキリ迄**(ピンからキリまで) 始め・最上のものから終わり・最悪のものまで。

**ぎ-り【義理】**①他人や世間に対し、つとめるべき道。obligation 対義人情。用例—を欠く。②肉親と同様の続きがら。in-law 用例—の母。③しなくてはならない、つきあい。duty 用例浮世の—。④意味。わけ。

**義理有る仲**(ぎりあるなか) 血のつながりはないが、親子や兄弟姉妹などの関係にある間柄。

**義理と褌欠かされぬ**(ぎりとふんどしかかされぬ)《褌をしめる意の「褌をかく」に「義理をかく」をかけたもの》男は、つねに義理にそむいてはならない。

**義理を張る**(ぎりをはる) 世間のつきあい上、好まないことでもがまんする。

**ぎり-あい**【義理合(い)】①義理にからむこと。②よしみ。つきあい。

**きり-あう**【切(り)合う・▼斬(り)合う】(五自) 互いに刃物をもって戦う。きりむすぶ。fight with swords

**きり-あげ**【切(り)上げ】①切りをつけてやめること。一段落。②ある桁までの概数を求めるさいに、それ未満の桁を取り去り、その桁に1を加えること。round up 対義切り捨て。

**きり-あ・げる**【切(り)上げる】(下一他) ①いちおう終わりにする。leave off 用例仕事を—。②端数を上の位にくりこむ。round up 対義切り捨てる。

**きり-あさ**【▼桐麻】イチビの別名。葉が広いことをキリの葉に見たてた。

**きり-あな**【切(り)穴】芝居で、幽霊・間者などが出入りする、舞台に設けた穴。

**きり-あめ**【霧雨】→きりさめ(霧雨)

**きり-いし**【切(り)石】①用途によって種々の形に加工した石材。ashlar ②割れてかどのたった石。block of stone ③石だたみ。敷石。paving stone

**きりいし-づみ**【切(り)石積み】長方形または正方形に加工した板状の石材を積んで造った壁状の構造物。ashlar masonry

**ぎり-いっぺん**【義理一遍】(名・形動) 義理をすますだけのこと・さま。通りいっぺん。

**きりうじ-かがんぼ**【切▼蛆▽大▽蚊】カガンボ科の昆虫。肢が長く、体長約一・五cm。全体が灰褐色。暗褐色の幼虫(蛆)は土中にすみ、イネやムギの苗を食い切るのでこの名がある。日本全土に分布。

**きり-うり**【切(り)売り】(名・サ変他) ①少しずつ切って売ること。selling by the piece

用例スイカの—。②小出しにすること。用例知識の—。③少しの時間ずつかけもちで働くこと。

**きり-え**【切(り)絵】紙を切り抜いて、ものの形を作り出したもの。

**きりえ-ず**【切(り)絵図】同じ規格・縮尺で区画ごとに作成した地図。隣接地区の地図とつなぎ合わせて用いることができる。

**ギリェン**【Jorge Guillén】(一八九三〜一九八四) スペインの詩人。象徴主義の系譜に立ち、端正な形式の純粋詩を書く。詩集『うた』など。

**ギリェン**【Nicolás Guillén】(一九〇二〜一九八九) キューバの詩人。黒人の社会と生活を踊りと音楽のリズムにのせてうたう。詩集『ソンのモチーフ』『ソンゴロ-コソンゴ』など。

**きり-おと・す**【切り落(と)す・切落(と)す】(五他) ①切って落とす。cut off 用例枝を—。②堤防の一部を切り、水を流す。cut open

**きり-おろ・す**【切(り)下ろす】(五他) 上から下へ切る。切り下げる。slash

**きり-かえ**【切(り)替え・切(り)換え】(名・サ変他) ①切り替えること。従来の慣習などを改めること。用例発想の—。②森林を開いて数年耕し、とれ高がへると、また木を植えること。

**きり-かえし**【切(り)返し】①切られて仕返しに切ること。また、相手のことばに対してやり返すこと。counterattack ②剣道の基本練習法。一方が相手の左右の面を交互に連続して打ち込んでいく。③相撲の決まり手の一つ。相手が技をかけようと踏み込んできたときに、その足の膝の外側を自分の膝でおさえて後方にひねり倒す技。outer leg sweep ④↓カットバック

**きり-かえ・す**【切(り)返す】(五他) ①相手が切りつけてくるのに応じて、こちらも切りつける。slash back ②攻撃に対して、やり返す。strike back ③相撲で、切り返しの技を使う。

**きりかえ-ばた**【切(り)替え畑】地力の弱いやせた土地で、地力が回復するまでの一定期間の作付けを休む畑。

**きり-か・える**【切(り)替える・切(り)換える】(下一他) ①切りとって、他のものと替える。別のものにする。switch 用例頭を—。②つなぎ方を替える。switch 用例ポイントを—。③証書などを書き換えて、効力を継続させる。更新する。renew

**きり-かか・る**【切り掛(か)る・切掛(か)る・▼斬り掛(か)る・▼斬掛(か)る】(五自他) ①(他)切りはじめる。begin to cut ②(自)刀を振り上げて切ろうとする。slash at

**きり-かけ**【切(り)掛け・切(り)懸け】①切る途中であること・もの。②目かくしの板塀の一種。

**きりかけ-づくり**【切(り)掛け作り】切り身に途中まで包丁目を入れる、刺身の切り方。隠し切り。二枚切り。

**きり-か・ける**【切(り)掛ける・▼斬(り)掛ける】(下一自他) ①(自)切りつける。slash at ②(他)㋐切りはじめる。begin to cut ㋑切ったものをかけておく。とくに首を切って獄門にかける。

**ぎり-がた・い**【義理堅い】(形) 義理をきちょうめんに果たす。meticulous about small courtesies

**きり-かね**【切(り)金・▼截(り)金】①仏画・仏像などの彩色技法。金銀箔を細い線に切り、直線・曲線・卍崩し・亀甲などの文様を描くように貼る。②工芸技法。金銀箔を細かく方形に切り、蒔絵に用いる。

**きり-かぶ**【切(り)株】木を切ったあとの根株。切り杭。stump

**切り株にも衣装**(きりかぶにもいしょう) つまらないものや平凡なものでも、外面を美しく飾ればよく見えるということ。比較馬子にも衣装。

**きり-かみ**【切(り)紙】①切った紙。②折り紙を折り目どおり半分に切った紙。半切。③《「切紙免許」の略》昔、武芸などの免許状。

**きり-かみ**【切(り)髪】①少女の髪型の一つ。肩のあたりでそろえて切った髪。振り分け髪。②女性の髪型の一つ。髻の先を切りそろえ、もとどりを打ちひもなどで結んだもの。大名や旗本の未亡人などが結った。切り下げ髪。

**きり-がみ**【切(り)紙】折った紙を切って、いろいろな物の形をあらわすこと。paper-cutting

**きりがみ-ざいく**【切(り)紙細工】手漉きの和紙などを、刃物でさまざまな図形に切り抜いたり、彫り刻んだりした細工物。

**きり-が-みね**【霧ケ峰】長野県中部、諏訪盆地の北東にある溶岩台地。湿原植物群落がある。主峰は車山一九二五m。

**きり-かわ・る**【切り替(わ)る・切替(わ)る】(五自) 他の物事と、すっかり替わる。be replaced 用例映画は火曜ごとに—。

**きり-ぎし**【切(り)岸】がけ。絶壁。断崖。

**きり-きず**【切(り)傷・▼斬(り)▼疵】鋭利な刃物・ガラス片などによってできた線状の傷。開放性損傷の一つ。学問上は切創。incised wound 比較突き傷・打ち傷。

**きり-きょうげん**【切(り)狂言】歌舞伎で、一日の演目のうち、最後の狂言。大切り。

**きり-きり**(副) ①物のきしってかみ合う音。また、そのさま。splitting ②強く巻きつけ、または引っぱるさま。tightly ③てきぱき。quickly 用例—と立ち働く。④頭・腹などが鋭い刃物でさされるように痛むさま。twinging 用例胃が—と痛む。

**ぎり-ぎり** 一(名・形動) まったく余裕のないこと・さま。限界。barely 用例—の状況。二(副) ①物がきしんで立てる音。また、歯ぎしりする音。grate 用例歯車が—いう。②強く力を入れるさま。締めつけるさま。tightly 用例—縛り上げる。

**きりきりしゃん-と**(副) りりしいさま。かいがいしいさま。sprucely 用例—したいでたち。

**きりぎりす**【▼螽▼蟖・▼螽▼斯・▼蟋▼蟀】①キリギリス科の昆虫。夏から秋に鳴く。体長約四cm。緑色または褐色で、前胸下面に一対のとげがある。草原にすみ、食性は種々。本州・四国・九州に分布。北海道にはハネナガキリギリスが分布。ギッチョ。ハタオリ。ハタオリムシ。grasshopper ②コオロギの古名。↓写

●キリギリス①

**きりきり-まい**【きりきり舞い】(名・サ変自) ①片足でぐるぐる回ること。②忙しく動き回ること。てんてこまい。rush a person off his feet

**きり-くい**【切(り)▼杭】↓きりかぶ(切り株)

**きり-くず**【切(り)▼屑】物を切るときにできるくず・破片。きれはし。chips

**きり-くず・す**【切(り)崩す】(五他) ①切り削って、元の形を変える。cut through 用例山を—。②相手を分裂させ、その力を弱める。split 用例組合を—。

**きり-くち**【切(り)口】①物を切った断面。cut end ②切り傷のあと。open wound ③切る腕まえ。skill to cut 用例みごとな—。

**きり-く・む**【切(り)組む】(五他) 材木を切って、組み合わす。

**きり-ぐも**【霧雲】地表にもっとも近いところにできる層雲のこと。霧のようにぼんやりした薄い布状の雲。stratus

**きり-こ**【切(り)子・切(り)▼籠】①四角なものの角を切り取った形。②「切り子どうろう」の略。③「切り子ガラス」の略。

**キリコ**【Giorgio de Chirico】(一八八八〜一九七八) イタリアの画家。ギリシア生まれ。夢幻的で形而上的な風景画を大成し、シュールレアリスムの発展に貢献。形而上絵画派を提唱したが、のち古典的様式にもどる。作品『街の神秘と憂愁』など。↓写

**きり-こうじょう**【切(り)口上】①一語ずつ区切りをつけて、きちんと言うことばつき。②改まった、そっけない言い方。

**きりこ-ガラス**【切(り)子▼硝子】カットグラス。

**きり-ごたつ**【切(り)▼炬▼燵】↓ほりごたつ(掘り炬燵)

**きりこ-どうろう**【切(り)子灯▼籠】盆に用いられる灯籠。切り子のかたちの枠に白紙を貼り、四隅に紙や帛を細く切ったものをたらす。↓写

●切り子灯籠

**きり-ごま**【切(り)▼胡麻】いりごまを包丁で細かくきざんだもの。香りがよくなる。料理のあしらいに使う。

**きり-こまざ・く**【切(り)細裂く】(五他) こまかくずたずたに切りさく。細かく刻む。

**きり-こみ**【切(り)込み】①切り込むこと。cut ②ぶつ切りの魚肉を塩づけにした食品。③切れめを入れること。裁縫で、布地の耳のひきつった部分に、はさみで切れめを入れること。また、その切れめ。notch

**きりこみ-たん**【切(り)込み炭】掘ったままで、塊炭と粉炭をわけていない石炭。

**きり-こ・む**【切(り)込む】(五自他) ①(自)㋐敵中に切り入る。make a raid into 用例本陣へ—。㋑するどく問いつめる。press for an answer ②(他)深く切る。cut deep

**きり-さいな・む**【切(り)▼苛む】(五他) ①苦しめながら切る。②ずたずたに切る。cut into pieces

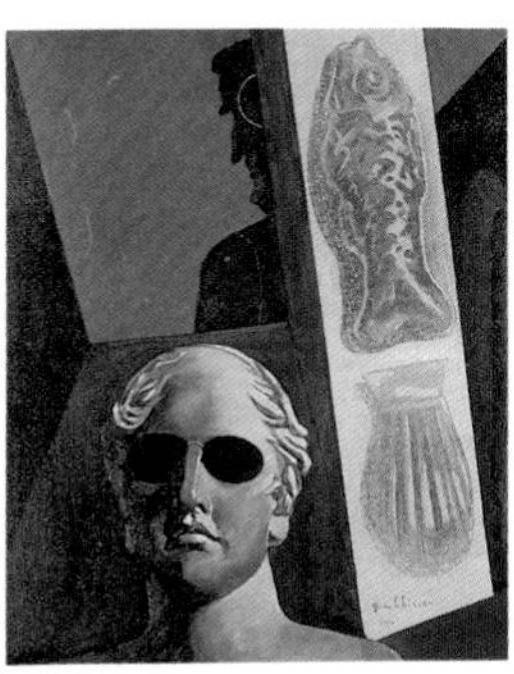
●キリコ 『アポリネールの肖像』。一九一四年、パリ国立近代美術館。

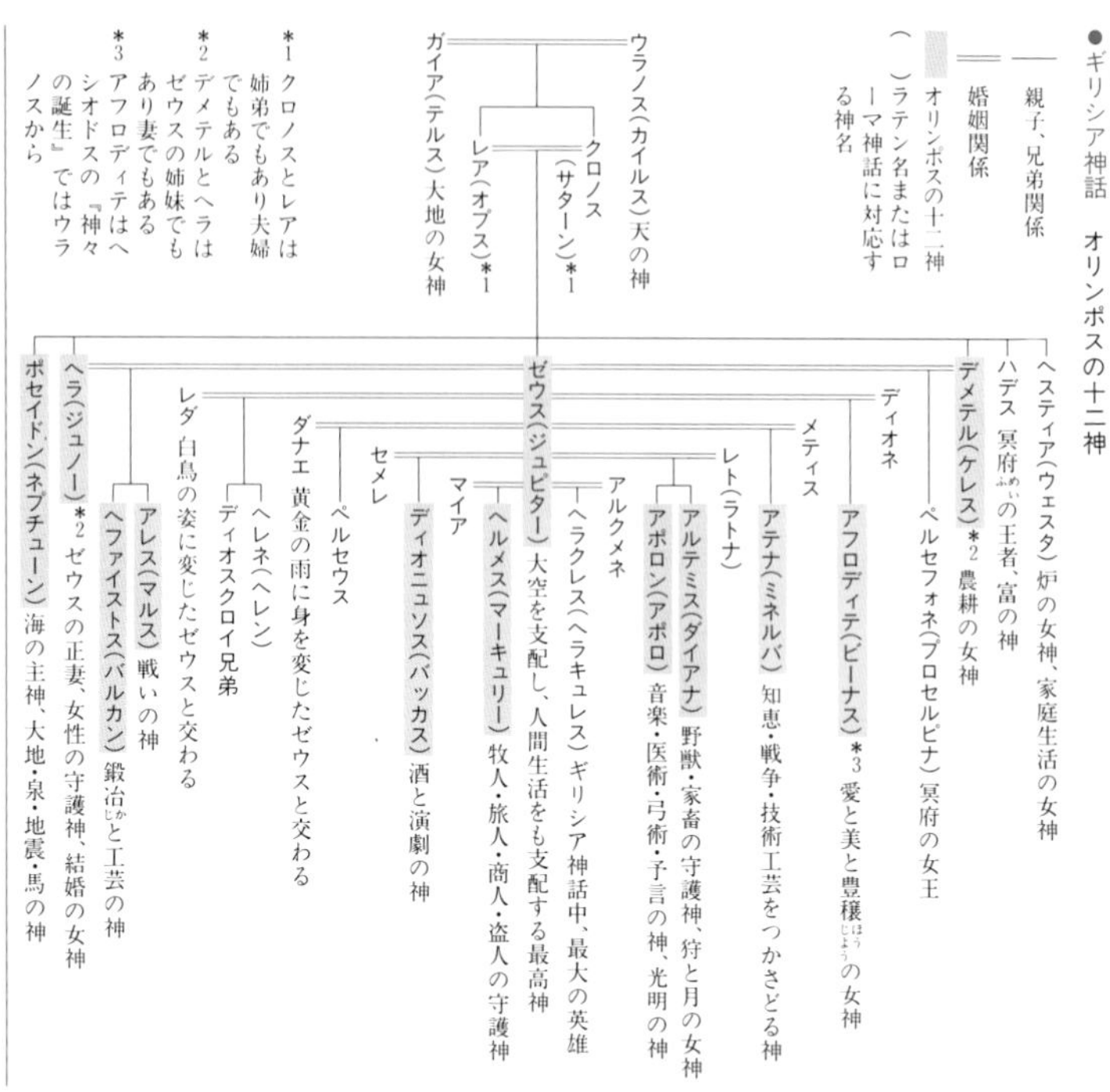


**きり-さ・く**【切(り)裂く】(五他) 切って二つに分ける。cut up

**きりさげ-がみ**【切(り)下げ髪】↓きりかみ(切り髪)②

**きり-さ・げる**【切(り)下げる】(下一他) ①切って低くする。cut short ②上から下へ切る。slash ③切って垂らす。④物価や貨幣価値を引き下げる。devaluate

**きり-さめ**【霧雨】きわめて細かい水滴が煙るように降る雨。水滴の直径は〇・二~〇・五㎜で、層雲や霧から落下する。ぬかあめ。きりあめ。drizzle

**きり-ざんしょう**【切(り)山▼椒】生菓子の一つ。砂糖・サンショウの汁をまぜた糝粉も拍子木形に切ったもの。

**ギリシア**【Greece・希臘】(Hellenic Republic) ヨーロッパ南東部、バルカン半島南端の国。首都アテネ。一九七三年国民投票で王政を廃し共和国となる。古代文明発祥の地で、その遺跡も多い。山地が多く海岸線は複雑だが、地中海性気候によりオリーブ・果実の栽培がさかん。面積一三・二万km$^2$。人口九九七万(一九八六)。正称ギリシア共和国。ギリシャ。

**ギリシア-ご**【ギリシア語】インド-ヨーロッパ語族の一語派。古代ギリシア語は四大方言に分かれていたが、中期以後アッティカ方言を母系に共通ギリシア語(コイネー)を形成。ローマ時代には東地中海世界の公用語として西のラテン語と並立した。『新約聖書』の原典はコイネーで書かれている。Greek

**ギリシア-こくりつげきじょう**【ギリシア国立劇場】ギリシアの国立劇団と付属劇場の総称。一九〇〇年王立劇団として創設、翌年劇場を開く。三二年国立劇団となり、ギリシア古典劇の復活上演を主目的とする。

**ギリシア-しんわ**【ギリシア神話】古代ギリシア人の神話・伝説・民話の総称。ギリシア人の多様な経験を物語り、多彩豊富な物語群を形成。神話の基本的骨格や文学形式は、紀元前七〇〇年ごろの叙事詩人ホメロスやヘシオドスによって集大成された。西欧文明に与えた影響は大きい。Greek myths ↓図

**ギリシア-せいきょう**【ギリシア正教】ギリシア正教会の教え。The Greek Orthodox Church

**ギリシア-せいきょうかい**【ギリシア正教会】キリスト教会の一つ。①東方正教会の別称。ローマ-カトリック教会に対比する呼び名。Greek Orthodox Church ②現在のギリシアの国教。東方正教会のなかの独立教会の一つ。Greek Church

**ギリシア-ちょうこく**【ギリシア彫刻】古代ギリシアで紀元前七世紀から前一世紀にかけてつくられた彫刻。調和のとれた人体の美しさを規範として、神像・人物像などに理想美を実現した。Greek sculpture

**ギリシア-てつがく**【ギリシア哲学】紀元前六世紀ごろから後六世紀にかけて、ギリシアとその周辺の地に登場した諸哲学の総称。ヨーロッパ哲学の源流をなす。イオニア学派、エレア学派、ソクラテス、プラトン、アリストテレス、ストア学派、エピクロス学派、新プラトン主義など。Greek philosophy

**ギリシア-とうき**【ギリシア陶器】古代ギリシア文化圏の諸地域で製作された陶器の総称。多くは素焼きの胎土の上に彩画を施す。紀元前九世紀ごろの幾何学様式に始まり、東方化様式・黒絵式を経て赤絵式にいたる。白地線描式もある。

**ギリシア-びじゅつ**【ギリシア美術】ギリシア本土およびその直接の影響下にある地域の美術。一般に紀元前一一世紀ごろから前二世紀ごろまでの美術活動をいう。人間の理想的形像を実現して古典美術を創始し、人類文化史上不滅の貢献をした。様式上の差異により、幾何学様式期・アルカイック期・厳格様式期・クラシック(古典)期・ヘレニスティック期の五つの時期に区分される。Greek art ↓写(次ページ)

**ギリシア-もじ**【ギリシア文字】ギリシア語を表記するための文字。前一〇~前九世紀にフェニキア文字をもとに成立。当初字母は二一字であったが、前五世紀ごろに二四字となり、ローマ字のもとになった。ギリシア語のほか、学問上の記号に使われる。Greek letter ↓図

**ギリシア-れき**【ギリシア暦】古代ギリシアで行われた暦法。太陰太陽暦。都市・時代により各種の暦法がある。年初は夏至のころ。Greek calendar

**キリシタン**【Christão ポルト・吉利支丹・切支丹】キリスト教、またその信者。

**キリシタン-だいみょう**【キリシタン大名】戦国時代末から江戸時代初期にかけて、キリスト教信者となった大名。

**キリシタン-バテレン**【▽吉利支丹▽伴▽天連】《Christão ポルト と padre ポルト (=神父)から》日本にキリスト教が伝来したころの、キリシタン神父の敬称。

**キリシタン-ばん**【キリシタン版】キリスト教布教のためにイエズス会が日本で出版した活字版刊本の総称。西洋式印刷機を使用し、天正一八年(一五九〇)に初出版。

**キリシタン-ぶんがく**【キリシタン文学】一六世紀後半から一七世紀前半に日本で行われたキリスト教関係の文学。教義書、西欧古典の口訳『エソポのファブラス』(のち『伊曾保物語』)、語学書『日葡辞書』など。南蛮文学。

**キリシタン-もの**【キリシタン物】キリシタンに取材した近代の作品。木下杢太郎・北原白秋・芥川竜之介らの作品がある。

**キリシタン-やしき**【キリシタン屋敷】江戸幕府が禁教後も改宗しないキリスト教徒を収容した所。正保三年(一六四六)ごろ江戸小石川小日向の大目付井上政重の下屋敷内に設置。

**きり-じつけ**【切(り)仕付け】仕付け糸二本で型紙どおりに二枚の布を縫い、布の間の糸を切って二枚の布に同じ印をつける方法。へらやルレットのきかない布の印付けに用いられる。

**きり-じに**【切(り)死に・▼斬(り)死に】(名・サ変自) 切り合いをして死ぬこと。

**きりしま**【霧島】〈町〉鹿児島県東部、霧島山南麓の町。農業と観光の町で、霧島神宮や多くの温泉がある。人口六〇八五(一九八八)。

**きりしま-おんせんきょう**【霧島温泉郷】鹿児島県北部、霧島山南西麓に位置する林田・丸尾などの温泉群の総称。

**きりしま-かざんたい**【霧島火山帯】九州中部から南西諸島を経て、台湾北部に達する火山帯。阿蘇山・霧島山・桜島などの火山があり、活火山も多い。

●ギリシア文字

| 大文字 | 小文字 | 名称*1 |
|---|---|---|
| Α | α | アルファ |
| Β | β | ベータ |
| Γ | γ | ガンマ |
| Δ | δ | デルタ |
| Ε | ε | イプシロン |
| Ζ | ζ | ゼータ |
| Η | η | エータ |
| Θ | θ | シータ |
| Ι | ι | イオタ |
| Κ | κ | カッパ |
| Λ | λ | ラムダ |
| Μ | μ | ミュー |
| Ν | ν | ニュー |
| Ξ | ξ | クサイ |
| Ο | ο | オミクロン |
| Π | π | パイ |
| Ρ | ρ | ロー |
| Σ | σ, ς*2 | シグマ |
| Τ | τ | タウ |
| Υ | υ | ユプシロン |
| Φ | φ | ファイ |
| Χ | χ | カイ |
| Ψ | ψ | プサイ |
| Ω | ω | オメガ |

*1 カタカナは便宜的表記
*2 語末ではς、それ以外はσが用いられる

**きりしま-じんぐう**【霧島神宮】鹿児島県姶良郡霧島町にある旧官幣大社。祭神は瓊瓊杵尊ほか六神。

**きりしまやく-こくりつこうえん**【霧島屋久国立公園】宮崎・鹿児島県境にある霧島山から南へ、屋久島にまたがる国立公園。霧島や桜島などの火山があり、温泉も多い。昭和九年(一九三四)霧島国立公園として指定、同三九年(一九六四)現名称で指定。

**きりしま-やま**【霧島山】宮崎・鹿児島両県にまたがる火山群の総称。主峰は韓国岳一七〇〇m、高千穂峰一五七四mなど。

**きりじょう-うん**【霧状雲】霧のように細部組織がはっきり見えないベール状または層状の雲。おもに巻層雲や層雲に現れる。nebulosus

**ぎり-ずく**【義理▽尽く】どこまでも義理を立て通すこと。義理立て。for courtesy's sake

**きり-すて**【切(り)捨て・▼斬(り)捨て】①切り捨てること。omission ②《「切り捨て」で》計算などで求める桁未満の端数を取り去ること。round down 対義 切り上げ。③↓きりすてごめん(切り捨て御免)

**きりすて-ごめん**【切(り)捨て御免・▼斬(り)捨て御免】江戸時代の武士の特権の一つ。農民や町人から無礼を受けたとき、その場で切り殺しても咎めをうけないというもの。きりすて。

**きり-す・てる**【切(り)捨てる・斬(り)捨てる】(下一他) ①切って、その部分を捨てる。cut away ②《「切り捨てる」で》端数を上の数に加えない。round down 対義 切り上げる。③人を切ってそのままにする。

**キリスト**【Christo ポルト・khristós ギリシア・基督】《ヘブライ語マーシーアハ(=メシア。油注がれた者、の意)のギリシア語訳クリストスの転》①人間の罪をつぐなうために神からつか

●ギリシア美術

『ディピュロンのアンフォラ』。前七五〇年ごろ、アテネ国立考古学博物館。

ボサンケの画家の白地レキュトス。前四四五年ごろ、アテネ国立考古学博物館。

『パルテノン神殿』。前四四七～前四三八年、(アテネ)。

『デルフォイの御者』(部分)。前四七〇年ごろ、デルフォイ考古博物館(ギリシア)。

『ペプロスの少女』(部分)。前五三〇年ごろ、アクロポリス美術館(ギリシア)。

パルテノン神殿の浮き彫り『騎士の行列』(部分)。前五世紀、大英博物館。

『ヘゲソの墓碑』。前四一〇～前四〇〇年、アテネ国立考古学博物館。

わされた救い主。メシア。救世主。クリスト。Christ ②イエスの尊称。

**キリスト-きげん【キリスト紀元】** キリストが誕生したとされる年を起点とする暦。西暦。A.D.

**キリスト-きょう【キリスト教】** イエス＝キリストを救世主と信じる宗教。イエスを開祖とし、西暦三〇年代にユダヤ教から分かれて成立。ユダヤ教と内容的に共通する『旧約聖書』と独自の『新約聖書』を正典とする。現在、カトリック教会・プロテスタント諸派・東方正教会の三大教会に大別され、全世界に一〇億の信徒がいる。Christianity

**キリストきょうこうよう【キリスト教綱要】** 宗教改革者カルバンの主著。一五三六年刊。プロテスタントの最初の体系的神学書。Instructions in Christianity

**キリストきょう-しゃかいしゅぎ【キリスト教社会主義】** 一九世紀のイギリスに起こった、キリスト教精神による社会改革の思想と運動。フェビアン社会主義やギルド社会主義にも影響を与えた。Christian socialism

**キリストきょう-みんしゅとう【キリスト教民主党】**(Partito Democrazia Cristiana イタ) 第二次大戦後のイタリア最大の政党。現代社会においてカトリックの諸価値を実現することを目的とする。DC。

**キリストきょう-みんしゅどうめい【キリスト教民主同盟】**(Christlich-Demokratische Union ドイツ) 西ドイツでもっとも有力な保守政党。工業資本家と保守的労組が中心勢力。CDU。

**キリスト-こうたんさい【キリスト降誕祭】** クリスマス。

**キリスト-たんせいせつ【キリスト単性説】** 古代教会の「キリスト論」論争史上の所説の一つ。創始者はコンスタンティノポリス大修道院長エウテュケース。キリストの二つの位格(＝神的と人的)を主張したネストリオス派に反論し、人格はもとより、性質も一つであると説き、キリストの人間性を否定した。四五一年のカルケドン公会議は「神人両性一位格」を正統教義とし、単性説を異端とした。単性説。Monophysitism

**きり-ずみ【切(り)炭】** 使いよい大きさに切った木炭。

**きり-ずみ【切(り)墨】** 木材の切る位置を示すために引いた墨の線。

**きり-たお・す**(―たふす)**【切(り)倒す】**(五他) ①《「伐り倒す」とも》立っているものを切って倒す。chop down 用例 立ち木を―。 ②《「斬り倒す」とも》切り殺す。

**きりたけ-もんじゅうろう【▼桐竹紋十郎】** 文楽人形遣い。現在二世まで。二世(一九〇〇)は堺(さかい)市生まれ。女方(おんながた)遣いの名手。重要無形文化財保持者。

**きり-だし【切(り)出し】** ①《「伐り出し」とも》木材を切り出すこと。また、そのもの。logging 用例 木材の―。 ②はがねに斜めに刃をつけた小刀。pointed knife ③歌舞伎(かぶき)の大道具。立ち木・建物・遠景などを合板や厚紙で切り抜き彩色したもの。平物(ひらもの)。 ④話しはじめること。また、話しはじめの部分。start of one's talk

**きり-だ・す【切(り)出す】**(五他) ①切り始める。begin to cut ②切って運び出す。bring down timber out of … ③話し始める。begin to talk 用例 用件を―。

**きり-た・つ【切(り)立つ】**(五自) がけなどが、切ったようにするどく立つ。tower up steeply

**ぎり-だて【義理立て】**(名・サ変自) 義理を守り通すこと。do one's duty

**きり-たんぽ【切りたんぽ】** 新米を炊いてつぶし、ちくわ状にくしにぬり、焼いたもの。また、それを切って鶏肉・野菜を加えたなべ料理。秋田県名物。↓写

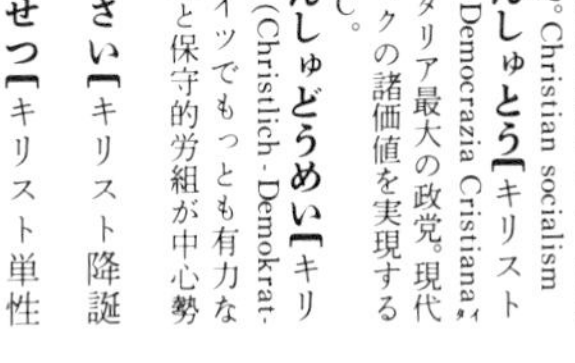
●切りたんぽ

**き-りつ【起立】**(名・サ変自) 立ち上がること。stand up

**き-りつ【規律・紀律】** ①組織の運営や秩序を保つための定め・おきて。regulations 用例 国会内部の―。 ②行為の規準。rule 用例 ―正しい。 ③《「紀律」で》上下関係の厳しいところで、風紀・秩序の元になるもの。用例 陸海軍の―。

**きり-つぎ【切(り)接ぎ・切(り)継ぎ】**(名・サ変他) ①物と物とを切ってはぎ合わせること。 ②勅撰(ちょくせん)和歌集などの撰歌の過程で削除したり増補したりすること。 ③接ぎ木の方法。台木を切り、切り口の一方をたてに切り下げ、その間につぎ穂をさしこみ、両者の形成層を合わせてわらやテープでしばり、穂木がかくれるまで土をかぶせる。notch graft ↓接ぎ木図

**きりつけ-せった【切(り)付け雪▽駄】** 裏に板を張った粗末な雪駄。江戸時代に、茶屋の下男(げなん)などがはいたもの。

**きりつけ-もん【切(り)付け紋】** 紋のつけ方の一種。別布に紋を描いて切り抜き、張り付けて細かくかがる。張り付け紋。

**きり-つ・ける【切(り)付ける・▼斬(り)付け**



▼常用漢字表外。 ▽常用漢字表の音訓外。

る】(下一自他) ①(自)㋐切りかかる。strike at ㋑するどくつめよる。press ②(他)ほりつける。carve

**きりつせい-たんぱくにょう【起立性▼蛋白尿】** 寝ているときは出ないが、ある時間立っていると、尿に少量のたんぱく(一日一g以下)が出ること。若年者に多く、病的状態ではない。orthostatic albuminuria

**きりつせい-ちょうせつしょうがい【起立性調節障害】** 起立が長くつづくと、立ちくらみ・めまい・息切れなどが起こる症状。血圧の変動を調節する自律神経の失調が原因とされ、とくに学童に多い。orthostatic disturbance

**きりつせい-ていけつあつ【起立性低血圧】** 立ったときの血圧が寝ているときのものより低いもの。立ちくらみや意識喪失をおこす。降圧剤の影響、自律神経の障害などによる。orthostatic hypotension

**きりっ-と**(副) 強く引き締まっているさま。きちんとしてすきのないさま。きりりと。neatly 用例 ―した目もと。

**きり-つぼ【桐▼壺】**《庭に桐の木があることから》内裏の五舎の一つ。淑景舎の異称。

**きり-づま【切(り)妻】** ①切り妻屋根の両端の山形になった壁の部分。gable ②切り妻造りのこと。↓屋根図

**きりづま-づくり【切(り)妻造り】** 建築形式の一つ。本をなかば開いて伏せたような形の屋根の名称。また、その屋根をもつ建物。切り妻。gable roof

**きりづま-やね【切(り)妻屋根】** むねから左右に、二つの斜面をふきおろした屋根。

**きりづみ-おんせん【霧積温泉】** 群馬県西部、松井田町の温泉。霧積川上流の谷間にある。

**きり-つ・める【切(り)詰める】**(下一他) ①切り取って短くする。shorten ②節約する。cut down 用例 経費を―。

**キリティマティ-とう【キリティマティ島】**(Kiritimati Island) ↓クリスマスとう(クリスマス島)

**きり-ど【切(り)戸】** ①門の脇や戸の一部に付けた小さい戸。くぐって出入りする。くぐり戸。side door ②能舞台の向かって右奥にある小さな戸。地謡や後見などが出入りする。臆病口。

**きり-どおし【切(り)通し】** 山などを切り開いて造った通路。excavation 用例 湯島の―。

**きり-とり【切(り)取り】** ①切り取ること。cutting off ②人を殺して財物を奪うこと・人。用例 ―強盗。

**きり-と・る【切(り)取る】**(五他) ①切って一部分を取る。cut off ②武力で一部分を奪う。

用例 敵の領地を―。

**きり-なし【▽限無し】** ①終わりがないこと。endless 用例 ―に質問がつづく。②たえまがないこと。ひっきりなし。incessantly 用例 ―に雪がふる。

**きり-ぬき【切(り)抜き】** ①一部分を切り取ること。切り抜いたもの。clipping 用例 新聞の―。②「切り抜き絵」の略。

**きりぬき-え【切(り)抜き絵】** 色紙などを切り抜いて、物の形にしたもの。切り抜き細工。

**きりぬき-ちょう【切(り)抜き帳】** 新聞などの必要な部分を切り抜いて、はっておく帳面。スクラップブック。scrapbook

**きり-ぬ・く【切(り)抜く】**(五他) 一部分を切って取る。切って穴をあける。clip out 用例 丸く―。

**きり-ぬ・ける【切(り)抜ける】**(下一他) 敵中・苦境から、努力してのがれ出る。cut one's way

**きり-のう【切(り)能・▽尾能】** 一日の番組の最後に演ずる能。五番目物。

**きり-は【切(り)羽・切(り)端】** 鉱山や炭鉱で、掘り進めている坑道の最先端。切り場。

**きり-ば【切(り)場】** ↓きりは(切り羽)

**きり-はく【切(り)▼箔】** いろいろな形に細かく切った金・銀の箔。また、それを用いる装飾の技法。

**きり-ばこ【霧箱】** 放射線の通った跡を観察し、記録する装置。過飽和状態の水蒸気とエタノールなどの混合気体中を放射線が通過すると、その経路に電離作用で生じるイオンを核とした霧粒ができて観察・記録できる。ウィルソンが発明。ウィルソンの霧箱。cloud chamber

**キリバス【Kiribati】**(Republic of Kiribati) 中部太平洋上、ミクロネシアのギルバート諸島などからなる小共和国。首都タラワ。一九七九年イギリスから独立。珊瑚礁からなり、リン鉱石やコプラを生産。面積七二〇km²。人口六万(一九八六)。正称キリバス共和国。

**きり-はた【切(り)畑】** 山腹などを開拓してつくった畑。hillside farm

**きり-ばな【切(り)花】** 切り取られた花枝。いけばなの材料・仏前用など。cut flowers

**きり-はな・す【切(り)離す・切(り)放す】**(五他) ①切って離す。②つながれた動物を、放してやる。detach ③別に分ける。separate 用例 その問題は議題から―。

**きり-はなれ【切(り)離れ】** =切れ離れ。①切り離れること。また、離れたもの。②思い切り。あきらめ。③金ばなれ。用例 ―がいい。

**きり-はら・う【切(り)払う】**(五他) ①《「伐り払う」とも》切って取りのける。cut away 用例 草木を―。②《「斬り払う」とも》敵を切って追っぱらう。scatter 用例 敵軍を

―。

**きり-ば・り【切(り)張り・切(り)▼貼り】**(名・サ変他) ①襖や障子などの破れたところを切り取って張り替えること。patching ②切り抜いて張り付けること。clipping and pasting

**ぎり-ば・る【義理張る】**(五自) ①度をこして義理立てする。②世間の交際上の贈答や馳走が多すぎる。

**義理張るより頰張れ** 世間のつきあい上、義理を張って無理するよりも、自分の利益をはかれ。

**きり-び【切(り)火・▼鑽(り)火】** ①ヒノキなどの板をすり合わせたり、火打ち石を打ち合わせて得る清浄な火。神事に用いるところが多い。②あらたまって出かけるようなときに、無事を祈って打ちかける浄めの火。用例 ―をかける。

**きり-びしゃく【切(り)▽柄▼杓】** 茶道の点前での、柄杓のあつかい方の一つ。茶を点てるために柄杓ですくった湯の残りを釜に返したあとの、柄杓の置き方。

**きり-ひとは【▼桐一葉】** ㊀桐の一葉がちるのを見て、秋が来たのを知ること。おとろえのきざしのたとえ。用例 ―落ちて天下の秋を知る。㊁坪内逍遥の戯曲。七幕。明治三七年(一九〇四)初演。豊臣家没落を描いた史劇。新史劇のさきがけとなる。

**きり-ひら・く【切(り)開く】**(五他) ①山野を田畑・道路などにする。clear ②囲みを破って進路を開く。cut one's way through ③これからの新しい方向を開く。open up

**きり-ふうじ【切(り)封じ】** ①書状の上包みの端を細く切り取り、これを帯封にすること。腰文。②封書のとじ口に記す「封」の字。

**きり-ふき【霧吹き】** 香水・水などを霧状に散布すること。また、そのための道具。噴霧器。スプレー。spray

**きり-ふ・せる【切(り)伏せる】**(下一他) 切り倒す。cut down

**きり-ふだ【切(り)札】** ①トランプのカードの中で、特別に強い権限を与えられた一種類のカード。trump ②最後の有力な手段。きめて。last resort

**きり-ぼし【切(り)干し・切(り)▽乾し】** ダイコン・サツマイモを切り、天日にあてて乾燥したもの。せん切り・たんざく切り・輪切りなどに切る。

**きりぼし-だいこん【切(り)干し大根】** ダイコンを細く切り、日に干した食品。水にもどして、はりはり漬けや油揚げなどとの煮物に用いる。

**きり-まい【切(り)米】** 江戸時代、知行地を与えられない下級家臣に支給された禄米。春・夏・冬の三回支給。蔵米。

**きり-まく・る【切(り)▼捲る・▼斬(り)▼捲る】**(五他) ①相手の手が出ないほど、はげしくどんどん切る。attack and scatter ②はげしく論じ立てる。argue vehemently

**きり-まど【切(り)窓】** 外壁を切り抜いた、明かりをとるための簡単な窓。

**きり-まわ・す【切(り)回す】**(五他) ①やたらに切る。slash about ②うまくさばく。deal with skilfully 用例 大会社を―。③家計をやりくりする。manage

**キリマンジャロ【Kilimanjaro】** アフリカ東部、タンザニア北東、ケニアとの国境に接する火山。アフリカの最高峰。標高五八九五m。南斜面の標高一〇〇〇~一九〇〇m地帯で、コーヒーを栽培。↓写

●キリマンジャロ

**きり-み【切(り)身】** 調理しやすいように、適当な大きさに切った魚の身。slice 用例 ―で買う。数え方 一枚・一切れ。

**きり-みず【切(り)水】** 花を切り取って、切り口をすぐ水に入れること。

**きり-むす・ぶ【切(り)結ぶ・▼斬(り)結ぶ】**(五自) 刀で切り合う。cross swords

**きり-め【切(り)目】** ①切ったあと。cut ②区切り。段落。切れ目。end

**きりめ-えん【切(り)目縁】** 縁板を、敷居に対して直角に並べて張った縁側。比較 榑縁。

**きり-もち【切(り)▼餅】** ①四角に切った餅。②《形が似ていることから》江戸時代、一分銀一〇〇個を四角に包んだもの。二五両。

**きり-もの【切(り)者】** 切れ者。

**きり-もみ【▼錐▼揉み】** ㊀(名・サ変自) ①きりを両手で揉み、穴をあけること。drilling ②航空機が失速して、機首を下にして回転しながら落下するようす。spinning ㊁(名) 《「錐揉み降下」の略》航空機を回転させつつ垂直降下し、そこから安定状態にもどす高等飛行術の一つ。aerobatics

**きり-もり【切(り)盛り】**(名・サ変他) ①食べ物を適当に切ったり盛ったりすること。serving ②物事をうまく処理すること。処置。management 用例 人事の―。家計の―。

**ギリヤーク-ご【ギリヤーク語】** 極北諸語の一つ。シベリアのアムール川流域、サハリン北部に分布するギリヤーク族の言語。Gilyak

**き-りゃく【機略】** 時と場合に応じてすぐ働く知恵・計略。resource 用例 ―に富む。

**きりゃく-じゅうおう【機略縦横】**(名・形動) 機略に富み、どしどしさばいていくこと・さま。resourceful

**き-りゅう【気流】** 大気の流れ。地形や温度差などによって生じる。air current 用例 上昇―。山越え―。

**き-りゅう【寄留】**(名・サ変自) ①一時的に他人の家に住むこと。live temporarily ②もと、九〇日以上本籍以外の場所に住むこと。比較 居留。対義 本籍。用例 ―届。―地。

**き-りゅう【▼鰭竜】** 三畳紀から白亜紀に生息した海生の爬虫類。強大な鰭足で水中を泳いだ。クビナガリュウに代表される。

**きりゅう【▼桐▽生】**〈市〉 群馬県東部、足尾山地の西麓にある市。「桐生御召」で知られる絹織物の産地。機械・金属工業の進出が著しい。人口一二万九六二一(一九八八)。

**ぎ-りゅう【偽竜】** 三畳紀の中・後期の海に栄えた爬虫類。頸が長く、四肢の先は鰭足に変形し、水中を泳ぎ、魚類を捕食し、また四肢などの構造から上陸して動き回れたという。日本産の稲井竜もこの仲間。

**き-りゅうさん【希硫酸・▼稀硫酸】** 濃度九五%以上の濃硫酸を、水で希釈したもの。dilute sulfuric acid

**きりゅう-ゆうゆう【▼桐▽生悠々】**(一八七三~一九四一) 新聞記者・文明批評家。本名は政次。石川県生まれ。東大卒。信濃毎日新聞主筆。自由主義者として軍閥ファッショに抵抗。個人雑誌『他山の石』で知られる。

**き-りょ【▼羇旅・▼覊旅】** ①旅人。他郷・他国に身を寄せている人。②旅行。③和歌・俳諧の部立の一つ。用例 ―歌。

**き-りょう【器量】** ①顔だち。looks 用例 ―ごのみ。②力量。才能。ability ③面目。face 用例 ―を上げる。

**器量が好い** 顔だちがよい。容貌が美しい。good-looking 「なみ」ability

**ぎ-りょう【技量・▼伎▼倆】** 腕まえ。手腕。手

**ぎ-りょう【議了】**(名・サ変他) 審議し終わること。用例 予定どおり―した。

**きりょう-じん【器量人】** 知恵と人徳の高い人。man of virtue and ability

**きりょう-まけ【器量負け】**(名・サ変自) ①才能がありすぎて、かえって物事に失敗すること。②顔が美しすぎて、かえって縁遠いこと。

●キリン①

●麒麟② 狩野探幽筆『竹と岩に麒麟』より。

**き-りょく【気力】** 強い精神力。元気。気迫。will power 用例 ―みなぎる。

**きりょく-がん【輝緑岩】** 輝石や斜長石よりなる火成岩。粒状または粗粒状で、斑状組織をもつ。玄武岩と同じ鉱物組成で、半深成岩として、岩床や岩脈を形成する。粗粒玄武岩。diabase

**きりょく-ぎょうかいがん【輝緑凝灰岩】** 多少変質した塩基性火山噴出物の火砕岩や溶岩の総称。暗緑色の緻密な岩石。schalstein

**きりりしゃん-と**(副) かいがいしいさま。きりりしゃんと。

**きりり-と**(副) ①物を強く引き締めたり、回したりするさま。tightly 用例 帯を―締める。②しっかりと引き締まっているさま。tightly-pressed 用例 ―した口元。

**キリル-もじ【キリル文字】** ロシア文字の原形。九世紀ブルガリアでギリシア正教の伝道僧キュリロスが、布教のため聖書を古代教会スラブ語に翻訳するさいに考案し、表記に用いたとされる。Cyrillic

**きり-わり【切(り)割り】** ①物を切って二つ以上にすること。cutting into portions ②道をつくるために山や丘の一部を切り崩すこと。また、その道路。

**き-りん【▼騏▼驎】** ①一日に一〇〇〇里を走るという馬。②すぐれた人物をさすことば。**騏驎も老ゆれば駑馬に劣る**(きりんもおゆればどばにおとる) すぐれた人物も老年になると、心身がおとろえて凡人にも劣るたとえ。騏驎も老いぬれば駑馬に劣る。

**き-りん【▼麒▼麟】** ①キリン科の動物。体高約三m、頭頂までの高さは六m近くあり、動物中もっとも背が高い。偶蹄類の一種。雌雄とも短い角がある。臆病で足が速い。草食。アフリカのサハラ以南に分布。ジラフ。giraffe ②中国の伝説上の動物。瑞獣といい、聖人の現れる前に出るという。雄を「麒」、雌を「麟」とよぶ。体はシカ、尾はウシ、ひづめはウマとされる。↓写

**きりん-ぎく【▼麒▼麟菊】** リアトリスの和名。

**きりん-ざ【▼麒▼麟座】** 北天の星座。日本などではほとんど地平線下に沈まない周極星。二月一〇日ごろの午後八時ごろに南中。面積七五六平方度。Camelopardalis

**きりん-さい【▼麒▼麟菜】** 紅藻植物ミリン科の海藻。暖海の干満線下の岩上にはえる。体は円柱状で約二〇cm、径約三mm。不規則に分岐し、表面には円錐形の小突起が密につく。食用。リュウキュウツノマタ。

**きりん-じ【▼麒▼麟児】** 技芸・才能の非凡な少年。prodigy

**きりん-そう【▼麒▼麟草】** ベンケイソウ科の多年草。葉は多肉で広披針形。高さ七〜三〇cm。夏に黄色の小花を密につける。山や海岸などの岩上にはえる。orange stonecrop ↓写

●キリンソウ

**きりん-ビール【▼麒▼麟▽麦▽酒(株)】** 最大手のビール会社。明治四〇年(一九〇七)設立。

**き・る【切る】** (五他)《もと、刀剣によるのは「斬る」、木材などには「伐る」、布・紙などには「截る」、かたい物をこすって火を出すのには「鑽る」と使い分け、「切る」は一般的に用いた》①刃物などで物を分け離す。②つながりをたつ。cut; break 用例 手を―。縁を―。③刃物で傷つける。cut down 用例 罪人を―。通行人を―。④横切る。cut across 用例 行列の前を―。⑤水気をとりさる。drain 用例 水を―。⑥トランプなどの順序をくずして、まぜ合わせる。また、切り札を出す。shuffle 用例 カルタを―。⑦そこまでとかぎる。fix 用例 期限を―。⑧はっきりしたことをする。思いきった行動をする。用例 みえを―。⑨区切りをつける。pause; stop 用例 ことばを―。電話を―。⑩かたい物をこすりつけて火を出す。strike 用例 清めの火を―。⑪下まわる。below; under 用例 原価を―。⑫中を分けるようにして勢いよく進む。用例 先頭を―。風を―って飛ぶ。⑬進む向きを変える。用例 ハンドルを右に―。⑭テニスや卓球で球に逆回転を与えるように打つ。カットする。用例 球を―。⑮発行する。用例 切符を伝票を―。⑯はさみを入れる。用例 切符を―。⑰《動詞の連用形に付いて》㋐し終える。用例 読み―。㋑…するのをやめる。用例 思い―。㋒非常に…する。用例 つかれ―。

**斬った張った**(きったはった) 斬ったり殴ったり。乱暴すること、また、そのような場・世界を言う。

**斬って捨てる**(きってすてる) ①斬って、そのまま捨てておく。斬り捨てる。斬り殺す。cut down ②物事を思いきりよく見限る。omit

**斬って取る**(きってとる) 相手をみごとに討ち取る。

**切っても切れない**(きってもきれない) 切ろうとしても、切ることができない。関係が深いことの形容。be inseparably bound up

**啖呵を切る**(たんかをきる) ↓たんか(啖呵)

**き・る【▽霧る】** 古語 (四自) ①きりがたつ。くもる。用例 かすみたち春日の―・れる(万葉・一・二九)。②目がかすんで、はっきり見えない。用例 目も―・りていみじ(源氏・夕霧)。

**きる【着る・▽著る】** (上一他)《語幹と語尾に分けられない》①からだにつける。身につける。put on 用例 背広を―。②身に受ける。引き受ける。be charged with 用例 恩に―。罪を―。

**キル【kill】** ①テニス・バレーボールなどで、相手が返せないようなボールを打つこと。また、そうした難球。②サッカーでボールをぴたりと止めること。

**き-るい【着類】** 衣類。江戸時代に身にまとうものの意味で用いた語。現在は使われない。

**ギルガメシュ-じょじし【ギルガメシュ叙事詩】** ウルクの王ギルガメシュの冒険を記した古代バビロニアの叙事詩。叙事詩としては世界最古のものとされる。Gilgamesh Epos ↓メソポタミア写

**キルギス【Kirgiz】** エニセイ川上流域に拠ったトルコ系遊牧民族。漢代以降匈奴・突厥・ウイグルなどに服し、一三世紀にはモンゴルに追われて南西に移動。一八世紀には清、一九世紀には帝政ロシアに属した。

**キルギス-きょうわこく【キルギス共和国】**(Kirgizskaya SSR) ソビエト連邦を構成する共和国の一つ。首都フルンゼ。ソ連中南部、中央アジアの高地にある。面積一九・九万km²、人口四〇五・一万(一九八六)。キルギスソビエト社会主義共和国。

**ギルギット【Gilgit】** インダス川上流域、カシミール北西部の地方名。中心都市ギルギット。パキスタンに属するが、インドと係争中。

**キルク【kurkオランダ】** ↓コルク

**キルクーク【Kirkūk】** イラク北東部の石油都市。イラク産石油の大部分を生産。クルド族の中心地。人口二〇・八万(一九七〇)。カルクーク。

**ギルグッド【John Gielgud】**(一九〇四〜) イギリスの舞台俳優。代表的なシェークスピア俳優で、近代劇・現代劇にもすぐれる。

**キルケ【Kirkēギリシア】** ギリシア神話で人間を動物に変える魔女。オデュッセウスの部下が豚に変えられたが、彼自身は難を逃れた。

**キルケゴール【Sören Aabye Kierkegaard】**(一八一三〜一八五五) デンマークの哲学者。実存哲学の祖。ヘーゲル哲学の合理性を批判し、神と人間の断絶、神に直面する単独者としての人間の実存的主体性を強調した。著書『死に至る病』など。キェルケゴール。

**キルシュ【Kirschドイツ】** キルシュ(サクランボ)から蒸留した果実ブランデー。無色で、強い香り。アルコール分四五%。キルシュワッサー。

**キルジュ【吉州】**(Kilchu) ↓きっしゅう(吉州)

**ギルダー【guilder】** オランダの現行貨幣単位。グルデン。

**キルタンサス【cyrtanthus】** ヒガンバナ科の球根草。鉢植え。長さ約三〇cmの細長い根出葉を四、五枚伸ばし、春に花茎上に淡黄色の細い管状花を数個つける。南アフリカ原産。

**キルティング【quilting】** 二枚の布のあいだに綿などを薄く入れ、ミシンステッチや飾り縫いで模様を浮き上がらせたもの。また、その技法。装飾・保温などのために衣服・寝具などに用いられる。

**キルト【kilt】** 元来、スコットランドの男子が着用したひだのある短い巻きスカート。各種のタータン地で作る。家系・地域などで格子柄が異なる。現在はこれに似た女子のスカートをもさす。↓写

●キルト

**ギルド【guild】** 中世ヨーロッパ都市における商人および手工業者の特権的な同職組合。商人ギルドは商権確保のため一一世紀ごろにおこり、手工業ギルド(=ツンフト)は技術水準の維持と市場独占を目的に一二世紀に成立。都市経済の中心をなし市政を掌握した。

**キルド-こう【キルド鋼】** 溶鋼中にアルミニウムなどの強脱酸剤を加えて、酸素を十分に除去した鋼。合金鋼の製造に適する。静かに凝固するのでこの名がある。鎮静鋼。killed steel

**ギルド-しゃかいしゅぎ【ギルド社会主義】** 第一次大戦中のイギリスでコールらによって主張された社会主義思想。サンジカリスムと国家社会主義を導入した改良主義で、労働組合・消費組合を中心に包括的な生産管理を行おうとするもの。guild socialism

**ギルド-てき【ギルド的】**(形動) ①ギルドに関するさま。②親方と徒弟の関係のように、温情的、あるいは非合理的なさま。用例 ―な労使関係。

**キルナ【Kiruna】** スウェーデン北部、北極圏内の鉱山都市。五〇〜七〇%の高品位の鉄鉱石を採掘。鉱石はルーレオやナルビクから輸出される。人口三万(一九八〇)。

**ギルバート【gilbert】**《イギリスの物理学者ギルバートにちなむ》起磁力・磁位のcgs単位。4π/10アンペアに等しい。記号Gi

**ギルバート【Walter Gilbert】**(一九三二〜) アメリカの生化学者。サンガーとともに、デオキシリボ核酸を構成する塩基の配列を決める方法を生化学的に研究。一九八〇年ノーベル化学賞受賞。

**ギルバート【William Gilbert】**(一五四四〜一六〇三) イギリスの医師・物理学者。一六〇一年エリザベス一世の侍医となる。磁気・摩擦電気を研究し、地球を一大磁石と仮定した。磁気学の父と呼ばれる。主著『磁石について』。

**ギルバート【William Schwenck Gilbert】**(一八三六〜一九一一) イギリスの劇作家。作曲家サリバンと組み、サボイ-オペラの台本を書いた。オペレッタ『ミカド』など。

**ギルバート-しょとう【ギルバート諸島】**(Gilbert Islands) 西太平洋上、赤道直下の珊瑚礁島群。主島タラワ島。一九七九年に周辺諸島とともにキリバス共和国として英領より独立。

**キルヒナー【Ernst Ludwig Kirchner】**(一八八〇〜一九三八) ドイツの画家・版画家。表現主義の先駆者。「橋」派。強烈な色彩と単純化した形態で生動感に富む力強い作品を残した。作品『五人の街の女』『街』など。↓写 ↓表現主義写

**キルピネン【Yrjö Henrik Kilpinen】**(一八九二〜一九五九) フィンランドの作曲家。歌曲集『愛の歌』など歌曲を多数作曲。

**キルヒホッフ-の-ほうそく【キルヒホッフの法則】** グスタフ=ロベルト=キルヒホッフが発見した法則で、次の四つがよく知られている。①定常電流の電気回路に関する法則。回路中の任意の一点に入る電流の和と、出



▼常用漢字表外。▽常用漢字表の音訓外。

●キルヒナー『五人の街の女』。一九一三年、バルラフ-リヒャルツ美術館(西ドイツ)。

る電流の和は等しく、回路中の任意のループに沿う電圧降下の和は電池による起電力の和に等しい。②気体のスペクトルに関する法則。気体はそれが含む原子・分子に特有の光を吸収または放出する。③熱平衡状態での光の放射能と吸収能に関する法則。④反応熱の温度変化に関する法則。Kirchhoff's law

**キルヒャー**【Athanasius Kircher】(一六〇一〜一六八〇) ドイツの科学者。顕微鏡学の開祖。病因の追求に顕微鏡を応用して伝染病学説を述べ、催眠術を初めて実験した。

**ギルブレス**【Frank Bunker Gilbreth】(一八六八〜一九二四) アメリカにおける管理学の初期の貢献者。動作研究を開発して人間の作業活動を動作要素に分析、動作節約の法則を考案した。

**ギルベール**【Yvette Guilbert】(一八六七〜一九四四) フランスの女性歌手。シャンソンのディクション(語り方)を確立、後世に影響を与えた。

**キルポーチン**【Valeriy Yakovlevich Kirpotin】(一八九八〜一九八〇) ソ連の文芸学者。著書『ドストエフスキー論』『ピーサレフ論』など。

**ギルマン**【Roger Charles Louis Guillemin】(一九二四〜) アメリカの生理学者。脳の視床下部から分泌されるペプチド-ホルモンを発見した。一九七七年ノーベル生理学医学賞受賞。

**ギルランダイヨ**【Domenico Ghirlandaio】(一四四九〜一四九四) イタリア初期ルネサンスの画家。フィレンツェ派。ミケランジェロはその弟子。細部描写にすぐれ、フレスコ画や肖像画を描く。壁画『マリア伝』と『洗礼者ヨハネ伝』など。

**きれ**【切れ】㊀(名) ①切れること・程度。sharp 用例 —のいいかみそり。②切れはし。切りくず。piece 用例 板—。紙—。③(「布」「裂」とも)㋐織物の切れはし。scrap ㋑織物。反物。cloth 用例 —地。④古人の筆跡の断片。用例 高野—。⑤《接尾的》使いきってなくなっていること。用例 前金—。たね—。㊁(助数) 切ったものを数える語。用例 サケの切り身五—。

**きれ-あが・る**【切れ上がる】(五自) 上のほうへ切れる。turn up 用例 目じりが—。

**きれ-あじ**【切れ味】 刃物の切れぐあい。sharpness

**き-れい**【▾綺麗・奇麗】(形動) ①美しくはでやかなさま。beautiful 用例 —な顔。②よごれのないさま。clean 対義 きたない。用例 —な座敷。—な心の持ち主。③いさぎよいさま。りっぱ。fair 用例 —に身を引く。④残りのないさま。すっかり。completely 用例 —にかたづける。—さっぱり忘れた。

**綺麗な薔薇には刺が有る**(きれいなばらにはとげがある) 《バラの花は、美しさの陰に刺を隠し持っていることから》美しく見えるものは、その陰に恐ろしい面を隠し持っているものである。刺の無い薔薇は無い。There is no rose without a thorn.

**ぎ-れい**【儀礼】 形式の定まった、社会的、宗教的な行動様式。礼式。etiquette; religious observance

**きれい-ごと**【▾綺麗事】 ①手際よく美しいこと。fine skill ②体裁だけで実のないこと。whitewashing 用例 —では済まされない。

**きれい-さっぱり**【▾綺麗さっぱり】(副) 何の未練もないさま。後腐れのないさま。once for all

**きれい-ずき**【▾綺麗好き】 身の回り・部屋などを、いつも清潔にしておくこと・人。潔癖。to be tidy

**ぎれい-てき**【儀礼的】(形動) ①儀礼にかなうさま。formal 用例 —に申し分ない。②形ばかりであるさま。形式的。formal; courtesy 用例 —な訪問。

**きれい-どころ**【▾綺麗所】 花柳界の芸妓をさす語。きれいどこ。

**キレート**【chelate】《カニのはさみを意味するギリシア語に由来》配位できる部位を二つ以上もつ配位子が、中心金属に環状に配位すること。また、そのキレート化合物。

**キレート-かごうぶつ**【キレート化合物】 分子中にキレート環を含む化合物。一般に安定で、クロロフィル・ヘムなどのように生体内物質として重要なものが多い。chelate compound

**キレート-てきてい**【キレート滴定】 キレート化合物の生成反応を利用した滴定法。多くの金属イオンや陰イオンの定量に用いる。EDTAによるカルシウム・マグネシウムの定量など。chelatometric titration

**きれ-ぎれ**【切れ切れ】(形動) 小さくいくつにも切れたさま。fragmentary

**きれ-くち**【切れ口】 物の切れた所。切り口。「section

**きれ-こみ**【切れ込み】 ①切れていること。刃物などの入った跡。cut ②刃物で切り込んだような形。notch ③草木の葉などの周りの刻み。fringe

**きれ-こ・む**【切れ込む】(五自) 切れて中に入りこむ。cut in 用例 深く—・んだクレバス。

**きれ-じ**【切れ字】 俳句で、意味を切るときに使う、助詞、助動詞など。詠嘆の意を持つ。「や・かな・けり」など。

**きれ-じ**【切(れ)地・▿布地・▿裂地】 ①織物のきれはし。名物切れなど。②小物用を目的に織られた布地。袋物や紙入れなどに使う。

**きれ-じ**【切れ▾痔・▿裂▾痔】 痔の一種。肛門の皮膚と粘膜の境目の部分に裂創性の潰瘍を生じたもの。硬い便が原因となることが多く、排便時に痛む。裂肛。さけじ。bleeding piles

**き-れつ**【▾亀裂】 割れめ。ひび割れ。地割れ。「crack 用例 —が入る。

**ぎ-れつ**【義烈】 正義心が強くはげしいこと。heroism 用例 忠勇—。

**キレナイカ**【Cyrenaica】 北アフリカ、リビア東部地域。ほとんどが砂漠。住民の大部分は牧畜に従事。石油開発も進展。

**きれ-なが**【切れ長】(形動) 目じりが、細長く切れているさま。slit eyes 用例 —の目。

**きれ-はし**【切れ端】 ①切ったあまりの端。chip ②一部分。片端。端くれ。piece

**きれ-はなれ**【切れ離れ】 切り離れ。

**きれ-ま**【切れ間】 切れたあいだ。たえま。break 用例 雲の—。

**きれ-め**【切れ目】 ①切れたあと・所。interval 用例 雲の—。②ひと区切り。pause ③つきる時。end 用例 縁の—。

**きれ-もの**【切れ物】 ①刃物。②品切れの物。

**きれ-もの**【切れ者】 ①主君に信用されて、勢力をふるう人。きりもの。able person ②敏腕家。やりて。shrewd person

**ギレリス**【Emil Grigoryevich Gilelys】(一九一六〜一九八五) ソ連のピアニスト。鋼鉄のタッチと称された技巧と叙情的演奏で世界的に活躍した。

**き・れる**【切れる】(下一自) ①切ることができる。cut well 用例 よく—ナイフ。②傷つく。be wounded 用例 手の—ような新札。③頭が鋭くて敏腕である。sharp 用例 なかなか—男だ。④とぎれができる。break 用例 息が—。⑤くずれる。burst 用例 堤防が—。⑥結び付きがなくなる。とだえる。break 用例 音信が—。女と—。⑦なくなる。尽きる。run out 用例 油が—。品が—。元手が—。⑧進む向きが変わる。cut 用例 ボールが右に—。⑨長く正座していて足がまひする。become numb 用例 しびれが—。⑩期限がなくなる。run out 用例 日が—。⑪《動詞の連用形に付いて》㋐終わりまでできる。用例 あすまでに読み—。㋑《打ち消しの形で》限度を超える。用例 もう待ち—・れない。めんどうを見—・れない。

**きれん-さんみゃく**【▾祁連山脈】 中国北西部、青海省と甘粛省との境の山脈。主峰祁連山は標高五五四七m。チーリエン山脈。

**き-れんじゃく**【黄連▾雀・▿十▿二▿黄▾雀】 レンジャク科の鳥。全長約二〇cm。頭上に羽冠がある。体色は赤みがかった灰褐色で、尾の先が黄色。北半球の寒帯地方で繁殖し、冬は温帯地方へ渡る。日本では冬鳥で、本州中部・東北地方に多い。

**き-ろ**【岐路】 分かれ道。forked road 用例 運命の—。生死の—に立つ。

**き-ろ**【帰路】 かえり道。もどり道。帰途。one's way home 対義 往路。用例 —につく。

**キロ**【kilo フランス】 ㊀(接頭) 単位で、単位名の前に付けて一〇〇〇倍を表す。記号k。用例 —サイクル。㊁(名)「キロメートル」「キログラム」などの略。

**ぎ-ろう**【▾妓楼】 遊女をおいて客を遊ばせる家。女郎屋。遊女屋。青楼。

**キロガ**【Horacio Quiroga】(一八七八〜一九三七) ウルグアイの作家。現実性と幻想性の入りまじった短編の名手。作品『愛と狂気と死の物語』など。

**き-ろく**【季▾禄】 律令制下、官人の俸禄の一つ。一年に春二月・秋八月の二度、絁・布・綿・鍬などを支給。

**き-ろく**【記録】(名・サ変他) ①あとの必要のために書きしるすこと。書きしるした文書。document 用例 論議の要点を—する。—に残す。②競技などの成績。レコード。record 用例 —を更新する。新—。

**きろく-えいが**【記録映画】 事実の記録で構成された映画。documentary film

**きろく-がき**【記録書(き)】 記録や仏書などを書くのに用いた一種の略字。抄物書。

**きろく-しゃしん**【記録写真】 事実の目撃者という写真の特性が生かされて、その客観性・正確性が真実の証拠となり、現象の視覚記録となる写真。

**きろく-しょ**【記録所】 ①《「記録荘園券契所」の略》平安中期の役所。荘園の乱立を整理するために設けた。②建武政権において、後醍醐天皇が親政のために設置した中心政務機関の一つ。

**きろくだ**【木六駄】 狂言。太郎冠者が、木六駄・炭六駄と酒を主人の伯父に届ける途中、その酒を飲んで酔い、木六駄を茶屋の亭主にやる。伯父に木六駄はと尋ねられ、それは自分の名前だと言い訳をするが、ばれてしまう。

**きろく-てき**【記録的】(形動) とくに書きしるしてもよいほど、はなはだしいさま。record 用例 —な異常乾燥。

**きろく-ぶんがく**【記録文学】 事実をありのままに、ときには一定の視点に立って観察し、記述する文学。ルポルタージュ(仏)、ドキュメンタリー(英)ともいう。documentary

**きろく-やぶり**【記録破り】 これまでの記録をこすこと。また、そのできごとやようす。record-breaking 用例 —の降雪量。

**キログラム** 8画 【▾瓩】 部首[瓦] 和製漢字 JIS 6504

↓キログラム【kilogramme・瓩】

**キログラム**【kilogramme フランス・瓩】 メートル法の質量の基本単位。一キログラムは一〇〇〇グラム。記号kg。kilogram

**キログラム-げんき**【キログラム原器】 国際単位系の質量一キログラムの基準となる分銅。直径三・九cm、高さ三・九cmの白金九〇%、イリジウム一〇%の合金製の円柱。prototype of kilogram

**キログラム-じゅう**【キログラム重】 力の単位。質量一キログラムの物体にはたらく重力。重量キログラム。記号kgw kilogram-weight

**キロサイクル**【kilocycle】 一〇〇〇単位で表した周波数。一キロサイクルは一〇〇〇サイクルで、一秒に一〇〇〇回の周波数。記号kc。

**ギロチン**【guillotine】 斬首のための刑具。つり下げられた刃物が落下し、処刑者の首をはねるもの。フランス革命時代に多く用いられる。医師ギヨタンの提案により考案され、恐怖政治の象徴となった。フランスでは一九八一年廃止。断頭台。

**キロボグラード**【Kirovograd】 ソ連南西部、ウクライナ共和国中部、キエフ南東の工業都市。機械・食品加工業が中心。人口二六・六万(一九八六)。

**キロメーター-ランセ**【kilomètre lancé フランス】 スキー競技の一つ。高速直滑降に最適なコースを設定し、一定区間のスピードを測定してその速さを競う。

**キロメートル** 9画 【▾粁】 部首[米] 和製漢字 JIS 2246

↓キロメートル【kilomètre・粁】

**キロメートル**【kilomètre フランス・粁】 メートル法の長さで、一メートルの一〇〇〇倍。一キロメートルは一〇〇〇メートル。記号km。kilometer

**キロリットル** 8画 【▾竏】 部首[立] 和製漢字 JIS 6772

↓キロリットル【kilolitre・竏】

**キロリットル**【kilolitre フランス・竏】 メートル法の容積で、一リットルの一〇〇〇倍。一キロリットルは一〇〇〇リットル。記号kl。kiloliter



↓ 行き先項目、図版・写真参照印。 JIS 日本工業規格情報交換用漢字符号コード(区点コード)。

**キロワット【kilowatt】** 電力の単位。一キロワットは一〇〇〇ワット。記号kW

**キロワット-じ【キロワット時】** 仕事量・電力量の単位。一キロワットの電力で一時間にする仕事の量。一〇〇〇ワット時を言う。キロワットアワー。記号kWh kilowatt hour

**キロン【Chiron】** 半径一三・六天文単位ものの大きい軌道の小惑星。土星の外側を運動する。

**ぎ-ろん【議論】**(名・サ変自他) 意見をたたかわすこと。互いに自分の説や考えを出し、批評し、意見を交わし合うこと。論議。討論。discussion 用例計画について――する。

**議論を上下する**(ぎろんをじょうげする) 激しく議論をたたかわせる。議論をじょうげする。

**きわ【際】** ①はて。さかい。brink ②あたり。そば。side ③とき。場合。time 用例――物。今わの――。④古語身分。分際。用例いとやんごとなき――にはあらぬが(源氏・桐壺)。

**きわ【紀和】**〈町〉三重県南西端、奈良・和歌山両県に接する町。農林業のほか、瀞峡などのある観光の町。人口二二七四(一九八八)。

**ぎわ【際】**(接尾) ①《名詞・動詞連用形に付いて》…のすぐそば。境目。あたり。用例窓――。滝水の落ち――。②《動詞連用形に付いて》…しようとするとき。…するちょうどそのとき。

**ぎ-わく【疑惑】** 疑い迷うこと。疑いをいだき、いぶかること。警戒的な疑いのこと。doubt; suspicion 比較疑問・懐疑。用例――の目で見る。――を深める。

**き-わた【木綿】**↓インドわたのき(印度綿の「木」)

**き-わだ【黄肌】**↓きはだ(黄肌)

**き-わだ【黄▼蘗】**↓きはだ(黄蘗)

**きわ-だ・つ【際立つ】**(五自) 区別がはっきりしている。めだつ。distinct 用例――・った特色。

**ぎわ-だん【義和団】** 中国、清代の白蓮教の一派とされる秘密結社。キリスト教布教、西欧諸勢力の進出などに反発して扶清滅洋を唱え、武力的排外運動を行った。一八九九年列強の圧迫に反発して山東省で蜂起、義和団の乱となった。拳匪。

**ぎわだん-の-らん【義和団の乱】** 義和団による反帝国主義運動。一九〇〇年六月、北京で教会襲撃、外国人迫害などを行った義和団を清朝が支持、対外宣戦を布告したため、日本を含む八か国連合軍が出兵して北京を占領、鎮圧した。日本では北清事変と称した。

**きわ-ど・い【際▽疾い】**(形) ①まぎわに迫っている。close ②すれすれであぶない。risky ③みだらな。indecent 用例――話。派生きわどさ(名)

**きわまり【極まり】** これ以上ないところ――ところを助かる。

**きわまり【窮まり】** 終わり。果て。用例――のない大空。

**きわまり-な・い【極まり無い・窮まり無い】**(形) 終わりがない。かぎりがない。はなはだしい。boundless 用例――宇宙。

**きわま・る【極まる】**(五自) ①先がなくなる。終わりとなる。come to an end 用例道の――ところ。②限度に来る。極限に達する。be at the extremity 用例失礼――。

**きわま・る【窮まる】**(五自)《「谷まる」とも》行きづまって苦しむ。be at a loss 用例進退――。

**きわみ【極み】** 物事のきわまるところ。果て。極点。極限。extremity 用例感激の――。

**きわ・む【究む・極む】** 古語(下二自他)↓きわめる(究める)↓きわめる(極める)

**きわめ【極め】** 目利き。鑑定。

**きわめ-がき【極め書き】** 書画・刀剣・古道具などの鑑識の結論を略記した文書(証明書)。一枚の紙を半分に折って書いた鑑定書である折り紙と、短冊形の小札に書いてある極め札とが主。

**きわめ-つき【極め付き】** ①極め書きの付いていること。guaranteed ②定評のあるもの。たしかなもの。guaranteed 用例――の役どころ。

**きわめ-つく・す【極め尽(く)す】**(五他) 残るところなくきわめる。徹底的に調べる。study thoroughly 用例事の本質を――。

**きわめ-て【極めて】**(副) このうえなく。はなはだ。extremely 用例――健康。

**きわ・める【究める】**(下一他) 奥深いところまで行く。master 用例学を――。真相を――。

**きわ・める【極める・窮める】**(下一他) ①終わりまで行く。ゆきつめる。carry to the utmost 用例頂上を――。②極端な状態になる。go to extremes 用例困難を――。

**口を極める**(くちをきわめる)↓くち(口)

**きわ-もの【際物】** ①季節まぎわに売る物。seasonal articles ②一時的な流行をあてこんで売り出される品物・作品。sensational work 用例――小説。

**きわ-やか【際やか】**(形動) はっきりと際立つさま。よく目立つさま。

**き-わり【木割(り)】** ①まきにする木を割ること。また、それをする人。まきわり。②日本の木造建築における各部材の大きさの割合。また、その寸法を決定する手法のこと。多くは、柱の断面を基本寸法とする。木くだき。木くばり。③円筒状のやじり。

**キン** 3画 **【▼巾】** 部首[巾] JIS 2250

音キン
①ぬのきれ。てぬぐい。「雑巾・布巾」②かぶるもの。頭をつつむもの。「頭巾」③はば。幅。

**キン** 4画 **【今】** 部首[人・へ] 教育小2 JIS 2603

音コン・キン
訓いま
筆順↓コン【今】
いま。現代。対義古・昔。「古今」「今上」↓コン【今】

**キン** 4画 **【斤】** 部首[斤] 常用 JIS 2252

音キン
①おの。ちょうな。なた。②めかた。重さ。「斤量」③尺貫法の重さの単位。一斤は、約六〇〇g。④食パンの、重さを基準にした単位。一斤は、三八〇g前後。

**キン** 7画 **【▼听】** 部首[口] JIS 5065

音キン・ギン
①わらう。口をあけてわらう。②ポンド(pound)。ヤード-ポンド法の重さの単位。一ポンドは、約四五三・六g。

**キン** 7画 **【均】** 部首[土] 教育小5 JIS 2249

音キン
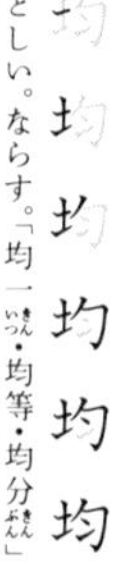
①ひとしい。ならす。「均一・均等・均分」②つりあいがとれる。「平均」「均整」

**キン** 7画 **【▼芹】** 部首[艹] JIS 2260

音キン
セリ。セリ科の多年草。

**キン** 7画 **【近】** 部首[辶] 教育小2 JIS 2265

8画 **【▼近】** 部首[辶] 旧字

音キン・コン・キ
訓ちかい

①ちかい。対義遠。「付近」「近海・近畿・近所・側近」②ちかづく。「接近」③ちかしい人。「親近」④ちかごろ。「最近」「近時・近代」

**キン** 7画 **【▼忻】** 部首[忄] JIS 5555

音キン
よろこぶ。よろこばしい。

**キン** 8画 **【▼欣】** 部首[欠] 人名用 JIS 2253

音キン・ゴン
よろこぶ。よろこばしい。「欣快・欣喜・欣然」

**キン** 8画 **【金】** 部首[金] 教育小1 JIS 2266

音キン・コン・ゴン
訓かね・かな

①元素の一つ。元素記号Au 原子番号七九。原子量一九七。比重一九・三。黄色にうつくしくかがやく貴金属。展性、延性は金属中最大。こがね。おうごん。「砂金・純金」「金塊・金箔」用例(名)――の産地。②純金をふくむ割合。用例《接尾的》一八――。③金に似たもの。「白金」④かたい。かたいこと・もの。「金城鉄壁」⑤うつくしい。立派な。たっとい。「金科玉条・金言」⑥こがねいろ。「金波・金髪」⑦金属。あかがね。銅。「合金」「金文」⑧ぜに。おかね。「現金・借金・賞金・代金・貯金」「金庫」用例(名)――一封。《接尾的》報奨――。⑨金曜日のこと。⑩中国の王朝の一つ。女真族が華北に建てた。一一一五〜一二三四年。遼を滅ぼし、宋を南方に追い、都を会寧から燕京(北京)へ移した。モンゴル帝国によって滅亡。⑪将棋のこまの一つ。金将のこと。⑫五行の一つ。↓コン・ゴン【金】

**キン** 9画 **【▼衿】** 部首[衤] JIS 2262

音キン
①えり。衣服のえり。「青衿」②ひも。しめひも。こおび。③むすぶ。また、おびる。

**キン** 10画 **【▼衾】** 部首[衣] JIS 7448

音キン
ふすま。ねるときにかける夜着。かけぶとん。「同衾」

**キン** 11画 **【菌】** 部首[艹] 常用 JIS 2261

音キン
きのこ。たけ。かび。バクテリア。「細菌・殺菌・黴菌・保菌」「菌類」用例(名)――の保有者。《接尾的》結核――。

**キン** 11画 **【▼菫】** 部首[艹] JIS 7233

音キン
スミレ。スミレ科の多年草。また、スミレの花。すみれ色。「菫外線」

**キン** 11画 **【▼掀】** 部首[扌] JIS 5755

音キン
かかげる。あげる。手で高くかかげる。

**キン** 12画 **【勤】** 部首[力] 教育小6 JIS 2248

13画 **【▼勤】** 旧字

音キン・ゴン
訓つとめる・つとまる

①役所や会社などにつとめる。比較務。「欠勤・出勤・通勤・夜勤」②よくはたらく。いそしむ。対義惰・怠。「忠勤」「勤倹・勤勉」↓ゴン【勤】

**キン** 12画 **【▼欽】** 部首[欠] 人名用 JIS 2254

音キン
①うやまう。かしこまる。つつしむ。「欽慕」②天子の行為をいうのに用いる。「欽定憲法」

**キン** 12画 **【琴】** 部首[王] 常用 JIS 2255

音キン・ゴン
訓こと
①こと。弦楽器の一種。現在は、おもに十三弦のことをいう。対義瑟。「弾琴」②弦楽器。「提琴・洋琴」↓ゴン【琴】

**キン** 12画 **【▼窘】** 部首[穴] JIS 6759

音キン
①たしなめる。②くるしむ。困窮する。③つまる。ゆきづまる。

**キン** 12画 **【筋】** 部首[竹] 教育小6 JIS 2258

音キン・コン
訓すじ
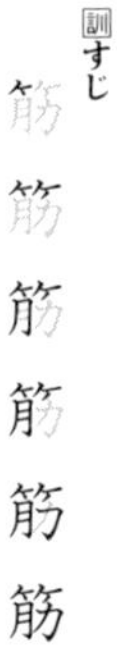
①すじ。からだの肉の中にある繊維。「筋骨・筋肉・筋力」用例《接尾的》括約――。②コンクリート造りなどの骨。「鉄筋・木筋」

**キン** 12画 **【▼釿】** 部首[金] JIS 7867

音キン・ギン
おの。ちょうな。なた。

**キン** 12画 **【▼鈞】** 部首[金] JIS 7866

音キン
①重さの単位。一鈞は三〇斤(中国の周代では約七・六八kg)。「千鈞・万鈞」②ひとしい。ならす。

**キン** 13画 **【▼僅】** 部首[人・亻] 

12画 **【▼僅】** 異体字 JIS 2247

音キン
わずか。すこし。わずかに。ようやく。「僅々・僅少」

**キン** 13画 **【禁】** 部首[示] 教育小5 JIS 2256

音キン・コン
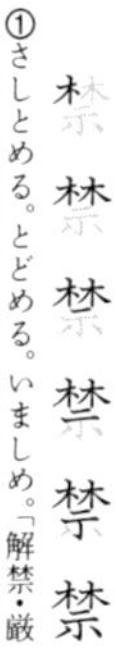
①さしとめる。とどめる。いましめ。「解禁・厳禁・発禁」「禁煙・禁止」用例(名)――をおかす。②天子のすまい。「禁中・禁裏」

**キン** 13画 **【▼禽】** 部首[禸] JIS 2257

音キン
①とりこ。いけどり。②とり。鳥類。「家禽」「禽獣虫魚」

**キン** 14画 **【▼箘】** 部首[竹] JIS 6816

14画 **【▼箟】** 異体字 JIS 6817

音キン



▼常用漢字表外。 ▽常用漢字表の音訓外。

しのだけ。茎の細い竹。矢幹として用いる。ヤダケ。

**キン** 15画【▼槿】部首［木］ JIS 6061
音キン
ムクゲ。アオイ科の落葉低木。もくげ。きはちす。「槿花」

**キン** 15画【▼瑾】部首［王］ JIS 6487
音キン
美しい玉。また、赤い玉。

**キン** 15画【緊】部首［糸］ 常用 JIS 2259
音**キン**
①しめる。強くしめる。「緊縮・緊張・緊密」②さしせまる。きびしい。「喫緊」「緊急・緊迫」

**キン** 16画【▼噤】部首［口］ JIS 5165
音キン
つぐむ。口をとじる。だまる。

**キン** 16画【▼擒】部首［扌］ JIS 5802
音キン
とらえる。いけどりにする。とりこ。いけどり。

**キン** 16画【錦】部首［金］ 人名用 JIS 2251
音キン
①にしき。色糸や金・銀糸などで、うつくしい模様を織り出した厚地の絹織物。「錦旗・錦紗・錦繡・錦上」②相手への尊敬を示すのに用いる。「錦地」

**キン** 16画【▼麇】部首［鹿］ ｜19画【▼麕】異体字 JIS 8343
音キン・クン・グン
ノロ。シカ科の哺乳動物。

**キン** 17画【▼懃】部首［心］ JIS 5673
音キン・ゴン
ねんごろ。丁寧。「慇懃」

**キン** 17画【謹】部首［言］ 常用 JIS 2264 ｜18画【▼謹】旧字
音**キン** 訓**つつしむ**
つつしむ。つつしみ。「謹賀・謹厳・謹慎・謹聴・謹呈・謹話」

**キン** 18画【襟】部首［衤］ 常用 JIS 2263
音**キン** 訓**えり**
①えり。衣服のえり。「開襟」「襟帯」②こころ。むね。むねのうち。「胸襟・宸襟」「襟懐・襟度」
**襟を抜く**(きんをひらく) ①衣服のえりを開いて、くつろがせる。②気持ちをうちあける。胸襟を開く。open one's heart

**キン** 18画【▼覲】部首［見］ JIS 7519
音キン
①まみえる。中国の古代、秋に諸侯が天子にお目にかかる。また、その儀式。②みる。天子などが臣下とあう。謁見する。「参覲交代」

**キン** 20画【▼饉】部首［食］ JIS 8128
音キン
うえる。食物がとぼしい。うえ。「飢饉」

**キン** 25画【▼釁】部首［酉］ JIS 7855
音キン
①ちぬる。いけにえの血を銅器にぬって、神をまつる。②すきま。われめ。きず。

**きん**【▽金▽武】〈町〉沖縄県、沖縄島中部東岸の町。サトウキビなどの農業と畜産を行う。町域の六割以上を米軍基地が占める。人口九九九四(一九八八)。

**ギン** 7画【吟】部首［口］ 常用 JIS 2267
音**ギン**
①うめく。うなる。「呻吟」②うたう。詩歌をうたう。その詩や歌。「苦吟・口吟・詩吟・名吟」「吟詠・吟行」③謡曲で、声の強弱。強吟と弱吟とがある。④三味線の勘所の一つ。⑤義太夫節の語り方の一つ。荘厳または艶麗の感じを表すのに用いられる。

**ギン** 9画【▼垠】部首［土］ JIS 5223
音ギン・ゴン
①さかい。かぎり。境界。②きし。ほとり。

**ギン** 11画【▼崟】部首［山］ JIS 5432
音ギン
「崟々」は、山が高くけわしいさま。

**ギン** 14画【銀】部首［金］ 教育小3 JIS 2268
音**ギン**・ゴン

①元素の一つ。元素記号Ag 原子番号四七。原子量一〇七・九。比重一〇・五。白色の光沢のある貴金属。熱および電気の伝導性は金属中最大。しろがね。また、それに似たもの。「金銀・水銀」「銀塊」用例(名)―の産地。②しろがねいろ。「銀紙・銀世界・銀波・銀髪・銀翼」③ぜに。おかね。「賃銀・路銀」「銀行」④銀行のこと。用例《接尾的》日―。⑤将棋のこまの一つ。銀将のこと。

**ギン** 15画【▼誾】部首［言］
音ギン
「誾々」は、①おだやかに議論するさま。②和らぎつつしむさま。③中正を得ているさま。

**ギン** 16画【▼憖】部首［心］ JIS 5659
音ギン・キン
なまじいに。しいて。したくないのを無理に。なまじっか。

**ギン** 21画【▼齦】部首［歯］ JIS 8385
音ギン・コン
はぐき。はじし。歯の根をおおいつつむ肉。「歯齦」

**きん-あつ**【禁圧】(名・サ変他) 権力で強制的にやめさせること。

**きん-い**【金位】金の純度の等級。純金を二四金(=二四カラット)とし、二〇金は二四分の二〇の金を含む。以下、一八金・一四金など。カラット。fineness of gold

**きん-い**【▼錦衣】錦のころも。また、美しい衣服。
**錦衣を着て故郷に帰る**(きんいをきてこきょうにかえる) 郷里を出ていた者が、立身出世してもどってくる。return home loaded with honors 類似故郷に錦を飾る。

**ぎん-い**【銀位】銀の純度の等級。fineness of silver

**きんい-ぎょくしょく**【▼錦衣玉食】美しい衣服をまとい、美食にふけること。ぜいたくな暮らし。

**きんいしゅく-しょう**【筋▼萎縮症】脊髄前角細胞・延髄・末梢神経、または筋肉自体の変性によって筋肉の萎縮をきたす病気の総称。一般に、脊髄や神経の変性によるものと筋ジストロフィー症とを区別する。muscular atrophy

**きん-いつ**【均一】(名・形動) すべて同じであること・さま。uniformity 比較画一。用例一〇〇〇円―。

**きんいつ-せい**【均一制】①価格・料金などを、品物や年齢などで差をつけず、同一にするやり方。uniformity ②運賃の決め方の一つ。距離にかまわず一定の運賃をとるもの。uniform rate system 対義遠距離逓減制・単純距離比例制。

**きん-いっぷう**【金一封】金額を明示しない賞金や寄付金。紙に包み、封をするのが通例。

**きん-いん**【近因】近い原因。直接の原因。対義遠因。

**きん-いん**【金員】金額。金銭。

**きん-いん**【金印】黄金製の印章。中国の漢代などに、皇帝が諸王・諸侯・高官たちに与えた。福岡県志賀島出土の漢倭奴国王印が有名。gold stamp

**きんいん-ちょくしょ**【金印勅書】《黄金の印璽を使用したことから》一三五六年神聖ローマ皇帝カール四世が発布した帝国法。皇帝選挙手続きと選帝侯の特権を規定した条項を中心に、私闘や家臣間の同盟禁止など三一章からなる。諸侯の地位強化につながった。黄金文書。

**きん-えい**【近詠】最近作った詩歌。

**きん-えい**【近影】人物の、最近写した写真。one's latest photo 用例著者―。

**きん-えい**【菌▼癭】↓きんこぶ(菌瘤)

**きん-えい**【禁衛】皇居を守護すること。

**ぎん-えい**【吟詠】(名・サ変他) ①ふしをつけて詩歌をとなえること。to recite ②詩歌を作ること。作った詩歌。composition

**きん-えん**【金円】①金銭。money ②金本位制による円の通貨。gold yen

**きん-えん**【筋炎】筋肉の炎症。とくに、筋肉に化膿菌が入って起こす炎症。

**きん-えん**【禁園・禁▼苑】《出入り禁止の庭園、の意》皇居内の庭。比較禁廷。

**きん-えん**【禁煙・禁▼烟】(名・サ変自) タバコを吸うことを禁じること。また、タバコを吸うことをやめること。prohibition of smoking; give up smoking

**きんえん-しゃ**【禁煙車】長距離の鉄道列車で、車内の喫煙を禁止する特定の車両。昭和五一年(一九七六)新幹線こだま号に登場したのが最初。no-smoking car

**きんえん-しゅ**【近縁種】生物の分類上、近い関係にある種類。たとえば、鳥で、オナガ・カケスなどはカラスの近縁種。

**きんおう-むけつ**【金▼甌無欠】《「金甌」は、黄金のかめ》まったくきずのない黄金のかめのように、物事が強固で完全無欠なこと。国が強く、戦いに負けたことのないたとえ。

**きん-か**【近火】近くであった火事。fire in one's neighborhood 用例―お見舞い。

**きん-か**【金貨】金を主成分とする鋳造貨幣。gold coin

**きん-か**【▼槿花】①ムクゲの花。朝開いて晩にしぼむ。はかないことのたとえ。②アサガオの花。
**槿花、一日の栄**(きんか、いちじつのえい) 栄華のはかないことを、槿花にたとえて言ったもの。類似槿花一朝の夢

**きん-が**【謹賀】つつしんで喜びを言うこと。用例―新年。

**ぎん-か**【銀貨】銀をおもな素材として鋳造した硬貨。silver coin

**ぎん-が**【銀河】①天球を一周する帯状の天域に微光星が集積して光る、川のように見える部分。天の川。銀漢。②銀河系と同様な、恒星や星間物質の集団体系。宇宙の主要な構成要素。小宇宙・島宇宙など。Galaxy ↓写

**きん-かい**【近海】①陸地に近い海。near sea 対義遠海。②沿岸・沖合いの海面。船舶安全法による日本近海の航行区域の範囲は、東は東経一七五度以西、西は東経九四度以東、南は南緯一一度以北、北は北緯六三度以南の海域。sea near the shore

**きん-かい**【▼欣快】(名・形動) こころよく喜ばしいこと・さま。

**きん-かい**【金海】茶の湯茶碗の一種。かつて、日本から朝鮮に注文して焼いてもらった陶器で、「金」あるいは「金海」と彫銘されているための呼び名。

**きん-かい**【金塊】金のかたまり。金の地金。gold ingot

**きん-かい**【襟懐】胸の内。心中。思い。

**きんかい**【琴海】〈町〉長崎県西彼杵半島、大村湾に臨む町。スイカ・ミカンの産地。真珠養殖も行う。人口一万一〇六一(一九八八)。

**ぎん-かい**【銀塊】銀のかたまり。銀の地金。silver ingot

**きんかい-ぎょ**【近海魚】陸から比較的近い海に生息する魚類。

**きんかい-ぎょぎょう**【近海漁業】沿岸より三海里から十数海里の近海で、中型漁船によって行われる漁業。日本近海では、おもにイワシ・アジ・サバ漁。inshore fishery 比較沿岸漁業。対義遠洋漁業。

**きん-かいきん**【金解禁】《「金輸出解禁」の略》金本位制度下で、金貨や金地金の輸出禁止を解くこと。昭和五年(一九三〇)浜口内閣が断行したが、二年後に中止。

**きんかいしゅう**【金▼槐集】『金槐和歌集』の略称。

**ぎんかい-しょく**【銀灰色】銀色をおびた灰色。シルバーグレー。

**きんがい-せん**【▼菫外線】紫外線。

**きんかい-そうば**【金塊相場】金塊の金市場における売買相場。gold bullion market

**きんかいわかしゅう**【金▼槐和歌集】源実朝の歌集。「金」は、鎌倉の「鎌」の偏、「槐」は、大臣の意。建保元年(一二一三)に成

●銀河① 南天の銀河。オーストラリアで撮影。

立。清新で力強い、万葉調の秀歌は、和歌史上に異彩を放つ。歌数は六六三首、七一六首などの伝本がある。鎌倉右大臣家集。金槐集。

**きんか-ぎょくじょう【金科玉条】**《「金玉の科条(=法律)」の意》①非常にたいせつな法律・規律。golden rule ②唯一の基準として、このうえなくたいせつに守る、条項・決まり・教え・言説など。用例 創業者の言を―とする。

**きん-かく【菌核】** 糸状菌類の菌糸体が集合して、かたい塊になったもの。松の根につくブクリョウ、イネ科の植物に寄生するバッカクキンなど。sclerotium

**きん-がく【金額】** 金銭の数量。かねだか。amount of money

**きん-かくし【金隠し】** 大便所の便器の、前部のおおい。

**きんかく-じ【金閣寺】** ㊀京都市北区にある鹿苑寺の通称。臨済宗相国寺派の寺。応永四年(一三九七)足利義満が別荘として造営した北山殿を、その没後、寺としたもの。三層宝形造りの建物である金閣で知られる。㊁三島由紀夫の小説。昭和三一年(一九五六)発表。金閣寺の美に憑っかれ、放火する青年僧の心理と行動を描く。↓写

**ぎんかく-じ【銀閣寺】** 京都市左京区にある慈照寺の通称。臨済宗相国寺派の寺。文明一四年(一四八二)足利義政の山荘、東山殿を、その没後、寺としたもの。二層宝形造りの建物である銀閣で知られる。↓写

**きんかく-びょう【菌核病】** 植物の病気で、病原菌の菌糸がからみあった菌核を生じるもの。菌核は抵抗力が強く、土中や被害植物中に残り感染源となる。sclerotal disease

**ぎんが-けい【銀河系】** 太陽系の属する、恒星の大集団。凸レンズ状で渦巻き構造をもつ。直径約一〇万光年、中心部の厚さ約一・五万光年で、自転運動を行っている。太陽は、中心から約二・八万光年のところに位置している。Galaxy

**ぎんがけいがい-せいうん【銀河系外星雲】** アンドロメダ座の大星雲など、銀河系外の星雲状天体の総称。銀河系とほぼ同規模で、無数の恒星とガス状物質からなる集合体。extragalactic nebula

**ぎんがけいない-せいうん【銀河系内星雲】** 銀河系に属する星雲。散光星雲・惑星状星雲・暗黒星雲など。galactic nebula

**ぎんが-ざひょう【銀河座標】** 天球座標の一つ。銀河系の天体分布を示すのに便利。galactic coordinates

**きんか-ざん【金華山】** 宮城県東部、牡鹿半島先端の島。また、その主峰。島の面積九$km^2$。標高四四五m。隆起海食台。黄金山神社は、金銀財宝の守護神として参拝客が多い。

**きんか-ざん【金華山】** 岐阜県岐阜市にある

●金閣寺㊀

山。標高三二八m。戦国時代に、斎藤氏や織田氏の居城がおかれたことで有名。稲葉山。

**きんかざん-で【金華山手】** 瀬戸焼の茶入れの一種。土は薄色で固く、釉の地の柿色が黒の上塗りの間から多くみえるものがよいとされる。宮城県金華山の地にたとえた銘。

**ぎんが-じば【銀河磁場】** 渦状銀河の星間空間に存在する磁場。渦状腕に沿った向きをもつ。galactic magnetic field

**キンカジュー【kinkajou】** 樹上生活をするアライグマ科の食肉動物。物に巻きつく長い尾をもつ。体長・尾長とも五〇cm内外。目が大きく耳は小さい。毛は羊毛状で褐色。森林にすみ、夜行性。果実のほか、小動物を食べる。メキシコからブラジルにかけて分布。

**きんか-じゅんび【金貨準備】** 金本位制度

●銀閣寺

のもとでの正貨(=金貨・金地金)準備。金準備。gold reserve

**ぎんが-だん【銀河団】** 特定の天域内に分布する銀河の集団。cluster of galaxy

**ぎんが-ちゅうしんかく【銀河中心核】** 銀河の中心部で、星が密に集中している部分。巨大ブラックホールであるとする説が有力。nucleus of a galaxy

**きんか-ちょう【▼錦華鳥】** カエデチョウ科の飼い鳥。丈夫で飼いやすい。スズメより小さく、全長約一〇cm。のどから胸にかけて白と黒の横縞がある。オーストラリア原産。zebra finch

**ぎんが-でんぱ【銀河電波】** 銀河系内の諸天体、とくに地球から見て銀河面(天の川)近くから放射される電波の総称。星間ガスや爆発雲から放射される。galactic radio emission

**ぎんが-てんもんがく【銀河天文学】** 銀河系内外の諸天体の位置・運動や物理的特性の分布などを統計的に調べ、宇宙全般の構造や進化を研究する学問。galactic astronomy

**きん-かぶ【菌株】** 純粋に分離・培養した菌や細菌。strain

**ぎん-がみ【銀紙】** ①銀粉を付着させた、または銀箔をおした紙。また、銀色の紙。silver paper ②アルミニウムなどを、薄く紙状にのばしたもの。aluminum foil

**きんか-みまい【近火見舞(い)】** 火事のあと、火元に近かった知人などを見舞うこと。

**ギンガム【gingham】** 縦縞柄・格子柄の平織り木綿。夏の婦人・子供服やエプロンなどに用いる、実用的な生地。洗濯に耐え、丈夫。

**きん-かめむし【金▼亀虫・金▼椿▽象】** 赤・青・緑などの美しい金属光沢をもつ、カメムシ科の昆虫。体長二cm内外。熱帯地方に種類が多い。日本産は本州以南に分布。

**きん-がわ【金側】** 外側を金で作ったもの。用例 ―の時計。gold-cased

**きんがわせ-ほんいせいど【金為替本位制度】** 金本位制度の一種。一国の通貨価値を、他の金本位国の為替(=金為替)と結びつけ、金の価値と等価に保つ通貨制度。gold exchange standard system

**きん-かん【近刊】** まもなく出版されること。最近刊行されたこと。また、その本。recent issue 比較 新刊。

**きん-かん【金冠】** ①金で作ったり飾ったりしたかんむり。gold crown ②虫歯などの治療のあと、歯にかぶせる金製のおおい。gold crown

**きん-かん【金▼柑・金▼橘】** ミカン科の常緑小低木。夏に開花。果実は晩秋から冬にかけて熟す。二cm内外の球形か楕円形で橙黄色。果皮つきのまま食用。中国原産。ヒメタチバナ。kumquat ↓写

●キンカン 花(右)と実(左)。

**きん-かん【金環】** 金製あるいは金銅製の輪。一般には、古墳時代後半の耳飾りをいう。

**きん-かん【菌環】** 菌類の菌糸体が放射状に生長してできた活性菌糸体。また、この菌糸体から同種のキノコが環状に発生したもの。fairy ring

**きん-がん【近眼】** ↓きんし(近視)

**ぎん-かん【銀漢】** 天の川。銀河。Milky Way

**きんかん-がっき【金管楽器】** 金属製の管楽器。コルネット・トロンボーンなど。brass 対義 木管楽器。

**きんがん-きょう【近眼鏡】** 近視の人がかける、凹レンズのめがね。glasses for a short-sighted person

**きんかん-しゅつげん【金棺出現】** 釈迦の入滅時、摩耶夫人が忉利天から降りてきて、棺から身を起こした釈迦牟尼と対面するというもの。仏画の題材として知られる。

**きんかん-しょく【金環食・金環▼蝕】** 日食の一つ。月のみかけの大きさ(=視直径)が太陽のそれより小さく、太陽が黒い月のまわりに金の環のように見える現象。annular eclipse ↓日食図

**きん-かんばん【金看板】** ①金文字で書いた看板。signboard with gilt lettering ②世間に対してほこる主義・主張・特色。strong point; noble cause

**金看板を掛ける**(きんかんばんをかける) ①金文字入りの看板をかける。stand a gold-lettered signboard ②誇らしげに主義・主張を掲げたり、商品を陳列したりする。show off ③外見をよく見せかける。show off

**きん-き【▼欣喜】**(名・サ変自) 喜ぶこと。

**きん-き【禁忌】**(名・サ変他) ①さわりあるものとして禁じること・もの。日時・方位・行為・ことばなどに対して用いる。タブー。taboo ②治療行為や投薬、薬剤の配合が、明らかに患者の状態を悪化させるか無効であるもの。たとえば、アスピリンと重曹は配合禁忌。contraindication

**きん-き【▼錦旗】** 赤地のにしきに日・月を描いた天皇の旗。にしきのみはた。

**きん-き【近▼畿】** ①《「畿」は、みやこ、の意》都のある国に近い地域。②近畿地方。

**ぎん-き【銀器】** 銀で作った器具。

**きんき-じゃくやく【▼欣喜▼雀躍】**(名・サ変自) 小おどりして喜ぶこと。

**きん-き-しょ-が【琴棋書画】** 琴と碁と書と画。昔、中国で四芸とよばれ、尊ばれた余技。画題として、しばしば描かれる。↓写

●琴棋書画　狩野永徳『琴棋書画図』(部分)。永禄九年(一五六六)ごろ、聚光院(京都府)。

**きんき-ちほう【近▼畿地方】** 本州の中西部に位置する地方。京都・大阪の二府と、三重・滋賀・兵庫・奈良・和歌山五県とからなる。古くから都がおかれて開け、いまも西日本の経済・文化の中心地。

**ぎん-ぎつね【銀▼狐】** 尾端を除いて、黒色に白い毛が混じり全体が銀色にみえるキツネ。寒帯に多く、毛皮用。シルバーフォックス。silver fox

**きんきにほん-てつどう【近▼畿日本鉄道(株)】** 大阪を中心に、京都・奈良・三重・岐阜・愛知の各県に路線をもつ鉄道会社。営業キロ五九五・二km。昭和一九年(一九四四)設立。近鉄。

**きん-きゅう【金九】**(一八七六〜一九四九) 韓国の政治家。反日独立運動に参加。一九一九年中国に亡命。大韓民国臨時政府の総理。解放後帰国、独立党党首となり南北統一独立運動を展開して、李承晩と対立、暗殺された。

**きん-きゅう【緊急】**(名・形動) 重大で、至急に行う必要のあること・さま。emergency

**きんきゅうけいいほう-ほうそうシステム**



▼常用漢字表外。　▽常用漢字表の音訓外。

【緊急警報放送システム】スイッチの切れている家庭のテレビ・ラジオを放送局の電波で自動的に作動させ、大地震発生の予報、津波警報の発令などの緊急警報を伝えるシステム。emergency warning system

**きんきゅう-じたい【緊急事態】**①緊急に対策を立てなければならないような切迫した事態。state of emergency ②大規模な災害や騒乱などが発生し、内閣総理大臣が布告を出すような事態。国家非常事態。state of emergency

**きんきゅうじたい-せんげん【緊急事態宣言】**大規模な災害・騒乱などの発生またはそのおそれのある場合、内閣総理大臣が国家公安委員会の勧告に基づいて、全国または特定地域に対して行う布告。'state-of-emergency' declaration

**きんきゅう-しつもん【緊急質問】**議会開会中、緊急を要する場合、特別に口頭で行うことを認められた質問。emergency interpellation

**きんきゅう-しゅうかい【緊急集会】**衆議院の解散後、国会を招集する緊急の必要があるとき、内閣の求めによって開かれる参議院の集会。

**きんきゅう-たいほ【緊急逮捕】**重大な罪を犯した疑いがじゅうぶんあり、かつ緊急を要するとき、逮捕状の請求に先だって行われる逮捕。arrest without warrant

**きんきゅうてんかいかんし-システム【緊急展開監視システム】**↓アールディーエスエス（RDSS）

**きんきゅうてんかい-ぶたい【緊急展開部隊】**おもに中東地域に緊急事態が発生したとき急派できるように設置された米軍部隊。固有の編成はなく、事態に応じて編成する。RDF。Rapid Deployment Forces

**きんきゅう-どうぎ【緊急動議】**会議で、予定されていない、緊急を要する議案の上程や議事進行日程の変更を発議(はつぎ)・提案すること。また、その発議や提案。urgent motion

**きんきゅう-ひなん【緊急避難】**①大急ぎで難を避けること。emergency evacuation ②法律で、身にふりかかる差し迫った危難をのがれるため、他人または他人の物をやむをえず犠牲にすること。

**きんきゅうゆにゅうせいげん-じょうこう【緊急輸入制限条項】**↓セーフガードクローズ

ワキン

クロデメキン

リュウキン

アズマニシキ

ランチュウ

スイホウガン

●キンギョ

**きん-ぎょ【金魚】**コイ科の淡水魚。フナを品種改良した観賞用の飼養品種。中国で一六〇〇年前に赤いフナが発見され、その後飼育されるようになった。日本への渡来は室町時代。琉金(りゅうきん)・出目金(でめきん)など二十余種がある。goldfish ↓写

**金魚の糞**(きんぎょのふん)《多く、からかったり、さげすんだりする意をこめて言う》長く連なっていたり、いつもつき従っていたりするもの・こと。a hanger-on

**きん-ぎょ【禁漁】**↓きんりょう(禁漁)

**きん-きょう【近況】**このごろのようす。recent state

**きん-きょう【禁教】**ある宗教の教義を信奉したり説いたりすることを禁じること。また、その宗教。prohibition against a religion

**きん-ぎょう【近業】**最近の仕事・作品。

**ぎんきょう-はんのう【銀鏡反応】**アンモニアを含む硝酸銀水溶液に還元性をもつ物質を加えたとき、銀イオンが還元される反応。このとき銀が器壁に付着し、鏡のようになる。鏡の製造などに利用。silver mirror reaction

**きんぎょ-き【禁漁期】**魚介類・海藻などの採取が、禁止される期間。川釣りや渓流釣りの場合はアユ・ヤマメ・イワナなどが対象となる。きんりょうき。closed season

**きん-きょく【琴曲】**琴(こと)で演奏するための楽曲。そうきょく。

**きん-ぎょく【金玉】**①黄金と玉。②めずらしいとして、大切にすべき物事。

**金玉の声**(きんぎょくのこえ)①非常に美しい声。②人の文章・詩歌をほめる語。

**きんぎょ-く【禁漁区】**水産動植物の採取が、禁止されている区域。きんりょうく。no-fishing area

**きんぎょく-かん【▼錦玉▼羹】**夏の涼味菓子。寒天に砂糖や水あめを入れて固めた透明なもの。金玉糖。錦玉糖。琥珀(こはく)糖。

**きん-ぎょくきん【金玉均】**(一八五一〜九四)朝鮮、李(り)朝末期の政治家。独立党の領袖(りょうしゅう)。一八八四年、日本の援助のもとに甲申(こうしん)の変を指導したが、清国の介入で失敗、日本に亡命。九四年上海(シャンハイ)で暗殺された。

**きんぎょく-とう【▼錦玉糖・金玉糖】**↓きんぎょくかん(錦玉羹)

**きんぎょ-そう【金魚草】**ゴマノハグサ科の多年草。高さ約六〇cm。葉はふつう互生。春に、金魚形の花が茎頂に穂状につく。花色は豊富。観賞用に栽培。ヨーロッパ原産。アンテリナム。スナップドラゴン。snapdragon ↓写

**きんぎょ-も【金魚藻】**①アリノトウグサ科のホザキノフサモの別称。多年生水草で長さ一m以上。葉は羽状に裂け、四個ずつ輪生。夏から秋に、水上に穂状花序を出して、各節に四弁花を四個つける。観賞用。hornwort ②マツモ科のマツモ、スイレン科のハゴロモモの別称。↓図

●キンギョモ①

**きん-きょり【近距離】**近い所。short distance 対義 遠距離。

**きん-きら**(名・形動)①きらきら輝くもの・さま。tinsel ②人目を引く、派手な服装や言動。また、そのさま。flashy

**きんきら-きん**(名・形動)輝くほどに飾ったもの・さま。派手に装うこと・さま。glittering

**きん-きん**(副)かん高く耳に響く声や物音の形容。shrill; high-pitched 用例 頭のしんまで——響く。

**きん-きん【▼欣▼欣】**(形動トタル)よろこぶ「さま。

**きん-きん【近近】**(副)近いうちに。ほどなく。遠からず。ちかぢか。very soon 用例 ——伺います。

**きん-きん【▼僅▼僅】**(副)やっと。わずか。ほんの。たった。only

**きん-ぎん【金銀】**①金と銀。gold and silver ②お金。通貨。money ③将棋のこまの、金将と銀将。

**金銀は回り持ち**(きんぎんはまわりもち)お金は、たえず流通していてとどまることがない。貧富が固定したものでないことのたとえ。金は天下の回り持ち。Money is round and rolls away.

**金銀は湧き物**(きんぎんはわきもの)金銀というものは、苦労しなくても、思いがけず手に入ってくることがある、ということ。

●キンギョソウ

**きんきん-ぜん【▼欣▼欣然】**(形動トタル)喜ぶさま。いかにも喜ばしいようす。delightful

**きんきんせんせいえいがのゆめ【金々先生栄花夢】**恋川春町(こいかわはるまち)作画の黄表紙(きびょうし)。安永(あんえい)四年(一七七五)刊。黄表紙のジャンルを開いた画期的作品。「邯鄲(かんたん)の夢」に構想を借り、江戸遊里と当世風俗を描く。

**きんぎん-ひか【金銀比価】**金と銀をともに本位貨幣とする金銀複本位制のもとでの、金と銀との交換比率。ratio

**きんぎん-ふくほんいせいど【金銀複本位制度】**金と銀をともに本位貨幣とし、金銀の比価を法定する通貨制度。金銀ともに自由鋳造を認める場合と、一方だけについて認める場合とがある。gold and silver bimetallism

**きんぎん-ぼく【金銀木】**スイカズラ科の落葉低木。高さ約一・五m。葉は楕円(だえん)形。花は白で、のちに黄色。果実は球形で有毒。山地にはえ、生け垣にもされる。ヒョウタンボク。↓写

●キンギンボク

**きん-く【金句】**①金言。格言。②美しい句。

**きん-く【禁句】**①和歌・俳句で、使うのをさける語句。止め句。②人の感情を害したり、不快にすることば。言ってはならないことば。taboo

**キンク【Hans Ernst Kinck】**(一八六五〜一九二六)ノルウェーの小説家。公務員の浅薄な教養と、農民の生命力との対比をテーマとする。作品『なだれ』など。

**キング【king】**①国王。王様。対義 クイーン。②トランプで、王の絵ふだ。

**キング【Carole King】**(一九四二〜)アメリカの女性ポピュラー歌手・作曲家。一九六〇年代初めから、多くのヒット曲を作る。作品『きみの友だち』など。

**キング【Martin Luther King Jr.】**(一九二九〜六八)アメリカの黒人牧師。非暴力主義の立場から、大衆的な直接行動による黒人

●M=キング



↓行き先項目、図版・写真参照印。 日本工業規格情報交換用漢字符号コード(区点コード)。

解放運動を指導。一九五七年南部キリスト教指導者会議(SCLC)を結成し、二つの公民権法を成立させ、ベトナム反戦運動にもつとめた。テネシー州メンフィスでストライキの支援中に暗殺された。一九六四年ノーベル平和賞受賞。著書『自由への大いなる歩み』など。↓写

**キング** 家中そろって読める、をモットーに講談社が発行した国民雑誌。大正一四年(一九二五)創刊、昭和三二年(一九五七)終刊。

**キング-コブラ**[king cobra] 世界最大のコブラ科の毒ヘビ。全長約五・五mにも達する。褐色ないし緑黄色で、白色の横じまがある。怒ったときに頸部を広げて立ち上がる。他のヘビやトカゲ類を常食する。毒性が強く、きわめて危険。東南アジア・インドに分布。↓図

●キングコブラ

**キング-サーモン**[king salmon] ↓ますのすけ(鱒之介)

**キング-サイズ**[king-size] ①男子服で、寸法が標準よりかなり大きいこと。超特大。対義 クイーンサイズ。②ずばぬけて大形のもの・人。

**キングスタウン**[Kingstown] 西インド諸島、小アンティル諸島南部の独立国「セントビンセントおよびグレナディーン諸島」の首都。セントビンセント島南部にある良港で、漁業もさかん。人口二・四万(一九八二)。

**キングストン**[Kingston] ジャマイカ南東岸にある、同国の首都。港湾都市。同国の交通・商業・文化の中心地。歴史的建造物が多い。人口五二・五万(一九八二)。

**キングストン-たいせい【キングストン体制】** 一九七一年のドルショックで崩壊したブレトンウッズ体制にかわって登場した国際通貨体制。変動相場制や、各国通貨当局の金取引の自由化などをめざす。一九七六年ジャマイカのキングストンで開かれた国際通貨基金(IMF)暫定委員会で合意。

**キングズリー**[Charles Kingsley](一八一九～一八七五) イギリスの小説家・牧師。キリスト教社会主義の立場に立ち、創作・説教・論争に活躍。小説『オールトン=ロック』、童話『水の子ら』など。

**キングズリー**[Sidney Kingsley](一九〇六～ ) アメリカの劇作家。数多くの人物を登場させ、社会の断面を描く。戯曲『白衣の人々』『デッド-エンド』『探偵物語』など。

**きん-ぐち【金口】** 《「金口タバコ」の略》吸い口の部分を、金色の紙でまいたタバコ。

**キングフィッシャー**[kingfisher] カワセミ類の英名。

**キング-ペンギン**[king penguin] 大形のペンギン。コウテイペンギンについで大きく、体長約九〇cm。巣を作らず、卵を、足の上にのせ腹の羽毛の中に抱いて孵化させる。南アメリカ南端・南極周辺に分布。

**キングメーカー**[kingmaker] 組織の長となる人を特定して、選出させる実力者。

**きんくろ-はじろ【金黒羽白】** 潜水が巧みな海ガモの一種。翼長約二〇cm。背面は黒色、腹面は白色。ユーラシア北方で繁殖し、北アフリカ・東南アジアなどで越冬。日本へは冬鳥として、江湾・湖沼などに渡来。

**きん-けい【近景】** 近くのけしき。前景。foreground 対義 遠景。

**きん-けい【金鶏】** 天上にすむという空想上のニワトリ。最初に暁を報じ、これに応じて地上の鶏が鳴くという。

**きん-けい【▼錦鶏・錦▼雞】** キジ科の美しい鳥。翼長約二〇cm。羽の色は金色と赤色。地上生活をし、昆虫や種子を食べる。中国南部に分布。世界的に飼育される。↓図

●キンケイ キンケイ(手前)とギンケイ。

**きん-けい【謹啓】** 《つつしんで申し上げる、の意。「拝啓」より丁重》手紙の書き出しに置くあいさつ語。対義 頓首。

**ぎん-けい【銀鶏】** キジ科の美しい鳥。翼長約二二cm。銀色と黒色のえり羽をもつ。雄は、えり羽を広げて求愛動作をする。チベットに分布。↓キンケイ図

**きんけい-ぎく【金鶏菊】** キク科の耐寒性宿根草。六～八月に、コスモスに似た鮮黄色花を開く。花壇・切り花用。北アメリカ原産。コレオプシス。coreopsis

**きん-けいしゅく【筋▼痙縮】** 脳出血・脳梗塞・脳外傷・脊髄損傷などでみられる、筋肉のつっぱり。muscle spasm

**きん-けつ【金欠】** 《俗語》金銭を持っていないこと・人。金欠病。

**きん-けつ【金穴】** ①金の出る鉱山。金坑。②資金を出してくれる人。ドルばこ。

**きん-けつ【禁▼闕】** ①皇居の門。②皇居。御所。

**きんけつ-しょう【菌血症】** 生体に侵入した細菌・真菌が、生きたまま循環血液中に存在する状態。敗血症・腸チフス・流行性脳膜炎・ペスト・細菌性心内膜炎など。bacteremia

**きんけつ-びょう【金欠病】** 《俗語。「貧血病」をもじったもの》金銭を持っていないこと。金欠。

**きん-けん【近県】** 近くの県。neighboring prefectures

**きん-けん【金券】** 特定の範囲内で、金銭の代わりとする券。郵便切手・収入印紙など。gold note

**きん-けん【金権】** 金銭を所有することによりもつ権力。金銭の威光。金力。power of money

**きん-けん【勤倹】** 勤勉で倹約すること。thrift

**きん-げん【金言】** ①仏の口から出た、真理のことば。仏の説法。こんげん。②生活のおきてとすべき、立派なことば。格言。wise saying; maxim 用例 ― 名句。

**金言、耳に逆らう**(きんげん、みみにさからう) 金言は、ややもすると人の気分をそこなうだけで、聞き入れられないことがある。

**きん-げん【謹言】** 《つつしんで申し上げる、の意》手紙の終わりに置くあいさつ語。用例 恐惶 ―。

**きん-げん【謹厳】**(名・形動) つつしみ深く、おもおもしいこと・さま。sobersided 用例 ― 実直な人。

**きんけん-せいじ【金権政治】** ①利権に強く結びついて行われる政治。金融資本・産業資本が政治権力と癒着して行う場合が多い。②少数の金持ちが勢力をふるう政治。plutocracy

**きんげん-せんい【筋原線維】** 筋肉をつくる、直径一ミクロン内外の円筒状線維組織。筋線維。muscle fibril

**きん-げんそう【金現送】** 外国との取り引きを決済するために、金の現物を輸出入すること。

**きん-こ【金▽海▼鼠・▽光▽参】** 生殖腺が黄色のナマコ。体長約二〇cm。中国料理の材料や漢方薬として使う。宮城県金華山以北の沿岸に分布。フジコ。

**きん-こ【近古】** 時代区分の一つ。中古と近世との間。日本史上では鎌倉・室町時代。

**きん-こ【金庫】** ①金銭や貴重品などを保管する箱や部屋。cashbox ②特別法に基づき、政府が保護・監督を行う国策金融機関。農林中央金庫など。③国または地方公共団体の現金出納機関。

**きん-こ【禁▼錮・禁固】** 一(名・サ変他) とじこめて外出させないこと。confinement 二(名) 自由刑の一つ。刑務作業を科さずに、受刑者を監獄に拘置する。比較 懲役。

**きん-ご【金▼吾】** ①衛門府の唐名。②衛門督・佐などの総称。

**きん-こう【均衡】**(名・サ変自) ①二つ以上の事物のつりあいがとれていること。balance ②経済で、需要と供給のバランスがとれていて、これに変化をもたらすような内部要因がないこと。equilibrium

**きん-こう【近郊】** 都市に接した所。郊外。suburbs

**きん-こう【金工】** 金属に細工を施す美術工芸。その職人。metal work

**きん-こう【金坑】** 金を掘りとる鉱山のあな。かなやま。gold mine

**きん-こう【▼欣幸】** しあわせに思って喜ぶこと。

**きん-こう【金鉱】** ①金をとる鉱石。gold ore ②金鉱石を埋蔵している鉱山。gold mine

**きん-こう【謹厚】**(名・形動) つつしみ深く、人情のあついこと・さま。

**きん-こう【▼錦江】** 韓国中部、小白山脈の智異山北方から南西に流れて、黄海に注ぐ川。長さ四〇一km。下流部は、古代の日本と唐の水軍とによる白村江の戦いで有名。クムガン。

**きん-ごう【近郷】** 近くの田舎。neighboring districts 用例 ― 近在。

**ぎん-こう【吟行】**(名・サ変自) ①詩歌を口ずさみながら歩くこと。②和歌・俳句を作るために、名所旧跡などに出かけること。

**ぎん-こう【銀行】** ①預金の出し入れ、金銭の貸し付け、為替業務などをあつかう金融機関。普通銀行と特殊銀行とに分かれる。bank 用例 ― 員。②ないもの、足りないものを融通するしくみ。bank 用例 血液 ―。

**ぎん-こう【銀坑】** 銀を掘りとる鉱山のあな。silver mine

**ぎん-こう【銀鉱】** ①銀を含む鉱石。silver ore ②銀鉱石が埋蔵されている鉱山。silver mine

**きんこう-か【金紅花】** ユリ科の多年草。地下茎は細く、横にはう。葉は根生し、長さ一〇～三〇cm。夏に、約三〇cmの花茎に黄花を多数つける。湿気の多い草原にはえる。↓図

●キンコウカ

**きんこう-かかく【均衡価格】** 市場での需要量と供給量とが一致するときに成立する価格。equilibrium price

**ぎんこう-かへい【銀行貨幣】** 市中銀行の供給する預金通貨。広義には、これに銀行券を含めたものをいう。bank money

**ぎん-ごうかん【銀合歓】** ギンネムの別名。

**ぎんこう-きょうかい【銀行協会】** 銀行の地域連合組織。全国銀行協会連合会の下部機構。

**ぎんこう-けん【銀行券】** 中央銀行(=発券銀行)の発行する紙幣。代表的な現金通貨。bank note

**きんこう-ざいせい【均衡財政】** 各会計年度ごとに収支を均衡させる財政。健全財政。balanced finance

**きんこう-ざん【金甲山】** 岡山県南部、児島半島の山。標高四〇三m。古生層の山で、瀬戸内海展望台の一つ。

**ぎんこう-しゅぎ【銀行主義】** 銀行券の発行にさいし、金保有額に制約されることなく必要量を供給しようという主張。一九世紀初めイギリスで唱えられた。banking principle 比較 通貨主義。

**ぎんこう-しんよう【銀行信用】** 銀行が取引先に与える信用。銀行の貸し出しがこれにあたる。商業信用とならぶ信用の基本形態。bank credit

**きんこうたい-しょう【菌交代症】** 生体内に常在する微生物相が変化し、特定の菌の増殖で起こる病気。原病に対する化学療法などが原因で起こる。髄膜炎・肺炎など。交代菌症。

**きん-こうちょく【筋硬直】** 筋肉のつっぱり。脳出血・脳梗塞・脳外傷などでよくみられる痙性麻痺とパーキンソン病などでみられる筋強剛とに分け、ふつう後者をさす。muscle rigidity

**ぎんこう-てがた【銀行手形】** ①銀行が他の銀行に振り出した手形。banker's bill ②銀行が決済の責任を負う、信用度の高い手形。bank bill

**きんこう-のうぎょう【近郊農業】** 都市近郊で行われる農業。野菜・草花・鶏卵・牛乳などを小規模集約的に生産する。agriculture in the suburbs of cities

**ぎんこう-ほう【銀行法】** 普通銀行の設立・業務・経営などについて定めた法律。昭和二年(一九二七)公布されたが、同五六年(一九八一)新たな銀行法が制定された。

**きんこう-よさん【均衡予算】** 公債や借入金に依存せず、租税収入などの経常的歳入で歳出のすべてをまかなう政府予算のたて方。財政硬直化を避ける財政原則。balanced budget

**きんこう-りろん【均衡理論】** 経済の諸変量である価格・雇用量・生産量などが一定の安定状態にあるとき、つまり均衡が成立しているときの経済関係を連立方程式の体系で解明しようとする経済理論。一般均衡理論と部分均衡理論に分かれる。equilibrium theory

**ぎんこう-わりびき【銀行割引】** 融資方法

の一つ。銀行が手形の決済を肩がわりし、手形の支払期日までの利息を割引手数料として受け取る。bank discount
**きんこう-わん【▼錦江湾】** 鹿児島湾の別称。
**きんこきかん【今古奇観】** 中国の通俗短編小説集。明末の抱甕老人の編。『三言』『二拍』の口語小説から明代の秀作四〇編を選んだもの。清代に流行し、日本の江戸文学にも影響を与えた。
**きん-こく【謹告】**(名・サ変他)《広告のあいさつ文などに多く使う》つつしんでお知らせすること。
**きん-ごく【近国】** =きんこく。対義 遠国。①近くの国。neighboring country ②京都に近い国々。
**きん-ごく【禁獄】** ろうやにおしこめること。
**きん-こつ【筋骨】** ①筋肉と骨。muscles and bones ②からだの骨組み。体格。structure 用例 — たくましい。
**きんこつ-がた【筋骨型】** クレッチマー提唱の体型による性格類型の一つ。骨格・筋肉が発達した体型。ねばり強い性格とされる。muscular type
**きん-こぶ【菌▼瘤】** 真菌類または細菌類が高等植物に寄生し、その影響で組織がこぶ状に異常発達したもの。菌癭。fungus-gall
**きんこ-りゅう【琴古流】** 尺八の流派名。黒沢琴古(一七一〇〜七一)を流祖とし、都山流と並ぶ二大流派の一つ。
**きん-こん【菌根】** 植物の根に菌類が共生しているもの。菌糸が根の組織に侵入するか否かにより、外菌根と内菌根に分けられる。mycorrhiza
**きん-こん【緊▼褌】**《ふんどしを、かたくしめることから》心をひきしめて奮発すること。**緊褌一番** さあ、がんばるぞと、意気ごむさま。gird oneself up
**きんこん-しき【金婚式】** 結婚記念式の一つ。結婚五〇周年に行う祝い事。golden wedding anniversary
**ぎんこん-しき【銀婚式】** 結婚記念式の一つ。結婚二五周年に行う祝い事。silver wedding anniversary
**きん-さ【▼僅差】** わずかな差。narrow margin
**きん-ざ【金座】** 江戸幕府直轄の金貨鋳造・発行の機関。初期には、江戸・駿府・京都・佐渡に設置。中期以降は江戸金座が中心となり他は廃止。御金改役は後藤家が世襲。
**ぎん-ざ【銀座】** ①江戸幕府直轄の銀貨鋳造・発行の機関。慶長年間に伏見・駿府に設置。のち、京都・江戸に移された。他に大坂・長崎にも設置。後期には江戸以外を廃止。明治二年(一八六九)、金座とともに廃止。②東京都中央区の南西部を占める地区。東京の代表的繁華街。③地方都市などの繁華街の代名詞。用例 鶴岡 — 。
**きん-さい【▼芹菜】** ↓せりな(芹菜)
**きん-ざい【近在】** 都市に近い田舎。近郷。neighboring village
**きんさい-ぼう【筋細胞】** 筋肉組織を構成する細胞の総称。筋肉細胞や筋原線維などがある。muscle cell
**きん-さく【近作】** 最近の作品。とくに、芸術・文学などにいう。recent work
**きん-さく【金策】**(名・サ変自) 金銭を借りたり、もらったりして、ととのえること。お金の工面。means of raising money 用例 — に走り回る。
**きんさく【金策】** 北朝鮮(朝鮮民主主義人民共和国)咸鏡北道、日本海に臨む工業都市。紡績・食品の軽工業、製鉄業がさかん。旧称城津。キムチェク。
**ぎん-ざけ【銀▼鮭】** ↓ぎんます(銀鱒)
**きん-さつ【金札】** ①金製・金色のふだ。②江戸時代、諸藩で発行した金貨代用の紙幣。
**きん-さつ【禁札】** してはならないと、差し止めることを書いた立てふだ。制札。prohibition notice board
**ぎん-ざめ【銀▼鮫】** 深海にすむギンザメ科の軟骨魚。サメの仲間ではない。全長約一m。体は銀白色。頭部は大きく、体後方はしだいに細まり、尾びれはむち状に伸びる。卵生。練り製品の原料。北海道から東シナ海に分布。
**きん-ざん【金山】** おもに金を含む鉱石を産出する鉱山。金坑。gold mine
**ぎん-さん【銀傘】** アルミニウムなどで造った広い屋根。銀屋根。用例 甲子園の — 。
**ぎん-ざん【銀山】** ①おもに銀を含む鉱石を産出する鉱山。silver mine ②ねずみ取り薬の「石見銀山」のこと。
**ぎんざん-おんせん【銀山温泉】** 山形県中部、尾花沢市にある温泉。江戸時代に栄えた銀山の廃坑から掘りあてたといわれる。国民保養温泉に指定。
**きんざん-じ【▽径山寺】** 中国浙江省臨安県の天目山にある寺。中国五山の一つ。唐代に道欽が開いた臨済宗の大道場。径(金)山寺味噌の発祥地とされる。
**きんざんじ-みそ【金山寺味▼噌・▽径山寺味▼噌】** 中国の径山寺を起源とするみそ。麦こうじ・大豆に野菜・調味料などを加えて熟成させる。なめみその一種。
**ぎんざん-だいら【銀山平】** 福島・新潟県境の只見川上流の山間盆地。近世に銀山が開発され、栄えた。奥只見湖(=銀山湖)を控え観光地化。
**ぎんざん-ましこ【銀山▽猿子】** アトリ科の鳥。羽色はイスカに似て、雄が朱紅色、雌が黄色。全長約二〇cm。東西両半球に分布するが、日本では北海道の森林中にすむ。
**きん-し【近視】**《「近視眼」の略》遠方が見えにくい視力障害。平行光線が網膜の前方で像を結ぶ状態。軸性近視・屈折性近視がある。近眼。short-sightedness; myopia 対義 遠視。
**きん-し【金糸】** ①金色の糸。②金の飾り糸。金箔を貼りつけた紙を細く切ったもの、絹糸などの芯に金箔を巻いたものなど。織物・刺繡などに用いる。gilt thread
**きん-し【菌糸】** キノコやカビなどの菌類の体をつくる糸状の構造。細胞が一列に連なり、他から養分を吸収する。hypha
**きん-し【禁止】**(名・サ変他) とめてやらせないこと。禁制。prohibition 用例 駐車 — 。ここに立ち入ることを — する。
**きんじ【▼汝】** 古語(代)《「きむち(君貴)」の転》きみ。おまえ。なんじ。用例 若きもののどもは、え見知らじ。— 求めよ(大鏡・道長下)。
**きん-じ【近似】**(名・サ変自) 似かようこと。approximation 用例 — 値。
**きん-じ【近事】** 近ごろのできごと。recent events 対義 往事。
**きん-じ【近侍】**(名・サ変自) そば近く仕えること・人。近習。比較 近臣。
**きん-じ【近時】** 近ごろ。最近。recently 対義 往時。
**きん-じ【金字】** 金色の文字。また、金泥で書いた文字。こんじ。比較 金文。
**きん-じ【金地】** 金色の地。素地の全体に金泥や金箔を置いたもの。
**きん-じ【▼矜持・▼矜▼恃】**「きょうじ」の慣用読み。
**ぎん-し【銀糸】** ①銀色の糸。silver thread ②銀の飾り糸。銀箔を貼りつけた紙を細く切ったもの、絹糸などの芯に銀箔を巻いたものなど。silver foil thread
**ぎん-じ【銀地】** 銀色の地。素地の全体に銀泥や銀箔を置いたもの。
**きん-しが【金▽芝河】**(一九四一〜) 韓国の詩人。一九七〇年譚詩『五賊』で反共法により投獄。以後も数度捕らわれた。長詩『桜賊歌』、詩集『黄土』など。キム=ジハ。
**きんじがね-ほんいせいど【金地金本位制度】** 金本位制度の一つ。金貨は流通しないが、金地金の兌換や輸出入が認められる貨幣制度。金塊本位制度。金地金本位制。gold bullion standard
**きんしかん-ざい【筋▼弛緩剤】** 筋肉の麻痺をもたらす薬物。神経と筋肉との接合部にはたらき、アセチルコリンの作用を阻害。全身麻酔のときの筋弛緩などに使用。muscle relaxant
**きんしがん-てき【近視眼的】**(形動) 先の見通しがないさま。目先にとらわれているさま。short-sighted 用例 — な対策。
**きん-じき【禁色】** ①古代、朝廷の許しを得なくては使えなかった衣服の染め色。くちなし色・深緑など自分より位階の上位の色、天皇・皇族の袍の色など。対義 許し色。②①と同様に、特定の文様のある織物の着用を禁じられたこと。
**きんし-ぎょくよう【金枝玉葉】**《「金玉の枝葉(=子孫)」の意》天子の一族。皇族。
**きんし-くんしょう【金▼鵄勲章】** 武功抜群の軍人・軍属に授与された勲章。功一級から功七級まで。終身年金(のち一時金)つき。明治二三年(一八九〇)創設、第二次大戦後廃止。
**きんじ-けいさん【近似計算】** 近似値を求める計算。approximation
**きんし-こう【金糸▼猴】** 中国産の美しいサル。体長約六五cm。中国西部から東チベットに分布。チベットコバナテングザル。
**きん-じさ【均時差】** 視太陽の時角から平均太陽の時角をひいたもの。赤道上を一様な速さで動く仮想の太陽をもとに計算される。equation of time
**きん-じさん【禁治産】** ↓きんちさん(禁治産)
**きんじ-しき【近似式】** 一つの関数に対して、関数値が近似的に等しいような関数。近似値の計算・モデル計算などに用いられる。approximate expression
**きん-しじょう【金市場】** 金の取引市場。現物取引をおもに先物取引も行われる。ロンドン金市場が有名。日本では昭和五七年(一九八二)東京金取引所を開設。gold market
**きんジストロフィー-しょう【筋ジストロフィー症】** ↓しんこうせいきんジストロフィーしょう(進行性筋ジストロフィー症)
**きんし-たまご【金糸卵・▼錦糸卵】** 薄く焼いた卵焼きを、細く切ったもの。ちらしずし・あえ物などの飾りに使う。
**きんじ-ち【近似値】** 真の値に近い値。円周率として用いられる3.14や22/7など。approximate value
**きんし-ちょう【禁止鳥】** 捕獲を禁止されている鳥。禁鳥。参照 保護鳥。
**きん-しつ【均質】**(名・形動) ①性質の等しいこと・さま。等質。homogeneity ②一つの物体のあらゆる部分が物理的また化学的に同一の性質をもつこと・さま。homogeneity
**きん-しつ【琴▼瑟】** 琴と大琴。**琴瑟相和す**《琴と大琴との合奏の音がよく合うことから》夫婦仲のよいことのたとえ。
**きん-じつ【近日】** 近いうち。そのうち。soon
**きんじつ-てん【近日点】** 太陽のまわりを公転する惑星・彗星が、その楕円軌道上で太陽にもっとも近づく位置。perihelion 比較 近地点。対義 遠日点。↓図

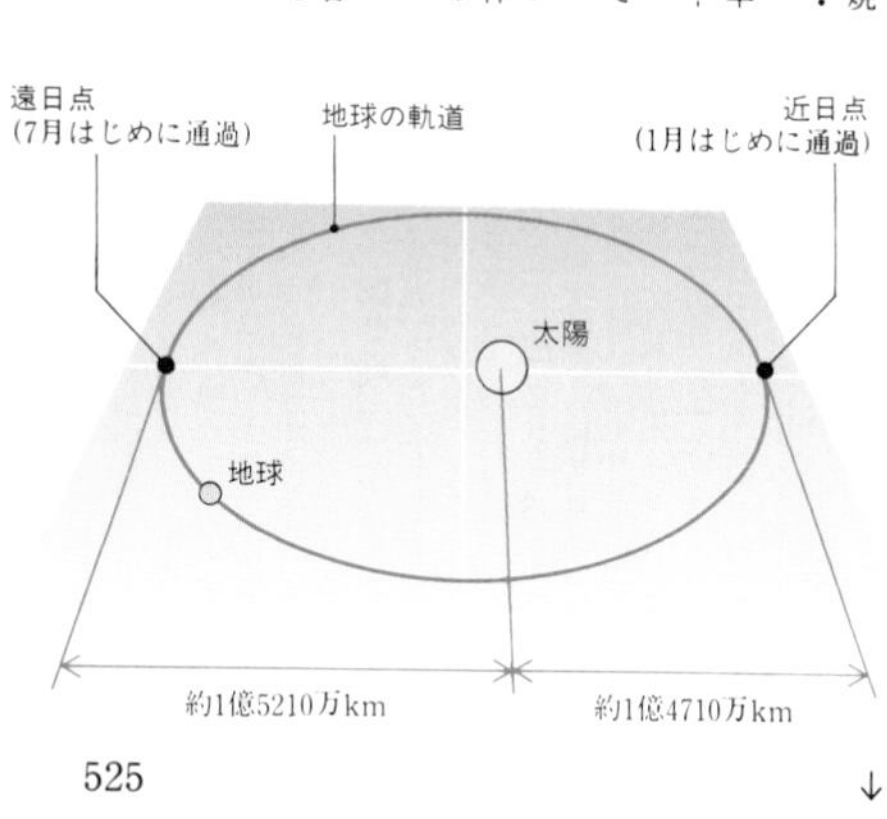


● 近日点　地球の遠日点と近日点

**きんしつ-ろ【均質炉】** 核燃料と減速材が均質な混合状態にある原子炉。homogeneous reactor
**きんじ-て【禁じ手】** 相撲や囲碁・将棋などで、使うことを禁じられている技や着手。使うと反則負けとなる。
**きんじ-とう【金字塔】** ①《「金」の字の形に似ていることから》ピラミッドの異称。②いつまでも値打ちのある、大きな業績のたとえ。monumental landmark
**きんし-ばい【金糸梅】** オトギリソウ科の半落葉小低木。よく分枝して垂れ下がる。葉は長楕円形で、油点が見える。七月、黄色五弁花を開く。中国原産。
**きんしへん【金枝▼篇】**《原題 The Golden Bough》文化人類学の書。イギリスの人類学者フレーザー著。一八九〇年刊。未開・古代社会の呪術・宗教現象に関する知見をまとめた古典的名著とされる。
**きんし-ほう【禁止法】** ①一定の行為をしてはならないとする法律。禁止規定。negative statute ②国際私法上、外国法の適用を排除する法律。
**きん-しゃ【金砂・金▼沙】** ①金粉。powdered gold ②金砂子。③金色のすな。golden sand
**きん-しゃ【▼禽舎】** 鳥類を飼う小屋。aviary
**きん-しゃ【金▼紗・▼錦▼紗】** ①金襴の一種。金糸を織り込んだり、金糸で模様を織り出した薄くて軽い織物。京都西陣の産。②《「金紗縮緬」の略》縮緬の一種。表面のしぼ

が細かく光沢があり、柔らかい。友禅染めにも用いられる。③《「金紗御召し」の略》御召し縮緬の一種。御召しより薄地で軽量。

ぎん-しゃ【吟社】 詩歌をつくる人々の団体。

キンシャサ【Kinshasa】 アフリカ中央部、ザイール共和国の首都。ザイール川左岸にある。中部アフリカ最大の政治・商工業・教育の中心都市。人口二二四・二万(一九七九)。旧称レオポルドビル。

ぎん-しゃり【銀舎利】《俗語》白米だけでたいためし。

きん-しゅ【金主】 ①江戸時代、歌舞伎の興行などに資金を出した人。②お金の所有者。financial supporter

きん-しゅ【筋▾腫】 筋肉組織から発生する腫瘍。多くは良性。子宮にもっとも多くみられ、消化管にも発生する平滑筋腫と、きわめてまれにしか発生しないが悪性の横紋筋腫がある。myoma

きん-しゅ【禁酒】(名・サ変自) ①酒を飲むことを禁止すること。temperance ②酒をやめること。abstain from alcohol

きん-じゅ【近▿習】 主君のそば近く仕える者。近侍。きんじゅう。比較 近臣。

ぎん-しゅ【銀朱】 水銀などを熱して作る赤色の顔料。

きん-しゅう【▾錦▾繡】《「にしき」と、ししゅうした織物》①美しい織物・衣服。②美しい詩文の字句や、みごとなもみじ・花などのたとえ。

きんしゅう【▾錦州】 中国、遼寧省中部の都市。交通の要地。良質の石炭を産し、石油化学を中心とした工業がさかん。人口七四・九万(一九八四)。チンチョウ。

きん-じゅう【▾禽獣】 ①鳥とけもの。birds and beasts ②道理・恩義をわきまえない人のたとえに使う語。brute

きん-しゅうしゅく【筋収縮】 筋肉が刺激に反応して収縮すること。ATPによりアクチンがミオシンの間に滑り込むことによって収縮がおこる。muscular contraction

きん-しゅく【緊縮】(名・サ変他) ①ひきしめること。contraction ②支出を切りつめること。economize 用例 ― 財政。

きんしゅ-ほう【禁酒法】 アルコール飲料の製造・販売・運搬・輸出入を禁じたアメリカの法律。一九一九年の憲法修正に基づいて制定され、一九三三年廃止。Prohibition Law

きん-じゅんび【金準備】 ↓きんかじゅんび(金貨準備)

きん-しょ【禁書】 時の為政者・教会が、本の刊行・販売・所蔵を禁じること。また、その本。

きん-しょ【謹書】(名・サ変他) つつしんで書くこと。その書画。

きん-じょ【近所】 近いところ。近く。neighborhood 用例 隣 ―。

近所に事勿れ 近所に変事があれば自分もその影響を受けるから、何事も起こらないようにと祈るばかりである。

きん-しょう【近称】 代名詞で、話し手の側にあるものをさす語。「これ・ここ・こちら・こなた」など、いわゆる「こそあど」の「こ」の付く系列。比較 中称・遠称・不定称。

きん-しょう【金将】 将棋の駒の一つ。前後左右、斜め前方に一枡進めるが、斜め後方には動けない。敵陣に入っても成ることはできない。金。

きん-しょう【▾僅少】(形動) わずか。すこし。a few; a little 用例 ― 差。

きん-じょう【今上】《当今の意》現在の天皇。今上天皇。こんじょう。

きん-じょう【近状・近情】 近ごろのようす・ありさま。近況。recent conditions

きん-じょう【金城】 ①守りのかたい城。②名古屋城の別名。

きん-じょう【禁城】 ↓こうきょ(皇居)

きん-じょう【▾錦上】 にしきの上。

錦上、花を添える 美しい上にさらに美しいものを加える。いっそうよくなることのたとえ。

きん-じょう【謹上】《手紙のわきづけに使う語》つつしんでさしあげること。

ぎん-しょう【吟唱・吟・▾誦】(名・サ変他) 詩歌などを声高くうたうこと。吟詠。recitation

ぎん-しょう【銀将】 将棋の駒の一つ。進路は前方と斜め四方の一枡。敵陣に入って成ると金将と同じ動きができる。銀。

ぎん-じょう【吟醸】(名・サ変他) えりすぐった原料で、丁寧に醸造すること。

きんじょうさい-てんざん【金上斎典山・▾錦城斎典山】 講談師。現在三代まで。初代は「金上斎」、二、三代は「錦城斎」。三代(一八六三〜一九三五)は、本名、青山岳次郎。初め一竜斎貞山の門下で、五代貞山を襲名したが、のち三代目典山となって、大正期に名人と称された。

きんじょう-てっぺき【金城鉄壁】 ①非常に堅固な城。impregnable castle walls ②物事の非常に堅固なたとえ。firmness

きんじょう-とうち【金城湯池】《金城と熱湯をたたえた堀、の意から》①守りのかたい城。impregnable fortress ②強固な地盤。solidly supported 用例 保守党の ― 。

きんじょ-がっぺき【近所合壁】 壁一つでとなり合っているうち。近所の家々。

ぎん-しょく【銀▾燭】 ①銀で作ったろうそく立て。silver candlestick ②美しいともしび。

きんしょく-じ【▾錦織寺】 滋賀県野洲郡中主町にある浄土真宗木辺派の本山。円仁の創建で天安堂と称した。室町時代の初期、横曾根門徒系の慈空が再興し、改宗・改称。明治一〇年(一八七七)木辺派を公称、本山となる。にしごりでら。

きんじょ-めいわく【近所迷惑】(名・形動) 近所にとって困ること・さま。用例 ラジオ・テレビの大きい音声は ― だ。

きん-しりょう【金史良】(一九一四〜一九五〇) 朝鮮の小説家。平壌生まれ。東大卒。日本語で小説を発表した。作品『土城廊』『天馬』など。

きん・じる【禁じる】(上一他) ↓きんずる(禁ずる)

ぎん・じる【吟じる】(上一他) ↓ぎんずる(吟ずる)

きんしろく【近思録】 中国、宋学の入門書。宋の朱子と呂祖謙の共編。周敦頤・程顥・程頤・張載らの章句六二二条を選び一四巻に編集。

きん-しん【近臣】 主君のそばに仕える家来。比較 近習・近侍。用例 ―、国をあやまる。

きん-しん【近親】 血統の近い親類。血族。near relative

きん-しん【謹慎】(名・サ変自) ①悪い行いをつぐなうため、言行をつつしみかしこまること。②江戸時代、武士に対する刑罰の一つ。一定期間、門戸を閉鎖し、外部との接触を禁じた。③一定期間、登校・登庁などを禁止すること。

きんしん-けっこん【近親結婚】 近親婚。

きんしん-こうはい【近親交配】 血縁関係の近い動植物どうしの交配。これを続けると、遺伝子のホモ化が進み、優秀なホモ個体と劣悪なホモ個体が得られ、最終的には遺伝的形質が固定される。inbreeding

きんしん-こん【近親婚】 血縁の近い者どうしの結婚。民法では、直系血族、三親等内の傍系血族、直系姻族との婚姻を禁止している。近親結婚。consanguineous marriage

きんしん-そうかん【近親相▾姦】 血縁の近い、親族関係にある男女の性的結合。近親相姦とされる範囲は社会によって異なり、広くは氏族の単位にまで及ぶ。incest

きん-す【金子】 お金。金銭。

きん-ず【金豆】 マメキンカンの別名。

ぎん-す【銀子】 ①昔、銀を平たい長円形にして紙に包んで贈答などに用いたもの。白銀。②金銭。金子。

きん-すなご【金砂子】 金箔を粉にしたもの。絵画・蒔絵用。

ぎん-すなご【銀砂子】 銀箔を粉にしたもの。絵画・蒔絵用。

ギンズバーグ【Allen Ginsberg】(一九二六〜) アメリカの詩人。一九五〇年代後半の、ビートジェネレーションの文学運動の代表。詩集『吠える』『カディシュ』『アメリカの没落』など。

きん・ずる【禁ずる】(サ変他) してはいけないと、命令する。することを許さない。禁じる。prohibit

ぎん・ずる【吟ずる】(サ変他) 詩歌や俳句をつくったり声に出してうたう。吟じる。recite

きん-せい【均整・均斉】 形態・精神などの、つりあいがよくとれていること。シンメトリー。symmetry 比較 均衡。用例 ― のとれたからだ。

きん-せい【近世】 ①現在に近い過去の世の中。②歴史の時代区分の呼称。西洋史では近代と同義。日本史では中世と近代の中間に位置する時代。一般には織豊政権期から江戸時代末までをさす。

きん-せい【金星】 太陽系の第二惑星。水星と地球の間にあり、地球より少し小さい。太陽からの平均距離〇・七二三天文単位、自転周期二四三日。公転周期二二四・七日。衛星はもっていない。大気は二酸化炭素が多く、厚い雲におおわれている。夕方の空では宵の明星、明け方の空では明けの明星とよばれる。太白。Venus ↓写 ↓太陽系図

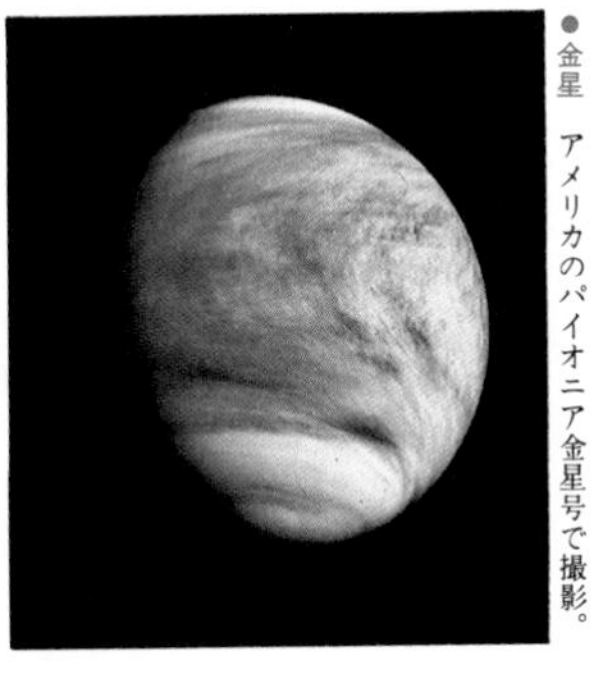

● 金星 アメリカのパイオニア金星号で撮影。

きん-せい【金製】 金で作ること。作ったもの。made of gold

きん-せい【禁制】(名・サ変他) ある行為をさしとめること。その法規。法度。prohibition

きん-せい【謹製】(名・サ変他) つつしんで作ること。その製品。用例 当店 ― の菓子。

ぎん-せい【銀製】 銀で作ること。作ったもの。made of silver

きんせいきじんでん【近世▾畸人伝】 江戸後期の伝記。五巻。伴蒿蹊著。寛政二年(一七九〇)刊。江戸時代の一芸一業にすぐれた特色ある人物約二〇〇人の伝記。三熊花顚著の続編五巻も刊行。

きんせい-せき【▾菫青石】 マグネシウムとアルミニウムおよび鉄の珪酸塩鉱物。斜方晶系。粒状や柱状または三連双晶を示す擬六方結晶。無色、ときに青色。飾り石や耐火材として利用する。cordierite

きん-せいたん【金聖嘆】(一六一〇?〜一六六一) 中国、明末清初の文芸批評家。呉県の人。通俗文学を推賞し、『水滸伝』『西廂記』などを傑作として評価した。

きんせい-ちょう【▾錦静鳥】 オーストラリア原産の小鳥。日本に飼い鳥としてきているものは四種類。全長一二cm内外。尾の長いものや、嘴の色が朱・黄・黒のものがあるが、いずれも背面は暗褐色。派手さはないが、その名の通り動作が静か。原産地では草原にすみ、草の実が主食。

きんせい-ひん【禁制品】 ①法令で輸出入をとめられた品物。prohibited goods ②法令で所有・取り引きが禁じられている品物。禁制物。contraband

キンゼー【Alfred Charles Kinsey】(一八九四〜一九五六) アメリカの動物学者・性科学者。個別調査で男女の性行動を研究し、『キンゼー報告』をまとめた。

ぎん-せかい【銀世界】 ①《雪景色の美称》降りつもった雪で、あたり一面が白一色になっている光景。用例 戸外はすっかり ― だ。②周囲すべてが、美しく、銀白色にかがやいていること。

きん-せき【金石】 ①金属と岩石。鉱物。minerals and rocks ②石碑・鼎・鐘などの称。③金属器と石器。metal and stone utensils ④非常にかたいこと。solid 用例 ― の交わり。

きんせき-がく【金石学】 金石文を研究する学問。金文は金属(おもに青銅器)に、石文は碑などの石材に刻んだ文字。宋以後に起こり、清代にもっとも発達。epigraphy

きんせき-ぶん【金石文】 金属や石などに刻まれた文字や銘文。古代の歴史・美術の研究上重要な資料。epigraph

きんせきへいよう-じだい【金石併用時代】 新石器時代から青銅器時代への過渡的段階。おもに日常の利器は石器、武具や装身具などには銅器を使用した時期。

きん-せつ【近接】(名・サ変自) ①近づくこと。接近。approach ②近くにあること。nearby 用例 ― の村。

きん-せつ【筋節】 ①脊椎動物の発生の過程で神経胚後期に体節から分化する骨格筋の原基。muscle plate ②横紋筋の筋線維にある筋原線維の構造。筋収縮の単位をなす。sarcomere

きん-せつ【緊切】(形動) ①ぴったりとくっつくさま。②きわめて切実なさま。

ぎん-せつ【銀雪】 銀色に輝く雪。用例 ― の峰。

きんせつ-さよう【近接作用】 物体間にはたらく力が、物体間の媒質の物理的性質の変化を通じて伝わること。action through medium

きんせつ-しんかん【近接信管】 弾薬爆破

▾ 常用漢字表外。 ▿ 常用漢字表の音訓外。

装置。弾丸からの電波の反射波を利用し、目標の至近距離で起爆させる。proximity fuze

**きんせつ-れんせい【近接連星】** 互いの星がその星の直径、または半径以下の距離に接近している連星。close binary star

**きん-せん【金扇】** 地紙に金箔をおいたおうぎ。

**きん-せん【金銭】** ①金貨。gold coin ②お金。貨幣。money

**きん-せん【琴線】** ①琴の糸。②感動して共鳴する感情。heartstrings 用例 ―にふれる。

**きん-せん【謹選】**（名・サ変他）つつしんでえらぶこと。

**きん-せん【謹撰】**（名・サ変他）つつしんでえらび、序などを書き加えて、詩文集などをまとめること。

**きん-ぜん【欣然】**（形動トタル）喜ぶさま。joyfully

**ぎん-せん【銀扇】** 地紙に銀箔をおいたおうぎ。

**ぎんせん【銀川】** 中国、寧夏回族自治区の首都。黄河左岸にあり、米の生産、機械・織物工業がさかん。人口三八・三万（一九八四）。旧称寧夏。インチョワン。

**ぎん-ぜん【銀髯】** まっ白なほおひげ。

**きん-せんい【筋線維】** ↓きんげんせんい（筋原線維）

**きんせん-か【金盞花】** キク科の一年草。高さ三〇～五〇cm。春に径七～八cmの黄色か橙黄色の八重咲きの花を多数つける。花壇・切り花用に栽培。地中海沿岸原産。pot marigold ↓写

●キンセンカ

**きんせん-さいけん【金銭債権】** 金銭の支払いを請求できる債権。pecuniary claim

**きんせん-しんたく【金銭信託】** 信託銀行が顧客から金銭を信託財産として預かり、これを運用して一定期間後元本と収益を受益者にわたす信託。money trust

**きんせん-ずく【金銭尽く】** 金銭の多少だけを行為の条件とすること。お金しだい。勘定ずく。venal

**きんせん-とうろくき【金銭登録器】** 金銭の出し入れを自動的に計算・記録し、売り上げや商品の管理に役立てる器械。レジスター。cash register

**きんそう-い【金創医・金瘡医】** 刀剣や槍などの金属製武器による傷（金創）を治療する外科医。南北朝から室町期の戦乱時代に生まれた。のちに、その技術が産科に応用され、さらに小児科が派生した。

**きんそう-がく【金相学】** 金属や合金の組成・特性などを研究する学問。金属組織学。

**きん-そく【禁足】**（名・サ変他）外出を差し止めること・罰。confinement 用例 ―をくう。―令。

**きん-そく【禁則】** してはならないこと・規則。prohibition

**きん-ぞく【金属】** 金属光沢があり、常温で固体（水銀を除く）の物質の総称。金属結合をなし、塑性加工が比較的容易で強靱性をもつ。電気や熱の伝導性が大きい。単体と合金がある。かね。かなもの。metal

**きん-ぞく【勤続】**（名・サ変自） 長くひきつづいてつとめること。continuous service 用例 ―年数。

**きんぞく-おんどけい【金属温度計】** インバーと青銅など熱膨張率の異なる二種類の金属の薄板を螺旋状にはり合わせ、温度変化に対応した湾曲の度合いで測定する。バイメタル温度計。bimetal thermometer

**きんぞく-かいしゅう【金属回収】** 太平洋戦争下、国家総動員法に基づき兵器などの原料として金属類を国に供出させたこと。遊園施設・梵鐘・鍋・釜から、その他日用品に至るまで回収。

**きんぞく-かへい【金属貨幣】** 金や銀などの金属で鋳造した貨幣。metallic money 参照 貨幣。

**きんぞく-きあつけい【金属気圧計】** 金属隔膜の一方に気圧を作用させ、生じたたわみの大小で気圧を測るもの。アネロイド気圧計など。metallic barometer

**きんぞくき-じだい【金属器時代】** 新石器時代のあとにくる人類の文化段階。両者の中間に金石併用時代をおく場合もある。青銅器時代と鉄器時代の総称。

**きんぞく-きゅう【勤続給】** 勤続年数に応じて支給される手当。long-service allowance

**きんぞく-けつごう【金属結合】** 電子を放出して陽イオンとなった金属原子が、規則正しく並んでいる結合。原子価電子は自由電子となり、陽イオンとなった金属原子との間に、静電引力を生じて結合を維持する。metallic bond

**きんぞく-げんそ【金属元素】** 単体として金属を形成する元素。metallic element

**きんぞく-こうぎょう【金属工業】** 鉱石から金属を製錬・加工する産業。鉄鋼業・非鉄金属製造業・金属製品製造業に大別される。metal working industry

**きんぞく-こうげい【金属工芸】** 金属を加工した工芸品、または工芸品を作るための金属加工技術。metalwork

**きんぞく-こうたく【金属光沢】** 金属類の滑らかな表面が光を受けて、金属特有な輝きを示すこと。metallic luster

**きんぞく-しんとうほう【金属浸透法】** 金属の表面処理法の一つ。おもに、鉄鋼製品の表面に、アルミニウム・亜鉛・クロムなどを、高温で拡散・浸透させ合金被膜を形成させる方法。metallic cementation

**きんぞく-せい【金属性】** ①金属のもつ性質。固体状態で展性や延性および金属光沢をもち、電気や熱の良導体で、容易に機械工作できるような性質。metallic quality ②金属に似た性質。metal-like quality

**きんぞく-せっけん【金属石鹸】** アルカリ金属以外の金属の脂肪酸塩の総称。水に難溶または不溶。金属にはマンガン・鉛・コバルト・アルミニウム・カルシウムなどが使われる。塗料乾燥剤・ゲル化剤・グリースなど。metallic soap

**きんぞく-バット【金属バット】** 野球で、アルミ合金などを素材として作られた金属製のバット。プロでは使用せず、アマチュアでは各連盟の承認のもとに使用が許されている。公式戦では安全基準認可品のみが使用できる。metal bat

**きんぞくひまく-ていこうき【金属皮膜抵抗器】** 金属や合金の薄膜をガラスや磁器などの絶縁性の支持体の上に付着させた抵抗器。炭素抵抗器より耐熱性・負荷耐力・雑音処理などですぐれる。metal film resistor

**きんぞく-ひょうめんしょり【金属表面処理】** 金属材料の表面に装飾性・耐食性・硬度などの向上のために行う処理の総称。金属浸透法・金属溶射法・めっきなど金属による被覆、ほうろう・プラスチックなどの張り付けなど。metal finishing; surface treatment

**きんぞく-ひろう【金属疲労】** 金属材料に繰り返し応力を加えると、延性がしだいに減少すること。最後は破壊に至る。metal fatigue

**きんぞく-ようしゃほう【金属溶射法】** 金属の表面処理法の一つ。錆止めや美化などの目的で、金属製品またはガラス・プラスチックの表面に、溶かした金属を霧状にして吹き付ける。メタリコン。metal spraying

**きんぞく-ろうきょう【金属労協】**《「全日本金属産業労働組合協議会」の略》↓アイエムエフジェーシー（IMF-JC）

**きん-だ【勤惰】** よくつとめることと、なまけること。勤勉と怠惰。勤怠。

**きん-たい【今体】** 今の体裁。はやりのスタイル。対義 古体。

**きん-たい【近体】** ①近ごろ行われている体裁。②「近体詩」の略。

**きん-たい【勤怠】** 勤惰。

**きん-たい【襟帯】** ①えりとおび。②《山を「えり」、川を「おび」にたとえて》山や川が自然の要害をつくっていること。用例 山河―の地。

**きん-だい【近代】** ①歴史の時代区分の一つ。一般に資本主義の形成、および、個人の自由・独立・平等が確立された市民社会以後の時代をいう。日本では明治維新以降とするのが通説。②近い時代。modern ages

**きんだいえいが-きょうかい【(株)近代映画協会】** 昭和二五年（一九五〇）新藤兼人らが設立した映画製作プロダクション。

**きんだい-おんがく【近代音楽】** 広義の現代音楽のうち、一八九〇年代から第一次大戦までの音楽。印象主義のドビュッシーや、シェーンベルク・ストラビンスキーなどの音楽が代表的。

**きんだい-か【近代化】**（名・サ変自他） 社会全体が人間性や合理性を重んずる状態に移行すること。資本主義化・産業化・民主化・情報化などの諸側面を指標とする。modernization

**きんたいがい-どくそ【菌体外毒素】** 細菌が増殖するさいに代謝によって菌体外に分泌する物質のうち、生体になんらかの害を与えるもの。産生菌としてジフテリア菌・破傷風菌などがある。外毒素。exotoxin

**きんたい-きょう【錦帯橋】** 山口県岩国市、錦川にかかる橋。世界最大の木造アーチ橋で、橋面での全長二一〇m。日本三奇橋の一つ。きんたいばし。

**きんだい-けいざいがく【近代経済学】** 一八七〇年代のメンガーやワルラスらによる限界革命以降、欧米諸国で発展してきた理論経済学の総称。オーストリア学派・ケンブリッジ学派・北欧学派・ローザンヌ学派など。modern economics

**きんだい-げき【近代劇】** 個人主義に立脚し、既成社会の批判、自我の解放を追求した演劇。一九世紀後半にヨーロッパで確立し、世界的な動きとなる。演劇史上、近代劇が完成するのは、ゾラの自然主義を経たイプセン以後。近代劇実践の場としてパリの「自由劇場」、ベルリンの「自由舞台」、日本では小山内薫の「自由劇場」などがあった。modern drama

**きんだい-けんちく【近代建築】** 一九世紀以降の建築の総称。新しい技術・材料を活用して、機能的・経済的に、しかも創造的主張をもってつくられる建築物。modern architecture

**きんだい-ごしゅきょうぎ【近代五種競技】** 混成競技の一つ。一人で馬術・フェンシング・射撃・水泳・陸上の五種目を一日一種目ずつ行い、総合得点を競う。modern pentathlon

**きんだい-こっか【近代国家】** 市民革命などによる中世封建国家の解体によって成立した国家。人権保障・国民主権・議会主義・法治主義などを原理とする。modern state

**きんだい-さんぎょう【近代産業】** 機械・鉄鋼・化学工業など、資本主義の発展とともに急速に発達した産業。modern industry

**きんたい-し【近体詩】** 中国の唐代に確立した詩の形式。律詩と絶句がある。今体詩。対義 古詩。

**きんだい-し【近代詩】** 明治維新以後、自我の確立や人間性の肯定と解放をめざし、従来の形式を脱した新時代の詩。広義には新体詩以後、狭義には文語自由詩以後、または明治末の口語詩以後をさす。

**きんだい-しそう【近代思想】** 個人主義・合理主義・自由主義を基調とするルネサンス以降の諸思潮の総称。私有財産制とブルジョアジーの営業の自由の確立が背景となる。modernism

**きんだい-しゃかい【近代社会】** 市民革命・産業革命以降の社会。経済的には資本主義、政治的には民主主義、文化的には合理主義を特徴とする。市民社会。modern society 対義 前近代社会。

**きんだいしゅうか【近代秀歌】** 藤原定家著の歌論書。承元三年（一二〇九）成立。将軍源実朝の求めに応じた書簡体の書。詞は古きを慕い、心は新しきを求めることを提言、秀歌の例をあげる。

**きんだい-しゅぎ【近代主義】** 個人の自由・独立・平等が確立された近代社会を理想とする思想的立場。modernism

**きんだい-じん【近代人】** 近代社会の特徴である個人主義・合理主義・自由主義を重んじた身につけている人。modern

**きんだい-せい【近代性】** 近代としての性質や特徴。modernity

**きんだい-せいしん【近代精神】** 個人主義・合理主義・自由主義など、前近代の封建社会から近代を区別し特徴づける思想傾向の総称。modernism

**きんだい-たんか【近代短歌】** 広義には明治維新以後、狭義には明治二〇年代の新派和歌運動以後の和歌の総称。

**きんだいち-きょうすけ【金田一京助】**（一八八二～一九七一） 言語学者・国語学者。盛岡市生まれ。東大卒。東大教授。アイヌのユーカラおよびアイヌ語資料を調査・収集し、アイヌ語・アイヌ文学研究の基礎を築いた。昭和二九年（一九五四）文化勲章受章。著書『アイヌ叙事詩ユーカラ集』など。



↓行き先項目、図版・写真参照印。 JIS 日本工業規格情報交換用漢字符号コード（区点コード）。

**きん-だいちゅう**【金大中】↓キム＝デジュン

**きんだい-てき**【近代的】（形動）①近代性のあるさま。modern 対義 封建的。②風俗などの、新しみのあるさま。modern 用例 ― な温泉宿。

**きんたいない-どくそ**【菌体内毒素】元来は、細菌表層の構成成分。菌の破壊・溶解などにより遊離し、生体に有害な物質となる。腸内細菌などに存在し、非病原性菌でも発熱性・動物致死性などをもつ。加温でも変性しがたい。内毒素。endotoxin

**きんだい-ぶんがく**【近代文学】㊀明治維新以後の文学の総称。ヨーロッパでは、ふつうフランス革命以後の文学をいう。㊁文芸雑誌。昭和二一年（一九四六）荒正人・平野謙らにより創刊。転向問題・主体性論・世代論などを取りあげ、戦後文学の道標をなした。昭和三九年（一九六四）廃刊。

**きん-だか**【金高】金銭で表した額。金額。amount of money

**ぎんたかはま-がい**【銀高浜貝】潮間帯の岩礁に多いニシキウズ科の巻き貝。殻高約八・五cm、殻径約八・三cm。殻表は緑褐色の濃淡のあるぶち。食用で、広瀬貝の別名がある。房総半島以南に分布。

**きん-だち**【▽公▽達・▽君▽達】①親王・摂家・清華家など上流貴族の子弟。女子にもいう。②《転じて》殿上人のこと。

**きん-たつじゅ**【金達寿】（一九一九―）在日朝鮮人の小説家。日大卒。作品『玄海灘』『朴達の裁判』など。キム＝ダルス。

**きん-たま**【金玉】《俗語》睾丸。

**金玉が縮み上がる**（きんたまがちぢみあがる）震え上がる。恐怖におそわれる。be thoroughly frightened

**きんたま-ひばち**【金玉火鉢】《俗語》股で小型の火鉢をはさむようにして暖を取ること。また、その火鉢。股火鉢。

**ぎん-だら**【銀▼鱈】タラの名をもつが、アイナメに近いギンダラ科の海水魚。全長約一m。体は細長く、暗緑灰色地に暗褐色の網目状斑紋があり、腹面は白い。肉は食用、肝臓は肝油原料。北海道から北洋に分布。

**きんたろう**【金太郎】①源頼光の四天王の一人、坂田金時（公時）の幼名。また、それにまつわる怪童伝説。足柄山で山姥に育てられて動物とともに暮らし、怪力の持ち主だったという。②子どもの腹掛け。↓写

●金太郎①

**きんたろう-あめ**【金太郎▼飴】駄菓子の一つ。どこを切っても金太郎の顔の模様が出てくる棒あめ。

**きん-だん**【金談】金銭をめぐる相談。金銭の工面についての相談。

**きん-だん**【禁断】（名・サ変他）差し止めること。法度。禁止。prohibition

**禁断の木の実**（きんだんのこのみ）《エデンの園で、神から食べてはならないと止められていた知恵の木の実。アダムとイブがこの禁を破って食べて、楽園から追放されたことから》非常に魅力的・誘惑的であるが、することを強く禁じられている、快楽をともなう行い。forbidden fruit

**きんだん-しょうじょう**【禁断症状】麻薬やアルコールなどを習慣的に摂取して中毒症状にあるときに、急に中断したときに生じる、激しい精神的・肉体的症状。abstinence symptoms

**きんたん-どう**【金丹道】中国の神仙術の一つ。不老不死となるために、黄金と丹砂を練製する道術。葛洪の『抱朴子』はその法を詳述する。

**きん-ち**【▼錦地】相手の居住地をいう敬語。貴地。

**きん-ちさん**【禁治産】心神喪失の常況にあって法律上みずから財産を管理する能力のない者を保護するための措置。本人、その配偶者、四親等以内の親族、後見人、保佐人、検察官の請求により家庭裁判所がこれを宣告し、後見をつける。きんじさん。incompetency 比較 準禁治産。

**きんちさん-しゃ**【禁治産者】無能力者の一つ。裁判所から禁治産の宣告を受けた者。legally incompetent person

**きんち-てん**【近地点】地球のまわりを楕円の軌道をえがきながら公転する月・人工衛星が、その軌道上において地球にもっとも接近する位置。perigee 比較 近日点。対義 遠地点。

**きん-ちゃく**【▼巾着】①口をひもでくくって用いる袋物。革または布製。和装用小銭入れ、薬入れとして実用と装飾を兼ねる。pouch ②いつも上の人のそばにいて、ごきげんをとっている人。こしぎんちゃく。hanger-on ↓写

●巾着①

**きん-ちゃく**【近着】近々届くこと。最近届いたもの。用例 ― の雑誌。

**きんちゃく-あみ**【▼巾着網】長い帯状網で、裾側をしぼれるように金属環をつけ一本の綱が通してある。魚群のまわりに円形に張り、網裾を引きしめてから繰り揚げる。purse seine ↓図

**きんちゃく-きり**【▼巾着切り】他人が身につけている金品を、気づかれずに手早く盗み取ること。また、そのようなことをする人。すり。pickpocket

**きんちゃく-そう**【▼巾着草】カルセオラリアの和名。花冠の形が巾着に似ていることからの名。

**きんちゃく-だい**【▼巾着▼鯛】キンチャクダイ科の海水魚。体長約二〇cm。体は扁平で、黄褐色の地を黒く縁どられた暗青色の縦帯が一〇本、並行して走る。本州中部以南の暖海に分布。

**きん-ちゅう**【禁中】《禁闕（＝皇居の門）の中、の意》皇居。宮中。内裏。

**きんちゅうならびにくげ-しょはっと**【禁中並▽公家諸法度】元和元年（一六一五）発布の江戸幕府による朝廷・公家統制の法令。全一七条。公家諸法度。

**きん-ちょ**【近著】最近の著作。recent work

**きん-ちょう**【金▽打】（名・サ変自）①江戸時代、約束を守る誓いの作法。武士は刀の刃や鍔を打ち合わせ、仏家では鉦や鰐口を鳴らし、女子は鏡と鏡を打ち合わせた。②《転じて》固い約束をかわすこと。

**きん-ちょう**【禁鳥】保護鳥の別称。

**きん-ちょう**【▼禽鳥】↓ちょうるい（鳥類）

**きん-ちょう**【謹聴】（名・サ変他）つつしんで相手の話を聞くこと。拝聴。比較 静聴。

**きん-ちょう**【緊張】（名・サ変自）①精神・態度がひきしまっていること・さま。ゆるみのないさま。strain 対義 弛緩。用例 ― をほぐす。②争いが今にも起こりそうな状態。tension 用例 国際情勢が ― する。

**きんちょう-かんわ**【緊張緩和】↓デタント

**きん-ちょく**【謹直】（名・形動）つつしみぶかいこと・さま。きちんとして、まじめなこと・さま。prudence

**きん-つば**【金▼鍔】うるちの粉または小麦粉の皮に小豆あんを包み焼いた和菓子。売り出した当時の京都では楕円形だったので銀つばといい、のち金つばとなる。現在は四角が多い。

**きん-て**【禁手】将棋で、禁じられている指し手。縦一筋に二枚めの歩を打つこと（二歩）、敵の王の頭に歩を打って詰ませること（打ち歩詰め）、次に動けない所に駒を打つことなど。

**きん-てい**【▼欽定】（名・サ変他）君主がみずからさだめること。

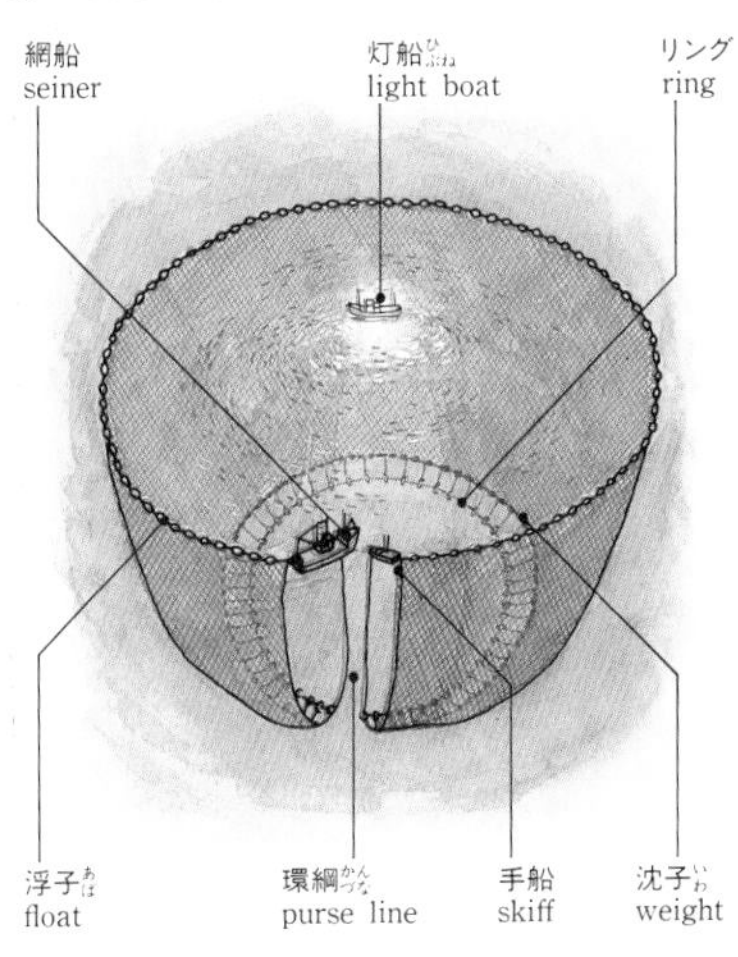



●巾着網

**きん-てい**【禁廷・禁庭】天皇の住まい。皇居。宮中。禁中。比較 禁園。

**きん-てい**【謹呈】（名・サ変他）つつしんで進呈すること。

**きん-でい**【金泥】↓こんでい（金泥）

**ぎん-でい**【銀泥】銀粉をにかわでといたもの。書画の材料。

**きんてい-えいやくせいしょ**【▼欽定英訳聖書】《原題The Authorized Version》一六一一年ジェームズ一世の勅命により完成した標準英訳聖書。欽定訳聖書。A.V.

**きんてい-けんぽう**【▼欽定憲法】君主がみずからの意思で制定した憲法。大日本帝国憲法や一九世紀のドイツ諸邦の憲法など。比較 協定憲法。対義 民定憲法。

**きん-てき**【金的】①射的の一種。板に貼った約三cm四方の金紙の、真ん中に描かれた直径約一cmの小円の的。また、それを射当てる遊び。bull's-eye ②あこがれのまと。object of admiration

**金的を射落とす**（きんてきをいおとす）「金的を射止める」と同意。

**金的を射止める**（きんてきをいとめる）みんなのほしがっていたものを、自分のものにする。金的を射落とす。hit the bull's-eye

**きん-てつ**【金鉄】①金と鉄。②きわめて堅固な物事のたとえ。用例 ― の意志。― の守り。

**きん-てん**【均▼霑】（名・サ変自）平等に利益・恩恵を受けること。均分。

**きん-てん**【近点】①はっきり見ることができる、目と対象との最短距離。成人の正常な目で約一〇cm。②主星を焦点とする楕円・放物線の軌道を描いている伴星が、軌道上で主星にもっとも近づく場所。periastron

**きんでん-ぎょくろう**【金殿玉楼】りっぱな御殿。magnificent palace

**きんでん-けい**【筋電計】筋肉の活動電位を増幅して観察記録する装置。波形をオシロスコープで観察、または、フィルムに記録する。electromyograph

**きんてん-げつ**【近点月】月が地球との近地点を通過してから、再び通過するまでの期間。約二七・六日。anomalistic month

**きんてん-こぎって**【禁転小切手】振出人が指図禁止または裏書き禁止の文句を記載して振り出した小切手。裏書きによる譲渡は無効となる。

**きん-てんさい**【禁転載】《「転載を禁ず」の意》雑誌・書物の記事や図版などを、他の印刷物にのせることを禁じること。reproduction forbidden

**きんでん-ず**【筋電図】骨格筋の収縮に伴って発生する活動電位を針電極または表面電極で導出し記録したもの。運動系疾患の診断に利用。EMG。electromyogram

**きんてん-てがた**【禁転手形】振出人が指図禁止または裏書き禁止の文句を記載して振り出した手形。裏書きによる譲渡は無効となる。

**きんてん-ねん**【近点年】地球が近日点を通過してから再び近日点にもどるまでの時間の平均値。一恒星年よりも四分四二秒だけ長い。anomalistic year

**きんでん-ほう**【均田法】中国で北魏に始まり唐代まで約三〇〇年間実施された土地制度。土地の公有を基礎に、成年者に一定の基準で耕地を支給、税を納めさせるというもので、日本古代の班田収授の法のモデル。

**きんてん-りかく**【近点離角】公転する惑星の楕円軌道上、太陽と近日点をむすぶ基準線とその天体の方向とのなす角。近点角。anomaly

**きん-ど**【襟度】人を受け入れる度量。広い心。雅量。

**きん-とう**【均等】（名・形動）ひとしいこと・さま。平等。equality 用例 機会 ― 。― に分ける。

**きんとう**【近東】欧州に近い東方諸国。英国ではバルカン諸国を、米国ではバルカンに西南アジア諸国を加えた地域をさす。Near East

**きん-とうが**【金冬▼瓜】ウリ科の一年草。カボチャに似る。果実は長楕円形。熟すると滑らかで光沢のある赤褐色となるので、この名がある。

**きん-とうじん**【金東仁】（一九〇〇―五一）朝鮮の小説家。朝鮮自然主義文学の代表者。小説『弱き者の悲哀』『船唄』、評論集『近代小説考』など。

**きん-とうり**【金東里】（一九一三―）韓国の小説家。作品『花郎の後裔』『黄土記』『帰還兵士』など。



▼常用漢字表外。　▽常用漢字表の音訓外。

●筋肉 人の筋肉の各部名称

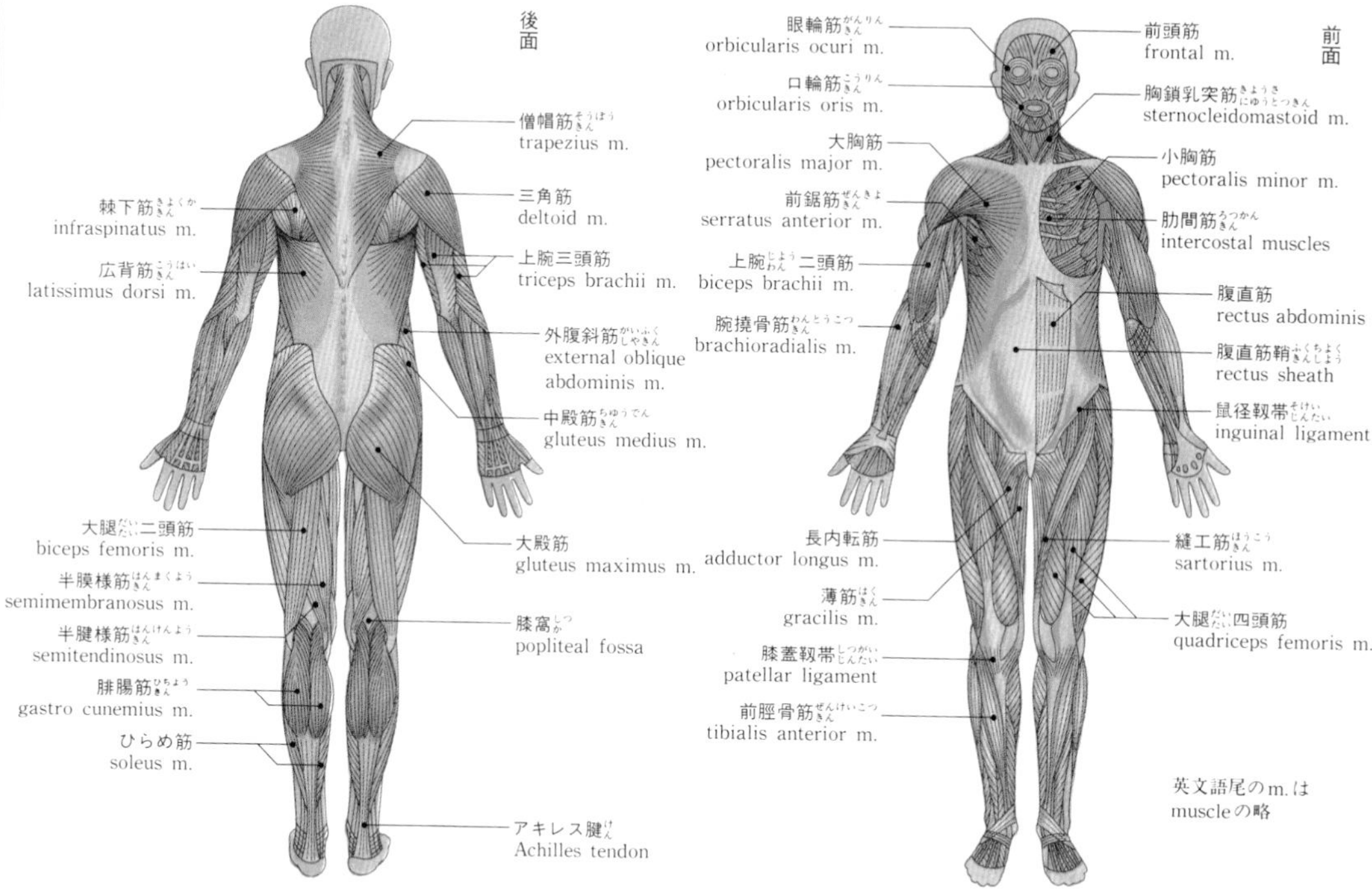


**きんとう-わり【均等割(り)】** 住民税について、個人と法人に均等額を課する課税方式。

**きんとき【金時・公時】** ①坂田金時(公時)の通称。金太郎伝説で知られる。②氷水の一種。甘く煮たアズキにかき氷をかけたもの。

**金時の火事見舞い** 酒に酔い、まっかになった顔の形容。類似 金時の醤油焚き。

**金時の醤油焚き** 「金時の火事見舞い」と同意。

**きんとき-だい【金時▼鯛】** キントキダイ科の海水魚。全長約三〇cm。体は長楕円形で赤色。目が大きい。食用。南日本以南に分布。キンメ。キントキ。

**きんとき-まめ【金時豆】** インゲン豆の一種。長円形で赤紫色。煮豆や甘納豆、あんにする。

**きんときん【金と銀】** 《原題Gold und Silber》レハール作曲の小円舞曲。作品七九。一九二八年作。

**きんドルほんい-せいど【金ドル本位制度】** 一九四四年のブレトンウッズ協定以後の米ドルを中心とする国際通貨制度。アメリカは外国の通貨・金融当局に対し、保有ドルと金との自由な交換を認めたため、ドルを中心とする国際金為替本位制度が形成された。七一年、金とドルの交換停止により消滅。gold and dollar standard

**ぎん-どろ【銀泥】** ハクヨウの別名。

**きん-とん【金団】** ①甘く煮たクリ・豆などにあんをからませた料理。あんはサツマイモを煮て裏ごしし、砂糖を入れたものが多い。栗きんとん・豆きんとんなど。折り詰め・正月料理に使う。②和菓子の一種。

**きんなら【緊▼那羅】** 《仏教語。kimnara梵の音写で、人間か人間でないか、の意》八部衆の一つ。人頭鳥身・馬頭人身で、鼓を打つ姿、笛を吹く姿などで表される楽神。

**ぎん-なん【銀▼杏】** イチョウの実。黄色に熟した外層は肉質で悪臭がある。堅い殻を割って、なかの胚乳を料理に用いる。ginkgo nut

**きん-にく【筋肉】** 筋線維と結合組織からなる運動器官。脊椎動物では、随意筋の横紋筋と不随意筋の心筋・平滑筋がある。筋。muscle →図

**きんにく-さいぼう【筋肉細胞】** 筋肉組織を構成する細長い線維状細胞。平滑筋では細長く紡錘形で単核だが、骨格筋は細胞が大きく多核で横紋をもつ。筋肉線維。muscle fiber

**きんにく-ぞうきょうざい【筋肉増強剤】** 病後の体力回復や怪我の早期治癒などのために開発された薬剤。筋肉の発達を促すため、スポーツ選手が使用し問題となる。muscle enhancing drug

**きんにく-そしき【筋肉組織】** 筋肉細胞でできた組織。収縮と弛緩を繰り返すことができ、原生動物と海綿動物を除く動物に存在。骨格筋(横紋筋)と平滑筋(内臓筋)に大別される。muscle

**きんにく-ちゅうしゃ【筋肉注射】** 薬剤を筋肉内に注射すること。皮下注射よりも吸収がはやく、油性の薬剤など吸収の遅いものに適用。intramuscular injection

**きんにく-つう【筋肉痛】** 種々の疾患により筋肉、とくに随意筋に感じる痛み。激しい運動のあとや、種々の筋炎による充血・損傷などで起こる。myalgia

**きんにく-リューマチ【筋肉リューマチ】** 背・腰・首・手足などの筋肉が痛む症状につけられる病名。リューマチ熱や関節リューマチとは直接関係がない。muscular rheumatism

**きんにく-ろうどう【筋肉労働】** 体力を使う労働。肉体労働。muscular labor 対義 精神労働。

**きん-にっせい【金日成】**(一九一二) 北朝鮮(朝鮮民主主義人民共和国)の政治家。一九三一年ごろから中国東北部で抗日運動を展開。解放後帰国し、四八年に首相。四九年朝鮮労働党委員長。七二年国家主席。その革命思想は「チュチェ(=主体)思想」と称される。キム=イルスン。→写

●金日成

**ぎん-ねず【銀▼鼠】** 銀色をおびたねずみ色。silver-gray

**ぎん-ねむ【銀▽合▽歓】** マメ科の落葉高木。枝は密生し、葉は二回羽状複葉。夏と秋に、径約五cmの球形の白花を開く。砂防林・並木にする。熱帯アメリカ原産。ギンゴウカン。

**きん-ねん【近年】** 最近の何年か。近ごろ。in recent years

**きん-のう【金納】**(名・サ変他) 租税・小作料を金銭でおさめること。対義 物納。

**きん-のう【勤皇・勤王】** 天皇に忠誠を尽くすこと。とくに江戸末期、天皇親政のため徳川幕府の打倒をめざした政治運動。尊皇。対義 佐幕。

**きん-のう【金農】**(一六八七〜一七六三) 中国、清代の画家・書家・文人。号は冬心。竹・梅・馬・仏像が得意。揚州八怪の一人。作品『墨梅図』など。

**きん-の-にじゅうかかくせい【金の二重価格制】** 金の価格体系が通貨用・市場用の二本立てになっている制度。金プール諸国が一九六八年に採用、七八年廃止。two-tier gold price system

**きん-ば【金歯】** 金でおおった歯。また、金製の入れ歯。gold crowned tooth

**きん-ぱ【金波】** ①月の光。moon light ②日光や月光がうつり、金色に輝くなみ。golden waves 用例 ―銀波。

**ぎん-ぱ【銀波】** 月光などで、銀白色に輝くなみ。silver waves 用例 金波―。

**きん-ぱい【金杯・金▼盃】** 金製のさかずき・カップ。gold cup 数え方 一個・一組み。

**きん-ぱい【金▼牌】** 金のメダル。金製の賞牌。gold medal

**ぎん-ぱい【銀杯・銀▼盃】** 銀製のさかずき・カップ。silver cup

**ぎん-ぱい【銀▼牌】** 銀のメダル。銀製の賞牌。silver medal

**きんばい-そう【金梅草】** キンポウゲ科の多年草。山地の湿地にはえる。葉は円形で深裂し、表面に光沢がある。夏に、枝先に径約四cmの鮮黄色の花をつける。

**ぎんばい-そう【銀梅草】** ユキノシタ科の多年草。山地の樹下にはえる。葉は大形の倒卵形で、先端は二裂する。夏に、茎頂に二、三個の白花を開く。地下茎の粘液を製紙用ののりに使う。

**ぎんぱい-そう【銀▼盃草】** ナス科の多年草。高さ約七cm。茎は地をはって伸び、葉はへら形。夏から秋に、キキョウに似た芳香のある白花が咲く。花壇の縁取り、鉢植え。アルゼンチン原産。ニーレンベルギア。

**きん-ばえ【金▼蠅・▽青▼蠅】** ①クロバエ科のハエで、体に金緑色または青緑色の金属光沢をもつものの総称。ギンバエ。クソバエ。②クロバエ科のハエの一種。体に黄緑または青緑の金属光沢がある。体長七〜一一mm。五月〜九月ごろ発生し、汚物などに集まり病原菌を媒介する衛生害虫。世界各地に分布。

**きん-ばく【緊縛】**(名・サ変他) しっかりしばること。bind tight

**きん-ぱく【近迫】**(名・サ変自) ①近寄ること。②親しく交わること。

**きん-ぱく【金▼箔】** ①金をたいて紙のように薄くのばしたもの。装飾用。gold foil ②実質以上に世間によく思わせる外観。金めっき。gilding 用例 ―がはげる。

**きん-ぱく【緊迫】**(名・サ変自) 情勢などがきわめてさしせまっていること。strain 用例 ―した空気。

**ぎん-ぱく【銀▼箔】** 銀をたたいて紙のように薄くのばしたもの。装飾用。silver foil

**ぎんはく-しょく【銀白色】** 銀のような金属光沢のある白色。silver metalic color

**きん-ぱつ【金髪】** 金色の頭髪。ブロンド。fair hair; blonde

**ぎん-ぱつ【銀髪】** 銀色の頭髪。白髪。しらが。silver hair; gray hair



↓行き先項目、図版・写真参照印。 JIS 日本工業規格情報交換用漢字符号コード(区点コード)。

**きん-ばと【金▼鳩】** 背が金緑色のハト。腹面はぶどう色に近い赤色。全長約二〇cm。高速で飛翔する。琉球列島以南に分布。

**きん-ぱら【金腹】** カエデチョウ科の飼い鳥。スズメより小さく、全長約一〇cm。頭から胸上部が黒、他は褐色、嘴は太く灰青色。南アジア・東南アジア原産。

**ぎん-ぱら【銀腹】** カエデチョウ科の飼い鳥。全長約一〇cm。嘴は鉛色、背側は褐色で、下面は腹部中央の白色部以外は黒色。インド・スリランカ・ジャワなどに分布。丈夫でおとなしいので、日本では古くから飼われる。

**きんばら-めいぜん【金原明善】**（一八三二〜一九二三）明治・大正時代の実業家・社会事業家。遠江の人。明治初期、私財を投じて天竜川の治水工事を行う。養蚕や植林にも功績が多い。勧善会・金原銀行を設立。

**キンバリー【Kimberley】** 南アフリカ共和国、ケープ州北部の都市。世界最大のダイヤモンド産地の中心。人口一四・五万（一九八〇）。

**きん-ばん【勤番】**（名・サ変自）①かわるがわる勤務すること。また、その役。shift work ②江戸時代、諸藩の家臣が交替で江戸屋敷に勤めること。また、幕臣が大番・小姓番・書院番に出仕したり、甲府勤番・駿府勤番など遠地に駐在して勤務すること。

**ぎん-ばん【銀盤】** ①銀製のさら。silver plate ②氷の上。スケートリンク。skating rink 用例 ―の女王。

**ぎんばん-しゃしん【銀板写真】** 一八三九年、フランスのダゲールが発明した写真法。銀板に沃素ガスを当て沃化銀としたのち撮影し、水銀蒸気で現像、食塩水またはハイポで定着する。ダゲレオタイプ。daguerreotype

●金峰山寺　蔵王堂（奈良県）。

**きん-ぴ【金肥】** お金で買う肥料。人造肥料・化学肥料など。かねごえ。

**きん-ぴか【金ぴか】**（名・形動）《俗語》金色にぴかぴか光ること・もの。きらびやかなさま。用例 ―に着飾る。

**きんぴしょう【禁秘抄】** 宮中の儀式の由来・故実作法などを記した書物。順徳天皇著。承久三年（一二二一）ごろ成立。禁中抄。

**きん-ぴょう【勤評】**「勤務評定」の略。

**きん-びょうぶ【金▼屏風】** 地の全体に金箔をはったびょうぶ。folding screen covered with gold leaf

**ぎん-びょうぶ【銀▼屏風】** 地の全体に銀箔をはったびょうぶ。folding screen covered with silver leaf

**きん-ぴら【金平・▽公平】** ①剛勇の士、坂田金時の子の名。②勇ましく強い者。brave man ③「金平浄瑠璃」の略。④ゴボウのせん切りを油でいため、砂糖・しょうゆ・唐辛子で調味した料理。ほかにニンジン・ハスなどでもつくる。金平ごぼう。

**きんぴら-じょうるり【金平浄▼瑠▼璃】** 江戸初期に流行した、武勇談を主とした、古浄瑠璃の一つ。おもに坂田金時の子、金平を主人公としたことに由来する。

**きんぴら-にんぎょう【金平人形】** 江戸初期の金平本（金平浄瑠璃の正本）の主人公坂田金平（金時の子）を人形化したもの。武勇の象徴として親しまれた。

**きん-ひん【▽経▽行】**《仏教語》座禅中、足の疲労をとるためや睡気をとるために、一定の場所を巡回・往復運動すること。

**きん-ぴん【金品】** お金と品物。money and goods

**きん-ぷう【金風】**（「金」は五行説で秋や西をさすことから）秋風。西風。

**ぎん-ぷう【吟▼諷】**（名・サ変他）声を出して詩歌をうたうこと。また、声をあげて書を読むこと。

**きん-プール【金プール】** 欧米八か国が参加し市場介入による金価格安定を意図した国際機構。一九六一年設立。六八年二重価格制移行により機能停止。Gold Pool

**きんぷ-さん【金▽峰山】** 山梨・長野県境にある、秩父山地の山。標高二五九八m。山頂には五丈岩とよばれる巨岩がある。

**きんぷ-せん【金▽峰▽山】** 奈良県南部にある大峰山の別称。

**きんぷせん-じ【金▽峰▽山寺】** 奈良県吉野郡吉野町にある金峰山修験本宗の総本山。役小角の開創といわれ、古代からの山岳信仰の中心。延元年間（一三三六〜四〇）、後醍醐天皇の行宮となった。本尊は蔵王権現。蔵王堂。↓写

**きんぷせん-しゅげんほんしゅう【金▽峰▽山修験本宗】** 金峰山寺を本山とする天台宗系修験道の一宗派。役小角の創始とされる。天台宗に属していたが、第二次大戦後、金峰山寺を中心に独立。昭和二七年（一九五二）より現称。

**きん-ぶち【金縁】** ふちが金、または金色であるもの。gold-rimmed 用例 ―のめがね。

**ぎん-ぶち【銀縁】** ふちが銀、または銀色であるもの。silver-rimmed 用例 ―のめがね。

**ぎん-ぶな【銀▼鮒】** フナの一種。全長約三〇cm内外。暗褐色の地で銀白色を帯びる。極端に雄が少ない。食用。日本全国の河川・湖沼に分布。マブナ。↓フナ 図

**きん-ぷら【金▼麩羅】** てんぷらの一種。そば粉で揚げたてんぷら、あるいは小麦粉にたまごの黄身を加えたころもで揚げたてんぷら。

**ぎん-ぶら【銀ぶら】**（名・サ変自）《俗語》東京の銀座近辺を散歩すること。

**きん-ぶん【均分】**（名・サ変他）平等にわけること。等分。equal division

**きん-ぶん【金分】** 物質中の純金の割合。

**きん-ぶん【金文】**《銅器の文字、の意》中国、紀元前一二〜前七世紀ごろに作られた青銅器に刻まれた文字や文章。比較 金字。

**きん-ぷん【金粉】** 金を粉末にしたもの。まき絵・絵画などに使う。gold dust

**ぎん-ぷん【銀粉】** 銀を粉末にしたもの。まき絵・絵画などに使う。silver dust

**きんぶん-がく【今文学】** 今文（中国の漢代通用の文字＝隷書）で書かれた経書をテキストとする学問。古文（秦以前の古体文字）の経書を用いる古文学に対する。

**きんぶん-そうぞく【均分相続】** 相続財産を相続人のあいだで均等に相続すること。近代民法における相続人の権利の平等が基礎。日本では配偶者を別として他は均等が原則。equalized inheritance

**きん-へいか【金平価】** 金本位制度のもとで、本位貨幣の法定含有量を比較して算出される各国通貨の交換比率。gold parity

**きんぺいばい【金▽瓶梅】** 中国、明代の小説。作者未詳。万暦中期（一六世紀末〜一七世紀初め）に成立。『水滸伝』中の人物西門慶とその一家の盛衰を通して、明代社会の生態を写実的に描いた中国文学史上画期的な作品。性描写の露骨なことで有名。四大奇書の一つ。

**きん-へん【▼巾偏】** ↓はばへん（巾偏）

**きん-べん【勤勉】**（名・形動）一心にはげむこと・さま。diligence 対義 怠惰・怠慢。

**きん-ぺん【近辺】** あたり。近い所。付近。neighborhood

**きん-ぼ【▼欽慕】**（名・サ変他）うやまい、したうこと。敬慕。

**ぎん-ぽ【銀▽宝】** 浅海の岩礁地帯にすむニシキギンポ科の魚。全長約二〇cm。体は細長く左右に平たい。腹びれは退化し、背びれはとげだけからなる。食用。日本全土に分布。ウミドジョウ。カミソリウオ。↓写

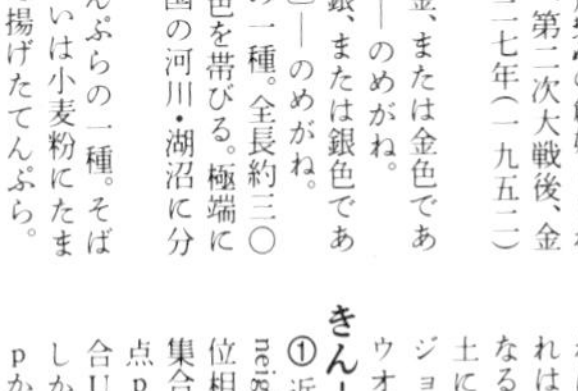
●ギンポ

**きん-ぼう【近傍】** ①近所。近く。neighborhood ②位相空間で、ある集合を構成する各点pに対し部分集合Uが定められ、しかも、ある一点pからの距離が任意の十分小さい正数より小さくなるという条件を満たす点がすべてUに含まれるとき、Uをpの近傍という。neighborhood

**きん-ぼう【金▼榜・金▼牓】** 昔、中国で、科挙の試験に及第した者の名を掲示した金製の、もしくは金字で書いた掲示板や額。

**金榜に名を掛く**（きんぼうになをかく） ①昔の中国で、科挙の試験に及第する。②高い官職に連なる。

**きんぽう【金峰】**〈町〉鹿児島県、薩摩半島南西部の町。稲作・タバコ栽培などを行う。吹上浜の砂丘が有名。人口九四二八（一九八八）。

**きんぽう-げ【金▼鳳▽花】** ウマノアシガタの別名。また、とくにそのうちの八重咲きの栽培品種。buttercup

**ぎん-ぼうず【銀坊主】** イネの品種。明治四一年（一九〇八）、富山の石黒岩次郎が改良した。多収と品質の良さで、昭和一五年（一九四〇）ごろまでは、主要品種として栽培された。

**きん-ぼうすい【筋紡錘】** 主として骨格筋中で、横紋筋線維に平行する微小な紡錘形構造。筋肉の伸びやその速度をコントロールするための受容器。muscle spindle

**きんぽく-さん【金北山】** 新潟県佐渡島、大佐渡山地の山。標高一一七二m。佐渡の最高峰で、大佐渡スカイラインが通じる。

**きん-ぼし【金星】** ①大相撲の本場所で、平幕の力士が横綱を破ってあげた勝ち星。glorious victory ②大きなてがら。feat 用例 ―をあげる。

**きん-ボタン【金ボタン】** ①金色のボタン。gold button ②《俗語》男の大学生。また、学生服。

**きんほんい-せいど【金本位制度】** 金貨または金を一国の本位貨幣とする通貨制度。本位貨幣の価値はそれに含まれる金の量に等しく、銀行券はその額面に等しい金貨・金と交換される。gold standard system

**ぎんほんい-せいど【銀本位制度】** 銀を一国の本位貨幣とする通貨制度。silver standard system

**きん-ま【▽木馬】**（「きうま」の転）↓きうま（木馬）

**キンマ【▼蒟▼醤】** コショウ科のつる性植物。インド・東南アジアで広く栽培。葉は大きな心臓形。夏に、黄花を開き、多肉の液果を結ぶ。インド・マレーなどでは葉にビンロウジュの種子・石灰を包み、それを嚙んで嗜好品とする。

**きん-まく【筋膜】** 筋や筋群を包む結合組織の膜。内臓や腺を包む同じような膜にもいう。筋の仕切りとなり、過度の筋収縮を防ぐ。fascia

**ぎん-まく【銀幕】** ①映写用の幕。スクリーン。screen ②映画。映画界。film米；picture英 用例 ―の女王。

**ぎん-ます【銀▼鱒】** サケ科の海水魚。全長約七〇cm。背側は青緑色で小黒点を散らし、腹側は銀白色。食用。北太平洋に分布し、北海道の河川にまれにのぼる。ギンザケ。

**きんまん-か【金満家】** 金持ち。富豪。財産家。millionaire

**ぎん-み【吟味】**（名・サ変他）《詩歌を吟じて味わう意から》品質・内容・罪状などをよく調べること。examination

**きん-みずひき【金水引】** ①金箔色の水引や元結。②バラ科の多年草。高さ五〇〜一五〇cm。夏から秋に、黄色の小花を穂状につける。果実にはとげがあり、動物や人の衣服につく。

**きん-みつ【緊密】**（形動）ぴったりくっついているさま。すきまのないさま。close 用例 ―な連絡をとる。

**きん-みゃく【金脈】** ①金の鉱脈。gold vein ②《俗語》資金の出所。金穴。

**きん-みらい【近未来】** 時間的に近い未来。長い月日を経ないで迎える未来。near future

**きん-む【勤務】**（名・サ変自）職務につくこと。つとめ。duty; service

**きん-むく【金無▼垢】** まぜ物のない金。純金。pure gold

**きんむ-さき【勤務先】** つとめ先。one's office

**きんむ-ひょうてい【勤務評定】** 従業員の労働能力・業績・勤務態度について管理者が行う評価。給与の査定、昇進・昇格の決定などにかかわる。勤評。人事考課。efficiency rating

**きんむりょく-しょう【筋無力症】** 運動をつづけるうちにしだいに力が入らなくなり、休むと力が入るようになる疾患。神経と筋の接合部の障害で、眼筋麻痺などから始まることが多い。myasthenia

**きん-め【斤目】** はかりにかけた、物の重さ。目方。量目。

**きんめいちく【金明竹・▼錦明竹】** 落語の題名。道具屋で店番をしていた与太郎が、使いの



▾常用漢字表外。　▿常用漢字表の音訓外。

男の大阪弁の口上を、聞きちがえたことから引き起こす滑稽噺。

**きんめい-てんのう【▾欽明天皇】** 記紀で第二九代天皇。継体天皇の皇子。欽明一三年(五五二)、百済王の遺使が日本に初めて仏教を伝えたという。

**きんめ-だい【金目▾鯛】** 黄金色の大きな目をもった朱色のキンメダイ科の海水魚。タイ類とは無縁。全長約三五㎝。食用。深海性の魚で、本州中部以南の太平洋岸に分布。キンメ。↓図

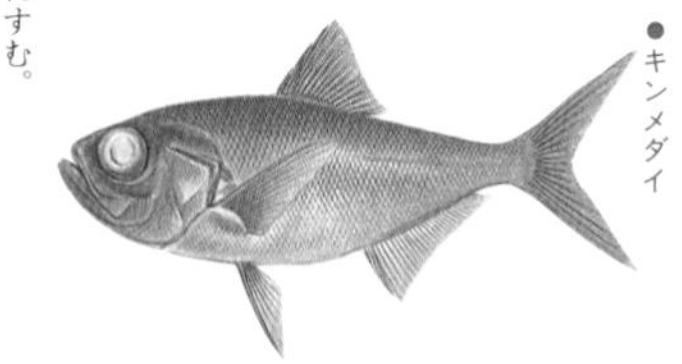
●キンメダイ

**ぎんめ-だい【銀目▾鯛】** 青灰色で目の大きなギンメダイ科の海水魚。全長約五〇㎝。背びれの外縁の一部に黒斑が、下あごには一対のひげがある。かまぼこの原料。本州中部以南のやや深海にすむ。

**きん-メダル【金メダル】** 金製または金めっきの記章。スポーツ競技会で優勝者に贈ったり、行事などの記念に作って売り出したりする。gold medal

**ぎん-メダル【銀メダル】** 銀製または銀めっきの記章。スポーツ競技会では準優勝者に贈られる。silver medal

**きんもうずい【▾訓▾蒙図▾彙】** ①百科項目を挿画入りで一般初心者向きに解説した書物。中村惕斎編。寛文六年(一六六六)刊。二〇巻。②子どもや初心者に教えさとす目的で書かれた、江戸時代の啓蒙的絵入り事典の通称。

**きん-モール【金モール】** 《「モール」は mogol の転》①横が金糸、縦が絹糸の織物。②金めっきした飾り用のモール。

**きん-もくせい【金木▾犀】** モクセイ科の常緑小高木。中国原産。葉は有柄の長楕円形、革質で光沢がある。一〇月ごろ、葉腋に花柄のある橙黄色の小花を多数束生。芳香がある。fragrant olive

**ぎん-もくせい【銀木▾犀】** モクセイ科の常緑小高木。キンモクセイに似るが、葉がやや大きく、葉縁に細鋸歯がある。一〇月ごろ、葉腋に白色小花を多数束生。芳香がある。

**きん-もじ【金文字】** 金泥で書いた文字。金粉・金箔で表した文字。金字。gold lettering

**きん-もつ【禁物】** してはならないこと。好ましくないものごと。つつしむべきこと。forbidden thing 用例 高血圧に酒は―。

**きん-もん【金紋】** 金箔・金漆を用いた紋どころ。江戸時代、家格の高い大名が幕府の許可を得て挟み箱のふたに書いた。

**きん-もん【禁門】** ①出入りが容易に許されない門。②皇居の門。皇居。

**ぎんもん-うすきちょう【銀紋薄黄▾蝶】** ウスキシロチョウの銀紋型。開張約三・二㎝。人家の周辺に多く、動きは敏速。幼虫の食草はマメ科のタガヤサンなど。沖縄以南のアジアの熱帯地域に分布。

**きんもん-きょう【金門橋】** 「ゴールデンゲートブリッジ」の訳語。

**きんもん-さきばこ【金紋先箱】** 大名行列の先頭の者がかついだ、金紋をつけた挟み箱。

**きんもん-とう【金門島】** 中国、福建省厦門東方の島。面積一七八㎢。台湾側の軍事基地。チンメン島。

**きんもん-の-へん【禁門の変】** 「蛤御門の変」の別称。

**きん-やっかん【金約款】** 国際間の決済を金地金やこれに相当する額の通貨で行う契約のこと。貨幣価値の変動によってこうむる債権者の損害を避けるためのもの。gold clause

**ぎん-やんま【銀▾蜻▾蜓】** 黄緑色の美しい大形のトンボ。全長約七㎝。夏から秋にかけて低地の池沼などに出現するが、近年は激減。北海道南部以南・中国・朝鮮半島に分布。↓写

●ギンヤンマ

**きん-ゆ【禁輸】** 輸出入の禁止。embargo

**きん-ゆう【金融】** 金銭を融通すること。とくに利子をつけて資金を貸借すること。かねまわり。finance; money

**きんゆう-かとうせい【金融寡頭制】** 少数の金融資本家が自国と、その勢力圏の政治・経済の事実上の支配者となる体制。financial oligarchy

**きんゆう-かんわ【金融緩和】** 金利の低下などによる通貨の供給増加の結果、資金の供給が需要を上回り、資金調達が容易にできる状態。また、日本銀行などの通貨当局がそのように誘導すること。monetary ease 対義 金融引き締め・逼迫。

**きんゆう-きかん【金融機関】** 預金などによって資金を調達し、企業や個人への貸し出しや証券投資を行う機関の総称。銀行、証券・信託・保険会社、信用金庫、質屋など。financial organ

**きんゆう-ぎょう【金融業】** 資金の需給関係の仲介業。銀行業・信託業・証券業・保険業など。finance business

**きんゆう-きょうこう【金融恐慌】** 信用関係の崩壊にともなう金融市場全般の混乱。信用恐慌から貨幣恐慌・銀行恐慌の経過をたどるのが一般的。financial crisis

**きんゆう-こうこ【金融公庫】** 政府が全額出資する国策の金融機関。中小企業金融公庫・国民金融公庫・住宅金融公庫・農林漁業金融公庫など。finance corporation

**きんゆう-さい【金融債】** 特別法に基づいて特定金融機関が資金吸収のために発行する債券。発行体は日本興業銀行・日本長期信用銀行など六機関。bank debenture bond 比較 事業債。

**きんゆう-さいへんせい【金融再編成】** 経済構造の変化に対応するために行われる金融制度上の諸改革。金融機関の合併・提携、業務の多様化など。reorganization of financial systems

**きんゆう-しじょう【金融市場】** 資金の貸借の行われる場の総称。信用市場。money market; financial market

**ぎんゆう-しじん【吟遊詩人】** 古代ギリシアの遍歴詩人、中世ヨーロッパの宮廷を遍歴して宮廷恋愛詩や武勲詩を吟誦した詩人などをさす。南仏プロバンスに輩出したトルバドゥールが有名。minstrel

**きんゆう-しほん【金融資本】** 独占的産業資本と独占的銀行資本の融合で生まれる資本形態。独占資本主義の基本的特徴。financial capital

**きんゆう-じゆうか【金融自由化】** 預金金利に対する規制や各種金融機関の業務区分など、金融上の制約をとりはらうこと。financial deregulation

**きんゆう-すじ【金融筋】** 投機で、大口投資の専門家。保険会社・銀行など。法人筋。financial interests 比較 地場・客筋。

**きんゆう-せいさく【金融政策】** 経済の安定と成長などを図るために行われる金融面での経済政策。金利政策・公開市場政策・支払準備率政策・消費者信用規制・輸入金融規制など。monetary policy

**きんゆうせいど-ちょうさかい【金融制度調査会】** 大蔵大臣の諮問機関の一つ。金融制度のあり方を審議するため昭和三一年(一九五六)に設置。

**きんゆう-パニック【金融パニック】** 銀行がつぎつぎに倒産するような深刻な経済界の混乱。financial panic

**きんゆう-ひきしめ【金融引(き)締め】** 景気の過熱状態を抑制する対策の一つとして、日本銀行などの通貨当局が公定歩合・支払準備率の引き上げなどを通じて金利を上げ、資金の流通を抑制すること。tight money policy 対義 金融緩和。

**きんゆう-ひっぱく【金融▾逼迫】** 金融市場で企業の営業資金の需要が供給を上回り、一時的に資金の調達が困難となる状態。クレジットクランチ。monetary stringency 対義 金融緩和。

**きんゆう-モデル【金融モデル】** 経済の実物面と金融面を包括するマクロ的経済モデル。financial model

**きんゆしゅつ-きんし【金輸出禁止】** 金本位制度下、国内の経済を保護するため金貨・地金の自由な輸出を禁止すること。

**きんゆ-ほう【均輸法】** ①中国、漢の武帝が行った経済政策。ある地方に豊富な物資を政府が買い上げ、他所に転売して各地の物価を平均化し、かつ政府収益を図ろうとしたもの。②宋代、王安石の新法の一つ。政府の必要物資の調達を合理的に調整し、商人の中間搾取を抑止して政府・人民の利益を図るもの。

**きん-よう【均窯・▾鈞窯】** 中国、河南省禹県にあった陶窯。青みのある白濁失透性の釉が美しい。北宋時代に開窯され明代に禹県が鈞州とよばれたのでこの名がついた。清代の初めまで栄えた。

**きん-よう【緊要】** (形動) さしせまって、たいせつなさま。very important

**きん-よう【禁▾厭】** まじないで、病気などを防ぐこと。きんえん。

**ぎん-よう【銀葉】** 香道具の一つ。香炉に埋めた火に直接に香木が触れないように火窓にのせる雲母の板。香木はその上に置く。

**ぎんよう-じゅ【銀葉樹】** ヤマモガシ科の常緑樹リュウカデンドロンの和名。高さ二～一〇mで、約七〇種がある。代表種アルゲンテウムは、枝頂に黄色の苞をもつ赤色の美しい花をつける。庭木・切り花用。南アフリカ原産。silver-tree

**ぎんよう-ばさみ【銀葉挟(み)】** 香道具の一つ。銀葉を香炉の火窓にのせるときに、挟んで置き、軽く押さえて安定させるために用いる。

**きんよう-び【金曜日】** 週の第六番目の日。木曜日の次の日。金曜。Friday

**きんようわかしゅう【金葉和歌集】** 平安後期の勅撰和歌集。一〇巻。白河法皇の命で源俊頼が撰進。三度めに嘉納され、大治二年(一一二七)ごろ成立。改撰された二度本が流布。勅撰集の定型二〇巻を一〇巻とし、連歌の部を設けた点が革新的。歌風は清新で、自然観照の態度も深まっている。

**きん-よく【禁欲・禁▾慾】** (名・サ変自) 欲望、とくに情欲をおさえること。abstinence 比較 節制。対義 享楽。

**ぎん-よく【銀翼】** ①銀色のつばさ。silver wing ②飛行機。airplane米; aeroplane英

**きんよく-しゅぎ【禁欲主義】** 感性的欲望は悪の根源であるという前提から、その節制と禁止を自分に課して宗教的・道徳的理想の達成をめざす倫理説。asceticism

●キンラン

**きん-らい【近来】** (名・副) 近ごろ。このごろ。lately

**きん-らん【金▾蘭】** ラン科の多年草。高さ約五〇㎝。葉は互生し、長楕円形で長さ約一〇㎝。四～六月に黄花を茎頂に数個つける。山地の樹陰にはえる。本州以南に分布。↓写

**金蘭の契り**(きんらんのちぎり) 《『易経』繫辞の「二人同レ心、其利断レ金、同心之言、其臭如レ蘭」から》心を許しあった親しい交わり。金蘭の交わり。

**金蘭の交わり**(きんらんのまじわり) 「金蘭の契り」と同意。

**きん-らん【金▾襴】** 装飾用織物の一つ。綾・繻子・紗などの地組み織りに金糸などを織りこんだもの。袈裟・能衣裳・帯地などに使われる。

**ぎん-らん【銀▾蘭】** ラン科の多年草。高さ約二〇㎝。葉は互生し、楕円形で長さ約五㎝。春に白い小花をつける。山地の樹陰にはえる。日本全域・朝鮮半島・中国に分布。↓写

**きんらん-ちょう【金▾襴鳥】** ハタオドリ科の鳥。全長約一三㎝。飼い鳥の一種。雄は繁殖期に頸部と腰に黄赤色の飾り羽をもつ。繁殖期をすぎると、雄もヒバリに似た雌と同じ羽色になる。アフリカの草原や沼沢地にすむ。

●ギンラン



↓ 行き先項目、図版・写真参照印。 JIS 日本工業規格情報交換用漢字符号コード(区点コード)。

**きんらん-どんす【金▼襴▼緞子】** 金襴と緞子。また、これらが共に高価な織物であることから、高価な織物。

**きん-り【金利】** 資金の貸借によって生じる利子。また、その利子率。interest; rate of interest

**きん-り【禁裏・禁▼裡】**《裡に入ることを禁じる意から》①皇居。②天皇。

**きんり-さいてい【金利裁定】** 金融市場間に存在する金利差を利用した資金調達・運用によって利益を得ようとすること。国際間の金利差に着目して資金を移動させる取り引きについてもいう。利子裁定。interest arbitrage

**きんり-さま【禁裏様】** 天皇の敬称。

**きんり-せいさく【金利政策】** 中央銀行が公定歩合操作によって通貨量を調節し、物価や国際収支の安定などをはかる政策。interest rate policy

**きんりへいか-せつ【金利平価説】** 二国間の直物相場と先物相場の為替レートの開きが二国間の利子率の開きに比例するという説。theory of interest parities

**きんりへいこう-ぜい【金利平衡税】** →りしへいこうぜい(利子平衡税)

**きん-りゅう【▼禽竜】** イグアノドンの和名。

**きん-りょう【斤量】** めかた。

**きん-りょう【金陵】** 中国、南京の古名。

**きん-りょう【禁猟】** 狩猟・漁猟を法令で禁じること。prohibition of hunting

**きん-りょう【禁漁】** 水産資源の保護調整のため一定期間または指定された区域内での漁業を禁止すること。きんぎょ。prohibition of fishing

**きんりょう-き【禁猟期】** 法令で鳥獣の狩猟を禁じられている期間。通常毎年四月一六日から一〇月一四日(北海道は九月一四日)までをさすが、鳥獣の生息状況によっては期間の延長などが認められている。closed season

**きんりょう-く【禁猟区】** 法令で鳥獣の狩猟を禁じられている区域。禁猟区は旧狩猟法上の呼称で、現在は鳥獣保護法により鳥獣保護区という。game preserve

**ぎんりょう-そう【銀▽竜草】** イチヤクソウ科の多年生腐生植物。白銀色の多肉質。葉は鱗片状。夏に、白花を開く。山林の落葉中にはえる。ユウレイタケ。→写

●ギンリョウソウ

**きんりょう-ち【禁猟地】** 法令で鳥獣の捕獲を禁じられている場所。鳥獣保護区、休猟区、神社や寺の境内、墓地、公道のほか、国立公園の特別保護地区、自然環境保護地区など。preserve; sanctuary

**きん-りょく【金力】** お金の力。power of money 用例 ― に物を言わす。

**きん-りょく【筋力】** 筋肉の力。muscular strength

**きんりょく-せき【金緑石】** ベリリウムを含む鉱物の総称。とくに美しいものは、高価な宝石となる。アレキサンドライト・キャッツアイなど。クリソベリル。chrysoberyl

**きん-りん【近隣】** 近所。となり近所。近辺。neighborhood

**ぎん-りん【銀輪】** ①銀色の輪。silver ring ②自転車。bicycle

**ぎん-りん【銀▼鱗】** ①銀色のうろこ。silvery scale ②魚。fish

**きんりんきゅうぼうか-せいさく【近隣窮乏化政策】** 他国の経済状態を悪化させながら自国の利益をもとめる政策。自国本位の輸出拡大や輸入削減によって他国の輸入増加や輸出の減少をまねくなど。beggar-my-neighbor policy

**きんりん-そうおん【近隣騒音】** ピアノ・クーラーの音やペットの鳴き声など、近隣から発生する騒音。noise pollution in neighborhood

**きん-るい【菌類】** キノコ類・カビ類・コケ類などの総称。細菌・ウイルスは含まない。以前は光合成を行わない下等植物を一括した名称で、植物界に含められていたが、現在は植物とは別の生物群と考えられている。真菌類。fungi

**きん-れい【金鈴】** ①金製のすず。金色のすず。②金属製のすず。③タチバナの実の美称。

**きん-れい【禁令】** ある行為を禁じる法令。ban

**ぎん-れい【銀鈴】** 銀のすず。silver bell

**ぎん-れい【銀▼嶺】** 雪で銀色に輝く山。

**ぎんれい-か【銀鈴花】** サクラソウ科の多年草。山地の湿った林下に自生。高さ約五〇cm。葉は長楕円形で、下面に赤褐色の斑点。初夏に、茎頂に白色または淡紅色の花を総状につける。

**きんれん-か【金▼蓮花】** ノウゼンハレン科の一年草。初夏から秋にかけて、一重か半八重咲きで芳香のある花を開く。葉は楯状で長柄。観賞用に栽植する。花色はクリーム色が主で、つる性・矮性などの品種がある。南アメリカ原産。ノウゼンハレン。ナスタチウム。nasturtium

**きん-ろう【勤労】**(名・サ変自) つとめ働くこと。labor

**きんろうかんしゃ-の-ひ【勤労感謝の日】** 国民の祝日の一つ。一一月二三日。勤労を尊び、生産を祝う日。もとの新嘗祭に当たる。

**きんろう-しゃ【勤労者】** 勤労して得た所得で生活する者。農民・小商工業者・給与所得者・労務者などの総称。worker

**きんろう-しょとく【勤労所得】** 企業や政府・団体などに雇われている人が受け取る現金・現物などの給与。賃金・手当に加え、事業主が負担する社会保険料や支給される食事・制服なども含まれる。雇用者所得。professional income; earned income 対義 不労所得。

**きんろう-ほうし【勤労奉仕】** 公共の仕事などに無償で労力を提供すること。labor service

**きんろく-こうさい【金▼禄公債】** 明治政府が華族・士族への禄制廃止に当たり家禄などの代わりに交付した金券。明治九年(一八七六)発行条例を公布。支給人員三一万三〇〇〇人、総額一億七千余万円。

**きんろ-ばい【金露梅】** バラ科の落葉低木。北海道、本州中部の高山にはえる。葉は奇数羽状複葉で、小葉は長楕円形。夏に、茎頂に径約三cmの鮮黄色の五弁花が咲く。観賞用に栽植する。→写

●キンロバイ

**ぎんろ-ばい【銀露梅】** キンロバイの変種で、花弁が白色のもの。

**きん-わ【謹話】**(名・サ変他) つつしんで話すこと。その話。

# く ク

**く【く・ク】** 五十音図か行第三の仮名。平仮名「く」は「久」の草体。片仮名「ク」は「久」の略体。濁音は「ぐ」「グ」。

**ク 2画【九】** 部首[乙] 教育小1 JIS 2269
音 キュウ・ク
訓 ここの・ここのつ
筆順 →キュウ[九]
ここのつ。ここの。「九月・九分九厘・九曜」用例(名)―の日。→キュウ[九]

**ク 3画【久】** 部首[丿] 教育小5 JIS 2155
音 キュウ・ク
訓 ひさしい
筆順 →キュウ[久]
ひさしい。時間や年月が長い。「久遠」→キュウ[久]

**ク 3画【口】** 部首[口] 教育小1 JIS 2493
音 コウ・ク
訓 くち
筆順 →コウ[口]
①くち。くちにする。くちでいう。「口調・口伝」「異口同音」②ひと。人のかず。「口分田」→コウ[口]

**ク 3画【工】** 部首[工] 教育小2 JIS 2509
音 コウ・ク
筆順 →コウ[工]
①こしらえる。「細工」「工面」②たくみ。きりけずる人。「大工」→コウ[工]

**ク 4画【区】** 部首[匚] 教育小4 →教育小3 JIS 2272
11画【▼區】 旧字 JIS 5031
音 ク・オウ
区 区 区 区
①わける。しきる。「区画・区別」②こわけした場所。「街区・地区」「区域」③大都市に行政上設けられた区画単位。東京都には一定の自治権をもつ特別区があり、大阪・京都などの政令指定都市には行政区がある。「市区町村」「区役所」用例(名)―に昇格する。《接尾的》千代田―。④法令執行上設けられた地域の区画単位。「選挙区」

**ク 5画【功】** 部首[力] 教育小4 JIS 2489
音 コウ・ク
筆順 →コウ[功]
しるし。ききめ。「功徳」→コウ[功]

**ク 5画【句】** 部首[口] 教育小5 JIS 2271
音 ク・コウ
句 句 句 句
①文の中の一区ぎり。一般に二語以上からなって、ある意味を表すもの。「一言半句・慣用句・字句・章句・対句・文句」「句読点」用例(名)はさみこまれた―。②和歌・漢詩の五音節または七音節の一区ぎり。「起句・結句・承句」用例(名)上の―。③俳句、発句のこと。対義 歌。「佳句・名句」「句会・句集」用例(名)―をひねる。④英文法のphrase(フレーズ)の訳語。文を構成する一部分として、二語以上のまとまりを持っているが、主語対述語の形式を含んでいないもの。対義 節。

**句作るより田作れ** 詩歌などをつくっているより、田畑で作物をつくれ。働くこと、実生活に役立つ仕事をすすめることば。

**ク 7画【▼佝】** 部首[人・イ] JIS 4840
音 コウ・ク
背骨がまがってのびない病気。くぐせ。「佝僂」

**ク 7画【▼劬】** 部首[力] JIS 5002
音 ク
つかれる。働いてつかれる。ほねをおる。

**ク 8画【供】** 部首[人・イ] 教育小6 JIS 2201
音 キョウ・ク・グ
訓 そなえる・とも
筆順 →キョウ[供]
①そなえる。神仏などにそなえる。そなえもの。「仏供」「供御・供物・供養」②とも。従者。ともをする。「内供」→キョウ[供]

**ク 8画【苦】** 部首[艹] 教育小3 JIS 2276
音 ク・コ
訓 くるしい・くるしむ・くるしめる・にがい・にがる
苦 苦 苦 苦 苦
①くるしい。くるしむ。くるしみ。ほねおり。対義 楽。「困苦・四苦八苦・病苦・貧苦」「苦学・苦痛・苦難」用例(名)―は楽のたね。②にがい。にがにがしい。にがる。対義 甘。「苦言・苦渋・苦杯」③仏教で、自分の煩悩や悪行の報いのためにうけるくるしみ。身心を悩まされて不安だったり、思いどおりにならない状態。二



▼常用漢字表外。 ▽常用漢字表の音訓外。

苦・三苦・四苦八苦・百十苦など。

**苦有れば楽有り**(くあればらくあり) 苦しみののちには、たのしみが来るものだ。No cross, no crown. 類似 楽有れば苦有り。

**苦にする**(くにする) 心配する。苦しむ。be concerned

**苦になる**(くになる) 気になる。気がかりになる。たいそう思い悩む。worry 用例 きつい仕事も苦にならない。

**苦は色変える**(くはいろかえる) 苦労というものは、その性格が違っているだけであって、だれにでもどこにでもあるものだ。どんなものであれ、苦労のない人はいないし、苦労のないところはない。

**苦は楽の種**(くはらくのたね) 苦労は、やがてはむくいられるものだ、ということ。No cross, no crown.

**苦も無く**(くもなく) 全く苦労せず、簡単に。たやすく。easily; with no trouble

**ク**【狗】 8画 部首[犭](けものへん) JIS 2273
音 コウ・ク
①イヌ。小さい犬。「走狗・羊頭狗肉」 ②「天狗(てんぐ)」は、鼻が高く、自由に空を飛ぶという想像上の怪物。

**ク**【枸】 9画 部首[木](きへん) JIS 5946
音 ク・コウ
①「枸櫞(くえん)」は、ミカン科の常緑低木。マルブシュカン。シトロン。 ②「枸杞(くこ)」は、ナス科の落葉小低木。

**ク**【紅】 9画 部首[糸](いとへん) 教育小6 JIS 2540
音 **コウ・ク・グ**
訓 **べに・くれない**
筆順 ↓コウ【紅】
あかい。くれない。べにいろ。「真紅・深紅」 ↓コウ【紅】

**ク**【俱】 10画 部首[人・亻](にんべん) JIS 2270
音 ク・グ
ともに。そろって。ともにする。「不俱戴天(ふぐたいてん)」

**ク**【宮】 10画 部首[宀](うかんむり) 教育小3 JIS 2160
音 **キュウ・グウ・ク**・クウ
訓 **みや**
筆順 ↓キュウ【宮】
①皇室。皇族。「宮内庁」 ②みや。おみや。みたまや。 ↓キュウ・グウ【宮】

**ク**【庫】 10画 部首[广](まだれ) 教育小3 JIS 2443
音 **コ・ク**
筆順 ↓コ【庫】
寺で、ものをととのえるところ。「庫院・庫裏」 ↓コ【庫】

**ク**【栩】 10画 部首[木](きへん) JIS 5959
音 ク
クヌギ。ブナ科の落葉高木。

**ク**【疴】 10画 部首[疒](やまいだれ)
音 ク
背骨がまがってのびない病気。くぐせ。「疴瘻(くる)」

**ク**【矩】 10画 部首[矢](やへん) 人名用 JIS 2275
【矩】 10画 旧字
音 ク
①さしがね。かねざし。かぎ形の定規。「規矩」 ②四角形。方形。「矩形」 ③のり。おきて。規準。

**ク**【訏】 10画 部首[言](ごんべん)
音 ク
①おおきい。ひろい。 ②ほこる。 ③ああ。なげく声。

**ク**【貢】 10画 部首[貝](かい) 常用 JIS 2555
音 **コウ・ク**
訓 **みつぐ**
みつぐ。みつぎもの。「年貢(ねんぐ)」 ↓コウ【貢】

**ク**【呴】 12画 部首[口](くちへん)
音 ク
ふく。いきをふきかけて、あたためる。また、いき。

**ク**【煦】 13画 部首[灬](れっか) JIS 6372
音 ク
①あたたかい。あたためる。 ②めぐむ。めぐみ。

**ク**【窶】 14画 部首[宀](うかんむり)
音 ク・ロウ
①まずしい。とぼしい。 ②やつれる。やせおとろえる。

**ク**【嶇】 14画 部首[山](やまへん) JIS 5447
音 ク
けわしい。さがしい。山がけわしい。

**ク**【駆】 14画 部首[馬](うまへん) 常用 JIS 2278
【驅】 21画 旧字 JIS 8160
【駈】 15画 異体字 JIS 2279
音 **ク**
訓 **かける・かる**
①かける。はやくはしる。「疾駆・先駆・前駆・長駆」 ②おいはらう。かる。かりたてる。「駆使・駆除・駆逐・駆虫剤」

**ク**【駒】 15画 部首[馬](うまへん) 人名用 JIS 2280
音 ク
こま。①こうま。若い馬。 ②馬の総称。「白駒(はっく)」 ③小形の木片などのよび名。

**ク**【窶】 16画 部首[穴](あなかんむり) JIS 6764
音 ク・ロウ
①まずしい。とぼしい。 ②やつれる。㋐やせおとろえる。㋑みすぼらしくなる。㋒面がわりする。 ③やつす。㋐姿をかえる。㋑なやむ。㋒化粧する。

**ク**【屨】 17画 部首[尸](しかばね)
音 ク
くつ。はきもの。また、草履(ぞうり)。

**ク**【瞿】 18画 部首[目](め) JIS 6658
音 ク
①みる。きょろきょろみまわす。 ②おそれる。びくびくする。

**ク**【軀】 18画 部首[身](みへん)
【躯】 11画 異体字 JIS 2277
音 ク
からだ。み。「体軀・病軀・老軀・矮軀(わいく)」「軀幹」

**ク**【懼】 21画 部首[忄](りっしんべん) JIS 5686
【惧】 11画 異体字 JIS 5592
音 ク・グ
おそれる。びくびくする。おそれ。「危懼(きぐ)・疑懼・恐懼」

**ク**【臞】 22画 部首[月](にくづき)
音 ク
やせる。やつれる。からだがほそる。

**ク**【癯】 23画 部首[疒](やまいだれ)
音 ク
やせる。やつれる。からだがほそる。

**ク**【衢】 24画 部首[行](ゆきがまえ) JIS 7445
音 ク
みち。ちまた。よつかどみち。四方に通ずる大通り。

**く**【来】 古語 (カ変自) ↓くる(来る)

**く** 古語 (接尾) 《活用語に付いて、その語を名詞化する。上代には広く用いたが、平安時代以後「言はく」「願はくは」など、一部の慣用的な語を残すだけとなる》 ①「…すること」の意を表す。用例 直(ただ)に逢(あ)はず在(あ)らく―も多く(万葉・五・八〇九)。 ②《「言ふ」「思ふ」などに付いて、会話や引用を導く》…することには。用例 梅の花夢(いめ)に語らく―(万葉・五・八五二)。 ③《文末に用いて詠嘆の意を表す》…であることよ。用例 長き春日を思ひ暮らさく―(万葉・一〇・一九三六)。

**ぐ**【ぐ・グ】 ↓く【く・ク】

**グ**【弘】 5画 部首[弓](ゆみへん) 人名用 JIS 2516
音 コウ・グ
ひろい。ひろめる。「弘誓(ぐぜい)・弘法(ぐほう)」 ↓コウ【弘】

**グ**【求】 7画 部首[氺](したみず) 教育小4 JIS 2165
音 **キュウ・グ**
訓 **もとめる**
筆順 ↓キュウ【求】
もとめる。ねがう。ねがい。「欣求(ごんぐ)浄土」 ↓キュウ【求】

**グ**【具】 8画 部首[八](はち) 教育小3 JIS 2281
【具】 8画 旧字
音 **グ**・ク

①うつわ。器物。「家具・器具・寝具・道具」 用例 (名)政争の―にする。 ②装束(しょうぞく)など一そろいのものを数えるのに用いる。用例 (助数)女の装束一―。 ③そなわっている。そなえる。「不具」「具眼・具足・具備」 ④わかるように。つぶさに。「具現・具申」 ⑤料理で、細かにきざみ、五目飯などに入れるもの。加薬。用例 (名)飯に―を混ぜる。

**グ**【愚】 13画 部首[心](こころ) 常用 JIS 2282
音 **グ**
訓 **おろ**か
①おろか。ばか。対義 賢(けん)。「愚痴・愚鈍・愚問・愚劣」 用例 (名)人まねの―を繰り返す。 ②自分や身内を謙遜(けんそん)するときに、上につけて用いる。「愚兄・愚僧・愚弟」

**愚に返る**(ぐにかえる) 年をとって、おろかになる。

**愚にも付かない**(ぐにもつかない) まったくばかばかしくて、話にならない。くだらなくて、話題・問題にもならない。取るに足りない。用例 ―ことばかり言って。

**愚の骨頂**(ぐのこっちょう) ひどくくだらないこと。the height of folly

**グ**【虞】 13画 部首[虍](とらがしら) 常用 JIS 2283
【虞】 13画 旧字
音 グ
訓 **おそれ**
①おそれる。うれえる。おそれ。 ②おもんぱかる。前もって、よくかんがえる。 ③中国の楚(そ)の項羽の愛姫(あいき)。「虞美人」

**グ**【颶】 17画 部首[風](かぜ) JIS 8107
音 ク・グ
つむじかぜ。旋風。大暴風。「颶風」

**グ**【麌】 18画 部首[鹿](しか) JIS 8341
音 グ・ゴ
雄のシカ。牡鹿(おじか)。

**ぐ-あい**【具合・工合】 ①しくみや働きの状態・ようす。condition 用例 機械の―が悪い。 ②健康状態。かげん。health 用例 からだの―がいい。 ③つごう。convenience 用例 今晩会えると―がいい。 ④ていさい。体面。decency 用例 いま会うのは―が悪い。 ⑤方法。やり方。way 用例 こういう―にやる。

**クァジーモド**【Salvatore Quasimodo】 (一九〇一～六八) イタリアの詩人。純粋詩から出発して、第二次大戦中の惨禍を歌った。一九五九年ノーベル文学賞受賞。詩集『来る日も来る日も』など。

**グアダラハラ**【Guadalajara】 メキシコ中西部、ハリスコ州の州都。肥沃(ひよく)な高原地帯で、農業を中心に機械・金属工業もさかん。伝統的な織物・陶器の特産地。人口一六二・五万(一九九〇)。

**グアダルキビル-がわ**【グアダルキビル川】(Río Guadalquivir) スペイン南部、アンダルシア地方を西に流れて大西洋に注ぐ川。長さ五六〇km。

**グアッシュ**【gouache フランス】 不透明水彩絵の具。また、それによる絵。膠着剤(こうちゃくざい)にアラビアゴムを用い、単色を塗り重ねてつやのない鮮明な色調を出す。ガッシュ。

**グアディアーナ-がわ**【グアディアーナ川】(Río Guadiana) イベリア半島南西部の川。スペインのラマンチャ台地から西に流れ、ポルトガルを経て大西洋に注ぐ。長さ八二〇km。

**グアテマラ**【Guatemala】(Republic of Guatemala) 中央アメリカ北西部の共和国。首都グアテマラ。一八二一年スペインから独立。国土の約四分の三は山地で、火山も多い。コーヒー・綿花・バナナ・砂糖を生産。面積一〇・九万km²。人口八一九万(一九八六)。正称グアテマラ共和国。

**グアテマラ**【Guatemala】 中央アメリカ、グアテマラの首都。同国最大の都市。高所のため年中温暖で快適。コーヒーなどの農産物取り引きの中心地。人口一三〇万(一九八三)。

**グアドループ-とう**【グアドループ島】(Guadeloupe) 西インド諸島東部、リーワード諸島南部の島。バステール島とグランテール島の二島からなる。面積一五一〇km²。フランス領。

**グアナコ**【guanaco】 ラマやアルパカの原種であるラクダ科の偶蹄(ぐうてい)類。肩高約一・二m。背面は黄褐色、腹面は白く、羊毛状の毛で覆われる。南アメリカの半砂漠的な高地に生息。

**グアニル-さん**【グアニル酸】 核酸の一成分で、グアノシンと燐酸(りんさん)が結合したもの。グアニル酸のナトリウム塩にはシイタケのうまみがあり、複合調味料として市販されている。guanylic acid

**グアニン**【guanine】核酸中のプリン塩基の一つ。グアノ(=鳥糞石)のなかに多く含まれる。
**グアノ**【guano スペイン】海鳥の糞が堆積し固まったもの。窒素・燐酸肥料の原料として利用される。南米太平洋沿岸や南太平洋の諸島などに産出する。鳥糞石。
**グアノシン-さんりんさん**【グアノシン三▼燐酸】グアニンに糖のリボースが結合したグアノシンに、燐酸三つが結合したもの。ヌクレオチドの一種。GTP。guanosine triphosphate
**グアバ**【guava】→グワバ
**クアハウス**【Kurhaus ドイツ】健康増進を目的に、温泉にスポーツトレーニング設備を併設した保養施設。本場の西独ではカジノなどもあり社交場的な色合いが強い。わが国の場合は日本健康開発財団が推進している。温泉社交館。多目的温泉保養館。
**グアム-とう**【グアム島】(Guam) 太平洋西部、マリアナ諸島の最南端にある、ミクロネシア最大の島。中心都市アガナ。面積五四九km²。アメリカ領で海・空軍の大基地がある。珊瑚礁の海が美しく、観光客が多い。人口一一万(一九八二)。
**グアヤキル**【Guayaquil】南アメリカ、エクアドル西部にある商工業都市。同国最大の都市・貿易港。コーヒー・カカオを積み出す。人口一二〇・一万(一九八二)。
**グアヤク**【guaiacum】ユソウボクから得られる暗褐色の樹脂。以前は梅毒・リューマチの薬、現在は食品用酸化防止剤として使用。主成分グアヤコン酸。グアヤク樹脂。
**グアヤク-の-き**【グアヤクの木】→ゆそうぼく(癒瘡木)
**クアラ-ルンプール**【Kuala Lumpur】マレーシアの首都。マレーシアの政治・文化の中心地。マレー半島南西部、クラン川下流域にある。一九世紀後半からゴム・錫の集散地として発展。人口九三・八万(一九八〇)。
**グアルダフィ-みさき**【グアルダフィ岬】(Cape Guardafui) アフリカ大陸東部、ソマリア共和国北東端の岬。高さ三〇〇mの断崖絶壁が連なる。アシール岬。
**グァルディ**【Francesco Guardi】(一七一二～一七九三) イタリアの画家。一八世紀ベネチア派の代表。街や運河の風景画にすぐれる。作品『ラグーナ』など。
**クァルテット**【quartetto イタリア】→カルテット
**グァルネリ**【Guarneri】イタリアのバイオリン製作一家。また、その製作楽器の通称。ストラディバリ・アマーティと並ぶ名家。
**グァレスキ**【Giovanni Guareschi】(一九〇八～一九六八) イタリアの小説家。ユーモア小説『ドン=カミロ』シリーズで知られる。

**く-あわせ**【句合(わ)せ】俳諧で、二組みに分かれて俳句をつくり、両方の組から一句ずつ出していき、判者を立てて、その優劣を争うこと。発句合わせ。比較 歌合わせ。
**ぐ-あん**【具案】①草案をつくること。make a draft ②一定の方法や手段をそなえていること。また、その案。plan
**ぐ-あん**【愚案】①役に立たない案。②自分の考えをけんそんしていう語。
**愚案に落つ**(ぐあんにおつ) 自分で考えて、理解する。納得する。be convinced of
**ぐ-あん**【愚暗・愚▼闇】(名・形動) 愚かで、物分かりの悪いこと。道理を知らないこと。また、そのさま・人。暗愚。
**くい**【悔い】悔いること。後悔。repentance 用例 ―を残す。
**くい**【▼杭・▼杙】地にうちこんで、支柱・目印などにする木の棒。stake
**く-い**【句意】①成句・熟語の意味。②俳句の「意味。
**くい**【久井】〈町〉広島県、三原市北隣の町。農業中心。カーネーション栽培と錦鯉養殖で知られる。人口六四七三(一九八八)。
**くい-あ・う**【食(い)合う】(五自) ①互いに相手や相手のものを食う。②組み合わせた部分がぴったり合う。fit in 対義 食い違う。
**くい-あげ**【食(い)上げ】収入がとだえ、生活できなくなること。用例 めしの―。
**くい-あら・す**【食い荒(ら)す・食荒(ら)す】(五他) ①食いちらす。②乱暴に食べる。
**くい-あらため**【悔(い)改め】キリスト教用語。神の義と愛にうながされて罪を認識し、生活を転換すること。聖書信仰の出発点。repentance
**くい-あらた・める**【悔(い)改める】(下一他) 悪事や過失を悪いと思って改める。repent
**くい-あわせ**【食い合(わ)せ・食合(わ)せ】①同時に食べると食中毒を起こすと信じられている食品の組み合わせ。また、その禁忌に関する俗信。ウナギと梅干しなど。②かみ合わせること。clenching ③材木を交差させて、ぴたりと合わせること。scarting
**くい-いじ**【食い意地】むやみに食べたがる欲。gluttony 用例 ―がはる。
**くい-い・る**【食(い)入る】(五自) 深くはいる。くいこむ。eat into 用例 ―ように見つめる。
**クイーン**【queen】①女王。王妃。対義 キング。②トランプで、女王の絵ふだ。③花形の女性。
**クイーン**【Ellery Queen】アメリカの推理小説家でいとこどうしのフレデリック=ダネー(一九〇五～一九八二)とマンフレッド=リー(一九〇五～一九七一)の合作筆名。バーナビー=ロスの名でも合作。作品『Yの悲劇』など。
**クイーン-エリザベス-ごう**【クイーン-エリザベス号】イギリスの豪華客船。一九四〇年竣工。八万三六七三総トン。一九七二年香港で改装中、火災のため沈没。同二世号六万七一四〇総トンは一九六九年竣工。the Queen Elizabeth →写

●クイーン-エリザベス号 二世号。

**クイーン-エリザベス-しょとう**【クイーン-エリザベス諸島】(Queen Elizabeth Islands) カナダ北部、北極海諸島北部、マックルーア海峡からランカスター海峡までの海域の北方の島々の総称。天然ガス・石油の埋蔵地。
**クイーン-サイズ**《和製語》婦人服で標準より大きいサイズ。large size 比較 キングサイズ。
**クイーンズランド**【Queensland】オーストラリア北東部の州。州都ブリスベーン。面積一七二・八万km²。人口二四八・八万(一九八三)。
**クイーン-メリー-ごう**【クイーン-メリー号】イギリスの客船。巨船建造競争時代の一九三六年竣工。八万七七四総トン。現在はロングビーチ港に永久保存され、海事博物館として使われている。the Queen Mary
**クイーン-モード-ランド**【Queen Maud Land】南極大陸の大西洋側の地域。一九三〇年、ノルウェーのラルセンが発見。
**くい-おき**【食(い)置き】→くいだめ(食い溜め)
**くい-かけ**【食(い)掛け】食べるのを中途でやめること。また、その食べ物。食べ掛け。食いさし。half-eaten 用例 ―のパン。
**くい-かじ・る**【食(い)▼齧る】(五他) ①あちこち少しずつ食べちらす。eat disorderly ②物事をためして、ほんの一部を知る。have a smattering of
**くい-か・ねる**【食(い)兼ねる】(下一自) ①食おうとしても食えない。②生活に困る。
**く-いき**【区域】区切られた場所・範囲。zone

**くい-き・る**【食(い)切る】(五他) ①かみ切る。bite off ②ぜんぶ食べる。eat up
**ぐい-ぐい(と)**(副) ①強い力で引いたり押したりするさま。vigorously ②勢いよく進めるさま。vigorously ③勢いよく飲みつづけるさま。quaff 用例 ―引きはなす。
**くい-け**【食い気】食べたい欲望。食欲。appetite
**くい-こ・む**【食(い)込む】(五自) ①深くはいる。eat into ②侵入する。inroad; cut into ③赤字になる。go into the red
**くい-ころ・す**【食(い)殺す】(五他) 食いついて殺す。eat up
**くい-さが・る**【食(い)下がる】(五自) ①食いついて、ぶらさがる。②ねばり強く相手に向かう。hang on to; dog
**くい-さし**【食(い)▽止し】食べかけて中途でやめること、やめた食べ物。くいかけ。food half eaten
**くい-しば・る**【食(い)縛る】(五他) 強くかみ合わせる。用例 歯を―。
**くい-しろ**【食い代】食費。食い料。food expenses
**くいしん-ぼう**【食いしん坊】(名・形動) 食い意地のきたない人・さま。食いしんぼ。glutton
**クイズ**【quiz】質問に答える形式の遊び。また、テレビやラジオなどでの、質問に回答して賞品・賞金が得られる番組内容。なぞ。あてもの。
**くい-すぎ**【食(い)過ぎ】→たべすぎ(食べ過ぎ)
**くいぜ**【▽株】①木のきりかぶ。②杙。
**株を守る**(くいぜをまもる) 古い習慣にこだわって、進歩しようとしない。類似 守株の愚。
**くい-ぞめ**【食(い)初め】生後一〇〇日目のころ、乳児を初めて食につかせる儀礼。赤飯や尾頭つきの膳をこしらえ、実際には食べさせる真似だけをする。一粒祝い。歯固め。箸初め。箸立て。
**くい-たお・す**【食(い)倒す】(五他) ①飲食した代金を払わない。bilk ②遊びくらして財産をなくす。くいつぶす。eat up one's fortune
**くい-だおれ**【食(い)倒れ】①うまいものを食べてばかりいて、貧しくなること。比較 着倒れ。用例 京の着倒れ、大阪の―。②遊びくらして財産をなくすこと。
**くい-だめ**【食(い)▼溜め】一度にたくさん食べて、腹にためておくこと。stuff oneself with food
**くい-たりない**【食(い)足りない】(連語) ①食べ足りない。満腹でない。want more to eat ②十分には満足できない。unsatisfactory 用例 ―答弁。
**くい-ちが・う**【食(い)違う】(五自) ①うまく合わない。一致しない。discord 対義 食い合う。②物事がうまくはこばない。行き違う。go wrong
**くい-ちぎ・る**【食(い)千切る】(五他) 歯でかみきる。かんでむしるように切りとる。bite off
**くい-ちら・す**【食(い)散らす】(五他) ①あちこちの物を、少しずつきたならしく食べる。くいあらす。try a bit of every dish ②食べるときに、食べ物をこぼす。eat untidily
**クイック**【quick】はやいこと。すばやいこと。対義 スロー。
**くい-つ・く**【食(い)付く】(五自) ①かみつく。bite ②くっついてはなれない。hold on to; cling to
**くい-つく・す**【食い尽(く)す・食尽(く)す】(五他) 食べ尽くす。すっかり食べてしまう。eat up
**クイック-ターン**【quick turn】水泳の回転式ターンの総称。壁の手前で水中で倒立するように回転し、足で壁をけって折り返す。
**クイック-リターン-ピッチ**【quick return pitch】野球の反則投球の一つ。投手が捕手の返球を受けてすぐ、打者が十分に構えないうちに投球すること。
**ぐいっ-と**(副) →ぐいと
**くい-つな・ぐ**【食(い)▼繋ぐ】(五自) ①すこしずつ食べて、食料をたもたせる。くいのばす。keep alive on ②ほそぼそと生計を立てる。keep alive on
**くいっ-ぱぐれ**【食いっ▽逸れ】→くいはぐれ(食い逸れ)
**くい-つぶ・す**【食(い)▼潰す】(五他) 働かないで財産をなくす。くいたおす。run through one's fortune in idleness 用例 遺産を―。
**くい-つみ**【食(い)積み・食(い)摘み】新年を祝う飾り物の一つ。三方の上に白米・伊勢エビ・昆布・のしあわび・かちぐりなどをのせる。蓬萊飾り。
**くい-つ・める**【食(い)詰める】(下一自) 職を失うなどして生活できなくなる。be down and out
**くい-で**【食い出】じゅうぶん食べたと感じるだけの分量。食べで。食いごたえ。
**ぐい-と**(副) ①急に力を入れて動作をするさま。with a jerk 用例 ―引き寄せる。②一気に飲むさま。at a gulp 用例 酒を―あおる。
**くい-どうらく**【食い道楽】うまい物・めずらしい物を食べる道楽。それを道楽にしている人。しょくどうらく。gourmet 比較 着道楽。
**くい-と・める**【食(い)止める】(下一他) ふせぎ止める。check
**くいな**【▽水▽鶏・▼秧▽鶏】水辺の草むらにすむクイナ科の鳥の総称。また、その一種。翼



▼常用漢字表外。▽常用漢字表の音訓外。

長約一三cmで、地味な黄褐色。昆虫・ミミズなどを食べる。北海道で繁殖し、本州以南で越冬。参考和歌などで「戸をたたくクイナ」といわれるのはヒクイナ(翼長約一一cm)で、繁殖期にキョッキョッと続けて鳴く。water rail ↓図

●クイナ

**くい-にげ【食(い)逃げ】**(名・サ変自)①飲んだり食ったりした代金を払わないで逃げること。skip out on the check ②ごちそうになってすぐ帰ることを、おどけていう語。

**グイニツェッリ【Guido Guinizelli】**(一二三〇〜四〇ごろ〜七六)イタリアの詩人。清新体派の創始者。「高貴な心につねに愛は宿る」という主題をうたった。

**クイニョン【Qui Nhon】**ベトナム南部、南シナ海に臨む都市。漁港。一八七四年、フランスとの貿易のため開港。

**くい-のば・す【食(い)延ばす】**(五他)少しずつ食べて、食料を長くたもつようにする。くいつなぐ。keep alive on

**ぐい-のみ【ぐい飲み・ぐい▼呑み】**①一息に飲むこと。②大ぶりの猪口。厚手で底が深い。

**くい-はぐれ【食い▽逸れ】**①食べる機会をのがすこと。miss one's meal ②生活の手立てを失うこと。食いっぱぐれ。lose one's means of livelihood

**クイビシェフ【Kuibyshev】**ソ連中西部、ボルガ川中流、サマラ川との合流点にある都市。交通・商工業・文化の一中心。人口一二六・七万(一九八六)。

**くい-ぶち【食い扶▽持】**①食用のための一定の分量の食料。ration of food ②食料を買うためのお金。食費。食い分。food expense

**くい-ぶん【食い分】**↓くいぶち(食い扶持)②

**くい-ほうだい【食い放題】**食べたいだけ食べること。また、食べるにまかせること。eat as much as one likes

**ぐい-まつ【ぐい松】**《「ぐい」はkuyヌアイ(黒い木の意)から》マツ科の落葉高木。樺太・シベリアに分布。カラマツに似る。材は土木用・器具用。カラフトマツ。

**くい-もの【食い物】**①食べ物。food ②他人の利益のために、利用されること・もの。prey

**食い物にする**(くいものにする)他人をだましたりおどかしたりして、利益を得る。prey on

**食い物の恨みは恐ろしい**(くいもののうらみはおそろしい)食物にかかわるうらみは根が深い。

**クイヤン【貴陽】**(Guiyáng)↓きよう(貴陽)

**くい-より【食い寄り】**葬式のときなどに、ごちそうをめあてに集まること。比較泣き寄り。用例親は泣き寄り他人は―。

**グイラルデス【Ricardo Güiraldes】**(一八八六〜一九二七)アルゼンチンの詩人・小説家。牧童の伝統的な生活を描く。小説『ドン=セグンド=ソンブラ』など。

**くい-りょう【食い料】**①食費。食い代。food expenses ②食べ物とするもの。食料。food

**く・いる【悔いる】**(上一他)あやまちに気がついて残念に思う。後悔する。repent

**グイロ【güiroスペイン】**中南米起源のリズム楽器。ラテン音楽で使用。おもに円筒形の空胴体で、裏に響穴がある。木の柄で表面をこすり、音を出す。

**く-いん【九院】**比叡山延暦寺の九つの建物の総称。一乗止観院・定心院・総持院・四王院・戒壇院・八部院・山王院・西塔院・浄土院。

**く-いん【▽庫院】**庫裡の別称。

**クインテット【quintettoイタリア】**①五重奏。五重唱。②五重奏曲。また、五重奏団。

**クウ** 8画 **【空】** 部首[穴] 教育小1 JIS 2285
8画【▼空】旧字

音クウ・コウ・ク
訓そら・あく・あける・から

空 空 空 空 空 空

①そら。おおぞら。対義地。「高空・上空・天空」用例(名)天馬、―を行く。②むなしい。から。なにもない。むだ。「真空」「空虚・空想・空費・空腹」用例(名)この世はすべて―だ。③仏教で、すべて存在するものは、因縁によって生ずる仮の姿で、実体がない、ということ。シューニヤ。比較無・仮。「色即是空」④飛行機に関すること。「航空」「空軍・空港」⑤あく。あける。

**くらう** 12画 **【▼喰】** 部首[口] 和製漢字 JIS 2284
↓くら・う[食らう・喰う]

**く・らう【食らう・▼喰らう】**(五自他)①(他)㋐食物をかんで、のみこむ。食べる。eat 用例めしを―。㋑ついやす。必要とする。consume 用例時間を―。㋒負かす。beat 用例横綱を―。㋓虫がさす。bite 用例のみに―・われる。㋔こうむる。身に受ける。receive 用例小言を―。㋕年齢を重ねる。用例年を―・った男。②(自)㋐生活する。live 用例―に困らない。㋑だまされる。be deceived 用例いっぱい―。

**食いに食う**(くいにくう)《「食う」を強める言い方》大いに食う。eat well

**食うか食われるか**(くうかくわれるか)《命がけの戦いなどに言う》相手をやっつけるか自分がやられるか。life-or-death

**食うや食わず**(くうやくわず)生活が非常に困窮しているさま。starve

**食って掛かる**(くってかかる)激しい口調・態度で反抗する。defy

**食ってすぐ寝ると牛になる**(くってすぐねるとうしになる)食後すぐ横になる不作法を戒めることば。

**何食わぬ顔**(なにくわぬかお)思っていたり、したりしているのに、そうではない、無関係であるという風をよそおう顔つき。そしらぬ顔。innocent look

**人を食う**(ひとをくう)人をばかにする。make a fool of 用例まったく人を食ったやつだ。

**グウ** 9画 **【▼禺】** 部首[内] JIS 6728

音グ・グウ

①オナガザル。サル目に属する哺乳動物。②すみ。かたすみ。

**グウ** 10画 **【宮】** 部首[宀] 教育小3 JIS 2160

音キュウ・グウ・ク・クウ
訓みや
筆順↓キュウ[宮]

①みや。おみや。みたまや。「参宮・神宮」「宮司」②神社の名をよぶときにつけて用いる。用例(接尾)筥崎―。参考伊勢神宮では外宮・内宮。③大きな建物。御殿。「行宮・竜宮」④皇族。皇室。「中宮・東宮」↓キュウ・ク[宮]

**グウ** 11画 **【偶】** 部首[人・亻] 常用 JIS 2286

音グウ・ゴウ・グ

①つれあい。たぐい。「配偶者」②二でわりきれる数。対義奇。「偶数」用例(名)―の数。③ふと。ひょっこり。たまたま。「偶感・偶成・偶然・偶発」④木・石・土などでつくった神仏の像や人形。「土偶」「偶人・偶像」

**グウ** 12画 **【▼喁】** 部首[口]

音ギョウ・グ・グウ

あぎとう。魚が水面で、口をぱくぱくする。

**グウ** 12画 **【▼寓】** 部首[宀] JIS 2287

音グ・グウ

①やどる。よせる。かりずまい。「寄寓」「寓居」②かこつける。本意をたとえ話にふくめる。「寓言・寓話」③目をとめる。「寓目」

**グウ** 12画 **【▼嵎】** 部首[山] JIS 5442

音グ・グウ

くま。すみ。山のすみ。

**グウ** 12画 **【遇】** 部首[辶] 常用 JIS 2288
13画【▼遇】部首[辶] 旧字

音グウ・グ

①もてなす。もてなし。「厚遇・待遇・優遇」②あう。であう。「奇遇・千載一遇・遭遇」③ふと。ひょっこり。たまたま。「遇会」

**グウ** 12画 **【隅】** 部首[阝] 常用 JIS 2289

音グウ・グ
訓すみ

①すみ。かたすみ。「一隅」②大隅国のこと。「薩隅」「隅州」

**グウ** 15画 **【▼耦】** 部首[耒]

音ゴウ・グウ

①つれあい。たぐい。②ならぶ。二人ならんでたがやす。③あう。むきあう。

**グウ** 18画 **【▼藕】** 部首[艹] JIS 7325

音ゴウ・グ・グウ

①ハス。スイレン科の多年草。はちす。②ハスの根。蓮根。食用にする。

**ぐう** じゃんけんで、にぎりこぶしの形で出すこと。石。ちょき(=はさみ)に勝ち、ぱあ(=紙)に負ける。

**くう-い【空位】**①ある地位に、だれもいない状態。また、その地位。②あいている席。空席。vacancy ③名ばかりで実のともなわない地位。nominal position

**ぐう-い【▼寓意】**他の物事にかこつけて、それとなくほのめかすこと。アレゴリー。allegory 用例―を含んだ話。

**くう-いき【空域】**空中の一定の範囲。対義海域。用例他国の―を侵す。

**ぐうい-しょうせつ【▼寓意小説】**教訓や意見を目的とした小説。allegory

**ぐう-いん【偶因】**物事が偶然にそうなった原因。accidental cause

**ぐう-えい【偶詠】**ふと思い浮かんだことをよんだ詩歌。

**クウェート【Kuwait】**(State of Kuwait)アラビア半島北東部、ペルシア湾奥の首長国。首都クウェート。一九六一年イギリスから独立。国土の大部分は砂漠で、石油生産量が多く、国家財政の九割を占める。一人あたり国民所得が高く、税金のない国。面積一・八万$km^2$。人口一七九万(一九八六)。正称クウェート国。

**クウェート【Kuwait】**〈市〉クウェートの首都。同国西部、クウェート湾南岸の港湾都市。第二次大戦以降の石油開発に伴って発展。人口六・一万(一九八〇)。アル-クウェート。

**ぐうえき-ちぎょく【▼藕益知▼旭】**↓ちぎょく(智旭)

**クーガー【cougar】**ピューマの別名。

**くうかい【空海】**(七七四〜八三五)真言宗の開祖。諡は弘法大師。讃岐善通寺の人。延暦二三年(八〇四)入唐して恵果から密教の秘法を授けられた。大同元年(八〇六)帰国。弘仁七年(八一六)高野山に金剛峰寺を開創。綜芸種智院の設立、讃岐の満濃池の修築など、文化活動・社会事業にも活躍。能書家で、三筆の一人。著書『三教指帰』『性霊集』『十住心論』『文鏡秘府論』など。↓写

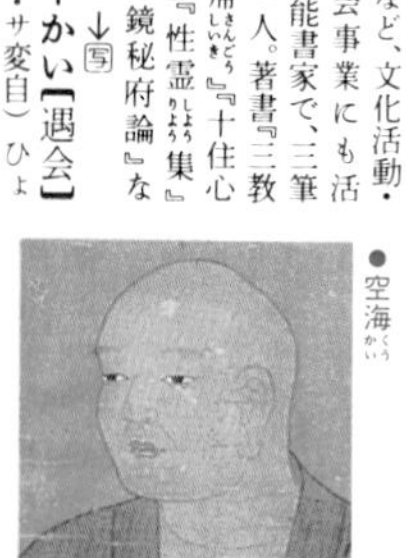

●空海

**ぐう-かい【遇会】**(名・サ変自)ひょっこり出会うこと。

**くう-かぶ【空株】**実際に受け渡しされずに取り引きされる株。反対売買による差額の授受で決済する。fictitious stock 対義正株・実株。

**くう-かん【空間】**①あいている所。すきま。space 用例―を利用する。②無限の広がり。目のとどかない境。space 用例宇宙―。③物理で、物理現象の起こる場所。位置を表す三次元座標系と同じ意味で使われることもある。space 対義時間。

**くう-がん【空観】**《仏教語》一切の存在はそれ自体の本性や固定的な実体がなく、すべて空であると観じること。

**ぐう-かん【偶感】**物事にふれて、ふと浮かんだ感想。random thought

**くうかん-げいじゅつ【空間芸術】**絵画や彫刻・建築のように、空間に一定の広がりがあり、視覚によってその全体を即座に把握できる芸術。とくに詩・文学と美術との差異を明確にするために用いられることば。視覚芸術。造形芸術。対義時間芸術。

**くうかん-ざひょう【空間座標】**空間での座標の総称。空間の直交座標・極座標・曲線座標などがある。space coordinate

**ぐう-かんすう【偶関数】**恒等的に$f(-x)=f(x)$をみたす関数。偶関数のグラフはy軸に関して対称。even function 対義奇関数。

**くうかん-ずけい【空間図形】**↓りったいずけい(立体図形)

**くうかん-せい【空間性】**①広がりの観念。extensity ②奥行き・立体感などによって構成され、美として空間を形成していること。

**くうかん-ち【空閑地】**あき地。vacant lot

**くうかん-はんてん【空間反転】**空間座標の符号を逆にすること。古典物理学の法則は空間反転しても不変だが、素粒子の世界の弱い相互作用は不変ではない。鏡映変換。space reflection; space inversion

**くう-き【空気】** ①地球の地表に近い部分を包む気体。無色・透明・無臭で、酸素約二〇%、窒素約七八%、その他の気体から成る。air 用例 ―を入れ替える。②けはい。雰囲気。atmosphere 用例 険悪な―が漂う。参照 大気。

**くうき-きかい【空気機械】** 送風機・圧縮機などの空気を圧縮する機械。また、エアーハンマーなど圧縮空気を動力として利用する機械。pneumatic machinery

**くうき-こう【空気口】** 室内の空気を新鮮に保つための外気取り入れ口・排気口。ドアの下部のがらり・欄間・換気窓など。vent

**くうき-じゅう【空気銃】** 圧縮した空気圧で鉛製の弾丸を発射する銃。所持には銃砲所持許可証、狩猟には丙種狩猟免許が必要。エアガン。air gun

**ぐうき-せい【偶奇性】** ↓パリティ

**くうき-せんそく【空気栓▼塞】** 血管が、空気の流入で部分的または完全に閉塞したもの。胸部に近い静脈が受傷したさいに吸気の陰圧によっておこりやすい。呼吸困難をおこし、一〇〇～一五〇mℓの量で死亡する。air embolism

**くうき-ちょうせつ【空気調節】** ↓エアコンディショニング

**くうき-ていこう【空気抵抗】** 空気中を運動する物体が、空気から受ける抵抗。大きさは、相対速度に比例する。air resistance

**くうき-でんせん【空気伝染】** 空気中に浮遊する病原体を吸うことにより感染すること。呼吸器系統の伝染病に目立つ。空気感染。air-infection

**くうき-でんち【空気電池】** 正極に多孔性の炭素を用い、これに吸着する空気中の酸素を減極剤とし、負極に亜鉛を用いた一次電池。フェリー電池。air cell

**くうき-ばね【空気▽発▽条】** ゴム製などの容器に圧縮空気を密閉し、その弾性で衝撃を吸収する装置。自動車・鉄道車両などに利用。air spring

**くうき-ハンマー【空気ハンマー】** 圧縮空気の力で作動する機械ハンマー。鍛造作業・くい打ち・リベット打ちなどに用いる。pneumatic hammer

**くうき-ポンプ【空気ポンプ】** 容器内の空気を吸出・排除する真空ポンプ。または、容器内に空気を圧縮・注入するポンプの総称。air pump

**くうき-マイクロメーター【空気マイクロメーター】** 空気の圧力または流量の変化から物体の微小寸法を測定する装置。air micrometer

**くうき-まくら【空気▼枕】** 空気を吹き込んで、ふくらませて使うまくら。air cushion

**くうき-ゆそう【空気輸送】** 輸送管内に発生させた一定の空気流で、粉粒体などを運ぶ方法。セメント・粉などの輸送に使う。pneumatic transportation

**くう-きょ【空虚】**(名・形動) ①中になにもないこと・さま。vacancy ②むなしいこと・さま。からっぽ。inanity 対義 充実。

**ぐう-きょ【▼寓居】**(名・サ変自) かり住まい。寓。temporary abode

**くうき-りきがく【空気力学】** 空気などの気体の流れを研究する流体力学の一分野。航空機やエンジンおよびロケットなどの設計に応用。aerodynamics

**くう-くう【空空】**(形動トタル) ①何もないさま。②ぼんやりしているさま。③《仏教語》この世が実体なく定まりのないことを悟って、執着・煩悩のないさま。

**ぐう-ぐう**(副) ①いびきの音。また、よく寝入っているさま。snore 用例 ―眠る。②空腹で腹が鳴る音。また、空腹のさま。rumble 用例 腹が―いう。

**くうくう-ばくばく【空空漠漠】**(形動トタル) ①何もなく広々としたさま。②とりとめのないさま。用例 ―たる気持ち。

**クー-クラックス-クラン[Ku Klux Klan]** 南北戦争後、アメリカ、テネシー州で結成された秘密結社。狂信的白人優越主義にたって、頭から白衣をかぶり、黒人・ユダヤ人などにテロ行為を行ったが一八七〇年代に衰退。第一次大戦中に再建、反ユダヤ・反カトリック・反有色人種を唱えて活動。一九三〇年代に禁止。KKK。

**くう-ぐん【空軍】** おもに航空機によって爆撃・偵察・警戒・支援・輸送などの任務にあたる軍隊。第二次大戦までは陸・海軍の一部である場合が多かったが、戦後ほとんどの国が独立した空軍をもつ。air force 対義 海軍・陸軍。

**くう-けい【空▼閨】** 夫または妻がいなくてひとり寝のさびしい寝室。用例 ―をかこつ。

**くう-げき【空▼隙】** すきま。すき。間隙。gap

**くう-け-ちゅう【空仮中】**《仏教語》天台宗で説く三つの真理。あらゆる存在は実体がなく空である(=空)。実体がないものが縁によって仮に存在している(=仮)。空や仮だけで一面的に考えるのはまちがいである(=中)。三諦。

**くう-けん【空▼拳】** ①てぶら。からて。素手。用例 徒手―。②人の助けを受けないこと。

**くう-げん【空言】** ①うそ。でたらめ。②言うだけで実行しないことば。用例 ―をはく。

**ぐう-げん【▼寓言】** たとえ話。寓話。

**ぐう-ご【偶語】**(名・サ変他) 二人向かい合って語ること。

**くう-こう【空港】** 航空輸送のために使われる公共用飛行場。主として、定期航空機の発着場。滑走路・誘導路・管制塔・格納庫・給油・整備施設・旅客・手荷物・貨物を扱う施設などを備えている。エアポート。airport

**くうこう-こうがい【空港公害】** 空港周辺で生じる公害。航空機の離着陸などにともなう騒音・排ガス・電波障害がおもなもの。

**くうこう-バス【空港バス】** 空港と都心・駅などを結び、旅客などを運ぶバス。エアポートバス。limousine

**くう-こく【空谷】** 人のいない、さびしい谷。

**空谷の跫音**(くうこくのきょうおん)《「跫音」は足音》退屈でいるところへ、また、さびしい気分でいるときなどに、思いがけない人やうれしい手紙などを得る喜び。

**くう-さい【空際】** ①天地の接して見えるところ。天地のさかい。②《仏教語》涅槃の別名。

**ぐう-さく【偶作】** ↓ぐうせい(偶成)

**くう-さつ【空撮】** 空中から地上を撮影すること。また、その写真。

**くう-ざん【空山】** 人のいない、さびしい山。

**クーザン[Jean Cousin]**(一四九〇ごろ～一五六〇ごろ) フランス-ルネサンス期の代表的画家。作品『エバ-プリマ-パンドラ』など。同名の息子(一五二二ごろ～九四ごろ)も画家。

**クーザン[Victor Cousin]**(一七九二～一八六七) フランスの哲学者。ドイツ観念論や常識学派、メーヌ=ド=ビランなどの思想を融合した折衷主義者。著書『近世哲学史講義』など。

**ぐう-じ【宮司】** 神職の一つ。神社の造営・祭祀・祈禱などを司る者。

**くう-しつ【空室】** ①使っていない部屋。あきしつ。vacant room ②今、あいている貸し間。あきべや。unoccupied room

**くう-しゃ【空車】** 客や荷物をのせていない自動車・電車。からぐるま。empty car

**くう-じゃく【空寂】**(形動トタル) ひっそりとして、さびしいさま。

**クーシュ[Polykarp Kusch]**(一九一一～) アメリカの理論物理学者。ドイツ生まれ。原子物理学・原子核物理学を研究。電子の磁気モーメントの研究と量子論発展の寄与により、一九五五年ノーベル物理学賞受賞。

**くう-しゅう【空襲】**(名・サ変他) 航空機などで、空中から地上の目標を攻撃すること。air raid

**ぐう-しゅう【隅州】** 大隅国。

**くう-しゅうごう【空集合】** 要素を一つももたない集合。記号φ。empty set

**くう-しょ【空所・空処】** 使われずにあいている所。何もない所。

**グージョン[Jean Goujon]**(一五一〇ごろ～六八ごろ) フランス-ルネサンス期の彫刻家・建築家。ルーブル宮殿の装飾彫刻で有名。

**ぐう-じん【偶人】** でく。人形。

**グース[Hugo van der Goes]**(一四四〇ごろ～八二) フランドルの画家。表現主義的な写実をみせる『ポルティナリの祭壇画』でフィレンツェ画壇に影響を与えた。↓フランドル美術 写

**クーズー[kudu]** ウシ科の偶蹄類。角がねじれた大形レイヨウ。肩高一・三m前後。体は青灰色で八～九条の白いしまがある。アフリカに分布。

**ぐう-すう【偶数】** 二で割りきれる整数。even number 対義 奇数。

**グーズベリー[gooseberry]** セイヨウスグリの別称。

**ぐう・する【▼寓する】**(サ変自他) ①(自)かりに住む。reside temporarily ②(他)かこつけて言う。imply 用例 教訓を―・した物語。

**ぐう・する【遇する】**(サ変他) もてなす。待遇する。遇す。treat

**ぐう-せい【偶成】** 詩歌がふとできること。偶然できた詩歌。偶作。

**くう-せき【空席】** ①あいている席。vacant seat ②職や地位が、欠員になっていること。vacant post

**くう-せつ【空説】** よりどころのない説。根も葉もないうわさ。用例 ―で人をたばかる。

**クーセビツキー[Sergei Koussevitzky]**(一八七四～一九五一) アメリカの指揮者。ロシア生まれ。一九二四～四九年ボストン交響楽団常任指揮者。

**くう-ぜん【空前】** 今までに例がないこと。未曾有。unprecedented 対義 絶後。用例 ―の大成功。

**ぐう-ぜん【偶然】** ㊀(名・形動)思いがけないこと・さま。原因がわからないで起こること・さま。予想しなかった現象が起こること・さま。chance; accident 対義 必然。用例 ―がわたしたちを結びつけた。そいつは―だ。㊁(副)ふと。たまたま。by chance 用例 ―町で会う。

**ぐうぜん-せい【偶然性】** ①偶然であること。contingency ②論理的にも、因果関係の点からも予知できない性質。contingency 対義 必然性。

**ぐうぜんせい-の-おんがく【偶然性の音楽】** 現代アメリカの作曲家ケージが創始した新しい概念に基づく音楽。偶然の音から無音まで、すべての音を音楽の概念に含める。新技法として現代音楽に取り入れられる。aleatory music

**くうぜん-ぜつご【空前絶後】** 今までに例がなく、これからも例がないであろうと思われるような、非常にめずらしいこと。the first and probably the last

**くう-そ【空疎】**(名・形動) ①むなしいこと・さま。inanity ②内容が貧弱なこと・さま。insubstantial

**くう-そう【空想】**(名・サ変他) 実際にはありえないことを想像すること。現実からはなれ、頭の中だけで想像している状態。imagination; fancy 比較 夢想・想像。対義 現実。用例 ―にふける。

**ぐう-ぞう【偶像】** ①信仰の対象として、神仏にかたどった金属・木石などの像。idol ②熱狂的な人気の対象。idol

**くうそう-か【空想家】** 空想にふけっている、また、ふけりやすい人。visionary; dreamer

**ぐうぞう-か【偶像化】**(名・サ変他) 熱中して偶像のようにたっとぶこと。idolization

**ぐうぞう-すうはい【偶像崇拝】** ①神仏にかたどって作られたものを、信仰の対象として崇拝・尊重すること。idolatry ②あるものを無批判にたっとぶこと。

**くうそう-てき【空想的】**(形動) 現実とかけはなれたことを頭の中で気ままに考えるさま。imaginative 対義 現実的・実際的。用例 ―な計画。

**くうそうてき-しゃかいしゅぎ【空想的社会主義】** 資本主義のもとでの貧困や混乱から生まれ、社会主義を理想社会として描いたオーエン・サン=シモン・フーリエらの思想を、社会の現実の科学的分析を欠くとしてエンゲルスが批判したことば。utopian socialism 対義 科学的社会主義。

**ぐうぞう-はかい【偶像破壊】** ①キリスト教などで、偶像崇拝の風習を非難する主張。iconoclasm ②既成の権威や道徳に反抗して、これを打破すること。iconoclasm

**くう-そく-ぜ-しき【空即是色】**《仏教語》『般若心経』のことば。万物に実体はないが、因縁によって仮にさまざまの形に現われるということ。比較 色即是空。

**くうたいくう-ミサイル【空対空ミサイル】** 航空機から空中の目標に対して発射される誘導ミサイル。AAM。air-to-air missile

**くうたいち-ミサイル【空対地ミサイル】** 航空機から地上・海上の目標に対して発射される誘導ミサイル。空対艦ミサイル。ASM。air-to-surface missile

**ぐうたら**(名・形動) 気力のないさま、また、そういう人。なまけもの。いくじなし。ぐず。lazybones

**くう-ち【空地】** あき地。さら地。vacant lot米; vacant land英

**くう-ちゅう【空中】** 大空のなか。そら。the air

**くうちゅう-けん【空中権】** 空中を対象とする区分地上権の通称。他人の土地・構造物の上の空間を利用し、工作物をつくる権利。air right

**くうちゅう-さいきん【空中細菌】** 空気中に浮遊している細菌群。おもに土中からほこりとともに飛散した菌と人畜に由来する菌か



▼常用漢字表外。　▽常用漢字表の音訓外。

らなり、感染の原因にもなる。air bacteria

**くうちゅう-ささつ【空中査察】** 空から調査すること。aerial inspection

**くうちゅう-しゃしん【空中写真】** 航空機から地上を写した写真。人工衛星などから写したものを含む場合もある。前者は地図作成・不動産調査などに、後者は地下資源探査・考古学・軍事・気象などに利用。aerial photo

**くうちゅう-せん【空中戦】** 航空機どうしが空中で行う戦闘。空戦。ドッグファイト。air battle; dog fight

**くうちゅう-せん【空中線】** ↓アンテナ

**くうちゅう-そうきけいかいかんせいき【空中早期警戒管制機】** レーダーと指揮管制装置を搭載して、早期警戒、情報の処理伝達、味方の戦闘機・艦艇などの作戦・指揮統制を行う航空機。AWACS(エーワックス)。airborne warning and control system

**くうちゅう-そうきけいかいき【空中早期警戒機】** 長距離索敵用レーダーを搭載し、領空に接近する航空機をなるべく遠方で発見・識別する任務をもつ航空機。AEW。airborne early warning

**くうちゅうちっそ-こてい【空中窒素固定】** 空気中の窒素から窒素化合物をつくること。生物学的には根瘤(こんりゅう)・土壌バクテリアによる固定、化学的にはアンモニア合成など。fixation of atmospheric nitrogen

**くうちゅう-ばくげき【空中爆撃】** 航空機などの爆弾投下による攻撃。空爆。空襲。air raid

**くうちゅうはっしゃ-じゅんこうミサイル【空中発射巡航ミサイル】** 航空機から発射する巡航ミサイル。ALCM。air-launched cruise missile

**くうちゅう-ぶらんこ【空中ブランコ】** 空中につるしたブランコを使って行う曲芸。サーカスの代表的な出し物。trapeze

**くうちゅう-ぶんかい【空中分解】**(名・サ変自) ①飛行機が空中で突然ばらばらになること。midair explosion ②団体などが分裂してなくなること。break up

**くうちゅう-ろうかく【空中楼閣】** ①空中に高い建物を建てるような、根拠のない物事。架空の物事。castle in the air ②蜃気楼(しんきろう)。mirage

**くう-ちょう【空腸】** 小腸の上部五分の二の部分。開腹したとき腹腔の左上部を占め、長さ約二・五m、直径約二・七cm。粘膜には輪状ひだと絨毛(じゅうもう)がある。解剖したとき、空(から)のことが多いのでこの名がある。jejunum ↓腸図

**くう-ちょう【空調】**《「空気調節」の略》↓エアコンディショニング

**くうちょう-かんきせん【空調換気扇】** 室内の温度を変えずに換気する空調器具。酸欠・一酸化炭素中毒を予防。air conditioner

**くうちょう-せつび【空調設備】** 室内の空気の温度・湿度を快適に保つように調節する設備。冷・暖房機など。air conditioning; air conditioner

**グーツヘルシャフト【Gutsherrschaft(ドイツ)】** 一五〜一九世紀にエルベ川以東のドイツ各地にあった前近代的土地所有制度。領主権・土地所有権・裁判権をもつ領主に対し、農民は隷属的領民であった。一九世紀の農民解放で消滅。

**グーツ-ムーツ【Johann Guts Muths】**(一七五九〜一八三九) ドイツの体育指導者。従来の体育運動を系統的、効果的に再編成。著書『青年の体操』など。

**くう-てい【空▼挺】**《「空中挺進」から》空輸によって、軍隊を敵地に移動させること。輸送機による落下傘(らっかさん)降下、ヘリコプターなどによる強行着陸などの方法がある。

**くうてい-さくせん【空▼挺作戦】** 空輸によって、兵員や火砲などの装備品を相手の後方拠点などに降下させ、攻撃する作戦。airborne warfare

**くうてい-ぶたい【空▼挺部隊】** 空輸によって目的地に急行する地上戦闘部隊。一九三九年ソ連軍が対フィンランド戦で初めて採用。降下部隊。airborne troops

**ぐうてい-るい【偶▼蹄類】** 哺乳(ほにゅう)類の一目。ひづめがあり、足の指が二本または四本と偶数のもの。反芻(はんすう)亜目(ウシ・シカ・ラクダなど)とイノシシ亜目(イノシシ・カバ・ペッカリーなど)がある。雑食性のイノシシを除き多くは草食性。artiodactyl 対義 奇蹄類。

**くう-てがた【空手形】** ↓からてがた(空手形)

**クーデター【coup d'État(フランス)】** 軍事力・警察力の非合法的使用によって政権の奪取をはかること。既存の支配勢力間の勢力争いから生じる暴力的な政権交代。比較 革命。

**くう-てん【空転】**(名・サ変自) 車輪や議論などがから回りすること。idling

**くう-でん【空電】** 雷放電など大気中の放電によるパルス状の雑音電波。低い周波数ほど影響が大きく、超短波以上では実用上問題はない。atmospherics

**グーテンベルク【Erich Gutenberg】**(一八九七〜) 西ドイツの経営学者。経営学に近代経済学の成果を導入して体系を築いた。主著『経営経済学原理』。

**グーテンベルク【Johannes Gensfleisch zur Laden zum Gutenberg】**(一三九四/九九〜一四六八) ドイツの活版印刷の創始者。本名をヨハン=ゲンスフライシュ Johann Gensfleischといい、グーテンベルクは通称。マインツの貴族の家に生まれた金細工人。一四五〇年ごろまでに活字による印刷術を完成。

**クーデンホーフ-カレルギー【Richard Nikolaus Coudenhove-Kalergi】**(一八九四〜一九七二) オーストリアの政治学者。母は日本人。一九二二年以降汎(はん)ヨーロッパ運動を展開。第二次大戦後もヨーロッパ統合を主唱。EEC成立に影響を与えた。

**くう-どう【空洞】** ①から。うつろ。hollow ②ほらあな。cave ③炎症や壊死(えし)で、臓器にできる空間。用例 肺に――がある。

**くうどう-きょうしんき【空洞共振器】** マイクロ波の共振器として用いる中空の金属容器。フィルター・発振器回路などに使用。cavity resonator

**クートー【Lucien Coutaud】**(一九〇四〜七七) フランスの画家。シュールレアリスム的画風で舞台装置も手がける。サロン-ド-メ設立に参加。

**グード-ずほう【グード図法】** 地図投影法の一つ。アメリカ人グードが考案。面積を正しく表記できる図法。サンソン図法とモルワイデ図法を合成したもの。分布図に好適。ホモロサイン図法。Goode's projection ↓地図図

**くう-とりひき【空取引】** 損益の差金で決済するだけで、実物の受け渡しをしない取り引き。からとりひき。

**クーナウ【Johann Kuhnau】**(一六六〇〜一七二二) ドイツの作曲家。クラビア音楽の発展に貢献。クラビア曲標題音楽『聖書ソナタ』など。

**クーニャン【姑娘(中)】**(gūniang) むすめ。少女。若い女。

**ぐう-の-ね【ぐうの音】** 苦しいときに発する声。

**ぐうの音も出ない**(ぐうのねもでない) 完全にまいった。一言もない。be silenced

**クーパー【Gary Cooper】**(一九〇一〜六一) アメリカの映画俳優。素朴な暖かみのある個性で国際的人気を博した。主演作『モロッコ』『ヨーク軍曹』『真昼の決闘』『昼下りの情事』など。↓写

●G=クーパー『昼下りの情事』。左はオードリー=ヘップバーン。

**クーパー【James Fenimore Cooper】**(一七八九〜一八五一) アメリカの小説家。海洋小説・辺境小説を書いた。作品『水先案内人』『モヒカン族の最期』を含む五部作『皮脚絆(きゃはん)物語』など。

**クーパー【Leon Neil Cooper】**(一九三〇〜) アメリカの理論物理学者。バーディーン・シュリーファーとともに超電導の理論をつくり、一九七二年ノーベル物理学賞受賞。

**クーパー【William Cowper】**(一七三一〜一八〇〇) イギリスの詩人。賛美歌や田園詩にすぐれる。詩集『オルニー賛美歌集』、長詩『課題』など。

**くう-はく【空白】**(名・形動) ①何も書いてない状態。また、その所。ブランク。blank 用例 ――を埋める。②何も行われていない状態。blank 用例 政治の――。

**くう-ばく【空漠】**(形動トタル) ①何もなく広々としたさま。vast ②要領を得ないさま。あてのないさま。vague

**くう-ばく【空爆】**(名・サ変他) 「空中爆撃」の略。

**くう-はつ【空発】**(名・サ変自) ①ダイナマイトなどをむだに爆発させること。②標的を定めないうちに銃を発射すること。

**ぐう-はつ【偶発】**(名・サ変自) ふいに起こること。accidental occurrence 用例 ――の事故。

**ぐうはつ-さいむ【偶発債務】** 将来発生する可能性をもった債務のこと。手形割引による償還義務・債務保証などの保証義務がおもなもの。contingent liabilities

**ぐうはつ-せんそう【偶発戦争】** 思いがけない事故や誤算がもとで発生する戦争。accidental war

**くう-ひ【空費】**(名・サ変他) むだづかいすること。徒費。waste

**くう-ふく【空腹】** 腹が減ること。すきはら。すきばら。すきっぱら。hunger 対義 満腹。用例 ――をかかえる。

**空腹は最上のソースである**(くうふくはさいじょうのソースである) 《ソクラテスのことば》空腹は、食物をおいしくさせるいちばんのこつである。空腹のときは、何を食べてもうまく感じる。Hunger is the best sauce. 類似 空腹に不味(まず)い物無し。

**クープマンス【Tjalling Charles Koopmans】**(一九一〇〜八五) アメリカの数理経済学者。オランダ生まれ。活動分析の開発者の一人。一九七五年ノーベル経済学賞受賞。

**クープラン【François Couperin】**(一六六八〜一七三三) フランスの作曲家。軽妙・節度・優雅をそなえる典型的ロココ音楽を作曲。フランスのクラブサン(チェンバロ)音楽の絶頂期を築いた。

**くう-ぶん【空文】** 役に立たない文章・法令。

**クーペ【coupé(フランス)】** ①二人乗り四輪箱馬車。②乗用車車体の一形式。二つドアの箱形で、前部座席を主とし、後部座席が無いものもある。スポーツカーに多い。↓自動車図

**クーベリック【Rafael Jeronym Kubelík】**(一九一四〜) チェコの指揮者。メトロポリタン歌劇場音楽監督などを歴任。ロマン派・近代音楽に定評。

**クーベルタン【Pierre de Coubertin】**(一八六三〜一九三七) フランスの教育家。一八九二年、近代オリンピックの創設を提唱。国際オリンピック委員会(IOC)初代会長。

**くう-ぼ【空母】** 「航空母艦」の略。

**くう-ほう【空包】** 薬莢(やっきょう)の中の弾丸の部分が木製などで、発射音が出るだけの演習用の銃弾。対義 実包・実弾。

**くう-ほう【空砲】** 実弾をこめていない銃砲。また、空包を発砲すること。blank shot

**クーポン【coupon】** ①公社債の証券に刷り込まれ、一枚ずつ切り離せるようになっている紙片。利子金額などが表示され、引きかえに利子をうけとる。利札(りさつ)。②旅行券・回数券・割引券など。また、旅行券・宿泊券などを一つづりにしたもの。

**くう-まい【空米】** 相場で、実物なしでする米の取り引き。対義 正米(しょうまい)。

**くう-めい【空名】** 実のない名声・評判。虚名。

**ぐう-もく【▼寓目】**(名・サ変自) 目をつけること。着目。

**くうや【空▼也】**(九〇三〜九七二) 平安中期の僧。諸国を巡り、踊り念仏と、阿弥陀仏(あみだぶつ)の名号を唱え民衆を教化。西光寺(のちの六波羅蜜(ろくはらみつ)寺)を建立。市聖(いちのひじり)。阿弥陀聖。こうや。↓写

●空也(くうや) 六波羅蜜(ろくはらみつ)寺(京都府)。

**くうや-ねんぶつ【空▼也念仏】** 念仏踊りの別称。

**くうや-むし【空▼也蒸(し)】** 豆腐入りの茶わん蒸し。くずあんをかける。空也念仏が流行した平安時代からといわれる。空也豆腐。

**くう-ゆ【空輸】**(名・サ変他)《「空中輸送」の略》航空機で人・物を運ぶこと。air transportation

**ぐう-ゆう【偶有】**(名・サ変他) ある性質を偶然そなえていること。

**ぐうゆう-せい【偶有性】** 事物のもつ非本質的な性質で、それがなくても実体がそこなわれないようなもの。偶性。付帯性。偶有的属性。accident

**クーラー【cooler】** ①冷却器。冷房装置。②釣りなどに用いる携帯用の保冷箱。

**クーラウ【Friedrich Kuhlau】**(一七八六〜一八三二) デンマークの作曲家。ドイツ生まれ。初歩のピアノ教材曲で有名。

**グーラッシュ【goulash】** 牛肉を使い、パプリカの風味をきかせたトマト味のシチュー。

ハンガリアングーラッシュ。

**くう-らん【空欄】** 何も書かれていない空白の欄。blank 用例 ―を埋める。

**クーラン【kulan】** アジア産野生ロバ(＝アジアノロバ)の一亜種。体高約一m。赤褐色で腹部は白い。耳は長く、目は大きい。アルタイ山地・キルギス草原に分布。絶滅の危機にある。

**クーラント【courante フランス】** 一六～一七世紀にイタリアやフランス宮廷で流行した舞踊・舞曲。四分の三または二分の三拍子の速度で軽い跳躍を伴う。古典組曲に取り入れられた。

**くう-り【空理】** 役に立たない理論。用例 ―空論。

**クーリー【苦力 中】**(kŭli) もと、中国などで荷物の運搬などに従事した下層労働者。

**くうりき-かねつ【空力加熱】** 音速に近い速度または超音速で飛行する機体のまわりの空気が、圧縮や摩擦などによって高温となり、機体を加熱する現象。空気の温度上昇は飛行速度マッハ数の二乗に比例する。aerodynamic heating

**くうりき-とくせい【空力特性】** 空気中を運動する物体が、気流から受ける種々の力に対して示す安定化の性能。空気抵抗係数(CD)・揚力係数(CL)・偏揺モーメント(CYM)など。aerodynamic characteristics

**クーリッジ【John Calvin Coolidge】**(一八七二～一九三三) アメリカの政治家。第三〇代大統領(在任一九二三～二九)。共和党の自由放任的経済政策を堅持。対外的にも経済進出と協調外交を推進。在任中は「黄金の二〇年代」と称される繁栄期となった。

**ぐう-りょく【偶力】** 互いに平行で、大きさが等しく、反対向きの一対の力。この力が作用すると物体は重心を中心に回転する。couple

**クーリング-オフ【cooling off】** 訪問販売など、営業所以外の場所で販売が行われる場合、購入契約をしても一定の期間内ならば申し込みの撤回や契約の解除ができる制度。

**クーリング-ダウン【cooling down】** スポーツで、激しい運動の後に軽度の運動を行うこと。筋肉中の乳酸の除去が早まるなど、疲労の回復に有効。

**クール【cool】**(形動) ①涼しいさま。②冷たいさま。③冷静なさま。

**クール-ジャズ【cool jazz】** 一九五〇年代のウエストコーストージャズ隆盛の中心となった、洗練され抑制された表現を特徴とするジャズ。スタン＝ゲッツが代表的。

**クールタード【Pierre Courtade】**(一九一五～) フランスの小説家。第二次大戦後のマルクス主義文学の代表的作家。作品『黒い河』など。

**グールド【Glenn Gould】**(一九三二～八二) カナダのピアニスト。きわめて個性的な解釈と演奏技法をもち、バッハ・現代音楽に定評がある。

**クールナン【André Frédéric Cournand】**(一八九五～一九八八) アメリカの内科医。フランス生まれ。心肺機能の権威者。心疾患の鑑別診断に心臓カテーテル法が有用で安全であることを立証し、標準的方法を確立した。一九五六年ノーベル生理学医学賞受賞。

**クールノー【Antoine-Augustin Cournot】**(一八〇一～七七) フランスの経済学者・数学者。独占価格決定の法則を解明。著書『富の理論の数学的原理に関する研究』など。

**クール-ブイヨン【court-bouillon フランス】** 魚をゆでるための煮汁。水に白ワインやスパイスを加えてつくる。

**クールベ【Gustave Courbet】**(一八一九～七七) フランスの画家。現実をあるがままに描写する写実主義の唱導者。作品『オルナンの埋葬』『荒海』など。→写

●クールベ 『オルナンの埋葬』(部分)。一八五〇年、オルセー美術館(フランス)。

**グールモン【Rémy de Gourmont】**(一八五八～一九一五) フランスの批評家・小説家。象徴主義の擁護者。批評集『仮面の書』『文学散歩』など。

**くう-れい【空冷】**(「空気冷却」の略)空気を使って冷やすこと。air-cooled 対義 水冷。用例 ―エンジン。

**くうれい-きかん【空冷機関】** 空気でシリンダーの冷却を行う方式の機関。シリンダーの外周に多数の放熱のための薄い板をもつ。air-cooled engine

**くう-ろ【空路】** ①航空機の飛行するコース。air route ②航空機を利用すること。by air 用例 ―到着する。

**くう-ろん【空論】** 役に立たない議論。よりどころのない議論。impractical theory 用例 空理―。

**クーロン【coulomb フランス】** 電荷の単位。一アンペアの電流によって一秒間に運ばれる電気量を一クーロンとする。フランスの物理学者クーロンにちなむ。記号C。

**クーロン【庫倫】**(Khurun) ウランバートルの中国語名。

**クーロン【Charles-Augustin de Coulomb】**(一七三六～一八〇六) フランスの物理学者・技術者。ねじれ弾性を研究し、クーロンの法則を確立。

**クーロン-の-ほうそく【クーロンの法則】**(Coulomb's law) ①二つの点電荷の間にはたらく力は、おのおのの電荷の積に比例し、その間の距離の二乗に反比例するという法則。②二つの点磁極間にはたらく力に対する①と同様の法則。③物体が接触して生じる摩擦力は、接触面に加わる垂直な荷重に比例し、接触面積の大小には無関係。摩擦の法則。アモントンの法則。

**クーロン-りょく【クーロン力】** 二つの点電荷のあいだにはたらく力。力の大きさは相互の距離の二乗に反比例し、二つの電気量の積に比例する。電荷が同符号なら斥力(せきりょく)、異符号なら引力。Coulomb's force

**ぐう-わ【▼寓話】** ユーモアと機知にあふれた楽しい話の形式で、教訓を示すことを目的とした物語。動物や擬人化された観念などを主人公に、人間のモラルを象徴的に表現する。ギリシアの『イソップ物語』など。fable

**クーン【Richard Johann Kuhn】**(一九〇〇～六七) 西ドイツの化学者。カロチノイド類およびビタミン類の合成・構造決定など、天然有機・生化学の広範囲にわたり貢献。一九三八年ノーベル化学賞を授けられるが、ナチスの政策により辞退させられ、第二次大戦後に受賞。

**く-え【九絵】** 沿岸の岩礁にすむスズキ科の海水魚。体長約一m。口は大きくエビ・魚などを捕食。成熟個体は近縁のマハタに酷似。本州中部から東シナ海に分布。→図

●クエ

**くえ-いっしょ【▼倶会一処】**《仏教語》『阿弥陀(あみだ)経』にあることば。阿弥陀仏の極楽浄土に往生(おうじょう)したものは、そこで諸々の人と会うことができるというもの。

**くえい-でん【▽公営田】** 平安初期の国の直営の田。弘仁(こうにん)一四年(八二三)大宰府(だざいふ)管内で、のち諸国で行われた。徭役(ようえき)で耕作させ、経費はすべて官給、収穫は国家のものとした。対義 私営田。

**クエーカー【Quaker】** キリスト教プロテスタントのフレンド派の通称。一七世紀にイギリスのジョージ＝フォックスが創設、ウィリアム＝ペンがアメリカで広める。神から直接、黙示を受けることを主眼とし、絶対平和運動や社会奉仕に活躍。基督(キリスト)友会。

**クエーサー【quasar】** 恒星のように見え、輝線スペクトルが大きな赤方偏移を示す天体。中心部が特別に活動的な銀河と考えられている。準恒星状天体。準星。

**く-えき【苦役】** ①苦しい労働。toil ②懲役。

**クエスチョン【question】** 疑問。質問。問題。

**クエスチョン-マーク【question mark】** 疑問符。「?」のこと。

**クエッタ【Quetta】** パキスタン西部、バルチスタン地方第一の都市。アフガニスタンとの国境に近く、交通・軍事上の要地。農畜産物の集散・加工地。人口二八・五万(一九八一)。

**くえ-ない【食えない】**(連語) ①食うことができない。unable to eat ②生活がなりたたない。unable to make a living ③ゆだんがならない。あつかいにくい。crafty 用例 ―やつ。

**くえ-にち【▽凶会日】** 暦注の一つ。悪霊が集まる日といわれ、何をするにも凶日とされる。

**く・える【食える】**(下一自) ①食うことができる。able to eat ②生活できる。able to make a living ③食う価値がある。うまい。delicious

**クエルチア【Jacopo della Quercia】**(一三七四ごろ～一四三八) イタリア―シエナ派の彫刻家。力強い表現はミケランジェロに影響を与えた。シエナの『ガイアの泉水』の高浮き彫りなど。

**クエンカ【Cuenca】** エクアドル南部、標高二六〇〇mの高原にある都市。パナマ帽の産地。人口一三・九万(一九八〇)。正称サンタアナ―デ―クエンカ。

**くえん-さん【▼枸▼櫞酸】** 化学式$C_6H_8O_7$ 柑橘(かんきつ)類などの中に存在する有機酸。アセトンから合成、または糖蜜(とうみつ)などの枸櫞酸発酵でつくられる。果汁・清涼飲料水などの酸味料、医薬品・可塑剤(かそざい)に利用。citric acid

**くえんさん-かいろ【▼枸▼櫞酸回路】** →ティーシーエーかいろ(TCA回路)

**くえんさん-はっこう【▼枸▼櫞酸発酵】** クロカビなどにより、糖から枸櫞酸を生成する発酵。citric-acid fermentation

**クオ-ヴァディス【Quo Vadis ラテン】** →クオバディス

**クォーク【quark】** 核子や中間子などを構成する基本粒子。核子はクォーク三個で、中間子はクォークと反クォークでできている。単独では観測されていない。

**クオーター【quarter】** ①四分の一。②ヤード-ポンド法の量の商業用単位。一クオーターは二九〇・九五ℓ、約一二・七kg。③地区。区域。④スポーツ競技で、一試合時間の四分の一。

**クオーターバック【quarterback】** アメリカンフットボールで攻撃側のポジションの一つ。センターの後方に位置し、作戦を指示し攻撃の要(かなめ)となる。QB。

**クオータリー【quarterly】** 三か月ごとに年四回発行される定期刊行物。季刊誌。

**クオーツ【quartz】** ①石英。②「クオーツクロック」の略。

**クオーツクロック【quartzclock】** →すいしょうどけい(水晶時計)

**クォーテーション-マーク【quotation marks】** 引用したものであることを表す符号。引用符。「"　"」「'　'」などのこと。

**クオート【quart】** ヤード-ポンド法の容積の単位。一ガロンの四分の一、約一・一四ℓ。

**クオ-バディス【Quo Vadis ラテン】** シェンキエビチの歴史小説。一八九六年刊。一世紀のネロ時代、ローマでのキリスト教徒迫害に題材をとる。

**クオリティー-ペーパー【quality paper】** 高級紙。大衆紙より記事・解説が格調高く、読者層が有識者であるため社会的影響力が強い新聞。一流紙。

**クオレ【Cuore イタリア】** イタリアの児童文学者デ＝アミーチスの代表作。一八八六年発表。邦訳名『愛の学校』。エンリーコ少年の小学校生活を日記体でつづり、祖国愛をうたっている。

**く-おん【久遠】**《仏教語》時間的にきわまりのないこと。遠い過去。遠い未来。

**くおん-じ【久遠寺】** 山梨県南巨摩(こま)郡身延(みのぶ)町にある日蓮宗(にちれんしゅう)の総本山。身延山妙法華院。文永(ぶんえい)一一年(一二七四)晩年の日蓮が隠棲(いんせい)のため構えた小庵(しょうあん)に始まる。身延山。

**くおん-じつじょう【久遠実成】**《仏教語》『法華経(ほけきょう)』の根本思想。歴史上の釈迦牟尼(しゃかむに)は仮(方便)の姿で、本当は久しく遠い過去に成仏していて、三世(さんぜ)にわたって人々を教化しているという考え方。

**くか【久▽賀】**〈町〉山口県南東部、大島北岸の町。ミカン栽培が主産業で、漁業もさかん。人口五四八二(一九八八)。

**くが【▽陸】** 古語 りく。おか。用例 ただ水鳥の―にまどへる心地して(源氏・玉鬘)。

**くが【▼玖▼珂】**〈町〉山口県東部、岩国市南西隣の町。古代から開けた町で、今は岩国・徳山市の衛星住宅地。人口九九八九(一九八八)。

**く-かい【句会】** 俳句をつくる会。比較 歌会。



▼常用漢字表外。　▽常用漢字表の音訓外。

**く-かい【苦海】**《仏教語》現世には苦しみが多いことを、海にたとえた語。苦界(くがい)。
**く-がい【▽公界】**①公。表向き・晴れの場。②世間。社会。公衆。人なか。③中世、自由を意味する語。
**公界をする**(くがいをする) 晴れがましい場所に出る。
**く-がい【苦▼艾】** ニガヨモギの漢名。苦味質のアブシンチンを含むため全体が苦いのでこの名がある。
**く-がい【苦界】**①《仏教語》苦しみのたえない人間世界。しゃば。②遊女・娼妓(しょうぎ)の身の上。用例 ―に身を沈める。
**く-かい-せき【苦灰石】** カルシウムとマグネシウムの炭酸塩鉱物。鉄やマンガンも含む。三方晶系。柱状・板状・八面体の結晶。真珠光沢で、無色から白色、または黄褐色・赤色。多くは方解石と混在。ドロマイト。白雲石。dolomite
**くがい-そう【九▼蓋草】** ゴマノハグサ科の多年草。高さ五〇～一〇〇cm。葉は四～六枚をかさのように輪生。夏に、紅紫色の花を穂状につける。山の草地にはえる。↓写

●クガイソウ

**くがい-でん【▽公▼廨田】** ↓くげでん(公廨田)
**くが-かつなん【▽陸▼羯南】**(一八五七～一九〇七) ジャーナリスト。青森県生まれ。本名は実(みのる)。明治時代最大の言論新聞『日本』を創刊。日本主義の立場をとり、屈辱的な条約改正への反対論などで活躍した。
**く-かく【区画・区▼劃】**(名・サ変他) 場所を一定にしきること。しきり。division
**く-がく【苦学】**(名・サ変自) ①働いて学資を得ながら学校に通うこと。studying under adversity ②苦労しながら学問をすること。用例 ―力行。
**くかく-せいり【区画整理】** 都市計画にしたがって、土地の区画を整理変更すること。道路事情の改善や、環境の整備などが目的。land readjustment
**くが-じ【▽陸路】** 古語 ①陸上を通る道。②陸地。
**くか-たち【▽探▽湯・▽誓▽湯・▽盟▽神▽探▽湯】** 古代の神誓裁判の一種。正邪を決めるため、神に祈誓して熱湯に手を入れさせ、手がただれた者を邪と判定した。くがたち。

**く-がつ【九月】** 一年の第九番の月。September 比較 長月。
**くがつ-いつか【九月五日】** 江戸時代に、男女の奉公人が期限を終えて交替する、秋の出替わりの日。後には九月一〇日となった。
**くがつ-せっく【九月節句】** ↓きくのせっく(菊の節句)
**く-かつよう【ク活用】** 文語の形容詞の活用型の一つ。「高く」「広く」などのように連用形の語尾が「く」となるもの。比較 シク活用。
**く-がら【句柄】** 連歌(れんが)・俳諧(はいかい)などの、句のできばえ・品格。
**く-かん【区間】** ①鉄道・道路などの二つの地点のあいだ。section ②二つの実数 $a$ と $b$ の間にある実数全体の集合。$a$、$b$ をふくむとき閉区間といい[$a$, $b$]で表す。$a$、$b$ を含まないとき開区間といい、($a$, $b$)で表す。interval
**く-かん【苦寒】** ①寒さ、または貧しさに苦しむこと。②もっとも寒い時節。③陰暦一二月の異称。
**く-かん【▼軀幹】** からだ。とくに、胴体。
**ぐ-がん【▼弘願】**《仏教語》仏が一切の衆生(しゅじょう)を救おうとする誓願。浄土教では阿弥陀(あみだ)仏の四十八願、とくに第十八願をいう。
**ぐ-がん【具眼】** 正しく判断する見識のあること。discerning 用例 ―の士。
**ぐかんしょう【愚管抄】** 鎌倉(かまくら)前期の歴史書。慈円(じえん)著。承久(じょうきゅう)二年(一二二〇)成立。道理の展開という観念で、神武(じんむ)天皇から順徳(じゅんとく)天皇までの歴史を説明。
**くき【茎】** ①シダ植物・種子植物の主軸として葉・花を支え、水分・養分を通し、根と結びつく部分。地上茎と地下茎に大別。stem ②茎状のもの。また、槍(やり)などの柄(え)。shaft 用例 ―みじかに握る。↓蘚苔(せんたい)植物 図
**くき【久喜】**〈市〉 埼玉県北東部の市。利根(とね)広域都市計画の開発拠点。埼玉ナシの産地。人口六万一六七一(一九八八)。
**くぎ【▼釘】** 一端がとがっていて、木材などの接合のため打ちこむもの。日本古来の角断面の和くぎは、明治以後、洋くぎの導入ですたれた。金属・木・竹製などがあり、用途により多種。nail 数え方 一本。
**釘が利く**(くぎがきく) 効き目がある。意見をした効果があらわれる。
**釘になる**(くぎになる) 寒さなどで、手足が冷たくなる。
**釘を刺す**(くぎをさす) 念をおす。釘を打つ。make sure of
**く-ぎ【区議】**《「区議会議員」の略》区議会を構成する議員。member of a ward assembly
**ぐ-き【▽虞▽姫】** 虞美人の別称。
**く-ぎかい【区議会】** 東京都の各特別区に設置されている議会。ward assembly
**くぎ-かくし【▼釘隠し】** 打ちつけたくぎの頭を隠すための飾り金具。

**くきざき【茎崎】**〈町〉 茨城県南部、牛久(うしく)沼の北にある町。稲作・野菜栽培など農業が中心。人口二万四一四五(一九八八)。
**くぎ-ざき【▼釘裂き】** くぎにひっかけて、衣服などをさくこと。そのさけ目。かぎざき。
**くぎ-し【▼釘師】** パチンコ台のくぎの調整を専門とする職人。昭和二七年(一九五二)「オール一五-連発式台」が登場、出玉の増加につれてパチンコのプロが出現。その対抗策として店側が釘調整の熟練者を雇ったのが始まり。
**くき-しゅうぞう【九鬼周造】**(一八八八～一九四一) 哲学者。東京生まれ。東大卒。京大教授。実存哲学の特質を解説、「実存」という訳語をつくった。著書『人間と実存』『「いき」の構造』など。
**くきたち-な【茎立菜】** アブラナの北海道・東北地方での呼称。アブラナ科の二年草で、耐寒性が強く、冬の食用野菜として漬物などに利用。
**くぎ-づけ【▼釘付け】**(名・サ変他) ①くぎで物を固定すること。nail up ②物価などを変動させないこと。pegg ③動きのとれないようにすること。また、その状態。be nailed 用例 その場に―になる。
**くぎ-ぬき【▼釘抜き】** ①くぎを抜くために用いる大工道具の一つ。家庭用には金鎚(かなづち)を兼ねたものが一般的。pincers ②紋所の名。①のを紋章化。座金(ざがね)だけのものと梃子(てこ)を添えたものがある。↓図

●釘(くぎ)抜き②
釘抜き

丸に梃子(てこ)釘抜き菱(びし)

**くぎの【久木野】**〈村〉 熊本県、阿蘇(あそ)南郷谷にある村。稲作・畜産・高冷地野菜栽培・林業などが行われる。人口二七二一(一九八八)。
**くき-ばち【茎▼蜂】** 幼虫が種々の草木を食害する原始的なクキバチ科の一群。体長一・五cm内外。腹部にくびれがない。ユーラシア・北アメリカに数十種、日本に数種を産するが、農林業上の害虫が少なくない。バラの新しい枝に穴をあけるバラクキバチはその代表。
**くぎ-め【▼釘目】** くぎを打ちつけた箇所。
**ぐ-きょ【愚挙】** ばかげた行い・くわだて。foolish attempt
**く-きょう【句境】** ①俳句をつくることのうまさ。用例 ―が進む。②俳句をつくるときの心境。また、句に表された境地。
**く-きょう【▽究▼竟】** ①《仏教語》それ以上はない最高の境地。きゅうきょう。②力や技量が非常にすぐれているさま。competent
**く-きょう【苦境】** 苦しい境遇・立場。predicament
**く-ぎょう【▽公▼卿】**《「公」は摂政・関白・太政大臣・左大臣・右大臣、「卿」は、三位以上の大納言・中納言や四位の参議などの高官、の意》①朝廷に仕えた上級貴族。かんだちめ。②納言以下の公家(くげ)。
**く-ぎょう【苦行】**(名・サ変自) ①欲望を断ち、自分の身を苦しめることによって信仰の強化をめざす修行。asceticism ②たえがたい苦しみを伴う仕事。penance 用例 難行―。
**くぎょう【▽公暁】**(一二〇〇～一二一九) 鎌倉(かまくら)幕府二代将軍源頼家(みなもとのよりいえ)の子。鶴岡八幡宮(つるがおかはちまんぐう)別当。北条義時(ほうじょうよしとき)にそそのかされ、承久(じょうきゅう)元年(一二一九)三代将軍源実朝(さねとも)を八幡宮境内で刺殺。
**くぎょう-ぶにん【▽公▼卿▽補任】** 神武(じんむ)天皇以来明治元年までの公卿の氏名・官歴を列記した名簿。叙位・補任・略歴などを記す。一〇世紀成立の『公卿伝』に順次書き加えたもの。
**くき-よしたか【九鬼▼嘉▽隆】**(一五四二～一六〇〇) 安土(あづち)桃山時代の武将。織田信長(おだのぶなが)・豊臣秀吉(とよとみひでよし)に仕え、水軍を率いて活躍。関ケ原の戦いで敗れ、紀伊(きい)で自殺。
**く-ぎり【区切り・句切り】** ①文や詩の段落。paragraph ②物事の切れ目。pause
**くぎり-ふごう【区切(り)符号】** ↓くとうてん(句読点)
**く-ぎ・る【区切る・句切る】**(五他) ①文や詩をまとまりで切る。段落をつける。punctuate ②物事のさかい目をつける。しきる。divide; compart
**く-ぎん【苦吟】**(名・サ変自) 苦心して詩歌を作ること。その作品。
**く-く【九九】** 一から九までの二つの数を掛けあわせた八一通りの積。また、それを並べたもの。掛け算表。掛け算九九。multiplication table
**く-く【区区】**(形動トタル) ①まちまち。別々。various ②小さいさま。つまらぬさま。trivial
**くぐ【▼莎▽草】** ①カヤツリグサ科の多年草。高さ三〇～五〇cm。茎は三角柱で夏から秋にかけて茎の頂上に円柱形の穂状花を傘(かさ)形につける。本州南部の日当たりのよい草地にはえる。イヌクグ。②ハマスゲの別名。
**くぐい【▼鵠】** 白鳥の古名。くくい。
**ククタ【Cúcuta】** 南アメリカ、コロンビア北東部の商業都市。コーヒー・タバコの集散地。人口三七・九万(一九八五)。
**くく-たち【▽茎立ち】**《「くく」はくき(茎)、の意》菜、とくにアブラナの薹(とう)。
**くぐつ【▼傀▼儡】** ①あやつり人形。かいらい。用例 ―師。②平安時代の遊女。

**くぐつ-まわし【▼傀▼儡回し】** ↓かいらいし(傀儡師)
**くぐの【久々野】**〈町〉 岐阜県北東部、高山市南隣の町。林業が主。畜産、桃・ナシの果樹栽培もさかん。人口四二七六(一九八八)。
**くぐま・る【▼跼まる・▽屈まる】**(五自) 腰をまげ、からだをちぢめる。かがむ。こごむ。
**くく・む【▼銜む・▽含む】**(五他) ①口の中に入れて持つ。ふくむ。②中にはめこむ。③心にとどめて忘れないでいる。恨みに思う。
**くく・める【▼銜める・▽含める】**(下一他) ①口にふくませる。②納得させる。
**くぐも・る**(五自) 声などがこもって、はっきりしない。mumble
**くぐら・せる【▽潜らせる】**(下一他) ①下を通り抜けさせる。もぐらせる。make … pass through ②ものを液体にちょっとひたす。dip into 用例 熱湯を―。
**くくり【▽括り】** ①くくること。くくられたもの。用例 ―まくら。②鳥・けものなどをとらえるわな。③まとまり。しめくくり。用例 ―をつける。
**くぐり【▽潜り・▽耳▽門】** ①くぐって、はいること。get through ②くぐり戸。wicket
**くくり-ぞめ【▽括り染め】** 絞り染めの一種。生地の一部をつまみあげ、根元を糸で巻き、くくって染める。tie-dyeing
**くくり-つ・ける【▽括り付ける】**(下一他) 他のものに強くしばって動かないようにする。しばり付ける。tie
**くぐり-ど【▽潜り戸】** くぐって出入りする戸口。それのついた出入り口。wicket
**くぐり-ぬ・ける【▽潜り抜ける】**(下一自) ①狭いすきまをくぐって通り抜ける。squeeze through 用例 人込みを―。②危機・困難を切り抜ける。cut one's way through 用例 戦火を―。
**くくり-まくら【▽括り▼枕】** そばがら・もみがらなどを入れて、両端をくくったまくら。
**くく・る【▽括る】** 一(五他) ①ひもやなわなどを巻きつけて締める。しばる。用例 袖口(そでぐち)を―。犯人を―。荷を―。bind; tie ②ばらばらのものをまとめて結ぶ。たばねる。用例 なでまきを―。③物事をまとめる。summarize 用例 かっこで―。④《「縊る」とも》自分自身で首をしめて死ぬ。hang oneself 用例 首を―。二 古語 (四他) 括り染めにする。用例 からくれなゐに水―・るとは(古今・秋下)。
**くぐ・る【▽潜る】**(五自) ①水中にもぐる。dive ②物の下やすきまを通りぬける。pass through 用例 脇戸を―。③むずかしい事・ところを通りぬける。用例 難関を―。④ゆだん・不備につけこんでする。evade 用例 法の目を―。
**ククルイニクスイ【Kukryniksy】** ソ連の



↓ 行き先項目、図版・写真参照印。 JIS 日本工業規格情報交換用漢字符号コード(区点コード)。

漫画共同制作工房。クプリヤノフ・クルイロフ・ソコロフの三人が一九二四年結成。

**く・くれる【▿括れる】**(下一自) ひもなどがからみついて、締まる。

**く-げ【▿公家】** ①天皇。朝廷。おおやけ。②《「公家衆」の略。武家に対して》武家時代、朝廷に仕えた人々。③公卿。

**く-げ【供▿花・供華】** 仏前に花をそなえること。また、その花。

**く-けい【区系】** 生物の地理分布からみて共通性や類似性のある生物相をもったいくつかの地域。(植物)floral region; (動物)zoogeographic region

**く-けい【▾矩形】** 長方形。

**ぐ-けい【愚兄】** 自分の兄をけんそんしていう語。対義 賢兄。

**ぐ-けい【愚計】** ①おろかな計略。foolish scheme ②自分の計略をけんそんしていう語。

**くけ-えり【▾絎(け)襟】** 広襟を二つ折りにしてくけつけ、細幅に仕立てた襟。男物長着にみられる。

**くげ-しょはっと【▿公家諸法度】** 江戸幕府が定めた朝廷・公家に対する統制法。元和元年(一六一五)徳川家康が制定。一七条。天皇の学問、公家の席次、服装、改元などを規定し幕府の対京都政策を確立。禁中並公家諸法度。

**くけ-だい【▾絎(け)台】** 和裁用具の一つ。布をくけるとき、たるまないように布の一方を固定させる台。針箱にくくりつけたものもある。

**く-けつ【口▾訣】** 口で伝える秘訣。口伝。

**くげ-でん【▿公▾解田】** 律令制度で、地方官に支給された職分田。くがいでん。

**くけど-ばな【▿潜戸鼻】** 島根県、島根半島の岬。海食奇景で知られ、「加賀の潜戸」とよばれる洞窟がある。『出雲風土記』の「黄泉の国」はここといわれる。

**くけ-ぬい【▾絎(け)縫い】** 縫い方の一種。布端を折りまげて縫い目をなるべく表に出さないように縫うこと。みみぐけ・折りぐけ・まつりぐけなどがある。blind stitch

**く・ける【▾絎ける】**(下一他) 絎け縫いをする。

**く-げん【▿公験】** 律令制下、私有地の売買・譲与による所有権の移転を公的に認めた文書。

**く-げん【苦言】** 言いにくく、聞くのもつらいが、ためになることば。忠言。candid advice 対義 甘言。用例 —を呈する。

**く-げん【苦▿患】**《仏教語》苦しみと悩み。苦難。

**ぐ-けん【愚見】** 自分の意見をけんそんしていう語。愚考。

**ぐ-げん【具現】**(名・サ変他) 具体的に現すこと。実際に現れた物。embodiment 用例 理想の—。

**く-けんさつちょう【区検察庁】** 簡易裁判所に対応して設置される検察庁。最下級で、地方検察庁の下。

**くげん-ししゅう【区限刺▾繍】** 欧風刺繍の一種。下絵をかかず、布目を数えながら幾何学的な模様を刺す刺繍。

**く-こ【▾枸▾杞】** ナス科の落葉小低木。山野・道ばたにはえる。高さ一～二m。葉は互生し、長楕円形。夏に淡紫色の小花を開く。果実は卵形で秋に赤く熟す。若葉は食用。果実は枸杞酒の材料、根皮や葉は解熱・強壮薬。ヌミクスネ。ヌミクスリ。→写

●クコ

**く-ご【供御】** 天皇・皇后・皇子・貴人などの飲食物。

**く-ご【▾箜▾篌】** 古代中国・日本の撥弦楽器。主としてハープ属の竪箜篌または百済琴をさす。西アジアから中国を経て日本に伝来。くうご。こうこう。

**く-こう【句稿】** 俳句を書いた原稿。比較 歌稿。

**ぐ-こう【愚公】**『列子』寓話中の人物。愚直一徹の人物をいう。「愚公、山を移す」のたとえで知られる。

**愚公、山を移す**(ぐこう、やまをうつす)《北山の愚公が、家の前にある山を他に移そうと、人のあざけりも気にせず、箕で土を運び続けたので、ついには神も感じて、その業を完成させたという寓話から》たゆまずに地道な努力を重ねれば、大きな事も成し遂げられるというたとえ。愚公移山。

**ぐ-こう【愚考】**(名・サ変他) ①おろかな考え。foolish idea ②自分の考えをけんそんしていう語。愚見。卑見。対義 賢慮。用例 —いたしまするに…。

**く-ごころ【句心】** ①俳句をつくろうとする心。②俳句を理解し、味わうことができる心。

**くご-にん【供御人】** 平安から室町時代、朝廷や神社に隷属し、貴人の飲食物(=供御)を貢進する義務を負った人。漁業・狩猟者に多く、鎌倉中期以降、特権を背景に座を結成し商業活動に進出した。

**く-こん【九献】** ①正式の献杯の礼の一つ。杯を三献(三杯)ずつ三度さすこと。現在では結婚式のときに行われることが多い。三三九度。②《女房ことば》酒。

**くさ【草】** 一(名) ①茎がやわらかく、木質でない植物。草本。grass 用例 —が枯れの冬。②雑草。weed 用例 —むしり。数え方 一本・一株。③まぐさ。fodder 用例 馬に—をやる。④屋根をふくのに使うわら・かや。用例 —ぶきの屋根。thatching straw and cogongrasses 二(接頭)「本ものより劣った」「に準じた」の意。用例 —相撲。—野球。

**草の枕**(くさのまくら) 草まくら。旅寝。

**草も揺るがず**(くさもゆるがず) 「草木も揺るがず」と同意。

**草を打って蛇に驚く**(くさをうってへびにおどろく) 何げなくしたことが、思いもおよばない結果を招く。

**草を結ぶ**(くさをむすぶ) ①《草木を結んで仮のまくらとする意から》旅寝する。また、草庵に住む。②《晋の魏顆が秦の杜回と戦ったとき、娘の命を助けてくれた恩返しにと、父親の霊が老人の姿になって現れ、草を結んで杜回をつまずかせ、魏顆を助けた故事から》恩に報いることにいう。

**くさ【▿種】** 古語 一(名) ①物事の生じるもと。たね。用例 ただささるものの—の少なきを(源氏・行幸)。②たぐい。しな。種類。用例 唐土・高麗と尽くしたる舞ども—多かり(源氏・紅葉賀)。二(接尾) 種類を数える。用例 百—。千—。

**くさ【▾瘡】** ①皮膚病の総称。できもの。本来は、きずあとのできもの。かさ。dermatosis; scab ②湿疹。eczema; rash ③胎毒。baby's eczema ④梅毒の俗称。congenital syphilis

**ぐさ【▿種・草】**(接尾)《名詞・動詞連用形に付く》…のたね。…の材料。用例 質—。語り—。お笑い—。

**くさ-あわせ【草合(わ)せ】** 物合わせの一種。いろいろな草花を持ち寄り、その優劣を競い合う遊び。平安時代には宮廷でも行われ、敗者は衣服を脱いで勝者に贈る風習があった。

**くさ・い【臭い】** 一(形) ①いやなにおいがする。stinking 用例 はく息が—。②あやしい。うたがわしい。suspicious; fishy 用例 あの男が—。③演劇などで、演技が洗練されてなくてわざとらしい。overacting 用例 —演技。二(接尾) ①…のにおいがする。用例 酒—。ガス—。②…らしい。…のような感じがする。用例 うさん—。しろうと—。③好ましくない意を強める。用例 ばか—。めんどう—。派生 くささ。

**臭い仲**(くさいなか) 悪い関係で結ばれている、また、恋仲だと疑われるような、あやしい間柄。

**臭い飯を食う**(くさいめしをくう) 刑務所に入れられる。serve a prison term

**臭い物に蝿が集る**(くさいものにはえがたかる) 醜悪なもの同士が寄り集まるたとえ。

**臭い物に蓋**(くさいものにふた) 人に知られて困ることを、解決しないで、かくすこと。一時しのぎのたとえ。hush up

**臭い物、身知らず**(くさいもの、みしらず) 自分のにおいは嫌なにおいでも気にならないように、自分の欠点には気づかない。

**クサイ【Ξ・ξ】** ギリシア字母の第一四字。クシー。xi

**ぐさい【▿救済】**(一二八二ごろ～一三七六ごろ) 南北朝時代の連歌師。善阿に連歌を学ぶ。二条良基と『菟玖波集』を編み、『連歌新式』を制定。後世、連歌第一の先達と仰がれた。きゅうせい。

**ぐ-さい【愚妻】** 自分の妻をけんそんしていう語。比較 良妻。

**くさ-いきれ【草▿熱れ・草▾熅れ】** 草原に日が強く照って起こる、むっとした熱気。fume of grass

**くさ-いち【草市】** 盂蘭盆の精霊棚に供える盆花や灯籠などを売る市。陰暦七月一二日夜から一三日朝にかけて市が立つ所が多い。盆市。

**くさ-いちご【草▾苺】** 山野にはえるバラ科の落葉低木。茎は細長く、腺毛が密生。葉は奇数羽状複葉。白色五弁花のあとに、赤い球形の果実がつく。食用。ワセイチゴ。

**くさいり-すいしょう【草入り水晶】** 透明な水晶の中に金属鉱物の微粒子が混在し、その形状が草のように見えるもの。

**くさ-いろ【草色】** 青ばんだみどり色。

**くさ-うお【草魚】** 腹びれが吸盤になったクサウオ科の海水魚。全長約四五cm。体は細長く、淡灰色で、胸びれが幅広い。砂泥底に生息。本州中部以北の沿海に分布。

**くさ-うら【草▿占】** 吉凶占いの一つ。草の葉にできる筋やアシの茎の節で、台風や水害を占ったり、草が風になびくようすや結び合わせたあとの解け方で占う。

**くさ-かげろう【草▾蜻▾蛉】** トンボに似るが、体が緑色で弱々しいクサカゲロウ科の昆虫の総称。また、その一種。開張三～四cm。羽は透明。アブラムシを捕食。卵はうどんげ。日本に約二五種がいる。この一種クサカゲロウは開張三cm内外で、本州北部以北に分布。green lacewing →写

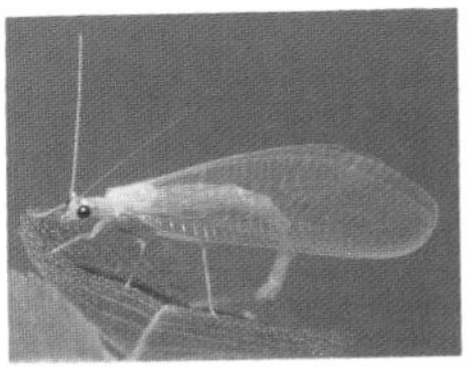

●クサカゲロウ

**くさか-げんずい【久坂玄▾瑞】**(一八四〇～六四) 幕末の尊攘派の志士。長州藩士。吉田松陰の弟子。元治元年(一八六四)禁門の変を指揮したが、敗れて自殺。

**くさかべ-の-おうじ【草壁皇子】**(六六二～六八九) 天武天皇の皇子。母は持統天皇。天武一〇年(六八一)皇太子となったが、即位することなく病没。日並知皇子。

**くさかべ-めいかく【▿日下▿部鳴▾鶴】**(一八三八～一九二二) 書家。本名は東作。近江の人。太政官大書記官となる。六朝書道を研究。鳴鶴派を創始、後代の日本書家に大きく影響。

**くさ-がめ【臭▾亀・草▾亀】** イシガメに似た淡水産のカメ。甲長約二〇cm。背甲に縦に走る三本の隆起がある。臭気を出し、雑食性。六～七月に砂中に産卵。本州から九州・朝鮮半島・中国に分布。子ガメをゼニガメという。→図

●クサガメ

**くさ-かり【草刈(り)】** 雑草をかまで刈り取ること。mowing

**くさかり-うま【草刈(り)馬】** 七月七日に真菰や藁で作った馬を持って早朝草刈りに行き、戻ってから赤飯などを供えて祭る子どもの行事。また、その馬。

**くさかり-つぼだい【草刈▾壺▾鯛】** カワビシャ科の深海魚。全長約五〇cm。背びれ・腹びれ・尻びれのとげが硬くて強大。水深約三〇〇～九〇〇mにすむ。北太平洋に多い。底引き網で漁獲。食用。

**くさ-がれ【草枯れ】** 寒くなって、草が枯れること。また、その季節。

**くさ-かんむり【草冠】** 漢字を組み立てている部分の名。そうこう。「草・花・茶」などの上にある「艹」。参考 字源は「艸」。

**くさ-き【草木】** 草と木。plants

**草木にも心を置く**(くさきにもこころをおく)《草木が風に揺れる音にも気を配る意から》まわりのささいな動きにも、びくびくして恐れる。また、小さなことに対しても、警戒をおこたらない。

**草木も靡く**(くさきもなびく) 威勢がさかんであったり、徳があったりするために、人々が服従する。

**草木も眠る**(くさきもねむる) 真夜中の静けさのたとえ。用例 —丑三つ時。

**草木も揺るがず**(くさきもゆるがず) =草も揺るがず。①風がまったくない。completely windless ②風がなく、蒸し暑い。③世の中が、よく治まって

いる。天下泰平である。be at peace

**くさ-ぎ【臭木】** クマツヅラ科の落葉小高木。高さ三〜五m。山野にはえる。葉は対生し悪臭がある。八〜九月に白か淡紅色の花を密生。

**くさぎ-かめむし【臭木▼亀虫】** クサギなどの低木上にすむカメムシ。体長約一・六cm。暗褐色。六角形の平たい小昆虫で、果樹や果実の汁液を吸って害虫となることもある。本州以南に分布。

**くさき-ぞめ【草木染(め)】** 草根木皮の煎じ汁など植物染料で行う染色。古代からの染色法でアイ・アカネ・ベニバナなどを用いる。herb dyeing

**くさき-ダム【草木ダム】** 群馬県東部、渡良瀬川上流のダム。有効貯水量五〇五〇万$m^3$。多目的ダムで、首都圏への給水源。

**くさ-きょうちくとう【草▼夾竹桃】** ハナシノブ科の多年草。北アメリカ原産。庭園用。高さ約一m。葉は対生で披針形。夏に、キョウチクトウに似た紅紫色の花を円錐状に多数つける。オイランソウ。

**くさ-きり【草▼螽▼蟖】** 八〜九月に、夕方草原でジーと鳴く、キリギリス科の昆虫。体長約五cmで、緑色か褐色。産卵管は長い。暖地性で、本州以南・中国・インドに分布。

**くさ-ぎ・る【草切る・▼耘る】**(五自) 田畑の雑草を取る。除草する。

**く-さく【句作】**(名・サ変自) 俳句をつくること。

**ぐ-さく【愚作】** ①つまらない作品。poor work ②自分の作品をけんそんしていう語。

**ぐ-さく【愚策】** ①おろかなはかりごと。つまらない計画。stupid plan ②自分の計画をけんそんしていう語。

**くさ-くさ**(副・サ変自) 気分がはればれとしないさま。むしゃくしゃ。くしゃくしゃ。feel depressed 用例 うまくいかなくて—する。

**くさ-ぐさ【▽種▽種】** 種類の多いこと。しゅじゅ。さまざま。

**くさ-ぐも【草▼蜘▼蛛】** 平地から山地にかけて樹間にじょうご形の網をはるクモ。頭胸部は灰色で、黒い縦縞がある。体長約一・五cm。歩脚全体に毛が密生。日本全土に分布。↓クモ図

●クサソテツ

**くさ-けいば【草競馬】** 農村などで、催し事や、祭礼時などに行われる小規模な競馬。また俗に、地方で開催される競馬をさす。local horse race

**くさ-ごえ【草肥】** ↓りょくひ(緑肥)

**くさ・し【臭し】** 古語(形ク) ↓くさい(臭い)

**くさ-しぎ【草▼鷸】** シギ科の鳥。全長約二四cm。背面は黒褐色、腰以下は白い。ユーラシア北部で繁殖し、冬はアフリカ・東南アジアなどに渡る。日本では多くは旅鳥で、あまり越冬しない。green sandpiper

**くさ-じし【草▼鹿】** 平安末期以降、弓術の的の一つ。武士の徒歩弓の練習用として、草の中にいる鹿をかたどって作られた。的の鹿形は革製。

**くさ・す【▽腐す】**(五他) 悪く言う。けなす。くたす。speak ill of

**くさ-スキー【草スキー】** キャタピラのついたスキーで草地の斜面を滑降するスポーツ。用具は一九六〇年代西ドイツで考案され、雪のない国々にも普及。第一回世界大会は一九七九年アメリカで開催。以後、二年に一回、各地で開かれている。グラススキー。grass skiing

**くさ-すぎかずら【草杉▼蔓】** 海岸にはえるユリ科の多年生つる草。茎は細く、長さ約二m。葉は退化して鱗片状。葉腋に淡黄緑色の六弁花をつける。長楕円形の塊根は食用・薬用。テンモンドウ。

**くさ-ずもう【草相撲】** 素人が集まって行う土地相撲。野相撲。

**くさ-ずり【草▼摺(り)】** ①草花を衣服に摺り染めて着色すること。草摺り染め。②鎧の胴の下に垂れて大腿部をおおって庇護する部分。裾が草を摺ることから。後に、下散ともいった。↓大鎧図 ↓胴丸図 ↓腹巻き図

**くさずりびき-もの【草▼摺引物】** 歌舞伎舞踊の一系統。曲は長唄。『曾我物語』の鎧の草摺りの引き合いを舞踊化。

**くさせんり-が-はま【草千里ケ浜】** 熊本県、阿蘇山中央火口丘に広がる草原。中岳の噴煙と放牧風景を中心とする景勝の地で、冬はスキー場になる。草千里。

**くさ-ぞうし【草双紙】** 江戸時代の絵入り読み物。各ページに絵と絵解きの文がある。江戸で発生・流行し、江戸後期に栄えた。赤本・黒本・青本・黄表紙・合巻の総称。狭義には合巻だけをいう。

**くさ-そてつ【草▼蘇鉄】** オシダ科の多年生シダ。湿地に群生。栄養葉は高さ一mに達し、羽片は羽状に深裂。胞子葉は長さ約六〇cmで形が異なる。若芽は食用。ガンソク。コゴミ。↓写

**くさ-たけ【草丈】** 稲・麦などの作物ののびた高さ。

**くさ-たちばな【草▼橘】** ガガイモ科の多年草。山地の林間にはえる。高さ約六〇cm。葉は対生し楕円形、長さ約一二cm。初夏に、茎頂に白花を開く。花冠は径約二cm、五深裂。

**くさ-ち【草地】** 草のしげっている土地。草原。grassland

**くさつ【草津】**〈市〉 滋賀県南部の市。東海道と中山道の分岐点にあたる旧宿場町。京阪地区に近く、工場の進出が多い。宅地化もさかん。人口八万九五一六(一九八八)。

**くさつ【草津】**〈町〉 群馬県北西部、白根山南東麓の町。室町時代からの温泉場で、白根山など上信越国立公園の観光拠点。スキー客でもにぎわう。人口八五九二(一九八八)。

**くさつ-ぶし【草津節】** 群馬県草津温泉の民謡。現地では『湯もみ唄』ともいわれる。

**くさどせんげん-ちょう【草戸千軒町】** 中世に繁栄した備後国の芦田川河口の港町。現在の広島県福山市内。洪水のため一挙に水没したといわれ、町の全域が発掘調査されている。

**くさ-とり【草取り】** 田畑の雑草をとること・人・農具。weed

**くさなぎ-の-つるぎ【草▼薙の剣】** 天の叢雲の剣の別称。

**くさ-ねむ【草▽合▽歓】** マメ科の一年草。水田、湿地にはえる。葉は多数の小葉からなる偶数羽状複葉。夏から秋にかけて、淡黄色の蝶形花をつける。豆果は線形。

**くさ-の-あるじ【草の主】** キクの異名。

**くさ-の-いおり【草の▼庵】** ↓そうあん(草庵)

**くさ-の-おう【草の王】** ケシ科の越年草。茎に黄色の乳液を含む。夏に、黄花を開く。果実は細い円柱形。有毒だが、鎮静作用があり薬用。道ばたや林のまわりにはえる。↓写

●クサノオウ

**くさの-しんぺい【草野心平】**(一九〇三〜一九八八) 詩人。福島県生まれ。詩誌『歴程』の中心。庶民的生活感情をカエルに託してうたった連作で有名。昭和六二年(一九八七)文化勲章受章。詩集『第百階級』『定本蛙』など。

**くさ-の-ね【草の根】**(連語) ①草の根もと。②無名であること・人々にたとえる語。grass roots 用例 —市民。—運動。

**草の根を分けても**(くさのねをわけても) あらゆる方法で。どこまでも。leave no stone unturned 用例 —さがしだす。

**くさのね-みんしゅしゅぎ【草の根民主主義】** ①アメリカの農民運動から起こった、自活と分権を志向する大衆運動。grass-roots democracy ②昭和三五年(一九六〇)の安保闘争(「六〇年安保」)以降の日本にみられる、下からの民主主義をめざす住民・市民運動の流れ。

**くさのは【草の葉】**《原題Leaves of Grass》ホイットマンの詩集。一八五五年刊。増補し最終版は四〇〇編余を収録。アメリカの代表的詩集で、自由詩の先駆。

**くさ-ば【草葉】** 草の葉。

**草葉の陰**(くさばのかげ) 墓の下。あの世。in the grave

**くさ-ばな【草花】** ①草に咲く花。flower ②花の咲く草。flowering plant 数え方 一本・一把・一束。

**くさ-はら【草原】** 草のはえている平地。野原。grassy plain

**くさび【▼楔・▽轄】** ①木または金属をV字形にしたもの。物を割ったり、ひろげたり、すきまを密着させたり、隣接物にまたがらせて打ち込み固定したりするもの。責木。wedge ②車輪が抜けないよう車の心棒の端にさすもの。link pin

**楔を打ち込む**(くさびをうちこむ) ①《ものに楔をたたき入れることから》敵中に攻め入るなどして、敵方の勢力を二分する。wedge apart one's enemy ②両者の関係を不仲にしようとして、じゃまをする。③ある勢力をそぎ、機能させまいとして、障害となるようなことを強引に、また果敢にする。

**楔を刺す**(くさびをさす) 念をおす。前もって確かめておく。make sure of

**くさびがた-もじ【▼楔形文字】** 古代オリエントで使われた字画が楔の形をした文字。紀元前三〇〇〇年ごろシュメール人が発明。初め単語文字、のち音節文字。主として粘土板に尖ったペンなどで記された。せっけいもじ。シュメール文字。cuneiform ↓写

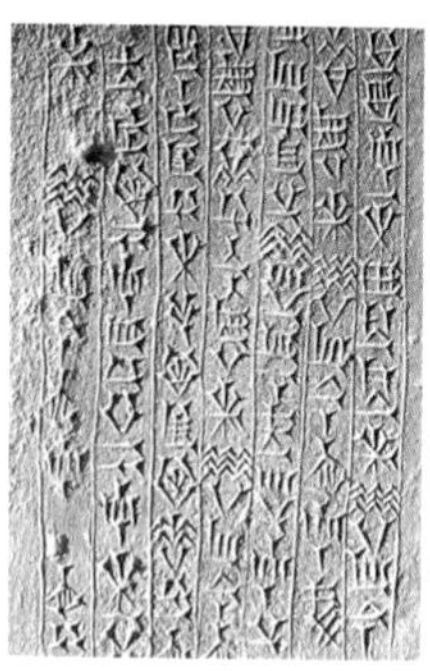
●楔形文字　ナラム=シンの戦勝記念碑。

**くさ-ひとがた【草人形】** 呪術的に用いられる藁で作った人形。災厄などを除くための神事・祓えに使ったり、人の代わりとして広く使われる。藁人形。

**くさび-のこぎり【▼楔▼鋸】** 鋸の一種。いけばなで枝や幹にくさびを入れて撓めるのに必要な道具。

**くさ-ひばり【草▽雲▼雀】** 夏から秋に鳴くコオロギ科の虫。体長約七mm。触角が長い。八月ごろから茂みの葉裏でフィリリリ…と美しく鳴く。本州以南・朝鮮半島・中国に分布。grass cricket ↓図

●クサヒバリ

**くさ-びら【草▽片・▼茸】** キノコの古称。

**くさびら-いし【草▽片石】**《上面のひだ模様が、くさびら(=キノコ)のかさの裏面に似ているのに由来》イシサンゴ類の一種。群体をつくらずに、単体で自由生活する腔腸動物。楕円形で長径約二〇cm。千葉県以南の浅海の砂底にすみ、触手を広げ潮流に乗って移動する。

**くさ-ぶえ【草笛】** ①草刈りの子どもが吹いた笛。草刈り笛。②草の葉を唇にあてて鳴らしたり、葉をまるめて吹いたりする笛。柴笛・菖蒲笛・麦笛・葦笛など。reed ③篠笛。

**くさ-ぶか・い【草深い】**(形) ①草が深くしげっている。grassy ②いなかめいている。へんぴだ。remote

**くさ-ぶき【草▼葺(き)】** 屋根をわら・かやなどでふくこと。また、その屋根。thatch 比較 板ぶき・かわらぶき。

**くさ-ふぐ【草▽河▽豚】** 砂の中にもぐる性質のあるフグ。全長約一五cm。青緑の地に丸い小白紋が散在。河口近くに多く、猛毒をもつ。本州以南に分布。スナフグ。↓フグ図

**くさ-ふじ【草▼藤】** マメ科の多年草。葉は羽状複葉で、先端は巻きひげ。夏に、多数の青紫色の花を穂状につける。山野にはえる。↓写(次ページ)

**くさ-ふるい** フィラリア症の俗称。

**くさ-ぼうき【草▼箒】** ホウキグサの茎で作ったほうき。broom

**くさ-ぼけ【草▽木▼瓜】** バラ科の落葉低木。茎に刺が多く、葉は光沢のある倒卵形。春に、径約三cmの朱赤色の五弁花が咲く。関東以西の山野にはえ庭木・盆栽にする。シドミ。ジナシ。

●クサフジ

**くさ-ぼたん【草▼牡丹】** 山地にはえるキンポウゲ科の落葉低木。全体に草状で、毛が多い。葉は長柄の三出複葉。秋に、淡紫色の狭い鐘形花が咲く。

**くさ-まくら【草▼枕】** [一] ①旅などで、結んだ草をまくらにして野宿すること。旅。旅寝。旅まくら。②《枕ことば》「旅・結ぶ・ゆふ・かり」などにかかる。[用例] 家にあれば笥に盛る飯を―旅にしあれば椎の葉に盛る(万葉・二・一四二)。[二] 夏目漱石の小説。明治三九年(一九〇六)発表。非人情の天地を求める画工と、女性との出会いを描く。

**くさ-み【臭み】** ①くさいにおい。bad smell ②その物や人に特有ないやな感じ。affectation [用例] ―のある言い方。

**くさ-むしり【草▼毟り】** 庭・田畑などの雑草をむしりとること。除草。weed

**くさ-む・す【草▽生す・草▽産す】** [文語的](五自) 草がはえる。

**くさ-むら【草▼叢・▼叢】** 草のはえしげった所。grass

**くさめ【▼嚔】** ①くしゃみ。sneeze ②[古語]《くしゃみは短命の前兆という迷信から、それをのがれようとして》くしゃみしたときに、となえる文句。くっさめ。[用例] 道すがら「――」と言ひもて行きければ(徒然・四七)。

**くさ-もち【草▼餅】** ヨモギの葉を蒸して、上糝粉またはもち米に混ぜ、あんを入れたもち菓子。あんを入れないものもあり、三月三日の節句に供える習慣がある。

**くさもち-の-せっく【草▼餅の節句】**《草餅を作って、雛壇に供えることから》雛の節句の別称。

**くさ-もの【草物】** いけばなの花材分類用語で、草本植物の総称。

**くさ-もの【臭物】** ネギ・ニラ・ヒルなどをさすことば。

**くさや** ムロアジ・トビウオなどの干物の一種。発酵させた独特の液汁に浸してから干したもの。特有のにおいと味がある。伊豆諸島特産。

**くさ-や【草屋】** ①草ぶきの家。わらや。②まぐさをたくわえておく小屋。

**くさ-やきゅう【草野球】** 素人が集まって楽しむ野球。ふつうは軟式で、球場やルールなども状況に即して処理する。sandlot baseball

**くさ-やね【草屋根】** カヤ・わらなどでふいた屋根。thatched roof

**くさ-やぶ【草▼藪】** 草がたけ高くむらがりはえているところ。plot with tall weeds

**くさら・す【腐らす】**(五他) 腐るようにする。腐らせる。rot

**くさり【腐り】** ①腐ること。go rotten; decay ②腐った程度・部分・物。decayed part

**くさり【鎖・▼鏁・▼鏈・▼鐺・▼鋂】** ①金属製の輪をつなぎ合わせ、屈曲しやすくした紐。または綱。チェーン。chain [数え方] 一本・一筋・一連。②物や人をつなぎあわせているもの。きずな。bond; tie

**くさり【▼齣】**(接尾) 話・音曲などの一くぎり。[用例] 一―語って聞かせる。

**くさり-あみ【鎖編(み)】** 鉤針編みの基礎的な編み方の一種。糸端を結んで輪奈をつくり、鉤針を手前から向こう側に差し込み、糸を引っかけて手前に引き抜き、次の輪奈をつくる。また、これを繰り返すことでできる細紐。chain stitch →[写]

●鎖編み

**くさり-いと【鎖糸】** 飾りより糸の一種。甘よりの太い地糸に二本の細い糸を鎖状に巻きつけて締めたより糸。手芸などに用いられる。チェーンヤーン。ダイヤモンド糸。chain yarn

**くさり-かたびら【鎖▼帷▽子】** 帷子に細い鎖を全面にとりつけた防御用の服。鎧や衣服の下につける。戦国時代に出現。

**くさり-がま【鎖▼鎌】** 鎌の柄につけた鎖の端に分銅をつけた武器。分銅を投げて鎖を相手の武器にからみつかせる。sickle and chain

**くさり-さんご【鎖▼珊▼瑚】** オルドビス紀からシルル紀に栄え絶滅した腔腸動物。筒状の個体(＝ポリプ)が多数横につながり、横断面が鎖状を呈する化石サンゴ。示準化石で、世界各地に産するが、日本ではシルル紀の地層に見られる。ハリシテス。ショウバンサンゴ。

**ぐさり(と)**(副) 勢いよく突き刺さるさま。また突き刺すさま。

**くさり-の-ま【鎖の間】** 茶室の様式の一つ。炉があり、茶釜を鎖でつる。小座敷と書院の間に位置する座敷。

**くさり-へび【鎖蛇】** 背中に鎖状の斑紋のあるクサリヘビ科の毒ヘビの総称。約六〇種があり、全長三〇cm～二m。危険な種類が多い。アジアにおける代表種ラッセルクサリヘビは単にクサリヘビともいい、全長約一m。アジア熱帯域に分布し、インドやビルマでは噛まれる被害が多い。viper →[図]

●クサリヘビ

**くさり-れんが【鎖連歌】** 長句(五・七・五)と短句(七・七)とを交互に詠みあい、連ねていく連歌。百韻が基本。長連歌。

**くさ・る【腐る】**(五自) ①食べ物などがいたんで、悪くなる。rot [用例] バナナが―。②木や金属がぼろぼろになる。corrode [用例] ―・った釘。③悲観する。気がめいる。be depressed [用例] そう―な。④堕落してだめになる。corrupt [用例] ―・った根性。⑤《動詞の連用形に付いて》他人の動作をののしりぎみに言う語。…していやがる。[用例] いたずらをし―・って。

**腐っても鯛**《タイは腐っても第一等の魚である、の意から》落ちぶれても、もとがよいものは、よい。An old eagle is better than a young crow.

**腐る程** 必要以上に、ありあまるほどに、物がたくさんあるようす。lots of

**くされ【腐れ】** ①腐ること・腐れること。rot [用例] サバの生き―。宝の持ち―。②《接頭的》ののしる語。[用例] ―野郎。―金。

**くされ-いち【腐れ市】** ①使えなくなったようながらくたを売買する市。flea market ②→べったらいち(べったら市)

**くされ-えん【腐れ縁】** 離れようとしても離れられない関係。悪縁。unsavory ties

**くされ-がね【腐れ金】**《ののしって言う》①わずかの金銭。めくされがね。②不正に得た金。

**くさ-レダマ【草レダマ】** サクラソウ科の多年草。山地の湿地にはえる。マメ科レダマに似ている。高さ約八〇cm。葉は対生で披針形。夏に、花冠が五深裂した黄花をつける。イオウソウ。

**くさ・れる【腐れる】**(下一自) →くさる(腐る)

**くさ-わけ【草分け】** ①その土地に最初に住みつき、開拓を行って町や村のもとになること。また、その人・家。pioneer ②事を初めて起こした人。基礎をつくった人。創始者。founder

**クサンティッペ【Xanthippē】**(生没年未詳) ソクラテスの妻。じゃじゃ馬的悪妻ぶりを示す多くの逸話で知られる。

**くし【▼串】** 竹や鉄などの、先のとがった細長い棒。団子や魚・肉・野菜などに突き通すのに用いる。spit; skewer

**くし【▽髪】**《「おぐし」「みぐし」の形で》かみの毛。

**くし【▼櫛】** 髪をすいたり、髪飾りとする用具。挽き歯櫛と編み歯櫛、横形櫛と縦形櫛に大別される。comb [用例] ―で髪をとかす。―をさす。[数え方] 一枚。

**櫛の歯が欠けた様** 切れ目なく続いているはずのものの、ところどころが欠けているさま。

**櫛の歯を挽く** 物事がたえまなく続くようすを言う。occur in succession

**く-し【句誌】** 俳句の雑誌。俳句に関する専門雑誌。

**く-し【駆使】**(名・サ変他) ①こき使うこと。drive ... hard ②使いこなすこと。make the most of

**くじ【▼籤・▼鬮】** ①古代、神の意向を占い定めるための宗教的方法の一つ。②《転じて》一般的に勝敗・順序・吉凶など、決めがたい物事を無作為的・公平に決めるために用いられる方法。紙片などに番号・符号などを記しておいて、その中から一つを選ばせるもの。lot

**く-じ【九字】** 密教・修験道で、身を守るまじないとしてとなえる、「臨・兵・闘・者・皆・陣・列・在・前」の九文字。九字護身法。

**九字を切る** 九字をとなえながら、空中に、指で、縦四本・横五本の線を、交差させるようにえがいて、まじないをする。

**く-じ【▽公事】** ①政務一般をさす語。②平安時代はとくに朝廷の政務・儀式。③中世の荘園公領制下では基本的賦課の一つ。④江戸時代では民事訴訟のこと。

**くじ【久慈】**〈市〉岩手県北東部、久慈湾に臨む市。旧城下町。久慈新港や工業港を軸に工業化が進む。人口三万九五五六(一九八八)。

**くじ【▽孔子】** ①孔子。また、孔子の像や絵。②籤。

**孔子の倒れ** 孔子のような聖人でも、時には失敗することがある。

**ぐ-じ【具慈】** アマダイの別称。

**くし-うら【▼櫛▽占】** 吉凶占いの一つ。ツゲの櫛を持って辻に立ち、古歌を唱えて櫛の歯を鳴らし、米をまいて通りすがりの人のことばから吉凶を占う。

**くじ-うん【▼籤運】** くじが当たるか当たらないかの運。luck in lotteries [用例] ―が強い。

**くし-がき【▼串▼柿】** 渋柿の皮をむいて、竹のくしに刺して干したもの。

**くし-がた【▼櫛形】** 下部が水平で上部が弧状をした、半円に満たない形。半月形。

**くしがた【▼櫛形】**〈町〉山梨県西部、櫛形山東麓の町。畑作地帯で、メリヤス工業なども行われている。人口一万七四三一(一九八八)。

**くじかたおさだめがき【▽公事方▽御定書】** 江戸幕府の裁判関係の基本法典。二巻。八代将軍徳川吉宗の命で編纂された、関係役人のための規範集。寛保二年(一七四二)成立。下巻は「御定書百箇条」ともよばれる。

**くしがた-ぎり【▼櫛形切(り)】**《くしの形に似せて切るところから》おもに料理で、球形や短円柱形の材料を、等しい大きさになるよう、四つや八つに切る切り方。

**ぐしかみ【具志▽頭】**〈村〉沖縄県、沖縄島南部の村。サトウキビ栽培が中心。工芸的な建材、粟石が特産。人口六九五七(一九八八)。

**くじ-がわ【▽久慈川】** 茨城県北部を南流する川。長さ一二四km。八溝山地に発し、太平洋に注ぐ。上流の奥久慈は渓谷美で有名。

**ぐしかわ【具志川】**〈市〉沖縄県、沖縄島中部の市。サトウキビ栽培のほか、養豚業などがさかん。人口五万三九八七(一九八八)。

**ぐしかわ【具志川】**〈村〉沖縄県、沖縄島西方の久米島西半部の村。サトウキビ栽培が主。空港がある。人口四九八九(一九八八)。

**くし・き【▽奇しき】**(連体) ふしぎな。strange [用例] ―因縁。

**くじき【▽旧事紀】**『旧事本紀』の別称。

**くしきの【▼串木野】**〈市〉鹿児島県、薩摩半島西岸の市。マグロ遠洋漁業の基地。水産加工業がさかん。江戸時代から金山で知られる。人口三万二〇四(一九八八)。

**くじ・く【▼挫く】**(五他) ①ねんざする。sprain [用例] 足首を―。②勢いを弱らせる。ひしぐ。dampen [用例] 気勢を―。③おりまげて、傷をつける。break

**くしく-も【▽奇しくも】**(副) まったく偶然で、ふしぎなことに。ふしぎにも。strangely

**くし-くらげ【▼櫛▽水▽母】** 有櫛動物門に属するクラゲの総称。体は透明な寒天質で、形は風船形・帯形など。刺胞がない。オビクラゲはリボン状で全長一m余に達する。世界各地の暖海に分布。

**くし-げ【▼櫛▼笥・▼匣】** ①化粧用具を入れた箱。②《「篋」とも》はこ。[用例] 玉―。

**くし-けず・る【▼梳る】**(五他) 櫛で、髪の毛をすく。とかす。comb

**くじ・ける【▼挫ける】**(下一自) ①おれて、くだける。break ②気分や意気込みが、急に弱る。屈する。be disheartened [用例] 気が―。

**ぐしけん-ようこう【具志堅用高】**(一九五五～) 元プロボクシング選手。沖縄県生まれ。一九七六～八一年(昭和五一～五六)、WBA世界ジュニアフライ級チャンピオン。防衛一三回。

**くじこんげん【▽公事根源】** 室町時代の有職故実書。一巻。一条兼良著。応永三〇年(一四二三)ごろ成立。



▼常用漢字表外。 ▽常用漢字表の音訓外。

**くし-ざし【▼串刺(し)】** ①くしに刺すこと。また、刺したもの。skewer ②戦国時代の刑罰の一つで、鉄棒・竹などで刺し殺すこと。stab to death

**くしだ-がわ【▼櫛田川】** 三重県中部を東流する川。長さ八五km。高見山地に発し、松阪市で伊勢湾に注ぐ。上流に渓谷美の香肌峡がある。

**くしだ-たみぞう【▼櫛田民蔵】**(一八八五～一九三四) マルクス経済学者。福島県生まれ。京大卒。労農派を代表する理論家の一人として大正末期から価値論論争、地代・農業問題論争に参加。

**くしだ-まごいち【▼串田孫一】**(一九一五～) 哲学者・詩人・随筆家。東京生まれ。東大卒。詩集『羊飼の時計』、随想集『博物誌』など。

**クシナガラ【Kuśinagara梵・拘尸那掲羅】** 古代インド、マッラ国の首都名。クシナガラ城外の沙羅双樹の下で釈迦が入滅したといわれる。

**くしなだ-ひめ【▽奇▽稲田姫・▼櫛名田比▽売】** 日本神話の女神。素戔嗚尊の八岐大蛇の故事で知られる。稲田姫。くしいなだひめ。

**ぐし-ぬい【▽ぐし縫い】** 手縫いの一つ。洋裁では袖山にいせを入れるとき、伸び止めなどに用いる縫い方で、ごく細かく縫うこと。和裁では細かく縫うことのほか、並縫いのこともいう。darning stitch

**くじ-のがれ【▼籤逃れ】** くじ引きの結果、役や番を逃れること。

**くしはら【▼串原】**〈村〉 岐阜県南東端、愛知県に接する村。稲作・野菜栽培・養豚などの農業が中心。人口一一七二(一九八八)。

**くしびき【▼櫛引】**〈町〉 山形県西部、鶴岡市南東隣の町。稲作中心。農民による「黒川能」が有名。人口八八九五(一九八八)。

**くじ-びき【▼籤引(き)】** くじを引くこと。抽選。lottery

**くじほんぎ【▽旧事本紀】** 古代の歴史書。一〇巻。平安初期の編纂。神代から推古天皇までの事績を記載。先代旧事本紀。旧事紀。

**くしま【▼串間】**〈市〉 宮崎県南部、鹿児島県に接する市。稲作・サツマイモ栽培などがさかん。人口二万八一〇五(一九八八)。

**くし-まき【▼櫛巻(き)】** 女の髪型の一つ。くしを巻き込んで結う。

**くし-め【▼櫛目】** 櫛ですいたあとのすじ目。用例 ―の通った髪。

**くじめ【久慈目】** 沿岸の磯にすむアイナメ科の魚。全長約三〇cm。暗褐色の地に円形の小淡色斑が密に散在。食用。北海道南部以南の日本各地に分布し、とくに、南日本に多い。

**くしめもん-どき【▼櫛目文土器】** 櫛の歯状の施文具による陰刻文様をもつ新石器時代の代表的土器。フィンランドから朝鮮半島にいたる北方ユーラシア大陸に分布。櫛文土器。

**くしもと【▼串本】**〈町〉 和歌山県南端、本州最南端の町。潮岬をつなぐ砂州上に発達。遠洋漁業など水産業がさかん。人口一万八〇五二(一九八八)。

**くしもと-ぶし【▼串本節】** 和歌山県串本町の民謡。大正時代末期ごろから全国的に流行。

**ぐ-しゃ【愚者】** 愚か者。しれもの。ばかもの。fool 対義 賢者。

**愚者も一得**(ぐしゃもいっとく) 愚かな者でも、時には名案を出すことがある。

**くし-やき【▼串焼(き)】** 肉・野菜などをくしにさして焼くこと。また、その料理。spit-roasting

**く-じゃく【▽孔▼雀】** 大形で華麗なキジ科の鳥の総称。雄は尾のようにみえる上尾筒の羽毛が長く、扇状に広げると美しい。インドクジャク・マクジャクは翼長が雄約五〇cm、雌約四〇cm。コクジャクはやや小さい。インド・東南アジアなどに分布。ピーコック。peacock ↓写

●クジャク　インドクジャク、雄。

**くじゃく-いし【▽孔▼雀石】** 炭酸銅と水酸化銅からなる鉱物。成分は緑青と同じ。単斜晶系針状結晶で緑色または黒緑色。飾り石・緑色絵の具に利用。malachite

**くじゃく-がい【▽孔▼雀貝】** イガイ科の海産二枚貝。殻長約四cm。殻はゆがんだ三角形で黒色。殻皮には黄褐色の毛が生え、腹側は黄橙色。内面は青白色の光沢がある。潮間帯の岩礁に着生。本州以南に分布。

**くじゃく-ざ【▽孔▼雀座】** 南天の星座。日本などでは一部しか見ることができない。九月五日ごろの午後八時ごろに南中。面積三七七平方度。Pavo

**くじゃく-サボテン【▽孔▼雀サボテン】** サボテン科の多肉植物。径一五cm前後の美しい花をつけ、花色は豊富。花期は四～六月。多数の園芸品種がある。↓写

●クジャクサボテン

**くじゃく-しだ【▽孔▼雀▽羊▽歯】** イノモトソウ科のシダ。高さ約四〇cm。葉柄は紫褐色で針金状。葉は羽片が扇形に広がる。山地の林下にはえる。

**くしゃ-くしゃ** ㊀(形動) ①しわだらけのさま。be crumpled 用例 ―になった紙幣。②整っていないさま。髪などの乱れているさま。be rumpled 用例 髪が―だ。㊁(副・サ変自) 気分がすっきりしないさま。むしゃくしゃ。くさくさ。be irritated 用例 しかられて―する。

**ぐしゃ-ぐしゃ**(副・形動) ①ぬれてやわらかくなったさま。be soaked 用例 道が―になっている。②くずれて、もとの形がなくなるさま。out of shape 用例 ―につぶれる。

**ぐじゃ-ぐじゃ** ㊀(形動) ぬれたりして、形が崩れたさま。ぐちゃぐちゃ。be crumpled 用例 ケーキが―に崩れる。㊁(副) しつこく愚痴をこぼすさま。keep complaining 用例 いつまでも―言う。

**くじゃく-そう【▽孔▼雀草】** ①ハルシャギクの別名。②フレンチマリーゴールドの別名。

**くじゃく-たては【▽孔▼雀立羽▼蝶】** クジャクチョウの別名。

**くじゃく-ちょう【▽孔▼雀▼蝶】** 翅にクジャクの尾の斑紋に似た模様のあるタテハチョウ。開張約五cm。成虫で越冬。イラクサなどが食草。本州中部以北・北海道に分布。クジャクタテハ。↓図

●クジャクチョウ

**くじゃくとうなんひ【▽孔▼雀東南飛】** 中国、六朝初期の叙事詩。作者未詳。別名「焦仲卿の妻」。家族制度の重圧下で純愛を貫いた若い男女の物語詩。

**くしゃく-にけん【九尺二間】**《間口九尺、奥行き二間の家》せまい家。まずしい人の家。用例 ―の裏長屋。

**くじゃく-ばと【▽孔▼雀▼鳩】** ハトの一品種。全長約三三cm。尾が扇状に開くところがクジャクに似る。インド原産のカワラバトからの交配種。pheasant pigeon

**くじゃく-みょうおう【▽孔▼雀明王】** 密教の明王。除災・祈雨の孔雀明王法の本尊。一面四臂の菩薩形で、蓮華、クジャクの羽などを持ち、クジャクに乗る姿で表される。↓写

**くじゃく-やし【▽孔▼雀▼椰子】** ヤシ科の常緑高木。直立する単幹は高さ約二〇m。葉は約六mで濃緑色、逆V字状の羽状葉。三mほどの肉穂花序を下垂。樹液は発酵させて酒とする。また髄からでんぷんをとる。東南アジア原産。

**くしゃ-しゅう【▼倶舎宗】** 南都六宗の一つ。『倶舎論』を通じて、説一切有部の論書を講究する学派。法相宗の兼学とされたが、とくに東大寺で行われた。

**ぐしゃっ-と**(副) やわらかいものなどのつぶれる音・さま。squash 用例 空き箱を―つぶす。

**クシャトリヤ【Kṣatriya梵】** 古代インド四種姓の第二。王侯・武士階級。現在これを自称するのは地主・富農に多い。刹帝利。

**くしゃみ【▼嚏】**《「くさめ」の転》息を吸ったあとに反射的に起こる生理作用。異物などによる鼻腔粘膜の刺激に対して防御反応として起こる。くさみ。sneeze

**グジャラート【Gujarat】** インド西部の州。州都カンディナガル。綿花の栽培と綿工業が主産業。面積一八・七万$km^2$。人口三三九六・一万(一九八一)。

**くしゃろん【▼倶舎論】** 仏教の論書の一つ。『阿毘達磨倶舎論』の略称。世親の著。『大毘婆沙論』の教理に基づいて、小乗仏教の教理を体系的に叙述。仏教学の基本書とされる。倶舎宗の所依の論典。

**クシャン-ちょう【クシャン朝】** 現在のアフガニスタン・北インドを中心に、一世紀から五世紀に栄えた王朝。二世紀、カニシカ王の時代に最盛期をむかえ、三世紀後半から衰退、ササン朝ペルシアに圧迫されて衰亡した。ガンダーラ美術を形成し、大乗仏教を成立させるなど、特異な文化を維持した。貴霜。クシャーナ朝。kushan dynasty

**く-じゅ【口授】**(名・サ変他) 口で述べ、教えること。こうじゅ。対義 筆授。

**く-しゅう【句集】** 連句・俳句を集めた書物。比較 歌集・詩集。

**く-じゅう【苦汁】** ①にがいしる。②苦しみ。suffering ③にがり。bitterness

**苦汁を嘗める**(くじゅうをなめる) にがい経験をする。have a hard time

●孔雀明王　東京国立博物館。

**く-じゅう【苦渋】** ①にがくて、しぶいこと。bitterness ②苦しみなやむこと。mortification ③文章のわかりにくいこと。difficulty in understanding

**くじゅう【久住】**〈町〉 大分県南西部、久住山南東麓の町。農林業中心。トマト栽培がさかん。人口五三九一(一九八八)。

**くじゅうく-しま【九十九島】** 長崎県北部西岸にある島群。リアス式海岸に大小一七〇の島々が散在。西海国立公園に属し、黄色の海食棚と青い海との対照美が特色。

**くじゅうくり【九十九里】**〈町〉 千葉県東部、九十九里浜にある町。野菜園芸やイワシ漁などの漁業が行われる。海水浴客が多い。人口一万九四二二(一九八八)。

**くじゅうくり-はま【九十九里浜】** 千葉県北東部、太平洋に臨む砂浜。全長五五km。イワシの漁場で、地引き網やあぐり網が行われる。

**くじゅう-さん【九重山】** 九州中央にある火山群。主峰は最高峰の中岳(一七九一m)、久住山・大船山(ともに一七八七m)。阿蘇くじゅう国立公園に属する。九重連山。

**くじゅう-さん【久住山】** 九州の中央にそびえる九重連山の主峰の一つ。標高一七八七m。溶岩円頂丘を形成。

**く-しゅうはく【▼瞿秋白】**(一八九九～一九三五) 中国の革命家・文学者。江蘇省の人。中国共産党初期の理論家。党総書記。国民党に捕らえられて銃殺。中国語のローマ字化の先駆者。『瞿秋白文集』など。

**く-じゅう-めつ-どう【苦集滅道】**《仏教語》四諦の別称。

**く-しょ【区処】** ㊀(名・サ変他) 区分し、処置すること。取りはからい。㊁(名) 区分された所。しきり。くぎり。

**く-じょ【駆除】**(名・サ変他) 追い払うこと。殺して取り除くこと。extermination 用例 害虫―。

**く-しょう【苦笑】**(名・サ変自) にがわらいすること。grin 用例 ―をもらす。

**く-じょう【苦情】** ①つらい事情。grievance ②他から受けた害や迷惑に対する不平・不満。complaint

**ぐ-しょう【具象】**(名・サ変他) ①形や姿をそなえていて、感覚器官で知覚できること。具体。concreteness 対義 抽象。②物の形をもって表したり、うつし出したりする働き。embodiment 用例 この和歌に―されているものは幽玄の心である。

**ぐじょう-おどり【▽郡上踊(り)】** 岐阜県郡上郡八幡町で、盆を中心に踊られる風流踊り。寛永年間(一六二四～四四)に城主遠藤但馬守慶隆が、領民の融和をはかって奨励したという。

**くじょう-かねざね【九条兼▽実】**(一一四九～一二〇七) 平

安末期、鎌倉初期の公卿。源頼朝と結び、その推薦で摂政・関白となる。日記『玉葉』は鎌倉初期の貴重な史料とされる。藤原兼実。

**くじょう-け【九条家】** 藤原氏の一支族。五摂家の一つ。藤原(=九条)兼実に始まり、京都九条殿に居住。摂関に任ぜられたほか、鎌倉幕府と関係が深く、頼経・頼嗣はそれぞれ四代・五代将軍となった。

**ぐしょう-げいじゅつ【具象芸術】** 対象をありのままに美的に再現する芸術。representational art 対義 抽象芸術。

**くじょうしょり-きかん【苦情処理機関】** 労働者が職場でもつ不平不満を処理する協議機関。労使双方の代表からなり、労働協約などに基づいて設置される。grievance machinery

**くじょう-たけこ【九条▽武子】**(一八八七〜一九二八) 歌人。京都西本願寺大谷家に生まれ、美貌の歌人として知られた。歌集『金鈴』『白孔雀』など。

**ぐしょう-てき【具象的】**(形動) 現実のもののままであるさま。現実のものに似ているさま。はっきりした形をとるさま。concrete; figurative

**くじょうねんちゅうぎょうじ【九条年中行事】** 平安時代の貴族社会の年中行事について、九条流の作法を記述したもの。著者は藤原師輔。

**ぐじょうはちまん【▽郡上八▼幡】** 岐阜県郡上郡八幡町の通称。

**ぐしょう-びじゅつ【具象美術】** 外界の事物に即応した具体的形象によって構成される絵画や彫刻。二〇世紀に抽象美術が興隆し、自然対象の即物的イメージの再現をしない作風が生じ、それを非具象と称したことから生まれた新用語。

**ぐじょう-ぶし【▽郡上節】** 岐阜県郡上郡八幡町の盆踊り唄。七月中旬から九月中旬にかけてうたい踊る。郡上踊り。郡上音頭。

**くじょう-みちいえ【九条道家】**(一一九三〜一二五二) 鎌倉前期の公卿。摂政・関白。鎌倉幕府四代将軍九条頼経の父。鎌倉幕府の援助を受け朝廷で活躍。

**ぐしょ-ぐしょ**(形動) ひどくぬれているさま。びしょびしょ。wet through and through 用例 涙でハンカチが―になる。

**ぐしょ-ぬれ【ぐしょ▼濡れ】** ひどくぬれること。ずぶぬれ。びしょぬれ。wet to the skin

**クジョルパン**(kujlpan朝) 八角形の器に、いため煮にした八種類の肉や野菜を区分して入れ、中央に入れたクレープ風のもので包んで食べる朝鮮料理。参考 漢字で九節板と書く。

**くしら【▼串▽良】**〈町〉 鹿児島県、大隅半島中部の町。笠野原の台地にあり、畜産・野菜栽培がさかん。人口一万四二二四(一九八八)。

●クジラ①

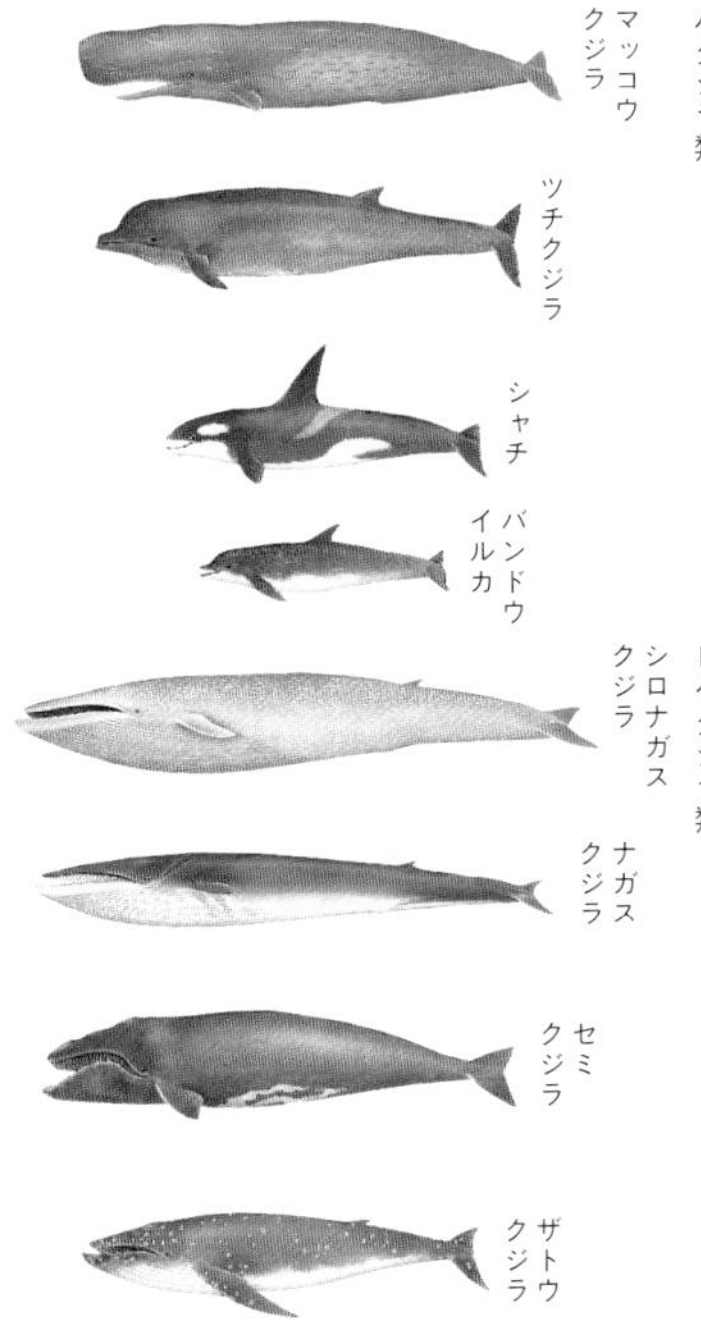


**くじら【鯨】** ①水中生活に完全に適応したクジラ目に属する哺乳動物の総称。体は魚形、前肢と尾はひれ状、後肢は退化、消失。一般に巨大。約九〇種があり、ハクジラ類(マッコウクジラ・ツチクジラなど)とヒゲクジラ類(シロナガスクジラ・ザトウクジラなど)に大別される。世界の海洋に生息。whale ②鯨尺。→図

**鯨一匹捕れば七浦潤う**(くじらいっぴきとればななうらうるおう)《「七浦」は、海辺の七村》クジラを一頭とれば、利益が非常に大きい。

**鯨に鯱**(くじらにしゃちほこ) つきまとって、害を与えるもののたとえ。

**鯨の潮吹き**(くじらのしおふき)《海水を、吹き上げているように見えるところから》クジラが、吐き出す息のようす。

**くじら-うた【鯨▼唄】** 大漁唄の一種。捕鯨祝い唄として儀式唄に近い。山口県・和歌山県の鯨唄が代表的。

**くじら-おび【鯨帯】** →はらあわせおび(腹合わせ帯)

**くじら-ざ【鯨座】** 南天の大星座。変光星ミラはο星。ギリシア神話に登場。一二月一三日ごろの午後八時ごろに南中。面積一二三一平方度。Cetus

**くじら-ざし【鯨差(し)】** →くじらじゃく(鯨尺)

**くじら-じゃく【鯨尺】**《クジラのひげで作られたことから》和裁用のものさし。その一尺は曲尺の一尺二寸五分、三七・八八cmにあたる。

**くじら-じらみ【鯨▼蝨】** クジラの体表に寄生する乳白色の虫。数種が知られ、体長一cm内外で扁平。シラミの名が付くが、昆虫ではなく、ヨコエビ目に属する甲殻類。

**くじら-ひげ【鯨▼髭】** ヒゲクジラ類の口内にある食物のこしとり装置。上あご口蓋のひだが発達してブラシ状になったもの。多いものでは四〇〇枚もの角質板が前から後ろへ列をなして並ぶ。クジラはこれでえさのプランクトンと水とをこし分ける。baleen

**くじら-まく【鯨幕】**《クジラの背中と腹は黒と白なので》黒白のだんだらの幕。凶事用。

**くじ・る【▼抉る】**(五他) 穴に物をさしこんで、中の物をえぐり取る。用例 目玉を―。

**くしろ【▼釧】** 装身具の一つ。腕輪。とくに弥生・古墳時代に用いられた。素材は玉・石・貝・金属・ガラスなど。

**くしろ【▼釧路】**〈市〉 北海道東部、太平洋に臨む市。釧路川河口に発達した港町で、道東部の行政・経済の中心地。釧路港は北洋漁業の重要な基地。人口二一万八〇四(一九八八)。

**くしろ【▼釧路】**〈町〉 北海道南東部、釧路市東隣の町。酪農、コンブ・サケ漁などがさかん。宅地も多い。人口一万七〇七九(一九八八)。

**くしろ-がわ【▼釧路川】** 北海道東部を南流する川。長さ一五四km。屈斜路湖に発し釧路平野を貫流、釧路市で太平洋に注ぐ。

**くしろ-しつげん【▼釧路湿原】** 北海道東部、釧路市の北にある低層湿原。タンチョウヅルの営巣地など野生動物の宝庫、また泥炭性草原湿地で知られる。

**くしろしつげん-こくりつこうえん【▼釧路湿原国立公園】** 北海道の東部、釧路川に沿って展開する釧路湿原を中心とする国立公園。昭和六二年(一九八七)七月、全国で二八番目の国立公園として指定。

**くしろ-へいや【▼釧路平野】** 北海道南東部の沖積平野。大部分が湿原で国立公園に指定。

**く-しん【苦心】**(名・サ変自) 物事をしとげようと心を苦しめること。ほねをおること。hardship 比較 苦慮。用例 ―の作。―談。

**く-じん【苦▽参】** 生薬の一種。マメ科クララの根を乾燥したもの。苦味健胃・利尿・解熱に用いる。あせもやかゆみには苦参湯として外用する。

**ぐ-しん【具申】**(名・サ変他) 上役や上級の機関に意見や希望などを申し述べること。report to a superior

**ぐ-じん【愚人】** おろか者。しれもの。ばかもの。fool 対義 賢人。

**くしん-さんたん【苦心惨▼憺】**(名・サ変自) さんざん苦心すること。take great pains

**くしん-だん【苦心談】** 苦心したようすを語る話。account of one's hard experiences

**ぐしんらいさん【愚神礼▼讃】** →ちぐしんらいさん(痴愚神礼讃)

**くす【▼樟・▼楠】** クスノキ。

**くす【▼楠】**〈町〉 三重県北部、四日市市南隣の町。工業化と宅地化が進む。繊維などの工業がさかん。人口一万七八三(一九八八)。

**くす【▼玖▽珠】**〈町〉 大分県西部、玖珠盆地の町。中心の森は旧城下町。稲作・牧牛主体で豊後牛は有名。人口二万二〇五八(一九八八)。

**くず【▼屑】** ①切れはし。残り。かす。waste ②用をなさないもの。役に立たないもの。dregs; junk 用例 紙―。人間の―。

**くず【▼葛】** ①マメ科のつる性多年草。山野にはえる。葉は三小葉からなる。秋に紅紫色の花をつける。秋の七草の一つ。つるの繊維は、くず布の原料。根は、でんぷんをとり、干した葛根は解熱の漢方薬になる。クズカズラ。②「くず粉」「くずあん」「くずふ」などの略。③紋所の名。葛の葉・花を図案化。→写

●クズ①

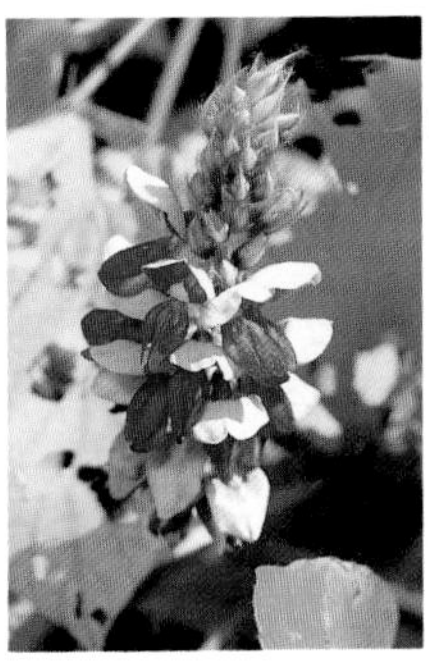

**く-ず【▽国▼栖・▽国巣・▽国▼樔】** 古代、吉野地方に居住していた先住民。朝廷側からは異種族と目された。奈良・平安時代には、儀式・節会で歌笛を奏上。

**ぐず【愚図】**(名・形動)《当て字》動作がにぶくはきはきしない人・さま。のろま。laggard; dimwit

**くず-あん【▼葛▼餡】** しょうゆ・砂糖などで味付けしただし汁に、くず粉を加えてとろ火で熱したもの。

**く-すいこ【▽公出▽挙】** 律令制下、国家が行った稲・銭などの貸付制度。貧農救済を目的としたが、のち強制的に貸し付けて利息をとるという形で租税化し、国家の重要な財源となった。対義 私出挙。

**くずう【▼葛▽生】**〈町〉 栃木県南西部、足尾山地の町。石灰石・ドロマイト採掘、砕石、セメント工業がさかん。人口一万五一〇五(一九八八)。

**くず-うこん【▼葛▼鬱金】** クズウコン科の熱帯性常緑多年草。葉は長楕円形で根生。花は白色で枝先に数個つく。根からでんぷんをとる。アロールート。arrowroot

**くずう-じんこつ【▼葛▽生人骨】** 昭和二五年(一九五〇)栃木県安蘇郡葛生町の更新世後期の地層から出土した化石人骨。上腕骨などが出土した。

**くず-おけ【▼葛▼桶】** ①くず粉をつくるときに使う桶。②茶道具の一つで、一閑張りの炭取りのこと。

**くずお・れる【▼頽れる】**(下一自) ①くずれるように倒れる。②気落ちして弱る。

**くず-かけ【▼葛掛(け)】** くずあんをかけた料理。あんかけ。

**くず-かご【▼屑▼籠】** 紙くずやごみを入れるかご。wastebasket米; wastepaper basket英

**くず-かずら【▼葛▼蔓】** クズの別名。

**くず-きり【▼葛切(り)】** くず粉を水でとき、煮て平らに流し固め、細長く切ったもの。冷やして蜜をかけて食べる。

**くす-くす**(副) 声をひそめて笑う声・さま。chuckle; giggle 用例 ―笑う。

**クスクス【cuscus】** クスクス科の有袋類の総称。外観はキツネザルなどの原猿類に似る。体長三〇〜六五cm。後肢の第一指が他の指と向き合っているので枝を握るのに都合がよく、また長い尾も枝に巻きつく。樹上生活をし、夜行性で動作はのろい。果実・木の葉などを食べる。オーストラリア・ニューギニアなどの森林に生息。ユビムスビ。

**ぐず-ぐず【愚図愚図】**《当て字》[一](形動) 形がふやけくずれるさま。crumble 用例 豆腐が―になる。[二](副・サ変自) のろいさま。にぶいさま。slow; tardy [三](副) 不平を言うさま。ぶつぶつ。grumble

**くすぐった・い【▼擽ったい】**(形) ①くすぐられる感じだ。ticklish ②てれくさい。embarrassed 派生 くすぐったが・る(五自) くすぐったげ(形動) くすぐったさ(名)

**ぐすく【▽城辺】**〈町〉 沖縄県、宮古島東部の町。サトウキビ中心の農業の町。東平安名崎は景勝地。人口九五四八(一九八八)。

**くすぐり【▼擽り】** ①くすぐること。tickle ②読者や観客などを笑わせようとしくむこと。

tickle

**くすぐ・る【擽る】**(五他)＝こそぐる。①はだを刺激して、こそばゆく感じさせる。tickle ②わざと笑わせるようにする。tickle

**クスコ【Cuzco】**ペルー南部、アンデス山中の標高三五〇〇mにある観光都市。一六世紀までのインカ帝国の首都で遺跡が多い。人口一八・二万(一九八〇)。

**くず-こ【葛粉】**山野にはえるマメ科植物のクズの根から採取したでんぷん。くず湯のほか、くずもちや和菓子などに用いる。

**くすこ-の-へん【薬子の変】**平安初期の政変。弘仁元年(八一〇)平城上皇の寵愛を受けた藤原薬子が嵯峨天皇を廃して上皇の重祚を画策したが、未然に鎮圧され、薬子は自殺。

**くす-さん【樟蚕】**大形のヤママユガ科のガ。開張一〇〜一三cm。翅は灰褐色から赤褐色。卵で越冬。日本全土・中国に分布。幼虫はクリなどを食害するのでクリケムシ、白い長毛におおわれているのでシラガタロウの名がある。繭はスカシダワラとよばれる。↓図

●クスサン

**くす-し【薬師・医師】**古語 医者。

**くす・し【奇し】**古語(形シク)①ふしぎで威力がある。神秘だ。用例 わたつみは―・しきものか(万葉・三・三八八)。②ぎごちない。かたくるしい。用例 われはと、―・しく、口持ち、気色ことごとしくなりぬる人は(紫式部日記)。

**くずし【崩し】**㊀(名)①くずすこと。くずしたもの。destruction ②「崩し書き」の略。㊁(接尾)《名詞に付く》…の変化したもの。用例 ぼたん―の模様。さのさ―。

**くずし-がき【崩し書き】**①草書や行書で書くこと。また、その書いた字。②字画を略して書くこと。略字。simplified form

**くずし-じ【崩し字】**行書や草書で書いた字。

**くず・す【崩す】**(五他)①形をなしているものをくだきこわす。destroy 用例 積み木を―。②整っていたものを乱す。ease off 用例 ひざを―。列を―。相好を―。③草書や行書で書く。続け書きにする。用例 字を―・して書く。④お金を細かくする。change 用例 一万円札を―。

**グスタフ-アドルフ【Gustav Adolf】**(一五九四〜一六三二)スウェーデン王(在位一六一一〜三二)。ポーランド・ロシア・デンマークと戦ってバルト海沿岸に領土を拡大。新教徒援助の口実で三十年戦争に介入。リュッツェンの戦いで勝ったが、戦死。「北方の獅子」と称された。グスタフ二世。

**くす-だま【薬玉】**①端午の節句に、不浄や邪気を避けるために柱などにかける飾り物。錦の袋に香料を入れ、ショウブなどを結びつけ五色の糸を下げる。②進水式などの祝典や祭りに用いる①に似た装飾品。二つに割れて、中から五色の紙片などが舞い出る。↓写

●薬玉①

**ぐず-つ・く【愚図つく】**(五自)①ぐずぐずしている。はかどらない。linger ②天気がはっきりしない。remain unsettled

**くず-てつ【屑鉄】**廃品となった鉄鋼製品や鉄製品の加工中に出る切り屑などの総称。鉄くず。鉄片。スクラップ。scrap iron

**クストー【Jacques Yves Cousteau】**(一九一〇〜)フランスの海洋探検家。海軍兵学校卒。スキューバを開発。海洋調査船「カリプソ号」での冒険、海底居住計画の推進などで知られる。著書『沈黙の世界』など。映画『沈黙の世界』は、一九五六年カンヌ映画祭で金賞受賞。

**クズニツァ【Kuznitsa ロシア】**《鍛冶屋の意》ソ連の文学団体。一九二〇年「プロレトクリト」から分離した詩人たちが結成。

**クズネツォフ【Anatoly Vasilyevich Kuznetsov】**(一九二九〜七九)ソ連の小説家。作品『伝説の続き』『バービー・ヤール』など。

**クズネツク-たんでん【クズネツク炭田】**(Kuznetsky Ugolyny Basseyn)クズバス炭田の別称。

**クズネッツ【Simon Smith Kuznets】**(一九〇一〜八五)アメリカの経済学者。ロシア生まれ。国民所得・景気変動などの数量的研究で知られる。一九七一年ノーベル経済学賞受賞。主著『戦後の経済成長』。

**クズネッツ-の-なみ【クズネッツの波】**景気循環の周期波動の一つ。輸送設備・建設活動の活況と沈滞に関連し、周期は一五年から二五年。クズネッツが発見した。建設循環。クズネッツ循環。Kuznets cycles

**くず-ねり【葛練(り)】**くず粉を水でといて砂糖を加え、やわらかめに煮固めた食べもの。

**くす・ねる**(下一他)こっそりぬすむ。かすめ取る。pilfer

**くす-の-き【樟・楠】**クスノキ科の常緑高木。暖地にはえる。高さは三〇m余に達する。枝や葉に樟脳の香りがある。春に黄緑色の小花を円錐状につける。庭園樹・街路樹。材は樟脳油をとるほか、家具や細工物に利用。クス。↓写

●クスノキ

**くすのき【楠】**〈町〉山口県、宇部市北西隣の町。中心の船木は旧宿場町。稲作中心の農業が行われる。人口七六六四(一九八八)。

**くすのき-まさしげ【楠木正成】**(?〜一三三六)南北朝時代の武将。河内の土豪。元弘の変で赤坂城・千早城で活躍。建武政権下で河内国の国守その他を兼任。のちに挙兵した足利尊氏を摂津国の湊川に迎え撃って討死。大楠公。

**くすのき-まさつら【楠木正行】**(?〜一三四八)南北朝時代の武将。正成の長男。南朝軍の一将として足利軍と戦い、河内国の四条畷で高師直の軍と戦い敗死。小楠公。

**くずのは【葛の葉】**浄瑠璃『蘆屋道満大内鑑』の通称。その女主人公の名。竹田出雲作。享保一九年(一七三四)初演。和泉国の信太森の白狐が葛の葉姫に化けて安倍保名と契り、晴明を産んだという信太妻の伝説を脚色。

**くずのは-の【葛の葉の】**[枕ことば]《風に吹かれたクズの葉が白い裏を見せることから》「うら・うらみ」にかかる。用例 ―うらみにかへる夢のよを忘れがたみの野べの秋風(新古今・雑上)。

**クズバス-たんでん【クズバス炭田】**《Kuzbass:Kuznetsky Ugolyny Basseyn の略》ソ連中南部、西シベリア南部の大炭田。推定埋蔵量九〇〇〇億t。周辺の重化学工業地帯もさす。シベリア最大の人口集中地域。クズネツク炭田。

**くず-ふ【葛布】**クズのつるの繊維を用いた糸を横糸に、麻糸や綿糸を縦糸にして織った布。丈夫で耐水性がある。昔は袴・合羽に、また襖地に用いた。静岡県掛川の名産。

**くすぶ・る【燻る】**(五自)①火が勢いよくもえないで、煙ばかり出している。いぶる。smolder ②すすで黒くなる。become sooty ③表立って活動していない。remain indoors 用例 家に―・っている。④発展もせず、消滅もしない。⑤決着がつかず問題として残っている。be unsettled 用例 問題はまだ―・っている。

**くす・べる【燻べる】**(下一他)ほのおを立てないで、煙が出るようにもやす。

**くず-まい【屑米】**玄米を精白するときなどにできる、くだけた米。

**くずまき【葛巻】**〈町〉岩手県北部、北上高地の町。馬淵川に沿う。酪農地帯として知られ乳製品工場もある。木炭の生産も多い。人口一万一四二九(一九八八)。

**くず-まゆ【屑繭】**不良品のまゆ。

**グスマン【Martín Luis Guzmán】**(一八八七〜一九七六)メキシコの小説家・ジャーナリスト・政治家。一九一〇年革命の退廃をえぐる。作品『鷲と蛇』など。

**くず-まんじゅう【葛饅頭】**皮をくず粉でつくり、あんを包んでむした饅頭。

**くすみ-もりかげ【久隅守景】**(生没年未詳)江戸前期の画家。狩野探幽の高弟。身近な自然や農民を愛着をもって描いた。作品『夕顔棚納涼図』『四季耕作図屏風』など。

**くす・む**(五自)しぶく見える。じみだ。

**くず-もち【葛餅】**くず粉でつくったもち菓子。冷やして三角形に切り、糖蜜ときな粉をかけて食べる。現在では生麩でつくる。

**くず-もの【屑物】**①使いふるして、いらなくなった物。junk ②きずがあったりして、ふつうに売れない品物。きず物。defective article

**くず-や【屑屋】**廃品回収業者。ragman

**くすやま-まさお【楠山正雄】**(一八八四〜一九五〇)演劇研究家・児童文学者。東京生まれ。早大卒。西洋近代劇の翻訳・研究、劇評などに功績を残す。著書『日本童話宝玉集』など。

**くず-ゆ【葛湯】**くず粉に砂糖をまぜ熱湯を入れかきまぜた食べ物。病人・幼児向き。

**くすり【薬】**①広くは、動物・植物一般に特殊な働きを示す物質。狭い意味では、病気の予防や治療の目的で利用する物質。法律上は薬事法により医薬品と医薬部外品が定義されている。drug 数え方 一服・一包み・一袋・一粒・一カプセル。②うわぐすり。enamel; glaze 用例 ―をかける。③火薬。powder ④心身のためになるもの。用例 失敗が―になる。

**薬が効き過ぎる** 効きめが強すぎる。be too effective

**薬が回る** 薬が体内に回って、効果が出る。薬がきいてくる。work on

**薬九層倍** 売薬の利益が非常に大きいこと。暴利を得ることのたとえ。

**薬にし度くても無い** ほんの少しもない。薬にしたくも無い。

**薬にする程** 非常に少ないことにいう。

**薬になる** あるできごとや状態が、その人の精神やその後の行動によい影響をあたえる。ためになる。do good

**薬、人を殺さず、薬師、人を殺す** 薬で人が死んだとしても、それは薬のせいではなく、それを調合した薬剤師や飲ませた医者のせいである。ものは、使い方によって毒にも薬にもなるたとえ。

**薬より養生** 健康には、薬を飲むよりふだんの養生が大切であるということ。Prevention is better than cure.

**毒にも薬にもならない** ↓どく(毒)

**くずり【屈狸】**森林にすむイタチ科の食肉類。体長七〇〜九〇cm。外形はクマに似て、シカなどを捕食。ユーラシア大陸北部・北米に分布。wolverine ↓図

●クズリ

**くすり-うり【薬売り】**薬を売り歩く行商人。安土桃山期にはじまる大坂の定斎屋、慶長年間からの越後の毒消し売り、元禄以降の越中富山の薬売りなどが有名。

**くすり-がり【薬狩(り)・薬猟(り)】**↓きそいがり(着襲狩り)

**くすり-ぐい【薬食い】**昔、寒中に保温のため、イノシシやシカなどの獣肉を食べたこと。

**くすり-だんす【薬簞笥】**薬種商などが薬種を整理収納するために使った、小引き出しの多いたんす。

**くすり-ばこ【薬箱】**いろいろな薬を入れておく箱。やくろう。medicine box

**くすり-び【薬日】**陰暦五月五日。この日、狩り仕度で山野に出かけ、薬草の採取をする着襲狩り(薬狩り)をしたからとも、薬玉を飾ったためともいわれる。参照 着襲狩り。

**くすり-や【薬屋】**薬を調合したり、医薬品を売ったりする店。薬局。pharmacy

**くすり-ゆ【薬湯】**①薬草、薬剤などを入れた風呂。潮湯のほか、保温・刺激のために菖蒲・芥子なども用いられる。medicated bath ②温泉。hot spring

**くずりゅう-がわ【九頭竜川】**福井県北部を西流する川。長さ一一六km。福井・岐阜県境、油坂峠に発し、三国町で日本海に注ぐ。

**くすり-ゆび【薬指】**《薬をとかすのに使うことから》親指から四番めの指。べにさし指。無名指。the third finger

**くず・る【崩る】** 古語 (下二自) ↓くずれる(崩れる)

**ぐ・する【具する】**(サ変自他) =具す。①そろう。そろえる。possess ②ともなう。つれだつ。accompany ③つれそう。そえる。accompany

**ぐず・る【愚図る】**(五自)《「ぐず」の動詞化。「愚図」は当て字》①だだをこねる。不平を言う。grumble ②はっきりしない。be unsettled ③《俗語》言いがかりをつける。pick a quarrel

**くずれ【崩れ】**[一](名) 崩れること。crumble [二](接尾) 崩れた、おちぶれた、の意。be ruined 比較 上がり。用例 武士―。

**くず・れる【崩れる】**(下一自) ①高くもり上がったものがくだけ落ちる。crumble 用例 壁が―。②乱れる。悪くなる。fall into disorder 用例 姿勢が―。列が―。③天気が悪くなる。change for the worse 用例 天気が―。④相場が急に下がる。decline 用例 値が―。⑤お金が細かくなる。change 用例 一万円が―・れますか。

**くすん-ごぶ【九寸五分】** ①短い刀。匕首。②よろい通し。

**くせ【▽曲】**[一](名) 謡曲の曲中、曲舞の節をとり入れたもっともたいせつな所。[二](接頭) 不正な、あやしいなどの意。用例 ―者。

**くせ【癖】** ①習慣となっている、かたよった好み・性質。peculiarity 用例 なくて七―。②本来の姿・形に直そうとしても、なかなか直らない状態。用例 髪に寝―がつく。③欠点。bad habit 用例 怠け―。

**癖有る馬に能有り**(くせあるうまにのうあり) 一癖ある者には必ずとりえがあるものだ。

**癖が有る**(くせがある) ふつうとは違った、やや不快な傾向がある。have eccentric tendency

**癖になる**(くせになる) 習慣となる。好んでするような傾向をもつ。fall into the habit of ... 用例 寝酒が―。

**く-せ【▽救世】**《仏教語》①仏・菩薩が衆生を救うこと。②仏・菩薩の通称。③聖観音の別名。ぐぜ。ぐせ。くぜ。

**くせ【久世】**〈町〉岡山県北部、旭川上流の町。旧宿場町・舟泊地。牛の取引地として知られる。繊維工業もさかん。人口一万一七六三(一九八八)。

**くぜ【久瀬】**〈村〉岐阜県南西部、揖斐川上流の村。林業が中心。シイタケ・ワサビなどを産する。人口一八四一(一九八八)。

**ぐ-せい【愚生】**(代) 自分をけんそんして言う語。

**ぐ-ぜい【▼弘誓】**《仏教語》仏・菩薩が衆生の苦しみを救おうとする大きなちかい。

**ぐ-せいなん【▽虞世南】**(五五八―六三八) 中国、初唐の書家。字は伯施。太宗に重用された。楷書の典型を確立。初唐四大家の一人。『孔子廟堂碑』は有名。

**ぐぜ-かんのん【▽救世観音】** 観世音菩薩の称号の一つ。くぜかんのん。ぐせかんのん。↓飛鳥時代美術 写

**くせ-げ【癖毛】** まっすぐでない、癖のある毛。kinky hair

**くせ-ごと【▽曲事】** ①正しくない事がら。②法にそむく事がら。③わざわい。凶事。

**く-せつ【苦節】** 苦しみに負けず守りぬく志。unswerving determination 用例 ―十年。

**く-ぜつ【口舌・口説】** ①おしゃべり。chatter ②恋人どうしの言い争い。quarrel

**ぐ-せつ【愚説】** ①おろかな説。②自分の説をけんそんして言う語。

**クセナキス【Iannis Xenakis】**(一九二二― ) ギリシア人作曲家。ルーマニア生まれ。確率論を音楽に導入し「推計音楽」を創始。作品『メタスタシス』『ピソプラクタ』『ノモス―ガンマ』など。

**くせ-に【癖に】**(接助)《連体形に付く》くいちがう事柄を責める気持ちを示す。…であるのに。にもかかわらず。用例 知っている―黙っている。

**クセノファネス【Xenophanēs】**(生没年未詳) 紀元前六世紀ごろのギリシアの哲学者・詩人。イオニア生まれ。擬人的神観を批判し、不変不動の唯一神を説いた。

**クセノプーロス【Gregorios Xenopoulos】**(一八六七―一九五一) ギリシアの小説家・劇作家。ギリシア近代劇運動の第一人者。近代ギリシアを紹介した。

**クセノフォン【Xenophon】**(BC四三〇ごろ―BC三五四ごろ) 古代アテネの軍人・歴史家。紀元前四〇一年傭兵隊長としてペルシアの内戦に参加、その著『アナバシス』に描かれた「一万人の退却」を指揮。

**くせ-まい【▽曲舞】** 中世芸能の一つ。鎌倉末期から流行。水干・立烏帽子姿で、鼓に合わせ扇をもち、物語に節をつけて謡い舞う。幸若舞はこの流れをくむ。

**くせ-もの【▽曲者・癖者】** ①ひとくせある者。old fox ②悪者。knave ③あやしい者。suspicious person

**クセルクセス**〈一世〉**【Xerxes I】**(BC四八六?―BC四六五) アケメネス朝ペルシア帝国、第四代の王(在位BC四八六―BC四六五)。ダレイオス一世の子。紀元前四八〇年第三次ペルシア戦争を起こしギリシアへ進攻したが、サラミスの海戦で大敗。のち暗殺された。

**く-せん【苦戦】**(名・サ変自) 苦しい戦い。悪戦苦闘。hard battle

**くせん-てい【駆潜艇】** おもに沿岸での対潜哨戒・船団護衛を任務とする小型高速艇。第二次大戦後は、ホーミング魚雷などを装備した。subchaser

**くせん-はっかい【九▽山八海】** 仏教の世界観を表すことば。須弥山を中心に鉄囲山を外囲とする一大世界。九つの山、八つの海があるとする。

**くそ【▼糞・▼屎】**[一](名) ①ふん。大便。feces米; faeces英 ②かす。あか。filth; grime 用例 目―。[二](感) くやしいとき、はね返すときなどに発する語。Damn it! 用例 なに―。[三](接頭) さげすみ、ののしる意。また、程度のはなはだしい意。用例 ―度胸。[四](接尾) さげすみ、ののしる意。用例 へた―。

**糞食らえ**(くそくらえ)《やけになったり、ののしったりするときに言う》かってにしろ。どうともなれ。shit

**糞の役にも立たぬ**(くそのやくにもたたぬ) 小さな用に対してさえも、効果を表さない。何の役にも立たない。useless 類似 糞の間にも合わぬ。

**糞も味噌も一緒**(くそもみそもいっしょ) よいも悪いも区別しないで、いっしょくたに扱うこと。Good and bad are mixed together.

**ぐ-そう【愚僧】** 僧が自分をけんそんして言う語。対義 貴僧。

**くそ-おけ【▼糞▼桶】** こえたご。

**糞桶の紐通し**(くそおけのひもとおし)《穴が二つ並んだようすがそれに似ているところから》あぐら鼻を、からかっていうことば。肥担桶の紐通し。

**くそ-おちつき【▼糞落(ち)着き】** にくいほど落ち着きはらっていること。be as cool as a cucumber

**くそ-かずら【▼屎▼葛】** ヘクソカズラの古名。

**ぐ-そく【具足】**[一](名・サ変自) 物が十分に備わっていること。be furnished 用例 円満―。[二](名) ①道具。調度品。②武具の甲冑。数え方 一領。③「当世具足」の略。

**ぐ-そく【愚息】** 自分の息子をけんそんしていう語。

**ぐそく-おや【具足親】** 元服して、はじめてよろいを着るとき、それを着せた人。

**ぐそく-かい【具足戒】** 仏教教団で、比丘・比丘尼が守るべき小乗律。律によって異なるが、『四分律』では比丘は二五〇戒、比丘尼は三四八戒。

**ぐそく-だい【具足▼鯛】** 大きな堅い鱗で覆われたグソクダイ科の海水魚。全長約四〇cm。食用。本州中部以南・台湾に分布。エビスダイ。ヨロイダイ。

**ぐそく-に【具足煮】**《殻を武士の具足(甲冑姿)に見立てたことから》エビやカニなどを、甲羅をつけたまま煮たもの。

**ぐそく-もち【具足▼餅】** かがみもち。武士が正月に、甲冑の前に供えた。

**くそ-たれ【▼糞垂れ】** ろくでなし。大ばか野郎。くそったれ。

**くそ-ぢから【▼糞力】** ひどく強い力。ばか力。brute force

**くそ-どきょう【▼糞度胸】** ひどくずぶといこと。foolhardiness

**くそ-ばえ【▼糞▼蠅】** キンバエの俗称。

**くそ-まじめ【▼糞真▽面目】**(名・形動) いやにまじめなこと・人・さま。融通のきかないこと・人・さま。too serious

**くそ-みそ【▼糞味▼噌】**(形動) むちゃくちゃに。さんざんに。用例 ―にいう。

**くそ-むし【▼糞虫】** 哺乳類の糞に集まり、それをえさとする昆虫の総称。ダイコクコガネ・マグソコガネ・タマオシコガネなど。

**くだ【管】** ①中空の筒で細長いものの総称。水・油・ガスなどの移送に用いる。かん。チューブ。パイプ。pipe; tube ②機の横糸をまいて杼に入れるもの。pirn ③糸車にかけて糸をまく軸。spool ④「管の笛」の略。

**管の穴から天を覗く**(くだのあなからてんをのぞく) 見識がせまいたとえ。管を用いて天を窺う。Have a narrow view of things. 類似 葦の髄から天井覗く。

**管を巻く**(くだをまく) 酒に酔って、人にからんだり、とりとめのないことをくどく言ったりする。grumble over one's cup

**管を用いて天を窺う**(くだをもちいててんをうかがう) 「管の穴から天を覗く」と同意。

**く-たい【苦▼諦】**《仏教語》四諦の第一。この世界は苦であるという仏教の基本教理の一つ。

**く-だい【句題】** ①題詠の一つ。古い詩歌の一句を取ってきて、詩歌の題とするもの。用例 ―和歌。②俳句の題。

**ぐ-たい【具体】** 対義 抽象。①↓ぐしょう(具象)①。②実際にはっきりした形をそなえていること。concreteness 用例 ―の姿を忠実に再現する。

**ぐたい-か【具体化】**(名・サ変他) ①見えないものを形や姿にあらわすこと。embodiment ②計画・考えなどを実行に移すこと。materialization 用例 計画を―する。

**ぐたい-せい【具体性】** ①具体化しうる可能性を持つこと。feasibility ②直観の対象でありうる性質。concreteness

**ぐたい-てき【具体的】**(形動) ①実際にあるさま。知覚できるものとして実体をそなえているさま。concrete 用例 ある物の中の精粋を―につかむ。②個々に、細部にわたるさま。concrete 用例 ―に話す。

**くた-かけ【▽鶏】** ニワトリの古名。くだかけ。

**くだか-じま【久高島】** 沖縄県沖縄島の、知念半島東方の島。面積一・四km²。古い習慣を残し、奇祭「いざいほう」の島として有名。

**くだ・く【砕く】**(五他) ①こなごなにこわす。crush 用例 岩を―。②勢いをそぐ。くじく。break; discourage 用例 敵の勢いを―。③心をなやます。rack one's brains 用例 心を―。④わかりやすくする。explain simply 用例 ―・いて話す。

**くた-くた**(形動) ①疲れきったさま。dead tired 用例 体が―になる。②使い古して、形が崩れたさま。worn-out 用例 ―の背広。

**くだ-くだ**(副) しつこくてわずらわしいさま。くどくど。harp on 用例 ―言い訳する。

**くだくだ-し・い**(形) くどい。わずらわしい。しつこい。lengthy

**くだ-くらげ【管▽水▽母】** クダクラゲ目に属する刺胞動物の一群。多数の個体が集まって群体をつくり、それぞれの個体が浮き袋、生殖その他の役割を営むように特殊化し、全体が一つのクラゲとして浮遊生活をする。カツオノエボシ・カツオノカンムリなどが代表的。

**くだ・ける【砕ける】**(下一自) ①こなごなになる。be crushed ②勢いや心が弱る。become feeble ③うちとける。be frank 用例 ―・けた話。

**ください【下さい】**[一]《五段の動詞「くださる」の命令形「くだされ」の変化したもの》「くれ」の尊敬語。いただきたい。ちょうだい。give me 用例 これを―。[二](補動)《「お(ご)…ください」「…てください」の形で》その動作をする人に丁寧に頼む。…してほしい。用例 ごらん―。おいで―。

**くださ・る【下さる】**[一](五他)「くれる」の尊敬語。たまわる。用例 先生が―・った本。[二](補動)《「お(ご)…くださる」「…てくださる」の形で》その動作をする人に対する敬意を表す。用例 御出席―。教えて―。

**くだされ-もの【下され物】** 目上の人からもらった物。ちょうだい物。

**くださ・れる【下される】**(下一他)《「くださる」より敬意が強い》お与えになる。くださる。

**くだ-さんご【管▼珊▼瑚】** クダサンゴ科の刺胞動物の一種。形が珍奇なことで知られる。赤い管状の骨格を束ねたような群体をつくる。各個体は各管の中に体をおさめ、頂口から淡灰緑色の触手を広げる。管径約一・二mm。奄美・小笠原以南に分布。organ-pipe coral

**くだし-ぐすり【下し薬】** 下剤。

**くだし-ぶみ【下(し)文】** 平安時代以降、上位者から下位者に下した公文書。

**くた・す【▽腐す】**(五他) ①くさらせる。rot ②けなす。非難する。くさす。speak ill of

**くだ・す【下す】**(五他) ①高いところから低いところへ移す。おろす。さげる。lower 用例 位階を―。②都から地方へつかわす。send

用例 使者を—。③下痢をする。have loose bowels 用例 腹を—。④上の人が、あたえる。申しわたす。pass 用例 判決を—。⑤きっぱり判断する。用例 断を—。make a dicision ⑥実際に行う。do 用例 手を—。⑦《「降す」とも》負かす。降参させる。subjugate 用例 敵を—。⑧《動詞の連用形に付いて》よどみなく、すらすらとする。用例 書き—。読み—。

**くだ-ずみ【管炭】** 茶道に用いる管状の細長い炭。炉・風炉用で胴炭に添えて使う。丸管炭と割り管炭の二種がある。

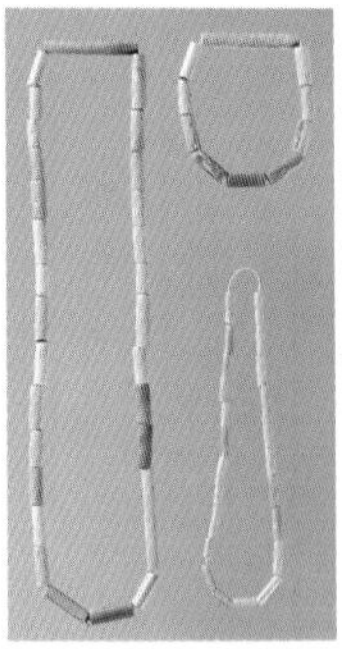

●管玉 碧玉製。古墳時代。

**くだ-たま【管玉】** 管状の玉。長さ一～三cm、径三～八mm。連ねて首飾りなどに用いる。縄文時代からあるが、弥生時代以降に多い。一般に石製・ガラス製・鳥骨製・土製など。弥生時代には佐渡産の鉄石英製極細管玉もあり、古墳時代以降は碧玉など青色岩石によるものが多い。↓写

**くだ-つぎて【管継(ぎ)手】** 管と管を接続するための部品。まっすぐに長く接続したり、管路を曲げたり、分岐・集合させたりする。pipe joint ↓図

●管継ぎ手 螺子込み継ぎ手の種類

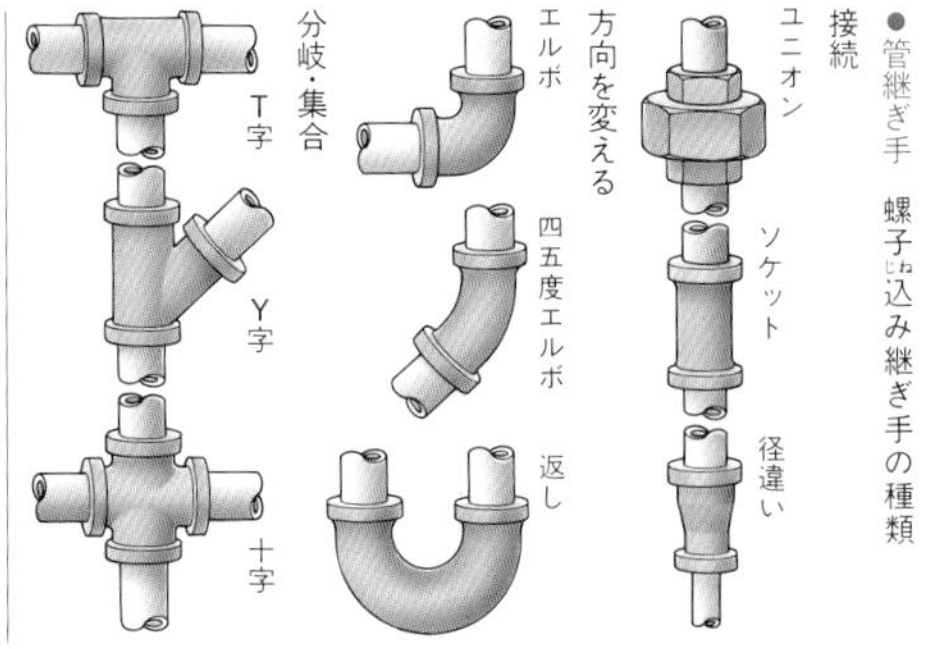



**くだっ-て【下って・降って】**（接続）手紙やあいさつのことばで、自分のことを書き出す前に謙譲の意を表す語。用例 —、わたくし方一同、無事消光しております。

**くたに【九谷】** 石川県南部、山中町の集落。大聖寺川上流の山奥にあり、江戸時代、後藤才次郎らが創始した九谷焼の発祥地として知られる。

**グダニスク【Gdańsk】** ポーランド北部、バルト海グダニスク湾に臨む都市。貿易港。商業・交通の中心。人口四六・二万(一九九一)。もとドイツ領。旧称ダンチヒ。グダンスク。

**くたに-やき【九谷焼】** 石川県で焼成される陶磁器。江戸初期、九谷村に築窯し約四〇年続いた古九谷は、力強い絵付けが特色。精巧な赤絵金襴手は江戸後期に完成。↓写

**くだ-にんぎょう【管人形】** 江戸時代、人形芝居の流行から生まれた糸操りの玩具。人形に竹の柄を付けて糸で引き、動かす。糸引き人形。

**くだ-ばり【管鍼】** ↓かんしん(管鍼)

**くたばり-ぞこない【くたばり損ない】** 《俗語。ののしって言う》死にぞこない。

**くたば・る**（五自）《俗語。ばかにして言う》①死ぬ。②ひどく弱る。へたばる。

**くたびれ-もうけ【草臥れ儲け】** つかれただけで、なんの効果もないこと。much ado for nothing 用例 骨折り損の—。

**くたび・れる【草臥れる】**（下一自）①つかれて元気がなくなる。get tired 用例 長旅で—。②使いふるして形がくずれる。くたぶれる。wear out 用例 —・れた洋服。③《動詞の連用形に付いて》じゅうぶん…してつかれる。いやになるほど…する。用例 待ち—。

**くだまき-もどき【管巻擬】** 全体が緑色のキリギリス科の昆虫。ツユムシの仲間。体長五cm内外。木の上にすみ、果樹園に多い。本州以南に分布。

**くだまつ【下松】**〈市〉山口県東部、周防灘に臨む市。周南工業地区の要部を占める工業都市で、石油・金属・造船・車両の四大工場がある。人口五万四四三八(一九八八)。

**くだ-もの【果物】** ①ブドウ・リンゴなど木本植物の果実。欧米ではトマト・スイカなど、生食する果菜も含める。水菓子。フルーツ。fruit 用例 食後の—。②菓子の古称。数え方 一個・一顆。

**くだ-もの【管物】** キクの咲き方の一種。舌状花が管になって外側は長く、内側は短くのびるもの。太管・間管・細管・針管などに区別する。

**くだもの-とけいそう【果物時計草】** パッションフルーツの和名。

**くだら【百済】** 古代、朝鮮半島西南部にあった国。四世紀中ごろ馬韓諸国を統一し、新羅・高句麗と鼎立。六六〇年、唐・新羅連合軍に敗れて滅亡。ひゃくさい。

●九谷焼 『古九谷色絵花鳥文九角皿』。江戸時代(一七世紀)、京都国立博物館。

**くだら-がく【百済楽】** 百済の音楽。五五四年以前に日本に伝来し、高麗楽に吸収され、現在の雅楽にその面影をとどめている。

**くだら-かんのん【百済観音】** 法隆寺の大宝蔵殿に安置されている観音像の俗称。クスノキの一木造り。飛鳥時代の作で、聖観音とされる。↓写

**くだら-ごと【百済琴】** ↓くご(箜篌)

**くだら-な・い【下らない】**（形）つまらない。取るに足りない。worthless; trifling 派生 くだらなさ(名)

**くだら-ぬ【下らぬ】**（連体）つまらない。興味が持てない。用例 —話。

**くだら-の-かわなり【百済河成】**（七八二～八五三）平安前期の画家。百済からの渡来人の後裔。姓は余。絵画史に初めて名を残す。作品は現存しない。

**くだり【下り・降り】** ①高いところ・方から低いところ・方へ移ること。さがること。go down 対義 上り・登り。用例 道が—になる。②都や中央から地方へ行くこと。down 対義 上り。用例 —列車。③《「行」とも》文書の縦の行。用例 三—半。④古語 時刻を過ぎること。さがり。用例 申の—になり候ひにたり(宇治拾遺・一一)。

●百済観音 法隆寺(奈良県)。

**くだり【件・条】** ①前文に述べたこと。くだん。②物語の一部分。用例 都落ちの—を語る。

**くだり-あゆ【下り鮎】** ↓おちあゆ(落ち鮎)

**くだり-ざか【下り坂】** 対義 上り坂。①下りの坂道。descent ②盛りをすぎて、衰えてゆくこと。落ち目。decline

**くだり-ばら【下り腹】** 下痢をしていること。diarrhea

**くだ・る【下る】**（五自）①《「降る」とも》高いところ・方から低いところ・方へ移る。下へ行く。おりる。go down 対義 上る・登る。用例 川を—。坂を—。②都や中央から地方へ行く。go down to 対義 上る。③ある基準より以下になる。おとる。be less 用例 一万人を—・らない人々。④下痢をする。have loose bowels 用例 腹が—。⑤時代があとになる。down to the time of 用例 —・って昭和となる。⑥申し渡される。be sentenced 用例 判決が—。命令が—。⑦ろうやに入る。sent to prison 用例 獄に—。⑧《「降る」とも》官職を離れて民間人になる。retire into private life 用例 野に—。⑨《「降る」とも》負ける。surrender 用例 敵に—。

**くだん【九段】** 東京都、千代田区北西部にある地区。靖国神社がある。明治中期まで、九段坂が山の手と下町との境目であった。

**グダンスク【Gdańsk】** ↓グダニスク

**くだん-の【件の】**（連体）《「くだりの」の転》①前に述べたことの。上記の。above-mentioned ②例の。in question

**くち【口】** 一(名) ①動物が食物をとり入れたり発声したりする器官。鳥では嘴。mouth 用例 —をあける。②ことば。物の言い方。tongue; speech; word ③味わい。味覚。taste 用例 —に合う。④食事をする人数。養う人数。mouth to feed 用例 —を減らす。⑤人や物がではいりする所。entrance ⑥就職先。嫁入り先。用例 —さがし。⑦招き。求め。呼び出し。call 用例 —をかける。⑧種類。kind 用例 この—は売り切れ。⑨始まり。発端。冒頭。beginning 用例 宵の—。⑩手がかり。たより。clue ⑪うわさ。評判。rumor ⑫円形・円筒形の物の直径・幅。用例 世間の—がうるさい。二(助数) ①口に食物を入れる回数。②わりまえ・種類などを数える単位。用例 寄付は二—以上。③刀剣・斧などを数える単位。

**口開く(くちあく)** 発言する。

**口あんぐり(くちあんぐり)** 驚いたり、あきれかえったりして、口を開けているようす。agape

**口が上がる(くちがあがる)** ①話がじょうずになる。②食えなくなる。生活の手段を失う。

**口が上手い(くちがうまい)** 話し方や言い回しがじょうずである。また、口先で人を丸めこむのが巧みだ。talk glibly; cajole

**口が多い(くちがおおい)** しゃべり過ぎる。口数が多い。talkative

**口が奢る(くちがおごる)** 美食になれて、質素な食べ物には見向きもしない。be used to luxurious diet 比較 口が肥える。

**口が重い(くちがおもい)** あまりしゃべらない。口数が少ない。Closemouthed 対義 口が軽い。

**口が掛かる(くちがかかる)** 仕事などに誘われる。be offered a position

**口が堅い(くちがかたい)** 言ってはならないことは決して言わない。can keep a secret

**口が軽い(くちがかるい)** おしゃべりで、口外してはいけないことまで言いがちな性格である。talkative

**口が腐っても(くちがくさっても)** 《下に「言えない」などの否定形がくる。言わないという意志の強調》ぜったい、人に話さない。口が裂けても。用例 あの人を悪くなど—言えない。

**口が肥える(くちがこえる)** うまい料理を食べつけて、うまさまずさがよくわかる。be a gourmet 比較 口が奢る。

**口が裂けても(くちがさけても)** 「口が腐っても」と同意。

**口が過ぎる(くちがすぎる)** ことばがすぎる。失礼な、言ってはならないことまで言う。go too far in what one says

**口が酸っぱくなる(くちがすっぱくなる)** 同じことを繰り返し言うたとえ。口が酸くなる。tell over and over again

**口が滑る(くちがすべる)** 言ってはいけないことを、思わず口に出してしまう。make a slip of the tongue

**口が達者(くちがたっしゃ)** 話すことが得意である。言うことは立派だが、行動が伴わないときなどに、皮肉の意をこめて言う。talk glibly

**口が干上がる(くちがひあがる)** 生活に困る。lose one's means of living

**口が塞がらぬ(くちがふさがらぬ)** 「開いた口が塞がらぬ」の上略。

**口が減らない(くちがへらない)** 口が達者だ。勝手なことを言う。have a glib tongue 類似 減らず口をたたく。

**口が曲がる(くちがまがる)** ①目上の人・恩ある人などに対して不遜なことを言うと、罰として口

の形がゆがむ。②味がきわめて、辛い・苦い・渋いさまに言う。

**口から高野**(くちからこうや)《ちょっと口を滑らせたため、出家しなければならなくなったことから》うっかり言ったことばから、失敗したり、禍を招いたりすることがあるので、口は慎むべきであるという戒め。類似 口は禍の門。

**口から先に生まれる**(くちからさきにうまれる) 口が達者な者・おしゃべりな者に言う。be born all mouth

**口が悪い**(くちがわるい) 相手を傷つけたりするようなことばかり話す。憎まれ口ばかりきいている。have a sharp tongue 用例 あの人は—。

**口食うて一杯**(くちくうていっぱい) 食べるだけで精一杯の、余裕のない生活。

**口では大坂の城も建つ**(くちではおおさかのしろもたつ) 口で言うだけなら、どんなに大きなことでも言える。

**口と腹とは違う**(くちとはらとはちがう) 口で言うことと、心の中で考えていることとは別である。talk in one way but act in another

**口猶乳臭**(くちなおにゅうしゅう)《口が乳くさい意から》年若く経験の浅いことを言う。

**口に入る**(くちにいる) さかんに人々の話題になり、もてはやされる。

**口に掛ける**(くちにかける) 言う。say

**口に風邪を引かす**(くちにかぜをひかす) 言ったことがむだになる。

**口に藉く**(くちにしく) 口実にする。かこつける。

**口にする**(くちにする) ①口に入れる。食べる。eat ②ことばに出して言う。talk 用例 —のも汚らわしい。

**口に税は掛からぬ**(くちにぜいはかからぬ)《どんなに気ままなことを言っても、それに税金がかかるわけではない、の意から》思いあがって勝手な放言をするさまを言う。talk rudely 類似 口に地代は出ない。口に年貢はいらぬ。

**口に出す**(くちにだす) 考えていることや知っていることを、胸にしまっておかないでことばに出す。話す。しゃべる。言う。tell; speak 用例 思わず不満を—。

**口に絶つ**(くちにたつ) ①飲食しない。②口外しない。

**口に上せる**(くちにのぼせる) 口に出して言う。話題にする。talk about

**口に上る**(くちにのぼる) 「口の端に上る(参照 口の端)」と同意。

**口に乗る**(くちにのる) ①広く世の人々にもてはやされる。be a topic of conversation ②だまされる。be taken in

**口に入る**(くちにはいる) 食べられる。be able to eat 用例 ようやく重湯が—ようになった。

**口に入る物なら按摩の笛でも**(くちにはいるものならあんまのふえでも) 食い意地が張っていてなんでも食べることのたとえ。

**口に運ぶ**(くちにはこぶ) 食べ物などを口のところに持っていく。口に入れる。食べる。eat 用例 フォークで—。

**口に針**(くちにはり) ことばに悪意があるたとえ。

**口に蜜有り腹に剣有り**(くちにみつありはらにけんあり)《『新唐書』李林甫伝中の、玄宗時代の宰相、李林甫の人柄を述べたことばから》口先ではやさしいことを言いながら、心には敵意をもっているたとえ。A honey tongue, a heart of gall.

**口の下から**(くちのしたから) 話し終わるか終わらないうちに。話したすぐあとから。ことばの下から。舌の根もかわかぬうちに。in the next breath 用例 そう言う—もう逆のことをしている。

**口の虎は身を破る**(くちのとらはみをやぶる) うっかりした一言が、身を破滅させることがある。ことばは慎むべきである。

**口は口、心は心**(くちはくち、こころはこころ) 口に出して言うことと、心中に思うこととが一致しないこと。

**口八丁、手八丁**(くちはっちょう、てはっちょう) 「口も八丁、手も八丁」と同意。

**口は禍の門**(くちはわざわいのかど) 「口は禍の元」と同意。

**口は禍の元**(くちはわざわいのもと) ものの言い方に用心せよという戒め。口は禍の門。Out of the mouth comes evil.

**口程にも無い**(くちほどにもない) 口先ばかりで、実質が伴わない。たいしたことはない。just talk big

**口も八丁、手も八丁**(くちもはっちょう、てもはっちょう) しゃべることも、することも、きわめて達者だ。口八丁、手八丁。to be a good talker and doer

**口より出せば世間**(くちよりだせばせけん) 一度口外してしまえば、世間一般に知れ渡り、取り消しできなくなること。

**口を開かす**(くちをあかす) しゃべらせる。無理にものを言わせる。

**口を合わす**(くちをあわす) 言うことが食い違わないようにする。make a secret arrangement

**口を掛ける**(くちをかける) 先方に連絡をつける。わたりをつける。get in touch

**口を固める**(くちをかためる) 他言しないように固く口止めする。

**口を利く**(くちをきく) 物事をまとめるように、物を言う。

**口を切る**(くちをきる) ①はじめて栓やふたを開けて、使い始める。open ②最初に発言する。be the first to speak

**口を極める**(くちをきわめる)《ほめたり、けなしたりするさまに言う》さまざまにことばをつくして、ありったけ述べる。このうえない言い方で、力説する。極限にまで言いたてる。用例 口を極めてほめそやす。

**口を消す**(くちをけす) ①他言を禁ずる。②証言を取り消す。

**口を過ごす**(くちをすごす) どうにか暮らしてゆく。生計を立てる。

**口を酸っぱくする**(くちをすっぱくする) 言うほうがいやになるくらい、同じことを何度も繰り返して言う。tell a person over and over again 用例 口を酸っぱくして注意をあたえる。

**口を滑らす**(くちをすべらす) 口外してはいけないことをうっかりしゃべってしまう。make a slip of the tongue

**口を添える**(くちをそえる) ①ほんのちょっと飲む。drink a bit 用例 さかずきに—。②人の話に、そばから、助けや付け加えのことばを出す。put in a word for; second

**口を揃える**(くちをそろえる) ①異口同音に言う。say in chorus ②互いにしめし合わせ、同じことを言う。口うらを合わせる。arrange beforehand to tell the same thing

**口を出す**(くちをだす) 人の間に割りこんで、自分の意見などを言う。自分には関係のない話に口をはさむ。cut in

**口を叩く**(くちをたたく) よくしゃべる。手前勝手なことを言う。偉そうなことを言う。babble 用例 大きな—。

**口を垂れる**(くちをたれる) 下手に出たものの言い方をする。類似 言葉を卑くする。

**口を突いて出る**(くちをついてでる) 不意にことばになって出る。

**口を噤む**(くちをつぐむ) だまる。口を閉ざす。hold one's tongue

**口を慎む**(くちをつつしむ) むだ話をしない。よけいなおしゃべりをしないようにする。careful of one's speech

**口を尖らす**(くちをとがらす) 言い争ったり怒ったりするときに、唇を前につき出してとがらせるさま。また、不満な態度を示す。pout 用例 互いに口を尖らせて言い争っている。

**口を閉ざす**(くちをとざす) 沈黙する。keep silent

**口を拭う**(くちをぬぐう) ①盗み食いをしたあと、口をふいてそしらぬ顔をする。feign innocence ②あることをしていて、しないふりをする。また、知っていて知らないふりをする。feign ignorance

**口を濡らす**(くちをぬらす) ①少量の飲み食いをする。②やっと暮らしてゆく。ほそぼそと生活する。

**口を糊する**(くちをのりする) ほそぼそと暮らしを立てる。

**口を挟む**(くちをはさむ) ①話の途中に言い出す。cut in ②差し出口をする。口を出す。interfere in

**口を引き垂る**(くちをひきたる) 口を「へ」の字にまげる。

**口を開く**(くちをひらく) しゃべり始める。begin to talk 用例 口を開けば野球の話ばかりだ。

**口を塞ぐ**(くちをふさぐ) しゃべらせないようにする。悪事や秘密をもらさないように口止めする。口を封じる。silence

**口を守る瓶の如くす**(くちをまもるかめのごとくす) かめの水が、一度こぼれたら二度と元へは戻らないことにたとえて、発言は慎むべきであることを言う。

**口を搾る**(くちをむしる) 誘いをかけて、聞き出そうとする。

**口を割る**(くちをわる) 白状する。confess

**ぐち**《「くち」ともいう》イシモチまたはニベの別名。

**ぐ-ち【愚痴】** ①《仏教語》三毒の一つ。愚かで、真理に対して無知であること。ものの理非がわからないこと。無明。②言ってもしかたのないことを言いなげくこと。泣き言。idle complaint 用例 —をこぼす。

**愚痴の闇**(ぐちのやみ) 愚かで道理に暗いこと。

**くち-あい**〔-あひ〕**【口合(い)】** ①話が互いによく合うこと。用例 —がいい。②仲介人。③しゃれ。地口。

**くち-あけ【口開け・口明け】** ①物の口を開くこと。封を切ること。open ②物事のはじめ。皮切り。beginning; opening ③村落の共有林野・漁場などでの特定の産物の採取解禁日。open the season ④能楽で、狂言方がいちばん初めに出て発する語。また、その役者。

**くち-あたり【口当(た)り】** ①食物を口に入れたときの感じ。味わい。taste 用例 さわやかな—。②応対。もてなし。treatment 用例 —のやわらかい人。

**くち-あみ【口網】** 籠の口などに取り付けた、あみ。

**くち-あらく【口荒く】**(副) 荒々しいことばづかいで。乱暴な言い方で。violently

**くち-あらそい**〔-あらそひ〕**【口争い】** 言い争うこと。口げんか。口論。quarrel

**くち・い**(形) 苦しいほど、腹がいっぱいである。用例 腹が—・くなる。

**くち-いれ【口入れ】** ①口出しをすること。break in ②奉公や金銭貸借の仲介に立つこと・人。employment agency 用例 —屋。

**くち-うつし【口写し】** 言い方がよく似ていること。

**くち-うつし【口移し】**(名・サ変他) ①飲食物を自分の口から相手の口に移し入れること。mouth to mouth feeding ②じかに言い伝えること。口伝。口授。oral tradition

**くち-うら【口▽占】** 人の偶然のことばにより吉凶を占うこと。

**くち-うら【口裏】** 言いぶりにかくされている相手の真意。用例 —から察する。

**口裏を合わせる**(くちうらをあわせる) あらかじめ打ち合わせて、言うことが一致するようにする。

**くち-うるさ・い【口▽煩い】**(形) すぐ文句をつける傾向がある。口やかましい。nagging

**くち-え【口絵】** 書籍や雑誌の巻頭にある絵や写真。frontispiece 比較 さし絵。

**くち-お・し**〔-をし〕**【口惜し】** 古語 (形シク) ①期待どおりにならず残念だ。用例 呼びにやりたる人の来ぬ、いと—(枕・くちをしきもの)。②《対象となるものが》物足りない。つまらない。用例 こころ劣りせらるる本性見えんこそ—・しかるべけれ(徒然・一)。③卑しい。取るに足りない。用例 身のありさまを—・しきものに思ひ知りて(源氏・須磨)。

**くち-おし・い**〔-をしい〕**【口惜しい】**(形) 残念だ。regretful 派生 くちおしげ(形動) くちおしさ(名)

**くち-おも【口重】**(名・形動) むやみに、また軽々しくものを言わないこと・人・さま。taciturnity 対義 口軽。

**くち-がき【口書(き)】** ①はしがき。序言。introduction; preface ②江戸時代の訴訟文書の一つ。当事者が足軽以下、百姓・町人の場合に、その申し立てを筆記したもの。

**くち-かず【口数】** ①人数。頭数。the number ②ことばかず。the number of words a person speaks 用例 —の少ない人。

**くち-がた・い【口堅い】**(形) ①むやみに他言しない。tight-lipped ②言うことがたしかだ。discreet

**くち-がため【口固め】**(名・サ変他) ①口止めすること。②ことばではっきり約束をすること。

**くち-がたり【口語り】** ①↓すがたり(素語り)。②浄瑠璃の寄席で、最初に語る人。③口で語ること。

**くち-がね【口金】** 物の口に付ける金具。capsule

**くち-がる【口軽】**(名・形動) 軽々しくものを言うこと・人・さま。おしゃべり。talkativeness 対義 口重。

**くち-がる・し【口軽し】** 古語 (形ク) 口のきき方が軽々しい。くちがろし。用例 かくまで漏らしきこゆるも、いと—・けれど(源氏・宿木)。

**くち-がわり**〔-がはり〕**【口代(わ)り・口替(わ)り】** その場で食べる酒のさかな。口取りのかわりに出す料理。茶懐石での八寸。

**くち-き【朽(ち)木】** くさった木。decayed tree

**朽ち木は柱にならぬ**(くちきははしらにならぬ) 精神の腐った者は、重要な任務を負う資格がない。

**くち-きき【口利き】** ①弁舌のたくみな人。口達者。clever talker ②交渉・仲裁などのうまい人。mediator ③とりなし。紹介。mediation

**くち-ぎたな・い【口汚い・口▼穢い】**(形) ①言い方がいやしい。foulmouthed ②口やかましい。うるさい。nagging ③食い意地の張った。gluttonous

**くち-きり【口切り】** ①手始め。口あけ。opening; start ②陰暦の一〇月初め、新茶のつぼを初めて開けること。また、その茶会。③売買成立の最初。start

**く-ちく【駆逐】**(名・サ変他) 追い払うこと。expel

**くちく-かん【駆逐艦】** 艦隊・船団護衛のた

めの対潜・対空攻撃をおもな任務とする戦闘艦艇。もとは小型の高速艦をさしていたが、第二次大戦後大型化が進み、現在アメリカやソ連では八〇〇〇トン前後のものもある。自衛隊では護衛艦がこれに相当する。destroyer

**くち-くさ【▽腐草】**《腐草から発生するとの俗説に由来》ホタルの別名。

**くち-ぐせ【口癖】** ①話のくせ。peculiar manner of talking ②その人がいつもよく使う語。きまり文句。pet phrase

**くち-ぐち【口口】** ①めいめいの口。unanimously; severally 用例 —に言う。②あちこちの出入り口。every entrance

**クチクラ【cuticulaラテ】** 植物の表皮細胞や動物の上皮細胞の分泌物でできる層のうち、外側のかたい膜様の構造の層。植物ではクチン、動物では硬たんぱく質からなる。水分発散の防止、体表の保護などの機能がある。角皮。cuticle

**クチクラ-じょうさん【クチクラ蒸散】** 植物体内の水分が、クチクラ層を通って水蒸気として排出される現象。cuticular transpiration

**くち-ぐるま【口車】** 口先のうまいこと。ごまかし。honeyed words

**口車に乗る** まんまとだまされる。be cajoled into

**くち-げんか【口▼喧▼嘩】**(名・サ変自) 言い争うこと。口論。dispute

**くち-ごうしゃ【口巧者】**(名・形動) ものの言い方のたくみなこと・人・さま。口じょうず。口達者。glibness 比較 見巧者。

**くち-ごたえ【口答え】**(名・サ変自) 目上にさからって言うこと。口返答。talk back

**くち-コミ【口コミ】**《「マスコミ」をもじった語》口から口に伝えられる、コミュニケーション。word-of-mouth

**くち-ごも・る【口▼籠る】**(五自) ①口の中にこもって、ことばがはっきりしない。mumble ②言いしぶる。hem and haw 用例 遠慮して—。③どもる。falter

**くち-さがな・い【口さがない】**(形) 口うるさい。おしゃべりだ。gossipy 用例 —輩。

**くち-さき【口先】** ①口の先。口頭。mouth ②ものの言い方。way of speaking 用例 人の—をまねる。③うわべだけのことば。specious 用例 —ばかりの人。

**くち-さびし・い【口寂しい・口▼淋しい】**(形) 何か口に入れるものがほしい感じである。口にするものがなくて物足りない。口ざみしい。

**くち-ざわり【口触り】** 口あたり。

**くち-しのぎ【口▼凌ぎ】** 一時しのぎに食べること・物。また、そういう生活。live from hand to mouth

**くち-じゃみせん【口三味線】** ①口で三味線の調子・音色をまねること。②口車。flattery

**口三味線に乗せる** ことば巧みに言いくるめて、だます。wheedle 類似 口車に乗せる。

**くち-じょうず【口上手】**(名・形動) 口先のうまいこと・人・さま。口巧者。口達者。glibness 対義 口下手。

**くち-ずから【口ずから】**(副) 自身の口から。自分のことばで。personally

**くち-すぎ【口過ぎ】** 働いて暮らすこと。暮らし。livelihood

**くち-ずさび【口▽遊び】** 古語 ①詩歌などを、心に思い浮かぶままにうたったりすること。用例 しのびやかに—に読みゐたるに(枕・すきずきしくて)。②うわさ。話題。用例 よからぬ童べの—になりぬべきなめり(源氏・夕顔)。

**くち-ずさ・む【口▽遊む】**(五他) なんとなくうたう・言う。くちずさぶ。hum

**くち-すす・ぐ【▼嗽ぐ・▼漱ぐ】**(五自) 口をあらい清める。うがいをする。gargle

**くち-ぞえ【口添え】**(名・サ変自) ①言ってとりなすこと。put in a good word for ②口頭で推薦すること。その推薦。put in a good word for

**くち-だし【口出し】**(名・サ変自) 人の話に、横からものを言うこと。差し出口。interference

**くち-だっしゃ【口達者】**(名・形動) ①よくしゃべること・人・さま。talkative ②口先のうまいこと・人・さま。口巧者。glibness

**くち-ぢゃ【口茶】**(名・サ変自) 出がらしの茶に、新しい茶の葉を加えること。また、その茶。

**くち-つき【口付き】** ①口の形。②ものの言いぶり。③吸い口の付いているもの。④牛・馬の口を取る人。口取り。

**くち-づけ【口付け】**(名・サ変自) キス。せっぷん。kiss

**くち-づたえ【口伝え】** ①ことばで授けること。口伝。oral instruction ②人から人へ口で言い伝えること。口づて。transmission by word of mouth

**くち-づて【口▽伝】** ↓くちづたえ(口伝え)②

**ぐちっ-ぽ・い【愚痴っぽい】**(形) くどくどと愚痴をこぼしがちである。grumbling

**くち-どめ【口止め】**(名・サ変他) ①他言を禁じること。prohibition of speaking ②ものを言わせないこと。impose silence on ③「口止め料」の略。

**くちどめ-りょう【口止め料】** 口外させないために与える金品。hush money

**くち-とり【口取(り)】** ①牛馬の口を取って引く人。口付き。口引き。groom ②「口取り肴」の略。③茶うけ。

**くちとり-ざかな【口取(り)▼肴】** 本膳料理の最初に出される料理。古くは、かち栗・昆布など。江戸中期以降、かまぼこ・きんとんなどが用いられる。

**くち-なおし【口直し】**(名・サ変自) 前と別の物を食べて、口をさっぱりさせること・もの。take off the aftertaste

**くち-なし【▼梔子・▼巵子・▽山▼梔子】** ①アカネ科の常緑低木。高さ約二m。葉は長楕円形で対生し、初夏に芳香のある白花が咲く。果実は黄赤色で染料・薬用となる。暖地にはえ、庭木にもする。gardenia ②紋所の名。①の花を紋章化したもの。↓写

● クチナシ① 花(右)、実(左)。

**くち-ならし【口慣らし・口▼馴らし】**(名・サ変自) ①舌を味に慣れさせること。get used to certain taste ②言い慣らすこと。oral practice

**くち-な・れる【口慣れる・口▼馴れる】**(下一自) ①言い慣れる。get used to saying ②食べ慣れる。get used to eating

**くち-なわ【朽(ち)縄・▽蛇】**《腐った縄に似ることに由来》ヘビの古名。

**くち-ぬの【口布】** 切りポケットのポケット口につける別布。玉縁ポケットの玉縁部分・箱ポケットの縁どりなど。binding

**くちのえらぶ-じま【口▽永▽良部島】** 鹿児島県、屋久島北西の島。面積三八km²。火山島で、新岳が昭和四一年(一九六六)に爆発。

**くちのつ【口▼之津】**〈町〉 長崎県、島原半島南端の町。港町としてにぎわう。ミカン・草花栽培、酪農、漁業がさかん。農林水産省果樹試験場がある。人口八三七〇(一九八八)。

**くち-の-は【口の端】** ①口先。tip of one's tongue ②うわさ。gossip

**口の端に掛ける** ①ことばに表して言う。talk about ②うわさする。speak about

**口の端に上る** うわさになる。話のたねになる。

**くち-ば【朽(ち)葉】** ①朽ちた落ち葉。decayed leaves ②「朽ち葉色」の略。

**くちば-いろ【朽(ち)葉色】** くすんだ赤みがかった黄色。yellowish brown

**くち-ばし【▼嘴・▼喙】** ①鳥の口先。上下の顎が角質のさやでおおわれて突出したもの。おもに鳥類、カモノハシにみられる。bill; beak ②口。口先。mouth ↓鳥類図

**嘴が黄色い** 子どもっぽくて、問題にならない。be green

**嘴を入れる** 「嘴を挟む」に同じ。

**嘴を挟む** 他人の動作に口出しをする。他人の話に割って入る。嘴を入れる。interfere

**嘴を鳴らす** ①ぺちゃくちゃしゃべる。②歯ぎしりをして悔しがる。

**くち-ばし・る【口走る】**(五他) ①調子にのって、よけいなことを言う。blurt out ②心が乱れて、思っていることを、無意識のうちにそのまま言う。blurt out

**くち-はっちょう【口八丁】** しゃべることが巧みなこと。fair-spoken

**くち-は・てる【朽(ち)果てる】**(下一自) ①すっかりくさる。rot away ②世に知られないで死ぬ。die in obscurity

**くち-はばった・い【口幅ったい】**(形) 思い上がった口のきき方をする。impudent 用例 —言い方。

**くち-ばや【口早】**(形動) 早口であるさま。talk fast

**くち-び【口火】** ①火縄銃や爆薬の発火に使う火。fuse ②事の起こるもと。発端。cause ③ガス器具などの、点火用の小さな火。pilot burner

**口火を切る** ①言い始める。start to say ②物事をし始める。begin

**くち-ひげ【口▼髭】** 上くちびるの上にはやしたひげ。mustache

**くち-びょうし【口拍子】** 口でとる拍子。

**くち-びる【唇・▼脣】**《「口縁」の意》口のまわりの部分。うすい粘膜でおおわれていて、飲食や発音に関係する器官。口唇。lip ↓頭図

**唇が薄い** よくしゃべる。口数が多い。

**唇滅びて歯寒し** 互いに助け合うものの一方が滅びると、他方も危ういたとえ。

**唇を反す** 悪口を言う。そしる。唇を翻す。speak ill of

**唇を噛む** くやしさをこらえる。swallow mortification

**唇を尖らす** 不平・不満であることを表情に出してものを言う。不満を訴える。口を尖らす。pout one's lips

**唇を翻す** 「唇を反す」と同意。

**くち-ぶえ【口笛】** 唇をすぼめ、または指を口の中に入れ、吹き鳴らすこと。whistle

**くち-ふさぎ【口▼塞ぎ】** ①口止め。くちふたぎ。forbid to mention ②口よごし。

**くち-ふたぎ【口▼塞ぎ】** ↓くちふさぎ(口塞ぎ)①

**くち-ぶちょうほう【口不調法・口無調法】**(名・形動) 口べたなこと。poor speaker

**くち-ぶり【口振り】** 話のようす。ことばつき。way of talking

**くち-べた【口下手】**(名・形動) 話が下手なこと・人・さま。口ぶちょうほう。poor speaker 対義 口上手。

**くち-べに【口紅】** ①唇を化粧する紅の総称。古くはベニバナの花の汁を使用。棒状の口紅は日本では明治末期より。rouge; lipstick ②もののへりにだけ紅を塗ること。また、塗ったもの。

**くちべに-たけ【口紅▼茸】** クチベニタケ科のキノコ。高さ二～三cm。頭部は卵形であめ色、上端は赤色を帯びる。日本特産。

**くち-べらし【口減らし】**(名・サ変自) 養うべき人数を減らすこと。reduce the number of mouths to feed

**くち-へん【口偏】** 漢字を組み立てている部分の名。「吐・吹・咲」などの左にある「口」。

**くち-ぼそ【口細】** ①口が細いこと。またその形のもの。②コイ科の淡水魚。ムギツク・モツゴなどの俗称。

**くち-まい【口米】** 江戸時代、本年貢の付加税米。徴税手数料として代官所の経費に充当。のち幕府に公納。

**くち-まえ【口前】** 言いぶり。話しぶり。way of talking 用例 —がいい。

**くち-まかせ【口任せ】** 深く考えずに出まかせにしゃべること。random talk

**くち-まね【口真▽似】** 人の話し方や口ぶりをまねること。mimicry

**くち-まめ【口▽忠▽実】**(名・形動) よくしゃべること・人・さま。talkative 比較 ふでまめ。

**くち-もと【口元・口▽許】** ①口のあたり。mouth ②口つき。shape of mouth ③出入り口の近く。

**クチャ【庫車】**(Kucha) 中国新疆ウイグル自治区、タリム盆地にあるオアシス都市。漢代から宋代まで亀茲とよばれ、唐代には安西都護府が置かれて、西域北道の要衝として栄えた。

**くち-やかまし・い【口▼喧しい】**(形) ①少しのことにもうるさく言う。nagging ②口数

が多い。talkative

**くち-やくそく【口約束】**（名・サ変他）証文を書かずに、口頭で約束すること。verbal agreement

**くちゃ-くちゃ** ㊀（形動）しわだらけのさま。くしゃくしゃ。crumpled 用例 ―の新聞。㊁（副）行儀悪く物をかむ音・さま。chew noisily 用例 ガムを―かむ。

**ぐちゃ-ぐちゃ**（副・形動）ぬれたり、つぶれたりして、めちゃめちゃなさま。messy 用例 卵がつぶれて―になる。

**ぐちゃり(と)**（副）やわらかいものなどがつぶれるさま。

**く-ちゅう【苦衷】** 苦しい思い。distress 用例 ―を察する。

**くちゅう-ざい【駆虫剤】** ①寄生虫を駆除する薬物。主として体内に寄生する蠕虫（ぜんちゅう）類を駆除する。anthelmintics ②害虫を殺す薬。殺虫剤。DDT・BHC・パラチオンなどは毒性が強いため、製造あるいは使用禁止となっている。pesticide

**ぐちゅう-れき【具注暦】** 奈良・平安時代に流行した暦の一種。季節や日の吉凶・禍福を暦日の下に注記。

**クチュリエ【couturier フランス】**《クチュール（縫い合わせること）という名詞から派生した語》高級婦人服の男性デザイナー、または、その婦人服店。女性はクチュリエール。

**く-ちょう【口調】** ことばの言い回し。その調子。tone 用例 演説―。

**く-ちょう【区長】** 東京の二三特別区と、人口五〇万人以上の政令指定都市にある行政区の長。

**く-ちょう【句調】** 文章の音調。比較 語調。

**ぐ-ちょく【愚直】**（名・形動）ばかしょうじきなこと・さま。stupidly honest

**くち-よごし【口汚し】** ①食物が少なくて物足りないこと。mere morsel ②客に出す料理を、けんそんして言う語。くちふさぎ。

**くち-よせ【口寄せ】** 目に見えない霊魂の心意を、巫女（みこ）の口を通して聞くこと。また、それをする人。神霊を招く神口（かみくち）、生き霊を招く生口（いきくち）、死霊を招く死口（しにくち）がある。口開き。

**く・ちる【朽ちる】**（上一自）①枯れてくさる。decay ②世に知られないで死ぬ。die in obscurity 用例 彼は片田舎でむなしく―・ちた。③名誉や名声が失われる。用例 その名は―・ちない。

**ぐち・る【愚痴る】**（五自）《「愚痴」の動詞化》ぐちを言う。泣き言をならべる。complain

**くちわ【口和】**〈町〉広島県北部山間の町。農林業が中心。肉牛の飼育がさかん。人口三二二九（一九八八）。

**くち-わき【口▼脇】** 口の左右のわき。口のあたり。口のはた。

**口脇黄ばむ**（くちわききばむ）《口のあたりがまだ黄色みを帯びている意から、経験の乏しいことをあざけった言い方》未熟である。子どもっぽい。嘴（くちばし）が黄色い。口脇白し。childish

**口脇白し**（くちわきしろし）「口脇黄ばむ」と同意。

**くち-わる【口悪】**（名・形動）悪口を言うこと・人・さま。

**クチン【cutin】** 植物表皮のクチクラ層の骨格となる物質。不飽和脂肪酸を主とした重合体からなる。表皮細胞の外面にあって水の蒸発を防ぐ。

**ぐ-ちん【具陳】**（名・サ変他）くわしく述べること。report in detail 用例 事情を―する。

**クツ 8画【屈】** 部首［尸］（しかばね かんむり） 常用 JIS 2294
音 クツ
①かがむ。かがめる。まがる。まげる。対義 伸（しん）。「窮屈」「屈曲・屈指・屈伸・屈折」②まけてしたがう。へこむ。「不屈」「屈従・屈辱・屈服（くっぷく）」③《倔とも》つよい。「屈強」④《窟とも》たくわえているところ。「理屈」

**クツ 10画【▼倔】** 部首［人・亻］（にんべん） JIS 4867
音 クツ
つよい。意志がつよい。心がつよい。「倔強」

**クツ 11画【▽堀】** 部首［土］（つちへん） 常用 JIS 4357
音 クツ・コツ 訓 ほり
ほる。ほり。あな。参考 一般に、堀は「ほり」で名詞、掘（つく）は「ほる」で動詞として用いられる。

**クツ 11画【▼崛】** 部首［山］（やまへん） JIS 5433
音 クツ
たかい。けわしい。そばだつ。ぬきんでる。

**クツ 11画【掘】** 部首［扌］（てへん） 常用 JIS 2301
音 クツ 訓 ほる
ほる。地をほる。うがつ。「採掘・発掘」「掘削・掘進」参考 一般に、堀（つく）は「ほり」で名詞、掘は「ほる」で動詞として用いられる。

**クツ 12画【▼詘】** 部首［言］（ごんべん）
音 クツ・チュツ
①どもる。発音がつかえる。②かがむ。かがめる。まがる。まげる。したがう。↓チュツ［詘］

**クツ 13画【▼窟】** 部首［穴］（あなかんむり） JIS 2302
音 コツ・クツ
①ほらあな。いわや。「巣窟」②ごみごみときたないところ。「貧民窟」③たくわえているところ。「理窟」

**くつ【靴・▼沓・▽履】** 足の先全体をおおうように作られた履物の総称。危険物・寒さ・熱などから足を保護する。素材は牛革・コードバン・合成ゴム・布など。shoes 数え方 一足。↓図

**沓新しと雖も首に加えず**（くつあたらしといえどもくびにくわえず）《「首に加えず」は冠の役には立たない、の意》上下貴賤の別を守り、分を越えてはならない。冠旧（ふる）ければ沓にはかず。

**沓の子を打つ**（くつのこをうつ）《「沓の子」は、沓の底に並べて打った鋲（びょう）》大勢の人が立ち並ぶさまのたとえ。

**靴を隔てて掻く**（くつをへだててかく）「靴を隔てて痒（かゆ）きを掻く」と同意。

**靴を隔てて痒きを掻く**（くつをへだててかゆきをかく）直接に行動したり関与したりできないので、もどかしいたとえ。隔靴掻痒（かっかそうよう）。irritating

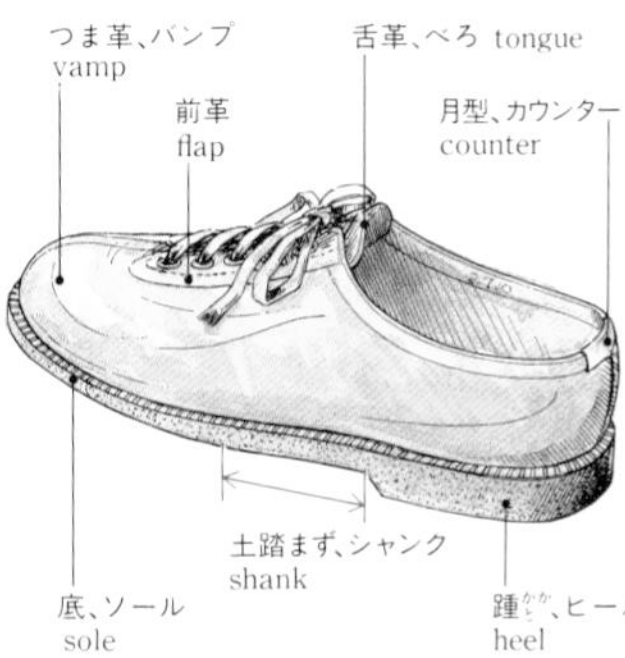


●靴

**く-つう【苦痛】** 痛みや悩みで苦しむこと。pain 対義 快楽。

**ぐ-つう【▼弘通】**《仏教語》教えを広めること。教えが広まること。ぐずう。

**クツーゾフ【Mikhail Illarionovich Kutuzov】**（一七四五～一八一三）ロシアの将軍。ナポレオンのロシア進攻時に総司令官に起用され、これを撃退した。

**くつ-おと【靴音】** 靴をはいて歩く足音。footsteps

**くつ-がえ・す【覆す】**（五他）①ひっくり返す。overturn 用例 船を―。②これまでのことを、すっかり改める。reverse 用例 その説を―。③たおす。ほろぼす。overthrow 用例 国家を―。

**くつ-がえ・る【覆る】**（五自）①ひっくり返る。be overturned ②これまでのことが、根本から改まる。be reversed 用例 判決が―。③たおれる。ほろびる。だめになる。be overthrown 用例 幕府が―・った。

**くつかけ【▼沓掛】** 長野県東部、軽井沢町中軽井沢地区の旧称。旧宿場町。鬼押出（おにおしだし）などの観光地への交通の起点。

**くっか-せい【屈化性】** 植物の屈性の一つ。高等植物の根や菌糸などが、化学物質の刺激に対して近づいたり、遠ざかったりする性質。chemotropism

**くつ-がた【▼沓形】** くつを立てた形の飾り。宮殿・仏堂などの棟（むね）の両端に置く火除（ひよ）けのまじない。後世、おにがわら・しゃちほこなどに変わる。鴟尾（しび）。

**くつ-かぶり【▼沓▽冠】** ＝くつかむり・くつこうぶり。①和歌や俳諧（はいかい）の折り句の一つ。五・七・五・七・七の語頭（＝冠）と語尾（＝沓）にある語句を読みこむもの。兼好法師の「［よ］もすず〈し〉［ね］ざめのかり〈ほ〉［た］まくら〈も〉［ま］そでも秋〈に〉［へ］だてなきか〈ぜ〉」で「米（よね）たまへ、ぜにもほし」という類。②雑俳の一つ。七文字の題に上下五字をつけて一句立てとするもの。

**くつき【▽朽木】**〈村〉滋賀県北西部、福井県・京都府に接する村。林業が中心。畜産も行われる。人口二七五四（一九八八）。

**クッキー【cookie】** 小麦粉に牛乳・卵・香料などをまぜ、焼いた乾燥菓子。アメリカ式の名称。イギリスのビスケット、フランスのサブレとほぼ同じ。

**くっ-きょう【▽究▼竟】**《「くきょう」の転》㊀文語的（名・サ変自）物事の究極に達したところ。結局。用例 ―するに。㊁（形動）きわめてつごうのよいさま。用例 ―な隠れ場所。

**くっ-きょう【屈強・▼倔強】**（形動）きわめて力が強いさま。strong 用例 ―の若者。

**くっ-きょく【屈曲】**（名・サ変自）折れ曲がること。bend 用例 ―した山道。

**くっきり**（副）鮮やかで、はっきりしているさま。clearly 用例 足跡が―と残る。

**くっ-きん【屈筋】** 手・足の関節を曲げる働きをする筋肉。上腕二頭筋など。flexion

**クッキング【cooking】** 料理。料理法。用例 ―スクール。

**クッキング-ホイル【cooking foil】** 調理に用いられるアルミ箔（はく）。軟らかく、成形が自由。食品の保存・携帯用にも使う。

**クック【James Cook】**（一七二八～一七七九）イギリスの探検家。三回にわたって太平洋を探検航海し、ニュージーランドやオーストラリア東岸を探検したほか、多くの諸島を発見して東回り航路を完成。ハワイ探検のさい、殺された。キャプテン＝クック。↓写

●クック

**クック-かいきょう【クック海峡】**（Cook Strait）ニュージーランドを北島と南島に分ける海峡。最狭部は約一八km。一七七〇年にクックが通過した。

**クック-さん【クック山】**（Mount Cook）ニュージーランド、南島中西部にある同国の最高峰。標高三七六四m。南アルプス山脈の中心。多くの氷河がある。

**クック-しょとう【クック諸島】**（Cook Islands）南太平洋、ポリネシア南西部の島群。主島ラロトンガ島。ニュージーランド領。

**くっ-くっ**（副）声を押し殺して笑うさま。くつくつ。chuckle; giggle 用例 のどの奥で―と笑う。

**ぐつ-ぐつ**（副）物が煮え立つ音・さま。simmer 用例 シチューが―煮える。

**くつ-げん【屈原】**（BC三四〇ごろ～BC二七八ごろ）中国、戦国時代の楚（そ）の政治家・詩人。名は平。原は字（あざな）。国事に奔走したが中傷により失脚、放浪のすえ汨羅（べきら）に入水自殺。楚に伝わる歌謡をもとに「楚辞（そじ）」のスタイルを完成させた。代表作「離騒（りそう）」は自己の苦悩と楚国の状況をうたった自伝的作品で、「楚辞文学」不朽の傑作。ほかに「天問」「九歌」など秀作が多い。

**グッゲンハイム-びじゅつかん【グッゲンハイム美術館】**（Solomon R.Guggenheim Museum）ニューヨーク市の私立の現代美術館。一九三七年創立。現代美術をおもに収蔵。ライト設計の建物としても有名。

**くっこう-せい【屈光性】** 植物の屈性の一つ。茎・葉・根などが、光の刺激に対して一定の方向に曲がる性質。向日（こうじつ）性・背日（はいじつ）性の二つがある。一般に、葉・茎は光に向かい（向日性）、根はその逆（背日性）を示す。phototropism

**グツコー【Karl Ferdinand Gutzkow】**（一八一一～一八七八）ドイツの小説家。青年ドイツ派の代表者。作品『疑う女ワリー』など。

**くっ-さく【掘削・掘▼鑿】**（名・サ変他）岩石や土砂などを掘って、穴をあけること。掘り取ること。excavation

**くっさく-き【掘削機】** 土砂や岩石を掘り出し、それを積み込む機械の総称。パワーシャベル・ブルドーザーなど。また、削岩機・浚渫（しゅんせつ）機も含める。excavator

**くっ-し【屈指】** ①ゆびを折って数えること。count on one's fingers ②多くの中で、指折り数えられるほど、とくにすぐれていること。ゆびおり。outstanding 用例 わが国―の物理学者。

**くつ-した【靴下】** 靴をはくときに直接足にはくもの。西洋風の編み靴下をいうが、広義には日本古来の襪（しとうず）や、足袋も含む。足の保温吸湿と保護・クッションの役目をし、足もとを飾る。ストッキング。ソックス。stockings; socks 用例 ―留め。数え方 一足。

**くっしつ-せい【屈湿性】** ↓くっすいせい（屈水性）



▼常用漢字表外。 ▽常用漢字表の音訓外。

**くっしゃろ-こ【屈斜路湖】** 北海道東部、屈斜路カルデラ内の湖。面積八〇km²。最深一一七・五m。中央に複式火山の中島が浮かぶ。阿寒国立公園観光の中心地の一つ。くっちゃろこ。

**クッシュ[Polykarp Kusch]**(一九一一〜) アメリカの物理学者。ドイツ生まれ。核磁気共鳴により原子や原子核の精密測定を行う。電子の異常磁気モーメントの研究で、一九五五年ノーベル物理学賞受賞。

**くつ-じゅう【屈従】**(名・サ変自) 自分の志を曲げて、人に従うこと。屈服。submission

**くっしょう-せい【屈傷性】** 植物の屈性の一つ。茎・根などの片側を傷つけると、傷を受けた側に凸または凹に曲がる。traumatotropism

**くつ-じょく【屈辱】** はずかしめられて面目を失うこと。humiliation 用例 —に耐える。

**くっしょく-せい【屈触性】** 植物の屈性の一つ。つるや巻きひげなどが接触刺激によってからみつく性質。thigmotropism

**ぐっしょり**(副) ひどくぬれるさま。びっしょり。be soaked 用例 —汗をかく。

**クッション[cushion]** ①パンヤ・スポンジなどを入れた、いす用の座ぶとん。また、物を支える弾力性のあるもの。②古くは婦人下着のバッスル。③玉つき台の、ゴムをつけた縁。④直接に衝撃を与えないように、間に一段階置くもの。衝撃よけ。

**くっ-しん【屈伸】**(名・サ変自) かがんだり、伸び上がったりすること。bend and stretch 用例 —運動。

**くっ-しん【掘進】**(名・サ変自) あなをほって進むこと。用例 トンネルを—する。

**くっしん-かわせそうばせい【屈伸為替相場制】** 為替相場の決め方の一つ。相場の変動幅に最高と最低の限度を設け、その範囲内の変動を認める制度。flexible exchange rate system 比較 固定為替相場制・変動為替相場制。

**クッシング[Harvey Cushing]**(一八六九〜一九三九) アメリカの外科医。脳神経外科を専門的に体系づけた最初の人。クッシング症候群を発見。

**クッシング-しょうこうぐん【クッシング症候群】** 副腎の腫瘍などにより副腎皮質ホルモンの分泌が過剰となって起こる病気。肥満・高血圧・皮膚症状などがみられるが、顔に脂肪のつく満月様顔貌(ムーンフェース)が特徴。Cushing's syndrome

**くっすい-せい【屈水性】** 植物の屈性の一つ。茎・葉などが、水分のある方に伸長する性質。屈湿性。hydrotropism

**くつ-ずみ【靴墨】** 革靴にぬるクリーム。革を守り、つやを出す。shoe-polish

**ぐっすり**(副) 深く寝入るさま。soundly 用例 —寝こむ。

**くっ・する【屈する】**(サ変自他) ①(自)㋐かがむ。折れ曲がる。bend ㋑くじける。be daunted ㋒従う。服従する。yield 用例 権力に—。②(他)㋐かがめる。ちぢめる。stoop 用例 ひざを—。㋑くじく。㋒従わせる。submit 用例 敵を—。

**くつ-ずれ【靴擦れ】** 靴が足に合わないため、擦れること。また、擦れてできた傷。shoe sore

**くっ-せい【屈性】** 刺激によって引き起こされる、植物体の運動の総称。刺激の種類によって、屈光性・屈触性・屈水性・屈地性などに分けられ、刺激方向に反応する場合を正の屈性、逆の場合を負の屈性(背性)という。向性。tropism

**くっ-せつ【屈折】**(名・サ変自) ①折れ曲がること。curve ②人の意志や考えがゆがめられること。distortion 用例 —した感情。③文法で、文法的な関係に応じて単語の語形が変化すること。④光波・水波・音波などの波動が他の媒質に進むとき、境界面で進行方向が変わる現象。refraction →写

●屈折率

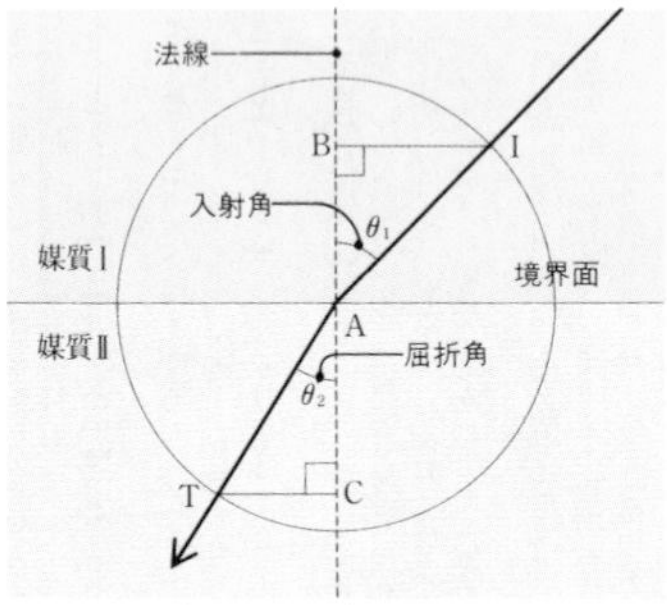


$IB/TC=\sin\theta_1/\sin\theta_2=$屈折率

●屈折④ 板ガラスによる光の屈折。

**くっせつ-かく【屈折角】** 光波・音波などが異なる媒質の境界を屈折して進行するさいに、屈折波の進行方向と境界面の法線とのなす角。angle of refraction →屈折率図

**くっせつ-けい【屈折計】** 物質の屈折率を測定する装置。対象とする物質に応じて、さまざまな種類のものがある。refractometer

**くっせつ-ご【屈折語】** 言語の形態論的分類の一つ。文中の語の文法的役割や関係を、語形変化(屈折)によって表す言語。一語が、それ自体では独立できない語根と多数の文法的役割を兼ねそなえた接辞からなり、語根そのものも不規則に交替しうる。インド-ヨーロッパ語族・セム語族の言語がその典型。inflectional language

**くっせつ-の-ほうそく【屈折の法則】** 光波・音波などが異なる媒質の境界面で屈折するとき、入射角と屈折角の正弦の比は一定であるという法則。屈折の定律。law of refraction

**くっせつ-ぼうえんきょう【屈折望遠鏡】** 対物鏡にレンズを用いた望遠鏡。天文・測量・一般観望用などに使用。refracting telescope

**くっせつ-りつ【屈折率】** 光線の入射角と屈折角の正弦の比を屈折側媒質の入射側媒質に対する屈折率という。refractive index →図

**くっ-そう【屈葬】** 死者の四肢の関節を折りまげて埋葬する方法。石器時代から世界各地に行われ、現在も広範囲に存続。

**くっ-たく【屈託・屈托】**(名・サ変自) ①くよくよすること。worry 用例 なんの—もない毎日。②疲れて、いやになること。wearisomeness 用例 生活に—する。

**グッタ-ペルカ[gutta-percha]** 天然ゴムの一種。グッタペルカの木の幹から採取した乳液を乾燥したもの。電気絶縁物で、歯科用充塡材・海底電線などに用いられている。主産地はカリマンタン・スマトラ。

**グッタペルカ-の-き【グッタペルカの木】** アカテツ科の常緑高木。カリマンタン・スマトラに自生。高さ約二〇m。基部は板根状。葉は倒卵形で、裏面は毛のために黄褐色。葉と枝からグッタペルカを採集する。

**ぐったり**(副・サ変自) 疲れ果て、あるいは弱りきって、力の抜けたさま。limp

**くっち-せい【屈地性】** 植物の屈性の一つ。茎・葉・根などが、重力に対して一定の方向に伸長する性質。茎は負の屈地性(=背地性)、根は正の屈地性(=向地性)を示す。geotropism

**くっちゃろ-こ【屈▽斜路湖】** →くっしゃろこ(屈斜路湖)

**クッチャロ-こ【クッチャロ湖】** 北海道北部、オホーツク海沿いにある潟湖。面積一四km²。付近の砂丘にベニヤ原生花園がある。

**くっちゃん【▼倶知安】**〈町〉 北海道南西部、羊蹄山北麓の町。ジャガイモなどの畑作がさかん。人口一万八一二四(一八九)。

**くっ-つ・く【くっ付く】**(五自) ①物と物とがぴったりと付く。強く付く。stick 用例 餅が歯に—。②個人や集団に離れずつき従う。用例 姉のデートに—・いていく。③《俗語》男女が、特定の親しい関係になる。

●グッピー

**くっ-つ・ける【くっ付ける】**(下一他) ①しっかり付くようにする。fix ②大きなものに小さなものを、付け添える。attach ③味方にする。win a person over to one's side

**くって-かか・る【食って掛(か)る】**(五自) はげしく反抗する。たてつく。turn on

**くつて-どり【▼沓手鳥・▼沓▽直鳥】**《落ちぶれた蜀の帝が沓を売り歩き、死後ホトトギスになったという伝説に由来するとも、雛の鳴き声に由来するともいう》ホトトギスの異名。

**ぐっ-と**(副) ①ひといきに。いっきに。at a breath 用例 —飲む。②いちだんと。ずっと。much more 用例 —きれいになる。③ことばにつまったさま。用例 —つまる。④《俗語》強い感動を受けたさま。deeply touched 用例 —来る。

**グッド[good]**(名・感) よい。すぐれている。用例 —スタイル。

**グッドイヤー[Goodyear Tire & Rubber Company]** アメリカにある世界最大手のタイヤメーカー。一八九八年設立。

**グッド-デザイン[good design]** 機能・品質がすぐれ、形・色彩などがよくまとめられた日常生活に使われる製品のデザイン。制度としては、昭和三二年(一九五七)に通産省が、デザイン水準向上のために設けた「Gマーク」商品選定が有名。

**グッド-バイ[good-bye]**(感) さようなら。グッバイ。

**グッドマン[Benny Goodman]**(一九〇九〜一九八六) アメリカのクラリネット奏者・バンドリーダー。スイングジャズを完成し、鑑賞音楽としてのジャズを志向した。

**くつな-しょとう【▼忽▼那諸島】** 愛媛県、松山市北方沖合いにある島群。中島など七つの島をいう。平安時代から戦国時代にかけて忽那氏の所領で史跡が多い。ミカン類の栽培がさかん。

**くつぬぎ-いし【▼沓脱(ぎ)石】** 戸口や縁先、また、茶室の入り口の履物を脱ぐ所。また、その踏み石。くつぬぎ。

**クッパ**(kukpap朝) 白いご飯に魚貝、肉、野菜などをのせてスープをかけた朝鮮料理。

**くつ-ばみ【▼轡】**《「口食(ば)み」の転》くつわ。

**グッピー[guppy]** カダヤシ科の卵胎生淡水魚。体長は、雄約三cm、雌約四cm。雌は地味な体色だが雄は美麗。繁殖力が強く、飼いやすいので、もっとも一般的な熱帯魚。南アメリカ北部原産。→写

**くっ-ぷく【屈服・屈伏】**(名・サ変自) 負けて従うこと。おそれて従うこと。屈従。降参。submission 用例 敵に—する。

**くつ-ぶね【▼沓船】** 竹製の花入れの一つ。節と節の間の短い竹の、左右を船の形に切り取って作った釣り花入れ。木沓に似ているところからの呼称。

**くつ-べら【靴▼箆】** 靴をはきやすくするために、かかとに当てるへら。shoehorn

**くつ-みがき【靴磨き】** ①靴を磨くこと。また、他人の靴を磨くことを職業とする人。shoeshine; shoeblack ②靴を磨く用具。

**くづめ-らくがみ【苦▼爪楽髪】** 苦労のあるときは、爪ののび方がはやく、楽をしているときには、髪ののび方がはやいこと。楽髪苦爪。

**くつろ・ぐ【▽寛ぐ】**(五自) ①ゆっくりする。make oneself at home ②ゆったりする。relax ③うちとける。be at ease 用例 —・いだ雰囲気。④休む。take a rest

**くつろ・げる【▽寛げる】**(下一他) くつろぐようにする。ゆるめる。loosen 用例 えり元を—。

**くつわ【▼轡・▼銜・▼勒】** ①馬を御するために手綱をつけて馬の口にはめる金具。くつばみ。くくみ。bit ②紋所の名。くつわを紋章化したもの。丸などの枠の中に十字形に文様が入っている。→図 →馬具図

**轡を並べる**(くつわをならべる)《くつわをはめた、何頭かの馬の首を、進む方向に向けて、横に並べる意から》いっしょに進む。いっしょに事を行う。

**轡を嵌める**(くつわをはめる) ①馬の口にくつわをはめる。②金品を与えて口を封じる。

**くつわ-がた【▼轡形】** 丸の中に十文字のある形。

●轡②

轡

持ち合い轡



↓行き先項目、図版・写真参照印。 JIS 日本工業規格情報交換用漢字符号コード(区点コード)。

**くつわ-むし【▼轡虫】** 夏から秋に鳴くキリギリス科の昆虫。体長約三cm。体は緑色か褐色。林近くの草原にすみ、雄はガチャガチャと鳴く。関東以西に分布。ガチャガチャ。写↓

●クツワムシ

**ぐ-てい【愚弟】** ①おろかな弟。②自分の弟をけんそんして言う語。用例―賢兄。

**グティエレス-ナヘラ[Manuel Gutiérrez Nájera]**（一八五九～九五）メキシコの詩人。メキシコ近代派の形成に貢献。作品『詩集』など。

**グディニア[Gdynia]** ポーランド北部の港湾都市。海運・造船・漁業の中心地。人口二四・三万（一九八八）。

**クテシフォン[Ctesiphon]** イラク、バグダード南東にある都市遺跡。パルチアおよびササン朝ペルシアの首都。六三六年アラビア人により破壊。ササン朝の代表的建築とされる宮殿の一部が残存。

**く-てん【句点】** 文の切れ目につける符号の点。まる。「。」。period 対義 読点。

**く-でん【口伝】** ①奥義をことばで教えること。②秘伝を書いた書物。

**ぐでん-ぐでん**（形動）正体もなく酔いつぶれているさま。be dead drunk

**く-ど【▼竈・▽曲▽突・▼竈▽突】** ①かまどの煙出しのあな。②かまど。へっつい。

**く-ど【苦土】** 酸化マグネシウムの俗称。

**くど・い【▼諄い】**（形）①しつこい。わずらわしい。importunate 用例 話が―。②色や味などが濃厚である。thick 用例―味。派生 くどさ（名）

**く-とう【句読】** ①文や語句の切れる所。句点「。」と読点「、」。句読点。②文章の読み方。とくに、漢文の素読。

**句読を切る**（くとうをきる） 句読点を打つ。

**く-とう【苦闘】**（名・サ変自）苦しい戦いをすること。苦戦。hard battle 用例 悪戦―。

**く-どう【駆動】**（名・サ変他）①動力を伝えて動かすこと。drive ②モーターを回すこと。starting a motor

**ぐ-とう【愚答】** 答えにならない、おろかな答え。対義 名答。用例 愚問―。

**ぐ-どう【▽求道】**《仏教語》安心立命の道をもとめること。きゅうどう。比較 求法。

**くどう-こうじん【工▼藤甲人】**（一九一五～）日本画家。青森県生まれ。詩的で幻想的な作風をもつ。作品『枯葉』など。

**くとうじょ【▽旧唐書】** 中国、唐の正史。二十四史の一つ。二〇〇巻。五代後晋の劉昫らの撰。のち、宋代に『新唐書』があるのに対して言う。

**くどう-すけつね【工▼藤▼祐▽経】**（？～一一九三）鎌倉初期の武将。伊豆狩野の人。領地の紛争から河津祐泰を殺害。建久四年（一一九三）富士野の巻き狩りのさい、祐泰の子曾我十郎・五郎兄弟により仇を討たれた。

**くとう-てん【句読点】**（「くどくてん」は誤り）文章の理解をたやすくするための符号。区切り符号。句点「。」と読点「、」。

**ぐどう-とうしょく【愚堂東▼寔】**（一五七九～一六六一）江戸初期の臨済宗の僧。美濃の人。妙心寺住職。将軍家光の帰依を受け、多くの寺を開く。

**くどう-へいすけ【工▼藤平助】**（一七三四～一八〇〇）江戸中期の経世家・医者。紀州藩医の子。のち仙台藩医。著書『赤蝦夷風説考』で海防論・蝦夷地開発などを説いた。

**く-どき【口説き】** ①口説くこと。また、そのことば。②日本音楽で、恋心・恨み言・述懐など心の内を情感深く語る部分。また、その旋律の形。㋐平曲・謡曲の語りの部分。㋑三味線音楽で、一曲の中心部分で、切々と語る聞かせどころ。㋒民謡で、長い物語的な唄のこと。㋓「口説き節」「口説き模様」などの略。

**くどき-もよう【口説（き）模様】** 浄瑠璃・歌舞伎で、女性が恋人に心情を訴える節回し・所作。くどき。

**く-どく【功徳】**《仏教語》①善行の結果として受けるよい果報。用例 親孝行の―。②神仏のめぐみ。ごりやく。③恩徳。慈悲。用例―を施す。

**くど・く【口説く】**（五他）①しきりに訴えて言う。importune 用例 泣き―。②意に従わせようと、しつこく言う。persuade 用例 彼女を―。

**ぐ-とく【愚▼禿】**（代）①僧が自分をけんそんして言う語。②親鸞の自称。

**くどくど・し・い【▼諄▼諄しい】**（形）いやになるほど、くどい。

**くどくど-と【▼諄▼諄と】**（副）たいへんくどいさま。importunately 用例―弁解する。

**くど・し【▼諄し】** 古語（形ク）↓くどい（諄い）

**くどやま【九度山】** 和歌山県の高野山北麓、紀ノ川に丹生川が合流する付近。現在の九度山町。関ヶ原の戦い後、真田昌幸・幸村父子が流され隠棲した地として知られる。

**くどやま【九度山】**〈町〉和歌山県北部、紀ノ川に沿う町。富有柿・ミカンの栽培や繊維工業がさかん。真田幸村らの隠棲地。人口七三九八（一九八八）。

**くどん【▼瞿曇】**《Gautama梵 の音写で、もっとも すぐれた牛、の意》インドのシャカ族の姓。釈迦牟尼の姓。

**ぐ-どん【愚鈍】**（名・形動）頭がにぶいこと・さま。のろま。stupidity

**くない-きょう【宮内▼卿】**（？～一二〇四ごろ）鎌倉初期の女流歌人。源師光の娘。後鳥羽院の女房。俊成女と並び称された。

**くない-しょう【宮内省】** ①律令制下、太政官の管轄した八省の一つ。宮中の施設・用度など一切の調達を担当。②明治二年（一八六九）以降、皇室関係の事務を管掌した官庁。第二次大戦後宮内府、次いで昭和二四年（一九四九）宮内庁と改称。

**グナイスト[Rudolf von Gneist]**（一八一六～九五）ドイツの法学者・政治家。ベルリン大学教授・ドイツ帝国議会議員などを歴任し、ドイツ立憲制の確立に貢献。渡欧した伊藤博文を通じて日本の旧憲法および公法学に大きな影響を与えた。

**グナイゼナウ[August Wilhelm Anton Gneisenau]**（一七六〇～一八三一）プロイセンの将軍。元帥。軍制改革を行い、近代的国民軍を創設。ワーテルローの戦いでナポレオン軍を撃破。

**くない-ちょう【宮内庁】** 総理府の外局の一つ。皇室関係の国家的事務と天皇の国事行為に関する事務を行う官庁。もと、宮内省。

**くな-こく【▼狗▽奴国】**『魏志倭人伝』に書かれている国名。三世紀、邪馬台国の南に位置し、敵対した熊襲がこれに当たるとされる。

**くなしり-とう【▽国▽後島】** 北海道東方、千島列島南西部の島。面積一五〇〇$km^2$。爺爺岳一八二二mなど火山が多い。参照 北方領土問題。

**くなど-の-かみ【久▼那斗神・▽岐神】**↓ふなどのかみ（岐神）

**く-なん【苦難】** 苦しみや難儀。hardship 用例―の道を歩む。

**くに【国】** ①《「邦」とも》一定の土地に暮らす人々が主権によって統治されている社会集団。その領土。国家。国土。country; nation 用例―の基。②ふるさと。郷里。hometown 用例 両親は―におります。③一定の地域。用例 北の―。④昔の行政区画の単位。いくつかの郡が集まって一国となっていた。用例 大和―。

**国に杖突く**（くににつえつく）《周代の中国で、七〇歳になると国中どこででも杖を突くことが許されたことから》七〇歳を言う。比較 家に杖突く。

**国に二君無し**（くににくんなし） 一つの国に、君主が二人あってはならない。

**国に盗人、家に鼠**（くににぬすびと、いえにねずみ） 物事には必ず、害になる物が伴うことのたとえ。

**国破れて山河在り**（くにやぶれてさんがあり）《杜甫の詩の一節》戦乱によって国はずたずたになってしまったが、自然の姿は前と変わらない。

**国を売る**（くにをうる） ①自己の利益のために、自国の不利益になることをする。betray one's own country ②罪人が生まれ故郷から逃げ出す。

**くに【▽六▽合】**〈村〉群馬県北西部、新潟・長野両県に接する村。野反湖や温泉のある、観光の村。人口二一一七（一九八八）。

**くにい-きたろう【国井喜太郎】**（一八八三～一九六七）デザイナー。富山県生まれ。国立工芸指導所初代所長として産業工芸振興に寄与。

**くに-いっき【国一▼揆】** 南北朝・室町時代、在野領主である国人・国衆が、守護や領主に対して起こした一揆。山城国の一揆が有名。

**くに-いり【国入り】**（名・サ変自）①中央で出世した者が故郷をたずねること。②江戸時代、大名が自分の領地に行くこと。また、武士が主君の領地に赴くこと。

**くに-おもて【国表】** 自分の国のほう。国もと。対義 江戸表。

**くに-がえ【国替（え）】** ①平安時代、国司の希望による任地の振りかえ。②江戸幕府が行った大名の所領変更。移封。転封。比較 改易。

**くにが-かいがん【国賀海岸】** 島根県隠岐諸島、西ノ島北西部にある海岸。玄武岩台地の海食崖で、とくに摩天崖は雄大な景観をみせる。台地上は放牧場。

**くに-がまえ【国構え】** 漢字を組み立てている部分の名。「国・団」などの「囗」。

**くにがみ【国▽頭】**〈村〉沖縄県、沖縄島北端の村。サトウキビ・パイナップル・ミカン栽培、畜産がさかん。人口六四四二（一九八八）。

**くに-がら【国柄】** ①国のなりたち・事情。②その国・地方の持ち味・特色。national character

**くに-がろう【国家老】** 江戸時代、大名が江戸にいる間、留守を預かった家老。城代家老。対義 江戸家老。

**くにきだ-どっぽ【国木田独歩】**（一八七一～一九〇八）詩人・小説家。本名哲夫。千葉県生まれ。東京専門学校（現在の早大）中退。自然主義文学の先駆的作家。作品『武蔵野』『牛肉と馬鈴薯』『運命論者』など。

**く-にく【苦肉】** 敵をだますために、自分の身を苦しめること。参照 反間。

**苦肉の計**（くにくのけい） 相手を欺くための手段として、自分の身を苦しめてみせること。また、そういう計略。苦肉の策。苦肉のはかりごと。

**くに-ことば【国言葉】** ①国語。②出身地の方言。国なまり。

**くに-ざかい【国境・国▽界】** 国と国の境。こっきょう。border

**くにさき【国▽東】**〈町〉大分県北東部、国東半島東岸の町。古く仏教文化の栄えた土地で遺跡が多い。ミカン・キウイなどの果樹栽培がさかん。人口一万六三三八（一九八八）。

**くにさき-はんとう【国▽東半島】** 大分県北東部、周防灘に突出する半島。奈良時代末からの仏教文化を伝える寺院や石仏が残る。ミカン畑が多い。

**くにさだ-ちゅうじ【国定忠治】**（一八一〇～五〇）江戸後期の博徒。本名、長岡忠次郎。上野国（現群馬県）国定村の人。関所破りの罪で磔の刑となる。国定忠次。

**くに-ざむらい【国侍】** ①国もとにいる家臣。②いなか武士。

**くにさわ-しんくろう【国沢新九郎】**（一八四八～七七）洋画家。土佐の人。明治洋画の開拓者の一人。明治八年（一八七五）日本最初の洋画展覧会を開催。作品『西洋婦人像』など。

**くに-じまん【国自慢】**《多く上に「お」を付けて》自分の国、また、故郷の風俗・産物などをほこること。

**くに-しゅう【国衆】** ①中世、大名の家来のうち、その領地の土着の武士。国一揆や一向一揆の中核ともなる。②地方のさむらいをさして言う。

**くに-だいみょう【国大名】**↓くにもちだいみょう（国持ち大名）

**くにたち【国立】**〈市〉東京都西部の市。国分寺と立川の間にあり、この名称となる。学園・住宅都市。人口六万四一八三（一九八八）。

**くに-つ-かみ【国つ神・▽地▼祇】** 天孫降臨以前から土着していた、国土の守護神。地神。対義 天つ神。

**くに-づくし【国尽（く）し】** 昔、日本全国の国の名を、覚えやすい文句にならべたもの。習字の手本などに使われた。

**クニッペル-チェーホワ[Olga Leonardovna Knipper-Chekhova]**（一八六八～一九五九）ソ連の女優。モスクワ芸術座の創立に参加。チェーホフ夫人。

**くに-づめ【国詰（め）】** 江戸時代、大名およびその家臣が国もとで執務すること。対義 江戸詰め。

**くに-どころ【国所】** 生まれ故郷。hometown

**くにとみ【国富】**〈町〉宮崎県中部、宮崎市北西隣の町。野菜・タバコの産地。人口二万一七三九（一九八八）。

**くに-な【国名】** 昔、女官や僧侶の呼び名として付けた国名。女官は父や兄の任国に、僧侶はその生国にちなんでつけることが多かった。和泉式部・伊勢大輔など。

**くになかのむらじ-きみまろ【国中▽連▽公麻▼呂】**（？～七七四）奈良時代の仏師。百済からの渡来人の子孫。東大寺大仏造立を指揮。造仏事業に貢献。

**くになか-へいや【国中平野】** 新潟県佐渡島中部の平野。大佐渡・小佐渡両山地間の地溝帯で、加茂湖がある。稲作がさかん。



▼常用漢字表外。 ▽常用漢字表の音訓外。

**くに-なまり【国▼訛(り)】** その地方特有の発音・語法。方言。dialect

**くに-の-かみ【国の▽守】** 国守。

**くにのとこたち-の-かみ【国常立神】** 日本神話の神。天地開闢とともに出現した国土形成の神で、天神七代の第一神。国底立尊。

**くに-の-みやこ【▽恭仁▽京】** 聖武天皇が天平一二〜一六年(七四〇〜七四四)都宮としたところ。現在の京都府相楽郡加茂町瓶原の地域。

**くに-の-みやつこ【国▽造】** 大和朝廷の地方官。各地方に独立的権力をもっていた豪族を朝廷が支配機構に編成。大化の改新で廃止。律令制下、新しく一国に一人ずつ任ぜられ、祭祀・神事をつかさどった。

**くに-はかせ【国博士】** ①大化の改新の政治顧問。僧旻と高向玄理が任ぜられ、制度政策立案の中枢となった。②律令制下の国学の教官。

**くに-ばら【国原】** 広々とした土地。平原。対義 海原。

**くに-ひき【国引(き)】** 『出雲国風土記』にみえる国づくりの伝説。八束水臣津野命が新羅から綱で国土を引き寄せ、縫いつけて出雲国を大きくした話。

**くに-びと【国人】** 《「こくじん」は別語》①土着の人。②国民。くにたみ。

**くに-ぶり【国▽風】** ①《多く上に「お」を付けて》国の風俗。②民謡。③風俗歌。

●国吉康雄『牛と小さなジョー』。大正一二年(一九二三)、個人蔵。

**くに-み【国見】** 上代、天皇が高い所に上がって、国の形勢、作物のできがらなどを見たこと。

**くにみ【国見】**〈町〉 福島県北部、宮城県に接する町。稲作・果樹栽培が中心の農業地帯。人口一万二一八一(一九八八)。

**くにみ【国見】**〈町〉 長崎県、島原半島北部の町。稲作、イチゴ・メロン栽培、酪農などが行われる。多比良港から熊本県へフェリーが通じる。人口一万二一五一(一九八八)。

**くにみ【国見】**〈町〉 大分県、国東半島北部の町。ネーブルやメロンの栽培がさかん。山口県徳山市との間にフェリーがある。人口七一五八(一九八八)。

**くにみ-さんち【国見山地】** 熊本・鹿児島両県の県境に沿う山地。最高峰は国見山で標高九六九m。大部分が第三紀の火山岩で構成。

**くにみ-だけ【国見岳】** 熊本・宮崎両県の境にある山。標高一七三九m。九州山地の高峰で、九州の屋根といわれる。

**くに-もち【国持(ち)】** 室町または江戸時代、一国以上を領有したこと・大名。また、その家格を持つ大名。国持ち衆。

**くにもち-だいみょう【国持(ち)大名】** 江戸時代、一国以上を領した大名。前田・毛利・島津など国持二十家といわれた。国大名。国取大名。

**くに-もと【国元・国▽許】** ①本国。領地。国表。②生まれた土地。故郷。hometown

**くに-やく【国役】** ①平安時代の国司、鎌倉・室町時代の守護が領国内に課した賦役。②江戸幕府が特定の国に臨時に課した河川の修築費など。

**ぐにゃ-ぐにゃ**(形動・副・サ変自) ①やわらかで、張りがないさま。軟弱。soft 用例 ——の針金。②めめしく、だらしないさま。effeminate

**くに-ゆずり【国譲り】** 日本神話で、大国主命が瓊瓊杵尊に国土の統治権を譲ったこと。

**くによし-やすお【国▽吉▽康雄】**(一八八九〜一九五三) 洋画家。岡山市生まれ。アメリカで活躍。日常的主題を哀愁深く描く。作品『牛乳列車』など。↓写

**くにんせい-バレー【九人制バレー】** 一チーム九人で行うバレーボール。コートの大きさやルールが六人制と異なるほか、ポジションも固定している。比較 六人制バレー。

**くぬぎ** 12画 **【▼椚】** 部首[木]へん 和製漢字 JIS 6015

↓くぬぎ[櫟・椚・椡・櫪]

**くぬぎ【▼櫟・▼椚・▼椡・▼櫪】** ブナ科の落葉高木。高さ一五mほどにもなる。葉は互生し、長楕円形で、クリの葉に似る。雌雄同株。果実は球形のどんぐりで径約二cm。材は薪炭用として最適。ふしまき。つるばみ。↓写

●クヌギ　花(右)、実(左)。

**くね-くね**(副・サ変自) ①曲がりくねっているさま。winding 用例 ——と続く山道。②腰などをふってしなをつくるさま。wriggling 用例 体を——させて踊る。

**く-ねつ【苦熱】** たえがたい暑さ。

**クネッケ** 《Knäckebrot ドイツの略》スカンジナビアでできた、せんべいのように平べったいパン。ライ麦粉またはその全粒粉を薄くのばしてかたく焼いたもの。

**くね・る**(五自) ①折れ曲がる。用例 曲がり——。②気持ちや性格がねじける。ひがむ。

**クネル【quenelle フランス】** 西洋風すり身だんごの一種。肉・魚・甲殻類をすり身にして、卵・小麦粉・牛乳などでつなぐ。詰めもの・付け合わせ・スープの浮き実などに用いたり、ソースをかけてそのまま食べたりする。

**くねん-ぼ【九年母】** ミカン科の常緑小高木。初夏、かおりの高い白花をつける。果実は橙色の球形で、食用。晩熟性で果皮に松やにのにおいがある。インドシナ原産。コウキツ。

**く-の-いち【くノ一】** 《俗語。「女」の字を「く」「ノ」「一」に分解したもの》女。

**く-のう【苦悩】**(名・サ変自) 《おもに精神的なものに言う》苦しみ、なやむこと。なやみ。suffering

**くのう-ざん【久能山】** 静岡県東部、駿河湾に臨む山。標高二一九m。徳川家康をまつる東照宮がある。石垣イチゴも有名。

**くのえ-こう【▽薫▽衣香】** 衣服にたきしめる香。丁子・沈香・白檀など、九種の香を混ぜ合わせてつくる。くぬえこう。

**クノー【Raymond Queneau】**(一九〇三〜七六) フランスの小説家・詩人。新しい小説形式の可能性を探求。作品『わが友ピエロ』『地下鉄のザジ』など。

**グノー【Charles-François Gounod】**(一八一八〜九三) フランスの作曲家。オペラ・教会音楽により、近代フランス音楽に先駆的役割を果たした。オペラ『ファウスト』『ロミオとジュリエット』など。

**グノーシス-しゅぎ【グノーシス主義】** 《gnōsisはギリシア語で知識・認識の意》一〜三世紀、地中海沿岸地域に起こった宗教思想運動。至高者と人間の本来的自己が本質において一つであるという認識に救済を見いだすもの。キリスト教の正統信仰からは異端とされた。Gnosticism

**クノッソス【Knossos】** クレタ島北岸中央部にあるクレタ文明の代表的遺跡。紀元前二一〜前一六世紀ごろに繁栄。一九〇〇年イギリスの考古学者エバンズにより発掘された宮殿は、中庭を中心に多数の部屋・廊下・階段などで複雑に構成された迷宮として知られ、部屋には生活・風俗や動植物を写実的に描いた壁画がある。↓写

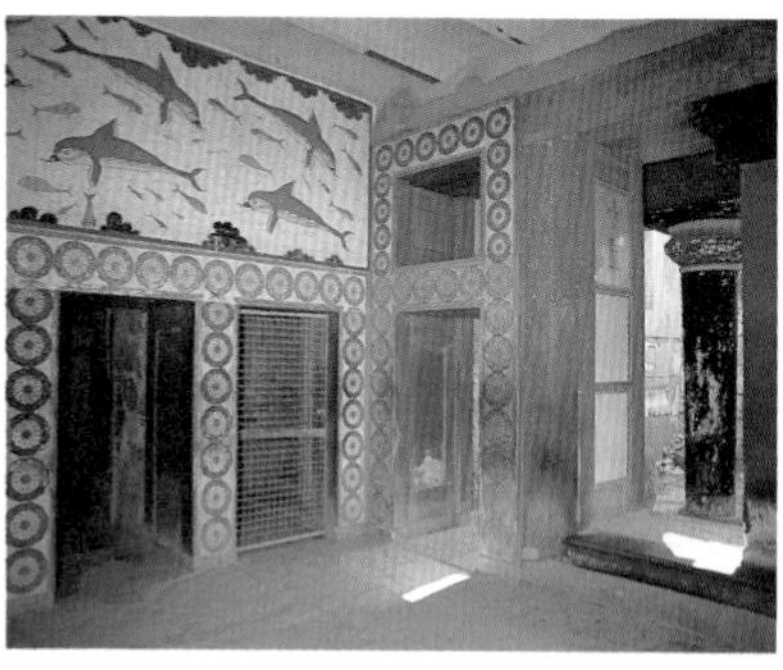

●クノッソス　宮殿内部。

**くのへ【九▽戸】**〈村〉 岩手県北部、北上高地北端の村。稲作・タバコ栽培・畜産が中心。人口八四〇四(一九八八)。

**くの-やすし【久野▽寧】**(一八八二〜一九七七) 生理学者。名古屋生まれ。愛知医学校卒。汗に関する広い研究で世界的に有名。昭和三八年(一九六三)文化勲章受章。

**く-はい【苦杯・苦▼盃】** 《にがい液を入れたさかずき、の意》にがい経験。bitter experience

**苦杯を喫する** にがい経験をする。taste the bitterness of life ＝苦杯を嘗める。①②負ける。be defeated

**苦杯を嘗める** 「苦杯を喫する」と同意。

**くばい-ざい【駆梅剤】** 梅毒の治療剤。砒素剤・水銀剤・ヨード剤・ペニシリン剤などがある。早期ではペニシリン大量療法が有効。antisyphilitics

**くばい-りょうほう【駆梅療法】** 梅毒の治療法。antiluetic therapy

**くば-がさ【くば▼笠】** 沖縄地方に伝わる円錐形の笠。竹ひごを骨組みとし、その上にクバ(＝ビロウ)の若葉を張って仕上げる。↓写

●くば笠

**くはら-ふさのすけ【久原房▼之助】**(一八六九〜一九六五) 政治家・実業家。山口県生まれ。日立製作所を創立。逓相・政友会総裁。第二次大戦後は中国・ソ連との国交回復にも活躍。

**くばり【配り】** ①配ること。配ったその位置。用例 字——。庭石の——。②いけばなで、花器にはめる小さなとめぎ。花を固定する。

**くば・る【配る】**(五他) ①分け与える。わりあてる。分配する。distribute 用例 菓子を——。資料を——。②行きわたらせる。pay attention 用例 気を——。心を——。目を——。③適当に配置する。arrange 用例 人を要所に——。

**ぐ-はん【▽虞犯】** 罪をおかすおそれのあること。

**ぐはん-しょうねん【▽虞犯少年】** その性格や環境から考えて、将来罪を犯すおそれのある未成年者。少年法に基づいて家庭裁判所の審判を受ける。比較 触法少年。

**く-ひ【句碑】** 俳句をほりつけた碑。比較 歌碑・詩碑。

**くび【首・▼頸】** ①脊椎動物の頭部と胴部をつなぐ部分。七個の頸椎によって支えられ、その前に食道と気管がある。neck ②生物や物のくびれた部分。neck ③首とそれより上の部分。かしら。こうべ。head ④関係・縁が切れること。職をやめさせること。解雇。免職。fire 用例 君は——だ。

**首が繋がる** 職などをやめないですむ。not to be dismissed

**首が飛ぶ** 免職・解雇される。首を切られる。首になる。be fired

**首が回らぬ** 借金が多くて、どうにもならない。be deeply in debt

**首にする** 免職・解雇する。首を切る。

dismiss

**首になる**(くびになる) ①首をきられる。打ち首になる。be beheaded ②免職・解雇・除名などにされる。be fired

**首の座へ直る**(くびのざへなおる) 打ち首の場所に座り、処刑されようとする。

**首振り三年ころ八年**(くびふりさんねんころはちねん) 尺八を学ぶとき、首を振って音が出るまでに三年、ころころという、よい音を出すのに八年かかるということ。修業には苦労がいるということ。

**首を傾げる**(くびをかしげる) 疑いや不思議さを感じ、首をかたむけて考えようとするしぐさを言う。lean one's head to one side; look doubtful

**首を切る**(くびをきる) ①打ち首にする。斬首する。behead ②免職・解雇・除名などにする。dismiss a person

**首を縊る**(くびをくくる) 自殺をする。首を吊る。hang oneself

**首を箝げ替える**(くびをすげかえる) ある人を役職などからやめさせて、別の人にかえる。replace

**首を出す**(くびをだす) 首から上の部分を出す。姿を現す。pop one's head 用例 窓からひょいと―。

**首を突っ込む**(くびをつっこむ) 興味をもって、積極的にかかわる。take part in

**首を繋ぐ**(くびをつなぐ) ①打ち首にするところを、赦す。②免職・解雇・除名などを赦す。

**首を吊る**(くびをつる) 自殺をする。首にひもなどをかけ、高いところからつり下がって、死ぬ。首を縊る。hang oneself

**首を長くする**(くびをながくする) 待ち遠しいさま。look forward to

**首を捻る**(くびをひねる) ①わからなくて考え込むさま。②不賛成の気持ちを表す。

**首を振る**(くびをふる) 賛成しない。承知しない。shake one's head; refuse

**ぐ-び【具備】**(名・サ変自他) 十分にそなわること。十分にそなえもつこと。qualification 比較 具有。用例 資格を―する。

**くび-おけ【首▼桶】** 切り落とした首を入れるおけ。

**くび-かざり【首飾り・▼頸飾り】** 首にかける装身具。チョーカー(=首元に密着するもの)、ペンダント、リビエール(=何連もあるもの)などがある。ネックレス。necklace

**くび-かせ【首▼枷・▼頸▼枷】** ①首にかけて、からだの自由をうばう刑罰の道具。②自由をうばうもの。用例 子は三界の―。↓枷図

**くび-がり【首狩(り)】** 他集団の人間の首をとる風習。武勇の誇示、豊作祈願などの宗教的行為など理由は多様。最近まで未開社会に存在した。くびかり。head-hunting

**くび-き【▼頸木・▼軛】** ①車のながえの先に付ける横木。牛・馬の首にあてる。②自由をうばうもの。↓牛車図

**頸木を争う**(くびきをあらそう) 互いに張り合う。勝負を争う。

**くびき【▼頸▽城】**〈村〉 新潟県南西部、上越市北東隣の村。稲作のほか、畜産などがさかん。人口八三五一(一九八八)。

**くびき-へいや【▼頸▽城平野】** ↓たかだへいや(高田平野)

**くびき-ゆでん【▼頸▽城油田】** 新潟県南西部、日本海に臨むガス油田。工業・都市ガス用に、東京などへパイプラインが通じる。

**くび-きり【首切(り)・首▼斬(り)】** ①首を切り落とすこと。また、切る人。刑罰の一つ。decapitation ②《俗語》職をやめさせること。解雇。馘首。dismissal ③建築用語で、柱などの長い垂直材の周囲に輪状に切りこんだ部分。

**くびきり-ぎす【首切▼螽▼蟖】** 物にかみついたら首が切れても離さないといわれるキリギリス科の昆虫。体長六cm内外、黄緑色で、頭部が円錐形に突出。成虫で越冬し、春、気温の高い夜にジーと鳴く。本州以南に分布。クビキリバッタ。

**くびきり-ばった【首切▽飛▼蝗】** クビキリギスの別名。

**くび-くくり【首▼縊り】** 首をくくって死ぬこと。くびつり。縊死。hang oneself

**首縊りの足を引く**(くびくくりのあしをひく) 首をくくろうとしている者の足を引っぱるような、思いやりのないむごい仕打ちをする。滅びかかっている者に、それをさらに早めるようなことをする。ひどい追い打ちをかける。

**ぐび-ぐび**(副) のどを鳴らして飲むさま。ぐびりぐびり。gulp; guzzle 用例 茶碗酒を―飲む。

**くび-じっけん【首実検】** ①討ち取った首の真偽を、大将みずからたしかめること。②本人に会って判断すること。用例 犯人の―。

**ぐ-びじん【▽虞美人】**(?〜BC二〇二) 中国、秦末の楚王項羽の寵姫。項羽が垓下の戦いに敗れたとき自殺。虞姫。

**ぐびじん-そう【▽虞美人草】** 一↓ひなげし(雛罌粟)。二夏目漱石の小説。明治四〇年(一九〇七)発表。文明批判を織り交ぜながら、女主人公藤尾の恋の破局と死を描く。著者初の新聞小説。

**くびす【▼踵】** かかと。きびす。

**踵を返す**(くびすをかえす) ひき返す。あともどりする。turn back

**踵を接す**(くびすをせっす) 大ぜいの人が、あとからぞくぞくと続いて来る。come one after another in great numbers

**踵を回らさず**(くびすをめぐらさず) ①《かかとをめぐらす時間もない意から》ほんの少しの時間。また、わずかの時間に事を急速に運ぶたとえ。in a second ②引き返さない。後へ退かない。

**くび-すじ【首筋・▼頸筋】** 首のうしろの背につづく部分。くびねっこ。scruff of the neck

**くび-すわり【首座り】** 出生後ぐらぐらしていた乳児の首が、しっかり安定した状態になること。また、その状態。生後三か月ないし四か月ごろ。乳児の発達の重要な目安の一つ。

**くび-だけ【首丈】** =くびたけ。①足もとから首までの高さ。②首っ丈。

**くび-づか【首塚】** 首をうめた塚。

**くびっ-たけ【首っ丈】**(形動)《「くびだけ」の転》首の丈まで深くはまるほど、ほれて夢中になるさま。be madly in love

**くびっ-たま【首っ玉】**《「くびたま」の転》首。えり首。用例 ―にしがみつく。

**くびっ-ぴき【首っ引き】** 離さないで、いつも頼りにすること。constantly referring to 用例 辞書と―で読む。

**くび-つり【首▼吊り】** ①首をくくって死ぬこと。首くくり。hang oneself ②《俗語》既製服。つるし。

**くびなが-りゅう【首長竜】** 中生代の海生爬虫類。長い首と櫂状に変形した四肢をもつ。ヘビのように首が非常に長いグループと、首が比較的短いグループに大別。いわき市で発見されたスズキフタバリュウ(全長約一〇m)は後者に属する。

**くび-なげ【首投げ】** 相撲やレスリングで、相手の首を、脇にかかえて投げたおすこと。また、その技。

**くび-ねっこ【首根っこ】** えり首。首すじ。scruff of the neck 用例 ―をつかまえる。

**首根っこを押さえる**(くびねっこをおさえる) 首すじをおさえつけて動けないようにする。転じて、相手の弱点をついて動きがとれないようにする。seize a person by the neck

**くび-の-ざ【首の座】** 打ち首になるとき、すわらされる座。

**くび-ひき【首引き】** ①互いの首にひも輪をかけて引き合う遊び。②せり合うこと。③↓くびっぴき(首っ引き)

**くび-まき【首巻(き)・▼頸巻(き)】** えりまき。マフラー。muffler

**くび-まわり【首回り】** 首のつけ根を一周した寸法。鎖骨の突起部分の内側から後ろの第七頸椎上を通り一周した長さ。neck measurement ↓採寸図

**くびら【宮▼毘羅】**《仏教語。Kumbhira梵の音写で、鰐の意》薬師十二神将の一尊。もとはインドの水神。航海の安全を守る神として尊崇される。宮毘羅大将。金毘羅。

**くび・る【▽括る】**(五他) 中ほどをしめて細くする。fasten

**くび・る【▼縊る・▽絞る】**(五他) 首をしめて殺す。strangle

**くびれ【▽括れ・▼縊れ】** ①両端より中ほどが細くなっていること・所。constriction 用例 腰の―。②物などをしばってできる筋状のくぼみ。また、それに似たしわなど。wrinkle 用例 あごの下の―。

**くびれ-め【▽括れ目】** くびれた所。

**くび・れる【▽括れる】**(下一自) 両はしがふくれて中が細くなる。be constricted

**くび・れる【▼縊れる】**(下一自) 首をくくって死ぬ。hang oneself

**くび-わ【首輪・▼頸▽環】** ①家畜などの首にはめる輪。collar ②首飾り。ネックレス

**クフ【Khufu】**(生没年未詳) 古代エジプト第四王朝の王。ギーザの大ピラミッドはその墳墓。

**ぐ-ふ【愚父】** 自分の父をけんそんして言う語。

**ぐ-ぶ【▽供奉】**(名・サ変自) ①天皇などの、供の行列に加わること・人。おとも。②《「内供奉」の略》宮中の道場に仕えた僧の役。③《「供奉僧」の略》本尊に仕える僧。

**く-ふう【工夫・功夫】**(名・サ変他) ①よい方法を考えること。思いめぐらして得たよい方法。device 用例 ―をこらす。やり方を―する。②《仏教語》とくに禅宗で、坐禅にはげむこと。

**工夫に落つ**(くふうにおつ) なるほどと考えつく。

**ぐ-ふう【▼颶風】** 熱帯低気圧。暴風の総称。台風・ハリケーンなど。hurricane

**クフェア【cuphea】** ミソハギ科クフェア属の植物の総称。花壇・鉢植え用。花は筒状の長いがくが着色し、花弁のように見える。代表的なものに、ハナヤナギ・ベニチョウジがある。

**くぶ-くりん【九分九厘】**(名・副)《一〇〇に対し九九の割合、の意》ほとんど全部。大部分。九分どおり。九九パーセント。ninety-nine percent 用例 ―間違いない。

**グプタ-ちょう【グプタ朝】** 四〜六世紀に北インドを統一、支配した王朝。三二〇年チャンドラグプタ一世が即位。都はパータリプトラ。四世紀後半に最盛。この時代の仏像彫刻はガンダーラ様式と融和した均斉のとれた優雅さで知られる。Gupta dynasty

**ぐ-ぶつ【愚物】** おろか者。ばか者。fool

**くぶ-どおり【九分通り】**(名・副) 一〇のうち九ぐらい。ほとんど全部。almost 用例 ―できあがる。

**ぐふとく-く【▽求不得苦】**《仏教語》八苦の一つ。ほしいものが得られない苦しみ。

**クプリーン【Aleksandr Ivanovich Kuprin】**(一八七〇〜一九三八) ロシアの小説家。帝政末期の社会を描く。作品『決闘』『ヤーマ』など。

**く-ぶん【区分】**(名・サ変他) 区切って分けること。division

**くぶん-きゅうせきほう【区分求積法】** 図形の面積や体積を算出する方法。図形を小さな多角形や立体に分割し、その面積や体積の和を求め、分割を無限にした極限値をとる。

**くぶん-しょゆうけん【区分所有権】** 分譲アパートなど一棟の建物が構造上区分され、かつそれぞれが独立して利用される場合、その各部分について成立する所有権。

**くぶん-ちじょうけん【区分地上権】** 地表から離れた空中または地下の部分を、上下の範囲を定め、区分して工作物を所有するための地上権。昭和四一年(一九六六)に設定。その対象によって空中権・地下権と通称される。部分地上権。

**くぶん-でん【口分田】** 律令制下、班田法により満六歳以上の男女に支給された田地。良民の男子は二段、女子はその三分の二。奴婢はそれぞれ良民男女の三分の一。いずれも収穫の約三%が田租として徴収された。

**く-べつ【区別】**(名・サ変他) 性質や特色などによる違い。また、その違いによって別々に分けること。けじめをつけること。distinction 用例 ―をつける。公私の―。

**く・べる【▽焼べる】**(下一他) 火に入れて燃やす。たく。burn 用例 薪を―。

**く-へんとう【苦▼扁桃】** バラ科の落葉低木。アーモンド(アマンド・扁桃)のビター系統。種子は苦くて食用にならないが、薬用として鎮咳去痰剤に用いられる。

**くぼ【▽凹・▼窪】** へこんだ所。くぼみ。hollow; cavity; pit

**ぐ-ぼ【愚母】** 自分の母をけんそんして言う語。

**くぼ・い【▽凹い・▼窪い】**(形) まわりが高く、中が落ちこんでいる。

**く-ほう【句法】** 詩歌や俳句の作り方。

**く-ぼう【▽公方】** ①おおやけ。公事。public affairs ②天皇。朝廷。③鎌倉・室町時代の将軍・幕府。室町時代は、そのほかに関東管領をも言うようになった。④江戸時代の将軍。

**ぐ-ほう【▼弘法】**《仏教語》仏法を広めること。

**ぐ-ほう【▽求法】**《仏教語》仏教の教えを求めること。

**くぼ-がい【久保貝】** 潮間帯の岩礫底にいるニシキウズ科の巻き貝。殻高約四cm。殻は丸みをもつ円錐形で黒色。食用。北海道南部から台湾に分布。

**くぼかわ【▼窪川】**〈町〉 高知県西部、四万十川上流の町。牛・豚中心の畜産の町。稲作と茶の栽培もさかん。人口一万七五三五(一九八八)。

**くぼ-さかえ【久保栄】**(一九〇〇〜一九五八) 劇作家・演出家。札幌市生まれ。東大卒。リアリズム演劇を追求。築地小劇場・新協劇団を経て劇団民芸を指導。作品『五稜郭血書』『火山灰地』など。

**くぼ・し【▽凹し】** 古語 (形ク) ↓くぼい(凹い)



▼常用漢字表外。 ▽常用漢字表の音訓外。

凹き所に水溜まる（くぼきところにみずたまる）①くぼんだ所に自然に水がたまるように、自然に現れた物事の結果を言う。②苦しい境遇にある者に次々と苦難がふりかかるたとえ。

**くぼた【久保田】**〈町〉佐賀県東部、佐賀市南西隣の町。稲作がさかん。野菜の園芸農業や海苔の養殖も行われる。人口六九二五（一九八八）。

**くぼた-うつぼ【▼窪田▽空穂】**（一八七七～一九六七）歌人・国文学者。本名、通治。長野県生まれ。早大教授。日常に根ざした平明な歌風を樹立。古典評釈も多い。詩歌集『まひる野』、歌集『鏡葉』など。

**くぼた-てっこう【久保田鉄工（株）】**農業機械・鋳物製造などの多角経営企業の一つ。昭和五年（一九三〇）設立。

**くぼた-まんたろう【久保田万太郎】**（一八八九～一九六三）小説家・劇作家・俳人。俳号、傘雨。東京生まれ。慶大卒。江戸情趣を残す下町の人間や風物を描く。昭和三二年（一九五七）文化勲章受章。小説『末枯』『市井人』、戯曲『大寺学校』、句集『道芝』など。

**くぼ-ち【▽凹地・▼窪地】**まわりより低くなっている土地。hollow

**くぼて-やま【▽求▼菩▽提山】**福岡県豊前市岩屋にある天台系修験道の霊山。

**くぼ-てんずい【久保天随】**（一八七五～一九三四）漢学者。本名、得二。東京生まれ。東大卒。『帝国文学』初期の寄稿家として活躍、のち漢詩人として知られた。漢詩集『秋碧吟廬詩鈔』など。

**くぼま・る【▽凹まる・▼窪まる】**（五自）落ちこんで低くなる。へこむ。hollow 用例 地面が―。

**くぼみ【▽凹み・▼窪み】**①くぼむこと・程度。depression 用例 ―がひどい。②くぼんでいる所。hollow 用例 ―に落ちる。

**くぼ・む【▽凹む・▼窪む】**（五自）へこむ。become hollow

**くぼ・める【▽凹める・▼窪める】**（下一他）くぼませる。へこませる。dent

**く-ほん【九▽品】**《仏教語》①極楽浄土の九種の等級。上・中・下品に、それぞれ上・中・下生がある。②「九品浄土」「九品蓮台」の略。

**くほん-じょうど【九▽品浄土】**阿弥陀仏の極楽浄土。『観無量寿経』で浄土に往生する者に九種類の優劣を説き、浄土にも九種の差異を立てたもの。

**くほん-ぶつ【九▽品仏】**①九品に分けた阿弥陀仏。また、その尊像。②東京都世田谷区奥沢にある浄真寺の通称。↓写

**くほん-れんだい【九▽品▼蓮台】**極楽浄土に往生する者が迎えられる蓮の台。九種類に分かれる。

**くま【▼隈・▽曲・▼暈・▼阿】**①㋐曲がって入りこんだ所。すみ。corner ㋑奥まった所。かげ。recesses ②秘密。secret 用例 心の―。③色と色、光と影の接する所。ぼかし。陰影。shade ④「くまどり」の略。

●クマ
ツキノワグマ

ヒグマ

アラスカヒグマ

**くま【▼熊】**クマ科の食肉類の総称。繁殖期以外は単独で森林にすみ、雑食性。冬は岩穴・樹洞などで冬眠。おもに北半球に七種が分布。日本にはツキノワグマとヒグマの二種。胆嚢は「くまのい」として薬用。bear ↓写

**く-ま【▽空摩】**甲殻類クマ目の動物の総称。体長二～三mm。半透明か灰白色。潮間帯から深海底の砂泥中にすむが、夜泳ぎ出し、プランクトンとなる。底生動物や魚類の食料。世界に約六〇〇種、日本に約八〇種を産する。cumacea

**くま【久▽万】**〈町〉愛媛県中部、仁淀川上流、久万川流域の町。旧宿場町。木材・林産物の集散地。人口八四〇二（一九八八）。

**くま【▽球磨】**〈村〉熊本県南部、人吉市西隣の村。農林業が中心。鍾乳洞の球泉洞がある。人口六六二〇（一九八八）。

**く-まい【供米】**神仏にそなえる米。

●九品仏① 浄瑠璃寺（京都府）。

**ぐ-まい【愚▼昧】**（名・形動）おろかで道理にくらいこと・さま。stupidity

**くまい-けい【▼熊井啓】**（一九三〇～）映画監督。長野県生まれ。信州大卒。作品『忍ぶ川』『サンダカン八番娼館・望郷』など。

**くまいし【▼熊石】**〈町〉北海道南西部、渡島半島西岸の町。主産業はイカやワカメの収穫を主体とした漁業。人口五五五一（一九八八）。

**くま-いちご【▼熊▼苺】**バラ科の落葉低木。日当たりのよい山地にはえる。茎枝にとげが多く、葉は掌状。春に、白色五弁の小花を開く。果実は赤熟し、美味。

**くま-えび【▼熊▽海▽老】**クルマエビ科の海産エビ。体長約二〇cm。甲側・胸脚・腹肢に赤いしま。美味。東京湾以南の暖海に分布。アジアカ。

**くまがい-ざくら【▼熊▽谷桜】**サクラの園芸品種。花は一重。初めは紅色で、のちに白色に変わる。花期は早く、ヒガンザクラについで咲く。

**くまがい-そう【▼熊▽谷草】**ラン科の多年草。高さ二〇～四〇cm。葉は大きな扇形。春に淡白紫色の花を一個つける。山地の樹陰にはえる。↓写

●クマガイソウ

**くまがい-たいぞう【▼熊▽谷▼岱蔵】**（一八八〇～一九六二）内科医学者。長野県生まれ。東大卒。肺結核のストレプトマイシン・パス・ヒドラジッド三者併用化学療法を確立した。昭和二七年（一九五二）文化勲章受章。

**くまがい-なおざね【▼熊▽谷直▽実】**（一一四一～一二〇八）鎌倉初期の武将。武蔵国の熊谷の人。石橋山の戦いで源頼朝と戦ったがのち頼朝に従い、一ノ谷の戦いで平敦盛を討つ。久下直光との所領争いに敗れて出家。法然に師事し、蓮生坊と称する。

**くまがい-なおよし【▼熊▽谷直▽好】**（一七八二～一八六二）江戸後期の歌人・国学者。岩国の人。香川景樹門下。注釈『梁塵後抄』、家集『浦の汐貝』など。

**くまがい-もりかず【▼熊▽谷守▽一】**（一八八〇～一九七七）洋画家。岐阜県生まれ。東京美術学校卒。淡々とした独自の画境を築く。作品『陽の死んだ日』など。

**くまがや【▼熊▽谷】**〈市〉埼玉県北部、荒川をはさんで広がる市。旧宿場町。県北部の交通・経済の中心で、金属・セメントなどの工業が発達。人口一四万四八二四（一九八八）。

**くま-がわ【▽球磨川】**熊本県南部を西流する川。長さ一一五km。九州山地から人吉盆地を経て八代海に注ぐ。日本三急流の一つで、スリルに富む球磨川下りは有名。

**くま-ぐま【▼隈▼隈】**すみずみ。

**くまげ【▼熊毛】**〈町〉山口県南東部の山間にある町。農業地帯であるが宅地化も進む。八代高原のナベヅルは有名。人口一万五五六〇（一九八八）。

**くま-げら【▼熊▼啄▽木▽鳥】**キツツキ科の大形の鳥。頭上以外は全身黒色。全長約四五cm。針葉樹林にすみ、キョッキョッと鳴く。天然記念物。北海道（留鳥）などのほか、ユーラシア大陸に広く分布。black woodpecker

**くま-こうげん【久▽万高原】**愛媛県中部、仁淀川上流久万川流域の高原。冷涼で伊予の北海道などといわれる。スキー場が多い。

**くまこう-はちこう【▼熊公八公】**《落語に出る職人の名から》教育はないが、善意に満ちた庶民を言う。

**くまさか-がい【▼熊坂貝】**クマサカガイ科の海産の巻き貝。殻高約四cm。殻表に他の貝殻や石をつける。房総以南に分布。

**くまさか-ちょうはん【▼熊坂長範】**①平安末期の伝説的盗賊。奥州へ向かう金売吉次を襲って牛若丸に討たれたという。謡曲『熊坂』などに脚色される。②《転じて》大泥棒。

**くま-ざさ【▼隈▼笹・▼熊▼笹】**イネ科の常緑のササ。高さ約一m。葉は長楕円形で冬に縁が白くなる。山地にはえ、観賞用にも栽培。↓ササ写

**くまざわ-ばんざん【▼熊沢▼蕃山】**（一六一九～一六九一）江戸前期の陽明学者。京都の人。名は伯継。中江藤樹に学ぶ。岡山藩主池田光政に重用され藩政を担当。著書『大学或問』で幕府ににらまれ、下総の古河に預けられ病死。

**クマシ【Kumasi】**西アフリカ、ガーナのアシャンティ地方の中心で、同国屈指の都市。鉄道交通の要地。ココア取引の一大中心地。人口三九・九万（一九七〇）。

**くま-しで【▼熊四手】**カバノキ科の落葉高木。山野に自生。葉は長楕円形で縁に重鋸歯。太い円柱状の花穂が下垂。↓写

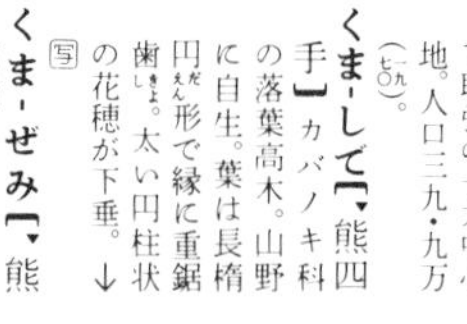

●クマシデ

**くま-ぜみ【▼熊▼蟬】**セミ科の昆虫。日本で最大で、全長約六・五cm。体は黒色で光沢があり、翅は透明。夏、シャーシャーと鳴く。関東以西・東南アジアに分布。↓図

●クマゼミ

**くま-そ【▼熊▽襲】**『古事記』『日本書紀』などで、九州中南部に居住したとされる古代辺境民族。

**くまそ-たける【▼熊▽襲▼梟▽帥・▼熊▼曾▽建】**《「たける」は勇猛の意》熊襲の勇猛な首長。

**くま-たか【▼熊▼鷹】**亜高山帯の森林にすむ大形のワシタカ科の鳥。翼長約五〇cm。頭部に冠状羽がある。ノウサギ・ライチョウ・ヤマドリなどを捕食。日本全土に分布し、山形地方では鷹狩りに使う。↓写

**くま-つづら【▼熊▼葛】**クマツヅラ科の多年

●クマタカ



↓ 行き先項目、図版・写真参照印。 JIS 日本工業規格情報交換用漢字符号コード(区点コード)。

クマツヅラ

草。道ばたなどにはえる。高さ三〇～一〇〇cm。茎は直立。葉は対生で深裂。夏、淡紫色の小花を穂状につける。皮膚病の薬。→写

**くま‐で**【▼熊手】①武器の一種。長い柄の先に、鉄のつめをつけたもの。鉄搭。②竹などで作った、物をかき寄せる道具。bamboo rake ③酉の市で売られる竹製のえんぎ物。→図

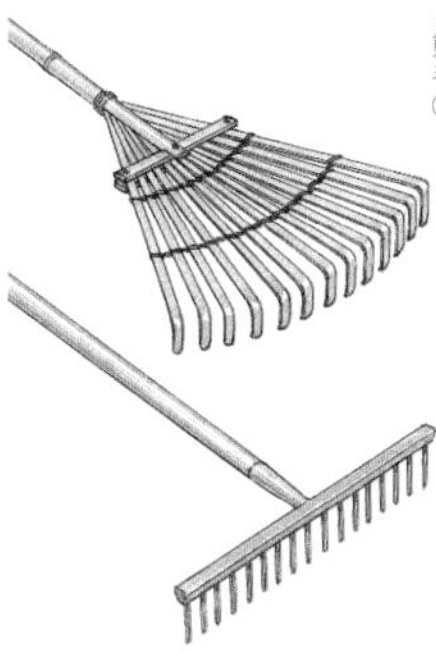
熊手②

**くまとり**【▼熊取】〈町〉大阪府南部、泉南丘陵にある町。タオルなど綿織物工業が中心。宅地化が進む。人口三万六八四九(一九八八)。

**くま‐どり**【▼隈取(り)・▼暈取(り)】(名・サ変他)①くまどること。ぼかし。②東洋画で、墨や色彩の濃淡・ぼかしにより、立体感などを表す技法。③歌舞伎特有の化粧法。顔に赤・黒・青色の線で表情を誇張的にかたどるもの。荒事の超人的英雄の怒りや強さを表す紅隈と、公家や妖怪の悪を表す藍隈・茶隈がある。→写

**くまどり‐ふで**【▼隈取(り)筆】日本画で、墨や絵の具をぼかすための筆。

**くま‐ど・る**【▼隈取る・▼暈取る】(五他)①隈取りをする。墨や絵の具で境目を描いたり、ぼかしたりする。隈を取る。用例墨で―。②化粧をする。とくに、歌舞伎で役者が顔に絵の具で描く。

**くま‐なく**【▼隈無く】(副)《形容詞「くまなし」の連用形から》①くもり・影がなくはっきりと。without stain 用例―晴れる。②余すところなく。隅々まで。all over 用例そこら辺を―捜す。

**くま‐な・し**【▼隈無し】古語(形ク)①暗い所がない。くもりや影がない。用例月は―・きをのみ見るものかは(徒然・一三七)。②隠しへだてがない。用例かたみに―・く言ひ表し給ふ(源氏・葵)。③すみずみまで行き届いている。抜かりがない。用例―・き物言ひも定めかねて(源氏・帚木)。

**くま‐ねずみ**【▼熊▼鼠】イエネズミの一種。ドブネズミとともに人家にすむネズミの代表。体長二〇cm内外。尾はそれより長い。天井裏など家屋の高所に多い。アジア南部原産。black rat →ネズミ写

**くまの**【▼熊野】和歌山県南東部から三重県南部にかけての地域。熊野三社があり、霊地として古来より熊野参詣がさかん。

**くまの**【▼熊野】〈市〉三重県南部、熊野灘に臨む市。林業がさかん。奇勝、鬼ケ城がある。人口二万四四五三(一九八八)。

**くまの**【▼熊野】〈町〉広島県、呉市と広島市の間にある町。広島市のベッドタウン。特産の熊野筆は有名。人口二万六一五五(一九八八)。

**くま‐の‐い**【▼熊の▽胆】生薬の一つ。クマの胆嚢を、胆汁を含んだままの状態で乾燥したもの。非常に高価。おもに健胃・強心・解毒などに用いられる。日本薬局方ではユウタンという。

**くまの‐がわ**【▼熊野川】三重・和歌山県境を流れる川。長さ一八三km(十津川を含む)。上流は十津川と北山川で、合流点から下流を熊野川とよぶ。美林地帯。新宮川。

隈取り③ 紅隈(右)、藍隈(左)。

**くまのがわ**【▼熊野川】〈町〉和歌山県南東部、新宮市北西隣の町。熊野杉の産地。渓谷美の瀞峡が有名。人口三三六三(一九八八)。

**くまの‐ごおう**【▼熊野▽牛王】熊野三社から出す厄難除けの護符。正しくは熊野牛王宝印。

**くまの‐さんざん**【▼熊野三山】→くまのさんしゃ(熊野三社)

**くまの‐さんしゃ**【▼熊野三社】和歌山県にある熊野本宮大社(本宮)・熊野速玉大社(新宮)・熊野那智大社(那智神社)の総称。平安時代の密教の隆盛で多くの修験者を集め、熊野信仰として盛行した。熊野三山。三熊野。

**くまの‐たいしゃ**【▼熊野大社】島根県八束郡八雲村熊野にある旧国幣大社。祭神は神祖熊野大神櫛御気野命(素戔嗚尊の別名)。出雲大社と並ぶ出雲信仰の中心とされる。出雲一の宮。熊野神社。

**くまの‐なだ**【▼熊野▼灘】紀伊半島南東部、大王崎から潮岬にかけての海域。黒潮の流域で魚類が豊富。沖合い漁業が発達。

**くまのなち‐たいしゃ**【▼熊野▼那▽智大社】和歌山県東牟婁郡那智勝浦町にある旧官幣中社。祭神は熊野夫須美大神のほか三神。那智の滝、那智の火祭で知られる。熊野三社の一つ。熊野那智神社。

**くまのはやたま‐たいしゃ**【▼熊野速玉大社】和歌山県新宮市新宮にある旧官幣大社。祭神は熊野速玉大神。熊野三社の一つ。熊野速玉神社。熊野新宮。

**くまの‐びくに**【▼熊野▽比▽丘尼】熊野三社の主祭神である三所権現を全国に勧進し、熊野牛王宝印を売り歩いた尼僧。歌比丘尼。

**くまのほんぐう‐たいしゃ**【▼熊野本宮大社】和歌山県東牟婁郡本宮町にある旧官幣大社。祭神は家都美御子大神のほか二神。熊野三社の一つ。熊野坐神社。熊野本宮。

**くまのみ** 沿岸の岩礁の間にすむスズメダイ科の海水魚。全長約一五cm。体は暗い橙赤色で三条の白横帯がある。イソギンチャクとの共生で知られる。観賞用。本州中部以南に分布。→写

クマノミ

**くま‐ばち**【▼熊▼蜂】花にくるミツバチ科の大形のハチ。体長二cm余。体は黒色で太く丸みがあり、胸部背面に黄色の毛を密生。枯木に穴をあけて巣を作る。本州以南に分布。hornet 比較クマンバチ。→図

クマバチ

**くま‐まつり**【▼熊祭(り)】アイヌ民族の祭りの一つ。捕獲して育てた熊を、儀式のあとに殺して肉を食べ、供物などを添えてその霊を神の国へ送り、再び人間界に下り肉をもたらしてくれるよう祈願する神事。イオマンテ。イヨマンテ。→写

熊祭り 北海道。

**くま‐むし**【▼熊虫】クマムシ類の総称。全長一mm以下。体は頭と四体節からなる節足動物で、各体節に一対の脚がある。水中・湿地・潮間帯にすむ。世界各地に分布。water bear

**くまもと**【▼熊本】〈県〉九州地方中西部の県。県庁所在地は熊本市。東部は阿蘇山や九州山地の山々、西部は島原湾・八代海に臨み、天草諸島がある。農業の比重が比較的高く、スイカ・メロン・ミカンなど果実栽培がさかん。面積七四〇八km²。人口一八四万一三九(一九八八)。

**くまもと**【▼熊本】〈市〉熊本県中部の市。県庁所在地。一七世紀初め、加藤清正が熊本城を築き、のち細川氏の城下町として栄えた。明治維新後は軍都として知られたが、現在は九州中部の交通・文化の中心。人口五五万四九〇四(一九八八)。

**くまもと‐バンド**【▼熊本バンド】明治初期、熊本洋学校でジェーンズの感化をうけてキリスト教に入信した青年の一団。海老名弾正・徳富蘇峰ら。

**くまもと‐へいや**【▼熊本平野】熊本県、阿蘇山西麓から島原湾岸にかけて広がる平野。海岸地域は古くから干拓が進む。稲作と近郊農業がさかん。

**くまもと‐みんよう**【▼熊本民謡】九州熊本地方の民謡。方言を盛りこんだ歌詞のおもしろいもの、史実を背景とする内容のものが多い。『おてもやん』『五木の子守唄』『牛深ハイヤ節』など。

**くま‐やなぎ**【▼熊柳】クロウメモドキ科のつる性落葉樹。山野に自生。葉はやや厚く、卵形、裏面は白い。夏に五弁の小白花を多数つけ、翌年、長楕円形の果実を結ぶ。葉は薬用。

**くまやま**【▼熊山】〈町〉岡山県東部、吉井川に沿う町。桃・ブドウの産地。苗木も生産。熊山遺跡がある。人口六七四七(一九八八)。

**くまらじゅう**【▼鳩摩羅▼什】《Kumārajīva 梵の音写》(三五〇ごろ～四〇九ごろ) 西域亀茲国出身の学僧。三論宗の祖。中国四大訳経家の一人。『般若経』『法華経』『阿弥陀経』『中論』『成実論』など三五部を漢訳。クマーラジーバ。

**くま‐わらび**【▼熊▼蕨】オシダ科常緑性シダ。高さ六〇cm余に達する。葉は二回羽状複葉。山地の樹下にはえる。→図

クマワラビ

**くまん‐ばち**【▼熊ん▼蜂・▼胡▼蜂】スズメバチの異名。クマバチとは異なる。wasp

**くみ**【組(み)】一(名)①糸・ひもなどを組み合わせること。また、組んだ物。lace ②地域で協力して生活していく形の一つ。数戸から十数戸ぐらいの家々が集まり、田植え・防災・冠婚葬祭などのとき、互いに助け合う単位となるもの。cooperative group ③(「組」で)クラス。学級。class ④印刷で、活字をならべて版にすること。そろい。composition ⑤(「与」とも)江戸時代、大名の軍隊組織の単位。⑥建設業・博徒などの組織的な集団。group 二(助数)そろった物を数えるのに添える。set 用例学用品一―。

**く‐み**【苦味】にがい味。にがみ。

**ぐみ**【▼茱▼萸・▼胡▼頽子】グミ科グミ属の植物の総称。常緑または落葉で低木。葉は互生し、多くは鱗毛におおわれる。花は葉腋に

▼常用漢字表外。 ▽常用漢字表の音訓外。

●グミ ナツグミの花(上)と実(下)。

つき、花冠は筒状鐘形で先が四裂する。果実は液果状で赤く、食用。アキグミ・ナツグミ・ツルグミ・ナワシログミなどがある。↓写

**くみ-あい**【組(み)合い・組合】①組み合うこと。また、そのもの。conbination ②組み討ち。struggle ③《「組合」で》民法上、数人が労力・金銭などを出しあって共同の事業を営むことを約束する契約によって作られる団体。cooperation ④《「組合」で》「協同組合」「労働組合」「共済組合」などの略。association; union

**くみあいかんしょう-けんこうほけん**【組合管掌健康保険】健康保険のうち、常時三〇〇人以上の従業員をもつ事業所の組織した健康保険組合が運営する医療保険。

**くみあい-きぎょう**【組合企業】協同組合または民法上の組合の出資により、組合員への貢献を目的として営業を行う企業。

**くみあい-きょうかい**【組合教会】プロテスタントの会衆派教会。とくに、日本の会衆派教会である日本組合基督教会をさす。明治一九年(一八八六)新島襄らが創立。日本基督教団成立以前の三大教派の一つ。

**くみあい-しゅぎ**【組合主義】①《「労働組合主義」の略》労働組合運動の進め方について経済的利益の追求を重視する考え方。経済主義。trade unionism ②一九世紀のイギリスで起こった、熟練労働者層の労働運動。

**くみ-あ・う**【組(み)合う】(五自他)①(他)互いに組む。link 用例 腕を—。肩を—。②(自)㋐互いに組みつく。grapple ㋑仲間になる。join together

**くみ-あがり**【組(み)上がり】①組み終わること。②活字に組み終わっていること。

**くみ-あが・る**【組(み)上がる】(五自) 組んでできあがる。組み終わる。

**くみ-あ・げる**【▼汲(み)上げる】(下一他)①水などを汲んで上に上げる。draw ②すっかり汲みほす。draw up

**くみ-あ・げる**【組(み)上げる】(下一他)①組んでつみ上げる。②組み終える。

**くみ-あわ・す**【組(み)合(わ)す・組合(わ)す】(五他)↓くみあわせる(組み合わせる)

**くみ-あわせ**【組(み)合(わ)せ・組合(わ)せ】①二つ以上のものを組んで一そろいにすること。また、そのもの。combination ②野球・囲碁など勝負をする組をつくること。pairing ③いくつかのものの中から、ある一定個数のものを取りだす取りだし方。また、その取りだし方の総数。combination 比較 順列。

**くみ-あわ・せる**【組(み)合(わ)せる・組合(わ)せる】(下一他) 二つ、それ以上を組んで一つにする。combine 用例 イヤリングとネックレスを—。

**くみ-いと**【組(み)糸】組み合わせた糸。braid

**くみ-いれ**【組(み)入れ】①組み入れること。incorporation ②入れ子のような構造に作ること。また、作られた器物。

**くみ-い・れる**【組(み)入れる】(下一他) 組に入れる。編入する。incorporate 用例 A組に—。

**くみ-うた**【組歌・組▼唄】日本音楽で、いくつかの歌を集めて一曲とした曲をさす。現在、一般にはほとんど演奏されないが、三味線音楽・箏曲の古典としての意義をもつ。

**くみ-うち**【組(み)討ち】(名・サ変自) 取っ組んで戦うこと。grapple

**くみ-お**【組(み)緒】組みひも。braid

**くみ-おき**【▼汲(み)置き】前もって汲んでおくこと・水。drawn water

**くみ-おどり**【組踊(り)】①何人かが組になって踊ること。②何種類かの踊りを組み合わせたもの。③琉球王国伝来の楽劇。一八世紀初期、訪れた中国の冊封使を歓待するため、踊り奉行玉城朝薫が創作したのが始まり。

**くみ-かえ**【組(み)替え】①組み替えること。組み替えたもの。rearrangement ②相同染色体上に連鎖している遺伝子が染色された部分の交叉によって組み替わる現象。その結果、両親にはない遺伝子の組み合わせが形成される。genetic recombination

**くみかえ-ディーエヌエー**【組(み)替えDNA】生物が遺伝子DNAの一部を置き換えること。また、人為的なDNA組み替え技術をさす。recombinant deoxyribonucleic acid

**くみ-か・える**【組(み)替える】(下一他) 前の組み合わせをやめて、別の組み合わせにする。rearrange

**くみ-がしら**【組頭】①組の長。leader of a group ②《「与頭」とも》江戸時代、大名の家臣で鉄砲組・弓組など軍制単位の長。対義 組子。③江戸時代の村役人。村方三役の一つで、名主を補佐。長百姓。年寄。

**くみ-かわ・す**【酌(み)交わす】(五他) さかずきをやりとりしながら酒を飲む。drink together 用例 酒を—。

**くみ-きょく**【組曲】いくつかの小曲を配列した多楽章の器楽曲の形式。定型的な舞曲からなる古典組曲(バッハの『イギリス組曲』など)と、自由な小曲を連ねた近代組曲(ビゼーの『アルルの女』など)に大別される。suite

**くみ-こ**【組子】①江戸時代、弓組・鉄砲組などの組頭の部下。組下。対義 組頭。②格子・障子などの、組み合わせた細い木。

**くみ-こう**【組(み)香】香道の遊び方の一つ。四季の情趣を楽しむもので、数種類の伽羅香木を順々にたき、そのにおいの異同を当てる香席の遊び。

**くみ-こ・む**【▼汲(み)込む】(五他) 入れ物に水などを汲んで入れる。fill with water

**くみ-こ・む**【組(み)込む】(五他)①組んで中に入れる。incorporate ②仲間に入れる。incorporate

**くみ-ざい**【苦味剤】苦味のある薬物の総称。食欲増進と消化促進を目的に、健胃整腸剤などに配合される。苦味性健胃薬。bitter

**くみ-さかずき**【組(み)杯・組(み)▼盃】大から小へ、いくつか重ねて一組みになるように作った杯。

**くみ-し・く**【組(み)敷く】(五他) 相手を自分の下におさえつける。hold down 用例 賊を—。

**くみ-した**【組下】部下。組子。

**くみ-しゃしん**【組(み)写真】数枚の写真の組み合わせで一つの主題を説明的に表現する形式。

**くみし-やす・い**【▽与し▽易い】(形) 相手としておそれるに足りない。たやすく処理できる。easy to deal with

**くみ-じゅう**【組(み)重】いくつも重ねるように作った重箱。

**クミス**【kumiss】馬乳を原料とする発酵乳の一種。アルコール分二〜四%。中央アジア・ロシア産。蒸留すると、アリスという強い酒になる。

**くみ・する**【▽与する・組する】(サ変自)①関係する。take part in ②仲間になる。join ③賛成する。味方する。side

**くみ-だし**【▼汲(み)出し】①汲んで出すこと。bailing out ②「汲み出し茶わん」の略。

**くみだし-ちゃわん**【▼汲(み)出し茶▼碗】茶会で、待合い用に香煎や桜湯を汲んで出すのに用いる湯呑み茶碗。

**くみ-だ・す**【▼汲(み)出す】(五他)①水などを、汲んで外に出す。ladle out water ②汲み始める。begin to draw up

**くみ-たて**【▼汲(み)立て】水などを汲んだばかりであること。

**くみ-たて**【組(み)立て・組立】①組み立てること・方法。assembling 対義 分解。用例 —式の自転車。②構成。compositon 用例 文章の—。

**くみたて-こうぎょう**【組(み)立て工業】↓アセンブリーこうぎょう(アセンブリー工業)

**くみたて-たんい**【組(み)立て単位】↓ゆうどうたんい(誘導単位)

**くみたて-ほけん**【組立保険】機械装置・鋼構造物・工場設備の組み立て工事中の事故による損害を補う保険。erection all risks insurance

**くみ-た・てる**【組(み)立てる】(下一他) 組み合わせて、一つのまとまった形につくる。構成する。put together; construct 用例 考えを—。

**くみ-ちが・える**【組(み)違える】(下一他)①組みまちがえる。②互い違いに組み合わせる。combine alternately

**くみ-ちょう**【組長】まとまった集団の責任者。組のかしら。

**くみ-チンキ**【苦味チンキ】漢方製剤。苦味芳香性のある健胃薬。センブリ・サンショウなどを含むチンキ剤。消化不良・食欲不振などに用いる。bitter tincture

**くみ-つ・く**【組(み)付く】(五自) 取りついて組む。grapple; wrestle 用例 うしろから—・かれる。

**くみ-て**【組(み)手】①木材と木材を組み合わせた部分。②相撲で、四つ身になること。③空手・拳法などの格闘技における攻防技の出し合いのこと。競技につながる自由組手と、練習のためだけの約束組手がある。

**くみ-てんじょう**【組(み)天井】格子の形に細かく組んだ天井。格天井。

**くみ-とり**【▼汲(み)取り】①汲み取ること。dipping up ②大小便を汲んで取り出すこと・人。

**くみとり-ぐち**【▼汲(み)取り口】水洗でない便所の大小便を汲んで出す口。

**くみ-と・る**【▼汲(み)取る】(五他)①水などを汲んで別の物に入れる。draw up ②表面に出ていないものを推察する。おしはかる。読み取る。take into consideration

**くみはま**【久▽美浜】〈町〉京都府北西端、日本海に臨む町。チューリップ・スイカ・ナシなどの栽培や、漁業がさかん。人口一万三二六四(一九八八)。

**くみ-はん**【組(み)版】活版印刷で活字・凸版などを組み合わせて原版をつくること。また、組み上げた版植字。composition

**くみ-ひも**【組(み)▼紐】数本の糸を組み合わせてつくった紐。材料は絹が主で、丸打ち・平打ちなどの形がある。打ち紐。組み緒。braid 数え方 一筋・一本。↓写

**くみ-ふ・せる**【組(み)伏せる】(下一他) 取り組んで相手をたおし、おさえつける。くみしく。hold down

**くみ-ほ・す**【▼汲(み)干す】(五他) 水などを、すっかり汲み出してしまう。drain off

**くみ-ほ・す**【酌(み)干す】(五他) 酒をすっかり飲む。飲み干す。

**くみ-もの**【組(み)物】①組になっているもの。組み合わせたもの。combination ②糸・針金・経木などを組んで作ったもの。③寺院などの木造建築で、柱の上で斗と肘木を組み合わせ、軒を支える部分。斗栱。斗組。↓写

●組み物③ 醍醐寺五重塔(京都府)。
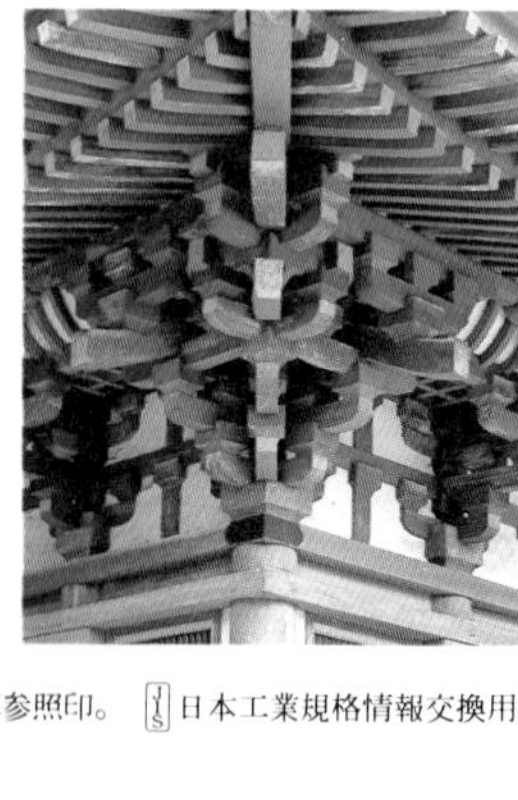

**くみやま**【久▽御山】〈町〉京都府南部、京都市南隣の町。巨椋池干拓地が広がり、稲作、大根などの野菜や観葉植物の栽培がさかん。人口一万八五六七(一九八八)。

**くみ-わ・ける**【▼汲(み)分ける】(下一他)①くんだ水などを分ける。②思いやる。気持ちを汲み取る。

**ぐ-みん**【愚民】おろかな人々・国民。

**くみん-ぜい**【区民税】↓とくべつくみんぜい(特別区民税)

**ぐみん-せいさく**【愚民政策】為政者や支配者層が民衆や被支配者を無知の状態におき、その批判能力を抑えて支配体制を安定・強化させようとする政策。obscurant policy

**く・む**【▼汲む】(五他) 水などをすくい取る。scoop up 用例 水をバケツで—。

**く・む**【酌む】(五他)①酒などをうつわについ

●組み紐

で飲む。drink 用例酒を―。②《「汲む」とも》気持ちをおしはかる。思いやる。consider 用例意向を―。

**く・む【組む】**（五自他）①（他）㋐互い違いにからみ合わせる。編む。knit 用例糸を―。㋑交差させる。cross 用例足場を―。腕を―。㋒構成する。組み立てる。construct 用例隊を―。番組を―。いかだを―。㋓原稿のとおりに活字をならべる。set up type 用例版を―。㋔送る手続きをとる。用例為替を―。②（自）㋐仲間になる。組みになる。join 用例ふたりで―。㋑とりくむ。grapple 用例むんずと―。四つに―。

**クム【Qum】**→コム

**ぐ・む（接尾）**《名詞に付いて動詞をつくる。五段型》①きざす。用例芽―。②ふくむ。用例なみだ―。

**クム-ガン【錦江】**（Kŭm Gang）→きんこう「（錦江）」

**クムガン-サン【金剛山】**（Kŭmgang San）→こんごうさん（金剛山）

**くめ【▼粂】**9画 部首［米］和製漢字 JIS 2309 久と米の合字。地名や姓氏に用いられる。

**くめ【久▽米】**〈町〉岡山県津山市西隣の町。稲作、果樹・野菜栽培がさかん。三成古墳・久米廃寺跡がある。人口八八三九（一九八八）。

**くめ-うた【久▽米歌】**古代の歌謡の一つ。現在雅楽に残っている。笏拍子・笛・篳篥・和琴の伴奏で歌う。神武天皇東征のとき、久米氏の兵士たちが勝利の祝いにうたった歌といわれる。来目歌。

**クメール【Khmer】**カンボジアの旧称。

**クメール-じん【クメール人】**カンボジアを中心にインドシナ半島に分布するインドネシア系の民族。言語はモン-クメール語族に属する。農耕に従事。仏教徒。九～一五世紀には、クメール王朝を建て、アンコール-ワット、アンコール-トムを建設。Khmer

**クメール-ルージュ【Khmer Rouge フランス】**カンボジアで一九六〇年代にフランスで教育を受けたマルクス主義者たちによって結成された革命派組織の総称。民主カンボジア政権の主力。赤いクメール。Red Cambodians

**くめ-けいいちろう【久▽米▼桂一郎】**（一八六六～一九三四）洋画家・美術行政・教育家。佐賀県生まれ。東京美術学校教授。明治洋画壇に外光派の新風をもたらした。

**くめ-じま【久▽米島】**沖縄県、沖縄島の西約一〇〇kmにある島。面積五五・七km²。久米島紬が特産。名勝、天然記念物に富み観光客が多い。

**くめじま-つむぎ【久▽米島▼紬】**沖縄県久米島で古くから作られている紬。地糸は泥染め、絣の部分は黄色系の植物染料で染められる。御用布といわれ、王族専用の織物だった。

**くめだ-でら【久▽米田寺】**大阪府岸和田市池尻町にある高野山真言宗の寺。天平一〇年（七三八）行基が創建。

**くめなん【久▽米南】**〈町〉岡山県中部にある町。弓削は旧宿場町。誕生寺は法然上人誕生地。ブドウなどの栽培がさかん。人口六九九四（一九八八）。

**くめ-の-せんにん【久▽米仙人】**伝説上の人物。久米寺の開祖という。吉野川で衣を洗う女の白いすねを見て空から転落したが、のち仙術により功績をたて、久米寺を建立したという。『今昔物語』『徒然草』などにある話。

**くめ-べ【久▽米▽部・来目▽部・久目▽部】**上代、久米氏配下の武士。宮中の警固・軍事に当たった。

**くめ-まい【久▽米舞】**宮中の儀式で行われる歌舞。神武天皇東征のとき、久米氏の兵士たちがうたった歌と舞を模したとされる。大嘗祭などに行われた。四人の舞人で舞う。来目舞。

**くめ-まさお【久▽米正雄】**（一八九一～一九五二）小説家・劇作家。俳号、三汀。長野県生まれ。東大卒。夏目漱石に師事。純文学から通俗小説に転じた。小説『破船』、戯曲『牛乳屋の兄弟』など。

**く-めん【工面】**㊀（名・サ変他）工夫すること。とくに、金銭を取りそろえること。算段。make shift ㊁（名）金回り。financial condition 用例―がいい。

**くも【雲】**①大気中に浮かぶ水滴または氷晶の、目に見える集まり。気象用語としては、層雲・積雲・巻雲など一〇種類に分類される。cloud 用例―がわく。―がたなびく。②空間に煙のように浮かんでいるもの。cloud ③物事のとらえどころがないことのたとえ。vague 用例―をつかむような話。④気分の晴れない、また、すっきりしないたとえ。depressed 用例頭の中に―がかかったような。⑤きわめて遠い所。また、高い所。高い階級。being extremely far or high 用例―の上。

**雲となり雨となる**（くもとなりあめとなる）①時によってさまざまに変わり、一定していない。変わりやすい。②あとをとどめずに、消えゆく。③男女の情愛がこまやかだ。

**雲に梯**（くもにかけはし）かないそうもない、分不相応の望み。高望み。

**雲に汁**（くもにしる）①雲が雨になること。②機が熟すること。

**雲に聳える**（くもにそびえる）空に高々と立つ。非常に高くそそり立つ。用例―天守閣。

**雲に臥す**（くもにふす）雲の深い山中に暮らす。

**雲は竜に従い風は虎に従う**（くもはりゅうにしたがいかぜはとらにしたがう）《竜は雲によって勢いを増し、虎は風によって勢いを増すということから》物事は、ふさわしいものが伴って互いに補い合い、うまくゆくものである。よい君主にはすぐれた臣下がいるたとえ。

**雲、無心にして岫を出ず**（くも、むしんにしてしゅうをいず）《「岫」は山の洞穴。雲は何の心もなく山のほら穴を出る意》自然のままに悠々自適の生活をおくるたとえ。

**雲を霞と**（くもをかすみと）いちもくさんに逃げていくさま。at full speed

**雲を摑む様**（くもをつかむよう）物事のとらえどころがないたとえ。chimerical

**雲を衝く**（くもをつく）抜きん出て背たけなどの高いさまに言う。

**くも【▼蜘▼蛛】**体が頭胸部と腹部からなり、四対の歩脚をもつ真正クモ目の小動物の総称。サソリ・ダニなどと近縁の節足動物。腹部下面後端の突起部から糸を出す。ふつうは陸生。日本産約一〇〇〇種。spider →図

**蜘蛛の子を散らす様**（くものこをちらすよう）多数のものが、四方八方に、ちりぢりに逃げていくさま。flee in all direction

●クモ

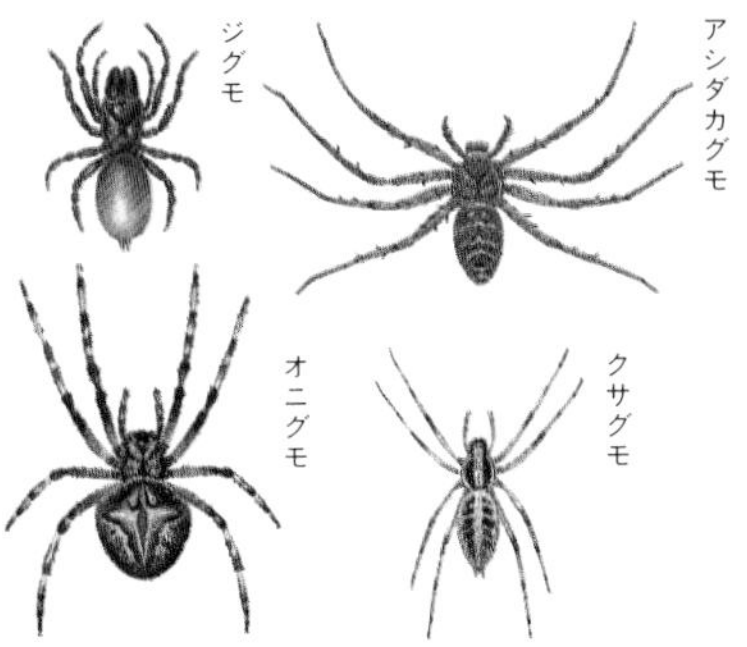


**くも-あい【雲合（い）】**空もよう。雲のようす。

**くも-あし【雲脚・雲足】**①雲のただようさま。雲行き。movement of the clouds ②雨雲の垂れて見えるもの。low rain cloud ③机の脚などの、雲形にかたどったもの。

**くも-い【雲居・雲井】**①雲。空。②遠くはなれた場所。③禁中。皇居。

**くもい-たつお【雲井竜雄】**（一八四四～一八七〇）幕末の米沢藩士。本名は小島守善。奥羽越列藩同盟の結成を策して失敗。明治三年（一八七〇）薩長専制を不満とし、政府の大官暗殺を企てたとして、捕らえられて斬首。

**くもい-ぢょうし【雲井調子】**日本の俗箏の調弦法の一つ。平調子とともにもっとも多く用いられる。八橋検校が初めて使用。

**くもい-の-さくら【雲居の桜】**①宮中の桜。紫宸殿階下の左近の桜をさす場合が多い。②後醍醐天皇の吉野山時代、吉野の世尊寺の近くにあったと伝えられるしだれ桜。

**くもい-やし【くもい▼椰子】**ヤシ科の常緑高木。高さ約六m、径約四〇cm。長さ約一mの総包に約三〇〇個の果実がつく。この果実から油をとり、マーガリン・せっけんの原料とする。中央アメリカ原産。コフネヤシ。

**くも-がい【▼蜘▼蛛貝】**スイショウガイ科の巻き貝。殻口にある七本の突起がクモを連想させる。殻高約一七cm、殻径約一〇cm。形が奇妙で美しいので装飾用。四国以南の暖海に分布。

**くも-がく・る【雲隠る】**古語 ㊀（四自）①雲に隠れる。用例―り鳴き行く鳥の哭のみし泣かゆ（万葉・五・八九八）。②高貴な人が死ぬ。用例今日のみ見てや―りなむ（万葉・三・四一六）。㊁（下二自）①雲に隠れる。用例さやかに見えず―れつつ（後撰・夏）。②高貴な人が死ぬ。用例など君―れけむ（栄花・たまのかざり）。

**くも-がくれ【雲隠れ】**（名・サ変自）①雲に隠れること。vanish behind a cloud ②ゆくえをくらますこと。disappearance ③貴人の死。

**くも-かすみ【雲▼霞】**①雲と霞。②人が遠くへ逃げ去って、姿をくらますさま。雲を霞と。

**くも-がた【雲形】**①雲のたなびいた形。その模様。②伊勢神宮で用いる幕。図柄として、もとたなびく雲が描かれたが、のち「雲形」の二文字を書くようになる。

**くもがた-じょうぎ【雲形定規】**曲線を描くのに用いる定規。雲のような形をしている。French curve

**くもがた-るい【▼蜘▼蛛形類・▼蛛形類】**節足動物の一群。サソリ・クモ・ダニなどの仲間。五万種以上があり、分類上、クモ形綱を構成する。体節構造は融合、退化などのためにあまり明らかでないが、体は頭胸部（ダニでは前体部）と腹部（後体部）に区別される。一対の鋏角と触肢をもち、歩脚は四対。目はすべて単眼。呼吸系は書肺か気管、またはその両方。

**くも-きり【雲霧】**雲と霧。雲あるいは霧。うんむ。

**雲霧となる**（くもきりとなる）火葬の煙となり、雲や霧のように消えていく。死んで火葬される。雲霧に紛る。雲煙となる。be cremated

**雲霧に紛る**（くもきりにまぎる）「雲霧となる」と同意。

**くもきり-そう【雲切草】**ラン科の多年草。高さ一五～三〇cm。山地の林下にはえる。葉は楕円形で長さ約一五cm。六～七月に、淡緑色の花を茎頂に一〇個内外つける。→写

●クモキリソウ

**くも-けぶり【雲▽煙】**雲と煙。雲あるいは煙。うんえん。くもけむり。

**雲煙となす**（くもけぶりとなす）火葬にする。

**雲煙となる**（くもけぶりとなる）「雲霧となる」と同意。

**くも-ざる【▼蜘▼蛛猿】**森林にすむ中形のオマキザル科のサル。体長四〇～六〇cm、尾長五〇～七五cm。四肢も長く、四肢と尾を使った枝渡りはクモを思わせる。森林にすみ、果実・昆虫などを食べる。南アメリカに約五種が分布。spider monkey →サル写

**くも-じ【雲路】**①鳥などが空を行く道。②雲のゆくえ。

**くも-すけ【雲助・▼蜘▼蛛助】**《雲のように定住しない者、またクモのように人を待ち構えている者、の意》江戸時代、宿駅や街道で荷物運搬、駕籠かきなどに従事した者。

**くもすけ-こんじょう【雲助根性】**人の弱みにつけこんで、おどし、ゆする、いやしい性質。

**く-もつ【供物】**神仏にそなえる物。おそなえ。

**くも-で【▼蜘▼蛛手】**①クモの足が八方に出たように物事の分岐したさま。②種々みだれるさま。being confused ③木の橋で橋脚と橋の梁や桁のあいだに斜めに渡した筋交い。④棒の上に細い材を放射状に組み、行灯などの油皿や手水鉢などを置く台。⑤扇の要を中心にした骨がみえる部分。⑥刀を縦横無尽にふり回すこと。

**くも-と【雲斗】**→くもひじき（雲肘木）

**くもとり-の【雲鳥の】**［枕ことば］《綾の模様として雲と鶴の文様が多く用いられたことから》「あや」にかかる。用例―あやの色をもおもほえず人をあひみで年の経ぬれば（大和・一五九）。

**くもどり-もよう【雲取（り）模様】**和服の模様付けの一種。雲を図案化しバランスよく配置して、中をぼかしたり、草花をあしらったりする。→写

**くもにまごううえののはつはな【▽天**



▼常用漢字表外。 ▽常用漢字表の音訓外。

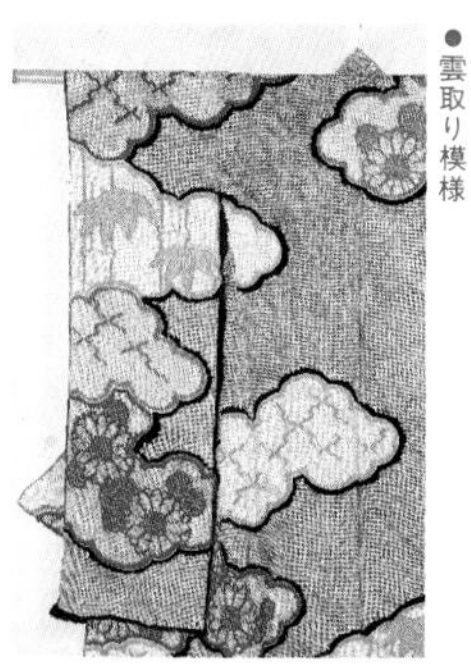
●雲取り模様

▽衣▽紛上野初花】歌舞伎世話物。通称『河内山と直侍』。河竹黙阿弥作。明治一四年(一八八一)初演。御数寄屋坊主河内山宗俊と御家人くずれ直次郎を中心とした明治生世話物の代表作。

**くも-の-うえ【雲の上】**①高い空。②宮中。禁中。

**くも-の-かけはし【雲の▼梯】**①雲がたなびくさま。②谷にかけた高いつり橋。

**くも-の-す【▼蜘▼蛛の巣】**クモ類が住居・罠などとする網。

**くものす-かび【▼蜘▼蛛巣▼黴】**穀物・果物などに発生し、土壌中に広く存在する藻菌類。菌糸は暗色で全体はクモの巣状に広がる。

**くものす-しだ【▼蜘▼蛛巣▽羊▽歯】**チャセンシダ科の常緑性シダ。山地の岩上にはえる。葉の先端をつる状に伸ばし、頂端に無性芽をつくってふえる。

**くものす-りろん【▼蜘▼蛛の巣理論】**需要・供給と価格の時間的変化をたどるとクモの巣状のグラフになるという理論。カルドアにより完成。cobweb theorem

**くも-の-みね【雲の峰】**夏、山のいただきのように高くそびえたつ雲。入道雲。

**くも-ひじき【雲▼肘木】**飛鳥時代の建築に用いられた、雲に似た形の肘木。法隆寺の金堂や塔にみられる。雲形肘木。雲斗。

**くも-ひとで【▼蜘▼蛛人手】**クモヒトデ科の海生動物。棘皮動物の一種。中央盤部から出る細長い五本の腕は長さ約七cmあり、それで自由に、はい歩く。潮間帯の砂礫底にすむ。日本全土に分布。↓ヒトデ図

**くも-ほうでん【雲放電】**同一の雷雲の中の正と負の電荷の間、あるいは二つの雷雲の間で起こる放電。雲間放電。

**くも-ま【雲間】**①雲の切れたあいま。②晴れま。break in the clouds

**くもまくか-しゅっけつ【▼蜘▼蛛膜下出血】**脳をおおうクモ膜と軟膜との間に起こる出血。突然の頭痛・嘔吐ではじまり、意識障害・痙攣など、脳卒中と似た症状を示す。原因の大半は脳動脈瘤の破裂。subarachnoid hemorrhage

●クモマグサ

**くもま-ぐさ【雲間草】**ユキノシタ科の多年草。山の岩礫地にはえる。高さ約一〇cm。葉はやや肉質。七〜八月にかけて白色の花を数個つける。本州中部に分布。↓写

**くもま-つまきちょう【雲間▼褄黄▼蝶】**シロチョウ科の高山チョウ。開張約四・五cm。幼虫の食草はハタザオ類。日本では本州中部山地に分布。

**くもま-べにひかげ【雲間紅日陰▼蝶】**ジャノメチョウ科の高山チョウ。北海道と本州中部の標高一八〇〇m以上の山地にすむ。開張約五cm。褐色地に橙色の縦帯があり、その中に黒褐色の眼状紋が数個並ぶ。食草はイネ科とカヤツリグサ科の植物。発生は年一回。卵から成虫になるまで二年かかる。

**くも-ゆき【雲行き】**①雲足。movement of the clouds ②なりゆき。情勢。situation 用例—があやしい。

**くもら・す【曇らす】**(五他)曇るようにする。overcast

**くもり【曇(り)】**①空に雲がかかり、日が照っていないこと。cloudy 対義雨・晴れ。②よごれや水滴などでぼんやりする状態。blur 用例窓の—。③うしろ暗いこと。suspicion 用例—なき身。④気持ちがすっきりしないこと。gloomy 用例心の—。

**くもり-がち【曇(り)勝ち】**(形動)雲の多い空もよう。cloudy weather

**くもり-ガラス【曇りガラス】**つや消しのガラス。不透明なガラス。frosted glass

**くもり-ごえ【曇(り)声】**はっきりしない声。なみだ声。depressed voice

**くもりよ-の【曇り夜の】**[枕ことば]《曇った夜はものの区別がはっきりしないことから》「まどふ」「たどきも知らず」などにかかる。用例夢かも現かもと—迷へる間に(万葉・一二・三二二四)。

**くも・る【曇る】**(五自)対義晴れる。①雲などが空をおおう。become cloudy 用例一面に—。照る日—日。②透き通っていたものがはっきりしなくなる。ぼんやりする。become dim 用例窓ガラスが—。湯気で—。③気がはればれしない。be gloomy 用例心が—。顔が—。④なみだ声になる。speak with a tearful voice 用例声が—・ってはっきりしない。

**顔を曇らす**(かおをくもらす)↓かお(顔)

**く-もん【▽公文】**①律令制下、公式文書の総称。②中世、荘園の事務・年貢徴収を行った荘官の一つ。

**く-もん【苦▼悶】**(名・サ変自)苦しみもだえること。agony

**ぐ-もん【愚問】**①つまらない質問。stupid question ②自分の発する質問をけんそんして言う語。

**ぐもんじ-ほう【▽求聞持法】**《仏教語。「虚空蔵菩薩求聞持法」の略》虚空蔵菩薩を本尊として修する密教の行法で、頭脳を明晰にし、記憶力を増大させるものとして知られる。

**くもん-じょ【▽公文所】**①奈良・平安時代の国衙・荘園・寺社などの事務処理機関。②鎌倉時代初期の幕府の政務機関。のち政所の一部局となった。

**く-やく【▽旧訳】**《仏教語》旧来の漢訳仏典のことで、七世紀唐の玄奘以前のものをさす。鳩摩羅什訳や真諦訳が代表的。きゅうやく。対義新訳。

**く-やくしょ【区役所】**東京都二三区や政令指定都市の区で、区全体や区民のための事務をとりあつかう役所。ward office

**くや・し【悔し】**古語(形シク)《「くちおし」とは区別して使われる》悔やまれてならない。用例過ぎにしことの—・しきなり(徒然・四九)。

**くやし・い【悔しい・口▽惜しい】**(形)負けたり、恥を与えられたり、自分の無力を知ったりして、残念だ。無念だ。うらめしい。regrettable 用例負けて—。派生くやしが・る(五自) くやしげ(形動) くやしさ(名)

**くやし-なき【悔し泣き】**悔しくて泣くこと。be vexed to tears

**くやし-なみだ【悔し涙】**悔しくて流す涙。tears of vexation

**くやし-まぎれ【悔し紛れ】**(名・形動)悔しさのあまり、取り乱すこと・さま。

**くやみ【悔(や)み】**①悔やむこと。regret; repentance ②人の死をとむらうこと・ことば。condolence

**くや・む【悔(や)む】**(五他)①悔しく思う。残念がる。後悔する。repent 用例いまさら—・んでも仕方がない。②人の死をいたむ。mourn 用例友人の死を—。

**く・ゆ【悔ゆ】**古語(上二自)↓くいる(悔いる)

**ぐ-ゆう【具有】**(名・サ変他)そなえ持つこと。何かをその本質として持っていること。possession 比較具備。用例高い知性を—する。

**くゆら・す【▼燻らす】**(五他)煙を立てる。くすぶらせる。smoke 用例葉巻きを—。

**く-よう【九曜】**①「九曜星」の略。②紋所の名。中心に大きな円を置き、まわりを八個の小円で取り巻く形。天体を支配する九つの星を意味する。↓図

●九曜②

九曜

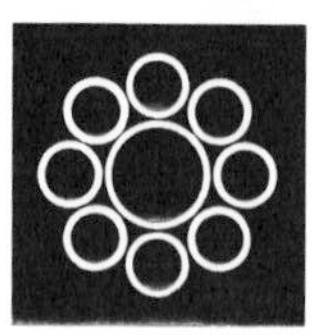
陰九曜

**く-よう【供養】**(名・サ変他)仏に物をそなえること。死者の霊に物をそなえ、お経を上げて、その冥福をいのること。

**くよう-がくは【▽公羊学派】**儒教の学派の一つ。『公羊伝』の所説を奉ずる学派。前漢の董仲舒、後漢の何休らが創始し、清末の康有為によって学問的体系が完成された。儒教的学問を越えて政治的実践思想をめざした。

●蔵・倉① 酒田の米倉(右)、倉敷の土蔵(左)。

**くよう-せい【九曜星】**陰陽道で生まれ年に配して、運勢を判断するのに用いる九星の総称。日・月・火・水・木・金・土の七星に空想上の天体である羅睺星と計都星を加えたもの。九曜。

**くようでん【▽公羊伝】**『春秋』の注釈書。春秋三伝の一つ。戦国時代の公羊高の作といわれる。一一巻。史実よりその理念に重きをおいて論じたもので、本書より公羊学がおこった。春秋公羊伝。

**くよう-とう【供養塔】**供養のために建てた塔。

**くよ-くよ**(副・サ変自)いつまでも心にかけて悩むさま。keep brooding 用例—と気に病む。

**くら** 8画 **【▼峅】** 部首[山]やまへん 和製漢字 JIS 5418
えぐられた地形。洞穴・がけ下など浅い横穴状に掘られた形。また、山あいや谷。おおいかぶさったような暗いところ。地名に用いられる。

**くら【蔵・倉・▽庫】**①貨物・商品・家財などを保管・貯蔵する建物。倉庫。warehouse 数え方一棟・一戸前。②歌舞伎などで、興行が不成立になること。③《②から転じて》物事を途中でやめること。おくら。↓写

**蔵が建つ**(くらがたつ)蔵を建てなければならないほど、金がもうかる。get rich

**くら【▼鞍】**牛・馬の背に置いて、人や荷物を乗せるための具。saddle 数え方一具・一口。↓馬具図

**くら【▽競】**(接尾)《「くらべ」の略》競争。争い。用例かけ—。おし—。

●鞍 鎌倉時代の大和鞍

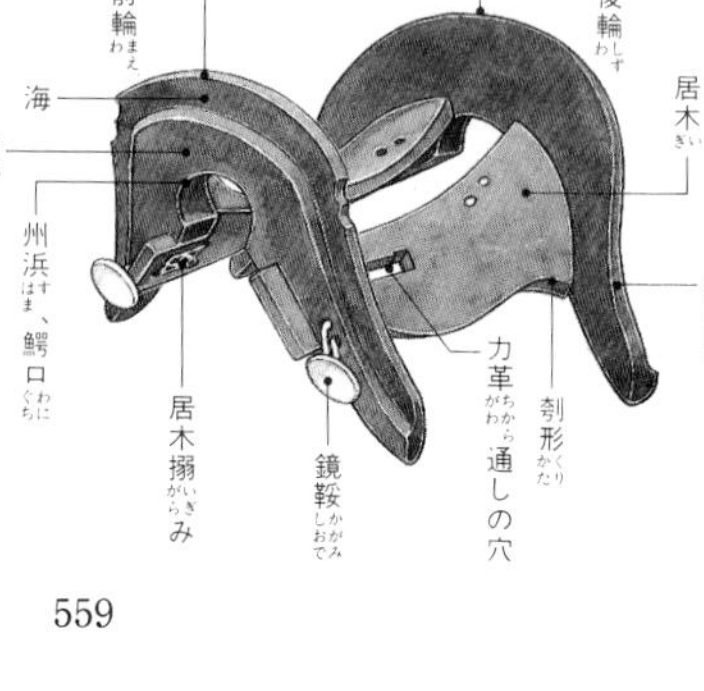




↓行き先項目、図版・写真参照印。 JIS 日本工業規格情報交換用漢字符号コード(区点コード)。

**クラ**【kula】《もと、メラネシア語》ニューギニア東端から北、および東に点在する島々の間で行われる儀礼的交換。言語・慣習の異なる島々を赤い貝の首飾りが時計まわりに、白い貝の腕輪が逆まわりに、リレーのように贈られる。

**クラーク**【kulakロシ】一九世紀後半、資本主義移行期に現れた富農階級。十月革命では反革命にくみしたが、その後農業集団化により消滅。

**クラーク**【Colin Grant Clark】(一九〇五〜) イギリスの経済学者。オックスフォード大教授。第一次・第二次・第三次の産業分類で有名。主著『経済進歩の諸条件』。

**クラーク**【Kenneth Clark】(一九〇三〜八三) イギリスの美術史家。ルネサンス美術を専攻。啓蒙的活動をした。著書『裸体芸術論』など。

**クラーク**【William Smith Clark】(一八二六〜八六) アメリカの教育者。マサチューセッツ農科大学学長。在任中、明治九年(一八七六)、札幌農学校初代教頭として来日。そのキリスト教精神は教育界やキリスト教界に大きな影響を与えた。

**クラーケン**【Kraken】巨大な渦巻きを起こすといわれる伝説上の海の怪物。

**グラーツ**【Graz】オーストリア南東部、シュタイエルマルク州の州都。同国有数の都市。機械・化学工業が発達。人口二四・三万(一九八一)。

**クラードニ-の-ずけい**【クラードニの図形】水平に置かれた平板を一点で固定し、軽い粒子を板上にまいて板を振動させるとき、粒子が板の振動の最小の部分(筋)に集まってできる図形。一七八七年、ドイツの物理学者クラードニが発見。Chladni's figure

**グラーフ**【Reinier de Graaf】(一六四一〜七三) オランダの解剖学者。人体の生殖器解剖に貢献。グラーフ濾胞を発見。血管への色素注入を創案した。

**グラーフ-ろほう**【グラーフ▼濾胞】哺乳類の卵巣中にある卵と卵を囲む濾胞細胞の全体をいう。卵は濾胞の一部に偏在し、中央の腔所には濾胞液が満ちている。排卵と同時にこわれる。グラーフ卵胞。Graafian follicle

**クラーマン**【Harold Clurman】(一九〇一〜八〇) アメリカの演出家・劇評家。アメリカ現代劇の発展に貢献。著書『熱狂の年』など。

**クラーモント-ごう**【クラーモント号】(Clermont) アメリカのフルトンが製造した世界最初の実用汽船。長さ四〇・五m、幅五・五m。一八〇七年建造。

**クラーレ**【curare】南米の原住民がつくる矢毒。ツヅラフジ科その他の野草のエキス。筋弛緩剤に利用。

**くらい**【位】㊀(名) ①もと、官吏などの位階。rank 用例 —が進む。②地位。rank 用例 王の—。③等級。degree ④品位。dignity 用例 —がそなわる。⑤十進法における数の各段階。けた。place 用例 万の—。㊁(副助)《種々の語に付く》=ぐらい。①大体の程度または限度を表す。about 用例 一〇本—ある。②比較の基準を表す。用例 富士山—高い山はない。③軽んずる気持ちを表す。用例 そんなこと—できるさ。

**位、人臣を極める** 最上の位にのぼる。rise to the highest rank

**くら・い**【暗い・▼闇い】(形) 対義 明るい。①光がない。光が少ない。dark 用例 —夜道。電灯が—。②はればれしない。gloomy 用例 —気持ち。③明るくない。黒や灰色の色が多い。dark 用例 —絵。④世事・地理などに、うとい。不案内だ。ignorant 用例 このあたりの地理に—。⑤悪いことをして心がとがめる。shady 用例 なにも—ところはない。—過去。派生 くらさ(名)

**暗い所** 牢屋。牢獄。

**クライアント**【client】得意客。おもにマスメディアや広告業界で広告主をさしていう。

**クライアント-ステート**【client state】被保護国。従属国。

**クライオトロン**【cryotron】タンタルやニオブなどが、極低温で示す超電導性の磁場の変化を利用した論理演算素子。

**くらい-こ・む**【食らい込む】(五自他)《俗語》①(自)刑務所に入れられる。②(他)やっかいなことをしょいこむ。

**くらいし**【倉石】〈村〉青森県南東部、十和田市南隣の村。稲作とリンゴ栽培が中心。人口三七五二(一九八八)。

**クライシス**【crisis】①危機。難局。②恐慌。

**クライシス-マネジメント**【crisis management】危機管理。国内での天災や人為的な非常事態、また国際的な紛争が核戦争などの危機に発展するような事態に的確に対処するため、事前にたてておく行政的・外交的対策。

**クライシュ-ぞく**【クライシュ族】アラビアのメッカを本拠とした部族名。ウマイヤ・ハーシムなどの有力支族からなる。ムハンマド(マホメット)はハーシム族、ウマイヤ朝はウマイヤ族の出身。Quraysh

**クライスト**【Bernd Heinrich Wilhelm von Kleist】(一七七七〜一八一一) ドイツの劇作家・小説家。偏執狂的な鋭さと深さをもつ作品群を残す。戯曲『こわれがめ』『ペンテジレーア』『公子ホンブルク』、小説『ミヒャエル=コールハース』など。

**クライストチャーチ**【Christchurch】ニュージーランド、南島中東部の都市。カンタベリー州の州都。農畜産物の集散加工の地。人口一六・五万(一九八一)。

**クライストロン**【klystron】マイクロ波の発振・増幅に使用する真空管の一種。通信機器や測定器などに使用。速度変調管。

**クライスラー**【Chrysler Corporation】アメリカ有数の自動車会社。一九二五年設立。

**クライスラー**【Fritz Kreisler】(一八七五〜一九六二) アメリカのバイオリン奏者。オーストリア生まれ。二〇世紀前半最大の巨匠とされる。典雅な演奏で知られ、作曲にも活躍。作品『ウィーン奇想曲』『愛の悲しみ』など。

**くらい・する**【位する】(サ変自) 地位・場所を占める。be ranked

**グライダー**【glider】エンジンがなくて、滑空する航空機。機首にロープを付け、自動車などに引っぱられて離陸し、翼に受ける風や気流を利用して滑空する。滑空機。

**グライダー-きょうぎ**【グライダー競技】グライダーを操縦して、滑空距離や速度を競うスポーツ。第一次大戦後ドイツでおこり、欧米に普及。

**くらい-だおれ**【位倒れ】地位ばかり高くて実力がともなわないこと。

**くらい-つ・く**【食らい付く】(五自) 食いつく。かみつく。bite on

**くらい-づけ**【位付け】①等級の順序をつけること。品定め。ranking ②位取り。unit

**クライテリア**【criteria】《基準・要件の意》①制度や運動のあり方について、その本質をたもつために不可欠な要素。②環境の汚染要因の健康に対する影響を判定する条件。

**クライド-がわ**【クライド川】(Clyde) イギリス、スコットランド南西部の川。北西に流れ、グラスゴーを経てクライド湾に流入する。長さ一七〇km。

**くらい-どり**【位取り】①数の位をきめること。位付け。unit ②品等・優劣・階級などを定めること。grade

**クライブ**【Robert Clive】(一七二五〜七四) イギリスの政治家・軍人。一七五七年西ベンガルのプラッシーの戦いでフランス・土侯連合軍を破り、イギリスのインド支配の基礎を築いた。のち収賄などで告訴され、自殺。

**くらい-まけ**【位負け】(名・サ変自) ①地位に比べて実力がおとっていること。unworthy of his rank ②相手の地位や実力に圧倒されること。be overawed

**クライマックス**【climax】①だんだんもり上がっていって、もっとも緊張した場面。最高潮。山場。用例 —に達する。②植物群落がうつりかわってゆき、最後に落ちついた状態。極盛相。極相。

**クライミング**【climbing】よじ登ること。用例 ロック—。

**クライモグラフ**【climograph】縦軸に湿球温度、横軸に相対湿度の月別平均値をとって結んだ気候グラフ。体感気候の表現の一方法としてオーストラリアのテーラーが考案。クリモグラフ。

**くら-いり**【蔵入り】①蔵に入ること。また、その品物。②芝居などの入場料の純益。

**くらいり-ち**【蔵入(り)地】《年貢を領主の蔵に入れた地、の意》戦国・江戸時代の領主の直轄地。

**くら-いれ**【蔵入れ・倉入れ・▽庫入れ】(名・サ変他) ①蔵におさめること。対義 蔵出し。②貨物を倉庫にあずけること。

**クライン**【Christian Felix Klein】(一八四九〜一九二五) ドイツの数学者。保型関数論の発展に貢献。一八七二年、群論を幾何学に適用した「エルランゲン目録」を発表。関数を数学教育の主目標とする数学教育の近代化にも努力。「クラインの壺」を考案。

**クライン**【Franz Kline】(一九一〇〜六二) アメリカの画家。白地に太い黒の描線を生かした書道風の抽象表現を開拓。作品『チーフ』など。

**クライン**【Lawrence Robert Klein】(一九二〇〜) アメリカの計量経済学者。ケインズ学派に属し、景気循環のマクロ動態モデルを構築した。一九八〇年ノーベル経済学賞受賞。著書『ケインズ革命』など。

**クライン**【William Klein】(一九二八〜) アメリカの写真家。特異な映像で文明批評を表現。作品『ニューヨーク』など。

**クライン**【Yves Klein】(一九二八〜六二) フランスの画家。ヌーボーレアリスム運動の中心的存在。青一色の絵画・彫刻、女体による人間の拓本などを制作。

**グライン**【Jack Thomas Grein】(一八六二〜一九三五) イギリスの製作者・劇作家・劇評家。オランダ生まれ。独立劇場を創設し、イプセンなどの近代劇を紹介。

**グラインダー**【grinder】→けんさくばん(研削盤)

**クライン-の-つぼ**【クラインの▼壺】円筒を一回ねじり、その端と端をつないだ壺形の管。ドイツの数学者クラインの考えた、境界のない曲面の例。三次元空間では実現できないもの。「メービウスの帯」と同様に、表裏の区別ができない曲面の例として有名。Klein bottle →図

**クラインフェルター-しょうこうぐん**【クラインフェルター症候群】男子の性分化異常。正常な男XY、正常な女XXに対し、性染色体はXXY。小睾丸・女性型乳房を示し、知能障害もある。Klinefelter's syndrome

**くら・う**【食らう・▼喰らう】(五他) ①食う。飲む。eat ②好ましくないものを身に受ける。receive 用例 一発—った。

**クラウス**【Clemens Krauss】(一八九三〜一九五四) オーストリアの指揮者。ウィーン-フィルの指揮者などを歴任。

**クラウス**【Karl Kraus】(一八七四〜一九三六) オーストリアの批評家・劇作家。評論『文学と嘘』、戯曲『人類最後の日々』など。

**クラウス**【Werner Krauss】(一八八四〜一九五九) ドイツの俳優。性格俳優として舞台・映画に活躍。主演映画『カリガリ博士』『ブルク劇場』など。

**クラウゼビッツ**【Karl Philip Gottlieb von Clausewitz】(一七八〇〜一八三一) プロイセンの軍人。プロイセン軍の近代化に努め、ナポレオンの戦略戦術を科学的に究明し、近代兵学を開拓。著書『戦争論』で知られる。

**クラウチング-スタート**【crouching start】陸上競技のスタートの方法の一つ。しゃがんだ姿勢からのスタート。主に短距離走に用いられる。

**クラウディアヌス**【Claudius Claudiānus】(生没年未詳) 四〇〇年ごろのローマの詩人。ホノリウス帝の宮廷詩人で、その詩は年代決定上の貴重な文献。

**クラウディウス**【Matthias Claudius】(一七四〇〜一八一五) ドイツの詩人。作品にシューベルトの作曲で有名な『死と乙女』『子守歌』など。

**クラウディング-アウト**【crowding out】公債の大量発行により民間の資金調達が困難になる現象。

**クラウン**【crown】①冠。王冠。②《転じて》帝王。国王。君主。③英国の五シリング貨。王冠のもようがある。④頂。頭や山のてっぺん。転じて、帽子の山部。⑤王冠状のもの。びんのふた・時計の竜頭・鳥のとさかなど。↓帽子 図

**グラウンド**【ground】運動場。競技場。グランド。用例 —マナー。

**グラウンド-ストローク**【ground stroke】テニスで、一度コートではずんだボールを打つこと。比較 ボレー。

**グラウンド-ボーイ**《和製語》野球場で、試合中にボールを拾ったりバットを片づけたりする世話係の少年。グランドボーイ。bat boy

**グラウンド-レスリング**【ground wrestling】レスリングの寝技の総称。横崩し

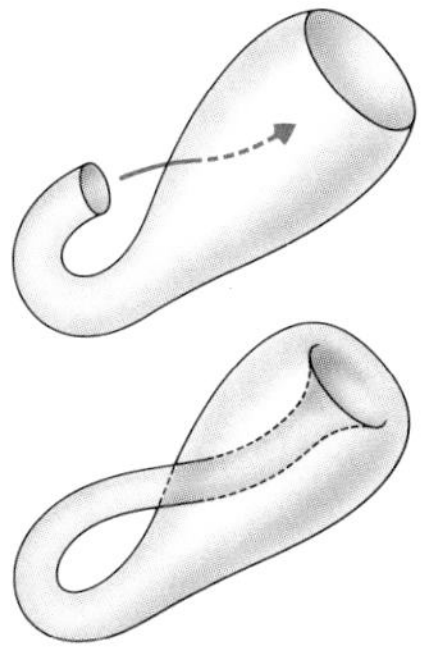

●クラインの壺

や股さき、首固めなど。比較スタンドレスリング。

**くら-おかみ【▾闇▾龗】** 京都の貴船神社奥宮の祭神。雨をつかさどる神で、祈雨・止雨の水神として知られる。

**クラカウ[Kraków]** ↓クラクフ

**くら-がえ【▾鞍替え】**(名・サ変自) ①遊女・芸者が他の店に移ること。②勤め先・仕事を替えること。change of jobs

**クラカタウ-とう【クラカタウ島】**(Krakatau) インドネシア、ジャワ島とスマトラ島の間のスンダ海峡にある活火山島。面積一〇・七$km^2$。一八八三年大爆発をおこして島の大部分が消失。

**くら-がり【暗がり】** ①暗い所。暗闇。dark place ②人目につかない所。secret place

**暗がりから牛**(くらがりからうし) 「暗がりから牛を引き出す」の下略。

**暗がりから牛を引き出す**(くらがりからうしをひきだす) 物事の見さかいがつかないたとえ。また、動作のにぶいたとえ。類似暗闇から牛を引き出す。暗闇から牛。

**暗がりから暗がり**(くらがりからくらがり) 思い迷って分別がつかなくなること。また、わけがわからなくなること。

**暗がりに鬼を繋ぐ**(くらがりにおにをつなぐ) はっきりと正体がわからず、気味が悪く恐ろしい。

**暗がりの犬の糞**(くらがりのいぬのくそ) 人が知らないのを幸いとして、自分の失敗をおしかくすことのたとえ。

**く-らく【苦楽】** 苦しみと楽しみ。

**苦楽を共にする**(くらくをともにする) 仕事や生活で、苦しいことも楽しいこともわかちあう。share one's joys and sorrows

**クラクション**《商標名クラクソン(Klaxon)のなまり》自動車などの警笛。

**クラクフ[Kraków]** ポーランド南部、ビスワ川上流に沿う都市。同国最大の製鉄所がある。人口七一・六万(一九八五)。クラコウ。クラカウ。

**くら-くら**(副・サ変自) ①目まいがするさま。feel dizzy 用例熱で頭が―する。②湯などの煮え立つさま。

**ぐら-ぐら**(形動・副・サ変自) ①揺れ動くさま。wobble 用例歯が―だ。②湯などが煮えたぎっているさま。boil

**くらげ【▿水▿母・▿海▿月】** ①腔腸動物と有櫛動物の浮遊世代の総称。海中をただよう寒天質の生物体。かさ状や鐘状で、下面中央に口が開く。かさの縁には多数の触手があり、触手には毒液をみたした刺胞がある(有櫛動物には刺胞がなく粘着性の膠胞がある)。エチゼンクラゲ・ビゼンクラゲは食用。jellyfish ②定見のない人。a person without definite idea ↓図

**水母の骨**(くらげのほね) あるはずのないもの、または、珍しいもののたとえ。

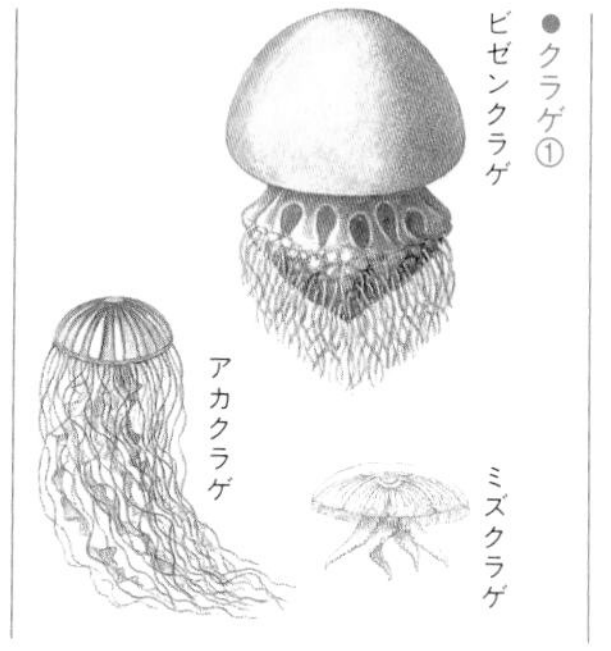
●クラゲ① ビゼンクラゲ　アカクラゲ　ミズクラゲ

**くらげ-ぐも【▿水▿母雲】** クラゲに似た形の雲。房状雲の一種。雲塊の下に毛状の尾をひく。巻雲や巻積雲などに現れる。あわぬき雲。

**クラサオ-とう【クラサオ島】**(Curaçao) ↓キュラソーとう(キュラソー島)

**くら-ざしき【蔵座敷】** 蔵の中にしつらえた座敷。

**くら-ざらえ【蔵▾浚え】**(名・サ変他) ↓くらばらい(蔵払い)

**くらし【暮(ら)し】** ①暮らすこと。生計。life 用例―を立てる。②日常生活。daily life 用例いなかの―。

**暮らしが立つ**(くらしがたつ) 生活していける。make a living

**くら・し【暗し】** 古語(形ク) ↓くらい(暗い)

**グラシアン-イ-モラーレス[Baltasar Gracián y Morales]**(一六〇一〜五八) スペインの小説家。簡潔な表現と複雑な思想を重んずる奇想主義の第一人者。作品『クリティコン』など。

**グラジオラス[gladiolus]** アヤメ科の球根多年草。高さ〇・六〜一・五m。長い剣状の葉が出ている中心部から花茎を出し、十数輪六弁花を穂状につける。観賞用として栽培。品種はきわめて多い。南アフリカ原産。トウショウブ。オランダアヤメ。↓写

**クラシカル[classical]**(形動) ①古典的。②伝統的。

●グラジオラス

**くらしき【倉敷】**〈市〉岡山県、岡山平野西部の市。水島地区は瀬戸内工業地域の中心。大原美術館や歴史的な町並みなど、文化施設・観光資源が多い。人口四一万五七八〇(一九八八)。

**くらしき-りょう【倉敷料】** 商品などを保管するため、倉庫を借りる料金。warehouse charge

**クラシシズム[classicism]** 古典主義。

**クラシック[classic]** 一(名) ①古代ギリシア・ローマの作品。②古典。文芸などの一級品。③ジャズなどに対して、古典音楽。二(形動) ①古風なさま。②古典的。第一級の。模範的。

**クラシック-おんがく【クラシック音楽】** 広義には、古典的文化遺産としての評価を受けた音楽をさす。狭義には、西洋の伝統的作曲技法・演奏法による西洋および日本の音楽をさす。純音楽。classical music 対義ポピュラー音楽。

**クラシック-レース[classic races]** 競馬で、明け四歳のサラブレッドのために設けられた五つの重賞競走。皐月賞・東京優駿(ダービー)・菊花賞・桜花賞・優駿牝馬(オークス)。イギリスの二千ギニー・千ギニー・ダービー・オークス・セントレジャーの五つにならったもの。

**くらし-むき【暮(ら)し向き】** 暮らしのありさま。金回りのようす。circumstances 用例―が豊かだ。

**クラショー[Richard Crashaw]**(一六一三ごろ〜四九) イギリスの形而上派詩人。宗教詩集『教会堂への階段』など。

**グラショー[Sheldon Lee Glashow]**(一九三二) アメリカの理論物理学者。弱い相互作用と電磁相互作用の統一ゲージ理論への貢献、とくに弱い中性カレントの予言で、一九七九年ノーベル物理学賞受賞。

**くら-じり【▾鞍▾尻】** くらの後部。

**グラシン-ペーパー[glassine paper]** 化学パルプを機械的に押しつぶしたり切断して高度の粘性を与えたのちに漉すき、強い光沢をつけて表面を平滑に仕上げた、薄い半透明の紙。

**くら・す【暮(ら)す】**(五自他) ①(自)生活する。生計をたてる。live 用例年金で―。②(他)㋐一日をすごす。spend 用例一日じゅう本を読んで―。㋑月日を送る。live 用例平和に―。③《動詞の連用形に付いて》ずっと…し続ける。用例泣き―。

**クラス[class]** ①等級。階級。階層。用例トップ―。②学級。組。用例―会。

**グラス[glass]**《ガラスの意》①飲み物用のガラスの器。タンブラー(コップ)とゴブレットに大別される。②めがね。双眼鏡。用例サン―。オペラ―。

**グラス[Günter Grass]**(一九二七) 西ドイツの小説家。第二次大戦後のドイツ文学を代表する一人。ダンチヒ(現在、ポーランドのグダニスク)生まれ。時代に対する鋭い問題意識をもつ。小説『ブリキの太鼓』『猫と鼠』『犬の年』、詩集・戯曲など。

**クラス-アクション[class action]** ↓しゅうだんそしょう(集団訴訟)

**グラス-ウール[glass wool]** ↓ガラスウール

**グラスゴー[Glasgow]** イギリス北西部、クライド川にまたがるスコットランド最大の商工業都市。造船業を中心に金属・機械など諸工業が発達。人口七六・二万(一九八一)。

**グラスゴー[Ellen Glasgow]**(一八七四〜一九四五) アメリカの女流小説家。南北戦争後の南部社会の崩壊と退廃を写実的に描く。作品『不毛の土地』『このわれらが生に』など。

**グラス-コート[grass court]** 芝生のテニスコート。ローンコート。比較クレーコート。

**グラス-スキー[grass ski]** ↓くさスキー(草スキー)

**クラスター[cluster]**《もとはブドウなどの房、の意》統計調査の対象範囲(母集団)の要素をいくつか集めた単位体。群。集落。

**クラスター-ばくだん【クラスター爆弾】** 爆発時に多数の子爆弾が飛散し、広範囲の人員を殺傷する爆弾。cluster bomb

**クラスター-ぶんせき【クラスター分析】** いくつかのクラスターがまとまって作る集合において、それぞれのクラスターの関連性・類似性を分析すること。cluster analysis

**グラスノスチ[glasnost ロシア]** ソ連のゴルバチョフ政権がうちだした施政方針の一つ。政府のもつ情報の一部を公開し、言論統制を緩和するもの。

**クラスノダール[Krasnodar]** ソ連、ロシア共和国のカフカス北西部の都市。北カフカスの工業・文化の中心地。人口六一・五万(一九八六)。

**グラズノフ[Aleksandr Konstantinovich Glazunov]**(一八六五〜一九三六) ロシアの作曲家。国民楽派の流れを継ぎつつ、ヨーロッパ音楽の様式と他民族の特性を吸収。交響詩『ステンカ=ラージン』など。

**クラスノヤルスク[Krasnoyarsk]** ソ連、シベリア中南部、シベリア鉄道がエニセイ川を渡る地点にある工業都市。東シベリアの工業の中心。人口八八・五万(一九八六)。

**グラス-ハーモニカ[glass harmonica]** 体鳴楽器。水を入れたコップのふちを、ぬれた指先でこすって音を出す原理を利用した楽器。一七六一年ベンジャミン=フランクリンが発明。

**グラス-ファイバー[glass fiber]** ガラス繊維。

**グラス-ファイバー-ポール[glass fiber pole]** 陸上競技の棒高跳びで競技者が用いる、グラスファイバー製の棒。

**グラスペル[Susan Glaspell]**(一八八二〜一九四八) アメリカの女流小説家・劇作家。戯曲『アリソンの家』など。

**クラス-マガジン[class magazine]** 対象読者の性・年齢・興味・関心などによって、取り扱う内容をせまく限定して刊行する雑誌。

**クラスメート[classmate]** 級友。同級生。

**グラス-ルーツ[grass roots]**《草の根、の意》社会の底辺をなす一般大衆。とくにアメリカで、大衆の参加によって民主主義の実質化をすすめようというときに用いられる。

**くら-ずれ【▾鞍擦れ】** くらですれて、牛馬の背や人の股が傷つくこと。その傷。

**くらたけ【倉岳】**〈町〉熊本県、天草上島南部の町。果樹栽培、タイなどの養殖がさかん。観光目的のタイ釣りが有名。人口四九一六(一九八八)。

**くら-だし【蔵出し・倉出し・▿庫出し】**(名・サ変他) 蔵にあった品物を出してくること。また、その品物。delivery 対義蔵入れ。

**くらだし-ぜい【蔵出(し)税】** 製品を製造場や保税地域などから市場へ搬出するときに課される租税。酒税など。sales tax at manufacture stage

**くらた-ひゃくぞう【倉田百▿三】**(一八九一〜一九四三) 劇作家・評論家。広島県生まれ。大正期の人道主義的な宗教文学を代表する一人。戯曲『出家とその弟子』、論集『愛と認識との出発』など。

**グラタン[gratin フランス]**《焦げ皮をはらせる、の意》焼き皿に魚・肉・野菜などの材料を入れて各種のソースであえ、パン粉やチーズなどをふり、天火できつね色に焼き上げた料理。

**クラ-ちきょう【クラ地峡】**(Isthmus of Kra) タイ南部、マライ半島の北部にある地峡。幅四〇〜六四km。

**クラッカー[cracker]** ①小麦粉を主材料にイーストで発酵させた堅焼きビスケット。甘味はない。②クリスマスの祝宴などに用いる玩具花火。紙製の筒で、ひもを強くひくと爆音を発し、中からテープなどが飛び出す。

**クラッキング[cracking]** 分子量の大きな炭化水素を分解して分子量の小さな炭化水素にする工程。熱・触媒・水素添加などの方法がある。触媒を使う場合は接触分解という。

**クラック[crack]** ①壁などの亀裂。また、岩の裂けめ。②コカインを精製した純度の高い麻薬。

**グラック[Julien Gracq]**(一九一〇) フランスの小説家。幻想的な状況での生と死を追求。作品『アルゴールの城』『シルトの岸辺』など。

**ぐら-つ・く**(五自) ①ぐらぐらゆれる。totter ②考えが定まらない。waver

**グラックス[Gaius Sempronius Gracchus]**(BC一五三ごろ〜BC一二一) 古代ローマの政治家・護民官。チベリウスの弟。兄の遺志をつぎ、人民の

負担の軽減、市民権の拡大を図ったが、元老院・市民の反対にあい、自殺。

**グラックス**[Tiberius Sempronius Gracchus](BC一六二ごろ-BC一三三) 古代ローマの政治家・護民官。ガイウスの兄。土地占有の制限を目的とする新土地法を成立させたが、反対派により暗殺された。

**くらつくり-の-とり**【▼鞍作止利・▼鞍作鳥】 七世紀初めの仏師。帰化人司馬達等の孫と伝えられる。作品の法隆寺金堂『釈迦三尊』は飛鳥時代彫刻の代表作。止利仏師。↓写 ↓飛鳥時代美術写

●鞍作止利『釈迦如来像』。推古三一年(六二三)、法隆寺(奈良県)。

**くらつくり-べ**【▼鞍作▽部】 古代、皇室に隷属する品部の一つ。鞍を作る技術をもった集団。

**クラッシャー**[crusher] ↓はさいき(破砕機)

**クラッシュ**[crush] ①つぶすこと。砕くこと。②事故などで、自動車がめちゃめちゃにこわれること。用例カー—。

**クラッスス**[Marcus Licinius Crassus](BC一一五ごろ-BC五三) 古代ローマの政治家。紀元前七〇年スパルタクスの反乱を鎮圧。前六〇年ポンペイウス・カエサルとともに、第一次三頭政治を結成。パルティアとの戦いで戦死。

**グラッセ**[glacer フランス] 料理で、①冷やすこと。凍らせること。②照りをつけること。③糖衣をきせること。

**クラッチ**[clutch] ①二つの軸を連結したり切り離したりして動力の伝達・遮断を制御する装置。かみ合いクラッチ・摩擦クラッチ・流体クラッチ・電磁クラッチなど。用例—ペダル。②起重機のつめ。

**クラッチ**[crutch] ボートの櫂を支える馬のひづめ形をした金具。

**クラッチ-バッグ**[clutch bag]《「クラッチ」は、しっかりつかむ、の意》提げ手がなく、片手でかかえて持つバッグ。

**グラッドストン**[William Ewart Gladstone](一八〇九-一八九八) イギリスの政治家。自由党党首として四回組閣。平和外交と自由主義経済政策を推進。保守党のディズレーリと対抗し、典型的な二大政党による議会政治を遂行。アイルランド自治問題の解決にも尽力した。

**クラッブ**[George Crabbe](一七五四-一八三二) イギリスの詩人。悲惨な農村の姿を写実的に描く。作品『村』『教区の記録』、物語詩『町』など。

**グラッベ**[Christian Dietrich Grabbe](一八〇一-一八三六) ドイツの劇作家。リアリズム演劇の先駆。作品『ドン=ジュアンとファウスト』など。

**くら-つぼ**【▼鞍▼壺】 人がまたがる鞍の平らな部分。

**くらて**【▼鞍手】〈町〉 福岡県北部、直方市北西隣の町。炭鉱町として発展したが、閉山で工業化が進む。人口二万五三三八(一九八八)。

**グラディアトル**[gladiator ラテン] 古代ローマで剣を持って闘い、大衆の娯楽に供された奴隷。紀元前七三年スパルタクスが彼らを率いて反乱をおこした。剣奴。

**グラトコフ**[Fyodor Vasilyevich Gladkov](一八八三-一九五八) ソ連の小説家。革命後の労働者・女性像を初めて写実的に描いた。作品『セメント』『幼年時代物語』。

**グラナ**[grana] 高等植物の葉緑体中にあり、葉緑素を含む粒状のもの。

**グラナダ**[Granada] 中央アメリカ、ニカラグア南西部、ニカラグア湖北西岸の都市。同国最古の都市で農産物の集散地。人口八・九万(一九八五)。

**グラナダ**[Granada] スペイン南部、グラナダ州の州都。八世紀にムーア人が建設。アルハンブラ宮殿などがある。人口二六・二万(一九八二)。

**グラナドス**[Enrique Granados](一八六七-一九一六) スペインの代表的作曲家。スペイン近代音楽の発展に貢献。スペイン郷土色にフランス印象派風の感覚を加えた作風。ピアノ組曲『スペイン舞曲』『ゴエスカス』など。

**クラナハ**[Lucas Cranach](一四七二-一五五三) ドイツ-ルネサンスの代表的画家。宗教画・肖像画のほか神話を題材として描き、独自の裸婦描写で知られる。作品『ビーナスとキューピッド』など。↓写

**くらに-しょうけん**【倉荷証券】 倉庫業者に預けた物の返還を請求する権利を表示した有価証券。倉庫業者が預け人の請求で発行する。warehouse receipt

**グラニット**[Ragnar Arthur Granit](一九〇〇-) スウェーデンの神経生理学者。微小電極を使って網膜を化学的・生理学的に研究。ハウンズフィールドとともに、一九六七年ノーベル生理学医学賞受賞。

**グラニュー-とう**【グラニュー糖】 精製蔗糖液から粒状に結晶させた砂糖。ざら目糖の中でもっとも粒子が小さい。granulated sugar

**くらはし**【倉橋】〈町〉 広島県南西部、倉橋島南半部の町。ミカン栽培がさかん。花崗岩採掘も行われる。人口一万二六六(一九八八)。

**くらはし-じま**【倉橋島】 広島県南西部、安芸灘に浮かぶ島。面積六八・六km²。音戸大橋で呉市と結ばれる。ミカン栽培がさかん。

**くらはし-ゆみこ**【倉橋由▽美子】(一九三五-) 小説家。高知県生まれ。明大卒。非現実的な実験小説などを次々に発表。作品『パルタイ』『暗い旅』『スミヤキストQの冒険』など。

**くら-ばらい**【蔵払い】(名・サ変他) 売れ残りを大安売りすること。蔵ざらえ。クリアランスセール。clearance sale

**くらはら-これひと**【蔵原▼惟人】(一九〇二-) 文芸評論家。東京生まれ。東京外語卒。プロレタリア文学の理論的指導者。著書『芸術論』『小林多喜二と宮本百合子』など。

**クラビア**[Klavier ドイツ]《鍵の意のclavis ラテンから》チェンバロ・クラビコード・ピアノなど、鍵盤楽器の総称。クラヴィア。

**グラビア**[gravure] ①「グラビア印刷」の略。②雑誌などの口絵。

**グラビア-いんさつ**【グラビア印刷】 凹版印刷の一種。原稿の濃淡に比例した深さに腐食した銅円筒を用いて輪転印刷を行う。とくにカラー写真の大量・高速印刷に適し、雑誌の口絵などに多用。photogravure

**クラビコード**[clavichord] 最古の鍵盤付き打弦楽器。ピアノの先行楽器。一六〜一八世紀にさかんに用いられた。長方形箱型で、鍵盤の後端にある金属片が打弦とフレットの二役をする。音量は極小。

**くら-びらき**【蔵開き】 商家および農家の、仕事始め行事の一つ。多くは一月一一日に行われる。この日初めて蔵を開き、鏡餅をくずし、雑煮をつくって祝う。

**くら・ぶ**【比ぶ】 古語(下二他) ↓くらべる(比べる)

**クラブ**[club・倶楽部] ①共通の趣味・職業などをもつ人々の社交・親睦団体。また、その会合場所。用例野球—。—ハウス。②ゴルフ・ホッケー・ポロなどの球を打つ棒。用例ゴルフ—。③トランプのクローバーの葉模様のカード。

●クラナハ『十字架のキリスト』。一五〇三年、アルテ-ピナコテーク(西ドイツ)。

**クラブ**[crab] カニ。また、カニに類似した甲殻類。

**グラフ**[graph] ①数量の変化の観察や比較を容易にするための図表。座標を用いて関数関係をあらわす関数グラフと、統計データを図示する統計グラフがある。用例折れ線—。②写真を主体に編集した雑誌。画報。

**グラブ**[glove] ↓グローブ(glove)①

**グラファイト**[graphite] ↓こくえん(黒鉛)

**グラフィック**[graphics] 写真や絵を主とする新聞・雑誌。グラフ。画報。写真画報。

**グラフィック-ディスプレー**[graphic display] コンピューターの出力装置の一つ。ブラウン管に図形を表示する装置。図面・物体形状の三次元表示などができる。

**グラフィック-デザイン**[graphic design] 文字・絵画・写真などを要素とし、印刷によって複製されるデザイン。ポスター、新聞・雑誌の広告、商品のパッケージングなど。

**グラフィティ**[graffiti イタリア] 壁などの落書き。いたずら書き。用例—アート。

**クラブ-かつどう**【クラブ活動】 学校の生徒が、課外で共通の興味・関心に基づいて、文化的・体育的もしくは奉仕的行動を自発的に営むために組織した団体の活動。部活動。club activities

**クラブ-こむぎ**【クラブ小麦】 コムギの一種。穂が密について棒状になっているのが特徴。古代に広く栽培。低温・乾燥に強い。粉は薄力粉として菓子用。中央アジア原産。

**クラブサン**[clavecin フランス] チェンバロのフランス語名。

**くらぶち**【倉▼渕】〈村〉 群馬県南西部、烏川上流の村。農業と林業が主体。ミョウガの産地として知られる。人口五八六二(一九八八)。

**クラフト**[craft] 手作り工芸品。民芸品。

**クラフト-し**【クラフト紙】 さらしていないクラフトパルプを原料とした強くて耐湿性のある褐色の紙。小麦・セメント・肥料などの袋、封筒、その他一般包装用紙に使用。kraft paper

**クラフト-デザイン**[craft design] 工芸デザイン。家具・器物などの家庭用品・身辺用具で、手仕事のよさを生かした製品のデザイン。

**クラフト-パルプ**[kraft pulp] 化学パルプの一種。強靱な性質のためにこの名がある。クラフト紙の原料。硫酸塩パルプ。サルフェートパルプ。

**クラフト-ユニオン**[craft union] 職業別組合。同一の職業・職種に属する労働者によって、企業・産業の枠を超えて組織される労働組合。職種別組合。職能別組合。

**グラプトライト**[Graptolite ラテン] 古生代の海に栄えた絶滅動物。かつては腔腸動物の仲間とされたが、現在は原索動物として扱われる。筆石。

**クラブハウス**[clubhouse] ①各種設備が完備しているスポーツ施設。②特定の会員の交歓などを目的とする施設。ゴルフ・テニスクラブ内にあるものなど。

**グラブリト**[Glavlit ロシア] 文献出版管理局。一九二二年に創設されたソ連の出版物検閲機関。検閲の代名詞となっている。

**グラフ-りろん**【グラフ理論】 いくつかの点と線分からできているグラフを研究する数学の一分野。graph theory

**クラプロート**[Heinrich Julius Klaproth](一七八三-一八三五) ドイツの東洋学者・旅行家。シベリアなどアジアの各地を調査・研究。晩年はパリ大学教授。

**くらべ**【比べ・▽較べ・▽競べ】《接尾的》①くらべること。comparison 用例せい—。②優劣をきそうこと。競争。competition 用例根気—。腕—。

**くらべ-もの**【比べ物・▽較べ物・▽競べ物】 物を比較して優劣を争うこと。またそのもの。

**比べ物にならない**(くらべものにならない) 差がありすぎて、比較にならない。cannot be compared with

**くら・べる**【比べる・▽較べる・▽競べる】(下一他) ①二つ以上のものについて、その異同・優劣などを調べる。引き合わせる。compare 用例背の高さを—。訳文を原文と—。②はり合う。競争する。compete

**くらま**【▼鞍馬】 京都市北部、鞍馬川に沿う地区。鞍馬寺の門前町。京都と丹波を結ぶ鞍馬街道の谷口集落として発達。

**グラマー**《glamour girlの略。glamourは、魔力・魅力、の意》性的魅力のあるさま。また、その女性。

**グラマー**[grammar] 文法。文法書。

**グラマー-スクール**[grammar school] イギリスの大学進学者のための中等教育機関。小学校に続く七年制。

**くら-まい**【蔵米】 ①江戸時代、幕府・諸藩の米蔵に年貢として収納、家臣に俸禄として支給された米。切米。②諸藩が蔵屋敷を通じて売り出した米。

**くらまえ**【▼蔵前】 東京都台東区南部、隅田川に沿う地区。玩具・雑貨の問屋街のある商業地。江戸時代、幕府の米蔵があったところからの地名。

**くらま-ごけ**【▼鞍馬▼苔】 イワヒバ科の常緑性シダ。茎は地上をはい、葉は鱗片状で四列に並び、胞子嚢穂は枝先につく。山地の林



▼常用漢字表外。▽常用漢字表の音訓外。

●クラマゴケ

下にはえる。↓図
**くらま・す【▾晦ます・▾眩ます・暗ます】**(五他) ①所在を不明にする。abscond 用例 ゆくえを―。②だます。ごまかす。deceive 用例 人目を―。

**くらま-でら【▾鞍馬寺】** 京都市左京区鞍馬本町にある鞍馬弘教の本山。もと天台宗。宝亀元年(七七〇)鑑真の弟子鑑禎の創建とされる。義経伝説や、竹伐りの行事、境内の由岐神社の火祭りで知られる。

**くらまてんぐ【▾鞍馬天▾狗】** ①大仏次郎の連作時代小説。大正一三～昭和三四年(一九二四～五九)にかけて発表。新撰組を相手に活躍する勤皇の志士、鞍馬天狗が主人公のシリーズ。②能の曲名。五番目物。宮増作。鞍馬山の天狗が牛若丸に兵法を伝え後楯を約束する。

**くらま-の-ひまつり【▾鞍馬の火祭(り)】** 京都市左京区の鞍馬山由岐神社で、一〇月二二日に行う祭礼。山門に至る街道には一〇m間隔で松明が置かれ、深夜には若者たちが大小の松明をかついで練り歩く。

**くらま-やま【▾鞍馬山】** 京都市北部の山。標高五七〇m。北山の峰の一つで、牛若丸(＝源義経)修業の地といわれる。中腹に鞍馬寺がある。

**グラミ[gourami]** キノボリウオ科の淡水産熱帯魚。体長五～三〇㎝。空気呼吸もする。ブルー・パールなど九種ほどが観賞用に飼育される。タイ・マレーシア原産。

**グラミー-しょう【グラミー賞】**(Grammy Awards) 映画のアカデミー賞にあたるアメリカのレコード界の年間賞。レコード業界・音楽家・技術者により一九五七年に発足した協会が主催。

**クラミジア[chlamydia]** ウイルスと細菌の中間の大きさ(〇・三～〇・五マイクロメートル)の微生物。細菌に近い性質をもつ。トラコーマ・おうむ病・第四性病などの病原菌。

**くら-みせ【蔵店】** 土蔵造りの店。

**クラミドモナス[chlamydomonas]** 緑藻植物クラミドモナス属の総称。淡水藻。卵形の単細胞で、二本の鞭毛をもつ。

**くら・む【▾眩む・暗む】**(五自) ①めまいがする。get dizzy ②よしあしがわからなくなる。be dazzled 用例 金に目が―。

**クラム[Donald James Cram]**(一九一九～) アメリカの化学者。ペダーセンやレーンとともに、酵素のように反応の選択性が高い分子の合成により、一九八七年ノーベル化学賞受賞。

**グラム[gram・瓦]** メートル法の質量の単位。一グラムは、国際キログラム原器の質量の一〇〇〇分の一。記号g。
**グラムいんせい-きん【グラム陰性菌】** グラム染色法で、先に染めた色素が脱色される細菌。菌の細胞壁はグラム陽性菌より薄い。サルモネラ菌・大腸菌・赤痢菌など。Gram-negative bacteria
**グラム-げんし【グラム原子】** 原子の量を表す単位。原子量$W$のとき、$W$グラムが一グラム原子である。このときの原子数はアボガドロ数に相当する。gram atom
**グラムシ[Antonio Gramsci]**(一八九一～一九三七) イタリアの政治思想家。一九二一年イタリア共産党創立に参加。反ファシズム闘争を指導、二六～三七年ファシスト政権により投獄され、出獄直後に没。イタリアの現状に根ざす革命思想を展開、多大の影響を与えた。主著『獄中ノート』。
**グラム-じゅう【グラム重】** 力の単位の一つ。質量一グラムの物体にはたらく重力。記号gw 重量グラム。gram-weight
**グラム-せんしょく【グラム染色】** オランダのグラムが考案した細菌染色法。細菌をアルカリ性のトリフェニルメタン系色素で染めて、沃素液で処理し、アルコールなどで脱色する。その結果で、細菌をグラム陽性菌とグラム陰性菌とに大別する。Gram's stain
**グラム-とうりょう【グラム当量】** 元素や化合物の反応量を表す単位の一つ。化学当量の値にグラムをつけた量。酸素二分の一グラム原子と結合する各元素の質量に相当する。gram equivalent
**グラム-ぶんし【グラム分子】** 分子の量を表す単位。分子量$M$のとき、$M$グラムが一グラム分子である。正しくはモルで表す。gram molecule
**グラムようせい-きん【グラム陽性菌】** グラム染色法で、先に染めた色素に染まる細菌。菌の細胞壁はグラム陰性菌より厚い。ブドウ球菌・連鎖球菌など。Gram-positive bacteria
**クラム-よもぎ【クラム▾艾】** ミブヨモギの近縁種。駆虫剤の原料サントニン抽出の重要な資源。
**くら-もと【蔵元】** 江戸時代、諸藩の蔵屋敷の年貢米や特産物などの出納にたずさわった者。初期は各藩士があたったが、のち有力商人にかわる。扶持米を受け、多くは掛屋を兼ね巨利を得た。
**くら-もの【蔵物】** 江戸時代、諸藩が大坂や江戸の蔵屋敷に回送した年貢米や特産物。対義 納屋物。
**くら-やくにん【蔵役人】** 江戸時代、幕府・諸藩が大坂や江戸などの蔵屋敷に派遣した役人。蔵宿以下を指揮して蔵米などの出納・販売を管理。
**くら-やしき【蔵屋敷】** 江戸時代、諸藩が年貢米や特産物の販売のため、大坂・江戸・大津などに設けた倉庫兼取引所。
**くら-やみ【暗▾闇】** ①暗いこと・所。darkness ②人目につかない所。privacy 用例 ―にひそむ。③見通しが暗く、将来に希望が持てない状態。用例 ―に葬る。
**暗闇から牛**(くらやみからうし) 「暗がりから牛」と同意。
**暗闇から牛を引き出す**(くらやみからうしをひきだす) 「暗がりから牛」と同意。
**暗闇の鉄砲**(くらやみのてっぽう) ①目標を定めず、また、向こう見ずに事をすること。②事を行っても、手ごたえのないこと。
**暗闇の恥を明るみに出す**(くらやみのはじをあかるみにだす) 人に知られずにすんでいる恥を、わざわざ世間に知れるようにする。かくしごとを軽率に公表して、世間の人にそしられる。
**暗闇の頬冠り**(くらやみのほおかむり) 《暗闇では顔が見えないのに、頬冠りして顔を隠すことから》必要以上に無益な用心をすることのたとえ。
**くらやみ-ざいく【暗▾闇細工】** ↓ふくわらい(福笑い)
**くらやみ-まつり【暗▾闇祭(り)】** 灯火を消して暗闇で神事を行う一種の忌籠りの祭り。各地にあるが、四月三〇日～五月六日に行われる東京都府中市の大国魂神社の祭礼が有名。
**くらよし【倉▾吉】**〈市〉 鳥取県中部の市。繊維などの工業がさかん。古く伯耆国府・国分寺所在地。旧城下町。特産は倉吉絣。人口五万二〇三六(一九八八)。
**くらよし-へいや【倉▾吉平野】** 鳥取県中部、天神川流域の沖積平野。鳥取県の穀倉、二十世紀ナシの主産地。
**くらら【苦▾参】** マメ科の多年草。草原にはえる。初夏に淡黄色の小花が穂状に密生し、秋に数珠状のさやをつける。根は健胃剤。茎葉の煎じ汁は殺虫剤。↓写

●クララ

**ぐらり(と)**(副) 物が大きく揺れ動くさま。ぐらっと。roll 用例 大波に船が―傾く。
**クラリネット[clarinetteフランス]** 木管楽器。円筒管で一枚リードをもつ。音域が広く表現力に富むため、管弦楽・吹奏楽の主要楽器。変ロ管とイ管が標準型。移調楽器。clarinet ↓図

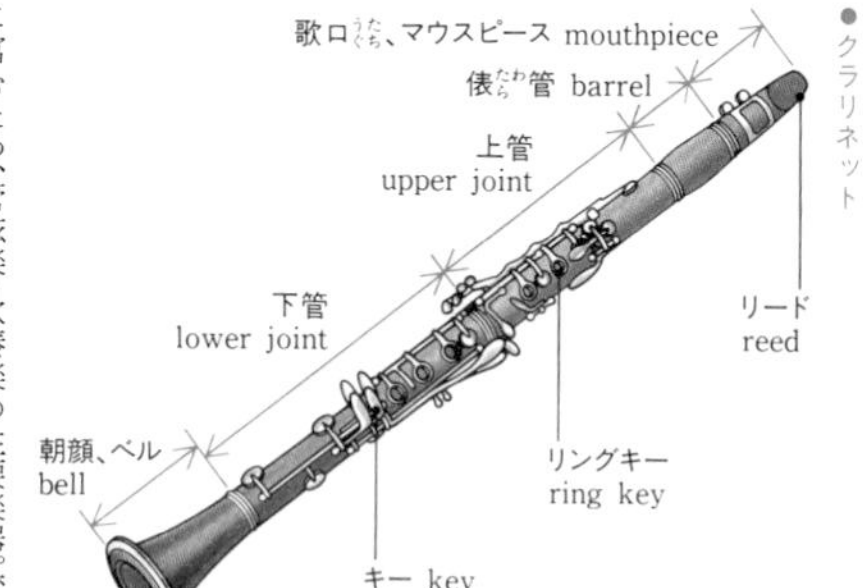

●クラリネット

**クラリン[Clarín]**(一八五二～一九〇一) スペインの小説家・批評家。自然主義の代表的作家。作品『裁判官夫人』など。

**クラルテ[Clartéフランス]** 《光明の意》第一次大戦後にフランスのバルビュスらが行った社会主義的な国際平和運動。バルビュスが一九一九年に発表した同名の小説をきっかけとし、機関誌『クラルテ』を発刊。

**クラレット[claret]** 《イギリスでつけられた名で、ピンクの軽いぶどう酒、の意》フランス、ボルドー産の、アルコール分の少ない赤ワインの別名。メドック地区でつくられる。

**くらわ・す【食らわす】**(五他) 《「食わす」の俗語》＝食らわせる。

**くらわ・せる【食らわせる】**(下一他) ①食わせる。飲み食いさせる。②なぐりつける。用例 一発―。

**くら-わたし【倉渡し・蔵渡し】**(名・サ変他) 《俗語》 ↓くらわす(食らわす)

売り主が品物を倉庫に入れたまま買い主に引き渡すこと。用例 ―値段。

**くらわんか-ぶね【食らわんか舟】** 《「飯くらわんか、くらわんか」といって飲食物を売ったことから》江戸時代、過書船(＝淀川を上下する三〇石船)の乗客を相手に、飲食物を売った船。

**クラン[clan]** 氏族。

**グラン-ギニョール[grand-guignolフランス]** フランス近代劇から生じた大衆劇の一種。エロと恐怖、グロと残酷などをないまぜた恐怖残酷劇。一八九八年作家モーレイがパリの同名劇場で上演して以来、第一次大戦ごろまで流行。

**クランク[crank]** ①ピストンなどの往復運動を回転運動に、または、その逆に変える「型の装置。②映画撮影機のハンドル。③①の形をしたもの。
**クランク-アップ** 《和製語。撮影機が手回しだったころ、そのハンドル(クランク)にちなんで》映画の撮影を完了すること。finish shooting 対義 クランクイン。
**クランク-イン** 《和製語。撮影機が手回しだったころ、そのハンドル(＝クランク)にちなんで》映画で、撮影を開始すること。start filming 対義 クランクアップ。
**クランケ[Krankeドイツ]** 患者。patient
**クランコ[John Cranko]**(一九二七～一九七三) イギリスの舞踊家・振付師。南アフリカ生まれ。振り付け作品『パゴダの王子』など。
**グラン-チャコ[Gran Chaco]** 南アメリカ中央部、アンデス山脈南部東麓の広大な低地。ボリビア・パラグアイ・アルゼンチンにまたがる。面積六五万$km^2$。チャコ。
**グラント[Cary Grant]**(一九〇四～一九八六) アメリカの映画俳優。主演作『断崖』『北北西に進路をとれ』など。
**グラント[Ulysses Simpson Grant]**(一八二二～一八八五) アメリカの軍人。第一八代大統領(在任一八六九～一八七七)。南北戦争中には北軍総司令官として活躍。共和党から大統領に選出。
**グランド[grand]** 《接頭的》 ①最高の。②りっぱな。すばらしい。
**グランド[ground]** ↓グラウンド
**グランド-オール-オープリー[Grand Ole Opry]** アメリカ、テネシー州のWSM放送局主催のカントリー・アンド・ウエスタン最大のショー。一九二五年創設。オープリー。
**グランド-オペラ[grand opera]** 一般には悲劇的性格の強い大規模なオペラをさす。一九世紀フランスのオペラでは、悲劇を主題とし合唱と独唱をまじえた場面の設定やバレエの導入などが特徴。
**グランド-キャニオン[Grand Canyon]** アメリカ南西部、アリゾナ州北部の大峡谷。長さ三五〇km、幅六～二九km。コロラド川の浸食によって特異な風景を見せ、観光地となっている。↓写(次ページ)
**グランド-クーリー-ダム[Grand Coulee Dam]** アメリカ西部、ワシントン州中部、コロンビア川の上流をせき止めて設けたダム。灌漑・発電などに用いられる。ダム湖は、ルーズベルト湖とよばれる。
**グランド-ジョラス[Grandes Jorasses]** フランス・イタリア国境、モンブラン山塊有数の高峰。マッターホルン・アイガー北壁とともに三大北壁として有名。標高四二〇八m。
**グランド-スラム[grand slam]** 《本来はトランプのブリッジで、一三組の札をすべてと


↓ 行き先項目、図版・写真参照印。 JIS 日本工業規格情報交換用漢字符号コード(区点コード)。

●グランドキャニオン

ること》①野球の満塁ホームラン。②ゴルフ・テニスなどで、主要な競技会をすべて制覇すること。

**グランド-ゼコール**【grandes écoles フランス】フランスの高等専門学校の総称。各専門領域でのエリートの育成を目的とする。大学校。

**グランド-ツーリング-カー**【grand touring car】長距離レース用の競技用自動車。また、それを原型として、居住性などに改良を加えた実用車。GT。

**グランド-バンクス**【Grand Banks】カナダ南東部、ニューファンドランド島の南東につづく海底の浅所。長さ・幅とも約五〇〇km、水深四〇〜一〇〇mで、タラの好漁場。

**グランド-ピアノ**【grand piano】平型三脚の大型ピアノ。↓ピアノ図

**グランピアン-こうち**【グランピアン高地】(The Grampians) イギリス、スコットランド中部に連なる山脈。ベンネビス山は標高一三四三mで、グレートブリテン島中の最高峰。

**グランビル-バーカー**【Harley Granville-Barker】(一八七七—一九四六) イギリスの演出家・劇作家・批評家。ショーの作品など多くの近代劇を紹介。著書『シェークスピア序説』など。

**グランプ**【clamp】①切削工作・研磨作業などで、加工物をはさんで固定する金具。②蝦蛄万力(しゃこまんりき)。③鋼管で組んだ足場の締め付け金具。

**グラン-プリ**【grand prix フランス】大賞。最高賞。grand prize

**クランベリー**【cranberry】ツツジ科の匍匐(ほふく)性小低木。果実は小粒で紅色。カナダやアメリカ北東部で栽培。クランベリーソースの原料。オオミツルコケモモ。

**グラン-マルニエ**【Grand-Marnier フランス】オレンジで風味をつけたリキュール。ブランデーをベースにする。フランス産。

**くり**【▾刳り】えぐったように丸みをつけること。また、その部分。scoop 用例 えりの—。

**くり**【▾栗】ブナ科の落葉高木。高さ一〇〜一五m。葉は互生。六月ごろ黄白色の小花を穂状につける。秋に熟す果実は、いがに包まれていて、食用部は子葉にあたる。欧州グリ・アメリカグリ・日本グリ・中国グリなどに大別され、材も、耐久性があるので建築・家具・鉄道材に利用。また、シイタケ栽培の原木とする。chestnut ↓写

**くり**【繰り】①糸などを、物に巻きつけたりしてたぐること。②謡曲で、上音より一音または二音上げてうたう節。

**く-り**【庫裏・庫▾裡】①寺の台所。②寺の中で、住職やその家族の住居部分。

**クリア**【clear】=クリヤー。㊀(名・サ変他)《きれいにする、の意》①棒高とび・走り高とびなどで、バーを落とさずにとびこすこと。②サッカーで、守備側が防御のためにボールをけり出すこと。㊁(形動) 澄んで、くもりのないさま。はっきりしたさま。

**くり-あが・る**【繰(り)上がる】(五自) ①順々に前にあがる。move up ②予定より早くなる。be advanced

**くりあげ-ほじゅう**【繰(り)上げ補充】選挙で、死亡などなんらかの理由で欠員が生じた場合に、落選した者を繰り上げて当選人とすること。

**くり-あ・げる**【繰(り)上げる】(下一他) ①順に、上または前に上げる。また、順に次へ送る。move up ②予定した期限を早くする。用例 予定を—。

**グリア-さいぼう**【グリア細胞】脳の神経細胞のまわりをとり囲んでいる細胞。神経細胞を保護し、それに栄養供給し、また、神経活動を調節する働きがある。glia cell

**クリアランス-セール**【clearance sale】在庫品を一掃するための大売り出し。蔵払い特売。棚ざらえ特売。

**くり-あわ・せる**【繰り合(わ)せる・繰合せる】(下一他) やりくりする。つごうをつける。manage to 用例 —・せて出席する。

**クーリー**【苦力 中】(kuli) ↓クーリー

**グリー**【glee】↓グリークラブ

**クリーク**【creek】低湿地に網状に分布する人工の水路。灌漑(かんがい)・排水・交通のための小運河。中国の揚子江(ようすこう)下流部、日本では佐賀平野などに多い。溝渠(こうきょ)。

**グリーグ**【Edvard Hagerup Grieg】(一八四三—一九〇七) ノルウェーの作曲家。北欧の国民楽派を代表する一人。自国の民謡をもとにした、穏やかな叙情を漂わせた作品が多い。歌曲、付随音楽『ペール=ギュント』など。

**グリーグ**【Johan Nordahl Brun Grieg】(一九〇二—一九四二) ノルウェーの詩人・劇作家。ソ連訪問後左翼的立場から書く。戦死。戯曲『敗北』など。

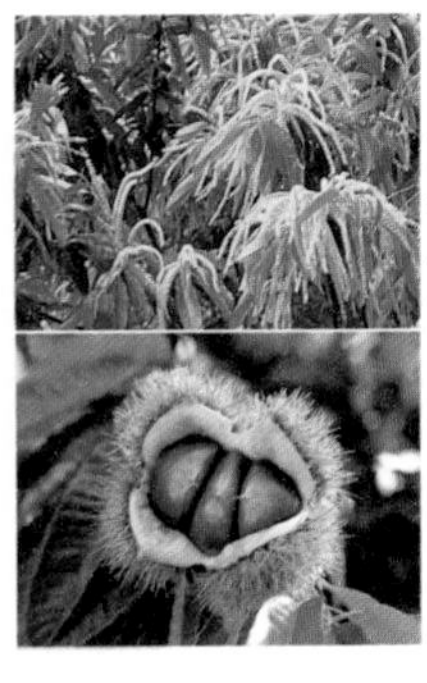

●クリ 花(上)と実(下)。

**グリー-クラブ**【glee club】男声合唱団。グリーは、一八世紀イギリスの無伴奏の男声合唱・重唱曲をさし、転じて、この種の曲を歌う合唱団の名称となる。

**くり-いし**【▾栗石】①クリの実ぐらいの大きさの石。敷石などに用いる。②基礎工事に使う、直径一五cmぐらいの、かどのとれた石。

**グリース**【grease】①獣脂。②常温で固体または半固体の潤滑油。鉱油・シリコーン油などに、金属せっけん・ベントナイトなどを混和してつくる。さび止め・気密保持用などにも利用。

**グリーティング-カード**【greeting card】祝賀用カード。クリスマスシーズンや誕生日などに送る。

**クリーナー**【cleaner】①電気掃除機。②汚れを取り除くためのもの。みがき粉。用例 眼鏡—。

**クリーニング**【cleaning】洗濯。また、洗濯屋の行うドライクリーニング。

**クリーピング-インフレーション**【creeping inflation】しのび寄るインフレーション。物価水準が年二〜三%程度ずつ持続的に上昇し続ける状態をいう。マイルドインフレーション。

**クリーピング-ベント-グラス**【creeping-bent-grass】↓こぬかぐさ(小糠草)

**クリープ-しけん**【クリープ試験】材料試験の一種。加える外力は一定でも物体の変形は時間とともに増加する現象をクリープといい、ゴム・プラスチックや高温の金属でみられる。試験は、材料に長時間一定の荷重を加えて、変形と時間との関係を測定する。creep test

**クリーブランド**【Cleveland】アメリカ北東部、オハイオ州、エリー湖南岸の重工業都市。自動車工業を中心に鉄鋼・機械・金属などの諸工業が発達。広大な港湾施設がある。人口五七・四万(一九八〇)。

**クリーム**【cream】①牛乳から分離した脂肪分。そのままのものは生クリーム。洋菓子の材料や料理に使う。②皮膚を美しく保つため、それぞれの目的に応じて作られたクリーム状の化粧品。クレンジングクリーム・マッサージクリーム・栄養クリームなど。③靴墨。④クリーム色。淡黄色。⑤「アイスクリーム」の略。

**クリーム-いろ**【クリーム色】カスタードクリームのような、白っぽい黄色。クリーム。cream

**クリーム-ソース**【cream sauce】ベシャメルソースに生クリームとレモン汁を加えた、白いソース。魚や卵料理などに用いる。

**クリーム-ソーダ**《ice cream sodaから》炭酸水にアイスクリームを浮かせた飲み物。アイスクリームソーダ。

**クリーム-チーズ**【cream cheese】ナチュラルチーズの一種。脂肪分が多く、軟らかいクリーム状。パンに塗ったりチーズケーキに用いたりなどする。↓チーズ図

**クリーム-パン**《和製語》卵黄・牛乳・砂糖を練って作ったクリームを、中に包みこんだ菓子パン。cream-filled roll

**くりいれ-きん**【繰入金】会計帳簿などで、ほかから繰り入れたお金。money transferred

**くり-い・れる**【繰(り)入れる】(下一他) ①順にたぐって、引き入れる。transfer ②他から組み入れる。編入する。put in

**くり-いろ**【▾栗色】クリの実の皮のような、くすんだ暗褐色。栗皮色は、これの、黄が少し強くなった色。日本の伝統色の一つ。チェスナッツブラウン。chestnut brown 用例 —の髪。

**くりいろ-ど**【▾栗色土】乾燥地帯の草原に生成する、栗色の土壌。腐植の集積が少ないため、表層は黒色にならず、植物の生育は悪い。chestnut soil

**クリーン**【clean】(名・形動) ①清潔なこと・さま。②動作・行動などがたくみで、みごとなこと・さま。用例 —ヒット。

**グリーン**【green】①みどり色。②芝生。とくに、ゴルフ場のホールの周辺に設けられた、パットを行うための芝地。パッティンググリーン。

**グリーン**【Aleksandr Stepanovich Grin】(一八八〇—一九三二) ソ連の小説家。幻想とエキゾチシズムにあふれた作風。作品『赤い帆』『波の上を駆ける女』など。

**グリーン**【Graham Greene】(一九〇四—) イギリスの小説家・劇作家。現代の不安と虚無をスリラー的手法で描き、カトリック的・倫理的主題を追求する。小説『ブライトン-ロック』『権力と栄光』『事件の核心』『第三の男』『キホーテ神父』など。

**グリーン**【Henry Green】(一九〇五—一九七三) イギリスの小説家。軽妙で喜劇的な会話を軸にした風俗小説を書く。作品『パーティーへ行く』『愛する』など。

**グリーン**【Julien Hartridge Green】(一九〇〇—) フランスの代表的なカトリック作家。神を見失った現代人の悲惨と孤独な魂の狂気を描く。小説『閉ざされた庭』『幻を追う人』、『日記』など。

**グリーン**【Paul Eliot Green】(一八九四—一九八一) アメリカの劇作家。南部の黒人や貧農白人を描いた。戯曲『エイブラハムの胸に』など。

**グリーン**【Robert Greene】(一五五八ごろ—一五九二) イギリスの詩人・劇作家。散文物語『パンドストー』、戯曲『アルフォンサス』など。

**グリーン**【Thomas Hill Green】(一八三六—一八八二) イギリスの哲学者。新ヘーゲル学派。絶対的精神への接近による自我実現の倫理を説いた。著書『倫理学序説』など。

**クリーンアップ-トリオ**《和製語。塁上の走者を一掃する三人の打力のある選手の意》野球で、三・四・五番打者の総称。

**クリーン-エネルギー**【clean energy】環境汚染源とならないエネルギー。太陽熱エネルギーのほかに、海水の温度差や水力・風力・波力・地熱などを利用した発電エネルギーがこれに含まれる。

**グリーンカード-せいど**【グリーンカード制度】少額貯蓄などの利用者向けカード制度の通称。非課税貯蓄の利用状況を個人別にチェックする制度。昭和五五年(一九八〇)立法化されたが、実施されることなく五年後に廃止。

**グリーン-しゃ**【グリーン車】JR各社の旅客列車で、特別料金を必要とする車両。

**グリーンズボロ**【Greensboro】アメリカ南部、ノースカロライナ州中北部の都市。化学繊維・タバコなどの軽工業が中心。人口一五・六万(一九八〇)。

**グリーンスリーブズ**【Greensleeves】イギリスの民謡。一六世紀末ごろ発生。原曲は、つれない女性への切ない想いを歌ったものだが、以後さまざまな歌詞で歌われてきた。

**グリーン-タフ**【green tuff】緑色に変質した凝灰岩層。また、中新世以降の日本列島の凝灰岩層をもさす。緑色凝灰岩層。

**グリーンバンク-でんぱかんそくじょ**【グリーンバンク電波観測所】(Green Bank Observatory) アメリカの国立宇宙電波観測所(National Radio Astronomy Observatory)の通称。中性水素線などの観測で有名。

**グリーン-ピース**【green pea】青エンドウ。グリンピース。

**グリーンピース**【Greenpeace】核兵器反対・環境保護を目標に、国際的な活動をしている団体。実力行使を中心とする急進的方針を掲げる。本部はアムステルダム。

**グリーン-ヒーター**《和製語》石油またはガスを用いる暖房器で、壁ぎわに取り付けて、燃



▾常用漢字表外。 ▿常用漢字表の音訓外。

焼のための空気を外から取り入れ、また外へ出す方式の暖房器具。室内の空気を汚さずに暖房ができる。ventedheater

**グリーン-フィー**【green fee】ゴルフコースの使用料。

**グリーン-ペーパー**【green paper】イギリスの政府刊行物。緑書。

**グリーン-ベルト**【green belt】①大都市の近郊周辺に設けられる緑地帯。環境保全、防災、レクリエーションの場の確保などが目的。②道路沿いや公園などにつくる、芝生・花壇・植木などを組み合わせたもの。

**グリーン-ベレー**【Green Beret】《隊員が緑色のベレー帽を着用することから》アメリカ陸軍の特殊任務部隊。小人数で、心理戦や対ゲリラ戦などを行う。

**グリーンランド**【Greenland】大西洋北部、北極圏にわたる世界最大の島。面積二一七・六万$km^2$。デンマーク領。島の八五%は氷河。北部に、米軍のチューレ基地がある。

**くり-うめ**【▼栗梅】《「くりうめいろ」の略》日本の伝統色の一つ。赤みがかった濃い栗色。梅の樹皮を煎(せん)じた汁によって染められた、茶系の染色の色。

**グリエ**【griller フランス】①炭または直火(じかび)に網をかけて焼くこと。バーベキューなど。②焼き網。焼き格子(ごうし)。「こと。

**クリエート**【create】(名・サ変他) 創造する

**クリエンテス**【clientes ラテン】古代ローマの貴族(パトリキ)の隷属民。保護者(パトロヌス)とは信義で結ばれ、相互に保護と奉仕の義務をもった。のちには、従者・食客・庇護(ひご)者などを意味するようになった。

**グリオキシルさん-かいろ**【グリオキシル酸回路】微生物および植物にみられる代謝回路の一つ。脂肪を貯蔵する種子の発芽過程に関する生化学的反応で、脂肪を糖に変える。グリオキザル酸回路。glyoxylate cycle

**くり-かえ**(—かへ)【繰(り)替え・繰替】他のものと入れ替えること。転用・流用すること。conversion

**くり-かえし**(—かへし)【繰(り)返し】①繰り返すこと。repetition ②リフレイン。refrain

**くり-かえ・す**(—かへす)【繰(り)返す】(五他) ふたたび同じ事をする。反復する。repeat 用例 あやまちを—。

**くりかえ-ばらい**(くりかへばらひ)【繰替払(い)】国庫金支出方法の特例の一つ。予算の運用にあたり、一般の支出手続きを踏むと時機を失するなどの支障がある場合に、一時的に国庫の蓄えを転用すること。

**くり-か・える**(—かへる)【繰(り)替える】(下一他) ①入れ替える。転用する。convert to ②やりくりして、つごうをつける。manage

**くり-カボチャ**【▼栗南▼瓜】↓せいようカボチャ(西洋南瓜)

**くりから**【▼倶利▼迦羅】「倶利迦羅竜王(りゅうおう)」の略。

**くりから-とうげ**(—たうげ)【▼倶利▼伽羅峠】富山・石川県境にある峠。標高二七七m。源義仲(みなもとのよしなか)が「火牛の計」で平維盛(たいらのこれもり)を破った所として有名。

**くりから-もんもん**【▼倶利▼迦羅紋紋】倶利迦羅竜王の模様の入れ墨。また、それを彫っている者。

**くりから-りゅうおう**【▼倶利▼迦羅竜王】仏教の竜王の一つ。不動明王(みょうおう)の変化身(へんげしん)で、岩の上で炎に包まれた竜が剣に巻きつき、呑(の)みこもうとする姿で表される。

**く-りき**【功力】《仏教語》功徳の力。仏道修行の結果として得た力のこと。効験(こうげん)。

**くり-くり**(副・形動・サ変自) まるいものが軽く方向を変えるさま。また、まるくて愛らしいさまを表す語。用例 —した目。—坊主。

**ぐり-ぐり** ㊀(名) リンパ腺(せん)のはれ。用例 首に—ができる。㊁(副・サ変自) ①押さえつけながら回す。用例 —とひじを押しつける。②かたいものが内部で、なめらかに動くようす。

**くりくり-ぼうず**【くりくり坊主】髪をすっかりそって肌のあらわれた頭。また、その人。

**くり-げ**【▼栗毛】馬の毛色の名。地色・たてがみ・尾とも赤茶色のもの。chestnut

**クリケット**【cricket】一一人ずつの二チームで行う野球に似たスポーツ。木球をバットで打ち合い、ウィケット(木製の三柱門)のあいだを走り、得点を争う。一〇人がアウトで攻守交代する。英国の国技といわれる。

**くり-けむし**【▼栗毛虫】クスサンの幼虫。体長約九cm。淡緑色の地肌を白色の長毛がおおう。クリ・クヌギなどの葉を食害。日本全土に分布。シラガタロウ。

**グリコーゲン**【glycogen】生体のエネルギー源の一つ。肝臓で作られて貯蔵される多糖類で、必要に応じて分解・消費される。筋肉にも多く存在。グリコゲン。

**くり-こし**【繰(り)越し・繰越】①簿記で、計算結果を次ページに送ること。transfer ②会計勘定を次期の会計に組み入れること。carrying foward ③利益金を次期に持ち越し、配当をしないこと。carrying forward ④《和裁用語》襟肩あきを肩山から後ろ身頃(みごろ)へずらす、寸法差。または、その部分の名称。

**くりこし-きん**【繰越金】会計上、余って次期に組み入れるお金。balance carried forward

**くりこし-そんえき**【繰越損益】ある会計期間の利益か損失のうち、処分されずに利益または損失として次期に持ち越されたもの。loss or profit brought foward

**グリコシド**【glycoside】糖の分子中にある水酸基の一つと他の物質のあいだで脱水縮合して、エーテル型の結合をした化合物の総称。配糖体。

**くり-こ・す**【繰(り)越す】(五他) ①順に次へ送る。transfer 用例 次回へ—。②会計上、次期へ組み入れる。bring forward; carry over 用例 残金は来年度へ—。

**くり-ごと**【繰(り)言】①繰り返して言うことば。tedious talk ②ぐち。grumble 用例 老いの—。

**くりこま**【▼栗▼駒】〈町〉宮城県北部、栗駒山南東麓(なんとうろく)の町。稲作地帯で、畜産も行われる。人口一万六二四二(一九八八)。

**くりこま-やま**【▼栗▼駒山】岩手・宮城・秋田三県にまたがる火山。標高一六二八m。山容の美しい二重式火山。須川(すかわ)岳。

**くりこみ-りろん**【くりこみ理論】場の量子論において、有限なはずの物理量が理論上無限大になる矛盾を避けるために、無限大になる部分を電荷や質量の形にまとめ、それらを観測値におきかえる理論。renormalization theory

**くり-こ・む**【繰(り)込む】(五自他) ①(自)㋐順々にはいる。㋑つれだってはいる。march in ②(他)㋐繰り入れる。transfer to ㋑たぐり寄せる。haul at 用例 つなを—。㋒組み入れる。include 用例 生活費に—。

**グリゴロービチ**【Dmitry Vasilyevich Grigorovich】(一八二二〜九九) ロシア自然派の小説家。悲惨な農奴の生活を描いた。作品『村』『不幸者アントン』など。

**くり-さが・る**【繰(り)下がる】(五自) ①順々にあとへさがる。be moved back ②予定より遅くなる。be postponed

**くり-さ・げる**【繰(り)下げる】(下一他) ①順に下へ送る。transfer ②予定よりおくらせる。繰り延べる。delay

**くりさわ**(—さは)【▼栗沢】〈町〉北海道石狩平野東部の町。稲作中心の農業の町。工業団地もある。人口九三四一(一九八八)。

**グリジ**【Carlotta Grisi】(一八一九〜九九) イタリアのバレリーナ。一九世紀ロマンチックバレエの代表的舞姫。主演作『ジゼル』など。

**くりしぎ-ぞうむし**【▼栗▼鴫象虫】ゾウムシ科の甲虫。体長約一cmで、褐色。口吻(こうふん)は細長く、途中から触角が左右に突出。成虫は秋に現れ、クリのいがの上から中の果実に産卵。孵化(ふか)した幼虫が果実を食害。日本全土に分布。

**くりしま-すみこ**【▼栗島すみ子】(一九〇二〜八七) 映画女優。東京生まれ。日本映画最初の人気女優となる。邦舞水木流家元。主演作『虞(ぐ)美人草』『船頭小唄(こうた)』など。

**クリシュナ**【Kṛṣṇa 梵】インド神話の英雄。のちにビシュヌの化身として神格化され、ヒンズー教ではもっともポピュラーな神となる。↓写

●クリシュナ　ニューデリー美術館。

**クリシュナ-がわ**(—がは)【クリシュナ川】(Krishna) インド南部、西ガーツ山脈から東に流れ、ベンガル湾に注ぐ川。長さ一三〇〇km。

**グリシルリチン**【glycyrrhizin】カンゾウの根からとれる白色から褐色の結晶。温水に可溶、水・エタノールなどに難溶。特有の甘味があり、甘さは砂糖の二五〇倍。つくだ煮・みそ・飲料などの人工甘味料。グリチルリチン。

**グリシン**【glycine】化学式$H_2NCH_2COOH$ もっとも簡単な構造のアミノ酸。とくにフィブロイン・ゼラチンに多い。非必須アミノ酸。

**グリス**【Juan Gris】(一八八七〜一九二七) スペインの画家。キュビスムの代表的画家。単純化した造形のなかに詩情を漂わせる。

**クリスタル**【crystal】①結晶。②水晶。③「クリスタルガラス」の略。④「クリスタルマイクロホン」の略。

**クリスタル-ガラス**【crystal glass】美術工芸品・高級食器などに使われる透明でよく輝くガラス。鉄分の少ない純粋な原料を使用し、酸化鉛を入れて作るカリ鉛ガラスが代表的。

**クリスタル-マイクロホン**【crystal microphone】圧電効果を用いたマイクロホン。ロッシェル塩の結晶板を用いて、音を電圧に変える。

**クリスチーナ**【Christina】(一六二六〜八九) スウェーデンの女王(在位一六三二〜五四)。グスタフ=アドルフの娘。学芸保護に努め、デカルトやグロティウスらを招聘(しょうへい)したことで知られている。

**クリスチーヌ-ド-ピザン**【Christine de Pisan】↓クリスティーヌ=ド=ピザン

**クリスチャニア**【Christiania】①ノルウェーの首都オスロの旧称。一六二四年の大火で全滅したが、国王クリスチャン四世により再建、一九二四年までこの名でよばれた。②《①で生まれた技術であることから》スキーで、滑走中に急転回する技術。

**クリスチャン**【Christian】キリスト教の信者。

**クリスチャン**【Charlie Christian】(一九一六〜四二) アメリカの黒人ジャズギター奏者。のちのモダン-ジャズギターに深く影響。

**クリスチャン-サイエンス**【Christian Science】アメリカのキリスト教的神癒主義者の団体。エディ夫人が創唱。人間精神とキリストとの合体による信仰療法を主張。

**クリスチャン-ソシアリズム**【Christian Socialism】キリスト教社会主義。

**クリスチャン-ネーム**【Christian name】キリスト教で洗礼時にさずけられる名前。ふつうは聖人の名前をとる。洗礼名。

**クリスティアン-ジャック**【Christian Jaque】(一九〇四〜 ) フランスの映画監督。作品『幻想交響曲』『花咲ける騎士道』など。

**クリスティー**【Agatha Christie】(一八九〇〜一九七六) イギリスの女流推理小説家。トリックの組み合わせにすぐれ、名探偵ポアロなどが活躍する小説で有名。作品『アクロイド殺人事件』など。

**クリスティーヌ-ド-ピザン**【Christine de Pisan】(一三六四〜一四三〇ごろ) フランスの女流詩人。数多くのバラードと、散文『婦人の都』などを残す。

**クリスト**【Christo ポルトガル・Khristós ギリシア・基督】↓キリスト

**クリスト**【Christo Javacheff】(一九三五〜 ) アメリカの美術家。ブルガリア生まれ。建物・島の周囲などを布で包むなど、風景の変革者。

**クリストフ**【Boris Kristov】(一九一九〜 ) ブルガリアのバス歌手。オペラ『ボリス=ゴドゥノフ』などに定評がある。

**クリストファーソン**【Kris Kristofferson】(一九三六〜 ) アメリカの歌手・歌曲作家。フォークとカントリーの要素をもつ。作品『私とボビー=マギー』など。

**クリスマス**【Christmas】イエス=キリストの降誕祭。四世紀以来、ローマの太陽誕生を祝う冬至の祭りがキリスト教化され、一二月二五日がイエスの誕生日とされた。

**クリスマス-イブ**【Christmas Eve】クリスマスの前日、または前夜・前夜祭。一二月二四日。

**クリスマス-おんがく**【クリスマス音楽】クリスマスに演奏される音楽。待降節(クリスマス前の第四日曜以降)から公現祭(一月六日)までの期間に演奏される音楽も含む。Christmas music

**クリスマス-カード**【Christmas card】クリスマスに親しい者の間で贈り合う絵入りのカード。

**クリスマス-カロル**【Christmas carol】↓クリスマスキャロル



↓行き先項目、図版・写真参照印。 JIS 日本工業規格情報交換用漢字符号コード(区点コード)。

**クリスマス-キャロル**[Christmas carol] ①クリスマスに歌われる合唱曲。今日では、多くクリスマスにちなんで歌われる賛美歌を言う。②《原題A Christmas Carol》ディケンズの小説。一八四三年刊。『クリスマス物語集』の第一作。守銭奴スクルージが幽霊によって良き老人に改心する物語。

**クリスマス-ツリー**[Christmas tree] クリスマスの装飾に用いる木。ふつうはもみの木。最上部にベツレヘムの星を置き、人形・モール・贈り物・豆電球などで美しく飾る。

**クリスマス-とう**【クリスマス島】(Christmas Island) 太平洋中部、ライン諸島にある太平洋最大の珊瑚礁島。面積三五九km²。イギリス領。キリティマティ島。

**クリスマス-プレゼント**[Christmas present] クリスマスに親しい者の間で贈り合う品物。

**クリスマス-りょうり**【クリスマス料理】キリストの降誕を祝って食べる料理。イギリス・アメリカでは七面鳥の丸焼き、イタリアでは小羊の肉やソーセージを使う料理など。

**クリスマス-ローズ**[Christmas rose] キンポウゲ科の常緑多年草。葉は根生し、掌状の複葉。一二〜二月に、白・淡青・紅褐色の五弁の花が咲く。鉢植え・切り花用。根は薬用。↓[写]

●クリスマスローズ

**グリズリー**[grizzly] 北アメリカ産のハイイログマ。

**グリセード**[glissade フランス] 登山で、雪渓を滑り降りる方法。ピッケルと登山靴でバランスをとりながら制動をかける。

**グリセオフルビン**[griseofulvin] 数種類の糸状菌からつくられる抗カビ性抗生物質。内服して白癬症にきく。外用薬にも用いる。

**グリセリド**[glyceride] 脂肪酸のグリセリンエステル。一般に有機溶媒に溶ける。動植物の油脂の主成分。塗料・せっけんの原料。

**グリセリン**[glycerine] 粘性、甘味がある無色の液体。油脂などグリセリドの形で動植物体に広く存在。ニトログリセリン・化粧品などの原料。

**クリソベリル**[chrysoberyl] →きんりょくせき(金緑石)

**くり-たけ**【▼栗▼茸】担子菌類マツタケ目のキノコ。かさは茶褐色で約五cm。食用。有毒なニガクリタケに似る。広葉樹の切り株に群生。↓[写]

●クリタケ

**くり-だ・す**【繰(り)出す】(五自他)①(他)㋐順々に引き出す。次々と送り出す。let out [用例]次々に新手を—。㋑突き出す。thrust [用例]やりを—。②(自)大勢が行列を作って出かける。file out [用例]祭りに—。

**くり-たまばち**【▼栗▼瘿▼蜂】幼虫がクリの大害虫である微小なハチ。体長約三mm。黒色で翅は透明。成虫は初夏に出現してクリの芽に産卵。幼虫は芽の中に食い入って冬を越し、翌春、芽を紅色で、球状の虫こぶにしてしまう。日本全土に分布。

**クリチバ**[Curitiba] ブラジル南部、パラナ州の州都。コーヒー・木材の集散地。食品・化学工業が発達。人口八四・四万(一九八〇)。

**クリック**[Francis Harry Compton Crick](一九一六〜) イギリスの分子生物学者。一九五三年、DNAの二重らせん構造の模型を提案。六二年ノーベル生理学医学賞受賞。

**グリッサンド**[glissando イタリア] 音楽用語。ある音から他の音へアクセントをつけないで速くすべるように奏すること。

**クリッツィング**[Klaus von Klitzing](一九四三〜) ドイツの物理学者。量子ホール効果の発見で、一九八五年ノーベル物理学賞受賞。

**グリッド**[grid] 真空管の陽極と陰極の間におかれる格子状または網状の電極。プレートに流れる電流の大きさを制御する。

**クリッパー**[clipper] ①草刈り機。②羊毛を刈る鋏。③一九世紀に、大西洋・中国・インド・オーストラリア航路に就航した快速帆船。

**クリップ**[clip] 物をはさむ器具・しかけ。書類とじ・万年筆・婦人の髪止めなどに使う。

**グリップ**[grip] ①野球のバットやテニスのラケットの柄などの握りの部分。また、その握り方。②走行中の、自動車のタイヤが、路面をしっかりとらえて滑らないこと。

**くり-ど**【繰(り)戸】一本のみぞに戸袋から順番に引き出し、また送り込んで開閉する戸。主として雨戸に用いられる。

**クリニック**[clinic] ①医学の臨床学の講義および実習。②医師が公衆のために医療行為を行う場所。入院施設がないか、一九人以下の収容施設をもつもの。診療所。③相談所。④実地研修。[用例]テニス—。

**グリニッジ**[Greenwich] イギリス、大ロンドン市の自治区。一九五三年まで天文台のあった場所で、子午線の基準地。グリニジ。

**グリニッジ-てんもんだい**【グリニッジ天文台】(Greenwich Observatory) ロンドンのグリニッジに一六七五年に設立された総合天文台。経度0度の子午線が通る。現在は、サセックス州ハーストモンソーに移転。

**グリニッジひょうじゅん-じ**【グリニッジ標準時】地球上の経度0度の子午線上における平均太陽時。世界中一律に使う世界時。Greenwich mean time

**グリニッジ-ビレッジ**[Greenwich Village] アメリカ北東部、ニューヨーク市のマンハッタン島、ワシントン広場の西に広がる地区。

**グリニャール**[François-Auguste-Victor Grignard](一八七一〜一九三五) フランスの化学者。グリニャール反応を研究。また、有機化合物の命名法を考案。一九一二年ノーベル化学賞受賞。

**グリニャール-しやく**【グリニャール試薬】ハロゲン化アルキルとマグネシウムの化合物。反応性に富み、有機合成試薬として重要。Grignard reagent

**くりぬき**【▼刳(り)▽貫き・▼刳(り)抜き】①くり抜くこと。②球形にえぐったり、しんや果肉をくり抜いたりするのに用いる調理器具。scoop

**くり-ぬ・く**【▼刳(り)▽貫く・▼刳(り)抜く】(五他)①えぐってあなをあける。bore ②中の物をえぐり出す。dig out

**くりの**【▼栗野】〈町〉鹿児島県北部、川内川に沿う町。過疎対策のため、楽器・繊維工場が誘致され、定着してきている。人口九一五六(一九八八)。

**くり-のべ**【繰(り)延べ・繰延】期日や期限を延ばすこと。postpone [用例]会期の—。支払いを—する。

**くりのべ-しさん**【繰延資産】当期の支出のうち、それによって役務の提供を受けたにもかかわらず、その支出・役務の効果が次期以降にもわたると思われる場合、次期以降に費用として配分するため、一時的に資産として計上されるもの。創立費・新株発行費・開発費など。deferred asset

**くり-の・べる**【繰(り)延べる】(下一他)①順に延ばす。extend ②予定を延ばす。繰り下げる。postpone

**クリノメーター**[clinometer] 地層面や断層面の走向(測る面と水平面との交線の方向)と傾斜(測る面と水平面とのなす角度)を測定するための携帯用の器具。地質調査に使用。傾斜儀。↓[写]

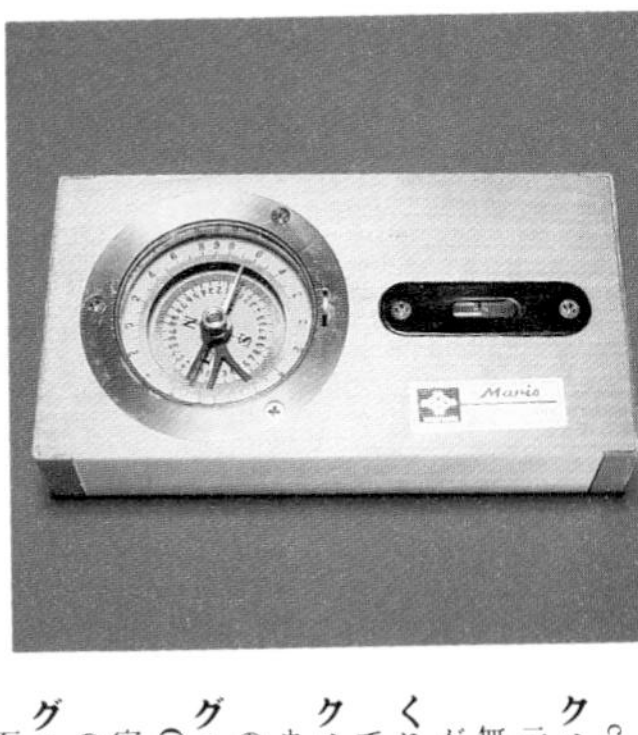
●クリノメーター 右が水準器、左が方位磁針。

**クリノリン**[crinoline] ペチコートの一種。一八五〇年前後から六〇年代にかけて、婦人のスカートを広げるために用いた。

**くりはし**【▼栗橋】〈町〉埼玉県北東部、利根川に沿う町。旧宿場町で、舟運の要地。稲作中心。イチゴ栽培がさかん。都市化が進んでいる。人口二万四三二一(一九八八)。

**くりはま**【久里浜】横須賀市の南東部、三浦半島東岸にある地区。嘉永六年(一八五三)アメリカのペリー提督の上陸地。

**ぐり-はま**《俗語。「はまぐり」の倒語》食い違うこと。さかさまになること。ぐれはま。

**くりは-らん**【▼栗葉▼蘭】ウラボシ科の常緑性シダ。山地の湿った樹下や岩上にはえる。葉柄にまばらに鱗片がつき、葉身は単葉で、約三〇cm。

**グリビーツェ**[Gliwice] ポーランド南部の鉱工業・港湾都市。シロンスク炭田の中心。人口二一・三万(一九八五)。旧称グライウィッツ。

**くり-ひろ・げる**【繰(り)広げる】(下一他)①順に広げる。unfold [用例]絵巻を—。②展開する。hold [用例]祭典を—。

**グリフィス**[David Wark Griffith](一八七五〜一九四八) アメリカの映画監督。映画の基本的表現技法の創始者として知られる。作品『国民の創生』『イントレランス』『散り行く花』など。

**グリフィン**[griffin] ギリシア神話などに登場する怪獣。ライオンの胴体と足、ワシの頭と翼をもつ。ギリシアではグリュプス。

**クリフト**[Montgomery Clift](一九二〇〜六六) アメリカの映画俳優。主演作『女相続人』『陽のあたる場所』など。

**クリプトコッカス-しょう**【クリプトコッカス症】ハトの糞中に大量に含まれる分芽菌の一種による感染症。中枢神経を侵し、髄膜炎症状をきたす。日本では少ない。cryptococcosis

**クリプトン**[krypton] 希ガス元素の一つ。元素記号Kr 原子番号三六。原子量八三・八。無色無臭で化学的に不活性だが、最近、化合物がつくられている。

**くり-ぶね**【▼刳(り)舟】一本の木をくりぬいて造った舟。丸木舟。dugout; canoe

**クリボイ-ログ**[Krivoy Rog] ソ連南西部、ウクライナ共和国中部の鉱工業都市。鉄鉱石の大産地。人口六九・一万(一九八六)。

**グリボエードフ**[Aleksandr Sergeyevich Griboyedov](一七九五〜一八二九) ロシアの劇作家・外交官。貴族・官僚社会を風刺した韻文喜劇『知恵の悲しみ』で知られる。

**グリマルディ-じん**【グリマルディ人】化石人類の一つ。新人に属する。イタリア北西部のグリマルディ洞穴から出土。黒人的特徴が指摘され、黒人の祖先とも考えられたが定説には至っていない。Grimaldi man

**くり-まわし**【繰(り)回し】やりくり算段。management

**くり-まわ・す**【繰(り)回す】(五他)①つごうをつけて、滞らないようにする。manage ②家計などをやりくりする。manage to

**くり-まんじゅう**【▼栗▼饅▽頭】栗入りの白あんを入れ、外側をくり色に焼いたまんじゅう。くりまん。

**クリミア-せんそう**【クリミア戦争】一八五三〜五六年のトルコ・イギリス・フランス・サルデーニャ連合軍の対ロシア戦争。ロシアの南下政策、とくにパレスチナの管理権をめぐる対立が発端で、クリミア半島が主戦場。セバストポリのロシア軍を連合軍が包囲、降伏させ、五六年のパリ条約で講和。Crimean War

**クリミア-ハンこく**【クリミアハン国】一五世紀中ごろクリミア地方にモンゴル人が建てた国。キプチャクハン国から独立。のちオスマントルコの保護国となり、一七八三年ロシアに併合された。クリムハン国。Khanate of the Crimea

**クリミア-はんとう**【クリミア半島】(Krymskaya poluostrov) ソ連、ウクライナ共和国南部の黒海に突き出した半島。一八五三〜五六年のクリミア戦争で有名。クリム半島。

**グリム**[Hans Emil Wilhelm Grimm](一八七五〜一九五九) ドイツの小説家。植民地小説を書いた。作品『土地なき民』など。

**グリム-きょうだい**【グリム兄弟】ドイツの言語学者・民俗学者の兄弟。兄ヤーコプ Jacob Ludwig Carl Grim(一七八五〜一八六三)、弟ウィルヘルム Wilhelm Carl Grim(一七八六〜一八五九)。共著『子供と家庭のための昔話集』は『グリム童話集』とし

●グリム兄弟　兄ヤーコプ(右)と弟ウィルヘルム(左)。

て有名。著書は兄の『ドイツ文法』『ドイツ神話学』、弟の『ドイツ英雄伝説』、共著『ドイツ語辞典』など。↓写

**くり-むし【栗虫】**《クリの実を食害することから》甲虫のクリシギゾウムシの幼虫。体長約一〇㎜、頭は赤褐色で、他は乳白色。

**グリムズビー[Grimsby]** イギリス、イングランド東部、ハンバー川河口の港湾都市。同国の大漁港の一つ。人口九・二万(一九八三)。

**クリムソン[crimson]** ①深紅色。②「クリムソンレーキ」の略。

**クリムソン-レーキ[crimsone lake]** エンジムシから得られる、赤色ないし紫色の顔料。主成分はカルミン酸。絵の具の顔料・生体組織の染色に利用。コチニールレーキ。

**クリムト[Gustav Klimt]**(一八六二〜一九一八) オーストリアの画家。ユーゲントシュティールの代表的存在。ウィーン分離派を設立。象徴的テーマが多く、華麗・繊細な装飾性と世紀末的な官能美を表現。作品『接吻』など。

**クリム-ハンこく【クリムハン国】**↓クリミアハンこく(クリミアハン国)

**クリム-はんとう【クリム半島】** クリミア半島の別称。

**くり-めいげつ【栗名月】**《栗を供えることから》陰暦九月一三日の夜の月。枝豆・団子・クリ・ススキなどを供えて名月を愛でる。豆名月。十三夜。比較芋名月。

**クリモグラフ[climograph]**↓クライモグラフ

**くりもと【栗源】**〈町〉千葉県北東部、佐原市南隣の町。畑作が主でサツマイモが多い。苗木栽培もさかん。人口五四四〇(一九八八)。

**くりもと-じょうん【栗本鋤雲】**(一八二二〜一八九七) 幕臣・新聞記者。江戸の人。名は鯤、別号匏庵。幕末の外国奉行で親仏派の代表者。維新後は『郵便報知新聞』編集主任として才筆をふるった。

**くり-もど・す【繰(り)戻す】**(五他) 順にもとのほうにもどす。

**くりもと-ずいけん【栗本瑞見】**(一七五六〜一八三四) 医師・昆虫学者。江戸生まれ。号は丹洲。幕府の医官法印。日本最初の昆虫専門図説を著す。

**くり-や【厨・厨】**①台所。kitchen ②《「くりやびと」の略》料理人。cook

**クリヤー[clear]**↓クリア

**くりやがわ-の-さく【厨川柵】** 古代の城柵。盛岡市の西北方、北上川西岸の台上に築かれ、安倍貞任・宗任がたてこもって源頼義・義家軍に抗戦したことで知られる。

**くりやがわ-はくそん【厨川白村】**(一八八〇〜一九二三) 英文学者・評論家。本名、辰夫。京都市生まれ。京大教授。欧米文芸と近代思潮の紹介解説に貢献。著書『近代文学十講』『近代の恋愛観』など。

**くりやま【栗山】**〈町〉北海道石狩平野東部の町。稲作、ジャガイモ栽培が主。工業も行われる。人口一万六七七〇(一九八八)。

**くりやま【栗山】**〈村〉栃木県北西端、福島県・群馬県に接する村。農林業が主。平家落人伝説が伝わる。湯西川・川俣・奥鬼怒の温泉がある。人口二八六六(一九八八)。

**クリヤンガ[Ion Creanga]**(一八三七〜一八八九) ルーマニアの民話作家。創作民話を書いた。自伝『幼年時代の思い出』など。

**グリュイエール-チーズ[Gruyère cheese]** スイスのグリュイエール地方で作られるチーズ。チーズフォンデュに最適。気孔が多い。

**クリュイタンス[André Cluytens]**(一九〇五〜一九六七) フランスの指揮者。ベルギー生まれ。近代フランス音楽を得意とし、ドイツ音楽にも定評。一九四九年からパリ音楽院管弦楽団常任指揮者。

**クリューガー[Stephanus Johannes Paulus Krüger]**(一八二五〜一九〇四) 南アフリカの政治家。トランスバール共和国大統領(在任一八八三〜九九)。イギリスの併合政策に抵抗し、四度大統領に当選。南ア戦争開始後、渡欧して各国の援助を求めたが失敗。併合後スイスに亡命、客死。

**グリューネワルト[Mathias Grünewald]**(一四七〇ごろ〜一五二八) ドイツ-ルネサンスの代表的画家。本名マティス=ニタート(またはゴタート)。作品『イーゼンハイム祭壇画』など。↓写

**グリューフィウス[Andreas Gryphius]**(一六一六〜一六六四) ドイツ-バロックの代表的詩人・劇作家。詩『日曜祭日のソネット』、悲劇『レオ=アルメニウス』など。

**クリュチェフスカヤ-さん【クリュチェフスカヤ山】**(Klyuchevskaya sopka) ソ連、ロシア共和国東部、カムチャツカ半島中部の活火山。標高四七五〇m。

**グリュミオー[Arthur Grumiaux]**(一九二一〜一九八六) ベルギーのバイオリン奏者。典雅ながら現代感覚もそなえた演奏でモーツァルト作品に定評がある。室内楽にも活躍。

**グリュントゲンス[Gustaf Gründgens]**(一八九九〜一九六三) ドイツの俳優・演出家。古典劇から現代劇まで幅広く活躍。

**く-りょ【苦慮】**(名・サ変自) 苦心してどうするかをいろいろ考えること。rack one's brain 比較苦心。用例対策に――する。

**くり-よ・せる【繰(り)寄せる】**(下一他) ①順々につめ寄せる。draw close to ②たぐって引き寄せる。draw near

**グリル[grill]** ①肉を焼く網。または、この網を使った調理法。②グリルルーム。日本では軽食堂や洋風一品料理店をいう。

**クリルタイ[khuriltai モンゴル]** モンゴル族の族長会議。可汗の選挙、封邑の分割、遠征の決定など重大事項を協議。モンゴル帝国では国会の機能をもった。

**グリルパルツァー[Franz Grillparzer]**(一七九一〜一八七二) オーストリアの劇作家。洗練されたせりふ、繊細な構成が特徴。戯曲『サッポー』『金羊毛皮』、小説『哀れな辻音楽師』など。

**クリル-れっとう【クリル列島】**(Kurilskie ostrova) 千島列島のロシア語名。

**くり-わた【繰(り)綿】** キワタ(=木綿)の種を取っただけで、まだ精製していない綿。

**く-りん【九輪】** 仏塔の頂上にある相輪のうち、九層の輪形の金物。この上が水煙、下が請け花となる。参照相輪。

**グリンカ[Mikhail Ivanovich Glinka]**(一八〇四〜一八五七) ロシアの作曲家。ロシア国民楽派の祖として一九世紀音楽に影響を与えた。オペラ『イワン=スサーニン』『ルスランとリュドミラ』など。

**クリンガー[Friedrich Maximilian von Klinger]**(一七五二〜一八三一) ドイツの劇作家。その戯曲『シュトゥルム-ウント-ドラング(疾風怒濤)』は文学運動の名称となった。

**くりん-そう【九輪草】** サクラソウ科の多年草。葉は根生し長楕円形。五〜六月、紅紫色

●グリューネワルト　『小磔刑図』。一五一〇年、ワシントン-ナショナル-ギャラリー。

●クリンソウ

の花が花茎に数段輪生。観賞用としても栽培される。シチカイソウ。↓写

**クリンチ[clinch]** ボクシングの防御技術の一つ。相手に抱きついて打たれることを一時的に防ぐ。長く続けると反則。

**グリンメルスハウゼン[Hans Jakob Christoph von Grimmelshausen]**(一六二五ごろ〜一六七六) ドイツ-バロック文学の代表的小説家。三十年戦争が背景の自伝的冒険小説『阿呆物語(ジンプリチシムス)』は教養小説の先駆。

**く-る【佝僂・痀瘻】**↓せむし(傴僂)

**く・る【刳る】**(五他) 刃物などで穴をあける。えぐる。bore

**く・る【繰る】**(五他) ①順々に引き出す。用例糸を――。②順に動かす。送る。用例雨戸を――。③めくる。用例ページを――。turn over ④順に数える。用例日数を――。⑤わたくり車でキワタの種を取り去る。つむぐ。spin

**くる【来る】**《語幹と語尾とに分けられない》㊀(カ変自) ①こちらへ近づく。届く。come 対義行く・去る。用例あらしが――。手紙が――。②時間・季節などが、めぐってくる。come 用例朝が――。春が――。③ある状態が起こる。用例震えが――。④それがもとになっている。due to 用例食べ過ぎから――胃痛。⑤《「…とくる」「…ときたら」などの形で》その事を強調する。用例彼はなまけ者の上に、評判の遊び人ときている。㊁(補動)《「…てくる」の形で》①動作・作用が空間的に動く。用例旅行から帰って――。②動作・作用がひきつづいて今におよぶ。用例二〇年間ずっと仕事をしてきた。③動作・作用がだんだん実現する。用例順番がまわって――。④ある状態から別の状態になる。用例彼はだんだんやせてきたようだ。⑤ある現象がおこる。用例もうすぐ赤ん坊が生まれて――。

**来たか長さん待ってたほい**(きたかちょうさんまってたほい) 心待ちにしていた人が、折よく来たときにかけることば。

**ぐる**《俗語》悪だくみをする仲間。なれあい。共謀。accomplice 用例――になる。

**グル[guru 梵]**《尊敬すべき人、の意》インドにおける宗教的指導者。導師。

**くるい【狂い】** ①狂うこと。madness ②狂っていること。out of order 用例――の来た機械。

**ぐるい【狂い】**(接尾)それに夢中であること・人の意。用例パチンコ――。

**くるい-ざき【狂い咲き】** その時期でないのに花が咲くこと。untimely flowering

**くるい-じに【狂い死に】** 気が狂って死ぬこと。die mad

**クルイロフ[Ivan Andreyevich Krylov]**(一七六九〜一八四四) ロシアの詩人。庶民のことばを駆使し、寓話詩で社会を風刺した。作品『寓話詩集』『聖霊通信』など。

**くる・う【狂う】**(五自) ①正常な状態・順序・調子でなくなる。be out of order 用例気が――。②熱中する。lose one's head over 用例遊びに――。

**クルー[crew]** ボートやヨットなどの乗組員。また、ボート競技での漕ぎ手。

**グルー[Joseph Clark Grew]**(一八八〇〜一九六五) アメリカの外交官。一九三二〜四一年駐日大使。四四年国務次官として第二次大戦後の対日政策を献策。著書『滞日十年』。

**グルー[Nehemiah Grew]**(一六四一〜一七一二) イギリスの医師・植物解剖学者。花が生殖器官であることを確認。植物解剖学の創立に尽くす。著書『植物解剖学』。

**クルーエ[François Clouet]**(一五一〇ごろ〜一五七二) ジャンの子。フランソワ一世・アンリ二世などの宮廷画家。すぐれた肖像画デッサンを残す。

**クルーエ[Jean Clouet]**(一四八五ごろ〜一五四〇ごろ) フランソワの父。フランソワ一世の宮廷画家。ミニアチュール・肖像画が有名。

**クルー-カット[crew cut]** 男性の髪型の一つ。船員(クルー)たちが用いた髪型で短く刈ったもの。GIカットとして第二次大戦後、世界的に流行。

**クルーグ[Aaron Klug]**(一九二六〜) イギリスの化学者。細胞核の染色体にある遺伝子やリボ核酸など、生命に重要な核酸とたんぱく質の複合を研究。一九八二年ノーベル化学賞受賞。

**クルーザー[cruiser]** 外洋航海を主目的としてつくられた大型ヨット。補助エンジンを備え、台所・シャワーなど船室の設備も整っている。

**クルージュ[Cluj]** ルーマニア北西部、トランシルバニア州の州都。政治・文化・商業の中心地。古代ローマ植民地時代以来の古都。人口三〇万(一九八四)。

**クルージング[cruising]** ①巡航。②定常の速度で飛行すること。③ヨットで航海すること。④《③から》自動車で長時間走ること。

**グルーズ[Jean-Baptiste Greuze]**(一七二五〜一八〇五) フランスの画家。教訓的な画風により知られた。作品『村の花嫁』など。



↓行き先項目、図版・写真参照印。　JIS 日本工業規格情報交換用漢字符号コード(区点コード)。

**クルーゾ**【Henri-Georges Clouzot】(一九〇七〜七七) フランスの映画監督。作品『情婦マノン』『恐怖の報酬』『悪魔のような女』など。

**グルーピー**【groupie】 俳優や歌手など芸能人につきまとう熱狂的な少年少女ファン。とくに女の子。親衛隊。

**グループ**【group】 組。なかま。集団。グルッペ。

**グループ-がい**【グループ買い】 共同出資で宝くじなどを買うこと。多くの枚数を買ったほうがチャンスが広がるという発想で、当籤(とうせん)金は出資者間で配分するのが通例。

**グループ-サウンズ**《和製語》楽器を演奏しながらコーラスする小編成のグループを意味する。昭和四〇年代前半に流行。rock band

**グループ-ダイナミックス**【group dynamics】 社会心理学の一分野。集団を組織としてとらえ、その集団内、集団間に作用する力の関係を研究する。集団力学。

**グループ-ディスカッション**【group discussion】 集団討議法。テーマごとに一〇名前後のグループで自由討論をすることにより、各個人の能力・自発性・積極性などの評定、開発を行う。

**グループ-テクノロジー**【group technology】 部品を形状・寸法・加工法などに基づき、分類し符号化して行う生産方法。多品種少量生産のための一手法。

**グルーミング**【grooming】 鳥などが自分の羽毛を、また、サルなどがほかの仲間の毛などをつくろい、清潔にする行動。互いにするグルーミングは、一つの群れや集団と個体との社会的な結びつきを誇示する行為に由来するものとされている。羽づくろい。毛づくろい。

**くるおし・い**【狂おしい】(形) 狂うようである。気違いじみている。狂わしい。mad 派生 くるおしげ(形動) くるおしさ(名)

**グルカ**【Gurkha】 ネパールのシャハ王朝の別称。また、その王朝をたてたバウン・チェットリなどの民族の総称。先祖はラージプート系インド人。イスラム教徒に追われ、一八世紀にグルカの地に王朝を建設、部族名となる。

**グルカ**【Gurkha】 ネパールの首都カトマンズ西方の町。グルカ族ネパール王朝の発祥地。

**グルカゴン**【glucagon】 膵臓(すいぞう)ホルモンの一種。同じ膵臓ホルモンであるインシュリンとは反対の作用があり、肝臓のグリコーゲンをグルコースに分解し、血糖量をあげる。

**クルガン**【Kurgan】 ソ連、西シベリア南部の都市。シベリア鉄道がオビ川支流トボル川を渡る地点。穀倉地域で、食品・軽工業・機械工業が発達。人口三四・八万(一九八六)。

**くる-くる**(副) ①物の回るさま。spin 用例 こまが―回る。②幾重にも巻くさま。roll up 用例 紙を―丸める。③こまめに働くさま。work unceasingly 用例 こまねずみのように―立ち働く。

**ぐる-ぐる**(副)《「くるくる」より重い感じ》①物が回るさま。whirl 用例 腕を―回す。②幾重にも巻くさま。wind 用例 綱を―巻く。

**グルクロン-さん**【グルクロン酸】 広く動植物中に存在するウロン酸の一つ。動物の解毒(げどく)作用に関与し、体内の毒物はグルクロン酸との化合物となり尿中に排出される。glucuronic acid

**グルコース**【glucose】 化学式$C_6H_{12}O_6$ 単糖の一つ。地球上に種々の形でもっとも多量に存在する。D型・L型の光学異性体があり、天然にはD型のみ存在。D型はブドウ糖またはデキストロースという。還元性があり、砂糖の半分の甘味をもち、生物のエネルギー源となる。

**くる・し**【苦し】 古語 (形シク) ①悩みや痛みがあってつらい。用例 この子を見れば―しきこともやみぬ(竹取)。②不快だ。用例 見る目も―・しく、いとわびし(徒然・一〇)。③さしさわりがある。用例 鳶(とび)のゐたらむは、何かは―・しかるべき(徒然・一〇)。

**くるし・い**【苦しい】(形) ①押さえつけられたようにいたくてつらい。painful 用例 息が―。②心がせつなくてつらい。agonizing 対義 楽しい。用例 ―思いをする。③無理である。hard 用例 ―弁解。④むずかしい。困難である。difficult 用例 家計が―。―生活。⑤《多く「ぐるしい」の形で動詞の連用形に付いて》…しにくい。用例 寝―。聞き―。派生 くるしが・る(五自) くるしげ(形動) くるしさ(名)

**苦しい時の神頼み**(くるしいときのかみだのみ) 苦境に陥ったときだけ、神仏に祈って、助けを乞うこと。叶(かな)わぬ時の神頼み。Danger past, God forgotten.

**クルシェネク**【Ernst Křenek】(一九〇〇〜 ) アメリカの作曲家。オーストリア生まれ。十二音技法に新工夫を加えるなど前衛的傾向を示し、電子音楽も手がける。オペラ『ジョニーは演奏する』など。

**くるしから-ず**【苦しからず】(連語) さしつかえない。

**くるしま-かいきょう**【来島海峡】 愛媛県今治(いまばり)市と大島の間の海峡。交通量が多いが、潮流一〇ノット以上の日があり、海の難所。

**くるし-まぎれ**【苦し紛れ】(名・形動) 苦しさのあまり分別がなくなること・さま。out of desperation 用例 ―にうそをつく。

**くるしみ**【苦しみ】 苦しむこと。苦痛や悩み。pain 用例 生みの―。

**くるし・む**【苦しむ】(五自) ①肉体にいたみを感じる。suffer 用例 胃けいれんで―。②もだえる。なやむ。suffer 用例 借金に―。恋愛問題に―。③こまる。be at a loss 用例 答弁に―。理解に―。

**くるし・める**【苦しめる】(下一他) 苦しくさせる。困らせる。いじめる。torment

**グルジヤ-きょうわこく**【グルジヤ共和国】(Gruzinskaya SSR) ソビエト連邦を構成する共和国の一つ。首都トビリシ。スターリンの生地。カフカス地方西部にあり、温暖な地中海性気候で、茶・ブドウなどの栽培がさかん。石油精製・製鉄・機械・化学・食品工業も発達。面積七万km²。人口五二三・四万(一九八六)。正称グルジヤ-ソビエト社会主義共和国。

**くるしゅう-ない**【苦しゅうない】(連語) かまわない。

**くるす**【久留子・久留守】《十字架の意》紋所の名。キリスト教の信者が用いたが、日本在来の十字文と形が同じなので区別がしにくい。↓図

●久留子(くるす)
十字久留子

中川久留子

**クルス**【cruzポルトガル】《キリシタン用語》十字架。cross

**クルス**【Juan de la Cruz】(一五四二〜九一) スペインの詩人・聖職者。カルメル修道会改革運動に加わって投獄され、獄中で書いた『聖霊賛歌』は深い神秘思想に満ちた傑作。

**クルス**【Ramón de la Cruz】(一七三一〜九四) スペインの劇作家。庶民的な感覚で風刺のきいた一幕物の笑劇を多作、熱狂的な歓迎をうけた。

**クルスク**【Kursk】 ソ連、ロシア共和国西部の工業都市。付近に世界的な磁気異常地域と鉄鉱産地がある。人口四二・六万(一九八六)。

**グルストランド**【Allvar Gullstrand】(一八六二〜一九三〇) スウェーデンの眼科医。白内障手術後に水晶体の代用として使うグルストランド眼鏡や細隙灯顕微鏡の考案者。一九一一年ノーベル生理学医学賞受賞。

**クルゼイロ**【cruzeiroポルトガル】 ブラジルの通貨単位。記号Cr

**グルタミン**【glutamine】 アミノ酸の一つ。グルタミン酸のアミド化合物。針状結晶。L型は植物の発芽種子に含まれる。必須(ひっす)アミノ酸ではないが、アミノ酸代謝に重要。

**グルタミン-さん**【グルタミン酸】 アミノ酸の一つ。斜方晶系の白色結晶。L型は植物性たんぱく質。グルテンなど穀類のたんぱく質に多く含まれる。化学調味料の主成分。glutamic acid

**グルタミンさん-ナトリウム**【グルタミン酸ナトリウム】 アミノ酸の一種。グルタミン酸のモノナトリウム塩。代表的な化学調味料。昆布のうま味の主成分。白色結晶。sodium glutamate

**クルチコフスキ**【Leon Kruczkowski】(一九〇〇〜六二) ポーランドの小説家・劇作家。ローゼンバーグ事件を扱った戯曲『愛は死を超えて』で有名。

**グルック**【Christoph Willibald Gluck】(一七一四〜八七) ドイツの作曲家。簡素な筋書きと力強い劇的効果をもたせるオペラ改革運動をおこした。オペラ『オルフェオとエウリディーチェ』など。

**クルックス**【William Crookes】(一八三二〜一九一九) イギリスの化学者・物理学者。独創性に富み、研究は真空放電ほか多彩。『ケミカル-ニューズ誌』を創刊。

**クルックス-かん**【クルックス管】 水銀柱〇・〇一mm程度の真空度で放電する真空放電管。陰極線発見の手がかりとなった。Crookes tube ↓写

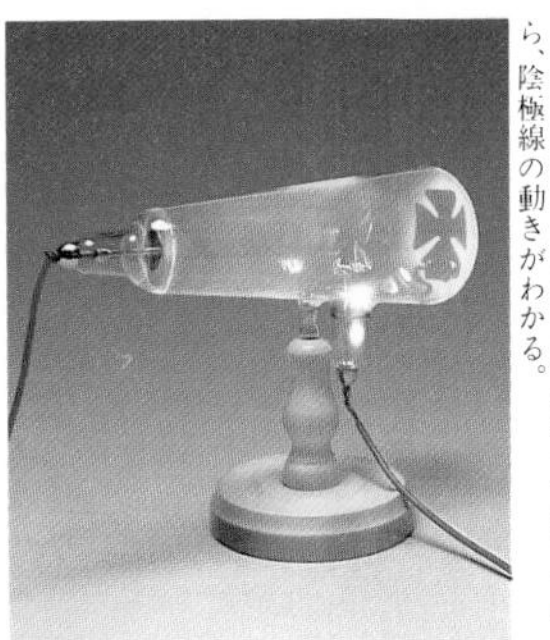

●クルックス管 ガラス管の蛍光や陽極の影から、陰極線の動きがわかる。

**クルップ**【Kruppドイツ】 喉頭(こうとう)の粘膜に偽膜ができ、のどの痛みや呼吸困難を起こす急性炎症。喉頭ジフテリアから起こるものと、咽頭(いんとう)や喉頭の炎症から起こるものとがある。クループ。croup

**クルップ**【Fried. Krupp GmbH】 西ドイツを代表する鉄鋼・造船プラント中心の大会社。前身は一八一一年創業のクルップ商会で、一九世紀末から第二次大戦にかけて世界的軍需企業となる。現在の会社は一九六八年設立。

**グルッペ**【Gruppeドイツ】 ↓グループ

**クルティウス**【Ernst Robert Curtius】(一八八六〜一九五六) ドイツの批評家・文学者。作品『バルザック』『ヨーロッパ文学とラテン中世』など。

**クルディスタン**【Kurdistan】 トルコ東部からイラン・イラク国境付近の山岳地域。面積二〇万km²。第一次大戦以来、クルド族が統一を求めて独立運動を続けている。

**グルテチミド**【glutethimide】 睡眠薬の一つ。一九五五年発見。商標名、ドリデン。

**グルテン**【gluten】 穀類に含まれるたんぱく質の混合物。灰褐色で粘りがあり、水に不溶。グルタミン酸を多く含み、グルタミン酸ナトリウムの原料。麩(ふ)の原料。麩質(ふしつ)。麩素(ふそ)。

**グルデン**【guldenオランダ】 オランダの通貨単位。ギルダー。フローリン。ギュルデン。記号Gld

**くる-とし**【来る年】 こようとしている年。coming year 対義 行く年。

**クルド-ぞく**【クルド族】 インド-ヨーロッパ語族の言語を有する遊牧民族。主としてトルコ・イラン・イラクなどに居住。農耕とヒツジ・ヤギの飼育に従事。大部分はスンナ派のイスラム教徒。Kurd

**クルトリーヌ**【Georges Courteline】(一八五八〜一九二九) フランスの劇作家・小説家。作品『ブブローシュ』『署長さんはお人よし』など。

**クルトン**【croûtonフランス】《パンの切れはしの意》パンをさいの目に切り、油で揚げたり、オーブンで焼いたりしたもの。スープの浮き実にする。

**クルナ**【Khulna】 バングラデシュ南部、ガンジス川デルタにある商業・港湾都市。米・サトウキビなど農産物の集散・加工の中心地。人口六四・六万(一九八二)。

**グルニエ**【Jean Grenier】(一八九八〜一九七一) フランスの哲学者。カミュの初期の思想に大きな影響を与える。エッセー集『孤島』など。

**グルノーブル**【Grenoble】 フランス南東部、イゼール県の県都。アルプス登山の入り口、観光基地。人口一六万(一九八二)。

**くる-びょう**【▼佝▼僂病・▼痀▼瘻病】 成長期の軟骨にカルシウムや燐(りん)の沈着が妨げられておこる骨形成障害。脊柱(せきちゅう)の異常彎曲(わんきょく)、X脚・O脚などの症状がみられる。rickets

**くるぶし**【▼踝】 足首の内・外両側に突起している部分。内側のものは脛骨(けいこつ)の下端で内踝、外側のものは腓骨(ひこつ)の下端で外踝という。ankle ↓足図

**クルプスカヤ**【Nadezhda Konstantinovna Krupskaya】(一八六九〜一九三九) ソ連の教育家・政治家。レーニン夫人。ピオネール運動の創始者。ソ連の教育体制確立に貢献。

**グルベル**【Cato Maximilian Guldberg】(一八三六〜一九〇二) ノルウェーの応用数学者・物理化学者。義弟ウォーゲと協力して、化学親和力の研究を行い、質量作用の法則を発見。

**くるま**9画【▽俥】 部首[人・イ](にんべん) 和製漢字 JIS 4864
人力車。車夫が人を乗せてひく二輪車。

**くるま**【車】 ①軸を中心として回転する輪。車輪。wheel ②車輪で動くもの。乗用・運搬用の道具の総称。古くは牛車(ぎっしゃ)

●車③
源氏車

重ね花形源氏車

を、明治・大正期は人力車を、現在は自動車をさすことが多い。vehicle 数え方 一台・一両・一乗。③紋所の名。平安貴族の用いた御所車を紋章化した源氏車のほか、風車・水車などもある。↓図

**車の両輪**(くるまのりょうりん)《車の両輪は、どちらが欠けても成り立たないことから》両者が互いに密接な関係にあって、欠くことのできないたとえ。車のりょうわ。

**車は海へ船は山へ**(くるまはうみへふねはやまへ) 物事が逆であることのたとえ。

**車は三寸の楔を以て千里を駆く**(くるまはさんずんのくさびをもってせんりをかく)《車も楔がなければ役に立たないことから》小さなものでも、大きな役割を果たすことができるたとえ。

**車を懸く**(くるまをかく)《漢の薛広徳が、老いて官を退いたさいの、天子からもらった老人用の車を、みずからの栄光を子孫に伝えるために吊るし示した、という故事から》年老いて官職を辞める。

**車を摧く**(くるまをくだく) 険路で車の輪がこわれくだけることにたとえて、人の心の頼みがたいことを言う。

**車を捨てる**(くるまをすてる) ①車を降りる。②官職を辞す。車を懸く。

**車を拾う**(くるまをひろう) タクシーを呼びとめて、乗る。get a taxi

**くるま-いす**【車▼椅子】 歩行が不自由な人のために考案された、腰かけたまま手の操作で移動できる車付きの椅子。wheel chair

**くるま-いど**【車井戸】 滑車付きの釣瓶式井戸。井戸の上のやぐらに取り付けた滑車を利用し、釣瓶をつけた縄をたぐり水をくむ。draw well with pulley

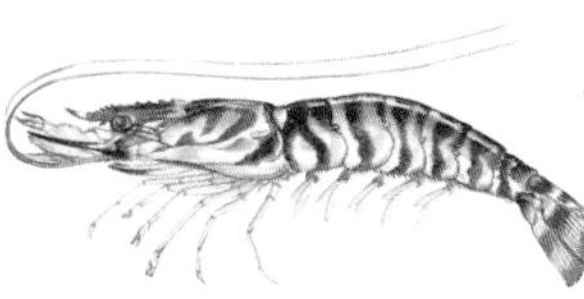
●クルマエビ

**くるま-えび**【▽車▽海▽老】 内海の砂泥中にすむ食用エビ。体長約二五cm。淡褐色で黒褐色のしま模様が車輪のようにみえる。夜間活動し、雑食性。美味で養殖もされる。北海道南部以南・インド洋に分布。prawn ↓図

**くるま-がえし**【車返し】 山道などがけわしくて、それ以上車が通れない所。比較 馬返し。

**くるま-がき**【車垣】 茶室の露地に設ける半輪状の垣。萩などを束ねて作ることが多い。

**くるま-ざ**【車座】 多人数が円形に、中心の方を向いてすわること。sitting in a circle

**くるま-ざき**【車裂き】 戦国時代の刑の一種。二台の車に手足を結びつけ、反対方向に引かせて身体を引き裂くもの。

**くるま-ずみ**【車炭】 茶道で使う切り炭の一種。太い炭を短く切り平らに見せて使うと、車輪のように見えるところから。

**くるま-ぜんしち**【車善七】 江戸時代、江戸浅草の非人頭の代々の称。江戸の弾左衛門の支配下にあって、非人の取り締まりや非人寄場・非人小屋などの管理にあたった。

**くるま-だい**【車代】 ①車に乗った料金。足代。fare ②講師などに交通費として渡す礼金。reward

**くるま-だい**【車▼鯛】 鮮紅色のキントキダイ科の海水魚。全長約二五cm。体形が丸く、目が大きい。食用。南日本以南の暖海に分布。

**くるま-だいく**【車大工】 牛車・馬車・大八車などを造る職人。車師。棒屋。

**くるま-だち**【車裁ち】 和服で、四つ身裁ちの一種。一〇歳前後の子供用着物の裁ち方。身頃から表衽・裏衽・共衽などを通して裁ち落とす。身幅が広くとれる。

**くるま-とう**【車糖】 結晶粒の細かい精製糖の総称。手ざわりがしっとりとし、湿り気があり固まりやすい。上白糖・精製三温糖など。

**くるま-どめ**【車止め】 ①車の通行を禁止すること。②駐車中の自動車などが自然発進するのを防止するために、車輪にあてがうもの。③列車の車両が、線路の末端から逸走しないように設けた設備。

**くるまば-そう**【車葉草】 アカネ科の多年草。高さ約三〇cm。葉は光沢があり輪生。夏に、漏斗状の白い花を開く。果実にかぎ状の毛が密生。本州・北海道に分布。

**くるま-ばった**【車▽飛▼蝗】 草原などでみられる大形のバッタ。体長約五cm。左右の後翅を広げると半円形をなす黒帯がある。飛ぶ力が強い。日本全土・東南アジアに分布。↓バッタ図

**くるま-ばな**【車花】 草原にはえるシソ科の多年草。高さ約六〇cm。葉は長卵形で鋸歯をもつ。夏、枝先の花穂に紅紫色の花が数段輪生する。日本全土に分布。

**くるまびき**【車引・車▼曳】 浄瑠璃『菅原伝授手習鑑』第三段の最初の場面の通称。梅王と桜丸が、敵の藤原時平の車の前に立ちはだかり、松王と争う場面。

**くるま-へん**【車偏】 漢字を組み立てている部分の名。「輪・転」などの左の「車」。

**くるま-や**【車屋】 ①車をつくる家・人。②車宿。③人力車夫。車ひき。

**くるま-やど**【車宿】 車ひきをやとっていて、荷車や人力車をしたてる家。

**くるま-ゆり**【車▽百▽合】 ユリ科の多年草。高山の草原にはえる。高さ七〇～一〇〇cm。茎の中ほどに十数枚の葉を輪生。夏に朱赤色で径約四cmの花を数個つける。↓写

●クルマユリ

**くるま-よせ**【車寄せ】 車をよせるため、玄関先に屋根を張り出した吹きぬけの場所。

**くるま・る**【▽包まる】(五自) からだがすっぽりつつまれる。be wrapped up 用例 ふとんに―・って寝る。

**グルマン**【gourmandフランス】 ①美味な食物や料理を愛好する美食家。②食いしん坊。大食家。

**くるみ**【▼胡▽桃・▽山▼胡▽桃】 クルミ科クルミ属の落葉高木の総称。葉は互生し、羽状複葉。雌雄同株。春に雄花は穂が長くたれ、雌花は数個つく。オニグルミ・ヒメグルミ・テウチグルミがある。果実はかたい種子を含み食用。材は家具用。ウォルナット。walnut ↓写

**ぐるみ**【▽包み】(接尾) ひっくるめて。残らず。…ごと。用例 町―。家族―。

**くるみ-がい**【▼胡▽桃貝】 水深三〇～二〇〇mの細砂底にすむマメクルミガイ科の海産の二枚貝。形態は原始的で殻高約一・五cm。ハマグリ形で灰青色。房総半島以南に分布。

**くるみ-ボタン**【▽包みボタン】 土台となるボタンの表面を布・皮革・編み地などで包んだもの。covered button

**くるみ-ゆ**【▼胡▽桃油】 クルミの種の仁を絞って採る良質の植物油。風味・香りともによく、サラダのドレッシングによく使われる。walnut oil

**くるみわりにんぎょう**【くるみ割り人形】《原題Shchelkunchikロシア》代表的古典バレエ。二幕三場。チャイコフスキー作曲、イワーノフ振り付け。一八九二年初演。ホフマンの童話のバレエ化。

**くる・む**【▽包む】(五他) つつむ。つつみまく。wrap

**くるめ**【久留▽米】〈市〉 福岡県南部、筑後川に沿う市。旧城下町。タイヤを中心としたゴム工業が産業の中心。久留米絣、ツツジなどの庭木が特産。人口二二万三〇一九(一九八八)。

**グルメ**【gourmetフランス】 食通。美食家。とくに、ワインやブランデーなど、酒類の味のわかる人。

**くるめ-がすり**【久留▽米▼絣】 福岡県久留米地方で織られる木綿の紺絣。藍染めが堅牢で地質がしっかりしている。江戸後期に井上でんが創案。

**くるめ・く**【▼眩く・▽転く】(五自) ①くるくる回る。turn around ②めまいがする。めくるめく。get dizzy

**くるめ-つつじ**【久留▽米▼躑▼躅】 ツツジ科の常緑低木。キリシマ・フジツツジなどの交雑によって育成されたもの。江戸時代の初めに知られたが、一般化したのは明治時代中ごろ。小花が群がって咲き、色彩が豊富。

**くる・める**【▽包める】(下一他) ①つつむ。まく。wrap ②一つにまとめる。put together ③うやむやに紛らす。ごまかす。coax into 用例 言い―。

**くるり**(副) ①すばやく回転したり反転したりするさま。around 用例 ―とまわる。②物の表面がむけたり、はがれたりするさま。off 用例 ―と皮がむける。③物を包んだりまるめたりするさま。用例 ―とまるまる。④物の周りをとりまくさま。round 用例 ―と囲む。⑤丸くて愛らしいさま。round and cute 用例 ―とした目。⑥急にようすが変わるさま。suddenly 用例 ―と態度を変える。

●クルミ オニグルミの花(右)と実(左)。

**ぐるり**【▽周▽囲】㊀(名) まわり。周囲。surroundings ㊁(副) ①回転するさま。turning ②とりかこむさま。in a circle

**グルリット**【Manfred Gurlitt】(一八九〇～一九七二) ドイツの指揮者・作曲家。藤原歌劇団の指揮者などをつとめ、日本オペラの発展に寄与。

**くるる**【▽枢】 ①扉を回転させるために扉の端の上下に付けたほぞと、それを受ける穴。②戸の桟から敷居に差し込んで戸締まりをする木切れ。

**くるる-ど**【▽枢戸】 くるるであけたてする戸。

**クルレジャ**【Miroslav Krleža】(一八九三～一九八一) ユーゴスラビアの詩人・劇作家・小説家。『ユーゴ大百科辞典』の編纂に参加。戯曲『グレンバイ家の人々』など。

**くるわ**【▽郭・▼廓・▽曲輪】 ①城・とりでの回りのかこい。enclosure ②一区画をなす地域。quarter ③遊里。

**くるわ-ことば**【▽郭言葉・▼廓▽詞】 江戸時代の遊郭特有のことば。遊女の出身地のなまりを隠すとともに、どんな客にも平等に応対するために工夫された。里言葉。ありんす言葉。

**くるわし・い**【狂わしい】(形) ↓くるおしい(狂おしい)

**くるわ・す**【狂わす】(五他) ＝狂わせる。①正気を失わせる。乱心させる。drive mad ②うまく合わないようにする。調子を乱させる。put out of order

**くるわ・せる**【狂わせる】(下一他) ↓くるわす(狂わす)

**くるわ-ばなし**【▽郭▼噺】 遊郭を舞台にして展開される落語の総称。

**くるわぶんしょう**【▼廓文章】 歌舞伎世話物。通称『吉田屋』。文化五年(一八〇八)初演。名妓夕霧と伊左衛門の物語。近松門左衛門の浄瑠璃『夕霧阿波鳴渡』の改作。

**クルン-テプ**【Krung Thep】 バンコクの正称。

**くれ**【▽塊】 かたまり。多く土について言う。lump 用例 土―。

**くれ**【暮(れ)】 ①夕がた。日ぐれ。nightfall 対義 明け。②季節の終わり・末。end ③年の終わり。年末。year-end 対義 盆。

**くれ**【▽呉】〈市〉 広島県、広島湾東岸の市。第二次大戦まで重要な軍港。戦後は造船などの重工業が中心。二級峡・音戸ノ瀬戸は観光名所。人口二二万三三一一(一九八八)。

**クレアチニン**【creatinine】 筋肉に含まれ、筋収縮のエネルギー源となるクレアチン燐酸の代謝産物。血中・尿中濃度から筋障害や腎機能がしらべられる。

**クレアチン**【creatine】 脊椎動物の筋肉に

含まれる物質の一つ。クレアチン燐酸りんさんとなってエネルギー貯蔵の役割をする。

**クレアチン-りんさん【クレアチン▼燐酸】** 筋肉中にあり、収縮のさいのエネルギーを提供するとともに、あまったエネルギーを貯える化合物。creatine phosphate

**グレアム【Martha Graham】**(一八九四〜一九九一) アメリカの女流舞踊家。モダンダンスの代表的存在。作品『辺境』『アパラチアの春』『心の洞穴』など。

**グレアム-の-ほうそく【グレアムの法則】**《イギリスの化学者グレアムの名から》一定の温度・圧力のもとで気体が容器の小孔から圧力の低い側へ流出する速度は気体の密度、すなわち分子量の平方根に逆比例するという法則。Graham's law

**グレイ【gray】** 吸収放射線量の国際単位。放射線の照射により、物質一kg当たり一ジュールのエネルギーを吸収するときの線量で表す。一〇〇分の一グレイは一ラド。記号Gy

**クレイト【krait】** コブラ科の毒ヘビ、アマガサヘビ類の英語名。

**くれ-うち【▽塊打ち】**(名・サ変自) 田畑をすきでおこし、土の固まりをくだくこと。

**クレー【clay】** ①粘土。②「クレー射撃」の略。

**クレー【Paul Klee】**(一八七九〜一九四〇) スイスの画家・版画家。ドイツで活躍。豊かな想像力と精緻ちせいな表現力で、多彩な幻想世界を生みだした。作品『美しき女庭師』『忘れっぽい天使』、著書『造形思考』など。↓写

●クレー 『R荘』。一九一九年、バーゼル美術館(スイス)。

**グレー【gray米; grey英】** 灰色。用例 ―のスーツ。

**グレー【Edward Grey】**(一八六二〜一九三三) イギリスの政治家。自由党に所属。一九〇五〜一六年外相として英露えいろ協商を締結、フランスを含む三国協商を成立させた。一四年対ドイツ宣戦を断行。

**グレー【James Gray】**(一八九一〜一九七五) イギリスの動物学者。繊毛せんもう運動の現象を実験生理学で解析。

**グレー【Thomas Gray】**(一七一六〜一七七一) イギリスの詩人。独特の繊細なオード(頌歌しょうか)やエレジーを書き、ロマン派の先駆者となった。詩『墓畔の哀歌』『オード集』など。

**グレー-カラー【gray collar】**《灰色の襟、の意》事務労働にたずさわるホワイトカラーと作業現場のブルーカラーとの中間的な性格の労働者の俗称。オートメーションシステムの監視作業員、電算機のキーパンチャーなど。

**クレーグ【Edward Henry Gordon Craig】**(一八七二〜一九六六) イギリスの演劇理論家・演出家。現代演出の先駆者。演出の絶対性を主張し、独自の演劇論を展開。著書『劇芸術』など。

**クレー-コート【clay court】** 粘土または土と、細かい砂を混合して、表面をおおったテニスコート。比較 グラスコート。

**グレーザー【Donald Arthur Glaser】**(一九二六〜) アメリカの物理学者・生物物理学者。泡箱を発明し、素粒子の実験的研究を行い、一九六〇年ノーベル物理学賞受賞。

**クレージー【crazy】**(形動) 気違いじみたさま。熱狂的なさま。

**グレーシャー-こくりつこうえん【グレーシャー国立公園】**(Glacier National Park) アメリカ、モンタナ州北西部の国立公園。面積四一〇〇km²。雄大な氷河で知られる。

**クレー-しゃげききょうぎ【クレー射撃競技】** 射撃競技の一つ。クレーピジョンという素焼すやきの粘土皿さらを投射器から放出し、それを散弾銃さんだんじゅうで一個ずつ射撃し、破砕した数で勝敗を競う。トラップとスキートの二種目がある。claypigeon shooting ↓写

**クレージュ【André Courrèges】**(一九二三〜) フランスの服飾デザイナー。一九六〇年代にパンタロンスーツ・ミニスカートを発表し、ミニ時代を開いた。

**グレーズ【Albert-Léon Gleizes】**(一八八一〜一九五三) フランスの画家・理論家。キュビスムに参加し、同派の理解と普及に尽くした功績が大きい。著書『キュビスム回想』など。

**クレーター【crater】** 惑星や衛星(月など)の表面に普遍的にみられる大小の凹孔。火山活動や隕石いんせきの衝突などにより形成。環状山。

**クレーターレーク-こくりつこうえん【クレーターレーク国立公園】**(Crater Lake National Park) アメリカ、オレゴン州南西部、クレーター湖を中心とする国立公園。面積六五〇km²。

**グレーティング【grating】** ↓かいせつこうし(回折格子)

**グレーディング【grading】** 標準サイズの型紙を、等差的に縮小したり拡大したりして、段階的に各サイズに展開すること。

**クレーデ-てんがん【クレーデ点眼】**《創始者のドイツ人医師の名Credéから》淋病りんびょうの母親から生まれた新生児が、淋菌性結膜炎にかからないようにする予防法。結膜に一%の硝酸銀液を滴下する。Credé's method

**グレード【grade】** 等級。階級。程度。

**グレートオーストラリア-わん【グレートオーストラリア湾】**(Great Australian Bight) オーストラリア南岸、インド洋に開けた大湾。

**グレートサンディ-さばく【グレートサンディ砂漠】**(Great Sandy Desert) オーストラリア北西部の砂漠。

**グレートソルト-こ【グレートソルト湖】**(Great Salt Lake) アメリカ、ユタ州北部にある塩湖。面積四六六〇km²。塩分濃度二〇〜二七%。南岸にソルトレイクシティがある。

**グレートディバイディング-さんみゃく【グレートディバイディング山脈】**(Great Dividing Range) オーストラリア東部の、ゆるやかな山脈。最高峰コシウスコ山は標高二二三〇m。大陸の主分水嶺で、大分水嶺山脈ともいう。イースタンハイランズ。

**グレート-デーン【Great Dane】** ドイツ原産のイヌの品種の一つ。大形犬。体高約七五cm、体重約五四kg以上。色は、白に黒のぶちか茶・黒など。猟犬・番犬用。

**グレート-バリア-リーフ【Great Barrier Reef】** オーストラリア北東岸沿いの世界最大の珊瑚礁さんごしょう。南北二〇〇〇km、幅一六〜二四〇kmで海中公園に指定。大堡礁たいほしょう。

**グレートビクトリア-さばく【グレートビクトリア砂漠】**(Great Victoria Desert) オーストラリア南部、西・南オーストラリア両州にまたがる砂漠。

**グレート-ピレネー【Great Pyrenees】** イヌの一品種。肩高七五cm前後。白い長毛の大形犬で、牧羊犬・番犬となる。ピレネー地方原産。

●クレー射撃競技

**グレートブリテン-ごう【グレートブリテン号】**(Great Britain) イギリスの汽船。大西洋を横断した最初のスクリュー船。三二七〇総トン。一八四五年建造。

**グレートブリテン-とう【グレートブリテン島】**(Great Britain) ヨーロッパ大陸西方、イギリス諸島の主島。面積二二・九万km²。

**グレート-プレーンズ【Great Plains】** アメリカからカナダにかけて、ロッキー山脈東麓とうろくに広がる大平原。標高六〇〇〜一八〇〇m。半乾燥の大農牧地帯。石炭・天然ガスなど鉱産資源も豊富。

**グレート-ベースン【Great Basin】** アメリカ西部、シエラネバダ山脈とワサッチ山脈間の盆地。乾燥地域で、グレートソルト湖など、塩湖が多い。

**グレート-マザー【great mother】**《ユングの用語》子どもを包みこみ、またのみこむ母親という、人類が共通にもつ心の中の母親のイメージ。太母。

**グレート-リフト-バレー【Great Rift Valley】** アフリカ大陸東部の高原地帯をほぼ南北に走る世界最大の地溝帯。西アジアからつづき、延長八〇〇〇km。湖と火山が多く、観光地として知られる。

**グレード-レース【grade race】** 中央競馬で、その格式や伝統により、三段階にランクづけされた重賞競走。五大クラシックなど一五をグレード1(GⅠ)とよび、以下GⅡが二四、GⅢが五五ある。

**クレートン-はんトラストほう【クレートン反トラスト法】** 一九一四年アメリカで制定された独占取締法。一八九〇年のシャーマン法を補充強化したもの。Clayton Anti-trust Act

**グレーハウンド【greyhound】** イヌの一品種。体高七〇〜八〇cm、体重約三〇kg。短毛で、毛色は変化に富む。古代エジプトで飼われたという。足が長くスマートで、競走犬として有名。↓イヌ写

**グレーハウンド【Greyhound Corporation】** アメリカ最大手の路線バス会社。バス製造でも大手。一九二六年設立。

**グレーハウンド-ライン【Greyhound Line】** アメリカのグレーハウンド社のバス路線網。アメリカ国内とカナダに広がる。

**グレービー【gravy】** ソースの一種。肉を焼いたあとの焼き汁にブイヨンを加えたもの。ローストビーフ用が有名。

**クレープ【crêpeフランス】** ①強撚糸ねんしを平織りにして布面にしぼを表した縮み織物の総称。糸のより加減・仕上げ方法によって、多くの種類がある。②小麦粉に卵・砂糖・牛乳・バターを混ぜ合わせ薄く焼いたもの。ジャムをぬってデザートとして食べたり、グラタンの料理などに使う。

**グレープ【grape】** ブドウ。用例 ―ジュース。

**クレーフェルト【Krefeld】** 西ドイツ、ルール地方西部の繊維工業都市。染色工業もさかん。人口二一・七万(一九八五)。

**クレーブクール【Michel-Guillaume-Jean de Crèvecoeur】**(一七三五〜一八一三) アメリカの随筆家。フランス生まれ。作品『アメリカ農民だより』など。

**クレープ-シャツ【crepe shirt】** クレープ地で作った夏用のシャツ。肌ざわりがよく、涼しい。

**グレーブズ【Morris Graves】**(一九一〇〜) アメリカの画家。東洋の美を愛し、幽玄味ある画風で、鳥を題材としたテンペラや水彩が多い。作品『心眼の中の小鳥』など。

**グレーブズ【Robert Graves】**(一八九五〜一九八五) イギリスの詩人・小説家。幻想性と理知との結合した繊細剛毅ごうきな詩風。小説『神クローディアス』、詩論『白い女神』など。

**クレープ-デ-シン【crêpe de chineフランス】** 縮緬ちりめんの一種。細い絹糸の平織りの織物。安価なレーヨンのものもある。細かいちぢれがめだち、薄くて柔らか。デシン。

**クレーブのおくがた【クレーブの奥方】**《原題La Princesse de Clèvesフランス》ラ=ファイエット夫人の恋愛小説。一六七八年刊。宮廷人の恋愛心理を的確に描出した。

**グレープフルーツ【grapefruit】** ミカン科の常緑性小高木。果実は枝に房のようにつき、形や色はザボンに似る。果肉は柔らかく多汁。生食・ジュース用。西インド諸島原産。↓写

●グレープフルーツ 花(上)と実(下)。

**クレープ-ペーパー【crepe paper】** 表面を縮ませた加工紙。縮緬ちりめん紙。

**クレーマー【Stanley Kramer】**(一九一三〜) アメリカの映画監督。作品『渚なぎさにて』『ニュールンベルグ裁判』など。

**クレーム【claim】** ①損害賠償請求。品質不良・着荷不足などの売買契約違反があった場合、買い手が売り手に対してとる行為。②一般に日本では、要求・苦情。

**クレール【René Clair】**(一八九八〜一九八一) フランスの代表的映画監督。映画人初のアカデミー会員。作品『巴里パリの屋根の下』『自由を我等われらに』『巴里

祭』『リラの門』など。

**くれ-えん【▾榑縁】** 板を敷居に平行にならべて張った縁側。対義 切り目縁。

**クレーン【crane】** 荷役機械の一種。重量物を持ち上げ、上下および水平方向に移動させる。橋形クレーン・ケーブルクレーンなど。

**クレーン【Hart Crane】**(一八九九～一九三二) アメリカの詩人。ロマン性の強い法悦的な作品を書いた。詩集『白い建物』『橋』。

**クレーン【Stephen Crane】**(一八七一～一九〇〇) アメリカの小説家・詩人。アメリカ-リアリズム小説の道を開き、その自由詩はイマジズムの先駆とされる。小説『街の女マギー』『赤い武功章』など。

**グレーン【grain】** ヤード-ポンド法における質量の単位。一ポンドの七〇〇〇分の一。約〇・〇六四八g。

**クレオソート【creosote】** ブナ属植物の乾留から得た木タールをさらに蒸留して得られる油状物。強い刺激臭がある。劇薬で、消毒・殺菌・防腐剤として用いられる。

**クレオソート-ゆ【クレオソート油】** タールの蒸留で得られる中油以上の留分であるナフタレン・アントラセンなどを一定の割合で混合したもの。木材防腐剤・塗料・燃料など。creosote oil

**クレオパトラ〈七世〉【KleopatraⅦ】**(BC六九～BC三〇) エジプトのプトレマイオス朝最後の女王(在位BC五一～BC三〇)。美貌と才知に恵まれ、カエサル(=シーザー)の援助で一時追われた王位を回復。紀元前三一年、夫アントニウスとともにアクティウムの海戦に敗れ、翌年自殺。

**クレオパトラの鼻がもう少し低かったなら、世界の歴史は変わっていたであろう**(クレオパトラのはながもうすこしひくかったなら、せかいのれきしはかわっていたであろう)《パスカルの『パンセ』の中のことば》古代エジプトの女王クレオパトラは、その美貌で、ローマの執政者のカエサルやアントニウスを惑わせた。もし、彼女がそれほど美しくなければ、世界の歴史は違った展開になっていたことだろう。If Cleopatra's nose had been a little lower, the history of the world might have been different.

**クレオメ【cleome】** フウチョウソウ科の一年草。草丈は一m内外。六月から九月に、雄しべが長く伸びた桃・紫・白色の花が多数咲く。観賞用。南アメリカ原産。セイヨウフウチョウソウ。↓写

**クレオン【crayon】** ↓クレヨン

**くれ-がた【暮(れ)方】** 日の暮れるころ。夕暮れ。nightfall 対義 明けがた。

**グレガリナ【Gregarinaラテ】** 昆虫やミミズなどの腸管内に寄生する微生物の一群。大きさ三〇〇マイクロメートル～一mm。原生動物の仲間で、胞子をつくってふえる胞子虫類に属する。簇虫。

**く-れき【句歴】** 俳句づくりの経歴。

**くれ-ぐれ【暮れ暮れ】** 日が暮れようとするころ。夕方。nightfall

**くれぐれ-も【▿呉れ▿呉れも】**(副) 繰り返し。よく念を入れて。せつに。be sure to 用例 ――も気をつけてね。

**グレコ【El Greco】**(一五四一～一六一四) スペインの画家。ギリシア生まれ。本名ドメニコス=テオトコプロス。通称のエル=グレコは、ギリシア人の意。奔放で神秘的・怪奇的な画風の宗教画・肖像画を描く。作品『オルガス伯の埋葬』『トレド風景』など。↓写

●E=グレコ 画家。『トレド風景』。一五九五～一六〇〇年、メトロポリタン美術館(アメリカ)。

**グレコ【Emilio Greco】**(一九一三～) イタリアの彫刻家。古典主義的作風で知られる。作品『女の胸像』『浴女』など。

**グレコ【Juliette Gréco】**(一九二七～) フランスの女性シャンソン歌手。第二次大戦後、実存主義の女神とさわがれ、一九四九年歌手としてデビュー。詩的な歌い方と個性的な容貌で人気がある。

**グレゴリー【Isabella Augusta Gregory】**(一八五二～一九三二) アイルランドの女流劇作家。イェーツらとアイルランド演劇界に貢献。戯曲『噂のひろまり』など。

**グレゴリウス〈一世〉【Gregorius Ⅰ】**(五四〇ごろ～六〇四) ローマ教皇(在位五九〇～六〇四)。教皇の称号をローマ司教だけに限定、その地上支配権を拡大し、教会国家の基礎を築いた。グレゴリオ聖

●クレオメ

歌の創始者。

**グレゴリウス〈七世〉【Gregorius Ⅶ】**(一〇二〇ごろ～八五) ローマ教皇(在位一〇七三～八五)。教皇史上最大の人物とされ、教会改革を推進し教皇権の拡大につとめた。叙任権をめぐって皇帝ハインリヒ四世と争い、「カノッサの屈辱」で知られる。

**グレゴリオ-せいか【グレゴリオ聖歌】** ローマ-カトリック教会の典礼に使用されるラテン語の聖歌。無伴奏で歌われる単旋律の音楽。ローマ教皇グレゴリウス一世の名にちなんでよばれる。Gregorian chant

**グレゴリオ-れき【グレゴリオ暦】** 一五八二年、ローマ教皇グレゴリウス一三世により、ユリウス暦にかわるものとして制定された暦法。現在ほとんどの文明国で使われている。Gregorian calendar

**グレコローマン-スタイル【Greco-Roman style】** レスリングの競技スタイルの一つ。腰から下を使ったり攻めたりしてはならない。古代ギリシアから伝わるかたち。比較 フリースタイル。

**グレゴロビッチ【Yuri Nikolayevich Grigorovich】**(一九二七～) ソ連の舞踊家・振付師。『石の花』の振り付けで成功。

**クレシェンド【crescendoイタリア】** 音楽で、強弱の変化を示す語。だんだん強く、大きく。クレッシェンド。対義 デクレシェンド。

**クレジット【credit】** ①一国の政府や銀行などが外貨不足のとき、一定の短期間、他国の政府・銀行などから融通を受ける信用のこと。②信用販売。月賦販売。③新聞記事・放送番組などで、出所・提供者・製作者などを明らかにすること。④貸し方勘定。

**クレジット-カード【credit card】** 銀行・商店と提携したカード会社が発行する、現金を直接支払わずに買いものなどができるカード。プラスチックマネー。

**クレジット-クランチ【credit crunch】**《「クランチ」は、危機の意》ある種の規制や銀行の経営難などで金融が極度に引き締まり、高金利を払っても資金を集められない状況。金融恐慌の引き金になることもある。金融逼迫。信用危機。

**クレジット-タイトル【credit-titles】** 映画などで前後につく、キャスト・製作スタッフを示す字幕。

**クレジット-トランシュ【credit tranche】** 国際通貨基金(IMF)の加盟国が国際収支の悪化や外貨不足のさいIMFから借り入れできる割り当てのうち、リザーブトランシュを超過して条件付きとなる分。比較 リザーブトランシュ。

**グレシャム【Thomas Gresham】**(一五一九ごろ～七九) イギリスの財政家。国王の財政顧問として王立為替取引所の設立などにつとめた。グレシャムの法則で有名。

**グレシャム-の-ほうそく【グレシャムの法則】**「悪貨は良貨を駆逐する」という法則。素材価値を異にし、同一の名目価値を持つ貨幣が競合するとき起こる現象。Gresham's law

**くれ-しゅうぞう【▿呉秀▿三】**(一八六五～一九三二) 精神医学者。医史学者。広島県生まれ。東大教授。わが国精神医学の基礎を築き、精神病者の看護の改革にも尽くした。

**クレセント【crescent】** 上げ下げ窓・引き違い窓などに用いる締め金物。サッシ用の錠前。

**クレゾール【Kresolドイツ】** 化学式$C_6H_4(CH_3)OH$ 無色の液体。フェノールのような臭気がある。消毒薬・殺菌剤・防腐剤などに利用。メチルフェノール。cresol

**クレゾール-せっけんえき【クレゾール石▾鹼液】** 消毒薬の一つ。水に難溶なクレゾールをカリせっけんと混ぜて可溶にし、〇・二～〇・五%水溶液として用いる。リゾール。saponated cresol solution

**クレソン【cressonフランス】** アブラナ科の水生多年草。葉に独特のぴりっとした辛味がある。明治のはじめに渡来。ウオータークレス。オランダガラシ。watercress ↓写

**くれ-たけ【▿呉竹】** ハチクの別名。

**くれたけ-の【▿呉竹の】**[枕ことば]《タケには節があり、また節と節の間を「よ」ということから》「ふし(節・伏し)・よ(夜・世)」などにかかる。用例 世にふれば言のはしげき――うきふしごとに鶯ぞなく(古今・雑下)。

●クレソン

**クレタ-とう【クレタ島】**(Creta) エーゲ海南端のギリシア最大の島。クレタ文明の中心で、遺跡が多い。面積八二六〇km²。クリティ島。

**クレタ-ぶんめい【クレタ文明】** 紀元前二〇～前一四世紀、クレタ島を中心に極盛期を迎えた文明。クノッソス宮殿の遺跡はその代表的なもの。ミノア文明。Cretan civilization

**クレチアン-ド-トロワ【Chrétien de Troyes】** ↓クレティアン=ド=トロワ

**クレチン-びょう【クレチン病】** 先天性の甲状腺欠損や、甲状腺ホルモンの欠乏によっておこる病気。成長とともに知能も冒される。先天性甲状腺機能低下症。cretinism

**ぐ-れつ【愚劣】**(名・形動) くだらないこと・さま。ばかげたこと・さま。stupidity

**クレッサン【Charles Cressent】**(一六八五～一七六八) フランスの家具師。端麗なロココ風装飾で有名。摂政(レジャンス)式の代表作家。

**クレッシェンド【crescendoイタリア】** ↓クレシェンド

**クレッチマー【Ernst Kretschmer】**(一八八八～一九六四) ドイツの精神医学者。現代精神病理学の発展に貢献。気質の分類、体型と性格の研究が有名。著書『体格と性格』『天才の心理』など。

**くれ-て【▿呉れ手】** 対義 もらい手。①物を与える人。donor ②…してくれる人。用例 引き受けて――がない。

**クレディ【Lorenzo di Credi】**(一四五六～六〇ごろ～一五三七) イタリアの画家。ベロッキオの弟子。画風は同門のレオナルド=ダ=ビンチの影響が強い。作品『受胎告知』など。

**クレティアン-ド-トロワ【Chrétien de Troyes】**(一一三五ごろ～八三ごろ) 中世フランス最大の詩人、宮廷風騎士道物語の作者。フランス最初のアーサー王伝説物語『エレクとエニード』や『ペルスバル』など。

**クレディ-リヨネ【Crédit Lyonnaisフランス】** フランスの預金銀行。一八六三年リヨン市に創立、一九四六年国有化された。

**クレド【credoラテン】** キリスト教の信条。信仰内容を要約的に表現したもの。

**くれ-ない【紅】**《「呉の藍」の約》①あざやかな赤色。crimson; deep red ②ベニバナの古名。汁は染料。③香の名。伽羅の一種。

**紅は園生に植えても隠れ無し**(くれないはそのうにうえてもかくれなし) すぐれた者は、どのような所にいても、その存在がはっきりする。

**くれない-の【紅の】**[枕ことば]「色」などにかかる。用例 いふ言の恐き国そ――色にな出でそ思ひ死ぬとも(万葉・四・六八三)。

**くれない-ばかま【紅▾袴】** 明るい紅色の長袴。平安朝の女官などが朝服に着用した。緋色であることから「緋の袴」ともいう。

**くれ-なず・む【暮(れ)▿泥む】**(五自) 日が暮れようとして、なかなか暮れない。be slow to grow dark

**グレナダ【Grenada】** カリブ海東方、西インド諸島中の島国。首都はグレナダ島のセントジョージズ。一九七四年イギリスから独立。火山性の島が多い。ニクズクで知られる香料の島で、バナナ・砂糖も生産。面積三四〇km²。人口一一万(一九八六)。

**くれ-の-あい【▿呉の▾藍】**《呉から渡来した藍、の意》ベニバナの異名。

**グレのうた【グレの歌】**《原題Gurreliederドイツ》一九一一年シェーンベルク作曲の独唱・合唱・語り手・管弦楽のための作品。歌詞はヤコプセンの詩のドイツ語訳。後期ロマン派的色彩が強い。

**くれ-の-おも【▿呉の▿母】** ウイキョウの古名。



↓ 行き先項目、図版・写真参照印。 JIS 日本工業規格情報交換用漢字符号コード(区点コード)。

**くれ-のこ・る【暮(れ)残る】**(五自) 日が暮れきらずに、明るさがほんのりと残る。用例 ―庭にハギの花。

**くれ-の-はじかみ【▽呉の▼椒】** ショウガの古名。

**クレバス【crevasse】** 氷河の表面に生じた深い割れ目。氷河が流動するさい、岩盤の傾斜変換部・屈曲部・谷壁の近くなどに生ずる。

**クレパス**《商標名》クレヨンとパステルの長所をとった棒状の絵の具。pastel crayon

**くれ-は・てる【暮(れ)果てる】**(下一自) 日がすっかり暮れる。The sun has set completely.

**くれ-はとり【▽呉▽織】** ①《「はとり」は「はたおり」の転》記紀で、中国の呉(ご)から渡来したと伝える機(はた)織り工女。雄略(ゆうりゃく)天皇の時代に渡来し、衣縫部(きぬぬいべ)の祖となったとされる。②呉から伝来した手法で織られた、綾(あや)模様のある絹織物。③[枕ことば]《②から》「あや」にかかる。用例 ―あやに恋しくありしかば二村山(ふたむらやま)も越えずなりにき(後撰・恋三)。

**クレバネット【Cravenette】** 毛織物の通気性・防水加工技術のイギリスでの商標名。日本では、防水加工を施したギャバジン類のこと。レーンコート用。クレバ。

**ぐれ-はま**《「ぐりはま」の転》→ぐりはま

**クレピス【crepis】** キク科クレピス属の総称。園芸上はモモイロタンポポをさす。タンポポに似た羽状葉を叢生(そうせい)。春、茎を伸ばし、先端に淡紅色の頭状花を多数つける。

**クレビヨン【Claude-Prosper Jolyot de Crébillon】**(一七〇七〜一七七七) フランスの小説家。劇作家クレビヨンの子。好色小説を書く。作品『ソファ』など。クレビヨン-フィス。

**クレビヨン【Prosper Jolyot de Crébillon】**(一六七四〜一七六二) フランスの悲劇作家。戯曲『ラダミストとゼノビ』など。

**クレブス【Hans Adolf Krebs】**(一九〇〇〜八一) ドイツ生まれのイギリスの生化学者。細胞のTCA回路を発見。一九五三年ノーベル生理学医学賞受賞。

**クレブス-かいろ【クレブス回路】** →ティーシーエーかいろ(TCA回路)

**クレペリン【Emil Kraepelin】**(一八五六〜一九二六) ドイツの医学者。近代精神医学の始祖。精神病を早発性痴呆(ちほう)と躁鬱(そううつ)病の二群に分けたことで有名。

**クレペリン-けんさ【クレペリン検査】** 精神作業能力を判定するための検査。連続的に数字の計算を行わせて注意力、集中力、作業への順応性、疲労度などを検査する。クレペリンが創始。Kraepelin's test

**クレマチス【clematis】** キンポウゲ科クレマチス属の総称。代表種はカザグルマ・テッセンなどで、園芸品種は非常に多い。一般につる性で、葉は対生し複葉。花弁はなく、萼(がく)は色が豊富。開花は初夏から秋。→写

●クレマチス　カザグルマ(上)、テッセン(下)。

**クレマン【René Clément】**(一九一三〜) フランスの映画監督。作品『鉄路の闘い』『禁じられた遊び』『太陽がいっぱい』など。

**クレマンソー【Georges Clemenceau】**(一八四一〜一九二九) フランスの政治家。急進社会党を指導し、その雄弁で「虎(とら)」といわれた。ドレフュス事件の弁護にも活躍。一九〇六年首相。第一次大戦末期に再度首相となり、強力な指導力を発揮。パリ講和会議では対独強硬策を唱えた。

**くれ-むつ【暮(れ)六つ】** 江戸時代の時刻法で、夕方の六つ時。現在の午後六時ごろ。また、その時刻を知らせる鐘の音。一日の活動時間の終了を意味した。酉(とり)の刻。対義 明け六つ。

**クレムリノロジー【Kremlinology】** ソ連の公式行事や儀式での要人の並び方などから、その勢力関係の変化、それにともなう政策の変化などを判断し予測すること。

**クレムリン【Kremlin】**《ロシア語では「クレムリ」、城塞(じょうさい)の意》ソ連の首都モスクワの中心地区。政治中枢機関があり、ソ連政府の代名詞になっている。革命前のロシア皇帝の居城。→写

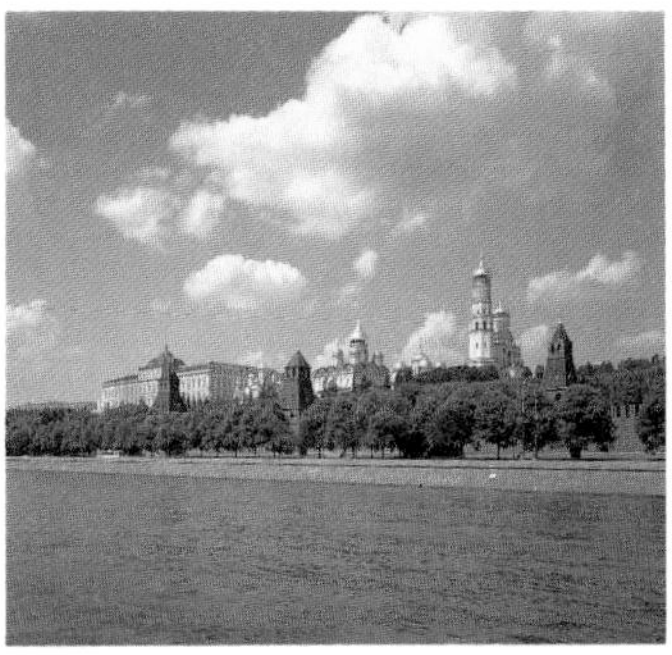
●クレムリン

**クレメンツ【Frederic Edward Clements】**(一八七四〜一九四五) アメリカの植物生態学者。植物群落は、同じ気候条件であれば同じ極相が出現し、変われば極相は遷移(せんい)していくという単極相説を唱えた。

**クレメンティ【Muzio Clementi】**(一七五二〜一八三二) イタリアのピアニスト・作曲家。近代ピアノ奏法の創始者・教育者。ピアノソナタが多い。

**くれ-ゆ・く【暮(れ)行く】**(五自) ①日が暮れていく。だんだんに暮れる。darken ②時がだんだん終わりになっていく。passing 用例 ―春。

**クレヨン【crayon】** 絵画材料。フランスでは、鉛筆か鉛筆画、広く棒状の描画材料。日本では、パラフィンと顔料(がんりょう)を練りあわせた児童向けの描画材料。クレオン。

**く・れる【▽呉れる】** 一(下一他) ①人が自分に物を与える。用例 兄がこの本をぼくに―・れた。②《俗語》人に物を与える。やる。give 対義 もらう。用例 金を―・れてやる。二(補動)《「…てくれる」の形で》㋐人が自分のためになる動作をする。用例 教えて―・れませんか。だまっていて―・れ。㋑人のために、ある動作をしてやる。用例 目に物見せて―。

**く・れる【▼眩れる・▽暗れる】**(下一自) ①目の前が暗くなる。暗い気持ちになる。be gloomy 用例 涙に―。②分別できなくなる。迷う。at a loss 用例 途方に―。思案に―。

**く・れる【暮れる】**(下一自) ①日が沈んで暗くなる。grow dark 用例 日が―。対義 明ける。②年や季節が終わりになる。おしつまる。end 用例 春も―。ことしも―・れた。③→くれる(眩れる)

**ぐ・れる**(下一自)《俗語》①食い違う。go wrong ②わき道へそれて悪くなる。不良になる。go astray

**クレルモン-フェラン【Clermont-Ferrand】** フランス中部、ピュイ-ド-ドーム県の県都。オーベルニュ地方の商工業・交通の中心。人口一四・七万(一九八二)。

**くれ-わり【▽塊割(り)】** 土のかたまりをくだく農具。くれたたき。比較 くれうち。

**ぐ-れん【▽紅▼蓮】** ①まっかなハスの花。crimson lotus flower ②まっか。crimson 用例 ―のほのお。③「紅蓮地獄」の略。

**クレンザー【cleanser】** 洗浄剤の一種。単なるみがき砂と、漂白殺菌作用のあるものがある。後者は便器や浴室の掃除などに使用される。

**ぐれん-じごく【▽紅▼蓮地獄】**《仏教語》八寒(はっかん)地獄の一つ。はげしい寒さでからだがさけ、血が流れる地獄。

**クレンジング-クリーム【cleansing cream】**《「クレンジング」は、清潔にする・清掃する、の意》化粧を落とすためのクリーム。親油性のものと親水性のものとがあり、親油性のものはペーパーでふきとり、親水性のものは水で洗い落とす。

**ぐれん-たい【愚連隊】**《俗語。「愚連」は当て字。「ぐれる」をもじった語》不良の仲間。

**グレン-チェック【glen check】**《「グレン」は、スコットランドの家族名Glen Urquhartが省略されたものとされる》織物の柄の名。白と黒(現在は色糸も)の二色のチェック。スーツやコートに使われるオーソドックスな柄。→チェック写

**クレンペラー【Otto Klemperer】**(一八八五〜一九七三) ドイツの指揮者。ベートーベンや後期ロマン派作品に定評があった。

**くろ【▽畔・▼畦】** 田のふち。あぜ。footpath 用例 田の―。

**くろ【黒】** ①墨のような色。black 対義 白。②碁で先に打つ番の人がもつ石。また、それを持つ人。対義 白。③犯罪の疑いが濃いこと・人。strong suspicion 対義 白。用例 彼はどう見ても―だ。④収入が支出を上回ること。用例 ―字。

**クロ【Emile-Hortensius-Charles Cros】**(一八四二〜八八) フランスの詩人・科学者。カラー写真や蓄音機の原理を発見。シュールレアリスムの先駆者といわれている。詩集『白檀(びゃくだん)の小箱』など。

**グロ【Antoine Jean Gros】**(一七七一〜一八三五) フランスの画家。ナポレオンを主題とした戦争画・歴史画で有名。作品『ヤッファのペスト患者』など。

**グロ**(名・形動)「グロテスク」の略。

**くろ-あえ【黒▽和(え)】** ①黒ゴマをすってあえた食品。対義 白和(しらあえ)。②イカのすみでイカをあえた塩からの一種。黒作り。

**くろ-あげは【黒揚羽・▼蝶】** 黒色で大形のアゲハチョウ。開張約九cm。食草はカラタチやミカンなど。本州以南・東南アジアに分布。→図

●クロアゲハ

**クロアチア【Croatia】** ユーゴスラビア連邦を構成する六つの共和国の一つ。首都ザグレブ。果物のほか、石炭・石油・ボーキサイトなどの鉱産資源が豊か。面積五・七万$km^2$。人口四六〇・一万(一九八一)。

**くろ-あり【黒▼蟻】** 黒いアリの俗称。クロヤマアリ・クロオオアリ・クロクサアリなど。black ant

**くろ・い【黒い】**(形) 対義 白い。①《「玄い」とも》黒色である。墨のような色である。black 用例 ―絵の具。②日に焼けた色をしている。tanned 用例 肌(はだ)が―。③うすよごれている。きたない。dirty 用例 えりが―。④悪心がある。blackhearted 用例 腹の―人。⑤悪事・不正・犯罪の疑いがある。guilty 用例 ―うわさ。派生 くろさ(名) くろず・む(五自) くろば・む(五自) くろみ(名) くろめ(名) くろ・める(下一他)

**黒い霧**(くろいきり)《松本清張(まつもとせいちょう)の小説『日本の黒い霧』から》政界・官界・財界などにつらなる職権乱用・汚職・利権あさりなどの疑惑をさす語。

**目の黒い内**(めのくろいうち) →め(目)

**くろいし【黒石】**〈市〉 青森県、津軽(つがる)平野の市。旧城下町。稲作とリンゴ栽培が中心。黒石温泉郷がある。人口四万一〇八七(一九八八)。

**くろい-せんじ【黒井千次】**(一九三二〜) 小説家。東京生まれ。本名長部舜二郎(おさべしゅんじろう)。東大卒。小説『時間』『五月巡歴』『群棲(ぐんせい)』など。

**くろいそ【黒▼磯】**〈市〉 栃木県北部、那須野原(なすのがはら)北部の市。那須温泉郷・那須高原への入り口。人口五万一五〇六(一九八八)。

**クロイソス【Kroisos】**(?〜BC五四六ごろ) リディア王国最後の王(在位BC五六〇ごろ〜BC五四六ごろ)。小アジアの中・西部に領土を拡大し、勢威を振るったが、ペルシア王キュロスに敗北した。

**くろいた-かつみ【黒板勝▽美】**(一八七四〜一九四六) 歴史学者。日本古文書学の確立者。長崎県生まれ。東大教授。著書『国史の研究』、編著『新訂増補国史大系』など。

**クロイツァー【Leonid Kreutzer】**(一八八四〜一九五三) ドイツのピアニスト。ロシア生まれ。ベルリン国立音楽学校教授。来日後定住し、多くの子弟を育成。

**クロイツェル-ソナタ【Kreutzer Sonata(ドイツ)】** ベートーベン作曲のバイオリン-ソナタ第九番、イ長調の通称。作品四七。一八〇三年作。友人で、当時の著名なバイオリン奏者ルドルフ-クロイツェルに捧げられた。

**クロイツベルク【Harald Kreutzberg】**(一九〇二〜六八) ドイツのノイエタンツ(新舞踊)の代表的舞踊家。ボヘミア生まれ。

**くろいと-ししゅう【黒糸刺▼繡】** 薄地の麻布に黒の絹糸で刺す刺繡。一六世紀にスペインからイギリスに移入され流行した。ステッチはダブルランニング・ステムなど。blackwork 対義 白糸刺繡。

**クロイドン【Croydon】** イギリス、ロンドン市南部の自治区。住宅地区。人口三二・一万(一九八三)。

**くろいみね-いせき【黒井峰遺跡】** 群馬県北群馬郡子持村で発見された、六世紀後半の農村集落遺跡。榛名(はるな)山の噴火のさいの降灰により短時間で埋没したため、集落の全体像が遺跡として残存。

**くろいわ-じゅうご【黒岩重▼吾】**



▼常用漢字表外。　▽常用漢字表の音訓外。

〜一九二四) 小説家。大阪生まれ。同志社大卒。社会悪の追及と人間の孤独を描く風俗小説に特色がある。作品『背徳のメス』『天の川の太陽』など。

**くろいわ-るいこう【黒岩涙香】**(一八六二〜一九二〇) ジャーナリスト・翻訳家。土佐の人。本名は周六。慶応義塾中退。『万朝報』を創刊し新聞の大衆化に成功。社会改革運動や『巌窟王』『噫無情』などの翻訳小説でも知られる。↓写

●黒岩涙香

**く-ろう【苦労】**(名・形動・サ変自) 心身を苦しめること・さま。ほねおり。心配。hardship 用例親に—をかける。まことにご—なことです。

**ぐ-ろう【愚▼弄】**(名・サ変他) ばかにしてからかうこと。mockery 用例人を—するにも、ほどがある。

**ぐ-ろう【愚老】**(代) 老人が自分をけんそんしていう語。

**くろう-しょう【苦労性】** あれこれ気にする性質。nervous temperament 比較心配性。

**くろ-うたどり【黒歌鳥】**↓ブラックバード

**くろ-うと【玄人】** 対義しろうと。①技芸に熟達した人。専門家。professional; expert 用例—顔負け。②芸者。遊女。

**くろ-うど【蔵▽人】** 令外の官の一つ。天皇の側近の職。平安時代、詔勅の伝宣・進奏・諸儀式など朝廷の政務の運営の中心となった。くらんど。

**くろうど-どころ【蔵▽人所】** 天皇のそば近くにあって、宮中の雑事をつかさどる役所。

**くろうど-の-とう【蔵▽人の頭】** 蔵人所の別当につぐ重職。貫首。職事。

**くろうと-はだし【玄人▼跣】**《本職もはだしで逃げ出す意》専門家も及ばないほど物事に熟達していること。本職はだし。like a professional

**くろう-にん【苦労人】** 苦労をして、よく世事・人情に通じた人。man of the world

**くろ-うめもどき【黒梅▽擬】** 山野にはえるクロウメモドキ科の落葉低木。高さ一・五〜六m。雌雄異株。五月ごろ、淡黄緑色の小花をつける。果実は球形で黒熟。果実と樹皮を薬用にする。

**くろ-うんも【黒雲▽母】** 雲母の一つ。主要な造岩鉱物で六方晶系。黒褐色。火成岩や変成岩中に広く産出する。biotite

**くろ-おおあり【黒大▼蟻】** 黒色のアリ科の昆虫。働きアリは体長七〜一三㎜。日当たりのよい地中に巣をつくり、アリマキとの共生がみられる。ハアリは五月ごろ出現。日本全土・朝鮮半島・中国に分布。black carpenter ant ↓アリ図

**クローカス【crocus】**↓クロッカス

**クローク**《cloak room の略》ホテル・劇場などで、オーバーや持ち物をあずかる所。

**クローグ【Schack August Steenberg Krogh】**(一八七四〜一九四九) デンマークの生理学者。毛細血管の血液輸送調節作用の研究業績で一九二〇年ノーベル生理学医学賞受賞。

**クローケー【croquet】**↓クロッケー

**クローシュ【cloche フランス】** 下向きのブリム(縁)のついた、釣り鐘(クローシュ)形の婦人帽。クロッシュ。↓図

●クローシュ

**グロース【Karl Groos】**(一八六一〜一九四六) ドイツの美学者。芸術起源の問題を遊戯本能によって基礎づけた。著書『動物遊戯論』など。

**クローズ-アップ【close-up】**(名・サ変他) ①映画や動植物・静物写真などで、大写しすること。正しくはクロース-アップ。②問題として大きく取り上げること。

**グロー-スイッチ【glow switch】**↓グロースターター

**グロースグロックナー-さん【グロースグロックナー山】**(Grossglockner) オーストリア中部、東アルプス、ホーエタウエルン山脈の最高峰。標高三七九八m。

**グロー-スターター【glow starter】** 蛍光灯の点灯に用いる小型の放電管。グロー放電により生じる熱によって放電管内のバイメタル-スイッチが閉じて管の電極にスタート電流を流し、次に冷却開放して点灯。グロースイッチ。

**クローズド-エンド-モーゲージ【closed-end mortgage】** 担保付き社債を発行するとき、同じ担保物件について同じ順位の抵当権のついた社債を一度に発行する制度。閉鎖担保。対義オープンエンドモーゲージ。

**クローズド-ショップ【closed shop】** 労働協約で、使用者が一つの労働組合のメンバーだけを雇用することを定める制度。比較オープンショップ・ユニオンショップ。

**クローズド-スタンス【closed stance】** 野球やゴルフなどで、ボールを打つときの構えの一つ。打球方向と反対側の足を、スクエアスタンスよりも、やや後方に引いて立つ。

**クローゼット【closet】** ①洋服箪笥。物入れ。納戸。押し入れ。参照ウオークインクローゼット。②小さな私室。③便所。

**クローチェ【Benedetto Croce】**(一八六六〜一九五二) イタリアの哲学者・歴史家。観念論にたち哲学を構想、美学・論理学・倫理学・経済学の理論をまとめ、歴史主義の立場をとった。反ファシズムの態度を貫く。著書『歴史叙述の理論と歴史』『一九世紀ヨーロッパ史』など。

**グローテフェント【Georg Friedrich Grotefend】**(一七七五〜一八五三) ドイツの言語学者。古典語学を研究。楔形文字で書かれたペルセポリス碑文を、ペルシアの諸王名を手がかりに解読した。

**クローデル【Paul-Louis-Charles-Marie Claudel】**(一八六八〜一九五五) フランスの詩人・劇作家・外交官。二〇世紀前半のフランス文学を代表する一人。カトリック信仰に支えられ神への賛歌を歌う。壮大な叙事詩劇を創造。戯曲『黄金の頭』『マリアへのお告げ』『繻子の靴』、詩集『五大賛歌』など。

**クロード【Albert Claude】**(一八九九〜一九八三) アメリカの細胞学者。細胞顆粒分離法により細胞の構造と機能の解明に努めた。一九七四年ノーベル生理学医学賞受賞。

**クローナ【krona アイスランド】** スウェーデン・アイスランドの通貨単位。記号Kr

**クローニン【Archibald Joseph Cronin】**(一八九六〜一九八一) イギリスの小説家。人道主義的主題を展開。作品『城砦』『王国の鍵』など。

**クローニン【James Watson Cronin】**(一九三一〜 ) アメリカの実験物理学者。中性K中間子崩壊における基本対称性の破れの発見で、一九八〇年ノーベル物理学賞受賞。

**クローネ【krone デンマーク】** デンマーク・ノルウェーの通貨単位。記号Kr

**クローバー【clover】** マメ科の多年草。ふつうシロツメクサをいう。茎は地面をはい、節から根を出して広がる。夏に多数の白花を球形に密集させる。葉は丸い三枚の小葉からなる複葉。四つ葉のものは幸福のシンボルとされる。牧草・緑肥。ヨーロッパ原産。ウマゴヤシ。ツメクサ。↓写

●クローバー

**クローバー【Alfred Louis Kroeber】**(一八七六〜一九六〇) アメリカの文化人類学者。カリフォルニア大学教授。「文化の超有機体説」による文化概念の究明、中南米考古学の開拓などに業績。著書『人類学』。

**グローバリズム【globalism】** 国家という単位をこえて、世界を一つのまとまりにしようという考え方や運動の総称。

**グローバル【global】**(形動) ①全地域的。全世界的。地球上の。②包括的な。

**くろ-おび【黒帯】** 柔道・空手などで、有段者が締める黒色の帯。また、有段者であること。black belt

**クロービス【Clovis】**(四六五ごろ〜五一一) フランク王(在位四八一〜五一一)。メロビング朝の創始者。部族対立を克服して全フランクを統一。正統派カトリックに改宗して王国発展の足がかりを築いた。

**クローブ【clove】**↓ちょうじ(丁子)

**グローブ【globe】** ガラス・合成樹脂などで作られた照明器具の外球。光源をおおい、光色・光量などの調整をする。

**グローブ【glove】** ①野球で、捕手・一塁手以外が用いる革製捕球用具。五本指の手袋形のもの。グラブ。②ボクシングで、選手が手にはめる革製用具。六〜一二オンスで階級により重さが異なる。

**グローブ【George Grove】**(一八二〇〜一九〇〇) イギリスの音楽学者。一八七八〜八九年『グローブ音楽辞典』全四巻を編集。王立音楽学校校長。

**グローブ-ざ【グローブ座】**↓ちきゅうざ(地球座)

**グロー-ほうでん【グロー放電】** 低圧気体中に起こる真空放電の一つ。発光は明るく、気体特有の色がある。ネオンサインやネオンランプなどに応用。glow discharge

**クローム【John Crome】**(一七六八〜一八二一) イギリスの画家。英国風景画の基礎を確立。透徹した大気の描写が特徴。作品『スレート採石場』など。

**クローリング-ペッグ【crawling peg】** 為替平価を連続的で小刻みに変更する方式。平価変更にともなうショックを緩和できる。比較アジャスタブルペッグ。

**クロール【crawl】** 泳法の一種。水面に伏して、左右の手で交互に水をかきながら、ばた足で水を蹴る。

**クローン【clone】** 単一細胞または個体から、無性的な増殖でできた同一遺伝子をもつ細胞群ないしは個体群。分枝系。

**クローン-せんたくせつ【クローン選択説】** 免疫理論の一つ。生体内には個々の抗原に対応する抗体を専門につくる細胞群(クローン)が先天的にあり、抗原に対応するクローンが選択的に刺激されて抗体をつくるという説。clone selection theory

**クローン-にんげん【クローン人間】** 単一の個体から無性生殖的につくり出されるとされる人間。親とまったく同じ遺伝形質をもつ。将来は技術的に可能とされているが、さまざまな問題がある。clone man

**クローン-びょう【クローン病】** 回腸末端部などに多くみられる原因不明の炎症性疾患。よく急性虫垂炎と間違われる。限局性回腸炎。回腸末端炎。Crohn's disease

**くろ-がし【黒▼樫】**《樹皮の黒いカシ、の意》イチイガシ・アラカシなどの総称。

**くろ-かじき【黒▼梶木】** 背側の黒味が強いマカジキ科の海水魚。吻が剣状に突出する。もっとも大形で、全長約三m、体重約五〇〇kg。食用。本州中部以南・太平洋・インド洋の暖海域に分布。

**くろ-がね【▽鉄・黒金】**《黒い金属、の意》鉄の古称。まがね。

**くろ-かび【黒▼黴】** コウジカビの一種。菌糸先端に黒色球形の胞子を数珠状につける。蓚酸・枸櫞酸・グルコン酸の生産に利用。クロコウジカビ。

**くろ-かみ【黒髪】** ㊀女性の黒く美しい髪の毛。black hair ㊁邦楽曲名。①長唄の曲名。作詞初世桜田治助。作曲初世杵屋佐吉。天明四年(一七八四)初演のめりやす物。源頼朝と政子への嫉妬に狂う辰姫が主人公。②地唄の曲名。

**くろかみ-の【黒髪の】**〔枕ことば〕「乱る・長し」などにかかる。用例長からむ心も知らず—乱れてけさは物をこそ思へ(千載・恋三)。

**くろ-がも【黒▼鴨】** 黒色のカモ。翼長約二二cm。下面は暗褐色。北アメリカ北部・アジア北部で繁殖し、冬は南下。日本へは各地の江湾・沿岸に冬鳥として群れ渡る。American black scoter

**くろ-がらし【黒辛子】** アブラナ科の一年草。地中海地方原産。葉はキクに似る。春に黄色花をつける。種子は灰褐色。洋がらしの原料として広く栽培。

**くろ-かわ【黒皮】** 担子菌類イボタケ科のキノコ。かさは径五〜一五cm、黒色。下面に小さな管孔が密生。松林内の地上に発生。食用。

**くろかわ【黒川】**〈村〉 新潟県北部、胎内川に沿う村。農林業が中心。渓谷美の胎内川ラインがある。人口六四九六(八九)。

**くろかわ-おんせん【黒川温泉】** 熊本県北東部、南小国町の温泉。筑後川上流、田ノ原川沿いの古い温泉。

**くろかわ-としお【黒川▽利雄】**(一八九七〜一九八八) 内科医学者。北海道生まれ。東北大卒。消化器のレントゲン検査・胃癌診断の細胞学的確認など、消化器疾患の診断に寄与した。昭和四三年(一九六八)文化勲章受章。

**くろかわ-のう【黒川能】** 山形県東田川郡櫛引町黒川の春日神社で、二月一、二日に行われる王祇祭に演じられる能。古い様式を残す能として知られる。↓写(次ページ)



↓行き先項目、図版・写真参照印。 JIS日本工業規格情報交換用漢字符号コード(区点コード)。

●黒川能

**くろ-き【黒木】** ①皮付きの材木。古くは赤木の対、のち白木の対。②コクタンの異名。③蒸して黒くなった薪。大原女が売り歩いた。

**くろ-き【黒▽酒】**《「き」は酒の古名》白酒にクサギの灰を入れて黒く着色した酒。古く、白酒とともに祭祀用に用いた。黒御酒。対義 白酒。

**くろぎ【黒木】**〈町〉福岡県南部、矢部川沿いの町。農業が主で米・茶・ミカンの産出が多い。人口一万七五九三(一九八八)。

**くろき-かんぞう【黒木勘蔵】**(一八八二〜一九三〇) 浄瑠璃研究家。長野県生まれ。早大卒。著書『近世演劇考説』『浄瑠璃史』、『近世邦楽年表』を編纂。

**グロキシニア【gloxinia】** イワタバコ科の多年草。根出葉は多肉でビロード状の毛がある。花は釣り鐘状で、赤・白・紫など多様。観賞用。→写

●グロキシニア

**グログラン【grosgrain フランス】** 固く密に平織りし、太い畝を出した織物。一般に縦糸は絹・レーヨンで、横糸は綿。リボン・ネクタイなどにする。

**くろ-ぐろ【黒黒】**(副) たいへんに黒いようす。in deep black 用例 墨―と記す。

**くろ-くわ【黒▼鍬】** ①戦国時代に築城や道普請などに従事した人夫。②江戸時代、江戸城内の掃除などの雑役にあたった軽輩。

**くろ-ぐわい【黒▽慈▼姑】** カヤツリグサ科の多年草。中部以西の田や小川にはえる。秋に花茎の先に緑色円筒状の花穂をつける。秋、地下茎が肥大して塊茎をつくる。食用となるが、現在はほとんど利用されない。エグ。rush nut

**くろ-げ【黒毛】** ①黒色の毛。black hair ②馬の毛色の一つ。青毛。black

**クロケット【David Crockett】**(一七八六〜一八三六) アメリカの英雄的開拓者。治安判事、連邦下院議員を歴任。テキサスの対メキシコ独立運動に参加。アラモ砦の救援戦で戦死。

**くろげ-わしゅ【黒毛和種】** ウシの一品種。和牛の大部分を占める品種。日本在来の黒色のウシを改良。肉用で肉質は優秀。九州・中国地方に多い。→ウシ写

**くろ-ご【黒子・黒▽衣・黒▼巾】**《「くろこ」とも》①芝居で、後見が着る黒い着物。それを着る後見。②《転じて》おもて舞台や表面に出ないで、裏で人をあやつる人。

**くろ-こう【黒鉱】** 黒鉱鉱床の上部にある閃亜鉛鉱に富む黒い緻密な鉱石。東北地方の日本海側に分布し、銅の原料鉱石。黒物。black-ore

**くろこう-こうしょう【黒鉱鉱床】** 閃亜鉛鉱・方鉛鉱・四面銅鉱・黄銅鉱・黄鉄鉱などからできている、黒色で緻密な鉱石を産出する鉱床。とくに東北地方日本海側に多い。秋田の小坂・花岡・釈迦内など。black-ore deposit

**くろ-ごきぶり【黒▼蜚▼蠊】** 体に光沢のある黒褐色の昆虫。体長約三cm。家屋内に生息。本州以南に分布。

**くろ-こげ【黒焦げ】** 黒く焼け焦げること。焼け焦げたもの。burn black

**くろ-ごけ【黒▼苔】** 濃褐色のクロゴケ科のコケ。おもに高山の岩上に群生する。高さ一・五cm内外。葉は長卵形。胞子体は頂端に一個生じる。

**クロコダイル【crocodile】** 上から見た吻の形が、先の細くとがった二等辺三角形をしたワニの一群。大形で獰猛な種類が多い。全長約一〇mのイリエワニ、全長約七mのナイルワニなど一二種。世界の熱帯・亜熱帯に分布。→写 →ワニ図

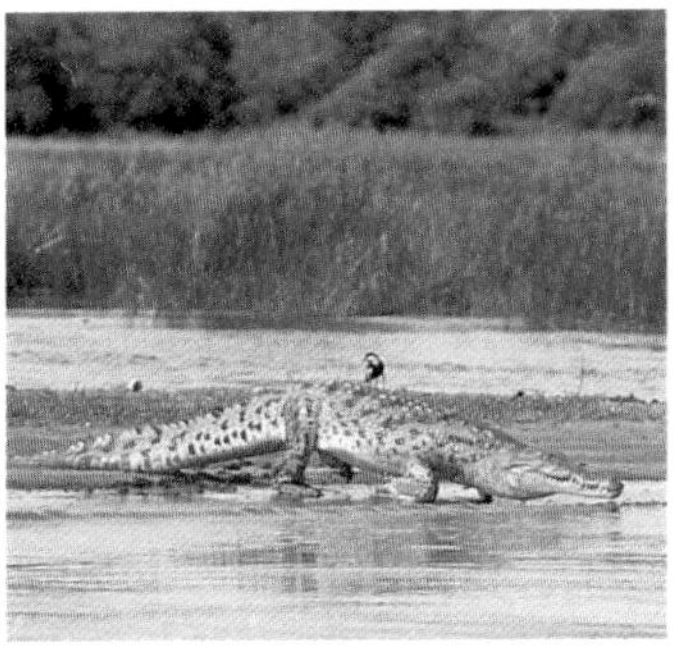
●クロコダイル　ナイルワニ

**クロコディール【Krokodil ロシア】**《ワニの意》ソ連の大衆的な絵入り風刺雑誌。月に三回刊行。官僚主義などを風刺漫画であばくとともに資本主義的生活や思想も批判する。一九二二年創刊。

**くろ-このまちょう【黒木間▼蝶】** 林の薄暗い所にすむ、茶褐色で前翅に白斑があるジャノメチョウ。開張約七cm。食草はイネ科植物。夕暮れに活動し、灯火にも飛来する。南日本に分布。

**くろ-ごま【黒▼胡麻】** ゴマの種子の黒いもの。

**くろ-ごめ【黒米・▽玄米】** げんまい。unpolished rice; brown rice

**くろ-さい【黒▼犀】** 体が黒っぽい二角のサイ。肩高約一・五m。サバンナに単独ですみ、草食性。サハラ以南のアフリカに分布し、サイの中でもっとも数が多い。black rhinoceros

**くろさき【黒▼埼】**〈町〉新潟県中部、新潟市南隣の町。稲作やチューリップ・ユリなど花の栽培がさかん。人口二万二八八二(一九八八)。

**くろ-さぎ【黒▼鷺】** 海浜や河口付近にすむ、全身が黒っぽいサギ。全身純白の白色型があり、これをシロクロサギともいう。全長約六三cm。アジア南部・オーストラリアなどに分布し、本州・沖縄でもみられるが、その数は多くない。Eastern reef heron

**くろ-ざとう【黒砂糖】** 精製されていない黒褐色の砂糖。原料はサトウキビ。強い甘味と香りがあり、ビタミンや無機質が豊富。brown sugar

**くろさわ-あきら【黒沢明】**(一九一〇〜) 日本の代表的映画監督。東京生まれ。日本映画の国際的評価を高めた。作品『姿三四郎』『羅生門』『生きる』『七人の侍』『天国と地獄』『赤ひげ』『影武者』など。

**くろさわ-きんこ【黒沢琴古】** 尺八琴古流宗家の芸名。初世(一七一〇〜七一)は本名、幸八。各地の尺八曲を集め、琴古流本曲三六曲を後世に伝えた。四世で断絶。

**くろ-し【黒し】** 古語(形ク)→くろい(黒い)

**くろ-じ【黒字】** ①黒く書いた字。black letter ②予算で歳入が歳出を上回ること。また、収支決算であまりが生じること。surplus 対義 赤字。

**くろ-じ【黒地】** 地色が黒いこと。black ground

**くろ-じ【黒▼鵐】** ホオジロ科の小鳥。翼長約八・五cm。声は鈴の音に似て美声。冬鳥で、秋に日本全土に渡来。北海道・東北地方などで繁殖。→図

●クロジ

**くろ-しお【黒潮】** 日本付近を流れる暖流。フィリピン東方から台湾東方を通り、南西諸島西方から日本南方を経て、本流は関東沖で東方に折れ、北米海岸に達する全長六〇〇〇km以上の海流。支流は対馬暖流として九州西方に流れる。メキシコ湾流と並ぶ世界の強大海流の一つ。日本海流。対義 親潮。

**くろ-しじみ【黒▽小▼灰▼蝶】** 雄の翅が暗紫色に光るシジミチョウ。開張三・七cm前後。クヌギ・コナラなどに産みつけられた卵からかえる幼虫はアブラムシの分泌物をなめて成長し、やがてクロオオアリの巣中に運び込まれ、アリに養われて越冬。成虫は初夏に出現。本州から九州に分布。

**くろじ-とうさん【黒字倒産】** 企業が損益計算上は利益を上げていながら、資金繰りの悪化で倒産すること。

**くろ-しま【黒島】** 長崎県佐世保市、九十九島の西部にある島。面積四・九km²。隠れキリシタンの島で、教会と修道院があり、島民の八〇%はカトリック教徒。

**くろしま-でんじ【黒島伝治】**(一八九八〜一九四三) 小説家。小豆島生まれ。シベリア出兵の経験に基づく反戦小説や農民小説を書いた。作品『銅貨二銭』『渦巻ける烏の群』など。

**くろ-しょいん【黒書院】** 江戸時代、城内御殿の建築様式の一つ。柱や窓・障子などの縁をすべて黒漆で塗った書院。対義 白書院。

**くろ-しょうじょう【黒▼猩▼猩】** チンパンジーの別名。

**くろ-しょうぞく【黒装束】** 黒ずくめの身なり。

**くろ-しろ【黒白】** ①黒と白。black and white ②よしあし。善悪。こくびゃく。good and bad ③有罪か無罪か。guilty or not guilty ④写真・映画などが黒と白の二色のもの。black and white

**クロス【cloth】** =クロース。①織物。布。用例 テーブル―。②書物の表紙に使用する製本の材料。綿・麻などの布をボール紙に貼った布クロスと、布や紙に特殊加工を施したビニールクロスがある。用例 ―ばりの本。

**クロス【cross】** ㊀(名・サ変自) 交差すること。㊁(名) ①十字路。②十字架。クルス。③テニスなどで、コートを対角に横ぎる打球。対義 ストレート。

**クロス【Cros】** →クロ

**グロス【gross】** 数量をはかる単位。一グロスは一二ダース。

**クロスカントリー-レース【cross-country race】** ①森や野原・丘など起伏と変化に富んだところを走る競技。断郊競走。クロスカントリー。②スキーで、平地を自力で滑走する競技。

**くろ-すぐり【黒▽酸▽塊】** ユキノシタ科の落葉低木。夏に、一cmほどの果実が黒熟する。果肉は酸味が強く生食には不適。ジャム・ゼリー・ジュース・クロスグリ酒の原料とする。カシス。black currant

**クロス-ゲーム【close game】**《「クロス」は「クロース」のなまり》白熱の試合。接戦。

**クロス-シート**《和製語》進行方向に対し直角に設けられた列車内の座席。遠距離用の列車などにみられる。横座席。

**クロス-ステッチ【cross-stitch】** 区限刺繍の基本的な刺し方の一つ。布目を数えながら糸を斜めに交差させて、十字(クロス)になるように刺す。→写

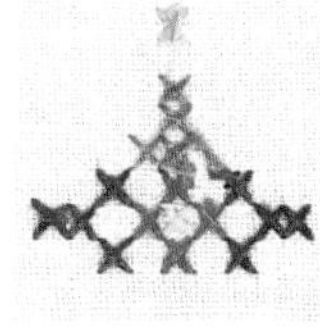
●クロスステッチ

**くろ-すずめばち【黒▼胡▼蜂・黒▼雀▼蜂】** スズメバチ科の小形のハチ。体長約一・五cm。黒色の地に白条がある。地中に巣をつくる。食用の「はちのこ」は主として本種。日本全土に分布。ジバチ。スガレ。→図

●クロスズメバチ

**グロスター【Gloucester】** イギリス南西部、セバーン川左岸の商工業都市。航空機部品・車両・マッチ工業などが発達。ローマ時代以来の古都。人口九・二万(一九八一)。

**クロストリジウム【Clostridium ラテン】** 細菌の属名の一つ。九十余種に分かれ、土壌や人・動物の糞便などに広く分布し、病原性の強い菌も少なくない。

**クロス-トレード【cross trade】** ①貿易形態の一つ。商品を海外市場で安く仕入れ、これをより高い値段で第三国へ輸出することで差益をかせぐ貿易取引。三国間貿易。②空相場。

**グロズヌイ【Grozny】** ソ連、ロシア共和国西部、チェチェノイングーシ自治共和国の首都、工業都市。カフカス地域の石油工業の中心。人口三九・九万(一九八六)。

**クロスバー-こうかんき【クロスバー交換機】** 自動電話交換機の一種。機械接点を格子状に配列したクロスバースイッチを、電磁継電器で制御する。crossbar switchboard

**クロスビー【Bing Crosby】**(一九〇三〜七七) アメリカ

▼常用漢字表外。　▽常用漢字表の音訓外。

の歌手・映画俳優。甘くソフトな歌い方で、一九三〇〜四〇年代最高の人気歌手。ヒット曲『ホワイト-クリスマス』など。主演映画『わが道を往く』など。

**クロス-ファイア**〔cross fire〕野球で、投手が投手板の端を踏み、本塁上を斜めに横切るようなコースで投ずる速球。また、その投法。十字火球。

**クロス-プレー**〔close play〕スポーツ競技で、判定の微妙な、どちらともいい難い、緊迫したプレー。

**クロス-ボーティング**〔cross voting〕議会の採決のさいに、議員が自党案に反対、または反対党に賛成の投票を自由に行うことを認める制度。イギリスやアメリカで実施。

**グロスマン**〔Vasily Semyonovich Grossman〕(一九〇五〜六四)ソ連の小説家。作品『人民は不死』『正義の事業のために』など。

**くろずみ-きょう**【黒住教】教派神道十三派の一つ。江戸末、備前国の神職黒住宗忠が開いた太陽信仰の一種で、宇宙神としての天照大神信仰をとく。

**くろずみ-むねただ**【黒住▽宗▽忠】(一七八〇〜一八五〇)幕末の神道家。黒住教教祖。備前国御津郡の社家に生まれ、文化一一年(一八一四)大病を患い、「天命直授」を感得して黒住教を開いた。

**くろ-ず・む**【黒ずむ】(五自)黒色をおびる。blacken

**クロス-ライセンス**〔cross licence〕外国との技術提携の方式の一つ。技術の特許権やノウハウの導入などの見返りとして自分の技術を提供するやり方。

**クロス-レート**〔cross rate〕裁定為替相場を算定するのに用いられる、相手国通貨と第三国通貨との為替相場。ふつう、日本からみたアメリカ-イギリス間の為替相場をいう。

**クロスワード-パズル**〔crossword puzzle〕碁盤状の枡目の空所に、ヒントに基づいて縦横それぞれに文字をあてはめていき、空所を正しく埋める遊び。

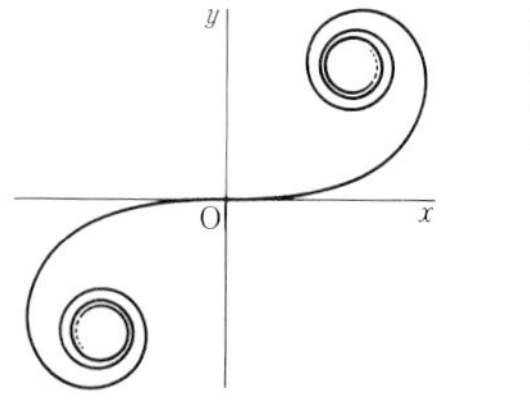

●クロソイド

クロソイドを使った首都高速道路。

**くろせ**【黒瀬】〈町〉広島県南部、呉市北東隣の町。稲作がさかん。近郊農業も行われ、宅地化も進む。人口一万七五七二(一九八九)。

**クロソイド**〔clothoid〕中心からの距離が曲率半径に反比例する螺線。定速で走る自動車のハンドルを一定速度で回転したときの自動車の描く線に一致するため、高速道路などの緩和曲線として利用。↓図

**くろ-そこひ**【黒底▼翳】↓こくないしょう(黒内障)

**くろ-た**【黒田】イネの植え付け前の田。対義 青田・白田。

**くろ-だい**【黒▼鯛】暗灰色のタイ科の海水魚。全長約四五cm。内湾や浅海に多く、幼魚は河口付近で成長。食用。南日本・朝鮮半島・中国に分布。チヌ。チニ。↓タイ図

**くろ-ダイヤ**【黒ダイヤ】①少量の不純物を含むため黒色となるダイヤモンド。②石炭の美称。black diamond

**くろたき**【黒滝】〈村〉奈良県、吉野地方北部の村。スギ・ヒノキの林業中心。焼き杉の木目彫が特産。人口一六〇二(一九八八)。

**くろたき-かずら**【黒滝▼葛】山中にはえるクロタキカズラ科のつる性植物。葉は卵形で、鋭い鋸歯がある。晩春、淡黄色の五弁花を下垂して開く。近畿以西に分布。

**くろだ-きよたか**【黒田清▽隆】(一八四〇〜一九〇〇)明治の政治家。薩摩藩出身。討幕運動に加わり、戊辰戦争で活躍。北海道開拓長官を経て農相・首相・逓相・枢密院議長などを歴任。

**くろだ-さぶろう**【黒田▽三郎】(一九一九〜一九八〇)詩人。広島県生まれ。東大卒。鮎川信夫らと『荒地』創刊。詩集『ひとりの女に』『定本黒田三郎詩集』など。

**くろだしょう**【黒田▼庄】〈町〉兵庫県中部、西脇市北隣の町。農業のほか綿織物・釣り針製造を行う。人口八二七二(一九八八)。

**くろだ-じょすい**【黒田如水】(一五四六〜一六〇四)安土桃山時代の武将。キリシタン大名。名は孝高。通称官兵衛。長政の父。織田信長・豊臣秀吉に仕え、豊前一二万石を領有。関ケ原の戦いで徳川家康方。

**くろだ-せいき**【黒田清輝】(一八六六〜一九二四)明治・大正期の代表的洋画家。鹿児島市生まれ。渡仏しコランに師事。東京美術学校教授。温雅な色調による自然描写にすぐれ、外光派の明るいその画風は長く日本の洋画の主流となった。作品『舞妓』『湖畔』など。↓写

●黒田清輝『湖畔』。明治三〇年(一八九七)、東京国立文化財研究所。

**くろだ-そうどう**【黒田騒動】江戸前期、福岡藩の御家騒動。寛永九年(一六三二)藩主忠之の失政による黒田藩の取りつぶしを恐れた筆頭家老栗山大膳が謀って、忠之に謀反の意志ありと幕府に訴え出た。取り調べの結果、藩政は改められ、大膳は南部藩にお預けとなって落着。

**くろだ-ながまさ**【黒田長▽政】(一五六八〜一六二三)江戸初期の武将。如水の子。福岡藩の祖。豊臣秀吉に仕え文禄・慶長の役で活躍。関ケ原の戦いで徳川方に属し、筑前五二万石を領する。

**くろ-だに**【黒谷】①比叡山延暦寺西塔の青竜寺の通称。法然が修行した所として知られる。本黒谷。②京都市左京区岡崎にある金戒光明寺の通称。法然が光明寺を開いて布教した所として知られる。新黒谷。

**くろたね-そう**【黒▽種▽子草】キンポウゲ科の一年草。葉は羽状に細裂。初夏に、径約二cmの白や淡青色の花をつける。花壇用。南欧原産。ニゲラ。↓写

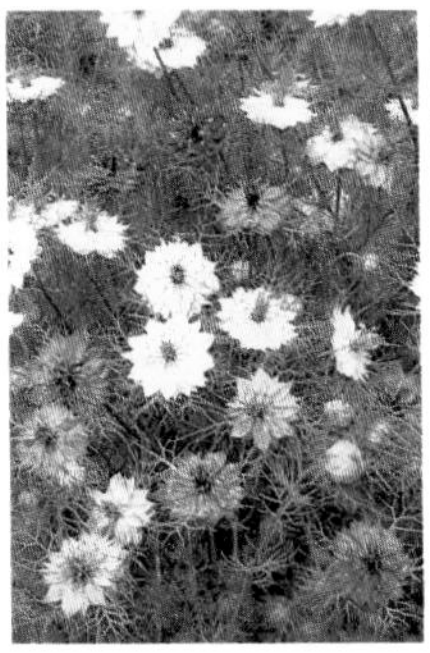
●クロタネソウ

**くろだ-ぶし**【黒田節】福岡県の民謡。黒田藩の藩士たちが『筑前今様』として愛唱。雅楽の『越天楽』の唱歌の旋律をもとにしている。歌詞は七五句の四行。大正以後『黒田節』となる。

**くろだ-よしたか**【黒田▽孝高】黒田如水の本名。

**くろ-ち**【黒血】悪性のはれものや、皮下出血のさいなどに出る黒ずんだ血。わる血。

**くろ-ちく**【黒竹・▼烏竹】ハチクの一種。全体に小形で、外皮は紫黒色。細工物に使う。紫竹。↓タケ写

**くろ-ちょうがい**【黒▼蝶貝】ウグイスガイ科の海水産の二枚貝。殻長・殻高ともに約一四cm。黒緑色に黄白色の放射帯が走る。円盤状であるが背縁はまっすぐ。おもに黒真珠養殖の母貝として使われるが、貝細工にも利用。志摩半島以南に分布。

**くろづか**【黒塚】①能の曲名。四番目・五番目物。観世流は『安達原』。作者不明。那智の山伏が陸奥の安達原に行き暮れ、老女に宿を乞うが、老女は鬼女であったという伝説による。②歌舞伎舞踊劇。長唄。木村富子作詞。市川猿之助の得意の演目。

**クロッカス**〔crocus〕アヤメ科の球根植物。高さ一〇〜一五cm。葉は松葉状。園芸品種には春咲き系と秋咲き系とがあり、黄・青・紫・白・絞りなど、多様な花色をもつ。ヤクヨウサフランは秋咲き系の一種。クローカス。↓写

●クロッカス

**クロッキー**〔croquis フランス〕短い時間ですばやく写す素描。とくに、人体素描。速写。

**グロッキー**〔groggy〕(名・形動)①ボクシングで、疲労や相手のパンチでダウン寸前の状態になること・さま。②つかれて、ふらふらになること・さま。

**くろ-つぐ**【▼桄▼榔・▼桄▼榔▽子】ヤシ科の低木。奄美大島以南の山中にはえる。葉は羽状複葉で根生し、長さ約三m。初夏、淡紅色の花穂をつける。幹のシュロ毛で、なわ・たわしを作る。ツグ。ツグノキ。ヤマシュロ。

**くろ-つぐみ**【黒▼鶫】ヒタキ科の小鳥。翼長約一一cm。体は黒で、腹は白い。低山林にすみ、雄は美声でさえずる。アジア東部に分布。

**くろ-づくり**【黒作り】①黒ぬりのつくり。用例 —の太刀。②すみぶくろをまぜた、イカの塩辛。

**クロッケー**〔croquet〕木球をマレット(=槌)で打ち、九個のフープ(=弓形の小門)をくぐらせて、スタートの位置に早く帰ることを競うスポーツ。クローケー。↓写

●クロッケー

**クロッシェ-レース**〔crochet lace〕鉤針を使い、編んで作るレースの総称。ハンカチーフの縁どり、モチーフ編みをつなぐものなど。↓レース図

**グロッス**〔George Grosz〕(一八九三〜一九五九)アメリカの画家。ドイツ生まれ。社会の混乱・不正を痛烈に風刺した。作品『冬の夜の物語』『この人を見よ』など。

**グロッセ**〔Ernst Grosse〕(一八六二〜一九二七)ドイツの人類学者・芸術学者。歴史科学としての芸術学を提唱。著書『芸術の始源』。

**グロッソプテリス**〔Glossopteris ラテン〕古生代のシダ状の植物化石。大きなへら状の葉には柄があり、中央脈と、網状の側脈がみられる。南アフリカ・南米に産する。

**くろ-つち**【黒土】黒色の土。園芸では、とくに腐植を含んだ黒い色の火山灰表土をさす。柔らかで細かく耕作に適する。black soil 対義 赤土。

**くろ-つ-ばら**【黒つばら】クロウメモドキ科の落葉小高木。小枝の先が針状。葉は柄があり対生。春に、葉腋に淡黄緑色の小花をつける。山野にはえる。樹皮の内皮と果実は下剤となる。ウシコロシ。

**クロップド-パンツ**〔cropped pants〕(《「クロップド」は端を切り落とす、の意》途中で切った感じのパンツ。一九八〇年ごろから登場した、ふくらはぎ丈でカットされたパンツ。

**くろっ-ぽ・い**【黒っぽい】(形)黒みがかっ

ている。blackish

**くろ-つやむし【黒▼艶虫】** 黒くつやのあるクロツヤムシ科の甲虫の一群。体長一～七cm。朽ち木の中にすむ。熱帯林に多く、日本産はオニツノクロツヤムシ一種。

**くろ-づる【黒▼蔓】** ニシキギ科のつる性落葉低木。深山にはえる。葉は広卵形で鋸歯をもつ。夏、円錐花序に白い小花を多数つける。

**くろ-づる【黒▼鶴】** 全体が灰色で、頭と頸が黒と白のツル。全長約一・一m。ユーラシアに広く分布するが、日本へは冬季まれに渡来する。common crane

**グロティウス【Hugo Grotius】**(一五八三～一六四五) オランダの法学者。近世自然法と国際法の確立者として有名。著書『戦争と平和の法』など。

**グロテスク【grotesque】**(名・形動) きみ悪いこと・さま。怪奇。異様。グロ。

**くろ-てん【黒▼貂】** 優良な毛皮で知られるイタチ科の食肉類獣。体長は雄約五〇cm、雌約四〇cm。外形はテンに似るが、耳が大きく尾が短い。毛色は暗灰黄から黒褐色。毛皮はセーブルとよばれ、陸産の獣類中最高級。ユーラシア北部から北海道の針葉樹林に分布。sable

**グロトフスキ【Jerzy Grotowski】**(一九三三～) ポーランドの演出家。俳優の肉体を唯一の表現手段とする「貧しい演劇」を実践。

**クロトン【croton】** トウダイグサ科の常緑低木。葉の形や色に変化が多い。雄花は穂状に密生し、雌花は単生。観賞用に鉢植えで温室栽培。南太平洋諸島原産。ヘンヨウボク。↓観葉植物[写]

**くろ-なまず【黒▼癜】** カビの一種のデンプウ菌が皮膚に寄生しておこる皮膚病。淡褐色の円形斑点が多数できる。癜。癜風。pityriasis versicolor

**クロニクル【chronicle】** 記録。年代記。編年史。

**くろ-ねこ【黒猫】** 一全身の毛が黒い猫。black cat 二《原題 The Black Cat》ポーの小説。一八四三年発表。酒乱のため愛猫を殺した男が妻を殺し、その死体があばかれるという恐怖物語。

**くろ-ねずみ【黒▼鼠】** ①毛の黒いネズミ。black rat ②黒みを帯びたねずみ色。dark gray ③主家の金品をかすめ取る番頭。[対義]白ねずみ。

**クロノグラフ【chronograph】** 時間の経過を精密に測定記録する装置。天体観測における時刻の測定、二現象間の時間の測定などに利用。〇・〇〇一秒程度まで測定できる。

**クロノス【Kronos ギリシア】** ギリシア神話のウラノスとガイアの子。ティタン神族中の最年少者。父を倒して支配者となるが、末子ゼウスに支配権を奪われ、冥界に幽閉された。ローマ神話の農耕神サトゥルヌスと同一視される。

**クロノメーター【chronometer】** とくに精密につくられた携帯用のぜんまい時計。天文観測や船舶の位置測定などに利用。

**くろ-はえ【黒▽南▽風】** つゆどきにふく南風。[比較]白南風。

**くろ-ばえ【黒▼蠅】** クロバエ科の青黒色のハエの一群。体長一〇mm内外。便所・ごみためなどに発生。オオクロバエが代表的で、日本全土に分布。

**くろ-はげわし【黒▼禿▼鷲】** 体が黒く、首に襟巻き状の羽毛があるワシ。全長約一・一m。死肉を食べる。アジアの高地に生息。日本では迷鳥。European black vulture

**くろ-はちじょう【黒八丈】** 八丈島特産の黒地の絹織物。掛け襟や袖口などに使った。

**くろ-はつ【黒初】** 担子菌類ベニタケ科のキノコ。かさは径八～一五cm、黒色。ひだと肉は白いが、のち赤色から黒色に変化する。食用。

**クロパトキン【Aleksey Nikolayevich Kuropatkin】**(一八四八～一九二五) ロシアの将軍。日露戦争時の極東軍総司令官。奉天会戦の敗北によって左遷。第一次大戦では北部軍司令官。

**くろばね【黒羽】**〈町〉 栃木県北東部、大田原市東隣の町。稲作・タバコ栽培・製材中心。アユ料理が名物。人口一万七一八九(一九八八)。

**くろ-ば・む【黒ばむ】**(五自) 《「ばむ」は接尾語》黒くなる。黒みを帯びる。blacken

**くろ-パン【黒パン】** ライ麦の粉でつくった黒っぽいパン。rye bread

**くろ-び【黒日】** 暦注の一つ。暦中でもっとも悪い日とされ、とくにこの日に病にかかれば重病になるという。暦に黒丸でこの日を示したので、この名がある。まろぶ日。受死日。

**くろ-び【黒▼檜】** クロベ(欄)の別名。

**くろ-ビール【黒ビール】** 原料の麦芽を焦がして醸造したビール。黒褐色で甘味があり、香りが強い。ドイツのミュンヘンビール、イギリスのスタウトなど。stout

**くろ-ひかげ【黒日陰▼蝶】** ジャノメチョウ科のチョウ。開張五～六cm。幼虫の食草はタケ・ササ類。九州以北の日本全土・朝鮮半島などに分布。

**くろ-びかり【黒光り】**(名・サ変自) 黒くて、つやのあること。black luster

**グロビゲリナ【globigerina】** 原生動物有孔虫類に属する海生のプランクトン。殻は薄く、渦巻き状に並んだいくつかの球状のふさからなる。殻長一mm以下。世界の海洋に分布。深海底にあるグロビゲリナ軟泥は、この遺体が堆積したもの。

**くろひめ-やま【黒姫山】** 長野県北部、新潟県境近くにある山。標高二〇五三m。妙高火山群に属する成層火山。

**くろ-ひょう【黒▼豹】** 全身黒色ないし黒褐色のヒョウ。ヒョウの変種の一つ。マレー半島・インド・エチオピアなどにしばしば出現。black leopard

**くろ-ひよどり【黒▼鵯】** 体が黒く、嘴と脚が赤いヒヨドリ。翼長約一二cm。飼い鳥とされる。台湾・海南島に分布。black bulbul

**グロフェ【Ferde Grofé】**(一八九二～一九七二) アメリカの作曲家。ジャズの手法を取り入れた描写的な管弦楽曲で知られる。組曲『大峡谷』など。

**クロプシュトック【Friedrich Gottlieb Klopstock】**(一七二四～一八〇三) ドイツの叙情詩人。ゲーテらの文学革新運動の先駆者の一人。叙事詩『メシアス』、ほかに頌歌(＝オード)など。

**くろ-ふじょう【黒不浄】** 死者が出ると近親者は一定期間穢れるとされる観念。死忌。[比較]赤不浄。

**クロフツ【Freeman Wills Crofts】**(一八七九～一九五七) イギリスの推理小説家。リアルな描写でアリバイくずしを中心に筋を展開。作品『樽』など。

**くろ-ぶな【黒▼橅】** イヌブナの異名。

**くろ-ふね【黒船】** 一六世紀以降幕末まで、日本に来航した欧米諸国船の呼称。船体が黒塗りであったためにつけられた名。とくに、幕末来航した列強の軍艦。↓[写]

●黒船 『黒船の図』より。神奈川県立博物館。

**くろふね-ぎれ【黒船▽裂・黒船切(れ)】** 名物裂の一種。江戸初期に中国からポルトガル船によってもたらされたものの総称。

**グロブリン【globulin】** アルブミンとともに広く動植物界に分布する単純たんぱく質の総称。血清グロブリン・フィブリノゲンなど。

**くろべ【▼欄】** ヒノキ科の常緑高木。高さ約一五m。葉は鱗片状。球果は卵形。材は黒みがあり、家具・器具材。日本特産種。ネズコ。クロビ。↓[写]

●クロベ

**くろべ【黒▽部】**〈市〉 富山県北東部、黒部川下流の市。ファスナー工場が有名。稲作のほか果樹・野菜栽培もさかん。生地は古くからの漁港。人口三万六八九六(一九八八)。

**くろべ-がわ【黒▽部川】** 富山県東部を北流する川。長さ八五km。飛驒山脈中部に発し、日本海に注ぐ。水量が豊富で河床の勾配が大きいため、水力発電の電源地域として開発され、黒部ダムが有名。

**くろべ-きょうこく【黒▽部峡谷】** 富山県東部、黒部川上流部の大峡谷。断崖絶壁がつづく景勝地で、黒部峡谷鉄道が縫うように走る。

**くろべ-ダム【黒▽部ダム】** 富山県東部、黒部川上流のダム。有効貯水量一億四八八〇万$m^3$。発電用のダムで、下流に黒部川第四発電所がある。ダム付近は観光名所。

**くろ-ぼう【黒方】** 練り香の名。平安時代から用いられた六種の薫き物の一種。宮中の四季の薫き物として用いられ、祝言にも使われた。

**くろぼ-きん【黒穂菌】** イネ科などの植物に寄生し、黒穂病をおこすクロボキン科の菌類の総称。

**くろ-ぼく【黒ぼく】** 火山灰土の表土。腐植の含量が高く、黒色でやわらかい。andosol

**くろ-ぼし【黒星】** ①黒い丸じるし。[対義]白星。②負けたしるし。[対義]白星。③失敗。[用例]——続き。④まとの中央の黒点。

**クロポトキン【Pyotr Alekseyevich Kropotkin】**(一八四二～一九二一) ロシアの政治思想家。公爵。一八七〇年代ナロードニキ運動家として活躍、亡命。共産主義的無政府主義者として著作・宣伝活動に従事。二月革命後帰国してケレンスキーを支持。主著『相互扶助』『一革命家の手記』。

**くろほね【黒保根】**〈村〉 群馬県東部、赤城山南東斜面の村。杉・ヒノキの林業のほかキノコ類の産も多い。人口三一五二(一九八八)。

**くろぼ-びょう【黒穂病】** 黒穂菌による植物の病気。麦類やトウモロコシなどの穂で繁殖し、胞子のため黒変する。smut

**くろ-ほん【黒本】** 江戸時代の草双紙の一種。表紙が黒色。青本とほとんど同じだが、浄瑠璃物・英雄伝・戦記物などに特色がある。『風流一対男』『男色太平記』など。

**クロマキー【chroma-key】** テレビの特殊効果技術の一つ。動く人間などをそのまま他の画面にはめ込み、電子的に合成する。

**くろ-まく【黒幕】** ①演劇の大道具。舞台の背景に張って闇を示す黒色の木綿の幕。場面の変わり目などにも使う。black curtain ②《転じて》政治などの舞台裏で計画したり指図したりする人。wire-puller [用例]政界の——。

**くろ-まぐろ【黒▼鮪】** ↓まぐろ(鮪)

**クロマチック【chromatic】**(形動) 音楽で、半音階的。

**くろ-まつ【黒松】** マツ科の常緑針葉高木。高さ約四〇mに達する。アカマツより太く、かたい。樹皮は黒褐色で亀裂がある。葉は針状で濃緑色。春、黄色の雄花と紫紅色の雌花をつけ、球果は翌年秋に成熟。潮風に耐えるので防風林に利用。材は建築・土木用。幹から松やにをとる。オマツ。black pine ↓[写] ↓マツ[図]

●クロマツ

**くろまつない【黒松内】**〈町〉 北海道南西部、渡島半島の基部にある町。酪農がさかん。人口四〇八五(一九八八)。

**クロマトグラフィー【chromatography】** 試料混合物の各成分を、特定な物質との吸着力の差、または分配係数のちがいによる移動速度の差で分離し、定性・定量する分析方法。ガスクロマトグラフィーと液体クロマトグラフィーとがある。

**クロマニョン-じん【クロマニョン人】** 南フランスのクロマニョンで発見された、化石現生人類の一つ。新人に属する。一八六八年初めて発見。高身長、長頭。Cro-Magnon man

**くろまめ-の-き【黒豆の木】** ツツジ科の落葉小低木。北海道・本州中部以北の高山にはえる。高さ約一m。葉は倒卵形。夏に、

●クロマメノキ

帯紅緑白色の花をつける。果実は丸く黒紫色で食用となる。アサマブドウ。↓写

**くろ-み【黒み】** ①黒い程度・感じ。blackish ②黒い色。black

**くろ-みかげ【黒ᵛ御影】** 暗緑色や黒色の御影石。閃緑岩や斑糲岩の石材としての名称。斜長石や角閃石および輝石を主成分とする。建築や墓石に利用。

**くろ-みずひき【黒水引】** 右半分が黒か緑がかった紺、左半分が白の水引。凶事用。青水引。↓写

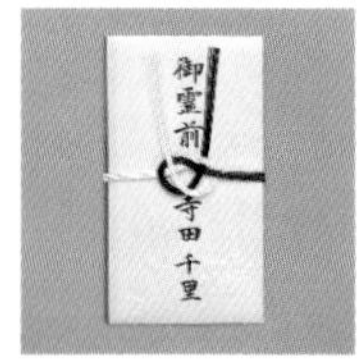

●黒水引

**くろ・む【黒む】**(五自) 黒くなる。become black

**クロム【Chrom ドイツ】** 金属元素。記号Cr 原子番号二四。原子量五二・〇。比重七・二〇。銀白色で硬く、常磁性・耐食性に富み、合金の材料として重要。クロムめっきなどに利用される。chromium

**クロム-イエロー【chrome yellow】** ↓おうえん(黄鉛)

**グロムイコ【Andrey Andreyevich Gromyko】**(一九〇九〜一九八九) ソ連の政治家。ミンスク生まれ。駐米大使などをへて一九五七年外相。七三年党政治局員。八五年最高会議幹部会議長。

**クロムウェル【Oliver Cromwell】**(一五九九〜一六五八) イギリスの政治家。清教徒革命に鉄騎隊を指揮して参加。王党派を撃破するなど戦功をたて、独立派を率いて長老派を議会から追放。一六四九年チャールズ一世を処刑し、共和制を樹立。五三〜五八年護国卿となり、独裁政権を組織した。↓写

●O=クロムウェル

**クロムウェル【Richard Cromwell】**(一六二六〜一七一二) イギリスの政治家。オリバーの子。父の死後第二代護国卿となったが、軍隊と議会の対立を処理できず約八か月で辞任。王政復古後二〇年間フランスに亡命。

**くろ-むぎ【黒麦】** ソバの異名。

**クロム-こう【クロム鋼】** 炭素鋼に〇・九〜一・二%のクロムを添加した強靭な鋼。高温強度が大きく、耐食性に富む。クロムを一三%以上含むものはステンレス鋼。chromium steel

**クロム-さん【クロム酸】** 化学式$H_2CrO_4$ 酸化クロム(Ⅵ)の水溶液。黄赤ないし赤黒色を呈する。酸化剤に利用。chromic acid

**クロムさん-カリウム【クロム酸カリウム】** 化学式$K_2CrO_4$ 黄色の結晶。クロム酸塩の原料・媒染剤・皮なめしに利用。potassium chromate

**クロム-ちゅうどく【クロム中毒】** クロム精錬工場などの工程で生じる六価クロムによる中毒。刺激性皮膚炎・鼻中隔穿孔などを起こし、肺癌の原因にもなる。chromium poisoning

**クロム-てっこう【クロム鉄鉱】** クロムの原料鉱石。組成は$FeCr_2O_4$ 鉄との酸化物で、黒色半透明または不透明。金属光沢がありもろい。chromite

**クロム-みょうばん【クロム明▾礬】** 硫酸クロム(Ⅲ)カリウム十二水和物の俗称。暗紫色の結晶。媒染剤・インキ製造・製紙・製革などに利用。chrome alum

**クロムランク【Fernand Crommelynck】**(一八八五〜一九七〇) ベルギーの劇作家。パリでテンポの速い、強烈な喜劇を書いた。戯曲『堂々たるコキュ』など。

**くろ-め【黒め】** どちらかというと、黒いほう「であること。blackish

**くろ-め【黒目】** 眼球の中央の黒い部分。iris of the eye 対義 白目。

**くろ-め【黒ᵛ海ᵛ布】** 褐藻植物コンブ科の海藻。本州南部から九州の沿岸に生育する。葉は長さ約一mで羽状に分かれ、表面にしわがある。暗褐色。食用。これからヨードを採取。

**グロメール【Marcel Gromaire】**(一八九二〜一九七一) フランスの画家。重厚さと表現派風の感覚を示す。タペストリーも制作。

**くろめ-がち【黒目勝ち】**(形動) 黒目の部分が目立つ、ぱっちりとした目のさま。with sparkling black eyes 用例 —の美人。

**くろ・める【黒める】**(下一他) 黒くする。

**くろ-も【黒藻】** トチカガミ科の沈水性多年草。池や小川などの流水中にはえる。茎は長さ三〇〜六〇cm。葉は線形で、三〜六枚が茎に輪生。八〜九月に葉腋に花がつく。エビモ。

**くろ-もじ【黒文字】** ①クスノキ科の落葉低木。山地にはえる。高さ二〜三m。枝は暗緑色で黒斑点がある。葉は狭長楕円形。早春に黄色の小花が咲く。枝は香気があり楊枝の材料。②つまようじ。↓写

**くろ-もの【黒物】** ①《女房ことば》㋐鍋。㋑いりこ。雑魚。②↓くろこう(黒鉱)

**クロモマイシン【chromomycin】** 放線菌から産生される抗腫瘍性の抗生物質。各種の腫瘍・肉腫に有効。

**くろもり-かぶき【黒森歌舞▾伎】** 山形県酒田市の黒森日枝神社で、二月一五、一七日の両日、例祭に奉納される郷土芸能。

**くろ-やき【黒焼(き)】** 動植物を黒くむし焼きにすること。黒くむし焼きにしたもの。薬用。用例 イモリの—。

**くろやなぎ-しょうは【黒柳召波】**(一七二七〜一七七一) 江戸中期の俳人。名は清兵衛。京都の人。服部南郭に漢詩を学び、のち蕪村の門に入る。句集『春泥句集』。

**くろ-やま【黒山】** 人々が群がっているたとえ。a large crowd of people 用例 —の人だかり。

**くろ-やまあり【黒山▾蟻】** アリの一種。体長約五mm。体が黒褐色で、灰褐色の軟毛を密生。地中深く巣をつくる。日本全土・東アジアに分布。

**くろ-ゆり【黒ᵛ百ᵛ合】** ユリ科の多年草。高さ二〇〜五〇cm。葉は輪生。夏、茎頂に黒紫色の花を下向きにつける。本州中部以北の高山にはえる。↓写

●クロユリ

**く-ろ-よん【九ᵛ六四】**《俗語》↓くろよんかぜい(九六四課税)

**くろよん-かぜい【九ᵛ六四課税】** 税負担の不公平感を象徴する表現。税務署の所得捕捉率に著しい差があり、給与所得者九割・個人事業所得者六割・農業所得者四割という比率で課税対象にされているという意味。

**クロラール【chloral】** エタノールの塩素化と酸化によって得られる刺激臭のある無色の液体。抱水クロラールの原料。

●クロモジ①

**クロラミン【chloramine】** 歯科用殺菌消毒剤などに利用するパラトルエンスルホンクロラミドの商標名。

**クロラムフェニコール【chloramphenicol】** 放線菌から分離された抗生物質。とくにグラム陰性菌に対して有効。その他、トラコーマ・梅毒などの治療薬として使用。商標名はクロロマイセチン。

**グロリア【Gloria】** キリスト教で、神の栄光。また、それをたたえる儀式文中の頌。栄光の聖歌。

**グロリオサ【gloriosa】** ユリ科のつる性多年草。高さ一・五m余に達する。夏に赤または黄色の花を葉腋につける。切り花・鉢植え用。熱帯アジア原産。和名ユリグルマ。↓写

●グロリオサ

**クロルジアゼポキサイド【chlordiazepoxide】** 精神安定剤の一種。緩和な精神安定作用・筋弛緩作用があり、神経症・うつ症などに使用される。

**クロル-せっかい【クロル石灰】** ↓さらしこ(晒し粉)

**クロルテトラサイクリン【chlortetracycline】** 抗生物質オーレオマイシンの正称。

**クロルフェニラミン【chlorpheniramine】** 抗ヒスタミン剤。油状で、強い抗アレルギー作用があるが、鎮静作用は軽度。興奮作用をみることもある。

**クロルプロマジン【chlorpromazine】** 精神安定剤。かつては人工冬眠下の手術のさいに生体反応の抑制薬として使われていたが、各種精神病による興奮の鎮静にも効くことがわかり、精神分裂病に広く用いられている。

**クロレラ【chlorella】** 緑藻植物クロレラ科クロレラ属の総称。淡水中に生育。球形か楕円形の単細胞で、直径約一〇マイクロメートル。杯状の葉緑体を含み、たんぱく質・ビタミンを多くつくる。人工培養によって食糧資源として利用。

**クロロエタン【chloroethane】** ↓えんかエチル(塩化エチル)

**クロロキン-ざい【クロロキン剤】** 抗マラリア剤。腎炎やリューマチなど代謝異常の病気にも使用される。chloroquine agent

**クロロクルオリン【chlorocruorin】** 環形動物中の一部の多毛類の血漿中にある鉄を含む緑色の血液色素。

**クロロサイアザイド【chlorothiazide】** 強力な利尿剤。血圧低下作用もある。各種の浮腫、高血圧症に用いる。

**クロロシス【chlorosis】** 葉緑素への光や栄養分の不足、または病原菌により生成が不完全となり、植物組織が異常に白黄化する現象。

**クロロピクリン【chloropicrin】** 貯穀倉庫や土壌の燻蒸剤。強い催涙・窒息作用がある油状液体で、殺虫・殺菌力がある。

**クロロフィル【chlorophyll】** ↓ようりょくそ(葉緑素)

**クロロブタジエン【chlorobutadiene】** ↓クロロプレン

**クロロプレン【chloroprene】** 化学式$CH_2=CClCH=CH_2$ 無色の重合しやすい液体。耐油性の合成ゴムの原料。クロロブタジエン。

**クロロプレン-ゴム** クロロプレンの重合により得られる合成ゴム。耐油・耐薬品性にすぐれる。デュポン社が開発。商標名、ネオプレン。chloroprene rubber

**クロロベンゼン【chlorobenzene】** 化学式$C_6H_5Cl$ 無色の液体。フェノール・アニリンなどの原料。エチルセルロースなどの溶剤。

**クロロホルム【chloroform】** 化学式$CHCl_3$ 特異臭がある無色の揮発性の液体。水に溶けにくい。溶剤、弗素樹脂の原料、麻酔剤など。トリクロロメタン。

**クロロマイセチン【Chloromycetin】** 抗生物質クロラムフェニコールの商標名。

**クロロメタン【chloromethane】** ↓えんかメチル(塩化メチル)

**くろ-わく【黒枠・黒▾框】** 黒くかこむ枠。死亡通知・死者の写真などに用いる。mourning border

**くろわく-はがき【黒枠葉書】** 死亡通知などに用いられる、まわりを黒・薄墨色で縁どった葉書。

**クロワッサン【croissant フランス】** 三日月形の小さいパン。バターをたっぷり入れ軽く焼き上げたもの。

**クロン【clone】** ↓クローン

**ぐ-ろん【愚論】** ①おろかな論。つまらぬ論。②自分の論や論文をけんそんしていう語。

**クロンシュタット【Kronshtadt】** ソビエト連邦のレニングラード州西方、フィンランド湾東端のコリント島の港湾都市。軍港。人口四万(一九七〇)。

**クロンダイク【Klondike】** カナダ、ユーコンテリトリー中西部のかつての産金地域。中心都市はドーソン。最盛期は一九〇〇年。一九一三年以降衰退。

**クロンプトン【Samuel Crompton】**(一七五三〜一八二七) イギリスの発明家。一七七九年にミュール紡

績機を発明し、産業革命に貢献した。

**くろん-ぼう**【黒ん坊】《卑語》①色の黒い人。dark-skinned ②黒色人種の蔑称。黒人。③歌舞伎の黒子。

**くわ**【桑】クワ科クワ属の落葉木の総称。山地にはえるヤマグワは一〇m以上。葉は互生し、形は多様。花は穂状に咲く。果実は紫黒色に熟し、甘味があり食用。葉はカイコの飼料。材は家具用。ヤマグワ・カラヤマグワ・ロソウに大別され、品種は多い。mulberry ↓図

●クワ

**くわ**【▼鍬】刃と柄とで「く」の字形になった農耕具。もっとも古くから使われた代表的農具。鋤き起こし・整地・除草・掘り取り収穫などの作業に用いる。hoe 数え方 一丁。↓図

**くわい**【▽慈▼姑】オモダカ科の水生多年草。矢じり状の葉を水上に出す。水中の伏枝の先端は肥大し、淡青色、球形の塊茎をつくる。水田に栽培。塊茎は食用。↓図

●クワイ

**ぐ-わい**【具▽合・▽工▽合】↓ぐあい(具合)

**くわい-あたま**【▽慈▼姑頭】総髪をすべて後ろに束ねて先を短くたらした髪型。江戸時代、医者などが多く結った。

**クワイ-がわ**【クワイ川】(Kwai) ケオノイ川の別称。

**くわ-いれ**【▼鍬入れ】①正月の吉日に行う田畑の仕事始めの行事。吉方の方向にある田畑に鍬を入れ、供物を上げて祝う。鍬始め。一鍬。うないぞめ。②土木・建築などの起工式で行う儀式。

**くわ・う**【加う】古語(下二他)↓くわえる「(加える)

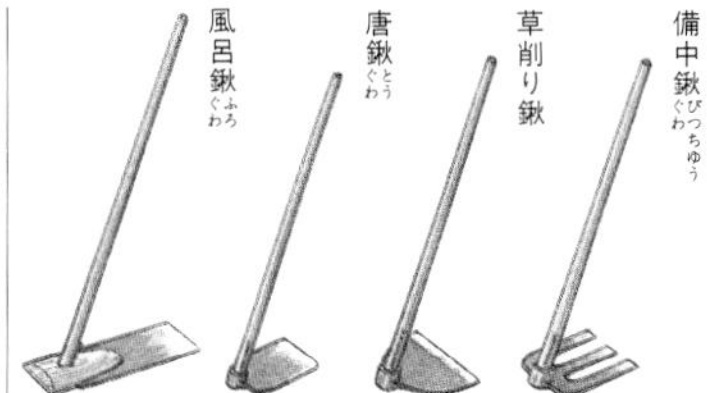



●鍬の種類

**くわえ-こ・む**【▼銜え込む・▼啣え込む】(五他)①しっかりくわえる。hold in one's mouth ②自分の家・部屋などに連れ込む。引っぱり込む。hook 用例 客を―。

**くわえ-ざん**【加え算】↓たしざん(足し「算)

**くわ-えだしゃく**【桑枝尺▼蛾】シャクガ科のガ。開張三・五～五・五cm。灰褐色の地に暗色の細線がある。五～九月に出現。幼虫は緑褐色から灰褐色のシャクトリムシで、クワの葉を食害。日本全土に分布。

**くわ・える**【加える】(下一他)①今までの上にさらに付け足す。添える。ふやす。add; increase 用例 スピードを―。甘みを―。五に八を―。②仲間に入れる。take ... into 用例 一行に―。味方に―。③なんらかの作用をおよぼす。与える。give 用例 治療を―。危害を―。

**くわ・える**【▼銜える・▼啣える】(下一他)上下の歯、または唇ではさむ。hold in one's mouth 用例 タバコを―。犬が肉を―。

**くわ-がた**【▼鍬形】①かぶとの前立ての一種。角のように左右に高く出たもの。②「クワガタムシ」の略。

**くわがた-いし**【▼鍬形石】古墳時代の碧玉などの石材製腕飾り。大形の貝を輪になるように切った腕輪に似せて作られたもので、形が鍬の刃に似る。宝器の一つと考えられ、西日本の前期古墳から出土。↓写

**くわがた-むし**【▼鍬形虫】雄の大あごが異常に発達するクワガタムシ科の甲虫の一群。体長二～五cm。幼虫は朽ち木の中で生活し、そこでさなぎから成虫になる。成虫は夏に現れ、樹液に集まる。ミヤマクワガタ・ノコギリクワガタなど。日本に約一五種、世界に約九〇〇種が分布。stag beetle ↓図

**くわ-かみきり**【桑▽天▽牛】幼虫がクワなどの材を食害するカミキリムシ。体長四cm内外で、黒色。幼虫はクワのほか各種の果樹の木質部に食い入って孔道をつくる。本州以南に分布。

**クワキウトル-ぞく**【クワキウトル族】北米北西海岸インディアンの一部族。狩猟・漁労に従事。ポトラッチ儀礼を行うことで有名。Kwakiutl

**くわき-じらみ**【桑木▼蝨】外形がアブラムシに似た微小昆虫。体長三～四mmで、褐色。若虫はクワに寄生し、吸汁する害虫。日本全土に分布。

**くわ-くさ**【桑草】クワ科の一年草。畑や道ばたにはえる。茎の高さ約七〇cm。葉は卵形で鈍い鋸歯をもつ。八～一〇月に集散花序を腋生し、緑色の小花をつける。日本全土に分布。muberry

**く-わけ**【区分け】(名・サ変他)全体をいくつかに区切って分けること。division

●クワゴ

**くわ-ご**【桑▽蚕▼蛾】カイコガ科のガ。開張約四cm。外形・大きさなどカイコガと大差ないが、体・翅とも暗褐色。成虫は六～七月出現。カイコの祖先とされる。本州以南・朝鮮半島・中国に分布。ヤサン。ノガイコ。ヤマガイコ。↓図

**くわこな-かいがらむし**【桑粉貝殻虫】クワや各種の果樹に白い粉をふいたように寄生する昆虫。カイガラムシの一種。雌は体長約四mm。黄褐色から暗褐色で白い蠟質の物質をかぶる。クワ・ナシ・リンゴ・ブドウ・モモなどの害虫。本州以南に分布。

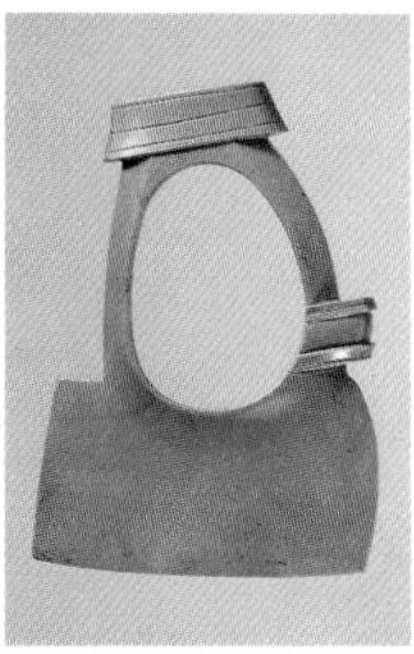

●鍬形石　大阪府、金山古墳出土。

**くわこなかいがら-やどりばち**【桑粉貝殻▽虫宿▼蜂】幼虫がクワコナカイガラムシに寄生する微小なハチ。体長約〇・九mm。クワコナカイガラムシの天敵として、クワ・リンゴ・ブドウなどを、この害虫から守るのに利用。本州以南・アメリカ・ソ連に分布。クワコナカイガラトビコバチ。

**くわ・し**【▽細し・▽美し】古語(形シク)こまやかで美しい。うるわしい。用例 出立の―・しき山ぞ(万葉・一三・三三三一)。

**くわし・い**【詳しい・▽委しい・▽精しい】(形)①こまかい点にまでおよんでいる。詳細だ。minute 用例 ―説明。②よく知っている。精通している。conversant with 用例 事件に―。派生 くわしさ(名)

**くわ-しゃくとり**【桑尺取】シャクガ科のガ、クワエダシャクの幼虫。クワを食害する。体は褐色で、クワの小枝に似る。

**くわ・す**【食わす】(五他)↓くわせる(食わせる)

**くわず-ぎらい**【食わず嫌い】=たべずぎらい。①たべたことがないのに、その食物を嫌うこと・人。②実際を知らずに、ただ嫌うこと・人。prejudice

**くわずにょうぼう**【食わず女房】昔話の一つ。飯を食わぬという女を嫁にするが、米がどんどん減っていくという話。女房を山姥のほか蜘蛛・蛇などの化身とするものがあり、水神信仰の影響がみられる。

**くわせ-もの**【食わせ物・食わせ者】①にせもの。counterfeit ②ゆだんのならない人。humbug

**くわ・せる**【食わせる・▼喰わせる】(下一他)=食わす。①たべさせる。feed ②養う。provide 用例 家族を―。③あびせる。こうむらせる。inflict 用例 けんつくを―。④だます。cheat 用例 一杯―。

**くわだ・てる**【企てる】(下一他)計画を立てて実行しようとする。思い立つ。もくろむ。attempt; plan 用例 世界一周旅行を―。陰謀を―。

**くわだ-よしなり**【桑田▽義▽備】(一八八二～一九八一)植物学者。大阪府生まれ。東大卒。染色体の構造を研究。昭和三七年(一九六二)文化勲章受章。著書に『核分裂の進化』など。

**くわ-とらむし**【桑▼虎虫】トラカミキリの異名。

**クヮドリール**[quadrille] ↓カドリール

**くわな**【桑名】〈市〉三重県北部の市。旧城下町・宿場町。工業がさかんで、とくに鋳物の町として知られる。ハマグリのしぐれ煮が名産。人口九万五九一五(一九八八)。

**くわ-の-めいが**【桑の▼螟▼蛾】幼虫がクワの葉を食害するメイガ科のガ。開張二二mm内外。日本全土・朝鮮半島・中国・インドに分布。クワノスキムシ。

**グワバ**[guava] フトモモ科の常緑小高木。葉は長楕円形から倒長卵形で対生。果実は球形か楕円形か洋ナシ形。果実は生食、ジュースなど。葉は茶の代用、また染料。樹皮は薬用。熱帯アメリカ原産。グアバ。バンジロウ。

**くわ-はじめ**【▼鍬初め・▼鍬始め】↓くわいれ(鍬入れ)

**くわ-ばたけ**【桑畑・桑▼畠】クワを植えた畑。mulberry field

**くわ-ばら**【桑原】㊀(名) 桑畑。桑田。㊁(感) 落雷その他、いやなことをよけようとして、唱えるまじないのことば。くわばらくわばら。比較 つるかめ。

**くわばら-じつぞう**【桑原▼隲蔵】(一八七〇～一九三一)東洋史学者。福井県生まれ。京大教授。武夫の父。日本の近代東洋史学、とくに東西交渉史研究に業績。著書『蒲寿庚の事蹟』『東西交通史論叢』など。

**くわばら-たけお**【桑原▽武▽夫】(一九〇四～一九八八)仏文学者・評論家。福井県生まれ。京大教授。隲蔵の子。仏文学研究・文明批評に活躍。昭和六二年(一九八七)文化勲章受章。著書『第二芸術論』、共著『ルソー研究』など。

**くわ-むし**【桑虫】カイコの別名。

**くわ-やき**【▼鍬焼(き)】肉や野菜などをたれにつけ、鉄板(またはフライパン)で焼く料理。野鳥を鍬の上で焼いたのが始まりという。

**く-わり**【区割(り)】(名・サ変他)場所をいくつかに分けること。区分。division 用例 掃除の―。

**グワリオール**[Gwalior] インド中部、マディアプラデシュ州北部の中心都市。北方の丘に一五世紀建設の要塞がある。人口六万

●クワガタムシ　コクワガタ(右)、ミヤマクワガタ(左)。

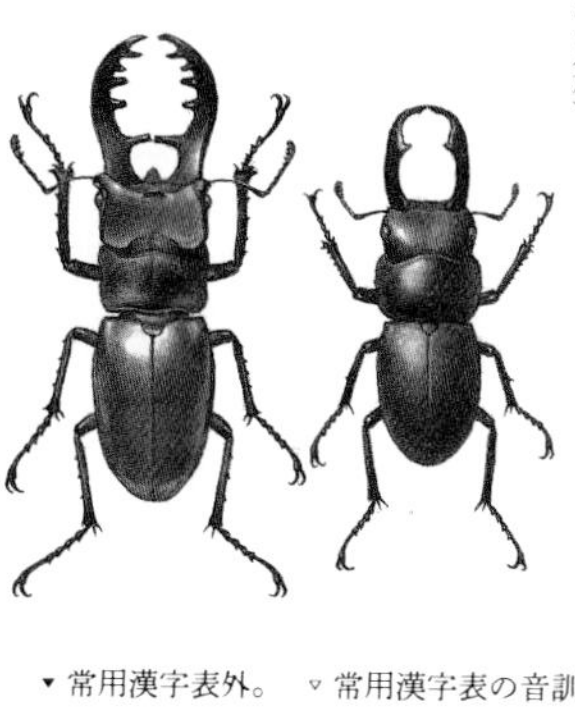

**クヮルテット**【quartetto イタリア】↓カルテット

**くわ・れる**【食われる】(下一自) ①たべられる。be eaten 用例 魚が猫に―。②相手の勢力・演技などに食いこまれる。be upstaged 用例 わき役に―。

**くわわ・る**【加わる】(五自) ①あるものにさらに他のものが加わってふえる。増す。increase 用例 寒さが―。スピードが―。②仲間にはいる。join 用例 仲間に―。③なんらかの作用がおよぶ。用例 土台に力が―。危害が―。

**クワンジュ**【光州】(Kwangju) ↓こうしゅう(光州)

**クン** 7画 【君】 部首[口] 教育小3 JIS 2315
音 クン 訓 きみ
君 君 君 君 君 君 君
①きみ。主人。王。対義 臣・民。「主君・名君・幼君」「君主」 ②神や貴人の敬称。用例 (接尾) 湘―。③男の人。立派な人。「諸君・夫君」「君子」 ④対等か下の人の名につける敬称。用例 (接尾) 木村―。

**クン** 10画 【▾捃】 部首[扌]
音 クン
とる。ひろう。ひろいとる。かきあつめる。「捃摭」

**クン** 10画 【訓】 部首[言] 教育小5 →教育小4 JIS 2317
音 クン・キン
訓 訓 訓 訓 訓 訓 訓
①おしえる。さとす。おしえ。「遺訓・教訓」「訓育・訓示・訓話」 ②漢字のよみ。漢字の意味に固有の日本語をひきあてたもの。対義 音・声。「音訓」「訓読」 用例 (名) ―では何と読むか。

**クン** 11画 【▾桾】 部首[木] JIS 5985
音 クン
マメガキ。カキノキ科の落葉高木。しなのがき。

**クン** 11画 【▾焄】 部首[灬]
音 クン
①いぶす。くすべる。ふすべる。②かおる。におう。

**クン** 12画 【▾葷】 部首[艹] JIS 7256
音 クン・グン
ネギ・ニラ・ショウガなど、においが強く、くさい菜。また、味がからい菜。「葷酒」

**クン** 12画 【▾裙】 部首[衤] JIS 7469
音 クン
①も。腰から下につける衣服。スカート。②すそ。もすそ。③はだぎ。したぎ。

**クン** 14画 【▾熏】 部首[灬] JIS 6377 ／ 18画 【▾燻】 異体字 部首[火] JIS 6378
音 クン
①いぶす。くすべる。ふすべる。「熏製」 ②かおる。におう。いいにおい。「熏風」

**クン** 14画 【▾皸】 部首[皮] JIS 6616 ／ 14画 【▾皹】 異体字 JIS 6617
音 クン・キン
ひび。あかぎれ。

**クン** 15画 【勲】 部首[力] 常用 JIS 2314 ／ 16画 【▾勳】 旧字 JIS 5014
音 クン
①てがら。いさお。いさおし。「殊勲・武勲」「勲功・勲章」 ②勲章の等級を表すのに用いる。用例 (名) ―三等。

**クン** 16画 【薫】 部首[艹] 常用 JIS 2316 ／ 17画 【▾薰】 旧字
音 クン 訓 かおる
①感化する。かおりがうつるように、自然に善にうつす。「薫育・薫陶」 ②《熏とも》㋐かおる。におう。いいにおい。「余薫」「薫風」 ㋑いぶす。くすべる。ふすべる。「薫製」
**薫は香を以て自ら焼く**《かおりのよい草木は、そのかおりのために焼かれてしまうところから》才能があるので、そのためにかえって身を滅ぼすことに言う。

**クン** 18画 【▾曛】 部首[日]
音 クン
入り日の余光。たそがれ。ゆうぐれ。

**クン** 21画 【▾醺】 部首[酉] JIS 7853
音 クン
よう。酒に酔う。酔ってたのしむ。「微醺」

**グン** 9画 【軍】 部首[車] 教育小4 JIS 2319
音 グン・クン
軍 軍 軍 軍 軍 軍 軍
①いくさ。戦争。「従軍」「軍記・軍需品・軍備」 用例 (名) 無名の―を起こす。②つわもの。兵士。兵士の集団。「空軍・全軍・賊軍」「軍勢・軍閥・軍部」 用例 (名) ―の強制。《接尾的》義勇―。③チーム。同じことをおこなう一団。用例 《接尾的》巨人―。

**グン** 10画 【郡】 部首[阝] 教育小4 JIS 2320
音 グン・クン
郡 郡 郡 郡 郡 郡 郡
①日本では、律令制で、国の下の行政区画。明治時代以降、府県の下の行政区画であったが、大正一二年(一九二三)廃止。便宜的なものとなる。「一郡」「郡部」 ②中国では、秦以後、県より大きい区画。こおり。

**グン** 13画 【群】 部首[羊] 教育小5 JIS 2318 ／ 13画 【▾羣】 異体字 JIS 7026
音 グン・クン 訓 むれる・むれ・むら
群 群 群 群 群 群 群
①むれ。あつまり。なかま。「大群・抜群」 用例 (名) ―をぬく強さ。②むらがる。むれる。「群集・群生」 ③もろもろの。多くの。「群衆」 ④数学で、要素間に次の四つの条件をみたす演算が定義されている集合。演算結果も集合の要素。結合法則をみたす。単位要素がただ一つ存在する。逆要素が存在する。

**くん-い**【勲位】①勲等と位階。court rank and honors ②勲等。大宝令では一～一二等、明治以後は一～八等。order of merit

**ぐん-い**【軍医】軍隊で医務にあたる武官。military surgeon

**くん-いく**【訓育】(名・サ変他) 子どもの品性を養い育てること。しつけ。discipline

**くん-いく**【薫育】(名・サ変他) 徳で導くこと。moral influence

**ぐん-えき**【軍役】武士に課された軍事的負担。主君による本領安堵などの御恩に対して負担した軍事上の課役。ぐんやく。

**くん-えん**【薫煙】かおりのよいけむり。aromatic smoke

**くん-えん**【▾燻煙】けむりでいぶすこと。smoking 用例 ―剤。

**ぐん-か**【軍靴】兵士用のくつ。military shoes

**ぐん-か**【軍歌】軍隊の士気を鼓舞する目的でつくられた歌。

**くん-かい**【訓戒・訓▾誡】(名・サ変他) さとし、いましめること。admonition

**ぐん-かく**【軍拡】「軍備拡張」の略。対義 軍縮。

**ぐん-がく**【軍学】用兵・戦術の学問。兵学。兵法。

**ぐん-がく**【軍楽】軍隊で演奏する音楽。military music

**ぐんがく-たい**【軍楽隊】軍隊に属する音楽隊。吹奏楽器と打楽器を中心に編成され、隊の儀礼・行進・慰安などのほか、スポーツ大会・行事などにも出演する。military band

**ぐん-かん**【軍監】軍事の監督をする職。

**ぐん-かん**【軍艦】戦闘用艦艇の総称。軍艦旗を掲げ海軍士官が指揮する船。戦艦・航空母艦・巡洋艦など。warship

**ぐんかん-き**【軍艦旗】軍艦の国籍と軍艦であることを標示するための旗。通常は艦尾に、戦闘中はマストに掲げる。naval ensign

**ぐんかんこうしんきょく**【軍艦行進曲】明治三〇年(一八九七)瀬戸口藤吉が鳥山啓の詩に作曲した軍歌『守るも攻むるも』をもとに、同三三年に吹奏楽用に改編。軍艦マーチ。

**ぐんかん-どり**【軍艦鳥】グンカンドリ科の大形の海鳥。翼長約五〇cm。尾羽が長い。全身黒色で、のどが赤い。他の海鳥を追いかけ、くわえていた魚を吐き出させて横取りする。熱帯から亜熱帯の島々で繁殖。日本には迷鳥として飛来。frigate bird ↓写

●グンカンドリ

**ぐんかんマーチ**【軍艦マーチ】↓ぐんかんこうしんきょく(軍艦行進曲)

**くん-き**【勲記】勲等をさずけられる人に、勲章といっしょに与えられる証書。patent of decoration 対義 位記。

**くん-ぎ**【訓義】漢字の訓読みと意味。

**ぐん-き**【軍紀】軍隊の規律・風紀。軍律。military discipline

**ぐん-き**【軍規】軍隊の規則。military rules

**ぐん-き**【軍記】戦いの話を中心にした本。戦記。account of war

**ぐん-き**【軍旗】軍隊で、象徴とする旗。とくに、旧日本陸軍で歩兵連隊・騎兵連隊に天皇が授けた連隊旗。the colors; standard

**ぐん-き**【軍機】軍事にかかわる重要な事柄。軍事上の機密。military secret

**ぐんき-しょ**【軍機処】中国、清代の軍事政治上の最高機関。一七二九年軍事機密維持のため軍事房として設置。のち弁理軍機処と改称。初めは軍事上の臨時機関であったが、のち行政権限をも加えた常設機関となり、実質的最高機関となった。

**ぐんき-ほごほう**【軍機保護法】軍事上の秘密を守るための法律。明治三二年(一八九九)制定。昭和二〇年(一九四五)廃止。

**ぐんき-もの**【軍記物】①文芸作品のうち、いくさを主題として、描写したものの総称。②江戸時代、いくさを主題に、事実と空想をまぜて興味本位に書いた読み物。『通俗三国史』など。③↓ぐんきものがたり(軍記物語)

**ぐんき-ものがたり**【軍記物語】合戦譚・合戦物語などを構成要素として成立した叙事詩的な文学形態。とくに中世期にすぐれた作品群を輩出した。『保元物語』『平治物語』『平家物語』『太平記』などが代表的作品。『曾我物語』『義経記』なども広義の軍記物語と考えられている。軍記物。軍記。戦記物。

**ぐん-きょ**【群居】(名・サ変自) ①群がっていること。②同種類の動物が集団で生活すること。比較 群生。

**ぐんき-よみ**【軍記読み】近世、軍記を講釈したこと。また、その講釈師。太平記読み。

**ぐん-ぐん**(副) ①勢いよく成長するさま。用例 背が―伸びる。②勢いよく進行するさま。はかどるさま。steadily 用例 仕事が―進む。

**くんくんしい**【▿工▿工▿四】琉球の三線歌曲の楽譜。屋嘉比朝寄が中国の楽譜工六四を参考につくったもの。その後、さらに改良され、三線音楽の伝承・普及に役立っている。

**ぐん-けい**【軍鶏】ニワトリの一品種、シャモの別名。

**ぐん-けい**【群系】植物群落を分類するときの大きな単位。樹林・草原・荒原・植物プランクトン群系をさらに細分化したもの。植物群系。formation

**ぐんけん-せいど**【郡県制度】中国、秦の始皇帝が完成した中央集権的地方行政制度。全国を三六郡に分け、その下にそれぞれ県を置いた。行政・軍事・監察を分掌するため、郡には郡守・郡尉・監御史、県には県令・県尉・県丞を中央から派遣、統治させた。

**くん-こ**【訓▾詁】文章の内容をではなく、一つ一つの字句を注釈すること。比較 解釈・考証。

**くん-こう**【君公】自分の仕える主君を尊敬していう語。

**くん-こう**【君侯】諸侯を尊敬していう語。

**くん-こう**【勲功】国家・主君に尽くしたてがら。meritorious services 用例 ―を立てる。

**くん-こう**【薫香】①よいかおり。fragrance ②くゆらせてよいかおりをたてる香料。たきもの。incense 用例 ―をたく。

**ぐん-こう**【軍功】戦争で立てたてがら。exploits of war

**ぐん-こう**【軍港】海軍の基地として、艦船の修理・軍需品の補給などの専用施設をもつ港。naval port 比較 漁港・商港。

**くんこ-がく**【訓▾詁学】①儒教経典の解釈のため、文字の意味・形・音韻を研究する学問。秦漢の『爾雅』、後漢の『説文解字』で盛んに行われ、唐代の『五経正義』で大成、清代の考証学へと継承された。②古典の字句の解釈を主とする学問。



↓ 行き先項目、図版・写真参照印。 JIS 日本工業規格情報交換用漢字符号コード(区点コード)。

**くん-こく【君国】** ①君主と国家。②君主の統治する国。

**ぐん-こく【軍国】** ①戦争をしている国。nation at war ②軍事を主要政策とする国。militant nation

**ぐんこく-しゅぎ【軍国主義】** ①政治・経済・文化・教育など国民生活の全領域を戦争のために準備し、軍事力による対外発展によって国威発揚をはかる立場。②軍事力ですべてを決定しようとすること。好戦主義。③軍隊を背景にした軍人による政治支配。militarism

**ぐんこく-せい【郡国制】** 中国、漢の高祖が制定した地方制度。封建制と郡県制を折衷したもの。皇帝の直轄地に郡県をおき、遠地には一族功臣を封じて国とするもの。

**ぐんさん-ふくごうたい【軍産複合体】** 軍事部門と民間産業部門が結びつき、需給関係を通じて互いに依存しあっている体制。産軍複合体。military-industrial complex

**くん-し【君子】** ①有徳の人。品格の高い人。man of virture 対義 小人。②高い身分の人。高位・高官。person of high rank ③梅・蘭・竹・菊の異称。この四つの植物を四君子という。

**君子、危うきに近寄らず**(くんし、あやうきにちかよらず)《うっかり手を出さない方が無難と思われるときの、逃げ口上として言う》君子は身を慎んで、強いて危険をおかすことはしない。The wise man keeps away from danger.

**君子の過ちは日月の食の如し**(くんしのあやまちはじつげつのしょくのごとし) 君子は、過ちを犯すことがあってもそれは日食や月食のようにただちに消え去り、すぐにもとの徳性にたちかえる。

**君子の三楽**(くんしのさんらく) 君子の楽しむ三つの条件。父母兄弟が元気で無事なこと、天地に対して何ら恥ずべき点がないこと、天下の英才を教育すること、を言う。

**君子の徳は風**(くんしのとくはかぜ)《風が草木をなびかせるように》君子は、その徳で民を心服させ、従わせるということ。

**君子の交わりは淡き事水の如し**(くんしのまじわりはあわきことみずのごとし) 君子の交際は、水のようにあっさりしているが、それゆえに長続きする。

**君子は器ならず**(くんしはきならず) 器物はおのおの一つの用に適するだけだが、君子は、一技・一芸にだけかたよってすぐれているのではない。

**君子は三端を避く**(くんしはさんたんをさく) 君子は、筆端(=文筆)・鋒端(=武器)・舌端(=弁舌)の三つを避けて、それらと争うことをしない。

**君子は人の美を成す**(くんしはひとのびをなす) 君子は、人の長所や善行を見つけ、それを助けて大成させる。

**君子は独りを慎む**(くんしはひとりをつつしむ) 君子は人の見ていない所でこそ、いっそう行いを慎む。

**君子は交わり絶ゆとも悪声を出さず**(くんしはまじわりたゆともあくせいをいださず) 君子は、交際をやめても、決して相手の欠点を言いふらしたりしない。

**君子、豹変す**(くんし、ひょうへんす) =君子は豹変す。①《ヒョウの文様は、あざやかで、はっきりしていることから》君子は、あやまちを認めたときは、その考え・行いなどをきっぱりと改める。A wise man changes his mind, a fool never. ②自分につごうが悪くなると、すぐに、考えや態度を変える。

**くん-じ【訓示】**(名・サ変他) ①教え示すこと。instruction ②上官・上司が部下に対して執務上の心得や注意を与えること。その注意。direction

**くん-じ【訓辞】** 教えいましめることば。admonitory address 用例 学校長—。

**ぐん-し【軍使】** 交戦中に軍の命令により交渉のため相手側に派遣される使者。白旗を掲げて、しるしとする。military envoy

**ぐん-し【軍師】** ①軍の統帥者にしたがって作戦・計略を考え出す人。tactician ②策略や手段の工夫の上手な人。strategist

**ぐん-じ【軍事】** 兵備・戦争に関すること。military affairs

**ぐん-じ【郡司】** 大宝令の地方官。おもに地方の豪族が任ぜられ、国司の下で郡の政務にあたった。

**ぐんじ-えいせい【軍事衛星】** 軍事目的で打ち上げられる人工衛星。偵察・通信・攻撃・要撃衛星など。military satellite

**ぐんじ-えんしゅう【軍事演習】** 軍隊が実際の戦争を想定して行う訓練。野外などでの実戦訓練と室内の図上演習がある。maneuvers

**ぐんじ-えんじょ【軍事援助】** 他国の軍備強化や戦争遂行を助けるための資金・武器援助。military assistance

**ぐんじ-きち【軍事基地】** 軍事目的のための施設や地域、根拠地。作戦部隊の駐留、軍需物資・資材の集積、作戦待機、訓練などに使われる。military base

**ぐんじ-きょうかいせん【軍事境界線】** 相対する二国家がそれぞれの軍事力で支配する地域が接する線。MDL。military demarcation line

**ぐんじ-きょうれん【軍事教練】** ①軍事上・国防上の知識・技能の向上をめざす教育と訓練。military drill ②わが国で大正一四年(一九二五)以降、中学校以上の学校で行われた軍事に関する基礎訓練。昭和二〇年(一九四五)廃止。学校教練。

**ぐんし-きん【軍資金】** ①軍事に必要な費用。war chest ②計画・行動に必要な資金。fund

**ぐんじ-こうさい【軍事公債】** 軍費を調達するために発行される公債。戦時公債。war bond米; war loan英

**ぐんじ-こもんだん【軍事顧問団】** 自国が軍事的に援助する国に駐在し、援助の遂行を監督するとともに、その国の軍隊の訓練・育成などにあたる専門家グループ。とくにアメリカのものが有名。MAAG。Military Assistance Advisory Group

**ぐんじ-さいばん【軍事裁判】** ①軍法会議。court-martial ②戦時に占領地域で住民が占領法規に違反した場合、軍隊が行う裁判。③第二次大戦後、連合国が日本・ドイツのおもな戦争犯罪人に対して行った裁判。極東軍事裁判とニュルンベルク裁判。military trial

**ぐんじ-しげただ【郡司▽成▽忠】**(一八六〇〜一九二四) 海軍大尉。江戸生まれ。明治二〇年代後半、北千島の警備にあたり、日露戦争後は海事・国防思想の普及に尽くした。幸田露伴の兄。

**ぐんじ-しせつ【軍事施設】** 国家が軍事上必要とする施設。後方支援設備も含む。military establishment

**ぐんじ-せいけん【軍事政権】** 軍部が直接的に政治を支配する統治形態。military government

**ぐんじ-どうめい【軍事同盟】** 二か国または数か国が軍事目的の共同行為について条約を結ぶこと。第二次大戦前の日独伊三国軍事同盟、戦後のNATOなど。military alliance

**ぐんじ-ひ【軍事費】** 国の予算のうち軍事目的に使われる支出。armaments expenditures

**ぐんじ-ひみつ【軍事秘密】** 国防上外部に知られたくない軍事情報。軍機。military secret

**ぐんじ-ふうさ【軍事封鎖】** 戦時に相手国の港や沿岸への海上交通路を海軍力によって遮断すること。戦時封鎖。military blockade 比較 経済封鎖。

**くん-しゃく【訓釈】**(名・サ変他) 漢字の読みと意義を解釈すること。また、その解釈。

**くん-しゃく【勲爵】** 勲等と爵位。

**くん-しゅ【君主】** 天皇・皇帝・王などの総称。monarch

**くん-しゅ【▼葷酒】** ネギ・ニラなどの、くさみのある野菜と酒。

**葷酒、山門に入るを許さず**(くんしゅ、さんもんにいるをゆるさず) 葷酒を清浄な寺門のうちに入れることはできない。禅寺の門のところに立ててある標語。

**ぐん-じゅ【軍需】** 軍事に必要なもの。munitions 対義 民需。用例 —品。

**ぐんじゅ-インフレ【軍需インフレ】** ↓せんじインフレ(戦時インフレ)

**くん-じゅう【▼熏習・薫習】**《仏教語》衣服に香りが移りにおうように、行為や考えが潜在勢力として心に残ること。

**ぐん-しゅう【群衆】**《人間についていう》むらがり集まった多くの人。crowd 比較 公衆・大衆。

**ぐん-しゅう【群集】** ㊀(名・サ変自) 群がり集まること。crowd ㊁(名) ①多数の人々によって突発的に形成される非組織的な集団。日常的社会規範から解き放たれて爆発的なエネルギーを発散することがあるが、明確な目的意識をもたない。crowd 比較 集団。②《「群聚」とも》一定の地域内に集まって生活・生育する生物の集団。community ③群系に次ぐ植物群落の分類単位。association

**ぐんしゅう-こうどう【群集行動】** 多数の人々が、共通の反応を示して突発的に起こす行動。日常の枠をこえた粗暴で非合理的な行動となることが多い。crowd behavior

**ぐんしゅう-しんり【群集心理】** 群集として行動するさいの心理的状況。原始的衝動による感情的興奮、暗示にかかりやすい、理性的思考の鈍化、匿名性のための無責任な行動などが特徴。mass psychology

**ぐんしゅう-はんざい【群集犯罪】** ある目的に対して共通の心理をもつが組織としては内部の統一を欠いた個人が集合して行う犯罪。

**ぐんしゅう-ふん【群集墳】** 密集している古墳群。古墳時代後期に例が多い。和歌山県岩橋千塚、大阪府高安千塚など。

**ぐん-しゅく【軍縮】**「軍備縮小」の略。disarmament 対義 軍拡。

**ぐんしゅく-いいんかい【軍縮委員会】** 軍備縮小を目的とする国際協議機関。国連軍縮委員会やジュネーブ軍縮委員会など。committee on disarmament

**ぐんしゅく-かいぎ【軍縮会議】** 軍備縮小に関する国際会議。disarmament conference ①第一次大戦後のベルサイユ平和条約に基づいて、一九三二年ジュネーブで開かれた国際会議。②海軍の軍備制限についてワシントン(一九二一〜二二年)とロンドン(一九三〇年)で開かれた国際会議。

**ぐんじゅ-けいき【軍需景気】** 戦時下で、兵器などの軍需関係の産業を中心とした生産の増大により一時的に好景気となること。war boom

**くんしゅ-こく【君主国】** 君主によって統治される国家。monarchy 対義 共和国。

**ぐんじゅ-さんぎょう【軍需産業】** 武器・弾薬・軍用機・ミサイル・車両・船舶・各種機器類あるいは兵員の装備・衣服・食糧などの製造ならびに軍関係各種サービスの提供を行う産業。直接兵器類を生産する産業だけをいうこともある。war industry

**くんしゅ-しゅけん【君主主権】** 国家権力を君主が持っていること。monarchy 対義 国民主権。

**ぐんじゅ-しょう【軍需省】** わが国で、昭和一八年(一九四三)軍需生産、とくに航空機の増産を目的に商工省を母体として設置された省。同二〇年(一九四五)廃止。

**くんしゅ-せい【君主制】** 世襲の君主が統治する国家形態。君主の絶対的判断をもとにする絶対君主制と、制度によって制約される立憲(制限)君主制がある。monarchy 対義 共和制。

**くんしゅ-せいたい【君主政体】** 君主が主権を持って行う政治形態。monarchy 対義 共和政体。

**ぐんじゅ-ひん【軍需品】** 軍事上必要な物資全般。兵器・弾薬のほか、民間需要とも重なる車両・船舶・航空機・燃料・食糧・機械類など。munition

**くんしゅ-ろん【君主論】**《原題Il Principe》マキアベリの著書。一五三二年刊。政治を宗教・道徳などから切りはなし、場合によっては非道徳的手段をも用いて政治を行う君主像を描いた近代政治学の古典。

**ぐん-しょ【軍書】** ①軍事上の文書。②軍学の書。③軍記。

**くん-しょう【勲章】** 国家または公共に対して、功労のあった者に与えられる、栄誉としての記章。日本では現在、菊花章(大勲位)・旭日章・宝冠章・瑞宝章などの種類があって、最上位の大勲位に続き、勲一等から勲八等までの階級がある。ほかに、文化の発達に卓絶した功績のある者に与えられるものとして、文化勲章がある。decoration ↓図

**くん-じょう【▼燻蒸】**(名・サ変他) ①いぶし、むすこと。②薬剤でいぶし、病菌や害虫を殺すこと。

**ぐん-しょう【群小】** 問題にならないほど、多くの小さいもの・人。

**ぐん-じょう【群青】** ①あざやかな青色。群青色。②鉱物性の青色顔料の一つ。光・熱・アルカリに強く酸に弱い。水性塗料・印刷インキ・絵の具などに使用。ウルトラマリン。ultramarine

**くんじょう-ざい【▼燻蒸剤】** 有毒ガスを発生させて害虫に作用させる殺虫剤。臭化メチル・クロロピクリン・シアン化水素など。柑橘類のカイガラムシ、土壌中の線虫や幼虫などに適用。fumigant

**ぐんしょ-さくいん【群書索引】** 和漢書や仏書約一万部から抽出された約五万の事項を五十音順に配列し、出典を示した文献案内。物集高見編。大正五年(一九一六)刊。『広文庫』の姉妹編。

**ぐんしょ-るいじゅう【群書類従】** 江戸後期の日本の古書・古文の叢書。正編五三〇巻、続編一一五〇巻。塙保己一編。正編は、安永八年(一七七九)より刊行し文政二年(一八一九)に完了。続編は、明治四四年(一九



▼常用漢字表外。▽常用漢字表の音訓外。

●勲章　勲章と褒章

勲章

| 種別 | 等級と名称 | 授与対象 |
|---|---|---|
| 菊花章 | 大勲位菊花章頸飾<br>大勲位菊花大綬章 | |
| 旭日章 | 勲一等旭日桐花大綬章<br>勲一等旭日大綬章<br>勲二等旭日重光章<br>勲三等旭日中綬章<br>勲四等旭日小綬章<br>勲五等双光旭日章<br>勲六等単光旭日章<br>勲七等青色桐葉章<br>勲八等白色桐葉章 | 国家または公共に対し功労ある者 |
| 宝冠章* | 勲一等~勲八等 | |
| 瑞宝章 | 勲一等~勲八等 | |
| 文化勲章 | | 文化の発達に卓絶した功績ある者 |

* 宝冠章は女性のみに授与される

大勲位菊花大綬章(上)、副章(下)

勲一等旭日桐花大綬章(上)、副章(下)

勲一等宝冠章(上)、副章(下)

文化勲章

褒章

紅綬褒章(人命救助)　緑綬褒章(徳行卓越)　黄綬褒章(業務精励)　紫綬褒章(学術・芸術)　藍綬褒章(公益・教育)　紺綬褒章(私財寄付)

一二)刊行を完了。

**くんし-らん【君子▼蘭】** ヒガンバナ科の多年草。葉は濃緑で長さ約五〇cm。二~四月に橙緋色の花が約五〇cmの花茎の先に一五~二〇輪咲く。観賞用。南アフリカ原産。クリビア。clivia; kaffir lily ↓写

●クンシラン

**ぐんじ-りょく【軍事力】** 一国の軍隊や兵器など戦争に必要な要素をすべて含んだ戦闘能力。military strength

**ぐん-しれいかん【軍司令官】** 一軍をひきいる長官。commander in chief

**くん-しん【君臣】** 君主と臣民。主君と臣下。sovereign and subject

**君臣水魚**(くんしんすいぎょ) 君臣の仲が親密なこと。

**ぐん-しん【軍神】** ①武運を守る神。Mars ②すぐれた手柄をたてて戦死した軍人の敬称。war hero

**ぐん-しん【群臣】** 多くの臣下。a number of subjects

**群臣を棄つ**(ぐんしんをすつ) 王・君主の死を言う。

**ぐん-しん【群神】** 多くの神々。a number of gods

**ぐん-じん【軍人】** ①戦闘に従うのを職務とする人。career soldier米; professional soldier英 ②軍籍にある人。serviceman

**ぐんじん-おんきゅう【軍人恩給】** 旧軍人とその遺族に対する年金・一時金制度。昭和二一年(一九四六)停止、同二八年(一九五三)復活。現在の恩給制度の中心。

**ぐんじん-ちょくゆ【軍人勅諭】** 明治一五年(一八八二)明治天皇が陸海軍人へ下した勅諭。礼儀・武勇・忠節・信義・質素を説き、軍人の精神教育の基本とされた。

**クンスト-シュトリッケン【Kunststricken ドイ】**《芸術的編み物、の意》棒針編みの技法。複雑で繊細な透かし編み模様を入れたもの。テーブル掛け・ドイリー・襟飾りなどに用いる。クンスト編み。

**くんず-ほぐれつ【組んず▽解れつ】** 文語的(連語)《「組みつ解れつ」の転》取っ組んだり、はなれたり。

**くん-ずる【訓ずる】**(サ変他) 漢字を訓で読む。訓ず。

**くん-ずる【薫ずる】**(サ変自他) ＝薫ず。①(自)かおる。かおらせる。be fragrant ②(他)風が若葉のかおりを送ってよこす。

**くん-せい【薫製・▼燻製】** 塩漬けした魚・肉などを煙でいぶし、乾燥させた食品。独特の香気がある。防腐性があり、保存食に適している。smoked foods 用例 鮭の—。

**ぐん-せい【軍制】** 軍事に関する諸制度の総称。military system

**ぐん-せい【軍政】** ①軍事に関する政務。比較 軍令。②敵国を軍事占領した占領軍が行う占領地の行政。military government 対義 民政。用例 —をしく。③旧憲法下で、統帥(指揮・用兵)以外の軍事行政。

**ぐん-せい【群生】** ㊀(名) 多くの人民。民衆。the public ㊁(名・サ変自) 同種類の植物が一か所にむらがりはえること。gregariousness 比較 群居・群棲。

**ぐん-せい【群▼棲】**(名・サ変自) 同種類の動物が集団で生活すること。群居。gregariousness 比較 群生。

**ぐん-ぜい【軍勢】** ①軍隊の人員。また、軍隊の勢力。a number of soldiers; army ②軍隊。army

**くん-せき【▼捃▼摭】** 文章などの、ある部分を拾い集めること。摘録。excerption; summary

**ぐん-せき【軍籍】** 軍人としての地位・身分。兵籍。in the service

**くん-せん【薫染】**(名・サ変自他) よい感化を受けること、与えること。

**ぐん-せん【軍扇】** 武将が戦場で指揮に使用した扇。もとは実用の扇であったが、のちに鉄の骨のものが一般化。↓写

●軍扇　上杉謙信所用。上杉神社(山形県)。

**ぐん-せん【軍船】** 水上の戦いに用いる船。いくさぶね。warship

**ぐん-そう【軍曹】** 陸軍下士官の位の一つ。伍長の上、曹長の下。

**ぐん-そう【軍装】** ①軍人の服装。military uniform ②戦闘用の装備。war outfit

**ぐん-ぞう【群像】** ①多くの人々の姿。figures ②多くの人々を主題とした絵画・彫刻など。group

**くん-そく【君側】** 君主・主君のそば。

**君側の奸**(くんそくのかん) 主君近くに仕えているのをよいことに悪事をする者。用例 —を除く。

**君側を清む**(くんそくをきよむ) 君主のそばに仕える悪臣を除く。

**ぐん-そく【軍足】** 軍人のはく靴下。太い白もめんで作る。

**ぐん-ぞく【軍属】** 軍に勤務または随行した軍人以外の関係者。文官・文官待遇者・雇員・傭人など。

**ぐん-たい【軍体】** 能の三体の一つ。武人の風体。

**ぐん-たい【軍隊】** 組織的な戦争遂行能力をもつ武装集団。一般に、陸・海・空の三軍からなる。armed forces

**ぐん-たい【群体】** 出芽や分裂で生じた新しい個体が、古い個体に連結してつくる生物集団。サンゴ・カツオノエボシなどにみられる。コロニー。colony

**ぐん-だい【郡代】** 武家時代の地方官の一つ。①室町時代には、守護代。②江戸時代には、一〇万石以上の幕府の直轄地を支配する職。大代官。一〇万石以下は、代官。

**くんだいかんそうちょうき【君台観▽左右帳記】** 室町時代の秘伝書。原本はなく、写本が伝わる。中国画家の品等別・画体・画題の知識や、座敷飾りの方式、諸道具器物の用法心得などを伝える。

**ぐんたいこうきょうきょく【軍隊交響曲】**《原題The Military Symphony 第二楽章が軍楽風であることに由来》ハイドン作曲の交響曲、第一〇〇番、ト長調の通称。一七九四年作。同年初演。

**ぐんたいこうしんきょく【軍隊行進曲】**《原題Marches militaires フラ》シューベルト作曲の連弾用ピアノ曲。一八二二年ごろの作。作品五一。一~三番のうち一番がもっとも有名。ピアノ独奏用・管弦楽用にも編曲されている。

**ぐんたい-てちょう【軍隊手帳・軍隊手▼牒】** 旧日本陸軍の下士官・兵に与えられた手帳。姓名・所属部隊・兵歴・賞罰などを記し身分を証明した。

**ぐんたい-らっぱ【軍隊▼喇▼叭】** 軍隊で用いられる信号らっぱ。無弁の高音金管楽器。角笛が源。bugle

**くんだり【▽下り】**(接尾)《「くだり(下り)」の転》都や中心的な都市から遠く離れた場所をさして、そのような遠い所の意を表す。自分をあざけったり、他をからかったりする言い方。用例 長崎—から、はるばるやってまいりました。

**ぐんだり-みょうおう【軍▼荼利明王】** 五大明王の一尊。南方の守護神。忿怒の相、一面八臂、四面四臂で表されることが多い。↓写

**ぐん-だん【軍団】** ①数個師団からなる軍隊。②律令国家の地方常備軍。徴集された農民兵。平安初期に健児制に代わった。③《比喩的に》同じ目的のもとに集まった仲間・同士。用例 赤ヘル—。

**ぐん-だん【軍談】** ①合戦などを題材にした江戸時代の通俗小説。②軍記物の講談。

**くんち【九日】** ↓おくんち(お九日)

**ぐんちゅう-じょう【軍忠状】** 中世、武士がその戦功を注進した文書。余白に自軍の将や軍奉行の証判をもらい、行賞のさいの証拠とした。

**くん-づけ【君付け】** 対等または目下の人の名に、軽い敬称の「君」を付けること。比較 さんづけ。

**君付けの間柄**(くんづけのあいだがら) 男どうしの、親しい仲。

**ぐん-て【軍手】**《「軍用手袋」の略》太い白もめんの糸であんだ、作業用の手袋。

**くん-てん【訓点】** 漢字の訓読を助けるために行間・字間・字面につける文字や符号。ふりがな・すてがな・ヲコト点・返り点など。また、句読点をも含む。

**くん-でん【訓電】**(名・サ変他) 電報で訓令すること。また、その電報。

**くんてん-しりょう【訓点資料】** 仏典や漢籍に仮名や返り点・ヲコト点などの符号をつけたものを、国語学の資料とするさいの名称。

**ぐん-と**(副) ①力を入れて動作をするさま。ぐっと。with a jerk 用例 —突く。②程度の差が際立つさま。一段と。markedly 用例 —ひきたつ。

**くん-とう【勲等】** 国家に功労があった者を表彰するために設けられた栄典の等級。最高は大勲位。以下、勲一等から勲八等まである。

**くん-とう【薫陶】**(名・サ変他) 徳の力で人を教化すること。discipline 用例 —を受ける。

**くん-どう【訓導】** ㊀(名・サ変他) 教え導くこと。㊁(名) 旧制小学校の正規の教員。

**ぐん-とう【軍刀】** 軍人がもつ戦闘用のかたな。saber

**ぐん-とう【群島】** ①群がっている島々。archipelago ②「諸島」の旧称。

●軍荼利明王　飯能市、高山不動尊常楽院(埼玉県)。

**ぐんとう【群盗】** ㊀群れをなして横行する盗賊団。gang of burglars ㊁《原題Die Räuberドイ》シラーの戯曲。一七八一年刊。弟の策謀で勘当され、盗賊団の首領となったカールの不正な社会への反抗と、内的挫折の悲劇。

**グンドゥリチ【Ivan Gundulić】**(一五八九～一六三八) ユーゴスラビアの詩人。バロック文学の代表的作家。未完の大叙事詩『オスマン』は、トルコ帝国崩壊と南スラブ民族の解放をうたう。

**ぐんとう-りろん【群島理論】** インドネシアやフィジーのような、多くの島々から構成された国の領海の定め方についての理論。国連海洋法条約に規定されている。theory of archipelago

**くん-とく【君徳】** 君主としてもっていなければならない徳。

**くん-どく【訓読】** ＝くんよみ。対義 音読。①漢字を訓で読むこと。②漢文を日本語の文法に従って読み下すこと。漢文訓読。

**ぐん-どく【群読】**《木下順二の造語》上演の形式の一種で、一人の読誦から大勢によるものまでを自在に組み合わせて構成する朗読。用例『平家物語』の―。

**くんどく-ぶん【訓読文】** 文体の一種。漢文を日本語の順序に訓読したもの。和漢混交文の基になった。漢文書き下し。

**クント-の-じっけん【クントの実験】** 音波の速度測定のための実験。コルクの粉末などを入れたガラス管を水平に置き、ピストン状にした棒を入れ、その棒に振動を与え粉末が集まるようすで波長を求め、ガラス管内の音速を測る。Kundt's experiment

**グンドルフ【Friedrich Gundolf】**(一八八〇～一九三一) ドイツの文学史家・批評家。著書『シェークスピアとドイツ精神』『ゲーテ』など。

**グンナルソン【Gunnar Gunnarsson】**(一八八九～一九七五) アイスランドの小説家。自国の歴史・伝説などを主としてデンマーク語で書く。作品『ボルグ家の物語』『山上の教会』など。

**くんねっぷ【訓▽子府】**〈町〉 北海道北東部、常呂川上流の町。ジャガイモなどの栽培が行われる。人口七四五七(一九八八)。

**くん-のう【君王】**《「くんおう」の変》①君主。帝王。monarch ②君主と帝王。

**ぐん-ば【軍馬】** 軍隊で使う馬。charger

**ぐん-ばい【軍配】**《「軍配団扇」の略》①武将が軍を指揮するのに用いた武具。軍扇。②相撲で、行司が用いる道具。

**軍配が上がる**(ぐんばいがあがる) 相撲の行司の軍配団扇が、勝った力士のほうにあがる。転じて、ひろく、競争に勝つこと。勝ち負けが決まることにいう。be declared the victor 用例 売上高で―。

**軍配をあげる**(ぐんばいをあげる) 勝ちと判定する。

**ぐんばい-うちわ【軍配▽団▽扇】** ①軍陣で采配の代わりに用いられた瓢箪型の団扇。主として鉄・牛皮製で漆を塗る。陣扇。②相撲で、行司が取組に使う団扇。③紋所の名。軍扇を紋章化したもの。↓図

●軍配団扇③

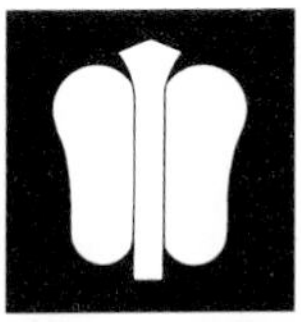

内藤団扇

団扇笹

**ぐんばい-なずな【軍配▼薺】** アブラナ科の多年草。山地の砂地にはえる。全体に毛はなく、葉は狭卵形。春に、総状花序に白小花を開く。扁平で先のへこんだ軍配団扇に似た果実をつける。

**ぐんばい-ほおずき【軍配▽酸▼漿】**《形が軍配団扇に似ていることから》巻き貝のテングニシの卵嚢。ウミホオズキの一つ。

**ぐんばい-むし【軍配虫】** グンバイムシ科の昆虫の総称。日本には約七〇種が分布。体長三～一〇㎜。カメムシに近縁で、草木の葉や芽から汁を吸う。lace bug ↓図

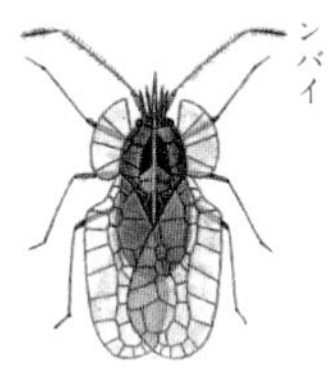

●グンバイムシ キクグンバイ

**ぐん-ばつ【軍閥】** 軍事力を背景に政治的特権を握った軍人の党派的集団。日本では明治維新後、薩摩閥・長州閥が力をもった。

**ぐん-ぱつ【群発】**(名・サ変自) 繰り返し何回も発生すること。repeated occurrence 用例 ―地震。

**ぐんぱつ-じしん【群発地震】** 特定の地域に中・小規模の地震が頻発する現象。第四紀以降の火山活動地域に多い。震源は浅く、狭い範囲に集中する。継続期間は数時間から数年まで。swarm earthquakes

**ぐん-び【軍備】** ①国家の安全を守り、侵略を防止するための軍事上の備え。国家が組織した兵力・装備・基地・防衛施設などの総称。armaments ②戦争の準備。

**ぐん-ぴ【軍費】** ①軍事に必要な費用。military spending ②戦争の費用。war expenditure

**ぐんび-かくちょう【軍備拡張】** 兵力・武器、その他、軍事上の施設をふやすこと。軍拡。expansion in armaments 対義 軍備縮小。

**ぐんび-かんり【軍備管理】** 軍備の規模・使用などについて、国際的な取り決めによって行うか、または各国が自主的に規制・管理すること。arms control

**ぐんび-しゅくしょう【軍備縮小】** 兵力・武器、その他、軍事上の施設をへらすこと。軍縮。disarmament 対義 軍備拡張。

**ぐん-びょう【軍兵】** 兵隊。兵士。雑兵。ぐんぴょう。

**ぐん-ぴょう【軍票】**《「軍用手票」の略》軍隊が交戦地域や占領地域で使用する通貨代用の手形。軍用切手。military scrip

**くん-ぷ【君父】** 主君と父。

**君父の讐は倶に天を戴かず**(くんぷのあだはともにてんをいただかず)《「倶に天を戴かず」は、相手が死ぬか、自分が死ぬかのどちらかである、の意》君父のかたきには、命を捨ててでも報復しないわけにはいかない。不倶戴天。倶不戴天。

**ぐん-ぶ【軍部】** 軍。軍の部内。軍事当局。military authorities

**ぐん-ぶ【郡部】** 郡に属する地域。rural district 対義 市部。

**ぐん-ぶ【群舞】**(名・サ変自) 群がっておどること。group dancing

**ぐん-ぷ【軍夫】** かつて軍に属し、雑役に服した人。war service laborer

**くん-ぷう【薫風】**《「青嵐」より、弱く、やわらかな語感をもつ語》夏に吹く南風。青葉の上を吹き渡る、さわやかな風。薫る風。

**ぐん-ぷく【軍服】** 軍人の制服。一般に陸海空軍で異なり、礼服・略服・戦闘服などがある。military uniform

**ぐん-へんちょう【群変調】** 電気通信において、複数の通信路を一群とし、一つの搬送波で共通変調を行うこと。多重通信方式に用いる。group modulation

**ぐん-ぼう【軍帽】** 軍隊の制帽。military cap

**ぐん-ぽう【群峰】** 群がりそびえる山々。mountain range

**ぐん-ぽう【軍法】** ①軍隊の規則・法律。違反者は軍法会議で裁かれる。軍律。military law ②戦争の方法。兵法。陣法。戦術。tactics

**ぐんぽう-かいぎ【軍法会議】** 軍事裁判を行うための刑事裁判所。一般司法機関に対する特別司法機関。その対象は、軍隊構成員や捕虜など。court-martial

**ぐんま【群馬】**〈県〉 関東地方北西部の県。県庁所在地は前橋市。三方を山地で囲まれ、南部は関東平野の一部。火山や温泉が多い。全国一の養蚕県で畜産もさかん。高崎・太田市を中心に内陸工業地域が発展。面積六三五六㎢、人口一九四万四五三四(一九八八)。

**ぐんま【群馬】**〈町〉 群馬県中部、前橋市西隣の町。金古は旧宿場町。農業が中心だが、宅地化・工業化が進む。人口二万八九六〇(一九八八)。

**ぐんま-じけん【群馬事件】** 自由民権運動の激化事件の一つ。明治一七年(一八八四)群馬県の自由党員が農民と結んで政府高官暗殺を謀ったが果たせず、高利貸や警察署を襲撃。

**くん-みん【君民】** 君主と臣民。monarch and his subjects

**クンミン【昆明】**(Kūnmíng) ↓こんめい(昆明)

**ぐん-みん【軍民】** 軍部と国民。the military and the people

**くんみん-どうち【君民同治】** 君主と臣民の代表者で構成する議会が協力して政治を行うこと。イギリスの体制がその典型。concert between ruling and ruled

**ぐん-む【軍務】** 軍事に関する事務・勤務。military service

**くん-めい【君命】** 主君の命令。

**くん-もう【訓▼蒙】** 子どもなどを教えさとすこと。また、そのための初歩的な書物。

**ぐん-もう【群盲】** ①多くの盲人。②多くの愚者。

**群盲、象を撫でる**(ぐんもう、ぞうをなでる) 「群盲、象を評す」と同意。

**群盲、象を評す**(ぐんもう、ぞうをひょうす)《何人かの盲人がゾウをなでると、各人がさわった部分についてしか論評し合えないことから》何人かが集まって意見を出し合っても、各人に一部ずつの、また、それぞれに片寄った認識しかないと、ものごとの全貌を正しく把握することができないたとえ。群盲、象を撫でる。

**ぐん-もん【軍門】** 陣営の門。

**軍門に下る**(ぐんもんにくだる) 戦いに負けて降参する。surrender

**ぐん-やく【軍役】** 武士が所領・俸禄の代償として主君に対して負う軍事的な義務。軍務のほか、普請役なども含んだ。

**くん-ゆう【薫▼蕕】**《「薫」はよい香りのする草、「蕕」は悪臭のある草》①よい香りと悪い香り。②よい行いと悪い行い。善と悪。③君子と小人。

**薫蕕器を同じゅうせず**(くんゆううつわをおなじゅうせず) 君子は小人を寄せつけない。善人と悪人は同じ場所にいることができない。

**ぐん-ゆう【群雄】** 多くの英雄たち。

**ぐんゆう-かっきょ【群雄割拠】**(名・サ変自) 群雄が各地で勢いをふるうこと。

**ぐん-よう【軍用】** ①軍事に使うこと。軍隊用。military ②軍費。military expense

**ぐん-よう【群羊】** ①多くのヒツジ。②多くの弱小なものの群れ。

**群羊を駆って猛虎を攻む**(ぐんようをかってもうこをせむ) 弱い国や人を連合して、強い国や人を攻撃することのたとえ。Union is strength.

**ぐんよう-き【軍用機】** 軍事目的のために使用される航空機。爆撃機・戦闘機・偵察機・哨戒機・輸送機など。military aircraft

**ぐんよう-きん【軍用金】** 軍資金。war chest

**ぐんよう-けん【軍用犬】** 軍事上の目的をもって育成訓練されたイヌ。伝令・警戒・捜索・運搬などがおもな任務。シェパード・ドーベルマンなどが用いられる。army dog

**くん-よみ【訓読み】** ↓くんどく(訓読)

**ぐん-らく【群落】** ①多くの村落。many villages 比較 集落。②植物で形成される生物共同体。植物社会。植物共同体。植物群落。vegetation; community

**ぐんらく-せんい【群落遷移】** ある場所の植物群落が、長い年月にわたり連続的に変化していく現象。生物自体の内的な変化や気候などの環境変化が主原因。plant succession 参照 極相。

**ぐん-りつ【軍律】** ①軍隊の規律。軍紀。military discipline ②軍法。martial law

**ぐん-りゃく【軍略】** 軍事上の計略。戦略。strategy

**くん-りん【君臨】**(名・サ変自) ①君主として国を治めること。reign ②ある分野で他を圧倒すること。dominate

**クンルン-さんみゃく【クンルン山脈・▼崑▼崙山脈】**(Kūnlún) ↓こんろんさんみゃく(崑崙山脈)

**くん-れい【訓令】**(名・サ変他) 上級官庁が下級機関や職員に対して職務上の命令を発すること。また、その命令。

**ぐん-れい【軍令】** ①軍隊の指揮・命令や諸規則・刑罰などのこと。②旧憲法下で、国防計画・作戦用兵についての統帥事務や編制・動員事務。military command 比較 軍政。

**くんれいしき-ローマじつづりかた【訓令式ローマ字▼綴り方】** 日本語をローマ字で書くときのつづり方の一つ。ヘボン式と日本式との統一を目的に、昭和一二年(一九三七)内閣訓令で制定したもの。比較 日本式ローマ字綴り方・ヘボン式ローマ字綴り方。

**ぐんれい-ぶ【軍令部】** 旧日本海軍の作戦用兵を担当した最高統帥部門。明治二六年(一八九三)海軍軍令部として設置され、昭和八年(一九三三)軍令部と改称。

**くん-れん【訓練】**(名・サ変他) 教えきたえること。training

**ぐん-ろん【群論】** 群の性質を研究する数学の一分野。アーベルやガロアの方程式論が群論の研究の始まりである。結晶の分類・量子力学などへ応用される。theory of groups

**くん-わ【訓話】** 目上の人のする、人生や心がまえなどについてのためになる話。instructive talk



▼常用漢字表外。 ▽常用漢字表の音訓外。

け

# け ケ

**け【け・ケ】** 五十音図か行第四の仮名。平仮名「け」は「計」の草体。片仮名「ケ」は「介」の略。濁音は「げ」「ゲ」。

**ケ 4画【化】** 部首[匕] 教育小3 JIS 1829 ／ 4画【ˇ化】 旧字
[音] **カ・ケ** [訓] **ばける・ばかす** [筆順]↓カ[化]
①ほかのものになる。かわる。ばける。「権化・変化」「化生・化身」 ②よそおう。「化粧」 ③影響をおよぼす。みちびく。「教化」 ④ばかす。↓カ[化]

**ケ 6画【仮】** 部首[人・亻] 教育小5 JIS 1830 ／ 11画【ˇ假】 旧字 JIS 4881
[音] **カ・ケ**・カク [訓] **かり** [筆順]↓カ[仮]
①かり。にせ。[対義]実。「仮病・仮名」 ②仏教で、すべての事物は、実体はなく、縁起という道理の上にかりになりたっているということ。[比較]空。「虚仮」↓カ[仮]

**ケ 6画【気】** 部首[气] 教育小1 JIS 2104 ／ 10画【ˇ氣】 旧字 JIS 6170
[音] **キ・ケ** [筆順]↓キ[気]
①けはい。様子。ありさま。「色気・塩気・湿気」[用例](名)火の―がない。 ②なんとなくの意。[用例]《接頭的》―高い。 ③そこの病気。「脚気」↓キ[気]
**気も無い** ①そんなようすもない。there is no sign ②なんのこともない。

**ケ 8画【ˇ卦】** 部首[卜] JIS 2321
[音]カ・ケ
うらかた。易で、うらないの算木に出る象。八卦を基本とし、六十四卦の変化から、天地間のあらゆる事象を読みとり、吉凶をうらなう。「八卦」[用例](名)悪い―が出る。

**ケ 8画【怪】** 部首[忄] 常用 JIS 1888 ／ 9画【ˇ恠】 異体字 JIS 5563
[音] **カイ・ケ** [訓] **あやしい・あやしむ**
いぶかしい。あやしい。変な。「怪訝」↓カイ[怪]

**ケ 10画【家】** 部首[宀] 教育小2 JIS 1840
[音] **カ・ケ**・コ [訓] **いえ・や** [筆順]↓カ[家]
①いえ。や。うち。「出家・分家・本家」「家人・家来」 ②姓につけて、そのいえの意。[用例]《接尾的》平―。山本―。↓カ[家]

**ケ 10画【華】** 部首[艹] 常用 JIS 1858 ／ 11画【ˇ華】 旧字
[音] **カ・ケ・ゲ** [訓] **はな**
はな。はながさく。うつくしい。立派な。「香華・散華」「華鬘」↓カ[華]

**ケ 11画【ˇ袈】** 部首[衣] JIS 2322
[音]カ・ケ
「袈裟」は、梵語 kāṣāya の音訳。僧の衣服。

**ケ 16画【ˇ懈】** 部首[忄] JIS 5672
[音]カイ・ケ
おこたる。なまける。だらける。「懈怠」↓カイ[懈]

**ケ 20画【懸】** 部首[心] 常用 JIS 2392
[音] **ケン・ケ** [訓] **かける・かかる**
かける。思いをよせる。気にかける。「懸想・懸念」↓ケン[懸]

**け【毛】** ①皮膚・植物の表面に生じる糸状のもの。hair ②髪の毛。hair ③羽毛。feather ④羊毛。wool ⑤わずかなもののたとえ。⑥地上の草木。⑦イネの穂の実り。[用例]―見。
**毛の末** きわめてわずかなこと。
**毛の生えた様な物** 《より劣ったものを挙げて》…よりは少しましなもの。[用例]ウサギ小屋に―。
**毛を吹いて疵を求む** 《動物の体毛を吹き分けて、体にきずのあることをさがす意》無理やり、人の欠点をあばこうとする。また、そんなことをしたために、かえって自分の悪性を暴露する。
**毛を以て馬を相す** 馬のよしあしを、毛並みだけで判断する。転じて、見かけだけで、物事の価値を判断するたとえ。毛を見て馬を相す。

**け【ˇ笥】** [古語]入れ物。食器。[用例]家にあれば―に盛る飯を(万葉・二・一四二)。

**け【ˇ褻】** ふだん。日常。公式的でないこと。生活的には一般に質素を意味する。[対義]晴れ。
**褻にも晴れにも** ①ふだんにも晴れがましい場にも。②よいにも悪いにも。どっちにしても。③あとにも先にも。

**け**(終助)《助動詞「けり」の転。「…たっけ・だっけ」の形で》回想・確認の意を表す。[用例]そんなこともあたっ―。

**げ【げ・ゲ】**↓け[け・ケ]

**ゲ 3画【下】** 部首[一] 教育小1 JIS 1828
[音] **カ・ゲ** [訓] **した・しも・もと・さげる・さがる・くだる・くだす・くださる・おろす・おりる** [筆順]↓カ[下]
①した。しも。もと。[対義]上。「下界・下旬・下足・下段」[用例](名)―の巻。 ②二つ、または三つの組の終わり。[対義]上・中。 ③くだる。くだす。おりる。おろす。「下剤・下山・下車・下痢」 ④おとる。ひくい。いやしい。「卑下」「下品・下劣」[用例](名)―の―。↓カ[下]

**ゲ 5画【外】** 部首[夕] 教育小2 JIS 1916
[音] **ガイ・ゲ**・ウイ [訓] **そと・ほか・はずす・はずれる** [筆順]↓ガイ[外]
①そと。ほか。「外科・外宮」 ②[対義]内。仏教でないもの。「外典・外道」↓ガイ[外]

**ゲ 10画【夏】** 部首[夊] 教育小2 JIS 1838
[音] **カ・ゲ** [訓] **なつ** [筆順]↓カ[夏]
なつ。四季の一つ。「半夏生」「夏至」↓カ[夏]

**ゲ 11画【ˇ偈】** 部首[人・亻] JIS 4885
[音]ケツ・ケイ・ゲ
仏教で、①仏の功徳をたたえる韻文体の四句の文。②経文の中の韻文の部分。頌。

**ゲ 13画【解】** 部首[角] 教育小5 JIS 1882 ／ 13画【ˇ觧】 異体字 JIS 7527
[音] **カイ・ゲ** [訓] **とく・とかす・とける** [筆順]↓カイ[解]
①けす。とく。「解毒・解熱」 ②さとる。わかる。「解脱」 ③ときあかす。説明する。「義解・略解」 ④平安時代のころ、上司に出した文書。「解状」↓カイ[解]

**げ【ˇ気】**(接尾) ①《名詞に付いて》ようす。[用例]おとな―ない。 ②《動詞の連用形や形容詞・形容動詞の語幹に付いて形容動詞をつくる》そのようなさま。[用例]あり―。なつかし―。たいくつ―。

**け-あい【ˇ蹴合(い)】** ①互いにけること。けりあい。②闘鶏。

**け-あがり【ˇ蹴上がり】** 鉄棒にぶら下がり、両足で空をけってその勢いで鉄棒の上に上半身を持ち上げる運動。

**け-あげ【ˇ蹴上げ】** 階段の一段の高さ。↓階段図

**け-あ・げる【ˇ蹴上げる】**(下一他) けって上へ上げる。kick up

**け-あし【毛足・毛脚】** ①じゅうたん・毛布などの表面にのび出ている毛。[用例]―が長い。②毛ののびていくさま。[用例]―が速い。

**けあし-のすり【毛足ˇ鵟】** 脚が羽毛でおおわれ、尾の基部が白いタカ。全長約五五cm。シベリアで繁殖し、冬に中国・朝鮮半島・日本などに渡るが、日本への渡来は少ない。

**け-あな【毛穴・毛ˇ孔】** 毛がはえる、小さな穴。また、汗や脂を出す穴。pore

**ケアリー【Henry Charles Carey】**(一七九三～一八七九) アメリカの経済学者。ミルと交遊があり、国民主義の立場からスミスやリカードを批判して保護貿易論を主張。著書『社会科学原理』など。

**ケアリー【Joyce Cary】**(一八八八～一九五七) イギリスの小説家。多彩な人物を配し物語性豊かな作風。作品『ジョンソン氏』『馬の口』など。

**けありた-そう【毛有田草】** アカザ科の一年草。茎葉ともに白い毛がある。高さ約八〇cm。秋に枝先に穂を出し、葉は長楕円形で縁に波状の歯牙がある。葉状の苞のわきに緑色小花をつける。アメリカ原産の帰化植物。

**ケアレス-ミステーク【careless mistake】** 不注意による誤り。うっかりミス。ケアレスミス。

**ケア-ワーカー**《和製語》障害者や老人の介護を専門的に行う人。ホームヘルパー。介護福祉士。care taker

**げ-あんご【夏安ˇ居】**《仏教語》夏の時期に安居にはげむこと。

**ケアン-テリア【cairn terrier】** イヌの一品種。肩高二四cm。スコッチテリアに似るが体毛はやや短い。愛玩用。イギリス原産。本来は害獣駆除用の猟犬で、名は積み石(ケアン)の中にも入ることに由来。

**ケイ 2画【ˇ冂】** 部首[冂] JIS 4936
[音]ケイ・キョウ
①さかい。遠い国ざかい。 ②部首の一つ。まきがまえ。けいがまえ。

**ケイ 2画【ˇ匸】** 部首[匸] JIS 5030
[音]ケイ
①かこう。かくす。おおいかくす。 ②部首の一つ。かくしがまえ。けいがまえ。

**ケイ 3画【ˇ彐】** 部首[彐] ／ 3画【ˇ彑】 部首[彑] 異体字 JIS 5532 ／ 3画【ˇ⺕】 部首[⺕] 異体字
[音]ケイ
①ブタやハリネズミの頭。 ②部首の一つ。けいがしら。

**ケイ 4画【ˇ兮】** 部首[八] JIS 4934
[音]ケイ
漢文で、韻文の句中や句末などに用いて、調子をととのえたり、強調の語気を表す。[参考]漢文訓読では、一般に読まない。

**ケイ 5画【兄】** 部首[儿] 教育小3→教育小2 JIS 2327

兄 兄 兄 兄 兄

[音] **ケイ・キョウ** [訓] **あに**
①あに。[対義]弟。「義兄・長兄・父兄・令兄」「兄弟」 ②年上の男の人。「学兄・大兄」「兄事」[用例](名)―たり難く弟たり難し。 ③男同士で、友人の名に添えて敬意を示すのに用いる。[用例](接尾)鈴木―。↓キョウ[兄]
**兄たり難く弟たり難し** どちらがすぐれている、おとっている、と言えない。There is little to choose between them.

**ケイ 6画【刑】** 部首[刂] 常用 JIS 2326 ／ 8画【ˇ刑】 異体字
[音] **ケイ**・ギョウ
①のり。おきて。「刑事・刑部」 ②こらしめ。しおき。「求刑・死刑・処刑・体刑」「刑務所」[用例](名)―に服する。
**刑の疑わしきは軽くせよ** 罪の疑わしい者を処罰するには、軽い方の刑にきめるべきである。

**ケイ 6画【ˇ圭】** 部首[土] 人名用 JIS 2329
[音]ケイ
①たま。天子のあたえる、かどのある玉器。「刀圭」 ②かど。かどだつ。「圭角」

**ケイ 7画【ˇ冏】** 部首[冂] JIS 4940
[音]ケイ・キョウ
あきらか。ひかる。きらきらとひかる。

**ケイ 7画【形】** 部首[彡] 教育小2 JIS 2333
[音] **ケイ・ギョウ** [訓] **かた・かたち**

形 形 形 形 形 形 形

①かたち。かた。「円形・外形・図形・無形・有形」「形式・形状・形相・形態」[用例]《接尾的》四辺―。終止―。 ②ありさま。様子。「形勝・形勢・形容」 ③あらわれる。かたちとなる。↓ギョウ[形]

**ケイ 7画【系】** 部首[糸] 教育小6 JIS 2347
[音] **ケイ**



↓行き先項目、図版・写真参照印。 JIS 日本工業規格情報交換用漢字符号コード(区点コード)。

系 系 系 系 系 系 系

①つづいている一まとまり。つづき。つらなり。「体系」「系統・系列」用例《接尾的》太陽―。保守―。②血すじ。「直系」「系図」③つなぐ。つながる。④数学で、一つの定理に付随して出てくる定理。

**ケイ** 8画 【京】 部首［亠］ 教育小2 JIS2194
9画 【▼京】 異体字 JIS4823
16画 【▼鯨】 部首［金］ 異体字 JIS7893

音 キョウ・ケイ・キン

筆順 ↓キョウ【京】

①みやこ。「京華・京師」②京都のこと。「京阪」③東京のこと。「京浜」④数の名目。兆の一〇〇〇倍。また、現在は、兆の万倍。↓キョウ【京】

**ケイ** 8画 【径】 部首［彳］ 教育小6→教育小4 JIS2334
10画 【▼徑】 旧字 JIS5545
11画 【▼逕】 部首［辶］ 異体字 JIS7784

音 ケイ

径 径 径 径 径 径

①こみち。みち。細い道。「小径」「径路」②まっすぐ。ただちに。「直情径行」③さしわたし。「口径・直径・半径」用例（名）―三センチ。④へだたり。「径庭」

**ケイ** 8画 【茎】 部首［艹］ 常用 JIS2352
10画 【▼莖】 旧字 JIS7219

音 ケイ・コウ
訓 くき

くき。植物の軸となり、枝葉をつけ、根と結びつく部分。「塊茎・球茎・根茎・長茎」

**ケイ** 9画 【係】 部首［人・亻］ 教育小3 JIS2324

音 ケイ
訓 かかる・かかり

係 係 係 係 係 係

①かかる。かかわる。「関係」②かかり。うけもち。うけもつ人。③《繋とも》㋐あらそう。「係争」㋑つなぐ。つながる。「係船・係留」

**ケイ** 9画 【▼剄】 部首［刂］ JIS4977

音 ケイ

くびきる。くびはねる。刀で首をたつ。

**ケイ** 9画 【▼勁】 部首［力］ JIS5006

音 ケイ

つよい。かたい。丈夫な。「雄勁」

**ケイ** 9画 【型】 部首［土］ 教育小4 JIS2331

音 ケイ
訓 かた

型 型 型 型 型 型

①かた。形状。「原型・紙型・模型・類型」②のり。てほん。モデル。「典型」

**ケイ** 9画 【▼奎】 部首［大］ JIS5287

音 ケイ・キ

「奎宿」は、星座名。二十八宿の一つ。アンドロメダ座付近の一六の星。文章をつかさどる。とかきぼし。

**ケイ** 9画 【契】 部首［大］ 常用 JIS2332
9画 【▼契】 旧字

音 ケイ・セツ・ケツ・キツ
訓 ちぎる

①ちぎる。約束する。ちかう。「黙契」「契約」②きっかけ。はずみ。「契機」③わり符。証拠の手形。「契合」

**ケイ** 9画 【▼荊】 部首［艹］ JIS2353

音 ケイ

①いばら。うばら。「荊冠」②ニンジンボク。クマツヅラ科の落葉低木。③自分の妻を謙遜していうのに用いる。「荊妻」

**ケイ** 9画 【▼迥】 部首［辶］ JIS7774

音 ケイ・ギョウ

はるか。はるかにへだたって遠い。「迥々」

**ケイ** 9画 【▼扃】 部首［戸］

音 ケイ

①かんぬき。かんのき。門や戸をあかないようにする横木。②とざす。とじる。しめる。

**ケイ** 9画 【▼挂】 部首［扌］ JIS5744

音 カイ・ケ・ケイ

かける。ひっかける。かかる。「挂冠」

**ケイ** 9画 【▼炯】 部首［火］ JIS6355
11画 【▼烱】 異体字 JIS6356

音 ケイ・キョウ

あきらか。ひかる。きらきらとひかる。「炯眼・炯々」

**ケイ** 9画 【▼盻】 部首［目］ JIS6629

音 ケイ・ゲイ

にらむ。うらみをふくんでみる。

**ケイ** 9画 【計】 部首［言］ 教育小2 JIS2355

音 ケイ
訓 はかる・はからう

計 計 計 計 計 計 計

①数量をはかる。かぞえる。勘定。「会計・合計・小計・総計」「計算・計量」用例（名）―百万円也。②はかりごと。みつもり。もくろみ。「設計」「計画・計略」用例（名）一年の―。③はかるもの。「計器」用例《接尾的》温度―。風力―。④はからう。㋐処置する。㋑てごころをくわえる。

**ケイ** 10画 【▼勍】 部首［力］ JIS5007

音 ケイ

つよい。かたい。たけだけしい。「勍敵」

**ケイ** 10画 【▼奚】 部首［大］ JIS5288

音 ケイ

①しもべ。こもの。召使。②いずくんぞ。なんぞ。なに。疑問や反語の意を表す。

**ケイ** 10画 【恵】 部首［心］ 常用 JIS2335
12画 【▼惠】 旧字 JIS5610

音 ケイ・エ
訓 めぐむ

めぐむ。めぐみ。「恩恵・慈恵」「恵贈」↓エ【恵】

**ケイ** 10画 【▼枅】 部首［木］
8画 【▼枅】 異体字 JIS5939

音 ケイ・ケン

ますがた。とがた。柱などの上に設け、梁などを受ける四角な木。

**ケイ** 10画 【▼桂】 部首［木］ 人名用 JIS2343

音 ケイ

①かつら。ニッケイ・モクセイなど常緑の香木の総称。「月桂・肉桂」「桂冠」②クスノキ科の常緑高木。中国南部原産。けいのき。③カツラ。カツラ科の落葉大高木。④将棋のこまの一つ。桂馬のこと。

**ケイ** 10画 【▼涇】 部首［氵］

音 ケイ

①とおる。水がとおる。②ながれ。まっすぐな水のながれ。

**ケイ** 10画 【▼珪】 部首［王］ JIS2330

音 ケイ・キ

元素の一つ。珪素。ケイ素。「珪酸・珪石・珪藻・珪肺」

**ケイ** 11画 【啓】 部首［口］ 常用 JIS2328
11画 【▼啓】 旧字

音 ケイ

①ひらく。知能をひらく。おしえみちびく。「天啓」「啓示・啓発・啓蒙」②つゆはらいをする。「行啓」③もうす。もうしあげる。「謹啓・拝啓」「啓上」④手紙の書き出しに用いる。「拝啓」より軽い。⑤貴人や上位の人に奉る文書。

**ケイ** 11画 【掲】 部首［扌］ 常用 JIS2339
12画 【▼揭】 旧字

音 ケイ・ケツ
訓 かかげる

①かかげる。高くあげる。「掲揚」②のせてしめす。はりだす。「前掲」「掲載・掲示」

**ケイ** 11画 【▼脛】 部首［月］ JIS7090

音 ケイ

すね。はぎ。ひざから足首までの部分。

**ケイ** 11画 【渓】 部首［氵］ 常用 JIS2344
13画 【▼溪】 旧字 JIS6268

音 ケイ

たに。たにがわ。谷間をながれる川。「雪渓」「渓谷・渓声・渓流」

**ケイ** 11画 【▼畦】 部首［田］ JIS2345

音 ケイ

うね。あぜ。くろ。田畑の区ぎり。

**ケイ** 11画 【▼硅】 部首［石］ JIS6675

音 カク・キャク・ケイ

元素の一つ。硅素。珪素。ケイ素。「硅藻」

**ケイ** 11画 【▼絅】 部首［糸］ JIS6905

音 ケイ

ひとえもの。ひとえ。ひとえの着物。

**ケイ** 11画 【経】 部首［糸］ 教育小5 JIS2348
13画 【▼經】 旧字 JIS6920

音 ケイ・キョウ
訓 へる

経 経 経 経 経 経

①おさめる。いとなむ。「経営・経済・経費」②へる。とおりすぎる。「経過・経由」③対義 緯。㋐たていと。㋑南北の方向。「東経」「経度」④すじ。みち。「神経」⑤つね。永久にかわらないこと。その理法。⑥聖人の教えを書いた書物。「経学・経典」⑦三蔵の一つ。仏の説法の集成。↓キョウ【経】

**ケイ** 11画 【蛍】 部首［虫］ 常用 JIS2354
16画 【▼螢】 旧字 JIS7405

音 ケイ
訓 ほたる

ホタル。コウチュウ目に属する昆虫。また、ホタルのような。「蛍光灯・蛍光塗料」

**ケイ** 11画 【▼袿】 部首［衤］ JIS7463

音 ケイ

①うちかけ。婦人が、礼服の上にはおる長い衣。②うちき。㋐平安時代、貴婦人が着た襲の上着。㋑男子が、直衣・狩衣などの下に着た衣服。

**ケイ** 11画 【▼頃】 部首［頁］ JIS2602

音 ケイ・キョウ

①ころ。このごろ。「頃日」②しばらく。わずかの時間。

**ケイ** 12画 【▼卿】 部首［卩］
10画 【▼卿】 異体字 JIS2210

音 ケイ・キョウ

①三位以上の朝臣。くげ。比較 公。②君主が、臣下に対し、敬意を示して用いた。用例（代）―らとともに。↓キョウ【卿】

**ケイ** 12画 【▼嵆】 部首［山］

音 ケイ

①中国の山の名。河南省にある。嵆山。②中国人の姓の一つ。

**ケイ** 12画 【▼惸】 部首［忄］

音 ケイ

①うれえる。心配する。②ひとり。ひとりぼっち。ひとりもの。

**ケイ** 12画 【敬】 部首［攵］ 教育小6 JIS2341
13画 【▼敬】 旧字

音 ケイ・キョウ
訓 うやまう

敬 敬 敬 敬 敬 敬

うやまう。つつしむ。「畏敬・尊敬・不敬」「敬愛・敬具・敬服」

**ケイ** 12画 【景】 部首［日］ 教育小4 JIS2342

音 ケイ・エイ

景 景 景 景 景 景

①ながめ。風光。「遠景・光景・絶景・風景」「景勝」用例（名）天下の―。②様子。状況。「景気・景況」③そえる。たす。「粗景」「景品・景物」④芝居などで、幕より小さい場面。場。用例《接尾的》第一―。⑤したう。あおぐ。「景仰」⑥おおきい。「景福・景慕」

**ケイ** 12画 【▼棨】 部首［木］

音 ケイ

①鞘をかけたほこ。儀式用のほこ。②わり符。証拠の手形。

**ケイ** 12画 【▼痙】 部首［疒］ JIS6559

音 ケイ

ひきつり。ひきつる。筋肉がこわばる。「痙攣」

**ケイ** 12画 【▼笄】 部首［竹］
10画 【▼笄】 異体字 JIS6802

音 ケイ



▼常用漢字表外。　▽常用漢字表の音訓外。

こうがい。かんざし。

**ケイ** 12画【軽】 部首[車] 教育小3 JIS 2358 ／ 14画【▼輕】 旧字 JIS 7743
音 ケイ・キョウ・キン
訓 かるい・かろやか

①かるい。てがる。対義 重。「軽快・軽減・軽便・軽妙」用例《接頭的》—金属。—工業。②うすっぺら。かるはずみ。「軽挙・軽薄」③かろんずる。ばかにする。対義 重。「軽視・軽侮・軽蔑」

**ケイ** 13画【傾】 部首[人・亻] 常用 JIS 2325
音 ケイ
訓 かたむく・かたむける
①かたむく。かしぐ。「左傾」「傾向・傾斜」②かたむける。身をいれる。「傾聴・傾倒」

**ケイ** 13画【携】 部首[扌] 常用 JIS 2340 ／ 21画【▼攜】 異体字 JIS 5824
音 ケイ
訓 たずさえる・たずさわる
①たずさえる。㋐もっている。身につけている。「必携」「携行・携帯」㋑互いに手をとる。一緒にことをする。「提携」㋒したがえていく。②たずさわる。㋐従事する。㋑かかわりあう。

**ケイ** 13画【▼煢】 部首[火] JIS 6373
音 ケイ
ひとり。ひとりぼっち。ひとりもの。

**ケイ** 13画【継】 部首[糸] 常用 JIS 2349 ／ 20画【▼繼】 旧字 JIS 6975
音 ケイ
訓 つぐ
①つぐ。つなぐ。つづける。あとをうける。「後継・中継」「継承・継続」②血がつながっていない。まま。対義 実。「継子・継母」

**ケイ** 13画【罫】 部首[罒] JIS 2351
音 カイ・ケ・ケイ
すじめ。たて・よこに引いた線。わく。「罫線」

**ケイ** 13画【▼詣】 部首[言] JIS 2356
音 ゲイ・ケイ
①いたる。いきつく。学識などが高いところに到達する。「造詣」②もうでる。おまいりをする。「参詣」

**ケイ** 14画【境】 部首[土] 教育小5 JIS 2213 ／ 14画【▼境】 旧字
音 キョウ・ケイ
訓 さかい
筆順 ↓キョウ[境]
さかい。区ぎり。「境界・境内」↓キョウ[境]

**ケイ** 14画【▼敻】 部首[夊] JIS 5275
音 ケイ
はるか。はるかにへだたって遠い。「敻然」

**ケイ** 14画【▼熒】 部首[火]
音 ケイ・エイ
①ともしび。ひ。小さなひかり。②かがやく。ひかる。あきらか。③ホタル。コウチュウ目に属する昆虫。

**ケイ** 14画【▼睽】 部首[目]
音 ケイ・キ
①にらみあう。反目する。②そむく。はずれる。③目をみはる。

**ケイ** 14画【▼禊】 部首[示] JIS 6720
音 ケイ
みそぎ。みそぐ。みそぎをする。きよめはらう。

**ケイ** 14画【▼綮】 部首[糸] JIS 6927
音 ケイ
「肯綮」は、骨に筋肉がつながっているところ。すじのつけね。転じて、ものごとの急所・要点。

**ケイ** 14画【▼閨】 部首[門] JIS 7965
音 ケイ
①ねや。婦人のねべや。「空閨」②婦人。妻。「令閨」「閨閥」

**ケイ** 15画【儆】 部首[人・亻]
音 ケイ
いましめる。注意する。用心する。

**ケイ** 15画【▼蕙】 部首[艹]
音 ケイ・エ
①かおりぐさ。香草の名。②うつくしい。うるわしい。

**ケイ** 15画【慧】 部首[心] 人名用 JIS 2337 ／ 15画【▼慧】 旧字
音 ケイ・エ
①さとい。かしこく、するどい。「慧眼・慧敏」②ちえ。知恵のはたらき。↓エ[慧]

**ケイ** 15画【慶】 部首[心] 常用 JIS 2336
音 ケイ・キョウ
よろこび。よろこぶ。めでたい。対義 弔。「大慶・同慶・余慶」「慶賀・慶事」

**ケイ** 15画【▼憬】 部首[忄] JIS 5661
音 ケイ
あこがれる。高大なものを、のぞみもとめる。「憧憬」

**ケイ** 15画【▼稽】 部首[禾] JIS 2346
音 ケイ
①かんがえる。くらべてかんがえる。「稽古」②とどまる。とどこおる。とどめる。とどこおらす。③「滑稽」は、おもしろおかしいこと。おどけ。

**ケイ** 16画【▼薊】 部首[艹] JIS 7309
音 ケイ
アザミ。キク科の植物。一般に、多年草。

**ケイ** 16画【憩】 部首[心] 常用 JIS 2338 ／ 15画【▼憇】 異体字 JIS 5660
音 ケイ
訓 いこい・いこう
いこう。やすむ。休息する。いこい。「休憩・小憩」

**ケイ** 16画【▼磬】 部首[石] JIS 6694
音 ケイ
中国古代の楽器の一つ。石や玉を「へ」の字形につくり、これをつるしてたたく打楽器。

**ケイ** 16画【▼頸】 部首[頁] JIS 8084 ／ 14画【▼頚】 異体字 JIS 2359
音 ケイ
くび。のどくび。また、ものごとの、くびに相当する部分。「刎頸の交わり」「頸腺・頸椎・頸動脈」

**ケイ** 16画【▼髻】 部首[髟] JIS 8201
音 ケイ・キツ
①もとどり。たぶさ。髪の毛を頭上でたばねたもの。②みずら。古墳時代の男子の髪型。

**ケイ** 17画【▼擎】 部首[手]
音 ケイ
ささげる。あげる。両手にもって、高くあげる。

**ケイ** 17画【▼檠】 部首[木] ／ 16画【▼檠】 異体字 JIS 6091
音 ケイ
ゆだめ。ゆみため。弓のゆがみをなおす道具。

**ケイ** 17画【▼罄】 部首[缶]
音 ケイ
①むなしい。つきる。からっぽ。②すべて。みな。のこらず。

**ケイ** 17画【▼谿】 部首[谷] JIS 7616
音 ケイ
たに。たにがわ。谷間をながれる川。「谿谷」

**ケイ** 17画【▼蹊】 部首[足] JIS 7694
音 ケイ
①こみち。みち。細い道。②わたる。すぎる。

**ケイ** 17画【▼鮭】 部首[魚] JIS 2690
音 ケイ・カイ
①サケ。サケ科の魚。しゃけ。②フグ。フグ目に属する魚。

**ケイ** 18画【▼蟪】 部首[虫]
音 ケイ
「蟪蛄」は、ツクツクボウシ。セミ科の昆虫。中形のセミ。

**ケイ** 18画【▼謦】 部首[言] JIS 7582
音 ケイ
しわぶき。せき。せきばらい。「謦咳」

**ケイ** 18画【▼醯】 部首[酉] ／ 19画【▼醯】 異体字 JIS 7849
音 ケイ
す。酢。すっぱい。

**ケイ** 19画【▼瓊】 部首[王] JIS 6491
音 ケイ
たま。あかい玉。うつくしい玉。

**ケイ** 19画【▼繫】 部首[糸] ／ 17画【▼繋】 異体字 JIS 2350
音 ケイ
①つなぐ。つながる。「繫辞・繫船・繫属・繫留・繫累」②かかわる。あらそう。「繫争」③かける。かかる。

**ケイ** 19画【警】 部首[言] 教育小6 JIS 2357 ／ 20画【▼警】 旧字
音 ケイ・キョウ

①いましめる。注意する。用心する。「自警・夜警」「警戒・警護・警察・警備・警報」②奇抜で、すぐれている。「警句・警抜」③警察や警察官のこと。「婦警」「警官・警棒」

**ケイ** 19画【鶏】 部首[鳥] 常用 JIS 2360 ／ 21画【▼鷄】 旧字 JIS 8317 ／ 18画【▼雞】 異体字 部首[隹]
音 ケイ
訓 にわとり
ニワトリ。キジ目に属する飼いどり。とり。「群鶏・闘鶏・養鶏」「鶏冠・鶏頭」

**ケイ** 20画【競】 部首[立] 教育小4 JIS 2205 ／ 22画【▼競】 異体字 JIS 4931
音 キョウ・ケイ
訓 きそう・せる
筆順 ↓キョウ[競]
きそう。せる。あらそう。「競馬・競輪」↓キョウ[競]

**ケイ** 20画【▼馨】 部首[香] 人名用 JIS 1930
音 ケイ・キョウ
かおる。かおり。「芳馨」「馨香」

**ケイ** 23画【▼鱖】 部首[魚]
音 ケイ・ケツ
中国の淡水魚の名。「鱖魚」

**ケイ** 23画【▼鼷】 部首[鼠]
音 ケイ
ハツカネズミ。ネズミ科の哺乳動物。

**ケイ** 25画【▼觿】 部首[角]
音 ケイ
つのぎり。くじり。結び目をほどく道具。象牙の先をとがらせたもの。

**ケイ**[Danny Kaye](一九一三〜一九八七) アメリカの映画俳優。早口・歌などが巧みなコメディアン。主演作『虹を摑む男』『五つの銅貨』など。

**ケイ**[Ellen Karolina Sofia Key](一八四九〜一九二六) スウェーデンの女性社会思想家。ルソーやニーチェの影響を受け、教育問題や婦人問題で先駆的な役割を果たす。主著『児童の世紀』。

**ゲイ** 7画【芸】 部首[艹] 教育小4 JIS 2361 ／ 18画【▼藝】 旧字 JIS 7326
音 ゲイ

①うえる。草木をうえる。「園芸」②わざ。ならいおぼえたわざ。「演芸・技芸・無芸」「芸人・芸能」用例(名)—を習う。③芸術。「学芸・文芸」④安芸国のこと。「芸州」参考 芸と藝とは、別の字。芸は、「ウン」で、香草の名。芸と同形の藝の省略形「芸」を新字体としている。

**芸が細かい** ①演芸などで、細かい部分にまで演技が行きわたっている。②やることに念がいっている。be attentive to detail

**芸が無い** ①芸事のたしなみがない。of no accomplishment ②おもしろみがなくて、ぶあいそうだ。そっけない。平凡だ。dull

**芸が身を助ける程の不仕合わせ** 生活が豊かだったときに趣味・道楽などで身につけた芸が、落ちぶれたあとで、生計を支えるのに役立っているという、そんな不遇を皮肉ったもの。

**芸立つ** 一芸に抜きん出る。

**芸で身を立てる** 芸事で生活する。

**芸は道に依って賢し** どんな事柄でも、それを専門にしている人がいちばんよく知っている。

**芸は身の仇** 覚えた芸があるために、

かえって身をあやまる。

**芸は身を助く**(げいはみをたすく) 遊びに覚えたことが、暮らしなどの助けになる。Art brings bread.

**ゲイ** 7画【迎】 部首[辶] 常用 JIS 2362 ｜ 8画【▼迎】 部首[辶] 旧字
音 ゲイ・ギョウ・ゴウ
訓 むかえる
むかえる。でむかえる。まちうける。対義 送。「歓迎・奉迎」「迎合・迎賓館」

**ゲイ** 10画【▼倪】 部首[人・亻] JIS 4868
音 ゲイ・ガイ
①きわ。はし。かぎり。「端倪」 ②にらむ。横目・ふし目でみる。

**ゲイ** 11画【▼猊】 部首[犭] JIS 6441
音 ゲイ
①からじし。ライオン。ネコ科の哺乳動物。②仏のすわる席。転じて、高僧のすわる席。「猊下」

**ゲイ** 13画【▼睨】 部首[目] JIS 6643
音 ゲイ
にらむ。横目・ふし目でみる。「睥睨」

**ゲイ** 15画【▼貎】 部首[豸] JIS 7631
音 ゲイ
①からじし。ライオン。ネコ科の哺乳動物。②かのこ。動物のシカの子。

**ゲイ** 15画【▼輗】 部首[車]
音 ゲイ
くさび。大きな車の轅と軛とを止めるくさび。

**ゲイ** 16画【▼霓】 部首[雨] JIS 8031
音 ゲイ
にじ。小さいにじ。雌のにじ。雄のにじは虹という。

**ゲイ** 19画【▼鯢】 部首[魚] JIS 8241
音 ゲイ
①サンショウウオ。サンショウウオ目に属する両生類。②めくじら。雌のクジラ。雄のクジラは鯨という。

**ゲイ** 19画【鯨】 部首[魚] 常用 JIS 2363
音 ゲイ・ケイ
訓 くじら
①クジラ。クジラ目に属する哺乳動物。一生を水中ですごす。「巨鯨・捕鯨」「鯨油」 ②おおいに。沢山。「鯨飲」

**ゲイ** 19画【▼麑】 部首[鹿] JIS 8344
音 ゲイ・ベイ
かのこ。動物のシカの子。

**ゲイ** 20画【▼黥】 部首[黒] JIS 8361
音 ケイ・ゲイ
いれずみ。罪人の顔に墨汁を刺し入れた刑罰。

**ゲイ** 21画【▼囈】 部首[口] JIS 5184
音 ゲイ
たわごと。とりとめのないことば。ねごと。

**ゲイ**【gay】 男性の同性愛者。

**ゲイ**【Marvin Gaye】(一九四〇〜八四) アメリカの黒人歌手・作曲家。ソウルミュージックの代表的歌手の一人。

**けい-あい**【敬愛】(名・サ変他) うやまい愛すること。respect and love

**げいあみ**【芸▼阿▼弥】(一四三一〜八五) 室町後期の画家。名は真芸。能阿弥の子。足利将軍家同朋衆。茶の湯・連歌など芸道一般に従事した。水墨画『観瀑僧図』など。

**けい-あん**【▼桂▼庵・慶▼庵】 ①奉公人や縁談の紹介を業とした者。また、奉公人のうけ宿。②おせじやおべっかを言うこと・人。

**けいあん**【慶安】 江戸初期の年号。正保から改元。元年(一六四八)二月一五日〜五年(一六五二)九月一八日。次に、承応に改元。

**けいあん-げんじゅ**【▼桂▼庵玄樹】(一四二七〜一五〇八) 室町後期の禅僧。長門の人。明に留学し、朱子学を学び、のち、薩摩の島津氏に招かれて、薩南学派の基を開いた。

**けいあんたいへいき**【慶安太平記】 講談・浪曲・小説や、芝居台本の題名。歌舞伎台本は、河竹黙阿弥作の時代狂言。江戸時代に由井正雪・丸橋忠弥らが企てた事件(慶安の乱)をもとにした、実録風の物語。

**けいあん-の-おふれがき**【慶安の▽御触書】 江戸幕府による農民統制の法令。慶安二年(一六四九)公布。三二か条。農民の心得、とくに衣食住について詳細に規定。

**けいあん-の-らん**【慶安の乱】 江戸前期の幕府転覆未遂事件。由井正雪・丸橋忠弥らが浪人を集め、駿府・江戸などで蜂起をはかったが、慶安四年(一六五一)露顕し、正雪は自殺、忠弥らは捕縛。慶安事件。由井正雪の乱。

**けい-い**【経緯】 ①たて糸と、よこ糸。warp and woof ②経度と緯度。南北と東西。longitude and latitude ③事情。いきさつ。circumstances 用例 ―を説明する。

**けい-い**【敬意】 うやまう気持ち。respect 用例 ―を表する。
**敬意を払う**(けいいをはらう) 尊敬の気持ちを向ける。respect

**けい-い**【軽易】(形動) 手軽で、たやすい。用例 ―な仕事。

**けいい-ぎ**【経緯儀】 天文測量や地上測量などで、目標物体の高度や方位を測定するための望遠鏡。セオドライト。theodolite

**げい-いき**【芸域】 ある人の芸の広さの範囲。また、その技術の深さ・高さなどの程度。range of skills 用例 ―を広げる。

**けい-いん**【契印】 発行する文書とその原簿とが同一のものである証拠に、それらの間におす割り印。割り印。joint seal

**げい-いん**【鯨飲】(名・サ変他) 酒をがぶがぶ飲むこと。牛飲。drink like a fish
**鯨飲馬食**(げいいんばしょく) クジラのようにがぶがぶと飲み、馬のようにたくさん食べること。drink like a fish and eat like a horse 類似 牛飲馬食。

**けいうん**【慶雲】→きょううん(慶雲)

**けい-えい**【形影】 形と影。
**形影相弔う**(けいえいあいとぶらう) ひとりぼっちで、たよりになる人がいないたとえ。
**形影相伴う**(けいえいあいともなう) 形と影がいつもいっしょにいるように、夫婦仲のよいさまに言う。

**けい-えい**【経営】(名・サ変他)《土地を測り家屋や町を造る、の意》 ①計画を立てて事業を行うこと。management 用例 学校―。―学。 ②営利的な事業を、継続的に利益が上げられるように運営すること。用例 会社を―する。

**けい-えい**【継泳】 数人の泳ぎ手、ふつう四人が一組みとなり、それぞれが一定の距離ずつをひきついで泳ぐ競技。

**けい-えい**【警衛】(名・サ変他) 用心し守ること。guard

**けいえい-がく**【経営学】 企業の形態・構造・存立条件などを理論的に解明し、当面する問題を現実的に解決する方法を研究・開発する学問。business administration

**けいえい-かぞくしゅぎ**【経営家族主義】 従業員を家族のように遇する、日本的な経営理念。終身雇用制と年功序列型賃金制とが基礎となる。企業家族主義。

**けいえい-かんり**【経営管理】 企業の競争力を維持するため、企業活動全般にわたる管理・合理化を行うこと。財務管理・人事管理・生産管理・販売管理など。business management

**けいえいかんり-ろん**【経営管理論】 経営の合理化をはかるため、管理方法を科学的に探求し、また体系化する理論。administrative science

**けいえい-きょうぎかい**【経営協議会】《Betriebsratドイの訳》労働者が企業の経営について経営者側と交渉するため、双方で組織する機関。協議機関。

**けいえい-けいざいがく**【経営経済学】 ①《Betriebswirtschaftlehreドイの訳》おもに経済学的方法により、企業の構造や機能を研究する学問。ドイツ商業学から発展したもの。②経営学の別称。bnsiness economics

**けいえい-けん**【経営権】 経営者が企業経営に関してもつ固有の権利。労働組合の経営参加要求に対抗するものとして主張される。right of management

**けいえい-こうがく**【経営工学】 経営組織の分析・設計のための専門的技術。また、それについての研究。システム工学の応用形態の一つ。management engineering

**けいえい-ごうりか**【経営合理化】 経営活動のあり方を、収益性向上のために改良すること。rationalization of management

**けいえい-コンサルタント**【経営コンサルタント】 企業などからの依頼によって、経営に関する相談を受け、指導を行う人。management consultant

**けいえい-さんか**【経営参加】 企業経営上の意思決定に、労働者や労働組合が直接参加すること。従業員持ち株制度の導入や、各種の協議会を設けるなどの方法がある。management participation

**けいえい-しゃ**【経営者】 企業の業務に関する重要な決定を行い、従業員に対する最高指揮をとり、企業運営に責任を持つ人。top manager

**けいえいしゃ-かくめい**【経営者革命】 資本と経営の分離が進むにつれて、経営者は専門化され、新しい支配層を形成して、資本主義社会ののちに経営者社会が成立するという考え。哲学者バーナムが提唱。managerial revolution

**けいえいじょうほう-システム**【経営情報システム】 経営上の意思決定を的確・有効に行うための、コンピューターによる情報収集・管理・活用の仕組み。MIS。management information system

**けいえい-たかくか**【経営多角化】 ある企業が、従来あつかってきた製品分野・産業部門に加え、新しい分野・部門にも進出して、事業の拡大をはかること。diversification

**けいえい-ぶんせき**【経営分析】 貸借対照表・損益計算書などの資料によって、企業の収益性・財務安定性などを分析・評価すること。財務分析。business analysis

**けいえい-みんしゅか**【経営民主化】 企業などで、経営者の独裁をやめて、労働者・従業員にも経営に関する意思決定の一部を分担させること。business democratization

**けい-えん**【敬遠】(名・サ変他) ①うやまって近づかないこと。keep a respectful distance ②うわべはうやまうふりをして、じつはきらって近づかないこと。③野球で、投手が打者に意識的に四球を与えること。

**けい-えん**【▼閨▼怨】 夫と離れて暮らす妻のひとり寝の悲しみ。

**げい-えん**【芸▼苑】 学芸の社会。芸術界。芸林。

**けいえんいっし**【▼桂園一枝】 香川景樹の自撰歌集。三巻。九八三首。文政一三年(一八三〇)刊。歌風は典雅で清新。

**けい-えんげき**【軽演劇】 娯楽本位で、大衆的な内容の演劇。light comedy

**けいえん-じだい**【▼桂園時代】 明治三四年(一九〇一)から大正二年(一九一三)にかけての、桂太郎・西園寺公望内閣の時代。両者が交互に組閣。

**けいえん-は**【▼桂園派】 江戸後期歌壇の中心的流派。賀茂真淵を中心とする県居派と並ぶ。香川景樹の流れをくみ、熊谷直好・木下幸文や八田知紀らが有名。『古今集』を重んじ、「調べ」の説を唱えた。

**けいおう**【慶応】 江戸末期の年号。元治から改元。元年(一八六五)四月七日〜四年(一八六八)九月八日。次に、明治に改元。

**けいおうぎじゅく-だいがく**【慶応義塾大学】 福沢諭吉創立の私立総合大学。安政五年(一八五八)洋学塾として開設。慶応四年(一八六八)慶応義塾と命名、大正九年(一九二〇)「大学令」による大学となる。本部は東京都港区三田。

**けいおうていと-でんてつ**【京王帝都電鉄(株)】 東京の、新宿〜八王子間(京王線)、また渋谷〜吉祥寺間(井の頭線)を主要路線とする鉄道会社。営業キロ八〇・四km。昭和二三年(一九四八)設立。

**けい-おんがく**【軽音楽】 大衆的な西洋音楽の総称。一九六〇年代以後、これに代わって、ポピュラー音楽・ポップスなどの語が一般化。light music

**けい-か**【京華】 みやこ。

**けい-か**【▼珪化】 ①珪素と他の元素とが化合すること。silliconized ②地下水などに溶けた珪酸が岩石中に浸透して、二酸化珪素が沈殿すること。③地中の珪酸の浸透によって、生物の遺体が珪酸質に変化する化石化作用。

**けい-か**【▼珪華】 二酸化珪素の沈殿物。温泉水中にでき、その形は植物の葉や茎に似ている。siliceous sinter

**けい-か**【蛍火】 ①ホタルの光。ほたるび。②灰の中の消え残りの火。

**けい-か**【経過】(名・サ変自) ①時間が過ぎていくこと。passage ②物事のなりゆき。プロセス。過程。process 用例 ―報告。

**けい-か**【▼荊▼軻】(?〜BC二二七) 中国、戦国時代の衛の刺客。燕の太子丹のために秦の始皇帝の暗殺を企てたが、失敗して殺された。

**けいか**【恵果】(?〜八〇五) 中国唐代の僧。真言宗付法第七祖。不空三蔵に師事、のち長安の青竜寺に住す。空海の師として著名。えか。

**けい-が**【慶賀】(名・サ変他) よろこび祝うこ



▼常用漢字表外。 ▽常用漢字表の音訓外。

と。祝賀。congratulation 用例 ―にたえない。

けい-が【▼繫▼駕】馬を車につなぐこと。

げい-か【▼猊下】《仏教語》高僧に対する敬称。一宗一派の長に対して用いる。

けい-かい【境界・経界】土地のさかい。きょうかい。

けい-かい【警戒】(名・サ変他) 用心すること。caution 用例 ―にあたる。

警戒を強める(けいかいを つよめる) よりいっそう注意し、用心すること。make strict precautions 用例 台風の接近に―。

けい-かい【軽快】㊀(名・サ変自) 病気が治ってくること。recover ㊁(形動) ①軽くて速いさま。light ②身軽ですばやいさま。nimble

けい-がい【形▼骸】①精神の働きを除いた身体。②形だけで内容を伴わない骨組み。framework

形骸を土木にす(けいがいを どぼくにす) 容貌・身なりなどを、少しも気にかけない。

けい-がい【▼荊▼芥】①シソ科の一年草。高さ約六〇cm。中国北部原産。葉は羽状に深裂し、裂片は線形。夏、淡紫紅色の唇形花を開く。全草に強い香りがある。②①の開花時の全草を乾燥した生薬。かぜ・発汗などに用いる。

けい-がい【傾▼蓋】《「蓋」は車のほろ。孔子と程子が通りすがりに出会って車を止め、車のほろを傾けて終日親しく語りあったという故事から》①偶然出会うこと。②ちょっと会っただけで、たちまち旧知の間柄のように親しくなること。

傾蓋、故の如し(けいがい、 このごとし) ちょっと会っただけで、旧知のように親しくすること。

けい-がい【▼謦▼咳】せきばらい。

謦咳に接する(けいがいに せっする) 尊敬する人に、じかにお目にかかる。meet someone respected in person

げい-かい【芸界】芸能人の社会。芸能界。

けいがい-か【形▼骸化】(名・サ変自) 内容のない、形だけのものになること。becoming merely a name 用例 スローガンが―する。

けいかい-しょく【警戒色】①警戒する気配。warning sign ②毒、または不快な味や臭気をもつ動物にみられる、鮮明な色彩。この色彩をもつ動物を食べた捕食者が以後の捕食を避けるので、犠牲は少数個体ですむ。warning coloration 比較 保護色。

けいかい-せき【▼珪灰石】カルシウムの珪酸塩鉱物。三斜晶系。板状・短柱状の結晶。白色または淡緑色。タイル・磁器の製造に利用。wollastonite

けいかい-せん【警戒線】①河川の水位などで、安全の限界を示す線。warning line ②非常線。police cordon

けい-かき【軽火器】小銃・軽機関銃など、比較的軽量で、主として一人で携行し射撃できる火器の総称。light firearms 比較 重火器。

けい-かく【▼圭角】《玉のとがったかど、の意。転じて》かどがあって、円満でない性質・言動。rigid

圭角が取れる(けいかくが とれる) 人間性が円満になる。角が取れる。mellow

けい-かく【計画】(名・サ変他) 物事をしようとして、順序・方法などを考えること。くわだて。企画。プラン。もくろみ。plan 用例 ―を立てる。―をねる。

けい-がく【経学】四書五経の経書研究の学問。儒学のもっとも基本的部分をなす。経術。

けい-がく【掲額】(名・サ変他) 優勝・功績などを記念して、人の写真や表彰状を額に入れてかかげること・額。

けいかく-けいざい【計画経済】政府の経済計画によって生産・分配が決定される経済体制。planned economy 比較 市場経済。

けいかく-せい【計画性】計画がよくねってあるかどうかということ。また、計画をよくねること。planning 用例 夏休みは―をもってすごしたいものだ。

けいかく-てき【計画的】(形動) ①計画を立ててあるさま。systematic 用例 ―犯行。②わざとであるさま。意識的。deliberate 用例 ―発言。

けいかく-とうさん【計画倒産】企業の経営者が、経営をつづける意志をなくして、計画的に行う倒産。資産を隠し、負債だけを残して倒産する、一種の詐欺行為。

けい-がしら【▼彐頭・▼彑頭】漢字を組み立てている部分の名。「彖・彙・彗」などの「彐・彑」。

けいがそくほ-きょうそう【▼繫▼駕速歩競走】競馬の一種。古代ローマの戦車競走に始まり、馬が、騎手をのせた二輪車を引いて競走する。日本では昭和四四年(一九六九)以来、中止。harness racing

けいか-ぼく【▼珪化木】地中に埋没した樹幹に、地下水に溶けた珪酸塩がしみ込み、全体が珪質化したもの。木材の細胞など微細構造が保存されているため、古植物の研究の重要な資料になる。silicified wood ↓写

●珪化木 アメリカ、コロラドにあるセコイアの珪化木。

けい-かん【▼荊冠】キリストが十字架にかけられたときにかぶせられた、いばらのかんむり。crown of thorns ↓写

●荊冠

けい-かん【▼挂冠】(名・サ変自) 《「桂冠」は別語。「かいかん」の慣用読み。後漢の逢萌が、かんむりを城門に挂けて国を去った故事から》官職をやめること。退官。掛冠。

けい-かん【▼桂冠】《「挂冠」は別語》「月桂冠」の略。

けい-かん【景観】①風景。けしき。view ②地理学で、その地の風景を特色づけているもの。自然景観と文化景観とがある。

けい-かん【警官】「警察官」の略。とくに、巡査をさす。policeman 用例 婦人―。

けい-かん【鶏冠】↓とさか(鶏冠)

けい-かん【鶏▼姦】男性同士の愛。男色。

けい-がん【▼珪岩】石英よりなる変成岩、および砂岩から生成された変成岩。色は白が多く、堅くて緻密。ガラスや陶磁器などの原料。珪石。quartzite

けい-がん【▼炯眼】するどい目つき。penetrating eyes 用例 ―人を射る。

けい-がん【▼慧眼】物事を見ぬく、かしこくてするどい眼力。活眼。keen insight 対義 凡眼。

けいかん-えいようほう【経管栄養法】胃や小腸に管を挿入して、液状の栄養物を注入する方法。口から食べられないときに用いる。tube feeding

けいかん-か【鶏冠花】ケイトウの別名。鶏冠の花。

けいかん-しじん【▼桂冠詩人】イギリスの公式の宮廷詩人。終身宮内官として年俸を支給される。古代ギリシア・ローマで、選ばれた詩人が月桂樹の冠をかぶったことによる。おもな詩人にドライデン・ワーズワース・テニソンなど。poet laureate

けいかん-せき【鶏冠石】砒素の硫化物。単斜晶系。赤色や橙色の短柱状結晶。雌黄や他の砒素鉱物とともに、鉱脈中に少量産出する。realgar

けい-き【刑期】刑に服する期間。prison term 用例 ―を終える。

けい-き【京▼畿】①王城付近の地。②日本で、京に近い国々。畿内。

けい-き【契機】①きっかけ。動機。chance 用例 これを―として。②新しい状態に発展する原因・事情など。turning point 用例 新商品の開発を―に、株価が急騰する。

けい-き【計器】「計量器」の略。

けい-き【景気】①けはい。ありさま。things 用例 会場の―。②社会全体または個々の企業・産業の、経済活動の好・不調の状態。商況。business 用例 ―がいい。③好景気。好況。prosperity ④元気。威勢。liveliness

景気を付ける(けいきを つける) ①景気をさかんにする。liven up ②活気を加える。気持ちをふるいたたせる。give oneself a lift

けい-き【軽機】「軽機関銃」の略。

けい-き【継起】(名・サ変自) 物事が相次いで起こること。用例 事故が―する。

げい-ぎ【芸▼妓】歌・三味線・踊りなどの芸事で、宴席に興をそえることを職業とする女性。芸者。

けい-きいつ【慶紀逸】(一六九五―一七六二) 江戸中期の俳人。本名、椎名土佐件人。江戸の人。江戸座の宗匠。軽妙な人事句をよんだ。彼の選んだ高点付句集『武玉川』は、川柳発生の素地をつくった。

けい-きかんじゅう【軽機関銃】一人で持ち運びできる、重量一〇kg程度の機関銃。軽機。light machine gun 対義 重機関銃。

けい-ききゅう【軽気球】気球の別称。

けいぎこう【経義考】中国の目録書。清の朱彝尊撰。三〇〇巻。『論語』などの経書を分類し、著者・巻数などを記したもの。翁方綱の『経義考補正』がある。

けいき-しひょう【景気指標】物価指数や生産指数など個別の経済指標を総合し、景気の変動を確認して、将来の景気変動を予測する手がかりとするための指標。business indicator

けいき-じゅんかん【景気循環】↓けいきへんどう(景気変動)

けいき-せいさく【景気政策】景気変動を制御するための政策。中央銀行が国内の通貨量を調整する金融政策、政府投資支出の増減により総需要量を調整する財政政策などを言う。金融財政政策。anti-cyclical policy

けいき-ちゃくりくそうち【計器着陸装置】↓アイエルエス(ILS)

けいき-ちょう【経企庁】経済企画庁の略称。

けいき-ちょうせい【景気調整】景気の過熱や不況を避けるため、財政・金融などの面から景気の変動を調節すること。business adjustment

けいき-どう【京▼畿道】韓国北西部の行政区。中央部にソウル特別市がある。道都は水原。キョンギド。

けいきどうこう-しすう【景気動向指数】景気が上昇・下降する転換点を判断する指標。日本では経済企画庁が毎月末に発表。DI。diffusion index

けいき-ひこう【計器飛行】地上の航法援助施設からの電波の指示を受けながら行う航空航法。instrument flight 対義 有視界飛行。

けい-きへい【軽騎兵】軽快な武装の騎兵。light cavalryman

けいきへいじょきょく【軽騎兵序曲】《原題Ouvertüre "Leichte Kavallerie" ドイツ》スッペ作曲の喜歌劇『軽騎兵』の序曲。一八六六年作。今日では序曲のみが親しまれている。

けいき-へんどう【景気変動】資本主義のもとでの経済活動が、一定の周期をもつ波のように変動し、好況・衰退・不況・回復を繰り返すこと。景気循環。経済変動。business fluctuation

けい-きょ【軽挙】そそっかしいふるまい。「rash act

けい-きょう【景況】①ありさま。情況。situation ②景気。business climate

けい-きょう【景教】キリスト教ネストリオス派の、中国での呼称。唐代に伝わり隆盛をきわめ、唐末に衰退。元朝に再興。太秦教。

けい-きょく【▼荊▼棘】①とげのある低木。いばら。ばら。thorny shrub ②いばらなどのはえた荒れ地。また、みだれたありさま。waste land ③《いばらが、じゃまなものであることから》障害。困難。trouble ④悪い心。悪い人。

けいきょく-せん【計曲線】地図の等高線のうち、太い実線で表されているもの。国土地理院発行の地形図では、等高線の五本めごとに引かれる。index contour

けいきょ-もうどう【軽挙妄動】(名・サ変自) 軽はずみに、向こう見ずなことをすること。rash and blind act 用例 ―をつつしむ。

けい-きんぞく【軽金属】比重が四または五以下の金属。マグネシウム・アルミニウムなど。light metal 対義 重金属。

けい-く【警句】奇抜で、たくみに真理を表した、短い語句。アフォリズム。aphorism 比較 ことわざ・金言。

けい-ぐ【敬具】《つつしんで申し上げる、の意》手紙の終わりにおくあいさつ語。敬白。多く、男性が使う。比較 かしこ。

けい-くじゃくせき【▼珪孔▼雀石】銅の珪酸塩鉱物。緑色・青緑色でガラス状光沢を示す。chrysocolla

けい-ぐん【鶏群】ニワトリのむれ。

鶏群の一鶴(けいぐんの いっかく) 《たいそう目立つことから》多くの凡人の中に、ひとりのすぐれた人物がいるたとえ。a Triton among the minnows

けい-けい【▼迥▼迥】(形動タル) はるかに遠いさま。



↓行き先項目、図版・写真参照印。 JIS 日本工業規格情報交換用漢字符号コード(区点コード)。

**けい-けい【▼炯▼炯】**(形動トタル) するどく光りかがやくさま。glaring 用例 —たる眼光。

**けいけい-に【軽軽に】**(副) かるがるしく。carelessly 用例 —論じられない。

**げい-げき【迎撃】**(名・サ変他) 戦争などで、攻めてくる相手をむかえうつこと。要撃。intercept 用例 —機。

**けい-けつ【経穴】** 灸をすえ、鍼を打つ体の部位。経穴をつらねた線が経絡で、東洋医学における病気の診断・治療のポイントになる。

**けいけつ-せき【鶏血石】** 硫化水銀がつくる赤い斑文のある石。美しく、緻密で、軟らかく、印材に用いる。中国産。↓写

●鶏血石 精巧な飾り彫りをした印鑑。

**けい-けん【経験】**(名・サ変他) ①実際に、見たり、聞いたり、ためしたりすること。そうして得た知識。experience 比較 体験。用例 —を積む。②哲学で、外界からの感覚・知覚への作用。また、それについての意識。experience 対義 思弁。

**けい-けん【鶏犬】** ニワトリとイヌ。

**鶏犬相聞こゆ**(けいけんあいきこゆ) 《ニワトリや飼い犬の声があちこちから聞こえてくる、の意から》村里の人家が、並び続いているようす。

**けい-けん【敬▼虔】**(形動) ①つつしみ、うやまうさま。謙虚。modest ②神仏に対して、つつしむさま。pious

**けい-げん【軽減】**(名・サ変他) へらして、軽くすること。reduction 対義 加重。用例 負担を—する。

**けいけん-かがく【経験科学】** 経験される事実一般を対象に、実証的な方法で研究する学問の総称。empirical science

**けいけん-きゅう【経験給】** 一定の経験年数に応じて定められる賃金。他企業での経験も通算されるのが原則で、熟練を要する職種にみられる。

**けいけん-しゅぎ【経験主義】** ①哲学で、認識の根源をすべて経験に求める立場。ベーコン・ロック・ヒュームらの、イギリスの経験論が典型。経験論。empiricism ②理論より経験を第一とする考え方。empiricism

**けいけん-しゅぎ【敬▼虔主義】** 一七世紀末のドイツのプロテスタント教会に起こった宗教運動。聖書研究による、個人の霊的生活の充実と、実践を説く。pietism

**けいけん-てき【経験的】**(形動) ①ものの考え方・しかたが経験から出、また、経験に基づいているさま。experiential 用例 —発想。②知識・認識が、経験をとおしているさま。from experience 用例 —に知っている。③能力・性質が、経験によっているさま。by experience 用例 —技能。

**けいけん-てつがく【経験哲学】** すべての知識は経験からだけつくられるという考え・立場。experiential philosophy

**けいけん-ろん【経験論】** ①哲学で、認識の根源をすべて経験に求める説。内的経験すなわち反省と、外的経験すなわち感覚とに裏づけられた知識を第一とする考え。empiricism ②経験に基づいた議論。empiricism

**けいけんわん-しょうこうぐん【▼頸肩腕症候群】** 頸椎とそれを支持する軟部組織の異常によって、首・肩・腕の痛み・凝り・しびれ・知覚障害などの症状をおこす病気の総称。shoulder-arm-neck syndrome

**けい-こ【▼稽古】**(名・サ変他) 学問・武術・芸能などをならうこと。練習。学習。おさらい。practice 用例 —の虫。寒—。

**稽古を付ける**(けいこをつける) 武術や芸能などで、未熟な者や、その演目などに初めてかかわる者を指導する。coach 用例 横綱が新弟子に—。

**けい-ご【敬語】** =待遇表現。①相手や話に登場する人に敬意を表すために用いる語・言い方。尊敬語。対義 尊大語・卑罵語。②一般に尊敬・けんそん・丁寧などの気持ちを表す語・言い方。敬語法。

**けい-ご【警固】**(名・サ変他) 守りかためること。警備。guard

**けい-ご【警護】**(名・サ変他) 万一を警戒して守ること・人。guard

**げい-こ【芸子】** 芸妓。

**けい-こう【径行】** 《「径」は、まっすぐに、の意》思うことを、そのまま実行すること。用例 直情—。

**けい-こう【▼桂甲】** 古代の鎧の一種。鉄板の小札を革紐や組み糸でつづり合わせ、上半身を防護するもの。奈良・平安時代には上級武官の儀礼用。かけよろい。

**けい-こう【経口】** ①口をとおって体内にはいること。用例 —感染。②薬を口から飲むこと。用例 —投与。

**けい-こう【蛍光】** ①ホタルの光。②物質が、粒子線や電磁波の刺激によって発光する現象。刺激をやめても長く発光を続ける場合を、燐光という。ブラウン管・蛍光灯などに応用。fluorescence ↓写

**けい-こう【景仰】**(名・サ変他) 徳を慕い、あおぐこと。景慕。けいぎょう。

**けい-こう【傾向】** ①思想・行動が、ある方向にかたよること。かたむき。inclination 用例 左翼的—が強い。②物事がそのようになっていくきざし。けはい。tendency 用例 交通事故は増加の—にある。

**けい-こう【携行】**(名・サ変他) 持って行くこと。carry 比較 携帯。

**けい-こう【鶏口】** ①ニワトリの口。②《転じて》小さい団体の長。対義 牛後。

**鶏口となるも牛後となる勿れ**(けいこうとなるもぎゅうごとなるなかれ) 大きい団体で人の下についているよりも、小さい団体にあっても、長となるほうがよい。Better be the head of a cat than the tail of a lion.

**けい-こう【▼馨香】** よいかおり。かんばしいにおい。けいきょう。

**けい-こう【▼荊▼浩】**(生没年未詳) 中国、唐末五代の画家。字は浩然。太行山洪谷にかくれ、水墨の山水樹石を得意とした。

**けい-こう【▼嵇康】**(二二三〜二六二) 中国、魏の文学者。字は叔夜。譙国銍の人。竹林の七賢の一人。中散大夫。俗世を鋭く弾劾した。詩『幽憤詩』、散文『声無哀楽論』など。

**けい-ごう【契合】**(名・サ変自) 割り符を合わせたように、ぴったり一致すること。

**げい-ごう【迎合】**(名・サ変自) 人のきげんをとって、その意見に賛成すること。ついしょう。flatter

**けいこう-がんりょう【蛍光顔料】** 紫外線や可視光線が当たると蛍光を放ち、鮮明にみえる顔料。無機系と有機系がある。塗料・印刷インキなどに使用。fluorescent pigment

**けい-こうぎょう【軽工業】** 経済発展段階の比較的初期から発展する諸工業。繊維・食品などの消費財産業を中心とする、資本が少なくてすむ工業。light industry 対義 重工業。

**けい-ごうきん【軽合金】** アルミニウム・マグネシウム・チタンを主体とする合金の総称。軽く、強度が大で、航空機材料として重要。light alloy

●蛍光② 本真珠(左)は紫外線を当てると蛍光を発するので、模造品(右)と識別できる。下が紫外線を当てたもの。

**けいこう-ケミカルランプ【蛍光ケミカルランプ】** 波長三六〇〇オングストローム付近の近紫外線のみを出すようにした蛍光ランプ。光化学反応の光源として写真製版や退色試験に使う。fluorescent chemical lamp

**けいこう-こうたいほう【蛍光抗体法】** フルオレセインなどの蛍光色素で標識した抗体を抗原と反応させ、これを暗視野顕微鏡で観察して抗原・抗体の所在を確認する方法。fluorescent antibody technique

**けいこう-さよう【蛍光作用】** ある種の物質に光や放射線を照射したとき、固有な波長の発光が見られること。fluorescence

**けいこう-しゅうらく【渓口集落】** ↓たにぐちしゅうらく(谷口集落)

**けいこう-せい【傾光性】** 植物が、光の強さの変化によって起こす傾性。花の開閉など。ほとんどの場合生長運動による。

**けいこう-せんりょう【蛍光染料】** ①蛍光を発する染料。フルオレセインなど。fluorescent dye ②蛍光増白剤の俗称。fluorescent dye

**けいこう-ぞうはくざい【蛍光増白剤】** 繊維・紙・パルプなどを白くみせるために使用される青紫ないし青の蛍光を発する物質。合成洗剤・化粧品などに添加。fluorescent whitening agent

**けいこう-てき【傾向的】**(形動) 一方にかたよるさま。とくに、かつて、左翼的な考えにかたよるさま。tendentious

**けいこう-でんせん【経口伝染】** 病原体が食物や水といっしょに口から体内へ侵入すること。経口感染。oral infection

**けいこう-てんのう【景行天皇】** 記紀で、第一二代天皇。皇子日本武尊を遣わして熊襲・蝦夷を平定したという九州巡幸説話が残る。

**けいこう-とう【蛍光灯】** ①低圧水銀灯からの紫外線を蛍光体にあて、可視光を発生する電灯。fluorescent lamp ②《スイッチを入れてもすぐ点灯しないことから、比喩的に》ものわかりのにぶい人。また、のみこみのおそい人。dolt; dull fellow

**けいこう-とりょう【蛍光塗料】** 夜光塗料の一種。アルカリ土類金属や亜鉛の硫化物など、蛍光を発する顔料を含んだ塗料。fluorescent paint

**けいこう-ばん【蛍光板】** 蛍光物質を塗った板。紫外線・X線・電子線・アルファ線などを照射すると、可視光を発する。fluorescent screen

**けいこう-ひにんやく【経口避妊薬】** 飲む避妊薬。排卵を抑制するか卵の着床を妨げて避妊状態に導く合成女性ホルモン剤。副作用があり、使用には医師の指導が必要。oral contraceptive

**けいこう-ぶっしつ【蛍光物質】** 蛍光を発する物質。蛍光体。fluorescent substance

**けいこう-ぶんがく【傾向文学】** 作者がその社会的・思想的見解を強く出して書いた文学。とくに、かつて左翼文学について言った。leftist literature

**けいこう-ぶんせき【蛍光分析】** 物質の発する蛍光の性質を利用した化学分析。試料に紫外線などをあてて放出される蛍光を測定し、試料中の蛍光性物質の定量を行う。fluorescence analysis

**けいこう-ワクチン【経口ワクチン】** 内服用のワクチン。oral vaccine

**けい-こく【渓谷・▼谿谷】** たに。たにま。valley

**けい-こく【経国】** 国をおさめること。比較 経世。用例 —の大業。

**けい-こく【傾国】** 王がまつりごとを忘れて国をほろぼすほどの美人。傾城。

**けい-こく【警告】**(名・サ変他) あらかじめ注意をすること。warning 用例 —を発する。

**けいこくしゅう【経国集】** 平安前期の勅撰漢詩文集。二〇巻(現存六巻)。天長四年(八二七)成立。淳和天皇の命により、良岑安世らが撰する。詩・賦など千余編を収める。作者一七八人。

**けいこく-はんのう【警告反応】** 生体が外傷・中毒などのストレスにさらされたときにおこす個体防衛反応の一つ。血圧低下・筋緊張低下・アドレナリン分泌などの症状が、数分から一日にわたりおきる。alarm reaction

**けいこくびだん【経国美談】** 矢野竜渓の政治小説。明治一六〜一七年(一八八三〜八四)刊。テーベの名士が専制政治を打倒した史話に仮託し、立憲政治の理想を説く。

**けいこ-ごと【▼稽古事】** 浄瑠璃・長唄・踊りなどの芸能。また、それをならうこと。accomplishments

**けいこ-だい【▼稽古台】** ①踊りなどのけいこ用の板張りの場所。②けいこの相手となる人・もの。

**けい-こつ【▼脛骨】** 下腿の中軸をなす二本のうち、内側の太い長骨。tibia

**けい-こつ【▼頸骨】** くびの骨。けいつい。

**けい-ごと【景事】** ①人形浄瑠璃・歌舞伎で、曲節を主とする叙情的・叙景的な場面。②歌舞伎で演じられる舞踊または舞踊劇、所作事の別称。

**げい-ごと【芸事】** 芸能に関したこと。踊り・琴・三味線など。遊芸。

**けいご-ほう【敬語法】** 表現法の一種。話し手・聞き手の関係、また、それらと話題の人物

との関係によって定まる。尊敬語・謙譲語・丁寧語に分けられる。形からは単語を入れ替えたり(めし→ごはん。見ろ→ごらん)、接辞・助動詞などを加えたり(お話・人さま・話される・帰ります・お書きになる・お教えする)することによってなされる。待遇法。待遇表現。

**けい-さい【▼荊妻】** 自分の妻をけんそんして言う語。愚妻。

**けい-さい【掲載】**(名・サ変他) 新聞・雑誌などにのせること。print

**けい-さい【継妻】** ごさい。継室。

**けい-ざい【経済】** ㊀(名)《「経国済民(＝国をおさめ民をすくう)」の略で、元来は政治の意》①財・サービスの社会的な生産・流通・消費の総過程とそのシステム。economy 用例 一国の―力。②家計のやりくり。family finances 用例 わが家の―は大変だ。㊁(形動) 経費のかからないさま。economical 対義 不経済。

**けい-ざい【軽罪】** ①程度の軽い罪。対義 重罪。②旧刑法における犯罪区分の一つ。重禁錮・軽禁錮または罰金の刑を科される罪。対義 重罪・違警罪。

**けいざいあんてい-ほんぶ【経済安定本部】** 第二次大戦後の経済安定を目的に、経済調査・総合経済企画、各省間の政策・事務の調整などを担当した総理大臣直轄の行政機関。昭和二一年(一九四六)創設。同二七年(一九五二)経済審議庁に改組され、同三〇年(一九五五)経済企画庁と改称。

**けいさい-えいせん【渓斎英泉】**(一七九〇〜一八四八) 江戸後期の浮世絵師。遊女や芸者を描き退廃美を表現。洋風画法の風景版画も制作した。作品『今様美人競』、著書『无名翁随筆』など。

**けいざい-えんじょ【経済援助】** 発展途上国の経済発展のために、先進国側が行う国際協力。economic aid

**けいざい-か【経済家】** ①経済に通じた人。②倹約する人。frugal person

**けいざい-かい【経済界】** 経済活動にたずさわる企業家グループや、売買取り引きなどが行われる範囲または社会の総称。economic circles

**けいざい-がいこう【経済外交】** 経済問題を重視して繰り広げられる外交。世界が経済的に依存しあっている現在、資源の確保や貿易摩擦の解消などが、ここでの重要な外交課題となっている。economic diplomacy

**けいざいがいてき-きょうせい【経済外的強制】** 封建社会で、領主・地主が農民から地代などを徴収するために発動する、身分的従属・領主裁判権などの直接の強制力。

**けいざい-がく【経済学】** 経済現象の法則を研究する社会科学の一分野。産業革命期以降急速に発展した。理論経済学と応用経済学とに分類される。economics

**けいざい-かんねん【経済観念】** 金銭を計画性をもって有効に使おうとする考え・意識。sense of economy 用例 ―の強い人。

**けいざいきかく-ちょう【経済企画庁】** 総理府の外局の一つ。長期経済計画や経済全般の運営の基本方針の策定などを任務とする。長官は国務大臣。官房と六局からなる。Economic Planning Agency

**けいざい-きょうりょく【経済協力】** 発展途上国の経済発展を援助するため、先進国が資金や技術面で協力すること。economic cooperation

**けいざいきょうりょくかいはつ-きこう【経済協力開発機構】**(Organization for Economic Cooperation and Development) 加盟国の高水準の経済成長、金融・為替の安定維持、発展途上国の援助、世界貿易の拡大などを目的とした国際機構。ヨーロッパ経済協力機構(OEEC)諸国にアメリカとカナダが加わり、組織を拡大・発展させて一九六一年設立された。日本は昭和三九年(一九六四)加盟。OECD。

**けいざい-けいかく【経済計画】** 一定の経済目標と、それを達成するための経済手段の総合的な体系。economic planning

**けいざい-けいさつ【経済警察】** 第二次大戦中、経済統制法違反の取り締まりのために設置された警察。

**けいざい-けん【経済圏】** 国際経済のなかで、地域や社会体制のちがいによって区分する経済範囲。自由主義経済圏・社会主義経済圏など。economic bloc

**けいざい-ざい【経済財】** 人間の欲望を満足させるのに役立ち、それを得るのになんらかの代償が支払われる財。economic goods 対義 自由財。

**けいさい-し【掲載紙】** 自分の論文・作品や、自社の広告などをのせた新聞。

**けいざいしゃかい-りじかい【経済社会理事会】**(Economic and Social Council) 国際連合の三理事会の一つ。加盟国の経済・社会・文化の発展を目的とし、五四か国で構成される。ECOSOC。ESC。国連経済社会理事会。

**けいざい-しゅぎ【経済主義】** 労働組合の活動を賃上げと労働条件の改善に限るべきだとする主張。労働組合主義。economism

**けいざい-しゅたい【経済主体】** 独立の意思のもとに経済活動を行っている単位。家計・企業・政府など。economic unit

**けいざい-じゅんかん【経済循環】** 経済活動全体を一つの秩序立った循環システムとしてとらえた場合の経済諸量の流れ。circular flow of economic system

**けいざい-じん【経済人】** 経済にたずさわっている実力者。economic expert

**けいざい-しんぎかい【経済審議会】** 経済企画庁の付属機関。政府の諮問に応じて、経済計画や重要な経済政策について調査・審議する。昭和二七年(一九五二)設置。

**けいざい-しんとう【経済浸透】** ある一国が他の国の政治的支配をねらって多額の経済投資をし、産業の買収、道路・鉄道、さらにその国の外国貿易を全部にぎるような工作をすること。

**けいざい-じんるいがく【経済人類学】** 非市場社会などの調査・分析によって経済現象の本質を見直し、近代経済学の市場中心の狭い視野の転換をめざす学問。economic anthropology

**けいざい-すいいき【経済水域】** ↓はいたてきけいざいすいいき(排他的経済水域)

**けいざい-せい【経済性】** 経費がかからないこと・程度。economy 用例 ―を重視する。

**けいざい-せいがく【経済静学】** 時間を導入しない経済モデルによって行う経済分析。ある時点または一定期間における経済の均衡状態や定常状態での経済諸量の特性を解明しようとするもの。economic statics 対義 経済動学。

**けいざい-せいさい【経済制裁】** 経済的措置によってある国に圧力を加え、なんらかの政策変更を迫ること。経済封鎖など。economic sanctions

**けいざい-せいさく【経済政策】** 政府が一定の経済目的で社会の経済的矛盾を調整・緩和しようとする方策。財政金融政策・産業政策・通商政策・労働政策など。economic policy

**けいざいせいさく-ほけん【経済政策保険】** 経済政策の推進のために運営される保険の総称。運営主体は国またはその代行機関。農業災害補償・中小企業信用保険など。economic policy insurance

**けいざい-せいちょう【経済成長】** 一国の経済活動の規模の拡大。economic growth

**けいざい-せいちょうりつ【経済成長率】** 一国の経済の成長をみるための指標。一般に実質国民総生産の増加率で示される。rate of economic growth

**けいざいそうごえんじょ-かいぎ【経済相互援助会議】** ↓コメコン(COMECON)

**けいざい-たいこく【経済大国】** 経済力の大きい国。とくに、第二次大戦後の高度経済成長により国民総生産が自由世界で第二位となった日本をさすことば。economic power

**けいざい-たいせい【経済体制】** 一国の経済活動全体を調整する制度によって特徴づけられる社会経済のあり方。資本主義体制と社会主義体制に大別される。economic system

**けいざいだんたい-れんごうかい【経済団体連合会】**「経団連」の正式名称。

**けいざい-ちりがく【経済地理学】** 経済現象の地理的分布・立地条件、経済地域の構造や変化などを扱う地理学の一分野。economic geography

**けいざい-てき【経済的】**(形動) ①経済に関するさま。economic 用例 ―な行きづまり。②経費や時間のかからないさま。economical 対義 不経済。用例 ―な人間。

**けいざいてき-じゆうけん【経済的自由権】** 憲法の保障する自由権の一つ。財産権の不可侵、職業選択の自由など、自由に経済活動を行う権利。economic freedom 比較 精神的自由権。

**けいざい-どうがく【経済動学】** 時間の観念をモデルの中に導入した経済分析。時間の経過とともに起こる経済変動の特性を解明しようとするもの。economic dynamics 対義 経済静学。

**けいざい-とうごう【経済統合】** 経済的に密接な利害関係をもつ諸国が相互協力を目的として形成する市場圏。圏内では差別待遇を排除し、圏外に対しては差別的な政策をとる。ヨーロッパ経済共同体(EEC)・ヨーロッパ自由貿易連合(EFTA)など。economic integration

**けいざい-とうせい【経済統制】** 一定の国家目的のために民間経済の自由な活動を制限すること。economic control

**けいざい-とうそう【経済闘争】** 賃金や労働条件の改善をおもな目的とする労働者の闘争。economic struggle 比較 政治闘争。

**けいざい-どうゆうかい【経済同友会】** 経済四団体の一つ。企業経営者などの個人加入による経済団体。昭和二一年(一九四六)設立。同友会。

**けいざい-とくべつく【経済特別区】** 中国国内に置かれた輸出加工区。一九七九年外国の資本と技術の導入を目的に、広東省の深圳・珠海・汕頭、福建省の厦門の四地区を指定。economic special area

**けいざい-はくしょ【経済白書】** 経済企画庁の年次報告書。過去一年間の日本経済を分析し今後の経済の動向とその対策を提唱する。昭和二二年(一九四七)から毎年発表。

**けいざいはってん-だんかいせつ【経済発展段階説】** 経済は一定の段階をへて発達してきたとする学説。歴史学派およびマルクスやロストウらの説が有名。theory of the economic stages

**けいざい-ひょう【経済表】**(tableau économique) ケネーによって考案された経済循環の見取図。一七五八年発表。今日の諸経済循環図式の基礎となった。

**けいざい-ふうさ【経済封鎖】** 一国または数か国が協調して、敵対国との貿易を全面的または部分的に制限・禁止するなどの経済的制裁を加え、敵対国の経済的孤立化をはかること。economic blockade 比較 軍事封鎖。

**けいざい-ブロック【経済ブロック】** 数か国が経済的に結合し、排他的に共同の利益をめざす経済圏。economic bloc

**けいざい-ほう【経済法】** 資本主義経済が高度に発展した結果生じる弊害を規制する法規の総称。独占禁止法やその周辺法など。economic law

**けいざい-みんしゅか【経済民主化】** 民主主義の原理に基づいて経済活動を行うこと。一般には戦後占領軍による日本の経済民主化政策のことで、農地改革・財閥解体と労働三法の制定が代表的措置。

**けいざい-モデル【経済モデル】** 経済分析のために経済関係を定式化して示したもの。economic model

**けいざい-よそく【経済予測】** 将来の経済動向の見通しを立てること。または、その見通し。予測の根拠としては各種の経済指標・計量経済モデルなどを用いる。business forecast

**けいさい-るい【茎菜類】** 主として茎の部分を食用とする野菜。ウド・アスパラガス・タケノコなど。

**けいさき【▼荊▼釵記】** 中国、元末明初(一四世紀)の戯曲。南曲復興期の四大傑作の一つ。互いに死んだと思った夫婦が再会し、かんざし(荊釵)が証拠となって再び結ばれる。

**けい-さく【警策】** ①馬を走らせるために打つむち。whip ②全編に生気を与える、肝要な文句。③↓きょうさく(警策)

**けい-さつ【警察】** ①公共の秩序と安全を維持するため、国家権力をもって国民に命令・強制する作用。police power ②国民の生命・財産および権利を守り、犯罪の捜査、容疑者の逮捕などを行う、社会・公共の秩序をたもつための行政機能。また、その機関。police ③「警察署」の略。

**けいさつ-がっこう【警察学校】** 警察官の教育・訓練を行う学校。各都道府県の警察学校、管区警察学校、警察大学校の三段階がある。police academy

**けいさつ-かん【警察官】** 警察法に定められた責務の遂行にあたる公務員。国家公務員と地方公務員に区別され、警視総監・警視監・警視長・警視正・警視・警部・警部補・巡査部長・巡査の九階級がある。policeman

**けいさつかん-しょくむしっこうほう【警察官職務執行法】** 警察官が行う職務質問、保護、犯罪の予防および制止、立ち入り、武器の使用などの手段を定めた法律。昭和二三年(一九四八)公布。警職法。

**けいさつ-ぐん【警察軍】** 軍隊に準ずる武装警察集団。主任務は治安維持やテロ対策だが、戦時には戦闘行為に参加することもある。constabulary force

**けいさつ-けん【警察犬】** 警察活動を補助する目的で育成訓練されたイヌ。犯人の追跡や死体・遺留品・麻薬などの発見、人命救助などがおもな任務。シェパード・エアデールテリア・ドーベルマンなどが用いられる。police dog

**けいさつ-けん【警察権】** 警察行政にあたる公権力。社会・公共の秩序をたもつため、人々の行動を取り締まる国家権力。police power

**けいさつ-こっか【警察国家】** 既存の政治・社会体制を維持・強化するために、警察が市民の日常生活のすみずみまで監視統制している国家。police state

**けいさつ-しょ【警察署】** 各都道府県内の一定区域を管轄する警察機関。警察活動の基本的な単位で、全国に約一二〇〇か所ある。police station

**けいさつ-ちょう【警察庁】** 国家公安委員会に属し、警察行政を統轄する中央機関。National Police Agency 比較 警視庁。

**けいさつ-ひ【警察費】** 地方財政から支出される警察に関する経費。

**けいさつ-ほう【警察法】** ①警察の組織・機能などを定めた基本法。昭和二九年（一九五四）公布。②警察行政の根拠となる法律の総称。風俗営業取締法・道路交通法など。

**けいさつ-よびたい【警察予備隊】** 保安隊・自衛隊の前身。マッカーサーの勧告により警察力を補うため、昭和二五年（一九五〇）に創設。同二七年保安隊に改組。

**けい-さん【計算】**（名・サ変他）①数量を数えること。count ②数や式を演算の法則に基づいて処理し、数値を求めること。calculation ③結果を予想し、予定すること。forecast 用例 —に入れる。

**けい-さん【▼珪酸】** 二酸化珪素と水の化合物の総称。化学式$SiO_2 \cdot nH_2O$ 水ガラスの水溶液に塩酸を加えたときにできる白色の沈殿で、組成は一定していない。ガラス・磁器の製造用。silicic acid

**けいざん【恵山】** 北朝鮮（朝鮮民主主義人民共和国）、鴨緑江上流域、両江道の道都。大製材所がある。教育文化施設が集中。ヘサン。

**げい-さん【▼倪▼瓚】**（一三〇一～七四）中国、元代の画家・詩人。字は元鎮。単純な構図で枯淡な趣の幽亭秀木の風景を描いた。元末の四大家の一人。

**けいさん-えん【▼珪酸塩】** 珪酸陰イオンのつくる化合物の総称。マグネシウム・鉄・カルシウム・アルミニウムなどの塩として地殻の主成分をなす。一般に化学的に安定。silicate

**けいさんえん-こうぶつ【▼珪酸塩鉱物】** 二酸化珪素と金属酸化物からなる鉱物。造岩鉱物として、地殻の大部分を占める。長石・輝石・橄欖石・雲母など。silicate mineral

**けいさん-かんむり【▼卦算冠】** 漢字を組み立てている部分の名。「亡・交」などの上にある「亠」。なべぶた。

**けいさん-き【計算機・計算器】** 計算に用いられる機械・器具。calculator

**けいさん-じゃく【計算尺】** 対数目盛りを刻んだ二つの平行な固定尺とその間を動く滑り尺および計算の目盛りを合わせるカーソルからなる計算器具。対数計算を基本として乗法・除法・開平などの計算が近似的に速く簡単に行える。slide rule →写

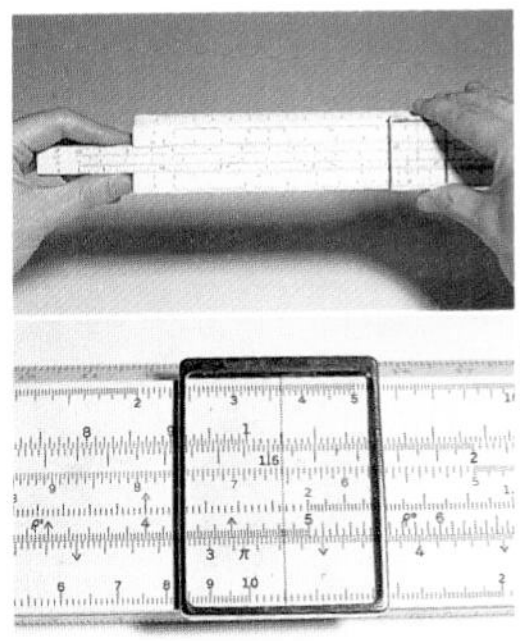

●計算尺　固定尺と滑り尺の目盛りを合わせる（上）。カーソルとカーソル線（下）。

**けいざん-じょうきん【▼瑩山▽紹▼瑾】**（一二六八～一三二五）鎌倉後期の僧。曹洞宗の中興の祖。越前の人。元亨元年（一三二一）能登に総持寺を開く。著書『伝光録』など。太祖。常済大師。

**けいさん-ずひょう【計算図表】** いくつかの変数の間の関係を図示し、数値計算の結果を簡単に読みとれるようにしたもの。ノモグラフィー。ノモグラム。nomogram

**けいさん-だか・い【計算高い】**（形）金銭の計算が細かく、損得に敏感である。勘定高い。calculating

**けいさん-ナトリウム【▼珪酸ナトリウム】** 珪酸のナトリウム塩。化学式$Na_2SiO_3 \cdot nH_2O$など、種々の組成のものがある。水ガラスの成分。sodium silicate

**けい-さんぷ【経産婦】** 出産をしたことのある婦人。妊娠満二二四週（七か月）以降の出産を経験した場合をいう。multipara

**けい-し【刑死】**（名・サ変自）刑に処せられて死ぬこと。execution

**けい-し【京師】** ①みやこ。帝都。②京都。

**けい-し【▽家司】** ①平安時代、貴人の家の家政を扱った、四位・五位の職員。②鎌倉・室町幕府の評定衆・引付衆、また問注所・侍所などの寄人。

**けい-し【▼桂枝】** 生薬の一つ。中国産クスノキ科の植物の枝の皮またはニッケイの樹皮を乾燥したもの。鎮痛・健胃・解熱剤。

**けい-し【経史】** 経書と歴史書。

**けい-し【軽視】**（名・サ変他）軽く見ること。think lightly 対義 重視・重要視・過大視。

**けい-し【継子】** ままこ。

**けい-し【継嗣】** あとつぎ。あと取り。世つぎ。successor

**けい-し【▼罫紙】** 縦または横にけいを引いた紙。ruled paper

**けい-し【警視】** 警察官の階級の一つ。警部の上、警視正の下。

**けい-じ【兄事】**（名・サ変自）ある人に兄のようにうやまい仕えること。

**けい-じ【刑事】** ①刑法上の手続き・学問・制度などに冠することば。criminal 対義 民事。用例 —事件。②犯罪捜査を任務とする警察官。警察官の階級ではなく、職掌上の呼び名。隠語で「デカ」。detective

**けい-じ【計時】**（名・サ変自）競技などで、時間をはかること。timing 用例 —係。

**けい-じ【啓示】**（名・サ変他）①あらわし示すこと。②人間の能力によっては知りえない神秘が、神の愛によってあらわし示されること。天啓。黙示。revelation

**けい-じ【掲示】**（名・サ変他）公衆または関係者に知らせるべきことをかかげて示すこと・文書。notification

**けい-じ【慶事】** 結婚・出産などのおめでた。happy event

**けい-じ【▼繋辞】** ①論理学で、命題の主辞と賓辞とをつなぎ、否定や肯定の意を表す語。copula ②易経の卦の説明のことば。

**けいじ-か【形▼而下】**《physicalの訳》対義 形而上。①形体を持つもの。physical: concrete ②哲学で、われわれの知覚でとらえられるもの。時間・空間のうちに形をとって現れるもの。自然現象。physical: concrete

**けいじか-がく【形▼而下学】** 自然現象を対象とする学問。自然科学の総称。concrete science 対義 形而上学。

**けいじか-てき【形▼而下的】**（形動）対義 形而上的。①形のあるさま。physical: concrete ②哲学で、時間・空間のうちに形をとって現れるさま。physical: concrete

**けいし-かん【警視監】** 警察官の階級の一つ。警視庁の長である警視総監に次ぎ、警視長の上。

**けい-しき【形式】** ①かたち。フォーム。form 対義 内容。用例 言語の研究は—から始まる。②一定の手続き・方法。formality 用例 正当な—をふんで行う。③外見。外形。おざなり。みえ。うわべ。appearance 対義 実質。用例 —にとらわれる。④哲学などで、経験を総合・統一して一定の形を与え、意味のある命題とするわく組み。mode 対義 内容。⑤美術・音楽・文学などで、美的効果をあげるために、諸部分のつりあい・配合を考えること。form

**けいしき-しゃかいがく【形式社会学】**（formale Soziologieドイ）社会的なものを、政治・経済などの内容と、それを実現させる競争・階層秩序・分業などの結合形式とに分け、後者のみを対象とすることで科学としての確立をめざす社会学。ジンメルを創始者とする。formal sociology

**けいしき-しゅぎ【形式主義】** ①形式を第一とし、内容は二の次に考えるやり方。formalism 用例 —に堕したやり方。②一定の形式にすべてをあてはめようとする態度。formalism ③哲学で、認識の内容よりも先験的形式を重んずる批判主義。formalism ④倫理学で、なにが人間の義務であるかを決定する根本原則は、生まれつき人間が持っているもの、形式的なものであるとする考え方。formalism

**けいしき-てき【形式的】**（形動）①形式をそなえているさま。形式を重んずるさま。formal 対義 内容的。②体裁にこだわるさま。formal 対義 実質的。用例 —なあいさつ。③形ばかりのさま。おざなりなさま。外形的。perfunctory 用例 —に行って、あとをかえりみない。

**けいしき-び【形式美】** 形式の美しさ。つりあいのとれた形の美しさ。beauty in forms 用例 —を重んずる。

**けいしき-びがく【形式美学】** 美の本質を対象の形式関係に求める美学。先験的形式を重んじる形式的美学とは異なる。

**けいしき-めいし【形式名詞】** 名詞の一つ。「そんなことをするわけがない」の「わけ」のように、実質的な意味を失って、形式的に用いられる名詞。「こと」「もの」「ため」「とき」など。上に修飾句の付くのがふつう。

**けいしき-ろんりがく【形式論理学】** 判断・推理の正しさを構造・形式から研究する論理学。formal logic

**けいじ-さいばん【刑事裁判】** 刑事事件の裁判。犯罪事実を解明して刑罰を決定する手続き。criminal trial 対義 民事裁判。

**けいじ-じけん【刑事事件】** 刑法の適用を受けるべき犯罪事件。犯人は刑事訴訟法に基づく刑事裁判で処罰される。criminal case

**けいしし-しゅう【経史子集】** 中国古典の書籍分類上の四部門。経部は儒教経典、史部は歴史・地理、子部は諸子百家、集部は詩・文集などをいう。

**けいじ-じゅんさ【刑事巡査】**「扱う巡査。」刑事事件を

**けいじ-じょう【形▼而上】** 対義 形而下。①形をこえるもの。無形で、感覚ではとらえられないもの。metaphysical ②哲学で、経験の範囲をこえ、自然的・物理的存在をこえた、感覚的に知覚できないもの。超自然で、思惟だけによってとらえられる究極的なもの。metaphysical

**けいじじょうかいが-は【形▼而上絵画派】**（pittura metafisicaイタ）現代絵画の一流派。遠近法を強調し、人体模型や幾何学的形状を好んで描き、幻想的・神秘的な画面を構成する。一九一五～二〇年ごろに、イタリアのキリコ・カラらが推進。

**けいじじょう-がく【形▼而上学】**《metaphysikáギリシア に由来するmetaphysics英の、井上哲次郎による訳語。形而上は『易経』にある語で、無形なもの、の意。メタフィジカは、自然学のあとに置かれた書、の意で、アリストテレスの遺稿編集のさい、神や存在者の本質について の著作を自然学的著作のあとに配置したことに由来》①神や霊魂など、存在の根本的な原理と考えられているものを、純粋に観念的な思考または直観によって認識しようとする学問。②ヘーゲルやマルクスの用語で、非弁証法的な思考方法。形而上学思考方法。metaphysics

**けいじじょう-しじん【形▼而上詩人】**《Metaphysical Poetsの訳》一七世紀イギリスの一群の詩人の総称。多くは聖職者で、難解な修辞と大胆なイメージと俗語を駆使し、斬新な詩風を開いた。ダン・ハーバート・クラショーなど。

**けいじじょう-てき【形▼而上的】**（形動）対義 形而下的。①哲学的・抽象的・超経験的・独断的なさま。metaphysical ②神秘的な、直接感覚にたよれない直観的な、しかも奥深い意味を持っているさま。metaphysical ③科学的でない、実証できないさま。metaphysical

**けいし-せい【警視正】** 警察官の階級の一つ。警視の上、警視長の下。警視正以上は国家公務員。

**けいじ-せきにん【刑事責任】** 一定の不法行為を行った結果として生じる、刑罰を受けなければならない法律上の責任。criminal liability 対義 民事責任。

**けいし-そうかん【警視総監】** 東京都の警察行政をつかさどる警視庁の長官。都公安委員会の管理の下に事務を統括する。Superintendent General of the Metropolitan Police

**けいじ-そしょう【刑事訴訟】** 罪を犯した者に対し、法律に基づいて刑罰を科するための裁判手続き。刑訴。criminal suit

**けいじそしょう-ほう【刑事訴訟法】** 刑法を具体的に適用・実現するための訴訟手続きを定めた法。大正一二年（一九二三）公布。昭和二三年（一九四八）全面改定。

**けいし-ちょう【警視庁】** 東京都公安委員会の管理の下に、東京都の警察行政をつかさどる本部。長は警視総監。Metropolitan Police Department 比較 警察庁。

**けいし-ちょう【警視長】** 警察官の階級の一つ。警視正の上、警視監の下で、国家公務員。

**けい-しつ【形質】** ①形態と実質。②生物のもっている形態的特徴や性質。遺伝学においては表現型としてとらえる。character

**けい-しつ【継室】** のちぞい。後妻。

**けい-しつ【憩室】** 管状をなす臓器の壁の一部が外へ突出し、袋状になったもの。食道・十二指腸・大腸に発生し、通過障害・炎症をおこすことがある。diverticulum

**けい-じつ【▼頃日】** このごろ。ひごろ。

**けいしつ-がん【▼珪質岩】** 二酸化珪素を多量に含む岩石。

**けいしつ-てんかん【形質転換】** 細菌の遺伝子組み換え現象の一種。供与する菌のDNAの一部を受容する菌へ移し入れること。型転換。transformation

**けいしつ-どうにゅう【形質導入】** 細菌の遺伝子組み換え現象の一種。宿主細菌のDNAがバクテリオファージの仲介で別な細菌へ移行すること。transduction

**けい-じどうしゃ【軽自動車】** 総排気量五五〇cc以下で、車体の長さ三・二m以下、幅一・四m以下の小型自動車。light car

**けいじどうしゃ-ぜい【軽自動車税】** 軽自動車などの所有者に市町村が課す税。

**けいじ-とくべつほう【刑事特別法】** 日米安全保障条約に基づく行政協定にともなう法律の一つ。在日アメリカ軍施設・基地への侵入や器物損壊、機密を侵す罪などを定めた刑事上の特別規定。昭和二七年(一九五二)公布。

**けいじ-はん【刑事犯】** ↓しぜんはん(自然犯)

**けいじ-ばん【掲示板】** 掲示をはり出す板。bulletin board米; notice board英

**けいしぶくりょう-がん【▼桂枝▼茯▼苓丸】** 生薬の一つ。女性ののぼせ・めまい・月経不順などに用いる。桂枝・茯苓・牡丹皮・桃仁・芍薬からなる。

**けいじ-ほしょう【刑事補償】** 刑に服したが、その後無実であることが判明したとき、当人が受けた損害を国が補償すること。criminal indemnity

**けい-しゃ【▼珪砂】** 石英粒を主成分とする砂。白または褐色。ガラス・陶磁器の原料・鋳型用砂・研磨材などに用いられる。silica sand

**けい-しゃ【傾斜】** 一(名・サ変自) かたむいてななめになること。また、その状態。inclination 二(名) 地層の面が水平面となす角度。傾斜角。勾配。dip

**けい-しゃ【鶏舎】** ニワトリを飼育する建物。ニワトリ小屋。とり小屋。henhouse

**げい-しゃ【芸者】** ①遊芸がうまい人。芸達者。②歌や踊りなどで宴席に興をそえることを職業とする女性。関西では芸子、関東では芸妓とも呼ばれる。左褄。③太鼓持ち。幇間。女芸者に対して男芸者とも。

**芸者を揚げる** 芸者を呼びよせて、遊ぶ。

**けいしゃ-ぎ【傾斜儀】** ↓クリノメーター

**けいしゃ-けい【傾斜計】** 地面の傾斜を測る装置。長い管で連結した二つの容器の水位の差を用いて傾斜を測る水管傾斜計や、周期の長い水平につるした振子の傾きから測る水平振子傾斜計など。tiltmeter

**けいしゃ-しゅうきょく【傾斜▼褶曲】** 地層の軸面が垂直あるいは水平でなく、ある角度で傾斜しているもの。inclined fold

**けいしゃ-せいさん【傾斜生産】** 第二次大戦直後、日本が生産復興のためにとった応急経済政策。鉄鋼・石炭など基礎産業に重点的に資金・資材を投入して生産を確保したあとで他産業の生産拡大をはかる政策。priority production system

**けいしゃ-やちん【傾斜家賃】** 家賃の算定方法の一つ。入居後、一定期間ごとに段階的に家賃を上げていく方式。居住者の入居当初の負担の軽減が目的。住宅・都市整備公団の賃貸住宅にこの方式が取り入れられている。スライド家賃制。

**けいしゃ-りゅう【傾斜流】** 海流の原因となる流れの一つ。風や気圧の変化、河水の流入などで海水が一部分に集まり、水面に傾斜が生じたときに、もとの平衡状態にもどろうとしてできる流れ。slope current

**けい-しゅ【▼稽首】**(名・サ変自) 頭を地につけて、おじぎをすること。頓首。用例 ―再拝。

**けい-しゅ【警手】** 鉄道で、案内や事故防止などにあたる職員。guard; signalman 用例 踏切―。

**けい-しゅう【軽舟】** 軽くて速く走る小舟。

**けい-しゅう【▼閨秀】** 学芸にすぐれた女性。accomplished woman 用例 ―作家。

**けいしゅう【慶州】** 韓国、慶尚北道南東部の観光都市。新羅時代の首都で、東洋最古の天文台の瞻星台、新羅の代表寺院の仏国寺、石窟庵など、古跡が多い。人口一二・八万(一九八五)。キョンジュ。

**けい-じゅう【軽重】** ↓けいちょう(軽重)

**げい-しゅう【芸州】** 安芸国。

**けいしゅう-せっくつあん【慶州石▼窟▼庵】** 韓国、慶州東南の吐含山にある石窟寺院。新羅統一時代の景徳王のころ(八世紀中葉)金大城が建設。内部の石像は朝鮮美術史上の傑作。

**けいしゅう-よう【▼邢州窯】** 中国、唐代の陶窯。河北省内邱県にあった。雪や銀にたとえられる高品質の白磁の製陶で知られる。

**けい-しゅく【慶祝】**(名・サ変他) 成功・勝利をよろこび祝うこと。congratulation

**けい-しゅつ【掲出】**(名・サ変他) 人目につくようにかかげること・もの。notice

**げい-じゅつ【芸術】** ①学芸と技術。②作家の美の理念を、それにふさわしい感覚形象に表現する活動およびその作品。空間芸術(建築・彫塑・絵画)と時間芸術(音楽・文芸)、その他の区分がある。art

**芸術の為の芸術** 《フランスの訳》芸術至上主義。対義 人生の為の芸術。(l'art pour l'art)

**芸術は長く人生は短し** 《古代ギリシアのヒポクラテスの言った語》医術を修得しそれをきわめるのはたいへんなことだが、そのための人の一生は短い。転じて、芸術作品は永遠に残るが、芸術家の命ははかなく短い。Art is long, life is short.

**げいじゅつ-いし【芸術意志】** 美術史の方法概念。様式の相違や変遷は、民族固有の芸術意欲の方向による、とする。

**げいじゅつ-いん【芸術院】** 日本芸術院の略称。the Academy of Arts

**げいじゅついん-しょう【芸術院賞】** 《「日本芸術院賞」の略》顕著な業績を示した芸術家に対して、毎年日本芸術院から授与される賞。

**げいじゅつ-がく【芸術学】** 芸術の本質・構造・機能や起源・発展などを研究する学問の総称。ふつう美学という術語に包括される。science of art

**げいじゅつかのしょうがい【芸術家の生涯】** 《原題Künstlerleben ドイツ》ヨハン＝シュトラウス(子)作曲の演奏会用ワルツ。一八六七年作。『芸術家の生活』。

**げいじゅつ-きょういくろん【芸術教育論】** 芸術能力の育成を通じて、理想的な人間形成が可能とする理論。古代ギリシアなどに始まる。

**げいじゅつ-ざ【芸術座】** ①劇団名。大正二年(一九一三)島村抱月・松井須磨子が結成した劇団。欧州近代劇を上演し、新劇の大衆化に尽くす。解体後、同一三年(一九二四)水谷竹紫が水谷八重子らと結成。八重子が新派へ移り消滅。②劇場名。東京日比谷にある東宝現代劇の常打ち劇場。

**げいじゅつ-さい【芸術祭】** 文化庁主催で毎年秋に行われる芸術の祭典。演劇・音楽・舞踊・演芸が中心。昭和二一年(一九四六)に発足。

**げいじゅつ-しじょうしゅぎ【芸術至上主義】** 芸術は純粋に芸術の価値(美)を目的として創造・享受されなければならないとする立場。「人生のための芸術」と対立し、「芸術のための芸術」をとなえる。art for art's sake

**げいじゅつ-しんりがく【芸術心理学】** 心理学・精神分析などの理論・方法により芸術を研究する応用心理学の一分野。psychology of art

**げいじゅつ-せんしょう【芸術選奨】** 芸術各分野におけるその年度のすぐれた業績に対して、文部大臣から授与される賞。

**げいじゅつそうし【芸術草紙】** 《原題Blätter für die Kunst ドイツ》ドイツの詩人ゲオルゲが創刊した文芸誌(一八九二～一九一九年刊行)。自然主義の風潮に反して、精神のきびしい高さを守る立場をとった。

**げいじゅつ-てき【芸術的】**(形動) ①芸術に関するさま。artistic 対義 実用的。②芸術として価値のあるさま。artistic 比較 文学的。

**げいじゅつ-てつがく【芸術哲学】** 芸術の本質・表現の原理などに関する哲学的研究。ふつう美学とほぼ同義。philosophy of art 用例 ―完成。

**げいじゅつ-りょうほう【芸術療法】** 絵や工芸・音楽・演劇などを利用する心身障害の治療法。患者の創造性・自主性の開発に役立つと同時に、その表現によって診断や治療経過をみることができる。art therapy

**けい-しゅん【慶春】** 春・新年をよろこぶこと。

**げい-しゅん【迎春】** 春・新年をむかえること。

**げいしゅん-か【迎春花】** オウバイの漢名。

**けい-しょ【経書】** 儒教の基本聖典。前漢代に、五経博士が置かれ、『易経』『書経』『詩経』『礼記』『春秋』の五書が経とされた。時代により他の書も加えられ、四書・五経・六経・七経・九経・十三経・二十一経などとされた。経籍。

**けい-しょう【形勝】** 地形や地勢がすぐれていること。また、その土地。advantageous position

**けい-しょう【形象】** ①かたち。視覚的な色彩・線・形のこと。shape 比較 造形。②内容をとらえた、内面的統一体で美的効果をもたらす具体的な物の形。figure

**けい-しょう【▼卿相】** 大臣・大中納言・参議および三位以上の朝臣。公卿。

**けい-しょう【敬称】** ①相手の氏名の下に添えて敬意を表す語。「様・殿・氏・君・さん・先生」など。honorific titles 用例 ―を略す。②目上の人や立場が上の対象について述べたり、呼び掛ける場合に、姓名や物の名称の代わりに言う語。天皇を「陛下」、教師を「先生」、相手の会社を「貴社」というなど。

**けい-しょう【景勝】** 風景のすぐれていること・所。scenic beauty

**けい-しょう【軽少】**(名・形動) 少ないこと・さま。わずか。littleness

**けい-しょう【軽症】** 軽い病気・症状。slight illness 対義 重症。

**けい-しょう【軽▼捷】**(名・形動) ①身軽で動作がはやいこと・さま。②手軽で、はやいこと・さま。

**けい-しょう【軽傷】** 軽いきず。うすで。slight injury 比較 微傷。対義 重傷。

**けい-しょう【継承】**(名・サ変他) 先代・先任者のあとを受けつぐこと。succession 用例 王位を―する。

**けい-しょう【警鐘】** ①危険を知らせる鐘。alarm bell 用例 ―を鳴らす。②いましめ。warning

**けい-じょう【刑場】** 死刑を行う場所。place of execution

**刑場の露と消える** 刑死する。

**けい-じょう【形状】** かたち。ありさま。状態。shape

**けい-じょう【計上】**(名・サ変他) ①数え上げること。add up ②数えて書き出すこと。appropriation 用例 ―書。③計算の中に入れること。add up 用例 予算に―する。

**けい-じょう【啓上】**(名・サ変他) 申し上げること。用例 一筆―。

**けい-じょう【経常】** いつも一定していること。ordinary 対義 臨時。用例 ―費。

**けい-じょう【敬譲】** 尊敬と謙譲。相手をうやまうことと、自分をけんそんすること。

**けい-じょう【警乗】**(名・サ変自) 犯罪を防ぐために、警官などが列車などに乗って警戒すること。用例 ―員。

**けい-じょう【京城】** ①王宮の所在地。都。②ソウルの旧称。

**けいしょういん【▼桂▼昌院】**(一六二七～一七〇五) 五代将軍徳川綱吉の生母。三代将軍家光の側室。家光没後、出家して桂昌院と称し、大奥に威をふるった。

**けいしょう-か【形象化】**(名・サ変他) 具体的な形を与えること。見えないものを視覚的に形に表すこと。具象化。verification 用例 彫刻は美の―である。

**けいしょう-かく【▼奎章閣】** 李朝朝鮮の王宮付属図書館。一七七七年正祖が設立。歴代諸王の御製・親筆など古書を収蔵。その蔵書は朝鮮本・中国本あわせて一三万冊以上。

**けいじょうきおく-ごうきん【形状記憶合金】** 合金のうち、高温である形に加工しておくと、低温でこれを変形しても、加熱によって元の形にもどるもの。ニッケル-チタン系と銅-亜鉛系の合金がある。shape memory alloy

**けいじょうきおく-じゅし【形状記憶樹脂】** 高温である形に加工しておくと、変形しても加熱によって元の形にもどる性質をもつ樹脂。ゴムの一種のトランスポリイソプレンなど。形状記憶ポリマー。shape memory polymer

**けいじょう-ご【敬譲語】** 尊敬語と謙譲語をあわせたよび名。

**けいじょう-しゅうし【経常収支】** 国際収支勘定の項目の一つ。経常取引によって生じる受け払いの関係を示し、貿易収支・貿易外収支および移転収支に分かれる。balance of current account 比較 資本収支。

**けいじょう-そんえき【経常損益】** 企業の通常の経営活動から発生する利益や損失。営業損益に営業外収益を加え、営業外費用を差し引いたもの。ordinary profit and loss 対義 特別損益。

**けいじょう-とりひき【経常取引】** 国際間取引のうち資本取引以外のもの。商品の輸出入、運賃・保険料の受け払い、資本収益の受け払いなどに、贈与・賠償などの一方的支払いが含まれる。current transaction

**けいしょう-なんどう【慶尚南道】** 韓国南東部の道。東に日本海、南に朝鮮海峡を臨む。道都昌原。キョンサンナムド。

**けいじょう-ひ【経常費】** 財政支出のうち、毎年決まって支出される経費。current expenses; operating costs 対義 臨時費。

**けいしょう-ほくどう【慶尚北道】** 韓国東部の道。太白山脈、小白山脈が連なり、洛東江が流れる。道都大邱。キョンサンプクド。

**けい-じょうみゃく【▼頸静脈】** 脊椎動物の頸部にあり、頭・頸部の血液を集めて心臓に運ぶ太い静脈。jugular vein

**けいしょう-もじ【形象文字】** ↓しょうけいもじ(象形文字)

**けいじょう-りえき【経常利益】** 損益計算書上の用語。営業収益から営業費用を差し引いて算出された営業利益に、営業外収益を加えて営業外費用を差し引いたとき黒字となって表れたもの。ordinary profit

**けい-しょき【啓書記】** ↓しょうけい(祥啓)

**けい-しょく【軽食】** 簡単な食事。light meal

**けい-しょく【慶色】** よろこびの表れているようす・顔色。

**けいしょく-せい【傾触性】** 植物が、他からの接触刺激で、一定方向に屈曲運動する性質。食虫植物の捕虫葉の運動など。thigmonasty

**けいしょく-ほう【警職法】** 警察官職務執行法の略称。

**けい-じょし【係助詞】** ↓かかりじょし(係助詞)

**けい-しん【敬神】** 神をうやまうこと。piety

**けい-しん【軽信】**(名・サ変他) かるがるしく信じること。

**けい-しん【軽震】** 震度階で震度二の地震。多くの人が感じ、戸や障子がかすかに動く程度。微震と弱震のあいだ。light earthquake

**けい-しんし【継親子】** 先妻の子と後妻の関係のように、夫婦の一方の子と実の親でない他方との関係。現民法は姻族一親等とみなしている。

**けいしん-せい【傾震性】** 植物が、他から震動を与えられたときに起こす傾性。オジギソウ・ハエジゴクなどでは葉の開閉運動としてみられる。seismonasty

**けい・す【▼詣す】** 古語(サ変自) もうでる。参拝する。用例 室の八島に—(奥の細道)。

**けい・す【啓す】** 古語(サ変他) ↓けいする(啓する)

**けい-ず【系図】** ①その家の先祖から代々続いている血縁関係などを書き記した図表。家系図。系譜。家譜。family tree ②由緒。由来。origin

**けい-すい【経水】** 月経。period

**けい-すい【軽水】** ふつうの水。重水に対して言う。

**けいすい-ろ【軽水炉】** 冷却材・減速材に軽水であるふつうの水を使った原子炉。加圧水型と沸騰水型があり、発電用原子炉として多用。light-water reactor

**けい-すう【係数】** ①数といくつかの文字の積において、着目した文字以外の因数。coefficient ②比例関係にある二つの物理量間の比例定数。proportional constant

**けい-すう【計数】** ①数をかぞえること。かんじょう。counting ②計算して得た数値。calculation ③計理・経済の観念。figures 用例 —に明るい。

**けいすう-かん【計数管】** 入力パルスの数をかぞえるのを目的とした電子管。放電管型と高真空管型がある。counter tube

**けいすう-かんり【計数管理】** 経営活動・経営環境を数量的にとらえて行う合理的な経営管理の総称。management through figures

**けいず-かい【系図買い】** ①《「窩主(かしゅ)(=盗人の宿)買い」と音が似ているので》盗品故買。②成り上がり者が家柄をよく見せかけるために、他家の系図を買うこと・人。

**けい・する【刑する】** 文語的(サ変他) 刑に処する。刑す。

**けい・する【啓する】** 文語的(サ変他) 皇太后・皇后・中宮・皇太子などに向かって申し上げる。言上する。啓す。参考 天皇に対しては「奏す」を用いる。

**けい・する【敬する】**(サ変他) うやまう。尊敬する。敬す。respect

**敬して遠ざける**(けいしてとおざける) 表向きは、敬っているために近づきがたいとしておいて、実は、うとんじ、親しくしない。煙たがる。敬遠する。

**けい・する【慶する】** 文語的(サ変他) 祝う。よろこぶ。慶す。

**けい-せい【形成】**(名・サ変他) 物事を統一して、ととのったものに形づくること。formation 用例 村落の—。

**けい-せい【形声】** 漢字の六書の一つ。一方が音、他方が意味を表す二つの部分を組み合わせた文字。河・銅など。諧声。比較 象形・指事・会意・転注・仮借。

**けい-せい【形勢】** なりゆき。ようす。情勢。situation

**けい-せい【渓声・▼谿声】** 谷川の流れの音。

**けい-せい【経世】** 世をおさめること。政治。government 比較 経国。

**けい-せい【傾性】** 植物の器官が外部からの刺激により一定の方向に運動する性質。傾光性・傾震性・傾触性など。nasty

**けい-せい【傾▽城】** ①絶世の美人。傾国。②遊女。用例 —狂い。

**傾城に誠無し**(けいせいにまことなし) 遊女には誠実さがない。遊女の言うことを真に受けてはいけないという戒め。

**けい-せい【警世】** 世の人を戒めること。

**けい-せい【警▼醒】**(名・サ変他) 迷いから目ざめさせること。

**げいせい【芸西】**〈村〉 高知県東部、安芸市西隣の村。ピーマン・ナスなどの野菜栽培がさかん。人口四六一三(一九八八)。

**けいせいあわのなると【傾▽城▼阿波の鳴▽門】** 人形浄瑠璃・歌舞伎脚本。時代物。近松半二らの合作。明和五年(一七六八)初演。近松門左衛門の『夕霧阿波の鳴渡』の翻案に、お家騒動をからませて脚色。八段目「巡礼唄の段」(子別れ)が有名。

**けいせい-か【経世家】** 政治家。statesman

**けいせいきんたんき【傾▽城禁短気】** 江島其磧の浮世草子。六巻。正徳元年(一七一一)刊。八文字屋本の代表作。遊女の手管、男色と女色の優劣など、遊里の表裏を描く。

**けいせい-げか【形成外科】** 人体の表面的欠損・変形などを、正常な形にもどす外科の一分野。plastic surgery 比較 整形外科。

**けいせい-けん【形成権】** 権利者の一方的な意思表示によって、ある法律関係を発生・変更・消滅させる権利。取り消し権・解除権・売買予約完結権など。

**けいせい-さいみん【経世済民】** 世をおさめ民をすくうこと。政治。administration and relief of the nation

**けいせい-そう【形成層】** 維管束の発達した植物の茎や根にみられる分裂組織。個体発生のやや進んだ段階で木部と師部の間に出現し、肥大生長を行う。cambium ↓維管束図 ↓木材図

**けいせい-たい【形成体】** 脊椎動物発生の初期段階で、神経系や筋肉となるべき部分の形成に中心的役割を果たす胚の一部。他の胚域に働きかけて、個体形成を誘導する胚の部分をいう。オルガナイザー。organizer

**けいせいたいてん【経世大典】** 中国、元代の法制関係の公文書集成。一三三二年成立。明代中期に一部を除き散逸。

**けいせい-でんてつ【京成電鉄(株)】** 東京都東部から千葉県にかけて、京成上野と成田空港を結ぶなど四つの鉄道路線とバス路線をもつ鉄道会社。営業キロ五六㎞。明治四二年(一九〇九)設立。

**けいせいはんごんこう【傾▽城反魂香】** 人形浄瑠璃・歌舞伎脚本。時代物。近松門左衛門作。宝永五年(一七〇八)初演。絵師狩野元信の史実をもとに脚色。歌舞伎では吃りの又平を描いた通称「吃又」が有名。

**けいせい-まひ【▼痙性麻▼痺】** 四肢の運動麻痺の一種。筋緊張が高まり、病的反射が現れる。spastic paralysis

**けい-せき【形跡】** 物事のあったあと。あとかた。trace

**けい-せき【▼珪石】** ↓けいがん(珪岩)

**けい-せき【経籍】** ↓けいしょ(経書)

**けい-せき【景石】** 造園用の自然石。庭石。枯れ山水・池・植栽などの景趣として使用。筑波石、丹波石、鞍馬石などと産地名で呼ばれる。

**けい-せつ【蛍雪】** ①蛍と雪。②《昔、中国の晋で車胤がホタルの光で、孫康が積もった雪の明かりで勉強した故事から》苦労して勉強すること。

**蛍雪の功**(けいせつのこう) 苦労して学問にはげむこと。また、はげんだ効果。diligent study 用例 —を積む。

**けい-せん【係船・▼繋船】**(名・サ変自) ①船をつなぎ留めておくこと。また係留されている船舶。mooring ②不景気で船を使用しないこと。

**けい-せん【経線】** 地球を両極を通る平面で切ったとき、地球表面に仮定した線。経度を表す。子午線。meridian 対義 緯線。

**けい-せん【▼罫線】** ①罫。②「罫線表」の略。

**けい-せん【▼頸▼腺】** 首の部分のリンパ腺。cervical gland

**けいせん【▼桂川】**〈町〉 福岡県中部、筑豊地方南部の町。明治中期からの炭鉱の町であったが、閉山。土師焼が特産品。人口一万四三二五(一九八八)。

**けい-ぜん【▼夐然】**(形動タル) 遠く、はるかなさま。

**けいせん-そうち【係船装置】** 岸壁などに設けられ、船舶を係留するための装置。mooring arrangement

**けいせん-のうりょく【継戦能力】** 戦闘を継続する能力。後方の警備、兵器・食糧・弾薬・燃料などの備蓄・補給を含む総合的な戦闘能力。

**けいせん-ひょう【▼罫線表】** 株価の動きを方眼紙に記したグラフ。足取表。chart

**けい-そ【刑訴】** 「刑事訴訟」の略。

**けい-そ【▼珪素】** 元素記号Si 原子番号一四。原子量二八・一。暗青黒色の結晶。珪酸塩・二酸化珪素などの形で存在し、岩石圏の主要な構成成分。高純度の珪素は半導体の材料。silicon

**けい-そう【形相】**《「ぎょうそう」は別語》①物の形・ありさま。形式。figure ②アリストテレスの用語で、事物を他と区別する本質的な特徴。存在するもの(実体)は一定の形と素材(質料)からなるが、質料を規定する形のこと。エイドス。form 対義 質料。

**けい-そう【係争・▼繋争】**(名・サ変自) 訴訟で、当事者間のあらそいとなること。dispute

**けい-そう【軽装】**(名・サ変自) 簡単な身じたくをすること。身軽な服装。casual dress; light dress

**けい-そう【軽▼躁】**(形動) 落ち着かないようすで浮かれ騒ぐさま。軽はずみに騒ぐさま。

**けい-そう【継走】** 陸上競技で、定められた距離をバトンを受け継いで走る競走。通常四人で一チーム。リレー。リレーレース。relay race

**けい-ぞう【形像】**《「形象(けいしょう)」は別語》事物の具体的な形・すがたを暗示する詩的なことば。心像をともなう表現の要素。

**けい-ぞう【恵贈】**(名・サ変他) 人が自分に物をくれることの敬語。恵投。恵与。用例 ご—の品。

**けいそう-いん【形相因】** アリストテレスの説く四原因の一つ。事物がそれによって形成発展する法則・原因。formal cause

**けいそう-おび【軽装帯】** 女帯の一種。あらかじめ結んだお太鼓の部分と、胴に巻く部分が分かれていて、簡単に締められる帯。付け帯。文化帯。

**けいそう-しょくぶつ【▼珪藻植物】** 淡水や海水・土壌中にみられる黄褐色の藻類で、植物プランクトンの中心をなす。体は単細胞か群体で、細胞壁は珪酸を含んでかたく、表面に複雑な模様がある。種類は多い。diatom

**けいそう-ど【▼珪藻土】** 植物である珪藻の遺骸が沈殿してできた堆積岩。珪酸を九四%含む。白色や灰白色。濾過剤・吸収剤・研磨材の原料に利用。diatomaceous earth

**けい-そく【計測】**(名・サ変他) 物差しや器械を使ってはかること。measurement

**けい-ぞく【係属・▼繋属】**(名・サ変他) ①つながりつくこと。つなぎつけること。②訴訟が起こって、裁判所で取り扱われていること。pendency 用例 —中の事件。

**けい-ぞく【継続】**(名・サ変自他) つづくこと。つづけること。continuation

**けいそく-せん【鶏足▽山】** 中インド、マガダ国の伽耶城の東南にある山。摩訶迦葉が入



▼常用漢字表外。 ▽常用漢字表の音訓外。

寂したとされる鶏足洞がある。
**けいぞく-てき【継続的】**(形動) 継続するさま。continuous
**けいそ-こう【▼珪素鋼】** 珪素を一～四％含み炭素などの含有量のきわめて少ない鋼。磁性をおびやすく、また、失いやすい。発電機やモーターの鉄心などに使用。silicon steel
**けいそ-じゅし【▼珪素樹脂】** ↓シリコーンじゅし(シリコーン樹脂)
**けい-そつ【軽卒】** ①身軽な装備の兵卒。②身分の低い兵。
**けい-そつ【軽率】**(名・形動) 軽はずみなこと・さま。不注意。rashness 対義 慎重。
**けい-そん【恵存】**《どうかお手元においてください、の意》人に著書などをおくるとき、相手の名のわきに書く語。けいぞん。
**けい-たい【形態】** ①ありさま。ようす。form ②かたち。形式。form 対義 機能。
**けい-たい【敬体】** 口語文体の一種。文末表現に「です」「ます」などを用いる。です・ます体。対義 常体。
**けい-たい【携帯】**(名・サ変他) 手に、または身につけて持ち歩くこと。portability 比較 携行。用例 ―ラジオ。
**けい-だい【境内】** 社寺の敷地の中。
**けいたい-おんそ【形態音素】**「いっぽん」「さんぼん」の「ぽん」と「ぼん」にみられるように、語形(形態素)の比較から一つにまとめて考えられる二つ以上の音素を一単位としたもの。morphophoneme
**けいたい-がく【形態学】** 生物学の一分野。生物の形態に重点をおいて研究する学問。解剖学・組織学・発生学などを含む。morphology
**けいたい-けいせい【形態形成】** 生物の発生でより複雑な形態が生じてくる過程。morphogenesis
**けいたい-じ【経帯時】** 経度が一五度で割り切れる最近接子午線(経帯子午線)を基準にした地方標準時。日本は一三五度を基準にした経帯時を用い、世界時より九時間早い。zone time
**けいたい-そ【形態素】** ①文法的関係を示すために使われ、それ自身では実質的意味をもたない語、または語形の部分。②意味をもつ最小の言語単位、または語形。単語自体が一形態素である場合と、一単語が複数の形態素からなる場合とがある。たとえば、「犬」と「白犬」など。morpheme
**けいたい-てんのう【継体天皇】** 記紀で第二六代天皇。応神天皇の五世の孫。越前の三国から迎えられて即位したとされる。
**けいたい-もしゃ【形態模写】** 鳥・動物や特定の人物の動作などを、巧みに、面白くまねてみせる芸。パントマイムの変型。mimicry
**けいたい-ろん【形態論】** 文法研究の一分野。語の形態を研究の主対象とする。品詞論が、その主要部分をしめる。
**けい-たく【恵沢】** めぐみ。情け。blessing
**げい-だん【芸談】** 芸術・芸能の内容・秘訣・苦心などの話。talk on an art
**けいだん-れん【経団連】**《「経済団体連合会」の略》経済四団体の一つ。経済団体間の連絡、内外の財政・経済の研究や建議などを行う組織。「財界の総本山」といわれる。昭和二一年(一九四六)設立。
**けい-ちつ【啓▼蟄】** 二十四節気の一つ。三月六日ごろ。地中で冬ごもりしていた虫がはい出してくるころをいう。
**けい-ちゅう【傾注】**(名・サ変他) ①かたむけて、そそぐこと。tilt and pour ②心をうちこむこと。devotion 用例 全力を―する。
**けいちゅう【契沖】**(一六四〇～一七〇一) 江戸前期の国学者・歌人。姓下川。摂津の人。難波の妙法寺の住職、のち高津の円珠庵に隠住。真言の哲学や和漢・仏教の諸学を研究、言語・文芸の認識と追求に独自の境地を開く。歴史的仮名遣いの研究にすぐれた成果をあげ、その文献学的方法は国学の基盤をなした。注釈書『万葉代匠記』『古今余材抄』、語学書『和字正濫抄』、歌集『漫吟集』など。
**けいちゅう-かなづかい【契沖仮名遣い】** 歴史的仮名遣いの研究の代表的なもの。定家仮名遣いに疑問を持った国学者契沖は、『万葉集』その他の上代の文献によって疑問点を正し、古文献にない語は、似た語の例や語源によった。
**けい-ちょう【計帳】** 律令制下、課役賦課のために作られた台帳。毎年、各戸から提出させた手実(申告書)を集計した大計帳を国司が作成し、上申。
**けい-ちょう【敬重】**(名・サ変他) うやまって重んずること。
**けい-ちょう【軽▼佻】**(形動) ふわふわと、軽はずみなさま。軽薄。浮薄。flippancy 対義 重厚。用例 ―浮薄。
**けい-ちょう【軽重】** ＝けいじゅう。①軽いことと重いこと。②重さ。目方。③小事と大事。gravity of the affairs
**鼎の軽重を問う**(かなえのけいちょうをとう) ↓かなえ(鼎)
**けい-ちょう【傾聴】**(名・サ変他) 一心に聞くこと。listening attentively 用例 ―に値する。
**けい-ちょう【慶弔】** 結婚・出産などの祝い事と、死亡・災難などの不幸。用例 ―電報。
**けい-ちょう【慶兆】** めでたいことの前ぶれ。吉兆。sign of happiness
**けいちょう【慶長】** 安土桃山時代から江戸初期にかけての年号。文禄から改元。元年(一五九六)一〇月二七日～二〇年(一六一五)七月一三日。次に、元和に改元。
**けい-ちょう【京兆】** 中国、漢代の長安付近の関中の地のうち長安以東の地の称。
**けいちょう-おおばんきん【慶長大判金】** 江戸初期、幕府鋳造の金貨。通用期間は慶長六～元禄八年(一六〇一～九五)。
**けいちょう-きんぎん【慶長金銀】** 江戸時代の通貨。慶長六年(一六〇一)徳川家康の命で鋳造され、以後元禄まで発行された良質の金銀貨幣。
**けいちょう-こばんきん【慶長小判金】** 江戸初期、幕府鋳造の小判金貨。通用期間は慶長六～元禄八年(一六〇一～九五)。
**けいちょう-ちょくはんぼん【慶長勅版本】** 慶長年間(一五九六～一六一五)に後陽成天皇の勅命により、印刷刊行された木製活字本。『古文孝経』『日本書紀神代巻』など。
**けいちょう-の-えき【慶長の役】** 豊臣秀吉による二度目の朝鮮侵攻。慶長二年(一五九七)に始まり苦戦の末、翌年秀吉の死により撤兵。
**けいちょう-ふはく【軽▼佻浮薄】**(名・形動) 考え・行動が軽はずみで、しっかりしていないこと・さま。
**けいちょう-もよう【慶長模様】** 慶長年間(一五九六～一六一五)の小袖模様の様式。衣装全体を絞りで分割、刺繍し、金箔をおいた豪華なもの。地無し。
**けい-つい【▼頸▼椎】** 脊柱の最上部にある骨。cervical vertebrae
**ゲイツケル【Hugh Gaitskell】**(一九〇六～六三) イギリスの政治家・経済学者。ロンドン大学政経学部長をへて下院議員に当選。労働党右派の指導者として、蔵相・党首を歴任。
**けい-てい【兄弟】** 兄と弟。きょうだい。
**兄弟牆に鬩ぐ**(けいていかきにせめぐ) 内輪げんかをする。
**兄弟は左右の手也**(けいていはさゆうのてなり) 「きょうだいは左右の手」と同意。
**兄弟は手足たり**(けいていはてあしたり) 兄弟は自分の体の手足のように、欠くことのできない大切なものである。
**けい-てい【径庭・▼逕庭】**《「径」「逕」はこみち、「庭」はひろば》へだたり。ひらき。差異。
**けい-てき【▼勍敵】** てごわい競争相手。強敵。
**けい-てき【警笛】** 注意のために鳴らすふえ。warning whistle
**けいてきしゅう【啓▼廸集】** 安土桃山時代の医書。八巻。曲直瀬道三の著(一五七四年)。中国の李朱医学の立場から古今の医書のおもな論説と処方を抄出したもの。
**けい-てん【経典】**《「きょうてん」は別語》①常に変わらない道理。②聖賢の著書。経書。
**けい-でん【経伝】** 経書と、その解釈書。
**けいてん-あいじん【敬天愛人】** 天をうやまい、人を愛すること。超越的な存在・絶対の存在を尊び、人を大切にすること。
**けい-でんき【軽電機】** おもに家庭で使う電気器具類。対義 重電機。
**けい-でんき【継電器】** 電磁石によって開閉する接点をもつ回路素子。リレー。relay
**けいてん-の-たみ【啓典の民】** イスラム法におけるキリスト教徒とユダヤ教徒の称。ジズヤ(人頭税)の支払いを条件に信仰維持を許可された。
**け-いと【毛糸】** 羊毛、その他の獣毛を主原料として紡績した糸の総称。毛織物・編み物の材料。純毛に対して、強度・洗濯性・プリーツ性などを与えるためポリエステルやアクリルなどを混紡することもある。woolen yarn
**けい-と【計都】**《ketu梵の音写》九曜星の一つ。白道と黄道の昇交点にあるとされる架空の星。参照 羅睺。
**けい-ど【経度】** 地球表面上の東西の位置を示す座標。英国の旧グリニッジ天文台の本初子午線を基点とし、この子午線面と、ある地点の子午線面とのなす角で表す。東西にそれぞれ一八〇度ずつに分け東経何度、西経何度と数える。longitude 対義 緯度。
**けい-ど【軽度】** 程度が軽いこと。軽い程度。slightness 対義 強度。用例 ―の近視。
**けい-とう【系統】** ①順序を追ってつながるもの。system 比較 系譜・系列。用例 日本語の―。②共通の祖先をもち、ある共通の形質を共有する生物の集団。phyletic line
**けい-とう【▼挂灯】** 灯火をかかげること。
**けい-とう【恵投】**(名・サ変他) 他人が自分に物をくれることの敬語。恵贈。恵与。用例 御―にあずかる。
**けい-とう【傾倒】**(名・サ変自) ①かたむき、たおれること。lean and fall ②ある人を心から尊敬し、したうこと。devotion 用例 師に―する。人格に―。③ある事に強く心を引かれ、熱中すること。用例 ドイツ文学に―する。
**けい-とう【継投】**(名・サ変自) 野球で、一試合中に前の投手のあとをうけついで投球すること。relief 比較 完投。用例 ―策。
**けい-とう【鶏痘】** ニワトリのウイルス性伝染病。とさかおよび皮膚に水疱ができる皮膚型と、粘膜や呼吸器が侵され呼吸困難になるジフテリア型がある。接触や蚊の媒介により感染。fowl pox
**けい-とう【鶏頭】** ヒユ科の一年草。春まき。夏から秋に茎の先に小花が集まり、鶏のとさか状に花をつける。高さ六〇～九〇cmと二〇cmぐらいの二系統がある。観賞用。熱帯アジア原産。ケイカンカ。カラアイ。cockscomb
**げい-とう【芸当】** ①曲芸。はなれわざ。feat ②あぶない仕事。risky attempt
**げい-どう【芸道】** 技芸・演芸の世界。accomplishments
**けいとう-がくしゅう【系統学習】** 教授すべき内容を系統づけ、順序だてて教える学習指導法。
**けいとう-さいばい【系統栽培】** 他の遺伝的に異なった生物と交配しないように、交配を管理して栽培すること。遺伝的特性を維持保存するために行う。pedigree culture
**けいとう-じゅ【系統樹】** 生物群の進化の過程を、樹木の枝分かれになぞらえて図示したもの。genealogical tree
**けいとう-だ・てる【系統立てる】**(下一他) 一定の順序によって整理する。systematize
**けいどう-ちかい【傾動地塊】** 地塊の一方が急な断層崖となり、その反対側はゆるい斜面となって徐々に低くなっている山地。tilted block
**けいとう-てき【系統的】**(形動) 一定の順序関係があるさま。すじ道のあるさま。systematic; methodical
**けいとう-はっせい【系統発生】** 生物が祖先から現在へと進化した過程のこと。phylogeny 対義 個体発生。
**けいとう-ぶんるい【系統分類】** 生物を系統とその進化からとらえた分類系。phylogenetic systematics
**けい-どうみゃく【▼頸動脈】** 脊椎動脈で大動脈から分かれ、頸部を通って頭部に血液を送る太い動脈。左右、内外に一本ずつある。carotid artery
**けいとう-りゅうひょう【▼挂灯立標】** ↓とうひょう(灯標)
**けいとくちん【景徳鎮】** 中国、江西省北東部の都市。中国最大の陶器生産地。製茶工業もさかん。人口五五・九万(一九八四)。チントーチェン。
**けいとくちん-よう【景徳鎮窯】** 中国、江西省北東部にある中国最大の窯業地。北宋の景徳年間(一〇〇四～〇七)に官窯を設置、青白磁器、青白磁(影青)を焼く。元代に染め付けを製作、明代以降も種々の優品が焼成され、世界に輸出された。↓写

●景徳鎮窯 『五彩竜鳳文六花形洗』。大明万暦年製銘(一五七三～一六一九)、東京国立博物館。

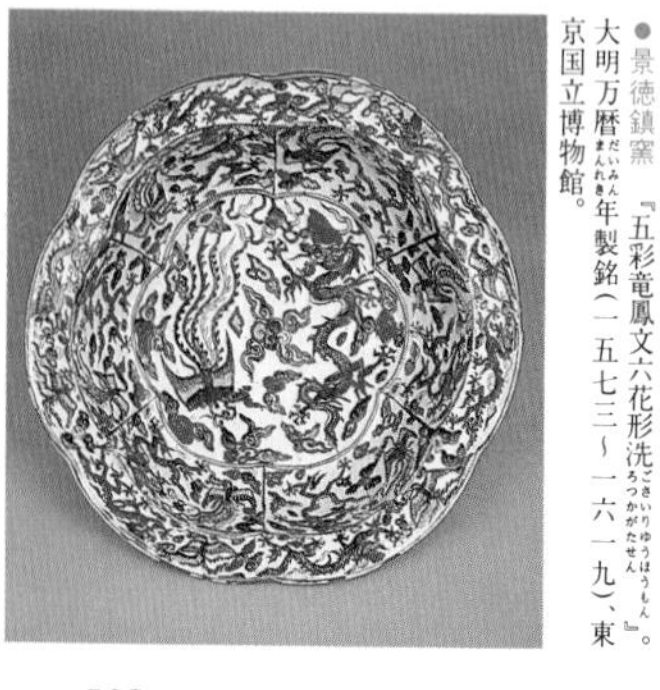

**けいとくでんとうろく【景徳伝灯録】** 仏教の高僧伝。一〇〇四年、宋の永安道原の編。全三〇巻。過去七仏以来のインド・中国の僧一七〇一人の伝灯法系を明らかにした史伝書の代表的なもの。伝灯録。

**げい-なし【芸無し】** 芸のないこと・人。no accomplishments

**けい-にく【鶏肉】** ニワトリの肉。鳥肉。かしわ。chicken

**げい-にく【鯨肉】** クジラの肉。whale meat

**けいにん【慶忍】**(生没年未詳) 鎌倉時代の画家。法橋の称号をもつ。江戸時代、住吉派の祖とされた。作品『新絵因果経』。

**げい-にん【芸人】** ①多芸な人。芸に巧みな人。accomplished person ②芸能人。entertainer

**けいねんちょりゅう-ダム【経年貯留ダム】** 異常渇水に備える水資源備蓄用のダム。流域面積が小さい場所につくられ、下流の水量調節などに役立つ。year-to-year reservoir

**げい-のう【芸能】** ①身につけた芸。accomplishments ②芸に長じた才能。artistic talent ③映画・演劇・音楽・舞踊などの総称。public entertainments 比較 演芸。

**げいのう【芸濃】**〈町〉三重県津・亀山両市に接する町。近郊農業が行われるほか、工業化・宅地化が目立つ。人口九二六二(一九八八)。

**げいのう-じん【芸能人】** 芸能を演ずる職業の人。芸人。artiste

**げい-の-むし【芸の虫】** 芸に熱心な人。devoted artist

**けい-は【慶派】** 仏師の一派。平安中期の仏師定朝の流れをくむ奈良の七条仏所の系統。剛健・写実の作風で鎌倉彫刻を代表。平安末から鎌倉初めにかけて康慶・運慶・快慶・湛慶らが輩出、鎌倉時代仏師の主流となった。慶の字の仏師が多く、慶派といわれた。

**けい-ば【競馬】** ①騎手が乗り、馬を走らせる競走。くらべうま。horse race ②馬券を発売し、勝ち馬の的中者に払い戻し金を交付する賭馬。もとは畜産振興が目的であったが、現在では大衆レジャーとしてさかん。betting horse

**げい-は【鯨波】** ①大きな波。raging waves ②ときの声。battle cry

**ゲイ-バー** 《和製語》ホステスの代わりにゲイボーイがサービスをする酒場。

**けい-はい【▼珪肺】** 珪酸を含む粉塵の吸入によって起こる肺の線維増殖症。炭坑・金属鉱山・石材処理所などの労働者に多発する職業病。呼吸機能が衰え、結核に感染しやすくなる。よろけ。pulmonary silicosis

**けい-はい【軽輩】** ①身分の低い者。underling ②足軽。

**けい-ばい【啓培】**(名・サ変他)《「啓発培養」の略》知能を開発し、教養をつけさせること。用例 知識の—。

**けい-ばい【競売】**(名・サ変他) 売り主が多数の人を集めて買い受けの申し出を行わせ、最高価の申し出をした者に承諾を与える売買方法。とくに強制執行によるものをいうことも多い。きょうばい。せりうり。auction

**けい-ばいばい【競売買】** 取引所での有価証券の売買方法。多数の競売買者のなかから売り手と買い手の呼び値が一致するたびごとに売買が成立する。きょうばいばい。比較 相対売買。

**けい-はく【敬白】** ①つつしんで申し上げること。②手紙などの終わりに置くあいさつ語。敬具。謹白。

**けい-はく【軽薄】** ㊀(名) おべっか。flattering ㊁(名・形動) ①言語・動作・分別などの、かるがるしいこと・さま。frivolity 用例 —な言動。②軽くて薄っぺらなこと・さま。

**けい-ばく【▼繋縛】**(名・サ変他) つなぎしばること・もの。束縛。

**けい-ばくげきき【軽爆撃機】** 爆弾の積載量の少ない小型の爆撃機。おもに第二次大戦まで活躍した機種。現在は戦闘爆撃機に、その座をゆずった。アメリカのB-25が代表的。軽爆。light bomber 対義 重爆撃機。

**けい-はく-たん-しょう【軽薄短小】** 対義 重厚長大。《産業用語。「軽く・薄く・短く・小さい」の意》①精密機器・電気機器・自動車部品の組み立て産業など、鉄鋼業・重工業に比し小回りのきく製造業の性質を言う語。②電卓・パソコン・ワードプロセッサーなどの製品が、より軽く、小型化される特徴を表す語。

**けい-はつ【啓発】**(名・サ変他) 知能をひらき進めること。啓蒙。enlightenment

**けい-ばつ【刑罰】** 罪を犯した者に科される法律上の制裁。punishment

**けい-ばつ【▼閨閥】** 婚姻によって妻の親類の勢力との間に結ばれるきずな。また、その勢力。上流特権階級が自分たちの権益を閉鎖的に維持・拡大するために形成することが多い。nepotism; matrimonial influence

**けい-ばつ【警抜】**(名・形動) ①事実をするどくついて、すぐれていること・さま。②奇抜。

**けいばつ-せいじ【▼閨閥政治】** 妻の実家やその親戚の勢力を利用して権力を握る政治形態。nepotistical politics

**けいばつふそきゅう-の-げんそく【刑罰不▼遡及の原則】** 行われた時点で犯罪でなかった行為は、その後の法律で犯罪とされるようになっても、さかのぼって処罰されることはないという原則。principle of no retroaction

**けい-はん【京▼阪】** 京都と大阪。用例 —地区。

**けい-はんざい【軽犯罪】** 軽犯罪法に規定された、公安および社会道徳上取り締まりを要する比較的軽微な反道徳的行為。

**けいはんざい-ほう【軽犯罪法】** 比較的軽いが社会道徳上有害で放任できない犯罪を取り締まるための法律。昭和二三年(一九四八)公布。

**けい-はん-しん【京▼阪神】** 京都と大阪と神戸。

**けいはん-でんきてつどう【京▼阪電気鉄道(株)】** 京都・大阪・滋賀の二府一県にかけて、京阪三条と淀屋橋を結ぶなど七つの鉄道路線をもつ鉄道会社。営業キロ九一・九km。明治三九年(一九〇六)設立。京阪電鉄。

**けいはん-ほうげん【京▼阪方言】** 近畿地方の代表的な方言。京都と大阪で少し違う。東京の「です」は京都で「どす」、大阪で「だす」と言うなど。

**けい-ひ【▼桂皮】** 生薬の一つ。中国南部、ベトナムに野生するクスノキ科のカシアの樹皮を乾燥させたもの。または同属の植物でセイロンニッケイの樹皮・根皮を乾燥させたもの。芳香性健胃剤・香味料。cinnamon

**けい-ひ【経費】** ①きまってかかる費用。家庭や国・地方公共団体などの経常的な活動に必要な費用。経常費。掛かり。expenditure ②物事をするのに必要な費用。cost 用例 —がかさむ。③原価計算で、原材料費・労務費と並んで、基本的な原価要素となる費用。外注加工賃・減価償却費など。expenses

**けい-び【軽微】**(名・形動) ごくわずかなこと・さま。slight 用例 —な損害。

**けい-び【警備】**(名・サ変他) 変事にそなえて警戒すること。guard 用例 身辺—。

**げいび-けい【▼猊鼻渓】** 岩手県南部、東山町にある渓谷。北上川の支流砂鉄川が石灰岩を浸食したもので、奇岩・絶壁が多い。

**けいび-けいさつ【警備警察】** 公共の安全の維持を目的とし、政治犯罪の防止・取り締まりを中心に災害発生時の対策や要人警護などにあたる警察。peace preservation police

**けい-ひこうき【軽飛行機】** 小型で軽量の飛行機の総称。エンジンはふつう一〇〇~三〇〇馬力のプロペラ機、総重量七〇〇~一五〇〇kg程度、二~八人乗りのもの。light plane

**けいひ-さん【▼桂皮酸】** 不飽和カルボン酸の一つ。化学式$C_9H_8O_2$。クスノキ科カシアなどの樹脂中に存在。シナモンの香りをもつ。香料・化粧品に用いる。cinnamic acid

**けい-ひつ【警▼蹕】** 昔、天皇の出入りなどに先払いが声をかけて人々に注意したこと。また、その声。今も、神事のとき神官が行う。けいひち。

**けい-びゃく【啓白】**(名・サ変他) 神仏に申し上げること・文。

**けいび-らん【鶏尾▼蘭】** ユリ科のまれな多年草。岩上にはえる。根出葉は線形で叢生し、重なって平面にならびつよく曲がる。八月、花は円錐花序につき、下向きに開く。

**けい-ひん【京浜】** 東京と横浜。また、その周辺。用例 —工業地帯。

**けい-ひん【景品】** ①売り物にそえて客におくる品。景物。おまけ。②行事などの参加者におくる品。

**けい-びん【▼慧敏】**(名・形動) かしこくて、さとりのはやいこと・さま。

**けいひん-うんが【京浜運河】** 東京湾西岸、横浜港と川崎港を結ぶ運河。長さ八km。京浜工業地帯の運輸上の大動脈。

**けいひん-がい【景品買い】** パチンコなどの景品を手数料を取って買い取る商売。また、その人。

**げいひん-かん【迎賓館】** 東京都港区にある外国の賓客を迎えるための宿泊施設。紀州徳川家の上屋敷が明治五年(一八七二)皇室に献上されて赤坂離宮となり、同三二年(一八九九)から現在の建物に改築。昭和四二年(一九六七)改修して迎賓館とすることに決定し、同四九年(一九七四)完成。

**けいひんきゅうこう-でんてつ【京浜急行電鉄(株)】** 東京都南東部から神奈川県にかけて、泉岳寺と浦賀を結ぶなど五つの鉄道路線とバス路線をもつ鉄道会社。営業キロ七一km。明治三一年(一八九八)設立。

**けいひん-こうぎょうちたい【京浜工業地帯】** 東京・川崎・横浜を中核とする工業地帯。機械工業の占める比率が高いのが特色。かつては東京・神奈川二都県を範囲としたが、今は東京湾周辺の四都県に拡大。

**けいひんとうほく-せん【京浜東北線】** JR東日本の鉄道路線の一つ。東海道本線横浜から品川~東京~田端を通り、東北本線大宮までを結ぶ。長さ五九・一km。

**けい-ふ【系譜】** 血縁や師弟関係などを図に表したもの。系図。lineage 比較 系統。

**けい-ふ【軽浮】**(名・形動) ①軽く浮かぶこと・さま。②うわついていて落ち着きがないこと・さま。

**けい-ふ【継父】** 母の配偶者で、実父や養父でない者。まま父。stepfather

**けい-ぶ【刑部】** ①中国の六部の一つ。刑罰・刑事行政を扱った官庁。②刑部省の唐名。

**けい-ぶ【軽侮】**(名・サ変他) かろんじ、あなどること。軽蔑。contempt

**けい-ぶ【▼頸部】** ①くびの部分。neck ②くびのように細くつながっている部分。③高等脊椎動物でみられる、頭部と胴部との間の連結部。くび。neck

**けい-ぶ【警部】** 警察官の階級の一つ。警視の下で警部補の上。captain米; chief inspector英

**けい-ふう【軽風】** そよそよと吹く風。風力階級二の風(毎秒一・六~三・三m未満)。顔に風を感じ、木の葉が揺れる程度。light breeze

**げい-ふう【芸風】** 演技のやりかた。芸の持ち味。style of acting

**けい-ふく【敬服】**(名・サ変自) 心から感心すること。admiration

**けい-ふく【景福】** 大きなさいわい。

**けい-ふく【慶福】** めでたい出来事。さいわい。

**けいふく-きゅう【景福宮】** 京城(現在のソウル)に建てられた李朝の王宮。一三九五年完成。一五九二年壬辰倭乱で焼失。一八六七年に大院君が再建。現在慶会殿・勤政殿が残存。

**けいぶ-しゅりゅう【▼頸部▼腫▼瘤】** 首にこぶとして現れる病気。数も種類も多い。先天性の嚢胞、炎症性の腫瘤、腫瘍性のものなど。cervical tumor

**けいぶ-せきついしょう【▼頸部▼脊▼椎症】** 頸椎におこった変形性脊椎症。頸肩腕症候群の最大原因。首や腕の痛み、指の運動障害、自律神経失調などの症状が現れる。cervical spondylosis

**けい-ぶつ【景物】** ①四季おりおりの風物。②興をそえるめずらしいもの。③景品。おまけ。

**けいぶつ-し【景物詩】** 四季の景物をよみこんだ詩。

**けい-ふぼ【継父母】** まま父とまま母。one's stepmother and stepfather

**けいぶ-ほ【警部補】** 警察官の階級の一つ。巡査部長の上、警部の下。

**けいぶ-リンパせつえん【▼頸部リンパ節炎】** 頸部にあるリンパ節の炎症。小児に多い慢性単純性リンパ節炎、結核性のもの、悪性リンパ腫などがある。cervical lymphadenitis

**けい-ふん【鶏▼糞】** ニワトリの糞。肥料効果の高い有機質肥料。窒素四%、燐酸五%、カリ二・六%程度含有。火力乾燥した製品は、やや成分含量が低い。poultry manure

**げい-ぶん【芸文】** ①学芸と文学。art and literature ②文芸。literature

**けいへい-き【経閉期】** 月経がなくなる年ごろ。閉経期。menopause

**けい-べつ【軽▼蔑】**(名・サ変他) 見下して、ばかにすること。軽侮。scorn

**けい-べん【軽便】** ㊀(名)《「軽便鉄道」の略》軌道の幅のせまい、小型の機関車・車両の鉄道。light railway ㊁(形動) ①身軽で、すばやいさま。light ②手軽で便利なさま。handy

**けいべん-てつどう【軽便鉄道】** ①軌間が狭小で構造が簡単な鉄道。②私設鉄道普及のため、明治四三年(一九一〇)から大正八年(一九一九)まで鉄道敷設法によらないで建設された鉄道。

**けい-ぼ【敬慕】**(名・サ変他) 尊敬して、したうこと。景仰。adore 用例 —の念。

**けい-ぼ【景慕】**(名・サ変他) あこがれ、したうこと。adore

**けい-ぼ【継母】** 父の配偶者で、実母や養母で

ない者。まま母。stepmother

**けい-ほう【刑法】**①刑罰の法則。おきて。②犯罪を規定し、それに対する刑罰を定めた法律。一般には明治四〇年(一九〇七)公布の刑法典(現行刑法典)をさす。六法の一つ。criminal law

**けい-ほう【警砲】**いましめ・おどかしの発砲。

**けい-ほう【警報】**警戒させるための知らせ。自然現象では、気象警報(大雨・大雪・暴風雨・暴風雪)をはじめ、地面現象警報(山崩れ・崖崩れ)、津波警報・高潮警報・波浪警報・浸水警報・洪水警報など、各種ある。warning 比較 注意報。

**けい-ぼう【▼閨房】**①寝室。bed room ②婦人の居間。boudoir

**けい-ぼう【警防】**(名・サ変他)災害に備えて警戒すること。災害が起こらないように警戒すること。guard 用例 —組織。

**けい-ぼう【警棒】**警官が腰に下げる木の棒。club

**けいぼう-だん【警防団】**第二次大戦中の昭和一四年(一九三九)に国の指導で組織された民間組織。空襲などの災害や危害の警戒を使命とした。同二二年(一九四七)廃止。

**ゲイ-ボーイ**《和製語》職業としてゲイバーに勤め、客の相手をする男性。女装している場合が多い。ゲイ。gay

**けいほ-きょく【警保局】**第二次大戦前、警察行政を統轄した内務省の一局。行政警察・高等警察・特別高等警察などを管轄し、戦時体制の進展とともに治安警察・国家警察として国民を統制。戦後廃止。

**けいほく【京北】**〈町〉京都市北隣の町。北山杉の中心。山国は幕末の農兵「山国隊」の出身地。人口七三八五(一九八八)。

**げいほく【芸北】**〈町〉広島県北西端、中国山地の町。肉牛飼育がさかん。スキー場が多い。人口三七九七(一九八八)。

**けいほんつうぞくしょうせつ【京本通俗小説】**中国の話本集。編者・成立年代未詳。南宋時代の盛り場の語り物の台本。七編が残る。

**けい-ま【▼桂馬】**①将棋の駒の一つ。盤の枡目を前方に一つ間をおいて左右に飛ぶ特別な進み方をする。敵陣に入って成ると金将と同じ動きにかわる。不成りが好手を生む場合も多い。けい。②碁で、二つの石が間を一つ以上おいて斜め前にある位置。

**桂馬の高上がり**(けいまのたかあがり)《桂馬が前進しすぎてそれ以上は動きがとれず、敵に取られることから》身分不相応な地位について、かえって苦しみ失敗するたとえ。

**けいまふり**《アイヌ語で、赤い足、の意》ウミスズメ科の海鳥。体色は黒く、全長三七cm。オホーツク海沿岸の離島、千島列島などに分布。日本では北海道、本州北部の島の岩壁に巣をつくる。spectacled guillemot

**けい-みょう【軽妙】**(名・形動)かろやかで、うまみのあることさま。witty 用例 —洒脱。

**けい-みん【傾眠】**常にうとうとしていて、ゆすぶったり、強い刺激をあたえたりしないと眠り込んでしまう、意識が遠のいていく状態。

**けいむ-しょ【刑務所】**自由刑に処せられた者を隔離し、その更生を期する場所。prison 比較 拘置所。

**けい-めい【経▽営】**古語 (名・サ変自)《「けいえい」の転》①精を出してはげむこと。かけ回って、世話をすること。用例 大殿も—したまひて(源氏・夕顔)。②接待の準備をすること。用例 中納言殿おはしますとて、—しあへり(源氏・総角)。

**けい-めい【刑名】**①刑の名。死刑・禁錮刑・罰金刑など。②中国古代の法律学。

**けい-めい【啓明】**《夜明けをみちびく星、の意》明けの明星。金星。morning star

**けい-めい【鶏鳴】**①ニワトリがなくこと。そのなき声。②一番鶏の鳴くころ。丑の刻。午前二時ごろ。③夜明け。明けがた。

**鶏鳴狗盗**(けいめいくとう)《中国の戦国時代、孟嘗君が、狗のまねや鶏の鳴きまねの上手な者を食客としていたため難を逃がれた、という故事から》①もっともらしいことをして人をだましたり、物を盗んだりするような卑しい者。あるいは、その程度の技能しか持たない者。②くだらない技能でも役に立つことがあるというたとえ。

**げい-めい【芸名】**本名とは別に、芸の上で使う名前。対義 実名。

**けい-もう【啓▼蒙】**(名・サ変他)①幼い者や無知な人を教えみちびくこと。啓発。enlightenment ②古い偏見を破り、自主的、合理的な認識を持たせること。enlightenment

**けいもう-しそう【啓▼蒙思想】**近代市民社会成立の推進力となった革新的な時代思潮。教会の権威をはじめ、従来の政治・社会制度などあらゆる旧習を批判し、人間的・合理的・自然主義的な理性に基づく新文化の形成をめざしたもの。一七世紀末、オランダ・イギリスにおこり、一八世紀にはフランス・ドイツに波及してフランス革命で開花。ロック・ボルテール・モンテスキュー・ルソー・ディドロ・カントらの思想。philosophy of the enlightenment

**けいもう-しちょう【啓▼蒙思潮】**①知識の普及によって民衆を啓発しようとする思潮。enlightenment movement ②一八世紀にヨーロッパをおおった思潮。自然科学の発達に促された唯物論的、理知主義的、合理主義的思潮。フランス革命の思想的背景となった。enlightenment

**けいもう-せんせいくんしゅ【啓▼蒙専制君主】**一八世紀のヨーロッパの後進国に現れた開明的な専制君主。啓蒙思想の影響下に、国民生活の安定化など上からの近代化をめざした。プロイセンのフリードリヒ二世、オーストリアのヨーゼフ二世、ロシアのエカテリーナ二世など。

**けいもう-せんせいしゅぎ【啓▼蒙専制主義】**一八世紀ヨーロッパで、資本主義的発展のおくれた諸国の統治原理とされた、絶対主義の一形態。啓蒙思想の基本原理に立ち、上からの近代化推進を企図。enlightened despotism

**けいもう-てき【啓▼蒙的】**(形動)啓発するさま。enlightening

**けい-もん【▼閨門】**①寝室の入り口。夫婦の寝室。ねや。②夫婦の仲。用例 —が治まる。③家庭の作法。

**げいもんるいじゅう【芸文類▼聚】**中国の類書。一〇〇巻。唐の高祖の勅命により欧陽詢らが編纂、六二四年になる。天部から災異部に至る四六類に分け、諸事項(日・月・星など)に関連のある詩文を引用する。一種の百科全書。

**けい-やく【契約】**㊀(名・サ変他)条件を決めて約束すること。その約束。㊁(名)一定の法律的効果の発生を目的とし、二名以上の合意によって成立する行為。contract 用例 —書。

**けいやく-けっこん【契約結婚】**男女が一定年限を決め、その時期がきたら継続するか否かを決める結婚。contract marriage

**けいやくじゆう-の-げんそく【契約自由の原則】**契約の当事者が自由にその内容や形式を決めるものとする原則。liberty of contract

**けいやく-せつ【契約説】**国家や社会の成立は人民の契約によるとする学説。社会契約説。theory of social contract

**けい-ゆ【経由】**(名・サ変自)①そこを通って行くこと。via 用例 横浜—。②事を行うのに、中間の機関を通じること。

**けい-ゆ【軽油】**灯油と重油のあいだの留分を精製して得られる油。沸点約二五〇~四〇〇℃。淡黄ないし褐色。ディーゼル燃料・吸収油・洗浄油などの製造原料。gas oil

**げい-ゆ【鯨油】**クジラの脂肪層や骨からとった油。マーガリン・せっけん・スピンドル油などの原料となる。食用・工業用。train oil

**けい-よ【刑余】**前に刑を受けたこと。前科のあること。用例 —者。

**けい-よ【恵与】**(名・サ変他)①めぐみ与えること。②他人から物をもらうことを言う敬語。恵贈。恵投。

**けい-よう【形容】**㊀(名)①事物のありさま。形状。form ②容姿。顔つき。appearance ㊁(名・サ変他)形やありさまを言い表すこと。description

**けい-よう【京葉】**東京と千葉。また、その周辺。

**けい-よう【掲揚】**(名・サ変他)旗などを高い所へあげること。hoist 用例 国旗—塔。

**けいよう-こうぎょうちいき【京葉工業地域】**東京都から千葉県にかけての東京湾岸に発達した重化学工業地域。製鉄・機械・化学・精油工業を中心とする。

**けいよう-し【形容詞】**品詞の一つ。活用のある自立語で用言の一種。「白い・悲しい」などのように、物事の性質や状態をえがいたり、人間の感情を表したりすることば。現代語では言い切りの形が「い」で終わり活用は一種である。文語では言い切りの形が「し」で終わり、活用はク活用・シク活用の二種がある。adjective

**けいよう-しょくぶつ【茎葉植物】**茎と葉の区別があり、維管束をもつ植物の総称。シダ植物と種子植物が相当。cormophytes

**けいよう-たい【茎葉体】**茎と葉の区別があり、維管束をもつ植物体。cormus 対義 葉状体。

**けいよう-どうし【形容動詞】**品詞の一つ。活用のある自立語で用言の一種。物事の性質や状態を言い表すことば。口語では、「静かだ・きれいだ」のように、言い切りの形がみな「だ」で終わる。文語では、「静かなり」「堂々たり」のように、言い切りの形が「なり」または「たり」で終わる。活用もナリ活用・タリ活用の二種がある。語幹を名詞の一種とし、語尾を断定の助動詞として、この品詞を立てない考え方もある。

**けいよう-どうろ【京葉道路】**東京都江戸川区と千葉市を結ぶ有料自動車道路。長さ三六・八km。昭和五五年(一九八〇)全線開通。

**けいよう-むじゅん【形容矛盾】**形容する語と形容される語が矛盾していること。「安全な冒険」など。

**げいよ-しょとう【芸予諸島】**瀬戸内海の広島県東・中部と、愛媛県高縄半島の間にある島々。因島・大三島などがある。かつて村上水軍の根拠地。ミカン栽培がさかん。

**けい-ら【軽羅】**軽いうす絹。また、その衣服。

**けい-ら【警▼邏】**(名・サ変自)警戒して見回ること・人。パトロール。patrol

**けい-らく【京▼洛】**↓きょうらく(京洛)

**けい-らく【経絡】**①《東洋医学の用語》経脈(動脈)と絡脈(静脈)の総称。人体の基本的構成要素である気・血の運行の通路。経脈は主幹、絡脈は分枝。経脈上の体表面の特殊な部位が経穴、すなわちツボ。②もののすじみち。脈絡。

**けい-らく【競落】**(名・サ変他)競売で所有権を取得すること。きょうらく。

**けい-らん【鶏卵】**ニワトリの卵。たんぱく質・脂肪・ビタミンに富み消化もよい。鶏胚からのワクチン製造にも利用。玉子。chicken egg

**けいらん-そうめん【鶏卵▽素▼麺】**糖蜜を煮つめた中に卵黄を細く突き出し、めん状に固めた菓子。福岡市の銘菓。

**けい-り【経理】**㊀(名・サ変他)おさめ、ととのえること。management ㊁(名)会計に関する事務の処理。accounting 用例 —課。

**けいり-きてい【経理規程・経理規定】**企業が経理を規則的に行うために定めたきまり。内容は経理組織・帳簿組織・会計処理や資産管理の手続きなど広範囲におよぶ。

**けいり-し【計理士】**公認会計士の旧称。

**けい-りゃく【計略】**はかりごと。策略。scheme 用例 —をめぐらす。

**けい-りゃく【経略】**(名・サ変他)①国家をおさめること。②天下を経営し、四方の敵を攻めとること。

**けい-りゅう【係留・▼繫留】**(名・サ変他)つなぎとめること。mooring

**けい-りゅう【渓流・▼谿流】**谷川。また、その流れ。滝が多く、流れがはやい。mountain stream 用例 —下り。

**けいりゅう-ききゅう【係留気球】**索で一定の高さにつなぎ止めてある気球。観測・通信・広告などに利用。captive baloon

**けいりゅう-ざん【鶏竜山】**韓国、忠清南道中部にある山。標高八二三m。二十余の寺院が集まる百済仏教の聖地。同国最初の国立公園。ケリョンサン。

**けい-りゅうし【軽粒子】**↓レプトン

**けいりゅう-ねつ【▼稽留熱】**発熱時、一日中の体温の差が一℃以内の状態がつづく熱型。腸チフスや肺炎のときなどにみられる。持続熱。continued fever

**ゲイ-リュサック【Joseph Louis Gay-Lussac】**↓ゲー=リュサック

**けい-りょう【計量】**(名・サ変他)分量や目方をはかること。measuring

**けい-りょう【軽量】**目方が軽いこと。light weight 対義 重量。

**けいりょう-カップ【計量カップ】**調理で用いる計量用のカップ。標準は、一カップ二〇〇cc。アルミ・ステンレス・ガラス製などがある。measuring cup

**けいりょう-き【計量器】**分量や重さなど、ものの量を測るのに使う器具。計器。メーター。meter; gauge

**けいりょう-けいざいがく【計量経済学】**統計学・経済理論・数学の三つを総合し、経済の現状分析や予測に適用する経済学。econometrics

けいりょう-コンクリート【軽量コンクリート】軽石や火山砂利など軽量骨材を用いたコンクリート。高層建築の床や間仕切りなどに使用。lightweight concrete

けいりょう-し【計量士】国家試験に合格して、工場・事業場で計量の管理をする人。certified measurer

けいりょう-しゃかいがく【計量社会学】社会学の一分野。そのままでは量としてとらえられない社会現象に尺度を与え、それを計量・測定することによって分析を行うもの。sociometrics

けいりょう-しんだんがく【計量診断学】診断確定例での診察・検査データを総合し、具体的な症例の対応する確率を計算して、誤診の可能性を数値的に求める診断学。

けいりょう-スプーン【計量スプーン】調理で用いる計量用のスプーン。普通は大・小のスプーンで、それぞれ一五cc・五cc用。中スプーン、一〇cc用もある。measuring spoon

けいりょう-てっこつけんちく【軽量鉄骨建築】構造の主要な部分に軽量鉄骨を使用した建築。プレハブの住宅・工場などに用いられる。light-gage steel construction

けいりょう-ほう【計量法】計量単位の統一ならびに計量器に関する基準を定め、適正な計量秩序を維持するための法律。昭和二六年(一九五一)公布。

けい-りん【▼桂林】①カツラの林。転じて、美しい林。②文人の仲間。

桂林の一枝(けいりんのいっし)《晋(しん)の郤詵(げきしん)が、科挙に及第し雍州(ようしゅう)刺史に任ぜられたとき、わずかに桂林の一枝を得たにすぎないと言った故事から。けんそんして言う場合に使う》少しばかりの出世のたとえ。

けい-りん【経▼綸】国家をおさめること。

けい-りん【競輪】車券を発売し、公認の職業選手によって行われる自転車競走。地方財政の収益などのために運営されている。bicycle race

けいりん【▼桂林】中国、広西壮族自治区東部の商工業都市。石灰岩地形の奇峰があり、観光地としても知られる。製紙・繊維などの軽工業がさかん。人口四四・七万(一九八四)。コイリン。

げい-りん【芸林】芸術家のなかま・社会。

けい-るい【係累・▼繫累】自分が世話をしなければならない家族たち。dependent

けい-れい【敬礼】(名・サ変自)敬意を表して礼をすること。また、その礼。salute

けい-れき【経歴】①めぐり歩くこと。②今までしてきたこと。履歴。来歴。personal history

けいれき-さしょう【経歴詐称】経歴を偽ること。とくに、雇用されるさい、使用者に、学歴・職歴・犯罪歴などについて虚偽の申告をすること。false statement of one's career

けい-れつ【系列】物事の組織立っている順序・すじ道・つながり。systematic order; systematic series 比較 系統・序列。用例 —化。

けいれつ-がいしゃ【系列会社】特定の大企業からの資本参加や役員派遣などを通じて、その大企業と通常の取引関係以上の緊密な結びつきをもち、経営上その影響を受ける会社。affiliate

けいれつ-ゆうし【系列融資】銀行がその資本系列に属する企業や密接な取引関係にある企業に対して行う系統的資金供給。financing to its affiliated company

けい-れん【▼痙▼攣】(名・サ変自)全身の筋または筋群が発作的に起こす収縮運動。持続時間の長い強直性のものと、それの短い間代性のものとに分けられる。ひきつり。convulsion 用例 胃—。

け-いろ【毛色】①毛の色。hair color; feather color ②種類。ようす。kind 用例 —の変わった人物。

けい-ろ【径路】①小道。path ②経路。route

けい-ろ【経路】通ってきた道。また、通って行く道。すじ道。手順。ルート。route 用例 入手の—を調べる。

けい-ろう【敬老】老人をうやまうこと。respect for the senior 用例 —会。

けい-ろうどう【軽労働】体力をさほど必要としない労働。light work 対義 重労働。

けいろう-の-ひ【敬老の日】国民の祝日の一つ。九月一五日。老人を敬愛し、長寿を祝うことを目的として昭和四一年(一九六六)制定。Respect-for-the-Aged Day

ケイローシュ[José Maria Eça de Queirós](一八四五-一九〇〇)ポルトガルの小説家・外交官。ポルトガル写実主義文学の創始者。作品『神父アマーロの罪』『都会と山国』など。

けい-ろく【鶏▼肋】《ニワトリのあばら骨、の意》①たいして役には立たないが、捨てるには惜しいもの。②体が弱く小さなことのたとえ。

けいろゆうどう-システム【経路誘導システム】適切な交通情報を提供したり、道路の有効利用をはかるための新システム。運転者は車上装置により、センターと情報交換できる。route guidance system

ケイロン[Cheirōn ギリシア] ギリシア神話のケンタウロス族の一人。クロノスとフィリュラの子。賢明で医学に通じ、イアソンやアキレウスなどを教育した。

ケインズ[John Maynard Keynes](一八八三-一九四六)イギリスの経済学者。ケンブリッジ大卒。自由放任主義を批判し、管理通貨制度や公共事業の拡大を提唱。その革命的な理論で、経済学と各国の経済政策に多大な影響を与えた。主著『雇用・利子および貨幣の一般理論』。↓写

●ケインズ

ケインズ-かくめい【ケインズ革命】ケインズが主著『雇用・利子および貨幣の一般理論』で展開した有効需要理論を、その画期的意義と影響力を強調してよんだことば。Keynesian revolution

ケインズ-しゅぎ【ケインズ主義】ケインズの有効需要の理論に基づいて、景気循環を安定させ完全雇用を実現するためには国家の積極的な介入が必要であるとする考え方。Keynesianism 比較 マネタリズム。

け-う【仮有】《仏教語》いっさいの事象は因縁の和合によって、仮に存在するということ。対義 実有(じつう)。

け-う【▽希有・▼稀有】(名・形動)①めずらしいこと・さま。まれであること・さま。用例 —な出来事。②不思議であること・さま。

希有にして(けうにして) やっとのことで。九死に一生を得て。have a narrow escape

け-うと・し【気疎し】古語(形ク)《中世以後「きょうとし」「きょうとい」となる》①うとましい。親しみにくい。用例 慣れ給へれば、女房などもいと—・くはあらず(源氏・野分)。②人けがない。無気味だ。用例 からは、—・き山の中にをさめて(徒然・三〇)。

け-うら【毛裏】うらに毛の付いていること・衣服。

ケー【K・k】①アルファベットの第一一文字。②《大文字で》カリウム(Kalium ドイツ)の元素記号。③《大文字で》宝石の重量・純金量・カラット(karat)を表す単位。④《大文字で》家の間取りで、台所(kitchen)を表す略号。⑤《大文字で》絶対温度の単位。

ケー[Ellen Karolina Sofia Key]↓ケイ

ケー[John Kay](一七〇四-一七六四)イギリスの発明家。一七三三年飛杼(とびひ)を発明。織布工程を能率化し紡績機の改良を促進。産業革命への端緒(たんしょ)を開いた。

ケー-エー-エル【KAL】《Korean Air Linesの略》大韓航空。

ケーエス-こう【KS鋼】《研究費援助者の住友吉左衛門(すみともきちざえもん)にちなむ》大正六年(一九一七)、本多光太郎(ほんだこうたろう)と高木弘(たかぎひろし)が発明したコバルトやタングステンなどを含む磁性の強い永久磁石鋼。KS steel

ケーエルエム-オランダこうくう【KLMオランダ航空】(KLM Royal Dutch Airlines)オランダを代表する半官半民の航空会社。世界で初めて国際定期路線を開設。一九一九年設立。KLM。

ケー-オー【KO】↓ノックアウト

ケーキ[cake] 小麦粉を主体に卵・牛乳・砂糖・香料などを加えて作った洋菓子の総称。

ケー-ケー-ケー【KKK】《Ku Klux Klanの略》↓クークラックスクラン

ゲーゲンバウエル[Karl Gegenbauer](一八二六-一九〇三)ドイツの解剖学者。骨の発生や再生のときに現れる骨芽細胞を発見し、ゲーゲンバウエル細胞と名づけた。

ケージ[cage]①鳥かご。おり。②エレベーターの室。③投擲(とうてき)競技や野球の打撃練習で用いる、金網などで作ったかご状の囲い。危険防止のためのもの。

ケージ[John Cage](一九一二- )アメリカの作曲家。第二次大戦後、現代音楽に多大な影響を与えた「偶然性の音楽」を創始。「プリペアド・ピアノ」の考案など新分野を開拓。作品『四分三三秒』など。

ゲージ[gauge]①基準寸法・形状などの測定用計器・器具の総称。②鉄道の軌道の内側の幅。軌間。③編み物で、基準となる目の数。

ゲージ-あつりょく【ゲージ圧力】《「ゲージ」はpressure gauge(圧力計)から》大気圧を基準とする圧力。自動車タイヤの空気圧など、気体の圧力表示に用いる。ゲージ圧。

ケー-シー-アイ-エー【KCIA】《Korean Central Intelligence Agencyの略》韓国中央情報部。国内外のスパイ活動・犯罪捜査を任務とした大統領直属の機関。一九六一年設置。七九年の朴大統領暗殺後、八〇年に国家安全企画部(ANSP)と改称。

ケー-ジー-ビー【KGB】↓カーゲーベー(KGB)

ケージェー-ほう【KJ法】《提唱者川喜田二郎(かわきたじろう)の姓名の頭文字から》カードを使って行う情報整理・アイディア発想のための技法。

ケージ-しいく【ケージ飼育】ニワトリの飼育法の一つ。採卵用のニワトリを金属製のかごに入れ、それを数段かさねて管理する方式。衛生的で管理が容易。

ゲージ-りろん【ゲージ理論】物理学で、素粒子などの場の量に対する運動方程式を不変にする変換(ゲージ変換)を扱う理論。gauge theory

ケーシング[casing] ソーセージの原料を詰める皮膜様材料。ヒツジ・ブタ・ウシなどの腸や、セルロースフィルムなどを用いる。

ケース[case]①場合。事例。事件。用例 モデルの—。②箱。容器。陳列用のガラス箱。用例 眼鏡—。

ケース-スタディ[case study]①社会科学系の学問分野で、少数の具体的な事例について深く詳細に研究し一般的な原理を探る研究方法。事例研究法。②ビジネススクールなどで、具体的な経営上の問題についての討論を通じ経営管理の原理を教育する方法。ケースメソッド。

ケース-バイ-ケース《和製語か》原則や方針にしばられずに、その場合場合に応じて処理すること。depending upon the case

ケースメント[casement]《開き窓、の意》ドレープとレースの中間的な、透視性と遮蔽(しゃへい)性を兼ね備えたカーテン。織り方や柄に表裏がない。

ケースワーカー[case-worker] 社会福祉活動の専門家。経済的・身体的・精神的な問題をかかえる個人・家族にかかわり、解決のための指導・援助活動を行う。ソーシャルワーカー。ソーシャルケースワーカー。

ケースワーク[casework] 社会事業の一つ。社会生活上の問題を自力では解決できない人々に接して援助する専門的な仕事。ソーシャルケースワーク。

ケーソン[caisson]↓せんかん(潜函)

ケーソン-こうほう【ケーソン工法】↓せんかんこうほう(潜函工法)

ケーソン-びょう【ケーソン病】高圧環境で働いたのち、急に平常気圧状態に入ったときにおこる病気。潜水病。潜函病(せんかんびょう)。caisson disease

ケータリング-サービス[catering service]《「ケータリング」は料理の調達などで客の要求を満たすこと、の意》パーティーなどに出張し、利用者の要望に応じて会場をセッティングし、好みの料理などを提供する商売。

ケー-ツー【K2】カラコルム山脈西部の世界第二の高峰。標高八六一一m。ゴドウィンオースチン山。

ゲーツヘッド[Gateshead] イギリス、イングランド北東部の重工業都市。機械・金属加工・造船工業がさかん。人口二〇・八万(一九八五)。

ゲーテ[Johann Wolfgang von Goethe](一七四九-一八三二)ドイツの詩人・小説家・劇作家。小説『若きウェルテルの悩み』を書き「シュトゥルム-ウント-ドラング」運動の中心となる。ワイマールの宰相ののちイタリア旅行。シラー

●ゲーテ

▼常用漢字表外。 ▽常用漢字表の音訓外。

とともにドイツ文学の古典主義時代を確立し、晩年も多作。小説『ウィルヘルム＝マイスター』『親和力』、詩劇『ファウスト』、叙事詩『ヘルマンとドロテア』、自伝『詩と真実』など。↓写

**ケー・ディー・ディー【ＫＤＤ】**《Kokusai Denshin Denwa Co., Ltd. の略》国際電信電話(株)の通称。国際電話・国際テレックスなど国際通信の事業を行う企業。昭和二八年(一九五三)設立。

**ケー・ティー・ブイ【ＫＴＶ】**《Kansai Television の略》関西テレビ放送。

**ケーディー・ゆしゅつ【ＫＤ輸出】**↓ノックダウンゆしゅつ(ノックダウン輸出)

**ケー・てん【Ｋ点】**スキーのジャンプ競技で、ランディングバーン(＝着地斜面)に示してあるジャンプの極限点。これ以上飛んだら危険であることを雪面に赤色の線で示す。比較 Ｐ点。↓ジャンプ競技図

**ゲート【gate】**門。出入り口。

**ゲート・かいろ【ゲート回路】**コンピューターなどで、定められた時刻に入ってくる信号だけを通過させる回路。時間選択回路。gate circuit

**ゲート・ボール**《和製語》木製ボールを槌形のスティックで打ち、ゲートを順次くぐらせて、競技場中央のゴールポールに早く当てることを競う競技。五人編成の二チームでプレー。日本で考案され、高齢者向けのスポーツとして普及。↓図

**ゲートル【guêtre(フランス)】**すねに付けて活動しやすくする洋風脚絆。厚手の布や革などで作り、帯状や筒状のものがある。日本では多く、旧軍隊などで使用した、ズボンの上から巻きつけて用いる帯状のものを言う。↓写

**ケーナ【quena(スペイン)】**南米のインディオの縦笛。葦などで作られ、五音音階の音が出せる。

**ケーニヒスベルク【Königsberg】**カリーニングラードの別称。

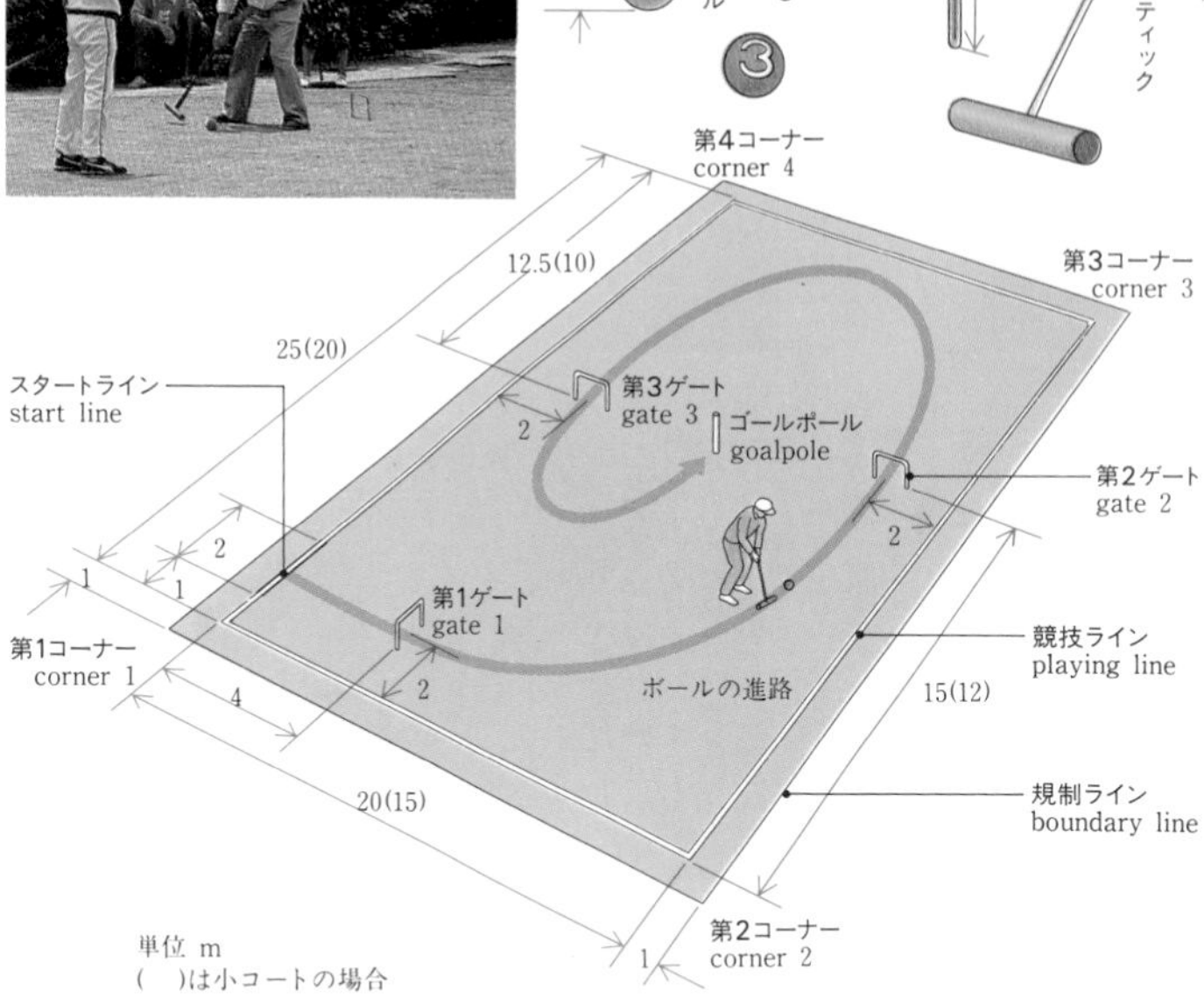


●ゲートボール

●ゲートル

**ゲーノ【Jean Guéhenno】**(一八九〇〜一九七八)フランスの小説家。人道主義的な社会主義者。エッセー『人間的なものへの回心』など。

**ケーパー【caper】**香辛料。ヨーロッパ南部主産のフウチョウソウ科の低木。また、そのつぼみを酢漬けにしたもの。苦味と香気に富む。

**ケービング【caving】**洞穴探険。ロープや縄ばしごなどを使い、洞穴や噴火口などを探る。

**ケープ【cape】**肩から背、腕をおおう袖のない外衣。マントより丈が短い。肩マント。肩衣。

**ケープ【Cape】**南アフリカ共和国南端の州。州都ケープタウン。果樹栽培・牧畜・ダイヤモンド採掘が行われる。人口五〇四・四万(一九八五)。正称ケープ‐オブ‐グッド‐ホープ(喜望峰)。

**ケープ・カナベラル【Cape Canaveral】**アメリカ南東部、フロリダ半島東岸の宇宙ロケット基地。一時期、「ケープケネディ」とよばれた。

**ケープ・カラー【cape collar】**襟型の一つ。肩をおおう大きな襟。ケープに形が似ているところからの名。↓図

●ケープカラー

**ケープ・ケネディ【Cape Kennedy】**↓ケープカナベラル

**ケープ・タウン【Cape Town】**南アフリカ共和国南端部、ケープ州の州都。港湾都市。陸海空の交通の要地。市南西部は白人、南端部は黒人居住区。造船・機械・食品工業などがさかん。人口二一・四万(一九八〇)。

**ケープ・ピジョン【cape pigeon】**尾が長い、小形の野生のハト。体長約三五cm。体色は雌雄で異なる。アフリカのサバンナに生息。

**ケーブル【cable】**①重量物を支え、大きい張力に耐えるようにした太い綱や鉄索。②電線の一種。軟銅やアルミニウムの絶縁電線およびこれらの束をプラスチックなどで被覆したもの。電力用・通信用がある。③「ケーブルカー」の略。↓橋図

**ゲーブル【Clark Gable】**(一九〇一〜一九六〇)アメリカの映画俳優。主演作『或る夜の出来事』『風と共に去りぬ』『荒馬と女』など。↓写

**ケーブル・カー【cable car】**①急斜面に敷設した軌道上を走行する鉄道。また、その車両。車両に付けた鋼索を巻き上げ機で操作して上下させる。鋼索鉄道。②空中にケーブルをわたし、人や荷物を運ぶ車。ロープウエー。

**ケーブル・チェーンステッチ【cable chain stitch】**刺繡の刺し方の一つ。チェーンステッチのやや複雑なもの。重厚な仕上がりが特徴で、線・面の表現に用いる。

**ケーブル・テレビ**↓シーエーティーブイ(ＣＡＴＶ)

**ゲー・ペー・ウー【ＧＰＵ】**《Gosudarstvennoe politicheskoe upravlenie(ロシア)の略》ソ連の秘密政治警察。一九二二年「チェカ」を改組して設置。反革命・スパイ工作などの摘発にあたり、強大な権限をもった。三四年、内務人民委員部に統合。

**ケーベル【Raphael Koeber】**(一八四八〜一九二三)ドイツの哲学者・音楽家。ロシア生まれ。明治二六年(一八九三)来日、東大で哲学を、東京音楽学校でピアノを教えた。著書『哲学史講義綱要』など。

**ゲーベル【Karl Eberhardt von Goebel】**(一八五五〜一九三二)ドイツの植物形態学者。植物の花・葉・茎の外部形態に主眼をおいて、植物器官学を大成させた。

**ケーベンハウン【København】**コペンハーゲンのデンマーク語名。

**ケー・マート【K mart Corp.】**アメリカ有数の総合小売企業。安売り専門店・カフェテリアや書店をチェーン店方式で多角的に経営している。一九一六年設立。

**ケーマ・こうげん【ケーマ高原・蓋馬高原】**(Kaema)↓がいまこうげん(蓋馬高原)

**ゲーム【game】**①ルールを決めて、勝負を競う遊び。遊戯。競技。試合。②「ゲームセット」の略。

**ゲーム・さ【ゲーム差】**プロ野球で、シーズン途中に、試合数の異なるチーム間の成績の差を表す目安としての数字。ゲーム差＝(勝数差＋敗数差)÷2 game balance

**ゲーム・セット**《和製語》野球・テニスなどの試合終了。game over; game and set

●ゲーブル　『或る夜の出来事』。右はクローデット＝コルベール。

**ゲーム・センター**《和製語》ゲーム機を備えた遊技場。昭和五三年(一九七八)マイクロコンピューターを利用したゲーム機の普及に伴い隆盛となった。penny arcade

**ゲーム・の・りろん【ゲームの理論】**利害競争の場で自分の利益を追求する行動(＝戦略)を数学的に理論化したもの。数学者ノイマンと経済学者モルゲンシュテルンが創始。theory of games

**ケーラー【Georges Jean Franz Köhler】**(一九四六〜)西ドイツの免疫学者。スイスのバーゼル研究所研究員。特定の病気の細胞とのみ反応するモノクローナル抗体生産方法を発見。一九八四年ノーベル生理学医学賞受賞。

**ケーラー【Wolfgang Köhler】**(一八八七〜一九六七)ドイツの心理学者。ゲシュタルト心理学創始者の一人。著書『類人猿の知恵実験』など。

**ゲーリー【Gary】**アメリカ北東部、インディアナ州北西部の工業都市。ミシガン湖南岸に臨む。鉄鋼業の中心地。人口一五・一万(一九八〇)。

**ゲーリッグ【Henry Louis Gehrig】**(一九〇三〜一九四一)アメリカのプロ野球、ニューヨークヤンキースの一塁手。連続出場二一三〇試合、通算打率〇・三四一、通算本塁打四九四本。鉄人とよばれた。通称ルー＝ゲーリッグ。

**ゲー・リュサック【Joseph Louis Gay-Lussac】**(一七七八〜一八五〇)フランスの物理学者・化学者。気球で地磁気および大気の成分比などを調査。気体反応の法則を発見。硫酸製造法を改良し、ゲーリュサック塔などを考案。

**ゲーリュサック・の・ほうそく【ゲーリュサックの法則】**↓きたいはんのうのほうそく(気体反応の法則)

**ゲーリング【Hermann Wilhelm Göring】**(一八九三〜一九四六)ドイツの軍人・政治家。ヒトラーにつぐナチスの指導者。一九三三年入閣。ゲシュタポを組織。空軍の建設を指導し、三五年空軍総司令官。国際軍事裁判で死刑を宣告されたが、処刑前に自殺。

**ゲーリング【Reinhard Goering】**(一八八七〜一九三六)ドイツ表現主義の劇作家。簡潔なせりふで、身振りを強調した劇を書く。新即物主義の先駆者。作品『海戦』『第一の男』など。

**ケール【kale】**アブラナ科の二年生野菜。キャベツに似るが結球しない。ハゴロモカンラン。↓写

●ケール

**ケールロイター【Joseph Gottlieb Kölreuter】**(一七三三〜一八〇六)ドイツの植物学者。植物の交雑の技術を研究。植物の雑種強勢などの事実



↓行き先項目、図版・写真参照印。 JIS 日本工業規格情報交換用漢字符号コード(区点コード)。

を発見。

**ケーン**【James Mallahan Cain】(一八九二〜一九七七) アメリカの小説家。暴力の世界を冷酷な筆致で描く。作品『郵便配達は二度ベルを鳴らす』など。

**ゲーンズボロ**【Thomas Gainsborough】(一七二七〜一七八八) 一八世紀イギリスの代表的画家。活力と気品に満ちた肖像画と田園風景を描く。作品『青衣の少年』『日没の森』など。↓写

●ゲーンズボロ『朝の散歩』。一七八五年、ロンドン-ナショナル-ギャラリー。

**け-おさ・れる**【気押される・気▽圧される】(下一自) 勢いに圧倒される。be overpowered

**け-おと・す**【▼蹴落(と)す】(五他) ①けって下へ落とす。kick down ②ある地位につくために人をおしのける。しりぞける。oust

**ケオノイ-がわ**【ケオノイ川】(Khwae Noi) タイとビルマの国境の山地から南東に流れ、カンチャナブリでメクロン川と合流し、タイランド川に合流する川。長さ二四〇km。映画『戦場に架ける橋』の舞台で知られる。クワイ川。

**ゲオポリティーク**【Geopolitik ドイツ】 地政学。

**け-おり**【毛織(り)】 毛糸で織ったこと・物。毛織物。wool

**け-おりもの**【毛織物】 動物の毛を使用して織った織物の総称。梳毛織物と紡毛織物とがある。保温力にすぐれ、水をはじき、しわになりにくく、染色に適するが、虫・カビ・バクテリアに冒されやすい。wool; woolen fabrics

**ゲオルギウ**【Constantin-Virgil Gheorghiu】(一九一六〜) ルーマニアの詩人・小説家。小説『二五時』など。

**ゲオルゲ**【Stefan George】(一八六八〜一九三三) ドイツの詩人。ドイツ近代詩の開拓者の一人。自然主義的風潮に反抗し、高踏的な文学運動を推進。文芸誌『芸術草紙』創刊。詩集『魂の年』『生の絨毯』『新しい帝国』など。

**ゲオン**【Henri Ghéon】(一八七五〜一九四四) フランスの劇作家。カトリック精神に基づく宗教劇を書いた。戯曲『階段下の貧者』など。

**け-か**【▽悔過】《仏教語》仏前で己の犯した罪を表明して悔い改め、罪報を免れること。また、その儀式。

**け-が**【▽怪我】 ①きず。負傷。injury 用例ころんで―をする。②あやまち。過失。mistake 用例相場に手を出して―をした。

**怪我の功名**(けがのこうみょう) 失敗がかえってよい結果を生むこと。また、なにげなくしたことが、偶然、よい結果をもたらすこと。lucky hit

**げ-か**【外科】 手術とその補助手段を用いる治療医学。surgery 対義内科。用例―医。

**げ-かい**【下界】 ①《仏教語》欲界。食欲・淫欲・睡眠欲などの欲望の支配する世界。人間界も含まれる。対義天上界。②地上。the earth 用例山頂から―を見る。

**け-かえし**【▼蹴返し】 相撲の決まり手の一つ。押し合い中に、とっさに足をとばし、相手のくるぶしを内側からけって、相手の重心を失わせて前にはわせる技。inner foot sweep

**け-かえ・す**【▼蹴返す】(五他) ①けって元にもどす。②けられたことに対し、こちらも相手をける。③けって倒す。

**けが-がち**【▽怪我勝ち】 勝つ実力がないのに偶然に勝つこと。

**け-かき**【毛▼掻き】 織物の仕上げ工程の一つ。織物の表面を無数の小さなかぎ針を植え込んだロールやはけで引っかき、けばだてること。

**け-がき**【毛▽描(き)】 日本画で、毛を細い線でかくこと。そのための筆。

**け-がき**【毛▼牡▼蠣】 潮間帯の岩礁にふつうにみられるイタボガキ科の二枚貝。左殻で付着生活するため殻形は一定しないが、殻長・殻高とも四cm内外で円形に近い。右殻の殻表には黒い管状のとげが多数生じる。食用。本州以南に分布。↓カキ図

**け-がき**【▼罫書(き)・▼罫▽描(き)】 工作物に加工上必要な線や点を、トースカンなどで描くこと。そのさい、あらかじめ塗料をぬって罫書き線を見やすくする。marking-off

**けが・す**【汚す・▼穢す】(五他) ①よごす。きたなくする。soil ②はずかしめる。disgrace 用例家名を―。身を―。③《けんそんした言い方》そのところにいる。用例末席を―。地位を―。

**け-がに**【毛▼蟹】 北洋に多い大形のクリガニ科のカニ。甲長約一〇cm、甲幅約九cm。甲面は顆粒と羽状毛でおおわれ、はさみ脚・歩脚ともにとげと毛が多い。砂泥底にすむ。美味。東北地方以北の北太平洋に分布。↓カニ図

**け-かび**【毛▼黴】 でんぷん食品・果実などに毛が密集したように生じ、土壌中にも多いカビ。

**けが-まけ**【▽怪我負け】 勝てるはずなのに、うっかりして負けること。accidental defeat

**け-からすうり**【毛▼烏▼瓜】 ヘビウリの別名。

**けがらわし・い**【汚らわしい・▼穢らわしい】(形) よごれている。不浄だ。dirty 派生けがらわしさ(名)

**けが・る**【汚る】 古語(下二自) ↓けがれる(汚れる)

**けがれ**【汚れ・▼穢れ】 ①よごれていること。きたないこと。impurity ②しみ。よごれ。stain ③はじ。shame ④月経。menses ⑤死・お産などで神前に出るのをはばかること。

**けが・れる**【汚れる・▼穢れる】(下一自) ①よごれる。get dirty ②悪習にそまる。contract a bad habit ③貞操を失う。lose chastity ④服喪・お産、月経などで神前に出るのをはばかる状態にある。

**け-がわ**【毛皮】 ①哺乳類の皮で、毛のついたままのもの。防寒材料として優れ、衣料や敷物として利用する。fur ②漢字を組み立てている部分の名。「皸・皺」などの右にある「皮」。

**ケキ** 9画【▼砉】 部首[石]
音ケキ・カク
皮と骨とがはなれる音。めりめり。

**ゲキ** 10画【▼屐】 部首[尸] JIS 5401
音ケキ・ゲキ
はきもの。きぐつ。サンダル。

**ゲキ** 10画【▼郤】 部首[阝] JIS 7828
音ケキ・キャク・ゲキ
ひま。あいだ。すきま。

**ゲキ** 12画【▼戟】 部首[戈] JIS 2365
音ゲキ
①ほこ。両側に枝のでている武器。「剣戟」②さす。つきいれる。「刺戟」

**ゲキ** 13画【▼隙】 部首[阝] JIS 2368 14画【▼隙】異体字
音ケキ・ゲキ
①あいだ。すきま。すき。「間隙」②不和。仲たがい。用例(名)―を生ずる。

**ゲキ** 14画【▼覡】 部首[見] JIS 7514
音ケキ・ゲキ
かんなぎ。かむなぎ。みこ。男性のみこ。

**ゲキ** 15画【劇】 部首[刂] 教育小6 JIS 2364
音ゲキ・ケキ
劇 劇 劇 劇 劇 劇
①しばい。「歌劇・喜劇・悲劇」「劇団・劇通・劇評」用例(名)―を楽しむ。《接尾的》時代―。児童―。②はげしい。つよい。「劇毒・劇薬」③きわめていそがしい。「劇職・劇務」

**ゲキ** 15画【撃】 部首[手] 常用 JIS 2366 17画【▼擊】旧字
音ゲキ・ケキ
訓うつ
①たたく。なぐる。「衝撃・打撃」「撃剣」②武力で攻める。「攻撃・進撃・追撃・突撃・爆撃・反撃」「撃滅」③みる。ふれる。「目撃」

**ゲキ** 15画【▼鴃】 部首[鳥] JIS 8280
音ケキ・ゲキ
モズ。スズメ目に属する鳥。「鴃舌」

**ゲキ** 16画【激】 部首[氵] 常用 →教育小6 JIS 2367
音ゲキ・ケキ
訓はげしい
激 激 激 激 激 激
①はげしい。勢いがつよい。「過激・感激・急激・憤激」「激賞・激怒」②はげます。ちからづける。「激励」③《戟とも》さす。つきいれる。「刺激」

**ゲキ** 17画【▼檄】 部首[木] JIS 6092
音ケキ・ゲキ
ふれぶみ。まわしぶみ。人々にまわして、よびかける文章。「檄文」用例(名)―を飛ばす。―を移す。

**檄を飛ばす**(げきをとばす) ①人々を、大急ぎで呼び集める。②自分の考えなどを人々に知らせ、同意を求める。issue a manifesto 類似檄を移す。③人々を奮い立たせるようにする。encourage 用例会長自ら―。

**ゲキ** 17画【▼闃】 部首[門] JIS 7974
音ケキ・ゲキ
しずか。ひっそり。ひとけがない。

**ゲキ** 18画【▼鬩】 部首[鬥] JIS 8211
音ケキ・ゲキ
せめぐ。互いにあらそう。うらみあう。

**ゲキ** 18画【▼鵙】 部首[鳥] JIS 8306 20画【▼鶪】異体字
音ケキ・ゲキ
モズ。スズメ目に属する鳥。

**ゲキ** 21画【▼鷁】 部首[鳥] JIS 8318
音ゲキ
想像上の水鳥の名。水難よけに、その形を船首のかざりにする。「竜頭鷁首」

**げ-き**【外記】 律令制下、太政官の少納言に属した高級書記官。内記が書いた詔勅文案を審査。

**げき-えいが**【劇映画】 一貫した物語としての筋のある映画。movie

**げき-えつ**【激越】(形動) 感情や声が、あらくはげしいさま。vehement

**げき-か**【劇化】(名・サ変他) 演劇にしくむこと。脚色。dramatization

**げき-か**【激化・劇化】(名・サ変自) なりゆき・ありさまが、前よりはげしくなること。げっか。intensification 用例戦闘が―する。インフレの―を招く。

**げき-が**【劇画】 ①紙芝居。②リアルな絵で、多く長編物語を連載形式などで描く漫画の一形式。

**げき-かい**【劇界】 演劇関係者の社会。劇壇。演劇界。theatrical world

**げき-げん**【激減】(名・サ変自) ぐんとへること。sudden decrease 対義激増。

**げき-ご**【激語】(名・サ変自) はげしいことばで言うこと。そのことば。bitter words 用例―を発する。

**げき-こう**【激▼昂】(名・サ変自) ↓げっこう(激昂)

**げき-さい**【撃砕】(名・サ変他) 攻めて、うちくだくこと。用例敵の大軍を―する。

**げき-さく**【劇作】(名・サ変自) 演劇の脚本をつくること。playwriting 用例―家。

**げきざる**【外記猿】 長唄の曲名。『外記節猿』ともいう。猿回しをうたった純演奏用お座敷長唄。一〇世杵屋六左衛門作曲。文政七年(一八二四)初演。

**げき-し**【劇詩】 韻文で書かれた劇。叙事詩・叙情詩とともにヨーロッパ詩の三大区分の一つ。dramatic poetry

**げき-しゅう**【激臭・劇臭】 はげしいにおい。おもに、いやなにおいに言う。terrible smell

**げき-しょ**【激暑・劇暑】 きびしい暑さ。酷暑。intense heat

**げき-しょう**【激賞】(名・サ変他) たいへんほめること。high praise

**げき-じょう**【劇場】 演劇・映画を見せる建造物。theater 比較映画館。

**げき-じょう**【撃壌】《「壌」は地面の意とも、土製の楽器ともいう。それをたたく、とのことから》太平を楽しむさまのたとえ。

**げき-じょう**【撃▼攘】 攻めてきた敵をうち払うこと。

**げき-じょう**【激情】 はげしく高まる気持ち・欲望。passion 用例―にかられる。

**げきしょう-かんえん**【劇症肝炎】 ウイルス性肝炎のうち、急激に黄疸・高熱・意識障害・出血などの症状を現し、肝性昏睡となり、死亡率が高いもの。fulminant hepatitis

**げき-しょく**【激職・劇職】 目のまわるほどに忙しい職務。exhausting post; hard work 対義閑職。

**げき-しん**【激震・劇震】 震度階で、震度七の



▼常用漢字表外。 ▽常用漢字表の音訓外。

地震。もっとも大きな揺れで、家屋の倒壊三〇%以上に達し、山崩れや地割れを生じる。severe earthquake

**げき-じん【激甚・劇甚】**(形動) きわめてはげしいさま。激烈。[用例]被害―。

**げきじん-さいがい【激甚災害】** 台風・地震・大火・津波・豪雨・洪水などの災害のうち、とくに規模が大きく内閣が政令で指定したもの。被害を受けた地方公共団体への財政援助と被災者の特別助成が行われる。

**げき・する【激する】**(サ変自他) =激す。①(自)㋐はげしくなる。become violent ㋑つき当たる。dash ㋒高ぶる。ひどくおこる。be enraged ②(他)はげます。encourage

**げき・する【▼檄する】**(サ変自) 檄を送る。檄す。put a manifesto

**げき-ぜつ【▼鴃舌】**《モズのさえずり、の意》外国語をののしって言う語。[用例]南蛮―。

**げき-せん【激戦・劇戦】** はげしい戦い。hot fight [用例]―を勝ち抜く。

**げき-ぞう【激増】**(名・サ変自) 非常にふえること。sudden increase [対義]激減。

**げき-たい【撃退】**(名・サ変他) 敵をうちしりぞけること。repulse

**げき-たく【撃▼柝】** 拍子木をならすこと。

**げき-たん【激▼湍】** 勢いのはげしい、流れの速い川。急流。

**げき-だん【劇団】** 演劇を上演するために組織した団体。theatrical company

**げき-だん【劇壇】** ↓げきかい(劇界)

**げき-だん【劇談】** 演劇についての話。talk on drama

**げき-だん【激談・劇談】** ①高ぶって語る話。②こわ談判。③忙しく語る話。

**げきだん-くも【劇団雲】** 新劇の劇団名。昭和三八年(一九六三)福田恆存を指導者に文学座脱退者が結成。同五一年(一九七六)二つの劇団に分離。

**げきだん-しき【劇団四季】** 劇団名。本拠地日生劇場。昭和二八年(一九五三)演出家浅利慶太らが結成。フランス現代劇やミュージカルを上演。

**げきだん-みんげい【劇団民芸】** 新劇の代表的劇団の一つ。民衆芸術劇場の後身として昭和二五年(一九五〇)滝沢修・宇野重吉らで再発足。創作劇や欧米現代劇などを上演。

**げき-ちゅう【劇中】** 劇の中。劇の中の一場面。in the play [用例]―の人物。

**げきちゅう-げき【劇中劇】** 一つの劇の中で演じられる、別の劇の場面。play within a play

**げき-ちん【撃沈】**(名・サ変他) 艦船をうち沈めること。sink a ship

**げき-つい【撃墜】**(名・サ変他) 航空機をうち落とすこと。shooting down

**げき-つう【劇通】** 劇にくわしい人。芝居通。playgoer

**げき-つう【激痛・劇痛】** ひどいいたみ。acute pain [対義]鈍痛。[用例]―におそわれる。

**げき-てき【劇的】**(形動) ①劇に見るようなさま。dramatic ②深い感動を与えるさま。dramatic ③変化が急速に起こるさま。dramatic [用例]薬が―に効く。

**げき-と【▽逆▼睹】**(名・サ変他) ↓ぎゃくと(逆睹)

**げき-ど【激怒】**(名・サ変自) はげしく怒ること。かんかんに怒ること。wrath

**げき-とう【激闘】**(名・サ変自) はげしく戦うこと。力いっぱい取り組むこと。

**げき-どう【激動】**(名・サ変自) はげしくゆれ動くこと。turbulence [用例]―する国際情勢。

**げき-どく【劇毒】** はげしい毒物。猛毒。deadly poison

**げきと-して【▼闃として】**(副) しいんとして、物音のしないさま。けきとして。[用例]―声なし。

**げき-とつ【激突】**(名・サ変自) ①はげしくつき当たること。crash [用例]電柱に―する。②はげしく戦うこと。crash [用例]両雄の―。

**げき-は【撃破】**(名・サ変他) ①敵をうちやぶること。defeat ②敵の艦船・航空機・戦車などに損害を与えること。destroy

**げき-はつ【撃発】**(名・サ変他) 発砲するために、雷管を打って火薬を爆発させること。percussion

**げき-はつ【激発】**(名・サ変自他) はげしく起こること。また、起こさせること。[用例]ストライキが―する。

**げき-ひょう【劇評】** 劇の批評。dramatic criticism

**げき-ぶし【外記節】** 古浄瑠璃の流派名。薩摩外記が貞享年間(一六八四〜八八)ごろに江戸で始めた豪快な浄瑠璃。その一部は長唄・義太夫節などにとり入れられている。

**げき-ふん【激憤】**(名・サ変自) はげしく怒ること。また、その怒り。憤激。fury

**げき-ぶん【▼檄文】** 自己の主張をかかげ、大衆に告げ知らせ、また決起をうながす文書。檄。

**げき-へん【激変・劇変】**(名・サ変自) 急にはげしく変わること。upheaval [用例]境遇の―。天候の―。

**げき-む【激務・劇務】** 忙しいつとめ。はげしい職務。hard work

**げき-めつ【撃滅】**(名・サ変他) 敵をうちほろぼすこと。extermination

**げき-やく【劇薬】** 使用をあやまると、生命に危険をおよぼす薬物。法律で指定されている。容器・包装・貯蔵場所には特別の規定があり、他の薬品と区別される。劇剤。dangerous drug [参照]毒薬。

**げ-ぎょ【▽懸魚】** 棟木や桁の端を隠すため破風板に取り付ける装飾板。中世以降、書院造りの住宅や社寺に付けられた。↓神社建築[図]

**け-ぎょう【▽加行】**《仏教語》正規の修行の前に行う準備的な修行や、本来の修行に対して付随的な行のこと。

**け-ぎらい【毛嫌い】**(名・サ変他) わけもなく、感情的に嫌うこと。antipathy

**げき-りゅう【激流】** 勢いの強い流れ。torrent [比較]急流。

**げき-りょ【▽逆旅】** [文語的]《「逆」は、むかえる意》宿屋。

**げき-りょく【撃力】** 物体どうしが衝突したときにはたらく力のように、瞬間的にはたらく大きな力。impulsive force

**げき-りん【▽逆▼鱗】**《竜のあごの下にさかさまに生じた鱗が一枚あって、人がこれにさわると、竜が怒ってその人を殺すということから》天子の怒り。また、目上の人の怒り。

**逆鱗に触れる**《帝王の怒りを受ける意から》目上の人などの、怒りを買う。make a person angry

**げき-れい【激励】**(名・サ変他) はげますこと。元気づけること。encouragement [用例]叱咤―。

**げき-れつ【激烈・劇烈】**(形動) ひどくはげしいさま。violent

**げき-ろう【▽逆浪】** ↓ぎゃくろう(逆浪)

**げき-ろう【激浪】** はげしい波。あらい波。

**げき-ろん【激論・劇論】**(名・サ変自) はげしく言い合うこと。また、その議論。heated discussion [用例]―をたたかわす。

**げ-くう【外▽宮】** 伊勢神宮の豊受大神宮の別称。[対義]内宮。

**ケクレ【Friedrich August Kekule von Stradonitz】**(一八二九〜九六) ドイツの化学者。四価の炭素原子の鎖式構造およびベンゼンの環式構造を提唱し、有機化学の理論的基礎を確立した。

**ケクロプス【Kekrops ギリシア】** ギリシア神話のアテネ市初代の王。アッチカの土から生まれ、腰から下がヘビの姿といわれる。アクロポリスを築き、一夫一妻制と死者の埋葬を定め、文字を発明したという。

**げ-げ【下下】** ①もっともおとっていること。いちばんの下等。下の下。[対義]上上。②もっとも身分の低い人々。しもじも。

**げけ-しゅじょう【下化衆生】**《仏教語》菩薩がみずからのさとりを求めるとともに、衆生をみちびくこと。[対義]上求菩提。

**げ-けつ【下血】**(名・サ変自) 消化管内に出た血液が肛門から排出されること。痔・癌・潰瘍などによりおこる。melena [比較]吐血。

**け-げん【化現】**(名・サ変自) 神仏がすがたを変えて現れること。また、そのすがた。権化。

**け-げん【▽怪▼訝】**(形動) 不思議で、よくわからないさま。いぶかしい。dubious [用例]―なおもち。

**け-こ【華▼籠・▽花▼籠】**《仏教語》法会のさい、散華する花びらを入れる皿形の籠。金属製で三方に長い飾りひもを垂らす。

**け-ご【毛▽蚕】**《毛がはえていることから》たまごからかえったばかりのカイコ。

**げ-こ【下戸】** ①大宝令の制で、一戸に正丁が二ないし三人いる家。[対義]上戸。②酒を飲むことのできない人。酒量の少ない人。nondrinker [対義]上戸。

**下戸と化け物は無い** 化け物がいないのと同様、酒を飲めない人間はいない。

**下戸の肴荒らし** 下戸が、酒席の料理を食い荒らすことを言う。

**下戸の建てたる蔵も無し**《酒飲みが下戸をあざけったり、自分を正当化したりして言う》酒を飲まない者は金がたまりそうなものだが、それにしては財産ができ蔵を建てたといった話も聞かない。酒は適当に飲んで楽しんだ方がよいということ。

**げ-ご【外護】**《仏教語》僧団の外にあって、権力や財力をもって仏教を保護し、その普及に尽くすこと。

**げ-こう【下向】**(名・サ変自) ①低いほうへくだること。②都から地方へ行くこと。③神仏にお参りして帰ること。

**げ-こう【下校】**(名・サ変自) 学校を出て、家に向かうこと。leave school [対義]登校。

**げ-こく【下刻】** 一時(今の約二時間)を三分した、最後の時間。[対義]上刻・中刻。[用例]午の―。

**げ-こく【下国】** 律令制で、諸国の位付けを大・上・中・下としたもののうちの一つ。和泉・伊賀など九か国。

**げ-ごく【下獄】**(名・サ変自) 牢に入って、刑に服すること。

**げこく-じょう【下克上・下▼剋上】** 下位の者が上位の者をおしのけ、権力をふるうこと。南北朝時代から顕著となり、戦国時代に頂点に達した。

**け-こみ【▼蹴込み】** ①家の上がり口の前面垂直の部分。riser ②階段の踏み板と踏み板の間の垂直の部分。riser ③人力車で、乗客が足をおく場所。foot board ↓階段[図]

**け-こ・む【▼蹴込む】**(五自他) ①(他)けって中に入れる。kick in ②(自)商売・相場などで、元金に食い込んで損をする。sustain a loss

**けごろも-を【▼褻衣を】**[枕ことば]《「けごろも」は、ふだん着。洗うために解くということから、同音の》「時」にかかる。[用例]―春冬かたまけて幸しし宇陀の大野は思ほえむかも(万葉・二・一九一)。

**け-ごん【華厳】**《仏教語》①修行をつんで、すぐれた功徳を得ること。②『華厳経』の略。③「華厳宗」の略。

**げ-こん【下根】**《仏教語》機根の劣っているもの。教えを受けたり修行する能力に乏しいもの。[対義]上根。

**けごんえんぎ【華厳縁起】** 鎌倉初期の絵巻物。六巻。新羅国華厳宗の開祖元暁・義湘両大師の伝記を描く。京都高山寺蔵。作者は恵日房成忍とする説が有力。

**けごん-ぎょう【華厳経】** 大乗仏教の基本経典の一つ。華厳宗の所依経典で、「一即一切・一切即一」の世界観を展開。全世界は毘盧遮那仏の顕現であるとし、一微塵が全世界を映し、一瞬の中に永遠を含むと説く。漢訳に六〇・八〇・四〇巻本の三種がある。大方広仏華厳経。

**けごん-しゅう【華厳宗】**『華厳経』の教説に基づく大乗仏教の一宗派。中国唐代の賢首大師法蔵が組織大成した。天平八年(七三六)道璿が日本に伝えた。南都六宗の一つ。東大寺が総本山。

**けごん-の-たき【華厳滝】** 栃木県日光市、中禅寺湖の東にある滝。高さ約九七m。名瀑として知られ、日光国立公園の主要観光資源。↓[写]

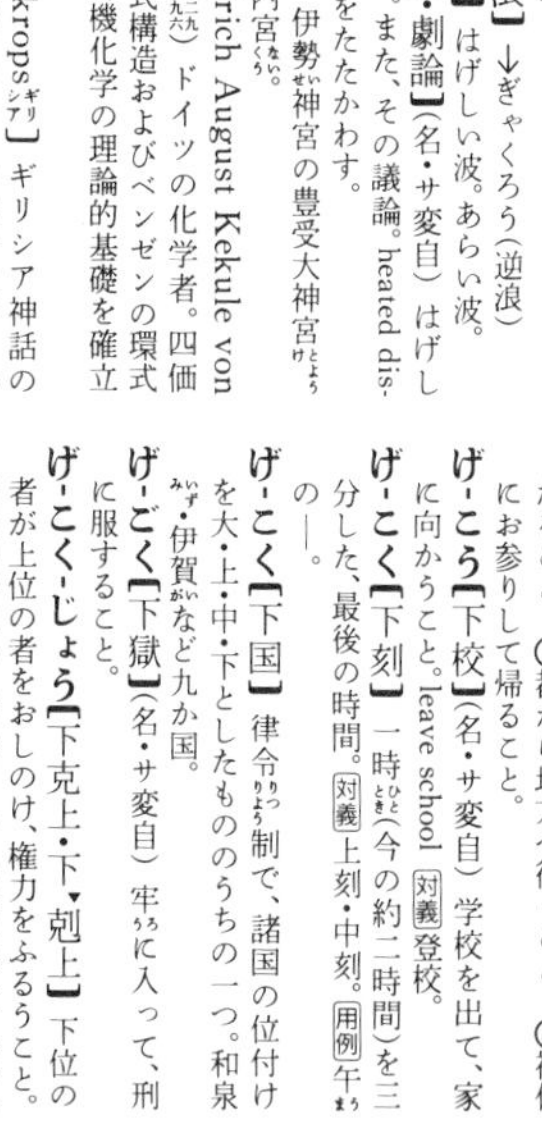

● 華厳滝

**けさ** 11画 **【▼畩】** 部首[田]たへん 和製漢字 JIS 6530 地名や姓氏に用いられる。

**けさ【今朝】** きょうの朝。こんちょう。this morning [対義]今夜。

**けさ【▼袈▼裟】**《kāṣāya 梵 の音写で、赤褐色の意》僧が衣の上に、左肩から右わき下にかける布。インドの僧の衣服が中国・日本で形式化され、儀式用のものとなった。[数え方]一具・一領・一帖。↓[写](次ページ) ↓虚無僧[図]

**げ-ざ【下座】** ㊀(名・サ変自) 座から下りて平



↓ 行き先項目、図版・写真参照印。 [JIS] 日本工業規格情報交換用漢字符号コード(区点コード)。

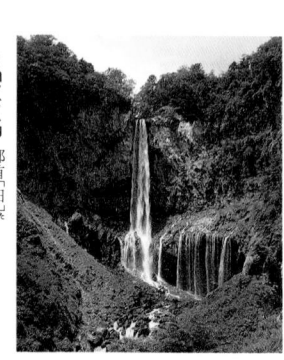

伏すること。貴人に対する敬礼。prostration 三(名) ①上手に対して、下手の座。末座。しもざ。lowest seat ②芝居・人形浄瑠璃・寄席などの舞台の陰で、囃子方のいる座。また、そこで演奏される音楽。それを演奏する者。→歌舞伎図

●袈裟

**け-さい**【毛▼犀】 氷河時代にユーラシア北部にすんでいたサイ。全長三・五m以上。体は長毛でおおわれ、頭には二本の角がある。一万年前に絶滅。マンモス同様、氷づけの化石がシベリアで発見されている。

**げ-ざい**【下剤】 排便をうながし、または大便をやわらかくする薬剤。作用の強度により、軟下剤・緩下剤・峻下剤に分かれる。下し薬。purgatives 用例 —をかける。

**けざいろく**【▽戯財録】 演劇書。入我亭我入(=二世並木正三)著。享和元年(一八〇一)刊。歌舞伎最初の戯曲作法書。

**げざ-おんがく**【下座音楽】 歌舞伎の伴奏音楽。舞台下手の黒御簾でおおった場所(下座)で演奏するので、陰囃子ともいう。

**けさ-がけ**【▼袈▼裟懸け】 ①けさをかけること。また、片方の肩から他方のわきの下のほうへ、ななめに物をかけること。②肩から斜めに切りおろすこと。けさぎり。

**けさ-がた**【今朝方】 きょうの朝のころ。けさほど。

**けさ-がため**【▼袈▼裟固め】 柔道の固め技の一つ。相手をあおむけにし、横から首を抱え、もう一方の腕で相手の腕をはさみ、腰を相手の体に密着させ袈裟をかけた形で抑え込む技。scarf hold

**けさ-ぎり**【▼袈▼裟▼斬り】 肩から斜めに切りおろすこと。けさがけ。

**げ-さく**【下作】 一(名) 下等な製作。できの悪いもの。poor work 対義 上作。 三(名・形動) 下品。vulgarity 用例 —なやりかた。

**げ-さく**【下策】 まずいはかりごと。bad plan 対義 上策。

**げ-さく**【▽戯作】 =ぎさく。①たわむれにつくること。また、その作品。②近世後期の通俗文学、とくに小説類をいう。黄表紙・洒落本・滑稽本・読本・合巻・人情本など。

**げさく-しゃ**【▽戯作者】 戯作を業とする人。とくに江戸時代後期の通俗小説類の作者。

**け-ざやか** 古語 (形動ナリ) はっきりしているさま。あざやか。用例 朝日いと—にさし出でたるに(枕・九月ばかり、夜一夜)。

**ケサルテナンゴ**【Quezaltenango】 中央アメリカ、グアテマラ西部高地の商工業都市。農産物の集散地。人口六・六万(一九八九)。

**け-さん**【▼卦算】《易の算木の形をしていることから》文鎮の一種。横に長く、つまみがある。けいさん。

**げ-ざん**【下山】(名・サ変自) =げさん。①山をくだること。descend a mountain 対義 登山。②修行をした寺を出て家に帰ること。leave a temple

**け-し**【▼芥子・▼罌▼粟】 ①ケシ科ケシ属の植物の総称。poppy ②ケシ科の二年草。高さ一m内外。五～七月に白・紅・紫などの一日花が咲く。白花品種の未熟の子房に傷をつけ、乳液を集めてアヘンを製する。室町時代に渡来。ヨーロッパ東部原産。opium poppy →写

**芥子程も**《ケシの種子は極めて小さいところから》ほんの少しも。ごくわずかも。用例 そんな気持ちは—ない。

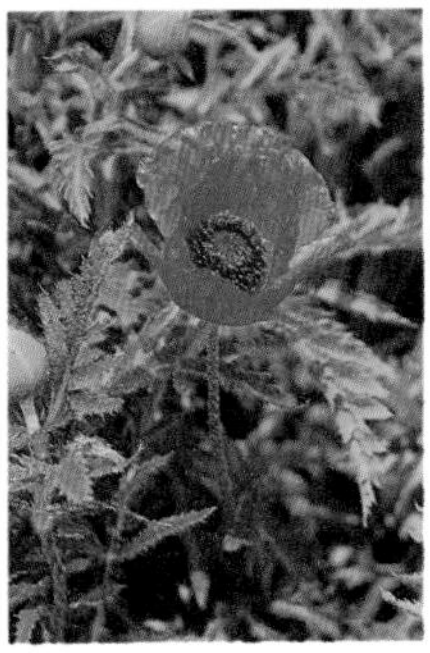
●ケシ① オニゲシ

**け・し**【▽怪し・▽異し】 古語 (形シク) ①異様だ。変だ。用例 —・しう、心おくべきこともおぼえぬを(伊勢・二一)。②非難されるべきだ。けしからぬ。用例 —・しき心を吾が思はなくに(万葉・一五・三七七五)。

**げ-し**【下司】 ①地位の低い役人。②平安末期以後の荘官の一種。在地の有力者が任命され、現地で荘園を管理。

**げ-し**【夏至】 二十四節気の一つ。六月二一、二二日ごろ。黄道上を移動する太陽が黄経九〇度に達した時。また、その日。太陽はもっとも北に寄り北緯二三・四度の地点の真上に来る。北半球では、昼間が最長となる。summer solstice 対義 冬至。

**げ-じ**【下知】 =げち・げぢ。一(名・サ変他) さしずすること。指揮。命令。 三(名) 鎌倉・室町時代の判決・判決文。

**げじ**【▼蚰▼蜒】 節足動物の一群。触角も一五対の脚もたいへん長いが、体長は二・五cm内外。ムカデに近縁。昼は石や落ち葉の下にひそみ、夜、小昆虫を捕食。本州以南・東南アジアに分布。ゲジゲジ。house centipede 参考 歴史的仮名遣いを「げぢ」とする説もある。↓図

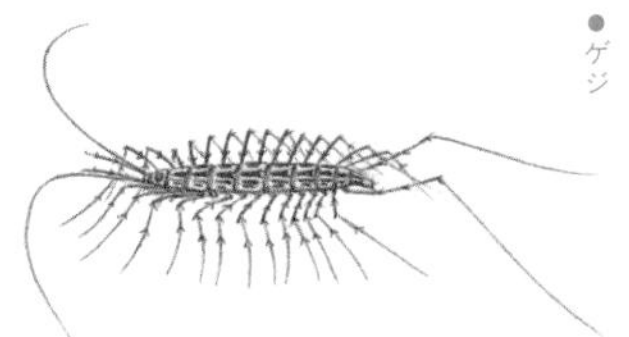
●ゲジ

**けし-いん**【消印】 消したしるしにおす印。とくに、郵便局で切手・はがきに、使用済みの表示に押す日付印。スタンプ。post-mark

**けしか・ける**【▼嗾ける】(下一他) ①犬などを、相手に向かっていくようにしむける。用例 犬を—。②おだて、そそのかしてある事をさせる。instigate 用例 弟を—。

**けしから-ぬ**【▽怪しからぬ】(連体) 不当だ。不都合だ。よくない。improper

**け-しき**【気色】 古語 《人・自然・物事などの具体的な外形についていう語》対義 けわい。①人のようす。そぶり。用例 なよなよと、われかの—に伏したれば(源氏・桐壺)。②きげん。顔いろ。用例 みづからもいみじと思へる—かたくなり(徒然・七九)。③気受け。人の覚え。用例 日ごろのみ—もたがひ、昇進もしたまはざりけり(徒然・一二八)。④事情。わけ。用例 若き人にて、—もえ深く思ひ寄らねば(源氏・葵)。

**気色有り** ①兆しがある。そのようなようすが、現れる。②ふつうとは違った趣がある。おもしろい。③怪しい。④ほのめかす。

**気色覚ゆ** ①それらしいそぶりが見られる。②おもしろい趣がある。情趣・風情が感じられる。③怪しいと感じる。

**気色給わる** ①意中をたずねる。意向をうけたまわる。②上位の人のきげんをとる。きげんをうかがう。

**け-しき**【景色】 自然のようす・ながめ。風景。scene

**けしき-だ・つ**【気色立つ】 古語 (四自) ①きざす。用例 花もやうやう—ほどこそあれ(徒然・一九)。②顔つき・ようすが、改まる。用例 から親しき人々も—・ち言ふべかめることどももあるに(源氏・賢木)。③きどる。用例 扇をさし隠して、—・ち笑ふほども(大鏡・序)。

**けしき-ばかり**【気色▽許り】(副) ほんの少し。

**けしき-ば・む**【気色ばむ】 一(五自) 怒ったようすが表情にあらわれる。むっとする。get angry 三 古語 (四自) ①ようすが外にあらわれる。きざす。用例 大方の花の木どもも、みな—・み、かすみわたりにけり(源氏・若菜下)。②思いが外にあらわれる。用例「あなうたて、かしがまし」など、大人びたる人の—・みいふをも聞き入れず(枕・はづかしきもの)。③ようすをつくる。気どる。用例 —・み、やさしがりて、「知らず」ともいひ(枕・細殿に人あまたゐて)。

**けし-くち**【消(し)口】 火事を消し始める場所。また、消し止めたほうの場所。けしぐち。

**げじ-げじ**【▼蚰▼蜒】 ①ゲジの別名。house centipede ②きらわれ者。また、きらいな人。skunk

**げじげじ-しだ**【▼蚰▼蜒▽羊▽歯】 山野にはえるオシダ科のシダ。高さ約六〇cm。全体に毛がはえる。葉柄には褐色の鱗片がつき、葉は二回羽状複葉。胞子嚢の群は点状。

**げじげじ-まゆ**【▼蚰▼蜒▼眉】 太くて、こいまゆをいやしめて言う語。bushy eyebrows

**けし-ゴム**【消しゴム】 文房具の一つ。鉛筆やインクなどで書いたものをこすって消すゴム。最近は主成分が塩化ビニルのプラスチック消しゴムが多い。eraser

**げし-さい**【夏至祭】 ヨーロッパで行われる火と水と植物の祭り。現在は六月二四日のヨハネ祭とその前夜祭として行われる。Mid-summer Day

**げじ-じょう**【下知状】 鎌倉時代の武家に始まった、下の者へ命令を伝える文書。書きとめを「下知如件」で結んだ。裁判の判決、所領の安堵、禁制などに使用。げぢじょう。

**けし-ずみ**【消(し)炭】 薪を燃やして途中で消したり、木炭を消したときできる炭。軽く軟らかいので、着火しやすい。おき炭。

**けしずみ-いろ**【消(し)炭色】 黒に近い灰色。チャコールグレー。charcoal gray

**けし-つぶ**【▼芥子粒】 ①ケシの種。poppy seed ②きわめて細かいものの形容。like a pin's head

**けし-つぼ**【消(し)▼壺】 おきを入れ、ふたをして消すつぼ。火消しつぼ。

**けし・て**【▽決して】(副) →けっして(決して)

**げし-てん**【夏至点】 黄道が、天球上の赤道からもっとも北に離れた点。赤経六時、赤緯二三・四度、ふたご座にある。solstitial point

**けし-と・ぶ**【消(し)飛ぶ】(五自) 勢いよくとんでなくなる。あとかたもなくなる。ふっとぶ。scatter away 用例 大金が—。家屋が—。

**けし-と・める**【消(し)止める】(下一他) ①火を消して、他に燃え広がるのを止める。用例 延焼を—。②うわさなどが広がるのを止める。extinguish

**けし-にんぎょう**【▼芥子人形】《芥子粒ほどに小さい、の意》江戸時代に流行した高さ約三cmの人形。象牙製が多い。ひな祭り用の芥子びななどが愛好された。

**けし-ぼうず**【▼芥子坊主】 ①外皮がついたままのケシの実。②江戸～明治時代の子どもの髪型。ケシの実のように頭頂の毛だけを残してまわりをすっかり剃ったもの。けし頭。↓図

●芥子坊主②

**げし-まつり**【夏至祭(り)】 二十四節気の一〇番目にあたる、夏至の日に行う祭り。地方によっては、この日端午の節句のように、川に五色の糸や粽を投げる風習もある。

**けじめ** ①くべつ。見分け。distinction ②見さかい。分別。distinction ③わけへだて。差別。discrimination ④ 古語 しきり。用例 御几帳ばかりを—にて(源氏・若菜下)。

**けじめを食う** 差別を受ける。仲間はずれにされる。ばかにされる。discriminated

**けじめを付ける** ①節度ある態度をとる。behave oneself with moderation ②物事に区切りをつける。make a clear distinction between 用例 公私の—。

**げ-しゃ**【下車】(名・サ変自) 車からおりること。get off 比較 下乗。対義 乗車。用例 途中—。

**げ-しゅく**【下宿】(名・サ変自) 家族と離れて生活する学生などが、一般家庭の空き部屋などを間借りすること・家。lodgings

**げしゅく-や**【下宿屋】 自宅の一室または数室を他人に部屋住みさせる貸し室業。学生街に多く、食事付きの場合もある。boarding house

**け-じゅす**【毛▼繻子】 綿と毛を交織した繻子織物。つやがあり、なめらかで、黒無地染めにして服裏地などに使われる。イタリアンクロス。Italian cloth

**ゲシュタポ**【Gestapo ドイ】《Geheime Staats-polizei の略》ナチス-ドイツの秘密国家警察。一九三三年ゲーリングにより創設。反ナチス運動、共産党・ユダヤ人に対する弾圧を行った。

**ゲシュタルト-しんりがく**【ゲシュタルト心理学】 精神の働きは感覚や感情などの要素の単なる集合によるものではなく、一つの構造的全体性をもつ形態(ゲシュタルト)であるとする心理学。形態心理学。Gestalt psychology

**げしゅ-にん**【下手人】 自分の手で人を殺した犯人。murderer

**げ-じゅん**【下旬】 月の終わりの約一〇日間。the last ten days of a month 対義 上旬・中旬。

**げ-じょ**【下女】《卑語》①下働きの、やとい女の旧称。maid 対義 下男。②しもじもの女。

**け-しょう**【化生】 ①《仏教語》四生の一つ。母胎や卵からでなく、自らの業力によって超



▼常用漢字表外。 ▽常用漢字表の音訓外。

自然的に発生すること。または、そのもの。諸天・地獄の有情など。②形をかえて現れること。化身。③ばけもの。変化。

**け-しょう【化粧・仮粧】**(名・サ変自他) ①化粧品(おしろい・紅・眉墨など)を使い、顔を美しくみせるようにつくること。おつくり。makeup 用例 — 道具。②外見をきれいに飾ること。虚飾。make up 用例 壁を — する。

**げ-しょう【下生】**《仏教語》①極楽の階級の一つ。上品・中品・下品のそれぞれの下位。②神仏が現世に身を現すこと。incarnation

**げ-じょう【下乗】** 一(名・サ変自) 乗り物からおりること。比較 下車。二(名) 社寺や城内へ、車馬ではいるのを禁じること。比較 下馬。

**げ-じょう【下城】**(名・サ変自) 城から家に帰ること。対義 登城。

**けしょう-がみ【化粧紙】** ①↓ちからがみ(力紙)①。②化粧するときに使う紙。cleansing tissue

**けしょう-ごうはん【化粧合板】** ベニヤ板の表面に着色・印刷・塗装・樹脂加工などをした合板。装飾的効果・材質強化などが目的。decorated plywood

**けしょう-じお(ーじお)【化粧塩】** 魚を焼くときに、焼き上がりを白く美しく見せるために、ひれや尾にたっぷりと塩をまぶすこと。飾り塩。

**けしょう-しつ【化粧室】** 鏡や化粧用具を備えた化粧用の部屋。更衣室を兼ねて寝室の一角に設けたり、洗面所を化粧室風につくることもある。rest room

**けしょう-すい【化粧水】** 皮膚を滑らかにするための基礎化粧品。肌を保護する中性、角質をやわらげるアルカリ性、殺菌・収斂作用のある酸性のものがある。face lotion

**けしょう-だんす【化粧▼簞▼笥】** 寝室や女性の部屋などに置かれる家具。衣装簞笥と鏡台を組み合わせたもの。ドレッサー。dresser

**けしょう-でん【化粧田・仮粧田】** 中世以降、嫁入りの持参財産として分与された田畑。武士では江戸初期、庶民では明治維新までみられた。通常、女性の死後は実家へ返還された。けしょうだ。けわいだ。

**けしょう-の-もの【化生の者】** ①ばけもの。変化。②巧みにこびて相手を惑わす女。妖婦。

**けしょう-ばこ【化粧箱】** ①化粧道具を入れる箱。dressing case ②進物用の品物を入れる、美しくかざった箱。fancy box

**けしょう-ひん【化粧品】** 化粧に用いる品の総称。クリーム・おしろい・口紅など。cosmetics

**けしょう-まわし(ーまはし)【化粧回し】** 大相撲で、十両以上の力士が着用する前垂れの付いた回し。繻子・緞子などの地に豪華な刺繡が施されたもので、土俵入りに用いる。

**けしょう-やなぎ【化粧柳】** ヤナギ科の落葉高木。深山の川原の砂礫地にはえる。葉は長楕円形で下面は粉白色。初夏に花穂をつける。風媒花。上高地・北海道に分布。

**けじょう-ゆ【化城▼喩】** 法華七喩の一つ。『法華経』「化城喩品」に説く。隊商の長が疲れきった隊員に、前方に幻の城を化作して励ましながら目的地に導くというもので、小乗が大乗へ至るための方便であることのたとえ。

**け-じらみ【毛▼虱】** ヒトの陰毛に寄生するシラミ。体長一・四㎜内外。外観はカニに似る。吸血によるかゆみが激しい。

**け-しん【化身】** ①《仏教語》仏が、かりに人間その他の姿となって現れること。その姿。化現。②何かが人間などの姿を借りて現れること。その姿。incarnation 用例 悪魔の —。

**け-じん【毛▼芯】** 芯地の一種。主として襟芯などに用いる。縦糸には梳毛糸や綿糸を用い、横糸には弾力のあるヤギ・ウマ・ラクダなどの毛を用いて平織りに製織してある。hair cloth

**げ-じん【外陣】** =がいじん。対義 内陣。①社寺で、内陣の外側にあって、人々がすわって拝む所。②教会堂では正面扉口から交差廊にいたるまでの、信徒が専用する空間を指す。nave

**げじんみつ-きょう【解深密経】** 唯識思想の基本経典。玄奘訳。五巻。法相宗の所依の経典で、この世の存在や現象のすべてが人間の心からあらわれたものであるとする唯識の理論と行法を説く。

**けしん-めっち【▽灰身滅▼智】**《仏教語》小乗仏教の最終目的とされる境地で、身心ともに無に帰し、煩悩を完全になくした無為空寂の世界。無余涅槃。

**け・す【消す】**(五他) ①燃えるのをとめる。put out 用例 火を —。②なくす。見えなくする。erase 用例 毒を —。姿を —。③たやす。exterminate 用例 うわさを —。証拠を —。④スイッチを切って電気・ガスなどをとめる。turn off 用例 テレビを —。⑤数学で、分数の分子・分母、方程式の左右の共通項をのぞく。eliminate ⑥《俗語》殺す。用例 あんなやつは — ・してやる。

**肝を消す** ↓きも(肝)

**げ-す【下▽司】** 低い身分の役人。

**げ-す【下▽衆・下▽種】** ①身分のいやしいこと・者。対義 上衆。②根性のいやしいこと・者。vulgar 用例 — なことば。

**下衆と鷹とに餌を飼え** タカに餌をやって手なずけるように、下衆には金品を与えて、満足させた上で、それを使うべきである。

**下衆の後知恵** 下衆は物事がすんでから、やっと対策が浮かぶものだ。下衆の知恵は後から。It is easy to be wise after the event.

**下衆の一寸、鈍間の三寸**《戸や障子を閉めるとき、一寸残すのは下衆、三寸残すのはのろま、の意》戸・障子の閉めかた一つからも、その人の程度がわかること。

**下衆の勘繰り** 心の卑しい者が下品な邪推をすること。

**下衆の逆恨み** 下衆は忠告されても自分を反省することはなく、かえって忠告・訓戒を与えた者に恨みを持つということ。

**下衆の謗り食い** 下衆は、まずいと文句を言いながら、たくさん食べる。

**下衆の知恵は後から** 「下衆の後知恵」と同意。

**下衆は槌で使え** 下衆には、道理を言ってもわからないから、たたくようにびしびし使うのがよい。

**下衆も三食、上臈も三食**《下賤な者も高貴な人も、こと食事に関しては一日三回である、の意》人の上下、貴賤の区別も、特定の事については関係ない。

**げ・す【解す】**(サ変他) 理解する。用例 — ・しかねる話。参考 「げせない」「げしかねる」などの形で使うことが多い。

**げす**(助動 サ変型)《多く「…でげす」の形。近世末期の通人の語》「ある」の少し丁寧な語。

**げ-すい【下水】** ①雨水をはじめ台所・風呂場や工場などから流れる使用済みの汚水。sewage 対義 上水。②「下水道」の略。

**げすい-しょり【下水処理】** 使用済みの汚れた水を浄化すること。濾過法・沈殿法・殺菌法などによる。処理後は、再利用するか海に流す。

**げ-すいどう【下水道】** 生活排水・工場排水などを流すための排水管・排水渠・下水処理施設の総称。下水。sewer system 対義 上水道。

**け-すじ(ーすぢ)【毛筋】** ①髪の毛。hair ②髪の毛をくしでとかした筋目。③ほんのわずかなこと。a bit of 用例 — ほどの疑いもない。

**けすじ-たて(けすぢー)【毛筋立て】** 日本髪用のくしの一種。荒歯と浅歯があり、荒歯は分け目をつくったり荒どきをしたりするときに、浅歯は髷など歯の深く入らない部分に用いる。

**ケスタ【cuesta ス゚ペイン】** ゆるく傾斜する硬岩と軟岩の互層が浸食されて生じた地形。皿を何枚も重ねたような形状を示す。パリ盆地は有名。

**ケステン【Hermann Kesten】**(一九〇〇) ドイツの小説家。新即物主義の代表者。作品『ヨーゼフは自由を求める』『幸福な人たち』など。

**ゲスト【guest】** ①お客。招待客。②ラジオ・テレビなどで、連続番組にまねかれて臨時に出演する人。ゲストメンバー。対義 レギュラー。

**ケストナー【Erich Kästner】**(一八九九〜一九七四) ドイツの詩人・小説家。小説『ファビアン』、児童文学『エミールと探偵たち』『飛ぶ教室』『ふたりのロッテ』など。

**ケストラー【Arthur Koestler】**(一九〇五〜一九八三) イギリスの小説家。ハンガリー生まれ。多くの政治小説を書いた。作品『真昼の暗黒』など。

**ゲスナー【Konrad von Gesner】**(一五一六〜一五六五) スイスの博物学者・医師。動・植物についての知識を体系的に集大成する。豊富な挿絵入りの一一〇〇ページにおよぶ『動物誌』がある。

**け-ずね【毛▼脛・毛▼臑】** 毛のたくさんはえたすね。hairy legs

**げす-ば・る【下▽衆張る】**(五自) いやしくふるまう。

**け-ずめ(ーづめ)【▼蹴▼爪・▽距】** ↓けづめ(蹴爪)

**けずり-かけ(けづりー)【削り掛け】** ①木の枝などを薄く削いで、その削いだ部分を渦状に残して花のように垂らした祭具。紙の普及以前の御幣の古い形といわれる。削り花。②削っている途中であること。↓写

● 削り掛け①

**けずり-ぶし(けづりー)【削り節】** 鰹節・さば節などを薄く削ったもの。調味料として、だし汁をとったり、そのままおひたしなどにかける。はながつお。

**けず・る(けづ・る)【削る】**(五他) ①薄くそぎ取る。shave 用例 板を —。鉛筆を —。②へらす。curtail 用例 予算を —。文章を —。③取り除く。remove 用例 リストから名を —。

**けず・る(けづ・る)【▼梳る】**(五他) くしで髪の毛をととのえる。くしけずる。comb

**け-せった【毛雪▽駄】** 表に熊などの毛皮を張った雪駄。

**げせ-ない【解せない】**(連語) 理解できない。わからない。incomprehensible 用例 あの態度は —。

**げ・せる【解せる】**(下一自) 理解できる。comprehensible

**ゲゼルシャフト【Gesellschaft ドイツ】** 利益社会。テンニエスによる社会類型の一つ。大都市などにみられるような、利害や打算に基づく社会結合。対義 ゲマインシャフト。

**げ-せわ【下世話】** 世間でふだん言いならわしていることば・話。俗な言い方。common saying 用例 — にも言う。

**げ-せん【下船】**(名・サ変自) 船からおりること。leave a ship 対義 乗船。

**げ-せん【下▼賤】**(形動) 身分がいやしいさま。meanness 対義 高貴。

**けせんぬま【気仙沼】**〈市〉 宮城県北東端の市。三陸沿岸の水産都市で、マグロ・サンマなどの水揚げが多い。カキ・海苔の養殖もさかん。人口六万六八二五(一九八八)。

**げそ**《「下足」の略。転じて》すし屋などで、イカの足のこと。

**け-そう(ーさう)【化▽粧・仮▽粧】** 古語 (名・サ変自) けしょうをすること。着飾ること。けしょう。用例 御身の — いといたくして(竹取)。

**け-そう(ーさう)【化装】**(名・サ変自) 別のもののようによそおうこと。disguise

**け-そう(ーさう)【懸想】**(名・サ変自) 異性を恋いしたうこと。恋慕。

**けそう-ぶみ【懸想文】** ①異性を恋い慕う気持ちを書き送る手紙。ラブレター。恋文。艶書。②江戸時代、正月に京の町で売り歩かれた、良縁を得る縁起物のお札。花の枝に艶書をつけ、のちには、細い畳紙の中に洗い米を二、三粒入れた。

**げ-そく【下足】** 寄席・銭湯などで、ぬいだ履物。用例 — 札。

**げそく-ばん【下足番】** 履物をぬいで入る芝居小屋や寄席で、客の履物をあずかる係。また、その人。かつては、入場者数に応じた歩合を取る例が多かった。げそばん。

**け-ぞめ【毛染(め)】** 毛髪を染めること。また、その染髪剤。染め髪。hair dyeing

**ケソン【開城】**(Kaesŏng) ↓かいじょう(開城)

**ケソン【Manuel Luis Quezon】**(一八七八〜一九四四) フィリピンの政治家。上院議員を経て、アメリカで独立準備運動を推進。一九三五年フィリピン連邦の初代大統領に就任。

**ケソン-シティ【Quezon City】** フィリピン北部、大マニラ市の一地区。一九四八年に計画都市として首都になったが、七五年、マニラとともに大マニラ市の一部となる。元大統領の名にちなむ。人口一一六・六万(一九八〇)。

**けた【▼桁】** ①柱・壁などの上にかけわたして、他の部材を受ける横木。girder; cross-beam ②そろばんの玉を貫くたての棒。reed ③数の位取り。place ④《③から》規模。⑤ワードプロセッサーで、一行の字詰め。↓民家図

**桁が違う**《位取りが違う、の意から》規模・実力・腕前などが、非常にかけはなれている。be no match for

**桁が外れる** 程度が標準からはるかに離れている。be extraordinary

**げ・た【下▽駄】** ①木製の台部に鼻緒をつけた履物。二本歯が一般的だが、一本歯・三本歯のものもある。数え方 一足。②印刷の組み版で、活字のないとき、または原稿の文字が不明のときなどに、仮に入れる下駄の歯形の伏せ字。「〓」→図

**下駄と焼き味噌**(げたとやきみそ)《味噌を板につけて焼いたものと、下駄が似ているところから》外形は似ていても、実質はまったく異なることのたとえ。

**下駄も仏も同じ木の切れ**(げたもほとけもおなじきのきれ)《下駄も仏像もともに木で作られるところから》尊卑の別はあっても、それはおかれている境遇によるのであって、もともとは同一のものである。

**下駄を預ける**(げたをあずける) 万事をまかせる。leave everything to

**下駄を履かせる**(げたをはかせる) 点数などを水増しする。

**下駄を履く**(げたをはく) 上前をはねる。pocket a

●下駄①

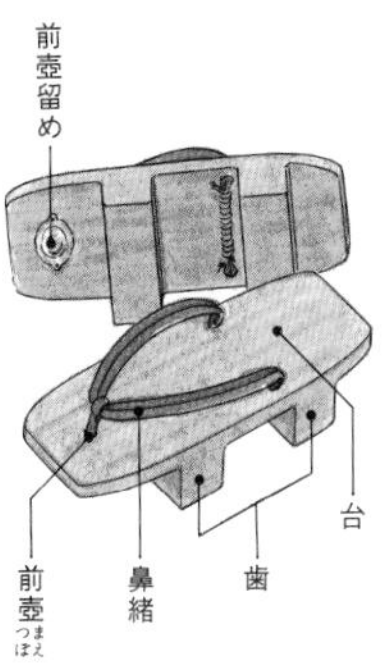

のめり下駄

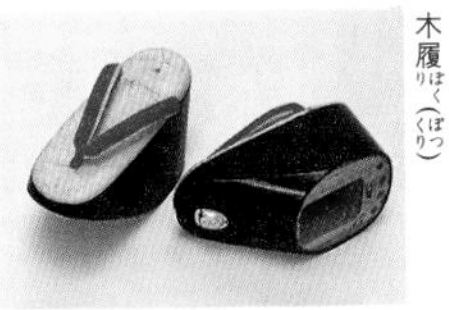
木履(ぽっくり)

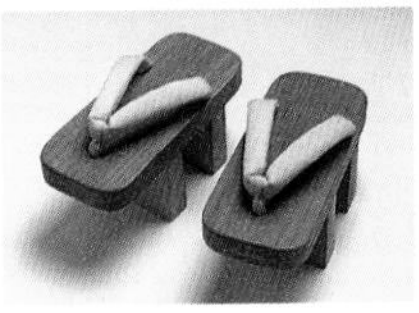
高下駄

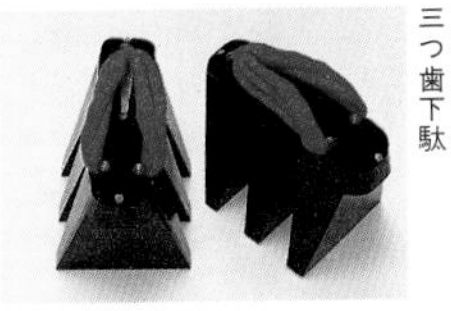
三つ歯下駄

kickback 比較 草鞋を履く。

**け・たい【仮・▼諦】**《仏教語》三諦の一つ。一切の事物は因縁の和合によって仮に成立しており、固定的な実体はないということ。

**け・たい【▼卦体・▽怪態】** ㊀(名) ①易の卦に現れた算木の形。占いの結果。②縁起。㊁(形動)《「希代」とも》奇妙なさま。珍妙なさま。

**卦体が悪い**(けたいがわるい) ①縁起が悪い。いまいましい。②気味が悪い。

**け・たい【▼懈怠】**(名・サ変自) なまけること。けだい。げたい。

**げ・だい【外題】** ①書籍の表紙に記した書名。title 対義 内題。②標題。題目。title ③歌舞伎や浄瑠璃などの題名。芸題。名題。title ④訴状の申し文などの余白に書きつけた、裁断・認証などのしるし。

**げだい・づけ【外題付け】** 浪花節のうたい出しでその主題についてふれる部分。表題づけ。

**げだいひようほう【外台秘要方】** 中国唐代の医学全書。隋・唐医学の宝庫と称される。七五二年王燾が多くの文献から集録、成立。四〇巻。

**け・たお・す【▼蹴倒す】**(五他) けって倒す。kick down; kick over

**けたか【気高】**〈町〉鳥取市西隣の町。農・漁業のほか、浜村温泉がある。『貝殻節』で知られる。人口一万四八三(一九八八)。

**け・だか・い【気高い】**(形)気品がある。上品だ。noble 派生 けだかさ(名)

**け・だか・し【気高し】** 古語(形ク) ↓けだかい(気高い)

**け・たぐり【▼蹴手繰り】** 相撲の決まり手の一つ。立ち合いの瞬間に相手のくるぶしを内側から蹴り、前にはたくか手繰って倒す技。

**げた・げた**(副) 下品に笑うさま。げらげら。guffaw 用例 大口を開けて―笑う。

**け・だし【▼蹴出し】** 和装下着の一種。着物の裾が汚れるのを防いだりするために、女性が腰巻きの上から巻きつけて用いる。のち、腰巻きそのものの呼び名にもなる。裾除け。

**けだし【▼蓋し】**(副) ①たぶん。思うに。おそらくは。perhaps 用例 ―名言だ。②古語 もしや。万一。用例 裏とやらば―人見てひらき見むかも(万葉・一六・三八六八)。

**けた・じんじゃ【気多神社】** 石川県羽咋市寺家町にある旧国幣大社。祭神は大己貴命。能登国一の宮。

**け・だ・す【▼蹴出す】**(五他) ①足でけって出す。けり出す。kick out ②節約して予算をうかす。

**けたたまし・い**(形) 突然、大きく強い音や声が起こる。noisy 用例 ―半鐘の音。派生 けたたましげ(形動) けたたましさ(名)

**けた・ちがい【▼桁違い】** ㊀(名) 数の位を取り違えること。get digits wrong ㊁(名・形動) はなはだしいこと・さま。段違い。けたはずれ。wide difference

**げ・だつ【解脱】**(名・サ変自)《仏教語》煩悩の束縛から離れて、自由でやすらかな境地に達すること。涅槃。emancipation

**け・た・てる【▼蹴立てる】**(下一他) ①足で高く蹴りあげる。kick up ②勢いよく進んで、そのあとに波や土煙などを起こす。advance vigorously 用例 波を―・てて進む。

**け・だに【毛▼蜱】** ケダニ科のダニの総称。体長一～四㎜。成虫は長円形。体や脚に毛が密生。幼虫は昆虫などに寄生。

**げた・ばき【下▽駄履き】** ①げたをはいていること。in Japanese wooden clogs 用例 ―で出掛ける。②「げた履き住宅」の略。

**げたばき・じゅうたく【下▽駄履(き)住宅】** おもに二階以下の下層階を店舗や事務所に、上層階を共同住宅にした建物。

**げた・ばこ【下▽駄箱】** 履物を収納する家具。靴箱。下足箱。clog cabinet; boot cupboard

**けた・ばし【▼桁橋】** 桁を主要支持構造とする橋。鋼・鉄筋コンクリート・木などで造られる。I形桁橋・H形桁橋・合成桁橋・箱桁橋など。girder bridge

**けた・はずれ【▼桁外れ】**(名・形動) 標準をはるかにこえていること・さま。なみはずれ。extraordinary

**け・だま【毛玉】** 毛糸の編み物や毛のメリヤスの、毛の一部がよれて小さな玉になるもの。nap

**ケタミン**[ketamine] 麻酔薬の一つ。効果は迅速で、静脈内注射では三〇秒、筋肉内注射では五分以内に効果が現れ、三〇分以内に回復する。商標名ケタラール。

**け・だ・もの【▽獣】**《毛の物、の意》①全身が毛でおおわれた哺乳動物。けもの。beast ②人をののしって言う語。人非人。brute

**けた・ゆき【▼桁行(き)】** 家の、けたがとおっている方向の長さ。

**け・だる・い【気▽怠い】**(形) なんとなくだるい。languid 用例 ―春の昼下がり。派生 けだるげ(形動) けだるさ(名)

**げ・だん【下段】** ①下の段。lower tier 対義 上段。②剣道・なぎなたなどで、剣先や刃先を水平より低く構えること。対義 正眼・上段。

**げだん・の・ま【下段の間】** 書院建築で、上段の間に続いて、それより一段低くなっている部屋。また、床の高低のない次の間。臣下がそこに伺候した。

**けち** あやしいこと。不吉の前兆。

**けちが付く**(けちがつく) いやなことがあって、事がうまく行かなくなる。jinxed

**けちを付ける**(けちをつける) ①いやなことを言って気を悪くさせる。throw cold water on ②欠点をあげて悪く言う。find fault with

**けち【▼吝・▼嗇】**(名・形動) ①ひどく物おしみすること・さま・人。stinginess ②卑劣。meanness 用例 ―な根性。③みすぼらしいこと・さま。貧弱。meagerness 用例 ―な家。

**げ・ぢ【下知】**(名・サ変他) ↓げじ(下知)

**けち・えん【▽結縁】**《仏教語》仏道の縁を結ぶこと。将来成仏するための縁をつくること。けつえん。

**けちえん・かんじょう【▽結縁・▼灌頂】** 密教の儀式。目かくしをして諸尊に向かって花を投げ、花の落ちた尊像と仏縁を結ぶというもの。

**け・ぢか・し【気近し】** 古語(形ク) 対義 気遠し。①近く感じられる。身近だ。用例 ―・きほどのけはひ、立ち聞きせさせよ(源氏・末摘花)。②親しみやすい。うちとけている。用例 ―・くおはする君にて(源氏・若菜下)。

**けち・がん【▽結願】**《仏教語》日数を定めて法会・修法や願かけなどを行うこと。また、その最終日や最終日に行う儀式。満願。

**けち・くさ・い【▼吝▼嗇臭い】**(形) いかにもけちなようすだ。けちけちしている。mean

**けち・けち【▼吝▼嗇・▼吝▼嗇】**(副・サ変自) ひどく物惜しみするさま。しわいさま。

**げぢ・じょう【下知状】** ↓げじじょう(下知状)

**けち・みゃく【▽血脈】**《仏教語》師から弟子へと伝えた教え。法統。けつみゃく。

**けちみゃく・そうじょう【▽血脈相承】**《仏教語》師弟の間で正しい仏法を相続し、絶えることなく法脈を伝えること。

**ケチャ**[kechak インドネシア] インドネシア、バリ島の男声合唱。舞踊劇などで歌われる。

**ケチャップ**[ketchup] トマトなどを裏ごしして煮詰め、食塩・香辛料で調味したソース。トマトケチャップ。

**ケチュア・ぞく【ケチュア族】** ペルー・ボリビアに居住するインディオ。かつてインカ帝国の公用語であったケチュア語を話す。トウモロコシ・ジャガイモを中心とする農耕に従事。Quechua

**けちょん・けちょん**(形動)《俗語》こっぴどくやりこめるさま。あますところなく徹底したさま。用例 ―にやっつける。

**け・ちら・か・す【▼蹴散らかす】**(五他) ↓けちらす(蹴散らす)

**け・ちら・す【▼蹴散らす】**(五他) ＝けちらかす。①けって散らす。kick out ②追い散らす。scatter 用例 敵を―。

**けち・る【▼吝・▼嗇る】**(五自)《「けち」の動詞化》けちけちする。出し惜しむ。be stingy

**けちん・ぼう【▼吝・▼嗇ん坊】**(名・形動) ひどく物おしみをするさま・人。しわんぼう。しみったれ。けちんぼ。miser

**ケツ【▼亅】** 1画 部首[亅] JIS 4813
音 ケツ
①かぎ。まがったかぎ形のもの。②部首の一つ。はねぼう。

**ケツ【▼孑】** 3画 部首[子] JIS 5351
音 ケツ・ゲツ
ひとり。ひとりぼっち。ひとりもの。孤立。単独。

**ケツ【▼夬】** 4画 部首[大] JIS 5279
音 ケツ・カイ
つるびき。弓を射るときに、弦をひっかける器具。↓カイ[夬]

**ケツ【欠】** 4画 部首[欠] 教育小4 JIS 2371
10画 **【▼缺】** 部首[缶] 旧字 JIS 6994
音 ケツ・ケン
訓 かける・かく

欠 欠 欠 欠

①《闕とも》㋐かける。たりない。ぬかす。対義 完。「完全無欠・補欠」用例 (名)―をおぎなう。㋑きず。よくない。「欠点」②いない。対義 出。「欠勤・欠席」参考 欠と缺とは、もとは別の字。欠は、「ケン」で、あくびの意。缺と誤って混用されてきた。

**ケツ【穴】** 5画 部首[穴] 教育小6 JIS 2374
音 ケツ
訓 あな

穴 穴 穴 穴 穴

①あな。ほらあな。「偕老同穴・洞穴・墓穴」「穴居」②からだの急所。「灸穴」③しり。おいど。いしき。

**ケツ【血】** 6画 部首[血] 教育小3 JIS 2376
音 ケツ・ケチ
訓 ち

血 血 血 血 血 血

①ち。ちしお。「下血・止血・出血」「血圧・血液・血管・血行」②ちすじ。ちのつながり。ちつづき。「混血」「血縁・血族・血統」③はげしい。意気さかん。「熱血」「血戦・血路」

**ケツ【▼抉】** 7画 部首[扌] JIS 5717
6画 **【▼刔】** 部首[刂] 異体字 JIS 4969
音 ケツ
①えぐる。ほじくる。「剔抉」②あばく。かくれているものを、あかるみにだす。



▼常用漢字表外。 ▽常用漢字表の音訓外。

**ケツ** 7画【決】 部首[氵] 教育小3 JIS 2372
6画【决】 部首[冫] 異体字 JIS 4951
音 ケツ・ケチ
訓 **きめる・きまる**
決決決決決決
①きめる。きまる。「可決・即決・判決・未決」「決意・決定」 ②きっぱり。おもいきって。「決起・決然」 ③やぶる。こわす。「決河・決壊・決裂」 ④議事での賛否。用例(名) ——をとる。**決を採る**(けつをとる) 議案の賛否を、数によって決める。採決を多数決によって決める。採決する。take a vote on; put to the vote

**ケツ** 8画【玦】 部首[王]
音 ケツ
①おびだま。帯につける玉。輪形で一部分がきれているもの。 ②つるびき。弓を射るときに、弦をひっかける器具。

**ケツ** 9画【頁】 部首[頁] JIS 4239
音 ケツ・ヨウ
①かしら。あたま。こうべ。 ②「頁岩」は、水成岩の一つ。砥石・硯などに用いる。泥板岩。 ③部首の一つ。おおがい。↓ヨウ[頁]

**ケツ** 10画【挈】 部首[手] JIS 5745
音 ケツ・ケイ
ひっさげる。手にさげる。もつ。

**ケツ** 10画【桀】 部首[木]
11画【桝】 異体字 JIS 5960
音 ケツ
①とまり木。ねぐら。とや。 ②中国古代、夏王朝の最後の天子の名。暴君の典型として、殷の紂王と併称される。用例(固名) ——紂と堯舜。

**ケツ** 10画【桔】 部首[木] JIS 2143
音 ケツ・キツ
「桔梗」は、キキョウ科の多年草。秋の七草の一つ。

**ケツ** 10画【訐】 部首[言] JIS 7532
音 ケツ
あばく。人の秘密や悪事を、あかるみにだす。

**ケツ** 11画【訣】 部首[言] JIS 2377
音 ケツ
①わかれる。人とわかれる。「永訣」 ②おくの て。極意。「秘訣」

**ケツ** 12画【厥】 部首[厂] JIS 5048
音 ケツ・クツ
①その。それ。 ②「突厥」は、中国北西方にいたトルコ系の遊牧民族。

**ケツ** 12画【結】 部首[糸] 教育小4 JIS 2375
音 **ケツ**・ケチ
訓 **むすぶ・ゆう・ゆわえる**
結結結結結結
①むすぶ。ゆう。ゆわえる。一つにする。「団結・締結・連結」「結合・結党・結髪」 ②おわる。おわり。「起結・終結」「結局・結末・結了」 ③漢詩のむすびの句。対義 起。「起承転結」

**ケツ** 13画【傑】 部首[人・亻] 常用 JIS 2370
12画【傑】 旧字
8画【杰】 部首[木] 異体字 JIS 5931
音 **ケツ**
①すぐれる。とびぬけて、すぐれた。「傑作・傑出」 ②すぐれた人。「豪傑・女傑」

**ケツ** 13画【歇】 部首[欠] JIS 6128
音 ケツ
やむ。とまる。つきる。なくなる。「間歇」

**ケツ** 14画【劂】 部首[刂]
音 ケツ
①彫刻刀。まがったのみ。 ②ほる。けずる。

**ケツ** 14画【碣】 部首[石] JIS 6682
音 ケツ
①一つだけぬけでて高い石・山。 ②いしぶみ。石碑。

**ケツ** 14画【竭】 部首[立] JIS 6781
音 ケツ
つきる。なくなる。つくす。

**ケツ** 15画【蕨】 部首[艹] JIS 4747
音 ケツ
ワラビ。イノモトソウ科の多年草。夏緑性のシダ植物。

**ケツ** 15画【潔】 部首[氵] 教育小5 JIS 2373
15画【潔】 旧字
音 **ケツ**
訓 **いさぎよい**
潔潔潔潔潔潔
①いさぎよい。けがれのない。きよい。比較 廉。「高潔・純潔・清潔・不潔」「潔白」 ②てみじか。「簡潔」

**ケツ** 15画【獗】 部首[犭] JIS 6453
音 ケツ
あれくるう。あばれまわる。たける。「猖獗」

**ケツ** 15画【羯】 部首[羊] JIS 7027
音 ケツ・カツ
①えびす。中国北方の遊牧民の匈奴の一種族。四世紀初め、山西省に居住していた同族の石勒が、五胡十六国の一つ、後趙を建国した。 ②去勢したヒツジ。

**ケツ** 15画【頡】 部首[頁] JIS 8086
音 ケツ・キツ
あがる。鳥が舞いあがる。飛びあがる。「頡頏」

**ケツ** 16画【橛】 部首[木]
音 ケツ
①くい。地にうちこむ棒。 ②くつわ。馬の口にはめる器具。

**ケツ** 17画【闋】 部首[門]
音 ケツ
①やむ。おわる。すむ。 ②やすむ。いこう。 ③つきる。なくなる。

**ケツ** 18画【闕】 部首[門] JIS 7977
音 ケツ
①王宮の門。宮城。朝廷。「宮闕・禁闕」「闕下」 ②かける。たりない。ぬかす。「補闕」「闕画・闕字・闕所・闕如・闕腋の袍・闕典・闕文・闕本」

**ケツ** 19画【譎】 部首[言] JIS 7589
音 ケツ・キツ
あざむく。いつわる。だます。はかりごと。

**ケツ** 19画【蹶】 部首[足] JIS 7712
19画【蹷】 異体字
音 ケツ・ケイ
①つまずく。ころぶ。たおれる。 ②きっぱり。おもいきって。「蹶起・蹶然」

**ケツ** 20画【襭】 部首[衤] JIS 7503
音 ケツ
つまばさむ。着物のつまを帯にはさむ。

**ケツ** 21画【纈】 部首[糸] JIS 6982
音 ケツ・ケチ
しぼり。しぼり染め。「夾纈・纐纈」

**けつ**【尻・穴】《俗語》 ①しり。hips ②いちばん終わり。bottom 用例 ——から三番め。
**尻が青い**(けつがあおい) まだ若い。未熟だ。幼稚だ。しりが青い。be green 類似 嘴が黄色い。用例 そんな考えをしているようでは、——。
**尻の穴が小さい**(けつのあながちいさい) 度量が小さい。臆病である。尻の穴が狭い。chicken-hearted
**尻の穴が太い**(けつのあながふとい) 度量が大きい。ずうずうしいほど大胆だ。尻の穴が広い。
**尻の毛迄抜かれる**(けつのけまでぬかれる) とことんまで、だまされる。たぶらかされる。
**尻を叩く**(けつをたたく) やる気をおこさせるようにはげましたり、けしかけたりする。しりをたたく。encourage
**尻を捲る**(けつをまくる) 窮地に追いこまれた人が、相手に対して逆に強い態度に出る。いなおる。take a defiant attitude

**け・つ**【消つ】 古語(四他) ①消す。用例 燃ゆる火を雪もち——・ち(万葉・三・三一九)。 ②無くする。除く。用例 ——・たずて玉に貫くものにもが(万葉・八・一五七二)。 ③けなす。くさす。そしる。用例 さすがに心うつくしう、人をも——・たず(源氏・若菜上)。 ④圧倒する。屈服させる。用例 つひにこの人をえ——・たずなりぬる事(源氏・澪標)。

**ゲツ** 4画【月】 部首[月] 教育小1 JIS 2378
4画【月】 旧字
音 **ゲツ・ガツ**
訓 **つき**
月月月月
①つき。つきかげ。対義 日。「残月・新月・満月・名月」「月光・月明」 ②時間のつき。一年を十二分した期間。対義 年・日。「今月・先月・来月」「月額・月刊・月給・月産・月謝・月報」 用例(助数)十二か——。 ③月曜日のこと。↓ガツ[月]

**ゲツ** 6画【刖】 部首[刂]
音 ゲツ
あしきる。足をきる。足をたちきる古代の刑罰。

**ゲツ** 19画【孼】 部首[子]
19画【孽】 異体字
音 ゲツ
①めかけばらの子。わきばらの子。庶子。 ②わざわい。災難。妖怪の害。

**ゲツ** 20画【櫱】 部首[木]
20画【蘖】 部首[艹] 異体字 JIS 6117
音 ゲツ
ひこばえ。きりとった草木の根株から出た芽。

**ゲツ** 21画【齧】 部首[歯] JIS 8386
24画【囓】 部首[口] 異体字 JIS 5187
音 ゲツ・ケツ
かむ。かじる。かみきる。かみくだく。「齧歯類」

**ゲツ** 22画【糵】 部首[米]
音 ゲツ
①もやし。米・麦・豆などの種を水にひたし、芽を出させたもの。 ②こうじ。米・麦・豆などをむして、こうじ菌をふやしたもの。

**ケツァール**【quetzal(スペイン)】 キヌバネドリ科の緑色に光る美しい鳥。雄の全長約一・二m。樹の穴に巣をつくる。グアテマラの国鳥。南米に分布。

**けつ-あつ**【血圧】 血流が血管壁におよぼす側圧力。ふつうは動脈血圧を意味し、上腕動脈で測定する。心臓の収縮期に最大になり(最高血圧)、拡張期には最小となる(最低血圧)。blood pressure

**けつあつこうか-ざい**【血圧降下剤】 主として血管の拡張によって、病的な高血圧を下げる薬剤。降圧剤。hypotensor

**けつ-い**【決意】(名・サ変自他) 考えをきめること。決心。determination

**けつ-いん**【欠員・闕員】 定員に足りないこと。また、その人数。vacancy

**けつ-う**【血雨】 黄砂や火山灰のため黄褐色に色づいた雨。泥雨。

**げつ-えい**【月影】 ①月。moon ②月の光。つきかげ。moonlight

**けつ-えき**【血液】 動物の血管を通して循環する体液。脊椎動物では血球と血漿よりなる。酸素・養分・ホルモンなどの供給、二酸化炭素・老廃物などの除去、生体の防衛反応、体温調節など組織の細胞に好適な条件を与える役割をもつ。血。blood

**けつえき-ガス**【血液ガス】 血中にある酸素・二酸化炭素・窒素。血液の酸性・アルカリ性の度合いを測定することができ、各検査結果から、肺のガス交換機能・循環器・腎の機能を知る。blood gases

**けつえき-がた**【血液型】 免疫血清学的方法で、血球および血清中の抗原の有無によって分類される血液の型。ABO式・Rh式・MNSs式・P式・ルイス式などの分類方式がある。blood type

**けつえきがた-ふてきごう**【血液型不適合】 輸血のとき、供血者と受血者の血液型が合わないこと。また、母体と胎児の血液型が不適合になっていること。incompatibility of blood type

**けつえき-ぎょうこ**【血液凝固】 血管外に出た血液がかたまること。傷口をふさぎ出血を止める役割を果たす。blood coagulation

**けつえき-ぎょうしゅう**【血液凝集】 出血した血液が血餅をつくり固まること。血液凝固。blood coagulation

**けつえき-ぎんこう**【血液銀行】 採血した血液を検査・保存管理し、必要に応じて医療機関に提供する組織。blood bank

**けつえき-しきそ**【血液色素】 動物の血液中にみられる色素たんぱく質。酸素を運搬する。脊椎動物では、赤色のヘモグロビン。無脊椎動物では、青色のヘモシアニン、緑色のク

ロロクルオリンなど。blood pigment

**けつえき-じゅんかん【血液循環】** 動物体内で、血液が心臓から一定方向に送られ循環し心臓に戻ってくること。circulation of blood

**けつえき-せいざい【血液製剤】** 血液中の特定の成分を抽出して、治療に有効に利用できるよう製剤化したもの。悪性腫瘍のための赤血球、白血病のための血小板、火傷のための血漿など。新鮮な血液を遠心分離して作る。

**けつえき-センター【血液センター】** 輸血に用いる血液を保存し供給する血液銀行の一つ。地方公共団体・日本赤十字社に設置された献血受け入れ機関。blood bank

**けつえき-ひじゅう【血液比重】** 硫酸銅溶液の表面に血液を滴下し、その浮き沈みで比重を測る。献血の検査などに適用。specific gravity of blood

**けつ-えん【血縁】** [対義]地縁。①血つづき。血すじ。血脈。blood relationship ②血族。blood relative

**けつ-えん【結縁】** →けちえん(結縁)

**けつえん-かんけい【血縁関係】** 親子・兄弟関係からできる血族と、婚姻から生まれる姻族との両者からなる関係。blood relationship

**けつえん-しゅうだん【血縁集団】** 生物学的な血のつながりで結びついている社会集団。たとえば家族は婚姻関係(夫婦)と血縁関係(親子・兄弟など)とで成り立つが、後者のつながりを重視する社会組織をいう。consanguineous group

**げつ-おう【月央】** 一月のなかば。一五日の前後。

**けっ-か【欠課】** 課業に出席しないこと。

**けっ-か【決河】** 土手をやぶって水があふれ出ること。

**決河の勢い**(けっかのいきおい) 猛烈な勢い。

**けっ-か【結果】** (名・サ変自他) ①ある原因によってある状態が生じること。その生じた最後の状態。result [対義]原因。[用例]努力の—、成功する。よい—をみる。②物事が作用し、それによって、ある事が起こること。また、その起こった影響・変化。result [対義]動機。[用例]選挙の—、当選した。③果樹が結実すること。また、そのなった実。fruit

**けっ-か【結▼跏】** 「結跏趺坐」の略。

**けっ-か【▼闕下】** 《宮門のもと、の意》天子の御前。

**げっ-か【月下】** 月の光のさす所。月光の下。under the moon

**げっ-か【激化・▼劇化】**(名・サ変自他) →げきか(激化)

**けっ-かい【血塊】** 血液のかたまり。

**けっ-かい【決壊・決▼潰】**(名・サ変自他) 大水で土手が破れくずれること。また、破れくずすこと。break down

●ゲッカビジン

**けっ-かい【結改】** ①陰暦の五月と九月の二五日に、楊弓の上手な人々が集まって行われた競技。②楊弓の賭弓のときに、くじによって最初の組み合わせを改めること。

**けっ-かい【結界】** 《仏教語》①修行に妨げがないように修行者の居住・行動の範囲を定め、出入りの制限をすること。また、その区域。②出入りを禁じること。禁制。[用例]女人—。③寺院の内陣と外陣の仕切りの柵。

**けっ-かく【欠画・▼闕画】**(名・サ変他) ①文字の画をはぶくこと。②昔、天子・貴人の名と同じ字を書くのを遠慮し、最後の一画をはぶくこと。「恒」を「恒」とするなど。[比較]欠字。

**けっ-かく【欠格】** 必要な資格がないこと。

**けっ-かく【結核】** ①結核菌によって起こる慢性伝染病。肺結核のほか、髄膜炎・腎結核・腸結核など。tuberculosis ②堆積岩・砕屑岩・火山岩・土壌などの中に局所的にできる鉱物質の硬い塊。concretion

**げつ-がく【月額】** 一か月あたりの金額。monthly sum

**けっかく-きん【結核菌】** 結核の病原菌。細長い桿菌でヒト型・ウシ型・トリ型・ネズミ型の四型に分かれる。一八八二年、コッホが発見した。→細菌[写]

**けっかく-よぼうかい【結核予防会】** 結核の予防と治療に必要な事業を行う財団法人。昭和一四年(一九三九)に設立。各都道府県に支部がある。

**げっか-こう【月下香】** チューベローズの和名。

**けっか-てき【結果的】**(形動) ①結果として存在する状態。as a result ②結果に重点をおくさま。終わったあとで見るさま。consequently [用例]—には成功だった。

**げっかのいちぐん【月下の一群】** 堀口大学訳の訳詩集。大正一四年(一九二五)刊。象徴派から第一次大戦後の現代詩に至るフランス詩の翻訳三四〇編を収録。多くの現代詩の清新な翻訳は昭和詩に大きな影響を与えた。

**げっか-びじん【月下美人】** サボテン科クジャクサボテンの一種。七〜一〇月に、大形で白色の花を開く。花には芳香があり、夜八時ごろから咲きはじめ、朝までにしぼむ。→[写]

**げっか-ひょうじん【月下氷人】** 《「月下老」と「氷上人」をいっしょにした語。ともに縁結びの神。中国の故事から》仲人。媒酌人。

**けっか-ふざ【結▼跏▼趺▼坐】** 坐法の一つ。とくに禅宗で用いる。左の足は右のももの上に、右の足は左のももの上にのせる。左足を右ももの上にのせ、次に右足を左ももの上にのせるのが吉祥坐、この反対が降魔坐。

**けつか・る** ㊀(五自)《俗語》「ある」「いる」を卑しんで言った語。居やがる。㊁(補動)《「…てけつかる」の形で》上の動詞の動作を卑しめる意を表す。[用例]泣いて—。

**けっか-ろん【結果論】** 行為の結果だけを見て、あれこれ言う議論。second guessing [対義]動機説。

**けっ-かん【欠巻】** 一そろいの本や雑誌のうちの欠けた巻。

**けっ-かん【欠陥】** かけて足りないこと。不備。欠点。defect [用例]—商品。

**けっ-かん【血管】** 血液が循環する管。脊椎動物では、動脈・静脈・毛細血管からなる。動脈は心臓から体の各部に血液を送り、静脈は体の各部から血液を心臓へかえす。毛細血管は動脈と静脈のあいだに介在する。blood vessel

**けつ-がん【▼頁岩】** 堆積岩の一つ。泥の固まった泥岩のうち、層理面にそって薄くはがれる性質をもつもの。油頁岩・磐土頁岩・黒色頁岩・石灰質頁岩など。泥板岩。shale

**げっ-かん【月刊】** 毎月刊行すること。monthly issue [比較]日刊・週刊・隔週刊・旬刊・年刊。[用例]—雑誌。

**げっ-かん【月間】** 一か月のあいだ。monthly

**けっかん-けい【血管系】** 心臓と血管からなる循環系。このほか脊椎動物では循環系としてリンパ系があるが、無脊椎動物ではそのような区別がとくにない。節足動物・軟体動物などは、血液が血管から一度体組織中に出てしまう開放血管系、環形動物・脊椎動物などは、血液が血管外に出ない閉鎖血管系をもつ。blood circulatory system

**けっかん-しゃ【欠陥車】** 構造や材質に欠陥のある自動車。defective car

**けっかん-しょうひん【欠陥商品】** 備えているべき性能が欠如しているか、あってはならない危険性をもつ商品。一般に設計・製造工程のミスによる構造的欠陥をさす。defective merchandise

**けっかん-ぞうえい【血管造影】** 血管に放射線を吸収する薬剤(X線造影剤)を注入し、X線投影で検査する方法。心疾患・脳疾患の診断に用いる。angiography

**けっ-き【血気】** ①いのちをたもつ体力。vigor ②さかんな意気。はやる心。客気。hot blood

**血気盛ん**(けっきさかん) 活力がみなぎって、はつらつとしている。hot-blooded [用例]—な若者がねり歩く。

**血気に逸る**(けっきにはやる) 向こう見ずに物事をする。be impetuous

**血気の勇**(けっきのゆう) はやる心にまかせた一時の勇気。blind daring

**けっ-き【決起・▼蹶起】**(名・サ変自) 勢いよく立ち上がること。思いきって行動を起こすこと。rising up [用例]—を促す。

**けつ-ぎ【決議】**(名・サ変他) 会議で決めること。また、その決定事項。decision [用例]—文。

**けっき-ざかり【血気盛り】** 若くて気力・活力のもっともさかんな年ごろ。

**けっ-きゅう【血球】** 血液中の細胞の総称。赤血球・白血球・血小板からなる。blood cell

**けっ-きゅう【結球】**(名・サ変自) 植物で、キャベツなどのように、葉が巻きこんで葉球をつくる現象。head formation

**げっ-きゅう【月給】** 月ごとに支払われる給料。サラリー。monthly salary [対義]日給・年給・週給。

**げっきゅう-でん【月宮殿】** 月の中にあるという、想像上の宮殿。

**げっきゅう-とり【月給取り】** 月給を受ける人。サラリーマン。salaried worker

**けっ-きょ【穴居】**(名・サ変自) ほらあなに住むこと。cave dwelling

**けっ-きょう【血胸】** 胸腔内に血液のたまった状態。心臓・肺・大血管の損傷による場合が多い。胸痛・呼吸困難・ショックをおこす。hematothorax

**けっ-きょく【結局】** ㊀(名)①碁を打ち終えること。②事の終わり。結末。終局。in the end ㊁(副)ついに。とうとう。とどのつまり。結句。after all

**けっきょ-せいかつ【穴居生活】** 自然もしくは人工の洞穴を家とする生活。

**けっ-きん【欠勤】**(名・サ変自) つとめを休むこと。absence [対義]出勤。

**げっ-きん【月琴】** 中国・日本の撥弦楽器。リュート属。丸い胴に棹をもち、通常四弦で義甲(つめ)で弾奏する。日本では明清楽に使用。

**けっ-く【結句】** ㊀(名)①詩歌の末の句。②漢詩で、絶句の第四句、また、律詩の第七・八句。㊁(副)①結局。ついに。②かえって。むしろ。いっそ。

**け-づくろい【毛繕い】** けものが舌・つめなどを使い、毛やからだをきれいにすること。グルーミング。grooming

**けっ-け【結▽解】** 《仏教語》煩悩の束縛(=結)から脱すること。けつげ。

**げっ-けい【月▼桂】** ①月にはえているというカツラの木。②月。月光。③月桂樹。

**げっ-けい【月経】** 女性にみられる、一定の周期で規則的に反復する生理的な子宮からの出血。妊娠期間を除き、初潮(日本人で一〇〜一四歳)から閉経(五〇〜五五歳)まで繰り返される。つきのもの。めぐり。つきやく。経水。メンス。menses

**げっけい-うんかく【月▼卿雲客】** 公卿と殿上人。

**げっけい-かん【月▼桂冠】** ①月桂樹の枝葉で作った冠。古代ギリシアで、競技の優勝者などにかぶせ、賞賛の意を表したもの。現在では、おもにマラソン競走の勝者などに贈られる。laurel wreath ②もっとも名誉ある地位・しるし。laurels →[写]

●月桂冠①

**げっけい-こんなんしょう【月経困難症】** 月経時におこる下腹部や腰部の病的に強い疼痛。dysmenorrhea

**げっけい-じゅ【月▼桂樹】** クスノキ科の常緑高木。高さ約一二m。葉は長楕円形で香気がある。雌雄異株。葉は香料の原料、果実は薬用。また記念樹として植樹される。南ヨーロッパ原産。ローリエ。ローレル。laurel →[写]

●ゲッケイジュ

**けっけい-もじ【▼楔形文字】** →くさびがたもじ(楔形文字)

**けつ-げき【穴▼隙】** あな。すきま。

**穴隙を鑽る**(けつげきをきる) 《塀や垣などに穴をあけてこっそりのぞき見る、の意から》男女が密かに、相通じること。

**けっけ-りょうり【結▽解料理】** 古式の精進料理。東大寺の文献に伝わり、現在でも古式にのっとった再現が試みられている。

**げっ-けん【撃剣】**《「げきけん」の変》剣術。
**けつ-ご【結語】** 論文・報告などを終わりとするときの語。結びのことば。conclusion 対義 緒言(しょげん)。
**けっ-こう【欠航】**(名・サ変自) 定期の航海・航空を中止すること。
**けっ-こう【欠講】**(名・サ変自) 行われるはずの講義がなくなること。休講。no lecture
**けっ-こう【血行】** 血が回っていくこと。blood circulation
**けっ-こう【決行】**(名・サ変他) 思いきってすること。carry out 用例 小雨—。
**けっ-こう【結構】** ㊀(名) 家屋・文章などの組み立て。構造。construction 用例 寺院の—。文章の—。㊁(形動) ①すぐれたさま。good 用例 —なお品。②気だてのよいさま。good nature 用例 —な人。③望ましい状態であるさま。満足がゆくさま。excellent 用例 お元気で—です。④《多く「もう結構」の形で》それ以上は望まない。enough 用例 いえ—です。⑤望んでいることを遠まわしに言う言い方。用例 一杯やるか。—ですね。参考 よいと肯定する場合は、相手の動作に対して言う。㊂(副) そうとうに。じゅうぶん。enough 用例 文句を言いながらも、—楽しそうだ。
**結構けだらけ猫灰だらけ**(けっこうけだらけねこはいだらけ) 結構だということを、同じような音の語を重ねて言ったただじゃれ。多く、あざける気持ちで言う。
**結構は阿房の唐名**(けっこうはあほうのからな)《「唐名」は、別名の意》お人好しすぎるのは、ばかと変わりないということ。
**けつ-ごう【欠号】** 通し番号のうち、かけた番号。その本や新聞。
**けつ-ごう【結合】**(名・サ変自他) 結び合うこと。結び合わせること。bond
**げっ-こう【月光】** 月のひかり。用例 —をあびる。moonlight
**げっ-こう【月▼虹】** 月の光で生じる白いにじ。
**げっ-こう【激▼昂】**(名・サ変自)《「げきこう」の変》いきりたつこと。enragement
**けつごう-エネルギー【結合エネルギー】** 化学結合している原子をばらばらにするのに必要なエネルギー。また、原子核をばらばらの中性子と陽子にするのに必要なエネルギー。bond energy
**けっこう-しょうがい【血行障害】** 広義には、動静脈・毛細血管の血流障害。狭義には、動脈の狭窄(きょうさく)・攣縮(れんしゅく)などにより血流が障害され、脈拍の減弱・皮膚蒼白(そうはく)・疼痛(とうつう)・麻痺(まひ)・壊死(えし)などを生じること。disturbance of blood flow
**けっこう-ずくめ【結構▽尽(く)め】** すべてがよいことばかりであること。
**けつごう-そしき【結合組織】** 生物の体内で器官や組織を相互に結びつけたりする支持組織の一つ。結締組織。connective tissue
**げっこう-ソナタ【月光ソナタ】**《"Mondschein"(ドイツ)》ベートーベン作曲のピアノソナタ第一四番の通称。三楽章。一八〇一年作。
**けつごう-ほうそく【結合法則】** 演算の三法則の一つ。数の乗法・加法の演算で、$(a+b)+c=a+(b+c)$、$(a\times b)\times c=a\times(b\times c)$ をみたすとき、この乗法・加法は結合法則をみたすという。associative law
**げっこう-ぼさつ【月光▼菩▼薩】** ↓がっこうぼさつ(月光菩薩)
**ケッコーネン【Urho Kaleva Kekkonen】**(一九〇〇〜八六) フィンランドの政治家。一九五六年以来大統領に三選。対ソ友好、中立政策を堅持。
**けっ-こく【欠刻】** ①欠け。きざみ。②植物で、葉の縁にある大きな切れこみ。lobation
**けっ-こん【血▼痕】** 血のついたあと。bloodstain
**けっ-こん【結婚】**(名・サ変自) 男女が夫婦になること。今日の社会では、法律上の手続きを裏づけとし、社会的に認められ、経済面・精神面でお互いに助け合いながら、いっしょに暮らすことをいう。婚姻。marriage
**結婚前には両目で見、結婚後には片目で見よ**(けっこんまえにはりょうめでみ、けっこんごにはかためでみよ) 結婚前には、相手の欠点を見のがしがちだから、目を大きく見開いて注意し、結婚後には、相手の欠点がよく見えるものだから、なるべく見ないようにしろ。
**けっこん-きねんび【結婚記念日】** 夫婦が結婚した日を記念して祝う日。もとは欧米の風習だが、明治天皇の大婚二五年祝典が行われてから、しだいに一般化した。wedding anniversary ↓図

●結婚記念日

| | | | |
|---|---|---|---|
| 一年目 | 紙婚式 | 一五 | 水晶婚式 |
| 二 | 綿婚式 | 二〇 | 磁器婚式 |
| 三 | 革婚式 | 二五 | 銀婚式 |
| 四 | 書籍婚式 | 三〇 | 真珠婚式 |
| 五 | 木婚式 | 三五 | 珊瑚(さんご)婚式 |
| 六 | 鉄婚式 | 四〇 | ルビー婚式 |
| 七 | 銅婚式 | 四五 | サファイア婚式 |
| 八 | 青銅婚式 | 五〇 | 金婚式 |
| 九 | 陶器婚式 | 五五 | エメラルド婚式 |
| 一〇 | 錫(すず)婚式 | 六〇 | ダイヤモンド婚式(英) |
| 一一 | 鋼鉄婚式 | 七五 | ダイヤモンド婚式(米) |
| 一二 | 絹婚式 | | |
| 一三 | レース婚式 | | |
| 一四 | 象牙(ぞうげ)婚式 | | |

**けっこん-けんさ【血▼痕検査】** 法医学的な物体検査の一つ。凶器や犯行現場などに残された斑痕(はんこん)が血液であるかどうかを調べること。また血液であれば、法医学上の証拠価値をもつ事項を調べる。blood identification
**けっこん-こうしんきょく【結婚行進曲】** 結婚式の入・退場などに奏される行進曲。メンデルスゾーンやワーグナーの作品が有名。ウエディングマーチ。wedding march
**けっこん-しき【結婚式】** 男女が結婚し夫婦となるための儀式。夫婦となる誓約を神仏の前で行うのが一般的。仏前・神前、また教会結婚式など宗教的なものが多いが、パーティー形式など新しい形式も増えている。wedding ceremony
**けっこんじゅうごのたのしみ【結婚一五の楽しみ】**《原題 Les Quinze joies de mariage(フランス)》一五世紀フランスの風刺物語。作者未詳。短編小説の原型とされる。結婚生活の苦しみ・悲惨・わずらわしさを描く。
**けっこん-ひろうえん【結婚披露宴】** 結婚を周囲の人々に披露し、関係者とともにその人生の門出を祝う宴。一般に結婚式直後に行われる。wedding reception
**けっ-さい【決済】**(名・サ変他) 取引物件の代価の受け渡しを行い、取り引きを完了させること。settlement
**けっ-さい【決裁】**(名・サ変他) 上位者が部下の出した物事の案の採否をきめること。裁決。sanction 用例 —を仰ぐ。
**けっ-さい【潔斎】**(名・サ変自) 神事や法会(ほうえ)にたずさわる人が、酒食を慎み、沐浴(もくよく)などをして心身を清めること。ものいみ。用例 精進(しょうじん)—。
**けっさい-つうか【決済通貨】** 国際間の売買取引の決済に使用される通貨。currency of settlement
**けっ-さく【傑作】** ㊀(名) ①すぐれた作品。名作。masterpiece ②よいできばえ。fine ㊁(形動) とっぴでこっけいなさま。
**けっ-さつ【結▼紮】**(名・サ変他) 血管あるいは生物体の一部を糸などで縛って、血液などの物質の移動を止めること。ligation
**けっ-さん【決算】**(名・サ変他) ①勘定のしめくくり。close of accounts ②企業の一期間の損益と期末の財政状態を算定し、帳簿を締め切ること。close the books ③国の一会計年度における歳入歳出の総計算。settlement of accounts
**げっ-さん【月産】** 毎月の生産・生産高。monthly output 対義 日産・年産。
**けっさん-いいんかい【決算委員会】** 衆参両院の常任委員会の一つ。決算に関する議案を審議して本会議に報告する。
**けっさん-ほうこく【決算報告】** 継続的に遂行されている財務活動を期間を区切って締め切り、収入・支出や、損益・財政状態を計算して利害関係者に報告すること。また、その報告書。financial statement
**けっ-し【決死】** 死を覚悟すること。命がけ。desperation
**決死の覚悟**(けっしのかくご) 死んでもいいと思うほど、強く心に決めること。at the risk of one's life 用例 —でのぞむ。
**けつ-じ【欠字・▼闕字】** ①あるべき文字がぬけていること。missing letter ②昔の文章で、貴人の名・称号の上を一字、あるいは二字分あけて書いたこと。比較 欠画。
**げっ-し【月氏】** 中国の秦(しん)・漢代に中央アジアで活動した民族。戦国時代にはモンゴル高原西半から黄河上流域にかけて勢威をはった。紀元前二世紀初め匈奴(きょうど)に追われて主力は西走し、バクトリアに至って大月氏とよばれ、黄河上流域に残留したものは小月氏と称された。種族については定説はない。
**げつ-じ【月次】** つきづき。毎月。monthly 用例 —計画。
**けっしき-そ【血色素】** ↓ヘモグロビン
**けっしきそ-にょう【血色素尿】** 赤血球が大量に破壊され、血色素が尿中に出るもの。尿は暗赤褐色となる。hemoglobinuria
**けつ-じつ【結実】**(名・サ変自) ①草木が実をむすぶこと。fruition ②物事の成果が現れること。realization 用例 多年の努力の—。
**けっし-て【決して】**(副)《下に打ち消しをともなって》どうしても。絶対に。けして。never 用例 —言わない。
**けっし-はちだい【欠史八代】**『日本書紀』所載の、第二代綏靖(すいぜい)から第九代開化天皇までの八天皇。神武天皇の即位年代を引き上げるための創出とされる。
**けっ-しゃ【結社】** 共同の目的をとげるため、複数の人間が継続的な集合をつくること。また、その組織。association 用例 政治—。
**げっ-しゃ【月謝】** 毎月出すお礼のお金。授業料など。monthly fee
**けっしゃ-の-じゆう【結社の自由】** 憲法が保障する基本的人権の一つ。共同の目的のために多数の人が継続的な結合関係を結ぶ自由。freedom of association
**けっ-しゅ【血▼腫】** 外傷や血管の破裂により、血液が組織中または組織と組織の間にたまってかたまりになったもの。hematoma
**けっ-しゅう【結集】**(名・サ変自他) 一つに集めること。集まること。concentration 用例 総力を—する。
**けつ-じゅう【結集】**(名・サ変他)《仏教語》釈迦牟尼(しゃかむに)の入滅後に、弟子たちが口伝の教法を集成、整理したこと。けちじゅう。
**げっ-しゅう【月収】** 毎月の収入。monthly income 対義 日収・年収。
**けっ-しゅつ【傑出】**(名・サ変自) 他よりすぐれていること。抜群。preeminence 比較 卓出(たくしゅつ)。用例 —した人物。
**けっ-しょ【血書】**(名・サ変自) 決意を示すために自分の血で文字を書くこと。また、その文字・文章。writing in blood
**けっ-しょ【欠所・▼闕所】** ①所有者のない土地。とくに中世、領主の欠けている所領。転じて、所領の没収。②江戸時代、庶民に対する刑罰の一つ。死罪・遠島(えんとう)などの付加刑で、田畑・家屋敷・家財などを没収。
**けつ-じょ【欠如・▼闕如】**(名・サ変自) 欠けていて足りないこと。lack 用例 思考力の—。
**けっ-しょう【血▼漿】** 血液から血球を除いた液体成分。血液中の有機・無機成分、ホルモンなどの運搬、免疫などのはたらきをする。plasma
**けっ-しょう【決勝】** ①勝負をきめること。②最後の勝敗をきめること。the finals 用例 —戦。
**けっ-しょう【結晶】**(名・サ変自) ①原子や分子が対称的・周期的に規則正しく配列してできた固体。鉱物の大部分や、水銀以外の金属など。crystal ②努力・苦労の結果できあがったこと・もの。result 用例 汗の—。
**けつ-じょう【欠場】**(名・サ変自) 出るはずの競技・演技などの場に出ないこと。absence 対義 出場。
**けつ-じょう【結縄】** 縄の結び目の形や位置や数で情報を伝達・記録する方法。インカ帝国のキープが有名。knotted cord ↓写

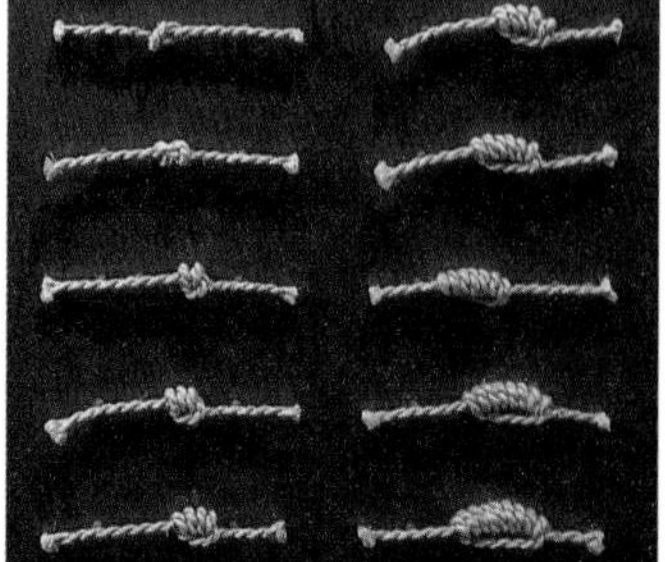

●結縄(けつじょう) インカ帝国の『キープ』。左は一～四(一は二通り)、右は五～九の数を表す。

**げっしょう【月照】**(一八一三〜五八) 幕末の勤王(きんのう)家の僧侶(そうりょ)。京都の清水(きよみず)寺成就院住職。尊攘(そんじょう)運動に身を挺(てい)し、西郷隆盛(さいごうたかもり)らと結んだ。幕府ににらまれて薩摩(さつま)にのがれ、西郷とともに入水したが、月照だけ死亡。
**けっしょう-かがく【結晶化学】** 結晶の構造と、その組成・化学結合との関係を研究する学問。crystal chemistry
**けっしょう-がく【結晶学】** 結晶の形態および内部構造や結晶の物理的および化学的性質

●結晶格子　代表的な結晶格子

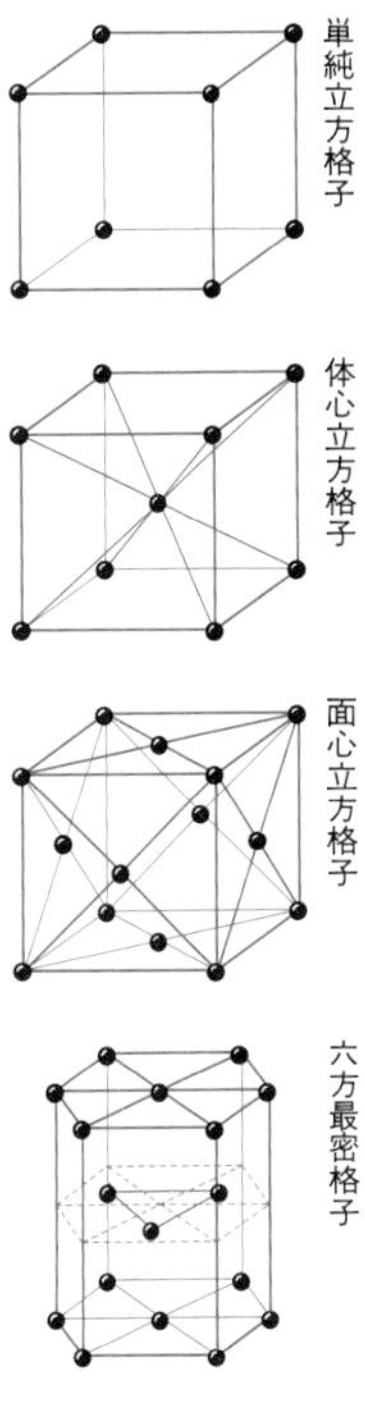


などの研究を主とする学問分野。結晶化学など。crystallography

**けっしょう-けい【結晶系】** 結晶の形態や構造を分類するために導入された、結晶軸のとり方。これにより、結晶の構造は等軸(立方)・正方・斜方・単斜・三斜・六方の六晶系に分類される。crystal system

**けっしょう-こうがく【結晶光学】** 光学の一部門。結晶中での光波伝播のしかた、および結晶の示す光学的性質を研究する。crystal optics

**けっしょう-こうかん【血▼漿交換】** 体内の血漿を新鮮なものと替える治療法の一つ。劇症肝炎などで使われる。plasma exchange

**けっしょう-こうし【結晶格子】** 結晶を形成する原子や分子およびイオンなどの規則的な配列。最小単位をなす平行六面体を単位格子または単位胞といい、一四種類ある。crystal lattice →図

**けっしょう-じく【結晶軸】** 結晶のもつ対称性を記述するための座標軸。回転対称軸、結晶面の稜などを参照して三軸が決められる。crystallographic axis

**けっしょう-しつ【結晶質】** 結晶している物質。非晶質あるいはガラス質に対する語。crystalline substance

**けっしょう-すい【結晶水】** 結晶中に一定の化合比で含まれている水。結晶構造を安定化する。加熱によって失われると、多くは結晶構造が変化する。water of crystallization

**けっしょう-せいざい【血▼漿製剤】** 血液から血球を除いた黄色の液体。水・血漿たんぱく・無機塩が主成分。

**けっしょうたんぱく-いじょうしょう【血▼漿▼蛋白異常症】** 血漿中のたんぱく質に量的・質的異常が起こる病気。多くはいろいろな病気の二次的現象である。dysproteinemia

**けっしょう-てん【決勝点】** ①勝ちをきめた得点。winning point ②ゴール。goal

**けっ-しょうばん【血小板】** 血液凝固作用をもつ血球の成分。blood platelet

**けっしょう-へんがん【結晶片岩】** 高圧の下で、鉱物が一定の方向に割れやすい片理構造の発達した変成岩の一種。石墨・緑泥石・緑簾石・角閃石・紅簾石などの結晶を含む。crystalline schist

**けっ-しょく【欠食】**(名・サ変自) 満足に食事がとれないこと。undernourished

**けっ-しょく【血色】** ①血の色。color of blood ②顔の色つや。complexion 用例 ―がよい。

**げっ-しょく【月色】** ①月の色。②月の光。

**げっ-しょく【月食・月▼蝕】** 月が地球の影の中に入り、月面の一部または全部が欠けて見える現象。月の一部が地球の本影に入れば部分月食、全部が入れば皆既月食となる。lunar eclipse →図

●月食　月食の原理

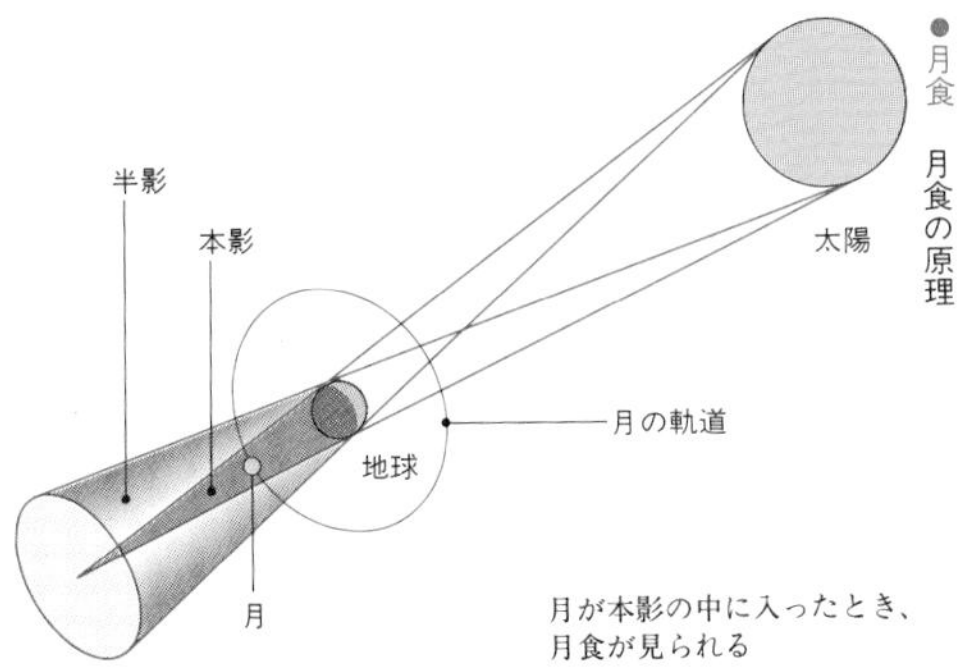


**けっしょく-じどう【欠食児童】** 昭和初期、農村の窮迫によって生じた食糧欠乏の児童。昭和四年(一九二九)から同八年にかけて、農村恐慌によって各地農村は疲弊・窮乏し、児童の体位低下をもたらした。また、第二次大戦後にも、戦災の影響で多数生じた。

**げっし-るい【▼齧歯類】** 哺乳類の一目。小獣で、上下両あごに一対ずつある門歯は終生伸び続け、鋭利で物をかじるのに適する。世界中に約三〇〇〇種が分布し、現存する哺乳類中もっとも種類が多い。リス・ヤマアラシ・ネズミの三亜目に大別。rodent

**けっ-しん【決心】**(名・サ変自他) 物事をしようと考えて心をきめること。また、きめた事柄。決意。determination 用例 なかなか―がつかない。就職しようと―する。

**けっ-しん【結審】**(名・サ変自) 裁判所で、訴訟の取り調べが終わること。conclusion of trial

**けつ-じん【傑人】** ずばぬけてすぐれた人。傑物。

**けっ・する【決する】**(サ変自他) ①(自)㋐きまる。come to a decision ㋑土手が切れ、水があふれ出る。決壊する。collapse ②(他)㋐きめる。determine 用例 意を―。㋑堤防をきって、水を流し出す。make a spillway

**けっ・する【結する】**(サ変自) ①結論する。conclude ②便秘する。秘結する。constipate

**けっ-せい【血清】** 血漿からフィブリノゲンを除いた血液成分。血液を遠心沈殿して得られる。やや黄褐色を呈する透明な液体で、免疫抗体などをふくむ。serum

**けっ-せい【結成】**(名・サ変他) 団体をつくること。organize

**けつ-ぜい【血税】** ①血の出るような思いをして納める税金。重税。②兵役義務のたとえ。

**けっせい-アルブミン【血清アルブミン】** 血液中にある単純たんぱく質の一種。栄養物質・薬剤・代謝産物などの運搬に大きな役割をはたすと考えられている。serum albumin

**けつぜい-いっき【血税一▼揆】** 明治六年(一八七三)に、多く西日本一帯におこった徴兵実施反対の一揆。同年の太政官告諭中の「血税」の文字が農民を刺激したとされるが、実際は徴兵による負担増大と生活の困窮が主原因。

**けっせい-がく【血清学】** 広義には、血清について研究する学問。一般には血清中の抗原抗体反応を取り扱い、免疫学に含まれる。serology

**けっせい-かんえん【血清肝炎】** →ビーがたかんえん(B型肝炎)

**けっせい-ぎんこう【血清銀行】** 伝染病の疫学的状況を知るために、厚生省が昭和四七年(一九七二)から発足させた施設。正称は血清情報管理室。serum bank

**けっせい-そ【血青素】** →ヘモシアニン

**けっせい-びょう【血清病】** ジフテリアや破傷風などの治療血清を注射したのち、注射された動物の血清たんぱくに対する抗体が体内にできて生じる一種のアレルギー性疾患。serum sickness

**けっせい-りょうほう【血清療法】** 抗原を接種して、多量の抗体をつくらせた動物や回復期にある患者の血清などを注射して、その病気の予防や治療をすること。serotherapy

**げっ-せかい【月世界】** 月の世界。the lunar world

**けっ-せき【欠席】**(名・サ変自) 集会や学校などに、休んで出ないこと。absence 用例 会議を―する。学校を―する。対義 出席。

**けっ-せき【血石】** 石英の微小結晶が集まってできた濃緑色の玉髄の中に、赤色の酸化鉄の微粒子を含む石。飾り石として利用。血玉髄。ヘリオトロープ。blood-stone; heliotrope

**けっ-せき【結石】** 排泄管や分泌管などの管腔内に、溶解状態の無機物や有機物が析出または沈着してできる石状のかたまり。胆石・腎石・尿石など。stone; calculus

**けっせき-さいばん【欠席裁判】** ①当事者の一方がいない法廷で行われる裁判。一般に民事訴訟では欠席者に不利になり、刑事訴訟ではそれを理由に不利な裁判を受けさせることはできないとされる。judgment by default ②本人のいないところで、その人の不利になることを言ったり決めてしまったりすること。be tried in one's absence

**けっせき-とどけ【欠席届】** 欠席の理由を書いて出す書類。notice of absence

**けっせき-はんけつ【欠席判決】** 旧民事訴訟法上の用語。民事訴訟で、当事者の一方が口頭弁論期日に欠席した場合、出席した当事者の主張に基づいてなされる欠席者に不利な判決。judgment by default

**けっ-せつ【結節】** ①むすばれて節になること。また、その節。node; tubercle ②結び合わせること。knott ③皮膚面に盛り上がった発疹の一種。丘疹より大きく、腫瘤より小さいもの。tuberculum

**けっせつせい-こうはん【結節性紅▼斑】** 両側の下腿におもに発生する皮下の結節。発熱・関節痛があり、とくに若い女性に多い。erythema nodosum

**ゲッセマネ【Gethsēmanī】** エルサレムの東、オリーブ山の西麓の地。イエスがとらわれる前夜、最後の祈りをささげた場所。

**ケッセル【Joseph Kessel】**(一八九八～一九七九) フランスの小説家。作品『赤い草原』『昼顔』『幸福の後に来るもの』など。

**けっ-せん【血栓】** 血管の中で、血管内皮の損傷や血流の変化などによってできた血のかたまり。thrombus 用例 脳―。

**けっ-せん【血戦】**(名・サ変自) 血みどろになって戦うこと。その戦い。bloody battle

**けっ-せん【決戦】**(名・サ変自) 最終的な勝敗をきめるために戦うこと。decisive battle 用例 ―をいどむ。

**けつ-ぜん【決然】**(形動トタル) 強く決心するさま。きっぱりとしたさま。decisively 用例 ―たる態度。

**けつ-ぜん【▼蹶然】**(形動トタル) ①急に立ち上がるさま。はね起きるさま。②にわかに行動を起こすさま。

**げつ-ぜん【月前】** 月光が照らしている範囲。

**月前の星**(げつぜんのほし) 他の勢力のまえで、影の薄くなった存在のたとえ。

**けっせん-とうひょう【決選投票】** 最初の投票で当選者が決まらなかったとき、得票上位者について再度、あるいは最終的に投票をやりなおして当選者を決めること。final vote

**けっ-そう【血相】** 顔色。顔つき。look

**血相を変える**(けっそうをかえる) 怒ったり、驚いたりして、顔色を変える。change color

**けっ-そう【傑僧】** 抜きんでてすぐれた僧。distinguished priest

**けっ-そう【▼纈草】** カノコソウの別名。根茎は「纈草根」とよばれ、漢方薬。鎮痙薬・鎮静薬として用いられる。

**けっ-そく【結束】**(名・サ変自他) ①物をむすび束ねること。bundle ②製本で、折った刷本や雑誌などを、単位ごとに束ねること。また、束ねたもの。bind ③同志の者が互いに団結すること。union ④衣服や甲冑をつけて身支度すること。band together

**けつ-ぞく【血族】** 親子・兄弟・おじ・おば・おいなど、血のつながる者どうし。また、養親子など法律上これと同視される者どうし(法定血族)をもいう。blood relative 比較 姻族。

**けつぞく-けっこん【血族結婚】** 同一血族の近親関係にある者どうしの結婚。intermarriage

**げっそり(と)**(副) ①急に少なくなるさま。very decreasingly 用例 ―減る。②急に気力を失うさま。much disappointedly ③やせおとろえるさま。grow very thin

**けっ-そん【欠損】** ㊀(名・サ変自) 欠けて損害を受けること。record a loss ㊁(名) 企業などで、収入より支出が多いこと。loss

**けっそん-かぞく【欠損家族】** 未成年者の、片親ないし両親が欠けている家族。一般には母子家族・父子家族。broken family

**けっ-たい【結滞】**(名・サ変自) 脈搏が不規則になること。

**けっ-たい【▽希代】**(形動) 《方言。「けたい(希代)」の転》おもに関西で、奇妙。変。

**けっ-たく【結託】**(名・サ変自) ぐるになって不正をたくらむこと。conspiracy

▼常用漢字表外。　▽常用漢字表の音訓外。

**けった-くそ【▼卦▽体▼糞】**《「けたいくそ」の転。「卦体」は、易の卦に出た形で、転じて、縁起、また縁起が悪い、の意。これを、不愉快な気持ちを強く込めていった語》いまいましいこと。

**卦体糞が悪い**（けったくそがわるい）《「けたいが悪い」を強めていうことば》①いまいましい。しゃくにさわる。②縁起が悪い。

**けっ-たん【血炭】** 獣炭の一種。動物の血液を炭酸ナトリウムとともに乾留して得られる多孔質の炭化物質。脱色に利用。

**けっ-たん【血▼痰】** 血のまじっているたん。bloody phlegm

**けつ-だん【決断】**(名・サ変自他) ①(自)きっぱりきめること。decision 用例—が速い。②(他)善悪・正邪をさばくこと。decision

**けつ-だん【結団】**(名・サ変自他) 団体を組織すること。set up a group 対義解団。用例—式。

**げっ-たん【月▼旦】** ①毎月の初日。②「月旦評」の略。

**げったん-ひょう【月▼旦評】**《毎月一日に人物評をした中国、後漢の許劭（きょしょう）の故事から》人物批評。品定め。

**けつだん-りょく【決断力】** 決断する心がまえ・能力。decision

**けっ-ちゃく【決着・結着】**(名・サ変自) きまりがつくこと。落着。conclusion 用例—をみる。

**決着を付ける**（けっちゃくをつける） 物事にけりを付ける。けじめをはっきりさせる。settle 用例話し合いで—。

**けっ-ちゅう【▼桀▼紂】** ①中国古代の暴君である、夏（か）の桀王と殷（いん）の紂王。②《転じて》暴君。悪王。

**けっ-ちょう【結腸】** 大腸のうちもっとも長い部分。一方は盲腸に、他方は直腸に続く。colon

**けっちょう-がん【結腸▼癌】** S状結腸に多く発生する癌。消化管の癌では胃癌・直腸癌についで多い。cancer of colon

**げっちょう-せき【月長石】**《みがくと真珠のような光沢を示し、月夜を連想させることから》長石の一種。青色または乳白色。装飾用に使われる。moonstone

**けっ-ちん【血沈】** 抗凝固剤を混ぜた血液を直立した細管中に放置したとき、赤血球が分離沈降する速度。ミリメートル単位で表し種々の疾患の判定に用いる。赤血球沈降速度。赤沈。ESR。erythrocyte sedimentation rate

**ゲッツ【Stan Getz】**(一九二七) アメリカのテナーサックス奏者。一九五〇年代クールジャズを代表する一人。

**ゲッツー**《和製語》↓ダブルプレー

**けっ-てい【決定】**(名・サ変自他) ①はっきりきめること。きまること。また、きまっている事柄。decision; conclusion 比較確定。用例会議の—に反対する。②国や地方公共団体の機関が、疑義のある事項やその裁量に属する事項、証拠決定、移送決定などについて、一定規準のもとに決める処分。裁判所の行う判決以外の裁判、また税務署長の行う税額決定などがある。

**けってい-そしき【結締組織】** ↓けつごうそしき(結合組織)

**けってい-てき【決定的】**(形動) ①物事がきまっていて動かないさま。definite 用例この本の評判は—だ。②ほとんど動かしえないさま。definite 比較確定的。用例優勝は—だ。

**けっていてき-しゅんかん【決定的瞬間】** ブレッソンの同題名の写真集による写真用語。内容と形式が合致した瞬間を得る直観を説く。decisive moment

**けってい-ばん【決定版】** 書物などで修正を必要としない正確なもの。質的にもっともすぐれたもの・品。definitive edition

**けってい-ろん【決定論】** 人間の意志・営為も含め、いっさいの事象は必然的法則に支配されているとする立場。その法則を神の意志、その他の形而上（けいじじょう）学的原理、歴史法則、自然界の因果律に求めるなど、各種の説がある。determinism

**ゲッティンゲン【Göttingen】** 西ドイツ中東部の大学都市。精密機械工業がさかん。人口一三・二万(一九八五)。

**けってき-の-ほう【▼闕▼腋の▼袍】** 昔の武官の正装の上着。わきの下をぬわない袍。対義縫腋（ほうえき）の袍。↓束帯図

**けってつ-しょう【血鉄症】** 大量の輸血などにより、肝臓・脾臓（ひぞう）などの諸臓器に鉄が過剰に沈着した状態。ヘモジデローシス。hemosiderosis

**けっ-てん【欠典・▼闕典】** きまりや文章の、不十分なこと。

**けっ-てん【欠点】** ①不十分なところ。短所。shortcoming 用例—をつく。②あやまち。失敗。fault ③落第点。failing mark

**ケット** 「ブランケット」①の略。

**けっ-とう【血島】** 脊椎（せきつい）動物の発生時のはじめに現れる赤芽（せきが）細胞と、それに関係する血管を形成する細胞とが集まったもの。blood island

**けっ-とう【血統】** 血筋。血つづき。lineage

**けっ-とう【血糖】** 血液中に含まれるブドウ糖。正常値は空腹時で一dl中七〇〜一一〇mg。糖尿病ではこの値が高くなる。blood sugar

**けっ-とう【決闘】**(名・サ変自) 恥・恨み・争いに決着をつけるため、互いに武器をとって勝敗をきめること。果たし合い。duel

**けっ-とう【結党】**(名・サ変自他) 政党・仲間を組織すること。form a party 対義解党。

**げっ-とう【月桃】** ショウガ科の多年草。高さ二m内外。夏に、白色で赤いすじのある花を茎頂に密集し、下垂させる。九州南端以南に分布。

**けっとう-しょ【血統書】** 家畜の血筋について記した証明書。イヌ・ネコ・ウマなど。pedigree 用例—付きのネコ。

**けっとう-じょう【決闘状】** 決闘を申しこむ手紙。果たし状。challenge; cartel

**ゲットー【ghetto イタリア】** ①ヨーロッパの都市でユダヤ人を強制的に収容した居住区。一六世紀初頭ベネチアに初めて設置、以後各地に広まった。一九世紀末までにほぼ廃止されたが、第二次大戦中ナチスにより強制収容所として復活。ユダヤ人街。ghetto ②アメリカの大都市にある、黒人やプエルトリコ人などの密集居住地区。ghetto

**げっ-とく【月徳】** 陰陽道（おんようどう）でいう吉日の一つ。その月の徳(善)神がいる日をいう。一・五・九月は丙（ひのえ）の日、三・七・一一月は壬（みずのえ）の日、二・六・一〇月は甲（きのえ）の日、四・八・一二月は庚（かのえ）の日。月徳日。

**けっ-とば・す【▼蹴っ飛ばす】**(五他) ↓けとばす(蹴飛ばす)

**ケットル【kettle】** やかん。ケトル。

**げつ-ない【月内】** その月のうち。by the end of this month

**けつ-にく【血肉】** ①血と肉。flesh and blood ②親子兄弟。血族。骨肉。relatives

**けつ-にょう【血尿】** 尿に血が混じっていること。また、その尿。肉眼でわかるものを肉眼的血尿、顕微鏡で検査して初めてわかるものを顕微鏡的血尿という。血尿排出時期で出血部位がほぼ推定できる。hematuria

**けっ-ぱい【欠配】**(名・サ変自) 主食の配給や給与の支給などが欠けること。short rationing 比較満配。

**けっ-ぱく【潔白】**(名・形動) ①よごれのないこと・さま。まっしろ。pure ②やましくないこと・さま。公明正大。innocent 用例清廉—。

**けっ-ぱつ【結髪】**(名・サ変自) ①髪をゆうこと。ゆった髪。hairdressing 比較調髪。②元服。

**けつ-ばん【欠番】** ①途中の番号が欠けていること。その番号。missing number ②プロ野球で、チームに大きく貢献した選手の栄誉を記念するために、以後その選手のつけていた背番号を自チームの他の選手につけないこと。missing number 用例永久—。

**けっ-ぱん【血判】** 指を切って出した血で署名の下に押す印。中・近世、神文（しんもん）・誓詞（せいし）など書面の内容・約束に反（そむ）かないことを誓うため、文書の署名や花押（かおう）の下に押した。

**げっ-ぱん【月販】** 「月賦販売」の略。

**けつ-び【結尾】** しまい。終わり。結び。結末。end 対義冒頭。

**けっ-ぴょう【結氷】**(名・サ変自) 湖や池など、一般に屋外の水が凍ること。また、その氷。測候所では、蒸発計の水で判断する。freezing 用例—期。

**げっ-ぴょう【月表】** 一か月ごとにまとめた表。毎月つくる表。monthly table 比較年表。

**げっ-ぴょう【月評】** 毎月行う批評。新聞・雑誌などで、文芸・政治などについて掲載される。monthly review

**けつ-びん【欠便】** 定期便の運航を中止すること。cancellation 比較欠航・運休。

**げっぷ** 飲み下された空気が胃から口へ上昇し排出されたもの。食物をよくかまずにかきこむと起こりやすい。おくび。eructation; burp

**げっ-ぷ【月賦】** ①金額を一か月いくらと割り当てること。その毎月の割り当て。月割り。monthly installment plan 米; monthly hire-purchase system 英 比較年賦。②「月賦払い」の略。

**けつ-ぶつ【傑物】** すぐれた人物。great person

**げっぷ-ばらい【月賦払い】** 代金を月割りにして支払うこと。monthly payment

**げっぷ-はんばい【月賦販売】** 売買代金を月単位に分割して支払うことを認める販売方式。installment plan

**けつ-ぶん【欠文・▼闕文】** 語句や文などがぬけ落ちている文章。

**けっ-ぷん【血粉】** 動物の血液をかわかして固めたもの。窒素分を含み、肥料として用いる。

**けっ-ぺい【血▼餅】** 血液が空気に触れたときできるかたまり。血液中のフィブリノゲンが不溶性のフィブリンとなり血球とからみあってできる。傷口を塞ぎ止血する役を果たす。けつべい。blood clot

**げっ-ぺい【月▼餅】** 中国菓子の一つ。小麦粉を主とした皮に、あんや乾燥果実を入れて焼く。中秋の月見のときに供えられた。

**けっ-ぺき【潔癖】**(名・形動) 極端によごれ・不正をきらうこと・性質。cleanliness

**けつ-べつ【決別・▼訣別】**(名・サ変自) 断固として別れること。いとまごい。farewell

**ケッヘル【Ludwig von Köchel】**(一八〇〇〜七七) オーストリアの音楽研究家・植物学者。モーツァルトの年代順作品目録を作成(一八六二年)し、通し番号(ケッヘル番号)を付けた。

**ゲッベルス【Paul Joseph Goebbels】**(一八九七〜一九四五) ドイツの政治家。ナチス指導者の一人。国民啓蒙（けいもう）宣伝相として言論弾圧、文化統制を強行。敗戦時自殺。

**ケッヘル-ばんごう【ケッヘル番号】** ケッヘルによる、モーツァルトの作品に制作年代順に付けた通し番号。略号K.またはK.V. Köchel's number

**けつ-べん【血便】** 消化管の出血がまじった大便。上部消化管での出血はタール状の便になり、下部消化管での出血は鮮血便になる。bloody stool

**ケッペン【Wladimir Peter Köppen】**(一八四六〜一九四〇) ドイツの気候学者。植物や森林の分布、気温や降水量の季節的配分を指標に、樹木気候(熱帯・温帯・冷帯)と、無樹木気候(乾燥・寒帯)に大別する気候区分を発表した。

**けつ-ぼう【欠乏・▼闕乏】**(名・サ変自) とぼしいこと。不足していること。shortage

**げっ-ぽう【月俸】** 月々の給料。月給。monthly salary

**げっ-ぽう【月報】** ①毎月の報告。その印刷物。monthly newsletter 対義年報・日報・週報・旬報（じゅんぽう）。②継続的に刊行される百科事典・全集などにつけられる小冊子。

**けっ-ぽん【欠本・▼闕本】** ①一そろいのうち、かけた巻があって、そろっていない書物。零本。端本。incomplete set of books 対義完本。②全集などのかけている部分。欠巻。

**けつ-まく【結膜】** 眼球をおおっている粘膜。まぶたの粘膜とつながり、まぶたの内側の部分を眼瞼（がんけん）結膜、眼球をおおう部分を眼球結膜という。conjunctiva ↓目図

**けつまく-えん【結膜炎】** 眼球の結膜に起こる炎症。目やに・充血・流涙・腫脹（しゅちょう）などの症状を呈し、急性・慢性がある。流行性角結膜炎・トラコーマなど。conjunctivitis

**けつまく-ろほうしょう【結膜▼濾胞症】** 結膜の円蓋（えんがい）部、とくに下の円蓋部にアワ粒大の透明なぶつぶつが突出してくるもの。充血も自覚症状もない。治療は不要。folliculosis conjunctivae

**け-つまず・く【▼蹴▼躓く】**(五自)《「つまずく」を強めた言い方》①足がものにあたってつんのめる。stumble ②中途で失敗する。fail

**けつ-まつ【結末】** 終わり。しめくくり。end 用例事件の—をつける。

**げつ-まつ【月末】** 月の終わり。月ずえ。the end of a month

**けつ-みゃく【血脈】** ①血管。blood vessel ②血統。blood relationship ③↓けちみゃく(血脈)

**け-づめ【▼蹴▼爪・▽距】** ①ニワトリやキジなどの雄の脚の後方にある先のとがった突起。spur ②ウマ・ウシなどの脚のうしろにある小さい趾（あしゆび）。ergot ↓馬図

**けつ-めい【血盟】**(名・サ変自) 血判を押して、約束を守ること。

**けつ-めい【決明】** エビスグサの別名。種子は「決明子（けつめいし）」とよばれ、漢方薬。

**けつめい【結盟】**（名・サ変自）誓い・同盟を結ぶこと。forming of an alliance

**げつ-めい【月明】** 月の光の明るいこと。明るい月の光。moonlight 用例—の夜。

**けつめいだん-じけん【血盟団事件】** 昭和七年（一九三二）の右翼テロ事件。前蔵相井上準之助、三井合名理事長団琢磨が暗殺され、犯人逮捕から、井上日召らの血盟団による要人暗殺計画が発覚。

**げつ-めん【月面】** 月の表面。surface of the moon

**げつめん-ず【月面図】** 月の表面の地形図。Selenograph

**けつゆう-びょう【血友病】** 血液凝固因子の一部が欠落しておこる遺伝性の出血性疾患。小さな傷でも止血が困難で、多くは伴性劣性遺伝のため男性にだけ現れる。hemophilia

**げつ-よ【月余】** 一か月と少し。用例—にわたる登山計画。

**げつよう-び【月曜日】** 週の第二番目の日。日曜日の次の日。月曜。Monday

**げつ-らい【月来】**（名・副）数か月このかた。つきごろ。

**けつ-らく【欠落】**（名・サ変自）あるべきものが抜け落ちていること。lack

**げつ-り【月利】** 一か月の利息。月あたりの利率。monthly interest 対義日歩・年利。

**げつ-りがく【月理学】** 月面の状態や物理的性質を研究する学問。selenography

**けつ-りょう【結了】**（名・サ変自）すべて終わること。終結。

**げつ-りん【月輪】** まるい月。月。対義日輪。

**けつ-るい【血涙】** 強い怒りや深い悲しみから流す涙。血の涙。bitter tears

**血涙を絞る**（けつるいをしぼる）深く悲しんで泣く。shed bitter tears

**けつ-れい【欠礼・▼闕礼】**（名・サ変自）礼儀をかくこと。omission of courtesy 比較失礼。用例喪中につき年賀—いたします。

**げつ-れい【月例】** 毎月きまって行うこと。月ごとに定期的に行うこと。monthly 用例—会。

**げつ-れい【月齢】** ①新月の瞬間から任意の時刻までの日数を単位として、ほぼ月の満ち欠けを表す数値。上弦の月齢は七・四前後。満月（望）は一四・八前後。下弦は二二・一前後。moon's age ②一か年未満の幼児の生まれてからの月数。month 比較年齢。

**けつ-れつ【決裂】**（名・サ変自）①切りさくこと。break ②会議や交渉で意見が対立してまとまらないこと。rupture 用例団体交渉—。

**けつ-ろ【血路】** ①囲みを切りぬける道。way out ②危難をのがれる方法。活路。means of escape 用例—を見いだす。

**血路を開く**（けつろをひらく）①敵の囲みを切り抜けて、逃げる。cut one's way through the enemy ②困難を切り抜ける。find a way out

**けつ-ろ【結露】** 室内で、冷たい外気によって冷やされた窓や壁に空気中の水蒸気が水滴となって付着する現象。dew condensation

**けつ-ろん【結論】**（名・サ変自他）①まとめの意見。しめくくりの論。conclusion 用例—に達する。②論理学で、三段論法の第三の命題。前提から推論の結果、導き出される判断。断案。conclusion 用例—をいそぐのは危険だ。

**ゲティスバーグ【Gettysburg】** アメリカ東部、ペンシルベニア州南部の町。南北戦争当時の激戦地。この地で行ったリンカーンの演説中の語句「人民の、人民による、人民のための政治」は有名。人口七〇〇〇（一九八〇）。

**ゲティスバーグ-の-たたかい【ゲティスバーグの戦い】** 一八六三年、ゲティスバーグで行われた南北戦争中最大の激戦。北軍が大勝、優位を決定づけた。Battle of Gettysburg

**げて-もの【下手物】** ①風変わりで、奇妙なもの。bizarre foods 用例—食い。—趣味。②素朴で、おもむきのある品。素朴で、大衆的な品。crude folkcraft 対義上手物。

**ケテルビー【Albert William Ketelbey】**（一八七五〜一九五九）イギリスの作曲家。管弦楽による描写音楽『ペルシアの市場にて』が有名。

**げ-てん【下天】** ①天上界のうちですべてに劣っている天。対義上天。②人間界。用例人間五十年—の内をくらぶれば（幸若・敦盛）。

**げ-てん【外典】**《仏教語。古くは「げでん」》仏教関係以外の書物。外書。対義内典。

**げ-でん【下田】** 地味がやせて、作物のできの悪い田。対義上田。

**け-とう【毛唐】**《俗語。「毛唐人」の略》欧米人などをいやしめていう語。

**げ-どう【外道】** ①《仏教語》仏教以外の教え。その信者。比較異端。②真理に背く説。また、それを唱える者。③《人をののしっていう語》人でなし。④釣りあげた魚で、目的のものと違った種類の魚。

**けどういん【▼祁答院】**〈町〉鹿児島県北西部の町。稲作などの農業が主体。景勝の藺牟田池がある。人口五四〇〇（一九八八）。

**げとう-おんせん【夏▽油温泉】** 岩手県南西部、和賀町にある温泉。夏油川上流の山の湯。特別天然記念物の石灰華の大ドームがある。

**けどう-りしょう【化導利生】**《仏教語》仏が衆生を教化して悟りに導き、利益を与えること。

**け-どお・し【気遠し】** 古語（形ク）①遠く隔った感じがする。人けがなくものさびしい。用例こなたかなた—・くうとましきに人声せず（源氏・夕顔）。②親しみがない。よそよそしい。用例昔よりこよなう—・き御心ばへなるを（源氏・朝顔）。

**ケトーシス【ketosis】** ヒトが糖尿病のとき、またウシ・ヒツジなどが分娩後などにかかる代謝障害の一種。体内にアセトンなどのケトン体が蓄積し、ウシなどでは乳量の低下・麻痺などを起こす。

**げ-どく【解毒】**（名・サ変自）体内に入った毒物を無害化する作用。ヒトでは、おもに肝臓で行われる。detoxication

**げどく-ざい【解毒剤】** 体内に入った有毒物質の作用を弱める薬物。毒物の性質に応じて各種の薬物が用いられる。毒消し。antidote

**ケト-さん【ケト酸】** カルボニル基とカルボキシル基を含む有機化合物の総称。両方の基の性質をもつ。ピルビン酸・アセト酢酸など。ケント酸。keto acid

**け-とば・す【▼蹴飛ばす】**（五他）＝けっとばす。①けって飛ばす。kick ②はねつける。拒否する。reject 用例要求を—。

**け-ど（も）**（接続・接助・終助）↓けれど（も）

**け-ど・る【気取る】**（五他）相手のようすからさとる。気付く。sense 用例母に—・られる。

**ケトン【ketone】** カルボニル基に二個のアルキル基が結合している化合物。アルデヒドに似た性質をもつが、還元性はない。アセトンなど。溶剤・有機合成原料に利用。

**ケトン-き【ケトン基】** カルボニル基のうち、ケトンおよびその誘導体に含まれるもの。ketone group

**げ-な** 古語（助動 特殊型）《用言・助動詞の連体形に付く》推量・伝聞の意を表す。…そうだ。…ようだ。用例それがしが鬼になった—（狂言・抜殻）。

**けなが-いたち【毛長▼鼬】** 体毛が長く粗いイタチ。体長約四〇cm、尾長約一五cm。体は黒く、上毛が粗く長い。ヨーロッパに分布。

**け-なが・し【▽日長し】** 古語（形ク）《「け」は「か（日）」と同語源》長い日数がたっている。用例相見ずて—・くなりぬこのころは（万葉・四・六四八）。

**けなが-ねずみ【毛長▼鼠】** 体も尾も長い毛でおおわれるネズミ。体長約二五cm。樹上にすみ、木の皮・芽・実を食べる。一属一種で天然記念物。沖縄本島・奄美大島・徳之島に分布。European polecat

**けな-げ【▽健気】**（形動）①かいがいしいさま。いさましいさま。admirable 用例—な姿。②心がけのよいさま。殊勝。praiseworthy 用例—な行い。

**けな・す【▼貶す】**（五他）悪くいう。くさす。そしる。deprecate; speak ill of… 対義ほめる。

**ケナフ【kenaf】** アオイ科の一年生繊維作物。高さ二～三m。葉は掌状で、花は黄色。白色で光沢のある強い靭皮繊維を利用し、袋などを作る。インド・タイなどに分布。

**け-なみ【毛並（み）】** ①毛の生え並ぶぐあい。lie of fur ②種類。品。kind ③《俗語。馬の種類・血統から》家柄。用例—のいい人。

**げ-なん【下男】** ①《卑語》江戸時代以降、家事・農業の雑事に従事する男の呼称。男性の下人。下僕。対義下女。②江戸幕府の職名。奥女中に仕えて雑役に従事した下部。御宰。

**け-に【▽異に】** 古語（副）①《多く「…よりけに」の形で》きわだって。いっそうはなはだしく。用例ありしより—恋しくのみ覚えければ（伊勢・六五）。②いつもと違って。異常に。用例鳥が音—鳴く秋過ぎぬらし（万葉・一〇・二一六六）。

**げ-に【▽実に】** 古語（副）①《人の言うことを納得して》なるほど。いかにも。用例人の仰せられしこそ、—さるものなれ（徒然・一九）。②《感動して》まことに。じつに。用例—えたふまじく泣いたまふ（源氏・桐壺）。

**ケニア【Kenya】**（Republic of Kenya）東アフリカ、赤道直下の共和国。首都ナイロビ。一九六三年イギリスから独立。高原上にあり気候が温和で、コーヒー・綿花・茶を栽培。面積五八・三万km²。人口二一一六万（一九八六）。正称ケニア共和国。

**ケニア-さん【ケニア山】**（Mount Kenya）東アフリカ、ケニアの赤道直下にある死火山。標高五一九九m。山頂付近に氷河がある。

**げに-げに・し【▽実に▽実にし】** 古語（形シク）①もっともらしい。用例—・しく所々うちおぼめき（徒然・七三）。②まじめだ。用例なほ—・しくよき人かなとぞ覚ゆる（徒然・三七）。③いかにもふさわしい。用例和歌の会有様、—・しく優に覚えし事は（無名抄）。

**けにご-し【▼牽▽牛子】**《牽牛子の変化したもの》アサガオの異名。

**げに-も【▽実にも】** 古語（副）《「も」は強めの助詞》そのとおりだ。もっともだ。用例—とや思はれけん（平家・六・小督）。

**げに-や【▽実にや】** 古語（副）《「や」は感嘆の助詞》ほんとうにまあ。なるほど。用例—とのたまふ（宇津保・国譲中）。

**ケニヤッタ【Jomo Kenyatta】**（一八九〇ごろ〜一九七八）ケニアの民族運動指導者・政治家。汎アフリカ運動に参加し、一九六三年独立とともに首相就任。六四年初代大統領。七四年終身大統領。

**ケニヨン-レビュー【The Kenyon Review】** アメリカの季刊文芸誌。一九三九年創刊。ニュー-クリティシズムの中心として大きな役割を果たし、七〇年終刊。

**け-にん【化人】** ①《仏教語》仏・菩薩が衆生を救うため、仮に人の姿となって現れたもの。化生の人。②鬼神・畜生などが人間の姿で現れたもの。化身。③ばけもの。

**け-にん【家人】** ①律令制下で賤民とされた者。民有の奴婢で、売買はされず家族生活を許された。奴婢より地位が上。②平安後期から中世を通じての武士の従者。また鎌倉・室町の将軍譜代の臣。御家人。③家来。奉公人。

**げ-にん【下人】** ①身分の低い者。lowly person ②平安から戦国時代の農民。中世身分制の最下層にあり、売買・譲渡の対象となった。のち次第に自立化し一般農民になる。

**け-ぬ【毛▽野】** ↓けののくに（毛野の国）

**け-ぬき【毛抜き】** ㊀毛・とげなどを抜き取る道具。tweezers ㊁《毛抜》歌舞伎十八番の一つ。安田蛙文ら合作の『雷神不動北山桜』の一場。寛保二年（一七四二）初演。明治四二年（一九〇九）二世市川左団次が岡鬼太郎の台本で復活上演。当時としては珍しかった磁石を素材にしたお家騒動劇。

**けぬき-あわせ【毛抜き合（わ）せ】** ①ぴったりとすきまなく合わせること。②仕立て法の一つ。縫い合わせた二枚の布の縫い目の両側から同分量のきせをかけて仕立てる方法。和裁では羽織やコートの袖口など、洋裁ではリバーシブルのものに用いられる。③印刷で、色と色などがずれないようにぴったり合わせる技術。

**けぬき-おや【毛抜（き）親】** 女性が成年に達したあかしとして眉の毛を抜くときにたてた仮親。

**けぬき-ずし【毛抜（き）▼鮨】**《小魚の小骨を毛抜きで抜いたところから》アジやコハダなどを三枚におろし、塩や酢でしめてすしにしたもの。

**ケネー【François Quesnay】**（一六九四〜一七七四）フランスの経済学者。重農主義の創始者。「経済表」によって資本主義的経済循環を初めて科学的に分析した。著書『経済表の分析』など。

**げ-ねつ【下熱】**（名・サ変自）熱が下がること。relief from fever

**げ-ねつ【解熱】**（名・サ変他）高くなった体温を平熱に下げること。bring down one's fever

**げねつ-ざい【解熱剤】** 解熱に使う薬。ねつさまし。フェナセチン・アスピリンなど。antifebrile

**ケネディ【John Fitzgerald Kennedy】**（一九一七〜一九六三）アメリカの政治家。第三五代大統領（在任一九六一〜六三）。民主党出身。積極的な内政・外交を展開したが、一九六三年テキサス州ダラスで暗殺された。↓写

**ケネディ-くうこう【ケネディ空港】**（Kennedy International Airport）アメリカ、ニューヨーク市にある国際空港。面積二〇・五km²。一九四八年開設。

**ケネディ-ラウンド【Kennedy Round】** ガットの大幅関税一括引き下げ交渉。アメリカ

▼常用漢字表外。　▽常用漢字表の音訓外。

●ケネディ

のケネディ大統領の提唱によって、四八か国が参加し、工業品・農産品などの一律三五%の関税引き下げに合意。一九六七年妥結。

**け-ねん【懸念】**(名・サ変他) ①《仏教語》執着すること。執念。②心配すること。気がかり。不安。anxiety

**げ-の-げ【下の下】**(連語) いちばん劣っていること。the lowest; the poorest 対義上の上。

**けの-の-くに【毛野の国】** 上野・下野の地域の古称。「けぬ」と読んだのは誤り。毛野。

**ゲノム【Genom ドイツ】** 生物が完全な機能を営むために必要な最小限度の染色体の一組み。生殖細胞は一ゲノムである。

**ゲノン【guenon】** オナガザルの異名。

**け-ば【毛羽・▼毳】** ①布・紙などの、ほおけだったやわらかい毛のようなもの。nap 用例—が立つ。②地図で、山地の起伏を示すために細かく書き入れる、短くて細い線。hachures ③蚕がまゆをつくるとき、足がかりとして初めに張る糸。

**げ-ば【下馬】** ㊀(名・サ変自) 馬からおりること。比較下乗。対義乗馬。㊁(名) ①劣った馬。②「下馬先」の略。

**け-はい【気配】**《当て字。「きはい」は別語》態度や物腰などから感じられる気分・ようす。そぶり。sign 用例秋の—。

**け-ばく【▼繋縛】**《仏教語》心が、煩悩によって支配された不自由な状態にあること。

**けば-けば**(副) 化粧・服装などが、ひどく派手であるさま。用例—に飾りたてる。

**けば-けば【毛羽毛羽・▼毳▼毳】** ↓けば(毛羽)①

**けばけばし・い**(形) 品がなくて、はでに目だつさま。gaudy 派生けばけばしさ(名)

**け-ばこ【▽食箱・▼餉箱】** 托鉢僧や虚無僧が、施し米などを入れるために首からかけて歩く箱。↓虚無僧図

**げば-さき【下馬先】** ①城や社寺などで、そこから先は馬で乗り入れてはならない地点。下馬札(下乗札)が立ててある場所。②①で、供の槍持ちがする身振り・足取り。

**けば-だ・つ【毛羽立つ・▼毳立つ】**(五自) ものの表面がこすれて、毛羽ができる。そそける。ほおけだつ。be nappy 用例畳が—。

**げば-でり【げば照り】**《「げば」は、くず粉のこと》たれにくず粉を加えてとろみをつけ、照りづけ(つや出し)する調理法。

**け-はなし【▼蹴放し】** ①門の下にある、溝のない敷居。②衣類で、歩くとき爪先の当たるところ。

**げば-ひょう【下馬評】**《下馬先で主人を待つ間、供人たちがするうわさや評判から》世間の評判。whisperings

**げば-ふだ【下馬札】** 社寺などで騎乗者に下馬・下乗を指示する制札。「下馬」「下乗」と札に墨書する。二字札。

**ゲバ-ぼう【ゲバ棒】**《「ゲバ」は、「ゲバルト」の略》武力闘争に使われる、角材や鉄パイプ。

**ゲバラ【Che Guevara】**(一九二八〜六七) キューバの革命指導者。アルゼンチン生まれ。カストロとともにキューバ革命を指導。国立銀行総裁・工業相として経済改革を推進。ボリビアで活動中に殺害された。

**け-ばり【毛▼鉤】** 釣り鉤の軸に羽毛などを巻きつけた擬似鉤。虫に似せた形を魚にえさと思わせて釣る。ヤマメ・イワナなどに用いられる。fly 比較蚊鉤。

**ゲバルト【Gewalt ドイツ】** ①権力。強力。power ②学生用語で、権力に対する武力闘争。ゲバ。

**げ-はん【下▼阪】**(名・サ変自) 東京(明治維新以前は京都)から大阪へ行くこと。

**けびい-し【▽検非違使】** 令外の官の一つ。平安初期に京中に置かれ、犯罪の取り締まりや秩序の維持に当たった。権力は強大。

**け-びき【▼罫引(き)】** 板の表面に平行線を引く木工用具。筋罫引きと割り罫引きがあり、後者は薄板を割るのに使用する。marking

**けひ-じんぐう【気比神宮】** 福井県敦賀市曙町にある旧官幣大社。祭神は伊奢沙別命ほか六神。越前国の一の宮。

**け-びょう【仮病】** 病気のふりをすること。にせ病。feigned illness 用例—をつかう。

**け-びょう【▽花▽瓶・華▽瓶】** 仏前に花を供えるのに用いる仏具。

**げ-び・る【下卑る】**(上一自) 品格がいやしい。下品である。be vulgar 用例—・びた笑い。

**げ-ひん【下品】** ㊀(形動) 下卑たさま。vulgarity 用例—なふるまい。㊁(名) 劣った品物。poor article 対義上品。

**けぶ・い【▽煙い】**(形) ↓けむい(煙い)

**ケフェウスがた-へんこうせい【ケフェウス型変光星】** 変光周期が一日ないし数十日で、変光範囲が二等以内の脈動変光星。その周期と光度の間に比例関係があることから、恒星間の距離の有効な目やすとなっている。ケフェイド。Cepheid variable

**ケフェウス-ざ【ケフェウス座】** 北天の星座。日本などでは、地平線下に沈まない周極星座となる。δ星はケフェウス型変光星の代表。ケフェウスは、ギリシア神話にカシオペイアの夫として登場。一〇月一七日ごろの午後八時ごろに南中。面積五八八平方度。Cepheus

**け-ぶか・い【毛深い】**(形) 毛が多くはえている。体毛が濃い。hairy

**け-ぶつ【化仏】** ①衆生を救うため姿を変えて現れた仏。②仏像の頭部などにある小型の仏像。本地仏をあらわす。↓写

●化仏② 十一面観音菩薩像。

**ケプラー【Johannes Kepler】**(一五七一〜一六三〇) ドイツの天文学者。ティコ=ブラーエの惑星観測の資料をもとに、惑星の運動に関する「ケプラーの法則」を発見。

**ケプラーしき-ぼうえんきょう【ケプラー式望遠鏡】** 接眼鏡に凸レンズを使った屈折望遠鏡。天体観測用として多用されている。Keplerian telescope

**ケプラー-の-ほうそく【ケプラーの法則】** 惑星の運動に関してケプラーが発見した三つの法則。第一法則は、惑星の軌道は太陽を一つの焦点とする楕円である、第二法則は、太陽と惑星を結ぶ線分が同じ時間に描く面積は常に一定である、第三法則は、惑星の公転周期の二乗と、太陽と惑星の平均距離の三乗の比は、惑星によらず一定であるというもの。Kepler's laws

●蹴鞠 京都御所。

**けぶり【▽煙・▼烟】**「けむり」の古形。けぶ。smoke

**け-ぶり【気振り】** けはい。そぶり。態度。sign

**けぶ・る【▽煙る・▼烟る】**(五自) ↓けむる(煙る)

**ケプロン【Horace Capron】**(一八〇四〜八五) アメリカの農政家。明治四年(一八七一)北海道開拓使顧問として来日し、北海道開拓の基礎をつくった。同八年(一八七五)帰国。

**ケベード【Francisco Gómez de Quevedo y Villegas】**(一五八〇〜一六四五) スペイン黄金世紀の作家。ピカレスク小説『エル-ブスコン』、風刺的小品集『夢』など。

**ケベック【Québec】**〈州〉 カナダ東部、セントローレンス川からハドソン湾に広がる同国最大の州。州都ケベック。フランス系移民が多い。南部は政治・経済・文化の中心。鉱産資源が豊富。人口六四三・八万(一九八一)。

**ケベック【Québec】**〈市〉 カナダ、セントローレンス川河口の港湾都市。同名州の州都。パルプ・造船工業が発達。人口一六・六万(一九八一)。

**ケペッシュ【Gyorgy Kepes】**(一九〇六〜) アメリカのデザイナー・造形理論家。ハンガリー生まれ。著書『視覚言語』など。

**げ-ほう【外法】** ①《仏教語》仏教徒が、仏教以外の教法を言う語。対義内法。②福禄寿の異称。

**げほう-ぼとけ【外法仏】** 神社の巫女ではない市子などが使う偶像。外法箱の中に納めて常に持ち歩く。

**げ-ぼく【下僕】** 男の召し使い。下男。しもべ。manservant

**け-ぼり【毛彫(り)】** 彫金の技法。鏨で金属面に細い線を彫りこむこと。また、その彫り物。古代メソポタミア・エジプト時代から作例がある。hairline engraving

**げ-ぼん【下▽品】** ①《仏教語》極楽浄土を三分したときの下級の浄土。さらに上生・中生・下生に分かれる。対義上品・中品。参照九品。②下等であること。

**ゲマインシャフト【Gemeinschaft ドイツ】** 共同社会。テンニエスによる社会類型の一つ。家族・村落など、親密な愛情と了解で結びついている社会。対義ゲゼルシャフト。

**け-まり【▼蹴▼鞠】** 古代から宮中や公家の間で行われた、鞠を蹴る遊び。また、それに用いるシカの皮でつくった鞠。とくに平安時代に盛んに行われた。しゅうきく。↓写

**ケマル-アタチュルク【Kemal Atatürk】**(一八八〇/八一〜一九三八) トルコ共和国の建設者。初代大統領。第一次大戦に従軍。一九二〇年スルタン政府に対し独立戦争を起こし、二二年スルタン制を廃止、二三年一〇月共和国宣言をして大統領に就任、以後三選。トルコの近代化を推進。議会から「アタチュルク」の称号を贈られた。ケマル=パシャ。↓写

●ケマル=アタチュルク

**ケマル-パシャ【Mustafa Kemal Pasha】** ↓ケマル=アタチュルク

**け-まん【華▼鬘・▽花▼鬘】** 仏前を飾る花輪。インドでは生花を用いたが、中国・日本では金属・木材・皮革などに花鳥や天女像の透かし彫りを施したものを用いる。↓写

●華鬘 牛皮華鬘。奈良国立博物館。

**けまん-そう【華▼鬘草】** ケシ科の多年草。高さ約六〇cm。全草が白みを帯びる。春に、華鬘に似た淡紅色の花が咲く。観賞用。↓写

**けまん-むすび【華▼鬘結び】** ↓どうしんむすび(同心結び)

**け-み【▽検見・毛見】**《毛(イネのみのり)を見る意》①室町時代以来、イネの取り入れ前に、

●ケマンソウ

役人が坪刈りして、実りぐあいを調べ、その年貢高を定めたこと。けんみ。比較 定免。②取り入れ前に、イネの実りぐあいを調べること。

**ケミカル**【chemical】《接頭的》化学的。または、化学的に合成されたこと。

**ケミカル-タンカー**【chemical tanker】化学薬品などを運搬するタンカー。薬品による爆発・引火・腐食などを防ぐ特別の構造・設備をもつ。

**ケミカル-ミリング**【chemical milling】化学的切削加工法。酸・アルカリなどによる溶解作用を利用し金属材料にくぼみなどの成形加工を行う。化学加工。

**ケミカル-レース**【chemical lace】レースの一種。機械を用いて、羽二重に綿糸で刺繡し、地布の絹を薬品で溶かしたレース。

**ケミグラウンド-パルプ**【chemiground pulp】針葉樹材利用の砕木パルプに代わって広葉樹材の利用を目的として開発されたパルプ。原木を化学薬品で軟化してから機械的に砕いて製造する(ケミグラウンド法)。新聞用紙・板紙などの原料。化学砕木パルプ。

**けみ・する**【▽閲する】(サ変他)＝けみす。①調べる。改め見る。examine 用例 書類を―。②年月を過ごす。経過する。pass

**けみ-とり**【▽検見取(り)】検見によって年貢を決める方法。

**け-みょう**【仮名】①かりの名。よび名。通称。かめい。対義 実名・本名。②《仏教語》実体のないものに、仮に付ける名。

**けむ**【▽煙・▼烟】けむり。smoke

**煙になる**(けむに なる) 消えうせる。雲隠れする。ゆくえをくらます。

**煙に巻く**(けむに まく) さかんにまくしたてて、相手をとまどわせる。mystify

**けむ** 古語(助動 四段型)＝けん。①過去の事柄を推量する意を表す。…ただろう。用例 昔こそ難波田舎と言はれけめ(万葉・三・三一二)。②過去の事柄の原因を推しはかる意を表す。…たのだろう。用例 夕べは秋となに思ひ―(新古今・春上)。③過去の事柄の伝聞を表す。…たという。用例 吾を待つと君が濡れ―あしひきの(万葉・二・一〇八)。④過去の事柄を遠まわしに言う意を表す。…だったそうだ。用例 向かひ居たり―ありさまさこそ異様なりけめ(徒然・五三)。

**けむ・い**【煙い】(形)《「けぶい」の転》①けむりで息苦しく感じる。smoky ②気がねする。気まずい。煙たい。feel constrained 派生 けむがる(五自) けむさ(名)

**けむくじゃら**【毛むくじゃら】(名・形動) こい毛が多く生えているさま。また、その人。hairy

**け-むし**【毛虫】①チョウやガの幼虫のうち、毛やとげのはえているもの。触れるとかぶれるものがある。hairy caterpillar ②きらわれ者。disliked person; skunk ↓写

毛虫① アメリカシロヒトリ

**けむ-た・い**【煙たい】(形)①けむい。smoky 用例 たき火が―。②気兼ねする。気づまりだ。打ちとけにくい感じだ。けぶたい。feel constrained 用例 ―存在。派生 けむたがる(五自他) けむたげ(形動) けむたさ(名)

**けむた-が・る**【煙たがる】(五自他)①(自)煙いと思う。be harassed with smoke ②(他)気兼ねして会うことを避けようとする。feel awkward

**けむ-だし**【▽煙出し】＝けむりだし。①煙突。chimney ②煙や臭気を屋外に出すための窓など。

**ケムニッツ**【Chemnitz】カール-マルクス-シュタットの旧称。

**けむり**【煙・▼烟】《中世までは「けぶり」》①物が燃えるとき、物が焼けるときに立ちのぼるもの。けぶり。けむ。smoke 用例 ―にむせる。―にまかれる。②煙に似たもの。spray 用例 水―。土―。

**煙に為る**(けむりに なる) ①焼けて跡形もなくなる。②死んで火葬にされる。

**煙を立てる**(けむりを たてる) 煮炊きの煙を立てる。転じて、暮らしていく。

**けむりがめにしみる**【煙が目にしみる】《原題Smoke gets in your eyes》ハーバック作詞、ジェローム＝カーン作曲。一九三三年のミュージカル『ロバータ』中の失恋の歌。

**けむり-だし**【煙出し】↓けむだし(煙出し)

**けむ・る**【煙る・▼烟る】(五自)＝けぶる。①煙が立ったり、一面に広がったりする。smoke ②かすんで見える。appear dim 用例 雨に―町並み。

**ケメロボ**【Kemerovo】ソ連、西シベリア南部の工業都市。石炭化学工業の一中心地。人口五一・四万(一九八六)。

**げ-めん**【外面】①そとがわ。うわべ。②顔つき。顔色。

**外面似菩薩、内心如夜叉**(げめんじぼさつ、ないしんにょやしゃ) 女性の顔は菩薩のようになごやかだが、心は夜叉のように恐ろしい。仏教で修行中の者に戒めとした語。外面如菩薩、内心如夜叉。

**け-もの**【獣】けだもの。獣類。beast; animal 数え方 一匹・一頭。

**けもの-へん**【獣偏】漢字を組み立てている部分の名。「犯・狂・狩」などの左にある「犭」。

**けもの-みち**【獣道】けものが通る山野の道すじ。animal trail

**け-もも**【毛桃】モモのうち、果実の皮に短い毛が密生しているものの総称。水蜜桃など。

**げ-や**【下屋】①母屋の外壁に接して作られた小屋根。また、その下の空間。②軒下。

**げ-や**【下野】(名・サ変自) 官職をやめて民間の人となること。resign one's official post

**けやき**【▼欅・▼槻】ニレ科の落葉高木。高さ約三〇m、幹は径約二mに達する。樹皮は灰褐色。葉は互生、長楕円形、春に淡黄緑色の小花をつける。庭木・街路樹・神社などに植栽。材はかたく、木目が美しい。良材として建築・家具・器具に利用。ツキ。↓写

ケヤキ

**けや-の-おおと**【▼芥屋大▽門】福岡県北西部、糸島半島の景勝地。玄武岩の柱状節理の海食崖と、奥行き九〇mの海食洞からなる。

**け-やぶ・る**【▼蹴破る】(五他)①けって、うち破る。kick open 用例 門を―。②けちらす。scatter 用例 敵軍を―。

**け-やり**【毛▼槍】さやを鳥毛で飾った槍。大名行列などで、先頭の槍持ちが振って歩いた。

**けやり-むし**【毛▼槍虫】浅海の岩礁にすむ環形動物の一種。体長約一五cm。岩の割れめなどに砂や泥で管状の棲み家をつくる。管口から出すふさ状の鰓冠が毛槍に似る。本州中部以南に分布。ケヤリ。↓図

ケヤリムシ

**げゆ-じょう**【解由状】奈良・平安時代、中央諸官庁および国司の任期交替のさいに、新任者から前任者に渡された文書。事務の引き継ぎを滞りなく完了したことを証明したもの。解由。

**けら**【▼鉧】日本古来の製鉄法であるたたら吹きでつくられる粗鋼と鉱滓のかたまり。和鋼のもと。

**けら**【▼啄▽木▽鳥】キツツキの別名。

**けら**【▼螻▼蛄・▼螻】土中にすむケラ科の昆虫。体長約三cmで暗褐色。前足はショベル状で、モグラの手に似て土掘りに適する。植物の根を食害。日本全土に分布。俗称オケラ。↓図

**螻蛄の水渡り**(けらのみずわたり) しようとしても、成し遂げることの無理なたとえ。

**螻蛄腹立つれば鶫喜ぶ**(けらはらたつればつぐみよろこぶ)《ツグミをおびき寄せる餌として、ケラを結びつけておくことから、一方を困らせれば他方は喜ぶ、の意》両者の利害が相反することのたとえ。

ケラ

**ゲラ**《galleyの転》①活字組み版を入れる長方形の盆状の入れもの。②《「ゲラ刷り」の略》校正刷り。

**ケラー**【Gottfried Keller】(一八一九～一八九〇) スイスのドイツ系小説家。ドイツ詩的写実主義文学の代表者の一人。自伝的教養小説『緑のハインリヒ』、短編集『ゼルトウィーラの人々』など。

**ケラー**【Helen Adams Keller】(一八八〇～一九六八) アメリカの女流の社会事業家・著述家。二歳のときに盲・聾・啞の三重障害者となるが、不屈の精神で障害を克服して大学を卒業。障害者の福祉・教育事業に尽くした。↓写

H＝ケラー

**ゲラーシモフ**【Innokenty Petrovich Gerasimov】(一九〇五～一九八六) ソ連の土壌学者・地理学者。土壌の分類と地理的分布を研究。ソ連地理学会会長を長年つとめた。

**け-らい**【家来】①摂関家に出入りして朝廷の公事・故事を習った者。家礼。②武家の家臣。従者。家人。vassal

**け-らく**【▽快楽】《仏教語》快く身に楽しいこと。安楽。ease

**けら-く** 古語(連語)《助動詞「けり」の未然形に接尾語「く」の付いたもの》…したことには。用例 大汝少彦名の神代より言ひ継ぎ―(万葉・一八・四一〇六)。

**げ-らく**【下落】(名・サ変自)①物価・相場などが安くなること。fall 対義 騰貴。②等級・品格がさがること。degradation

**けら-くび**【▼螻▼蛄首】①やりの、穂先と柄がつづく部分。②日本建築で、抜けないように継ぎ手の男木の先を大きく、元を細くした形のもの。③茶の湯で用いる柄杓の柄と合(＝湯水を入れる部分)がつづく部分。

**けら-けら**(副) ほがらかに笑うさま。cackle 用例 ―と笑い転げる。

**げら-げら**(副) 大声で締まりなく笑うさま。guffaw 用例 腹を抱えて―笑う。

**けらし** 古語(助動 特殊型)《助動詞「けり」の連体形に推量の助動詞「らし」が付いた「けるらし」の約という》①過去の推量の意を表す。…たらしい。用例 領布振り―松浦佐用比売(万葉・五・八七三)。②「けり」の意をやわらかく言う。…たことよ。用例 哀れさしばらくやまざり―(奥の細道)。

**ゲラダ-ひひ**【ゲラダ▼狒▼狒】肩に長毛があり、胸に赤色の露出部をもつオナガザル科のヒヒ。体長約六五cm。エチオピアの高地の岩場に群れで生息する。gelada baboon

**ケラチン**【keratin】硬たんぱく質の一種。動物の毛・羽毛・爪・表皮などの主成分。きわめて安定していて、動物体を保護する。角質。

**けら-つつき**【▼啄▽木▽鳥】キツツキの別名。

**ケラトサウルス**【Ceratosaurus ラテン】ジュラ紀に栄えた二脚歩行の肉食恐竜。体長約五m。鼻の上にこぶがあり、敏捷。北アメリカに生息した。

**けらま-じか**【▽慶▽良間▼鹿】沖縄、慶良間諸島の屋嘉比島にすむシカ。本州にいるニホンジカの亜種。肩高約五八cm。小形で角が短く、夏毛に白斑を欠く。天然記念物。

**けらま-つつじ**【▽慶▽良間▼躑▼躅】ツツジ科の常緑低木。暖地の海岸のがけや丘陵にはえる。葉は大形の披針形で光沢がある。花は鮮紅色。奄美大島・沖永良部島・沖縄諸島に分布。

**けらま-れっとう**【▽慶▽良間列島】沖縄県、沖縄島西方約三〇kmにある島群。渡嘉敷島・座間味島を中心に約二〇の小島がある。

**ケララ**【Kerala】インド南西端、アラビア海に臨む州。インド最大のキリスト教徒居住地。ココヤシ・米・コショウ・ゴム・茶・コーヒーなどを産出。人口密度はインド最高。人口二五四〇・三万(一九八一)。

**けら・れる**(下一自) 写真で、レンズ-フードなどのせいで、画面のすみがうつらなくなる。

**ゲラン**【Charles Guérin】(一八七三～一九〇七) フランスの詩人。詩集『雪の花』『孤独な心』など。

**ゲラン**【Maurice de Guérin】(一八一〇～一八三九) フランスの詩人。キリスト教信仰と汎神論的感情を同時にうたった。散文詩『ケンタウロス』など。

**けり**【▼鳧】チドリ科の鳥。翼長約二四cm。地上では地味な羽色だが、飛

ケリ

ぶと白と黒の模様が鮮明。平地の耕作地や河原などに小群ですむ。ケーケー、またはキリッキリッと鳴く。本州に分布。冬季、南へ移動するものもある。↓写

**けり** ㊀古語(助動 ラ変型)《用言の連用形に付く》①過去にあったということを表す。…た。用例 昔、男ありー(伊勢・二)。②今そのことに気づいたという気持ちで詠嘆を表す。…だなあ。比較き。用例 見渡せば柳桜をこきまぜて都ぞ春の錦なりける(古今・春上)。③過去から現在まで続いていることを回想する意を表す。…してきた。用例 言霊の幸はふ国と語り継ぎ言ひ継がひけり(万葉・五・八九四)。㊁(名)《「鳧」とも当てる。和歌・俳句に助動詞「けり」で終わるものが多いことから》結末。しめくくり。

**けりが付く**(けりがつく) 物事の結着がつく。終結する。settle

**けりを付ける**(けりをつける) 結着をつける。締めくくる。finish; bring to an end 用例 ひとまずー。

**げ-り【下痢】**(名・サ変自) 液状または液状に近い便を反復排出する状態。消化不良・神経性などによる軽症のものと、細菌・炎症などによる重症のものがある。はらくだし。くだりばら。diarrhea

**ケリー【Gene Kelly】**(一九一二) アメリカのミュージカル映画スター。主演作『錨をあげて』『踊る大紐育』『雨に唄えば』など。

**ゲリウス【Aulus Gellius】**(一二三ごろ〜一六五ごろ) ローマの文明評論家。マルクス＝アウレリウス帝時代に活躍。随筆『アッティカの夜』二〇巻。

**ゲリボル【Gelibolu】** トルコ西端、ダーダネルス海峡に臨む港湾都市。古来カリポリスとよばれ、戦略・商業上の要地。人口一・五万(一九七〇)。ガリポリ。

**ゲリマンダー【gerrymander】** 選挙区を特定の党派や候補者に有利に定めること。一八一二年、アメリカのマサチューセッツ州知事ゲリーの設けた恣意的な選挙区分がサラマンダー(神話の火とかげ)の形に似ていたことから。

**げ-りゃく【下略】**(名・サ変自) 文章・語句などで、あとを略すこと。かりゃく。対義 上略。

**ケリョン-サン【鶏竜山】**(Kyerong San) ↓けいりゅうざん(鶏竜山)

**ゲリラ【guerrilla】**《スペイン語で、軍人の不正な戦い、の意。ナポレオン占領下のスペインの国民的抵抗の戦法から》独立した不正規小武装集団。また、そのメンバーや戦法。遊撃隊。奇襲部隊。

**け・る【蹴る】**(五他) ①足ではねとばす。kick 用例 ボールをー。②跳んだりするために、地面や床を勢いをつけて強くふむ。kick 用例 床をー・って跳んだ。③申し出をことわる。拒否する。受け付けない。reject 用例 要求をー・った。

**ゲル**《学生語。Geld(ドイツ)から》お金。金銭。

**ゲル【Gel(ドイツ)】** コロイド粒子や高分子化合物が結合して網状構造をつくり、ゼリー状または固体となったもの。寒天・シリカゲルなど。gel

**ケルキラ-とう【ケルキラ島】**(Kérkyra) ギリシア北西部、イオニア諸島北端の島。中心都市ケルキラ。オリーブ・果樹栽培、牧畜などがさかん。海浜には保養施設が多い。コルフ島。

**ケルゲレン-しょとう【ケルゲレン諸島】**(Iles Kerguélen) インド洋南端部、三〇〇の火山島からなる島群。フランス領。

**ケルスス【Aulus Cornelius Celsus】**(BC三〇ごろ〜AD四五ごろ) ローマの著述家。著書『医学について』でヒポクラテス医学・アレクサンドリア医学を集成した。

**ケルゼン【Hans Kelsen】**(一八八一〜一九七三) オーストリアの法学者。純粋法学の提唱者として有名。また民主主義の本質を論じ、ファシズムやマルキシズムを鋭く批判。著書『一般国法学』など。

**ゲルゼンキルヘン【Gelsenkirchen】** 西ドイツ中部、ルール地方の鉱工業都市。市内に炭鉱が多く、鉄鋼業・化学工業が発達。人口二八・六万(一九八五)。

**ゲルツェン【Aleksandr Ivanovich Gertsen】**(一八一二〜一八七〇) ロシアの思想家・作家。一八四七年ヨーロッパに亡命。ロンドンで新聞『コロコル(鐘)』を発行、ロシア国内に影響を与えた。農村共同体に社会主義への可能性を見出し、ナロードニキ思想の先駆となった。主著『過去と思索』。

**ケルト【Celt】** 古代ヨーロッパのアルプス北部の出自とされる、インド-ヨーロッパ語族に属すケルト語を使用した民族。青銅器時代には固有の文化を形成。前六〜前三世紀に中・西部ヨーロッパに移住。前二世紀にはローマ、その後はゲルマン民族の圧迫を受けて衰退。ドルイド教とよばれる宗教を奉じた。

**ケルト-ご【ケルト語】** インド-ヨーロッパ語族の一つ。前五〜前一世紀に中部・西部ヨーロッパに栄えた。アイルランド語・ウェールズ語など。Celtic

**ケルト-しんわ【ケルト神話】** アイルランドを中心に残っているケルト民族の神話。ケルト民族は多くの神話・英雄伝説・民話を残し、他民族の文化に影響を与えた。しかしアイルランドが再三異民族の侵入を受け、またキリスト教の流入により、神話は変形・解体されて、体系的なものは現存していない。Celtic myth

**ゲルトナー【August Gärtner】**(一八四八〜一九三四) ドイツの細菌学者。食中毒の原因となるゲルトナー菌の発見者。

**ゲルトナー-きん【ゲルトナー菌】** サルモネラ属の桿菌。激しい食中毒症状をひき起こす。ゲルトナーが発見。腸炎菌。

**ゲルドロード【Michel de Ghelderode】**(一八九八〜一九六二) ベルギーの劇作家。残酷で超現実的な史劇・寓話劇を書く。戯曲『エスキュリアル』など。

**ゲルニカ【Guernica】** スペイン北部、ビルバオ北方の街。スペイン内戦でナチス-ドイツの爆撃をうけ、これを題材としたピカソの絵で有名。人口一・七万(一九七八)。

**ケルニッヒ-しょうじょう【ケルニッヒ症状】** 髄膜炎の重要な症状の一つ。寝ている患者の下肢を伸ばした状態で上にあげていくと、大腿背側の筋肉がつっぱって、膝関節がひとりでに屈曲する現象。Kernigs' sign

**ゲルバー-きょう【ゲルバー橋】**《創案者の名から》連続橋の中間に回転自由な連結装置を入れた構造の橋。Gerber bridge

**ケルビーニ【Luigi Cherubini】**(一七六〇〜一八四二) イタリアの作曲家。壮麗なグランド-オペラを多く作曲。教会音楽にもすぐれた作品を残す。オペラ『メデア』『ロドイスカ』など。

**ケルビン【kelvin】** 絶対温度の単位。記号K。

**ケルビン【Kelvin】**(一八二四〜一九〇七) イギリスの物理学者。ケルビン卿。本名ウイリアム＝トムソン。カルノーサイクルで代表される熱力学の研究に着手し、絶対温度の概念を導入。熱電気のトムソン効果とジュール・トムソン効果を発見。電気学の実験を進め、大西洋海底電線の敷設の研究・指導にあたる。ジャイロコンパスの発明者。

**ケルベラ【Kerbera】** ↓カルバラー

**ゲルマニア【Germania(ラテン)】** ①古代ヨーロッパの地名。ライン川・ビスラ川・ドナウ川にかこまれた地域。ゲルマン民族の故地とされる。②ローマの歴史家タキトゥスの著書。一世紀後半の作で、ゲルマン民族の社会・風俗・習慣などを記したもの。

**ゲルマニウム【Germanium(ドイツ)】** 金属元素。記号Ge 原子番号三二。原子量七二・六。比重五・四。青みがかった灰白色で硬い。半導体として、トランジスター・ダイオードなどの材料に使用。

**ゲルマニウム-ダイオード【germanium diode】** ゲルマニウムを主材料に用いたダイオード。変調器・復調器・リミッター・スイッチ回路などに使用。

**ゲルマン【Murray Gell-Mann】**(一九二九) アメリカの理論物理学者。一九五〇年代以降の素粒子物理学の発展に貢献。中野-西島-ゲルマン法則を発見。素粒子の分類と相互作用の研究で、一九六九年ノーベル物理学賞受賞。

**ケルマンシャー【Kermānshāh】** ↓バフタラン

**ゲルマン-ごは【ゲルマン語派】** インド-ヨーロッパ語族の一つ。西(英語・ドイツ語など)、北(デンマーク語・ノルウェー語など)、東(ゴート語などですべて死滅)の三つに分けられる。Germanic

**ゲルマン-ほう【ゲルマン法】** ゲルマン民族の古法。五世紀半ばから九世紀にかけて形成され、慣習法主義が特色。ローマ法とともに近代諸国法の二大源流をなした。ザリカ法典、ザクセン-シュピーゲルなどが代表。

**ゲルマン-みんぞく【ゲルマン民族】** インド-ヨーロッパ語族ゲルマン語派に属する言語を用いる諸民族。原住地は北ヨーロッパ。紀元前三〇〇〇年ごろには新石器の段階にあり、南下して前二世紀ローマ領に進入。四世紀後半以降フン族の圧迫を受けて民族大移動を行い、ヨーロッパ各地に拡散。東・西・北ゲルマンに大別され、北欧三国・ドイツ・イギリスなど北・西ヨーロッパ諸国民の根幹をなしている。Germanic people

**ケルメット**《kelmet alloyから》軸受け合金。銅に三〇%前後の鉛を加え、微量の錫・ニッケルを添加したもの。ホワイトメタルより高荷重で高速回転に耐える。

**ゲルラホフカ-さん【ゲルラホフカ山】**(Gerlachovsky) チェコスロバキアからルーマニア東部にかけてつづくカルパチア山脈中の最高峰。標高二六六三m。一時期、スターリン峰とよばれた。

**ケルン【cairn】** 登山者が道しるべ、または記念のために、登山道や山頂に積んだ石。

**ケルン【Köln】** 西ドイツ西部、ライン川下流左岸に臨む商業・交通の中心都市。古代ローマ以来の古都。大聖堂など伝統ある建造物も多い。人口九一・九万(一九八五)。

**ゲレザ【guereza】** オナガザル科コロブス属のサル。深い森林の樹上にすむ。クロシロコロブスなど三種がアフリカに分布。

**ケレス【Cerēs(ラテン)】** ローマの古い穀物・農耕の女神。大地母神テルスとともに祭られる。後代、ギリシア神話のデメテル女神と混同されるようになった。

**ゲレス【Johann Joseph von Görres】**(一七七六〜一八四八) ドイツの文筆家。反ナポレオンの文筆活動を展開。著書『キリスト教神秘主義』。

**げ-れつ【下劣】**(形動) いやしくおとっているさま。下品。mean

**けれ-ど(も)** ＝けど(も)。㊀(接続)《前文と食い違う内容を後文に述べるときに使う》だが。しかし。でも。but; however 用例 この本はむずかしい。ーおもしろくてやめられない。㊁(接助)《終止形に付く》①既定の逆接条件を示す。though; although 用例 雨はふっているー、出かけよう。②並列的に、また中止的に下につづける。and yet 用例 英語もうまいー、フランス語もうまい。㊂(終助)《接続助詞から転じて》①言いさした形で、表現をやわらかにする。用例 行きたいんだー。②前置きをする。用例 もしもし、こちら田村ですー。

**け-れん【外連】** ①歌舞伎などで、正法に従わず、俗受けをねらった、はでなやりかた。早がわり・宙乗りなど。②まぎらすこと。ごまかし。はったり。

**ケレンスキー【Aleksandr Fyodorovich Kerensky】**(一八八一〜一九七〇) ロシアの政治家。社会革命党の党首。一九一七年の二月革命後、臨時政府の閣僚を経て首相となったが、十月革命で失脚し、アメリカへ亡命。

**ゲレンデ【Gelände(ドイツ)】** 山野。とくに、スキーのできる場所。一般には、スキーがしやすいように整備された斜面。スキー場。

**けれん-み【外連味】**《「み」は接尾語》俗受けをねらった、見せかけだけのやり方。はったりやごまかし。用例 ーがない。

**げろ**《俗語》へど。vomit

**げろ【下呂】**〈町〉岐阜県中部、飛驒川中流の町。古くから知られた温泉町。人口一万五二九二(一九八八)。

**ケロアック【Jack Kerouac】**(一九二二〜一九六九) アメリカの小説家。ビート-ジェネレーションを代表。作品『路上』『地下街の人々』など。

**ケロイド【keloid】** 皮膚の結合組織が異常増殖して硬く隆起したもの。誘因のない特発性ケロイドと、外傷・やけど・腐食などによる瘢痕ケロイドがある。蟹足腫。

**げ-ろう【下郎】** ①人に使われる、身分のいやしい男。servant ②人をののしる語。また、自分をけんそんする語。lout 用例 ー野郎。ー推参。

**げ-ろう【下臈】** ①《仏教語》僧になって年功も浅く、修行の浅い者。②年功序列の低い者。③下郎。下衆。下人。

**けろり(と)**(副) ①気にも留めないさま。平気でいるさま。用例 ーと忘れる。しかられてもーとした顔をしている。②病気などが、跡形もなく治るさま。

**ケロル【Jean Cayrol】**(一九一一) フランスの詩人・小説家。詩集『夜と霧の詩』、小説『他人の愛を生きん』『異物』など。

**け-ろん【戯論】**《仏教語》仏道修行には無益な言論。議論のための議論。

**け-わい【化粧・仮粧】** 古語 けしょう。みづくろい。おつくり。

**け-わい【気わい】** 古語《直観による雰囲気を表す。近世以降「気配」の字を当てて「けはい」と読む》対義 けしき。①その場の気分・雰囲気。用例 みなしづまりぬるーなれば(源氏・帚木)。②人の言動から感じられる人がらや態度。用例 あまたあるなかに、いとーあてはかにて、十二、三ばかりなるもあり(源氏・帚



↓ 行き先項目、図版・写真参照印。 JIS 日本工業規格情報交換用漢字符号コード(区点コード)。

木)。③自然のようす。季節の移り変わりのきざし。用例秋の夜の―は、かからぬ所だにおのづからあはれ多かるを(源氏・総角)。

**けわし・い**【険しい・▽阻しい】(形) ①かたむきが急で登るのに困難だ。steep 用例坂が―。山が―。②ことば・態度などがあらくはげしい。おだやかでない。grim 用例―空気。③情勢がひっぱくしている。あわただしいようすである。touch-and-go 用例―戦局。派生けわしさ(名)

**ケン** 4画【犬】 部首[犬] 教育小1 JIS 2404 ／ 3画【▼犭】 部首[犭] 異体字
音ケン 訓いぬ
①イヌ。ネコ目に属する家畜。「愛犬・秋田犬・狂犬・番犬・猛犬」②つまらないもの。自分の謙称。「犬馬・犬羊」参考漢字の偏には、犭を用いる。

**ケン** 6画【件】 部首[人・亻] 教育小5 JIS 2379
音ケン
①ことがら。くだり。くだん。「事件・条件・物件・要件」用例(名)おたずねの―。②ことがらを数えるのに用いる。用例(助数)事故五―。

**ケン** 6画【▼幵】 部首[干] JIS 5484
音ケン・ゲン
たいら。そろう。たいらにそろう。

**ケン** 7画【見】 部首[見] 教育小1 JIS 2411
音ケン・ゲン 訓みる・みえる・みせる
①みる。みえる。目にとめる。「一見・書見・発見」「見学」②人にあう。まみえる。「引見・謁見・接見」「見参」③かんがえ。みるところ。「意見・識見・偏見」「見解・見識」用例(名)一家の―。④あらわれる。あらわす。「隠見・露見」

**ケン** 8画【券】 部首[刀] 教育小5 JIS 2384 ／ 8画【▼劵】 旧字
音ケン
①ふだ。切符。「食券」用例(名)―を忘れた。《接尾的》乗車―。入場―。②証書。証文。「株券・債券・証券」

**ケン** 8画【肩】 部首[月] 常用 JIS 2410 ／ 8画【▼肩】 旧字
音ケン 訓かた
かた。うでと胴体がつながる部分。また、ものの、その部分にあたるところ。「強肩・双肩・比肩」「肩章」

**ケン** 9画【▼俔】 部首[人・亻] JIS 4855
音ケン
うかがう。ぬすみみる。

**ケン** 9画【▼姸】 部首[女] ／ 7画【▼妍】 異体字 JIS 5311
音ゲン・ケン
うつくしい。たおやかな。「纎姸」「姸姿・姸麗」用例(名)―をきそう。

**ケン** 9画【建】 部首[廴] 教育小4 JIS 2390
音ケン・コン 訓たてる・たつ
①たてる。はじめる。つくる。「再建・創建・土建」「建設・建造・建築」②申しあげる。意見をだす。「建議・建白書」↓コン[建]

**ケン** 9画【▼畎】 部首[田]
音ケン
みぞ。田畑のうねの間のみぞ。田畑の用水路。

**ケン** 9画【県】 部首[目] 教育小3 JIS 2409 ／ 16画【▼縣】 部首[糸] 旧字 JIS 6949
音ケン
①かける。かかる。②日本で、都・道・府とならぶ行政区画。全国で四三ある。「近県」「県営・県政・県庁・県民」用例(名)この―の特産物。③中国で、秦代では郡の下、その後には府または州の下、現在は省の下の地方行政区画。「県令」④あがた。㋐古代の地方豪族の領有地や朝廷領。㋑大化の改新前の国の下の行政区画。㋒国司の任国。また、国司。㋓いなか。

**ケン** 9画【研】 部首[石] 教育小3 JIS 2406 ／ 11画【▼硏】 旧字
音ケン・ゲン 訓とぐ
①よくきわめる。「研学・研究・研修」②みがく。とぐ。「研磨」③研究・研究会・研究所などのこと。「技研・教研・国研・伝研」

**ケン** 9画【▼祆】 部首[示]
音ケン
ゾロアスター教(ペルシアの拝火教)の神。また、その教え。

**ケン** 10画【▼倦】 部首[人・亻] ／ 11画【▼惓】 異体字 JIS 2381 ／ 8画【▼劵】 部首[力] 異体字 JIS 5005
音ケン
つかれる。うむ。うんざりする。「倦厭・倦怠」

**ケン** 10画【倹】 部首[人・亻] 常用 JIS 2380 ／ 15画【▼儉】 旧字 JIS 4913
音ケン
①むだをしない。つづまやか。つつましい。質素。「勤倹・節倹」「倹素・倹約」②へりくだる。ひかえめ。遠慮深い。「恭倹」

**ケン** 10画【兼】 部首[八] 教育小6 →常用 JIS 2383 ／ 10画【▼兼】 旧字
音ケン 訓かねる
①かねる。かけもちする。「兼行・兼任・兼備・兼用」用例(接続)首相―外相。②まえもって。あらかじめ。かねて。「兼題」③しかねる。かねる。できかねる。

**ケン** 10画【剣】 部首[刂] 常用 JIS 2385 ／ 15画【▼劍】 旧字 JIS 4988 ／ 16画【▼劒】 部首[刀] 異体字 JIS 4990 ／ 16画【▼劔】 部首[刀] 異体字 JIS 4989 ／ 11画【▼剱】 部首[刀] 異体字 JIS 4991 ／ 11画【▼釼】 部首[金] 異体字 JIS 7863
音ケン 訓つるぎ
①つるぎ。かたな。「撃剣・刀剣・宝剣・木剣・名剣」「剣術・剣道・剣舞」用例(名)―を抜く。②つるぎ・なぎなたなどでたたかう術。「剣客・剣士」用例(名)―のさえ。
**剣は一人の敵、学ぶに足らず** 剣術は一人を相手にする技だから、学ぶほどの価値がない。一人で万人を相手にする兵法を学ぶのがよい。
**剣を売り牛を買う** 武事に携わることをやめ、農事に努める。
**剣を落として舟を刻む** 《楚人が舟から水中に剣を落とし、あわてて舷を刻んで落とした場所の印とした故事から》物事にこだわって、情況の変化に適応する才のないたとえ。刻舟。

**ケン** 10画【▼娟】 部首[女] JIS 5315
音ケン・エン
うつくしい。たおやかな。「嬋娟」

**ケン** 10画【▼拳】 部首[手] JIS 2393
音ケン・ゲン
①こぶし。にぎりこぶし。「拳固・拳骨・拳闘・拳法」②手や指をさまざまの形にして争う遊び。用例(名)きつね―。じゃん―。③うやうやしい。ねんごろ。「拳々服膺」

**ケン** 10画【▼涓】 部首[氵] JIS 6218
音ケン
ちょろちょろした流れ。しずく。わずか。「涓滴」

**ケン** 10画【▼狷】 部首[犭] JIS 6438
音ケン
心がせまい。片意地。へそまがり。気がみじかい。「狷介」

**ケン** 10画【▼虔】 部首[虍] JIS 7342
音ケン
つつしむ。うやうやしくする。「敬虔」

**ケン** 10画【軒】 部首[車] 常用 JIS 2414
音ケン 訓のき
①のき。ひさし。「軒灯」②いえ。家屋。「軒別」③家を数えるのに用いる。用例(助数)家五―。④家や雅号などのよび名につけて用いる。用例(接尾)来々―。⑤たかい。たかくあがる。「軒昂」⑥てすり。おばしま。欄干。

**ケン** 11画【▽乾】 部首[乙] 常用 JIS 2005
音カン・ケン・ゲン 訓かわく・かわかす
対義坤。①地に対する天。「乾綱・乾坤・乾象」②易の卦の一つ。陽。③天子を表すのに用いる。「乾徳」④いぬい。北西。方位の一つ。↓カン[乾]
**乾を旋らし坤を転ず** 《天地を一転させる意》天下の大勢を一新する。

**ケン** 11画【健】 部首[人・亻] 教育小4 JIS 2382
音ケン 訓すこやか
①すこやか。丈夫な。達者な。「強健・壮健・保健」「健康・健在」②すらすら。よく。はなはだ。「健闘・健筆・健忘症」

**ケン** 11画【険】 部首[阝] 教育小5 JIS 2417 ／ 16画【▼險】 旧字 JIS 8010
音ケン 訓けわしい
①《嶮とも》けわしい。けわしいこと・ところ。難所。「険悪・険阻・険相」用例(名)箱根の山は天下の―。―のある顔。②あぶない。あやうい。わざわい。「危険・保険・冒険」③よこしまな。わるだくみ。「陰険」「険害」

**ケン** 11画【▼惓】 部首[忄] JIS 5611
音ケン
①いたわる。ねんごろにする。②うむ。うんざりする。

**ケン** 11画【▼捲】 部首[扌] ／ 12画【▼捲】 異体字 JIS 2394
音ケン
まく。まきつける。丸くたたむ。「席捲」「捲土重来」

**ケン** 11画【▼牽】 部首[牛] JIS 2403
音ケン
①ひく。ひっぱる。「牽引・牽制」②つながる。かかわりあう。「拘牽」「牽累」

**ケン** 11画【▼眴】 部首[目]
音ケン・シュン・ジュン
①めくばせをする。めつきでしらせる。②めくるめく。めがくらむ。③あざやか。鮮明な。

**ケン** 11画【▼眷】 部首[目] JIS 6639
音ケン
①かえりみる。目をかける。あつく思う。「眷顧・眷恋」②みうち。親族。「眷族・眷属」

**ケン** 12画【▼傔】 部首[人・亻]
音ケン
①つきしたがう。つかえる。はべる。②おつき。従者。そばづかえ。

**ケン** 12画【▼喧】 部首[口] JIS 2386
音ケン
やかましい。かまびすしい。「喧々囂々・喧然・喧噪・喧伝」

**ケン** 12画【圏】 部首[囗] 常用 JIS 2387 ／ 11画【▼圈】 旧字 JIS 5201
音ケン
①しきり。かこい。範囲。「気圏」「圏外・圏内」用例《接尾的》成層―。勢力―。②まる。円。「圏点」



▼常用漢字表外。 ▽常用漢字表の音訓外。

**ケン** 12画 【堅】 部首[土] 常用 JIS 2388
音 **ケン**
訓 **かたい**
かたい。しっかりしている。「剛堅」「堅固・堅甲・堅持・堅実」
**堅を被り鋭を執る**(けんをこうむりえいをとる) 甲冑をつけ、鋭い武器を手に持つ。武装する。

**ケン** 12画 【萱】 部首[艹] JIS 1994
音 ケン
①わすれぐさ。カンゾウ。ユリ科の多年草。②かや。ススキなど屋根をふく材料になるイネ科の植物。

**ケン** 12画 【愃】 部首[忄] JIS 5626
音 ケン・セン
①ゆたか。ひろい。心がひろい。②こころよい。

**ケン** 12画 【棬】 部首[木]
音 ケン
わげもの。まげもの。薄い板を曲げてつくった円形の容器。

**ケン** 12画 【検】 部首[木] 教育小5 JIS 2401 ― 17画 【檢】 旧字 JIS 6093
音 **ケン**

①しらべる。ただす。「実検・探検・点検」「検眼・検査・検察」②検察庁のこと。「最高検・地検」

**ケン** 12画 【梼】 部首[木] 和製漢字 JIS 5991
音 ケン
ぬて。ぬで。欅の略字。姓氏や地名に用いられる。

**ケン** 12画 【硯】 部首[石] JIS 2407
音 ゲン・ケン
すずり。墨を水ですりおろすのに用いる道具。「筆硯」「硯池・硯滴・硯北」

**ケン** 12画 【絢】 部首[糸] 人名用 JIS 1628
音 ケン
あや。模様があって、あざやか。「絢爛」

**ケン** 12画 【鈐】 部首[金]
音 ケン・キン
①くさび。車輪がはずれないように車軸にさすもの。②かぎ。錠。

**ケン** 12画 【間】 部首[門] 教育小2 JIS 2054 ― 12画 【閒】 旧字
音 **カン・ケン**
訓 **あいだ・ま**
筆順 ↓カン[間]
①日本建築で、柱と柱のあいだ。ながさ。ま。「一間」「間数」②碁・将棋の盤の目。③尺貫法の長さの単位。一間は六尺。約一・八一八m。④あいだ。「世間・眉間」⑤下に添えて用いる。「人間」↓カン[間]

**ケン** 13画 【嗛】 部首[口]
音 ケン・カン・キョウ
①ほおぶくろ。サルなどの獣の口の中の両側にあって、食物を一時ためるところ。②たらない。すくない。ない。③へりくだる。ゆずる。
↓カン[嗛]

**ケン** 13画 【嫌】 部首[女] 常用 JIS 2389 ― 13画 【嫌】 旧字
音 **ケン・ゲン**
訓 **きらう・いや**
①きらう。いやがる。「嫌悪・嫌忌」②うたがう。うたがい。「嫌疑」↓ゲン[嫌]

**ケン** 13画 【蒹】 部首[艹] JIS 7269
音 ケン
オギ。イネ科の多年草。

**ケン** 13画 【遣】 部首[辶] 常用 JIS 2415 ― 14画 【遣】 旧字 部首[辶]
音 **ケン**
訓 **つかう・つかわす**
①やる。つかわす。さしむける。「派遣・分遣隊」②つかう。もちいる。わずらわす。

**ケン** 13画 【愆】 部首[心] JIS 5620
音 ケン
あやまる。たがう。やりそこなう。あやまち。

**ケン** 13画 【慊】 部首[忄] JIS 5636
音 ケン・キョウ
①ものたらない。あきたらない。意に満たない。「慊焉」②満足する。あきたりる。また、こころよい。「慊焉」

**ケン** 13画 【暄】 部首[日] JIS 5887
音 ケン
あたたかい ぬくい。ぽかぽかとした日ざしのさま。「暄風」

**ケン** 13画 【腱】 部首[月] JIS 7107
音 ケン
すじのつけね。筋肉を骨に付着させる、丈夫な繊維性の組織。「アキレス腱」

**ケン** 13画 【犍】 部首[牛]
音 ケン
去勢した牛。きんきり牛。去勢する。

**ケン** 13画 【献】 部首[犬] 常用 JIS 2405 ― 20画 【獻】 旧字 JIS 6459
音 **ケン・コン**
①さしあげる。ささげる。たてまつる。「貢献・奉献」「献金・献上・献呈・献納」②かしこい人のおぼえていること。「文献」↓コン[献]

**ケン** 13画 【筧】 部首[竹] JIS 6810
音 ケン
かけひ。かけい。竹などを地上にかけわたして、水をおくるとい。

**ケン** 13画 【絹】 部首[糸] 教育小5 →教育小6 JIS 2408
音 **ケン**
訓 **きぬ**

きぬ。蚕の繭からとった糸。また、その糸で織った織物。「純絹・人絹・本絹」「絹糸・絹布」

**ケン** 13画 【蜆】 部首[虫] JIS 7368
音 ケン・ゲン
シジミ。ニマイガイ綱に属する軟体動物。

**ケン** 14画 【慳】 部首[忄] JIS 5644
音 カン・ケン
①ものおしみする。けち。「慳吝」②仏教で十戒の一つ。ものおしみをすること。「慳貪」③むごい。無愛想な。「邪慳・突慳貪」

**ケン** 14画 【搴】 部首[手] JIS 5775
音 ケン
ひく。ぬく。ぬきとる。

**ケン** 14画 【歉】 部首[欠] JIS 6130
音 ケン・カン
ものたらない。あきたらない。意に満たない。

**ケン** 14画 【甄】 部首[瓦] JIS 6511
音 ケン・シン
①すえ。すえもの。やきもの。陶器。②あきらかにする。みわける。選別する。

**ケン** 14画 【綣】 部首[糸] JIS 6928
音 ケン・カン
「繾綣」は、まといつく。むつまじい。ねんごろ。

**ケン** 14画 【蜷】 部首[虫] JIS 7380
音 ケン
にな。カワニナ。カワニナ科の軟体動物。みな。

**ケン** 15画 【権】 部首[木] 教育小6 JIS 2402 ― 22画 【權】 旧字 ― 21画 【權】 異体字 JIS 6062
音 **ケン・ゴン**

①人をしたがわせる力。いきおい。「実権・政権」「権威・権勢・権力」用例(名)統治の――をにぎる。②憲法や法律でみとめられている自分の利益。「棄権・人権」「権益・権利」用例《接尾的》所有――。選挙――。③たくらみ。はかりごと。「権謀術数」④おもり。はかり。「権衡・権度・権量」↓ゴン[権]
**権に募る**(けんにつのる) 権威を頼みにして増長する。
**権を取る**(けんをとる) 権力を握る。
**権に借る**(けんにかる) 権勢を頼みとする。かさに着る。

**ケン** 16画 【嶮】 部首[山] JIS 5453
音 ケン
けわしい。けわしいこと・ところ。「嶮峻・嶮岨・嶮難」

**ケン** 16画 【憲】 部首[心] 教育小6 JIS 2391 ― 16画 【憲】 旧字
音 **ケン**

①もとになる定め。のり。「違憲・立憲」「憲章・憲政・憲法」②とりしまる役人。「官憲」「憲兵」

**ケン** 16画 【撿】 部首[扌]
音 レン・ケン
①とらえる。拘束する。②しらべる。ただす。

**ケン** 16画 【縑】 部首[糸]
音 ケン
かとり。かとりぎぬ。細かく堅く織った絹。書画用。

**ケン** 16画 【褰】 部首[衣]
音 ケン
①はかま。ももひき。②かかげる。もちあげる。③ちぢむ。ちぢめる。たたむ。

**ケン** 16画 【諠】 部首[言] JIS 7567
音 ケン
①やかましい。かまびすしい。②わすれる。③いつわる。

**ケン** 16画 【諼】 部首[言]
音 ケン
①わすれる。②いつわる。あざむく。③やかましい。かまびすしい。

**ケン** 16画 【賢】 部首[貝] 常用 JIS 2413
音 **ケン・ゲン**
訓 **かしこい**
①かしこい。すぐれた。対義 愚。「賢察・賢明・賢慮」用例(名)その――をもってして、なお及ばず。②かしこい人。すぐれた人。聖の次。「遺賢・聖賢・先賢・大賢」用例(名)東洋の――とうたわれる。③相手をうやまう意。対義 愚。「賢兄・賢弟」

**ケン** 16画 【黚】 部首[黒] JIS 8356
音 ケン・キン
くろい。あさぐろい。くすんでくろい。くろくなる。

**ケン** 17画 【謇】 部首[言] JIS 7573
音 ケン
①どもる。発音がつかえる。②直言する。気がねせずに、ずばりという。

**ケン** 17画 【謙】 部首[言] 常用 JIS 2412 ― 17画 【謙】 旧字
音 **ケン**
へりくだる。ひかえめ。遠慮深い。「恭謙」「謙虚・謙譲」

**ケン** 17画 【蹇】 部首[足] JIS 7701
音 ケン
①足が不自由なこと・人。②なやむ。くるしむ。とどこおる。「蹇々匪躬」

**ケン** 17画 【鍵】 部首[金] JIS 2416
音 ケン
①かぎ。錠の開閉に用いる金具。「関鍵」②ピアノなどのキー。「鍵盤」

**ケン** 18画 【瞼】 部首[目] JIS 6659
音 ケン
まぶた。まなぶた。眼球をおおい、開閉する皮。「眼瞼」

**ケン** 18画 【繝】 部首[糸] JIS 6967
音 カン・ケン
「繧繝」は、おなじ色の濃淡を順にぼかしながらあらわす彩色法。

**ケン** 18画 【繭】 部首[糸] 常用 JIS 4390 ― 19画 【繭】 旧字 ― 20画 【蠒】 異体字 部首[虫]
音 **ケン**
訓 **まゆ**
まゆ。蚕のさなぎをつつんでいるもの。「蚕繭」「繭糸」

**ケン** 18画 【羂】 部首[罒] JIS 7016
音 ケン
わな。わなでつかまえる。



↓行き先項目、図版・写真参照印。 JIS 日本工業規格情報交換用漢字符号コード(区点コード)。

**ケン** 18画【顕】 部首[頁] 常用 JIS 2418 ―23画【▼顯】旧字 JIS 8093
音 **ケン**
①あらわれる。あらわす。あきらか。対義 隠。「露顕」「顕在・顕彰・顕著・顕微鏡」②位が高い。「貴顕」「顕官・顕達」③仏教で、密教以外の宗派。対義 密。「顕教」

**ケン** 18画【験】 部首[馬] 教育小4 JIS 2419 ―23画【▼驗】旧字 JIS 8168
音 **ケン・ゲン**
①ためす。やってみる。しらべる。「経験・試験」「験算」②かい。ききめ。「効験・霊験」
↓ゲン[験]

**ケン** 18画【▼鵑】 部首[鳥] JIS 8304
音 ケン
①「杜鵑」は、ホトトギス。カッコウ目に属する鳥。②「杜鵑花」は、サツキ。ツツジ科の常緑低木。

**ケン** 19画【▼萱】 部首[艹]
音 ケン
わすれぐさ。カンゾウ。ユリ科の多年草。「萱園学派」

**ケン** 20画【懸】 部首[心] 常用 JIS 2392
音 **ケン・ケ**
訓 **かける・かかる**
①かかる。かける。「懸案・懸河・懸賞・懸命」②かけはなれた。へだたった。「懸隔・懸絶」↓ケ[懸]

**ケン** 20画【▼騫】 部首[馬] JIS 8158
音 ケン
①かける。そこなう。かけ損じる。②かかげる。もちあげる。③にぶい馬。のろい馬。

**ケン** 21画【▼譴】 部首[言] JIS 7604
音 ケン
①せめる。しかる。とがめ。「天譴」「譴責」②あやまち。つみ。

**ケン** 22画【▼鰹】 部首[魚] JIS 1979
音 ケン
カツオ。サバ科の海水魚。

**ケン** 23画【▼蠲】 部首[虫]
音 ケン・ケイ
①ヤスデ。ヤスデ綱に属する節足動物。②いさぎよい。きよい。③あきらか。あきらかにする。④のぞく。除去する。免除する。

**ケン** 24画【▼鹼】 部首[鹵] ―19画【▼鹸】異体字 JIS 2420
音 カン・ゲン・セン・ケン
①しおけ。地中の塩分。②あく。灰を水にひたした上ずみ。③「石鹼」は、あかやよごれをおとすのに用いる洗剤。シャボン。

**けん** 刺身のつま(あしらい)の一種。主になるつまのこと。せん切りにしたダイコン・ニンジン・キュウリ・ウドなどが代表的。

**けん** 古語(助動)↓けむ

**ゲン** 3画【▼厂】 部首[厂] JIS 5488
音 ゲン
①屋根。棟木。②部首の一つ。まだれ。

**ゲン** 4画【元】 部首[儿] 教育小2 JIS 2421
音 **ゲン・ガン**
訓 **もと**
①もと。はじめ。「一元論・根元・本元」「元気・元素」②こうべ。かしら。おさ。「元凶・元首・元帥・元老」③年号。また、一定の年間。「一代一元・改元」④数学で、㋐方程式の未知数。「二元一次方程式」㋑集合の要素。⑤中国の王朝の一つ。モンゴル族が建てた。一二七一～一三六八年。モンゴル帝国第五代皇帝フビライが大都(北京)を都とし、国号を大元とした。後に朱元璋の明に滅ぼされた。「元曲・元寇・元朝」⑥中国のお金の単位。↓ガン[元]

**ゲン** 4画【幻】 部首[幺] 常用 JIS 2424
音 **ゲン**・カン
訓 **まぼろし**
①まぼろし。あるように見えて、まもなく消える実体のないもの。「夢幻」「幻影・幻覚・幻想・幻滅」②まどう。まどわす。「幻術・幻惑」③かわる。別なものになる。「変幻」

**ゲン** 5画【玄】 部首[玄] 常用 JIS 2428
音 **ゲン**・ケン
①くろ。くろい。精白しない。「玄米」②おくぶかい。「深玄・幽玄」「玄妙」③曾孫の子。やしゃご。「玄孫」

**ゲン** 7画【▼芫】 部首[艹] JIS 7175
音 ゲン・ガン
ふじもどき。サツマフジ。ジンチョウゲ科の落葉低木。

**ゲン** 7画【▼阮】 部首[阝] JIS 7986
音 ゲン
中国人の姓の一つ。

**ゲン** 7画【言】 部首[言] 教育小3 →教育小2 JIS 2432
音 **ゲン・ゴン**・ギン
訓 **いう・こと**
いう。はなす。ことば。こと。「遺言・一言・格言・極言・失言・他言・方言・名言・予言」「言語・言動」用例(名)彼の―によれば。↓ゴン[言]
**言近くして意遠し**(げんちかくしていとおし) ことばはわかりやすいが、意味は深遠である。
**言を左右にする**(げんをさゆうにする) はっきり言わない。責任のがれを言う。
**言を俟たない**(げんをまたない) 言うまでもない。わかりきったことだ。needless to say

**ゲン** 8画【▼呟】 部首[口] JIS 5076
音 ゲン
つぶやく。ぶつぶつと小声でひとりごとをいう。

**ゲン** 8画【弦】 部首[弓] 常用 JIS 2425
音 **ゲン**
訓 **つる**
①弓のつる。また、その形をしたもの。「下弦・上弦」「弦月」用例(名)弓に―をはる。②数学で、円周上の二点を結んだ直線。直角三角形の斜辺。比較 弧。「正弦」用例(名)―を二等分する。③《絃とも》いと。バイオリンなど楽器にはった糸。「管弦」「弦歌・弦楽器」↓円図 ↓琴図 ↓ピアノ図

**ゲン** 9画【▼彥】 部首[彡] 人名用 JIS 4107 ―9画【▼彦】旧字
音 ゲン
ひこ。すぐれて立派な男子。「英彦・才彦」「彦士」

**ゲン** 9画【限】 部首[阝] 教育小5 JIS 2434
音 **ゲン**・カン
訓 **かぎる**
かぎる。しきる。かぎり。「期限・際限・制限」「限界・限局・限度」

**ゲン** 9画【▼炫】 部首[火]
音 ケン・ゲン
①かがやく。ひかる。かがやき。②まぶしい。目をくらます。③てらう。みせびらかす。

**ゲン** 10画【原】 部首[厂] 教育小2 JIS 2422
音 **ゲン**
訓 **はら**
①もと。もとの。「原案・原因・原価・原形・原子・原則・原動力」用例《接頭的》―住民。―日本人。②はら。草などがはえている広い平地。「高原・平原」「原頭・原野」用例《接尾的》火口―。③原子力のこと。「原水爆」

**ゲン** 10画【▼痃】 部首[疒] JIS 6550
音 ケン・ゲン
①からだの筋肉がひきつる病気。②「横痃」は、よこね。性病などによっておこる、あしのつけねのリンパ腺炎。

**ゲン** 10画【▼眩】 部首[目] JIS 6633
音 ケン・ゲン
くらむ。めがくらむ。めくるめく。また、まどう。「眩暈・眩惑」

**ゲン** 11画【▼偐】 部首[人・亻] JIS 4884
音 ガン・ゲン
にせ。にせもの。

**ゲン** 11画【現】 部首[王] 教育小5 JIS 2429
音 **ゲン**・ケン
訓 **あらわれる・あらわす**
①あらわれる。あらわす。「実現・出現・表現」「現出・現象」②いま。いまの。比較 新・元。対義 前。「現下・現在・現代」用例(名)過―未。《接頭的》―国王。③実際。実際にある。うつつ。「現業・現金・現実・現地」

**ゲン** 11画【眼】 部首[目] 教育小5 JIS 2067
音 **ガン・ゲン**
訓 **まなこ**
筆順 ↓ガン[眼]
め。まなこ。「開眼・慈眼」↓ガン[眼]

**ゲン** 11画【▼絃】 部首[糸] JIS 2430
音 ケン・ゲン
いと。バイオリンなど楽器にはった糸。「管絃」「絃歌」

**ゲン** 11画【▼舷】 部首[舟] JIS 2431
音 ケン・ゲン
ふなばた。ふなべり。船の側面。「右舷」「舷窓・舷側」

**ゲン** 11画【▼衒】 部首[行] JIS 7442
音 ケン・ゲン
てらう。みせかける。みせびらかす。「衒学・衒気」

**ゲン** 12画【▼唁】 部首[口]
音 ゲン・ガン
おとずれる。とむらう。見舞う。

**ゲン** 12画【減】 部首[氵] 教育小5 JIS 2426
音 **ゲン**・カン
訓 **へる・へらす**
①へる。へらす。へること。対義 加・増。「軽減・半減」「減収・減少・減税・減退」用例(名)昨年に比べて百万円―。②引き算。用例(名)加―乗除。

**ゲン** 13画【嫌】 部首[女] 常用 JIS 2389 ―13画【▼嫌】旧字
音 **ケン・ゲン**
訓 **きらう・いや**
きらう。いやがる。また、気分。心持ち。「機嫌」
↓ケン[嫌]

**ゲン** 13画【源】 部首[氵] 教育小6 JIS 2427
音 **ゲン**
訓 **みなもと**
①みなもと。もと。「起源・語源・根源・資源・水源」「源泉・源流」②姓氏の一つ。源氏のこと。「源平」

**ゲン** 13画【▼鉉】 部首[金] JIS 7875
音 ケン・ゲン
つる。鼎や鍋のつる。弓形のとって。

**ゲン** 14画【▼愿】 部首[心] JIS 5637
音 ゲン
つつしむ。かしこまる。まじめくさる。

**ゲン** 15画【▼黿】 部首[魚]
音 ゲン・ガン
おおうみがめ。海にすむカメ類の一種。

**ゲン** 16画【▼噞】 部首[口]
音 ゲン
あぎとう。魚が水面で口をぱくぱくする。

**ゲン** 16画【▼螈】 部首[虫]
音 ゲン
①「蠑螈」は、イモリ。サンショウウオ目に属する両生類。②なつご。夏に飼育する蚕。

**ゲン** 16画【▼諺】 部首[言] ―16画【▼諺】異体字 JIS 2433
音 ゲン
①ことわざ。「古諺・俗諺・俚諺」「諺語」②



▼常用漢字表外。 ▽常用漢字表の音訓外。

「諺文」は、朝鮮の表音文字。ハングル。

**ゲン**17画【厳】部首[厂] 教育小6 JIS 2423 20画【▼嚴】部首[口] 旧字 JIS 5178
音ゲン・ゴン 訓おごそか・きびしい

厳 厳 厳 厳 厳

①きびしい。はげしい。対義寛。「厳格・厳寒・厳禁・厳守・厳重・厳正」用例(形動)取り締まりが―に過ぎる。(形動トタル)―たる態度で接する。②おごそか。いかめしい。対義慈。「威厳・謹厳・尊厳」「厳粛・厳明」③父親に対する敬称。「厳君・厳父」↓ゴン[厳]

**ゲン**18画【験】部首[馬] 教育小4 JIS 2419 23画【▼驗】旧字 JIS 8168
音ケン・ゲン

筆順↓ケン[験]
①仏教で、信仰のもたらす力。しるし。ききめ。「修験道・霊験」用例(名)―が見えない。②縁起。前兆。用例(名)―がいい。↓ケン[験]

**ゲン**22画【儼】部首[人・亻] JIS 4923
音ゲン
おごそか。いかめしい。「儼然」

**けんあい-せつ【兼愛説】** 中国、戦国時代の思想家、墨子の代表的な教説。自他の差別なしに人を愛するならば、天下は治まるというもの。

**けん-あく【険悪】**(形動) ①顔・性質などが、けわしくておそろしいさま。grim ②天候や状況などが危なくて油断ができないさま。また、情勢がひっぱくしていて安心できないさま。dangerous; serious 用例政情―。

**けん-あつ【検圧】**(名・サ変他) 圧力を検査すること。

**げん-あつ【減圧】**(名・サ変自他) 圧力を下げること。圧力が下がること。decompression

**けん-あん【検案】**(名・サ変他) ①事情・状況を調べただすこと。investigation ②医師の治療を受けずに死亡した者について、死亡の事実を医学的に確認すること。

**けん-あん【懸案】** 未解決のままの問題。pending problem 比較宿題・課題。

**げん-あん【原案】** 討議などの、もとになる案。original plan

**けんあん-しょ【検案書】** 変死体などについて、医師が医学的に死亡を確認したことを証明する書類。死体検案書。certificate of a post mortal examination

**けんあん-たい【建安体】** 中国、後漢の建安年間(一九六〜二二〇)に活躍した魏の曹操・曹丕・曹植父子と建安七子らの詩風。五言詩に初めて個性的で新鮮な情感をもたせ、その発展に寄与した。

**けん-い【健胃】** 胃の働きをさかんにすること。用例―錠。

**けん-い【権威】** ①強制し、服従させる威力。authority 用例議員の―。②人を納得させるだけの信頼性があること。authority 用例かれの学説は―がある。③すぐれた専門家。権威者。オーソリティー。authority 用例宇宙物理学の―。

**げん-い【原意】** もとの意味。はじめの意味。原義。original meaning

**けんい-ざい【健胃剤】** 胃の働きを助け、食欲を増進させる薬。苦味剤・芳香剤・消化酵素剤などがある。stomachic 参照胃腸薬。

**けんい-しゅぎ【権威主義】** 物事をするのに権威をかつぎ出す考え。また、権威に対して盲目的に従う態度や行動。authoritarianism

**けんい-すじ【権威筋】** ニュース報道などで取材源を公表できないときの情報源の示し方の一つ。情報の確度・信頼性が高い場合に使われる。authoritative source

**けんいてき-せいかく【権威的性格】** ドイツの思想家アドルノの用語。権威に追随するとともに、弱者を攻撃することで自己の存在を誇示する性格。権威主義的人格。authoritarian personality

**けん-いん【検印】** ①検査をしたしるしに押す判。stamp of approved ②書籍を発行するさい、著者が契約発行部数を確認して奥付けに押す認め印。seal of the author

**けん-いん【▼牽引】**(名・サ変他) 引くこと。引っぱること。traction; tow

**げん-いん【原因】**(名・サ変自) 物事が起こり、また変わるもと。cause 比較起因。対義結果。用例事件の―を調べる。不注意が―の出火。

**げん-いん【現員】** ただ今の人員。現在員。

**げん-いん【減員】**(名・サ変自他) 人員をへらすこと。へること。reduction of the staff 対義増員。

**けんいん-しゃ【▼牽引車】** ①自走能力のない車両を引っぱる車。トラクター。tractor 比較機関車。②組織・団体などの中で、全体を力づけ、引っぱっていく人。leader

**けんいん-りょうほう【▼牽引療法】** 整形外科の治療法の一つ。特殊な器具で患部に牽引力を働かせ、骨折・関節障害・椎間板障害などの整復や痛みの軽減をはかる。traction therapy

**けんいん-りょく【▼牽引力】** 他のものを引っぱる力。traction

**けん-うん【▽巻雲・絹雲】** 十種雲形の一つ。上層雲に属する。白色の絹糸または真綿状に見える雲。もっとも高度の高い氷晶雲で、五〜一三㎞の範囲に現れる。まきぐも。cirrus

**げん-うん【▼眩▼暈】** 目がくらんでふらつく感じ。めまい。dizziness

**けんえい【建永】** 鎌倉初期の年号。元久から改元。元年(一二〇六)四月二七日〜二年(一二〇七)一〇月二五日。次に、承元に改元。

**けん-えい【県営】** 県が経営あるいは設置・管理すること。

**けん-えい【兼営】**(名・サ変他) 本業のほかに他の事業をも営むこと。兼業。

**けん-えい【献詠】**(名・サ変他) 宮中・神社などに詩歌をよんでたてまつること。また、その詩歌。

**げんえい【元永】** 平安末期の年号。永久から改元。元年(一一一八)四月三日〜三年(一一二〇)四月一〇日。次に、保安に改元。

**げん-えい【幻影】** ①まぼろし。vision ②幻覚。illusion 用例敵の―におびえる。

**けん-えき【検疫】**(名・サ変自) 伝染病や害虫などの外国からの侵入・発生を防ぐために行われる検診・検査、および見つかったさいの消毒・隔離などの措置。検疫法に基づき、全国の主要な海・空港において旅客・積み荷などを調べる。quarantine

**けん-えき【権益】** 権利とその権利にともなって得られる利益。rights and interests 用例外国―。

**げん-えき【原液】** 水などを混ぜたり、薄めたりしていないもとの液。undiluted solution

**げん-えき【現役】** ①もと常備兵役の一つ。配属された部隊で、軍務に服していること。また、その軍人。be in service ②現在、第一線で活躍している人・こと。person in active service 用例―選手。③大学の入学試験を受ける高校三年在学者。受験浪人に対していう。

**げん-えき【減益】**(名・サ変自) 利益がへること。decrease in profits 対義増益。用例今期は―となる。

**げんえきせんしゅ-とうろく【現役選手登録】** プロ野球で、シーズン中に公式戦に出場できる選手を登録すること。チーム定員があり、シーズン中途の入れ替えは可能。player registration

**けん-えつ【検閲】**(名・サ変他) ①調べあらためること。inspection ②言論統制の一つ。公権力が出版物・放送・映画などの内容を強制的に調べ、好ましくないものの公開を制限したり罰したりすること。日本では憲法で禁止。censorship ③《精神分析の用語》自我や超自我が、人間の心の中の衝動を、意識される前におさえつけ変形してしまう働き。

**けん-えり【剣襟】** 背広服の襟型の一種。ラペル(下襟)の先が剣状にとがっている。ピークドラペル。peaked lapel

●県花

| 県 | 花 |
|---|---|
| 北海道 | ハマナス |
| 青森県 | リンゴ |
| 岩手県 | キリ |
| 宮城県 | ミヤギノハギ |
| 秋田県 | フキノトウ |
| 山形県 | ベニバナ |
| 福島県 | ネモトヤエハクサンシャクナゲ |
| 茨城県 | バラ |
| 栃木県 | ヤシオツツジ |
| 群馬県 | レンゲツツジ |
| 埼玉県 | サクラソウ |
| 千葉県 | ナノハナ |
| 東京都 | ソメイヨシノ |
| 神奈川県 | ヤマユリ |
| 新潟県 | チューリップ |
| 富山県 | チューリップ |
| 石川県 | クロユリ |
| 福井県 | スイセン |
| 山梨県 | フジザクラ |
| 長野県 | リンドウ |
| 岐阜県 | レンゲソウ |
| 静岡県 | ツツジ |
| 愛知県 | カキツバタ |
| 三重県 | ハナショウブ |
| 滋賀県 | シャクナゲ |
| 京都府 | シダレザクラ |
| 大阪府 | アシ |
| 兵庫県 | ノジギク |
| 奈良県 | ナラノヤエザクラ |
| 和歌山県 | ウメ |
| 鳥取県 | 二十世紀ナシ |
| 島根県 | ボタン |
| 岡山県 | モモ |
| 広島県 | モミジ |
| 山口県 | ナツミカン |
| 徳島県 | スダチ |
| 香川県 | オリーブ |
| 愛媛県 | ミカン |
| 高知県 | ヤマモモ |
| 福岡県 | ウメ |
| 佐賀県 | クスノキ |
| 長崎県 | ウンゼンツツジ |
| 熊本県 | リンドウ |
| 大分県 | ブンゴウメ |
| 宮崎県 | ハマユウ |
| 鹿児島県 | ミヤマキリシマ |
| 沖縄県 | デイゴ |

**けん-えん【犬猿】** イヌとサル。仲の悪いたとえ。

**犬猿の仲** 互いにけんかばかりしている、また、きらっている間柄。cat-and-dog relationship 類似犬と猿。

**犬猿も徒ならず** イヌとサルよりも、もっと仲が悪い。

**けん-えん【▼倦▼厭】**(名・サ変自) あきていやになること。disgustedness 用例―の情。

**けん-えん【嫌煙】** 他人が吸うタバコの煙をいやがること。antismoking

**けん-えん【▼慊▼焉】**(形動トタル)《「慊」には「あきたりる」と「あきたりない」の両義がある》①物足りなく思うさま。用例―たるものがある。②《多く、打ち消しの形で》満足に思うさま。用例―たらず。

**げん-えん【減塩】**(名・サ変自) ①塩の量を少なめにすること。②高血圧の治療や予防のために食塩摂取量をひかえること。sodium restriction

**けんえん-がくは【▼蘐園学派】** 荻生徂徠を祖とする儒学の一派。経世済民の実学と古文辞学を唱道。古文辞学派。

**けんえん-けん【嫌煙権】** タバコを吸わない人が職場や公共の場での喫煙を拒否する権利。nonsmoker's rights

**げんえん-るい【原猿類】** 原始的なサルの仲間。食虫類の特徴を数多くもつ。一般に小形。顔面は有毛で、口吻が突出し、平爪のほかに鉤爪をもつ。夜行性。ツパイ・キツネザル・ロリス・メガネザルなど五〇種からなる。アジア・アフリカの熱帯に分布。

**けん-お【嫌悪】**(名・サ変他) 憎んで、きらうこと。憎しみ。hatred; dislike 対義愛好。用例―の情をいだく。

**げんおう【元応】** 鎌倉末期の年号。文保から改元。元年(一三一九)四月二八日〜三年(一三二一)二月二三日。次に、元亨に改元。

**げん-おう【玄奥】** 奥深いこと。奥の手。秘奥。profundity 用例―をきわめる。

**けん-おん【検温】**(名・サ変自) 体温を計ること。thermometry; take a temperature

**げん-おん【原音】** ①本来の発音。原語での発音。②基音。fundamental tone ③再生音に対して、録音などのもとになっている音。original sound

**けんおん-き【検温器】** 体温を計るのに使う温度計。体温計。clinical thermometer

**けん-か【県下】** その県の地域内。県内。in the prefecture 用例―一円に普及する。

**けん-か【県花】** 各都道府県を代表する花。昭和二九年(一九五四)に制定。郷土の誇りになる花などの選定基準により決められた。比較国花。↓図

**けん-か【堅果】** 果皮の固い果実。クリ・カシ・シイなどの実。nut

**けん-か【▼喧▼嘩・▼諠▼譁】**(名・サ変自) 言い争ったり、なぐり合ったりすること。いさかい。quarrel; fight 用例―を売る。人と―する。口―。

**喧嘩過ぎての棒乳切れ**《けんかが終わってから棒を振りまわしても無駄であることから》時機を逃したため、役にたたないもの。

**喧嘩に被る笠は無し** けんかはいつ降りかかってくるかわからない災難のようなもので、予防のしようがない。比較喧嘩は降り物。

**喧嘩に花が咲く** けんかがいっそう激しくなる。

**喧嘩の側杖** ①そばでけんかを見ていて、打ち合うつえに当たること。②自分に無関係な紛争のとばっちりを受けること。

**喧嘩は降り物** けんかは、雨や雪がい



↓行き先項目、図版・写真参照印。 JIS 日本工業規格情報交換用漢字符号コード(区点コード)。

つ降るかわからないように、いつ自分の身に起こるかわからない。比較 喧嘩に被る笠は無し。
**喧嘩を売る**（けんかをうる）①けんかをしかける。pick a fight ②自分にしかけられたけんかを、他人に負わせて逃げる。
**喧嘩を買う**（けんかをかう）①しかけられたけんかの相手になる。accept a challenge ②他人のけんかにかかわって、それを引き受ける。自分から好んで他人のけんかの相手になる。take up a quarrel

**けん-か【献花】**（名・サ変自）神前や霊前に花を供えること。また、その花。flower offering
**けん-か【▼鹸化】**（名・サ変自）エステル類の加水分解のうち、アルカリを触媒に使う反応。もとは、せっけんを製造する反応をさした。有機化学上重要な基礎反応。saponification
**けん-が【懸河】**早くはげしく流れる川。急流。用例 ―の勢い。
**懸河の弁**（けんがのべん）よどみなくしゃべること。さわやかな弁舌。fluent talk
**げん-か【原価・元価】**①製品・サービスの生産や販売のために消費された財・サービス。生産費。コスト。cost ②仕入値。もとね。prime cost
**げん-か【言下】**言い終わるか終わらないうち。一言のもと。promptly 用例 ―に否定する。
**げん-か【弦歌・▼絃歌】**三味線や琴などをひき、歌をうたうこと。その音や歌。
**げん-か【原歌】**もとの歌。もとうた。original song 比較 本歌。対義 替え歌。
**げん-か【現下】**ただ今。現在。目下。at present 用例 ―の急務。
**げん-か【減価】**値段を下げること。定価から割引した値段。price reduction; discounted price
**げん-が【原画】**複製に対して、もとの絵。original picture
**けん-かい【見解】**一つの問題に対する考え方や評価。意見。view 用例 ―の相違。
**けん-かい【▼狷介】**（名・形動）頑固で、人と和合しない性質であること・さま。片意地。stubborn 用例 ―孤高。
**けん-がい【険害】**（名・形動）意地が悪くて人をそこなうこと・さま。
**けん-がい【圏外】**範囲の外。枠の外。out of the range 対義 圏内。用例 当選―。
**けん-がい【遣外】**任務を与えて外国へ派遣すること。用例 ―使節。
**けん-がい【懸▼崖】**①きり立ったがけ。断崖。overhanging cliff ②枝葉が根よりも下にたれるようにつくった盆栽。用例 ―づくり。↓写
**げん-かい【幻怪】**（名・形動）人を惑わすような、不思議で、あやしいこと・さま。
**げん-かい【限界】**物事の範囲の、ぎりぎりの線・さかい。かぎり。極限。limit 用例 力には―がある。
**げん-かい【厳戒】**（名・サ変他）きびしく警戒すること。厳重に警戒すること。strict watch 用例 ―体制をしく。
**げんかい【玄海】**〈町〉福岡県北部、玄界灘（げんかいなだ）に臨む町。農・漁業がさかん。テッポウユリが特産。人口九三五七（一九八八）。
**げんかい【玄海】**〈町〉佐賀県北西部の町。農・漁業を主とし、真珠の養殖もさかん。原子力発電所がある。人口七六二七（一九八八）。
**げんかい【言海】**国語辞書。明治二二～二四年（一八八九～九一）刊。大槻文彦（おおつきふみひこ）著。官命により同八年（一八七五）起稿、同一九年（一八八六）成稿。三万九〇〇〇語を収録し、近代辞書の理念が確立された。
**げん-がい【言外】**ことばに表れていない部分。implied 用例 ―ににおわす。―のふくみ。
**げん-がい【限外】**範囲・限度の外。beyond the limits
**げんかい-かくめい【限界革命】**カール＝メンガーやレオン＝ワルラスらによって一八七〇年代に唱えられ、近代的経済理論体系の基礎を築いた限界効用理論の画期的役割をさしていうことば。marginal revolution
**げんかい-ゲージ【限界ゲージ】**大量生産される製品の寸法が、定められた範囲内にあるかを検査する道具。limit gauge
**げんがい-けんびきょう【限外顕微鏡】**光学顕微鏡では見えない微小物体を見る顕微鏡。物体に光をあて、チンダル現象を利用し、暗視野中に輝点として見えるようにする。暗視野顕微鏡。ultramicroscope
**げんかい-こうよう【限界効用】**財の消費量が一単位増えることによって得られる主観的な満足度。marginal utility
**げんかいこうようていげん-の-ほうそく【限界効用逓減の法則】**消費財の効用は需要量の増加とともに全体として増大するが、財の追加分一単位から得られる効用の増加分はしだいに減少していくという法則。law of diminishing marginal utilities

● 懸崖② 菊の懸崖仕立て。

**げんか-いしき【原価意識】**企業の従業員が仕事をするうえで必要とされる、なるべくコストを引き下げようという意識。これを高めることが原価管理の重要なポイントとなる。cost conciousness
**げんかい-しゅうにゅう【限界収入】**企業がいままでの生産量からさらにもう一単位生産を増加させたとき、それにともなう総収入の増加分。MR。marginal revenue
**げんかい-じょうきょう【限界状況】**《ヤスパースの用語》現存する個人の意識を極限にまで追いつめる死や苦悩、罪責のような不可避の事態。極限状況。marginal situation
**げんかい-せいさんりょく【限界生産力】**ある生産要素を一単位増やすことで得られる生産量の増加分。marginal productivity
**げんかい-なだ【玄界▼灘】**福岡・佐賀両県の北に広がる海。対馬（つしま）暖流が北東に流れ、タイ・イカ・サバ・ブリなどの好漁場。冬は波が荒い。古来、大陸との交通の要路。
**げんがい-はっこう【限外発行】**銀行券を発行する日本銀行が、発行限度額を超えて通貨を発行すること。制限外発行。excess issue
**げんかい-ひよう【限界費用】**産出量を一単位増加させたとき、それにともなう費用の増加分。限界生産費。MC。marginal cost
**けんかい-めん【圏界面】**対流圏の上端が成層圏と接する境界面。気温の変化がきわめて少ないので、対流が生じなくなる。対流停止面。対流圏界面。tropopause
**げんかい-りえき【限界利益】**純売上高から変動費を差し引いて得られる利益と固定費の合計額。marginal profit
**げんかいりえき-りつ【限界利益率】**売上高に対する限界利益の比率。marginal income ratio
**げんがい-ろか【限外▼濾過】**濾紙（ろし）などふつうの濾過層では通過してしまうコロイド粒子（〇・一マイクロメートル以下）を濾別する方法。コロジオン膜やセロハン膜などを用いる。ultrafiltration
**げんか-かんり【原価管理】**原価の引き下げを全社的に計画し、そのために経営活動を管理・合理化する手続き。cost management
**けん-かく【剣客】**剣術のたくみな人。剣士。けんきゃく。swordsman
**けん-かく【懸隔】**（名・サ変自）かけはなれていること。へだたり。difference
**けん-かく【堅確】**（形動）しっかりしていて、確かであるさま。用例 ―な芸。
**けん-がく【見学】**（名・サ変他）実物や実状を見て学ぶこと。field trip; study and observation 用例 ―旅行。
**けん-がく【研学】**（名・サ変自）学問をきわめること。
**けん-がく【兼学】**（名・サ変他）二つ以上の宗旨・学問を学ぶこと。用例 八宗（はっしゅう）―。
**げん-かく【幻覚】**実在しないものがあるように知覚されること。幻視・幻聴・幻臭・幻味のほか、内臓の存在を感じない臓器幻覚があり、精神分裂症に多い。hallucination 比較 錯覚（さっかく）。対義 実在。
**げん-かく【厳格】**（形動）きびしくて正しいさま。strict 用例 ―なしつけ。
**げん-がく【弦楽・▼絃楽】**弦楽器で演奏する音楽。string music
**げん-がく【▼衒学】**学問・知識があることをひけらかすこと。ペダントリー。pedantry 用例 ―的な言辞。
**げん-がく【減額】**（名・サ変自他）数量や金額を少なくすること。少なくなること。reduction; cut 対義 増額。用例 予算の―。
**げんかく-ざい【幻覚剤】**幻視・幻聴・幻触などの幻覚を引きおこす薬物。精神分裂病の病因追究などに用いられる。LSDやムスカリンなど。hallucinogen
**げんかく-さいぼう【原核細胞】**核と細胞質の間をしきる核膜のない細胞。すべての細菌類と藍藻（らんそう）植物を構成。procaryotic cell 対義 真核細胞。
**げんがく-しじゅうそう【弦楽四重奏】**第一バイオリン・第二バイオリン・ビオラ・チェロからなる合奏。室内楽の代表的な合奏の形。string quartet
**げんかく-しょう【幻覚症】**他の精神障害がきわめて少なく、幻覚のみが著明な状態。意識は明瞭（めいりょう）で、思考障害はない。アルコール依存症やコカイン中毒症などにみられる。hallucinosis
**げんかく-せいぶつ【原核生物】**原核細胞からなる原始的生物。細菌や藍藻（らんそう）植物など。前核生物。procaryote 対義 真核生物。
**げんか-けいさん【原価計算】**製品・サービスの生産に要した費用を、生産物一単位あたりについて算出する手続き。cost accounting
**けんか-ごし【▼喧▼嘩腰】**けんかをしかけるような態度。quarrelsome
**げんか-しょうきゃく【減価償却】**固定資産の経済価値の減少を見積もり、耐用年数内の各会計期間に費用として配分し計上する手続き。depreciation
**けんか-しょくぶつ【顕花植物】**種子（しゅし）植物の別称。
**げん-がっき【弦楽器】**弦の振動によって音を出す楽器の総称。バイオリン・三味線など。構造上から弓型・チター型・リュート型・リラ型・ハープ型に、奏法上から撥弦（はつげん）楽器・擦弦（さつげん）楽器・打弦楽器に分類される。弦鳴楽器。strings 比較 打楽器・管楽器。

**けんか-まつり【▼喧▼嘩祭（り）】**神輿（みこし）がもみあったりする威勢のよい祭りの通称。兵庫県姫路市松原八幡宮の妻鹿（めが）の喧嘩祭り、愛知県刈谷（かりや）市秋葉神社の万灯（まんどう）祭り、大阪府岸和田市岸城（きし き）神社の地車（だんじり）祭りなどが有名。↓写

● 喧嘩祭り 姫路市、松原八幡宮。

**けん-が-みね【剣ケ峰】**①噴火口の周縁のもっとも高い所。ふつう富士山頂で言う。②相撲で土俵のさかいとなるたわら。また、そこに足がかかってあとのない状態。③状況がどうなるか、ぎりぎりの状態。brink
**けんか-よつ【▼喧▼嘩四つ】**相撲で、お互いの得意とする差し手が異なること。対義 相四つ。
**けんか-りょうせいばい【▼喧▼嘩両成敗】**けんかした者は悪いとして、理非を問わず両方とも罰すること。In a quarrel both parties must be blamed.
**げんか-れき【元▼嘉暦】**日本で最初に用いられた暦法。中国の何承天（かしょうてん）が編纂（へんさん）、南朝・宋（そう）・斉（せい）・梁（りょう）で用いられたもの。
**けんか-わかれ【▼喧▼嘩別れ】**けんかをしたままで別れること。
**けん-かん【兼官】**本官のほかに、他の官職をつとめること。また、その官職。対義 本官。
**けん-かん【権官】**権力の強い官職・役人。powerful official
**けん-かん【顕官】**地位の高い官職・役人。high official 用例 大臣―一堂に会する。
**けん-がん【検眼】**（名・サ変自）視力を調べること。eye examination
**げん-かん【玄関】**《玄妙（げんみょう）の道に入る関門、の意から》①禅寺で客殿への入り口。②住宅・建物の正面の出入り口。entrance ③書院造りの正面の入り口。
**玄関を張る**（げんかんをはる）《玄関先だけをりっぱにする、の意から》みえをはる。外観をかざる。



▼常用漢字表外。　▽常用漢字表の音訓外。

**げん-かん【▼阮▼咸】** 中国、唐代の弦楽器。琵琶の一種。晋代の文人で竹林の七賢の一人、阮咸の名をとったとされる。日本の明清楽の月琴はこの一種。

**げん-かん【減感】** 写真現像のさい、感光材料の感度を、特殊な薬品の添加によって低下させること。desensitization

**げん-かん【厳寒】** きびしい寒さ。極寒。intense cold 〔対義〕厳暑。

**げんかんさ-りょうほう【減感作療法】** アレルギー性疾患の治療法の一つ。アレルギーの原因となる花粉やダニなどの抽出液を、少量ずつ増量しながら注射し、その物質に対する身体の過敏性を弱めるか消失させる方法。

**げんかん-し【玄関子】** ↓げんかんばん(玄関番)

**げんかん-ばらい【玄関払い】** 来訪者を玄関で応対しただけで、または会わずに追い返すこと。refuse to see 〔用例〕—をくう。

**げんかん-ばん【玄関番】** 玄関にひかえていて、客の取り次ぎをする人。玄関子。doorkeeper

**けん-き【嫌忌】**(名・サ変他) いみきらうこと。けんぎ。

**けん-ぎ【建議】**(名・サ変他) ①意見を役所に申し立てること。建白。proposition ②旧憲法下で、議会が政府に希望や意見を述べること。motion

**けん-ぎ【県議】**《「県議会議員」の略》県議会を構成する議員。member of prefectural assembly

**けん-ぎ【嫌疑】** 疑わしいこと。容疑。suspicion 〔用例〕—がかかる。—が晴れる。

**げん-き【元気】**(名・形動) ①活動のもととなる気力・活力にあふれていること・さま。vigor 〔用例〕—がいい。②体調がいいこと・さま。health 〔用例〕お—ですか。③万物生成のもととなる精気。energy

**げんき【元亀】** 室町末期の年号。永禄から改元。元年(一五七〇)四月二三日~四年(一五七三)七月二八日。次に、天正に改元。

**げん-き【原基】** 発生途中の胚で、機能的・形態的には未分化だが、特定の器官になることが決まっている部分。rudiment

**げん-き【原器】** 度量衡の標準となる器物。長さは光の波長で規定することになったため、メートル原器は廃止され、現在はキログラム原器だけ。prototype

**げん-き【▼衒気】** てらう気持ち。見せびらかす心。affectation

**げん-ぎ【原義】** もとの意味。はじめの意味。原意。original meaning 〔対義〕転義。

**けん-ぎかい【県議会】** 県民によって選ばれた県議会議員で構成され、県の自治行政についての意思を決定する議決機関。

**けんきせい-さいきん【嫌気性細菌】** 酸素の量の多いところでは生育できない細菌群。破傷風菌・ボツリヌス菌など。anaerobic bacteria

**けんきせい-せいぶつ【嫌気性生物】** 酸素のない環境で生育する生物。細菌に多い。anaerobe

**けん-きゃく【剣客】** ↓けんかく(剣客)

**けん-きゃく【健脚】**(名・形動) 足が強く、よく歩けること・さま。また、そういう足。be a good walker 〔用例〕—を誇る。

**げん-きゃく【減却】**(名・サ変自他) へること。へらすこと。reduce

**けんきゅう【建久】** 鎌倉初期の年号。文治から改元。元年(一一九〇)四月一一日~一〇年(一一九九)四月二七日。次に、正治に改元。

**けん-きゅう【研究】**(名・サ変他) ①広く調べ、深く考えること。research; study 〔用例〕—所。②どうするかを考えること。investigation; study 〔用例〕対策は—中です。

**けん-ぎゅう【▼牽牛】** ①牛を引く農夫。②《「牽牛星」の略》たなばた伝説の主人公。Altair 〔対義〕織女。

**げんきゅう【元久】** 鎌倉初期の年号。建仁から改元。元年(一二〇四)二月二〇日~三年(一二〇六)四月二七日。次に、建永に改元。

**げん-きゅう【言及】**(名・サ変自) 話がある事柄におよぶこと。reference 〔用例〕—を避ける。

**げん-きゅう【原級】** ①進級以前の学年。〔用例〕—にとめおく。②文法で、英語などインド-ヨーロッパ語族の形容詞・副詞の、比較級・最上級の形に対する基本形。positive degree 〔対義〕比較級・最上級。

**げん-きゅう【減給】**(名・サ変自他) 給料がへること。また、給料をへらすこと。pay cut 〔対義〕増給。〔用例〕—処分。

**げん-ぎゅう【原牛】** オーロックスの別名。

**けんぎゅう-か【▼牽牛花】** アサガオの異名。薬草の朝顔を手に入れるために、大切にしていた牛を牽いて行ったという故事からの名。

**けんきゅう-かいはつ【研究開発】** 新しい科学的知識の獲得や実用化をめざすこと。一般に基礎研究・応用研究・製品化の段階を経て進められる。research and development

**けんきゅう-がくえんとし【研究学園都市】** 過密化した都市機能を分散させるため、大学や研究機関を中心につくられた都市。日本では茨城県に、大学や試験・研究機関が東京から移転して建設された「つくば市」をさす。

**けんぎゅう-せい【▼牽牛星】** わし座のα星、アルタイルの漢名。彦星。牛飼い星。光度一等級。距離約一六光年。Altair

**けん-きょ【検挙】**(名・サ変他) 検事・司法警察職員が捜査によって容疑者を摘発し官署に連行すること。広くは捜査から起訴までをいう。arrest 〔用例〕一斉—。

**けん-きょ【謙虚】**(形動) すなおで、ひかえめなさま。つつましげ。けんそん。謙譲。恭謙。modesty 〔対義〕尊大・傲慢・横柄。〔用例〕—な人がら。

**げん-きょ【原拠】** もとになるよりどころ。〔用例〕—を示す。

**げん-ぎょ【言▽語】** ↓げんご(言語)

**けん-きょう【▼祆教】** ゾロアスター教の中国での呼称。南北朝時代に伝来。唐代には長安などにその祠堂(祆祠)が建てられ流行したが、八四五年武宗により禁止された。拝火教。

**けん-きょう【▼牽強】**(名・サ変他) 道理に合わないことを無理にこじつけること。farfetched

**けん-きょう【検鏡】**(名・サ変他) 顕微鏡で調べること。microscopic examination

**けん-ぎょう【兼業】**(名・サ変他) 本業のほかに他の事業を営むこと。また、その事業。兼営。side job 〔比較〕兼務。

**けん-ぎょう【検▽校】** ㊀(名・サ変他) まちがいや悪いところがないかを調べて、誤りを正すこと。また、その職。㊁(名) ①盲人の最上級の官名。②社寺の事務を総管し、僧尼を監督する職。

**けん-ぎょう【顕教】**《仏教語》①教義が、ことばや文字に説き示されている宗旨。②真言宗で、仏教の他宗を言う語。けんきょう。〔対義〕密教。

**けんぎょう【建業】** 中国、南京の古称。戦国時代楚の金陵邑にあたり、三国時代の呉が都とした。のち建鄴、建康と改称。東晋、南朝の宋・斉・梁・陳などの国都。

**げん-きょう【元凶・元▼兇】** 悪者の首領。また、悪事の根源。ringleader

**げん-きょう【現況】** 今のありさま。現状。present condition

**げん-ぎょう【現業】** ①管理などに対して、実地の業務。operations 〔対義〕非現業。②現場の工事・作業などの労働。labor 〔対義〕非現業。③現業庁の略称。

**げんぎょう-ちょう【現業庁】** 事務的な業務ではなく、実地の業務を行う官庁の総称。林野庁・印刷局・造幣局など。

**けんぎょう-のうか【兼業農家】** 世帯員のうち自家の農業以外の仕事に従事するものがいる農家。農業を主とする第一種兼業農家と、農業を従とする第二種兼業農家に分類される。〔対義〕専業農家。

**けんきょう-ふかい【▼牽強付会】**(名・サ変他) こじつけて、無理につなぎ合わせること。自分に都合よくこじつけること。farfetched

**げんきょく【元曲】** 中国、元代の戯曲。北方系の音楽を用いた歌劇で、はじめ北京、のち杭州を中心に約一五〇年間流行した。明代の南曲に対し北曲ともいう。

**げん-きょく【限局】**(名・サ変他) 内容や意味などを一定の範囲に限ること。

**げん-きょく【原曲】** 編曲する前のもとの曲。original work 〔比較〕編曲。

**げんきょく-ざい【減極剤】** 電池の分極作用を防ぐために電解液中に添加する酸化性の物質。乾電池中の二酸化マンガンなど。復極剤。消極剤。depolarizer

**げんきょくせん【元曲選】** 中国、元代の戯曲選集。明の臧晋叔編。元代の作九四編、明初の作六編を収めもっとも広く流布された。一六一六年刊。

**けん-きん【献金】**(名・サ変自他) ある目的のために、金銭を差し出すこと。その金銭。寄付。contribution; donation 〔用例〕政治—。

**げん-きん【厳禁】**(名・サ変他) きびしく禁じること。厳重に禁止すること。strict prohibition 〔用例〕火気—。

**げん-きん【現金】** ㊀(名) ①現在もっている金銭。ready money ②流通している銀行券と補助貨幣。cash currency ③簿記で、貨幣や換金可能な小切手・為替などの総称。④取引と同時に金銭が授受されること。また、その金銭。cash ㊁(形動) 利害によって態度がころっと変わるさま。mercenary

**現金掛け値無し**(げんきんかけねなし) ①商品を掛け売りせず現金で売るかわりに、売価に掛け値をしない商法。②規則通りで、誤りがないこと。また、うそいつわりのないこと。

**げんきん-うり【現金売り】** 現金と引きかえに売ること。現金商い。cash sales 〔対義〕掛け売り。

**げんきん-がい【現金買い】** 現金をわたして買うこと。cash purchases 〔対義〕掛け買い。

**げんきん-かきとめ【現金書留】** 現金を送る書留郵便。送金の上限は二〇万円で、郵送中に紛失されたものは全額が弁償される。registered mail

**げんきん-じどうしはらいあずけいれき【現金自動支払預入機】** ↓エーティーエム(ATM)

**げんきん-じどうしはらいき【現金自動支払機】** キャッシュカードを使って預金を即時に引き出すための機械。CD。cash dispenser

**けん-ぐ【賢愚】** かしこいことと、おろかなこと。賢人とおろか者。the wise and the foolish

**賢愚三十里**(けんぐさんじゅうり) かしこい人とおろか者とのさとりの速さの違いをたとえた語。

**げん-く【原句】** もとの句。original phrase

**げんくろう-ぎつね【源九郎▼狐】** 大和国に住んでいたという伝説上の妖狐。播磨国の刑部狐と兄弟で、いたずらものといわれる。

**けん-くん【賢君】** かしこく、すぐれた君主。賢主。

**けん-ぐん【懸軍】** 本隊を離れて敵地深く入りこむこと。また、その軍隊。遠征軍。〔用例〕—万里。

**げん-くん【元勲】** 国家に対する大きな勲功のある人。とくに明治維新政府で中心的役割を果たした木戸孝允・大久保利通・伊藤博文・山県有朋らの政治家。

**げん-くん【厳君】** 他人の父を言う敬語。厳父。

**けんくん-じんじゃ【建勲神社】** 京都市北区紫野北船岡町にある旧別格官幣社。祭神は織田信長と織田信忠。信長の偉勲をたたえ明治三年(一八七〇)明治天皇が創祀。たけいさおじんじゃ。

**けん-げ【見解】**《仏教語》ものの見方。考え方。

**げんげ** 体形がウツボに似たゲンゲ科の海水魚の総称。北日本の深海に多い。クロゲンゲ(全長約三〇cm)、サラサガシ(全長約七〇cm)などは食用。カンテンゲンゲ(全長約六〇cm)などはかまぼこ原料。

**げん-げ【▽紫▽雲▽英・▼翹▽揺】** レンゲソウの植物分類学上の呼び名。ゲンゲソウ。

**けん-けい【県警】** 県警察本部の略称。prefectual police

**けん-けい【賢兄】** ㊀(名) 〔対義〕愚兄。①かしこい兄。②他人の兄をいう敬語。㊁(代) 手紙などで、男が同輩に対して使う敬語。大兄。

**げん-けい【元型】** ユングが提唱した概念。人間の普遍的無意識の中に見いだされる人類に共通する無意識的なイメージ。夢や幻覚、神話などを通してとらえられる。archetype

**げんけい【元慶】** ↓がんぎょう(元慶)

**げん-けい【原形】** もとの形。original form

**げん-けい【原型】** ①鋳物や彫刻をつくるときの基礎になる型。mold ②衣服の型紙を作るときの製図の基礎となる人体の平面展開図。文化式・ドレメ式・田中式などがある。basic pattern

**げん-けい【現形】** 現在の形・ありさま。present form

**げん-けい【減刑】**(名・サ変自他) 恩赦の一つ。確定している刑または刑の執行を軽くすること。罪または刑の種類を定めて行うものと、特定の者に対して行うものとがある。commutation

**げん-けい【厳刑】** きびしい刑。severe punishment 〔用例〕—に処する。

**げんけい-しつ【原形質】** 細胞内を構成する物質。細胞膜・核・細胞内小器官・細胞質基質などからなる。protoplasm

**げんけいしつ-うんどう【原形質運動】** 細

胞内の原形質の流れや繊毛などの細胞器官の段階での運動の総称。protoplasmic movement

**げんけいしつ-ぶんり【原形質分離】** 植物細胞を細胞液より濃い液に浸したとき、原形質が脱水収縮して細胞壁から分離する現象。plasmolysis

**げんけいしつ-まく【原形質膜】** →さいぼうまく(細胞膜)

**げんけいしつ-りゅうどう【原形質流動】** 細胞内で細胞質が流れ動く現象。植物細胞は、それによって細胞の外形は変わらないが、変形菌類では外形が変化する。protoplasmic streaming

**げんけいしつ-れんらく【原形質連絡】** 細胞と細胞との間を連絡している糸状の原形質。細胞間橋。protoplasmic connection

**けん-げき【剣▼戟】** ①つるぎとほこ。武器。weapons ②刀を武器とする戦い。戦争。fight

**けん-げき【剣劇】** 日本の大衆演劇。刀で斬り結ぶ殺陣を見せ場とする時代劇。大正期に新国劇が始めた。俗称「ちゃんばら」。

**けん-けつ【献血】**(名・サ変自) 輸血用に自分の血液を提供すること。blood donation 用例 —運動。

**げん-けつ【元結】**(七一九〜七七二) 中国、中唐の詩人。字は次山。魯山の人。民衆生活の苦しみをうたった詩が多く、古文運動の先駆者でもある。詩「舂陵行」で有名。詩文集『元次山集』。

**げん-げつ【弦月】** 上弦または下弦の月。弓張り月。crescent

**げん-げつ【限月】** 先物市場での決算期限。ふつうは売買契約時に定めた月の末が決算期限となる。delivery month 参照 先限・当限・中限。

**けんけん** 子どもの遊びの一つ。片方の足を後方に折り曲げて、もう一方の足で跳びながら歩く。片足跳び。hopping on one leg

**けん-けん【▼拳▼拳】**(形動トタル) ①ささげ持つさま。②つつしむさま。

**けん-けん【▼涓▼涓】**(形動トタル) 小川などの水が、細くちょろちょろと流れるさま。

**涓涓壅がざれば終に江河となる**(けんけんふさがざればついにこうがとなる)《「江河」は揚子江と黄河で、大河の意》小さな流れも、せき止めなければ末には大河となる。転じて、物事ははじめの処置・処理が肝心で、あとでは始末できなくなる。

**けん-けん【▼喧▼喧】**(形動トタル) 騒がしいさま。noisy

**けん-けん【▼蹇▼蹇】**(形動トタル) ①悩み苦しむさま。②忠義を尽くすさま。

**けん-げん【建言】**(名・サ変自他) 官庁などに意見を申し立てること。建白。proposal

**けん-げん【献言】**(名・サ変他) 自分より目上の人に意見を述べること。また、その意見。offer one's opinion to one's superior

**けん-げん【権限】** ①国・地方公共団体・各種法人または個人が法律上・契約上有効に行うことのできる行為・処分の範囲。competence ②個人がその立場で他人のためになしうる範囲。authority

**けん-げん【権原】** ある法律行為または事実行為を行うことを正当化する法律上の原因。

**けん-げん【顕現】**(名・サ変自他) はっきりと現れること。姿を明らかにすること。

**けんげん【▽乾元】** 鎌倉末期の年号。正安から改元。元年(一三〇二)一一月二一日〜二年(一三〇三)八月五日。次に、嘉元に改元。

**げん-げん【言言】** 一つ一つのことば。every word 用例 —句々。—火をはく。

**言言、肺腑を衝く**(げんげん、はいふをつく) ひとことひとことが、聞く人の心に深い感銘を与える。

**げん-げん【▼舷▼舷】** ふなばたと、ふなばた。

**舷舷相摩す**(げんげんあいます) 船べりと船べりとが互いに接する。はげしい海戦の形容。

**けんげん-いじょう【権限委譲】** 上位者から下位者へ仕事上の権限をゆずりわたすこと。assignment of authority

**けんけん-ごうごう【▼喧▼喧▼囂▼囂】**(形動トタル) 口々にやかましくさわぎたてるさま。わいわいがやがや。clamorous 参考「侃侃諤諤」と混同して「けんけんがくがく」と用いるのは誤り。

**げんげん-し【玄言詩】** 中国、魏晋の時期に流行した詩。玄言は老荘思想のことば。老荘思想を主題にし、脱俗の生活を理想として詠じるもの。老荘の語と典故を多用する。

**けんけん-ひきゅう【▼蹇▼蹇▼匪▼躬】** 一身をかえりみないで忠節を尽くすこと。

**けんけん-ふくよう【▼拳▼拳服▼膺】**(名・サ変他) うやうやしく肝に銘じて、忘れないこと。

**けんけんろく【▼蹇▼蹇録】** 陸奥宗光の回顧録。明治二八年(一八九五)刊。同二七年(一八九四)の朝鮮の東学党の乱から翌年の三国干渉まで、日清戦争前後の外交を、外相として活躍した本人が記述したもの。

**けん-こ【▼眷顧】**(名・サ変他) 情をかけること。ひいき。愛顧。

**けん-ご【堅固】**(形動) ①かたいさま。solid ②しっかりしていて容易に破れないさま。firm 用例 用心—。③健康であるさま。robust

**げん-こ【▼拳固】** ①にぎりこぶし。げんこつ。fist ②《隠語》五のこと。

**げん-ご【言語】** 音声、または連続文字を用いて思想・感情・意志などを伝えあう体系。また、その行為・ことば。種族または民族によって違うが、形態から、孤立語・膠着語・屈折語・抱合語に分けることもある。language

**言語に絶する**(げんごにぜっする) ことばで言い表せないほど、程度がはなはだしい。beyond expression

**げん-ご【原語】** ①訳した語に対する、もとの語。original language 対義 訳語。②外来語から見て、もとの外国語。original language

**げんご【源語】**『源氏物語』の略称。

**げん-ご【▼諺語】** ①世俗的なことば。slang ②ことわざ。proverb 用例 —辞典。

**けん-こう【兼行】**(名・サ変自他) ①夜も歩き通して、ふつうの倍の行程を行くこと。用例 昼夜—。②仕事などを二つ以上、同時に行うこと。

**けん-こう【▽乾綱】** ①天の法則。②君主の統治権。

**けん-こう【健康】** ㊀(名) からだの調子。state of health; condition 用例 —診断。㊁(形動) ①人間のもっている身体的および精神的能力を十分に発揮できるような心身ともにすこやかな状態。丈夫。壮健。達者。health ②健全。soundness 用例 明るく—な読み物。

**けん-こう【堅甲】** ①かたいよろい。②かたい殻。

**けん-こう【権衡】** ①はかりの、おもりとさお。はかり。②つりあい。均衡。

**けんこう【兼好】**(一二八三ごろ〜一三五二ごろ) 鎌倉末・南北朝初期の歌人。吉田兼好はのちの俗称で、本名は卜部兼好。堀川家に仕え、宮廷に出入りし、のち出家遁世。藤原為世の門に入り、二条派歌壇四天王の一人と称された。随筆『徒然草』、自撰家集『兼好法師集』。

**けん-こう【軒▼昂】**(形動トタル) 心が勇みたつさま。high-spirited 用例 意気—。

**けん-ごう【剣豪】** 剣術の達人。great swordsman 用例 —列伝。

**げんこう【元▼弘】** 日本の南北朝で、南朝の年号。元徳から改元。元年(一三三一)八月九日〜四年(一三三四)一月二九日。次に、建武に改元。

**げんこう【元▼亨】** 鎌倉末期の年号。元応から改元。元年(一三二一)二月二三日〜四年(一三二四)一二月九日。次に、正中に改元。

**げん-こう【元▼寇】** 鎌倉中期、中国の元軍が北九州に来襲した事件。元のフビライの入貢要求を鎌倉幕府が拒否したため、文永一一年(一二七四)と弘安四年(一二八一)の二度、元・高麗連合軍が対馬・壱岐から北九州に来襲。鎌倉幕府軍は防戦し、またおりからの大風によってこれを退けた。文永・弘安の役。蒙古襲来。

**げん-こう【玄黄】**《天の色の黒と地の色の黄、の意》①天地。②黒色と黄色の布帛。

**げん-こう【言行】** 言うことと行い。words and deeds 用例 —一致。

**げん-こう【原口】** 動物の発生で、嚢胚形成期に細胞が胚表から胚内に移動してできる陥入場所。

**げん-こう【原鉱】** 金属の原料となる鉱石。unprocessed ore

**げん-こう【原稿】** 講演で発表したり、印刷・放送したりするための、もとになる文章。また、その書かれたもの。広くは、広告のデザインや楽譜などもいう。草案・草稿・下書きなども含む。稿。manuscript 数え方 一枚・一本。

**げん-こう【現行】** 現在行われていること。現に行うこと。existing 用例 —法。

**げん-ごう【元号】** 年号。昭和・平成など。name of an era →年号図

**げん-ごう【減号】** 引き算の記号。マイナス。「－」。minus sign 対義 加号。

**げんこう-いっち【言行一致】**《多く、良風について言う》口で言うことと行動とに、矛盾がないこと。consistency of speech and action 用例 —をモットーとする。

**けんこう-きょういく【健康教育】** 個人および地域社会などの集団の健康維持に必要な知識・理解・行動・技術の発展を目的とした教育。health education

**げん-こうけい【原光景】**《フロイトの用語》子どもが目撃した、あるいは空想した両親の性行為の光景。primal scene

**けんこう-けん【健康権】** 憲法一三条・二五条を根拠に、健康を重要な基本的人権とみなして主張される権利。right to health

**けんこう-こつ【肩甲骨・肩▼胛骨】** 背中の左右にある逆三角形の扁平骨。かいがらぼね。shoulder blade

**けんこう-しひょう【健康指標】** 国民の健康状態を測定する尺度になるもの。体力テストなどの個人指標と、平均寿命・乳児死亡率・医師数・上下水道普及率などの社会指標とがある。health index

**げんこうしゃくしょ【元▼亨釈書】** 日本最初の仏教史書。虎関師錬の著。元亨二年(一三二二)成立。三〇巻。仏教伝来以来の日本の高僧の伝記などを漢文で記した。

**けんこう-しょくひん【健康食品】** 健康の保持と増進の効果を期待して摂取する医薬品以外の食品。自然食品・医薬品に似た食品・伝統的によいとされる食品など。health foods

**けんこう-しんだん【健康診断】** ①医学的検査や日常生活での自覚的状態などを含めて、医師が健康状態の確認を行うこと。health examination ②疾病の発見を目的とした検査。medical survey

**けんこうぞうしん-センター【健康増進センター】** 昭和四七年(一九七二)より全国に設置された医療施設の一つ。医学・体力・栄養判定などから健康度を測定し、個人に適した生活処方箋をつくり、その実地指導を行う。

**けんこう-てき【健康的】**(形動) 体調がすぐれ、考え・趣味などが健全なさま。healthy

**けんこう-てちょう【健康手帳】** 全国の小・中・高等学校の児童・生徒の保健管理と保健指導のためにつくられた手帳。

**げんこう-の-へん【元▼弘の変】** 元弘元年(一三三一)後醍醐天皇が鎌倉幕府討伐を企てた内乱。未然に発覚し、天皇は隠岐へ流されたが脱出、楠木正成らが挙兵して幕府は滅び、建武の親政が実現した。

**げんこう-はん【現行犯】** 現に犯罪を実行中の者、犯罪を行った直後の者、および犯行後間もないと明らかに認められる者。また、その犯罪。flagrante delict

**けんこう-び【健康美】** 健康なからだのもつ美しさ。healthy beauty

**げんごう-ほう【元号法】** 元号は、一世一元であること、皇位の継承があった場合に限り政令で定めること、などを規定した法律。昭和五四年(一九七九)公布。

**けんこう-ほけん【健康保険】** 健康保険法に基づく組合管掌・政府管掌健康保険。広くは疾病を保険事故とする社会保険全体をいう。健保。health insurance

**けんこうほけん-ほう【健康保険法】** 常時五人以上が働く事業所の被使用者とその被扶養者を対象とする健康保険を規定した法律。大正一一年(一九二二)公布。

**げん-こうもん【元好問】**(一一九〇〜一二五七) 中国、金末・元初の詩人。字は裕之。号は遺山。太原秀容の人。金朝滅亡の悲劇を経験し凄切悲痛の詩を残す。著書『遺山先生全集』、金代の詩集『中州集』を編む。

**けんこう-りへい【堅甲利兵】** ①かたいよろいと、するどい武器。②強い兵士。

**げんこう-りょう【原稿料】** 原稿に対して支払われる報酬。manuscript fee 比較 印税。

**げんこう-ろく【言行録】** ある人の言行を書きとめた本。memoir 用例『論語』は孔子の—である。

**げんご-がく【言語学】** 言語を対象として、音韻・文字・文法・語彙などについて、歴史的・地域的などの面から観察し考究する学問。linguistics

**げんご-かつどう【言語活動】** ことばによる表現・理解の行為。話す、書く、聞く、読むの四つの面がある。linguistic activity

**げんご-かん【言語観】** 言語に対する考え方。その起源には、発明説・模倣説・自然音説・奇跡説などがあり、言語と思考については、両者を同じとする説、言語は伝達の手段とする説、伝達だけでなく思考を形成するものとする説などがある。linguistic theory

▼常用漢字表外。 ▽常用漢字表の音訓外。

**げんご-ぎじゅつ【言語技術】** ①場にふさわしい表現や理解の選び方。②言語生活を、有効で能率的にするための話術・修辞・解釈法。

**けん-こく【建国】**(名・サ変自他) 新しく国家をたてること。founding of a nation 比較 肇国。用例 ―記念の日。

**けん-こく【圏谷】** ↓カール(Kar)

**けん-こく【懸谷】** 河川支流の谷底が、本流の谷底より高くなっているため、滝となって合流する地形。一般に本流の浸食が著しく、支流がそれにおよばない場合に生ずる。hanging valley

**げん-こく【原告】** 裁判所に対して民事訴訟または行政訴訟を提起した当事者。plaintiff 対義 被告。

**げん-こく【減石】**(名・サ変自) 酒造量をへらすこと。

**げん-こく【厳酷】**(形動) きびしくむごいさま。苛酷なさま。

**けんこくきねん-の-ひ【建国記念の日】** 国民の祝日の一つ。二月一一日。旧紀元節。National Foundation Day

**けんこく-しんわ【建国神話】** 建国の由来が語られている神話。支配者の政治的意図や理念を反映したものが多い。

**げんご-けいせいき【言語形成期】** 個人の言語的特徴、とくに発音・アクセントの習慣が固定する時期。ほぼ四、五歳から一一、一二歳までの間。

**けんご-し【▼牽▽牛子】** ①アサガオの異名。②生薬の一つ。アサガオの成熟種子を乾燥したもの。白と黒の二種類がある。下剤。利尿作用もある。

**げんご-しゃかいがく【言語社会学】** ↓しゃかいげんごがく(社会言語学)

**げんご-しょうがい【言語障害】** 音声障害・失語症・構音障害などのため、自分の思考を他人に正しく伝達できない状態。speech impediment

**げんご-しんり【言語心理】** ことばの表現や理解にともなう心理。psycholinguistic

**げんご-せいかつ【言語生活】** 現実の言語活動からとらえた人間の生活。

**げんご-せいさく【言語政策】** ことばや文字の変革・統一・改良・整理・普及などについて政府が行う方策。language planning 比較 国語政策・国字問題。

**げんご-ちゅうすう【言語中枢】** 言語機能を営むのに必要とされる大脳皮質の一定領域。運動性言語中枢(ブローカ中枢)・感覚性言語中枢(ウェルニッケ中枢)・視覚性言語中枢(角回)がある。speech center

**げんご-ちりがく【言語地理学】** 言語学の一分野。言語の地理的分布を調査し、それに基づいてその歴史を再構成する。方言を対象とすることが多く、「方言地理学」ともいう。linguistic geography

**けん-こつ【▼顴骨】** ほおぼね。かんこつ。cheekbone

**げん-こつ【▼拳骨】** にぎりこぶし。げんこ。fist

**拳骨を見舞う**(げんこつをみまう) にぎりこぶしで相手をたたく。転じて、目下の者をしかることにも言う。give a hard blow with one's fists

**げんご-ぶんせき【言語分析】** 分析哲学の方法の一つ。言語の意味や用法などの分析から哲学の問題を解こうとするもの。人工言語を対象とする論理実証主義と、日常言語を対象とする日常言語学派に分かれる。linguistic analysis

**げんご-りょうほう【言語療法】** 言語障害者の機能の改善・回復のための訓練および治療。専門技術者として言語療法士がいる。speech therapy

**げんごろう【源五郎】** ①ゲンゴロウ科の水生甲虫。体長約四cm。緑黒色の体に黄褐色の縁どりがある。池沼や水田にすむ。水中を巧みに泳ぎ、小動物などを捕食する。日本全土に分布。②「ゲンゴロウブナ」の略。↓ 写

●ゲンゴロウ①

**げんごろう-ぶな【源五郎▼鮒】** 《漁夫源五郎が捕らえて安土城主に献上したことに由来》フナの一種。日本産のフナのなかで体高がもっとも高く、平たい。全長約五〇cm余。美味。琵琶湖・淀川の原産であるが、全国各地に移され繁殖。↓フナ図

**けん-こん【▽乾▼坤】** 《「乾」は、北西の方角、「坤」は、南西の方角》①対立・対比させられるもの。天地。陰陽。②易で、乾の卦(純陽)と、坤の卦(純陰)。

**げん-こん【現今】** このごろ。現在。nowadays

**けんこん-いってき【▽乾▼坤一▼擲】** のるかそるか、運命をかけて勝負をすること。play for all or nothing

**けん-さ【検査】**(名・サ変他) 適否や変化などを調べること。examination 用例 身体―。会計―。血液を―する。

**けん-さい【賢才】** すぐれた才知。また、それをもっている人。gift; giffted man

**けん-さい【賢妻】** かしこくしっかりものの妻。good housewife

**けんさい【兼載】**(一四五二〜一五一〇) 室町中期の連歌師。猪苗代氏。会津の人。宗祇を助けて『新撰菟玖波集』を編集。連歌論『兼載雑談』、句集『園塵』など。

**けん-ざい【建材】** 建築に使用される材料の総称。建築材料。建築資材。building materials

**けん-ざい【健在】**(名・形動) 元気で暮らしていること・さま。元気で活動していること・さま。live in good health

**けん-ざい【▼硯材】** すずりの材料にする石。

**けん-ざい【顕在】**(名・サ変自) はっきりあらわれていること。be actualized 対義 潜在。

**げん-さい【減殺】**(名・サ変他) 《「げんさつ」は誤り》へらすこと。少なくすること。lessen 用例 興味を―する。

**げん-ざい【原罪】** 旧約聖書『創世記』で、人類の始祖アダムが犯した罪。また、その結果としてすべての人間が生まれながらにして負っているという罪。original sin

**げん-ざい【現在】** ㊀(名) ①今。時間の流れの中で、今の時を含めた、ある一定の時間の範囲。present 対義 過去・未来。用例 ―の職業。②《仏教語》三世の一つ。現世。③文法で、いま行われる動作を表す語法。present tense 用例 ―形。④《接尾的》その時点を基準としていること。as of…: 用例 一月九日―の集計。正午―の気温。㊁(名・サ変自) 現に存在する。existing 用例 ―する最古の寺院。㊂(副) いま。at present 用例 ―わたしが持っている物。

**げんざい-かんりょう【現在完了】** 欧米語における動詞時制の一つ。いま動作が終わったこと、また動作・作用の結果が続いていることなどを示す語法。present perfect tense

**けんざい-しつぎょう【顕在失業】** 完全に職を失い、公共職業安定所などに失業者として登録してある状態。actually unemployed 対義 潜在失業。

**げんざい-だか【現在高】** 現在ある数量・金額。amount on hand

**げんざい-ち【現在地】** いま現にいる場所。また、事物が現在ある所。present address

**けんざい-む【顕在夢】** 人が実際に見る夢。顕在夢のもとになる心の中の願望を、夢の潜在内容という。manifest dream

**げん-ざいりょう【原材料】** 生産物の原料になるもの。もとになる素材。material

**けん-ざお【間▼竿・間▼棹】** ①検地のさい、土地の広さを測る一間の目もりのついた竿。太閤検地では長さ六尺三寸、江戸時代には六尺一分のものを使用。検地竿。間尺。②大工が用いる一間以上の長い物指し。尺杖。

**けん-さき【剣先】** ①剣の先。きっさき。the point of bayonet ②とがったものの先。point; tip 用例 三角地の―。③着物の衽上部の先端。④テーラードカラーの洋服の、ピークドラペル(剣襟)の襟先。⑤↓はぐんせい(破軍星) ↓着物図

**けんさき-いか【剣先▼烏▽賊】** ヤリイカ科のイカ。ヤリイカに似るが、それほど胴の先端がとがらない。胴長約三五cm、腕を含めると体長五〇cm余。五島列島で多く捕獲される。乾製品は「五島鯣」の名で有名。本州中部以西に分布。ゴトウイカ。↓イカ図

**げんさき-とりひき【現先取引】** 債券売買の方法の一つ。一定期間後に債券の買い戻しあるいは売り戻しを行うことをあらかじめ約束して行われる取引形態。repurchase agreement

**けん-さく【建策】**(名・サ変他) 計略・はかりごとをたてること。また、その策。make a plan

**けん-さく【検索】**(名・サ変他) ある情報を得るために、調べて、さがし求めること。reference 用例 索引で―する。

**けん-さく【献策】**(名・サ変他) 目上の人にはかりごとを申し上げること。また、その策。suggestion

**けん-さく【▼羂索】** 《仏教語》密教の不動明王・不空羂索観音などの持物で、五色糸を撚り合わせた縄の両端に金具をつけたもの。仏・菩薩が衆生を救済する働きの象徴とされる。けんじゃく。↓持物図

**げん-さく【原作】** 翻訳・脚色・改作などをするときの、もとになる作品。original

**げん-さく【減作】** 取れ高がへること。decrease in yield 対義 増作。

**げんさく-どうぶつ【原索動物】** 無脊椎動物の一門。一生の間に脊索または脊索と相同の器官をもつ。すべて海生。ホヤ・サルパ・ナメクジウオなどの仲間。

**けんさく-ばん【研削盤】** 砥石を高速回転させて工作物を研削する工作機械。研磨盤。グラインダー。grinding machine; grinder

**けん-さつ【検札】**(名・サ変自) 車中などで乗客の切符を調べあらためること。inspection of tickets 比較 改札。

**けん-さつ【検察】**(名・サ変他) ①取り調べて事情を明らかにすること。examination ②犯罪を捜査し、証拠を集めて公訴を提起すること。investigation ③検察庁の略称。

**けん-さつ【賢察】**(名・サ変他) 相手の推察を言う敬語。お察し。

**げん-さつ【減殺】**(名・サ変他) 「げんさい」の誤り。

**けんさつ-かん【検察官】** ㊀犯罪事実を捜査して裁判所に提起し、犯人の処罰を求めるため活動する国家公務員。検事総長・次長検事・検事長・検事・副検事の五種。public prosecutor ㊁《原題Revizor ロシア》ゴーゴリの五幕喜劇。一八三六年初演。検察官にまちがえられた軽薄な青年の活躍を描いて、当時の社会のゆがみを風刺。

**けんさつ-しんさかい【検察審査会】** 検察官がおこなった法的処分の適正化や検察事務の改善などに民意を反映させるために設けられた機構。昭和二三年(一九四八)発足。

**けんさつ-ちょう【検察庁】** 法務省の管轄に属し、検察官の仕事を統括する官署。Public Prosecutors Office

**けんさ-やく【検査役】** ①検査をする人。また、その役職。inspector; examiner ②株式会社の設立手続きや業務・財産の状況を調査するため、創立総会・株主総会または裁判所により選任される臨時の役員。③相撲で土俵下に座っていて勝負を審判する役。現在の審判委員。

**けん-さん【研▼鑽】**(名・サ変他) 物事の道理をきわめ調べること。研究。攻究。study 用例 ―をつむ。

**けん-ざん【剣山】** いけばなの花留めの一つ。鉛の土台に、多数の釘の尖端が出たもの。水盤を用いる盛り花の花留め用に工夫された。frog for flower arranging

**けん-ざん【検算・験算】**(名・サ変他) 計算の答えの正否を調べること。ためし算。verification of accounts

**けんざん【▽乾山】** ↓おがたけんざん(尾形乾山)

**げん-さん【原産】** もともと、その場所で産出したこと。また、そのもの。native 用例 梅は中国―。

**げん-さん【減産】**(名・サ変自他) 生産をへらすこと。また、生産がへること。decrease in production 対義 増産。

**げん-ざん【▽見参】**(名・サ変自) =けんざん。①目上の人にお目にかかること。②目下の者に対面すること。

**げん-ざん【減算】**(名・サ変他) 引き算。減法。subtraction 対義 加算。

**げんざん【元山】** 北朝鮮(朝鮮民主主義人民共和国)、江原北道北部、日本海の入りこむ永興湾に臨む港湾都市。造船・機械・化学などの工業が発達。ウォンサン。

**げんさん-ち【原産地】** ①動植物のもともとの産地。home ②原料・製品の生産地。place of origin

**げんさんち-しょうめいしょ【原産地証明書】** 輸出貿易取引に必要な船積み書類の一つ。貨物の原産地の証明書で、輸入業者が税関に提出することにより関税上の便益が受けられる。certificate of origin

**げんざんみ-よりまさ【源三位▽頼▽政】** 源



↓行き先項目、図版・写真参照印。 JIS 日本工業規格情報交換用漢字符号コード(区点コード)。

頼政の別称。

**けん-し【犬歯】** 哺乳類で、門歯と臼歯のあいだにある歯。上・下の顎に一対ずつ計四本ある。他の歯よりも歯根が長く、歯冠は鋭くとがる。糸切り歯。canine ↓歯図 ↓歯式図

**けん-し【▼妍姿】** 美しいすがた。あでやかなすがた。

**けん-し【剣士】** 剣術のたくみな人。剣客。swordsman

**けん-し【検死・検▼屍】**(名・サ変他)《検察官が行う「検視」とは別》監察医などが、変死の疑いも考えられる死体に対して行う外表検査。その結果により、行政解剖・司法解剖が行われる。検案。necropsy 比較 検視。

**けん-し【検視】**(名・サ変他) ①事実を取り調べること。②検察官が、変死体または変死の疑いのある死体の状況を調べて行う処分。犯罪によるものかどうかを調べるのが主目的。postmortem examination 比較 検死。

**けん-し【検使】** 事実を見届けるための使者。investigator

**けん-し【遣使】**(名・サ変他) 使いをやること。使者を派遣すること。sending a messenger

**けん-し【献詞】** 著者・発行者がその本を人に献呈するために書いたことば。献辞。献題。dedication

**けん-し【絹糸】** きぬいと。生糸を精練した撚り糸、紡績した絹紡糸、真綿から手で紡ぐ紬糸、強撚り糸のこま撚り糸などがある。silk thread

**けん-し【繭糸】** ①繭と糸。cocoon and silk thread ②繭の糸。蚕が吐き出した二本の繭繊維の糸条。家蚕糸と、野蚕糸がある。silk thread

**けんじ【建治】** 鎌倉中期の年号。文永から改元。元年(一二七五)四月二五日～四年(一二七八)二月二九日。次に、弘安に改元。

**けん-じ【剣璽】** 三種の神器のうち、天の叢雲の剣と八尺瓊の曲玉のこと。

**けん-じ【健児】** 血気さかんな男・若者。vigorous youth

**けん-じ【検字】** 漢字の辞書の索引の一つ。見出し文字を総画数の順に並べたもの。

**けん-じ【検事】** ①検察官の官名の一つ。②検察官の旧称。対義 判事。

**けん-じ【堅持】**(名・サ変他) 考え・態度を、しっかりと保持すること。固く守ってゆずらないこと。hold fast 用例 既定方針を―する。

**けん-じ【献辞】** ↓けんし(献詞)

**けん-じ【謙辞】** けんそんして言うことば。modest words

**けん-じ【顕示】**(名・サ変他) はっきりとあらわし示すこと。revelation 用例 自己―。

**げん-し【元始】** もと。ものごとのはじめ。原始。beginning

**げん-し【幻視】** 目ざめていながら、実在しないものが見えること。まぼろし。visual hallucination

**げん-し【▼彦士】** 才徳のすぐれた男子。

**げん-し【原子】** 物質構成の基本的要素。大きさは一億分の一㎝程度の粒子で、中心に陽子と中性子からなる原子核があり、そのまわりを電子が回転している。すべての物質は原子から生じたイオン、または原子の組み合わせによる分子でできている。アトム。atom

**げん-し【原糸】** 織物の原料としての糸。yarn

**げん-し【原始】** ①《「元始」とも》はじめ。おこり。beginning ②もとのままで、進化または変化しないこと。primitive

**げん-し【原紙】** ①コウゾの皮からすいた、厚い、じょうぶな紙。蚕卵紙用。silkworm egg sheet ②謄写版の原版に使う、ろう引きの紙。stencil 用例 ―を切る。

**げん-し【原詩】** 翻訳、あるいは改作される前の、もとの詩。また、はじめの詩。original poem

**げん-し【減資】**(名・サ変自) 株式会社が、欠損の補塡や過大資本の是正などを目的に、公称資本金額を減少させること。reduction of capital 対義 増資。

**げんじ【元治】** 江戸末期の年号。文久から改元。元年(一八六四)二月二〇日～二年(一八六五)四月七日。次に、慶応に改元。

**げん-じ【言辞】** ことば。ことばづかい。expression; speech 用例 不穏な―をろうする。

**げん-じ【現時】** ただいま。現今。now

**げん-じ【源氏】** ①清和天皇・村上天皇などの子孫で、臣籍に降下し源の姓をもらった家系。源家。②源氏の諸氏族のうち、とくに清和源氏。平氏と争い、のちに鎌倉幕府を開き、武家政治を興した。みなもとうじ。③『源氏物語』の略。またその主人公、光源氏のこと。

**げんし-エネルギー【原子エネルギー】** ①原子の状態の変化にともなって出入りするエネルギー。atomic energy ②原子核エネルギー。原子力。atomic energy

**げんし-おんがく【原始音楽】** 先史時代の音楽。考古学的資料や、現存する未開社会の音楽から類推できるとも考えられている。声楽や器楽などを広く含む。

**げんし-か【原子価】** 原子が他の原子と結合しうる結合手の数。水素を一として定める。酸素は二、炭素は四。燐のように三と五になるものもある。valence

**げんし-かく【原子核】** 原子の中核となる粒子。陽子と中性子から構成され、原子の質量の九九・九%以上を占め、正の電荷をもつ。核。atomic nucleus

**げんしかく-エネルギー【原子核エネルギー】** 核反応にさいして放出されるエネルギー。原子核の結合力である核力に由来し、質量の一部が転化して得られる。化学エネルギーの約一〇〇万倍。核エネルギー。nuclear energy

**げんしかく-かんぱん【原子核乾板】** 放射線に感光する特殊な写真乾板。現像後に顕微鏡で放射線の跡を観測することができる。宇宙線や原子核の実験に利用。nuclear emulsion

**げんしかく-じんこうへんかん【原子核人工変換】** 人工的に核反応を起こし、別の核種を作り出すこと。γ線・陽子・中性子・重陽子・α線などを標的核に衝突させて行う。

**げんしかく-はんのう【原子核反応】** ↓かくはんのう(核反応)

**げんしかく-ぶつりがく【原子核物理学】** 物理学の一部門。原子核の構造や反応、核力など原子核の物理的性質を研究する。nuclear physics

**げんしかく-ぶんれつ【原子核分裂】** ウラン・プルトニウムなど重い原子核がほぼ同じ大きさの二つの原子核に分裂する現象。大きなエネルギーを放出する。核分裂。nuclear fission

**げんしかく-ほうかい【原子核崩壊】** 不安定な原子核(放射性同位体)が自然に放射線を放出して安定な原子核に変わる現象。α粒子・電子・ニュートリノ・γ線などの放出をともなう。α崩壊やβ崩壊など。放射性崩壊。壊変。nuclear decay

**げんしかく-もけい【原子核模型】** 原子核の性質や構造を説明するための模型。殻模型・クラスター模型・集団模型などが考えられている。nuclear model

**げんし-かでんし【原子価電子】** ↓かでんし(価電子)

**げんし-かんすう【原始関数】** 微分すると関数$f(x)$になる関数を$f(x)$の原始関数という。primitive function

**けん-しき【見識】** ①しっかりした判断力・意見。discernment ②きぐらい。pride

**見識が高い** 物事を正しく見通して、本質をわきまえる力にすぐれている。識見が高い。high-minded 用例 彼は政治に対する―。

**げんし-きごう【原子記号】** 元素名を表す記号。その元素の、原子一個・一グラム原子・原子量などを表すためにも使われる。atomic symbol 比較 元素記号。

**けんしき-ば・る【見識張る】**(五自) 見識があるように見せかける。お高くとまる。見識ぶる。stand on one's dignity

**げんし-きみょうだん【玄旨帰命壇】** 中世の天台宗の秘法。本覚思想を体得するための行法であったが、のち淫祠的なものとなり、江戸中期に禁止された。

**げんし-きゅうこうぶんせき【原子吸光分析】** おもに金属元素の定量分析法の一つ。試料溶液を炎の中に噴霧、原子状とし、光を当ててその吸収強度を測定する。atomic absorption analysis

**げんし-きょうさんせい【原始共産制】** 階級発生以前の原始社会に存在したと推定され、生産手段の共有と平等な分配を原則とする単純な社会組織。primitive communism

**げんし-きょうどうたい【原始共同体】** 原始社会の共同体。血縁関係に基づいて組織され、共同生産・共同分配を基本とする、支配関係のない共同体。primitive community

**けんじ-きょく【検事局】** 旧裁判所制度で、各裁判所に付属し検事が配置されていた機関。

**げんし-キリストきょう【原始キリスト教】** 最初期のキリスト教。使徒時代(三〇年ごろ～一世紀末)、広義には使徒布教の時代(一世紀末～二世紀中ごろ)のキリスト教。Primitive Christianity; Primitive Church

**げんし-ぐも【原子雲】** 原子爆弾の爆発でできる高熱ガスや煙およびちりなどによる雲。空中爆発による原子雲は、成層圏の底部にまで達し、広がってきのこ状になる。きのこ雲。atomic cloud

**げんじ-ぐるま【源氏車】** ①御所車(＝牛車)の別称。『源氏物語絵巻』に多く出てくるのでこの名がある。②紋所の名。御所車紋のこと。車の輻の数によって八本骨、一二本骨などがある。

**げんじ-けいた【源氏鶏太】**(一九一二～八五) 小説家。本名、田中富雄。富山市生まれ。サラリーマン生活の哀歓をユーモラスに描く。作品『三等重役』など。

**けんし-こ【剣歯▼虎】** ↓サーベルタイガー

**げんじ-こう【源氏香】** 香道の組み香の一つ。五種類の香を各五包に分け、計二五包を交ぜて、任意にたかれる五包を順に聞き、その異同をあてる遊び。答えを『源氏物語』の各帖にちなんだ五本の線で表す図式にあてはめるのが趣向。↓図

●源氏香　五二香文の一部

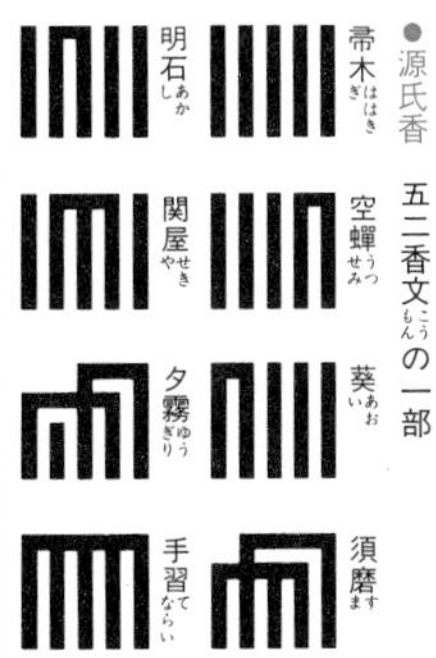


**けんじ-こうそ【検事控訴】** 刑事訴訟で、裁判の判決に検事が不服を申し立てること。public prosecutor's appeal

**げんし-さい【元始祭】** 明治初めより毎年一月三日に宮中の賢所・皇霊殿・神殿の三殿で皇位の元始を祝賀する皇室儀礼。

**げんし-じ【原子時】** 基底状態のセシウム原子から放射される電磁波の振動数を利用して決められる秒を、一九五八年一月一日世界時0時から積算した時刻。国際原子時。atomic time

**げんし-じだい【原史時代】** 先史時代と歴史時代の中間に位置し、神話・伝説などによる不十分な文献史料が存在する時代。日本では弥生時代から古墳時代がこれに該当。

**げんし-じだい【原始時代】** 世界全体が原始社会を構成していた時代。社会の構成員間の階級関係が未形成の段階。primitive age

**げんししつりょう-たんい【原子質量単位】** 原子や原子核の質量の単位。炭素一二の質量の一二分の一。値は$1.6605402\times10^{-27}$ kg atomic mass unit

**げんし-しゃかい【原始社会】** ①文明が成立せず、階級関係が形成される以前の、原始共同体を基礎とする社会。primitive society ②文明社会から孤立している未開民族の社会。primitive society

**げんし-しゅうきょう【原始宗教】** 未開民族が保持している伝統的な民俗宗教。聖典も教団ももたないが、神話・儀礼・祭典を中心に生活全般と深く結びついて継承されてきたもの。primitive religion

**げんし-しゅとく【原始取得】** ある権利を、他人の権利とはかかわりなく新たに取得すること。遺失物拾得・時効取得など。対義 承継取得。

**げんし-じん【原始人】** 原始時代に生活していた人類。いまだ文明化されていない段階にある人類。未開人。primitive man

**げんし-スペクトル【原子スペクトル】** 原子のエネルギー状態の変化に応じて、原子が放出したり、吸収したりする光のスペクトル。原子の種類に固有。atomic spectrum

**けんじ-せい【検事正】** 検察官の職名の一つ。地方検察庁の長。庁務をとりあつかい、同庁および管区内検察庁の全職員の指揮監督を行う。

**げんし-せい【原始星】** 自己重力で収縮しはじめた星間ガスのかたまり。明るい赤外線星として、また電波によっても観測される。protostar

**げんし-せつ【原子説】** 宇宙の万物は究極的



▼常用漢字表外。　▽常用漢字表の音訓外。

には原子という最小の粒子からなり、万物の生成と変化はその離合集散によるという思想。古代ギリシアのレウキッポスやデモクリトスにはじまり、一九世紀には、ドルトンが提唱。atomic hypothesis

**けんし-せん【絹糸▼腺】** 絹糸を分泌する一対の腺。唾液腺の変化したものでチョウ・ガ・トビケラ類の幼虫などにみられる。カイコではとくに発達し繭などをつくるのに重要。silk gland

**けんじ-そうちょう【検事総長】** 最高検察庁の長。最高検察庁の庁務をとりあつかい、検察庁全職員の指揮監督を行う。public prosecutor general

**げんし-たい【原糸体】** コケの胞子が発芽してできた緑色の糸状体。蘚類でよくみられ、成長してコケ本体となる。protonema

**げんし-たいき【原始大気】** 地球ができたころ、内部からの脱ガス火山活動や温泉の噴出によって生じた大気。水蒸気や二酸化炭素が主成分。primitive atmosphere

**げんし-だん【原子団】** 化合物の分子中に含まれる特定の原子の集まり。化学反応をおこすさい、ひとつにまとまって反応する硫酸イオン$SO_4^{2-}$やメチル基$CH_3-$なども含む。atomic

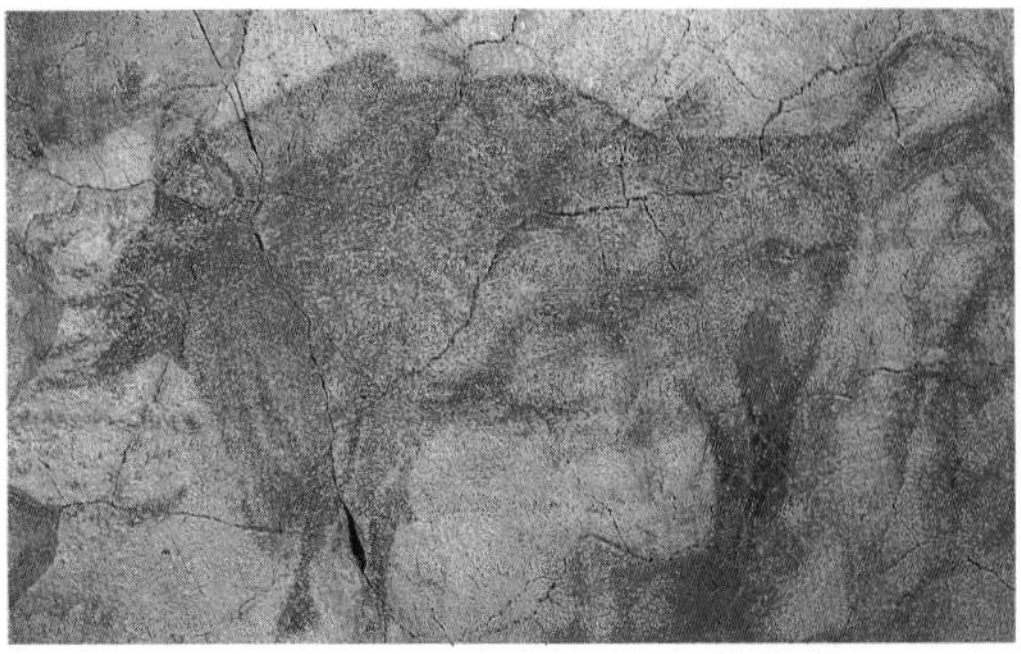

●原始美術　アルタミラ洞窟『野牛の図』。旧石器時代、(スペイン)。

group

**げんし-ちょう【原始鳥】** 発見されている最古の鳥類。二億二五〇〇万年前の鳥と鑑定されている。翼には指が、口には歯があり、骨のある長い尾をもつなど、爬虫類の特徴を多く残している。アメリカのテキサス州ポストで、テキサス工科大学博物館の古生物学チームによって発掘され、一九八六年に発表された。

**けん-じつ【堅実】**(名・形動) しっかりしていること・さま。手がたいこと・さま。steadiness

**げん-しつ【玄室】** 墓の主室。遺体を納める部屋。↓横穴式石室図

**げん-しつ【言質】**「げんち」の慣用読み。

**げん-しつ【原質】** ①もとの性質。original nature ②哲学で、万物の根本となる物質。element

**げん-じつ【幻日】** 太陽の左右同じ高さに、幻の太陽のように見える光点。星状や板状の小氷晶からなる上層雲を通して太陽を見たとき、光の屈折で起こる。mock sun

**げん-じつ【現実】** ①現に事実として具体的・客観的に存在する状態。reality 対義空想・理想。用例 ——に起こった事件。②哲学で、㋐理想に対して、その実現に障害となる日常的・物質的なもの。また、実現の可能性を含む素材。㋑可能性ではなく、現に事実として実現している状態。実在。

ダンーズマイタク渓谷の岩面画『円頭人物』。新石器時代、(アルジェリア)。

『女性裸像』。旧石器時代、ビレンドルフ(オーストリア)出土、ウィーン自然史博物館。

**げんし-つう【幻肢痛】** 手足を切断した患者が、すでにない手足に痛みやしびれを覚える現象。phantom limb pain

**げんじつ-かん【現実感】** ①現実であるという感覚。sense of reality ②現実らしさの感じ。sense of reality

**げんじつ-かんかく【現実感覚】** 心理学用語。外界と自分の区別がはっきりしていて、自分も外界もそれぞれ意味のある存在であるという感覚。sense of reality

**げんじつ-げんそく【現実原則】** フロイトの精神分析の用語。欲望を直接的に満足させたい気持ちを、外界の要請に応じて抑制し、現実生活に適応していこうとする意識。reality principle

**げんじつ-しゅぎ【現実主義】** ①主義や思想にこだわることなく、現実の事態を理知的・科学的に見て、事を処理する態度。realism ②実際上の利害の打算に敏感な態度。realism 対義理想主義。③欧米の一九世紀後半に興った文芸上の考え方。個人や社会のありのままを描き出す立場。現世的・客観的・科学的で、人間の集団生活・社会的階層までもその対象にし、あくまで現実にそくして迫真的、活動的である文学活動。realism 対義ロマン主義。

**げんじつ-せい【現実性】** ①実際にありうること。reality 対義可能性。②過去の価値に対して、現在の意義をとくに主張すること。actuality

**げんじつ-てき【現実的】**(形動) 現実であるさま。実生活に結びついているさま。realistic 対義空想的・観念的・理想的。用例 ——な生き方だ。——な男。——な解決策。

**げんじつ-ばなれ【現実離れ】**(名・サ変自) 現実に即していないこと。実際にありそうにないこと。unreal

**げんじつ-み【現実味】** いかにも、実際にありそうなこと。reality

**げんじつ-ろん【現実論】** 実際の上に基礎をおいた意見。bread-and-butter theory 対義理想論。

**げん-じてん【現時点】** 今のところ。現在。at present 用例 ——では答えられない。

**げんし-てんそん【元始天尊】** 道教の最高神。老子の道が神格化された常在不滅の存在。その信仰は六世紀に始まり、唐代に盛行。

**げんし-どけい【原子時計】** 分子や原子が、固有な周波数のマイクロ波を吸収・共振するのを利用して、水晶発振器を一定の周波数で振動させるしくみの時計。セシウム時計など。atomic clock

**げんじ-な【源氏名】** ①『源氏物語』の各巻にちなんでつけられた女官の呼び名。②遊女の呼び名。江戸時代、女官の例を遊女がまねたことから。のち『源氏物語』とは関係なく、一般に妓名を呼ぶようになった。③現代のバー・クラブなどのホステス、また風俗産業で働く女性の店での呼び名。

**げんし-ねんりょう【原子燃料】** ↓かくねんりょう(核燃料)

**げんし-ばくだん【原子爆弾】** ウラン二三五やプルトニウム二三九などの核分裂エネルギーを利用する爆弾。エネルギーは熱線・衝撃波・放射線・電磁波などの形で放出され、殺傷破壊力として作用する。原爆。atomic bomb

**げんし-ばんごう【原子番号】** 周期表中での元素の序列を表す番号。原子核内の陽子の数で表す。atomic number

**げんし-びじゅつ【原始美術】** 原始人の美術。一般には先史時代の美術と、現存未開民族の美術とを合わせていう。厳密な意味では前者だけをさし、後者は未開美術ないしは「部族社会の美術」と名づけて区別する。プリミティブ-アート。primitive art ↓写

**げんし-びょう【原子病】** 原水爆や放射性物質の放射能による病気。radiation sickness 比較原爆症。

**げんし-ぶっきょう【原始仏教】** 釈迦の在世時から、教団が分裂して諸部派が発生するまでの、最初期の仏教教団。また、その教理。根本仏教。初期仏教。

**げんし-ほう【原子砲】** 核砲弾を発射できる火砲。口径一五五・二〇三㎜の榴弾砲で、一～一〇キロトンの戦術核を発射する。atomic gun

**げんじ-ほう【限時法】** あらかじめ有効期間が定められている法律。時限立法。

**けんし-ぼうせき【絹糸紡績】** くず繭・副蚕糸・絹くずなどを原料とし、精練・前紡・紡績仕上げ・合糸・撚糸などの工程を行うこと。絹紡。schappe spining

**げんじ-ぼたる【源氏蛍】** 日本で最大のホタル。体長約一・五㎝。体は黒色、前胸部が赤い。幼虫は清流にすみ、成虫は六～七月ごろ発生。本州・四国・九州に分布。↓図

●ゲンジボタル

**げんし-もけい【原子模型】** 原子の構造を説明するための模型。二〇世紀はじめ、ラザフォードや長岡半太郎によって、原子核のまわりを電子がまわる構造の模型がいろいろ提案された。現在は、電子軌道を、存在確率を意味する電子雲で表現することもある。atomic model ↓図

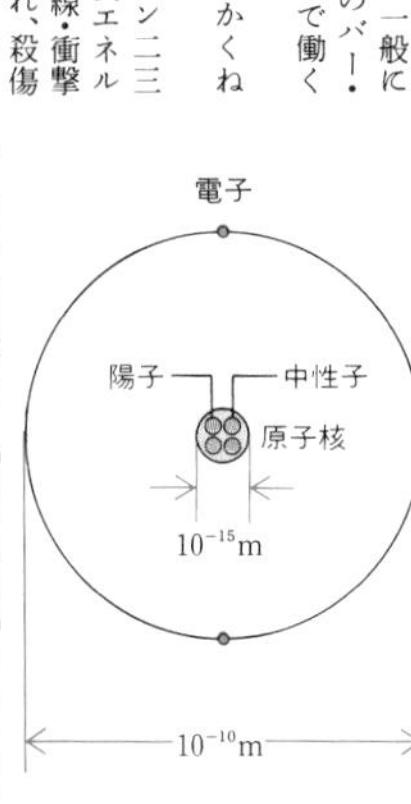


●原子模型　ヘリウム原子

**げんじものがたり【源氏物語】** 平安中期の長編物語。五四帖。紫式部作。一一世紀初めに成立。帝王四代七〇年余の人生史を描き、三部に分けられる。主人公光源氏の愛と栄達(第一部)、はなやかな生活の破綻、光源氏と彼をめぐる人々の現世苦界にさまよう姿(第二部)、光源氏死後の物語で、罪の子薫を含めた男女の悲劇と彼岸浄土への志向を語る(第三部)。「橋姫」以降は「宇治十帖」という。内外古今の詩歌典籍の教養を駆使した、流麗で密度の高い文体による物語の最高傑作。↓図

●源氏物語　各巻の名称

| 巻 | 名称 | 巻 | 名称 |
|---|---|---|---|
| 一 | 桐壺 | 二八 | 野分 |
| 二 | 帚木 | 二九 | 行幸 |
| 三 | 空蟬 | 三〇 | 藤袴 |
| 四 | 夕顔 | 三一 | 真木柱 |
| 五 | 若紫 | 三二 | 梅枝 |
| 六 | 末摘花 | 三三 | 藤裏葉 |
| 七 | 紅葉賀 | 三四 | 若菜(上) |
| 八 | 花宴 | 三五 | 若菜(下) |
| 九 | 葵 | 三六 | 柏木 |
| 一〇 | 賢木 | 三七 | 横笛 |
| 一一 | 花散里 | 三八 | 鈴虫 |
| 一二 | 須磨 | 三九 | 夕霧 |
| 一三 | 明石 | 四〇 | 御法 |
| 一四 | 澪標 | 四一 | 幻 |
| 一五 | 蓬生 | 四二 | 匂宮 |
| 一六 | 関屋 | 四三 | 紅梅 |
| 一七 | 絵合 | 四四 | 竹河 |
| 一八 | 松風 | 四五 | 橋姫 |
| 一九 | 薄雲 | 四六 | 椎本 |
| 二〇 | 朝顔 | 四七 | 総角 |
| 二一 | 少女 | 四八 | 早蕨 |
| 二二 | 玉鬘 | 四九 | 宿木 |
| 二三 | 初音 | 五〇 | 東屋 |
| 二四 | 胡蝶 | 五一 | 浮舟 |
| 二五 | 蛍 | 五二 | 蜻蛉 |
| 二六 | 常夏 | 五三 | 手習 |
| 二七 | 篝火 | 五四 | 夢浮橋 |

**げんじものがたり-えまき【源氏物語絵巻】**『源氏物語』を主題とした絵巻物の代表作。濃彩・引目鉤鼻・吹抜屋台の画法

●源氏物語絵巻　『源氏物語絵巻』「夕霧」(部分)。平安時代(一二世紀末)、五島美術館(東京都)。

で描く。平安後期、藤原隆能の作と伝えられる。↓写

**げんじものがたりたまのおぐし【源氏物語玉の小▼櫛】** 本居宣長著の『源氏物語』の注釈書。寛政八年(一七九六)完成、同一一年(一七九九)刊。九巻。「もののあはれ」論を展開、年立を考証、語句を注釈する。

**けん-しゃ【県社】** もと、神社の社格の一つ。県から幣帛を奉納された神社。郷社の上、国幣社の下。

**けん-しゃ【検車】**(名・サ変自他) 故障がないかどうか車両を調べること。inspection of motor vehicles

**けん-じゃ【賢者】** かしこい人。賢人。sage 対義 愚者。

**賢者ひだるし伊達寒し**(けんじゃひだるしだてさむし) 賢者は清貧のため飢えて腹をすかし、伊達者は、見栄を張って薄着をするため寒い思いをする。ふつうと違った行いをする者はつらいめに遭うたとえ。また、やせがまんは愚かであるたとえ。

**げん-しゃ【減車】**(名・サ変他) 電車や自動車などの車両の数や運転回数をへらすこと。

**げん-じゃ【験者】** ↓しゅげんじゃ(修験者)

**けん-じゃく【剣尺】** 刀剣や仏像などをはかるものさし。曲尺の一尺二寸(約三六cm)を八等分したもの。

**けん-じゃく【間尺】**《「ましゃく」は別語》一間ごとにしるしを付けたなわ。間なわ。

**げん-しゃく【現尺】** 原物そのままの寸法。原寸。full size 対義 縮尺。

**けん-しゅ【堅守】**(名・サ変他) しっかり守ること。用例 陣地を―する。

**けん-しゅ【賢主】** かしこく、すぐれた君主。「賢君。

**けん-じゅ【犬儒】** ①ギリシアのキニク学派の人。Cynic ②世をすねた学者。cynic

**げん-しゅ【元首】** 一国を代表する、国家の最高機関または行政府の首長。head of state

**げん-しゅ【原酒】** 醸造したまま、他のものを混ぜていない酒類。unblended liquor; pure liquor

**げん-しゅ【原種】** ①品種本来の遺伝的特性をもつ種子。種子をとるためのたね。foundation stock ②動植物の改良品種の原型となる野生種。foundation stock 対義 改良種・変種。

**げん-しゅ【厳守】**(名・サ変他) きちんと守ること。strict observance 比較 墨守。用例 時間―。

**けん-しゅう【研修】**(名・サ変他) ①学芸をみがきおさめること。study; training ②職務上必要な知識・技能の向上のための教育。in-service training 用例 ―制度。

**けん-しゅう【兼修】**(名・サ変他) いくつかのことを同時に学ぶこと。兼学。

**けん-しゅう【献酬】**(名・サ変他) 宴会でさかずきを交わすこと。

**けん-じゅう【▼拳銃】** 片手で射撃ができ、携帯に便利に作られた小型の銃器。軍用・護身用のほか、射撃競技などで使用。ピストル。短銃。pistol 数え方 一丁。

**げん-しゅう【現収】** 現在の収入。present income

**げん-しゅう【減収】**(名・サ変自) 収入・収穫がへること。decrease in income 対義 増収。

**げん-じゅう【現住】** 一(名・サ変自) 現に住んでいること。present address 対義 本籍。用例 ―所。二(名) 現在の住職。

**げん-じゅう【厳重】**(形動) ①おごそかなさま。solemn ②きびしいさま。strict

**げんじゅう-あん【幻住▼庵】** 滋賀県大津市国分にあった草庵。松尾芭蕉が元禄三年(一六九〇)に滞在した。門人の曲水の伯父幻住老人の旧居。

**けんしゅう-い【研修医】** 大学付属病院または臨床研修指定病院で、特定の診療科目について診療の知識および技能を実地に修練している医師。intern

**げん-じゅうみん【原住民】** もとから住んでいる人々。現地人。native 対義 居留民。

**けんじゅ-がくは【犬儒学派】** キニク学派の別称。

**げん-しゅく【厳粛】**(形動) おごそかで、心がひきしまるさま。solemn

**けんじゅ-だいし【賢首大師】** 法蔵の大「師号。

**けん-しゅつ【検出】**(名・サ変他) 調べて取り出すこと。detection 用例 指紋を―する。鉄分を―する。

**けん-じゅつ【剣術】** 古武道の一つ。刀剣を武器として用い、敵と闘う武術。弓・槍・馬術とともに武士の表芸の一つ。新陰流・北辰一刀流などの流派がある。剣法。撃剣。

**げん-しゅつ【現出】**(名・サ変自他) 現れ出ること。現し出すこと。appear 用例 不夜城を―する。

**げん-じゅつ【幻術】** ①人の目をまどわす、ふしぎな術。魔法。magic ②手品。magic

**けん-しゅん【険▼峻・▼嶮▼峻】**(名・形動) 山のけわしくて高いこと・さま。また、そういう場所。steepness

**けんしゅんもんいんちゅうなごんにっき【建春門院中納言日記】** 鎌倉初期の日記。一巻。藤原俊成の娘の作。建保七年(一二一九)成立。宮廷生活の回想記。『たまきはる』。

**けん-しょ【賢所】** ↓かしこどころ(賢所)

**けん-じょ【賢女】** かしこい女性。wise woman

**げん-しょ【原書】** ①訳した本に対して、もとの本。original 比較 原本・原著。対義 訳書。②欧米の書物。洋書。foreign book

**げん-しょ【厳暑】** きびしい暑さ。酷暑。

**けん-しょう【見性】**《仏教語》自己の本性を見きわめること。

**けん-しょう【肩章】** 制服の肩に付ける、身分・階級などのしるし。epaulet

**けん-しょう【▽乾象】** 天体のようす。占いの立場で考えた天のかたち。

**けん-しょう【健勝】**(名・形動) すこやかなこと・さま。健康。壮健。good health

**けん-しょう【検証】**(名・サ変他) ①調べて証明すること。verification ②命題や仮説の真偽を事実に照らして確かめること。verification ③裁判官・捜査機関などが実地・実物にあたって直接調査し、証拠資料を得る手続き。現場検証。

**けん-しょう【▼腱▼鞘】** 手や足にある長い腱を包む、結合組織の細長い袋。運動のさい、外組織との摩擦を軽減する。tendon sheath

**けん-しょう【憲章】** ①根本的なおきて。charter 用例 児童―。②憲法の典章。charter

**けん-しょう【謙称】** けんそんしたよび方。自分を「小生」、息子を「愚息」、自宅を「拙宅」と言うなど。

**けん-しょう【顕正】**《仏教語》仏法の正しい道理を明らかにし、示すこと。

**けん-しょう【顕彰】**(名・サ変他) 手柄や徳などを明らかにあらわすこと。表彰。manifestation 用例 ―会。

**けん-しょう【懸賞】** 賞品・賞金をかけていること。prize 用例 ―募集。

**けんしょう【顕昭】**(一一三〇ごろ～一二一〇ごろ) 平安末・鎌倉初期の歌人・歌学者。藤原顕輔の養子。六条家歌学の代表者。注釈『古今集註』、歌学書『袖中抄』など。

**けん-じょう【堅城】** 守りのかたい城。strong fortress 用例 ―をぬく。

**けん-じょう【献上】**(名・サ変他) ①貴人や神に物を差し上げること。offer ②「献上博多」の略。

**献上の鴨**(けんじょうのかも)《江戸時代、将軍に献上するカモの脚を白紙で包んだことから》着る物は粗末で薄汚れているのに、足袋や足ばかりが、白くきれいなのをあざけって言った語。

**けん-じょう【謙譲】**(名・形動) へりくだってゆずること・さま。けんそん。modesty; humility 用例 ―の美徳。

**謙譲の美徳**(けんじょうのびとく) 人を先に立てて、自分は後ろのほうでひかえめにしているという、おくゆかしい行為。the virtue of modesty

**げん-しょう【現象】** ①知覚できる事柄やものごと。phenomenon ②哲学で、本体が時間・空間的に制約されている感性的世界に現れた姿。本体の自己表出の事実としての姿。phenomenon 対義 本質・本体。

**げん-しょう【減少】**(名・サ変自他) 減って少なくなること。decrease 対義 増加・増大。

**げんし-よう【原子容】** 一グラム原子の元素が固体で占める体積を立方センチメートルで表した値。atomic volume

**げん-じょう【原状】** もとのままの状態。original state 用例 ―に戻す。

**げん-じょう【現状】** 現在のありさま。present situation 用例 ―打破。

**げん-じょう【現場】** 実際の場所。scene; spot 比較 げんば。

**げん-じょう【現成・▽見成】**《仏教語》おのずから完全なすがたで現れること。

**げんじょう【玄▼奘】**(六〇〇／六〇二～六六四) 中国、唐代の学僧。四大訳経家の一人。六二九年西域を経てインドに学び、六四五年帰国後は訳経に従事。唯識学を紹介して法相宗・倶舎宗の基礎をつくった。玄奘三蔵・三蔵法師の名で知られた。漢訳に『大般若経』『倶舎論』『成唯識論』など七六部一三四七巻、著書『大唐西域記』がある。

**げんしょう-かい【現象界】** 哲学で、感覚・経験することのできる世界。形而下の世界。phenomenal world

**げんしょう-がく【現象学】** フッサールが創唱した哲学的立場ないし方法の一つ。純粋な意識体験による現象・事実を通して、事物の本質的な意味や構造を解明しようとするもの。phenomenology

**げんじょう-かんしき【現場鑑識】** 犯罪現場の状況を観察し、捜査上および証拠上価値のある資料を検索採取すること。

**げんしょう-かんすう【減少関数】** 独立変数が増加するとき、関数値が減少する関数。decreasing function

**けんじょう-ご【謙譲語】** 敬語の一種。話し手が、自分や自分の側にかかわることをひくめることによって聞き手に敬意を表す語。「私がいたします」の「いたす」など。謙遜語。比較 尊敬語・丁寧語。対義 尊大語。

**げんじょう-こうあん【現成公案】**《仏教語》現象界一切のあるがままの姿が、そのまま真実の仏法の表れであるという考え方。とくに禅宗で強調する。

**けんじょう-しゃ【健常者】** 心身に障害のない人。

**けんしょう-じょうぶつ【見性成仏】** 禅宗の基本的な概念。自分の心をほりさげて自己の本性を見きわめるのが悟りであり、その身はそのまま仏であるというもの。

**げんしょう-てき【現象的】**(形動) ①現象にそくしているさま。phenomenal ②本質的なものを求めていないさま。superficial

**げんしょう-てんのう【元正天皇】**(六八〇～七四八) 第四四代天皇(在位七一五～七二四)。草壁皇子の皇女。母は元明天皇。在位中に『養老律令』『日本書紀』が完成。

**けんじょう-の-そうじ【賢▽聖▽障子】** 平安京内裏紫宸殿と北廂の間にある襖障子。東西各四間に、中国古代から唐までの聖賢・名臣三二人の像を描いたもの。

**けんじょう-はかた【献上▽博多】** 博多帯の一種。福岡市の博多で織られる。太い横糸による畝のある織り目が特徴。名称は江戸時代に黒田侯が将軍家に献上したことに由来。略して献上。

**げんじょうらく【▽還城楽】** 舞楽の曲名。唐楽。胡人の面をつけ桴を持った舞人の一人舞。見蛇楽。

**げんしょう-ろん【現象論】** 哲学で、人間の認識の対象は現象に限られるとする認識論上の立場。現象の背後に不可知な本体を認めるカントら、認めないマッハらの見解がある。phenomenalism

**けん-しょく【兼職】**(名・サ変他) 他の職務を兼ねること。兼ねた職。to hold an additional position 対義 本職。

**けん-しょく【顕職】** 地位の高い官職。要職。

**げん-しょく【原色】** 混合することによって、種々の色をつくり出せる基本となる三色。色料の三原色は青緑・赤紫・黄。三色全部を混ぜると黒灰色になる。色光の三原色は赤・緑・青紫。混ぜると白色になる。primary color



▼常用漢字表外。▽常用漢字表の音訓外。

**げん-しょく【現職】** 今の職務・職業。present occupation 対義 前職。

**げん-しょく【減食】**(名・サ変自) 食事の量をへらすこと。diet

**げんしょく-きょういく【現職教育】** 労働者や教員の、現在の仕事の技術力量をさらに高めるために行われる教育・研修。

**げんしょく-ばん【原色版】** 絵画・カラー写真などの複製物を、凸版方式による多色印刷でつくる技術。また、その複製物。ふつう、原稿から黄・赤・藍・黒の四つの網版をつくり、重ね刷りをする。原色刷り。full-color letterpress

**げんし-りょう【原子量】** 炭素一二の質量を一二としたときの各原子の相対的質量。水素の原子量は一・〇一。atomic weight

**げんし-りょく【原子力】** 原子核分裂または原子核融合反応で得られるエネルギー。核エネルギーを動力源として用いる場合の用語。nuclear energy; atomic power

**げんしりょく-あんぜんいいんかい【原子力安全委員会】** 日本の原子力行政について、安全と規制に関する諮問を行う機関。昭和五三年(一九七八)に原子力委員会から分離、発足。おもに原子炉設置について、通産省などの安全審査結果をさらに審査する。

**げんしりょく-いいんかい【原子力委員会】** 日本の原子力の開発利用に関する基本政策の策定、関係行政機関事務の総合調整、予算などの審議・決定を行う国の機関。昭和三一年(一九五六)に設立されたが、同五三年(一九七八)に、安全と規制の部門を担当する原子力安全委員会を分離、新発足。

**げんしりょく-きほんほう【原子力基本法】** 原子力の研究・開発およびその平和利用を推進し、エネルギー資源の確保や産業の振興をはかるうえで基本となる法律。昭和三〇年(一九五五)公布。

**げんしりょく-きょうてい【原子力協定】** 原子力の平和的利用を推進するため、日本とアメリカ・イギリスなど諸外国との間に締結された条約の総称。Atomic Energy Agreements

**げんしりょく-くうぼ【原子力空母】** 原子力推進装置を備えた航空母艦。一九六一年アメリカが建造したエンタープライズが最初。現在のニミッツ級空母は、一三年間燃料補給を必要としない。nuclear-powered aircraft carrier

**げんしりょく-こうがく【原子力工学】** 原子力の開発・利用に関する工学。原子炉・核燃料などに関して、機械・電気・化学など多方面の工学技術が総合的に利用される。nuclear engineering

**げんしりょく-さんぎょう【原子力産業】** ①核燃料の加工や、原子力関連機器・資材などの生産を行う産業。atomic industry ②原子力を利用する産業。atomic industry

**げんしりょく-さんげんそく【原子力三原則】** 日本の原子力基本法に盛り込まれた「研究の民主的運営」「日本国民による自主的運営」「情報の完全公開」をさす。

**げんしりょく-せん【原子力船】** 原子炉で発生する熱で推進機関を運転する船。推進機関として蒸気タービンを用い、高速力・長い航続距離をもつなどの利点がある。nuclear-powered ship

**げんしりょく-せんすいかん【原子力潜水艦】** 原子力推進装置を備えた潜水艦。燃料補給なしの長期潜航と潜航時の高速航走が可能。ミサイル・魚雷を装備し、発見が困難。戦略核兵器として重要。原潜。nuclear-powered submarine

**げんしりょく-でんち【原子力電池】** 放射性元素の放射線エネルギーを半導体などで電気エネルギーに変える装置。半減期の長い放射性物質を用い、出力は小さいが長時間持続し安定。atomic battery

**げんしりょく-ねんりょう【原子力燃料】** 原子力発電のための原子炉の燃料。天然ウラン・濃縮ウランなど。nuclear fuel

**げんしりょく-はつでん【原子力発電】** 核エネルギーを利用する発電。核分裂により発生する熱で高温高圧の蒸気をつくり、発電用タービンをまわす。nuclear power generation

**げんしりょく-はつでんしょ【原子力発電所】** 原子力発電を行う所。nuclear power plant

**げんしりょく-ほう【原子力法】** 原子力の平和利用についての研究・開発のために制定された法令の総称。Atomic Energy Act

**げんしりょく-ほけん【原子力保険】** 原子力災害による損害を補う保険。原子力賠償責任保険など。nuclear energy insurance

**げんしりょく-ロケット【原子力ロケット】** 原子炉を搭載し、原子炉の反応熱を利用して高温・高圧のガスをつくり、噴射して、その反動で進むロケット。nuclear energy rocket

**げんし-りん【原始林】** ↓げんせいりん(原生林)

**けん・じる【献じる】**(上一他) ↓けんずる(献ずる)

**げん・じる【現じる】**(上一自他) ↓げんずる(現ずる)

**げん・じる【減じる】**(上一自他) ↓げんずる(減ずる)

**げんし-ろ【原子炉】** 人工的に制御された核分裂連鎖反応を維持・進行させる装置。利用目的によって、構成や形式に多くの種類がある。大別すると核分裂による中性子の速度を減速材(軽水・重水・黒鉛など)で落として連鎖反応を制御する熱中性子炉と、中性子の速度を落とさずそのまま連鎖反応に利用する高速炉がある。nuclear reactor 数え方 一基。

**げんしろ-えいせい【原子炉衛星】** 原子炉を動力源とする人工衛星。レーダーや加速用エンジンの電源とする。nuclear reactor satellite

**げんしろねんりょう-サイクル【原子炉燃料サイクル】**(核燃料サイクル) ↓かくねんりょうサイクル

**げんし-ろん【原子論】** 哲学で、生滅変化する世界をその基礎にある物質の最小単位(原子)の運動から説明する学説。古代ギリシアのレウキッポス、デモクリトスが創始。アトミズム。atomism

**げんし-わくせい【原始惑星】** 原始太陽系星雲内で、ガスや固体微粒子が集合し惑星生成が可能な程度の質量にまで成長したときの状態。proto-planet

**けん-しん【見神】** キリスト教で、神の現れを感知すること。beatific vision

**けん-しん【堅信】** キリスト教への入信を完成させるため、受洗後に行われる儀式。カトリックでは堅信礼、堅信式ともいい、秘跡の一つ。司祭が受領者に聖霊の恵みをさずける。プロテスタントでは、成年に達した幼児洗礼の受洗者が会衆の面前で行う信仰告白式。confirmation

**けん-しん【検針】**(名・サ変自他)《おもにガス・電気・水道などの》メーターの針の示す目盛りを調べること。inspection of a meter

**けん-しん【検診】**(名・サ変他) 健康状態をしらべ、病気の有無を診察すること。medical checkup 用例 集団—。

**けん-しん【献身】**(名・サ変自) 身命を投げ出して尽くすこと。挺身。devotion

**けん-しん【献進】**(名・サ変他) 社寺などに差し上げること。献上。offering

**けん-しん【権臣】** 勢力の強い家来。influential vassal

**けん-じん【県人】** その県に住んでいる人。その県出身の人。用例 —会。

**けん-じん【堅陣】** 守りのかたい陣営。stronghold

**けん-じん【賢人】** ①聖人についで徳のある人。かしこい人。wise man 比較 聖人。②《清酒を「聖人」にたとえるのに対して》にごり酒。

**げん-しん【原審】** 今受けている裁判の前の段階に受けた裁判。original trial 用例 —を破棄する。

**げん-しん【現身】** このからだ。うつしみ。present body

**げんしん【源信】**(九四二〜一〇一七) 平安中期の天台宗の僧。大和の人。比叡山横川の恵心院に住し、日本浄土教成立の基礎となった『往生要集』を著す。恵心僧都。

**げん-じん【原人】** 化石人類の一つ。旧人の前段階。ピテカントロプス・シナントロプスなど。ホモエレクトゥス。Homo erectus

**げん-じん【元▼稹】**(七七九〜八三一) 中国、中唐の文学者。「げんしん」ともいう。字は微之。河南の人。白居易とともに社会詩「新楽府」をつくり、詩に新生面を開く「新楽府運動」を行う。両者の平易な詩は元和体とよばれた。恋愛小説『鶯鶯伝』は唐代伝奇の傑作。

**げんじん-かん【原▼腎管】** 無脊椎動物のもっとも原始的な排出器。扁形動物・紐形動物・輪形動物・環形動物、また軟体動物の幼生期にみられる。protonephridium

**けんしん-だいし【見真大師】** 親鸞の諡。

**けんしん-てき【献身的】**(形動) 自分のことを考えずに、人に尽くすさま。devoted

**げん-ず【原図】** もとになる図。もとの図。original drawing

**けん-すい【建水】** 茶道具の一つ。点茶のときに茶筅や茶碗をすすいだ湯水をあけるための容器。水こぼし。こぼし。↓茶道具図

**けん-すい【懸垂】**(名・サ変自他) ①たれ下がること。②器械体操の一つ。腕で鉄棒にぶらさがり、腕を屈伸させる。chinning exercise

**げん-すい【元帥】** ①軍の総大将。②元帥府に列せられた旧日本陸海軍大将の称号。軍事上の最高顧問。外国では、大将の上に位する最上位の階級。

**げん-すい【減水】**(名・サ変自) 水の量がへること。fall of water 対義 増水。

**げん-すい【減衰】**(名・サ変自) しだいに減少していくこと。decrease 用例 —運動。

**げんすい-き【減衰器】** 電気回路に挿入して、信号の振幅を小さくする装置。構成素子によって抵抗減衰器・リアクタンス減衰器などがある。attenuator

**げんすい-きょう【原水協】**《「原水爆禁止日本協議会」の略》原水爆禁止・被爆者救援・反戦運動を推進するため昭和三〇年(一九五五)に発足した組織。同三八年(一九六三)の第九回世界大会で社会党・総評系が脱退し、原水爆禁止日本国民会議(=原水禁)を結成した。

**げんすい-きん【原水禁】**《原水爆禁止日本国民会議の略称》原水協から脱退した社会党・総評が中心となり、昭和四〇年(一九六五)結成。

**けんずい-し【遣▼隋使】** 聖徳太子が摂政のとき、大和朝廷から隋へ派遣した使節。推古八年(六〇〇)から五回。

**げんすい-しんどう【減衰振動】** 時間とともに振幅が減衰していく振動。摩擦などでエネルギーが散逸することによる。damped oscillation

**けんすい-せん【懸垂線】** 太さと密度が一様な糸の両端を固定してつりさげるときできる曲線。カテナリー。catenary

**げん-すい-ばく【原水爆】** 原子爆弾と水素爆弾。atomic and hydrogen bombs

**げんすいばくきんし-うんどう【原水爆禁止運動】** 原水爆の実験・製造・貯蔵・使用に反対する平和運動。日本では昭和二九年(一九五四)のビキニの核実験による第五福竜丸事件を機に広範な民衆運動として発展。movement against atomic and hydrogen bombs

**げんすい-ふ【元帥府】** 天皇の軍事上の最高顧問機関。明治三一年(一八九八)に創設、昭和二〇年(一九四五)廃止。

**けん-すう【件数】** 事件・事柄の数。number of cases

**けん-すう【軒数】** 家の数。number of houses

**けん-すう【間数】** 間を単位としてはかった長さ。参考 一間は約一・八m。

**けん-すう【権数】** 「権謀術数」の略。

**げん-すう【現数】** 今ある数。present number

**げん-すう【減数】**(名・サ変自他) 数がへること。数をへらすこと。decrease in number

**げんすう-ぶんれつ【減数分裂】** 精子・卵・花粉など生殖細胞ができるときの特殊な細胞分裂。核分裂が二回起こり、四個の生殖細胞ができる。染色体数はもとの細胞の半数になる。還元分裂。meiosis

**けん・する【検する】**(サ変他) =検す。①取り調べる。inspect ②とりしまる。supervise

**けん・する【験する】**(サ変他) ためす。こころみる。験す。try

**けん・ずる【献ずる】**(サ変他) 差し上げる。たてまつる。献じる。献ず。offer

**げん・ずる【現ずる】**(サ変自他) =現じる・現ず。①(自)あらわれる。appear ②(他)あらわす。reveal; show 用例 修羅場を—。

**げん・ずる【減ずる】**(サ変自他) =減じる・減ず。①(自)すくなくなる。へる。decrease ②(他)㋐へらす。decrease; reduce ㋑引き算をする。subtract

**げん-すん【原寸】** 実物大の寸法。actual size

**げん-せ【現世】** ↓げんせい(現世)

**げん-ぜ【現世】**《仏教語》三世の一つ。この世。今世。対義 前世・来世。

**現世安穏、後生善処**(げんぜあんのん、ごしょうぜんしょ)《「善処」は極楽浄土》妙法を信じる人は、現世では安穏な生活を送ることができ、後生では極楽浄土に生まれることができる。

**けん-せい【県政】** 県の行政。prefectural administration

**けん-せい【県勢】** 県の、政治・人口・経済・文化などの状態。

**けん-せい【▼牽制】**(名・サ変他) ①相手を引きつけて行動を自由にさせないこと。check ②相手を自分の思うように引きとめること。check; restrain

**けん-せい【権勢】** 権力と威勢。power 用例 —をほこる。

**けん-せい【憲政】** 憲法によって行う政治。立憲政治。constitutional government

**けん-せい【賢聖】** ①賢人と聖人。②にごり酒と清酒。

**けん-せい【顕性】** ↓ゆうせい(優性)

**げん-せい【▼芫▼菁】** ツチハンミョウの別名。

**げんせい【元政】**(一六二三〜六八) 江戸前期の日蓮宗の僧。元彦根藩士。京都深草に瑞光寺を創建して隠棲。律を堅持し、その宗風は法華律、草山律と称された。国学・和歌に長じたことでも知られる。深草上人。

**げん-せい【原生】** もとのままであること。原始。primitive

**げん-せい【現世】** ＝げんせ。①現在の世界。this world ②現代。present age

**げん-せい【現勢】** 現在の情勢・勢力。current situation

**げん-せい【厳正】**(名・形動) ①きびしく正しいこと・さま。strict and fair ②厳格で完全なこと・さま。strict 用例 —中立。

**げん-ぜい【減税】**(名・サ変自他) 税負担額を減らすこと。一般減税と政策減税とがある。tax reduction 対義 増税。

**げんせい-いでん【限性遺伝】** 片方の性の表現型にのみ現れる遺伝形質。父から伝わる父性遺伝と母から伝わる母性遺伝がある。グッピーの体色など。sex limited inheritance

**けんせい-かい【憲政会】** 大正時代の政党。大正五年(一九一六)立憲同志会をもとに結成され第二次護憲運動の中心となる。総裁は加藤高明。同一三年(一九二四)加藤護憲三派内閣を組織し、政党政治を確立。昭和二年(一九二七)政友本党と合同し立憲民政党となる。

**けんせい-きゅう【▼牽制球】** 野球で、走者の離塁や盗塁を防ぐ目的で、投手あるいは捕手が、走者のいる塁の野手に行う送球。pick-off throw

**げん-せいしょくさいぼう【原生殖細胞】** 卵や精子など、生殖細胞のもととなる細胞。始原生殖細胞。primordial germ cell

**げんせい-じんるい【現生人類】** 現在生息する人間と同一種の人類。約三万五〇〇〇年前出現。クロマニョン人などの新人の化石人類は化石現生人類という。Homo sapiens

**げんせい-だい【原生代】** 先カンブリア時代の後半。約二五億年前から六億年前の時代。地層は前半の始生代の上に不整合で重なる。まれに化石を含む。Proterozoic Era

**けんせい-とう【憲政党】** 明治時代の政党。明治三一年(一八九八)六月、板垣退助の自由党と大隈重信の進歩党が合同して結成、翌月、最初の政党内閣(隈板内閣)を組織。四か月後に分裂。

**げんせい-どうぶつ【原生動物】** 無脊椎動物の一門。顕微鏡的な動物群で、一つの細胞からなるが、鞭毛・食胞その他の細胞器官が分化。アメーバ・ゾウリムシ・ツリガネムシ・ミドリムシ・マラリア原虫などが属する。原虫。protozoans

**けんせい-の-じょうどう【憲政の常道】** 憲法のもとで議会の多数派が政権を担当し、第一党が野に下れば代わって第二党が政権を受け継ぐこと。明治期、維新政府直系内閣に反発した立憲進歩党と立憲自由党の二大政党によって提唱された。

**けんせい-ほんとう【憲政本党】** 明治時代の政党。憲政党の分裂により、明治三一年(一八九八)一一月、旧進歩党系によって結成。党首は大隈重信。同四三年(一九一〇)立憲国民党を組織して解党。

**げんせい-りん【原生林】** 人手が加わらない自然のままの森林。その生態系からは環境保全・自然保護などの重要な情報が得られ、遺伝子保存の役割も大きい。原始林。処女林。virgin forest

**けん-せき【▼譴責】**(名・サ変他) ①とがめ、せめること。rebuke; reprimand ②戒告の旧称。warning

**げん-せき【言責】** ①自分の述べたことばに対する責任。responsibility for one's statement 比較 文責。②いい悪いを明らかに言うべき責任。responsibility to state "right or wrong"

**げん-せき【原石】** ①原鉱。ore ②加工してない状態の宝石。gemstone 用例 ダイヤの—。

**げん-せき【原籍】** ①人の戸籍の所在する場所。本籍。the domicile ②戸籍を移す前の戸籍。original domicile

**げん-せき【▼阮籍】**(二一〇〜二六三) 中国、魏の文学者。字は嗣宗。陳留の人。竹林の七賢の首領格。超俗の人生を送り、五言詩の傑作を多く残した。詩「詠懐詩」、「達荘論」など。

**けんせき-うん【▽巻積雲・絹積雲】** 十種雲形の一つ。巻雲が塊状になったように見える雲。上層雲の一種で、氷晶からなり、うろこ状に配列する雲。うろこ雲。いわし雲。さば雲。cirrocumulus

**げん-せだい【現世代】** ①今の時代。present times ②現代の若い人々。present generation

**けん-せつ【建設】**(名・サ変他) ①ビル・道路などを新しく造りもうけること。construction 対義 破壊。用例 —工事。—機械。②国家・都市などを新しく築くこと。foundation 用例 新国家を—する。

**けん-せつ【兼摂】**(名・サ変他) 兼ね、司ること。用例 首相が外相を—する。

**けん-ぜつ【懸絶】**(名・サ変自) 大きなへだたり・違いがあること。隔絶。have a large difference 用例 —した実力。

**げん-せつ【言説】** ことばで説くこと。また、その説。statement

**けんせつ-ぎょう【建設業】** 土木・建築と、それに関連する工事を施行する産業。construction industry

**けんせつ-こうさい【建設公債】** 道路・ダム建設などの公共事業の財源とするために発行される公債。construction bond

**けんせつ-しょう【建設省】** 国土開発・都市計画・住宅行政などの行政事務を主管する中央行政機関。大臣官房ほか建設経済・都市・河川・道路・住宅の五局からなり、出先機関として地方建設局、付属機関として国土地理院などがある。Ministry of Construction

**けんせつ-だいじん【建設大臣】** 国務大臣の一人。建設省の長。Minister of Construction

**けんせつ-てき【建設的】**(形動) 物事を積極的によくしていこうとするさま。constructive 対義 破壊的。用例 —な意見。

**げんぜ-りやく【現世利益】** 神仏を信仰することによって、この世でえられる息災・治病・得財などの神仏のめぐみ。

**けん-せん【献▼饌】**(名・サ変自他) 神前に食物をそなえること。対義 撤饌。

**けん-ぜん【健全】**(形動) 対義 不健全・病的。①すこやか。健康。healthy ②中正で、かたよらないさま。sound

**健全なる精神は健全なる身体に宿る**(けんぜんなるせいしんはけんぜんなるしんたいにやどる)《ローマの詩人ユウェナリスの詩の一節「健全な身体に健全な心」から》からだが健康であってこそ、精神も健全である。A sound mind in a sound body.

**けん-ぜん【顕然】**(形動タル) 明らかなさま。

**げん-せん【原潜】**「原子力潜水艦」の略。nuclear submarine

**げん-せん【源泉・原泉】** ①水・温泉などのわき出るみなもと。source ②ものの発生してくるもと。origin

**げん-せん【厳選】**(名・サ変他) 厳重に選ぶこと。careful selection

**げん-ぜん【現前】**(名・サ変自) 目の前にあること。目の前に現れること。appear before one's eyes

**げん-ぜん【厳然・▼儼然】**(形動タル) いかめしくおごそかなさま。solemn; stern 用例 —たる態度。

**けんぜん-がく【健全学】** 江戸末期から明治初期にかけて広く使われた生理衛生の本。一四編。イギリスのロベルト＝ジェームズ＝メン著、杉田玄端訳。

**げんせん-かぜい【源泉課税】** ↓げんせんちょうしゅう(源泉徴収)

**げんせん-ちょうしゅう【源泉徴収】** 所得税徴収の方法の一つ。所得の支払者が一定の所得税を天引きして納付するもの。対象は給与所得・退職所得・利子配当所得・原稿料など。源泉課税。withhold at source 比較 申告納税。

**けん-そ【倹素】**(名・形動) 倹約で質素なこと・さま。つましいこと・さま。frugality 用例 —な生活。

**けん-そ【険阻・▼嶮▼岨】**(名・形動) 山などのけわしいこと・さま。けわしい場所。steep

**げん-そ【元素】** ①ある思想でもっとも基本となるもの。ギリシア哲学の地・水・空気・火など。element ②化学的手段ではそれ以上分解できない物質の基本単位。現在、一〇三種類が知られている。化学元素。chemical element ↓図

**けん-そう【険相】** すごみのある、けわしい顔つき。forbidding look

**けん-そう【▼喧▼噪・▼喧騒】**(名・形動) やかましく、さわがしいこと・さま。tumult 用例 —の巷。

**けん-ぞう【建造】**(名・サ変他) 建築物や船などを造ること。building

**げん-そう【幻想】**(名・サ変他) ①とりとめのない空想。fantasy ②ありもしない物事を、あるように感じること。また、その想念。illusion

**げん-そう【現送】**(名・サ変他) 現金・現物を送ること。specie shipment

**げん-そう【▼舷窓】** 船体の側面につけた小窓。

**げん-そう【▽還相】**「還相回向」の略。

**げんそう【玄宗】**(六八五〜七六二) 中国、唐第六代皇帝(在位七一二〜七五六)。その治世は、当初「開元の治」として唐朝の最盛期(盛唐)をうたわれたが、その後楊貴妃に溺れて政務を顧みず、安史の乱を招いて粛宗に譲位。

**げん-ぞう【幻像】** ないものが、あるように見える形・すがた。幻影。illusion

**げん-ぞう【現像】**(名・サ変他) 撮影ずみの写真フィルムや、画像を焼き付けた印画紙などの潜像を、薬品で処理して目に見える映像にする操作。development

**けんそう-うん【▽巻層雲・絹層雲】** 十種雲形の一つ。巻雲がベール状に薄く広がったもの。上層雲の一種で、八〇〇〇〜一万mの上空に現れる、うすい白色の雲。太陽や月がすけて見え、かさを生じる。雨のさきぶれとなる。cirrostratus

**げんぞう-えき【現像液】** 露光ずみの写真感光材料の現像に用いる薬液。感光したハロゲン化銀を還元する現像主薬、酸化を防止する保恒剤のほか、現像促進剤・現像抑制剤などを溶媒に溶かして調整する。developer

**げんそう-えこう【▽還相回向】**《仏教語》浄土に往生して正覚をえた人が、迷える衆生を救済しようと志すこと。

**げんそう-きょく【幻想曲】**《「ファンタジー」および「ファンタジア」の訳語》楽式に制約されず、楽想のおもむくままに自由に作曲された、幻想的な作品の総称。fantasy; fantasia

**げんそうこうきょうきょく【幻想交響曲】**《原題Symphonie fantastique(フランス)》ベルリオーズ作曲の交響曲。五楽章。一八三〇年作。

**げんぞう-ざい【現像剤】** ↓げんぞうしゅやく(現像主薬)

**げんぞう-しゅやく【現像主薬】** 現像液の主成分で、感光した感光乳剤中のハロゲン化銀を還元して画像を得る薬剤。メトール・ハイドロキノン・フェニドンなど。カラーの発色にはパラミン系塩類などを使用。developing agent

**げんそう-てき【幻想的】**(形動) ①現実からかけはなれていて、ありそうもないさま。visionary ②はかなく、美しいさま。fantastic

**けんぞう-てんのう【顕宗天皇】** 第二三代天皇。名は弘計王・来目稚子。履中天皇の孫。父は市辺押磐。父が雄略天皇に殺されたので兄(＝仁賢天皇)とともに、播磨に逃れ、のちに迎えられたと伝えられる。

**けんぞう-ぶつ【建造物】** たてもの。家屋・倉庫・堂塔・鳥居など。building

**げんそ-きごう【元素記号】** 元素の種類を表す記号。現在は、国際純粋応用化学連合(IUPAC)制定の記号を用い、大文字と小文字を組み合わせて表記。symbol of element 比較 原子記号。

**けん-そく【検束】**(名・サ変他) ①行動の自由を許さないこと。arrest ②警察官が人を一定の場所に連行して留置すること。旧行政執行法下の制度で、昭和二三年(一九四八)廃止。

**けん-ぞく【▼眷属・▼眷族】** ①一族。身内。身より。family ②家の子。郎党。vassals

**げん-そく【原則】** 多くの場合に適用される基本的な規則。根本の法則。原理。principle 対義 例外。用例 —として賛成だ。—に従って処理する。

**げん-そく【▼舷側】** 船側。ふなばた。ふなべり。ship's side

**げん-そく【減速】**(名・サ変自他) 速度を落とすこと。速度が落ちること。deceleration 対義 加速。

**げん-ぞく【▽還俗】**(名・サ変自) 僧尼が俗人に還ること。secularization

**げんそく-ざい【減速材】** 原子炉の中で、高エネルギーの中性子を適度の低エネルギーの中性子に変える物質。水・重水・黒鉛など。moderator

**げんそく-そうち【減速装置】** 回転速度を落とす伝動装置。方式としては機械式・流体式

▼常用漢字表外。 ▽常用漢字表の音訓外。

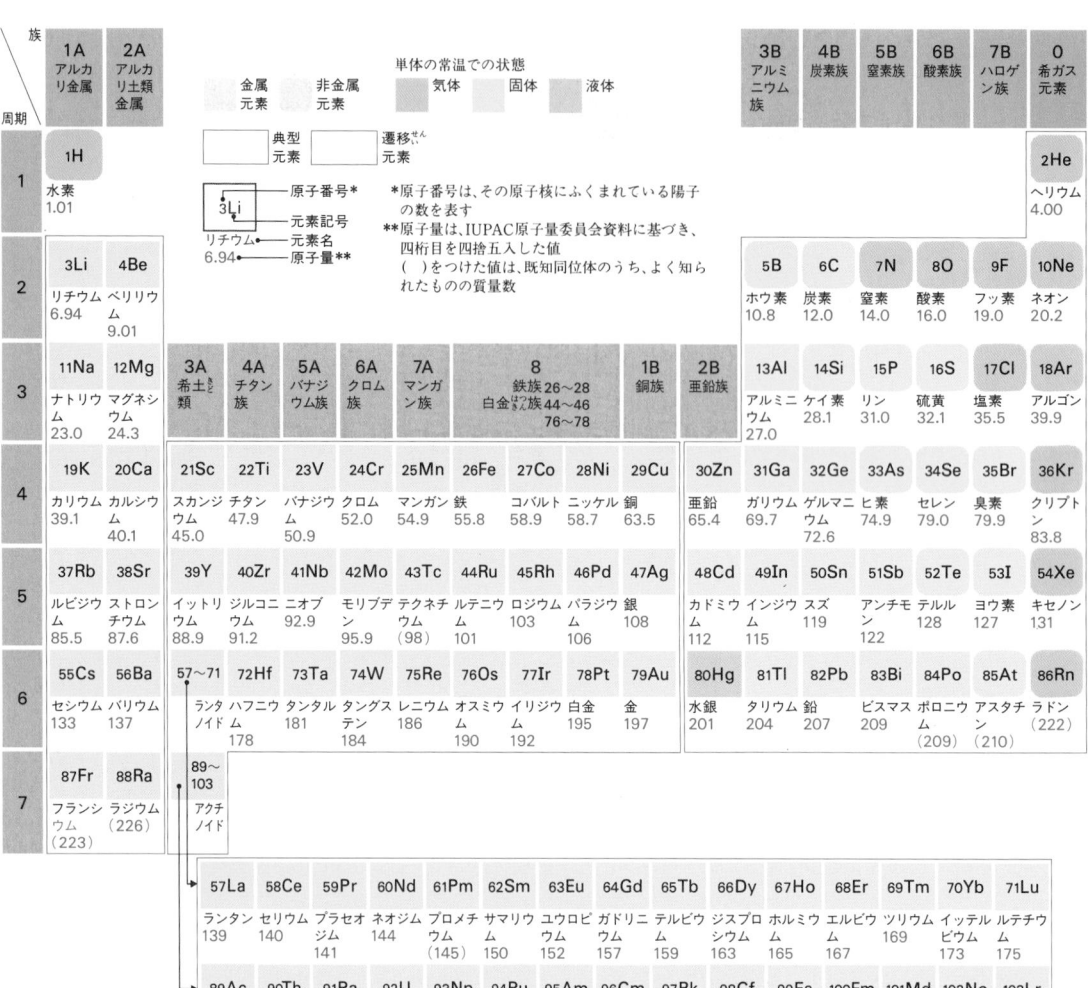

●元素② 周期表(長周期型)

単体の常温での状態: 金属元素 / 非金属元素 / 気体 / 固体 / 液体

典型元素 / 遷移(せんい)元素

3Li リチウム 6.94 ― 原子番号* / 元素記号 / 元素名 / 原子量**

*原子番号は、その原子核にふくまれている陽子の数を表す
**原子量は、IUPAC原子量委員会資料に基づき、四桁目を四捨五入した値
( )をつけた値は、既知同位体のうち、よく知られたものの質量数

| 周期＼族 | 1A アルカリ金属 | 2A アルカリ土類金属 | 3A 希土(きど)類 | 4A チタン族 | 5A バナジウム族 | 6A クロム族 | 7A マンガン族 | 8 鉄族26～28 白金(はっきん)族44～46 76～78 | | | 1B 銅族 | 2B 亜鉛族 | 3B アルミニウム族 | 4B 炭素族 | 5B 窒素族 | 6B 酸素族 | 7B ハロゲン族 | 0 希ガス元素 |
|---|---|---|---|---|---|---|---|---|---|---|---|---|---|---|---|---|---|---|
| 1 | 1H 水素 1.01 | | | | | | | | | | | | | | | | | 2He ヘリウム 4.00 |
| 2 | 3Li リチウム 6.94 | 4Be ベリリウム 9.01 | | | | | | | | | | | 5B ホウ素 10.8 | 6C 炭素 12.0 | 7N 窒素 14.0 | 8O 酸素 16.0 | 9F フッ素 19.0 | 10Ne ネオン 20.2 |
| 3 | 11Na ナトリウム 23.0 | 12Mg マグネシウム 24.3 | | | | | | | | | | | 13Al アルミニウム 27.0 | 14Si ケイ素 28.1 | 15P リン 31.0 | 16S 硫黄 32.1 | 17Cl 塩素 35.5 | 18Ar アルゴン 39.9 |
| 4 | 19K カリウム 39.1 | 20Ca カルシウム 40.1 | 21Sc スカンジウム 45.0 | 22Ti チタン 47.9 | 23V バナジウム 50.9 | 24Cr クロム 52.0 | 25Mn マンガン 54.9 | 26Fe 鉄 55.8 | 27Co コバルト 58.9 | 28Ni ニッケル 58.7 | 29Cu 銅 63.5 | 30Zn 亜鉛 65.4 | 31Ga ガリウム 69.7 | 32Ge ゲルマニウム 72.6 | 33As ヒ素 74.9 | 34Se セレン 79.0 | 35Br 臭素 79.9 | 36Kr クリプトン 83.8 |
| 5 | 37Rb ルビジウム 85.5 | 38Sr ストロンチウム 87.6 | 39Y イットリウム 88.9 | 40Zr ジルコニウム 91.2 | 41Nb ニオブ 92.9 | 42Mo モリブデン 95.9 | 43Tc テクネチウム (98) | 44Ru ルテニウム 101 | 45Rh ロジウム 103 | 46Pd パラジウム 106 | 47Ag 銀 108 | 48Cd カドミウム 112 | 49In インジウム 115 | 50Sn スズ 119 | 51Sb アンチモン 122 | 52Te テルル 128 | 53I ヨウ素 127 | 54Xe キセノン 131 |
| 6 | 55Cs セシウム 133 | 56Ba バリウム 137 | 57～71 ランタノイド | 72Hf ハフニウム 178 | 73Ta タンタル 181 | 74W タングステン 184 | 75Re レニウム 186 | 76Os オスミウム 190 | 77Ir イリジウム 192 | 78Pt 白金 195 | 79Au 金 197 | 80Hg 水銀 201 | 81Tl タリウム 204 | 82Pb 鉛 207 | 83Bi ビスマス 209 | 84Po ポロニウム (209) | 85At アスタチン (210) | 86Rn ラドン (222) |
| 7 | 87Fr フランシウム (223) | 88Ra ラジウム (226) | 89～103 アクチノイド | | | | | | | | | | | | | | | |

| | | | | | | | | | | | | | | |
|---|---|---|---|---|---|---|---|---|---|---|---|---|---|---|
| 57La ランタン 139 | 58Ce セリウム 140 | 59Pr プラセオジム 141 | 60Nd ネオジム 144 | 61Pm プロメチウム (145) | 62Sm サマリウム 150 | 63Eu ユウロピウム 152 | 64Gd ガドリニウム 157 | 65Tb テルビウム 159 | 66Dy ジスプロシウム 163 | 67Ho ホルミウム 165 | 68Er エルビウム 167 | 69Tm ツリウム 169 | 70Yb イッテルビウム 173 | 71Lu ルテチウム 175 |
| 89Ac アクチニウム (227) | 90Th トリウム 232 | 91Pa プロトアクチニウム (231) | 92U ウラン 238 | 93Np ネプツニウム (237) | 94Pu プルトニウム (244) | 95Am アメリシウム (243) | 96Cm キュリウム (247) | 97Bk バークリウム (247) | 98Cf カリホルニウム (251) | 99Es アインスタイニウ (252) | 100Fm フェルミウム (257) | 101Md メンデレビウム (258) | 102No ノーベリウム (259) | 103Lr ローレンシウム (260) |

・電気式などがある。reduction gear

**げんそく-わたし【▾舷側渡し】** ↓エフエーエス(FAS)

**げんそ-ぶんせき【元素分析】** 有機化合物の構成元素を個々に定量する分析法。その結果から、もとの化合物の実験式がつくられる。elementary analysis

**けん-そん【謙▾遜】**(名・形動・サ変自) へりくだること・さま。ひかえめにすること・さま。謙虚。謙譲。恭謙。modesty [対義]不遜(ふそん)・傲慢(ごうまん)・横柄(おうへい)。

**げん-そん【玄孫】** 孫の孫。やしゃご。great-great-grand child

**げん-そん【現存】**(名・サ変自) 現にあること。げんぞん。existence; being [用例]―する最古の寺。

**げん-そん【減損】**(名・サ変自他) へること。へらすこと。decrease

**げん-そん【厳存】**(名・サ変自) まちがいなく、確かに存在すること。げんぞん。real existence [用例]―する事実。

**けんそん-ご【謙▾遜語】** ↓けんじょうご(謙譲語)

**げん-そんざい【現存在】** ハイデッガーの用語。自己の存在に関心を寄せ、それを了解している存在者としての人間のこと。ダーザイン。

**げんそんざい-ぶんせき【現存在分析】** 患者を「もの」でなく「人間」としてみつめ、生きた関わりを持とうとする治療者の姿勢を強調する精神療法。ハイデッガーの現象学的方法を、ビンスワンガーが精神医学に導入したもの。existential analysis

**げんそん-りょう【現存量】** ある時点に任意の地域に存在している生物の総量。単位面積あたりで示す。standing crop

**ケンタール【Antero de Quental】**(一八四二〜九一) ポルトガルの詩人。リアリズムを移入。詩集『近代詩集』『ロマン的な春』『ソネット集』など。

**けん-たい【▾倦怠】**(名・サ変自) ①いやになること。あきること。weariness [用例]―期。②疲れて、だるいこと。ものうさ。退屈。アンニュイ。languor [用例]―感。

**けん-たい【兼帯】**(名・サ変他) 二つ以上の職、二つ以上の物の役を兼ねること。かけもち。兼任。兼用。

**けん-たい【検体】** 検査のための物体。sample

**けん-たい【献体】**(名・サ変自) 本人の意志で、死後その体を研究用に提供すること。donate one's body (after death) for study

**けん-だい【見台】**(《「書見台」の略》)読書の便利のために、書物をのせる台。傾斜した板の中央または左右に、脚がついている。歌謡・語り物などの譜面をのせるのにも用いる。book-rack ↓[写]

**けん-だい【兼題】** 和歌・俳句などの会で、前もって出しておく題。[対義]即題・席題。

**けん-だい【賢台】** 手紙のわき付けの一つ。同等以上の人に使う。[比較]貴台・尊台。

**けん-だい【献題】** ↓けんし(献詞)

**げん-たい【原隊】** 軍隊で、最初に所属した部隊。

**げん-たい【減退】**(名・サ変自) おとろえ、へること。decline; decrease [対義]増進。[用例]食欲が―する。

**げん-だい【原題】** 改題・翻訳などをしたものの、もとの題。original title [対義]改題・訳名。

**げん-だい【現代】** ①現在の時代。現今。当世。同時代。present age; today ②歴史の時代区分の一つ。古代・中世・近代に対して、現在と同様の政治形態・社会状況・思想傾向にあると見られる、現在にもっとも近い時代。日本では一般に、第二次大戦後をさす。

**げんだい-おんがく【現代音楽】** 一般には二〇世紀の音楽をさすが、第一次大戦までの音楽を近代音楽とした場合には、第二次大戦以後の音楽をいう。ミュージック-コンクレート・不確定性の音楽・電子音楽など。

**げんだい-か【現代華】** 現代的な華道の時代様式。主観の表現に重きをおく作風。石や金属などの材料も用いる。昭和初期の勅使河原蒼風(てしがわらそうふう)に始まり、一九五〇年ごろから普及、時代性を確立した。

**げんだい-かなづかい【現代仮名遣い】**(―かなづかひ) 現代口語文を仮名で書き表すときの準則。ほぼ現代の語音に基づくが、歴史的仮名遣いの慣習を残す部分もある。昭和二一年(一九四六)一一月、内閣告示で制定。同六一年(一九八六)改定された。新仮名遣い。[対義]歴史的仮名遣い。

**げん-たいこう【原体▾腔】** 卵の初期発生のとき、卵割によってできた卵割腔が、そのまま体腔になったもの。protocoel

**げんだい-ざいばつ【現代財閥】** 韓国最大の財閥。建設を中心に重工業や自動車などの

●見台(けんだい) 『秋草蒔絵(まきえ)見台』。東京国立博物館。

分野で事業を展開している。

**げんだい-しゃしん【現代写真】** 絵画に追随せず、写真のメカニズムを基調に、その可能性を展開させようとする写真。

**げんだいじん【現代人】**(Sovremennik ロシ) ロシアの文芸・社会評論誌。一八三六年プーシキンが創刊。四七年以降はネクラーソフらが編集。急進派の雑誌。六六年廃刊。

**げん-だいせい【▼阮大▼鋮】**(一五八七 一六四六) 中国、明末の戯曲作家。字は集之、号は円海。懐寧の人。時局を寓意する「燕子箋」など。

**げんだい-てき【現代的】**(形動) 現代風。モダン。modern

**げんだいのえいゆう【現代の英雄】**《原題 Geroi nashego vremeni ロシ》レールモントフによるロシア最初の近代的心理小説。一八四〇年刊。偽悪家ペチョーリンの奇怪な行動と性格を五つの短編に描く。

**ケンタウルス-ざ【ケンタウルス座】** 南天の星座。一等星のα星は、太陽系にもっとも近くて約四・三光年。β星も一等星。六月七日ごろの午後八時ごろに南中。面積一〇六〇平方度。Centaurus

**ケンタウロス【Kentauros ギリシア】** ギリシア神話の上半身人間で下半身馬の怪物の一族。賢者ケイロンを除いて、イクシオンと雲から生まれた。山野に住み、野蛮で放縦な生活を送る。色欲にふけり酒を好む。centaur ↓写

●ケンタウロス　石棺。イスタンブール美術館。

**けん-だか【権高・見高】**(形動) つんとして、いばっているさま。気位が高くて、ごうまんなさま。

**げん-だか【現高】** 現在の額。現在高。amount on hand

**けんだく-えき【懸濁液】** 固体の微細な粒子が液体中に分散した状態。一般に不安定で、静置すれば沈降する。懸濁質を含めていうこともある。suspension

**けん-たつ【顕達】** 立身出世すること。栄達。

**げん-たつ【厳達】**(名・サ変他) きびしい通達を出すこと。その通達。strict orders

**ケンタッキー【Kentucky】** アメリカ南東部の州。州都フランクフォート。タバコ・穀類の生産や酪農がさかん。石油・天然ガスなど鉱産資源も豊富。人口三六六・一万(一九八〇)。

**ケンタッキー-ブルーグラス【Kentucky bluegrass】** イネ科の多年草。高さ約四〇cm。牧草として移入されたものが野生化。

**けんだつば【▽乾▼闥婆・健達婆】**《仏教語。Gandharva 梵 の音写で、香を食す、の意》八部衆の一つ。帝釈天に仕え、音楽を奏でる神。蜃気楼(乾闥婆城)を出す能力をもつとされる。

**けん-だま【▼拳玉・剣玉】** 木製の玩具の一種。棒の先端をとがらせ、他の端を皿形にくぼませ、穴のあいている木球をひもで結びつけたもの。球を跳ね上げて穴を先端にさしたり、皿に受けたりして遊ぶ。

**けんだら-じゅ【▽乾▼陀羅樹】** ワサビノキ科の落葉低木。葉は三回羽状複葉。白色五弁花を開く。香料の原料。煮汁で僧衣を茶褐色に染める。インド地方原産。ケンダジュ。

**けん-たん【健▼啖】**(名・形動) 食欲がさかんなこと・さま。大食。voracity 用例 ―家。

**けん-たん【検▼痰】**(名・サ変自) たんの中の結核菌などの有無を検査すること。examination of sputum

**けん-だん【検断】** ①中世、武家が行った刑事犯人の検察・断罪に対する法用語。②近世、大庄屋に相当する役。

**げん-たん【減反・減▽段】**(名・サ変他) 作付け面積をへらすこと。対義 増反。

**げん-たん【減炭】**(名・サ変自他) 石炭の産出が減ること。減らすこと。reduce the production of coal

**げん-だん【厳談】**(名・サ変自) きびしくかけあうこと。用例 ―におよぶ。

**げん-たんい【原単位】** 製品の一定量を生産するために必要な原材料・サービスや所要時間などのこと。原価計算の基礎にもなっており、生産が合理化するほど低くなる。physical unit

**げんたんい-けいさん【原単位計算】** 製品一個または一定量を作るために必要な原料・サービスや所要時間などの物量計算。原価計算の基礎になる。physical unit calculation

**げんたん-せいさく【減反政策】** 米の作付け面積を減らし、他作物への転換を奨励する政策。昭和四六年(一九七一)から米の需給バランスをとるために始められた。

**けん-ち【見地】** ①観察・議論の立場。観点。viewpoint ②建設予定地などを検分すること。land surveying

**けん-ち【軒▼輊】** 上がり下がり。高低。優劣。

**けん-ち【検地】** 近世、領主が行った農地の調査測定。年貢高とその負担者の明確化が目的。天正一〇年(一五八二)に始まる太閤検地が最初。江戸幕府は検地条目を定めて実施。地検。

**けん-ち【▼硯池】** すずりのくぼみの部分。すずりの海。

**げん-ち【言質】**《「げんしつ」は慣用読み》後日の証拠となることば。約束のことば。pledge

**言質を取る** あとで証拠となるような、約束のことばを取りつけておく。obtain a person's pledge

**げん-ち【現地】** ①今、居る土地。actual place ②現在、事が行われている場所。spot 用例 ―報告。

**ゲンチアナ【gentiana】** リンドウ科の宿根草(ヨーロッパ中南部山岳に自生)の乾燥根茎および根の生薬名。苦味健胃剤として使用。

**けんち-いし【間知石】** 石垣に用いる石材の一種。楔に似た四角錐状にカットされて、底面の部分が石垣の表面になる。けんち。

**げんち-がし【現地貸し】** 日本企業の海外支店・現地法人などを対象に、相手国の通貨で行われる融資。現地金融。外貨金融。

**けん-ちく【建築】**(名・サ変他) 家屋・橋などの構築物を造ること。また、その建築物。普請。architecture

**けんちく-ぎじゅつ【建築技術】** 建物の企画から設計・施工・使用・管理までのそれぞれの技術をまとめていうことば。building-construction techniques

**けんちく-きじゅんほう【建築基準法】** 国民の生命・健康・財産を保護するため、建築物の敷地・構造・用途などについての基準を定めた法律。昭和二五年(一九五〇)公布。

**けんちく-ぎれい【建築儀礼】** 家屋建築の進行にともなう種々の信仰的儀礼。地鎮祭・棟上げ・新築祝い・家移りなど。

**けんちく-し【建築士】** 建築の設計、または工事監理をする建築技術者の総称。一級と二級があり、一級は建設大臣が行う試験に合格し、二級は都道府県知事の行う試験に合格しなければならない。

**けんちくじっしょ【建築十書】**《原題 De architectura libri decem ラテン》紀元前一世紀ごろ、ローマの建築家ウィトルウィウスが著した一〇巻の建築技術書。一四八六年以降、復刻・翻訳されルネサンス建築に大きく影響を与えた。

**けんちく-めんせき【建築面積】** 建物の外壁または柱の中心線で囲まれた面積。一階の床面積と等しい。建坪。building area

**けん-ちじ【県知事】** 県民に選挙された、県行政の最高責任者。prefectural governor

**げんち-じん【原地人】** もとからの住民。原住民。natives

**けんち-ちょう【検地帳】** 近世、検地の結果を一村ごとに記した土地台帳。村内の田畑について一筆ごとに石高・面積・等級・耕作人などを記録。ここに記された者は本百姓として年貢などを義務づけられた。

**けん-ちゃ【献茶】**(名・サ変自) 神仏に茶をささげること。

**けん-ちゅう【検注】** 平安末期から室町時代、国衙領・荘園で行った土地調査。年貢公事の徴収基準確定のため、田畑の面積・耕作状況などを確認し、帳簿を作成。

**けん-ちゅう【繭▼紬・絹▼紬】** 柞蚕糸で織った薄地の平織りの織物。節があり紬の一種で中国山東省の名産。淡褐色またはクリーム色で、光沢がある。服地・カーテン地・洋傘などに使用。絹織物より廉価。

**げんちゅう【元中】** 日本の南北朝で、南朝最後の年号。弘和から改元。元年(一三八四)四月二八日〜九年(一三九二)閏一〇月五日。

**げん-ちゅう【原虫】** 原生動物。

**げん-ちゅう【原注・原▼註】** 訳書・注釈書などで、原本に原著者のつけておいた注。original notes 対義 訳注。

**けん-ちょ【顕著】**(形動) 目立つさま。いちじるしいさま。remarkable 用例 ―な業績。

**げん-ちょ【玄▼猪】** 陰暦一〇月の亥の子の祝い。平安時代以降、朝廷で亥の子餅を献上する儀があり、民間では新穀収穫の祝いを行う。亥の子。

**げん-ちょ【原著】** 訳したりつくりかえたりするときの、もとの著作。原作。original 比較 原書。対義 訳書。

**けんちょう【建長】** 鎌倉中期の年号。宝治から改元。元年(一二四九)三月一八日〜八年(一二五六)一〇月五日。次に、康元に改元。

**けん-ちょう【県庁】** 県の行政事務を扱う役所。用例 ―所在地。

**けん-ちょう【県鳥】** 県を象徴する鳥。たとえば北海道はタンチョウ、新潟県はトキ、富山県はライチョウなど。県民鳥。↓図

●県鳥

| 県 | 鳥 |
|---|---|
| 北海道 | タンチョウ |
| 青森県 | ハクチョウ |
| 岩手県 | キジ |
| 宮城県 | ガン |
| 秋田県 | ヤマドリ |
| 山形県 | オシドリ |
| 福島県 | キビタキ |
| 茨城県 | ヒバリ |
| 栃木県 | オオルリ |
| 群馬県 | ヤマドリ |
| 埼玉県 | シラコバト |
| 千葉県 | ホオジロ |
| 東京都 | ユリカモメ |
| 神奈川県 | カモメ |
| 新潟県 | トキ |
| 富山県 | ライチョウ |
| 石川県 | イヌワシ |
| 福井県 | ツグミ |
| 山梨県 | ウグイス |
| 長野県 | ライチョウ |
| 岐阜県 | ライチョウ |
| 静岡県 | サンコウチョウ |
| 愛知県 | コノハズク |
| 三重県 | シロチドリ |
| 滋賀県 | カイツブリ |
| 京都府 | オオミズナギドリ |
| 大阪府 | モズ |
| 兵庫県 | コウノトリ |
| 奈良県 | コマドリ |
| 和歌山県 | メジロ |
| 鳥取県 | オシドリ |
| 島根県 | オオハクチョウ |
| 岡山県 | ホトトギス |
| 広島県 | アビ |
| 山口県 | ナベヅル |
| 徳島県 | シラサギ |
| 香川県 | ホトトギス |
| 愛媛県 | コマドリ |
| 高知県 | ヤイロチョウ |
| 福岡県 | ウグイス |
| 佐賀県 | カササギ |
| 長崎県 | オシドリ |
| 熊本県 | ヒバリ |
| 大分県 | メジロ |
| 宮崎県 | コシジロヤマドリ |
| 鹿児島県 | ルリカケス |
| 沖縄県 | ノグチゲラ |

**けん-ちょう【堅調】** ①堅実な調子。firm tone ②相場が上がりぎみのこと。strong 対義 軟調。

**けん-ちょう【検潮】** 潮汐を観測すること。参照 検潮器。

**げん-ちょう【幻聴】** 幻覚の一種。実際には音がしていないのに、しているように聞こえること。精神分裂病・アルコール依存症などに現れる。そら耳。auditory hallucination

**げん-ちょう【原腸】** 多細胞動物の発生の初期、胚の表層の一部が内部に陥入して形成される腔壁。また、その内腔。外部への開口が原口にあたる。archenteron

**げん-ちょう【▼阮朝】** ベトナム最後の王朝。阮福映が一八〇二年に創始。国号を越南と称し、フエに都した。第二代明命帝は中央集権制を確立し領土を拡大。以後フランスの圧迫を受け、その保護・統轄の下におかれ、一九四五年バオ=ダイ帝が退位し、王朝は消滅。Nguyen Dynasty

**けんちょう-き【検潮器】** 海水位を自動的に観測する装置。検潮場で井戸を掘り、海水を導いて浮標を浮かせ、浮標の上下動が記録できるようにしたもの。tidal gauge

**けんちょう-じ【建長寺】** 鎌倉市山ノ内にある臨済宗建長寺派の大本山。鎌倉五山の一つ。建長五年(一二五三)北条時頼が創建、蘭渓道隆が開山。↓写

**げんちょうひし【元朝秘史】** モンゴル帝国のチンギス=ハンの先祖からオゴタイ=ハンまでの伝説・史実を記述した史書。ウイグル文字で書かれ、一二四〇年成立とされる。文学的にもすぐれ、当時の社会制度研究の重要資料。明の洪武帝のとき漢訳された。

**けん-ちん【▽巻▽繊】** ①中国からケンチェンとして伝わった普茶料理。豆腐に野菜を切

▼ 常用漢字表外。　▽ 常用漢字表の音訓外。

●建長寺山門

って加え、いためたもの。汁・煮物・蒸し物などに用いる。②「けんちん汁」の略。
**けんちん-じる【▽巻▽繊汁】** 豆腐に、ニンジン・ダイコン・ゴボウなどの野菜をせん切りや短冊切りにし、油でいためて、すまし汁にした料理。
**げん-つき【原付(き)】**《「原動機付き」の意から》原動機付自転車。
**けん-つく【剣突】** 荒々しく、しかりつけること。scold 用例 —をくわせる。
**けん-てい【検定】**(名・サ変他) ①一定基準のもとに検査して、合否や等級を認定すること。authorization 用例 教科書の—。②《「検定試験」の略》おもに行政官庁が、特定の資格に必要な技術・学力などを検査するもの。exam for license ③統計推論の一つ。標本からの情報を用いて、母集団に関する統計的な仮説の採否を決定する方法。test
**けん-てい【献呈】**(名・サ変他) 差し上げること。進呈。presentation 比較 奉呈。
**けん-てい【賢弟】** 対義 愚弟。①かしこい弟。②他人の弟、または年下の男子を言う敬語。
**げん-てい【▼舷▼梯】** 乗り降りのために船の外側に取り付けるはしご段。タラップ。
**げん-てい【限定】**(名・サ変他) ①くぎって決めること。limitation 比較 規定。②哲学で、ある存在物が、他の何物かから影響を受けて、その存在・運動などに制限を受けていること。limitation ③論理学で、考えの対象となるものの本質・範囲を明確にすること。概念の意味・内容と、適用の範囲を明らかにし、それとよく似た概念とのくぎりをつけること。determination
**げんてい-かくせんそう【限定核戦争】** 戦争目的を限定し、戦術核兵器を使用した局地戦争。limited nuclear war
**けんてい-きょうかしょ【検定教科書】** 文部省による審査に合格した小・中・高等学校の教科書。authorized textbook
**けんてい-こうざつ【検定交雑】** 戻し交雑で、雑種第一代の遺伝子型を確かめるために、雑種第一代に劣性の遺伝子をもつ親を交雑すること。test cross
**げんてい-しょうにん【限定承認】** 相続人が相続財産の限度内で被相続人の債務や遺贈を弁済するという留保条件をつけて相続を承認すること。qualified acceptance
**けんてい-ずみ【検定済(み)】** 検定が終わること。終わったもの。authorized
**げんてい-せんそう【限定戦争】** 戦争目的・使用兵器・動員兵力・戦闘地域などに一定の制限が設けられた戦争。制限戦争。limited war 比較 全面戦争。
**げんてい-ばん【限定版】** 部数を限って出版する本。limited edition
**げんてい-はんばい【限定販売】** 物品を販売するとき、数量や販売日を限って売り出すこと。limited sale
**けん-てき【▼涓滴】** ①水のわずかなしたたり。しずく。②わずかな物事。
**涓滴、岩を穿つ**(けんてき、いわをうがつ) たゆまず努力すれば、必ず成し遂げることができるというたとえ。
**けん-てき【▼硯滴】** すずりの水。
**けん-てつ【賢哲】** ①賢人と哲人。②賢明な人。
**けん-てん【圏点】** 字句のわきに付ける小さい丸。傍点。
**けん-でん【▼喧伝】**(名・サ変他) さかんに言いはやすこと。評判。be widely talked about
**げん-てん【原典】** 翻訳・注釈などするときの、もとの本。original text 比較 原書・原本。用例 —にあたる。
**げん-てん【原点】** ①すべての基準となる点。根源の点。origin ②座標を定めるとき、基準にする点。直交座標系、斜交座標系のときは、すべての座標軸の交点。origin
**原点に返る**(げんてんにかえる) 物事を、改めて初めから考え直してみる。Go back to the starting point. 用例 問題を、原点に返って考える。
**げん-てん【減点】**(名・サ変自) 評点をへらすこと。その点数。subtraction
**けんでん-き【検電器】** 導体が電荷をおびているか否かを検出する器具。箔検電器やネオン検電器などがある。electroscope
**ケント【Kent】** イギリス南東部の州。「イングランドの庭園」と呼ばれ、森の多い田園地方。果樹・野菜栽培、牧畜などがさかん。人口一四九・五万(一九八五)。
**けん-ど【権度】** ①はかりとものさし。②規則。③つりあい。
**ゲント【Ghent】** ベルギーの都市、ヘントの英語名。
**げん-ど【限度】** 限られた程度。かぎり。ほど。limit 用例 最小—。
**けん-とう【見当】** ①目当て。見込み。estimate 用例 —がはずれる。②方向。方角。direction ③《数詞に付いて接尾語的に》ぐらい。程度。about 用例 八人—。
**見当が付く**(けんとうがつく) だいたいこうだろうと予想できる。have a general idea 用例 君の説明で—。
**見当を付ける**(けんとうをつける) だいたいこうだろうと、みこみをつける。guess; estimate 用例 見当を付けてから行動しよう。
**けん-とう【軒灯】** のきにつける電灯や灯火。
**けん-とう【▼拳闘】** ボクシング。
**けん-とう【健闘】**(名・サ変自) 元気いっぱい、よくたたかうこと。good fight 用例 選手はよく—した。
**けん-とう【検討】**(名・サ変他) いいかどうか、調べ考えること。examine 用例 再—。
**けん-とう【献灯】** 社寺に奉納する灯明。
**けん-とう【賢答】** ①賢明な答え。②相手の答えの尊敬語。
**けん-どう【県道】** 国道に次ぐ幹線道路。県知事が路線を認定し、その管理は県が行う。prefectural road 参照 都道府県道。
**けん-どう【剣道】** 刀剣を使う武技。またそれによって心身を鍛える道。近代になってスポーツ化。面・籠手・胴・垂などの防具をつけ、竹刀で対戦する。室町時代の中期以後に源流があるといわれる。↓図
**けん-どう【権道】** 目的は正しいが、手段がよくないやりかた。目的のための便宜の処置。
**げん-とう【幻灯】** 絵画・陽画フィルムなどを拡大して、スクリーンに投影する装置。スライドなどを写し出す透過幻灯と、不透明なものを反射光で写し出す実物幻灯がある。magic lantern
**げん-とう【原頭】** 野原。そのあたり。field
**げん-とう【▼舷灯】** 船が夜進む方向を知らせるため船べりにつける明かり。進行方向に向かって、右舷は緑、左舷は赤。sidelight
**げん-とう【▼舷頭】** ふなばた。ふなべり。
**げん-とう【厳冬】** 寒さのきびしい冬。冬の寒さの厳しいころ。rigorous winter 用例 —の候。
**げん-どう【言動】** ことばと行い。言行。speech and behavior
**げん-どう【原動】** 運動・活動のもと。motive for action
**げんどう-き【原動機】** ①水力・風力・地熱・石油・石炭など自然界にあるエネルギー源を機械的エネルギーに変える装置。熱機関・水力機関・電動機・風力機など。prime mover ②モーター。motor
**げんどうきつき-じてんしゃ【原動機付(き)自転車】** 原動機を備えた小型二輪車。道路運送車両法では、排気量五〇cc未満のものを第一種、五〇cc以上一二五cc未満のものを第二種とし、道路交通法では五〇cc未満のものをいう。motorbike米; moped英
**けんとう-けい【検糖計】** 糖の濃度を測定する計器。糖の水溶液には旋光性があるため、その旋光の角度から濃度を求める。サッカリメーター。saccharimeter
**けんとう-し【遣唐使】** 唐の文化を学ぶために朝廷が中国に送った国使。舒明二年(六三〇)犬上御田鍬が初めて任命されてから、寛平六年(八九四)菅原道真の建議で停止されるまで、一九回派遣。
**けんとう-せん【遣唐船】** 奈良・平安時代、遣唐使の渡海に使われた船。四艘の帆船で船団を編成。
**げんどう-りょく【原動力】** ①機械に運動を起こさせる力。motive power ②物事の活動を起こす力。driving force
**けんとく【建徳】** 日本の南北朝で、南朝の年号。正平から改元。元年(一三七〇)七月二四日〜三年(一三七二)四月?日。次に、文中に改元。
**げんとく【元徳】** 鎌倉末期の年号。嘉暦から改元。元年(一三二九)八月二九日〜三年(一三三一)八月九日。次に、元弘に改元。
**げんと-ぐん【玄▼菟郡】** 中国、漢の武帝が紀元前一〇八年に朝鮮に設けた四郡の一つ。初めは鴨緑江上流にあったが、のちに撫順付近に移された。
**ケント-し【ケント紙】** 図画用紙の一つ。高級品は綿や麻ぼろを原料とし、普通品はさらし化学パルプを添加する。紙質はしまり、絵画・製図に適する。初め、イギリスのケント州で製造。ケント。kent paper
**げん-と-して【厳として】**(副) きびしいさま。おごそかなさま。solemnly 用例 —揺るがない。
**けんど-じゅうらい【▼捲土重来】**《中国の杜牧の詩句から》一度失敗した者が、また、もり返すこと。けんどちょうらい。用例 —を期す。
**ケンドル【Edward Calvin Kendall】**(一八八六〜一九七二) アメリカの生理学者。甲状腺ホルモン・副腎ホルモン抽出の業績で一九五〇年ノーベル生理学医学賞受賞。
**ケンドルー【John Cowdery Kendrew】**(一九一七〜) イギリスの化学者。ペルツとともに、X線解析によりヘモグロビンなど球状たんぱく質の分子構造を解明。一九六二年ノーベル化学賞受賞。
**ケントン【Stan Kenton】**(一九一二〜一九七九) アメリカの作曲家・ピアニスト・ビッグバンドリーダー。進歩的ジャズを標榜、ジャズと近代音楽の合成を試みた。
**けん-どん【倹▼飩】** ①江戸時代、もりきりで売ったそば・うどん。②①を入れて持ち運んだ出前用の箱。みぞに沿って、ふたをはめたり、はずしたりするように作ってある。けんどん箱。
**けん-どん【▼慳▼貪】**(名・形動) ①物をおしみ、むさぼること・さま。欲深。②むごいこと・

●剣道
防具と竹刀

↓ 行き先項目、図版・写真参照印。 JIS 日本工業規格情報交換用漢字符号コード(区点コード)。

さま。無慈悲。

**げんな【元和】**《「げんわ」の変》江戸初期の年号。慶長から改元。元年(一六一五)七月一三日～一〇年(一六二四)二月三〇日。次に、寛永に改元。

**けん-ない【圏内】** 範囲の中。範囲内。within the range of 対義 圏外。用例 当選——。台風——。

**げんな-つうほう【元和通宝】** 江戸幕府発行の貨幣の一つ。銀銭および銅銭。元和三年(一六一七)に鋳造・発行。慶長通宝につぐもの。

**げん-なま【現生】**《俗語》現金。キャッシュ。

**げんなり**(副・サ変自) あきたり疲れたりして、元気がなくなったさま。うんざりするようす。be fed up

**けん-なる【賢なる】**(連体) かしこい。

**けん-なわ【検縄・間縄】** ①江戸時代から明治初期に用いられた検地や測量用の縄。一間ごとに金属の輪で印をつけたもの。②種まきや苗の植え付けの位置を決めるために印をつけた縄。

**けん-なん【剣難】** 刃物で殺されたり、けがをしたりする災難。

**けん-なん【険難・▼嶮難】**(名・形動) ①道などがけわしく、進むのに困難なこと・さま。steep pass ②苦しみ悩むこと・さま。suffering

**げん-に【現に】**(副) 実際に。現実に。ほんとうに。actually

**げん-に【厳に】**(副) きびしく。強く。strictly 用例 ——戒める。

**けん-にょ【懸▽念】**《「けんね」の転》気がかり。心配。けねん。

**懸念も無い(けんにょもない)** ①思いもよらない。意外だ。また、意外だというふりをする。②平然としている。知らん顔をする。③そのようなそぶりが少しも見えない。

**けんにょ【顕如】**(一五四三～九二) 安土桃山時代の浄土真宗の僧。本願寺一一世。大坂の人。元亀元年(一五七〇)石山本願寺一揆を起こして織田信長と交戦、天正八年(一五八〇)正親町天皇の仲裁で和睦、石山を退去。同一九年(一五九一)豊臣秀吉より京都に地をうけて本願寺を再興。

**けん-にょう【検尿】**(名・サ変自) 病気診断の手がかりとして、尿の色や、糖・たんぱく・細菌の有無などを調べること。examination of urine 比較 検便。

**けん-にん【兼任】**(名・サ変他) 二つ以上の地位・職務を兼ねること。兼務。concurrent post 対義 専任。

**けん-にん【堅忍】**(名・サ変自) 辛抱強くこらえること。

**けん-にん【検認】**(名・サ変他)《法律で》①まちがいないかを調べて確認すること。査察より緩やか。②家庭裁判所が、遺言について検査、確認をすること。

**けんにん【建▽仁】** 鎌倉初期の年号。正治から改元。元年(一二〇一)二月一三日～四年(一二〇四)二月二〇日。次に、元久に改元。

**げん-にん【現任】** 現在任命されていること・職。present post 対義 前任・後任。

**げんにん【元▽仁】** 鎌倉中期の年号。貞応から改元。元年(一二二四)一一月二〇日～二年(一二二五)四月二〇日。次に、嘉禄に改元。

**けんにん-じ【建▽仁寺】** 京都市東山区小松町にある臨済宗建仁寺派の大本山。京都五山の一つ。建仁二年(一二〇二)源頼家が創建、栄西が開山。

**けんにんじ-がき【建▽仁寺垣】** 竹垣の一種。割り竹の皮を外向きに隙間なく並べ立て、その上から横竹で押さえ、要所をしゅろ縄で結んだもの。↓写

●建仁寺垣

**けんにん-ふばつ【堅忍不抜】**(名・形動) 堅忍して動じないこと・さま。

**げんにんろん【原人論】** 中国、唐代の仏教書。宗密の著。儒教・道教・小乗仏教などを批判し、華厳の教えを説いた。

**けん-のう【献納】**(名・サ変他) 金品をたてまつること。奉納。offering

**けん-のう【権能】** 権利を主張・行使しうる能力。authority 比較 権限。

**げんのう【玄翁・源翁】**《「げんおう」の変》①(一三二六～九六)曹洞宗の僧。諱は心昭。越後の人。会津に示現寺を再興し、鉄の槌で下野那須野の殺生石を打ち砕いたと伝えられる。②《①の故事から。「玄能」と書くのは当て字》石工・大工などの使う、鉄製の大きな槌。↓写

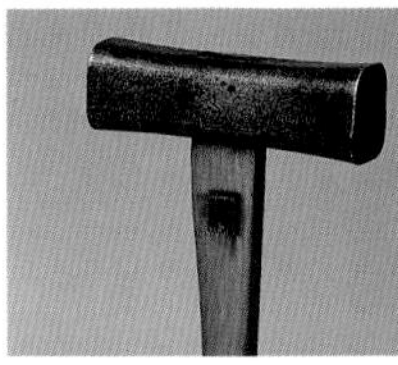
●玄能②

**げん-の-しょうこ【現の証拠・験の証拠】**《薬効がすぐれていることから》フウロソウ科の多年草。茎は地面をはい、上部は斜上する。長さ三〇～七〇㎝。葉は対生し、掌状に三～五裂する。花は夏から秋にかけて咲き、淡紅紫色または白色。干したものは整腸・強壮・下痢止めの薬用となる。ミコシグサ。タチマチグサ。↓写

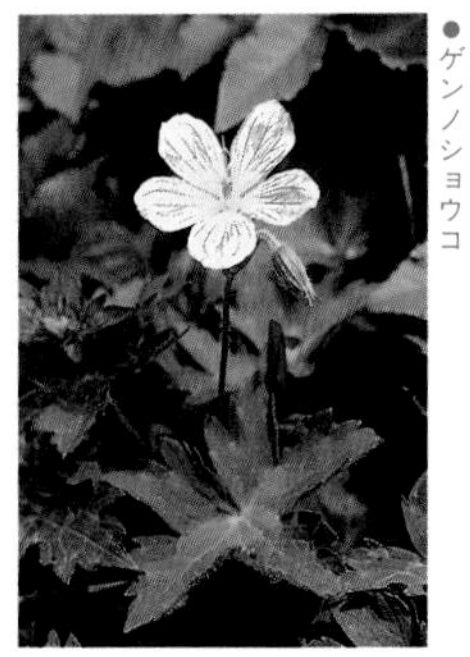
●ゲンノショウコ

**けん-のん【険▽難・剣▼吞】**(名・形動)《「剣吞」は当て字》あぶないこと・さま。危険。dangerous

**けん-ば【犬馬】** イヌとウマ。

**犬馬の心(けんばのこころ)** 臣下が、主君に忠義を尽くそうとする心をへりくだっていう語。

**犬馬の年(けんばのとし)**《犬や馬が年をとるように、無駄に年だけをとる、の意から》自分の年齢をへりくだっていう語。馬齢。

**犬馬の養い(けんばのやしない)** 父母を養うのに、ただ飲み食いの用意をするだけで、少しも敬う心のないこと。

**犬馬の齢(けんばのよわい)**「犬馬の年」と同意。

**犬馬の労(けんばのろう)**《犬馬がよく主人に仕えることから》人に尽くした自分の労苦をけんそんしていう語。比較 汗馬の労。

**けん-ぱ【検波】**(名・サ変他) 本来は、高周波電流を検知すること。現在では変調された電気信号や電波から元の信号を取り出す復調とほぼ同じ意味に用いられる。detection

**げん-ば【現場】** ①工事の作業場。construction site ②＝げんじょう。㋐その場。spot 用例 ——にいた。㋑実地。scene 用例 ——検証。

**現場を押さえる(げんばをおさえる)** 悪事などが実際に行われている場で、悪人などをつかまえる。また、広く、事の行われている場を目撃する。catch a person in the act of...

**けん-ばい【剣▽舞】** 岩手・宮城県地方に伝わる念仏踊りの一種。修験者が死者の魂を慰め、悪霊鎮送の呪法として演じたといわれ、剣を手にして激しく跳躍乱舞する。鬼剣舞。念仏剣舞。鎧剣舞。

**けん-ばい【検梅・検▼黴】** 梅毒菌の有無を検査すること。syphilis examination

**けん-ぱい【献杯・献▼盃】**(名・サ変自) 相手にさかずきをすすめること。対義 返杯。

**げん-ぱい【減配】**(名・サ変他) 配当・配給をへらすこと。reduction of dividends 対義 増配。

**けんばい-き【券売機】** 乗車券や食券などを発売する自動機械。ticket machine

**けんぱ-き【検波器】** 変調された電波から、音声などの信号を取り出す回路または装置。鉱石・真空管・半導体の整流作用を利用。detector

**けん-ぱく【建白】**(名・サ変他) 官庁・政府などに意見を申し立てること。建言。petition

**げん-ばく【玄麦】** 精白しない麦。unpolished wheat

**げん-ばく【原麦】** 原料の麦。raw wheat

**げん-ばく【原爆】**「原子爆弾」の略。

**げんばく-き【原爆忌】** おもに俳句で、原爆記念日のことをいう。広島は八月六日、長崎は八月九日。

**げんばく-きねんび【原爆記念日】** 昭和二〇年(一九四五)アメリカ軍が日本に原子爆弾を落とした日。広島が八月六日、長崎が八月九日。反核・反戦を誓う集会が開かれる。the Memorial Day of Atomic-Bomb

**けんぱく-しょ【建白書】** 自分の意見を書いて政府・官庁などに具申する書面。

**げんばく-しょう【原爆症】** 原子爆弾から放出された大量の放射能による人体の障害。火傷・脱毛・嘔吐・感染症などの急性障害と、再生不良性貧血・白血病などの悪性腫瘍のような症状を示す晩発性障害がある。atomic bomb disease 比較 原子病。

**けんぱく-どうい【堅白同異】**《堅くて白い石は、見ただけでは白い石で、触れただけでは堅い石だということしかわからない。だから堅石と白石は違うとの論法から》こじつけ。奇弁。用例 ——の弁。

**げんばく-ひばくしゃ【原爆被爆者】** ↓ひばくしゃ(被爆者)

**げんば-けんしょう【現場検証】** ↓けんしょう(検証)③

**げん-ばつ【厳罰】** きびしく罰すること。severe punishment 用例 ——に処する。

**げん-ぱつ【原発】**「原子力発電」「原子力発電所」の略。

**げんぱつ-そう【原発巣】** 癌が最初に発生した部位の腫瘤。他に転移をおこしたさいにいう。primary seat 対義 転移巣。

**げんばふざい-しょうめい【現場不在証明】** ↓アリバイ

**げん-ばらい【現払い】** 現金で払うこと。現金払い。cash payment

**げんば-りょう【玄▼蕃寮】** 令制で、治部省に属し、外交事務や寺・僧尼の名簿などを扱った役所。

**けん-ばん【検番・見番】** ①見張り番。watch; guard ②待合や料理屋などへの芸者のあっせんや、玉代などの精算をするところ。芸者の売春を監視するため江戸後期吉原に設けられたのがはじまり。見板。

**けん-ばん【▼鍵盤】** ピアノ・オルガン・タイプライター・ワードプロセッサーなどの、キーの並んでいる部分。キーボード。keyboard

**げん-ぱん【元版】** 中国、元代に出版された書物。科挙のための参考書・医学書などが多い。官版では一二九〇年刊の『資治通鑑』が著名。用紙は黄色で、宋版にくらべると文字は小さく、校訂も劣るという。

**げん-ばん【原盤】** レコードの、もととなる盤。original record

**げん-ぱん【原板】** 写真で、陽画のもとになる現像した乾板・フィルム。ネガ。negative

**げん-ぱん【原版】** ①印刷で、紙型をつくる前の活字の組み版。form ②出版物の最初の版。original edition

**けんばん-がっき【▼鍵盤楽器】** 鍵盤をもつ楽器の総称。鍵盤は西洋独特のもので、オルガンの鍵から発展、一三～一四世紀ごろに今日に近い形になった。オルガン・ピアノ・チェンバロ・クラビコード類・シンセサイザーなど。keyboard instrument

**けん-はんしゃ【▼腱反射】** ある筋肉の腱をたたくと、その筋肉が収縮する反応。かっけの診断に用いられる膝蓋腱反射や、アキレス腱反射などがある。tendon reflex

**けん-び【兼備】**(名・サ変他) かねそなえていること。combining one thing with another 用例 才色——。

**けん-ぴ【建碑】**(名・サ変自) 石碑をたてること。building of a monument

**けん-ぴ【▼拳▼匪】** 義和団の別称。

**げん-ぴ【原肥】** ↓もとごえ(基肥)

**げん-ぴ【厳秘】** 厳重な秘密を要するもの。極秘。top secret 用例 ——に付する。

**けん-びき【▼痃▽癖】** 首すじから肩にかけての、すじのひきつり。肩こり。けんぺき。

**けんび-きょう【顕微鏡】** 微小な物体を拡大して観察する装置。光学顕微鏡・電子顕微鏡・イオン顕微鏡・偏光顕微鏡・位相差顕微鏡・限外顕微鏡など。microscope 比較 望遠鏡。

**けんびきょう-ざ【顕微鏡座】** 南天の星座。九月三〇日ごろの午後八時ごろに南中。面積二〇九平方度。Microscopium

**げんび-けい【厳美渓】** 岩手県南部、一関市にある渓谷。磐井川が石英粗面岩を浸食したもの。滝や奇岩に富む。

**けん-ぴつ【健筆】** 字・詩文をすらすら書くこと。facile pen 比較 達筆。用例 ——をふるう。

**けん-びょう【▼硯▼屛】** すずりの前に立てる、小さいびょうぶ。

**けん-ぴょう【堅氷】** かたい氷。あつごおり。solid ice

**げん-ぴょう【元標】** もとになるしるし。zero

milestone 用例 里程—。

**げん-ぴょう【言表】** 言い表すこと。verbal expression

**げん-ぴょう【原票】** 手形・小切手などの、振出先や金額を記入し、控えとして切り取っておく部分。original slip

**けんびょう-れいえん【犬猫霊園】** ペットの共同墓地。犬猫が多いが他の動物も葬られ、人間と同様に火葬・納骨し、供養もする。

**げんび-るい【原尾類】** もっとも原始的な微小昆虫類であるカマアシムシ目の異名。

**けん-ぴん【検品】**(名・サ変他) 製品に欠陥がないか調べること。inspection

**げん-ぴん【現品】** 実際の品物。現在ある品物。現物。actual article 対義 見本。用例 —限り。

**けん-ぶ【剣舞】** 詩吟に合わせて剣をふるい、舞う舞踊。『川中島』『本能寺』『白虎隊』などが親しまれている。

**けん-ぷ【絹布】** きぬの織物。silk cloth

**ケンプ【Wilhelm Kempff】**(一八九五) ドイツのピアニスト。ベートーベンの作品の演奏に定評がある。

**げん-ぶ【玄武】** 四神の一つ。カメとヘビの合体した姿で、北方の神。対義 青竜・白虎・朱雀。

**げん-ぷ【厳父】** ①きびしい父。stern father ②他人の父をいう敬語。比較 慈父。

**けん-ぷう【▼喧風】**《「喧」は、暖かい、の意》春の暖かい風。

**げん-ぷう【厳封】**(名・サ変他) しっかりと封をすること。密封。hermetic seal

**げんぶ-がん【玄武岩】** 細粒で緻密な火成岩。斜長石や輝石および磁鉄鉱などからなり、暗灰色か黒色。溶岩として産出することが多く、海洋底や海洋島の基盤として広く存在する。basalt

**げん-ぷく【元服】** 昔の男子の成人の儀式。髪型・服装をおとなの姿に変え、冠をつけ、幼名を改めた。げんぶく。初冠。

**げん-ぷくえい【▼阮福映】**(一七六二〜一八二〇) ベトナム、阮朝初代皇帝(在位一八〇二〜一八二〇)。廟号は世祖。フランスの援助でベトナムを統一。

**けん-ぷじん【賢夫人】** かしこい奥さん。wise wife

**けんぶち【剣▼淵】〈町〉** 北海道中北部、士別市南隣の町。稲作と豆類などの畑作中心。人口四九四八(一九九八)。

**けん-ぶつ【見物】**(名・サ変他)《「みもの」は別語》風景・興行などを見て楽しむこと・人。sight-seeing 用例 高みの—。

**げん-ぶつ【元物】** 法律で、経済的収益物(法律でいう「果実」)を生み出すもとになるもの。牛乳を出す乳牛、家賃を生み出す家屋など。the principal thing

**げん-ぶつ【原物】** 複製されたものなどに対して、もとのもの。the original 用例 —のほうが美しい。

**げん-ぶつ【現物】** ①現に目の前にある品物。spot goods ②「現物取引」「現物相場」などの略。spot exchange rate 対義 先物。

**げんぶつ-きゅうふ【現物給付】** 社会保険や公的扶助の給付のうち、医療給付やサービスなど、金銭以外の方法で提供されるもの。benefit in kind

**げんぶつ-きゅうよ【現物給与】** 賃金の一部、また全部を現物で支給すること。労働基準法によって、原則的に禁止されている。allowance in kind

**げんぶつ-こさくりょう【現物小作料】** 小作料をその土地で取れた現物で払うこと。pay from rent in kind

**げんぶつ-しゅっし【現物出資】** 不動産や債権など、金銭以外の財産を出資すること。investment in kind

**げんぶつ-とりひき【現物取引】** 決済期日に必ず物件と代金の受け渡しを行う取引。直物取引。実物取引。spot transaction 対義 先物取引。

**げんぶ-どう【玄武洞】** 兵庫県北部、豊岡市にある玄武岩の洞窟。五角から八角の柱状節理が見られる。

**ケンブリッジ【Cambridge】** イギリス南東部、ロンドンの北方約九〇㎞にある都市。ケンブリッジ大学の所在地。人口九・九万(一九九五)。

**ケンブリッジ-がくは【ケンブリッジ学派】** ケンブリッジ大学を中心とするイギリス近代経済学の一学派。マーシャルやケインズらが代表者。新古典学派。Cambridge school

**ケンブリッジ-だいがく【ケンブリッジ大学】**(Cambridge University) イギリスの私立大学。一二〇九年オックスフォード大学での紛争を契機にケンブリッジに移住した教師・学生らが創設したとされる。約三〇のカレッジからなる。

**ケンブリッジ-てんぱかんそくじょ【ケンブリッジ電波観測所】** 世界で最初に電波天体の観測を行ったイギリスの観測所。Cambridge Observatory

**ケンブル【John Philip Kemble】**(一七五七〜一八二三) イギリスの舞台俳優。着実な感情表現で当時最高の悲劇役者。主演作『リア王』など。

**けん-ぶん【見聞】**(名・サ変他) 見たり、聞いたりすること。経験。けんもん。experience 用例 —を広める。

**けん-ぶん【検分・見分】**(名・サ変他) 立ち会って検査すること。見とどけること。inspection

**げんぶん【元文】** 江戸中期の年号。享保から改元。元年(一七三六)四月二八日〜六年(一七四一)二月二七日。次に、寛保に改元。

**げん-ぶん【原文】** 書きかえたり、訳したりする前の文章。original 用例 —を尊重する。

**げんぶん-いっち【言文一致】**《「言文」は、話しことばと書きことば、の意》話しことばに近い形で文を書くこと。writing based on spoken languege 参考 口語文体を確立するために、明治時代、言文一致運動が行われた。

**けん-べい【遣米】**(名・サ変他) 米国に人を派遣すること。dispatch to America 用例 —使節。

**けん-ぺい【兼併】**(名・サ変他) 合わせて一つにすること。合併。

**けん-ぺい【権柄】** ①政治上の権勢。political power ②権力で人をおさえつけること。authoritarianism

**権柄晴れて**(けんぺいはれて) 天下晴れて。公然と。

**けん-ぺい【憲兵】** 陸軍大臣の管轄下で軍事警察を担当した旧日本陸軍の一兵科。また、その軍人。内務・司法大臣の指揮によって行政・司法警察も担当した。

**げん-ぺい【源平】** ①源氏と平氏。用例 —の古戦場。②《源氏の白旗と平氏の赤旗から》白と赤。③競争する二つの組。敵と味方。

**げんぺい-くさぎ【源平臭木】** クマツヅラ科の常緑のつる性低木。萼は白色五角形で、その内側に紅色の筒状花冠があり、この紅白の対照を源平に見立てた。西アフリカ原産。

**げんぺい-じだい【源平時代】** 平安末期、源氏と平氏が覇を争った時代。一一世紀末の源義家・平正盛の台頭から、保元・平治の乱を経て、一二世紀末までの約一世紀。

**げんぺいじょうすいき【源平盛衰記】** 鎌倉後期の軍記物語。四八巻。作者・成立年代未詳。『平家物語』の一異本とみられ、源平興亡の歴史を説話・解説的記事を加え、より詳細に描く。読物的色彩が強い。げんぺいせいすいき。

**けんぺい-ずく【権柄▽尽く】**(形動) 権力にまかせてものを言ったり、事を行ったりするさま。oppressive

**げんぺいせいすいき【源平盛衰記】** ↓げんぺいじょうすいき(源平盛衰記)

**げん-ぺい-とう-きつ【源平▼藤▼橘】** ①平安時代の貴族の代表的な家柄。みなもと・たいら・ふじわら・たちばなの四姓。②いろいろな人々。

**けんぺい-りつ【建▼蔽率】** 敷地面積に対する建築面積の割合。建築面積率。

**けん-べつ【軒別】** 一軒ごと。戸別。

**ケンペル【Engelbert Kaempher】**(一六五一〜一七一六) ドイツの医学者・博物学者。元禄三年(一六九〇)から約二年間、長崎出島のオランダ館医師として勤務。見聞録『日本誌』(抄訳名『江戸参府紀行』)を著す。

**けん-べん【検便】**(名・サ変自) 寄生虫や病菌の有無を調べるため、大便を検査すること。examine the feces

**けん-ぼ【賢母】** かしこい母。wise mother 用例 良妻—。

**けんぽ【建保】** 鎌倉初期の年号。建暦から改元。元年(一二一三)一二月六日〜七年(一二一九)四月一二日。次に、承久に改元。けんぽう。

**けん-ぽ【兼補】**(名・サ変他) 本職のほかに、他の職に任じられること。

**けん-ぽ【健保】**「健康保険」の略。

**げん-ぼ【原簿】** ①もとになる帳簿。original register ②勘定科目ごとの帳面。元帳。ledger

**けん-ぼう【健棒】** 野球で、よく打つこと・人。

**けん-ぼう【絹紡】**「絹糸紡績」の略。

**けんぽう【建▽保】** ↓けんぽ(建保)

**けん-ぽう【剣法】** 剣術や剣道で、その人の剣をあつかう上での特徴。剣道。剣術。swordsmanship

**けん-ぽう【▼拳法】** 徒手で拳による突き・打ち・足の蹴りなどを主とする武術。中国の少林寺拳法・太極拳法などが有名。

**けん-ぽう【憲法】** ①のり。おきて。基本のきまり。rule ②国家存立の基本的条件・原則を定めた基礎法。国家の統治構造と法秩序の根本を定め、全法体系の最高位にある。文書化の有無により、成文憲法と不文憲法に分類される。日本国憲法は昭和二一年(一九四六)の公布。constitution

**げんぼう【玄▼昉】**(?〜七四六) 奈良時代の僧。霊亀二年(七一六)入唐して法相宗学を学び、帰国後僧正となった。政治に参与して藤原広嗣の乱を誘発、筑紫に流されて死去。

**げん-ぽう【減法】** ↓ひきざん(引き算)

**げん-ぽう【減封】** 江戸時代、封地を減らすこと。おもに諸大名が封ぜられた土地・領地を減らされること。

**げん-ぽう【減俸】**(名・サ変自) 官公庁・企業などにおける懲戒処分の一つ。一定期間、俸給額を減らすこと。salary reduction 比較 減給。対義 増俸。

**けんぽう-いはん【憲法違反】** 憲法に違反すること。とくに法律・命令・詔勅などの内容、または国務大臣の行為が憲法の規定に違反すること。違憲。unconstitutionality

**けんぽう-かいせい【憲法改正】** 憲法の条項を、その憲法が定める手続きに基づいて変更すること。constitutional revision

**けんぽう-きねんび【憲法記念日】** 国民の祝日の一つ。五月三日。現行の憲法の施行を記念して定められた。

**げんぽう-こんしょく【減法混色】** 絵の具・印刷インキなどの色材を重ね合わせて他の色を作る方法。印刷などで用いられる。重ねるほど明るさは減り、必ずもとの色より暗くなる。マゼンタ(赤紫)・イエロー(黄)・シアン(緑がかった青)が基本三原色。subtractive mixture of colors ↓三原色図

**けんぽう-さいばん【憲法裁判】** 憲法の解釈・適用に関する疑義または争議を審査し解決する裁判。

**けんぼう-し【絹紡糸】** 屑繭を原料とした絹繊維の紡績糸。銘仙などの下級絹織物用だったが、現在は輸出向けの富士絹用。spun silk yarn

**けんぽう-じゅうしちじょう【憲法十七条】** 日本最初の成文法。推古一二年(六〇四)聖徳太子が一七か条を制定。儒教を中心に、仏教や法家の思想を加え、天皇を中心とする官吏の政治的心得を説いた。十七条憲法。

**けんぼう-じゅっすう【権謀術数】** たくみに人をだます計略・たくらみ。権数。Machiavellism

**けんぼう-しょう【健忘症】** ①記憶障害の一つ。見聞したことをまったく思い出せない、ところどころ思い出す、ある時からの過去を追想できないなどの症状がある。amnesia ②忘れっぽいこと。forgetfulness

**けんぽう-の-さんげんそく【憲法の三原則】** 近代憲法の重要原則。国民の政治参加の原則(=国民主権の原則)、権力分立の原則(=三権分立の原則)、基本的人権の尊重、の三つをいう。

**けん-ぼく【県木】** 各都道府県を代表する郷土の木。住民の投票により、昭和四〇年(一九六五)に選定。↓図(次ページ)

**けん-ぼく【▼硯北・研北】**《机を南向きにすると、人はすずりの北にすわることから》手紙のわき付けに用いる語。机下。

**げん-ぼく【原木】** 原料・材料になる未加工の木。

**げんぼくとちょうえい【玄朴と長英】** 真山青果の戯曲。大正一三年(一九二四)初演。高野長英と旧友伊東玄朴との葛藤を描く。

**けんぽ-なし【▽玄▼圃▼梨】** クロウメモドキ科の落葉高木。高さ一五m内外。葉は互生し広卵形。夏に、淡緑色の五弁花を密集。果実は秋に黒紫色に熟し食用。材は建築・器具用。

**けん-ぽん【献本】**(名・サ変自他) 書籍を進呈すること。その書籍。complimentary copy

**けん-ぽん【絹本】** 日本画用に織られた絹地(=絵絹)に描いた絵画。対義 紙本。

**げん-ぽん【元本】** ↓がんぽん(元本)

**げん-ぽん【原本】** ①もと。根本。origin ②翻訳や復刻、引用などのもとになる書物や資料。原典。原書。③作成者が一定の事項を表示するため、確定的なものとして最初に作成され

●県木

| | |
|---|---|
| 北海道 | エゾマツ |
| 青森県 | ヒバ |
| 岩手県 | ナンブアカマツ |
| 宮城県 | ケヤキ |
| 秋田県 | アキタスギ |
| 山形県 | サクランボ |
| 福島県 | ケヤキ |
| 茨城県 | ウメ |
| 栃木県 | トチノキ |
| 群馬県 | クロマツ |
| 埼玉県 | ケヤキ |
| 千葉県 | イヌマキ |
| 東京都 | イチョウ |
| 神奈川県 | イチョウ |
| 新潟県 | ユキツバキ |
| 富山県 | タテヤマスギ |
| 石川県 | アテ |
| 福井県 | マツ |
| 山梨県 | カエデ |
| 長野県 | シラカバ |
| 岐阜県 | イチイ |
| 静岡県 | モクセイ |
| 愛知県 | ハナノキ |
| 三重県 | ジングウスギ |
| 滋賀県 | モミジ |
| 京都府 | キタヤマスギ |
| 大阪府 | イチョウ |
| 兵庫県 | クスノキ |
| 奈良県 | スギ |
| 和歌山県 | ウバメガシ |
| 鳥取県 | ダイセンキャラボク |
| 島根県 | クロマツ |
| 岡山県 | アカマツ |
| 広島県 | モミジ |
| 山口県 | アカマツ |
| 徳島県 | ヤマモモ |
| 香川県 | オリーブ |
| 愛媛県 | マツ |
| 高知県 | ヤナセスギ |
| 福岡県 | ツツジ |
| 佐賀県 | クスノキ |
| 長崎県 | ヒノキ、ツバキ |
| 熊本県 | クスノキ |
| 大分県 | ブンゴウメ |
| 宮崎県 | フェニックス |
| 鹿児島県 | カイコウズ |
| 沖縄県 | リュウキュウマツ |

た文書。謄本や抄本のもとになる。original 比較 原典。

**けんぽん-ほっけしゅう【顕本法華宗】** 『法華経』中、「湧出品」「寿量品」をもっとも重んじる日蓮宗の一派。開祖は日什。京都の妙満寺を本山とする。

**けん-ま【研摩・研磨】**(名・サ変他) ①とぎみがくこと。polish ②深く研究すること。

**げん-ま【減摩・減磨】**(名・サ変自他) ①すりへること。abrasion ②まさつを少なくすること。lubrication 用例 ― 油。

**げん-まい【玄米】** もみがらを除いただけで、精白してない米。消化はあまりよくないが、ビタミン類・繊維質が多い。くろごめ。brown rice 対義 白米。

**げんまい-ちゃ【玄米茶】** 番茶に、焙じた玄米を混ぜたもの。茶と玄米の香ばしい特有の香りがある。

**げんまい-パン【玄米パン】** 大正時代に始まる日本独特の雑穀入りパン。玄米粉に小麦粉・砂糖・イーストなどを加え、蒸すか低温で焼く。whole-rice bread

**けん-まく【剣幕・見幕・権幕】** ①怒った、荒々しい顔つき。fierce look 用例 すごい ― だ。②はげしい態度。threatening attitude

**げんま-ごうきん【減摩合金】** 軸受け合金。鉛に五～二〇%の錫、一〇～二〇%のアンチモンを加えたもの。バビットメタルの代用として発達。中程度の荷重や回転速度に使用。anti-friction metal

**けんま-ざい【研摩材】** 研摩に用いる硬度の高い鉱物の粒子や粉末の材料。ダイヤモンド・コランダム・金剛砂・石榴石・炭化珪素(カーボランダム)など。abrasives

**けんま-し【研摩紙】** 紙に金剛砂・カーボランダムなどの砥粒を接着したもの。木材や金属をみがくのに用いる。紙やすり。サンドペーパー。abrasive paper

**げんまつ-の-したいか【元末の四大家】** 中国、元代末期に南宗画様式の基礎を確立した四人の画家。黄公望・王蒙・倪瓚・呉鎮をさす。

**けんま-ふ【研摩布】** 金剛砂・カーボランダムなどを接着した布。布やすり。abrasive cloth

**げん-まん【▼拳万】** 約束を守る「うそではない」というしるし。相手の小指と自分の小指をからめ、また振る動作。ゆびきり。

**けん-み【検見】** ①鎌倉・室町時代、検査・検閲のため臨時にもうけられた役職。検見役。②↓けみ(検見)

**けん-みじんこ【剣▽微▼塵子】** 湖や池沼にすむキクロプス科キクロプス属の甲殻類の総称。体長一～二mm。長楕円形。条虫類の第一中間宿主。魚類の天然飼料。世界的に広く分布する種が多い。

**けん-みつ【顕密】** ①明らかなことと、かくれていること。②《仏教語》顕教と密教。

**げん-みつ【厳密】**(形動) 厳重で細かなさま。strict 用例 ― に調べる。

**けん-みゃく【見脈】** 脈の打ち方や脈搏数を調べて診断すること。

**げん-みょう【玄妙】**(名・形動) 奥深くて霊妙なこと・さま。abstruseness

**けん-みん【県民】** その県の住民。

**けんみん-し【遣▽明使】** 室町初期以降、幕府が明に派遣した使節。応永八年(一四〇一)三代将軍足利義満が僧祖阿を正使、博多の商人肥富を副使としたのに始まり、以後、たびたび派遣。形式的には将軍の使節であったが、実質的には大名・寺社による貿易商人。

**けんみん-ぜい【県民税】** 地方税の一つ。県内に住所・事務所・事業所・家屋敷・寮などを有する個人・法人に対して県が課する税。

**けんみん-せん【遣▽明船】** 室町初期以降、遣明使の渡海に使われた船。応永一一年(一四〇四)からは明から送付された勘合符を携行。勘合船。

**けんみん-ちょう【県民鳥】**↓けんちょう(県鳥)

**けん-む【兼務】**(名・サ変他) 本務のほかに他の職務をも兼ねること。また、その職務。兼職。additional post 比較 兼業。

**けんむ【建武】** ①日本の南北朝で、南朝の年号。元弘から改元。元年(一三三四)一月二九日～三年(一三三六)二月二九日。次に、延元に改元。②日本の南北朝で、北朝の年号。元弘から改元。元年(一三三四)一月二九日～五年(一三三八)八月二八日。次に、暦応に改元。

**けんむ-しきもく【建武式目】** 室町幕府の基本法令集。建武三年(一三三六)足利尊氏が制定。一七か条からなる。

**けんむねんちゅうぎょうじ【建武年中行事】** 一～一二月の朝廷の故事行事などを和文で書き記した有職故実書。三巻。後醍醐天皇著。

**けんむ-の-ちゅうこう【建武の中興】** 鎌倉幕府の滅亡後、後醍醐天皇が行った天皇親政の復活。公武合体を図ったが、二年半で挫折。建武新政。

**けん-めい【件名】** ①一定の基準で分類した一つ一つの項目の名。term ②図書館で、本の内容にしたがって分類した、それぞれの項目。subject 用例 ― 目録。

**けん-めい【賢明】**(名・形動) 利口で道理に明るいこと・さま。wise 用例 ― な処置。

**けん-めい【懸命】**(形動)《「一所懸命」の略》一心に努力するさま。eager

**懸命の地**(けんめいのち) それによって命をつなぐ領地。

**げん-めい【言明】**(名・サ変自他) はっきりと言いきること。断言。declaration 比較 声明。用例 ― を避ける。

**げん-めい【原名】** もとの名。original name 用例 翻訳小説の ―。

**げん-めい【厳命】**(名・サ変他) きびしく命令すること。きびしい命令。厳令。strict order 用例 ― を下す。

**げん-めい【厳明】**(名・形動) 厳正で公明なこと・さま。おごそかで明らかなこと・さま。

**げんめい-てんのう【元明天皇】**(六六一～七二一) 第四三代天皇(在位七〇七～七一五)。天智天皇第四皇女。草壁皇子の妃。文武・元正天皇の母。平城京遷都、和同開珎の鋳造、『古事記』『風土記』の編纂などを行わせた。

**けんめい-もくろく【件名目録】** 主題から図書をさがすために編成された図書館目録の一種。subject catalog 対義 著者名目録・書名目録。

**げん-めつ【幻滅】**(名・サ変自) 幻想からさめて現実にもどること。disillusion

**幻滅の悲哀**(げんめつのひあい) 幻想が破れて、冷たい現実に返った悲しみ。sadness of disillusionment

**けん-めん【券面】** ①証券の、金額が書いてある表面。face of a bill ②《「券面額」の略》券面に記載された金額。face value

**げん-めん【原綿】** 紡績糸・製綿の原料となる綿・綿花。raw cotton

**げん-めん【減免】**(名・サ変他) 軽減と免除。reduction or exemption 用例 税金の ― を申請する。

**げん-もう【原毛】** 毛糸の原料にする、羊毛などの動物の毛。raw wool

**げん-もう【減耗】**(名・サ変自他)《「げんこう」の慣用読み》へること、へらすこと。

**けんもち-いさむ【剣持勇】**(一九一二～七一) インテリアデザイナー。東京生まれ。日本的な材質感を生かしたモダニズムを確立。

**けん-もつ【献物】** 神仏などに献上するもの。offering 用例 ― 帳。

**けん-も-ほろろ**(形動) とりつくしまもない冷淡なさま。flatly

**けん-もん【見聞】**(名・サ変他)↓けんぶん(見聞)

**けん-もん【検問】**(名・サ変他) 問いただして調べること。check

**けん-もん【権門】** 官位が高く、権力のある家柄。powerful family 用例 ― 勢家。

**げん-もん【▼舷門】** 船舶の舷側に設けられた人の乗降用、荷役用の出入り口。gangway

**けんもん-かくち【見聞覚知】**《仏教語》見たり、聞いたり、感じたりする六識のはたらき。

**けんもん-しょ【検問所】** 交通上重要な地点などに設置して、通行人やその所持品などを点検するための施設。checkpoint

**げん-や【原野】** 自然のままの広い野原。wilderness

**けん-やく【倹約】**(名・サ変他) ①むだに使わないこと。economize ②費用をきりつめること。節約。thrifty 用例 ― 家。

**けんやく-れい【倹約令】** 江戸中期以降、幕府や藩が倹約を命じた諸法令。奢侈を禁止し、財政緊縮を図った。

**げん-ゆ【原油】** 天然に産出したままの可燃性油状液体。暗褐色ないし黒緑色で多少の蛍光を示す。比重により軽質・中質・重質・特重質に分類。各種の石油製品の原料。crude oil 対義 精油。

**けん-ゆう【兼有】**(名・サ変他) 二つ以上のものをあわせもつこと。併有。

**げん-ゆう【現有】**(名・サ変他) 現在持っていること。existing 用例 ― 勢力。

**けんゆう-しゃ【▼硯友社】** 文学結社。明治一八年(一八八五)尾崎紅葉を中心に山田美妙・石橋思案らが結成。やがて巌谷小波・広津柳浪・泉鏡花・小栗風葉・徳田秋声らが加わる。雑誌『我楽多文庫』発刊。風俗的な写実小説を多く生み、明治中期の文壇に一時期を画した。

**けん-よ【権▼輿】**《「権」ははかりのおもり、「輿」は車の物を乗せる部分。むかし中国で、はかりは権から、車は輿の部分から作り始めたことから》始まり。おこり。発端。

**けん-よう【犬羊】** ①イヌとヒツジ。②《転じて》イヌやヒツジのようにいやしいもののたとえ。賊徒をののしっていう。

**けん-よう【兼用】**(名・サ変他) 二つ以上の用に使うこと。used also for ... 対義 専用。用例 晴雨 ―。

**けん-よう【険要】**(名・形動) 地勢がけわしく、敵を防ぐのによいこと・さま・場所。用例 ― の地。

**けん-よう【顕要】**(名・形動) 高くてたいせつなこと・地位・さま。また、その地位の人。

**けん-よう【顕揚】**(名・サ変他) 世間に名誉などを現すこと。用例 校風の ―。

**けん-よう【建窯】** 中国福建省建陽県水吉鎮にあった陶窯。宋代に黒釉のかかった建盞とよばれる茶碗だけを生産。日本には鎌倉・室町時代の留学僧が招来、天目茶碗とよばれ、愛好された。曜変天目・油滴天目・禾目天目などが有名。

**げん-よう【幻▼妖】** ①ばけもの。monster ②魔法。妖術。magic

**げんよう-しゃ【玄洋社】** 明治時代の超国家主義団体。明治一四年(一八八一)旧福岡藩士の頭山満らが設立し国会開設運動に参加。しだいに右翼化し、軍と結び、また政界の黒幕的存在として活動。昭和二一年(一九四六)解散。

**けんよう-しゅ【兼用種】** 家畜の品種のうち二つ以上の用途をかねるものの総称。ニワトリの卵肉兼白色レグホンなど。dual purpose breed

**けんよう-すい【懸▼壅垂】** 口蓋垂の旧称。

**けん-よく【謙抑】**(名・形動・サ変自) へりくだって自分をおさえること・さま。

**けん-らん【検卵】**(名・サ変自) 卵の人工孵化の過程で、透過光線により胚の発育状態を透視し、未受精卵や発育中止卵を取り除くこと。また、その作業。egg testing

**けん-らん【▼絢▼爛】**(形動トタル) ①きらびやかに美しいさま。gorgeous ②文章・詩歌などの辞句の美しいさま。ornate

**けん-り【権利】** ①他人に対して当然主張しうる自分の利益。また、それを主張できる資格や力。right ②法によって保護される利益。また、それを主張できる資格や力。right 対義 義務。

**げん-り【原理】** ①根本の法則。principle 比較 原則。②道徳的意味で、実践上の基本的規定

▼常用漢字表外。 ▽常用漢字表の音訓外。

や、理論上いろいろの現象を説明する基本的法則。本来の理論。principle ③普遍的法則。principle

**げんり-うんどう【原理運動】** 韓国人文鮮明によって創立されたキリスト教の一派、世界基督教統一神霊協会の布教運動。世界の全宗教を宇宙の根本原理(＝神)のもとに統一し、平和な世界を建設しようとするもの。また共産主義の克服を旗印に国際勝共連合を組織。

**けんり-おち【権利落ち】** 会社が株主に新株引受権を与えて増資を行う場合、その割当期日を過ぎてからの株主には新株引受権が消滅すること。ex-rights 対義 権利付き。

**けんり-かぶ【権利株】** 株式を引き受けた人が、会社の設立登記または新株発行の効力が発生する以前にもつ地位。potential shares

**けんり-きん【権利金】** 土地・建物・施設などの利用権取得の対価として支払われる金銭。賃貸借契約を結ぶとき、賃借人から賃貸人に支払われるが、敷金と異なり契約終了後も返還されない。foregift

**けんり-しょう【権利証】** 登記済証の通称。登記所が交付する、不動産登記が完了したことの証明書。certificate of title

**けんり-しょうてん【権利章典】** ①一六八九年、名誉革命直後のイギリス仮議会が、ウィリアム三世と妃メアリーの共同統治の条件として承認させた権利宣言を、法律として制定したもの。議会・議員・市民の権利を確認。立憲政治の基礎を確立したものとして重要。Bill of Rights ②一七九一年、アメリカ合衆国憲法に追加された修正条項の通称。また、その原型となった独立一三州の最初の州憲法の人権保障条項。Bill of Rights

**けんり-せいがん【権利請願】** 一六二八年、イギリス議会がチャールズ一世の専制に抗して提出した請願書。国債の強制、恣意的な課税、不当な逮捕・監禁、軍事裁判の濫用など一一か条の禁止条項を要求。マグナ-カルタ、権利章典とともにイギリス憲政史上の重要文書。Petition of Right

**けん-りつ【県立】** 県がつくり、管理していること・もの。prefectural 対義 国立・市立。用例 ―美術館。

**けんり-つき【権利付き】** 新株引受権が付くこと。または、その権利が付いている状態。cum rights 対義 権利落ち。

**げんり-てき【原理的】**(形動) ①法則として物事の基本をなすさま。fundamental ②細部は別として根本的に、または実際は別として理論上で、の意。theoretical 用例 実際上は別として―に正しい。

**けんり-のうりょく【権利能力】** 権利・義務をもつことができる地位や資格。人格ということもあり、自然人と法人だけに認められる。capacity of enjoyment of rights

**けんり-の-らんよう【権利の濫用】** 形の上では権利の行使のように見えるが、具体的・実質的に見ると権利の社会性に反し、法律上、権利の行使と認められないもの。abuse of rights

**けんり-もんだい【権利問題】**《quid juris ラテン の訳語》哲学で、認識が客観的なものとして普遍的に妥当する根拠を問うこと。カントが法律用語を準用したもの。対義 事実問題。

**けんりゃく【建暦】** 鎌倉初期の年号。承元から改元。元年(一二一一)三月九日～三年(一二一三)一二月六日。次に、建保に改元。

**げんりゃく【元暦】** 平安末期の年号。寿永から改元。元年(一一八四)四月一六日～二年(一一八五)八月一四日。次に、文治に改元。鎌倉幕府は元暦を用いず、寿永を用い続けた。

**けん-りゅう【剣竜】** 背中に骨板やとげをそなえた草食恐竜。ジュラ紀後期の北アメリカにいたステゴサウルスが代表的。

**げん-りゅう【源流】** ①みなもと、そこからの流れ。source ②物事の始まり。beginning ③起源。origin

**けんりゅう-けい【検流計】** 微小の電流や電圧を検出する電気計器。直流用と交流用とがある。ガルバノメーター。galvanometer ↓写

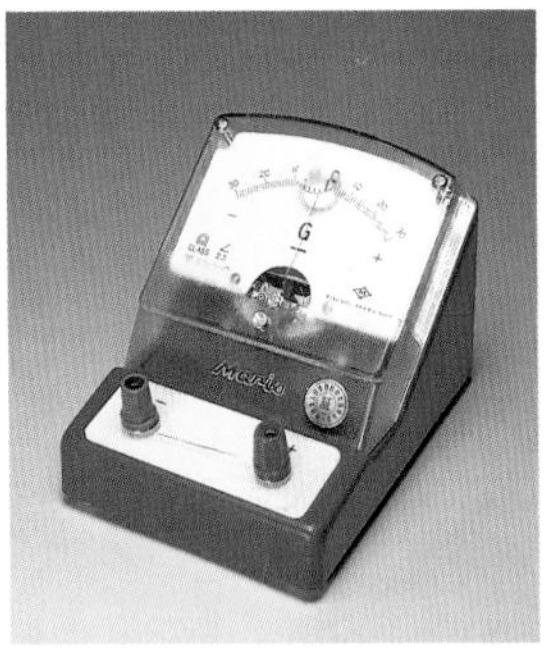

● 検流計　直流検流計。

**けんりゅう-てい【乾隆帝】**(一七一一～九九) 中国、清朝第六代皇帝(在位一七三五～九五)。廟号は高宗。康熙・雍正帝の隆盛期を継ぎ、さかんに外征を行って広大な領土を得た。学芸を奨励し『大清一統志』『四庫全書』などを編纂させる一方、「文字の獄」を起こし、反清思想を弾圧。

**けん-りょ【賢慮】** ①賢い考え。②相手の考えをいう敬語。お考え。対義 愚考。

**けん-りょう【見料】** ①見物の料金。観覧料。②人相・手相などをみてもらうとき払う料金。

**けん-りょう【権量】** はかりとます。

**げん-りょう【原料】** 製造品や加工品のもとになるもの。raw materials 比較 素材・材料。

**げん-りょう【減量】**(名・サ変自他) ①目方をへらすこと。また、へること。reduction 対義 増量。②貨物を売買するとき、全量から差し引く風袋・目べり・ごみなどの量。outage

**げんりょう-けいえい【減量経営】** 景気低迷に適応するために企業がとる縮小・合理化策の総称。人員や在庫の削減、資産運用の効率化などからなる。

**げんりょう-たん【原料炭】** 製鉄用コークスの原料やガス発生炉用の石炭。堅く、緻密で、発熱量が高い。metallurgical coal

**けん-りょく【権力】** 他人を自分の意志に服従させる強制力。ふつうには政治権力をさし、物理的強制力としての軍隊・警察などによって支えられる。power authority

**けんりょく-いし【権力意志】** ニーチェ哲学の主要概念。常に強大になろうとする意志があらゆる存在の基本的な性格であり、生の根本衝動であるというもの。権力への意志。will for power

**けんりょく-せいじ【権力政治】** 政治の本質を理念や倫理の面からではなく、もっぱら権力の獲得・維持・拡大として理解する立場や政策。power politics

**けんりょく-とうそう【権力闘争】** 対立する個人や集団の間で権力の獲得を目的に繰り広げられる政治闘争。power struggle

**けんりょく-ぶんりつ【権力分立】** 権力の集中を避けて分散させようとする思想や制度。国家権力の機能を立法・行政・司法の三機関に分割し、相互牽制によって権力の濫用を防止しようとする三権分立が代表的。separation of powers

**けん-りん【慳・吝・倹・吝】**(名・形動) 欲が深くものおしみすること。けち。しみったれ。

**けん-るい【牽累】** ①かかわりあい。②物にひきずられて煩わされること。

**けん-るい【堅塁】** 守りも地形も堅固なため、容易に攻略できない陣地・とりで。用例 ―を抜く。

**けん-れい【妍麗】**(名・形動) 容貌がうるわしいこと。あでやかなこと・さま。

**けん-れい【県令】** ①県知事の旧称。②もと、県知事が出した行政命令。

**げん-れい【厳令】**(名・サ変他) ↓げんめい(厳命)

**けんれい-もんいん【建礼門院】** 平徳子の院号。

**けんれいもんいんうきょうのだいぶしゅう【建礼門院右京大夫集】** 鎌倉初期の私家集。建礼門院の女房右京大夫(藤原伊行の娘)作。亡き愛人平資盛への思慕を中心に平家没落前後の見聞を回想記風に綴った歌集。

**けんれつ-はん【瞼裂斑】** 角膜(くろめ)の両側のしろめにできるほぼ三角形で黄色味をおびた高まり。中年以後に多く見られるが、とくに病気の症状ではない。

**けん-れん【眷恋】**(名・形動タル) 愛情にひかれること・さま。恋いこがれること・さま。

**けんれん-はん【牽連犯】** 住居侵入罪と窃盗罪のように、二つの犯罪の間に目的・手段・原因・結果の関係があるもの。重いほうの犯罪の刑罰をうける。

**けん-ろ【険路・嶮路】** けわしい道。steep path

**けん-ろ【賢路】** 賢者の昇進するみちすじ。

**賢路を塞ぐ**(けんろをふさぐ) 不徳の者が官職にとどまり、賢者の昇進の邪魔となる。

**けん-ろう【堅牢】**(形動) 品物・家屋などが、しっかりとして強いさま。堅固。solid; strong

**げん-ろう【元老】** ①官位・年齢が高く人望のある功臣。元勲。elder ②明治中期以後昭和前期まで、天皇を助け重要政務に関与した政治家。憲法規定外の地位で特別の力をもち、後継首相の推薦などを行った。③功労のある老年者。meritorious old-timer

**げんろう-いん【元老院】** ①古代ローマの最高諮問機関。共和政期には政策運営の中心となる。定員は三〇〇名、のち六〇〇名になる。任期は終身。帝政期に権限は縮小。senate ②明治初期の政府の立法機関。明治八年(一八七五)設置。同二三年(一八九〇)国会開設にともない廃止。

**げん-ろく【元禄】** ①「元禄そで」の略。②「元禄模様」の略。③江戸初期の年号。貞享から改元。元年(一六八八)九月三〇日～一七年(一七〇四)三月一三日。次に、宝永に改元。

**けんろく-えん【兼六園】** 石川県金沢市にある庭園。江戸時代に藩主前田氏が造った。宏大・幽邃・人力・蒼古・水泉・眺望の六勝を兼ねることによる名。

**げんろく-じだい【元禄時代】** 元禄年間(一六八八～一七〇四)を中心とする時代。徳川五代将軍綱吉の治世。文治政治のもと農業生産・商品経済が発展し、町人が台頭して元禄文化が栄えた。

**げんろく-そで【元禄袖】** 和服の袖型の一つ。元禄時代の丸袖を取り入れたものでたもとの丸みが大きく、袖丈が短い。↓袖図

**げんろく-だい【元禄鯛】** チョウチョウウオの一種。全長約一七cm。赤みを帯びた灰色の体側を幅広い二条の褐色横帯が走り、黒褐色の一横帯が目を横切る。背びれに円形の黒色斑。茨城・島根以南に分布。

**げんろくちゅうしんぐら【元禄忠臣蔵】** 真山青果の戯曲。一〇部作。昭和九年(一九三四)『大石最後の一日』初演、以後一～五部まで次々に初演。忠臣蔵物の中で『仮名手本忠臣蔵』につぐ昭和歌舞伎の名作。

**げんろくはなみおどり【元禄花見踊】** 長唄の曲名。三世杵屋正次(治)郎作曲。明治一一年(一八七八)初演。元禄時代の花見の様子を舞踊化した陽気な曲。

**げんろく-ぶんか【元禄文化】** 江戸初期、元禄年間(一六八八～一七〇四)を中心に栄えた町人文化。封建的身分秩序のわくの中で現世・浮世を肯定、近代的な大衆文化の基礎を築いた。

**げんろく-ぶんがく【元禄文学】** 江戸初期、元禄時代に盛行した文学。町人文化の特色をもち、国学・漢学・小説・浄瑠璃・俳諧など多種にわたって興隆した。とくに、俳諧の松尾芭蕉、浮世草子の井原西鶴、浄瑠璃の近松門左衛門に代表される。

**げんろく-もよう【元禄模様】** 小袖模様の一種。元禄時代に流行した大柄で派手な模様。明治時代の末期にも再度流行した。↓写

● 元禄模様　『白地梅樹文字模様小袖』。国立歴史民俗博物館(千葉県)。

**げん-ろん【言論】** 言語によって見解や思想を発表し、論じること。また、その論。speech 用例 ―の自由。

**げん-ろん【原論】** 根本の理論。principles 用例 哲学―。

**げんろん-きかん【言論機関】** 主張・意見の発表にたずさわるもの。マスコミ。新聞・雑誌・ラジオ・テレビなど。organ of public opinion

**げんろん-とうせい【言論統制】** 権力がマスメディアまたは民衆のコミュニケーション活動を制限すること。control of speech

**げんろん-の-じゆう【言論の自由】** ことばによって自分の思想を発表する自由。出版の自由も含まれる。freedom of speech

**げん-わく【幻惑】**(名・サ変自他) 人の目をくらまし、心をまどわせること。dazzle

**げん-わく【眩惑】**(名・サ変自他) 目がくらむこと。まどわすこと。dazzle

**けん-わん【懸腕】** 字を書くとき、ひじを紙にふれずに、横にはること。対義 枕腕。

**けんわん-ちょくひつ【懸腕直筆】** 懸腕のまま、ふでを垂直に立てて書くこと。

# こ コ

**こ**【こ・コ】 五十音図か行第五の仮名。平仮名「こ」は「己」の草体。片仮名「コ」は「己」の上半分。濁音は「ご」「ゴ」。

**コ** 3画 【己】 部首[己] 教育小6 JIS 2442
音 コ・キ 訓 おのれ
わたくし。おのれ。自分。自身。「自己・利己主義」 参考 已・巳は別の字。↓キ[己]

**コ** 4画 【戸】 部首[戸] 教育小2 JIS 2445 ｜ 4画 【▼戶】 旧字
音 コ 訓 と
①と。建物の出入り口のとびら。「門戸」「戸外」 ②いえ。へ。「戸籍・戸別」 ③家を数えるのに用いる。用例(助数)二—。 ④律令制で、地方行政組織の最小単位である家のこと。家数五〇戸で一里(のち郷)。 ⑤さけのみ。「下戸・上戸」

**コ** 5画 【▼乎】 部首[丿] JIS 2435
音 コ
①か。や。疑問・反語・感嘆などを表す。 ②に。を。より。場所・時間・対象・比較などを表す。 ③形容する語の語調をととのえるのに用いる。「確乎・断乎」

**コ** 5画 【去】 部首[厶] 教育小3 JIS 2178
音 キョ・コ 訓 さる
筆順↓キョ[去]
さる。いく。すぎさったこと。「過去」 ↓キョ[去]

**コ** 5画 【古】 部首[口] 教育小2 JIS 2437
音 コ 訓 ふるい・ふるす
①ふるい。ふるびている。対義 新。「新古」「古城・古物」 ②むかし。いにしえ。対義 今。「考古学・太古」「古典・古文」 ③ふるす。ふるくする。

**コ** 6画 【▼夸】 部首[大] JIS 5282
音 カ・コ
ほこる。おおげさにいう。自慢する。

**コ** 6画 【▼虍】 部首[虍] JIS 7340
音 コ
①動物のトラの文様。 ②部首の一つ。とらがしら。とらかんむり。

**コ** 7画 【▼估】 部首[人・イ] JIS 4838
音 コ
①あきなう。あきんど。商人。 ②あたい。ね。値段。「估価」

**コ** 7画 【▼杞】 部首[木] JIS 5925
音 キ・コ
クコ。ナス科の落葉小低木。「枸杞」 ↓キ[杞]

**コ** 8画 【▼刳】 部首[刂] JIS 4974
音 コ
えぐる。さく。きりさく。

**コ** 8画 【▼呱】 部首[口] ｜ 9画 【▼呱】 異体字 JIS 5077
音 コ
赤ん坊が声を出してなく。また、そのなき声。「呱々の声」

**コ** 8画 【呼】 部首[口] 教育小6 JIS 2438
音 コ 訓 よぶ
①よぶ。よびかける。対義 応。「歓呼・指呼・点呼」「呼応・呼号」 ②なづける。命名する。「称呼」「呼称」 ③はく。息をはく。対義 吸。「呼気・呼吸」

**コ** 8画 【固】 部首[囗] 教育小4 JIS 2439
音 コ 訓 かためる・かたまる・かたい
①かためる。かたまる。「凝固」「固定」 ②しっかり。動かない。かたい。「確固・強固・堅固」「固辞・固守」 ③もとから。もともと。「固有」

**コ** 8画 【▼姑】 部首[女] JIS 2440
音 コ
①しゅうとめ。夫の母。 ②おば。父の姉妹。 ③しばらく。かりそめ。「姑息」

**コ** 8画 【▼怙】 部首[忄] JIS 5564
音 コ
たのむ。たよる。たよりにする。「依怙地・依怙贔屓」

**コ** 8画 【拠】 部首[扌] 常用 JIS 2182 ｜ 16画 【▼據】 旧字 JIS 5801
音 キョ・コ
よる。よりどころ。「証拠」 ↓キョ[拠]

**コ** 8画 【▼股】 部首[月] JIS 2452
音 コ
もも。また。「四股」「股肱」

**コ** 8画 【▼沽】 部首[氵] JIS 6188
音 コ
うる。かう。また、あたい。ね。値段。「沽券」

**コ** 8画 【▼狐】 部首[犭] ｜ 9画 【▼狐】 異体字 JIS 2449
音 コ
①キツネ。イヌ科の哺乳動物。「養狐場」 ②きつねうどん。きつねそば。

**コ** 8画 【▼虎】 部首[虍] 人名用 JIS 2455 ｜ 7画 【▼乕】 部首[丿] 異体字 JIS 7341
音 コ
①トラ。ネコ科の哺乳動物。「白虎・猛虎・竜虎」「虎穴・虎口・虎児・虎視眈々・虎狼」 ②とら。よっぱらい。

**コ** 9画 【孤】 部首[子] 常用 JIS 2441 ｜ 8画 【▼孤】 旧字
音 コ
①みなしご。身よりのないこども。「遺孤」「孤児」用例(名)幼にして親なきを—と言う。 ②ひとり。たった一つ。「孤島・孤独・孤立」用例(名)徳、—ならず。

**コ** 9画 【弧】 部首[弓] 常用 JIS 2444 ｜ 8画 【▼弧】 旧字
音 コ
①弓のように曲がった線。湾曲した線。「括弧」「弧状」用例(名)—をえがく。 ②数学で、円周や曲線の一部分。比較 弦。↓円図。

**コ** 9画 【故】 部首[攵] 教育小5 JIS 2446
音 コ 訓 ゆえ
①こと。できごと。「事故・世故」「故障」 ②ふるい。いにしえの。「故事・故実」 ③もとの。なじみの。「故郷・故山」 ④しぬ。なくなる。「物故」「故人」 ⑤死んだ人の姓名につけて用いる。用例(接頭)—山川君。 ⑥わざと。ことさらに。「故意・故買」 ⑦ゆえ。ゆえに。

**コ** 9画 【▼胡】 部首[月] JIS 2453
音 コ・ゴ・ウ
①えびす。昔の中国で、北方または西方の異民族をさした。秦・漢時代には匈奴、唐代には広く西域人をさした。「胡弓・胡馬」 ②なに。なんぞ。いずくんぞ。

**コ** 9画 【枯】 部首[木] 常用 JIS 2447
音 コ 訓 かれる・からす
①かれる。ひからびる。「枯渇・枯死・枯淡・枯木」 ②おとろえる。対義 栄。「栄枯盛衰」

**コ** 9画 【▼柧】 部首[木] JIS 5955
音 コ・カ
かど。もののかどばって、出ているところ。

**コ** 10画 【個】 部首[人・イ] 教育小5 JIS 2436
音 コ・カ
①ひとつ。ひとり。「別個」「個人・個体・個別」用例(名)—を生かす。 ②《箇・个とも》ものを数えるのに用いる。用例(助数)ミカン四—。 参考「四ケ」のように「ケ」と書くこともある。

**コ** 10画 【▼涸】 部首[氵] JIS 4957
音 コ
こおる。こおりつく。

**コ** 10画 【庫】 部首[广] 教育小3 JIS 2443
音 コ・ク
くら。ものを入れておく建物。「車庫・書庫・倉庫・入庫・文庫」用例《接尾的》貯蔵—。 ↓ク[庫]

**コ** 10画 【▼胯】 部首[月] JIS 7088
音 コ・カ
また。またぐら。両ももあいだ。「胯間」

**コ** 10画 【▼桍】 部首[木] JIS 5961
音 コ・ク
むなしい。からっぽ。

**コ** 10画 【▼祜】 部首[示]
音 コ
さいわい。神よりさずかる厚いしあわせ。

**コ** 10画 【▼粐】 部首[米] 和製漢字 JIS 6868
音 コ
よねど。米と戸との合成字。姓氏に用いられる。

**コ** 10画 【▼罟】 部首[罒] JIS 7010
音 コ
あみ。魚や獣をとらえる網。

**コ** 11画 【▼壷】 部首[士] JIS 3659 ｜ 12画 【▼壺】 異体字 JIS 5268
音 コ
つぼ。 ①口がつぼまり、胴の大きくふくれた器。また、それに似た形の場所。「銅壷」「壷中の天地」 ②つぼざら。 ③ずぼし。急所。 ④灸をすえるところ。 ⑤つぼがね。

**コ** 11画 【▼菰】 部首[艹] ｜ 12画 【▼菰】 異体字 JIS 2454
音 コ
マコモ。イネ科の大形多年草。こも。

**コ** 11画 【▼扈】 部首[戸] JIS 7829
音 コ
①したがう。君主のあとにつきしたがう。「扈従」 ②「跋扈」は、のさばる。思うままにふるまうこと。

**コ** 11画 【▼涸】 部首[氵] JIS 6233
音 コ
かれる。水がなくなる。ひあがる。「涸渇」

**コ** 11画 【▼瓠】 部首[瓜] JIS 6501
音 コ・カク
ひさご。ふくべ。ヒョウタン。ユウガオ。

**コ** 11画 【虚】 部首[虍] 常用 JIS 2185 ｜ 12画 【▼虛】 旧字
音 キョ・コ
①そら。空間。「虚空」 ②うそ。いつわり。「虚仮」 ③からっぽ。むなしい。「虚無僧」 ↓キョ[虚]

**コ** 11画 【▼蛄】 部首[虫] JIS 7354
音 コ
「螻蛄」は、ケラ。バッタ目に属する昆虫。おけら。

**コ** 11画 【▼袴】 部首[衤] JIS 2451
音 コ
①ももひき。ズボン。 ②はかま。下半身をおおう、ゆるやかな衣服。

**コ** 12画 【▼葫】 部首[艹] JIS 7257
音 コ
①ニンニク。ユリ科の多年草。 ②ふくべ。ヒョウタン。ユウガオ。

**コ** 12画 【湖】 部首[氵] 教育小3 JIS 2448

音コ 訓みずうみ
湖 湖 湖 湖 湖
①みずうみ。大きな池。「沼湖・淡湖」「湖上・湖水・湖底」②みずうみの名につけて用いる。用例(接尾)野尻—。

**コ** 12画【琥】部首[王] JIS 6472
音コ
「琥珀」は、宝石の名。きいろい石。地質時代の樹脂が地中にうもれ、固まって石のようになったもの。

**コ** 12画【絝】部首[糸]
音コ
①ももひき。ズボン。②はかま。下半身をおおう、ゆるやかな衣服。

**コ** 12画【觚】部首[角] ／ 13画【觚】異体字 JIS 7524
音コ
①さかずき。大きな杯。②ふだ。昔、中国で文字をかいた四角い木札。「操觚」

**コ** 12画【詁】部首[言] JIS 7538
音コ
よむ。とく。昔のことばを解釈する。「訓詁」

**コ** 12画【辜】部首[辛] JIS 7767
音コ
①つみ。重いとが。「無辜」②はりつけの刑。③そむく。

**コ** 12画【酤】部首[酉]
音コ
①ひとよざけ。一夜をへて、熟した酒。②酒をうる。また、酒をかう。

**コ** 12画【雇】部首[隹] 常用 JIS 2459 ／ 12画【雇】旧字
音コ 訓やとう
やとう。やとい。「解雇」「雇員・雇用」

**コ** 13画【楜】部首[木] JIS 6021
音コ・ゴ
①コショウ。コショウ科のつる性常緑植物。②くるみ。地名や姓氏に用いられる。

**コ** 13画【痼】部首[疒] JIS 6564
音コ
ながわずらい。ながやみ。長く、なかなかなおらない病気。「痼疾」

**コ** 13画【誇】部首[言] 常用 JIS 2456
音コ・カ 訓ほこる
ほこる。おおげさにいう。自慢する。「誇示・誇称・誇大・誇張」

**コ** 13画【賈】部首[貝] JIS 7643
音コ・カ
①かう。②うる。③あきなう。あきない。商売。「商賈」④あきんど。商人。「商賈」⑤あきなうもの。商品。↓カ【賈】

**コ** 13画【跨】部首[足] JIS 2457
音カ・コ
①またぐ。またがる。「跨線橋」②また。またぐら。

**コ** 13画【鈷】部首[金] JIS 2458
音コ
①仏具の一つで、煩悩をくだく金属製の武器の象徴。「独鈷」②コバルト。元素の一つ。

**コ** 13画【鼓】部首[鼓] 常用 JIS 2461 ／ 14画【皷】部首[皮] 異体字 JIS 8373
音コ 訓つづみ
①つづみ。つづみをうつ。「太鼓」「鼓手・鼓動・鼓膜」②はげます。「鼓吹・鼓舞」

**コ** 14画【嘑】部首[口] ／ 18画【謼】部首[言] 異体字
音コ
さけぶ。よぶ。大声でよびかける。

**コ** 14画【滬】部首[氵] JIS 6286
音コ
①中国の川の名。松江の下流で、江蘇省の上海の北東をながれる。②上海の別称。

**コ** 14画【滸】部首[氵] JIS 6287
音コ
ほとり。みずぎわ。岸辺。「水滸伝」

**コ** 14画【箍】部首[竹] JIS 6818
音コ
たが。おけ・たるなどにはめて、しめつけるもの。割った竹を編んだ輪。

**コ** 15画【糊】部首[米] JIS 2450
音コ・ゴ
①のり。のりづけする。「糊塗」②のりする。くらしをたてる。「糊口」③ぼんやりと。はっきりしないさま。「模糊」

**コ** 15画【蝴】部首[虫] JIS 7390
音コ
「蝴蝶」は、チョウ。チョウ目に属する昆虫。ちょうちょう。

**コ** 16画【錮】部首[金] JIS 7894
音コ
①ふさぐ。溶けた金属をつぎこみ、すきまをふさぐ。いかける。②つなぐ。つなぎとめる。罪人などをとじこめる。「禁錮」

**コ** 16画【鴣】部首[鳥] JIS 8285
音コ
「鷓鴣」は、キジ科の鳥。

**コ** 18画【瞽】部首[目] JIS 6660
音コ・ゴ
盲目。目の不自由な人。盲人。「瞽女」

**コ** 18画【餬】部首[食] JIS 8123
音コ
①かゆ。穀物を、水分を多くして、やわらかく煮たもの。②のりする。くらしをたてる。

**コ** 21画【顧】部首[頁] 常用 JIS 2460 ／ 21画【顧】旧字
音コ 訓かえりみる
①かえりみる。ふりむく。また、気にかける。「回顧・後顧」「顧慮」②かわいがる。目をかける。「愛顧」「顧客」

**コ** 23画【蠱】部首[虫] JIS 7435
音コ・ヤ
①腹の中の虫。②まじないなどに用いる虫。③まどう。まどわす。「蠱惑」

**こ**【子・児】㊀(名)①その親から生まれた人。養子にもいう。child 対義 親。用例 —を育てる。②《「仔」とも》おす・めすの間に生まれたもの。たまご。また、たまごからかえったもの。the young 用例 犬の—。アヒルの—。たら—。③おさない人。子ども。baby 対義 おとな。用例 元気のいい—。④若い娘。girl 用例 受付の—。⑤元から分かれて生まれ出たもの。offspring ⑥利子。interest 用例 元も—もない。㊁(接尾)①女子の名の下に付ける語。用例 花—。②《上代の用法》男女の名の下に付ける語。用例 小野妹—。③人の意。用例 江戸っ—。売り—。④小さいもの、また親しみを表す語。用例 ひよ—。⑤物の意。用例 振り—。張り—。

**子無きは去れ**(こなきはされ)《「嫁して三年子無きは去れ」の上略》子宝に恵まれない妻は、婚家を去れ。

**子は鎹**(こはかすがい) 子に対する愛情がかすがいになって、夫婦の間はつなぎとめられる、というたとえ。

**子は三界の首枷**(こはさんがいのくびかせ) 子のために、親は一生の間自由を束縛され、その苦労はいつまでも絶えないたとえ。Children suck the mother when they are young and the father when they are old.

**子養わんと欲すれども親待たず**(こやしなわんとほっすれどもおやまたず) 子が親に孝養をつくそうと思うころには、親は死んでこの世にいない。孝行をしたいときには親はなし。

**子ゆえの闇**(こゆえのやみ) 子に対する愛情にひかされて、親の判断がくらまされるたとえ。

**子を棄つる藪は有れど身を棄つる藪は無し**(こをすつるやぶはあれどみをすつるやぶはなし) 困窮したとき、最愛の子でもすてることはあるが、自分をすてることはできないものだ。

**子を見る事、親に如かず**(こをみること、おやにしかず) その子どもについて、性行や能力をもっともよく知っているのは、何といっても親である。The parents are the best judges of their son.

**子を持って知る親の恩**(こをもってしるおやのおん) 自分が親になってみて、はじめて育ててくれた親のありがたさがわかること。He that has no child knows not what love is.

**こ**【木】《他の語と複合して上に付く》木の意。用例 —かげ。—がくれ。

**こ**【粉】①こな。flour 用例 身を—にする。②《接尾的》「こな」の意。用例 きな—。メリケン—。

**粉になる**(こになる) 心身をひどく酷使し、くたびれきる。

**粉を吹く**(こをふく) 粉のような白いもの・かびなどが、物の表面に生じる。

**こ**【蚕】カイコ。

**こ**【籠】古語 ①かご。用例 —に乗りて、つられ上りて(竹取)。②香をたくときのかご。ふせご。用例 なえたる衣ども…大きなる—に打ち掛けて(源氏・帚木)。

**こ**【此・是】古語(代) これ。対義 さ・そ・か。用例 —は葦原色許男といふぞ(古事記・上)。

**こ**【小】(接頭)①小さい。細かい。用例 —犬。—銭。②わずかな。ちょっと。用例 —雨。—太り。③ある数量に少し足りないが、だいたい近い。約。用例 —一時間。④なんとなく。用例 —ざっぱり。⑤軽んじ、見さげる意。用例 —ざかしい。—利口。⑥ちょっと…する意。用例 —腰をかがめる。—首をかしげる。

**こ**(接尾)①こと。用例 あい—。②そういう状態。用例 ぺちゃん—。③互いにすること。くらべ。用例 にらめっ—。

**ご**【こ・ご】↓こ【こ・こ】

**ゴ** 4画【互】部首[二] 常用 JIS 2463
音ゴ・コ 訓たがい
たがい。たがいに。たがいちがいに。「交互・相互」「互角・互恵・互選」

**ゴ** 4画【五】部首[二] 教育小1 JIS 2462
音ゴ 訓いつ・いつつ
五 五 五 五
いつつ。いつ。いつつの。いつたび。「五官・五感・五穀」用例(名)死者は—を数えた。参考 金銭を表すとき、伍を用いることがある。

**ゴ** 4画【午】部首[十] 教育小2 JIS 2465
音ゴ
午 午 午 午
うま。①うまの刻。ほぼ、現在の一二時、その前後の二時間。ひる。「正午」「午後・午睡・午前」②昔の方位で、みなみ。「子午線」③十二支の第七。「丙午」

**ゴ** 4画【牛】部首[牛] 教育小2 JIS 2177
音ギュウ・ゴ 訓うし
筆順↓ギュウ【牛】
ウシ。ウシ目に属する家畜。「牛頭馬頭」↓ギュウ【牛】

**ゴ** 6画【伍】部首[人・亻] 人名用 JIS 2464
音ゴ
①五人。五人一組み。なかま。くみ。「隊伍・落伍」「伍長」②中国古代の行政単位。五戸を一組みとする。また、軍隊の最小単位。兵五人を一組みとする。③いつつ。証書などで、五の代わりに用いる字。「金伍万円也」

**ゴ** 6画【冱】部首[冫] JIS 4952
音コ・ゴ
こおる。ひえる。こおりつくようにさむい。

**ゴ** 7画【冴】部首[冫] 人名用 JIS 2667 ／ 6画【冱】旧字
音コ・ゴ
さえる。①すむ。②あざやかである。③ひえる。④神経がたかぶる。参考 もともとは、冱の異体字。

**ゴ** 7画【呉】部首[口] 常用 JIS 2466 ／ 7画【吳】旧字
音ゴ
①くれ。中国の。中国から来た。類似 漢。「呉服」②中国にあった国名。㋐春秋時代の列国の一つ。揚子江の河口付近にあった。前四七三年、王夫差のとき、越王勾践に滅ぼされた。用例(固名)—越同舟。㋑三国の一つ。孫権が



↓行き先項目、図版・写真参照印。 JIS 日本工業規格情報交換用漢字符号コード(区点コード)。

江南に建てた国。二二二～二八〇年。都は建業。㋒五代の十国の一つ。江東にあった国。九〇二～九三七年。③中国の江蘇省の別名。④くれる。㋐やる。あたえる。㋑…てくれる。

**ゴ** 7画【▼吾】 部首[口] 人名用 JIS 2467 ｜ 10画【▼唔】 異体字 JIS 5110
音 ゴ
われ。わが。自己。自己の。「吾人」

**ゴ** 7画【▼忤】 部首[忄] JIS 5556
音 ゴ
さからう。もとる。そむく。

**ゴ** 7画【▼沍】 部首[氵] JIS 6176
音 コ・ゴ
①かれる。水がなくなる。②ふさぐ。すきまをふさぐ。③こおる。ひえる。「沍寒」

**ゴ** 8画【▼迕】 部首[⻌]
音 ゴ
さからう。もとる。そむく。

**ゴ** 9画【後】 部首[彳] 教育小2 JIS 2469
音 **ゴ・コウ**
訓 **のち・うしろ・あと・おくれる**
後 後 後 後 後 後
①時ののち。あと。対義 先・前。「以後・午後・今後・食後・先後・戦後・直後」用例(名)その――はいかが。《接尾的》入学――。戦争――。②場所のうしろ。対義 前。「前後・背後」「後光」↓コウ[後]

**ゴ** 10画【娯】 部首[女] 常用 JIS 2468 ｜ 10画【▼娛】 旧字
音 **ゴ**
たのしむ。たのしみ。なぐさみ。「娯楽」

**ゴ** 10画【▼莫】 部首[艹] JIS 7220
音 ゴ
ヨモギに似た草。「莫蓙」

**ゴ** 10画【悟】 部首[忄] 常用 JIS 2471
音 **ゴ**
訓 **さとる**
はっきり知る。わかる。さとる。さとり。「悔悟・覚悟・迷悟」「悟道・悟入」

**ゴ** 11画【▼晤】 部首[日] JIS 5877
音 ゴ
①あう。むかう。むかいあう。「面晤」②あきらか。さとい。かしこい。「英晤」

**ゴ** 11画【▼梧】 部首[木] JIS 2472
音 ゴ
アオギリ。アオギリ科の落葉高木。「梧桐・梧葉」

**ゴ** 11画【▼牾】 部首[牛] JIS 6419
音 ゴ
さからう。もとる。そむく。

**ゴ** 11画【▼珸】 部首[王] JIS 6473
音 ゴ
「琨珸」は、中国にあるという山の名。また、そこでとれる美しい石の名。

**ゴ** 12画【御】 部首[彳] 常用 JIS 2470 ｜ 11画【▼御】 旧字
音 **ギョ・ゴ**
訓 **おん**
おん。お。おおん。み。①尊敬を示すのに用いる。「御前・御用」用例(接頭)――成功。――両親。(接尾)親――。娘――。②相手に対する行為を示す語につけて、謙遜を表す。用例(接頭)――返事いたします。――説明申し上げます。③丁寧の意を表すのに用いる。用例(接頭)――酒。――飯。↓ギョ[御]

**ゴ** 12画【期】 部首[月] 教育小3 JIS 2092 ｜ 12画【▼期】 旧字
音 **キ・ゴ**
筆順↓キ[期]
おり。とき。「一期・最期・末期」用例(名)この――に及んで。↓キ[期]

**ゴ** 13画【▼瑚】 部首[王] JIS 2474
音 コ・ゴ
「珊瑚」は、花虫綱に属し、石灰質の骨格を形成する刺胞動物。装飾品にする。

**ゴ** 13画【碁】 部首[石] 常用 JIS 2475
音 **ゴ・キ・ギ**
盤の目に黒と白の石をかわるがわる置いて、地を争うゲーム。日本には、中国から六世紀ごろ伝来した。比較 棋。「囲碁」「碁石・碁盤」
用例(名)――を打つ。
**碁に凝ると親の死に目に逢わぬ**(ごにこるとおやのしにめにあわぬ) 碁は、親の死に目にあえないほど、夢中になりやすいものである。
**碁に負けたら将棋に勝て**(ごにまけたらしょうぎにかて) 一方で失ったら、他方でとりかえせ。気落ちしてはいけないとのたとえ。

**ゴ** 13画【▼蜈】 部首[虫] JIS 7369
音 ゴ
「蜈蚣」は、ムカデ。ムカデ綱に属する節足動物。毒腺をもっている。

**ゴ** 14画【▼寤】 部首[宀] JIS 5372
音 ゴ
①さめる。目がさめる。②さとる。わかる。はっきり知る。

**ゴ** 14画【語】 部首[言] 教育小2 JIS 2476
音 **ゴ・ギョ**
訓 **かたる・かたらう**
語 語 語 語 語 語
①かたる。はなし。いうこと。「豪語・私語・大言壮語」用例(名)――を継ぐ。②ことば。「言語・国語・単語」㋐一つの言語体系。用例(名)――学。日本――。口――。標準――。㋑単語。用例(名)自立――。同義――。源――。尾――。句。㋒文の成分。用例(名)主――。修飾――。独立――。③ものがたりのこと。「源語・勢語」
**語塞がる**(ごふさがる) ことばが詰まって、返答ができなくなる。

**ゴ** 14画【誤】 部首[言] 教育小6 JIS 2477 ｜ 14画【▼誤】 旧字
音 **ゴ**
訓 **あやまる**
誤 誤 誤 誤 誤 誤
あやまる。まちがえる。あやまり。対義 正。「錯誤・正誤」「誤解・誤差・誤報・誤用」

**ゴ** 16画【▼醐】 部首[酉] JIS 2479
音 コ・ゴ
「醍醐」は、牛乳を精製してつくる、バターのようなもの。

**ゴ** 17画【▼檎】 部首[木] JIS 2473
音 キン・ゴ
「林檎」は、バラ科の落葉樹。また、その果実。

**ゴ** 20画【護】 部首[言] 教育小5 JIS 2478 ｜ 21画【▼護】 旧字
音 **ゴ・コ**
護 護 護 護 護 護
まもる。かばう。まもり。「援護・看護・弁護・保護」「護衛」

**ゴ** 20画【▼鼯】 部首[鼠]
音 ゴ
ムササビ。リス科の哺乳動物。

**ゴ** 22画【▼齬】 部首[歯] JIS 8387
音 ギョ・ゴ
くいちがう。上下の歯がうまくあわない。「齟齬」

**ご**【▽豆▽汁】 大豆を水にひたしてから、すりつぶした汁。

**コア**【core】 ①果物などの芯。②中心部。核。中枢。③地球の、内核。

**ゴア**【Goa・臥亜】 インド南西部、アラビア海に臨む政府直轄地。中心地パンジム。ポルトガルのアジア進出の基地とされたが、一九六一年、ポルトガルからインドに帰属。鉄鉱石・マンガンなどを産出。人口一〇八万(一九八一)。

**ご-あいさつ**【御▼挨▼拶】 ①「あいさつ」の丁寧語。②《俗語》意外なことば。用例 これは――だね。

**コア-カリキュラム**【core curriculum】 教育課程の一形態。教科にこだわらず、生活問題を核(コア)に、その解決のための学習を中心として編成されるカリキュラム。

**こ-あきない**【小商い】 わずかの元手でする商売。small business 用例――でほそぼそと暮らす。

**ご-あく**【五悪】 仏教で五戒を守らないこと。五つの悪。殺生・偸盗・邪淫・妄語・飲酒をさす。

**ご-あくしゅ**【五悪趣】《仏教語》悪業の結果として輪廻する五つの世界。地獄・餓鬼・畜生・人間・天上。五趣。五道。

**こ-あざ**【小字】 市町村内の行政区画の一つ。字をさらに小分けした区域。参照 字。

**こ-あし**【小足】 対義 大足。①小さい足。small foot ②小また。short steps 用例――に歩く。

**こ-あじ**【小味】(名・形動) こまやかな味のよさ。微妙な味わい。delicately flavored 比較 大味。

**こアジア-しょぞく**【古アジア諸族】 アジアの極北地帯に住む民族の総称。シベリア最古の住民と推定される。チュクチ・コリヤーク・ギリヤークなど。古シベリア諸族。

**こ-あじさし**【小▼鰺刺】 頭上が黒、背面が淡紫灰色、腹面が白いカモメ科の海鳥。全長約二五cm。黄色の嘴は長くてとがる。全世界の温帯・熱帯に分布。日本では本州・四国・九州の河原や海岸の砂礫地などで繁殖。least tern

**コア-システム**《和製語》現代建築の設計方法の一つ。エレベーター・階段・機械室などを建物の中核(コア)におき、それ以外は自由な居住空間とする。

**ゴア-スカート**【gored skirt】《「ゴア」は洋裁で襠の意》何枚かの襠形の布を接ぎ合わせて作るスカート。ウエストがぴったりし、円錐形に広がる。↓図

●ゴアスカート

**コアセルベート**【coacervate】 たんぱく質などの親水コロイド溶液中に、特定の条件下で生成される溶質濃度の高い相からなる液滴。細胞内の原形質のように内部に特定の物質を濃縮できることから、オパーリンは生命起源の重要な要素と考えた。

**コア-タイム**【core time】 就業時間を社員の自主性に任せるフレックスタイム制で、全社員が勤務・労働していなければならない時間帯。

**こ-あたり**【小当(た)り】(名・サ変自) ちょっと人の心をさぐってみること。sound out 用例――に当たる。

**ゴアテックス**【Goretex】 アメリカの化学者ゴアが発明した防水加工膜。熱や薬品に強いテフロン系樹脂の超薄膜に、無数の小穴をあけたもの。蒸れないことが特色。

**コアラ**【koala】 有袋類の一種。体長約六〇cm。尾はほとんどなく、耳介は大きい。樹上で生活し、動作は鈍い。夜行性。ユーカリの葉だけを食べる。オーストラリア南東部に分布。フクログマ。コモリグマ。↓写

●コアラ

**コアントロー**【Cointreau フランス】 オレンジの果皮や花で風味をつけたリキュール。食後酒、菓子作り用。アルコール分四〇%。

**こい**【恋】 異性に心を強くひかれ、したうこと。また、その気持ち。恋愛。love
**恋に憂き身を窶す**(こいにうきみをやつす) 「恋に身を窶す」と同意。
**恋に上下の差別無し**(こいにじょうげのさべつなし) 恋の情に貴賤の区別はない。Love makes men equal.
**恋に身を窶す**(こいにみをやつす) 身もやせるほど人を恋する。恋に憂き身を窶す。pine for love
**恋の鞘当て**(こいのさやあて) 恋がたきどうしが争うこと。また、その争い。rivalry in love
**恋の柵**(こいのしがらみ) 恋しく思う気持ちがさまたげられること。類似 恋の関。恋の戸。用例――をのりこえる。
**恋の花**(こいのはな) 芽生えたり実ったりする恋を、咲く花にたとえた語。
**恋の病**(こいのやまい) 相手を恋しく思う気持ちがつのって、病気にかかったようになること。lovesickness 類似 恋わずらい。用例――につけ



▼常用漢字表外。 ▽常用漢字表の音訓外。

る薬はない。

**恋の山には孔子の倒れ**(こいのやまにはくじのたおれ)《「くじ」は「こうし」の呉音》恋に迷うと、孔子のような聖人でも過ちを犯す。

**恋は曲者**(こいはくせもの) 人は、恋のために心を乱し、思いがけないことをしでかすものである。

**恋は思案の外**(こいはしあんのほか) 恋心は、理性では制御できない。恋愛は理性的な判断を失わせ、常識はずれな思考・言動をさせるものだ。また、恋はそのなりゆきが一律でないので、当事者にも、第三者にも、その行くすえを推測することができない。Love is without reason. 類似 恋は盲目。

**恋は盲目**(こいはもうもく)《イギリスのことわざ》恋は、人の理性・分別を失わせてしまう、というたとえ。Love is blind.

**恋は闇**(こいはやみ) 「恋は盲目」と同意。

**こい【請い・乞い】** ねがうこと。たのみ。request 用例 —を入れる。

**こい【鯉】** コイ科コイ属の淡水魚。全長は六〇～八〇cm。上あごに二対のひげがある。湖沼や河川の中・下流にすむ。雑食性。原産地のユーラシア温帯から世界各地に移されて普及。養殖ゴイとして食用品種はヤマトゴイ・ドイツゴイ、観賞用品種はヒゴイ・ニシキゴイなど。carp 数え方 一尾・一匹・一本。↓図

**鯉の滝登り**(こいのたきのぼり) 立身出世のたとえ。success by leaps and bounds

●コイ

**こ-い【古意】** むかしの意味。いにしえの思想。old meanings

**こ-い【故意】** ①ことさらにたくらむこと。わざとすること。ある結果になることを知っていながら行うこと。intention ②自己の行為によって生じる結果を事前に認識していること。犯意。intent; willfulness 比較 過失。

**こ・い【濃い】** (形) ①色の度合いが深い。dark 対義 淡い。用例 —青色。②水に溶けているものの割合が多い。どろどろしている。thick 対義 薄い。用例 —液。③味がこってりしている。strong ④密である。heavy 対義 薄い。用例 —ひげ。⑤むつまじい。こまやかだ。intimate ⑥程度・可能性が強い。likely 用例 実現の見込みが—。敗色が—。派生 こいめ(名) こさ(名)

**こ・い**(接尾)《「っこい」の形で使われることが多い》①名詞に付いて、濃いさまを表す。用例 あぶらっ—。②性質・状態を表す語に付いて、その性質や状態を強める。用例 ねちっ—。ひやっ—。

**ご-い【五位】** ①昔、昇殿を許された者の最下位。正五位と従五位。②ゴイサギの異名。

**ご-い【語意】** ことばの意味。meaning of a word 比較 字義。

**ご-い【語彙】** ことばのあつまり。個人・作者・作品・領域など一定の範囲に用いられる単語の総体。ボキャブラリー。vocabulary 用例 日本語の—。かれは—が豊富だ。

**ご-い【呉偉】**(一四五九〜一五〇八) 中国、明代の画家。字は士英。号は小仙。奔放な画風で山水・人物に巧み。浙派様式の完成者。

**ゴイアス【Goiás】** ブラジル中部にある州。州都ゴイアニア。高原に位置し、コーヒー・米の生産、牧畜がさかん。人口四三四・七万(一九八四)。

**こい-うた【恋歌】** 恋心をよんだ和歌や詩。love poem

**こい-かぜ【恋風】** 恋しい気持ちを、風が身にしみることにたとえた語。

**こい-がたき【恋敵】** ひとりの異性を恋している競争相手。ライバル。rival in love

**こいかわ-はるまち【恋川春町】**(一七四四〜八九) 江戸後期の戯作者・狂歌師。本名、倉橋格。駿河小島藩士。草双紙界に黄表紙を創造、しゃれと風刺による黄表紙の作風を確立。作品『金々先生栄花夢』『鸚鵡返文武二道』など。

**こ-いき【小粋】**(形動) ちょっとしゃれたさま。stylish

**ご-いぎょう【呉偉業】**(一六〇九〜七一) 中国、明末清初の詩人。号は梅村。太倉の人。華麗なうちに明朝亡国の悲哀を歌った作品が多い。詩集『梅村家蔵稿』。

**こい-くち【濃(い)口】** しょうゆなどの色・味の、濃いこと・もの。

**こい-ぐち【鯉口】**《鯉が口をあけた形に似ていることから》①刀のさやの口。つばと接する楕円形の部分。②「鯉口袖」の略。袖口をせばめた筒袖。労働着向き。

**鯉口を切る**(こいぐちをきる) すぐ刀を抜くことができるように、鯉口をゆるめる。

**こいけ-しんじ【小池新二】**(一九〇一〜八〇) デザイン評論家。東京生まれ。デザインの近代化に貢献。

**こい-こがれる【恋(い)焦がれる】**(下一自) せつないほど恋いしたう。pine for

**こい-こく【鯉濃】** コイの筒切りを、長く煮込んだ濃厚なみそ汁。コイの濃漿。

**こい-ごころ【恋心】** 異性を恋しいと思う気持ち。love 用例 —をいだく。

**ごい-さぎ【五位鷺】**《醍醐天皇がこの鳥に五位を授けたという故事に由来》中形のサギ。翼長約二七cm。成鳥は背が黒、翼・尾が灰色。後頭に白色の長い冠毛がある。水田や沼地で魚・カエルなどを捕食。日本全土に分布。↓図

●ゴイサギ

**こい-さん**《方言。「こいとさん」の略》関西地方で、女のきょうだいのうち、末の娘。

**コイサン-ごぞく【コイサン語族】** アフリカ大陸の南西隅に分布する諸言語の総称。コイコイ(=ホッテントット)語・サン(=ブッシュマン)語など。Khoisan

**こい・し【恋し】** 古語 (形シク) ↓こいしい

**こい-じ【恋路】** 恋の道。恋。love 用例 —のじゃま。

**ご-いし【碁石】** 囲碁に用いる、白黒二種類の円形の石。標準直径は約二・二cm。白一八〇個、黒一八一個で一組。白石は日向蛤の殻、黒石は那智黒製が上等とされる。

**こいし・い【恋しい】**(形) 異性がしたわしい。肉親・故郷などがなつかしい。dear 派生 こいしが・る(五他) こいしげ(形動) こいしさ(名)

**ごいし-かいがん【碁石海岸】** 岩手県大船渡市南部の海岸。断崖絶壁と、洞穴・洞門が変化に富む景観をつくる。

**こいしかわ【小石川】** 東京都、文京区内の地区。学校・印刷所・製本所・寺院が多い。江戸時代は武家屋敷が多かった。

**こいしかわ-しょくぶつえん【小石川植物園】** 東京都文京区白山にある東京大学理学部付属植物園。面積約一六ha。日光市に分園がある。明治八年(一八七五)創立。前身は江戸幕府の小石川薬園。

**こいしかわ-やくえん【小石川薬園】** 江戸幕府が、東西各種の植物を栽培するために開いた施設。小石川植物園の前身。

**ごいし-しじみ【碁石小灰蝶】** ササのある林間にすむシジミチョウ。開張約三cm。幼虫はタケのアブラムシを捕食。北海道から九州にかけて分布。

**こい-した・う【恋(い)慕う】**(五他) 恋しく思って、なつかしがる。yearn for 用例 母を—。

**ごいし-つばめしじみ【碁石燕小灰蝶】** 一九七四年九月、日本で発見された一属一種のチョウ。開張約二・五cm。食草はシシンランの花。原生林にすむ。天然記念物。熊本県・宮崎県・中国東部・台湾の一部に分布。

**ごいし-はまぐり【碁石蛤】** 白碁石の原料となる貝。チョウセンハマグリ。

**こいしわら【小石原】**〈村〉 福岡県中部、甘木市東隣の村。農林業が主体。小石原焼の陶器が特産。人口一四〇三(一九八八)。

**こいずみ-しんぞう【小泉信三】**(一八八八〜一九六六) 経済学者・教育家。東京生まれ。慶大卒。慶応義塾塾長。マルクス主義批判者として著名。昭和三四年(一九五九)文化勲章受章。

**こいずみ-ちかし【古泉千樫】**(一八八六〜一九二七) 歌人。本名、幾太郎。千葉県生まれ。伊藤左千夫に師事し『アララギ』で活躍。のち青垣会を結成。歌風は整った声調に深い情感をこめる。歌集『川のほとり』『屋上の土』など。

**こいずみ-やくも【小泉八雲】**(一八五〇〜一九〇四) 随筆家・小説家・英文学者。イギリスから日本に帰化する前の名はラフカディオ＝ハーン(ヘルン)。ギリシア生まれ。明治二三年(一八九〇)来日。小泉節子と結婚。日本を愛し、海外に紹介。東大などの英文学教師としても活動。随想『知られざる日本の面影』、小説『怪談』など。↓写

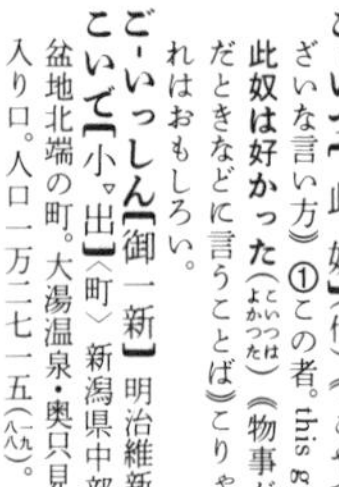
●小泉八雲

**こい・する【恋する】**(サ変自他) 異性を恋しく思う。深く愛する。love

**ゴイセン【Geusen ドイツ】** 一五六六年にスペインの暴政に抗して蜂起した、ネーデルラント貴族の同盟につけたあだ名。乞食の意(オランダ語ではヘーゼン)。海上でスペイン艦隊と戦った船隊は「海乞食(ゼー—ゴイセン)」といい、独立の原動力となった。

**こ-いそぎ【小急ぎ】** 少し急ぐこと。用例 —に歩く。

**こいそ-くにあき【小磯国昭】**(一八八〇〜一九五〇) 陸軍大将・政治家。栃木県生まれ。朝鮮総督を経て昭和一九年(一九四四)組閣、戦局の挽回を図ったが失敗。極東裁判で終身禁固刑。

**こいそ-りょうへい【小磯良平】**(一九〇三〜八八) 洋画家。神戸生まれ。東京美術学校卒。東京芸大教授。アカデミックな作風。作品『斉唱』など。

**こ-いた【小板】** ①茶道で風炉の敷き板の一種。②茶室で炉が向こう切りのとき、炉の向かいに入れる小さな板。

**ごいちご-じけん【五・一五事件】** 昭和七年(一九三二)五月一五日、軍事政権樹立をめざして海軍青年将校らが起こしたクーデター。首相官邸・内大臣邸・日銀などを襲い、犬養毅首相を殺害。以後軍部が台頭し、政党内閣時代に終止符を打った。

**ごいちじょう-てんのう【後一条天皇】**(一〇〇八〜三六) 第六八代天皇(在位一〇一六〜三六)。名は敦成。一条天皇の第二皇子。母は藤原道長の娘の彰子。

**こい-ちゃ【濃(い)茶】** ①抹茶の一種。直射日光を避けた茶の老樹の若芽を用い、茶臼でひいて作る。②茶道の濃茶点前。③濃い茶色。dark brown

**こいちゃ-てまえ【濃(い)茶点前】** 茶道で濃茶を点てる作法。一碗でふつう五人分を点て、それを飲み回すが、炉・風炉の別、また流儀によって多少の相違がある。

**コイチョウ【貴州】**〈省〉(Guizhōu) ↓きしゅう(貴州)

**ごい-ちょうさ【語彙調査】** ある人・集団・社会・文章・書物などについて、どんな語が、どれほど使われるかを明らかにする統計的調査。vocabulary survey

**こ-いつ【此奴】**(代)《「こやつ」の転。ぞんざいな言い方》①この者。this guy ②これ。

**此奴は好かった**(こいつはよかった)《物事がうまく運んだときなどに言うことば》こりゃあいいや。これはおもしろい。

**ご-いっしん【御一新】** 明治維新。

**こいで【小出】**〈町〉 新潟県中部、六日町盆地北端の町。大湯温泉・奥只見方面への入り口。人口一万二七一五(一九八八)。

**ゴイティソロ【Juan Goytisolo】**(一九三一〜 ) スペインの小説家。ネオリアリズムから神話的世界の構築に移行。作品『楽園の闘い』『身分証明書』など。

**こいで-ならしげ【小出楢重】**(一八八七〜一九三一) 洋画家。大阪生まれ。東京美術学校卒。関西洋画界の指導者。要約された形態と艶のある色調で独自の画風をつくる。作品『Nの家族』『支那寝台の裸婦』など。↓写(次ページ)

**こいと-げんたろう【小絲源太郎】**(一八八七〜一九七八) 洋画家。東京生まれ。東京美術学校卒。簡潔な風景画で日展洋画を代表。昭和四〇年(一九六五)文化勲章受章。作品『山粧う』『惜春賦』など。

**こいな**《方言》沖縄地方に伝承される叙事的歌謡。物事が成就する経過をこまごまと叙述し、その詞章どおりの実現を祈る呪歌の一種で、田植え・機織り・旅立ちなどさまざまの機会に歌われる。

**こい-なか【恋仲】** 恋し合っている間柄。lovers

**こい-にょうぼう【恋女房】** 恋し合って結婚した女房。こいづま。one's beloved wife

●小出楢重『Nの家族』。大正八年(一九一九)、大原美術館(岡山県)。

**こいにょうぼうそめわけたづな**【恋女房染分手綱】人形浄瑠璃。時代物。一三段。歌舞伎でも上演。吉田冠子・三好松洛合作。宝暦元年(一七五一)初演。近松門左衛門の『丹波与作待夜の小室節』の改作。通称「重の井子別れ」が有名。

**こいぬ-ざ**【小犬座】天の赤道のやや北にある小星座。一等星プロキオンはα星。三月一日ごろの午後八時ごろに南中。面積一八三平方度。Canis Minor →図

●小犬座

**こいぬのワルツ**【小犬のワルツ】《原題 Valse "Petit chien" フランス》ショパン作曲のピアノ曲、作品六四第一。小犬がしっぽを追いかけ回すさまを描いたという。一分三〇秒の作品。

**コイネー**【koinē ギリシア】《共通語の意》ヘレニズム時代に用いられた標準ギリシア語。古代のアッチカ方言を母体とし、アレクサンドロス大王の時代以後、アフリカから小アジアにわたる地域に広がった。『新約聖書』にはコイネーが用いられた。

**こい-ねが・う**【▽希う・▼冀う・▽庶▽幾う・▽庶う】(五他)《「請い願う」の意》せつに望む。切望する。entreat

**こいねがわく-は**【▽希わくは】(副)願い望むことには。なにとぞ。どうぞ。

**こい-のぼり**【▼鯉▼幟】紙または布でコイをかたどった吹き流し形の幟。端午の節句に戸外へ立てる縁起物。立身出世のたとえであるコイの滝のぼりを象徴。五月幟。幟。

**こいはまじゅつし**【恋は魔術師】《原題 El amor brujo スペイン》バレエ作品。ファリャ作曲。一九一五年初演。組曲もある。

**こい-はん**【故意犯】罪となることを知りながら、あえて行われた犯罪。殺人犯・窃盗犯など、ほとんどの犯罪がこれにあたる。

**こい-びと**【恋人】恋しく思う相手。相思の間柄の、その相手。lover

**こいびとよわれにかえれ**【恋人よわれに帰れ】《原題 Lover, come back to me》オスカー=ハマースタイン二世作詞・シグムンド=ロンバーグ作曲。一九二八年のミュージカル『ニュームーン』中の歌。

**こい-ぶみ**【恋文】恋いしたう気持ちを書いた手紙。つやぶみ。ラブレター。love letter

**こ-いほう**【古医方】漢方医学の一流派。江戸時代中期におこった。おもに『傷寒論』『金匱要略』をもとにし、経験・実証により真に効果のある薬方をとりいれた。古方。

**こい-め**【濃いめ】少し濃いこと。strong 対義 薄め。用例 —のコーヒーを好む。

**こ-いも**【子芋】①小さい芋。②サトイモの球茎で、親いもに付随した小さな芋。③サトイモの別名。

**こい-やまい**【恋病】恋をして、病気のようになること。恋わずらい。恋やみ。

**コイリン**【桂林】(Guilin)→けいりん(桂林)

**コイル**【coil】①絶縁した導線をらせん状に巻いたもの。電流で磁場を作るのに使う。②鋼線をらせん状に巻いたもの。線輪。巻き線。

**こいわい-のうじょう**【小岩井農場】岩手県西部、岩手山南麓の牧場。面積二六km²。名称は創始者小野・岩崎・井上三氏からとったもの。

**こい-わずらい**【恋煩い】恋しく思うあまりに、病気のようになること。こいやまい。こいやみ。lovesickness

**こいわすれ-がい**【恋忘貝】ワスレガイの異名。

**こい-わすれぐさ**【恋忘草】カンゾウの異名。

**こ-いん**【雇員】官庁などで、事務官や技官などの仕事を助けるために雇った人。やとい。assistant employee 対義 本官。

**コイン**【coin】貨幣。硬貨。用例 —ロッカー。

**ご-いん**【五音】=ごおん。①仏教音楽の用語。雅楽では五声。宮・商・角・徴・羽の五音からなる音階。②五十音図の各行の五つの音。③日本語の五つの母音。④音調。ねいろ。

**ご-いん**【誤飲】(名・サ変他)異物を誤って飲み込むこと。

**コインブラ**【Coimbra】ポルトガル中部の商業都市。ローマ時代以来の古都で、大聖堂やヨーロッパ最古の大学など、史跡に富む。人口七・五万(一九八四)。

**コイン-ランドリー**《和製語》硬貨を入れると動く、自動式の電気洗濯機と乾燥機を備えたセルフサービスの店。

**コイン-ロッカー**《和製語》硬貨を投入すると、かぎで錠を開閉できる方式の、手荷物用の貸しロッカー。

**コウ** 3画【口】部首[口] 教育小1 JIS 2493

口口口

音 コウ・ク
訓 くち

①くち。五官の一つ。また、くちにする。くちでいう。「開口」「口語・口中・口内」②ほかのところにはいる境め。「河口」用例《接尾的》突破—。③ひと。人のかず。「戸口調査・人口」↓ク[口]

**コウ** 3画【工】部首[工] 教育小2 JIS 2509

工工工

音 コウ・ク

①ものをつくる、しごと。「加工・人工」「工業・工芸・工事」②道具をつかって仕事をする人。「工員」用例《接尾的》熟練—。↓ク[工]

**コウ** 4画【▼亢】部首[亠] JIS 4822

音 コウ

①たかぶる。たかまる。のぼる。あがる。「亢進・亢竜」②のど。のどぶえ。咽喉。

**コウ** 4画【公】部首[八] 教育小3 →教育小2 JIS 2488

公公公公

音 コウ・ク
訓 おおやけ

①おおやけ。対義 私。「官公吏・奉公」「公金・公私」②かたよらない。ただしい。「公正・公平・公明」③社会一般。対義 私。「公益・公演・公開・公告・公衆・公民館」④広く通じる。「公約数・公理」⑤爵位の第一位。「公爵」用例(名)—侯伯子男。《接尾的》伊藤—。⑥身分の高い人をさすのに用いる。用例(代)—の直話によれば。⑦貴人の姓名につけて用いる。用例(接尾)清盛—。⑧くだけた、または、ぞんざいな呼び方に用いる。用例(接尾)八—。

**コウ** 4画【▼勾】部首[勹] JIS 2491

音 コウ・ク

①かぎ。ひっかける。②まがる。そる。「勾配・勾欄」③つかさどる。任務にあたる。「勾当」④とらえる。とどめる。「勾引・勾留」

**コウ** 4画【孔】部首[子] 常用 JIS 2506

音 コウ・ク

①あな。つきぬけたあな。くち。「気孔・鼻孔・噴気孔」②中国の儒教の始祖である孔子のこと。「孔孟・孔門」③とおる。あなをとおる。「孔版」

**コウ** 4画【▼爻】部首[爻] JIS 6411

音 コウ

まじわる。交差する。

**コウ** 5画【功】部首[力] 教育小4 JIS 2489

功功功功功

音 コウ・ク

①てがら。いさお。対義 罪。「成功・大功・武功」「功績・功能・功名・功用」用例(名)—成り、名とぐ。②かい。ききめ。「奏功・年功」用例(名)—を奏する。↓ク[功]

**功成り名遂げる**(こうなりなとげる) 立派な仕事をして名声をあげる。achieve success and fame

**功を奏す**(こうをそうす) 事が成就する。be successful

**功を立てる**(こうをたてる) 功績をあげる。てがらを立てる。distinguish oneself 用例 日清戦争で功を立てた。

**功を積む**(こうをつむ) よい結果を得るために、努力を積み重ねる。

**コウ** 5画【▼叩】部首[口] JIS 3501

音 コウ

①たたく。うつ。②ぬかずく。頭を地につけておがむ。「叩首・叩頭」

**コウ** 5画【▼尻】部首[尸] JIS 3112

音 コウ

しり。①けつ。おいど。腰の後ろ下の部分。②器物の底。③あと。うしろ。④おしまい。すえ。⑤余波。とばっちり。⑥つつみかくしたこと。

**コウ** 5画【巧】部首[工] 常用 JIS 2510

音 コウ
訓 たくみ

たくみ。上手にやる。器用な。対義 拙。「技巧・精巧」「巧者・巧妙」

**コウ** 5画【広】部首[广] 教育小2 JIS 2513　15画【▼廣】旧字 JIS 5502

音 コウ
訓 ひろい・ひろま・ひろまる・ひろめる・ひろがる・ひろげる

広広広広広

①《宏とも》ひろい。対義 狭。「広軌・広義・広告・広大」②《弘とも》ひろめる。ひろげる。「広報」③ひろまる。ひろがる。

**コウ** 5画【▼弘】部首[弓] 人名用 JIS 2516

音 コウ・グ

ひろい。ひろめる。ひろげる。「弘遠・弘報」↓グ[弘]

**コウ** 5画【甲】部首[田] 常用 JIS 2535

音 コウ・カン

①一番め。第一位。「甲乙丙・甲種」用例(名)—の上。②手足の外がわ。かたいから。「亀甲・装甲」「甲殻類・甲骨文・甲板」用例(名)亀の—より年の功。③よろい。からだをおおい守る武具。④きのえ。十干の第一。⑤甲斐国のこと。「甲州」↓カン[甲]

**甲が舎利になる**(こうがしゃりになる)《「甲」は頭蓋骨、「舎利」はこなごなの骨のこと。かたい甲が砕けて舎利になることから》①めったにない。②《多く「甲が舎利になっても」の形で》断じて・絶対に、…ない。

**甲に着る**(こうにきる) 他人の威を借りていばる。他人の威勢をかさに着る。

**コウ** 6画【▼亘】部首[二] 人名用 JIS 4743

音 セン・ゼン・カン・ガン・コウ

わたる。あまねくわたる。およぶ。…まで。参考 亙とは別の字。↓セン[亘]

**コウ** 6画【▼亙】部首[二] JIS 4742

音 コウ

わたる。あまねくわたる。およぶ。…まで。参考 亘とは別の字だが、人名用漢字では、亘の許容字体とされる。

**コウ** 6画【交】部首[亠] 教育小2 JIS 2482

音 コウ・キョウ
訓 まじわる・まじえる・まじる・まざる・まぜる・かう・かわす

交交交交交交

①まじわる。つきあい。「外交・親交・絶交」「交際・交友」②やりとりする。かわす。かえる。かわる。「交易・交換・交互・交替」③季節のかわりめ。ころ。用例(名)春夏の—。④《媾とも》男女がまじわる。「交合」

**コウ** 6画【仰】部首[人・亻] 常用 JIS 2236

音 ギョウ・コウ・ゴウ
訓 あおぐ・おおせ

あおぐ。したう。「景仰・賛仰・信仰」↓ギョウ[仰]

**コウ** 6画【▼伉】部首[人・亻] JIS 4836

▼常用漢字表外。　▽常用漢字表の音訓外。

音コウ
①あいて。つれあい。配偶者。「伉儷」 ②ならぶ。匹敵する。

**コウ** 6画 【光】 部首[儿] 教育小2 JIS 2487
音**コウ**
訓**ひかる・ひかり**
光光光光光光
①ひかる。ひかり。「日光」「光輝・光源・光線」 用例《接尾的》直射―。 ②かげ。「月光」 ③ありさま。景色。「観光・風光」「光景」 ④尊敬を表すのに用いる。「光来・光臨」 ⑤とき。時間。「消光」「光陰」 ⑥ほまれ。はえ。「光栄」

**コウ** 6画 【后】 部首[口] 教育小6 JIS 2501
音**コウ・ゴ**
后后后后后后
①きさき。天子の妃。「皇后・母后」 ②のち。あと。うしろ。

**コウ** 6画 【向】 部首[口] 教育小3 JIS 2494
音**コウ**・キョウ・ショウ
訓**むく・むける・むかう・むこう**
向向向向向向
①むかう。むく。むき。「意向・回向・下向・傾向」「向学・向寒・向上」 ②したがう。対義背。「向背」 ③今から。「向後」

**コウ** 6画 【好】 部首[女] 教育小6 →教育小4 JIS 2505
音**コウ**
訓**このむ・すく**
好好好好好好
①このむ。すく。対義悪(にくむ)。「愛好・同好」「好悪・好学・好物」 ②よい。このましい。「良好」「好意・好感・好評」 用例《接頭的》―人物。 ③よしみ。つきあい。「修好・親好・友好」

**コウ** 6画 【扛】 部首[扌] JIS 5712
音コウ
あげる。かかえあげる。また、になう。かつぐ。

**コウ** 6画 【扣】 部首[扌] JIS 5711
音コウ
①ひかえる。ひきさる。のぞく。「扣除」 ②たたく。うつ。「扣舷」

**コウ** 6画 【攷】 部首[攵] JIS 5831
音コウ
かんがえる。かんがえ。

**コウ** 6画 【江】 部首[氵] 常用 JIS 2530
音**コウ**・ゴウ
訓**え**
①かわ。大きなかわ。「大江」「江村」 ②中国のかわ、揚子江のこと。対義河。「長江」「江河・江南」 ③え。いりえ。湾。 ↓ゴウ[江]

**コウ** 6画 【考】 部首[耂] 教育小2 JIS 2545
音**コウ**
訓**かんがえる**
考考考考考考
①かんがえる。かんがえ。「愚考・思考・熟考」「考案・考究・考慮」 用例《接尾的》語意―。 ②しらべる。くらべる。「考課・考古学・考査」 ③死んだ父。対義妣。「皇考・先考」

**コウ** 6画 【行】 部首[行] 教育小2 JIS 2552
音**コウ・ギョウ・アン**
訓**いく・ゆく・おこなう**
行行行行行行
①ゆく。いく。「運行・急行・徐行・旅行」「行進」 ②旅行や行進。用例(名)―をさかんにする。《接尾的》逃避―。 ③する。なす。「行軍・行文」 ④おこない。「孝行・善行」「行為・行動」 用例(名)―をともにする。 ⑤仲買い業。「銀行・洋行」 ⑥漢詩の一体。楽府の題。用例(名)琵琶―。 ↓アン・ギョウ[行]

**コウ** 7画 【亨】 部首[亠] 人名用 JIS 2192
音キョウ・コウ・ホウ
とおる。さわりなくおこなわれる。 ↓キョウ[亨]

**コウ** 7画 【劫】 部首[力] JIS 2569
7画 【刧】 部首[刀] 異体字 JIS 4971
音キョウ・コウ・ゴウ
①《梵語kalpaの音訳の「劫簸・劫波」の略》仏教で、数えることができないほど長い時間。対義刹那。「劫初」 ②碁で、たがいに一手以上おかなければ相手の石を取れない状態。用例(名)―争い。 ↓キョウ・ゴウ[劫]
**劫を経る**(こうをへる) 長い年月を経る。年功を積む。have long experience

**コウ** 7画 【匣】 部首[匚] JIS 5026
音コウ・ゴウ
はこ。てばこ。くしげ。小さい箱。

**コウ** 7画 【吭】 部首[口] JIS 5066
音コウ
のど。のどぶえ。咽喉。

**コウ** 7画 【吼】 部首[口] JIS 5067
音コウ・ク
ほえる。さけぶ。獣がなく。「獅子吼」「吼怒」

**コウ** 7画 【坑】 部首[土] 常用 JIS 2503
音**コウ**
あな。大きなあな。地下にほった道。「炭坑」「坑口・坑道・坑内」

**コウ** 7画 【孝】 部首[子] 教育小6 JIS 2507
音**コウ**・キョウ
孝孝孝孝孝孝
父母によくつかえる。対義忠。「忠孝」「孝行・孝養」 用例(名)―は百行のもと。
**孝は百行の本**(こうはひゃっこうのもと) 孝行はあらゆる善行のもとである。

**コウ** 7画 【宏】 部首[宀] 人名用 JIS 2508
音コウ
ひろい。ひろくて大きい。「恢宏」「宏遠・宏壮・宏大・宏量」

**コウ** 7画 【阬】 部首[阝]
音コウ
①あな。大きなあな。地下にほった道。 ②あなにする。あなにいれる。あなにうめてころす。

**コウ** 7画 【抗】 部首[扌] 常用 JIS 2519
音**コウ**
てむかう。さからう。はりあう。「対抗・抵抗・反抗」「抗議・抗弁」

**コウ** 7画 【攻】 部首[攵] 常用 JIS 2522
音**コウ**
訓**せめる**
①せめる。武力でせめる。対義守・防。「遠交近攻・先攻・難攻不落」「攻撃・攻勢」 ②おさめる。学問などにとりつく。「専攻」「攻学・攻究」

**コウ** 7画 【更】 部首[曰] 常用 JIS 2525
音**コウ**
訓**さら・ふける・ふかす**
①かえる。あらためる。かわる。「変更」「更新」 ②一夜を五つにわけた、一つ。「三更・初更」 ③さら。新しいこと・もの。 ④さらに。 ⑤ふける。ふかす。
**更闌ける**(こうたける) 夜が更ける。

**コウ** 7画 【肓】 部首[月] JIS 7075
音コウ
心臓の下で、横隔膜の上のかくれている部分。「膏肓」

**コウ** 7画 【肛】 部首[月] JIS 7074
音コウ
しりのあな。直腸の末端の、大便を出すあな。「脱肛」「肛門」

**コウ** 7画 【杠】 部首[木] JIS 5926
音コウ
①はたざお。 ②ちきり。ちぎ。ちぎばかり。大きな桿秤。

**コウ** 7画 【汞】 部首[水] JIS 6171
音コウ
みずがね。水銀。元素の一つ。「昇汞」

**コウ** 8画 【佼】 部首[人・亻] JIS 2483
音コウ・キョウ
うつくしい。うるわしい。なまめかしい。

**コウ** 8画 【効】 部首[力] 教育小5 JIS 2490
10画 【效】 部首[攵] 旧字 JIS 5835
音**コウ**
訓**きく**
効効効効効効
①きく。ききめ。しるし。「実効・特効・有効」「効果・効能・効用」 用例(名)胃病に―あり。 ②ならう。まねる。まなぶ。 ③いたす。つくす。
**効を奏す**(こうをそうす) 事が、目標にかなった、よい結果になる。功を奏す。be effective

**コウ** 8画 【呷】 部首[口] JIS 5078
音コウ
①すう。のむ。 ②あおる。あおむいて、ぐっと飲む。さかんに飲む。

**コウ** 8画 【岡】 部首[山] JIS 1812
11画 【崗】 異体字 JIS 5430
12画 【堽】 部首[土] 異体字 JIS 5246
音コウ
①おか。小高い土地。丘陵。 ②「花崗岩」は、石英・雲母・長石などをふくんでいる岩石。御影石。

**コウ** 8画 【岬】 部首[山] 常用 JIS 4408
音コウ
訓**みさき**
①山と山のあいだ。また、山のそば。 ②みさき。さき。はな。陸地の海や湖につきだしたところ。

**コウ** 8画 【幸】 部首[干] 教育小3 JIS 2512
音**コウ**
訓**さいわい・さち・しあわせ**
幸幸幸幸幸幸
①さいわい。しあわせ。さち。「不幸」「幸運・幸福」 用例(名)―か不幸か。 ②さいわいに。都合がよい。「幸便」 ③天子などのおでかけ。みゆき。「行幸・御幸」 ④かわいがる。愛する。「幸臣」

**コウ** 8画 【庚】 部首[广] JIS 2514
音コウ
かのえ。十干の第七。方位では西にあてる。「庚申」

**コウ** 8画 【苟】 部首[艹] JIS 7181
音コウ・ク
①いやしくも。かりそめにも。 ②かりそめ。まにあわせ。「苟且」

**コウ** 8画 【佝】 部首[忄] JIS 5565
音コウ・ク
おろか。いやしい。

**コウ** 8画 【悾】 部首[忄]
音コウ・キョウ
ぼんやりする。うっとりする。

**コウ** 8画 【拘】 部首[扌] 常用 JIS 2520
7画 【抅】 異体字
音**コウ**・ク
①とらえる。とどめる。とらえておく。「拘引・拘束」 ②かかわる。こだわる。とらわれる。「拘泥」

**コウ** 8画 【昂】 部首[日] 人名用 JIS 2523
9画 【昻】 異体字
音ゴウ・コウ
たかぶる。たかまる。のぼる。あがる。「激昂・軒昂」「心悸昂進・昂然・昂騰・昂奮・昂揚」

**コウ** 8画 【昊】 部首[日] JIS 5863
音コウ
そら。おおぞら。また、なつぞら。太陽のあかるい夏の空。

**コウ** 8画 【肯】 部首[月] 常用 JIS 2546
音**コウ**・カイ
①うなずく。よいとする。うべなう。がえんずる。「首肯」「肯定」 ②あえて。承知のうえで。 ③骨つきの肉。また、急所。「肯綮」

**コウ** 8画 【肱】 部首[月] JIS 2547
音コウ
ひじ。うで。かいな。肩からひじまでの部分。「股肱」



↓行き先項目、図版・写真参照印。 JIS 日本工業規格情報交換用漢字符号コード(区点コード)。

こ

**コウ** 8画 【▼肴】 部首［月］ JIS 2672 ｜ 17画 【▼餚】 部首［食］ 異体字
音コウ
さかな。副食物。おかず。「佳肴・嘉肴・酒肴」

**コウ** 8画 【▼杭】 部首［木］ JIS 2526
音コウ
①わたる。水の上をわたる。②「杭州」は、中国の地名。浙江省の省都。③くい。地面にうちこむ棒。

**コウ** 8画 【▼杲】 部首［木］ JIS 5862
音コウ
①あきらか。太陽がかがやいて明るいさま。「杲々」②たかい。上方にたかい。

**コウ** 8画 【▼炕】 部首［火］
音コウ
①あぶる。火の上において、かわかす。②かわく。かれる。③たかぶる。たかまる。④オンドル。床下に火気を通し、へや全体をあたたかくする装置。

**コウ** 8画 【▼狎】 部首［犭］ JIS 6432
音コウ
①なれる。なれなれしくする。「狎近」②あなどる。かろんずる。③かわるがわる。交代して。

**コウ** 8画 【▼矼】 部首［石］ JIS 6669
音コウ
①とびいし。いしばし。水中にとびとびに並べて、渡れるようにした石。②かたい。誠実な。

**コウ** 9画 【侯】 部首［人・亻］ 常用 JIS 2484
音コウ
①とのさま。きみ。「王侯・君侯・諸侯・藩侯・列侯」②爵位の第二位。「侯爵」用例(名)公―伯子男。《接尾的》木戸―。

**コウ** 9画 【厚】 部首［厂］ 教育小5 JIS 2492
音コウ
訓あつい
厚 厚 厚 厚 厚
①あつい。ふかい。対義薄。「温厚・濃厚」②心のこもった。ねんごろ。対義薄。「厚志・厚情」③大切にする。「厚生」④あつかましい。「厚顔」

**コウ** 9画 【▼咬】 部首［口］ JIS 5091
音ゴウ・コウ
かむ。かじる。くいつく。「咬傷」

**コウ** 9画 【▼哄】 部首［口］ JIS 5092
音コウ
①どよめき。大勢が大声をあげること。②わらう。大声でわらう。「哄笑」

**コウ** 9画 【▼哘】 部首［口］ 和製漢字 JIS 5106
音コウ
①さそう。いざなう。②さけぶ。さけび。大声で注意する。

**コウ** 9画 【▼垢】 部首［土］ JIS 2504
音コウ・ク
①あか。けがれ。よごれ。②ちり。ほこり。③はじ。恥辱。

**コウ** 9画 【▼姤】 部首［女］
音コウ・ク
①あう。であう。②易の六十四卦の一つ。

**コウ** 9画 【▼姮】 部首［女］
音コウ・ゴウ
①月にすむという仙女の名。②「姮娥」は、月のこと。

**コウ** 9画 【▼峇】 部首［山］ JIS 5420
音コウ
①山のかたち。山容。②山のほら穴。山窟。

**コウ** 9画 【▼巷】 部首［己］ JIS 2511
音コウ
①ちまた。町通り。「陋巷」②民間。世間。「巷説」

**コウ** 9画 【後】 部首［彳］ 教育小2 JIS 2469
音ゴ・コウ
訓のち・うしろ・あと・おくれる
筆順↓ゴ【後】
①あとの方。対義前。「後者・後半・後部」②場所のうしろ。対義前。「前方後円」「後衛・後援・後退・後方・後列」③対義前。㋐時のあと。「後悔・後期」用例《接頭的》―半生。㋑未来。のち。「後人」④対義先。㋐順序のあと。「後任・後輩」㋑おくれている。「後進国」↓ゴ【後】

**コウ** 9画 【▼荇】 部首［艹］
音コウ
アサザ。リンドウ科の多年草。沼や池にはえる。

**コウ** 9画 【荒】 部首［艹］ 常用 JIS 2551 ｜ 9画 【▼荒】 旧字
音コウ
訓あらい・あれる・あらす
①あれる。あれはてる。田畑の作物がみのらない。「凶荒」「荒土・荒野・荒涼」②すたれる。かえりみない。「荒廃」③でたらめ。「荒唐無稽」④国のはて。「八荒」⑤あらい。乱暴な。強くはげしい。⑥あらす。害をなす。ぬすむ。

**コウ** 9画 【郊】 部首［阝］ 常用 JIS 2557
音コウ
まちはずれ。まちのそと。いなか。「近郊・西郊」「郊外・郊野」

**コウ** 9画 【恒】 部首［忄］ 常用 JIS 2517 ｜ 9画 【▼恆】 旧字 JIS 5581
音コウ・ゴウ
①ひさしい。いつまでも。つねに。「恒久」②かわらない。いつもの。つねの。「恒常・恒星・恒例」

**コウ** 9画 【▼恍】 部首［忄］ JIS 5582
音コウ
ぼんやりする。うっとりする。「恍惚」

**コウ** 9画 【▼恰】 部首［忄］ JIS 1970
音コウ・カッ
あたかも。まるで。ほどよく。「恰好」

**コウ** 9画 【▼挍】 部首［扌］
音コウ
かんがえる。くらべる。ひきあわせて見る。

**コウ** 9画 【▼胛】 部首［月］ JIS 7080
音コウ
かいがらぼね。かいがね。左右の肩の背面にある、平たい三角形の骨。「肩胛骨」

**コウ** 9画 【▼柙】 部首［木］
音コウ
おり。動物などを入れておくはこ・へや。

**コウ** 9画 【▼洚】 部首［氵］
音コウ
おおみず。洪水。

**コウ** 9画 【洪】 部首［氵］ 常用 JIS 2531
音コウ
①おおみず。水流が増加して、あふれでること。「洪水・洪積層」②おおきい。さかん。「洪恩」③ハンガリー(洪牙利)のこと。

**コウ** 9画 【▼洸】 部首［氵］ 人名用 JIS 6211
音コウ
①水がひかるさま。②ひろい。水が深く広いさま。③いさましい。たけだけしい。

**コウ** 9画 【▼洽】 部首［氵］ JIS 6210
音コウ
①あまねし。ゆきわたる。「洽聞」②うるおす。うるおう。③やわらぐ。うちとける。「洽和」

**コウ** 9画 【▼狡】 部首［犭］ JIS 6436
音コウ・キョウ
ずるい。わるがしこい。はしこい。「狡猾・狡智・狡兎」

**コウ** 9画 【皇】 部首［白］ 教育小6 JIS 2536
音コウ・オウ
皇 皇 皇 皇 皇
①てんのう。すめらぎ。みかど。きみ。「上皇」「皇位・皇室」②すめら。てんのうに関することにつけて尊敬を示す。③あわただしい。せわしい。「倉皇」↓オウ【皇】

**コウ** 9画 【紅】 部首［糸］ 教育小6 JIS 2540
音コウ・ク・グ
訓べに・くれない
紅 紅 紅 紅 紅 紅
①べに。くれない。あかい。対義白。「紅玉・紅梅・紅白・紅葉」②婦人に関することにいう。「紅灯・紅涙」↓ク【紅】

**コウ** 9画 【▼缸】 部首［缶］ JIS 6993
音コウ
かめ。水や酒を入れる大きなかめ。

**コウ** 9画 【▼舡】 部首［舟］
音コウ
①ふね。②「舡魚」は、タコブネ。アオイガイ科の軟体動物。ふねだこ。

**コウ** 9画 【▼虹】 部首［虫］ 人名用 JIS 3890
音コウ
にじ。空中の水滴にあたった日光が分散して、七色に現れるもの。「白虹」

**コウ** 9画 【▼訇】 部首［言］
音コウ・キン
大きな音。また、おどろいてさけぶ声。

**コウ** 9画 【香】 部首［香］ 常用 JIS 2565
音コウ・キョウ
訓か・かおり・かおる
①よいにおい。かおり。か。かおる。「芳香」「香気・香水」②よいにおいのたきもの。「沈香・線香」「香煙・香炉」用例(名)―を聞く。―をたく。↓キョウ【香】
**香を闘わす**(こうをたたかわす) 数人が集まっておのおの香をたき、その優劣を競う。

**コウ** 10画 【▼倖】 部首［人・亻］ JIS 2486
音コウ
さいわい。こぼれざいわい。思いがけない幸運。「僥倖・射倖」

**コウ** 10画 【候】 部首［人・亻］ 教育小4 JIS 2485
音コウ
訓そうろう
候 候 候 候 候 候
①おり。とき。時節。「気候・天候」「候鳥」用例(名)春暖の―。若葉の―。②うかがう。たずねる。まつ。「伺候・斥候」「候補」③きざし。しるし。「兆候」④そうろう。㋐つかえる。はべる。㋑あります。おります。㋒…ます。

**コウ** 10画 【▼倥】 部首［人・亻］ JIS 4869
音コウ
①おろか。無知。②いそがしい。せわしい。③くるしい。くるしむ。「倥偬」

**コウ** 10画 【▼冓】 部首［冂］ ｜ 10画 【▼冓】 異体字 JIS 4942
音コウ
①かまえる。くむ。くみたてる。②へや。寝間。宮中の奥まったところ。

**コウ** 10画 【▼哮】 部首［口］ JIS 5112
音コウ
ほえる。さけぶ。獣がなく。たけぶ。「咆哮」

**コウ** 10画 【▼哽】 部首［口］ JIS 5111
音コウ
むせぶ。むせる。声がふさがる。

**コウ** 10画 【▼峺】 部首［山］ JIS 5424
音コウ・キョウ
①さえぎる。②かい。やまかい。やまあい。地名に用いられる。

**コウ** 10画 【▼逅】 部首［辶］ JIS 7780
音コウ・グ
あう。であう。ゆきあう。めぐりあう。「邂逅」

**コウ** 10画 【降】 部首［阝］ 教育小6 JIS 2563 ｜ 9画 【▼降】 旧字
音コウ・ゴウ
訓おりる・おろす・ふる
降 降 降 降 降 降
①おりる。くだる。対義乗・昇・登。「下降・昇降」②ふる。おちてくる。「降雨・降雪」③まける。したがう。「降参・降伏」用例(名)―を勧める。④あと。のち。「以降」⑤おろす。くだす。

**コウ** 10画 【▼晃】 部首［日］ 人名用 JIS 2524 ｜ 10画 【▼晄】 異体字 JIS 5872
音コウ



▼常用漢字表外。 ▽常用漢字表の音訓外。

あきらか。ひかる。かがやく。てる。

**コウ** 10画【胱】 部首[月]JIS 7089
音コウ
「膀胱」は、腎臓から送られてくる排出前の尿を、一時ためておく袋状の器官。ゆばりぶくろ。小便袋。

**コウ** 10画【校】 部首[木] 教育小1 JIS 2527
音**コウ**・キョウ

①まなびや。学園。「学校・下校・退校・登校・母校」「校医・校歌・校旗・校庭」用例(名)わが―が勝った。《接尾的》予備―。優勝―。②かんがえる。くらべる。ひきあわせて見る。「初校」「校閲・校正・校訂」③かせ。かし。自由をきかなくする刑具。④指揮者。「将校」

**コウ** 10画【栲】 部首[木] JIS 5962 ――10画【栲】異体字
音コウ・ゴウ
たえ。カジノキなどの皮の繊維で織った、白い光沢のある布。

**コウ** 10画【格】 部首[木] 教育小5 JIS 1942
音**カク・コウ**・キャク
筆順↓カク[格]
線や細い木・竹などを、たて・よこに組む。「格子」↓カク・キャク[格]

**コウ** 10画【桁】 部首[木] JIS 2369
音コウ
①けた。㋐建築で、家や橋などの柱の上にかけわたす横木。㋑そろばんの玉をとおす縦の棒。㋒数の位どり。②ころもかけ。「衣桁」

**コウ** 10画【浤】 部首[氵] JIS 6219
音コウ
水がわきあがるさま。

**コウ** 10画【浩】 部首[氵] 人名用 JIS 2532 ――10画【浩】旧字
音コウ
①大水のさま。②ひろい。おおきい。ゆたか。「浩恩・浩瀚・浩然」

**コウ** 10画【烘】 部首[火]
音コウ
①かがりび。てらす。もやす。②あぶる。かわかす。火にあててかわかす。

**コウ** 10画【烋】 部首[灬] JIS 6362
音コウ・キュウ
おごるさま。ほこるさま。↓キュウ[烋]

**コウ** 10画【皋】 部首[白] JIS 6608 ――11画【皐】異体字 JIS 2709
音コウ
①さわ。水辺の低地。②さつき。陰暦の五月の別称。

**コウ** 10画【盍】 部首[皿] JIS 6620
音コウ・ゴウ
①おおう。ふたをかぶせる。②あう。集合する。

**コウ** 10画【紘】 部首[糸] 人名用 JIS 2541
音コウ
①ひも。冠のひも。②つな。おおづな。③すみ。はて。かぎり。「八紘一宇」

**コウ** 10画【羔】 部首[羊] JIS 7022
音コウ
こひつじ。動物のヒツジの子。

**コウ** 10画【耕】 部首[耒] 教育小5 JIS 2544 ――10画【耕】旧字 ――9画【畊】部首[田] 異体字 JIS 6525
音**コウ**
訓**たがやす**

①たがやす。農業をする。「深耕・晴耕雨読・農耕」②せっせとはたらく。「筆耕」

**コウ** 10画【耗】 部首[耒] 常用 JIS 4455 ――10画【耗】旧字 ――9画【秏】部首[禾] 異体字
音**モウ・コウ**・ボウ
へる。すりへる。へらす。「心神耗弱」↓モウ[耗]

**コウ** 10画【耿】 部首[耳] JIS 7054
音コウ・ケイ
①ひかり。ひかる。「耿々」②あきらか。あかるい。

**コウ** 10画【航】 部首[舟] 教育小4 JIS 2550
音**コウ**

わたる。水の上や空をわたる。「運航・寄航・欠航」「航海・航空・航行・航路」

**コウ** 10画【蚣】 部首[虫] JIS 7347
音コウ・ショウ
「蜈蚣」は、ムカデ。ムカデ綱に属する節足動物。

**コウ** 10画【訌】 部首[言] JIS 7533
音コウ
うちわもめ。仲間うちでの争い。内紛。「内訌」

**コウ** 10画【豇】 部首[豆]
音コウ
ササゲ。マメ科の一年草。若い莢のままや、完熟した豆を食べる。

**コウ** 10画【貢】 部首[貝] 常用 JIS 2555
音**コウ・ク**
訓**みつぐ**
①みつぐ。みつぎものをさしだす。「朝貢・来貢」「貢献・貢米」②すすめる。人材を推薦する。「貢挙」↓ク[貢]

**コウ** 10画【高】 部首[高] 教育小2 JIS 2566
音**コウ**
訓**たかい・たか・たかまる・たかめる**

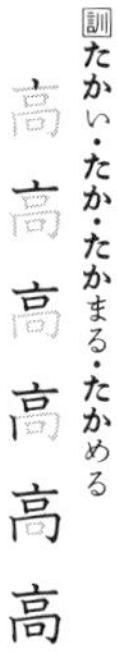

①たかい。年上である。たかさ。対義低い。「座高・標高」「高価・高空・高原・高校・高速・高齢」用例(接頭)―気圧。―学年。②すぐれた。立派な。「高雅・高尚・高僧」③尊敬を示して用いる。「高説・高著」④たかぶる。いばる。「高言・高慢」⑤高校のこと。⑥たかまる。たかめる。⑦たか。㋐かさ。量。㋑かねだか。額。㋒ねうち。程度。

**コウ** 11画【偟】 部首[人・亻]
音コウ
①さまよう。あてもなくあるきまわる。「彷徨」②いとま。ひま。

**コウ** 11画【啌】 部首[口] JIS 5119
音コウ
①しかる。また、怒りの声。②くちそそぐ。うがいをする。

**コウ** 11画【寇】 部首[宀] JIS 5368 ――10画【冦】部首[冖] 異体字 JIS 4946
音コウ
①あだ。こちらに害をなすもの。外から侵入する賊。外敵。「元寇・和寇・倭寇」②あだする。害をなす。しいたげる。乱暴する。

**コウ** 11画【康】 部首[广] 教育小4 JIS 2515
音**コウ**

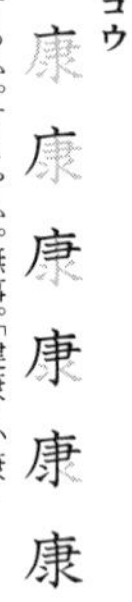

やすらか。すこやか。無事。「健康・小康」

**コウ** 11画【悾】 部首[忄]
音コウ
①まこと。誠実。②おろか。無知。道理にくらい。

**コウ** 11画【控】 部首[扌] 常用 JIS 2521 ――11画【控】旧字
音**コウ**
訓**ひか**える
①ひかえる。ひきさる。のぞく。「控除」②うったえる。つげる。「控訴」③ひかえ。

**コウ** 11画【晧】 部首[日] JIS 5878
音コウ
①あきらか。太陽がかがやいて明るいさま。②しろい。きよい。

**コウ** 11画【梗】 部首[木] JIS 2528
音コウ・キョウ
①おおむね。おおよそ。あらまし。「梗概」②ふさぐ。ふさがる。「梗塞」③「桔梗」は、キキョウ科の多年草。秋の七草の一つ。

**コウ** 11画【淆】 部首[氵] JIS 6234
音コウ
①いりまじる。みだれる。「混淆」②にごる。にごす。

**コウ** 11画【皎】 部首[白] JIS 6609
音キョウ・コウ
①あきらか。月の光が、しろくかがやく。②しろい。きよい。きよらか。

**コウ** 11画【盒】 部首[皿] JIS 6622
音コウ・ゴウ
①ふたもの。ふたのある容器。「飯盒」②さら。はち。

**コウ** 11画【袷】 部首[衤] JIS 1633
音コウ・キョウ
あわせ。裏をつけた衣服。

**コウ** 11画【釦】 部首[金] JIS 4353
音コウ・ク
ボタン。衣服の合わせめなどにつけるもの。

**コウ** 11画【黄】 部首[黄] 教育小2 JIS 1811 ――12画【黃】部首[黃] 旧字
音**コウ・オウ**
訓**き・こ**

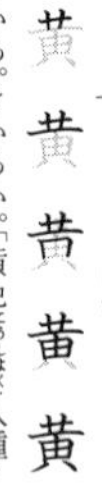

①き。こ。きいろ。きいろい。「黄色・人種・黄塵・黄土・黄葉」②お金。「黄白」↓オウ[黄]

**コウ** 12画【傚】 部首[人・亻] JIS 4891
音コウ
ならう。まねる。まなぶ。「傚慕」

**コウ** 12画【喉】 部首[口] JIS 2502
音コウ
のど。のんど。のどぶえ。「咽喉」「喉頭」

**コウ** 12画【徨】 部首[彳] JIS 5551
音コウ
さまよう。あてもなくあるきまわる。「彷徨」

**コウ** 12画【隍】 部首[阝] JIS 8006
音コウ
ほり。からぼり。城市のまわりの水のないほり。

**コウ** 12画【惶】 部首[忄] JIS 5621
音コウ
①おそれる。びくびくと、おそれる。「恐惶謹言」②あわてる。あわただしい。「蒼惶」

**コウ** 12画【慌】 部首[忄] 常用 JIS 2518 ――12画【慌】旧字
音**コウ**
訓**あわてる・あわ**ただしい
①おそれ、あわてる。「恐慌」②あわただしい。ことが急で、気がせかせかする。

**コウ** 12画【腔】 部首[月] JIS 2548
音コウ
①からだの中の中空の部分。「胸腔・口腔・腹腔・腔腸動物」②からだ。「満腔」

**コウ** 12画【椚】 部首[木] JIS 5992
音コウ
①かきねの横木。②高木の名。

**コウ** 12画【椌】 部首[木] JIS 5993
音コウ
①木製で箱型の楽器。音楽の始まりの合図に用いる。②装飾のない道具類。③むなしい。

**コウ** 12画【港】 部首[氵] 教育小3 JIS 2533 ――12画【港】旧字
音**コウ**
訓**みなと**

①みなと。船が集まって泊まるところ。「開港・漁港・築港・入港」②みなとに似た役割をするところ。「空港」

**コウ** 12画【湟】 部首[氵] JIS 6252
音コウ
①ほり。城市のまわりのほり。②中国の川の名。青海省から甘粛省をながれ、黄河に合流する。湟水。



↓行き先項目、図版・写真参照印。 JIS 日本工業規格情報交換用漢字符号コード(区点コード)。

**コウ** 12画【▼猴】 部首[犭] JIS 6445
音コウ
サル。ヒト以外のサル目に属する哺乳動物。ましら。「猿猴・沐猴」

**コウ** 12画【▼皓】 部首[白] 人名用 JIS 6611 ｜ 12画【▼晧】 旧字
音コウ
①あきらか。しろくかがやいて明るいさま。②しろい。きよい。「皓歯」

**コウ** 12画【▼硜】 部首[石]
音コウ・キョウ
「硜々」は、①石をたたきうつ音。②磬(石の楽器)の音。③かたくるしい小人物のさま。

**コウ** 12画【硬】 部首[石] 常用 JIS 2537
音コウ・ゴウ
訓**かたい**
かたい。こわばる。つよい。対義軟。「強硬・生硬」「硬貨・硬直・硬度」

**コウ** 12画【▼窖】 部首[穴] JIS 6760
音コウ
①あなぐら。ものをしまっておく地中のあな。②ふかい。かんがえぶかい。

**コウ** 12画【▼絎】 部首[糸] JIS 6914
音コウ
①へり。ふち。②ぬう。③くける。ぬい目が見えないようにぬう。

**コウ** 12画【▼絖】 部首[糸] JIS 6913
音コウ
①わた。きぬわた。まわた。②ぬめ。書画をかくときに用いる、地が薄くなめらかで、つやのある絹布。

**コウ** 12画【絞】 部首[糸] 常用 JIS 2542
音コウ・キョウ
訓**しぼる・しめる・しまる**
①しめる。くびる。しめころす。「絞殺・絞首刑」②しまる。③しぼる。しぼり。

**コウ** 12画【▼絳】 部首[糸] JIS 6912
音コウ
あか。あけ。あかい。濃い赤色。

**コウ** 12画【▼蛟】 部首[虫] JIS 7364
音コウ・キョウ
みずち。水中にすみ、ヘビに似ていて、四足があるという想像上の動物。竜の一種。「蛟竜」

**コウ** 12画【▼蛤】 部首[虫] JIS 4026
音コウ
ハマグリ。マルスダレガイ科の軟体動物。

**コウ** 12画【項】 部首[頁] 常用 JIS 2564
音**コウ**
①ことがら。箇条。「事項・条項・別項・要項」「項目」②数学で、数式の各部分。また、級数の各数。「移項・同類項」③うなじ。首のうしろ。えり首。

**コウ** 13画【▼媾】 部首[女] JIS 5329
音コウ
①まじわる。男女がまじわる。「媾合」②なかなおりする。よしみをむすぶこと。「媾和」

**コウ** 13画【▼幌】 部首[巾] JIS 4358
音コウ
ほろ。①おおい。上にかぶせたり、まわりを囲うもの。②馬車などの日よけや雨よけ。③昔、矢を防ぐため、よろいの背に負った袋状の布。

**コウ** 13画【▼蒿】 部首[艹] JIS 7270
音コウ
ヨモギ。キク科の多年草。もちぐさ。

**コウ** 13画【▼遑】 部首[辶] JIS 7803
音コウ
①いとま。ひま。②あわてる。あわただしい。

**コウ** 13画【▼搆】 部首[扌] JIS 5776
音コウ
①ひく。ひっぱる。②かまえる。くむ。くみたてる。

**コウ** 13画【▼滉】 部首[氵] JIS 6269
音コウ
たちまち。にわかに。「滉瀁」

**コウ** 13画【溝】 部首[氵] 常用 JIS 2534 ｜ 13画【▼溝】 旧字
音**コウ**
訓**みぞ**
①みぞ。たに。「海溝・地溝」②ほり。ほりわり。どぶ。「下水溝・排水溝」「溝渠」

**コウ** 13画【▼滉】 部首[氵] JIS 6270
音コウ
ひろい。水が深く広いさま。

**コウ** 13画【▼煌】 部首[火] JIS 6374
音コウ
あきらか。ひかる。かがやく。てる。「煌々」

**コウ** 13画【▼粳】 部首[米] JIS 6875 ｜ 9画【▼秔】 部首[禾] 異体字 ｜ 12画【▼稉】 部首[禾] 異体字
音コウ
うるち。うるしね。ねばらない普通の米。

**コウ** 13画【▼詬】 部首[言] JIS 7545
音コウ・ク
①はずかしめる。②はじ。恥辱。③ののしる。しかる。

**コウ** 13画【▼鉤】 部首[金] JIS 7876 ｜ 12画【▼鈎】 異体字 JIS 1935
音コウ・ク・コ
①かぎ。先のまがった金具。②かける。ひっかける。かぎでひっかける。③巻きあげたすだれに掛けてとめるかぎ。こ。

**コウ** 13画【鉱】 部首[金] 教育小5 JIS 2559 ｜ 23画【▼鑛】 旧字 JIS 7942 ｜ 20画【▼礦】 部首[石] 異体字 JIS 6672 ｜ 10画【▼砿】 部首[石] 異体字 JIS 2560
音**コウ**

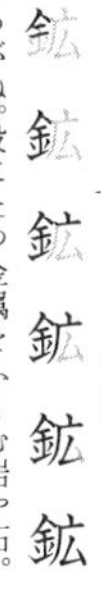

①あらがね。役にたつ金属をふくむ岩や石。「採鉱」「鉱山・鉱石」②鉱山のこと。「金鉱・炭鉱」

**コウ** 13画【▼閘】 部首[門] JIS 7962
音コウ・オウ
①ひのくち。開閉して水位を調節したり、船を通したりする水門。「閘門」②とじる。しめる。

**コウ** 13画【▼頏】 部首[頁] JIS 8082
音コウ
①のど。のどぶえ。咽喉。②おりる。鳥が舞いおりる。「頡頏」

**コウ** 14画【▼遘】 部首[辶] JIS 7809
音コウ
①あう。であう。②まみえる。謁見する。

**コウ** 14画【▼慷】 部首[忄] JIS 5645 ｜ 7画【▼忼】 異体字
音コウ
①たかぶる。感情がたかぶる。②なげく。いかりなげく。「慷慨」

**コウ** 14画【▼敲】 部首[支] JIS 5842 ｜ 14画【▼敂】 部首[攴] 異体字
音コウ
たたく。うつ。どんどんとうつ。「推敲」

**コウ** 14画【▼膏】 部首[月] JIS 2549
音コウ
①肉のあぶら。脂肪。「膏血」②あぶらぐすり。「膏薬」③こえる。こえている。「膏土」

**コウ** 14画【▼榼】 部首[木]
音コウ
①たる。水や酒を入れておく容器。②ふた。おおい。容器のおおい。

**コウ** 14画【▼槁】 部首[木] JIS 6041
音コウ
①かれる。からす。かれ木。②かわく。かわかす。

**コウ** 14画【構】 部首[木] 教育小5 JIS 2529 ｜ 14画【▼構】 旧字
音**コウ**
訓**かまえる・かまう**

①かまえる。くむ。くみたてる。「機構・虚構」「構成・構造」②かこい。かまえ。「構外・構内」③かまう。気にかける。

**コウ** 14画【▼槓】 部首[木] JIS 6042
音コウ
てこ。重いものを動かすのに用いる棒。支点とその棒の長さを利用する。「槓杆」

**コウ** 14画【▼毃】 部首[殳]
音カク・コウ
たたく。うつ。どんどんとうつ。

**コウ** 14画【▼熕】 部首[火] 和製漢字 JIS 6380
音コウ
おおづつ。大砲。火砲。「砲熕」

**コウ** 14画【▼犒】 部首[牛] JIS 6423
音コウ
ねぎらう。飲食物をおくって、兵士を慰問する。「犒賞」

**コウ** 14画【▼睪】 部首[目] JIS 6648
音コウ
①さわ。水辺の低地。②きんたま。ふぐり。男性の生殖器の一部。「睪丸」

**コウ** 14画【▼箜】 部首[竹] JIS 6819
音コウ・ク
「箜篌」は、百済琴。二三または二五弦の弦楽器。ハープに似ている。

**コウ** 14画【綱】 部首[糸] 常用 JIS 2543
音**コウ**
訓**つな**
①つな。おおづな。②おおもと。規則。「大綱・要綱」「綱要・綱領」③人間のなすべきおおもと・道。「三綱五常」④部わけ。分類の段階。生物学では、門の下位、目の上位。「第一綱」「綱目」

**コウ** 14画【▼誥】 部首[言] JIS 7553
音コウ・コク
①つげる。しらせる。上の者が下の者にしらせる。また、さとす。いましめる。「申誥」②たけぶ。さけぶ。ほえる。おらぶ。

**コウ** 14画【酵】 部首[酉] 常用 JIS 2558
音**コウ**
①あわだつ。酒がかもされてきて、炭酸ガスなどがわいてくる。「発酵」②もと。酒のもと。酒母。「酵素・酵母」

**コウ** 14画【▼鉸】 部首[金]
音コウ
①はさみ。はさみきる。②かざる。かざり。

**コウ** 14画【▼閤】 部首[門] JIS 2562
音コウ
①くぐりど。大門のかたわらの小門。②へや。ねま。寝室。③役所。宮殿。④「太閤」は、㋐摂政や太政大臣の敬称。㋑関白の地位をその子にゆずった人。また、豊臣秀吉のこと。

**コウ** 14画【▼閧】 部首[門] JIS 7966
音コウ
①たたかう。合戦をする。②とき。ときの声。戦いの時にあげる声。③みち。里のなかのみち。

**コウ** 15画【▼墝】 部首[土]
音コウ・キョウ
やせち。あれち。そね。地味がやせていて、石の多い土地。

**コウ** 15画【▼膠】 部首[月] JIS 7117
音コウ
①にかわ。動物の皮や骨などをにつめ、かわかしてかためたもの。接着剤用。「膠質」②ぴったりつく。にかわでくっつける。「膠着」

**コウ** 15画【▼槹】 部首[木] JIS 6063
音コウ
「桔槹」は、はねつるべ。柱に横木をわた



▼常用漢字表外。 ▽常用漢字表の音訓外。

し、その一方の端に桶、もう一方の端に石をつけ、石の重みで桶をはねあげて水をくむしかけのつるべ。

**コウ** 15画【潢】 部首［氵］
音コウ・オウ
たまりみず。みずたまり。いけ。

**コウ** 15画【皜】 部首［白］
音コウ
しろい。きよい。

**コウ** 15画【稿】 部首［禾］ 常用 JIS 2538 ｜15画【稾】異体字 JIS 6744
音**コウ**
したがき。ためしがき。文章の原案。「原稿・草稿・脱稿」「稿料」用例（名）――を送る。
**稿を起こす**（こうをおこす） 小説や論文などを、書き始める。begin writing

**コウ** 15画【篁】 部首［竹］ JIS 6827
音コウ
①タケ。イネ科の植物。②たかむら。たけやぶ。竹の林。

**コウ** 15画【篊】 部首［竹］
音コウ
ひび。①水中に枝のついた竹や柴などをならべ、一方に口をあけ、中にはいった魚が出られないようにした装置。②ノリやカキなどを養殖するため、海の中にたてる竹や木の枝。

**コウ** 15画【篌】 部首［竹］ JIS 6828
音コウ・ゴ
「箜篌」は、百済琴。一三または二五弦の弦楽器。ハープに似ている。

**コウ** 15画【蝗】 部首［虫］ JIS 7391
音コウ
イナゴ。バッタ科の昆虫。いなむし。

**コウ** 15画【靠】 部首［非］ JIS 8049
音コウ
①たがう。相違する。そむく。②よる。もたれる。よりかかる。

**コウ** 15画【餃】 部首［食］ JIS 8113
音コウ・キョウ・ギョウ
①あめ。水あめ。②「餃子」は、肉や野菜などを小麦粉の皮で包み、ふかしたり焼いたりして食べるもの。

**コウ** 16画【嚆】 部首［口］ JIS 5169
音コウ
①さけぶ。さけび声。②うなる。矢がなる。「嚆矢」

**コウ** 16画【篝】 部首［竹］ JIS 6832
音コウ
①かがり。かがり火。②ふせご。炉や香炉の上にふせておいて、衣類をのせてかわかしたり、香をたきしめたりするのに用いるかご。「衣篝」

**コウ** 16画【縞】 部首［糸］ JIS 2842
音コウ
①しろぎぬ。白い練り絹。「縞衣」②しま。しま模様。ストライプ。

**コウ** 16画【興】 部首［臼］ 教育小5 JIS 2229
音コウ・キョウ
訓**おこる・おこす**
おこる。おこす。さかんになる。対義 廃・亡。
「再興・復興」「興奮」↓キョウ［興］

**コウ** 16画【衡】 部首［行］ 常用 JIS 2553
音**コウ**
①重さをはかる。はかり。「度量衡」「衡器」②つりあい。つりあいがとれている。「均衡・平衡」

**コウ** 16画【鋼】 部首［金］ 教育小6 JIS 2561
音**コウ**
訓**はがね**
はがね。刃物の刃にする鉄。かたい鉄。炭素含有量が約二％以下。「製鋼・精鋼」「鋼管・鋼鉄」
用例《接尾的》圧延――。特殊――。

**コウ** 16画【鬨】 部首［鬥］ JIS 8210
音コウ
①たたかう。合戦をする。②とき。ときの声。戦いの時にあげる声。

**コウ** 17画【嶸】 部首［山］
音コウ・エイ
たかい。さがしい。山が高くけわしいさま。

**コウ** 17画【薨】 部首［艹］ ｜16画【薨】異体字 JIS 7310
音コウ
みまかる。なくなる。しぬ。諸侯や貴人がしぬ。三位以上の人がなくなる。比較 卒つ。「薨去」

**コウ** 17画【藁】 部首［艹］ JIS 4746
音コウ
①わら。稲や麦の茎をほしたもの。②かれる。からす。かれ木。③したがき。ためしがき。文章の原案。

**コウ** 17画【擤】 部首［扌］
音コウ
かむ。はなをかむ。鼻汁を強い息で出して、ぬぐう。

**コウ** 17画【磽】 部首［石］ JIS 6703
音コウ・キョウ
やせち。あれち。そね。地味がやせていて、石の多い土地。「磽瘠」

**コウ** 17画【糠】 部首［米］ JIS 2539 ｜16画【穅】異体字 部首［禾］
音コウ
①ぬか。㋐玄米にするときに出る、かたい外皮。もみがら。㋑玄米を精白するときに出る、粉状のもの。こぬか。②「糟糠」は、かすとぬかで、粗食、貧しい暮らしのこと。

**コウ** 17画【覯】 部首［見］ JIS 7518
音コウ
あう。であう。ゆきあう。めぐりあう。「稀覯」

**コウ** 17画【講】 部首［言］ 教育小5 JIS 2554 ｜17画【講】旧字
音**コウ**
①説明したり、考えをのべたりする。「開講・休講・進講・聴講」「講演・講義・講習・講読・講評・講話」②《媾とも》なかなおりする。よしみをむすぶこと。「講和」③信仰や社会的扶助協力を目的とした社会集団。くみあい。用例（名）――の仲間。㋐仏典の講義のための会。その参会者の団体。㋑同じ信仰で結ばれた団体。神社や寺へ参拝したりする。「大社講」㋒村落の互助組織。「屋根講」㋓同じ職業者の組織。「太子講」㋔金融を目的とする組織。「無尽講」

**コウ** 17画【購】 部首［貝］ 常用 JIS 2556 ｜17画【購】旧字
音**コウ**
あがなう。かいいれる。「購求・購読・購入」

**コウ** 17画【鍠】 部首［金］ JIS 7909
音コウ
①かねや太鼓の音。②おの。まさかり。

**コウ** 17画【鞚】 部首［革］
音コウ
①くつわ。くつばみ。②くつわづら。たづな。

**コウ** 17画【骾】 部首［骨］
音コウ
①ほねたつ。ほねがのどにつかえる。②ほねっぽい。かどだつ。

**コウ** 17画【鮫】 部首［魚］ JIS 2713
音コウ
①サメ。サメ目に属する軟骨魚。ふか。②みずち。水中にすみ、ヘビに似ていて、四足があるという想像上の動物。竜の一種。

**コウ** 17画【鵁】 部首［鳥］
音コウ
チドリ。チドリ目に属する鳥。

**コウ** 17画【鴻】 部首［鳥］ JIS 2567
音コウ
①おおとり。ヒシクイやハクチョウなど大形の水鳥。「鴻毛」②おおきい。さかん。「鴻大」

**コウ** 17画【鵃】 部首［鳥］ JIS 8291
音コウ
ハト。ドバト。ハト目に属する鳥。いえばと。

**コウ** 17画【鵁】 部首［鳥］ JIS 8290
音コウ
「鵁鶄」は、サギ。コウノトリ目に属する鳥。

**コウ** 18画【壙】 部首［土］ JIS 5261
音コウ
①あな。墓穴。②むなしい。がらんとしている。「壙々」③のはら。ひろの。

**コウ** 18画【簧】 部首［竹］ JIS 6848
音コウ
した。ふえの舌。管楽器の管の端にあり、吹いて振動させ、音を出す薄片。

**コウ** 18画【翺】 部首［羽］
音ゴウ・コウ
かける。ひひる。とびまわる。鳥が空高く舞う。

**コウ** 18画【鎬】 部首［金］ JIS 7914
音コウ
①なべ。食物を煮たきする道具。②しのぎ。刀物の、刃とみねとの中間の小高い部分。

**コウ** 18画【闔】 部首［門］ JIS 7978
音コウ
①とびら。門扉。②とじる。しめる。「闔門」③すべて。のこらず。「闔門」

**コウ** 18画【餱】 部首［食］ ｜15画【糇】異体字 部首［米］
音コウ
ほしいい。かれいい。干した飯。携帯用の食糧。

**コウ** 18画【鯁】 部首［魚］
音コウ
①魚のほね。②ほねたつ。ほねがのどにつかえる。③ほねっぽい。かどだつ。

**コウ** 19画【曠】 部首［日］ JIS 5905 ｜9画【昿】異体字 JIS 5906
音コウ
①あきらか。ひろびろしている。「曠野」②ひさしい。ながい。とおい。「曠劫」③むなしい。がらんとしている。「曠古・曠日弥久」

**コウ** 19画【羹】 部首［羊］ JIS 7029 ｜15画【羮】異体字 JIS 7030
音コウ・カン
あつもの。肉や野菜などを煮た吸い物。↓カン［羹］

**コウ** 19画【鏗】 部首［金］ JIS 7919
音コウ
①金属や石がぶつかって鳴る音。②琴の音。③うつ。鐘をつく。

**コウ** 19画【餻】 部首［食］ ｜16画【糕】異体字 部首［米］
音コウ
もち。こなもち。米の粉でつくったもち。

**コウ** 19画【鵼】 部首［鳥］
音コウ
ぬえ。①トラツグミ。ヒタキ科の鳥。②頭は猿、胴は狸、足は虎、尾は蛇の形をし、声はトラツグミのようであったという怪物。平安時代末期、源頼政が宮中で射落としたという。③正体不明のこと・人。

**コウ** 20画【斆】 部首［攴］
音コウ・ガク
おしえる。おしえ。教育。

**コウ** 20画【鰉】 部首［魚］ JIS 8251
音コウ
①チョウザメ。チョウザメ目に属する魚。②ヒガイ。コイ科の淡水魚。

**コウ** 21画【纊】 部首［糸］ ｜11画【紘】異体字 JIS 6906
音コウ
①わた。きぬわた。まわた。②わたいれ。うらと地とのあいだに、わたが入っている衣服。

**コウ** 21画【纐】 部首［糸］ 和製漢字 JIS 6986
音コウ
「纐纈」は、模様を白く染めだす、しぼり

染めの一方法。

**コウ** 21画【▼顥】 部首[頁] 音コウ ①しろい。きよい。②あきらか。しろくかがやいて、あかるいさま。③ひろい。おおきい。

**コウ** 21画【▼齩】 部首[齒] 音ゴウ・コウ かむ。かじる。くいつく。

**コウ** 22画【▼鱇】 部首[魚] 和製漢字 JIS 8265 音コウ 「鮟鱇」は、アンコウ目に属する魚。

**コウ** 23画【▼攪】 部首[扌] JIS 5788 15画【▼撹】 異体字 JIS 1941 音コウ・カク ①みだす。かきみだす。「攪乱」②まぜる。かきまぜる。かきまわす。「攪拌」↓カク【攪】

**コウ** 24画【▼鱟】 部首[魚] 音コウ カブトガニ。カブトガニ目に属する節足動物。

**コウ** 25画【▼黌】 部首[黄] JIS 8352 音コウ まなびや。学校。学園。「黌校」用例《接尾的》昌平――。

**こ-う**【▽国▽府】《「こくふ」の転》↓こくふ(国府)

**こ・う**【恋う】(五他) 恋しく思う。思い慕う。love

**こ・う**【請う・▼乞う】(五他) ①もとめる。ask for ②ねがう。request ③いのる。pray

**こう**【▼斯う】㊀(副)《「かく」の転》このように。thus ㊁(感) 会話の途中で、次の言葉が思いつかないで、いいよどんだりしたときに使う語。用例しばらくは、――、身動きがとれなくてね。

**ゴウ** 5画【号】 部首[口] 教育小3 JIS 2570 13画【▼號】 部首[虍] 旧字 JIS 7343 音ゴウ・コウ

①さけぶ。わめく。「怒号」「号泣」②あいず。しるし。「暗号・記号・信号・符号」「号砲」③なまえ。「国号・年号・屋号」④本名のほかの名。「雅号」用例(名)――をつける。⑤列車や動物などの名に添えて用いる。用例(接尾)つばめ――。⑥順序を示すのに用いる。用例(助数)第三――。

**ゴウ** 6画【合】 部首[口] 教育小2 JIS 2571 音ゴウ・ガッ・カッ・コウ 訓あう・あわす・あわせる

①あう。あわす。あわせる。対義分・離。「会合・集合・配合・併合」「合格・合計・合同・合理」②尺貫法の容積の単位。一升の一〇分の一。約〇・一八ℓ。③土地の広さの単位。一坪の一〇分の一。約〇・三三㎡。④登山路の頂上までの一〇分の一。「八合目」⑤刀での切りあいを数えるのに用いる。用例(助数)切り結ぶこと二、三――。⑥天文学で、惑星―地球―太陽の角度が零度になること。および、その時刻。会合。↓カッ・ガッ【合】

**ゴウ** 6画【▽江】 部首[氵] 常用 JIS 2530 音コウ・ゴウ 訓え 近江国のこと。「江州」↓コウ【江】

**ゴウ** 7画【▼劫】 部首[力] JIS 2569 7画【▼刧】 部首[刀] 異体字 JIS 4971 音キョウ・コウ・ゴウ 仏教で、数えることができないほど長い時間。対義刹那。「永劫・曠劫・万劫」「劫火・劫初」↓キョウ・コウ【劫】

**ゴウ** 7画【▼吽】 部首[口] JIS 5063 音ゴウ・グ・ウン ほえる。犬がなく。牛がなく。↓ウン【吽】

**ゴウ** 9画【▼哈】 部首[口] JIS 5093 音ゴウ・ハ・ソウ ①魚が多いさま。②魚が口を動かすさま。③わらう。また、そのわらい声。

**ゴウ** 9画【拷】 部首[扌] 常用 JIS 2573 音ゴウ・コウ うつ。白状させるために、たたく。「拷問」

**ゴウ** 10画【剛】 部首[刂] 常用 JIS 2568 音ゴウ・コウ つよくて、かたい。しっかりした。対義柔。「強剛・金剛」「剛気・剛健」用例(名)柔よく――を制す。

**ゴウ** 11画【強】 部首[弓] 教育小2 JIS 2215 12画【▼强】 旧字 音キョウ・ゴウ 訓つよい・つよまる・つよめる・しいる 筆順↓キョウ【強】 ①つよい。こわい。対義弱。「強弓・強情・強力」②しいて。無理に。「強引・強盗」↓キョウ【強】

**ゴウ** 11画【郷】 部首[阝] 教育小6 JIS 2231 13画【▼鄕】 旧字 音キョウ・ゴウ 筆順↓キョウ【郷】 ①いなか。さと。その土地。「在郷・水郷」「郷士」②律令制での地方行政区画の基本単位。五〇戸が一郷。霊亀元年(七一五)に「里」から改称された。③荘園制の解体のあと、名主を中心にした村の自治的、合議的結合。↓キョウ【郷】

**郷に入っては郷に従え** その土地・場所へ行ったり、その組織や団体に加わったりしたら、そこのならわしに従うのがよい。When in Rome, do as the Romans do.

**ゴウ** 11画【▼敖】 部首[攵] JIS 5836 音ゴウ ①あそぶ。たわむれる。②おごる。たかぶる。いばりかえる。「敖々」

**ゴウ** 11画【▼毫】 部首[毛] JIS 6161 音コウ・ゴウ ①細い毛。長くとがった毛。「白毫」「毫光」②すくない。すこし。はなはだわずか。「秋毫・寸毫」「毫末」③ふで。毛筆。「揮毫」

**ゴウ** 13画【▼傲】 部首[人・亻] JIS 4894 音ゴウ おごる。たかぶる。いばりかえる。「倨傲」「傲岸・傲然・傲慢」

**ゴウ** 13画【業】 部首[木] 教育小3 JIS 2240 音ギョウ・ゴウ 訓わざ 筆順↓ギョウ【業】 ①仏教で、㋐身・口・意(身体と言葉と心)によってなす善悪の行為。カルマ。羯磨。「三業」㋑のちの世に、ある結果をもたらす、前世の行為。「悪業・罪業・宿業・非業」「業報」用例(名)――をさらす。②「業腹(=いまいましく、非常に腹のたつこと)」の略。用例(名)――をにやす。↓ギョウ【業】

**業が煮える** いらいらする。しゃくに障る。

**業に沈む** 悪業のために苦しみを受け、浮かばれないことに言う。

**業を曝す** 前世の悪い行いで、現世にはじをさらす。

**業を煮やす** いまいましくて、しようがない。業が煮える。lose patience

**ゴウ** 14画【▼嗷】 部首[口] JIS 5151 音ゴウ さわぐ。かまびすしい。やかましい。「嗷訴」

**ゴウ** 14画【▼慠】 部首[忄] 音ゴウ おごる。たかぶる。いばりかえる。

**ゴウ** 14画【豪】 部首[豕] 常用 JIS 2575 音ゴウ・コウ ①えらい。すぐれている人。「酒豪・富豪・文豪」「豪傑」②勢いがつよい。さかん。「豪雨・豪華・豪壮・豪放」③《濠とも》オーストラリアのこと。「豪州」④ヤマアラシ。ネズミ目に属する哺乳動物。

**ゴウ** 15画【▼遨】 部首[辶] JIS 7811 音ゴウ あそぶ。たわむれる。

**ゴウ** 15画【▼熬】 部首[灬] JIS 6382 音ゴウ ①いる。火であぶる。②うれえる声。なやむ声。

**ゴウ** 17画【▼壕】 部首[土] JIS 2572 音ゴウ ほり。からぼり。みぞ。「防空壕」

**ゴウ** 17画【▼濠】 部首[氵] JIS 2574 音ゴウ ①ほり。水をたたえたほり。みぞ。②オーストラリアのこと。「濠太剌利・濠州」

**ゴウ** 17画【▼聱】 部首[耳] 音ゴウ ①人のことばをききいれない。②「聱牙」は、ことばや文章がむずかしくて、わかりにくいこと。

**ゴウ** 17画【▼螯】 部首[虫] JIS 7408 音ゴウ はさみ。カニやサソリなどのはさみ。

**ゴウ** 18画【▼嚙】 部首[口] 15画【▼噛】 異体字 JIS 1990 音ゴウ かむ。かじる。くいつく。

**ゴウ** 18画【▼謷】 部首[言] 18画【▼謸】 異体字 音ゴウ ①そしる。悪口をいう。②さわぐ。かまびすしい。やかましい。③おごる。たかぶる。いばりかえる。

**ゴウ** 21画【▼囂】 部首[口] JIS 5179 音キョウ・ゴウ さわぐ。かまびすしい。やかましい。「囂々」

**ゴウ** 21画【▼轟】 部首[車] JIS 2576 11画【▼軣】 異体字 JIS 7736 音コウ・ゴウ とどろく。とどろき。とどろく音。「轟然」

**ゴウ** 21画【▼驁】 部首[馬] 音ゴウ ①よいうま。足の速い馬。駿馬。②馬が従順でない。③おごる。たかぶる。いばりかえる。④あなどる。ばかにする。

**ゴウ** 24画【▼鼇】 部首[黽] JIS 8371 22画【▼鰲】 部首[魚] 異体字 JIS 8266 音ゴウ おおがめ。海にすみ、蓬萊山などを背負っているという、想像上の大きなカメ。

**こうあか-ちゃき**【甲赤茶器】 茶道で、薄茶を入れる茶入れの一種。身は黒塗りで浅く、蓋は朱漆で深く身にかぶる。

**こう-あつ**【光圧】 光(電磁波)が物体に吸収または反射されるときに、物体の表面におよぼす圧力。光子が運動量をもっているために生じる。放射圧。light pressure

**こう-あつ**【高圧】 対義低圧。①強い圧力。high pressure ②《「高電圧」の略》たかい電圧。high voltage 用例――線。③《「高気圧」の略》たかい気圧。high pressure 用例――がま。

**こうあつさんそ-りょうほう**【高圧酸素療法】 二～三気圧の高圧酸素室に患者を入れて治療する療法。気圧を上げると、血液の酸素濃度がふえることを利用する。hyperbaric oxygen therapy

**こうあつ-せん**【高圧線】 高い電圧の電流を流す電線。電圧は六〇〇～七〇〇〇ボルトの範囲。これより高いものは特別高圧という。high-tension line

**こうあつ-てき**【高圧的】(形動) 権力でおさえつけるさま。高飛車に出るさま。頭ごなし。high-handed 比較高姿勢。

**こうあほうこう-び**【興亜奉公日】 日中戦争下の昭和一四年(一九三九)九月一日、国民の戦意高揚のために設定された日。勤労奉仕・消費節約などをスローガンとした国民教化運動で、毎月一日とされた。

**こうあみ-け**【幸▼阿▼弥家】 室町から江戸時代を通じて将軍家御用蒔絵師をつとめた家系。おもに調度を作る。幸阿弥道長(一四一〇～一四七八)が始祖。長玄(一五七二～一六〇七)の『虎渓三笑蒔絵棚』、長重(一五九九～一六五一)の『初音蒔絵三棚』は逸品。

**こう-あわせ**【香合(わ)せ】 香道の遊び方

の一つ。数人が香を持ちより、左右に分かれて持参の香を左右順次にたき、互選で優劣を競う。

**こう-あん【公安】** 社会が安らかであること。public peace

**こう-あん【公案】** ①公文書の案文。②禅宗で、悟りの手がかりとして参禅者に与える課題。仏祖やすぐれた禅者のことばや行為がその内容となる。

**こう-あん【考案】**(名・サ変他) 工夫をこらすこと。また、工夫して新しいものを考え出すこと。device

**こうあん【▼弘安】** 鎌倉末期の年号。建治から改元。元年(一二七八)二月二九日〜一一年(一二八八)四月二八日。次に、正応に改元。

**こうあん【康安】** 日本の南北朝で、北朝の年号。延文から改元。元年(一三六一)三月二九日〜二年(一三六二)九月二三日。次に、貞治に改元。

**こうあん-いいんかい【公安委員会】** ①警察の民主的で政治的に中立な運営を管理するための行政機関。国家公安委員会と都道府県公安委員会とがある。昭和二二年(一九四七)設置。②一七九三年、フランス革命のとき、国民公会が設けた委員会。ロベスピエールが委員になってのち、恐怖政治を強行。一七九五年廃止。

**こうあん-けいさつ【公安警察】** 公共の安全を維持することを主目的にする警備警察。public peace police

**こう-あんこく【孔安国】**(生没年未詳) 中国、前漢の儒者。孔子一二世の孫。蝌蚪文字の『尚書』『礼記』『論語』『孝経』を解読・注釈したことで知られる。

**こうあん-じょうれい【公安条例】** 治安をたもつために、地方公共団体が集会やデモ行進の取り締まりを目的として定めた条例の通称。

**こうあん-ぜん【公案禅】** 禅宗で、修行者に祖師のことば・問答・禅語などの公案を課題として与えて座禅参究させる禅風。一般に臨済禅のこと。看話禅。

**こうあんちょうさ-ちょう【公安調査庁】** 法務省の外局の一つ。破壊活動を行うおそれのある団体を調査し、これらの団体の解散などの処分を請求することを任務とする。Public Security Investigation Agency

**こうあん-てんのう【孝安天皇】** 記紀で第六代天皇。名は日本足彦国押人尊。孝昭天皇の皇子。

**こうあん-の-えき【▼弘安の役】** 弘安四年(一二八一)の元寇。鎌倉末期の元(蒙古)の二度目の来襲事件をいう。参照 文永・弘安の役。

**こうあん-れい【興安▼嶺】** 中国、内モンゴル自治区北部を北東から南西に連なる山脈。南は陰山山脈に連なる。針葉樹が多く、林業がさかん。大興安嶺。シンアンリン。

**こう-い【好意】** 対義 悪意。①よい感情。好感。goodwill ②親切な気持ち。厚情。善意。kindness

**こう-い【行為】** ①人間のあらゆる動作。行い。しわざ。action 比較 行動。用例 勇気ある―。②目的・動機などをもち、思慮・選択・決心をへて、意識的に行われる意志的動作。act 用例 慈善―。③法律で、権利の得失・移転の原因となる意思表示。act

**こう-い【攻囲】**(名・サ変他) 敵を囲んで攻めること。包囲して攻めること。siege

**こう-い【更衣】** ①衣服をかえること。ころもがえ。change 用例 ―室。②貴人がころもがえをした小さなへや。天皇のための便殿。③《転じて》便殿に奉仕する女官。④天皇の寝室に奉仕した女官。女御の下位。用例 女御―あまたさぶらひたまひける中に(源氏・桐壺)。

**こう-い【厚意】** ふかい情け。厚情。kindness

**こう-い【皇位】** 天皇の地位。憲法ではその地位を、主権の存する日本国民の総意に基づくと規定する。帝位。

**こう-い【校医】** 学校から委嘱されて、児童・生徒の衛生管理・医療を行う医師。学校医。school doctor

**こう-い【校尉】** 中国の武官名。漢の武帝により制定。衛兵・屯兵を率いて宮城の警備、西域の鎮撫にあたった。

**こう-い【校異】** 字句の異同を比べること。比較 校正・校勘。

**こう-い【高位】** 高いくらい。身分の高いこと。high rank 用例 ―高官。

**こう-い【黄緯】** 天球の黄道の面を基準に測った緯度。黄道を0度とし、北極をプラス九〇度、南極をマイナス九〇度とする。太陽系の天体の位置・運動を扱うときに使う。celestial latitude

**こう-い【▼縞衣】** 白い絹織物で作った服。また、白い衣服。

**ごう-い【合意】**(名・サ変自) 両方の意思が一致すること。mutual consent 用例 ―に基づく決定。

**こう-いか【甲▼烏▽賊】** 船形の甲をもつコウイカ科のイカ。胴長約一七cm。胴部は卵形で左右両側にひれがある。美味。本州中部から東シナ海に分布。ハリイカ。スミイカ。マイカ。↓イカ図

**こうい-かぶ【高位株】** ↓ねがさかぶ(値嵩株)

**こう-いき【広域】** 広い区域。wide area 用例 ―捜査。

**こういき-ぎょうせい【広域行政】** 従来の府県・市町村の行政区域の枠をこえて、よりひろい地域を地方行政の単位とする制度。道州制や広域市町村圏など。

**こういき-けいざい【広域経済】** 同盟国などが国民経済の枠をこえ、ひろい経済圏を形成して行う経済活動。ブロック経済。block economy

**こういき-げすいどう【広域下水道】** 河川などにそって、行政区域をこえた広い地域の排水をまとめて処理するための下水道。wide area sewerage

**こういき-へんせいがん【広域変成岩】** 造山作用にともなう広範囲の変成作用で生じた岩石。大褶曲山脈の中軸部に帯状に分布する。千枚岩・結晶片岩・片麻岩・ミグマタイトなど。regional metamorphic rock

**こういき-へんせいさよう【広域変成作用】** 造山帯などの広い範囲にわたって起きる変成作用。この作用の結果、既存の岩石が高温と高圧の条件下で再結晶し、片理性のある変成岩に変わる。regional metamorphism

**こうい-しょう【後遺症】** ①病気や傷害が治癒したあとにのこる肉体的または精神的な障害。sequela ②《比喩的に》物事の変化がおさまったあとにのこる影響。aftereffect 用例 石油ショックの―。

**こうい-ぜい【行為税】** 法律的・経済的行為に課される租税。印紙税・登録免許税など。the acts tax 対義 人税・物税。

**こう-いた【甲板】** テーブルやカウンターなどの上板。天板。top board

**こう-いつ【後逸】**(名・サ変他) 野球などで、ボールを捕りそこなって後ろへのがすこと。error

**ごう-いつ【合一】**(名・サ変自他) 一つに合わせること。まとまること。unification

**こういつきょう【甲▽乙経】** 中国古代の医書。鍼灸術の古典。皇甫謐が『素問』『霊枢』『明堂孔穴鍼灸治要』の三書から抜粋・編集。正称は『黄帝三部鍼灸甲乙経』。

**こう-いっつい【好一対】** ①よい組み合わせの一対。good pair ②似合いの夫婦。well-matched couple

**こう-いってん【紅一点】** 男子の中に、ひとり女子がまじっていること。

**こうい-てき【好意的】**(形動) 好意を持っているさま。favorable 用例 ―に解釈する。

**こう-いど【高緯度】** 緯度が高いこと。両極に近く、寒冷な地域の緯度。high latitudes

**ごういによる-しはい【合意による支配】** 自由意志をもつ複数の人々の意見の一致に基づいて行われているような政治支配。民主主義の基礎理念。rule by consent

**こうい-のうりょく【行為能力】** 成人や法人のように、民法上単独で法律行為を行うことができる能力。legal capacity

**こう-いもの【鋼鋳物】** 機械用構造材として広く用いられる鋼製鋳物。強靭性・耐衝撃性が銑鉄鋳物よりすぐれる。cast steel 参照 鋳鋼。

**こう-いん【工員】** 工場で直接、生産に従事している人。工場労働者。factory worker

**こう-いん【公印】** 役所の、公式の印判。official seal 対義 私印。

**こう-いん【光陰】** 月日。年月。時間。time

**光陰矢の如し** 月日のたつのが非常に速いことのたとえ。Time flies like an arrow.

**こう-いん【行印】** 銀行の、公式の印判。bank seal

**こう-いん【行員】** 銀行の職員。bank clerk

**こう-いん【▼勾引・拘引】**(名・サ変他) ①とらえて連れていくこと。arrest ②《「勾引」で》被告人・証人などが召喚に応じないような場合、裁判所の発する勾引状に基づいて一定の場所に強制的に抑留すること。custody

**こう-いん【後▼胤】** 《「胤」は、血統の意》子孫。後裔。descendant

**こう-いん【荒▼淫】**(名・形動) 過度に情欲にふけること・さま。

**ごう-いん【強引】**(形動) 無理にするさま。しゃにむにするさま。forcible

**ごう-いん【業因】** 《仏教語》善悪の報いを受ける原因。そういう行い。

**こう-う【降雨】** 雨がふること。ふった雨。雨ふり。rainfall

**こう-う【項羽】**(BC二三二〜BC二〇二) 中国、秦末の武将。紀元前二〇九年叔父項梁とともに挙兵。秦を滅ぼし、西楚の覇王と称した。劉邦と覇権を争ったが、垓下の戦いに敗れ、烏江で自殺。

**ごう-う【豪雨】** 激しく降る雨。気象学的には、短時間に多量に降る強雨と区別して、時間を限定しない多量の甚大な雨をいう。heavy rain

**こうう-りょう【降雨量】** 降水量のうちの、雨として降った量。水の深さをミリメートルの単位で表す。amount of rainfall 比較 降水量。

**こうう-りん【降雨林】** 年間を通じて雨量が十分な地域に成立する森林。熱帯降雨林・亜熱帯降雨林など。多雨林。rain forest

**こう-うん【幸運・好運】**(名・形動) 運のよいこと・さま。しあわせなめぐりあわせ。good luck 比較 幸福・悪運。対義 不運・非運。

**こう-うん【耕▼耘】**(名・サ変他) 田畑をたがやし、草をとること。耕土。

**こううん-き【耕▼耘機・耕運機】** 耕地の土を破砕・攪拌する農業機械。ふつうは動力を備えたものをさす。動力耕耘機。power tiller ↓写

**こううん-じ【幸運児】** 運のよい人。lucky person

**こううん-りゅうすい【行雲流水】** 《ただよう雲と流れる水、の意》①あちこち転々とすること。②物事にこだわらず、なりゆきに任せて行動すること。

**こう-えい【公営】** 公の機関、とくに地方公共団体が経営すること。また、そのもの。public 対義 国営・私営。用例 ―住宅。

**こう-えい【光栄】** ほまれ。さかえ。名誉。honor 用例 身に余る―。

**こう-えい【後▼裔】** 子孫。後胤。descendant

**こう-えい【後衛】** 対義 前衛。①後方の護衛・部隊。rear guard ②バレーボール・テニスなどで、後方に位置する競技者。また、その位置。back player

**こうえい【康永】** 日本の南北朝で、北朝の年号。暦応から改元。元年(一三四二)四月二七日〜四年(一三四五)一〇月二一日。次に、貞和に改元。

**こうえいある-こりつ【光栄ある孤立】** 一九世紀後半のイギリスの外交政策の称。独墺伊三国同盟と露仏同盟の対立状態の中で、超然としている態度を誇称したもの。Splendid Isolation

**こうえい-きぎょう【公営企業】** 地方公共団体が所有・経営する企業。水道・交通・病院・港湾などに多くみられる。public enterprise

**こうえい-ギャンブル【公営ギャンブル】** 法律に従って、地方自治体が主催・施行する、競馬・競輪・競艇・オートレースなどの、賭けをともなうスポーツの総称。

**こうえい-けいば【公営競馬】** ↓ちほうけいば(地方競馬)

**こうえい-こうつう【公営交通】** 地方自治体が経営する交通事業。都市の地下鉄・バス・路面電車、また過疎町村のバス、離島の航路など。public transportation business

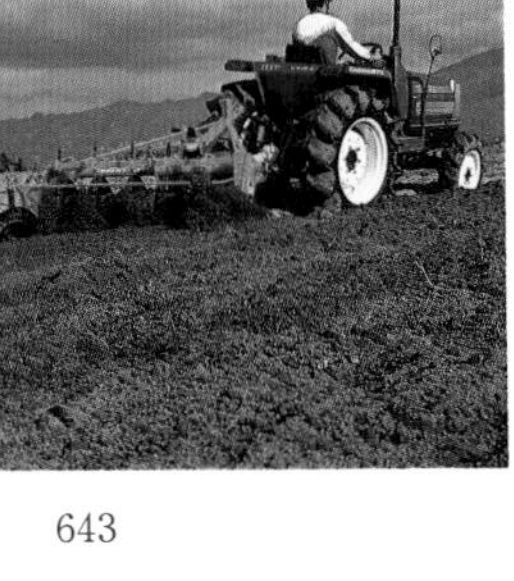

●耕耘機

**こうえい-じゅうたく【公営住宅】** 国と地方公共団体が公共住宅法に基づいて建設し賃貸する住宅。本来は低所得層に安価で健康的な住居を貸与することを目的とする。public housing

**こうえい-へい【紅衛兵】** 中国の文化大革命初期に活動した大学生や中学生の集団。一九六六年毛沢東の指示のもとに全国の学校で組織され、実権派打倒の尖兵となったが、極左傾向と内部分裂で崩壊。

**こうえい-ほけん【公営保険】** 国・地方公共団体、その他の公法人が営む保険。狭義には、都道府県や市町村が営む保険。public insurance

**こう-えき【公役】** 国家や公共団体から命じられた務め。兵役・夫役など。public duty

**こう-えき【公益】** 社会一般の利益。public interest 対義 私益。

**こう-えき【交易】**（名・サ変他）①物品の交換や売買をすること。貿易。trade 用例 外国と——する。②文化人類学で、経済的価値をもつものを、個人あるいは集団のあいだで互恵的に交換する体系。貨幣が媒介となる場合が多い。trade

**こうえき-いいん【公益委員】** 労働委員会など、利害の異なる部門の代表者によって構成される合議制の公共機関のメンバーのうち、中立的な立場で公益を代表する委員。学者・専門職などが多い。public member

**こうえき-こうがい【公益公害】** 鉄道・道路の振動・騒音や下水による海洋汚染など、公共の利益のための社会施設によって生ずる公害。pollution from public facilities

**こうえき-じぎょう【公益事業】** 国民の日常生活に欠くことのできない財・サービスを提供する事業。鉄道・郵便・電信・電話・水道・電気・ガスなどの諸事業をいう。public utility

**こうえき-しちや【公益質屋】** 地方公共団体または公益法人が営業する質屋。公益質屋法に基づき低利の金融を行う。公設質屋。public pawnshop

**こうえき-じょうけん【交易条件】** 輸出商品一単位と交換に得られる輸入商品の量。輸出入の交換比率。terms of trade

**こうえき-しんたく【公益信託】** 個人や法人が一定の公益目的のために財産の管理・処分を他人に依頼する制度。日本では昭和五二年（一九七七）設定。public trust

**こうえき-とし【交易都市】** 都市分類の一つ。外国との貿易を経済的な基盤としている都市。商業都市・港湾都市・交通都市などが含まれる。trading city

**こうえき-ほうじん【公益法人】** 営利でなく、宗教・慈善・学術など社会全般の利益をはかることを目的とする、社団法人・財団法人。

**こう-えつ【校閲】**（名・サ変他）文書・原稿などの誤りを調べたり不足を補ったりすること。revision 比較 校正・監修。

**こうえつ【光悦】** ↓ほんあみこうえつ（本阿弥光悦）

**こうえつぐんき【甲越軍記】** 講談の題名。戦国末期、甲斐の武田信玄と越後の上杉謙信が、北信濃の経略をめぐって争った「川中島合戦」を描いた軍談物。

**こうえつ-じ【光悦寺】** 京都市北区にある日蓮宗の寺。本阿弥光悦が法華の題目堂を建てたのが始まり。寺の開創は日慈。

**こうえつ-ぼん【光悦本】** 嵯峨本の別称。

**こうエネルギー-てんもんがく【高エネルギー天文学】** 宇宙線・X線・γ線などの高エネルギーの粒子や光子の観測に基づいた天文学。high-energy astronomy

**こうエネルギー-ぶつりがく【高エネルギー物理学】** 陽子・中性子などの素粒子の相互作用や内部構造を研究する物理学の一分野。研究にきわめて高エネルギー（ほぼ一〇億電子ボルト以上）を使うことからの呼び名。素粒子物理学。high energy physics

**こうエネルギー-りんさんけつごう【高エネルギー▼燐酸結合】** 燐酸結合のうち、結合が切れるときに高エネルギーを生成する結合。生体エネルギーの供給源となるATPなど。high energy phosphate bond

**こう-えん【口演】**（名・サ変自他）演芸で、講談・落語などを語ること。

**こう-えん【公園】** ①公衆が休んだり楽しんだりするためにもうけた庭園や遊園地。park 用例 ——のすべり台で遊ぶ。②自然を美しいままに保存し、レクリエーションの場所として定められた広い地域。park 用例 国立——。

**こう-えん【公演】**（名・サ変自他）公衆の前で演劇・舞踊・音楽などを演じ、また演奏すること。performance

**こう-えん【光炎・光▼焰】** ①光とほのお。光り輝くほのお。light and flame ②勢いが雄大なこと。

**光焰万丈長し**（こうえんばんじょうながし） 詩文などが、雄大で勢いに富み、後世に長く伝えられること。

**こう-えん【好演】**（名・サ変他）すぐれた演技・演奏をすること。また、その演技・演奏。good performance

**こう-えん【後援】**（名・サ変他）①人・事業などの成功を願って助けること。また、その援助。うしろだて。support 用例 ——会。②後詰めの援兵。reinforcements

**こう-えん【紅炎・紅焰】** ①あかい炎。red flame ②太陽の周縁上に見られる赤いガスの噴出。日食のとき、またはコロナグラフなどで観測したさいに見られる。プロミネンス。prominence

**こう-えん【香煙・香▼烟】** 香をたくけむり。「smoke of incense

**こう-えん【講▼筵】** 書物などの講義が行われる席。用例 ——につらなる。

**こう-えん【講演】**（名・サ変自）ある題目について多数の人を前に話をすること。また、その話。lecture

**こう-えん【後▼燕】** 中国、五胡十六国の一つ。三八六年、鮮卑族の慕容垂が建国。都は中山（現河北省定県）。四〇九年、将軍馮跋に位を奪われ滅亡。ごえん。

**こうえん【康円】**（一二〇七～一二七五）鎌倉中期の慶派の代表的仏師。湛慶の死後、七条仏所を率いた。作品に白毫寺『太山王像』など。

**こう-えん【広遠・▼宏遠】**（形動）広くて遠大なさま。far-reaching 用例 ——な気宇。

**こう-えん【高遠】**（形動）志・理想などが高く遠大なさま。高尚。lofty 対義 卑近。用例 ——な理論。——な理想。

**こう-えん【▼溘▼焉】**（形動トタル）《すぐれた人の突然の死についていう》たちまち。ぽっくり。用例 ——として逝く。

**こうえん-きん【好塩菌】** ↓ちょうえんビブリオ（腸炎ビブリオ）

**こう-お【好悪】** すききらい。愛憎。likes and dislikes

**こうおう【康応】** 日本の南北朝で、北朝の年号。嘉慶から改元。元年（一三八九）二月九日～二年（一三九〇）三月二六日。次に、明徳に改元。

**こう-おつ【甲乙】** ①甲と乙。②第一と第二。the first and the second ③まさることとおとること。優劣。差別。superiority ④たれかれ。某々。somebody

**甲乙付け難い**（こうおつつけがたい） 二つのものの間に差がなく、上下・優劣などの評定を下せない。互角だ。　There is little difference between the two.

**こうおつ-にん【甲乙人】** 鎌倉時代の平民のこと。凡下や下人らの総称。

**こう-おや【講親】** ①伊勢講などをするさいの世話人。②無尽講や頼母子講を主催し、第一回の掛け金を受けとる者。講元。

**こう-おん【厚恩】** 厚いめぐみ。favour

**こう-おん【高恩・洪恩・▼鴻恩】** 大恩。great favour

**こう-おん【高音】** 対義 低音。①高い調子の音。high-pitched tone ②音楽で、ソプラノ。soprano

**こう-おん【高温】** 高い温度。high temperature 対義 低温。用例 ——多湿。

**こう-おん【▼喉音】** 中国音韻学における声母の分類の一つ。音声学の軟口蓋音、喉頭音にあたる。

**ごう-おん【号音】** なりひびく音。合図の音。「signal sound

**ごう-おん【▼轟音】** とどろきわたる音。ひびき。roaring sound

**こうおん-ガスろ【高温ガス炉】** 原子力動力炉の一つ。ガス冷却炉から発展、一次冷却材にヘリウムガスを用い、直接ガスタービンを駆動して熱効率を高める。高温ガス冷却炉。high-temperature gas reactor

**こうおんがんたい-はつでん【高温岩体発電】** ↓じねつはつでん（地熱発電）

**こうおん-けい【高温計】** 高温を測るための温度計。白金抵抗温度計・熱電対温度計・光高温計・光電高温計などがある。パイロメーター。pyrometer

**こうおん-しょうがい【構音障害】** 言語障害の一つ。ものを言うさいの発語の障害。dysarthria

**こうおん-そうち【恒温装置】** 一定の温度で実験や測定をするために、内部の温度を一定に保つようにした装置。恒温槽。サーモスタット。thermostat

**こうおん-てん【光音天】**《仏教語》色界第二禅天の第三位の天。ことばの代わりに浄光を発して意を伝えるところとされる。光曜天。

**こうおん-どうぶつ【恒温動物】** ↓ていおんどうぶつ（定温動物）

**こうおんぶ-きごう【高音部記号】** ↓トおんきごう（ト音記号）

**こう-か【公価】**「公定価格」の略。

**こう-か【公家】** おおやけ。朝廷。官家。公家。

**こう-か【公課】** 国家や地方公共団体が課する国税、地方税以外の金銭負担。分担金・手数料・罰金など。public impost 比較 公租。

**こう-か【功科】** 職務における功績や勤務の成績。performance 用例 ——表。

**こう-か【功過】** てがらとあやまち。功労と過失。功罪。merits and demerits

**こうか【▼弘化】** 江戸末期の年号。天保から改元。元年（一八四四）一二月二日～五年（一八四八）二月二八日。次に、嘉永に改元。

**こう-か【考課】** ①律令制下、官人の勤務成績を判定すること。毎年、長官が執務態度・品行などを調べて九等級に査定。②公務員・社員の勤務成績または、会社の営業成績を査定すること。evaluation; rating

**こう-か【効果】** ①意図したとおりの結果。できばえ。しあがり。result 用例 ——がいい。②ききめ。効験。効能。effect 用例 薬の——。——があがる。③放送劇や演劇などで、擬音などを使って臨場感を増し、劇の効果をあげること。その担当者。sound effects

**こう-か【後架】**《禅寺で僧堂の後ろにあったことから》便所。かわや。

**こう-か【紅花】** ①赤い花。②キク科のベニバナの別名。③②の花を乾燥させたもの。紅色色素と黄色色素を含む。古くから紅や食品色素に使われている。漢方では通経薬として用いる。safflower

**こう-か【校下】** ↓がっく（学区）

**こう-か【校歌】** その学校の校風を高揚するために制定した歌。school song 比較 寮歌。

**こう-か【降下】**（名・サ変自他）①さがること。さげること。用例 気温の——。descent; fall ②高い所からおりること。おろすこと。低くすること。lower ③降服すること。降服させること。surrender

**こう-か【降嫁】**（名・サ変自）皇女・王女が臣下にとつぐこと。

**こう-か【高価】**（名・形動）値段が高いこと・さま。また、その値。high price 対義 安価・低廉。

**こう-か【高架】** 地上高くかけわたすこと。overhead 用例 ——橋。

**こう-か【高歌】**（名・サ変自）あたりをはばからず、声をはり上げてうたうこと。放歌。高唱。用例 ——放吟。

**こう-か【黄禍】**《ドイツ皇帝ウィルヘルム二世のことば》黄色人種の勢力が強くなって、白色人種におよぼすといわれるわざわい。黄人禍。the Yellow Peril

**こう-か【硬化】**（名・サ変自）対義 軟化。①やわらかいものがかたくなること。harden 用例 動脈——。②意見や態度が強腰になること。強硬。stiffen ③取引相場が上向くこと。

**こう-か【硬貨】** ①金属の鋳貨。coin 対義 紙幣。②国際金融上、金または金に裏づけられた通貨と自由に交換できる通貨。hard currency 対義 軟貨。数え方 一枚・一個。

**こう-か【▼膠化】** コロイド粒子が集合して固化すること。gelation; gelatinization

**こうか【甲▽賀】**〈町〉滋賀県南部、杣川上流の町。稲作を主体とする。近江売薬の中心。油日神社の太鼓踊りは有名。忍者の里として知られる。人口一万二一四〇（一九八八）。

**こうが【甲賀】** ↓こうか（甲賀）

**こう-が【公▼衙】** 官公庁。役所。

**こう-が【光画】** 陰画を焼き付けた写真。陽画。ポジ。

**こう-が【江河】** ①中国の揚子江と黄河を合わせていう名。②大きな川。large river

**こう-が【高雅】**（名・形動）けだかく、みやびやかなこと・さま。elegance 対義 卑俗・低俗。

**こう-が【黄河】** 中国西部から北部を大きく湾曲して流れる大河。長さ五四六〇㎞、長江（＝揚子江）に次ぐ中国第二の長流。青海省のヤホラタホツォ山に発し、大支流を合わせながら、華北平原を流れて渤海に注ぐ。黄土を大量に運搬し、水が黄濁するため、黄河とよばれる。ホワンホー。

**ごう-か【▼劫火】**《仏教語》世界の壊滅の時期（壊劫）におこる、世界を焼き尽くす火。

**ごう-か【業火】**《仏教語》①悪業が心身を苦しめることのたとえ。②地獄の猛火。はげし

▼ 常用漢字表外。　▽ 常用漢字表の音訓外。

い火や炎。

**ごう-か【豪家】** 金持ちで、勢力のある家。

**ごう-か【豪華】**(形動) ぜいたくではなやかなさま。豪奢。luxurious 用例 ―けんらん。

**ごう-が【ᵛ恒河】**《Gangā 梵 の音写》①ガンジス川の別称。②「恒河沙」の略。

**こうか-あぶ【後架ᵛ虻】** 便所などに発生し、その近くを飛び回るミズアブ科の昆虫。体長一五～三〇㎜の細長い体は黒色。吸血はしないが、汚物を好むので衛生害虫。日本全土・中国に分布。ベンジョアブ。ベンジョバチ。

**こう-かい【公会】** ①公衆の参加する会合。assembly ②公開の会合。③国際間の重要問題を話しあう国際会議。congress

**こう-かい【公海】** 領海を除いた海域。特定国の主権に属さない。high sea 対義 領海。

**こう-かい【公開】**(名・サ変他) 一般の人々に開放すること。open to the public 対義 非公開。

**こう-かい【更改】**(名・サ変他) ①一度きめたことを改めかえること。改更。renewal; change ②すでにある債務契約の内容を変更して新たな債務を生じさせ、古い債務を消滅させること。novation 用例 契約―。

**こう-かい【後悔】**(名・サ変自他) してしまったあとで、それが悪かったとくやむこと。あとで悔いること。regret

**後悔先に立たず**(こうかいさきにたたず) してしまったあとでくやんでも、とりかえしがつかない。It is no use crying over spilt milk.

**こう-かい【降灰】** 火山から噴出した火山灰が地表に落下すること。また、その灰。こうはい。ashfall 用例 ―量。

**こう-かい【航海】**(名・サ変自) 海を船で渡ること。航行。navigation

**こう-かい【鋼塊】** 溶鋼を型に流しこみ、凝固させたもの。脱酸の程度によってキルド鋼塊・リムド鋼塊などがある。スチールインゴット。steel ingot

**こう-かい【講会】** 無尽講などの加入者の会合。世話役の選出や集金などの事項を決める。

**こう-かい【紅海】**(Red Sea) アフリカ大陸とアラビア半島との間の細長い海。面積四四万km²。北はスエズ運河を通じて地中海に、南はバベルマンデブ海峡を通りアラビア海に至る。

**こう-かい【黄海】** 中国本土と朝鮮半島に囲まれた海洋。北は山東・遼東両半島を境に渤海と分けられ、南は東シナ海につづく。黄河の流入で沖合いまで黄濁。近年、海洋油田の開発が進む。ホワンハイ。

**こう-かい【ᵛ狡ᵛ獪】**(形動) ↓こうかつ(狡猾)

**こう-がい【ᵛ笄】**《「髪掻」の転》①髪の毛をかき上げるのに用いる、細長いへらのような道具。数え方 一本。②江戸時代以降の女性の髪飾り。髷などにさす。③刀の鞘の付属品。髪を整えたり、頭をかいたりするのに用いた。↓日本刀 図

**こう-がい【口外】** ㊀(名) 口の外。㊁(名・サ変他) 口に出して言うこと。人に話すこと。disclosure 用例 ―無用。

**こう-がい【口ᵛ蓋】** 脊椎動物の口腔内の上側の部分。哺乳類では、前三分の二は内部が骨で硬口蓋といい、後ろ三分の一は内部が筋肉で軟口蓋という。palate

**こう-がい【公害】** 人の事業や活動などにともなって生じる大気汚染や水質汚濁および騒音や悪臭などが、人の健康や生活環境に被害をおよぼすこと。pollution

**こう-がい【郊外】** 都市の周辺の田園地域。suburbs 用例 大都市―の住宅地。

**こう-がい【校外】** 学校の外。outside the school 対義 校内。

**こう-がい【構外】** かこいの外。outside the premises 対義 構内。

**こう-がい【ᵛ梗概】** あらまし。あらすじ。大すじ。summary 比較 大意・要旨・要約。用例 映画の―。

**こう-がい【鉱害】** 鉱山の採掘・製錬などの作業によって引き起こされる害。煙害・鉱山廃水による河川や海の汚染・地盤沈下など。mine pollution

**こう-がい【ᵛ蝗害】** 飛蝗による災害。

**こう-がい【ᵛ慷慨】**(名・サ変自他) 政治や社会の不正に対して憤りなげくこと。indignation 用例 悲憤―。

**ごう-かい【豪快】**(形動) 力にあふれて堂々としているさま。daring 用例 ―な笑い。

**ごう-がい【号外】** 重要なニュースを速報するため、臨時に発行される新聞。ラジオが普及するまでは重要な速報メディアとして機能した。extra 対義 本紙。

**こうかい-えいせい【航海衛星】** 船舶や航空機の航行用に打ち上げられる人工衛星。電波によって現在位置を測定するのに用いられる。navigation satellite

**こうがい-おん【口ᵛ蓋音】** 音声学で、調音位置による音の分類の一つ。前舌面と口蓋を使ってつくられる摩擦音。[c][ʃ][ç][ʎ][ɲ]など。硬口蓋音と軟口蓋音がある。palatal

**こうかい-かいせん【黄海海戦】** ①日清戦争中最大の海戦。明治二七年(一八九四)九月、黄海で日本連合艦隊が清国北洋艦隊を撃破。②日露戦争中の海戦。明治三七年(一九〇四)八月、日本連合艦隊が、ロシア太平洋艦隊の旅順脱出を阻止。

**こう-かいぎ【公会議】** カトリック教会において、全世界の教会代表者が集まり、教会全体のために教義・典礼・法規などを審議決定する会議。council

**こうがい-ざい【公害罪】** ↓こうがいはんざい(公害犯罪)

**こうかい-さいばん【公開裁判】** 裁判の公正を確保するために、一般国民が傍聴できる状態で裁判を行うこと。open court 対義 秘密裁判。

**こうがい-さいばん【公害裁判】** ↓こうがいそしょう(公害訴訟)

**こうかい-し【航海士】** 船の位置の測定、乗組員の指揮、荷役の監督などの業務を担当する船舶職員。国家試験により資格を与えられる。mate

**こうかいしじょう-そうさ【公開市場操作】** 中央銀行が公開市場で国債その他の有価証券を売買して金融の調節を図ること。金融政策の主要手段。open market operation

**こうかいじゆう-の-げんそく【公海自由の原則】** 国際法上の原則の一つ。いかなる国家も公海を領有したり支配することは許されず、自由な航行・漁業活動などが保障されるとする。principle of freedom on the high seas

**こうかい-しゅぎ【公開主義】** 審理や判決の公正を確保するため、裁判を一般国民に公開すべきだとする立場や考え方。principle of making public

**こうかい-じゅつ【航海術】** 航海中、船舶の位置を測定し、針路・航程などを知るための技術。navigation

**こうかい-じょう【公開状】** 相手側に送付すると同時に雑誌・新聞などで公表される質問や批判文書。open letter

**こうかい-じょうれい【航海条例】** イギリスの船舶・貿易を保護する諸条例の総称。一六五一年クロムウェル制定のものが有名。輸入品はイギリス船または産出国の船で輸送することを規定し、オランダ海運業の締め出しを図ったもの。一八四九年廃止。航海法。Navigation Acts

**こうかい-ず【航海図】** 船舶などが航海に用いる海図。おもに、沿岸航海用。陸標・灯台・岩礁の位置、潮流の方向などを記入。chart

**こうがい-すい【口ᵛ蓋垂】** 咽喉の上部から垂れ下がっている乳頭状の突起。懸壅垂。のどちんこ。のどびこ。uvula

**こうがい-ぜきしょう【ᵛ笄石ᵛ菖】** 湿地に多いイグサ科の多年草。高さ約三〇㎝。葉は扁平、多管質で長さ約二〇㎝。六～七月に、七～二〇個の緑色の頭花を多数つける。

**こうかい-せんきょ【公開選挙】** 個々の選挙人がどう判断したかわかるような選挙方式。表決の方式には口頭・拍手・挙手・起立などがある。open ballot

**こうかい-そうさ【公開捜査】** 捜査の行きづまりを打開するため、すでに入手した資料などを公開し、一般市民に犯人逮捕の協力を求める捜査方法。open criminal investigation

**こうがい-そしょう【公害訴訟】** 公害の被害者が、公害発生源の企業などを相手に行為の差し止めや損害賠償を求めて起こす訴訟。水俣病訴訟・イタイイタイ病訴訟など。公害裁判。suit against environmental pollution

**こうがいたいさく-きほんほう【公害対策基本法】** 公害から生活環境や自然環境を守るための基本となる法律。昭和四二年(一九六七)公布。Environmental Pollution Prevention Act

**こうかい-てんもんがく【航海天文学】** 天体を観測して、経緯度から船舶の位置を知るための天文学の一分野。nautical astronomy

**こうかい-どう【公会堂】** 地方公共団体が建設し管理する、一般市民の会合などのための施設。市民会館・区民ホールなど。public hall

**こうがいとう-ちょうせいいいんかい【公害等調整委員会】** 公害紛争処理法により、公害にかかわる紛争の調停・仲裁・判定を行い、地方公共団体が行う公害苦情処理の指導などを行う行政機関。

**こうかいどおう-ひ【広開土王碑】** 「好太王碑」の別称。

**こうかい-なんどう【黄海南道】** 北朝鮮(朝鮮民主主義人民共和国)南西部の道。道都海州。黄海に突出する半島部の農業地域。ファンヘナムド。

**こうかい-にっし【航海日誌】** 停泊中も含む船の運航状況を記録した日誌。様式は法令で定められており、出入港のさい、監督官庁の検閲を受ける。logbook

**こうかい-の-じゆう【公海の自由】** 公海では航行・漁業も自由にみとめられ、航海税も課せられないという原則。公海自由の原則。freedom of the high seas

**こうがい-ばいしょう【鉱害賠償】** 鉱業作業により企業外の人々に与えた損害に対する賠償。

**こうがいばいしょう-せいど【公害賠償制度】** 公害病認定患者に療養費・障害補償費・遺族補償費などを支給する制度。公害健康被害補償法に基づく。

**こうがい-はんざい【公害犯罪】** 事業活動にともなう公害によって、人の健康を害する犯罪。公害罪。

**こうかい-ヒヤリング【公開ヒヤリング】** 公聴会の一種。原子力安全委員会の設置にともなって、昭和五三年(一九七八)に始まった制度。原子力施設の新設につき、事前に地元住民の意見をきくために開催される。open hearing

**こうがい-びょう【公害病】** ①環境汚染に原因する病気。diseases caused by environmental pollution ②①のうち、公害健康被害補償法で定められた病気。水俣病・気管支喘息など。pollution-related disease

**こうがい-びる【ᵛ笄ᵛ蛭】** 頭端が、昔の笄(=かんざし)に似たコウガイビル科の扁形動物。ヒルに似て、体長数センチメートル～十数センチメートル。湿地の表面や石の下にすみ肉食性。

**こうがいふんそう-しょりほう【公害紛争処理法】** 公害に関する紛争を解決するため、和解の仲介・調停・仲裁などの手続きを定めた法律。昭和四五年(一九七〇)公布。

**こうがいぼうし-かんりしゃ【公害防止管理者】** 特定工場における公害防止組織の整備に関する法律に基づき、公害防止に関する業務を統括する国家試験合格者。

**こうがいぼうし-きょうてい【公害防止協定】** 地方公共団体とその管轄内の企業または住民団体との間で締結される、公害防止や被害発生の場合の補償などに関する協定。

**こうがいぼうし-さんぎょう【公害防止産業】** 公害防止のための機器・システム関係の産業。一九六〇年代後半以降に発達。pollution control industry

**こうがいぼうし-じょうれい【公害防止条例】** 公害を防止するために地方公共団体が定めた条例。

**こうかい-ほうそう【公開放送】** 視聴者参加番組の一つ。一般視聴者を観客にして制作される放送番組。公開番組。public broadcasting

**こうかい-ほくどう【黄海北道】** 北朝鮮(朝鮮民主主義人民共和国)西部、朝鮮半島中央部の道。道都沙里院。タングステン・銅・金などの鉱産資源が豊か。ファンヘプクド。

**こうがい-ゆしゅつ【公害輸出】** 公害を発生する企業が、外国に工場を建設した結果、海外で公害を発生させているとするもの。pollution export

**こうかい-れき【航海暦】** 航海に必要な太陽・月・星などの日々の天空上の位置を記したもの。航海中、船舶の位置決定などに用いる。nautical almanac

**こうがい-れつ【口ᵛ蓋裂】** 口蓋(上あご)が裂けて、口腔と鼻腔がつながっているもの。胎生期の顔面の発育不全による。みつくちを伴うことがある。cleft palate

**こうか-おん【効果音】** ストーリーの展開を効果的にしたり劇的効果を高めるため、放送・映画・演劇などで使われる擬音や実際音。sound effects

**こう-かがく【光化学】** 光と物質の化学的性質との関係を研究する化学の一分野。ひかりかがく。photochemistry

**こうかがく-スモッグ【光化学スモッグ】** 大気中の一酸化炭素や炭化水素および窒素酸化物などが、紫外線によって光化学反応を起

こす現象。人の目や呼吸器などに障害を起こさせる。photochemical smog

**こうかがく-はんのう【光化学反応】** 光によって起こる化学反応。熱反応と同じく、分解・合成・酸化・重合・異性化などの反応が起こる。また、最初に光を吸収した物質が反応せず、他の物質にエネルギーを与えて反応する場合を光化学増感という。Photochemical reaction

**こうか-ぎょ【降河魚】** ふだんは淡水にすみ、産卵のために川を下って海にでる魚。ウナギが典型。降流魚。

**こう-かく【口角】** 口のわき。くちびるの両端。corners of the mouth ↓頭図

**口角泡を飛ばす**（こうかくあわをとばす） 勢いこんで論じたてるさま。argue passionately

**こう-かく【広角】** 角度が広いこと。wide-angle

**こう-かく【甲殻】** エビやカニなど甲殻類の体表をおおっている硬い外骨格。キチンとたんぱく質の複合体に炭酸カルシウムが沈着してできる。こうら。甲。shell

**こう-かく【光覚】** 光の刺激により生じる感覚。下等動物の未分化な目による感覚などをいう。広義には、視覚も含む。ひかりかんかく。photic sense

**こう-かく【行客】** 道を行く人。行き来する旅人。

**こう-かく【交角】** 二つの直線・曲線・平面などが交わることでできる角。二曲線が交わるときは、その交点での両曲線の接線のつくる角。intersection angle

**こう-かく【光角】** 物体の一点と両眼を結ぶ光線のなす角。この角度の大小で遠近を知る。optical angle

**こう-かく【降格】**（名・サ変自他） 資格・地位などを下げること。格下げ。demotion

**こう-かく【高角】** 砲身などの地平線とのなす角が大きいこと。high angle 用例 —砲。

**こう-かく【高閣】** 高く、りっぱな建物。高楼。

**高閣に束ぬ**（こうかくにつかぬ） 書物などを利用しないで棚に載せたままにしておく。

**こう-がく【工学】** 工業的生産を合理的かつ経済的に行うための技術を体系的に研究する学問領域。engineering

**こう-がく【光学】** 光に関する現象を研究する物理学の一部門。幾何光学・波動光学・分光学・測光学などがある。optics

**こう-がく【向学】** 学問に励もうと思うこと。desire for learning 用例 —心。

**こう-がく【好学】** 学問をこのむこと。love of learning 用例 —の士。

**こう-がく【攻学】** 学問を修め磨くこと。研学。

**こう-がく【後学】** ①後進の研究者。younger scholar 対義 先学。②のちに自分のためになること・知識。future reference 用例 —のために聞く。

**こう-がく【高額】** 対義 低額。①大きい金額。large sum ②高い値段。high price

**こう-がく【溝▼壑】** ①みぞ。どぶ。②谷間。

**溝壑に擠つ**（こうがくにおつ） 路傍のみぞに倒れ死ぬ。行き倒れて死ぬ。また、生活の道を失って、苦境におちいる。

**溝壑を塡む**（こうがくをうずむ） みぞや穴に落ち込む。転じて、命を失う。とくに、のたれ死にする。

**ごう-かく【合格】**（名・サ変自） 一定の条件・資格にかなうこと。及第。パス。pass 対義 不合格。用例 検査に—する。

**ごう-がく【郷学】** 江戸時代から明治初頭まで存在した在郷の教育機関。藩校と寺子屋の中間的な性格のもので、藩または民間の有志が設立。郷校。郷学校。郷学所。

**こうがく-いせい【光学異性】** 立体異性の一つ。化学的・物理的性質は同じだが、旋光性だけが異なることで生じる異性現象。optical isomerism

**こうがく-いせいたい【光学異性体】** 立体異性体の一つ。立体構造が互いに鏡像関係にある異性体。旋光性を示し、一方は右旋性、他方は左旋性である。不斉炭素原子をもつ有機化合物に生じる。optical isomer ↓図

**こうかく-えん【口角炎】** 口角が乾燥して亀裂ができる炎症。口をあけると痛む。胃腸障害など身体の状態に関連があるともいわれる。angular stomatitis

**こうかく-か【好角家】** 相撲の好きな人。

**こうがく-かっせい【光学活性】** ある物質またはその溶液に平面偏光を通過させたとき、その偏光面を右か左に回転させる性質（旋光性）をもっていること。optical activity

**こうがく-ガラス【光学ガラス】** レンズやプリズムなどの光学器械に用いられる、精度・透過率・均質性のよい高品質のガラス。鉛・バリウム・硼素などを含む。optical glass

**こうがく-きかい【光学器械】** 光の反射・屈折・干渉などの性質を応用した器械の総称。双眼鏡・顕微鏡・写真機・投影機・干渉計など。optical instrument

**こうがく-けい【光学系】** 光線の径路を規則的に変更し、像を結ばせるなどのために、レンズ・プリズム・鏡などを組み合わせた体系。optical system

**こうがく-けんびきょう【光学顕微鏡】** 対物レンズと接眼レンズを用い、光の屈折を利用して生物の組織や細菌など微細なものを拡大して観察する装置。optical microscope

**こうかく-さいぼう【厚角細胞】** 細胞壁の角の部分だけが肥厚した細胞。双子葉植物に広く存在する。collenchymatous cell

**こうがくしき-もじよみとりそうち【光学式文字読(み)取り装置】** コンピューターの入力装置の一種。印刷または手書き文字を光学的に読み取る装置。OCR。optical character reader

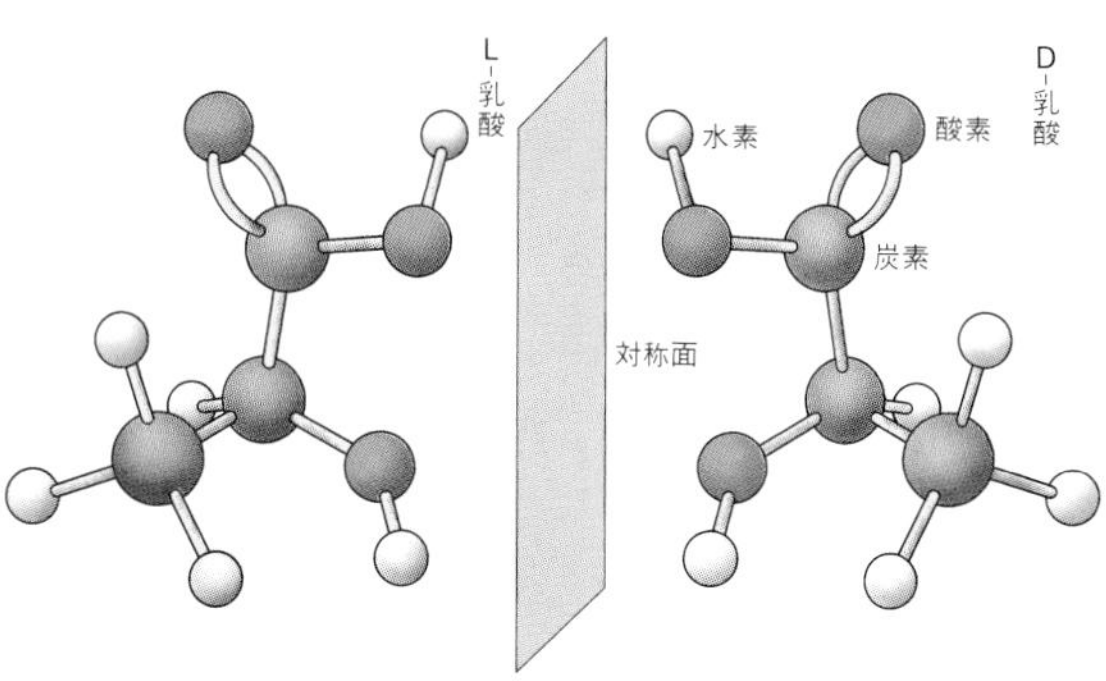

●光学異性体　乳酸の例

**こうかく-そしき【厚角組織】** 厚角細胞が集まって構成される組織。双子葉植物の茎・葉・柄などにあり柔組織を支持。collenchyma

**こうかく-だほう【広角打法】** 野球の打撃技術で、フェアグラウンド内のあらゆる方向に打球が飛ぶような、投球に逆らわないバッティング。spray hitting

**こうかく-てんのう【光格天皇】**（一七七一～一八四〇） 第一一九代天皇（在位一七八〇～一八一七）。名ははじめ師仁、のち兼仁。閑院宮典仁親王の第六皇子。

**こう-がくねん【高学年】** 学校で、上のほうの学年。とくに、小学校の第五・六学年。upper grade 対義 低学年・中学年。

**こうかく-ほう【高角砲】** 旧日本海軍での高射砲の呼称。

**こうが-ぐみ【甲賀組】** 甲賀者の別称。

**こうかく-るい【甲殻類】** 水中生活をする節足動物の一群。体は外骨格でおおわれ、体節のような構造になっている。各体節にある一対の付属肢はいろいろに変形。有用種にエビ・カニなど、有害種にキクイムシ・フジツボなど。crustacean

**こうかく-レンズ【広角レンズ】** 撮影範囲が標準レンズよりも大きく、焦点距離の短いレンズ。被写界深度が大きく、遠近感が誇張される。wide-angle lens ↓写真レンズ 写

**こうかく-ろう【黄▼鶴楼】** 中国湖北省武昌県の黄鶴山上にあったという高楼。揚子江の眺望と李白・崔顥らの詩で有名。

**こう-がけ【甲掛(け)】** 手足の甲にかけて日光・ちり・けがをふせぐ当て布。手っ甲など。

**こうが-さぶろう【甲賀▽三郎】** 諏訪明神にまつわる縁起物語の主人公の名。また、その物語。伊吹山の狩り場で見失った妻の春日姫を探し求める話。

**こうがしつか-テレビ【高画質化テレビ】** 走査線は現行と同じ五二五本のまま、毎秒の送信信号数をふやして、画面を鮮明にしたテレビ。現行の地上放送システムを利用。クリアビジョン。EDTV。extended definition television 参照 高品位テレビ。

**ごうが-しゃ【▽恒河▼沙】**《ガンジス川の砂の意》無限の数量。恒沙。恒河。

**こうか-せき【抗火石】** 流紋岩質の軽石流堆積物の石材名。灰白色で多孔質。伊豆天城山麓や伊豆七島の新島・式根島・神津島に産出。建材・耐火保温材として利用。↓写

●抗火石　灰皿に加工されたもの。

**こう-かつ【広▼闊】**（形動） 広々とひらけているさま。

**こう-かつ【▼狡▼猾】**（形動） 悪賢いさま。ずるいさま。狡獪。cunning

**こうか-てき【効果的】**（形動） ききめがあるさま。effective 対義 逆効果。用例 —な一言。

**こうか-てつどう【高架鉄道】** 線路を地上高くかけわたした鉄道。新幹線など高速度の列車が、路面の交通と関係なく運転できる利点がある。高架線。elevated railroad米; elevated railway英

**こうか-とう【江華島】** 韓国北西部、京畿道北西部、漢江河口の島。面積四二〇km²。明治八年（一八七五）、日本軍艦が砲撃された江華島事件の地。カンホワ島。

**こうかとう-じけん【江華島事件】** 明治八年（一八七五）朝鮮沿岸で起きた日本と朝鮮の武力衝突事件。示威運動中の日本軍艦雲揚号が、江華島砲台から砲撃されて応戦、永宗島を占領。日本側は翌年、朝鮮の開国を定めた日朝修好条規（＝江華島条約）に調印させた。

**こうかとう-じょうやく【江華島条約】** 日朝修好条規の別称。

**ごうか-の-き【合▽歓の木】**《「ごうか」は「ごうかん（合歓）」の転》ネムノキの別名。

**ごうか-ばん【豪華版】** ①豪華な装幀や印刷の出版物。deluxe edition ②豪華にすること。また、豪華にしたもの。gorgeous

**こうか-ひょう【功科表】** 公務員・会社員などの勤務上の功績を書き入れた表。

**こうか-ひょう【考課表】** ①公務員・会社員などの勤務の成績表。学業成績の報告書。performance evaluation ②銀行・会社の営業成績を調べた報告書。business record

**こうか-びょう【硬化病】** カビにより、昆虫の体が硬くミイラ状になる病気。カイコの白殭病など。

**こうか-ぶたい【降下部隊】** ↓くうていぶたい（空挺部隊）

**こうか-ぶつ【好下物】**《「下物」は酒の肴の意》すばらしい酒のさかな。

**こうが-ぶんめい【黄河文明】** 中国の黄河の中・下流域に発生した古代文明。仰韶文化・竜山文化などがその代表的なもの。

**こうが-もの【甲賀者】** 室町末・戦国時代以後の近江国甲賀郡の地侍の総称。忍者として活躍したといわれ、江戸時代には鉄砲同心として幕府に仕えた。甲賀組。

**こうか-ゆ【硬化油】** 液状の不飽和油脂に水素を添加し、固状にした脂肪。軟質硬化油と極度硬化油があり、前者はマーガリン・せっけんなど、後者はろうの代用品などに使用。hardened oil

**こうカリウム-けっしょう【高カリウム血症】** 血清中のカリウム濃度が正常値を超えた状態。心筋の働きを弱める。hyperpotassemia

**こうカルシウム-けっしょう【高カルシウム血症】** 血清中のカルシウム濃度が正常値以上の状態。骨の変化が起こる。hypercalcemia

**こうか-ろん【黄禍論】** 黄色人種が白人を凌駕して禍を与えるという主張。黄色人種排斥の正当化のために用いられた。とくに、ドイツ皇帝ウィルヘルム二世が主唱した。yellow peril

**ごう-がわ【▽江川】** 江の川の別称。

**こう-かん【公刊】**（名・サ変他） 出版物を社会に広めるために発行すること。publication

**こう-かん【公館】** ①一般の人たちが使う建物。public facilities ②領事館・公使館・大使館などのこと。diplomatic and consular offices 用例 在外—。

**こう-かん【光環・光冠】** ①薄い層雲を通して太陽や月を見たとき、そのまわりに見える光の輪。白、または外側が赤で内側が青紫。corona 比較 暈。②太陽のコロナ。corona

**こう-かん【交換】**(名・サ変他) ①とりかえること。exchange 用例 名刺を—する。②文化人類学で、相互に等価と考えられる事物の媒介による、相互に必要とされている事物の移動。経済的な交換(交易)、儀礼的交換、婚姻にさいして集団間でやりとりする女性の交換などその範囲は広い。exchange

**こう-かん【交感】**(名・サ変自) 互いに感じ合うこと。

**こう-かん【交歓・交▼驩】**(名・サ変自) 集まって、ともに楽しむこと。exchange courtesies

**こう-かん【向寒】** 寒さに向かうこと。toward cold season 対義 向暑。用例 —の折。

**こう-かん【好感】** 相手に対するこのましい感じ。good impression 用例 —を与える。

**こう-かん【好漢】** このましい男。快男児。nice fellow

**こう-かん【▼巷間】** まちの中。世間。市井。ちまた。around town 用例 —の説。

**こう-かん【後患】** うまく処置しないため、のちのちに起こるだろう心配。用例 —を絶つ。

**こう-かん【後勘】** ①後日に受ける叱責。②さきざきのことまで考えること。

**こう-かん【皇漢】** ①皇国と漢国。日本と中国。②中国の意。

**こう-かん【校勘】**(名・サ変他) 刊本・写本を比べ合わせて、誤りを正すこと。比較 校合・校正・校異。

**こう-かん【▼浩▼瀚】**(形動) ①広大なさま。②書物の巻数が多いさま。大部。

**こう-かん【高官】** 地位の高い官職・人。high official

**こう-かん【▼槓・▼杆・▼槓▼桿】** ①梃の原理を応用した装置の総称。天秤・飼い葉切り・にぎりばさみなど。②小銃の装塡用の装置。

**こう-かん【鋼管】** 鉄鋼製の管。気体や液体の輸送用のほか、杭・柱などの構造用材として使用される。steel pipe

**こう-かん【後漢】** 中国、五代の一国。突厥沙陀部出身の劉知遠が九四七年に建国。大梁(開封)に都したが、九五〇年後周により滅亡。

**こう-がん【紅顔】** 年少者の血色のよい顔。rosy face 用例 —の美少年。

**こう-がん【▼睾丸】** 哺乳類の雄にある精巣。卵形で陰嚢のなかに左右一対あり、生殖細胞の精子を作る。きんたま。↓生殖器図

**こう-がん【厚顔】**(形動) あつかましい。ずうずうしい。鉄面皮。impudent 用例 —無恥。

**ごう-かん【合巻】** 江戸時代の草双紙の一種。黄表紙が長編化し、数冊を合わせてとじたもの。文化元年(一八〇四)ごろから明治初年に盛行。作品『雷太郎強悪物語』『偐紫田舎源氏』など。↓写

**ごう-かん【合歓】** ㊀(名・サ変自) ①ともに楽しむこと。take pleasure together ②男女が共寝すること。love making ㊁(名) 「合歓木(ネムノキ)」の略。silk tree

**ごう-かん【強▼姦】**(名・サ変他) 刑法で、男性が暴力または脅迫をもって婦女を姦淫すること。一三歳未満の女児、または精神状態や知能が正常でない女性との性交は、合意の上でも強姦になる。乱暴。暴行。rape 対義 和姦。

**ごう-がん【▼傲岸】**(形動) いばり返って相手をばかにするさま。arrogant 用例 —無礼。

**こうがん-えん【▼睾丸炎】** 睾丸の炎症。急性と慢性がある。急性の多くは流行性耳下腺炎の合併症として起こり、発熱・陰嚢の発赤・睾丸の激痛がある。orchitis

**ごうかん-えんぎ【業感縁起】** 仏教の縁起論の一つ。世界の一切の現象は、衆生の業を原因として生じるとする世界観。

**こうかん-かち【交換価値】** ①他の商品の一定量と交換できることによって相対的に表される、ある商品の値打ち。exchange-value 対義 使用価値。②ある貨幣の他の貨幣との交換比率。exchange-value

**こうかん-きょうぎ【交歓競技】** 親善の意味で行う競技会。goodwill match

**こうかん-けいざい【交換経済】** 一定の集団のなかで、余剰生産物または全生産物を交換することによって営まれる経済。商品経済・貨幣経済など。exchange economy

**こうかん-こうぶん【交換公文】** 国家間である取り決めを交わすとき、一方の意思表示を示した文書(=公文)に対し、他方がこれを確認する形で交換する文書。国際法上は条約の一種。exchange of notes

**こうがん-ざい【抗▼癌剤】** 癌の化学療法に使用される薬剤。制癌剤。anticancer drug

**ごうかん-ざい【強▼姦罪】** 暴力や脅迫を加えて婦女を姦淫する罪。参照 強姦。

**こうかん-しゅ【交換手】** 「電話交換手」の略。operator

**こうかん-じょうけん【交換条件】** ある事を引き受けるかわりとして出す条件。また、引き受けさせるための条件。bargaining point

●合巻 『偐紫田舎源氏』。

**こうかん-じり【交換▼尻】** 銀行が手形交換所で、自行が受け入れた手形類と他行から支払呈示を受けた手形類との交換を行ったときに生じる決済差額。clearing balance

**こうかん-しんけい【交感神経】** 心臓の働きを促進し、胃腸の運動や胃液分泌を抑制し、血管や立毛筋の収縮、汗の分泌の促進などの機能を営む自律神経。副交感神経とともに自律神経系を構成する。sympathetic nerve

**こうかんせい-がんえん【交感性眼炎】** 一方の目に組織が損傷するほどの外傷を受けたとき、ある潜伏期ののち、もう一方の目におこる急性の眼炎。原因は不明。sympathetic opthalmia

**こうかん-せん【交換船】** 交戦国が互いに在留民や捕虜を交換するため派遣する船。exchange ship

**こうかん-だい【交換台】** 交換手が電話の取り次ぎをする所。switchboard

**こうかん-ちょう【紅冠鳥】** アトリ科の小鳥。翼長約一〇cm。頭上に赤い冠状羽がある。南米に分布。各国で飼われ、日本へも古くから輸入。↓図

●コウカンチョウ

**ごうがん-ふそん【▼傲岸不▼遜】**(名・形動) 思いあがり、高ぶっていること・さま。人を人とも思わないような態度でいること・さま。

**こうかん-ぶんごう【交換分合】** 耕地を合理的に利用するため分散した経営農地を集団化して、土地の所有権・賃借権などを交換・分割・合併すること。exchange and consolidation

**こうかん-ほうそく【交換法則】** 演算の三法則の一つ。加法・乗法の演算で、$a+b=b+a$, $a\times b=b\times a$をみたすとき、この乗法・加法は交換法則をみたすという。commutative law

**こうかん-ゆけつ【交換輸血】** 瀉血と輸血を同時に行い、患者の全血液を入れかえる療法。新生児の母子間血液型不適合、劇症肝炎などに行う。exchange transfusion

**こうかん-りろん【交換理論】** 人間の行動を費用と報酬の交換によって説明しようとする社会理論。exchange theory

**こうかん-レンズ【交換レンズ】** 撮影目的に応じてカメラ本体に脱着交換して使用できる写真用レンズ。望遠・広角・接写・魚眼・マクロ・ズームレンズなど。interchangeable lens

**こう-き【口気】** ①口から吐く息。呼吸。respiration ②ものの言い方。語気。口ぶり。tone

**こう-き【口器】** 主として節足動物類の口部にみられる一群の器官。えさの保持・捕獲・咀嚼などのためのもの。食性によって、かじる形(バッタ・カマキリなど)、なめる形(ハエ・アブなど)、吸う形(カ・チョウなど)に分化している。trophi

**こう-き【公器】** おおやけのためのもの。公共の機関。public institution 対義 私物。用例 新聞は社会の—である。

**こう-き【広軌】** 鉄道で二本のレールの間隔が、標準軌間一・四三五mより広いもの。ソ連・スペインなどの鉄道は広軌。broad gauge 対義 狭軌。参照 標準軌間。

**こう-き【光輝】** ①光沢。光。かがやき。luster ②ほまれ。名誉。glory

**こう-き【好奇】**(名・形動) 新しいもの、知らないものに対する興味をもつこと・さま。ものずき。curiosity 用例 —心。

**こう-き【好季】** よい季節。good season

**こう-き【好期】** ちょうどよい時節・時期。good time 用例 アユ釣りの—。

**こう-き【好機】** ちょうどよいおり。チャンス。good opportunity 用例 —をのがす。

**好機逸す可からず**(こうきいっすべからず) よい機会を逃してはならない。Make hay while the sun shines.

**こう-き【後記】** ①文章のあとにしるしたこと。その箇所。後述。対義 前記。②書物などのあとがき。そえがき。postscript 用例 編集—。③後日の記録。

**こう-き【後期】** 一定の期間を二つ、三つに区切ったときの、あとの期間。latter term 対義 前期・中期。

**こう-き【香気】** かぐわしいにおい。よい香り。fragrance

**こう-き【皇紀】** 『日本書紀』の神武天皇即位の年を西暦紀元前六六〇年に設定し、その年を元年とした日本の紀元。

**こうき【紅旗】** 中国共産党中央委員会に直属する、もっとも権威ある理論雑誌。党の首脳がペンネームで執筆。一九五八年六月創刊。

**こう-き【校紀】** 学校の風紀。school discipline

**こう-き【校規】** 学校の規則。校則。school regulations

**こう-き【校旗】** 学校のしるしとして定めた旗。school banner

**こう-き【高貴】**(名・形動) ①身分が高く、たっといこと・さま。nobility 対義 下賤・卑賤。②値打ちのあること・さま。値段の高いこと・さま。preciousness 用例 —な薬。③「高貴織」の略。

**こう-き【綱紀】** 国家をおさめるための基本の規律・秩序。national principles

**こう-き【衡器】** 物の重さを測る器具。はかり。scale

**こう-き【興起】**(名・サ変自) ①張り切ること。ふるいたつこと。奮起。用例 感奮—。②勢いがさかんになること。

**こう-ぎ【公儀】** ①おおやけ。表向き。②朝廷や幕府など、おりおりの政府。

**こう-ぎ【巧技】** たくみなわざ。すぐれた演技・技術。excellent skill 対義 拙技。

**こう-ぎ【広義】** 広く考えた解釈・意味。wide sense 対義 狭義。

**こう-ぎ【交▼誼】** つきあいのよしみ。友好。交情。friendship 用例 —を結ぶ。

**こう-ぎ【好▼誼】** 好意に基づく交際。よしみ。friendship

**こう-ぎ【抗議】**(名・サ変自) 反対の意見や苦情を申し立てること。protest 用例 —を申し込む。

**こう-ぎ【厚▼誼】** 心からの親しいもてなし・つきあい。kindness

**こう-ぎ【高▼誼】** 相手の厚意を言う敬語。用例 ご—をたまわる。

**こう-ぎ【講義】**(名・サ変他) ①書物や学説の内容・意図などを解きあかすこと。また、その話。lecture 用例 —を聴く。②大学の授業。また、授業科目の名。lecture 用例 英文学—。

**ごう-き【剛気】**(名・形動) 気が強く、勇ましい性質・さま。sturdiness

**ごう-き【剛▼毅】**(名・形動) 意志が強く、くじけないこと。fortitude

**剛毅木訥、仁に近し**(ごうきぼくとつ、じんにちかし) 心がしっかりしていて、飾り気がなく、無口であるのは、孔子の理想とする道徳である仁に近い。

**ごう-き【豪気】**(名・形動) ①気性が大きく強いこと・さま。manly ②意気さかんなこと。また、そのさま。stout-hearted

**ごう-ぎ【合議】**(名・サ変自他) 二人以上のものが集まって相談すること。consultation

**ごう-ぎ【豪儀・強気】**(形動) ①強情。がんこ。obstinate ②景気がいい。すばらしい。wonderful 用例 そいつは—だ。

**こう-きあつ【高気圧】** 気圧が周囲より相対的に高い区域。下降気流があり、地上で北半球では時計回り、南半球では反時計回りに回転しながら風が吹き出る。一般に天気が良い。anticyclone 対義 低気圧。

**こうき-いんしょうは【後期印象派】** 印象派の芸術思潮の中から出て、それぞれの個性的な芸術を確立した画家たちの総称。セザンヌ・ゴッホ・ゴーガンなど。Post-Impressionist

**こうき-おり【高貴織】** 絹織物の一種。練り絹を用い、綾目に織るとき、飛び斜文の組織で織ったもの。渋い色の無地が多く男物の着尺地・羽尺地に用いる。高貴。

**こう-きぎょう【公企業】** 国または地方公共団体が直接経営する企業の総称。public enterprise 対義 私企業。

**こうきぎょう-かいけい**【公企業会計】 国、地方自治体、公団、事業団などの公機関に属する企業体に適用される会計。

**こうきじてん**【康▼熙字典】 中国、清代の字書。康熙帝の命で張玉書らが『字彙』『正字通』などを総括して編集。一七一六年刊行。四二巻。約四万七〇〇〇字を所収。画数分類の形式を完成し、後世の字書の規範とされる。

**こうきじてん-たい**【康▼熙字典体】 『康熙字典』に掲げてある字体。わが国には江戸時代の中期に伝えられた。

**こうき-しゅくせい**【綱紀粛正】 政治の方針や公務員の規律を引きしめること。enforcement of official discipline

**こうぎ-しょ**【公議所】 明治新政府の立法機関。明治二年(一八六九)三月開設。同年七月、集議院と改称。

**ごうぎ-せい**【合議制】 ①物事を一人で決定せず大勢で相談して決めるやり方。council system ②行政機関の意思を原則的にメンバー全員一致の合議で決める制度。人事院や公正取引委員会などの運営に適用。比較 独任制。

**こうきせい-さいきん**【好気性細菌】 繁殖・生育に酸素を必要とする細菌で、酸素呼吸を営んでいるもの。多くの細菌は好気性。aerobic bacteria

**こうきせい-せいぶつ**【好気性生物】 酸素が存在しないところでは生育できないか、または生育が阻害される生物。とくに微生物にいう。aerobe

**こうぎ-せいたいろん**【公議政体論】 幕末、政治権力の主体を列藩諸侯会議におこうとした政権構想。土佐藩が薩長に対抗して主張。後藤象二郎・西周らが主唱し、坂本竜馬は討幕派と公議政体派の連合政権案を提出。

**こうき-せっこく**【高貴石▼斛】 洋ランの原種の一つ。茎は多肉質で径約一cm、葉は線状披針形で、二年内外で脱落。紫紅色の美しい花をつける。観賞用に温室で栽培。全草を漢方薬とする。ヒマラヤ・中国原産。

**こうき-てい**【康▼熙帝】(一六五四〜一七二二) 中国、清朝第四代皇帝(在位一六六一〜一七二二)。廟号は聖祖。中国全土を統一後、三藩の乱の鎮定、台湾征服、ネルチンスク条約締結など清朝の基礎を確立。内治に意を用い、学術を奨励して『康熙字典』『佩文韻府』などを編纂させた。

**こう-きでんりょく**【光起電力】 ↓ひかりきでんりょく(光起電力)

**こうき-とじ**【康▼熙▼綴(じ)】 清代、康熙帝時代の刊本に多く用いられた装丁。袋とじの上下のとじ穴と各上下の右角との間にもう一つ穴をあけて糸を通し、角のまくれを防いだもの。

**こう-きはい**【高▼其▼佩】(一六七二〜一七三四) 中国、清初の文人画家。字は韋之、号は且園。指頭画で知られ、山水・人物・花鳥を得意とした。

**こう-きゅう**【公休】 ①勤労者に、日曜・祝日以外に公式に認められている休日。legal holiday ②商店などの定休日。regular holiday

**こう-きゅう**【光球】 太陽の輝いて見えている部分。一般には太陽を含めた恒星の通常のスペクトルを形成する部分。photosphere ↓太陽図

**こう-きゅう**【好球】 野球で、打ちやすい投球。用例 ―必打。

**こう-きゅう**【考究】(名・サ変他) 考えきわめること。深く研究すること。consideration

**こう-きゅう**【攻究】(名・サ変他) 学問などをおさめきわめること。study

**こう-きゅう**【後宮】 ①中国で、皇帝が個人的生活を営み、皇后・妃嬪などが起居する宮殿。前殿の後ろにあって、政治の行われる外朝とは厳重に区別され、労役は女官・宦官が行う。内廷。内宮。後庭。②《転じて》后・妃・女官らの称。

**こう-きゅう**【恒久】 いつまでも変わらないこと。永久。永遠。permanency 用例 ―平和。

**こう-きゅう**【降給】(名・サ変他) 給与を下げること。cutting in pay 対義 昇給。

**こう-きゅう**【高級】(名・形動) ①地位や身分が高いこと・さま。high rank 用例 ―官吏。②程度・品質・水準などが高いこと・さま。high grade 対義 低級。

**こう-きゅう**【高給】 高い給料。high salary 対義 薄給。

**こう-きゅう**【硬球】 硬式の野球・テニスなどの競技に用いる硬く重いボール。hard ball 対義 軟球。

**こう-きゅう**【講究】(名・サ変他) 調べきわめること。研究すること。research

**こう-きゅう**【購求】(名・サ変他) 買い求めること。purchase

**こう-きゅう**【▼曠久】 「曠日弥久」の略。

**こう-きゅう**【孔丘】 孔子の本名。

**こう-ぎゅう**【黄牛】 ウシの品種の一つ。体は小形で、肩高一・一〜一・二m。黄褐色で、力があり、暑さに強い。労役用。東南アジアから台湾に分布。

**ごう-きゅう**【号泣】(名・サ変自) 大声で泣きさけぶこと。wailing

**ごう-きゅう**【剛球】 野球で、スピードがあるうえに球質が重く、打者が打っても遠くへ飛ばないような投手の投球。heavy ball

**ごう-きゅう**【強弓】 張りの強い弓。また、それを引く人。

**こうきゅう-アルコール**【高級アルコール】 分子量の大きいアルコール。ふつうは、脂肪族アルコールをいう。天然では蠟として存在。洗剤などの原料。higher alcohol

**こう-きゅうし**【後▼臼歯】 前臼歯(小臼歯)の後方にある大きな臼歯。はえかわらない。臼歯。大臼歯。postmolar ↓歯式図

**こうきゅう-しぼうさん**【高級脂肪酸】 炭素の数が多い鎖式のモノカルボン酸。飽和のものは固体が、不飽和のものは液体が多い。せっけんの原料など。higher fatty acid

**こうきゅうでん**【好▼逑伝】 中国、明末の小説。名教中人作とされるが、作者未詳。一八回。才子佳人小説で、一名『俠義風月伝』。

**こうきゅう-はんちょう**【後弓反張】 全身的な筋の緊張発作。手足をつっぱり、背中を弓のようにそらす状態。破傷風・癲癇・髄膜炎などでおこる。弓なり緊張。opisthotonus

**こうきゅうよりのとうそう**【後宮よりの逃走】《原題Die Entführung aus dem Serail(ドイツ)》モーツァルト作曲のジングシュピール(歌芝居)。全三幕。一七八二年ウィーンで初演。シュテファニーらによる台本で、トルコを舞台にした恋愛喜劇。

**こう-きょ**【公許】 おおやけに許されること。政府・官公庁の許可。官許。

**こう-きょ**【抗拒】(名・サ変自) 手向かいしてこばむこと。

**こう-きょ**【皇居】 天皇のすまい。宮城。禁裏。禁城。

**こう-きょ**【貢挙】(名・サ変他) 律令官制で、すぐれた子弟を中央政府に推薦したこと。また、そのための国家試験。

**こう-きょ**【溝▼渠】 給排水のため水を流すように掘った溝。ditch

**こう-きょ**【▼薨去】(名・サ変自) 皇族または三位以上の人の死去を言った敬語。御逝去。御永眠。おかくれ。

**こうきょ**【康居】 中国の漢・魏時代の記録にみえる西トルキスタンの国。シルダリヤ下流域のトルコ系遊牧民族を中心に成立。東西交通の要路を占めていた。

**こう-ぎょ**【香魚】 アユの異名。

**こう-きょう**【口供】(名・サ変他) ①事実や意見などを口頭で述べること。oral statement ②裁判などで、被告や証人などが尋問に口頭で答えること。供述。deposition

**こう-きょう**【公共】 社会一般。公衆。public

**こう-きょう**【交響】(名・サ変自) ひびき合うこと。

**こう-きょう**【好況】 景気循環の一局面で、経済活動の拡張期。好景気。prosperity 対義 不況。

**こうきょう**【孝経】 儒教経典で、十三経の一つ。孝を徳の根本とし、天子・諸侯・大夫・士・庶民それぞれの孝について説く。戦国時代末に成立。

**こう-きょう**【荒凶】 凶作。飢饉。

**こう-きょう**【高教】 相手の教えを言う敬語。お教え。ご教示。

**こう-ぎょう**【工業】 原料を人力や機械力で加工し、有用な物資を生産する産業の総称。industry 用例 軽―。重―。

**こう-ぎょう**【功業】 ①功績のいちじるしい事業。②てがら。いさお。

**こう-ぎょう**【鉱業・▼礦業】 地中の鉱物資源を探鉱・採鉱・選鉱して精錬する産業。mining industry

**こう-ぎょう**【興行】(名・サ変他) 入場料をとって、相撲・映画・プロ野球などを催すこと。performance 用例 ―師。

**こう-ぎょう**【興業】 新しく事業をおこすこと。promotion of industry

**こうぎょう-あんか**【工業暗化】 工業都市の発達で、その付近にすむガに暗色の変異が増加した現象。一九世紀後半にヨーロッパで発見。樹木の表面が工場からの煤煙で黒くなり、黒いガの保護色となって鳥などから発見されにくく、自然選択で生き残ったと考えられている。industrial melanism

**こうきょういく**【公教育】 一般には公的性格をもつ教育。狭義では公共施設で行われ、国または地方公共団体によって管理運営される教育。public education

**こうぎょう-いしょう**【工業意匠】 工業製品のデザイン。工業デザイン。インダストリアルデザイン。ID。industrial design

**こうぎょう-か**【工業化】(名・サ変他) ①産業構造に占める工業の比重が高まること。経済発展により、農業など第一次産業から工業を中心とする第二次産業への転換が促進される。industrialization ②機械による生産方法を導き入れること。industrialization

**こうきょうかい**【公教会】 ローマ-カトリック教会の別称。天主公教会。Catholic Church

**こうぎょう-かがく**【工業化学】 化学工業で用いられる技術の基礎を研究対象とする化学の一分野。industrial chemistry

**こうきょう-がく**【交響楽】 ①交響曲の古い言い方。②交響曲・交響詩など、管弦楽のための楽曲の総称。symphony

**こうきょう-がくだん**【交響楽団】 管弦楽曲を演奏するための楽団。symphony orchestra

**こうきょう-きぎょうたい**【公共企業体】 政府・地方公共団体の出資により公共の利益のために経営される企業。公団と公庫。public corporation

**こうきょうきぎょうたいとう-ろうどういいんかい**【公共企業体等労働委員会】 労働省の外局の一つ。三公社五現業の労働争議の斡旋・調停・仲裁、不当労働行為の救済などを行った機関。昭和六二年(一九八七)国営企業労働委員会と改称。公労委。

**こうきょうきぎょうたいとう-ろうどうかんけいほう**【公共企業体等労働関係法】 三公社五現業の労使関係に適用された法律。昭和二三年(一九四八)公布。同六一年(一九八六)改正され国営企業労働関係法となった。公労法。

**こうきょうきぎょうたいとう-ろうどうくみあいきょうぎかい**【公共企業体等労働組合協議会】 公労法の適用を受けた三公社五現業の労働組合連合体。昭和二八年(一九五三)結成。同六一年(一九八七)国営企業労働組合協議会に改組。公労協。

**こうぎょう-ぎじゅついん**【工業技術院】 通産省の外局の一つ。鉱工業関係の科学技術の試験研究や日本工業規格(JIS)の制定などを行い、生産技術の向上・普及をはかる。昭和二三年(一九四八)に設立。

**こうきょう-きょく**【交響曲】 オーケストラのためのソナタ。一般に四楽章からなり、純粋器楽形式のなかでもっとも壮大で、音色・音量ともに豊かで表現力に富む。シンフォニー。symphony

**こうきょう-くみあい**【公共組合】 国が定めた目的にしたがって行政の一部を分担する社団法人。土地改良区・健康保険組合など。public partnership

**こうきょう-けいざいがく**【公共経済学】 公共部門の経済活動とそれによる資源配分の問題などを研究する経済学。財政学と厚生経済学が融合して形成された分野。public economics

**こうぎょう-けん**【鉱業権】 政府の登録を受けた鉱区で、独占的に鉱物を採掘し取得する権利。mining rights

**こうぎょう-けん**【興行権】 入場料をとり、公衆の前で脚本・楽譜・映画などを上演・演奏・上映する独占的権利。著作権の一部。producing rights

**こうぎょう-こう**【工業港】 工業地に近接・付属した港。おもに工業用の原料・燃料や製品の出入りに利用する。industrial port

**こうきょう-こうこく**【公共広告】 麻薬追放や未成年者の喫煙防止などをよびかける、公共の福祉を目的とした広告。public advertisement

**こうきょうこうこく-きこう**【公共広告機構】 公共広告の推進を目的として昭和四六年(一九七一)に設立された社団法人。

**こうぎょう-こく**【工業国】 国際的分業化のなかで、工業に重点をおいて生産を行う国。industrialized nation

**こうきょう-サービス**【公共サービス】 一般の人々の福利に対する公共機関のサービ

ス。教育・交通・医療・警察・消防・司法などをさす。public services

**こうきょう-ざい【公共財】** すべての人が共同で享受できる財・サービス。国防・警察・消防・公園など。public goods

**こうぎょうさいはいち-けいかく【工業再配置計画】** 工業の地方への誘致により、過密都市の改造と地方都市の発展をはかることを目的とした産業立地構想。

**こうきょう-し【交響詩】** オーケストラによる標題音楽の一種。一九世紀にリストが創始。ふつうは一楽章形式。文学的・絵画的な内容を表現する。symphonic poem

**こうきょう-じぎょう【公共事業】** 国または地方公共団体が予算で行う、社会一般の福利のための諸事業。土木建設関係の事業を中心とする。public works

**こうぎょう-しけんじょ【工業試験所】** 工業に関する試験・研究を行う機関。通商産業省の工業技術院の所管に属する。

**こうきょう-しせつ【公共施設】** 国または地方自治体などが設置し、公的目的のために利用される施設。公民館・公立図書館など。public facilities

**こうきょう-しょくぎょうあんていじょ【公共職業安定所】** 労働省の下部機関。職業安定法に基づき、職業紹介・職業指導・失業保険事務などを無料で行う。職安。もと、職業紹介所。public employment exchange

**こうきょう-しょくぎょうくんれんしせつ【公共職業訓練施設】** 職業訓練法に基づいて設けられた職業訓練のための施設。専修職業訓練校・高等職業訓練校・職業訓練大学校・身体障害者職業訓練校がある。public vocational training center

**こうぎょう-しょゆうけん【工業所有権】** 産業上の利益に対する独占的・排他的な権利。特許権・実用新案権・意匠権・商標権などの総称。industrial property

**こうきょう-しん【公共心】** 公共の利益を重んじる心。public spirit 対義 利己心。

**こうぎょうせいび-とくべつちいき【工業整備特別地域】** 立地条件にすぐれ、工業がある程度発展した地域に、道路・港湾などの施設を整備し、さらに発展を促すために国が指定した地域。鹿島・東駿河湾・東三河・播磨・備後・周南の六地域。

**こうきょう-だんたい【公共団体】** 国が法令によって存立の目的を与えた法人。地方公共団体・公共組合(土地改良区・水害予防組合など)・営造物法人(公団・事業団など)の三種類。公法人。public organization

**こうぎょう-だんち【工業団地】** あらかじめ工場用の土地造成を行い、排水施設や取り付け道路などを整備して、多くの工場を誘致した団地。industrial park

**こうぎょう-ちたい【工業地帯】** 一般に工業のさかんな地域。狭義には、各工業が総合的に発達し、範囲が二県以上にひろがり、複数の中心地域があるものをいう。industrial area

**こうぎょう-ちゅうどく【工業中毒】** 職業病の一種。工場において使用されるか、または、そこで発生する化学物質によっておこる中毒。industrial poisoning

**こうぎょう-デザイン【工業デザイン】** 量産される工業製品について、機能的合理性と美しさの面からなされるデザイン。インダストリアルデザイン。industrial design

**こうきょう-とうし【公共投資】** 国・地方公共団体が行う投資。道路・港湾などに対する行政投資をいい、広くは公企業への投資も含む。public investment

**こうきょう-の-ふくし【公共の福祉】** 個人の利益を超えた、社会全体の共同の福祉。public welfare

**こうぎょうひょうじゅんか-ほう【工業標準化法】** 製品の規格や生産方法など、工業標準の制定と普及について定めた法律。昭和二四年(一九四九)公布。

**こうぎょう-ほう【鉱業法】** 鉱業に関する基本的制度を定めた法律。鉱業権、鉱業に関する土地の使用と収用、鉱害賠償などについて規定する。昭和二五年(一九五〇)公布。

**こうきょう-ほうそう【公共放送】** 公共企業体によって行われる放送。一般に受信料を財源とする。日本のNHK、イギリスのBBCなど。public broadcasting 対義 商業放送。

**こうぎょう-ぼき【工業簿記】** 工業を営む企業の会計に適用される複式簿記。購買・販売の記録のほかに、原料が仕掛かり品となり製品となっていく生産過程の記帳・計算を行う。industrial bookkeeping

**こうぎょう-ようすい【工業用水】** 工業用に使う水。工業用水道事業法で取水・貯水・浄水などの施設基準を定めている。water supplies for industry

**こうきょうよう-ぶつ【公共用物】** 道路・河川・公園・広場など、一般公衆が自由に利用できる公共財産。public property

**こうきょう-ようり【公教要理】** カトリック教会の教理問答書。宗教教育および受洗準備教育に用いられる。catechism

**こうぎょう-りっち【工業立地】** 原料入手の難易、消費市場までの時間・距離、労働力の安定的確保の可能性など、生産・輸送にかかわる要因を考慮して工業生産を営む場所を設定すること。location of industries

**こうきょう-りょうきん【公共料金】** 公共的・公益的事業や施設の料金。政府が直接その設定・変更などに関与できる。運輸・郵便・電気料金、NHK受信料など。public utilities charge

**こう-きょく【好局】** 囲碁・将棋で、おもしろい勝負。内容の充実した対局。

**こう-ぎょく【紅玉】** ①あかい玉。②鋼玉の一種で赤色のもの。ルビー。ruby ③リンゴの一品種。皮は真紅、酸味が強い。Jonathan apple ↓リンゴ 写

**こう-ぎょく【硬玉】** 緑青色ないし白色の硬い鉱物。緑色の美しいものは翡翠として珍重される。jadeite

**こう-ぎょく【鋼玉】** 酸化アルミニウムの鉱物。六方晶系。赤色のものがルビー、青色のものがサファイア。黄や緑色もある。宝石や研摩剤として利用する。コランダム。corundum

**こうぎょく-せき【紅玉石】** ↓こうぎょく(紅玉)②

**こうぎょく-てんのう【皇極天皇】**(五九四〜六六一) 第三五代天皇(在位六四二〜六四五)。舒明天皇の皇后。天智・天武天皇の母。孝徳天皇に譲位したが、のち重祚して斉明天皇(在位六五五〜六六一)。

**こうぎ-ろく【講義録】** 講義を記録し、編集した印刷物。lecture book

**こう-きん【公金】** 政府・公共団体や会社などが所有する公的な金銭。public money 比較 官金。対義 私金。用例 ―横領。

**こう-きん【行金】** 銀行が保有する金銭。bank money

**こう-きん【拘禁】**(名・サ変他) ①つかまえてとどめておくこと。arrest ②留置所や刑務所などに収容し、比較的長期にわたって身体的自由を拘束すること。detention 比較 抑留・拘置。対義 釈放。

●合金　おもな合金の特徴と用途

| 名称 | おもな元素 | 加える元素 | 特徴 | 用途 |
|---|---|---|---|---|
| ステンレス | 鉄 | クロム、ニッケル | さびにくく、酸やアルカリにも強い | 食器、刃物、流し台など |
| ジュラルミン | アルミニウム | 銅、珪素、マグネシウム、マンガン | 軽く、強度もあるが、腐食しやすい | 航空機、自動車など |
| 青銅(ブロンズ) | 銅 | 錫 | さびにくく、強度があり摩耗しにくい | 美術工芸品、メダルなど |
| 黄銅(しんちゅう) | 銅 | 亜鉛 | 純銅より強く、加工しやすい | ドアノブ、ボルト、船舶用部品など |
| 白銅 | 銅 | ニッケル | さびにくく、加工しやすい | 貨幣、工業用品など |
| 洋銀(洋白) | 銅 | 亜鉛、ニッケル | 銀白色で美しく、加工しやすい | 皿、シガレットケース、鍵、機械部品など |
| ヒューズ | 鉛 | 錫、アンチモン | 低い温度で溶け、加工しやすい | 電気回路 |
| はんだ | 錫 | 鉛 | 低い温度で溶け、金属に付着しやすい | 金属接着、電気回路の接続など |
| ニクロム | ニッケル | クロム | 熱に強くさびにくい。電気抵抗が大きい | 電熱線、耐熱部品など |
| 18K | 金 | 銅 | 純金にくらべ強度が増す | 装飾品など |
| ホワイトゴールド | 金 | ニッケル、銅、亜鉛 | 白く、光沢が良い | 白金の代用として装飾品に用いられる |

**こう-きん【狎近】** なれ親しむこと。

**こう-きん【後金】** 中国、清朝の前身の王朝名。女真族を統一したヌルハチは、一六一六年帝位について国号をアイシン(金)と称し、次の太宗の三六年、清と改称。

**こう-ぎん【口吟】**(名・サ変他) 詩歌を口ずさむこと。

**こう-ぎん【行吟】**(名・サ変自) ①歩きながら詩歌をうたうこと。walk and recite ②山野に出かけて、句などをつくること。吟行。

**こう-ぎん【高吟】**(名・サ変他) 声高く詩歌をよみ、または、うたうこと。recite aloud 対義 低唱。

**こうぎん【興銀】** 日本興業銀行の略称。

**ごう-きん【合金】** 金属元素に一種類以上の金属元素または非金属元素を加えた物質で、金属的性質を有するものの総称。alloy ↓図

**ごうきん-こう【合金鋼】** 炭素鋼にニッケル・クロム・マンガンなどの元素を一〜二種類以上含むもの。含有元素によって特有の性質をもつ。alloy steel 対義 炭素鋼。参照 特殊鋼。

**こうきん-せい【抗菌性】** 細菌類の発育・成長・増殖を抑制する性質。antibiosis; antibacterial

**こうきんせい-ぶっしつ【抗菌性物質】** ↓こうせいぶっしつ(抗生物質)

**こうきん-の-らん【紅巾の乱】** 中国、元代末期の農民の反乱。一三五一年、白蓮教・弥勒教などの秘密結社の教徒が、韓林児を中心に挙兵、各地に拡大したが、六六年平定された。紅色の頭巾を着用したのが呼称の由来。

**こうきん-の-らん【黄巾の乱】** 中国、後漢末の農民の反乱。太平道教主張角が一八四年河北で挙兵。衆徒が黄色の布をまとったのが呼称の由来。張角は病死し鎮定されたが、後漢衰亡の一因となった。

**こうきんり-せいさく【高金利政策】** 金融政策の一つ。公定歩合などの金利を正常な水準あるいは国際的水準よりも高く維持し、インフレをおさえ、資本の流出防止または導入をはかることで国際収支を改善しようとする政策。dear money policy 対義 低金利政策。

**こう-く【校区】** ↓がっく(学区)

**こう-く【鉱区】** 石油・石炭・鉱石など、法律で定められた地下資源を採掘・取得できる一定範囲の区域。

**こう-ぐ【工具】** 組み立て・分解などさまざまの工作に使用する道具。手作業用の手工具と機械に取り付ける機械工具に大別。tool

**こう-ぐ【香具】** 香道に用いる道具。香炉・香匙・銀葉など。諸大名が贅をつくして造らせたものが多く、小形で精巧。instrument for incense

**こう-ぐ【校具】** 授業に使うために、学校内に用意されている器具。

**こう-ぐ【耕具】** 田畑をたがやす、すき・くわなどの道具。agricultural implement

**ごう-く【業苦】** 《仏教語》前世の悪業の報いによって現世で受ける苦しみ。

**こう-くう【航空】** 航空機で空中を飛行すること。aviation 比較 飛行。

**こう-くう【口腔】** ↓こうこう(口腔)

**こう-くう【高空】** 空の高いところ。

**こう-ぐう【厚遇】**(名・サ変他) 手厚くもてなすこと。warm reception 対義 酷遇・冷遇。

**こう-ぐう【皇宮】** 皇居。天皇の居住する宮殿。the Imperial Palace

**こうくう-いがく【航空医学】** 航空機の操縦者が飛行に伴って受ける身体的、精神的影響とその対策を研究する医学の分野。空港検疫も含む。aviation medicine

**こうくううちゅうぎじゅつ-けんきゅうじょ【航空宇宙技術研究所】** 航空宇宙に関する幅広い研究を目的とする、科学技術庁付属の研究所。昭和四四年(一九六九)に、前身の航空技術研究所から改組。NAL。National Aerospace Laboratory

**こうくううちゅう-こうぎょう【航空宇宙工業】** 航空機体やエンジンなどを製造する航空機工業と、ミサイルやロケットを製造する宇宙工業の総称。aerospace industry

**こうくう-かんせいかん【航空管制官】** 航空交通管制の業務に従う要員。日本では、運輸省航空局の職員がこれにあたっている。正式には、航空交通管制官。air traffic controller

**こうくう-き【航空機】** 人や物を乗せて空中を飛行する乗り物の総称。飛行機・飛行船・気球など。aircraft
**こうくう-きしょうだい【航空気象台】** 飛行に必要な気象サービスを主任務とする気象台。主要な空港に設けられている。aviation weather service
**こうくうき-ひょうしききごう【航空機標識記号】** 航空機一機ごとに与えられている識別記号。民間機は、国籍・登録記号。軍用機は、各国の任意。aircraft registration number
**こうくう-きょうてい【航空協定】** 国家間で結ばれる国際航空のための双務協定。航空路線や使用空港・運航便数などが取り決められる。日本は三九か国(一九八八年一二月現在)と航空協定を締結している。flight agreement
**こうくう-けいき【航空計器】** 航空機につけられている操縦・航行のための計器の総称。aeronautical instruments
**こうぐう-けいさつ【皇宮警察】** 皇居・御所・陵墓などの皇室財産および関連する国有財産の警備、皇族の護衛などを行う警察。the Imperial Guards
**こうくう-けん【航空券】** 旅客が、本人と手荷物を運んでもらうための契約を航空会社とすませたということを証明するもの。航空旅客手荷物切符。airline ticket ［参照］搭乗券。
**こうくう-こうがく【航空工学】** 航空機の設計・製作・飛行に必要な技術に関する学問の総称。aeronautical engineering
**こうくう-こうつうかんせい【航空交通管制】** 航空機の安全・円滑な交通のために行う離着陸の許可、進入方向・使用滑走路・高度などの指示。air traffic control
**こうくう-こうほう【航空航法】** 航空機を出発地から目的地まで航行させる方法。地上の目標・地形を地図と対照しながら進路を判定する航法から始まって、現在では、無線航法・慣性航法などが行われている。aerial navigation
**こうくう-じえいたい【航空自衛隊】** 防衛庁に所属し、日本の防空にあたる自衛隊の部隊。陸上・海上自衛隊の作戦支援、航空輸送なども行う。航空幕僚長の補佐をうけて、防衛庁長官が統括。最高指揮官は内閣総理大臣。昭和二九年(一九五四)発足。Air Self-Defense Force
**こうくう-じこ【航空事故】** 機体の異常・損傷・衝突・墜落・火災など、航空機の事故の総称。aviation accident
**こうくう-しゃしん【航空写真】** 航空機から撮影した写真の総称。地形の測量、写真地図の作成、災害調査などに利用する。aerial photography
**こうくう-しょかん【航空書簡】** 外国あての航空郵便書簡。封筒と便箋を兼ねたもの。写真などの封入は認められない。aerogram
**こうくう-ず【航空図】** 航空機の運航に用いる地図。地形・航空路・無線施設・航空灯台などを記載。運輸省航空局および海上保安庁水路部が作成。aeronautical chart
**こうくう-そうおん【航空騒音】** 航空機の運航にともなう騒音。空港周辺では騒音の環境基準が設定されている。aviation noise
**こうくう-だいがっこう【航空大学校】** 民間航空の操縦士を養成する学校。運輸省の付属機関。昭和二九年(一九五四)設立。
**こうくう-とう【航空灯】** 夜間に航空機の所在を示すための標識灯。左右主翼端(左は赤・右は緑)、胴体尾端(白灯)などにつける。navigation light
**こうくう-とうだい【航空灯台】** 夜間、または悪天候中を飛行する航空機に、航路や位置を知らせる地上の灯光施設。aeronautical ground light
**こうくう-びょう【航空病】** 高空飛行によって生じる心身の病的状態。酸素不足・気圧低下・低温・加速度などが原因。難聴・耳鳴り・吐き気、判断力の低下などの症状が起こる。air sickness
**こうくう-ひょうしき【航空標識】** ①航空機の安全な航行を援護するために、飛行場やその付近、航空路などに設けられる標識。signal radio beacon ②航空機の翼や胴などに書く国籍や登録の記号。logo mark or registration number
**こうくう-びん【航空便】** ①《「航空郵便」の略》航空機で郵便物を送る制度。またその郵便物。エアメール。airmail ②航空機で輸送すること・もの。air transport ［用例］土地の名産を―で配送する。
**こうくう-ほう【航空法】** ①航空に関する法規の総称。②航空機の安全性や運航などについて定めた行政法規。昭和二七年(一九五二)公布。
**こうくう-ぼかん【航空母艦】** 航空機を搭載し、離着艦用のひろい飛行甲板をもつ軍艦。第二次大戦から巡洋艦・駆逐艦などをともなって機動部隊を編制し、海上作戦の主役となった。空母。aircraft carrier
**こうくう-ほけん【航空保険】** 航空機事故による損害を補う保険。機体保険・乗客賠償責任保険など。aviation insurance
**こうくう-むせんひょうしき【航空無線標識】** 電波によって航空機の航行を援助する地上施設。aeronautical radio sign
**こうくう-ゆうびん【航空郵便】** 航空機で運ぶ郵便物。現在、日本では外国郵便規則により運営される特殊取扱の郵便物として、通常郵便物と小包がある。エアメール。airmail
**こうくう-ゆそう【航空輸送】** 航空機で旅客や貨物を輸送すること。一九一〇年代に始まり、世界の交通体系に大変化を与えた。air transportation
**こうくう-ろ【航空路】** 航空機が安全に運航できるように指定された空中の通路。幅約一六～六四km。航路。air line; airway
**こうぐ-こう【工具鋼】** 切削工具・金属加工用ダイスなどに用いられる特殊鋼。硬度・耐摩耗性・切れ味が要求される。炭素量〇・六～一・五%の炭素工具鋼とタングステン・クロムなどを添加した合金工具鋼がある。tool steel
**こうぐ-し【香具師】** ①香具を造って売る人。香具屋。②道ばたで、商品の呼び売りや見せ物の興行などをする者。やし。てき屋。
**こうく-ぜい【鉱区税】** 鉱区・砂鉱区の面積に応じて都道府県が鉱業権者・砂鉱権者に課す地方税。mine lot tax
**こう-くつ【後屈】**(名・サ変自) うしろへまがっていること。うしろへまがること。retroflexion ［対義］前屈。［用例］子宮―。
**ごう-ぐら【郷倉・郷蔵】** 江戸時代、幕府・諸藩が村々に設けた穀倉。年貢米の一時的収納、備荒用貯穀倉として利用され、村役人が管理。
**こうくり【高句▽麗・高▼勾▽麗】** 古代、紀元前後、扶余系の高句麗人が建国。中国東北部から朝鮮半島西北部にあった国。好太王の時代が全盛期。六六八年、唐・新羅連合軍に敗れて滅亡。高麗。こくり。
**こうくり-へきが【高句▽麗壁画】** 朝鮮、高句麗古墳の石室に描かれた壁画。中国、六朝絵画の影響がみられ、日本装飾古墳の母体。
**こう-ぐゎあし【▼糕▽菓子】** 沖縄の干菓子の一種。寒梅粉(もち米を蒸して乾燥させた粉)に砂糖や水あめを加えて裏ごしし、木型で型抜きする。らくがんに似たもの。祝事・仏事などに使う。
**こう-ぐん【行軍】**(名・サ変自) 軍隊が隊列を組んで徒歩で行進・移動すること。ふつう時速四km程度。march ［比較］急行軍。
**こう-ぐん【紅軍】** 中国共産党の軍隊。一九二七年創建とされるが、実質的には二八年に朱徳と毛沢東の軍が合併、第四軍を成したのが起源。三七年、国民革命軍第八路軍と新四軍に改編、抗日戦に従事。正称は中国工農紅軍。
**こう-ぐん【皇軍】** 天皇のひきいる軍隊。もと日本の軍隊の自称。
**ごう-ぐん【郷軍】** 「在郷軍人」の略。
**こうぐん-しょうぎ【行軍将棋】** 盤上遊戯の一種。将棋の駒を大将から歩兵まで軍隊にならって作った遊び。またその用具。軍将棋。
**こう-け【高家・▽豪家】** 江戸幕府の職名の一つ。室町時代以来の武家の名門が任ぜられ、朝廷への使節、伊勢・日光への代参、勅使・公卿の接待、その他儀式・典礼を管掌。上杉・武田・織田・大友・吉良・畠山など二六家。
**こう-げ【香華】** 仏前に供える香と花。こうばな。［用例］―を手向ける。
**こう-げ【高下】**(名・サ変自) ①上がり下がり。高低。rise and fall ［用例］物価の―。②尊いこととといやしいこと。優劣。superiority and inferiority
**こう-けい【口径】** ①筒形のものの口の直径。また、内径。caliber ［用例］大―レンズ。②銃砲の内側の直径。［用例］二五―のピストル。caliber
**こう-けい【公▼卿】** ①古代中国で、三公と九卿。②朝廷に仕える三位以上の人。くぎょう。
**こう-けい【光景】** そこで見たけしきやありさま。ようす。情景。scene
**こう-けい【肯▼綮】** 物事の急所。要所。要点。
**肯綮に中る**(こうけいにあたる) 意見などが急所をつき、うまく言いあてている。要点をつく。
**こう-けい【後景】** ①うしろの光景、けしき。バック。background ［対義］前景。②舞台の背景。setting
**こう-けい【後継】** あとを引きつぐこと。あとつぎ。succession
**こう-けい【紅▼閨】** 美しい女性の寝室。
**こう-けい【高啓】**(一三三六～七四) 中国、明初の詩人。字は季迪。号は青邱。蘇州の人。清新な詩風で明初を代表し、日本でも愛読された。詩文集『高太史全集』。
**こう-けい【黄経】** 春分点から黄道に沿って東まわりに測った角度。太陽系の天体の位置・運動を扱うときに使う。ecliptic longitude
**こう-けい【康慶】**(生没年未詳) 平安末期から鎌倉初期の仏師。運慶の父、快慶の師。鎌倉彫刻の基礎を築いた。作品に興福寺南円堂本尊『不空羂索観音』など。
**こう-げい【工芸】** 造形芸術の一つ。日常生活での使用を前提として作られ、美的効果をもつ器物・調度・道具など。また、その制作活動をもさす。陶磁器・ガラス・金工・漆工・染織など。arts and crafts
**ごう-けい【合計】**(名・サ変他) 足し合わせること。総計。total
**こう-けいき【好景気】** →こうきょう(好況)
**こうげい-さくもつ【工芸作物】** 収穫後、多くの加工段階をへて製品となる作物。用途により、油料類・繊維料類・糖料類・染料類・薬用類・香辛料類・樹液料類などがある。
**こうけい-しつ【後形質】** 原形質の物質代謝の結果生じたもので、生命活動には直接関与しない部分。植物の細胞壁・液胞・細胞含有物など。metaplasm
**こう-けいじん【黄景仁】**(一七四九～八三) 中国、清中期の詩人。字は仲則。武進の人。李白を学び叙情性に富む詩を作る。詩文集『両当軒集』。
**こうけい-ひ【口径比】** レンズの直径と焦点距離の比。レンズでつくられた像の明るさは、口径比の二乗に比例する。Fナンバーの逆数。aperture ratio
**こうけいれん-やく【抗▼痙▼攣薬】** てんかんや痙攣の治療薬の総称。バルビツール剤・ヒダントイン剤など。anticonvulsant
**こう-げき【攻撃】**(名・サ変他) ①敵をせめうつこと。攻め。attack; offense ［対義］守備・防御。②非をならすこと。非難。attack; censure
**こうげき-りつ【孔▼隙率】** 土壌中に占めるすきまの割合を容積百分率で表したもの。作物の生育に大きく影響する。porosity
**こう-けち【▼纐▼纈】** 奈良時代の絞り染めをさす後世のことば。布地の一部を糸で縛ったりして染まらないようにし、この染め残しの部分を模様として浮き出させる。こうけつ。［比較］夾纈。
**こう-けつ【高潔】**(形動) 人格がけだかくて、清いさま。nobility
**こう-けつ【▼膏血】** 《「膏」は、あぶらあせ》苦労して得た財産。
**膏血を絞る**(こうけつをしぼる) ①重税を取り立てる。②苦心・苦労する。心血を注ぐ。
**こうげつ【江月】**(一五七四～一六四三) 江戸初期の臨済宗の僧。名は宗玩。父の津田宗及、小堀遠州について茶の湯の奥義をきわめた。大徳寺住持。
**ごう-けつ【豪傑】** ①武勇にすぐれた人。hero ②小事にこだわらない人。豪放な人。generous man
**こうけつあつ-しょう【高血圧症】** 動脈の血圧が正常より高いもの。世界保健機関の基準では、最大血圧一六〇ミリメートル水銀柱以上、最小血圧九五ミリメートル水銀柱以上を示す場合をいう。hypertension
**こうけつあつせい-のうしょう【高血圧性脳症】** 血圧が急上昇し、一過性の頭痛・悪心・意識障害・痙攣・黒内障などを示す症状。hypertensive encephalopathy
**こうけっかく-やく【抗結核薬】** 結核治療薬。一般にイソニアジド・ストレプトマイシンなどを単独または併用投与する。antituberculosis drugs
**こう-けん【公権】** 公法上認められている権利。国や公共団体がもつ権利としては警察権・財政権など、私人がもつ権利としては参政権・自由権などがある。civil rights ［対義］私権。
**こう-けん【効験・功験】** ききめ。効力。効能。efficacy
**こう-けん【拘▼牽】**(名・サ変自) ①物事にと

らわれること。こだわること。かかわること。②引き止めること。

**こう-けん【後見】** ①局外にいて助けること。また、その役。補佐。うしろみ。tutelage ②鎌倉幕府の執権や連署、室町幕府の関東管領など。③能・狂言や歌舞伎・舞踊などの舞台上で、うしろに控えて演者の手助けをしたり作り物などをあつかう役。また、その人。④法律で、禁治産者や親権者のいない未成年者の教護・監督や財産管理・法律行為の代理を行うこと。guardianship

**こう-けん【貢献】**(名・サ変自) ①他のために役に立つこと。あずかって力があること。寄与。contribution ②貢ぎ物を奉ること。また、その品物。くけん。

**こう-けん【高見】** ①すぐれた意見。fine opinion ②相手の意見をいう敬語。対義 卑見。用例 ご― をうけたまわる。

**こう-けん【高検】** 「高等検察庁」の略。

**こう-げん【公元】** 中国で、西暦のこと。

**こう-げん【公言】**(名・サ変他) おおっぴらに言うこと。また、そのことば。declaration

**こう-げん【巧言】** ことばを巧みに飾ること。口先だけでうまいことを言うこと。またそのことば。flattery

**こう-げん【広言】**(名・サ変自他) 他をはばからず、口にまかせて言う。大口をきく。大言。brag; big talk 比較 放言。用例 ―をはく。

**こう-げん【光源】** 光がでてくるみなもと。source of light

**こう-げん【▼扣▼舷】** 船べりをたたくこと。

**こう-げん【抗言】**(名・サ変自) 相手の言うことにさからって言うこと・ことば。protest

**こう-げん【抗原】** 生体に免疫反応をおこさせる物質。対応する抗体や、リンパ球の表面にある受容体(=抗原レセプター)と特異的に結合する。antigen

**こう-げん【荒原】** あれている野原。あれ野。wilderness

**こう-げん【高言】**(名・サ変自他) えらそうにたかぶって言うこと。また、そのことば。boasting

**こう-げん【高原】** 高度が高く、表面が比較的平坦な地形。まわりよりも高い卓状のもの、まわりを山脈で囲まれたもの、山麓にあるものなどがある。tableland; plateau

**こうげん【康元】** 鎌倉中期の年号。建長から改元。元年(一二五六)一〇月五日〜二年(一二五七)三月一四日。次に、正嘉に改元。

**ごう-けん【合憲】** 憲法の趣旨に合っていること。constitutionality 対義 違憲。

**ごう-けん【剛健】**(名・形動) 強くて、たくましいこと・さま。sturdiness 対義 柔弱。

**ごう-けん【剛堅】**(名・形動) 強くてしっかりしていること・さま。

**こうげん-がく【考現学】** 《考古学にならった造語》現代の風俗・世相を組織的に研究する学問。modernology

**こうげんこうたい-はんのう【抗原抗体反応】** 抗原と抗体との間におこる種々の特異的な反応。ある抗原が生体内に入って抗体を産生させると、抗原はその抗体とのみ反応する。antigen-antibody reaction

**こう-けんし【▼寇謙▼之】**(三六五〜四四八) 中国、北魏の道士。太武帝の信任をうけ、天師道を改革、新天師道と称して国教化した。

**こうげん-せんい【▼膠原線維】** 支持組織の細胞間にあるもっともふつうの線維。柔軟、白色で長く、太さは一定しない。煮ると膠を生じるので、この名がある。collagen fiber

**こうけん-てんのう【孝謙天皇】**(七一八〜七七〇) 第四六代天皇(在位七四九〜七五八)。聖武天皇の皇女。上皇として道鏡を寵愛したため藤原仲麻呂の反乱を招く。のち重祚して称徳天皇(在位七六四〜七七〇)と称する。

**こうげん-てんのう【孝元天皇】** 記紀で第八代天皇。名は大日本根子彦国牽尊。孝霊天皇の皇子。

**こうげん-どう【江原道】** 韓国北東部の道。道都春川。中央を太白山脈が連なる。林産・鉱山資源が多い。カンウォンド。

**こうけん-にん【後見人】** 親権者のない未成年者または禁治産者を保護・監督する職務権限をもつ人や機関。guardian

**こうげん-びょう【▼膠原病】** 膠原線維を主体とし、細胞・基質などからなる結合組織の病変による疾患の総称。ほとんどが慢性の難病で、全身性エリテマトーデス・慢性関節リューマチなどがある。collagen disease

**こうげん-やさい【高原野菜】** 冷涼な高原地帯で栽培されるキャベツ・ハクサイなどの総称。大規模栽培で、品質のすぐれたものが多い。

**こう-けんりょく【公権力】** 統治権に基づいて国や地方公共団体が行使する権力。または、統治権を行使する主体。governmental authority

**こうげん-れいしょく【巧言令色】** ことばをたくみにかざり、顔色をやわらげて人のきげんをとること。

**巧言令色鮮し仁**(こうげんれいしょくすくなしじん) 《『論語』にある語》巧言令色の人には、仁の心が欠けていて、りっぱな人格者はいない。

**こう-こ【公庫】** 全額政府出資の公法人で、政府金融機関の一種。住宅金融公庫・中小企業金融公庫・国民金融公庫など。

**こう-こ【好古】** 昔の物事・流儀・おもむきを好むこと。用例 ― 趣味。

**こう-こ【好個・好▽箇】** ちょうどよいこと。手ごろ。用例 ― の条件。

**こう-こ【江湖】** 《古くは「ごうこ」とも》①川と湖。とくに揚子江と洞庭湖のこと。②世の中。世間。社会。用例 ― に訴える。

**こう-こ【後顧】** ①あとをふり返ること。look back ②あとに心がひかれること。anxiety

**後顧の憂い**(こうこのうれい) あとのことや将来を心配すること。また、将来への心配のたね。用例 ― なく行ってきてください。

**こう-こ【高古】** けだかく古風なこと。

**こう-こ【▼曠古】** 今までに例がないこと。空前。未曾有。用例 ― の大業。

**こう-ご【口語】** 対義 文語。①話しことば。「書きことば」に対して言う。colloquial language ②現代語。明治時代以降の、日常生活で用いられることば。modern language

**こう-ご【交互】** たがいちがい。かわるがわる。alternation

**こう-ご【向後】** 今からのち。以後。きょうご。「hereafter

**こう-ご【▼庚午】** 干支の七番目。暦に対応させ、庚午にあたる年または日のこと。この日から七日間を大づち(=犯土)として土を犯すことを忌む。かのえうま。

**ごう-こ【▽江湖】** 《仏教語》各地から集まった禅の修行者。中国の江西地方に馬祖、湖南地方に石頭が住し、その徳を慕って修行者が多く集まったことからの称。江湖僧。

**ごう-こ【郷戸】** 律令制下、五〇戸を一里(=一郷)とし、里(=郷)制の基本単位となった戸。口分田の配給、租・庸・調などの賦課のもとになった。血縁のほか寄口・奴婢などを含む大家族では、いくつかの小家族(=房戸)に分ける場合が多かった。

**ごう-ご【豪語】**(名・サ変自他) 自信ありげに、えらそうに言うこと。大言壮語。big talk

**こうご-いし【神▼籠石】** 古代の山城址とされる列石遺跡。福岡県久留米市高良山にある高良神社を広くとりまく方形の列石の呼称。のちに類似する山上列石をよぶ一般名称となる。山城説と霊域説があるが、朝鮮式山城と同一構造もみられるため現在は前者が有力。古墳時代後期の築造と推定。↓写

**こう-こう【口▼腔】** 《医学では、「こうくう」》口から咽頭までの部分。食物を摂取し咀嚼するとともに、発声器の一部をなすもの。oral cavity 用例 ― 外科。

●神籠石 御所ケ谷遺跡(福岡県)。

**こう-こう【坑口】** 坑道の入り口。minehead

**こう-こう【孝行】**(名・形動・サ変自) 親によく仕えること・さま。孝。filial piety 対義 不孝。

**孝行をし度い時分に親は無し**(こうこうをしたいじぶんにおやはなし) 親の気持ちがわかるような年齢になり、親孝行がしたいと思うときには、すでに親はこの世にはいないものである。親孝行し度い時には親は無し。By the time you wish to be a good son, your parents will have been gone.

**こう-こう【後考】** あとで考えること。

**後考に待つ**(こうこうにまつ) あとの人、また、後世の人に考えてもらう。後人に判断をゆだねる。後考を待つ。

**こう-こう【後攻】**(名・サ変自) スポーツで、あとから攻めるがわに立つこと。あとぜめ。対義 先攻。

**こう-こう【後項】** 対義 前項。①あとにある項目。②数学で、二つ、または多くの項のうち、あとのもの。とくに、比例式におけるあとのもの。

**こう-こう【香香】** 香の物。つけもの。こうこ。

**こう-こう【皇考】** 天皇の亡父。対義 皇妣。

**こう-こう【航行】**(名・サ変自) 船や航空機で航路を進むこと。navigation

**こう-こう【高校】** 「高等学校」の略。

**こう-こう【黄口】** ①鳥のひなの嘴のきいろいこと。②年が若く経験の浅いこと。

**こう-こう【港口】** 港の出入り口。harbor entrance 比較 河口。

**こう-こう【硬▼膏】** 膏薬の一つ。体温で軟化し、粘着する外用薬。ばんそうこう・ピックなど。salve; ointment 対義 軟膏。

**こう-こう【硬鋼】** 炭素含有量〇・五一〜〇・八%の炭素鋼。工具・レールなどに使用。炭素量〇・三六〜〇・五%のものは半硬鋼、〇・八一〜一・七%のものを最硬鋼という。hard steel 参照 軟鋼。

**こう-こう【▼膏▼肓】** 《「こうもう」は誤り》からだの奥深くにあって、病気が治りにくい所。用例 病― に入る。

**こう-こう【▼黌校】** 校舎。まなびや。

**こう-こう【黄興】**(一八七四〜一九一六) 中国、清末・中華民国初期の革命家。日本に留学。一九〇五年孫文と中国革命同盟会を結成。一二年南京臨時政府陸軍総長に就任したが、一三年袁世凱打倒に失敗、アメリカに亡命。

**こう-こう【▼杲▼杲】**(形動トタル) 《「杲」は、朝日が木の上まで昇る、の意》日の光の明るいさま。

**こう-こう【▼浩▼浩】**(形動トタル) ①広大なさま。②水のゆたかに流れるさま。

**こう-こう【▼耿▼耿】**(形動トタル) ①光り輝くさま。②心が落ちつかないさま。

**こう-こう【▼皓▼皓・▼皎▼皎】**(形動トタル) ①月光などの白く光って、くもりのないさま。bright ②広大なさま。

**こう-こう【▼煌▼煌】**(形動トタル) きらきら輝くさま。brilliant 用例 ― たるライト。

**こう-こう【▼曠▼曠】**(形動トタル) 原野の広々としたさま。

**こう-こう【▼斯う▼斯う】**(副) 《「かくかく」の音便》これこれ。しかじか。

**斯う斯う然然**(こうこうしかじか) 《事柄をそのとおり具体的に述べないで、省略したり観念的に指示したりすることば》かくかくしかじか。

**こう-ごう【交合・▼媾合】**(名・サ変自) 男女の肉体的なまじわり。性交。交接。sexual intercourse

**こう-ごう【皇后】** 天皇の妻。きさき。きさい。

**こう-ごう【香合・香▼盒】** 香木や薫き物を入れる蓋つきの容器。

**こう-ごう【校合・▼挍合】**(名・サ変他) ↓きょうごう(校合)

**こう-ごう【▼曠▼劫】** 《仏教語》非常に長い年月。永遠。

**ごう-こう【▼毫光】** 仏の眉間にある白いまき毛(=白毫)から四方に放射する光。

**ごう-ごう【▼敖▼敖】**(形動トタル) ①長いさま。②おごりたかぶるさま。

**ごう-ごう【▼囂▼囂】**(形動トタル) 声のさわがしいさま。口やかましいさま。用例 ― たる非難。

**ごう-ごう【▼轟▼轟】**(形動トタル) とどろきひびくさま。roaring 用例 ― たる爆音。

**ごうこう-おん【合口音】** ①中国音韻学の用語。円唇性の母韻をもつ音節。②中世の日本語に存在したオ列長音の一つ。[ou]から転じた[oː]の音をいう。

**こう-こうがい【硬口▼蓋】** 上あごの前部の、かたい部分。hard palate 対義 軟口蓋。

**こうこうがい-おん【硬口▼蓋音】** 音声学で調音位置による音の分類の一つ。舌と硬口蓋を使って作られる音。シャ・ニャの頭子音など。顎音。palatal

**こうこう-がん【口▼腔▼癌】** 口腔に生じる癌の総称。ほとんどが扁平上皮癌で、日本人では舌癌・上顎癌・下顎癌が多い。癌全体の約二%を占める。oral cancer

**こうこうぎょう-せいさんしすう【鉱工業生産指数】** 鉱工業の生産活動について通産省が作成する総合的な指標。産業別生産・出荷・在庫などについて、西暦で、しもひとけたに〇か五のつく年を基準とする指数の形をとる。IIP。index of industrial production

**こうこう-くいき【航行区域】** 船舶が航行できる水域。法令により船舶の能力などに応じて定められる。航海区域。navigation area

**こうごう-ぐう【皇后宮】** ①皇后の住む御殿。秋の宮。②皇后。

**こうこう-さ【光行差】** 天体と相対運動している観測者から天体を見るとき、その方向が観測者の運動方向へずれて見える現象。本来の方向と、ずれたあとの方向との差。aberration

**こうこう-ざい【硬▼膏剤】** ↓こうこう(硬膏)

**こうごう-し・い【神神しい】**(形) けだかく、おごそかである。divine [派生] こうごうしさ(名)

**こうこう-じょう【口▼腔錠】** 口腔粘膜から薬物を吸収させることを目的とした錠剤。口腔内あるいは舌下に置く。ホルモン剤や狭心症治療薬に利用される。buccal tablet

**こうこう-せい【向光性】** ↓くっこうせい(屈光性)

**こう-ごうせい【光合成】** 緑色植物が光エネルギーを吸収して、二酸化炭素と水から有機物を合成する反応。光を吸収する明反応と炭水化物をつくる暗反応からなる。酸素を放出し、地球の環境を支える。炭酸同化。ひかりごうせい。photosynthesis

**こうごうせい-さいきん【光合成細菌】** 光合成を行う細菌の総称。細菌の光合成では酸素は産出されず、水素および還元性硫黄化合物または有機物が酸化される。紅色硫黄細菌・緑色硫黄細菌など。

**こうごうせい-ひ【光合成比】** 光合成によって取り込まれる二酸化炭素と、そのとき発生する酸素のモル比。この値から光合成産物の性質をある程度推察できる。

**こうこう-そうたい【高校総体】**《「全国高等学校総合体育大会」の略》高体連の手で行われる高校生の全国競技会。夏季には陸上などの二五競技、冬季にはスキーなどの四競技が競技種目別学校対抗で行われる。インターハイ。

**こうこう-てん【降交点】** 月や惑星などの太陽系天体が黄道を、北側から南側に横切る点。descending node [対義] 昇交点。

**こうこう-てんのう【光孝天皇】**(八三〇〜八八七) 第五八代天皇(在位八八四〜八八七)。仁明天皇の皇子。藤原基経が陽成天皇を廃して擁立。

**こう-こうど【高高度】** 地上八〇〇〇mから一万二〇〇〇mくらいまでの高さ。亜成層圏の高さ。

**こうこう-どうぶつ【後口動物】** 発生段階で原口(胚形成時にできる陥入部)が肛門となり、口は原口とは別に生じる動物群の総称。毛顎動物・棘皮動物・原索動物・脊椎動物などからなる。新口動物。

**こうこう-はくばん【口▼腔白板】** 前癌状態の一つ。口腔粘膜の上皮に角質の異常増殖が起こり、表面の平らな、あるいはざらざらした白い斑をつくる。oral leukoplakia

**こう-こうぼう【黄公望】**(一二六九〜一三五四) 中国、元代の文人画家。字は子久、号は一峯。元末四大家の一人。董源・巨然の山水画をもとに独自の画風を確立、明代南宗画に影響を与えた。作品『富春山居図巻』など。

**こうこう-や【好好▼爺】** やさしくて気のよい老人。genial old man

**こうこう-やきゅう【高校野球】** 高校生の対校野球試合。全国的な競技大会として、甲子園球場で行われる春の選抜大会、夏の選手権大会がある。

**ごうこ-え【▽江湖会】** 禅の修行者が行う夏安居。

**こうこ-がく【考古学】** 遺跡・遺物の調査・研究によって、人類の過去の生活・文化を解明する科学。archaeology

**こうこがふ【考古画譜】** 大和絵中心の古画作品目録。全一二巻。江戸末期の国学者黒川春村の遺著による。仏画・絵巻物研究などの基本的資料。

**こう-こきゅう【光呼吸】** 植物に光を照射したときにだけ起こる呼吸。暗所での呼吸より速い。酸素分圧の影響、温度感受性など暗呼吸とは異なる。photorespiration

**こう-こく【公告】**(名・サ変他) ①ひろく世間に知らせること。publication ②国や公共団体が、ある事項を官報や新聞などでひろく一般の人に知らせること。publication [比較] 公示・公布・告示。

**こう-こく【広告】**(名・サ変他) ①ひろく世間に知らせること。notice [用例] 新聞—。②企業や団体などが、あつかう商品・サービスまたは理念・信条などをひろく世間に知らせ、自分にとって望ましい状態に人々を誘導するために行う情報活動。また、その文書や放送。advertisement [用例] 新製品の—。

**こう-こく【公国】** 公の称号をもつ者が統治するヨーロッパの小国。リヒテンシュタイン・モナコなど。dukedom; duchy

**こう-こく【抗告】**(名・サ変自) ①上訴の方法の一つ。下級裁判所の決定について、上級審に不服申し立てをすること。民事訴訟では命令についても認められる。appeal ②行政官庁の命令・処分について、上級機関に不服申し立てをすること。appeal

**こう-こく【皇国】** 天皇が統治する国。日本国の旧称。皇御国。

**こう-こく【興国】** ①国の勢いをさかんにすること。勢いのさかんな国。prosperous country [対義] 亡国。②日本の南北朝時代の南朝の年号。延元から改元。元年(一三四〇)四月二八日〜七年(一三四六)一二月八日。次に、正平に改元。

**こう-こく【▼鴻▼鵠】**《「鴻」は、おおとり、「鵠」は、くぐい》①大きな鳥。②大人物。[用例] —の志。

**燕雀、安んぞ鴻鵠の志を知らん(や)**(えんじゃく、いずくんぞこうこくのこころざしをしらん(や)) ↓えんじゃく(燕雀)

**こう-こくきょう【高克恭】**(一二四八〜一三一〇) 中国、元代の文人画家。字は彦敬、号は房山。趙孟頫とともに元代文人画家の先駆者。山水は米芾・董源を学び、墨竹でも有名。

**こうこく-しかん【皇国史観】** 日本の歴史を天皇中心の国家主義的な観点からみる立場。昭和初期から戦時下に指導的イデオロギーを形成。

**こうこく-しゃしん【広告写真】** 商品やサービスに対する欲求を喚起し、需要を促進するために使われる写真。commercial photo

**こうこく-だいりてん【広告代理店】** 広告主の委託によって広告活動を代行する会社。市場調査・企画立案・媒体選択・広告制作などを行う。現在では広告会社とよぶほうが一般的。advertising agency

**こうこく-ばいたい【広告媒体】** 広告を伝達する手段の総称。新聞・雑誌、ラジオ・テレビやポスター・ネオンなど。advertising media

**こうご-けいさん【交互計算】** 互いに継続して取引を行う者の間で、一定期間内の債権と債務を相殺し、その差額だけを支払う契約。account current

**こうご-じゆうし【口語自由詩】** 近代詩の表現様式。ことばを文語から、詩形を定型から解放し、現実に迫ろうとした口語による自由詩。明治末の川路柳虹らが先駆。大正期に高村光太郎・萩原朔太郎らによって完成された。口語詩。

**こうご-じんもん【交互尋問】** 証人尋問の方式の一つ。訴訟の当事者が交互に証人を直接尋問し、裁判官はあくまで補充的に尋問する。cross examination

**こうご-たい【口語体】** 口語で書かれた文章の様式。[参照] 口語文。

**こう-こつ【甲骨】** カメの甲と、けものの骨。

**こう-こつ【硬骨・▼鯁骨】** ①脊椎動物で、カルシウムの沈着により硬化した骨。円口類・軟骨魚類の骨格は軟骨からなるので、それ以外の脊椎動物に発達する。結合組織の一種。[対義] 軟骨。②正義を重んじ、意志・主張をまげないこと。firm; uncompromising

**こう-こつ【▼恍▼惚】**(形動トタル) ①いい気持ちで、うっとりするさま。rapture ②「恍惚の人」の略。

**恍惚の人**(こうこつのひと) 《有吉佐和子の小説の題名から。「恍惚」は、「もうろく」を遠まわしに言った語》老いて、もうろくした人。[用例] まだ七〇歳なのに—になった。

**こうこつ-かん【硬骨漢】** 意志が強く、人に屈せぬ男。man of firm character

**こうこつ-きょう【▼恍▼惚境】** うっとりしている心の状態。エクスタシー。ecstasy

**こうこつ-ぎょるい【硬骨魚類】** 脊椎動物門の一綱。円口類と軟骨魚類以外の魚。内骨格は骨化が進み、脊椎骨は両凹形。えらぶたがあり、口は吻端に近く、外鼻孔は背面に開き、うきぶくろがある。

**こうこつ-ぶん【甲骨文】**「甲骨文字」の略。

**こうこつ-もじ【甲骨文字】** 亀甲や獣骨に刻まれた中国殷代の文字。亀甲や獣骨に火を当てて生じたひびによって占った結果を、占い師が刻したもの。河南省安陽県の殷墟から多数出土。清末の羅振玉、王国維などにより解読。中国古代史研究の重要資料。甲骨文。↓[写] ↓象形文字[図]

●甲骨文字　複製。革命歴史博物館(中国)。

**こうご-ねんじゃく【▼庚午年▽籍】** 天智九年(六七〇)庚午の年につくられた戸籍。初めて全国的に整備され、氏姓の原簿として永く保存された。

**こうご-のうみんせんそう【甲午農民戦争】** 朝鮮、李朝末期の農民の一大蜂起。一八九四年甲午の年、政府の相続く失政に東学党の幹部を指導者に農民が決起、全羅道の道都全州を占拠した。鎮圧のため日清両国が出兵し、日清戦争の誘因となった。東学党の乱。

**こうご-ぶん【口語文】**「話しことば」を主調として書かれた文章。現代文では、常体(だ・である体)と敬体(です・ます体)とに分けられる。colloquial sentence [対義] 文語文。

**こうご-ぶんぽう【口語文法】** 現代の日本語の文法。狭義には「話しことば」の文法を言う。口語法。colloquial grammar [対義] 文語文法。

**こうご-やく【口語訳】** 古文などを口語に直すこと。また、直した文。現代語訳。colloquial translation

**こう-こん【後昆】** [文語的] 子孫。

**こう-こん【後根】** 脊髄からのびる末梢神経で、脊髄の後側面から出た知覚性の神経。背根。dorsal root [対義] 前根。

**こう-こん【黄▼昏】** たそがれ。夕方。twilight

**ごう-コン【合コン】**《「合同コンパ」の略》学生が広い交流を目的に、自校・他校を問わず他のクラスやクラブ・サークルと合同して開く懇親会。

**こうごん-てんのう【光厳天皇】**(一三一三〜一三六四) 北朝の第一代天皇(在位一三三一〜一三三三)。後伏見天皇の皇子。元弘の変後、北条高時が擁立。のち足利尊氏の光明天皇擁立により院政を行った。

**こう-さ【公差】** ①貨幣で、実物の品位・量目と法定の品位・量目との差。法律で許容された範囲。allowance ②度量衡で、法定基準に対する実際値の誤差を法律で認定する範囲。tolerance ③数学で、等差数列で隣り合う二つの項の差。common difference ④機械工作物で、目標寸法に対して製品に許される最大寸法と最小寸法の差。tolerance

**こう-さ【巧詐】** たくみにだますこと。

**巧詐は拙誠に如かず**(こうさはせっせいにしかず) 巧みにごまかしたものは、下手で不格好であっても誠意があるものには及ばない。

**こう-さ【交差・交▼叉】**(名・サ変自) ①ななめ、または十字に交わること。crossing ②生物学で、生殖細胞形成時に、染色体の一部を互いに交換する遺伝子の交換現象。この結果、遺伝子の組み換えが起こる。crossing over

**こう-さ【光差】** 天体にある現象が起こった時刻とそれが地球上で観測された時刻の差。狭義には太陽の光が地球にとどくのに要する時間。light equation

**こう-さ【考査】**(名・サ変他) ①考え調べること。consideration ②学校で、試験のこと。テスト。examination

**こう-さ【黄砂・黄▼沙】** ①中国大陸の黄土地帯の黄色の砂。三〜五月ごろ、大量に舞い上がり風によって遠くまで運ばれ、地面に降下する。日本に来ることもある。yellow sand ②黄色の土。砂漠。

**こう-さ【▽較差】**《「かくさ」は慣用読み》最高と最低、最大と最小のひらき。range [比較] 格差。

**こうさ【甲佐】**〈町〉 熊本県中部、緑川沿いの盆地の町。稲作・酪農などの農村地帯。アユ料理が有名。人口一万三〇八二(八九)。

**こう-ざ【口座】** ①簿記会計で、資産・負債・資本の増減や損益の発生を項目ごとに記帳・計算する場所。account ②「預金口座」「振替口座」の略。account

**こう-ざ【高座】** ①説教などをする僧侶が座る一段高くなった座。pulpit ②寄席で、芸を見せるために、客席より一段高くなっている場所。劇場における舞台と同意。stage

**こう-ざ【講座】** ①大学における研究・教育の組織。学部・学科の下にあり、教授・助教授・講師・助手などで構成。また、それを基盤にして行われる講義。chair; lecture ②大学の講座形式にならって編成された講習会、出版物など。



▼常用漢字表外。　▽常用漢字表の音訓外。

course

**こうさ-あみ**【交差編(み)】 編み物の技法の一種。左右の編み目を交差させて編む方法。棒針編みでは縄編みに用いられる。twist stitch

**こう-さい**【口才】 話しぶりのうまいこと。弁舌の才能。また、口のうまいこと。こうざい。

**こう-さい**【公債】 国・地方公共団体が経費調達のために借り入れる負債。また、その証券。国債・公社債・地方債など。loan; public bond

**こう-さい**【交際】(名・サ変自) つきあうこと。交わり。associate with

**こう-さい**【光彩】 あざやかで美しい光。brilliance 用例 ―を放つ。

**こう-さい**【▾虹彩】 瞳孔を縮小・散大し、眼球内に入る光の量を調節する薄膜。眼球の角膜と水晶体のあいだにあり、中央に瞳孔(ひとみ)がある。含まれる色素の量で目の色が異なる。iris ↓目図

**こう-さい**【香菜】 コエンドロの別名。

**こう-さい**【高才】 すぐれた才能。また、才能のあるすぐれた人物。

**こう-さい**【高裁】 「高等裁判所」の略。

**こう-さい**【鉱▾滓】 《「こうし」の慣用読み》 ↓こうし(鉱滓)

**こうさい**【甲西】〈町〉 山梨県西部、釜無川に沿う町。キュウリ・トマトや果樹栽培がさかん。人口一万一五八二(一九八八)。

**こう-ざい**【功罪】 てがらと罪。よい点と悪い点。merits and demerits

**功罪相償う** ①罪過があるために、功績が消されてしまう。The merits and demerits offset each other. ②功績が大きいため、罪もあるが、大目に見過ごされる。

**功罪相半ばする** 功績と罪過とが半分ずつ併存している。功罪半ばす。

**こう-ざい**【鋼材】 圧延・鍛造・鋳造など、一次加工を施した鉄鋼製品。鋼板・条鋼・鋼管など。工業製品の材料。steel materials

●高山植物

シナノキンバイ

コマクサ

ミヤマウスユキソウ

キバナシャクナゲ

**ごう-さい**【合祭】(名・サ変他) ↓ごうし(合祀)

**ごう-ざい**【合剤】 水に溶かしたり、薄めたりした薬物。水剤。水薬。

**こうさい-か**【交際家】 交際がじょうずな人。つきあいの広い人。sociable person

**こうさい-か**【紅菜花】 コウサイタイの別名。

**こうさい-しょうしょ**【公債証書】 公債の引受者(債権者)に渡される証券。

**こうさい-たい**【紅菜▾苔】 アブラナ科の中国野菜。若い花茎を食用にする。花茎は径一cmほどで紅紫色。種を一〇月ごろまき、翌早春に収穫する。コウサイカ。

**こうさ-いとこ**【交差イトコ】 文化人類学の概念で、父の姉妹または母の兄弟の子どもをいう。未開社会では、交差イトコとの結婚が積極的に行われることがある。cross cousin

**こうさい-ひ**【交際費】 職務上・業務上または社交上支出される交際のための費用の総称。expense account

**こうさいもうようたい-えん**【▾虹彩毛様体炎】 目の虹彩と毛様体にできる炎症。この組織はつながっているので、いつも同時に発症する。主症状は視力障害、まぶしい感じ、痛みなど。結核や梅毒によることが多い。iridocyclitis

**こうさい-りくり**【光彩陸離】(形動トタル) まばゆいほどひときわ美しいさま。

**こうさい-るい**【後▾鰓類】 アメフラシやウミウシなどで代表される軟体動物の一群。体の右側に一個ある鰓が、心臓よりも後ろにある。貝殻の発達が悪く、なかには殻をもたないものもある。

**こうさ-か**【交差価】 染色体が交差を起こす割合。交差の起こった配偶子を全配偶子数で割り、一〇〇をかけた数で表す。この率が高いほど連鎖が弱い。交差率。crossing-over value

**こうざき**【神崎】〈町〉 千葉県北部、佐原市西隣の町。稲作・バラ栽培がさかん。酪農や清酒醸造も行う。人口五六五四(一九八八)。

**こう-さく**【工作】(名・サ変自他) ①簡単な器具などをつくること。handicraft 用例 図画―。②土木・建築の工事をすること。construction ③計画、準備すること。働きかけること。maneuver 用例 事前―。

**こう-さく**【交錯】(名・サ変自) 種類の違うものが入りまじること。錯綜。mix 用例 期待と不安が―する。

**こう-さく**【耕作】(名・サ変他) 田畑をたがやして作物を栽培すること。農作。farming

**こう-さく**【高作】 相手の作品を言う敬語。

**こう-さく**【鋼索】 鋼鉄のはりがねをより合わせたつな。ワイヤロープ。索条。wire rope

**こうさく-きかい**【工作機械】 機械の部品のねじきり・切削などの加工をする機械。旋盤・フライス盤など。machine tool

**こうさく-けん**【耕作権】 土地を耕作する権利。一般には小作農が小作地を耕作する権利。

**こうさく-てつどう**【鋼索鉄道】 ↓ケーブルカー

**こうさく-ぶつ**【工作物】 ①機械で加工してつくったもの。manufactured articles ②土木工事でつくったもの。池・庭・建物など。structure

**こう-さじ**【香▾匙】 香道具の一つ。香木の小片をすくって、香炉上の銀葉にうつすのに用いるさじ。きょうじ。

**こうざ-せい**【講座制】 国立大学の一部で採用されている研究・教育組織。講座を単位として専門領域の研究・教育を行う。

**こう-さつ**【考察】(名・サ変他) 考え調べること。consideration

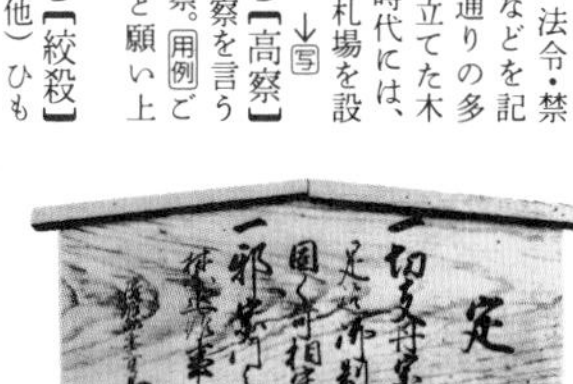

●高札

**こう-さつ**【高札】 中・近世、法令・禁制・罪状などを記して、人通りの多い場所に立てた木札。江戸時代には、常設の高札場を設置。制札。↓写

**こう-さつ**【高察】 相手の推察を言う敬語。賢察。用例 ご―のほど願い上げます。

**こう-さつ**【絞殺】(名・サ変他) ひもなどで、首をしめて殺すこと。strangle 比較 扼殺。

**こう-ざつ**【交雑】(名・サ変自他) ①まじること。mix ②遺伝形質の異なる二つの個体間で行う交配。crossing 比較 交配。

**こうざつ-いくしゅ**【交雑育種】 人為的な交雑によって、希望の新品種を仕上げる育成法。hybridization breeding

**こうさ-てん**【交差点・交▾叉点】 ①二つ以上の線が交差するところ。②道路や線路などが交差するところ。十字路。crossing

**こうざ-は**【講座派】 昭和初期、野呂栄太郎・山田盛太郎らの『日本資本主義発達史講座』によった、マルクス主義者の理論家集団の呼称。日本資本主義の半封建的性格を強調し、山川均・大内兵衛らの労農派と激しく対立した。

**ごう-さらし**【業▾曝し・業▾晒し】 ①《仏教語》前世の悪業の報いとして、現世にはじをさらすこと・人。はじさらし。②人をののしって言う語。ろくでなし。Shame on you!

**こうさ-りつ**【交差率】 ↓こうさか(交差価)

**こう-さん**【公算】 確からしさ。見込み。確率。昔は確率論のことを公算論といったこともある。probability 用例 実現の―が大きい。

**こう-さん**【恒産】 一定の財産・職業・収入。

**恒産無き者は恒心無し** 「恒産無くして恒心無し」と同意。

**恒産無くして恒心無し** 《『孟子』にある語》生活が安定しないと、精神も安定しない。恒産無き者は恒心無し。

**こう-さん**【降参】(名・サ変自) ①負けて敵に従うこと。降伏。surrender ②困ること。へこたれること。be beaten

**こう-さん**【鉱酸】 ↓むきさん(無機酸)

**こう-ざん**【江山】 川と山。山水の風景。

**こう-ざん**【後産】 出産後に子宮が収縮して胎盤がはがれ、臍帯や卵膜とともに体外に排出されること。あとざん。after-birth

**こう-ざん**【高山】 高い山。high mountain

**こう-ざん**【鉱山・▾礦山】 有用な鉱物を採掘・製錬する事業所。銀山・銅山など。かなやま。mine

**こうざん**【甲山】〈町〉 広島県東部、芦田川上流の町。旧宿場町。農・林業のほか、特産物として経木帽子の製造が知られる。人口七七三六(一九八八)。

**こうざん-きかい**【鉱山機械】 鉱山で採鉱・採掘・選鉱などの各種作業に使用する機械の総称。ボーリング機械・掘削機械・ポンプ類・選鉱・選炭機械など。mining machinery

**こうざん-きこう**【高山気候】 高山に特有な気候。高度が増すにしたがって気温の低下、気温の日・年較差や気圧の減少、空気の希薄化などがおこる。風や、日射が強く、雲・霧を生じやすい。わが国では日本アルプスなどにみられる。alpine climate

**こうさん-きん**【抗酸菌】 菌体に脂質を多く含むため、酸に対して抵抗性の強い菌の総称。結核菌・癩菌など。非病原性のものが多い。

**こうざん-じ**【高山寺】 京都市右京区梅ケ畑栂尾にある寺。宝亀五年(七七四)光仁天皇の勅願により開創。建永元年(一二〇六)明恵が再興。『鳥獣人物戯画』など国宝や重文の美術品を多く所蔵する。

**こうざん-しょくぶつ**【高山植物】 おもに高山の森林限界線以上に分布する植物。小形で地下部の発達がいちじるしい。開花期が接近し、お花畑を形成。ウルップソウ・ハクサンコザクラ・チングルマなど。alpine plant ↓写

**こうさん-ぜい**【鉱産税】 鉱物の採掘事業者に対し、鉱物の価格を課税標準として市町村が課する租税。

**ごうざんぜ-みょうおう**【▽降三世明王】 五大明王の一尊。貪瞋痴の三毒、あるいは大自在天を降伏する三界の主。忿怒の相



↓ 行き先項目、図版・写真参照印。 JIS 日本工業規格情報交換用漢字符号コード(区点コード)。

で三面ないし四面、多くは八臂で、大自在天とその妃烏摩を踏みつける姿で表される。
**こうざん-たい【高山帯】** 植物の垂直分布の一区分。高木限界から恒雪帯までの植物帯。低木が多く、生物の種類も限られる。本州中部山岳では、標高二五〇〇m以上の高地が相当。alpine zone
**こうざん-ちょう【高山鳥】** 高山帯に生息する鳥類。猛禽類のほか、イワヒバリ・ライチョウなど。alpine bird
**こうざん-ちょう【高山▼蝶】** 高山帯に生息するチョウの総称。日本産は一〇種余り。タカネヒカゲ・クモマベニヒカゲ・アサヒヒョウモンなど。alpine butterfly
**こうざん-びょう【高山病】** 高山に登るとおこる病的症状。気圧の低下による酸素不足が原因。頭痛・めまい・意識や思考力の障害・息切れ・動悸など。山岳病。mountain sickness
**こうざんほあん-ほう【鉱山保安法】** 鉱山の保安についての基本的事項を定めた法律。昭和二四年(一九四九)公布。
**こう-し【公子】** 貴族の子。きんだち。
**こう-し【公司】** 中国で、会社。コンス。
**こう-し【公私】** おおやけとわたくし。公事と私事。public and private 用例 —混同。
**こう-し【公使】** 常駐外交使節で大使に次ぐ官職。また、その人。実質的な日常の職務は大使と変わらない。minister
**こう-し【甲子】** →かっし(甲子)
**こう-し【交子】** 中国、宋代の紙幣。四川省益州(成都)の富商一六戸が鉄銭による取引上の不便を解消するため発行した手形に始まる。一〇二三年官営。
**こうし【光子】** 素粒子の一つ。光を含む電磁波を構成する粒子。質量が0、スピンが一、電気的に中性。光速で絶えず運動している粒子。フォトン。光量子。photon
**こう-し【行使】**(名・サ変他) 力や権利などを実際に用いること。use 用例 実力—。
**こう-し【孝子】** 孝行な子ども。
**こう-し【考試】** 学力・資格を試験して、及落・採否を決めること。examination
**こう-し【厚志】** 親切な気持ち。厚情。kindness 用例 ご—に甘える。
**こう-し【後肢】** 脊椎動物の四肢のうちの後方の一対。昆虫では、三対の肢のうち、いちばん後方の一対。うしろあし。あとあし。hind-leg 対義 前肢。
**こう-し【後▼翅】** 昆虫類で、二対のはねのうち、うしろの一対。うしろばね。
**こう-し【後嗣】** あとつぎ。世つぎ。子孫。successor
**こう-し【皇嗣】** 天皇の世つぎ。
**こう-し【紅脂】** 化粧用の、べに。
**こう-し【紅紫】** ①くれないとむらさき。②花や美人、衣服などのいろいろな美しい色。
**こう-し【格子】** ①細い木を縦と横に組んだ戸や建具。lattice ②「格子戸」「格子縞」の略。③結晶内あるいは結晶表面で原子が格子状に配列している状態。結晶格子。crystal lattice ④光を回折させてスペクトルを得るのに用いる装置。回折格子。lattice ⑤電子管の電極の一つ。グリッド。grid
**こう-し【貢士】** 中国古代に諸侯が才能があるとして中央へ推挙した者。のち、科挙の会試には及第したが、殿試には合格していない者をさした。
**こう-し【高士】** ①人格のけだかくて清らかな人。②世間からかくれている、すぐれた人物。
**こう-し【高師】**「高等師範学校」の略。
**こう-し【▼皓歯】** 白くて、きれいな歯。用例 明眸—。
**こう-し【絞死】** 首を、ひもまたは手で絞めて、死亡させること。strangle to death 比較 縊死。
**こう-し【鉱▼滓】**《「こうさい」は慣用読み》金属の精錬のときにできる非金属性のかす。スラグ。slag
**こう-し【▼嚆矢】** ①かぶら矢。②《開戦のあいずにかぶらやを射たことから》物事のはじめ。beginning 比較 濫觴。
**こう-し【講師】**《「こうじ」は別語》①頼まれて講演をする人。lecturer ②学校から頼まれて講義する人。lecturer ③大学の教員の職名の一つで、教授・助教授の下に当たる者。専任講師。lecturer
**こうし【交▼趾・交▼阯】** 中国、前漢の武帝が南越を征服して設置した郡。ベトナム北部トンキン地方をさしたが、その後ベトナムの呼称として用いられた。こうち。コーチ。
**こうし【▽合志】**〈町〉 熊本県北部、熊本市北東の町。畑作中心でタバコも栽培。県北部酪農の中心地でもある。人口一万七六七八(一九八八)。
**こうし【孔子】**(BC五五二〜BC四七九) 中国、春秋時代の思想家。儒教の祖。名は丘。字は仲尼。魯の昌平郷陬邑(山東省曲阜)の人。国政に参与したが用いられず、諸国を巡歴。一八年後に魯に帰り、以後教育と著述に専念。周公を理想とし、人倫の基礎を仁におき、孝・礼などの実践を大きな徳目とした。その言行は『論語』に記されている。

**こうじ 13画【▼糀】** 部首[米] 和製漢字 JIS 6881

↓こうじ〔麹・糀〕
**こうじ【▼麹・▼糀】** 米・麦・大豆などを蒸して放置し、コウジカビを繁殖させたもの。酒・みそ・しょう油などの醸造用。かんだち。
**こう-じ【口耳】** 口と耳。
**口耳の学**(こうじのがく) 人から聞いたことをそのまま話す知識。受け売りの知識。
**こう-じ【小路】**《「こみち」の転》細くせまい道。しょうじ。alley 対義 大路・広小路。
**こう-じ【工事】**(名・サ変自) 土木・建築などの仕事。construction 用例 道路—。数え方 一期(期間)。
**こう-じ【公示】**(名・サ変他) ある事項を発表し、公衆が知ることができる状態におくこと。国会議員選挙の投票期日など。official notice 比較 公告・公布・告示。対義 内示。
**こう-じ【公事】** 対義 私事。①おおやけの仕事。public affairs ②公共の事柄。official affairs
**こう-じ【好字】** 縁起がよいとされる文字。めでたい文字。
**こう-じ【好事】**《「こうず」は別語》①さい先のよいこと。めでたいこと。happy event ②よい行い。good deed
**好事魔多し**(こうじまおおし) よいことには、じゃまがはいりやすいものだ。
**好事も無きに如かず**(こうじもなきにしかず) たとえ好事でも、あれば煩わしいからないほうがよい。人生は何事もなく平穏なほうがよい。
**好事、門を出でず**(こうじ、もんをいでず) よいことは世間に知れにくいものだ。
**こう-じ【好▼餌】** ①うまいえさ。えじき。good bait ②人を誘惑する手段。lure ③人にうまく利用されるもの・こと。easy victim 用例 詐欺商法の—となる。
**こう-じ【後事】** あとあとのこと。将来のこと。future affairs 用例 —を託する。
**こう-じ【▼柑子】** ①「コウジミカン」の略。②カラタチバナの異名。
**こう-じ【香▼餌】** ①香りや味のよいえさ。②人をひきよせるためのうまい話や利益。比較 好餌。
**香餌の下、必ず死魚有り**(こうじのもと、かならずしぎょあり) うまい話の陰には必ず危険がある。利益に迷わされて身を滅ぼすたとえ。
**こう-じ【高次】** ①程度・次元の高いこと。high level ②数学で、次数が大きいこと。ふつう三次以上をいう。high degree
**こう-じ【硬磁】**《「硬質磁器」の略》高温で焼き上げた磁器。hard porcelain
**こう-じ【講師】**《「こうし」は別語》①宮中の歌会・歌合わせで歌を読み上げる役・人。対義 読師。②仏典の講義をする僧。
**こうじ【▼弘治】** 室町末期の年号。天文から改元。元年(一五五五)一〇月二三日〜四年(一五五八)二月二八日。次に、永禄に改元。
**こうじ【康治】** 平安末期の年号。永治から改元。元年(一一四二)四月二八日〜三年(一一四四)二月二三日。次に、天養に改元。
**ごう-し【合子】** ①ふたのある入れ物やはこ。②香の入れ物。香箱。ごうす。↓写
**ごう-し【合▼祀】**(名・サ変他) 二柱以上の神や霊を一社にあわせ祭ること。合祭。
**ごう-し【合資】**(名・サ変自) 資本を出しあうこと。joint stock
**ごう-し【郷士】** 近世、農村に住みついて農業をいとなんだ武士。また、士分の扱いを受けた百姓。郷侍。

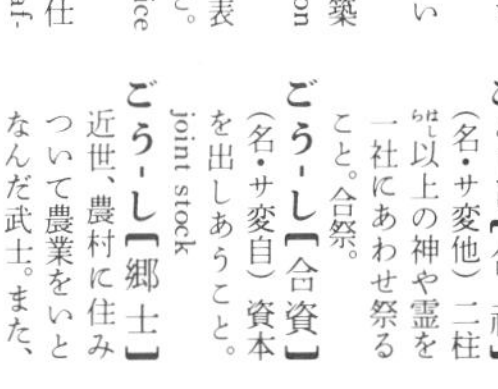
●合子①

**ごう-じ【合字】** 二字の漢字・仮名やアルファベットで、表記する字を一字に組み合わせた字。「麿」(=麻呂)、「ヒ」(=こと)、fi(fi)など。
**こうしえん-きゅうじょう【甲子園球場】** 兵庫県西宮市甲子園にある野球場。大正一三年(一九二四)につくられ、プロ野球のゲームのほか、春・夏の高校野球大会が行われることで広く知られている。収容人員約六万人。
**ごうし-がいしゃ【合資会社】** 無限責任社員と有限責任社員の二種類の社員(=出資者)からなる会社。limited partnership 比較 合名会社。
**こうじ-かび【▼麹▼黴】** 子嚢菌類の一つ。菌糸は分岐し、分生子柄を出し、この先に分生子が生じる。醸造に利用されるものが多い。麹菌。aspergillus
**こうし-かん【公使館】** 公使が駐在し事務をとる公館。legation
**こう-しき【公式】** ①おおやけに定められた形式。正式。formal 対義 非公式。②計算の方法や法則を表した数式。formula
**こう-しき【硬式】** 野球・テニスなどで、硬球を使用する競技方式。regulation hardball
**こうしき-しゅぎ【公式主義】** 現実に対応した検証や修正を無視し、公式的・原則的な手順や方法ですべてを割り切ろうとする考え方や態度。formalism
**こうしき-せん【公式戦】** 各スポーツで、所属する競技団体などの決めた計画にしたがって行う試合。プロ野球のペナントレースなど。regular game; pennant race 比較 オープン戦。
**こうしき-てき【公式的】**(形動) ①規則・慣習どおりに行い、折々の事態に対処しきれないさま。図式的。formal ②儀礼的なさま。formal 用例 —な処置。
**こうじ-きん【▼麹菌】** ↓こうじかび(麹黴)
**こう-じく【光軸】** ①幾何光学で、回転対称な光学系の対称軸。レンズの中心における法線方向など。主軸。optical axis ②光学的異方性の結晶で、常光と異常光の法線速度(位相速度)が等しくなる方向。光軸数が一つの単軸結晶と二つの双軸結晶がある。optical axis
**こうしけご【孔子家語】** 孔子の言行を集録した書。魏の王粛が論敵に対する批判の根拠とするため、各種の古書より孔子に関する記事を集めたものといわれる。一〇巻。
**こうし-けっかん【格子欠陥】** 結晶中に存在する構造上の乱れ。結晶の物理的性質に大きな影響を与える。大きく点欠陥・線欠陥・面欠陥に分類できる。lattice defect
**こうしけつ-しょう【高脂血症】** コレステロール・中性脂肪・燐脂質などの血清中の脂質が増加し、白濁した状態。動脈硬化症の促進因子の一つ。hyperlipemia
**こうし-ご【格子子】** 格子を組み立てている縦横の細長い木。参照 格子戸。
**こうじ-さいこく【公示催告】** 裁判所が利害関係人の申し出に基づき、公示によって一定の期間内に権利の届け出をするようにうながすこと。届け出がないときは権利を失わせる。public summons
**こうし-じま【格子▼縞】** 縦縞と横縞を組み合わせた縞模様。また、その織物。チェック。プレード。格子。check; plaid ↓写

●格子縞

市松格子

唐桟格子

重ね格子

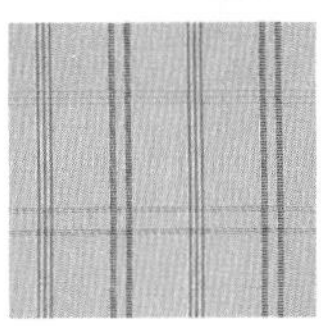
やたら格子

**ごうし-しょう【合指症】** 二本またはそれ以上の指が癒合したもの。手足の指の奇形のうちではもっとも多い。syndactyly
**こう-しせい【高姿勢】** 高飛車な態度をとること。aggressive attitude 比較 高圧的。対義 低姿勢。
**こう-した【▼斯うした】**(連体) こんな。このような。such
**こう-しつ【後室】** ①家のうしろの部分にあ

る部屋。②身分のある夫に死なれた婦人。dowager

**こう-しつ【皇室】** 天皇とその一族。天皇家。帝室。

**こう-しつ【高湿】**(名・形動) 湿度が高いこと・さま。high humidity

**こう-しつ【硬質】**(名・形動) ①かたい性質。物がかたいこと・さま。hard; rigid 用例 —ゴム。②感情をおさえ、むだのないこと・さま。用例 —な文体。

**こう-しつ【▼膠質】** ↓コロイド

**こう-じつ【口実】** 言いわけ。言いのがれ。excuse 用例 —を設ける。

**こう-じつ【好日】** おだやかで、わずらいのない日。充実して満足な日。このましい日。fine day 用例 日々これ—。

**こうしつ-えんかビニルじゅし【硬質塩化ビニル樹脂】** 可塑剤の含有率が一割以下の、常温で硬い塩化ビニル樹脂。レコード材料・パイプ・玩具などに利用。rigid polyvinyl chloride resin

**こうしつ-かいぎ【皇室会議】** 皇室に関する重要な事項を審議するため、皇室典範によって設けられた国家機関。内閣総理大臣を議長とし、皇族二人・衆参両院正副議長・宮内庁長官・最高裁判所長官および同裁判官一人の計一〇人で構成。

**こうしつ-ガラス【硬質ガラス】** 軟化する温度が高く硬度が大きいガラスの総称。アルカリ含量が少なく、硼酸や珪素を加えたものが多い。耐熱性があり、急熱急冷に強い。hard glass

**こうし-づくり【格子造(り)】** 家の表を格子にした造り。また、その家。lattice work

**こうじ-づけ【▼麹漬(け)】** 米こうじを床にした漬物。甘い風味があるが、薄塩のため、長期貯蔵はできない。べったら漬けが代表的。

**こうしつけいざい-かいぎ【皇室経済会議】** 皇室経済法に基づいて、皇室の経済に関する事項を決定する機関。

**こうしつけいざい-ほう【皇室経済法】** 皇室の財産や経費について定めた法律。昭和二二年(一九四七)公布。

**こうしつ-ゴム【硬質ゴム】** 樹脂に近いかたさをもつゴム。多量の硫黄で生ゴムを加硫するか、ゴムに多量の充塡剤を配合してつくる。くつ底・床材などに使用。hard rubber

**こうじつ-せい【向日性】** 植物の屈性のうちの屈光性の一つ。光の刺激に反応し、葉・茎などが太陽に向かって伸びたりする性質。heliotropism

**こうしつ-てんぱん【皇室典範】** 皇位継承など、皇室に関する重要事項について定めた法律。昭和二二年(一九四七)公布。

**こうしつ-とうき【硬質陶器】** 高温で焼き上げた陶器。食器・タイルなどに利用。硬磁。hard porcelain

**こうしつ-ひ【皇室費】** 国の一般会計から支出される皇室の経費。内廷費・宮廷費・皇族費など。

**こうじつ-びきゅう【▼曠日▼弥久】** いつまでもむだに日をすごすこと。

**こう-して【▼斯うして】**(副・接続) このようにして。かくて。thus

**こうし-ていすう【格子定数】** 空間格子(結晶格子)を構成する最小の単位格子の大きさと形を指定する定数。lattice constant

**こうし-てん【格子点】** 格子状の模様で、線の交差している点。lattice point

**こうし-ど【格子戸】** 細い木や竹を縦横の格子に組んだ戸。格子。lattice door

**こうじ-ばな【▼麹花】** むした米にこうじ菌が付いて、うす黄色になったもの。

**こうし-びょう【孔子▼廟】** 孔子をまつった廟。魯の哀公が曲阜の孔子旧宅跡に建てたのが最初。唐代に全国に広まった。日本では、東京の湯島聖堂が有名。聖廟。文廟。孔廟。

**こうじ-ほうていしき【高次方程式】** 次数が高い代数方程式。ふつう三次以上のものをいう。equation of higher degree

**こう-じま【幸島】** 宮崎県南部、串間市に属する島。面積〇・四㎢。食物を洗って食べる野生猿が有名。

**こうじまち【▼麹町】** 東京都、千代田区西部の地区。高級住宅地・文教地区であるが、ビル街化が進んでいる。

**こうじ-みかん【▼柑子▼蜜▼柑】** 古くから栽培されるミカン科の常緑小高木。耐寒性が強く、北陸・奥羽地方の家庭用果樹。果実は扁平で、約三〇g。果面は平滑で濃黄色。酸味が強い。日本原産。柑子。

**こう-しゃ【公社】** ①国が全額出資し、法律によって設立した特別の公法人。日本国有鉄道・日本電信電話公社・日本専売公社があったが、現在はすべて民営化。②地方公共団体が行政サービスの一部を行わせるために出資し設立した法人。地方住宅供給公社・地方道路公社など。地方公社。

**こう-しゃ【公舎】** 公務員の宿舎。官舎。official residence

**こう-しゃ【校舎】** 学校の建物。school building

**こう-しゃ【巧者】**(名・形動) 器用で、じょうずなこと・さま・人。be good at hand 用例 口—。

**こう-しゃ【向斜】** 褶曲構造において、地層が低く曲げられた谷の部分。syncline

**こう-しゃ【後車】** 後ろの車。後ろにつづく車。carriage running behind 対義 前車。

**後車の戒め**(こうしゃのいましめ) 《「前車の覆るは後車の戒め」の上略》前人の失敗は、後人にとっては戒めとなるということ。覆車の戒め。

**こう-しゃ【後者】** ①あとから来る人。②二つのうち、あとのほうのもの。latter 対義 前者。③後世の人。

**こう-しゃ【降車】**(名・サ変自) 乗り物からおりること。get off 対義 乗車。用例 —口。

**こうしゃ【高車】** 中国、南北朝時代に栄えたトルコ系遊牧民族の一つ。高輪の車を駆使したといわれる。四八五年ごろ、ジュンガリア地方に建国したが、六世紀初頭エフタルの侵略を受けて滅亡。

**こう-しゃ【鉱車】** 鉱山で鉱石・坑内用資材などを運搬する車両。石炭の場合は炭車という。mine car

**こう-しゃ【講社】** 講中の結社。講中。講。

**ごう-しゃ【▽恒▼沙】** ↓ごうがしゃ(恒河沙)

**ごう-しゃ【郷社】** もと、神社の格の一つ。村社の上、府県社の下。

**ごう-しゃ【豪▼奢】**(名・形動) 非常にぜいたくなこと・さま。豪侈。luxury; luxurious

**こうしゃ-きかんじゅう【高射機関銃】** 低空の航空機を射撃する口径二〇㎜未満の自動火器。口径が二〇㎜以上のものを高射機関砲という。anti-aircraft machine gun

**こう-しゃく【公爵】** 五等爵の第一位の爵位。duke

**こう-しゃく【侯爵】** 五等爵の第二位の爵位。marquis

**こう-しゃく【講釈】**(名・サ変自他) ①書物の字・句・文章などを説明すること。lecture ②講談の古称。武勇伝・仇討ち・政談・実録のたぐいを講義読釈することから。

**こうしゃく-し【講釈師】** 講談を演じることを職業とする人。講談師。

**講釈師、見て来た様な嘘を吐き**(こうしゃくし、みてきたようなうそをつき) 《川柳》講談を語る人がまるでその場にいあわせて見てきたかのようにうまく話すことを、からかって言ったもの。

**こうじゃく-ふう【黄▼雀風】** 《この風の吹くころ海の魚が黄雀(=ニュウナイスズメの漢名)になるという中国の伝説から》陰暦五月ごろに吹く南東風。

**こうしゃ-さい【公社債】** ①公債と社債。国債・地方債・金融債・事業債・外国債などの総称。bonds and debentures ②公団・公庫や、かつて公社が発行した債券の総称。

**こうしゃさい-しじょう【公社債市場】** 公債と社債の取り引きが行われる市場。発行市場と流通市場がある。bond market

**こうしゃさい-とうしん【公社債投信】** 投資信託の一つ。株式を除いて公社債を中心に財産を運用するもの。bond investment trust

**こうしゃ-ほう【高射砲】** 航空機を射撃する口径七五～一五〇㎜の火砲。現在では地対空ミサイルに代わりつつある。高角砲。anti-aircraft gun

**こう-しゅ【工手】** 鉄道敷設などの土木工事に従事する人。

**こう-しゅ【公主】** 昔の中国で、天子の娘の称。皇女。

**こう-しゅ【▼叩首】**(名・サ変自) 頭を地につけて礼拝すること。叩頭。用例 —再拝。

**こう-しゅ【好手・巧手】** ①うまいわざ。技芸のすぐれた人。名手。expert ②囲碁や将棋などでよい手。good move

**こう-しゅ【好守】**(名・サ変自) 野球などで、うまく守ること。じょうずな守備。good fielding 対義 拙守。用例 —好打。

**こう-しゅ【攻守】** 攻めることと、守ること。offense and defense

**攻守、所を変える**(こうしゅ、ところをかえる) 情勢が逆になる。攻守、所を異にする。

**こう-しゅ【▼拱手】**「きょうしゅ」の慣用読み。

**こう-しゅ【校主】** 学校の持ち主。proprietor of a school 比較 校長。

**こう-しゅ【耕種】**(名・サ変他) 田畑をたがやして、作物の種をまいたり、苗を植えたりすること。

**こう-しゅ【絞首】** 首をしめて殺すこと。hang to death; strangle

**こう-じゅ【口受】**(名・サ変他) 口伝えに教えを受けること。くじゅ。

**こう-じゅ【口授】**(名・サ変他) 話して教えること。くじゅ。oral method 対義 筆授。用例 奥義を—する。

**こう-じゅ【紅樹】** ①葉が紅葉した木。②紅色の花が咲く木。

**こう-じゅ【▼鴻儒】** ①儒学の大学者。大儒。②学問の広く深い人。碩学。

**ごう-しゅ【強酒・豪酒】** 大酒を飲むこと。酒に強いこと。また、その人。

**こう-しゅう【口臭】** 口から出る不快な臭気。不潔な歯・口腔や鼻・気管支などの疾患が原因。foul breath

**こう-しゅう【公衆】** ①社会の人々。民衆。the public ②社会学で、組織化されていない、独立した自由な思考能力をもった人間の集団。the public 比較 群衆・大衆。

**こう-しゅう【講習】**(名・サ変他) 学問・技芸を学び習うこと。習わせること。learn

**こうしゅう【公州】** 韓国西部、忠清南道中部の都市。百済時代の仏教文化の遺跡が多い。人口三二・五万(一九七二)。コンジュ。

**こうしゅう【広州】** 中国広東省の省都。珠江デルタに位置し、古来、南海貿易港として発展。同省の行政・経済・文化・交通の中心で、華南最大の都市。人口三二二・二万(一九八四)。コワンチョウ。

**こう-しゅう【甲州】** 甲斐国の。

**こうしゅう【光州】** 韓国全羅南道の道都。同国南西部の政治・文化の中心で、繊維工業が盛ん。人口九〇・六万(一九八五)。クワンジュ。

**こうしゅう【▼杭州】** 中国東部浙江省の省都。交通の要地。景勝地西湖がある。南宋時代は臨安といい、マルコ=ポーロも訪れた国都。人口一二一・三万(一九八四)。ハンチョウ。

**こうしゅう【後周】** 中国、五代の一国。後漢の郭威が九五一年に建国。都は大梁(開封)。次の世宗が軍隊を強化、内政を整えたが、その没後の九六〇年、宋の太祖趙匡胤に国を奪われた。

**こう-じゅう【講中】** ①神社へ参詣する人々の仲間。②たのもし講の連中。

**ごう-しゅう【▽江州】** 近江国の。

**ごう-しゅう【豪州・▼濠州・▼濠▼洲】** オーストラリアの別称。

**ごう-じゅう【剛柔】** かたいこととやわらかいこと。強いこととやさしいこと。

**ごうしゅう-あきんど【▽江州▽商▽人】** 江州出身の商人。商才にたけていて有名。近江商人。

**こうしゅう-えいせい【公衆衛生】** 組織的な社会的努力で疾病を防止し、健康を保持し、活動能率をあげるための技術や学問。伝染病の予防・下水の完備など。public health

**こうしゅう-かいどう【甲州街道】** 江戸時代、五街道の一つ。江戸日本橋から甲府への街道。

**こうしゅう-こうえきかい【広州交易会】** 毎年春と秋の二回、中国の広東省広州市で開催される中国製品の見本市。中国と世界各国の貿易ルートの一つ。

**こうしゅう-じ【紅十字】** 中国の赤十字。

**こうしゅう-じけん【光州事件】** 一九八〇年五月、韓国全羅南道の道都光州で起きた大規模な反政府行動と、その武力鎮圧事件。

**こうしゅう-せい【光周性】** 生物が日照時間の変化に対して反応する性質。植物では開花に影響をもつものとして長日性・短日性がある。photoperiodism

**こう-しゅうぜん【洪秀全】**(一八一四～六四) 中国、太平天国の指導者。広州の客家の中農の出身。キリスト教の教義を取り入れた拝上帝会を組織。一八五一年武装蜂起、太平天国をたて南京(天京と称した)を占領。天王と自称したが、六四年包囲中の天京で自殺。

**こうしゅう-でんわ【公衆電話】** 店頭・街頭などに設置され、硬貨・テレホンカードなどで料金を払って自由に使用できる電話。public telephone

**こうしゅう-どうとく【公衆道徳】** 大勢の人間が共同生活を行ううえで求められる社会的道徳や節度ある行動などの総称。public

morals

**こう-しゅうは**【高周波】周波数の高いこと。また、その波。交流では数百ヘルツ以上、電波では三～三〇メガヘルツの範囲をいう。high frequency 対義 低周波。

**こうしゅうは-かねつ**【高周波加熱】高周波の電流を通じたコイル内に物体を置いて加熱する方法。導体を加熱する誘導加熱と絶縁体を加熱する誘電加熱がある。high-frequency heating

**こうしゅうは-かんそう**【高周波乾燥】高周波の電流による発熱を利用した乾燥法。電極の間に被乾燥物を置き、高周波を加え、被乾燥物内部に誘電損失を発生させて発熱することを利用する。high-frequency dehydration

**こうしゅうは-ケーブル**【高周波ケーブル】多重電話・テレビなどの高周波信号を伝送する線。high frequency cable

**こうしゅうは-ミシン**【高周波ミシン】周波数の高い電波の熱エネルギーを利用して、布地を溶融して接着させる機械。塩化ビニルなどの化学繊維に使用。high-frequency sealer

**こうしゅうは-やきいれ**【高周波焼(き)入れ】高周波誘導電流が導体の表面を集中して流れることを利用し、鋼材の表面数ミリメートル以内を急熱・急冷して硬化させる方法。induction hardening 参照 高周波加熱。

**こうしゅう-ぶどう**【甲州▼葡▼萄】古く中国より伝来した在来系統のブドウ。文治二年(一一八六)甲斐国祝村の雨宮勘解由によって発見。九月下旬に赤紫色に熟し、白粉をかぶる。甘く、芳香がある。↓ブドウ 写

**こうしゅう-べんじょ**【公衆便所】一般の人々の利用を目的として設置されている便所。道路端や公園の一角などに作られる。public lavatory

**こうしゅう-よくじょう**【公衆浴場】一般の人々が利用する、低料金または無料の入浴施設。銭湯。public bathhouse

**こうしゅう-わん**【広州湾】中国、広東省南部、雷州半島北東側の湾。南側は雷州湾ともよばれる。コワンチョウ湾。

**こうしゅう-わん**【▼膠州湾】中国東部、山東半島南岸の湾。製塩業が発達。湾口に良港青島がある。第一次大戦時は日本が占領。チャオチョウ湾。

**こう-しゅく**【拘縮】関節が一定の位置に固定された状態。また、一定の状態に運動を制限された状態。皮膚・筋・腱などの変化でおこる。contracture

**こう-じゅく**【紅熟】(名・サ変自) 果実などが真っ赤に熟すこと。

**こう-じゅく**【黄熟】(名・サ変自) 果実などが熟して黄色になること。おうじゅく。

**こうしゅ-けい**【絞首刑】首をしめることによって執行する死刑。絞刑。hanging 比較 縛り首。

**こうしゅ-ごうかく**【甲種合格】日本の第二次大戦前の徴兵検査の身体検査に第一級で合格すること。ついで、乙種・丙種などがあった。

**こうじゅ-せいかく**【口受性格】肛門性格の別称。

**こうしゅ-だい**【絞首台】絞首刑に使う台。gallows

**こう-じゅつ**【口述】(名・サ変他) ①口で述べること。dictation 対義 筆述。②「口述試験」の略。

**こう-じゅつ**【公述】(名・サ変他) 公聴会で、関係者や学識経験者が意見を述べること。speak at a public hearing 用例 —人。

**こう-じゅつ**【後述】(名・サ変自他) あとで述べること。mention later 対義 前述。

**こうじゅつ-しけん**【口述試験】口頭で答える試験。oral examination 対義 筆記試験。

**こうじゅつ-ひっき**【口述筆記】口で述べることを、他の人が筆記すること。dictation

**こうしゅ-どうめい**【攻守同盟】二つ以上の国が協力して第三国に対する攻撃や防御にあたることを目的とする同盟条約。offensive and defensive alliance

**こうじゅ-ほうしょう**【紅▼綬褒章】褒章の一つ。人命救助をした人に与えられる、赤い綬(リボン)のついた記章。↓勲章 写

**こうじゅ-りん**【紅樹林】↓マングローブ

**こう-じゅん**【公準】公理のように証明は不可能だが、学問上・実践上、基本的な前提として承認されるべき命題。要請。postulate

**こう-じゅん**【交▼詢】①つきあいの親密をはかること。②相談し合うこと。

**こう-じゅん**【孝順】(名・形動) 真心から親につかえて、すなおなこと・さま。

**こう-じゅんけん**【黄遵憲】(一八四八～一九〇五) 中国、清末の詩人・外交官。字は公度。嘉応州の人。外交官として来日、『日本雑事詩』『日本国志』を著す。口語や新名詞などを伝統的な詩にとり入れた革新的詩人。詩文集『人境廬詩草』。

**こうじゅん-しゃ**【交▼詢社】福沢諭吉を中心に慶応義塾関係者が創立した実業家の社交クラブ。明治一三年(一八八〇)設立。

**こうじゅんど-きんぞく**【高純度金属】純度を九九・九九九%以上に高めた金属。ふつうの純金属(九九・九～九九・九九%程度)とは電気的・化学的性質などが著しく異なる。high-purity metal

**こう-しょ**【公所】中国で同郷や同業の人々の団体(＝幇)がつくった共済施設。明代から一九三〇年代にかけて宿泊・葬祭などに使われた。会館。

**こう-しょ**【公署】公共団体の事務をとる機関。市役所・町役場など。public office

**こう-しょ**【向暑】暑さに向かうこと。toward hot season 対義 向寒。用例 —の折。

**こう-しょ**【▼劫初】《仏教語》この世のできたはじめ。ごうしょ。

**こう-しょ**【▼苟▽且】かりそめ。まにあわせ。一時しのぎ。

**こう-しょ**【高所】①高い所。heights ②ものの考え方などの高い立場。broad view 用例 大所—から指導する。

**こう-しょ**【講書】書物を講義すること。

**こう-じょ**【公序】公共の秩序。社会人として守るべき秩序。public order 用例 —良俗。

**こう-じょ**【孝女】親によくつくす娘。

**こう-じょ**【皇女】天皇の娘。おうじょ。

**こう-じょ**【高女】「高等女学校」の略。

**こう-じょ**【控除・▼扣除】(名・サ変他) 金銭・数量などを差し引くこと。差し引き。deduction 用例 基礎—。

**こう-しょう**【口承】(名・サ変他) 口から口へ受け継ぎ伝えること。oral tradition 用例 —文芸。

**こう-しょう**【口▼誦】(名・サ変他) 声に出して読むこと。詩歌などをくちずさむこと。recitation

**こう-しょう**【工匠】①工作を職業とする人。職工。たくみ。artisan ②工作物の意匠。デザイン。design

**こう-しょう**【工▼廠】兵器・弾薬などの軍需品を製造・修理した軍直属の工場。arsenal

**こう-しょう**【公称】(名・サ変自) ①表向き、そう言うこと。nominal ②おおやけの名称。official name

**こう-しょう**【公▼娼】公認されている売春婦。日本では鎌倉時代に始まったとされ、昭和三一年(一九五六)の売春防止法により最終的に廃止。対義 私娼。

**こう-しょう**【公証】(名・サ変他) ①公式の証拠。official evidence ②一定の事実・法律関係を公の機関が証明する行政行為。不動産登記、選挙人名簿への登録、鑑札の下付など。

**こう-しょう**【公傷】公務中に負ったけが。occupational injury 対義 私傷。

**こう-しょう**【交床】煎茶道で使用する釜敷。

**こう-しょう**【交渉】(名・サ変自) ①ある事柄で他人と話しあうこと。談判。negotiation ②かかわりあうこと。関係。relation

**こう-しょう**【交▼鈔】中国、金・元代に発行された兌換紙幣。金では宋の交子にならって発行したが、乱発のため価値が下落。元では唯一の法定通貨として通用。

**こう-しょう**【好尚】①このみ。愛好。taste ②流行。fashion

**こう-しょう**【考証】(名・サ変他) 古文書や遺物などを調べて、事実を証明すること。historical investigation 比較 訓詁・解釈。用例 —学。

**こう-しょう**【行賞】功労者に対し賞を与えること。conferment of rewards 用例 論功—。

**こう-しょう**【厚相】厚生大臣の通称。

**こう-しょう**【▼咬傷】動物にかまれたきず。かみきず。bite

**こう-しょう**【▼哄笑】(名・サ変自) 大わらいすること。高わらい。loud laugh

**こう-しょう**【高唱】(名・サ変他) 声高くとなえること。声高くうたうこと。高吟。sing loudly

**こう-しょう**【高商】「高等商業学校」の略。

**こう-しょう**【校章】学校の記章。school badge

**こう-しょう**【鉱床】特定の有用鉱物が採掘して採算がとれる程度に相対的に濃く集まったもの。ore deposit

**こう-しょう**【▼犒賞】兵をねぎらって賞を授けること。

**こう-しょう**【洪昇】(一六四五～一七〇四) 中国、清初の戯曲作家。字は昉思。銭塘の人。唐の玄宗と楊貴妃の恋愛を描いた『長生殿』の作者。

**こうしょう**【高▼昌】トルファン地方に五～七世紀に栄えた漢人の植民国家およびその都城。漢代以来、西域経営の基地として重視されたが、四世紀には漢人の移民集団が勢力を得、諸王家が交替した。六～七世紀の麴氏高昌国は中国文化と西方・北方文化を融和した独自の文化を形成。

**こうしょう**【康正】室町中期の年号。享徳から改元。元年(一四五五)七月二五日～三年(一四五七)九月二八日。次に、長禄に改元。

**こう-しょう**【高尚】(形動) ①けだかいさま。上品なさま。refined 対義 低俗・低劣・野卑。②程度が高くて、深いさま。refined 対義 通俗。

**こう-じょう**【口上】①口で述べること。statement ②歌舞伎などの興行で、出演者の代表などが舞台から観客に述べるあいさつ。襲名披露、追善興行などで行う。prologue

**こう-じょう**【工場】工作機械などの生産設備を置き、労働者によって製品がつくられる施設。こうば。factory

**こう-じょう**【交情】つきあいの親しみ。よしみ。友情。情誼。交誼。friendship 用例 —を深める。

**こう-じょう**【向上】(名・サ変自) よりよいほうへ進むこと。進歩。improvement 対義 低下。用例 学力が—する。

**こう-じょう**【江上】①大河のほとり。用例 —の破屋。②揚子江の上・ほとり。

**こう-じょう**【厚情】親切な心。厚意。厚志。kindness

**こう-じょう**【恒常】①つねにきまっていて変化のないこと。constant; ordinary ②普通。平常。

**こう-じょう**【荒城】あれはてた城。ruined castle 用例 —の月。

**こう-じょう**【▼膠状】膠のようにねばりの強いさま。粘っこいさま。

**ごう-しょう**【業障】《仏教語》悪業によって生じる障害。仏道に入る機縁や成道・成仏をさまたげること。ごっしょう。

**ごう-しょう**【豪商】豊かな資本を持ち、大規模なあきないをする商人。大商人。wealthy merchant

**ごう-じょう**【強情・剛情】(名・形動) 自分の考えなどを、かたくなに変えないこと・さま。いじっぱり。obstinacy

**強情を張る**(ごうじょうをはる) 自分の意見をむりやり通そうと、かたくなにがんばる。be obstinate 用例 意地になって—。

**こうじょう-いいんかい**【工場委員会】おもに産業別の横断組合制をとる西ヨーロッパで、個別企業内につくられる労働者組織。factory committee

**こう-しょうがい**【高障害】陸上競技の種目の一つ。一一〇mのあいだに置かれた一〇台のハードルを跳び越えて走る競技。ハードルの高さは一・〇六七m。ハイハードル。high hurdles

**こうしょう-がく**【考証学】中国、清代の学問。経書の研究にあたり、文献学的・言語学的に精密な実証を行うもの。清代初期の顧炎武・黄宗羲らが創始、戴震が大成。訓詁・音韻・金石・校勘などの諸分野に業績をあげた。

**こうしょう-がく**【鉱床学】鉱床の状態・形態・構造・含有鉱物・成因などを研究する地質学の分野。study of mineral deposits

**こうじょう-かん**【興譲館】米沢藩の藩校。元禄一〇年(一六九七)創設。安永五年(一七七六)藩主上杉鷹山が再建。細井平洲の指導下に人材養成を図った。

**こうじょう-げんしょう**【恒常現象】感覚器官に入る対象からの刺激が変化しているのに、安定しているように知覚する現象。三〇m先にいる人が、一〇m先にいたときの三分の一ではなく、もっと大きく見えるなど。constancy phenomenon

**こうじょう-じゅうきょ**【▼杭上住居】海や湖の水辺や湿地に丸太を打ち込み、その上に横木を並べて土台とした住居。東南アジアなどにみられ、水上交通に便利で、湿気や害虫などの侵入を防ぐ効果があると考えられる。pile dwelling

▼常用漢字表外。　▽常用漢字表の音訓外。

**こうじょう-しょ【口上書】** 外交文書の形式の一つ。相手国の機関に意向を伝えるために渡されるもの。宛名と署名がないのがふつう。verbal note

**こうじょう-しょとく【恒常所得】** 給与生活者の月給や地主の地代など、定期的に取得する所得。permanent income 対義 変動所得。

**こう-しょうじん【孔尚▽任】**(一六四八～?) 中国、清初の戯曲作家。字は季重。曲阜の人。孔子の子孫。戯曲『桃花扇』など。

**こうじょう-しん【恒常心】** 身の上や状態が変わっても動じない心。stability

**こうじょう-せい【恒常性】** ①つねにきまっていて、変化のない状態。consistent ②あたりまえ。尋常。ordinary

**こうじょうせい-しゅこうぎょう【工場制手工業】** 工業的生産制度の初期的形態。手工業労働者を工場に集めて協業と同時に分業を行う。一六世紀後半からイギリスの毛織物工業で開始。マニュファクチュア。manufacture

**こうじょう-せん【甲状▼腺】** 成長・発育・知能の発達に関係のあるホルモン(チロキシン)およびカルシウム代謝の調節をするホルモン(チロカルシトニン)を分泌する内分泌腺。前頸部甲状軟骨の前にある。翅を広げたチョウの形をし、成人で一五～二〇g。チロキシンが過剰分泌されるとバセドー病になる。thyroid gland

**こうじょうせん-えん【甲状▼腺炎】** 甲状腺の炎症。大部分は甲状腺腫を伴う。中年女性に多く、とくに慢性のものは橋本病として知られる。thyroiditis

**こうじょうせん-がん【甲状▼腺▼癌】** 甲状腺に境界が不鮮明なでこぼこのかたい結節を一個または多数生ずる癌。他はほとんど無症状。thyroid cancer

**こうじょうせん-しげきホルモン【甲状▼腺刺激ホルモン】** 脳下垂体前葉から分泌される甲状腺ホルモンの分泌を促進するホルモン。TSH。thyroid stimulating hormone

**こうじょうせん-しゅ【甲状▼腺▼腫】** 甲状腺がはれている状態をさす総称。癌や腺腫など一部が大きくなる結節性のものと、バセドー病など全体が大きくなるびまん性のものがある。goiter

**こうじょうせん-ホルモン【甲状▼腺ホルモン】** 甲状腺から分泌されるホルモン。体の発育や新陳代謝に関係する。欠乏するとクレチン病や粘液水腫に、過剰になるとバセドー病をおこす。thyroid hormone

**こうじょう-だんち【工場団地】** 企業活動の便をはかるために公共施設を整備し、多くの工場を集中させた地域。industrial park

**こうじょう-ていとう【工場抵当】** 工場に属する財産に設定された抵当権。

**こうしょう-てんのう【孝昭天皇】** 記紀で第五代天皇。名は観松彦香殖稲尊。懿徳天皇の皇子。

**こうじょう-なんこつ【甲状軟骨】** 気管の上端にある軟骨の一つ。内側に声帯をおさめる。男性では、声変わりにともなって、はっきりと突出してくる。喉仏。thyroid cartilage

**こうしょう-にん【公証人】** 依頼によって民事に関する公正証書を作成し、私署証書や定款に認証を与えるなどの権限をもつ公務員。法務局または地方法務局に属する。notary public

**こうじょうのつき【荒城の月】** 土井晩翠作詩・滝廉太郎作曲の歌曲。明治三三年(一九〇〇)作。洋楽の作曲法により日本的情緒を表現した近代日本音楽初期の名作。

**こうじょう-はいすい【工場排水】** 工場などから公共用水域に排出される汚水・廃水。factory effluent

**こうじょう-ふう【恒常風】** 地球大気の大循環によりほぼ一年中、一定方向に吹く風。貿易風・偏西風・極風など。惑星風。constant wind

**こうしょう-ぶんげい【口承文芸】** 口頭で伝承される文芸。文字に記録し伝えられた文芸に対する語。伝承文芸・口碑などともいわれる。説話・伝説・昔話・民謡など。

**こうじょう-へいさ【工場閉鎖】** ①事業不振などにより工場を閉めて休止、または廃止すること。shutdown ②↓ロックアウト②

**こうじょう-ほう【工場法】** 労働者の労働時間・安全衛生・最低労働年齢などについて使用者が守るべき最低基準を定めた法律。明治四四年(一九一一)制定。第二次大戦後、労働基準法に集大成された。

**こうしょ-きょうふしょう【高所恐怖症】** 高い所へいくと胸が苦しくなったり、心臓が高鳴るなどの不安発作に見舞われること。恐怖症の一種で、同じタイプに対人恐怖症・赤面恐怖症がある。acrophobia

**こう-しょく【公職】** 公的性格の職務。公務員・議員・団体役員などの職の総称。public office

**こう-しょく【交織】** 木綿・絹・毛・ナイロンなど異種の糸をまぜて織ること。また、その織物。まぜ織り。mixed fabric

**こう-しょく【好色】**(名・形動) 色事を好むこと・さま。色ごのみ。lewdness 用例 ―漢。

**こう-しょく【耕織】** 田を耕し、機を織ること。

**こう-しょく【黄色】** きいろ。おうしょく。yellow

**こう-しょく【▼曠職】** ①職責をおろそかにすること。用例 ―のそしりを受ける。②官職が欠員のままであること。

**こう-しょく【后▼稷】** 中国、周王朝の始祖といわれる伝説上の人物。農業神とされる。名は棄。農業を好み尭・舜に重用されたという。

**こうしょく【更▼埴】**〈市〉 長野県、長野盆地南部の市。果樹・草花栽培などの農業と、工業が発達。五万本のアンズがあり、開花期には観光客が多い。人口三万七三八三(一九八八)。

**こう-しょく【後▼蜀】** 中国の王朝名。①五胡十六国の一国。氐族の李特が四川省成都を中心に建国。国号は大成。四川、陝西南部、雲南北部を領有。三四七年晋により滅亡。成。成漢。②五代十国の一国。後唐の臣孟知祥が九三四年、前蜀の領土(四川)を収めて建国。九六五年二代で宋に滅ぼされた。

**こう-じょく【▼劫▽濁】**《仏教語》五濁の一つ。末世に生じる時代的、社会的な世の乱れ。

**こうしょく-いおうさいきん【紅色硫黄細菌】** 硫黄細菌の一群。還元性硫黄化合物の存在下で光合成を行う。カロチノイド類などを含み、紅色に見える。

**こうしょくいちだいおとこ【好色一代男】** 井原西鶴の浮世草子。八巻。天和二年(一六八二)刊。主人公世之介の色道修業の一生を五四章の短編によって描いた作品。西鶴の小説処女作で、浮世草子時代を開く第一作でもある。

**こうしょくいちだいおんな【好色一代女】** 井原西鶴の浮世草子。六巻二四章。貞享三年(一六八六)刊。女主人公の好色的遍歴の生涯を、一老女の懺悔物語の形式で描く。

**こうしょく-き【紅▼蜀▼葵】** モミジアオイの別名。

**こうしょく-くみあい【黄色組合】** 協調的な組合の俗称。yellow union 対義 赤色組合。

**こうしょくごにんおんな【好色五人女】** 井原西鶴の浮世草子。五巻。貞享三年(一六八六)刊。お夏清十郎・樽屋おせん・おさん茂右衛門・お七吉三郎・おまん源五兵衛の五組の男女の悲恋物語。実話に基づく短編集。

**こうしょく-じんしゅ【黄色人種】** ↓おうしょくじんしゅ(黄色人種)

**こうしょく-しんぶん【黄色新聞】** ↓イエロージャーナリズム

**こうしょく-ず【耕織図】** 農民の耕作と機織のようすを描いた画。主として中国・日本で行われた。南宋に始まる。

**こうしょくせんきょ-ほう【公職選挙法】** 国会議員、地方公共団体の長および議員の選挙について規定した法律。昭和二五年(一九五〇)公布。

**こうしょく-ついほう【公職追放】** 特定の人物が公の職務につくことを禁止すること。日本では、ポツダム宣言に基づく連合国軍最高司令官の覚書により軍国主義的指導者が公職から追放された。purge from public service

**こうしょく-ぶんがく【好色文学】** 男女の情事を中心に描く色好みの文学。日本では井原西鶴の『好色一代男』などの「好色物」とよばれる作品、中国では『金瓶梅』、西欧ではカザノーバ『回想録』などが名高い。

**こうしょく-ぼん【好色本】** ↓こうしょくもの(好色物)

**こうしょく-もの【好色物】** 近世文学中、井原西鶴の『好色一代男』などの愛欲を主題とした作品。西鶴以後の浮世草子で同じく愛欲を主題とした作品をもいう。好色本。

**こうしょ-てい【光緒帝】**(一八七一～一九〇八) 中国、清朝第一一代皇帝(在位一八七四～一九〇八)。廟号は徳宗。西太后に擁立され四歳で即位。一八九八年康有為らを登用し新政を推進したが、西太后派の反対で失敗。北京城内に幽閉、病没。

**こうしょ-はじめ【講書始(め)】** 宮中の儀式の一つ。毎年一月、三人の学者が天皇・皇族の前で進講を行う学問始めの儀式。比較 読書始め。

**ごうじょひ-の-り【合除比の理】** 比例式の定理の一つ。$a:b=c:d$ ならば $a+b:a-b=c+d:c-d$ がなりたつというもの。componendo and dividend

**こうじょ-りょうぞく【公序良俗】** 国家社会の一般的な利益である「公の秩序」と、社会の一般的な道徳観念である「善良の風俗」の略。public order and morals

**こう・じる【▽困じる】**(上一自) ↓こうずる(困ずる)

**こう・じる【高じる・▼亢じる】**(上一自) ↓こうずる(高ずる)

**こう・じる【講じる】**(上一他) ↓こうずる(講ずる)

**こう-しん【口▼唇】** ↓くちびる(唇)

**こう-しん【功臣】** 功績のあった臣。meritorious retainer

**こう-しん【甲申】** 干支の二一番目。暦に対応させ、甲申にあたる年、または日のこと。この日は十方暮の入りの日にあたる。きのえさる。

**こう-しん【交信】**(名・サ変自) 種々の手段で互いに信号を交わすこと。一般には無線による場合をいう。exchange of communications

**こう-しん【行神】** 道路を守り、旅行などの安全をつかさどるとされる神。行路の神。

**こう-しん【行進】**(名・サ変自) 列をつくって進むこと。march

**こう-しん【孝心】** 親をいたわり、親につくす気持ち。孝志。

**こう-しん【更新】**(名・サ変自他) ①改めること。改まること。改新。renewal 用例 記録を―する。②契約期間が満了した時に、その期間を延長するか、同じ内容の契約を新たに結ぶこと。renewal 用例 契約―。

**こう-しん【幸臣】** 気にいりの家臣。寵臣。

**こう-しん【▼庚申】** ①干支の五七番目。暦に対応させ、庚申にあたる年、または日のこと。かのえさる。②「庚申待ち」の略。③仏教で、帝釈天の使者。青面金剛。④道教と仏教の混合で、かのえさるの日に祭る神。

**こう-しん【▼亢進・▼昂進】**(名・サ変自) 気持や病状などが、高ぶり進むこと。acceleration

**こう-しん【後身】** 対義 前身。①生まれ変わり。reincarnation ②境遇のすっかり変わった身の上。組織などが変わった後のもの。reborn 用例 国鉄の―。

**こう-しん【後進】** 対義 先進。①あとから進むこと・人。後輩。one's junior 対義 先輩。②社会の発達がおくれていること。開発途上。発展途上。developing

**後進に道を譲る**(こうしんにみちをゆずる) あとから来る者のために、自分が退く。resign to clear the way for one's juniors 用例 後進に道を譲って一線を引退した。

**こう-しん【恒心】** いつもかわらない心。安定して不変の道徳心。constancy

**恒産無くして恒心無し**(こうさんなくしてこうしんなし) ↓こうさん(恒産)

**こう-しん【紅唇・紅▼脣】** 赤いくちびる。とくに、べにをつけた美人のくちびる。

**こう-しん【香信】** シイタケの品種の一つ。肉が厚い。

**こう-しん【洪深】**(一八九四～一九五五) 中国の劇作家。字は伯駿。江蘇省生まれ。初期の中国新劇界の先駆者の一人。中国映画の開拓者。著書に『洪深戯劇集』『洪深文集』など。

**こう-しん【後▼晋】** 中国、五代十国の一国。石敬瑭が燕雲十六州の割譲を条件に、九三六年契丹の援助のもとに建国。次の出帝は契丹に抗したため捕らえられ、九四六年に滅亡。

**こう-じん【工人】** 中国で、労働者。

**こう-じん【公人】** 公職にある人。public official 対義 私人。用例 ―としての立場。

**こう-じん【行人】** 一 ①道をいく人。passer-by ②たびびと。traveller ③使者。二 夏目漱石の小説。大正元～二年(一九一二～一三)発表。妻を信じることができず、孤立状況に陥る学者の苦悩を描く。

**こう-じん【幸甚】**(形動) たいへんありがたいこと。何よりのしあわせ。be very glad 用例 ―の至り。

**こう-じん【後人】** あとから来る人。後世の人。posterity 対義 先人・前人。

**こう-じん【後陣】** 本陣・本隊のうしろに配置

された部隊。あとぞなえ。ごじん。rear guard 対義 先陣。

**こう-じん【後▼腎】** 脊椎動物の発生の過程で中胚葉に由来する腎節から分化。前腎・中腎に次いで現れ、これらが退化したあと現れる。哺乳類などの成体ではこれが腎臓として一生はたらく。metanephros

**こう-じん【後▼塵】** 車馬などの走り過ぎたあとに立つ土けむり。dust

**後塵を拝する**(こうじんをはいする) ①他人に先をこされる。②㋐高い地位の人に従う。㋑高位の人をうらやむ。㋒地位・権勢のある人に追従する。

**こう-じん【荒神】**《「三宝荒神」の略》①仏・法・僧の三宝の守護神。不浄をきらう神とされ、火は不浄を祓うとされるところから、かまどの神として信仰される。②かげでその人を守る神。

**こう-じん【紅▼塵】** ①紅色の土ぼこり。②俗世間のわずらわしさ。俗塵。③伽羅の異名。

**こう-じん【黄▼塵】** ①黄色い土けむり。②俗世間の雑事。用例 ――にまみれる。

**黄塵万丈**(こうじんばんじょう) 土けむりがもうもうと立ちこめるさま。

**ごうしん【豪信】**(生没年未詳) 鎌倉時代最後の似せ絵画家。作品『摂関大臣影』『花園天皇像』など。

**こうしん-き【口唇期】**《フロイトの精神分析の用語》性欲の発達の第一発展段階。乳児が乳房を吸い、かむことに快感をおぼえるとされる生後一歳ぐらいまでの時期をいう。oral phase

**こうしん-きょく【行進曲】** 行進のさいに一定の歩調・テンポ・リズムを保つための音楽、または行進を芸術的に様式化した音楽。偶数拍子。マーチ。march

**こうしん-こく【後進国】** 発展途上国の旧称。developing country 対義 先進国。

**こうしん-じゅつ【降神術】** 霊媒に神霊・精霊等を憑依させ、託宣などの超常現象を起こさせる術。霊媒術。spiritualism

**こうしん-じょ【興信所】** 依頼に応じて調査料をとり、企業や人物の実情を秘密に調査・報告することを営業内容とする機関。信用調査機関。credit agency; credit bureau

**こうしん-せい【更新世】** ↓こうせきせい(洪積世)

**こうしん-せいかく【口唇性格】**《アドラーの精神分析用語》口唇期に、口唇的な欲求がみたされなかったために、性的発達がこの時期で停滞している性格。依存的・受動的で、他者からの愛情を得ることが主要な関心であるという特徴をもつ。口愛性格。oral character

**こうしん-そう【▼庚申草】** タヌキモ科の多年草。ムシトリスミレに似るが、小形。葉は粘液を出し虫を捕捉する。夏に淡紫色の花が咲く。関東以北の深山の岩壁にはえる。↓図

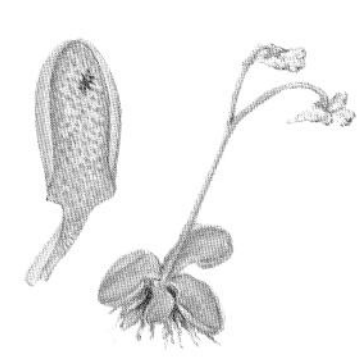

●コウシンソウ

**こうしん-だいこん【紅心大根】** 表皮は緑色で、中が放射状に赤みを帯びた丸形のダイコン。甘味がある。生で食べるほか、酢漬けにする。アオマルコウシンダイコン。シンリビ。

**こうじん-だな【荒神棚】** 火の神、火伏せの神である荒神を祭る棚。台所の竈付近に設けられる。毎月、晦日ごとに松の小枝を供えたりする。

**こうじんだに-いせき【荒神谷遺跡】** 島根県斐川町の山林中で発見された弥生時代の遺跡。三五八本の中細形銅剣、六個の銅鐸、一六本の銅矛が出土。かつてない多量の銅剣の出土と、銅鐸・矛・剣との併存の点で注目された。↓写

●荒神谷遺跡

**こうしん-づか【▼庚申塚】** 庚申塔を立てて、庚申を祭ってある塚。青面金剛や三猿が刻まれ、路傍に築かれることが多い。↓写

**こうしん-の-へん【甲申の変】** ①一八八四年(甲申)朝鮮の京城で起こったクーデター。日本の援助を受けた独立党が事大党の中心閔妃を殺害、王宮を占拠したが、清国の介入により失敗。②中国の明時代、李自成による政変。一六四四年北京は陥落し、李自成が帝位についたが五〇日足らずで追われた。

**こうじん-ばしら【荒神柱】** 竈神や荒神様の守り札をはったり、また、棚を設けて祭る柱。台所の竈付近や炉近くにあるものが多い。おかま柱。力柱。

**こうしん-ばら【▼庚申▼薔▼薇】** バラ科の常緑低木。葉は奇数羽状複葉で、小葉は長卵形。春から秋、紅紫色の一重または八重の芳香のある花をつける。中国原産。チョウシュン。チョウシュンカ。

**こうじん-ばらい【荒神▼祓い】** 近世に修験者が行うようになった竈神の祓い。毎月晦日に行うもので、五島・小倉・博多などでは琵琶を弾く盲人の僧が檀家の竈祓いをした。

**こうしん-ふう【恒信風】** 貿易風の旧称。

**こう-じんぶつ【好人物】** 善人。悪気のない人。お人よし。good-natured person; nice chap

**こうじん-ぼうき【荒神▼箒】** 竈をはくための箒。竈は荒神がいて不浄を嫌うとして、他の箒と区別して用いる。ふつう、藁の芯でつくる。神社の荒神箒は安産を促すといい、出産時に借用する所もある。

**こうしん-まち【▼庚申待(ち)】** 庚申の日に、眠らずに夜ごもりをして身を慎む習俗。眠ると人体に潜む三尸の虫が天に上り、天帝にその人の罪を告げるといわれる。守庚申。庚申。

**こうじん-まつ【荒神松】** 荒神祭りに棚に供える、胡粉をまぶした松の小枝。東京では、長期間もたせるために葉先を褐色に染めて加工した松をいう。

**こうじん-まつり【荒神祭(り)】** ①竈の神・火の神としての三宝荒神の祭り。②屋敷神・同族神・村落神としての地荒神の祭り。

**こうしん-りょう【香辛料】** 味覚・嗅覚を刺激し、飲食物に風味を与える植物性の調味料。防腐作用・医薬的作用もある。こしょう・サンショウ・唐辛子など。薬味。スパイス。spice

**こうしん-りょく【向心力】** 物体が円運動するときに、円の中心に向かってはたらく力。求心力。centripetal force 対義 遠心力。

**こうしん-れつ【口唇裂】** 上くちびるが先天的に分離している状態。兎唇。みつくち。harelip

**こうしん-ろく【興信録】** 人物や団体について、経歴や業績などの情報を収集し記載したもの。directory

●庚申塚

**こう・す【抗す】**(サ変自) ↓こうする(抗する)

**こう・す【校す】**(サ変他) ↓こうする(校する)

**こう・す【航す】**(サ変自) ↓こうする(航する)

**こう・す【貢す】**(サ変他) ↓こうする(貢する)

**こう-ず【公図】** 土地台帳に付属してある、土地の区画とその地番を示した地図。

**こう-ず【好事】**《「こうじ」は別語》風変わりなことや珍しいことに関心を抱くこと。また、風流を好むこと。ものずき。curious 用例 ――家。

**こう-ず【港図】** 港湾水域に関する情報を記入した航行用の海図。

**こう-ず【構図】** 平面的な芸術表現で、美的効果を出すための配列・組み合わせ。コンポジション。composition

**こう・ず【▽困ず】** 古語 (サ変自)《「こんず」の「ん」を「う」と表記したものか》①からだが弱る。つかれる。用例 いたう――・じたまひにければ、心にもあらずうちまどろみ給ふ(源氏・明石)。②↓こうずる(困ずる)

**こう・ず【高ず・▼亢ず】**(サ変自) ↓こうずる(高ずる)

**こう・ず【▼薨ず】**(サ変自) ↓こうずる(薨ずる)

**こう・ず【講ず】**(サ変他) ↓こうずる(講ずる)

**ごう・す【号す】**(サ変自) ↓ごうする(号する)

**こう-すい【香水】**《「こうずい」は別語》芳香製品の一種。植物性や動物性や合成の香料を数種類から十種類以上調合し、アルコールに溶かしたもの。香料配合率は一五～二五%。perfume 数え方 一瓶。

**こう-すい【降水】** 大気中の水が、液体または固体の状態で地上に落下すること。また、落下する水。降雨(=雨や霧雨など)と降雪(=雪・あられ・ひょうなど)を合わせた総称。precipitation

**こう-すい【硬水】** カルシウムやマグネシウムなどのイオンを多量に含む水。せっけんの泡立ちが悪い。炭酸水素イオンを含み煮沸によって軟水に変わる一時硬水と、それ以外のイオンを含む永久硬水がある。hard water 対義 軟水。

**こう-すい【鉱水】** ①鉱物質を多量に含む水。鉱泉水。ミネラルウオーター。mineral water ②鉱山などから排出する鉱毒を含む水。polluted water from mine

**こう-ずい【香水】**《仏教語》①身体・仏具などに注いで清める、かおりのある浄水。②仏前に供える水。閼伽。

**こう-ずい【洪水】** ①集中豪雨・雪どけなどで河川の水位や流量が異常に増大し、氾濫すること。大水。flood ②《比喩的に》物が増えていっぱいになること。flood 用例 車の――。

**こうすい-うん【降水雲】** 地上に降水(雨や雪およびひょうなど)をもたらす雲。降水が地上に達しない場合を尾流雲という。praecipitatio

**こうすい-がや【香水▼茅】** イネ科植物のうち、香料に利用されるものの総称。芳香のある精油が茎葉の水蒸気蒸留でえられる。レモングラス・シトロネラグラスなど。

**こうずい-しんわ【洪水神話】** かつて大洪水があり、そこで生き残った少数の生存者の子孫が現存する人類だという神話。堕落した人類に対する神の罰として洪水が起こったとするものなど、さまざまな形式で世界各地に分布。ヘブライの「ノアの箱舟」はとくに有名。

**こうすい-りょう【降水量】** 一定時間内に特定の地点で測定した、雨・雪・あられなどの水として降った量。水の深さはミリメートルで表す。雪・あられなどでは、溶かして水にした深さを言う。amount of precipitation 比較 降雨量。

**こう-すう【口数】** ①住民の数。人口。population ②寄付・品目など一口としたものの数。lot

**こう-すう【恒数】** 定数。常数。constant

**ごう-すう【号数】** 番号や大きさ、次々と刊行する印刷物の順番などを表す数。number

**ごうすう-かつじ【号数活字】** 日本の活字の規格の一つ。初号がもっとも大きく、以下、一号から八号まである。

**こうず-か【好事家】** ①物好きな人。②風流を好む人。dilettante

**こうずけ【▽上▽野】** ↓こうずけのくに(上野国)

**こうずけ-さんぴ【▽上▽野三碑】** 群馬県内にある古代の三石碑。多胡碑(七一一年)・山ノ上碑(六八一年)・金井沢碑(七二六年)。いずれも碑文が刻んであり、史料的価値が高い。

**こうずけ-の-くに【▽上▽野国】**《古くは「上毛野・上野」》旧国名。現在の群馬県。東山道の一国。「延喜式」では大国、一四郡。国府は前橋市、国分寺は群馬郡群馬町。明治四年(一八七一)廃藩置県により群馬・栃木二県。同六年(一八七三)群馬県は入間県と合併し熊谷県。同九年(一八七六)栃木県より旧上野地域を編入、入間県の旧地を埼玉県に移管、群馬県と改称。上州。上野。

**こう・する【抗する】**(サ変自) てむかう。さからう。抗す。resist 用例 権力に――・して屈せず。

**こう・する【校する】**(サ変他) ①くらべ合わせて正否を考える。校す。correct ②校正する。proofread

**こう・する【航する】**(サ変自) 船で水上をわたる。航海する。航す。sail
**こう・する【貢する】**(サ変他) ＝貢す。①みつぎ物をたてまつる。貢献する。②すぐれた人物を推薦する。貢挙する。
**こう・ずる【▽困ずる】**(サ変自) こまる。苦しむ。困じる。困ず。用例 処置に—。
**こう・ずる【高ずる・▼亢ずる】**(サ変自) 度をこす。はなはだしくなる。つのる。高じる。高ず。grow worse; develop 用例 病が—。
**こう・ずる【▼薨ずる】**(サ変自) 「死ぬ」の尊敬語。皇族・三位以上の人がなくなる。薨去する。薨ず。
**こう・ずる【講ずる】**(サ変他) ＝講じる・講ず。①学説や書物の意味を説きあかす。講義する。lecture ②詩や歌をよみあげる。披講する。read aloud ③とりはからう。手段をとる。take measures 用例 対策を—。
**ごう・する【号する】**(サ変自) ＝号す。①名づける。よぶ。雅号をつける。call; name 用例 渡辺登、崋山と—。②言いふらす。言いなす。declare 用例 軍勢一〇〇万と—。
**こう-せい【公正】**(名・形動) かたよらず、正しいこと・さま。justice 比較 中正・公平。
**こう-せい【向性】** ①ユングによる人格の基本類型。心のエネルギーが他の人や外界の物事に向いている人を外向性、自分自身に向いている人を内向性とした。version ②↓くっせい(屈性)
**こう-せい【向勢】** 書道で、文字の中央部が膨らんで、上下が締まった字形。各点画が向かいあい、豊かな印象を与える。対義 背勢。
**こう-せい【攻勢】** 攻めかかる態勢。積極的に攻めるいきおい。offensive 対義 守勢。
**こう-せい【更正】**(名・サ変他) 改め正すこと。改正。更訂。correction 用例 税額を—する。
**こう-せい【更生・▼甦生】**(名・サ変自他) ①生き返ること。再生。rebirth ②㋐心・生活・態度を改めること。start life anew ㋑廃品を使えるようにすること。recycle
**こう-せい【厚生】** ①民衆の福利をはかること。promotion of public welfare ②健康を保つようはかること。promotion of health 用例 —施設。
**こう-せい【後世】** ①のちの世。後代。future ②のちの世に生まれる人。子孫。posterity
**こう-せい【後生】** ①あとから生まれること・人。②あとから学ぶ人。後輩。後進。younger man 用例 —おそるべし。
**後生畏る可し**(こうせいおそるべし) 後生は、どんな力量や進歩を示すかわからないから、尊重しなければならない。He is a young man of great promise.
**こう-せい【恒星】** 太陽のように、中心部の原子核反応により自ら光を放って光り輝く星。天球上で相互の位置関係を変えないで星座を形づくる。fixed star 対義 惑星。
**こう-せい【校正】**(名・サ変他) ①書物の字句の異同を考えて正すこと。proofreading 比較 校異・校勘。②原稿と校正刷りを引き合わせて、誤字・誤植・体裁などを正すこと。proofreading 用例 原稿—。数え方 初校・再校・三校。
**こう-せい【降世・降生】**(名・サ変自) 神仏が、人の姿となってこの世に生まれること。
**こう-せい【硬性】** かたくて強い性質。hardness 対義 軟性。
**こう-せい【構成】**(名・サ変他) 組み立てて作り上げること。組み立て。コンポジション。構造。structure; composition 用例 文の—。
**こう-せい【鋼製】** 鋼鉄で造られていること。steel made
**こう-せい【▼曠世】** 世にもまれなこと。希代。
**こう-せい【甲西】**〈町〉 滋賀県南部、近江盆地の町。旧東海道に沿う純農村地帯から内陸工業の拠点へ発展。人口三万一八六七(一九八八)。
**こうせい【江西】**〈省〉 中国南東部の省。揚子江中流部の鄱陽湖周辺の盆地帯。省都南昌。米・小麦・綿花などの栽培、鉄鋼・機械工業などが行われる。タングステンの世界的産地。人口三三八四万(一九八四)。チアンシー。
**こう-せい【江青】**(一九一三) 中国の政治家。女優ののち毛沢東夫人となる。一九六六年中央文革小組第一副組長として文革を推進。中央委員・政治局委員。毛沢東の死後失脚し、八一年「四人組」の主犯として死刑判決をうけたが、八三年無期懲役に減刑。
**ごう-せい【合成】**(名・サ変他) ①二つ以上のものを合わせて、別のものをつくること。composition ②二種類以上の物質の化合によって別の物質をつくること。また、簡単な化合物から複雑な化合物をつくること。synthesis ③二つ以上のベクトルをたして、一つのベクトルとすること。addition
**ごう-せい【剛性】** 物体が曲げやひねりの力などの外力に対して変形しにくい性質。rigid 対義 弾性・可塑性。
**ごう-せい【強請】**(名・サ変他) 無理にねだり取ること。ゆすること。ゆすり。
**ごう-せい【豪勢】**(名・形動) ①いきおいの強いこと・さま。②ぜいたくなこと・さま。luxurious 用例 —な食事。
**こうせい-かいしゃ【更生会社】** 倒産したのち、再建の見込みがあるとして会社更生法の適用を受けている会社。
**ごうせいかがく-こうぎょう【合成化学工業】** 化合物または元素を原料とし、合成反応によって各種の化学製品をつくる工業。無機合成化学工業(アンモニアなど)と有機合成化学工業(医薬・樹脂・繊維など)に大別される。synthetic chemical industry
**ごうせい-かんすう【合成関数】** 変数がまた、関数で表現される関数。$y=f(u)$, $u=g(x)$があるとき、これらから$u$を消去してできる関数$y=f\{g(x)\}$ composite function
**こうせいきょうそう-きやく【公正競争規約】** 価格や品質の公正な競争を維持するため、公正取引委員会の認定に基づいて業者どうしが結ぶ、景品類や表示などを自主的に規制する協定。regulations for fair competition
**こうせい-きょく【交声曲】** ↓カンタータ
**こうせい-けいざいがく【厚生経済学】** 社会全体の厚生と福祉を高める基準を求める経済学の一分野。ピグーが創始。welfare economics
**こうせい-げかん【硬性下▼疳】** 第一期梅毒の症状。感染後約三週間でできた初期硬結の表面が糜爛性に潰瘍化したもの。hard chancre
**ごうせい-けたきょう【合成▼桁橋】** 鋼桁と鉄筋コンクリート床板を一体化した桁をもつ橋。composite girder bridge
**こうせい-げつ【恒星月】** 恒星系に対する月の公転周期。月が天球上を完全に一周する時間に等しい。二七・三二一六六二日。sidereal month
**こうせい-けってい【更正決定】** 税務署による二措置。更正は、納税申告が正しくないとして訂正を求める処分。決定は、申告しない人に対し税額を決める処分。
**こうせい-けんぽう【硬性憲法】** 一般の法律よりも改正手続きが厳重な成文憲法。日本国憲法など。rigid constitution 対義 軟性憲法。
**ごうせい-ご【合成語】** ↓ふくごうご(複合語)
**こうせい-こうそ【構成酵素】** 生体が本来そなえていて、生命維持のため常に合成される酵素。構成性酵素。constitutive enzyme 対義 誘導酵素。
**ごうせい-ゴム【合成ゴム】** 天然ゴムと類似の弾性を示す無定形の熱可塑性高分子物質。耐熱・耐油・耐劣化性に優れる。ブタジエンゴム・SBR・ニトリルゴム・弗素ゴムなど。synthetic rubber
**こうせい-じ【恒星時】** 一恒星日を二四時間として表した時刻。ある地点の恒星時はその地点の子午線から西方へ測った春分点の時角をいう。sidereal time
**ごうせい-し【合成紙】** 合成高分子材料を原料とする紙。顔料とプラスチックを混合成膜したもの、表面を荒らくしたもの、合成繊維を漉いたものなど。synthetic paper
**こうせい-しせつ【厚生施設】** 従業員の健康を維持するため、またレクリエーションのために自治体や企業が設ける施設。
**こうせい-じつ【恒星日】** 春分点に対する地球の自転周期。平均太陽時で二三時間五六分四・〇九一秒。地球の公転のため太陽日より短い。sidereal day
**こうせい-しは【江西詩派】** 中国、宋代の詩派。江西出身の北宋の黄庭堅、南宋の陳与義らを代表とし、字句を練りあげ学識を重視する詩風が特色。唐の杜甫を祖とする。南宋に盛行。
**ごうせい-しゃしん【合成写真】** 二枚以上の写真を組み合わせて、現実にない情景などを表現した写真。モンタージュ写真。montage photography
**ごうせい-しゅ【合成酒】** アルコールに糖類・香料などを混合し、清酒に類似させて造る酒。合成清酒。新清酒。比較 清酒。
**こうせい-しゅぎ【構成主義】** 第一次大戦前後ロシアに起こった抽象主義の造形運動。機械の美を唱え、合理主義的・機能主義的構成によって人間の生産への参加を表現しようとした。マーレビッチは絵画の純粋幾何学的構成の先駆となり、タトリンはガラス・金属などによる空間構成に向かった。constructivism ↓写
**ごうせい-じゅし【合成樹脂】** 可塑性に富む合成有機高分子物質の総称。熱可塑性樹脂と熱硬化性樹脂に大別される。成型が容易で、軽くて丈夫。プラスチック。synthetic resin

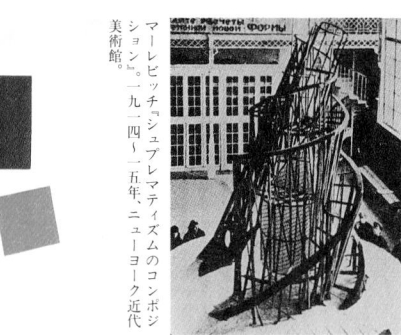

●構成主義

タトリン『第三インターナショナル記念碑(模型)』。一九一九～二〇年。

マーレビッチ『シュプレマティズムのコンポジション』。一九一四～一五年、ニューヨーク近代美術館。

**ごうせいじゅし-とりょう【合成樹脂塗料】** 合成樹脂を塗膜形成の要素に用いた塗料。薬品や熱に強く、屈曲性に優れ、電気絶縁性が大きい。synthetic resin coating
**こうせい-しょう【厚生省】** 社会福祉・社会保障・公衆衛生の向上、増進をはかることを任務とした国の行政機関。官房と、年金局・保険局など九局からなる。外局として社会保険庁、付属機関として国立病院・検疫所などがある。Ministry of Health and Welfare
**こうせい-しょうしょ【公正証書】** ①公務員が法規にしたがって作る証書。attested document ②公証人が私的な権利を公的に証明するために作成した文書。notarial deed
**こうせいしんぺん【厚生新編】** 江戸後期に邦訳された百科事典。稿本七〇冊。文化八～天保一〇年(一八一一～三九)ごろ成立。幕府の蕃書和解御用方をつとめた馬場貞由・大槻玄沢らがフランスのショメール編『家事百科辞典』のオランダ語訳本を抄訳。
**こうせいしん-やく【向精神薬】** 中枢神経系に作用して精神機能に影響を与える薬物。嗜癖剤(アヘンなど)、幻覚剤(LSDなど)、酩酊剤(アルコールなど)、催眠・鎮静剤、精神治療剤などが含まれる。psychotropic drug
**ごうせい-す【合成酢】** 酢酸を主原料とした食酢。水あめ・砂糖・酒かす・食塩・カラメルなどを添加して作る。synthetic vinegar
**こうせい-ずり【校正刷(り)】** 校正のための仮刷りの印刷物。活版の場合はゲラ刷りと同じ。オフセットやグラビアの多色印刷では、仕上がりに近い形で仮刷りをする。proof
**ごうせい-せいしゅ【合成清酒】** ↓ごうせいしゅ(合成酒)
**こう-せいせき【好成績】** よい成績。みごとなでき。good results 対義 不成績。
**ごうせい-せきゆ【合成石油】** ↓じんぞうせきゆ(人造石油)
**こうせい-せつ【後成説】** 生物の組織や器官ははじめから受精卵の一定の部分に決定されているのではなく、発生の過程でしだいに複雑な構造が形成されていくという説。epigenesis 対義 前成説。
**ごうせい-せんい【合成繊維】** 合成高分子物質を紡糸して得られる化学繊維。強靱で耐水・耐薬品性に優れる。ナイロン・ビニロン・テトロンなど。synthetic fiber
**ごうせい-せんざい【合成洗剤】** 石油などを原料として合成される洗剤。成分はアルキルアリルスルホン酸塩など。硬水でも使用でき、洗浄力も強いが、自然界で分解しにくい。synthetic detergent

**ごうせい-せんりょう【合成染料】** 有機合成によって製造される染料。アニリン染料・コールタール染料など。人造染料。synthetic dye [対義]天然染料。

**こうせいそうぞく-じちく【広西壮族自治区】** 中国南西部、周囲を山地に囲まれた広西盆地にある。省都は南寧。南部では稲作、南東部ではサトウキビ栽培がさかん。人口三七〇〇万(一九八四)。コワンシーチョワンツー自治区。

**こうせい-だいじん【厚生大臣】** 国務大臣の一人。厚生省の長。厚相。Minister of Health and Welfare

**ごうせい-ていこう【合成抵抗】** 二個以上の抵抗を組み合わせたときの総合的な抵抗値。combined resistance

**こうせい-てき【構成的】**(形動) 全体としてまとまりのある形に組み立てられているさま。structural [用例]—にえがかれた画面。

**こうせい-どうぶつ【後生動物】**《比較的あとに生じた動物、の意》単細胞の原生動物に対する用語で、多細胞動物の総称。後生動物から中生動物と側生動物(海綿動物)を除いたものを真正後生動物という。

**こうせいとりひき-いいんかい【公正取引委員会】** 総理府の外局の一つ。独占禁止法の目的を達成するために設置された行政機関で、準司法的機能をもつ。公取委。Fair Trade Commission

**ごうせい-にく【合成肉】** 植物たんぱくに肉のエッセンスなどを加えて調製した人工食品。人造肉。synthetic meat

**こうせい-ねん【恒星年】** 恒星系に対する地球の公転周期。太陽が天球上を完全に一周する時間に等しい。三六五・二五六四日。sidereal year

**こうせい-ねんきん【厚生年金】** 厚生年金保険に加入している勤労者やその遺族に給付される年金。昭和六〇年(一九八五)の年金改正により、全国民共通の国民年金に上積みして支給されることになった。welfare annuity

**こうせいねんききん-ほけん【厚生年金基金保険】** ↓ちょうせいねんきん(調整年金)

**こうせいねんきん-ほけん【厚生年金保険】** 民間企業の被用者を対象とする強制加入の公的年金保険。

**ごう-せいのすけ【郷誠▼之助】**(一八六五〜一九四二) 実業家。岐阜県生まれ。東大からドイツに留学。東京株式取引所理事長。第二次大戦前の財界の指導者として東京商工会議所会頭・日本商工会議所会頭などを歴任。

**ごうせい-ひかく【合成皮革】** 合成高分子化合物を主原料とし、天然の皮革に近い外観・機能をもたせたもの。木綿・化繊などの基布上にプラスチック層を重ねて作る。artificial leather

**こうせい-ぶっしつ【抗生物質】** カビ・放線菌・細菌などの微生物によって作られ、他の生活細胞の成育を阻害する物質。他の微生物に抗菌力をもつもののほか、抗腫瘍作用のあるものなど種類が多い。ペニシリン・ストレプトマイシン・テラマイシンなど。抗菌性物質。antibiotics

**ごうせい-ほうせき【合成宝石】** 天然の宝石と同じ成分・性質をもつ人工宝石。外観だけが似ている模造宝石(イミテーション)と区別していう。synthetic jewel

**こうせい-ようそ【構成要素】** 組み立てている材料。component

**ごうせい-りつ【剛性率】** 物体に加えたずれ応力と生じたずれの角との比。剛性の大きさを示し、気体や液体では0となる。shear modulus

**ごうせい-りょく【合成力】** 二つ以上の力が同時に作用するとき、それらの効果を全体として一つで表した力。数学的にはそれぞれの力のベクトル和となる。合力。resultant force

**こう-せき【口跡】** ①ことばづかい。②せりふの言い方。こわいろ。

**こう-せき【孔席】** 孔子のすわる席。

**孔席暖まらず墨突黔まず**(こうせきあたたまらずぼくとつくろまず) 孔子の座席は暖まることがなく、墨子の家の煙突は炊事の煙でよごれることがない。孔子と墨子は、世を救うため奔走し、家に落ち着くことがなかったことを言う。

**こう-せき【功績】** てがら。いさお。功業。meritorious service

**こう-せき【光跡】** 光って動く物を撮影したり見たりしたときに現れる光のすじ。

**こう-せき【航跡】** 船の通ったあとに、水面に残る波や泡。wake

**こう-せき【鉱石・▼礦石】** 鉱物の集積のうち、有用鉱物を多量に含んでいて採掘対象となるもの。ore

**こう-せき【▼磽▼瘠】** 石の多いやせた土地。

**こうせき【黄石】** 中国、湖北省東部、揚子江中流の工業都市。石灰岩の産地で、セメント工業がさかん。付近に大冶鉄山がある。人口四三・五万(一九八四)。ホワンシー。

**こう-せき【高▽適】**(七〇二〜七六五) 中国、盛唐の詩人。字は達夫。渤海の人。岑参とともに「高岑」とよばれ、辺境の風物や戦争の苦しみを歌った。詩風は男性的で沈痛。詩文集『高常侍集』。こうてき。

**こうせき-うん【航跡雲】** 飛行機の通過したあとにできる細長い雲。飛行機のつくる渦や排ガスが原因でできる。飛行機雲。contrail

**こうせき-うん【高積雲】** 十種雲形の一つ。中層雲に属し、二〇〇〇〜七〇〇〇mの高度に現れる。牧場に群がる小羊のような塊状の白や灰色の雲の集まり。むらくも。羊雲。alto-cumulus

**こうせき-けんぱき【鉱石検波器】** 方鉛鉱などの鉱石がもっている整流作用を利用して検波を行う装置。crystal detector

**こうせき-じゅしんき【鉱石受信機】** 同調回路・鉱石検波器・イヤホーンを使う、もっとも簡単なラジオ受信機。鉱石ラジオ。crystal receiver

**こうせき-せい【洪積世】** 新生代第四紀を二分したときの前期。約一七〇万年前から約一万年前までで、沖積世の前の時代。氷河時代があり、ヒトやマンモスなどが出現した。この時代の気候変化や地殻変動が現在の自然環境の成立に影響している。更新世。最新世。Diluvium

**こうせき-そう【洪積層】** 洪積世に堆積した地層。沖積平野をなしたり、台地および段丘を形成する。diluvium

**こうせき-だいち【洪積台地】** 洪積世(=更新世)の堆積物でおおわれた台地状の地形。沖積平野より高い位置にあり、排水がよい。三本木原・武蔵野・三方原など。diluvial upland

**こうせき-ラジオ【鉱石ラジオ】** ↓こうせきじゅしんき(鉱石受信機)

**こう-せつ【公設】** 国家・公共団体の設立。public [対義]私設。[用例]—市場。

**こう-せつ【巧拙】** じょうずとへた。have skill or not [用例]説明の—。

**こう-せつ【交接】**(名・サ変自) ①互いに接着すること。access ②性交。交合。交尾。coitus

**こう-せつ【▼巷説】** ちまたのうわさばなし。世間の評判。ゴシップ。town talk; gossip

**こう-せつ【後節】** [対義]前節。①文章・楽章などの、ある節のあとの節。②プロ野球・競輪などの開催日程で、ある節の後半。また、その節のあとの節。

**こう-せつ【降雪】** 雪の降ること。また、降った雪。snowfall [用例]—量。

**こう-せつ【高説】** ①すぐれた説。excellent idea ②相手の説を言う敬語。[用例]ご—。

**こう-せつ【高節】** けだかいみさお。人よりぬきんでた節操。

**こう-せつ【講説】**(名・サ変他) とき明かすこと。講義。講演。

**こう-ぜつ【口舌】** おしゃべり。口先。弁舌。

**口舌の徒**(こうぜつのと) 口先だけ達者で、実のともなわない人。

**ごう-せつ【豪雪】** ひどく降りつもった大雪。heavy snowfall [比較]豪雨。

**こうせつ-いちば【公設市場】** インフレから消費者を保護するために公共団体などが設けた、日用品の廉売を目的とする市場。

**こう-せっこう【硬石▼膏】** 石膏の無水物。成分は硫酸カルシウム。石膏・石灰岩などとともに産する。壁・装飾材料などに用いる。anhydrite

**こうせつ-しちや【公設質屋】** ↓こうえきしちや(公益質屋)

**ごう-せっとう【強窃盗】** 強盗と窃盗。robbery and theft

**こうせつ-にっすう【降雪日数】** 雪の降った日数。気象統計上の降雪日数は雪・吹雪・みぞれ・霧雪・細氷などのあった日の合計。

**こう-せん【口銭】** 取引の仲介の手数料。また報酬。歩合。コミッション。commission

**こう-せん【工専】** 「工業専門学校」の略。

**こう-せん【工船】** 水産製造設備を船内にもつ船。漁船からの漁獲物を船内で缶詰や魚粉・魚油などに加工する。factory ship [用例]—漁業。かに—。

**こう-せん【工銭】** 仕事の手間賃。工賃。wages

**こう-せん【公船】** ①国際法上、軍艦や警察・税関用など国家の公の任務を行う船舶。他国の領海内においても一定の治外法権をもつ。public vessel ②私法上、測量船など公共の目的に使われる船舶。public vessel

**こう-せん【公選】**(名・サ変他) ①公平に選ぶこと。fair election ②国民の投票によって選挙をすること。民選。election by popular vote [対義]官選。

**こう-せん【広宣】**《仏教語》仏法を広め伝えること。

**こう-せん【交戦】**(名・サ変自) 戦いを交えること。互いに戦うこと。fight with

**こう-せん【光線】** ひかり。光のさすすじ。光のエネルギーが伝播する径路を表す線。光学的に均質な媒質中では直線となる。ray of light

**こう-せん【好戦】** 一(名) 戦争をこのむこと。warlike [対義]厭戦。[用例]—の気風。二(名・サ変自) よく戦うこと。善戦。fight very well [用例]相手チームと—する。

**こう-せん【抗戦】**(名・サ変自) 戦争をしかけられて、抵抗して戦うこと。resistance [用例]侵略に対して—する。

**こう-せん【香▼煎】** 麦類をいって粉にしたもの。陳皮などの香料を加え、湯や水をさして飲む。粉のまま食べてもよい。麦こがし。はったい粉。こがし。

**こう-せん【高専】** ①「高等専門学校」の略。②「旧制高校・専門学校」の総称の略。

**こう-せん【黄泉】** ①地底のいずみ。②死者が行くといわれる所。あの世。冥土。よみ。Hades

**黄泉の客となる**(こうせんのきゃくとなる) 死ぬ。pass away

**こう-せん【鉱泉】** 鉱物質やガスを含む湧泉。ふつう、溶存する鉱物質が一ℓ中一g以上のものをいう。温泉を含めるときと、温泉より低温の冷泉だけをさすときがある。mineral springs

**こう-せん【鋼線】** 鋼鉄で造ったはりがね。steel wire

**こう-せん【▼勾践】**(?〜BC四六五) 中国、春秋時代の越の王(在位BC四九六〜BC四六五)。呉王闔閭を破ったが、紀元前四九四年その子夫差に会稽で大敗。のち范蠡を登用して国力を蓄え、前四七三年呉を討滅。「会稽の恥」「臥薪嘗胆」の故事で知られる。

**こう-せん【黄▼筌】**(?〜九六五) 中国、五代蜀の画家。字は要叔。明確な輪郭線と鮮麗な色彩の黄氏体を始め、北宋院体花鳥画の指導様式となった。

**こう-ぜん【紅▼髯】** エビの別名。

**こう-ぜん【公然】**(形動トタル) 世に知れわたっているさま。おおっぴら。open

**こう-ぜん【▼昂然】**(形動トタル) 気負って、意気のさかんなさま。triumphant [用例]—と立ち向かう。

**こう-ぜん【▼浩然】**(形動トタル) 広々としてゆったりしたさま。

**浩然の気**(こうぜんのき) 《『孟子』にある語》①道義に基づく強い精神。②おおらかで、のびのびした気持ち。[用例]—を養う。

**ごう-ぜん【▼傲然】**(形動トタル) いばりかえるさま。arrogant [用例]—と構える。

**ごう-ぜん【▼轟然】**(形動トタル) 大きな音がとどろきわたるさま。roaring

**こうせん-けん【交戦権】** ①国家が戦争する権利。belligerent right ②交戦国が国際法上もつ権利。敵国の兵力の攻撃・殺傷、捕虜の保護要求など。belligerent right

**こうせん-こく【交戦国】** 戦争に参加している国家。戦争当事国。belligerent

**こうぜんごこくろん【興禅護国論】** 仏教書。栄西著。日本最初の禅書。全三巻。建久九年(一一九八)撰述。旧仏教からの非難に対して、禅の独立とそれによる鎮護国家の主旨を説いた。臨済宗の大綱を説明。

**こうせん-じゅう【光線銃】** ①弾丸のかわりに光線を発する銃。ray gun ②ビームライフル射撃競技に使用する銃。受光板を備えた弾痕記録装置が標的。ray gun

**こうせん-せい【公選制】** 公職に就く者を、ひろく国民や住民が参加する公衆の選挙で決定する制度。public election system

**こうせん-だんたい【交戦団体】** 外国または自国の政府から、交戦者としての国際法上の資格を承認されたグループ。armed resistance group

**こうせん-てき【好戦的】**(形動) 戦争をしたがるさま。すぐ武力で解決しようとするさま。belligerent; warlike [比較]戦闘的。

**こうぜん-の-ひみつ【公然の秘密】** 秘密ということになっているが、実際にはよく知られていること。open secret

**こうせん-りょうほう【光線療法】** 紫外線・赤外線・可視光線などを照射する物理療法の一つ。痛みをやわらげたり、皮膚を殺菌したりするために行う。light therapy

**こうぜんわいせつ-ざい【公然▼猥▼褻罪】** 公衆の面前でわいせつな行為をする罪。

**こう-そ【公租】** 国税・地方税の総称。おおやけの目的のために国民が負担する金銭。tax 比較 公課。

**こう-そ【公訴】**(名・サ変他) 検察官が裁判所に対して起訴状を提出し、事件についての審判を求めること。

**こう-そ【皇祖】** 皇室の祖先、または祖先神。とくに、神武天皇・天照大神をさす。比較 皇宗。

**こう-そ【皇▼祚】** 天皇の位。皇位。

**こう-そ【控訴】**(名・サ変自) 上訴の方法の一つ。第一審判決に不服がある場合、その取り消し・変更を上級審に求めること。appeal

**こう-そ【酵素】** 生体内のほとんどすべての化学反応に、触媒として働くたんぱく質。反応は多種多様で、それぞれに特定の酵素が関与する。また、製薬工業・食品工業などに利用される。enzyme

**こう-そ【江▼蘇】**〈省〉 中国東部、揚子江下流、黄海に臨む省。古来「魚米の郷」とよばれ、上海を中心とした中国経済の中心地。省都南京。人口六〇五二万(一九八四)。チアンスウ。

**こう-そ【高祖】** ①中国で王朝の基礎を固めた皇帝の廟号。漢の劉邦、唐の李淵、後晋の石敬瑭など。②仏教で、一宗一派の開宗者の尊称。

**こうぞ【▼楮】**《「かみそ(紙麻)」の転》クワ科の落葉低木。山野にはえる。高さ二〜五m。葉は互生し、卵形。春、新葉とともに小花が球状に集まって咲く。和紙の原料として栽培もする。本州以南に分布。カミノキ。カゾ。↓写

●コウゾ

**ごう-そ【強訴・▼嗷訴】**(名・サ変他) 集団示威行動をとって上位者に要求すること。中世、社寺の衆徒や神人らの幕府や朝廷への集団要求。のち、農民が領主に年貢・夫役の減免を要求して起こした一揆を称した。

**こうそ-いん【控訴院】** 旧裁判制度で、地方裁判所の上級に位した裁判所。現在の高等裁判所に相当する。

**こう-そう【公葬】** 官庁や公共団体の費用で行う葬式。public funeral

**こう-そう【好走】**(名・サ変自) うまく走ること。競走で、予期した以上の成績をあげること。good running 用例 好打・好守・— の選手。

**こう-そう【行装】** 旅の身なり。旅じたく。

**こう-そう【抗争】**(名・サ変自) 張りあって争うこと。struggle

**こう-そう【後送】**(名・サ変他) ①後方へ送ること。send back ②あとから送ること。send later

**こう-そう【皇宗】** 二代綏靖天皇以降、歴代天皇の先祖の総称。比較 皇祖。

**こう-そう【▼倥▼偬】** 忙しいこと。用例 兵馬 — の間。

**こう-そう【校葬】** 学校が喪主となって行う葬式。学校葬。school funeral

**こう-そう【航走】**(名・サ変自) 船が水上を進むこと。航海。航行。

**こう-そう【▼訌争】** 内部の争い。うちわもめ。

**こう-そう【降霜】** しもがおりること。おりたしも。fall of frost

**こう-そう【高僧】** ①徳行の高い僧。②位の高い僧。

**こう-そう【高層】** ①空の、高いところ。②建物の、何階にも高く重なったもの。high-rise 用例 — 建築。

**こう-そう【高燥】**(名・形動) 土地が高く、湿気の少ないこと・さま。high and dry ground 対義 低湿。

**こう-そう【鉱層】** 堆積作用によって生成し、堆積岩の地層と同じように層状をなす鉱床。ore bed

**こう-そう【構想】**(名・サ変他) ①頭の中で、思索の全過程の計画を立てること。考えを組み立てること。組み立てた考え。plan 比較 構成。②芸術作品で主題・内容・表現形式など、各要素の組み立てを考えること。plot 用例 小説の — を練る。

**こう-そう【高宗】** 中国の皇帝の廟号。①唐の高宗(六二八〜六八三)。第三代皇帝(在位六四九〜六八三)。太宗のあと国政に尽力したが、後年、則天武后に実権を握られた。②宋の高宗(一一〇七〜一一八七)。南宋初代皇帝(在位一一二七〜一一六二)。徽宗の子。靖康の変で南方に移って南宋をたてた。治世三五年間に内政を整え、金と和して南宋の基礎を固めた。③清の高宗。乾隆帝。

**こう-そう【広壮・▼宏壮】**(形動) 大きくて、りっぱなさま。magnificent 用例 — な邸宅。

**こう-ぞう【行蔵】** 世に出て才能を発揮することと、世を避けて引きこもること。進退。用例 — をいさぎよくする。

**こう-ぞう【構造】** ①一つの統一体を全体的にとらえた立場から見た内部の組み立て。つくり。しくみ。結構。構成。structure 用例 機械の —。文章の —。頭の —。②ある材料で組み立てられていること。construction 用例 鉄骨 —。

**ごう-そう【豪壮】**(形動) さかんで、りっぱなさま。magnificent

**こうぞう-いせいたい【構造異性体】** 異性体のうち、同じ分子式で構造が異なるもの。エタノール $CH_3CH_2OH$ とジメチルエーテル $CH_3OCH_3$ など。structural isomer ↓図

●構造異性体

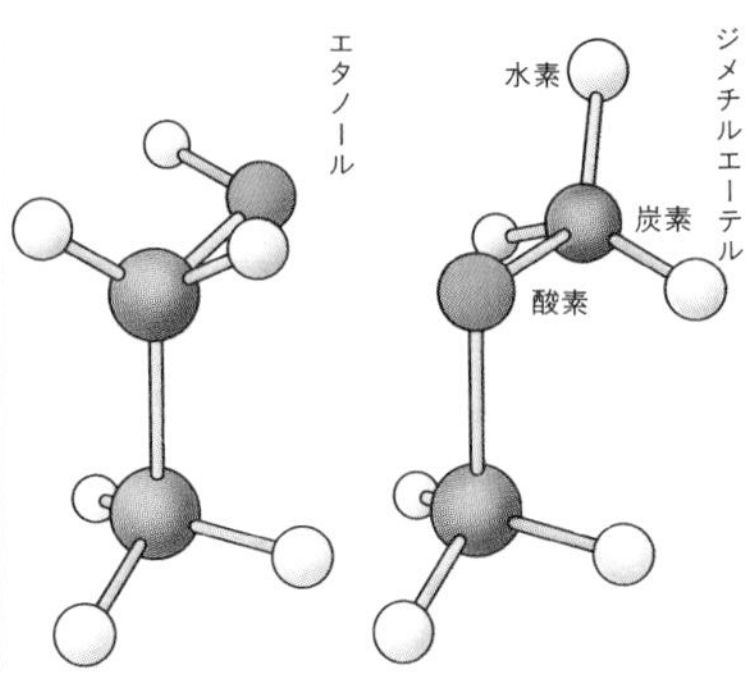


**こうぞう-いでんし【構造遺伝子】** たんぱく質やトランスファーRNAの構造を決定する情報をもった遺伝子。structural gene

**こうそう-うん【高層雲】** 十種雲形の一つ。空全体に広がる層状の灰色の雲。雲の薄い部分では太陽がぼんやり見える。高度二〇〇〇〜七〇〇〇m。おぼろ雲。altostratus

**こうぞう-おしょく【構造汚職】** 政治や企業の仕組みに直接的に結びついて発生する汚職。法的な犯罪構成の有無を問わずにいう。structural corruption

**こうぞうかいかく-ろん【構造改革論】** 先進資本主義国における社会主義革命理論の一つ。資本主義社会内部の議会で社会主義政党が多数を占めることにより、資本主義の構造を根底から変質させて、平和的・段階的に社会主義に移行しようとするもの。structural reform theory

**こう-そうぎ【黄宗▼羲】**(一六一〇〜一六九五) 中国、明末清初の思想家。字は太沖。実証的学風で考証学の祖とされる。明に殉じて清に仕えず、学問・著述に専念。著書『明夷待訪録』など。

**こうそう-きしょう【高層気象】** 高層大気中の気象。気球・ラジオゾンデ・レーウィン・ロケット・レーダーなどを用いて観測する。aerology

**こうそう-きしょうがく【高層気象学】** 高層大気中の諸現象を研究する気象学の一分野。成層圏から高度約一〇〇kmの温度圏底部までを対象とする。aerology

**こう-そうきゅう【好送球】** 野球で、野手や捕手がみごとな球を送ること。fine throw

**こうぞう-げんごがく【構造言語学】** 言語学の一学派。言語を、時間的変化の面を捨象し、一つの記号の体系としてとらえ、その構造を解明しようとするもの。structural linguistics

**こうぞう-しき【構造式】** 分子内の原子の結合様式を図式的に表した化学式。結合を価標という線で表す。二重結合は二重線、三重結合は三重線で示す。structural formula

**こうそう-しつげん【高層湿原】** ミズゴケの泥炭上に発達する湿原。冷帯の低地や温帯の亜高山帯などにみられる。尾瀬ケ原が好例。high moor 対義 低層湿原。

**こうそう-じゅうたく【高層住宅】** 階層の多い住宅。ふつう三階建て以上をいう。また、二〇階建て以上のものは超高層住宅とよばれる。high-rise apartment

**こうぞう-しゅぎ【構造主義】** フランスの人類学者レヴィ=ストロースによって唱えられ、言語学・人類学を中心に行われる研究方法、および現代の思想的潮流。ソシュールの言語学の影響が大きく、対象の構造の分析、記述を中心とする研究方法で、一九五〇年代以降、おもにフランスで台頭。structuralism

**こうそう-しょくぶつ【紅藻植物】** 植物界の一門。クロロフィルなどの色素を含み、紅色や紅紫色の藻類。大部分は海産で、一mを超すものはまれ。テングサなど。↓図

**こうぞう-じんるいがく【構造人類学】** フランスの人類学者レヴィ=ストロースによって提唱された学問的方法論。経験的事象の背後に存在する無意識の構造を分析し、文化の多様性の奥にひそむ人間精神の普遍性を問題にする。structural anthropology

**こうぞう-せん【構造線】** 地質構造を区画するもっとも大規模な断層。日本列島を東西に区画する糸魚川—静岡構造線など。tectonic line

**こうぞうてき-こくさいふんそう【構造的国際紛争】** 発展途上国内部の政治的対立に、米ソの軍事対立や南北間の経済格差が複合的にからみあって起きる国際紛争。ベトナム戦争やアフガニスタン問題など。structural international dispute

**こうそう-でん【高僧伝】** すぐれた僧の伝記を集録した書。梁の慧皎の『高僧伝』を最古とし、唐・北宋・明代のそれとあわせて四朝高僧伝が知られる。日本では師蛮の『本朝高僧伝』など。

**こうそう-てんきず【高層天気図】** 大気上の立体的構造を表す図。ふつう、レーウィンやラジオゾンデなどの観測結果に基づいて、気圧が八五〇、七〇〇、五〇〇、三〇〇ミリバールを示す面について等圧面天気図を作成する。天気予報や航空のために必要。aerological weather chart

**こうそう-の-らん【黄巣の乱】** 中国、唐末の農民の反乱。窮民を集めて蜂起した王仙芝の軍に呼応、八七五年山東で挙兵した塩の密売人黄巣は、王の死後その首領となり、八八〇年には長安・洛陽を陥れるなど勢威をふるった。唐朝は突厥の李克用らの援助で八八三年に乱を平定したが、唐の衰亡の近因となった。

**こうぞう-ふきょう【構造不況】** 産業構造や経済環境の変動に基づく不況。景気循環とは関係なく、過剰設備、原材料コストの上昇、発展途上国の追い上げによる対外競争力の低下などの原因によって生じる。structural depression

**こうぞう-へいや【構造平野】** 地質時代に堆積したほぼ水平の地層が、長い間の浸食を受けてつくられた平野。東ヨーロッパ大平原・北アメリカ中央平原など。浸食平野。structural plain

**こうぞう-りきがく【構造力学】** 工学の一部門。建築・橋・機体などの構造物に外力が作用したとき、その構造物の安定性や各部に生じる内力や歪みなどを研究する。structural dynamics

●コウソウ植物

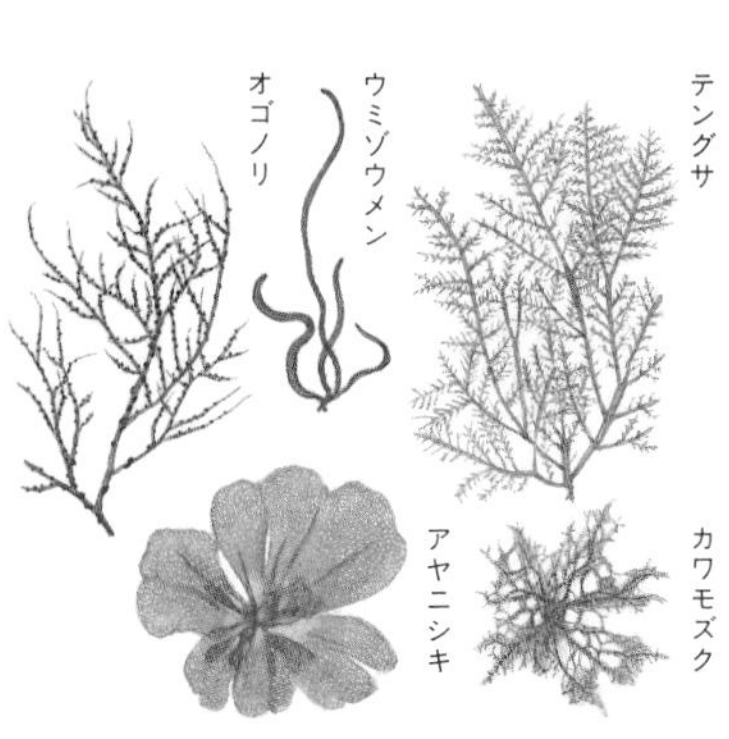

**こうそう-りょく【構想力】** 構想する能力。imagination

**こうぞ-がみ【▼楮紙】** 和紙の一種。コウゾの樹皮から取り出した繊維を漉いて作る。種類も多く、古くから障子紙・写経紙などに広く用いられた。穀紙。ちょし。

**こう-そく【光束】** ある面を単位時間に通過する光の量。目に与える明るさの感覚の大きさで示す。単位はルーメン。記号lm luminous flux

**こう-そく【光速】** ↓こうそくど(光速度)

**こう-そく【拘束】**(名・サ変他) 法律・規則で、行動の自由を許さないこと。一定の行為をさせないこと。束縛。restriction 対義 解放。用例 身柄を―する。

**こう-そく【校則】** 学校の規則。school regulations

**こう-そく【高足】** ①もっともすぐれた弟子。高弟。②田植え神事や田楽などで使う道具。十字に組んだ竹馬のようなもので、その横木に乗って跳ねる。また、これを用いて行う呪術。

**こう-そく【高速】** ①速度がはやいこと。高速度。high speed 対義 低速。②「高速道路」の略。用例 中央―。

**こう-そく【▼梗▼塞】**(名・サ変自) ①ふさがって通じないこと。block ②ほかの動脈と連絡路をもたない動脈が閉塞したとき、その末梢の組織に起こる壊死。貧血性梗塞と出血性梗塞の種類がある。infarction

**こう-ぞく【後続】**(名・サ変自) あとに続くこと・もの。succeeding; following 用例 ―部隊。

**こう-ぞく【皇族】** 天皇の一族で一定範囲内の人。皇后・太皇太后・皇太后・親王(皇太子・皇太孫を含む)・親王妃・内親王・王・王妃・女王の総称。Imperial Family

**ごう-そく【合則】** きまり・法則に合うこと。比較 合法。

**ごう-ぞく【豪族】** 地方に土着して、財産・勢力のある一族。土豪。powerful clan

**こうぞく-きょり【航続距離】** 航空機や船舶が、燃料の補給なしに、航行を続けられる距離。航空機や船舶の経済性を示す指標。cruising range

**こうそく-じかん【拘束時間】** 休み時間を含めた労働時間。portal-to-portal hours 対義 実働時間。

**こうそく-ぞうしょくろ【高速増殖炉】** 核燃料として消費する量以上の核分裂性物質を生産する原子炉。減速材を使わず、高速中性子の吸収によってウラン二三八がプルトニウム二三九に変換される。FBR。fast breeder reactor

**こうそく-ど【光速度】** 光の進む速さ。真空中では、毎秒二億九九七九万二四五八m。観測者の運動状態に関係なく一定の値をもち、どんな高速の物体の速度も光速度を超えることはない。光速。light velocity

**こう-そくど【高速度】** 速度がはやいこと。高速。high speed

**こうそく-どうろ【高速道路】** 自動車の高速走行を安全にするための自動車専用道路。ハイウエー。expressway

**こうそくど-えいが【高速度映画】** 高速度撮影をして、ふつうの速度で映写するもの。映像の動きがゆっくり見える。slow-motion picture 参照 スローモーション。

**こうそくど-こう【高速度鋼】** 金属の切削に用いられる工具鋼。赤熱状態でも硬度と靭性を保つ。炭素〇・七〜〇・八%の炭素鋼に、タングステン一八%、クロム四%、バナジウム一%添加したものを基本とする。ハイスと通称。high speed steel

**こうそくど-さつえい【高速度撮影】** 映画で、フィルムを、毎秒二四こまの標準速度の数倍の速さで撮影すること。正常の速度で映写するとスローモーション画面となる。high-speed photography

**こうそくど-せい【高速度星】** 太陽からみて、速度が毎秒約六〇km以上で移動しているように見える恒星。high velocity star

**こうそくめいぼしき-ひれいだいひょうせい【拘束名簿式比例代表制】** 参議院議員全国区制に代わるものとして昭和五八年(一九八三)の参院選挙から適用された選挙制度。有権者は政党に投票し、各党の得票数に比例して議席数を割り当て、各党があらかじめ決めておいた候補者名簿の序列にしたがって当選者を決定するもの。

**こうそく-よきん【拘束預金】** 銀行が企業や個人に融資するさい、その一定割合を債権担保の目的で強制的に預けさせる預金。frozen deposit

**こうそく-りょく【拘束力】** 行動を制限する力。拘束する強さ。binding force

**こうぞく-りょく【航続力】** 船舶・航空機の性能を示す尺度の一つ。満載した燃料で航行できる航続距離と航続時間で表される。cruising power

**こう-そこう【皇祖考】** 当代の天皇からみて、亡くなった先々代の天皇。

**こうそ-こうか【公租公課】** 国または地方公共団体によって賦課され、強制徴収される金銭的負担の総称。公租は国税と地方税、公課は負担金・手数料・使用料などをさす。租税公課。taxes and public charges

**こうそ-せいざい【酵素製剤】** 酵素を有効成分とする医薬品。

**こうそ-ぜんくたい【酵素前駆体】** 生成されたばかりで、酵素として活性化される以前の物質。これが、細胞外へ出て他の物質の作用をうけて初めて活性化され、酵素として働く。zymogen

**こう-そふ【高祖父】** 祖父母の祖父。great-great-grandfather

**こう-そぼ【高祖母】** 祖父母の祖母。great-great-grandmother

**こうぞり-な【▽髪▼剃菜】** キク科の二年草。高さ五〇〜九〇cm。全体にあらい毛がある。葉は互生。初夏に径約二cmの黄色の頭花が咲く。果実は褐色。道ばたに生じる。

**こう-そん【江村】** 大きな川に沿った村。江郷。

**こう-そん【皇孫】** 天皇の孫・子孫。

**こうそん-じゅ【公孫樹】** イチョウの異名。孫の代になって、はじめて実が採れることからの名。

**ごうそん-せい【郷村制】** 南北朝時代から江戸時代までの村落形態。荘園制の解体のあとに、名主層が連合して共有地の管理・防衛などにあたった自治的結合。

**こうそん-りゅう【公孫竜】**(BC三二〇ごろ―BC二五〇ごろ) 中国、戦国時代の思想家。名家に属し、白馬非馬論や堅白同異の弁で有名。『公孫竜子』六編が伝わる。

**こ-うた【小▼唄】** 日本音楽の種目名。江戸時代の末ごろ江戸端唄から分かれた、三味線をともなう声楽曲。江戸小唄。

**こ-うた【小歌】** ①短い歌。②《「小唄」とは違う》日本音楽の種目名。平安時代から近世にかけての民間流行の歌謡。平安時代には朝廷制定の大歌に対する世俗的な歌。室町時代にとくにさかん。中世末から近世初めにかけて、隆達節などの小歌が流行。

**こうた【幸田】**〈町〉 愛知県中部、岡崎市南隣の町。工業団地が造成され、工業化が進んでいる。人口二万九一三五(一九八八)。

**こう-だ【好打】** 野球などで、打撃にすぐれていること。また、じょうずな打ち方。用例 好守・好走・―。

**こうだ【甲田】**〈町〉 広島県中部、可愛の川に沿う町。ナシ栽培などの農業がさかん。人口六六七二(一九八八)。

**こうだ-あや【幸田▽文】**(一九〇四) 小説家・随筆家。露伴の二女。東京生まれ。さえた生活感覚を示す。随筆『終焉』、小説『流れる』など。

**こ-うたい【小謡】** 能の素謡の一種。祝儀や酒席で、謡曲の一部分をとり出してうたうこと。また、その部分の謡。

**こう-たい【交代・交替】**(名・サ変自) かわり合うこと。change

**こう-たい【抗体】** 抗原が動物体内に侵入したとき、この抗原と特異的に反応するたんぱく質。血清のγグロブリン中に見いだされる。免疫グロブリン。免疫体。antibody

**こう-たい【後退】**(名・サ変自) 対義 前進。①うしろへさがること。retreat ②勢いが衰えること。recession ③引っ込み思案になること。reserved; shy 用例 考えが―する。

**こう-だい【工大】** 「工業大学」「工科大学」の略。

**こう-だい【後代】** のちの世。後世。future generations 対義 前代。

**こう-だい【高台】**《「たかだい」は別語》□一(名) ①高い建物。high-rise building ②高い脚のついた器。③茶碗・鉢・椀などの脚の部分。□二 文語的(代) 相手を言う敬語。おもに、手紙に使う。↓写

●高台□一②

**こう-だい【広大・▼宏大】**(形動) 広くて大きいさま。vast 対義 狭小。

**こう-だい【高大】**(形動) 高くて大きなさま。すぐれてりっぱなさま。用例 ―な理想。

**こう-だい【▼鴻大・洪大】**(形動) たいへん大きいさま。広大。

**ごう-たい【剛体】** 力学で、外部から力を加えても変形しないと仮想された理想的な物体。変形がきわめて少ないものにもいう。完全剛体。rigid body

**こうだい-いん【高台院】**(一五四八―一六二四) 豊臣秀吉の正室。名は禰。尾張の人。秀吉没後出家し、慶長一〇年(一六〇五)京都東山に高台寺を建立。北の政所と称された。

**こうたい-おう【好太王】**(三七四―四一二) 高句麗第一九代の王(在位三九一―四一二)。百済・夫余などを討ち領土を拡大。百済援助のために進出した日本軍と戦った。広開土王。

**こうたいおう-ひ【好太王碑】** 中国吉林省集安県にある古碑。四一四年、高句麗好太王を顕彰するため建造。高さ六・三九m、四角柱の四面に隷書体の一七七五文字が刻まれている。東アジア史上の重要な史料。広開土王碑。↓写

**こうたいきん-しょう【交代菌症】** ↓きんこうたいしょう(菌交代症)

**こうだい-けんてい【後代検定】** 家畜や作物の個体がもつ遺伝的形質を推定するために、その子または何代かの子孫の形質を検定すること。progeny test

**こう-たいごう【皇太后】** 先帝の皇后。皇太后宮。

**こうたいごう-ぐう【皇太后宮】** ①皇太后の御所。②皇太后。

**こうたい-こうしょう【交代鉱床】** おもに熱水やガスによる交代作用などによってできた鉱床。metasomatic deposit

**こうたい-さよう【交代作用】** 岩石が外界から浸入した熱水やガスと反応し、その化学組成を変える作用。metasomatism

**こうたい-さんせい【抗体産生】** 白血球の一つであるリンパ球の働きで、抗原に特異的な抗体ができること。antibody production

**こう-たいし【皇太子】** 皇位を受け継ぐべき皇子。ひつぎのみこ。東宮。春宮。皇儲。

**こうだい-じ【高台寺】** 京都市東山区下河原町にある臨済宗建仁寺派の寺。慶長一〇年(一六〇五)豊臣秀吉の正室北の政所(＝高台院)が秀吉の冥福を祈って建立。

**こうたい-しき【交代式】** 二つ以上の文字を含む整式または分数式で、どの二つの文字を交換しても、もとの式と符号だけが変わる式。alternating expression

**こうたい-じんぐう【皇大神宮・皇太神宮】** 伊勢神宮の二宮の一つ。祭神は天照大神。天照皇大神宮。内宮。

**こうたい-よく【後退翼】** 端にいくにつれて後方に傾斜している形の飛行機の翼。音速または、超音速で飛ぶ飛行機に用いられる。swept-back wing

**ごうたい-りきがく【剛体力学】** 剛体に作用する力とその運動(重心の並進運動と剛体の回転)との関係を研究する力学の一部門。rigid body mechanics

**こう-たいれん【高体連】**《「全国高等学校体育連盟」の略》高校における体育の健全な発達を図るための全国組織。日本体育協会に所属し高校総体を主催する。

**こう-だか【甲高】** ①手足の甲が高いこと。high back or instep ②甲の高い足袋・靴。

**こうた-かつたろう【小▼唄勝太郎】**(一九〇四―

●好太王碑

俗曲・歌謡曲の歌手。新潟生まれ。昭和初期の芸者歌手ブームの代表的スター。『島の娘』『東京音頭』などがヒット。

**こう-たく【光沢】** 物質のつや。光を受けている滑らかな物質表面の輝き方。luster

**こう-だく【黄濁】**(名・サ変自) 黄色くにごること。

**こう-たけ【ᐁ革・ᐁ茸・ᐁ皮・ᐁ茸・ᐁ茅・ᐁ蕈】** 担子菌類ヒダナシタケ目のキノコ。かさは径約二〇㎝。かり、表面に鱗片があり、裏面に針状の突起が密生。食用。広葉樹林の地上に群生。↓図 ↓キノコ写

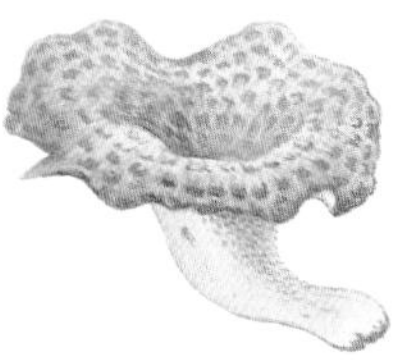
●コウタケ

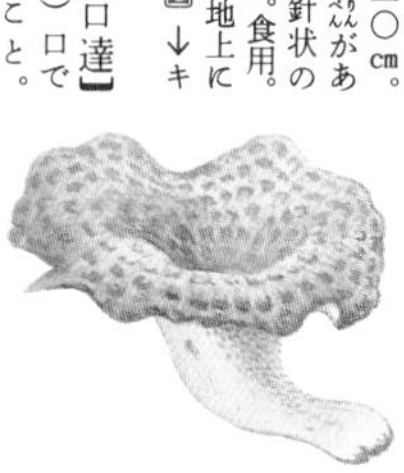

**こう-たつ【口達】**(名・サ変他) 口で通達すること。verbal notice

**こう-たつ【公達】** 官庁からの通知。official announcement

**ごう-だつ【強奪】**(名・サ変他) 持ち物などを、強引にうばい取ること。rob; plunder

**こう-だて【ᐁ劫立て】** 囲碁で、同一箇所の一目を取り合うさいに、他に一手を打つこと。また、打つ手。劫を取り返すには、互いに一手以上他に打たなければならない。

**ごうだ-てんのう【後宇多天皇】**(一二六七～一三二四) 第九一代天皇(在位一二七四～八七)。亀山天皇の第二皇子。退位後、両統迭立を実現。

**こう-たどん【香ᐁ炭団】** 香炉用のたどん。木炭の粉末を練り固めたもの。しんまでおこして灰に埋める。昔は桜炭を切って用いた。

**こうだ-のぶ【幸田ᐁ延】**(一八七〇～一九四六) ピアニスト。東京生まれ。露伴の妹。旧制の東京音楽学校(＝現東京芸術大学)教授。

**こうだ-ろはん【幸田露伴】**(一八六七～一九四七) 小説家・考証学者。本名成行。別号蝸牛庵。東京生まれ。『風流仏』『五重塔』などで理想主義的な傾向を示すが、のち考証・評釈に専念、史伝や歴史小説の佳作を発表した。昭和一二年(一九三七)第一回文化勲章受章。史伝『運命』、小説『連環記』、考証研究『評釈芭蕉七部集』など。↓写

●幸田露伴

**こう-たん【荒誕】**(名・形動) おおげさで、でたらめなこと・さま。荒唐。

**こう-たん【降誕】**(名・サ変自)《仏教では「ごうたん」》神仏・帝王・聖人・高僧などが生まれること。nativity

**こう-だん【公団】** 国家的事業を推進するため、国が全額出資した特殊法人。住宅・都市整備公団や日本道路公団など。

**こう-だん【ᐁ巷談】** 町なかのうわさ話。rumor

**こう-だん【後段】** あとの段・ひと区切り。latter part 対義 前段。

**こう-だん【降壇】**(名・サ変自) 壇からおりること。leave the platform 対義 登壇。

**こう-だん【高段】** 柔道・剣道・囲碁・将棋などで、段位の高いこと。用例 ―者。

**こう-だん【高談】**(名・サ変自) ①声高に話すこと。loud talk ②相手の話をいう敬語。

**こう-だん【講談】** 大衆演芸の一つ。日本固有の話芸で、聴衆に史実やフィクションを語るもの。はじめ講釈とよばれたが、明治以降、講談となった。storytelling

**こう-だん【講壇】** ①講義・講演などをする壇。platform ②実際的でないこと。academic 用例 ― 社会主義。

**講壇に立つ**(こうだんにたつ) 講義をする。lecture

**ごう-たん【豪胆・剛胆】**(名・形動) ものに動じないこと・さま。大胆。bold

**ごう-だん【強談】**(名・サ変自) 無理に話をつけること。こわ談判。tough negotiation

**ごうたん-え【ᐁ降誕会】** ＝こうたんえ。①釈迦の誕生を祝って行う四月八日の法会。誕生会。灌仏会。花祭り。②諸宗の祖師の誕生法会。

**こうだんクラブ【講談ᐁ倶ᐁ楽部】** 講談社発行の大衆月刊文学誌。大衆文学興隆の中心となった。明治四四年(一九一一)創刊。昭和三七年(一九六二)廃刊。

**こうたん-さい【降誕祭】** ①聖人・偉人などの誕生日のお祭り。birthday celebrations ②クリスマス。Christmas

**こう-だんし【好男子】** ①愉快で、好感のもてる男子。nice fellow ②美男子。handsome man

**こうだん-しゃ【(株)講談社】** 大手総合出版社の一つ。明治四二年(一九〇九)野間清治により創立。『キング』『少年倶楽部』などで雑誌黄金時代を築く。

**こうだん-しゃかいしゅぎ【講壇社会主義】**《Kathedersozialismusドイの訳》社会主義を理論としてのみ研究し、実践的活動を行わない態度を非難していうことば。もとは一九世紀末、ドイツ社会政策学会の社会改良主義をさしていった。academic socialism

**こうだん-じゅうたく【公団住宅】** 住宅・都市整備公団が建てる団地などの共同住宅。賃貸住宅と分譲住宅に大別される。

**こう-だんせい【光弾性】** アクリル樹脂などの透明な弾性体がひずみを生じたときに、光に対する複屈折を示す性質。photoelasticity ↓写

●光弾性　縞の密な所ほどひずみが大きい。

**こう-たんぱくしつ【硬ᐁ蛋白質】** 動物体の構造材料となるたんぱく質で、水や塩類水溶液に溶けず、酵素作用を受けにくいもの。ケラチン・フィブロイン・コラーゲンなど。scleroprotein

**こう-ち【公知】** ひろく一般に知られていること。周知。well-known

**こう-ち【巧遅】** 時間はかかるが、できばえはいいこと。slow but elaborate 対義 拙速。

**巧遅は拙速に如かず**(こうちはせっそくにしかず) でき上がりがよくても遅いのは、できがまずくても速いのには及ばない。

**こう-ち【巧ᐁ緻】**(名・形動) 細かい点までよくできていること・さま。elaborate 対義 粗放。用例 ―を極める。

**こう-ち【拘置】**(名・サ変他)《拘禁留置、の意》被疑者または刑の言い渡しを受けた者を監獄や拘置所に拘禁すること。detention

**こう-ち【ᐁ狡知・ᐁ狡ᐁ智】** わるぢえ。craft

**こう-ち【高地】** 標高の高い土地。小高くなっている所。uplands; heights 対義 低地。用例 ― にたける。

**こう-ち【耕地】** 農作物を栽培するためにたがやす土地。田や畑など。耕作地。arable land 比較 農地。

**こうち【ᐁ河ᐁ内】**〈町〉 広島県中部、東広島市東隣の町。農林業の町で木材の集散地。竹林寺で知られる篁山がある。人口七七六七(一九九八)。

**こうち【高知】**〈県〉 四国地方南部、太平洋側の県。県庁所在地は高知市。四国山地が大半を占め、沿岸部に高知・中村平野がある。温暖多雨の気候に恵まれ、農林・水産業が基幹産業で、とくに林業がさかん。面積七一〇七㎢、人口八四万三七三四(一九九八)。

**こうち【高知】**〈市〉 高知県中部、浦戸湾に臨む市。県庁所在地。旧城下町。県下一の商業都市だが、湾岸にはセメント・鉄鋼・造船・化学などの臨海工業地区があり、製紙などの工業もさかん。人口三二万一七一〇(一九九八)。

**ご-うち【碁打ち・ᐁ棊打ち】** 碁を打つこと、また、その人。また、碁を打つことを職業とする人。

**碁打ち鳥飼い馬鹿の中**(ごうちとりかいばかのうち) 碁打ちや鳥飼いが、それらに熱中して時間を空費することをあざけって言うことば。

**碁打ちに時無し**(ごうちにときなし) 碁打ちが、時のたつのも忘れて、勝負に夢中になることを言う。

**こうち-かん【拘置監】** 死刑の宣告を受けた者などを拘禁する場所。detention house

**こ-うちき【小ᐁ袿】** 平安時代の上流社会の女性の上着。唐衣、裳の正装の代わりに表衣とした、裾の短い略装の袿。こうちぎ。

**こう-ちく【構築】**(名・サ変他) 陣地などを造りきずくこと。築造。construction

**こうち-こうみん【公地公民】** 大化の改新の詔でうちだされた、土地・人民の私有を認めない原則。朝廷は班田収授の法を実施、土地・人民の直接支配を中央集権的諸政策の基礎とした。

**こうち-ゴリラ【高地ゴリラ】** マウンテンゴリラの別称。

**こうち-しょ【拘置所】** 監獄の一つ。被疑者や被告人、または死刑の言い渡しを受けた者などを拘禁する施設。prison 比較 刑務所。

**こうち-せい【向地性】** ↓くっちせい(屈地性)

**こうちせい-しゅうらく【高地性集落】** 弥生時代前期末ごろ、山頂や尾根筋に形成された集落。防備施設的遺構をもつものもあり、戦乱に関係したともみられている。

**こうち-せいり【耕地整理】** 農業で、土地の有効利用と増収を目的として、水路・道路・区画の形など、耕地の形態を近代化すること。redevelopment of arable land

**こうち-トレーニング【高地トレーニング】** スポーツで、呼吸循環機能強化のため高地で行うトレーニング。標高二〇〇〇m以上の高地で長期間訓練し、競技の記録向上をめざす。high-altitude training

**こうち-にっけい【高知肉ᐁ桂】** マルバニッケイの別名。

**こうち-へいや【高知平野】** 高知県中部、土佐湾に臨む平野。稲作・タバコ栽培のほか、ビニールハウスによる花・野菜の栽培が活況を呈している。

**こう-ちゃ【紅茶】** 茶樹の若葉をつみ、かげ干しして揉み、完全発酵させたもの。原料は緑茶と同じ。発酵により黒変する。tea 比較 緑茶。

**こう-ちゃく【ᐁ膠着】**(名・サ変自) ①ねばりつくこと。agglutinate ②情勢が変化しないこと。固着。stalemate 用例 ― 状態。

**こうちゃく-ご【ᐁ膠着語】** 言語の形態論的分類の一つ。接辞や助詞・助動詞などの付属語によって文法的な関係を示す言語。日本語・朝鮮語・トルコ語・フィンランド語など。付着語。agglutinative language

**こうちやま【ᐁ河ᐁ内山】** 歌舞伎『天衣紛上野初花』の通称。また、その主人公の宗俊。江戸後期の数寄屋坊主河内山宗春に取材。

**こうちやま-そうしゅん【ᐁ河ᐁ内山宗俊】** 河竹黙阿弥作の歌舞伎世話物『天衣紛上野初花』の主人公。御数寄屋坊主。

**こう-ちゅう【口中】** 口のなか。口内。in one's mouth

**口中の雌黄**(こうちゅうのしおう)《中国では昔、誤字を塗りつぶすのに雌黄(絵の具の名)を用いたところから》自分の不適当な言論・発言を訂正すること。

**口中の虱**(こうちゅうのしらみ)《口中のシラミはたやすくかみつぶされるところから》きわめて危険なことのたとえ。

**口中を契る**(こうちゅうをちぎる) 接吻する。

**こう-ちゅう【甲虫】** 前翅が甲または鞘のように硬い甲虫目の昆虫の総称。昆虫のなかで種類数がもっとも多く、世界に約三五万種、日本に約一万種がいる。形態・生態とも変化に富み、また各種の害虫が含まれる。鞘翅類。beetle

**こう-ちゅう【校注・校ᐁ註】** 校訂と注解。recension and annotation

**こう-ちゅう【ᐁ鉤虫】** 線虫類の寄生虫の一群。体長約一㎝。ヒトその他の哺乳類の小腸に寄生し吸血。約一五種あるが、人体に寄生し、貧血などをおこすのはズビニ鉤虫とアメリカ鉤虫の二種。卵は糞便とともに排出。幼虫が皮膚または口から侵入。十二指腸虫。hookworm

**こうちゅう-かい【興中会】** 中国、清末の革命的秘密結社。孫文が一八九四年ハワイで華僑を中心に創立。九五年香港へ移り組織を拡大。広州・恵州で武装蜂起を行ったが失敗。のち光復会・華興会と合同、中国革命同盟会へ発展。

**こう-ちょ【皇ᐁ儲】** 天皇の跡継ぎ。皇太子。も

うけのきみ。

**こうちょ【高著】** 相手の著書をいう敬語。

**こう-ちょう【公庁】** 公共団体の役所。

**こう-ちょう【広聴】** 広く一般の人の意見に耳を傾けること。とくに地方公共団体などが住民の意見・要望などを聞いて、行政に反映させることを言う。public hearing

**こう-ちょう【好調】**(名・形動) 具合・調子・景気のよいこと・さま。favorable condition [対義]不調。

**こう-ちょう【紅潮】** ㊀(名・サ変自) 顔に赤みがさすこと。flush ㊁(名) ①光にはえて紅に見える波。②月経。period

**こう-ちょう【候鳥】** 渡り鳥。ガン・ツバメなど。[比較]漂鳥。[対義]留鳥。

**こう-ちょう【黄鳥】** ①ウグイスの別名。②コウライウグイスの別名。

**こう-ちょう【校長】** 小・中・高等学校で、教職員を監督し、校務をみる最高責任者。schoolmaster; principal; director [比較]園長・学長。

**こう-ちょう【高潮】** ㊀(名) 満ち潮で、潮が満ちきった状態。[比較]高潮。[対義]低潮。㊁(名・サ変自) 物事が絶頂に達すること。

**こう-ちょう【高調】** ㊀(名・サ変自他) ①(自)気分や調子などが高まること。become high-spirited ②(他)強調すること。力説。emphasis ㊁(名) 音の高い調子。high note [対義]低調。

**こう-ちょう【▼腔腸】** クラゲ・イソギンチャクなど腔腸動物の口に続く空所。水は口から腔腸に入り、口から出る。胃腔。coelenteron

**こう-ちょう【硬調】** かたい、また、ひきしまった調子。hard tone [対義]軟調。

**こうちょう【▼弘長】** 鎌倉中期の年号。文応から改元。元年(一二六一)二月二〇日〜四年(一二六四)二月二八日。次に、文永に改元。

**こう-ちょう【後▼趙】** 中国、五胡十六国の一つ。三一九年羯族の石勒が前趙から自立して建国。臨漳、次いで鄴に都した。三五一年漢人の冉閔に滅ぼされた。ごちょう。

**こうちょう-えき【高張液】** 濃度の異なる溶液を、半透膜で隔てて接しておくと濃度の低いほうから高いほうへ、溶媒の浸透が起こる。このときの濃度の高い溶液のこと。hypertonic solution

**こうちょう-かい【公聴会】** 公の機関がその意思決定にさいして、利害関係者や学識経験者などから意見を聴く制度。重要議案の審議や公共料金改定など政治的影響が大きいときに開催され、公開が原則。public hearing [比較]聴聞会。

**こうちょう-じゅうにせん【皇朝十二銭】** 律令国家が鋳造し流通させた一二種類の銭貨の総称。和同開珎(七〇八年)から乾元大宝(九五八年)まで。本朝十二銭。

**こうちょう-ぜつ【広長舌】** ①《仏教語》仏の三十二相の一つ。仏の舌はひたいの髪の生えぎわにとどくほど長いという。②雄弁をふるうこと。ながながとしゃべること。eloquence

**こうちょう-せん【高潮線】** 満ち潮で、潮が満ちきった状態の水位の線。

**こうちょう-どうぶつ【▼腔腸動物】** 無脊椎動物の一門。内外二層の細胞壁からなる袋状の水生動物。口の周囲に触手があり、これに独特の刺胞があるので、刺胞動物ともいう。イソギンチャク・サンゴや各種のクラゲなど約一万種。cnidarian

**こう-ちょうりょく【抗張力】** 物体に張力を加えたとき生じる変形が、限界に達して切断されるときの力。引っ張りの強さ。tensile strength

**こうちょうりょく-こう【高張力鋼】** 引っ張りの強さを一mm²あたり四五〜一〇〇kgにまで高めた、溶接用の鋼材。船舶・橋などに使用される。high tensile steel

**こう-ちょく【交直】** 電気の、交流と直流。AC and DC [用例]—両用。

**こう-ちょく【硬直】**(名・サ変自) ①柔軟性に欠けること。[用例]—した考え。②体が固くなり、曲がらなくなること。stiffen ③医学で、骨格筋が硬く収縮しつづける状態。rigidity [用例]死後—。

**ごう-ちょく【剛直】**(名・形動) 気性が強くて正直であること・さま。integrity [用例]—をもって聞こえる。

**こう-ちん【工賃】** 作業の手間賃。工銭。wages

**ごう-ちん【▼轟沈】**(名・サ変自他) 艦船が攻撃を受けて、一分以内にしずむこと。また、しずめること。

**こうづ【▽国▽府津】** 神奈川県、小田原市東部の地区。地名は相模国の国府の港だったことによる。ミカンの栽培がさかん。

**ごうつ【▽江津】**〈市〉島根県中部、江の川河口の市。パルプなどの工業がさかん。石見瓦が特産。人口二万八〇八一(一九八八)。

**こう-つう【交通】** ①人や乗り物が行き来すること。traffic ②人の往復、貨物の輸送、広くは通信を含めた総称。transport

**こうつう-いじ【交通遺児】** 交通事故で親を失った児童。traffic orphan

**こうつう-いはん【交通違反】** 道路交通法などの交通関係法規に反する行為をすること。traffic violation

**こうつういはん-てんすうせい【交通違反点数制】** 道路交通法上の違反行為を点数で示し、処分の基準とする制度。

**こうつう-か【交通禍】** 交通の発達から起こる災難。traffic disaster

**こうつう-かんせい【交通管制】** 街路や高速道路で、交通の流れを円滑にするために行われる制御システム。車両通過量・渋滞などの交通情報を収集・分析し、交通規制の指示を一体化して運用する。traffic control

**こうつう-かんり【交通管理】** 自動車交通量の抑制や、既存の交通施設の効率的な運用を行うこと。transportation management

**こうつう-きかん【交通機関】** 船舶・航空機・鉄道・自動車・道路などの運輸機関と、広義では郵便・電信・電話などを含む通信機関の総称。traffic facilities

**こうつうきっぷ-せい【交通切符制】** 交通切符という定型化した書式に基づいて、交通違反をすばやく処理する制度。

**こうつう-けいかく【交通計画】** 都市や地域の開発・発展のために、交通施設を建設・整備して、交通の円滑な運用を目的とした計画。transportation planning

**こうつう-けいざいがく【交通経済学】** 応用経済学の一分野。人や物が移動する交通現象と、その移動に必要なサービスの需要・供給など、交通の経済的側面を取り扱う学問。transportation economics

**こうつう-けいさつ【交通警察】** 陸・海・空の交通の安全を確保するための警察。traffic police

**こうつう-けいむしょ【交通刑務所】** 交通事故を起こし禁錮刑を宣告された者のうち、一定の基準に該当する者を刑に服させる施設。正式には交通事犯禁錮集禁施設という。

**こうつう-けんもん【交通検問】** 無免許運転や酒気おび運転などの道路交通法違反者の摘発、逃走中の犯人の捜査、あるいは警備のために通行車両を停止させて調べること。inspection of a driver

**こうつう-こうがい【交通公害】** 交通機関が原因で生じる大気汚染・騒音・振動などの公害。対策として、日本では大気汚染防止法・騒音規制法などがある。traffic pollution

**こうつう-こうがく【交通工学】** 道路交通を安全かつ円滑にするための学問の一分野。道路計画・線形設計・交通運用(交通の流れの処理や規制)や、安全施設などを研究する。traffic engineering

**こうつう-さいばん【交通裁判】** 交通違反についての刑事裁判。軽微な違反は略式手続きまたは即決裁判で罰金刑に、悪質なものは通常の公判手続きで懲役刑を科せられる。

**こうつう-じこ【交通事故】** 交通機関に関連する人的死傷や物的損壊。一般には道路交通により発生した事故をいう。traffic accident

**こうつう-じごく【交通地獄】** ①自動車などの事故が多く、死傷者の絶えないこと。traffic hazards ②渋滞やラッシュなどのように交通機関が込みすぎている状態。traffic congestion

**こうつうじこ-しょうがいほけん【交通事故傷害保険】** 傷害保険の一つ。運行中の乗り物による事故や改札口内の事故などで傷害を受けた場合に支払われる。traffic casualty insurance

**こうつう-じゅうたい【交通渋滞】** 道路が混雑し、自動車などの運行が妨げられる状態。traffic jam

**こうつう-しんごう【交通信号】** 道路交通を円滑に、また能率的に処理するための信号や表示装置。traffic signal

**こうつう-どうとく【交通道徳】** 交通を円滑にするための道徳。交通規則をきちんと守ろうとする心持ち。traffic morality

**こうつう-なん【交通難】** 乗り物が少なかったり、込んだりして起こる困難。inconvenience of traffic

**こうつう-はくぶつかん【交通博物館】** 東京都千代田区神田須田町にある交通関係の総合博物館。鉄道・自動車・船舶・航空機など八万余の資料を収蔵。旧称、鉄道博物館。

**こうつう-はんざい【交通犯罪】** 陸上・水上・航空の交通にかかわる違法行為の総称。交通違反・交通妨害・ハイジャックなど。crimes related with transportation

**こうつうはんそく-きん【交通反則金】** 駐車違反など比較的軽い交通違反を犯した者が、警視総監などの通告に応じて国に納める金銭。

**こうつうはんそくつうこく-せいど【交通反則通告制度】** 道路交通法上の軽い交通違反について、刑事訴追を免じ、現場で取り締まり警官から渡される書面にしたがって反則金を納入させる制度。交通違反点数制を併用。

**こうつう-まひ【交通麻▼痺】** 乗り物が多すぎたり、道路が整備されていなかったり、また事故などで、交通手段の機能が損なわれること。traffic jam

**こうつう-もう【交通網】** 交通機関の分布を網の目にたとえた語。ふつう、通信を含まない。traffic network

**こうづき【▽上月】**〈町〉兵庫県西端の町。農林業中心。中世の武将尼子氏の拠点、山中鹿之助奮戦の地として知られる。人口六二八〇(一九八八)。

**ごう-つくばり【業突張り・強突張り】**(名・形動) 強情で、言うことを聞かないこと・人・さま。欲張りで、がんこなこと・人・さま。stubbornness

**こう-つごう【好都合】**(名・形動) つごうがよいこと・さま。convenience

**こうづ-しま【神津島】** 東京都、伊豆諸島の新島の南西にある島。面積一八・五km²。火山島で、主峰天上山(五七四m)は溶岩円頂丘。

**こうづしま【神津島】**〈村〉東京都、伊豆諸島神津島からなる村。江戸時代は流刑地。沿岸漁業がさかん。人口二三四七(一九八八)。

**こうづ-はるしげ【高津春▽繁】**(一九〇八〜七三) 西洋古典学者。神戸生まれ。東大教授。著書『比較言語学』『古代ギリシア文学史』など。

**こう-てい【工程】** ①作業・工事の手順やはかどりぐあい。process of work ②生産における加工の段階。stage of production ③物理で、力が単位時間中になす仕事。仕事率。power

**こう-てい【公廷】** 公判の行われる法廷。公判廷。裁判所。court of justice

**こう-てい【公定】**(名・サ変他) 国家・公共団体で決めること。official [用例]—価格。

**こう-てい【公邸】** 公的な仕事に使うために公的機関が設けた、高級公務員の邸宅。官邸。official residence [対義]私邸。

**こう-てい【行程】** ①みちのり。里程。道程。distance ②旅行などの日程。schedule ③ピストンなどの一往復の距離。stroke

**こう-てい【考訂】**(名・サ変他) 考えて正すこと。reconsideration

**こう-てい【孝▼悌・孝弟】** 父母に孝行であることと、兄弟の仲がいいこと。

**こう-てい【更訂】**(名・サ変他) 改め直すこと。revision

**こう-てい【肯定】**(名・サ変他) [対義]否定。①物事を認めること。また、ある事柄の意義・価値などを認めること。是認。affirmation ②論理学で、主語と述語の結びつきを、妥当であるとすること。命題・ことば・行為などを判断し、そのとおりであるとか、正しいとかと、認めること。affirmation [用例]神の存在を—する。

**こう-てい【皇帝】** 複数の国や民族を統一した帝国君主の尊称。中国で戦国諸国を統一した秦の始皇帝以来用いられるようになった。emperor

**こう-てい【校定】**(名・サ変他) 書物の字句などを比べて、正しいものを決めること。revision

**こう-てい【校訂】**(名・サ変他) 古典の諸本の文字・語句などを比べて直すこと。revision [比較]校合。

**こう-てい【校庭】** 学校内の運動場・庭・広場。school ground

**こう-てい【航程】** 船舶や航空機の航行のみちのり。distance of navigation

**こう-てい【高低】** ①高いことと低いこと。high and low ②上がり下がり。rise and fall [用例]相場の—。

**こう-てい【高弟】** もっともすぐれた弟子。高足。leading disciple

**こうてい【康定】** 中国、四川省西部、大雪山脈南部の高原上の県。シーツァン自治区への入り口。旧名は打箭炉。カンチン。

**こう-てい【黄帝】** 中国古代伝説上の帝王。三皇五帝の一人。名は軒轅。蚩尤を討って天下を平定。衣服・舟・車・家屋・弓矢をつくり、薬草を用いて医学を教えたという。道教の始祖とされる。

**こう-でい【拘泥】**(名・サ変自) こだわること。執着。adhesion [用例]小事に―しない。

**こうてい-えき【口▼蹄疫】** ウシ・ブタ・ヒツジなどがかかるウイルス性熱性伝染病。口の粘膜やひづめの間に水泡ができ、乳牛は乳を出さなくなる。伝染力は強いが死亡率は低い。家畜法定伝染病。foot and mouth disease

**こうてい-かかく【公定価格】** 法令に基づいて政府が定める物品の販売価格。価格変動を統制するために政府が一定品目について行う。日本では第二次大戦前後に物価統制令に基づいて実施された。㋣。official price

**こうてい-かんり【工程管理】** 製品が、必要な時期に最低コストで効率よくつくられるように生産活動を管理すること。process control

**こう-ていけん【黄庭堅】**(一〇四五〜一一〇五) 中国、北宋の詩人。字は魯直。号は山谷道人。分寧の人。江西詩派の祖。詩風は字句を練り機知に富む。書家としても宋四大家の一人。詩文集『豫章黄先生文集』。

**こうていだいけい【黄帝内経】** 漢代に書かれた中国最古の医書。一八巻。『素問』『霊枢』のもといわれる。後世の漢方医学の理論展開の土台となった。

**こうてい-てき【肯定的】**(形動) 肯定しているさま。価値や意義を積極的に認めるさま。affirmative [対義]否定的。

**こうてい-ひょう【工程表】** 製品などの製造に必要な作業内容・手順が書いてある表。process table

**こうてい-ぶあい【公定歩合】** 中央銀行が市中金融機関に対して資金貸し付けや手形割引をするときに適用される金利。公定利率。official discount rate

**こうてい-ぶんせき【工程分析】** 生産工程の全作業内容を時間・場所の関連で把握し、各工程の問題点を改善して最適の工程を設定すること。process analysis

**こうてい-ペンギン【皇帝ペンギン】** ペンギン科の鳥のうち最大で全長約一m、体重約四〇kg。南極に分布。雄が卵を抱く。日本には昭和二九年(一九五四)捕鯨船によりもたらされた。emperor penguin ↓[写]

**こうてい-りりつ【公定利率】** ↓こうていぶあい(公定歩合)

**こう-てき【公敵】** 民衆にとっての敵。public enemy

**こう-てき【好適】**(形動) ちょうどうまく合うさま。suitable [用例]避暑に―な地。

**こう-てき【公的】**(形動) おおやけであるさま。public [対義]私的。[用例]―な会合。

**ごう-てき【号笛】** 合図に吹き鳴らすふえ。whistle

**こうてき-いりょうきかん【公的医療機関】** 地方公共団体の組合、国保・日赤・済生会・厚生連など、厚生大臣の定める者が開設する病院または診療所。public medical institution

**こう-てきしゅ【好敵手】** 力が同程度の、ちょうどよい相手。ライバル。rival

**こうてき-ねんきん【公的年金】** 国家その他の公的機関が行う年金の総称。厚生年金・国民年金・共済年金など。public pension [対義]私的年金。

**こうてき-ふじょ【公的扶助】** 国民の最低限の生活を保障するため、国が貧困者に対して行う扶助制度。昭和二五年(一九五〇)の生活保護法で確立。

**こう-てつ【更迭】**(名・サ変自他)《「交迭」は誤り》状況を改善するために重要な役の人が替わること、また替えること。異動。reshuffle

**こう-てつ【鋼鉄】** ↓はがね(鋼)

**こうでら【香寺】**〈町〉 兵庫県、姫路市北隣の町。農業の町から姫路市の工業・住宅衛星都市へと変化。人口一万九九六二(一九八八)。

**こう-てん【公転】**(名・サ変自) 天体が一定の周期で他の天体のまわりをまわること。惑星や彗星の運動など。revolution

**こう-てん【交点】** ①二つの線、または線と面が交わる点。point of intersection ②天球上で惑星・彗星・月などの軌道と黄道が交わる点。node

**こう-てん【光点】** 物理で、光を出す点。luminous point

**こう-てん【向点】** 太陽系の運動方向を示す天球上の点。太陽向点。apex

●コウテイペンギン

**こう-てん【好天】** よい天気。好天気。fine weather [対義]悪天。[用例]―に恵まれる。

**こう-てん【好転】**(名・サ変自) 事情・形勢などがよいほうへ変わること。improvement [対義]悪化。[用例]事態が―する。

**こう-てん【後天】** 生まれてからのちに身に備わること。posteriority [対義]先天。

**こう-てん【荒天】** 風雨などのはげしい、あれた天候。stormy weather

**こう-てん【高点】** 高い点数・評価。多い得点。high score

**こう-でん【公電】** 公務上の電報。official telegram

**こう-でん【公田】** 中国・日本などにおいて、国家や君主が直接経営に当たる土地、もしくはその土地からの収益が国家や君主の所有となる土地。その内容は国・時代により異なる。日本では、「くでん」ともいう。

**こう-でん【功田】** 律令制下、特別の国家的功労者に与えられた輸租田。大功田は永世、上功田は三世、中功田は二世(孫)、下功田は子まで伝えることが許された。

**こう-でん【香典・香▼奠】** 葬式のとき、喪家に贈る金品。子どもたちが葬儀費を分担する一俵香典、近隣の義理としての香典、弔問者が自分の食べ料を持ち寄る場合などがある。現今は金銭が中心となった。香料。

**こうでん-がえし【香典返し】** 香典の返礼に品物を贈ること。目上・目下にかかわらず半返し以下が通例。「志」「忌明」などと記したかけ紙、黒白の水引き、喪主の挨拶状を添えるのが慣習。

**こうでん-かん【光電管】** 光電効果を利用し、光の強弱の変化を電流の大小に変換する二極管。光を陰極にあてて放出させた電子を陽極に集めて電流を得る。写真電送などに使用。photoelectric tube

**こうでん-こうか【光電効果】** 固体表面に光を照射すると、外部に電子を放出する現象。放出された電子を光電子という。photoelectric effect

**こうてん-し【▽告天子】** ヒバリ科の小鳥。スズメに似るが鳴き声が美しい。シベリア東部から中国東北部に分布。

**こう-でんし【光電子】** 光をあてた物質面から飛び出す電子。photoelectron

**こうでんしき-そくどけい【光電式速度計】** 光を用いて物体の線速度を測定する装置。物体が定められた二点間を走行する時間を、光電素子を使って、電圧パルスの間隔として計測する。photoelectric speedometer

**こうてん-しゅうき【公転周期】** 惑星・衛星・彗星などの天体が、軌道の焦点に位置する太陽・惑星などのまわりを一周するのにかかる時間。revolution period

**ごう-てんじょう【▽格天井】** 木材を正方形の格子状に組み、その上に板を張った天井。格子状の組み木を格縁、そのあいだを格間という。coffered ceiling ↓[写]

●格天井 京都市、西本願寺白書院。

**こうてんせい-めんえきふぜんしょうこうぐん【後天性免疫不全症候群】** ↓エイズ(AIDS)

**こうでん-そし【光電素子】** 光を電気量に変換する素子。photoelectric element

**こう-でんち【光電池】** 光のエネルギーによって電力を得る装置。露出計に用いるセレン光電池、pn接合型半導体を利用した太陽電池などがある。photo cell

**こうてん-てき【後天的】**(形動) ①生まれたのちに身につけるさま。acquired [対義]先天的。②哲学で、観念や認識が経験に基づいているさま。a posteriori [対義]先験的。③後験的。アポステリオリ。a posteriori

**こう-でんどう【光伝導・光電導】** 光電効果の一つ。半導体や絶縁体に光を照射したとき、電気伝導率が増加する現象。光の強さを電流の変化に変えるのに利用。内部光電効果。光導電効果。photoconduction

**こうでん-ひしょくけい【光電比色計】** 光電効果を利用した比色計。分光光度計の代用にもなる。フィルター光電光度計。photoelectric colorimeter

**こうてん-めん【公転面】** 天体の公転軌道をふくむ平面。revolutional plane

**こう-と【後図】** 将来の計画。future plan [用例]―をはかる。

**こう-と【▼狡▼兎】** すばしこいウサギ。

**狡兎死して走狗煮らる**(こうとししてそうくにらる)《獲物のウサギが捕らえられたあとでは、猟犬は不用となり、煮て食べられてしまう、の意から》敵が滅びてしまうと、それに功績のあった有能な家臣はかえって邪魔者に思われ、殺されてしまう。

**こう-ど【光度】** 光源の光の強さを表す量。単位はカンデラ。luminosity [比較]燭光。

**こう-ど【▼吼怒】** 怒ってほえたてること。

**こう-ど【荒土】** 荒れはてた土地。不毛の土地。wasteland

**こう-ど【耕土】** 耕作する土地の上層。作土。

**こう-ど【高度】** ㊀(名) ①平均海面などの基準面を0として測定した地表面の高さ。altitude [参照]標高・海抜。②天体が地平線となす角度。地平線より上なら正、下なら負とする。㊁(形動) 物事の程度が高いさま。その度合い。high degree

**こう-ど【黄土】** ①↓おうど(黄土)。②死後の地。黄泉。よみじ。

**こう-ど【硬度】** ①鉱物の硬さの程度を表す語。鉱物相互の平滑な面を、その角で傷つけ合って決めた相対的な硬さ。ビッカース硬度・モース硬度など。hardness ②水の硬度。水中のカルシウムイオンとマグネシウムイオンの含量で表す。hardness ③X線の種類による物体透過の度合い。

**こう-ど【紅土】** ↓ラテライト

**ごうど【▽神戸】**〈町〉 岐阜県、大垣市北隣の町。繊維やコンクリート製品などの工場が進出。人口二万八九九(一九八八)。

**こう-とう【口答】** 口で答えること。oral answer [対義]筆答。

**こう-とう【口頭】** 口で述べること。oral [用例]―で申し出る。

**こう-とう【公党】** ①おおやけに政党として認められたもの。political party ②公然と主義・方針を発表する党派。political party [対義]私党。

**こう-とう【▼勾当】**《もっぱらそのことに当たる、の意》①「勾当内侍」の略。②摂関家・大寺院で、事務に当たった人。③盲人の官名。座頭の上、検校の下。

**こう-とう【▼叩頭】**(名・サ変自) 頭を地につけておじぎをすること。叩首。kowtow; bow

**こう-とう【光頭】** はげあたま。

**こう-とう【好投】**(名・サ変自) 野球で、投手がすばらしい投球をすること。nice pitching

**こう-とう【荒唐】**(名・形動) 言うことにとりとめがないこと・さま。大げさででたらめなこと・さま。荒誕。

**こう-とう【皇統】** 天皇の血筋。

**こう-とう【紅灯】** 赤い、はなやかな明かり。red lantern; red light

**紅灯の巷**(こうとうのちまた) 花柳界。色町。gay quarters

**こう-とう【高等】**(名・形動) 程度・地位の高いこと・さま。high-class [対義]中等・初等。

**こう-とう【高踏】** ↓こうとうてき(高踏的)①

**こう-とう【高騰・▼昂騰】**(名・サ変自) 値段が上がること。騰貴。rise in price [比較]急騰。[対義]低落。

**こう-とう【▼喉頭】** 気道の一部で、頸の中央、第四と第六頸椎のあいだにある器官。内部に声帯がある。larynx →呼吸器系図

**こうとう【江東】** ①東京都隅田川東部の地。また、東京都江東区。②中国で、長江下流一帯の地。

**こう-とう【後唐】** 中国、五代の一国。黄巣の乱に功をたてた突厥出身の李克用が晋王に封じられ、その子存勗が九二三年後梁に代わって建国。都は洛陽。九三六年四代にして石敬瑭(後晋の高祖)に滅ぼされた。

**こう-どう【公道】** ①世間一般に通ずる正しい道理。公正な道。right path ②公共の道路。国や地方公共団体が、一般交通の用に供するためにつくり、認定した道路。国道・都道府県道・市町村道など。thoroughfare 対義 私道。

**こう-どう【▼弘道】** 道徳を広めること。

**こう-どう【行動】**(名・サ変自) ①からだを動かし、なにかをすること。ふるまい。行為。action; behavior 用例 考えを―に移す。②心理学で、刺激に対して観察できる生体の反応。behavior

**こう-どう【坑道】** ①地下道。underpass米; underground passage英 ②鉱山や炭鉱で地下に掘った通路。探鉱・採掘・通気・鉱石搬出などの機能をもつ。方向により水平坑道・斜坑・立て坑がある。水平坑道のうち坑口から掘進したものを通洞といい、鉱脈に直角に入るものを立入り坑道、平行なものを鎚押坑道という。gallery

**こう-どう【香道】** 伽羅・香木を一定の方式にしたがって、薫いて楽しむ芸道。室町末期に創始された。古派に志野流・御家流。薫き物を併用する現代の流派に直心流がある。

**こう-どう【高堂】** 相手の家・人をいう敬語。

**こう-どう【黄道】** 太陽が天球上を西から東に向かって、一年かけて一周する道すじ。地球の公転軌道面を天球上に投影したもの。ecliptic →赤道座標図

**こう-どう【黄銅】** →おうどう(黄銅)

**こう-どう【講堂】** ①寺院建築で、経典の講義・説法などを行う仏堂。七堂伽藍の一つ。②学校や官庁などで、式典や講演などを行う建物。auditorium

**ごう-とう【強盗】** 脅したり、乱暴したりして、金や物品を奪う賊。おしこみ。がんどう。robber 比較 窃盗。

**ごう-とう【豪▼宕】**(名・形動) 心が大きく、小事にこだわらないこと・さま。

**ごう-とう【▼鼇頭】** 書物の本文の上欄。また、そこの頭注・小見出し。

**ごう-どう【合同】** ㊀(名・サ変自他) 二つ以上のものが一つになること。また、一つにすること。combination; union 用例 企業―。㊁(名) ①幾何学で、二つの図形が移動によって、ぴったり重ね合わせられるとき、二つの図形は合同であるという。congruence ②整数論で、二つの整数 $a$ と $b$ の差が整数 $m$ で割り切れるとき、$a$ と $b$ は $m$ を法として合同であるという。congruence

**こうとう-えん【▼喉頭炎】** 喉頭の炎症。通常のかぜ症状に加えて声がかれる。急性・慢性・特殊性(結核性など)に分けられるが、とくに幼児の急性のものは呼吸困難をはじめ症状が激しい。laryngitis

**こうとう-おん【▼喉頭音】** 声門音の別称。

**こうとう-がっこう【高等学校】** ①中学校の卒業生に高等普通教育および専門教育を行う学校。昭和二三年(一九四八)総合制・男女共学制・小学区制を原則として発足。高校。upper secondary school ②旧制高校の正称。high school

**こうとう-かん【高等官】** 旧憲法での官吏等級の一つ。任免に天皇の裁可を必要とした。親任官・勅任官・奏任官の三種類。判任官の上位。比較 判任官。

**こうとう-がん【▼喉頭▼癌】** 喉頭をおおう粘膜に発生する癌。男性に多く、主症状は声がかれること。laryngeal cancer

**こうどう-かん【▼弘道館】** 水戸藩の藩校。天保一二年(一八四一)藩主の徳川斉昭が創設。会沢正志斎・藤田東湖らが水戸学を講じ、尊王攘夷を鼓吹した。

**こうどう-かん【講道館】** 東京の文京区春日にある柔道の道場。財団法人。明治一五年(一八八二)嘉納治五郎が創設。日本の代表的な道場として、世界的に知られている。

**こうどう-きちにち【黄道吉日】** 陰陽道で、何事にもよい日。用例 ―に結婚式をあげる。

**こうとう-きょう【▼喉頭鏡】** 喉頭を検査するための医療用診断器具。laryngoscope

**こうとう-きょういく【高等教育】** 中等教育の基礎の上に行われる専門教育および一般教養教育。higher education

**こうどう-けいかく【黄道傾角】** 黄道面と地球の赤道面とのなす角。地球上での季節変化の原因となる。約二三・四度。obliquity of ecliptic

**こうとう-けいさつ【高等警察】** 一般に、秘密結社・政治集会の取り締まりや思想犯・政治犯を監視する警察。日本では内務省におかれていた。比較 特別高等警察。

**こうとう-けんさつちょう【高等検察庁】** 高等裁判所に対応しておかれている検察庁。全国に八か所。高検。

**こうどう-こう【黄道光】** 秋の明け方の東天や、春の夕方の西天に、黄道に沿って地平線から延びて見える舌状の淡い光。zodiacal light

**ごうどう-こうい【合同行為】** 法人設立など、同一目的をもつ複数の者の意思表示が一致することによって成立する法律行為。相対する意思表示から成立する契約と対比される。協定行為。agreement

**こうとう-こうぎょうがっこう【高等工業学校】** 工業に関する専門教育を行った旧制の実業専門学校。高工。

**ごうとう-ざい【強盗罪】** 暴行・脅迫によって他人の財産を奪ったり、同じ手段で自分または他人に不法な財産上の利益を得させる罪。

**こうとう-さいばんしょ【高等裁判所】** 下級裁判所のうち、最上級に位する裁判所。東京・大阪・名古屋・札幌・仙台・広島・高松・福岡の全国八か所に設置。もと、控訴院。

**こうどう-ざひょう【黄道座標】** 天球座標の一つ。おもに黄道付近を運行する太陽系天体に対して使用する。ecliptic coordinates

**こうとう-しき【恒等式】** 文字を含む等式で、その中の文字にどのような値を代入しても常に成り立つもの。identity

**こうとう-しけん【高等試験】** 高等文官試験の改称。大正七年(一九一八)に始まり、昭和二三年(一九四八)廃止。高文。

**こうとう-しはんがっこう【高等師範学校】** 中学校・高等女学校・師範学校の男子教員を養成した旧制の官立の学校。中学校の上に続く学校。修業年限四年。高師。

**こうとう-しもん【口頭試問】** 試験法の一つ。口で質問し、口で答えさせるもの。口述試験。oral examination

**こうどう-じゅうにきゅう【黄道十二宮】** ギリシア時代、太陽系天体の位置を表すのに用いた天球上の区分。春分点から黄道に沿って三〇度ずつ一二等分した十二宮に、それぞれ付近の星座の名をあてはめた。現在は歳差により、一宮ずつ星座名とずれている。西洋の占星術に用いられた。十二宮。獣帯。zodiac →図

●黄道十二宮

| 順番 | 名称 | 星座名 | 記号 |
|---|---|---|---|
| 1 | 白羊宮 | おひつじ座 | ♈ |
| 2 | 金牛宮 | おうし座 | ♉ |
| 3 | 双子宮 | ふたご座 | ♊ |
| 4 | 巨蟹宮 | かに座 | ♋ |
| 5 | 獅子宮 | しし座 | ♌ |
| 6 | 処女宮 | おとめ座 | ♍ |
| 7 | 天秤宮 | てんびん座 | ♎ |
| 8 | 天蝎宮 | さそり座 | ♏ |
| 9 | 人馬宮 | いて座 | ♐ |
| 10 | 磨羯宮 | やぎ座 | ♑ |
| 11 | 宝瓶宮 | みずがめ座 | ♒ |
| 12 | 双魚宮 | うお座 | ♓ |

**こうどう-しゅぎ【行動主義】** 心理学の対象を意識や精神構造だけでなく、客観的観察や数量的計測の可能な行動と関係づけて研究する立場。アメリカのワトソンが唱えたもの。behaviorism

**こうとう-しょうがっこう【高等小学校】** 旧制で尋常小学校の上に続く初等教育機関。明治一九年(一八八六)設置。当初四年制だったが、同四〇年(一九〇七)から二年制となり、昭和一六年(一九四一)国民学校高等科となった。高小。

**こうとう-じょがっこう【高等女学校】** 旧制の女子中等教育機関。入学資格は高等小学校二年修了者(一二歳)で、修業年限は四年を基本とした。高女。

**こうどう-しょかん【公同書簡】** 新約聖書中、パウロの手紙を除く七つの手紙の総称。ヤコブの手紙、ペテロ第一・第二の手紙、ヨハネ第一・第二・第三の手紙およびユダの手紙。ヘブル人の手紙を含む場合もあるがふつうは除外。「公同」とは「普遍的」「一般的」の意。General Letters

**こうとう-しょくぶつ【高等植物】** 組織や器官の発達した植物の総称。種子植物やシダ植物など。higher plants 対義 下等植物。

**こうとう-しんり【口頭審理】** 訴訟で、当事者と裁判所の弁論・証拠調べを原則的に口頭で行う審理方式。principle of oral examination 比較 書面審理。

**こうどう-せい【行動性】** 行動を重んずる性質・傾向。activity

**こうとう-せんもんがっこう【高等専門学校】** 中学卒業後、工業または商船に関する五年間の専門職業教育を行う学校。昭和三六年(一九六一)発足。高専。

**こうとう-ちゅう【▼鉤頭虫】** 鉤頭虫綱に属する袋形動物の総称。扁平で細長く、魚類・鳥類などの腸管内に寄生する虫。体の前端は鉤の多数生えた吻となる。消化器官や呼吸器官はなく、体内は生殖器官で満たされる。spiny-headed worm

**こうとう-てき【高踏的】**(形動) ①地位・名誉などにこだわらず、清く身を処するさま。高踏。upright 対義 大衆的。②つんとしたさま。独善的。

**こうどう-てき【行動的】**(形動) ①行動に関するさま。active ②ただちに実行に移すさま。active

**こうとう-デルタちたい【江東デルタ地帯】** 東京都江東区、隅田川と荒川に囲まれる三角州地帯。工場地帯で、工業用の地下水くみ上げで地盤沈下、海抜0m以下となった。

**こうどうでん-こうか【光導電効果】** →こうでんどう(光伝導)

**こうどうでん-セル【光導電セル】** 半導体の光伝導を利用して、光の強弱を電流の変化に変換する素子。街灯の自動点滅、カメラの自動絞りなどに利用。photoconductive cell

**こうとう-どうぶつ【高等動物】** 一般に知能が高く、複雑な体制をもった動物の総称。higher animal

**こうとう-のうりんがっこう【高等農林学校】** 農業・林業に関する専門教育を行った旧制の実業専門学校。

**こうとう-の-ないし【▼勾当内▽侍】** 宮中女官の一つ。奏請・伝奏をつかさどる役。

**こうとう-は【高踏派】**《Parnassiens フランス の訳》 一八六〇年代フランスの一群の詩人たち。ロマン派に反対し、無感動・没個性を主張、冷厳な美の造型をめざした。ゴーティエが先駆で、ルコント=ド=リールが中心。パルナシアン。Parnassian

**こうどう-は【皇道派】** 昭和初期の陸軍内の派閥の一つ。荒木貞夫や真崎甚三郎を中心に、皇道中心の精神主義によるファッショ的政治変革をめざし、統制派と対立。相沢事件、二・二六事件をひきおこして勢力失墜。

**こうとうぶんかん-しけん【高等文官試験】** 旧制高等官の文官になるための資格試験。明治二〇年(一八八七)に始まり、大正七年(一九一八)高等試験と改称。高文。

**こうとう-べんむかん【高等弁務官】** ①内政上特殊な地域を治める最高責任者。high commissioner ②特別の協力関係にある国との間で交換される外交使節。high commissioner

**こうとう-べんろん【口頭弁論】** 訴訟当事者が、法廷で直接口頭で行う弁論。oral proceedings

**こうとう-ほういん【高等法院】** 一四世紀以降大革命までのフランスの最高司法機関。勅令に抗しこれを無効とする権力をもち、絶対王政期にはしばしば王権に反抗、大革命への契機ともなった。

**こうとう-まひ【▼喉頭麻▼痺】** 発声障害や呼吸障害をともなう喉頭の麻痺。筋炎・筋腫などによる筋性麻痺と、多発性硬化症・食道癌・リューマチなどによる神経性麻痺がある。laryngeal paralysis

**こうとう-むけい【荒唐無▼稽】**(名・形動) とりとめがなく、言うことに根拠がないこと・さま。でたらめ。absurdity

**ごうどう-ろうそ【合同労組】** 中小企業の従業員または小規模な企業別組合が連合してつくる労働組合。産業別に組織されることが多い。joint labor union

**こう-とく【公徳】** 社会生活をよくするために公衆の守るべき道徳。public morality

**こう-とく【高徳】** すぐれて高い人徳。eminent virtue

**こう-とく【溝▼瀆】**《「瀆」も「みぞ」の意》みぞ。どぶ。

**溝瀆に縊る**（こうとくにくびる） つまらない死に方をする。

**こう-どく【鉱毒】** 鉱山や精錬所から排出される水やガスに含まれる有毒物質。また、それらが人や物におよぼす害。mine pollution

**こう-どく【講読】**（名・サ変他） 書物を読んで、その意味を明らかにすること。reading

**こう-どく【購読】**（名・サ変他） 新聞・図書を買って読むこと。subscription 用例 —会。

**こうとく-いん【高徳院】** 鎌倉市長谷にある浄土宗の寺。露座の阿弥陀如来像は建長四年(一二五二)の鋳造で国宝。鎌倉の大仏の名で親しまれている。

**こうとく-しゅうすい【幸徳秋水】**(一八七一～一九一一) 明治時代の社会主義者・無政府主義者。本名は伝次郎。高知県生まれ。『万朝報』記者をへて、平民社をおこし『平民新聞』を創刊。大逆事件の首謀者として処刑された。著書『廿世紀之怪物帝国主義』『社会主義神髄』。↓写

●幸徳秋水 右は管野スガ。

**こうとく-しん【公徳心】** 公徳を重んずる心がけ。public spirit

**こう-どくそ【抗毒素】** 体内に侵入した毒素と特異的に反応して、その毒性を中和することのできる抗体。antitoxin

**こうとく-てんのう【孝徳天皇】**(五九七～六五四) 第三六代天皇(在位六四五～六五四)。皇極天皇の弟。大化の改新にさいし中大兄皇子らに推されて即位。軽皇子。

**こうどく-ぶん【交読文】** キリスト教の礼拝式で、司会者と会衆とが主として聖書のことばを交代で唱和するための式文。versicle and response

**こうど-けい【光度計】** 光の強さを測定する器具。測定の対象となっている光の強さを、標準電球の光の強さと比較して光度を求める。photometer

**こうど-けい【高度計】** 飛行中の航空機が自機の高さを測定する計器。気圧を利用する気圧高度計、地面で反射してもどってくる電波を利用する電波高度計など。altimeter

**こうど-けいざいせいちょう【高度経済成長】** 経済成長率の伸びが、世界各国にくらべて極めて高い状態。とくに、昭和三〇～四八年(一九五五～七三)の時期における日本経済の急激な成長をいう。high economic growth

**こうど-こうげん【黄土高原】** 中国北部にある高原。五〇～八〇mの厚さで黄土が堆積。標高一〇〇〇m。河川の浸食がさかん。しかし水土保持策で畑作地化が進行中。ホワントゥー高原。

**こうどじょうほう-つうしんシステム【高度情報通信システム】** NTT(日本電信電話)の通信ネットワークに関する総合計画。現在のアナログ電話回線をデジタル化し、電話・電報・電信・データ通信・ファクシミリを一本の通信回線に統合するもの。略称のINSはNTTの造語で、国際的にはISDN(integrated service digital network デジタルネットワーク総合サービス)という。Information Network System

**こうど-とうきゅう【光度等級】** 星の明るさを示す尺度。地球上で観測した明るさを表す見かけの等級(＝実視等級)や、一〇パーセク(三二・六二光年)の距離にあると仮定したときの星の明るさを示す絶対等級など。

**こうとり-い【公取委】** 公正取引委員会の通称。

**こう-ない【口内】** 口の中。口の内部。口中。inside one's mouth

**こう-ない【坑内】** 炭坑などの内部。pit

**こう-ない【校内】** 学校の中。学校の構内。in the school; on the campus 対義 校外。用例 —放送。

**こう-ない【港内】** みなとの中。in the harbor

**こう-ない【構内】** 施設などの、囲いの中。premises 対義 構外。

**こうない-えん【口内炎】** 口腔粘膜の炎症の総称。口腔内の不潔・アレルギー・細菌感染・全身衰弱などから起こる。stomatitis

**こうない-おん【▼喉内音】** 悉曇学また漢字音の研究で、発音される位置を三つに分類したもの(三内音)のうち、喉に生じる音。guttural

**こうない-タクシー【構内タクシー】** 駅に降りた客と、駅まで行く客を乗せることを条件に許可されたタクシー。

**こうない-ぼり【坑内掘り】** 坑道をつくって鉱物を掘りとること。pit mining 対義 露天掘り。

**こうな-ご【▽小▽女子】** 海水魚イカナゴの異名。sand lance

**こう-なん【江南】** 中国、揚子江下流部南岸一帯の地域。同国最大の穀倉地域。後漢のころ開発が進み、魏晋南北朝時代に著しく発展。チアンナン。

**こう-なん【後難】** のちの災難。仕返し。future trouble

**こう-なん【硬軟】** かたいことと、やわらかいこと。強硬と軟弱。hard and soft

**こうなん【甲南】**〈町〉 滋賀県南部、杣川流域の町。稲作のほか、県下有数の酪農地。工業化も目立つ。人口一万五一九四(一九八八)。

**こうなん【江南】**〈市〉 愛知県北部、木曽川に沿う市。産業は農業から工業に移り、室内装飾用の織物などの生産がさかん。人口九万二二八九(一九八八)。

**こうなん【江南】**〈町〉 埼玉県北部、熊谷市南西隣の町。農業のほか、薬品・自動車部品の工場がある。人口一万八一五(一九八八)。

**こうなん【香南】**〈町〉 香川県中部、高松市南西隣の町。稲作と、柿などの果樹栽培がさかん。人口七〇六六(一九八八)。

**こう-にち【抗日】** 日本帝国主義の侵略行為に対して示された、アジア諸国の人々の抵抗。anti-Japanese

**こうにち-うんどう【抗日運動】** 日本の侵略に対する抵抗運動。一九一九年の朝鮮の三・一独立運動、中国の五・四運動などをへて、満州事変後に激化し、中国では三四年に抗日統一戦線が結成されるなど武力闘争へと発展。

**こう-にゅう【購入】**(名・サ変他) 品物などを買い入れること。purchase 対義 販売。用例 資材—。

**こう-にん【公認】**(名・サ変他) 政府・社会・政党・団体などが、公式に認めること。また、認めたもの・こと・人。official recognition

**こうにん【▼弘▽仁】** 平安初期の年号。大同から改元。元年(八一〇)九月一九日～一五年(八二四)一月五日。次に、天長に改元。

**こう-にん【後任】** 前任者に代わって任務につくこと・人。successor 対義 先任・前任・現任。

**こう-にん【降任】**(名・サ変自他) 官位・階級などを下げること。降格。demotion 対義 昇任。

**こうにん-かいけいし【公認会計士】** 公認会計士法に基づく会計の職業的専門家。財務書類を監査・証明することを主要な業務とする。会計士。もと、計理士。certified public accountant米; chartered accountant英

**こうにん-きゃくしき【▼弘▽仁格式】** 日本古代の法典。格一〇巻、式四〇巻。弘仁一一年(八二〇)成立。平城天皇の勅により始まり、嵯峨天皇の時代に藤原冬嗣らが編纂。大宝元年～弘仁一〇年(七〇一～八一九)の格・式を集めたもので、三大格式の一つ。

**こうにん-きろく【公認記録】** 陸上競技や水泳などで、国際競技連盟や国内の競技連盟が正式に認めた記録。世界記録・日本記録など。official record

**こうにんじょうがん-ぶんか【▼弘▽仁▽貞観文化】** 嵯峨天皇治世の弘仁年間から清和天皇治世の貞観年間(八一〇～八七七)までを中心とした、平安初期約一世紀の文化。漢詩文・密教美術などの唐風文化を中心に、美術史上に一時期を画した。

**こうにん-てんのう【光▽仁天皇】**(七〇九～七八一) 第四九代天皇(在位七七〇～七八一)。天智天皇の曾孫。道鏡を左遷し和気清麻呂を用いて朝政を改革。

**こうにん-りょう【公認料】** 選挙のときに党本部が公認候補者に渡す選挙資金。

**こうぬ【甲▽奴】**〈町〉 広島県北東部、吉備高原の町。農林業主体で、タバコ栽培・酪農がさかん。人口三八二五(一九八八)。

**こう-ねつ【高熱】** ①高い温度。intense heat 用例 —を加える。②高い体温。high fever 用例 —を発してたおれる。

**こうねつ-ひ【光熱費】** 電気・ガス料金など、熱・照明にかかる費用。fuel and light expenses

**こうねつ【黄熱】** ↓おうねつ(黄熱)

**こう-ねん【光年】** 天体の距離を測る慣用単位。一光年は光が真空中で一年かかって到達する距離。約九兆四六〇〇億kmに相当する。light-year

**こう-ねん【行年】** 生きた年の数。享年。ぎょうねん。one's age at death

**こう-ねん【後年】** ①のちの時期・世。将来。future years ②老後。晩年。one's later years

**こう-ねん【荒年】** 農作物の不作の年。凶年。

**こう-ねん【高年】** 年齢の高いこと・人。高齢。advanced age

**こうねん-き【更年期】** 女性の成熟期から老年期への移行期。卵巣機能はしだいに衰退して閉経に向かうが、その年齢には個人差がある。多く更年期障害がみられる。climacteric

**こうねんき-うつびょう【更年期▼鬱病】** 更年期に発病するうつ病。うつ症状のほかに不安・焦燥・興奮が目立つ。menopausal depression

**こうねんき-しょうがい【更年期障害】** 更年期に現れる自律神経失調を主とする症候群。冷感・熱感・のぼせ・肩こり・めまい・不眠・頭痛・心悸亢進など多様で、いくつかの症状が重複する場合が多い。symptom of menopause

**こうねん-しょさんぷ【高年初産婦】** 世界保健機関の規約で、三五歳以上で初めてお産をする女性をいう。old primipara

**こうの【▽河野】**〈村〉 福井県中部、日本海に臨む町。ブリなどの漁業がさかん。越前海岸南部の景勝地。人口二六四九(一九八八)。

**こうのいけ-け【▼鴻池家】** 江戸時代の大坂の豪商。始祖の新六は摂津国鴻池村出身。清酒醸造を発明。海運・両替・大名貸しなどで発展。維新後は鴻池銀行(現三和銀行)を設立。

**こうの-いちろう【▽河野一郎】**(一八九八～一九六五) 政治家。神奈川県生まれ。早大卒。朝日新聞記者をへて代議士となり、第二次大戦後自由党創立に参加して幹事長。農相・建設相などを歴任し、日ソ国交回復にも貢献。

**こう-のう【行▼嚢】** 郵袋の旧称。

**こう-のう【効能・功能】** ききめ。しるし。efficacy

**こう-のう【後脳】** 脊椎動物の個体発生においてみられる三つの脳胞のうち最後部のもの。後脳はやがて前後に分かれ、前部は小脳と橋に、後部は延髄に分化。metencephalon

**ごう-のう【豪農】** 金持ちで、勢力のある農家。wealthy farmer 比較 富農。

**こうのう-がき【効能書(き)】** ①薬などの効能を書いた文章。能書き。directions ②その物事の値打ちを示すための文句。statement of virtues 用例 —を並べる。

**ごうのうら【郷ノ浦】**〈町〉 長崎県、壱岐島南西部の町。島の玄関口で中心地。人口一万四三四二(一九八八)。

**ごう-の-かわ【▽江の川】** 広島・島根両県を北流する川。長さ一九四km、中国地方一の大河。広島県東部に発し、三次盆地で支流を集め、江津市で日本海に注ぐ。

**こう-の-しま【神島】** 岡山県笠岡市の島。面積九・六$km^2$。干拓により本土と地つづきになった。化学肥料生産で知られる。

**こうのす【▼鴻巣】**〈市〉 埼玉県中部、荒川東岸の市。旧宿場町。伝統産業のひな人形で知られるが、工業化・宅地化が進んでいる。人口六万五七二〇(一九八八)。

**こうの-たえこ【▽河野多恵子】**(一九二六～) 小説家。大阪生まれ。大阪府女専卒。意識の世界を描く観念的な作風。作品『不意の声』『回転扉』など。

**こうの-たかし【▽河野▼鷹思】**(一九〇六～) グラフィックデザイナー。東京生まれ。江戸風の造形感覚を近代デザインに生かす。

**こう-の-とり【▼鸛】** 水辺にすむコウノトリ科の大形の鳥。翼長約六五cm。体色は純白、翼は黒、脚は赤い。マツなどの高い木の上に巣を作り、「松上の鶴」と誤称された。ユーラシアの温帯域に分布。日本へはときどき飛来する程度。コウヅル。white stork ↓写(次ページ)

↓行き先項目、図版・写真参照印。 JIS 日本工業規格情報交換用漢字符号コード(区点コード)。

●コウノトリ

**こうの-ばいれい【幸野▼楳▼嶺】**(一八四四〜九五) 日本画家。京都生まれ。明治の京都画壇の指導者。円山(まるやま)四条派。作品『帝釈(たいしゃく)試三獣図』など。

**こうの-ひろなか【▽河野広中】**(一八四九〜一九二三) 明治・大正期の政治家。三春(みはる)藩出身。自由民権運動家として活躍し福島事件で入獄。衆議院議員を長く務め、同議長・農商務相などを歴任。

**こう-の-もの【香の物】**《「香」はみそのこと》漬物の別称。昔は、みそ漬けに限ってよんだ。香々(こうこう)。つけもの。しんこ。

**ごう-の-もの【剛の者】**①心も力も強い人。brave person ②ある事にすぐれた人。master

**こう-の-もろなお【高▽師直】**(?〜一三五一) 南北朝時代の武将。足利尊氏(あしかがたかうじ)の執事。尊氏に従い南北朝の内乱で戦功。のちに足利直義(ただよし)と対立し観応(かんのう)の擾乱(じょうらん)を誘発、上杉能憲(うえすぎよしのり)に殺害された。

**こう-は【光波】** 波動としてみた光。light wave

**こう-は【硬派】** 対義軟派(なんぱ)。①強く自説を主張し、激しい行動をとろうとする党派。stalwart party ②女性との交遊を軟弱であるとする、ぶこつな若者のなかま。young roughs ③新聞・放送・出版などで、政治・経済や、学術的な、かたい方面を扱うこと。また、その記者。用例—の出版物。

**こう-ば【工場】** 一般に工場(こうじょう)の小規模なもの。factory 用例町—。

**こう-はい【交配】**(名・サ変他) 生物の雌雄(しゆう)をかけ合わせること。かけ合わせ。crossing 比較交雑。

**こう-はい【光背】** 仏像が背に負う光明を表す飾り。後光。

**こう-はい【向拝】** 神社や寺院の正面の、階段の上にひさしが出ている部分。礼拝する所。ごはい。↓寺院建築図 ↓神社建築図

**こう-はい【向背】** ①従うことと、そむくこと。賛成と反対。去就。submission or disobedience ②なりゆき。動静。state of things

**こう-はい【好配】** ①よいつれあい。good spouse ②よい配置。good arrangement ③株式などの、よい配当。good dividend

**こう-はい【後背】** うしろ。背後。back

**こう-はい【後輩】** 対義先輩。①年齢・学芸・地位などが下の人。younger men ②同じ学校・職場などに、あとから入った人。後進。one's juniors 用例大学の—。

**こう-はい【荒廃】**(名・サ変自) 荒れ、すたれること。devastation

**こう-はい【降灰】** ↓こうかい(降灰)

**こう-はい【高配】** 相手の配慮をいう敬語。用例ご—を謝す。

**こう-はい【興廃】** おこることと、すたれること。盛衰。rise and fall

**こう-ばい【公売】**(名・サ変他) 法律に基づいて、公的機関が強制的に物品を競売(けいばい)に付すこと。とくに民事上の強制執行や租税滞納処分によるものをいう。public auction

**こう-ばい【▼勾配】** ①水平面に対する傾き。傾斜(けいしゃ)の度合い。slope ②斜面。slope ③数学で、直線が$x$軸の正方向となす角の正接。傾き。gradient

**勾配が温い**(こうばいがぬるい) ①傾きが緩い。②判断や動作が鈍い。機転が利かない。

**勾配が早い**(こうばいがはやい) ①傾きが急である。②判断や動作がすばやい。機転が利く。

**こう-ばい【紅梅】** 赤い花の咲くウメ。

**こう-ばい【購買】**(名・サ変他) 品物などを買い入れること。購入。purchase

**こうばい-かい【購買会】** 会社や役所が、従業員や職員のために福利厚生の一環として日用品を売る販売所。

**こうはい-かぶ【後配株】** 利益配当や残余財産の分配について、普通株よりも条件が悪い株式。ごはいかぶ。deferred stock 対義優先株。

**こうばい-かんり【購買管理】** 企業などが資材を購入するさいの価格・品質・納期・発注先・購入量などを総合的に管理すること。purchasing management

**こうばい-くみあい【購買組合】** 協同組合の一つ。組合員が生産した物を販売・購入したり、組合員に生産に必要な財貨・サービスを供給する。cooperative

**こうはい-しっち【後背湿地】** 自然堤防の背後にある低湿地。洪水時にあふれた水が自然堤防にさえぎられて河道に戻らず湿地を形成したもの。back swamp

**こうはい-しゅ【交配種】** 二個体間での受粉または受精によって得られた種。crossbred

**こう-ばいすう【公倍数】** 二つ以上の整数または整式に共通な倍数。common multiple 比較公約数。用例最小—。

**こうはい-ち【後背地】** ↓ヒンターランド

**こうばい-ひょう【▼勾配標】** 鉄道線路の勾配を数字で示した標柱。勾配の変更点の線路の傍らに立てる。

**こうばい-りょく【購買力】** 貨幣が物を支配する力。一定量の貨幣で買うことのできる財・サービスの数量で表される。purchasing power

**こうばいりょく-へいかせつ【購買力平価説】** スウェーデンのカッセルが唱えた有力な為替理論。二国間の為替相場は、それぞれの通貨の対内購買力の比(=購買力平価)によって決まるとする学説。purchasing power parity theory

**こう-はく【工博】**「工学博士」の略。

**こう-はく【広博】**(名・形動) 教養・知識などの広いこと・さま。該博。

**こう-はく【紅白】** 赤と白。red and white 用例—リレー。

**こう-はく【厚薄】** 厚いことと、薄いこと。thickness

**こう-はく【黄白】** ①こがねと、しろがね。金と銀。gold and silver ②金銭。money

**こう-ばく【広漠・▼宏漠】**(形動トタル) はてしなく広いさま。vast 用例—たる大平原。

**こう-ばく【荒漠】**(形動トタル) 一面に荒れ果てたさま。desolate

**こうはく-うたがっせん【紅白歌合戦】** NHKが例年大晦日(おおみそか)の夜に放送する歌謡番組。紅組(あかぐみ)(女性)と白組(男性)が、交互に歌い競い合う。最初は昭和二六年(一九五一)一月三日のラジオ放送で、同二八年(一九五三)から年末となった。

**こうはく-じあい【紅白試合】** 運動などで、紅白の二組に分かれて行う試合。game between two groups

**こう-ばこ【香箱】** 香を入れる箱。

**こうば・し【香ばし】** 古語(形シク) ↓こうばしい

**こうばし・い【香ばしい・▽芳ばしい】**(形) こんがりと焼けているような、よいにおいがする。fragrant 用例—ほうじ茶。派生こうばしさ(名)

**こうは-そっきょぎ【光波測距儀】** 光が二点間を往復する所要時間を測定し、距離を求める装置。range finder

**こう-はつ【後発】** あとから出発すること。あとから始めること。start later 対義先発。

**こうはつ-はってんとじょうこく【後発発展途上国】** 一人あたりのGNPがとくに小さく、貿易収支の悪化による対外負債残高がとくに大きい国。石油などの有力資源をもたない発展途上国がこの分類に属する。LLDC。LDDC。least less-developed countries; least developed among developing countries 対義先発発展途上国。

**こう-ばな【香花】** 仏前に供える香と花。こうげ。

**ごう-はら【業腹】**(名・形動) ひどくしゃくにさわること・さま。いまいましくてたまらないこと・さま。業。resentment

**こう-ばり【▼勾張(り)・甲張(り)】** 家などが倒れないようにささえる木。つっかい棒。

**勾張り強くして家を倒す**(こうばりつよくしていえをたおす) 無理に支えようとしたことがかえって迷惑になったり、物事を駄目にしたりしてしまうたとえ。類似贔屓(ひいき)の引き倒し。

**ごう-ばり【強張り】** かたくなで、人の言うことを聞かないこと・人。

**こう-はん【公判】** 起訴された刑事事件に関する犯罪の有無について、裁判所が審理する手続き。trial

**こう-はん【孔版】** ↓とうしゃばん(謄写版)

**こう-はん【甲板】** かんぱん。deck 用例—員。

**こう-はん【江畔】** 大河のほとり。入り江のほとり。

**こう-はん【後半】** あとの半分。latter half 対義前半。

**こう-はん【鋼板】** 板状に圧延した鋼材。厚さ三mm以上を厚板、三mm未満を薄板という。steel sheet

**こう-はん【▼攪▼拌】**(名・サ変他) 《「かくはん」は慣用読み》かきまぜること。stir

**こう-はん【広範・広▼汎】**(形動) 範囲が広いさま。extensive 用例—な知識。

**こう-ばん【交番】** ①交替で番をすること。②《「交番所」の略》街の要所に設けられ、警官を配した第一線の警察組織。巡査派出所。駐在所。police box ③かわるがわる現れること。用例世代—。

**こう-ばん【香盤】** ①出演俳優の役割を場面ごとに書き出した表。②歌舞伎(かぶき)劇場の座席表。

**こう-ばん【降板】**(名・サ変自) 野球で、投手が交替してマウンドを下りること。leave the mound 対義登板。

**ごう-はん【合板】** 木材を薄くむいた単板を、繊維が直交するように交互に接着剤ではり合わせた板。ベニヤ板。plywood

**こう-はんい【広範囲】**(名・形動) 範囲が広いこと・さま。広い範囲。wide range

**こうはん-いんさつ【孔版印刷】** 原紙に文字や絵を描き、画線部にできた微細孔からインクを押し出して文字や絵を印刷する方式。謄写(とうしゃ)版が代表的。stencil printing

**こうはん-しつ【甲板室】** 船の甲板(かんぱん)上の船室。deckhouse

**こう-はんせい【後半生】** 人の一生のあとの半分。latter half of one's life 対義前半生。

**こうはんせい-ろうそう【紅▼斑性▼狼▼瘡】** ↓エリテマトーデス

**こうはん-せん【後半戦】** 戦闘や試合などのあとの半分。second half 対義前半戦。

**こうはん-とうそう【公判闘争】** 社会運動、労働運動などで、要求を通すため法廷で争うこと。法廷闘争。litigating struggle

**こう-ひ【口碑】**《口伝えで、碑のように長く保存されることから》文字によらず、口頭で伝えられる伝説・昔話・唱え言・民謡・諺(ことわざ)など。

**こう-ひ【工費】** 工事に使われる費用。construction cost

**こう-ひ【公比】** 等比数列で連続する二つの項の比。common ratio

**こう-ひ【公妃】**「公」の称号をもつ人の妻。noble's consort

**こう-ひ【公費】** 官庁・公共団体の費用。会社や組織の費用。public expense 対義私費。

**こう-ひ【后妃・皇妃】** 天子の妻。きさき。

**こう-ひ【皇▼妣】** 亡くなられた皇太后。

**こう-ひ【高▼庇】** 相手の厚意・援助をいう敬語。おかげ。お助け。

**こう-ひ【高批】** 相手の批評をいう敬語。ご批評。

**こう-び【交尾】**(名・サ変自) 獣(けもの)・鳥・昆虫などの雌雄が、生殖のために行う交接。つるむこと。つがうこと。copulation; mating

**こう-び【後尾】** 列・連なりのものの後ろのほう。rear 用例行列の—。列車の—。

**こう-び【後備】** ①戦闘部隊の後方の守りを固めること。また、その兵。あとぞなえ。後詰(ごづ)め。second reserve ②《「後備役(こうびえき)」の略》旧日本陸海軍で、予備役を終了した者、また、現役定限年齢に達した者に課した兵役。

**ごう-ひ【合否】** 合格と不合格。success or failure

**ごうひ【合肥】** 中国安徽(あんき)省の省都。省の行政・文化の中心。製鋼・機械・化学工業が発達。人口八五・三万(一九八四)。ホーフェイ。

**こうび-えんるい【広鼻猿類】** 南アメリカにすむサル類の総称。左右の鼻孔の間隔が広い。尻(しり)だこがなく、尾はものに巻きつく。キヌザル科とオマキザル科に大別。新世界ザル類。platyrrhine 比較狭鼻猿類。

**こうび-き【交尾期】** 体内受精を行う動物がさかんに交尾する時期。mating season

**こうび-き【交尾器】** 体内受精をする動物において、生殖口に発達している器官。精子を直接授受するのに適した形をしている。copulatory organ

**こうひ-しょう【紅皮症】** 全身の皮膚が赤くなり、角質片がはがれる皮膚病。全身に強いかゆみがある。剝脱性(はくだつせい)皮膚炎。erythroderma

**こうヒスタミン-ざい【抗ヒスタミン剤】** 体内に生じたヒスタミンの作用をおさえる薬物。じんましん・ぜんそくなどアレルギーの治

▼常用漢字表外。 ▽常用漢字表の音訓外。

療に使用。antihistaminics

**こう-ひつ【硬筆】** 鉛筆・ペンなどのような硬い材質を用いた筆記具の総称。対義毛筆。

**ごうひ-の-り【合比の理】** 比例式の定理の一つ。$a:b=c:d$ ならば $a+b:b=c+d:d$ がなりたつというもの。componendo 比較除比の理。

**こう-ひょう【公表】**（名・サ変他） 広く一般に知らせること。public announcement

**こう-ひょう【好評】** よい評判。用例 ―を博する。favorable comment 対義悪評・不評。

**こう-ひょう【高評】** ①評判の高いこと。high reputation ②相手の批評を言う敬語。ご批評。

**こう-ひょう【降▼雹】** ひょうが降ること。「hailstorm

**こう-ひょう【講評】**（名・サ変他） 理由を述べて批評すること。criticism

**ごう-びょう【業病】** 前世の悪事の報いによると考えられた、治りにくい病気。

**こう-ひょうき【後氷期】** 第四紀洪積世（更新世）の氷河時代以降、現代を含んで続く時代。始まりは地域によって異なるが、約一万年前以降の沖積世（完新世）と同じ時期をいう。寒冷から温暖へと気候が変わり、生物群は現在の様相となる。postglacial age

**こうびょう-りょく【抗病力】** 病気に耐える力。resisting power against disease

**こう-ひん【公賓】** 国が正式な客として迎える外国人。guest of the government 類似国賓。

**こう-びん【幸便・好便】** ①よいついで。よいたより。good opportunity 用例 ―に託する。②人に持たせてやる手紙に書く語。

**こう-びん【後便】** あとのたより。next letter 対義先便・前便。

**こうひんい-テレビ【高品位テレビ】** 横長の大型画面で、きめの細かい鮮明な画像のテレビ。走査線は一一二五本、画面の縦横比は三対五。衛星放送受信用。ハイビジョン。HDTV。high definition television 参照高画質化テレビ。

**こう-ふ【工夫】**《卑語》土木作業員の旧称。

**こう-ふ【公布】**（名・サ変他） ①ひろく知らせること。proclamation ②官報や公報を通じて新しい法律や条例などを公表し、国民に知らせること。announcement 比較公示・公告。

**こう-ふ【交付】**（名・サ変他） 物品・書類を下げ渡すこと。手渡すこと。delivery

**こう-ふ【坑夫】**《卑語》鉱山の坑内労働者、とくに、炭坑夫の旧称。

**こう-ふ【鉱夫】**《卑語》鉱山労働者の旧称。

**こうふ【甲府】**〈市〉 山梨県、甲府盆地中央にある市。県庁所在地。武田氏の城下町、甲州街道の宿場町として栄えた。繊維などの工業と商業がさかん。特産は水晶細工やぶどう酒。人口一九万九三〇二（一九九八）。

**こうふ【江府】**〈町〉 鳥取県西部、大山南西麓の町。農林業中心で、肉牛飼育に力を入れている。人口四七七二（一九九八）。

**こう-ぶ【公武】** ①公家と武家。②朝廷と幕府。用例 ―合体。

**こう-ぶ【後部】** 後ろの部分。後ろの方。rear 対義前部。用例 ―乗車口。

**こう-ふう【光風】** ①うららかな春の日に吹くさわやかな風。②雨あがりに木の葉や草葉を光らせながら吹く風。

**こう-ふう【校風】** 学校の伝統的な気風。スクールカラー。school tradition

**こう-ふう【高風】** ①すぐれた人柄・風格。lofty character ②人の風格をほめて言う語。

**ごう-ふう【業風】**《仏教語》地獄に吹く暴風。

**こうふう-せいげつ【光風▼霽月】**《「霽月」は、雨後の晴れた空の月、の意》わだかまりがなく、さわやかな心境のたとえ。

**こうぶがったい-ろん【公武合体論】** 幕末、朝廷の権威と結びつくことで幕藩体制の建て直しを図ろうとした考え方。孝明天皇の妹和宮の降嫁はその一策。

**こうふ-きん【交付金】** おもに国が地方公共団体などの財政を援助するために交付する資金。grant-in-aid

**こうふ-きんばん【甲府勤番】** 江戸幕府の職名の一つ。老中の支配下、甲府城警備に任ぜられた旗本・御家人。

**こう-ふく【口腹】** ①口と腹。②食欲。appetite 用例 ―を満たす。③言うことと思っていること。用例 ―が違う。

**こう-ふく【幸福】**（名・形動） 不安や心配などがなく、満ち足りた状態だと感じること・さま。さいわい。しあわせ。happiness 比較幸運。対義不幸。用例 ―な一生を送る。

**こう-ふく【降伏・降服】**（名・サ変自） 交戦中の一方が戦闘行為をやめ、相手の支配に服すること。surrender 用例無条件―。

**こう-ふく【校服】** 学校で学生や生徒に着用がさだめられた服装。制服。school uniform

**ごう-ふく【剛▼愎】**（名・形動） 気が強くて、いじっぱりなこと・さま。強情。obstinacy

**ごう-ふく【剛腹】**（名・形動） 大胆で寛容なこと・さま。ふとっぱら。broad-mindness

**ごう-ぶく【▽降伏】** 神仏に祈って悪魔・敵を鎮めること。

**こうふく-かい【光復会】** 中国、清末の革命的秘密結社。華興会・華中会と並ぶ浙江派の団体で、一九〇四年蔡元培を会長に結成。中国革命同盟会に参加。

**こうふく-じ【興福寺】** 奈良市登大路町にある法相宗の大本山。南都七大寺の一つ。山城国の山科に創建の山階寺を起源とし、飛鳥からさらに和銅三年（七一〇）藤原不比等が奈良に移して現称。藤原氏の氏寺、また法相宗・倶舎宗学の中心として栄えた。↓写

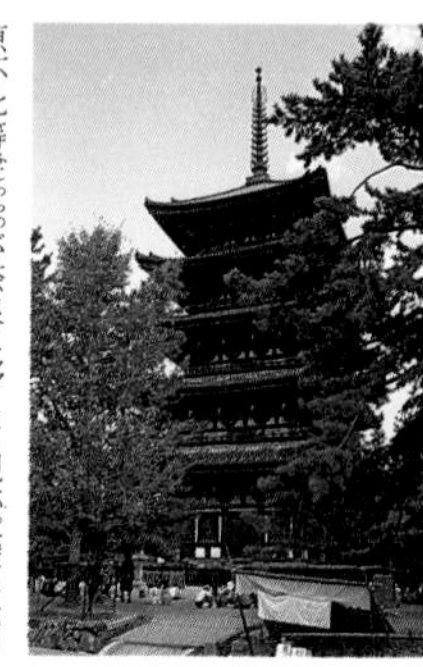
●興福寺 五重塔。

**こうふく-せつ【光復節】** 韓国の祝日。八月一五日。日本から主権を回復したことを祝う日。北朝鮮（朝鮮民主主義人民共和国）では同日を解放記念日とよぶ。

**こうふく-てん【降伏点】** 物体に力を加えた場合、応力とひずみの関係がやぶれてひずみだけが急激に増加するときの応力。これを超えると物体は永久変形を生じる。yield point

**こうふ-こうさい【交付公債】** 報酬や買い入れ代金、戦没者遺族への特別交付金などの支払いのため、金銭の代わりに発行される公債。間接的強制国債。government compensation bond

**こう-ぶし【香▼附子】** 生薬の一つ。カヤツリグサ科のハマスゲの乾燥根茎。通経・浄血・気鬱症・胃痛・腹痛などに有効。

**こうぶ-しょ【講武所】** 江戸末期、幕府の創設した武術講習所。安政元年（一八五四）老中阿部正弘が築地鉄砲洲に開設、のち神田小川町に移転。武術・洋式銃隊・砲術などを教練し、軍艦操練所を併設。慶応二年（一八六六）陸軍所に吸収。

**こうぶ-しょう【工部省】** 明治初期の政府機関。明治三年（一八七〇）創設。工業・土木・鉱山・製鉄・鉄道・灯台・電信・造船など殖産興業の事務を管轄し、その育成に大きな役割を果たした。官営事業の民間払い下げにより明治一八年（一八八五）廃止。

**こうふ-ぜい【交付税】**「地方交付税」の略。

**こうぶ-せん【洪武銭】** 中国、明の太祖洪武帝の時代に鋳造された銅銭。正しくは洪武通宝。室町時代に永楽銭とならんで輸入、使用された。江戸時代には幕府の寛永通宝とともに通用。

**こうぶ-だいがっこう【工部大学校】** 東大工学部の前身の一つ。明治一〇年（一八七七）工部省内の工学寮を改称して発足。

**こうぶ-ち【荒▼蕪地】** あれはてた土地。あれ地。wasteland

**こう-ぶつ【公物】** 国や地方公共団体などによって直接に公衆の用に供される財産。国・公立の施設や河川・道路など。public domain 対義私物。

**こう-ぶつ【好物】** ①すきな飲食物。favorite dish ②このみ。favorite

**こう-ぶつ【鉱物】** 地殻中に産する天然の無機物質で、一定の化学式で表すことのできるもの。数種類の鉱物の集合体が岩石。ほとんどが結晶質で、特定の結晶形を示す。現在、三八〇〇種類以上知られている。また、地殻の大部分は約三〇〇種類で構成されている。mineral

**こうぶつ-がく【鉱物学】** 鉱物のもつ物理的性質・化学的性質、成因・産出状態などを研究する学問分野。最近では、X線分析・熱分析・化学分析・電子線分析などを用いて急速に発展している。mineralogy

**こうぶつ-しげん【鉱物資源】** 地下資源のうち、人間生活に有用な鉱石・岩石・粘土などの総称。mineral resources

**こうぶつ-せんい【鉱物繊維】** 鉱物から得られる天然繊維の総称。不燃性で化学的耐久性が大きく利用度が高いが、粉塵が呼吸器障害を起こす。アスベスト（＝石綿）が代表的。mineral fiber

**こうぶ-てい【光武帝】**（BC五〜AD五七） 中国、後漢の初代皇帝（在位二五〜五七）。廟号は世祖。名は劉秀。漢室の出身。二二年王莽を討ち、二五年即位して漢室を復興。赤眉の乱を平定、三六年中国を統一。儒教を尊重、礼教主義による政治を行い、王室の基礎を確立。

**こうぶ-てい【洪武帝】**（一三二八〜一三九八） 中国、明朝初代皇帝（在位一三六八〜一三九八）。廟号は太祖。本名朱元璋。安徽省の貧農出身。紅巾の乱に従軍後、諸将を倒して一三六八年応天（南京）に都して建国。元号を洪武とし一世一元制を創始。七二年全土を統一。中華回復を目標に内政改革を行い、外征にも成功し、強力な独裁体制を確立。

**こうふでん【興夫伝】** 朝鮮、李朝の民話。唱劇（パンソリ）化され愛唱される。作者・年代不明。善弟の興夫（フンブ）と悪兄の遊夫（ノルブ）がツバメをめぐって織りなす話。

**こうふ-ぼんち【甲府盆地】** 山梨県中部にある盆地。フォッサマグナ上にある。釜無川・笛吹川などの諸河川が扇状地をつくり、ブドウ・桃などの果樹園が広がる。

**こうぶり【▽冠】**《「かがふり」の転》①かんむり。②官位の等級。③五位に叙せられること。叙爵。④元服すること。ういこうぶり。

**冠を掛く（こうぶりをかく）** 官を辞する。辞職する。挂冠する。冠を挂く。

**こう-ふん【口▼吻】** ①口先。lips ②口ぶり。話しぶり。manner of speaking

**口吻を漏らす（こうふんをもらす）** 口ぶりにそれとなく気持ちをにおわす。hint

**こう-ふん【公憤】** 私的な利害をこえて、公共・正義のためのいかり。義憤。righteous indignation 対義私憤。

**こう-ふん【興奮・▼昂奮・▼亢奮】**（名・サ変自） ①感情が高ぶること。excitement ②刺激によって誘発される個体または細胞の活動的反応。神経を刺激されると活動電流が生ずる。excitation ③心理学で、刺激を受けて心身が高ぶる状態。excitement

**こう-ぶん【行文】** 文章のつづりぐあい・書き方。style 用例 ―流麗。

**こう-ぶん【▼洽聞】** 何でもよく知っていること。

**こう-ぶん【高文】**「高等文官試験」の略。

**こう-ぶん【構文】** ことばの一つのまとまりとしての文。その内部構造。sentence structure

**こうぶん-いん【▼弘文院】** 平安時代、和気氏が一族の子弟のために創った大学。延暦年間（七八二〜八〇六）に和気清麻呂の長男広世が私宅に設立。和気氏が衰退して廃絶。

**こうぶん-かん【▼弘文館】** 林羅山が上野の忍ケ岡に開いた私塾。寛永七年（一六三〇）開設。はじめ幕府儒官林家の学問所であったが、のち弘文館と称し、さらに幕府の官学となる。昌平坂学問所の前身。

**こうぶんこ【広文庫】** 百科事典。二〇冊。物集高見編。大正五〜七年（一九一六〜一八）刊。和漢書や仏典から天文・地理・人物などに関する約五万項目を抽出し、五十音順に配列。

**こうふん-ざい【興奮剤】** 中枢神経系の活動をさかんにする薬物。カフェイン・カンフル・アポモルフィンなど。中枢興奮剤。excitant

**こう-ぶんし【高分子】**「高分子化合物」の略。

**こうぶんし-かがく【高分子化学】** 高分子化合物の生成・分解などの化学反応、および、その反応機構・構造・性質などを明らかにする化学の一分野。polymer chemistry

**こうぶんし-かごうぶつ【高分子化合物】** 分子量がほぼ一万以上の化合物。天然高分子と合成高分子、無機高分子と有機高分子に大別される。高分子。high molecular compound

**こうぶんし-きゅうしゅうたい【高分子吸収体】** アクリル酸重合体やポリビニルアルコールなどを原料とした、吸水性の高い樹脂。自らの体積の数百倍から一〇〇〇倍の水を吸収する。紙おむつ・生理用ナプキン・工業用製品など、用途が広い。water-absorbing resin

**こう-ぶんしょ【公文書】** ①公官庁または公務員が、その職務上作成した文書。official document 対義私文書。②正式の文書。official document

**こうぶんしょ-かん【公文書館】** 公文書を整理、保管し、公開を原則とする文化機関。文書館。

**こうぶん-てい【孝文帝】**(四六七〜四九九) 廟号は高祖。中国、北魏第六代皇帝(在位四七一〜四九九)。馮太后の執政下で三長制・均田制を施行。中国的国家建設を理想に、洛陽に遷都。胡服・胡語の使用を禁じ、漢風に改姓するなど、極端な漢への同化政策を推進。

**こうぶん-てんのう【▼弘文天皇】** 明治三年(一八七〇)に、大友皇子の天皇としての在位を認めておくられた諡号。

**こうぶん-ぼく【好文木】** ウメの異名。晋の武帝が学問に励んでいるときは、ウメの花が開いたという故事による。

**こうぶん-ろん【構文論】** 文法研究の一分野。文の本質、文の構造、文の分類などを考察する。文論。シンタックス。syntax

**こうべ【▽頭・▽首】** あたま。head 用例 —を垂れる。

**頭を回らす**(こうべをめぐらす) ①後ろを振り向く。turn around ②昔を振り返る。look back on

**こうべ【神▽戸】**〈市〉 兵庫県南東部、大阪湾に臨む市。県庁所在地。政令指定都市。奈良時代からの港町で、慶応三年(一八六七)の開港以来、国際港として発展、横浜港につぐ世界的貿易港となる。人口一四二万六八三八(一八八)。

**こう-へい【工兵】** 陸軍の兵種の一つ。道路や橋を造り、陣地を築き、爆破・測量・通信など技術的任務を遂行する。

**こう-へい【公平】**(名・形動) えこひいきのないこと・さま。全部のものを同じように平等に扱うこと・さま。impartiality 比較 公正。対義 不公平。用例 —な判定をくだす。—無私。

**こうへい【康平】** 平安中期の年号。天喜から改元。元年(一〇五八)八月二九日〜八年(一〇六五)八月二日。次に、治暦に改元。

**こう-へい【衡平】** つり合うこと。平衡。平均。balance

**こう-べい【▼粳米】** 生薬の一つ。うるち米(粳米)の玄米の古くなったもの。健胃・滋養・強壮剤とする。

**こうへい-いいんかい【公平委員会】** 公務員が不利益処分や懲戒処分などを受けたとき、それに対する不服申し立てや審査請求などを審理する機関。

**こうへい-ほう【衡平法】** 一四世紀から一八七五年までの間に、イギリスの大法官裁判所がコモンローを補充するため発展させた判例法体系。エクイティ。equity

**こう-べき【降▼冪】** 一つの文字に着目して整式の同類項をまとめ、次数の高い項から低い項へと順に並べた状態。descending order of power 対義 昇冪。

**こうへき-さいぼう【厚壁細胞】** ↓こうまくさいぼう(厚膜細胞)

**こうべ-こう【神▽戸港】** 大阪湾内、兵庫県神戸市に位置する国際貿易港。慶応三年(一八六七)開港。

**こうべ-せいこうしょ【(株)神▽戸製鋼所】** 大手鉄鋼会社の一つ。明治四四年(一九一一)設立。

**こう-べつ【皇別】** 氏族の分類の一つ。皇族から臣籍に下った家柄。源氏・平氏など。対義 神別・蕃別。

**こうペプシン-ざい【抗ペプシン剤】** 胃液中に多いたんぱく質分解酵素ペプシンの作用を抑制する薬剤。胃炎や胃潰瘍などの治療に用いる。

**こう-へん【口辺】** 口のまわり。口のあたり。around one's lips 用例 —に笑みを浮かべる。

**こう-へん【後編・後▼篇】** 二部または、それ以上から成る作品・著述の、あとの編。latter part 対義 前編。

**こう-べん【口弁・口▼辯】** ①口先のうまいこと。用例 —の徒。②おしゃべり。もの言い。

**こう-べん【抗弁・抗▼辯】**(名・サ変他) ①口答えすること。protest ②民事訴訟で、被告が相手の訴えを排斥するため、相手方の主張する事実と両立する別の事実を主張すること。

**ごう-べん【合弁・合▼辦】** 外国資本と国内資本が共同出資して企業を設立・経営すること。joint venture

**ごうべん-か【合弁花・合▼瓣花】** ツツジ・アサガオ・キキョウなどのように、すべての花弁が一つに癒合している花。gamopetalous flower 対義 離弁花。

**ごうべん-がいしゃ【合弁会社】** 外国資本と国内資本の共同出資、または複数の国の資本出資で設立された会社。合弁企業。joint concern

**ごうべんか-しょくぶつ【合弁花植物】** 花弁が互いに癒合し、合弁花冠をつくる植物の総称。後生花被類。gamopetalous plants 対義 離弁花植物。

**ごうべん-きぎょう【合弁企業】** ↓ごうべんがいしゃ(合弁会社)

**こうべん-けん【抗弁権】** 請求権をもつ者からの請求を、特定の条件がととのうまで一時的に拒絶できる権利。right of defence

**こうへん-さいぼう【孔辺細胞】** 植物の気孔や水孔を囲み、それらの開閉に関わる二つの細胞。表皮細胞が分化したもの。guard cell

**こう-ほ【候補】** ある地位・身分を得る資格があること・人。また、それを得ることを望む人。candidate

**こう-ぼ【公募】**(名・サ変他) ①ひろく一般から募集すること。invite public subscription ②証券市場で不特定多数の投資家に発行証券への応募を求めること。一般募集。直接募集。public offering 対義 私募。

**こう-ぼ【▼倣慕】** まねること。

**こう-ぼ【酵母】**「酵母菌」の略。

**こう-ほう【工法】** 加工・工事などの方法や技術。method of construction

**こう-ほう【公法】** 国家や地方公共団体にまつわる権力関係や公益に関する法律。憲法・行政法・刑法・訴訟法・国際法などをいうが、憲法と行政法だけをさすこともある。public law 対義 私法。

**こう-ほう【公報】** ①官公庁が国民一般に知らせるために出す告知。bulletin ②官公庁が関係者に出す公式の通知。bulletin 用例 戦死の—。③知事が官報に準じて出す文書。bulletin

**こう-ほう【広報・▼弘報】** 一般の人々にひろく知らせること。また、その知らせ。とくに、企業や官公庁などが、その業務内容・活動状況や施策などについて行うPR活動全般を言う。public relations

**こう-ほう【後方】** うしろのほう。後面。backward 対義 前方。

**こう-ほう【後報】** あとの知らせ。further information 用例 —を待て。

**こう-ほう【航法】** 船舶・航空機を目的地に導くため、位置を決定し、針路・航程などを求める技術。地文航法・天文航法・電波航法がある。sailing; navigation

**こう-ほう【高峰】** 高くそびえるみね。たかね。lofty peak

**こうほう【康▽保】** 平安中期の年号。応和から改元。元年(九六四)七月一〇日〜五年(九六八)八月一三日。次に、安和に改元。

**こう-ぼう【工房】** 美術家・工芸家の仕事部屋。アトリエ。studio

**こう-ぼう【広▼袤】** ひろがり。ひろさ。面積。

**こう-ぼう【▼弘法】** ①仏法を広めること。②「弘法大師」の略。

**弘法にも筆の誤り**(こうぼうにもふでのあやまり) どんなにその道にすぐれた人でも、まちがえることがあるたとえ。Even Homer sometimes nods. 類似 猿も木から落ちる。河童の川流れ。

**弘法、筆を択ばず**(こうぼう、ふでをえらばず) 「能書、筆を択ばず」と同意。

**こう-ぼう【光▼芒】** 光の筋。光のほさき。beam of light 用例 —を放つ。

**こう-ぼう【光房】** 写真の撮影場。写真店の屋号につける名称。

**こう-ぼう【好望】** 将来に見込みのあること。前途の頼もしいこと。有望。

**こう-ぼう【攻防】** 攻めることと、防ぐこと。攻守。offense and defense 用例 必死の—戦を繰り広げる。

**こう-ぼう【興亡】** おこることと、ほろびること。栄枯。盛衰。rise and fall

**興亡恒無し**(こうぼうつねなし) 国の興隆や民族の隆盛には、永続性がなく、その興亡・盛衰は、絶えず繰り返される。

**ごう-ほう【号俸】** 公務員などの賃金が等級に分かれている場合のランク。一般に職種ごとに設定され、勤続や査定によって上位に移行する。何級職何号と区分される。

**ごう-ほう【号砲】** 合図に撃つ大砲やピストル。signal gun 用例 —一発。

**ごう-ほう【合法】**(名・形動) ①法令の規定に合うこと・さま。適法。legality 対義 非合法。②客観的法則にかなっていること・さま。lawfulness 比較 合則。

**ごう-ほう【業報】**《仏教語》悪業によるむくい。

**ごう-ほう【豪放】**(名・形動) 気が大きく、小事にこだわらないこと・さま。broad-minded 用例 —磊落。

**こう-ほういき【侯方域】**(一六一八〜一六五四) 中国、清初の文人。字は朝宗。商丘の人。気勢あふれる古文を書き、魏禧・汪琬とともに清初の三大家に数えられる。詩文集『壮悔堂文集』など。

**ごうほう-か【合法化】**(名・サ変他) 法令に合うようにすること。legalization

**こう-ほうかん【高▼鳳▼翰】**(一六八三〜一七四八ごろ) 中国、清代の画家。山水・花鳥を得意とした。のち右ひじを病んで左手で制作、奔放な画風に変わった。

**こうぼう-しば【▼弘法芝】** カヤツリグサ科の多年草。茎は高さ約二〇cm。海岸の砂地にはえる。根茎は長くはい、節から根・地上茎を出す。葉は革質で細長い。五月に、穂状花序を出す。

**こうぼう-しみず【▼弘法清水】** 弘法大師が行脚の途中、水の不自由な村に立ち寄って杖を振ったり、地を突いて出したという清水。また、その説話。弘法水。

**こう-ほうじん【公法人】** 一定の公的な目的を遂行するために設立された法人。公共団体・公社・公庫・公団など。public corporation 対義 私法人。

**ごうほう-せい【合法性】** 行為などが現行の法律に違反していないこと。lawfulness

**ごうほうそく-せい【合法則性】** 行為や現象が法則にかなっていること。legitimacy

**こうぼう-だいし【▼弘法大師】** 空海の諡な(おくりな)。

**ごうほう-てき【合法的】**(形動) 法の規定にかなっているさま。lawful

**こうぼう-は【紅帽派】** チベット仏教の一派。新教である黄帽派以前の旧教派諸宗の総称。紅教。

**こうぼう-は【黄帽派】** チベット仏教の新教派であるゲールク派。始祖ツォンカパが堕落した旧教派に対抗して創唱、紅帽を裏返して黄帽にしてかぶったことによる。黄教。

**こうぼう-むぎ【▼弘法麦】** カヤツリグサ科の多年草。海浜に長く根茎をはる。全体に剛質で、葉は広線形で湾曲する。小穂が密生して長卵形の大きな花穂となる。雌雄異株。フデクサ。↓写

●コウボウムギ

**こう-ほうわ【光飽和】** 緑色植物の光合成のとき、ある一定の照度をこえると、さらに光が照射されても見かけ上の光合成量が増加しないこと。ひかり飽和。light saturation

**こうほうわ-てん【光飽和点】** 植物で、光飽和の限界点のこと。一般に、陰生植物では飽和点は低く、陽生植物では高いとされる。light saturation point

**こうぼ-きん【酵母菌】** 単細胞で無性的に出芽して増殖する菌類の総称。嫌気状態で炭水化物をアルコールと二酸化炭素に分解する。酵母。yeast

**こうほく【江北】**〈町〉 佐賀県中部にある町。鉄道・道路交通の要地。稲作などの農業がさかん。人口九七七五(一八九)。

**こう-ぼく【公僕】**《国民に奉仕する人、の意》公務員。public servant

**こう-ぼく【坑木】** 坑道の崩壊を防ぐ木材の支柱。mine-pillars

**こう-ぼく【厚朴】** 生薬の一つ。カラホオノキ(中国産)・ホオノキ(日本産)の樹皮を乾燥したもの。健胃・整腸・消化不良・咳止めなどに用いる。

**こう-ぼく【香木】** よい香りのする木。香や薫物に使用。外来のものが多く、沈香・白檀などの総称。香道で用いる上質の沈香は伽羅香木という。aromatic tree

**こう-ぼく【校僕】** ①学校の用務員の旧称。②学校の雑用をしながら勉強する生徒。

**こう-ぼく【高木】** 比較的背の高い木。樹高約二mを境として低木と区別され、二〜八mをとくに亜高木ということがある。モミ・ブナ・クスなど。喬木。tree 対義 低木。

**高木は風に折らる**(こうぼくはかぜにおらる) 高木は風当たりが強くて折れやすいように、評判がよく、人望のある人は他人からねたまれたりして、身を滅ぼしやすい。

**こうぼく-げんかい【高木限界】** 低温・強風・乾燥・過湿などの地域的な環境の悪化で、高木の生育が不可能になる限界線。森林限界と一致することが多い。樹木限界。tree limit

**こうほ-こう【黄浦江】** 中国、揚子江の支

流。江蘇省南東部から北東へ流れ、呉淞で揚子江に合流。長さ一六〇km。上海工業地帯の動脈。ホワンプーチアン。

**こうほ-じょうやく【黄▼埔条約】** 一八四四年、清・フランス間の修好通商条約。広州郊外黄埔で調印。清朝がイギリス・アメリカと結んだ南京条約、望厦条約にならった不平等条約。

**こう-ほね【▽河骨・▽川骨】** ①スイレン科の多年生水草。葉は長さ約三〇cm、サトイモに似てやじり形。夏に花茎が水面上に出て、先端に径四〜六cmの黄花をつける。根・茎は強壮・止血剤。カワホネ。②紋所の名。コウホネの花と葉をとりあわせ図案化したもの。↓写

●コウホネ①

**こう-ほひつ【皇▼甫▼謐】**(二一五〜二八二) 中国、西晋の学者。官途につかず、逸楽の生活を送る。主著に鍼灸の古典とされる『甲乙経』のほか『高士伝』など。

**こう-ほん【校本】** 写本や刊行本を比べて本文の異同を書き入れた本。variorum 比較 校合・校定・定本。

**こう-ほん【稿本】** 下書き。草稿。manuscript 比較 写本。対義 刊本。

**こ-うま【小馬】** 小さい馬。子どもの馬。経験の浅い馬。

**小馬の朝勇み**(こうまのあさいさみ) 初めに力を入れすぎて、最後まで続かないことのたとえ。

**こう-ま【黄麻】** ツナソの別名。

**ごう-ま【▽降魔】**《仏教語》悪魔を降参させること。悟りの妨げとなるものをはらい退けること。用例 —の利剣。

**こう-まい【貢米】** 年貢として納める米。年貢米。

**こう-まい【高▼邁】**(形動) 精神・人格などが、気高くひいでているさま。高遠。lofty

**こう-まく【硬膜】** 脳と脊髄を包む脳脊髄膜のうち外側の強い膜。それぞれを脳硬膜・脊髄硬膜という。硬膜と、外側の骨膜の間(硬膜上腔)には脂肪組織があり、内側のクモ膜の間(硬膜下腔)にはリンパ液を満たす。dura

**こうまくがい-しゅっけつ【硬膜外出血】** 外傷のため髄膜動脈が切れ、頭蓋骨と脳硬膜の間におこる出血。いったん意識が回復し、やがて再び混濁する場合におこりやすい。extradural bleeding

**こうまくか-しゅっけつ【硬膜下出血】** 硬膜とクモ膜との間におこる出血。外傷後すぐにおこる場合と、数か月後におこる場合とがある。subdural bleeding

**こうまく-さいぼう【厚膜細胞】** 細胞壁全体が厚くなるとともに木化し、原形質を失った細胞。厚壁細胞。sclerenchymatous cell

**こうまく-そしき【厚膜組織】** 厚膜細胞からなる組織。ナシの果肉中の石細胞や、シダや種子植物の維管束中に発達して植物体を支持。sclerenchyma

**こうま-ざ【小馬座】** 天の赤道よりやや北にある小星座。夏の天の川の中に位置する。一〇月五日ごろの午後八時前後に南中。面積七二平方度。Equuleus

**ごう-まつ【▼毫末】** ①毛筋の先。②ごくわずかなこと。

**ごうまつ-も【▼毫末も】**(副)《下に打ち消しをともなって》ほんの少しも。not in the least

**こう-まん【高慢】**(形動) 威張って人をばかにするさま。haughty

**ごう-まん【▼傲慢】**(形動) 自分を偉いものとして人をばかにするさま。無礼。高慢。arrogant 対義 謙虚・謙遜。

**こうまん-ちき【高慢ちき】**(名・形動) 生意気なこと・さま・人。haughty

**こうまんとへんけん【高慢と偏見】** ↓じふとへんけん(自負と偏見)

**こう-み【香味】** 食べ物のにおいと味わい。flavor

**こうみ【小海】**〈町〉長野県東部にある町。高原野菜の栽培、木材の集散などがさかん。松原湖がある。人口六八六三(一九八)。

**こう-みゃく【鉱脈・▼礦脈】** 岩石の割れめに存在する板状の鉱床。多くは有用鉱物成分を含む熱水溶液が浸入してできたもの。vein

**こうみ-やさい【香味野菜】** 香りがとくに高く、料理に香りや風味を添える効果のある野菜。香辛料と野菜の中間的存在。ネギ、シソ、ミツバなど。savory herbs

**こう-みょう【功名】** てがら。また、てがらをたて名をあげること。great exploit 用例 怪我の—。

**こう-みょう【巧妙】**(形動) すぐれて、たくみなさま。skillful 対義 拙悪。

**こう-みょう【光明】** ①《仏教語》仏・菩薩が心身から放つという光。智慧の象徴で、迷妄という闇を破る鮮やかな光の意。②希望。hope 用例 前途に—を見いだす。

**こう-みょう【高名】** ①名高いこと。有名。fame ②戦場でのてがら。武功。military merits ③↓こうめい(高名)①

**高名の中に不覚在り**(こうみょうのなかにふかくあり) 得意になっている時は、かえって失敗のもとを生じることがある。

**こうみょう-こうごう【光明皇后】**(七〇一〜七六〇) 聖武天皇の皇后。藤原不比等の娘。名は光明子。皇族以外の出身で初めての皇后。仏教信仰にあつく、東大寺建立などに寄与。悲田院や施薬院を設けて貧者の救済にも尽力した。

**こうみょう-しん【功名心】** 功名を欲しがる気持ち。ambition

**こうみょう-たん【光明丹】** ↓えんたん(鉛丹)

**こうみょう-てんのう【光明天皇】**(一三二一〜一三八〇) 北朝の第二代天皇(在位一三三六〜四八)。後伏見天皇の皇子。足利尊氏により擁立。

**こうみょう-へんじょう【光明遍照】**《仏教語》『観無量寿経』のことば。阿弥陀如来の智慧の光が十方世界を照らして念仏者を救い、見捨てることのないこと。

**こうみ-りょう【香味料】** 香味を賞するもの。香味を与えるために添えるもの。シソ・ネギ・ユズ・ミョウガ・フキノトウ・ゴマなど。spices

**こう-みん【公民】** ①国政や市町村などの自治体の政治に参与する権利(公民権)をもつ者。市民。citizen ②律令制において、戸を単位に登録された被支配者の総称。

**こうみん-か【皇民化】** 第二次大戦中、戦時体制強化のため、朝鮮を植民地化した日本の支配政策。同化政策の名のもとに朝鮮の人々の民族性を抹殺し、忠実な皇民にすることを企図。創氏改名、朝鮮教育令などがその一策として行われた。

**こうみん-かん【公民館】** 市町村が住民のために設置し、教育・文化などの各種事業を行う社会教育施設。昭和二四年(一九四九)社会教育法により制度化。public hall

**こうみん-きょういく【公民教育】** 市民としての権利義務を理解させ、社会のしくみに関する知識をあたえ、主権者としての国民を形成する教育。市民教育。civic education; citizenship education

**こうみん-けん【公民権】** 選挙権や被選挙権など、公民として政治に参与する資格・地位。citizenship

**こうみんけん-うんどう【公民権運動】** 白人と同等の権利の保障を要求するアメリカの黒人運動。一九五四年公立学校の人種分離教育に最高裁の違憲判決が下されたのを機に運動が白熱化し、六四〜六五年公民権諸法が制定された。civil rights movement

**こうみんけん-ほう【公民権法】** アメリカで、黒人に対する人種差別制度廃止とその地位向上を図るための連邦法。一九六四年に公共施設での差別禁止など、六六年には投票権登録差別廃止などが規定された。the Civil Rights Act

**こう-む【工務】** ①工事に関する事務。engineering ②土木・建築の仕事。engineering works 用例 —店。

**こう-む【公務】** 国家や公共団体の事務・職務。public service 用例 —を執行する。

**こう-む【校務】** 学校の事務。school duties 用例 —主任。

**こうむ-いん【公務員】** 国民全体に奉仕するため、国や地方公共団体の公務に従事する人。public servant

**こうむいん-しけん【公務員試験】** 公務員の採用・昇任のために行われる試験。civil service examination

**こうむいん-せいど【公務員制度】** 公務員の任用・給与・規律その他の勤務条件に関する人事行政の体系。

**こうむしっこう-ぼうがい【公務執行妨害】** 暴行・脅迫などによって、公務員の職務執行を妨害すること。

**こう-むしょ【公務所】** 官庁など、公務員が職務を行う場所。刑法上の概念。

**ごうむら-だんそう【郷村断層】** 昭和二年(一九二七)の北丹後地震で、京都府北西部の網野町にできた断層。天然記念物。

**こうむ・る【被る・▼蒙る】**(五他) ①かぶる。着る。put on ②受ける。負う。suffer 用例 損害を—。③「受ける」の謙譲語。用例 お叱りを—。

**御免被る**(ごめんこうむる) ↓ごめん(御免)

**こ-うめ【小梅】** ウメの栽培品種。葉は小形。花は白色単弁で径約二cm、果実は小球形。梅干しとする。

**こう-めい【公命】** おおやけの命令。official command 用例 —をおびる。

**こう-めい【公明】**(名・形動) 公正で、隠しだてのないこと・さま。fair

**こう-めい【高名】** ①有名。こうみょう。fame ②相手の名を言う敬語。お名前。

**こう-めい【高明】** ①高くて明らかなこと。②地位が高く、勢力があること。富貴なこと。

**高明の家、鬼、其の室を瞰う**(こうめいのいえ、き、そのしつをうかがう) 鬼神は、富貴な人を憎み、りっぱな門がまえの家に目をつけて、災いをおよぼす。

**こうめい【孔明】** ↓しょかつりょう(諸葛亮)

**ごう-めい【合名】** 力をあわせて責任を負うために、名を書き連ねること。unlimited partnership

**ごうめい-がいしゃ【合名会社】** 二人以上の無限責任社員で構成される会社。unlimited partnership 比較 合資会社。

**ごうめ-いし【合目石】** 山岳の登山道に置かれた、一合目・二合目などの合目を示す石。

**こうめい-せいだい【公明正大】**(名・形動) 心が公明で、少しも私心のないこと・さま。fairness

**こうめい-せんきょ【公明選挙】** 買収など選挙違反のない公正な選挙。clean election

**こうめい-てんのう【孝明天皇】**(一八三一〜一八六六) 第一二一代天皇(在位一八四六〜六六)。明治天皇の父。攘夷論者で条約の勅許を拒否する一方、公武合体を図り、妹の和宮を将軍徳川家茂に降嫁させた。

**こうめい-とう【公明党】** 宗教団体である創価学会を母体とする政党。憲法擁護、福祉社会の建設、自主外交の確立などを掲げ中道政治をめざしている。昭和三九年(一九六四)結成。

**ごう-も【▼毫も】**(副)《下に打ち消しをともなって》少しも。ちっとも。毛ほども。not at all 用例 —恥じるところはない。

**こう-もう【孔▼孟】** 孔子と孟子。Confucius, Mencius 用例 —の教え。

**こう-もう【紅毛】**《赤毛の人、の意》①江戸時代、オランダ人を呼んだ語。red hair 比較 南蛮。②《俗語》西洋人。European

**こう-もう【▼膏▼肓】**《「こうこう(膏肓)」の誤読が慣用化した語》↓こうこう(膏肓)

**こう-もう【▼鴻毛】**《鴻の羽毛》きわめて軽いもののたとえ。「(命)

**命は鴻毛よりも軽し**(いのちはこうもうよりもかるし) ↓いのち

**ごう-もう【剛毛】** 硬い毛。こわい毛。bristle

**こうもう-じん【紅毛人】** 江戸時代、来日したオランダ人の異称。スペイン人・ポルトガル人は南蛮人と称した。

**こう-もく【項目】** ①文章・文書の内容の小分け。item ②予算などで款の下の小分け。item ③箇条。clause 用例 —別に書き並べる。

**こう-もく【綱目】** 物事の大筋と細目。main point and details

**ごう-もくてき【合目的】** 目的にかなっていること。目的を果たすのに役立つこと。purposive

**ごうもくてき-せい【合目的性】** 目的実現に好都合な行動または構造であること。purposive 用例 実行手段の—を検討する。

**ごうもくてき-てき【合目的的】**(形動) 目的にかなっているさま。purposive 用例 生物は自己保存に—な形態を備えている。

**こうもく-てん【広目天】**《仏教語》四天王の一人。西方の守護神。甲冑を着る。↓四天王 写

**こう-もと【香元】** 香道の組み香の席で、作法にしたがい香をたく人。

**こう-もと【講元】** 講中の主催者。

**こう-もり【▼蝙▼蝠】** 一①自由に飛行できる哺乳類。前肢の骨が特殊な発達をし、その骨のあいだに飛膜を張って翼を形成する。昆虫などを主食とする小形コウモリ類と、果実を主食とするオオコウモリ類に大別される。世界に約八〇〇種、日本に約三〇種が生

息。翼手類。かわほり。てんそ。こうぼり。bat ②《けものとも鳥ともつかないことから》争っているものの双方に要領よく味方する者。どっちつかず。③「こうもり傘」の略。umbrella ㊂《原題Die Fledermaus ドイツ》ヨハン=シュトラウス(子)作曲のオペラ。三幕。台本ハフナーほか。一八七四年初演。上流社会のいざこざを描いた喜劇。序曲が有名。↓図

**蝙蝠も鳥の内**(こうもりもとりのうち) ①仲間としては異質な者でも、仲間は仲間である、ということのたとえ。②ふさわしくない者が賢者の中に交じっていることのたとえ。[類似]雑魚の魚交じり。

●コウモリ㊁①

**こうもり-が【▼蝙▼蝠▼蛾】** もっとも原始的なコウモリガ科のガの一群。開張九㎝内外。体がコウモリのように黒く、日没時に活動する種が多い。日本に数種がいる。

**こうもり-がさ【▼蝙▼蝠傘】**《黒い布を張り開いた形がコウモリに似ていることから》金属製の骨に防水した布やビニールシートを張った傘。洋傘。こうもり。umbrella

**こうもり-かずら【▼蝙▼蝠▼葛】** ツヅラフジ科の落葉つる植物。山地にはえる。葉は長柄、心臓状円形で浅裂。晩春、淡黄緑色の小花が葉のつけ根に咲く。葉の形からコウモリの翼を連想。

**こう-もん【孔門】** 孔子の門下。

**こう-もん【▽告文】** ①神に告げる文章。②天皇が臣下に告げさとした文章。

**こう-もん【▼肛門】** 動物の消化管の末端。哺乳類では、直腸の出口。大便を排出。肛門の内側にある不随意性の括約筋(平滑筋)と、随意性の括約筋(横紋筋)の働きで閉じている。尻の穴。anus

**こう-もん【後門】** うしろの門。back gate [対義]前門。

**後門の虎、前門の狼**(こうもんのとら、ぜんもんのおおかみ) 前後に難敵を受けて、どうにもならないたとえ。Between the devil and the deep sea.

**こう-もん【校門】** 学校の門。school gate

**こう-もん【黄門】** ①中納言の異称。中国の黄門省の次官黄門侍郎に職掌が似ていたため。②《中納言であったところから》徳川光圀の異称。

**こう-もん【▼閘門】** 水位差の大きい運河や河川で、船を航行させるために設ける、水位を調節する装置。行程をいくつかの室に仕切り、室内の水位を前後の扉で前あるいは後ろの室の水位に等しくし、船を進ませる。lock gate

**こう-もん【▼閽門】** 門戸を閉じること。

**ごう-もん【拷問】**(名・サ変他) 肉体的な苦痛を与えて自白・承認をしいること。日本国憲法は拷問による自白の証拠能力を否定している。torture [用例]――にかける。

**こうもん-うんが【▼閘門運河】** 閘門を備えて船などを通行させる運河。パナマ運河・セントローレンス水路など。水門式運河。lock canal

**こうもん-き【▼肛門期】**《フロイトの精神分析の用語》性欲の発展段階の一つで、口唇期につづく段階。排便や糞便玩弄などの行為に伴う快感追求が、もっとも強い時期。一歳から三、四歳まで。anal phase

**こうもんしゅうい-のうよう【▼肛門周囲▼膿▼瘍】** 肛門周囲の皮膚粘膜直下や骨盤の奥深い所などに化膿が起こる病気。敗血症・肝膿瘍発生の危険がある。periproctal abscess

**こうもん-せいかく【▼肛門性格】**《アドラーの精神分析の用語》肛門期に、大便の保持と排出による快感を得ることがうまくできなかったために、性的発達がこの時期で停滞している性格。几帳面、節約、頑固などの特徴をもつ。anal character

**こうもん-の-かい【▼鴻門の会】** 紀元前二〇六年、中国陝西省の鴻門で行われた劉邦と楚王項羽との会合。そこでの宴のさい、剣舞にことよせ、項羽の臣范増に刺殺されかけた劉邦は、部下の樊噲に助けられ危難を逃れた。

**こうもん-の-じってつ【孔門の十哲】** 孔子の高弟一〇人。徳行では顔回・閔子騫・冉伯牛・仲弓(冉雍)、言語(外交談判)では宰予・子貢、政事では冉求(冉有)・子路(季路)、文学(学問)では子夏・子游とされる。四科十哲。

**こう-や【広野・▼曠野】** 広々とした野原。wide plain; prairie

**こう-や【甲夜】** 一夜を五分した第一。午後七時から九時ごろまで。戌の刻にあたる。初更。[参照]五夜・五更。

**こうや【▽空▼也】** ↓くうや(空也)

**こう-や【荒野】** あれはてた野原。あれの。wilderness

**こう-や【郊野】** 郊外の野原。

**こう-や【▽紺屋】**《「こんや」の転》染め物屋。元来は藍染めを職業とする者のことだったが、木綿の普及とともに染め物業者の代名詞となった。

**紺屋の明後日**(こうやのあさって)《紺屋は、仕事が天気に左右され、仕上がり期日があてにならないことから》約束の期限が、あてにならないたとえ。こんやの明後日。One of these days is none of these days.

**紺屋の地震**(こうやのじしん)《地震で、紺屋の藍瓶が揺れ、中身の藍が澄まぬことを「相済まぬ」にかけたしゃれ》申し訳ない。こんやの地震。

**紺屋の白袴**(こうやのしろばかま)《紺色に染める技術をもっていながら、染めていない袴をはいていることから》他人のことで忙しく、自分のことに手が回らないこと。いつでもできるからと、ほったらかしておくこと。他人に対して口うるさいわりには、自分に関してはなっていないこと。こんやの白袴。The tailor's wife is worst clad. [比較]医者の不養生。

**こうや【高野】**「高野山」の略。

**こうや【高野】**〈町〉和歌山県北東部、高野山にある町。空海が開いた真言宗金剛峰寺の門前町として発達。人口六〇六九(一九八八)。

**こうやぎ【香▽焼】**〈町〉長崎県、長崎半島の西の香焼島を中心とする町。長崎港の入り口にあたる造船の町。人口五三八一(一九八八)。

**こうや-ぎれ【高野切】** 古筆切の一つ。『古今集』の現存最古の写本。一一世紀中ごろのもの。全二〇巻のうち九巻分が残存。高野山伝来のため、こうよばれる。

**こう-やく【口訳】**(名・サ変他)「口語訳」の略。

**こう-やく【口約】**(名・サ変自他) 口で約束すること。また、その約束。口約束。verbal promise

**こう-やく【公約】**(名・サ変自他) ①候補者や政党が、選挙のさい有権者に自分の政策の実行を公共の場で約束すること。または、その約束の内容。pledge [用例]――をはたす。②法律で、公法上の契約。contract

**こう-やく【▼膏薬】** 樹脂・蠟・脂肪などのあぶらをまぜた外用薬。紙や布に塗りつけて外傷や肩こりなど患部にはる。軟膏・硬膏・絆創膏など。plaster; ointment [数え方]一枚・一貝。

**こう-やくすう【公約数】** 二つ以上の整数または整式に共通な約数。common divisor [比較]公倍数。

**こうやぐち【高野口】**〈町〉和歌山県北東部の町。紀ノ川の河港、高野山の登山口として発展。機業がさかん。人口一万六二二五(一九八九)。

**こうやく-ばり【▼膏薬張り】** ①障子・ふすまなどの破れた所だけを張ること。②その場の間に合わせ。

**こうや-さい【後夜祭】** 記念日・学園祭などの最後に行う行事。[対義]前夜祭。

**こうや-さん【高野山】** ①和歌山県伊都郡にある山。②金剛峰寺の山号。

**こうやさん-しんごんしゅう【高野山真言宗】** 真言宗の一派。高野山金剛峰寺を総本山とする古義派。

**こう-やちょう【公▼冶長】** ①中国、春秋時代の魯の人。孔子の門人。孔子の女婿。②『論語』の編名。

**こうや-どうふ【高野豆腐】** 薄切りの豆腐を凍結して乾燥したもの。古く、高野山で作りはじめたという。現在は各地で製する。湯でもどして煮物や五目ずしの具に用いる。しみどうふ。こおりどうふ。

**こうや-の-まんねんごけ【高野の万年▼苔】** 低山地の林内の湿地に生育する蘚類。腐植土内を長くはう茎と、一〇㎝ほどの直立する茎がある。鉢植え・水中花用。沖縄を除く日本全土に分布。

**こうや-ひじり【高野▽聖】** ①中世、高野山に隠棲した念仏修行の下級僧。②のち、全国を遊行・勧進する僧。高野坊主。

**こうや-ぼうき【高野▼箒】** キク科の草本状落葉小低木。高さ九〇㎝内外。葉は互生で卵形。秋に、淡紅色の頭花をつける。高野山では、この枝でほうきを作る。関東以西に分布。↓図

●コウヤボウキ

**こうやま【高山】**〈町〉鹿児島県、大隅半島東部の町。稲作、サツマイモ・ポンカンなどの栽培がさかん。そろばんが特産。人口一万六五七九(一九八八)。

**こうや-まき【高野▼槙】** スギ科の常緑高木。高さ約三〇m。葉は輪生し線形で厚い。三月に開花。庭木にし、材は器具材に用いる。中部以西に分布。日本特産。ホンマキ。↓写

●コウヤマキ 花(上)と実(下)。

**こう-やれん【高野連】**《「日本高等学校野球連盟」の略》日本学生野球協会の下部に属し、高等学校野球大会の統轄・管理を行う組織。

**こうや-わらび【高野▼蕨】** 山野にはえるオシダ科の夏緑性シダ。根茎は地中をはう。栄養葉は一回羽状複葉で、胞子葉は二回羽状複葉。↓図

●コウヤワラビ

**こう-ゆ【香油】** 髪の毛などにつける、かおりのよい油。perfumed oil

**こう-ゆ【鉱油】** 石油など、鉱物性の油。mineral oil

**こう-ゆう【公有】** 国家・公共団体の所有。public ownership [対義]私有。

**こう-ゆう【交友】** 友人と交際すること。また、その友人。friend

**こう-ゆう【交遊】**(名・サ変自) つきあうこと。交際。companionship

**こう-ゆう【校友】** 同じ学校の卒業生。同窓生。schoolmate

**ごう-ゆう【合有】** 共同所有の一形態。各共有者はそれぞれの持ち分を有するが、共同の目的によって統制を受け、分割や処分を自由に行うことはできない。joint ownership [比較]共有・総有。

**ごう-ゆう【剛勇・豪勇】**(名・形動) 強く、いさましいこと・さま。bravery [対義]劣弱。

**ごう-ゆう【豪遊】**(名・サ変自) お金にまかせてはでに遊ぶこと。大尽遊び。extravagant merry-making

**こう-ゆうい【康有為】**(一八五八〜一九二七) 中国、清末の思想家・政治家。立憲君主制への変法を提唱し、自強を主張。光緒帝を説いて新政に着手したが、西太后派の抵抗で失敗、日本に亡命。清朝擁護の保皇会を組織し、孫文の革命運動と対立。著書に『大同書』『新学偽経考』など。

**こうゆう-ざいさん【公有財産】** 地方公共団体が所有する財産。public property [対義]私

●コウヨウザン

有財産。
**こうゆう-すいめん【公有水面】** 海・河・湖などの水面のうち、公共のために国が所有するもの。
**こうゆう-ち【公有地】** 地方公共団体が所有する土地。
**こうゆう-りん【公有林】** 都道府県・市町村またはその一部(財産区)の所有する森林。基本財産としての直営地、住民利用にあてる貸付け地などに区分される。communal forest 対義私有林。
**こう-よう【公用】** 対義私用。①官庁・公共団体の用事。公務。official business ②官庁・公共団体が使用すること。public use ③国家などの費用。public expense
**こう-よう【孝養】**(名・サ変自) 親に孝行をすること。filial duties 用例―をつくす。
**こう-よう【効用】** ①使いみち。用途。use 用例ペンの―。②ききめ。効能。effect 用例薬の―。③経済で、財の消費によって欲望が満たされる度合い。utility
**こう-よう【紅葉】** ㊀(名・サ変自) 植物の葉が、赤く色づくこと。また、その葉。ひろくは黄色や褐色に色づくこともいい、気温の低下によって葉柄基部に離層が形成され、アントシアンなどの色素がたまるのが原因である。もみじ。autumnal leaves ㊁(名) 襲の色目の名。↓襲の色目図
**こう-よう【後葉】** ①のちの年代。また、年代のあとのほう。later generation 用例一八世紀―。②子孫。末葉。descendant
**こう-よう【高揚・昂揚】**(名・サ変自他) 精神の働きが高まること。また、高めること。exaltation
**こう-よう【黄葉】**(名・サ変自) 葉が黄色くなること。また、その葉。葉緑素が分解され、黄色色素(カロチノイド)が目立ってくる現象。yellow leaves
**こう-よう【綱要】** 眼目・根本となる、大切な点・部分。essentials 用例論理学―。
**こうようぐんかん【甲陽軍鑑】** 江戸初期の軍学書。二〇巻。著者不明。武田信玄・勝頼二代の事績によって軍法を説く。

**こうよう-ご【公用語】** ①国家が公式に用いることば。ふつう、一国に数民族語があるときは標準的な共通語となるものを公用語とするが、スイスなど複数の言語を公用語とする国も多い。official language ②国際会議で使用を認められる言語。
**こうよう-ざん【広葉杉】** スギ科の常緑高木。高さ二五mほどに達する。葉は線形で先はとがる。春に開花。球果は卵形。庭木。材は建築用など。オランダモミ。↓写
**こうよう-じゅ【広葉樹】** 幅が広く平らな葉をもつ樹木。落葉樹(サクラなど)と常緑樹(カシなど)がある。熱帯から温帯に多く自生。闊葉樹。broad-leaved tree 対義針葉樹。
**こうようじゅ-りん【広葉樹林】** おもに広葉樹からなる森林。常緑広葉樹林と落葉広葉樹林に分けられ、さらに前者は、熱帯雨林・照葉樹林・硬葉樹林に、後者は、夏緑樹林と雨緑樹林に分けられる。broad-leaved forest 対義針葉樹林。
**こうようじゅ-りん【硬葉樹林】** 小形で硬い革質の常緑葉をもつ低木・亜高木の疎林。夏季に乾燥、冬季に多雨の温帯地方に発達。sclerophyllous forest
**こうよう-せいげん【公用制限】** 国または地方公共団体が、公共の施設や事業のため、私人の財産権を制限すること。特別地区内での建築行為の制限など。
**こうよう-ちょうしゅう【公用徴収】** 国または地方公共団体が、公共事業のため、特定の財産権を強制的に取得すること。公用収用。compulsory expropriation
**こうよう-にん【公用人】** ①江戸時代、大名の家で、幕府に関する用務にあたった人。②明治の初めに諸藩に設けられた、中央政府との折衝・連絡をつとめる役職。
**こうよう-ぶつ【公用物】** 役所の建物や官公立学校などのように、直接、国や公共団体が用いる物。public property
**こうよう-ぶん【公用文】** 官庁の文書や法令の文章。official documents
**ごう-よく【強欲・強慾】**(名・形動) 欲がきわめて深いこと・さま。よくばり。どんよく。avarice
**こうよく-るい【広翼類】** シルル紀から石炭紀に栄えたサソリに似た海生節足動物。クモ類に近縁。大きいものは体長三m余。ウミサソリ。
**こう-よしみつ【幸祥光】**(一八九二～一九七七) 能楽囃子方。幸流小鼓家元。東京生まれ。重要無形文化財保持者。
**こうよぜんらんず【皇輿全覧図】** 中国全土の最初の実測地図。清の康熙帝の勅命で、フランスのイエズス会士レジスらが中心となり、一七一七年に完成。

**こう-ら【甲羅】**《「ら」は接尾語》カメ・カニなどの甲。shell
**甲羅を経る**(こうらをへる) 経験を重ねる。老練になる。
**甲羅を干す**(こうらをほす) うつぶせになって、背中を日光に当てる。bask in the sun 用例海水浴場で―。
**こうら【甲良】**〈町〉 滋賀県東部、近江盆地に位置する町。稲作を主とする農業の町。天台宗の古刹西明寺がある。人口九一〇九(一九八八)。
**こう-らい【光来】** 相手の来訪をいう敬語。光臨。用例ご―を仰ぐ。
**こう-らい【後来】** こののち。ゆくすえ。future
**こうらい【高麗】** ①朝鮮の王朝。九一八年王建が建国。都は開城。九三六年半島を統一。一二六〇年、元の属国となり、日本遠征(元寇)での協力強制で疲弊、さらに倭寇の被害などで衰退。一三九二年李成桂が国王を廃し滅亡。②《方言》岐阜・三重などで、トウモロコシのこと。
**こうらい-うぐいす【高麗鶯】** コウライウグイス科の鳥。翼長約一五cm。翼と尾は黒く、他は鮮やかな黄色で、目から後頭部にかけて黒帯がある。中国・朝鮮半島で生息密度が高い。日本などで繁殖し、冬、南へ渡る。渡りのとき、対馬を通過する旅鳥。↓図

●コウライウグイス

**こうらい-えび【高麗海老】** タイショウエビの別名。
**こうらい-がき【高麗垣】** 袖垣の一種。建物の壁から突き出た目隠し用の幅の狭い垣根。タケやハギなどを菱目に組んで作る。高麗袖垣。↓写
**こうらい-きじ【高麗雉】** アジア大陸にすむキジ科の鳥。全長約八二cm。日本産のキジに似るが首に白い輪がある。対馬や北海道で放鳥されて増殖。
**こうらい-しば【高麗芝】** イネ科の多年草。根茎が長く地上をはう。東南アジアに広く分布。芝生用。チョウセンシバ。
**こうらい-ちゃわん【高麗茶碗】** 朝鮮、李朝初期から中期にかけて焼成された茶碗。もと日用雑器だったものを、安土桃山時代にわが国の茶人が抹茶碗として珍重した。↓写
**こうらい-べり【高麗縁】** 畳縁の一種。平安時代以来用いられた、白綾に雲・菊などの形の文様を黒く織り出したもの。近世以降は、寺の座敷や民家の床の間などで用いられた、麻布に紋を染め出した同様のものをいう。
**ごうら-おんせん【強羅温泉】** 神奈川県南西部、箱根町にある温泉。箱根登山鉄道の終点で、湖尻方面への結節点。
**こう-らく【行楽】** 山や海へ行って、遊び楽しむこと。outing 用例―のシーズン。
**こう-らく【攻落】**(名・サ変他) 城などを攻め落とすこと。
**こうらく-えん【後楽園】** 東京都文京区にある回遊式庭園。江戸時代、水戸藩主徳川頼房とその子光圀が造営した。付近には野球場や遊園地がある。
**こうらく-えん【後楽園】** 岡山市、旭川沿いにある庭園。貞享三年(一六八六)岡山藩主が造らせた、小堀遠州流による池泉回遊式庭園。水戸偕楽園・金沢兼六園とともに日本三名園といわれる。
**こうらくえん-きゅうじょう【後楽園球場】** 東京都文京区後楽にあった野球場。昭和一二年(一九三七)に造られ、長くプロ野球のメッカとして使用されたが、同六二年東京ドームの建設とともに取り壊された。
**こうら-なめくじ【甲羅蛞蝓】** 体の前端背面に笠形の殻をもつナメクジ。体長約七cm。庭や台所にすむ。ヨーロッパ原産。キイロナメクジ。
**こう-らん【高覧】** 相手が見ることを言う敬語。御覧。用例ご―を乞う。
**こう-らん【高欄】** ①《「勾欄」とも》神社・橋などで、端にそりのあるらんかん。②牛車の前後の口の下に渡した板。③中国で桟敷。↓五重の塔図
**こう-らん【攪乱】**(名・サ変他)《「かくらん」は、慣用読み》かきみだすこと。disturbance
**こ-うり【小売(り)】**(名・サ変他) 商品を卸売商から仕入れて最終消費者に直接販売すること。店頭販売のほか、通信販売・外交販売・賦払い販売など。retail

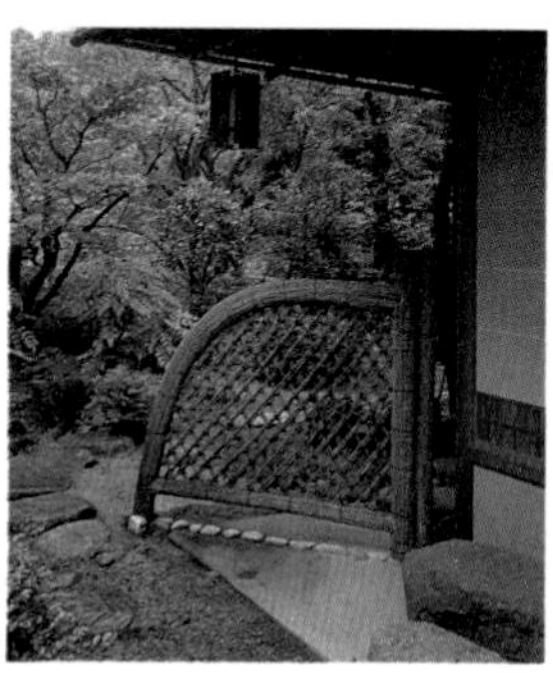

●高麗垣

●高麗茶碗『大井戸茶碗(銘有楽)』。李朝(一五～一六世紀)、東京国立博物館。

**こう-り【公吏】** 地方公務員の旧称。比較官吏。
**こう-り【公理】** ①一般に通用する道理。axiom ②一つの理論の証明の基礎として初めに仮定される命題。axiom
**こう-り【功利】** ①功名と利得。fame and profit ②利益と幸福。benefit and welfare ③行為の目的を功名・利益におくこと。利己。④倫理学で、他の目的の実現に役立つ性質。utilitarianism
**こう-り【行李・梱】** ㊀(名)《旅行の荷物の意》①柳・竹・籐などで編み、身とふたをほぼ同形に作った物入れ。衣料・文書などの収納・運搬用。wicker trank 数え方一個・一合。②軍隊で、戦闘・宿営に必要な物品を運ぶ部隊。㊁(助数)《「梱」で》貨物の個数を数える語。こり。
**こう-り【高利】** ①不当に高い利息。usury 対義低利。②大変な利益。巨利。huge profit
**ごう-り【合理】** 対義非合理・不合理。①人間の理性によって納得できること。rationality ②論理的必然性によって支配されていること。無駄がないこと。rationality ③理論によって解明しうること。rationality
**ごう-り【毫釐・毫厘】**《「毫」「釐」「厘」はいずれも、わずか、の意》分量のきわめて少ないこと。
**毫釐の差は千里の謬り**(ごうりのさはせんりのあやまり) 初めはごくわずかの違いが、ついにはきわめて大きな相違を生じる。
**こうり-いちば【小売市場】** 複数の小売商の店が一つの建物に入っている店舗形態。少ない資本で店舗をもてるうえに、異業種の小売店が集合することによって多くの客を集められる。こうりしじょう。retail market
**ごうり-か【合理化】**(名・サ変他) ①道理に合

うようにすること。rationalization ②企業などが生産性や収益性を高めるため、新技術・設備を採用したり人員整理や労働強化を行うこと。③心理学で、防衛機制の一つ。行動の真の動機を隠して、もっともらしい理由で自己の行動を正当化し、不安感・劣等感・罪悪感を和らげようとする心の働き。self-justification

**こうり-かかく【小売価格】** 商品・サービスの最終消費者への販売価格。小売値段。retail price

**こうり-がし【高利貸し】** 通常利子率を上回る金利での融資。また、その業者。usurer

**こうりがし-しほん【高利貸(し)資本】** 利子生み資本の古い形態の一つ。領主や大商人が農民や窮民に高利で金銭を貸し付けたもの。封建社会の解体をはやめた。usurer's capital

**ごう-りき【合力】**(名・サ変他) ①力を合わせること。②金品をめぐんでやること。

**ごう-りき【強力・剛力】** ①力の強いこと。強い力。great physical strength ②山案内を兼ねて登山者の荷を運ぶ人。または、その職業。中世では修験者の下男をさしたが、現在では登山関係者の季節的職業。mountain guide

**こう-りきし【高力士】**(六八四〜七六二) 中国、唐時代の宦官。玄宗の信任を受け、権勢をふるった。安氏の乱後失脚。

**ごうりき-はん【強力犯】** 暴行や脅迫を手段とする犯罪。殺人・強盗など。また、その犯人。実力犯。violent crime 対義知能犯。

**こうり-けい【公理系】** ある理論の出発点となる公理の集まり。理論が意味をもつためには、公理系が矛盾をふくまないこと(無矛盾性)が必要である。system of axioms

**こうり-しゅぎ【公理主義】** すべての理論は、公理系を出発点とし、論理的に組み立てられなければならないという主張。ヒルベルトが主張した数学のあり方で、現代数学は強くこの影響をうけている。axiomatism

**こうり-しゅぎ【功利主義】** ①一九世紀前半イギリスのベンサムに代表される社会・政治思想。「最大多数の最大幸福」の追求を社会規範とする。utilitarianism ②自分の利益の追求を、ものごとの中心におく考え方。実利主義。utilitarianism

**ごうり-しゅぎ【合理主義】** ①道理・論理に合うことを第一とする考え方。②哲学で、純粋な理性によってとらえられる秩序を原理とし、それに即して思考し行動しようとする認識論的な立場。デカルト・スピノザの哲学が典型。理性論。rationalism

**こうり-しょう【小売商】** 小売りをする店・商人。retail trade

**ごうり-せい【合理性】** 論理にかなっていること。rationality 比較科学性。用例—に欠ける。

**ごうり-せい【郷里制】** 律令制下、八世紀初めの行政制度。地方の行政区画を国・郡・郷・里の四段階として支配体制の強化をはかった。

**こう-りつ【工率】** ↓しごとりつ(仕事率)

**こう-りつ【公立】** 地方公共団体が設立・維持すること。また、その施設。public establishment 対義国立・私立。

**こう-りつ【効率】** ①機械が行った仕事の量と、その機械に供給された全エネルギー量の比率。パーセントで表す。efficiency ②一般に、得られた結果の労力に対する割合。utility factor

**こう-りつ【高率】** 比率が高いこと。high rate 対義低率。

**こう-りつ【構立】**(名・サ変他) 領地・荘園などを確立すること。

**こうりつ-がっこう【公立学校】** 地方公共団体が設立・維持する学校。public school米; county school英

**こうりつ-てき【効率的】**(形動) 効率が高いさま。efficient

**こうりつてきよう-せいど【高率適用制度】** 市中銀行の日銀借入金が一定限度額を超えたとき、その超過分に対して公定歩合を上回る罰則的利率を適用する制度。昭和三八年(一九六三)廃止。

**こうり-てき【功利的】**(形動) ①個人の利益をめざす態度。利己的。打算的。utilitarian ②実用的な目的観念をもっているさま。実用的。practical

**ごうり-てき【合理的】**(形動) ①理性によって納得できるさま。rational; reasonable 対義非合理的。②正しい論理にかなっているさま。logical 比較科学的。対義独断的。③無駄を省き、最大の効果をあげるさま。計画的。能率的。practical ④うまく説明がつくさま。reasonable

**こう-りにょうホルモン【抗利尿ホルモン】** 脳下垂体前葉から分泌されるホルモン。バソプレシンと同一物質。尿からの水の再吸収を促進し、尿量の調節をしている。antidiuretic hormone

**こうり-ね【小売値】** 小売商が、営業を目的としない消費者に商品を販売するさいの価格。retail price 対義卸値。

**こうりぶっか-しすう【小売物価指数】** 商品の小売価格の変動を販売額によって示した物価指数。サービス料を含まない点で消費者物価指数と異なる。RPI。retail price index

**こう-りゃく【攻略】**(名・サ変他) ①攻め取ること。capture 用例敵国の—。②敵を攻め負かすこと。defeat 用例横綱を—する。③相手を説き伏せること。persuasion

**こう-りゃく【後略】**(名・サ変他) あとの部分を省くこと。また、省いたこと。omit the rest 対義前略。

**こうりゃく【康▽暦】** 日本の南北朝で、北朝の年号。永和から改元。元年(一三七九)三月二二日〜三年(一三八一)二月二四日。次に、永徳に改元。

**コウ-リャン【高粱中】** ↓コーリャン

**こう-りゅう【▼亢竜】** ↓こうりょう(亢竜)

**こう-りゅう【▼勾留】**(名・サ変他) 強制処分の一つ。被疑者や被告人が逃げたり証拠を隠滅するおそれのあるとき、一〇日(特別のときは二〇日)間その身がらをとめおくこと。刑罰ではない。未決勾留。custody

**こう-りゅう【交流】** ㊀(名・サ変自) 異なる地域・組織のあいだで、人や物が行き来し、交わること。exchange 用例文化の—。人事の—。㊁(名) 流れる向きが周期的に変化する電流。家庭にきている交流の周波数は、富士川を境に、西で六〇ヘルツ、東で五〇ヘルツ。AC。alternating current 対義直流。

**こう-りゅう【拘留】**(名・サ変他) もっとも軽い自由刑。一日以上三〇日未満の期間拘留場に拘置する。軽犯罪などに適用。detention

**こう-りゅう【▼蛟竜】** ↓こうりょう(蛟竜)

**こう-りゅう【興隆】**(名・サ変自) 物事がおこり、さかんになること。prosperity 対義衰亡・衰滅。

**ごう-りゅう【合流】**(名・サ変自) 川、また団体などが、合わさって一つになること。confluence

**こうりゅう-かいろ【交流回路】** 交流電源を含む回路。alternating-current circuit

**こうりゅう-じ【広隆寺】** 京都市右京区太秦蜂岡町にある真言宗御室派の別格本山。推古一一年(六〇三)に秦河勝が創建。国宝の弥勒菩薩半跏思惟像で知られる。太秦寺。蜂岡寺。

**こうりゅう-じょう【▼勾留状】** 被告人または被疑者を勾留する旨を記載した令状。裁判所が発行する。warrant of detention

**こうりゅう-せいりゅうしき【交流整流子機】** 整流子を備えた交流電動機。alternating-current commutator machine

**こうりゅう-でんどうき【交流電動機】** 交流電源で運転する電動機。同期電動機・誘導電動機・交流整流子機などがある。alternating-current motor

**こうりゅう-でんりょく【交流電力】** 交流が単位時間になす仕事量。電流と電圧の実効値の積で表され、単位はワット。記号W。

**こうりゅう-はつでんき【交流発電機】** 交流起電力を発生させる発電機。alternating-current generator

**こうりゅう-ブリッジ【交流ブリッジ】** 交流並列回路の中間にブリッジ状に検流計などの検出器を接続した回路。コイルやコンデンサーの定数や周波数の決定に用いる。alternating-current bridge

**こうりゅうりゆう-かいじ【▼勾留理由開示】** 勾留されている被告人・被疑者またはその弁護人らが、裁判所に対して勾留理由の明示を請求する手続き。

**こう-りょ【行旅】** 旅をすること・人。たびびと。

**こう-りょ【考慮】**(名・サ変他) よく考えてみること。consideration 比較思慮・分別。用例—の余地がある。

**こう-りょ【高慮】** 相手の考慮をいう敬語。比較高配。用例ご—をわずらわしたく。

**こう-りょう【口糧】** 兵士ひとり分の食糧。ration 用例携帯—。

**こう-りょう【▼亢▽竜】** 天に高くのぼりつめた竜。こうりゅう。

**亢竜悔い有り**(こうりょうくいあり)「亢竜の悔い」と同意。

**亢竜の悔い**(こうりょうのくい) のぼりつめれば、あとは降りるほかはないという後悔。人は栄達をきわめたり、最高の立場になったりしたとき衰退のときがかならずあるものであり、また、慎まないと失敗するということを戒めた語。

**こう-りょう【広量・▼宏量】**(名・形動) 度量が広いこと・さま。ゆったりした心ばえ。large-minded 対義狭量。

**こう-りょう【考量】**(名・サ変他) 得失などをはかって考えること。考慮。consideration

**こう-りょう【香料】** ①常温で揮発性をもち、化粧品・食品などに芳香を与えるために用いる物質。天然香料と合成香料に大別。多く調合して用いられる。perfume ②香典。↓図

**こう-りょう【校了】** 校正刷りを調べ、校正作業が完全に終了したこと。completed proofreading

**こう-りょう【黄▼粱】** 穂の大きいアワ。大粟。

**黄粱一炊の夢**(こうりょういっすいのゆめ)《昔、中国で、盧生という者が、黄粱も炊き上がらない短い間に富貴を極める夢を見た、という故事から》功名や富貴の、はかなく消え去るたとえ。邯鄲の枕。黄粱の夢。

**こう-りょう【▼蛟▽竜】**《「蛟」は、まだ竜にならない、みずち》=こうりゅう。①水中にいて、雲や雨に会うと天にのぼる、という想像上の動物。②時機に会わず、めぐまれない英雄。

**蛟竜、雲雨を得る**(こうりゅう、うんうをえる) 英雄が、時機を得て力を発揮するたとえ。こうりょう、雲雨を得。catch a lucky chance

**こう-りょう【綱領】** ①物事の眼目。要点。outline ②政治団体の政策や方針を示すもの。基本綱領と、選挙のさいに発表される選挙綱領とがある。platform

**こう-りょう【稿料】** 原稿料。fee for a manuscript 比較印税。

**こうりょう【広陵】**〈町〉奈良県、奈良盆地西部の町。宅地化・工業化の進む農業地帯。靴下製造は有名。人口二万三二六〇(一九八八)。

**こうりょう【江陵】** 韓国北東部、江原道の東部の商業都市。太白山脈東方の政治の中心で、行政官庁が集まる。郊外に韓国のニースといわれる鏡浦台がある。人口一二・三万(一九八五)。カンヌン。

**こうりょう【後涼】** 中国、五胡十六国の一つ。前秦の将軍、氐族の呂光が三八六年に建国。一時は涼州(現甘粛省中部)を領したが、北涼・南涼の独立とともに衰え、四〇三年後秦に降った。ごりょう。

**こうりょう【後▼梁】** 中国、五代の一国。九〇七年朱全忠が唐を滅ぼして建国。都は大梁(開封)。九二三年李存勗により滅亡。

**こう-りょう【荒涼・荒▼寥】** ㊀(形動トタル) あれはてて寂しいさま。desolate 用例—たる砂漠地帯。㊁古語(名・形動ナリ)《「広量」とも》とりとめのないさま。つかみどころがなく、いいかげんなこと・さま。用例—の御使ひかな(今昔・二六)。

**こうりょう-きつ【洪▼亮吉】**(一七四六〜一八〇九) 中国、清代中期の学者・文人。字は稚存、号は北江。陽湖の人。経学・史学・訓詁学にすぐれた。詩文集『洪北江詩文集』。

**こうりょう-し【光量子】** 光を粒子とみて量子化したもの。電磁エネルギーを伝播する質量零、スピン一の素粒子。振動数$\nu$の光は、$h\nu$($h$はプランクの定数)のエネルギーをもつ。光子。フォトン。light quantum

**こうりょうし-かせつ【光量子仮説】** 光は振動数のプランク定数倍だけのエネルギーをもつ量子からなっているとする仮説。放射場の放出と吸収について提出されたプランクの量子仮説をアインシュタインがさらに進めたもので、光電効果の直接的説明となった。光の粒子説。light quantum hypothesis

**こう-りょく【光力】** 光の明るさ・強さ。光度。

**こう-りょく【▽合力】** 古語 助力。ほどこし。ごうりょく。用例殊に—をいたして当寺の破滅を助けられんとおもふ状(平家・四・山門牒状)。

**こう-りょく【抗力】** ①物体に外力が働くとき、それにさからう力。抵抗力。resistance ②流体中を運動する物体にその運動をさまたげる方向に働く力。drag

**こう-りょく【効力】** ①はたらき。effect ②ききめ。effect

**ごう-りょく【合力】** ↓ごうせいりょく(合成力)

**こうりょく-ボルト【高力ボルト】** 引っ張



▼常用漢字表外。 ▽常用漢字表の音訓外。

りに強い高張力鋼でつくったボルト。ハイテンボルト。high-tensile bolt
**こう-りん【光輪】** ①㋐仏教で、菩薩などの光明を象徴して像の背後を飾るもの。光背。aureole ㋑キリスト教美術で、神や聖人などの肖像の頭上にある光の輪。halo ②光源の周囲にできる光の輪。halo
**こう-りん【光臨】** 客などが訪ねてくることをいう敬語。光来。比較来臨。用例ご――をあおぐ。
**こう-りん【後輪】** 車の後部車輪。rear wheel 対義前輪。
**こう-りん【降臨】**(名・サ変自) 神仏が地上におりてくること。 「琳」
**こうりん【光▼琳】** ↓おがたこうりん(尾形光琳)
**こうりん-か【紅輪花】** 日当たりのよい山地にはえるキク科の多年草。高さ約六〇cm、葉は卵状披針形。夏から秋に、濃赤橙色の舌状花を茎頂につける。本州と九州に分布。
**こうりん-ぎょ【硬▼鱗魚】** 古生代から中生代に栄えた、硬骨魚綱に属する下等な魚。鱗は菱形の板状。化石種が多く、現存する種はチョウザメ・アミアなど。
**こうりん-もよう【光▼琳模様】** 和服の模様の一種。琳派が書画や蒔絵に描いた、独特の抽象的な模様。光琳松・光琳梅・光琳菊など。↓写
**こう-るい【紅涙】** ①女のなみだ。feminine tears ②血のなみだ。嘆いて流す涙のたとえ。bitter tears 用例――をしぼる。
**こ-うるさ・い【小▽煩い】**(形) あれこれとうるさい。なんともわずらわしい。fussy; troublesome

●香料① 香料の用途分類

| 分類 | | 目的・効果など | 香料例 |
|---|---|---|---|
| 香粧品香料 | 香水・オーデコロン用 | 多種多様の香料を調合して香水・オーデコロンなどを作る | じゃ香、ラベンダー、ローズ、オークモスなど |
| | 化粧品香料 | 使用中に快い香りを与える。人体への安全性が求められる | 各種花精油、ゼラニウム、レモンオイル |
| | トイレタリー用 | せっけん、浴剤、シャンプーなどに用い使用感を高める | パチョリ、セダーウッド、レモン、ローズマリー |
| | 家庭雑貨品用 | 文具やおもちゃなどに香りをつけて、商品価値を高める | レモン・フルーツ系 |
| | 芳香消臭剤用 | トイレなどの不快な匂いを消し良い香りでカバーする | レモン、オレンジなどのかんきつ系、パチョリ |
| | 薫香用 | 線香などに混ぜ、燃やして香りを楽しむ | ビャクダン、ベチベル、パチョリ、人造じゃ香 |
| 食品用香料 | アルコール性香料(エッセンス) | 水に溶けやすいため、主として清涼飲料、冷菓に用いる | レモン、オレンジ、バナナ、バニラ、ストロベリー |
| | 油性香料 | 濃度が高く、熱に強いのでビスケットなどの製菓用に使う | オレンジ、バニラ、アーモンド、ペパーミント |
| | 乳化香料 | 油性香料を水に細かく分散させたもの。ネクターなどに使う | オレンジ、レモン、グレープフルーツ |
| | 粉末香料 | 粉末飲料、粉末ゼリーなど水分を嫌うところに用いる | バニラ、チョコレート、スパイスミックス |
| 産業・工業用香料 | マスキング剤 | 塗料、殺虫剤、プラスチックなどの不快臭をカバーする | ペパーミント、オレンジ、ナツメグ、バニリン |
| | 消臭剤 | し尿、ごみ処理場などの悪臭に散布して化学的に消臭する | リモネン、L-メントール、シンナミックアルデヒド |
| | ガス着臭剤 | 都市ガスなどのガス漏れ検知のために、警戒臭をつける | エチルメルカプタン、テトラヒドロチオフェン |
| | 飼料フレーバー | 家畜、養魚、ペットの好む香りを飼料につけ食欲をそそらせる | 各種エステル、脂肪酸、ラクトン |
| その他 | タバコ香料 | タバコ商品の個性を出し、刺激緩和の目的で用いる | L-メントール、天然バルサム、各種天然抽出物 |
| | 歯磨き用香料 | 使用時に清涼感を与えるため練り歯磨きなどに加える | スペアミント、スターアニス、ウインターグリーン |
| | 薬用香料 | 薬に加えて、苦味などを消し飲みやすくする | バニラ、ハッカ、ストロベリー、ピーチ |

●光琳模様 酒井抱一筆『白地梅樹模様描絵小袖』。国立歴史民俗博物館(千葉県)。

**こう-れい【交霊】** 霊的存在との精神感応。ときとして霊媒を介する。
**こう-れい【▼伉▼儷】** 夫婦。つれあい。
**こう-れい【好例】** ちょうどよい例。good example 比較適例。
**こう-れい【恒例】** 決まっている儀式・行事。常例。定例。established custom 対義臨時。
**こう-れい【高齢】** 高年。老年。年寄り。老齢。advanced age
**ごう-れい【号令】**(名・サ変自) ①命令すること。また、その命令。order ②多くの人に同じ動作をさせるために、大声でかける命令のことば。command 用例――をかける。
**ごう-れい【剛戻】** 強情で、ひねくれていること。
**剛戻、自ら用う**(ごうれい、みずからもちう)《『史記』秦記にある語》強情で、他人の説をいれず、自分の思う通りに行う。
**こうれいか-しゃかい【高齢化社会】** 人口の年齢構成において、六五歳以上の高齢者の比率が高い社会。労働人口の不足や雇用対策・老人福祉などが問題となる。aging society
**こうれい-さい【皇霊祭】** 宮中祭祀の一つ。春秋の彼岸の中日に皇霊殿で行われる天皇の親祭で、歴代天皇の霊を祭るもの。
**こうれいち-のうぎょう【高冷地農業】** 標高六〇〇～七〇〇m以上で、年平均気温が一〇℃以下の高地で行われる農業。夏季の冷涼な気候を生かして、野菜などが栽培される。highland agriculture
**こうれい-でん【皇霊殿】** 宮中三殿の一つ。賢所の西隣に接し、歴代天皇・皇后・皇妃・皇族の御霊を合祀する。
**こうれい-てんのう【孝霊天皇】** 記紀で第七代天皇。名は大日本根子彦太瓊尊。孝安天皇の皇子。
**こう-れつ【後列】** うしろの列。back row 対義前列。
**こうれん-せき【紅▼簾石】** 淡紅色ないし濃紅色のマンガンを含んだ鉱物。単斜晶系、柱状結晶。日本での産地は、埼玉県長瀞、長崎県村松など。piedmontite
**こうれん-たい【香▼奩体】** 中国の詩体の一つ。官能の美しさをうたう艶詩のスタイル。晩唐の詩人韓偓の『香奩集』による。
**こう-ろ【公路】** ①公道。public road ②中国で、幹線道路。
**こう-ろ【行路】** ①道を行くこと。通路。course ②世渡り。life's journey
**こう-ろ【紅炉】** 火がさかんにおこっている囲炉裏。
**紅炉上、一点の雪**(こうろじょう、いってんのゆき) 赤く燃えている炉の上に落ちた一片の雪がたちまちとけるように、疑惑や私欲などがすっかり消えて、痕跡をとどめない状態のこと。
**こう-ろ【香炉】** 香をたく器。書院の床の間に飾る置き香炉、香道で用いる聞き香炉、火取り香炉など。磁器が多く、本来は仏事に用いた。数え方一基。
**こう-ろ【航路】** 船舶や航空機が運行する、一定の交通路。route; course; line
**こう-ろ【高炉】** 製鉄用の大形直立溶鉱炉。高さが二〇～三〇mあるので言う。炉頂から鉱石やコークスなどの原料を入れ、炉底上部から熱風を送り、酸化鉄を還元する。blast furnace 比較転炉・平炉。
**こう-ろ【黄▼櫨】** ①ハゼノキの異名。②「黄櫨染」の略。染色名。赤みがかった、くすんだ茶色。ハゼノキの紅葉木枝と蘇芳・酢・灰などで混染。嵯峨天皇以来、皇室の色と定められている。
**こう-ろう【功労】** てがらと骨折り。功績。meritorious service 「功」
**こう-ろう【▼劫▼臈・▼劫▼臘】** 長い年月。年劫
**劫臈を経る**(こうろうをへる) 長い年月を経る。長い間にわたる練習を積んで、老巧・老練になる。甲羅を経る。
**こう-ろう【高楼】** 高い建物。たかどの。lofty building 用例春――の花の宴。
**こう-ろう【黄老】** ①中国の、黄帝と老子。道教の教祖。②道教の教徒。
**こう-ろう【硬▼鑞】** 鑞付けに用いる合金のうち、融点が四五〇℃以上のもの。黄銅鑞・銀鑞・金鑞などがあり、それぞれの金属の接合に使用。hard solder; brazing solder 対義軟鑞。
**こうろう-い【公労委】** 公共企業体等労働委員会の略称。
**こうろう-かぶ【功労株】** 会社の創立・発展に貢献した人に会社が贈る株式。bonus stock
**こうろう-きょう【公労協】** 公共企業体等労働組合協議会の略称。その後身の国営企業労働組合協議会も、この略称を受けついでいる。
**こうろう-の-がく【黄老の学】** 中国、秦末漢初における道家の学。黄帝と老子を祖とするところからの呼称で、無為自然によって政治を行おうとする思想。
**こうろう-ほう【公労法】** 公共企業体等労働関係法の略称。
**こうろう-む【紅楼夢】** 中国、清代の小説。曹雪芹の作が八〇回、高鶚の続作四〇回。一七九一年刊。貴公子の賈宝玉と彼をめぐる一二人の美女の物語。大貴族のはなやかな生活の裏にひそむ腐敗をえぐり、また女性たちの生活と微妙な心理描写にもすぐれ、中国小説史上最大傑作の一つ。別名『石頭記』。
**こうろ-かん【▼鴻▼臚館】** 古代、京都・難波・大宰府に設けられた、外国使節の接待のための施設。
**こう-ろく【高▼禄】** 多額の給与。高給。用例――をはむ。
**こう-ろく【▼鉤▼勒・▼勾▼勒】** 東洋画の画法。おもに花鳥画に用いられ、墨線で輪郭をかき、彩色したのち、墨線で細部をかきおこす。中国五代の黄筌に始まるといわれ、徐氏体の没骨に対するもの。双鉤。
**こうろ-じ【▼鴻▼臚寺】** 中国、南北朝の北斉のとき設置された役所の一つ。外国使節の接待、朝貢などを管掌。
**こうろ-セメント【高炉セメント】** 高炉スラグを混和したポルトランドセメント。化学的な耐久性がよく水和熱が小さい。道路・ダム・海中構築物などに使用される。Portland blast furnace cement
**こうろ-ひょうしき【航路標識】** 船舶の航行を援助するため、沿岸や港湾に設けられた交通標識。灯光・彩色・音響・電波などを用いる。beacon; navigational mark ↓写

●航路標識 船が入港するときは緑の浮標を左に見て進み、出港のときは右に見て進む。

**こうろ-びょうしゃ【行路病者】** 行き倒れ。dying on the road
**こうろ-ほう【香炉峰】** 中国、江西省北部の山。廬山の一峰で、古くから詩文にうたわれた名山。香炉の形に似ているため、この名が

ある。シャンルフォン。

**こう-ろん【口論】**(名・サ変自) 言い争うこと。口げんか。quarrel

**こう-ろん【公論】** ①世間一般の議論。世論。public opinion ②公平な議論。正論。impartial opinion

**こう-ろん【抗論】**(名・サ変自) ある論に対抗して論じること。

**こう-ろん【高論】** ①すぐれた論。excellent opinion 用例 —卓説。②相手の論を言う敬語。ご議論。

**こう-ろん【硬論】** 強硬な意見。strong assertion 対義 軟論。

**こうろん-おつばく【甲論乙▼駁】**(名・サ変自) 甲は主張し、乙は反対して、もめること。議論がまとまらないこと。argue pros and cons

**こう-わ【高話】** 相手の話を言う敬語。お話。

**こう-わ【講和・▼媾和】**(名・サ変自) 戦争当事国が、戦争終了と平和回復のためにとりかわす合意。Peace

**こう-わ【講話】**(名・サ変自) ある事柄をわかりやすく説明すること。その話。lecture

**こうわ【▼弘和】** 日本の南北朝で、南朝の年号。天授から改元。元年(一三八一)二月一〇日～四年(一三八四)四月二八日。次に、元中に改元。

**こうわ【康和】** 平安末期の年号。承徳から改元。元年(一〇九九)八月二八日～六年(一一〇四)二月一〇日。次に、長治に改元。

**こうわか-まい【幸若舞】** 中世期におこった芸能の一つ。曲舞の流れを引く語り芸。軍記物などに節をつけて語る。簡単な舞もともなう。室町時代の桃井幸若丸直詮に始まるとされる。今日福岡県山門郡瀬高町大江に伝わる。舞。舞々。二人舞。↓写

●幸若舞

**こうわ-じょうやく【講和条約】** 戦っていた国どうしが、戦争を終結しようとして結ぶ条約。戦争状態の終了のほか、戦後処理のためのさまざまな条件を規定する。peace treaty

**こうわ-ほう【口話法】** 聴覚障害者の通話・教育の一方法。読唇術・発語指導・聴能訓練など。手話法にかわるものとして普及。oral method

**こう-わん【港湾】** 海岸が陸地に入りくんだ水域で、船舶が出入り・停泊し、旅客の乗降・貨物の積みおろしをする施設を備えた場所。港。harbor

**こうわん-うんそうぎょう【港湾運送業】** 港で海上輸送と陸上輸送を中継し、船荷の積み降ろしや倉庫への出し入れをする業種。harbor express service

**こうわん-とし【港湾都市】** 交易都市の一つ。港湾による機能に大きく依存している都市。港運・保険・倉庫業などの関連企業も集中。日本では、神戸・横浜・長崎・小樽・清水など。port city; port town

**ご-うん【五▼蘊】**《仏教語》物質・精神すべての存在を形成している五つの要素。色(=物質・肉体)・受(=感覚)・想(=想像)・行(=意志)・識(=認識)。五陰。

**こ-うんそうぎょう【小運送業】** 小口の貨物を運ぶ小規模な運送業。宅配便や引っ越し輸送など。express delivery business

**こえ【声】** ①ヒトの喉頭内から出る音声。通常その音源は喉頭内の振動。要素として高さ・強さ・音質・持続があり、音域は通常二オクターブ。voice ②音声学で、声帯の振動をともなった呼気。有声音といい、バ行・ダ行など。voiced sound ③意見。opinion 用例 —を合わせる。④物の音。chirp; song; call 用例 虫の—。⑤それとわかる感じやけはい。sign 用例 秋の—を聞く。六〇の—を聞く。⑥漢字の音。対義 訓。

**声が掛かる** ①順番がきて、また、予期していないときに、よびかけられる。be called ②好意のともなった招きや誘いを受ける。be invited ③目上の人にかわいがられる。上司などから優遇・厚遇される。be favored ④芝居で、役者が見物から声援をうける。call

**声が嗄れる** のどをいためるなどして、しわがれ声になったり、ふつうの声量でしゃべれなくなったりする。hoarse 用例 大声を出しすぎると—。

**声なき声** 表だってこない意見・感想。社会的に目だたない存在であり、自分たちの考えを公表する機会・手段をもたない一般大衆の願望などに言う。voiceless public opinion

**声の下** ことばが終わるか終わらないうち。言下。

**声はすれども姿は見えず** 声や物音は聞こえているが、その実体・正体が見えない。It's audible but invisible.

**声を上げる** ①大きな声を出す。②意見を言う。raise a cry ③悲鳴をあげる。scream ④弱音をはく。音をあげる。make complaints

**声を落とす** 声を小さくする。lower one's voice

**声を限りに** ありったけの大声で。声を嗄らして。at the top of one's voice

**声を掛ける** ①よぶ。call out ②あいさつする。greet

**声を嗄らして** 声が出なくなったり、かすれ声になったりするほど、大きな声を出して。声を限りに。shout oneself hoarse 用例 —応援する。

**声を殺す** 他人に聞こえないように、低く小さな声で話す。声を低くする。声を潜める。talk in a low voice

**声を揃える** みんなが同時に同じことを言う。声を合わせる。口を揃える。異口同音。in unison 用例 声を揃えて返答する。

**声を立てる** 声を出す。声を上げる。talk 用例 仕事中は声を立てないようにしなさい。

**声を呑む** ①言いかけて、やめる。gulp ②感動や緊張のあまり、声が出ない。in breathless silence

**声を張り上げる** 精いっぱい大きな声を出す。声を振り絞る。strain one's voice 用例 声を張り上げて応援する。

**声を潜める** ①他人に聞こえないように、小さい声で話す。声を殺す。speak in a whisper ②声を出すのをやめる。黙ってしまう。keep silence 類似 口を閉ざす。

**声を振り絞る** これ以上出ないほどの、大きな声を出す。声を張り上げる。cry at the top of one's voice

**声を帆に上ぐ** 《「帆に上ぐ」は、高く上げるさまの強調で、「声を上げる」にかけて言ったもの。「声を上げる」を強めたもの》声を、高くはりあげる。

**こえ【肥】** ①田や畑にほどこし、地力を高めて、作物の生育をうながすもの。こやし。肥料。manure ②肥料として用いる糞尿。しもごえ。manure

**ごえ【越え】**(接尾)《山・峠の名などの下に付いて》そこを通り越えることやその道を表す。用例 天城—。ひよどり—。

**こ-えい【孤影】** ひとりぼっちの姿。lonely figure

**ご-えい【御影】** ①神仏の像。icon ②相手の肖像・写真などを言う敬語。

**ご-えい【護衛】**(名・サ変他) つきそって守ること・人。guard

**ご-えいか【御詠歌】** 仏をほめたたえる歌。和歌や、七五調ふうの和讃に、節をつけたもの。

**ごえい-かん【護衛艦】** 敵の潜水艦・航空機から、船団や空母を護衛することを任務とする軍艦。最近のものでは、対艦対空ミサイルなど高度な攻撃兵器を備えている。escort

●五右衛門風呂　歌川広重『東海道中膝栗毛』より。

**こえい-しょうぜん【孤影▼悄然】**(形動トタル) ひとりしょんぼりと、寂しいさま。

**ご-エイチ-ティー【5HT】** ↓セロトニン

**こえ-がかり【声掛(か)り】**《ふつう、上に「お」を付けて》身分や地位の高い人から、特別のとりはからいがあること。また、それを受ける人。recommendation

**こえ-がわり【声変(わ)り】**(名・サ変自) 思春期に音声の変化する現象。第二次性徴の一つで、喉頭の急激・不均衡な発育による。change of voice

**こ-えき【雇役】** 律令制下、公民に課せられた力役の一種。諸国から徴集した成年男子を、年五〇日を限度として都で土木工事などに従事させ、賃金と食事を給与。

**こえ-くみ【肥▼汲み】** こやしをくむこと。

**こえ-ごえ【声声】** 多くの人々の声。めいめいの声。くちぐち。in unison 用例 —に声援する。

**こえ-たご【肥▼桶】** こやしを運ぶおけ。肥おけ。

**肥桶の紐通し** 《肥桶にはひもを通す穴が二つあって、その形が似ているところから》低くて上をむいた鼻で、穴の大きいのをあざけって言う語。また、鼻の穴が上を向いているさま。

**こえ-だめ【肥▼溜め】** 地面を掘り下げて大きな桶などを埋め、肥料用の糞尿をためて腐熟させておくところ。night-soil reservoir

**ご-えつ【呉越】** ①中国、春秋時代の、呉の国と越の国。②《呉と越とが永く敵対し、戦ったことから》仲が悪く、憎みあっていること。③中国、五代十国の一国。唐の鎮海節度使、銭鏐が九〇七年に建国。杭州を都に浙江・江蘇を領有。代々内治に努めたが、九七八年、五代で宋に滅ぼされた。

**呉越同舟** 仲の悪い者どうしが、同行・同席すること。bitter enemies sharing common fate

**こえ-つき【声付き】** 声のようす。声の特徴。characteristic of one's voice

**こえび-そう【小▽海▽老草】** ベロペロネの和名。

**ごえもん-ぶろ【五▽右▽衛門風▼呂】**《釜ゆでの刑にされたといわれる石川五右衛門の名から》平釜を湯船として用いた風呂。桶の底に平釜を付け、直接火を焚いて湯をわかし、底に木製の板を敷いて入浴する。↓写

**こ・える【肥える】**(下一自) ①肉がついて、ふっくらする。ふとる。grow fat 用例 よく—・えた猫。②地味が豊かになる。grow fertile 用例 土地が—。③経験を積んで鑑賞の力がつく。have a dainty taste 用例 目が—。耳が—。④いいものを何回も食べて、味がわかる。おごる。have a delicate palate 用例 口が—。

**こ・える【越える】**(下一自) ①高所や難所を通っていく。pass 用例 山川を—。国境を—。②物の上を過ぎていく。go over 用例 頭を—。③順序をとびこす。jump over 用例 順番を—。④時期が過ぎる。go beyond 用例 —・えて翌年の春。

**こ・える【超える】**(下一自) ①それの及ばない状態になる。exceed 用例 権限を—。能力を—。②それを上回る。用例 一五人を—。exceed 参考「一五人以上」といえば一五人もはいるが「一五人を超える」は一五人はふくめず、「一六人以上」の意になる。③ある範囲・限界をぬけ出る。超越する。surpass 用例 現代を—。

**ご-えん【誤▼嚥】** 食物・異物・分泌物などが誤って気道内に吸引されること。

**コエンドロ【coentro ポルトガル】** セリ科の一、二年草。高さ約五〇cm。葉は二回羽状複葉。夏に、白小花を密集させる。果実は円形で、香料や健胃薬。中国パセリ。シャンサイ。コウサイ。コリアンダー。coriander ↓写

●コエンドロ　乾燥した実。

**こ-えんぶ【顧炎武】**(一六一三～一六八二) 中国、明末清初の思想家。字は寧人。明滅亡後は清に仕えず、在野で学を講じ、清朝考証学の基礎を築いた。著書『日知録』など。

**ごえんゆう-てんのう【後円融天皇】**(一三五八～一三九三) 北朝第五代天皇(在位一三七一～一三八二)。名は緒仁。後光厳天皇の第二皇子。

**コーアン**[George Michael Cohan](一八七八〜一九四二) アメリカのミュージカル俳優・作曲者・台本作者。軽いミュージカル-コメディーの自作自演の先駆者。

**こおい-むし**[子負虫] タガメ科の水生昆虫。体長約二cm。池や水田にすむ。四〜六月、雌は雄の背に卵を産みつけ、雄は孵化するまでこれを保護する。本州以南・朝鮮半島・中国に分布。↓写

●コオイムシ

**ゴーイング-マイ-ウエー**[going my way]《わが道を行く、の意。アメリカ映画の題名から》他人のことは気にしないで、独自の生き方をする、ということ。

**こ-おう**[呼応](名・サ変自) ①呼べば、こたえること。②しめし合わせること。互いに応じること。call each other ②しめし合わせること。arrange ③文章中で、隔たった語句が関係すること。「決して」が「ない」などの打ち消しと結びつくなど。concord

**ご-おう**[五黄] 九星の一つ。中央を本位とし、土星に属する。用例――の寅。

**ご-おう**[▽牛王] ①きわめてすぐれた牛。仏の徳にたとえる。②「牛王宝印」の略。

**ご-おう**[▽牛黄] 生薬の一つ。牛の胆嚢や輪胆管に生じた結石を乾燥したもの。解毒剤などに使用。

**こおう-こんらい**[古往今来](副) 昔から今まで。古来。

**ごおう-ほういん**[▽牛王宝印] 熊野神社・八坂神社・東大寺・法隆寺などの諸社寺が出す、「牛王宝印」の文字の入った、厄除けの護符。

**コーエン**[Hermann Cohen](一八四二〜一九一八) ドイツの哲学者。新カント派のマールブルク学派を創始。著書に三部作『純粋認識の論理学』『純粋意志の論理学』『純粋感情の美学』など。

**コーエン**[Stanley Cohen](一九二二〜) アメリカの生化学者。成長因子の一つで、細胞の増殖に必要な物質である上皮細胞成長因子を発見。一九八六年、ノーベル生理学医学賞受賞。

**ゴー-カート**[go-cart]《商標名》遊戯または競技用の小型自動車。エンジン、フレーム、一人乗りの座席だけの車体に、小型タイヤをつけた簡単な構造のもの。専用コースを走る。↓写

**コーカサス**[Caucasus・高加索] カフカスの英語名。

**コーカサス-さんみゃく**[コーカサス山脈](Caucasus) カフカス山脈の別称。

**コーカサス-じんしゅ**[コーカサス人種] 白色人種の別称。

**コーカサスのふうけい**[コーカサスの風景]《原題Caucasian Sketches》イッポリトフ=イワーノフ作曲の管弦楽組曲。一八九四年作。

**コーカス**[caucus]《北米インディアンの、相談する、の意の語から》アメリカの政党で、選挙候補者や党の政策を決定する幹部会議。

**コーカソイド**[Caucasoid] 白色人種。

**コーガン**[Leonid Borisovich Kogan](一九二四〜一九八二) ソ連の代表的バイオリン奏者。卓越した技巧と知的構成力、繊細な感覚をもつ。

**ゴーガン**[Paul Gauguin](一八四八〜一九〇三) フランスの画家。二〇世紀絵画の先駆者の一人。大胆な色彩による装飾的な画風は、のちに象徴主義的傾向を深めた。タヒチに滞在し原地人を描く。作品『タヒチの女』など。↓写

**コーカンド**[Kokand] ソ連、ウズベク共和国フェルガナ盆地の西部にある都市。綿花など農産物の加工集散地。人口一五・四万(一九八〇)。

**コーカンド-ハンこく**[コーカンドハン国] 中央アジアのコーカンドを首都とした、ウズベク族のイスラム国家。一八世紀初めに、シャー=ルフがブハラハン国より独立。フェルガナ盆地を中心に発展、中継貿易で栄えたが、内乱で衰え、一八七六年ロシアに征服された。ホーカンドハン国。

**ゴーキー**[Arshile Gorky](一九〇四〜一九四八) アメリカの画家。アルメニア生まれ。幻想味豊かな抽象的作風を確立。作品『肝臓は雄鶏のとさか』など。

**コーキング**[caulking] ①木造船の外板のすきまに槇皮などを詰めて、水漏れを防ぐこと。②窓枠などの小さなすきまに、粘性の強いペーストを詰めること。③かしめ。

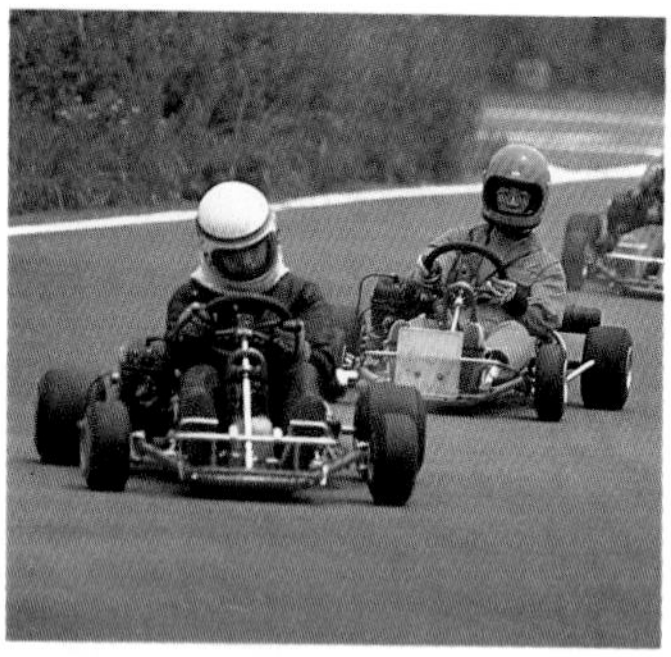
●ゴーカート

**コーク**[Cork] アイルランド共和国南部、リー川河口の港湾都市。同名州の州都。ダブリンに次ぐ同国第二の都市で商工業の中心。人口一五万(一九八一)。

●ゴーガン『イアーオラナーマリア』(部分)。一八九一年、メトロポリタン美術館(アメリカ)。

**コークス**[Koksドイ] 石炭を高温で乾留して得られる、炭素に富んだ多孔質の物質。溶鉱炉などの燃料のほか、還元剤としても使用。粉コークスは「ブリーズ」ともいう。coke

**ゴーグル**[goggles] 目を保護するための眼鏡。顔にぴったりと付き、光線・ほこり・風などを防ぐ。スキー・登山・水泳などに使う。

**こおげ**[▽郡家]〈町〉鳥取県東部の町。ナシ・柿などの果樹栽培がさかん。土師百井の廃寺塔跡がある。人口一万一五一(一九八八)。

**ゴー-ゴー**[go-go] ダンスの一種。一九六〇年ごろアメリカに生まれ、世界的に流行。ツイストの変種。全身を躍動させる。

**ゴーゴリ**[Nikolay Vasilyevich Gogol](一八〇九〜一八五二) ロシアの小説家。ロシア-リアリズム散文の祖。笑い、グロテスク、独特の「語り」の手法は、二〇世紀文学の先ぶれと評価される。小説『ジカーニカ近郊夜話』『タラス=ブーリバ』『狂人日記』『鼻』『外套』『死せる魂』、喜劇『検察官』など。

**コーサラ**[Kosara] 紀元前六〜前五世紀に栄えた北インドの王国。十六大国の一つ。シュラサバスティ(=舎衛城)に都し、プラセナジット(=波斯匿)王は、仏教の保護者として有名。

**コーシー**[Augustin-Louis Cauchy](一七八九〜一八五七) フランスの数学者。微分積分学の基礎を固め、関数論での基本定理の証明や、微分方程式の解の存在定理の証明など、解析学の分野に画期的な業績をあげた。

**ゴージャス**[gorgeous](形動) はでで、りっぱなさま。豪華。

**コージンツェフ**[Grigory Kozintsev](一九〇五〜一九七三) ソ連の映画監督。作品『ハムレット』『リア王』など。

**コース**[course] ①進路。道筋。用例ハイキング――。②経過。順序。用例予定の――。③課程。用例ドクター――。④競走路。水路。用例第一――。⑤西洋料理などで、一組みになった料理。用例フル――。

**ゴーズ**[gauze] ①絽織り・紗織りなど、薄くすけたからみ織り。②裏地などに使う、平織りの、薄くすけた織物。ゴース。③平織りの綿織物であるガーゼのこと。

**コース-オブ-スタディ**[course of study] 学習指導要領。

**コースター**[coaster] ①「ジェットコースター」の略。②コップ・水差しなどの敷き皿。

**コースタル-プレーン**[Coastal Plain] アメリカ大西洋岸からメキシコ湾にかけて広がる大海岸平野。最大幅六〇〇km。北部は工業地帯、南部は大農業地帯。

**ゴースト**[ghost] ①幽霊。②「ゴーストイメージ」の略。

**ゴースト-イメージ**[ghost image] テレビ画面に現れる二重映像。建物などに反射した電波などの原因で現れる。

**ゴースト-タウン**[ghost town] 見捨てられて、住む人のいなくなった町。

**ゴー-ストップ**《和製語。goとstopから》進め・止まれの交通信号。traffic light

**ゴースト-ライター**[ghost writer] 署名本人にかわって、実際に執筆する人。代作者。

**コースト-レーンジズ**[Coast Ranges] 北アメリカの西海岸を、太平洋沿いに南北に連なる海岸山脈。最高峰のピノス山は標高二六九二m。

**コース-ロープ**《和製語》プールの水面に浮かべ、コースを区画する綱。五〇mプールでは一つのコースを幅二mに、二五mプールでは幅一・五mに区画する。lane marks

**コーダ**[codaイタリア] 楽曲、楽章、または楽曲中のある部分に、終結のために付けられる楽句。

**ゴーダ-チーズ**[Gouda cheese] オランダ原産の、硬質のナチュラルチーズ。プロセスチーズの主要原料。↓チーズ図

**ゴータマ-シッダッタ**[Gotama Siddhatthaパーリ] 出家前の釈迦の俗名。「ゴータマ」は「瞿曇」、「シッダッタ」は「悉達多」と漢訳音写。梵語ではガウタマ=シッダールタ。

**コーチ**[coach](名・サ変他) ①スポーツで、選手の技術指導を専門に行う人。用例打撃――。②《和製語》野球のベースコーチ。一塁あるいは三塁のコーチズボックスに立ち、走者や打者に作戦の伝達や走塁上の指示を与える人。コーチャー。

**コーチ**[交趾・交阯] ↓こうし(交趾)

**ゴーチエ**[Théophile Gautier] ↓ゴーティエ

**コーチ-シナ**[Cochin China・交趾支那] ベトナム南部、メコン川デルタを中心に、アンナン山脈南西に広がる平野。米の主生産地。中心都市はホーチミン市(旧称サイゴン)。

**コーチズ-ボックス**[coach's box] 野球で、攻撃側が出す一・三塁コーチの定位置。一・三塁の外側に白線でコの字形に表示。コーチャーボックス。

**こおち-だに**[▽香落▽渓] 三重県名張市南部、名張川支流の青蓮寺川の渓谷。安山岩の柱状節理で知られる。

**コーチャー**[coacher] コーチをする人。

**コーチン**[交趾中]《ヨーロッパ輸入時に交趾支那Cochin-China産と誤ったことからの名称》ニワトリの一品種。体は丸みを帯びて大きく、体重は雄約五kg、雌約四kg。羽毛が脚の指先まで生えている。羽色は淡黄色がふつう。成長は遅いが、丈夫で寒さに強く、おとなしい。肉用種。中国原産。

**コーチン**[Cochin] インド南部、ケララ州のアラビア海岸に臨む港湾都市。ゴム・ココヤシ・米などの積み出し港。一六世紀以来、東洋貿易の拠点。人口六八・六万(一九八一)。

**コーチング-ステッチ** 刺繍の刺し方の一つ。デザインに沿って置いた糸を他の糸で縫い押さえる方法。おもに、金銀糸、絹糸、太い糸やコードなどを使う。

**コーツ**[刻子中](kè-zi) 麻雀で、同種類の牌を三枚そろえた組み合わせ。自摸によるものは暗刻、碰によるものは明刻という。

**ゴーティ**[Lys Gauty](一九〇八〜) フランスの女性シャンソン歌手。ヒット曲に『パリ祭』など。

**ゴーティエ**[Théophile Gautier](一八一一〜一八七二) フランスの詩人・小説家。ロマン派の詩人として出発、のち「芸術のための芸術」を唱えて、高踏派への道を開いた。小説『モーパン嬢』、詩集『七宝螺鈿集』など。

**コーディネーター**[coordinator] ①製作・進行の責任者。調整係。②衣服や家具を調和よく組み合わせる人。

**コーディネート**[coordinate](名・サ変他)《統合する、調整する、の意》①仕事を円滑にするよう調整すること。まとめること。②服飾で、素材・色・柄などを調和よく組み合わせること。

**コーティング**[coating](名・サ変他) ものの表面を、パラフィン・ゴム・樹脂・化学物質などの薄膜でおおうこと。レンズ表面に反射防止膜をつける処理、布地の防水または耐熱加工、錠剤や顆粒剤の包被などを言う。コーティング加工。

**コーディング**[coding] ①調査などで得られた情報に、一定の規則にそって符号をつけること。コード化。符号化。②コンピューターで、一定方式の符号を用いてプログラムをつくること。

**コーテーション-マーク**【quotation marks】↓クォーテーションマーク
**コーデックス**【codex】洋本の初期の造本形式で、木や金属の薄板をひもや金属でとじ合わせたもの。
**コーテッド-レンズ**【coated lens】レンズ表面に、弗化マグネシウムなどの薄膜をコーティングして、光の反射を減少させ透過性を向上させたレンズ。
**コーデュロイ**【corduroy】↓コールてん（コール天）
**コート**【coat】もっとも外側に着る袖つき衣服の総称。防寒・雨よけなどのために用いる。ダスターコート・レーンコート・オーバーコートなど。
**コート**【court】テニス・バスケットボール・バレーボールなどの試合や練習を行う場。
**コード**【chord】二音以上の楽音が同時に響いたときの合成音。和音。
**コード**【code】①法典。規定。用例 放送―。プレス―。②符号・記号・暗号。用例 ―ブック。③コンピューターで、命令やデータを表す文字・数字を符号化したもの。用例 バー―。
**コード**【cord】①ひも。細引き。②電灯などに用いる電線。細い銅線の束を絶縁し、その上を綿糸・ビニール・ゴムでおおった電線。おもに室内用。③うね織り。コーデュロイ。↓写

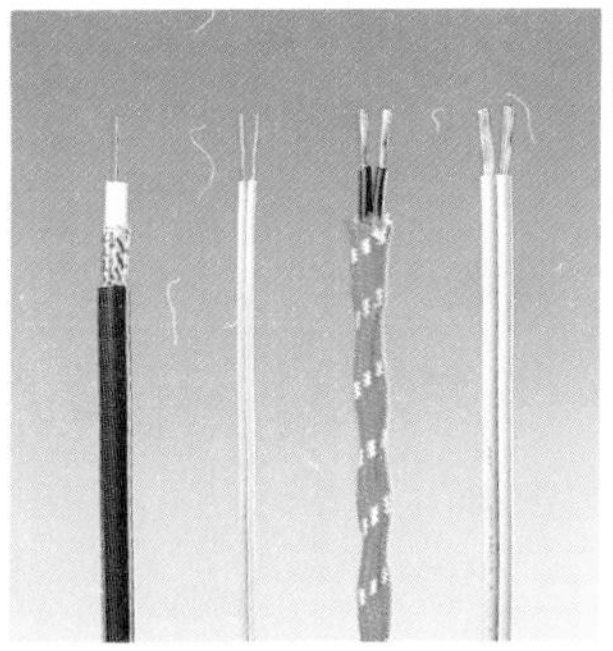

●コード② 右から、平行ビニールコード、袋内コード、一対電話ケーブル、テレビアンテナ用同軸ケーブル。

**ゴート**【Goth】①ゴート族。②ゴート族が建国した、東西両帝国。
**コートールズ**【Courtaulds PLC】イギリスの、世界有数の繊維メーカー。一九一三年設立。
**コート-し**【コート紙】顔料と糊の材料の塗布量がアート紙より少なく、一$m^2$当たり約二〇g未満のもの。アート紙より紙面の平滑度は低いが、カラー印刷に多用される。coated paper
**コード-ししゅう**【コード刺▾繍】刺繍の一種。デザインに沿って置いたコード（＝紐）を別の細い糸で目立たないようにとじつけ、図柄を構成するもの。cord embroidery ↓写

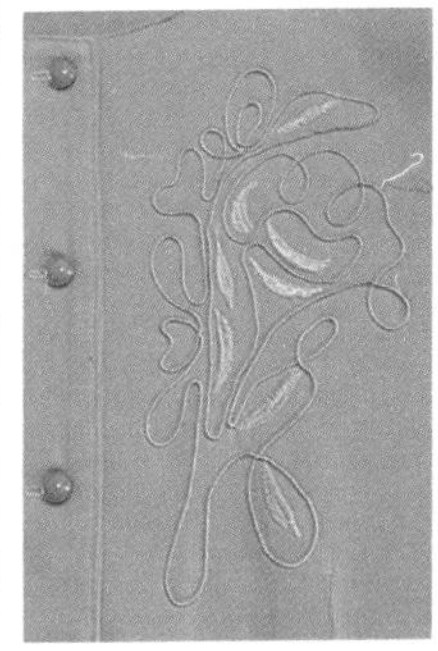

●コード刺繍

**コート-ジボアール**【Côte d'Ivoire フランス】（Republic of Côte d'Ivoire）アフリカ西部、ギニア湾岸の共和国。首都アビジャン。一九六〇年独立。国名は象牙海岸の意。熱帯雨林とサバナ気候にまたがる。カカオ・コーヒー・木材が主産物。面積三二・二万$km^2$。人口一〇一六万（一九八六）。正称コートジボアール共和国。
**ゴート-ぞく**【ゴート族】ゲルマン人の一部族。スウェーデン南部から起こり、三～四世紀に東・西に分裂。西ゴートはローマ帝国に侵入、民族大移動の端緒となる。五世紀に東ゴートはイタリア、西ゴートはスペインを建国。Goth
**コート-ダジュール**【Côte d'Azur】《紺碧海岸の意》フランス南東部、地中海に臨む地域。カンヌ・ニース・モナコを中心とする保養地。
**コート-ハウス** 中庭などを建物の一部として組み込んだ住宅。敷地が有効に利用でき、プライバシーも確保できる。courtyard house
**コードバン**【cordovan】《なめし皮工業のさかんな、スペインのコルドバに由来》おもにウマの尻の皮からつくったなめし革。緻密できわめて丈夫。美しさと耐久性とから高級靴・ベルトなどに利用。
**コードラート-ほう**【コードラート法】一定面積の区画を設定して、その中の生物種、その個体数などを調査する方法。枠法。quadrat method
**こ-おどり**【小躍り】（名・サ変自）うれしくて、はねおどること。雀躍。jump for joy
**コードレーン**【Cordlane】《商標名に由来するが、コード織りの布地一般をさして使う》縦に畝（＝コード）が表れる、夏向きの服地。
**コーナー**【corner】①かど。すみ。②《和製語》デパートなどの売り場の一区画。section 用例 食品―。
**コーナー-キック**【corner kick】サッカーで、守備側の触れた球がゴールラインから外へ出た場合の競技再開法。出た地点に近いコーナーエリアから攻撃側がキックをする。
**コーナー-ワーク**【corner work】野球で、投手が本塁上の左右高低の各コーナーにボールを投げ分ける制球力。また、そのような投球をすること。
**コーナリング**【cornering】陸上競技の競走や、自動車・オートバイの運転などで、カーブを曲がること。また、その技術。
**こ-おにたびらこ**【小鬼田平子】タビラコの別名。
**コーニッシュ-しゅ**【コーニッシュ種】ニワトリの一品種。羽毛はおもに白色。肉用。白色プリマスロックと交配してブロイラー用とする。Cornish
**こ-おにゆり**【小鬼▿百▿合】ユリ科の多年草。高さ一～一・五m。オニユリに酷似するが、葉が細いこと、茎に黒点がないことなどで区別。夏に、黄赤色で紫黒点が散在する六弁花をつける。鱗茎は食用。
**コーネル-メディカル-インデックス**【Cornell Medical Index】自覚的症状を系統的に調査する方法。第二次大戦中、軍人の心身異常を早期発見するためにコーネル大学で開発された。CMI。
**コーパル**【copal】天然樹脂の一つ。本来は、化石または半化石樹脂の名称だが、ワニス製造に適する樹脂もこの名でよぶ。
**コーヒー**【koffie オランダ・珈琲】アカネ科のコーヒーノキの種子（豆）を炒って粉にしたもの。また、それを熱湯で浸出した飲料。coffee
**コーヒー-の-き**【コーヒーの木】アカネ科の常緑中高木。枝は水平に開き、葉は長楕円形で光沢がある。花は白色五弁の筒状。果実は長楕円体で赤熟する。灰白色の種子を炒って粉末にして、コーヒーとして飲む。アラビア・リベリア・ロブスターの三原種があるがアラビアコーヒーノキがコーヒー生産の九〇%を占める。coffee tree

●コーヒーノキ 花（上）と実（下）。↓写

**コーヒー-ブラウン**《和製語》コーヒーをひいた粉のような暗い茶色。coffee
**コーヒー-ポット**【coffeepot】コーヒーを浸出させる器具。
**ゴー-ビハインド**【go-behind】スタンドレスリングで、攻勢に立つために相手のうしろに回り込むこと。完全に相手の動きを制すればポイントとなる。
**コープ**【coop】《cooperative の略》消費生活協同組合の通称。
**コープ**【Edward Drinker Cope】（一八四〇―九七）アメリカの古生物学者・進化論者。魚類・哺乳類・爬虫類の化石の研究に業績をあげる。進化学説の一つ、新ラマルク説の代表者。
**コープ-じゅうたく**【コープ住宅】協同組合方式で建てる住宅。居住者となる人々が組合をつくり、土地探しから設計・工事業者の選定までを行う。corporative house
**コーフマン**【George Kaufman】（一八八九―一九六一）アメリカの劇作家。合作で風刺喜劇を書いた。ミュージカル『君がため歌わん』など。
**コープランド**【Aaron Copland】（一九〇〇―九〇）アメリカの作曲家。著作も多く、アメリカ音楽界の重鎮。管弦楽『エル=サロン=メヒコ』、バレエ音楽『アパラチアの春』など。
**コーホート**【cohort】特定期間内に生まれた、あるいは結婚した人の集まりなど、統計上の因子を共有する集団。
**コーポラス**《和製語》共同住宅。廊下・階段・外部への出入り口などを共用で使用している建物。集合住宅。マンション。コーポ。corporate house
**コーポレーション**【corporation】会社。組合。団体。
**コーポレート-アイデンティティ**【corporate identity】企業が内外に経営理念などを訴えて、より良い企業イメージを形成しようとすること。CI。
**コーマック**【Allan MacLeod Cormack】（一九二四―九八）アメリカの医学・物理学者。コンピューター制御によるX線断層撮影装置（CT）の基礎理論を確立。一九七九年ノーベル生理学医学賞受賞。
**コーム**【comb】櫛。主として洋髪を形づけるために用いるものをいう。
**こ-おもて**【小面】能面の一つ。若く可憐な女性を表す。↓写
**ゴーモン**【Léon Gaumont】（一八六三―一九四六）フランスの映画製作者。映画誕生期に撮影機や色彩技術を開発・製作した。
**コーライト**【Coalite】石炭を低温で乾留して得られるコークス。かつて、家庭用ストーブの燃料として使われた。半成コークス。
**コーラ-いんりょう**【コーラ飲料】コーラノキの種子とコカの葉を主原料とする清涼飲料水。カフェインを多分に含み、独特の風味をもつ。コーラ。cola drinks
**コーラス**【chorus】合唱。合唱団。合唱曲。
**コーラ-の-き**【コーラの木】アオギリ科の常緑高木。高さは約一〇m。葉は倒卵形、花は黄色で円錐状につく。種子は清涼飲料に利用。熱帯アフリカに分布。kola tree
**コーラル**【coral】サンゴ。
**ゴーラル**【goral】ウシ科に属するカモシカの一種。肩高五五～七〇㎝。ニホンカモシカに似ているが、たてがみがある。中国・朝鮮半島・モンゴル・チベットから北インドの山岳に分布。
**コーラン**【Qur'ān アラビア】《正しく読誦するもの、の意》イスラム教の聖典。開祖ムハンマドの受けたアラーの啓示を集めた書物。六五一年、三代カリフ、オスマーンの時代に結集。三〇編一一四スーラ（章）から成り、「メッカ啓示」と「メディナ啓示」に大別。教徒の信仰および政治・法律・社会的問題に関わる生活全般の規範。正式な読誦は世界のどこでもアラビア語による。クルアーン。the Koran
**こおり**【氷】こおったもの。とくに、水がこおって固体になったもの。ice
**こおり**【▿郡】昔、国の下に属した行政区「分。ぐん。
**こおり**【▿桑折】〈町〉福島県北部の町。旧宿場町。桃などの果樹栽培がさかん。人口一万四九三三（一九八八）。
**こおり-がし**【氷菓子】果汁・クリームなどに甘味料や香料を加えて凍らせた食品。アイスクリーム・シャーベットなど。ices
**こおり-がも**【氷▾鴨】潜水採食性のガンカモ科の海鳥。翼長約二三㎝。雄の尾がきわめて長く、二〇㎝もある。極地で繁殖し、冬は南下。日本へは冬鳥として北海道・本州北部の海上に渡来。
**ゴーリキー**【Gorkiy】ソ連中西部、ボルガ川とオカ川の合流点にある河港都市。機械・石油化学工業が発達。ソ連の重要な工業中心地の一つ。作家ゴーリキーの生地。人口一四〇・九万（一九八六）。
**ゴーリキー**【Maksim Gorky】（一八六八―一九三六）ロシア・ソ連の小説家。社会主義リアリズムの創始者。マルクス主義に近づき、文学と革命を意識的に結びつけた。小説『チェルカッシ』『海燕の歌』『母』『クリム=サムギンの生涯』（未完）、戯曲『どん底』、自伝三部作『幼年時代』『人びと

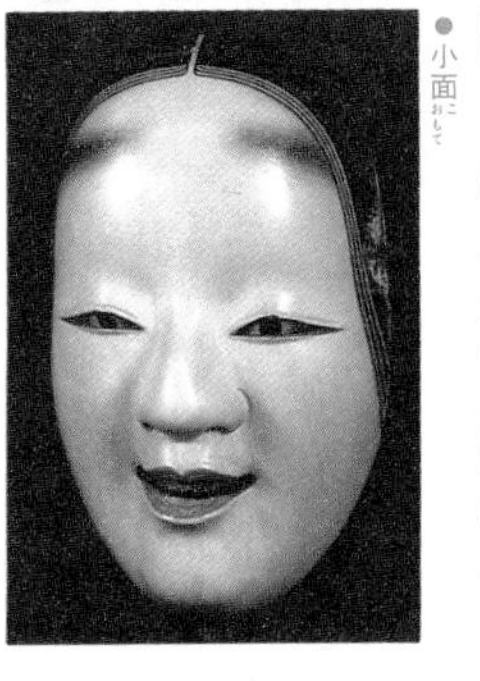

●小面

の中』『私の大学』など。

**こおり-ぐも**【氷雲】 氷晶からできている雲。巻雲や巻層雲および巻積雲がこれにあたる。氷晶雲。ice cloud

**こおり-こんにゃく**【凍り▾蒟▾蒻】 こんにゃくを凍結させ、脱水・乾燥したもの。水でもどして煮物・あえ物などに用いる。

**こおり-ざとう**【氷砂糖】 氷のように結晶が大きく純度の高い砂糖。透明と不透明のものがある。果実酒用に多く用いられる。氷糖。crystal sugar

**ゴーリスム**【gaulisme フランス】 フランスの元大統領ド＝ゴールの政治思想とその影響下にあるイデオロギー。愛国主義的傾向が強い。

**こおり-つ・く**【凍り付く】(五自) ①凍ってくっつく。be frozen ②かたく凍る。be frozen hard

**こおり-づめ**【氷詰(め)】 氷を詰めること。氷で詰めた物。pack in ice

**こおり-どうふ**【凍り豆腐】 豆腐を凍らせたあと乾燥させた食品。栄養価が高く、安価で、輸送・貯蔵に便利。高野豆腐。しみ豆腐。

**こおり-とらひこ**【▽郡▾虎▾彦】(一八九〇〜一九二四) 劇作家。東京生まれ。学習院卒。大正期に海外で声価を得た。戯曲『道成寺』。イギリスで『鉄輪』などを上演。

**こおり-ぶぎょう**【▽郡奉行】 江戸時代、各藩の郡村行政に当たった役職名。郡ごとに任命され、年貢・訴訟などの庶事を統轄。

**こおり-まくら**【氷▾枕】 頭部を冷やすためのゴム製の袋。水または、砕いた氷と少量の水を入れて使用する。氷ぶくろ。ice bag →写

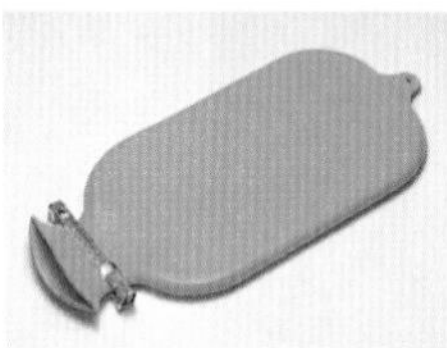
●氷枕

**こおり-みず**【氷水】 ①氷のかけらを入れた水。iced water ②けずった氷に蜜・シロップなどをかけたもの。こおりすい。shaved ice

**こおり-もち**【凍り▾餅・氷▾餅】 寒気に当てて凍らせた餅。東北や長野県地方にみられる。しみもち。

**こおりやま**【▽郡山】〈市〉 福島県中部、郡山盆地の市。旧宿場町。鉄道が集まる交通の要地。工業の発達が著しい。人口三〇万三四一八(一九八八)。

**こおりやま**【▽郡山】〈町〉 鹿児島県中西部、薩摩半島の町。農業中心。鹿児島市の近郊住宅地化が進む。人口八一九三(一九八八)。

**こおりやま-ぼんち**【▽郡山盆地】 福島県中部、阿武隈川中流の盆地。新・旧安積疎水の受益地帯で、稲作や工業がさかん。

**コーリャン**【高粱】 モロコシの中国名。中国東北部で栽培。食料。蒸留酒の高粱酒の原料。

**こお・る**【凍る・▽氷る】(五自) ①水などが寒さで固まる。freeze 用例 水道が—。②恐怖や緊張のため感情の流れがとどこおり心身がこわばる。be frozen 用例 心が—。

**コール**【call】「コールローン」「コールマネー」の略。

**コール**【Nat King Cole】(一九一七〜六五) アメリカの黒人ポピュラー歌手。洗練された甘い歌い方に人気があった。ヒット曲『モナ＝リザ』など。

**ゴール**【goal】 ①着順を争う競技の決勝線。また、そこへ到達すること。決勝点。②サッカー・バスケットボール・水球などの球技で、球を運び入れると得点となる枠。また、その得点。③ラグビーで、トライののち、キックでポスト間のクロスバーを越すこと。また、それによる得点。④目標。目的。

**ゴール**【Galle】 スリランカ南部の港湾都市。かつてのポルトガル・オランダのセイロン島植民地経営の中心地。人口七・七万(一九八一)。

**ゴール-イン**(名・サ変自)《和製語》 ①競走などで決勝点にはいること。make the goal ②サッカーなどの球技で、ボールを相手のゴールの中に入れること。hit the goal ③目的を達すること。reach the goal 用例 めでたく結婚に—した。

**コール-ガール**【call girl】 電話での呼び出しに応じて客のところに出向く売春婦。

**ゴールキーパー**【goalkeeper】 サッカー・アイスホッケーなどで、自陣のゴール守備を主な任務とするプレーヤー。キーパー。GK。

**コール-サイン**【call sign】 ラジオ・テレビその他、各種無線局の国際的な電波呼び出し符号。NHKのJOAKなど。call letters

**コール-しじょう**【コール市場】 金融機関や証券会社が、短期間、余裕資金を相互に貸借する市場。call money market

**コールスロー**【coleslaw】 せん切りにしたキャベツを、フレンチドレッシングであえたサラダ。

**ゴールズワージー**【John Galsworthy】(一八六七〜一九三三) イギリスの小説家・劇作家。人道主義的道徳観に立ち、社会の矛盾を伝統的な写実的手法で描いた。一九三二年ノーベル文学賞受賞。三部作『フォーサイト物語』、戯曲『銀の箱』など。

**コールダー**【Alexander Calder】(一八九八〜一九七六) アメリカの彫刻家。モビール(動く彫刻)を創始し、彫刻の概念に新生面を開いた。作品『鋼鉄の魚』(モビール)、『鯨』など。

**コール-タール**【coal tar】 石炭を高温で乾留したさいに得られる黒い粘性油状物質。中性の炭化水素・酸性油・塩基性油など多数の化合物が混合している。医薬品・有機合成化学製品の原料などに用いる。コールター。

**ゴールディング**【William Golding】(一九一一〜) イギリスの小説家。密度の高い文体で人間性の底にひそむ罪と悪などを追求する。一九八三年ノーベル文学賞受賞。作品『蠅の王』『後継者たち』『尖塔』『航海の儀式』『狭い居住区』など。

**コール-てん**【コール天】《corded velveteenのなまりか》縦方向にパイル(＝添毛)のうねを表した綿織物。丈夫なので、作業服・遊び着などに用いられる。コーデュロイ。corduroy

**ゴールデン**【golden】 ①金製の。②金色の。③たいへんすばらしい。

**ゴールデン-アワー**《和製語》放送で、一日のうちもっとも視聴率が高い時間帯。午後七時〜九時ごろ。ゴールデンタイム、プライムタイム。prime time

**ゴールデン-ウイーク**《和製語》黄金週間。四月下旬から五月上旬にかけての、休日の続く週。

**ゴールデン-キャット**【golden cat】 ネコ科の哺乳動物。金色を帯びた褐色の毛をもつ大形のヤマネコ。東南アジアにすむアジアゴールデンキャットと、西アフリカにすむアフリカゴールデンキャットの二種がある。前者は体長約一m、後者は体長約八〇cmで、高木林内の岩場にすみ、後者は海岸近くの高い落葉樹林にすむ。

**ゴールデンゲート-きょう**【ゴールデンゲート橋】(Golden Gate Bridge) アメリカのサンフランシスコとマリン半島を結ぶ鋼製の吊り橋。長さ一・三km。一九三七年完成。金門橋。

**ゴールデン-トライアングル**【Golden Triangle】 黄金の三角地帯。タイ・ラオス・ビルマ三国にまたがる国境山岳地帯で、世界最大のケシ栽培地。世界のアヘンの七割がここで生産・供給される。

**ゴールデン-トレジャリー**【The Golden Treasury of best songs and lyrical poems in the English language】 イギリス叙情詩の選詩集。ポールグレーブ編。エリザベス朝からロマン派までのすぐれた詩編を選択・集録したもの。一八六一年に第一集、九七年に第二集を刊行。

**コールド**【cold】 ①寒いこと。冷たいこと。②「コールドクリーム」の略。③「コールドパーマ」の略。

**ゴールド**【gold】 金。黄金。

**ゴールド**【Michael Gold】(一八九三〜一九六七) アメリカの小説家。プロレタリア文学の代表者。作品『金のないユダヤ人』など。

**コールドウェル**【Erskine Caldwell】(一九〇三〜八七) アメリカの小説家。南部の貧農の生態を独特のユーモアをもって描く。作品『タバコ-ロード』『神の小さな土地』など。

**コールド-ウォー**【cold war】 ↓れいせん(冷戦)

**コールド-クリーム**【cold cream】 化粧品の一種。動植物性・鉱物性油を原料として完全乳化したクリーム。マッサージ・化粧落としなどに用いられる。

**コールド-ゲーム**【called game】 野球の試合で、天候あるいは規定の得点差などにより、五回終了以降に中止されたゲーム。それまでの得点により勝敗が決められる。

**ゴールドスタイン**【Joseph Leonard Goldstein】(一九四〇〜) アメリカの医学・遺伝学者。コレステロール代謝とそれが関与する疾患の研究により、ブラウンとともに一九八五年ノーベル生理学医学賞受賞。

**ゴールドスミス**【Oliver Goldsmith】(一七二八〜七四) イギリスの詩人・小説家・劇作家。アイルランド生まれ。善意とユーモアにあふれる作品を書いた。小説『ウェークフィールドの牧師』、喜劇『負けるが勝ち』など。

**コールド-チェーン**《和製語》低温食品流通機構。生鮮食品・冷凍食品などの鮮度をたもつため、製造から備蓄・流通・消費にいたる過程を低温化した物流システム。frozen food distribution chain

**コールド-パーマ**【cold perm】 熱を使わないパーマネントウエーブの方法。常温でアルカリ性のパーマ液を毛髪に浸透させ、ロッドに巻いて一定時間ののち酸化剤でウエーブを固定する。

**コール-ド-バレエ**【corps de ballet フランス】 バレエ団で、「その他大勢」の踊り手。古典バレエで主役を引き立てる役割をもつ。

**コールド-ビーフ**【cold beef】 焼いた牛肉を、冷やしたもの。

**コールド-ミート**【cold meat】 ローストビーフ・ローストチキンなどを冷蔵したもの。サラダ・サンドイッチなどにも用いる。

**ゴールド-ラッシュ**【gold rush】 金鉱の発見地に人々が殺到する現象。アメリカのカリフォルニアではとくに大規模で、一八四九年だけで八万人以上が集まったという。

**ゴールトン**【Francis Galton】(一八二二〜一九一一) イギリスの遺伝学者。遺伝学・心理学に統計的手法を導入。生物統計学・実験心理学の基礎をつくるとともに優生学を創始。

**コール-ナンバー**【call number】 通信回線において、相手を呼び出すために必要な番号。

**コール-ピック**【coal pick】 手持ち式の石炭掘削機械。長さ四〇〜五〇cm、重量七〜九kg。圧縮空気でたがねを振動させ、その打撃で炭層をくずす。

**ゴール-ポスト**【goal post】 サッカー・ラグビー・アメリカンフットボールなどで、ゴールを形づくる二本の柱。

**コール-マネー**【call money】 ①《「コール」は、呼べばもどる、の意》金融機関や証券会社などが、短期の間だけ、相互に貸借する余裕資金。②①を借り手側からみたときの呼称。コール。

**コールマン**【Ornette Coleman】(一九三〇〜) アメリカの黒人ジャズ-アルトサックス奏者・作曲家。ニュージャズの開祖といわれる。作品『寂しい女』など。

**コールマン-ひげ**【コールマン▾髭】 八の字形の口ひげ。アメリカの映画俳優、ロナルド＝コールマンが元祖。Colman mustache ↓写

●コールマン髭 ロナルド＝コールマン。

**コールユーブンゲン**【Chorübungen】 三巻の合唱教本。ドイツの作曲家フランツ＝ビュルナーの著。一八七六〜八一年出版。第一巻は声楽の初歩の入門書として知られる。

**ゴール-ライン**【goal line】 ①陸上競技などの決勝線。②サッカー・ラグビー・ハンドボールなどの競技場の区画線の短辺。③アイスホッケーでリンクの短辺から四m内側に引かれた赤い線。

**コールラビ**【kohlrabi】 アブラナ科の多年草。キャベツの変種。茎が球状に肥大し、多肉質になる。径四〜五cmの未熟時に収穫し、食する。球形カンラン。↓写

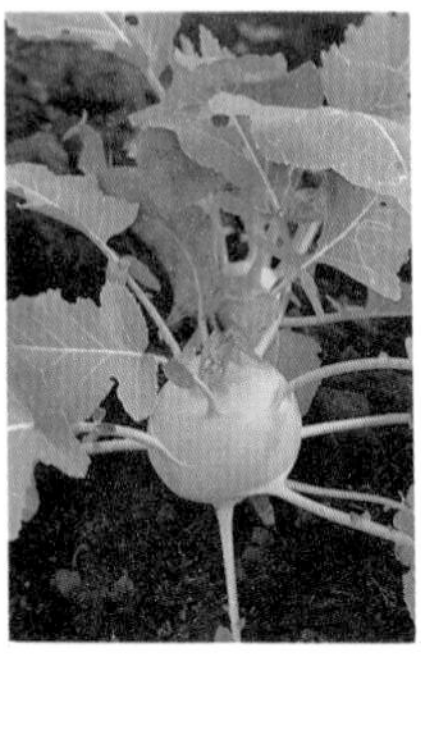
●コールラビ

**コールリッジ**【Samuel Taylor Coleridge】(一七七二〜一八三四) イギリスの詩人・批評家。『叙情民謡集』の共著者として、ワーズワースと並ぶロマン派の代表的詩人。夢幻的な超自然の世界との交感をうたう。文芸批評でも鋭い才能を示した。物語詩『老水夫行』『クリスタベル』『クブラ＝カーン』『失意の賦』、批評『文学的自伝』など。

**コール-レート**[call rate] コールマネーの貸借利率。

**コール-ローン**[call loan] コールマネー①を貸し手側からみたときの呼称。コール。

**ゴールロフカ**[Gorlovka] ソ連、ウクライナ共和国中東部のドンバスにある都市。鉱工業がさかんで鉄道交通の要地。人口三四・一万(一九八四)。

**コーロール-とう**[コーロール島](Koror Island) 北太平洋南西部、アメリカ信託統治領カロリン諸島中のパラウ諸島の主島。面積五$km^2$。コプラの産地。コロール島。

**こおろぎ**[▾蟋▾蟀] 夏から秋に鳴くコオロギ科の昆虫の総称。体長一〜三cm。体は褐色ないし黒色。雄は右前翅を上、左前翅を下にしてすり合わせて発音。日本には、エンマコオロギ・ミツカドコオロギなど約六〇種が分布。古くは、キリギリスともよばれた。シッシュツ。イトド。チチロムシ。cricket →写

●コオロギ　エンマコオロギ

**コーン**[cone] ①ソフトアイスクリームなどのカップ代わりにする、穀物の粉でつくった円錐形の入れ物。②スピーカーの円錐形の部分。

**コーン**[corn] トウモロコシ。参考イギリスでは、トウモロコシはmaize、cornはオオムギやエンバクなどの穀類、とくにコムギをさす。

**コーン**[Ferdinand Julius Cohn](一八二八〜九八) ドイツの植物学者。細菌学の創始者。バクテリアが植物であることを確かめ、細菌学の基礎づくりに貢献した。

**ご-おん**[五音] →ごいん(五音)

**ご-おん**[呉音] 日本の漢字音の一つ。「明」の「ミョウ」、「人」の「ニン」など。漢音より先に伝えられた。古代の揚子江下流地域の言語の音をうつしたものという。比較漢音・唐音。

**ご-おん**[語音] ことばの音声。sound of a word 用例―不明瞭。

**ごおん-おんかい**[五音音階] 一オクターブの五つの音を選び出して並べた音階。日本や中国の音楽の基本音階。Pentatonic scale

**ごおん-じょうく**[五▿陰盛苦]《仏教語》四苦八苦の一つ。存在を構成する五つの集まり(=五蘊)の作用が活発化する苦しみ。生存そのものの苦しみ。

**コーン-スープ**[corn soup] トウモロコシをすりつぶして、ブイヨン・牛乳・生クリームを加えたスープ。コーンポタージュ。

**コーンスターチ**[cornstarch] トウモロコシから取ったでんぷん。純度が高く粒子が細かい。菓子材料・繊維工業用のりなどに用いる。

**こ-おんな**[小女] ①小柄な女性。short woman ②年若いお手伝いさん。young maid

**コーンバーグ**[Arthur Kornberg](一九一八〜) アメリカの生化学者。デオキシヌクレオチドからDNAを合成する酵素の発見者。一九五九年ノーベル生理学医学賞受賞。

**コーン-ビーフ**[corned beef] →コンビーフ

**コーンフォース**[John Warcup Cornforth](一九一七〜) オーストラリアの化学者。酸素反応を合成化学に利用する生合成の仕組みを解明。一九七五年ノーベル化学賞受賞。

**コーン-フラワー**[corn flour] トウモロコシ粉。水やスープで練ってイタリア料理や製菓などに用いる。

**コーンフレークス**[cornflakes] トウモロコシをひき割り、調理・加工して押しつぶし、乾燥させたもの。牛乳と砂糖をかけて食べる。欧米では朝食によく用いられる。

**コーン-ベルト**[Corn Belt] アメリカの五大湖南西にひろがる、世界最大のトウモロコシ地帯。トウモロコシ・大豆・牧草などの輪作と豚や肉牛の飼育による混合農業地帯。

**コーン-ミール**[corn meal] トウモロコシを、粒子の粗い粉末にしたもの。ケーキやクッキーの材料に用いる。

**コーンロー-スタイル**[cornrow style]《トウモロコシの粒が並んでいるように見えることから》髪型の一つ。少量の毛束を取り分けて毛先まで三つ編みにし、毛先にビーズなどを飾る。

**こ-か**[古歌] 昔の人の詠んだ歌。古い時代につくられた歌。

**こ-か**[▾估価] ねだん。価格。

**コカ**[coca] →コカのき(コカの木)

**こ-が**[古画] 昔の絵。昔の人のかいた絵。old paintings

**こ-が**[古雅](名・形動) 古風でみやびやかなこと・さま。classical grace

**こ-が**[個我] 個人としての、他と区別される自我。比較他我。

**こが**[古河]〈市〉 茨城県西端、渡良瀬川に沿う市。旧城下町・宿場町。電機・繊維・洋傘などの工業がさかん。首都圏の住宅地化も著しい。人口五万七五七四(一九八八)。

**こが**[古賀]〈町〉 福岡市の北にある町。広い農村部をもつほか、福岡市の衛星工業地区を形成。人口四万二〇六六(一九八八)。

**ご-か**[五加] ウコギ科ウコギの漢名。根の皮は五加皮とよばれ、強壮薬。

**ごか**[五箇]〈村〉 島根県、隠岐諸島の島後の村。農林・漁業が主でウニ・板ワカメ・アラメ漁などが行われる。人口二三五七(一九八八)。

**ごか**[五▾霞]〈村〉 茨城県南西端、利根川沿いの村。稲作と畜産が主。製紙・自動車部品などの工場もある。人口八八一二(一九八八)。

**こ-がい**[小貝] ①小さな貝。②漢字を組み立てている部分の名。かいへん。「財・貯」などの左にある「貝」。

**こ-がい**[小買い](名・サ変他) 少しずつ買い入れること。buy in small lots

**こ-がい**[子飼い] 小さいときから育てること。その育てられた鳥・けもの・人。bringing up from infancy

**こ-がい**[戸外] 家のそと。屋外。outdoors

**ご-かい**[五戒]《仏教語》在家信者の守るべき五つの戒め。不殺生・不偸盗・不邪淫・不妄語・不飲酒。

**ごかい**[▾沙▿蚕・▿砂▿蚕] 河口付近の海辺の砂泥底にすむゴカイ科の環形動物の総称、または、その一種。体長五〜一〇cm前後で細長い。体色は淡紅色から黄紅色。体節数は七〇〜一五〇。つりえさ用。日本全土に分布。clam worm →図

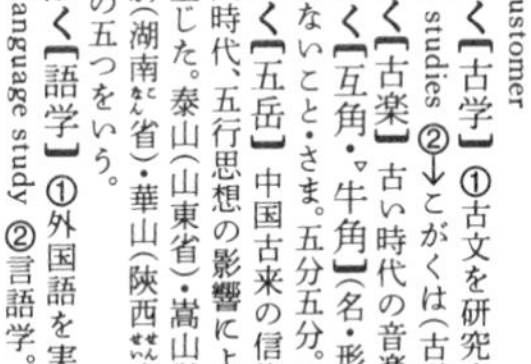

●ゴカイ

**ご-かい**[悟界]《仏教語》十界のうち、聖者の悟りの領域。声聞界・縁覚界・菩薩界・仏界の総称。対義迷界。

**ご-かい**[誤解](名・サ変他) ある事柄・事情・人物などについて、まちがって別の意味に受けとること。思いちがい。取りちがえ。misunderstanding 比較曲解・正解。用例―を招く。

**こかい-がわ**[小貝川] 栃木・茨城両県を南流する川。長さ一一二km。栃木県東部に発し、茨城県取手市で利根川に合流。

**こ-がいし**[顧▾愷▾之](三四四ごろ〜四〇六ごろ) 中国、東晋の文人画家。字は長康。人物・肖像画にすぐれ、細く洗練された描線が名高い。著書『論画』(中国最初のまとまった画論)、伝承作品『女史箴図』(唐初の模本とされる)。

**こ-がいしゃ**[子会社] 特定の他企業(親会社)に株式の五〇%以上を握られて従属している会社。subsidiary company 対義親会社。

**ご-かいしょ**[碁会所] 席料をとって客に碁を打たせるところ。専門棋士の指導があるところも多い。碁席。

**こが-いっさく**[古賀逸策](一八九九〜一九八二) 電気工学者。佐賀県生まれ。圧電気を利用した水晶発振器の研究で世界的に有名。水晶発振子を発明し、水晶時計・無線送信に利用。昭和三八年(一九六三)文化勲章受章。

**ご-かいどう**[五街道] 江戸時代、江戸を起点とした五つの大きな街道。東海道・中山道・日光街道・甲州街道・奥州街道。

**コカイン**[Kokainドイツ] 南米原産のコカの葉に含まれるアルカロイド。局所麻酔・交感神経興奮・中枢神経興奮の作用をもつ。cocaine

**こ-がき**[小書(き)](名・サ変他) 小さく書き入れること。また、その注。marginal note

**こ-かく**[古格] 古い格式。昔のやり方・形式。tradition

**こ-かく**[呼格] 西欧文法の名詞の格の一つ。呼びかけに用いる形。サンスクリット語・ギリシア語・ラテン語に特別な形がみられるが、近代では主格と同形になったものが多い。vocative

**こ-かく**[孤客] ひとり旅をしている人。

**こ-かく**[孤▾鶴] 一羽だけでいるツル。

**こ-かく**[顧客] ひいきの客。お得意。こきゃく。customer

**こ-がく**[古学] ①古文を研究する学問。classical studies ②→こがくは(古学派)

**こ-がく**[古楽] 古い時代の音楽。

**ご-かく**[互角・▿牛角](名・形動) 互いに優劣のないこと・さま。五分五分。equal

**ご-がく**[五岳] 中国古来の信仰上の五霊山。戦国時代、五行思想の影響により五岳の観念が生じた。泰山(山東省)・嵩山(河南省)・衡山(湖南省)・華山(陝西省)・恒山(山西省)の五つをいう。

**ご-がく**[語学] ①外国語を実用的に学ぶこと。language study ②言語学。また、国語学。linguistics

**ごかく-けい**[五角形] 五つの辺と頂角をもつ多角形。pentagon

**こがく-は**[古学派] 江戸時代の儒学の一派。朱子学・陽明学を退け、孔孟の原典に直接あたって考証・解釈することを主張。山鹿素行の古学、伊藤仁斎の古義学、荻生徂徠の古文辞学など。

**こが-くぼう**[古河▿公方] 下総古河に居住した足利成氏とその子孫五代の呼称。鎌倉公方成氏が室町幕府にそむき、康正元年(一四五五)古河に移ってから五代義氏まで。

**こ-がくれ**[木隠れ] 木の陰に隠れること。

**こ-かげ**[小陰・小▾蔭] ちょっとしたものかげ。the shade

**こ-かげ**[木陰・木▾蔭] 木の陰。樹陰。shade of a tree

**木蔭に臥す者は枝を手折らず** 恩をあたえてくれたものには、害を加えないのが人情である。対義蔭に居て枝を折る。

**コカコーラ**[The Coca-Cola Company] アメリカにある世界最大手の清涼飲料会社。一九一九年設立。

**こ-かじ**[小▿鍛▾冶] ①京都の刀工、三条小鍛冶宗近。また彼が作った刀をいう。②能の曲目。五番目物。三条小鍛冶宗近が、稲荷明神の使いの霊狐の助けをえて名剣小狐丸を完成する話。③歌舞伎舞踊。能によった数種の通称。長唄が多い。

**こがし**[焦(が)し] ①焦がすこと。burning ②穀物をいって粉にしたもの。香煎。用例麦―。

**ごかし**(接尾)《体言に付いて》かこつけて私利をはかる意。用例おため―。親切―。

**ごかしょう**[五▿個▿荘]〈町〉 滋賀県中部、近江盆地の町。近江商人発祥地の一つ。織物業がさかん。人口九八三四(一九八八)。

**ごかじょう-の-せいもん**[五箇条の誓文] 慶応四年(一八六八)三月一四日、明治天皇が発布した明治新政府の施政の基本方針。公議世論・人材登用・開国進取などをうたった。五箇条の御誓文。

**ごかしょ-わん**[五ケ所湾] 三重県南東部、熊野灘に開く湾。海岸線は変化に富んで美しい。湾岸にはミカン園が広がる。

**こ-がしら**[小頭] 大きな集団の中の、小さな集団・組の長。

**ごかしわばら-てんのう**[後▾柏原天皇](一四六四〜一五二六) 第一〇四代天皇(在位一五〇〇〜二六)。名は勝仁。後土御門天皇の第一皇子。応仁の乱後のため、践祚は明応九年(一五〇〇)に行ったが、即位は永正一八年(一五二一)であった。

**こか・す**[▿転す・▿倒す](五他) ①押し動かす。push ②投げて倒す。throw down ③《俗語》くすねる。pilfer

**こが・す**[焦(が)す](五他) ①焼いて黒くする。scorch ②香など、たきものをくべる。smoke ③心を悩ます。pine for 用例思いを―。

**ごかせ**[五ケ瀬]〈町〉 宮崎県北西部、熊本県に接する町。林業、シイタケ・茶の栽培のほかに、ヤマメも特産。人口五八八七(一九八八)。

**こが-せいり**[古賀精里](一七五〇〜一八一七) 江戸中期の儒者。佐賀藩の人。藩校教授、のち昌平黌の儒官。柴野栗山・尾藤二洲とともに「寛政の三博士」の一人。

**ごかせ-がわ**[五ケ瀬川] 宮崎県北部を東流する川。長さ一〇六km。延岡市で日向灘に注ぐ。上流部は峡谷、河口は三角州。

**こ-かた**[子方] ①親方の指揮下にある労務者・職人。奉公人、漁村の網子、地主に隷属する名子など。子分。手下。follower ②能楽で少年の演じる役。また、その役を演じる人。子供役。子役。

**こ-がた**[小形] かたちの小さいこと・もの。

small size [対義]大形。

**こ-がた【小型】** 小さな型。small size [対義]大型。[用例] ―自動車。

**こがた-あかいえか【小形赤家蚊】** カの一種。赤褐色で、体長三～四㎜。幼虫は水田・水たまりなどにすみ、成虫は夏から秋に発生。夜行性。吸血するのは雌で、日本脳炎を媒介する。日本全土・朝鮮半島に分布。

**こがた-えいが【小型映画】** 幅一六㎜や八㎜のフィルムを使う映画の総称。substandard film

**ご-がたき【碁敵】** 碁の、よい相手。

**こ-がたな【小刀】** ①小さい刃物。ナイフ。knife [数え方]一丁・一本。②小づか。

**こがたな-ざいく【小刀細工】** ①小刀で細工したもの。carving with a knife ②大局を見ない、目先だけの策略。こせこせした策略。petty trick

**ごか-ちほう【五河地方】** パンジャブ地方の[別称]。

**こ-かつ【枯渇・涸渇】**（名・サ変自）①水がなくなること。run dry ②欠乏すること。尽きること。exhaustion [用例] 資金の―。

**ご-がつ【五月】** 一年の第五番めの月。May [比較]皐月。

**ごがつ-かくめい【五月革命】**（événements de Mai(フ)）一九六八年五月、フランスでパリを中心に学生をはじめとする市民・労働者が展開した大規模な反政府行動。ド=ゴール政権によって武力鎮圧されたが、ド=ゴールは翌年の国民投票に敗れて大統領を辞任。

**ごがつ-かぶと【五月兜】** 陰暦五月五日の「菖蒲の節句」を尚武の意に解して、甲冑や武具などを飾った江戸時代の行事。

**ごがつ-さい【五月祭】** イギリスを中心にヨーロッパで五月一日に行われる季節祭。ローマ時代、花の女神フローラを祝った祭りに由来する。May Day

**ごがつ-ぜっく【五月節句・五月節供】** ↓たんご(端午)

**ごがつ-にんぎょう【五月人形】** 五月節句に飾られる人形。兜や人形や武者人形で、江戸時代後期からさかんとなったもの。

**ごがつ-のぼり【五月幟】** 五月節句の飾りに立てる武者絵などを描いた幟。近世の初期に固まった習慣で、その起源は神の依代に求められる。さつきのぼり。

**ごがつ-びょう【五月病】** 無気力や軽い憂鬱感などの不適応症状。不本意または無目的に大学に入学した学生や新入社員などに起こりやすく、五月ごろに発生することが多いところからの呼称。

**こ-がね【小金】** ①少しのお金。a small sum of money ②少しまとまった財産。small fortune [用例] ―をためる。

**こ-がね【黄金・▽金】** ①きん。おうごん。gold ②金貨。gold coin ③こがね色。金色。gold

**黄金と侍は朽ちても朽ちぬ** 黄金が輝きつづけるように、侍の名誉は、永久に朽ちることはない。

**黄金の釜を掘り出した様** 思いがけない幸運に出会って、喜ぶさま。

**黄金、花咲く** 金が土の中から産出することを、咲く花にたとえたもの。

**こがねい【小金井】**〈市〉 東京都西部の市。住宅・学園都市。段丘崖が東西に走り、その南側は湧水地帯のため早くから開けた。人口一〇万六八一（九八）。

**こがね-ぎく【黄金菊】** キク科の多年草。アキノキリンソウの寒地型で、草丈は低く、頭花は大きい。

**こがね-ぐも【黄金▼蜘▼蛛】** コガネグモ科のクモ。山地にふつうに見られる。雌は体長約二㎝、雄は小さく約五㎜。雌は腹部に黄と黒のしま模様がある。円形の網を垂直に張る。本州以南に分布。

**こがね-しだ【黄金▽羊▼歯】** リョウメンシダの別名。

**こがねづか-こふん【黄金塚古墳】** 大阪府和泉市にある前方後円墳。全長約八五ｍの前期古墳。後円部から出土した銅鏡にある景初三年銘は『魏志』倭人伝の卑弥呼の遣使の記事と同年で、注目される。

**こがね-づくり【黄金作り】** 金で飾り付けること。wrought in gold

**こがね-にら【黄金▼韮】** キニラの別名。

**こがね-ばな【黄金花】** ①シソ科の多年草。高さ二〇～五〇㎝。葉は披針形でほとんど柄がなく、茎に対生する。花は唇形で青紫色。総状花序で、一方に向いてつく。根は生薬の「黄芩」として薬用。コガネヤナギ。②ミヤコグサの別名。

**こがねまる【黄金丸】** 巌谷小波のお伽噺。日本の創作児童文学の最初の作品。明治二四年（一八九一）刊。両親を殺されたイヌの黄金丸が、友だちの協力で仇を討つ物語。

**こがね-むし【黄金虫・金▽亀▽子】** [一]コガネムシ科の甲虫類の総称、またはその一種。体は卵形で、金緑色の光沢がある。体長約二㎝。成虫は夏に出現。成虫・幼虫とも植物を食害する。日本全土・朝鮮半島・中国に分布。コガネムシ科は世界に約二万種、日本に約三〇〇種を産する。scarab beetles ↓図 [二]（黄金虫。原題The Gold-Bug）ポーの小説。一八四三年発表。暗号を解読し、海賊が隠した宝を手に入れる話。推理小説の先駆となった。

●コガネムシ[一]

**ごかねん-けいかく【五か年計画】** 五か年で達成すべき計画。とくに、社会主義諸国でもっとも一般的な長期国民経済発展計画をいう。five-year plan

**コカ-の-き【コカの木】** コカノキ科の常緑低木。原産地ペルー・ボリビア。高さ約二ｍ。細かい枝がよく茂る。葉は長楕円形。黄緑色五弁の小花を開く。熱帯地方で栽培。葉はコカインの原料。コカ。coca tree

**ごか-の-きゅうあもう【呉下の旧▼阿▼蒙】**（連語）《昔、中国で、呂蒙が、呉にいたときと違って、武略ばかりか学問にも長じていることを友人が知り、以前の蒙君ではないと感心したという故事から》昔のままで進歩しない人物。学問のない、つまらない人。呉下の阿蒙。

**ごかのしょう【五家▽荘】**（「五箇荘」とも）熊本県東部、泉村の地区。九州山地中の奥深い山村。平家の落人の伝説と、神秘的な風俗が残る。

**こが-はるえ【古賀春江】**（一八九五～一九三三）洋画家。久留米市生まれ。前衛絵画の先駆者の一人。キュビスム風から詩的で幻想的な傾向を経て超現実主義に進んだ。作品『煙火』『素朴な月夜』など。↓写

●古賀春江『煙火』。昭和二年（一九二七）、個人蔵。

**こがびこう【古画備考】** 江戸後期、嘉永年間（一八四八～五四）刊行の画家辞典。朝岡興禎（一八〇〇～五六）著。文献・作品について近世以前の絵画史研究を集大成したもの。

**ごかひ-しゅ【五加皮酒】** 中国の強壮滋養酒。上等の高粱酒に五加木の根の皮を浸したもの。

**こがひん-ろく【古画品録】** 現存最古の中国画論書。南斉の画家謝赫の著。序文に述べた「六法」は中国絵画批評の基準となる。

**こ-かぶ【子株】** [対義]親株。①親株の一部に芽をつくり、それが分かれてできた新しい株。new root ②株式で、新株。new stock

**こ-がふ【古▽楽府】** 中国、唐代に生まれた楽府（新楽府）に対していう、六朝以前につくられた楽府。

**こ-かべ【小壁】** 和風建築で、鴨居・長押と天井の間などにある小さな壁。[比較]大壁。

**ごか-ぼう【五家宝】** 和菓子の一つ。米をいったいりだねにあめと砂糖を加え、棒状に整形して青豆粉をまぶしたもの。埼玉県熊谷市の名物。五荷棒。

**こが-まさお【古賀▽政▽男】**（一九〇四～一九七八）歌謡曲の作曲家。福岡県生まれ。明大卒。昭和初期から多くのヒット曲を発表した。作品『酒は涙か溜息か』『影を慕いて』など。昭和五三年（一九七八）国民栄誉賞受賞。

**ごかめやま-てんのう【後▼亀山天皇】**（？～一四二四）第九九代、南朝の最後の天皇（在位一三八三～九二）。後村上天皇の皇子。足利義満との和議を入れ、神器を後小松天皇に譲与して、南北両朝合一を実現。

**こ-がも【小▼鴨】** ガンカモ科の小形のカモ。翼長約一八㎝。ユーラシア大陸や北アメリカの北部で繁殖し、おもに冬鳥として日本に渡来。ごく一部が山地の湖沼で繁殖。teal ↓写

**ごかやま【五箇山】** 富山県南西部、庄川沿いの地域。平村・上平村・利賀村にまたがる山村。合掌造りの民家は有名。『こきりこ節』など、民謡の宝庫。

**ごかやま-みんよう【五箇山民謡】** 富山県五箇山の民謡。祝儀唄の『麦や節』、田楽の系統を引く『こきりこ節』などがある。

**こ-がら【小柄】**（名・形動）[対義]大柄。①体格などが、ふつうより小さいこと・さま。small sized ②模様などが小ぶりなこと・さま。small patterned

**こ-がら【小▼雀】** シジュウカラ科の小鳥。翼長約六・五㎝。頭が黒く背面は灰褐色。山地の森林にすみ、雑食性。朽木に穴をあけて巣をつくる。ツツジージャーと鳴く。ユーラシアに分布し、日本全土で繁殖。こがらめ。↓図

●コガラ

**こがらし** 6画 **【▽凩】** 部首[几・八(かぜかんむり)] 和製漢字 JIS 4962
↓こがらし【木枯(ら)し・凩】

**こ-がらし【木枯(ら)し・▽凩】**（「木を吹き枯らす風」の意。「木嵐」の転とも）晩秋から冬にかけて吹く、冷たい北寄りの季節風。

**こがれ-じに【焦(が)れ死に】**（名・サ変自）恋しさが高じて病気になり、死ぬこと。death from love

●コガモ

**こが-れる【焦(が)れる】**（下一自）①切に望む。yearn for [用例] 待ち―。②慕って、心が乱れる。be in love with [用例] 恋い―。

**こかわ【粉河】**〈町〉 和歌山県北部、紀ノ川中流の町。粉河寺の門前町として発達。ミカン栽培がさかん。人口一万六五三八（九八）。

**こかわ-でら【粉河寺】** 和歌山県那賀郡粉河町の粉河観音宗の総本山。もと天台宗。西国三十三所第三番の札所。

**こ-かん【▼股間・▼胯間】** 両足のあいだ。またぐら。between one's legs

**こ-がん【孤▼雁】** 一羽だけで、連れのないガン。

**こ-がん【個眼】** 昆虫や甲殻類などでみられる複眼を構成する個々の小さい目。レンズと視細胞などからなる。一つの物体を多くの個眼でとらえ、イメージの断片を脳で統合して全体像をつくる。小眼。ommatidium

**こ-がん【湖岸】** みずうみの岸。the shore of a lake

**ご-かん【五官】** 五感を生じる、五つの器官。目・耳・鼻・舌・皮膚。five organs of sense

**ご-かん【五感】** 五種の感覚。視覚・聴覚・嗅覚・味覚・触覚。five senses [比較]第六感。

**ご-かん【▽冱寒・▽沍寒】** きびしい寒さ。

**ご-かん【語間】** ①語と語とのあいだ。between words ②文字と文字とのあいだ。between letters

**ご-かん【語幹】** 活用する語の、各活用形を通じて変化しない部分。「書く」「思う」「美しい」では、それぞれ「か」「おも」「うつくし」が語幹。[比較]語根。[対義]語尾。

**ご-かん【語感】** ①語句が、主内容のほかに与える気分。word impression [用例] ―が悪い。②ことばに対する感覚。sense of language [用例] ―が鋭い。

**ご-かん【後漢】** 中国の王朝の一つ。二五年劉秀が王莽を滅ぼして漢室を復興、光武帝と称し、都を洛陽に定め、王朝の基礎を確立。二二〇年魏に滅ぼされ、その後は三国時代となる。東漢。



↓行き先項目、図版・写真参照印。 JIS 日本工業規格情報交換用漢字符号コード(区点コード)。

**ご-がん【護岸】** 河岸や海岸などの堤防を水害などから保護すること。また、その工作物。revetment 用例―工事。参照防波堤・防潮堤。→写

●護岸 コンクリートブロックによる護岸。和歌山県串本港。

**こ-かんじゃ【小冠者】** ①年の若い者。②小柄な男。

**ごかんじょ【後漢書】** 中国、後漢の正史。二十四史の一つ。一二〇巻。選者は本紀一〇巻・列伝八〇巻が南朝宋の范曄、志三〇巻が晋の司馬彪。「東夷伝」に古代日本に関する記述がある。

**ごかんじょ-とういでん【後漢書東▼夷伝】** 『後漢書』の志三〇巻中にある伝。倭に関する記述がある。

**こかん-しれん【▼虎関師錬】**（一二七八〜一三四六）南北朝時代の禅僧。姓は藤原氏。京都の人。東福寺・南禅寺の住持。内外の典籍に通じ、詩文の名声が高く、国師号を賜る。仏教史書『元亨釈書』、詩文集『済北集』など。

**ごかん-せい【互換性】** 機械の部品や構成要素を、他の同種の部品や構成要素に置き換えても性能・機能に変化のないこと。compatibility

**こ-かんせつ【▼股関節】** 骨盤と大腿とを結びつける臼状の関節。股の関節。hip joint

**こかんや-ぜんう【呼▼韓▽邪▽単▼于】**（？〜BC三一）中国、前漢末の東匈奴の単于(在位BC五八〜BC三一)。兄の郅支単于と争い、前漢の援助で匈奴を統一。

**こ-き【小気】**《「こ」は接頭語》気。ごき。

**小気が利く**(こきがきく) ちょっと気がきいている。

**こ-き【古希・古▼稀】** 数え年七〇歳のこと。また、その長寿の祝い。杜甫の詩の一節「人生七十古来稀なり」に基づく。

**こ-き【古記】** 古い記録。昔の記録。old record

**こ-き【呼気】** 吐き出す息。expiration 対義吸気。

**こ-ぎ【古義】** 古い意味。昔の解釈。old meaning

**こ-ぎ【▼狐疑】**(名・サ変自) うたがい、ためらうこと。用例―逡巡。

**ご-き【五旗】** 中国古代、天子の乗る車に立てた五色の旗。

**ご-き【五▼畿】** 日本の昔の地方行政区画。京の都を取り巻く畿内五か国。山城・大和・河内・和泉・摂津。五畿内。

**ご-き【呉器・御器】** 高麗茶碗の一種。高台で見込みも深い。薄づくりで淡灰色の肌に赤い斑紋のあるものが多い。

**ご-き【御忌】** 貴人・祖師の年忌をいう敬語。anniversary of an honorable person's death

**ご-き【御器・五器】**《「合器」の転》ふた付きの食器。とくに、わん。

**御器提げる**(ごきさげる) 《椀をもって、食べ物を請う意から》乞食になる。

**ご-き【語気】** ことばつき。言いぶり。語勢。語調。tone 用例―鋭くつめよる。

**ご-き【誤記】**(名・サ変他) 書き間違えること。書き違い。error in writing

**ご-ぎ【語義】** ことば・単語の意味。meaning of a word 比較字義。

**こぎ-い・ず【▼漕ぎ▽出ず】** 古語(下二自) ふねをこいで沖へ出る。用例わたの原八十島かけて―・でぬと(古今・羇旅)。

**コキーユ【coquille フランス】**《貝殻の意》ホワイトソースであえた肉・魚・野菜などを貝殻やその形の皿に入れ、オーブンで焼いたグラタン風の料理。コキール。→写

●コキーユ

**コキール【coquille】**「コキーユ」の英語読み。

**こき-おと・す【▽扱き落(と)す・▽扱落(と)す】**(五他) しごいて落とす。hackle down 用例もみを―。

**こき-おろ・す【▽扱(き)下ろす】**(五他) ひどくけなす。さんざん悪口を言う。denounce

**こき-おん【呼気音】** 吐く息によって発音される音声。一般の言語音はこれによる。expiratory sound 対義吸気音。

**こぎ-がく【古義学】** 江戸時代の儒学、古学派の一つ。伊藤仁斎に始まる。孔孟の古典の古義を究明し、日常の実践を重視。堀川学。

**こ-ぎく【小菊】** ①花が小さなキク。②和紙の一種。懐紙などに用いる。

**ご-きげん【御機嫌】** ㊀(名)「機嫌」の敬語。㊁(形動) よい気分であるさま。in good mood 対義不機嫌。用例―な顔。

**御機嫌斜め**(ごきげんななめ) 《上役などが機嫌のよくないときに、あてこすって言う》機嫌がよくない。in a bad temper

**御機嫌宜しゅう**(ごきげんよろしゅう) 「寧な言い方。

**ごきげん-よう【御機嫌よう】**(感)《別れるときなどに言う、あいさつ語》さようなら。御機嫌宜しゅう。

**こ-きざみ【小刻み】**(名・形動) ①細かく刻むこと。mincing ②動作を短い間隔で繰り返すこと・さま。用例―に歩く。③何度かに区切って少しずつすること・さま。little by little 用例―に使う。

**こぎ-しんごんしゅう【古義真言宗】** 真言宗の一派。根来寺の頼瑜が唱えた新義に対して、それ以前から高野山金剛峰寺に伝えられた教義にたつ真言宗各派の総称。

**こ-ぎたな・い【小汚い】**(形) なんとなくきたない。うすぎたない。shabby

**こぎ-た・む【▼漕ぎ▼廻む】** 古語(上二自) あちこちと舟をこいでめぐる。こぎまわる。用例―・み行きし棚無し小舟(万葉・一・五八)。

**こき-た・る【▽扱き垂る】** 古語(下二自) たれ下がる。用例刈りてほす山田のいねの―・れて(古今・雑上)。

**こき-つか・う【▽扱(き)使う】**(五他) てあらく人を使う。むごく使う。drive hard米; fag 英 用例少年を―。

**こぎ-つ・ける【▼漕(ぎ)着ける】**(下一他) ①船をこいで到着させる。row up to ②やっとある点まで達する。attain to 用例着手するところまで―・けた。

**こ-ぎって【小切手】** 振出人が当座預金の口座をもつ銀行を支払人とし、その銀行にあて、その証券の適法な所持人に対し一定金額を支払うよう委託する有価証券。現金の代わりに金銭支払いの手段として利用される。check 数え方一枚。

**こぎつね-ざ【小▼狐座】** 北天の星座。夏の天の川の中にある。九月二〇日ごろの午後八時ごろに南中。面積二六八平方度。Vulpecula

**ごき-づる【▽合器▼蔓】** ウリ科のつる性一年草。湿地にはえる。葉は三角状披針形。夏秋、黄緑色の小花をつける。果実が熟すと上部がふたのように割れ、種子が二個出る。この果実のようすから名前がついた。

**こき-でん【▼弘▼徽殿】** 平安京内裏の後宮の一つ。皇后・中宮・女御などの住まい。

**こぎ-どう【古義堂】** 寛文二年(一六六二)伊藤仁斎が京都堀川の私邸に開き、古義学を講じた塾。徳育を重んじた。堀川塾。

**コギト-エルゴ-スム【cogito ergo sum ラテン】**「我思う、ゆえに我あり」という、デカルト哲学の根本命題を表現したもの。一切を疑ってもなお残る疑うはたらき、「われ」そのものを、認識の確実な根拠とした。

**こぎ-の-こ【▼胡鬼の子】** ①羽根つきに使う羽根。②ツクバネの異名。また、その果実。

**ごきぶり【▼蜚▼蠊】** ゴキブリ目の昆虫の総称。大部分が野外種。屋内性のものは雑食性で、繁殖力が強い。世界に約四〇〇〇種、日本にはチャバネゴキブリ・クロゴキブリなど約四〇種がいる。アブラムシ。cockroach →図

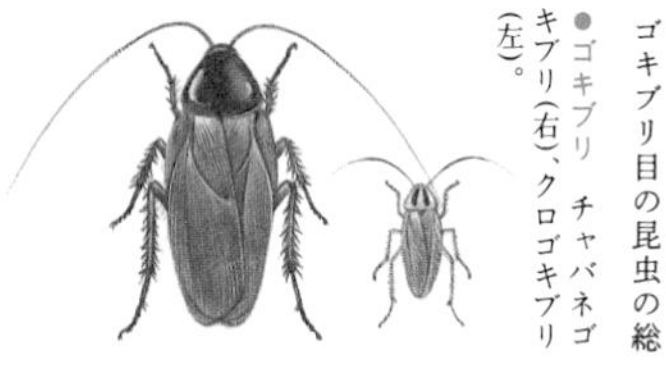
●ゴキブリ チャバネゴキブリ(右)、クロゴキブリ(左)。

**こき-まぜ・る【▽扱(き)混ぜる】**(下一他) 混ぜ合わせる。かき混ぜる。

**こ-きみ【小気味】** 気味。気持ち。feeling

**小気味の好い話**(こきみのいいはなし) 胸のつかえが下りるような、なんとも気分のよくなる話。溜飲が下がる話題・話材。delightful story

**こ-ぎみ【小君】** ①平安時代、年少者への愛称。②なじみの遊女。

**こきみ-よ・い【小気味▽好い】**(形) やりかたがあざやかで、見聞きして気持ちがよい。胸がすっとする。smart 用例―勝ちっぷり。

**こ-きゃく【顧客】** →こかく(顧客)

**ご-ぎゃく【五逆】** ①《仏教語》五つの悪逆。父・母・阿羅漢を殺すこと、仏身を傷つけること、僧団の和を破ること。②主君・父・母・祖父・祖母を殺すこと。用例―罪。

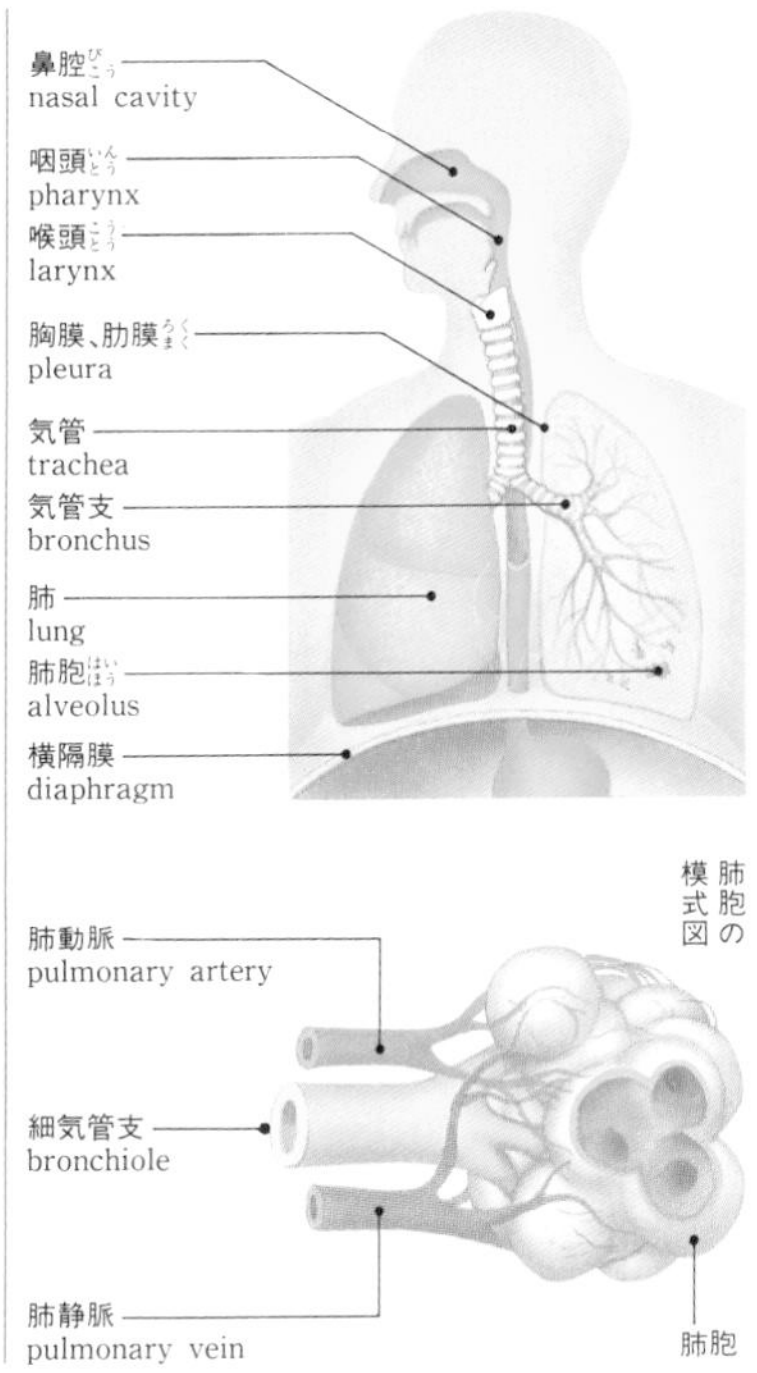

●呼吸器系 人の呼吸器系

**コキュ【cocu フランス】** 妻を寝取られた男。

**こ-きゅう【呼吸】** ㊀(名・サ変自) 生物が体内に酸素をとり入れ、細胞内でエネルギーを発生し、その結果できた二酸化炭素を排出する現象。respiration ㊁(名) ①調子。気持ち。tone 用例―が合う。②こつ。要領。knack 用例―がわかる。③息を吸って吐くまでのわずかな時間。breath 用例一―おく。

**呼吸を合わせる**(こきゅうをあわせる) 相方と調子を合わせて、一体となる。get along well with

**呼吸を計る**(こきゅうをはかる) 物事を行うのに適当な時機を見定める。

**こ-きゅう【故旧】** 昔からの友人。old acquaintance 用例―忘れうべき。

**こ-きゅう【▼胡弓・鼓弓】** 中国・日本の擦弦楽器。中国では胡琴と総称。日本の胡弓は、三味線を小型にした形に三または四弦を張り、弓で演奏する。

**ご-ぎゅう【呉牛】**《中国の呉に多く産したことからの名》水牛。

**呉牛、月に喘ぐ**(ごぎゅう、つきにあえぐ) 《水牛が、暑さを恐れるあまり、太陽とまちがえて月を見てさえもあえぐ、の意から》思いすごしから、いらぬ苦労をする。

**こきゅう-うんどう【呼吸運動】** 外呼吸を行うための運動。ヒトでは肋間筋による胸式呼吸と横隔膜による腹式呼吸がある。respiratory movement

**こきゅう-き【呼吸器】** 動物の呼吸をつかさどる器官の総称。鼻腔・咽頭・喉頭・気管・気管支・肺・鰓など。respiratory organ

**こきゅうき-けい【呼吸器系】** 呼吸をつかさどる器官の系統。respiratory system →図



▼常用漢字表外。 ▽常用漢字表の音訓外。

**こきゅう-きしつ【呼吸基質】** 呼吸の材料として使用される物質。おもに炭水化物と脂肪。たんぱく質も用いられる。respiratory substrate

**こきゅう-こうそ【呼吸酵素】** 細胞内で呼吸反応にあずかる酵素群。おもなものに脱水素酵素と脱炭酸酵素がある。respiratory enzyme

**こきゅう-こん【呼吸根】** 根の一種。地中の根の一部が地上にのび、呼吸を助けるもの。組織の間にすき間が多い。ヌマスギ・ミズキンバイなど。respiratory root

**こきゅう-こんなん【呼吸困難】** なんらかの原因から平常の呼吸ができない状態。心臓・肺・神経・筋肉の疾患、貧血などで起こる。dyspnea

**こきゅう-しきそ【呼吸色素】** 呼吸時に酸素を運ぶ色素。ヘモグロビン・クロロクルオリン・ヘモシアニン・チトクロム類・フラビン酵素など。respiratory pigment

**こきゅう-じゅ【呼吸樹】** ナマコ類にみられる独特の呼吸器。水肺。respiratory tree

**こきゅう-ちゅうすう【呼吸中枢】** 呼吸運動をつかさどる中枢。脊椎動物では延髄にあって、その興奮が神経を介して肋間筋や横隔膜などに伝えられて呼吸運動がおこる。respiratory center

**こきゅう-ねつ【呼吸熱】** 呼吸をすることにより発生する熱。呼吸時の化学的エネルギーの一部が熱エネルギーに変わったもの。respiration heat

**こきゅう-はくぶついん【故宮博物院】** 中国の北京市と台湾の台北市にある美術館。清朝宮廷秘蔵の古美術品を展示。中国のものは一九一四年北京の旧紫禁城内に設けられた古物陳列場が母体で、二五年故宮博物院として一般公開される。台湾のものは日中戦争後、国民政府の手でおもなものが台北に運ばれ、同名の美術館となる。北京では民間からの新収集品も加え、規模も拡大されている。

**こきゅう-りょう【呼吸量】** 生物が呼吸をするときに消費する酸素の量。また、同時に発生する二酸化炭素の量。

**こ-きょう【故京・古京】** もとの都。古い都。旧都。old capital 対義 新都。

**こ-きょう【故郷】** 生まれ育った土地。郷里。ふるさと。one's native place 用例 第二の―。

**故郷へ錦を飾る**(こきょうへにしきをかざる) 立身出世して故郷に帰る。return home loaded with honors

**故郷忘じ難し**(こきょうぼうじがたし) 故郷はなつかしく、いつまでも忘れられない。Home is always sweet to an exile.

**こ-きよう【小器用】**(形動) 少しばかり器用なさま。こぎよう。cleverish 用例 ―な人。

**ご-きょう【五教】** ①儒教で、人が守らなければならないとされる五つの教え。②釈迦の教説を内容の深浅・難易によって五段階に分類したもの。

**ご-きょう【五経】** 儒教の基本経典。『易経』『書経』『詩経』『礼記』『春秋』の五書。唐の太宗が『五経正義』を編ませたときに定まったという。比較 四書。

**ご-ぎょう【五行】** ①古代中国の思想で、万物を生成するとされる五つの元素。木・火・土・金・水をいう。戦国時代以後とくに漢代、陰陽説と結合して盛行し、大きな影響を与えた。②仏教で、布施・持戒・忍辱・精進・止観の五つの修行。

**ご-ぎょう【御形】** ハハコグサの別名。春の七草の一つ。オギョウ。

**ごきょう-せいぎ【五経正義】** 中国、唐代に集大成された五経の注釈書。解釈の統一をめざし、太宗の命で孔穎達らが編纂。

**こきょう-の-そら【故郷の空】** 《原題Comin' thro' the rye》スコットランド民謡。日本でも明治時代から唱歌として親しまれている。

**ごきょう-はかせ【五経博士】** 中国、漢の太学の教官。五経のうちの一経だけを専門に教授。武帝が制定。

**こ-きょく【古曲】** 大正期より使われた日本音楽の分類名。一般には古い曲をさすが、現在では河東節・一中節・宮薗節・荻江節の四種類の総称。

**ごきょく-かん【五極管】** 真空管の一種。陰極と陽極の間に三つの格子状電極がある。本質的には三極管と変わらないが、増幅率や内部抵抗が大きい。pentode

**こ-きりこ【小切(り)子・▼筑子】** 日本の民俗打楽器の一つ。長さ二〇〜三〇cmの竹の棒二本を打ち合わせて音を出す。室町時代、放下の芸人が踊りのさいに用いて流行した。富山県など北陸地方に残る。

**こ-ぎ・る【小切る】**(五他) ①小さく区切る。小さく切って分ける。②値切る。

**こ-ぎれ【小切れ】** ①布の切れはし。端切れ。pieces of cloth ②《「小切れ物」の略》芝居で、役者の衣装につく小物。手ぬぐい・たびなど。

**こ-ぎれい【小▼綺麗・小奇麗】**(形動) 服装・部屋などが、きれいに整えられてさっぱりとしたさま。また、感じのよいさま。tidy 用例 ―な服装。―に盛りつける。

**こ-きん【古今】** ①昔と今。②『古今和歌集』の略称。

**こ-ぎん【小▽衣】** ＝こぎぬ。①半袖または袖なしの腰までの仕事着。麻布または藤布の単。②《「刺しこぎん」の略》①に白木綿糸で刺し縫いしたもの。↓写

**こきんいきょくしゅう【古今▼夷曲集】** 江戸前期の狂歌集。生白堂行風編。寛文六年(一六六六)刊。一〇巻四冊。同じ編者の『後撰夷曲集』とともに古今の夷曲(狂歌)の集大成。ここんいきょくしゅう。

**こきん-ぐみ【古今組】** 箏曲の一種。二世吉沢検校の安政期の作。『古今和歌集』の歌に作曲した「千鳥の曲」「春の曲」など五曲からなる。

**こきんしゅう【古今集】** 『古今和歌集』の略称。

**こきん-ちょう【▼胡▼錦鳥】** カエデチョウ科の飼い鳥。全長約一五cm。背は緑、胸は紫、腹は黄と色分けされ、頭部は黒・赤・黄と三型があって、それぞれクロコキン、アカコキン、キガシラコキンという。オーストラリア原産で、日本では明治以来飼われる。Gouldian finch ↓図

● コキンチョウ アカコキンチョウ

**こきん-でんじゅ【古今伝授】** 『古今和歌集』の解釈中、とくに難解とされる事項を、師匠から弟子へと伝授すること。一条家の門弟東常縁のころから形式が確立。しだいに神秘化形骸化し、近世の国学者には顧みられなくなった。

**こきんろくじょう【古今六▼帖】** 『古今和歌六帖』の略称。

**こきんわかしゅう【古今和歌集】** 平安初期の最初の勅撰和歌集。二〇巻。撰者は紀貫之・紀友則・凡河内躬恒・壬生忠岑。延喜五年(九〇五)醍醐天皇の勅を受け、『万葉集』以後の秀歌約一一〇〇首を編集。成立時は延喜五年または同一四年(九一四)ごろか。仮名序・真名(漢文)序があり、四季・賀・離別・恋など一三に分類した構成。作者総数約一二〇人。歌風は優美繊細で、知的技巧的、七五調の三句切れの歌が多い。古今集。↓写

● 小衣②

● 古今和歌集 仮名序。個人蔵。

**こきんわかろくじょう【古今和歌六▼帖】** 平安中期の類題私撰集。六巻。撰者・成立年代未詳。一〇世紀末の成立。天象・地儀・人事・動植物など二五項目に大別し、これを細分して約五〇〇の歌題をあげ、相当する歌約四五〇〇首を掲げる。古今六帖。

**コク** 3画 **【▼口】** 部首[口] JIS 5188
音 イ・コク
①くに。国。②部首の一つ。くにがまえ。↓イ[口]

**コク** 5画 **【石】** 部首[石] 教育小1 JIS 3248
音 セキ・シャク・コク・ジャク
訓 いし
筆順 ↓セキ[石]
①尺貫法の容積の単位。一斗の一〇倍。一石は約〇・一八kℓ。用例 (名)―ではかる。②尺貫法の船や材木の大きさの単位。一石は一〇立方尺。また、約〇・二八m³。用例 (名)三十―船。③禄高。知行高。江戸時代の俸禄の単位。用例 (名)加賀百万―。五百―取り。↓シャク・セキ[石]

**コク** 7画 **【克】** 部首[儿] 常用 JIS 2578
音 コク
《剋とも》①かつ。うちかつ。「下克上・超克」「克己・克服」②よく。よくする。「克明」

**コク** 7画 **【告】** 部首[口] 教育小4 JIS 2580
7画 【▼告】 旧字
音 コク・コウ
訓 つげる
告 告 告 告 告 告
①つげる。しらせる。「警告・広告・通告・誣告・報告」「告示・告訴・告知・告別」②上の人にいう。もうしあげる。「申告」

**コク** 7画 **【谷】** 部首[谷] 教育小2 JIS 3511
音 コク・ヨク
訓 たに
谷 谷 谷 谷 谷 谷
①たに。たにあい。や。やつ。「峡谷・空谷・渓谷・幽谷」②きわまる。ゆきづまる。

**コク** 8画 **【刻】** 部首[刂] 教育小6 JIS 2579
8画 【▼刻】 旧字
音 コク
訓 きざむ
刻 刻 刻 刻 刻 刻
①きざむ。ほる。「印刻・彫刻・翻刻」②むごい。きびしい。「深刻」「刻苦」③とき。「時刻・遅刻」「刻限」④一昼夜十二時に十二支を配し、子の刻、丑の刻などといい、これをさらに三分して上刻・中刻・下刻としたもの。⑤一時(＝ほぼ二時間)の四分の一を一刻とした。

**コク** 8画 **【国】** 部首[囗] 教育小2 JIS 2581
11画 【▼國】 旧字 JIS 5202
9画 【▼圀】 異体字 JIS 5191
音 コク
訓 くに
国 国 国 国 国 国
①くに。こっか。比較 邦。「愛国・外国・祖国・母国・本国」「国営・国家・国籍」②くに中で、特にすぐれている人。「国士・国手」③そのくにの。日本の。「国語・国史」

**コク** 9画 **【▼剋】** 部首[刂] JIS 4978
10画 【▼尅】 部首[寸] 異体字 JIS 5381
音 コク
①かつ。うちかつ。「相剋」「剋復」②よく。よくする。

**コク** 10画 **【▼哭】** 部首[口] JIS 5113
音 コク
なく。かなしんで大声をあげてなく。なきさけぶ。「痛哭・慟哭」

**コク** 10画 **【▼鈷】** 部首[金] JIS 7862
音 コク・ゴク
かね。こがね。黄金。

**コク** 11画 **【▼斛】** 部首[斗] JIS 5847
音 コク
①容量の単位。斗の一〇倍。石。②ます。大きなます。③ますめ。斗量。

**コク** 11画 **【▼梏】** 部首[木] JIS 5971

こ



↓ 行き先項目、図版・写真参照印。 JIS 日本工業規格情報交換用漢字符号コード(区点コード)。

音コク・カク

てかせ。手の自由がきかないようにする刑具。「桎梏」

**コク** 11画【黒】 部首[黒] 教育小2 JIS 2585 ―― 12画【▼黑】 部首[黑] 旧字

音**コク**

訓**くろ・くろい**

くろ。くろい。くろい色。対義白。「暗黒・漆黒」「黒煙」

**コク** 14画【穀】 部首[禾] 教育小6 JIS 2582 ―― 15画【▼穀】 旧字 ―― 16画【▼穀】 部首[米] 異体字

音**コク**

たなつもの。田や畑から生ずるもの。米・麦・粟・豆など。「五穀・雑穀・新穀・脱穀・米穀」「穀物」

**コク** 14画【酷】 部首[酉] 常用 JIS 2583 ―― 14画【▼酷】 旧字

音**コク**

①ひどい。むごい。「残酷・冷酷」「酷使」用例(形動)―なやり口。この上なお働かせるのは―だ。②はげしい。きびしい。はなはだしい。「酷似・酷暑・酷評」③こい。つよい。深みのある、濃い味わい。用例(名)―のある酒。

**コク** 15画【▼槲】 部首[木] JIS 6064

音コク

カシワ。ブナ科の落葉高木。かしわぎ。

**コク** 17画【▼轂】 部首[車] JIS 7756

音コク

①こしき。車輪の中央にあり、輻があつまり車軸が通っている部分。②くるま。車両。「輦轂」

**コク** 18画【▼鵠】 部首[鳥] JIS 2584

音コク・コウ

①くぐい。ハクチョウ。ガンカモ科の水鳥。「鴻鵠」②まと。弓の的。また、的の中心の黒点。「正鵠」

**鵠を刻して鶩に類す**(こくをこくしてあひるにるいす) 謹厳実直な人に学べば、それにおよばなくても、その人に似かよった善人にはなれる。

**こく**《「酷」からとも「濃く」からとも言う》深みのある、こい味わい。用例―のある酒。

**こ-く**【古句】 昔の人の詠んだ句。古い時代の句。

**こ・く**【▽扱く】(五他) しごく。かき落とす。hackle 用例稲穂を―。

**こ・く**【▽放く】(五他)《俗語》①はなつ。排出する。discharge 用例屁を―。②言う。吐かす。say 用例あほ―な。

**こ・ぐ**【▽扱ぐ】(五他) 根のついたまま引き抜く。用例苗木を―。

**こ・ぐ**【▼漕ぐ】(五他) ①ろ・かいで船を進める。row ②足の力で、ぶらんこや自転車などを動かす。pedal; swing

**ゴク** 13画【極】 部首[木] 教育小4 JIS 2243

音**キョク・ゴク**

訓**きわめる・きわまる・きわみ**

筆順↓キョク[極]

きわめる。きわみ。きわめて。非常に。この上もない。「至極」「極意・極上・極秘」用例(副)―まれに。↓キョク[極]

**ゴク** 14画【獄】 部首[犬] 常用 JIS 2586

音**ゴク**・ギョク

①ろうや。ひとや。刑務所。「監獄・出獄」「獄死・獄門」用例(名)―にとらわれる。②うったえる。うったえ。訴訟。「疑獄」

**ご-く**【五苦】《仏教語》①五道で受ける苦しみ。②人生の五つの苦しみ。生・老・病・死の四苦に愛別離苦をあわせたもの。③四苦を一つに数え、愛別離苦・怨憎会苦・求不得苦・五陰盛苦をあわせたもの。

**ご-く**【語句】 語と句。ことば。ことばのひとまとまり。words and phrases

**ごく-あく**【極悪】(名・形動) 残忍でこの上なく悪いこと・さま。atrocity

**ごくあく-ひどう**【極悪非道】(名・形動) 極悪を強めた語。atrocity and cruelty

**こく-あんあん**【黒暗暗】(名・形動) まっくらなこと・さま。

**こく-い**【国威】 国家の威光・威勢。national prestige

**こく-い**【黒衣】 ①黒い着物。black garment 対義白衣。②僧尼の墨染めのころも。こくえ。black robe 用例円頂―。

**ごく-い**【極意】 奥の手。奥義。secret 用例―をきわめる。

**ごく-い**【獄衣】 囚人の着る衣服。囚人服。prison uniform

**こく-いっこく**【刻一刻】(副) しだいしだいに。刻々。every moment

**こく-いん**【刻印】 ①印を刻むこと。また、その印判。②↓ごくいん(極印)②

**刻印を押す**(こくいんをおす)《多く、よくない意味に用いる》たしかにそうだときめつける。極印を打つ。brand 用例裏切り者の―。

**こく-いん**【黒印】 中・近世、領主や大名が公文書に用いた墨による印判。江戸時代には黒印は諸大名、朱印は将軍が使用。

**ごく-いん**【極印】 ①江戸時代の鑑定印の一種。貨幣・金銀・材木などに、品質を証明するために押印。②永久に消えないしるし。刻印。ineffaceable stamp

**こくいん-ち**【黒印地】 江戸時代、大名が社寺などに黒印状を下して寄進または安堵した土地。年貢免除の地。

**ごくいん-つき**【極印付き】 =ごくいんづき。①極印が押してあること。hallmarked ②保証付き。guaranteed

**こ-くう**【虚空】 ①そら。大空。sky ②空間。space

**虚空を摑む**(こくうをつかむ)《苦しみもがくさまに言う》手を上に突き上げ、何もない空間をつかむように、指をかたく握りしめる。grasp at the air 用例虚空を摑んで倒れる。

**こく-う**【穀雨】 二十四節気の一つ。四月二〇、二一日ごろ。春雨が穀物の発芽を促す時期。

**ご-くう**【御▽供】 供物。ごく。用例人身―。

**こくう-ぞう**【虚空蔵】《仏教語》「虚空蔵菩薩」の略。

**こくうぞう-ぼさつ**【虚空蔵▼菩▼薩】 虚空のように広大無辺な福徳と智慧によって人々を救うという菩薩。胎蔵曼荼羅虚空蔵院の主尊。求聞持法の本尊として尊崇された。↓写

●虚空蔵菩薩『虚空蔵菩薩立像』。法輪寺(奈良県)。

**こくうれいぼ**【虚空鈴慕】 尺八の曲名。琴古流の古伝三曲といわれる代表曲の一つ。琴古流以外では類似の曲を『虚空』という。黒沢琴古が長崎の普化寺の曲を改作したといわれる。

**こく-うん**【国運】 国家のなりゆき・運命。destiny of a nation 用例―が傾く。

**こく-え**【黒▽衣】 ↓こくい(黒衣)②

**こく-えい**【国営】 国家が経営すること。government management 対義国立・公営・私営。用例―事業。

**こくえい-きぎょう**【国営企業】 国家が経営する企業。日本では、大蔵省の印刷局・造幣局など現業部門の事業がこれに相当する。state enterprise

**こくえいきぎょう-ろうどういいんかい**【国営企業労働委員会】 労働省の外局の一つ。郵政・国有林野・大蔵印刷・造幣の各国営企業(=四現業)の労働争議の斡旋・調停・仲裁や不当労働行為の救済などを行う機関。昭和六二年(一九八七)に公共企業体等労働委員会を改称して設立。国労委。

**こくえいきぎょう-ろうどうかんけいほう**【国営企業労働関係法】 郵政・国有林野・大蔵印刷・造幣の各国営企業(=四現業)の労使関係に適用される法律。昭和六一年(一九八六)公共企業体等労働関係法を改正して成立。国労法。

**こくえいきぎょう-ろうどうくみあいきょうぎかい**【国営企業労働組合協議会】 四現業の労働組合である全逓・全林野・全印刷・全造幣の連合体。昭和六二年(一九八七)に公共企業体等労働協議会を改組して設立。

**こくえい-のうじょう**【国営農場】 ↓ソフホーズ

**こく-えき**【国益】 国家それ自体の利益。一般に既成秩序を擁護するものをいい、階級的利益や個人的利益の主張に対して強調されることが多い。national interests

**こく-えん**【黒鉛】 炭素の同素体の一つ。天然にも産出。六方晶系に属する板状結晶。灰黒色で光沢があり、電流や熱の良導体。電極・るつぼ・鉛筆の芯などに利用。石墨。グラファイト。graphite

**こくえんがた-げんしろ**【黒鉛型原子炉】 減速材として黒鉛を使った原子炉。graphite reactor

**こく-おう**【国王】 王の称号を持つ一国の君主。king

**こく-おん**【国音】 ①その国の特色のある音声。お国なまり。②国語化した漢字音。和音。

**こく-おん**【国恩】 国から受けるめぐみ。one's debt to one's country

**こく-が**【国画】 現代中国で、中国固有の伝統的技法による絵画の名称。西洋画に対する。

**こく-が**【国▼衙】 ①律令制下、国司が事務を執った諸国の政庁。②「国衙領」の略。

**こく-が**【穀▼蛾】 ヒロズコガ科のガ。貯蔵穀物の害虫の一つ。成虫は開張九～一四㎜で、幼虫が穀物粒をつづり、その中で食害。全世界に分布。↓写

●コクガ イッテンコクガ

**こく-がい**【国外】 国の領土・領海の外。abroad 対義国内。

**こくがい-たいきょ**【国外退去】 受け入れ国の要請またはペルソナ-ノン-グラータ(=好ましからざる人物)通告によって、外交官がその国から退去すること。deportation

**こくがい-はん**【国外犯】 日本国外で犯した罪で、日本の刑法によって罰せられるもの。

**こくが-かい**【国画会】 美術団体の一つ。国画創作協会第一部(日本画)が昭和三年(一九二八)解散したとき、梅原竜三郎らにより第二部(洋画・工芸・彫刻)が国画会と改称、翌四年に発足。のち版画部・写真部を併設。

**こく-がく**【国学】 ①江戸時代の学問の一つ。文献学的方法を中心に日本古典および古代文化の研究の開発を行った、一連の学統と同類の学風、または同趣旨の研究活動。日本民族固有の精神である「古意、古道」を明らかにしようとした。「記紀」や『万葉集』が対象。契沖・賀茂真淵・本居宣長・平田篤胤などにより展開。和学・皇学。対義漢学・洋学。②律令制度下の学制。郡司の子弟を入学させた地方の学校。対義大学寮。

**こくが-りょう**【国▼衙領】 国衙の支配した土地。公領。

**こく-がん**【黒▼雁】 ガンカモ科の小形のガン。体が黒く頸に白斑がある。全長約六〇㎝。シベリア北部で繁殖し、冬は南下。日本へは冬鳥として青森県など北部の港湾に渡来。天然記念物。black geese

**こく-ぎ**【国技】 その国に特有の武芸・技芸・スポーツ。日本では、相撲。national sport

**こく-ぎ**【国儀】 国が行う儀式。国家の儀式。national ceremony

**こくぎ-かん**【国技館】 日本相撲協会が経営する興行施設。所在地は東京都墨田区横網。収容人員一万一〇九八人。旧国技館は明治四二年(一九〇九)現在と同じ両国駅近くに開設。第二次大戦後、台東区蔵前に移り、現在の新国技館は昭和六一年(一九八六)初場所から。

**こく-ぐう**【酷遇】(名・サ変他) むごく扱うこと。冷遇。maltreatment 対義優遇・厚遇。

**こく-くじら**【克鯨】 小形のヒゲクジラ。全長は最大一五m余。淡黒色、背びれはない。口中の鯨ひげは白い。北太平洋特産で、数は少ない。コクジラ。gray whale

**こく-ぐら**【穀倉】 ↓こくそう(穀倉)

**こくぐんり-せい**【国郡里制】 律令制下の地方行政制度。大化の改新後、国・郡・里に行政区画を編成し、それぞれ国司・郡司・里長を設置。行政村落である里は五〇戸を一里とした。

**こく-げき**【国劇】 その国固有の演劇。日本では、歌舞伎など。national play

**こく-げつ**【黒月】 満月の翌日からの、欠けていく月。また、その一五日間。古代インドの暦法で、新月から満月までの満ちていく月、またその期間を白月とするのに対する。黒分。

▼常用漢字表外。 ▽常用漢字表の音訓外。

**ごく-げつ【極月】** 陰暦一二月の異称。師走。

**こく-げん【刻限】** 定めた時刻。定刻。appointed time

**こく-ご【国語】** ①国が公用語として認めている言語。また、その国のことば。国家語。national language ②外国語に対して日本語。Japanese ③漢語・外来語に対して、和語。④学校の学科の一つ。国語科。Japanese language

**こく-ごう【国号】** 国の称号。国名。name of a country

**こくご-がく【国語学】** 日本語について研究する学問。言語学の一分野。文法・語彙(ごい)・音韻等に関し歴史的、地理的などさまざまな面から研究する。日本語学。

**こくご-かなづかい(かなづかひ)【国語仮名遣い】** 和語を仮名で書き表す場合のきまり。歴史的仮名遣いでは「あぢさゐ・おほごゑ」、現代仮名遣いでは「あじさい・おおごえ」とする類。対義 字音仮名遣い。

**こく-こく【刻刻】**(副) ↓こっこく(刻刻)

**ごく-ごく**(副) のどを鳴らして物を飲むさま。ごくりごくり。ごくんごくん。glug-glug 用例 冷たい水を—飲む。

**ごく-ごく【極極】**(副) もっとも。きわめて。この上なく。extremely

**こくご-しんぎかい【国語審議会】** 文部大臣または文化庁長官の諮問(しもん)機関。国語の改善、国語教育の振興およびローマ字に関する事項等を調査・審議し、必要に応じて建議することを任務とする。昭和九年(一九三四)臨時国語調査会に代わって設置され、同二四年(一九四九)改組。

**こくご-せいさく【国語政策】** 国字・国語および国語教育に関する政府の行政上の方策。国語施策。language policy 比較 言語政策。

**こくご-もんだい【国語問題】** 国語について解決すべき問題。文字・表記、とくに漢字制限・音訓整理などが問題とされてきた。国語国字問題。language problem

**こく-さい【国債】** ①国の負債。national debt ②国が経費調達のために発行する債券。内国債と外国債がある。national bond; government debt

**こく-さい【国際】** ①国家と国家との交際・関係。国交。international 用例 —交流。②世界各国に関すること。international 用例 —電話。

**こくさい-アムネスティ【国際アムネスティ】** ↓アムネスティ-インターナショナル

**こくさい-アンデルセンしょう【国際アンデルセン賞】** 国際的な児童文学賞。一九五六年アンデルセン生誕一五〇年を記念し制定。二年に一回、児童図書国際センターが加盟各国の推薦作の中から選定する。Hans Christian Andersen Award

**こくさい-いぞんど【国債依存度】** 国の一般会計の歳入に占める国債発行収入の割合。大蔵省が国債発行額を判断するさいの目安。公債依存度。

**こくさい-うんが【国際運河】** 国際条約によって世界各国の船舶に航行の自由が認められている運河。パナマ運河・スエズ運河がある。international canal

**こくさい-えいがさい【国際映画祭】** 世界各国の映画作品を集めて上映する催し。作品コンクール・映画見本市・映画人の交歓などが行われる。International Film Festival

**こくさい-えんげききょうかい【国際演劇協会】** 演劇による国際理解をはかるユネスコの外郭機関。本部はパリ。一九四八年設立。日本は五一年加盟。ITI。The International Theatre Institute

**こくさい-オリンピックいいんかい【国際オリンピック委員会】** ↓アイオーシー(IOC)

**こくさい-おんせいきごう【国際音声記号】** 人間の音声のすべてを記録できるように国際音声学協会が定めた音声記号。一八八八年以来改定が重ねられ、現在広く用いられている。万国音標文字。IPA。International Phonetic Alphabet

**こくさい-かいぎ【国際会議】** 国際的な問題を討論し解決するため、多数の国の代表者によって催される公式の会議。international conference

**こくさい-かいきょう【国際海峡】** 公海と公海、公海と領海を結び、国際航行が行われる海峡。すべての船舶の無害通行権が認められている。international straits

**こくさい-かいけいきじゅん【国際会計基準】** 国際会計基準委員会が一九七五年以来公表している、企業の財務内容開示についての国際的な基準。international accounting standards

**こくさい-かいじきかん【国際海事機関】**(International Maritime Organization) 国連専門機関の一つ。一九五八年設立の政府間海事協議機関(IMCO)を八二年に改称。船の航路・交通規則・港の施設などの国際的統一を目的とする。IMO。

**こくさい-かいはつきょうかい【国際開発協会】**(International Development Association) 発展途上国の経済開発援助のため緩やかな条件で資金を貸し付ける国際金融機関。一九六〇年設立。本部はワシントン。第二世界銀行。IDA。

**こくさい-がくせいスポーツたいかい【国際学生スポーツ大会】** ↓ユニバーシアード

**こくさい-かせん【国際河川】** 流域が二か国以上にまたがる交通上重要な河川で、条約により自由航行が認められているもの。ライン川・ダニューブ川など。international river

**こくさい-カルテル【国際カルテル】** 活動範囲が国際間にまたがる企業カルテル。一九二八年のアクナカリー協定に基づく国際石油カルテルが有名。international cartel

**こくさい-がんけんきゅうきかん【国際癌研究機関】** 一九六五年に世界保健機関によって設立された、癌制圧のための国際的な研究機関。本部はフランスのリヨン。

**こくさい-かんごふきょうかい【国際看護婦協会】**(International Council of Nurses) 看護の向上と発展を図るための国際協力機関。一八九九年に設立。本部はジュネーブ。

**こくさい-かんしゅう【国際慣習】** 国家間で、歴史的・伝統的に認められ、繰り返し行われる慣習的行為。international usage

**こくさい-かんしゅうほう【国際慣習法】** 国際的な慣行に基づく法。条約とならぶ国際法の成立形式で、重要な国際法の多くはこれによる。customary international law

**こくさい-きょうぎれんめい【国際競技連盟】** ↓アイエスエフ(ISF)

**こくさい-きょうさんとう【国際共産党】** ↓だいさんインターナショナル(第三インターナショナル)

**こくさい-きょうりょく【国際協力】** 政治・経済・文化・交通・通信・保健などさまざまな面で諸国が協力しあうこと。international cooperation

**こくさいきょうりょく-じぎょうだん【国際協力事業団】**(Japan International Cooperation Agency) 発展途上国への技術協力とそれに必要な人的・資金的援助を行う特殊法人。昭和四九年(一九七四)設立。JICA(ジャイカ)。

**こくさい-きんきゅうえんじょたい【国際緊急援助隊】** 海外の大災害にさいして、日本が派遣する国際救急医療チーム・消防庁レスキュー隊・各種専門家などからなる救急援助組織。昭和六一年(一九八六)発足。Japan Disaster Relief Team

**こくさい-きんぞくろうれん【国際金属労連】**(International Metal-workers Federation) 国際自由労連の産業別組織の一つ。IMF。

**こくさい-きんゆう【国際金融】** 国際間にまたがる金融取引の総称。短期と長期に分けられる。international finance

**こくさい-きんゆうこうしゃ【国際金融公社】**(International Finance Corporation) 国際復興開発銀行(=世界銀行)による発展途上国の民間企業への支援業務を補足するため、民間の投資家と協調して融資を行う国際金融機関。一九五六年設立。IFC。

**こくさい-きんゆうしじょう【国際金融市場】** 国際間で債権・債務を交互に決済し合うなど、資金の過不足を融通する場となる国際市場。ニューヨーク・ロンドン・東京が中心。international financial market

**こくさい-くうこう【国際空港】** 国際間の航空輸送を扱い、税関・出入国・検疫(けんえき)管理などの施設をもつ空港。international airport

**こくさい-ぐんじさいばん【国際軍事裁判】** 第二次大戦後、敗戦国の主要な戦争犯罪人を裁いたニュルンベルク裁判と極東軍事裁判のこと。International Military Tribunal

**こくさい-けいざい【国際経済】** 各国の国民経済の相互連関から成り立つ経済。international economy

**こくさい-けいじけいさつきこう【国際刑事警察機構】**(International Criminal Police Organization) 世界各国の警察が、相互に犯罪の情報交換や捜査の援助・協力をするための組織。一九五六年設立。本部はパリ。インターポール。ICPO。

**こくさい-けいやく【国際契約】** 契約の当事者・締結地・履行地など、契約の要素が二か国以上にわたる契約。international contract

**こくさい-げきじょう【国際劇場】** 東京浅草にあった劇場で松竹歌劇団の本拠地。昭和一二年(一九三七)開場、同五七年(一九八二)閉場。

**こくさい-けっこん【国際結婚】** 国籍が異なる男女が結婚すること。各国の結婚に関する制度が多様なため国際私法上の問題が生じる。international marriage

**こくさい-けっさいぎんこう【国際決済銀行】**(Bank for International Settlements) 国際的な金融・決済を主業務とする機関。本店はスイスのバーゼル。一九三〇年設立。日本は昭和四五年(一九七〇)正式加盟。BIS。

**こくさい-げんしじ【国際原子時】** ↓げんしじ(原子時)

**こくさい-げんしりょくきかん【国際原子力機関】**(International Atomic Energy Agency) 原子力平和利用の積極的な促進および援助をはかることを主目的とする国連の専門機関。一九五七年設立。本部はウィーン。IAEA。

**こくさい-ご【国際語】** 言語の異なる人種や国民間のコミュニケーションに広く使われる言語。自然言語では最近は英語、人工言語ではエスペラントなど。国際補助語。international language

**こくさい-こう【国際港】** 国際的な貿易品が貨物として取り扱われている港湾。外国貿易港と自由貿易港の二つがある。international port

**こくさい-こうくううんそうきょうかい【国際航空運送協会】** ↓イアタ(IATA)

**こくさい-こうくうじょうやく【国際航空条約】** 航空機交通に関する国際条約。航空法規に関する条約、国際民間航空条約など。

**こくさい-こうほう【国際公法】** ↓こくさいほう(国際法)

**こくさい-こうむいん【国際公務員】** 国際連合など、国際機関の事務局職員の総称。international civil servant

**こくさいこうりゅう-ききん【国際交流基金】** 国際的な文化交流事業を行う特殊法人。昭和四七年(一九七二)設立。

**こくさい-さいばん【国際裁判】** 国際紛争の当事国に対し、国際司法裁判所などが第三者的な立場から行う裁判。international arbitration

**こくさい-ささつせいど【国際査察制度】** 軍縮・軍備管理・原子力平和利用などについて結んだ国際条約や協定の履行状況を、国際機関などによって検査・点検する制度。international inspection system

**ごく-さいしき【極彩色】** 濃厚で派手(はで)な色彩。けばけばしい色どり。brillant color; gaudy color

**こくさい-しぜんほごれんごう【国際自然保護連合】**(International Union for Conservation of Nature and Natural Resources) 自然と天然資源の保全のための国際組織。一九四八年、ユネスコの支援のもとに、各国政府および民間団体が参加して発足。IUCN。

**こくさい-じどうしゃれんめい【国際自動車連盟】** ↓エフアイエー(FIA)

**こくさい-しほう【国際私法】** 国際契約や国際結婚のように、外国・外国人に関係する私法的な事項について適用できる準拠法を指定する法規の総称。international private law

**こくさい-しほうさいばんしょ【国際司法裁判所】**(International Court of Justice) 国際連合の主要機関の一つ。国際的な紛争をあつかう裁判所。一九二一年に国際連盟が創設した常設国際司法裁判所の後身として四五年に設立。所在地はオランダのハーグ。JCJ。

**こくさい-しほんいどう【国際資本移動】** 直接・間接の投資や経済援助などにともなう、国際間での資本の移動。長期と短期に分類されることもある。international capital movement

**こくさい-ジャーナリストきこう【国際ジャーナリスト機構】**(International Organization of Journalists) ソ連と東ヨーロッパ諸国を中心とするジャーナリストの国際組織。一九四六年設立。本部はプラハ。IOJ。

**こくさい-ジャーナリストれんめい【国際ジャーナリスト連盟】**(International Federation of Journalists) 報道の自由を守るた

めの西側ジャーナリストの国際組織。一九二六年設立。本部はブリュッセル。ＩＦＪ。

**こくさい-しゃかい【国際社会】** 国家を基本的な構成単位として成立している地球的規模の社会。国内社会と異なり、諸国家の行動を規制する強制的な公権力をもたない。international society

**こくさい-しゅうし【国際収支】** 一定期間（ふつう一年間）に一国の対外取引から生じた収入と支出の集計。資本収支と経常収支に大別される。international balance of payments

**こくさい-じゆうろうれん【国際自由労連】**《「国際自由労働組合連盟」の略》一九四九年世界労連から分離して結成された、労働組合の国際組織。反共的で労使協調的色彩が強い。自由労連。ＩＣＦＴＵ。International Confederation of Free Trade Unions

**こくさい-しゅぎ【国際主義】** →インターナショナリズム

**こくさい-しょうがいしゃねん【国際障害者年】**（International Year of Disabled Persons）国連憲章に基づいて一九八一年に行われた障害者の社会参加の年間運動。「完全参加と平等」をスローガンとした。ＩＹＤＰ。

**こくさい-しょうぎょうかいぎしょ【国際商業会議所】**（International Chamber of Commerce）商慣習・法規の統一や各国商業団体の相互協力の促進を目的とした、各国の商業会議所の国際機関。一九二〇年設立。本部はパリ。ＩＣＣ。

**こくさい-しょうひしゃれんめい【国際消費者連盟】**（International Organization of Consumers' Union）消費者問題の解決のための国際協力を目的とした、消費者団体の国際組織。一九六〇年設立。本部はオランダのハーグ。国際消費者機構。ＩＯＣＵ。

**こくさい-しょうひんきょうてい【国際商品協定】** 農産物や天然資源などの一次産品の国際的安定需給体制の確保とその価格安定のために政府間で締結される協定。ＩＣＡ。international commodity agreement

**こくさい-しょく【国際色】** 多くの国の風物・情調などに関係を持っていること。international character 用例 ―豊かな港。

**こくさい-じんけんきやく【国際人権規約】**（International Covenants on Human Rights）基本的人権についての国際的基準を定めた条約。一九六六年の国連総会で採択。

**こくさい-じんけんデー【国際人権デー】**（International Day for Human Rights）一二月一〇日。一九四八年のこの日に国連総会で世界人権宣言が決議されたことを記念する人権擁護の日。世界人権デー。

**こくさい-しんごうき【国際信号旗】** 船と船、船と陸の交信に用いる旗。アルファベット旗、数字旗など四〇種類の旗があり、国際信号書に従って用いられる。international signal flag

**こくさい-しんぶんへんしゅうしゃきょうかい【国際新聞編集者協会】**（International Press Institute）各国の新聞界代表者と編集者のための国際組織。アメリカの編集者協会の提唱で一九五一年に設立。本部はロンドン。ＩＰＩ。

**こくさい-せいじ【国際政治】** 国家間の政治現象と、それを生み出す国際社会のいっさいの要因の総体。現代の国際政治は、核時代、新しいナショナリズム、経済的・文化的諸関係の増大などによって特色づけられている。international politics

**こくさい-せいじがく【国際政治学】** 国際政治に関する知識の獲得と、その理論化を目的とする学問分野。第一次大戦後、欧米で戦争原因の探求と防止に関する研究から始まった。第二次大戦後は研究対象・方法が多様化・複雑化し、行動科学的分析が取り入れられるようになった。international political science

**こくさいせいり-ききん【国債整理基金】** 国債の元利償還のための資金を政府が積み立てる制度。毎年、一般会計・特別会計などから繰り入れる。減債基金。償還基金。debt consolidation fund

**こくさいせいりききん-とくべつかいけい【国債整理基金特別会計】** 国債の利子支払・償還・発行などに関する歳出入を経理する特別会計。debt consolidation fund special account

**こくさい-せきじゅうじ【国際赤十字】**（International Red Cross）一八六七年に設立された赤十字の国際組織。赤十字社連盟・同国際委員会と各国赤十字の代表で組織されている。ＩＲＣ。

**こくさい-せきゆしほん【国際石油資本】** 石油関連分野のすべてにわたって大きな力をもつ国際的石油会社。エクソン・モービルなど。メジャー。international oil majors

**こくさい-せん【国際線】** 国と国の間を結んで運航する定期航空路線。international flight

**こくさい-せんりゃくけんきゅうじょ【国際戦略研究所】**（International Institute for Strategic Studies）軍事・戦略問題に関するイギリスの民間研究機関。『ミリタリー-バランス』と『戦略概観』を毎年発行。ＩＩＳＳ。

**こくさい-そうさきょうじょ【国際捜査共助】** 日本が外国で起きた犯罪の捜査に協力すること。犯罪の国際化に対応して昭和五五年（一九八〇）に公布された国際捜査共助法に基づく。

**こくさい-たいしゃく【国際貸借】** 国際間の資金の貸借関係。ある時点での一国の債権・債務の現在高で示される。international balance of debts

**こくさい-たんい【国際単位】** ビタミンやホルモンなどの効力の単位。世界保健機関で国際標準品の一定量を一単位と定める。ＩＵ。international unit

**こくさい-たんいけい【国際単位系】** 国際度量衡総会で採択された単位系。ＭＫＳＡ基本単位にケルビン（Ｋ）・モル（mol）・カンデラ（cd）を加えた実用単位。日本の計量法も昭和四九年（一九七四）から使用。ＳＩ。International System of Units

**こくさい-ちきゅうかんそくねん【国際地球観測年】** 一九五七年七月から五八年一二月にかけて地球とその周辺空間を研究する目的で、世界各国が共同研究を実施した期間。気象・地磁気・オーロラ・太陽活動・宇宙線・氷河・海洋・地震など対象は広範囲。ＩＧＹ。International Geophysical Year

**こくさい-ちきゅうないぶダイナミックスけいかく【国際地球内部ダイナミックス計画】** 一九七二年から七九年まで実施された国際協力による地球観測事業。マントル対流に関する調査・研究などが行われた。International Geodynamics Project

**こくさい-ちしつがくかいぎ【国際地質学会議】**（International Geological Congress）学理と応用の両見地から地球の研究に関する科学の進歩に寄与することを目的とする国際会議。一八七八年の創立。三、四年ごとに各国回りもちで開催されている。ＩＧＣ。

**こくさい-ちつじょ【国際秩序】** 国際関係を尊重することによってもたらされる国際的規模の秩序。international order

**こくさい-つうか【国際通貨】** 国際取引の決済に用いられる通貨。米ドル・英ポンドなど。基軸通貨。基準通貨。international currency

**こくさい-つうかききん【国際通貨基金】**（International Monetary Fund）国連専門機関の一つ。第二次大戦後の国際通貨・金融制度の安定をはかるため、ブレトンウッズ協定に基づいて一九四五年に設立された国際金融機関。事務局はニューヨーク。ＩＭＦ。

**こくさい-つうしん【国際通信】** 国家間の有線通信・無線通信。海底ケーブル・短波や宇宙通信による。international communication

**こくさい-てき【国際的】**（形動）①一国内にとどまらず、世界の国々に関係があるさま。international ②多くの国に知られているさま。世界的。world-wide

**こくさい-てつどう【国際鉄道】** 二か国または数か国間の鉄道を連絡する直通輸送制度。国際連絡運輸条約に基づくもので、ヨーロッパで発達。international railroad

**こくさい-てつどうれんごう【国際鉄道連合】** 鉄道輸送を推進するため、施設や経営の改善・標準化を目的とした国際機関。一九二二年設立。パリに本部がある。

**こくさい-でんきつうしんれんごう【国際電気通信連合】**（International Telecommunication Union）国際電気通信条約に基づき、電気通信の改善と合理的利用、国際協力の維持・増進などを目的とする国連の専門機関。一九三二年に創設。ＩＴＵ。

**こくさい-でんきひょうじゅんかいぎ【国際電気標準会議】**（International Electrotechnical Commission）電気に関連する規格を国際間で統一するための機関。一九〇八年に設立。日本は、昭和二八年（一九五三）に、日本工業標準調査会の電気部門が代表機関として加入。ＩＥＣ。

**こくさい-でんしんでんわ【国際電信電話（株）】** ＫＤＤの正称。

**こくさい-でんぱかがくれんごう【国際電波科学連合】**（Union Radio-Scientifique Internationale$^{フランス}$）電波の基礎的測定・理論の研究などを行う国際的協力機構。一九一九年に設立。ウルシ。ＵＲＳＩ。

**こくさい-でんぽう【国際電報】** 国際間に発信受信される電報。国際電気通信条約・国際通信協定によって行われ、国際電信電話（株）と日本電信電話（株）の電報局で取り扱う。cablegram

**こくさい-てんもんがくれんごう【国際天文学連合】**（International Astronomical Union）天文学者の国際的組織で、最高の機関。一九一九年設立。ＩＡＵ。

**こくさい-でんわ【国際電話】** 他国へ接続される電話。一般電話で通話できる。通話者指定・料金受信人払いなどがあり、国際電信電話（株）東京国際局で取り扱う。international telephone call

**こくさい-とうしぎんこう【国際投資銀行】** ①（International Bank for Investment）コメコン諸国の経済発展と経済統合を促進するため、一九七一年に設立された投資銀行。ＩＢＩ。②海外直接投資事業に必要な資金調達のため、海外に設立される銀行。international investment bank

**こくさい-とうししんたく【国際投資信託】** 各国の投資家が外国の証券に投資し、国際的に売買する投資信託。国際ファンド。international investment trust

**こくさい-どりょうこういいんかい【国際度量衡委員会】** 一八七五年に締結のメートル条約に基づいて組織された委員会。指揮下に国際度量衡局があり、国際原器の保管、度量衡に関する研究ならびに監督などを行う。

**こくさい-なんみんきこう【国際難民機構】**（International Refugee Organization）一九四八年に設置された国連の難民援助機関。五一年廃止され、事業は国連難民高等弁務官事務所にひきつがれた。国際難民機関。ＩＲＯ。

**こくさい-はんざい【国際犯罪】** 侵略戦争・ジェノサイド（＝集団殺人）・海賊行為・奴隷売買など、国際社会に共通の犯罪。international crime

**こくさい-ひ【国債費】** 国債の利子支払・償還、およびそれらの事務処理に要する経費。その大部分は一般会計予算に計上され、国債整理基金に繰り入れられる。

**こくさい-ひょうじゅんかきこう【国際標準化機構】**（International Organization for Standardization）工業製品の規格の統一・標準化のための国際機関。一九四七年設立。本部はジュネーブ。ＩＳＯ。

**こくさい-ふじんデー【国際婦人デー】** 三月八日。女性の解放をめざす国際的連帯行動の日。一九〇四年ニューヨークの婦人労働者が参政権を要求してデモを行ったことを記念する。

**こくさい-ふっこうかいはつぎんこう【国際復興開発銀行】**（International Bank for Reconstruction and Development）国連専門機関の一つ。ブレトンウッズ協定に基づいて一九四六年に設立された国際銀行。発足当初は戦災国の復興を、現在は発展途上国への融資をおもな目的とする。日本は昭和二七年（一九五二）加盟。世界銀行。世銀。ＩＢＲＤ。

**こくさい-ぶんぎょう【国際分業】** それぞれの国がもっとも得意とする生産物の生産に資源と労働力を用い、その生産物の一部を互いに交換しあうこと。international division of labor

**こくさい-ふんそう【国際紛争】** 国家間の争い。とくに武力の行使や武力による威嚇$^{いかく}$をともなうものをいうことが多い。international conflicts

**こくさい-ペンクラブ【国際ペンクラブ】**《「ペン（ＰＥＮ）」は、Poets, Playwrights, Editors, Essayists and Novelists の略》文学を通じて諸国民の相互理解を深め、表現の自由を擁護することを目的とする団体。本部はロンドン。一九二一年創立。

**こくさい-ほう【国際法】** 国際関係を規定する法の総称。国家どうしの関係を対象とすることが多いが、国際機構や個人の規律をもふくみ、国際慣習と条約からなる。国際公法。international law 対義 国内法。

**こくさい-ぼうえきいいんかい【国際貿易委員会】**（International Trade Commission）アメリカの独立行政機関。一九一六年関税委



▼常用漢字表外。 ▽常用漢字表の音訓外。

員会として発足、七四年の通商法により改組。貿易問題についてのアメリカ企業の提訴を審理・裁定し、大統領に勧告する。ITC。

**こくさい-ぼうえきけんしょう【国際貿易憲章】**(Charter of International Trade Organization) 関税引き下げ、輸出入割当制の禁止などを内容とした国際協定。一九四八年キューバのハバナで採択されたが発効しなかった。ハバナ憲章。CITO。

**こくさい-ほうしゃせんぼうごいいんかい【国際放射線防護委員会】**(International Commission on Radiological Protection) 放射線の人体に与える影響と防護について、その原則や基準を検討、勧告する国際委員会。一九五〇年発足。ICRP。

**こくさい-ほうそう【国際放送】** ①外国向けのラジオ放送。ほとんどが政府直轄あるいは公共団体によって実施されている。international broadcasting ②異なった国に属する放送機関が互いの制作番組を交換して放送すること。

**こくさい-ほうそうきこう【国際放送機構】**(Organisation Internationale de Radiodiffusion et Télévision 仏) ソ連と東ヨーロッパ・アジアの社会主義国の放送団体の連合組織。一九四六年設立。本部はプラハ。OIRT。

**こくさい-ほげいいいんかい【国際捕鯨委員会】**(International Whaling Commission) 捕鯨の漁期や漁場、捕獲頭数などについての決定を行う機関。国際捕鯨取締条約の規定に基づいて、昭和二四年(一九四九)に設けられた。IWC。

**こくさい-ほげいじょうやく【国際捕鯨条約】**(International Whaling Treaty) クジラ資源の保護のために昭和二一年(一九四六)に締結された条約。毎年一回国際捕鯨委員会を開催し、漁期・捕獲頭数をきめる。

**こくさい-ほげいとりしまりじょうやく【国際捕鯨取締条約】**(International Whaling Agreement) クジラ資源の保護と増大をはかり、捕鯨業の秩序ある発展を目的とする条約。日本は、昭和二六年(一九五一)に加盟。

**こくさい-ほごちょう【国際保護鳥】** 絶滅にひんしている希少な鳥を国際的に保護するため指定したもの。アホウドリ(東京都)・トキ(新潟県佐渡)・ハワイガン(アメリカ)など。internationally protected bird

**こくさいほご-どうぶつ【国際保護動物】** 国際的視野にたって調査・研究・保護する必要性のある動物。国際自然保護連合が選定。internationally protected animals

**こくさい-みほんいち【国際見本市】** 輸出向け商品の見本を展示・宣伝し、国際的取り引きのために開かれる市場。貿易の振興と国の技術・産業のデモンストレーションの意味ももつ。ITF。international trade fair

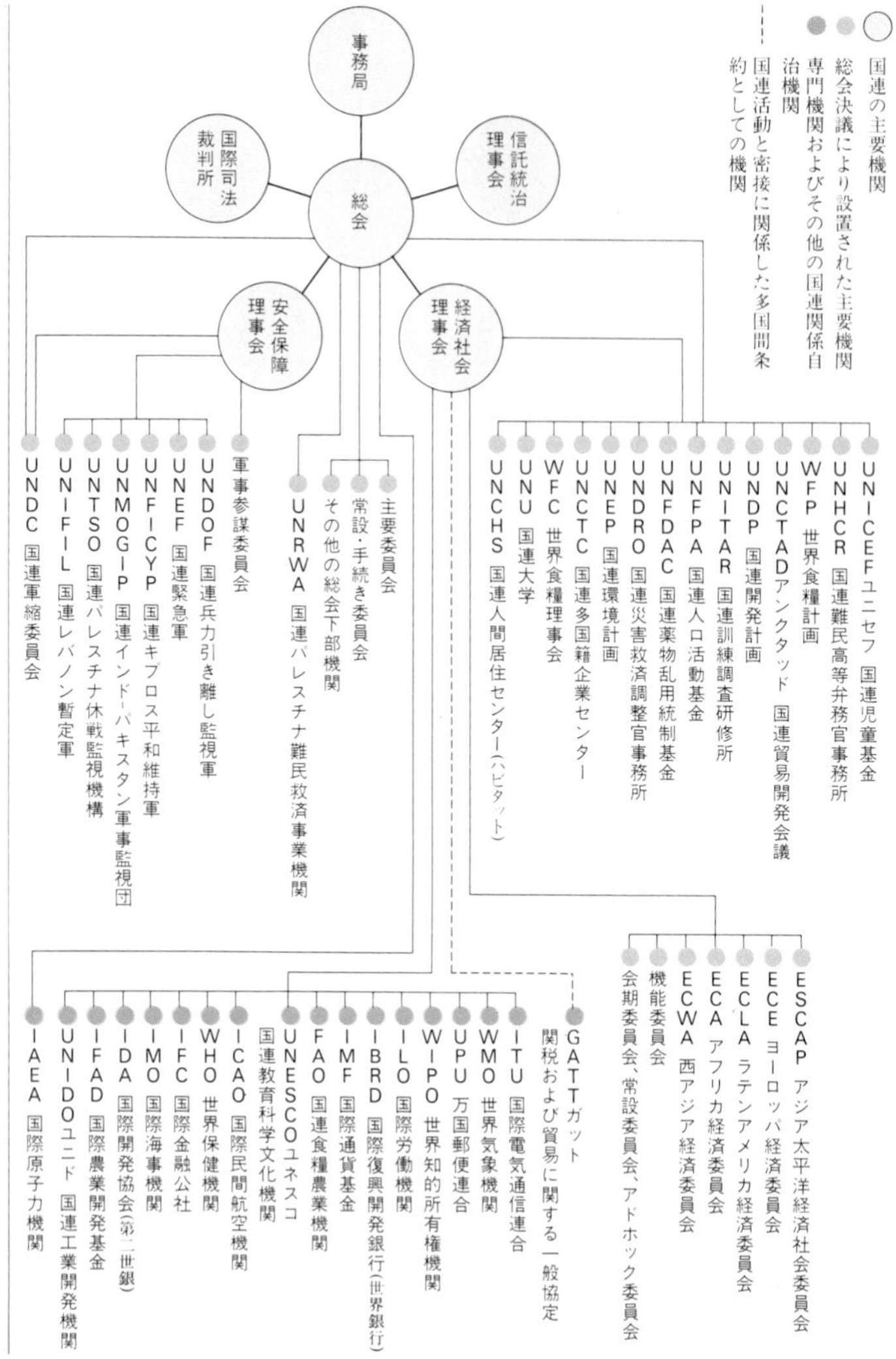

●国際連合　国際連合の機構

**こくさい-みんかんこうくうきかん【国際民間航空機関】**→イカオ(ICAO)

**こくさい-もんだい【国際問題】** 国家間ないしは諸国民の関係や交渉から起きる紛争や事件。international problem

**こくさい-よろん【国際世論】** 国際社会の世論。国際政治における大衆の役割が増大した第一次大戦以降重視されるようになった。world opinion

**こくさい-りゅうどうせい【国際流動性】** 本来は、各国の対外支払必要額に対する対外支払準備総額の比率。現在では対外支払そのものをさすことが多い。international liquidity

**こくさい-れっしゃ【国際列車】** 国と国、またはいくつかの国を結んで運行される列車。一八八三年一〇月からパリ～イスタンブール間で運転されたオリエント急行が有名。international train

**こくさい-れんごう【国際連合】**(United Nations) 第二次大戦を機に、国際連盟のあとをうけて設立された国際平和機構。国際平和と安全の維持、経済・社会・文化的国際協力の推進を目的に一九四五年設立。事務局・安全保障理事会など六つの主要機関と一六の専門機関からなり、ILO・ユネスコなど一六の専門機関をもつ。本部はニューヨーク。日本は五六年に加盟。八七年現在加盟一五九か国。国連。UN。↓図

**こくさいれんごう-しょくりょうのうぎょうきかん【国際連合食糧農業機関】**(Food and Agriculture Organization) 国連専門機関の一つ。一九四五年設置。世界の食糧の生産と分配、諸国民の栄養と生活の向上を目的に活動。本部はローマ。日本は昭和二六年(一九五一)加盟。FAO。

**こくさい-れんめい【国際連盟】**(League of Nations) 世界最初の国際的平和機構。第一次大戦後アメリカのウィルソン大統領の提唱により、ベルサイユ条約に基づいて成立した。一九二〇年から四六年まで存続。

**こくさい-ろうどうきかん【国際労働機関】**→アイエルオー(ILO)

**こくさい-ろうどうくみあいれんめい【国際労働組合連盟】**(International Federation of Trade Unions) 社会民主主義系の労働組合の国際組織。一九〇三年結成。四五年世界労連(WFTU)結成にともなって解散。IFTU。

**こくさい-ろうどうしゃきょうかい【国際労働者協会】**(International Working Men's Association) 第一インターナショナル。マルクスらの指導下に組織された労働運動の国際組織。一八六四年ロンドンで創立。一八七二年に事実上解体。

**こくさい-ろうれん【国際労連】**(World Confederation of Labour)《国際労働組合連合の略称》一九六八年国際キリスト教労連を改称して成立。キリスト教の枠を超えてヨーロッパ・中南米を中心に組織されている。WCL。

**こ-くさぎ【小臭木】** ミカン科の落葉低木。山野の沢沿いにはえる。雌雄異株(しゅ)。高さ約二m。葉は互生し、長さ五～一二cmで光沢がある。春に、黄緑色の四弁花をつける。

**こく-さく【国策】** 国家の政策。national policy

**こく-さく【告▾朔】** 昔、中国で諸侯が天子から暦を受けて祖廟(びょう)におさめ、朔(ついたち)ごとに廟前に羊を供えて、この日が朔であることを告げた儀式。

告朔の餼羊(のきよう)《告朔の儀式に供える羊。『論語』「八佾(はついつ)」に、子貢(し こう)がこの習慣はやめたほうがよいというのに対して、孔子が「我はその礼を愛す」と答えた、とあることから》虚礼でも実害がなければ残しておいたほうがよいことのたとえ。また、形式だけが残っていることのたとえ。

**こくさく-がいしゃ【国策会社】** 昭和前期、戦時体制確立の国家政策に従って設立された特殊会社。政府が助成・保護した新興財閥の半官半民企業で、軍需産業の強化、占領地の開発や産業振興をはかった。

**こく-さん【国産】** ①一国の産物。home production ②自国の産物・生産。domestic 対義 外国産・舶来。

**こくさん-かいしょ【国産会所】** 江戸中期以降、諸藩が領内での特産物の育成・専売のために設けた機関。物産会所。産物会所。

**こくさん-しゃ【国産車】** 自国でつくった自動車。domestic car 対義 外車。

**こく-し【国士】** ①一国で、とくにすぐれた人物。distinguished citizen ②憂国の士。patriot

**こく-し【国史】** ①一国の歴史。history of a nation ②日本史。Japanese history

**こく-し【国司】** 律令(りつりょう)制下の地方官。一国の行政・司法・警察・軍事の広い領域にわたり権限をもった。守(かみ)・介(すけ)・掾(じょう)・目(さかん)の四等官と史生(ししょう)からなり、いずれも中央で任命。任期は四～六年。

**こく-し【国使】** 国家の命令をおびて外国へ「行く人。envoy

**こく-し【国師】** ①奈良時代、国分寺に置かれた僧官。②中世、朝廷から高僧に与えられた称号。用例 夢窓(むそう)——。

**こく-し【黒子】** ほくろ。mole

**こく-し【酷使】**(名・サ変他) 人や物を手加減しないでひどく使うこと。こき使うこと。drive hard 用例 店員を——する。

**こく-し【告子】**(生没年未詳) 中国、戦国時代の斉(せい)の思想家。人間の性には善悪の属性はないと主張、孟子(もうし)と論争した。

**こく-じ【告示】**(名・サ変他) おおやけの機関が国民に広く知らせること。一般選挙の投票期日など。notice 比較 公告・公示。

**こく-じ【刻字】**(名・サ変自) 文字をきざみつけること。また、その文字。carved letter

**こく-じ【国字】** ①その国の国語を書き表すために公式に認められた文字。native script ②平仮名・片仮名。Japanese characters 対義 漢字。③漢字にならって、日本でつくった文字。「畑・峠・笹・凩・麿・腺」など。和字。対義 漢字。

**こく-じ【国事】** 国家、とくに国家の政治に密接な関係のある事柄。national affairs

**こく-じ【国璽】** 国家のしるしとしての官印。the seal of the state

**こく-じ【酷似】**(名・サ変自) きわめて似ていること。非常によく似ていること。close resemblance

**ごく-し【獄死】**(名・サ変自) 刑務所など、捕らえられていた所で死ぬこと。牢死。death in prison

**こく-しきそほう【黒色素胞】** 黒色のメラニン顆粒を含む色素細胞。真皮にあり、体色の暗化・明化に関与する。メラノフォア。melanophore

**こくじ-こうい【国事行為】** 天皇の権限として憲法に規定された国家的事務に関する行為。内閣の助言と承認を得て行われる。

**コクシジウム[coccidium]** ニワトリや家畜の腸・肝臓に寄生し、下痢や栄養障害などのコクシジウム症をおこす原生動物。体長三〇〜五〇ミクロン。

**こくじ-しょうしょ【国璽尚書】** イギリスで国璽・御璽を保管する大臣。ただし国璽などの使用に関する実質的な権限はもたず、形式的な官職。Lord Privy Seal

**こくし-たいけい【国史大系】** 正史実録と私撰の諸史などの記録文書を集大成し、校訂を加えた叢書。田口卯吉編。明治三〇〜三七年(一八九七〜一九〇四)刊行。新訂増補版は黒板勝美編、昭和三九年(一九六四)より刊行。

**こくじ-はん【国事犯】** 国家の統治機構の侵害など、政治秩序の転覆・侵害をはかる犯罪。内乱罪など。また、その犯人。政治犯。political crime

**こくし-びょう【黒死病】** 一四世紀中ごろヨーロッパに流行したペスト。一三四六年黒海沿岸に発生、五〇年までに全ヨーロッパに伝播。全人口の三割前後が病死。Black Death

**こくし-むそう【国士無双】** ①国士の中でもとくにすぐれた人物。天下第一の人。②麻▼雀の手役「役満」の一つ。

**こくじ-もんだい【国字問題】** 一国の公式の文字についての問題。日本では、明治以来、漢字の廃止・節減の論、ローマ字国字論・仮名専用論・新字採用論などがみられるが、昭和二一年(一九四六)以後、当用漢字表・当用漢字音訓表・当用漢字字体表・送りがなのつけ方などが次々と内閣告示で定められた。のちにそれぞれ改定され、一般の社会生活における表記の目安・よりどころとなっている。problem of the national script

**ごく-しゃ【獄舎】** ろうや。刑務所。監獄。jail 米; gaol 英

**こく-しゅ【国手】** ①名医。skilled physician ②碁の名人。

**こく-しゅ【国主】** ①一国の長。君主。天子。king; monarch ②室町末期から江戸時代にかけて、一国以上を領有した大名。国主大名。国守。

**こく-しゅ【国守】** ①国司の長官。くにのかみ。②→こくしゅ(国主)②

**こくしゅ-だいみょう【国主大名】** 国持大名の別称。

**こく-しょ【国書】** ①元首がその国の名で出す外交文書。sovereign's message 用例 —を交わす。②日本語で著述された日本の記録・書物。対義 漢書・洋書。用例 —総目録。

**こく-しょ【酷暑】** 厳しい暑さ。猛暑。極暑。intense heat 対義 酷寒。

**ごく-しょ【極暑】** たいへん暑いこと・季節。酷暑。intense heat 対義 極寒。用例 —の候。

**こく-じょう【国情・国状】** 国内のようす・事情・状態。conditions of a country 用例 —視察。

**ごく-じょう【極上】** いちばん上等。the highest quality 用例 —の紙。

**こくじょう-じごく【黒縄地獄】**《仏教語》八大地獄の一つ。ここの亡者は熱い鉄の縄で縛られ、熱い鉄のおので切られるという。

**こく-しょく【国色】** ①絶世の美人。②牡丹の異名。

**こく-しょく【黒色】** 黒い色。black

**こく-しょく【穀食】** 穀物を常食とすること。grain eating 対義 草食・肉食。

**こく-じょく【国辱】** 国のはじ。national disgrace

**こくしょく-かやく【黒色火薬】** 硝石・硫黄・木炭を混合した火薬。室温の乾燥状態では安定だが、摩擦・衝撃などによって容易に発火する。急速に燃焼して煙を多く出す。black powder

**こくしょく-しゅ【黒色▼腫】** 皮膚に生じる腫瘍。悪性黒色腫が代表的。顔・足の裏・下腿などにおもに発生し、急速に悪化し転移も速い。癌と肉腫の中間的なものと考えられている。melanoma

**こくしょく-じんしゅ【黒色人種】** 黄色人種・白色人種とともに人類を三種類に大別したときの一つ。アフリカ黒人(ネグロ)・ピグミー・メラネシア人など。皮膚の色は黒褐色ないし淡褐色。身長は高低さまざま。毛髪のちぢれ、鼻が低く幅広など共通。ネグロイド。黒人。黒人種。Negroid

**こくしょく-ひょうひしゅ【黒色表皮▼腫】** からだの各所の皮膚が黒褐色でざらざらしたきたならしい感じになるもの。悪性と良性があり、悪性は臓器の癌(とくに胃癌)の徴候とされる。melanoepithelioma

**こく-じん【国人】** ①在地の武士。②南北朝以降、地方の荘官や地頭・名主などから領主として成長した地方土豪。③その国のひと。

**こく-じん【黒人】** 黒色人種の別称。

**こくじん-おんがく【黒人音楽】** とくに植民地時代のアメリカで、西アフリカからの黒人奴隷の間から生まれた音楽。ジャズにまで発展し、世界的な音楽の一つとなった。

**こくじんこうじょう-きょうかい【黒人向上協会】**(National Association for the Advancement of Colored People) 一九〇九年にアメリカで白人の自由主義者と黒人運動指導者により組織された人種差別撤廃をめざす団体。NAACP。

**こくじん-どれい【黒人奴隷】** 一六〜一九世紀、アメリカ大陸で奴隷として生産労働に従事させられたアフリカ黒人。Negro slavery

**こくじん-ぶんがく【黒人文学】** 黒色人種の創造する文学の総称。主として南北アメリカ・アフリカ・西インド諸島の各国の文学に含まれるが、全体的な呼称でもある。

**こくじん-もんだい【黒人問題】** アメリカの社会問題の一つ。黒人に対する人種差別とそれに対する黒人の抵抗が引き起こす諸問題。Black question

**こくじん-れいか【黒人霊歌】** 一九世紀後半、アメリカの黒人奴隷へのキリスト教布教のために作られた宗教的民謡。題材は『旧約聖書』が多い。ニグロ音楽の特徴が表れている。ニグロスピリチュアルズ。Negro spirituals

**こく-すい【国粋】** ある国に固有な美点・長所。national characteristics

**こくすい-しゅぎ【国粋主義】** 自分の国や民族の特殊性・優秀性を主張し、それを維持発揚しようとする思潮。とくに日本で幕末から明治期におこり、昭和初期から第二次大戦の終結まで支配的となったものをさす。ultranationalism 比較 国家主義。

**こくすい-ねつ【黒水熱】** 重症の熱帯熱マラリア患者にみられる急性赤血球崩壊症。キニーネ服用で誘発されることが多い。黒色尿を出し、尿毒症症状へと進む。blackwater fever

**ごくすい-の-えん【▽曲水の宴】** →きょくすいのえん(曲水の宴)

**こ-ぐすり【粉薬】** →こなぐすり(粉薬)

**こく・する【克する・▼剋する】**(サ変自他) =克す。①(他)負かす。まさる。用例 下、上を—。②(自)五行の運行で、相克する。

**こく・する【刻する】**(サ変他) きざみつける。彫刻する。刻す。carve

**こく・する【▼哭する】**(サ変自) =哭す。①声をあげて泣く。②中国で、死者を弔う礼として泣き叫ぶ。

**こく-ぜ【国是】** ①国の定めた政治上の方針。national policy ②近代ヨーロッパ諸国にみられた、国家行動のための基本準則。

**こく-せい【国政】** 国家の政治。administration 用例 —に参与。

**こく-せい【国勢】** 国のいきおい・ありさま。国運。state of a country 用例 隆々たる—。

**こく-ぜい【国税】** 国が徴収する租税。所得税・法人税・相続税・贈与税・印紙税・酒税・輸入税など。直接税と間接税に分類される。national tax 対義 地方税。

**こくぜい-ちょう【国税庁】** 大蔵省の外局の一つ。関税など渉外関係の税をのぞく国内税の賦課・徴収をおもな任務とする。National Tax Administration Agency

**こくせい-ちょうさ【国政調査】** 国会の両議院がみずから国の政治全般に関して調査すること。

**こくせい-ちょうさ【国勢調査】** 政府が全国民についていっせいに行う人口調査。一〇年ごとに行うが、中間に簡易調査も実施。人口センサス。census

**こくぜい-ちょうしゅうほう【国税徴収法】** 国税の収入を確保するため、徴収と滞納処分の手続きについて定めた法律。昭和三四年(一九五九)公布。

**こくぜい-つうそくほう【国税通則法】** 税務行政の公正な運営と国税の納付について定めた基本法。昭和三七年(一九六二)公布。

**こくぜいはんそく-とりしまりほう【国税犯則取締法】** 国税に関する犯罪事件の調査と処理の手続きについて規定する法律。明治三三年(一九〇〇)公布。

**こくぜい-ふふくしんぱんしょ【国税不服審判所】** 納税者の国税に関する不服申し立てをあつかう国税庁の付属機関。昭和四五年(一九七〇)設置。

**こくせい-モニター【国政モニター】** 国民から国政一般について直接意見や批判を聞き、施策の参考にする制度。内閣官房広報室が主管し、定例報告・随意報告などによって意見を集める。national administration monitor

**こく-せき【国籍】** 一定の国家の正式の構成員(=国民)としての資格・身分。飛行機・船舶・法人などについても準用される。nationality

**こくせき-しゅぎ【国籍主義】** サケ・マスなど、産卵のために母川に帰る魚は、母川国のものだという主張。

**こくせき-ほう【国籍法】** 日本の国籍の取得と喪失にかかわる事項を規定した法律。明治三二年(一八九九)公布。昭和二五年(一九五〇)全面改正。現在は同五九年(一九八四)に大幅改正されたものが施行されている。

**こく-せつ【国設】** 国がその施設を造ったこと。built by the nation

**こく-せん【国選】** 国が選ぶこと。官選。appointment by the authorities

**こくせん-べんごにん【国選弁護人】** 国費で選任する弁護人。刑事被告人に弁護人をつける資力がないような場合、被告人の請求などによって裁判所が選定する。もと、官選弁護人。court-appointed attorney 対義 私選弁護人。

**こくせんやかっせん【国▽性▼爺合戦】** 人形浄瑠璃時代物。近松門左衛門作。正徳五年(一七一五)初演。歌舞伎としては享保六年(一七二一)上演。明朝亡命の臣を父、日本人を母とする鄭成功の史実が素材。明朝再興のために和藤内(鄭成功)が活躍する。

**こく-そ【告訴・告▼愬】**(名・サ変他) ①告げ訴えること。complaint ②犯罪の被害者やその法定代理人などが捜査機関に申し出て、犯人の訴追を求めること。accusation 比較 告発。

**こく-そ【国訴】** 江戸後期、合法的訴訟による農民闘争で、国郡規模のもの。文政六年(一八二三)大坂の特権商人に対して、在郷商人が起こしたものが最大。

**こく-そ【国礎】** 国の基礎。国基。国本。

**こく-そう【国葬】** 国家の功労者に対し、国費で行う葬儀。national funeral

**こく-そう【国喪】** 全国民が服する喪。national mourning

**こく-そう【穀倉】** =こくぐら。①穀物の倉。granary ②穀物の主要産地。granary 用例 —地帯。

**こく-ぞう【穀象】** →こくぞうむし(穀象虫)

**ごく-そう【獄窓】** ①ろうやの窓。prison bars ②獄中。in prison

**こくぞう-むし【穀象虫】** オサゾウムシ科の黒褐色の小甲虫。成虫・幼虫とも貯蔵穀物の害虫。体長三mm前後。幼虫は乳白色で、穀粒内で育つ。発生は年四回

●コクゾウムシ

▼常用漢字表外。 ▽常用漢字表の音訓外。

前後。世界各地に分布。コクゾウ。コメクイムシ。↓[写]

**こく-ぞく【国賊】** 国に害を与える者。traitor

**こ-ぐそく【小具足】** 甲冑をのぞくすべての武具装束。臑当、籠手、喉輪、頬当など。

**ご-ぐそく【五具足】** 仏前に供える五つの仏具。燭台一対、華瓶一対、香炉の総称。五器。

**ごく-そつ【獄卒】** ①囚人を取り扱う牢屋の下級役人。jailer米; gaoler英 ②《仏教語》地獄で亡者を苦しめる鬼。

**こく-たい【国体】** ①統治権がどこにあるかなどによって区別される国の形態。君主制・共和制など。national polity [比較]政体。②国の特色。国柄。日本では幕末から第二次大戦前にかけて、万世一系の天皇が統治する特殊な国家を意味し、民族的優越性を示す概念として用いられた。③「国民体育大会」の略。

**こく-たい【黒体】** 入射するすべての波長の放射を完全に吸収する理論上の物体。完全黒体。black body

**こく-だい【国大】** 「国立大学」の略。

**こくたい-ほうしゃ【黒体放射】** 黒体から放出される電磁波。黒体輻射。空洞放射。black-body radiation

**こくたい-めいちょう【国体明徴】** 天皇中心の国家体制を明確にすること。昭和一〇年(一九三五)ごろ軍部や右翼が唱えたことば。

**こく-だか【石高】** 近世、検地によって公定された米の標準生産高を示す方式。太閤検地以後、年貢徴収の規準であり、武士の知行高もこれで表示。

**こく-だち【穀断ち】**(名・サ変自) 願い事のため、ある期間、穀物を食べないこと。[比較]酒断ち・茶断ち。

**こ-くたに【古九谷】** ↓くたにやき(九谷焼)

**こく-たん【黒炭】** 瀝青炭の古称。

**こく-たん【黒▼檀】** ①カキノキ科の常緑高木。南アジアに産し、高さ約一〇m。葉は互生し、長楕円形。材はかたく黒色で光沢があり、高級家具・器具用。烏木。ebony ②熱帯産のカキノキ属の良材の総称。

**こく-ち【告知】**(名・サ変他) ①告げて知らせること。または役所などが通知すること。notice [用例]納税—。②当事者の一方の意思表示により、契約関係を終了させること。解約告知。notice [比較]解除。

**こ-ぐち【小口】** ①切り口。横断面。section ②いとぐち。beginning ③少額。少量。small sum [対義]大口。④書物の、背を除いた上・下・横の断面。とくに、横。edge [対義]のど。↓本[図]

**小口を利く**(こぐちをきく) 小利口なことを言う。ちょっと気のきいたことを言う。

**こ-ぐち【木口】** 木材の切り口。木材の端。butt end ↓木取り[図]

**こぐち-あつかい【小口扱い】** 少量の荷物の運送を扱うこと。small lot consignment

**こぐち-がき【小口書(き)】** 書物、とくに和本で、上または下の切り口部分の小口に、書名や巻数などを記すこと。また、書いたもの。

**こくち-ぎむ【告知義務】** 保険契約を結ぶとき、保険契約者または被保険者が、保険者に保険料の決定に影響するような重要な事実を告げ、うそをいわない義務。obligation of declaration

**こぐち-ぎり【小口切(り)】**《木を、木目が出るように切ったことから》細長い野菜などを断面が見えるように端から切る切り方。もとは「木口切り」とも書いた。cutting into slices

**ごく-ちゅう【獄中】** ろうやの中。in prison [用例]—記。

**こく-ちょう【国鳥】** その国を代表すると定められた鳥。日本は昭和二二年(一九四七)、日本鳥類学会がキジを選定。national bird

**こく-ちょう【国▼蝶】** 各国が、自国に生息するチョウのうち、とくに代表的なチョウとして選定したもの。日本は、オオムラサキを昭和三二年(一九五七)に選定。

**こく-ちょう【黒鳥】** 黒色のガンカモ科の水鳥。ハクチョウの仲間。翼長約四七cm。嘴は赤く、風切り羽は純白。半家禽で観賞用に飼育。オーストラリア・タスマニア原産。black swan ↓[写]

●コクチョウ

**ごく-ちょうたんぱ【極超短波】** 周波数三〇〇〜三〇〇〇メガヘルツ(波長一m〜一〇cm)の電磁波。タクシー無線などに利用。UHF。ultra high frequency

**こく-つぶ【穀粒】** 米・麦などの、穀物の粒。「grain

**ごく-つぶし【▽穀▼潰し】** 飯を食うだけで何もせず、ぶらぶらしている者をののしる語。good-for-nothing

**こく-てい【国定】** 国家が制定すること。制定したもの。national [用例]—公園。

**こくてい-きょうかしょ【国定教科書】** 文部省が著作し、全国の学校で使用した教科書。明治三六年(一九〇三)小学校教科書の国定制度が樹立。昭和二四年(一九四九)から検定制度の実施によって順次切り替えられた。national authorized textbook

**こくてい-こうえん【国定公園】** 国が指定し、各都道府県が管理するすぐれた自然の景勝地。国立公園に準ずる。quasi-national park

**こく-てつ【国鉄】** 「日本国有鉄道」の略。

**こく-てん【国典】** ①国家の法典・儀式。national ceremonies ②日本の典籍。国書。

**こく-てん【黒点】** ①黒い点。black spot ②太陽の光球面上にできる黒い点。通常、暗部・半暗部からなり、周囲より一時的に温度が低い部分。強い磁場によりエネルギーの対流がおさえられるためで、約一一年の周期で活動がさかんになる。sunspot ↓太陽[図] ③音楽で、音符の付点。dot

**こく-でん【国電】** 旧日本国有鉄道の大都市内および周辺部の電車線。昭和六二年(一九八七)四月、経営の分割・民営化にともなって名称は廃止。

**こくてん-ぐん【黒点群】** 太陽黒点の群れ、集団。黒点は成長するとともに、そのまわりに黒点が次々と生まれ、群生することが多い。sunspot group

**こくてん-しゅうき【黒点周期】** 太陽黒点の数の増減の周期性。ほぼ一一年の周期。sunspot cycle

**こくてん-そうたいすう【黒点相対数】** 太陽の黒点と黒点群の数から導かれる量。太陽活動の指標となる。relative sunspot number

**こく-ど【国土】** ①一国の統治権がおよぶ領域。領土。territory ②大地。earth ③ふるさと。郷土。native place

**こく-ど【国▼帑】** 国家の財産。国財。

**こく-ど【黒土】** 団粒構造の発達した厚い腐植層をもつ黒色の土壌。きわめて肥沃で冷暖帯のステップにみられ、欧州の穀倉地帯(黒土地帯)を形成する。チェルノーゼム。black soil; chernozem

**こく-ど【黒奴】**《卑語》①黒人の奴隷。②黒人をいやしめていう語。

**こく-とう【黒陶】** 中国の新石器時代後期、竜山文化に特徴的な黒色土器。彩陶・灰陶とともに中国先史時代の土器の三大系統の一つ。ろくろ製で薄く、表面は研磨され漆黒色。

**こく-どう【国道】** 道路法・高速自動車国道法で指定される日本の幹線道路。高速自動車国道と一般国道がある。national road [対義]地方道。

**ごく-どう【極道】**(名・形動) ①悪事をすること・者。scoundrel ②身持ちのよくないこと・者。rake

**コクトー【Jean Cocteau】**(一八八九〜一九六三) フランスの詩人・小説家・劇作家。芸術のあらゆる分野に活躍した鬼才。戯曲『エッフェル塔上の花嫁花婿』、小説『恐るべき子どもたち』、映画『美女と野獣』『オルフェ』など。↓[写]

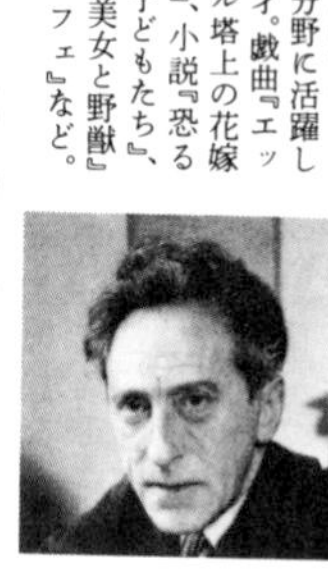
●コクトー

**こくど-きほんず【国土基本図】** 国土の全域または主要部について、統一した規格・精度でくわしく表現した地図。日本では国土地理院が平野部について作成する、縮尺二万五〇〇〇分の一や五万分の一の地形図をいう。national large scale map

**こくど-けいかく【国土計画】** 国土を、産業・交通・経済・社会・文化などから、国家的見地で、総合的に利用・開発する計画。national land planning

**こくど-ちょう【国土庁】** 総理府の外局の一つ。国土行政を総合的に推進するため昭和四九年(一九七四)に発足。長官は国務大臣。官房と五局からなる。National Land Agency

**こくど-ちりいん【国土地理院】** 建設省に属し、三角点・水準点の測量、基本的地図の作成、測量・地図に関する行政・研究などを行う機関。旧地理調査所。Geographical Survey Institute

**こくどりようけいかく-ほう【国土利用計画法】** 国土の総合的・計画的な利用をはかるため、土地利用基本計画の作成、遊休地の利用促進などを定める法律。昭和四九年(一九七四)公布。

**こく-ない【国内】** [対義]国外。①国の領土内。domestic米; home英 ②国の中。外国と関係のないこと。domestic [用例]—問題。

**ごく-ない【極内】** たいへん内密なこと。極秘。

**こくない-こうろ【国内航路】** 国内の港と港、あるいは空港と空港を結んでいる船や航空機の航路。domestic line [対義]外国航路。

**こくない-じこう【国内事項】** その国の意思で処理・決定し、外国からの干渉を排除できる事項。憲法の制定、元首の任免など。国内問題。domestic affairs

**こく-ないしょう【黒内障】** 検査をしても機能的な異常がないのに視力が悪くなる病気。おもに眼底におこる。先天性・尿毒性・ヒステリー性などが原因。くろそこひ。amaurosis

**こくないしょうせい-はくち【黒内障性白痴】** 中枢神経系の脂質代謝障害による遺伝性疾患。知能低下・視力障害・筋麻痺などを生じ、死にいたることが多い。amaurotic idiocy

**こくない-ほう【国内法】** ある国の主権のおよぶ範囲内で効力をもち、国内の諸関係を規律する法律。国家法。municipal law [対義]国際法。

**こく-なん【国難】** 国家の危難。national crisis

**こく-ぬすと【穀盗▽人】** コクヌスト科の甲虫。貯蔵穀物の害虫として知られる。体長六〜一〇mm。幼虫は灰白色で、尾端に一対の突起がある。世界各地に分布。

**こく-ねつ【酷熱】** 厳しい暑さ。酷暑。intense heat

**ごく-ねつ【極熱】** この上ない暑さ。

**ごくねつ-じごく【極熱地獄】**《仏教語》大焦熱地獄の別称。

**こく-はく【告白】** ㊀(名・サ変他) ①隠していたこと・心に秘めていたことなどをうち明けること。confession [比較]自供・白状。②キリスト教で、信仰を表明すること。profession ㊁(名) ①《原題Confessiones》宗教書。アウグスティヌスの著。一三巻。四〇〇年ごろ成立。自伝的回想と罪の告白、神賛美と感謝。『創世記』の講解がおもな内容。②《原題Les Confessions》ルソーの自伝。死後、第一部一七八二年、第二部八九年刊。近代自己告白文学に深い影響を与えた。『懺悔録』。

**こく-はく【酷薄・刻薄】**(名・形動) むごくて、薄情なこと・さま。inhumanity

**こくはく-ぶんがく【告白文学】** 作者が自分の生涯をふりかえって、思い出や反省や教訓を述べる形式の文学。一種の自伝。また、一人称形式で作者の思想をおりまぜ、独自な芸術作品として創作されたものも告白文学とよばれる。アウグスティヌスやルソーの『告白』などが有名。

**こく-はつ【告発】**(名・サ変他) 被害者や告訴権者以外の第三者が捜査機関に犯罪事実を申し出て、犯人の訴追を求めること。prosecution [比較]告訴。

**こく-はん【黒▼斑】** 黒いまだら。black spot

**こく-ばん【黒板】** 白墨で書くために黒や緑に塗った板。ボールド。ボード。blackboard [用例]—ふき。

**こくはん-びょう【黒▼斑病】** 植物の病気で、葉・茎・果実などに黒い斑紋のできるものの総称。サツマイモ・ナシ・ゴボウなど多くの作物を冒す。病原菌は糸状菌が多い。

**こく-ひ【国費】** 国庫から出す経費。national expense

**こ-くび【小首・小▼頸】**《「こ」は接頭語》首。head

**小首を傾げる**(こくびをかしげる)《首をちょっと傾けることから》思案する。また、疑問に思う。have a question

**小首を投げる**(こくびをなげる) ①首をうなだれる。②いろいろ考えあぐねて、疲れはてる。

**こ-くび【小▽領】**《「領」は衣服の首をおおう部分》衣服の襟。和服の衽の一部。襟。

**ごく-ひ【極秘】** きわめて秘密なこと。極内。top secret 用例 — 扱い。

**ごく-び【極微】** ①きわめて微小なこと。microscopic ②その道の奥義。secret ③→ごくみ(極微)

**こく-びゃく【黒白】** ①黒と白。black and white ②正邪。善悪。right and wrong

**黒白の差**(こくびゃくのさ) 非常にへだたっていること。正反対であること。あべこべ。黒白の違い。

**黒白を明らかにする**(こくびゃくをあきらかにする) 善悪・正邪など、物事の道理をはっきりさせる。find out which is right

**黒白を争う**(こくびゃくをあらそう) どちらが正しいかはっきりさせる。contend as to which is right

**黒白を弁ぜず**(こくびゃくをべんぜず) ものの道理もわきまえない。物事の是非・善悪の判断がつかない。cannot tell right or wrong

**こく-ひょう【酷評】**(名・サ変他) こっぴどい批評をすること。また、手きびしい評。severe criticism

**こく-ひん【国賓】** 国家の客として公式に接待される外国人。national guest 用例 — 待遇。

**ごく-ひん【極貧】** 非常に貧乏なこと。赤貧。extreme poverty

**こく-ふ【国父】** ①国民から、父として尊び親しまれる人。アメリカにおけるワシントンなど。father of the country ②中国で、孫文の敬称。

**こく-ふ【国府】** =こくぶ・こふ。①律令制で、一国ごとにおかれた国司の役所。国衙。②国府の所在地。府中。

**こくふ【国府】**〈町〉岐阜県北部、高山市北隣の町。古くは、飛驒国府の所在地。稲作・桃栽培・コイの養殖などを行う。人口七九〇〇(一九八八)。

**こくふ【国府】**〈町〉鳥取市の東に接する町。古くは、因幡国府の所在地。二十世紀ナシ・ブドウなどを産する。人口八六〇七(一九八八)。

**こく-ふ【国富】** ①国家の富力・財力。②一国の正味生産の総額。国民所得を生み出す元本。national wealth

**こくぶ【国分】**〈市〉鹿児島県中部、鹿児島湾に臨む市。大隅国分寺が置かれた。かつては国分タバコで知られたが、現在は電子機器・カメラなどの企業を誘致し、産業都市に変貌しつつある。人口四万二二四九(一九八八)。

**こく-ふう【国風】** ①その国特有の風俗・風習。国ぶり。national customs and manners ②平安時代、その国特有の風俗を表した詩歌・俗謡。風俗歌。provincial ballad

**こくふう-ぶんか【国風文化】** 平安中期以降の日本風文化。遣唐使の廃止はそれまでの唐風文化にかわって文化の国風化をもたらし、仮名の発達による文学の発達など、宮廷中心の優雅な貴族文化が展開した。

**こく-ふく【克服】**(名・サ変他) 困難にうちかつこと。conquest

**こく-ふく【克復】**(名・サ変他) 戦いに勝って、もとのありさまにかえること。restoration 用例 平和 —。

**こくぶ-さいとう【国府▼犀東】**(一八七三〜一九五〇) 漢詩人・新体詩人。名は種徳。金沢生まれ。東大中退。詩文集『花柘榴』など。

**こくぶ-せいがい【国分青▼厓】**(一八五七〜一九四四) 漢詩人。名は高胤。仙台生まれ。雄健高雅な詩風で、大正・昭和漢詩壇の第一人者。詩集『詩董狐』『青厓詩存』。

**こくふ-ちょうさ【国富調査】** ある一定時期に国家の資産の総計を調べるもの。census of national wealth

**ごく-ぶと【極太】** 対義 極細。①きわめて太いこと。very thick ②手編み毛糸の中で、もっとも太いもの。heavy thread

**こくふろん【国富論】**《原題An Inquiry into the Nature and Causes of the Wealth of Nations》アダム=スミスの主著。一七七六年刊。労働価値説による古典派経済学の原典的著作。

**こく-ふん【穀粉】** こくもつを粉にひいたもの。grain flour

**こく-ぶん【告文】** ①神につげる文。②上の人・役所などに申し立てる文書。上告文。

**こく-ぶん【国文】** ①日本語で書いた文章、とくに、和文。②「国文学」の略。③大学の国文科。

**こくぶん-がく【国文学】** ①日本文学を研究する学問。②日本文学。

**こくぶん-じ【国分寺】** 天平一三年(七四一)、聖武天皇が国家鎮護のため、諸国に建てさせた寺。僧寺(=金光明四天王護国之寺)・尼寺(=法華滅罪之寺)の二種があった。

**こくぶんじ【国分寺】**〈市〉東京都西部の市。農村から住宅都市に急速に変化。武蔵国分寺跡がある。人口九万六八五六(一九八八)。

**こくぶんじ【国分寺】**〈町〉栃木県南部、小山市北隣の町。かんぴょう・ビール麦の特産地。人口一万四〇六二(一九八八)。

**こくぶんじ【国分寺】**〈町〉香川県中部、高松市西隣の町。四国霊場の国分寺で知られる。稲作のほか、盆栽の特産地。人口一万七八六六(一九八八)。

**こくぶん-にじ【国分尼寺】** 天平一三年(七四一)聖武天皇の発願によって、国分寺とともに諸国に建立された尼寺。正式名は法華滅罪之寺。

**こく-ぶんぽう【国文法】** 日本語の文法。

**こく-へい【国柄】** 国の政権。国権。

**こくへい-しゃ【国幣社】** 旧社格の一つ。律令制には国司から幣帛を奉り、明治以後は国庫から奉幣した。

**こく-べつ【告別】**(名・サ変自) 別れを告げること。いとまごい。leave-taking 用例 — の辞。

**こくべつ-しき【告別式】** ①転任・退官・退職などのための別れの儀式。送別式。②親族・知人などの縁故者が集まって、死者に別れを告げ、冥福を祈る儀式。funeral 比較 葬式。

**こく-ほ【国歩】** 国の運命・情勢。国運。fortunes of a state

**こく-ほ【国保】**「国民健康保険」の略。

**こく-ぼ【国母】** =こくも。①皇后。②皇太后。

**こく-ほう【国宝】** ①国のたから。treasure of the country ②建造物・美術工芸品・古文書その他の有形の文化的所産のうち、歴史上・芸術上価値の高いもの、学術上貴重なものとして、文部大臣が指定したもの。national treasure

**こく-ほう【国法】** ある国の法律の総称。狭義には、公法または憲法をさす。national law

**こく-ぼう【国防】** 軍事力で外敵の侵略から国を守ること。ひろくは国家の独立と安全を保障するための手段と体制をいう。national defense

**こくぼう-かいぎ【国防会議】** 国防についての重要な事項を審議した政府機関。昭和三一年(一九五六)内閣におかれ、総理大臣を議長とし、副総理、外務・大蔵大臣、防衛庁・経済企画庁長官で構成。同六一年(一九八六)安全保障会議の設置にともない廃止。

**こくぼう-しょう【国防省】** 陸・海・空三軍を統轄する中央官庁。第二次大戦後、各国で設置。国防大臣を長とし、各軍の長官をその統制下におく。日本にはない。

**こくぼう-しょく【国防色】** 枯れ草のような茶色がかった緑色。各国で軍服の色として採用され、日露戦争の途中から、日本陸軍の軍服の色に定められた迷彩色の基本。カーキ色。khaki

**こくぼう-そうしょう【国防総省】**(Department of Defense) アメリカの陸・海・空三軍を統合する最高軍事機関。一九四七年設立。国防長官が軍事行政を統轄し、統合参謀本部を配下におく。通称ペンタゴン。DOD。DD。

**こくぼう-ふじんかい【国防婦人会】**《大日本国防婦人会の略称》軍部の指導で昭和七年(一九三二)に設立された婦人団体。同一七年(一九四二)愛国婦人会などとともに大日本婦人会に統合された。

**こくぼうほあん-ほう【国防保安法】** 太平洋戦争下、軍事機密以外に広く国家秘密を保護するための法。昭和一六年(一九四一)制定。検事に強制捜査権を与え、弁護権を制限。国民の思想弾圧の手段となった。

**こくぼう-よさん【国防予算】** 外国の武力侵略から自国を守るために計上される予算。defence budget

**ごく-ぼそ【極細】** 対義 極太。①きわめて細いこと・もの。superfine ②毛糸の中で、もっとも細いもの。superfine yarn

**こく-ほん【国本】** 一国の根本・基礎。foundation of the country

**こくほん-しゃ【国本社】** 昭和初期の国家主義団体。大正一三年(一九二四)平沼騏一郎が主宰。国体精神を鼓吹し軍部と提携、政界裏面で活躍。昭和一一年(一九三六)解散。

**こぐま-ざ【小▼熊座】** 北天にあって北極星をα星として含む星座。周極星。七月一三日ごろの午後八時ごろに南中。面積二五六平方度。小北斗。Ursa Minor →図

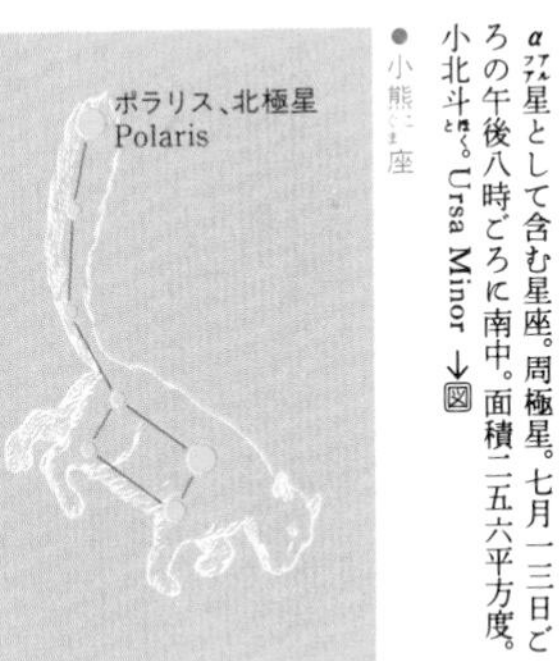


●小熊座

**こ-ぐみ【小組(み)】** ①小さなこまかい組みもの。②新聞の組み版で、個々の記事の組み版。棒ゲラ。slip galley 対義 大組み。

**ごく-み【極▽微】**《仏教語》原子のような微小なもの。ごくび。

**こく-みん【国民】** ①一国の統治権のおよんでいる所にあって、その国籍を持っている人々。citizen米; subject英 用例 — の義務。②一国を形づくっている人間の全体。nation 比較 人民・民族。用例 — 感情。③《国衙領の住人、の意》中世、春日大社の大和にある末社の神主であった在地武士。比較 衆徒。

**こくみん-いりょうひ【国民医療費】** 医療機関での傷病者の治療に支出された費用の総額。医療保険制度が支払うものと患者負担額を加えたもので、厚生省が年度単位で推計する。

**こくみん-えいようちょうさ【国民栄養調査】** 国民の体位・健康・栄養摂取状態、および栄養摂取と経済負担との関係を知るために厚生省が毎年行う調査。昭和二一年(一九四六)より実施。

**こくみん-えいよしょう【国民栄誉賞】** 国民に親しみのある分野で前人未到の業績をあげ、かつ国民からその人柄を敬愛される人物に、内閣総理大臣が与える賞。昭和五二年(一九七七)設置。第一回受賞者はプロ野球の王貞治。

**こくみん-おんせん【国民温泉】** 温泉法に基づいて環境庁長官が指定する、国民がだれでも利用できる健全な温泉地。正称は環境庁指定保養温泉地。

**こくみんかいぎ-は【国民会議派】** インドの代表的政党。一八八五年イギリスに対する穏健な批判勢力として発足。ガンジーやネルーらに指導され、一九三〇年代以降四七年の独立まで、民族独立運動の主力となった。独立後は階級政党へと移行。インド国民会議派。Indian National Congress

**こくみん-かいねんきん【国民皆年金】** すべての国民が公的年金制度の適用を受けている状態。昭和三四年(一九五九)被用者年金に加入していない人々を対象とした国民年金制度が実施されて体系化した。

**こくみん-かいへい【国民皆兵】** 制度上、全国民に兵役の義務が課されていること。universal conscription 参照 徴兵制度。

**こくみん-かいほけん【国民皆保険】** すべての国民がなんらかの公的な医療保険に加入している状態。昭和三六年(一九六一)から実施され、政府管掌保険・組合管掌保険・各種共済組合・国民健康保険などへの加入が義務づけられた。

**こくみん-がくは【国民楽派】** 一九世紀後半から二〇世紀にかけて、民族性を強調した作品を作ろうとした作曲家たちと彼らの活動をいう。東欧・北欧・ロシアでいちじるしく、ロシアのムソルグスキー・リムスキー=コルサコフ、チェコスロバキアのスメタナ、ノルウェーのグリーグなどが代表的作曲家。nationalist school

**こくみん-かくめい【国民革命】** 中国国民党が行った革命。一九二四年の国民党改組から二七年の北伐完了までの期間における政治運動をさす。

**こくみん-がっこう【国民学校】** 旧制の初等普通教育機関。国家主義教育を目的として、昭和一六年(一九四一)尋常・高等小学校を改編発足。年限は初等科六年、高等科二年。同二二年(一九四七)廃止。

**こくみん-ぎかい【国民議会】** フランス革命初期の一七八九年、三部会から分離した第三身分が構成した議会。のち僧侶・貴族も参加して憲法制定国民議会と改称。また一八七一〜七五年に第三共和政憲法を、一九四四〜四五年に第四共和政憲法をそれぞれ制定した議会も、国民議会とよばれる。

**こくみん-きゅうかむら【国民休暇村】** 国立公園など自然環境に恵まれた地に、宿泊施設を中心に公園施設などが総合的に整備されているところ。昭和三六年(一九六一)から、国

民休暇村協会が厚生年金などの還元融資を受けて運営している。

**こくみん-きゅうようち【国民休養地】** 環境庁が指定した国民の休養地。都道府県立公園内などに国民宿舎やレジャー施設が建設されている。

**こくみん-きょうかい【国民協会】** 明治の中ごろ政府の擁護のために活動した政府系の団体。明治二五年（一八九二）創立。会長西郷従道。同三二年（一八九九）帝国党に改組。

**こくみんきょうどう-とう【国民協同党】** 第二次大戦直後の中道政党。修正資本主義を掲げ、昭和二二年（一九四七）協同民主党・国民党などが合同して結成。のち国民民主党から改進党へ、さらに日本民主党へ吸収された。

**こくみん-きんゆうこうこ【国民金融公庫】** 小口の事業資金貸し付けのための政府金融機関。昭和二四年（一九四九）設立。

**こくみんきんろうどういん-れい【国民勤労動員令】** 第二次大戦終末期、軍需産業の労働力確保のための勅令。昭和二〇年（一九四五）三月公布。国民徴用令を吸収し、産業戦士として国民を根こそぎ動員する体制の強化を企図。

**こくみん-けいざい【国民経済】** 一国を単位として一つの社会制度のもとに営まれる経済。資本主義・社会主義経済体制、混合経済体制に分かれる。national economy

**こくみんけいざい-けいさん【国民経済計算】** 国民経済の活動状況を包括的にとらえるため、企業会計の手法を応用して統計数値を組織的に配置した各種の表の総称。社会会計。national economic accounting

**こくみん-けんこうちょうさ【国民健康調査】** 世帯の側から全国民の疾病・傷害頻度・治療方法・治療費・同支払方法などの実態をつかむために厚生省が実施する調査。昭和二三年（一九四八）から毎年行われ、患者調査とともに、医療統計の根幹をなす。public health survey

**こくみん-けんこうほけん【国民健康保険】** 健康保険法の適用を受けない自営業者など一般国民を対象とする強制医療保険。国保。national health insurance

**こくみんけんこうほけん-ぜい【国民健康保険税】** 国民健康保険事業の経費にあてるために市町村が課する租税。被保険者である世帯主を納税義務者とする世帯課税主義を採用している。

**こくみん-こうかい【国民公会】** フランス革命期の一七九二年九月～九五年一〇月の間開かれた議会。初めジロンド派、ついで山岳派が優勢を占め、共和政宣言、革命暦の採用、九三年憲法制定などを可決したが、テルミドールのクーデターを経て総裁政府樹立で解散。Legislative Assembly

**こくみん-こっか【国民国家】** 近代において、同一の国民または民族であるという共通の意識を基盤として形成された統一国家。市民革命や民族独立運動を経て形成される場合と、絶対主義国家権力の主導で形成される場合がある。nation-state

**こくみん-しゅぎ【国民主義】** 国民の利益や権利を守り発展させるために近代国家の形成をめざす運動や思想。一九世紀以降とくに盛んになった。nationalism 比較民族主義。

**こくみん-しゅくしゃ【国民宿舎】** 地方公共団体が昭和三一年（一九五六）から設置している自然公園内や温泉地などにある健全で低廉な、公的宿泊施設。国から厚生年金や国民年金の還元融資を受けて、建設・運営されているもの。

**こくみん-しゅけん【国民主権】** 国の最高の意思である主権は、一般国民にあるという原則。主権在民。sovereignty of the people 対義君主主権。

**こくみん-じゅんせいさん【国民純生産】** 国民総生産（GNP）から固定資本の減価償却分を差し引いて得られる額。国民所得を市場価格で表示したものと等しい。純国民生産。NNP。net national product

**こくみん-しょとく【国民所得】** ある国で一定期間に新たに生産された財・サービスの価値の合計。市場価格で算定した名目国民所得と、物価指数で修正した実質国民所得とがある。NI。national income

**こくみん-しんさ【国民審査】** 直接民主制の一つ。法律や公務員の任免などの適否を国民が直接投票で審査すること。日本では最高裁判所裁判官について、任命後最初および以後一〇年経過するごとの最初の総選挙で行われる。national review

**こくみん-しんぶん【国民新聞】** 徳富蘇峰が創刊した言論新聞。明治二三年（一八九〇）創刊。昭和一七年（一九四二）の新聞統合政策で『都新聞』と合併し、『東京新聞』となる。

**こくみん-せい【国民性】** それぞれの国の国民にみられる共通の感情や精神的特質。nationality

**こくみんせいかつあんてい-ほう【国民生活安定法】** 国民生活安定緊急措置法の通称。昭和四八年（一九七三）の石油危機によって生じた急激な物価の上昇に対処し、その安定をはかるために制定された法律。同年一二月公布。

**こくみんせいかつ-センター【国民生活センター】** 消費者行政を推進するため、昭和四五年（一九七〇）に設置された経済企画庁直轄の特殊法人。国民生活安定のための情報収集、消費者からの苦情の処理などを行う。

**こくみんせいかつ-はくしょ【国民生活白書】** 経済企画庁が毎年一回発表する国民生活の実態報告書。消費者物価指数、家計調査、給与・雇用統計を中心に国民生活の移り変わりなどを解明。

**こくみんせいしん-そうどういん【国民精神総動員】** 昭和前期、近衛文麿内閣による日中戦争遂行のための思想統制。太平洋戦争下、大政翼賛会に引きつがれた。

**こくみん-せいとう【国民政党】** 特定の階級でなく、国民全体としての利益を代表すると自称する政党。National Political Party 比較階級政党。

**こくみん-せいふ【国民政府】** 中国国民党指導下の政府。一九二五年国共合作下、広東政府を改組して成立。一九二六～二八年北伐を行い、二七年南京と武漢に分裂したが、合体して南京に政府組織を樹立。日中戦争中は重慶ついで昆明で抗日戦を遂行。戦後南京へ復帰したが、四九年共産党との内戦に敗れ台湾へ移った。

**こくみん-そうししゅつ【国民総支出】** 国民総生産を支出面でとらえたもの。国民総生産と同額で、社会全体の有効需要と等しい。GNE。gross national expenditure

**こくみん-そうせいさん【国民総生産】** ある国民が一定期間に生産した財・サービスの総生産額から原材料費などを引いたもの。GNP。各企業が生産した付加価値の総額。gross national product

**こくみんそうせばんごう-せい【国民総背番号制】** 行政事務の効率化を目的に、国民一人一人にコード番号をつけてデータを管理する制度。

**こくみん-そうふくし【国民総福祉】** 一国の国民福祉の水準を示す指標。国民総生産（GNP）が経済的価値だけを示しているのに対し、福祉・環境などの指標を導入している。GNW。gross national welfare

**こくみん-たいいくたいかい【国民体育大会】** 毎年開催地を府・県単位で変えて行う国内総合競技大会。夏・秋・冬季の三大会に分けられ、都道府県対抗方式をとる。日本体育協会・文部省・開催都道府県の三者共催。昭和二一年（一九四六）京都市で第一回大会開催。国体。

**こくみん-だいひょう【国民代表】** 議会と議員は特定選挙区・政党・階級などの代表ではなく、国民全体の代表者でなければならないとする考え方。national representative

**こくみんちょうよう-れい【国民徴用令】** 軍需工業の必要労働力を確保するための、国家総動員法に基づく勅令。昭和一四年（一九三九）公布。募集だけで人員が得られないとき、厚生大臣命令で国民を強制動員。

**こくみん-てき【国民的】**（形動） 国民全体に影響するさま。国民に基づくさま。national 対義個人的。

**こくみん-とう【国民党】** 中国国民党の略称。

**こくみん-とうひょう【国民投票】** 直接民主制の一つ。公職選挙以外の事項について国民が行う投票。憲法改正などにさいして行われる。レファレンダム。referendum

**こくみん-ねんきん【国民年金】** すべての国民を対象とする年金制度。また、それによって支給される基礎年金。昭和三四年（一九五九）自営業者と零細企業の被用者に対する年金制度として成立。同六〇年（一九八五）の年金改正により現行の形となった。national pension 参照基礎年金。

**こくみん-の-しゅくじつ【国民の祝日】** 昭和二三年（一九四八）新たに制定された祝日。現在は元日、成人の日など一三日。同四八年（一九七三）から、祝日が日曜日と重なる場合、月曜日が振り替えの休日となった。national holiday

**こくみんのとも【国民▼之友】** 徳富蘇峰創刊の総合雑誌。民友社発行。平民主義の立場からの社会評論を主とした。明治二〇年（一八八七）創刊。同三一年（一八九八）廃刊。

**こくみん-はつあん【国民発案】** ↓イニシアチブ②

**こくみん-ふく【国民服】** 第二次大戦中の昭和一五年（一九四〇）、男子が日常に着用するべく制定された、軍服に似たカーキ色の服。

**こくみんふくし-しひょう【国民福祉指標】** 国民の福祉水準の内容を具体的にはかるための指標。国民総生産を修正して作成する。NNW。net national welfare

**こくみん-ぶんがく【国民文学】** ①ある国の国民性や文化の特性をよく体現し、国民に愛読されている文学。national literature ②近代国家形成期に、統一的な国民の民族意識を発揚する文学。national literature

**こく-む【国務】** 国家の政務。state affairs

**こくむ-いん【国務院】** 中華人民共和国（＝中国）の最高行政機関。各国の内閣にあたり、総理がその長官。一九五四年の憲法によって設置。中央人民政府。

**こくむ-しょう【国務相】** 国務大臣の通称。

**こくむ-しょう【国務省】**（State Department） アメリカ合衆国の外交関係を管轄する省。日本の外務省にあたる。

**こくむ-せいきゅうけん【国務請求権】** 国民が自己の利益のために国家の積極的行為を要求する権利。請願権・刑事補償請求権など。

**こくむ-だいじん【国務大臣】** 内閣を構成する閣僚。狭義では総理大臣を除く。首相が任免権をもち、過半数は国会議員であることが必要。国務相。minister of state

**こくむ-ちょうかん【国務長官】** アメリカ国務省の長官。閣僚の首席で、外交問題を担当する。Secretary of State

**こく-めい【克明】**（形動） ①細かいことまで念を入れるさま。丹念。scrupulous 用例 ―な描写。②律儀なさま。実直なさま。faithful

**こく-めい【刻銘】** 金属器などに刻みつけられた文字・語句・製作者名。plate mark

**こくめん-の-しょう【国免▼荘】** 平安時代、国司の認可により不輸租の特権を得た荘園。

**こく-も【国▼母】** ↓こくぼ（国母）

**こく-もつ【穀物】** 主食とする農作物。米・麦・豆・アワ・ヒエなど。穀類。cereals; grain 米; corn 英

**こくもつ-のうこう【穀物農耕】** 米・麦・トウモロコシなど穀類を栽培する農耕。西アジアやアメリカ大陸で成立。これによる余剰生産物の蓄積が文明形成の基盤となる。grain agriculture

**こくもつ-ほう【穀物法】** イギリスの穀物の輸出入規制法。中世から行われたが、ナポレオン戦争後の一八一五年、国内の高価格維持のため外国産穀物の輸入を禁じたものが有名。反穀物法同盟の反対運動により四六年撤廃。Corn Law

**ごく-もん【獄門】** ①ろうやの門。②江戸時代の刑罰の一つ。斬首後、見せしめのため三日ほど刑場にさらし首とするもの。用例 ―にかける。

**ごく-や【獄屋】** ↓ろうや（牢屋）

**こく-やく【国訳】**（名・サ変他） 外国語を日本語に訳すこと。また、訳した文。邦訳。和訳。

**ごく-やす【極安】** 値段が、たいへん安いこと。very cheap

**こく-ゆ【告諭】**（名・サ変自） 目下の者に告げさとすこと・文。official notice

**こく-ゆう【国有】** 国家の所有であること。national ownership 対義民有。

**こくゆう-か【国有化】**（名・サ変他） 民間企業などの生産手段を国が所有し、支配すること。社会主義のもとではすべての重要産業に適用するが、資本主義国でもいくつかの重要産業に適用されている。nationalization

**こくゆう-きぎょう【国有企業】** 国が所有し経営する企業。社会主義国家では企業国有が原則。資本主義国でも重要産業を国有化する例は多い。national enterprise

**こくゆう-ざいさん【国有財産】** ①国の所有する一切の財産。national property ②国有財産法に規定された財産。

**こくゆう-てつどう【国有鉄道】** 所有と経営が政府の手によって行われる鉄道。当初は民間の手で建設された鉄道でも、国有化され

た例が多い。national railway

**こくゆう-みんえい【国有民営】** 公私合同企業の形態の一つ。国や公共団体の事業を、民間私企業に経営委任または賃貸する方式。第一次大戦後の産業復興公団・復興金融公庫など。

**こくゆう-りん【国有林】** 国が所有する林野。国有林野法と国有財産法によって維持管理されている。もとの官有林。national forest 対義 民有林。

**こくゆうりんやじぎょう-とくべつかいけい【国有林野事業特別会計】** 国有林の育成・伐採・治山事業などに関する歳出入を経理する特別会計。昭和二二年(一九四七)設置。

**こくよう-せき【黒曜石】** 火山岩の一種。黒いガラス質。装飾品やガラスの原料に用いる。北海道十勝岳、長野県和田峠が産地。黒曜岩。obsidian →写

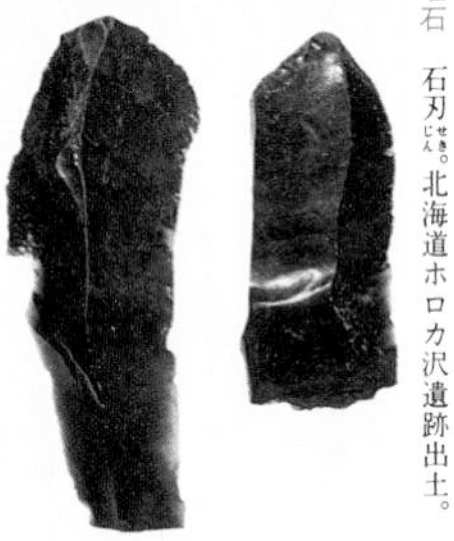

●黒曜石　石刃。北海道ホロカ沢遺跡出土。

**こ-くら【小倉】** ①福岡県、北九州市中部の地区。旧城下町。かつては軍都。交通の要地。商工業がさかんで、北九州工業地帯の一角。旧小倉市。②「小倉織」の略。

**こ-ぐら・い【小暗い】**(形) 少し暗い。薄暗い。おぐらい。shady

**こくら-おり【小倉織】** 綿織物。福岡県小倉で産出した。丈夫で耐久性があり、かつては袴(小倉袴)に、現在は作業服に使用。小倉。

**こ-くらがり【小暗がり】** 少し暗いこと・所。dusk

**ごく-らく【極楽】**《仏教語》対義 地獄。①西方十万億土のかなたにあるという阿弥陀仏の浄土。一切の苦のない理想の世界。極楽浄土。②《転じて》安楽で心配のない状態・境遇。

**極楽願うより地獄作るな**(ごくらくねがうよりじごくつくるな) 極楽に行くことを願うよりも、まず、地獄に落ちるような悪業をしないようにすることだ。

**ごくらく-おうじょう【極楽往生】**(名・サ変自) ①《仏教語》死んで極楽浄土に生まれかわること。②安らかに死ぬこと。die in peace

**ごくらく-じ【極楽寺】** 鎌倉市極楽寺町にある真言律宗の寺。北条重時の創建、良観忍性の開基。

**ごくらく-じょうど【極楽浄土】** ①《仏教語》阿弥陀仏の世界。西方へ一〇万億の仏国土を経たかなたにあって念仏行者が死後生まれかわる、まったく苦しみのない世界とされる。西方浄土。極楽。浄土。②《比喩的》安楽で心配のない状態・場所など。

**ごくらく-ちょう【極楽鳥】** →ふうちょう(風鳥)

**ごくらくちょう-か【極楽鳥花】** →ストレリチア

**ごくらく-とんぼ【極楽▼蜻▼蛉】** 何もしない、のんき者を揶揄する語。

**こく-らん【黒▼蘭】** ラン科の多年草。高さ約三〇cm。暖地の山林中にはえる。葉はいびつな卵形で両端は細い。初夏に花茎を出し、黒紫色の唇弁花をつける。

**コクラン [Benoît Constant Coquelin]** (一八四一～一九〇九) フランスの俳優。一八九七年『シラノ＝ド＝ベルジュラック』のシラノの名演技で有名。

**こく-り【国利】** 国の利益。national interests

**こく-り【酷吏】** 無慈悲な役人。

**こくり【▽高句▽麗】** →こうくり(高句麗)

**高句麗、蒙古遁げる**(こくり、もくりにげる)《文永・弘安の役の高句麗(実際は高麗)軍と蒙古軍のように》さんざんのありさまで逃げる。

**ごく-り【獄吏】** ろうやの役人。jailer米; gaoler英

**ごくり**(副) 物を飲みこむ音・さま。gulp 用例「——とつばを飲む。

**こく-りつ【国立】** 国家が設立し、管理すること。national 対義 公立・私立。

**こくりつ-いでんがくけんきゅうじょ【国立遺伝学研究所】** 遺伝に関する諸研究を行い、その指導などを行う文部省の付属機関。昭和二四年(一九四九)、静岡県三島市に設立。

**こくりつ-えいようけんきゅうじょ【国立栄養研究所】** 厚生省付属機関。国民の健康と福祉を増進するため、食生活および栄養に関する調査・研究などを行う。大正九年(一九二〇)に設立。

**こくりつ-かがくはくぶつかん【国立科学博物館】** 東京都台東区上野公園にある、文部省所管の博物館。明治一〇年(一八七七)に教育博物館として開設。昭和二四年(一九四九)から現在名。自然史および理工学関係の資料の収集・保存・展示や調査研究を行う。

**こくりつ-きょういくけんきゅうじょ【国立教育研究所】** 文部省の付属機関。教育に関する基礎的・実際的な研究調査を行うことを目的に、昭和二四年(一九四九)発足。

**こくりつ-きょうぎじょう【国立競技場】** ①国費で建設されたスポーツ施設の総称。霞丘競技場・代々木競技場・西が丘競技場・大倉山ジャンプ競技場など。②国立霞丘競技場の通称。東京都新宿区霞丘町の神宮外苑にあり、東京オリンピックの主会場となった。庭球場、秩父宮ラグビー場を含む。

**こくりつ-ぎんこう【国立銀行】** 明治五年(一八七二)制定の国立銀行条例に基づき、政府紙幣の整理と金融支援を目的として各地に設立された銀行。第百五十三国立銀行まで設立されたが、のちにほとんどが普通銀行となった。national bank

**こくりつ-げきじょう【国立劇場】** 国費で設立・運営される劇場。おもに伝統芸能の保存と普及および育成のために、昭和四一年(一九六六)東京都千代田区隼町に設立。歌舞伎などを上演する大劇場、民俗芸能などを上演する小劇場、落語などを上演する演劇場とからなる。National Theater

**こくりつ-こうえん【国立公園】** 国が指定し、保護・管理・運営する自然の景勝地。アメリカのイエローストーン国立公園が世界初。日本では環境庁が管轄。national park

**こくりつ-こうぶんしょかん【国立公文書館】** 行政に関する公文書・古文書などの記録物を収集保管し、利用に供する国立の機関。内閣文庫を編入し、昭和四六年(一九七一)東京都北の丸公園に開設。

**こくりつ-こくごけんきゅうじょ【国立国語研究所】** 国語および国民の言語生活の科学的な調査研究を行う機関。文化庁長官の所轄。昭和二三年(一九四八)設立。

**こくりつ-こっかいとしょかん【国立国会図書館】** 昭和二三年(一九四八)国立国会図書館法により設置。国会に付属し、国会議員の職務の遂行に資するとともに、行政・司法の各部門および国民一般に対して図書館奉仕を行うことを目的とする。

**こくりつ-せいしんえいせいけんきゅうじょ【国立精神衛生研究所】** 厚生省付属機関。精神衛生に関する調査研究、精神衛生技術者の研修などを行う。昭和二七年(一九五二)に設置。

**こくりつ-せいようびじゅつかん【国立西洋美術館】** 近代フランス美術作品を主体として展示する美術館。東京上野公園内にある。第二次大戦後フランス政府から返還された旧松方コレクションを受け入れて昭和三四年(一九五九)設立。

**こくりつ-だいがく【国立大学】** 国が設立した大学。国が直接管理し、経費を負担する。文部大臣の所轄。旧称、官立大学。national university

**こくりつ-てんもんだい【国立天文台】** →とうきょうてんもんだい(東京天文台)

**こくりつてんもんだい-おかやまてんたいぶつりかんそくじょ【国立天文台▼岡山天体物理観測所】** →おかやまてんたいぶつりかんそくじょ(岡山天体物理観測所)

**こくりつてんもんだい-のべやまうちゅうでんぱかんそくじょ【国立天文台野辺山宇宙電波観測所】** →のべやまうちゅうでんぱかんそくじょ(野辺山宇宙電波観測所)

**こくりつてんもんだい-のべやまたいようでんぱかんそくじょ【国立天文台野辺山太陽電波観測所】** →のべやまたいようでんぱかんそくじょ(野辺山太陽電波観測所)

**こくりつてんもんだい-のりくらコロナかんそくじょ【国立天文台乗▼鞍コロナ観測所】** →のりくらコロナかんそくじょ(乗鞍コロナ観測所)

**こくりつ-のうがくどう【国立能楽堂】** 能楽の普及と育成のために設立された国立の能楽堂。昭和五八年(一九八三)東京都渋谷区千駄ケ谷に開設。

**こくりつ-はくぶつかん【国立博物館】** 文化庁の付属機関である国立の博物館。東京・京都・奈良にある。national museum

**こくりつ-ぶんらくげきじょう【国立文楽劇場】** 文楽の保存と振興のために設立された国立の劇場。昭和五九年(一九八四)大阪市南区日本橋に開設。

**こくりつ-みんしゅうげきじょう【国立民衆劇場】**(Théâtre National Populaire フランス) フランスの国立劇場。一九二〇年創立。パリのシャイヨー宮にある大劇場で、観客層の拡大をめざした。TNP。

**こくりつ-みんぞくがくはくぶつかん【国立民族学博物館】** 世界の民族文化の研究と資料の収集・保管・一般公開を目的とする博物館。昭和四九年(一九七四)に大阪府吹田市の万国博記念公園内に設立。

**こくりつ-よぼうえいせいけんきゅうじょ【国立予防衛生研究所】** 厚生省付属機関。伝染病・癌などの病原・病因の検索、予防法・治療法の研究などを行う。昭和二二年(一九四七)に設置。

**こくりつ-れきしみんぞくはくぶつかん【国立歴史民俗博物館】** 歴史・民俗・考古学の各分野から、日本の歴史を総合的にとらえる博物館。歴史資料の調査・研究・収集・展示などを行う。千葉県佐倉市に昭和五八年(一九八三)開館。

**こくり-みんぷく【国利民福】** 国の利益と国民の幸福。

**こくりゅう-かい【黒竜会】** 明治三四年(一九〇一)内田良平らが創設した国家主義団体。玄洋社と並ぶ右翼の二大勢力の一つ。大アジア主義を唱え、大陸侵略に暗躍。

**こくりゅう-こう【黒竜江】** →アムールがわ(アムール川)

**こくりゅうこう【黒竜江】**〈省〉中国東北地区北部の省。省都ハルビン(哈爾浜)。北部には黒竜江(アムール川)、東部にはウスリー川が流れ、ソ連との国境をなす。大豆・小麦の大産地。金・石炭・石油などの鉱産資源に富み、ハルビンを中心に各種工業が発達。人口三二六六・六万(一九八二)。ヘイロンチアン。

**こくりょう-でん【穀▼梁伝】**『春秋穀梁伝』の注釈書。春秋三伝の一つ。子夏の弟子穀梁赤の著とされる。『春秋穀梁伝』。

**こく-りょく【国力】** 国家の勢力・財力。national power

**こく・る**(接尾)《動詞の連用形に付く。五段型》動作の激しいさま、程度のはなはだしいさまを表す。用例 だまり——。

**こく-るい【穀類】** 主食となる作物の総称。米・麦・豆・トウモロコシなど。穀物。grain

**こく-れつ【酷烈】**(名・形動) きびしく、はげしいこと・さま。severeness

**こく-れん【国連】** 国際連合の略称。U.N.

**こくれん-あんぜんほしょうりじかい【国連安全保障理事会】** →あんぜんほしょうりじかい(安全保障理事会)

**こくれん-かいはつけいかく【国連開発計画】**(United Nations Development Program) 国連機関の一つ。発展途上国への技術援助機構。一九六六年、拡大技術援助計画と国連特別基金が統合して発足。UNDP。

**こくれん-かんきょうけいかく【国連環境計画】**(United Nations Environment Program) 一九七二年の国連人間環境会議で発足した、環境管理のための総合機関。人口問題や公害規制などにとりくみ、人間の住みよい環境づくりをめざす。UNEP。

**こくれん-き【国連旗】** 国際連合の旗。青地に白くオリーブの葉にかこまれた地球を染め抜く。the United Nations flag

**こくれん-きねんび【国連記念日】** 一〇月二四日。国際連合が一九四五年のこの日に発足したことを記念する。United Nations Day

**こくれん-きょういくかがくぶんかきかん【国連教育科学文化機関】** →ユネスコ(UNESCO)

**こくれん-きんきゅうとくべつそうかい【国連緊急特別総会】** 国連の安全保障理事会が拒否権の行使によって活動できない場合に招集される総会。

**こくれん-ぐん【国連軍】**(United Nations Forces)＝UNF。①国連憲章で設立が謳われている、世界平和と安全維持のため強制力を行使する国際軍事組織。②紛争地域の秩序回復や国家間の武力紛争の抑圧、または停戦・平和監視のため、国連安全保障理事会の勧告・承認と当事国の了解に基づいて、各国から派遣される軍隊。

**こくれん-ぐんしゅくいいんかい【国連軍縮委員会】**(United Nations Disarmament Commission) 軍備縮小の推進を目的とする国連総会の補助機関。一九五二年に創設され

▼常用漢字表外。　▽常用漢字表の音訓外。

たが六〇年代半ばから活動停止。その後、一九七八年に改めて全加盟国で構成される機関となった。UNDC。

**こくれん-ぐんしゅくとくべつそうかい【国連軍縮特別総会】**(Special Session of United Nations General Assembly on Disarmament) 国連の全加盟国が参加し軍縮について討議する会議。一回目は一九七八年、二回目は八二年に開催。SSD。

**こくれん-けいざいしゃかいりじかい【国連経済社会理事会】**↓けいざいしゃかいりじかい(経済社会理事会)

**こくれん-けんしょう【国連憲章】**(United Nations Charter) 国際連合の目的・組織・運営について定めた条約。世界平和の維持を基本理念とし、国際社会の憲法といわれる。一九四五年一〇月発効。日本は昭和三一年(一九五六)に批准。UNC。

**こくれん-こうぎょうかいはつきかん【国連工業開発機関】**(United Nations Industrial Development Organization) 国連機関の一つ。発展途上国の工業開発のための調査・計画作成・専門家派遣・研修生教育などの技術援助を行う。一九六七年発足。国連工業開発機関。UNIDO。

**こくれん-じどうききん【国連児童基金】**↓ユニセフ(UNICEF)

**こくれん-じむそうちょう【国連事務総長】**(United Nations Secretary General) 国際連合事務局の長。安全保障理事会の勧告に基づいて総会で選任され、政治的権限も大きい。リーを初代としてハマーショルド・ウ＝タント・ワルトハイムと引き継がれ、一九八二年以後はデクエヤル。UNSG。

**こくれん-じんけんいいんかい【国連人権委員会】**(United Nations Commission on Human Rights) 国連経済社会理事会の補助機関。世界各地で起こる人権侵害について調査を行っている。一九四六年設立。

**こくれん-しんたくとうちりじかい【国連信託統治理事会】**↓しんたくとうちりじかい(信託統治理事会)

**こくれん-せんもんきかん【国連専門機関】** 国連総会の承認にもとづき経済社会理事会と連携協約を結んでいる国際機構。政府間協定によって設けられる。ILO・ユネスコ・IMFなど一六機関。United Nations specialized agencies

**こくれん-そうかい【国連総会】**(United Nations General Assembly) 全加盟国によって構成される国連の主要機関。年に一回九月に開催される通常総会と、加盟国の過半数または安全保障理事会の九理事国以上の要請で開かれる特別総会とがある。UNGA。

**こくれん-だいがく【国連大学】**(The United Nations University) 国連とユネスコの支援のもとに創立された独立の学術機関。国連憲章の精神にのっとって、全世界的諸問題の国際的共同研究を主目的とする。一九七四年(昭和四九)、東京都渋谷区に本部を設置。

**こくれん-だいひょうけん【国連代表権】** 国連に代表を派遣できる権利。二つの中国の間で争われたことがある。membership of the United Nations

**こくれん-なんみんこうとうべんむかんじむしょ【国連難民高等弁務官事務所】**(Office of United Nations High Commissioner for Refugees) 母国で保護を受けられなくなった難民に国際的保護を与える国連機関。一九五一年設立。一九八一年ノーベル平和賞受賞。UNHCR。

**こくれん-にんげんかんきょうかいぎ【国連人間環境会議】**(United Nations Conference on the Human Environment) 一九七二年「かけがえのない地球」をスローガンにストックホルムで開かれた、国連主催の環境問題に関する国際会議。

**こくれん-ぶんたんきん【国連分担金】** 国連総会が加盟各国に割り当てる国連経費。延滞すると総会での投票権が停止される。financial contributions to the United Nations

**こくれん-ぼうえきかいはつかいぎ【国連貿易開発会議】**(United Nations Conference on Trade and Development) 南北問題の解決のために設けられた国連の常設機構。一九六四年設置。UNCTAD。

**こく-ろう【国老】** ①国の元老。②大名の家老。③国家老。

**こく-ろう【国労】**「国鉄労働組合」の略。昭和二一年(一九四六)国鉄労組総連合として発足し、翌年単一組織になった。昭和六二年(一九八七)国鉄分割民営化にともない組織が縮小。

**ご-くろう【御苦労】**(名・形動) ①「苦労」の丁寧語。他人の骨折りを感謝して言う。Thank you for your trouble. 用例 —をかけました。②他人の努力をあざけって言う語。用例 どうせ無駄なのに—なこった。

**こくろう-い【国労委】**「国営企業労働委員会」の略。

**こくろう-ほう【国労法】**「国営企業労働関係法」の略。

**コクローチ**[cockroach] ゴキブリ。

**こく-ろん【国論】** 国民一般の議論・意見。public opinion 比較 世論。

**こ-くわがた【小▾鍬形▿虫】** 体・大顎とも小形な黒色のクワガタムシ。体長二～三cm。夏、クヌギ・ナラなどの樹液に集まる。日本全土・朝鮮半島に分布。↓クワガタムシ図

**こ-くん【古訓】** ①漢字・漢文の古い読み方。対義 新訓。②古人の教え。

**こ-ぐん【孤軍】** 味方から離れて孤立した小部隊。forlorn force

**ご-くん【五▾葷】** 辛味と臭気をもつ五種類の野菜。仏教ではニラ・ニンニク・ラッキョウ・ネギ・ヒルを、道教ではニラ・オオニラ・ニンニク・アブラナ・コエンドロをいう。これらが欲情・怒りを起こすとして禁じた。五辛。

**こぐん-ふんとう【孤軍奮闘】**(名・サ変自) ただひとりで懸命にがんばること。fight alone

**こけ【▾苔・▾蘚・▾蘿】** 蘚苔類・地衣類など、背の低い植物。多くは湿気の多い日陰に生育し、葉と茎の区別がはっきりせず、花が咲かない。日本に分布する苔類は約二四〇〇種。moss

**苔が生える**(こけがはえる) 古くなったことにいう。get old

**苔の衣**(こけのころも) 僧・隠者などの、そまつな衣服。

**苔の下**(こけのした) 墓の下。草葉の陰。in one's grave

**こけ【▾鱗】** うろこ。こけら。

**こ-け【虚仮】** ①《仏教語》すべての現象は仮のもので、実体はないということ。②愚かなこと・人。

**虚仮にする**(こけにする) ばかにする。あなどる。踏みつけにする。make a fool of

**虚仮の後思案**(こけのあとじあん) まぬけな者は、必要なときに名案が出ず、終わってから役にたたない知恵を出す。

**虚仮の一心**(こけのいっしん) おろか者が、他をかえりみることなく、心をひとつに集中させて、何かをやりとげようとすること。

**虚仮の行**(こけのぎょう) 誠意のない、いつわりの修行。

**虚仮も一心**(こけもいっしん) おろかな者でも、ただ一つのことを心をこめてやれば、やりとげることができる。

**こげ【焦げ】** 焦げること。焦げたもの。scorch

**ご-け【後家】** ①夫に死別した婦人。未亡人。widow ②一対のもので、片方だけが残っていること・もの。

**後家を立てる**(ごけをたてる) 夫の死後、再婚しない。remain faithful to the memory of one's husband

**ご-け【碁▾笥】** 碁石を入れるふたつきの器。

**こ-けい【古形】** 古い形。古い形式。

**こ-けい【固形】** 一定の形にかためてあること。solid 用例 —燃料。

**こ-けい【孤▾閨】** 人妻が、ひとりで寝る部屋。

**孤閨を守る**(こけいをまもる) 妻が、夫の長い不在中または死後、寂しく、また、つつましく暮らす。

**ご-けい【五刑】** 奈良時代から明治初頭まで行われた五種の刑罰。笞(むちで打つこと)・杖(つえで打つこと)・徒(年限を決めて使役すること)・流(へんぴな所へ追放すること)・死(死刑)の五つの罰。五罪。

**ご-けい【互恵】** 互いに特別のめぐみ・便益を受けること。reciprocity 用例 —条約。

**ご-けい【御慶】** めでたいこと。よろこび・祝いのことば。ぎょけい。用例 新春の—。

**ご-けい【語形】** 語の形。word form

**ごけい-かんぜい【互恵関税】** 二国間貿易で、双方の利益をはかるため、第三国に対するよりも税率を低くたもつように定めた関税。reciprocal duties

**こけい-さんしょう【▾虎渓三笑】** 東洋画の画題。東林寺の僧慧遠が陶淵明と陸修静を送って話がつきず、客を見送る境界としていた虎渓の石橋を過ぎ、気づいて三人で大笑したという伝説を絵にしたもの。↓写

●虎渓三笑　狩野山楽『虎渓三笑図』。桃山時代、妙心寺(京都府)。

**ご-けいし【呉敬▾梓】**(一七〇一〜五四) 中国、清代中期の文人。字は敏軒、号は文木。安徽全椒の人。科挙制度と士大夫の生活を批判した小説『儒林外史』で有名。詩文集『文木山房集』など。

**ごけい-じょうやく【互恵条約】** 条約締結国どうしが第三国よりも有利な通商条件で貿易できるように結ばれた条約。reciprocal treaty

**こけい-ねんりょう【固形燃料】** アルコールをせっけんなどに吸収させた固形の燃料。登山などでの炊事や非常のさいに使う。solid fuel

**こけい-ぶつ【固形物】** 固形になっている物。solid body 対義 流動物。

**ごけい-へんか【語形変化】** インド-ヨーロッパ語などで、単語が意味・用法の変化に応じて形を変えること。inflection

**ごけい-ぼうえき【互恵貿易】** 互恵関税を適用して行われる貿易。reciprocal trade

**こけ-いろ【▾苔色】** ①コケのようなにぶい黄緑色。モスグリーン。moss-green ②襲の色目の名。表裏とも濃い萌葱色。または、表が濃香、裏が二藍。

**こけ-おどし【虚仮▿威し】** 見えすいた手段。外見はりっぱでも、実質のともなわないことにもいう。bluff

**こげ-くさ・い【焦げ臭い】**(形) ものの焦げるようなにおいがする。smell of something burning

**こけ-ざる【虚仮猿】**《猿をばかにしていう語。人間にたとえていうこともある》①群れからはじき出された猿。孤猿。②ばかな猿。愚かな猿。③老いぼれのやせ猿。

**こ-けし【小▾芥子】** 東北地方特有の郷土玩具。また、その様式をまねたもの。轆轤びきの木製人形で、手足を省略し円筒形の胴と、丸い頭との二部分からなり、目・鼻を書き入れ衣装などを単純化して彩色する。きぼこ。

**こけ-しのぶ【▾苔忍】** コケシノブ科の小形シダ。深山の樹上や岩上にはえる。葉身は二～三回羽状複葉。葉質は薄く、暗緑色の中に黒く葉脈が見える。↓写

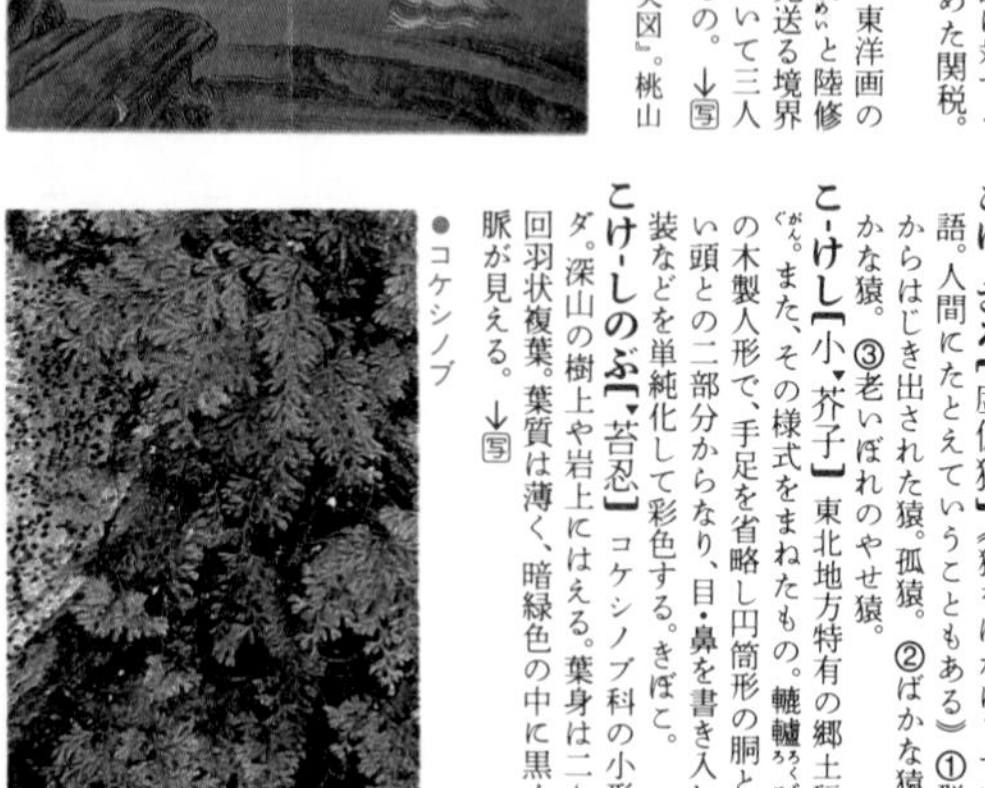

●コケシノブ

**こけ-しみず【▾苔清水】** コケの間を伝わり流れる清水。

**こけ-しょくぶつ【▾苔植物】**↓せんたいしょくぶつ(蘚苔植物)

**こげちゃ-いろ【焦げ茶色】** 黒ずんだ、こい茶色。dark brown

**こ-けつ【▾虎穴】** ①トラのすむあな。tiger's den ②非常に危険な場所。虎口。jaws of death

**虎穴に入らずんば虎児を得ず**(こけつにいらずんばこじをえず) 危険をおかさなければ、成果は挙げられない。Nothing ventured, nothing gained.

**こげ-つき【焦げ付き】** ①物が焼けてこげつくこと。scorching ②貸し金の回収が困難な状態。be uncollectible ③「焦げ付き相場」の略。

**こげつき-そうば【焦げ付き相場】** 一定の値のままとどまって変動のない相場。frozen market

**こげつき-ゆうし【焦げ付き融資】** 不況や融資先の経営不振のため、回収が困難となった融通資金。uncollectible loan

**こげ-つ・く【焦げ付く】**(五自) ①焦げてく



↓行き先項目、図版・写真参照印。 JIS 日本工業規格情報交換用漢字符号コード(区点コード)。

っつく。scorch ②貸し金が回収不能になる。become irrecoverable

**こげつけん【古月軒】** 中国、清代に官窯で焼成した粉彩磁器。小品が多く、純白の器胎に人物・花卉などを精巧に描く。

**コケット【coquette フランス】** たくみに男にこびる女。男たらし。浮気女。

**コケットリー【coquetterie フランス】** なまめかしさ。いろっぽさ。

**こけつ-まろびつ【▽倒けつ▽転びつ】**(連語) 倒れたりころがったり。また、ひじょうにあわてて走るさま。

**コケティッシュ【coquettish】**(形動) なまめかしいさま。いろっぽいさま。

**こけ-でら【▼苔寺】** 京都の西芳寺の通称。

**ご-けにん【御家人】** ①鎌倉時代、将軍に直属の武士の総称。②江戸時代初期、将軍直属の家臣のうち、一万石以下の家臣。③江戸時代中期、将軍直臣のうち、御目見以下の武士。将軍に拝謁する資格を持たない。

**ごけにん-やく【御家人役】** 鎌倉時代、幕府が御家人に義務づけた役。将軍からの本領安堵・御恩に対する奉仕。戦時の出陣、京都・鎌倉大番役、諸々の財政負担など。

**こけ-むし【▼苔虫】** 触手動物門のコケムシ綱に属する種類の総称。体長一mm以下の個虫が群体をつくり、岩や海藻に固着し、コケのように見える。海に多いが淡水にも生息。有性生殖で生じ、自由遊泳期を経る。moss animal ↓図

● コケムシ　フサコケムシ

**こけ-む・す【▼苔▽生す】**(五自) コケがびっしりはえる。moss-grown 用例 ―・した庭。

**こげ-め【焦げ目】** 黒く焦げたあと。burned 用例 ―を付ける。

**こけ-もも【▼苔桃】** ツツジ科の常緑小低木。高さ約一五cm。高山にはえる。茎は横にはう。

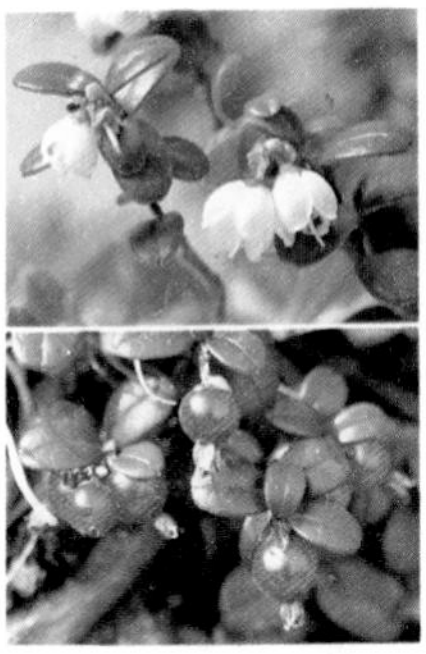

● コケモモ　花(上)と実(下)。

葉は厚く、小楕円形で互生。初夏に淡紅色を帯びた白色の花が咲く。果実は食用。↓写

**こけ-ら【▼杮】** ①材木のけずりくず。こっぱ。②ヒノキ・マキなどを薄くはいだ板。用例 ―ぶき。

**こけら【▼鱗】** うろこ。こけ。

**こ-げら【小▼啄▽木▽鳥】** キツツキ科の鳥。キツツキ類としては日本で最小。翼長八～九cm。背面は暗褐色で白い横じまがある。森林にすみ、雑食性。日本全土(留鳥)、アジア東部に分布。↓写

● コゲラ

**こけら-おとし【▼杮落(と)し】** 新築した劇場の初興行。

**こけ-りんどう【▼苔▽竜▽胆】** リンドウ科の二年草。高さ約五cm。中部以西の山野にはえる。茎は多数に分枝。葉は広卵形で、下部の葉は大きい。春に、淡紫色の小花を開く。

**こ・ける【▽転ける・▽倒ける】**(下一自) たおれる。ころぶ。fall down

**こ・ける【▼瘦ける】**(下一自) 肉が落ちる。やせ細る。become thin 用例 ―・けたほお。

**こ・ける**(接尾)《動詞の連用形に付いて動詞をつくる。下一型》その動作がえんえんと続く意。用例 眠り―。笑い―。

**こ・げる【焦げる】**(下一自) 焼けて黒くなる。scorch

**こけ-るい【▼苔類】** ↓せんたいしょくぶつ(蘚苔植物)

**こ-けん【古賢】** 古代の賢人。

**こ-けん【▼沽券】** ①売り渡しの証文。deed of sale ②体面。品位。dignity 用例 親の―を保つ。

**沽券に関わる**(こけんにかかわる) 体面・品位に差し障りがある。be beneath one's dignity

**こ-けん【孤剣】** たった一本の剣。武器としてはそれしか持っていないこと。

**こ-げん【古▼諺】** 古いことわざ。old proverb

**ご-けん【五見】**《仏教語》仏教とは異なる五つの見解。有身見・辺執見・邪見・見取見・戒禁取見の五種。

**ご-けん【護憲】** 憲法・憲政を守ること。protection of the constitution 用例 ―精神。

**ご-げん【五弦・五▼絃】** ①弦楽器の五本の弦。②昔、中国から渡来した琵琶の一種。弦が五本で、さおにそりがない。

**ご-げん【語源・語原】** 個々のことばの元の意味。また、初めの形。etymology 用例 ―をたどる。

**ごげん【五原】** 中国、内モンゴル自治区西部の中心都市。包頭の西北西約一五〇km。穀物・毛皮・羊毛の集散地。ウーユワン。

**ごけん-うんどう【護憲運動】** 大正時代の藩閥政治に反対し、政党政治確立をめざした政治運動。大正二年(一九一三)桂内閣を総辞職に追い込む。第二次の運動は、大正一三年(一九二四)の清浦内閣打倒運動。五月の選挙に大勝し、護憲三派内閣を組織。憲政擁護運動。

**ごげん-がく【語源学】** 言語学の一分野。語の成立についての研究。直接の起源究明はほとんど不可能で、学問的には語の用法の歴史的変化の考察を中心とする。etymology

**ごけん-ざん【五剣山】** 香川県北東部、庵治半島にある山。標高三六六m。五本の剣に似た形が特徴。八栗山。

**ごけん-さんぱ【護憲三派】** 大正後期、憲法擁護運動の中核となった憲政会・政友会・革新倶楽部の三政党。大正一三年(一九二四)貴族院中心の清浦奎吾内閣を倒し、護憲三派内閣(首相は加藤高明)を実現。

**ご-けんてい【五賢帝】** 九六～一八〇年、古代ローマ最盛期の皇帝。ネルワ・トラヤヌス・ハドリアヌス・アントニヌス=ピウス・マルクス=アウレリウス。帝位の世襲制を廃し、有能な貴族が後継者に選ばれた。

**こ-こ【戸戸】** 一戸一戸。戸ごと。each house

**こ-こ【▼呱▼呱】** 乳飲み児の泣く声。

**呱呱の声をあげる**(ここのこえをあげる) 産声をあげる。生まれる。be born

**こ-こ【個個・▽箇▽箇】** 一つ一つ。おのおの。individual 用例 ―別々。

**こ - こ【▼此▽処・▼此▽所・▼此・▼茲】**(代) ①話し手が今いる所。話し手に近い所。here 対義 そこ・あそこ・かしこ。用例 ―へ来い。―から先、立入禁止。②このこと。この点。this 用例 ―は、私にまかせなさい。③現在に近い時間帯の内。for the present 用例 ―一〇日ほど雨降りが続いている。―二、三日は暖かでしょう。―当分いそがしさが続く。④このような状態。like this 用例 ―まで事態が悪化するとは。こと―に至っては手の打ちようがない。

**此処一番**(ここいちばん) もっともたいせつなとき。勝負どころ。at the critical moment 用例 ―に賭ける。

**此処が思案のし所**(ここがしあんのしどころ) ここが、考えをめぐらさねばならぬ肝心なところだ。This is the point we need to think about.

**此処で逢ったが百年目**(ここであったがひゃくねんめ) ここでこうして出会ったことが、運の尽きだ。長い間さがしていた者に出会ったときなどに言う。年貢の納め時。At last your time has come.

**此処許りに日は照らぬ**(ここばかりにひはてらぬ) この場所だけによいことがあるわけではない、どこも同じだ。やむをえず転地・転身などをするときの捨てぜりふ。類似 天道様は回り持ち。

**此処迄御出で甘酒進上**(ここまでおいであまざけしんじょう) ここまで来たなら褒美に甘酒をあげよう。幼児を歩かせようとして言う。また、来られるものなら来てみろ、とからかって言う場合もある。

**此処を先途と**(ここをせんどと) ここが瀬戸際と一心になって努力するさま。desperately

**此処を踏んだら彼処が上がる**(ここをふんだらあそこがあがる) 片方がよければ一方が悪く、物事すべてがうまくはいかないことに言う。

**こ-ご【古語】** 昔、用いられたことば。archaic word

**ご-こ【五▼胡】** 四～五世紀の中国の華北地方で活動した周辺民族。匈奴系の匈奴・羯・鮮卑、チベット系の氐・羌の五種族。

**ご-ご【午後・午▽后】** 対義 午前。①正午から日没まで。昼過ぎ。afternoon 用例 ―のひととき。②一日の後半。正午から夜の一二時まで。afternoon

**ココア【cocoa】** カカオの種子をいって粉砕し、脱脂した粉。また、それを湯に溶いて飲む飲料の一種。脱脂しないで加工したものがチョコレート。

**ここ-いら【▼此▽処いら】**(代) 話し手に近い所、また現在に近い時間をさす語。この辺。このあたり。ここら。around here

**こ-こう【戸口】** 家の数と人口数。houses and inhabitants

**こ-こう【▼股▼肱】**《「股」はもも、「肱」はひじ》①手足。limbs ②もっとも頼みとするもの。腹心。片腕。one's right-hand man 用例 ―の臣。

**こ-こう【▼虎口】** ①トラの口。tiger's mouth ②危難。危機。虎穴。the jaws of death

**虎口を脱する**(ここうをだっする) 危ないところを、やっと逃れる。escape from the jaws of death

**虎口を逃れて竜穴に入る**(ここうをのがれてりゅうけつにいる) 災難が次々にやって来ることを言う。類似 一難去って又一難。前門の虎、後門の狼。

**こ-こう【弧光】** アーク放電による光。弧状の光。

**こ-こう【孤高】**(名・形動) ひとりはなれて、自分を誇り高く保っていること・さま。proud loneliness 用例 ―を楽しむ。

**こ-こう【▼糊口・▼餬口】**《「糊」「餬」はかゆの意》ほそぼそと暮らすこと。口過ぎ。living

**糊口を凌ぐ**(ここうをしのぐ) どうにか暮らす。やっと生活する。live from hand to mouth

**こ-ごう【古豪】** 経験を積んだ、すぐれた人。ふるつわもの。ベテラン。veteran 対義 新鋭。用例 新鋭―入り混じり。

**こ-ごう【呼号】**(名・サ変自) ①よびさけぶこと。cry out ②大げさに言いふらすこと。proclaim

**こごう【小▽督】** ①(生没年未詳)高倉天皇に仕えた女房。藤原成範の娘。『平家物語』では、平清盛の圧力で宮中を出て嵯峨野に隠れ住む小督を、勅使の源仲国が探しあて、宮中の天皇のもとに迎え入れたとある。②能の曲名。四番目物。金春禅竹作とも。源仲国が小督と対面し、高倉天皇の御心を伝える。③山田流箏曲の一つ。『平家物語』による。

**ご-こう【五光】** 花札のゲームで、花合わせや八八の出来役の一つ。二〇点札の松・桜・芒(坊主)・雨・桐を五枚全部集めたもので、もっとも高い役の一つ。

**ご-こう【五更】** 昔、一夜を五つに分けた時刻の総称。夜の七時から九時ごろまでを初更、以下二時間ずつを二更、三更、四更、五更とした。参照 五夜。

**ご-こう【五港】** 安政五年(一八五八)、安政仮条約締結によりわが国が欧米諸国に初めて開港した五つの港。箱館(函館)・神奈川(横浜)・長崎・新潟・兵庫(神戸)。

**ご-こう【後光】** ①仏・菩薩の体が発するという光。用例 ―がさす。②仏像のうしろにある光背。

**ご-こう【御幸】** 上皇・法皇・女院の外出。比較 行啓・行幸。

**ご-こう【呉広】**(?～BC二〇八) 中国、秦末の農民反乱指導者。紀元前二〇九年陳勝とともに反乱を起こし、仮王となったが失敗、殺された。

**ごこう-ごみん【五公五民】** 江戸時代、農民が収穫米の五割を年貢とし、残りの五割を取り分としたこと。比較 四公六民。

**ごこうごん-てんのう【後光厳天皇】**(一三三八～七四) 北朝第四代天皇(在位一三五二～七一)。名は弥仁。

**ここう-たんぽ【古公▼亶▽父】** 中国、周の王。始祖后稷から一二代目。岐山にあって国を治め、周の勢力を強化。太王。

**ここう-ちょうさ【戸口調査】** 戸別訪問によって戸数や人口を調べること。農業センサスなどによく使われる。戸別調査。door-to-door census

**ごごう-にち【五合日】** 日の吉凶の一つ。十二支の寅と卯にあたる日で、婚姻や会合に吉とされる。

**ごこうみょう-てんのう【後光明天皇】**(一六三三～五四) 第一一〇代天皇(在位一六四三～五四)。名は紹仁。後水尾天皇の第四皇子。

▼常用漢字表外。　▽常用漢字表の音訓外。

**こ-ごえ**【小声】小さく低い声。whisper

**こごえ-じに**【凍え死に】(名・サ変自) 寒さで死ぬこと。凍死。die of cold

**こご・える**【凍える】(下一自) 寒さのために感覚がなくなる。凍ゆ。be numb with cold

**こ-こく**【故国】①故郷。one's home ②母国。one's mother country

**ここ-かしこ**【▼此▽処▽彼▽処】この所やあの所。あちこち。ほうぼう。here and there

**こ-こく**【▼胡国】①古代中国で、北方の夷の国。②野蛮な国。

**ご-こく**【五穀】①五種の穀物。米・麦・アワ・キビ・豆。比較五菜。②穀物の総称。grain

**ご-こく**【護国】国を守ること。defense of one's country

**ご-こく**【後刻】(名・副) のちほど。afterwards 対義先刻・即刻。用例―参上します。

**ごこく-じ**【護国寺】東京都文京区大塚にある真言宗豊山派の大本山。徳川綱吉が生母桂昌院のために天和元年(一六八一)創建、亮賢が開山。享保二年(一七一七)護持院と合併。

**ごこく-じんじゃ**【護国神社】明治維新前後、各藩や民間の人が国事に殉じた人々の霊を祭った神社。各地の招魂場が招魂社となり、昭和一四年(一九三九)さらに改称。

**ごこく-の-かみ**【五穀の神】穀物の豊凶をつかさどる、稚産霊命・倉稲魂命・保食神の三神の総称。

**こ-ごし**【小腰】①腰。waist ②昔、女子の裳に付いていた結びひも。↓女房装束図

**小腰を屈める**(こごしをかがめる) あいさつなどで、腰をちょっとかがめる。bow lightly

**ごご-しま**【▽興▽居島】愛媛県北西部、松山市港沖合いの島。面積九・三km²。ミカン・ビワ栽培がさかん。船踊りが知られる。

**こごしゅうい**【古語拾遺】歴史書。斎部広成撰。大同二年(八〇七)成立。朝廷の神事に携わる斎部氏の正統性を主張するために、記紀にない同氏の伝承を編集。

**ごこ-じゅうろっこく**【五▼胡十六国】中国、三〇四年の前趙の建国から四三九年北魏が統一するまでの間に、華北を中心として五胡(匈奴・羯・鮮卑・氐・羌)が建てた一三国(前趙・成漢・後趙・前燕・前秦・後燕・後秦・西秦・後涼・南涼・北涼・南燕・夏)と漢人が建てた三国(前涼・西涼・北燕)の総称。

**ココシュカ**【Oskar Kokoschka】(一八八六〜一九八〇) オーストリアの表現主義の画家・劇作家。暗い肖像画・人物画から明るい画風に転じた。作品『風の花嫁』など。↓写

**こ-ごしょ**【小御所】①京都御所内の殿舎の一つ。対面・儀式・集会に使用。昭和二九年(一九五四)に焼失したが、のちに再建。②鎌倉時代、宮中で東宮・女官・女院などが住んだ殿舎。③室町時代、将軍の世子の住んだ所。また、世子のよび名。

**こごしょ-かいぎ**【小御所会議】慶応三年一二月九日(西暦では一八六八年一月三日)、王政復古の大号令の出た夜、京都御所内の小御所で開かれた御前会議。徳川慶喜の辞官・納地を決定。

**ここ-じん**【個個人】ひとりひとりの人。individual

**ここ-だ**【▽幾▽許】古語(副)《上代語。数や量がはなはだ多い感じをさして言う》こんなにもはなはだしく。こんなに多く。ここだく。用例木末には―もさわく鳥の声かも(万葉・六・九二四)。

**こごた**【小▽牛田】〈町〉宮城県北部、北上川支流の江合川と鳴瀬川に沿う町。農産物の集散地。人口二万九六〇(一九八八)。

**ここ-ち**【心地】①気持ち。気分。feeling 用例夢見る―。②古語病気。用例はかなき―にわづらひて(源氏・桐壺)。

**ごこ-ち**【心地】(接尾)《動詞の連用形に付く》そうしたときの具合・気分を表す。用例着―。乗り―。

**ここち-よ・い**【心地好い】(形) 気持ちがいい。こころよい。comfortable

**こ-こつ**【枯骨】長い年月をへてぼろぼろになったほね。死者。

**ここつ-しゅ**【▼虎骨酒】中国の強精薬酒。虎の骨をよくあぶり、砕いて、こうじ・薬料と共に仕込んだ酒。アルコール分六〇%前後。

**こ-ごと**【小言】①とがめてさとすことば。しかること。scolding ②ぶつぶつ不満を言うこと。不平。grumbling

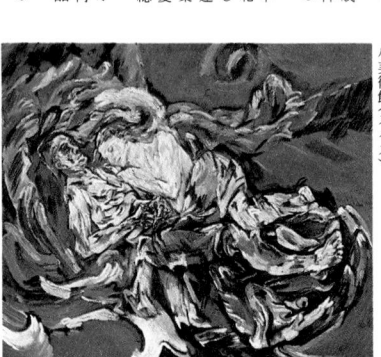

●ココシュカ『風の花嫁』。一九一四年、バーゼル美術館(スイス)。

**こ-ごと**【戸▽毎】戸々。家ごと。from door to door

**こごとこうべえ**【小言幸▽兵▽衛】落語の題名。朝、長屋の住人にひとまわり小言をいわないと、飯がまずいというくらい口やかましい家主幸兵衛のはなし。転じて、世話好きで口やかましい人。

**ここ-な**【▼此▽処な】古語 ㊀(連体) ①ここにある。ここにいる。用例―壺を取ろう(狂言・二人片輪)。②人をののしる語。用例―時致の卑怯者めが(歌舞伎・助六所縁江戸桜)。㊁(感) 意外なのに驚く語。これはまあ。用例え―何者やら(狂言・茶壺)。

**ココナッツ**【coconut】ヤシ科の常緑高木ココヤシの実。また、これを細かく切って乾燥させたもの。白色。芳香と甘味がある。料理用。ココナツ。

**ここ-に**【▼此▽処に・▽是に】㊀(副) この所・時・場合に。here ㊁(接続)《「茲に」とも。話題をかえるとき用いる》さて。by the way

**ここに-いたって**【▼此▽処に至って】(連語) こうなっては。under the circumstances 用例―は、ほうっておくわけにはいかない。

**ここに-おいて**【▼此▽処に▼於いて】(連語) ①このときに。at this point ②これがためこういうわけで。hereupon

**ここの**【九】九つの。nine 用例―たび。

**ここの-え**【九重】①九つの重なり。②《昔、中国の王城は門が九つ重なっていたことから》宮中。

**ここのえ**【九重】〈町〉大分県西部、九重連山北麓の町。農牧業がさかん。温泉が多い。人口一万三八五五(一九八八)。

**ここの-か**【九日】①九日間。nine days ②月の第九日。ninth day

**ここの-つ**【九つ】①きゅう。nine ②九歳。nine years old ③昔の時刻の名。午前と午後の一二時を中心にした二時間ほど。

**ここ-の-ところ**【▼此▽処の所】(連語) ①いまのところ。しばらく。ひきつづいて。lately ②このこと。この点。this

**ここ-べつべつ**【個個別別・▽箇▽箇別別】(名・形動) ひとつひとつが別であること・さま。それぞれ違うこと・さま。separately 用例―に提出する。

**こ-こまい**【古古米】貯蔵されてから二度梅雨を越した米。

**ごこまつ-てんのう**【後小松天皇】(一三七七〜一四三三) 第一〇〇代天皇(在位一三八二〜一四一二)。後円融天皇の皇子。明徳三年(一三九二)南朝の後亀山天皇から神器を継承し、南北両朝が合一した。

**こごみ**【▽屈】《若芽の巻いている形をかがんでいると見て》クサソテツの別名。

**ココム**【COCOM】《Coordinating Committee for Export to Communist Countriesの略》対共産圏輸出統制委員会。社会主義諸国に対する戦略物資の輸出を統制するための資本主義諸国間の非公式な国際機構。アメリカ・日本など一五か国が参加して一九四九年に設立。本部はパリ。

**こご・む**【▽屈む】(五自) かがむ。しゃがむ。stoop

**こ-ごめ**【小米・粉米】搗いたとき、砕けた米。

**こごめ-うつぎ**【小米▽空木】バラ科の落葉低木。山野に自生。葉は卵形で先が尖り、鈍い鋸歯。夏に、円錐花序を頂生し、多数の白い小花を開く。庭木。

**こごめ-ざくら**【小米桜】ユキヤナギの異名。

**こごめ-ばな**【小米花】①シジミバナの別名。②ユキヤナギの異名。

**こごめ-やなぎ**【小米柳】ユキヤナギの異名。

**こご・める**【▽屈める】(下一他) かがめる。bend

**ここ-もと**【▼此▽処▽許】古語(代) ①このところ。ここ。用例波ただ―に立ち来るここちして(源氏・須磨)。②自分自身。わたくし。用例―にただひと言聞こえさすべきことなむ侍るを(源氏・総角)。

**ココ-やし**【ココ▼椰子】ヤシ科の常緑高木。一般にヤシとよばれるもの。幹は単幹で、高さ約三〇m、径約七〇cm。葉柄は自然落下して、幹肌に波状紋を残す。葉は長さ約六mの全裂羽状。花序は長さ約一・五mでクリーム色。果実は楕円形。果実からコプラを製し、油脂を採る。coconut palm

**こご・ゆ**【凍ゆ】古語(下二自) ↓こごえる(凍える)

**ここ-ら**【▼此▽処▽等・▼此▽所▽等】(代) このへん。このあたり。around here

**ここ-ら**【▽幾▽許】古語(副) 数量の多いさま。こんなにもたくさん。用例たれをまつむし―なくらん(古今・秋上)。

**こごり**【▽凝り】①寒さで固まること。こごること。congealment ②こごった魚の煮汁。にこごり。jell

**こご・る**【▽凝る】(五自) 水分を含んだものが冷えて固まる。congeal

**こころ**【心】㊀①人間の知識・感情・意志などの働きのもとになっているもの。精神。mind 用例―と体。―の病気。―をみがく。②自分の考え・気持ちのもっとも深いところ。まごころ。heart 用例―をこめた贈り物。③考え。思慮。thought 用例―が変わる。④《「意」とも》ある行動に対するつもり。意志。will 用例本人の―しだいだ。―に期する。⑤感じていること。気持ち。気。feeling 用例―が晴れる。⑥情け。思いやり。人情。sympathy 用例―ない仕打ち。⑦ことばなどの真の意味。意義。meaning 用例歌の―を味わう。⑧たましい。性根。spirit 用例―を入れ替える。㊁《こゝろ》夏目漱石の小説。大正三年(一九一四)「東京朝日新聞」に連載。友人を裏切った罪に苦しむ主人公「先生」が、自己否定の末に自殺する物語を通して、近代知識人の内面をえぐる。

**心合わざれば肝胆も楚越の如し**(こころあわざればかんたんもそえつのごとし) 気が合わないと、たとえ近親者であっても、遠い他人のようである。

**心内に在れば色外に現る**(こころうちにあればいろそとにあらわる) 心の中で思っていることは、自然に顔色や表情などにあらわれるものだ。

**心が動く**(こころがうごく) ①気持ちが引きつけられる。興味をいだく。take a fancy to... ②感動したり、動揺したりする。be moved

**心が通う**(こころがかよう) 気持ちが互いに通じ合う。意気投合する。understand each other well

**心が弾む**(こころがはずむ) 心が、喜びや楽しさなどで、うきうきする。feel excited

**心が貧しい**(こころがまずしい) つまらないことしか考えられない。poor mind

**心焉に在らざれば視れども見えず**(こころここにあらざればみれどもみえず) 心の中で別のことを考えていれば、たとえ目がそちらを向いていても見えていない。物事に心を集中せよ。The eye is blind if the mind is absent.

**心ときめく**(こころときめく) 期待やうれしさで、心がわくわくする。exciting

**心に入る**(こころにいる) 深く心にしみこむ。

**心に浮かぶ**(こころにうかぶ) 意識に現れる。思いうかぶ。思いつく。cross one's mind

**心に鬼を作る**(こころにおにをつくる) ①よけいな心配をしておそれる。疑心暗鬼。②やましく思う。③よこしまな心をおこす。

**心に垣をせよ**(こころにかきをせよ) つねに用心せよ。be always careful

**心に掛ける**(こころにかける) 気にかける。関心をいだく。心掛ける。take... to heart

**心に笠着て暮らせ**(こころにかさきてくらせ) 上を見ないで、分相応に暮らせ。

**心に留める**(こころにとめる) 忘れないでおく。bear... in mind

**心に残る**(こころにのこる) 忘れられない。印象深い。memorable

**心にも無い**(こころにもない) ほんとうに考えているわけではない。ほんとうの気持ちでない。unintentional

**心の鬼が身を責める**(こころのおにがみをせめる) 良心に責めさいなまれて苦しむ。

**心の琴線に触れる**(こころのきんせんにふれる) 心が揺りうごかされて、強く共鳴する。touch the heart

**心の底**(こころのそこ) うわべからはわからない、心の

奥深いところ。胸奥。胸裏。心底。本心。the bottom of one's heart

**心の丈**(こころのたけ) 思いのありったけ。one's mind

**心の外**(こころのほか) ①思いのほか。意外。beyond expectation ②気にもとめないこと。out of mind

**心の闇**(こころのやみ) 煩悩にとらわれている心を闇にたとえた語。darkness of the mind

**心は矢竹に逸る**(こころはやたけにはやる) 《「矢竹」は「弥猛」の当て字》心が勇んではやってあせる。

**心広く体胖か也**(こころひろくたいゆたかなり) 心がやましくなければ、からだものびのびとしているものだ。

**心行く迄**(こころゆくまで) 十分に満足するまで。to one's heart's content

**心を合わせる**(こころをあわせる) 一心同体の状態になる。be all one mind

**心を致す**(こころをいたす) まごころをこめる。devote oneself to 類似心を籠(こ)める。

**心を痛める**(こころをいためる) あれこれと心を悩ます。be worried about

**心を一にする**(こころをいつにする) 思いを同じくする。

**心を入れ替える**(こころをいれかえる) 気持ちや考え方をあらためる。改心する。turn over a new leaf 用例心を入れ替えてまじめに働く。

**心を動かす**(こころをうごかす) ①してみたいと思う。anxious to ②落ち着かない。anxious about ③感動する。be moved

**心を奪う**(こころをうばう) 人の心を強くひきつける。うっとりさせる。charm 用例聴衆の—見事な演奏。

**心を躍らせる**(こころをおどらせる) 胸をわくわくさせる。ときめかせる。感情を高ぶらせる。make one's heart beat

**心を鬼にする**(こころをおににする) 気の毒に思いながらも、つれなくする。harden one's heart

**心を通わせる**(こころをかよわせる) ①互いに、気持ちが通じ合うようにする。また、意思が通うようにする。communicate feelings ②気をきかせる。be attentive

**心を砕く**(こころをくだく) 心配する。苦心する。worry about

**心を籠める**(こころをこめる) 心のありったけを注ぐ。heartedly 用例心をこめて看病する。

**心を遣う**(こころをつかう) 気を配る。心配する。care about

**心を以て心に伝う**(こころをもってこころにつたう) ことばや文字をつかわずに、心から心に伝える。以心伝心。

**心を遣る**(こころをやる) ①気を晴らす。②思いのままにする。

**心を許す**(こころをゆるす) 類似気を許す。①人に対して、必要な注意・警戒を怠(おこた)る。油断する。relax one's attention ②人を信用する。人とうちとける。また、求愛に応じる。trust

**心を寄せる**(こころをよせる) ①同情する。思いやる。feel sympathy for ②関心をもつ。have an interest in ③愛する。be in love with 用例ひそかに—。

**こころ-あたたま・る**【心暖まる】(五自) 人のあたたかい心づかいなどにふれて心がなごやかになる。be heart-warming 用例—話。

**こころ-あたり**【心当(た)り】①思いあたること。idea ②見当。guess

**こころ-あて**【心当て】そうだろうと思うこと。当て推量。期待。心頼み。expectation

**こころ-ありげ**【心有りげ】(形動) ①なにか考え・わけのありそうなさま。significant ②おもむきのわかりそうなさま。tasteful

**こころ-ある**【心有る】(連体) ①分別のある。話のわかる。thoughtful 用例—人に見せたい。②おもむきがある。tasteful 用例—さま。

**こころ-いき**【心意気】積極的でいさぎよい気だて。気まえ。fine spirit

**こころ-いれ**【心入れ】①心づかい。心がけ。care ②はからい。attention

**こころ-いわい**【心祝(い)】気持ちばかりの内々の祝い。informal celebration

**こころ・う**【心得】古語(下二他) →こころえる(心得る)

**こころ-う・し**【心憂し】古語(形ク) ①つらく思う。情けない。用例なほいと—・き身なりけり(源氏・若紫)。②見苦しい。好ましくない。用例人の上にて見たるだに—(徒然・一七五)。

**こころ-え**【心得】①心得ること。知識。理解。たしなみ。knowledge 用例初心者—。②規則。注意。direction ③一時上役の職務を代行するときの称。acting as 用例課長—。

**こころえ-がお**【心得顔】(名・形動) よくわかっているという顔つき・ようす。事情をのみこんでいるような顔つき・ようす。knowing look

**こころえ-がた・い**【心得難い】(形) 理解しにくい。納得しにくい。

**こころえ-ちがい**【心得違い】①思い違い。misunderstand ②まちがった考えや行い。misbehavior

**こころ・える**【心得る】(下一他) ①わかる。のみこむ。understand 用例事情を—。②承知する。consent 用例よし、—・えた。③よく慣れる。have knowledge 用例—・えたものだ。

**こころ-おか・し**【心おかし】古語(形シク) 心の中でおもしろく思う。愛らしいと思う。用例—・しく人馴れたるは(源氏・若菜下)。

**こころ-おき**【心置き】①気がね・遠慮。reserve ②あとのことが気になること。anxiety

**こころおき-なく**【心置き無く】(副) 気がねしないで。心配せずに。じゅうぶんに。without reserve; without anxiety

**こころ-お・く**【心置く】古語(四自) ①心にとめる。執着する。用例—らむほどぞはかなき(源氏・葵)。②気がねする。気がおける。また、心をへだてる。用例幼かりしほどより、つゆ—・かれ奉ることなく(源氏・蜻蛉)。③気をつける。警戒する。用例われも人も、うしろめたく—・かれじやは(源氏・帚木)。

**こころ-おくれ**【心後れ】気後れ。diffidence

**こころ-おごり**【心▼驕り】増長すること。慢心。self-conceit

**こころ-おとり**【心劣り】(名・サ変自) 期待よりも劣って感じられること。be disappointed 対義こころまさり。

**こころ-おぼえ**【心覚え】①心に覚えていること。記憶。remembrance ②忘れないためのしるし。備忘(びぼう)。memo

**こころ-がかり**【心掛(か)り】気に掛かること。心配。concern

**こころ-がけ**【心掛け】心の持ち方。たしなみ。intention 用例—がいい。

**こころ-が・ける**【心掛ける】(下一他) いつも心に留めている。注意する。用意する。bear in mind 用例安全運転を—。

**こころ-がまえ**【心構え】覚悟すること。用意。心組み。preparation

**こころ-から**【心から】(副) 心底から。from the bottom of one's heart

**こころ-がら**【心柄】心のあり方。心の持ち方。

**こころ-がわり**【心変(わ)り】(名・サ変自) 心がほかに移ること。変心。change of mind

**こころ-くばり**【心配り】(名・サ変自) 心づかい。気づかい。care

**こころ-ぐみ**【心組(み)】前もって心掛けること。心構え。preparation

**こころ-ぐる・し**【心苦し】古語(形シク) ＝こころくるし。①苦しい。つらい。用例やすかるべき事は、いと—(徒然・一八九)。②かわいそうだ。用例いと若々しうおはしますこそ—・しけれ(源氏・末摘花)。

**こころ-ぐるし・い**【心苦しい】(形) ①苦しく思う。いやだと思う。painfull ②すまない。気の毒だ。sorry

**こころ-ごころ**【心心】それぞれの心。めいめい。

**こころ-ざし**【志】①志すこと。意向。intention 用例父の—をついで医者になる。②心に定めた目的。信念。aim 用例—をとげる。③親切。厚意。kindness ④感謝の気持ちを表す、贈り物。present 用例ほんの—ですが…。⑤香典返し・お布施などの包みの表に書く語。

**志合えば胡越も昆弟たり**(こころざしあえばこえつもこんていたり) 志が合えば、他人であっても兄弟のように親しくなれる。

**志は髪の筋**(こころざしはかみのすじ) ①ほんのわずかな物であっても、その志はくみとらなければいけない。②厚意さえあれば、どんなささいなことでも有難く思う。

**志は木の葉に包め**(こころざしはこのはにつつめ) 贈り主の心がこもっていれば、木の葉に包むようなごくわずかなものでもりっぱな贈り物になる。

**志を得る**(こころざしをえる) めざしていた職業、あるいは地位などを得る。attain one's aim

**志を立てる**(こころざしをたてる) ある目的・希望・信念などを達成しようと、かたく心に決める。set up an aim in life

**こころざ・す**【志す】(五自)《心指(さ)す意》①気がそのほうに向かう。思い立つ。intend ②めざす。aim at

**こころ-して**【心して】(副) 気をつけて。carefully 用例—聞け。

**こころ-じょうぶ**【心丈夫】(形動) 心強いさま。feel easy

**こころ-しらい**【心しらい】心づかい。心構え。

**こころ・する**【心する】(サ変自) 気をつける。take care

**こころ-せ・く**【心▽急く】(五自) 気があせる。気ぜわしく感じられる。be impatient

**こころ-ぜわし・い**【心▽忙しい】(形) 気がせく。気が気でない。restless

**こころ-ぞえ**【心添え】注意を与えること。為(ため)を思って忠告すること。

**こころ-だて**【心立て】心のあり方。気だて。気性。disposition

**こころ-だのみ**【心頼み】期待すること。reliance

**こころ-づかい**【心遣い】心をくばること。気配りすること。心配。care

**こころづき-な・し**【心付き無し】古語(形ク) 気に入らない。いやだ。用例常は少しそばそばしく、—・き人の(源氏・帚木)。

**こころ-づ・く**【心付く】(五自) ①気がつく。行きとどく。perceive ②物心がつく。

**こころ-づくし**【心尽(く)し】①真心をこめること。そういう贈り物。kindness ②古語気をもむこと。もの思い。用例—の秋は来にけり(古今・秋上)。

**こころ-づけ**【心付け】①謝礼。チップ。祝儀。tip ②注意。

**こころ-づもり**【心積(も)り】(名・サ変自) 心の中で見積もること。あらかじめ予定すること。胸算用。intention

**こころ-づよ・い**【心強い】(形) 頼りになって安心である。reassuring 対義心細い。

**こころ-な・い**【心無い】(形) ①分別がない。thoughtless ②思いやりがない。inconsiderate ③情趣を解さない。tasteless

**こころ-な・し**【心無し】古語(形ク) →こころない(心無い)

**こころ-なし(か)**【心成し(か)】(副) そう思うからか。気のせいか。somewhat; a little bit

**こころ-ならず(も)**【心ならず(も)】(副) ①不本意ながら。unwillingly ②思わず。unconsciously

**こころ-にく・い**【心憎い】(形) ①おくゆかしい。refined ②しゃくにさわるほど感心させられる。admirable

**こころ-にく・し**【心憎し】古語(形ク) ①おくゆかしい。心ひかれる。用例あてやかに—・き人にはあらじ(源氏・紅葉賀)。②《打ち消しの語をともなって》えたいが知れない。用例その者—・からず(平家・六・飛脚到来)。③《近世から》怪しい。疑わしい。用例—、重き物を軽う見せたるは隠し銀(がね)に極(きわ)まるところ(世間胸算用)。

**こころ-ね**【心根】性質。気だて。根性。nature

**こころ-のこり**【心残り】(名・形動) 思いが残ること・さま。あきらめきれないこと・さま。未練。regret

**こころのはな**【心の花】短歌雑誌。佐佐木信綱(ささきのぶつな)により明治三一年(一八九八)創刊。のち信綱主宰の竹柏会(ちくはくかい)の機関誌。ここから木下利玄(きのしたりげん)・川田順らが出る。今日に至る。

**こころ-ばえ**【心▽延え】①気だて。性質。用例—のいい子。やさしい—。②古語㋐用意。心がけ。心がまえ。用例人に物言ふらむ—なども、夢にも知り給はざりければ(源氏・末摘花)。㋑味わい。風情。用例水の—など、さるかたにをかしくしなしたり(源氏・帚木)。㋒意味。趣意。用例…といふ歌の—なり(伊勢・一)。

**こころ-ばかり**【心▽許り】(名・副)《けんそんして言う》ほんの気持ちだけ。用例—の品。

**こころ-ばせ**【心▼馳せ】古語 ①気だて。心がけ。用例—の、なだらかにめやすく(源氏・桐壺)。②考えの深いこと。思慮。用例いとさしすぐしたる—のあまり(源氏・若紫)。

**こころ-ひそかに**【心▽密かに】(副) 人知れず。inwardly

**こころ-ふか・し**【心深し】古語(形ク) ①思慮深い。用例—・くもの思ひ知る人にもあれば(蜻蛉・中)。②思いやりが深い。用例それも—・うとぶらひ給ふ(源氏・賢木)。③趣が深い。用例いと—・う青みたるやうにて(徒然・一三七)。

**こころ-ぼそ・い**【心細い】(形) 不安で寂しい。helpless 対義心強い。

**こころ-ぼそ・し**【心細し】古語(形ク) ①たよりない。不安だ。用例年ごろの頼み失ひて—・く思ふらむ慰めにも(源氏・夕顔)。②何となくさびしい。用例お前にさぶらふ人びと、物いとど—・くて(源氏・葵)。

**こころ-まかせ**【心任せ】気まま。思うまま。

▼常用漢字表外。 ▽常用漢字表の音訓外。

任意。as one pleases

**こころ-まさり【心勝り】**(名・サ変自) ①期待よりすぐれて感じられること。対義 こころおとり。②容姿より心のほうがすぐれていること。

**こころ-まち【心待ち】**(名・サ変他) 期待して待つこと。look forward to

**こころ-み【試み】** 試みること。ためし。試行。trial

**こころみ-に【試みに】**(副) ためしに。on trial 用例 —読んでみよう。

**こころ・みる【試みる】**(上一他) ためしにしてみる。ためす。try 用例 抵抗を—。すすめられた薬を—。

**こころ・む【試む】** 古語 (上二他)《上一段活用の「こころみる」を上二段に活用させた語》 ↓こころみる(試みる)

**こころ-もち【心持(ち)】** ㊀(名) 気持ち。feeling ㊁(副) やや。すこし。somewhat

**こころもと-な・い【心▽許無い】**(形) ①待ち遠しくて落ち着かない。impatient ②不安である。安心できない。uncertain

**こころもと-な・し【心▽許無し】** 古語 (形ク) ①気がかりだ。おぼつかない。用例 いかに—・からむ(枕・正月一日は)。②待ち遠しい。じれったい。用例 宵過ぐるまで待たるる月の—・きに(源氏・末摘花)。③あるかないかはっきりしない。ぼんやりしている。用例 をかしき匂ひこそ、—・うつきためれ(枕・木の花は)。④十分でない。用例 少納言がもてなし—・き所なく(源氏・葵)。

**こころ-やす・い【心安い】**(形) ①気やすい。親しい。intimate 用例 —間柄。②安心だ。carefree

**こころ-やす・し【心安し】** 古語 (形ク) ①心に苦しみがない。安心だ。用例 今ぞ—・く黄泉もまかるべき(大鏡・序)。②気心が知れている。親しい。用例 人よりは—・く、なれなれしく振る舞ひたり(源氏・帚木)。③たやすい。気軽である。用例 物の上手は、いづれの道も—・からずのみぞあめる(源氏・常夏)。

**こころやす-だて【心安立て】** 親しさになれて、遠慮しないこと。

**こころ-やり【心▽遣り】** 古語 気晴らし。うさ晴らし。用例 男どちは、—にやあらむ、漢詩などいふべし(土佐)。

**こころ-ゆ・く【心行く】**(五自) 気が晴れる。満足する。be satisfied

**こころ-よ・い【快い】**(形)《心よいの意》①気持ちがよい。感じがよい。comfortable 用例 —寝ごこち。—そよ風。②好意的である。pleasant 用例 —・く聞き入れる。③病状がよい。well 派生 こころよげ(形動) こころよさ(名)

**こころ-よ・し【快し】** 古語 (形ク) ↓こころよい(快い)

**こころ-よわ・い【心弱い】**(形) 情にもろい。気が弱い。tenderhearted

**ここ-を-もって【▽是を▽以て】** 文語的 (接続) これがために。こういうわけで。

**こ-こん【古今】** ①昔と今。こきん。ancient and modern times ②昔から今に至るまで。through all ages 用例 —東西。

**ご-こん【五根】**《仏教語》①外界の対象をとらえる五つの感覚機能。眼根・耳根・鼻根・舌根・身根をいう。五官。②悟りの境地に至るための五つの能力。信根・精進根・念根・定根・慧根。

**ご-こん【語根】** 単語の意味の主要部分を構成する、最小の要素。語基。「どこ」「どの」「どれ」「どなた」の「ど」、「ほのか」「ほのめかす」「ほのぼの」の「ほの」など。root

**ご-ごん【五言】** 一句が五字からなる中国の詩の句。その詩、詩体。五言古詩・五言絶句・五言律詩など。五言詩。比較 七言。

**ここんいきょくしゅう【古今▼夷曲集】** ↓こきんいきょくしゅう(古今夷曲集)

**ごごん-こし【五言古詩】** 中国の詩体の一つ。一句が五字からなる古体詩。句数のきまりもなく、平仄の規則から自由な形式。

**ごごん-し【五言詩】** ↓ごごん(五言)

**ごごん-ぜっく【五言絶句】** 中国の詩体の一つ。五言の句が四句からなる近体詩。五絶。

**ここんちょもんじゅう【古今著聞集】** 鎌倉中期の説話集。二〇巻。橘成季撰。建長六年(一二五四)成立。古今の説話約七〇〇を内容別に三〇編に分類し、時代別に配列。説話集のなかでもっとも形式の整った作品。

**ここんてい-しんしょう【古今亭志ん生】** 落語家。現在五代まで。初代(一八〇九〜五六)は人情噺の名人。五代(一八九〇〜一九七三)は本名美濃部孝蔵。東京生まれ。軽妙な芸風と人柄で、独自の芸風を開き、人気を博した。

**ここんとしょしゅうせい【古今図書集成】** 中国最大の類書。一万巻。清の康熙帝の時、陳夢雷が編纂、のち蔣廷錫らが増訂。一七二五年(雍正三年)成立。

**ここん-どっぽ【古今独歩】** 昔から今までに比べるものがないこと。

**ごごん-はいりつ【五言排律】** 中国の詩体の一つ。一句が五字からなる排律。参照 排律。

**ここん-みぞう【古今未▼曾有】** 昔から今までに例のないこと。be unprecedented

**ここん-むそう【古今無双】** 昔から今までに並ぶものがないこと。比べるものがないほどすぐれていること。古今独歩。

**ここんようらんこう【古今要覧稿】** わが国最初の類書。五六〇巻。自然・社会・人文の諸事項を分類し、古今の文献によりその起源・沿革を考証したもの。幕命により、一〇〇〇巻を目標に屋代弘賢が文政四〜天保一三年(一八二一〜四二)に編纂したが、弘賢の死で中断。

**ごごん-りっし【五言律詩】** 中国の詩体の一つ。五言の句が八つからなる近体詩。五言律。

**こ-ざ【▼胡▼坐】**(名・サ変自) あぐらをかくこと。あぐら。

**コザ【コザ】** 沖縄県、沖縄市の西半分を占める地区。大半がアメリカ軍用地。旧コザ市。

**こざ【古座】**〈町〉 和歌山県南部、熊野灘に臨む町。産業は、ポンカン栽培・漁業など。人口六九四四(一九八八)。

**ご-さ【誤差】** ①ちがい。difference ②測定値と真の値との差。error

**ご-ざ【▼茣▼蓙・▼蓙】** イグサの茎で編んだ敷物。古くは、貴人の座に敷く敷物、のちには、藺莚に縁をつけたものをさす。現在は畳の間・板の間などに敷く。mat

**ご-ざ【御座】**《「座」の敬語》①貴人の席。ぎょざ。②おわしますこと。

**御座を直す**(ござをなおす) 主君の寝室や居室で、身のまわりの世話をする。

**コサージュ【corsage】** ①肩や胸、ウエスト、襟元につける花飾り。②衣服の胴部、ウエストから上の部分。コルサージュ。↓ 写

●コサージュ①

**ござ-あ・り【御座あり】** 古語 (ラ変自) 「あり・居り」の尊敬語。いらっしゃる。用例 屋形の中に—・るこそ(太平記・七)。

**ござ-あ・る【御座ある】** 古語 (補動 四) 「あり」の丁寧語。ございます。用例 さらば福の神で—(醒睡笑)。

**こ-さい【小才】** ちょっとした才知。smartness

**こ-さい【▽巨細】** =きょさい。①大まかなことと細かなこと。大と小。greatness and minuteness ②一部始終。委細。細大。details

**こ-さい【▼胡菜】** ①サイシン(菜心)の別名。②コエンドロの別名。

**こさい【湖西】**〈市〉 静岡県西端、浜名湖西岸の市。紡織工業に加え、自動車部品・精密工業も進出。人口四万二二八二(一九八八)。

**ご-さい【五彩】** ①五色。five colors ②赤を主体に緑・黄などの上絵付をした陶磁器で、中国の呼び名。日本では赤絵という。

**ご-さい【五菜】** ①五種の野菜。マメ・ラッキョウ・ネギ・ニラ・ワサビ。比較 五穀。②五種のおかず。

**ご-さい【後妻】** 前の妻と死別あるいは離別したあと、結婚した妻。のちぞい。second wife 対義 先妻。

**ご-ざい【五罪】** ↓ごけい(五刑)

**ござ・い【御座い】**(補動)《「ございます」の略》「ございます」のぞんざいな言い方。

**こ-ざいく【小細工】**(名・サ変他) ①非常に小さなものを作ること。こまごました細工。handiwork ②愚かしいたくらみごとをすること。cheap tricks 用例 —を弄する。

**ございしょ-やま【御在所山】** 三重・滋賀県境の山。標高一二一〇m。鈴鹿山脈の主峰で、山容は険しい。ロープウエーが通じる。

**ごさい-てんのう【後西天皇】**(一六三七〜八五) 第一一一代天皇(在位一六五四〜六三)。名は良仁。後水尾天皇の第八皇子。

**ご-さいば【御菜葉】** ①イチビの別名。②アカメガシワの別名。

**ござい-ます【御座います】**《「ござります」の音便》㊀(連語)「ある」の丁寧な言い方。用例 ここに本が—。㊁(補動)《「…でございます」「…てございます」の形で》「ある」の丁寧な言い方。用例 さようで—。

**コサイン【cosine】** ↓よげん(余弦)

**ゴサインタン【Gosainthan】** 中国、シーツァン自治区中南部、ヒマラヤ山脈東部の高峰。標高八〇一二m。シシャパンマ(希夏邦馬)。

**こさ・える【▼拵える】**(下一他)《俗語》こしらえる。

**こさか【小坂】**〈町〉 秋田県北東部、米代川支流小坂川に沿う町。銅鉱の産出で知られる小坂鉱山がある。人口八七二六(一九八八)。

**こざかい【小坂井】**〈町〉 愛知県東部、豊橋・豊川両市に接する町。産業の中心は農業から工業へ移行。人口二万四四(一九八八)。

**こさか-こうざん【小坂鉱山】** 秋田県北東部、小坂町にある鉱山。黒鉱鉱床で銅・鉛・亜鉛鉱を産出。

**こ-ざかし・い【小▽賢しい】**(形) ①利口ぶって、なまいきだ。knowing ②ずるい。cunning 派生 こざかしげ(形動) こざかしさ(名)

**ごさが-てんのう【後▼嵯▼峨天皇】**(一二二〇〜七二) 第八八代天皇(在位一二四二〜四六)。土御門天皇の皇子。譲位後二七年間院政を行い、継嗣問題で両統迭立の因をつくった。

**こざがわ【古座川】**〈町〉 和歌山県南部、古座川に沿う町。スギ・ヒノキなどの林業がさかん。人口四七三二(一九八八)。

**こ-さぎ【小▼鷺】** サギ科の鳥。全長約六〇cm。日本のシラサギ類では最小。全身白色で、嘴・脚が黒い。繁殖期には頭と背中に長い飾り羽が生える。水田・湿地にすみ、魚貝・カエルなどを捕食。本州以南では留鳥。埼玉や山口で生息しているものは天然記念物。

**こざき-ひろみち【小崎▼弘道】**(一八五六〜一九三八) 日本組合基督教会牧師・同志社社長。熊本生まれ。東京霊南坂教会・日本基督教青年会(YMCA)を創設。

**こ-さく【小作】** 農地を借り、地代を払って農業経営をすること・人。小作農。したさく。tenancy 対義 自作・地主。

**こさく-けん【小作権】** 他人が所有する農地を耕作する権利。永小作権と賃小作権がある。tenant rights

**こさく-せいど【小作制度】** 地主から土地を借り小作料を支払って農業を行う制度。江戸時代以降に発展・増大。地主への隷属性が強い。明治六年(一八七三)の地租改正で公認。明治末には全耕地の約四五%を占めた。第二次大戦後の農地改革で廃止。

**こさく-そうぎ【小作争議】** 地主に対して小作料軽減・耕作権確立などを要求した、小作人の闘争。江戸時代末期から始まったが、組織的運動は明治三〇年代以後。大正期から昭和初期に頻発。

**こさく-にん【小作人】** 地主の土地を借りて耕作している農民。tenant farmer

**こさく-のう【小作農】** 小作による農作。また、その農家・人。tenant farming 対義 自作農。

**こ-ざくら【小桜】** ①ヤマザクラの一種。花が小さくて、色の淡いサクラ。②ヒガンザクラの別名。③小さいサクラの花の模様。

**ごさくらまち-てんのう【後桜町天皇】**(一七四〇〜一八一三) 第一一七代天皇(在位一七六二〜七〇)。名は智子。桜町天皇の第二皇女。宝暦一二年(一七六二)桃園天皇没後、皇嗣英仁親王(=後桃園天皇)がまだ幼かったので践祚。日本最後の女帝。

**こさく-りょう【小作料】** 小作人が地主にはらう、小作地の借用料。

**こさざ【小佐々】**〈町〉 長崎県、北松浦半島西岸の町。炭鉱で栄えたが閉山、ミカン園の開発と漁業を行う。人口七六七七(一九八八)。

**こ-さじ【小▼匙】** 調理で用いる計量用の小さなスプーン。容量五ccのもの。

**こ-ざしき【小座敷】** ①小さい座敷。②母屋から張り出して建てた部屋。放ち出で。③茶道で、四畳半以下の一畳半から四畳までの座敷。

**ご-ざしょ【御座所】**《「座所」の敬語》貴人のすわる場所。おましどころ。

**ご-さた【御▼沙▼汰】**《「沙汰」の敬語》おさしず。ご命令。

**こ-さつ【古▼刹】**《「刹」は寺の意》いわれのある古い寺。

**こ-さつ【故殺】**(名・サ変他) ①人をわざと殺すこと。manslaughter ②かっとなって人を殺すこと。旧刑法での用語。manslaughter 比較 謀殺。

**コサック【Kazak ロシア】** 一五世紀後半以降、ロシア南部辺境地帯に集まった逃亡農民や貧民。のちアタマン(=首領)中心の自治的組織を形成し、自衛のため武装。騎馬術に長じ、一

八世紀ごろから不正規軍として政府に協力したが、しばしば反乱をおこした。二〇世紀初めには正規軍に編入され、コサック騎兵軍団を形成した。コザック。カザーク。

**ござっしゃ・る【御座っしゃる】**(五自) ↓ござらっしゃる(御座らっしゃる)

**こ-ざっぱり**(副・サ変自)《「こ」は接頭語》清潔でさわやかなさま。neat and tidy

**こざと-へん【▼阜偏】** 漢字を組み立てている部分の名。「防・降」などの左にある「阝」。比較 おおざと。

**ござ-ぶね【御座船】** ①貴人が乗る大きな船。②屋形舟。

**こ-さめ【小雨】** 細かく降る雨。気象の観測では一時間雨量一～五mm、一日雨量五～二〇mmをいうこともある。light rain 対義 大雨。

**こさめ-びたき【小▼鮫▼鶲】** ヒタキ科の小鳥。全長約一三cm。背面は淡褐色、腹面は灰白色。中国北部・朝鮮半島・日本などで繁殖し、冬は東南アジアに渡る。日本へは全土に夏鳥として渡来し、雑木林や松林にすむ。

**こ-ざら【小皿】** 小さい皿。手塩皿(てしおざら)。おてしょ。small plate 用例 —に取り分ける。

**ござらっしゃ・る【御座らっしゃる】**(五自)《「いる」「行く」「来る」の尊敬語》おいでになる。いらっしゃる。ござっしゃる。

**ござり-ます【御座ります】**《「ござる」に助動詞「ます」の付いたもの》㊀(連語)「ある」の丁寧な言い方。㊁(補動)「ある」の丁寧な言い方。

**ござ・る【御座る】** 古語《「御座ある」の約》㊀(四自) ①「あり・居(を)り」の尊敬語。②「行く・来(く)」の尊敬語。いらっしゃる。③《普通の状態でなくなる意を表す》㋐くさる。用例 —・ったさかな。㋑おいぼれる。㋒はらがへる。用例 なんと腹が少し—・ったぢゃあねえか(東海道中膝栗毛)。㊁(補動 四) ①尊敬の意を表す。…いらっしゃる。用例 御内儀さまも見て—(浄瑠璃・生玉心中)。②丁寧の意を表す。…あります。…ございます。用例 さては、絵のことでは—・らぬか(狂言・末広がり)。

**こざる-かぎ【小猿▼鉤】** 囲炉裏(いろり)の上からつるした自在鉤(じざいかぎ)の上げ下げを調節するための横木。こざる。

**ごさ-ろん【誤差論】** 複数個の測定値を統計的に処理して、もっとも確からしい値を推定したり、その値と真の値の間の差の程度を推定したりする理論。theory of errors

**こ-さん【古参】** 前からその職にいること・人。古株。seniority; senior 対義 新参。

**こ-ざん【故山】** ①ふるさとの山。②ふるさと。故郷。one's native place

**ご-さん【五山】** ＝ござん。中世の官寺制度で定められた、禅宗寺院の格式。①《「京都五山」の略》天竜寺・相国(しょうこく)寺・建仁(けんにん)寺・東福寺・万寿寺。五山の上として南禅寺。②《「鎌倉(かまくら)五山」の略》建長寺・円覚寺・寿福寺・浄智(じょうち)寺・浄妙寺。

**ご-さん【誤算】**(名・サ変自) ①計算違い。miscount ②見込みがはずれること。違算。miscalculation

**ごさん-かい【午▼餐会】** 昼食会。luncheon party

**ごさんか-にちっそ【五酸化二窒素】** 化学式$N_2O_5$。窒素酸化物の一つ。無色の不安定な固体で、常温でもゆっくりと分解する。強い酸化剤。無水硝酸。dinitrogen pentoxide

**ごさんか-バナジウム【五酸化バナジウム】** 化学式$V_2O_5$。赤色の粉末。接触法による硫酸製造、また無水フタル酸製造など酸化反応の触媒に利用。vanadium pentoxide

**ごさんか-りん【五酸化▼燐】** 化学式$P_2O_5$。または$P_4O_{10}$。燐を空気中で燃焼してつくる無色の結晶。強い吸湿性があり、脱水剤・乾燥剤に利用。水に溶けると燐酸になる。五酸化二燐。無水燐酸。phosphorus pentoxide

**ご-さんきょう【御三▼卿】** 徳川(とくがわ)氏の分家の田安(たやす)・一橋(ひとつばし)・清水(しみず)の三家。御三家に次ぎ、将軍家を補佐、将軍家に嗣子のないときは養子に入る資格をもった。賄(まかな)い料は一〇万石。

**ご-さんけ【御三家】** ①徳川将軍家の一門であった尾張(おわり)・紀伊(きい)・水戸(みと)の三家。②ある分野でとくに名の知れた三人。

**ご-さんけい【呉三▼桂】**(一六一二〜七八) 中国、明(みん)末清(しん)初の武将。山海関で清軍防衛に当たっていたが、李自成(りじせい)が北京(ペキン)を攻略すると、清に降り関内に清軍を入れた。のち平西王に封じられたが、清にもそむき三藩(さんぱん)の乱を起こした。

**ござん-じっさつ【五山十▼刹】** 中世、中国南宋(なんそう)の官寺制度を模した臨済(りんざい)宗の官寺の寺格。鎌倉(かまくら)時代から制定され、足利義満(あしかがよしみつ)によって確定。

**ごさんじゅう-じけん【五・三〇事件】** 一九二五年五月三〇日、上海(シャンハイ)での流血事件を契機に起こった中国の反帝国主義運動。上海の日本資本の紡績工場でのストライキ弾圧に端を発し、抗議運動鎮圧のための発砲、流血事件に発展。これを機に運動は全国的に波及した。

**ごさんじょう-てんのう【後三条天皇】**(一〇三四〜七三) 第七一代天皇(在位一〇六八〜七二)。後朱雀(ごすざく)天皇の皇子。藤原(ふじわら)氏をおさえ天皇親政を強化、院政の基礎をおいた。

**ござん・す【御座んす】**《「ござります」の転。「ある」の丁寧語》㊀(サ変自) ございます。㊁(補動) …でございます。

**ござん-なれ** 古語(連語)《「にこそあるなれ」の転》①…であるらしいな。用例 おさなき者も、はや先立ちける—(平家・三・僧都死去)。②《「ござんなれ」はなまり》さあこい。よしきた。用例 よき敵にこそ—(南総里見八犬伝)。

**ごさんねん-の-えき【後三年の役】** 平安末期、永保(えいほ)三～寛治(かんじ)元年(一〇八三～八七)の奥州の豪族清原(きよはら)氏の一族間での権力争い。陸奥守(むつのかみ)源義家(みなもとのよしいえ)の介入により、清原武衡(たけひら)・家衡(いえひら)らが討たれて終わった。

**ごさん-の-きり【五三▼桐】** 紋所の名。桐紋の一種。三枚の葉の上部に三本の花柄があり中央に五花、両側にはそれぞれ三花がついている。↓図

● 五三桐(ごさんのきり)

五三桐

中輪(ちゅうわ)に五三桐

**ござん-ばん【五山版】** 鎌倉(かまくら)・室町時代、京都五山などの禅僧らによって開版された禅籍・漢籍・国書などの書籍。ござんばん。

**ござん-ぶんがく【五山文学】** 鎌倉(かまくら)末期から室町時代に、京都・鎌倉の五山を中心とした禅僧の漢詩文・注釈・語録の類をいう。虎関師錬(こかんしれん)・中巌円月(ちゅうがんえんげつ)・義堂周信(ぎどうしゅうしん)らが格調高い漢詩を作った。

**ござん-めれ** 古語(連語)《「にこそあるめれ」の転》…であるようだ。用例 ふか入(い)りしてうたれさせ給ひて候ふ—(平家・九・二度之懸)。

**こし【腰】** ㊀(名) ①胴体のくびれた部分から、足の付け根あたりまでのうしろの部分。hip 用例 —に手を回す。②衣服などの腰にあたる部分。waist 用例 はかまの—。③中ほどから下の部分。skirting 用例 障子の—。—板。④《接尾的》物事に対する気がまえ・態度。attitude 用例 および—。逃げ—。⑤餅(もち)やめん類などの粘り・弾力。sticky 用例 —の強いうどん。⑥和歌の第三句。用例 —折れ。㊁(助数) 腰につけるものを数える語。用例 はかま一—。

**腰が有る**(こしがある) 布・紙・めん類などに、弾力があり、しっかりしている。

**腰が落ち着く**(こしがおちつく) 一定の場所・環境・職業などに固定する。また、動揺せず、安定している。settle down

**腰が重い**(こしがおもい) すわったまま、腰をなかなか上げない。不精で、あまり行動しない。be slow to act

**腰が砕ける**(こしがくだける) ①腰の備えが崩れる。②途中で意気込みをなくする。

**腰が高い**(こしがたかい) 横柄である。頭(ず)が高い。be haughty 対義 腰が低い。

**腰が強い**(こしがつよい) 対義 腰が弱い。①強気である。be firm ②粘りがある。腰が有る。be glutinous ③しなやかで折れにくい。be flexible

**腰が抜けて一生立ち居のならぬ法も有れ**(こしがぬけていっしょうたちいのならぬほうもあれ) もし約束を破ったら一生腰が抜けましょう、という誓いのことば。

**腰が抜ける**(こしがぬける) 「腰を抜かす」と同意。

**腰が低い**(こしがひくい) 高ぶらない。愛想がいい。be polite 対義 頭(ず)が高い。腰が高い。

**腰が弱い**(こしがよわい) 対義 腰が強い。①弱気である。week-kneed ②粘りがない。腰がない。not pensistent ③もろくて折れやすい。be fragile

**腰に梓の弓を張る**(こしにあずさのゆみをはる) 年老いた人の腰が、弓のように曲がる。

**腰に付ける**(こしにつける) ①物を腰に取り付ける。②自分の自由にする。手中のものとする。take possession of

**腰を上げる**(こしをあげる) ①立ち上がる。stand up ②やる気になる。ものごとをはじめる。motivate oneself

**腰を入れる**(こしをいれる) 本気になる。本腰を入れる。set about in earnest

**腰を押す**(こしをおす) あと押しする。

**腰を落ち着ける**(こしをおちつける) 一定の場所に安定する。他へ気を移すことなく、仕事などに専念する。腰を据える。settle down

**腰を折る**(こしをおる) ①腰をかがめる。stoop ②人に屈服する。yield ③いきおいを中途でくじく。interrupt 用例 話の—。

**腰を屈める**(こしをかがめる) ①腰を曲げる。bend down ②会釈(えしゃく)する。make a bow

**腰を掛ける**(こしをかける) 椅子などに座る。seat oneself

**腰を据える**(こしをすえる) じっくり落ち着く。腰を落ち着ける。steady oneself

**腰を衝く**(こしをつく) ①しりもちをつく。②くじける。

**腰を抜かす**(こしをぬかす) ①腰の関節がはずれて、立てなくなる。②恐れや驚きなどで、足腰が立たなくなる。たいそう驚く。腰が抜ける。lose one's legs

**腰を割る**(こしをわる) 相撲で、腰を落とし両足を開き、ひざを曲げた姿勢をとる。

**こし【▼輿】** ①昔の乗り物の一種。屋形の中に人を乗せ、その下に二本の轅(ながえ)をつけて肩でかつぐか、または手で持ち運ぶもの。身分によって種類が異なった。②棺をのせてかつぐ道具。上げ輿。③みこし。神輿(しんよ)。↓写

**こ-し【古▼址・故▼址】** ①昔あった建築物の土台の石。②昔、都や建築物のあったあと。遺跡。旧跡。旧址。

**こ-し【古詩】** ①古代の詩。ancient poems ②漢詩の一体。隋(ずい)・唐(とう)以前のもの。韻・字数・句数に制限がない。対義 近体詩。

**こ-し【▼虎子】** トラの子。虎児(こじ)。

**虎子、地に落ちて牛を食らうの気有り**(こし、ちにおちてうしをくらうのきあり) 虎(とら)は、牛を食い殺すような激しい気性を、生まれ落ちたときから持っている。

**こ-し【故紙・古紙】** ふるい紙。古新聞紙・ちらし・不用印刷物など。used paper

**こ-し【枯死】**(名・サ変自) 草木がかれてしまうこと。withering

**こ-し【鼓詞】** 中国で行われる民間の語り物。太鼓で調子をとりつつ、歌と語りで物語を進める。勇壮な軍談物が多い。宋(そう)代に始まり明清(みんしん)の時期にさかん。

**こ-し【越・▽高志】** ↓こしのくに(越の国)

**こ・し【濃し】** 古語(形ク) ↓こい(濃い)

**こ-じ【古寺】** 古い寺。長い歴史のある寺。ふるでら。

**こ-じ【固持】**(名・サ変他) 意見などを持ち続けて曲げないこと。固執。persistence 用例 自説を—する。

**こ-じ【固辞】**(名・サ変他) かたく断ること。辞退。refusing positively 用例 大臣就任を—する。

**こ-じ【居士】**《仏教語》①仏教に帰依(きえ)した在家(ざいけ)の男子信者。②男子の法名(ほうみょう)の下につける称号。比較 信士。

**こ-じ【▼虎児】** ①トラの子。虎子。tiger cub ②大切な宝。とらの子。one's treasure

**虎穴に入らずんば虎児を得ず**(こけつにいらずんばこじをえず) ↓こけつ(虎穴)

**こ-じ【孤児】** 身寄りのない子。みなしご。orphan

**こ-じ【故事・古事】** ①昔あったこと。historical fact ②いわれのある事柄。また、それについての語句。historical allusion

**こ-じ【誇示】**(名・サ変他) ①誇らしげに見せびらかすこと。自慢げに示すこと。ostentation ②動物が、繁殖・威嚇(いかく)などを目的として、自己を目立たせる姿勢・動作をとること。ディス

● 輿(こし)① 『春日権現験記(かすがごんげんき)』(模本)より。

プレー。display

**ご-し【互市】** 互いに品物を取り引きすること。交易。貿易。

**ご-し【五指】** 五本の指。five fingers

**五指に余る** 《五本の指では数えきれない、の意から》多く、予想・想像以上にたくさんある場合にいう。五つより多くある。五つ以下というような少ない数ではない。more than five 用例めぼしいものを挙げていくと、—。

**五指の更弾くは捲手の一挃に若かず** 《ばらばらの指ではじく力は、握りこぶしの一撃に及ばない、の意から》個別の力は、団結の力におよばない。

**ご-し【語誌・語志】** 個々の語について、それが社会にどのように用いられてきたかを書いたもの。

**ごし【越し】**（接尾）①《名詞に付いて》その物をへだてての意を表す。用例ふすま—。②《時間の長さを表す語について》その間ずっと同じ状態であったことを表す。用例三年—。

**ご-じ【五時】** ①午前と午後の五時。five o'clock ②季節の変わり目。立春・立夏・大暑・立秋・立冬。③《仏教語》「五時教」の略。

**ご-じ【誤字】** 誤った文字。wrong letter 対義正字。

**ご-じ【護持】**（名・サ変他） 大切に守ること。protection 用例国体を—する。

**こしあか-つばめ【腰赤▼燕】** 腰が赤褐色のツバメ科の鳥。本州以南にもっともふつうにみられるツバメより大きく、全長約一八cm。背面は黒く、淡褐色の胸腹部には暗褐色の縦線が密にある。東南アジアから夏鳥として本州以南に渡来するが、その時期はツバメより遅い。巣も椀形ではなく、徳利を割ってその縦断面を天井にはりつけたような形をしている。

**こしあき-とんぼ【腰明▼蜻▼蛉】** トンボ科の昆虫。体長約四・五cm。腹部第三、四節が黄白色のほかは、黒色。夏、低地の池沼や耕地などの上を飛ぶ。本州以南・台湾・中国に分布。

**こし-あげ【腰揚げ】** 和服の身丈を腰の位置で縫い揚げ、着丈を調節すること。または縫い揚げた部分。男物は裏からつまんで内揚げにする。

**こじ-あ・ける【▼抉じ開ける】**（下一他） 無理やりに開ける。pry open

**コジアスコ-さん【コジアスコ山】**（Mount Kosciusko） オーストラリア、ニューサウスウェールズ州南東部、オーストラリアアルプスの中部にある山。標高二二三〇mで同国最高峰。

**こし-あて【腰当て】** ①座るときに腰の後ろに当てるもの。②毛皮などを腰の後ろにしばりつけ、尻に敷くもの。引き敷き。尻皮。③鎧の上に刀や脇差を腰にさすための革帯。④箙の上帯。

**こし-あぶら【▼漉油】** ウコギ科の落葉高木。葉は長柄で、五つの小葉からなる掌状複葉。夏に、淡緑黄色の小さい五弁花を開く。材は軟かく細工用。若芽は食用。

**こし-あん【▼漉（し）▼餡】** 小豆をゆで煮してすりつぶし、布袋でこして皮を除いたあん。御前汁粉・和菓子などの材料。対義つぶしあん。

**こし-いた【腰板】** ①男袴の後ろ腰に当てる板。今日では厚紙を共布で包んで作り、着崩れを防ぐ腰挟みをつける。②壁・障子などの下部にはる板。wainscot

**こし-いれ【▼輿入れ】**（名・サ変自） 嫁入りすること。婚礼。marriage

**こじ-い・れる【▼抉じ入れる】**（下一他） せまいすきまから無理に押し込む。thrust forcibly… into

**こじ-いん【孤児院】** 保護者のいない児童を収容して扶養・教育する施設。現在は児童福祉法に基づき養護施設・乳児院の名称で設置されている。orphanage

**ごし-うんどう【五・四運動】** 一九一九年五月四日、北京で起こった政治運動。学生の反日デモに対する弾圧を機に、六月三日以後、さらに民衆も加わった大規模なストライキに拡大。北京政府はこれに屈服、逮捕学生の釈放、親日要人の罷免、パリ講和条約調印拒否を決定した。中国の新民主主義革命の端緒を開いた事件。

**コジェ-とう【コジェ島・▽巨▽済島】**（Kŏje） ↓きょさいとう（巨済島）

**こ-しお【小潮】** 潮汐の干満の差が極小のとき。太陽と月が地球に対して直角の位置にある、上弦の月および下弦の月の一日ないし三日後に起こる。潮差は大潮のときの約四〇%。neap tide 対義大潮。

**こし-おび【腰帯】** ①狩衣と同じ布地の当帯の別称。②束帯のとき袍の腰を束ねる石帯の別称。③女性が和服を着用するとき、着丈を調節し、おはしょりを整えるために帯の下に締める幅の狭いひも。手細。腰ひも。

**こし-おれ【腰折れ】** ①腰が曲がること、曲がった人。be bowed ②「腰折れ歌」の略。③下手な和歌。

**こしおれ-うた【腰折れ歌】** ＝腰折れ。①第三句、すなわち腰の句と第四句のつながりの悪い和歌。②自作の和歌をけんそんしていう語。

**こし-がき【腰垣】** 腰ほどの高さの垣根。

**こし-かけ【腰掛（け）】** ①腰を掛けるための台。いす。chair 数え方一脚。②一時、仮に身をおくこと・職・地位・場所。temporary post

**こしかけ-ぎん【腰掛（け）銀】** 将棋の布陣の一つ。五筋の定位置にいる歩の上に銀が出て戦う戦法。歩に銀が腰掛けているように見えるため。

**こし-か・ける【腰掛ける】**（下一自） ものの上に腰をおろす。腰をかける。sit down

**こし-かた【来し方・越し方】** 対義行く末。①過ぎてきた場所・方向。the place one has passed ②過去。past

**こし-がたな【腰刀】** 腰に差している短い刀。わきざし。

**こし-がみ【▼漉し紙】** ↓ろし（濾紙）

**こしがや【越▽谷】**〈市〉 埼玉県南東部の市。旧宿場町。穀倉地帯であったが、交通の便がよく、住宅・工業都市として発展。人口二七万八五四（一九八八）。

**こしがや-ござん【越▽谷▼吾山】**（一七一七〜八七） 江戸中期の俳人。滝沢馬琴の俳諧の師。方言を七部門五〇〇項に分類して解説した『物類称呼』の著者として知られる。

**こしき【▼甑】** ①米などを蒸す道具。古くは鉢形の土器。のち木製の曲げ物、組み枠ものが一般化し、蒸籠とよばれた。②小形の鋳物用の溶銑炉。cupola ↓写

**甑に座するが如し** 甑にすわって下から蒸されているような、きびしい暑さだ。

● 甑①

**こしき【▼轂】** 輻の集まる車輪の中心部。↓牛車図

**こ-しき【古式】** 昔のままのやりかた。ancient rite

**こ-じき【▼乞食】** 《「こつじき」の約》金品などをもらって生活すること・人。おこも。beggar

**乞食に氏無し** 乞食は、最初から乞食に生まれつくのではない。乞食に種なし。

**乞食に貧乏無し** 乞食にまで落ちぶれてしまえば、それ以下の貧乏はない。

**乞食にも門出** つまらないことにでもそれなりの作法がある。

**乞食にも身祝い** つまらない者でも、祝うときには、それなりの儀式があるものだということ。

**乞食の朝謡** 乞食は、気楽な境遇だということ。

**乞食の系図話** 言っても仕方のない愚痴をこぼすこと。

**乞食の空笑い** 利益を得ようとして、世辞笑いをすること。

**乞食の断食** やむを得ずすることを、自分から進んでやったように思わせること。餓鬼の断食。

**乞食も袋祝い** 「乞食にも身祝い」と同意。

**乞食を三日すれば止められぬ** 乞食の生活は気楽で、味を占めるとやめられなくなる。一度なまけ癖がつくと、容易に抜け出せなくなるたとえ。乞食も三日すれば忘れられぬ。Once a beggar, always a beggar.

**こじき【古事記】** 日本最古の歴史書。和銅五年（七一二）成立。稗田阿礼が誦習したものを元明天皇の勅により太安万侶が撰録。天地創造から推古天皇までの帝紀（＝天皇の系譜）と旧辞（＝神話・伝説）とからなる。

**ご-しき【五色】** ①赤・青・黄・白・黒の五つの色。五彩。ごしょく。five cardinal colors ②いろいろな色。いろいろ。各種。variety

**ご-しき【五識】** 《仏教語》眼識・耳識・鼻識・舌識・身識の五つの認識作用の総称。五根により色・声・香・味・触の五境を認知する。

**ごしき【五色】**〈町〉 兵庫県、淡路島の西岸にある町。ミカンの栽培と海苔・ワカメなどの養殖、また肉牛の飼育がさかん。人口一万七二七（一九八八）。

**ごしき-あげ【五色揚（げ）】** いろいろな野菜の揚げ物。精進揚げ。

**ごしき-えび【五色▽海▽老】** イセエビ科のエビ。体長約三〇cm。体は紫青色で、頭胸甲と腹部に白色の縞模様がある。食用のほか、美しいので装飾用。南方系のエビで沖縄以南に多い。

**ごしき-おんせん【五色温泉】** 山形県、米沢市南東部にある温泉。子宝湯として知られる。

**こじき-こんじょう【▼乞食根性】** 自分で努力しようとせず、人にもらうことばかり考える、いやしい性質。mean nature

**こしきじま-れっとう【▼甑島列島】** 鹿児島県串木野市西方、東シナ海にある列島。上甑島・中甑島・下甑島と属島からなる。ゆり根が特産。

**ごしきせいがい-いんこ【五色青海▼鸚▼哥】** インコの一種で、飼い鳥。全長約二八cm。羽毛は赤・黄・青・緑などで美しい。オーストラリア原産。

**ごしき-だい【五色台】** 香川県北部にある台形山地。最高峰大平山（四七九m）のほか、白峰・青峰・黒峰・紅峰・黄峰などがある。白峰寺・根香寺がある。

**ごしきづか-こふん【五色塚古墳】** 神戸市垂水区の明石海峡に面した高台にある前方後円墳。全長約二〇〇m。全面が円礫の葺石でおおわれている。四世紀末の築造。現在復元整備され史蹟公園となっている。↓写

● 五色塚古墳

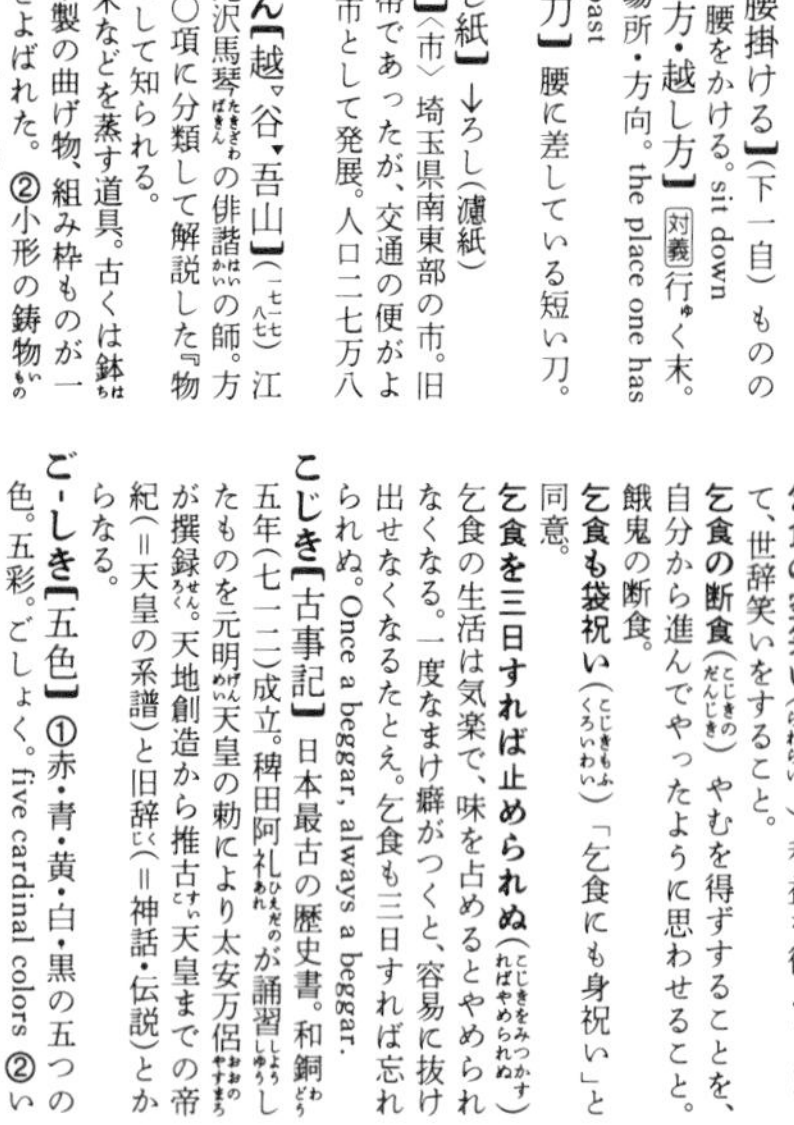

**こじき-でん【古事記伝】** 本居宣長の代表的な著書で、『古事記』の注釈書。四八巻。寛政一〇年（一七九八）脱稿。寛政二〜文政五年（一七九〇〜一八二二）刊。『古事記』の注解を本体とする、古典研究や古代文化研究の総合的参考書。国学者の研究成果の最高峰とされる。

**ごしき-とうがらし【五色唐辛子】** トウガラシの栽培変種。鉢植え、または花壇に植えられる一年草。果実が熟す程度により白・黄・赤・黄・赤色などに変化する。

**ごしき-どり【五色鳥】** 緑・赤・青・黒・黄など、華やかな羽色をしたゴシキドリ科の鳥の総称。ツグミより小形で、嘴が太くて大きい。林にすみ、昆虫や果実が主食。世界の熱帯地方に約七六種が分布。bardet ↓図

● ゴシキドリ

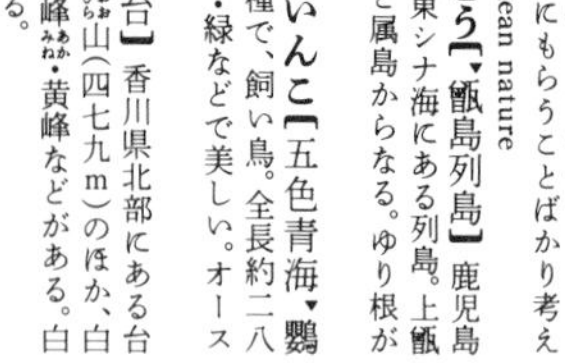

**ごしき-ぬま【五色沼】** 福島県北部、裏磐梯の小湖沼群。水にとけた火山噴出物の酸化により、緑・青・藍などの色を呈する。

↓行き先項目、図版・写真参照印。 JIS 日本工業規格情報交換用漢字符号コード（区点コード）。

**ごしき-の-くも【五色の雲】** 五色に輝く雲。高積雲などの太陽に近いふちの部分が回折現象で美しく色づいて見える。瑞雲。

**こしきぶ-の-ないし【小式部内▽侍】** (?〜一〇二五) 平安中期の歌人。橘道貞の娘。母は和泉式部。中宮彰子に出仕。百人一首の歌で有名。

**こしき-ゆかし・い【古式床しい】**(形)《「床」は当て字》古式がしのばれて、懐かしい。

**ごじ-きょう【五時教】**《仏教語》釈迦の一生の間の説法を五期に分類したもの。教判論の一つで、たとえば天台智顗は、華厳時・鹿苑時・方等時・般若時・法華涅槃時に分ける。五時。

**こし-ぎんちゃく【腰▼巾着】** ①腰に下げるきんちゃく。waist pouch ②ある人に付き従っている人。one's shadow 用例 社長の—。

**こし-くだけ【腰砕け】** ①腰の力がぬけて、体勢が崩れること。lose one's balance ②事が中途で駄目になること。break down

**こし-ぐるま【腰車】** 柔道の投げ技の一つ。踏み込みながら相手の首を抱き込んで、相手を自分の腰にのせ、相手の上体をねじるようにして投げる技。

**こし-け【腰気・▽帯▽下・▽白▽帯▽下】** 女性性器官から出る血液以外の分泌物の総称。通常は異常に増量し外陰部を浸潤し、不快感やかゆみを生じるものをいう。たいげ。おりもの。leukorrhea

**こしごえ【腰越】** 鎌倉の西方、七里ケ浜西端の海岸地帯。源義経の腰越状はこの地の満福寺で起草したとされる。

**こしごえ-じょう【腰越状】** 兄頼朝の勘気をこうむり腰越にとどまった源義経が、文治元年(一一八五)大江広元にあて真意を訴え、とりなしを頼んだという書状。

**ごし-ごし**(副) 力を入れてものをこする音・さま。rub-a-dub-dub; scrubbing 用例 あかを—落とす。

**こじ-さく【小自作】** 小作を主とし、自作もすること・農家。比較 自小作。

**こし-じ【越路】** ①北陸へ行く道。北陸道。②北陸地方。

**こしじ【越路】**〈町〉新潟県中部、長岡市南隣の町。農業のほか越後杜氏で知られ、醸造業がさかん。人口一万四四六九(一九八八)。

**こじし-ざ【小▼獅子座】** 北天の星座。しし座の北にある。輝星がないので目立たない。四月二二日ごろの午後八時ごろに南中。面積二三二平方度。Leo Minor

**こしじ-ふぶき【越路吹雪】**(一九二四〜八〇) ポピュラー・シャンソン歌手。東京生まれ。宝塚歌劇団出身。ヒット曲『愛の賛歌』『ラストダンスは私に』など。

**こしじゅうきゅうしゅ【古詩十九首】** 中国、後漢のころの詩。『文選』の中の作者不詳の五言古詩一九首。民衆の共通感情を表現し、建安期の詩人たちに影響を与えた。

**ご-ししょ【▼伍子▼胥】**(?〜BC四八五) 中国、春秋時代の呉の名臣。呉王夫差を助けて越王勾践を破ったが、その助命を諫めていれられず、自殺。

**こし-しょうじ【腰障子】** 下から三〇cmぐらいの高さまで、腰板をはめ込んだ明かり障子。板の代わりに襖をはめ込むこともある。

**こしじろ-うみつばめ【腰白海▼燕】** 全身が黒っぽくて尾のつけねが白い、ウミツバメ科の海鳥。全長約二〇cm。太平洋・大西洋の北方にすみ、冬は南下。日本へは旅鳥として本州各地の沿海に飛来。北海道の大黒島は繁殖地で、天然記念物。

**ごじ-そう【護持僧】** 天皇を病魔などから守るために祈った僧。

**こ-した【木下】** 木の下。

**こ-しだ【小▽羊▽歯・小▼歯▼朶】** ウラジロ科の多年生シダ。暖地の山野にはえる。葉は長柄で、二三回羽状複葉。裂片は線形で約三cm。葉の表は鮮緑色で、裏は粉白色。コヘゴ。

**こし-だか【腰高】** ①腰が高いこと。また、そういう姿勢。high-waisted ②たかつき。③「腰高障子」の略。

**こしだか-がんがら【腰高▼雁空】** 潮間帯の岩礫底にすむニシキウズ科の巻き貝。殻高約二七mm、殻径約三〇mm。黒っぽい丸みのある円錐形。日本全土の沿岸に分布。

**こしだか-しょうじ【腰高障子】** 全体の下から半分ぐらいまで腰板を付けた明かり障子。油紙を張って、外に面した出入り口に用いたりする。

**こし-だめ【腰▼撓め】** ①鉄砲を腰にあて、おおかたの見当をつけて、うつこと。②大づかみな見こみで事をすること。

**こした-やみ【木下▼闇】** 木の下のくらがり。このしたやみ。

**こし-たんたん【▼虎視▼眈▼眈】**(形動トタル) 油断なく機会をねらっているさま。vigilantly

**ごしち-ちょう【五七調】** 韻文で、五音節からなる句の次に、七音節からなる句を組み合わせて一まとまりとなる調子を繰り返す形式。対義 七五調。

**ごしち-にち【五七日】**《仏教語》人の死後の三五日め。

**ごしちにち-の-みずほう【後七日の▽御▽修法】** 真言宗の儀式の一つ。正月八日から一四日までの七日間、宮中の真言院(明治以降は東寺の灌頂院)で国家安泰、万民豊楽などを祈願するもの。ごしちにちのみしほ。

**こ-しつ【固執】**(名・サ変他) かたく自説を主張して譲らないこと。固持。こしゅう。persistence

**こ-しつ【個室】** ひとり用の部屋。private room 比較 私室。

**こ-しつ【鼓室】** 中耳の一部で、外耳と内耳の間にある凹レンズ形をした偏平な空所。外耳との間には鼓膜がある。tympanum →耳図

**こ-しつ【▼痼疾】** なかなか治らない病気。持病。chronic disease

**こ-じつ【故実】** 昔の儀式・服装・作法などの規定・習慣・事例。比較 有職。

**ご-しつ【▽牛▼膝】** 生薬の一つ。イノコズチの根を乾燥したもの。サポニン・粘液質などを含み、血行改善・強壮薬に用いる。

**ご-じつ【後日】** ①のちのち。将来。ごにち。future ②物事が済んだあと。another day

**こしつう【古史通】** 江戸中期の史論書。四巻。新井白石著。享保元年(一七一六)成立。記紀などを研究し、日本神話を初めて合理的に解釈。

**コシツェ【Košice】** チェコスロバキア、スロバキア地方東部の中心都市。鉄道の要地。鉄鋼・機械・食品工業が発達。人口二一・八万(一九八五)。

**こじつ-か【故実家】** 故実に詳しい人。

**こし-つき【腰付き】** 腰の格好・ようす。posture

**ゴシック【Gothic】**《ルネサンス期のイタリア人のことばで、野蛮な、の意》=ゴチック。①ゴシック美術のこと。②「ゴシック体」の略。

**ゴシック-けんちく【ゴシック建築】** ヨーロッパで一二世紀後半から一四世紀まで行われた建築様式。教会堂建築に多くみられ、尖頭アーチとリブボールト(=交差する肋骨)の採用で上昇線を強調し、広大な内部空間をもつ。フランスのアミアン大聖堂は初期ゴシックの傑作。Gothic architecture

**ゴシック-しょうせつ【ゴシック小説】** 怪奇小説。恐怖小説。一八世紀中期から一九世紀初めにかけてイギリスで流行。中世のゴシック様式の古城などを背景に殺人や幽霊などを題材とし、読者の恐怖感や好奇心に訴える。『オトラントの城』『ユードルフォの怪奇』など。Gothic novel

**ゴシック-たい【ゴシック体】** 活字の書体の一つ。肉太で字画の縦横の太さが同じ活字。ふと字ゴチ。ゴチック。Gothic 比較 アンチック。→書体図

**ゴシック-びじゅつ【ゴシック美術】** 一二世紀後半から一五世紀まで、ヨーロッパ各地に普及したキリスト教美術。とくに聖堂建築とその装飾美術が中心。高い尖塔や大きな窓のステンドグラスなどが特色。Gothic art →写

**こじ-つけ** こじつけること。牽強。distortion

**こしつ-けいせいじゅつ【鼓室形成術】** 聴力の回復を目的とする中耳手術。鼓膜穿孔や耳小骨連鎖の離断など、中耳伝音系の欠損による難聴に有効。tympanoplasty

**こじ-つ・ける**(下一他) 無理に理屈をつける。無理に関係づける。distort 参考「故事付ける」からか。

**ごじつ-だん【後日談】** 物事の済んだあと、それからどうなったかの話。後日物語。sequel to the story

**ゴシップ【gossip】** うわさ話。用例 —欄。

**こしっ-ぼね【腰っ骨】** →こしぼね(腰骨)

**ごじっぽ-ひゃっぽ【五十歩百歩】**《『孟子』にある話から》似たりよったり。There is little difference between the two.

**こし-なわ【腰縄】** ①軽い罪を犯した者の腰に縄をかけること。また、その縄。②腰につけて持ち歩く縄。

**こし-ぬけ【腰抜け】** いくじのないこと・人。「coward

**こしの【越▼廼】**〈村〉福井県北西部、日本海に臨む村。カニ・ウニ漁がさかん。越前海岸のスイセンが有名。人口二二七八(一九八八)。

**こし-の-くに【越の国・▽高志の国】** 北陸道地方、のち越前・越中・越後の地域の古称。越。高志。

**こし-の-もの【腰の物】** ①腰に帯びる物の総称。刀・きんちゃくなど。②さやまきの短刀。③腰まき。

**ごじ-はっきょう【五時八教】** 釈迦の一生の間の説法を、天台智顗が分類した天台宗の教判論。五時教と化儀の四教(頓・漸・秘密・不定)、化法の四教(蔵・通・別・円)をたてる。

**こし-ばめ【腰羽目】** 床から一mほどの高さまでに張った羽目板。

**こし-ばり【腰張り・腰▼貼り】** ふすま・かべなどの下部に紙や布を張ること。また、張った紙や布。

**こし-ひかり【コシヒカリ】** イネの品種。味の良い米の代表とされる。農林一号と農林二二号の交配によって、昭和三一年(一九五六)に作出された。新潟県を主産地として広く栽培。すし米としても賞味される。

**こし-ひも【腰▼紐】** 和服で、下締めに用いる細いひも。また、子どもの着物の腰に縫いつけてあるひも。

**こし-びょうぶ【腰▼屏風】** 低いびょうぶ。

**こし-ふたえ【腰二重】** 老人の腰の、折れ曲がったようす。

**こし-ぶとん【腰布団・腰▼蒲団】** 腰を冷やさないように当てる、ひも付きの小さな布団。

**こし-べん【腰弁・腰▼辨】**《「腰弁当」の略》①腰に弁当を下げること。その弁当。②安月給取り。

**こし-ぼね【腰骨】** ①腰の骨。hipbone ②押し通す気力。たえしのぶ気力。fortitude

**こ-じま【小島】** 小さな島。おじま。small island

**こじま【▽児島】** 岡山県、倉敷市南部の地区。旧児島市。主産業は学生服中心の繊維工業。本四連絡橋架橋地点。景勝地鷲羽山がある。

**こじま-いけん【▽児島▼惟謙】**(一八三七〜一九〇八) 明治時代の裁判官。愛媛県生まれ。大審院長として大津事件にかかわり、政府の圧力に屈せず司法権の独立を維持した。

**こじま-うすい【小島▼烏水】**(一八七三〜一九四八) 登山家。本名、久太。香川県生まれ。山岳紀行文・浮世絵研究で著名。日本山岳会を組織し初代会長。

**こし-まき【腰巻(き)】** ①和装下着の一種。女性の下半身をおおう肌着。湯文字。②室町・安土桃山時代、公家・武家の婦人の夏の礼服。③とくに厚くぬってある土蔵の下部。④《俗語》書籍の帯紙。帯。

**こじま-きくお【▽児島喜久雄】**(一八八七〜一九五〇) 美術史家。東京生まれ。東大卒。東北大・東大教授。美術評論にも活躍。著書『レオナルド研究』など。

**こじま-ぜんざぶろう【▽児島善▽三郎】**(一八九三〜一九六二) 洋画家。福岡市生まれ。華麗な色彩とダイナミックな描線を駆使した風景画で知られる。作品『アルプスへの道』など。

**こじま-たかのり【▽児島高▽徳】**(生没年未詳) 南北朝時代の武将。『太平記』に、隠岐に配流される後醍醐天皇奪取を企て失敗、のち天皇の還幸を迎え南朝に属して戦ったとあるが、その実在は疑問とされる。

**こじま-のぶお【小島▽信▽夫】**(一九一五〜) 小説家。岐阜市生まれ。東大卒。現代人の日常性の中での精神のゆがみを追究。作品『アメリカン・スクール』『抱擁家族』『別れる理由』など。

**こじま-はんとう【▽児島半島】** 岡山県南部の半島。もと島であったが、高梁川などの沖積作用で一七世紀に陸とつながった。

**こじま-ほうし【小島法師】**(?〜一三七四) 南北朝時代の僧。『洞院公定日次記』中に『太平記』の作者として記されているが不明。

**こじま-まさじろう【小島▽政▽二郎】**(一八九四〜) 小説家。東京生まれ。慶大卒。古典鑑賞・大衆小説など多彩に活躍。作品『眼中の人』など。

**こし-まわり【腰回り】** 腰の周囲。また、その長さ。ヒップ。around the hip →採寸図

**こじま-わん【▽児島湾】** 岡山県南部、児島半島の北にある湾。近世以降、干拓により面積が縮小、西部は締め切りにより淡水湖の児島湖となった。

**こしみず【小清水】**〈町〉北海道東部、オホーツク海に臨む町。畑作・酪農がさかん。小清

水原生花園で有名。濤沸湖にはオオハクチョウが飛来。人口七一四七(一九八八)。

**こし-みの【腰▼蓑】** 猟師・漁師などが、腰にまとう短いみの。

**コシモ-デ-メディチ【Cosimo de' Medici】**(一三八九～一四六四) フィレンツェの政治家・銀行家。一四三四年以来フィレンツェの独裁者として君臨。巨富を利して学芸保護に努め、フィレンツェをルネサンスの中心たらしめた。「国父」と追号された。

**こし-もと【腰元】** ①腰のあたり。around the hip ②昔、貴人の雑用に仕えた侍女。

**ご-しゃ【五舎】** 平安京内裏にあった、女御・更衣などの住む五つの殿舎。昭陽舎(=梨壺)・淑景舎(=桐壺)・飛香舎(=藤壺)・凝華舎(=梅壺)・襲芳舎(=雷鳴の壺)。

**ご-しゃ【誤写】**(名・サ変他) 写し違いをすること。miscopy

**ご-しゃ【誤射】**(名・サ変他) 弓・銃砲などで、まちがった目標をうつこと。shoot by mistake

**こ-しゃく【小▼癪】**(名・形動) こざかしいこと・さま。生意気。saucyness 用例 なにを—な。

**小癪に障る**(こしゃくにさわる) 少しばかり腹が立つ。be impudent 用例 物言いが—。

**ご-しゃく【五爵】** 五等爵の略称。

**ご-しゃく【語釈】** 語句の意味の解釈。interpretation of a word

**ごしゃ-ごしゃ**(形動・副・サ変自) 物が乱雑に入り交じるさま。ごたごた。ごちゃごちゃ。messy 用例 机の上が—だ。

**こ-じゃのめ【小蛇目▼蝶】** 翅に目の形をした斑紋のあるジャノメチョウ科のチョウ。開張約五・五cm。山地の樹林の暗い所を好み、草原などには出てこない。食草はチヂミザサ・ススキなどのイネ科植物。本州・四国・九州に分布。

**こ-しゃほん【古写本】** 古い時代の写本。一般に室町末期または元禄期以前のものについていう。

**コシャマイン**(?～一四五七) 室町後期のアイヌの大酋長。渡島半島南部に定住し始めた和人に対して決起し戦死。和平をよそおった謀殺ともいわれる。

**こ-しゅ【戸主】** ①律令制のもとでの戸の長。②旧民法上の一家の長。家族の居所の指定、婚姻の同意などの権限をもち、その地位と財産は家督相続により継承された。昭和二二年(一九四七)廃止。比較 戸籍筆頭者。

**こ-しゅ【古酒】** 造ってから年月の経った酒。aged wine 対義 新酒。

**こ-しゅ【固守】**(名・サ変他) あくまで守って変えないこと。固持。tenacity

**こ-しゅ【故主】** もとの主人。旧主。

**こ-しゅ【枯▼株】** ①枯れた切り株。枯れた株。②老人。

**こ-しゅ【鼓手】** つづみや、たいこをたたく人・兵。

**こし-ゆ【腰湯】** 腰から下を湯につけること。用例 —を使う。

**ご-しゅ【五種】** 五つの種類。五種類。five kinds

**ご-しゅ【五趣】** ↓ごどう(五道)

**ご-しゅ【御酒】**「酒」の丁寧語。おさけ。

**ご-しゅいん【御朱印】** 朱印の敬称。また、将軍の朱印のある書類・鑑札。

**ごしゅいん-せん【御朱印船】** 桃山・江戸初期、朱印状による海外渡航の許可を受けた南蛮貿易船。中国・シャム・ルソン・アンナン・ジャワなどとの貿易で活躍。角倉船・末次船・末吉船などが著名。朱印船。

**こ-しゅう【故習・古習】** 古くからあるならわし。昔からの習慣。旧習。

**こ-しゅう【呼集】**(名・サ変他) よび集めること。用例 非常—。

**こ-しゅう【固執】**(名・サ変他) ↓こしつ(固執)

**こ-しゅう【孤舟】** 一隻だけでぽつんと浮かんでいる舟。

**こ-しゅう【孤愁】** 独りぼっちである身の、悲しい思い。

**こ-じゅう【▼扈従】**(名・サ変自) 貴人の供をすること・人。随行。供奉。こしょう。

**ご-じゅう【五十】** ①一〇の五倍。fifty ②五〇歳。fifty years old

**五十の坂**(ごじゅうのさか) 五〇歳をこえると肉体的に衰えはじめることを、下りの坂道にたとえた語。用例 —を越す。

**ご-じゅう【五重】** 五つのかさなり。five-storied

**ご-じゅう【後住】**《仏教語》後任の住職。あとをついだ住職。対義 先住・当住。

**ごしゅうい-わかしゅう【後拾遺和歌集】** 平安後期の勅撰集。二〇巻。白河天皇の命で藤原通俊が応徳三年(一〇八六)撰進。歌数一二〇〇余首。和泉式部ら女流歌人に重点がおかれ、能因らの新しい傾向にも注目する。

**ごじゅう-うで【五十腕】** 五〇歳ごろの人に起こる腕の痛み。五十かいな。

**ごじゅう-おん【五十音】** 五十音図の示す音節に「ん」を加えた音節の種類。仮名で表記する「あ・い・う・え・お…わ・を・ん」の五一音。実質的には、重複している「い」「え」「う」と現代仮名遣いでは用いられない「ゐ」「ゑ」を除く四六音となる。

**ごじゅうおん-じゅん【五十音順】** 順序の示し方の一つ。あいう…の順。比較 いろは順・ABC順。

**ごじゅうおん-ず【五十音図】** 日本語の音節を表す仮名を縦に五字ずつ、横に一〇字配した一覧表。同子音の音節が縦の同じ行に、同母音の音節が横の同じ段に並ぶ。原形は平安時代にみられる。

**ごじゅう-かた【五十肩】** 初・中老期にみられる肩関節の痛みと運動障害。おもに肩関節の周囲組織の老人性変化が原因。正しくは、老人性肩関節周囲炎。frozen shoulder

**ごじゅう-から【五十▼雀】** 樹幹を自由に登り降りするゴジュウカラ科の小鳥。翼長約八cm。背が灰色で腹は白い。山地の森林にすみ、雑食性。冬は山地から低地に降りる。日本全土・ユーラシアに分布。nuthatch ↓図

●ゴジュウカラ

**ごじゅうごねん-たいせい【五五年体制】** ①昭和三〇年(一九五五)以来数年間続いた自民党と社会党の二大政党対立体制。左右両派社会党の統一と、民主・自由両党の合同による自民党の結成によって生まれたもの。②保守と革新の単純な二極対立の様相。

**ごじゅうさん-つぎ【五十三次】**「東海道五十三次」の略。

**コシューシコ【Tadeusz Andrzej Bonawentura Kościuszko】**(一七四六～一八一七) ポーランドの軍人・政治家。独立運動の父と称される。アメリカ独立戦争に参加して帰国後、ポーランド分割に抗し、一七九四年武装蜂起を指導したが捕らえられ、釈放後亡命。

**ごしゅう-せい【互酬性】** 文化人類学で、自分が受けた贈り物・サービスあるいは損害に

●ゴシック美術

『シャルトル大聖堂』西扉口。一一四五～七〇年ごろ、(フランス)。

『アミアン大聖堂』。一三世紀、(フランス)。

『サント-シャペル聖堂』内部。一二四五～四八年、(フランス)。

『エッケハルトとウタ像』。一二五〇年ごろ、ナウムブルク大聖堂(東ドイツ)。

ジョット『荘厳の聖母』。一三一〇年ごろ、ウフィッツィ美術館(イタリア)。

ランブール兄弟『ベリー公のいとも豪華なる時禱書』。一四一三～一六年、コンデ美術館(フランス)。

●五重の塔㊀　法隆寺五重塔

対し、社会の規範として、何らかの返礼をしたりあるいは見舞いを受けるという相互関係をいう。リシプロシティ。reciprocity

**ごじゅう-そう【五重奏】** 五人の演奏者による五つの独立楽器の重奏。弦楽四重奏に、ビオラまたはチェロを加えた弦楽五重奏、ピアノを加えたピアノ五重奏など。クインテット。quintet

**こ-じゅうと【小▼舅・小▼姑】** ①《「小舅」で》夫または妻の兄弟。brother-in-law ②《「小姑」で》夫または妻の姉妹。小姑。sister-in-law

**小姑は鬼千匹**（こじゅうとはおにせんびき）「小姑一人は鬼千匹」と同意。

**小姑一人は鬼千匹**（こじゅうとひとりはおにせんびき） 嫁にとっては、小姑が大変な苦労のたねであるたとえ。小姑一人は鬼千匹に向かう。

**こ-じゅうとめ【小▼姑】** 夫または妻の姉妹。こじゅうと。sister-in-law

**ごじゅう-の-とう【五重(の)塔】** ㊀屋根が地・水・火・風・空の五大を意味する、五層からなる仏塔。内部に仏舎利を奉安することを目的とする。日本の仏塔は木造が一般的で、外部からみて下から基壇・塔身・相輪からなる。教王護国寺（東寺）や法隆寺など。five-storied pagoda 数え方 一基。㊁《五重塔》幸田露伴の小説。明治二五年（一八九二）刊。大工の十兵衛が自己の芸術欲のため、執念で五重の塔を建てる。↓図

**五重の塔も下から組む**（ごじゅうのとうもしたからくむ） 何事も基礎からの積み重ねによって、はじめてなしとげられる。

**ごしゅ-きょうぎ【五種競技】** 陸上競技の混成競技の一つ。男子は一日で、女子は二日間で、投擲や、競走などの計五種目を行い、総得点で順位を競う。ペンタスロン。pentathlon

**こ-じゅけい【小▼綬鶏】** ウズラに似るがそれより大きいキジ科の鳥。

●コジュケイ

翼長約一三㎝。狩猟用に輸入、放鳥されて増えた帰化鳥。本州以南の雑木林に多い。鳴き声はチョットコイと聞こえる。肉は美味。中国南部原産。↓図

**こしゅ-けん【戸主権】** 旧民法で、家長に認められた権利。家族の婚姻などの同意権や居所指定権など。

**ごしゅ-こう【五種香】** 仏前で焼香するために調合された香の一種。沈香・白檀・丁字の三種に竜脳・甘松などを加えた五種の粉末を混合したもの。

**ごしゅ-でん【御守殿】** ①江戸時代、三位以上の大名に嫁にいった、将軍の娘の敬称。その住まい。②御守殿に仕えた女中。③《「御守殿風」の略》御守殿に仕えた女中の髪の型。

**ご-しゅゆ【呉▼茱▼萸】** ミカン科の落葉小高木。高さ約三m。葉は羽状複葉。雌雄異株。初夏、緑白色の小花を開く。紅熟した果実は健胃・利尿薬。中国原産。↓写

**こ-じゅりん【小寿林】** スズメに似ているが顔が黒いホオジロ科の小鳥。全長約一五㎝。低木の頂などでチッチチッと鳴く。北海道と本州北部では夏鳥で、冬は本州南部に渡る。俗称ナベカムリ。

**ご-しゅん【呉春】**（一七五二―一八一一） 江戸中・後期の画家。京都の人。姓は松村、名は豊昌、号は月渓など。四条派の祖。軽妙な筆致による写生的作風で後代に影響を与えた。作品『柳鷺群禽図』屛風』など。

**ご-じゅん【語順】** 文を構成する語の並びかた。語序。word order

**ごじゅん-せつ【五旬節】** ↓ペンテコステ①

**こ-しょ【古書】** ①古い時代の本。古本。old book ②読み古した本。ふるほん。secondhand book

**ご-しょ【御所】** ①天皇の住む所。また、天皇に対する敬称。Imperial Palace ②上皇・三后・親王の住む所。また、その敬称。③大臣・将軍などの住む所。また、その敬称。

**ご-じょ【互助】** 互いに助けあうこと。mutual help 用例 ―会。

**ご-じょ【語序】** ↓ごじゅん（語順）

**こ-しょう【小姓・小性】** ①少年。ちご。とくに貴人に仕えて身辺の雑用をした少年。②武家の職名。江戸幕府では若年寄の支配下、将軍の日常雑務の処理に従事。

**こ-しょう【古称】** 古い時代のよび名。古くからのよび名。

**こ-しょう【呼称】**（名・サ変他） ①名づけること。naming ②よび名。名。称呼。name ③体操のかけ声。「一、二、三」など。④鉄道の運転士が、信号の名称を唱えて安全を確認すること。calling

**こ-しょう【▼股掌】** もも と、手のひら。

**股掌の上に玩ぶ**（こしょうのうえにもてあそぶ） 自分の思うままにする。

●ゴシュユ

**こ-しょう【故障】** ㊀（名・サ変自） 機械などが、正常に働かなくなること。breakdown 用例 信号機の―。㊁（名） ①さしつかえること。つごうが悪くなること。さしさわり。hindrance; trouble 用例 計画に―が生じる。②苦情。異議。不服。objection 用例 ―を申し立てる。―を入れる。

**こ-しょう【▼胡床・▼胡▼牀】** 中国の胡国から伝来したという、折りたたみ式の腰かけ。おもに戸外で用いた。あぐら。

**こ-しょう【▼胡▼椒】** コショウ科のつる性常緑低木。高さ約六m。雌雄異株。夏に、黄緑色の花が穂状に密生。果実は球形で、初め緑色、後に紅熟。香辛料。インド南部原産。pepper ↓写

**胡椒の丸呑み**（こしょうのまるのみ） うわべだけ見て、本当の意味を理解しないこと。

●コショウ

**こ-しょう【▼扈従】**（名・サ変自） ↓こじゅう（扈従）

**こ-しょう【湖沼】** 湖と沼、またはそれに池を含めた総称。湖は岸辺の植物が中央部まで侵入できないくらいの深さがあり、沼や池は植物が湖底まで進出しているような浅いものをいう。lake; pond

**こ-しょう【誇称】**（名・サ変他） 大げさに言うこと。自慢気に言うこと。また、そのことば。exaggeration

**こ-じょう【古城】** 古い城。old castle

**こ-じょう【弧状】** ゆみがた。arch

**こ-じょう【孤城】** ①離れたところに一つだけ建つ城。isolated castle ②孤立して助けの来ない城。forlorn castle

**こ-じょう【湖上】** みずうみの上。on the lake 用例 ―をわたる風。

**ご-しょう【五障】**《仏教語》①女人が持つという五つのさしさわり。梵天・帝釈・魔王・転輪王・仏になれないこと。②修道上のさわりとなるもの五つ。煩悩・業・生・法・所知。

**ご-しょう【後生】** ①《仏教語》死後、生まれかわる所。後世。対義 前生。②《後生に願う意》哀願するときの語。用例 勘弁してくれ、―だ。

**後生は徳の余り**（ごしょうはとくのあまり） 熱心に徳を積めば、来世の極楽往生も得られる。

**後生を願う**（ごしょうをねがう） ①極楽往生を願う。後世を願う。pray for salvation ②仏の加護をたのみ、幸運を望む。pray for future happiness

**ご-じょう【互譲】** 互いにゆずり合うこと。mutual concession 用例 ―の精神。

**ご-じょう【五乗】**《仏教語》人を悟りに導く五つの教法。人乗・天乗・声聞乗・縁覚乗・菩薩乗の五種。

**ご-じょう【五常】** 儒教で、人の行い守るべき五つの道。孔子・孟子・荀子がそれぞれ強調した仁・義・礼に、智・信を加えたもの。また、父は義、母は慈、兄は友、弟は恭、子は孝、の五典と同義ともされる。比較 五倫。

**ご-じょう【五情】** 喜・怒・哀・楽・欲の五つの感情。

**ご-じょう【御▼諚】** おおせ。おことば。

**ごじょう【五▼條】**〈市〉 奈良県西部、吉野川沿いの市。旧宿場町。木材の集散・加工、果樹栽培がさかん。特産は割りばし。人口三万四七〇六（一九八八）。

**ごしょう-いっしょう【後生一生】** 現世、後生を通じて一回きりであること。用例 ―の頼み。

**ごじょう-おおはし【五条大橋】** 京都五条通りが鴨川を越える地点にかかる橋。長さ六七m。

**ご-しょうおん【呉承恩】**（一五〇四ごろ―八二ごろ） 中国、明代中期の文人・小説家。字は汝忠、号は射陽山人。山陽の人。長編小説『西遊記』、詩文集『射陽先生存稿』など。

**こしょう-かいがん【▼胡▼椒海岸】**（Pepper Coast） 西アフリカ、リベリアの大西洋に臨む海岸地域。地名はコショウの積み出し地に由来。グレーンコースト（穀物海岸）。

**こしょう-がた【湖沼型】** 物理学的・化学的・生物学的性質から湖沼を類型化したもの。貧栄養型・富栄養型・悪栄養型・酸栄養型・塩基栄養型・鉄栄養型など。lake type

**こ-しょうがつ【小正月】**《陰暦一月一日の大正月に対して》陰暦一月一五日または、その前後三日間の正月。一四日から一六日までを

●小正月「だんごばら」という飾り（山梨県）。

いう。農作物の豊作を祈る予祝行事や、一年間の吉凶を占ったり、災厄を防ぐなどの行事が多く行われる。望年。小年。若年。二番正月。もちもち節供。↓写

**ごじょうげん【五丈原】** 中国陝西省南部、三国時代の古戦場。二三四年、蜀の諸葛孔明が魏の司馬懿と対陣中に病死した地。

**ご-しょうせき【呉、昌▾碩】**（一八四四〜一九二七）中国、近代の画家。前名は俊卿。号は苦鉄など。花卉竹石図が得意。書・篆刻で有名。

**こしょう-そう【▾胡▾椒草】** アブラナ科の一年草。草丈約六〇cm。全草に粉白色を帯び、初夏に、四弁の白小花を開く。種は赤褐色。葉をサラダ、種を香辛料とする。イラン原産。

**こしょう-だい【▾胡▾椒▾鯛】** 近海の岩礁帯にすむイサキ科の魚。全長四〇cm余。青灰色の地を幅広い三本の褐色帯が斜めに走り、黒褐色の斑点が散在。美味。本州中部以南に分布。コタイ。

**ごしょう-だいじ【後生大事】** ①《仏教語》後生の安楽が大事と励むこと。②物をきわめて大事にすること。take great care of

**ごしょう-だから【後生だから】**（連語）《頼みをきいてくれるとあなたの後生のためにもなるのだから、の意。人にものを懇願するときにいう》お願いだから。私を助けると思って。for heaven's sake 用例 ― 帰ってきておくれ。

**こしょう-の-き【▾胡▾椒の木】** ジンチョウゲ科の常緑低木。本州以南の深山にはえる。葉は革質長楕円形。早春に、白花を開く。観賞用に栽培。

**こじょうのびじん【湖上の美人】**《原題 The Lady of the Lake》スコットの物語詩。一八一〇年刊。領主の美しい姫をめぐる騎士たちの物語。

**こ-しょうほん【古▾鈔本】** 室町以前に書かれた写本。比較 古版本。

**ごじょうめ【五城目】**〈町〉秋田県中部、八郎潟の東の町。醸造業と桶・樽・刃物の生産で知られる。人口一万五〇八八（一九八八）。

**ごしょうら【御所浦】**〈町〉熊本県、天草諸島御所浦島を中心とする町。タイ・ハマチ・フグの養殖がさかん。人口五三七九（一九八八）。

**ごしょう-らく【後生楽】** ①後生は安楽だと安心すること。②なんの苦労も心配もなく、のんきなこと。

**こじょう-らくじつ【孤城落日】** 衰えて心細いたとえ。

**こ-じょうるり【古浄▾瑠▾璃】** 義太夫節以前の古い浄瑠璃各派の総称。外記節・大薩摩節・繁太夫節・文弥節などがある。

**こじょう-れっとう【弧状列島】** 大洋の縁辺に連なる弧状の列島。張り出した大洋側に海溝をともない、地震活動・火山活動・地殻変動が活発に起きている。島弧。island arc

**ごしょ-がき【御所▾柿】** 甘ガキの品種の一つ。果実はやや扁平な球形で、種子はない。奈良県御所の原産といわれ、近畿地方を中心に栽植。大和柿。紅柿。

**ごしょがけ-おんせん【後▿生掛温泉】** 秋田県北東部、八幡平中腹にある温泉。各所に噴気孔や噴泉があり、独特の景観を示す。

**ごしょがわら【五所川原】**〈市〉青森県、津軽半島中部の市。稲作とリンゴ栽培のほか農産物の集散地。人口五万一三七〇（一九八八）。

**こ-しょく【古色】** 古びた色・ようす。antique look

**ご-しょく【五色】** ↓ごしき（五色）

**ご-しょく【誤植】** 印刷組み版で、原稿と違った文字を植字すること。一般には印刷物中の文字などの誤り。ミスプリント。misprint

**ご-じょく【五▿濁】**《仏教語》末世に発生する世の乱れを示す五つの現象。劫濁（天災や疫病・戦争が起こること）・見濁（よこしまな考えが流行すること）・煩悩濁（悪徳がはびこること）・衆生濁（人間の資質が低下すること）・命濁（寿命が短くなること）をいう。

**ごじょく-あくせ【五▿濁悪世】**《仏教語》天災や疫病がおこる、悪い思想がはびこる、煩悩がさかんとなる、寿命が短くなる、衆生の果報が衰えるといった状態の顕著な悪い時代。

**こしょく-そうぜん【古色▾蒼然】**（形動トタル）色つやが、見るからに古びたさま。look time-honored

**ごしょ-ぐるま【御所車】**《源氏物語などを題材にした絵によく登場することから「源氏車」とも》①屋形のある車。昔、貴人が乗った、牛車の俗称。②紋所の名。

**ごしょどき-もよう【御所解（き）模様】** 和服の染め模様の一種。王朝時代のみやびやかな風景を友禅や縫い取りで表現。

**ごしょ-にんぎょう【御所人形】** 江戸時代から作られた男児の裸の人形。白みがきの肌で横ぶとり、小さな目鼻で童心を表現。生地は土・木・はりこなど。白肉人形。お土産人形。↓写

●御所人形

**ごしょのごろぞう【御所五▿郎蔵】** 歌舞伎『曾我綉侠御所染』の通称。河竹黙阿弥作。旧主のため金策に奔走する五郎蔵と、それを助けようとする皐月夫婦の悲劇。

**ごしょ-ふう【御所風】** ①御所や公家にみられた風俗や気風。御所手。御所がかり。②女性の髪の結い方。下げ髪を巻き上げ、笄でとめておくかたち。

**ごしょ-へいのすけ【五所平▾之助】**（一九〇二〜一九八一）映画監督。東京生まれ。日本最初の本格的トーキー映画『マダムと女房』を製作。作品『煙突の見える場所』『大阪の宿』など。

**ご-じょりん【呉▾汝▾綸】**（一八四〇〜一九〇三）中国、清代末期の文人。字は摯甫。安徽桐城の人。「洋務」を説いた。詩文集『桐城呉先生全書』。

**こし-よわ【腰弱】**（名・形動）①腰の力の弱いこと・さま。また、そういう人。weak-kneedness ②粘りのない、押しのきかないこと・さま。また、そういう人。weak-kneedness

**こじ-らいれき【故事来歴】** 物事のいわれと歴史。origin and history

**こしら・う【▾拵う】** 古語（下二他）↓こしらえる（拵える）

**こしらえ【▾拵え】** ①つくり。でき。make ②様式。構造。style ③身支度。服装。dress; outfit 用例 派手な―。④化粧。makeup 用例 顔の―。

**こしらえ-ごと【▾拵え事】** いかにもそれらしくつくったこと。つくりごと。うそ。fabrication

**こしらえ-たて【▾拵え立て】** こしらえたばかりであること・もの。newly made

**こしらえ-もの【▾拵え物】** つくりもの。模造品。fake

**こしら・える【▾拵える】**（下一他）①形のあるものに作る。製造する。make 用例 服を―。②子どもや友人などをつくる。get 用例 子どもを―。③調達する。supply 用例 金を―。④よそおう。かざる。化粧する。dress up; make up 用例 顔を―。⑤本当・本物であるかのように見せかける。とりつくろう。fabricate 用例 その場を―。話を―。

**ごしらかわ-てんのう【後白河天皇】**（一一二七〜一一九二）第七七代天皇（在位一一五五〜一一五八）。鳥羽天皇の第四皇子。保元の乱で、兄の崇徳上皇方を破る。平氏・源氏など武士間の対立をたくみに利用して王朝権力を維持。譲位後、五代三四年間にわたり院政。

**こじら・す【▾拗らす】**（五他）＝拗らせる。①ねじけさせる。ひねくれさす。もつれさせる。complicate 用例 話を―。②無理をして、病気などをひどくする。make worse 用例 風邪を―。

**こじら・せる【▾拗らせる】**（下一他）↓こじらす（拗らす）

**こ-じり【▾鐺】**《「木尻」から。木材の先端、の意》刀剣のさやの先のはし。そこを包む金具。さやのしり。↓日本刀図

**鐺が詰まる**（こじりがつまる）《刀のさやの末端が詰まって抜けなくなる、の意から》抜き差しならなくなる。首が回らなくなる。

**こじ・る【▾抉る】**（五他）えぐるようにねじる。gouge

**ご-じる【呉汁・▿豆汁】** ふやかした大豆をすりつぶした、ご（＝豆汁）を加えたみそ汁。

**こじるいえん【古事類▾苑】** 百科事典の一種。西村茂樹の立案により、神宮司庁が編纂。明治二九〜大正三年（一八九六〜一九一四）刊。一〇〇〇巻。歴代の制度文物、社会百般の事項を三〇部門に分類、慶応三年（一八六七）以前の基本的な文献史料を広く採録。

**こじ・れる【▾拗れる】**（下一自）①病気が治らず、悪くなる。grow worse ②気持ちなどが、ねじける。get peevish ③話し合いなどが順調にいかなくなる。事態が悪くなる。become complicated

**こ-しろ【子代】** 大化の改新以前、皇室が私有し、皇子の名を冠した部民。皇子の経済基盤として諸国の国造の民をさいて設置、貢納・上番などをさせた。参照 名代。

**こ-じわ【小▾皺】** ①年をとるとできる細かいしわ。wrinkles ②着物にできる細かいしわ。creases

**こ-しん【湖心】** みずうみのまん中。center of the lake

**こ-じん【古人】** 昔の人。ancients 対義 今人 用例 ― いわく。

**古人の糟粕**（こじんのそうはく）《「糟粕」は酒かすの意で、昔の聖人の精神に照らせば、のこされたことばや文章は「かす」にすぎないとする見方から》聖人のことばや著書。

**こ-じん【故人】** ①死んだ人。the departed ②文語的 古くからの友。旧友。

**こ-じん【個人】** ひとりひとりの人間。社会・国家において、それを構成する集団に対するひとりの人間。一個人。individual 用例 ― の名誉。― タクシー。

**ご-しん【五心】** 三角形の内心・外心・傍心・重心・垂心のこと。five centroids of triangle ↓図

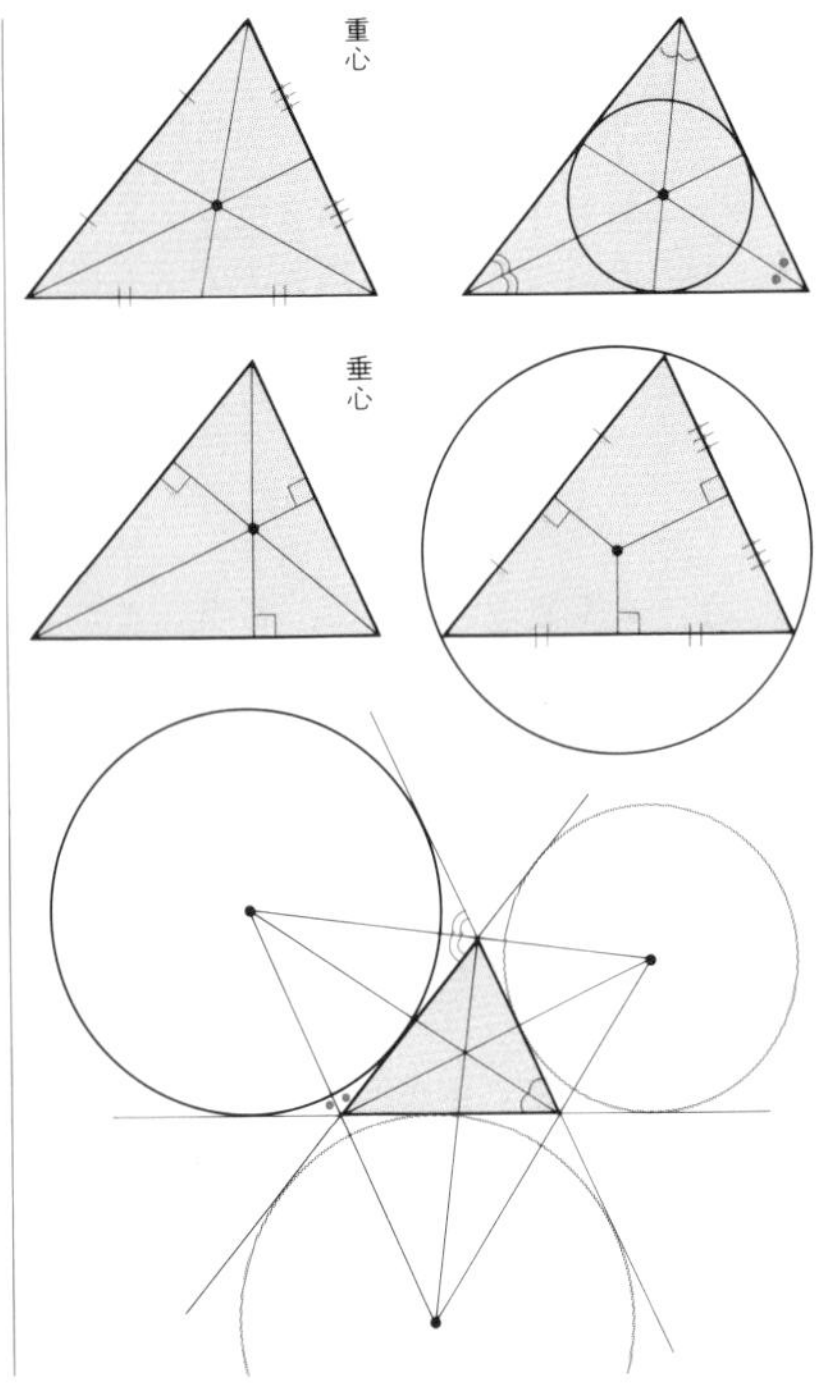


●五心



↓行き先項目、図版・写真参照印。 JIS 日本工業規格情報交換用漢字符号コード（区点コード）。

**ご-しん【五辛】** 辛い味のする五種の野菜。ニラ・ニンニク・ラッキョウ・ネギ・ヒルをいう。仏徒に禁じられた。五葷。

**ご-しん【誤信】**(名・サ変他) まちがって信じこむこと。まちがって考えること。misbelief

**ご-しん【誤診】**(名・サ変) ①診断を誤ること。wrong diagnosis ②治療の誤りを含めた診療過誤。刑法上・行政上・民法上の責任を問われる。wrong diagnosis

**ご-しん【誤審】**(名・サ変他) 審判をまちがえること。まちがった判定。misjudgement

**ご-しん【護身】** 他から身をまもること。self-protection [比較]保身。[用例]—術。

**ご-じん【▼吾人】**(代) われわれ。われら。わたしたち。

**ご-じん【後陣】** ↓こうじん(後陣)

**ご-じん【御仁】** 人の意の敬語。[用例]あの—は。

**こじん-いしき【個人意識】** 自分を一個の主体として考えること。自意識。self-consciousness [対義]社会意識。

**ご-しんえい【御真影】** 天皇・皇后の写真の敬語。

**ご-じんか【御神火】** 噴火・火山を神格化した語。

**こじん-きぎょう【個人企業】** 個人が出資・経営を一人で行う企業形態。法人格をもたず事業の危険を個人が負う。零細企業に多い。individual enterprise

**こじん-きょうぎ【個人競技】** 個人の力・技・スピードなどで勝敗を決める競技。individual event [対義]団体競技。

**こじん-さ【個人差】** 個々人における心身・考え方などの違い。individual difference [用例]—がはげしい。

**こじん-しきべつ【個人識別】** 氏名不明者(死体・生体)の身元を指紋・血液型などから明らかにすること。変死体・犯罪者・記憶喪失者・迷子などが対象となる。individual identification

**こじん-じぎょうしょとく【個人事業所得】** 個人が家族などを使って営む事業から得る所得。商店主・農林水産業者など青色申告納税者が多い。personal income from unincorporated enterprise

**こじん-しゅぎ【個人主義】** ①個人の人格に主要な価値をおき、社会・国家は個人の目的達成の手段にすぎないとする考え方。近代資本主義社会の発展を背景にして西欧から世界へひろまった。individualism [比較]全体主義。②利己主義。egoism

**ごじんじょう-だいこ【御陣乗太鼓】** 石川県輪島市名舟町に伝わる太鼓の曲打ち芸。数人の青年が奇怪な鬼面をつけ、地面にすえた大太鼓を豪快なしぐさをまじえて打つ。ごじんじょだいこ。

**コジンスキー【Jerzy Kosinski】**(一九三三) アメリカの小説家。ポーランド生まれ。作品『異端の鳥』『異境』『悪魔の樹』など。

**こじん-せい【個人性】** ひとりひとりの特徴。個性。personality [対義]社会性。

**ご-しんぞう【御新造】** =ごしんぞ。①やや身分のある人の新婦をいう敬語。②中流の人の妻、または人の妻をいう敬語。

**こじん-てき【個人的】**(形動) ①個人のためになされ、適用されるさま。個人だけにしか及ばないさま。individual [対義]国民的・社会的。[用例]—な用事。②個人独自の値打ちがあるさま。individual [用例]—にはいい人だ。

**ご-しんとう【御神灯】** ①「神灯」の敬語。②芸人・職人などの家で、入り口につるす、神の名を書いたちょうちん。

**こじん-ねんきん【個人年金】** 各人が任意に商品として購入する年金。生命保険会社・郵便局の保険型年金と、銀行・証券会社などの貯蓄型年金がある。personal pension [比較]私的年金。

**ご-しんぷ【御親父】** 他人の父をいう敬語。お父上。

**こ-しんぶん【小新聞】** 明治前期に現れた婦女子や庶民向きの小型新聞。口語体でふりがなつき。東京絵入新聞・仮名読新聞など。[対義]大新聞。

**ご-しんぺい【御親兵】** 明治維新当初の天皇直属の軍隊。明治四年(一八七一)薩摩・長州・土佐三藩の兵約一万人で組織。のちに近衛兵と改称。親兵。

**こ-じんまり**(副・サ変自) ↓こぢんまり

**こじん-メドレー【個人メドレー】** 競泳種目の一つ。一人の泳者が、バタフライ・背泳・平泳ぎ・自由形の各泳法で等距離を順に泳ぎ継いでいくもの。二〇〇mと四〇〇mがある。individual medley [比較]メドレーリレー。

**こじん-ゆにゅう【個人輸入】** 個人が商品を直接外国に注文して輸入すること。個人的な使用目的で、かつ売買の対象とならない程度の貨物の輸入は、輸入貿易管理令上の手続きを受けずに自由にできる。

**こ・す【越す】**(五自) ①通り過ぎる。横切る。cross [用例]峠を—。②上を過ぎて行く。pass over [用例]垣根を—。③過ごす。pass [用例]冬を—。年を—。④追い越す。outrun [用例]先を—。⑤切り抜ける。tide over [用例]難関を—。山を—。⑥《「超す」とも》超過する。exceed [用例]一〇〇〇人を—。⑦まさる。be better; surpass [用例]それに—・したことはない。⑧《上に「お」を付けて》行く。来る。come [用例]わたしの家にお—・しください。⑨移る。引っ越す。move [用例]新居へ—。

**こ・す【超す】**(五自) 基準・わくから出る。超過する。exceed [用例]一〇〇人を—。一〇〇万円を—。

**こ・す【▼漉す・▼濾す】**(五他) 細かいすきまをくぐらせて、かすを取り除く。濾過する。strain [用例]あんを—。濾紙で—。

**ご-す【呉▼須】** ①磁器に藍色の絵付けをする顔料。酸化コバルトを主成分とした鉱物質の粉。中国の産地に由来する和名。現在は人工品。②中国の明末～清初に、呉須その他を用いて大胆に模様を粗描して民窯を使って量産された磁器類の総称。呉須手。

**ご-ず【▽牛頭】**《仏教語》からだは人で、頭が牛の形をした地獄の番卒。[対義]馬頭。

**ごす-あおえ【呉▼須青絵】** 粗磁器「呉須手」の青絵。呉須赤絵の赤色釉のかわりに青緑釉をほどこしたもの。

**ごす-あかえ【呉▼須赤絵】** 中国の福建・広東地方の民窯で焼かれた粗磁器「呉須手」の赤絵。赤色の釉薬を用いた。底裏に砂のついた、粗いつくりが多い。

**こ-すい【▼胡▼荽】** コエンドロの漢名。果実は「胡荽実」とよばれ、健胃・去痰薬。

**こ-すい【湖水】** みずうみ。みずうみの水。lake

**こ-すい【鼓吹】**(名・サ変他) 《太鼓を打ち、笛をふく意》①元気をつけること。激励。encouragement [比較]鼓舞。②意見・思想をふきこむこと。inspiring

**こす・い【▼狡い】**(形) ①ずるい。悪賢い。cunning ②けちである。

**ご-すい【五衰】**《仏教語》天人の寿命が尽きるときに現れるという五つの衰相。衣服があかでよごれる、頭上の花がしぼむ、腋に汗を流す、身体に臭気が生じる、自分の座にいることを楽しまなくなるの五つ。五衰相。天人五衰。

**ご-すい【午睡】**(名・サ変自) 昼寝すること。昼寝。nap

**コスイギン【Aleksey Nikolayevich Kosygin】**(一九〇四〜八〇) ソ連の政治家。一九三九年党中央委員。織物工業人民委員・軽工業相・副首相などを歴任し、六四年から死去するまで首相。

**こ-すう【戸数】** 家の数。number of families

**こ-すう【個数・▽箇数】** 物品のかず。number

**こすう-わり【戸数割(り)】** 旧制で、一戸を構えて独立の生計を営むものに課した、市町村の特別税。昭和一五年(一九四〇)廃止。[比較]人頭税。

**こ-ずえ【▼梢】**《「木の末」の意》木の幹や枝の先。treetop [用例]—を渡る風。

**こ-すかしば【小透▼翅▼蛾】** 翅が透明な小形のガ。開張約三cm。体は黒色で、腹部に二本の黄帯がある。外形がハチに似る。幼虫はサクラやモモなどの幹を食害。日本全土に分布。

**こす-から・い【▼狡辛い】**(形) ↓こすっからい(狡っ辛い)

**こすぎ【小杉】**〈町〉 富山市の西隣、射水平野の町。旧宿場町。稲作地帯であるが、大規模住宅団地の建設など宅地化が進む。人口三万四七八(一九八八)。

**こすぎ-じろう【小杉▽二郎】**(一九一五〜八一) 工業デザイナー。東京生まれ。工業デザイン界の先駆者の一人。機械製品分野のデザインを開拓。

**こすぎ-てんがい【小杉天外】**(一八六五〜一九五二) 小説家。本名為蔵。秋田県生まれ。ゾラの影響をうけ、自然主義前派とされる。のち通俗小説を書く。作品『はつ姿』『魔風恋風』など。

**こすぎ-ほうあん【小杉放▼庵】**(一八八一〜一九六四) 画家。栃木県生まれ。本名国太郎。装飾的な油彩画から文人画風に移り、日本画の制作も多い。挿絵にも活躍。作品『水郷』『豆の秋』など。

**こすげ【小▼菅】**〈村〉 山梨県北東部、東京都に接する村。コンニャク・ワサビを産し、マス釣り客も多い。人口一二四七(一九八八)。

**コスケンニエミ【Veikko Antero Koskenniemi】**(一八八五〜一九六二) フィンランドの叙情詩人。悲観論的な詩を残す。詩集『心と死』『鶴の群翔』など。

**ごすざく-てんのう【後▽朱▼雀天皇】**(一〇〇九〜四五) 第六九代天皇(在位一〇三六〜四五)。名は敦良。一条天皇の第三皇子。母は藤原道長の娘の彰子。

**こす・し【▼狡し】**[古語](形ク) ↓こすい(狡い)

**コスタリカ【Costa Rica】**(Republic of Costa Rica) 中央アメリカ南部、東はカリブ海、西は太平洋に臨む共和国。首都サンホセ。高原状の国で、火山が多い。コーヒー・バナナの生産が中心。面積五・一万km²。人口二六七万(一九八六)。正称コスタリカ共和国。

**コスチューム【costume】** 髪型や身につけるものすべてを含めた服装のこと。とくに日常の衣服とはちがった、儀式・舞台などで用いる衣装やスポーツ服、伝統的な民族服など。

**コスチューム-プレー【costume play】** ①衣装や舞台装置の豪華さで観客をひきつける芝居。西欧では一七～一八世紀に流行。②昔の衣装をつけてする大がかりな演劇・映画など。

**こすっ-から・い【▼狡っ辛い】**(形) けちで、利を求めるのにすばやい。ずるがしこくて抜け目がない。こすからい。sly

**ごず-てんのう【▽牛頭天王】**《仏教語》祇園精舎の守護神。京都八坂神社の祭神として知られる。

**コスト【cost】** ①原価。生産費。[用例]—を下げる。②値段。費用。

**こすど【小▼須戸】**〈町〉 新潟県中部、信濃川下流の町。小須戸縞の生産で知られた。草花栽培がさかん。人口一万四七二(一九八八)。

**コスト-インフレーション【cost inflation】** 賃金や原材料価格の値上がりで生産費が上昇して起こるインフレーション。コストプッシュインフレーション。コストインフレ。[対義]需要インフレ。

**コスト-コントロール【cost control】** おもに製造現場で行われる原価管理。

**コスト-ダウン**《和製語》生産原価を下げること。[用例]—を図る。

**コスト-パフォーマンス【cost performance】** 生産原価(コスト)あたりの性能。機械・電子機器類の能力評価の基準として使用。コンピューターの使用出費と使用効果との割合。価格性能。

**コスト-プッシュ-インフレーション【cost-push inflation】** ↓コストインフレーション

**コストプラス-けいやく【コストプラス契約】** 実際の原価に一定の利益を加算した額を、生産物・サービスの売価として決めて結ばれる売買契約。cost-plus contract

**コストラーニ【Kosztolányi Dezsö】**(一八八五〜一九三六) ハンガリーの詩人・小説家。象徴派に属す。小説『エーデシュ=アンナ』など。

**コストロマー【Kostroma】** ソ連中西部、モスクワ北東、ボルガ川上流の河港都市。亜麻栽培と亜麻工業が有名。人口二七・三万(一九八四)。

**ゴスバンク【Gosbank ロシア】**《Gosudarstvennyy bank の略》ソ連の国立中央銀行。一九二一年設立。本店はモスクワ。

**ゴスプラン【Gosplan ロシア】**《Gosudarstvennaya planovaya komissiya の略》ソビエト連邦の国家計画委員会。経済諸計画を作成し、その遂行を指導する。

**ゴスペル【gospel】** ①福音。②『新約聖書』中、イエスの生涯を記した四福音書。

**ゴスペル-ソング【gospel song】** 一九二〇年代からアメリカ黒人教会で歌われ始めた福音歌。黒人霊歌とジャズとの結合から生まれ、強烈なジャズ=リズムをもつ独唱歌。歌手マヘリア=ジャクソンなど。

**コスマ【Joseph Kosma】**(一九〇五〜六九) フランスの作曲家。ハンガリー生まれ。シャンソンや映画音楽で活躍。作品『枯葉』、映画音楽『ヘッドライト』など。

**コスマス【Indicopleustes Cosmas】**(生没年未詳) 六世紀のアレキサンドリアの神学者・地理学者。著書『キリスト教地理』で神学的地理学を説き、古代ギリシアの地球球体説を排撃した。

**こ-ずみ【粉炭】** ↓こなずみ(粉炭)

**ご-ずみ【後炭】** 茶事における三炭のうち、濃茶が済み、薄茶に移る前に行う炭手前。のちずみ。

**こ-すみれ【小▼菫】** スミレ科の多年草。本州以南の原野にはえる。葉は根生し長い柄をも

つ。四〜五月に径約二cmの淡紫色の花が横向きに咲く。

**こす・む【▼尖む】**(五自) 碁で、前に打った石から斜めに石をつなぐ。

**こず・む【▽偏む】**(五自) ①かたよる。一方にかたよって集まる。②つまずいて倒れる。③筋肉が凝る。④競馬で、競走馬が筋肉が凝っているためにぎごちなく歩く。

**ごず-めず【▽牛頭▽馬頭】**《仏教語》牛頭と馬頭。地獄の番卒。

**コスメチック【cosmetic】** ①化粧品。②牛脂・パラフィンなどに香料を加えて固めた棒状の固形ポマード。チック。

**コスモス【cosmos】** キク科の一年草。高さ一〜二m。葉は細く裂けた羽状葉。秋に、径六〜八cmで一重または八重の花が咲く。花色は白・淡紅・深紅など。観賞用に栽培。原産地メキシコ。オオハルシャギク。アキザクラ。↓写

●コスモス

**コスモス【kosmos ギリシア】**《秩序の意》ギリシア哲学で、秩序正しく調和した世界。宇宙。cosmos 対義 カオス。

**コスモス-えいせい【コスモス衛星】** ソ連が各種実験・観測のために、一九六二年三月以降打ち上げている一連の人工衛星。Cosmos

**コスモポリタニズム【cosmopolitanism】** ↓せかいしゅぎ(世界主義)

**コスモポリタン【cosmopolitan】** ①世界主義者。対義 ナショナリスト。②狭い立場や考えにとらわれないこと・人。③祖国を失っていること・人。

**ごす-やき【呉▼須焼】** 中国の明末〜清初につくられた、染め付け焼きの陶磁器の一種。呉須を使った青絵のもの。

**こすり-つ・ける【▽擦り付ける】**(下一他) ①こすってくっつける。rub ②すりつけるように寄ってくる。rub against 用例 犬がからだを—。③責任などを他人にかぶせる。なすりつける。lay

**こす・る【▽擦る】**(五他) 押しつけて表面にそってこまかく動かす。rub 用例 タオルでからだを—。

**こ・する【鼓する】**(サ変他) =鼓す。①つづみをうちならす。②元気をふるいおこす。rouse 用例 勇を—。

**ご・する【▼伍する】**(サ変自) 仲間に入る。並ぶ。伍す。rank with 用例 強豪に—。

**ご・する【期する】**(サ変他) 決心する。覚悟する。期す。be prepared 比較 期する。用例 かねて—・したこと。

**コス-レタス【kos lettuce】** キク科の一、二年草。レタスの変種。葉は細長い楕円形で結球しない。サラダ用。地中海コス島産。タチヂシャ。

**こす・れる【▽擦れる】**(下一自) すれあう。be rubbed

**コズロフ【Pyotr Kuzimich Kozlov'】**(一八六三〜一九三五) ロシアの探検家。スモレンスク州生まれ。陸軍士官学校卒。中央アジアの各地を探検・調査、西夏時代の古都カラホトを発見した。

**ごすん-くぎ【五寸▼釘】**《五寸は約一五cm。もと、五寸の長さだったことから》太くて長いくぎ。約七cm。

**ご-せ【後世】**《仏教語》死後生まれかわるとされる世界。来世。

**ごせ【御▽所】**〈市〉奈良県西部、金剛山地東麓の市。旧城下町。大和絣・売薬・柿の産地として知られてきた。人口三万六四一九(一九八八)。

**ご-ぜ【御▽前】** ㊀(名) 貴婦人の敬称。㊁(代) ↓ごぜん(御前)㊁。㊂(接尾) 婦人の敬称。用例 母—。

**ご-ぜ【▼瞽▽女】** 三味線をひき、歌をうたい、村々を回ってあるく盲目の女芸人。室町期以降に現れ、語り物や俗謡をうたい、集団で各地を遊歴した。

**こ-せい【古制】** ①古代の制度。old system ②昔風のつくり。

**こ-せい【古聖】** 昔の聖人。

**こ-せい【個性】** ①ほかの誰とも違う、その人特有の性質。個人性。individuality 用例 —が強過ぎる。②個体に特有な性質。個別性。individuality

**こ-せい【▼糊精】** ↓デキストリン

**こ-ぜい【小勢】** 少ない人数。small number of men 対義 多勢。

**ご-せい【互生】**(名・サ変自) 葉のつき方(=葉序)の一つ。茎の節にたがいちがいに一枚ずつつく。ツバキ・キクなど。alternate 対義 対生・輪生。

**ご-せい【五星】** 中国で古代から知られている五惑星。辰星(水星)・太白星(金星)・熒惑星(火星)・歳星(木星)・鎮星(土星)のこと。

**ご-せい【五聖】** 古代中国の五聖人。ふつうは尭・舜・禹・湯・文王。あるいは尭・舜のほかに包犠・神農・黄帝、また神農・禹・湯とすることもある。

**ご-せい【悟性】** ①事物を認識し、理解する能力。考える力。understanding ②理性と感性の間の、論理的に思考する能力のこと。知性。知力。understanding 比較 感性・理性。③カントで、感性の表象(=感覚内容)から対象を論理的に構成する自発的な思惟能力のこと。understanding

**ご-せい【碁勢】** 碁の形勢。

**ご-せい【語勢】** ものの言い方の勢い。語気。語調。tone

**ごせい-けいしき【悟性形式】** ↓カテゴリー②

**ご-せいげん【呉清源】**(一九一四〜) 囲碁棋士。九段。中国福建省生まれ。昭和三年(一九二八)来日、瀬越憲作に師事。木谷実とともに新布石を創始。一流棋士を十番碁で連破し盛名をはせた。

**こせい-だい【古生代】** 約五億七〇〇〇万年前から約二億四〇〇〇万年前までの地質時代。原生代と中生代のあいだ。古いほうからカンブリア紀・オルドビス紀・シルル紀・デボン紀・石炭紀・二畳紀に細分。Palaeozoic Era

**こせい-てき【個性的】**(形動) その人の個性がはっきりと現れているさま。individual

**ごせいばい-しきもく【御成敗式目】** 鎌倉幕府の基本法典。貞永元年(一二三二)制定。五一か条。執権北条泰時が編纂させ、後代まで武家法の範となった。貞永式目。

**こ-せいぶつ【古生物】** 地質時代に生息していた生物。地層中に保存されている化石によって研究される。現在、約一三万種報告されているが、化石として残らなかった種も多い。fossil animals and plants

**こせいぶつ-がく【古生物学】** 古生物の形態・分類・生態・生理・構造・分布・進化などを研究する学問。化石を研究材料とし、研究には地質学的手法と生物学的手法が併用される。palaeontology

**こせい-まつばらんるい【古生松葉▼蘭類】** シダ類の中で原始的な一群。マツバラン類と外形は似るが、すべて化石種。現在の高等植物の祖先と考えられている。

**こ-せがれ【小▼倅】** ①自分の息子をけんそんしていう語。②若い者を悪くいう語。you little creep

**コセカント【cosecant】** ↓よかつ(余割)

**こ-せき【戸籍】** ①戸(家)ごとにつくられる人口台帳。大化の改新後法制化し六年ごとにつくられたが、一〇世紀ごろ途絶。明治維新で復活。②法律で、夫婦を中心とする家族の本籍地・家族関係などをしるした公文書。

**こ-せき【古昔】** 遠いむかし。いにしえ。

**こ-せき【古跡・古▼蹟】** 昔、物事のあったあと。旧跡。遺跡。historic remains

**こ-せき【▼胡▽適】** ↓こてき(胡適)

**こせき-しょうほん【戸籍抄本】** 戸籍のうち請求者が要求した部分だけを転写した証明文書。比較 戸籍謄本。

**こせき-とうほん【戸籍謄本】** 一戸籍の原本の全部を写しとったもの。比較 戸籍抄本。

**こせき-ひっとうしゃ【戸籍筆頭者】** 戸籍の最初に記載される者。夫婦間では婚姻時に氏を変えない者、親子間では親。比較 戸主・家長。

**こせき-ほう【戸籍法】** 出生や離婚などによる戸籍の作成または内容変更の手続きを定めた法律。昭和二二年(一九四七)公布。

**こせき-ゆうじ【古関裕▼而】**(一九〇九〜一九八九) 作曲家。福島県生まれ。歌謡曲のほか、放送・演劇の付随音楽やミュージカルなどを作曲。作品『船頭可愛いや』など。

**こせ-こせ**(副・サ変自) 心にゆとりがなく、小さいことばかり気にするさま。be fussy 対義 おっとり。

**ごせだ-ほうりゅう【五▽姓田芳柳】**(一八二七〜一八九二) 洋画家。江戸の人。本姓浅田。初期洋画の先駆的指導者。作品『西南役大阪陸軍病院施術図』など。

**ご-せち【五節】** ①中国・日本の音階で遅・速・本・末・中の五声の節。②古代から、大嘗祭と新嘗祭に行われる、五節の舞などの宮中行事。ごせつ。③「五節の舞」の略。④「五節会」の略。

**ご-せちえ【五節会】** 平安時代、宮中で行った五つの節会の総称。元日(一月一日)、白馬(一月七日)、踏歌(一月一六日)、端午(五月五日)、豊明(一一月の中の辰の日)の五つをいう。

**ごせち-の-まい【五節の舞】** 宮中舞楽の一つ。五節に奏する楽を伴奏にした五人の舞姫による女舞。

**こ-せつ【古拙】**(名・形動) 古風で、技はつたないが、趣のあること・さま。アルカイック。

**こ-ぜつ【孤絶】**(名・サ変自) 一つだけ、ぽつんとはなれていること。

**ご-せつ【五節】** ①↓ごせち(五節)②。②五節句のこと。

**ご-ぜつ【五絶】** 漢詩の「五言絶句」の略。

**こせ-つ・く**(五自) こせこせする。

**ご-せっく【五節句・五節供】** 毎年五度の節句の総称。一月七日(人日・七草)、三月三日(上巳・雛・桃など)、五月五日(端午・菖蒲など)、七月七日(七夕)、九月九日(重陽・菊など)の各節日をいう。五節。

**ゴセック【François-Joseph Gossec】**(一七三四〜一八二九) フランスの作曲家。ベルギー生まれ。革命期のパリで多くの交響曲を作曲。とくに楽器法は重要。

**ご-せっけ【五摂家】** 藤原氏の一族で、鎌倉時代以降、摂政・関白に補せられた、五つの家柄。近衛・九条・二条・一条・鷹司。摂関家。摂家。

**こ-ぜに【小銭】** ①小額のお金。small money ②小遣い銭。allowance米;pocket money英

**こせ-の-かなおか【▽巨▽勢金▼岡】**(生没年未詳) 平安前期の宮廷絵師。巨勢派の始祖。『先聖先師九哲像』などを宮中の障壁に描いたが、作品は現存しない。

**こせ-は【▽巨▽勢派】** 巨勢金岡を始祖とする大和絵の一派。平安時代から鎌倉時代まで宮廷絵師として活躍。その後、室町時代にかけて興福寺大乗院絵師として家系と画系を守ってきた。

**こ-ぜりあい【小競(り)合い】** ①小部隊の戦い。skirmish ②小さなもめごと。ごたごた。petty quarrel

**こ-せん【古銭・古泉】** ①昔、通用したお金。ancient coin ②寛永通宝より前の古いお金。

**こ-せん【弧線】** 弓の形になっている線。arc

**ご-せん【互選】**(名・サ変他) 特定の人々が互いに選挙すること。また、その選挙。mutual election 用例 会長を—する。

**ご-せん【五線】** 音楽で、洋楽の楽譜の五本の平行線。staff

**ご-せん【五▼賤】** 律令制で規定された五種の賤民。陵戸・官戸・家人・公奴婢・私奴婢をいう。家人・私奴婢は民有で他は官有。公奴婢・私奴婢は売買・譲渡の対象となった。五色の賤。

**ごせん【五泉】**〈市〉新潟県中部、阿賀野川沿いの市。メリヤス主体の繊維産業がさかん。人口四万一三三二(一九八八)。

**ご-ぜん【午前】** 対義 午後。①日の出から正午まで。ひるまえ。before noon ②一日の前半。夜中の零時から正午まで。morning

**ご-ぜん【御前】** ㊀(名) 貴人の座前・面前を言う敬語。みまえ。㊁(代) ①貴人・主君を言う敬語。②貴人の奥方をいう敬語。③江戸時代、大名・旗本などに対して、家臣が言う敬語。④高位・高官などの男性を言う敬語。㊂(接尾) 神・人を表す名詞や白拍子の名などに付ける敬称。用例 若君—。静—。

**御前去らず**(ごぜんさらず) いっときも主君のそばを離れない。

**ご-ぜん【御▼膳】** ①「ぜん」の丁寧語。②「食事・飯」の丁寧語。

**ごぜん-かいぎ【御前会議】** 明治憲法下、天皇出席のもとに開かれた、重要国政に関する最高会議。出席者は元老・大臣・軍首脳など。

**こせん-きょう【▼跨線橋】** ↓りっきょう(陸橋)

**ごぜん-さま【午前様】**《「御前様」をもじった俗語》遊んで午前零時すぎに帰宅すること・人。come home after midnight

**ごぜん-さま【御前様】**(代)「御前」に、尊敬の接尾語「様」を付けて、敬意を強めるもの。

**ごせん-し【五線紙】** 楽譜用の五線を印刷した紙。music paper

**ごせんしゅう【後▼撰集】**『後撰和歌集』の略称。

**こ-せんじょう【古戦場】** 昔、合戦のあった所。ancient battlefield

**ごぜん-じるこ【御▼膳汁粉】** こしあんの汁粉。対義 田舎汁粉。

**ごぜん-そば【御▼膳▼蕎▽麦】** 上質のそば粉に、卵を入れてつくったそば。卵切り。

**ごぜん-たちばな【御前▼橘】** ミズキ科の常緑多年草。高さ七～一五㎝。葉は六枚が輪生。夏に四枚の白い総苞片に包まれた黄色い花をつける。針葉樹の林下にはえる。↓写

●ゴゼンタチバナ 花(上)と実(下)。

**コゼンツァ【Cosenza】** イタリア南部、カラブリア州、シーラ山麓の商工業都市。古代ローマ時代以前からの遺跡が多い。人口一〇・六万(一九八三)。

**ごせん-ひら【五泉平】** 絹の袴地。新潟県五泉市で製織された平絹で、織法は仙台平に似ている。

**ごせん-ふ【五線譜】** 五線紙に音符によって表示した楽譜。score

**ごぜんやま【御前山】**〈村〉 茨城県北部、那珂川に沿う村。稲作を中心に、畜産などが行われる。人口五一八六(一九八八)。

**ごせんわかしゅう【後▼撰和歌集】** 平安中期の二番目の勅撰集。二〇巻。村上天皇の命で天暦五年(九五一)に撰集が始まったが、完成年次は未詳。撰者は大中臣能宣・清原元輔・紀時文・坂上望城・源順の五人。歌人は紀貫之・伊勢ら。歌数約一四〇〇首。物語的傾向が強く、贈答歌が多く、恋歌の比重が大きい。後撰集。

**こそ** 一(係助) ①語や句の下に付いて、強調する意を表す。用例 今度—がんばろう。②《「こそすれ」の形で》逆接の仮定の意を表す。…はするが。用例 ほめ—すれ、けなしはしない。③《動詞の未然形に「ばこそ」の形で付いて》全面的な否定の意を表す。まったく…ない。用例 ひまもあらば—。④ 古語《文末の活用語には已然形をとる。参照 係結び》㋐一つの事を取り立てて言う意。用例 折節の移りかはる—ものごとに哀れなれ(徒然・一九)。㋑文末で強調の気持ちを表す。用例 下にある人々のまどひのぼる—(枕・なほめでたきこと)。㋒已然形の部分で結びを終止せず、逆接の条件となって強調する。…は…だけれども。用例 しな・かたち—生れつきたらめ、心はなどか、賢より賢にも移さば移らざらん(徒然・一)。㋓《「…ばこそ」の形で》仮定条件句に付いて事態を否定する意を表す。…ならば…だが、…ではないのだ。用例 わが思ふ妹もありと言はば—国にも家にも行かめ(万葉・一三・三二六三)。二 古語(終助)《上代にみられる用法》文末にきて願望を表す。…てくれ。用例 花と我思ふ酒に浮かべ—(万葉・五・八五二)。

**コソ【koso】** バラ科の高木。葉は羽状複葉。淡紅色の小花を多数つける。雌花を乾燥したものをコソ花とよび、条虫駆除剤にする。エチオピア原産。クッソ。

**こ-ぞ【▽去▽年】** 昨年。きょねん。last year

**ご-そ【語素】** 単語を組み立てる要素となるもの。造語要素。造語成分。

**こ-そ-あ-ど** 代名詞・副詞・連体詞などのうち、さすことを機能として持つ語の総体。「これ・それ・あれ・どれ」「ここ・そこ・あそこ・どこ」「この・その・あの・どの」などの共通する頭音、「こそあど」を整理したもの。

**こ-そう【固相】** 物質が固体として均一になっている状態。solid phase

**こ-そう【枯燥】**(名・サ変自) ①枯れて乾いていること。乾燥。②生気が乏しいこと。

**こ-ぞう【小僧】** ①年少の僧。②商店などで使う少年。少年店員。shop boy ③青少年をこばかにして言う語。urchin 対義 小娘。

**ご-そう【互層】** 岩質の異なる地層が二種類以上交互に重なり合っている地層。もっともよく見られる例は、砂泥互層といって砂岩層と泥岩層からなるもの。alternation of strata

**ご-そう【護送】**(名・サ変他) ①人・物を、付き添いをつけて大事に送り届けること。②犯人などを逃がさないように送り届けること。escort; send under guard

**ご-ぞう【五臓】** ①漢方で、五つの内臓。心臓・肺臓・肝臓・腎臓・脾臓。②全力。渾身。

**こそう-きん【枯草菌】** バチルス属の非病原性細菌の一種。自然界に広く分布し、空気中にも存在する。芽胞をもつため乾燥や高温に抵抗性が大。

**こそう-ねつ【枯草熱】** 枯れ草に接したときにおこる、くしゃみ・流涙・発熱などの症状。花粉やカビ類の胞子によっても発症する。hay fever

**ごぞう-ろっぷ【五臓六▼腑】** ①漢方で、内臓の総称。五臓とは肝・心・脾・肺・腎のこと。六腑とは大腸・小腸・胆・胃・三焦・膀胱のこと。the bowels ②はらのなか。心中。heart; mind

**五臓六腑に沁み渡る**(ごぞうろっぷにしみわたる) ①体じゅうにしみわたることから、身にしみて深く感じる。penetrate to the marrow ②腹にしみるほど、おいしい。

**こ-そく【▼姑息】**(形動) 一時逃れ。まにあわせに行うさま。makeshift 用例 —な手段。

**こそ・ぐ【▼刮ぐ】**(五他) ↓こそげる(刮げる)

**こ-ぞく【古俗・故俗】** 古いならわし。昔の風俗。

**ご-ぞく【語族】** 同一の祖語から分化したと認められる言語群。ふつう、インド-ヨーロッパ語族、ウラル語族など大語族の場合に用いる。一語族内の小語族はゲルマン語派・イタリック語派のように語派とよばれる。family of languages

**ごぞく-きょうわ【五族共和】** 中国で辛亥革命時に唱えられた標語。清の帝制を廃し、漢・満・蒙・回・蔵の五つの民族による共和体制の樹立を主張。

**こぞ-くさ【▽去▽年草】**《秋まきの二年草であることから》ムギの異名。

**こそぐ・る【▼擽る】**(五他) ↓くすぐる(擽る)

**ご-そくろう【御足労】** 他人にわざわざ行ってもらうか、来てもらうことを言う敬語。用例 —をわずらわす。

**こそ・げる【▼刮げる】**(下一他) けずりそぐ。こすり落とす。こそぐ。

**ごそ-こうにん【五祖▼弘忍】**(六〇二～六七四) 中国唐代の僧。禅宗の第五祖。慧能や神秀など優秀な門下を多く育て、禅宗興隆のもとを築いた。大満禅師。ぐにん。

**こそ-こそ**(副・サ変自) 人に知られないように行動するさま。stealthily 用例 —と逃げ隠れする。

**ごそ-ごそ**(副・サ変自) こわばった物などが触れ合う音・さま。また、そうした音をたてて何かをするさま。rustle 用例 引き出しの中を—かきまわす。

**ごそしちこく-の-らん【呉▼楚七国の乱】** 中国、前漢の景帝のとき起きた諸侯の反乱。紀元前一五四年諸侯の勢力抑圧のためその領土を削減しようとしたのに対し、呉・楚・趙・膠西・膠東・淄川・済南の七侯が起こしたもの。三か月で平定、中央の統制力が強化された。

**ごそ-つ・く**(五自) ごそごそと音をたてる。

**こぞっ-こ【小▽僧っ子】** 年少の男子を見下し、ののしっていう語。こわっぱ。青二才。little brat

**こぞっ-て【▽挙って】**(副)《「こぞりて」の転》すべて。のこらず。みな。あげて。all together 用例 一家—歓迎する。

**ごそっ-と**(副) ↓ごっそりと

**こ-そで【小▼袖】** ①広袖や大袖に対して、袖口の細くつまった形の和服。初めは素朴な筒袖の肌着であったが、しだいに上衣となった。②平安時代、礼服の大袖の下着。③きぬの綿入れ。対義 ぬのこ。数え方 一枚・一領・一重ね。↓写 ↓裃図 ↓衣被写

●小袖① 『源氏絵文様小袖』。

**こそ-どろ【こそ泥】** 人目を盗んで、こっそりわずかな物を盗む泥棒。sneak thief

**こそばゆ・い**(形) くすぐったい。ticklish 派生 こそばゆげ(形動) こそばゆさ(名)

**こぞ・る【▽挙る】**(五自他) 残らず集まる。全部そろえる。meet all together

**こ-そん【孤村】** ぽつんと離れたところにある寂しい村。isolate village

**ご-ぞんじ【御存じ】** ①「存じ」の敬語。御承知。②知り合い。知人。acquaintance 用例 —より。

**コダーイ【Kodály Zoltán】**(一八八二～一九六七) ハンガリーの作曲家・民族音楽学者・教育家。バルトークと共同でハンガリー(マジャール)民謡を収集・研究。その語法と印象主義音楽の技法を融合し、個性的な作風を形成。オペラ『ハーリ＝ヤーノシュ』など。

**ゴダーバリ-がわ【ゴダーバリ川】**(Godavari) インド中部を南東に流れてベンガル湾に注ぐ川。長さ一五〇〇㎞。河口に広大なデルタを形成。ヒンズー教の聖なる川の一つ。

**ゴダール【Jean-Luc Godard】**(一九三〇～) フランスの映画監督。ヌーベルバーグの旗手。作品『勝手にしやがれ』『気狂いピエロ』など。

**こ-たい【古体】** 対義 今体。①昔の形・姿。archaic form ②唐以前の古い詩の形。律詩・絶句以外の古詩・楽府の総称。

**こ-たい【固体】** 液体・気体と並んで、物質のとる状態の一つ。多少の外力では容易に形や体積が変化しない状態。流動性がなく、きまった形がある。solid 対義 液体・気体。

**こ-たい【個体】** ①哲学で、それだけで独立し、分割されれば自己の固有性を失ってしまう統一体。個物。individual ②生存に必要な機能と構造をもった一つの独立した生物体。individual 対義 群体。

**こ-だい【古代】** ①いにしえ。古い時代。ancient times; antiquity ②歴史の時代区分の一つ。中世の前の時代。世界史的には原始時代のあとをうけて、封建社会に進んでいない段階。日本では飛鳥・奈良・平安時代。

**こ-だい【誇大】**(形動) ①誇張しているさま。大げさ。exaggerated 用例 —広告。②尊大。arrogant

**ご-たい【五体】** ①からだの五つの部分。㋐筋・脈・肉・骨・皮。㋑頭・両手・両足。または頭・首・胸・手・足。limbs and the head ②全身。whole body 用例 —満足。③書道で、篆・隷・真(楷)・行・草。

**ご-だい【五大】**《仏教語》万物を構成するとされる地・水・火・風・空の五大種の総称。比較 四大・六大。

**こだい-アメリカぶんめい【古代アメリカ文明】** スペインによる征服以前に、アメリカ大陸で栄えた諸文明。マヤ・アステカ・アンデス文明など。ancient civilization of American continent

**こたい-エレクトロニクス【固体エレクトロニクス】** 固体材料でつくった素子(固体素子)を使用する電子技術。固体素子としては、トランジスターやダイオードのほかに、光・圧力・磁気などに感じるものがある。solid-state electronics

**こだい-ぎれ【古代切(れ)・古代▽裂】** 古い時代の織物の切れ地。掛け軸の表装、仕服(茶入れを入れる袋)などに使用。

**こたい-ぐん【個体群】** ある地域に生活する生物個体の集団。一般的には同種の個体からなる個体群をいう。population

**こたいぐん-みつど【個体群密度】** 同種の生物の単位空間あたりの個体数。密度が高いと生存競争が激化し、個体数を減少させる力が働く。population density

**こ-だいこ【小太鼓】** 小型のバスドラムで、上向きの皮面を二本の桴で打つ。サイドドラム。side drum

**ごだい-こ【五大湖】**(Great Lakes) 北アメリカ北東部、アメリカとカナダの国境に連なる巨大な氷河湖群。「アメリカの内海」ともいわれる。西からスペリオル・ミシガン・ヒューロン・エリー・オンタリオの五湖。総面積二四・五万$km^2$。沿岸は五大湖工業地域を形成。

**こだい-こうこく【誇大広告】** 内容の表現が過度に誇張された広告。「不当景品類及び不当表示防止法」などにより規制される。exaggerated advertisement

**ごだいこくいっち-の-げんそく【五大国**

一致の原則】国連の安全保障理事会で手続きに関する以外の事項を表決するとき、アメリカ・イギリス・フランス・ソ連・中国の五常任理事国の一致した同意がなければ可決されないこと。Principle of Five Powers unanimity

**こだい-こっか【古代国家】** 古代における政治的秩序。古代奴隷社会の内部に生じた権力をさすが、ローマ帝国や中国の秦・漢のように、その発展につれて統一的な古代帝国の形成をみる場合が多い。ancient nation

**ごだいご-てんのう【後▼醍▼醐天皇】**(一二八八〜一三三九)第九六代天皇(在位一三一八〜一三三九)。後宇多天皇の第二皇子。建武の中興を行ったが、公武の不和のため失敗。足利尊氏と対立し、吉野に移って南朝を開いた。↓写

●後醍醐天皇　宮内庁。

**ごだい-さん【五台山】** 中国山西省五台県の北東部にある名山。中国仏教の四大霊場の一つ。文殊菩薩ゆかりの地とされ、清涼寺・金閣寺など多くの寺院が建立された。清涼山。

**こ-だいさんき【古第三紀】** 新生代第三紀の前半で、暁新世・始新世・漸新世を含む。アルプス造山運動がさかんで、原始的な哺乳類が急激に発達した。貨幣石が栄えたので示準化石とされる。

**ごだい-じっこく【五代十国】** 中国で、九〇七年唐の滅亡から九六〇年宋の統一までの五四年間に、中原に興亡した五王朝(後梁・後唐・後晋・後漢・後周)と、地方に割拠した一〇国(呉・前蜀・楚・呉越・閩・南漢・荊南・後蜀・南唐・北漢)の総称およびその時代。

**こだいしゃかい【古代社会】**《原題Ancient Society》ルイス=ヘンリー=モルガンによる文化人類学の代表的著書。一八七七年刊。親族の名称を手掛かりとして、人類の文化が野蛮から未開を経て文明時代へと進化してきたことを述べる。

**ごだい-しゅう【五大州・五大▼洲】** 地球上の五つの大きな大陸の総称。ユーラシア・アフリカ・北アメリカ・南アメリカ・オーストラリアの各大陸をいう。the Five Continents

**こたいすう-ピラミッド【個体数ピラミッド】** 生態系における食物連鎖の各段階の個体数を順次図示したもの。pyramid of numbers

**ご-たいそう【御大層】**(形動)《「大げさ」を、皮肉っていう語》おおぎょう。ぎょうぎょうしい。ぎょうさん。すごい。たいへん。たいそう。

**ごだい-そん【五大尊】** 五大明王の別称。

**こだいちちゅうかい-びじゅつ【古代地中海美術】** 地中海の周辺および島々にみられる古代美術で、ヨーロッパ美術の直接の祖先。地域的には、小アジア・バルカン半島・イタリア半島・アフリカ北岸、およびクレタ・キプロスなどの諸島。年代的には、青銅器時代を中心に、新石器時代後期から鉄器時代初期までを含む。通常アルカイック期以降のギリシア美術は除外され、盛期の東地中海域の美術をエーゲ海美術とよぶことがある。紀元前一〇〇〇年ごろから衰退に向かった。Ancient Mediterranean art

**ごたい-とうち【五体投地】** 両ひざ・両ひじと頭を地につけ、合掌・礼拝すること。仏教の最上の敬礼法とされる。接足礼。頂礼。

**ごだい-ともあつ【五代友厚】**(一八三五〜八五) 明治の実業家。薩摩藩出身。維新後、政府の参与から実業界に転じ政商として活躍。大阪の実業界を指導し、その興隆に尽力。

**こたい-ねんりょう【固体燃料】** 燃料に用いる固体の総称。石炭・木炭・コークス・薪・練炭など。solid fuel

**こたい-はっせい【個体発生】** 生物の個体が受精卵や胞子などから成体になるまでの過程。発生。ontogenesis 対義系統発生。

**ご-たいふ【五大夫】** マツの異名。秦の始皇帝が雨宿りした松に五大夫の位を与えたという『史記』の故事による名。

**こたい-ぶつりがく【固体物理学】** 固体を構成する原子や電子の構造・状態から、固体の物理的性質を研究する物性物理学の一分野。solid-state physics

**こたい-へんい【個体変異】** 生物の個体が、光・温度・養分などの環境の影響によって獲得した一代限りの変異。環境変異。environmental variation

**ごだい-みょうおう【五大明王】** 密教で、不動明王を中心とした胎蔵曼荼羅の持明院の五尊。東に降三世、南に軍荼利夜叉、西に大威徳、北に金剛夜叉の明王を配する。五大尊。

**こだい-むらさき【古代紫】** 赤みを帯びた▼紫。

**こだい-もうそう【誇大妄想】** 自分の容姿・能力・財産などを大げさに空想し、それを信じ込むこと。delusion of grandeur 用例—狂。

**ご-たいよう【五大洋】** 地球上の五つの大きな海洋の総称。太平洋・大西洋・インド洋・北氷洋・南氷洋のこと。

**こだいら【小平】**〈市〉東京都西部、武蔵野の台地の町。農村地帯だったが、現在は住宅・学園都市に発展。人口一五万三八一六(一九八八)。

**こだいら-くにひこ【小平▽邦▼彦】**(一九一五〜) 数学者。東京生まれ。東大卒。東大教授。学習院大教授。調和積分論を開拓し、代数幾何学へ応用した。昭和二九年(一九五四)フィールズ賞受賞。同三二年(一九五七)文化勲章受章。

**ごだいりきこいのふうじめ【五大力恋▼緘】** 歌舞伎世話物。初世並木五瓶作。寛政七年(一七九五)初演。曾根崎五人斬り事件を脚色。縁切り物のジャンルを確立。

**ごだいりき-ぼさつ【五大力▼菩▼薩】** 仏教で、国土を守護する五人の菩薩。仁王会の本尊とされる。金剛吼・竜王吼・無畏十力吼・雷電吼・無量力吼の五菩薩。五大力。

**こだい-りくかい【古代陸塊】**↓あんていりくかい(安定陸塊)

**ご-たいろう【五大老】** 桃山時代、豊臣秀吉が五奉行の顧問として任命した五人の大老。徳川家康・前田利家・毛利輝元・宇喜多秀家・小早川隆景(死後は上杉景勝)。

**こた・う【答う・▽応う】** 古語(下二自)↓こたえる(答える)(応える)

**こたえ【▽応え・▽対え】** ①こたえること。②《接尾的》他からの刺激や働きかけに対する反応・反響。用例歯—。手—。

**こたえ【答(え)】** ①相手からの問いかけに、ことばや身ぶりで答えること。答えた事柄。返事。answer 用例—を返す。②問題の解答。answer 用例—が合う。—が違っている。対義問い。

**こた・える【▽応える・▽対える】**(下一自) ①強くひびく。強く感じとる。さわる。tell on 用例寒さが身に—。忠告が身に—。②応じる。反応する。報いる。reward 用例期待に—。応援に—。

**こた・える【答える】**(下一自) ①相手からの問いかけにことばや身ぶりで返事する。返答する。reply 対義呼ぶ。②解答する。answer 対義問う。用例質問に—。

**こた・える【▽堪える】**(下一自) こらえる。たもつ。keep calm 用例おいしくて、—・えられない。

**こ-だか・い【小高い】**(形) まわりより少し高い。slightly elevated 用例—丘。

**こ-だから【子宝】** 親にとって宝である子ども。children 用例—にめぐまれる。

**コタ-キナバル【Kota Kinabalu】** マレーシア、カリマンタン島北西部、南シナ海に臨む港湾都市。華僑が多い。米・魚などの集散地。人口五・六万(一九八〇)。

**ご-たく【御託】**《「御託宣」の略》①くどくど述べること。tedious talk ②思い上がった言い分。impertinent talk

**御託を並べる**(ごたくをならべる) つまらないことを、くどくど言い立てる。偉そうに、自分勝手なことを言う。talk tediously

**こ-だくさん【子沢山】** 子が多いこと。have many children 用例律儀者の—。

**ご-たくせん【御託宣】**「託宣」の敬語。神のおつげ。

**こたけ【小竹】**〈町〉福岡県北部、直方市と飯塚市の間の町。炭鉱町だったが、閉山で工業を誘致。人口一万二三八四(一九八八)。

**ごた-ごた** 一(副・サ変自) ①混雑するさま。confusion ②もめているさま。be in trouble 二(名) もめごと。紛争。trouble

**こ-だし【小出し】**(名・サ変他) ①多くの中から少しずつ出すこと・物。take out a small portion at a time ②小銭。small change

**こ-だち【小太刀】** 短い太刀。また、それを用いてする剣術。

**こ-だち【小裁ち】** 和服の裁ち方。また、その和服。子ども物のうち、一つ身裁ちと三つ身裁ちをいう。

**こ-だち【木立】** 木の群がって立っている所。また、その立ち木。clump

**ご-たち【御▽達】** 古語 ①身分のある女性を言う敬語。②上級の女官・女房。

**こ-たつ【▼炬▼燵・▽火▼燵】** 炭火や電熱などの熱源をやぐらなどで囲い、その上からふとんなどをかけた暖房具。掘りごたつと置きごたつがある。

**ご-たつ【誤達】** まちがった通達。false notification

**ご-だつ【誤脱】** ①誤字と脱字。errors and omissions of letters ②文章の不備。imperfect composition

**コダック【Kodak】**「イーストマンコダック」の略。

**ごた-つ・く**(五自) ①混雑する。be in disorder ②もめる。あらそう。be in trouble

**こ-だて【木▼楯・小▼楯】** 楯の代わりにする立ち木。間に合わせの楯。

**木楯に取る**(こだてにとる) さしあたっての、身を守る手段とする。

**こ-だな【▽蚕棚】** 竹で編んだすのこ状の蚕籠をのせる棚。江戸時代に、蚕を飼うための専用の用具として完成した。かいこだな。

**こ-たにわたり【小谷渡】** チャセンシダ科の常緑のシダ。樹下の湿った地にはえる。地下の根茎より、切れ込みのない淡褐色、膜質の葉が叢生。

**こ-だね【子種】** ①子を生むもと。精子。sperm ②子ども。child 用例—にめぐまれない。

**こ-たび【▼此度】**(副) このたび。

**ご-たぶん【御多分】** 多くの人の考え・行い。

**御多分に洩れず**(ごたぶんにもれず) 多くのものと同じく。例外ではなく。予想通り。as the world goes

**こ-だま【木霊・木▽魂・▼谺】** ①樹木の精・霊魂。こたま。山の神。the spirit of a tree ②山びこ。echo

**こ-だま【▽蚕霊・▽蚕玉】** 蚕・養蚕の神。蚕の多産を祈願し、祠や神棚に祭る。埼玉県地方ではお絹様とよぶ。

**こだま【▽児玉】**〈町〉埼玉県北西部の町。伝統産業の瓦製造で知られる。国学者塙保己一の生地。人口一万九四七六(一九八八)。

**こたま-がい【小玉貝】** 浅海の砂底にすむマルスダレガイ科の二枚貝。殻長約八cm、殻高約六cm。ほぼ三角形で、白・褐・青色などの地にジグザグ模様や放射帯がみられる。食用。北海道南部から九州に分布。

**こだま-かがい【児玉花外】**(一八七四〜一九四三) 詩人。山口県生まれ。本名伝八。東京専門学校中退。明治三六年(一九〇三)刊行した『社会主義詩集』は、発売禁止となる。ほかに『花外詩集』、訳詩『バイロン詩集』など。

**こだま-きぼう【▽児玉希望】**(一八九八〜一九七一) 日本画家。広島県生まれ。山水・花鳥が得意で、晩年水墨画も描いた。作品『うす日さす春の古城』など。

**こだま-げんたろう【▽児玉源太郎】**(一八五二〜一九〇六) 陸軍大将。政治家。徳山藩出身。台湾総督・陸相・内相・参謀総長などを歴任。陸軍兵制の近代化に貢献。

**ごた-まぜ【ごた混ぜ】**(名・形動) 入りみだれていること・さま。ごちゃまぜ。jumble

**こだわ・る**(五自) わずかのことに気持ちの上でとらわれる。かかずらう。stick to

**こ-たん【枯淡】**(名・形動) あっさりして、渋い風情があること・さま。simple but refined 用例老成して—の境地に達する。

**コタン**(kotan アイヌ) 村。住む所。集落。

**ご-だん【誤断】**(名・サ変他) 判断をまちがえること。あやまった断定。misjudgment

**ごだん-かつよう【五段活用】** 口語動詞の活用の型の一つ。「書く」の語尾が「か・き・く・け・こ」となるように、活用語尾が五十音図の一行の五段全部にわたる形式。文語の四段活用・ナ変・ラ変は、現代語でこの活用となる。

**ごだんぎぬた【五段▼砧】** 箏曲の曲名。光崎検校作曲。砧で布を打つ音を模した作品で天保年間(一八三〇〜四四)ごろの作曲。箏の高低二重奏曲。



↓行き先項目、図版・写真参照印。　JIS 日本工業規格情報交換用漢字符号コード(区点コード)。

**コタンジェント**【cotangent】↓よせつ(余接)

**コタンタン-はんとう**【コタンタン半島】(Cotentin Peninsula)フランス北西部、ノルマンディー地方からイギリス海峡に突き出た丘陵性の半島。中心都市シェルブール。牧畜、リンゴ栽培が行われる。一九四四年連合軍の上陸作戦地。

**こち** 17画【▼魼】部首[魚] 和製漢字 ↓こち[鯒・魼]

**こち** 18画【▼鯒】部首[魚] 和製漢字 [JIS] 8239 ↓こち[鯒・魼]

**こち**【▼鯒・▼魼】コチ科の海水魚の総称。沿岸の砂泥底にすむ。その一種は全長約五〇cmに達する。黄褐色に斑点の散在する体は上下に平たく、頭が大きく尾が細い。本州中部から温・熱帯海域に分布する。牛尾魚。↓[図]

●コチ

**こち**【▽東▽風】ひがしかぜ。春風。こちかぜ。

**こ-ち**【故知・故▼智】古人の知恵・計略。[用例] —に学ぶ。

**こ-ち**【▼此▽方】[古語](代)①《方向をさす》こちら。こっち。[対義] そち・あち。②わたくし。

**ご-ち**【五▼智】《仏教語》大日如来のそなえる五つの智慧。法界体性智・大円鏡智・平等性智・妙観察智・成所作智の五つ。

**こ-ぢから**【小力】ちょっとした力。some strength [用例] —のある男。

**ご-ちく**【五畜】五種類の家畜。鶏・羊・馬・牛・豚。

**こち-こち** 一(形動)①干からびたり、凍ったりしていて、かたいさま。かちかち。hard [用例] —のもち。②緊張して、からだや気持ちがこわばるさま。nervous and stiff [用例] 壇上で—になる。③頑固なさま。hardheaded [用例] —の石頭。二(副)時計の秒を刻む音。tick-tick [用例] —と秒針が進む。

**ごち-ごぶつ**【五▼智五仏】五智如来の別称。

**こちじき-がく**【古地磁気学】過去の地球磁場の変化の過程を調べる地球物理学の一分野。岩石の自然残留磁気と生成年代を測定し、岩石生成時の地球磁場の方向や強度を知る。palaeomagnetism

**こ-ちず**【古地図】近代的測量に基づかない昔の地図。日本では、江戸時代までの手書き、木版刷りの地図をさすことが多い。old map

**ご-ちそう**【御▼馳走】一(名・サ変他)おいしい食事を出して、もてなすこと。treat [用例] 客に—する。—になる。二(名)おいしい食べ物。豪華な食事。feast [用例] 誕生日の—を作る。

**ごちそう-さま**【御▼馳走様】(感)①もてなしを受けたときなどの、お礼のあいさつ語。②男女の仲のよさなどを見たり聞かされたりしたときに冷やかして言うことば。

**こちた・し**【▽言▽痛し】[古語](形ク)《「こといたし」の転》①人のうわさがうるさい。わずらわしい。[用例] 人言はまこと—・くなりぬとも(万葉・一二・二八八六)。②大げさだ。ぎょうぎょうしい。[用例] 鶴はいと—・きさまなれど(枕・鳥は)。③数がひどく多い。[用例] 御髪のほどいと長く—・くはあらねど(源氏・常夏)。

**ゴチック**【Gotik ドイツ】↓ゴシック

**こちと-ら**【▼此▽方▽人▽等】(代)《俗語》おれたち。おれら。

**こ-ちどり**【小千鳥】胸に黒帯のある小形のチドリ。翼長約一一・五cm。夏鳥として渡来。川原や海岸などにすむ。ユーラシアに分布。↓チドリ[図]

**ごち-にょらい**【五▼智如来】密教の金剛界曼荼羅で、五智のそれぞれを象徴し対応する五尊の如来。大日・阿閦・宝生・阿弥陀・不空成就の五如来の総称。五智五仏。

**こち-の-ひと**【▼此▽方の人】[古語](代)《妻が夫を呼んだ語》あなた。うちの人。

**こ-ちゃく**【固着】(名・サ変自)①物などがかたくつくこと。fasten ②精神分析の用語。精神発達が未熟で、幼児のときの愛の対象などにとくに愛着をもつこと。fixation

**ごちゃ-ごちゃ**(形動・副・サ変自)物が雑多に入り交じるさま。ごしゃごしゃ。in confusion [用例] 順番が—になる。

**コチャバンバ**【Cochabamba】ボリビア中部、標高二五〇〇mの高原にある都市。商業・交通の中心。農産物の集散地。人口二八・二万(一九八二)。

**こ-ちゅう**【古注・古▼註】[対義] 新注。①古い注釈。ancient annotation ②経書にほどこした、漢・唐時代の儒者の注。

**こ-ちゅう**【個虫】サンゴやコケムシ類などのように、群体を構成するものの各個体。ヒドロ虫類のポリプなど。zooid

**こ-ちゅう**【▼壺中】つぼの中。

**壺中の天**(こちゅうのてん)「壺中の天地」と同意。

**壺中の天地**(こちゅうのてんち)《中国の後漢時代に、費長房という役人が薬売りの老人に店先につるした壺の中に案内されてみると、りっぱな建物があり、美酒佳肴が並んでいたという故事から》俗界を離れた所。別天地。壺中の天。

**ご-ちゅういん**【五中陰】《仏教語》人が亡くなったその日から三五日間。

**こ-ちょう**【戸長】明治初期、戸籍法制定にともない、その事務を行うため設けられた区の長。のちに町村行政の一般事務も行った。今の町村長。

**こ-ちょう**【▼胡▼蝶・▼蝴▼蝶】①チョウの異名。②紋所の名。チョウの姿を紋章化。平安貴族の文様から生まれた。向かい蝶・揚げ蝶など。↓[図]

**胡蝶の夢**(こちょうのゆめ)《荘子が夢で胡蝶になり、さめたあと、自分が夢で胡蝶になったのか、それともいまが夢の中で、胡蝶が自分になっているのか区別がつかなくなったという『荘子』斉物論の故事から》夢と現実との区別がつかなくなること。また、自他の区別を超越してしまっている境地のたとえ。人生のはかないことにもいう。

●胡蝶②

胡蝶

糸輪に変わり胡蝶

**こ-ちょう**【鼓腸】腸管内にガスがたまって腹部がふくらむ状態。腸閉塞・急性腹膜炎などが原因のことがある。meteorism

**こ-ちょう**【誇張】(名・サ変他)実際よりも大げさに表現すること。exaggeration

**ご-ちょう**【▼伍長】陸軍下士官の階級のいちばん下。corporal

**ご-ちょう**【語調】ことばの調子。言い回し。語気。語勢。tone [比較] 句調。

**こちょう-こつ**【▼胡▼蝶骨】↓ちょうけいこつ(蝶形骨)

**こちょう-しょう**【鼓張症】ウシ・ヤギなどの反芻動物の第一胃に大量のガスが発生し充満する病気。呼吸困難になり窒息死する。マメ科の若い牧草の食べすぎが原因。bloat

**こちょう-すみれ**【▼胡▼蝶▼菫】サンシキスミレの別名。

**こ-ちょうせん**【古朝鮮】檀君朝鮮、箕子朝鮮、衛氏朝鮮の総称、およびその時代。前漢の武帝支配以前の朝鮮にあたる。

**こちょう-らん**【▼胡▼蝶▼蘭】樹上に着生するラン科の多年草。根出葉は長楕円形で長さ約三〇cm。一花梗に一〇〜一五花をつける。花期は冬〜初夏。ファレノプシス。↓[写]

**こち-ら**【▼此▽方】(代)《「こっち」より丁寧な言い方》[対義] あちら。①話し手に近いものや場所をさし示す語。here [用例] だれかが—へ来る。②話し手自身、または話し手の側の人をさし示す語。this person; I; we [用例] —はみな元気です。

**こちら-もち**【▼此▽方持ち】費用などを、自分または、話し手がさし示す人が払うこと。It's on me.

**こちん**(副)①かたいものがぶつかり合って立てる音。click [用例] ゆで卵を—と割る。②かたく固まるさま。hard ③他人の言動がしゃくに障るさま。get on one's nerves [用例] 頭に—とくる。

**ご-ちん**【呉鎮】(一二八〇〜一三五四)中国、元代の文人画家。竹を描くのにすぐれ梅にも巧みだった。元末の四大家の一人。

**こちんだ**【▽東▽風▽平】〈町〉沖縄県、沖縄島南部の町。サトウキビの栽培を主とし、畜産なども行う。人口一万四二六四(一九八八)。

**こ-ぢんまり**(副・サ変自)小さくまとまって感じのよいさま。cozy

●コチョウラン

**コツ** 7画【▼汨】部首[氵] [JIS] 6181
[音] ベキ・コツ
しずむ。水中にしずむ。没する。↓ベキ[汨]

**コツ** 7画【▼汩】部首[氵]
[音] イツ・コツ
①水のながれるさま。水流のはやいさま。②おさめる。水を治める。流れをとおす。

**コツ** 8画【▼忽】部首[心] [JIS] 2590
[音] コツ
①にわかに。たちまち。「忽然」②うっかり。そそっかしい。「粗忽」

**コツ** 8画【▼矻】部首[石]
[音] コツ
①はたらく。よくはたらく。②つかれる。つかれきる。

**コツ** 9画【▼紇】部首[糸]
[音] コツ
「回紇」は、ウイグル。中国北西部にすむトルコ系の民族。

**コツ** 10画【骨】部首[骨] 教育小6 [JIS] 2592

骨 骨 骨 骨 骨

[音] コツ
[訓] ほね
①ほね。「筋骨」「骨格・骨折」②火葬にした死者のほね。「骨揚げ・骨箱」[用例] (名)お—を拾う。③からだ。「老骨」④ひとがら。心の底。意気。「気骨・凡骨」⑤要領。急所。「骨法」[用例] (名)—がわかる。—をつかむ。

**骨を覚える**(こつをおぼえる) 物事の急所、また、要領を身につける。

**コツ** 11画【▼惚】部首[忄] [JIS] 2591
[音] コツ
①うっとりする。ぼんやりする。「恍惚」②ほのかに。ぼんやりと。③ほれる。思いをかける。恋慕する。

**コツ** 14画【▼榾】部首[木] [JIS] 6043
[音] コツ
ほた。ほだ。たきぎ用の木のきれはし。

**コツ** 21画【▼鶻】部首[鳥] [JIS] 8319
[音] コツ
①ハヤブサ。タカ目に属する鳥。②「回鶻」は、ウイグル。中国北西部にすむトルコ系の民族。

**ゴツ** 3画【▼兀】部首[儿] [JIS] 4926
[音] ゴツ・コツ
①高くつきでたさま。②うごかないさま。「兀坐」③無知なさま。④あしきる。あしをたつ。刑罰の一つ。

**こつ-あげ**【骨揚げ】(名・サ変自)火葬にした死者の骨を拾って、つぼに入れること。骨拾い。

**ごつ・い**(形)①ぶこつだ。いかつい。rustic ②やぼだ。無粋だ。unrefined ③荒々しい。rough [派生] ごつさ(名)

**こつ-いしゅく**【骨▼萎縮】すでに形成された骨質が減少し、全体が縮小する状態。広い範囲に起こる。老人性・閉経期後のもの、その他がある。運動時の痛み、局所のむくみ、病的骨折などの症状を呈する。bone atrophy

**こつ-いしょく**【骨移植】骨や関節の固定、骨欠損の補塡、骨刺激などの目的で、あらたに骨を患部に固定すること。自分の骨(腸骨など)を使う自家骨移植が望ましいが、保存骨や人工骨も使われる。bone transplantation

**こつ-えん**【▼忽▼焉】(形動トタル)にわかに。急に。こつぜん。suddenly

**こっ-か**【刻下】《「こくか」の変》このごろ。目下。現時。present moment

**こっ-か**【国花】《「こくか」の変》国を代表する花。伝説や国王の紋章に由来するものが多い。日本はサクラ・キク。フランスはユリ・アイ

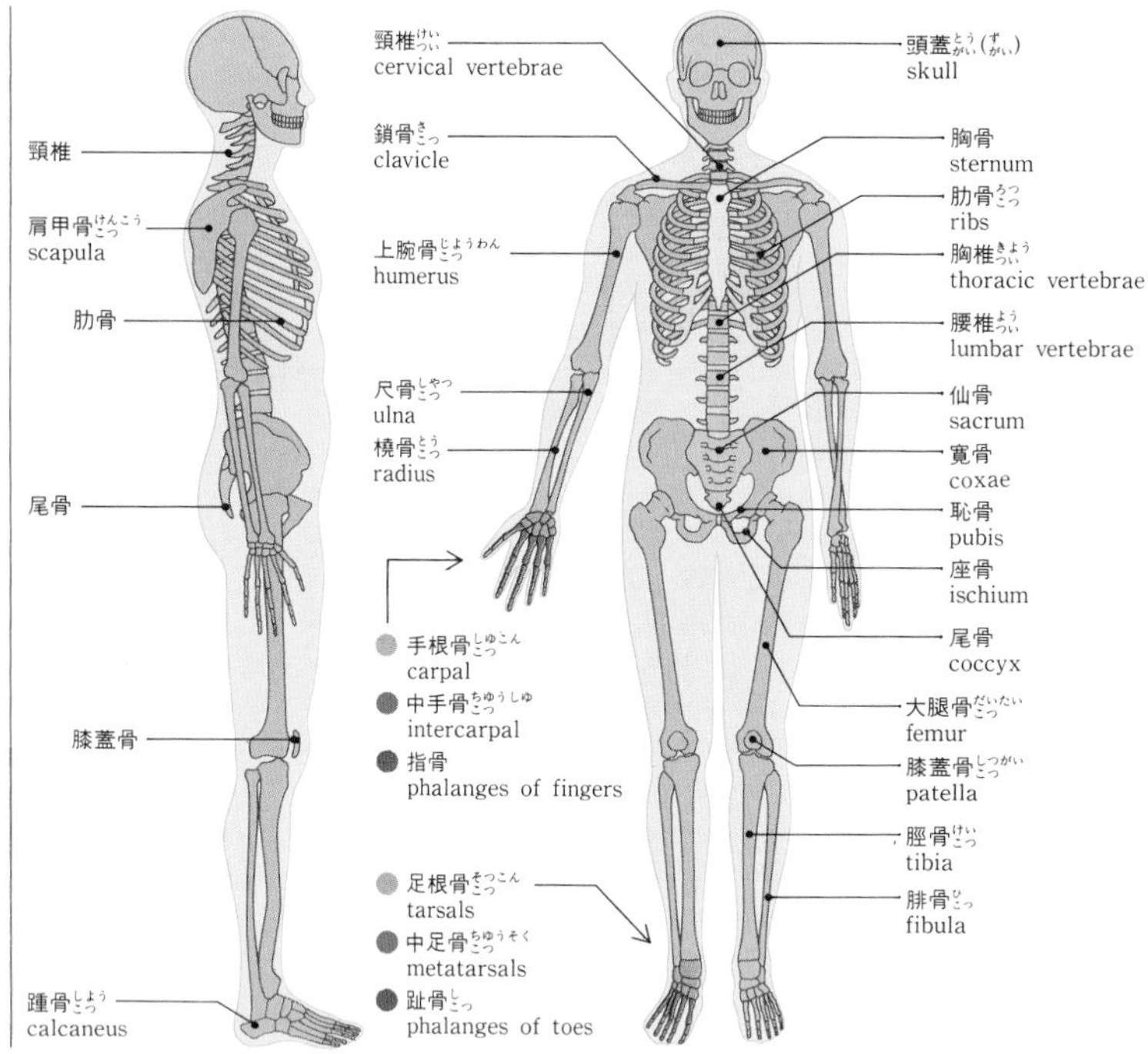


●骨格① 人の骨格の各部名称

リス。イギリスはバラ・アザミ・スイセン。イタリアはヒナギク。中国はボタン。national flower 比較県花。

**こっ-か【国家】**《「こくか」の変》一定の領土とそこに住む人々からなり、それを治めるための政治権力と組織をもつ政治社会。とくに、一六～一七世紀以後成立した近代国民国家。くに。state; nation

**こっ-か【国華】**《「こくか」の変》⊟国の誉れ。国の精華。national pride ⊟美術雑誌。東洋・日本美術の研究と紹介に功績を残す。明治二二年(一八八九)岡倉天心らが創刊、現在も刊行。

**こっ-か【国歌】**《「こくか」の変》①国民や民族を象徴するものとして奏される歌曲または器楽曲。国によって制定され、おもに公的な儀式などで歌われたり演奏される。日本では「君が代」がこれにあたるとされる。national anthem ②和歌のこと。

**こっ-か【骨化】**石灰が沈着して硬い骨が形成されること。大部分の骨は軟骨組織が骨になる。化骨。ossification

**こ-づか【小▽柄】**わきざしのさやの外側にさす小刀の柄。その小刀。

**コッカー-スパニエル【cocker spaniel】**イヌの一品種。肩高約四〇㎝。体毛は長く絹糸状。鳥猟・愛玩用。イギリス原産。

**こっか-あんぜんきかくぶ【国家安全企画部】**韓国の情報機関。一九八〇年、韓国中央情報部(KCIA)を改組して成立。安企部。

**こっかあんぜんほしょう-かいぎ【国家安全保障会議】**(National Security Council) アメリカの安全保障政策全般について大統領を補佐する最高機関。メンバーは主要閣僚。一九四七年設置。NSC。

**こっ-かい【告解】**《「こくかい」の変》カトリックの七秘跡の一つ。洗礼後に犯した罪について、司祭の前で告白し神の許しをこう秘跡。告白。悔悛。confession

**こっ-かい【国会】**《「こくかい」の変》国民の公選する議員による合議体で、国権の最高機関であるとともに国の唯一の立法機関。衆議院と参議院の二院からなる。明治以降戦前までは「帝国議会」といった。比較議会。

**こっ-かい【骨灰】**動物の骨を焼いて得られる粉末。主成分は燐酸カルシウム。主として燐および燐酸肥料の原料となる。こつばい。bone ash

**こっ-かい【黒海】**(Black Sea) ソ連・ルーマニア・ブルガリア・トルコに囲まれた地中海の付属海。ダーダネルス海峡を経てエーゲ海に通じる。面積四六・一万㎢。

**こ-づかい【小使(い)】**《卑語》用務員の旧称。

**こ-づかい【小遣い】**《「小遣い銭」の略》生活費以外の日常の雑費にあてる金。また、子どもなどが自由につかえる金。ポケットマネー。allowance米; pocket money英 用例 —かせぎ。

**こっかいかいせつ-うんどう【国会開設運動】**明治政府に対する国会開設要求運動。明治七年(一八七四)板垣退助らによる民選議院設立建白書の提出に始まる。政府は種々の条例で弾圧したが、同一四年(一八八一)に一〇年後の国会開設を約束。

**こっかい-ぎいん【国会議員】**国会を構成する衆議院議員と参議院議員の総称。比較代議士。

**こっかい-ぎじどう【国会議事堂】**国会の議事が行われる建物。明治二三年(一八九〇)第一回帝国議会のため、東京日比谷に仮議事堂が建設されたのが最初。現在の建物は大正九年(一九二〇)に着工し、昭和一一年(一九三六)に竣工した。

**こっかいきせい-どうめい【国会期成同盟】**明治前期、全国的な大衆運動による国会開設を目的とした政治結社。明治一三年(一八八〇)三月結成。翌年一〇月の大会で自由党結成を決議。

**こっか-いし【国家意思】**国家が統治権の主体としてもつ意思。state volition

**こっかいたいさく-いいんかい【国会対策委員会】**国会活動上の対策や諸問題を協議するため、各党が党内に設けている委員会。

**こっかい-としょかん【国会図書館】**↓こくりつこっかいとしょかん(国立国会図書館)

**こづかい-とり【小遣い取り】**わずかなかせぎ。earn pocket money

**こっかい-ほう【国会法】**国会の組織・権限・運営などに関する基本的事項を規定した法律。昭和二二年(一九四七)公布。

**こっか-きかん【国家機関】**国の立法・司法・行政などの事務を行う機構。state organ

**こっ-かく【骨格・骨▼骼】**①動物の体形をつくり支える数個の骨が組み合わさった器官。筋肉の支点として運動したり、内臓の支持成型を行う。skeleton ②物事の基本となる骨組み。structure 用例 計画の—がはっきりする。↓図

**こっかく-き【骨角器】**動物の骨や角・牙でつくった道具・装身具。石器時代に多くみられ、槍・釣り針・銛などがある。日本では縄文時代にさかんに使われ、古墳時代に及ぶ。

**こっかく-きん【骨格筋】**骨格に付いていて関節を動かす筋肉。全身の筋肉の大部分を占める。広義には、横紋筋と同義。skeletal muscle

**こっかく-ひょうほん【骨格標本】**脊椎動物の骨格だけを残し、臓器などをすべて取り除いてつくった標本。

**こっか-けいざい【国家経済】**①国家財政。state economy ②国と公共団体が行う事業全体の経済。

**こっか-けいさつ【国家警察】**国家の所管に属し、中央集権的に組織された警察。national police

**こっか-けいやくせつ【国家契約説】**社会契約説の別称。theory of state contract

**こっか-けんりょく【国家権力】**国家のもつ政治権力。state power

**こっか-ご【国家語】**その国で公式に用いることば。national language

**こっか-こうあんいいんかい【国家公安委員会】**警察庁の管理などを担当する、国家警察の最高機関。総理府の外局の一つで、委員長は国務大臣。

**こっか-こうむいん【国家公務員】**国の公務に従事する者。国家公務員法により一般職と特別職とに分かれる。government official 比較地方公務員。

**こっかこうむいん-ほう【国家公務員法】**一般職の国家公務員の任用・身分および人事院の組織・権限などを定めた基本法。昭和二二年(一九四七)公布。

**こっか-しけん【国家試験】**国家公務員の採用試験や司法試験、また、医師・薬剤師・看護婦など特定の業務に必要な知識・技能の認定に、国が行う試験。state examination

**こっか-しほん【国家資本】**資本主義社会で、国家が国営企業や私企業に対し投資・貸し付けなどの形で投下する資本と国営企業内部に蓄積された資本。state capital

**こっか-しほんしゅぎ【国家資本主義】**国家が強力に統制する資本主義。生産の部分的公有や財政金融の全般的管理などを手段とする。state capitalism

**こっか-しゃかいしゅぎ【国家社会主義】**資本主義の矛盾を、その仕組みを壊すことなく、国家権力の発動によって解決しようとする政治思想。ロードベルトースやラッサールなどが提唱。ナチズムはその典型。state socialism

**こっか-しゅぎ【国家主義】**国家を人間社会の中で最高のものとみなし、その利害をすべてに優先する思想や運動。ナショナリズム。statism; nationalism 比較国粋主義。

**こっか-しゅせき【国家主席】**中国の国家元首の地位。政治・外交・軍事を総括する権限をもっていたが一九七五年廃止。八二年制定の憲法で国家の象徴的存在として復活。

**こっか-しんとう【国家神道】**明治以降、天皇制護持のために推進された宗教思想イデオロギー。神社神道を天皇信仰と結合して国教化したもので、昭和二〇年(一九四五)GHQの国家と神道の分離指令により解体。

**こっかそうどういん-ほう【国家総動員法】**日中戦争下に制定された全面的な戦時統制立法。昭和一三年(一九三八)四月、近衛内閣が公布。統制は労務・物資・貿易・物価・出版などに及んだ。

**こっかたいかん【国歌大観】**和歌の索引書。正編は松下大三郎編で明治三四～三六年(一九〇一～〇三)刊。歌集部・索引部からなり、『万葉集』『二十一代集』などを収録し、その全部の歌・作者・出典などが調べられる。続編は松下大三郎・渡辺文男編で大正一四～一五年(一九二五～二六)刊。昭和五八年(一九八三)から『新編国歌大観』が刊行されている。

**こっか-ちほうけいさつ【国家地方警察】**旧警察法のもとで、自治体警察を置かない区域に設けられていた警察。国家公安委員会が管理した。国警。比較自治体警察。

**こづかっぱら【小塚原】**江戸時代、江戸千住の荒川右岸(現在の東京都荒川区南千住)にあった死刑場。

**こっかどくせん-しほんしゅぎ【国家独占資本主義】**独占資本が自分の利益を最大限に追求するため、国家を従属させるまでに発達した資本主義。state monopoly capitalism

**こっか-の-さんようそ【国家の三要素】**国民・領土・主権。この三つを近代国家成立の要件とする学説が一般的。three requisites of state

**こっか-の-しょうにん【国家の承認】**既存の国家が、領土・国民・統治組織などの要素を備えた新国家に、国際法上の主体としての地位を認めること。recognition of state

**こっか-ばいしょう【国家賠償】**国または公共団体が、不法な行為によって国民の権利

を侵害した場合に、その損害を賠償すること。昭和二二年(一九四七)国家賠償法が公布された。

**こっ-か-はさん【国家破産】** 国が国債に対する義務を破棄すること。両大戦後のドイツをはじめ、第二次大戦後のほとんどの敗戦国にみられた。state bankruptcy

**こっ-か-ひじょうじたい【国家非常事態】** →きんきゅうじたい(緊急事態)②

**こっ-か-ぶっきょう【国家仏教】** 鎮護国家を目的として、政治権力の庇護によって栄えた仏教。

**こっ-か-ほうじんせつ【国家法人説】** 《juristische Staatsperson ドイの訳》国家は自然人と同様に権利義務の法的主体であるとする説。一九世紀のドイツで、ゲルバーやイェリネックらが唱えた。日本の天皇機関説もその一つ。

**こっ-か-ほしょう【国家補償】** 国・公共団体などが、国民に与えた損害・損失を補償すること。reparation by the state

**こつ-がら【骨柄】** ①からだつき。骨格。build ②人柄。人品。character

**こっ-か-れんごう【国家連合】** 《Staatenbund ドイの訳》諸国家それぞれの主権は尊重しながら、条約に基づいて形成された国家の連合体。一八一五～六六年のドイツはその好例。複合国家。

**こっ-かん【国漢】** 《「こくかん」の変》国文と漢文。

**こっ-かん【骨幹】** からだの組織。骨組み。diaphysis

**こっ-かん【酷寒】** 《「こくかん」の変》厳しい寒さ。極寒。severe cold 対義 酷暑。

**ごっ-かん【極寒】** 《「ごくかん」の変》たいへん寒いこと・季節。severe cold 対義 極暑。

**こっ-き【克己】**(名・サ変自) 《「こくき」の変。「己に克つ」の意》欲望などを意志の力で抑えること。self-restraint 比較 自制。

**こっ-き【国記】** 《「こくき」の変》古代の史書。聖徳太子と蘇我馬子が編纂。推古二八年(六二〇)成立。大化の改新で蘇我蝦夷滅亡にさいして焼失したといわれる。

**こっ-き【国旗】** 《「こくき」の変》国家を表徴する標識としての旗。形・色彩により国民の理想や歴史を表現。national flag

**こっ-き-しん【克己心】** 克己する意志。will of self-restraint

**こづき-まわ・す【小突き回す・小▽衝き回す】**(五他) 意地悪くつついて苦しめる。push around

**こっ-きょう【国教】** 《「こくきょう」の変》公共の宗教として国家が認めて制度化し、保護・支配する特定の宗教。state religion

**こっ-きょう【国境】** 《「こくきょう」の変》国と国の境界。地球上で一つの国家の主権がおよぶ限界。一般に隣国とは相互の領土・領海・領空の接点、公海域に対しては自国領海との接点が国境となる。national boundary; border

**こっきょう-がっさく【国共合作】** 中国国民党と中国共産党の二回にわたる協力体制。第一次は一九二四～二七年孫文が推進、実現。第二次は一九三七年日中戦争勃発により抗日戦遂行のために再現。四六年内戦再開で分裂。

**こっきょう-けいびたい【国境警備隊】** ①一般に、国境付近を警備・防衛する組織。border guard ②(Pogranichnye voiska ロシア)ソビエト連邦の国境を警備する部隊。地上軍とほぼ同じ装備のほか、航空機・ヘリコプター・艦艇なども保有し、KGBが指揮する。総兵力約二五万。

**こっきり**(接尾) 《「かっきり」の転》かぎり。だけ。用例 一〇円―。

**こっ-きん【国禁】** 《「こくきん」の変》国法で禁じていること。national ban 用例 ―の書。

**こっ-く【刻苦】**(名・サ変自) 《「こくく」の変》大変な努力・苦労をすること。hard work

**コック【cock】** ①管の中を流れる流体の流量調節や流路変更をするための弁。水道の蛇口・ガスの栓など。②おんどり。

**コック【kok オランダ】** 西洋料理の料理人。日本では調理師に含まれる。司厨士。cook

**こ-づ・く【小突く・小▽衝く】**(五他) ①ちょっと突く。つっつく。poke ②押さえて、揺すぶる。shake ③いじめる。bully

**コッククロフト【John Douglas Cockcroft】**(一八九七～一九六七) イギリスの物理学者。コッククロフト‐ウォルトンの装置を作り、原子核の人工破壊に初めて成功し、一九五一年ノーベル物理学賞受賞。

**コックス【cox】** ボートレースで、ボートのかじをとり、また、漕ぐ人に指示をする人。舵手。

**コックス【Richard Cocks】**(?～一六二四) 平戸のイギリス商館長。慶長一八年(一六一三)肥前国平戸に商館を建設、館長となる。オランダ商館と競合して敗れ帰国。

**コックピット【cockpit】** ①旅客機や宇宙船の操縦室。②レーシングカーなどの運転席。③ヨットなど船の操舵席。↓旅客機 図

**こっく-べんれい【刻苦勉励】**(名・サ変自) 「刻苦」を強めた語。大変な努力・苦労を重ねること。hard work

**こっくり** ㊀(名) ①うなずく動作。nod 用例 小さく―をする。②居眠りすること。doze off 用例 眠気に襲われ、―をする。㊁(副・サ変自) 首を小さく縦に動かすさま。nod 用例 ―とうなずく。

**こっくり【▼狐▼狗▼狸】** 《当て字》遊戯化した占いの一種。明治中期ごろ流行。占う者が神がかり状態になって五十音図の文字をさし示したりなどする。こくり。こっくりさん。

**こ-づくり【小作り】**(名・形動) ①小さいつくり。small build ②身体が小柄なこと・さま。small build

**こっ-くん【国訓】** 《「こくくん」の変》①漢字に、その表す意味の日本語を当てた読み方。「務」を「つとめ」、「花」を「はな」と読むなど。よみ。和訓。訓。②漢字の本来の意味から離れて、独自に日本語を当てた読み方。鮎(=ナマズ)を「あゆ」、森(=たくさんの木のびっしり茂ったさま)を「もり」と読むなど。

**こ-づけ【小付け】** ①料理屋などで小皿や小鉢に盛って最初に出される少量の料理。肴用。酢の物・あえ物など。②食事の間に、はし休め程度に出す料理。

**こっ-けい【酷刑】** 《「こくけい」の変》残酷な刑罰。むごいしおき。severe punishment

**こっ-けい【▽滑▼稽】**(名・形動) おもしろおかしいこと・さま。おどけ。funny

**こっけい-しゃだつ【▽滑▼稽▼洒脱】**(名・形動) おもしろおかしくて、しゃれていること・さま。おどけているが、あか抜けていること・さま。

**こつけいせい-ふぜんしょう【骨形成不全症】** 先天的な造骨細胞の機能低下により、骨形成の発育が著しく阻害され骨折を起こしやすい病気。

**こっけい-せつ【国慶節】** 中華人民共和国の建国記念日。一〇月一日。一九四九年一〇月一日に北京天安門広場で行われた建国式典を記念して制定。

**こっけい-ぼん【▽滑▼稽本】** 江戸後期小説の一ジャンル。江戸町人の生活を滑稽を主に会話本位に描いた笑いの文学。十返舎一九の『東海道中膝栗毛』、式亭三馬の『浮世風呂』など。中本。

**こっ-けん【国権】** 《「こくけん」の変》国家の権力。統治権。sovereign rights 比較 官権。

**こっ-けん【国憲】** 《「こくけん」の変》国の大法。憲法。national constitution

**こっ-けん【黒▼鍵】** 《「こくけん」の変》ピアノ・オルガンなどの鍵盤の、黒い鍵。black key 対義 白鍵。

**こっ-こ【国庫】** 《「こくこ」の変》現金の受け払いを中心とする経済活動の主体としてみたときの国家。立法・行政・司法三権の主体としての国家と区別していわれる。national treasury

**ごっこ**(接尾) 子どもがある物事のまねをして、いっしょに遊ぶ遊び。用例 鬼―。

**こっ-こう【国交】** 《「こくこう」の変》国家と国家との正式のつきあい。diplomatic relations 用例 ―再開。―断絶。

**こっ-こう【国光】** 《「こくこう」の変》①国の栄光。②リンゴの一品種。晩生種。明治初年にアメリカから導入され、昭和四〇年(一九六五)ごろまで主要品種であった。その後、「ふじ」に押されて減った。甘味・酸味がほどよい。

**ごつごう-しゅぎ【御都合主義】** その時その時の具合で、自分にいいように変わる態度。日和見主義。opportunism

**こっこう-だんぜつ【国交断絶】** 国と国との外交関係を絶つこと。severance of diplomatic relations

**こっこ-きん【国庫金】** 政府が保有する資金。日本銀行にある政府預金の形で管理されている。treasury funds

**こっ-こく【刻刻】**(副) 《「こくこく」の変》時間がだんだん進む、または、迫るさま。こくいっこく。every moment

**こっこ-さいけん【国庫債券】** 国が国家財政の必要から負った債務(国債)を表示する証券。国債証券。国庫証券。treasury bond

**こっこ-ししゅつきん【国庫支出金】** 国が地方公共団体に特定の行政費の一部負担として交付する資金の総称。一般に補助金とよばれ、委託金・国庫負担金・国庫補助金の別がある。national treasury disbursements

**こっこ-しゅうし【国庫収支】** 国の財政の歳入と歳出。原則として日本銀行への政府預金の形をとり、同行が事務をとりあつかう。national treasury receipts and payments

**ごつ-ごつ**(副・サ変自) ①かたくて、角張っているさま。rugged 用例 ―とした岩。②ぶこつなさま。また、うるおいのないさま。stiff; inflexible 用例 ―した人間。

**こつ-こつ(と)【▼兀▼兀(と)・▼矻▼矻(と)】**(副) 怠けずに努力するさま。一心不乱。steadily

**コッコリス【cocolith】** 単細胞の浮遊性藻類コッコリトフォリードをとりまく石灰質の小盤。ジュラ紀以降の地層の対比に有効。

**コッサ【Francesco del Cossa】**(一四三六ごろ～七七ごろ) イタリア、フェラーラ派の代表的画家。宮廷生活を描いたスキファノイア宮の壁画は、文化史的に重要。

**こつ-ざ【▼兀▼坐】**(名・サ変自) ①ぼんやりすわること。②肩をそびやかしてすわること。

**こつ-ざい【骨材】** モルタルやコンクリートをつくるために混合する砂・砂利・砕石など。aggregate

**こっ-し【骨子】** ①ほね。bone ②要点。眼目。gist

**こつ-じき【▼乞食】** ①《仏教語》仏道修行のため僧が人家を訪れて、鉢をささげ、食物などの供養を求めて歩くこと。また、その僧。托鉢。②物もらい。こじき。begger

**こっ-しつ【骨質】** ①動物の骨のような物質や性質。bone substance ②動物のかたい骨を作っている、繊維性のたんぱく質。bony tissue

**こつ-しゅよう【骨▼腫▼瘍】** 骨に生じる腫瘍の総称。良性・悪性、原発性・続発性がある。はれて、熱感や関節痛がある。bone tumor

**こっ-しょ【▼忽諸】** ①たちまち尽きてしまうこと。②いいかげんにすること。なおざり。用例 ―に付す。

**こつ-ずい【骨髄】** ①骨の内腔を満たす柔軟組織。造血器の一つ。骨端の内部を形成する網状の海綿質中の小腔と、それにつづく骨幹の髄腔をあわせていう。赤色骨髄・黄色骨髄がある。bone marrow ②心のおく。心底。bottom of one's heart ③要点。眼目。pith; essence

**骨髄に入る** 「骨髄に徹する」と同意。

**骨髄に徹す(る)** 心の底までしみこむ。pierce one's heart 用例 恨み―。

**骨髄を砕く** 非常に苦心する。

**こつずい-いしょく【骨髄移植】** 白血病などで造血機能がまったくなくなった骨髄に、健康者からの正常な骨髄細胞を静脈内注射で移植する方法。bone marrow graft

**こつずい-えん【骨髄炎】** 骨髄の化膿性炎症。ブドウ球菌などの感染による。長骨の中間部がかかりやすく、激痛・高熱を伴う。結核性はカリエスとよばれる。myelitis

**こつずい-しゅ【骨髄▼腫】** 骨腫瘍の一種。骨髄に腫瘤が多発し、しばしば骨を破って外部に侵食する。myeloma

**こつずい-せんいしょう【骨髄線維症】** 骨髄に線維が増加して造血機能が乱れる病気。赤血球および白血球の数的・質的な変化が起こる。白血病・悪性リンパ腫などの疾患に関連して現れる。myelofibrosis

**こつずい-せんし【骨髄▼穿刺】** 骨髄液を穿刺針によって穿刺・吸引すること。骨髄液の検査は、白血病や諸種の貧血など血液疾患の診断に重要。bone marrow puncture

**こっ-せつ【骨折】**(名・サ変自) 外力の作用で骨が折れること。骨だけが折れた単純骨折と、骨折部付近の皮膚や組織にも損傷のある複雑骨折がある。fracture

**コッセル【Albrecht Kossel】**(一八五三～一九二七) ドイツの生化学者。たんぱく質・核酸の研究業績で一九一〇年ノーベル生理学医学賞受賞。

**こつぜん-と【▼忽然と】**(副) ふっと。にわかに。こつねんと。suddenly 用例 ―姿を消す。

**ゴッセン【Hermann Heinrich Gossen】**(一八一〇～一八五八) ドイツの経済学者。限界効用理論の最初の提唱者。限界効用逓減・限界効用均等の法則(ゴッセンの法則)により近代経済学の基礎を築いた。主著『人間の交換の諸法則』。

**こっ-そう【骨相】** ①骨格。physique ②骨格に現れた相。人の運・能力などを占う。phre-

nology

**こっそう-がく【骨相学】** 骨相により、性格や心理特性を判定する学問。phrenology

**こつ-そしき【骨組織】** 骨格の大部分を構成する支持組織。細い血管を中心に輪状に重なり合った、多数の突起をもつ骨細胞と細胞間質からなる。bony tissue

**こつそしょう-しょう【骨粗▼鬆症】** 骨の形体に変化がなく、骨質全体が減少した状態。老人および閉経後の女子に多くみられ、脊椎後彎・腰背部痛を生じる。osteoporosis

**コッソット【Fiorenza Cossotto】**(一九三五) イタリアのメゾ-ソプラノ歌手。高音に恵まれた明るい声質で、イタリア-オペラで活躍する。

**こっそり(と)**(副) 人に気づかれないよう、ひそかにするさま。secretly 用例 ― 逃げる。

**ごっそり(と)**(副)《俗語》①量の多いさま。用例 お金を ― ためこむ。②残らず。根こそぎ。

**ごった**(形動) 乱雑なさま。ごっちゃ。ごたごた。用例 ― になる。

**コッター【cotter】** 平形のくさびの一種。軸と軸を直結するために、力の方向に直角な穴に打ち込むもの。コッタ。

**ごった-がえ・す【ごった返す】**(五自) たいへん混雑する。be thronged

**ごった-に【ごった煮】** いろいろな材料を一つのなべに入れて煮る料理。調味に決まりはない。ごた煮。hotchpotch

**こっ-たん【骨炭】** 動物の骨を乾留して作る炭化物。燐酸カルシウム・炭素などからなり、脱色性、吸着性が強い。製糖などにおける精製脱色や薬剤・顔料として用いられる。bone black 比較 骨粉。

**こつたん-えん【骨端炎】** 骨の成長が営まれる骨端部に起こる一種の栄養障害の総称。骨の壊死、結合組織や軟骨の増殖などを起こす。真の炎症ではない。骨軟骨症。epiphysitis

**こっ-ち【▼此▽方】**(代)《「こちら」のくだけた言い方》対義 あっち。①話し手に近いものや場所をさし示す語。here ②話し手自身、または話し手のがわの人をさし示す語。this person; I; we

**こ-づち【小▼槌】** 小さいつち。small mallet 用例 打ち出の ―。

**ごつちみかど-てんのう【後土▽御門天皇】**(一四四二〜一五〇〇) 第一〇三代天皇(在位一四六四〜一五〇〇)。名は成仁。後花園天皇の第一皇子。即位後まもなく応仁の乱が起こった。

**ごっちゃ**(形動) ↓ごった

**こっ-ちょう【骨頂・骨張】** 最上。随一。the height 用例 愚の ―。

**ゴッツィ【Gasparo Gozzi】**(一七一三〜八六) イタリアの文学者。ジャーナリズムで活躍した。著書『ダンテ擁護』など。

**ゴッツォリ【Benozzo Gozzoli】**(一四二〇〜九七) イタリア初期ルネサンスの画家。フィレンツェ派。装飾的作風の克明な風俗描写で多くのフレスコ画を残した。作品『ノアの泥酔』など。

**こつ-つぼ【骨▼壺】** 火葬にした死者の骨を入れるつぼ。

**こ-つづみ【小鼓】** 能や長唄の囃子などに使われる打楽器。左手で調べひもを握り、右肩に構えて右手の素手で打つ。対義 大鼓。

**こ-づつみ【小包】** ①「小包郵便物」の略。②小さい包み。package

**こづつみ-ゆうびんぶつ【小包郵便物】** 信書以外の内容物で表面に「小包」と記した郵便物。重量と送達距離によって料金が異なる。parcel post

**コッテージ【cottage】** ↓コテージ

**こってり(と)**(副・サ変自) ①味・色などの、濃いさま。thickly ②しつこいさま。いやというほど。たっぷり。amply 用例 ― 油を絞られる。

**ゴッド【God】** 神。天帝。造物主。

**こっ-とう【骨▼董】** 美術的価値のある古道具。antique 用例 ― 品。

**ゴットシェット【Johann Christoph Gottsched】**(一七〇〇〜六六) ドイツの文学理論家。著書『批判的作詩法の試み』など。

**ゴッドファーザー【godfather】** ①教父。洗礼名の名付け親。②アメリカの犯罪組織マフィアの首領。

**ゴットフリート-フォン-シュトラスブルク【Gottfried von Strassburg】**(一一七〇ごろ〜一二一〇ごろ) ドイツ中世の叙事詩人。騎士道的な愛の理想を追求。作品『トリスタンとイゾルデ』。

**ゴットヘルフ【Jeremias Gotthelf】**(一七九七〜一八五四) スイスの小説家・牧師。作品『農奴ウーリー』『黒い蜘蛛』など。

**コットン【cotton】** 木綿。

**コットン-ペーパー【cotton paper】** 綿の繊維からできたパルプ。また、これに亜硫酸パルプを加えてつくった紙。柔らかで弾力性があり、軽い。書籍用紙などに用いる。コットン紙。

**コットン-ベルト【Cotton Belt】** アメリカ南東部の綿花栽培地帯。一八世紀末ごろから、黒人奴隷を使役し、大農場として発展。現在では機械化とともに栽培面積が縮小され、トウモロコシ・大豆・牧草・肉牛などを組み合わせた混合農業に変わったところが多い。綿花地帯。

**こつなんか-しょう【骨軟化症】** 骨組織のカルシウムや燐が不足することで、骨格に屈曲などの種々の変形をきたす骨機能不全。四肢の痛み、歩行困難など。osteomalacia

**こつ-にく【骨肉】** ①骨と肉。one's own flesh and blood ②血族関係にある者。親子・兄弟。blood relations

**骨肉相食む**(こつにくあいはむ) 親子・兄弟などが、互いに争う。

**こつ-にくしゅ【骨肉▼腫】** 腫瘍組織中に、骨質の形成を伴う悪性腫瘍。大腿骨や脛骨に多い。osteosarcoma

**こつねん-と【▼忽然と】**(副) ↓こつぜんと(忽然と)

**こっ-ぱ【木っ端】** ①木のけずりくず。chip ②取るに足りない、つまらないもの。worthless thing 用例 ― 役人。

**コッハー【Emil Theodor Kocher】**(一八四一〜一九一七) スイスの外科医。甲状腺の生理・病理・外科に関する業績が多く、その名を冠する鉗子を発明。一九〇九年ノーベル生理学医学賞受賞。コッヘル。

**こつ-ばい【骨灰】** ↓こっかい(骨灰)

**こっぱい-ぜい【骨▼牌税】** 麻雀・花札などに課された消費税。昭和三二年(一九五七)に改定され、トランプ類税と改称。消費税の創設に伴い、平成元年(一九八九)に廃止。

**こつ-ばこ【骨箱】** 遺骨を入れる箱。骨壺をおさめる箱。

**骨箱を叩く**(こつばこをたたく)《「骨」は、歯のこと。「骨箱」は、口をさげすんで言ったもの》大げさなことを言う。大口を叩く。骨箱を鳴らす。

**こっぱ-みじん【木っ端▽微▼塵】** こなごなに砕けること。こなみじん。break to fragments

**こ-つばめ【小▼燕▼蝶】** 小形のシジミチョウ。開張二cm内外。翅の内半分が青色に輝く。早春に発生。幼虫はツツジ科・バラ科などのつぼみを食べる。九州以北の日本全土に分布。

**こつ-ばん【骨盤】** 下肢体を構成する骨格。左右の寛骨と、そのあいだにある仙骨・尾骨からなる。全骨格のうちもっとも性差が著しい。pelvis

**こつばん-い【骨盤位】** 妊娠末期に、子宮内胎児の臀部または足が下を向いている状態。逆子。breech presentation

**こつばん-けいそくほう【骨盤計測法】** 分娩管理の一つ。骨産道の大きさを測り、狭骨盤などをみつけだす方法。pelvimetry

**こつばん-けんいんほう【骨盤▼牽引法】** 腰椎間板ヘルニアや変形性腰椎症などに対し、腰部にベルトをかけて牽引し、筋緊張の緩和や神経圧迫の解除をはかる治療法。pelvic traction

**こつばん-ふくまくえん【骨盤腹膜炎】** 小骨盤内に限局した腹膜炎で、大腸菌・淋菌などが原因。多くは女性の内性器、とくに卵管の炎症に続発する。pelveoperitonitis

**こっ-ぴど・い【こっ▽酷い】**(形)《俗語。「ひどい」を強めて言う》非常にひどい。てきびしい。badly

**こつ-ひろい【骨拾い】** ↓こつあげ(骨揚げ)

**こつぴん-せい【骨品制】** 古代朝鮮、新羅の身分的社会制度。骨は血族、品は地位・身分をいう。最高階層は聖骨と真骨で、国王はこの出自。

**こ-つぶ【小粒】** ①粒・からだ・力量が小さいこと。small ②《「小粒金」の略》一分金の通称。③豆板銀。対義 丁銀。

**コップ【kop オランダ】** 液体を飲用するための筒形の器。多くはガラス製。カップ。グラス。

**コップの中の嵐**(コップのなかのあらし) 大勢に影響のない、ある範囲だけのもめごと。storm in a teacup 類似 蝸牛角上の争い。

**コップ【KOPF】**《Federacio de Proletaj Kultur Organizoj Japanaj エスペラント の略》日本プロレタリア文化連盟。昭和六年(一九三一)蔵原惟人の提唱でプロレタリア文化団体の統一・連絡のため組織された。いくつかの機関誌も発行したが、弾圧により同九年(一九三四)解散。

**コップ-ざ【コップ座】** 南天の星座。五月八日ごろの午後八時ごろに南中。面積二八二平方度。Crater

**コップ-ざけ【コップ酒】** さかずきでなく、コップで飲む酒。

**こっ-ぷん【骨粉】** 動物の骨を粉末にしたもの。燐酸カルシウム・たんぱく質などからなり、飼料や肥料などに用いる。骨末。powdered bone 比較 骨炭。

**コッペ-パン**《Koppe ドイツ(山頂)とパンの合成語か》紡錘形の中高のパン。

**コッペリア【Coppélia】** バレエ作品。ドリーブ作曲。一八七〇年初演。抜粋の組曲が有名。

**コッヘル【Kocher ドイツ】** 登山などに用いる組み合わせ炊事用具。アルマイトやアルミニウム製。

**コッヘル【Kocher】** ↓コッハー

**こっ-ぺん【骨片】** ①骨のかけら。②下等動物の体内にみられる針状の骨。海綿動物・イソギンチャク類・ナマコ類にみられる。針骨。spicule

**コッホ【Robert Koch】**(一八四三〜一九一〇) ドイツの細菌学者。結核菌・コレラ菌を発見。伝染病は微生物によることを立証。近代細菌学を確立。ツベルクリンを創製した。北里柴三郎の師。一九〇五年ノーベル生理学医学賞受賞。

**こ-つぼ【子▼壺】** 子宮。子袋。

**ゴッホ【Vincent van Gogh】**(一八五三〜九〇) オランダの画家。おもにフランスで活動。燃えるような色彩と激しい筆触の個性的画風を確立。二〇世紀絵画の先駆者となった。作品『糸杉』『夜のカフェ』『アルルのはね橋』など。↓写

**こっ-ぽう【骨法】** ①骨組み。②礼儀。作法。③技芸で、こつ。調子。

**こつ-ぼとけ【骨仏】** ①火葬のあとに残るほね。お骨。②人をののしっていう語。

**コッポラ【Francis Ford Coppola】**(一九三九) アメリカの映画製作者・監督。作品『ゴッドファーザー』『地獄の黙示録』など。

**こ-づま【小▼褄】** 和服のつま。用例 ― をからげる。

**こづま-からげ【小▼褄絡げ・小▼褄▼紮げ】** 動きやすいように、和服のつまの先をからげて帯の間にはさむこと。

**こつ-まく【骨膜】** 関節軟骨と多くの筋肉付着部分を除いて、骨の全体を包む結合組織の白い被膜。知覚神経や血管が多く分布し、内外の二層からなる。periosteum

**こつまく-えん【骨膜炎】** 骨髄炎のさいにみられる外骨膜の炎症。医学的には骨膜単独の炎症はほとんどない。局所の腫れ・疼痛・発赤などを伴う。periostitis

**こ-づめ【小▼爪】** つめのはえぎわの、半月形の白い部分。half-moon

**小爪を拾う**(こづめをひろう) ことばじりをとらえて、口答えをする。

**ご-づめ【後詰(め)】** ①後方に備えた陣・軍勢。後陣。②敵の後方から攻める軍勢。

**こ-づら【小面】** ①顔をいやしめて言う語。つら。face ②石・れんがなどの小口。end

**こづら-にく・い【小面憎い】**(形) 顔を見るのさえ憎らしい。cheeky

**こつ-りん【骨▼鱗】** 硬骨魚類の鱗。ほぼ円形で、同心円状の縞(年輪)と放射状の線条がある。後端付近にとげのある櫛鱗と、とげのない円鱗に区別される。bony scale

**こ-づれ【子連れ】** 子どもを連れていること。用例 ― の客。

●ゴッホ『アルルのはね橋』。一八八八年、クレーラー=ミューラー美術館(オランダ)。

**コッローディ**【Carlo Collodi】(一八二六〜九〇) イタリアの児童文学者。『ピノッキオの冒険』で全世界に知られる。

**こつん**(副) かたいものが軽くぶつかる音・さま。clunk [用例] 頭を―とたたく。

**ごつん**(副) かたくて重いものが強くぶつかる音・さま。bump [用例] 頭を―とぶつける。

**こて**【▼鏝】①泥・しっくい・セメントなどをぬる左官用具。trowel [数え方] 一本・一丁。②裁縫や手芸で用いる小型のアイロン。iron ③はんだづけに用いる道具。soldering iron ④整髪用アイロン。crimper →[写]

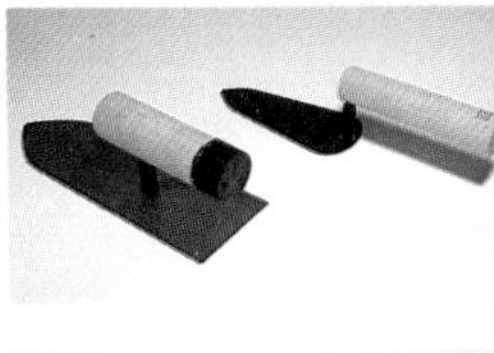

●鏝①
元首鏝(右)、中首鏝(左)。

●鏝②
丸鏝 世田谷区立郷土資料館(東京都)。

**こ-て**【小手】①ひじと手首の間。forearm ②手先。腕先。[比較] 大手。

**小手を翳す**(こてをかざす) 日射しをさえぎるように、手先を額のあたりにあてる。多く、日中の晴天時に、遠くを見やるときのしぐさ。shade one's eyes with one's hand

**こ-て**【▼籠手】①甲冑の付属品。肩先から左右の腕をおおう防具。gauntlet ②弓を射るときに左の手首にかける皮製のおおい。弓籠手。bracer ③剣道の防具の一つで、両方の小手にはめるもの。→[図] →剣道[図]

**ご-て**【後手】[対義] 先手。①試合・戦闘などで、相手に先をこされること。受け身になること。second move [用例] ―をひく。②手おくれ。be too late ③後詰め。後陣。④囲碁・将棋で、相手のあとから打つ、またはさすこと。

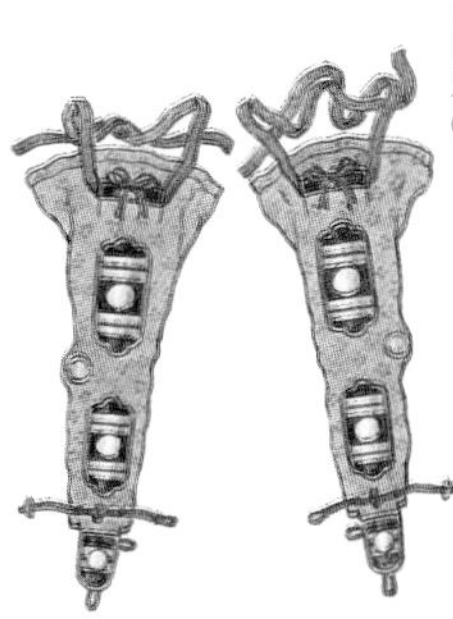

●籠手①

**後手に回る**(ごてにまわる) 先をこされて、受け身の立場になる。また、手おくれになる。後手をひく。be forestalled

**こ-てい**【固定】(名・サ変自他) ①一定の場所・状態にあって動かないこと。一定で変化しないようにすること。固着。fixation [対義] 浮動。②遺伝子がホモの状態にそろうこと。homogeny ③細胞や組織を生きているときに近い状態で生命活動を停止させること。fixation

**こ-てい**【湖底】みずうみの底。bottom of a lake [比較] 海底。

**ご-てい**【五帝】古代中国での伝説上の五人の聖帝。『史記』「五帝本紀」では、黄帝・顓頊・帝嚳・堯・舜とする。

**ご-てい**【五▼鼎】古代中国で大夫が、五種類の肉味を五つの鼎に盛り神前に供えたこと。

**五鼎に食わずんば死して五鼎に烹られん**(くわずんばししてごていににられん) 出世できないなら、悪行を行って刑罰を受けて死ぬほうがよい。

**コディアック-ひぐま**【コディアック▼羆】ヒグマの亜種の一つ。世界最大の陸生肉食獣。体長約二・八m。アラスカのコディアック諸島に分布。アラスカアカグマ。Alaskan brown bear

**こてい-がくそう**【固定楽想】標題音楽で特定の観念と結びつき、繰り返しあらわれる中心的楽想。ベルリオーズが『幻想交響曲』で創始。

**こてい-かぶ**【固定株】株主が、株価の変動に左右されず、持続的に所有している株式。[対義] 浮動株。

**こてい-かわせそうばせい**【固定為替相場制】外国為替相場を固定し、その変動を一切認めない、または、ごくわずかの変動幅しか認めない制度。固定相場制。fixed exchange rate system [対義] 変動為替相場制。

**こてい-かんねん**【固定観念】こびりついて変わらない考え。fixed idea

**こてい-きゅう**【固定給】労働の能率に関係なく支払われる一定額の賃金。一般には、基本給に家族手当などの固定的な手当を加えたもの。fixed salary [比較] 能率給。

**こてい-し**【固定子】発電機・電動機などの回転しない部分。回転子に対していう。stator

**こてい-しさん**【固定資産】企業・個人の資産のうち、流通には用いずに、長期間にわたって使用する資産。土地・家屋・機械・特許権など。fixed assets [対義] 流動資産。

**こていしさん-ぜい**【固定資産税】家屋・土地・償却資産に課される地方税。住民税とともに市町村の主要な財源。fixed property tax

**こてい-しほん**【固定資本】工場・建物・機械など、長期にわたって使用される資本。fixed capital [対義] 流動資本。

**こてい-そうばせい**【固定相場制】「固定為替相場制」の略。

**こてい-ていこう**【固定抵抗】値が変えられない抵抗。fixed resistance

**こてい-ひ**【固定費】→こていひよう(固定費用)

**こてい-ひょう**【固定票】選挙で、その政党や候補者に必ず投票されると予想できる票。fixed vote [対義] 浮動票。

**こてい-ひよう**【固定費用】生産高に関係なく発生する一定額の費用。減価償却費・支払利息・固定資産税などで構成される。固定費。不変費用。fixed cost [対義] 変動費用。

**こてい-ひりつ**【固定比率】自己資本に対する固定資産高の割合。その割合が低いほど理想的。ratio of fixed assets to net worth

**こてい-ぶあい**【固定歩合】外交員などの取る歩合の最低限。fixed commission

**コティヨン**【cotillon フランス】男女四組以上で踊る社交ダンス。一八世紀後半フランスとイギリスに流行。特別の音楽がないのが特徴。

**コデイン**【codeine】アヘンに含まれるアルカロイド。せきをしずめる作用が強い。

**コテージ**【cottage】小屋。山小屋。コッテージ。

**こ-てき**【▼胡▼狄】《「胡」は中国北東の、「狄」は北方の異人種、の意》野蛮人。

**こ-てき**【鼓笛】太鼓と笛。drum and fife

**こ-てき**【▼胡適】(一八九一〜一九六二) 中国の文学者・思想家・教育家。字は適之。上海生まれ。文学革命推進者の一人。のち文学史や哲学史の研究に移る。新中国成立後アメリカに亡命、台湾で没。著書『胡適文存』『中国哲学史大綱』など。こせき。

**こてき-たい**【鼓笛隊】鼓笛を鳴らす合奏楽隊。drum and fife band

**こて-こて**(副・サ変自) ①量が非常に多いさま。abundantly ②→ごてごて①

**ごて-ごて**(副・サ変自) ①濃厚なさま。こてこて。thickly [用例] ―塗りたくる。②文句をいつまでもくどく言うさま。keep complaining [用例] 不平を―並べる。③物が乱雑になっているさま。ごたごた。messy

**こて-さき**【小手先】①手先。②ちょっとした知恵。小才。cleverness [用例] ―の仕事。

**こて-しらべ**【小手調べ】勝負や仕事にかかる前に試しにしてみること。trial

**こてつ**【▼虎徹】→ながそねこてつ(長曾禰虎徹)

**ごて-つ・く**(五自)《俗語》①混雑する。②不平を言う。③もめる。

**ごて-どく**【ごて得】あれこれ無理を言ったり、文句をつけて、得をすること。ごねどく。

**こて-なげ**【小手投げ】相撲のわざの一つ。相手の差してくる手を上から巻いて投げる。

**こ-でまり**【小手▼毬】バラ科の落葉小低木。高さ一〜二m。葉は互生。春に、白色の小花が多数まりのように球形に集まって咲く。公園・庭に植えられる。→[写]

●コデマリ

**こ-てまわし**【小手回し】①前からの準備。用意。quick preparation ②その場の機転。こでまわし。quick wit

**ご・てる**(下一自)《俗語》ぶつぶつと不平を言う。ごてつく。ごねる。

**こ-てん**【古典】①昔の儀式ないし法式。②昔の書物。経典。③文学を初めとする学問・芸術上の作品で、後世の模範となるべき、歴史的評価の定まったもの。classics

**こ-てん**【個展】個人の作品を集めた展覧会。personal exhibition [用例] ―を開く。

**こ-でん**【古伝】①昔からの伝え。legend ②古い記録。old record

**ご-てん**【御殿】①貴人の住まいを言う敬語。②清涼殿の別名。

**ご-でん**【誤伝】(名・サ変自他) まちがって伝わること・伝えること。また、その言い伝え。misinformation

**ごてん-い**【御殿医・御典医】近世、大名などに仕えた医師。[比較] 町医者。

**こてん-がくは**【古典学派】アダム=スミスをはじめとする古典派経済学の理論家たち。また、その体系によってたつ経済学者の総称。古典派。classical school

**こてん-かなづかい**【古典仮名遣い】歴史的仮名遣いの一種。昔の文献の仮名の用法をもとにして、いちいちの語の表記を決めるもの。[参照] 歴史的仮名遣い。

**こてん-げき**【古典劇】ギリシア・ローマの古代劇と、それに範をとったルネサンス以後の各国の国民演劇運動。とくに一七世紀フランス演劇をさすことが多い。また近代劇成立以前の各国の国民演劇の総称にも用いることがある。classical theater

**こてん-ご**【古典語】①古典の言語。とくに、ギリシア語とラテン語。classical language ②日本の明治以前の文献にみえる文語の総称。

**こてん-こてん(に)**(副)《俗語》さんざんに。手も足も出ないように。[用例] ―やっつける。

**こてん-しゅぎ**【古典主義】文学・芸術上の概念。古代ギリシア・ローマの一流の芸術作品を模範として、形式美を尊び、均斉を重んずる。一七〜一八世紀のフランスのラシーヌ、イギリスのドライデン、ドイツのゲーテ、絵画ではダビッド・アングルなど。クラシシズム。classicism

**ごてん-じょちゅう**【御殿女中】①将軍家や大名に仕えた奥女中。②底意地の悪い者のたとえ。

**こてん-てき**【古典的】(形動) ①古典の趣があるさま。classic ②古典を重んずるさま。classic ③古典としての価値があるさま。classic

**ごてんば**【御殿場】〈市〉静岡県北東部、富士山麓と箱根連山に囲まれた市。旧宿場町。富士山登山口として発展。自衛隊基地・演習場がある。人口七万六二六二(一九八八)。

**こてんは-おんがく**【古典派音楽】一般には、ハイドン・モーツァルト・ベートーベンを中心とする、一八世紀後半から一九世紀初めの音楽。形式性を尊重した。中心地がウィーンだったためウィーン古典派ともいう。Classicism

**こてんは-けいざいがく**【古典派経済学】一八世紀後半から一九世紀にかけて、産業革命期のイギリスに起こった経済学の流れ。自由放任主義と労働価値説に基づいて資本主義経済を自律的な再生産の体系ととらえ、その構造と法則を解明するとともに、古典的自由主義の経済学的基礎を確立した。アダム=スミス・リカード・マルサス・ジョン=スチュアート=ミルなどが代表者。classical economics

**こてん-ぶつりがく**【古典物理学】巨視的物理現象に適用されるニュートン力学・マックスウェル電磁気学に基づく物理学。最近では、特殊相対性理論を含めていうこともある。classical physics

**こてん-らくご**【古典落語】主として明治以前につくられ、今日まで伝えられている落語。[比較] 新作落語。

**こてん-りきがく**【古典力学】ニュートンの運動の法則を根本原理とする力学。量子力学に対していう。最近では相対論的力学を含めていう。classical mechanics

**こと**【言】①ことば。words ②口に出して言うこと。speaking

**言悖りて出ずればまた悖りて入る**(こともとりていずればまたもとりている) 人の悪口を言えば、人からも悪口がかえってくる。

**こと**【事】㊀(名)《頭の中で考えるもので、形や位置といった明確なものがな

く、はっきりつかめないときに使う語。現象の内容を考えず、生成・存在だけを問題にするときに使う語。言と同語源》①事実。事柄。fact [対義]もの。[用例]皆できめた―は守ろう。②事態。situation [用例]―ここに至っては。③できごと。めんどう。trouble [用例]それは、―だ。―と次第によっては。④つとめ。任務。task ⑤わけ。事情。reasons [用例]それはどういう―だ。⑥《事実・事柄などよりも、もっと明確でないことを表すときに使う語》㋐経験。[用例]京都に行った―がない。㋑習慣。[用例]毎朝ジョギングをする―にしている。㋒ねうち。[用例]見ただけの―はある。㋓《形式的に言う語》の。[用例]書く―をやめよ。言う―ができる。㋔内容。意味。[用例]それはこういう―だ。おもしろい―になる。㋕必要。[用例]急ぐ―はない。㋖ばあい。[用例]忘れる―もある。㋗うわさ。[用例]行くという―だ。㋘もっともよいこと。[用例]学生はやはり勉強する―だ。㋙文末に置いて、願望や軽い命令を表す語。[用例]廊下を走らない―。㋚形容詞の連体形に付いて副詞的に用いる。[用例]早い―やってしまえ。うまい―行く。㋛それについて言えば。[用例]わたくし―。㋜雅号・芸名などの下に付けて、すなわち、の意。[用例]夏目漱石―夏目金之助。㈢(終助)《おもに女性が使う》感動や強調を表す。[用例]まあ、いやだ―。

**事有る時は仏の足を戴く**(ことあるときはほとけのあしをいただく) 苦しいときの神だのみ。

**事有れかし**(ことあれかし) 何か事件があり、平安無事な状態が破れることを願う。hope something will happen

**事がな笛吹かん**(ことがなふえふかん) 何かが起こったら、それに乗じて事を行おうと待っていること。

**事が延びれば尾鰭が付く**(ことがのびればおひれがつく) 物事はながびくと、いろいろやっかいなことが起こる。

**事、此処に至る**(こと、ここにいたる) 事態が、このような、どうにもしようがない状況にまで進行してしまう。things have come to this pass

**事、志と違う**(こと、こころざしとちがう) 考えていたように事がはこばない。事、志とたがう。

**事無きを得る**(ことなきをえる) 無事に済む。finish something without any trouble

**事に当たる**(ことにあたる) ①ある仕事をする。また、任務を負う。attend to one's work ②大事・変事に遭う。災難にでくわす。meet with a misfortune

**事に臨む**(ことにのぞむ) ある事を目の前にする。大事件など、重要な事態に直面する。face a situation

**事に触れて**(ことにふれて) 何かにつけて。at every opportunity [比較]折に触れて。

**事の起こり**(ことのおこり) 物事の発端。また、事件の発生の原因。

**事も無く**(こともなく) ①無事に。safely ②たやすく。わけもなく。easily

**事を欠く**(ことをかく) 不足する。なくて不自由する。事欠く。[用例]日常、着る物にも―。

**事を構える**(ことをかまえる) もめごとを起こさんばかりの態度をとる。また、事を荒立てようとする。

**事を好む**(ことをこのむ) ①好んで事態を荒立てる。②物好きである。be curious

**事を分けて**(ことをわけて) ある事柄の理由などをよく説明するさま。よく道理を説いて。理を分けて。reason with

**こと【異】** ㈠(名) 別々であること。他のもの。difference ㈡[古語](形動ナリ) 他とは違うさま。格別なようす。[用例]その滝、物より―也(伊勢・八七)。

**攻守、所を異にする**(こうしゅ、ところをことにする) 形勢が逆転する。攻守、所を変える。turn the table

**異にする**(ことにする) 別にする。区別する。make a distinction

**こと【琴・▼箏】** 撥弦楽器。①東洋の撥弦楽器の総称。平安時代には「箏のこと」「琴のこと」「琵琶のこと」などといった。strings ②現在は「こと」は箏をさすのがふつう。胴に一三弦をはった楽器で、右手の指三本に爪をつけて弦をはじく。[数え方]一面・一張り。↓[図]

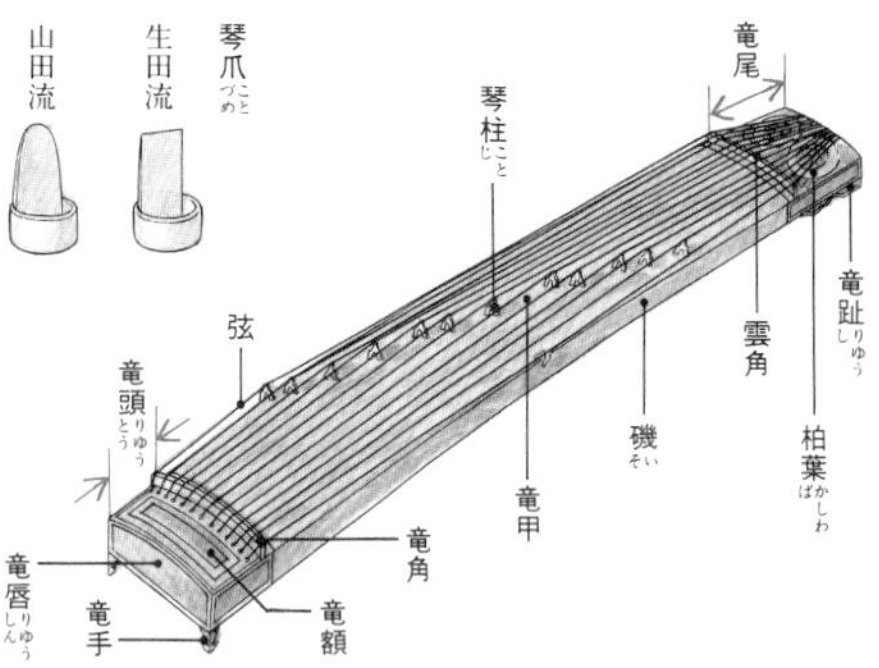

● 琴② 十三弦琴の各部名称

**こ-と【古都・故都】** ①古い都。旧都。ancient capital [対義]新都。②古くからの都市。ancient city [用例]―金沢。

**こ-と【▼糊塗】**(名・サ変他) 一時しのぎにとりつくろうこと。その場のごまかし。gloss over

**こ-ど【弧度】** ↓ラジアン

**ごと【▽如】**(助動)《「ごとし」の語幹》…のように。[用例]花の―。

**ごと**(接尾) …といっしょに。…ぐるみ。[用例]町―。

**ごと【▽毎】**(接尾) =ごとに。①そのたび。そのつど。[用例]五分―。一雨―に暖かくなる。事―に失敗した。②それぞれに。別々に。[用例]会う人―に吹聴する。

**ご-ど【後度】** のち。後日。

**後度を突く**(ごどをつく) 念を押す。

**こと-あげ【言挙げ】**(名・サ変自) 取り立てて言うこと。揚言。mention

**こと-あたらし・い【事新しい】**(形) わざとらしい。ことさらしい。unnatural; artificial [派生]ことあたらしげ(形動) ことあたらしさ(名)

**こと-あまつかみ【▽別天神】** 日本神話で天地開闢の初めに高天の原に現れたとされる五神。天之御中主神・高御産巣日神・神産巣日神の造化の三神と、宇摩志阿斯訶備比古遅神・天之常立神をさす。わけあまつかみ。

**こと-あらためて【事改めて】**(連語) わざわざ新しく。anew [用例]―言う必要はなかろう。

**こ-とう【古刀】** [対義]新刀。①古い刀。old sword ②とくに慶長年間(一五九六～一六一五)以前に作られた日本刀。

**こ-とう【孤灯】** ぽつんと一つともっている明かり。solitary light

**こ-とう【孤島】** 離れ島。solitary island [用例]絶海の―。

**こ-とう【弧灯】** アーク灯。arc lump

**ことう【湖東】**〈町〉 滋賀県中部、近江盆地の町。稲作がさかん。梵鐘づくりの町として有名。人口九五三四(一九八八)。

**こ-どう【古道】** ①昔の道徳・学問・方法。ancient morality ②古い道。旧道。old road

**こ-どう【鼓動】**(名・サ変自) ①震え動くこと。quiver ②心臓が脈打つこと。beat

**ご-とう【語頭】** 語の始め。[対義]語末・語尾。

**ご-とう【誤答】**(名・サ変自) まちがった答え。[対義]正答。

**ご-どう【五道】**《仏教語》五悪趣の別称。

**ご-どう【悟道】**《仏教語》仏の真理をさとること。さとりをひらく道。

**ご-とう【▼梧▼桐】** アオギリの異名。

**ゴドウィン【William Godwin】**(一七五六 一八三六) イギリスのアナーキスト・小説家。富が平等に分配される社会での国家権力の消滅を主張した。著書『政治的正義』など。

**ゴドウィンオースチン-さん【ゴドウィンオースチン山】**(Mount Godwin Austen) カラコルム山脈の最高峰K2の別称。

**ごとう-おん【語頭音】** 語の最初の音。

**こどう-きょう【▼跨道橋】** 道路の上にかけわたした歩行者用の陸橋。歩道橋。

**こ-どうぐ【小道具】** ①小さい器具。small tools ②刀剣の付属品。めぬき・つばなど。③演劇で、こまごました舞台道具。stage properties [対義]大道具。

**こと-うけ【言▽承け】** 返答。承諾。[用例]―方。

**言承け良しの異見聞かず**(ことうけよしのいけんきかず) 返答は良いが、実際には他人の意見を受け入れない。

**ご-どうげん【呉道玄】**(生没年未詳) 中国、唐の玄宗時代の宮廷画家。初名は道子。人物・仏画・山水のすべてにすぐれ、壁画をよくした。白描画が特色。

**ごとう-こんざん【後▼藤▼艮山】**(一六五九 一七三三) 江戸中期の医師。江戸の人。灸・温泉・熊胆を多く用い医風の革新をはかった。古医方四大家の一人。

**ごとう-しゃく【五等爵】** 古代中国で諸侯の身分呼称として用いられた公・侯・伯・子・男の爵位の総称。日本では明治一七年(一八八四)の華族令において採用。五爵。

**ごとう-しょうじろう【後▼藤象▽二郎】**(一八三八 一八九七) 明治の政治家。土佐藩出身。藩主山内容堂を説いて大政奉還を推進。維新政府の参議になったが、征韓論を唱えて下野。自由党に参加し大同団結運動を提唱。のち逓相・農商務相。

**ごとうしょ-ずもう【御当所相撲】** 東京以外の本場所で、その地方出身の力士が、その場所の相撲興行をいう語。

**ごとう-しんぺい【後▼藤新平】**(一八五七 一九二九) 明治・大正時代の政治家。岩手県生まれ。初代満鉄総裁・逓相・内相・外相・東京市長を歴任。日ソ国交調整など外交や震災復興に功績。

**こと-うた【琴歌・▼箏歌】** ①琴にあわせてうたう歌。②山田流箏曲の別称。③歌舞伎下座音楽の一つ。時代物で御殿や宮殿の場などに用いられる。ふつう三味線で琴を模倣する。琴唄。箏唄。

**こどう-たいい【古道大意】** 平田篤胤の国学手引き書。二巻。文化六年(一八〇九)の講義を門人が筆記。復古神道の代表的著作。

**ご-とうち【御当地】** 相手の住む土地に行って、その土地をいう敬語。

**ごとう-ちゅうがい【後▼藤宙外】**(一八六六 一九三八) 小説家・評論家。本名、寅之助。秋田県生まれ。早大卒。『新小説』を編集し自然主義を批判。小説『ありのすさび』、評論『非自然主義』など。

**ごとう-とくぞう【後▼藤得▽三】**(一八九七) 能楽師。シテ方。喜多流。大阪生まれ。修羅物・早舞物などに華麗な舞台を展開。重要無形文化財保持者。

**ごとう-ぼり【後▼藤彫】** 装剣金工の一派。室町後期の後藤祐乗を祖とする。町彫に対し家彫ともいう。

**ごとう-またべえ【後▼藤又▽兵▽衛】**(一五六〇 一六一五) 安土桃山時代の武将。名は基次。黒田長政に仕え、文禄の役・関ケ原の戦いに活躍。小隈城一万六〇〇〇石を領するが、のち浪人。豊臣秀頼の招きで大坂に入り、大坂夏の陣で戦死。

**ごとう-みつつぐ【後▼藤▽光次】**(一五七一 一六二五) 江戸時代初期の金工。京都の人。徳川家康の信頼を得、金銀改役として幕府幣制の基礎を確立。後藤庄三郎。

**ごとう-みよこ【五島▽美代子】**(一八九八 一九七八) 歌人。東京生まれ。佐佐木信綱に師事。夫の茂らと歌誌『立春』創刊。歌集『暖流』『新輯母の歌集』など。

**ごとう-ゆうじょう【後▼藤▼祐乗】**(一四四〇 一五一二ごろ) 室町時代の金工。美濃の人。装剣金具の後藤彫の祖。高肉彫を創案。作品『獅子牡丹文小刀』など。

**こと-うら【琴▽占】** 琴を弾いて神霊を迎え、その神霊がのりうつった人のことばから吉凶を占うもの。また、のちには琴板を笏でたたいて占った。

**ごとう-れっとう【五島列島】** 東シナ海にある長崎県西端の列島。中通・若松・奈留・久賀・福江の五島とその属島をいう。リアス式海岸で漁業がさかん。するめが特産。

**ことおか【琴丘】**〈町〉 秋田県北西部、八郎潟に臨む町。漁業がさかんであったが、八郎潟干拓後は稲作が主。人口七四三一(一九八八)。

**こと-おさめ【事納め】** [対義]事始め。①物事のしおさめ。end of a matter ②江戸時代、陰暦二月八日に、年神の棚をとりはずしたりして、正月の終わりとした習俗。③東国で、陰暦一二月八日に農事の終わりを祝った行事。④仕事おさめ。

**こと-がき【事書(き)】** ①一つ一つ分けて書いたもの。箇条書き。itemization ②「…のこと」という書き方。

**こと-か・く【事欠く】**(五自) 不自由する。want [用例]食うに―暮らし。

**こと-がら【事柄】** 事のありさま。事情。事態。matter

**こと-かわ・る【事変(わ)る】**(五自) ようすが変わる。違っている。

**ごとき【▽如き】**[文語的](助動)《「ごとし」の連体形》…のような。like [用例]右の―問題。

**こと-き・れる【事切れる】**(下一自) 息が絶える。死ぬ。die

**こ-どく【孤独】**(名・形動) ①ひとりぼっちであること・さま。solitude ②みなし子とひとり者。

**ご-とく【五徳】** ①儒教における温・良・恭・倹・譲の五徳目。②火鉢や炉などで炭火な

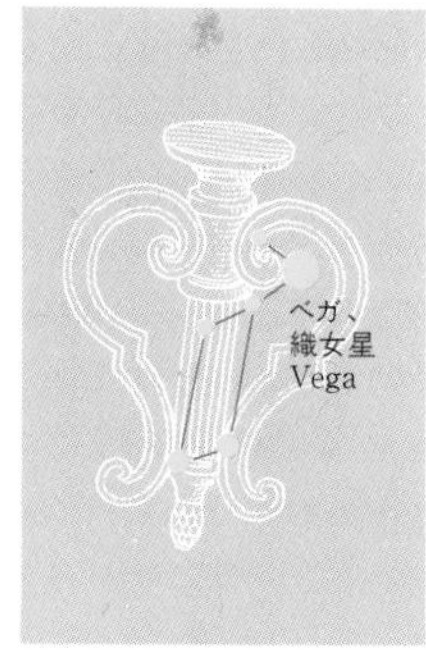

●琴座

どの上に立て、てつびんなどをおく三脚または四脚の鉄製・陶製の具。

**ご-とく【悟得】**(名・サ変他) さとりをひらいて真理をつかむこと。

**ごとく【▽如く】** 文語的 (助動)《「ごとし」の連用形》…のように。like 用例 この問題を右の—考えれば。

**ご-どく【誤読】**(名・サ変他) 文字をまちがって読むこと。まちがった読み方。misreading

**こと-ぐさ【言▽種・言草】** ①うわさのたね。話題となる事柄。②口癖。③言いわけ。口実。

**こと-ぐらげ【琴▽水▽母】** 全体がU字形で竪琴に似るクラゲ。クシクラゲの一種。全長一五cm内外。U字形の左右の先端の穴から長い羽状の触手を出す。泳ぐ能力はなく、ウミエラ類に付着して生活。相模湾から採集。

**こと-ごころ【異心】** 古語 ①別の事を思う心。用例 姫君をおき奉りたまひて、世に—おはせじ(源氏・手習)。②二心。あだしごころ。用例 男、—ありてかかるにやあらむと思ひ疑ひて(伊勢・二三)。

**こと-こと**(副) ①小さい物が軽く触れ合って立てる音。tap 用例 ランドセルの中で筆入れが—いう。②物の煮える音・さま。simmer 用例 とろ火で—煮つめる。

**ことごと-に【事▽毎に】**(副) 何か事があるたびに。いつでも。every 用例 —言い争う。

**こと-ごと【事事】** 多くのこと。あれこれのこと。many things

**こと-ごと【異事・▽他事】** 古語 ほかのこと。別のこと。another matter 用例 あはれなる歌などもまじれるたぐひゆかしう、たれも—おぼさず(源氏・絵合)。

**こと-ごと【▼悉・▽尽】**(副) ことごとく。

**ごと-ごと**(副) ①物がぶつかり合ったり、動いたりする音・さま。rattle 用例 電車が—走る。②物の煮える音・さま。bubbling boil

**ことごと-く【▼悉く・▽尽く】**(副) ①全部。残らず。all ②全く。はなはだ。utterly

**悉く書を信ずれば則ち書無きに如かず**(ことごとくしょをしんずればすなわちしょなきにしかず) 書物を読んでも、うのみにし、そのまま信じるようなら、かえって読まないほうがよい。

**ことごと-し・い【事事しい】**(形) ものものしい。大げさだ。pompous 派生 ことごとしげ(形動) ことごとしさ(名)

**こと-こまか【事細か】**(形動) 詳しいさま。詳細。in detail

**こと-ざ【琴座】** 北天の星座。一等星ベガ(=織女星)はα星。ギリシア神話に登場。八月二九日ごろの午後八時ごろに南中。面積二八五平方度。Lyra →図

**こと-さえく【言さえく】**［枕ことば］《外国人のことばが、わかりにくい意から》「韓・百済」にかかる。用例 つのさはふ石見の海の—韓の崎なる海石にそ深海松生ふる(万葉・二・一三五)。

**こと-ざま【事様】** 古語 ①ありさま。ようす。用例 よきほどにて出で給ひぬれどなほ—の優におぼえて(徒然・三二)。②心のほど。用例 大方は家居にこそ—はおしはからるれ(徒然・一〇)。

**こと-ざま【異様】** 古語 ①変わったようす。異心のあるようす。用例 いひちぎりける女の、—になりにければ(伊勢・一一二)。②他の方・人。用例 今はただ—にわくる心もなくて(源氏・葵)。

**こと-さやぐ【言さやぐ】**［枕ことば］《「ことさへく」の転》「唐」にかかる。用例 むつかしや—唐人なればお言葉をもとても聞き知らばこそ(謡曲・白楽天)。

**こと-さら【殊更・▽故】**(副) ①わざと。わざわざ。on purpose ②とくに。especially

**ことさら-め・く【殊更めく】**(五自) わざとらしく見える。そう思われる。seem intentional

**こ-とし【今年】** この年。こんねん。this year

**こと-じ【琴▽柱・▼箏▽柱】** 琴の胴の上に立てて、弦を支え、移動させて音の高低を整える具。→琴図

**琴柱に膠する**(ことじににかわする) 条件に応じて変化することができなくなる。融通のきかないたとえ。

**ごとし【▽如し】**(助動 形ク型)《用言の連体形、また、これに助詞「が」の付いたもの、および体言に助詞「の」の付いたものに付く》①たとえて言うのに用いる。…と同じだ。such as 用例 雪の—。②例示に用いる。…などのようだ。like 用例 かくの—。③不確かな断定の意を表す。…らしい。…のようだ。seem 用例 知る人なきが—。

**ことし-じゅう【今年中】** 今年いっぱい。in the course of this year

**ことじ-つのまた【琴▽柱角▼叉】** スギノリ科の紅藻植物。体長約三〇cm。暗紫色で扁平、叉状の分枝を繰り返す。干潮線付近の岩に固着。食用。東北から静岡県あたりまで分布。

**ことしろぬし-の-かみ【事代主神】** 日本神話の神。大国主命の子。天下の事を知り、託宣をつかさどる神とされる。

**こと-だま【言霊】** 古代日本で、ことばに宿ると考えられた霊的な力。ことばのふしぎな働き。

**言霊の幸う国**(ことだまのさきわうくに) 言霊の霊妙な力によって幸福になる国。日本の美称。

**ことだま-の【言霊の】**［枕ことば］《ことばのもつすぐれてふしぎな作用は限りないことから》「八十(=数が多い)」にかかる。用例 —八十の衢に夕占問ふ占正に告る妹はあひ寄らむ(万葉・一一・二五〇六)。

**こと-た・りる【事足りる】**(上一自) =事足る。①用が足りる。be enough ②万事備わる。be ready

**こと-た・る【事足る】** 古語 (四自) →ことたりる(事足りる)

**こと-づか・る【言付かる・▽託かる】**(五他) 言いつかる。ことづけられる。be told to do

**こと-づけ【言付け・▽託け】** 伝言。依託。比較 言付ける。message

**こと-づ・ける【言付ける・▽託ける】**(下一他) 人に頼んで言い送る。伝言する。send a message

**こと-づて【言▽伝】** ①ことづけること。伝言。message ②伝え聞いたこと。hearsay

**こと-づめ【琴▼爪・▼箏▼爪】** 琴を弾くときはめるつめ。つめ。→琴図

**こと-てん【事典】**《「辞典」「字典」と混同しないための呼び方》→じてん(事典)

**こと-と・う【言問う】** 古語 (四自) ①物を言う。話す。用例 —・はぬ樹にはありとも(万葉・五・八一一)。②尋ねる。問いかける。用例 名にしおはばいざ—・はむ都鳥(伊勢・九)。③訪れる。用例 また—人もなくしておはしけむ北方の心のうち(平家・二・小教訓)。

**ことと-する【事とする】**(連語) そのことだけに打ち込んでする。devote 用例 日夜勉学を—。

**こと-どり【琴鳥】** 雄の尾羽が竪琴に似たコトドリ科の鳥。翼長約二二cm。灰褐色。昆虫や陸産の巻き貝を食す。他の鳥の鳴き声をまねる。オーストラリアに分布。lyrebird →写

●コトドリ

**ことなかれ-しゅぎ【事▼勿れ主義】** ただもう無事・平穏を望む消極的な考え方・態度。prudentialism

**こと-なく【事無く】**(副) 無事に。in safety 用例 —済む。

**こと-な・し【事無し】** 古語 (形ク) ①何事もない。無事である。用例 さらに—・く(源氏・夕顔)。②容易だ。やさしい。用例 わづらはしかりつる事は—・くて(徒然・一八九)。

**ことなし-ぐさ【事無草】** シノブの異名。

**ことなみ【琴▽南】**〈町〉 香川県南端、讃岐山脈の山間の町。県内最高峰の竜王山一〇五九mがある。農林業中心。人口四一〇〇(一九八)。

**ことなり-ごすう【異なり語数】** 一定の範囲の文章・作品などに用いられている異なった単語の数。同じ語が五つあっても一と数えて、総和を求める。比較 語彙・延べ語数。

**こと-な・る【異なる】**(五自) 同じでない。違う。differ 用例 意見が—。成分が—。相—二つの数。

**こと-な・る【事成る】**(連語) その事が無事にできあがる。完成する。be completed

**こと-に【殊に】**(副) ①とりわけ。とくに。especially ②なお。そのうえ。moreover

**ごとに【▽毎に】**(接尾) →ごと(毎)

**ことによる-と【事に▽依ると】**(副) ひょっとすると。possibly

**コトヌー【Cotonou】** 西アフリカ、ベナン人民共和国のギニア湾岸にある港湾都市。貿易・経済の中心地。人口三二・八万(一九七九)。

**コトネアスター【cotoneaster】** バラ科コトネアスター属の総称。常緑または落葉低木。花や実の観賞用に輸入。シャリントウは帯紅白色花を開き、果実は赤熟。ベニシタンは淡紅色の花をつけ、果実は鮮紅色。中国西部などに分布。

**こと-の-お【琴の緒】** 琴の弦。琴の糸。

**琴の緒絶ゆ**(ことのおたゆ)《中国、春秋時代の、伯牙が、自分の琴のよき理解者であった鍾子期が死んだため、琴の弦を断って、二度と弾かなかった、という故事による》親友に死別する。琴の緒断つ。

**ごど-の-しゅうぎ【五度の祝儀】** 近世、上方の遊郭で、五節句にちなむ年五回の祝儀日のこと。正月始め・三月三日・五月五日・七月中旬・九月九日の祝儀の総称。

**こと-の-ついで【事の▽序で】** 他の物事のついで。by the way; in passing 用例 —に書き記す。

**こと-の-は【言の葉】** ①ことば。②和歌。用例 —の道。

**こと-の-ほか【殊の外】**(副) ①《よいことに言う》思いのほか。意外。unexpectedly 用例 —成果が上がる。②とくに。特別に。非常に。exceedingly 用例 猫が—嫌いな人。

**こと-の-よし【事の由】** 事情。理由。

**こと-ば【言葉・▽詞・▽辞】** ①人間が思想・感情を他に伝えるために用いる音声や、それを記した文字。言語。language 用例 —で伝える。②単語や語句。用例 —を変える。③話されたひとまとまりの文。用例 身にあまるお—をいただく。④ことばづかい。言いよう。expression 用例 変な—だ。—つき。⑤小説や、語り物・謡物で、作中人物が話す部分。dialogue 対義 地。用例 —のやりとりがおもしろい。

**言葉が過ぎる**(ことばがすぎる) 立場・状況などから、口にすべきでないことを言う。say too much

**言葉が尖る**(ことばがとがる) 口のきき方がけわしくなる。

**言葉涼し**(ことばすずし) 口のきき方がはっきりしている。

**言葉猶耳に在り**(ことばなおみみにあり) かつて聞いたことばが今もはっきり記憶に残っている。

**言葉に甘える**(ことばにあまえる) 相手が好意で言ってくれたことを、そのまま受ける。avail myself of your kind offer

**言葉に余る**(ことばにあまる) ことばでは言い尽くせない。inexpressible

**言葉に鞘が有る**(ことばにさやがある) 言うことに信実が感じられない。ことばに、うちとけないものがある。

**言葉に詰まる**(ことばにつまる) 受けこたえができなくなる。また、返事に困る。be at a loss for words

**言葉に花が咲く**(ことばにはながさく) ①話がつきない。話に花が咲く。②話がはずみすぎて、言い争いになる。

**言葉に花実を交ぜる**(ことばにはなみをまぜる) 話の中に、真実と、飾りやお世辞とをうまくとりまぜる。話の中で、事実を体裁よく表現する。

**言葉に針を刺す**(ことばにはりをさす) 相手が、ことばをかえないように念をおす。言葉に釘を刺す。

**言葉の綾**(ことばのあや) ことばの上のたくみな表現。とくに、受け取りようによって幾通りにも解釈されるような言いまわし。figure of speech

**言葉の采配**(ことばのさいはい) 軍勢を指揮する号令。集団をとりしまる指令。

**言葉の先を折る**(ことばのさきをおる) 口出しをして、相手に話を続けさせない。interrupt

**言葉の下から**(ことばのしたから) 言い終わってすぐに。言い終わるか終わらないかのうちに。口の下から。while the words are fresh from a person's mouth 類似 舌の根もかわかぬうちに。用例 謝った—言いわけを始める。

**言葉の下に骨を消す**(ことばのしたにほねをけす) 他人の告げ口によって、命を失うことがある。

**言葉の端端**(ことばのはしばし) 話しているなかの、いくつかのちょっとした部分。ことばじり。in each word

**言葉は国の手形**(ことばはくにのてがた) 「訛りは国の手

形」と同意。

**言葉は心の使い**(ことばはこころのつかい) 心の中で思っていることは、おのずからことばにあらわれる。

**言葉は立ち居を表す**(ことばはたちいをあらわす) ことばは、その人の人がらをあらわす。[類似]言葉は身の文(あや)。

**言葉は身の文**(ことばはみのあや) ことばは、その人の人がらをあらわすものである。[類似]言葉は立ち居を表す。

**言葉も無い**(ことばもない) 《驚いたり、悲しんだり、すまなく思ったりするときのようすに言う》何も言えない。また、何と言ったらよいか、言うべきことばがみつからない。have no words

**言葉を返す**(ことばをかえす) ①返答する。reply ②口答えをする。retort

**言葉を掛ける**(ことばをかける) 話しかける。speak to a person

**言葉を飾る**(ことばをかざる) たくみなことばづかいをする。use fancy words

**言葉を交わす**(ことばをかわす) 口をきく。互いに話し合う。talk with

**言葉を下げる**(ことばをさげる) ①ぞんざいな口のきき方をする。②へりくだった話し方をする。言葉を垂れる。言葉を卑くする。

**言葉を番う**(ことばをつがう) 約束する。

**言葉を継ぐ**(ことばをつぐ) いったんとぎれた会話を、ふたたび始める。また、相手の話に、ことばを付け加える。continue

**言葉を尽くす**(ことばをつくす) 相手によくわかるように、さまざまに言う。exhaust one's words

**言葉を濁す**(ことばをにごす) うやむやにする。はっきり言わない。speak ambiguously

**言葉を残す**(ことばをのこす) ①全部を言わずにおく。言い残す。②のちの世のために、言っておく。遺言する。

**言葉を呑む**(ことばをのむ) 何か言おうとして、言いかけたことを急にやめる。stop saying

**言葉を挟む**(ことばをはさむ) 他人の話に口出しをする。また、話の途中に割りこむ。口を挟む。interrupt

**言葉を引き取る**(ことばをひきとる) 相手の話の途中や、ことばのあとに、うまく自分のことばを続けて、話す。

**言葉を卑くする**(ことばをひくくする) へりくだった話し方をする。言葉を下げる。speak in a humble way

**ことば-がき**【▽詞書(き)】 ①和歌・俳諧の前書き。つくった事情などを述べたもの。[比較] ②絵巻物にある説明文。caption ③絵本の中の対話の文。

**コトパクシ-さん**【コトパクシ山】(Volcán Cotopaxi) 南アメリカ、エクアドルの首都キトの南方にある二重式火山。標高五八九六m で、活火山としては世界最高峰。

**ことば-じち**【言葉質】 人のことばを証拠とすること。言質。pledge

**こと-はじめ**【事始め】 [対義]事納め。[用例]『蘭学——』。①新しく着手すること。物事の始め。②江戸時代、正月の用意に陰暦一二月八日、すす払いをしたこと。③東国で、陰暦二月八日に農事にとりかかったこと。④仕事はじめ。

**ことば-じり**【言葉▼尻】 ①ことばの終わり。ending of a word ②言っている内容の本質からはずれたことがら。ちょっと。言い損ない。slip of the tongue

**言葉尻を捕らえる**(ことばじりをとらえる) 他人の言い損ないにつけこんで、皮肉を言ったり、なじったりする。pounce in on the tail of what a person says [類似]揚げ足を取る。

**ことば-づかい**【言葉遣い】 ことばの遣い方。ものの言いよう。expression

**ことば-つき**【言葉付き】 ものの言いよう。wording

**ごとば-てんのう**【後▽鳥羽天皇】(一一八〇〜一二三九) 第八二代天皇(在位一一八三〜九八)。高倉天皇の第四皇子。承久三年(一二二一)北条氏追討の兵を挙げたが(＝承久の乱)敗れ、隠岐に流されてその地で没。『新古今和歌集』を撰集させた。

**ことばのやちまた**【▽詞八▼衢】 江戸時代の文法書。文化三年(一八〇六)成立。本居春庭著。動詞の活用を研究。活用の型を四段、一段、中二段、下二段、カ・サ・ナ行の変格の七つに、活用形を五段に整理するなど、近代のそれに近いものを提唱。

**こと-ひき**【琴引】 ↓やかたいさき(矢形伊佐木)

**ことひき-ぐさ**【琴弾草】 マツの異名。

**こと-ひと**【異人】 [古語]別の人。ほかの人。[用例]——の子になりて、平などいへど(枕・成信の中将こそ)。

**ことひら**【琴平】〈町〉 香川県西部にある町。金刀比羅宮の門前町として発展した。人口一万三一七一(一九八八)。

**ことひら-ぐう**【▽金▽刀比羅宮】 香川県琴平町にある旧国幣中社。大物主神を主神とし、崇徳天皇を合祀する。古来より航海の守護神として崇敬される。こんぴらさん。↓[写]

**ことひら-やま**【琴平山】 香川県西部、大麻山南東部の峰。標高五二一m。中腹に金刀比羅宮がある。象頭山。

**こと-ぶき**【寿】 ①めでたいこと。ことほぐこと。祝い。よろこび。congratulations ②長命。longevity [用例]——をたもつ。

**ことぶき-ぐさ**【寿草】 フクジュソウの異名。

**ことぶきそがのたいめん**【寿▼曾我対面】 歌舞伎時代物。通称『対面』。歌舞伎の典型的な役柄がそろう様式的な演目。曾我兄弟が敵の祐経に対面し、仇討ちの決意を固めるという筋。延宝四年(一六七六)初演。

**こと-ぶれ**【事触れ・言触れ】 ①広く告げ知らせること・人。[用例]春の——。②農事の吉凶などのお告げ。

**ごと-べい**【五斗米】 ①五斗の米。②わずかな給与。

**五斗米に腰を折る**(ごとべいにこしをおる) 少しの俸禄をもらうために、人にあわれみを請う。

**ごとべい-どう**【五斗米道】 中国、後漢末、張陵が創始した宗教および教団。祈禱による病気治療を中心とし、施療の謝礼が米五斗だったことによる呼称。孫の張魯のときに強大となり、曹操の討伐を受けたが、のちに天師道として復活。太平道とともに、道教成立の一要素となった。

**こど-ほう**【弧度法】 弧度(＝ラジアン)を単位として角の大きさをはかる法。circular measure

**こと-ほ・ぐ**【▽寿ぐ・言▽祝ぐ】(五他) 《古くは「ことほく」》ことばで祝う。よろこびを述べる。congratulate

**こと-ほぞんほう**【古都保存法】 「古都における歴史的風土の保存に関する特別措置法」の略。昭和四一年(一九六六)制定。京都・奈良・鎌倉などが指定された。

**ことほど-さように**【事程左様に】(副) 《明治期に欧文so… that… の直訳から広まった言い方》以上述べてきたような程度に。それほど。そんなに。as is stated

**こと-まつり**【事祭(り)】 ↓はるごと(春事)

**こどまり**【小泊】〈村〉 青森県津軽半島北西部の村。漁業を行う。人口五三九九(一九八八)。

**こ-ども**【子供】 ①自分の子。one's own child ②幼い子。child [対義]大人。③動物の子。baby animal ④まだ一人前でないこと。green ⑤遊女につかえた禿。⑥[古語]《親しんでよびかける語》人々。[用例]いざ——早く大和へ(万葉・一・六三)。

**子供隠された鬼子母神の様**(こどもかくされたきしもじんのよう) 《仏が、他人の子をさらっては食う鬼子母神を戒めるために、その子を隠した、という故事による》たいせつなものをなくして、悲しみさわぐさま。

● 金刀比羅宮

**子供が火遊びすると寝小便をする**(こどもがひあそびするとねしょうべんをする) 子どもが火をもてあそぶのを、戒めたことば。

**子供の喧嘩に親が出る**(こどものけんかにおやがでる) 子どもどうしのけんかに、親が口出しするのをそしって言う。大人げないことのたとえ。

**子供の使い**(こどものつかい) 要領を得ない使者、また相手の言うままに引き下がってくる使者のたとえ。useless messenger

**子供の根問い**(こどものねどい) 子どもは、なんでもしつこく聞きたがる、ということ。

**子供は風の子**(こどもはかぜのこ) 子どもは、冷たい風の中でも遊ぶほど、元気いっぱいなものである。また、そのようにあれ。

**子供は風の子、大人は火の子**(こどもはかぜのこ、おとなはひのこ) 子どもは寒風の中ででも元気に遊び回り、大人は寒いと家にこもって、暖炉や火鉢などのそばから離れない。

**子供を堕ろす**(こどもをおろす) 堕胎する。have an abortion

**こと-も-おろか**【言も愚か】(連語) 言うまでもないこと。もちろん。言うもおろか。of course

**こども-ぎんこう**【子供銀行】 金銭の出納・記帳などで社会科の勉強にも役立てようとして、銀行・郵便局の助力で小・中学校の児童・生徒たちに運営させる預金制度。

**こども-ぐみ**【子供組】 村の年齢集団の一つ。ふつうは、集落または組単位で、七歳から一五歳前後の少年で構成。村祭りなど、村の行事に特別の役割を果たした。

**こども-ごころ**【子供心】 ①子どもらしい無邪気な心。childlike mind ②子どもなりの判断。judgment as a child

**こども-しゅ(う)**【子供衆】 ①子どもたち。②子どもの敬称。お子さんがた。

**こども-だまし**【子供▼騙し】 ①子どもをだましすかすこと。trick a child ②あさはかな手段。childish trick ③つまらないもの・こと。bauble

**こどもっ-ぽ・い**【子供っぽい】(形) 考えや動作・服装などが子どものようだ。幼稚だ。childish [派生]こどもっぽさ(名)

**こと-も-なげ**【事も無げ】(形動) 問題にもしないさま。むぞうさ。[用例]——に言ってのける。

**こどものじょうけい**【子供の情景】 《原題Kinderszenen(ドイツ)》シューマン作曲のピアノ曲集。全一三曲。一八三八年作。各曲に愛らしい標題がつけられ、いずれもかおり高い名曲。『トロイメライ』が有名。

**こども-の-ひ**【こどもの日】 国民の祝日の一つ。五月五日。子どもの人格を重んじ、その幸福をねがう日。本来は端午の節句で男子の祝いとされるが、昭和二三年(一九四八)から、法律による祝日となった。

**こども-ふく**【子供服】 乳児から一五歳ぐらいまでの男・女児の衣服の総称。ロンパースなどのベビー服・幼児服なども含まれる。children's clothes

**こども-らし・い**【子供らしい】(形) ①いかにも子どもにふさわしい。childlike ②子どものように幼い。childish

**こと-ようか**【事八日】 陰暦二月八日の事始めと、一二月八日の事納めのこと。針供養などが行われる。

**こと-よ・せる**【事寄せる】(下一自) かこつける。本意を出さず、ほかのことを理由にする。make a pretext of [用例]雨に——・せて欠席する。

**ゴトランド-き**【ゴトランド紀】 シルル紀に同じ。Gotlandian period

**ゴトランド-とう**【ゴトランド島】 (Gotland) バルト海中部、バルト海最大の島。面積三一〇〇$km^2$。スウェーデン領。古代ローマ時代の史跡が多い。

**こ-とり**【子捕り・子取り】 ①↓ことろ(子捕ろ)。②子どもを誘拐すること・人。

**こ-とり**【小鳥】 大きさがスズメくらいの小形の鳥。small bird

**ごとり**(副) 重い物が動きはじめるときの音・さま。thump [用例]貨車が——と動きだす。

**こ-とろ**【子捕ろ】 子どもの遊戯の一つ。平安時代からあり、親と鬼が一人ずつ、他は子となって親のあとに離れないように並び、鬼に捕まらないように逃げまわる。子捕り。

**こと-わけ**【事訳】 事柄のわけ。事の理由。事情。

**こと-わざ**【事業】 [古語]しわざ。仕事。[用例]世の中にある人、——しげきものなれば(古今・仮名序)。

**こと-わざ**【▼諺】 昔から広く親しまれている教訓・風刺をふくむ句。「負うた子に教えられる」など。proverb [比較]金言・警句。

**こと-わり**【断り・断わり】 ①辞退。decline ②拒絶。refusal ③予告。notice ④わびを言うこと。apology

**こと-わり**【▽理】 [古語]㊀(名) ①道理。[用例]盛者必衰の——をあらはす(平家・一・祇園精舎)。②理由。[用例]いみじう——など言はせて、ゆるしつ(枕・松の木立ち高き所の)。㊁(形動ナリ) もっともなさま。[用例]げに人のめできこえんも——なる御さまなりけり(源氏・夕顔)。

**理過ぎて**(ことわりすぎて) 極端である。いきすぎである。



↓ 行き先項目、図版・写真参照印。 [JIS] 日本工業規格情報交換用漢字符号コード(区点コード)。

理迫めて(ことわりせめて) 物事の筋道をつくして。
理無し(ことわりなし) 道理に合わない。理由がない。
**こと-わ・る【断る・断わる】**(五他) ①拒む。拒絶する。refuse ②受けない。辞退する。decline ③前もって言う。予告する。give notice 用例 ―・っておくが。 ④わびる。謝罪する。apologize
**こと-わ・る【▽理る】** 古語(四他)《「事割る」の意》①正しい、正しくないを判断する。用例 とりどりに―・りて中の品にぞ置くべき(源氏・帚木)。②事情を明らかにする。用例 ―べき人さへなければ(源氏・手習)。
**ことん**(副) 小さくかたいものが当たったり、落ちたりする音・さま。clack
**コドン【codon】** 遺伝暗号の単位で、メッセンジャーRNAを構成している四種の塩基であるアデニン・グアニン・シトシン・ウラシルのうちの三つが連結したもの。全部で六四通りある。
**ごとん**(副)「ことん」より大きく重いものが当たったり、落ちたりする音・さま。
**こな【粉】** ①砕けて細かくなったもの。粉末。こ。powder ②小麦粉。flour
**こないだ【▼此▽間】**《俗語。「このあいだ」の約》先日。用例 ―は失礼した。
**こな-おしろい【粉▽白▽粉】** 粉状のおしろい。face powder 対義 水白粉。
**こ-なか【子仲・子中】** 子どもまで生まれた間柄。用例 ―をなす。
**こな-が【小菜▼蛾】** 小形のガ。開張一三～一六mm。灰褐色。幼虫はアブラナ科植物の葉を食害する。全世界に分布。
**こながい【小長井】**〈町〉長崎県南東部、有明海に臨む町。ミカン栽培と畜産がさかん。石材生産でも知られる。人口七四三八(一九八八)。
**こ-なから【小▽半・▽二▽合▽半】** ①半分の半分。四半分。②米の一升の四半分で、二合五勺。転じて、米・酒などについて、少量。こはん。
**こ-なぎ【小▽水▼葱】** ミズアオイ科の一年草。田や池の縁にはえる。ミズアオイに似ているが小形。葉は広披針形。秋に青紫色の六弁花を数個つける。ササナギ。
**こな-ぐすり【粉薬】** 粉状の薬。こぐすり。powder medicine 対義 水薬・錠剤。数え方 一包み・一服・一袋。
**コナクリ【Conakry】** 西アフリカ、ギニアの首都。港湾都市。大西洋岸の、本土と橋で結ばれたトンボ島にある。ボーキサイト・鉄鉱石などを輸出。人口七六・三万(一九八〇)。
**こな-ごな【粉粉】**(形動) こなみじん。こっぱみじん。to pieces 用例 ―に砕ける。
**こな-さん【▼此▽方さん】** 古語(代) あなたさま。そなたさま。こなさま。江戸時代、上方で、主として女性が目上の男性に用いた。

**こなし【▽熟し】** ①こなすこと。消化。用例 腹―。②からだの動かし方。立ち居振る舞い。とくに、役者のしぐさ。carriage 用例 身の―。③思う通りにあつかうこと。用例 着―。
**こ-なし【小▼梨】** ①ズミの異名。②アズキナシの異名。③ヤマナシの異名。
**こな・す【▽熟す】**(五他) ①細かに砕く。break to pieces ②消化する。digest ③思うままに使う。自由に扱う。handle easily 用例 難しい本を読み―。④売りさばく。sell 用例 数で―。⑤やっつける。finish ⑥演劇で、役をうまく演ずる。act
**こ-なすび【小▼茄▽子】** サクラソウ科の多年草。路傍や山地にはえる。茎は地に伏し、長さ約三〇cm。葉は卵形。六月に、花冠が五深裂した黄花を開く。果実が小さなナスに似る。
**こな-ずみ【粉炭】** 木炭の粉。木炭のくず。charcoal dust
**こな-せっけん【粉石▼鹸】** 粉末のせっけん。形状は合成洗剤の粉末に似ているが、成分は油脂とアルカリが主。soap powder
**こなた【▼此▽方】** ㊀(名) 以後。現在まで。thereafter 用例 終戦から―。㊁(代) ①こちら。こっち。here 対義 かなた・そなた・あなた。②わたくし。I
**こなた-かなた【▼此▽方▽彼▽方】**(代) こちらとあちら。あちこち。here and there
**こなた-さま【▼此▽方様】**(代) こちらさま。あなたさま。
**こな-だに【粉▼蜱】** コナダニ科の白い微小なダニ。体長一mm以下。湿気をもつ食品につきやすく、粉をこぼしたようにみえるほど多くわくことがある。世界各地に分布。
**こな-ちゃたて【粉茶立▽虫】** でんぷんや乾燥食品を食害するコナチャタテ科の昆虫。体長約二mm。乳白色で翅がないので、一見シラミに似るが、触角が長い。暗所にすみ、光線をきらう。全世界に分布。
**こ-なまいき【小生意気】**(形動)《「こ」は接頭語》いかにも生意気なさま。impudent
**こな-みじん【粉▽微▼塵】** こなごなに砕けること。こっぱみじん。to pieces
**こな-や【粉屋】** ①穀物の粉を売る店・人。flour shop ②穀物の粉をつくる職業・人。miller
**こな-ゆき【粉雪】** 細かいさらさらした雪。こゆき。powder snow
**こ-なら【小▼楢】** ブナ科の落葉高木。高さ一五～二〇m。山野にふつうにみられ、葉は倒卵形で鋭い鋸歯がある。裏は淡灰白色。堅果は長楕円形で、総苞は皿形。ホウソ。ハハソ。ナラ。↓写
**コナラク【Konarak】** インドのカルカッタ南西のベンガル湾に面した地。ヒンズー教のスーリヤ寺院遺跡と、その壁面彫刻群が名高い。

●コナラ

**ごなら-てんのう【後▼奈▽良天皇】**(一四九六～一五五七) 第一〇五代天皇(在位一五二六～五七)。後柏原天皇の第二皇子。皇室経済力衰微のため、践祚一〇年後に即位式。

**こな・れる【▽熟れる】**(下一自) ①砕けて細かくなる。break into pieces ②食べ物が消化される。be digested ③運用がたくみになる。be skilled ④世事に慣れる。円熟する。be matured 用例 人間が―・れてきた。

**こ-なん【湖南】** ①湖の南。②琵琶湖の南方の地区。③中国の「湖南省」の略。

**こなん【湖南】**〈省〉中国中南部の省。揚子江中流の南部、洞庭湖周辺の平野部にある。省都は工業都市長沙。米・大豆・落花生などの、豊かな農業地域。人口五二八一万(一九八四)。フーナン。

**ご-なん【御難】** 他人の災難・難儀などをいう「敬語。用例 ―続き。

**コニー-アイランド【Coney Island】** アメリカ、ニューヨーク市ブルックリン区南岸の行楽地。海水浴場・水族館・遊園地などがある。

**コニーデ【Konideドイツ】** シュナイダーによる火山の形態分類の一つ。成層火山。↓火山図
**コニウム【conium】** ドクニンジンの別名。アルカロイドのコニインを含有する。

**コニカ【コニカ(株)】** カメラ・写真感光材料および情報機器のメーカー。昭和一一年(一九三六)設立。旧社名は小西六写真工業。

**こ-にくらし・い【小憎らしい】**(形)《「こ」は接頭語》生意気で、しゃくにさわる。provoking 用例 ―もの言いぶり。派生 こにくらしげ(形動) こにくらしさ(名)

**こにし-ゆきなが【小西行長】**(?～一六〇〇) 安土桃山時代の武将。キリシタン大名。豊臣秀吉に仕えて肥後半国二四万石を領したが、関ケ原の戦いで西軍に属して敗れ、斬首。

**ごにじょう-てんのう【後二条天皇】**(一二八五～一三〇八) 第九四代天皇(在位一三〇一～〇八)。名は邦治。後宇多天皇の第一皇子。

**こにし-らいざん【小西来山】**(一六五四～一七一六) 江戸前期の俳人。通称、伊右衛門。大坂の人。談林風の句をつくったが、のち独自の蕉風的句境を開く。編著『大坂八百五十韻』、句文集『今宮草』など。

**こ-にだ【小荷駄】** ①馬に負わせる荷物・食糧。horse-size load ②室町・戦国時代、兵糧や武具などの軍事物資。また、それを城や戦場に運ぶ駄馬隊。
**ご-にち【後日】**↓ごじつ(後日)
**こ-にもつ【小荷物】** ①小さくて軽い荷。baggage米; small luggage英 ②鉄道で扱う小さな荷物。package米; parcel英 比較 手荷物。
**コニヤ【Konya】** トルコ南西部の都市。標高一一〇〇mの高原にあり、周辺は豊かな農牧業地域。小麦・野菜・羊毛などの集散地。人口四三・九万(一九八五)。
**コニャック【cognacフランス】** フランスのコニャック地方に産するブランデーのこと。アルコール分四〇～四八%。
**ご-にゅう【悟入】**(名・サ変自)《仏教語》さとりをひらいて、真実の世界に入ること。
**ご-にん【誤認】**(名・サ変他) あやまって、それと思うこと。見まちがい。misconception
**ごにん-ぐみ【五人組】** ①江戸時代、古代の五保制にならった庶民の隣保組織。領主の強制により五戸一組を単位とし、初めはキリシタンや浪人のとりしまりを主眼としたが、のちには、相互検察をさせたり連帯責任を負わせたりして末端支配・統制の手段とした。②一八六〇～七〇年代ロシアの作曲家グループ。バラキレフ・キュイ・ムソルグスキー・リムスキー＝コルサコフ・ボロディンの五人。ロシア国民音楽を確立した。The Five
**こ-にんずう【小人数】** 少しの人数。こにんず。small number of people
**ごにん-ばやし【五人▼囃子】** 雛祭りで雛段に飾る、五人一組になっている囃子方の雛童子。向かって右から謡・笛・小鼓・大鼓・太鼓の順。能楽の囃子方をかたどったもの。↓雛壇図
**こ-ぬか【小▼糠・粉▼糠】** ぬか。米をつくとき出る、表皮の粉。
小糠三合持ったら養子に行くな(こぬかさんごうもったらようしにいくな) 少しでも財産があるのなら、男は独力で生計を立てるべきだ。また、養子は気苦労が多いものである、ということ。
**こぬか-あめ【小▼糠雨】** 細かで、ぬかのような雨。霧雨のこと。ぬかあめ。drizzle
**こぬか-ぐさ【小▼糠草】** イネ科の多年草。牧草として移入し、野生化。高さ約八〇cm。葉は白緑色で線形。晩春に、緑色の小穂をつける。本州以北に分布。ヨーロッパ原産。クリーピングベントグラス。
**こ-ぬれ【木▽末】**《「木の末」の約》こずえ。
**コネ**《和製語。connectionから》人と人とのつながり。とくに、有利な縁故関係。手づる。ひき。
**こね-かえ・す【▼捏(ね)返す】**(五他) ①何度もこねる。こねまわす。knead ②物事をいじってややこしくする。紛糾させる。complicate
**コネクター【connector】** 電気回路をコードなどで相互に接続する部品。回路数が多いものは、マルチコネクターとよばれる。
**こね-く・る【▼捏ねくる】**(五他)《俗語》こねる。
**コネティカット【Connecticut】** アメリカ北東部、ニューイングランド地方にある州。州都ハートフォード。独立当時の一三州の一つ。人口三二〇・八万(一九八〇)。
**ごね-どく【ごね得】** 文句をつけて得をすること。ごてどく。
**こね-どり【▼捏(ね)取り】** もちつきで、側にいて、こねかえすこと・人。
**こね-まわ・す【▼捏(ね)回す】**(五他) ①こねかえす。knead ②さんざんいじくりまわす。tamper
**コネリー【Sean Connery】**(一九三〇～) イギリスの映画俳優。「007シリーズ」のボンド役で有名。ほかに『風とライオン』などに出演。
**こ・ねる【▼捏ねる】**(下一他) ①粉・土などに水を混ぜて練る。knead ②無理なことをくどく言う。argufy 用例 へりくつを―。
**ご・ねる**(下一自)《俗語》①くたばる。死ぬ。②《「ごてる」と混同して》㋐無理を言う。㋑不平をならす。すねる。
**ご-ねん【御念】**《相手の心づかい・配慮をいう敬語。からかい半分で使う場合もある》お心づかい。ご配慮。念。用例 ―の入ったことでおそれいります。
**ごねん-せいぞんりつ【五年生存率】** 癌の治療後、一定の期間検査を繰り返し、五年後に生存している場合をいちおう治癒したものとしてみた、その割合。five-year survival rate
**この【▽九】** 物を数えるとき、「ここの」を略していう語。ここのつ。用例 なな、やあ、―、とお。
**こ-の【▼此の】**(連体) 話し手に近い物事をさし示す語。this 対義 その・あの・かの。
此の親にして此の子有り(このおやにしてこのこあり) このように親が立派だからこそ、子どももすばらしい子に育つ。また、このように親がだめだから、子どももだめなのだ。Like father, like son.
此の期に及んで(このごにおよんで)《ある事柄がどうしようもなくなってから言う》こうなってから。at this stage of the game
此の道許りは別(このみちばかりはべつ) 色恋だけは、ほかのことと別である。色恋の世界のことは、常識では判断できない。また、どんな人でも、色恋には夢中になり、分別を失うものだ。
**この-あいだ【▼此の間】** 先ごろ。せんだって。先日。こないだ。recently; the other day
**このうら【▽金浦】**〈町〉秋田県南西部、日本海

に臨む町。漁業のほかに、稲作などの農業が行われる。人口五三二二(一九八八)。

**この-え【▽近▽衛】** ①「近衛府」の略。または、そこに勤務する官人。②「近衛兵」「近衛師団」の略。

**このえ-け【▽近▽衛家】** 藤原氏の一支族。北家の嫡流。第二代基通の邸宅、近衛殿を家名とする。五摂家の一つとして明治維新まで代々摂政・関白・太政大臣をつとめた。

**このえ-しだん【▽近▽衛師団】** 宮城の守護および儀仗を任務とした、旧日本陸軍の師団。明治二一年(一八八八)創設。

**このえ-てんのう【▽近▽衛天皇】**(一一三九～一一五五) 第七六代天皇(在位一一四一～一一五五)。名は体仁。鳥羽天皇の第九皇子。

**このえ-のぶただ【▽近▽衛▽信▼尹】**(一五六五～一六一四) 安土桃山・江戸初期の公家・書家。左大臣。関白。三藐院と号した。文禄の役のさいに朝鮮に渡ろうと企てたため薩摩に配流。文芸にすぐれ、書道で三藐院流(近衛流)を創始。寛永の三筆の一人。

**このえ-ひでまろ【▽近▽衛▽秀▼麿】**(一八九八～一九七三) 指揮者・作曲家。東京生まれ。大正一四年(一九二五)、山田耕筰と日本交響楽協会を創設。日本の初期の交響楽団育成に貢献した。

**このえ-ふ【▽近▽衛府】** 平安以降、皇居や行幸の警備に当たり、朝儀に加わった武官の役所。六衛府の一つ。左・右に分かれ、大将以下の官をおいた。このえのつかさ。

**このえ-ふみまろ【▽近▽衛文▼麿】**(一八九一～一九四五) 政治家。東京生まれ。京大卒。篤麿の長男。昭和一二年(一九三七)以来三次にわたり組閣。太平洋戦争中は政界の第一線からしりぞき、敗戦後、戦犯に指名され自殺。このえあやまろ。

**このえ-へい【▽近▽衛兵】** 旧日本陸軍の近衛師団の兵。全国の連隊から優秀な者を選抜した。前身である、明治四年(一八七一)に設置された御親兵を、翌年に改称したもの。Imperial Guard

**このえ-ぼたん【▽近▽衛▼牡丹】** 紋所の名。近衛家使用の家紋。中央に牡丹の花をおき、二本の枝葉でその花を抱いている形。摂関家の筆頭を意味する権威ある紋。↓図

●近衛牡丹

**この-かた【▼此の方】** 一(名) そのとき以来。ever since 用例 卒業――。五年――。 二(代) ①こちらのほう。こなた。here ②「この人」の敬語。this person 対義 あの方・その方。

**この-かん【▼此の間】** ある時点からある時点までのあいだ。このうち。during this period

**この-きみ【▼此の君】** タケの異名。

**このくれ-の【木の▽暗の】** [枕ことば]《木が茂って薄暗くなるのは、初夏のころであることから》「卯月」などにかかる。用例 ――四月し立てば夜隠りに鳴く霍公鳥(万葉・一九・四一六六)。

**この-ころ【▼此の▼頃】**《「このごろ」は別語》問題となった、その時代・時期。at this time

**この-ごろ【▼此の▼頃】**《「このころ」は別語》少し前から現在までを、ばくぜんとさす語。近ごろ。recently 用例 ――のできごと。

**この-さい【▼此の際】** こういうばあい。on this occasion 用例 ――あきらめたほうがいい。

**この-さき【▼此の先】** ①こののち。今後。after this ②この前方。way ahead 用例 ――に交番がある。

**このした-かげ【木の下陰・木の下▼蔭】** 木の下の暗いこと。その暗さ。shade of a tree

**このした-やみ【木の下▼闇】** 木が茂って、暗いこと・所。dark place under the trees

**この-じゅう【▼此の中】** このあいだから、ずっと。数日来。このごろ。these few days

**このしろ** 16画 **【▼鮗】** 部首[魚] 和製漢字 JIS 8228

↓このしろ[鮗・鰶・鯯・鱅]

**このしろ【▼鮗・▼鰶・▼鯯・▼鱅】** コノシロ科の、内湾に多い海水魚。全長約二五cm。全長約一〇cmのものを、東京ではコハダという。背面は青色で、小黒点が数列縦に並ぶが、肩部に大きな黒斑がある。食用。本州中部以南・インドなどに分布。↓図

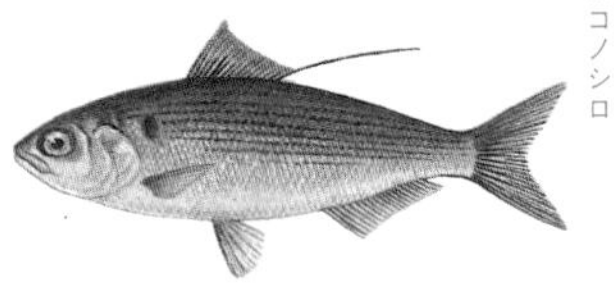

●コノシロ

**この-せつ【▼此の節】** このごろ。近ごろ。recently

**この-たび【▼此の度】** 今度。今回。this time; now

**この-だん【▼此の段】** このこと。この儀。this matter 比較 その段。用例 ――お知らせいたします。

**このて-がしわ【▽児手▼柏・▽側▼柏】** ヒノキ科の常緑高木。高さ一〇mに達する。葉はヒノキに似るが、表裏の区別がない。春に開花。球果は卵形。庭木用。材は器具用。↓写

**児手柏の二面**(このてがしわのふたおもて)《コノテガシワの葉の表裏が、なかなか見きわめられないことから》物事が、どちらとも決めにくいことのたとえ。

●コノテガシワ

**この-ところ【▼此の所】** 近ごろ。このごろ。昨今。lately 用例 ――いそがしい。

**コノドント【conodont】**《円錐状の歯、の意》古生代のカンブリア紀から中生代の三畳紀までいた、海生の動物の部分化石。角型やくしの歯型の小さなもの。地層区分を見るのに有効な示準化石となる。錐歯類。

**こ-の-は【木の葉】** 樹木の葉。とくに、紅葉したものや落ち葉などをいう。きのは。leaf

**このは-いし【木の葉石】** 地層中に埋没した木の葉の型に炭素が沈殿し、その形だけが残った化石。泥岩や頁岩などの地層中に多い。栃木県塩原のものが有名。

**このは-うお【木葉魚】** 枯れ葉のような形と色をしたコノハウオ科の熱帯性淡水魚。全長約一〇cm。泳ぎ方も水中を漂う枯れ葉のようで、敵から身を守るのにも、餌の小魚などに近づくのにも好都合。アマゾン川流域に分布。リーフフィッシュ。leaf fish

**このは-えび【木葉▽海▽老】** 小形のエビに似た下等なコノハエビ科の甲殻類。背甲は左右の殻からなる。体長約八mm。紅褐色、半透明。腐肉に集まる。大西洋・太平洋に分布。

**このは-ざる【木葉猿】** 郷土玩具の一つ。熊本県玉東町木葉産の土製素焼きの猿。栗色の子抱き猿など各種がある。郷土玩具の中では、発生が最古のものといわれる。

**このは-ずく【木葉▽木▼菟・木葉▼梟】** 日本で最小のフクロウ科の鳥。翼長約一四cm。地色は灰褐色で、耳羽は小さい。ブッパンと鳴くので「声のブッポウソウ」という。森林にすみ、昆虫を捕食。ユーラシア・アフリカに分布。日本全土にすみ、一部は渡りもするが、留鳥。ブッポウソウ。scops owl ↓写

●コノハズク

**このは-ちょう【木葉▼蝶】** 翅の形や裏面の模様が枯れ葉に似たタテハチョウ科のチョウ。休止時に下向きにとまった姿は擬態の好例とされる。開張七cm内外。沖縄以南から熱帯に分布。↓写

●コノハチョウ

**こ-の-はな【木の花】** ①木に咲く花。blossom ②《『古今集』仮名序の「難波津に咲くやこのはな冬ごもり今ははるべと咲くやこの花」より》ウメの花。また、サクラの花。

**このはなのさくや-びめ【木花▼之佐久夜▼毘▽売】** 日本神話の女神。大山祇神の娘。瓊瓊杵尊の妃で、海幸・山幸の母。

**このは-むし【木葉虫】** 木の葉によく似たナナフシ科の昆虫の総称。体長約八cm。緑色で腹部が平たい。擬態の好例とされる。熱帯アジア特産。leaf insect ↓写

●コノハムシ

**この-ひと【▼此の人・▼斯の人】**(代) 話し手の側にいる人をさす語。this person

**此の人にして此の疾有り**(このひとにしてこのやまいあり) ①《『論語』から。弟子の冉伯牛の病を嘆いた、孔子のことば》こんなすぐれた人なのに、こんな悪病にかかるとは。②《転じて》すぐれた人なのに、異性関係にはだらしがない。

**コノフィタム【conophytum】** ザクロソウ科の多肉植物。約三〇〇種あり、形は球形・円柱形など変化に富む。花は多弁で白・黄・赤色などがある。観賞用。西南アフリカ原産。↓写

●コノフィタム 大納言

**この-ぶん【▼此の分】** このようす。at this rate 用例 ――では雨だろう。

**ごのへ【五▽戸】**〈町〉 青森県南東部、八戸市西隣の町。旧宿場町。稲作、ナガイモ・リンゴの栽培などが中心。人口二万七〇(一九八八)。

**この-へん【▼此の辺】** ①このあたり。around here 用例 ――にあった。②この程度。用例 ――で終わります。

**この-ほう【▼此の方】**(代) わたくし。自分。対義 そのほう。

**この-ほど【▼此の程】** このごろ。近ごろ。recently

**こ-の-ま【木の間】** 木と木のあいだ。among the trees

**木の間の影**(このまのかげ) 木々の間から漏れてくる月光。

**このまし-い【好ましい】**(形) ①こちらがすきになるさまである。agreeable 用例 ――青年。②望ましい。desirable 用例 ――くない人物。派生 このましげ(形動) このましさ(名)

**このま-ちょう【木間▼蝶】** 茶褐色で、前翅に二個の小白斑があるジャノメチョウ。開張約七cm。日中は、ほの暗い樹林にひそみ、夕方から活動し、灯火にも飛来。食草はジュズダマ・ススキ・アワなど。神奈川県以南・東南アジア・アフリカに分布。↓写

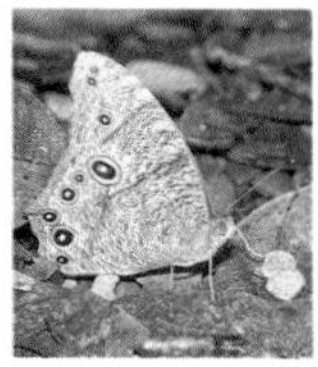

●コノマチョウ ウスイロコノマチョウ

**この-まま【▼此の▼儘】** 今のまま。as it is 用例 ――の状態。

**このみ【好み】** ①好むこと。すきなこと。liking 用例 ――に合う。②注文。希望。choice 用例 お――の料理。③流行。fashion 用例 最近の――。

**こ-の-み【木の実】** 木になる実。果物。果実。きのみ。nut; fruit 用例 ――を拾う。

**この・む【好む】**(五他) ①すきだと思う。気にいる。愛する。like; love 用例 花を――。英雄色を――。②望む。欲する。desire; wish 用例 立身出世を――。③趣味としてたしなむ。have a taste for 用例 音楽を――。

**好むと好まざるとに拘らず**(このむとこのまざるとにかかわらず) 当人のすききらいには関係なく。whether one likes it or not

**こ-の-め【木の芽】** ①樹木の芽。きのめ。leaf bud 用例 ――が吹く。②さんしょうの若芽。

**木の芽張る**(このめはる) 木の芽がふくらむ。

**このめ-あえ【木の芽▽和え】** ↓きのめあえ(木の芽和え)

**このめ-づき【木の芽月】** 陰暦二月の異称。

**このめ-どき【木の芽時】** 三、四月ごろの木の芽の出る時分。

**この-も【▼此の▽面】** こちらがわ。this side 対義 彼の面。



↓ 行き先項目、図版・写真参照印。 JIS 日本工業規格情報交換用漢字符号コード(区点コード)。

**この・もし・い**【好もしい】(形)《「このましい」の転》①感じがいい。agreeable ②望ましい。desirable 派生 このもしげ(形動) このもしさ(名)

**こ‐の‐よ**【▼此の世】①現世。this world 対義 あの世。②当代。現代。the present ③世間。実社会。the world

**此の世ならず**(このよならず) ①ほとんど死ぬほどの状態である。②この世のものでないと思うほど、ふつうでない。また、すばらしい。

**此の世の思い出**(このよのおもいで) この世に生きていたという記念になるようなこと。memory of this world

**此の世の限り**(このよのかぎり) この世の見おさめ。一生の終わり。end of one's life

**此の世の別れ**(このよのわかれ) 死別。bereavement

**この‐よう**【▼此の様】(形動) このありさま。このとおり。かよう。like this

**コノリー**【James Connolly】(一八六八〜一九一六) アイルランドの社会主義者。アイルランド社会主義共和党や労働党を結成。一九一三年のダブリン大争議を指導、市民軍を組織し一六年武装蜂起。イギリス軍に銃殺された。著書『アイルランド労働史』など。

**こ‐の‐わた**【▽海▼鼠▽腸】《「こ」はナマコ、「わた」ははらわた、の意》ナマコのはらわたの塩辛。寒中に作ったものが最上品とされる。酒の肴。↓写

●海鼠腸

**このん‐で**【好んで】(副) ①すきで。望んで。by choice 用例 ― ミカンを食べる。②しばしば。よく。often 用例 ― 字を書く。

**こ‐は**【▼此は】文語的 (連語)《代名詞「こ」に助詞「は」の付いたもの》疑問や感動を表す。これは。

**こ‐ば**【▼胡馬】中国北方に産した馬。

**胡馬、北風に嘶く**(こば、ほくふうにいななく) ふるさとを懐かしむたとえ。胡馬、北風に依る。

**胡馬、北風に依る**(こば、ほくふうによる) 「胡馬、北風に嘶く」と同意。

**ご‐は**【五▼覇】中国、春秋時代の五人の諸侯の盟主。斉の桓公、晋の文公は固定的だが、他の三人については楚の荘王、秦の穆公、宋の襄公とする説、楚の荘王、呉王闔閭、越王勾践とするなど異説がある。春秋の五覇。

**ご‐は**【呉派】中国、明代の山水画の流派。一五世紀後半から沈周・文徴明を先導として復興した南宗画。明代中期以後画壇の主流となるが、明末に分化。比較 浙派。

**ご‐は**【語派】語族の下位区分の一つ。たとえば、インド-ヨーロッパ語族の中にゲルマン語派・ロマンス語派・スラブ語派などがある。branch of a family of languages

**ご‐ば**【後場】証券取引所の午後(一時から三時まで)の立ち会い。afternoon session 対義 前場。

**コパーヘッド**【copperhead】赤褐色の地に白っぽい斑紋がある毒ヘビ。全長七〇〜九五cm。体の模様から森林の中では見分けにくい。米国東部に分布。アメリカマムシ。

**こ‐ばい**【故買】(名・サ変他) 盗品と承知して買うこと。purchase stolen goods 用例 ― の罪。

**ご‐はい**【▽向拝・御拝】↓こうはい(向拝)

**ご‐はい**【誤配】(名・サ変他) まちがって配達すること。

**こは‐いかに**【▼此は▽如▽何に】文語的 (連語) これはまたどうしたことか。

**ごはい‐かぶ**【後配株】↓こうはいかぶ(後配株)

**こ‐ばいけいそう**【小梅▼蕙草】ユリ科の多年草。高さ約一m。葉は広卵形。七月ごろ白色の小花を茎頂に密生。果実は楕円形。根茎は有毒。高山の湿った草原に群生。↓写

●コバイケイソウ

**ごばい‐し**【五倍子】ヌルデやその同属植物の葉に生じる虫こぶ。インド・東アジア・日本では瀬戸内海沿岸に多産。タンニン・インキ・染料などの原料。ふし。gall; gallnut

**コパイバ**【copaiba ラテン・スペイン】マメ科の常緑高木。葉は偶数羽状複葉で、帯白色花をつける。幹からコパイババルサムを採取する。薬用・顔料に利用。南アメリカ原産。コパイババルサムノキ。

**ご‐はいふ**【呉▼佩▼孚】(一八七四〜一九三九) 中国、清末民国初期の軍人。第一次奉直戦争で張作霖に勝ち、北洋軍閥直隷派の巨頭となる。第二次奉直戦争、北伐軍との戦いに敗北、引退。

**こ‐ばか**【小馬▼鹿】《「こ」は接頭語。見下げて》おろか者。

**小馬鹿にする**(こばかにする) いかにも人を軽んじた態度をとり、鼻先であしらうような扱いをする。sneer at

**こ‐はく**【▼琥▼珀】①地質時代のマツ科植物の樹脂が化石化した鉱物。黄色・あめ色の半透明の固体。古代からの飾り石で宝石とした。amber ②「琥珀織り」の略。

**ご‐ばく**【誤爆】(名・サ変自他) ①目標をまちがえて爆撃すること。bomb by mistake ②爆発物の取り扱いを誤ったために爆発すること。explosion by mistake

**こはく‐おり**【▼琥▼珀織(り)】布面に横畝のある平織りの絹織物。最近は化繊のものが多い。女物帯地・袴地用の厚琥珀と、婦人服用の薄琥珀(＝タフタ)がある。taffeta

**こはく‐さん**【▼琥▼珀酸】化学式 $HOOCCH_2CH_2COOH$ TCA回路の一員。柱状の結晶。ナトリウム塩は貝類のうまみ成分。合成酒などの調味料に利用される。succinic acid

**こ‐はくちょう**【小白鳥】全身純白で、嘴の黒と黄が目立つガンカモ科の水鳥。全長約一・二m。ユーラシア北部で繁殖し、冬は南方へ渡る。日本へも冬鳥として飛来するが、数は多くない。whistling swan ↓写

●コハクチョウ

**こ‐ばこ**【▼籠箱】底が板で、側面と上面に紗や絽を張った箱。虫などを入れるのに用いる。

**ご‐はさん**【御破算】①そろばんにおいてある数をくずして、零の状態にすること。②白紙の状態に戻すこと。start afresh

**こ‐ばしり**【小走り】①小またで急いで歩くこと。trot ②武家に仕え、婦人の雑用をつとめた少女。

**こ‐はずかし・い**【小恥ずかしい】(形)《「こ」は接頭語》ちょっと、きまりが悪い。こっぱずかしい。be embarrassed

**こはぜ** 15画 【▼鞐】部首[革]がわ 和製漢字 JIS 8064
↓こはぜ[鞐・小鉤・甲走]

**こ‐はぜ**【▼鞐・小▼鉤・▽甲▽走】たび・きゃはん・帙などのつめ形のとめ具。↓足袋図

**こは‐そも**【▼此は▽抑】文語的 (連語) これはいったい。これはなんと。

**こ‐はだ**【小▼鰭】海水魚コノシロの幼魚の名。おもに東京付近で言う。

**こ‐ばち**【小▼蜂】寄生性の微小なハチの総称。種類はきわめて多い。体長は通常一〜三mm。他の昆虫の卵や幼虫に寄生し、有益な天敵となる種類も多い。

**ごはち‐の‐が**【五八の賀】《五八が四〇であることから》四〇歳になった祝い。

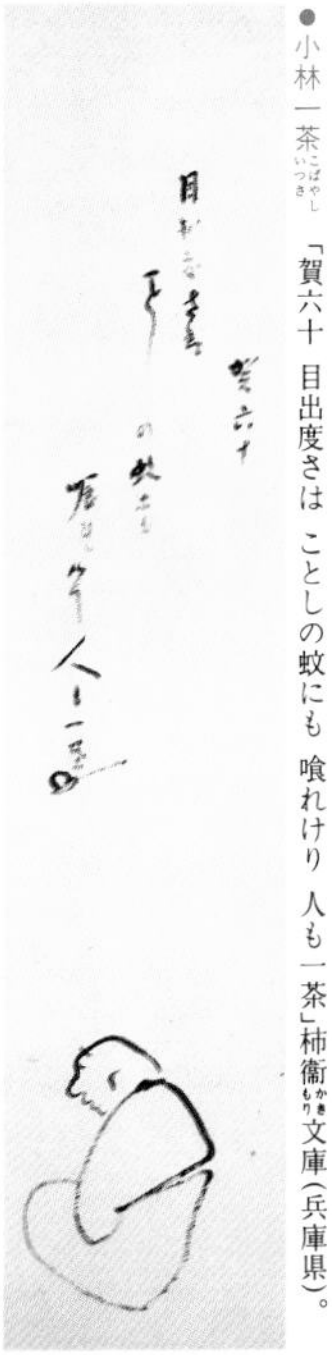
●小林一茶「賀六十 目出度さは ことしの蚊にも 喰れけり 人も一茶」柿衞文庫(兵庫県)。

**ゴパック**【gopak ロシア】ソ連ウクライナ地方の民俗舞踊。四分の二拍子の男性の踊り。しゃがんだ姿勢で足を交互にけり出したりする。

**ご‐はっと**【御法度】してはいけないこと。禁制。

**こ‐ばな**【小鼻】鼻の先の左右のふくらみ。wings of the nose ↓頭図

**小鼻が落ちる**(こばながおちる) 小鼻の肉がそげ落ちる。病人が死に近づいたようすに言う。

**小鼻を蠢めかす**(こばなをうごめかす) 得意なさま。

**小鼻を膨らます**(こばなをふくらます) 文句のありそうなようす。look dissatisfied

**こ‐ばなし**【小話・小▼咄・小▼噺】①短い話。一口話。short story ②笑話。コント。conte ③落語の短いもの。まくら。short comic story

**ごはなぞの‐てんのう**【後花園天皇】(一四一九〜一四七〇) 第一〇二代天皇(在位一四二八〜一四六四)。名は彦仁。北朝第四代崇光天皇の孫の貞成親王の第一皇子。

**こ‐ばなれ**【子離れ】親が子の世話をやいたり、あれこれ干渉したりするのをやめて、互いに独立した生活態度をとること。

**こば‐の‐とねりこ**【小葉の▼梣】アオダモの別名。

**コハノフスキ**【Jan Kochanowski】(一五三〇〜一五八四) ポーランドの詩人。人文主義の詩精神を導入し、国民詩の発達に貢献。作品『挽歌』など。

**こ‐はば**【小幅】対義 大幅。㊀(名) 織物で、大幅の半分。なみ幅。約三六cm。㊁(名・形動) 数量・価格などにあまり開きがないこと・さま。

**こはま‐ちりめん**【小浜▽縮▼緬】絹縮緬の一種。しぼがふつうの縮緬より細かいが、錦紗縮緬よりは大きい。

**こば・む**【拒む】(五他) ①承知しない。応じない。ことわる。refuse ②さまたげる。はばむ。hinder

**こばやかわ‐たかかげ**【小早川▽隆▽景】(一五三三〜一五九七) 安土桃山時代の武将。毛利元就の三男。豊臣秀吉に仕え筑前・筑後などを所領。五大老の一人。

**こばやかわ‐ひであき**【小早川▽秀秋】(一五八二〜一六〇二) 安土桃山時代の武将。隆景の養子。関ケ原の戦いで西軍から東軍に内通し、西軍敗北の一因となる。

**こばやし**【小林】〈市〉宮崎県南西部、霧島連山の北にある市。良質米を産し、和牛・乳牛の飼育がさかん。霧島集約酪農指定地。人口四万一二九一(一九八八)。

**こばやし‐いちぞう**【小林一▽三】(一八七三〜一九五七) 実業家・政治家。山梨県生まれ。慶大卒。関西財界の重鎮。箕面有馬電気軌道(のちの阪神急行電鉄)・少女唱歌隊(のちの宝塚少女歌劇団)・宝塚劇場・東宝映画などを創立し、商工相・国務相を歴任。

**こばやし‐いっさ**【小林一茶】(一七六三〜一八二七) 江戸後期の俳人。通称、弥太郎。信州柏原の人。一五歳で江戸へ奉公に出る。二六庵竹阿に俳諧を学ぶ。晩年は故郷に引退。俗語や方言をまじえ、自己の生活感情に基づく主観的な句を多くよんだ、個性的な存在。句文集『おらが春』、手記『父の終焉日記』、句日記『七番日記』など。↓写

**こばやし‐きよちか**【小林清▽親】(一八四七〜一九一五) 版画家。江戸の人。洋画技法をとり入れ、光と影を描き出した風景版画の新様式を開拓。作品『東京新名所』など。

**こばやし‐こけい**【小林古径】(一八八三〜一九五七) 日本画家。本名、茂。新潟市生まれ。大正・昭和期の日本画壇の巨匠。端正で簡潔・清澄な画風を確立。東京芸大教授。昭和二五年(一九五〇)文化勲章受章。作品『いでゆ』『髪』『孔雀』など。↓写

●小林古径「いでゆ」(部分)。大正七年(一九一八)、東京国立博物館。

**こばやし‐たきじ**【小林多喜▽二】(一九〇三〜一九三三) 小

説家。秋田県生まれ。小樽高商卒。プロレタリア文学運動の渦中で、前衛の中心として活躍。特高の拷問で殺された。作品『蟹工船』『党生活者』など。

**こばやし‐ひでお**【小林▽秀雄】(一九〇二〜八三) 文芸評論家。東京生まれ。東大卒。『文学界』創刊に参加。近代批評を開拓し、批評を独立した文学ジャンルとした。昭和四二年(一九六七)文化勲章受章。著書『私小説論』『無常といふ事』『モオツァルト』『本居宣長』など。

**こばやし‐まさき**【小林正▽樹】(一九一六〜) 映画監督。北海道生まれ。早大卒。作品『人間の条件』『怪談』など。

**こ‐ばら**【小腹】①腹。belly ②下腹。abdomen

**小腹が立つ**(こばらがたつ) ちょっとばかりしゃくにさわる。be slightly offended

**こ‐はる**【小春】陰暦一〇月の異称。

**コバルト**【cobalt】①鉄族の金属元素。記号Co 原子番号二七。原子量五八・九。比重八・八。鉄に似た灰白色の光沢をもち強磁性。永久磁石・耐熱鋼・耐食鋼など合金成分として重要。コバルト六〇は放射線源として医療・トレーサー用に使用。酸化物は陶器・ガラスの青色顔料。②コバルト色。空色。こい青色。

**コバルト‐あお**【コバルト青】↓コバルトブルー

**コバルト‐ガラス**【cobalt glass】酸化コバルト(II)で着色した青色のガラス。黄からオレンジ色の光を吸収。炎色反応の観察・高温度作業用の保護メガネ・装飾などに利用。

**コバルト‐グリーン**【cobalt green】明るく鮮やかな緑。コバルトと亜鉛の酸化物でつくった顔料の色。

**コバルトしょうしゃ‐りょうほう**【コバルト照射療法】コバルト六〇のγ線を用い、主として、悪性腫瘍を治療する放射線療法の一つ。組織内照射・体腔内照射・大量深部療法がある。cobalt radiation therapy

**コバルト‐ばくだん**【コバルト爆弾】水素爆弾の外側をコバルトでおおった放射能爆弾。爆発時に生じたコバルト六〇が、強い放射能によって人畜に被害を与える。C爆弾。cobalt bomb

**コバルト‐ブルー**【cobalt blue】強く鮮やかな青。輝コバルト鉱を原料とする青色の顔料の色。絵の具・陶磁器・合成樹脂に利用。青の色相のほぼ中心とされ、一般に青とよばれる。

**コバルト‐ろくじゅう**【コバルト六〇】コバルトの人工放射性同位体。半減期約五・三年。エネルギーの高いγ線を放射するので、放射線源として工業・農業・医療などに利用される。cobalt 60

**こはる‐びより**【小春日和】晩秋から初冬のころにみられる、春のように暖かい晴天の日。移動性高気圧などによる気象現象。インディアンサマー。Indian summer

**こ‐はん**【古版】昔に刊行した本。old edition

**こ‐はん**【孤帆】ただ一そうのほかけ船。

**こ‐はん**【湖畔】みずうみのほとり。lakeside

**こ‐ばん**【小判】対義 大判。①紙面などのふつうより小さいもの。small size ②江戸時代の小形金貨。一枚が一両。時代ごとに多くの種類があり、量目・品位に差がある。

**ご‐はん**【御飯】「めし」「食事」の丁寧語。

**御飯を食べて直ぐ寝ると牛になる**(ごはんをたべてすぐねるとうしになる)「食べて直ぐ寝ると牛になる」と同意。

**ご‐はん**【誤判】あやまった判断・審判。misjudgment

**ご‐ばん**【碁盤】囲碁に用いる平面の盤。縦横に各一九本の等間隔の平行線が引かれ、三六一個の交点がある。標準的な盤は縦約四五cm、横約四二cm。日向産の榧材が最上という。数え方 一面。

**こばん‐いただき**【小判頂】コバンザメの別「名。

**ごばん‐がい**【五番街】(5th Avenue) アメリカ、ニューヨーク市マンハッタン区、イーストサイドとウエストサイドを分ける大通り。ワシントン広場から一二五丁目までの繁華街。

**こばん‐がた**【小判形】小判のかたち。長円形。oval

**こ‐はんぎん**【小半斤】一斤の四分の一。四半斤。約一五〇g。

**こばん‐ざめ**【小判▼鮫】頭部に小判形の吸盤をもつコバンザメ科の海水魚。青みを帯びた褐色で、全長約八〇cm。吸盤でサメやクジラなどに吸着して、それらとともに移動し、食べ残しを食べる。世界の暖海に分布。コバンイタダキ。remora ↓図

●コバンザメ

**こはん‐しじん**【湖畔詩人】一九世紀イングランドの湖水地方に住んでいたロマン派の詩人たち。ワーズワース・コールリッジ・サウジーら。

**ごばん‐じま**【碁盤▼縞】碁盤の目のような柄。その着物。check pattern

**こばん‐そう**【小判草】イネ科の一年草。砂地や荒れ地にはえる。帰化植物。高さ三〇〜六〇cm。葉は線形。晩春に、熟すと黄緑色になる小判状の小穂を垂下。観賞用。ヨーロッパ原産。↓写

**こ‐はんとき**【小半時】一時の四分の一。約三〇分。

**こ‐はんにち**【小半日】半日近く。だいたい半日。half a day

**こ‐はんぼん**【古版本】江戸初期以前の木版本・活字版本。比較 古鈔本。

**ごはん‐むし**【御飯蒸し】冷たい御飯を蒸して温める調理器。蒸し器。

**ごばんめ‐もの**【五番目物】五番立ての能の番組の最後に上演される曲の総称。鬼や天狗などが登場し、囃子には太鼓が入り、テンポが速い。『殺生石』『紅葉狩』『猩々』など。切能。

**ごばん‐わり**【碁盤割(り)】碁盤の目のようにきちんと分けること。

**こび**【▼媚】①人の気に入るようにふるまうこと。こびること。へつらうこと。flattery ②異性の心をひきつけるために、女性がなまめかしい態度をとること。coquetry

**媚を売る**(こびをうる) ①へつらう。機嫌をとる。flatter ②なまめかしい態度で、気をひく。とくに、客のもてなしをする女が色っぽいしぐさで接することに言う。entice

**ご‐び**【語尾】①単語の末の部分。end of a word 対義 語頭。②活用形において変化する部分。活用語尾。「書く」は、文語で「書か・書き・書く・書く・書け・書け」と活用するが、変化する部分「か・き・く・く・け・け」を活用語尾という。対義 語幹。③話すとき、ひと続きの語の終わりのほう。end of spoken sentences 用例 ―をあいまいにする。

**コピー**【copy】①書類などの写し。複写。用例 ―をとる。②複製。模造。用例 美術品の―。③広告の見出しや文章。用例 ―ライター。

**コピー‐しょくひん**【コピー食品】外見や味・香りを本物に似せた食品。カニの脚肉に似せたかまぼこ、ゼラチンのイクラなど。

**コピー‐はんざい**【コピー犯罪】コピーを利用して、契約書・領収書・委任状などの文書を偽造し、それを用いてする犯罪。

**コヒーラー**【coherer】初期の無線電信に用いられた検波器。ガラス管内の電極間にニッケルと銀粉を封入したもの。高周波電圧が加わると抵抗が減り、入力したことがわかる。

**コピーライター**【copywriter】広告文案家。

●コバンソウ

新聞・雑誌用の広告文やラジオ・テレビのCMを書く人。

**コピーライト**【copyright】著作権。©とも。

**コヒーレンス**【coherence】干渉性。

**コヒーレント**【coherent】物理で、複数の波が一定の位相関係にあり、干渉できる状態にあること。また、そのような性質。可干渉性。

**こ‐ひおどし**【小▼緋▼縅▼蝶】タテハチョウ科のチョウ。開張約五cm。黒褐色地に黄斑紋、さらに赤橙色のぼかしや青色点が入って複雑な模様を描く。食草はホソバイラクサなど。年一回、夏に発生。北海道と本州中部地方の高山にみられる。ヒメヒオドシ。

**こひがん‐ざくら**【小彼岸桜】サクラの一品種。エドヒガンとマメザクラの雑種といわれ、葉の出る前に淡紅色花を開き、エドヒガンに似る。ヒガンザクラ。

**こ‐びき**【木▼挽き】木材を大鋸という幅の広いのこぎりでひき、製材すること。また、それを職業とする人。大鋸引き。

**こびき‐うた**【木▼挽(き)歌】こびきの労働歌。

**こびきちょう**【木▼挽町】東京都中央区銀座東部の旧町名。江戸時代、木挽き職人が多く居住したことからつけられた名。

**ご‐びく**【五比▽丘】苦行中の釈迦に随従し、その成道後最初の説法を聴聞したという五人の弟子。

**こ‐ひげ**【小▼髭】トウシンソウ科の多年草。イグサの一種。イグサより細く、草丈約一m。葉は茎の下部に鱗片様に存在。畳表の材料。

**こ‐ひざ**【小▼膝】《「こ」は接頭語》ひざ。knee

**小膝を打つ**(こひざをうつ)《思いあたったり、賛同・感心したりしたときなどにするしぐさをいう》おお、そうだと軽くひざをたたく。

**小膝を折る**(こひざをおる) ちょっと、ひざをつく。

**小膝を進める**(こひざをすすめる) ちょっとひざを前へ進める。身をのりだす。

**ゴビ‐さばく**【ゴビ砂漠】(Gobi) モンゴル南東部と中国北部に広がる高原砂漠。寒暖の差が大きい。三分の一は不毛地域、残りは草原。

**こ‐ひしつ**【古皮質】大脳皮質のうち、旧皮質につづいて発達する部分。両生類以上にみられる。哺乳類へと発達するにつれ、旧皮質と同様、大脳半球の底面や内部へと押しやられる。本能行動に関係するといわれる。paleocortex

**こ‐ひつ**【古筆】①古人の筆跡。②平安・鎌倉時代の人のすぐれた筆跡。ふつう、仮名書きのものをいう。

**こひつ‐がく**【古筆学】古筆切れ・古文書などを古人の筆跡になる資料を、材料・文体・字体などから総合的に研究する学問。

**こひつ‐ぎれ**【古筆切(れ)】掛け軸に適するように切断した古筆。茶席鑑賞用に古筆が珍重され、巻き物や冊子装の歌集からつくられた。

**こひつ‐りょうさ**【古筆了佐】(一五七二〜一六六二) 桃山〜江戸初期の古筆鑑定家。古筆家の祖。近江の人。本名、平沢弥四郎。豊臣秀次から古筆という姓と「琴山」の金印をもらった。

**こ‐びと**【小人】①背の低い人。dwarf ②物語などに出てくる架空の小さな人物。一寸法師。Tom Thumb

**こびと‐かば**【小人河馬・▼矮人河馬】森林に単独ですむ小形のカバ。体長一・五〜一・七m。夜行性。西アフリカに分布。リベリアカバ。pygmy hippopotamus

**こびと‐しょう**【小人症】↓しょうじんしょう(小人症)

**ご‐ヒドロキシトリプトアミン**【5‐ヒドロキシトリプトアミン】↓セロトニン

**ゴビノー**【Joseph-Arthur de Gobineau】(一八一六〜八二) フランスの作家・外交官。アーリア人種の優越と非科学的な人種論を主張。ナチズムに理論的根拠を与えた。著書『人種不平等論』、小説『プレヤード』など。

**こび‐へつらう**【▼媚び▼諂う】(五自) 気に入られるように機嫌をとる。flatter

**ごひゃく‐かい**【五百戒】《仏教語》比丘尼の具足戒。律により異なるが、いずれも実際は五〇〇はなく、『四分律』で三百四十八戒。

**こ‐びゃくしょう**【小百姓】貧しい農家。小農。peasant 対義 大百姓。

**ごひゃく‐らかん**【五百羅漢】《仏教語》釈迦の弟子の五〇〇人の聖者。また、第一・第四の仏教経典の結集に参加した五〇〇人の阿羅漢をいう。

**ご‐びゅう**【誤▼謬】あやまり。まちがい。mistake 用例 ―を犯す。

**こ‐ひょう**【小兵】①からだが小さいこと・人。small stature 対義 大兵。用例 ―力士。②弓を引く力の弱いこと・人。対義 精兵。

**こびり‐つ・く**(五自) しっかりとくっつく。まといつく。stick 用例 飯粒が―。耳に―。

**こ‐ひる**【小昼】①昼近く。a little before noon ②朝飯と昼飯の間の軽い食事。brunch ③おやつ。snack

**こ・びる**(上一自) ①古くなる。②おとなびる。こましゃくれる。用例 ひね―。

**こ・びる**【▼媚びる】(上一自) ①へつらう。おもねる。flatter ②女がなまめかしくする。coquet

**こ‐ひるがお**【小昼顔】ヒルガオ科のつる性多年草。葉は長柄をもち、葉身は三裂してほこ形。夏、淡紫色の漏斗状花を葉腋につける。

**こ‐びん**【小▼鬢】びんのはし。用例 ―のしらが。

**ごひんえどまわし‐れい**【五品江戸▼廻

(し)令】江戸幕府が、万延元年(一八六〇)に発した横浜貿易に関連する商品流通統制令。主要輸出品の雑穀・水油・蠟・呉服・生糸の五品に限り、産地からいったん江戸に集め、国内需要を考慮したのち、横浜からの輸出を許可した。

**こ-ふ【▽国府】**「こくふ」の約。

**こ-ふ【誇負】**(名・サ変他) 自慢すること。用例 才能を―する。

**こぶ【▼瘤】**①正常な皮膚面よりふくれあがった隆起物をいう。脂肪腫や管腫などの良性腫瘍、打撲によるリンパ停滞のはれなど。学術名ではない。たんこぶ。lump; swelling ②こぶに似た形のもの。結び目など。knot ③やっかい者。じゃま者。とくに、子ども。nuisance 用例 ―付き。

**こ-ぶ【昆布】**↓こんぶ(昆布)

**こ-ぶ【鼓舞】**(名・サ変他) ①つづみを打ち、まいをまうこと。beat the drum and dance ②人を励まし、ふるい立たせること。激励。encouragement 比較 鼓吹。

**ご-ふ【碁譜】**囲碁で、対局の手順を数字で、碁盤に模した碁罫紙に記録したもの。局譜。棋譜。

**ご-ふ【護符】**神仏の加護によって、災厄から守られるという札。紙片に記された、神仏の名・像などを携帯したり、門口に張ったりする。ごふう。呪符。御守り。御札。charm ↓写

●護符

**ご-ぶ【五分】**①一寸の半分の長さ。約一・五cm。②一割の半分。③《「五分五分」の略》互いに優劣のないこと。ごかく。fifty-fifty 用例 成功のみこみは―だ。

**五分も透かぬ**(ごぶもすかぬ) わずかの手抜かりもない。

**ご-ぶいん【御無音】**手紙で用いる語。「ごぶさた」の意。用例 絶えて―に打ち過ぎ…。

**こ-ふう【古風】**(名・形動) ①古めかしいこと・さま。昔風。antique style 対義 新風・当世風。②漢詩・俳諧の古い法式。

**こ-ふう【▼胡風】**(一九〇二～八五) 中国の文芸批評家。本名は張光人。湖北省生まれ。日中戦争中は抗戦文芸を指導。解放後批判された。評論集『文芸筆談』など。

**こぶ-うし【▼瘤牛】**肩に大きなこぶ(肩峰)があるウシの総称。インドウシとアフリカウシがある。暑さと病気に強いので熱帯で重用。アジアのウシはおもにコブウシ系統。ゼビュー。ゼブー。ホウギュウ。zebu

**ごふう-じゅうう【五風十雨】**《五日に一度風が吹き、一〇日に一度雨が降る、の意》①気候が順調で作物によいこと。②太平のたとえ。

**こ-ぶか・い【木深い】**(形) 木立が茂って、奥深い。woody

**ごふかくさ-てんのう【後深草天皇】**(一二四三～一三〇四) 第八九代天皇(在位一二四六～五九)。後嵯峨天皇の第四皇子。退位後、持明院統の祖として院政を行った。

**こふき-いも【粉吹(き)芋】**ジャガイモを柔らかくゆでて、汁気を切り、なべの中で転がして水分をとばし、粉が吹いたように仕上げたもの。西洋料理のつけ合わせ。

**こふき-こがね【粉吹黄金▽虫】**体は赤褐色で灰色の短毛が密生する甲虫。体長約三cm。クヌギやナラの葉を食害。本州以南に分布。

**ご-ぶぎょう【五奉行】**豊臣政権の中枢で行政を担当した五人の奉行。前田玄以・浅野長政・増田長盛・石田三成・長束正家。

**ご-ふく【呉服】**和服用織物の総称。元来は、綿織物・麻織物を太物、絹織物を呉服といった。比較 太物。

**こふく-げきじょう【鼓腹撃壌】**(名・サ変自)《はらつづみをうち、大地をたたく、の意。中国の尭帝の時、一老人がこうして、世の太平無事を楽しむ歌をうたった故事から》太平を楽しむさま。

**こぶく-しゃ【子福者】**子どもの多い人。person blessed with many children

**ごふく-じゃく【呉服尺】**江戸時代中期ごろまで裁縫に用いられたものさしの一つ。一尺は曲尺の一尺二寸(約〇・三六四m)。ごふくざし。

**ごふく-や【呉服屋】**織物のなかでも、とくに反物を売る店。また、その人。江戸時代には、絹織物を扱う店だけを呉服屋とよんだ。

**こ-ぶくろ【小袋】**小さいふくろ。

**小袋と小娘**(こぶくろとこむすめ) ①小袋に意外と物が入るように、小娘を一人前にするには金がかかるものだ。②小袋がほころびやすいように、小娘には悪い虫がつきやすい。

**ごぶ-ごぶ【五分五分】**互いに同じくらいであること。ごぶ。fifty-fifty 用例 実力は―だ。

**ご-ぶさた【御無▼沙▼汰】**(名・サ変自) 久しく訪問・通信をしないことのあいさつ語。

**こぶし【▼拳】**指を握り固めたもの。げんこつ。fist

**こぶし【▽辛▼夷】**モクレン科の落葉高木。高さ七～八m。葉は互生し、広卵形。春に、かおりのある白い六弁花をつける。実はにぎりこぶしに似る。つぼみは「辛夷」といい、解毒剤、材は器具・建築に、花は香水の原料などに利用。ヤマアララギ。

**こ-ぶし【小節】**日本音楽用語。①謡曲(観世流)で、一句の終わりの音などにつける装飾的な節まわし。②民謡・歌謡曲などにおける装飾的な発声技巧、およびそれを用いた節まわし。

**こ-ぶし【古武士】**信義を重んじた、昔の武士。用例 ―の風格がある。

**こぶし-あえ【粉節▽和え】**削り節を粉状にし、お浸しや、薄味で煮た材料をあえた料理。野菜、こんにゃくなどに使う。

**こぶし-が-だけ【▽甲武▽信ケ岳】**埼玉・山梨・長野県境の山。標高二四七五m。千曲川と荒川の分水界。秩父多摩国立公園に含まれる。こぶしだけ。

**こぶし-がに【▼拳▼蟹】**円形で、半球状に隆起した甲をもつ、海生のコブシガニ科のカニ。甲長約三cm、甲幅約二・七cm。赤褐色の地に黄色の丸い斑点が三対縦に並ぶ。はさみ脚は著しく太くて大きい。東京湾以南の砂泥底にすむ。

**こぶし-だけ【▽甲武▽信岳】**↓こぶしがたけ(甲武信ケ岳)

**ごふしみ-てんのう【後伏見天皇】**(一二八八～一三三六) 第九三代天皇(在位一二九八～一三〇一)。名は胤仁。伏見天皇の第一皇子。『後伏見院宸記』はその日記。

**こぶ-じめ【昆布締(め)】**淡泊な材料にうま味や風味を加える調理法。白身の魚や貝類などに軽く塩をし、昆布の間にはさんで軽く押す。

**ご-ふじょう【御不浄】**《主として婦人が使う語》お手洗い。便所。はばかり。

**こ-ぶしん【小普請】**①小規模の修築。minor repairs ②江戸幕府の職名の一つ。老中の支配下、三〇〇〇石以下の非職の旗本・御家人を編成したもの。

**こぶ-だい【▼瘤▼鯛】**カンダイの別名。

**こぶち【▽首▽打・▽機】**《「こうべうち」の転》鳥獣を捕るための罠。糸を引くと首が締まる仕掛けや、鳥が餌をついばむと締まるものなど、種類が多い。

**こぶちざわ【小▼淵沢】**〈町〉山梨県北西部の町。八ケ岳南麓の高冷地で、高原野菜・草花の栽培、酪農がさかん。小海線の起点。人口五一〇七(一九八八)。

**こぶ-ちゃ【昆布茶】**良質の昆布を乾燥後に細かい粉末とし、食塩・砂糖などの調味料を配合した飲料。

**こ-ぶつ【古仏】**禅宗で、先徳や祖師など高僧への敬称。

**こ-ぶつ【古物】**①使い古した物。ふるもの。used thing 対義 新品。②古くから伝わっている物。antique

**こ-ぶつ【個物】**①一つ一つのもの。individual article ②哲学で、感覚を通して認識される、具体的な一つ一つの事物。individual 対義 普遍。③私物。private property

**ご-ぶつ【五仏】**密教の両部曼荼羅で、大日如来と四仏の総称。金剛界では大日・阿閦・宝生・阿弥陀・不空成就、胎蔵では大日・宝幢・開敷華王・無量寿・天鼓雷音の五如来。

**ご-ぶつ【御物】**↓ぎょぶつ(御物)

**ご-ぶつぜん【御仏前】**①みほとけの前。②葬式・法事で、香典袋や供物などに書きそえる語。

**コブデン【Richard Cobden】**(一八〇四～六五) イギリスの政治家。ブライトとともに穀物法反対運動で活躍し、一八四六年廃止に成功。国際協調、軍縮による平和維持を提唱。

**コプト【Copt】**《「エジプト」を意味するアラビア語「キブト」の転》エジプトに住む古代エジプト人の子孫で、キリスト単性説を信じる人々。

**こ-ぶどう【古武道】**日本古来の武道の総称。現存するものとして、昭和一〇年(一九三五)創設の日本古武道振興会に属するものは剣術・居合術など約四〇種。武芸。

**こ-ふどき【古風土記】**奈良・平安時代の風土記の総称。和銅六年(七一三)および延長三年(九二五)の勅によって、諸国の地名の由来・産物・伝承などを報告させて編んだもの。

**コプト-きょうかい【コプト教会】**エジプトのキリスト教会。キリスト単性説に立つ独特の民族教会。Coptic Church

**コプト-びじゅつ【コプト美術】**エジプトのキリスト教徒であるコプト人の美術。初期キリスト教美術の地方的な一分枝。三～一二世紀ごろまで、おもにエジプト内陸部の諸修道院を中心に行われた。盛期は五～六世紀。古代エジプト文化の伝統に加え、ヘレニズム美術、イラン・シリアなどの東方の初期キリスト教美術の要素を受けいれ、独自の美術を発展させた。とくに、染織品は「コプト裂れ」を生んだ。Coptic art ↓写

**こ-ぶとり【小太り・小▽肥り】**(名・形動) やや太っていること・さま。plump

**こぶとり【▼瘤取り】**昔話の一つ。正直なおじいさんが鬼や天狗に瘤を取ってもらうが、それをまねた不正直な隣のおじいさんは逆に瘤を付けられるという話。瘤取りじいさん。

**ご-ふない【御府内】**江戸時代、江戸城を中心に、町奉行支配下にあった区域。品川・四谷・板橋・千住・本所・深川などを境界とする内側の地。

**こぶな-ぐさ【小▼鮒草】**イネ科の一年草。あぜや道ばたに多い。葉は狭卵形で、葉縁の下部に毛がある。秋に、白色か暗紫褐色の花穂を出す。「黄八丈」を染めるのに使う。ハチジョウカリヤス。

**こ-ぶね【小舟・小船】**小さなふね。

**小舟に荷が勝つ**(こぶねにかがかつ) 自分の力以上の責任を負って、たえきれなくなることに言う。

**こぶ-はくちょう【▼瘤白鳥】**嘴の基部に黒いこぶのあるハクチョウ。翼長約五七cm。ヨーロッパ・アジア西部にすみ、冬はそれらの南部や北アフリカに渡る。mute swan

**こぶ-まき【昆布巻(き)】**ゴボウ・小魚などを、昆布で巻いて煮しめた料理。かんぴょうで結ぶ。「喜ぶ」などと語呂を合わせ、縁起物として、正月料理に用いる。

**こぶら【▼腓】**↓こむら(腓)

**コブラ【cobra】**コブラ科の毒ヘビ。頸部の肋骨が長く、怒るとこれで頸部を頭巾状に広げて威嚇する。全長約二mのインドコ

●コプト美術

綴れ織り『水遊び』。五世紀、ルーブル美術館(フランス)。

『ダフネ』。五～六世紀、ルーブル美術館。

ブラはインドに、全長約五・五mのキングコブラはインド・東南アジアに分布。↓写

**コプラ**【copra】ココヤシの胚乳を刻み、乾燥させたもの。これを圧搾してヤシ油を採取する。

●コブラ

**ゴブラン-おり**【ゴブラン織り】綴れ織り壁掛けの一種。一五世紀ごろ、パリのゴブラン一家が創製。おもに風景や生活群像を、写実的に精巧に綴った華麗な手織物。Gobelin tapestry ↓写

●ゴブラン織り 『田園の貴人』(部分)。ルーブル美術館(フランス)。

**こ-ぶり**【小降り】雨・雪などが弱く降ること。light rain 対義 大降り・本降り。用例 —になった雨。

**こ-ぶり**【小振り】対義 大振り。㊀(名・サ変他) バットなどを小さく振ること。short swing 用例 —でミートする。㊁(形動) 他よりやや小さいさま。small 用例 —の人形。

**ゴブレット**【goblet】飲み物に用いるグラスの一種。タンブラー(いわゆるコップ)に脚と台をつけた形。ガラス製・陶製・金属製がある。

**コブレンツ**【Koblenz】西ドイツ中西部、モーゼル川とライン川の合流点にある商業都市。鉄道・水運の要地。ローマ時代以来の古都。人口一一・二万(一九八五)。

**こ-ふん**【古墳】土を高く盛り上げた墓。日本では主として三世紀から七世紀にかけて造られた。形状により前方後円墳・円墳・方墳・前方後方墳・上円下方墳などに分かれる。北海道を除く全国に分布。

**こ-ぶん**【子分】対義 親分。①仮の親子関係での子。②つき従う者。手下。配下。follower

**こ-ぶん**【古文】①昔の文章。②江戸時代以前の文章。③中国文字の書体名。篆書として完成する以前の書体。④中国の秦漢以前の文章。

**ご-ふん**【▼胡粉】絵画用の白色顔料。瀬戸内海産のイタボガキの殻を砕いて精製した日本独自の絵の具。室町時代以降に使用。

**ご-ぶん**【誤聞】(名・サ変他) まちがって聞くこと。また、その話。聞きあやまり。聞きちがい。mishearing

**ご-ぶんえい**【呉文英】(一二〇〇ごろ 六〇ごろ) 中国、南宋の詞人。字は君特。号は夢窓。詞をよくし詞風は華麗。詞集『夢窓甲乙丙丁稿』。

**こぶん-がく**【古文学】中国の秦以前の古文で書かれた儒教経典を研究する学問。前漢末に始まり後漢末に全盛。経書の訓詁学的研究に大きな功績を残した。

**こ-ぶんじ**【古文辞】中国で、明代の李攀竜・王世貞らが提唱した文学の模範とするべき古典。文は『史記』を中心として秦漢またはそれ以前のもの、詩は漢魏および盛唐のものとされた。

**こぶんじ-がく**【古文辞学】日本で、近世中期に起こった古学の一つ。荻生徂徠の提唱により、中国の古文辞派の学問を発展させたもの。服部南郭・太宰春台らが代表的。

**こふん-じだい**【古墳時代】文化史区分の一つ。弥生時代に続き三世紀末から七世紀にかけて、古墳(とくに前方後円墳)の発達した時代。大和朝廷を中心とする古代国家成立発展の時期にあたる。

**ごぶんしょう**【御文章】蓮如が、門下の僧俗にあてて他力念仏の意味を平易に説いた書簡体の法語集。孫の円如の撰で、五帖八〇通。本願寺派の呼称で、大谷派では『御文』という。五帖消息。

**こぶんしんぽう**【古文真宝】中国、宋末元初の詩文選集。黄堅の編著とされる。二〇巻。前集一〇巻は古体詩を詩形により、後集は文を文体により分類配列する。日本で広く流布した。

**こふん-ぶんか**【古墳文化】壮大な古墳が造られた時代の文化。弥生文化に続いて奈良時代にわたる。

**こ-へい**【古兵】永く兵役に服している兵士。古参兵。senior soldier 対義 新兵。

**ご-へい**【御幣】幣束の敬称。紙または布を串にとりつけた神祭用具。おんべ。ぬさ。

**御幣を担ぐ**(ごへいをかつぐ)《幣束を担いで祓いをするところから》つまらないことを取り上げて、忌み嫌う。迷信を気にする。縁起を担ぐ。superstitious

**ご-へい**【語弊】ことばづかいが適当でないために起こる害。misleading 用例 そう言うと—がある。

**コペイカ**【kopeykaロシ】↓カペイカ

**ごへい-かつぎ**【御幣担ぎ】縁起を気にすること・人。superstitious

**ごへい-もち**【御幣▼餅・五平▼餅】くしに刺した焼き餅。うるち米を炊いてすりつぶし、平たく丸めて刺す。クルミ・ゴマ・みそなどのたれをつける。長野県南部、岐阜県山間部の郷土料理。

**コペー**【François Coppée】(一八四二 一九〇八) フランスの詩人・劇作家。詩集『遺骨匣』『つましい人びと』、戯曲『行人』など。

**こ-べつ**【戸別】家ごと。各戸。軒別。each house

**こ-べつ**【個別・▽箇別】一つ一つ。個々別々。individual

**コペック**【kopeck】↓カペイカ

**こべつ-せっしょう**【個別折衝】(名・サ変自) 全体を一まとめにしてではなく、個々別々に交渉すること。individual negotiation

**こべつてき-じえいけん**【個別的自衛権】国連憲章五一条に規定された自衛権の一つ。ある国が外国の急で不正な武力攻撃に対し、国民と国家を守るため、やむをえず実力によって反撃する権利。right of individual self-defense 比較 集団的自衛権。

**こべつ-ほうもん**【戸別訪問】(名・サ変自) 戸別に一軒ずつ、順々に家をたずねてまわること。door-to-door visit

**コペルニクス**【Nicolaus Copernicus】(一四七三 一五四三) ポーランド生まれの天文学者。聖職者。地動説の提唱により天文学界・思想界に革新をもたらす。ローマカトリック教会との摩擦を心配していた主著『天体の回転について』は、コペルニクスの死の床に届けられたという。

**コペルニクスてき-てんかい**【コペルニクス的転回】①客観が主観に依存するという自分の認識論の立場を、カントがコペルニクスの地動説創唱の意義になぞらえたことば。②従来の考え方とちがう画期的な見方・状況。一八〇度の転回。Copernican revolution

**こ-へん**【子偏】漢字を組み立てている部分の名。「孔・孤・孫」などの左にある「子」。

**ご-へん**【御辺】古語 (代) 同輩をいった敬語。貴公。貴殿。

**ごへん-いせい**【互変異性】構造異性の一種。分子の中で、原子または原子団が可逆的に移動して変わりうる異性現象。アセト酢酸エステルでは、水素が移動してケト型とエノール型ができる。tautomerism

**コベントガーデン-げきじょう**【コベントガーデン劇場】(Royal Opera House, Covent Garden) ロンドンの代表的なオペラ劇場。一七三二年創設。一八四七年からロイヤル-オペラハウスの名称でオペラ専門劇場となる。

**コベントリー**【Coventry】イギリス南部、ロンドン北西の工業都市。機械工業を中心に近代工業が発達。第二次大戦でドイツの空爆にあい、ほとんど壊滅した。人口三一・二万(一九八五)。

**コペンハーゲン**【Kopenhagen】デンマークの首都。同国東部シェルラン島東岸にある商業・貿易都市。北欧の政治・経済・交通の中心地。国際的な文化・観光都市でもある。人口六二・七万(一九八六)。

**こ-ほう**【孤峰】ただひとつそびえる峰。

**ご-ほう**【午砲】もと、正午を知らせた号砲。どん。

**ご-ほう**【後報】あとからの知らせ。こうほう。further information 用例 —を待つ。

**ご-ほう**【御報】お知らせ。

**御報参上**(ごほうさんじょう) お知らせがあれば伺います。

**ご-ほう**【語法】①ことばの法則。文法。grammar ②ことばづかい。言い方。expression

**ご-ほう**【誤報】まちがった知らせ・報道。false report

**ご-ほう**【護法】《仏教語》仏法をだいじに守ること。

**ごほう**【護法】(生没年未詳) 六世紀中期の南インドの僧。玄奘の訳・編著の『成唯識論』の中心をなす思想を説き、法相唯識宗の祖とされる。

**ご-ぼう**【▽牛▼蒡】キク科の二年草。多肉の長い紡錘根を食用。根出葉は長柄、心臓形で夏に淡紫色の花を開く。種子は利尿薬。世界各地に分布、栽培種は数品種。↓図

●ゴボウ

**ご-ぼう**【御坊・御房】①寺院をいう敬語。②僧をいう敬語。

**ごぼう**【御坊】〈市〉和歌山県中部、日高川河口の市。西本願寺日高別院(=日高御坊)の門前町として発展、廻船の寄港地としてもにぎわった。人口二万九五五一(一九八八)。

**ごぼう-あざみ**【▽牛▼蒡▼薊】キク科の多年草。山地にはえる。高さ約一m。葉はアザミに似る。夏に紫紅色の花をつける。直根は長さ約三〇cmで、ヤマゴボウといい、粕漬けなどにする。モリアザミ。

**ごぼう-し**【▽牛▼蒡子】生薬の一つ。キク科ゴボウの種子。かぜのときののどの痛み止めに、また利尿薬として使う。悪実。

**ごほうじょう-し**【後▽北条氏】戦国大名の一つ。一五世紀末、初代の伊勢新九郎長氏(=北条早雲)が伊豆・相模を制圧、その子氏綱から北条氏を称し、小田原を中心に関東の南過半を支配。天正一八年(一五九〇)豊臣秀吉に攻められ滅亡。

**こ-ぼうず**【小坊主】①若い僧。②男の幼児。little boy

**ご-ほうぜん**【御宝前】神仏の広前。さい銭箱の置かれている所。用例 —で手を合わす。

**ごぼう-ぬき**【▽牛▼蒡抜き】①長いものを一気に引き抜くこと。pull out at a stroke ②座り込みのデモ隊の中から警官が一人ずつ、むりに引っ張り出すこと。③競走で一気に何人かを追い抜くこと。pass one after another

**ごぼう-の-けいじ**【五▼榜の掲示】明治維新政府による五枚の立て札。明治元年(一八六八)五箇条の誓文公布と同時に制定。徒党・強訴・逃散の禁止、キリスト教の禁止などをうたった。

**コポー**【Jacques Copeau】(一八七九 一九四九) フランスの演出家・俳優。フランス現代劇の父といわれる。戯曲と俳優を中心とした簡潔な演出で演劇の商業化に反対。古典の現代化に成功した。

**こほく**【湖北】〈町〉滋賀県北部、琵琶湖に臨む町。農業中心で、アユ・フナなどの漁業も行われる。人口九四九六(一九八八)。

**こほく**【湖北】〈省〉中国中部の省。揚子江中流域と漢江の流域を占める。省都は武漢。古代三国時代より政治の一中心であった。米・トウモロコシなどの農業、紡織・食品・鉄鋼・機械工業が発達。人口四八〇〇万(一九八四)。フーペイ。

**こ-ぼく**【古木】年月をへた樹木。老木。old tree

**こ-ぼく**【枯木】枯れた木。かれき。dead tree

**枯木、栄を発す**(こぼく、えいをはっす) 老人または逆境にある人が、また栄える。

**枯木、華開く**(こぼく、はなひらく) 不遇な人、または老人が再び、世に出て成功する。老い木に花。

**ごほく**【▼吾北】〈村〉高知県北部山間の村。養蚕・畜産やコンニャク栽培がさかん。和紙の材料のコウゾ・ミツマタもつくられる。人口四四九一(一九八八)。

**ご-ぼく**【五木】五種の木。ウメ・モモ・ヤナギ・クワ・スギ。

**こぼし**【▽建▽水】水こぼし。けんすい。

**こぼし**【▽零し・▼溢し】こぼすこと。spill 用例 湯—。—屋。

**こぼ-す**【▽零す・▼溢す】(五他) ①液体や粒状のものを、少しずつ外へあふれさせたり、もらし落としたりする。spill 用例 水を—。なみだを—。②小さなものを不注意に落とす。用例 パンくずを—。③自然に表情に出す。用例 笑みを—。④ぐちを言う。ぼやく。complain 用例 ぐちを—。

**こぼ-つ**【▼毀つ】古語 (四他)《古くは「こほつ」》こわす。くだく。くずす。用例 わらはべなどに踏みちらさせず、—・たせで(枕・職の御曹司におはします頃、西の廂にて)。

**こ-ぼとけ**【小仏】子どもの遊びの一つ。手をつないだ輪の中心に、一人が目隠しをして立ち、その周りを「中の中の小仏」と歌いながら

回り、歌い終わって額をたたかれた者が、次に中へ入る。参照かごめかごめ。

**こぼとけ-とうげ**【小仏峠】関東山地南部、高尾山北西の峠。標高五九〇m。旧甲州街道の峠で、関所跡がある。

**こ-ぼね**【小骨】細かい骨。small bones

**小骨が折れる**（こぼねがおれる）ちょっと苦労する。

**こほめ**【子褒め】落語の題名。長屋の熊さんが、隠居に教わった子どもの誕生祝いの口上で、酒をごちそうになろうとするはなし。典型的な前座噺。

**こぼり-えんしゅう**【小堀遠州】（一五七九〜一六四七）江戸初期の茶人・造園家。茶道遠州流の祖。近江の人。名は政一。遠江守。豊臣・徳川家に仕え作事奉行・伏見奉行を務めた。徳川家光の茶道師範。

**ごほりかわ-てんのう**【後堀河天皇】（一二一二〜一二三四）第八六代天皇（在位一二二一〜一二三二）。名は茂仁。高倉天皇の皇子守貞親王の皇子。

**こぼり-ともと**【小堀▼鞆▽音】（一八六四〜一九三一）日本画家。栃木県生まれ。東京美術学校教授。大和絵を研究し、新しい歴史画を開拓。作品『武者』など。

**コボル**【COBOL】《common business oriented languageの略》事務用共通言語。事務計算分野のデータ処理に適した、コンピューターのプログラム作成に使う代表的な高水準言語。自然語である英語に近い形式で書かれる。日本では小型機用に、日本語を用いたカタカナコボルが開発された。比較アルゴル・フォートラン・ベーシック。

**こぼれ**【▽零れ】こぼれること。こぼれたもの。余り。spill; drop 用例お―をちょうだいする。

**こぼれ-ざいわい**【▽零れ幸い】思いがけない幸い。僥倖。unexpected fortune

**こぼれ-ばなし**【▽零れ話】本筋でない、ちょっとした話。余聞。tidbit米; titbit英

**こぼ・れる**【▼毀れる】（下一自）崩れる。壊れる。欠けて落ちる。be nicked 用例刃が―。

**こぼ・れる**【▽零れる・▼溢れる】（下一自）①液体や粒状のものが容器から外へあふれたり、もれ落ちたりする。spill; overflow 用例涙が―。水が―。②たくさんあって自然に外に表れる。用例笑みが―。③すきまなどからちらりと外に現れる。用例白い歯が―。

**こ-ほん**【古本】古い時代の本。多く江戸初期の慶長・元和以前のものを言う。old book

**ごほん**（副）咳や咳ばらいをする音。cough

**こほんせつわしゅう**【古本説話集】平安末か鎌倉初期の説話集。二巻。ほぼ一二世紀の成立。作者未詳。上巻は和歌説話四六話、下巻は仏教霊験譚二四話を収める。

**ごほん-ちゃわん**【御本茶▼碗】江戸初期から中期にかけ、日本から手本を送って、朝鮮半島で焼かせた茶碗の総称。手本には紙を切り抜いて形を示した切型が用いられた。御本。

**こ-ぼんのう**【子煩悩】（名・形動）過度に、自分の子どものことを気にかけ、かわいがること・さま。また、その親。dote on one's children

**こま**【▼駒】①馬の子。小馬。colt ②馬の総称。horse ③将棋で使う五角形の木片。piece ④弦楽器の部分名。ブリッジのこと。胴と弦の間に置かれ、弦の振動を胴に伝える。bridge ⑤物のあいだにはさむ小さい木。wood piece ↓三味線図　↓バイオリン図

**駒の足掻き**（こまのあがき）時の経過の早いたとえ。

**こま**【▼齣】（名・助数）①戯曲・小説などの一区切り。一場面。scene ②映画のフィルムの一場面。scene ③生活などの一場面・一局面。scene

**こま**【▽独▽楽】玩具の一つ。逆円錐形の胴部と中心軸（心棒）をもち、指やひもで回転させて遊ぶ。材質は木・竹・貝・金属など。こまつぶり。top ↓郷土玩具写

**こ-ま**【小間】①すきま。あいま。opening ②小さい部屋。small room ③垂木・根太・かわらなどの間隔。④和船のへさきに近い所。⑤江戸時代、土地の広さによって江戸市民に課した公役。

**こま**【▽高▽麗】①高句麗。②高麗。③高句麗・高麗から伝来したものの名につける語。「こまいぬ」など。

**ご-ま**【▼胡麻】ゴマ科の一年草。高さ約一m。茎の断面はほぼ四角形。葉は長楕円形。花は筒状で淡紫色。果実は蒴果で内部に四〇粒ほどの種子を含む。種子は食用とし、油をとるほか、いりごまとして使用。sesame ↓写

**胡麻の蠅**（ごまのはえ）「護摩の灰」と同意。

**胡麻を擂る**（ごまをする）おべっかをつかって利をつかもうとする。apple-polish

●ゴマ　花と実。

**ごま**【護摩】《homa梵の音写。焚焼の意》密教の修法の一つ。不動明王や愛染明王を本尊として護摩壇を設け、護摩木をたいて災いを除き、幸福をもたらすことなどを祈願するもの。

**護摩の灰**（ごまのはい）《僧形で「弘法大師の護摩の灰」と言って押し売りした者の呼称に起こるという》昔、いい道づれのふりをし、すきを見て旅人の金品を盗んだ賊。胡麻の蠅。

**ごま-あえ**【▼胡麻▽和え】炒ったごまをすり鉢ですり、砂糖としょうゆなどで調味し、野菜などをあえたもの。みそや酒・だし汁を加えることもある。ごまよごし。

**コマーシャリズム**【commercialism】もうけ主義。商売本位。商業主義。

**コマーシャル**【commercial】①《接頭的》商業上の、営利的な、の意を表す。②「コマーシャルメッセージ」の略。

**コマーシャル-ソング**【commercial song】テレビやラジオの広告に使用される歌。商品の宣伝や企業イメージの浸透を図るのが目的。CMソング。コマソン。

**コマーシャル-プログラム**【commercial program】民間放送でスポンサーが制作費を負担する番組。

**コマーシャル-ペーパー**【commercial paper】アメリカの大企業などが運転資金調達のために発行している、譲渡可能な短期の無担保割引債券。CP。

**コマーシャル-メッセージ**【commercial message】民間放送で番組の途中や切れ目に放送する広告。CM。コマーシャル。

**ごま-あぶら**【▼胡麻油】ゴマの種子から得られる半乾性油。淡黄色で独特の香味がある。食用・薬用。sesame oil

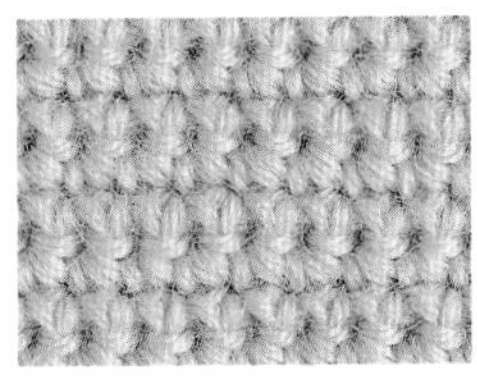
●細編み

**こま-あみ**【細編（み）】鉤針編みの基礎的な編み方の一種。針にかかった輪奈と前段の目から引き出した輪奈をいっしょに引き抜いて一目とする。細かい編み目が特徴。single crochet ↓写

**こまい**【▽氷▽下▽魚】タラ科の海水魚。タラより小さく全長約三〇cm。背面が灰褐色で不定形な暗色斑がある。根室地方では、冬季海面の氷を割ってその穴から釣る。練り製品の材料。北太平洋・日本海に分布。↓図

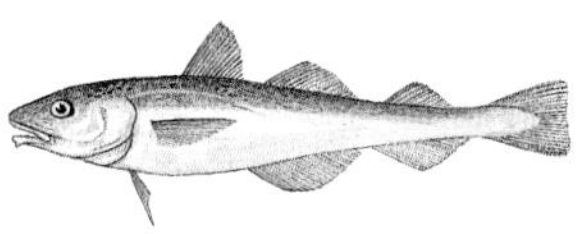
●コマイ

**こ-まい**【小舞】①狂言の中の、宴席の場などで舞う短い舞。②狂言方が扮装しないで舞う短い舞。③初期の歌舞伎のころに演じられた舞の一つ。

**こ-まい**【木舞（い）・小舞（い）】屋根や壁などの下地として竹を細く割ったものなどを、貫とわら縄などで格子状に組んだもの。ラス。lath

**こ-まい**【古米】取り入れて一年以上たった米。ふるごめ。対義新米。

**こま・い**【細い】（形）①こまかい。fine ②小さい。small ③けちだ。stingy

**ごまい-おろし**【五枚下ろし】魚の中骨を中心に、片身をそれぞれ二つに切り分けるおろし方。カツオ・カレイなどに使われる。節おろし。↓図

●五枚下ろし

**ごまい-ざさ**【五枚▼笹】オカメザサの別名。一節から五本ずつの短枝がでることからの名。

**こまい-たく**【▼駒井卓】（一八八六〜一九七二）遺伝学者。兵庫県生まれ。ショウジョウバエ遺伝学を日本へ導入。また、集団遺伝学の先駆的研究をし、わが国の遺伝学の前進と国立遺伝学研究所の基礎確立に貢献。

**こまい-てつろう**【▼駒井哲郎】（一九二〇〜一九七六）銅版画家。東京生まれ。東京美術学校卒。作品『マルドロールの歌』『夢』など。

**こま-いぬ**【▼狛犬】《高麗（＝朝鮮）の産だと思っての命名》社寺の門前や拝殿、本堂の前に魔よけのために飾られる一対の獣像。日本には平安時代のころ大陸から伝わった。唐犬。

**こ-まえ**【小前】①小規模の商売。②貧民。細民。③江戸時代、年貢を負担する一人前の百姓。

**こまえ**【▼狛江】〈市〉東京都南部、多摩川沿いの市。東京の近郊住宅地。五世紀初め、高麗人の渡来の地として知られる。人口七万二七三三（一九八八）。

**こま-おち**【▼駒落ち】将棋で、実力に差があるとき上位者がある駒を除いて指すこと。飛車・角・桂二・香二の六枚落ち、飛車・角・香二の四枚落ち、飛車・角落ち、飛車・角落ちの二枚落ち、飛車落ち、角落ち、香落ちなどがある。

**こま-おとし**【▼齣落（と）し】映画で、一秒間二四こまの標準速度より、こま数の少ない撮影。正常の速度で写すと、動きが速くなる。無声映画時代の追いかけ喜劇などに多用された。

**こまか**【細か】（形動）細かいさま。minute 対義大まか。

**こまか・い**【細かい】（形）①形がごく小さい。small 対義粗い。用例野菜は―・く切って。②詳しい。行き届いている。elaborate 用例芸が―。③小さいことまで取り上げる。detail 用例―ことを言うな。④けちだ。勘定高い。stingy 用例金銭に―。⑤貨幣が小額である。用例―お金ばかりですみません。派生こまかさ（名）

**こま-がく**【▽高▽麗楽】雅楽の一種。三韓楽・渤海楽などの朝鮮系の音楽を母体として、平安時代に日本化された。比較唐楽。

**こまかし・い**【細かしい】（形）こまかい。minute

**ごまか・す**【誤魔化す】（五他）《「誤魔化」は当て字》①あざむく。cheat ②目の前をつくろう。gloss over

**こま-が-たけ**【▼駒ケ岳】北海道南西部、渡島半島にある山。標高一一三一m。活火山で、たびたび噴火。特異な山形は成層火山が爆発によって変形したもの。

**こま-が-たけ**【▼駒ケ岳】岩手・秋田県境にある山。標高一六三七m。複式火山。コマクサなど高山植物が豊富。秋田駒。

**こま-が-たけ**【▼駒ケ岳】福島県南西部、檜枝岐村にある山。標高二一三二m。大池などの池や多数の湿原がある。会津駒。

**こま-が-たけ**【▼駒ケ岳】新潟県南東部の山。標高二〇〇三m。八海山・中ノ岳とともに越後三山の一つ。

**こま-が-たけ**【▼駒ケ岳】山梨・長野県境、赤石山脈北部の山。標高二九六六m。三角錐の山容と摩利支天の岩壁は有名。甲斐駒。

**こま-が-たけ**【▼駒ケ岳】長野県南西部、木曽山脈の山。標高二九五六m。高山植物が多い。ロープウエーが通じる。木曽駒。

**こまがね**【▼駒ケ根】〈市〉長野県伊那盆地中央、天竜川の河岸段丘上にある市。稲作、電機・精密工業がさかん。駒ケ岳の登山基地。人口三万二三一一（一九八八）。

**こまき**【小牧】〈市〉愛知県北部の市。旧宿場町。東名・名神・中央の三高速道路の結節点になっているため流通産業が発達。人口一一万七八六三（一九八八）。

▼常用漢字表外。▽常用漢字表の音訓外。

**ごま-き**【▼胡麻木】《葉をもむと、ゴマの香りがすることから》スイカズラ科の落葉小高木。山野にはえる。葉は有柄で長楕円形、表面にはしわがある。春に、散房花序を出し、白色花を多数つける。

**こまき-ながくて-の-たたかい**【小牧-長久手の戦い】豊臣秀吉と徳川家康の戦い。天正一二年（一五八四）秀吉は織田信雄と結ぶ家康と尾張の小牧・長久手で戦ったが、勝敗決せず和睦した。

**こまき-まさひで**【小牧正▽英】（一九一一）舞踊家。岩手県生まれ。上海でバレエ・リュッスに学ぶ。日本バレエ界の発展に貢献。昭和二二年（一九四七）小牧バレエ団を組織。

**こま-きゅうい**【古▽満休意】（?―一六六三）江戸初期の蒔絵師。古満派の祖。幕府お抱えとなり、江戸城紅葉山仏殿に蒔絵を施す。作品『柴垣蔦蒔絵硯箱』など。

**こま-ぎれ**【細切れ・小間切れ】布・肉などの細かいきれはし。small pieces

**こ-まく**【鼓膜】外耳道と中耳腔の境にある半透明で楕円形の薄い膜。音波を耳小骨を介して内耳に伝える。eardrum; tympanic membrane ↓耳図

**こまく-き**【鼓膜器】昆虫の聴覚器の一種。体表のキチン層に由来する薄い鼓膜と弦音器官からなる。tympanal organ

**こま-くさ**【▼駒草】ケシ科の多年草。高さ約一〇cm。双子葉植物だが、子葉は一枚。葉は緑白色で細かく裂ける。夏に紅紫色の花が咲く。中部以北の高山植物。↓写

●コマクサ

**こまく-せんこう**【鼓膜▼穿孔】中耳炎や耳かきなどで鼓膜に穴があいた状態。ひどい聴力低下はないが、慢性中耳炎の場合は治りにくい。perforation of the eardrum

**コマ-げきじょう**【コマ劇場】大阪梅田と東京新宿にある大衆演劇のための劇場。ともに昭和三一年（一九五六）開場。

**こま-げた**【▼駒下▽駄】《形が馬のひづめに似ていたためという》一つの材木をくりぬいてつくった下駄。↓下駄図

**こま-ごま**【細細】（副・サ変自）①細かいさま。②詳しいさま。in detail ③丁寧で行き届くさま。carefully

**こまごま-し・い**【細細しい】（形）①非常に細かい。very minute ②わずらわしい。annoying 派生 こまごましさ（名）

**ごま-さば**【▼胡麻▼鯖】サバの一種。全長約四五cm。体の断面はマサバより丸く、腹面に小さい黒点が散在する。夏はマサバより美味。分布する海域はマサバより南方で、本州中部以南。

**ごま-しお**【▼胡麻塩】①いりごまに焼き塩少々を加えた一種の調味料。②しらがのまじった髪の毛。grizzly hair 用例 ―頭。

**ごま-しじみ**【▼胡麻▽小▽灰▼蝶】盛夏、山地に出現するシジミチョウ科のチョウ。開張約四・五cm。色は地域・個体による変異が著しい。食草はワレモコウ。幼虫はクシケアリの巣中で成長。北海道・本州・九州に分布。

**こま-じゃく**【▽高▽麗尺】飛鳥時代から奈良初期にかけての度量衡の一つ。高句麗から伝来したといわれ、律令制の唐尺以前に測地に用いられた。一尺は曲尺の一尺一寸七分、約三五・五cmにあたる。

**こましゃく・れる**（下一自）ませていて、さしでがましい。precocious

**コマ-しゅうさ**【コマ収差】《コマはcomaで、髪の毛、の意》レンズの球面収差の一種。光軸上にない点から出た光線束が、光軸に垂直な結像面の一点に収束しないで、彗星の尾（コマ）のように広がる現象。

**こま-じんじゃ**【▽高▽麗神社】埼玉県入間郡日高町の旧県社。祭神は高麗王若光ほか二神。

**ごまず-あえ**【▼胡麻酢▽和え】炒ったごまをすりつぶし、砂糖・塩・酢・みりんなどで調味して、野菜をあえた料理。ごまあえよりさっぱりしている。

**ごま-すり**【▼胡麻▼擂り】自分の利益のために上役や他人にへつらうこと・人。apple-polishing

**こませ-あみ**【こませ▼醤▼蝦】アミの一種。釣りの撒き餌とされる海産甲殻類。体長約八mm、淡褐色で透明。撒き餌のほか佃煮用。日本の太平洋岸に分布。↓アミ図

**こ-また**【小▼股】①歩幅を狭く開くこと。小足。short steps 対義 大股。②また。crotch

**小股が切れ上がる**（こまたがきれあがる）《女性を形容して言う》体つきがすらりとしていて、きりっとした粋な雰囲気である。

**こまた-すくい**【小▼股▼掬い】①相撲の決まり手の一つ。出し投げなどを打って、相手が残そうと踏み出した足を膝の内側から掬いあげて抱え、あおむけに倒す技。leg lift throw ②相手のすきにつけこむこと。take advantage of

**ごまだら-かみきり**【▼胡麻▼斑▽天▽牛】黒地に白い斑点のあるカミキリムシ科の甲虫。体長三cm内外。ミカン・ナシなどの果樹やヤナギなどを食害。夏季に出現。日本全土・朝鮮半島・台湾に分布。

**ごまだら-ちょう**【▼胡麻▼斑▼蝶】タテハチョウ科のチョウ。開張約六cm。黒色の地に黄味を帯びた白斑があざやか。高木のこずえを飛び、樹液に集まる。食草はエノキなど。日本全土・朝鮮半島・中国に分布。↓図

●ゴマダラチョウ

**ごま-だん**【護摩壇】《仏教語》密教で、護摩をたく壇。↓写

**ごまだん-ざん**【護摩壇山】奈良・和歌山両県の境にある山。標高一三七二m。和歌山県の最高峰。

**こまち**【小町】①小野小町の略称。②小野小町のように美しい娘。pretty girl 用例 ―娘。

**こまち-いと**【小町糸】木綿の手縫い糸。また、つやのあるカタン糸。glossy cotton thread

**こまち-おどり**【小町踊(り)】江戸初期から中期に京都で流行した民間舞踊。七夕から盆にかけ、少女が華美な衣装で日傘をさして踊った。

**こまち-ぐも**【小町▼蜘▼蛛】日本産のクモのなかでは比較的毒性の強いフクログモ科のクモの総称。体が橙黄色で顎が黒く、体長一cm内外。ススキなどの葉を折り曲げて産室をつくる。日本全土に分布。カバキコマチグモなど。

**こ-まつ**【小松】小さな松。若松。

**こまつ**【小松】〈市〉石川県南部、日本海に臨む市。建設機械中心の工業、絹織物で知られる商工業都市。小松空港がある。人口一〇万七〇一五（一九八八）。

**こまつ**【小松】〈町〉愛媛県、西条市西隣の町。旧城下町。愛宕柿・ミカンの産地。人口一万六一二四（一九八八）。

**ご-まつ**【語末】単語の終わり。語尾。end of a word 対義 語頭。

**こま-づかい**【小間使(い)】主人や主婦の身のまわりの雑用をする若いお手伝いさん。maid

**こまつ-こうすけ**【小松耕▼輔】（一八八四―一九六六）作曲家・音楽教育家。秋田県生まれ。東京音楽学校卒。オペラ『羽衣』、歌曲・童謡など。

**こまつ-さきょう**【小松左京】（一九三一）小説家。本名、実。大阪生まれ。京大卒。独自の世界観でSFを書く。作品『日本沈没』など。

**こまつしま**【小松島】〈市〉徳島県東部、小松島湾に臨む市。紙・パルプ工業などが進出、臨海工業都市化。人口四万四八二〇（一九八八）。

**こまつ-せいさくしょ**【(株)小松製作所】ブルドーザーなど土木・建設機械の総合メーカー。大正一〇年（一九二一）設立。

**こまつ-たてわき**【小松▽帯▽刀】（一八三五―一八七〇）幕末の薩摩藩士。島津久光を助けて藩政改革を推進。薩長同盟を締結。維新後、政府の重職につく。

**こまつ-な**【小松菜】アブラナ科の一、二年草。葉は根生し、長楕円形で繊維が少ない。ビタミン類に富み、食用。東京都小松川の産地から出た名。ウグイスナ。

**こま-つなぎ**【▼駒▼繋】マメ科の草本状落葉小低木。高さ五〇cm内外。葉は奇数羽状複葉。夏に、紅紫色の蝶形花を穂状につける。果実は円柱状。

**こまつ-ひき**【小松引(き)】昔、正月の最初の子の日に、野に出て小松を引きぬいたり若菜を摘んだりして、宴遊した行事。子の日の遊び。

**こ-まつり**【木祭(り)】樵夫などが木を伐るに先だち、御幣を立てて山の神を祭ること。

**ごま-どうふ**【▼胡麻豆腐】白ごまをすり、くず粉と練り合わせ、豆腐状にしたもの。普茶料理の蔴腐。わさびじょうゆなどで食べる。

**こま-どり**【▼駒鳥】深山の渓流付近にすむヒタキ科の鳥。翼長約七・五cm。雄は暗赤褐色で青灰色の胸帯がある。動作はきびきびしていて、ヒン、カラカラと鳴く。日本三鳴鳥の一つ。日本全土に繁殖分布し、冬には中国南部に渡る。ロビン。robin ↓図

●コマドリ

**ごま-な**【▼胡麻菜】キク科の多年草。ごくふつうに山野に群生。高さ約一m。葉は長披針形。秋に、キクに似た白花を開く。東北地方では新芽を山菜として賞味。

**こま-にしき**【▽高▽麗▼錦】①古代、高句麗からわたってきた錦。②[枕ことば]《多く紐として用いられたことから》「ひも」にかかる。用例 ―紐解き交し天人の妻問ふ夕ぞわれも偲はむ（万葉・一〇・二〇九〇）。

**こまぬ・く**【▼拱く】（五他）＝こまねく。①中国式の敬礼で手を組み合わせる。②腕組みをする。fold one's arms

**手を拱く**（てをこまぬく）↓て（手）

**こまね・く**【▼拱く】（五他）↓こまぬく（拱く）

**こま-ねずみ**【▽独▽楽▼鼠・▽高▽麗▼鼠】中国産のハツカネズミの飼養変種。体長約七cm。遺伝的に平衡感覚に異常があるため、こまのように自分の尾を追うように回る習性をもつ。マイネズミ。用例 ―のように働く。

●護摩壇　高野山、根本大塔。

**こま-の-あしがた**【▼駒の足形】ウマノアシガタの別名。根出葉の形にちなんだ名称。

**ごまのは-ぐさ**【▼胡麻葉草】ゴマノハグサ科の多年草。草原にはえる。高さ一～一・五m。夏に淡黄緑色でつぼ状の花が多数咲く。根は薬用。

**こま-ぶえ**【▽高▽麗笛】雅楽の楽器の一つ。細い横笛。高麗楽や東遊に用いられる。

**ごまふ-たまがい**【▼胡麻▼斑玉貝】内湾の砂泥底にすむタマガイ科の巻き貝。殻は球形で、殻高約三cm。殻表は白く、丸い黒斑が密に散在。二枚貝の殻に穴をあけ食害。瀬戸内海・有明海に分布。ヘソクリガイ。

**こま-まわし**【▽独▽楽回し】①独楽を回して遊ぶこと。地上で他の独楽とはじき合わせたり、てのひらの上で回したり、ひもを渡らせたりする。top spinning ②独楽の曲芸を見せること。また、その芸人。top spinner

**こま-むすび**【細結び・小間結び】ひもの結び方の一つ。糸やひもの両端を二度からませて、固く結ぶこと。かた結び。真結び。本結び。玉結び。flat knot

**こ-まめ**【小まめ】（形動）①労苦をいとわずまめまめしく働くさま。勤勉なさま。industrious ②きびきびと、よく動くさま。brisk

**ごまめ**【▽田▽作・▼鱓】カタクチイワシの幼魚を生干ししたもの。からいりし、砂糖としょうゆであめ煮にする。正月料理に用いる。たづくり。ことのばら。

田作の魚交じり(ごまめのととまじり) 地位の高い人々の中に、つまらない者が、まじるたとえ。類似雑魚の魚交じり。

田作の歯軋り(ごまめのはぎしり) 力の及ばない者がくやしがるたとえ。

**こま-もの【小間物】**《「細物」の意》婦人用の化粧品・装身具など細々した物。notions米; haberdashery英 対義荒物。

**こまもの-や【小間物屋】**①化粧品・装身具などを売る店。notion store米; haberdashery英 ②《いろいろな商品を、客に見せるために並べているようすが似ているところから》へど。

**小間物屋を開く**(こまものやをひらく) へどを吐くことを言う。

**こま-やか【細やか・▽濃やか】**(形動) ①細かいさま。綿密。elaborate;minute ②色のこいさま。deep ③情のあついさま。warm 用例 ―な愛情。

**こまゆ-ばち【小繭▼蜂】** 寄生性のハチの一群で農林害虫の天敵を含む。体長一～二・五㎜。宿主はチョウやガの幼虫が多い。世界各地に分布。

**こまより-おめし【▼駒▼撚(り)▽御召し】** 駒より糸で織った御召し。駒より糸は、諸よりの強撚糸なので、しぼが目立たず、御召し縮緬の中でも感触がさらりとしている。

**こまり-き・る【困り切る】**(五自) すっかり困ってしまう。困り抜く。困り果てる。be at a loss

**こまり-ぬ・く【困り抜く】**(五自) とことん困る。困り果てる。be at one's wit's end

**こまり-は・てる【困り果てる】**(下一自) 非常に困る。困りきる。be at one's wit's end

**こまり-もの【困り者】** まわりに迷惑ばかりかけている者。始末に困る者。もてあまし者。nuisance

**こま・る【困る】**(五自) ①どうしてよいかわからないので、悩む。難儀する。have trouble 用例 歯が痛くて―。返事に―。②貧しくて苦しむ。be poverty-stricken 用例 生活に―。③もてあます。be embarrassed with 用例 処置に―。―・った男だ。

**こ-まわり【小回り】** ①小さく回ること。small turn 用例 ―がきく車。②自由な身のこなし。flexible movement

**こま-わり【▼駒割(り)】** 将棋の対局で、技量の差を少なくするために、落とす駒を決めること。また、途中の形勢を判断するための駒の損得の比較。

**コマンチ-ぞく【コマンチ族】** 北米の平原インディアンの一部族。大平原南部に居住。かつては野牛の狩猟に従事。平原インディアン中、もっとも乗馬がうまいことで知られた。Comanche

**コマンド【command】** ①指令。命令。②コンピューターで、システムや装置に対して特定の機能の実行を指示するための情報や信号。③《commandoで》イギリス海兵隊の中の特殊部隊。空母などに搭載のヘリコプターで重要な基地などを奇襲する、いわゆるコマンド作戦を行う。④特殊任務を帯びた部隊。また、その隊員。

**ごまん-と**(副)《俗語》非常にたくさんあるさま。

**コマンドルスキー-しょとう【コマンドルスキー諸島】**(Komandorskiye Islands) ソ連、ロシア共和国東部、カムチャツカ半島東岸二〇〇㎞にある諸島。主島ベーリング島。オットセイなど海獣の捕獲、漁業が行われる。

**こみ【込み】** ①違う種類のものを入れまぜること。include ②目減り分として、俵に余分に入れる米。③囲碁で、互先で打つとき、先番になった者に与えるハンディキャップ。用例 ―は五目半。④生け花で、花の支えに用いる小さな木。

**ごみ** 10画 **【▼埖】** 部首［土］つちへん 和製漢字 JIS 5234

湿地帯。また、砂地。砂礫地。地名にも用いられる。

**ごみ【▼塵・▼芥】** ちり。あくた。ほこり。土・砂・紙きれや台所のくずなどのきたないもの。garbage

**ご-み【五味】** 五種の味。甘い・酸っぱい・塩辛い・苦い・辛い。

**こみ-あ・う【込(み)合う】**(五自) 混雑する。雑踏する。be crowded

**こみ-あ・げる【込(み)上げる】**(下一自) ①中のものがいっぱいになって、外にあふれ出る。overflow ②吐き気がする。feel nausea ③感動が胸をつく。be filled with ④涙があふれ出る。tears well up

**こみ-い・る【込(み)入る】**(五自) ①おおぜいで無理に入る。push in ②混雑する。be crowded ③もつれる。複雑である。be complicated 用例 ―・った事情。

**コミカル【comical】**(形動) ①こっけいで、おかしなさま。②奇妙なさま。

**ごみかわ-じゅんぺい【五味川純平】**(一九一六) 小説家。本名、栗田茂。旧満州大連生まれ。東京外語卒。雄大な戦争小説を描く。作品『人間の条件』『戦争と人間』など。

**こ-みかんそう【小▼蜜▼柑草】**《ミカンに似ることからの名》畑地などにはえるトウダイグサ科の一年草。茎は赤みを帯び約三〇㎝。小枝の左右二列に楕円葉を互生。蒴果が、赤褐色の扁球形。キツネノチャブクロ。

**ごみ-ぐも【▼塵▼蜘▼蛛】** 地色は黒褐色で、とくに腹部に複雑な斑紋のあるコガネグモ科のクモ。雄は体長約七㎜、雌はその倍の大きさ。円形網を張り、その中央にごみや食べかすなどを一列に並べてその真ん中に身をひそめる。軒下・生け垣などに多い。本州以南に分布。

**ごみ-ごみ**(副・サ変自) 雑然としているさま。用例 家が―と立て込む。

**ごみ-し【五味子】** 生薬の一つ。サネカズラの種子とマツブサ科チョウセンゴミシの紅熟した果実を乾燥したもの。五つの味があるというところからこの名がある。煎じて滋養強壮・疲労回復・鎮咳用。果実酒にも使う。

**コミ-じちきょうわこく【コミ自治共和国】**(Komi ASSR) ソビエト連邦を構成する自治共和国の一つ。首都シクティフカル。ソ連の石炭・石油・木材などの主要生産地。面積四一・五万㎢。人口一二〇万(一九八四)。正称コミ自治ソビエト社会主義共和国。

**コミスコ【COMISCO】**《Committee of the International Socialist Conference の略》国際社会主義者会議委員会。コミンフォルムと対立する社会民主主義政党の国際協力機関。一九四七年に設立され、五一年社会主義インターナショナルに発展して解散。

**こ-みすじ【小三▽条▼蝶】** タテハチョウ科のチョウ。開張約五㎝。発生は年一～三回。食草はハギ・クズなど。日本全土・朝鮮半島・中国に分布。↓図

●コミスジ

**ごみずのお-てんのう【後水尾天皇】**(一五九六―一六八〇) 第一〇八代天皇(在位一六一一―二九)。名は政仁。後陽成天皇の第三皇子。徳川秀忠の娘和子を中宮とする。紫衣事件を契機に退位。のち四代にわたって院政。

**こ-みずむし【小水虫】** ミズムシ科の水生昆虫。体長約六㎜。日本全土に分布。フウセンムシ。

**ごみそ** 青森県・秋田県北部・北海道南部に多い、祈禱や卜占を行う一種の巫女。ごむそ。

**こ-みだし【小見出し】** ①文中につける小さな見出し。subtitle ②新聞・雑誌などで、大見出しに添える補助的で小さな見出し。サブタイトル。subtitle 対義大見出し。

**ごみ-ため【▼塵▽溜め】** ごみをためておく所。ごみを捨てる所。dump

**こ-みち【小道・小▽路・小▽径】** ①細くせまい道。小路。lane ②横道。わき道。alley

**コミック-オペラ【comic opera】** 喜歌劇。コミック。比較オペラコミック。

**コミックス【comics】** 数こまからなる漫画や物語形式の劇画などの総称。劇画。コミック。

**コミッショナー【commissioner】** プロ野球やプロボクシングなどの協会の最高権威者。フェアプレーの精神と品位を守るために、もめごとや不正を裁く。

**コミッション【commission】** ①委任。委託。委任状。②委託事務に対する手数料・世話料・口銭。歩合。③賄賂。④調査・管理などのための委員会。

**コミット【commit】**(名・サ変自) 深くかかわること。

**コミットメント【commitment】** ①深いかかわりあい。介入。②肩入れ。

**コミティア【comitia ラテン】** 古代ローマの市民総会。クリア会・兵員会・平民会の三民会。

**こ-みどり【濃緑】** 濃いみどり色。ふかみどり。

**ごみ-とり【▼塵取り】** 集めたごみを取る道具。ちり取り。dustpan

**こ-みねかえで【小峰▼楓】** カエデ科の高木または小高木。ミネカエデより低地にはえる。葉は掌状に五深裂し、裂片は卵状披針形で、先端は長く伸びる。翼果は水平に開く。

**こ-みみ【小耳】**《「こ」は接頭語》耳。

**小耳に挟む**(こみみにはさむ) ちらっと聞く。ふと耳にする。happen to hear

**こ-みみずく【小耳▽木▼菟】** 耳(羽角)が小さいミミズク。全長約四〇㎝。東西両大陸の北部で繁殖し、南方で越冬。日本へも冬鳥として全土に渡来し、原野や耕地などにすむ。

**ごみ-むし【▼塵▼芥虫】** ごみや石などの下にすむゴミムシ科の甲虫。体は黒色で、体長一～一・五㎝。夜行性で、昆虫などを捕食。幼虫は土中で植物の根などを食べる。日本全土・朝鮮半島・中国などに分布。↓図

●ゴミムシ　オオゴミムシ

**ごみむし-だまし【▼塵▼芥虫▼騙】** 朽ち木や倉庫内にみられる黒褐色のゴミムシダマシ科の甲虫。体長約一・五㎝。日本全土・朝鮮半島・中国・シベリアなどに分布。

**ご-みゃく【語脈】** 語と語とのつながり。その続きぐあい。

**ごみ-やすすけ【五味▽康▼祐】**(一九二一―八〇) 小説家。大阪生まれ。早稲田高等学院中退。時代小説で剣豪ブームをひき起こした。作品『喪神』『柳生武芸帳』など。

**こみや-とよたか【小宮▽豊▽隆】**(一八八四―一九六六) 評論家・独文学者。福岡県生まれ。東大卒。漱石門下。能・歌舞伎・俳句を研究。著書『伝統芸術研究』『夏目漱石』など。

**コミューター-こうくう【コミューター航空】** 近距離の都市間を結ぶ、小型飛行機での定期航空輸送。アメリカやイギリスでとくに発達。commuter air-transport

**コミューン【commune フランス】**《誓約団体の意》＝コンミューン。①中世フランスの自治都市。領主の特許で公認され、一定の自治権を所有。一三世紀以降、王権干渉で衰退。②「パリ-コミューン」の略。また、自由・平等・博愛の理念に基づく組織。③共産主義的な生活共同体。

**コミュナリズム【communalism】** ①地方自治主義。地方自治を政治の中心とする考え方。コミューン主義。②共通の宗教・言語などで結びつく社会集団が、みずからの利害を優先し他の集団に対する優越性を強調する考え方。とくに、インドでのヒンズー教徒とイスラム教徒との対立に関していわれる。

**コミュニケ【communiqué フランス】** 文書による政府当局の公式声明。外交上の公式会議の経過を発表する声明書や、国際会議における正式声明書など。

**コミュニケーション【communication】** 人間が互いにその意志・感情を伝達し合うこと。

**コミュニスト【communist】** 共産主義者。共産党員。共産主義に共鳴し、その思想に基づく社会運動をすすめる人々。コンミュニスト。コミニスト。

**コミュニズム【communism】** 共産主義。コンミュニズム。コミニズム。

**コミュニティ【community】** 地域性と共同性を基礎にする社会。マッキーバーが社会類型の理念としてとらえた概念。国家・都市・町村など、帰属意識と連帯性をもつ地域社会をさすこともある。共同社会。比較アソシエーション。

**コミュニティ-カレッジ【community college】** 勤労者の研修・養成を目的としたアメリカの公立の短期大学。原則として無償で希望者全員入学制。オープンドアスクール。

**コミュニティ-ケア【community care】** 地域住民が社会福祉施設と一体となって心身障害者や老人にサービスを提供すること。また、そうすべきだという考え方。

**コミュニティ-センター【community center】** 比較的狭い日常生活区域を対象とした、市町村設置の住民集会施設。公民館・図書館・体育館などの機能をかねる。

**コミュニティ-どうろ【コミュニティ道路】** 歩行者・自動車が共用する道路で、歩行者や自転車が安全かつ快適に通行できるようにつくられた道。

**コミュニティ-ペーパー【community paper】** 小地域内の読者を対象とする少部数の新聞。タウン紙・フリーペーパーなどの総称。

**コミュニティ-マート**《和製語》商店街を、商品だけを売る場から地域住民の交流の場にまで広げる構想。街づくり・村おこし事業の一環。

**コミュニティ-リレーションズ**〔community relations〕企業と地域社会との関係。企業は地域から行政サービスなどを受け、住民の雇用や税金の提供により地域経済の発展に貢献する。

**ご-みょう**【五明】古代インドの五つの学問体系。声明(=文法学)・工巧明(=工学)・医方明(=医学)・因明(=論理学)・内明(=哲学)のこと。

**こ-みら**【小▼韮】ニラの異名。

**ごみん-かん**【護民官】《tribunus plebis ラテの訳語》古代ローマ共和政初期の貴族・平民の対立の中で、平民の生命・財産保護のため設けられた官職。平民から一〇人を選出、任期一年。元老院やコンスルの決定に対し拒否権を保持。

**コミンテルン**〔Komintern ロシア〕《Kommunisticheskiy internatsional(共産主義インターナショナル)の略》↓だいさんインターナショナル(第三インターナショナル)

**コミント**【COMINT】《communication intelligenceの略》通信情報(収集)。外国の発する通信の内容を傍受・解析する技術。また、それによって得た情報。

**コミンフォルム**〔Kominform ロシア〕《Communist Information Bureauの略》共産党・労働者党情報局。ヨーロッパ九か国の共産党がマーシャルプランに対抗して相互協力の強化を目的につくった情報交換・活動調整機関。一九四七年設立。五六年解散。

**こむ** 5画【込】部首[辶]しんにゅう 常用 和製漢字 JIS 2594
6画【▼込】部首[辶]しんにゅう 旧字 和製漢字
訓 こむ・こめる
↓こむ[込む・籠む]

**こ・む**【込む・▼籠む】㊀(五自)①《「混む」とも》たくさん入りまじる。ぎっしりつまった状態である。混雑する。be crowded 用例 銭湯が—。電車が—。日程が—。②こみいる。手数がかかる。複雑である。be elaborate 用例 手の—・んだ細工。③《動詞の連用形に付いて》㋐中に入る。用例 風が吹き—。上がり—。㋑いちずにする。十分にする。徹底的にする。be throughly engaged in 用例 考え—。走り—。教え—。煮—。㋒中に入れる。用例 積み—。書き—。着—。㊁古語(下二自他)↓こめる(込める)

**コム**〔Qom〕イランの首都テヘラン南西一二〇kmの都市。イスラム教寺院が多く、シーア派の巡礼地。人口二四・七万(一九七六)。クム。

**ゴム**〔gom オランダ・護謨〕弾性を示す高分子化合物の総称。天然ゴムと合成ゴムがある。弾性ゴム。rubber ↓図

**ゴム-あみ**【ゴム編み】《横方向への伸縮性に富んでいることから》棒針編みの模様編みの一種。縦方向の表目の列と裏目の列が交互に並ぶ。畦編み。リブ編み。rib stitch

**コムーネ**〔comune イタリア〕一一～一三世紀の北・中部イタリアに出現した自治都市。領主権を排し、周辺の農村地域をも支配する都市共和国的性格を有した。

●ゴム　おもなゴムの種類と用途

| 分類 | 名称(略称) | 強度 | 弾力性 | 耐摩耗性 | 耐熱性 | 耐油性 | 電気絶縁性 | 用途 |
|---|---|---|---|---|---|---|---|---|
| 天然 | 天然ゴム(NR) | ◎ | ◎ | ○ | ○ | × | ◎ | 大型自動車用タイヤ、履物、ホース、ベルト、空気ばねなど |
| 合成 | イソプレンゴム(IR) | ◎ | ◎ | ○ | ○ | × | ◎ | 自動車・航空機用タイヤ、履物、ゴム手袋など天然ゴムの代用として使われる |
| | スチレンブタジエンゴム(SBR) | ◎ | ○ | ○ | ○ | × | ◎ | 自動車用タイヤ、履物、ゴム引き布、床タイル、フォームラバー、ホース、ベルトなど |
| | ブタジエンゴム(BR) | × | ◎ | ◎ | ○ | × | ◎ | 自動車・航空機用タイヤ、防振ゴム、ベルト、ホース、窓枠ゴムなど |
| | アクリロニトリルブタジエンゴム(NBR) | ○ | ○ | ◎ | ◎ | ◎ | × | 耐油性パッキン、耐油ホース、コンベヤベルト、耐油性フォームラバーなど |
| | クロロプレンゴム(CR) | ◎ | ○ | ○ | ◎ | ◎ | ○ | 電線被覆、コンベヤベルト、窓枠ゴム、ゴム引き布、接着剤、塗料など |
| | ブチルゴム(IIR) | ○ | × | ○ | ○ | × | ◎ | 自動車のタイヤチューブ、耐熱コンベヤベルト、耐水蒸気ホース、電線被覆など |
| | エチレンプロピレンゴム(EPM) | ○ | ○ | ○ | ◎ | × | ◎ | 電線被覆、窓枠ゴム、タイヤチューブ、防水シート、耐熱コンベヤベルトなど |

合成ゴム工業会調べ

◎優れている　○良い　×悪い

**こ-むぎ**【小麦】イネ科の一、二年草。主産地は、ソ連・アメリカ・中国・カナダなど。パンコムギ・デュラムコムギがおもな栽培種。コムギ粒(子実)の主成分はでんぷんとたんぱく質(グルテン)で、グルテンの多い硬質種、少ない軟質種、中間種に分かれる。小麦粉として使うほか、しょう油やみその原料。wheat ↓写 ↓ムギ図

●コムギ

**こむぎ-いろ**【小麦色】コムギの種子の殻のようなつやのある黄色がかった淡い褐色。light brown

**こむぎ-こ**【小麦粉】小麦をひき、ふすまを除いた胚乳部の粉末。原料の小麦によって強力粉・中力粉・薄力粉などに分ける。パン・めん類・菓子用。うどん粉。メリケン粉。flour

**こ-むくどり**【小▼椋鳥】ムクドリ科の鳥。ムクドリより小さく、翼長約一〇cm。羽色は複雑。習性や鳴き声はムクドリに似る。本州北部以北で繁殖し、冬には南下して東南アジアで越冬。

**コムサット**【COMSAT】《Communications Satellite Corporationの略》アメリカ通信衛星会社。

**ゴム-しょくぶつ**【ゴム植物】樹皮や葉・根からゴム質を分泌する植物の総称。弾性ゴムの原料を採るパラゴムノキや、粘着剤用の原料を採るアラビアゴムノキなどがある。rubber plant; gum plant

**こ-むずかし・い**【小難しい】(形)①なんとなくむずかしい。troublesome 用例 —理屈を言う。②不機嫌である。peevish; fastidious 用例 —顔。派生 こむずかしげ(形動) こむずかしさ(名)

**こ-むすび**【小結】大相撲力士の地位の一つ。関脇に次ぐ、三役では最下位。また、その地位の力士。古くは三役の取組を、結び三番といい、その小口(いとぐち)の意からという。

**こ-むすめ**【小娘】①一四、一五歳ぐらいまでの少女。young girl ②娘をばかにして言う語。chit 対義 小僧。

**こむ-そう**【虚無僧】普化宗の有髪の托鉢僧。深編み笠をかぶり、尺八を吹いて金銭を請いながら行脚修行した。普化僧。ぼろんじ。こもそう。↓図

●虚無僧　江戸時代の虚無僧

**コムソモール**〔Komsomol ロシア〕《Vsesoyuzny Leninsky Kommunistichesky Soyuz Molodyozhiの略》共産主義青年同盟。ソ連の共産党員養成などを目的とする青年組織。一四～二八歳を対象とする。一九一八年創立。

**コムソモリスク-ナ-アムーレ**〔Komsomol'sk-na-Amure〕ソビエト連邦のロシア共和国東部、ハバロフスクの北東、アムール川下流にある河港都市。造船・セメント・水産加工などの諸工場がある。人口三〇・九万(一九八六)。コムソムリスク。

**ゴム-とび**【ゴム跳び・ゴム飛び】子どもの遊びの一つ。ゴムひもを地面と平行に張ってそれを跳び越える遊び。高さをしだいに上げて高低を競い合う少女の遊び。ゴム段。

**コムトラック**【COMTRAC】《computer aided traffic controlの略》コンピューターを使った列車運転制御システム。列車集中制御装置(CTC)とコンピューターを結びつけたもので、新幹線に採用されている。

**ゴム-なが**【ゴム長】ゴム製の長靴。rubber boots

**ごむ-にち**【五▽墓日】暦注の一つ。凶日とされ、土を動かし、葬礼や墓所を築くことを忌む。

**ゴム-の-き**【ゴムの木】熱帯性ゴム植物の総称。天然ゴムを採取するパラゴムノキなどのほか、観賞用のインドゴムノキなどをさす。gum tree

**ご-むよう**【御無用】①「無用」の丁寧語。用例 心配—。②断ること。unnecessary 用例 御意見—。

**こむら**【▼腓】ふくらはぎ。こぶら。↓足図

**こ-むら**【木▼叢】木がむらがりしげっている所。木の枝が重なっている所。

**ゴム-ライニング**《和製語》金属・木材・コンクリートなどの材料表面にゴムを接着させること。耐薬品性・耐摩耗性の向上、電解腐食・音響伝達の防止などをはかるのが目的。rubber lining

**こむら-がえり**【▼腓返り】ふくらはぎの腓腹筋の痙攣性収縮。筋肉疲労などが誘因で疼痛をともない、症状は一時的。cramp in the calf

**ごむらかみ-てんのう**【後村上天皇】(一三二八～一三六八)第九七代(南朝第二代)天皇(在位一三三九～一三六八)。後醍醐天皇の皇子。建武政権分裂後、吉野を拠点に京都回復を企てたが果たせず、摂津国に没した。

**こ-むらさき**【小紫】クマツヅラ科の落葉小低木。ムラサキシキブの近縁種。径三mmほどの紫色の果実が一〇～一一月に熟す。コシキブ。

**こ-むらさき**【小▽紫▼蝶】《国蝶オオムラサキに対して、小さな紫のチョウということから》タテハチョウの一種。開張約七cm。雄の翅は紫色に光る。成虫はクヌギやヤナギの樹液に集まる。食草はヤナギ。日本全土に分布。↓写

●コムラサキ

**こ-むらさき**【濃紫】黒みを帯びた濃い紫色。dark purple

**こむら-じゅたろう**【小村寿太郎】(一八五五～一九一一)明治の外交官。日向国飫肥藩出身。明治三五年(一九〇二)桂内閣の外相として日英同盟締結。日露戦争後のポーツマス会議で全権として講和条約に調印。↓写

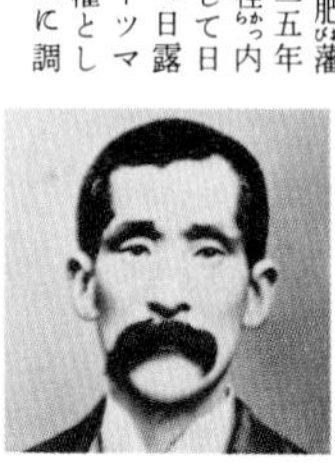
●小村寿太郎

**こむら-せったい**【小村雪▼岱】(一八八七～一九四〇)日本画家。本名、安並泰輔。埼玉県生まれ。東京美術学校卒。黒白調の独特の挿絵、正確な風俗考証の舞台美術などに活躍。

**ごむり-ごもっとも**【御無理御▼尤も】(名・形動)相手の言うことが無理でも、強いて逆らわずに従うこと・さま。用例 —と頭を下げる。

**コムン-とう**【コムン島・▽巨▽文島】(Kōmun)↓きょぶんとう(巨文島)

**こめ**【米】もみがらを取り去ったイネの実。そのままのものが玄米、精白したものが白米。古来、日本人の主要な食糧で

江戸時代に常食として普及。日本型とインド型に大別。胚乳の性質で、うるちともちごめに分ける。rice 数え方 一粒・一kg・一合・一袋・一俵。

**米の飯と天道様は何処へ行っても付いて回る**（こめのめしとてんとうさまはどこへいってもついてまわる） 太陽はどこへ行っても光をさすように、逆境におちても飯ぐらいは食っていかれる。くよくよすることはない、と強がっていうことば。

**こめ-あぶら**【米油】 米ぬかを原料とする食用油。揚げ油・サラダ油のほか、マーガリンやショートニングの原料。rice bran oil

**こめ-かし**【米▼淅】 ①米をとぐこと。②米をとぐおけ。米かしおけ。

**こめかし-ざる**【米▼淅▼笊】 といだ米をあげておくざる。

**こめ-かみ**【▼顳▼顬・▼蟀▽谷】《米をかむと動く所、の意》目じりと髪の生えぎわの間。temple →頭図

**こめ-きって**【米切手】 江戸時代、大坂にある諸藩の蔵屋敷が発行した米の保管証。大坂の堂島が流通の中心となり、これの売買により流通を合理化した。

**こめくい-むし**【米食虫】 ①コクゾウムシの異名。②なんの役にも立たない人。ごくつぶし。こめくうむし。good-for-nothing

**こめ-ぐら**【米蔵・米倉】 ①米を蓄えておく倉庫。②米どころ。用例 日本の―。

**コメコン**【COMECON】《Communist Economic Conference または Council for Mutual Economic Assistance の略》「経済相互援助会議」に対する西側からの略称。ソ連と東ヨーロッパ共産圏諸国の経済協力機構として一九四九年に設立。モンゴル・キューバ・ベトナムも加盟している。CMEA。ロシア語では、セフ（SEV）。東ヨーロッパ経済相互援助会議。

**こめ-さし**【米刺(し)】 →さし(刺し)②

**こめ-す**【米酢】 →よねず(米酢)

**こめ-すすき**【米▽薄】 イネ科の多年草。高山の礫地や乾性草原にはえる。株をつくり叢生。葉は毛状で長さ約一〇cm。夏に、紫色の花穂を円錐花序につける。

**ゴメス-デ-ラ-セルナ**【Ramón Gómez de la Serna】（一八八八〜一九六三） スペインの作家。戯文集『グレゲリーアス』、伝記『ゴヤ伝』など。

**こめ-そうどう**【米騒動】 米価暴騰を直接の原因として起きた民衆暴動。大正七年（一九一八）の騒動は富山県魚津に始まり全国に波及。米の安売り要求や米投機商人への襲撃を行った。政府は軍隊を出動してこれを鎮圧。

**こめ-だわら**【米俵】 米を入れる俵。

**こめ-つが**【米▼栂】 マツ科の常緑高木。高さ約二〇m。若枝に褐色毛がある。葉は線形。六月に開花。球果は卵形。材は建築・パルプ用。本州以南の山地に自生。→写

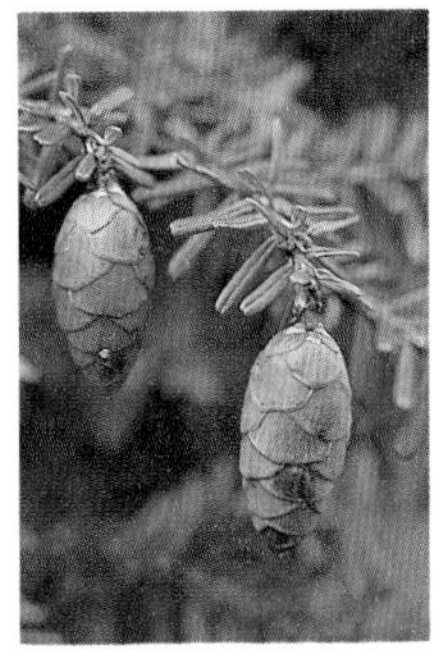

●コメツガ

**こめ-つき**【米▼搗き】 玄米をついて、精白すること・人。

**こめつき-がに**【米▼搗▼蟹】 内湾などの砂泥地にすむ小形のカニ。半球状の甲はオリーブ色で、甲幅約一cm。干潟で砂泥中の有機物をとった残りの砂を団子にする習性がある。北海道以南からシンガポールまで分布。

**こめつき-ばった**【米▼搗▽飛▼蝗】 ①《後肢をつかまえると、米をつくような動作をすることから》ショウリョウバッタの異名。②むやみに頭をぺこぺこ下げる人。

**こめつき-むし**【米▼搗虫・▼叩▽頭虫】 コメツキムシ科の甲虫の総称。体長一〜八〇mm。腹面を上にするとはね上がる。幼虫はハリガネムシといわれ、農作物の根を食害するものもある。日本に約三〇〇種、世界に約一万種が分布。ぬかずきむし。→図

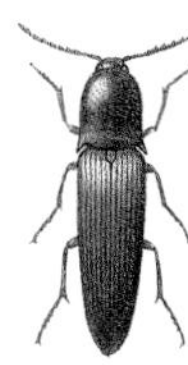

●コメツキムシ　オオナガコメツキ

**こめ-つつじ**【米▼躑▼躅】 深山にはえるツツジ科の落葉小低木。高さ約一m。枝は短く密に分枝。葉は小形。夏に、一〜四個の白い小花を枝先に開く。

**コメット**【comet】 ①彗星。ほうき星。②イギリスが開発した世界最初のジェット旅客機。一九五二年に就航したが、事故が続き五四年に就航停止。五八年に改造型が再就航。

**こめ-つぶ**【米粒】 米の一つ一つの粒。また、それほど小さいもの。grain of rice 用例 ―ほどの小さい虫。

**コメディア-デラルテ**【commedia dell'arte イタリア】 一六世紀中期イタリアでおこった即興仮面喜劇。劇の輪郭を示す「筋書き」をもとに俳優が即興的に機知を織り込んで劇を進行させていく。俳優の役柄は定型化され、同一の名前の同一の性格をもつ。一七世紀フランスをはじめ各国の喜劇の成立に大きな影響を与えた。

**コメディアン**【comedian】 喜劇俳優。

**コメディー**【comedy】 喜劇。対義 トラジェディー。

**コメディー-フランセーズ-ざ**【コメディーフランセーズ座】（Le Théâtre-Français; Comédie-Française フランス） フランスの国立劇場とその所属劇団。古典の伝統保持を使命とし、新作も紹介。一六八〇年設立。一八〇四年以後、劇場はパリのリシュリュー街に定着。

**こめ-どころ**【米所】 よい米がたくさん取れる地方。

**コメニウス**【Johann Amos Comenius】（一五九二〜一六七〇） ボヘミアの教育思想家。モラビア生まれ。教授技術を確立し、近代教育理論を体系化した。著書『大教授学』など。

**こめ-ぬか**【米▼糠】 玄米を精米するときにできる果皮・種皮・胚芽などの粉砕物。飼料・肥料のほか、ぬか漬け・漆器の手入れなどに利用する。ぬか。rice bran

**こめぬか-あぶら**【米▼糠油】 米ぬかから圧搾または抽出によって得た食用油。米油。

**こめ-のり**【米▽海▼苔】 紅藻植物カクレイト科の海藻。高さ約一〇cmで、紫紅色。暖海の干潮線付近の岩上に生育する。やや扁平で叉状に分枝。食用。

**こめ-びつ**【米▼櫃】 ①米を入れておく入れ物。②《俗語》生活費を出してくれる人。breadwinner

**こめ-へん**【米偏】 漢字を組み立てている部分の名。「粉・精」などの左にある「米」。

**こめ-もの**【込(め)物】 ①物と物のあいだに入れるつめ物。stuffing; padding ②活字組み版で、字間・行間・余白などの印刷されない部分に組み込む金属製または木製のつめもの。インテル。スペース。クワタ。blind material

**ゴメリ**【Gomel】 ソ連西部、白ロシア共和国南東部、ドニエプル川支流ソジ川右岸の河港都市。交通・工業の中心。人口四五・二万（一九八四）。

**こめる** 5画【込】 部首［辶］ 常用 和製漢字 JIS 2594
6画【▼込】 部首［辶］ 旧字 和製漢字
訓 こむ・こめる

→こめる［込める・籠める］

**こ・める**【込める・▼籠める】（下一自他） ①(他)㋐詰めて入れる。load ㋑包む。包み隠す。hide ㋒こもらせる。include ㋓集中する。concentrate 用例 丹精―。②(自)霧などがあたり一面にこもる。hang

**コメレル**【Max Kommerell】（一九〇二〜一九四四） ドイツの文学研究家。評論『ジャン＝パウル』など。

**ご-めん**【御免】 ㊀(名) ①免許の敬語。②免官・免職の敬語。用例 お役―。③罪や罰を許すことの敬語。お許し。④拒否の気持ちを表す語。いやだ。用例 もう酒は―だ。㊁(感)《「御免ください」「御免なさい」の略》訪問・辞去・謝罪などのあいさつ語。Excuse me.

**御免被る**（ごめんこうむる） ①失礼する。beg off ②お断りする。no thanks

**ご-めんそう**【御面相】 顔のようす。人の顔立ちを悪く言うときに用いる。用例 あんな―だが、気立てはいい。

**コメンタール**【Kommentar ドイツ】《注釈の意》 ①聖書などの典籍の注釈書。②法律の解説書で、条文ごとに解説していく形式のもの。コンメンタール。

**コメンテーター**【commentator】 ラジオやテレビのニュース解説者。

**コメント**【comment】（名・サ変自） 論評。解説。説明。用例 ノー―。

**こも**【▽薦・▼菰】 ①マコモの古名。②《古くは、「菰」で作ったことから》藁であらく織ったむしろ。straw mat

**薦の上から育て上げる**（こものうえからそだてあげる）《昔は、出産のとき薦を敷いたところから》生まれたときからずっと育てて一人前にする。

**コモ**【Perry Como】（一九一二〜） アメリカのポピュラー歌手。歌のうまさと人間的魅力で幅広い人気をもつ。ヒット曲『時の終わりまで』など。

**こ-もう**【虚妄】 真実でないこと。いつわり。きょもう。falsehood 用例 ―の言。

**コモード**【comodo イタリア】 音楽で、気楽に、おだやかに、の意。

●薦被り①

**こも-かぶり**【▽薦▽被り】 ①こもで包んだ四斗（約七二ℓ）入りの酒だる。②《こもを着ていたことから》こじき。おこも。→写

**こもかぶり-ぶろ**【▽薦▽被り風▼呂】 蒸し風呂の一種。湯桶に人が入ると上から藁のふたをし、桶の底に置いた石の周りに熱湯をかけ、蒸気をたてるもの。桶の横から出入りする形式もあった。佐渡地方や四国などにみられる。

**こ-もく**【小目】 囲碁で、各隅の第三線と第四線の交点八か所。はじめに石を置く堅実でもっとも一般的な位置。

**ごもく**【▼芥】 ①ごみ。あくた。②ごみため。

**ご-もく**【五目】 ①いろいろな種類のものが混ざっていること。mixture ②種々の材料を混ぜて料理したもの。五目そば・五目ずし・五目かまめしなど。③「五目並べ」の略。

**ごもく-ずし**【五目▼鮨】 野菜や魚貝などを彩りよくそろえ、それぞれに味つけして、すしめしに加えたもの。ばらずし。混ぜずし。関西で、ちらしずし。

**ごもく-ならべ**【五目並べ】 盤上遊戯の一種。碁盤の目の上に交互に黒と白の碁石を置いていき、縦・横・斜めのいずれでも、連続して五個を先に並べた者が勝ちとなる。連珠。

**ごもく-めし**【五目飯】 野菜や油揚げ・鶏肉などの具を混ぜた炊き込みご飯。かやくめし。

**コモ-こ**【コモ湖】（Lago di Como） イタリア北部、アルプス山麓の氷河湖群の一つ。面積一四六km²。南北に長く、東はレッコ湖とよぶ。湖岸は保養地。

**こも-ごも**【▽交▽交・▽交】（副） かわるがわる。次々に。alternately 用例 悲喜―。

**こ-もじ**【小文字】 対義 大文字。①小さな字。small letter ②ローマ字で、大文字に対して小形の字。small letter

**こ-もち**【子持(ち)】 ①子があること・人。母となった人。maternity ②体内に卵を持っている魚。having roe 用例 ―シシャモ。③大小で、組みになっているもの。刀・鏡餅などにいう。④太い線に細い線が沿ってあるもの。子持ち罫、子持ち縞など。

**こもち**【子持】〈村〉 群馬県中部、渋川市北隣の村。子持山の南麓。コンニャク栽培を中心に農業がさかん。人口一万二四三二（一九八八）。

**こもち-かんらん**【子持甘▼藍】 メキャベツの別名。

**こもち-しだ**【子持▽羊▽歯】 シシガシラ科の常緑性シダ。葉は二回羽状に分裂し長さ約二mに達し、表面に無性芽を生じる。宮城以南の崖などに垂れ下がってはえる。→写

●コモチシダ

**こもち-じま**【子持(ち)▼縞】 縞模様の一種。太い縞と細い縞を組み合わせて構成した連続模様。子持ち大名が代表的。

**こもち-たまな**【子持玉菜】 メキャベツの別名。

**こもち-まがたま**【子持(ち)▼勾玉】古墳時代に使用された祭祀用の玉。大形の勾玉の腹・背・脇に簡略化された勾玉をつくり出したもの。子が増すという、呪術的な信仰とみられる。多く滑石製。

**こもち-まんねんぐさ**【子持万年草】ベンケイソウ科の二年草。高さ約二〇㎝。平地の林内にはえる。葉は倒卵形。初夏に、黄色い五弁花が開くが実はならない。

**ご-もつ**【御物】他人の所有物を言う敬語。とくに、皇室や将軍家などの貴人の所蔵品。ぎょぶつ。

**ごもつ-ぶくろ**【御物袋】茶器を入れる袋。茶入れや茶碗をしまっておくときに用いる。無地の縮緬と羽二重の打ち合わせに薄綿を入れ、かがり緒をつけたもの。

**コモド-おおとかげ**【コモド大▼蜥▼蜴】現存する最大のトカゲ。灰色で、全長約三m、体重約一五〇kg。イノシシ・シカなども襲う。インドネシアのコモド島など四つの島に生息。コモドドラゴン。komodo dragon

**コモド-ドラゴン**【komodo dragon】コモドオオトカゲの英名。

**こ-もどり**【小戻り】(名・サ変自) 少しあとへ戻ること。

**こ-もの**【小物】①こまごました道具。small article ②小人物。small fry 対義 大物。

**こ-もの**【小者】①若者。②武家で雑役に使った者。下男。

**こもの**【▼菰野】〈町〉三重県北部、鈴鹿山脈東麓の町。農業が主体で、茶栽培・酪農がさかん。御在所山・湯の山温泉が知られる。人口三万一九四九(一九八八)。

**こ-ものなり**【小物成(り)】江戸時代の雑税。山林・原野・河・海など、田畑以外の土地や商工業に課せられた種々の税。

**こも-はり**【▽薦張(り)】小屋などにこもを張り巡らすこと。そのそまつな小屋。こもばり。

**こも-まくら**【▽薦▼枕】[枕ことば]《マコモをたばねて枕にする意から》「まく」などにかかる。用例 ― 相纏きし児もあらばこそ夜の深くらくもわが惜しみせめ(万葉・七・一四一四)。

**ごももぞの-てんのう**【後桃園天皇】(一七五八〜七九) 第一一八代天皇(在位一七七一〜七九)。名は英仁。桃園天皇の第一皇子。

**ゴモラ**【Gomorrah】①死海南部のヨルダン低地にあった古代パレスチナの町。旧約聖書『創世記』によると、住民の退廃のため、ソドムとともに天からの火で焼き滅ぼされた。②《転じて》罪とさばきの象徴。

**こもり**【▼籠り】社寺に参り、泊まり込んでお勤めをすること。参籠。おこもり。用例 ― 堂。

**こ-もり**【子守(り)】(名・サ変自) 子どもの面倒をみること・人。baby-sitting

**こもり-うた**【子守(り)歌】幼児のための歌。幼児を眠らせるための歌と、あやしたり遊ばせたりする歌がある。また、それらの形をかりた芸術歌曲もある。lullaby

**こもり-え**【▽隠り江】古語 陸地・河口などに深く入り込んでいる入り江。用例 ― に思ふ心をいかでかは舟さすさほのさして知るべき(伊勢・三三)。

**こもり-がえる**【子守▼蛙】雌が背中の穴で卵を保育するコモリガエル科のカエル。体長約一五㎝。灰褐色。水中で生活し、舌がないので、前肢を上手に使って小魚などを捕食。南アメリカに分布。ピパ。Surinam toad ↓写

●コモリガエル

**こもりく-の**【▽隠▽国の・▽隠▽処の】[枕ことば]《「こもりく」は、山に囲まれた土地の意》地名「泊瀬」にかかる。用例 ― 泊瀬の山は真木立つ荒山道を(万葉・一・四五)。

**こもり-ぐま**【子守▼熊】《子を半年間育児嚢で育ててから、さらに半年間、子を背負って樹上生活をすることから》コアラの異名。

**こもり-ぐも**【子守▼蜘▼蛛】《卵嚢を腹部下面末端につけて運び、孵化した子グモを腹部背面にのせて保護することから》コモリグモ科のクモの総称。毒をもつが人体に害を与えるほど強くない。体長五〜一〇㎝。網を張らずに、草間を歩き回り、畑や水田の害虫などを捕食。日本では全土に分布するウズキドクグモが代表。↓写

●コモリグモ

**こもりぬ-の**【▽隠▽沼の】[枕ことば]《「こもりぬ」は、生い茂った草などに隠れて水面の見えない沼》「下」などにかかる。用例 ― 下に恋ふれば飽き足らず人に語りつ忌むべきものを(万葉・一一・二七一九)。

**こもり-ねずみ**【子守▼鼠】《子を背に乗せて移動することに由来》オポッサムの異名。

**コモリン-みさき**【コモリン岬】(Cape Comorin) インド亜大陸最南端、インド洋に突き出た岬。ヒンズー教の巡礼聖地がある。

**こ・もる**【▼籠る・▽隠る】(五自) ①満ちて外に出ない。ふくまれる。full of 用例 心の ― ・った品。けむりが ― 。②外出しない。ひそむ。shut oneself up 用例 家に ― 。③たてこもる。hold a castle 用例 敵の ― ・った城を攻める。④社寺に泊まって、祈る。おこもりをする。lead a secluded life ⑤みなぎる。pervade 用例 気合いが ― 。⑥音や声が閉じこめられて、重いひびきになる。用例 声が ― 。⑦外に発散しない。用例 陰に ― 。

**こもれ-び**【木漏(れ)日・木▼洩(れ)日】枝葉を通して漏れる日光。

**こもろ**【小▽諸】〈市〉長野県東部、浅間山南西麓の市。旧城下町・宿場町。果樹栽培がさかん。島崎藤村ゆかりの小諸城跡(懐古園)がある。人口四万四〇八二(一九八八)。

**コモロ**【Comoros】(Federal Islāmic Republic of the Comoros) アフリカ大陸とマダガスカル島の中間にある火山島群からなる回教連邦共和国。首都モロニ。一九七五年フランスから独立。農耕地に乏しい。面積一七〇〇km²。人口四八万(一九八六)。正称コモロ回教連邦共和国。

**こ-もん**【小門】大門のわきにある小さな門。side door

**こ-もん**【小紋】型紙捺染による和服地の模様染めの一種。布地一面に小花・星・霰などの細かい模様を染めたもの。京都の友禅に対する江戸小紋のこと。↓写

**こ-もん**【顧問】相談にあずかる地位・役職。また、その人。adviser 用例 ― 弁護士。

**コモンウェルス**【Commonwealth】①清教徒革命中の一六四九年から六〇年の王政復古までのイギリス共和政体。②イギリス連邦。

**こ-もんじょ**【古文書】歴史の資料となる古い文書・記録。ancient documents

**こもんじょ-がく**【古文書学】古文書を様式・材料・書風・花押・印章などの形式、その作成手続き・授受関係などの機能から科学的に研究する学問。paleography

**コモン-センス**【Common Sense】《常識の意》一七七六年、イギリスのペインが刊行したパンフレット。アメリカの独立の正当性を説き、独立戦争に大きな影響を与えた。

**コモン-ロー**【common law】①ローマ法・大陸法などと区別された英米法の総称。②イギリスやアメリカの通常裁判所が適用する、判例法中心の一般国内法。参照 衡平法。

**こ-や**【小屋】①小さい、そまつな建物。hut ②家畜などを入れておく小さい建物。pen ③見世物を興行する建物。playhouse 用例 芝居 ― 。④あるじの建物のわきに建てられた従者のすまい。

**ご-や**【五夜】①昔、一夜を五つに分けた時刻の総称。夜の七時から九時ごろまでを甲夜、以下二時間ずつを乙・丙・丁・戊の各夜に分けた。参照 五更。②五夜の五番目、戊夜のこと。

**ご-や**【後夜】①夜を初・中・後と三分したものの最後の区分の時間。現在の午前二時ごろから午前六時ごろまで。対義 初夜・中夜。②仏教で、後夜の時刻に行う勤行。後夜の行い。

**ゴヤ**【Francisco José de Goya y Lucientes】(一七四六〜一八二八) スペインの画家。近・現代絵画の先駆者。宮廷社会を個性的な技法と鋭い写実で描いた。怪奇幻想の領域をも開拓。銅版画の名手。作品『マハ』『カルロス四世の家族』『一八〇八年五月三日』など。↓写

**こや-がけ**【小屋掛(け)】(名・サ変自) 芝居や見世物などのために仮の小屋を造ること。また、その小屋。put up a tent

**こ-やかまし・い**【小▼喧しい】(形) 何かにつけて口出ししてうるさい。口うるさい。nagging

**こ-やく**【子役】映画・演劇などで、子どもの役。また、その役者。child's part; child player

**ご-やく**【誤訳】(名・サ変他) まちがえて訳すこと。また、その翻訳。mistranslation

**こ-やくにん**【小役人】下級の役人。petty official

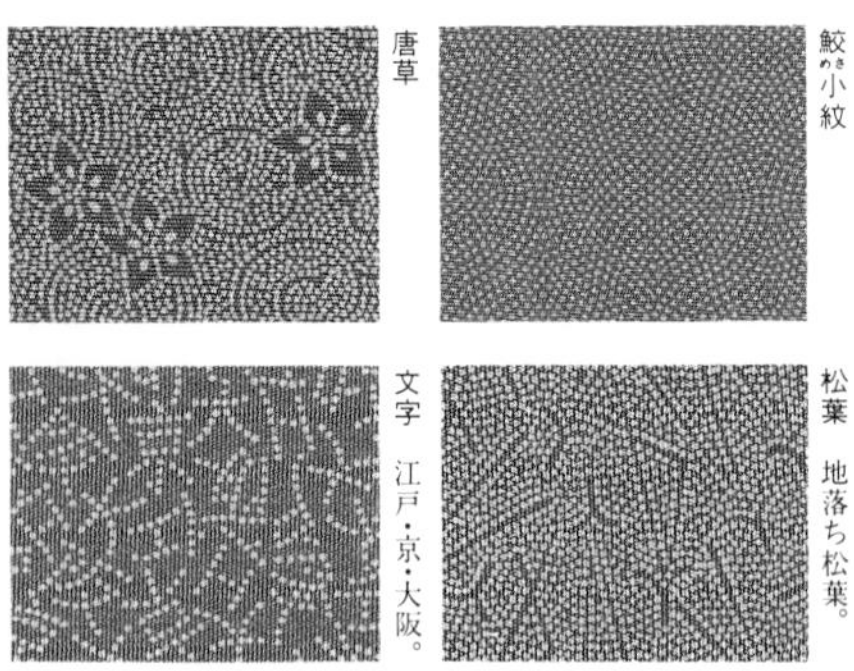

●小紋

●ゴヤ『カルロス四世の家族』(部分)。一八〇〇年、プラド美術館(スペイン)。

**こや-ぐみ**【小屋組(み)】建造物で、屋根の重みを支える骨組み。木造と鉄骨の小屋組みがある。roof truss

**こやし**【肥(や)し】作物に与えて、生長を助けるもの。肥料。こえ。manure

**こ-やす**【子安】①安産。②子どもの安産と成長を守る民間信仰の神。鬼子母神・木花之開耶姫など。③「子安地蔵」の略。

**こや・す**【肥(や)す】(五他) ①肥料をほどこして耕作地の質をよくする。fertilize 用例 土地を ― 。②栄養に富むものを食べさせて太らせる。fatten 用例 家畜を ― 。③不当な利益で自分の財産をふやす。enrich 用例 私腹を ― 。④経験を積んで理解力・鑑賞力を豊かにする。cultivate 用例 多くの名画に接して目を ― 。

**こやす-がい**【子安貝】《腹面が女性の性器に似ており、これを握ると安産するといわれるところから》タカラガイ科の巻き貝類の俗称だが、ふつうその一種のハチジョウダカラをさす。殻長約八・五㎝、殻径約六㎝。卵円形で背面はふくらむ。腹面と周縁は黒く、背面に栗色斑が散在。四国以南に分布。↓図

●コヤスガイ

**こやす-がみ**【子安神】安産や子育ての神。子安観音・子安地蔵の信仰が多く、一九日を縁日として安産や子どもの成長を祈り、講をつくるものもある。

**こやす-こう**【子安講】安産祈願のため、出産適齢期の女性たちがつくる講。十九夜講など。

**こやす-じぞう**【子安地蔵】安産祈願に霊験があるといわれる地蔵。子安。

**こやだいら**【木屋平】〈村〉徳島県中部、剣

山の北東にある山間の村。林業が中心。人口一八八九(一九八八)。

**こ-やつ【▼此▽奴】**(代) 人をぞんざいに、また軽蔑して言う語。こいつ。

**こやつ-ら【▼此▽奴▽等】**(代)《「こやつ」の複数》こいつら。

**こ-やひん【▼胡▼也頻】**(一九〇三—三一) 中国の小説家。本名、胡崇軒。福建省生まれ。左翼作家連盟に参加して国民党に逮捕され、銃殺された。詩集『胡也頻詩選』など。

**こ-やま【小山】** 低い山。小さな山。hill

**小山が揺るぎ出た様** からだの大きい太った人が歩くようすを言う。

**こやま-いけ【湖山池】** 鳥取市西部にある潟湖。面積六・八km²。田が一夜で湖に変じたという湖山長者の伝説がある。

**こやま-しょうたろう【小山正太郎】**(一八五七—一九一六) 洋画家。新潟県生まれ。明治美術界の指導者の一人。東京高師教授。作品『牧童』など。

**こやま-ゆうし【小山▼祐士】**(一九〇六—八二) 劇作家。広島県生まれ。慶大卒。作品『瀬戸内海の子供ら』『泰山木の木の下で』など。

**こ-やみ【小▽止み】** =おやみ。①動きが少しやむこと。lull ②雨や雪がちょっとやむこと。letting up 用例 ── なく降る雨。

**こや-もの【小屋者】** 小屋掛けをして住む者。こじき。

**こ・ゆ【肥ゆ】** 古語(下二自) ↓こえる(肥える)

**こ・ゆ【越ゆ】** 古語(下二自) ↓こえる(越える)

**こ-ゆう【固有】**(名・形動) ①もとからあること・さま。inherence ②そのものだけにそなわっていること・さま。生まれつき。特有。peculiarity

**こゆう-うんどう【固有運動】** 恒星の空間運動によって生じる天球面上での位置の変化。proper motion

**こゆう-エックスせん【固有X線】** 各元素が発する固有の波長をもつX線。特性X線。characteristic X-rays

**こゆう-しゅ【固有種】** 特定の地域に限って分布する生物。分布圏は大小さまざまだが、一般に一つの大陸を越えない場合をいう。endemic species

**こゆう-しんどう【固有振動】** 振動体がもつ固有の振動のこと。振動体の長さや質量および弾性などの物理的性質で決まる。その振動数を固有振動数という。proper oscillation

**こゆう-ち【固有値】** あるベクトル $x$ に線形演算子 $A$ を作用させたとき、$Ax=\lambda x$ となるような定数 $\lambda$ が存在するとき、$\lambda$ を $A$ の固有値という。characteristic value; proper value; eigen value

**こゆう-めいし【固有名詞】**《「個有名詞」は誤り》名詞の一種。同類の他の物と区別して、その物だけの名称を表す名詞。人名・地名(山・川などの名を含む)・国名・書名・施設名・建造物名(船名なども含む)など。proper noun 対義 普通名詞。

**こ-ゆき【小雪】** 少しばかり降る雪。light snow 対義 大雪。

**こ-ゆき【粉雪】** ↓こなゆき(粉雪)

**こ-ゆび【小指】** 親指から数えて五本目の、いちばん小さい指。俗に、小指を立てて、妻・愛人などを表すこともある。little finger

**こ-ゆるぎ【小揺るぎ】** 少し揺れ動くこと。shake slightly 用例 ── もしない。

**こゆるぎ-の【小▽余▼綾の】**〔枕ことば〕《「こゆるぎ」は、神奈川県大磯付近の海岸。「いそ」と同音を含むことから》「急ぐ」などにかかる。用例 いかにしてけふを暮らさむ ── いそぎ出でてもかひなかりけり(拾遺・恋四)。

**こ-よい【▽今宵】** 今夜。今晩。tonight

**こ-よう【小用】** =しょうよう。①ちょっとした用。trifling matter ②小便。urine

**こ-よう【古謡】** 古代の歌謡。また、昔からうたいつがれてきた歌謡。

**こ-よう【雇用・雇▼傭】**(名・サ変他) 対義 解雇。①やとうこと。employment ②《「雇傭」で》当事者の一方が相手方に対して労務を提供し、他方がこれに報酬を支払うとする労働契約。employment

**ご-よう【五葉】** ①五枚の葉。②「ゴヨウマツ」の略。

**ご-よう【▼梧葉】** アオギリの葉。

**ご-よう【御用】** ①「用事・入用」を言う敬語。②朝廷・政府の用務。③官命で犯人などを捕らえること。また、その役人の掛け声。用例 ── だ。

**ご-よう【誤用】**(名・サ変他) まちがって用いること。まちがった用法。misuse 用例 敬語の ──。

**ごよう-おさめ【御用納(め)】** 官庁でその年の事務を終わりにすること・日。ふつう、一二月二八日。対義 御用始め。

**ごよう-がくしゃ【御用学者】** 時の権力におもねりへつらう学者。

**ごよう-きき【御用聞き】** ①得意先の注文を聞いてまわること・人。order taker ②江戸時代の、目明かしの別称。

**ごよう-きん【御用金】** ①江戸時代、幕府・諸藩が財政窮乏を補うため、御用商人らに課した臨時の賦課金。幕府はおもに江戸・京都・大坂の商人に賦課。②江戸時代、二条城その他に貯蔵されていた幕府の備金。

**ごよう-くみあい【御用組合】** 使用者の意のままになり、労働組合としての自主的な運営能力のない組合。会社組合。

**こよう-こうぞう【雇用構造】** 労働者の就業先別の分布状態。産業別・企業規模別などに分類して労働者数をしめす。employment structure

**こようしゃ-しょとく【雇用者所得】** 民間企業や政府機関に雇用される人に報酬として支払われる現金・現物などの所得。従業員の福祉のために事業主が出資した金額も含む。旧称は勤労所得。compensation of employees 比較 財産所得。

**ごよう-しょうにん【御用商人】** ①江戸時代、幕府・諸藩の金融、年貢米・商品の販売や調達に当たった特権商人。蔵元・札差・掛屋など。②認可を得て、官庁などの用品を納める商人。御用達。purveyor

**ごよう-しんぶん【御用新聞】** 政府・権力側から保護を受け、その政策を一方的に支持する新聞。明治から大正にかけ多数あった。『東京日日新聞』など。

**ごようぜい-てんのう【後陽成天皇】**(一五七一—一六一七) 第一〇七代天皇(在位一五八六—一六一一)。豊臣秀吉・徳川家康の協力をえて戦国乱世後の皇室の権威回復に努力。学問を好み、慶長勅版を刊行。

**こようそくしん-じぎょうだん【雇用促進事業団】** 労働者の能力に応じた雇用を促進するために設立された法人。事業経費は政府と地方公共団体が出資している。

**こよう-たい【固溶体】** 二種類以上の物質がとけ合って均一な固体をなしているもの。合金には固溶体になっているものが多い。混晶。solid solution

**こようたいさく-ほう【雇用対策法】** 労働力の需給の均衡をはかるため、国が行う雇用対策の基本を定めた法律。昭和四一年(一九六六)公布。

**ごよう-たし【御用▽達】** 御用商人の別称。

**こよう-ちょうせい【雇用調整】** 企業が景気の動向に合わせて従業員を削減すること。その方法としては、新規採用中止・一時帰休・希望退職募集などがある。employment adjustment

**ごよう-ぢょうちん【御用▽提▽灯】** 捕手が罪人をつかまえるときに携行した「御用」の文字入りの提灯。

**ごよう-つつじ【五葉▼躑▼躅】** ツツジ科の落葉低木。本州・四国の深山に自生。楕円形の葉が五個枝先に輪生。春に、柄をもつ白花を開く。花冠は広い漏斗形で五裂、緑色の斑点がある。シロヤシオツツジ。↓ツツジ 図

**ごよう-てい【御用邸】** 皇室の別荘。

**ごよう-はじめ【御用始(め)】** 官庁でその年の事務をはじめて執ること・日。ふつう、一月四日。対義 御用納め。

**ごよう-べや【御用部屋】** 江戸城内の大老・老中・若年寄の執務部屋。はじめ将軍の居室近くにあったが、貞享元年(一六八四)の大老堀田正俊刺殺事件以後、三間離れた部屋に移された。この結果、将軍の側用人が台頭。

**こ-ようほう【▼胡▼耀邦】**(一九一五—八九) 中国の政治家。長征に参加。解放後は共産主義青年団第一書記などをつとめたが文化大革命で失脚。その後復活し、八〇年から党総書記。八七年辞任。

**こよう-ほけん【雇用保険】** 失業給付のほか、事業主の行う雇用改善・能力開発・雇用福祉事業を助成する社会保険。昭和四九年(一九七四)雇用保険法制定により従来の失業保険を吸収して発足。

**ごよう-まつ【五葉松】** ①マツ科の常緑針葉高木。高さ約二五m。山地にはえる。葉は針状で五葉ずつつく。五月に開花。庭木・盆栽用で、材は建築用。ヒメコマツ。②一般に葉が五枚あるマツ。ハイマツなど。↓盆栽 写

**こようりしおよびかへいのいっぱんりろん【雇用・利子および貨幣の一般理論】**《原題The General Theory of Employment, Interest and Money》ケインズの主著。一九三六年刊。その内容、とくに有効需要理論は資本主義諸国の経済政策に大きな影響をおよぼした。

**コヨーテ【coyote】** オオカミに似たイヌ科の肉食獣。体長一m前後。尾は太く長さ約三〇cm。体は灰黄または灰褐色。森林や草原にすみ、ウサギなどを捕食。アラスカから中央アメリカまで分布。↓ 写

●コヨーテ

**ご-よく【五欲】**《仏教語》①五つの感覚的な欲望。見たい、聞きたい、嗅ぎたい、味わいたい、さわりたいということ。②財欲・色欲・飲食欲・名誉欲・睡眠欲の五つの欲望。

**こ-よしきり【小▼葦切】** ヒタキ科の鳥。背が淡褐色、腹が白く、目上を黄白色の眉斑と黒褐色の線条が並走する。全長約一四cm。アシ原などにすむ。シベリア東部・中国・朝鮮半島などで繁殖し、冬は南下する。日本では、本州以北では夏鳥で、九州では冬鳥。

**こよ-な・し** 古語(形ク) この上ない。格別である。用例 見ぬ世の人を友とするぞ、── ・うなぐさむわざなる(徒然・一三)。

**こ-よみ【暦】**《「日読み」の転》一年間の月・週・日、日の出・日の入り・月の満ち欠け・行事などを、日を追ってしるしたもの。太陰暦・太陽暦・太陰太陽暦など。日めくり。カレンダー。calendar 用例 ── をくる。

**こ-より【▽紙▼縒(り)・▽紙▼撚(り)・▽紙▼捻(り)】**《「かみより」の転じた「こうより」の転》細長く切った紙によりをかけ、糸やひものようにしたもの。↓ 写

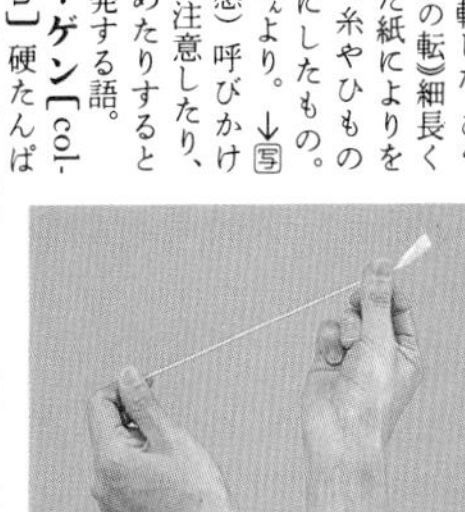
●紙縒

**こら**(感) 呼びかけたり、注意したり、とがめたりするときに発する語。

**コラーゲン【collagen】** 硬たんぱく質の一つ。節足動物を除く全動物の組織の細胞間物質の主成分となる。とくに皮膚・骨・腱などに多い。膠原質。

**コラーサーン【Khorāsān】** ↓ホラーサーン

**コラージュ【collage フランス】**《「のりづけ」の意》絵画技法の一つ。画面に紙片や繊維などを張り付けて、材質感の変化や色彩・構図などの独特の効果をねらう。ピカソやブラックなどキュビスムの画家たちが始めたパピエ-コレの技法を拡大発展させた。シュールレアリストが用い、エルンストがこの技法を集約したといわれる。

**コラート-こうげん【コラート高原】**(Khorat Plateau) タイ北東部、メコン川支流ムン川とチー川両流域の広大な台地。標高一〇〇～二〇〇m。

**コラーナ【Har Gobind Khorana】**(一九二二—) アメリカの生化学者。インド生まれ。RNA合成やDNA合成など、核酸の研究に貢献。一九六八年ノーベル生理学医学賞受賞。

**コラール【Choral ドイツ】** 一般にはドイツ-プロテスタント教会における会衆用賛美歌をさす。ルターが作曲家ワルターらの協力で新しいドイツ語の賛美歌を編集・作曲し、礼拝に用いた。ドイツ語では広く教会の典礼歌をもさす。

**こ-らい【古来】**(副) 昔から今にいたるまで。from ancient times 用例 ── まれなことだ。

**ご-らいこう【御来光】** ①高い山で見る日の出。そのおごそかな光景。②御来迎。



▼常用漢字表外。 ▽常用漢字表の音訓外。

**ご-らいごう【御来▽迎】** ①仏教で、来迎(臨終に阿弥陀三尊が現れること)をいう敬語。②竹筒の中から、紙をたたんで作った後光がひらき、仏像がせり出す仕掛けの玩具。③高い山で見る日の出・日の入りのこと。光を背にして立つ影が、光背を弥陀が背負って来迎するように見えることから。比較 ブロッケンの妖怪。

**こらいふうていしょう【古来風体抄】** 藤原俊成の歌論書。二巻。建久八年(一一九七)執筆。和歌史を述べ、『万葉集』から『千載和歌集』までの秀歌を論評。和歌の道を仏法になぞらえて説き、中世歌学に影響を与えた。こらいふうたいしょう。

**こら・う【▽堪う】** 古語 (下二他) ↓こらえる(堪える)

**こらえ-しょう【▽堪え性】** 我慢強い性分。忍耐力。patience 用例 ――がない。

**こらえる** 8画 **【▼怺】** 部首[忄] 和製漢字 JIS 5574

↓こらえる[堪える・怺える]

**こら・える【▽堪える・▼怺える】** (下一他) ①我慢する。しのぶ。bear 用例 痛みを――。なみだを――。笑いを――。②《方言》関西方面などで、ゆるす。かんべんする。用例 悪かった。――・えてくれ。

**ご-らく【娯楽】** たのしみ。なぐさみ。amusement 用例 ――施設。

**こらしめ【懲らしめ】** 懲りさせること。いましめ。ばつ。punishment

**こらし・める【懲らしめる】** (下一他) 懲りて二度としないよう制裁を加える。punish

**こら・す【凝らす】** (五他) ①こり固まらせる。congeal ②集中させる。fix 用例 目を――。③一心に工夫する。elaborate 用例 趣向を――。

**眸を凝らす**(ひとみをこらす) ↓ひとみ(眸)

**こら・す【懲らす】** (五他) ↓こらしめる(懲らしめる)

**コラッツィーニ【Sergio Corazzini】**(一八八六〜一九〇七) イタリアの詩人。「たそがれ派」の代表的存在。「泣きじゃくる少年」とみずからを称して夭折した。詩集『叙情詩集』。

**コラット【Korat】** ネコの一品種。体つきはシャムネコに似るが、もう少し丸みがある。短毛で銀青色、斑紋を欠く。目は緑がかったこはく色。タイ原産。

**コラ-はんとう【コラ半島】**(Poluostrov Kol'skiy) ソ連北西端、バレンツ海と白海を分ける半島。不凍港ムルマンスクがある。

**コラム【column】** 新聞や雑誌などの短い評論。囲み記事。

**コラムニスト【columnist】** コラムの執筆者。

**コラン【Raphaël Collin】**(一八五〇〜一九一六) フランスの画家。その外光派の作風は黒田清輝らを通じて、明治の日本洋画壇に大きな影響を与えた。

**ご-らん【御覧】** ①「見ること」の尊敬語。用例 ――になる。②「見なさい」の尊敬語・丁寧語。「ごらんなさい」の略。用例 あれを――。③《補助動詞的に用いる。助詞「て」を添えて、命令の意を丁寧にいう》…してみなさい。用例 考えて――。

**ゴラン-こうげん【ゴラン高原】**(Golan Heights) 西アジアのシリア南西部からレバノン南東部の国境地帯に広がる高原。シリアの防衛線をなすが、一九六七年の第三次中東戦争でイスラエルが占領。つづいて八一年、併合を宣言。

**ごらん・ず【御覧ず】** 古語 (サ変他) 「見る」の尊敬語。御覧になる。用例 広げて――・じて(竹取)。

**コランダム【corundum】** ↓こうぎょく(鋼玉)

**こり【凝り】** ①固まること。congelation ②血行が悪くなり、筋肉がこわばった状態になること。stiffness 用例 肩の――。

**こり【▼梱】** 一(名) 荷造りした貨物。こうり。二(助数) 貨物の個数を数える語。

**こ-り【故里】** ふるさと。故郷。hometown

**こ-り【▼垢離】** 神仏への祈願にさいして、冷水を浴びて心身のけがれを除き、清めること。水垢離。禊。

**垢離を掻く**(こりをかく) 垢離を行う。垢離の行を する。

**こ-り【▼狐▼狸】** ①キツネとタヌキ。②人を化かすもの。

**コリ【Carl Ferdinand Cori】**(一八九六〜一九八四) アメリカの生化学者。生体内のグリコーゲン分解過程の機構を解明した業績で、一九四七年妻テレサとともにノーベル生理学医学賞受賞。

**ごり** 17画 **【▼鮴】** 部首[魚] 和製漢字 JIS 8232

魚のカジカ、ヨシノボリ、チチブなどの別称。また、姓氏にも用いられる。↓めばる【鮴】

**コリア【Chick Corea】**(一九四一〜) アメリカのジャズ-ピアニスト・作曲家。「サークル」などのグループを結成し、ジャズ界に新風を吹き込んだ。

**ゴリアテ【Goliath】** 『旧約聖書』中の伝説的勇士。ペリシテの巨人で、牧童ダビデの石で撃たれた(『サムエル記上』一七章)。

**コリアンダー【coriander】** ↓コエンドロ

**コリー【collie】** イヌの一品種。スコットランド原産の牧羊犬。肩高五〇〜六〇cm、体重約二〇kg。顔が長く、全身が長毛におおわれ優美。性質は穏和。愛玩犬ともなる。

**コリウス【coleus】** シソ科の一年草。葉は対生し、桃・淡紫・白・紅・緑色の模様がある。温室栽培では多年草。ニシキジソ。キンランジソ。↓写

●コリウス

**コリエーレ-デラ-セラ【Corrière della Sèra】**(イタリア) イタリアで最有力の一般朝刊紙。豊富な外信記事で定評がある。一八七六年創刊。

**ごり-おし【ごり押し】**(名・サ変自) 無理やりに自分の考えを押し進めること。steamroller

**ゴリオじいさん【ゴリオ▼爺さん】**《原題Le Père Goriot(フランス)》バルザックの小説。一八三五年刊。父性愛の悲劇を描く。

**コリオラヌス【Gnaeus Marcius Coriolānus】** 紀元前五世紀ごろのローマの伝説的英雄。ウォルスキ人の市コリオリの始祖。衆愚政治に反対し、ウォルスキ人を率い祖国を攻撃。

**コリオラン-じょきょく【コリオラン序曲】**《原題Coriolan-Ouvertüre(ドイツ)》ベートーベン作曲の演奏会用序曲。一八〇六年作。標題音楽的な内容の管弦楽曲。

**コリオリ-の-ちから【コリオリの力】** 回転座標系の中で運動している物体に、遠心力とは別に物体の進行方向に対して横向きに働くみかけの力。転向力。フランスの物理学者コリオリが発見。Coriolis' force

**こり-かたま・る【凝り固まる】**(五自) ①凝って固くなる。congeal ②いちずに思い込む。夢中になる。devote oneself 用例 宗教に――。

**こ-りくつ【小理屈・小理▼窟】** つまらない理屈。quibble 用例 ――をこねる。

**こ-りこう【小利口】**(形動) こざかしいさま。clever; smart

**こり-こり**(副・サ変自) かためのものをかむさま。その歯ごたえ。crunchy 用例 ――した歯触り。

**こり-ごり【懲り懲り】**(形動・サ変自) ひどく懲りるさま。こりこり。用例 もう――だ。

**ごり-ごり** 一(副・サ変自) ①かたいものを強くこすりつけるようにして動かすさま。scrape 用例 氷を――削る。②食べ物がかたいさま。hard 二(副・形動) ①ごり押しするさま。push through 用例 ――押し通す。②宗教などに凝り固まっているさま。

**こり-しょう【凝り性】**(名・形動) ①一つのことに熱中する性分であること・さま。②肩などが凝りやすい体質であること・さま。

**ご-りしょう【御利生】** ↓ごりやく(御利益)

**コリジョン【collision】**《衝突の意》二つの物体が互いに短時間接触し強い力を及ぼし合うこと。衝突前後の運動エネルギーが変わるかどうかで弾性衝突と非弾性衝突に分れる。

**コリシン【colicin】** 大腸菌やその近縁菌が生産する抗生物質の総称。たんぱく質性のものが多い。

**コリスチン【colistin】** 抗生物質の一つ。塩酸塩・硫酸塩として百日咳・腎盂炎・尿道炎などの治療に用いる。

**こりずま-に【懲りずまに】** 古語 (副) 前の失敗に懲りもしないで。性懲りもなく。用例 ――またもなき名は立ちぬべし(古今・恋三)。

**こ-りつ【孤立】**(名・サ変自) 一つだけ、取り残されていること。助けのないこと。isolation

**コリツォフ【Aleksey Vasilyevich Koltsov】**(一八〇九〜一八四二) ロシアの民衆詩人。民謡を土台に農民生活や農村の自然を叙情的に歌った。

**コリツォフ【Mikhayl Efimovich Koltsov】**(一八九八〜一九四二) ソ連の小説家。ルポルタージュ・記録文学にすぐれた。著書『スペイン日記』など。

**こりつ-けい【孤立系】** 外界と閉鎖の系。エネルギーや物質の交換をしない系。isolated system

**こりつ-ご【孤立語】** 言語の形態論的分類の一つ。一つの音節に一つのまとまった意味が対応し語尾変化や接辞が発達せず、文法的な働きはおもに語の順序で示される。中国語・チベット語・タイ語など。isolating language

**こりつ-しゅぎ【孤立主義】** かつてのアメリカの伝統的な外交政策の原則。ヨーロッパ諸国との同盟、相互干渉の拒否を主張したもの。isolationism

**こりつ-は【孤立波】** 空間の一部分だけに大きな変動状態があり、その波形がほとんど変わらずに伝わる波。衝突しても波形が変わらないものはソリトンとよぶ。solitary wave

**コリデール-しゅ【コリデール種】** ヒツジの一品種。体格は中形で角がない。毛は中太で長さ一〇〜一五cm。肉は食用で、毛皮用としても使われる。ニュージーランドでメリノ種から改良された。Corriedale

**ごり-にち【五離日】** 日の吉凶の一つ。十二支の中と西にあたる日で、耕作・旅行・婚姻などに凶とされる。

**コリマ-がわ【コリマ川】**(Kolyma) ソ連、東シベリア北部の川。コリマ山脈から北東に流れ、東シベリア海に注ぐ。長さ二六〇〇km。河口のコリマは重罪犯の流刑地として著名。

**コリマ-さん【コリマ山】**(Colima) メキシコ南部、南シエラマドレ山脈中の山。標高四三三九mの休火山ネバド-デ-コリマと同三八七〇mの活火山ボルカン-デ-コリマからなる。

**コリマ-さんみゃく【コリマ山脈】**(Kolymski Khrebet) ソ連、東シベリア北部のマガダン地域の丘陵状の山脈。標高八〇〇〜一〇〇〇m。

**ごりむ-ちゅう【五里霧中】**《五里四方にわたる濃い霧の中で、方角がわからない、の意から。「五里夢中」は誤り》判断に迷うたとえ。方針などが立たないこと。be at a loss

**コリメーター【collimator】** レンズの焦点に小孔やスリットを置き、平行光線を得る装置。分光器などに利用。視準器。

**こりゃ**(感) 《「これは」の転》①目下の者に呼びかけるときの語。これ。用例 ――よく聞け。②不意のできごとに驚いて発する語。

**こり-や【凝り屋】** 一つのことに熱中する人。perfectionist

**コリヤーク-ぞく【コリヤーク族】** ソ連、極東の少数民族。カムチャツカ半島北半とその周辺に居住する古アジア諸族の一つ。主としてトナカイ飼育・海獣猟に従事。Koryak

**コリャード【Diego de Collado】**(?〜一六三八) スペインのドミニコ会宣教師。元和五年(一六一九)来日、禁制下で布教。ラテン語による『日本文典』『羅西日辞典』を出版。

**ご-りやく【御利益】** 利益を言う敬語。神仏が恵みを与えること。その恵み。御利生。

**こりゃ-こりゃ**(感) 《「こりゃ」を重ねた語》①目下の者に呼びかける語。これこれ。②民謡などのはやしことば。

**こりゃ-どうじゃ**(連語) 《驚いたときなどに言う》これはどうしたことだ。しまった。

**こり-やなぎ【▽行▼李柳】** ヤナギ科の落葉低木。広線形で長さ約七cmの葉は対生または互生。葉裏は白粉を帯びる。雄花は黒っぽい。枝は柳行李の材料となる。朝鮮半島原産。

**こ-りゅう【古流】** ①昔から伝わる流儀。②華道流派の一つ。一志軒宗普を祖とする。生花の代表的流派。③茶道の一派。千利休以前の法を伝える。

**ごりゅう-さい【五竜祭】** 陰陽道に基づいて、水神である竜を祭る、雨乞いの祭り。

**こ-りょ【顧慮】**(名・サ変他) 気づかうこと。考えに入れること。mind; consider 用例 人の迷惑を――しない。

**こりょう【湖陵】**〈町〉 島根県北部、出雲市西隣の町。稲作・ブドウ栽培・畜産などのほか林業も行われる。人口五九四九(一九八八)。

**ご-りょう【御料】** ①「料」の敬語。衣服・器物・食物などをいう。②皇室の財産。用例 ――林。

**ご-りょう【御陵】** 天皇・皇后・皇太后・太皇太后の墓。みささぎ。

**ご-りょう【御寮・御料】** 人の子女を言う敬語。御寮人。用例 花嫁—。

**ご-りょう【御霊】** ①霊魂の敬称。②非業の死をとげた人の霊。怨霊。③「御霊会」の略。

**ごりょう-え【御霊会】** 怨霊または疫神の祟りを鎮めるために、夏に行う祭り。災厄の原因を、恨みを残して死んだ人々の霊による祟りと信じ、その御霊をあつく祭る。京都の祇園御霊会など。御霊祭り。みたまえ。

**ごりょうかく【五▼稜郭】** 元治元年(一八六四)箱館(現在は函館)に築かれた洋式の城。星形をしている。江戸開城後、榎本武揚らがたてこもり新政府に抗戦。↓写

●五稜郭

**ごりょうかく-の-たたかい【五▼稜郭の戦い】** 明治元年(一八六八)、榎本武揚らが率いる旧幕府軍と新政府軍との箱館での戦い。旧幕府軍は五稜郭にたてこもって戦ったが、同二年(一八六九)降伏。ここに戊辰戦争は終結。箱館戦争。

**ごりょう-しんこう【御霊信仰】** 死者の霊魂がたたるのを恐れ、それを鎮め慰めようとする民俗信仰。奈良時代末に広まる。京都の祇園御霊会など。

**ごりょう-づか【御霊塚】** 不幸な死をとげた人の霊魂が、祟りをしないように祭った塚。

**ごりょう-にん【御寮人・御料人】** ①他人の子女をいう敬語。御寮。②上方で、中流の主婦、また若妻をいう語。ごりょうさん。

**ごりょう-まつり【御霊祭(り)】** ↓ごりょうえ(御霊会)

**こ-りょうり【小料理】** 手軽な料理。simple dish 用例 —屋。

●ゴリラ

**ごりょう-りん【御料林】** 皇室財産の基礎にする目的で、明治一九~三三年(一八八六~一九〇〇)に官林の一部を御料地に編入して成立した林野。第二次大戦後の昭和二二年(一九四七)に国有林に移管された。

**ゴリラ【gorilla】** ショウジョウ科の類人猿。体長約二m、体重約二〇〇kgで、類人猿中最大。森林に小家族ですみ、草食性。シルバーバックといい、雄は年をとると背中が銀色になる。赤道アフリカに分布。日本へは昭和二九年(一九五四)に初輸入。オオショウジョウ。↓写

**こ・りる【懲りる】**(上一自) あやまちや失敗で痛いめにあい、二度とやるまいと思う。こる。learn by experience

**コリン【choline】** 動植物に含まれる、水溶性ビタミンの一つ。浸透圧の調節や脂肪代謝の調節に関与する。

**ご-りん【五倫】** 儒教で説かれる父子・君臣・夫婦・長幼・朋友のあいだの道徳で、それぞれ親・義・別・序・信をいう。初見は『孟子』であるが、五倫の名でまとめられたのは明代。比較 五常。

**ご-りん【五輪】** ①《仏教語》地・水・火・風・空の五つの元素。五大。②「五輪塔」の略。③《五大州を表す五つの輪から》国際オリンピック大会のこと。また、そのマーク。the Olympic Games 用例 —大会。

**ごりん-き【五輪旗】** オリンピックの旗。白地に左から青・黄・黒・緑・赤の順で五輪を描き、五大陸の協調を象徴。一九一四年、フランスのクーベルタンの創案。Olympic flag

**こ-りんご【小林▼檎】** ズミの別名。

**コリンズ【Judy Collins】**(一九三九-) アメリカの女性フォークソング歌手。美しいアルトで格調高く、知的な歌い方で人気をもつ。

**コリンズ【William Collins】**(一七二一-五九) イギリスの詩人。詩集『オード集』で知られる。

**コリンズ【William Wilkie Collins】**(一八二四-八九) イギリスの小説家。イギリス最初の探偵小説家といわれる。作品『白衣の女』『月長石』など。

**ごりん-そとば【五輪▽卒都婆】** ↓ごりんとう(五輪塔)

**コリント【Corinth】** ギリシア南部、ペロポネソス地方の歴史的港市。前八世紀から繁栄。前六世紀には、アテネ・スパルタに比肩するポリスとなった。紀元前一四六年ローマにより破壊されたが、前四四年再建。

**コリント【Lovis Corinth】**(一八五八-一九二五) ドイツの画家。ドイツの印象派の代表者の一人。晩年は表現主義へ傾斜。

**ごりん-とう【五輪塔】** 平安中期から出現した卒都婆の一つ。密教で地・水・火・風・空の五大を、方・円・三角・半円・宝珠形の五輪にあて、下から積みあげた形のもの。多くは各輪に梵字を刻み、墓標、供養のために建立。石材が多いが、木や金属のものもある。五輪。五輪卒都婆。↓図

●五輪塔

**コリント-ゲーム**《和製語》傾斜のゆるい盤上に、棒で玉を突き出し、並んでいる釘の間をうまく通して穴に入れ、得点を競うゲーム。コリントは、このゲーム機械の商標名。pinball machine game

**コリント-しき【コリント式】** ギリシア建築におけるオーダーの三様式の一つ。アカンサスの葉をめぐらした華麗な柱頭が特徴。Corinthian order 比較 イオニア式・ドーリア式。↓オーダー図

**コリントしょ【コリント書】**『コリント人への手紙』の別称。

**コリントびとへのてがみ【コリント人への手紙】**『新約聖書』中、使徒パウロがコリント教会へあてた第一と第二の手紙。コリント書。The First and Second Letters of Paul to the Corinthians

**ごりんのしょ【五輪書】** 剣法書。宮本武蔵著。寛永二〇年(一六四三)ごろなる。剣法の極意を地・水・火・風・空の五巻に説く。

**こ・る【▼梱る】**(五他) 荷造りをする。

**こ・る【凝る】**(五自) ①集まって固まる。congeal 用例 血が—。②筋肉が張って血行がとどこおり、しこりができる。はる。become stiff 用例 肩が—。③一つのことに熱中する。ふける。be absorbed in 用例 ゴルフに—。発明に—。④意匠・細工を工夫する。elaborate 用例 —・った模様。—・った装飾。

**凝っては思案に余る**(こってはしあんにあまる) あまり物事に熱中すると、かえって冷静な判断ができなくなる。「る。

**こ・る【▼樵る・▽伐る】**(五自) 木を切る。きこる。

**こ・る【懲る】** 古語 (上二自) ↓こりる(懲りる)

**コル【col フランス】** 峰と峰を結ぶ尾根の一番低くなったところ。峠。鞍部。col

**ゴル【Ivan Goll】**(一八九一-一九五〇) ドイツの詩人。ロレーヌ生まれ。独仏両語で書く。作品『土地なしジャン』『夢草』、共著『愛の詩』など。

**こ-るい【孤塁】** ぽつんと離れたとりで。isolated outpost

**孤塁を守る**(こるいをまもる) ①孤立したとりでを守る。defend an isolated position ②ただ一つの根拠地を守る。defend the only base ③自分一人だけの立場を守る。defend one's position

**コルヴィッツ【Käthe Kollwitz】**(一八六七-一九四五) ドイツの女流版画家。プロレタリア絵画の先駆者の一人。作品『農民戦争』『戦争』など。

**ゴルギアス【Gorgiās】**(BC四八三ごろ-BC三七六ごろ) 古代ギリシアの弁論家。シチリア島生まれ。代表的なソフィストとして知られる。

**コルギー【corgi】** イヌの一品種。肩高約三〇cm。耳は立ち、足が短い。元来は家畜の番犬。イギリス原産。ウェルシュ-コルギー。

**コルク【kurk オランダ】** コルクガシやアベマキの樹皮からとれる細胞層。また、その加工物。コルク形成層と外皮のあいだにできる厚くて丈夫な海綿質の組織。軽くて弾力性に富み、びんの栓や保温・防湿・絶縁材料などになる。キルク。

**コルク-か【コルク化】** 樹木のコルク組織にみられる変化。細胞壁にスベリンという蠟状の物質を含んで肥厚し、水や空気を通しにくくなる。suberisation

**コルク-がし【コルク▼樫】** ブナ科の常緑高木。高さ約一五m。地中海沿岸地方に自生。樹皮から良質のコルクが採集される。cork oak

**コルク-けいせいそう【コルク形成層】** 生長する木の茎や根の皮層内にあって、分裂能力をもつ細胞組織。外側にコルク組織、内側にコルク皮層をつくる。

**コルク-そしき【コルク組織】** 植物の薄い表皮の次にでき、内部を保護する組織。コルク形成層の細胞分裂によってできる。細胞壁が厚く、軽く、弾力性があり、液体を通さず熱などに強い。corktissue; phellem

**コルク-ぬき【コルク抜き】** ワインなどのコルクの栓を抜き取るための器具。先端にらせん状の金具をとりつけたものや、圧縮した空気を送りこむものなどがある。キルク抜き。corkscrew

**ゴルゴタ【Golgothá】** イエスが十字架にかけられたエルサレム郊外の丘。

**ゴルゴン【Gorgōn ギリシア】** ギリシア神話に登場する魔女。頭髪は蛇、黄金の翼をもつステノ・エウリュアレ・メドゥーサの三姉妹の怪物。これを見た人間は石に化したという。

**ゴルゴンゾラ【Gorgonzola】** イタリアで一般的なナチュラルチーズ。青カビを用いて熟成させ、独特の刺激臭がある。ゴルゴンゾラチーズ。

**コルサージュ【corsage】** ↓コサージュ

**コルサコフ【Korsakov】** ソ連、樺太(サハリン島)南部、アニワ湾に臨む港湾都市。日本領時代は稚内との間に連絡航路があった。人口三・八万(一九七〇)。旧称大泊。

**コルサコフ【Sergey Sergeyevich Korsakov】**(一八五四-一九〇〇) ロシアの精神病理学者。精神病理学を確立した学者の一人。コルサコフ症候群の発見者。

**コルサコフ-しょうこうぐん【コルサコフ症候群】** 極度の健忘、時や場所の認識喪失、作り話の三症状。慢性アルコール中毒・脳外傷・老人性精神病などのさいにみられる。健忘症候群。Korsakov's syndrome

**ゴルジ【Camillo Golgi】**(一八四三-一九二六) イタリアの医学者。神経細胞の染色法を創案。その応用による神経系の精細な研究の業績で一九〇六年ノーベル生理学医学賞受賞。

**コルシカ-とう【コルシカ島】**(Corsica Island) 地中海西部、フランス領の島。面積八六八〇km²。ナポレオン一世の出生地。コルス島。

**ゴルシコフ【Sergey Georgiyevich Gorshkov】**(一九一〇-八八) ソ連の軍人。海軍元帥。一九五六年から八五年一二月に引退するまで海軍総司令官を務め、ソビエト太平洋艦隊の充実に努めた。

**ゴルジ-たい【ゴルジ体】** 細胞小器官の一つ。袋状または網状の構造で、おもに、分泌に関与している。神経細胞や分泌腺細胞などに多く見られる。Golgi body ↓細胞図

**コルス-とう【コルス島】**(Ile de Corse) コルシカ島のフランス語名。

**コルセット【corset】** ①婦人用下着の一種。胸部の下から腰部にかけての体型を整えるためのもの。もとはクジラのひげか鉄線を入れていたが、現在はエラスチック織物のガードルにかわった。②脊椎の病気や、その手術後、患部の固定・安静をたもつための医療具。

**コルダ【Alexander Korda】**(一八九三-一九五六) イギリスの映画監督・製作者。ハンガリー生まれ。ロンドン-フィルム社を創設。作品『ヘンリー八世の私生活』など。



▼常用漢字表外。 ▽常用漢字表の音訓外。

**コルターサル**[Julio Cortázar](一九一四〜八四) アルゼンチンの小説家。日常性の中に突出する幻想世界を描く。長編『石蹴り遊び』、短編集『遊戯の終わり』など。

**コルダイテス**[Cordaites ラテン] 石炭紀〜二畳紀に繁茂した裸子植物の一つ。高さ約四〇m。針葉樹の祖先系と考えられる。幹の先端に葉を密生。葉は多肉質の細長い単葉。

**コルチェスター**[Colchester] イギリス南東部、ロンドン北東八〇㎞の商業都市。イギリス最古のローマ時代の植民地。人口一四・三万(一九八三)。

**コルチカム**[colchicum] ユリ科の多年生球根植物。高さ五〜一五㎝。球茎で、一〇月ごろ葉を出さずに開花。花は白・桃・ふじ色。種子からコルヒチンがとれる。イヌサフラン。

**コルチコステロン**[corticosterone] 副腎皮質ホルモンの一種。糖質代謝に関係し、消炎効果もある。

**コルチゾン**[cortisone] 副腎皮質ホルモンの一種。消炎効果が顕著で、リューマチ・気管支喘息などに有効。コーチゾン。

**コルディエラ-さんけい**[コルディエラ山系](Cordillera) 南北アメリカ大陸西部、太平洋岸沿いに連なる数列の山脈の総称。ロッキー・シエラネバダ・アンデスなどの高い山脈を含む。

**コルティ-き**[コルティ器] 内耳の蝸牛管の内壁にある音の感受器官。螺旋状の単層の特殊な形の細胞群からなる。螺旋器。Corti's organ

**コルティナ-ダンペッツォ**[Cortina d'Ampezzo] イタリア北東部ベネト州、オーストリアに近接した町。標高一二一〇m。スキー場・避暑地で知られる。

**コルテス**[Cortes スペイン] ①中世スペイン・ポルトガルの身分制議会。国王の諮問機関として、新税徴収や都市の陳情権を承認した。②スペインとポルトガルの国会。

**コルテス**[Hernán Cortés](一四八五〜一五四七) スペインの武将。コンキスタドーレスの一人。一五一九〜二一年、銃と馬を駆使してアステカ帝国を征服。その地の総督となり、弾圧政策を実施。

**コルト**[Colt] アメリカのサミュエル＝コルトが発明した回転式六連発のピストル。

**コルト**[Samuel Colt](一八一四〜六二) アメリカの技術者。一八三五年コルト式回転拳銃の特許をとり、ついで互換性部品の採用による量産工場を建設。近代的機械工業の先駆となった。

**コルトー**[Alfred-Denis Cortot](一八七七〜一九六二) フランスのピアニスト。ワーグナーに傾倒し後期ロマン派精神を受け継ぎ、ショパンなどの演奏にすぐれた。

**ゴルドーニ**[Carlo Goldoni](一七〇七〜九三) イタリアの劇作家。コメディア-デラルテ(＝仮面即興喜劇)の類型性と卑俗性を打破し、風刺によって喜劇に生命を吹きこみ、イタリア近代劇を成立させた。喜劇『宿屋の女主人』『親切な気難し屋』など。

**コルトナ**[Pietro da Cortona](一五九六〜一六六九) イタリア盛期バロックの画家・建築家。フレスコにすぐれ、また装飾的室内空間を形成。作品『バルベリーニ宮の天井画』など。

**コルドバ**[Córdoba] アルゼンチン中部、ブエノスアイレス北西に位置する工業都市。同名州の州都。自動車・織物・ガラス工業などが中心。周辺の高原は避暑地。人口九六・九万(一九八〇)。

**コルドバ**[Córdoba] スペイン南部、アンダルシア地方の商工業都市。古代フェニキア人の植民地。中世以来イスラム文化の影響が残る。人口二八・五万(一九八一)。

**コルトレーン**[John Coltrane](一九二六〜六七) アメリカの黒人ジャズ-サックス奏者・作曲家・指揮者。すぐれた技法と高い音楽性で一九六〇年代ジャズ界に多大な影響を与えた。

**コルネ**[cornet フランス]《角笛、の意》パンやパイ生地で角笛を形作り、中にクリームなどを詰めたもの。また、野菜の形を角笛のようにする切り方の一つ。

**コルネイチュク**[Aleksandr Evdokimovich Korneichuk](一九〇五〜七二) ソ連の劇作家。ウクライナ生まれ。作品『艦隊の滅亡』『プラトン＝クレチェト』など。

**コルネイユ**[Pierre Corneille](一六〇六〜八四) フランスの劇作家。人間の意志の力をたたえる英雄の世界を創造。古典劇の父といわれる。戯曲『ル-シッド』『オラース』『シンナ』『ポリュークト』など。

**コルネット**[cornet] ①一五〜一八世紀の古楽器。木(または象牙・角)の管。教会音楽の合奏に使用。②一九世紀に開発された金管楽器。管長や奏法はトランペットと同じだが、親しみやすい音色で、おもに吹奏楽で使用。

**ゴルバートフ**[Boris Leontyevich Gorbatov](一九〇八〜五四) ソ連の小説家。作品『降伏なき民』など。

**ゴルバチョフ**[Mikhail Sergeyevich Gorbachev](一九三一〜 ) ソ連の政治家。病死したチェルネンコのあとをうけて一九八五年共産党書記長に選出され政権を担当。ペレストロイカやグラスノスチなどの革新的政策を打ち出す。九〇年初代大統領に就任。

**コルビエール**[Tristan Corbière](一八四五〜七五) フランスの詩人。詩集『黄色い恋』など。

**コルビサール-デ-マレ**[Jean Nicolas Corvisart des Marets](一七五五〜一八二一) フランスの医師。心臓病学の創始者で、打診法の再発見者。ナポレオンの侍医。

**コルヒチン**[colchicine] ユリ科のイヌサフランの種子や球根に含まれるアルカロイド。古く痛風の治療に使用。細胞の有糸分裂を止める。種なしスイカを作るときなどに使用。

**ゴルフ**[golf] クラブでボールを打ち、ホールに入れていくスポーツ。一八ホールを一ラウンドとし、ストロークプレーとマッチプレーの形式がある。↓図

**ゴルファー**[golfer] ゴルフをする人。

**ゴルフ-こっせつ**[ゴルフ骨折] ゴルフのスイングのとき、急激にからだがねじれたり背筋が収縮したりしたために起こる骨折。

**ゴルフ-じょう**[ゴルフ場] ゴルフをするための球技場。一八ホールのコースを標準とする。ゴルフコース。ゴルフリンク。golf course; golf links

**ゴルフ-とう**[ゴルフ島](Corfu) ケルキラ「島の別称。

**ゴルフ-リンク**[golf links] ゴルフ場。

**コルベ**[Georg Kolbe](一八七七〜一九四七) ドイツの彫刻家。ロダンの影響を受けたのち、より古典的な造形を示す作風へ移った。作品『踊り子』など。

**コルベ**[Maksymilian Maria Kolbe](一八九四〜一九四一) ポーランドのカトリック司祭。一九三〇年(昭和五)に来日、長崎に聖母の騎士信心会を設立。アウシュビッツで他の囚人の身代わりとなって死亡。八二年に列聖。

**コルベール**[Jean Baptiste Colbert](一六一九〜八三) フランスの政治家。ルイ一四世治下で一六六五年以降財務総監。事実上の宰相として、コルベルティスムの名で知られる重商主義政策を推進。行政を整備し、貴族の力を抑えて絶対王権の確立に努めた。

**コルベット**[corvette] フリゲートより小型の護衛艦。対空・対潜兵装をもつ。中速・中型以下の軍艦。

**コルベンハイヤー**[Erwin Guido Kolbenheyer](一八七八〜一九六二) ドイツの小説家。ナチス時代の国民作家。作品『神を愛す』『パラケルス』など。

**コルホーズ**[kolkhoz ロシア] 集団農場。農業集団化によってつくりだされたソ連の農業協同組合。個人による住宅などの私有や副業経営を認めたうえで、耕地と農器具・家畜の大部分を共同化する形態(＝アルテリ)が一般的。比較 ソフホーズ。

**コルポスコープ**[colposcope] 子宮頸癌の早期診断に用いる拡大内視鏡。頸部粘膜を六〜四〇倍にして見ることができ、癌の早期発見を容易にする。

**こる-もは**[凝藻葉] テングサの古名。

**こ-るり**[小瑠璃] 雑木林にすむツグミ科の小鳥。翼長約七・五㎝。雄の背中は深青色。地上で昆虫などを捕食。美声で鳴く。夏鳥として渡来し、本州中部以北で繁殖。冬は東南アジアへ去る。ルリ。

**コルレス**《和製語。「コレスポンデント」の略》海外の取引先銀行。とくに契約によって支店業務を代行してもらっている銀行をさす。correspondent

**コルレス-けいやく**[コルレス契約] 外国の銀行に自社の支店の役目を代行してもらうため、銀行間で結ばれる為替取引上の契約。correspondent arrangement

**これ**[此れ・是・之] (代) ①話し手にもっとも近い人・事物・場所をさす語。this 対義 それ・あれ。用例 —が私の弟です。—を御覧。—に控えておれ。②いま。now 用例 —からはじめる。③《「維」「惟」とも》漢文調の文で、語調をととのえる語。用例 時は—、三月。④古語 ㋐自分。わたし。用例 —は日比白山に侍りつるが(宇治拾遺・一)。㋑おまえ。あなた。用例「—はなにごとする鬼ぞ」と問へば(宇治拾遺・一)。

**之有る哉**(これあるかな)《感心して、ほめ、肯定の意を表す語》これこそだ。さすがだ。なるほど。

**之ぞ此の**(これぞこの)《かねて聞いていたことを、目のあたりにして強く肯定する語》これが例の。これこそまことの。これが聞き及んでいた。

**此れと言う**(これという) とくに取り立てて言う。special attention 用例 —ほどの欠点もない。

**此れと言った**(これといった) とくに、取り立てて言うだけの。particular 用例 —話もない。

**之に懲りよ道斎坊**(これにこりよどうさいぼう) これに懲りて二度と繰り返してはならぬ。

**之に由りて之を観れば**(これによりてこれをみれば) このようなわけで。かかる理由から推すと。

**此れは如何な事**(これはいかなこと) ことの意外さに驚いたときなどに用いる語。これはどうしたことだ。

**此れは扨**(これはさて) ことの意外さに驚いたときに用いる語。これはまあ。

**此れは如何だ**(これはどうだ) 驚いたとき、意外である

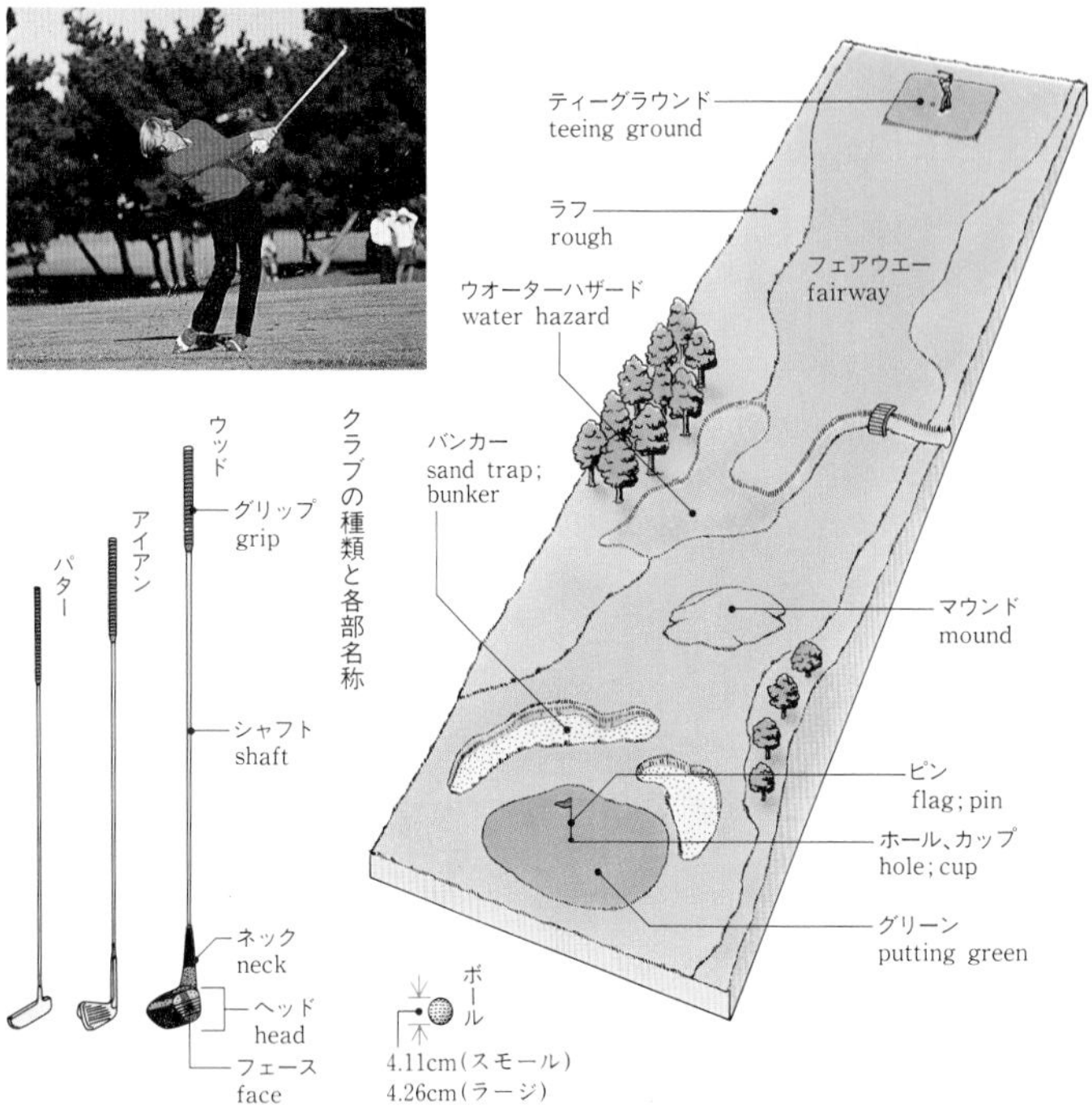

●ゴルフ

ときに発する語。これはどうしたことであろうか。これはどうじゃ。こりゃどうじゃ。

**此れはや**(これはや) 物事に失敗したときなどに用いる語。これではもう。

**此れより先**(これよりさき) ①この時以前。ago 用例 —三年ほどさかのぼる。②この時以後。since 用例 —は現政権となる。③ここから前方。from here 用例 —三〇〇m、工事中。

**之を掌上に運らす**(これをしょうじょうにめぐらす) 《『孟子』「公孫丑」にあることば》物事が行いやすい。

**之を要するに**(これをようするに) かいつまんで言えば。つまり。

**これ**(感) 目の前にいる人に呼びかける語。こら。用例 —、やめないか。

**これ-あり**【▽有▼之】 文語的 (連語) 対義 無之。①ある。②あって。あるので。

**こ-れい**【古例】 ①古いならわし。old practice ②先例。precedent

**ご-れい**【語例】 ことばの例。example of words 比較 例語。

**ごれい-さん**【五▼苓散】 生薬の一つ。利尿の効能があり、尿の減少・口の渇きなどの軽減を目標に、腎臓病・胃下垂・急性吐瀉・日射病などに広く応用。沢瀉・茯苓など五種類の生薬からなる。

**ごれいぜい-てんのう**【後冷▽泉天皇】 (一〇二五〜一〇六八) 第七〇代天皇(在位一〇四五〜一〇六八)。名は親仁。後朱雀天皇の第一皇子。

**ご-れいぜん**【御霊前】 ①死んだ人のみたまのまえ。②霊前に供える供物などの上書きに書く語。霊前。

**コレージュ**[collège フランス] ①フランス中世のパリ大学学生寮から発展した寄宿制の学生教育施設。また、イエズス会の寄宿制の中・高等学校。どちらもフランス革命で廃止。②フランス革命以後、公立の中等教育機関。現在は長期のリセに対し、短期の中学校をさす。

**コレージュ-ド-フランス**[Collège de France フランス] フランス文部省直轄の高等教育機関。一五三〇年以来の伝統を誇り、一般公開、無料を原則とし、免状や試験はないが、講義は最高の学者により、きわめて高度の内容をもつ。

**コレオプシス**[coreopsis] →きんけいぎく(金鶏菊)

**これ-から**【▼此れから・▽是から】(名・副) ①今からのち。今後。from now on 用例 —の景気の見通し。②今から。from now 用例 —行くよ。

**これ-かれ**【▼此れ彼・▽是彼】 ㊀(代) これとあれ。㊁(副) 何やかや。いろいろ。

**ご-れき**【呉歴】 (一六三二〜一七一八) 中国、清初の画家。字は漁山、号は墨井。着色山水に独自の様式を確立。晩年イエズス会に入り西洋画の影響を受けた。四王呉惲の一人。

**コレキストキニン**[cholecystokinin] 十二指腸粘膜から抽出された消化ホルモン。胆嚢の筋肉組織に働いて胆汁を分泌させる。最近、パンクレオチミンと同じ物質であることがわかり、コレキストキニン-パンクレオチミンといわれる。

**コレクション**[collection] 美術品などを集めること。集めたもの。収集品。用例 松方—。切手の—。

**コレクター**[collector] ①切手、絵画などを収集する人。②トランジスターで電子または正孔を集める電極。三極管の陽極に相当。参照 エミッター。

**コレクティビズム**[collectivism] →しゅうさんしゅぎ(集産主義)

**コレクト-コール**[collect call] 電話で、料金着信払いの通話。

**コレクト-マニア**《和製語》収集に熱中する人。収集狂。

**これ-これ**【▼此れ▼此れ・▽是▽是】 多くのことをまとめて言う語。しかじか。かくかく。such and such

**これ-これ**(感) 注意・禁止の気持ちで呼びかけることば。もしもし。

**これ-さいわい**【▼此れ幸い】(連語) ちょうど都合がいい。用例 —と席をはずす。

**これ-しき**【▼此れ式・▽是式】《俗語》たかがこれぐらい。これぽっちの。用例 なんの—のこと。

**コレジヨ**[Colégio ポルトガル] 安土桃山時代、キリシタンが日本に開設した神学校。天正八年(一五八〇)豊後国府内に設けられ、のち迫害を受けて天草・長崎に移転。活字印刷所を備えて出版事業を行った。

**コレステリン**[cholesterin] →コレステロール

**コレステロール**[cholesterol] 脊椎動物の体内に含まれるステリンの一種。胆汁・ビタミンDなどの前駆体として重要だが、血中濃度が上がると動脈硬化のもととなる。コレステリン。

**コレスポンデンス**[correspondence] ①通信。商業書簡。②銀行間の為替取引。契約。コルレス。

**これ-だけ**【▼此れ丈・▽是丈】(名・副) ①これで終わり。全部。That is all. ②これほど。so much 用例 —言ってもわからないのか。

**コレッジョ**[Correggio] (一四八九ごろ〜一五三四) イタリア盛期ルネサンスの画家。本名、アントニオ=アレグリ。主観的感情・官能的優美・装飾的傾向を示し、バロック絵画への道を開いた。作品パルマ大聖堂天井画『マリアの昇天』『ダナエ』など。→写

**コレット**[Camilla Collett] (一八一三〜一八九五) ノルウェーの女流小説家。詩人ウェルゲランの妹。作品『知事の娘』は、同国最初の傾向文学として婦人運動の原動力となった。

**コレット**[Sidonie-Gabrielle Colette] (一八七三〜一九五四) フランスの女流小説家。動物・自然への愛と官能の世界とを描く。作品『さすらいの女』『シェリ』『青い麦』『めす猫』など。

**これ-なく**【▽無▼之】 文語的 (連語) 対義 有之。①ない。用例 右の通り相違—候。②なくて。ないので。

**これ-は**【▼此れは・▽是は】(感) おどろきや感嘆の意を表す語。なんとまあ。What!

**これ-ばかり**【▼此れ▽許り・▽是▽許り】 ①これくらい。only this much 用例 —のことができないのか。②これだけ。this much 用例 —はかんべんしてください。③ちっとも。全然。not … in the least 用例 公徳心など—もない。

**これは-これは**【▼此れは▼此れは・▽是は▽是は】(感) 《「これは」を重ねた語》驚きや感嘆をこめて発する語。well, well!

**これは-したり**【▼此れはしたり・▽是はしたり】(感) おどろいた気持ちを表す語。おやおや。しまった。

**コレヒドール-とう**【コレヒドール島】 (Corregidor) フィリピン、ルソン島西岸、マニラ湾口の小島。面積五$km^2$。第二次大戦での激戦地。アメリカの軍事基地がある。

**これ-ほど**【▼此れ程・▽是程】(名・副) ①これくらい。この程度。this much 用例 —のことに大騒ぎするな。②こんなにまで。so much 用例 —喜ぶとは。

**これ-まで**【▼此れ▼迄・▽是▼迄】(名・副) ①今まで。so far ②ここまで。up to here ③これで最期だという意を表す語。All is over. 用例 今は—と覚悟をした。

**これみよ-がし**【▼此れ見よがし・▽是見よがし】(形動) これを見ろと言わんばかりに当てつけがましいさま。得意になって見せつけるさま。show off

●コレッジョ 『聖カタリナの結婚』。一五二〇〜二四年ごろ、ルーブル美術館(フランス)。

**これや-この**【▼此れや▼此の・▽是や▼此の】 古語 (連語) これがあの有名な…。これこそあの…。これぞこの。用例 —天の羽衣むべしこそ(伊勢・一六)。

**これ-ら**【▼此れ▽等・▽是▽等】(代) 《「これ」の複数》このものども。このことども。these

**コレラ**[cholera・虎列剌] 法定伝染病の一つ。コレラ菌の経口感染による消化器系伝染病。激しい嘔吐と米のとぎ汁状の下痢が主症状。アジア型・エルトール型があり、インドや東南アジアに多い。コロリ。→細菌写

**コレラ-たけ**【コレラ▼茸】 ドクアジロガサの別名。

**コレルリ**[Arcangelo Corelli] (一六五三〜一七一三) イタリアの作曲家・バイオリン奏者。合奏協奏曲などの合奏音楽の基盤を築いた。作品はほかにバイオリン-ソナタ、トリオ-ソナタなどがあり、そのバイオリン奏法は後代に影響を与えた。

**ご-れんし**【五▼斂子】 カタバミ科の常緑高木。葉は互生で披針形。花は桃色に紫斑。果実は長さ約一〇cmで、断面が星形。果肉は多汁で、甘味と酸味がある。生食または薬用。マレー地方原産。ヨウトウ。

**ご-れんし**【御連枝】 身分の高い人の兄弟を言う敬語。御兄弟。

**コレンス**[Karl Erich Correns] (一八六四〜一九三三) ドイツの植物遺伝学者。メンデルの法則の再発見者。キセニア・性決定・斑入り植物などを研究。

**ころ**【転・▽転▽子】 下に置いて、大きい物や重い物を動かしやすくする円い棒・管。roller

**ころ**【▼頃・▽比】 ①およその時期。その時分。time 用例 —は春。子どもの—。②ちょうどよい潮時。ころあい。おり。機会。time 用例 —を見計らう。

**コロ**[kolo]《車輪の意》ユーゴスラビアの代表的民族舞踊。四分の二拍子で大勢が輪になって踊る。

**ごろ**《「ごろつき」の略》ゆすりをする悪者。用例 政治—。

**ご-ろ**【語▼呂・語路】 ことばや文章を口にしたときの調子・続きぐあい。

**ごろ**【▼頃】(接尾) ①《時を表す語について》その時分。そのころ。用例 六時—。②ちょうどよい時期・状態。用例 食べ—。年—。

**ゴロ**《和製語》野球で、地面を転がる打球。grounder

**ゴロ**【呉▽羅・呉▼呂・呉▼絽】 「ゴロフクレン」の略。

**ころ-あい**【▼頃合(い)】 程度・時期などが、ちょうどよいこと。しおどき。good time

**ごろ-あわせ**【語▼呂合(わ)せ】 ことわざなどの、成句の口調をまねて別の文句をつくること。地口。pun

**コロイド**[colloid] 物質が直径$10^{-5}$〜$10^{-7}$cmの粒子となって気体・液体・固体中に分散している状態。ゼラチン・寒天など。膠質。→図

●コロイド

| 種類 | 分散媒 | 分散質 | 物質例 |
|---|---|---|---|
| ゲル | 固体 | 固体 | 色ガラス、色水晶、人工宝石(ルビー、サファイア) |
| | | 液体 | バター、ゼリー、こんにゃく、豆腐 |
| | | 気体 | スポンジ、ラバーフォーム、マシュマロ、ソフトクリーム |
| ゾル | 液体 | 固体 | せっけん水、でんぷんのり、卵白、ペイント |
| | | 液体 | 牛乳、マヨネーズ、クリーム、グリース |
| | | 気体 | 泡 |
| エーロゾル | 気体 | 固体 | 煙、粉塵 |
| | | 液体 | 霧 |

**コロイド-かがく**【コロイド化学】 コロイド粒子の性質や界面について研究する化学の一分野。colloid chemistry

**コロイド-ようえき**【コロイド溶液】 コロイド粒子が溶媒中に分散したもの。膠質溶液。ゾル。colloidal solution

**コロイド-りゅうし**【コロイド粒子】 コロイド状態で分散している粒子。直径は$10^{-5}$〜$10^{-7}$cm程度。ふつうの光学顕微鏡では見ることができないため、限外顕微鏡で観察する。colloidal particle

**こ-ろう**【固▼陋】(名・形動) 見聞がせまく、がんこなこと・さま。かたくななこと・さま。narrow-mindedness 用例 頑迷—。

**こ-ろう**【▼虎▼狼】 ①トラとオオカミ。②欲が深く、残酷な者。

**こ-ろう**【孤老】 一人住まいの老人。社会的な援助を必要とする寝たきり老人など。old man left uncared

**こ-ろう**【故老・古老】 老人。昔をよく知っている老人。old man of knowledge

**ごろう-じる**【御▽覧じる】(上一他) 《「ごろうず」の上一段化》「見る」の尊敬語。ごらんになる。

**ごろう-ず**【御▽覧ず】 古語 (サ変他) 《「ごらんず」の転》ごらんになる。ごろうじる。

**コロー**[Jean-Baptiste-Camille Corot] (一七九六〜一八七五) フランスの画家。バルビゾン派。大気や光線の効果を画面にとり入れ、印象派の先

▼常用漢字表外。 ▽常用漢字表の音訓外。

● コロー『モルトフォンテーヌの回想』。一八六四年、ルーブル美術館(フランス)。

駆となる。作品『モルトフォンテーヌの回想』『真珠の女』など。↓写

**ころ-おい**【▾頃おい】①ころ。そのおり。②古語 今の時世。当節。用例 中の品のけしうはあらぬ、えりいでつべき—なり(源氏・帚木)。

**コローディ**【Carlo Collodi】↓コッローディ

**コローニュ**【Cologne】西ドイツの都市、ケルンのフランス語名。

**ゴローニン**【Vasily Mikhaylovich Golovnin】↓ゴロブニン

**ころ-がき**【転▾柿・枯露▾柿】カキの皮をむいてほしたもの。つるしがき。

**ころが・す**【転がす】(五他) ①転がるようにする。回転させて動かす。roll 用例 ボールを—。運動会で大玉を—。②横倒しにする。用例 土俵に—。③《俗語》利益をあげるために転売を重ねる。用例 土地を—。④《俗語》運転する。drive 用例 車を—。

**ころがり-こ・む**【転がり込む】(五自) =ころげこむ。①転がって中に入る。roll in ②勢いこんで入りこむ。tumble into 用例 交番に—。③他人の家にやっかいになる。come to live with ④思いがけないものが手に入る。fall in one's way 用例 大金が—。

**ころがり-じくうけ**【転がり軸受(け)】軸受けの一つ。回転軸と軸受けとの間に玉あるいはころを用い、摩擦を小さくするもの。ball-and-roller bearing

**ころがり-まさつ**【転がり摩擦】物体が他の物体の面上をすべらないで転がるとき、面が転がる物体におよぼす抵抗力。すべり摩擦よりはるかに小さく、ころや車はこれを利用したもの。rolling friction

**ころが・る**【転がる】(五自) =ころげる。①ころころ回って進む。roll 用例 ボールが—。②倒れる。転ぶ。fall down 用例 つまずいて—。③(「ころがっている」の形で)㋐物が無造作に置かれている。"lie about 用例 魚が—・っている。㋑手近にいくらでもある。be near at hand 用例 どこにでも—・っている話。

**ご-ろく**【語録】高僧・儒者・指導者などの教説・談話を筆録した書。analects

**こ-ろくがつ**【小六月】陰暦一〇月の異称。小春。

**ころげ-こ・む**【転げ込む】(五自) ↓ころがりこむ(転がり込む)

**ころ・げる**【転げる】(下一自) ↓ころがる(転がる)

**ころ-ころ** ㊀(副・サ変自) 太って、丸いさま。chubby 用例 —した子犬。㊁(副) ①小さい物が転がるさま。また、その音の形容。roll over and over ②鈴などが鳴る音を表す語。tinkle ③明るく笑うさま。laugh merrily 用例 —と笑う。

**ごろ-ごろ** ㊀(副・サ変自) ①あちこちにいくらでもあるさま。here and there 用例 こんな話は世間に—ある。②仕事をしないで遊んでいるさま。idle one's time away 用例 退屈して—している。㊁(副) ①大きい物が転がるさま。また、その音の形容。roll ②車輪やかみなりの鳴り響くさま。また、その音の形容。rumble

**ころし**【殺し】殺すこと。殺人。murder

● コロセウム

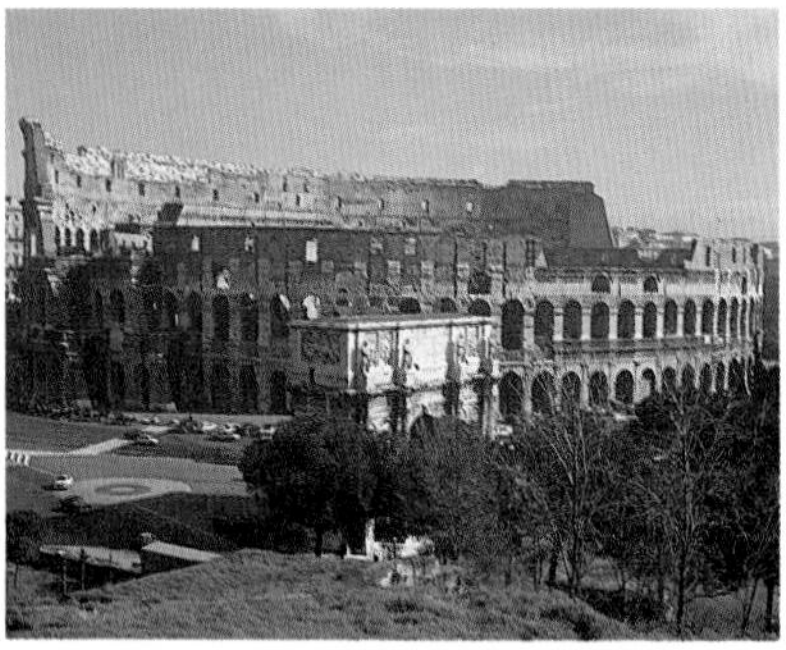

**コロシアム**【Colosseum】↓コロセウム

**コロジオン**【collodion】硝酸セルロースをエーテルとエタノールの混液に溶かした溶液。皮膚の保護剤、写真感光膜、半透膜などの原料。

**ころ-じくうけ**【転軸受(け)】軸受けの一つ。回転軸と軸受けとのあいだに数個のころをはさんだもの。ローラーベアリング。roller bearing

**ころ-し-も**【▾頃しも】(副) (「し」「も」は強意の助詞)ちょうどその時。時まさに。at the time

**ころし-もんく**【殺し文句】相手の心を強くとらえることば。うれしがらせのことば。telling phrase

**ころし-や**【殺し屋】人を殺すことを職業とする者。killer; murderer

**コロシント-うり**【コロシント▾瓜】ウリ科のつる性多年草。葉はスイカに似る。夏に、淡黄花を開き、球形の果実を結ぶ。これを乾燥したものはコロシント実とよばれ、緩下剤。インド・アフリカ原産。

**ころ・す**【殺す】(五他) ①死なせる。命をとる。kill; murder 対義 生かす。用例 人を—。②こらえる。おさえる。surpress 用例 息を—。笑いを—。③長所・ねらちを生かさない。make bad use 対義 生かす。用例 持ち味を—。才能を—。④野球で走者をアウトにする。用例 二塁で—。⑤その物の働きを生かさないようにする。用例 白の三目を—。⑥悩殺する。用例 目で—。⑦調理する前に材料に塩または酢をふり、くせなどを取り除く。

**コロセウム**【Colosseum ラテン】古代ローマの円形闘技場。八〇年ティトゥスにより完成。長径一八八m、短径一五六mの楕円形平面で、五万人収容の階段式観覧席がある。当初はフラウィウス闘技場と称した。コロセオ。コロシアム。↓写

**ごろ-た**【▽転太】①丸太。とくに、重い物を移動させるとき下に敷くもの。②「ごろたいし」の略。転がっている丸い石。

**ころ-だい**【▾胡▾盧▾鯛】イサキ科の海水魚。全長約六〇cm。青地に黄褐色の斑点が散在。食用。南日本以南の岩礁に生息。

**コロタイプ**【collotype】写真の特殊印刷法。ニクロム酸アンモニウムとゼラチンを主剤とする感光液を塗布、乾燥したガラス板に陰画を焼きつけて製版。水で処理したのち、脂肪性のインキで印刷する。きめ細かい自然の濃淡変化が得られるが、最高二〇〇〇枚の印刷が限度。アートタイプ。玻璃版。

**ごろ-つき**(「破落戸」とも)住所も不定、定職もなく、ゆすりなどをする悪者。ならずもの。

**ごろ-つ・く**(五自) ①物がごろごろしている。ごろごろする。lie about ②定職がなくぶらぶらしている。loiter ③雷がごろごろ音を立てる。thunder

**コロッケ**【croquette フランス】西洋の揚げ物料理の一つ。肉や魚介類・野菜などを、つなぎ材料にまぜて小判形、俵形などにまとめ、パン粉をつけて揚げる。

**コロップ**(prop オランダのなまり)コルク製の栓。

**ゴロデツキー**【Sergey Mitrofanovich Gorodetsky】(一八八四〜一九六七) ソ連の詩人。作品『春の畑』『赤いピーテル』など。

**コロナ**【corona】太陽の最外層の大気。皆既日食で光球がかくされたときに見える光。形は太陽活動とともに変化し、黒点数の極大期にはほぼ円形、極小期には赤道方向に細長くのびる。↓太陽図

**コロナ-かんそくじょ**【コロナ観測所】コロナグラフを設置した観測所。乗鞍コロナ観測所など。observatory for corona

**コロナグラフ**【coronagraph】遮光板で人工日食をつくり、コロナを観測する望遠鏡。

**コロナ-ほうでん**【コロナ放電】気体放電の一つ。電極間で、電場の強さが不均一となった場合に起こる微弱な発光現象。セントエルモの火はこの一種。corona discharge

**コロニアル-ようしき**【コロニアル様式】建築・工芸の様式の一つ。一七〜一八世紀のイギリス・スペイン・オランダの植民地にみられ、とくに植民地時代のアメリカで発達した。Colonial style ↓写

● コロニアル様式 ブラジル、サルバドル市。

**コロニー**【colony】①植民地。植民者や移民の集団・集落。②ある限られた地域を占有する生物の集団。同一種の場合を種内コロニー、二種以上の場合を種間コロニーという。ハチ・アリなどの昆虫・哺乳類・鳥類などにみられる。群体や培養された細菌にもいう。集落。③心身障害者などのための、医療施設・職業訓練施設をそなえた集団居住区域。

**コロヌス**【colonus ラテン】ローマ帝政末期の小作人。元来は自由小作人をいったが、大土地所有制の発達、奴隷制農業経営の破綻のため、没落した自由農民が土地に縛りつけられる小作人と化した。

**ごろ-ね**【▽転寝】(名・サ変自) 寝巻きに着替えず、また、布団を敷かないで、そのまま寝ること。lying dozing

**ころは**【▾胡▾盧▾巴】マメ科の一年草。高さ約六〇cm。夏に、白色の唇形花を開く。花後、径約五mmの黄褐色の種子を結ぶ。この種子はフェヌグリークシーズとよばれ、香辛料。南ヨーロッパ原産。

**ころばし-もち**【転ばし▾餅】初誕生の子に餅を背負わせてわざと転ばす風習。誕生日前に歩き出した子は、成長後、家を離れて遠方に暮らすとして忌んだことから。

**ころば・す**【転ばす】(五他) 倒す。ころぶようにする。

**ごろはち-ぢゃわん**【五▽郎八茶▾碗】大ぶりで厚手の飯茶碗。茶漬け用に用いることが多い。

**ころび**【転び】①転ぶこと。逸脱すること。fall down ②「転びキリシタン」の略。

**転びを打つ**(ころびをうつ) わざところぶ。また、ころがる。

**ころび-キリシタン**【転びキリシタン】江戸時代、キリシタン信者が弾圧に耐えきれずに、その信仰を捨てさせられたり改宗させられたりしたこと。また、その人。conversion

**ころび-ね**【転び寝】うたたね。ごろね。doze

**ころ・ぶ**【転ぶ】(五自) ①倒れる。fall down 用例 雪道で—。②転がる。ごろごろ動く。roll over 用例 —ように走る。③ある方向へ動く。用例 どちらに—・んでも同じだ。④芸者などが客に身をまかせる。⑤近世、キリシタンが改宗する。

**転ばぬ先の杖**(ころばぬさきのつえ) (転ばないように、手に持っておく杖、の意)失敗しないように、用心しておくにこしたことはない、ということ。Look before you leap.

**転んでも只は起きぬ**(ころんでもただはおきぬ) どんなときにもなにか利益を得ようとするような、ひどく欲の深い者にいう。All's grist that comes to his mill.

**ゴロフクレン**【grofgrein オランダ・呉絽服連】江戸中期から明治維新にかけ、イギリスやオランダから輸入された織りの粗い毛織物。合羽・羽織・帯地などに用いた。ゴロ。

**コロブス**【colobus】オナガザル科コロブス属のサルの総称。樹上にすみ、木の葉を主食とする。アフリカ産。代表はクロシロコロブス(別名ゲレザ)。本種は体長約六〇cmで、尾はそれより長く、体は黒毛でおおわれるが、肩・尾

のほか顔のまわりに白い長毛がはえている。

**ゴロブニン**【Vasily Mikhaylovich Golovnin】(一七七六〜一八三一) ロシアの海軍軍人。世界一周の途中、文化八年(一八一一)国後島で日本の幕吏に捕らわれ、高田屋嘉兵衛と交換で釈放。著書『日本幽囚記』。ゴローニン。

**コロポックル**〈koropokkurアイヌ〉《蕗の下の人、の意》アイヌが北海道に居住する前に住んでいたとされる伝説上の小人。坪井正五郎はコロポックルが日本の先住民族であるとの説を提起した。

**コロホニウム**[colophonium] ↓ロジン

**コロマンデル-かいがん**【コロマンデル海岸】(Coromandel Coast) インド南東部、ベンガル湾の海岸。北はクリシュナ川デルタから南はカリミール岬まで、七二〇㎞。

**コロムビア**[Columbia Pictures Corp.] アメリカの映画会社。一九二四年創立。七〇年代に配給部門を縮小。

**ころも**【衣】①身にまとうものの総称。衣服。clothes ②僧の着るもの。法衣。③揚げ物・菓子などの外皮。coat

**衣、片敷く**(ころも、かたしく) ひとり寝をする。

**衣の下から鎧が覗く**(ころものしたからよろいがのぞく)《僧衣の下から鎧が見えている、の意から》和を唱えていても、陰で武力をととのえていることが見えすいている。

**衣許りで和尚は出来ぬ**(ころもばかりでおしょうはできぬ) 形だけでは役に立たない。The cowl does not make the monk.

**衣は骭に至り袖腕に至る**(ころもはかんにいたりそでうでにいたる) ゆきやたけの短い衣服を着て、すね・腕を出す。剛健、また武骨そうなようすをいう。

**衣を返す**(ころもをかえす) 衣を裏返しに着る。昔、衣をわざと裏返して着て寝ると、恋しい人の夢をみるという俗信があった。

**ころも-あげ**【衣揚(げ)】料理で、材料に衣をつけて揚げたもの。衣は、水溶きした小麦粉や泡立てた卵白・ナッツ・はるさめなど。

**ころも-がい**【衣貝】浅海に産するコロモガイ科の巻き貝。殻高約六㎝、殻径約四㎝。黄褐色で黒褐色斑がある。殻口は長卵形。卵嚢をちゃんちゃんほおずきという。房総から九州沿岸に分布。

**ころも-がえ**【衣替え・▽更▽衣】(名・サ変自他) ①季節の移りかわりに応じて衣服を替えること。俳諧の季題にもある平安朝以来の日本的風習。seasonal change of clothing ②《比喩的に》外観をかえること。redecoration 用例 店内を―する。

**ころもがわ**【衣川】〈村〉岩手県南西部、一関市の北西に接する村。酪農化が進む。衣川柵跡、前九年・後三年の役の古戦場・衣川の館跡などがある。人口五七五二(一九八八)。

**ころもがわ-の-たて**【衣川の▽館】藤原秀衡を頼って落ちのびた源義経の平泉の住居。秀衡の死後、文治五年(一一八九)その子泰衡に襲われて義経は自刃。

**ころも-じらみ**【衣▼虱】ヒトジラミ科の昆虫。人体に寄生し吸血する。体長二〜三㎜で、灰白色。頭髪につくアタマジラミと同種で、繁殖部位が衣服である点が異なる。発疹チフス・回帰熱などの伝染病を媒介。全世界に分布。キモノジラミ。

**ころも-で**【衣手】古語 ①そで。用例 ―を折り反しつつ夕されば床うち払ひ(万葉・一七・三九六二)。②「枕ことば」《そでを「ひたす(=ぬらす)」と同音を含むことから》「常陸」などにかかる。用例 ―常陸の国二並ぶ筑波の山を見まく欲り(万葉・九・一七五三)。

**ころもで-の**【衣手の】「枕ことば」《たもとを分かつ。また、そでが風にひるがえる意から》「別る・帰る」などにかかる。用例 速川の立ちて行くも知らに―反るも知らに馬じもの立ちて躓く(万葉・一三・三二七六)。

**ころもで-を**【衣手を】「枕ことば」《きぬたで衣を打つことから》「打つ」などにかかる。用例 ―打廻の里にあるわれを知らにそ人は待てど来ずける(万葉・四・五八九)。

**ころも-へん**【衣偏】漢字を組み立てている部分の名。「被・補」などの左にある「衤」。

**コロラチュラ**[coloraturaイタリア] ↓コロラトゥーラ

**コロラド**[Colorado] アメリカ中西部の州。西はコロラド高原、東はグレートプレーンズ西部を占め、農牧業やモリブデン・ウランなどの鉱業がさかん。州都デンバー。人口二八九万(一九八〇)。

**コロラトゥーラ**[coloraturaイタリア] 非常に急速なテンポで、華やかな装飾音をもつ技巧的な旋律をさす。これを歌うのに適した声域および歌手をコロラトゥーラ-ソプラノとよぶ。コロラチュラ。

**コロラド-がわ**【コロラド川】(Rio Colorado) アメリカ西部、コロラド州北部のロッキー山脈から南西に流れ、メキシコを経てカリフォルニア湾に注ぐ川。長さ二三三〇㎞。

**コロラド-こうげん**【コロラド高原】(Colorado Plateau) アメリカ南西部、コロラド川中流域の大高原。標高一〇〇〇〜三〇〇〇m。グランドキャニオンの峡谷が有名。世界有数のウラン鉱床がある。

**コロラド-さばく**【コロラド砂漠】(Colorado Desert) アメリカ南西部、コロラド川下流域の広大な砂漠。灌漑農業により綿花・野菜を生産。

**コロラド-スプリングズ**[Colorado Springs] ①アメリカ、コロラド州中東部、ロッキー山脈東麓の観光保養都市。人口二一・五万(一九八〇)。②《所在地名から》米空軍士官学校(US Air Force Academy)の通称。修業年限四年。卒業後、理学士の称号が与えられる。

**コロリ**【▼虎▼狼痢・古▼呂利】《ともに当て字》江戸時代、ころりと死ぬということにかけていわれたコレラの称。

**ころり-と**(副) ①小さい物が倒れたり、転がったりするさま。roll off 用例 木の実が―転がる。②事態があっけなく変わるさま。easily 用例 態度を―変える。③あっけなく死ぬさま。abruptly

**ころりと行く**(ころりといく) とつぜん死ぬ。あっさり死ぬ。急死する。die suddenly

**ごろり-と**(副) 大きなもの・重そうなものが倒れたり、転がったりするさま。また、無造作に横たわるさま。roll over 用例 ―寝そべる。

**コロレンコ**[Vladimir Galaktionovich Korolenko](一八五三〜一九二一) ロシアの小説家。後期ナロードニキの代表。作品『マカールの夢』『盲音楽師』、回想録『同時代人の物語』など。

**コロン**[Cologneフランス]《オーデコロンの原産地ドイツのケルンから》①「オーデコロン」の略。コロン水。②化粧水。

**コロン**[colon] 欧文や横書きの日本文に用いるくぎり符号の一種。重点。符号は「:」で表す。

**コロン**[colonフランス]《植民者・小作人の意》フランス領植民地で農業経営を行うフランス系植民者。アルジェリアのコロンは代表的。

**コロン**[Colón] パナマ共和国中部の港湾都市。パナマ運河の大西洋岸口にあり、もとは運河建設の基地。人口一六・六万(一九八〇)。

**コロンタイ**[Aleksandra Mikhaylovna Kollontay](一八七二〜一九五二) ソ連の婦人政治家。十月革命後、党婦人部長をへてノルウェー大使。母子保護や性の解放などを主張した。小説『赤い恋』など。

**コロンバス**[Columbus] アメリカ中北部、オハイオ州中部の商工業都市。同州の州都。コーンベルトに囲まれ、農産物の集散加工と工業が中心。人口五六・二万(一九八〇)。

**コロンビア**【Colombia・哥倫比亜】(Republic of Colombia) 南アメリカ北西部、カリブ海と太平洋に臨む共和国。首都ボゴタ。一八一九年スペインから「大コロンビア」として独立し、一八八六年に現国名。西部にアンデス山脈があり、東部は低地。熱帯地方のため、都市の大部分は高地に発達。コーヒー栽培や金・銀・エメラルドを産出。面積一一三・九万㎢。人口二九一九万(一九八六)。正称コロンビア共和国。

**コロンビア**[Columbia] アメリカ南部、サウスカロライナ州中部の商工業都市。同州の州都。アパラチア山脈東麓の滝線都市の一つ。綿紡績・肥料・林産加工業が発達。人口一〇・一万(一九八〇)。

**コロンビア-がわ**【コロンビア川】(Columbia River) アメリカ北西部の川。ロッキー山脈中のコロンビア湖から南に流れて太平洋に注ぐ。長さ一九〇〇㎞。

**コロンビア-とくべつく**【コロンビア特別区】(District of Columbia) ↓ワシントン

**コロンブス**[Christopher Columbus](一四五一ごろ〜一五〇六)《イタリア名 Christofolo Columbo》イタリアの探検・航海家。ジェノバ生まれ。マルコ=ポーロの『東方見聞録』などに触発され、スペイン女王イサベル一世の援助によって大西洋を西航し、西インド諸島を発見。その後アメリカ大陸に達した。

**コロンブス-けいかく**【コロンブス計画】ヨーロッパ宇宙機関が開発する有人宇宙基地の計画。将来は分離独立して運用する構想のもとに、アメリカの有人宇宙基地計画に参加して行う。Columbus Space Station Program

**コロンボ**[Colombo] スリランカの旧首都。セイロン島南西岸にあり、インド洋の重要な中継港。スリランカの経済・文化の中心地。仏教遺跡がある。人口五八・六万(一九八一)。

**コロンボ-グループ**[Colombo group] 一九五四年激化する冷戦下にアジアの平和と安全を求めてコロンボで首脳会議を開いた、インド・パキスタン・ビルマ・インドネシア・セイロン(現スリランカ)の五か国。

**コロンボ-プラン**[Colombo Plan] 資金・技術両面の援助で東南アジア開発途上国の経済開発をはかる計画。当初は東南アジアのイギリス連邦地域のみを対象とした。一九五〇年コロンボで開かれた英連邦外相会議で提唱。日本は昭和二九年(一九五四)加盟。

**こわ・い**【怖い・▽恐い】(形) おそろしい。horrible

派生 こわが・る(五自) こわさ(名)

**怖い物知らず**(こわいものしらず) 自信に満ちて怖いものがなにもない。向こう見ずなこと。fearless

**怖い物無し**(こわいものなし)《おさえつけられていたり、はばかっていたりした存在がなくなる。また、特別に力を得るなどで》おそろしく思い、また、遠慮すべきものがなにひとつない。向こう見ず。かって気まま。have nothing to fear

**怖い物見たさ**(こわいものみたさ) おそろしいものをかえって見たい気持ち。urge to see the dreadful

**こわ・い**【▽強い】(形) ①かたくごわごわしている。stiff 用例 ―布。②強情だ。かたくなである。obstinate 用例 情の―人。③強い。はげしい。strong ④かたい。hard 用例 ―めし。⑤かた苦しい。strict ⑥《方言》たいぎである。hard

**こわ-いい**【▽強▽飯】米を甑に入れ、蒸したためし。ねばりがなく、固い。水炊きするものは、堅粥・姫飯といった。

**こわ-いけん**【▽強意見】厳しい意見。expostulation

**こわ-いろ**【声色】《「こえいろ」の転》①声の調子。こわね。tone ②寄席演芸の一つ。人気のある歌舞伎役者や俳優など人気者のせりふ口調や声をまねる芸。声帯模写。imitate one's voice

**声色を遣う**(こわいろをつかう) 他人の声つきをまねる。声帯模写をする。imitate a person's voice

**こわ-が・る**【怖がる・▽恐がる】(五他) おそろしいと思う。おそれる。fear

**こ-わかれ**【子別れ】子と生き別れすること。

**こ-わき**【小▼脇】わき。under one's arm 用例 かばんを―にかかえる。

**こわきだに**【小▼涌谷】神奈川県箱根町の山間にある地区。ツツジの名所。小涌谷温泉がある。こわくだに。

**こ-わく**【▼蠱惑】(名・サ変他) 人の心をひきつけ、まどわすこと。用例 ―的なまなざし。

**こわくだに**【小▼涌谷】↓こわきだに(小涌谷)

**こ-わけ**【小分け】(名・サ変他) 小さく分けること。また、分けたもの。細目。subdivision

**こわ-ごわ**【怖怖・▽恐▽恐】(副) 恐れながらするさま。おそるおそる。timidly

**ごわ-ごわ**(形動・副・サ変自) 紙・布・皮などがこわばって、しなやかでないさま。stiff 用例 ―した手触り。

**こ-わざ**【小技】格闘技などで、相手の出方をうまく利用してかけるような、派手さのない小さな技。minor technique 対義 大技。

**こわ・し**【怖し】古語(形ク) ↓こわい(怖い)

**こわ・し**【▽強し】古語(形ク) ↓こわい(強い)

**こわ・す**【壊す・▼毀す】(五他) ①形のあるものをくだいたり崩したりして、役に立たなくする。破壊する。break 用例 家を―。時計を―。②調子を狂わす。have trouble 用例 腹を―。③まとまっているもの・まとまりかけているものを駄目にする。spoil 用例 話を―。計画を―。④おかねをくずす。両替する。change 用例 一万円札を―。

**ごわ・す** ㊀(特活サ変自)「ある」の意の丁寧語。でございます。あります。㊁(補動) 補助動詞「ある」の意の丁寧語。

**こわ-そうぞく**【▽強装束】鎌倉時代以降の公家装束の一つ。糊をつけたり漆を塗ったりして、折り目が稜立つように仕立てた、こわばった装束。こわしょうぞく。

**こわ-だか**【声高】(形動)《「こえだか」の転》話し声が大きいさま。

**こ-わたり**【古渡り】古い外来品。とくに、江戸時代以前に伝来した布地・工芸品など。対義 新渡。用例 ―更紗。

**こわ-だんぱん**【▽強談判】厳しい態度で



▼ 常用漢字表外。 ▽ 常用漢字表の音訓外。

する談判。peremptory demand 用例 ― におよぶ。

**こわ-づかい**【声遣い】《「こえづかい」の転》声の出しぐあい。口調。

**ごわ-つく**【▽強つく】(五自) かたくて、ごわごわする。stiff

**こ-わっぱ**【小▽童】《「こわらわ」の転》少年や未熟者をののしる語。若僧。brat

**こわ-ね**【声音】《「こえね」の転》声の調子。こわいろ。tone

**こわ-ば・る**【▽強張る】(五自) 柔らかいものがかたくなる。硬直する。stiffen 用例 表情が―。

**こわ-めし**【▽強飯】①糯米を甑で蒸したり、釜で炊いたりしためし。②小豆をまぜて炊いためし。祝儀に用いる。おこわ。赤飯。

**こわ-もて**【▽強面・怖▽面】《「こわおもて」の約》おそろしい顔つき。また、相手に対して強硬に出ること。

**こわ-もて**【怖持て・▽恐持て・▽強持て】おそれられているため、丁寧にもてなされること。比較 いやもて。

**こ-わり**【小割(り)】①小さく割ること。割ったもの。divide into pieces ②小さなまき割り。

**こわ・る**【壊る】古語(下二自)↓こわれる(壊れる)

**こわれ-もの**【壊れ物・▼毀れ物】①壊れた物。broken article ②ガラスなど壊れやすい物。われもの。fragile article 用例 ― 注意。

**こわ・れる**【壊れる・▼毀れる】(下一自) ①形あるものがくだけたり、つぶれたりして使えなくなる。be broken 用例 家が―。②機械などが故障して、その働きをしなくなる。out of order 用例 洗濯機が―。③まとまっているもの・まとまりかけているものがだめになる。be broken off 用例 話が―。縁談が―。

**コワンシーチョワンツー-じちく**【コワンシーチョワンツー自治区・▽広▽西▽壮▽族自治区】(Guǎngxī Zhuàngzú) ↓こうせいそうぞくじちく(広西壮族自治区)

**コワンチョウ**【広州】(Guǎngzhōu) ↓こうしゅう(広州)

**コワンチョウ-わん**【コワンチョウ湾・▽広▽州湾】(Guǎngzhōu) ↓こうしゅうわん(広州湾)

**コン**【▼丨】1画 部首[丨]
音 コン
①たてにつらぬくことを示し、のぼる。また、くだる。②部首の一つ。たてぼう。

**コン**【今】4画 部首[人・𠆢] 教育小2 JIS 2603
音 コン・キン
訓 いま

今 今 今 今

①いま。ただいま。対義 古・昔。「古今・昨今」「今月」②現在の一まわり。対義 昨・明。「今晩・今週・今春・今晩・今夜」③いまの世。現代。「現今・当今」↓キン[今]

**コン**【困】7画 部首[囗] 教育小6 JIS 2604
音 コン
訓 こまる

困 困 困 困 困 困 困

こまる。くるしむ。なやむ。「貧困」「困苦・困難」

**コン**【▼坤】8画 部首[土] JIS 2605
音 コン
対義 乾。①天に対する大地。「乾坤」②易の卦の一つ。③女性。特に皇后。「坤徳」④方位の一つ。ひつじさる。南西。

**コン**【昆】8画 部首[日] 常用 JIS 2611
音 コン
①おおい。もろもろ。「昆虫・昆布」②あとにつづくもの。のち。あと。子孫。「後昆」

**コン**【▼昏】8画 部首[日] JIS 2610
音 コン
①くらい。ひぐれ。「黄昏」②くらむ。目がくらむ。「昏倒」

**コン**【金】8画 部首[金] 教育小1 JIS 2266
音 キン・コン・ゴン
訓 かね・かな
筆順 ↓キン[金]
①こがね。きん。「黄金」「金色」②かたい。かたくて強い。「金剛石・金剛力」↓キン・ゴン[金]

**コン**【建】9画 部首[廴] 教育小4 JIS 2390
音 ケン・コン
訓 たてる・たつ
筆順 ↓ケン[建]
たてる。つくる。「再建」「建立」↓ケン[建]

**コン**【▼很】9画 部首[彳] JIS 5544
【▼佷】8画 部首[人・亻] 異体字
音 コン
もとる。さからう。ききいれない。「很戾」

**コン**【恨】9画 部首[忄] 常用 JIS 2608
音 コン
訓 うらむ・うらめしい
うらむ。くやむ。うらめしい。「悔恨・多恨・長恨・痛恨」

**コン**【▼狠】9画 部首[犭] JIS 6435
音 ガン・コン
もとる。さからう。ききいれない。

**コン**【▼悃】10画 部首[忄] JIS 5593
音 コン
ねんごろ。まごころ。まこと。「悃願」

**コン**【根】10画 部首[木] 教育小3 JIS 2612
音 コン
訓 ね

根 根 根 根 根 根

①ね。もと。「根幹・根拠・根元・根絶・根底」②ものごとにたえうる気力。「精根」「根気・根比べ・根負け」用例(名) ― がつづく。運鈍 ―。③人の性質。気だて。「利根」「根性」④仏教で、感覚やはたらきを生じるもと。「舌根・善根・六根清浄」⑤数学で、㋐方程式を満足させる未知数の値。用例(名) ― を求める。㋑ある数を何乗かした数に対するそのもとの数。「平方根」⑥化学で、イオンをつくる基。
**根を詰める**(こんをつめる) 物事に熱中する。精力を集中する。concentrate all one's efforts on 用例 根を詰めて仕事をする。

**コン**【▼衮】10画 部首[衣] 
【▼袞】11画 JIS 7449 異体字
音 コン
中国の天子や三公が着た、竜のぬいとり模様のある礼服。「衮竜」

**コン**【婚】11画 部首[女] 常用 JIS 2607
音 コン
夫婦になる。縁組み。「冠婚葬祭・結婚・新婚」「婚約」用例(名) ― を結ぶ。
**婚を結ぶ**(こんをむすぶ) 結婚する。

**コン**【▼崑】11画 部首[山] JIS 5434
【▼崐】11画 異体字
音 コン
「崑崙」は、①中国古代神話の神山。中国の西北方にあり、黄河などの源泉地とされる。②中国の山脈の名。チベットとタリム盆地の境を東西にはしる。

**コン**【▼菎】11画 部首[艹] JIS 7234
音 コン
かおりぐさの類。香草の名。

**コン**【▼惛】11画 部首[忄]
音 コン
①くらい。道理にくらい。おろか。②ぼけける。

**コン**【▼梱】11画 部首[木] JIS 2613
音 コン
①しきみ。しきい。門の内と外とを区ぎるしきり。②こる。しばる。くくる。③こり。㋐荷づくりした貨物。「梱包」㋑貨物の個数を数えるのに用いる。㋒タケやヤナギを編んでつくったかご。旅行用の荷物入れ。行李。

**コン**【混】11画 部首[氵] 教育小5 JIS 2614
音 コン
訓 まじる・まざる・まぜる

混 混 混 混 混 混

①まじる。まざる。まぜる。「混合・混入」②ごたごたする。みだれる。「混同・混乱」

**コン**【▼痕】11画 部首[疒] JIS 2615
音 コン
①きずあと。「刀痕」②あと。あとかた。「血痕」「痕跡」

**コン**【紺】11画 部首[糸] 常用 JIS 2616
音 コン・カン
青と紫のあいだの色。「紫紺・濃紺」「紺碧」用例(名) ― のかすり。

**コン**【▼棍】12画 部首[木] JIS 5994
音 コン
①つえ。木の棒。棒きれ。「棍棒」②ならずもの。わるもの。

**コン**【▼棔】12画 部首[木] JIS 6001
音 コン
ネムノキ。マメ科の落葉高木。ねぶのき。

**コン**【▼渾】12画 部首[氵] JIS 6253
音 コン
①水のさかんにわきでるさま。また、その音。「渾々」②にごる。にごす。③まじる。まざる。まぜる。「渾然・渾沌」④すべて。まったく。全部。「渾身」

**コン**【▼焜】12画 部首[火] JIS 6367
音 コン
①かがやく。かがやかす。②「焜炉」は、ものを煮たきする鉄製・土製の小さな炉。七輪。

**コン**【▼壼】13画 部首[士] JIS 5271
音 コン
宮中の建物の間や、へやを連絡する通路。

**コン**【▼蒟】13画 部首[艹] JIS 7271
音 ク・コン
「蒟蒻」は、サトイモ科の多年草。球状の地下茎は食用・工芸用にする。

**コン**【▼溷】13画 部首[氵] JIS 6271
音 コン
①にごる。にごす。「溷濁」②けがれる。けがす。③みだれる。ごたごたする。④かわや。便所。

**コン**【献】13画 部首[犬] 常用 JIS 2405
【▼獻】20画 JIS 6459 旧字
音 ケン・コン
①料理の品目と順序をたてること。「献立」②酒食をすすめる。また、飲む度数を数えるのに用いる。「一献」用例(助数)かたむけること数 ―。↓ケン[献]

**コン**【▼琿】13画 部首[王] JIS 6477
音 コン
うつくしい玉の名。

**コン**【▼跟】13画 部首[足] JIS 7680
音 コン
①くびす。きびす。かかと。②したがう。つきしたがう。ともをする。

**コン**【▼髠】13画 部首[髟]
【▼髡】12画 異体字
音 コン
そる。髪をそりおとす。坊主頭。

**コン**【▼悃】14画 部首[心]
音 コン
①うれえる。気にかける。②みだす。みだれる。ごたごたする。

**コン**【▼滾】14画 部首[氵] JIS 6288
音 コン
たぎる。さかまく。わきあがる。水のさかんにながれるさま。「滾々」

**コン**【▼褌】14画 部首[衤] JIS 7478
音 コン
ふんどし。下おび。まわし。

**コン**【魂】14画 部首[鬼] 常用 JIS 2618
音 コン・ゴン
訓 たましい
①たましい。「亡魂・霊魂」②こころ。おもい。精神。対義 才。「士魂・商魂・心魂・闘魂」「魂胆」

**コン**【▼閫】15画 部首[門]
音 コン
①しきみ。しきい。門の内と外とを区ぎるしきり。②門。宮中の小門。③婦人のいるとこ



↓行き先項目、図版・写真参照印。 JIS 日本工業規格情報交換用漢字符号コード(区点コード)。

ろ。また、婦人に関することがらを示すのに用いる。

**コン** 16画【墾】 部首[土] 常用 JIS 2606
音**コン**
ひらく。あらしく田や畑をひらく。「開墾」「墾田」

**コン** 16画【▼諢】 部首[言] JIS 7568
音ゴン・コン
①たわむれる。たわむれごと。冗談。②「諢名」は、あだな。異名。ニックネーム。

**コン** 16画【▼錕】 部首[金]
音コン
「錕鋙」は、①山の名。中国の西方にあるという。②名刀。名剣。錕鋙山で産する鉄でつくった刀。きれ味がするどい。

**コン** 17画【懇】 部首[心] 常用 JIS 2609
音**コン**
訓**ねんごろ**
①ねんごろ。丁寧。「懇切・懇命」②したしむ。したしい。「別懇」「懇意・懇親会」

**コン** 18画【▼鯀】 部首[魚] JIS 8233
音コン
①おおうお。想像上の大魚。②中国の伝説上の人物。夏の禹王の父。

**コン** 19画【▼鯤】 部首[魚] JIS 8242
音コン
①はららご。はらこ。魚類の卵塊。②おおうお。想像上の大魚。

**コン** 20画【▼鵾】 部首[鳥] JIS 8314
音コン・ウン
トウマル。ニワトリの一品種。

**こん**(連体)「この」の転。用例 —ちくしょう。

**ゴン** 6画【▼艮】 部首[艮] JIS 2617
音コン・ゴン
①易の卦の一つ。②方位の一つ。うしとら。北東。

**ゴン** 7画【言】 部首[言] 教育小3 JIS 2432 →教育小2
音**ゲン・ゴン**・ギン
訓**いう・こと**
筆順↓ゲン[言]
ことば。こと。いう。はなす。「一言・過言・雑言・他言・伝言・無言・遺言」「言語道断・言上」↓ゲン[言]

**ゴン** 8画【▽金】 部首[金] 教育小1 JIS 2266
音**キン・コン**・ゴン
訓**かね・かな**
筆順↓キン[金]
五行の第四。方角では西。四季では秋。↓キン・コン[金]

**ゴン** 12画【勤】 部首[力] 教育小6 JIS 2248 / 13画【▼勤】 旧字
音**キン・ゴン**
訓**つとめる・つとまる**
筆順↓キン[勤]
つとめる。つとめ。「勤行」↓キン[勤]

**ゴン** 12画【▽琴】 部首[王] 常用 JIS 2255
音**キン**・ゴン
訓**こと**
こと。弦楽器の一種。「和琴」↓キン[琴]

**ゴン** 15画【権】 部首[木] 教育小6 JIS 2402 / 22画【▼權】 旧字 / 21画【▼權】 異体字 JIS 6062
音**ケン・ゴン**
筆順↓ケン[権]
①仏教で、仮。「権化・権現」②定員外の。そえ。副。対義 正。用例 (接頭)—大納言。↓ケン[権]

**ゴン** 17画【厳】 部首[厂] 教育小6 JIS 2423 / 20画【▼嚴】 部首[口] 旧字 JIS 5178
音**ゲン・ゴン**
訓**おごそか・きびしい**
筆順↓ゲン[厳]
おごそか。いかめしい。「荘厳」↓ゲン[厳]

**こん-あつ**【根圧】 植物の根の道管に生じ、水を押し上げる圧力。root pressure

**こん-い**【懇意】(名・形動) ①親切なこと・さま。kindness 用例 ご—のほど感謝します。②親密なこと・さま。互いに親密につきあっていること・さま。intimacy 用例 —にしている。

**こん-いん**【婚姻】(名・サ変自) 社会的に公認された男女の継続的な性的結合の制度。また、その結合を生じる契約。戸籍法に基づく届け出によって成立する。結婚。marriage

**こんいん-しょく**【婚姻色】 繁殖期の動物に現れる色彩。魚類から鳥類までの、とくに雄にみられ、一般によく目立ち美しい。nuptial coloration

**こんいん-ひこう**【婚姻飛行】 ミツバチ・アリなどの昆虫類にみられる、交尾のための飛翔。婚姻後、飛行する例も多い。カによる蚊柱はこの例。nuptial flight

**こんいん-よやく**【婚姻予約】 ①将来の結婚を約束する契約。婚約。engagement ②内縁関係をさす判例法上の用語。

**こん-か**【今夏】 ことしの夏。this summer

**こん-か**【婚家】 嫁入り先や婿入り先の家。対義 実家。

**こん-が**【混芽】 一つの芽のなかに花芽と葉芽があるもの。リンゴ・カシ・クワの芽など。compound bud

**コンガ**【congaスペイン】 ①中南米音楽用の手打ちドラム。おけ状木製胴の片面に革をはった大鼓。肩からつるか台に立てて用いる。アフリカの住民が信号に使っていたものが中南米に伝わる。②アフローキューバン民俗舞曲。陽気な四分の二拍子。

**こん-かい**【今回】 このたび。今度。this time

**こんかいこうみょう-じ**【金戒光明寺】 京都市左京区黒谷町にある黒谷浄土宗の大本山。浄土宗五大本山の一つ。承安五年(一一七五)法然が草庵を結んだ白河禅房の跡とされる。

**こん-かぎり**【根限り】(副) 根気の続くかぎり。せいいっぱい。with all one's might

**こん-がすり**【紺▼絣・紺▽飛▽白】 紺地に白いかすりのある模様。その木綿織物。対義 白がすり。

**こんがら**【▼矜▼羯羅・金▼伽羅】《仏教語。Kiṅkara梵の音写で、従僕の意》八大童子の第七。制吒迦と対をなし、不動明王の左脇に侍す。矜羯羅童子。↓写

●矜羯羅 金剛峯寺(和歌山県)。

**こんがらか・る**(五自) 乱れて、もつれる。ややこしくなる。からまる。こぐらかる。こんぐらかる。get entangled

**こんがり(と)**(副) ほどよく色がついて焼けるさま。browned

**こん-かん**【根冠】 根の最先端にあって、生長点を保護する役目をもつ組織。root cap

**こん-かん**【根幹】 対義 枝葉。①植物の根と幹。root and trunk ②物事の中枢。根本。basis

**こん-がん**【懇願・▼悃願】(名・サ変他) 頼みを聞いてもらうように一生懸命に願い求めること。丁寧に頼むこと。entreaty 用例 —を聞き入れる。

**こん-き**【今期】 ①ただいまの時期。the present period ②この期間。this term

**こん-き**【根気】 物事を継続し、なしとげようとする気力。patience

**こん-き**【婚期】 結婚によい年ごろ。結婚適齢期。marriageable age 用例 —を逸する。

**こん-ぎ**【婚儀】 結婚の儀式。婚礼。wedding ceremony

**こん-ぎく**【紺菊】 キク科の多年草。在来のノコンギクの改良種で、耐寒性。よく分枝し、夏から秋に、多数の頭状花をつける。径約三・五cm、舌状花は濃紫色で、管状花は黄色。

**コンキスタドーレス**【conquistadoresスペイン】《征服者の意》一六世紀前半、中南米で先住民を征服・支配したスペイン人。アステカ帝国を征したコルテス、インカを滅ぼしたピサロがその代表。

**こんき-まけ**【根気負け】(名・サ変自) 気力が続かなくて負けること。根負け。beaten for lack of patience

**こん-きゃく**【困却】(名・サ変自) 困りきること。perplex

**こん-きゅう**【困窮】(名・サ変自) ①なんともできないほど、困ること。perplex ②ひどく貧乏で苦しむこと。poverty

**こん-きょ**【根拠】 ①よりどころ。もとになる理由。ground 用例 —があいまいだ。②ねじろ。本陣。base 用例 —地。

**こん-ぎょう**【今暁】 きょうの明けがた。けさ。early this morning

**ごん-きょう**【権教】《仏教語》悟りを得る方便として、仏が仮に説いた教え。対義 実教。

**ごん-ぎょう**【勤行】《仏教語》仏前で、時を定めて読経、念仏、礼拝、焼香などをすること。おつとめ。

**こん-きょく**【▼崑曲】 中国古典劇の一種。明末から清代に栄えた優雅な節まわしの演劇。伝統演劇の基となる。明の魏良輔が創始。

**こん-く**【困苦】(名・サ変自) 困り苦しむこと。hardship

**こん-く**【金口】《仏教語》仏の口の意。転じて、釈迦の説法。

**ごん-ぐ**【▼欣▽求】《仏教語》仏の教えをよろこんで願い求めること。

**ゴング**【gong】 ①打楽器の一つ。東南アジア起源の銅鑼の類。縁が折り返された金属製円盤を木枠につるして桴で打つ。別名タムータム。②ボクシングやプロレスなどで、試合の開始と終了、また時間の経過を知らせる合図のかね。

**コンクール**【concoursフランス】 音楽・映画などの芸術やスポーツの競演・競技会。物産や商品の格づけなどにも用いられる。コンテスト。contest 用例 音楽—。

**ゴンクール-きょうだい**【ゴンクール兄弟】(Goncourt) フランスの小説家兄弟。兄エドモン Edmond de G.(一八二二〜九六)、弟ジュール Jules de G.(一八三〇〜七〇)。フロベールとともにフランス-リアリズム小説を代表する。兄は日本の浮世絵を紹介。兄弟合作の小説『ジェルミニー=ラセルトゥー』と『日記』など。

**ゴンクール-しょう**【ゴンクール賞】(Prix Goncourtフランス) フランスでもっとも権威のある文学賞。若い作家のすぐれた散文作品に授ける。ゴンクール兄弟の兄の遺言により一九〇三年創設。

**ごんぐ-じょうど**【▼欣▽求浄土】《仏教語》死後、極楽に行くことを願い求めること。比較 厭離穢土。

**こんぐらか・る**(五自) ↓こんがらかる

**こん-くらべ**【根比べ・根▽競べ】 根気の強さをきそうこと。endurance contest

**コンクリート**【concrete・混凝土】 セメントに水・砂・砂利などの骨材を混合して練り、硬化させた人造石。土木建築用の構造材料として使用。コンクリ。

**コンクリート-きょう**【コンクリート橋】 コンクリートを主要材料とした橋。プレストレストコンクリート橋・鉄筋コンクリート橋など。concrete bridge

**コンクリート-バイブレーター**【concrete vibrator】 固まる前のコンクリートを振動させてすきまを除き、十分に締め固める機械。

**コンクリート-ブロック**【concrete block】 コンクリート製の積み上げ式建築材料。塀や間仕切り壁などに使用する。

**コンクリート-ミキサー**【concrete mixer】 セメント・骨材(砂・砂利など)・水を練り混ぜて、均質なコンクリートをつくる機械。コンクリート混和機。

**コングリーブ**【William Congreve】(一六七〇〜一七二九) イギリスの劇作家。一七世紀末の風習喜劇の第一人者。上流社会の恋愛風俗を描いた。喜劇『老独身者』『二枚舌』『浮世のならい』など。

**コングレス**【congress】 ①アメリカなどの議会・国会。②代表者会議。

**コングレス-ブーツ**《和製語》くるぶしまでの半長靴。はき口にゴムの襠がついているのが特徴。コングレスゲーター。congress gaiters

**コングロマーチャント**【conglomerchant】 複合小売企業。専門店・百貨店・スーパーマーケットからカタログ販売、さらに保険業務や消費金融業務にいたるあらゆる形態の小売業を傘下に収めた小売資本をいう。

**コングロマリット**【conglomerate】 複合企業。業種の異なる複数企業の結合によって成立する巨大な多角企業。独占禁止諸法の裏をかく形で、一九六〇年代以降アメリカを中心に発展。ITTやゼネラルエレクトリックなどが有名。

**ごん-げ**【権化】 ①《仏教語》仏・菩薩が衆生



▼常用漢字表外。 ▽常用漢字表の音訓外。

衆生を救うため、仮に人間の姿などで現れること。その化身。権現。化現。incarnation ②ある特性が人間の形をとってあらわれたかと思えるほどひじょうに強いもの。embodiment 用例悪の―。

**こん-けい【根系】** 植物体の地下部分全体。地中に固着し、栄養・水分を吸収する器官。root system

**こん-けい【根茎】** 地下茎の一つ。タケ・ヨシ・シバなどのように横に長く伸び、新しい株をつくる。rhizome

**こん-けつ【混血】** 異人種間の交配(=通婚)により、両者の特徴がまじること。また、その子孫。half-breed

**こん-げつ【今月】** 今の月。この月。当月。this month

**こんけつ-じ【混血児】** 人種が異なる両親の間に生まれた子ども。half-breed

**こん-げん【根源・根元】** おおもと。根本。root

**ごん-げん【権現】** 仏や菩薩が衆生を救うため、神の姿をとって現れること。また、その化身である神。

**ごんげん-さま【権現様】** 徳川家康の敬称。家康の神号の東照大権現からきた呼称。

**ごんげん-づくり【権現造(り)】** 本殿と拝殿を、石の間で結んだ神社建築様式。平安時代の京都北野神社に始まり、江戸時代に日光東照宮に用いられて流行した。比較神明造り・大社造り。

**こん-ご【今後】** 今からのち。これから先。以後。きょうこう。after this

**コンゴ【Congo】**(People's Republic of Congo) アフリカ中西部、大西洋岸に位置する人民共和国。首都ブラザビル。一九六〇年フランスから独立。国土の大部分は熱帯雨林地帯で、落花生・パーム油・木材が主産物。石油も輸出する。面積三四・二万$km^2$。人口一七九万(一九八六)。正称コンゴ人民共和国。

**ごん-ご【言語】** ことば。げんご。language

**言語に絶す**(ごんごにぜっす)「げんごに絶する」と同意。

**コンコイド【conchoid】** 平面曲線の一つ。図では、定点O、定直線$l$が与えられ、$l$上の点Qに対して、OとQを結ぶ直線上にQから一定距離に点P・P′をとるとして、Qが$l$上を動くときのPおよびP′の軌跡。角の三等分などに利用される。螺獅線。↓図

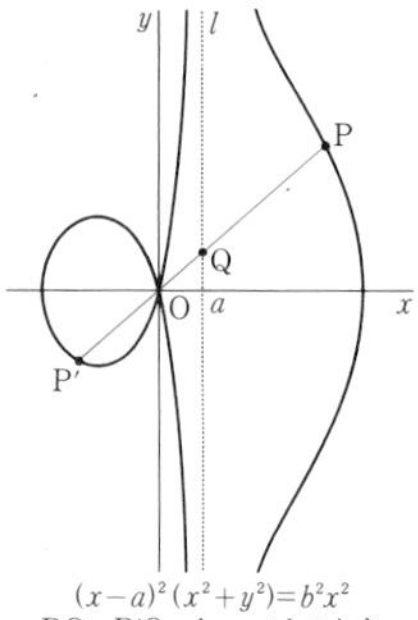


$(x-a)^2(x^2+y^2)=b^2x^2$
$PQ=P'Q=b$　$a<b$のとき

●コンコイド

**こん-こう【混交・混▼淆】**(名・サ変自他) ①異なるものが入りまじること。入れてまぜること。mixture 用例玉石―。②言語学で、ある語句のあとの部分が別の語句のあとの部分にすりかわって、新しい語句ができること。「がめる」と「がみつい」から「がめつい」、「スモーク」と「フォッグ」から「スモッグ」ができるなど。コンタミネーション。contamination

**こんこう【金光】**〈町〉岡山県南西部の町。金光教本部の門前町で、春と秋の大祭にはとくににぎわう。人口一万二八六一(一九八八)。

**こん-ごう【金剛】** ①「金剛石」の略。②かたくてこわれないこと・もの。adamant

**こん-ごう【根号】** 冪根を示す記号。$\sqrt{a}$(平方根$a$)や$\sqrt[3]{a}$(3乗根$a$)などの$\sqrt{\ }$や$\sqrt[3]{\ }$。radical sign

**こん-ごう【混合】**(名・サ変自他) ①まぜ合わせること。mixture ②化学で、二種類以上の物質を合わせて、適当な操作によって均質化すること。各成分の化学的性質は以前と変わらない。mixing 比較化合。③「混合ダブルス」の略。

**こんごう-いわお【金剛▼巌】** 能楽師。シテ方。金剛流宗家。初世(一八八六〜一九五一)は関西で活躍。二世(一九二四)は品格ある芸風で知られる。

**こんごう-いんこ【金剛▼鸚▼哥】** オウム科の大形のインコ。全長約九〇cm。羽色は赤・青・黄などきわめて鮮やか。人によくなれ飼われるが、物まねはうまくない。中南米の熱帯林に生息。macaw

**こんごう-うきょう【金剛右京】**(一八七二〜一九三六) 能楽師。シテ方。金剛流二三世家元。坂戸金剛家最後の人。

**こんごう-えいよう【混合栄養】** ①独立栄養と従属栄養をとりこむこと。また、営むこと。ヤドリギ・ママコナなどの半寄生植物は光合成で独立栄養を、宿主から従属栄養を営む。食虫植物は虫が従属栄養。mixotrophism ②乳児に母乳とあわせて人工乳を与えること。

**こんごう-かい【金剛界】**《仏教語》密教で、大日如来の智徳のあらわれとしての世界。その智慧が堅固で煩悩をうちくだくことを金剛にたとえた。『金剛頂経』で説かれ、金剛界曼荼羅で図示される。対義胎蔵界。

**こんごうかい-まんだら【金剛界▼曼▼荼羅】**《仏教語》両界曼荼羅の一つ。『金剛頂経』に基づいて、金剛界を図示したもの。九会曼荼羅。金剛曼荼羅。↓写

**こんごう-かぶ【混合株】** 会社の利益配当と残余財産分配について、いずれか一方では普通株より優先するが、他の一方では条件が劣る株式。混合株式。

**こんごう-かやく【混合火薬】** 酸化剤と可燃剤などの混合物からなる火薬。カーリット・黒色火薬・塩素酸塩爆薬など。explosive mixture 対義化合火薬。

**こんこう-きょう【金光教】** 教派神道十三派の一つ。本部は岡山県浅口郡金光町。天地金乃神を主神とし、教主や教会長が神と人を結ぶ取り次ぎを行う。安政六年(一八五九)川手文治郎(=赤沢文治・金光大神)が開教、明治三三年(一九〇〇)に一派として独立。

**こんごう-ぎょう【金剛経】** 般若経典の一つ。一般に鳩摩羅什訳が用いられる。一切法が空・無我であることを説く。とくに禅宗で重視される。金剛般若経。金剛般若波羅蜜経。

**こんごう-くみあい【混合組合】** 労働者だけでなく管理部内の職員も加盟している労働組合。日本の労働組合の特徴の一つ。

**こんごう-けいざい【混合経済】** 私的経済部門とならんで公的経済部門の比重が増している経済体制。今日の先進資本主義諸国の経済はほとんどがこれに属する。二重経済。mixed economy

**こんごう-ざくら【金剛桜】** ウワミズザクラの別名。

**こんごう-さん【金剛山】** 大阪府と奈良県の境にある山。標高一一二m。修験道で有名な転法輪寺や、楠木正成の千早城跡がある。西側からロープウエーがある。

**こんごう-さん【金剛山】** 北朝鮮(朝鮮民主主義人民共和国)南東部、太白山脈の最高峰群。多くの峰からなり、主峰の毘炉峰は標高一六三八m。新羅時代建立の金剛山四大寺がある。朝鮮半島第一の名山。クムガンサン。

**こんごう-しゃ【金剛砂】** 柘榴石を粉末にしたもの。非常に硬く、黒色、粉末のまま、またはサンドペーパーとして玉石・金属などの研磨に用いる。また、鋼玉・磁鉄鉱・赤鉄鉱・石英などの粉粒の混合物であるエメリーをさすこともある。

●金剛界曼荼羅　教王護国寺(京都府)。

**こんごう-しょ【金剛▼杵】** 密教法具の一つ。古代インドの武器に由来し、煩悩を打ち砕く菩提心の象徴とされる。独鈷・三鈷・五鈷の三種がある。

**こんごう-しん【金剛心】** かたい信仰の心。

**こんごう-せき【金剛石】** ↓ダイヤモンド

**こんごう-ダブルス【混合ダブルス】** テニス・卓球・バドミントンなどで、男女が二人一組となって行う試合。ミックスドダブルス。ミックス。混合。mixed doubles

**こんごう-ち【金剛▼智】**(六七一〜七四一) インドの僧。中国密教の初祖。七二〇年長安に入り、『金剛頂経』系の密教経典を多数漢訳し、密教を広めた。

**こんごうちょう-ぎょう【金剛頂経】** 『大日経』と並ぶ真言密教の根本経典。大日如来の智徳を説くもので、金剛界曼荼羅はこの経に基づく。正称は『金剛頂一切如来真実摂大乗現証大教王経』。不空訳、金剛智訳、施護訳がある。

**こんごう-づえ【金剛▼杖】** 八角、または四角の白木のつえ。修験者や登山者が持つ。密教用具の独鈷杵に擬したという。

**こんごう-どうじ【金剛童子】** 仏教の護法神の一つ。密教で息災・調伏などの修法の本尊となる童子で、忿怒の相、手に金剛杵を持つ姿で表される。

**こんごう-のうぎょう【混合農業】** 作物の栽培と家畜の飼育を組み合わせた農業形態。中世ヨーロッパの三圃式農業が起源。一般に家畜を飼育し、穀類・根菜類・牧草を輪作する。mixed farming

**こんごう-ばん【金剛盤】** 密教で用いる法具の一つ。修法のとき、金剛鈴と五鈷・三鈷・独鈷の三種の金剛杵を置く金銅製で三脚の台。

**こんごうはんにゃ-きょう【金剛般▽若経】** 金剛般若波羅蜜経の略称。金剛経。

**こんごう-ふえ【金剛不▽壊】**《仏教語》非常に堅固で、こわれないこと。用例―の信心。

**こんごうぶ-じ【金剛▽峰寺】** 和歌山県伊都郡高野町の高野山にある、高野山真言宗の総本山。弘仁七年(八一六)空海が創建、天長九年(八三二)の命名とされ、高野山一山の総称として用いられる。↓写

**こんごう-ぶつ【混合物】** 二種類以上の物質が化学結合をすることなく混じり合ったもの。空気や砂糖水のように均一のものと、土のように不均一のものがある。mixture 比較化合物。

**こんごう-ほいく【混合保育】** 年齢の違う子どもをいっしょに保育すること。縦割り保育。

**こんごう-ほけん【混合保険】** 二種類以上の保険を組み合わせ、一つのものとして契約される保険。被保険者が一定時期まで生存したとき、および死亡したときに保険金が支払われる生死混合保険(=養老保険)など。mixed insurance

**こんこうみょう-きょう【金光明経】** ↓こんこうみょうさいしょうおうきょう(金光明最勝王経)

**こんこうみょうさいしょうおう-きょう【金光明最勝王経】** 護国三部経の一つ。義浄訳。懺法と国家鎮護が説かれ、除災招福・現世利益的信仰の根拠になった。金光明経。最勝王経。

**こんこうみょうしてんのうごこく-の-てら【金光明四天王護国▼之寺】** 奈良時代、国ごとにおかれた国分寺の僧寺の正式名称。対する、国分尼寺は法華滅罪之寺。

**こんごうやしゃ-みょうおう【金剛夜▼叉明王】** 仏教の五大明王の一つ。北方を守護し、悪魔を降伏する。五眼三面六臂の忿怒相で表される。

**こんごう-ようえき【混合溶液】** 二種類以上の液体を均一になるように混合したもの。mixed solution

**こんごう-りき【金剛力】** 非常に強い力。

**こんごう-りきし【金剛力士】** 寺門の左右に安置される一対の仏法の守護神。執金剛(=密迹金剛)と那羅延金剛。仁王。金剛手。

●金剛峰寺　不動堂。

**こんごう-りゅう【金剛流】** 能楽シテ方の一流派。大和猿楽四座の一つ。南北朝時代の坂戸座の末流。現二五世宗家は二世金剛巌。

**こんこう-りん【混交林】** 二種類以上の樹木がいりまじってはえている林。混合林。mixed forest

**こんごう-りん【混合林】** ↓こんこうりん(混交林)

**コンコース【concourse】** ①公園などの中央広場。②駅・空港の建物内の大通路。

**コンコーダンス【concordance】** 用語索引。特定の著作中にあらわれる用語の五十音順、アルファベット順の索引。通常、巻末にあり、本文中での所在を示し、文脈を明らかにする。

**コンコード【Concord】** アメリカ北東部、ニューハンプシャー州の州都。工業都市として知られ、周辺では花崗岩も産出。人口三万(一九八〇)。

**コンコード【Concord】** アメリカ北東部、マサチューセッツ州の都市。独立戦争発端の地。人口一・六万(一九八〇)。

**コンコード【Concord】** アメリカ南部、ノースカロライナ州中部の工業都市。綿織物・綿糸が中心。かつては金鉱で栄えた。人口一・七万(一九八〇)。

**コンコーネ【Giuseppe Concone】**(一八〇一〜六一) イタリアの音楽家。声楽作品もあるが、五部からなるソルフェージュ教則本が有名。

**コンゴー-レッド【Congo red】** 直接染料として初めて合成されたアゾ染料。ベンジジンとナフチオン酸のカップリングにより得られる。木綿への染色が容易。酸塩基指示薬の一つ。

**コンゴ-がわ【コンゴ川】**(Le Congo) ザイール川の別称。

**コンゴー-コーヒー【Congo coffee】** ロブスタコーヒーの別名。一九世紀末にコンゴの奥地で発見されたので、この名がついた。

**コンコセリス【conchocelis】** アサクサノリの単胞子が貝殻に穴をあけ、糸状にのびたもの。これで夏を過ごし生育する。

**ごんご-どうだん【言語道断】** ㊀(名)《仏教語》ことばでは表せないこと。言いようのない奥深い真理。㊁(名・形動) とんでもないこと・さま。もってのほか。outrageous

**コンゴ-ぼんち【コンゴ盆地】**(Congo Basin) アフリカ中央部、ザイール川流域の大盆地。熱帯雨林気候で、狩猟や原始的農業とプランテーションが行われる。南東部では金・ダイヤモンド・ウラン鉱などの鉱物資源が豊富。ザイール盆地。

**ゴンゴラ【Luis de Góngora y Argote】**(一五六一〜一六二七) スペイン黄金世紀の詩人。誇飾主義(=ゴンゴリズモ)の伝統を築いた。作品『ポリフェーモとガラテーアの寓話』『孤愁』など。

**コンコルダート【concordat】** 教皇と国家元首との間で結ばれる宗教上の協約。一一二二年のウォルムスの協約、一八〇一年のナポレオン一世とピウス七世との間の協約、一九二九年イタリアとのラテラン協約は重要。政教条約。

**コンコルド【Concordo】**《協力を意味する concorde(フランス語から)》英仏が共同開発した世界最初の超音速旅客機。乗客定員一〇〇人。巡航速度マッハ二。一九六九年(昭和四四)初飛行、七六年就航。騒音を防止できないことと、燃料費がかさむことで生産中止。↓写

● コンコルド

**こん-こん【▼昏▼昏・▼惛▼惛】**(形動トタル) ①暗いさま。obscure ②意識のないさま。unconscious 用例 ―と眠る。

**こん-こん【▼渾▼渾】**(形動トタル) 水などがさかんに流れ出るさま。gush ceaselessly

**こん-こん【▼滾▼滾】**(形動トタル) 水が豊かにわくさま。水がさかんに流れるさま。

**こんこん-と【懇懇と】**(副) 繰り返して親切に説くさま。repeatedly 用例 ―さとす。

**コンサート【concert】** 音楽会。演奏会。

**コンサート-ピッチ【concert pitch】** 標準音高。音楽で用いる音高を統一するための基準となる特定振動数。一九三九年に国際的に規定されたが、現在は一点イが約四四〇〜四四五ヘルツ。

**コンサートマスター【concertmaster】** オーケストラの第一バイオリンの首席奏者。演奏に関して全楽員の指導的な役割を果たし、指揮を代行することもある。

**こん-ざい【混在】**(名・サ変自) まじって存在すること。be intermingled

**ごん-さい【権妻】**《明治時代の語。仮の妻、の意》めかけ。対義 正妻。

**コンサイス【concise】** ㊀(名・形動) 簡明なこと・さま。簡潔なこと・さま。㊁(名)《Concise で》小型辞書の商標名。

**こんさい-のうこう【根栽農耕】** イモやダイコンなど根茎を主作物とした農耕。東南アジアの湿潤地帯に発生し、しばしば焼き畑耕作と結びつく。root crop agriculture

**こんさい-るい【根菜類】** 野菜類のなかで、根を利用するものをいう。植物学上の厳密な意味の根だけでなく、地下茎(ハスなど)・鱗茎(タマネギなど)・球茎(サトイモなど)・塊茎(クワイなど)も含まれる。root crop

**こん-さく【混作】**(名・サ変他) 二種類以上の作物を同じ畑でいっしょに栽培し、作物間に主と副の差のない作付け方法。トウモロコシと大豆の組み合わせが代表的。mixed cultivation 対義 単作。

**こん-ざつ【混雑】**(名・サ変自) ①たくさんのものが入り混じること。mixture ②こみあうこと。congestion

**コンサルタント【consultant】** 企業の経営・管理について診断と指導を行う専門家。マネージメントコンサルタント。経営士。

**コンサルティング-セールス**《和製語》専門的な商品知識をもつ人が、購入者の相談に乗りながら品物やサービスを販売する方式。

**こん-さん【混酸】** ①二種以上の酸の混合物の総称。mixed acid ②ニトロ化剤として使う濃硝酸と濃硫酸の混合物。mixed acid

**こん-し【婚資】** 文化人類学の概念で、結婚にあたって花婿側の集団から花嫁側の集団へ贈られる資財をいう。花嫁代償。bridewealth

**こん-し【懇志】** ①親切にゆきとどいた心づかい。ねんごろな志。懇意。厚志。②檀家や信徒が、寺にすすんで納める金銭などの称。

**こん-じ【今次】** 今回。今度。このたび。this time

**こん-じ【今時】** いま。現在。now; the present

**こん-じ【金字】** ↓きんじ(金字)

**こん-じ【恨事】** 残念なこと。matter for regret 用例 千秋の―。

**こん-じ【根治】**(名・サ変自他) 病気をすっかりなおすこと。なおること。全治。こんち。complete cure

**こん-じ【紺地】** 地色が紺色のもの。dark blue ground

**コンシール-ファスナー【concealed fastener】**《「コンシール」は隠す、の意》かみ合わせの部分が隠れるようにする、ファスナー。仕上がりが美しく、あきの位置が目立たないのが特徴。

**こん-じき【金色】** きんいろ。こがね色。golden color 用例 ―の輝き。

**こんじき-どう【金色堂】** ①浄土の荘厳になぞらえて、内部を金箔で荘厳した阿弥陀堂。②中尊寺にある藤原三代の廟堂。天治元年(一一二四)藤原清衡が創建。光堂。↓写

● 金色堂② 須弥壇。

**こんじきやしゃ【金色夜▼叉】** 尾崎紅葉の小説。明治三〇〜三五年(一八九七〜一九〇二)発表。未完。金銭と愛情の葛藤という主題が人気を博す。許嫁の宮に裏切られた間貫一が高利貸となって復讐をはかる。

**こんし-こんでい【紺紙金泥】** 紺色の紙に金泥で経文や仏画をかいたもの。こんしきんでい。

**ごん-じつ【権実】**《仏教語》方便としての仮の法と真実の法。

**ごんじつ-にきょう【権実二教】**《仏教語》仮の教えと真実の教え。衆生を導くための方便として説かれた仮の教えである権教と、真実がそのまま開示された教えである実教のこと。

**ごんじつ-ふに【権実不二】**《仏教語》方便としての仮の教えと真実の教えは異なってみえるが、究極的な見地からみれば一つのものであること。

**ごん-じゃ【権者】** ①仏・菩薩などが人々を救うために、この世に仮に人の姿となって現れた者。②高僧。ごんざ。

**こん-じゃく【今昔】** 今と昔。こんせき。past and present

**今昔の感**(こんじゃくのかん) 今と昔を比べて、変化の大きさに心をうたれる気持ち。be struck with the change of times

**こんじゃくものがたりしゅう【今昔物語集】** 平安後期の説話集。三一巻。作者未詳。一二世紀初めに成立。天竺(=インド)・震旦(=中国)・本朝の三部に分けて一〇六五話を収める、わが国最大最高の説話文学。人間生活の諸相が生々しく直截に描かれ、動物説話も多い。各説話は「今ハ昔」で始まり、文体はほぼ漢文訓読体に近く、男性的で簡潔。今昔物語。

**コンジュ【公州】**(Kongju) ↓こうしゅう(公州)

**ごん-しゅ【勤修】**(名・サ変他)《仏教語》修行すること。

**こん-しゅう【今週】** 今の週。この週。this week

**コンシューマー【consumer】** 消費者。

**コンシューマーズ-ユニオン【Consumers Union】** 消費者同盟。商品テストなどに基づき、消費者に製品・サービスについての客観的情報を与えるアメリカの機関。一九三六年設立。CU。

**コンシューマリズム【consumerism】** 消費者主権主義。消費者主権運動。大衆消費時代における消費者の権利回復・強化をめざして一九六〇年代以降アメリカで展開し、日本にも影響を与えた。

**こんしゅ-ご【混種語】** 異なる言語が複合してできた語。和語と漢語からなる「石段」、和語と欧米語からなる「ボール紙」、欧米語と漢語からなる「半ズボン」、国の異なる欧米語どうしからなる「エレキギター」(オランダ語と英語)など。hybrid

**こんしゅつ-よう【根出葉】** 根ぎわから出ている葉。実際には、ごく短い茎から生じる。タンポポ・ダイコンなど。根生葉。radical leaf

**こんじゅ-ほうしょう【紺▼綬褒章】** 褒章の一つ。公益のため多額の私財を寄付した者に与えられる紺の綬(=リボン)のついた記章。↓勲章写

**こん-しゅん【今春】** ことしの春。this spring

**こん-しょ【懇書】** ①丁寧な手紙。懇信。②相手の手紙を言う敬語。

**こん-しょう【混晶】** 固溶体の一種で、複数の物質が混合して、均一状態で結晶したもの。金と銀、金と銅、各種ミョウバン類にみられる。mixed crystal

**こん-じょう【今生】** この世。現世。this world 対義 他生。用例 ―の別れ。

**こん-じょう【根性】** ①その人のもっている根本の性質。こころね。しょうね。nature ②スポーツなどで、厳しい勝負や、激しい練習に打ち勝つ精神力。willpower; guts

**根性を入れ換える**(こんじょうをいれかえる) 精神を改める。改心する。change one's attitude

**こん-じょう【紺青】** ①あざやかな藍色。紺青色。②無機青色顔料の一つ。ヘキサシアノ鉄(II)酸カリウムと三価の鉄塩の水溶液からつくる。塗料・印刷インキなどに使用。プルシアンブルー。ベルリン青。ベレンス。Prussian blue; Berlin blue

**こん-じょう【懇情】** 親切な心持ち。kindness

**ごん-じょう【言上】**(名・サ変他) 申し上げること。tell; state

**こん-しょく【混色】** 二種以上の色を混ぜ合わせて別の色をつくること。また、その色。compound color

**こん-しょく【混食】**(名・サ変自他) ①米に雑穀をまぜて食べること。②草食も肉食もすること。雑食。

**こん-しょく【混織】**(名・サ変他) 二種以上の繊維をまぜて織ること。また、織った物。交織。mixed weave

**こん・じる【混じる】**(上一自他) まじる。まぜ合わせる。混ずる。mix

**こん-しん【混信】**(名・サ変自) 無線通信で目的の送信局以外の電波が混入して受信されること。電話の場合は漏話ろうわという。interference

**こん-しん【▼渾身】** 全身。満身。with all one's might 用例 —の力。

**こん-しん【懇親】** 仲良くうちとけること。親しむこと。friendship 用例 —会。

**こん-じん【今人】** 今の人。現代の人。対義 先人・古人。

**こん-じん【金神】** 陰陽おんよう道でいう金気の精。殺伐を好む神で、この神の方角への建築・移転・嫁取りなどは大凶とされる。

**コンス【公司 中】**(gōngsi) 中国で、商業による営利会社の称。こうし。

**ごんす**(助動)《俗語。「ござんす」の転》「ある」の軽い丁寧語。

**こん-すい【▼昏睡】**(名・サ変自) ①前後も知らずねむりこむこと。deep sleep ②医学で、意識が失われ、刺激に対する反応・反射の低下した状態。呼吸・循環などの自律機能が乱れ、脳波活動が停止することもある。人事不省。coma 比較 嗜眠しみん。

**ごんすい【言水】** ↓いけにしごんすい(池西言水)

**ごん-ずい【権▼萃】** ミツバウツギ科の落葉小高木。葉は対生し羽状複葉。初夏に淡黄緑色の五弁の小花を円錐えんすい状につける。果実は秋に赤熟し、裂けて黒い種子を露出。関東以西に分布。

**ごん-ずい【権▼瑞】** 沿岸の岩礁地帯にすむゴンズイ科の海水魚。全長約三〇cm。褐色地に二本の黄縦帯が走る。背びれと胸びれの毒とげに刺されると痛む。太平洋西部とインド洋の暖海に分布。ウミギギ。↓図

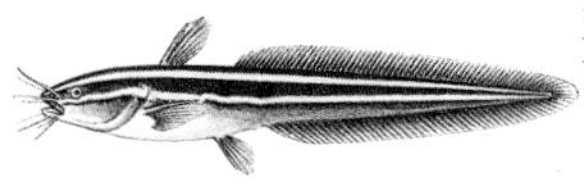
●ゴンズイ

**ごん-すけ【権助】**《俗語》下男。しもべ。

**コンスタブル** [John Constable](一七七六〜一八三七) イギリスの風景画家。明るい光あふれる田園を自在な筆致で描き、フランス美術界にも影響をおよぼした。作品『干し草車』『麦畑』など。

**コンスタン** [Benjamin Constant](一七六七〜一八三〇) フランスの政治家・小説家。王政復古時代に、自由主義的な政治思想を代表。心理小説『アドルフ』など。

**コンスタンタン** [constantan] 銅五五%とニッケル四五%の合金の商標名。電気抵抗が大きくその温度変化が小さいので抵抗線に、また熱起電力が大きいので銅などと組み合わせて低温用熱電対に使用。

**コンスタンチヌス**〈一世〉[Constantinus I](二七四ごろ〜三三七) ローマ皇帝(在位三〇六〜三三七)。混乱を収拾して帝国を再統一。新都コンスタンチノープルを造営。ビザンチン帝国の基礎を固めた。信教の自由を認め自らキリスト教徒となり、教会内の紛争調停にあたった。大帝と称される。

**コンスタンチノープル** [Constantinople]《コンスタンチヌスの都、の意》コンスタンティノポリスの英語読み。東ローマ帝国およびオスマン帝国の首都。三三〇年コンスタンチヌス一世の遷都によりビザンティウムを改称。一四五三年まで東ローマ帝国、以後一九二三年までオスマン帝国の首都。現在のイスタンブール。

**コンスタンツ** [Konstanz] 西ドイツ南端、スイス国境に近いボーデン湖西岸の都市。ローマ時代に城塞じょうさいが築かれた。観光客が多く訪れる地。人口六・八万(一九八一)。

**コンスタンツァ** [Constanța] ルーマニア南東部、黒海に臨む港湾都市。同国最大の貿易港。前六世紀にギリシアの植民地として建設された。ギリシア・ローマ時代の遺跡の宝庫。人口三一・九万(一九八四)。

**コンスタンティーヌ** [Constantine] 北アフリカ、アルジェリア北東部の商工業都市。ローマ時代以来の古い都市。人口八〇・九万(一九八四)。

**コンスタント** [constant] ㊀(名・形動) 変わらないこと・さま。一定。㊁(名) 数学などで、定数。常数。

**コンストラクション** [construction] ①組み立て。構造。構成。②建造。建設。

**コンスル** [consul ラテン] 古代ローマ共和制期の最高官職。定員二名、任期一年。兵員会が選出した。初めは貴族の独占であったが、三六七年以降は平民からも選ばれ、政治・軍事の大権を掌握。統領。執政官。

**こん・ずる【混ずる】**(サ変自他) ↓こんじる(混じる)

**こん-せ【今世】** ↓げんぜ(現世)

**こん-せい【混生】**(名・サ変自) 種々の植物が入りまじってはえること。mixed growing

**こん-せい【混成】**(名・サ変自他) まじり合ってできること。まぜ合わせてつくること。mixture 用例 —チーム。

**こん-せい【混声】**「混声合唱」の略。mixed voices

**こん-せい【懇請】**(名・サ変他) 丁寧に頼むこと。entreat 用例 出馬を—する。

**こんせい-がっしょう【混声合唱】** 男声と女声とがまじった合唱。mixed chorus 用例 —団。

**こんせい-がん【混成岩】** マグマと他の岩石が反応してできた、両者の中間の化学組成をもつ岩石。hybrid rock

**こんせい-きょうぎ【混成競技】** 陸上競技で、いくつかの種目を組み合わせ、その合計得点を競うもの。十種・七種・五種競技など。combined competition

**こんせい-しゅ【混成酒】** 酒やアルコール類に果実・香味料・木皮もくひ・甘味などを加えた酒の総称。みりん・梅酒・薬酒・リキュール類など。再製酒。

**こんせい-じん【金精神・金勢神】** 性的神の一つ。男根に似た自然石、石・木製の男根形のものを神体とし、男女の縁結び・下の病の回復などに効験があるとされる。金精大明神。金精こんせい様。

**こんせい-よう【根生葉】** ↓こんしゅつよう(根出葉)

**こんせい-りょだん【混成旅団】** 歩兵二個連隊に騎兵・砲兵・工兵・輜重しちょう兵などを加えて編制した旧日本陸軍の独立旅団。

**こん-せき【今夕】** 今夜。こよい。こんゆう。tonight

**こん-せき【▼痕跡】** あと。あとかた。形跡。[trace

**こんせき-きかん【▼痕跡器官】** 生物体の器官が、本来の作用を失い退化したもの。祖先を推定するさいの重要な根拠となりうる。ヒトでいえば耳殻の筋肉や尾てい骨などがこれにあたる。vestigial organ

**こん-せつ【今節】** このごろ。いまどき。[nowadays

**こん-せつ【懇切】**(名・形動) この上なく親切なこと・さま。cordial 用例 —丁寧。

**こん-ぜつ【根絶】**(名・サ変他) 根本からたやすこと。ねだやし。extermination

**ごん-ぜつ【▽金▽漆】** コシアブラの古名。この木から樹脂を採り、ウルシのように塗料として用いた。

**コンセッショナリー-チェーン** [concessionary chain] 時計・書籍などの専門店がチェーン化する方式の一つ。営業の独立をたもちながら、デパート・スーパーなどの売り場に出店する。

**コンセプシオン** [Concepción] チリ中南部、ビオビオ州の州都。工業都市。製鉄・化学・農畜産物加工業などが発達。人口二一・八万(一九八五)。

**コンセプト** [concept] 概念。考え。

**コンセルトヘボウ-かんげんがくだん【コンセルトヘボウ管弦楽団】**(Concertgebouw Orchestra of Amsterdam) オランダの世界的オーケストラ。整然としたアンサンブルが特徴。とくにドイツ作品を得意とする。一八八八年創立。

**コンセルバトワール** [conservatoire フランス] 音楽を中心とする芸術教育機関。一八〜一九世紀にヨーロッパ各地に設立された。パリ音楽院がもっとも有名。

**こん-せん【混戦】**(名・サ変自) ①敵味方が入り乱れて戦うこと。乱戦。confused fight ②優勝の行方がわからないこと。undecided victory

**こん-せん【混線】**(名・サ変自) ①他の信号・通話がまじって聞こえること。混信。cross talking ②話の筋が混乱すること。confusion

**こん-ぜん【▼渾然・混然】**(形動タルト) ①溶けあって一体であるさま。perfect harmony ②性質が円満であるさま。well-rounded

**こんぜん-いったい【▼渾然一体】**(名・形動) いくつものものがとけ合って一つのもののようになり、それぞれに区別がつかないこと・さま。in perfect harmony

**コンセンサス** [consensus] ①意見の一致。②世論。

**こんせん-だいち【根▼釧台地】** 北海道東部、根室ねむろ・釧路くしろ地方に広がる火山灰台地。火山灰地に加え日照時間が少ないため、農業に適さず酪農中心。

**コンセント**《和製語。concentric plugからか》屋内配線から電流を取るためのプラグの差し込み口。また、その器具。plug socket 比較 プラグ。

**コンソーシアム** [consortium] 国際借款しゃっかん団。国際融資団。先進工業国が協力して発展途上国に経済援助を行う方式。

**こんそく-ちゅう【根足虫】** 原生動物肉質鞭毛べんもう虫門の動物の総称。単細胞で、仮足で運動し食物をとる。アメーバ類・有孔虫類・放散虫類など。rhizopod

**コンソナント** [consonant] 子音しいん。父音ふいん。

**コンソメ** [consommé フランス] 西洋料理の澄んだスープ。ブイヨンに野菜・卵白などを加えて煮立て、浮き脂・あくを除いて仕上げたもの。中に入れる浮き実によって、種々のコンソメがある。

**コンソル-こうさい【コンソル公債】** イギリスの償還期限のない公債の通称。一七五一年に三分利付きで発行されたのが最初。consolidated annuities; consols

**こんだ【今田】**〈町〉兵庫県南東部、西脇にしわき市東隣の町。農林業中心。鎌倉かまくら時代からの伝統の立杭焼たちくいやきがある。人口三五六五(一九八八)。

**こん-だく【混濁・▼溷濁】**(名・サ変自) ①にごること。にごり。turbid 用例 水が白く—する。②意識・記憶がみだれる。muddle 用例 意識が—する。

**コンダクター** [conductor] ①楽団・合唱団の指揮者。②案内者。指導者。

**コンタクト** [contact] ①接触。連絡。用例 —をとる。②「コンタクトレンズ」の略。

**コンタクト-レンズ** [contact lens] 角膜の上にのせて使用する視力矯正用レンズ。プラスチック製。ハードレンズと通気性をもたせたソフトレンズがある。

**こん-だて【献立】** ①料理の種類やとりあわせ、また供する順序を定めたもの。日本料理では品数は奇数が原則。メニュー。menu ②手配。準備。arrangements

**こん-たん【魂胆】** ①意図。くわだて。plot 用例 彼をだます—だ。②きもったま。たましい。intention

**こん-だん【懇談】**(名・サ変自) うちとけて話し合うこと。懇話。familiar talk

**こん-ち【根治】**(名・サ変自他) ↓こんじ(根治)

**コンチェルト** [concerto イタリア] 音楽で、協奏曲。コンツェルト。

**コンチネンタル** [continental] ヨーロッパ大陸風。用例 —ブレックファースト。

**コンチネンタル-スタイル** [continental style] 背広のシルエットの一つ。上着丈は、やや長めで、ウエストを絞り、柔らかい線を出す。ズボンは細い折り返しのないものを用いる。

**コンチネンタル-タンゴ** [continental tango] ヨーロッパ風の洗練されたタンゴ。一九二〇年代に流行。『ジェラシー』など、多くの名曲がつくられた。

**コンチネンタル-ヒール** [continental heel] 婦人靴のかかとの一種。六〜八cmのハイヒールで、先端に向かってかなり細くなる。

**こんち-は**(感)《俗語。あいさつのことば》こんにちは。

**ゴンチャロフ** [Ivan Aleksandrovich Goncharov](一八一二〜九一) ロシアの小説家。同時代社会を活写したリアリスト。作品『平凡物語』『オブローモフ』『断崖だんがい』など。

**こん-ちゅう【昆虫】** 昆虫綱に属する節足動物の総称。成虫の体は頭・胸・腹の三部分からなり、胸部に三対の脚と二対の羽がある。幼虫と成虫で形態上大きく変化する完全変態と、そうでない不完全変態がみられる。小動物であるが、現在約八〇万種が知られ、全動物の三分の二を占め、地球上のあらゆる環境でみることができる。insect ↓図(次ページ)

**こんちゅうき【昆虫記】**《原題 Souvenirs

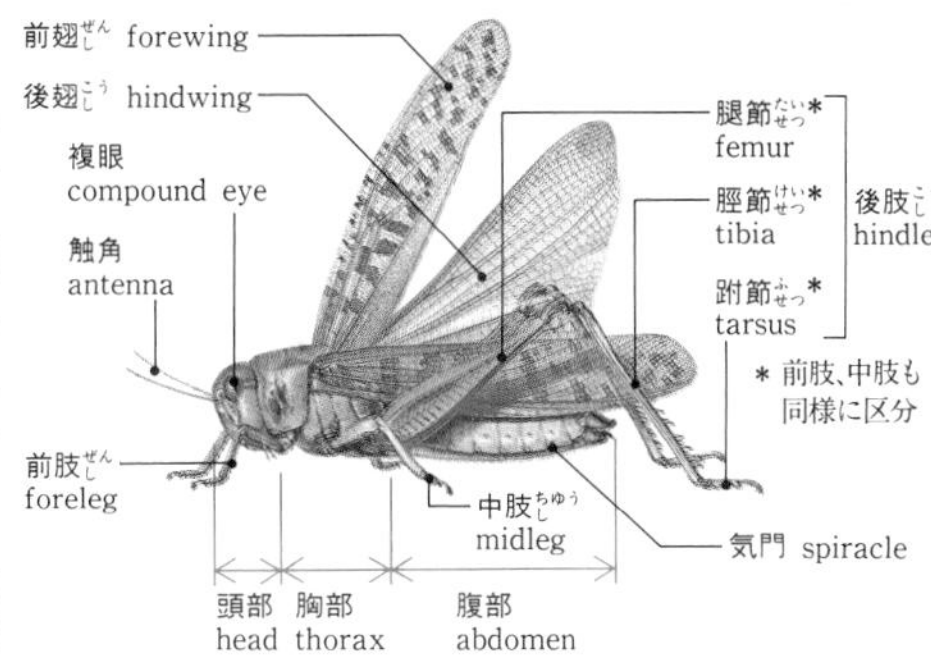

●昆虫

entomologiques(フラ)》ファーブルによる昆虫生態の綿密な観察記録。副題は、昆虫の本能と習性についての研究。全一〇巻。一八七九〜一九一〇年刊。科学的散文の模範とされる。

**こんちゅう-さいしゅう【昆虫採集】** 研究・観察用に野外で昆虫を集めること。採集用具は捕虫網、三角紙とその容器、殺虫用の管や瓶が基本。insect collecting

**こんちゅう-ホルモン【昆虫ホルモン】** 昆虫にみられるホルモン。神経分泌物質・脱皮ホルモン・幼若ホルモンなど。insect hormone

**こん-ちょう【今朝】** きょうの朝。けさ。this morning

**コンツェルト【Konzert(ドイ)】** →コンチェルト

**コンツェルン【Konzern(ドイ)】** 独占資本の形態の一つ。法律上独立した多数の企業が、その中心企業(持ち株会社、または銀行)の支配下に結合している企業連合体。カルテルやトラスト以上に集中度が高い。日本の旧財閥など。

**コンテ** 《continuity(＝台本)の略》映画・テレビなどの撮影台本。シナリオよりも詳細にカメラの動き・演技内容などをショット単位に書きこんだ台本。コンティニュイティー。

**コンテ【conté(フラ)】** 《発明者の名に由来する商標名》デッサン用クレヨンの一種。白・黒・赤褐色がある。

**こん-てい【根底・根▾柢】** ねもと。土台。根本。basis

**こん-でい【金泥】** 金箔を粉にして膠液で練った顔料。絵画や書に用いられる。きんでい。

**こん-でい【▿健▿児】** 古代の兵制。延暦一一年(七九二)諸国軍団兵士の廃止にともない、正規の国衙が守備軍として諸国に設置。郡司などの子弟を中心に構成。

**コンディショニング【conditioning】** 調節。用例 エア―。

**コンディション【condition】** ①条件。②状態。調子。用例 ベスト―。

**コンティニュイティー【continuity】** →コンテ

**コンディヤック【Étienne Bonnot de Condillac】**(一七一五〜八〇) フランスの哲学者。精神活動の源泉を感覚に帰する感覚論を創唱。著書『感覚論』など。

**コンテクスト【context】** ①文脈。前後の関係。②事件などの脈絡。

**コンテスト【contest】** タイトルや賞を手にするために、対抗者と競い争うこと。また、そのための会。競争。試合。競技。競演。コンクール。用例 美人―。

**コンテナ【container】** 貨物のユニット化を目的とする輸送用の容器。保全容器の性質ももつ。反復使用に耐える強度をもち、輸送機関に合うように規格化されている。

**コンテナ-せん【コンテナ船】** ユニットロードシステムという海陸一貫輸送を目的として、コンテナを輸送する専用貨物船。container ship

**コンテナリゼーション【containerization】** コンテナ化。コンテナを使用して積み降ろしの時間と労力を大幅に節約し、輸送の合理化をはかること。

**こん-でん【墾田】** 律令制下、新しく未開地を開墾して得た田。天平一五年(七四三)一定限度内で私有が認められ、荘園成立の一因となる。はりた。

**こんでんえいせいしざい-ほう【墾田永世私財法】** 天平一五年(七四三)に発布された、一定限度内で墾田の永世私有を認める法令。荘園成立の一因となる。墾田永財法。

**コンデンサー【condenser】** ①電気を蓄える装置。二つの金属板を、絶縁物をはさんで対向させ、電源の正極・負極とつないだもの。蓄電器。②集光器。集光鏡。③蒸気の凝縮器。冷却器。復水器。

**コンデンス-ミルク【condensed milk】** 牛乳に蔗糖を加えて濃縮したもの。練乳。加糖練乳。

**コント【conte(フラ)】** ①機知・風刺のきいた短い物語。②短編小説。

**コント【Auguste Comte】**(一七九八〜一八五七) フランスの哲学者で社会学の創始者。人間の知識の進化を神学的・形而上学的・実証的の順に位置づけた三段階の法則や社会有機体説で知られる。著書『実証哲学講義』など。

**こん-ど【今度】**(名・副) ①このたび。今回。this time 用例 ―の事件。―はうまくいった。②このつぎ。next time 用例 ―したら許さない。―はこちらの番だ。

**こん-とう【▾昏倒】**(名・サ変自) 目がくらんで、急にたおれること。卒倒。faint

**こん-どう【金堂】** 古代仏寺建築で、本尊を安置する中心的な建物。平安時代以後は礼堂が付設されるようになり、本堂とよばれる。仏殿。→写

●金堂　法隆寺金堂(奈良県)。

**こん-どう【金銅】** ①銅や青銅の表面を、金で処理したもの。金めっきや、金箔を押しつけたりして金色の光沢を出す。仏像に多くみられる。gilt bronze ②合金の一つ。金を銅にとかしてつくる。

**こん-どう【混同】**(名・サ変自他) ①本来区分すべきものを同一とみて取り違えること。混じり合って一つになること。あるいは、混ぜ合わせて一つにすること。confusion 用例 公私―。②債権者と債務者などのように相対立する二つの法律的地位が同一人に帰すること。物権・債権の権利消滅の原因となる。merger

**こんどう-いさみ【▿近▾藤▿勇】**(一八三四〜六八) 幕末の新撰組隊長。武蔵の人。浪士隊に加わり上洛後、新撰組を組織、尊攘派弾圧に活躍。のち官軍に捕らえられ斬首。

**ごんどう-くじら【▿巨頭鯨】** 頭が丸く突き出たマイルカ科のハクジラの総称。全長五〜六m。全身が黒褐色。集団で浅瀬に乗りあげて大量死することがある。寒海を除く世界の海に分布。caaing whale

**こんどう-けんぞう【▿近▾藤▿乾▿三】**(一八九〇〜一九八〇) 能楽師。シテ方。宝生流。東京生まれ。能楽界の重鎮。重要無形文化財保持者。

**こん-とうこう【今東光】**(一八九八〜一九七七) 小説家。中尊寺貫主。横浜市生まれ。作品『お吟さま』『河内風土記』など。

**こんどう-こういちろう【▿近▾藤▾浩一路】**(一八八四〜一九六二) 日本画家。山梨県生まれ。東京美術学校卒。水墨画に光の効果を生かした画風を示した。作品『鵜飼六題』など。

**こんどう-じゅうぞう【▿近▾藤重蔵】**(一七七一〜一八二九) 江戸後期の幕臣。江戸の人。名は守重。蝦夷地を探検して北辺の防備開拓に貢献。著書『外蕃通書』。

**ごんどう-せいきょう【権▾藤成▾卿】**(一八六八〜一九三七) 農本主義者。福岡県生まれ。復古的農本主義・農村自治主義を唱え、昭和初期のファシズム運動に影響を与えた。著書『自治民範』『農村自救論』など。

**こんどう-ひでぞう【▿近▾藤日出造】**(一九〇八〜七九) 漫画家。長野県生まれ。政治漫画の第一人者。

**こんどう-ぶつ【金銅仏】** 銅に錫を混ぜた青銅製の仏像に金めっきをしたもの。鎌倉時代以後は木彫りがさかんで金銅仏は不振であった。

**こんどう-へいざぶろう【▿近▾藤平▿三郎】**(一八七七〜一九六三) 薬学者。静岡県生まれ。日本産植物のアルカロイドの構造研究に貢献。昭和三三年(一九五八)文化勲章受章。

**こんどう-よしみ【▿近▾藤▿芳▿美】**(一九一三〜) 歌人。韓国馬山生まれ。東京工大卒。アララギ派で、戦後歌壇の重鎮。清潔な叙情的歌風。歌集『埃吹く街』など。

**コンドーム【condom】** 避妊や性病の感染予防のため、性交時に男性性器に装着する薄いゴム製の袋。

**こん-とく【懇篤】**(形動) 丁寧なさま。親切なさま。cordial

**コンドミニアム【condominium】** 分譲アパート・マンション。

**ゴンドラ【gondola】** ①イタリアのベネチアの水路で使われている観光用の平底船。船首・船尾が独特の形をもつ。②飛行船・気球・ロープウエーなどの乗客用つりかご。→写

●ゴンドラ①

**コンドライト【chondrite】** 石質隕石で、コンドリュール(＝径一㎜程度の輝石、またはカンラン石)を含むもの。地上に落ちてくる隕石のうち、もっともふつうのもの。落下頻度は全隕石の約八六%。球粒隕石。

**コントラクト-ウエアハウス【contract warehouse】** 契約倉庫。貨物の保管・移出入を中心とする従来の倉庫業務に加え、配送・小仕分け・値札付け・情報処理などの流通加工サービスを提供する新しい形態の倉庫業。

**コントラスト【contrast】** 写真・絵画などで、明暗・黒白・直線と曲線・円と四角などの対比。対照。

**コンドラチェフ-の-なみ【コンドラチェフの波】** 景気循環の型の一つ。経済の動向にみられる五〇〜六〇年周期の長期景気波動。ソビエトのコンドラチェフによって発見された。コンドラチェフ循環。Kondratieff cycles

**コントラバス【contrabasso(イタ)】** 最大の擦弦楽器。バイオリン属では最低音域。二m前後の大形で、床に立てて奏する。弦は四または五本。ダブルベース。→写

●コントラバス

**コントラルト【contralto(イタ)】** 女声のもっとも低い音域。その歌手。アルト。

**コンドリオソーム【chondriosome】** →ミトコンドリア

**コンドル【condor】** コンドル科の大形の鳥。えりと翼の一部が白いほかは黒色で、頭は裸出する。翼開張三m以上。飛翔力と視力がすぐれ、高空から地上の死肉をねらう。アンデス山系に分布。本種を含めてコンドル科の七種はすべて新大陸特産。→写

**コンドルセ【Marie-Jean-Antoine-Nicolas de Caritat de Condorcet】**(一七四三〜九四) フランスの思想家・数学者。フランス革命ではジロンド派に属し公教育改革に尽力。山岳派に捕らえられ獄中で自殺。人類の無限の進歩を確信する史観に立ち、『人間精神発達史』を著した。

**コントルダンス【contredanse(フラ)】** 一八世紀ヨーロッパの社交界や舞台で人気を得た舞踊。また、その音楽。四分の二または八分の六拍子で陽気に踊る。

**コントローラー【controller】** ①電気の整流器。②機械の調節器・制御器。③企業の経営

者を補佐し、企業活動全般にわたって計数による管理を行う専門的スタッフ。また、その機関。

**コントローラー-システム**【controller system】企業活動を数値データによって統制する制度。会計・予算などの経営計算制度を用いて行われる。

**コントロール**【control】(名・サ変他) ①制御すること。調節。②支配すること。③球技における制球力。自分の思うようにボールを投げたり蹴ったりできる能力。

**コントロール-タワー**【control tower】↓かんせいとう(管制塔)

**ゴンドワナ-しょくぶつぐん**【ゴンドワナ植物群】ゴンドワナ大陸の古生代二畳紀から中生代三畳紀前期の地層から産出する化石植物群。種子シダ類のグロッソプテリスで代表される。Gondwana flora

**ゴンドワナ-たいりく**【ゴンドワナ大陸】古生代後期から中生代に南半球に広がっていたと考えられる超大陸。ゴンドワナ植物群や当時の氷床の分布などからみて、のちに分裂や移動をしたと推定されている。Gondwana land

**こん-とん**【混▼沌・▼渾▼沌】(形動トタル) ①天地のまだ分かれないさま。chaotic ②物事の区別が明らかでないさま。confusion

**こん-とん**【▼餛▼飩】唐菓子の一種。小麦粉を水で練り、肉やあんを包んで煮るか、蒸したもの。

**コンドン**【Eddie Condon】(一九〇四～七三) アメリカの白人ジャズ-ギター奏者。ディキシーランド-ジャズ界のリーダーとして有名。

**こんな** 対義 あんな・そんな。[一](連体) このような。こういう。such 用例 ―ことにへこたれるな。[二](形動)《連体形「こんなな」は接続助詞「ので」「のに」に続く場合だけに使われる。体言には語幹「こんな」から続くが、この場合は連体詞として扱う》このようであるさま。like this

●コンドル

**こん-なん**【困難】(名・形動) 対義 容易。①こまること・さま。難儀。difficulty 用例 ―にうちかつ。財政が―だ。②むずかしいこと・さま。difficulty 用例 解決は―だ。―な問題が多い。

**こん-にち**【今日】①このごろ。近ごろ。these days ②現代。現在。nowadays ③きょう。today

**こんにち-あん**【今日▼庵】①京都裏千家家元の邸内にある茶室。千利休の孫宗旦が、不審庵を三男に譲り、裏に隠居所として建てたもの。②千宗旦の号。また、裏千家の異称。

**こんにち-さま**【今日様】《「太陽」の敬語》おてんとうさま。

**こんにち-は**【今日は】(感) 日中、人に会ったときのあいさつ語。hello

**こん-にゃく**【▼蒟▼蒻・▼菎▼蒻】①サトイモ科の多年草。山間の畑に栽培される。地下にこんにゃく玉とよばれる球茎ができ、食用のほか、かつては洗濯糊の原料にもした。夏、紫褐色の花が咲く。主産地は群馬・茨城・福島。スナバライ。②コンニャクの球茎を原料とした食品。数え方 一枚・一丁。↓図

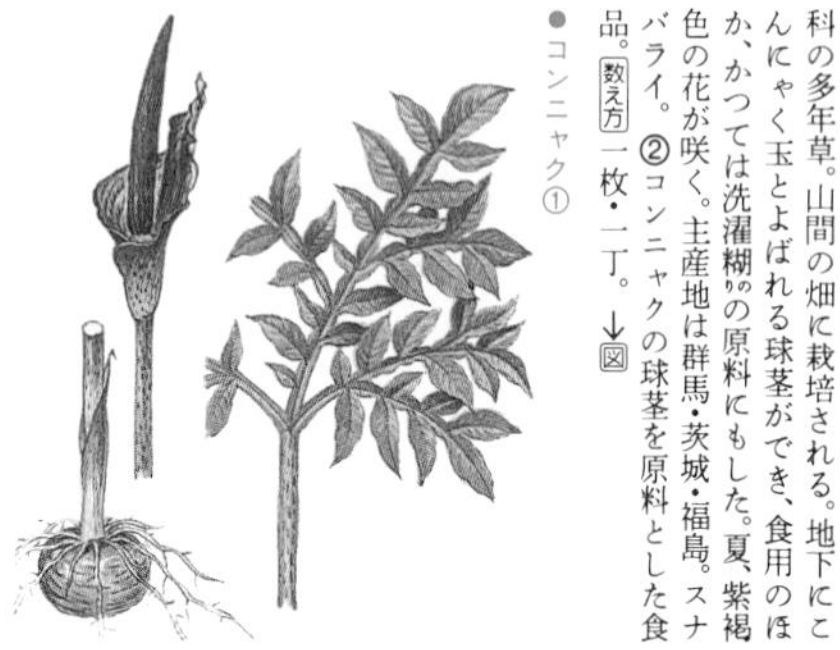

●コンニャク①

**こんにゃく-いも**【▼蒟▼蒻芋】コンニャクの球茎。主成分はマンナン。板こんにゃく・しらたきの原料。こんにゃくだま。

**こんにゃく-だま**【▼蒟▼蒻玉】コンニャクの球茎の別名。

**こんにゃく-ばん**【▼蒟▼蒻版】《もと蒟蒻を用いたことによる》寒天にグリセリンとゼラチンを加えて作った版に、染料で書いた原稿をその表面にはりつけて吸着させ、それを紙などに転写する印刷法。寒天版。hectograph

**こんにゃく-ぼん**【▼蒟▼蒻本】洒落本の異称。半紙四つ折り大の本で、表紙の色と形がこんにゃくに似ているところからいう。

**こんにゃく-もんどう**【▼蒟▼蒻問答】①わけのわからない問答。②落語の題名。こんにゃく屋が禅寺の住職に化け、旅の雲水と珍問答をする仕方噺。

**こん-にゅう**【混入】(名・サ変自他) まぜいれること。まじってはいること。mix

**こん-ねん**【今年】いまの年。ことし。this year

**こん-ねんど**【今年度】いまの年度。ことしの年度。this year

**コンパ**《学生用語。companyの略》小宴会。茶話「会。

**コンバージョン-レンズ**【conversion lens】写真レンズの焦点距離を変えるためにつける補助レンズ。比較 アタッチメント。

**コンバーター**【converter】①交流を直流に変える回転変流機。②周波数切り替え用の電子管。③鋳鉄を鋼に変えるときに使う転炉。④コンピューターで、数値的情報の形式を変える装置。

**コンバーチブル**【convertible】《形を変えられる、交換できる、の意》乗用車の車体の形式の一つ。幌形で折りたたみ式の布の屋根をもつ。屋根の開閉は自動的に行える。

**コンバーチブル-カフス**【convertible cuffs】①取りはずしのできるカフス。襟と共布になっている。②シャツのシングルカフスで、拝み合わせとふつうのボタン留めの両方ができるように、ボタン穴が両端についているもの。

**コンバーチブル-カラー**【convertible collar】襟型の一つ。襟の前の部分をあけても、閉じても着られる両用襟のこと。シャツカラーやステンカラーも一般にはこれに含まれる。↓図

●コンバーチブルカラー

**コンバート**【convert】①野球で、選手がいままでの守備位置から変わって、別の守備位置を専門とすること。②ラグビーで、トライ後のゴールキックに成功すること。

**コンパートメント**【compartment】仕切った部屋・席。おもに鉄道の客車で、小人数に仕切った客室をいう。

**こん-ぱい**【困▼憊】(名・サ変自) ぐったりと疲れきること。exhaustion 用例 疲労―の極み。

**コンパイラー**【compiler】コンピューターで、フォートラン・コボルなどの高水準言語で書かれた原始プログラムを機械語に翻訳するプログラム。

**コンパイラー-げんご**【コンパイラー言語】コンピューターで、日常語に近い言語で書かれたプログラムを、それぞれの機械に固有の命令語に翻訳するための言語。フォートラン・アルゴル・コボル・PL／1など。compiler(-level)language

**コンバイン**【combine】《結合する、の意》刈り取り機と脱穀機を兼ねた農業機械。圃場を移動しながら収穫・脱穀・選別を同時に行う。↓写

●コンバイン　稲の収穫。

**こん-ぱく**【魂▼魄】死者から抜け出したたましい。人のたましい。霊魂。soul 用例 ―この世にとどまりて。

**コンパクト**【compact】[一](形動) 小型で、ぎっしりつまったさま。用例 ―サイズ。[二](名) 携帯用化粧容器の一種。ふたの裏に鏡がついており、おしろい・ほお紅などを入れる。

**コンパクト-カー**【compact car】アメリカで、中型車よりひとまわり小さな乗用車。

**コンパクト-ぎんが**【コンパクト銀河】大望遠鏡を使っても恒星と区別することが困難なほど、見かけの大きさが小さい銀河。クエーサーなども含まれるという考えもあるが、はっきりした定義はない。compact galaxy

**コンパクト-ディスク**【compact disc】デジタル化した音声記号を記録した、レコード盤の一種。直径は標準のもので一二cm。レーザー光で再生。音域が広く音質・機能がすぐれる。CD。

**コンパス**【compass】①航空機や船舶で方位や位置を測定するために用いる装置。磁針の指極性を利用した磁気コンパスと高速回転コマの運動を利用したジャイロコンパスの二種類がある。羅針儀。羅針盤。②円や円弧を描くのに用いる道具。③歩幅。足の長さ。用例 ―の長い人。

**コンパス-ざ**【コンパス座】南天の小星座。六月三〇日ごろの午後八時ごろに南中。面積九三平方度。Circinus

**コンパチブル**【compatible】《両立・共存できる、の意》①機器などで、特別な調節などをしなくても、通常の設備以外の装置を働かせられること。②コンピューターで、㋐方式の異なるソフトウエアがそのまま使えること。㋑方式の異なるハードウエアと接続運用できること。③ビデオディスクプレーヤーで、方式の異なるソフトウエア、たとえばコンパクトディスク(CD)とレーザービジョン(LV)とが、一台の機器で使えること。

**コンバット-マーチ**《和製語》野球で、応援するチームの攻撃中に観客が行う統制のとれた応援をリードする行進曲。本来は早稲田大学応援部の創案したものをいう。

**コンパニー**【company】①会社。商社。カンパニー。②仲間。交友。

**コンパニオン**【companion】《仲間・相手、の意》①博覧会・展示場などの案内や説明役の女性。guide ②宴会やパーティーなどに、出張しサービスする女性。attendant; waitress

**こんぱる-ぜんちく**【金春禅竹】(一四〇五～七〇ごろ) 室町中期の能役者・能作者。大和猿楽金春座中興の名人。名は氏信。著書に深遠な能楽論『歌舞髄脳記』など。作品『雨月』『芭蕉』『楊貴妃』など。

**こんぱる-ぜんぽう**【金春禅▼鳳】(一四五四～?) 室町後期の能役者・能作者。金春流の太夫。芸談『禅鳳雑談』。作品『嵐山』など。

**こんぱる-そうえもん**【金春▼惣▽右▽衛門】能楽囃子方。金春流太鼓方家元の通り名。六世から称する。現在まで二二世(一九二四～)。

**コンパルソリー-フィギュア**【compulsory figure】フィギュアスケート競技での規定演技。全選手があらかじめ定められた図形にしたがって滑り、正確さなどを採点される。コンパルソリー。比較 フリースケーティング。

**こんぱる-りゅう**【金春流】①能楽シテ方の一流派。大和猿楽四座のうち最古の円満井座の末流。金春禅竹は中興の祖。現在七九世宗家金春信高。②能楽の太鼓の一流派。金春三郎豊氏が祖。

**こん-ばん**【今晩】きょうの夜。こよい。今夜。tonight

**こん-ぱん**【今般】(名・副) このたび。今回。this time 対義 先般。

**こんばん-は**【今晩は】(感) 夜、人に会ったときのあいさつ語。good evening

**コンビ**《combinationの略》①組み合わせ。②二人組み。

**コン-ビーフ**【corned beef】牛肉を薄塩にし、硝石や香料とともにつけたもの。一般にはそれを蒸し煮し、圧搾した缶詰。

**コンピエーニュ**【Compiègne】フランス中

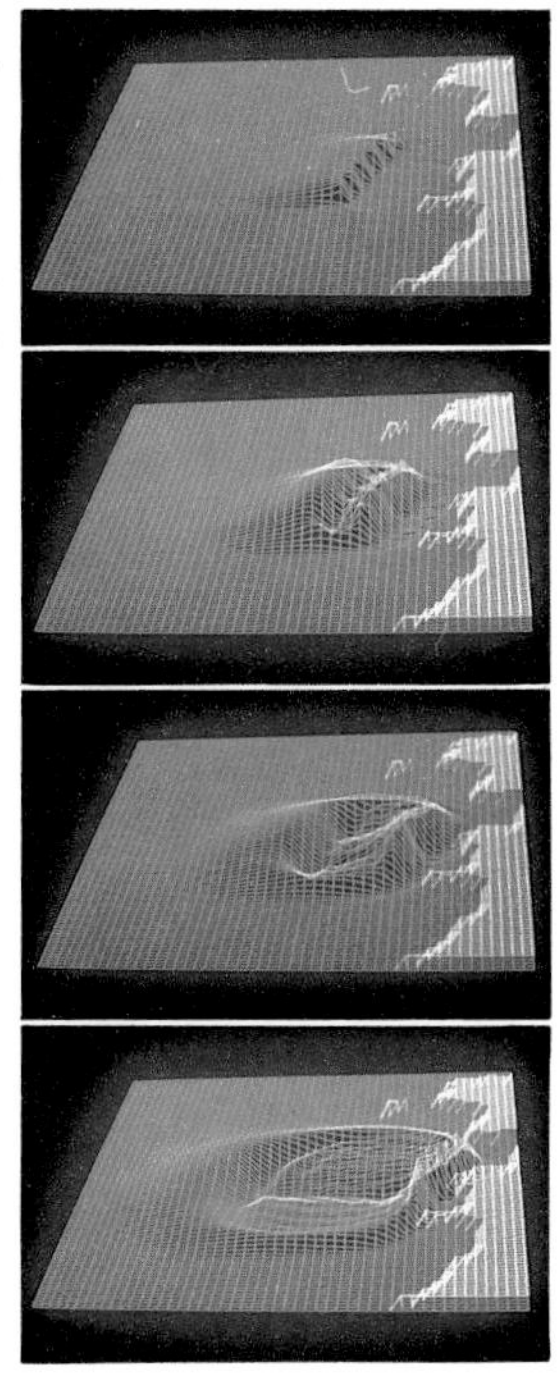
●コンピューターグラフィックス　日本海中部地震の津波のシミュレーション。

北部、パリ郊外の観光都市。コンピエーニュの森の北、オアズ川沿いにある。六世紀以来発展した都市で、一三世紀の教会、古城などが残る。人口四万(一九八二)。

**コンビナート**【kombinatロシア】一定の地域内に、技術的・工程的に関連のある複数企業の工場を計画的に配置した生産形態。企業結合。結合生産。結合企業。industrial complex 用例 石油―。

**コンビニエンス-ストア**【convenience store】《「コンビニエンス」は、便利な、好都合、の意》消費者の便宜にこたえる小売業。居住地との近接性や長時間営業、的確な品ぞろえで日用品・食料品を売りさばく。ミニスーパー。

**コンビニエンス-フード**【convenience food】加工食品。加熱などで簡単に調理できる。冷凍食品・インスタント食品など。

**コンビネーション**【combination】①組み合わせ。調和。②二人組み。コンビ。③シャツとパンツが一続きになっている衣服。つなぎ。

**コンビネーション-シューズ**《和製語》素材や色を違えて二種類または二色を配置したデザインの靴。つま先とかかとに異素材や異色をあしらったものが多い。

**コンピューター**【computer】電子回路を利用して、自動的に情報の処理をする装置。入力・演算・記憶・制御・出力の五つの部分からなり、数値計算・データ処理・自動制御・管理などに利用する。電子計算機。電算機。

**コンピューター-ウイルス**【computer virus】→でんしウイルス(電子ウイルス)

**コンピューター-グラフィックス**【computer graphics】コンピューターで画像や図形を創作・表示すること。線画または画素の集まりとして表現できる。データあるいは視点を変えることで、表示を任意に変化させられる利点をもつ。CG。↓写

**コンピューター-ゲーム**【computer game】マイクロコンピューターを組み込んだゲームソフトとディスプレーを使って、画面に映し出された図を操作して遊ぶゲーム。

**コンピューター-セキュリティ**【computer security】コンピューターおよびそのシステムを事故や不正利用から守る対策や保安措置。

**コンピューター-トモグラフィー**【computer tomography】コンピューター断層撮影法。X線・超音波・核磁気共鳴などを使って頭部・腹部などを投影し、それをコンピューターで画像処理して断面像を描く。医学的にきわめて重要な診断法で、その装置をCTスキャナーという。CT。↓写

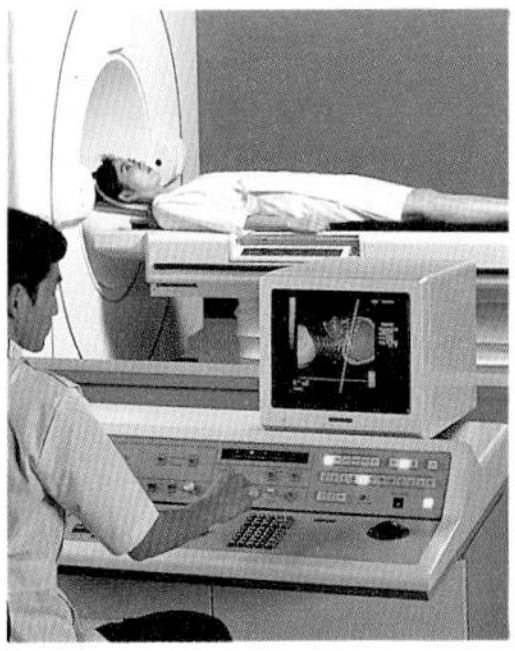
●コンピュータートモグラフィー　全身用。人体の細部構造を細かく示すことができる。

**コンピューター-ネットワーク**【computer network】共用を目的として複数のコンピューターシステムを通信回線で結んだもの。効率のよい運用が可能で、異なる機種の間の互換性が検討されている。

**コンピューター-はんざい**【コンピューター犯罪】コンピューターに価値の高い重要な情報やデータが記憶・処理されることに着目して、プログラムやデータの不正使用・破壊などの行為を行うこと。computer crime

**コンピューター-ミュージック**【computer music】作曲・音響合成・演奏などに、コンピューターを用いた音楽の総称。

**コンピュータリゼーション**【computerization】コンピューターが高度に発達・普及し、社会生活のあらゆる分野に不可欠のものとなること。

**コンピュートピア**《和製語。computerとutopiaから》高度に発達したコンピューターを利用して実現される理想社会。

**こんぴら**【金▼毘羅・金比羅】《仏教語。Kumbhira梵の音写で、ワニの意》①インドの水神。のち、仏教の守護神となり、薬師十二神将の一尊。日本では航海の守護神として尊崇。宮毘羅。②金刀比羅宮の俗称。

**こんぴらふねふね**【金▼毘羅船船】香川県の民謡。海上の守護神をまつる金刀比羅宮に、船乗りなどが参詣するさいの道中唄。江戸時代に始まったといわれる。

**こん-ぶ**【昆布】褐藻植物コンブ科コンブ属の海藻の総称。暗褐色で葉は厚く帯状。多年生だが、夏以後、葉片は枯れ落ちて秋冬に新葉と交代。日本近海に、マコンブ・ナガコンブなど一七～一八種。食用のほか、アルギン酸・ヨード・カリウムの原料となる。コブ。ヒロメ。数え方 一把・一折り・一連。↓褐藻植物図

**昆布に針刺す** 誓うとき、あるいは人をのろうときに、印として昆布に針を刺す。

**こんぶ-おんせん**【昆布温泉】北海道南西部、ニセコアンヌプリ南麓山間にある温泉。冬はスキーの根拠地として活気がある。

**コンプトン**【Arthur Holly Compton】(一八九二～一九六二)アメリカの物理学者。X線散乱でコンプトン効果を発見し、光の粒子性の直接的証拠を与えた。一九二七年ノーベル物理学賞受賞。

**コンプトン-こうか**【コンプトン効果】X線が物質によって散乱されるとき、入射X線の波長よりも波長の長いX線が出てくる現象。一九二三年、コンプトンが発見。Compton effect

**コンプトン-バーネット**【Ivy Compton-Burnett】(一八八四～一九六九)イギリスの女流小説家。地方上流家庭の罪と悪などを風刺的に描く。作品『牧師と主人』『兄弟と姉妹』など。

**コンプライアンス**【compliance】①承諾。服従。②物理で、ひずみと応力の比で表される物質定数。物質の変形のしやすさを示す量。医学で、肺の伸びやすさを表示するのにも用いる。

**コンフリー**【comfrey】ムラサキ科の多年草。高さ六〇～一〇〇cm。葉はやや多肉の長卵形。葉面に粗毛が密生する。初夏に淡黄白色や紫色の花が咲く。生長力大。多量のミネラルとビタミン$B_{12}$ほかを含む。食用・薬用に栽培。原産地コーカサス。ヒレハリソウ。↓写

●コンフリー

**コンプレックス**【complex】①フロイトの精神分析用語。感情や行動に強い影響を与える、無意識の心の中のこだわり。エディプスコンプレックスなど。②ユングの分析心理学用語。一定の条件の下で人間一般に共通に起こる情動反応や葛藤のタイプ。インフェリオリティーコンプレックスなど。観念複合体。③《「インフェリオリティーコンプレックス」の略》劣等感。

**コンプレッサー**【compressor】空気を圧縮する機械。圧縮機。

**ゴンブロビチ**【Witold Gombrowicz】(一九〇四～一九六九)ポーランドの小説家。未熟を礼賛する人間観を示す。作品『フェルディドゥルケ』『コスモス』などのほか、『日記』が貴重。

**コンペ**《和製語。competitionから》ゴルフなどの競技会。

**こんぺい-とう**【金平糖・金米糖】《confeito ポルトガルから》南蛮菓子の一種。小さな角をいくつもつけた豆粒大の砂糖菓子。

**ごんべえ**【権▽兵▽衛】《卑語。むかし、田舎の人にこの名が多かったところから》田舎者。

**権兵衛が種蒔きゃ烏が穿る** ばかばかしいむだな骨折りのたとえ。

**こん-ぺき**【紺▼碧】黒みがかった青色。deep blue 用例 ―の空。

**コンベヤ**【conveyor】運搬機。荷物を連続移送する帯状の循環装置。ベルト式・チェーン式・ローラー式・スクリュー式など多種。伝送帯。搬送帯。

**コンベヤー-システム**【conveyer system】ベルトコンベヤを使った流れ作業による量産方式。二〇世紀はじめフォードが自動車生産に導入し、大量生産の原動力となった。

**ごん-べん**【言偏】漢字を組み立てている部分の名。「語・許」などの左にある「言」。

**コンボ**【combo】《small combinationから転訛》通常三～八人の小編成のジャズ用の楽団をさす。ビッグバンドの反対語として使用。

**コンポ**《compornent stereoの略》音楽の再生装置で、プレーヤー・アンプリファイアー・スピーカーなどの機器がそれぞれ単体製品で、それらを組み合わせて使用する仕組みの製品。

**こん-ぼう**【混紡】(名・サ変他)二種類、またはそれ以上の性質の異なる繊維を混合して紡績すること。それぞれの繊維の長所を生かして品質を良くするのが目的で、天然繊維に合成繊維を混紡する例が多い。mixed spinning

**こん-ぼう**【▼棍棒】①棒。ふつう木製で武器などに用いる。club ②新体操の手具の一つ。とっくり状の木製の棒で一対。また、その棒を持って演技する競技種目。振る・回す・小円風車運動・投捕・打つなどと用いる。club

**こん-ぼう**【懇望】(名・サ変他)→こんもう(懇望)

**こん-ぽう**【▼梱包】(名・サ変他)段ボールや紙などで包装し、紐などをかけて荷造りすること。また、荷造りしたもの。packing

**こんぼう-し**【混紡糸】二種類の異なる繊維を目的に応じて混合し紡績した糸。おのおのの繊維のもつ長所をもち寄り、短所を補うように改良された性質の糸。mixed yarn

**コンポート**【compote】①果物のシロップ煮。シナモン・バニラ・洋酒・レモンなどで香りを添える。②足がついた器。果物や菓子を盛りつける。

**コンポジション**【composition】①写真・絵画などの、構成。組み立て。構図。②音楽で、作曲。③作文。

**コンポスト**【compost】都市のごみや下水処理などで生じる汚泥を原料とした有機質の肥料。ガラス・プラスチック・金属などを除き、堆積し発酵させてつくる。

**コンポラ-しゃしん**【コンポラ写真】《「コンテンポラリー(＝同時代の)写真」の略》同時代の生活感覚や自らの存立意識を重んじて撮影する写真。また、その風潮。一九六八年、ニューヨークでの写真展から生まれたことばで、もとは、人物・事象などすべての対象を社会的風景としてとらえ、撮影する立場や写真をさした。contemporary photograph

**こん-ぽん**【根本】①ねもと。根底。おおもと。根元。root ②一つの事柄のいちばん基礎になっている事柄。foundation 用例 ―原理。

**こんぽん-ちゅうどう**【根本中堂】比叡

●根本中堂

山延暦寺の中心の建物。最澄が延暦七年(七八八)に創建した一乗止観院薬師堂が前身。本尊は秘仏の薬師如来。↓写

**こんぽん-てき【根本的】**(形動) 物事のもっとももとになっていることに関係するさま。fundamental; radical 対義 末梢的。用例 ―な方針。待遇を―に改善する。

**コンマ【comma】** ①欧文やローマ字書き、また、横書きの日本文に使う、区切り符号の一つ。カンマ。「,」。②小数点。

**コンマ-いか【コンマ以下】** ①一未満の数。小数点以下。below the decimal ②普通より下であること。標準以下。of no account

**こん-まけ【根負け】**(名・サ変自) ①根気が続かないこと。lack of patience ②根気比べに負けること。こんきまけ。give in

**コンミューン【communeフランス】** ↓コミューン

**こん-みょうにち【今明日】** きょうかあす。today or tomorrow

**こんみん-とう【困民党】** 明治前期、自由民権運動期に関東・中部地方で続発した農民運動の組織。借金据え置きや利子減免を要求して組織的に運動を展開。とくに秩父困民党は有名。借金党。

**こん-めい【▼昏迷】**(名・サ変自) ①分別をうしなうこと。stupefaction ②医学で、表情・動作に乏しく、外界からの刺激に反応しない状態。意識の低下はなく、幻覚・妄想などにおそわれる。精神分裂病・うつ病などの症状。stupor

**こん-めい【混迷】**(名・サ変自) 混乱して、わからなくなること。confusion

**こん-めい【懇命】** ありがたい言いつけ。

**こんめい【昆明】** 中国雲南省の省都。交通・商業の中心。昆河鉄道がベトナムに通じる。人口一四八四万(一九八四)。クンミン。

**こん-もう【根毛】** 植物の根の表皮細胞から突出した小毛。生長点から少し上方で伸長のとまった若い部分に生ずる。水分や養分を吸収する機能をもつ。root hair

**こん-もう【懇望】**(名・サ変他) 人に対して心からのぞむこと。こんぼう。entreat

**こんもり**(副・サ変自) ①木々が盛り上がるように茂っているさま。densely 用例 ―とした森。②丸く盛り上がっているさま。round 用例 ―した丘。

**こん-や【今夜】** きょうのよる。今晩。tonight 対義 今朝。

**こん-や【紺屋】** そめもの屋。こうや。

**紺屋の明後日**(こんやのあさって) 「こうやの明後日」と同意。

**紺屋の白袴**(こんやのしろばかま) 「こうやの白袴」と同意。

**こん-やく【婚約】**(名・サ変自) 結婚を約束すること。また、その約束。engagement

**こんやく-しゃ【婚約者】** 婚約した相手。いいなずけ。フィアンセ。fiancé; fiancée

**こん-ゆう【今夕】** ↓こんせき(今夕)

**こんゆう-しけん【混融試験】** 未知の試料が既知の物質と同一かどうかを、それらの混合物の融点を測定することで判定する方法。mixed examination

**こん-ゆたか【今▽裕】**(一八七八 一九五四) 病理学者。組織内にある還元性物質によって細胞内に特定の還元銀が発現する銀反応の発見で有名。

**こん-よ【▼坤▼輿】** 文語的 大地。地球。

**こん-よう【根葉】** ねもとから生え出た葉。

**こん-よう【混用】**(名・サ変他) まぜて使うこと。mixed use

**こん-よく【混浴】**(名・サ変自) 共同浴場などで、男女が入り混じって入浴すること。mixed bathing

**こんよばんこくぜんず【▼坤▼輿万国全図】** マテオ=リッチが作製し、一六〇二年に北京で刊行された漢語の世界地図。オルテリウス図法によるもので六幅で一組。鎖国下の日本にも伝来し、江戸時代の地図学に貢献した。

**コンラッド【Joseph Conrad】**(一八五七 一九二四) イギリスの小説家。ポーランド生まれ。初期に海洋物語を、のち政治小説を書く。人間のモラルの探求者として知られる。作品『闇の奥』『ロード=ジム』『ノストローモ』『密偵』など。

**こん-らん【混乱】**(名・サ変自) 入りみだれて、秩序がなくなること。confusion 用例 頭が―する。会場が―する。

**こん-りゅう【建立】**(名・サ変他) 寺院・堂塔を建てること。build

**こん-りゅう【根粒・根▼瘤】** 高等植物の根に微生物が共生してできたこぶ状の組織。マメ科の植物などに見られる。root nodule

**こんりゅう-きん【根粒菌】** マメ科植物の根に共生し、窒素固定をする細菌。菌は炭水化物を宿生植物から得、固定した窒素は宿主の栄養源として利用される。コンリュウバクテリア。root nodule bacteria

**こんりゅう-バクテリア【根粒バクテリア】** ↓こんりゅうきん(根粒菌)

**こん-りょう【▼袞▽竜】** 「袞竜の御衣」の略。

**袞竜の袖に隠れる**(こんりょうのそでにかくれる) 天子の衣のそで、転じて、天子の威徳のもとに隠れて、保身する。

**こんりょう-の-ぎょい【▼袞▽竜の御衣】** 昔、天子が着用した礼服。唐制にならって聖武天皇のころに制定された。赤地の綾に日・月・星辰・竜・華虫(雉)・火・山などを縫い取りした大袖。即位や大嘗会などの大礼に用いた服。

**こん-りん【金輪】**《仏教語》三輪の一つ。大地がその上にのっているという層。

**こんりん-おう【金輪王】**《仏教語》四輪王(転輪聖王)の一つ。古代インドの理想的な国王像であり、天から金の輪宝を感得して世界を支配するという。

**こんりん-ざい【金輪際】** ㊀(名)《仏教語》金輪のいちばん下で、かぎりなく深い所。金輪奈落。㊁(副)《下に打ち消しをともなって》決して。絶対に。

**こんりん-ならく【金輪▼奈落】**《「奈落」は、地獄の意》金輪のいちばん深い所。どん底。金輪際。

**こん-る【▽近流】** 律令制で、流罪の軽いもの。越前・安芸など、近国への流罪。きんる。比較 遠流・中流。

**こん-れい【▼很戻】** 心がひねくれていて、人の道にそむくこと。

**こん-れい【婚礼】** 結婚の儀式。狭義には嫁入りの日を中心とした儀礼をいう。婚約・婚姻成立・嫁引き移り・披露などがあり、婚姻方式や地域によって種々の習俗がある。wedding ceremony

**こんれい-いしょう【婚礼衣装】** 婚礼の儀式に新郎新婦が着る式服。一般には挙式から披露宴に着用する衣服をさす。wedding attire

**こん-ろ【▼焜炉】** 調理に使う持ち運びのできる発熱器具。元来は、かまどに対する小型の炉をいった。土や金属でできており、木炭用こんろのほか、練炭・電気・ガス・石油などのものがある。cooker

**こんろん-か【▼崑▼崙花】** アカネ科の常緑低木。葉は有柄で長卵形。初夏に、花冠が五裂した筒状黄花を開く。萼の一裂片は、大形で白色の花弁状になる。観賞用。

**こんろん-ざん【▼崑▼崙山】** 中国古伝説の神山。中国の西方にあり黄河の水源、天帝の都とされた。また仙女、西王母が住むと考えられた。

**こんろん-さんみゃく【▼崑▼崙山脈】** 中国西部、チベットとタリム盆地の境を東西に連なる大山系。最高点七七二三m。クンルン山脈。

**こん-わ【混和】**(名・サ変自他) ①まじり合うこと。まぜ合わせること。mix ②法律で、異なった所有者に属する複数の物が混合・融和して識別できなくなること。

**こん-わ【懇話】** うちとけて話し合うこと。懇談。friendly talk

**こん-わく【困惑】**(名・サ変自) どうしてよいかわからなくて、こまること。embarrassment 用例 ―した顔つき。

**こん-わじろう【今和次郎】**(一八八八 一九七三) 建築学者。考現学や民家などの研究家。青森県生まれ。早大教授。柳田国男の影響を受け、生活学を提唱。開襟シャツの創案者でもある。

# さ サ

**さ【さ・サ】** 五十音図さ行第一の仮名。平仮名「さ」は「左」の草体。片仮名「サ」は「散」の左の上。濁音は「ざ」「ザ」。

**サ 3画【▼叉】** 部首[又] JIS 2621
音 サ・シャ・サイ
①はさむ。ふたまたの間に、ものをはさむ。「叉手」②また。ふたまた。「音叉・交叉・三叉」③「夜叉」は、梵語yakṣaの音訳。インドの鬼神。のちに仏法の守護神となった。

**サ 3画【▼屮】** 部首[屮] JIS 5405
音 サ
ひだりて。左の手。

**サ 5画【▼乍】** 部首[丿] JIS 3867
音 サ
①たちまち。すぐに。急に。②ながら。㋐…しつつ。…けれども。㋑あわせて。…のとおり。

**サ 5画【左】** 部首[工] 教育小1 JIS 2624
音 サ
訓 ひだり

①ひだり。ひだりがわ。対義 右。「右往左往・左折・左翼手」用例 (名)―のとおり。②急進的・革新的な立場・人々。対義 右。「極左」「左傾・左派」③おとしめる。しりぞける。「左遷」④しるし。あかし。「証左」⑤たすける。手助けをする。⑥酒ずき。「左党」

**サ 6画【再】** 部首[冂] 教育小5 JIS 2638
音 サイ・サ
訓 ふたたび
筆順 ↓サイ[再]
《「再来…」のときだけ》次の次。「再来月・再来週・再来年」↓サイ[再]

**サ 6画【▼扠】** 部首[扌] JIS 5713
音 サ
①はさむ。ふたまたの間に、ものをはさむ。②さす。つきさす。③やす。魚介類をつきさしてとらえる漁具。④さて。ところで。

**サ 7画【▼些】** 部首[二] JIS 2619
音 シャ・サ
すこし。いささか。ちょっとばかり。「些事・些少」

**サ 7画【佐】** 部首[人・亻] 常用 JIS 2620
音 サ
①たすける。手助けをする。「補佐」「佐幕」②すけ。大宝令で、四等官の第二位。兵衛府・衛門府の次官。③軍人の階級。尉の上。将の下。「大佐」「佐官」④佐渡国のこと。「佐州」

**サ 7画【作】** 部首[人・亻] 教育小2 JIS 2678 ／ 11画【▼做】 異体字 JIS 4886
音 サク・サ
訓 つくる
筆順 ↓サク[作]
①なす。おこなう。しごとや、はたらきをする。「作業・作用」②ふるまい。すること。「動作・発作」「作法」↓サク[作]

**サ 7画【▼杈】** 部首[木]
音 サ
①えだ。木の枝。②また。さすまた。③やす。魚介類をつきさしてとらえる漁具。④やらい。竹や丸太などを荒く組んでつくる柵。

**サ 7画【▼沙】** 部首[氵] 人名用 JIS 2627
音 サ・シャ
①すな。いさご。まさご。「流沙」「沙塵・沙漠」②よりわける。よなげる。「沙汰」③梵語や外国語の音訳字。「沙翁・沙羅双樹」↓シャ[沙]

**サ 9画【茶】** 部首[艹] 教育小2 JIS 3567
音 チャ・サ・タ
筆順 ↓チャ[茶]
ちゃ。ちゃの葉でつくった飲料。「喫茶」「茶菓・茶人・茶道・茶飯事・茶房・茶話会」↓チャ[茶]

**サ 9画【▼柤】** 部首[木] JIS 5947
音 サ・ソ
門のしきり。横にわたした木。

**サ 9画【査】** 部首[木] 教育小5 JIS 2626
音 サ

しらべる。あきらかにする。「検査・考査・捜査・調査」「査閲・査察・査証・査定」

**サ 9画【砂】** 部首[石] 教育小6 JIS 2629
音 サ・シャ
訓 すな

**サ** 10画【唆】 部首[口] 常用 JIS 2622
音サ 訓**そそのかす**
①ほのめかす。におわす。「示唆」 ②そそのかす。おだてる。「教唆」

**サ** 10画【差】 部首[工] 教育小4 JIS 2625
音**サ**・シャ・シ・サイ 訓**さす**
差 差 差 差 差 差
①ちがい。たがう。「誤差・大差」「差異・差別」 用例 (名)実力に天地の—がある。 ②引いたあたい。のこり。 対義 和。「差額・差金」 用例 (名)収支の—。 ③人をやる。つかわす。「差遣」 ④とりしまる。「差配」 ⑤さす。㋐さしだす。さしこむ。かざす。そそぐ。㋑上げ潮になる。気がとがめる。現れる。

**サ** 10画【▼莎】 部首[艹] JIS 7221
音サ
ハマスゲ。カヤツリグサ科の多年草。くぐ。砂浜や砂質の山野にはえる。

**サ** 10画【▼紗】 部首[糸] 人名用 JIS 2851
音サ・シャ
①うすぎぬ。うすもの。うすい絹織物。 ②「更紗」は、人物・花鳥などの模様を色どりして、刷り出した綿や絹布。 ③「服紗・袱紗・帛紗」は、表裏二枚合わせのふろしき状のもの。
↓シャ[紗]

**サ** 11画【▼梭】 部首[木] JIS 5972
音サ
ひ。機織りで、横糸をとおす舟形の道具。 用例 (名)—を投ぐる間(=短い時間のたとえ)。

**サ** 12画【▼渣】 部首[氵] JIS 6254
音サ
かす。おり。「渣滓」

**サ** 12画【詐】 部首[言] 常用 JIS 2630
音**サ**
だます。あざむく。いつわる。「詐欺・詐取・詐称」

**サ** 13画【▼嗄】 部首[口] JIS 5146
音サ
かれる。声がかれる。しわがれる。

**サ** 13画【▼嗟】 部首[口] JIS 5145
音シャ・サ
①ああ。感嘆、また、なげきかなしむときの声。 ②なげく。感嘆する。「怨嗟」「嗟嘆」

**サ** 13画【▼嵯】 部首[山] JIS 2623 ／ 13画【▼嵳】 異体字 JIS 5445
音サ
けわしい。さがしい。山が高くけわしいさま。

**サ** 13画【▼蓑】 部首[艹] JIS 4412 ／ 16画【▼簑】 部首[竹] 異体字 JIS 6834 ／ 17画【▼簔】 部首[竹] 異体字 JIS 6835
音サ・サイ
みの。カヤ・スゲ、または、シュロ・わらなどを編んでつくった雨具。

**サ** 13画【▼搓】 部首[扌] JIS 5777
音サ
よる。手でもむ。

**サ** 13画【▼楂】 部首[木]
音サ
いかだ。うきき。木材などを組み合わせて、水に浮かべるもの。人や荷物を運んだり、また、その木材そのものを下流に流し出す。

**サ** 13画【▼裟】 部首[衣] JIS 2632
音サ
「袈裟」は、梵語kaṣāyaの音訳で、僧の衣服。

**サ** 14画【▼槎】 部首[木] JIS 6044
音サ
①いかだ。うきき。木材などを組み合わせて、水に浮かべるもの。人や荷物を運んだり、また、その木材そのものを下流に流し出す。 ②きる。ななめにきる。

**サ** 14画【▼瑣】 部首[王] JIS 6484 ／ 14画【▼瑣】 異体字
音サ
ちいさい。こまかい。「煩瑣」「瑣事・瑣末」

**サ** 14画【▼瑳】 部首[王] JIS 2628
音サ
①玉の色が、白くくっきりとしているさま。 ②にっこりとわらうさま。 ③みがく。こする。すりみがく。

**サ** 14画【▼蜡】 部首[虫]
音ショ・サ
①中国の周代、陰暦一二月におこなわれたまつり。 ②「蜡月」は、陰暦一二月の別名。↓ショ[蜡]

**サ** 15画【▼樝】 部首[木]
音サ・シャ
しどみ。クサボケ。バラ科の落葉小低木。のぼけ。

**サ** 15画【▼磋】 部首[石] JIS 6688
音サ
みがく。こする。玉などをすりみがく。学問などにはげむ。「切磋琢磨」

**サ** 15画【▼魦】 部首[魚]
音サ・シャ
①ハゼ。スズキ目に属する魚。 ②サメ。サメ目に属する軟骨魚。ふか。 ③イサザ。ハゼ科の淡水魚。琵琶湖の特産。

**サ** 16画【▼鮓】 部首[魚] JIS 8224
音サ
すし。 ①酢に漬けた魚。 ②酢・砂糖・塩で味をつけた飯に、魚貝や野菜などを添えたもの。

**サ** 17画【▼蹉】 部首[足] JIS 7702
音サ
つまずく。しくじる。失敗する。「蹉跎・蹉跌」

**サ** 18画【鎖】 部首[金] 常用 JIS 2631 ／ 18画【▼鎖】 旧字 ／ 19画【▼鏁】 異体字
音**サ** 訓**くさり**
①くさり。つなぐもの。「鉄鎖・連鎖」「鎖骨」 ②とざす。しめる。「封鎖・閉鎖」「鎖国」

**サ** 18画【▼鯊】 部首[魚] JIS 8234
音サ・シャ
①ハゼ。スズキ目に属する魚。 ②サメ。サメ目に属する軟骨魚。ふか。

**さ** 古語(代) 事物をさす語。それ。そ。 用例 —が髪を取りて、かなぐり落とさむ(竹取)。

**さ【▽然】** 古語(副) そう。そのように。 用例 などか—あらむ(竹取)。

**さ** 一(終助) ①断定の気持ちを軽く表す。 用例 とてもだめ—。 ②問いや反駁に用いる。 用例 何—。 二(間助) 語勢をそえ、語調を整えるのに用いる。 用例 それが—、駄目だったんだよ。

**さ【▽小・▽狭】**(接頭) 語調を整える語。 用例 —夜。

**さ【▽早】**(接頭) ①はやい。新鮮な。 用例 —わらび。 ②五月ごろの。田植えごろの。 用例 —おとめ。

**さ**(接尾) ①《形容詞・形容動詞の語幹、ある種の助動詞に付いて名詞をつくる》状態・程度・性質などを示す語。 用例 高—。 ②《動詞の終止形に付いて名詞をつくる》「とき・おり」の意。 用例 帰る—。

**ざ【ざ・ザ】** ↓さ【さ・サ】

**ザ** 7画【▼坐】 部首[土] JIS 2633
音ザ
①すわる。「跪坐」「坐臥」 ②いながら。何もしないで。「坐視」

**ザ** 9画【▼剉】 部首[刂]
音サ・ザ
①きる。きざむ。短くきる。 ②くじく。くじける。

**ザ** 10画【座】 部首[广] 教育小6 JIS 2634
音**ザ** 訓**すわる**
座 座 座 座 座 座
①《坐とも》すわる。「座高・座礁・座禅」 ②すわる場所・地位。「下座・上座・着座・末座」「座席・座右」 用例 (名)—につく。妻の—。 ③劇場や劇団。「座中・座長」 用例 歌舞伎—。俳優—。 ④星のやどり。「星座」 用例 《接尾的》白鳥—。 ⑤寺社や貴族の保護のもとに、鎌倉・室町時代に発達した商工業者の同業組織。営業や課税上の特権を受けた。大工・絵師・田楽や馬借などのものもある。「油座・鍛冶座」 ⑥江戸時代、金貨などをつくった公設の場所。「金座・銀座」 ⑦仏像や山などを数えるのに用いる。 用例 (助数)高峰七—。
**座が白ける**(ざがしらける) その場のようすが急につまらなくなる。cast a chill over the room
**座に連なる**(ざにつらなる) ①同席する。列席する。attend ②仲間に入る。join
**座に直る**(ざになおる) きちんとすわり直す。端座し直す。
**座を組む**(ざをくむ) あぐらをかく。
**座を冷ます**(ざをさます) 座をしらけさせる。
**座を占める**(ざをしめる) ①すわる席を獲得する。すわる。take a seat ②地位に就く。occupy a position

**ザ** 10画【▼挫】 部首[扌] JIS 2635
音サ・ザ
くじける。くじく。「頓挫」「挫折」

**ザ** 13画【▼蓙】 部首[艹] 和製漢字 JIS 7272
音ザ
ござ。むしろ。イグサの茎で編んだしきもの。「茣蓙」

**さあ**(感) ①さそいかけ、また、せき立てる語。come 用例 —、行こう。 ②自分の決意を表すときの語。now 用例 —、がんばるぞ。 ③気が進まないときの語。well 用例 —、どうかな。 ④驚きなどを感じたときの語。oh 用例 —たいへん。 ⑤判断にこまって、はっきり答えられないときに発する語。well 用例 —、どうしようか。

**サー**【Sir】 イギリスで准男爵やナイト爵の人の姓名に付ける敬称。卿。

**サーカス**【circus】 曲芸・動物芸・奇術などを組み合わせて演じる興行物。曲芸団。曲馬団。↓写

●サーカス

**サーカディアン-リズム**【circadian rhythm】 生物の生理現象にみられるほぼ二四時間で起こる周期的な変動(リズム)。自然の昼夜交代をなくした条件下でもなくならない。概日リズム。

**サーキット**【circuit】 ①回路。電気回路。直流回路・交流回路など。 ②映画で、興行系統。 ③開催地を転戦しながら行われるスポーツの選手権大会。巡回競技会。 ④自動車レース用の環状コース。 用例 鈴鹿—。

**サーキット-トレーニング**【circuit training】 スポーツで、筋力と持久力の強化を目的とした練習法。いくつかの筋力養成のための運動を組み合わせ、休息をとらずに次々に行うもの。

**サーキュラー-スカート**【circular skirt】 円形に裁って、中央にウエストに合わせた穴をあけた形のスカートのこと。接ぎ目を入れることもあり、ウエストからたくさんのフレアがでるのが特徴。

**サーキュレーター**《air circulatorから》室内の空気を循環させる家庭用電気器具。室内の温度差を少なくし、冷・暖房効果を高める。

**サーク-ライン**《商標名》輪の形状をした蛍光ランプ。和室向きの蛍光ランプとして広く用いられている。circular fluorescent lamp

**サークル**【circle】 ①円。円周。 ②なかま。同好者の集まり。同好会。 用例 演劇—。 ③陸上競技の投擲種目を行う円。 ④アイスホッケ

▼常用漢字表外。 ▽常用漢字表の音訓外。

ーやサッカーなどで、リンクやコートに描かれた円。⑤フィギュアスケートで、氷上に描かれた円形図。⑥ローラースケートのフィギュアの基本図形の一つ。

**さあ-さあ**(感)《「さあ」を重ねた語》①人を強く誘ったり、せき立てるときの語。②人を詰問するときの語。

**ざあ-ざあ**(副)①雨が激しく降る音・さま。pouringly ②水が勢いよく流れる音・さま。rushingly 用例 水を―流す。

**ザーサイ【榨菜中】**(zhàcài) 中国四川省特産の漬物。高菜に似た菜の軸のこぶを、唐辛子をきかせて塩漬けにしたもの。チャーツァイ。

**サージ【serge】** 文目が横糸に対して四五度になった毛織物。本来は、綾織りの梳毛織物のことだが、絹・綿・麻・化学繊維でも織る。生地に張りと耐久性があるので学生服などに使用。

**サージ-タンク【surge tank】** 水力発電所の圧力導水路と水圧鉄管の接合部にある圧力調節用の水槽。調圧水槽。調整水塔。

**サージン【sardine】** →サーディン

**サージング【surging】** 軸流圧縮機・ポンプなどを正規量より少ない流量で運転するときに起こる回転数や流量・圧力などの周期的変化。

**さあたあ-あんだあぎい** 《「さあたあ」は砂糖、「あんだあぎい」は油で揚げる、てんぷらの意》小麦粉と卵・砂糖などを練り、丸く形作って揚げる、沖縄の菓子。ドーナツに似ている。

**サーチャージ【surcharge】** ①割り増し料。とくに、定期航路の運賃の割り増し料。②課税財産の不正申告に対する加重課税。

**サーチ-ライト【search light】** →たんしょうとう(探照灯)

**サーディー【Musharrif al-Dīn Sa'dī】**(一二一三ごろ〜九二) ペルシアの代表的詩人。托鉢僧として約三〇年間諸国を巡遊。教訓詩の『ブースターン(果樹園)』や『グリスターン(バラ園)』で知られる。

**サーディン【sardine】** ①イワシ。②イワシのオリーブ油漬け。オイル-サーディン。サージン。

**サード** ①第三。三番目。the third ②野球で、三塁・三塁手。third base; third baseman ③《「サードギア」の略》自動車の変速ギアの前進三段目。third gear

**ザートウィッケン【Saatwickenドイツ】** マメ科の二年草。牧草・緑肥用に栽培される。カラスノエンドウの改良種。ベッチ。

**サードニクス【sardonyx】** 白と赤褐色の縞模様がある宝石。八月の誕生石。紅縞めのう。

**ザーネン-しゅ【ザーネン種】** ヤギの一品種。白色の乳用種で、乳量は一日一〜四kg。世界各地で飼育。スイス原産。Saanen

**サーバー【server】** ①バレーボールやテニスなどで、サーブを行う選手。②洋食で大皿などから料理を取りわける、大ぶりのスプーンとフォーク。また、カップなどにつぎわけるための、飲みものを入れた容器。

**サーバー【James Grover Thurber】**(一八九四〜一九六一) アメリカの小説家・漫画家。人間の滑稽さとみじめさを辛辣に描く。週刊誌『ニューヨーカー』の編集に参加、同誌の発展に貢献。作品『現代の寓話』『サーバー-カーニバル』など。

**サーバル【serval】** 淡黄褐色の地に黒褐色斑のある大形で野生のネコ科の動物。体長約一m。耳は三角形で大きい。アフリカに分布。

**サービス【service】**(名・サ変自) ①客をもてなすこと。②奉仕。③経済で、物を生産する以外のなんらかの効用を生む働き。財とともに人間の欲望の対象となる。用役。役務。④テニス・バレーボールなどでサーブをすること。

**サービス-エース【service ace】** バレーボールやテニスなどで、サーブを相手側が返球できずサービス側が得点となること。

**サービス-エリア【service area】** ①特定の放送局の電波が受信者にとどく範囲。②電気・水道の供給区域。③高速自動車道路に設けられた食事・給油・休憩のできる場所。④デパートなどで、商品を無料または低料金で発送する区域。

**サービス-ぎょう【サービス業】** →サービスさんぎょう(サービス産業)

**サービス-さんぎょう【サービス産業】** 無形のサービスを生産・提供する産業の総称。商業・運輸業・金融業・観光業・修理業・興行業・教育産業など。第三次産業。サービス業。

**サービス-ステーション【service station】** ①商品の修理や部品の交換などのサービスをする施設。②給油所。

**サービス-ゾーン【service zone】** バレーボールでサービスをする区域。

**サービス-マーク【service mark】** 銀行・運輸などのサービス産業で、自社の提供するサービスを他と区別するために用いられるマーク。日本航空のJALマークなど。

**サービス-ヤード【service yard】** 台所につながる戸外の家事作業場。洗濯・物干し・ごみ処理などを行うための場所。

**サービス-ルーム**《和製語》マンションで窓のとれない部屋。居室とみなせないので、こう呼んでいる。

**サーブ【serve】**(名・サ変自) バレーボールやテニスなどで、攻撃側が決められた場所からボールを相手コートに打ち込み、プレーを開始すること。または、その打ち込むボール。サービス。

**サーファー-ルック**《和製語》サーフィンをする若者のファッションの総称。サーフィンをするときの服装そのものよりも、サーファーたちのファッション全体をさす。

**サーフィン【surfing】** 板の上でバランスを取り、波に乗って楽しむスポーツ。距離や曲乗りなどの技を競う競技もある。一九世紀初頭、ポリネシアではじまる。波乗り。サーフライディング。→写

●サーフィン

**サーブ-けん【サーブ権】** バレーボールなどで、サーブを自分の方から行ってプレーを開始できる権利。

**サーフ-ジェット【surf jet】** レジャースポーツ用の用具。サーフィン用のボードに、ウオーター-ジェット推進エンジンをつけたもの。

**サーフ-ボード【surf board】** サーフィン用の板。長さ二・七〜三m、幅五〇〜六〇cm。材質はポリウレタンフォームに合成樹脂。重さは六kgがふつう。ボード。

**サーブリッグ【therblig】**《ギルブレス Gilbreth が自分の姓を逆に綴ってつくったことば》動作研究の方法の一つ。作業方法の改善のために人間の動作を微細な単位に分割して分析するもの。

**サーブル【sabreフランス】** フェンシング競技の一種目。相手の上半身を突くか切るかすると有効となる。男子だけの種目。騎兵隊の馬上戦闘から発展した。

**サーベイ-メーター【survey meter】** 放射能の有無および放射線量を測定する携帯型計器。ガイガー計数管・シンチレーション計数管・比例計数管など。

**サーベイランス【surveillance】**《監視・見張り、の意》国際通貨基金(IMF)が加盟国の為替相場制度の運営状態を監視すること。

**サーベイ-リサーチ【survey research】** 調査対象に直接あたって調査すること。実地調査。測量調査。

**サーベル**《Säbelドイツから》片刃で先がとがり、そりのついた細身の刀。警察官や軍人が腰にさげて指揮・護身用とした。洋剣。

**サーベル-タイガー**《和製語》上あごの犬歯が強大な剣状になったネコ科の肉食獣。現在のネコ科の動物とは別系統で、新生代第三紀に出現し、洪積世に絶滅。ライオンぐらいの大きさの北米のスミロドンとユーラシアのマカイロダスがその代表。剣歯虎。サーベルトゥースド-タイガー。sabre-toothed cat

**サーボ-きこう【サーボ機構】** 飛行機や工作機械などの機械的位置を設定したとおりに制御するための自動制御系。servomechanism

**サーボモーター【servomotor】** 駆動機器の一つ。設定した基準値と比較しながら、自動的に修正制御をする。

**サーマーン-ちょう【サーマーン朝】** 中央アジアのイラン系王朝。八七四年ナスル一世が建国。西はバグダード付近、東はインドと接するほどの大領域を支配。首都サマルカンドは学問・芸術の中心として繁栄。九九九年トルコ系のカラハン朝により滅亡。Samanid dynasty

**ざあます**(助動 特殊型)《俗語》…でございます。

**ざあます-ことば【ざあます言葉】**「ざあます」ということばを使う話し方。東京、山の手の婦人などの言い方。

**サーミスター【thermistor】** 温度によって電気抵抗が大きく変わる半導体素子。温度測定・温度制御などに利用。

**サーメット【cermet】**《ceramics(窯業品)と metal の合成語》粉末冶金法によって、セラミック粉末と金属粉末とから作った超耐熱複合材料。ジェットエンジンのタービン翼などに使用。

**ザーメン【Samenドイツ】** 精液。

**サーモグラフ【thermograph】** 赤外線を利用して物体の表面温度分布を観測する装置。非接触法で、悪性腫瘍などの診断や地球物理学などに利用。→写

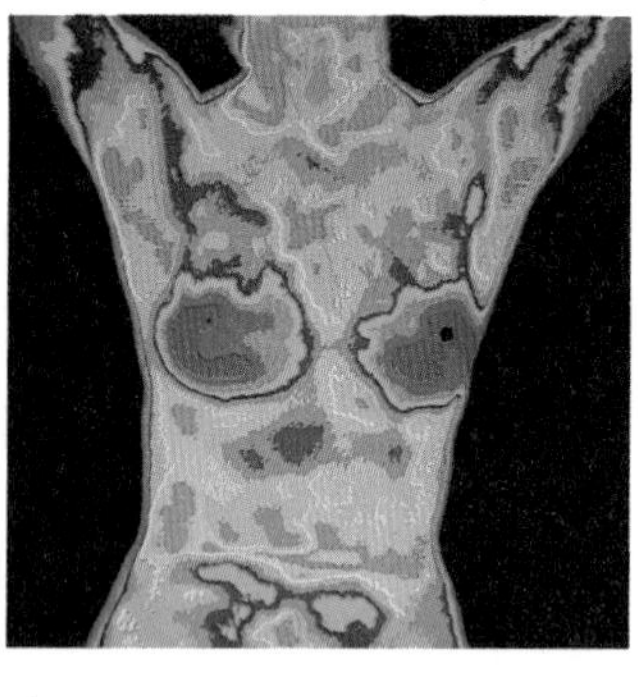

●サーモグラフ サーモグラフで見た人体の表面温度。赤い部分は温度が高く、青は低い。

**サーモスタット【thermostat】** ①温度を一定に保つ装置。おもに、バイメタルを用いて、こたつや電気冷蔵庫などの温度調節をする。②→こうおんそうち(恒温装置)

**サーモン【salmon】** サケ。

**サーモン-ピンク【salmon pink】**《サケの肉の色から》淡い朱色。鮭色。

**さ-あらぬ【然有らぬ】** 文語的 (連体) なにげない。なにくわぬ。さらぬ。

**サーランギ【sāraṅgī梵】** インドの弓奏弦楽器。北方のものは大型で五弦、南方のものはそれより小型で四弦。いずれも他に共鳴弦がある。

**サール【Ronald Searle】**(一九二〇〜) イギリスの漫画家。残酷性のあるちゃかしに特色がある。

**ザール【Saar】** →ザールラント

**サールナート【Sarnath】** インド北部、ウッタルプラデシュ州にある仏跡地。釈迦が初めて仏法を説いた鹿野苑にあたり、四大聖地の一つとして一二世紀まで栄えた。二〇世紀初めの発掘でアショーカ王石柱の柱頭が出土。

**ザールブリュッケン【Saarbrücken】** 西ドイツ中西部、ザールラント州の州都。工業都市。付近の炭田、製鉄・機械工業の中心地。人口一八・八万(一九八五)。

**ザールラント【Saarland】** 西ドイツ中西部の州。州都ザールブリュッケン。豊かな石炭を基礎に鉱工業が発達。人口一〇五・二万(一九八四)。ザール。

**サーロイン【sirloin】** 牛の肉の部位の名で、腰肉の上部。もっとも味がよいことからイギリスでサーの敬称が与えられた。ステーキやすきやきに適している。→牛肉図

**サーンキヤ-は【サーンキヤ派】**(Sāṃkhya梵) インド六派哲学の一つ。開祖はカピラ。精神的原理と物質的原理の二元論を主張。

**サーンチー【Sanchi】** インド中部、マドヤプラデシュ州にある巨大な仏教遺跡。初期仏教美術の宝庫。仏塔(ストゥーパ)が有名。

**サイ** 3画 **【才】** 部首[扌](てへん) 教育小2 JIS 2645

音 サイ・ザイ・ザエ

才 才 才

①知恵のはたらき。能力。対義 魂。「文才」「才気・才人・才知・才能」用例 (名)文学の―がある。②能力のある人。「異才・奇才・秀才・俊才・天才」③体積の単位。船荷・石材で、一立方尺(=約〇・〇二七八m³)。木材で、一寸角で一間(=約三cm×約三cm×約一・八二m)。また、一勺の一〇分の一(=約〇・〇〇一八ℓ)。④略式に、歳の代わりに用いる。「満一才」→ザエ[才]

**サイ** 4画 **【切】** 部首[刀](かたな) 教育小2 JIS 3258

音セツ・サイ
訓きる・きれる
筆順↓セツ[切]
すべて。みんな。「一切合切」↓セツ[切]

**サイ** 6画 **【再】** 部首[冂] 教育小5 JIS 2638
音サイ・サ
訓ふたたび
再 再 再 再 再 再
ふたたび。かさねて。「一再」「再会・再建・再三」
↓サ[再]

**サイ** 6画 **【西】** 部首[襾] 教育小2 JIS 3230
音セイ・サイ
訓にし
筆順↓セイ[西]
にし。にしの方角。対義東。「関西・東西」「西域・西下」↓セイ[西]

**サイ** 7画 **【災】** 部首[火] 教育小5 JIS 2650
10画【烖】異体字
7画【灾】異体字
音サイ
訓わざわい
災 災 災 災 災 災 災
わざわい。わるい、不幸なできごと。「火災・人災・天災」「災禍・災害・災難」

**サイ** 8画 **【妻】** 部首[女] 教育小5 JIS 2642
音サイ・セイ
訓つま
妻 妻 妻 妻 妻 妻 妻 妻
①つま。夫の配偶者。対義夫。「良妻賢母」「妻子・妻帯」②他人に対して、少し改まって自分のつまをさすのに用いる。家内。用例(名)―も働いています。

**サイ** 8画 **【▼采】** 部首[釆] JIS 2651
音サイ
①とる。とりいれる。ひろいとる。②さいころ。すごろく・ばくちなどに用いるもの。用例(名)―をふる。③主君から領地をもらう。「采地」④すがた。なりふり。様子。「風采」⑤いろどり。あや。また、数多い。「喝采」⑥「采配」は、大将が戦場で指揮に用いた道具。転じて、さしず。指揮。命令。
**采を採る**(さいをとる)「采を振る」と同意。
**采を振る**(さいをふる) 人を指揮する。采を採る。

**サイ** 9画 **【▼哉】** 部首[口] 人名用 JIS 2640
音サイ
①…かな。感動を表す。「快哉」②…や。…か。疑問や反語を表す。

**サイ** 9画 **【▼柴】** 部首[木] JIS 2838
音サイ・シ
しば。そだ。小さい雑木。「柴門」

**サイ** 9画 **【砕】** 部首[石] 常用 JIS 2653
13画【▼碎】旧字 JIS 6676
音サイ
訓くだく・くだける
①くだく。こまかにする。「破砕・粉砕」「砕石・砕氷船」②くだける。くじける。また、うちとける。

**サイ** 10画 **【▼倅】** 部首[人・亻] JIS 4870
6画【▼伜】異体字 JIS 4871
音サイ・ソツ
せがれ。むすこ。子息。

**サイ** 10画 **【宰】** 部首[宀] 常用 JIS 2643
音サイ
おさめる。つかさどる。つかさ。とりしまる人。「主宰」「宰相・宰領」

**サイ** 10画 **【栽】** 部首[木] 常用 JIS 2647
音サイ
①うえる。植物をうえる。「栽培」②うえこみ。「前栽・盆栽」

**サイ** 10画 **【殺】** 部首[殳] 教育小4 JIS 2706
11画【▼殺】旧字
音サツ・サイ・セツ
訓ころす
筆順↓サツ[殺]
へらす。そぐ。けずる。「減殺・相殺」↓サツ・セツ[殺]

**サイ** 10画 **【▼砦】** 部首[石] JIS 2654
音サイ
とりで。小さい城。小さい出城。「山砦」

**サイ** 10画 **【▼豺】** 部首[豸] JIS 7625
6画【▼犲】異体字 JIS 6428
音サイ
①やまいぬ。オオカミ。イヌ科の哺乳動物。「豺狼」②猛悪で貪欲な人。

**サイ** 10画 **【財】** 部首[貝] 教育小5 JIS 2666
11画【▼戝】異体字 JIS 7635
音ザイ・サイ
筆順↓ザイ[財]
たから。銭。「財布」↓ザイ[財]

**サイ** 11画 **【▼埣】** 部首[土] JIS 5235
音サイ・ソツ
かれつち。ぱさぱさの土。

**サイ** 11画 **【▼崔】** 部首[山] JIS 5435
音サイ・スイ
①山が高く大きいさま。②中国人の姓の一つ。

**サイ** 11画 **【彩】** 部首[彡] 常用 JIS 2644
11画【▽彩】旧字
音サイ
訓いろどる
①いろどる。いろどり。あや。「光彩・色彩・水彩画」「彩管」②(采とも)すがた。なりふり。様子。「風彩」

**サイ** 11画 **【菜】** 部首[艹] 教育小4 JIS 2658
11画【▼菜】旧字
音サイ
訓な
菜 菜 菜 菜 菜 菜
①な。なっぱ。あおもの。「白菜・野菜」「菜園・菜食」②御飯のおかず。副食物。「前菜・総菜」用例(名)今夜のお―は何。

**サイ** 11画 **【採】** 部首[扌] 教育小5 JIS 2646
11画【▼採】旧字
音サイ
訓とる
採 採 採 採 採 採 採
とる。とりいれる。ひろいとる。「伐採」「採集・採択・採点・採用」

**サイ** 11画 **【▼淬】** 部首[氵] JIS 6235
音サイ
にらぐ。焼きをいれる。刀剣などを鍛えるため、焼いた鉄を水にいれる。「磨淬」

**サイ** 11画 **【済】** 部首[氵] 教育小6 JIS 2649
17画【▼濟】旧字 JIS 6327
音サイ・セイ
訓すむ・すます
済 済 済 済 済 済 済
①すむ。すます。「皆済・決済・返済・未済」②すくう。たすける。「救済・経済」「済度」③多くてさかん。「多士済々」

**サイ** 11画 **【▼猜】** 部首[犭] JIS 6442
音サイ
①ねたむ。そねむ。②うたがう。かんぐる。「猜疑」

**サイ** 11画 **【祭】** 部首[示] 教育小3 JIS 2655
音サイ・セイ
訓まつる・まつり
祭 祭 祭 祭 祭 祭
①まつる。祖先や神をまつる。まつり。対義喪。「葬祭」「祝祭・大祭・例祭」「祭日・祭壇・祭礼」②人をあつめてする行事。用例(接尾的)記念―。前夜―。文化―。

**サイ** 11画 **【細】** 部首[糸] 教育小3→教育小2 JIS 2657
音サイ・セイ
訓ほそい・ほそる・こまか・こまかい
細 細 細 細 細 細 細
①ほそい。対義太。「細筆・細流」②こまかい。ちいさい。比較微。対義巨・大。「微細」「細菌・細工・細字・細大・細部」③くわしい。「委細・詳細」「細説」④まずしい。いやしい。「細民」

**サイ** 11画 **【▼釵】** 部首[金] JIS 7864
音サイ・サ
かんざし。かざし。ふたまたになった髪かざり。「玉釵」

**サイ** 11画 **【斎】** 部首[斉] 常用 JIS 2656
17画【▼齋】旧字 JIS 6723
音サイ・シ
①からだや心をきよめる。ものいみする。「潔斎」「斎戒・斎場」②仏教で、とき。午前にきめられた食事。対義非時。「斎食」③いえ。へや。小さく区ぎられたへや。比較房。「書斎」④屋号や雅号に添えて用いる。「竹斎」⑤いつく。いつき。

**サイ** 12画 **【最】** 部首[日] 教育小4 JIS 2639
音サイ
訓もっとも
最 最 最 最 最 最
①もっとも。一番。第一。「最悪・最近・最高・最低」用例(接頭的)―敬礼。―高潮。②もっともすぐれたさま。用例(形動タル)傑作の―たるもの。

**サイ** 12画 **【▼焠】** 部首[火]
音サイ
①にらぐ。焼きをいれる。刀剣などを鍛えるため、焼いた鉄を水にいれる。②やく。火でやく。

**サイ** 12画 **【▼犀】** 部首[牛] JIS 2652
音セイ・サイ
①ウマ目に属する哺乳動物。体高一・四~二m。四肢は太く短い。皮膚が角化してできた角が一、二本ある。アフリカやアジアの熱帯の湿地や草原にすみ、草食性。②かたい。するどい。「犀利」↓写

**サイ** 12画 **【裁】** 部首[衣] 教育小6 JIS 2659
音サイ・ザイ
訓たつ・さばく
裁 裁 裁 裁 裁 裁
①布地をたつ。衣服をしたてる。「洋裁・和裁」「裁断・裁縫」②さばく。きめる。さばき。「決裁・制裁・総裁」「裁可・裁決・裁定・裁判」③かたち。「体裁」④裁判所のこと。「最高裁・家裁」

**サイ** 12画 **【▼靫】** 部首[革] JIS 8054
音サイ・サ
うつぼ。ゆぎ。矢入れ。矢を入れる筒形の道具。

**サイ** 13画 **【催】** 部首[人・亻] 常用 JIS 2637
音サイ
訓もよおす
①もよおす。さそう。「開催・共催・主催」「催眠・催涙」②せきたてる。うながす。「催告・催促」

**サイ** 13画 **【債】** 部首[人・亻] 常用 JIS 2636
音サイ
①おかねのかり。「負債」「債務」②おかねのかし。「債鬼・債権」③債券のこと。「公債・国債」用例(接尾的)地方―。

**サイ** 13画 **【▼塞】** 部首[土] JIS 2641
音ソク・サイ
とりで。小さい城。小さい出城。また、要害の地。「要塞」↓ソク[塞]

**サイ** 13画 **【歳】** 部首[止] 常用 JIS 2648

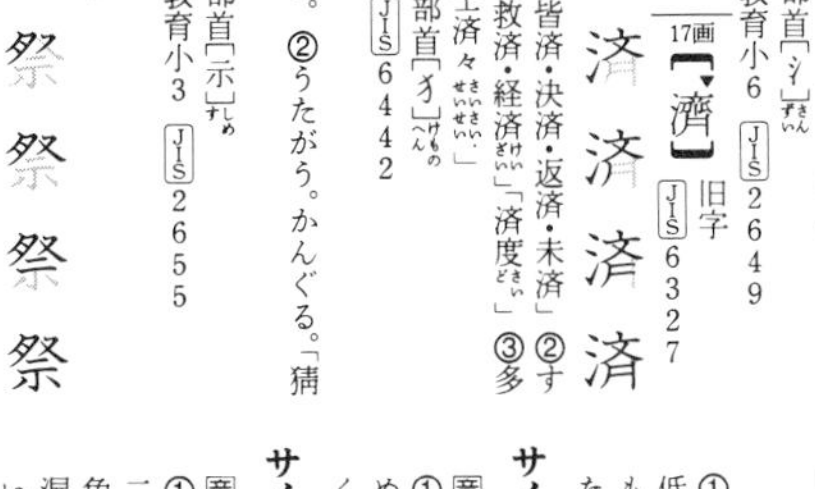
●サイ① クロサイ

さ



▼常用漢字表外。 ▽常用漢字表の音訓外。

音サイ・セイ　13画【▼歳】旧字
①とし。一年。月日。比較年。「歳月・歳出・歳入・歳末」②よわい。年齢。また、年齢を数えるのに用いる。用例(助数)五十―。百―。↓セイ【歳】

**サイ** 13画【載】 部首[車] 常用 JIS 2660
音サイ
訓のせる・のる
①のせる。車や船につむ。「積載・満載」②かく。しるす。記事にする。「記載・掲載・連載」③とし。年。「千載一遇」

**サイ** 14画【▼寨】 部首[宀] JIS 6045
音サイ
とりで。小さい城。小さい出城。

**サイ** 14画【▼蔡】 部首[艹] JIS 7281
音サイ・サツ
①中国の周代の国の一つ。?～前四四五年。現在の河南省の南部にあった。②中国人の姓の一つ。

**サイ** 14画【際】 部首[阝] 教育小5 JIS 2661
音サイ・セイ
訓きわ
①そのとき。おり。ばあい。「実際」用例(名)この―、思いきろう。②かぎり。さかいめ。「辺際」「際限」③であう。まじわる。「交際・国際」「際会」④ほとり。「水際」⑤身のほど。「分際」

**サイ** 14画【▼摧】 部首[扌] JIS 5784
音サイ
くだく。くじく。「摧残」

**サイ** 14画【▼榱】 部首[木]　16画【▼榸】異体字 JIS 6080
音サイ
ふし。木の節。

**サイ** 14画【▼綵】 部首[糸] JIS 6929
音サイ
①いろどり。あや。②あやぎぬ。いろどり模様のある絹織物。

**サイ** 15画【▼嘬】 部首[口]
音サイ
①かむ。かじる。②くらう。くらいつくす。

**サイ** 15画【▼蕞】 部首[艹]
音サイ・セツ

①ちいさいさま。「蕞爾」②あつまるさま。

**サイ** 16画【▼儕】 部首[人・亻] JIS 4917
音サイ・セイ
ともがら。なかま。「儕輩」

**サイ** 16画【▼縡】 部首[糸] JIS 6950
音サイ
こと。①ものごと。②いき。いのち。

**サイ** 17画【▼賽】 部首[貝] JIS 7648
音サイ
①神仏の恩を感謝して、むくいまつる。お礼まいりをする。「賽銭」②さいころ。すごろく・ばくちなどに用いるもの。用例(名)―をふる。

**サイ** 18画【▼顋】 部首[頁] JIS 8091　13画【▼腮】部首[月] 異体字 JIS 7108
音サイ
①あぎと。あご。おとがい。②えら。魚類などの呼吸器。

**サイ** 20画【▼鰓】 部首[魚] JIS 8252
音サイ・シ
えら。あぎと。魚類などの呼吸器。

**サイ** 22画【▼灑】 部首[氵] JIS 6351
音サイ・サ・シャ
①そそぐ。水をそそぐ。②さっぱりとしたさま。ものにこだわらないさま。

**サイ** 22画【▼鰶】 部首[魚]
音セイ・サイ
コノシロ。ニシン目に属する海水魚。

**サイ** 23画【▼曬】 部首[日]　10画【▼晒】異体字 JIS 2715
音サイ・シ
さらす。日光にあてる。ほす。「曬書」

**サイ** 23画【▼纔】 部首[糸] JIS 6988
音サン・サイ
わずか。わずかに。やっと。

**さい** ヤマユリの古名。

**さい【▼賽・▼采・▼骰子】** 立方体の各面に、一から六までの目を彫った遊戯や賭博の用具。目は一天地六、南三北四東五西二が定法。さいころ。ダイス。dice

**賽は投げられた(り)**《カエサル(=シーザー)が言ったということば。決意・決断の気持ちを表すときに使う》とりかかってしまったからにはもう後もどりできない。まよっている時は、すでに過ぎた。The dice is cast. 比較乗り掛かった船。

**さ-い【差異・差違】** ちがい。ことなること。相違。difference

**さい【佐井】**〈村〉青森県下北半島西部、津軽海峡に臨む村。林業・稲作・肉牛飼育などと漁業を営む。人口三八六五(一九八八)。

**サイ【psi】** 従来の科学では説明できない超常現象や心霊現象・念力・透視・テレパシー・予知などの類をいう。

**ザイ** 6画【在】 部首[土] 教育小5 JIS 2663
音ザイ・サイ
訓ある
①ある。いる。「現在・存在・不在」「在学・在宅・在日」用例(名)―不在を問う。《接頭的》―パリ。②いなか。町とはなれた土地。「近在」「在郷」用例(名)―の親類。

**ザイ** 7画【材】 部首[木] 教育小4 JIS 2664
音ザイ・サイ
①建築などに用いる木。「木材・良材」「材木」②木の質。木の種類。用例(名)―は檜です。③もとになるもの。「教材・資材・題材」「材料」④才能・はたらきのある人。「逸材・人材」用例(名)有為の―。

**ザイ** 10画【剤】 部首[刂] 常用 JIS 2662　16画【▼劑】旧字 JIS 4993
音ザイ・セイ・スイ
くすり。薬材。「下剤・錠剤・調剤・乳剤・薬剤」用例《接尾的》消化―。清涼―。

**ザイ** 10画【財】 部首[貝] 教育小5 JIS 2666　11画【▼戝】異体字 JIS 7635
音ザイ・サイ
①たから。お金や、とみ。「蓄財」「財貨・財産・財宝」用例(名)―を成す。②人間の役にたつもの。「家財・資財」用例《接尾的》生産―。文化―。③経済学では、人間の欲望を満たすのに役だつものをいう。自由財と経済財、有形財と無形財、消費財と生産財・資本財などに分類される。↓サイ【財】

**財を成す** 一財産を築き上げる。make fortune 用例事業に成功して―。

**ザイ** 13画【罪】 部首[罒] 教育小5 JIS 2665　13画【▼辠】部首[辛] 異体字
音ザイ・サイ
訓つみ
つみ。とが。①あやまち。法をおかすこと。対義功。「功罪・謝罪」「犯罪・無罪」「罪悪・罪業・罪障」用例《接尾的》五逆―。逃亡―。②悪いしわざ。対義罰。

**さい-あい【最愛】** いちばん愛していること。the dearest 用例―の子。

**さい-あく【最悪】**(名・形動) もっとも悪いこと・さま。the worst 対義最善・最良。用例―の事態。

**ざい-あく【罪悪】** つみ。とが。悪事。sin

**ざい-い【在位】**(名・サ変自) 君主が、くらいについていること・あいだ。reign 用例―六〇年。

**さい-いき【西域】** 中国西方の諸地域・諸国に対する中国人の呼称。広義には中央アジア・西アジアからインド、エジプトをも含むが、一般にはタリム盆地をいう。せいいき。

**さいいき-びじゅつ【西域美術】** 中央アジアのオアシスの町とその周辺の寺院などに発達した古代美術。東西文化の交流の結果、紀元前二世紀から一二世紀まで、西はギリシア・ローマ・イラン、南はインド、東は中国の美術が混合し、また西域独特の様式を示す美術も展開した。ローラン・ミーラン・ニヤ・ホータンやクチャ・トゥルファン地区などの遺跡が知られる。↓写

**ザイール【Zaïre】**(Republic of Zaïre) アフリカ中央部の共和国。首都キンシャサ。一九六〇年ベルギーから独立。ザイール川流域のコンゴ盆地が国土の大半を占める。南部のシャバ州は銅・コバルト・ウラン・石油などの鉱物資源が豊富。面積二三四・五万km²。人口三〇三六

●西域美術

『仏陀と比丘たち』(断片)。三〜四世紀、ミーラン(中国)出土、ニューデリー国立博物館。

『彩絵舎利容器』。六世紀、クチャ(中国)出土、ギメ美術館。

『花輪をささげる飛天』(部分)。三世紀ごろ、ハッダ(アフガニスタン)出土、ギメ美術館(フランス)。

『仏頭部』。五〜六世紀、伝ホータン(中国)出土、東京国立博物館。

万(一八五九)。正称ザイール共和国。

**ザイール‐がわ【ザイール川】**(Zaïre River) アフリカ中央部、コンゴ盆地を流れる川。ザンビア国境付近からザイールを経て大西洋に注ぐ。長さ四三七〇km。コンゴ川。

**ザイール‐ぼんち【ザイール盆地】**(Zaïre Basin) →コンゴぼんち(コンゴ盆地)

**さい‐いん【斎院】** 京都の賀茂神社に奉仕した未婚の皇女・女王。伊勢神宮の斎宮に対応。かものいつき。いつきのいん。

**さい‐う【細雨】** こまかい雨。きりさめ。drizzle

**さい‐うよく【最右翼】** ①もっともすぐれていること。top ranking 用例 業界の―。②もっとも強硬であること。the strongest 用例 反対派の―。

**さい‐うん【彩雲】** 太陽の光で縁が彩られた高積雲。太陽光線が雲をかたちづくる雲粒に回折して起こる。瑞雲。慶雲。iridescent cloud

**さい‐えい【再映】**(名・サ変他) 一度公開した映画を、ふたたび上映すること。revival

**さい‐えき【歳役】** 律令制下、畿内以外に住む正丁に課せられた義務的労役。年に一〇日の労役もしくは布を代納。

**ざい‐えき【在役】**(名・サ変自) ①刑務所に入っていること。in prison ②軍隊に入っていること。in military service

**さい‐えん【再演】**(名・サ変他) ①ふたたび上演すること。replay ②同じ役者が、同じ劇の同じ役をふたたび演ずること。revival

**さい‐えん【再縁】**(名・サ変自) 再度結婚をすること。再婚。remarriage

**さい‐えん【才▼媛】** 教養・才能のある女性。才女。talented woman 用例 ―の誉れが高い。

**さい‐えん【菜園】** 野菜などをつくる畑。野菜畑。vegetable garden 用例 家庭―。

**さい‐えん【▼臍炎】** 乳幼児の臍およびその周囲の皮膚に発赤やはれを生じる炎症。omphalitis

**サイエンス**[science] 科学。とくに、自然科学。

**サイエンス‐フィクション**[science fiction] 空想科学小説。SF。

**さい‐おう【▼塞翁】** 昔、中国で、北辺のとりでの近くにいたという老人。

**塞翁が馬**(さいおうがうま) 《「人間万事塞翁が馬」の略。塞翁の持ち馬をめぐって幸・不幸が転々した故事から》人間の運命のはかり知れないことのたとえ。

**ざい‐おう【在欧】**(名・サ変自) 欧州にいること。また、住んでいること。live in Europe 用例 ―特派員。

**さいおんじ‐きんもち【西▽園寺▽公▽望】**(一八四九～一九四〇) 政治家。戊辰戦争参戦後、パリ留学。のち文相・外相・枢密院議長など歴任。政友会総裁。二回組閣し、大正八年(一九一九)パリ講和会議首席全権。以後元老として活躍。↓写

**さいおんじ‐け【西▽園寺家】** 藤原氏の一支族。北家閑院の流れで、七清華家の一つ。鎌倉初期、始祖藤原通季の曾孫公経が、京都北山に別荘(＝西園寺)を建て家名とした。

●西園寺公望

**さい‐か【再嫁】**(名・サ変自) 女性が再度結婚すること。remarriage

**さい‐か【西下】**(名・サ変自) 東京から西のほうへ行くこと。対義 東上。

**さい‐か【災禍】** わざわい。災難。災害。misfortune

**さい‐か【採火】**(名・サ変自) 太陽光線から火をとること。競技大会の聖火用の火をつけるときに行われる。

**さい‐か【最下】** いちばん下。もっとも劣っていること。the worst 対義 最上。

**さい‐か【裁可】**(名・サ変他) ①君主が臣下の提出した案件に裁断を下し、許可を与えること。勅裁。裁許。sanction 用例 ―を仰ぐ。②旧憲法下で、帝国議会が議決した法律案・予算案を天皇が承認する行為。勅裁。

**さい‐が【宰我】** 宰予の通称。

**サイガ**[saiga] ウシ科の偶蹄類。体長約一・三m。体重二五～四〇kg。鼻づらがふくれて垂れている。中央アジアの寒冷地の草原に分布。和名、オオハナレイヨウ。

**ざい‐か【在荷・在貨】** 手持ちの荷物・商品。stock

**ざい‐か【財貨】** ①金銭と品物。②人間の欲望を満足させる有用物。財。財物。property

**ざい‐か【罪科】** ①罰に処せられるべき行い。罪と、とが。offense ②仕置。刑罰。punishment 用例 ―に処する。

**ざい‐か【罪過】** つみ。あやまち。offence 用例 ―を犯す。

**さい‐かい【再会】**(名・サ変自) 長い間別れていた人に、ふたたび会うこと。meet again 用例 ―を期して別れる。

**さい‐かい【再開】**(名・サ変自他) 休止・中断していた物事を、ふたたび始めること。reopen 用例 国会の―。試合を―する。

**さい‐かい【西海】** ①西のほうの海。western sea ②「西海道」の略。

**さい‐かい【斎戒】**(名・サ変自) 神事・祭祀にあずかる者が、心身を清浄にし、禁忌を犯さないように謹慎をすること。潔斎。用例 ―沐浴。

**さい‐かい【際会】**(名・サ変自) 事件・機会などにめぐり会うこと。また、出会うこと。meet 用例 非常事態に―する。

**さいかい【西海】**〈町〉 長崎県、西彼杵半島北端の町。養豚・ミカン栽培・真珠養殖などを行う。人口九六二一(一九八八)。

**さい‐がい【災害】** 火災や事故、あるいは暴風雨や地震といった天災など、予測ができないようなわざわい。disaster 比較 災難。用例 ―をこうむる。―救助活動。

**災害は忘れた頃にやって来る**(さいがいはわすれたころにやってくる) 《寺田寅彦の随筆の中にある語》災害が起きた直後などは、気をひきしめて注意をしているが、時がたつと油断してしまうものである。いつやってくるかわからない災害に対しては、つねに心構えや備えを忘れてはならない、と戒めた語。

**さい‐がい【▼塞外】** ①中国で、万里の長城の外。②国境の外。③とりでの外。

**さい‐がい【際涯】** ①土地のはて。かぎり。②きわ。

**ざい‐かい【財界】** 一国または一地域で、大企業を中心とした実業家・金融業者が交流する社会。経済界。financial world

**ざい‐がい【在外】** 外国にいること。また、外国にあること。abroad 用例 ―邦人。

**さいがい‐きゅうじょほう【災害救助法】** 非常災害にさいし、国が地方公共団体や日本赤十字社などの団体と国民の協力のもとに応急的救助を行うことについて規定した法律。昭和二二年(一九四七)公布。

**ざいがい‐こうかん【在外公館】** 大使館・総領事館など、外務省の海外出先機関。diplomatic mission

**さいかい‐こくりつこうえん【西海国立公園】** 長崎県北松浦半島沿岸から、五島列島にまたがる国立公園。九十九島・平戸島・五島などの観光の名所があり、海洋美とキリシタン遺跡が特色。昭和三〇年(一九五五)指定。

**さいがい‐し【災害死】** 自殺他殺以外の変死のうち、洪水・交通事故などの異常な自然現象や人為的原因による死。

**ざいがい‐しさん【在外資産】** 外国にある、国または個人の財産。対外債権なども含む。overseas assets

**さいがいたいさく‐きほんほう【災害対策基本法】** 防災行政の総合的運営をはかるため、災害の防止と対策に関する基本的な事項を定めた法律。昭和三六年(一九六一)公布。

**さいが‐いっき【▽雑賀一▼揆】** 戦国末期、紀伊の雑賀地方の土豪・農民が組織した一向一揆。石山本願寺を支援して織田信長と戦い、天正一三年(一五八五)豊臣秀吉に攻められて滅亡。

**さいかい‐どう【西海道】** 七道の一つ。九州の九か国と壱岐・対馬。西海。

**さい‐かいはつ【再開発】**(名・サ変他) 一定の地域を、現状より利用価値のある形に開発しなおすこと。redevelopment

**さいがい‐ほしょう【災害補償】** 労働者(公務員を含む)が業務上こうむった負傷・疾病・死亡などの災害に対し使用者が補償することを定めた労働法上の制度。また、その補償。労災補償。

**さいかい‐もくよく【斎戒▼沐浴】**(名・サ変自) 飲食や行いをつつしみ、髪・からだを洗い清めて、心身ともに清浄にすること。

**ざいかい‐よんだんたい【財界四団体】** 経済団体連合会(＝経団連)・日本商工会議所(＝日商)・日本経営者団体連盟(＝日経連)・経済同友会の四つ。

**さい‐かく【才覚】** ㊀(名) 機転をきかせること・才能。wit 用例 ―を働かせる。㊁(名・サ変他) くめんすること。くふう。算段。raise 用例 資金を―する。

**さい‐かく【▼犀角】** ①サイの角。魔除けになると信じられ、彫刻の材料や飾り物などに用いられた。②生薬の一つ。サイの角の先端部を粉末にしたもの。発汗解熱・解毒・止血などに用いる。rhinoceros horn

**さいかく【西▼鶴】** →いはらさいかく(井原西鶴)

**ざい‐がく【在学】**(名・サ変自) 学生・生徒として、学校に籍をおいていること。be enrolled at 比較 在校。

**さいかくしょこくばなし【西▼鶴諸国▼咄】** 井原西鶴の浮世草子。貞享二年(一六八五)刊。怪異奇談など三五話を収めた短編集。

**ざい‐かた【在方】** 田舎。在。

**さいかち【▼皂▼莢】** ①マメ科の落葉高木。山野にはえる。高さ一〇～一五m。幹や枝にとげがある。夏に花穂から四弁の淡黄緑色の小花が咲き、豆果は、せっけんの代用、漢方薬となる。若葉は食用。材は器具類・薪炭用。②「サイカチムシ」の略。↓写

**さいかち‐むし【▼皂▼莢虫】** カブトムシの別名。

●サイカチ① 豆果。

**さい‐がわ【▼犀川】** 石川県中部を北西流する川。長さ三四km。富山・石川県境の大門山に発し、金沢市を貫流して日本海に注ぐ。

**さい‐がわ【▼犀川】** 長野県北部を北流する川。長さ一五八km。梓川と奈良井川の合流点から、千曲川までをいう。

**さいがわ【▼犀川】**〈町〉 福岡県東部、行橋市南西隣の町。農林業が主体で製材がさかん。人口九九二四(一九八八)。

**さい‐かん【才幹】** 物事をじょうずに処理する能力。才能。腕前。ざいかん。ability

**さい‐かん【再刊】**(名・サ変他) ①一度刊行したものを、ふたたび出版すること。republication ②休刊・廃刊していた定期刊行物をふたたび刊行すること。reissue

**さい‐かん【彩管】** ①絵筆。②絵画。

**彩管を揮う**(さいかんをふるう) 絵をかく。

**さい‐かん【菜館】** 中国料理店の名の下につける語。比較 楼・飯店。

**さい‐かん【歳寒】** 寒さの厳しい季節。

**歳寒の松柏**(さいかんのしょうはく) 逆境にあってもその信条を変えないたとえ。

**ざい‐かん【在官】**(名・サ変自) 官職にあること。

**さいかん‐さんゆう【歳寒三友】** 中国・日本の花卉画の画題。冬の寒さに耐える松・竹・梅、また、梅・竹・水仙。歳寒の三友。

**さい‐き【才気】** 才知のすぐれた働き。気がきくこと。brilliant

**さい‐き【才器】** 頭の働きがするどく、役に立つこと・人。man of talent

**さい‐き【再起】**(名・サ変自) 悪い状態から立ち直ること。recovery 用例 ―不能。

**さい‐き【祭器】** 祭儀・仏事に使う器具。

**さい‐き【債鬼】** 借金取り。かけとり。

**さいき【佐▽伯】**〈市〉 大分県南東部、豊後水道に臨む市。旧城下町。第二次大戦まで海軍航空隊の町。セメント・造船・パルプ工業と商業がさかん。人口五万三六四六(一九八八)。

**さいき【佐▽伯】**〈町〉 広島県西部、大竹市の北に接する町。農林業が主体。野菜栽培、コイの養殖がさかん。人口一万六六四〇(一九八八)。

**さい‐ぎ【再議】**(名・サ変他) 審議し直すこと。相談し直すこと。

**さい‐ぎ【▼猜疑】**(名・サ変他) ねたみうたがうこと。うたがい。邪推。suspicion 用例 ―の目で見る。

**さい‐ぎ【祭儀】** 祭りの儀式。祭祀。rites

**さいき‐かんぱつ【才気▼煥発】**(名・形動) 才知が活発にひらめくこと・さま。brilliant

**さいきけい‐せい【催奇形性】** 農薬・医薬品・洗剤などの合成化学物質が示す、奇形発生に影響を与える性質。teratogenicity

**さいぎ‐しん【▼猜疑心】** 疑い深い気持ち。suspicious

**さいき‐だいめいし【再帰代名詞】** 代名詞

▼常用漢字表外。 ▽常用漢字表の音訓外。

の一種。「ぼく(・彼)は、自分(・おのれ)の考えを正しいと思っている」の「自分・おのれ」など。反照代名詞。reflexive pronoun 〔参考〕日本語では人称の区別がないので、ふつう、名詞とみる。

**さい-きゅうしゅう【再吸収】** 器官から排出された物質が、再び吸収されること。腎臓では、糸球体でろ過されたのち、細尿管で選択的再吸収が行われる。逆吸収。reabsorption

**さい-きょ【再挙】**(名・サ変自) 一度失敗した計画・事業などをもう一度始めること。another attempt 〔用例〕― を計る。

**さい-きょ【裁許】**(名・サ変他) 役所などで、調べてから裁決して許可すること。approval

**さい-きょう【西京】** ①西の都。②京都。

**さい-きょう【最強】** もっとも強いこと。the strongest

**さいぎょう【西行】**(一一一八〜九〇) 平安末・鎌倉初期の歌人。俗名、佐藤義清。法名は円位。西行は号。鳥羽上皇の北面の武士。二三歳で出家し、草庵や行脚での感懐を歌に託した。作風は自由平明で主情的。『新古今和歌集』に第一位の九四首入集。家集『山家集』、自撰歌集『御裳濯川歌合』、歌論書『西行上人談抄』など。↓〔写〕

●西行　俵屋宗達『西行法師行状絵詞』より。個人蔵。

**ざい-きょう【在京】**(名・サ変自) 都・東京にいること。be in Tokyo 〔用例〕― 球団。

**ざい-きょう【在郷】**(名・サ変自) 郷里にいること。ざいごう。be in hometown 〔用例〕― の名士。

**さいきょう-じ【西教寺】** 滋賀県大津市坂本本町にある天台真盛宗の総本山。推古二六年(六一八)聖徳太子の創建とされる。文明一八年(一四八六)真盛慈摂が入山し再興。

**さいきょう-じん【歳▽刑神】** 陰陽道での八将神の一つ。彗星の精で土地の神。この神のいる方角での耕作を忌む。歳刑。

**さいきょう-せん【▼埼京線】** 埼玉県の川越から大宮を通り、東京の池袋〜新宿を結ぶ、JR東日本の鉄道路線の通称。東北・上越新幹線にあわせて建設された通勤路線。長さ二八・三km。昭和六一年(一九八六)開通。

**さいきょう-づけ【西京漬(け)】** マナガツオ・サワラなどを西京みそで漬けたもの。網焼きにする。

**さいきょう-みそ【西京味▼噌】** 米のこうじを原料にして作る白みそ。塩が薄く、熟成期間が短く、甘みがある。京阪地方で作られる。

**さいきょう-やき【西京焼(き)】** ①西京漬けにした白身魚を焼いた料理。②薄切りにしたサツマイモに塩・ごまをつけ、蒸し焼きにしたもの。

**さい-きん【細菌】** 原核細胞をもつ単細胞の微生物群。広義にはリケッチア・放線菌類などを含めるが、狭義には真正細菌とよばれるものに限定される。他物に寄生して発酵・腐敗作用を起こし、また病原ともなる。黴菌。分裂菌。バクテリア。bacterium ↓〔写〕

**さい-きん【細▼瑾】**《もとは「細謹」と書き、小事をつつしむ意》わずかなあやまち・欠点。

**大行は細瑾を顧みず** ↓たいこう(大行)

**さい-きん【最近】** ①時や場所がもっとも近いこと。nearest 〔用例〕― の事件。②このごろ。近ごろ。recently 〔用例〕― の流行。

**ざい-きん【在勤】**(名・サ変自) 勤務していること。在職。work for

**さいきん-がく【細菌学】** 細菌の特徴・生活作用・代謝産物などを研究する生物学の一分野。医学(病原)細菌学・農業細菌学・工業細菌学など。bacteriology

**さいきん-ざいく【細金細工】** 金属工芸の技法の一つ。金銀を細い糸状にして地板に蠟付けし装飾とする。源流はエジプト。インド・中国・朝鮮半島を経て日本に伝来。古墳時代の耳飾りなど。

**さいきん-しょくぶつ【細菌植物】** ↓さいきん(細菌)

**さいきんせい-しんないまくえん【細菌性心内膜炎】** 皮膚化膿巣・歯牙疾患などから溶血連鎖球菌などが血流に入り起こる感染症。おもに心臓弁膜が冒され潰瘍性病変を生じ全身症状を示す。bacillary endocarditis

**さいきん-へいき【細菌兵器】** 相手の戦闘能力を削減する目的で細菌・ウイルスなどを散布する兵器。生物兵器。germ weapon

**さい-ぎんみ【再吟味】**(名・サ変他) 吟味し直すこと。調べ直すこと。reexamination

**さいきん-ろかき【細菌▼濾過器】** 白陶土・珪藻土・アスベストなどで作った濾過器。孔径が小さいのが特徴で、ウイルスは通すが、細菌・リケッチアを通さない。bacterial filter

**さい-く【細工】**(名・サ変他) ①こまかいものを作ること・人。また、作った物。workmanship ②工夫すること。策略。trick

**細工は流流、仕上げを御覧じろ**《結果に対する自信のほどを示す語》物事にはそれぞれ流儀というものがあるのだから、やりかたをとやかく言わないで、十分に工夫をこらし、念入りにやった、その結果を見てほしい。

**細工貧乏人宝** 細工が上手な人は、他人には重宝されるが、自分は貧乏なものだ。

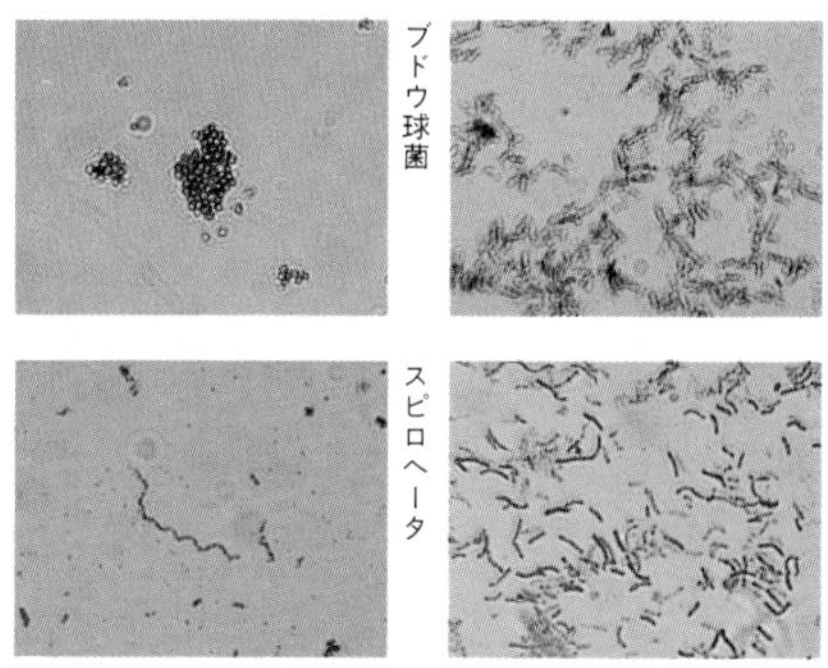


●細菌

**さい-ぐ【祭具】** 祭りに使う器具。

**さい-ぐう【斎宮】** 伊勢神宮に仕えた未婚の皇女・女王。天皇が代わるごとに選ばれた。いつきのみや。

**さいぐう-の-にょうご【斎宮女御】**(九二九〜九八五) 平安中期の歌人。三十六歌仙の一人。本名、徽子女王。斎宮から村上天皇の女御となる。家集『斎宮女御集』。

**さい-ぐさ【▽三▽枝】** 「さきくさ」の音便。

**サイクス-ピコ-きょうてい【サイクス-ピコ協定】**(Sykes-Picot Agreement) 第一次大戦中の一九一六年五月、英・仏・露三国間に結ばれた秘密協定。オスマン帝国領を三国で分割、その領有範囲を定めた。

**さい-くつ【採掘】**(名・サ変他) 石炭や鉱石を地中から掘り出すこと。mining

**さいくつ-けん【採掘権】** 鉱業法により、鉱区で一定の鉱物を掘りとって、自己の所有物にできる権利。存続期間の制限はない。mining rights

**サイクラミンさん-ナトリウム【サイクラミン酸ナトリウム】** ↓チクロ

**サイクリック-エーエムピー【cyclic AMP】** 環状に結合した燐酸基をもつアデノシン一燐酸。遺伝子の発現を調節する働きがある。環状AMP。cAMPと略記。

**サイクリング【cycling】** 自転車による遠乗り。レクリエーションの一種で、自転車競技とは区別される。

**サイクリング-コース【cycling course】** 遊び・スポーツとして、自転車の遠乗りをするために設けられた道路・道すじ。

**サイクル【cycle】** ①振動数・周波数の単位。ヘルツ(Hz)の慣用名。②物体が一定の変化をたどり、もとの状態に戻ること。周期。循環過程。③自転車。オートバイ。

**サイクル-サッカー**《和製語》自転車に乗って、車輪でボールをドリブルやパスしながら、ゴールにシュートして得点を競うスポーツ。屋内では一チーム二人、屋外では六人で行う。cycle ball

**サイクル-ヒット**《和製語》野球で、同一選手が一試合中に単打・二塁打・三塁打・本塁打を記録すること。

**サイクロイド【cycloid】** 一直線上を円が、すべらないで、ころがるとき、その円周上の一点の描く軌跡。擺線。↓〔図〕

●サイクロイド

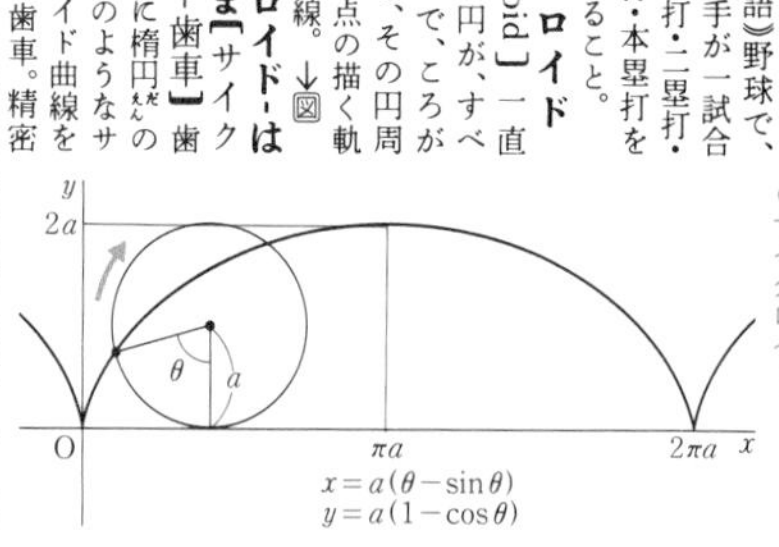


**サイクロイド-はぐるま【サイクロイド歯車】** 歯形曲線に楕円の上半分のようなサイクロイド曲線を使った歯車。精密機械や計測器用の小型歯車に用いる。cycloidal gear teeth

**サイクロセリン【cycloserine】** 放線菌の産生する抗生物質。結核菌に用い、ストレプトマイシンやイソニアジドの耐性菌にも効果を示す。

**サイクロトロン【cyclotron】** 荷電粒子を加速する装置の一種。真空中に電極を置き、高周波電圧をかけると同時に、上下に強い磁場をかける。物理学では、物質粒子の構造研究に使われる。医学では、放射線感受性の低い悪性腫瘍や進行癌の治療に用いられる。

**サイクロン【cyclone】** ①低気圧の総称。②インド洋・ベンガル湾など南方の強い熱帯低気圧。〔比較〕台風。③気流中に含まれる粉塵や液滴を回転流にともなう遠心力で分離する集塵装置。

**さい-くん【細君】** ①自分の妻をけんそんしていう語。②《当て字で「妻君」とも》同輩以下の人の妻をいう語。

**ざい-け【在家】** ①田舎の家。②仏教で、信者であるが僧になっていない人。〔対義〕出家。③中世、領主の収取の対象となった単位の一つで、屋敷・田畑を保有する農民。近世の本百姓にあたる。領主や名主の財産とみられた。

**さい-けい【歳計】** 一会計年度内の収入・支出の総計。

**さい-げい【才芸】** 才能と技芸。talent and accomplishments

**ざい-けい【財形】** 「勤労者財産形成促進」の略。

**ざい-けい【罪刑】** 罪に対する罰。punishment

**さいけい-こく【最恵国】** 条約や協定でもっとも有利、または第三国よりも不利にならない待遇を与えられている国。most favored nation 〔用例〕― 待遇。

**さいけいこく-じょうかん【最恵国条款】** 条約当事国の一方が、第三国に与えるのと同じ恩恵を相手の条約当事国にも与えることを規定した条約や約款。most-favored-nation clause

**ざいけい-せいど【財形制度】**《「勤労者財産形成促進制度」の略》昭和四六年(一九七一)の勤労者財産形成促進法に基づき、勤労者の財産を長期的視野に立って増加させることを目的とする制度。第一財形(税法上の優遇)と第二財形(金融上の助成)の二種がある。

**ざいけい-せんだんしゅぎ【罪刑専断主義】** 犯罪について刑罰を規定する法律がなくとも、裁判官の独断で処罰できるとする考え方。〔対義〕罪刑法定主義。

**ざいけい-ちょちく【財形貯蓄】**《「勤労者財産形成貯蓄」の略》勤労者の財産作りを奨励する目的で設けられた貯蓄制度。昭和四七年(一九七二)に誕生。property accumulation savings

**ざいけい-ねんきん【財形年金】**《「財形年金貯蓄制度」の略》勤労者が安定した老後生活を確保することを目的とする、年金受け取り型の財形貯蓄。非課税適用期間が退職後まで延長される。

**ざいけい-ほうていしゅぎ【罪刑法定主義】** どのような行為が犯罪となり、どのような刑罰が科されるかは、あらかじめ法律で定めておかなければならないとする憲法・刑法上の大原則。〔対義〕罪刑専断主義。

**さい-けいれい【最敬礼】**(名・サ変自) 敬礼の型のうち、もっとも丁寧なもの。the most respectful salute

**さい-げじき【歳下食】** 暦注の一つ。天狗星の精が天から地上に降りて、人間の食を求める日とされ、この日に食あたりすると長わ

ずらいするか、死亡するといわれる。下食日。

**さい-けつ【採血】**(名・サ変自) 診断・輸血などのために、からだから血をとること。collect blood

**さい-けつ【採決】**(名・サ変他) 議長が賛否の決をとること。vote

**さい-けつ【裁決】**(名・サ変他) ①理非を明らかにして申し渡すこと。さばき。decision ②行政機関が公法上の法律関係について判断を与えること。とくに、行政不服審査法に基づく審査請求に対し判断を下すこと。decision

**裁決流るる如し**(さいけつながるるごとし) てきぱきとさばいて、滞らせないようす。

**さい-げつ【歳月】** としつき。年月。years

**歳月流るる如し**(さいげつながるるごとし) 年月は、水が流れるように過ぎ去ってとどまることがない。Time flies.

**歳月、人を待たず**(さいげつ、ひとをまたず)《陶淵明の詩句から》年月は人の都合などにはかかわりなく、どんどん過ぎ去ってしまう。Time and tide wait for no man.

**さい-けっしょう【再結晶】** ①不純な結晶を適当な溶媒に溶かし、再び結晶を析出させて精製すること。また、その方法。ふつう、温度による溶解度の差を利用する。②固相反応で、結晶性物質の融体を再び結晶として析出させること。また、その操作。金属の高温焼きなまし、岩石の変成作用など。recrystallization

**サイケデリック【psychedelic】**(名・形動) 幻覚剤を飲んだときに起きる知覚状態。昭和四三年(一九六八)ごろから、この幻覚的な陶酔状態を美術や音楽などで表現することが流行した。サイケ。

**ざいけ-ぶっきょう【在家仏教】** 出家しないで世俗の生活を送りつつ仏教に帰依する人々の、信仰のかたち。

**さい-けん【再見】**(名・サ変他) ①ふたたび見ること。②もう一度見直すこと。

**さい-けん【再建】**(名・サ変他) ①建物をたて直すこと。rebuild ②すたれたものをたて直すこと。reconstruction 比較 再建(さいこん)。

**さい-けん【再検】**(名・サ変他) 調べ考え直すこと。再検討。

**さい-けん【細見】** ㊀(名・サ変他) くわしく見ること。㊁(名) ①くわしく示すこと。また、そのための地図・案内書など。②江戸吉原の妓楼・遊女名・揚げ代などが細かく記された案内書。享保年間(一七一六～三六)から明治初年まで毎年刊行された。

**さい-けん【債券】** 国家・地方公共団体・会社などが比較的長期にわたり大量の資金を一般から借り入れるために発行する有価証券。公債・社債の総称。bond 数え方 一枚。

**さい-けん【債権】** 財産権の一つ。特定の人(債権者)が特定の人(債務者)に対して一定の行為(給付)を請求する権利。credit 対義 債務。

**さい-げん【才▼彦】** 才能がひいでた人。

**さい-げん【再現】**(名・サ変自他) ①かつてあった物事がまた現れること。また、現すこと。reappearance ②心理学で、以前に学習・経験した物事が、時をへだててまた現れること。過去に起こった意識内容が、ある条件のもとに、また意識に現れること。

**さい-げん【際限】** はて。終わり。かぎり。limits 用例 ― がない。

**ざい-げん【財源】** ①財貨を生み出すもと。source of revenue ②費用の出所。financial source

**さいけん-こうい【債権行為】** 債権・債務の関係を当事者間に発生させる法律上の行為。比較 物権行為。

**さいけん-しゃ【債権者】** 債務者に対して給付を請求できる者。creditor 対義 債務者。

**さいけんしゃ-だいいけん【債権者代位権】** 債権者が自分の債権を守るため、債務者が第三者に対してもつ権利を債務者に代わって行使する権利。代位訴権。間接訴権。subrogation by obligee 比較 債権者取消権。

**さいけんしゃ-とりけしけん【債権者取消権】** 債権者がその債務の弁済を確保するため、債務者が行った財産を減少させるような行為を取り消す権利。比較 債権者代位権。

**さいけん-じょうと【債権譲渡】** 債権者が債権を他人に移転すること。cession of an obligation

**さい-けんとう【再検討】**(名・サ変他) 検討し直すこと。見直してみること。reconsideration 用例 ― を加える。

**さい-こ【▼柴▼胡】** 生薬の一つ。セリ科のミシマサイコ・ホタルサイコなどの根を乾燥したもの。相当量のサポニンを含む。消炎・解熱などの作用がある。

**さい-こ【最古】** いちばん古いこと。the oldest 対義 最新。

**さい-こ【西湖】** 山梨県南部にある湖。面積二・二km²。最深七六m。富士山の溶岩流による堰止め湖で、富士五湖の一つ。

**さい-ご【最後】**《「最期」とは別》①いちばん終わり。最終。終末。end 対義 最初。用例 ― の努力。②《「…したが最後」の形で》もし…したら、それっきり。once 用例 行ったが ― 帰れない。

**最後に笑う者が最もよく笑う**(さいごにわらうものがもっともよくわらう)《西洋のことわざ》最初はうまくいって笑っていても、あとになって泣くことになる者もいるから、最後の結果がよくて笑える者がいちばんいい。He who laughs last laughs hardest.

**最後の最後**(さいごのさいご)《最後を強めて言ったもの》これが本当の最後。これよりあとは絶対にない。once and for all

**最後之助**(さいごのすけ)《「最後」を人名化した俗語》最終。終末。

**さい-ご【最期】**《「最後」とは別》命の終わる時。死にぎわ。末期。臨終。one's last moment

**最期を遂げる**(さいごをとげる) 往生する。死ぬ。用例 あえない ―。

**ざい-こ【在庫】**(名・サ変自) ①品物が倉庫にあること。また、その品物。②企業内に保有されている製品・仕掛かり品や原材料など、事業のための財貨。在庫品。inventory; stock

**サイコアナリシス【psychoanalysis】** 精神分析学。

**さい-こう【再考】**(名・サ変他) 考え直すこと。再思。reconsideration 比較 三考。用例 ― の余地はない。

**さい-こう【再興】**(名・サ変自他) 衰えていたものが、またおこること。ふたたびおこすこと。restoration

**さいこう【▽斉衡】** 平安初期の年号。仁寿から改元。元年(八五四)一一月三〇日～四年(八五七)二月二一日。次に、天安に改元。

**さい-こう【砕鉱】**(名・サ変自) 採掘した鉱石を砕くこと。有用鉱物の分離を容易にするなどが目的。crushen

**さい-こう【採光】**(名・サ変自) 自然光を室内にとり入れること。light

**さい-こう【採鉱】**(名・サ変自) 鉱石を採掘する作業の総称。地上での採鉱を露天掘り、地下での採鉱を坑内掘りという。mining

**さい-こう【細行】** ささいな、取るに足りない行為。

**細行を矜まざれば終に大徳を累わす**(さいこうをつつしまざればついにだいとくをわずらわす) 小さな行為をつつしまないと、大きな徳にまで悪影響を及ぼすことになる。

**さい-こう【最高】**(名・形動) 対義 最低。①位置・程度がいちばん高いこと・さま。the highest ②ものごと・状態などがもっともすばらしいと感じること・さま。best

**さい-こう【▼崔▼顥】**(七〇四ごろ～七五四) 中国、盛唐の詩人。汴州の人。七律「黄鶴楼」の詩で有名。

**さいごう【西郷】**〈町〉 島根県、隠岐諸島の島後にある町。隠岐の中心をなし、古く隠岐国府・国分寺がおかれた。古来、日本海の重要港で漁業基地。人口一万四三八九(一九八八)。

**さいごう【西郷】**〈村〉 宮崎県北部、耳川に沿う村。農林業が主で、茶・シイタケ栽培と肉牛の飼育がさかん。人口三八二六(一九八八)。

**ざい-こう【在校】**(名・サ変自) ①学校に学生・生徒として籍をおくこと。be a student of 比較 在学。用例 ― 生。②学校にいること。be at school 用例 午後五時まで ―。

**ざい-ごう【在郷】** ㊀(名) 田舎。地方。在所。㊁(名・サ変自) 郷里にいること。ざいきょう。be in hometown

**ざい-ごう【罪業】**《仏教語》罪の原因となる行い。身口意の三業のつくりだす罪。

**さいこう-おんどけい【最高温度計】** 一定時間内の温度の最高値が測定できる温度計。指標として動く水銀・アルコールなどが、測定後に温度の変化があっても、一定時の最高温度を示しつづける。体温計もこの一種。maximum thermometer

**さいこう-がくふ【最高学府】** もっとも程度の高い学校のことで、おもに大学をさす。the highest educational institutions; supreme education

**ざいごう-ぐんじん【在郷軍人】** 予備役・後備役または退役した軍人。平時は一般人として生活しながら一定期間訓練を行い、戦時に動員される。ex-serviceman; veteran

**ざいごうぐんじん-かい【在郷軍人会】** 退役軍人の団体。日本では、明治四三年(一九一〇)帝国在郷軍人会が設立され、昭和二一年(一九四六)解散された。

**さいこう-けつあつ【最高血圧】** 心臓が収縮したときに血管壁にかかる血液の圧力。一五～三〇歳で水銀柱一二〇mm前後。年齢とともに高まり、運動・呼吸・睡眠・疾病などで変動する。収縮期血圧。maximum blood pressure

**さいこう-けんさつちょう【最高検察庁】** 最高裁判所に対応しておかれている検察庁。検察庁の中で最高位に位置し、長は検事総長。Supreme Public Prosecutor's Office

**さいこうさいてい-おんどけい【最高最低温度計】** 一定期間の最高温度および最低温度の値が目印で示され、観測のさいに読みとれるよう考案した温度計。maximum and minimum thermometer →百葉箱図

**さいこう-さいばんしょ【最高裁判所】** 憲法で定められた最高の司法機関。一五人の裁判官からなる終審裁判所で、すべての法律・命令・規則・処分の合憲性を決定する権限がある。最高裁。もとの大審院。Supreme Court

**さいこうさいばんしょ-さいばんかん【最高裁判所裁判官】** 最高裁判所長官一人と最高裁判所判事一四人の総称。長官は内閣の指名により天皇が任命、他は内閣の任命で、天皇の認証により、一〇年ごとの国民審査に付される。Supreme Court judges

**さいごう-さつ【西郷札】** 明治一〇年(一八七七)の西南戦争において、軍費をまかなうために西郷軍が発行した紙幣。一〇円・五円・一円・五〇銭など六種類。

**さいこうしゅくん-せんしゅ【最高殊勲選手】** プロ野球の最優秀選手の旧称。昭和三七年(一九六二)まで使用された。most valuable player

**さいこう-ソビエト【最高ソビエト】** ソビエト最高会議の別称。

**さいごう-たかもり【西郷▽隆盛】**(一八二七～一八七七) 明治初期の政治家。薩摩藩出身。通称は吉之助。号は南洲。明治維新の指導者として活躍、新政府の最高首脳となる。征韓論を唱えて敗れ、鹿児島で私学校を開く。明治一〇年(一八七七)西南戦争を起こしたが、敗れて自殺。→写

●西郷隆盛

**さい-こうちょう【最高潮】**《「最高調」は誤り》もっとも高まった状態・場面。クライマックス。climax 用例 ― に達する。

**さいごう-つぐみち【西郷▽従道】**(一八四三～一九〇二) 明治の軍人・政治家。薩摩藩出身。隆盛の弟。維新直後、兵制調査のため渡欧。のち海相・内相などを歴任。晩年は元老。

**さいこうはっこうがく-せいげんせいど【最高発行額制限制度】** 銀行券発行量を中央銀行の自由裁量とせず、準備資産の内容と無関係に政府が最高限度を指定する制度。日本では昭和一六年(一九四一)実施。maximum limit system 比較 比例準備制度。

**さいこう-ほう【最高峰】** ①多くの山のうちでいちばん高いみね。the highest peak ②ある分野・社会で、いちばんすぐれたもの・人。the most prominent 用例 画壇の ―。

**さいこう-ほうき【最高法規】** 国家の法体系の頂点にある法。憲法をいう。supreme law

**ざいこ-かんり【在庫管理】** 生産・販売活動が順調に行われるように、必要にして十分な在庫を維持し管理すること。inventory control

**サイコキネシス【psychokinesis】** 離れた所から精神の力によって物体を動かすこと。精神的遠隔操作。念力とほぼ同じ意。PK。

**さい-こく【西国】** ＝さいごく。①西のほうの国。②関西以西の地方、とくに、九州地方。③「西国三十三所」および「西国巡礼」の略。

**西国を打つ**(さいこくをうつ) 西国三十三所の観音参りをする。

**さい-こく【催告】**(名・サ変他) 義務の履行や権利の行使などの一定の行為をすることを、相手に要求すること。demand

**ざい-こく【在国】**(名・サ変自) ①国元にいること。在郷。be in hometown ②江戸時代、大名やその家臣などが領国にいること。対義 在府。

**さいごく-さんじゅうさんしょ【西国三十三所】** 近畿地方一帯に点在する三三の観音巡礼の霊場とされる札所。札所ごとに御詠

▼常用漢字表外。 ▽常用漢字表の音訓外。

歌がある。札所・順序などは平安時代にはじまり、江戸時代に一定した。↓図

**さいごく-じ【西国路】** 江戸時代の主要脇往還の一つ。古代の主道であったが、近世には脇往還となった。大坂を発して中国地方を横断し、広島・下関を経て豊前国の大里から小倉に至った。駅数は五二宿。中国路。山陽道。中国街道。

**さいごく-じゅんれい【西国巡礼】** 近畿地方に散在する西国三十三所の霊場を巡拝すること。また、その巡礼者。西国。

**サイコグラフィックス［psychographics］** 心理学で、創造的・積極的といった個人の性格特性を示す図や表。

**さいごくりっしへん【西国立志編】** スマイルズ著『セルフ－ヘルプ』の日本語訳。中村正直訳。明治四年(一八七一)刊。西洋の人物数百人の立志伝をあげ、自主自立の志の意義を説く。

**サイコセラピー［psychotherapy］** ↓せいしんりょうほう(精神療法)

**さいご-つうちょう【最後通▾牒】** 国際紛争の平和的解決のための交渉を打ち切って、自国の最後的要求を提示し、相手国が応じないときは、国交断絶・封鎖・占領・戦争などの行動をとる旨を述べた外交上の文書。ultimatum

●西国三十三所

| 番号 | 寺名 | 宗派 | 所在地 |
|---|---|---|---|
| 一 | 青岸渡寺 | 天台 | 和歌山県那智勝浦町 |
| 二 | 金剛宝寺 | 救世観音 | 和歌山市紀三井寺町 |
| 三 | 粉河寺 | 粉河観音 | 和歌山県粉河町 |
| 四 | 施福寺 | 天台 | 和泉市槙尾山町 |
| 五 | 葛井寺 | 真言 | 藤井寺市藤井寺 |
| 六 | 南法華寺 | 真言 | 奈良県高取町 |
| 七 | 岡寺 | 真言 | 奈良県明日香村 |
| 八 | 長谷寺 | 真言 | 桜井市初瀬 |
| 九 | 興福寺南円堂 | 法相 | 奈良市登大路町 |
| 一〇 | 三室戸寺 | 本山修験 | 宇治市菟道 |
| 一一 | 醍醐寺 | 真言 | 京都市伏見区 |
| 一二 | 正法寺 | 真言 | 大津市石山内畑町 |
| 一三 | 石山寺 | 真言 | 大津市石山寺辺町 |
| 一四 | 園城寺 | 天台 | 大津市園城寺町 |
| 一五 | 観音寺 | 真言 | 京都市東山区 |
| 一六 | 清水寺 | 北法相 | 京都市東山区 |
| 一七 | 六波羅蜜寺 | 真言 | 京都市東山区 |
| 一八 | 頂法寺 | 天台 | 京都市中京区 |
| 一九 | 行願寺 | 天台 | 京都市中京区 |
| 二〇 | 善峰寺 | 天台 | 京都市右京区 |
| 二一 | 穴太寺 | 天台 | 亀岡市曽我部町 |
| 二二 | 総持寺 | 真言 | 茨木市総持寺 |
| 二三 | 勝尾寺 | 真言 | 箕面市粟生 |
| 二四 | 中山寺 | 真言 | 宝塚市中山寺 |
| 二五 | 清水寺 | 天台 | 兵庫県社町 |
| 二六 | 一乗寺 | 天台 | 加西市坂本町 |
| 二七 | 円教寺 | 天台 | 姫路市書写 |
| 二八 | 成相寺 | 真言 | 宮津市成相寺 |
| 二九 | 松尾寺 | 真言 | 舞鶴市松尾 |
| 三〇 | 宝厳寺 | 真言 | 滋賀県びわ町 |
| 三一 | 長命寺 | 天台 | 近江八幡市長命寺町 |
| 三二 | 観音正寺 | 天台 | 滋賀県安土町 |
| 三三 | 華厳寺 | 天台 | 岐阜県谷汲村 |

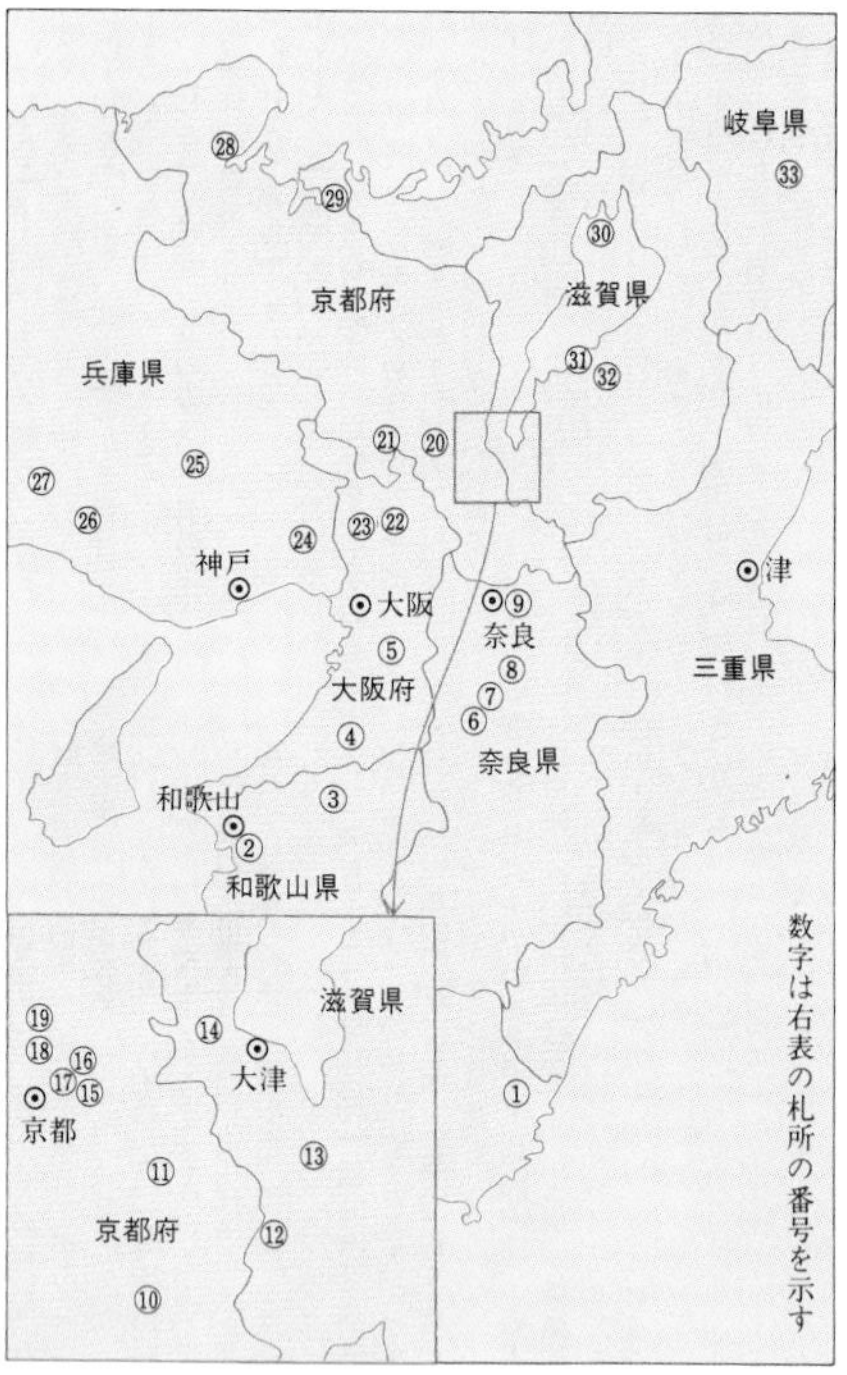

数字は右表の札所の番号を示す

**さいごっ-ぺ【最後っ▾屁】** ①動物が追いつめられたときに出すくさいガス。用例イタチの—。②《転じて》最後の悪あがき。the last blow

**ざいこ-とうし【在庫投資】** 原材料・製品・仕掛かり品などの在庫の増加分。思惑や金融に敏感で変動が激しく、三～四年周期の景気の短期波動を引き起こすもっとも有力な原因。inventory investment

**サイコドラマ［psychodrama］** アメリカのモレノが考案した集団精神療法の一種。患者に自発的・即興的に劇を演じさせ、また治療者も参加して相互交流により治療する方法。

**さいご-の-しんぱん【最後の審判】** キリスト教用語。この世の終わりに、神はキリストを通して人間の罪悪を裁くとともに、救いの完成、死の克服、永遠の生命を実現するという思想。新約聖書『黙示録』などによる。the Last Judgement

**さいご-の-ばんさん【最後の晩▾餐】** イエスが捕らえられる前夜、エルサレムで十二使徒とともにした晩餐。席上イエスは、弟子のユダが自分を裏切ることを予告。自分の肉と血を意味するパンとぶどう酒を弟子たちに分け与えた。聖餐式の起源。the Last Supper

**さいこよう-せいど【再雇用制度】** 退職者を同じ企業が新規採用者として再度雇用する制度。re-employment system

**さい-ころ【▾賽▿子・▾骰▿子】** 遊戯に用いる用具。立方体の各面に一から六までの数を点で記してある。向かいあった二面の合計が常に七。日本には四世紀ごろ中国から伝来した。賽。dice 用例—をふる。

**サイコロジー［psychology］** 心理学。

**さい-こん【再建】**(名・サ変他)《「こん」は呉音》失われた神社・仏閣などをふたたびたてること。比較再建。

**さい-こん【再婚】**(名・サ変自) 二度めの結婚をすること。また、その結婚。second marriage 対義初婚。

**さい-こん【菜根】** ①野菜の根。②粗末な食物。粗食。poor meal

**サイゴン［Saigon・西貢・柴棍］** ホーチミン(市)の旧称。

**さいこんたん【菜根▾譚】** 中国、明代の通俗的哲学書。洪自誠著。二巻。儒・仏・道三教の教えを、警句風の短文約三五〇条にまとめたもの。

**さい-さ【歳差】** ①公転面に対し約二三・四度傾いている地球の自転軸が、太陽・月・惑星の引力によって振れ、天の北極・南極の位置が変動する現象。precession ②「歳差運動」の略。

**さい-さい【歳歳】** 毎年。年々。every year 用例年々—。

**さい-さい【済済】**(形動トタル) ↓せいせい(済済)

**さい-さい【再再】**(副) たびたび。しばしば。再三。again and again

**さいさ-うんどう【歳差運動】** 自転軸の方向が変化する運動。こまの運動などにみられる。みそすり運動。precession

**さい-さき【▿幸先】** ①よい前兆。吉兆。good omen 用例—を祝う。②前兆。縁起。omen

**さい-さく【細作】** スパイ。忍びの者。spy

**サイザル-あさ【サイザル麻】** ①リュウゼツラン科の多年草。短い茎に、長さ約一～二m、幅約八～一四cmの葉を叢生。葉の繊維をロープなどに使用。サイザルヘンプ。シザルアサ。sisal hemp ②サイザル麻の葉の繊維で作られたロープ用の麻。↓写

●サイザルアサ①

**さい-さん【採算】** ①原価・諸経費に利潤を加えて売価を決めること。②収入と支出を計算すること。③収入が支出を上回る状態。用例—がとれる。

**採算が合う**(さいさんがあう) 収支が引き合う。利益がある。be profitable 類似算盤が合う。

**さい-さん【再三】**(副) 二度も三度も。たびたび。more than once

**さい-ざん【▾摧残】**(名・サ変自他) 砕いてこわすこと。砕けてこわれること。

**ざい-さん【財産】** 財貨と資産。人間の経済的・社会的欲望を満足させる有形・無形の手段。または、人や集団が所有するそれらの手段の全体。資産。身代。property 用例—をつくる。

**ざいさん-か【財産家】** 財産をたくさんもっている人。金持ち。富豪。man of property

**ざいさん-く【財産区】** 市町村または特別区の一部で、財産・営造物を有している特別地方公共団体。

**ざいさん-けい【財産刑】** 財産の剝奪によって科される刑罰。罰金・科料・没収など。pecuniary penalty 比較自由刑。

**ざいさん-けん【財産権】** 私権の一つ。経済的な価値をもつものを目的とする権利の総称。所有権をはじめとする物権、金銭請求権などの債権、特許権などの無体財産権など。property rights

**さいさん-さいし【再三再四】**(副) 三度も四度も。over and over again

**ざいさん-しょとく【財産所得】** 所有する財産を活用することで得られる所得。土地や建物の賃貸所得、金銭の利子所得や配当所得など。property income 比較雇用者所得。

**ざいさん-ぜい【財産税】** 財産を取得・所有している事実に対して課される税。不動産取得税・固定資産税など。property tax

**ざいさん-そうぞく【財産相続】** 人の死亡により、債務などをも含む財産上の地位を相続すること。succession to property 対義身分相続。

**ざいさん-ぶんよ【財産分与】** 離婚が成立した場合、夫婦の一方が他方へ請求できる財産の分配。distribution of property

**ざいさん-ほう【財産法】** 私法のうち経済生活上の関係を規定している法律。民法の物権法・債権法や商法など。property law 対義身分法。

**ざいさん-もくろく【財産目録】** 商業帳簿の一つ。一定時点に企業が保有する資産と負債の明細表。inventory sheet

**さいさん-われ【採算割れ】** 収入と支出を計算した結果、収入より支出が多くなっていること。below break-even point

**さい-し【才子・才士】** 才知のすぐれた男。talented man 用例—佳人。

**才子、才に溺れる**(さいし、さいにおぼれる) 才知にすぐれた人は、自分の才能を過信するあまり、かえって失敗しがちである。A man of talent is ruined by his own talent.

**才子多病**(さいしたびょう) 才子はとかく病気がちであること。too wise to live long 比較佳人薄命。

**さい-し【再思】**(名・サ変他) ↓さいこう(再考)

**さい-し【妻子】** 妻と子。wife and children

**さい-し【祭司】** ①聖なる場所で祭儀をつかさどる者。priest ②聖書では、祭儀や犠牲をささげる務めのほかに、神と民との仲保者となり、神託を伝え、律法を教える者。priest 比較司祭。

**さい-し【祭▾祀】** 神を祭ること。祭り。ritual

**さい-じ【祭事】** 祭り。祭りの行事。祭典。festivities

**さい-じ【細字】** こまかな文字。ほそい文字。ほそじ。small letters 対義太字。

**さい-じ【細事】** ①小さい事柄。trifle 用例—にこだわる。②くわしい事柄。detail

**さい-じ【歳次】** とし。としまわり。

**さい-じ【▾蕞▾爾】**(形動トタル) いかにも小さなさま。tiny 用例—たる小国。

**さいし-いせき【祭▾祀遺跡】** 神を祭った遺跡。奈良県大神神社一帯・福岡県沖ノ島遺跡


↓行き先項目、図版・写真参照印。 JIS 日本工業規格情報交換用漢字符号コード(区点コード)。

など。

**さい-しき【才識】** 才知と識見。talent and knowledge 用例 —豊かな人物。

**さい-しき【彩色・▼綵色】**(名・サ変自) いろどること。着色。さいしょく。coloring

**さい-しき【祭式】** 祭りの方式。祭典の順序と行事作法。祭儀。rites

**さい-じき【斎食】** →とき(斎)

**さいじ-き【歳時記】** ①一年中の行事や自然などを記した書物。②俳諧の季語・季題を集め、新年および四季に分類し、解説や例句を加えたもの。俳句実作の手引きのほか、日本の風土・生活に関する百科事典の役割をも果たす。季寄せ。

**さい-しつ【妻室】** 妻。家内。wife

**さい-じつ【祭日】** ①祭りの行われる日。festival day 比較 祝日。②物忌みをする日。fast day 比較 斎日。③神道で死者の霊を祭る日。④皇室の祭典を行う日。⑤明治以降、国民の祝日など日曜日以外に休日とされる日。national holiday

**ざい-しつ【在室】**(名・サ変自) 部屋にいること。be in a room

**ざい-しつ【材質】** ①木の皮をとりのけた部分。木質部。woody part ②材木の性質。③材料の性質。quality

**さいし-て【際して】**(連語) …にのぞんで。…に当たって。when 用例 出発に—。不況に—。

**ざい-しゃ【在社】**(名・サ変自) ①会社にいること。be in office ②その会社に勤務していること。be on duty

**さい-しゅ【採取】**(名・サ変他) 手に入れること。とくに、研究のための材料や、鉱物・植物その他の資料を選びとること。pick 用例 砂鉄を—する。民話を—する。

**さい-しゅ【採種】**(名・サ変自) 栽培するために、作物のたねをとること。

**さい-しゅ【祭主】** ①伊勢神宮の神官の長。もと藤波氏の世襲、近代は皇族の親任。斎主。②一般に、祭事の主宰者のこと。

**さい-しゅ【祭酒】** ①中国古代の宴会で、席上の尊者が土地神に酒を供えたこと。②中国の官名。学政を管掌する国子監の長官。

**さい-しゅう【採集】**(名・サ変他) 資料・標本などをつくるために、とって集めること。collection 用例 植物—。

**さい-しゅう【最終】** いちばん終わり。the final 用例 —便。

**ざい-じゅう【在住】**(名・サ変自) その土地に住んでいること。residence 比較 在留。用例 千葉—の人。

**さいしゅう-かい【最終回】** ①ラジオ・テレビ・定期刊行物などの、続き物の最後の分。the last part ②野球で、九回目。the last inning

**さいしゅう-ざい【最終財】** 財の生産段階の最後に得られる完成品。食品などの最終消費財と、機械器具などの最終生産財とがある。最終生産物。final goods 比較 中間財。

**さいしゅうしゅりょう-じだい【採集狩猟時代】** 食糧を野生の動・植物に依存していた時代。農耕・牧畜などの食糧生産経済がまだ発達せず、採集や狩猟・漁労によって生活を維持した時代。

**さいしゅう-とう【済州島】** 韓国南部、朝鮮半島南西海上の島。漢拏山などの火山が多い。面積一八四〇$km^2$。登山・狩猟・海釣り・海水浴などの行楽地。チェジュ島。

**さいしゅう-へいき【最終兵器】** 戦争の手段に使えば、相手国ばかりか全世界が壊滅的な打撃を受ける兵器。究極兵器。final weapon

**ざい-しゅく【在宿】**(名・サ変自) 家にいること。在宅。be at home

**さい-しゅつ【再出】**(名・サ変自) 同じ文字・ことばなどが別の所にふたたび出てくること。reappear

**さい-しゅつ【歳出】** 一会計年度(通常一年)における国家・地方公共団体の金銭支出。annual expenditure 対義 歳入。

**さい-しゅっぱつ【再出発】**(名・サ変自) あらたな気分でもう一度やり直すこと。出発し直すこと。restart; start afresh

**さい-しょ【細書】**(名・サ変他) ①こまかい字。また、それで書くこと。small letter ②詳しく書くこと。また、書いたもの。detail

**さい-しょ【最初】** いちばんはじめ。真っ先。the first 対義 最後。

**さい-しょ【▼曬書】** 書物を日にさらして虫干しをすること。

**さい-じょ【才女】** 知恵・文才のすぐれた女性。talented woman

**さい-じょ【妻女】** ①つまとむすめ。one's wife and daughter ②妻。wife

**ざい-しょ【在所】** ①住んでいる所。住みか。whereabout ②田舎。在郷。country ③ふるさと。国元。one's home village

**さいしょ-あつこ【▽税所▼敦子】**(一八二五〜一九〇〇) 歌人。京都生まれ。桂園派の流れをくむ旧派の代表的歌人。皇后に奉仕。歌集『御垣の下草』など。

**さい-しょう【妻▼妾】** つまと、めかけ。

**さい-しょう【宰相】** ①中国で、天子を補佐した大臣。相国。②総理大臣。首相。

**さい-しょう【最小】**《「最少」とは別》いちばん小さいこと。the smallest 対義 最大。

**さい-しょう【最少】**《「最小」とは別》いちばん少ないこと。the fewest 対義 最多。用例 —得点。

**さい-じょう【祭場】** 祭りを行う場所。site of a religious service

**さい-じょう【斎場】** ①神事・祭儀のための清浄な場。ゆにわ。②大嘗祭の神饌を調えるための建物。③一般に葬儀場。funeral hall

**さい-じょう【最上】** ①もっとも上にあること。the highest 対義 最下。用例 —階。②もっともすぐれていること・もの。無上。極上。the best 用例 —の品。

**さいじょう【西条】**〈市〉愛媛県東部、燧灘に臨む市。旧城下町。東予地方の中心で各種工業が発達。人口五万七一七一(一九八八)。

**さいじょう【西城】**〈町〉広島県北東部、鳥取・島根両県に接する町。比婆牛・クリ・シイタケの産地。人口六〇七二(一九八八)。

**ざい-しょう【罪障】**《仏教語》往生のさまたげになる罪。用例 —消滅。

**ざい-じょう【罪状】** 犯罪の実状。犯罪の内容。crime 用例 —明白。

**さいしょう-え【最勝会】** 金光明最勝王経をあげ、天下安穏を祈った法会。奈良薬師寺は三月、京都円宗寺は二月。

**さいじょう-がき【西条▼柿】** 渋ガキの一品種。広島県西条町(現東広島市)付近に産し、つるし柿・ころ柿にする。

**さい-しょうき【▼崔承喜】**(Choe Seung-heui)(一九一一〜) 北朝鮮(朝鮮民主主義人民共和国)の女流舞踊家。朝鮮民族舞踊に新生命を吹きこんだ。代表作『朝鮮の母』。

**さい-じょうきゅう【最上級】** ①程度・学年・地位などがいちばん高いこと。the highest grade ②西欧語で、形容詞・副詞の変化形のうち、もっとも程度の強いことを示す形。the superlative degree 対義 比較級・原級。

**さいしょう-げん【最小限】** もっとも小さい範囲・限度。minimum 対義 最大限。

**さいしょう-こうばいすう【最小公倍数】** 二つ以上の整数の共通の倍数のうち、最小のもの。また、二つ以上の整式の共通の倍数のうち、次数が最小のもの。LCM。the least common multiple

**さいじょう-じ【最乗寺】** 神奈川県南足柄市大雄町にある曹洞宗の寺。山号は大雄山。応永元年(一三九四)了庵慧明の開創。道了薩埵の庶民信仰で知られる。

**さいしょう-じゅこうりょう【最小受光量】** 植物が正常に生育するために必要な最小限度の光の強さ。自然光の強さと比較し、パーセントで示す。relative light minimum

**さいしょうじゅんび-ほう【最少準備法】** 金本位制のもとで、正貨準備の最少限度を設定して兌換券の発行を許可する制度。最少額発行法。minimum reserve method

**さいしょう-ち【最小値】** 実数値をとる関数がその定義域内でとるもっとも小さい値。minimum value 対義 最大値。

**さいしょう-にじょうほう【最小二乗法】** 多くの測定値から真の値を推定する一方法。ある量を同じ精度で $n$ 回測定し、$m_1, m_2, \ldots, m_n$ の値を得たとき、もっとも確からしい値 $m$ は、$(m_1-m)^2+(m_2-m)^2+\cdots+(m_n-m)^2$ を最小にするよう定められる、というもの。最小自乗法。method of least squares

**さいじょう-やそ【西条八▽十】**(一八九二〜一九七〇) 詩人。東京生まれ。早大卒。優雅で繊細な象徴詩を書き、童謡・歌謡曲でも有名。詩集『砂金』『一握の玻璃』、童謡『かなりあ』、歌謡曲『東京行進曲』など。

**さいしょう-りつ【最小律】** →さいしょうりょうのほうそく(最小量の法則)

**さいしょうりょう-の-ほうそく【最小量の法則】** 植物に必要な養分元素のうち、不足量のもっとも著しいものによって植物の生長が決まるという、リービヒの提唱した説。最小律。minimum-law

**さい-しょく【才色】** 女性の才知と容色。wit and beauty

**さい-しょく【菜食】**(名・サ変自) 動物性食品を避け、植物性食品をおもに食べること。vegetarianism 対義 肉食。

**さい-しょく【斎食】** →とき(斎)

**ざい-しょく【在職】**(名・サ変自) その職についていること。be in office 用例 —中。

**さいしょく-けんび【才色兼備】** 女性が才色ともにすぐれていること。have both wit and beauty

**さいし-りょう【祭▼祀料】** 神を祭るさい、供物の費用として祭りを行う者に納める金。供物料。

**さい-しん【再診】**(名・サ変他) 二度め以降の診察。reexamination 対義 初診。

**さい-しん【再審】**(名・サ変他) ①審査しなおすこと。retrial; reexamination ②民事訴訟で、確定判決の取り消しと訴訟の再審判を求める訴え、およびその審理。review ③刑事訴訟で、事実認定の誤りを理由に、確定判決に対して認められる非常救済手続き。review

**さい-しん【菜心】** アブラナ科の野菜。若い花茎や葉を食べる。中国原産。サイタイ。ユサイ。トウナ。

**さい-しん【採薪・▼采薪】** たきぎを拾い集めること。

**採薪の憂え**(さいしんのうれえ)《病身で、たきぎをとりにも出られない、の意から》自分の病気を、けんそんしていう語。

**さい-しん【細心】**(名・形動) 注意深いこと・さま。綿密。careful 用例 —の注意をはらう。

**さい-しん【細辛】** ①ウスバサイシンの別名。②日本ではウスバサイシンの根と根茎を、中国ではケイリンサイシンの根と全草を乾燥した生薬。かぜ・慢性気管支炎などに用いる。

**さい-しん【最新】** いちばん新しいこと。the latest 対義 最古。用例 —式。

**さい-じん【才人】** ①学問・詩文にすぐれた人。a man of talent ②頭のよくはたらく人。才子。clever person

**さい-じん【祭神】** 祭ってある神。さいしん。enshrined deity 数え方 一柱・一座。

**サイジング【sizing】** ①紙の吸水性をおさえるための製紙工程。パルプや紙にコロイド物質(サイズ剤)を加え、繊維の表面やすきまをふさぐ。②紡織で、すべりをよくするために糸にのりづけすること。

**さいしん-せい【最新世】** →こうせきせい(洪積世)

**サイズ【size】** ①大きさ。寸法。②製紙のさいに用いるインキのにじみ止め。おもに酸性の硫酸アルミニウムを使っているが、最近は紙の劣化を防ぐため中性の炭酸カルシウムも使用。

**ざ-いす【座▼椅子・▼坐▼椅子】** 和室で使うすわってよりかかる足のないいす。日本独特のもので座布団との併用が多い。

**さいすい-き【採水器】** 海洋・湖沼・河川・井戸などで、任意の深さの水試料を採取するための器具。water bottle

**さい・する【際する】**(サ変自) ある出来事に出会う。でくわす。際す。come across 用例 危機に—・して。

**さいずる-や【▼囀るや】**[枕ことば]《外国人のことばは、鳥のさえずりのように意味がわからない、ということから》「唐」にかかる。用例 —から碓子に舂き庭に立つ碓子に舂き(万葉・一六・三八八六)。

**さい-すん【採寸】**(名・サ変他) 衣服をつくるときなどに、からだの各部の寸法をはかること。measure →図

**ざい-せ【在世】** →ざいせい(在世)

**ざい-せ【財施】**《仏教語》三施の一つ。お金や衣服・飲食・田宅など、物質的な財を施すこと。

**さい-せい【再生】**(名・サ変自他) ①生き返らせること。resuscitation ②生まれ変わること。rebirth ③廃物を使えるようにすること。recycle ④生物学で、生物体が組織や器官の一部を失ったとき、その部分を新しくつくりだす現象。プラナリアやヒドラなど下等なものほど再生力が強い。regeneration ⑤録音・録画したテープなどから音や画像を再現させること。reproduction

**さい-せい【再製】**(名・サ変他) ①作りなおすこと。reproduction ②一度加工したものを、さらに作りかえること。remanufacture

**さい-せい【祭政】** 神を祭ることと政治。church and state

**ざい-せい【在世】**(名・サ変自) 人がこの世に生きていること。また、その間。ざいせ。

**ざい-せい【財政】** ①国や地方公共団体の経



▼常用漢字表外。 ▽常用漢字表の音訓外。

済活動。public finance ②一家や個人の経済。family finance

**さいせい-いっち【祭政一致】** 祭祀と政治を分離せず、一体化させている思想や政治形態。古代社会では一般的。政教一致。unity of religeous and government services

**ざいせい-インフレ【財政インフレ】** 財政支出が過度に行われ、必要以上に政府資金が民間に出まわったときに発生するインフレーション。inflation caused by budgetary deficit

**さいせい-が【再生芽】** 動物の再生で、傷口付近につくられる未分化細胞群の突起。これが発達して失われた部分を再生する場合もある。regeneration blastema

**ざいせい-がく【財政学】** 国家や地方公共団体の経済活動を研究する経済学の一分野。public finance

**さいせい-がくしゃ【済生学舎】** 長谷川泰が明治九年(一八七六)四月に医学生教育のために開設した私学校。野口英世も約一年間在籍。明治三六年(一九〇三)廃校。

**ざいせい-かんぜい【財政関税】** 財政収入の獲得を目的として課される関税。原重油関税など。収入関税。歳入関税。revenue tariff 対義 保護関税。

**さいせい-き【最盛期】** いちばんさかんな時期。the season 用例 みかんの出荷の—。

**ざいせいきんゆう-せいさく【財政金融政策】** 経済政策の一つ。混合経済のもとで、財政政策を中心に金融政策を補って目標の達成をはかる政策。ポリシーミックスの代表的なもの。fiscal and monetary policies

**さいせい-ゴム【再生ゴム】** 再利用のための処理をほどこした古ゴム。物理的または化学的処理により、可塑性を与え夾雑物を除いて、ゴム配合剤などに利用される。reclaimed rubber

**さい-せいさん【再生産】**(名・サ変他) 社会的生産がたえず繰り返されていく過程。とくに、生産したものの売り上げを資本として、次の生産を行うこと。単純再生産・縮小再生産・拡大再生産の区別がある。reproduction

**さいせいさん-ひょうしき【再生産表式】** 資本主義のもとで、社会的総資本の再生産が順調に進行するための条件を示す表式。マルクスが定式化。経済循環理論の基礎となる。schema of reproduction

**さいせい-し【再生紙】** 新聞紙など使用ずみの故紙を回収してときほぐし、再び、すき直した紙。粗製紙やボール紙などにする。regenerated paper 参照 板紙。

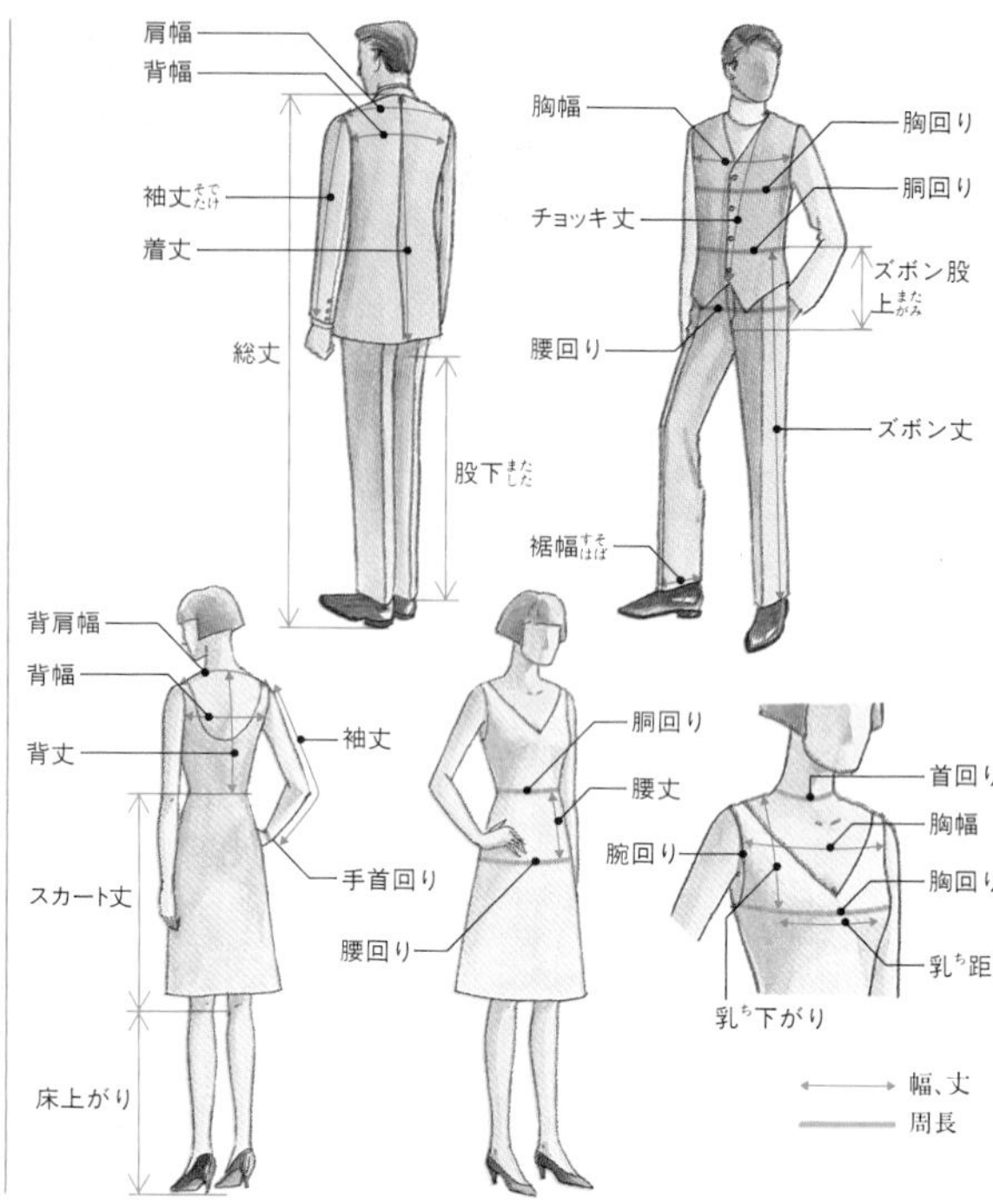

●採寸 男女の採寸方法

**ざいせい-しきん【財政資金】** 国・地方公共団体の予算や財政投融資資金の総称。日本銀行が出納・保管を担当。政府資金。国家資金。treasury accounts

**さいせい-しゅ【再製酒】** 醸造酒・蒸留酒を香料・甘味料・色素で加工したリキュール。各種果実酒・みりんなど。混成酒。

**ざいせい-せいさく【財政政策】** 経済政策の一つ。歳入・歳出の調整を通じて資源の最適配分、所得の再分配、経済の安定をはかる政策。fiscal policy

**ざいせいせいど-しんぎかい【財政制度審議会】** 大蔵大臣の諮問機関。国の予算・決算と会計制度に関する重要事項について調査審議するため昭和二五年(一九五〇)に設置。

**さいせい-せんい【再生繊維】** 木材パルプなどの天然繊維を薬品に溶解したのち、紡糸した繊維の総称。レーヨンやキュプラなど。絹の糸くずやカゼインなどのたんぱく質を再生したものも含める。regenerated fiber

**ざいせい-とうゆうし【財政投融資】** 国が一般会計とは別に財政資金を政府関係事業や民間企業に投資・融資すること。treasury investment and loan

**さいせいふりょうせい-ひんけつ【再生不良性貧血】** 骨髄の造血能力が低下して貧血を起こす病気。白血球・血小板の減少が著しい。原因は不明のことが多い。aplastic anemia

**ざいせい-ほう【財政法】** ①国や地方公共団体の財政について規定した法律の総称。財政法・会計法・国有財産法など。finance law ②国の財政の基本や予算・決算について規定した法律。昭和二二年(一九四七)公布。

**さい-せき【砕石】**(名・サ変自) 石を細かくくだくこと。くだいた岩石。crushing

**さい-せき【採石】**(名・サ変自) 石材・砂利を採取すること。quarrying

**ざい-せき【在席】**(名・サ変自) その人が自分の席にいること。be at one's own seat

**ざい-せき【在籍】**(名・サ変自) 学校・団体などに籍があること。enrolment

**ざい-せき【材積】** 木材・石材の体積。

**ざい-せき【罪責】** 罪をおかした責任。

**ざい-せき【罪跡】** 犯罪の証拠。犯跡。

**さいせきじん-ぶんか【細石刃文化】** アジア・北米に広く分布する、細石器使用の文化。日本では旧石器時代の終末に北海道から九州まで分布。

**ざいせき-せんじゅう【在籍専従】** 職員や公務員として籍をおいたまま、組合の専従者になること。full time trade union officer

**さい-せつ【再説】**(名・サ変他) 繰り返して説明すること。また、その説。restatement

**さい-せつ【細説】**(名・サ変他) 詳しく説明すること。また、その説。詳説。detailed explanation

**さいせつ-がん【砕▼屑岩】** 堆積岩の一つ。風化や浸食でできた岩石の破片と鉱物粒が、水や風に運ばれ、水底または陸上に堆積し、石灰質・シリカ・粘土鉱物などで固められたもの。clastic rock

**さい-せっき【細石器】** 長さ二〜三㎝の小型の剝片石器。器形は半月形・台形・長方形・三角形などさまざま。鏃として使用するほか、骨や木の柄にはめこんで刃物として使用。microlith

**さいせっき-ぶんか【細石器文化】** 旧石器時代後半から中石器時代にかけて盛行した、細石器を主体とする文化。

**さいせつ-きゅう【砕▼屑丘】** 火山の形態の一種。小規模の爆発によって、火口のまわりに噴出物がつみ重なってできた円錐形かそれに近い形の火山。pyroclastic cone ↓火山図

**さい-せん【再選】**(名・サ変他) 選挙などで同じ人を続けて選ぶこと。reelection 比較 再任。

**さい-せん【▼賽銭】** 神仏に参詣して供える金銭。用例 —箱。

**さい-ぜん【最前】**(名・副) ①いちばん前・先。the forefront 用例 —列。②さきほど。a little while ago

**さい-ぜん【最善】** ①いちばんよいこと。the best 対義 最悪。②全力。the best

**最善を尽くす**(さいぜんをつくす) でき得る限りのことをする。ベストを尽くす。do one's best

**さい-ぜん【▼截然】**(形動トタル)《「せつぜん」の慣用読み》①区別がはっきりしているさま。distinct ②きりたっているさま。perpendicular

**さい-せんきょ【再選挙】** 公職選挙で、選挙の全部または一部が無効となったり当選人を補充したりするさいに行われる選挙。reelection

**さい-ぜんせん【最前線】** ①いちばん前の陣地。the front ②直接、事に当たって働く立場。第一線。the forefront

**さい-せんたん【最先端】** ①物や場所で、突出した部分のいちばん端。②時代・技術・流行などのいちばん進んでいる時点。先頭。the forefront 用例 流行の—。

**さい-せんつう【▼臍▼疝痛】** 神経質な小児にみられる発作性の腹痛。数分から数時間にわたって繰り返される。自律神経との関連性が考えられる。umbilical colic

**さい-そう【才藻】** 才知と文藻。詩文を作る才能。文才。

**さい-そう【彩層】** 太陽の光球を取り巻いている厚さ約一万㎞の薄いガスの層。皆既日食時に赤く輝いて見える。chromosphere ↓太陽図

**さい-ぞう【才蔵】** 三河万歳で、小鼓を打ち、歌い舞う太夫の相手をして笑わす滑稽な役。

**さいそう-ち【採草地】** 草を刈り取って家畜の飼料や肥料とするため、家畜を放牧しない草地。meadow

**さい-そく【細則】** こまかな点を定めた規則。bylaws 対義 総則・概則・通則。

**さい-そく【催促】**(名・サ変他) せきたてること。うながすこと。press a person 用例 矢のような—。

**ざい-ぞく【在俗】**《仏教語》信者ではあるが、ふつうの姿のままで暮らしていること・人。在家。

**さいそく-がまし・い【催促がましい】**(形) せきたてるようだ。pressing; urging

**さい-た【最多】** もっとも多いこと。the most 対義 最少。

**さいた【財田】**〈町〉 香川県南西部、財田川に沿う町。産業はミカン・柿などの果樹や竹の子の栽培など。人口五一〇五(一九九八)。

**ざ-いた【座板】** いすなどの、腰を下ろす所の板。

**サイダー【cider】**《シードル(りんご酒)に味を似せたことから》炭酸水に果実の香料や甘味料で風味をつけた飲み物。明治初期に発売された。

**さい-たい【妻帯】**(名・サ変自) 妻がいること。男が結婚すること。have a wife

**さい-たい【▼臍帯】** 胎盤と胎児とを連結する柔らかい帯状の組織。胎児に必要な酸素や栄養分を供給し、二酸化炭素や老廃物を胎盤に運ぶ。へその緒。umbilical cord

**さい-だい【細大】** ①細かいことと大きいこと。great and small ②一部始終。all

**細大漏らさず**(さいだいもらさず) 全部。もれなく。to the smallest detail

**さい-だい【最大】** もっとも大きいこと。the greatest 対義 最小。

**さいだい-げん【最大限】** もっとも大きい範囲・程度。maximum 対義 最小限。

**さいだい-こうやくすう【最大公約数】** 二つ以上の整数の共通の約数のうち、最大のもの。また、二つ以上の整式の共通の約数のうち、次数が最大のもの。GCM。HCF。the greatest common measure

**さいだい-じ【西大寺】** ①奈良市西大寺町にある真言律宗の総本山。南都七大寺の一つ。天平神護元年(七六五)常騰の開基。鎌倉時代に叡尊が中興した。②岡山市西大寺にある真言宗の寺。二月の第三土曜日に行われる会陽の裸祭りで知られる。

**さいだい-じょうきあつ【最大蒸気圧】** ↓ほうわじょうきあつ(飽和蒸気圧)

**さいだい-せいしまさつりょく【最大静止**



↓行き先項目、図版・写真参照印。 JIS 日本工業規格情報交換用漢字符号コード(区点コード)。

摩擦力】平面上に置いた物体面に平行な方向に加える力をふやしていくとき、物体がすべりはじめる直前の摩擦力。最大摩擦力。maximum static friction force

**さいだいたすう-の-さいだいこうふく【最大多数の最大幸福】** ①イギリス功利主義の倫理観が主張する、道徳的行為の価値基準。社会の幸福を個人の幸福の総和とし、社会成員の幸福・利益の極大化を目標とする。the greatest happiness of the greatest number ②もっとも多くの人に幸福をもたらす行為を、善とすること。The greatest happiness for the greatest number is a virtue.

**さいだい-ち【最大値】** 実数値をとる関数がその定義域内でとるもっとも大きい値。maximum value 対義最小値。

**さいだい-まさつりょく【最大摩擦力】** ↓さいだいせいしまさつりょく(最大静止摩擦力)

**さいだい-りかく【最大離角】** 地球から見て、内惑星の水星や金星が太陽からもっとも離れること。また、その角度。太陽から、水星は一六〜二八度。金星は四五〜四八度。the greatest elongation

**さい-たく【採択】**(名・サ変他) いくつかある中から選びとること。adoption 用例決議案を―する。教科書を―する。

**ざい-たく【在宅】**(名・サ変自) 自宅にいること。be at home 用例ご主人はご―ですか。

**ざいたく-きんむ【在宅勤務】** 会社員などが、出勤しないで自宅で就業すること。とくに、情報化社会特有の就業形態として、家庭にコンピューターの端末装置などを備えて、会社の業務を在宅のまま行うもの。telecommuting

**ざいたく-ケア【在宅ケア】** 社会的な扶助を必要とする老人・長期療養患者・心身障害者などを、特別な施設に収容しないで、保健婦などが自宅へ出向いて行う福祉・医療サービス。在宅福祉。home care

**ざいたく-ふくし【在宅福祉】** ↓ざいたくケア

**さいたずま** イタドリの古名。

**さいたま【▼埼玉】**〈県〉関東地方西部の県。県庁所在地は浦和市。西部は関東山地、東部は関東平野。農業県であるが、首都に隣接して都市化が著しく、在来の繊維・鋳物工業などに加え、内陸型の近代工業が発展。面積三七九九㎢、人口六〇七万八三九六(一九八八)。

**さいたら-ぶし【斎太▽郎節】** 宮城県海岸地方の祝い唄。櫓漕ぎ唄。「大漁歌い込み」として知られる。

**さい-たる【最たる】**(連体) その中で第一の。いちばん代表的な。the extreme 用例愚行の―もの。

**さい-たん【採炭】**(名・サ変自) 石炭を採掘すること。coal mining

**さい-たん【最短】** もっとも短いこと。the shortest 対義最長。用例―距離。

**さい-たん【歳▼旦】**《一月一日の朝の意》元日。新年。

**さい-だん【祭壇】** 宗教儀式で、犠牲や供物を神や霊にささげる台。また、祭器や祭具を置き、礼拝などを行う台。alter

**さい-だん【裁断】**(名・サ変他) ①布などを型紙に合わせてたちきること。カッティング。cutting ②理非・善悪をさばくこと。judgement 用例司直の―を待つ。

**ざい-だん【財団】** ①一定の目的のために結合され、法律上一つの物件とみなされる財産の集合体。foundation 比較社団。②「財団法人」の略。

**さいだん-が【祭壇画】** キリスト教聖堂の祭壇後部の衝立などに表された画像。参照祭壇飾壁。

**さいだん-ざ【祭壇座】** 南天の星座。日本などからは一部しか見られない。八月五日ごろの午後八時ごろに南中。面積二三八平方度。Ara

**さいたん-さい【歳▼旦祭】** 宮中や神社などで新年を祝って行われる元旦の行事。五穀の豊穣・国民の福祉・皇室の繁栄などを祈る。

**さいだん-しょくへき【祭壇飾壁】** 画像・彫刻などを飾るために祭壇の後部に設けた衝立。一四世紀、イタリア、フランドル地方でさかんに制作された。ヘントの祭壇画(ファン＝アイク作)、イーゼンハイムの祭壇画(グリューネワルト作)など。altarpiece

**ざいだん-ていとう【財団抵当】** 企業が所有する土地・建物・機械・工業所有権などの財産をまとめて一つの物とみなし、その上に抵当権を設定する制度。foundation mortgage

**ざいだん-ほうじん【財団法人】** 一定の目的のために結合された財産(財団)を、主体的に運営するためにつくられた公益法人。foundation 比較社団法人。

**さい-ち【才知・才▼智】** 頭の働きの鋭さ。才と知恵。wit 用例―にたける。

**さい-ち【▼采地】** 領地。知行所。

**さい-ち【細▼緻】**(名・形動) 細かく綿密なこと・さま。精密。fine

**ざい-ち【在地】** ①住んでいる所。residence ②田舎・地方にいること。用例―の土豪。

**さい-ちく【再築】**(名・サ変他) もう一度つくり直すこと。建て直すこと。reconstruction

**さいち-じゅうおう【才知縦横】**(名・形動) 才知を思いのままに、あざやかに働かせること・さま。resourcefulness

**さい-ちゅう【最中】** ある状態・動作が進行している時。まっさかり。さなか。in the midst

**ざい-ちゅう【在中】**(名・サ変自) 物が中に入っていること。用例写真―。

**さい-ちょう【再調】**(名・サ変他) ふたたび調べること。調べ直すこと。再調査。

**さい-ちょう【最長】** ①もっとも長いこと。the longest 対義最短。②年がいちばん上であること。最年長。the oldest

**さい-ちょう【▼犀鳥】** サイチョウ科の鳥の総称。全長約四〇〜一五〇㎝。嘴が大きく、その上にサイの角に似た突起がある。森林にすみ、木の穴に巣をつくる。アフリカ・南アジアに分布。hornbill ↓図

●サイチョウ

**さいちょう【最澄】**(七六七〜八二二) 平安初期の僧。日本天台宗の開祖。諡は伝教大師。近江の人。比叡山に一乗止観院を建立して法華一乗思想を宣揚し、延暦二三年(八〇四)入唐。翌年帰国後は天台と密教・禅・律を総合し、大乗戒壇の建立をめざした。著書『山家学生式』『顕戒論』など。

**ざい-ちょう【在庁】**(名・サ変自) 役人が出勤して役所にいること。being in office 用例―時間。

**ざい-ちょう【在朝】**(名・サ変自) 朝廷に仕えていること。官職にあること。対義在野。

**ざいちょう-かんにん【在庁官人】** 平安中期から鎌倉時代にかけて、現地に行かない国司などの命をうけて、直接政務にあたった下級の役人。多くは地方豪族で、平安末期に武士化。国務の実権を握った。

**さいちょう-ふとうきょり【最長不倒距離】** スキーのジャンプ競技で、着地のとき転倒せずに飛ぶことのできた最長の飛距離。the longest distance

**さいちょう-ほたん【採長補短】** 他の長所をとりいれて、こちらの短所をおぎなうこと。

**ザイツェフ【Boris Konstantinovich Zaitsev】**(一八八一〜一九七二) ロシアの小説家。作品『静かな曙』『狼』など。

**さい-づか【▼采▽柄】** 采配の柄の部分。**采柄を握る**(さいづかをにぎる) 指揮する。

**さい-つ-ころ【▽先つ▼頃】** 古語《「さきつころ」の転。「つ」は「の」の意の格助詞》先日。先刻。せんだって。用例―雲林院の菩提講に詣でて侍りしかば(大鏡・序)。

**さい-づち【才▼槌・▽木▼椎】** 胴の部分がふくれた小形の木のつち。番匠槌。mallet

**さいづち-あたま【才▼槌頭】** 額と後頭部がつき出ている形の頭。

**さい-てい【再訂】**(名・サ変他) ふたたび訂正すること。

**さい-てい【最低】**(名・形動) 対義最高。①位置・程度がいちばん低いこと・さま。the lowest 用例―水準。②ものごと・状態などがもっとも劣悪であると感じること・さま。the worst

**さい-てい【裁定】**(名・サ変他) 当否を考えて決めること。さばき。decision 用例仲裁―。

**ざい-てい【在廷】**(名・サ変自) ①朝廷に仕えていること。在朝。②法廷に出頭して、そこにいること。be in the court

**さいてい-おんどけい【最低温度計】** ある時間内の温度の最低値を測るために考案された温度計。minimum thermometer

**さいてい-かわせそうば【裁定為替相場】** 二国間の相場から間接的に算出された為替相場のこと。日本では、円の対米ドル相場と第三国通貨のドルに対する実勢相場から、その通貨の為替相場を裁定する。arbitrated exchange rate 対義基準為替相場。

**さいてい-けつあつ【最低血圧】** 心臓が拡張したとき血管壁にかかる血液の圧力。一五〜三〇歳で水銀柱七〇㎜前後。拡張期血圧。minimal blood pressure

**さいてい-げん【最低限】** これ以下はいけない、ぎりぎりの限度。minimum

**さいてい-せいかつひ【最低生活費】** 世帯の生活を維持するために必要な最低限度の生活費。生活水準の測定基準として用いられる。minimum cost of living

**さいてい-ちんぎん【最低賃金】** 労働者の生活に必要な、ぎりぎりの賃金。minimum wage

**さいていちんぎん-せい【最低賃金制】** 賃金の最低額を公的に定め、使用者にその水準以上の金額を支払うことを強制する制度。日本では昭和三四年(一九五九)に制定され、同四三年(一九六八)の改正により最低賃金審査会で決定する方式が中心となっている。minimum wage system

**さいていちんぎん-ほう【最低賃金法】** 労働賃金の最低額を保障するため、事業または職種・地域に応じ、その決定方式などを定めた法律。昭和三四年(一九五九)公布。同四三年(一九六八)改正。最賃法。

**さい-てき【最適】**(形動) いちばん適しているさま。optimum

**さいてき-きぎょうきぼ【最適企業規模】** 企業の経営上もっとも適切な規模。ふつう、工場や企業の規模の拡大につれて生産物一単位当たりの費用は次第に下がるが、ある規模を超えると再び上昇に転じる。その分岐点の規模。optimum size of firm

**ざい-テク【財テク】**《「財務テクノロジー」の略で、造語》企業が、営業外活動で、余剰資金を投資するなど、資金調達・運用を効率化するための高度な技術的手段・方法。個人が行う場合も言うようになった。

**サイテック-ファンド【Sci-tech Fund】** 高度先端技術をあつかう企業やベンチャービジネスの株式だけを対象とする、日本・アメリカ・ヨーロッパ共同の株式投資信託。

**ザイデル【Ina Seidel】**(一八八五〜一九七四) ドイツの女流小説家。作品『迷路』『申し子』など。

**ザイデル-の-ごしゅうさ【ザイデルの五収差】** レンズなどの単色光に対する収差を分類したもの。球面収差・非点収差・コマ収差・像面湾曲・像のゆがみの五つ。Seidel's five aberrations

**さい-てん【再転】**(名・サ変自) 一転した物事が、さらにまた変わること。

**さい-てん【西天】** ①西の空。western sky ②《仏教語》西のほうの天竺、すなわち、インドのこと。

**さい-てん【採点】**(名・サ変他) 点数をつけること。点数で成績の上下を決めること。grading米; marking英 用例―表。

**さい-てん【祭典】** 祭り。その儀式。祭礼。festival

**さい-でん【祭殿】** 祭典を行う建物。shrine

**ざい-てん【在天】**(名・サ変自) 天にいること。in heaven **在天の霊**(ざいてんのれい) 死者の魂の敬称。

**サイデンステッカー【Edward George Seidensticker】**(一九二一〜) アメリカの日本文学研究家。川端康成の小説『雪国』などの名訳で知られる。

**さいてん-ほう【採点法】** スポーツ競技の演技の正確さ、美しさなどへの評価を点数で表す方法。体操・新体操・フィギュアスケート・シンクロナイズドスイミング・馬術など、競技により独自の基準がある。code of points

**さいと【西都】**〈市〉宮崎県中部、宮崎平野にある市。野菜の促成栽培がさかん。西都原古墳群が有名。人口三万八八〇四(一九八八)。

**さい-ど【彩度】** 色の三属性の一つ。色の鮮やかさの度合い、純度。chroma 比較色相・明度。

**さい-ど【済度】**(名・サ変他)《仏教語》仏・菩薩が迷いの境界にいる衆生を教え導いて、悟りの世界である彼岸に救い渡すこと。

**さい-ど【再度】** ふたたび。二度。両度。again **再度の御勤め**(さいどのおつとめ) 一度やめた仕事にふたたび就くこと。品物などにもたとえていう。

**サイド【side】** ①方面。ラグビーなどでは、敵味方それぞれの陣地。②横。側面。テニスなどでは、サイドラインに沿うあたり。

**サイド-アウト【side out】** ①バレーボール・バドミントンなどで、サーブ側がポイントをうしなうこと。サーブ権が相手に移る。②

▼常用漢字表外。 ▽常用漢字表の音訓外。

テニスなどの球技で、ボールがサイドラインを越え、アウトになること。

**さい-とう【彩陶】** 彩文土器の中国での呼称。

**さい-とう【菜豆】** インゲンマメの別名。

**さいとう-がや【西塔▼茅】**《比叡山西塔付近で発見されたための名》林間の草地にはえるイネ科の多年草。高さ約一m。細長い線形葉は叢生し、表裏転倒。質は硬く、表面はざらつく。秋、帯紫色の花穂をつける。

**さいとう-げっしん【斎▼藤月▼岑】**(一八〇四〜七八) 江戸末期の文筆家。江戸の町名主。名は幸成。和漢の学問を修め、祖父幸雄・父幸孝・月岑の三代で『江戸名所図会』を完成。著書『武江年表』など。

**さいとう-こういち【斎▼藤耕一】**(一九二九) 映画監督。東京生まれ。作品『旅の重さ』『津軽じょんがら節』など。

**さいとう-さい【祭頭祭】** 茨城県鹿島郡鹿島町鹿島神宮の春祭り。三月九日過ぎの最初の日曜に行われ、防人の鹿島立ちと凱旋のようすを伝える。防人たちが途中の安全を祈願した故事に由来するもの。

**さいとう-さねもり【斎▼藤▽実盛】**(?〜一一八三) 平安末期の武士。越前の人。のち、武蔵国長井に移り、源為義・義朝に仕え、義朝没後、平宗盛に仕え、木曽義仲との北陸の戦いで討ち死に。参照 実盛送り。

**さいとう-さんき【西東三鬼】**(一九〇〇〜六二) 俳人。本名、斎藤敬直。岡山県生まれ。日本歯科医専卒。新興俳句運動に参加。『天狼』創刊に尽力。句集『旗』『夜の桃』など。

**さいとう-せつどう【斎▼藤拙堂】**(一七九七〜一八六五) 江戸末期の儒者。伊勢の人。名は正謙。古賀精里に学び、津藩に仕えた。『拙堂文話』は詩文評として著名。ほかに『海防策』など。

**さいとう-たかお【斎▼藤▽隆▽夫】**(一八七〇〜一九四九) 政治家。兵庫県生まれ。早大卒。憲政会・立憲民政党に属した。昭和一一年・一五年(一九三六・四〇)の反軍的演説により議会から除名。第二次大戦後、第一次吉田内閣の国務相。

**さいとう-たけし【斎▼藤▽勇】**(一八八七〜一九八二) 英文学者。福島県生まれ。東大教授。シェークスピア・イギリス詩人研究に業績。著書『英文学史』など。

**さいとう-どうさん【斎▼藤道三】**(一四九四〜一五五六) 室町末期の武将。油売り商人から身を起こし、守護土岐氏を追い美濃国の大名となる。子の義竜と戦い敗死。織田信長は女婿。

**さいとう-とらじろう【斎▼藤▼寅次郎】**(一九〇五〜八二) 映画監督。秋田県生まれ。ナンセンス喜劇が多い。作品『子宝騒動』など。

**さいとう-ひでさぶろう【斎▼藤▽秀▽三郎】**(一八六六〜一九二九) 英語学者。宮城県生まれ。工部大学校中退。正則英語学校の創設者。『斎藤和英大辞典』などの英和・和英辞書を編纂。

**さいとう-まこと【斎▼藤▽実】**(一八五八〜一九三六) 軍人・政治家。岩手県生まれ。海相・朝鮮総督などを歴任ののち、昭和七年(一九三二)五・一五事件後の挙国一致内閣を組織。二・二六事件で暗殺された。

**さいとう-もきち【斎▼藤茂吉】**(一八八二〜一九五三) 歌人・医師。北杜夫の父。山形県生まれ。東大卒。伊藤左千夫に入門、『アララギ』に加わる。「実相観入」による写生説を樹立。明治以降の代表的歌人。昭和二六年(一九五一)文化勲章受章。歌集『赤光』『あらたま』『白き山』など。評論・随筆も多い。→写

●斎藤茂吉

**さいとう-よししげ【斎▼藤▽義▽重】**(一九〇五) 洋画家。東京生まれ。抽象画から立体的構成作品へと進み、前衛美術界に大きく影響。作品『鬼』など。

**さいとう-りょくう【斎▼藤緑雨】**(一八六七〜一九〇四) 小説家・評論家。本名、賢。別号、正直正太夫。三重県生まれ。江戸風の軽妙痛烈な風刺を含んだ批評で知られた。小説『油地獄』『かくれんぼ』、評論『小説八宗』など。

**サイドカー【sidecar】** 横に、人または荷物を乗せる側車をつけたオートバイ。また、側車。

**サイトカイニン【cytokinin】** 植物で、オーキシンと共同して細胞分裂の促進や老化を制御する化合物の総称。カイネチン・ゼアチンなど。

**さい-とく【才徳】** 才能と人徳。知恵と人格。virtue and talent

**さい-どく【再読】**(名・サ変他) もう一度読むこと。reread 用例 名作を―する。

**さいどく-もじ【再読文字】** 漢文の訓読で、二度読む字。「いまだ…ず」の「未」、「まさに…す」の「将」など。

**サイド-スロー**《和製語》野球の投球動作の一つ。腕を体の横におろし、肩の高さぐらいの位置でボールを放す投げ方。横手投げ。side-arm throw

**さい-とつにゅう【再突入】**(名・サ変自) 宇宙船が、宇宙空間の飛行を終えて、再び地球の大気圏に突入すること。帰還軌道と速度を正確に設定して誘導することと、空力加熱から宇宙船を守る対策がとられる。re-entry

**サイドテーブル【sidetable】** 壁ぎわに置く小テーブル、あるいは主テーブルの補助として用いられる小テーブルの総称。

**サイド-パート【side part】** 髪の分け方。髪の毛の分け目を横にもってくること。四分六分、七分三分など。横分け。

**さいとばる-こふんぐん【西都▽原古墳群】** 宮崎県西都市の洪積台地上にある大小三百余基の大古墳群。五〜六世紀を中心に築かれた。

**サイド-ビジネス**《和製語》副業。内職。side job

**サイド-ブレーキ**《和製語》自動車で運転席の横についている補助用の手動ブレーキ。ハンドブレーキ。パーキングブレーキ。hand brake

**サイド-ベンツ【side vents】** ジャケットやコートで、背側の裾の両側にあき(スリット)があること。参照 センターベンツ。

**サイドボード【sideboard】** 小物や食器類などを収納する脇戸棚。食堂・居間・応接間などに置き、飾り棚としても使う。ビュッフェ。

**さいと-やき【▽道▽祖▽土焼(き)・▼塞▽灯焼(き)】** 小正月の行事で、塞の神の火祭りと結びついたもの。左義長の東日本で用いられる呼称。左義長。どんど。

**サイド-ライン【side line】** ホッケーやテニスなどの競技場の区画線の長辺。ゴールラインやエンドラインに対して直角で、競技場の横の限界を示す。

**さい-とり【才取り】** ①売り買いの仲立ちをして口銭をとる職業・人。ブローカー。broker ②足場の上の左官に、下から壁土などを渡す作業・人。

**サイド-リーダー**《和製語》副読本。supplementary reader

**さいとり-ざお【▽刺捕り▼竿】** →さしざお(差し竿)

**サイド-ワーク**《和製語》副業。内職。side job

**サイドワインダー【sidewinder】** 小形のガラガラヘビ。体をS字状に曲げて横滑りに移動する。全長約六〇cm。淡褐色の背に暗斑が並び、目の上に角状の鱗がある。アメリカ南西部・メキシコ北部の砂漠にすむ。毒ヘビであるが、小さいので危険は少ない。ヨコバイガラガラヘビ。

**サイナス-せん【サイナス▼腺】** 甲殻類の眼柄中または脳の近くに存在し、神経分泌細胞で作られた分泌物をたくわえ、血液中に放出する器官。分泌物はサイナス腺ホルモンとよばれ、体色変化・脱皮抑制などに関係。sinus gland

**さいな・む【▼苛む・▼嘖む】**(五他) ①責めて、しかる。reproach 用例 良心に―・まれる。②いじめる。苦しめる。torment 用例 責め―。

**さい-なん【災難】** わざわい。難儀。calamity 比較 災害。用例 とんだ―。

**さいなん【済南】** 中国、山東省の省都。黄河の下流南岸にあり、水陸交通の要地。鉄鋼・機械など重化学工業が発達。大明湖、千仏山などの名勝がある。人口二三九・五万(一九八四)。済南。チーナン。

**さいなん-じけん【済南事件】** 一九二八年(昭和三)五月、中国の山東省済南で起きた日中両国軍の武力衝突事件。国民党軍の北伐に対し、在留邦人保護の名目で出兵した日本軍が、済南を占領。

**さい-にくがしゅ【▼臍肉芽▼腫】** 臍帯のとれたあとに起こる肉芽の過剰増殖。乾燥せず分泌物がある場合に生じやすい。焼くか摘除する。umbilical granuloma

**さい-にち【斎日】** 在家の仏徒が斎戒して精進につとめる日。陰暦の毎月八・一四・一五・二三・二九・三〇の六日で、これを六斎日という。

**さい-にち【▼賽日】** 寺院に参詣する日。とくに、一月と七月の一六日の藪入りの閻魔参りをいう。

**ざい-にち【在日】**(名・サ変自) 日本にいること。また、あること。be in Japan 用例 ―外国人。

**ざいにち-べいぐん【在日米軍】** 日米安全保障条約に基づき、日本と極東の安全を守るため日本に駐留するアメリカ軍。総兵力は約五万。陸軍は補給部隊が駐留。空軍は日本・韓国を管轄する第五空軍。海軍は第七艦隊を支援する横須賀・佐世保・厚木などの基地を管理。三軍合同司令部が東京の横田基地にある。

**さい-にゅう【歳入】** 国・地方公共団体の一会計年度におけるすべての収入。annual revenue 対義 歳出。

**さい-にょうかん【細尿管】** →にょうさいかん(尿細管)

**さい-にん【再任】**(名・サ変自他) 続いて職務に任ずること。また、任ぜられること。reappointment 比較 再選。

**ざい-にん【在任】**(名・サ変自) 任務についていること。being in office 用例 ―中、大過なく。

**ざい-にん【罪人】** 罪を犯した人。有罪の刑を受けた人。犯罪人。criminal 比較 犯人・囚人。

**さい-にんしき【再認識】**(名・サ変他) 改めて価値を認めること。認識を新たにすること。recognizing anew

**さいねい【載寧】** 北朝鮮(朝鮮民主主義人民共和国)南西部の郡。大同江の支流、載寧江流域の載寧平野を占める。米・麦・タバコ・綿花などを生産。チェリョン。

**サイネリア【cineraria】** →シネラリア

**さい-ねん【再燃】**(名・サ変自) ①また燃えだすこと。start burning again ②またさかんになること。片付いたことが、また問題になること。recrudescence; bringing up again 用例 国境紛争が―する。

**さいねん-じ【西念寺】** 茨城県笠間市稲田にある寺。もと浄土真宗大谷派、現在は単立寺院。親鸞が『教行信証』を執筆した黒木草庵に始まるという。稲田御坊。

**さい-のう【才能】** 物事を理解し、実行する能力。ability 用例 すぐれた―の持ち主。芸術の―をのばす。

**さい-の-かみ【▼塞の神・▽道▽祖神】** →さえのかみ(塞の神)

**さい-の-かわら【▼賽の河原】** ①《仏教語》三途の川の河原。死んだ子どもが、ここで父母の供養に石を積んで塔を造るのを、鬼が来て崩す。積んでは崩される苦しみを続けるという。②きりのない、むだな努力。

**さい-の-め【▼賽の目・▼采の目】** ①さいころの六面の一から六までの点。pip ②さいころぐらいの小さな立方体。small cube 用例 豆腐を―に切る。

**さいのめ-ぎり【▼賽の目切り】** 料理で、材料を賽(=さいころ)の形に切ること。ふつうは、一・五cm角ぐらい。

**さいのろ-ジー**《俗語。サイコロジー(=心理学)のもじり》妻にあまいこと・男。

**さい-はい【再拝】**(名・サ変他) ①丁寧に二度敬礼すること。bow twice ②手紙の終わりに置くあいさつ語。

**さい-はい【▼采配・▼采▽幣】** ①戦場で大将が指揮に用いた道具。細く切った厚い紙を房にし、柄をつけたもの。②転じて、指図すること。指揮。命令。command

**采配を揮う**(さいはいをふるう) 先頭に立って指揮・監督する。指図する。采配を取る。command

**さい-はい【▼儕輩】** 仲間。同輩。同僚。せいはい。

**さい-ばい【栽培】**(名・サ変他) 植物、とくに作物を植えて育てること。cultivation 用例 温室―。

**さいばい-ぎょぎょう【栽培漁業】** 種苗生産や放流などにより、自然の生産力を利用しながら漁業資源の増大をはかる水産生物の生産方式。つくる漁業。cultivated fisheries

**さいばい-げんかい【栽培限界】** 農作物の栽培の可能な地域的限界。各作物によって適した気候があり、栽培限界は異なる。margin of cultivation

**さいばい-しょくぶつ【栽培植物】** 食用・薬用・飼料用・観賞用・工芸用・建築用、その他特定の目的のために栽培される植物。cultivated plant(species)

**さいはい-らん【▼采配▼蘭】** ラン科の多年草。山林にはえ、鱗茎から狭い長楕円形葉を一枚出す。春、花茎に黄褐色花を多数つける。花の下垂したようすが采配に似る。鱗茎は薬用。

**さいはく【西伯】**〈町〉 鳥取県西部、島根県に接する町。法勝寺川流域の稲作を中心に農業が行われる。人口八六二四(一九八八)。



↓ 行き先項目、図版・写真参照印。 JIS 日本工業規格情報交換用漢字符号コード(区点コード)。

●裁判② 日本の裁判の審級制度

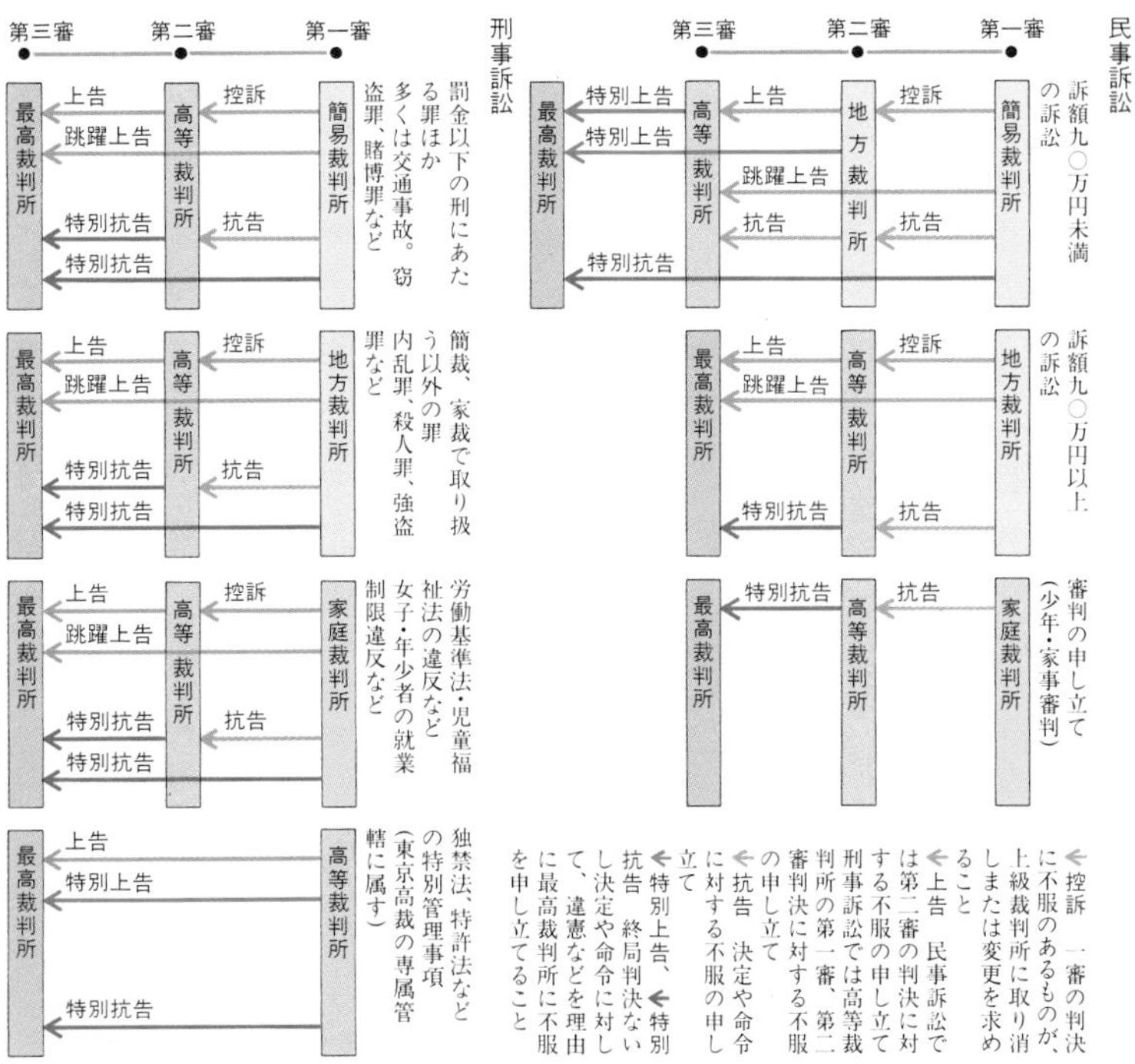


**さい-ばし【菜▾箸】** 菜(＝おかず)を器に取り分けるはし。また、料理を作るときのはし。

**さい-はじ・ける【才▿弾ける】**(下一自) 小利口である。

**さい-ばし・る【才走る】**(五自) 才知がはたらきすぎる。才気にあふれる。too clever

**さいは-じん【歳破神】** 陰陽道で八将神の一つ。方角をつかさどる凶神で土星の精とされ、太歳の反対に位置し、この方角での土木工事や移転などはよくないとされる。歳破。

**さい-はつ【再発】**(名・サ変自) 病気・事故などが、また発生すること・起こること。relapse

**ざい-ばつ【財閥】** コンツェルンの日本型特殊形態。同一の資本系統下に一族・一門を結集し、その資本力を通じて経済界に支配的地位を占めた。戦前の三井・三菱・住友・安田など。financial group; zaibatsu 比較軍閥。

**ざいばつ-かいたい【財閥解体】** 第二次大戦後、占領軍の日本に対する経済の民主化政策の一つ。財閥を中心とする独占的経済体制が軍国主義を支えたとして、これを解体・分散させた。

**さい-はて【最果て】** ①陸地で、もっとも端のところ。用例 ―の地。②終わりになるところ。最終。最後。いやはて。the farthest limit

**サイバネティックス【cybernetics】**《アメリカの数学者ウィーナーがギリシア語kybernetes(舵手)にちなんで命名》生物と機械との間の自動制御と通信の問題を統一的に扱う学問。コンピューター・オートマトンなどの理論と関連し、社会学・経済学などにも適用される。

**さいばら【催馬▿楽】** 平安時代に発達した歌謡。民謡などが雅楽風に編曲され、貴族の遊宴などに用いられたもの。箏・笙などで伴奏する。

**さい-はん【再犯】** ①ふたたび罪を犯すこと。repetition of the offence ②刑法上、懲役に処せられた者が、その執行終了後または執行の免除のあった日から五年以内に罪を犯し、有期懲役に処せられること。repetition of the offence

**さい-はん【再版】**(名・サ変他) 既刊の出版物を、同一の紙型・原版によってふたたび出版すること。重版。reprint 比較初版。

**さい-ばん【裁判】**(名・サ変他) ①さばくこと。judgement ②国家機関が、法に基づいて争いごとを審理し、判断を下すこと。とくに、裁判所が行う訴訟行為とその手続き。後者は、内容から民事裁判・刑事裁判などに、形式から判決・決定・命令の三つに分類される。trial ↓図

**さい-ばん【歳晩】** 年の暮れ。年末。歳暮。

**さいはん-かかく【再販価格】**「再販売価格」の略。

**さいばん-かがく【裁判化学】** 犯罪事件に関係した毒物その他の証拠品の化学的検査などを目的とする化学の一分野。forensic chemistry

**さいばん-かん【裁判官】** 裁判所で裁判事務を行う特別職の国家公務員。最高裁判所長官・最高裁判所判事・高等裁判所長官・判事・判事補・簡易裁判所判事の六種。judge

**さいばんかん-きひ【裁判官忌避】** ↓きひ(忌避)②

**さいばんかん-だんがいほう【裁判官弾▾劾法】** 裁判官の罷免手続きを定めた法律。昭和二二年(一九四七)公布。Impeachment of Judges Act

**さいはん-けいやく【再販契約】**《「再販売価格維持契約」の略》生産者がその製品を販売する業者に対し、あらかじめ設定した卸・小売価格を維持することを約束させる契約。resale price maintenance contract

**さいばん-けん【裁判権】** 国が裁判所を通じて法律上の争いを処理し、関係者を服従させる権能。jurisdiction

**さいばん-しょ【裁判所】** さまざまの争訟に対して司法権を行使する国家機関。最高裁判所・高等裁判所・地方裁判所・家庭裁判所・簡易裁判所がある。court

**さいばんしょ-しょきかん【裁判所書記官】** 裁判所で口頭弁論調書・公判調書などの書類の作成・保管事務を行う職員。court clerk

**さいはん-せいど【再販制度】**《「再販売価格維持制度」の略》独占禁止法の不公正な取引を排する原則の例外として、公正取引委員会が生産者と販売業者の再販契約を認めた制度。書籍・雑誌・レコードや一部の医薬品・化粧品のような、安売りなどにより品質低下のおそれのあるものについて適用される。resale price maintenance system

**さいばん-ちょう【裁判長】** 裁判官の合議で裁判を行うとき、その合議体を代表する裁判官。弁論の指揮、法廷秩序の維持などの権限をもつ。chief judge

**サイパン-とう【サイパン島】**(Saipan Island) 太平洋西部、マリアナ諸島の主島。面積一八五㎢。第二次大戦後、アメリカの信託統治領を経て自治領。

**サイパンとう-せん【サイパン島戦】** 太平洋戦争末期、日本のサイパン島守備隊と米軍攻略部隊の戦闘。昭和一九年(一九四四)六月の米軍上陸ののち激戦を展開。日本軍の玉砕後、市民・婦女子らも自決。

**さいばん-の-こうかいげんそく【裁判の公開原則】** 裁判の対審や判決は、公開法廷でなされなければならないとする原則。憲法第八二条で規定されている。

**さいはんばい-かかく【再販売価格】** ある品物の買い手がさらに他者に販売するときの価格。製造者が卸商に売った品物の卸値、卸商が小売商に売った品物の小売値など。再販価格。resale price

**さいばん-ひはん【裁判批判】** 現在進行中の裁判に対する外部からの批判。判決に対する影響という観点から賛否両論がある。criticise on trial

**さいばん-りこん【裁判離婚】** 協議離婚が成立せず、夫婦の一方が他方の意思に関係なく、裁判により離婚を求めること。また、それによって成立した離婚。judicial divorce

**さいばんをうける-けんり【裁判を受ける権利】** 憲法で保障される基本的人権の一つ。何人も裁判所で裁判を受けることを拒絶されず、また、刑事裁判によらなければ罰せられない。right of access to courts

**さい-ひ【採否】** 採用と不採用。adoption or rejection 用例 ―の決定。

**さい-ひ【歳費】** ①一年間の費用。annual allowance ②国会議員に対し一年間に支給される報酬。annual allowance

**さい-び【細微】**(形動) ①こまかく小さいさま。minute ②身分の卑しいさま。微賤。mean

**ざい-ひ【在否】** いるかいないか。在宅と留守。presence or absence

**さい-ひつ【才筆】** うまい文章。それを書く才能。brilliant pen

**さい-ひつ【細筆】** ①ほそい筆。hair pencil ②細かい字を書くこと。writing small characters

**さい-ひょう【砕氷】**(名・サ変自) 氷を砕くこと。ice breaking

**さいひょうか-ぜい【再評価税】** 財産税の一つ。企業資産とそれを時価で再評価したときの差額を課税標準として課される租税。昭和二五・二六・二八・三二年(一九五〇・五一・五三・五七)に実施。tax on write-up 参照資産再評価。

**さいひょう-せん【砕氷船】** 海面の結氷を砕いて進む、特殊設備をもった船。icebreaker ↓写

●砕氷船 南極を航行する砕氷船「しらせ」。

**さいひん-ち【最頻値】** ↓モード④

**さいひん-こく【最貧国】** ↓エムエスエーシー(MSAC)

**さい-ふ【財布】** 金銭を入れ携行する袋物の総称。札入れ・小銭入れ・がまぐちなどがある。江戸時代、貨幣経済が発達し、使われた布製の財宝入れが語源。purse; wallet

**財布の口が堅い**(さいふのくちがかたい) けちで、なかなか金を出さない。締まり屋である。economical

**財布の口を締める**(さいふのくちをしめる) 支出を切り詰める。無駄遣いをしない。財布の紐を締める。be thrifty

**財布の尻を押さえる**(さいふのしりをおさえる) 「財布の紐を握る」と同意。

**財布の底をはたく**(さいふのそこをはたく) 所持金を全部使う。財布をはたく。empty one's purse

**財布の紐が長い**(さいふのひもがながい) けちで金を出そうとしない。

**財布の紐が緩む**(さいふのひもがゆるむ) ①買いたくなる。買おうという気が起こる。②つい、無駄に金を使ってしまう。また、金遣いが荒くなる。loosen one's purse

**財布の紐を頸に懸けるよりは心に掛けよ**(さいふのひもをくびにかけるよりはこころにかけよ) 金をとられないように用心するより、無駄遣いしないようにせよ。

**財布の紐を握る**(さいふのひもをにぎる) 金の出し入れの権限をもっている。財布の尻を押さえる。have a control over budget

**財布をはたく**(さいふをはたく) 「財布の底をはたく」と同意。

**さい-ふ【採譜】**(名・サ変他) 音楽の旋律や曲調を楽譜に書き取ること。writing melody on music paper

**さい-ふ【細布】** 天竺木綿の一種。金巾と粗布との中間の厚さで二〇～二六番手の糸を使用。広幅の輸出用が多い。夏服地やシーツなどに使用。

**さい-ふ【▽割符】** 中世の一種の為替手形。遠距離間の取引に利用した。のちに商取引全般に利用。わりふ。切符。

**さい-ぶ【細部】** こまかい部分。details 用例 ―にわたる。

**ざい-ふ【在府】**(名・サ変自) 江戸時代、大名やその家臣が江戸に在勤していること。対義 在国。

**サイフェルト【Jaroslav Seifert】**(一九〇一～八六) チェコスロバキアの詩人。軽快な民謡風の詩で愛唱された、反体制の詩人。一九八四年ノーベル文学賞受賞。詩集『お母さん』など。

**サイフォン【siphon】** →サイホン

**さい-ふく【祭服・斎服】** 祭りのとき、祭主や神官が着る衣服。→写

●祭服 出雲大社大祭礼(島根県)。

**さい-ぶつ【才物】** 才能のある人。才子。才人。talented person 対義 鈍物。

**ざい-ぶつ【財物】** ①金銭と品物。ざいもつ。property ②刑法上、窃盗・詐欺・横領などの財産犯の対象となるもの。③法律上、財産権の目的となるすべてのもの。property

**ざいふり-ぼく【▼采振木】** 山地にはえるバラ科の落葉小高木。葉は楕円形で細鋸歯がある。春に、枝先に総状五弁の白花が咲く。花穂の風に揺れるようすを采配に見立てた。

●ザイフリボク

庭木・生け花に用いられる。シデザクラ。→写

**サイプレス【cypress】** イトスギの英名。

**さい-ぶん【祭文】** →さいもん(祭文)

**さい-ぶん【細分】**(名・サ変他) こまかく分けること。subdivision 対義 大別。

**さい-ぶんぱい【再分配】**(名・サ変他) 文化人類学や経済学の概念で、財の配分にあたり、中心に一度集められた財が、その後ふたたび分配されること。re-distribution

**ざい-べい【在米】**(名・サ変自) アメリカ国内に外国人が住んだり、滞在したりしていること。また、外国の物品などがあること。be in the USA

**さい-べつ【細別】**(名・サ変他) こまかに区別すること。subdivision 対義 大別。

**さい-へん【再編】**(名・サ変他) 編成しなおすこと。再編成。reorganization

**さい-へん【砕片】** かけら。破片。fragment

**さい-へん【細片】** こまかなかけら。

**さい-ぼ【歳暮】** 年のくれ。歳末。せいぼ。year-end

**さい-ほう【再訪】**(名・サ変自) ふたたびおとずれること。revisit

**さい-ほう【西方】** ①西の方。west ②「西方浄土」の略。

**西方を誦す**(さいほうをずす) 西方浄土往生を祈願して、念仏を唱える。

**さい-ほう【採訪】**(名・サ変他) 資料などを集めるために、よその地に出向くこと。用例 民話―の旅。

**さい-ほう【裁縫】**(名・サ変自) ①衣服を仕立てるための裁断・縫製などの一連の作業。sewing ②家庭でする和裁。針仕事。sewing; needlework

**さい-ぼう【才望】** 才知と人望。wit and popularity

**さい-ぼう【細胞】** ①すべての生物体を構成する基本単位。細胞質とそれを包む細胞膜、細胞内を満たす液胞・核・細胞小器官からなる。分裂することにより自己を複製する。cell ②左翼系の組織的な政治活動などをする場合の最小単位の旧称。cell →図

**ざい-ほう【財宝】** 財産と宝物。たから。treasure 用例 金銀―。

**財宝は地獄の家苞**(ざいほうはじごくのいえづと) 財宝をためこんでも、死んでしまえば地獄に行くときのみやげになるだけだというたとえ。

**さいぼう-いでんがく【細胞遺伝学】** おもに染色体の形態・構造ならびに挙動といった細胞学的側面から遺伝現象を解明する遺伝学の一分野。cytogenetics

**さいぼう-えき【細胞液】** 植物細胞の液胞をみたしている液体。種々の無機塩類・糖・有機酸・色素・タンニンなどを含む。cell sap

**さいぼうがい-しょうか【細胞外消化】** 動物が、細胞の外、おもに消化管内で消化をすること。extracellular digestion 対義 細胞内消化。

**さいぼう-かく【細胞核】** 細胞内にあって、遺伝情報源であるDNAの大部分を含む細胞小器官。この核が周囲の細胞質と明確に隔てられているかどうかで、真核細胞と原核細胞に分かれる。cell nucleus

**さいぼう-がく【細胞学】** 細胞の形態や機能を、その生理・分化・遺伝との関連において研究する生物学の一分野。cytology

**さいぼう-かんげき【細胞間▼隙】** 植物の生長にともなって組織中に生じたすきま。成熟した柔組織に多い。ガス交換、粘液や油脂の貯蔵に役立つ。intercellular space

**さいぼうかん-ぶっしつ【細胞間物質】** 細胞と細胞の間をみたす物質。細胞により生産されるたんぱく質多糖類で、結合組織や骨組織などの性質をきめる。細胞間質。細胞間基質。intercellular substance

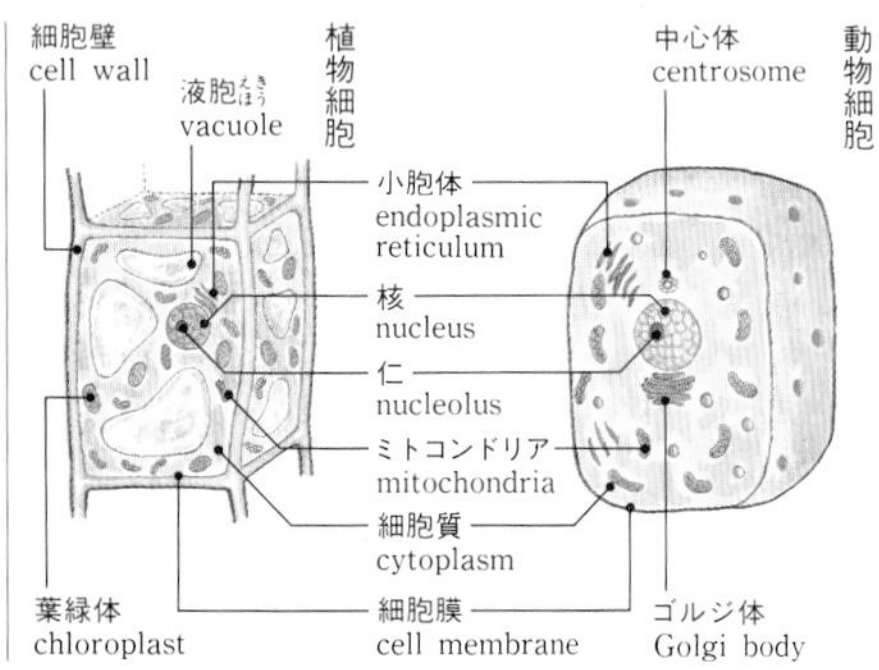


●細胞① 細胞の構造

**さいぼう-がんゆうぶつ【細胞含有物】** 細胞に含まれる生命活動が認められない微小粒子。でんぷん粒・脂肪粒など貯蔵食物の形。cell inclusion

**さいぼう-きかん【細胞器官】** →さいぼうしょうきかん(細胞小器官)

**さいぼう-ぐんたい【細胞群体】** 単細胞生物が多数集まって集団となったもの。四個の細胞からなるイカダモや一〇〇〇個の細胞からなるボルボックスなど。cell colony

**さいぼう-こう【細胞口】** 原生動物の体の前方に位置し、摂食を主とする開口部。口裂。cytostome

**さいぼう-こきゅう【細胞呼吸】** →ないこきゅう(内呼吸)

**さいぼう-こっかく【細胞骨格】** 細胞質に縦横に張りめぐらされ、形態保持と運動に関係する骨格に似た構造。微小管系とミクロフィラメント系がある。cytoskeleton

**さいほう-じ【西芳寺】** 京都市西京区にある臨済宗天竜寺派の寺。前身は、聖武天皇の勅願で行基が創建した西方寺。暦応二年(一三三九)夢窓疎石が再興し、改称。枯山水とよばれる石組みの庭園で知られる。通称、苔寺ともよばれる。→写

●西芳寺 庭園。

**さいぼう-しつ【細胞質】** 細胞を構成する原形質のうち、核以外の部分。各種の細胞小器官や顆粒が含まれる。機能が分業化され、核のもつ遺伝情報に左右されて活動する。cytoplasm →細胞図

**さいぼうしつ-いでん【細胞質遺伝】** 細胞質中の遺伝因子(ミトコンドリアやDNAなど)による遺伝。その形質は、細胞核による遺伝とは独立している。核外遺伝。cytoplasmic inheritance

**さいぼうしつ-きしつ【細胞質基質】** 小胞体・ゴルジ体などの液胞系とミトコンドリア・葉緑体などの膜状構造物との間を埋めている部分。たんぱく質や酵素などを含む。cytoplasmic matrix

**さいぼうしつ-ぶんれつ【細胞質分裂】** 細胞分裂において、核分裂にひき続いて起こる細胞質の分裂。一般に、植物は細胞の内側から分かれ、動物は外側からくびれるように分かれる。cytokinesis

**さいぼう-しょうきかん【細胞小器官】** 細胞内にあって、特定の機能をもった構造単位。ミトコンドリア・葉緑体・ゴルジ体などがこれにあたる。オルガネラ。organelle

**さいほう-じょうど【西方浄土】**《仏教語》西方にあるといわれる、阿弥陀仏の極楽浄土。西方。

**さいぼう-せいぶん【細胞成分】** 細胞に含まれる成分。たとえば、ウニ卵では水七七%、たんぱく質一五%、脂質五%、核酸一・五%、無機質〇・五%。

**さいぼうせい-めんえき【細胞性免疫】** リンパ系細胞が直接、特異的に抗原に作用する免疫反応。体液性免疫のように、体液中に抗体は生じない。cell-mediated immunity 対義 体液性免疫。

**さいぼう-せつ【細胞説】** 細胞が、すべての生物の構造や機能の最小単位であるという説。cell theory

**さいぼうない-しょうか【細胞内消化】** 原生動物などが、細胞内に固形食物をとりこんで消化すること。食細胞性消化。intracellular digestion 対義 細胞外消化。

**さいぼう-ばいよう【細胞培養】** 組織培養の一方法。器官や組織片を一つ一つの細胞に分離し、培養すること。cell culture

**さいぼう-ばん【細胞板】** 植物の細胞分裂の終期に、娘細胞の間に現れる薄い隔膜。ペクチン性の物質で、やがてセルロースが沈着して細胞壁となる。cell plate

**さいぼう-ぶんかくほう【細胞分画法】** 細胞を構成している核・ミトコンドリア・葉緑体などの要素を、それぞれに分ける方法。細胞を破砕し遠心分離で分ける。cell fractionation

**さいぼう-ぶんれつ【細胞分裂】** 細胞が分かれて二個以上の細胞になること。核の分裂と細胞質の分裂は多少時間がずれて起こる。体細胞分裂と、染色体数を半減させ生殖細胞をつくる減数分裂がある。cell division

**さいぼう-へき【細胞壁】** 植物細胞の最上表面をおおう、セルロース・多糖類を主体とした後形質の膜。細胞を保護し、植物体を強固にする。cell wall →細胞図

**さいぼう-まく【細胞膜】** 細胞の外表面を包む原形質性の薄い膜。厚さ八～一〇ナノメートルで燐脂質からなり、選択透過性や能動輸送などの

機能をもつ。原形質膜。cell membrane ↓細胞 図

**さいぼう-ゆうごう【細胞融合】** 複数の細胞が融合して一つの細胞膜を共有し、多核細胞となる現象。植物の品種改良やモノクローナル抗体生産に必須な技術。cell fusion

**サイボーグ【cyborg】**《cybernetics organismの略》脳以外の器官を人工器官と交換した動物、とくに人間。改造人間。宇宙空間や深海などの異常環境への順応を目的とする。一九二九年バナールの人類未来論『宇宙・肉体・悪魔』のなかで、はじめて登場。

**さいぼく-パルプ【砕木パルプ】** 薬品処理をしないで、機械力によってつくったパルプ。グラウンドパルプ。ground pulp

**さい-ほけん【再保険】** ある保険者が引き受けた保険の一部または全部を、さらに他の保険者が引き受けること。危険分散の方法の一つ。reinsurance

**サイホン【siphon】** ＝サイフォン。①液体を液面より高い所を越えて低い所へ移すために用いる曲管。薬物などを容器に移すのに利用する。②コーヒーをたてるガラス製の器具。③ソーダ水を手軽に作るパルブ装置のびん。

**さい-まい【砕米】** 脱穀や精白のときにできる、くだけた米。くずまい。

**ざい-まち【在町】** 城下町・宿場町以外の田舎の町。比較 城下町。

**さい-まつ【歳末】** 年の暮れ。年末。歳晩。year-end

**サイマルカスト【simulcast】** 同じ番組をラジオとテレビで同時に放送すること。

**さい-みつ【細密】**（形動）こまかいさま。綿密。精密。minute 用例 ―画。

**さいみつ-が【細密画】** ↓ミニアチュール

**さいみつ-こうぞう【最密構造】** 同じ半径の球をすきまなく詰めたときにできる構造。金・銅・亜鉛などの結晶の構造。close-packed structure

**さい-みゃく【細脈】** 植物の葉肉中にみられる細い維管束。葉脈でもっとも細いもの。veinlet ↓葉図

**さい-みん【災民】** 災害にあった人々。被災者。難民。sufferer

**さい-みん【細民】** 貧しい人々。the poor

**さい-みん【催眠】** 睡眠に似た一種独特の心理状態(催眠状態)にすること。おもに、言語的な暗示により人工的に誘発される。催眠中の脳波は覚醒時の波形を示す。hypnosis

**ざい-みん【在民】** 国民にあること。resting on the people 用例 主権―。

**さいみん-がい【細民街】** 貧しい人々が集まって住んでいる地区。slum

**さいみん-ざい【催眠剤】** 中枢神経系の機能を抑制してねむけを誘い、睡眠状態に導く薬物の総称。大脳皮質に作用する皮質性催眠剤(ブロムワレリン尿素など)と脳幹に作用する脳幹性催眠剤(バルビツル系薬物)がある。睡眠薬。眠り薬。sleeping pill

**さいみん-じゅつ【催眠術】** 暗示によって眠ったような状態にする術。hypnotism

**さいみん-やく【催眠薬】** ↓すいみんやく(睡眠薬)

**さいみん-りょうほう【催眠療法】** 精神療法の一つ。催眠術により患者の心身をくつろがせ、暗示にかかりやすい意識状態にして行うもの。hypnotherapy

**さい-む【債務】** 債務者が債権者に一定の給付をすべき義務。借金の返済義務など。debt 対義 債権。

**ざい-む【財務】** 財政についての事務。financial affairs

**ざいむ-かいけい【財務会計】** 期間損益と期末の財政状態を、損益計算書・貸借対照表などにまとめて、株主・債権者などの利害関係者に報告するための会計。報告会計。financial accounting 比較 管理会計。

**ざいむ-かんり【財務管理】** 企業の財務の計画・統制や資金調達など、財務に関する管理活動。financial management

**さいむ-しゃ【債務者】** 債権者に対して債務を履行しなければならない人。debtor 対義 債権者。

**ざいむ-しょひょう【財務諸表】** 企業が記録する会計資料を基礎にして作成される会計報告書の総称。貸借対照表・損益計算書・利益処分計算書と財務諸表付属明細書。financial statements

**さいむ-ふりこう【債務不履行】** 債務を負った者が、その契約を忠実に果たさないこと。履行不能・履行遅滞・不完全履行の三種類がある。default

**ざいむ-ぶんせき【財務分析】** ↓けいえいぶんせき(経営分析)

**さいむ-ほしょう【債務保証】** 金融機関や親会社などが、信用不十分な法人・個人の債務を保証すること。guarantee of obligation

**さいむ-めいぎ【債務名義】** 請求権の存在を明確にし、法律によって執行力が付与された公文書。強制執行の基本となる要件。執行名義。

**ざい-めい【在銘】** 刀剣や器物などに、作者の名が入っていること。対義 無銘。

**ざい-めい【罪名】** ①犯罪の種類の名称。charge ②罪があるという評判。

**さいめい-てんのう【▽斉明天皇】** 皇極天皇の重祚名。

**さいめん-の-ぶし【西面の武士】** 院政時代、院の御所の西面に詰め、院の警固に当たった武士。後鳥羽上皇のときに設置。

**さいもうないひ-けい【細網内皮系】** リンパ節など造血器にみられ、古い赤血球や細菌・病原菌などを貪食・消化し、生体を防衛する細胞系。reticuloendothelial system

**さい-もく【細目】** こまかいことを定めた箇条。particular 対義 大綱。

**ざい-もく【材木】** 建築・器具用にする木。木材。wood 数え方 一本・一才・一〆・一石。

**ざいもく-いわ【材木岩】** 柱状で材木を並べたようなさまを示している岩石。安山岩・玄武岩に多い。宮城県白石市の白石川の上流の小原川左岸にある高さ一〇〇m、延長三〇〇mの絶壁は天然記念物。

**さいもっぽ-じょうやく【済物浦条約】** 一八八二年(明治一五)、壬午の変の事後処理のため、済物浦(現在の仁川)において日本・朝鮮間に結ばれた条約。日本側は賠償金とともに、軍隊駐留権や民留地利権の拡張などの権益を獲得。

**さい-もん【▼柴門】** 雑木の小枝を編んでつくった門扉。

**さい-もん【祭文】** ①祭りのとき神前で節をつけて述べることば。祝詞。さいぶん。②↓うたざいもん(歌祭文)。③「祭文語り」の略。

**サイモン【Herbert Alexander Simon】**（一九一六）アメリカの経営学者。近代的組織理論の研究に貢献。一九七八年ノーベル経済学賞受賞。著書『経営行動』など。

**さいもん-かたり【祭文語り】** 歌謡化し、芸能化した祭文を語る人。山伏や辻法師らが錫杖を振り、法螺貝を吹いて、祭文を語り門付けをし、江戸時代には三味線に合わせて歌う大道芸になった。祭文読み。

**サイモンとガーファンクル**（Simon & Garfunkel）アメリカのポピュラー音楽のデュエット。ポール＝サイモンとアート＝ガーファンクルが一九六三年に結成、七三年解散。ヒット曲『明日に架ける橋』など。

**さいもん-どき【彩文土器】** 着色した装飾文様を表面に描いた素焼き土器。新石器時代から金属器時代初めにかけて使用され、世界各地で出土。中国のものは彩陶という。↓写

●彩文土器 『彩色黒陶瓢形壺』。殷時代、遼寧省博物館(中国)。

**さいもん-ぶし【祭文節】** ↓うたざいもん(歌祭文)

**ざい-や【在野】** ①仕官せずに民間にいること。out of office 対義 在朝。②野党の立場にあること。be in the opposition party

**さい-やく【災厄】** わざわい。災難。災禍。disaster

**サイヤン【Louis Saillant】**（一九一〇―七四）フランスの国際的な労働運動指導者。一九四四年レジスタンス全国評議会議長。四五年世界労連初代書記長。

**さい-ゆ【採油】**（名・サ変自）①地下の油層内から原油を取り出すこと。自噴またはポンプで汲み上げる一次採油と、老化した油井に水・ガスなどを圧入して原油を押し出す二次採油がある。get oil ②植物の種などから油をしぼること。extract oil from seeds

**さい-ゆう【再遊】**（名・サ変自）ふたたびその土地へ旅行すること。

**さい-ゆう【西遊】**（名・サ変自）①西のほうへ旅行すること。trip to the west ②西洋へ旅行すること。

**さいゆうき【西遊記】** 中国、明代の小説。中国四大奇書の一つ。明の呉承恩の作。唐の高僧玄奘三蔵がインドへ経文を求めに行った史実に基づく。孫悟空(猿)・猪八戒(豚)・沙悟浄(河童)の三弟子と三蔵法師の一行が、災難に出会い妖怪を退治しながら、天竺から経文を持ち帰ってくる物語。

**さいゆうしゅう-せんしゅ【最優秀選手】** おもに団体スポーツで、その試合や大会・シーズンを通じてもっとも優秀であると評価された選手。MVP。the most valuable player

**さい-ゆしゅつ【再輸出】**（名・サ変他）いったん輸入した原料・半製品の加工品や輸入品を、ふたたび輸出すること。reexportation

**さい-ゆにゅう【再輸入】**（名・サ変他）いったん輸出した原料・半製品の加工品や輸出品を、ふたたび輸入すること。reimportation

**さい-よ【宰予】**（生没年未詳）中国、春秋時代の魯の人。孔門の十哲の一人。字は子我、通称は宰我。弁舌をもって子貢と並称された。

**さい-よう【採用】**（名・サ変他）適当な案・人などをとりあげて用いること。adoption 用例 ―試験。

**さい-よう【▼蔡▼邕】**（一三二―一九二）中国、後漢の学者・書家。六経の文を統一制定した「熹平経石経」を建立。永字八法を神人から授かったという。また、飛白体を創始。

**サイラー【Max Theiler】**（一八九九―一九七二）アメリカの医学者。南アフリカ生まれ。ロックフェラー財団研究員。黄熱ワクチンの研究に貢献した。一九五一年ノーベル生理学医学賞受賞。

**ザイラー【Toni Sailer】**（一九三五―）オーストリアの元スキー選手。一九五六年コルティナダンペッツォ冬季オリンピックの回転・大回転・滑降に優勝、史上初のアルペン三冠王になる。引退後、映画などに出演。

**さい-らい【再来】**（名・サ変自）①ふたたび来ること。the second visit 用例 ―を期す。②生まれ変わり。reincarnation 用例 成吉思汗の―。

**ざい-らい【在来】** ①今までどおりであること。conventional 用例 ―のやり方。②その地に前から存在すること。native

**ざいらい-こうぎょう【在来工業】** 江戸時代以前から続いている土着的な工業。和紙・刃物・漆器など手工業的な家内工業が多い。伝統工業。traditional industry

**ざいらい-しゅ【在来種】** ①その地域に本来土着していた生物。native ②各地方で独自に育成・保存されてきた動植物の品種。local variety(植物); local breed(動物)

**ざいらい-せん【在来線】** 鉄道の新設路線に対し、同一区間に従来から存在していた路線。JRの新幹線に対して従来の本線をいうことが多い。

**サイラトロン【thyratron】** グリッドをもつ熱陰極放電管。グリッド電圧で放電開始時期を制御できる。水銀入りは整流器用、希ガス入りは制御装置用、水素入りはレーダーなどのパルス発生用。

**さいらんいげん【▼采覧異言】** 江戸時代の世界地理書。五巻。新井白石著。正徳三年(一七一三)成立。イタリア人シドッチからの聞き取りなどをもとに世界の地理・歴史を叙述。

**さい-り【▼犀利】**（形動）才知・識見・文章などの鋭いさま。鋭利。

**ざ-いり【座入(り)】** 茶道で、客が茶席に入ること。また、その作法。懐石料理をいただく初座入りと濃茶・薄茶を飲む後座入りがある。席入り。

**サイリスター【thyristor】** 電流の導通または遮断を制御する二つの機能をもった半導体整流素子の総称。サイラトロンに似た働きをするところから命名。インバーター・整流器などに用いられるほか、電動機の速度制御・調光装置などに利用。

**さい-りゃく【才略】** ①才知とはかりごと。resource ②才知に富むはかりごと。知略。tactful plan

**さい-りゅう【細流】** 小さな流れ。ほそい川。small stream

**ざい-りゅう【在留】**（名・サ変自）一時、外国にとどまっていること。reside overseas 比較 在住。用例 ―邦人。

**さい-りょう【宰領】**（名・サ変他）①取り締ま



▼常用漢字表外。 ▽常用漢字表の音訓外。

ること・役。②運送する荷物・人夫の監督。③団体旅行の世話人。

**さい-りょう【最良】** もっともよいこと。最善。the best 対義 最悪。

**さい-りょう【裁量】**(名・サ変他) 自分の考えで任意にさばいて処置すること。discretion 用例 自由—。

**さい-りょう【載量】** 船・トラック・貨車などにつむことのできる最大の重量・容積。積載量。

**ざい-りょう【材料】** ①物をつくるもとになるもの。原料。資材。material 用例 工作の—。よい—を選ぶ。②調べものや研究のもとになるもの。資料。material 用例 研究—の不足。③変化の条件になるもの。相場を上下させる原因。factor 用例 景気上昇の—。

**ざいりょう-さんぎょう【材料産業】** 鉄鋼・アルミニウム・合成繊維・木材・紙などの産業用材料を供給する産業。material industry

**ざいりょう-しけんき【材料試験機】** 工業材料の、外力に対する機械的性質を試験する機械。外力の種類により引っ張り・圧縮・曲げ・ねじり・硬さなどの試験機があり、外力の性質によって静的荷重・衝撃・クリープ・疲れなどの試験機がある。また、一台で幾通りもできる万能試験機もある。material-testing machine

**ざいりょう-りきがく【材料力学】** 工業材料の弾性・塑性・強さなどの性質を調べ、機械や構造物に加わる力の影響などを研究する学問。materials dynamics

**ざい-りょく【財力】** ①お金の威力。金力。financial power ②費用を支出・負担する能力。経済力。solvency

**さい-りん【再臨】**(名・サ変自) キリストが世の終わりにふたたび現れて、救いを完成すること。キリスト教の信仰の重要概念。the Second Advent

**さい-りん【蔡倫】**(生没年未詳) 中国、後漢中期の宦官。蔡侯紙とよばれる現存最古の紙の発明者。

**ザイル【Seil ドイ】** 転落を防ぐための登山用の綱。現在では、マニラ麻に代わり化学繊維のものが主流。rope

**さい-るい【催涙】** 涙腺を刺激して、涙を出させること。lachrymal

**さいるい-ガス【催涙ガス】** 涙腺を刺激して涙を催させる非致死性ガス。目の粘液を冒し、一時的な視力障害を起こすこともある。おもな用途は暴動鎮圧など。tear gas

**さいるい-だん【催涙弾】** 催涙ガスをつめた弾。手または小銃で投射する。各国の警察が暴動鎮圧などに使用。tear-gas grenade

**さい-れい【祭礼】** 祭りの儀式。祭り。祭典。festival

**さいれい-もの【祭礼物】** 歌舞伎舞踊の一系統。祭礼の風俗を描いたもの。清元の『申酉』(山王祭を描く)、『神田祭』など。

**サイレージ【silage】** 牧草・トウモロコシなどの多汁質の飼料作物をサイロにつめて密閉し、乳酸発酵させて貯蔵した飼料。とくに、ウシなどの冬期間の多汁質飼料として重要。エンシレージ。

**サイレン【siren】** ①音響を発生させる装置。時報・警報・信号用。号笛。②《Sirenで》ギリシア神話の怪物セイレン(Seirēn)の英語名。シレーヌ。参照 セイレン。

**サイレント【silent】** ①《silent pictureの略》音声をともなわない映画。無声映画。対義 トーキー。②語のつづりの中で、発音しない文字。黙音。

**サイレント-マジョリティー【silent majority】** 声高に自分の政治的立場を唱えることはせず、中道からやや保守的な考えをもつとされる幅広い一般大衆。一九六九年アメリカのニクソン大統領が演説の中で使った。

**サイロ【silo】** ①穀物・干し草用の塔状の貯蔵所。参照 サイレージ。②セメント・石炭など粒状物を貯蔵する塔状の倉庫。③戦略ミサイル発射用のコンクリート製地下格納庫。↓写

●サイロ① 北海道、夕張郡、長沼町。

**さい-ろう【豺狼】** ①ヤマイヌとオオカミ。②残酷で欲の深い人。rapacious person

**さい-ろう【菜籠】** 食物や野菜などを入れる竹製の編み籠。のちに、茶人の見立てによって花入れや炭取りに用いられるようになった。

**サイロキシン【thyroxine】** ↓チロキシン

**さい-ろく【才六・采六・賽六】** ①でっち。②↓ぜいろく(贅六)

**さい-ろく【再録】**(名・サ変他) ①新聞・雑誌などに発表された文章を、もう一度印刷物として収録すること。reprint ②もう一度、録音・録画すること。rerecord

**さい-ろく【採録】**(名・サ変他) とりあげて記録すること。recording

**さい-ろく【載録】**(名・サ変他) 書きのせること。記載。recording

**さい-ろん【再論】**(名・サ変他) 同じテーマについて、もう一度論ずること。その議論。

**さい-ろん【細論】**(名・サ変他) こまかに論じること。その論。詳論。detailed discussion 対義 概論。

**さい-わ【再話】**(名・サ変他) 昔話・伝説などを、語り口そのままでなく、表現を現代的にするなどして、まとめ直すこと。その話。また、文学作品などを子ども向けにまとめ直すこと。その作品。

**さい-わい【幸い】** 《「さきわひ」の転》 一(名・サ変自) しあわせ。幸運。また、よい方向に作用すること。happiness 用例 不幸中の—。天候が—する。二(形動) 運のよいさま。fortunate 用例 —なことに怪我はなかった。三(副) ちょうどよく。うまい具合に。運よく。fortunately 用例 —間に合った。

**幸いなる哉(さいわいなるかな)** 好運なことである。喜ぶべきことである。幸せなことだ。

**さいわい-ぎ【幸い木】** ①横につった長い木に、ブリ・昆布・柿などの食物を下げた正月飾り。②門松の周りや家の周囲に立て飾る新しい薪。③粥木。祝い棒。

**さいわい-たけ【幸茸】** マンネンタケの別名。古来から縁起ものとして珍重された。

**さいわいに-して【幸いにして】**(副) 運よく。fortunately

**さい-わりびき【再割引】** 一度割り引かれた手形を、中央銀行や他の金融機関がふたたび割り引くこと。rediscount

**さい-わん【才腕】** すぐれたうでまえ。てきぱき処理する能力。ability 用例 —を買われる。

**サイン【sign】**(名・サ変自) ①書類などに自分で自分の名を書くこと。署名。②身ぶりや目くばせなどで相手に意志を伝えること。③スポーツ競技で、監督やコーチと選手、あるいはバッテリーなど選手どうしが、相手に見破られないように作戦を伝える合図。指の形や身ぶりなどで伝える。

**サイン【sine】** ↓せいげん(正弦)

**ざ-いん【座員】** 演劇などの、一座の構成員。member of a troupe

**ザイン【Sein ドイ】** ①実在。現実。existence ②本体。本質。substance 対義 ゾルレン。

**サイン-カー** 《和製語》警視庁が採用している、移動可搬式交通情報表示システムの通称。自動車の上に電光表示板をのせ、移動しながら要所で交通情報を提供。規制や案内にあたるもの。

**サイン-ブック** 《和製語》署名帳。サイン帳。autograph album

**サイン-プレー** 《和製語》野球などの球技で、監督や選手どうしが出したサインに従って行う緻密なプレー。

**サイン-ペン** 《和製語》筆記用具の一つ。おもに水性のインクを含ませた保持体を軸状の容器に入れ、繊維性の芯をペン先にするもの。felt-tip pen

**ざ-う【座右】** ↓ざゆう(座右)

**ザウアー【Emil von Sauer】**(一八六二〜一九四二) ドイツのピアニスト・作曲家。最後のリスト直系の演奏家として知られ、典雅な演奏が特徴。

**ザウアークラウト【Sauerkraut ドイ】** ドイツ名物の、酸味のある漬物。キャベツを細く切って塩漬けにし、発酵させる。フランス語ではシュークルート。sauerkraut

**サヴィニー【Friedrich Karl von Savigny】** ↓サビニー

**サウジ-アラビア【Saudi Arabia】**(Kingdom of Saudi Arabia) 西アジア、アラビア半島の大部分を占める王国。首都リヤド。一九三二年イギリスから独立。アラビア砂漠とステップが国土の大きな面積を占める。石油の生産量が多く、埋蔵量も世界一。聖地メッカ・メディナがある。面積二一五万$km^2$。人口一二〇一万(一九八六)。正称サウジアラビア王国。

**サウジー【Robert Southey】**(一七七四〜一八四三) イギリスの詩人・批評家。ロマン派的異国趣味の作品を書いた。物語詩『ジャンヌ=ダルク』、史伝『ネルソン伝』など。

**サウスオークニー-しょとう【サウスオークニー諸島】**(South Orkney Islands) 大西洋南西部、南極海のウェッデル海北端の二島と付属島群。イギリス領。

**サウス-オーストラリア【South Australia】** オーストラリア南部の州。州都アデレード。牧羊が主で、周辺に銅・鉄などの鉱産資源が豊富。人口一三四・七万(一九八三)。

**サウス-カロライナ【South Carolina】** アメリカ南東部、大西洋岸地方の州。州都コロンビア。独立当時の一三州の一つ。織物工業がさかん。人口三一二・二万(一九八〇)。

**サウスサンドウィッチ-しょとう【サウスサンドウィッチ諸島】**(South Sandwich Islands) 大西洋南部、南極海のウェッデル海北部の小火山島群。イギリス領。

**サウスシェトランド-しょとう【サウスシェトランド諸島】**(South Shetland Islands) 大西洋南西端、南極半島とドレーク海峡間の五島と付属島群。イギリス領。

**サウスジョージア-とう【サウスジョージア島】**(South Georgia Islands) 大西洋南西部、イギリス領フォークランド諸島中の大島。面積三七五六$km^2$。

**サウス-ダコタ【South Dakota】** アメリカ中北部の州。州都ピーア。ライ麦・小麦などの生産と牧畜がさかん。人口六九・一万(一九八〇)。

**サウス-ベンド【South Bend】** アメリカ中北部、インディアナ州中北部の都市。自動車工業が発達。人口一一万(一九八〇)。

**サウスポー【southpaw】** 野球で左投げの投手。左腕投手。

**サウド-け【サウド家】** サウジアラビアの王室。一八世紀以来の王家だが、一九世紀初めと末期の二度にわたり衰滅。一九〇二年にリヤドを奪回したアブドゥル=アジーズが二一年第三次王国を確立。一九二七年イギリスの援助で独立、三二年国名をサウジアラビアとした。the House of Sa'ud

**サウナ【sauna】** フィンランド発祥の蒸し風呂。浴室内の空気を熱し、発汗により余分な脂肪や水分をとる。サウナ風呂。

**サウナ-ぶろ【サウナ風呂】** ↓サウナ

**さうら・ふ【候ふ】** 古語 (四自) ↓そうろう(候う)

**サウン【saung】** ビルマの撥弦楽器。日本では「ビルマの竪琴」として知られる。ひざの上にのせて指ではじく。ツァウン。

**サウンド【sound】** 音響。音声。

**サウンド-エフェクト【sound effects】** 音響効果。擬音。

**サウンド-オブ-ミュージック【The Sound of Music】** アメリカのミュージカル。作曲ロジャーズ、台本ハマースタイン二世ほか。オーストリアのトラップ一家の実話の舞台化。一九五九年初演。六五年映画化。↓写

●サウンド-オブ-ミュージック 映画。ロバート=ワイズ監督、ジュリー=アンドリュース主演。



↓ 行き先項目、図版・写真参照印。 JIS 日本工業規格情報交換用漢字符号コード(区点コード)。

**サウンド-トラック**［sound track］①映画用フィルムの端に焼きつけた、磁気または光学式録音帯。②①から収録した映画音楽のレコード・テープ。用例——盤。

**サウンド-ボックス**［sound box］①共鳴箱。②蓄音機で、レコード針で金属膜を振動させ音を再生させる装置。③弦楽器などの共鳴胴。

**さえ【▼冴え・▼冱え】**澄みきること。be skilled; clear 用例わざの——。

**さえ**（副助）《体言、活用語の連用形、その他種々の語に付く》①一つの事をとりあげて、他を推しはからせる意を表す。すら。even 用例歩くこと——できない。犬で——恩を知る。②条件の表現で、それとかぎって強調し、他は必要でない意を表す。only 用例これ——あればよい。君——よければ出かけよう。③付け加える意を表す。まで。までも。besides 用例風が吹くうえに雨——降り出した。参考古語の「さへ」は③の意で用いられる。

**ザエ** 3画【▽才】部首［扌］教育小2 JIS 2645
音サイ・ザイ・ザエ
筆順↓サイ［才］
《字音「サイ」の転》①学問。学問の能力。特に、漢学の知識。対義魂。用例（名）かたち心ざまよき人も、——なくなりぬれば、しなくだり（徒然・一）。②芸能。技能。用例（名）琴ひかせたまふことなん一の——にて（源氏・絵合）。↓サイ［才］

**さえ-かえ・る【▼冴（え）返る】**（五自）①すっかりさえる。be clear 用例月が——。②よく晴れて寒さが厳しくなる。be bitterly cold 用例——った信州の冬。

**さ-えき【差益】**売買の決済で生じる利益。margin 対義差損。

**さえき【佐▽伯】**〈町〉岡山県東部、吉井川中流の町。古く高瀬舟の船着き場として栄えた。農業がさかん。人口四七九六（一九八八）。

**さえき-たかお【佐▽伯▽孝▽夫】**（一九〇二〜八一）作詞家。東京生まれ。早大卒。西条八十に師事。作品『有楽町で逢いましょう』『いつでも夢を』など。

**さえき-ゆうぞう【佐▽伯▼祐▽三】**（一八九八〜一九二八）洋画家。大阪生まれ。東京美術学校卒。渡仏しブラマンクに師事。情感あふれるパリの街景を描く。作品『カフェのテラス』『ガス灯と広告』など。↓写

**さえ-ぎ・る【遮る】**（五他）①へだててむこうを見えなくする。block 用例カーテンで——。②邪魔をする。へだてて止める。interrupt 用例話を——。道を——。

**さえ-ざえ（と）【▼冴え▼冴え（と）】**（副）すみきって、あざやかなさま。clearly and vividly

**さえずり【▼囀り】**①鳥がしきりに鳴くこと。また、その声。twitter ②ぺちゃくちゃしゃべること。また、その声。chatter

**さえず・る【▼囀る】**㊀（五自他）①小鳥がしきりに鳴く。sing; chirp ②女・子どもが、さわがしくしゃべる。chat ㊁古語（四自）①節をつけてうたう。②耳なれないことばで、しゃべる。用例聞きも知らぬことを——・りあひて（宇治拾遺・一五）。

**さ-えだ【▽小枝】**小さい枝。こずえ。twig

**さ-えつ【査閲】**（名・サ変他）実際に調べ見ること。inspection

**さえ-の-かみ【▼塞の神・▽道▽祖神】**村境や分かれ道にあって、通行人を守り、悪霊・悪疫などの侵入を防ぐ神。さいのかみ。岐の神。道祖神。

**さえもん-ふ【左▽衛門府】**↓えもんふ（衛門府）

**さ・える【▼冴える・▼冱える】**（下一自）①光・音・色などが、純粋で、はっきりしている。be clear 用例月光が——。顔色が——・えない。②技があざやかである。be skilled 用例腕が——。③ひえる。be cold 用例霜の——・えた庭。——・えた冬の晩。④頭の働きや神経が鋭くなる。神経がたかぶる。keen; excited 用例目が——・えて、眠れない。

**さえ-わた・る【▼冴（え）渡る】**（五自）①一面にさえる。be clear all over ②月がくまなく澄む。be bright

●佐伯祐三『ガス灯と広告』。昭和二年（一九二七）、東京国立近代美術館。

**さお【▼竿・▼棹】**㊀（名）①枝や葉を取り除いた竹。物ほし・釣り・旗に使用。bamboo pole ②水底を押して船を進める竹や木の棒。pole ③三味線の細長い柄の部分。転じて三味線。neck ④まっすぐな形になったもの。stright; slender pole 対義かぎ。⑤たんすや長持などをかつぐさいに上に付けて使う棒。⑥秤竿。beam ⑦間竿。㊁（助数）たんす・三味線・ようかん・旗などを数える語。↓三味線図

**棹舵干さず**（さおかじほさず）舟が常に通航して、舟をこぐ道具を干すひまがない。舟が絶えず行き来するさまにいう。

**さ-おう【▼沙翁】**シェークスピアのこと。しゃおう。

**ざおう【▽蔵王】**〈町〉宮城県南西部、蔵王山麓の町。桃・ナシの産地。ニジマス養殖も行う。遠刈田温泉があり、遠刈田こけしが有名。人口一万四三五四（一九八八）。

**ざおう-エコーライン【▽蔵王エコーライン】**宮城県蔵王町と山形県上山市を結ぶ有料道路。長さ二六㎞。昭和三七年（一九六二）開通。

**ざおう-おんせん【▽蔵王温泉】**山形市南東部、蔵王山中腹の温泉。蔵王登山やスキーの根拠地としてにぎわう。

**ざおう-ごんげん【▽蔵王権現】**金峰山寺蔵王堂の本尊。役行者が金峰山で修行中に感得したという悪魔降伏の菩薩。右手に三鈷杵を持ち、右足をあげた忿怒の相で表される。

**ざおう-ざん【▽蔵王山】**宮城・山形両県にまたがる火山群。最高峰は熊野岳で標高一八四一m。樹氷で知られ、スキー場でも有名。蔵王エコーラインと蔵王ハイラインが通じる。

**ざおう-どう【▽蔵王堂】**奈良県吉野郡吉野町にある金峰山寺の本堂。本尊に蔵王権現を祭る。

**さお-がしら【▼竿頭】**釣り大会などで、えものがいちばん多い人。

**さお-さ・す【▼棹さす・▼竿さす】**（五自）①さおをさして船を進める。punt ②物事がぐんぐん進む。advance ③勢いに乗る。乗ずる。take advantage of

**さ-おしか【▽小▼牡▼鹿・▽小▽男▼鹿】**《「さ」は接頭語》おすのシカ。

**さお-だか【▼竿▼鷹】**狩りの方法の一つ。飼いならした隼を使って、鴨などをとる。

**さお-だけ【▼竿竹】**物干しなどに使う、枝や葉をとりのぞいた竹。さお。bamboo pole

**さお-だち【▼棹立ち】**（名・サ変自）馬などが、後肢でつっ立つこと。棒立ち。bolt upright

**さお-づり【▼竿釣（り）】**釣りざおを用いて魚を釣ること。比較手釣り。

**さ-おとめ【早乙女・▽早▽少女】**田植えをする女性。もとは田主の娘が田植えの祭儀の神役に奉仕したもの。そうとめ。

**さおとめ-ばな【早乙女花】**ヘクソカズラの別名。

**さお-ばかり【▼竿秤・▼棹▼秤】**てこの原理を利用したはかり。目盛りざおにつけた紐を支点とし、さおの一方にはかる物をつけ、もう一方のおもりを動かして、さおが水平になったときの目盛りで重さがわかる。棒ばかり。beam balance 比較さらばかり。

**さお-ひめ【佐保姫】**奈良県の佐保山を神格化した、春を司る女神。佐保山は奈良の東にあり、東は四季でいうと春に当たることから。対義竜田姫。

**さお-もの【▼棹物】**棒状の和菓子。ようかんやういろうなど。

**さ-おり【▽早下り】**田植えはじめの日の祝い。荒神棚や竈などに三把の苗を供えて祭る。早開き。対義早上り。

**さおり【佐織】**〈町〉愛知県西部、津島市の北に接する町。佐織縞の発祥地で毛織物の機業地。人口二万二一六七（一九八八）。

**さか【坂・▼阪】**①一方が高くなっていて他方が低くなっている道。上り、また下る道。slope 用例急な——。②物事の境目にたとえる語。用例五〇の——を越す。

**さ-か【茶菓】**茶と菓子。ちゃか。tea and cakes 用例——の接待。

**さか【坂】**〈町〉広島県南部、広島湾に臨む町。都市化・工業化が進む。野菜栽培のほかカキ養殖がさかん。人口一万三四〇一（一九八八）。

**さが【▽性】**①生まれつき。one's nature 用例なんぢが——のつたなきを泣け（野ざらし紀行）。②ならわし。ならい。custom 用例浮世の——。

**さが【佐賀】**〈県〉九州地方北西部の県。県庁所在地は佐賀市。北部は筑紫山地、南部は筑紫平野が占める。有明海沿岸部は鎌倉末期からの大干拓地。稲作・果樹栽培などの農業県。有明海の海苔の養殖や有田・唐津・伊万里の窯業は有名。面積二四三三㎢、人口八八万四〇九二（一九八八）。

**さが【佐賀】**〈市〉佐賀県南東部、佐賀平野の中心にある市。県庁所在地。江戸時代に鍋島氏の城下町として発展。農産物の集散地、工業もさかん。人口一六万六四四八（一九八八）。

**さが【佐賀】**〈町〉高知県南西部、土佐湾に臨む町。カツオ・イセエビ・アワビ漁、ポンカン栽培がさかん。人口四九九八（一九八八）。

**さが【▼嵯▼峨】**京都市右京区、京都市街の西方、桂川をはさんで嵐山に対する一帯。広沢池・大沢池・大覚寺・清涼寺・天竜寺などがある。

**サガ**［Saga］《語りもの、の意》①主としてアイスランドで発達した、北欧中世の散文文学の総称。長短約二〇〇編が現存。内容は歴史記述から、有力な一族や個人の業績、空想的物語までを含む。成立はおもに一二世紀末から一四世紀半ばごろまで。②一家や一社会の歴史を描く長編小説。

**ざ-か【座下】**①座席のあたり。②手紙で、あて名の脇に記す敬語。机下・案下の類。

**ざ-が【座▼臥・▼坐▼臥】**（名・サ変自）①すわることと寝ること。起居。②日常生活。平生。用例行住——。

**さか-あがり【逆上がり】**器械体操で、鉄棒にぶらさがり、両足をあげて足と尻から鉄棒に上がること。尻上がり。

**ザカート**［zakāt アラビア］《浄め、の意》イスラム法に定める、信者の行うべき五行の一つとしての喜捨。神への奉仕の義務とされる。

**さかい【境・▽界】**①物と物とが接する所。border 用例陸と海の——。②土地のくぎり。しきり。boundary 用例隣町との——の川。③物事の分かれ目。せとぎわ。border line 用例生死の——。④ある範囲の場所。place 用例神秘の——。⑤心境。境地。mental state 用例老少不定の——。

**さかい【坂井】**〈町〉福井県北部、福井平野の町。水田が多く、稲作がさかん。人口一万一五三〇（一九八八）。

**さかい【坂井】**〈村〉長野県北部、上田市西方の村。稲作・肉牛飼育などの農業を主とする。人口一八八九（一九八八）。

**さかい【▼堺】**〈市〉大阪市南隣の市。商工業都市。室町時代以後、明や南蛮との貿易港として繁栄、自由都市が形成された。近代工業のほか、敷物・刃物などの伝統工業がある。人口八〇万七六八〇（一九八八）。

**さかい【境】**〈町〉茨城県南西部、利根川と江戸川の分岐点の町。河港として栄え、農村としても発達。人口二万六七八六（一九八八）。

**さかい【境】**〈町〉群馬県南部、伊勢崎市東隣の町。旧宿場町・河港。養蚕で繁栄。農業のほか繊維・電気機器工業もさかん。人口二万九六八三（一九八八）。

**さかい**（接助）《方言》関西などで用いられ、理由を表す。…から。…ので。用例そや——止めなはれと言うたのに。

**さかいがわ【境川】**〈村〉山梨県中部、甲府盆地南東端の村。ブドウ・桃などの果樹栽培がさかん。人口四三八〇（一九八八）。

**さかいすじ【▼堺筋】**大阪市南区長堀付近から、東区北浜にかけて南北に走る大通り。地下鉄堺筋、本町駅を中心に繁華街を形成。

**さかいだ-かきえもん【酒井田▼柿▽右▽衛門】**佐賀県有田の陶家。作品は乳白の素地に赤を主とした瀟洒な色絵文様を施したものが多い。江戸時代の初代柿右衛門は赤絵磁器の始祖。↓写

●酒井田柿右衛門『色絵花鳥文大深鉢』。江戸時代(一七世紀)、東京国立博物館。

**さかい-ただきよ【酒井忠清】**(一六二四〜八一) 江戸初期の大名。上野国厩橋(現在の前橋)一〇万石(のち一五万石)。将軍徳川家綱の大老として幕政の実権を掌握。

**さかい-ただつぐ【酒井忠次】**(一五二七〜九六) 安土桃山時代の武将。徳川家譜代の家臣。徳川四天王の一人。家康に従って諸合戦に戦功をあげ、信州一二郡を支配。

**さかいで【坂出】**〈市〉香川県北西部、瀬戸内海に臨む市。製塩の町として栄えたが、工業都市に転換。瀬戸大橋の四国側架橋地点。人口六万五九一三(一九八八)。

**さかい-としひこ【堺利彦】**(一八七〇〜一九三三) 社会主義者。福岡県生まれ。号は枯川。幸徳秋水らと『平民新聞』を発刊。明治三九年(一九〇六)日本社会党を結成。さらに日本共産党創立に参加、のち社会民主主義に転ずる。

**さかい-ほういつ【酒井抱一】**(一七六一〜一八二九) 江戸後期の画家・俳人。本名は忠因。江戸の人。姫路藩主酒井忠似の弟。才気と粋な味の装飾体画風。光琳の画風を継承し、琳派様式をひろめた。作品『夏秋草図屏風』など。↓写

●酒井抱一『夏秋草図屏風』(部分)。江戸時代(一九世紀前半)、東京国立博物館。

**さかい-みなと【境港】**〈市〉鳥取県北西端の市。漁業基地・港湾都市で中海新産業都市計画の拠点。人口三万八三五一(一九八八)。

**さかい-め【境目】** 境となる所。分かれ目。boundary

**さか・う【逆う】** 古語 ㊀(四自) さからう。手向かう。反対する。用例物に—・ひ争ひて破る(徒然・二一一)。㊁(下二自) さからう。はむかう。用例下として上に—・ふること、豈人臣の礼たらんや(平家・三・法印問答)。

**さかうち【坂内】**〈村〉岐阜県南西部、伊吹山地の村。林業が中心。人口八二〇(一九八八)。

**さか-うらみ【逆恨み】**(名・サ変他) ①こちらが恨んで当然なのに、逆に恨まれること。unjust resentment ②人の好意を悪くとって反対に恨むこと。unjust resentment

**さかえ【栄】**〈町〉千葉県北部、利根川に沿う町。中心は安食。稲作・野菜栽培がさかん。人口一万八九〇七(一九八八)。

**さかえ【栄】**〈町〉新潟県中部、信濃川に沿う町。米どころ。工具・機械部品工業などもある。人口一万一七五二(一九八八)。

**さかえ【栄】**〈村〉長野県北東端、新潟県に接する村。農林業が主体。県境に秋山郷・苗場山がある。人口三二五三(一九八八)。

**さがえ【寒河江】**〈市〉山形県中部の市。旧城下町。サクランボの産地として有名。商工業もさかん。人口四万二三三七(一九八八)。

**さか・える【栄える】**(下一自) 勢いがさかんである。繁栄する。prosper 対義おとろえる。用例国が—。文化が—。門前町として—。

**さか-おとし【逆落(と)し】** ①さかさまに落とすこと。precipitation ②険しいがけを駆け下ること。run down a steep slope

**さか-がめ【酒甕・酒瓶】** 酒を入れておくかめ。さけがめ。

**さか-き【榊】**14画 部首[木]きへん 和製漢字 【榊】13画 異体字 和製漢字 JIS 2671
①ツバキ科の常緑高木。高さ約一〇m。葉は長楕円形で厚く、光沢がある。夏に花がさき、晩秋に球形の液果を結ぶ。関東以西に分布。枝・葉は神事用。②昔、神域の常緑樹の総称。↓写

**さかき【坂城】**〈町〉長野県、上田市北隣の町。リンゴ栽培がさかん。各種工業も発達。人口一万七一六四(一九八八)。

**さかきた【坂北】**〈村〉長野県北部、松本市北方の村。稲作のほか白菜・レタスの栽培、畜産がさかん。人口二七一二(一九八八)。

**さかきばら-おんせん【榊原温泉】** 三重県中部、久居市にある温泉。古く七栗の湯といわれ、『枕草子』にその名がみえる。

**さかきばら-やすまさ【榊原康政】**(一五四八〜一六〇六) 安土桃山時代の武将。徳川四天王の一人。徳川家康に仕え、多くの戦功をあげる。上州館林一〇万石を領した。

**さかき-ひゃくせん【彭城百川】**(一六九七〜一七五二) 江戸中期の画家。名は真淵。京都に住み、日本文人画の開拓者の一人。画風は和画(または俳画)と元明画の二系統がある。著書『元明画人考』、作品『春秋山水図』屏風など。

**さ-がく【差額】** 差し引いた残りの額。difference

**さかぐち-あんご【坂口安吾】**(一九〇六〜五五) 小説家。本名、炳五。新潟県生まれ。東洋大卒。第二次大戦後脚光をあびた「新戯作派」の一人。評論『堕落論』、小説『白痴』など。

**さかぐち-きんいちろう【坂口謹一郎】**(一八九七〜) 農芸化学者。新潟県生まれ。東大教授。発酵菌類の研究に貢献。昭和四二年(一九六七)文化勲章受章。著書『世界の酒』『日本の酒』など。

**さがく-ベッド【差額ベッド】** 健康保険で認められた金額を超えた個室などを、患者が希望して使用した場合に、患者負担となる差額の使用料および、その個室のベッド。

**さか-ぐら【酒蔵】** 造った酒を蓄えておく蔵。wine cellar

**さか-げ【逆毛】** ①一定方向の毛並みにさからう毛。puffed hair ②髪の毛を、櫛で毛先から根元へ逆にとくこと。髪に量感をもたせるための方法。送り毛。バックコーミング。backcombing

**さか-ご【逆子・逆児】** ①医学で、骨盤位のこと。foot presentation ②①の胎児。また、その状態で生まれた子。

**さか-さ【逆さ】** さかさま。ぎゃく。inversion 用例—につるす。

**さかさ-ごと【逆さ事】** ①正しくないこと。②順序が反対であること。

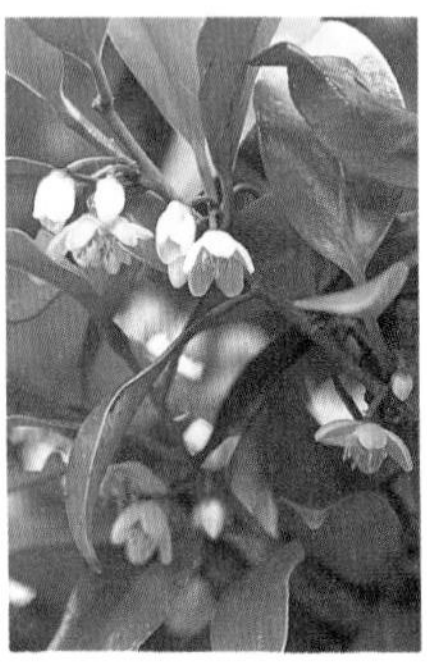

●サカキ①

**さかさ-ことば【逆さ言葉】** ①真に表したいことばの意味を、逆にして言うことば。「かわいい」を「にくい」と言うなど。反語。②一語の音節の順を、上下逆にして言うことば。寿司屋で「たね」を「ねた」と言うなど。倒語。

**さかさ-なまず【逆鯰】** モコキー科の熱帯性淡水魚。背を下にし、逆さになって泳ぐ習性がある。全長約一〇cm。薄茶色の地に不定形の黒斑が散在。ナマズの仲間だが、日本産のナマズとは外観が異なる。観賞用。アフリカに数種が分布。upside-down catfish

**さかさ-ほおずき【逆酸漿】** 海産の巻き貝ナガニシの卵嚢。ウミホオズキの一種。

**さか-さま【逆様】**(名・形動) 順序・位置がひっくり返っていること・さま。うらはら。反対。逆。さかしま。inversion

**逆様に振っても鼻血も出ない** 何ひとつ持っていない。無一物である。すってんてんになってしまう。

**さかさ-まつげ【逆さ睫毛】** 睫毛の向きが乱れている状態。正しくは「睫毛乱生」という。角膜が、刺激され混濁する。trichiasis

**さか・し【賢し】** 古語(形シク) ↓さかしい(賢しい)

**さがし【探し・捜し】** さがすこと。search 用例借家—。宝—。

**さがし-あ・てる【探し当てる】**(下一他) さがして見つける。find out

**さかし・い【賢しい】**(形) ①かしこい。clever ②すぐれている。excellent ③強い。strong 派生さかしげ(形動) さかしさ(名) ④利口ぶる。こざかしい。knowing

**さか-しお【酒塩】** 料理で、味をよくするために加える酒。season with sake

**ザガジグ【Zagazig】** エジプト北部、ナイル川デルタの農業地帯にある商業都市。農産物の集散地。人口二〇・三万(一九七六)。

**さかした【坂下】**〈町〉岐阜県南東部、中津川市北隣の町。稲作・畜産などの農業と林業・木工業がさかん。人口六〇七二(一九八八)。

**さがし-だ・す【探し出す・捜し出す】**(五他) いろいろとさがして見つけ出す。さがしあてる。find out

**さかしたもんがい-の-へん【坂下門外の変】** 文久二年(一八六二)一月一五日、水戸浪士を中心とした尊攘派の志士が、公武合体政策を推進した老中安藤信正を江戸城坂下門外に襲撃した事件。

**さか-しま【逆しま】**(名・形動) さかさま。inversion

**さがし-もの【探し物・捜し物】** 見失ったものをさがすこと。look for something 用例今—をしている。

**さかし-ら【賢しら】**(名・形動) 《「ら」は接尾語》物知りぶること・さま。利口ぶること・さま。knowingly

**ざ-がしら【座頭】** ①芝居など、演芸一座の頭。座長。leader of a troupe ②首座の人。chair man

**さが・す【探す・捜す】**(五他) ①欲しいものを見つけ出そうとする。もとめる。たずねる。search for 用例本を—。職を—。あらを—。②《主として「捜す」で》見えなくなったものを見つけ出そうとする。hunt 用例犯人を—。落とし物を—。

**さか-ずき【杯・盃・盞】** 酒を注いで飲むための容器。古くは土器。のち木器・漆器・陶器・金属器・ガラス器と発達。数え方一個・一盞・一組み。

**杯を返す** ①返杯する。offer a cup in return ②子分が、親分との縁を切る。対義杯を貰う。

**杯を傾ける** 酒を飲む。have a drink

**杯をする** 誓いや約束、また別れのしるしに、杯を取りかわす。

**杯を貰う** 子分になる。対義杯を返す。

**さかずき-ごと【杯事】** ①杯を取りかわすこと。酒宴。drinking bout ②夫婦・親子・親分子分などとなることの、約束をかためること。

**さか・せる【咲かせる】**(下一他) 咲くようにする。make it bloom

**花を咲かせる** ↓はな(花)

**サカ-ぞく【サカ族】** 中央アジアの遊牧民族スキタイ族のうち、紀元前二世紀後半、南下してインドに定住した一種族。西北インドに諸王国を建設。中国では「塞」と音写。シャカ族。Saka

**さか-ぞり【逆剃り】**(名・サ変他) ひげや毛のはえている方向と反対に、かみそりを当てること。

**さかた【酒田】**〈市〉山形県北西部、最上川河口の市。庄内平野の稲作の中心地で、米の移出港として発達。工業都市・貿易港になっている。人口一〇万一五二二(一九八八)。

**さか-だい【酒代】** ①酒の代金。さかて。drink money ②決まった賃金以外に与える金銭。心づけ。tip

**さかた-えいお【坂田栄男】**(一九二〇〜) 囲碁棋士。九段。東京生まれ。号は栄寿。名人・本因坊(七期連続)・十段など多くのタイトルを獲得した。

**さかた-ざめ【坂田鮫】** 体形がサメに似たサカタザメ科のエイ。全長約一m。背面は褐色、腹面は白い。胸びれが大きく、吻がやや長いので、体の前半部は三角形。尾部は太い。砂泥底にすみ、貝類や甲殻類を食べる。練り製品原料などに利用。本州中部以南に分布。コトブカ。

**さかた-さんきち【坂田三吉】**(一八七〇〜一九四六) 将棋棋士。大阪生まれ。関西名人を名のり、中央棋界と長く絶縁。死後、名人位と王将位を贈られた。芝居『王将』のモデルとして有名。

**さか-だち【逆立ち】**(名・サ変自) ①両手でからだを支えて足を上に伸ばすこと。hand-stand ②上と下とが反対になること。upside down

**さか-だち【酒断ち】**(名・サ変自) 飲酒を止めること。神仏に願をかけるために、酒を飲まないこと。比較 茶断ち。

**さか-だ・つ【逆立つ】**(五自) 逆さまに立つ。横または下を向いていたものが上に向かって立つ。stand on end 用例 髪が—。

**さか-だ・てる【逆立てる】**(下一他) さかさまに立てる。set on end

**柳眉を逆立てる**(りゅうびをさかだてる) →りゅうび(柳眉)

**さかた-とうじゅうろう【坂田▼藤十郎】** 歌舞伎俳優。三世まで。初世(一六四七〜一七〇九)は元禄期を代表する上方の名優。近松門左衛門と提携、傾城買い狂言で成功。上方の和事芸を確立。

**さかた-の-きんとき【坂田▽公時・坂田金時】**『今昔物語』や『御伽草子』などに登場する平安後期の武将。相模国の足柄郡の人。源頼光の四天王の一人。幼名を金太郎といい、金時伝説で知られる。

**さか-だる【酒▼樽】** 酒を入れておくたる。barrel

**さかづくり-うた【酒造(り)▼唄】** 酒倉で酒を造る職人、杜氏がうたう労働歌。酒造りの工程により各種あり、秋田県の酛摺唄が有名。

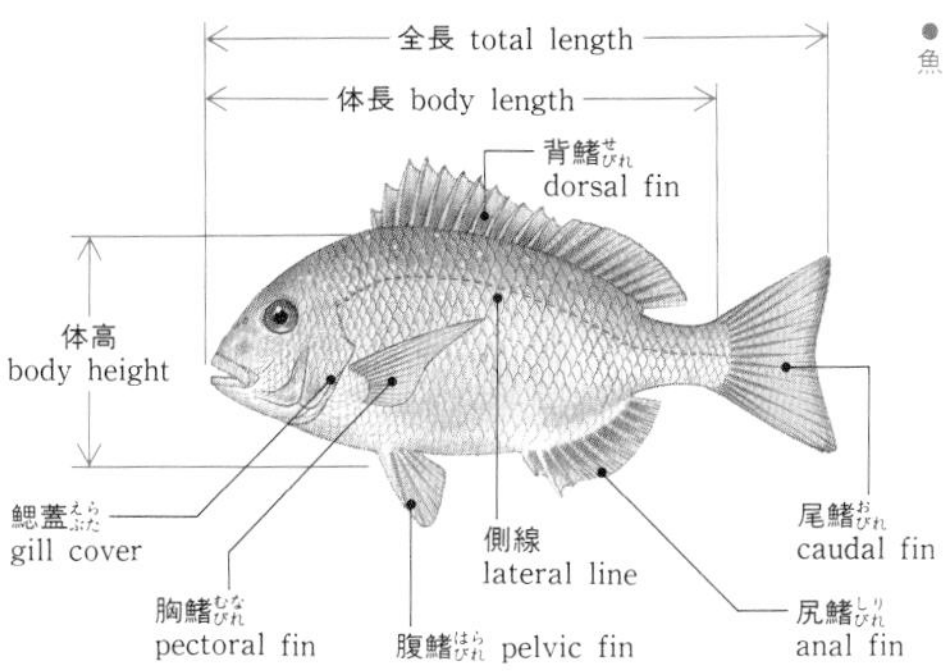

●魚

**さかつら-がん【酒面▼雁・酒▼頬▼雁】** ガンカモ科の水鳥。顔の上半部と、頭から頸にかけて赤褐色。翼長約四五cm。シナガチョウは本種を家禽化したもの。シベリア東・南部で繁殖し、中国・朝鮮半島などで越冬。日本へはほとんど渡来しない。

**さか-て【逆手】** ①上古、人を呪うときに打った柏手。退くときに打つ手。手を後ろに回して打つなど、その打ち方には諸説ある。天の逆手。②刀などを持つとき通常とは逆に持つこと。backhand grip ③鉄棒などの運動で、手の甲を下に向けて棒をにぎること。underhand grip 比較 順手。

**逆手に取る**(さかてにとる) ①相手からの攻撃を利用して、逆に相手を攻める。turn the enemy's attack to one's own advantage ②相手の発言を利用して反論する。

**さか-て【酒手】** ①さかだい。drink money ②チップ。tip

**さが-てんのう【▼嵯▼峨天皇】**(七八六〜八四二) 第五二代天皇(在位八〇九〜八二三)。桓武天皇の第二皇子。『弘仁格式』『新撰姓氏録』などを編纂させた。詩歌にすぐれ、三筆の一人。

**さかど【坂戸】**〈市〉 埼玉県中部、川越市の北西隣の市。工場や住宅団地が進出し、都市化が進む。人口九万一〇七(一九八八)。

**さか-とうじ【酒▼杜氏】** 酒を造る職人のかしら。さかとじ。とうじ。brewer

**さか-とんぼ【逆▼蜻▼蛉】**《「さかとんぼがえり」の下略》頭を下にして、まっさかさまに落ちること。さかさまになること。用例 —になって川へ落ちる。

**さか-な【▼肴】**《「酒菜」の意》 ①酒を飲むときに添える食べ物。②酒席をおもしろくする歌舞や話題など。

**肴にする**(さかなにする) ①食べ物を酒の肴にする。②酒席で、興味本位の話題を座興の種にする。gossip about over drinks

**さか-な【魚】**《「酒菜」の転》一般に、水中でえら呼吸する脊椎動物の総称。うお。魚類。fish 数え方 一尾・一匹・一本・一枚・一皿・一籠。→図

**魚は殿様に焼かせろ餅は乞食に焼かせろ**(さかなはとのさまにやかせろもちはこじきにやかせろ) 魚は身崩れしないようにあまりいじくりまわさないで、餅は焦がしすぎないように何度もひっくり返して、焼け。

**さが-な・い**(形) 性質がよくない。悪い。ill-natured 用例 口—やつ。

**さかな-ころがし【魚転がし】** 水揚げした魚をすぐに出荷しないで冷凍保管し、売買が行われたように帳簿を操作すること。品不足で高値となるのを待って出荷する。

**さが-な・し** 古語 (形ク) ①口うるさい。口が悪い。用例 着給へる物どもをさへ言ひ立つるも、物言ひ—・きやうなれど(源氏・末摘花)。②悪ふざけするさま。いたずらだ。手に負えない。用例 —・き童どもの仕りける(徒然・二三六)。③→さがない

**さかな-つり【魚釣(り)】** 海や川または湖沼・池で、魚を釣ること。古来、生活手段の一つだったが、最近はレジャーとしてさかん。うおつり。fishing

**さか-なで【逆▼撫で】**(名・サ変他) ①毛などのはえている向きと反対の方向になでること。rub the wrong way ②相手の嫌がることをわざとすること。rub the wrong way 用例 神経を—にする。

**さか-なみ【逆波・逆▽浪】** 流れにさからってうつ波。さかまく波。choppy sea

**さが-にしき【佐賀▼錦】** 手織りの錦織物。江戸時代、佐賀藩家中で行われたのがはじまり。縦糸に金銀を使った華麗なもので、ハンドバッグ・紙入れなどに用いられる。→写

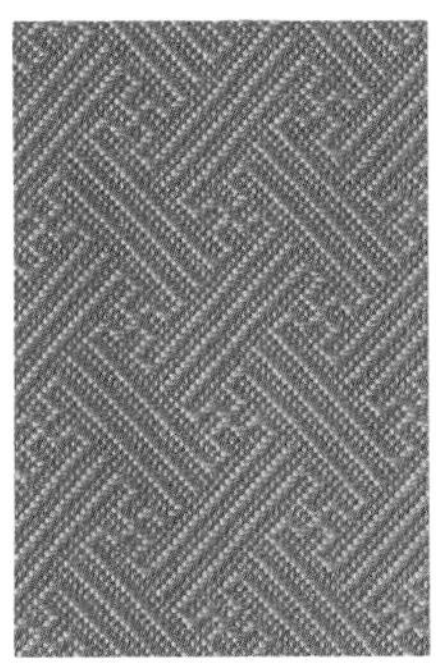
●佐賀錦

**さが-にんぎょう【▼嵯▼峨人形】** 木彫りに胡粉絵の具を極彩色に塗り、金箔を施した人形。江戸時代、京都の嵯峨で製作された。

**ざ-がね【座金】** ①調度・器具などで、鋲を打つとき、鋲の頭を受ける金具。座金物。②ボルトの頭、またはナットの下へはさむ、穴あきの薄い金属板。ワッシャー。washer →ボルト図

**さか-ねじ【逆▼捩じ】** ①逆にねじること。turning in reverse ②なじられて、反対になじり返すこと。retort 用例 —をくわせる。

**さがの【▼嵯▼峨野】** 京都市北西部、太秦の西から小倉山のふもとに至る地区。古くから遊猟行楽の地として詩歌に名高い。

**さかのうえ-の-いらつめ【坂上▽郎女】** 大伴坂上郎女の別称。

**さかのうえのくも【坂の上の雲】** 司馬遼太郎の小説。昭和四三〜四七年(一九六八〜七二)発表。日清日露の戦いを背景に、秋山兄弟と正岡子規の三青年の青春を描く。

**さかのうえ-の-これのり【坂上▽是▽則】**(生没年未詳) 平安前期の歌人。三十六歌仙の一人。望城の父。家集『是則集』。

**さかのうえ-の-たむらまろ【坂上田村麻▼呂】**(七五八〜八一一) 平安初期の武将。征夷大将軍に任ぜられ、胆沢城を築くなどして蝦夷地平定に功績をあげた。

**さかのうえ-の-もちき【坂上▽望▽城】**(生没年未詳) 平安中期の歌人。是則の子。『後撰和歌集』の撰進にあたる。

**さがのせき【佐賀関】**〈町〉 大分県東部、豊予海峡に臨む町。銅製錬所の町として発展。サバ・アジの一本釣り漁もさかん。人口一万七二七〇(一九八八)。

**さがのせき-はんとう【佐賀関半島】** 大分県東部、豊後水道と瀬戸内海を分かつ半島。先端近くに銅製錬所がある。

**さか-のぼ・る【▼遡る・▼溯る】**(五自) ①流れにさからって上る。go up stream ②過去・根源にもどる。go back to the past

**さがのや-おむろ【▼嵯▼峨の屋お室】**(一八六三〜一九四七) 小説家・詩人。本名、矢崎鎮四郎。江戸生まれ。東京外語卒。坪内逍遥に師事。作品『初恋』『野末の菊』など。

**さが-の-らん【佐賀の乱】** 明治初期、江藤新平らが起こした反乱事件。明治七年(一八七四)、前参議江藤新平らは征韓論反対に異を唱えて佐賀で反乱。政府軍に敗れ、江藤らは死刑となる。

**さか-ば【酒場】** 酒を飲ませる店。バー。居酒屋。bar

**さか-ばた【酒旗】** ①酒屋の看板としてかかげた旗。帘。酒旆。しゅき。②→さかばやし(酒林)

**さかはち-ちょう【逆八▼蝶】** タテハチョウ科のチョウ。春と夏とで斑紋が著しく異なる。春は黒と赤褐色の幾何学模様で、夏には黒褐色の翅に逆八文字の白帯模様となることが、名の由来。開張約三・八cm。北海道から九州にかけての山地に分布。北海道には近似種アカマダラも分布。

●酒林 岐阜県高山市の酒屋。

**さか-ばやし【酒林】**《奈良県三輪山の杉を神木とする大神神社が酒神であることに由来する》杉の葉を束ねて球状にした酒屋の看板。酒箒。酒旗。→写

**さか-ぶね【酒▽槽】** ①酒を入れておく大きな木製の器。②酒をしぼるのに用いる長方形のおけ。

**さが-へいや【佐賀平野】** 佐賀県南東部、有明海に臨む平野。筑紫平野の佐賀県側を言う。日本屈指の稲作地帯。クリークが縦横に通じる。

**さかほぎ【坂▽祝】**〈町〉 岐阜県南端、美濃加茂市南隣の町。農林業のほか、繊維工業などもさかん。人口七八七〇(一九八九)。

**さか-ほこ【逆▼鉾・逆矛】**《天の逆鉾の略称》玉の飾りのついた立派な鉾。伊邪那岐・伊邪那美の二神が国産みに用いたもの。さかさに立てて、神の臨在・占有を示すしるしとされた。

**さが-ぼん【▼嵯▼峨本】** 江戸初期の慶長一三年(一六〇八)から元和年間に、京都の嵯峨で刊行された木活字の美しい書籍の総称。角倉素庵が、本阿弥光悦の協力によって開版。角倉本。光悦本。→写

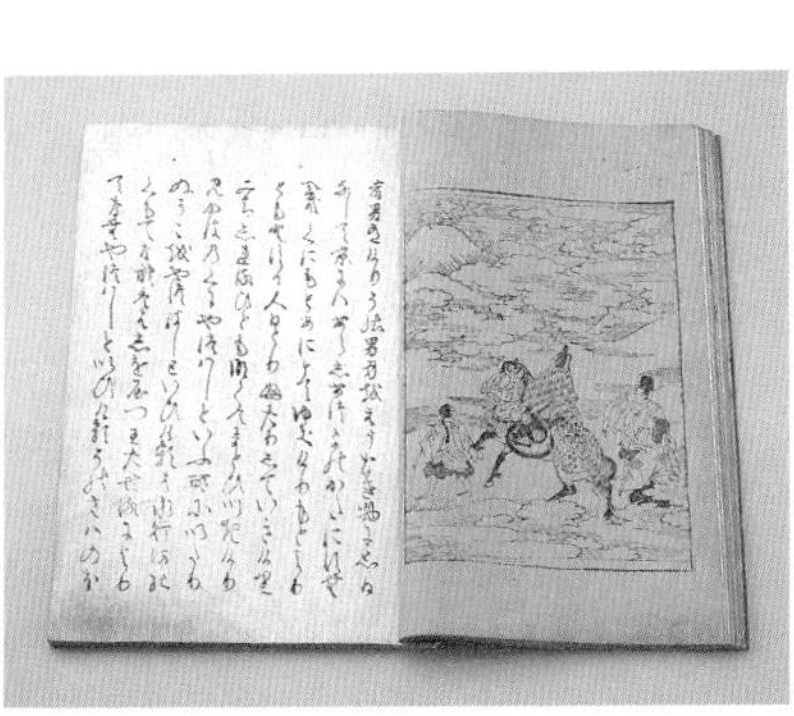
●嵯峨本 『伊勢物語』。

**さかまき-がい【逆巻貝】** サカマキガイ科の淡水産の巻き貝。殻は左巻きで褐色。殻高約一・五cm。卵形で黄褐色、半透明。ヨーロッパ原産で、日本全土に分布。

**さか-ま・く【逆巻く】**(五自) 流れにさからって激しく波が立つ。surge

**さか-また【逆▼叉・逆▼戟】** 大形のハクジラであるシャチの異名。

**さがみ【▽相▽模】** →さがみのくに(相模国)

**さがみ【▽相▽模】**(生没年未詳) 平安中期の女

▼常用漢字表外。 ▽常用漢字表の音訓外。

流歌人。大江公資の妻。多くの歌合に参加。中古三十六歌仙の一人。家集『相模集』。

**さがみ-がわ**【▽相▽模川】 神奈川県中部を南流する川。長さ一〇九km。上流を桂川、河口付近を馬入川とよぶ。アユ漁で知られる。

**さがみ-こ**【▽相▽模湖】 神奈川県北部にある湖。面積二・六km²。相模川をダムによって堰止めた人造湖。行楽地としてにぎわう。

**さがみこ**【▽相▽模湖】〈町〉 神奈川県北部、東京都に接する町。観光と農林業が主体。人口九二四九(一九八八)。

**さか-みち**【坂道・坂▽路】 坂になっている道。slope

**さがみ-トラフ**【▽相▽模トラフ】 房総半島沖から相模湾にかけて広がる海底の細長いくぼ地。フィリピン海・ユーラシアの両プレートがぶつかる所で、関東大地震の震源とされる。Sagami trough

**さがみ-なだ**【▽相▽模▼灘】 神奈川県の太平洋岸沖、相模湾の南の海域。南限は、房総半島南端・伊豆大島・伊豆半島南端を結ぶ線。

**さがみ-の-くに**【▽相▽模国・▽相▼摸国】 旧国名。現在の神奈川県の大部分。東海道の一国。「延喜式」では上国、八郡。国府・国分寺は、ともに初め海老名市、のち、国府は中郡大磯町に移ったといわれる。明治四年(一八七一)廃藩置県により足柄県。同九年(一八七六)神奈川県に編入。相州。相模。相摸。

**さがみ-はら**【▽相▽模原】 神奈川県、相模川左岸の洪積台地。第二次大戦後、工業団地・住宅団地が進出。

**さがみはら**【▽相▽模原】〈市〉 神奈川県北部、相模原台地上にある市。第二次大戦後、内陸工業都市として急速に発展。東京のベッドタウン化も進む。人口四九万八九九五(一九八八)。

**さがみ-わん**【▽相▽模湾】 神奈川県南岸、三浦半島先端から真鶴岬を結ぶ線以北の湾。アジ・ブリの好漁場。湾岸は湘南海岸。

**さか-むかえ**【坂迎え・▽境迎え】 平安時代、国府の官人が、赴任してきた新任の国司を国境に出迎え、饗応した儀式。

**さか-むけ**【逆▼剝け】(名・サ変自) つめのはえぎわの皮膚が、指のつけ根の方向に細くむけること。ささくれ。agnail

**さか-むし**【酒蒸し】 調理法の一つ。魚・貝などに酒と塩を加えて蒸す。材料は、ハマグリ・アワビ・白身魚や鶏肉など。

**さか-もがり**【逆▼虎▽落】 ↓さかもぎ(逆茂木)

**さか-もぎ**【逆茂木】 敵を防ぐために、とがらせた先を上にした木や枝を立てて造ったさく。さかもがり。

**さかもと**【坂本】 滋賀県大津市にある地区。旧坂本村。比叡山東麓にあり、延暦寺の門前町として栄えた。

**さかもと**【坂本】〈村〉 熊本県南部、球磨川流域の村。林業が主体。人口八二三九(一九八八)。

**さかもと-しほうだ**【坂本四方太】(一八七三〜一九一七) 俳人。本名、四方太。鳥取県生まれ。東大卒。正岡子規に師事、写生文に力を注いだ。著書『寒玉集』、自伝『夢の如し』など。

**さかもと-せっちょう**【坂元雪鳥】(一八七九〜一九三八) 能楽評論家。福岡県柳川市生まれ。東大卒。能評の基準確立に貢献した。

**さかもと-はんじろう**【坂本繁▽二郎】(一八八二〜一九六九) 洋画家。福岡県久留米市生まれ。簡素で、静寂な詩情を漂わす画境を開拓。馬を好んで描いた。昭和三一年(一九五六)文化勲章受章。作品『うすれ日』『放牧三馬』など。

**さかもと-りょうま**【坂本▽竜馬】(一八三五〜一八六七) 幕末期の尊攘派の志士。土佐藩出身。文久二年(一八六二)脱藩して勝海舟の門弟となる。薩長連合の成立を仲介、王政復古に力を尽くしたが、京都で暗殺された。↓写

● 坂本竜馬

**さか-もり**【酒盛(り)】(名・サ変自) 大ぜいで酒を飲んで楽しむこと。酒宴。うたげ。

**さか-や**【酒屋】 ①酒を造る人・家。brewery ②酒を売る人・家。liquor store ③室町時代にさかんになった酒造業者。多く、高利貸しを兼ねた。比較 土倉。

**酒屋へ三里、豆腐屋へ二里** 日常の用をたすのに不便な田舎であることのたとえ。

**さか-やき**【▽月▽代・▽月▽額・▽月▽白】 ①平安時代、男子が、かんむりがあたる額ぎわの髪の毛を半月形に剃り落としたこと。②室町時代ごろ以降、男子が、額から頭の中央へかけて、髪の毛を剃り落としたこと。また、その部分。

**さか-やけ**【酒焼け】(名・サ変自) いつも大酒を飲むため、顔が赤く焼けたようになっていること。

**さか-ゆ**【酒湯】 ↓ささゆ(笹湯)

**さか・ゆ**【栄ゆ】 古語 (下二自) ↓さかえる(栄える)

**さか-ゆめ**【逆夢】 現実とは反対であった夢。また、現実とは逆であるとされる夢。対義 正夢

**さがら**【▽相▽良】〈町〉 静岡県、駿河湾南西部に臨む町。田沼氏の旧城下町。牧ノ原の茶の栽培が中心。人口二万六八〇一(一九八八)。

**さがら**【▽相▽良】〈村〉 熊本県南部、人吉盆地中央部の村。稲作、畜産、タバコ・茶栽培と林業が行われる。人口六一四〇(一九八八)。

**さから・う**【逆らう】(五自) 対義 従う。①物のいきおい・流れと反対の方に進もうとする。逆の方向に進む。oppose 用例 流れに—。風に—。運命に—。②相手に反抗する。はむかう。oppose 用例 父に—・ってしかられた。

**さがら-そうぞう**【▽相▽楽総▽三】(一八三九〜一八六八) 幕末・維新期の尊攘派の志士。下総の郷士の出。江戸薩摩藩邸の浪士隊(のち改名して赤報隊)の総裁。鳥羽伏見の戦いののち、東征軍先鋒として年貢半減をかざして進んだため新政府に忌避され、偽官軍として信州で斬首刑。

**さがら-め**【▽相▽良▽布】 褐藻植物カジメのうち、静岡県榛原郡相良町特産のものをいう。

**さがら-もりお**【▽相▽良守▼峯】(一八九五〜) 独語・独文学者。山形県生まれ。東大教授。昭和六〇年(一九八五)文化勲章受章。著書『ドイツ中世叙事詩研究』『大独和辞典』など。

**さかり**【盛り】 ①勢いのさかんなこと・時。height ②強壮な年ごろ。青壮年期。prime ③けものが発情すること。heat; rut

**盛りが付く** 動物が発情期を迎える。rut; heat

**さがり**【下がり】 ①下がること。くだること。come down 対義 上がり。用例 前—。②物にかかってたれること・物。hang ③退出すること。leaving ④値段が安くなること。down 対義 上がり。⑤勢い・腕前が衰えること。decline 対義 上がり。⑥その時刻を過ぎること。a little after 用例 昼—。⑦上の人からもらう物。また神仏に供えた物をもらうこと・もの。hand-me-down 用例 お—。⑧力士の回しの前に下げるもの。用例 —をさばく。

**下がりを請く** 仕入れた商品が値下がりして損をする。対義 上がりを請く。

**さかり-ば**【盛り場】 人出が多く、遊興施設や商店なども多い、にぎやかな場所。繁華街。amusement quarters

**さがり-ばな**【下花】 サガリバナ科の常緑高木。高さ約一〇m。葉は互生し、楕円形。夏に三〇〜六〇cmの花穂を下垂させ淡黄色の四弁花をつける。

**さがり-ふじ**【下がり▼藤】 紋所の名。藤紋の一種。二つの花房が垂れ下がり、丸く向き合っている形。ふつう上部に三葉がついている。「藤」の字の付く苗字の家で多用。藤原氏出身の意味も含む。↓図

**さがり-め**【下がり目】 対義 上がり目。①目尻の下がった目。垂れ目。eyes slanting downward ②物価などの下がり始め。falling ③勢いなどが衰えかけたとき。落ち目。declining trend

**さか・る**【盛る】(五自) ①勢いがさかんになる。たけなわになる。be prosperous ②はやる。繁盛する。prosper ③けものが発情する。交尾する。be on heat

**さが・る**【下がる】(五自) ①物の位置が低い方に移る。くだる。go down 対義 上がる。用例 エレベーターが—・ってくる。水面が—。②一端を固定したものの先が下にたれる。hang down 対義 上がる。用例 へちまが—。③価値・値段が低くなる。go down 対義 上がる。用例 位が—。④温度が低くなる。fall 対義 上がる。⑤働き・腕前が悪くなる。fall off 対義 上がる。用例 能率が—。⑥時代があとに移る。go back 対義 上がる。用例 時代が—。⑦後ろへ退く。step back 用例 五歩—。⑧地位の高い人の所から退く。withdraw 用例 宿所に—。⑨学校・役所・奉公先などから帰る。be off 用例 学校から—。⑩役所などから下付される。be granted 用例 営業許可が—。⑪《京都で》南へ行く。対義 上がる。用例 寺町三条下ル。

**さか-ろ**【逆▼艪】 艫にも舳にも艪を付け、前後どちらにも船を進めることができるようにしたもの。また、その艪。

**さかわ**【佐川】〈町〉 高知県中部、須崎市北隣の町。農業のほか清酒醸造がさかん。人口一万六一八九(一九八八)。

**さかわ-がわ**【酒▼匂川】 神奈川県北西部を南東に流れる川。長さ二七km。小田原市で相模湾に注ぐ。洪水が多く、二宮尊徳らにより治水事業が行われた。アユ漁で知られる。

**さ-かん**【▽主▽典】 律令制下、各官庁の四等官のうち、最下位の官職。記録・文書の起草、公文の読申にあたった。用字は、主典(使)・史(太政官・神祇官)・録(八省)・属(寮・職)・目(国)・典(大宰府)など役所によって異なる。

**さ-かん**【左官】 おもに壁を塗り、仕上げる職人。昔、宮中などに出入りするため、仮に木工寮の属の官位を与えたことに由来。壁大工。しゃかん。plasterer

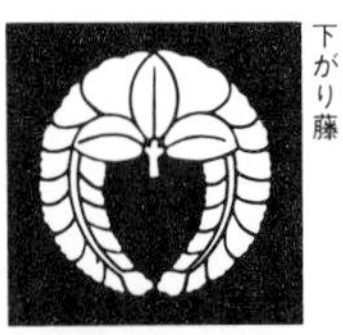
● 下がり藤

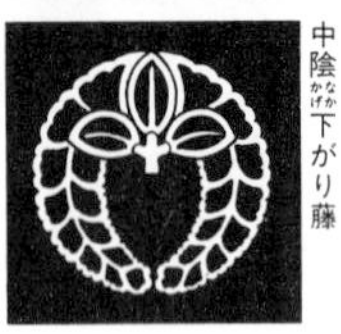
中陰下がり藤

**さ-かん**【佐官】 軍隊の階級で、大佐・中佐・少佐の総称。尉官の上、将官の下。自衛隊の一・二・三佐がこれにあたる。

**さかん**【盛ん・▽壮ん】(形動)《「さかり」の転》①勢いのよいさま。vigorous 用例 老いてますます—。②富み栄えるさま。prosperous 用例 国が—になる。③熱心なさま。enthusiastic 用例 —な拍手。

**さ-がん**【左岸】 川下に向かって左の岸。left bank 対義 右岸。

**さ-がん**【砂岩】 径一六分の一〜二ミリメートルの砂粒からなる砕屑岩。堆積岩の一種。砂粒は、石英をはじめ長石や岩石片が粘土・石灰質・シリカなどで固められている。石材や砥石などに使用。sandstone

**サガン**【Françoise Sagan】(一九三五〜) フランスの女流小説家。恋愛心理を巧みに分析し、若い世代の感情をはなやかに描く。小説『悲しみよこんにちは』、戯曲『スウェーデンの城』など。

**ざ-かん**【座棺・▼坐棺】 死体をすわった形にして入れる棺おけ。比較 寝棺。

**さき**【先】 ①まえ。the front 対義 あと。用例 —を歩く。②はし。すえ。point 用例 枝の—。棒の—。—がとがる。③始め。the first 用例 いちばん—。④早いこと。earlier 用例 誰よりも—に。⑤進んでいく前のほう。ahead 用例 京都より—。⑥これからのち。未来。future 用例 一〇年—。—の楽しみ。⑦《「前」とも》それよりも前。以前。previous 用例 —に申しあげたとおり。⑧目的地。destination 用例 行く—。⑨相手。先方。the other party 用例 —さましだい。

**先が見える** 前途を予見する力がある。将来がわかる。farseeing

**先に立つ** ①先頭に立つ。take the lead ②順序が先になる。go ahead of 用例 うれしいよりも心配が—。③何よりも先に必要である。be most important

**先の世** ①前の世。ぜんせ。②死んでから行く世。ごせ。the other world

**先を争う** われさきにと競いあう。try to be the first

**先を急ぐ** 急いでその次に進む。早くめざす所へ行こうとする。make haste

**先を追う** 「先を払う」と同意。

**先を折る** 相手の出ばなをくじく。

**先を駆く** まっさきに攻めこむ。先駆けをする。

**先を越す** 先手を打つ。

**先を払う** 前方の通行人を追い払う。さきばらいする。

**さき**【崎】 海などに突き出た岬、また山が突き



↓ 行き先項目、図版・写真参照印。 JIS 日本工業規格情報交換用漢字符号コード(区点コード)。

出た形の地名に付く語。cape; spur 用例山——。大王——。

**さ-き**【左記】 次にしるしてあること。following 比較下記。用例——のとおり決定。

**サキ**【Saki】(一八七〇〜一九一六) イギリスの小説家。本名ヘクター＝ヒュー＝マンロー。政治的風刺や機知に富んだ残酷さ・奇怪さが特徴。短編集『レジナルド』など。

**さぎ**【▼鷺】 サギ科の鳥の総称。翼長一三〜四六cm。足と頸が長く、嘴も長くて鋭い。水辺で小魚・カエルなどを捕食。全世界に約六五種が分布。南方から渡ってくるものが多い。heron →写

**鷺を烏** 真実をまげて言ったり、こじつけを言うたとえ。

● サギ　コサギ

**さ-ぎ**【詐欺】 ①他人をだまして、お金や品物を取り上げ、人に損害を与えること。ぺてん。swindle 用例結婚——。②法律で、人をあざむき錯誤に陥れて財物を交付させたり財産的利益を得る行為。fraud

**さぎ-あし**【▼鷺足・▼鷺脚】 ①足を高くあげて歩くこと。抜き足。②竹馬。③高足に乗ってする田楽舞。④机などの、細長い湾曲した足。

**さき-いき**【先行き】 →さきゆき(先行き)

**さき-おい**【先追い・▽前追い】 昔、貴人・大名などが通行するとき、供が前方の通行人を追いやったこと。先払い。

**さき-おとい**【▽一▽昨▽昨日】 一昨日の前日。さきおとつい。three days ago

**さき-おととし**【▽一▽昨▽昨年】 おととしの前年。いっさくさくねん。three years ago

**さき-がい**【先買い】(名・サ変他) 先の必要を見通して、買っておくこと。人より先回りして買うこと。

**さきがい-けん**【先買(い)権】 公共事業など特殊な場合に、その関係者が他の者に優先して土地などを取得する権利。preemption

**さき-かお・る**【咲(き)薫る】(五自) 美しく咲く。咲きにおう。fragrant and in bloom 用例花——五月。

**さき-がけ**【先駆け・先▼駈け・▼魁】(名・サ変自) 対義後れ馳せ。①人に先んじて攻め入ること。②他に先んずること。

**さき-が・ける**【先駆ける・先▼駈ける・▼魁ける】(下一自) ①まっさきに攻め入る。assault first ②他に先んじて始める。先んずる。herald

**さき-がし**【先貸し】(名・サ変他) 支払い期日より前に、賃金などを貸すかたちで支払うこと。前貸し。lending in advance 対義先借り。

**さき-がり**【先借り】(名・サ変他) 受け取り期日より前に借りること。前借。前借り。borrowing in advance 対義先貸し。

**さき-ぎり**【先▽限】 三か月制の先物取引で、翌々月末を目的物の受け渡し期日とする最長期のもの。future delivery; forward delivery 対義当限・中限。

**さき-く**【▽幸く】 古語(副) ぶじに。変わらずに。用例ささなみの志賀の辛崎——あれど(万葉・一・三〇)。

**さき-くさ**【▽三▽枝】 ミツマタの古名。

**さきくさ-の**【▽三▽枝の】［枕ことば］《一本の幹、または茎から三つの枝が出ている植物の意から》「三つ・中」にかかる。用例このとのはむべもとみけり——みつばよつ葉にとのづくりせり(古今・仮名序)。

**さぎ-ごけ**【▼鷺▼苔】 ムラサキサギゴケの別名。

**さき-こぼ・れる**【咲(き)▼溢れる】(下一自) いっぱい咲く。咲き乱れる。bloom all over

**さき-ごめ**【先込め】 銃口から弾薬をこめること。その銃砲。対義元込め。

**さき-ごろ**【先▼頃】 このあいだ。先日。the other day

**さぎ-ざい**【詐欺罪】 人を錯誤に陥れて財物を交付させたり、財産上不法の利益を得る、または他人に得させる罪。fraud

**さきさか-いつろう**【▽向坂逸郎】(一八九七〜一九八五) マルクス経済学者。福岡県生まれ。東大卒。九州大教授。社会主義協会を主宰して社会党左派を理論的に指導した。著書『経済学方法論』など。

**さき-ざき**【先先】 ①行くさき行くさき。everywhere one goes ②将来。前途。future 用例——のための蓄え。③過去。以前。beforehand 用例——からの準備。

**さき-さま**【先様】 先方の人を言う敬語。用例——もご存じです。

**さきしま-しょとう**【先島諸島】 沖縄県南西部、八重山列島と宮古列島の総称。亜熱帯の景観と海洋美にめぐまれ、レジャー・観光地として人気が高い。

**さき-ぜめ**【先攻め】 →せんこう(先攻)

**さぎ-そう**【▼鷺草】 ラン科の多年草。本州以南の湿原にはえる。地下に球茎があり、葉は広線形。夏にシラサギを思わせる径約三cmの白花が咲く。観賞用に栽培もする。→写

● サギソウ

**さき-ぞなえ**【先備え】 先頭に立つ部隊。さきて。the van

**サキソフォン**【saxophone】 →サクソフォン

**さき-ぞめ**【先染(め)】(名・サ変他) 布に織り上げる前の糸の段階で染色すること。織り糸の色により、縞・絣・格子になる。yarn-dyeing 対義後染め。

**さき-そ・める**【咲(き)初める】(下一自) 花が、咲き始める。begin to bloom

**さき-そろ・う**【咲(き)▼揃う】(五自) 花が全部咲く。be in full bloom

**さき-だか**【先高】 相場で、将来値段が高くなると見込まれること。対義先安。

**さき-だた・せる**【先立たせる】(下一他) 先立てる。

**さき-だ・つ**【先立つ】(五自) ①先頭に立つ。go ahead ②あることの前に起こる。precede 用例開会に——って一言。③まず必要である。necessary 用例——ものは金。④先に死ぬ。die before 用例親に——不孝。

**さき-だ・てる**【先立てる】(下一他) ＝先立たせる。①先に行かせる。make go ahead ②先に死なせてしまう。

**さ-ぎちょう**【左義長・▽三▼毬▼杖】 小正月前後に行われる火祭り。現在ではおもに子どもの行事として、木や竹の柱を中心にわらや正月飾りを積み上げて燃やす。とんど。どんど焼き。道祖土焼き。鬼火。→写

● 左義長　滋賀県、近江八幡市。

**さきづけ-こぎって**【先付小切手】 →さきひづけこぎって(先日付小切手)

**さきっ-ちょ**【先っちょ】《俗語》→さきっぽ(先っぽ)

**さきっ-ぽ**【先っぽ】《俗語》さき。さきのほう。さきの部分。さきっちょ。

**さき-て**【先手】《「せんて」は別語》①先備え。②まっさきに行く一団。

**さきと**【崎戸】〈町〉長崎県、西彼杵半島沖合いの離島の町。石炭の町として栄えたが全鉱閉山。人口三二七一(一九八八)。

**さき-どなり**【先隣】 隣の、また隣。一軒おいて先の家。

**さき-どり**【先取り】(名・サ変他) ①人よりも先に取ること。take ... before others 用例時代を——したアイディア。②お金を先にもらうこと。receive in advance

**さきどり-とっけん**【先取(り)特権】 担保物権の一つ。一定の債権をもつ者が、債務者の財産から他の債権に優先して弁済を受ける権利。せんしゅとっけん。lien

**さき-に**【先荷】 荷物だけ先に持たせてやること。また、その荷物。

**さき-に**【先に・▽前に・▼嚮に・▼曩に】(副) まえに。かつて。さきごろ。formerly

**さぎ-にえもん**【▼鷺仁▽右▽衛門】 能楽狂言方、鷺流(明治末に廃絶)の家元。初世(一五五九〜一六五八)は芸統上の祖。宝生座から観世座に転じ栄える。

**さき-にお・う**【咲(き)▼匂う】(五自) 美しく咲く。いっぱいに咲き乱れる。be in full bloom

**さき-のこ・る**【咲(き)残る】(五自) ①散らずに残っている。remaining flowers ②遅れて咲く。be late in bloom ③まだ咲かずにいる。remain in bud

**さき-のり**【先乗り】(名・サ変自) ①行列の先頭を行く騎馬。前駆。outrider ②打ち合わせ・準備などで、ほかの人より先に向かうこと・人。vanguard

**さき-ばこ**【先箱】《「先挟み箱」の略》大名行列の先頭が担いだ挟み箱。箱の外側に定紋を描いて行列の主を明らかにし、中には正式な儀礼用の服を入れた。

**さき-ばしり**【先走り】 一(名・サ変自) 先走ること。being too forward 二(名) 野菜・魚などが、時期に先だって出回るもの。はしり。first product

**さき-ばし・る**【先走る】(五自) ①先に走り出る。jump the gun ②人をさしおいて事をする。でしゃばる。be forward

**さき-ばら**【先腹】 ①先妻の生んだ子。対義後腹。②殉死のとき、主君の死より先に腹を切ること。対義追腹。

**さき-ばらい**【先払い】(名・サ変他) ①金銭を、品物の授受より先立って支払うこと。advance payment 用例手荷物預かり料は——で。②運賃・郵便料金などを、あて先すなわち受取人の方で支払うこと。着払い。受取人払い。payment on delivery 対義元払い。③→さきおい(先追い)

**さき-び**【先火】 弔いを出すときに、燃やす火。

**さきひづけ-こぎって**【先日付小切手】 実際の振出日より先の日付を振出日として記載した小切手。postdated check

**さぎ-ふえ**【▼鷺笛】 口が管状にのびたサギフエ科の海水魚。全長約二〇cm。体は紅色で、頭を下にして泳ぐ。本州中部以南に分布。

**さき-ぶれ**【先触れ】 ①前もって知らせておくこと。前触れ。preliminary announcement ②昔、役人・貴人の旅行で、あらかじめ宿駅に人馬などを用意させた命令書。

**さき-ぼう**【先棒】 ①前のほうをかつぐ人。先肩。対義後棒。②人の手先に使われること。cat's-paw 用例お——をかつぐ。

**先棒を振る** 人々の先に立って物事を行う。類似先棒に立つ。

**さき-ほこ・る**【咲(き)誇る】(五自) 今をさかりと咲く。be in full bloom

**さき-ぼそり**【先細り】(名・サ変自) ①棒などの先のほうが、しだいに細くなっていること。tapering off ②事業などが、しだいに衰えていくこと。declining

**さき-ほど**【先程】(名・副) 今しがた。先刻。a little while ago

**さぎ-まい**【▼鷺舞】 島根県鹿足郡津和野町弥栄神社や京都八坂神社などで行われる舞。神輿の列に従いながら雌雄のサギに扮して古い小歌の囃子に合わせて舞う。→写

● 鷺舞　島根県、津和野町。

**さき-まわり**【先回り】(名・サ変自) ①抜

けがけして、人より先に行っていること。arrive before another ②人を出し抜いて行うこと。forestall

**さき-みだ・れる**【咲(き)乱れる】(下一自) 一面に美しく咲く。bloom all over

**さぎむすめ**【▼鷺娘】 歌舞伎舞踊。長唄による五変化舞踊『柳雛諸鳥囀』の一つ。宝暦一二年(一七六二)初演。

**さき-もの**【先物】 ①将来の一定期日までに受け渡すという条件で取り引きされる銘柄。futures; forward 対義 直物・現物。②先限。③将来性のある物や人。

**さきもの-がい**【先物買い】 ①先物を買うこと。buying futures ②将来性を見込んで投資すること。speculation

**さきもの-とりひき**【先物取引】 取り引きの成立後一定期間ののちに現品の受け渡しが行われる売買契約方法。商品取引所での取り引きの代表例。定期取引。清算取引。forward transaction 対義 現物取引。

**さき-もり**【▽防▽人】《崎守の意》古代、唐・新羅に対するそなえとして、筑紫地方に配置された兵士。律令制度では諸国兵士の内から選んだが、のちには東国に限られた。

**さきもり-うた**【▽防▽人歌】 防人とその近親者の歌。別離の悲しさ、旅の苦しさなどを率直によんだ歌が多い。東国方言を多く使用。『万葉集』に九八首を収める。さきもりのうた。

**さき-やす**【先安】 相場で、将来値段が安くなると見込まれること。対義 先高。

**さき-やま**【先山・▽前山】 炭鉱や鉱山の切り羽で作業する熟練の坑内労働者。skilled miner 対義 後山。

**さ-きゅう**【砂丘】 風に運ばれた砂が堆積してできた丘。海岸砂丘・内陸砂丘・河畔砂丘などがある。dune ↓写

●砂丘　鳥取砂丘。

**さ-きゅうめい**【左丘明】(生没年未詳) 中国、春秋時代の魯の学者。孔子の弟子で、『左氏伝』と『国語』の作者とされる。

**さき-ゆき**【先行き】 行く末。将来。さきいき。future 用例 ―を心配する。

**さ-きょう**【左京】 ①奈良や京都など、かつての都の区域で、中央の朱雀大路を境にして東の地域。対義 右京。②《「左京職」の略》律令制下で左京の行政・財政・司法などをつかさどる役所。③京都市の区の一つ。左京区。

**さ-ぎょう**【作業】(名・サ変自) 体を動かして、仕事をすること。また、その仕事。事務的な仕事も含めていう。work 用例 流れ―。

**ざ-きょう**【座興】 ①酒宴などの席で、その場をおもしろくする遊芸。entertainment ②その場だけのたわむれ。fun

**ざ-ぎょう**【座業・▼坐業】 すわってする職業・仕事。sedentary work

**さぎょうしょ-へいさ**【作業所閉鎖】 ↓ロックアウト

**さぎょう-へんかくかつよう**【サ行変格活用】 動詞の活用の型の一つ。文語の「す」、口語の「する」にみられる特殊な活用。複合して、「愛す」「勉強する・スケッチする・味方する・重んずる」のように応用が広い。サ変。

**さぎょう-りょうほう**【作業療法】 おもに心身障害者のためのリハビリテーションの一過程。医師の指示に基づく種々の作業を行うことで、病気の回復と社会復帰を促す。occupational therapy

**さぎょうりょうほう-し**【作業療法士】 作業療法を指導する有資格者で、日本では三年制の専門学校・短大卒者で国家試験合格者。OT。occupational therapist 比較 理学療法士。

**さ-ぎり**【▽狭霧】《「さ」は接頭語》霧。

**さぎ-りゅう**【▼鷺流】 狂言の一流派。芸統上の祖は鷺仁右衛門(一五五八〜一六五一)とする。観世座付きに転じ、栄える。明治時代に廃絶。現在、佐渡・山口・佐賀などに民俗芸能として伝わる。

**さき-わ・う**【▽幸わう】 古語 ㊀(四自) しあわせになる。栄える。さきおう。用例 言霊の―国と(万葉・五・八九四)。㊁(下二他) 栄えさせる。用例 いかしの御世に―・へまつれ(祝詞)。

**さき-わけ**【咲(き)分け】 同じ株から出た枝に、違った色の花が咲くこと。その草木。variegated flowering 用例 ―のツツジ。

**さき-わたし**【先渡し】(名・サ変他) ①売買取り引きで、契約後一定期間たったのちに商品を引き渡すこと。②貨物を到着先で相手に渡すこと。③仕事の前に報酬を渡すこと。前渡し。advance payment ④代金を支払う前に品物を渡すこと。また、品物を受け取る前に代金を支払うこと。future delivery

**さきわれ-スプーン**【先割れスプーン】 先端に割れ目を入れたスプーン。

**さ-きん**【砂金】 金鉱床が風化浸食作用を受けて、砂のように自然金が砂や礫とともに堆積したもの。砂状、粒状を示すことが多い。しゃきん。gold dust

**さ-きん**【差金】 さし引いた残りの金額。差額。margin

**さきん・じる**【先んじる】(上一自) ↓さきんずる(先んずる)

**さきん・ずる**【先んずる】(サ変自) ＝先んじる。①先にする。先に行く。go ahead of ②すぐれる。advanced

**先んずれば人を制す**(さきんずればひとをせいす) 物事を人より先にすれば有利である。First come, first served

**サク** 5画【冊】 部首［冂］ 教育小6 JIS 2693 5画【▼册】 旧字 JIS 4938
音 サツ・サク
筆順 ↓サッ【冊】
①かきつけ。かきつける札。「短冊」②みことのり。天子のおことば。「冊立」↓サッ【冊】

**サク** 7画【作】 部首［人・イ］ 教育小2 JIS 2678 11画【▼做】 異体字 JIS 4886
音 サク・サ
訓 つくる
作 作 作 作 作 作 作
①ものをつくる。こしらえる。「合作・工作」「作曲・作者・作製・作品」用例 (名)森鷗外の―。②穀物や野菜などをつくること。そのできぐあい。「不作・米作・豊作」「作男・作柄」用例 (名)ことしは稲の―がよい。③作品。「佳作・近作・処女作・名作」用例 (名)会心の―です。④おこす。さかんにする。おこる。「作興」⑤美作国のこと。「作州」↓サ【作】

**作を入る**(さくをいる) ちょっとしたたくらみごとをする。小細工を弄する。

**サク** 8画【▼咋】 部首［口］ JIS 2680
音 サク・サ
①くう。くらう。かむ。②うなる。大声をだす。

**サク** 8画【▼怍】 部首［忄］
音 サク
はじる。はじらう。赤面する。

**サク** 9画【削】 部首［刂］ 常用 JIS 2679 9画【▼削】 旧字
音 サク・シャク・ショウ
訓 けずる
けずる。そぐ。きりとる。「添削」「削減・削除」

**サク** 9画【昨】 部首［日］ 教育小4 JIS 2682
音 サク
昨 昨 昨 昨 昨 昨 昨 昨 昨
①一まわりまえ。対義 明。「一昨日」「昨日・昨週・昨春・昨朝・昨年」用例 (接頭)―十五日。②現在よりまえ。以前。むかし。「昨今」

**サク** 9画【▼柞】 部首［木］ JIS 5948
音 サク
ははそ。コナラ・クヌギ・カシワなどのブナ科の落葉高木の総称。「柞蚕」

**サク** 9画【▼栅】 部首［木］ JIS 2684
音 サク
①木材をたてならべて、貫をとおしたかき。ませがき。やらい。②とりで。こじろ。③しがらみ。流れをせきとめるために、杭をうちならべて、竹や木を横にとりつけたもの。

**サク** 9画【▼炸】 部首［火］ JIS 6358
音 サク・サ・ソウ
はじける。爆発する。破裂する。「炸薬・炸裂」

**サク** 10画【▼朔】 部首［月］ JIS 2683
音 サク
①北。北の方角。「朔風」②ついたち。陰暦で月の第一日。対義 晦。「八朔」③新月。天球上で、月と太陽の黄経の差が、零度になった瞬間のこと。対義 望。

**朔を奉く**(さくをうく) 天子の政令に服する。

**サク** 10画【▼窄】 部首［穴］ JIS 2685
音 サク
せまい。すぼむ。すぼまる。

**サク** 10画【索】 部首［糸］ 常用 JIS 2687
音 サク
①もとめる。さがしもとめる。「暗中模索・思索・捜索」「索引」②なわ。ふといつな。「鋼索・鉄索」「空中索道」③さびしい。むなしい。「索然・索莫」

**サク** 11画【▼簎】 部首［竹］
音 サク
しがらみ。流れをせきとめるために、杭をうちならべて、竹や木を横にとりつけたもの。

**サク** 12画【策】 部首［竹］ 教育小6 JIS 2686
音 サク
策 策 策 策 策 策
①たくらむ。はかりごと。「画策・失策・政策・対策」「策動」用例 (名)―がなさすぎる。②むち。つえ。つえをつく。「散策」③かきつけ。昔、中国で紙のかわりに字を書いた竹の札。

**策を回らす**(さくをめぐらす) 計画やはかりごとがうまくいくように、さまざまに考え、くふうをこらす。devise a scheme

**策を弄する**(さくをろうする) 無理なことや、まともでない計画を実現させようとはかること。resort to wiles

**サク** 12画【酢】 部首［酉］ 常用 JIS 3161
音 サク・ソ
訓 す
す。すっぱい味の調味料の一種。すい。すっぱい。「酢酸」

**サク** 13画【搾】 部首［扌］ 常用 和製漢字 JIS 2681
音 サク
訓 しぼる
しぼる。しめる。「圧搾」「搾取・搾乳・搾油」

**サク** 13画【▼筰】 部首［竹］ JIS 6811
音 サク
たけなわ。竹をよってつくった縄。

**サク** 13画【▼筴】 部首［竹］ JIS 6809
音 キョウ・サク
めどぎ。易で占いに用いる五〇本の棒。筮竹。

**サク** 14画【▼嘖】 部首［口］ JIS 5152
音 サク
あらそう。いいあらそう。また、やかましい。かまびすしい。「嘖々」

**サク** 14画【▼愬】 部首［心］ JIS 5639
音 ソ・サク
おそれる。また、おどろく。↓ソ【愬】

**サク** 14画【▼槊】 部首［木］ JIS 6046
音 サク
①ほこ。柄が長いほこ。②すごろく。すごろくの盤。

**サク** 15画【▼醋】 部首［酉］ JIS 7844
音 ソ・サク
①す。すっぱい味の調味料の一種。②すい。すっぱい。③「醋酸」は、すの主成分。④むくいる。返杯する。杯をやりとりする。

**サク** 16画【▼糅】 部首［米］
音 サク
①ゆとり。ゆとりめし。水を多くして飯を炊き、それを水洗いした後、再び蒸したもの。老

人や病人用。②「編糅」は、ひめ。ひめいい。釜で軟らかく炊いた御飯。普通の飯。

**サク** 16画【錯】部首[金] 常用 JIS 2688
音 サク・ソ
①まちがう。あやまる。「錯覚・錯誤」②いりまじる。みだれる。「交錯・倒錯」「錯雑・錯乱」

**サク** 17画【▼簀】部首[竹] JIS 6839
音 サク
す。すのこ。ゆか。ゆかだな。

**簀を易う**(さくをかう)《「簀」は、寝台の上などに敷く「たかむしろ」の意》徳の高い人や貴人が死ぬ。

**サク** 28画【▼鑿】部首[金] JIS 7956
音 サク・ソウ
①のみ。穴をあける道具。②うがつ。穴をあける。「開鑿・掘鑿・穿鑿」「鑿岩機・鑿井」

**さく** くわで打ち返したうね・みぞ。furrow 用例 —を切る。

**さく**【佐久】〈市〉長野県東部、佐久盆地の市。岩村田・中込・野沢の三地区が中心。岩村田は旧城下町・宿場町。コイの養殖が有名。人口六万六八〇〇(一九八八)。

**さく**【佐久】〈町〉長野県東部、群馬県に接する町。稲作のほかにリンゴ・菊・カラマツの苗木などを産する。人口九一七七(一九八八)。

**さ・く**【咲く】(五自) 花のつぼみがひらく。bloom 用例 桜の花が—。

**さ・く**【割く】(五他) ①一部を分けて、別のことにあてる。spare 用例 時間を—。人手を—。②一部分を分けて与える。cede 用例 領土を—。

**さ・く**【裂く】(五他) ①ひきやぶる。二つに分ける。tear 用例 布を—。②人と人との関係をへだてる。用例 夫婦の仲を—。

**さ・く**【避く】古語(下二他) ↓さける(避ける)

**さ・く**【▽離く・▽放く】古語 一(四他) 離す。用例 見も—・かず来ぬ(万葉・三・四五〇)。二(下二他) 仲をへだてる。引き離す。用例 わが目妻人は—・くれど(万葉・一四・三五〇四)。

**さ・ぐ**【下ぐ】古語(下二他) ↓さげる(下げる)

**ざく**《俗語》なべ物などで、主材料に添えるネギなどの野菜。

**さく-い**【作為】(名・サ変自) ①《あまりよくないときにいう》つくりなすこと。つくりごと。artificiality 対義 自然。用例 —が目につく。②法律で、一定の観点からみた場合の行為者の積極的動作および挙動。commission 対義 不作為。

**さく-い**【作意】①たくらみ。変わった思いつき。scheme ②芸術作品を創作するときの意図。趣向。motif

**さく・い**(形) ①さっぱりしている。open-hearted ②気軽である。気さくである。frank ③ねばりがない。もろい。brittle

**さく-イオン**【錯イオン】金属イオンと他のイオンまたは分子が結合してできる一つのイオン。ヘキサシアノ鉄(Ⅲ)酸イオン$[Fe(CN)_6]^{3-}$など。complex ion

**さくい-てき**【作為的】(形動) わざとらしいさま。技巧的。intentional

**さくい-はん**【作為犯】積極的な行為によって生じる犯罪。刑法上のほとんどの犯罪がこれに相当。crime of commission 対義 不作為犯。

**さく-いん**【索引】特定の資料のなかから、各種の情報が容易に捜し出せるように、事項や字句を一定の順序に配列したもの。インデックス。index

**ザクースカ**[zakuska ロシア] ロシア料理で、前菜。ピクルス・キャビア・燻製のサケ・ソーセージなどを盛り合わせる。

**さく-えん**【錯塩】錯体のうち、錯イオンどうしあるいは錯イオンと他のイオンが結合してできた塩。complex salt

**さく-おう**【策応】(名・サ変自) 互いに示し合わせること。

**さく-おとこ**【作男】耕作に雇われる男。farmhand

**さく-か**【▼蒴果】果実の一種。子房が二室以上あり、熟すると果皮が乾いて縦に裂け種子を散布する。ホウセンカ・アサガオ・ユリなど。

**さく-が**【作画】(名・サ変自) 絵・写真をつくること。draw picture; take photo

**さく-ごうぶつ**【錯化合物】↓さくたい(錯体)

**さく-がみ**【作神】農耕の神で、作物の豊凶や農事をつかさどる。作り神様。農神。田の神。

**さく-がら**【作柄】①農作物のでき具合。harvest ②絵画・詩文などの芸術作品の品位。quality

**さくがん-き**【▼鑿岩機・削岩機】鉱山・土木工事などで岩石に発破のための穴をあける機械。圧縮空気や電気でピストンを振動させ、先端のビットで岩石を打撃する。rock drill

**さくぎ**【作木】〈村〉広島県北部、中国山地の村。稲作、肉牛飼育、シイタケ・ナシ栽培などの農業が主体。人口二四九五(一九八八)。

**さく-ぎょう**【昨暁】きのうの夜明け。early yesterday morning

**ざく-ぎり**【ざく切り】野菜などを、大きめに切ること。用例 ハクサイの—。

**さく-ぐ**【索具】帆綱など、船で用いる綱類の総称。rigging

**さく-げき**【作劇】(名・サ変自) 劇を、脚本などの形式を用いて構成すること。用例 —術。

**さく-げつ**【昨月】前の月。先月。前月。last month

**さく-げん**【削減】(名・サ変他) けずりへらすこと。reduction 用例 軍備の—。

**さく-げん**【▼遡源・▼溯源】(名・サ変自)《「そげん」の慣用読み》水源・根元にさかのぼること。

**さくげん-ち**【策源地】①前線の作戦部隊に必要な補給・交通・衛生などについて支援を行う後方の基地。strategic base ②根拠地。base

**さく-ご**【錯語】医学で、患者自身は自覚しないまま、意図したことばと別のことばを誤って発音したりする症状。字の音韻を間違える字性錯誤と単語を言い間違える語性錯誤がある。paraphasia

**さく-ご**【錯誤】①思いちがえること。まちがっている物事を正しいと思いあやまること。mistake 用例 重大な—を犯す。②法律で、認識と事実とが一致しないこと。

**さく-さく**【▼嘖▼嘖】(形動トタル) 口々にほめそやすさま。highly reputed 用例 好評—。

**ざく-ざく**(副) ①砂などを踏みつける音。用例 玉砂利を—踏む。②野菜などを刻む音。用例 キャベツを—切る。③たくさんあるさま。a great many

**さく-ざつ**【錯雑】(名・サ変自) 複雑に入り交じること。complication

**さく-さん**【▼柞蚕】ヤママユガ科の大形のガ。絹糸を目的に飼育される。開張約一二cm。糸は光沢があり上質。中国原産。日本では長野県で飼育。

**さく-さん**【酢酸・▼醋酸】化学式$CH_3COOH$ 飽和脂肪酸の一つ。刺激性の強い臭気と酸味のある無色の液体。食酢の酸味の主成分。食品調味料・溶媒・合成樹脂の原料など。acetic acid

**さくさん-アミル**【酢酸アミル】化学式$CH_3COOC_5H_{11}$ 酢酸とアミルアルコールとのエステル。バナナなどの香気をもつので、フレーバーに利用される。amyl acetate

**さくさん-エステル**【酢酸エステル】一般式$CH_3COOR$ 酢酸とアルコールとのエステル。芳香をもつ無色で中性の液体。酢酸メチルなど。溶媒・香料など。acetic ester

**さくさん-エチル**【酢酸エチル】化学式$CH_3COOC_2H_5$ 酢酸とエタノールとのエステル。香気をもつ無色の可燃性の液体。溶剤・香料などに利用。ethyl acetate

**さくさん-えん**【酢酸塩】酢酸のカルボキシル基$-COOH$の水素原子を金属で置換して得られる塩。酢酸鉛・酢酸ナトリウムなど。acetate

**さくさん-カルシウム**【酢酸カルシウム】化学式$Ca(CH_3CO_2)_2$ 一水和物・二水和物はともに無色の結晶。医薬・アセトンなどの原料。calcium acetate

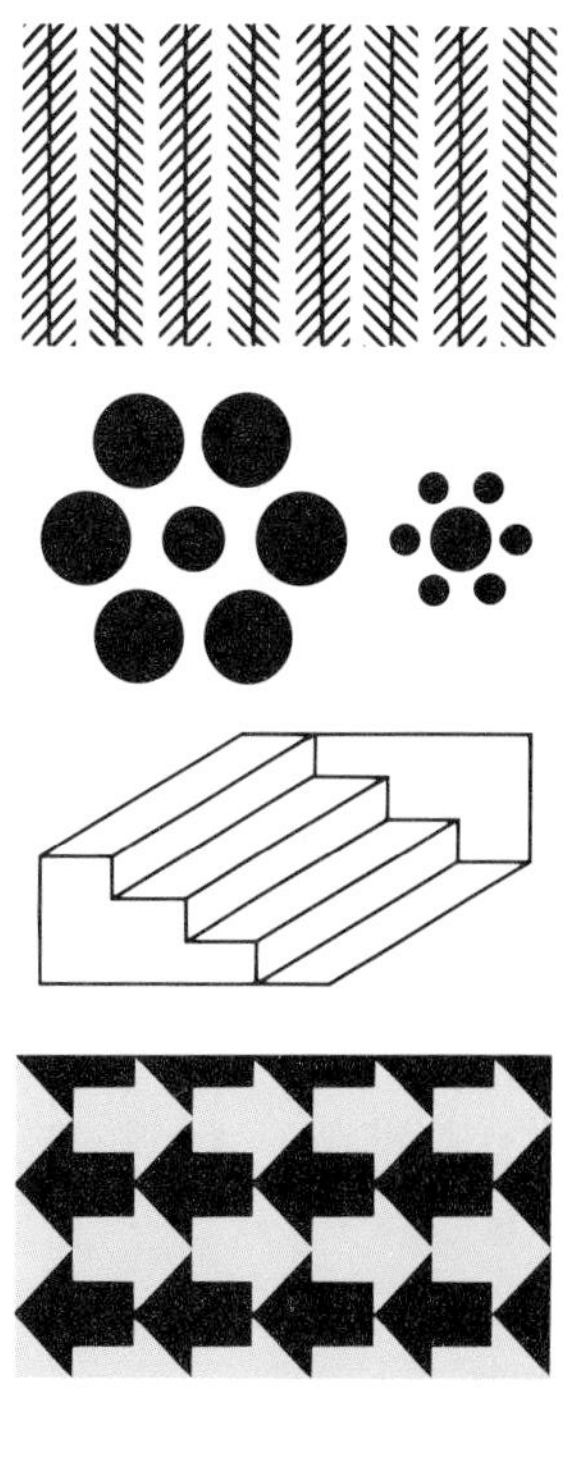

●錯視 幾何学的錯視の例

方向の錯視 平行線に、短かい平行斜線群を交差させると、平行に見えない。

大きさの錯視 同じ大きさの円でも、周囲にある円の大小によって大きさが違って見える。

シュレーダーの可逆階段 見方によって階段の上下が逆になって見える。

地と図 見方によって地の矢印と図形の矢印との関係が逆になって見える。

**さくさん-カルミン**【酢酸カルミン】生物学実験用の染色液の一つ。染色体を赤く染めるので、核の観察に用いる。acetocarmine

**さくさん-きん**【酢酸菌】桿菌の一種。好気性で、糖・アルコールの酢酸発酵を行う。酢母。acetobacter; acetic bacterio

**さくさん-し**【▼柞蚕糸】ヤママユガ科のガである柞蚕の繭を紡いだ糸。絹糸に似た光沢のある淡褐色の糸。

**さくさん-セルロース**【酢酸セルロース】↓アセチルセルロース

**さくさん-ナトリウム**【酢酸ナトリウム】化学式$CH_3COONa$ 水に溶けやすい無色の結晶。通常は三水和物。緩衝剤・分析試薬などに利用。sodium acetate

**さくさん-なまり**【酢酸鉛】化学式$Pb(CH_3CO_2)_2$ 水溶液は渋い甘さをもつため鉛糖とよばれる。劇薬。鉛塩の原料、たんぱく質中の硫黄検出に利用。lead acetate

**さくさん-はっこう**【酢酸発酵】酢酸菌によりエタノールが酸化発酵され、酢酸となる反応。acetic fermentation

**さくさん-ビニル**【酢酸ビニル】化学式$CH_3COOCH=CH_2$ 無色の液体。酢酸ビニル樹脂・ビニロンの製造原料に利用。vinyl acetate

**さくさんビニル-じゅし**【酢酸ビニル樹脂】酢酸ビニルを重合させて得られる熱可塑性樹脂。軟化温度が低い。塗料・接着剤・チューインガムベース・ビニロンの原料など。vinyl acetate resin

**さくさんフェニル-すいぎん**【酢酸フェニル水銀】避妊薬・農薬に用いる有機水銀。白色結晶。phenylmercuric acetate

**さくさん-メチル**【酢酸メチル】化学式$CH_3COOCH_3$ 酢酸エステルの一つ。無色の芳香のある液体。香料・ペイント・ワニスなどに利用。methyl acetate

**さく-し**【作詞】(名・サ変自他) 歌曲の詞句をつくること。write lyrics 比較 作曲。

**さく-し**【作詩】(名・サ変自他) 詩をつくること。詩作。versification

**さく-し**【昨紙】きのうの新聞。yesterday's paper

**さく-し**【策士】策略のうまい人。黒幕。intriguer

**策士、策に溺れる**(さくし、さくにおぼれる) 策士は、あまり策略を使いすぎて、かえって失敗する。Craft brings nothing home.

**さく-し**【錯視】視覚における錯覚のことで、ある物体の実際の形・大小・色彩などが、ちがったものや、ゆがんだ形として知覚されること。optical illusion 参照 幾何学的錯視。↓図

**さく-じ**【作事】工事。建築工事。construction 用例 —場。

**さぐ-じ**《「石神」の訛り》↓しゃくじん(石神)

**さく-じつ**【昨日】きのう。yesterday

**さく-じつ**【▼朔日】ついたち。朔。first day of a month

**サクシニルコリン**[succinylcholine] 骨格筋弛緩薬の一つ。神経筋接合部で運動神経衝撃を遮断する。

**さくじ-ぶぎょう**【作事奉行】鎌倉・室町・江戸幕府の職名の一つ。殿舎の建築や修繕にあたった。

**さく-しゃ**【作者】①芸術作品をつくった人。とくに、詩歌・小説・絵画・彫刻などのつくり手。著作者。制作者。writer 比較 作家。②芝居などの脚本をつくった人。脚本作者。drama-

tist

**さく-しゅ【搾取】**(名・サ変他) ①しぼりとること。squeeze ②階級社会で、生産手段を所有する資本家が労働者の労働によって生じた剰余価値を独占すること。exploitation

**さく-しゅう【昨週】** 今週の前の週。先週。last week

**さく-しゅう【作州】** 美作国。

**さく-しゅつ【作出】**(名・サ変他) 新しい品種をつくりだすこと。production

**さく-しゅん【昨春】** 去年の春。去春。last spring; the spring of last year

**さく-じょ【削除】**(名・サ変他) けずりとること。省くこと。deletion 用例 一字―。

**さく-じょう【作条】** 種をまくために一定の幅で平行に掘った、浅い溝。

**さく-じょう【索条】** ↓こうさく(鋼索)

**さくじょう-そしき【▼柵状組織】** 葉肉の中にある同化組織。葉の上面表皮の直下に、多数の葉緑体を含む円柱状の柔細胞が、ふつう一層になってすきまなく並ぶ。palisade parenchyma

**さく-ず【作図】**(名・サ変他) ①図をかくこと。draw figure ②幾何学で、与えられた条件に適する図形を描くこと。construction

**さくず-だい【作図題】** 初等幾何学で、定規とコンパスによって平面図形を作図する問題。problem for construction

**さく・する【策する】**(サ変他) はかりごとを立てる。策す。devise a plan 用例 強行突破を―。

**さく-せい【作成】**(名・サ変他) 書類・案文などを作ること。draw up

**さく-せい【作製】**(名・サ変他) 品物を作ること。製作。manufacture

**さく-せい【▼鑿井】**(名・サ変自) 地下水・石油などを採るため、地中に縦穴を掘ること。well drilling

**さく-せつ【錯節】** ①入り組んだ木のふし。②こんがらかって解決しにくい事件。用例 盤根―。

**さく-せん【作戦・策戦】** ①戦いや試合に勝つための方法・計略。tactics 用例 ―をねる。②大規模な軍団が、ある期間にわたって行う戦闘行動のすべて。operations; tactics

**さく-ぜん【索然】**(形動トタル) ①興ざめするさま。用例 興味―。②ちらばるさま。

**ザクセン【Sachsen】** 東ドイツ南東部の工業地域。中心都市はドレスデン・ライプチヒ・カールマルクスシュタット。

**さくせん-タイム【作戦タイム】** バレーボールなどで、作戦上の目的で要求できる試合の一時中止時間。バレーボールの場合、一セットに二度、一回が三〇秒間。time out

**ザクセン-ちょう【ザクセン朝】** 中世ドイツの王朝。九一九年ザクセン公ハインリヒ一世が創始。二代オットー一世が神聖ローマ帝国を創始。一〇二四年、五代ハインリヒ二世の死で断絶。Saxon dynasty

**サクソ【Saxo Grammaticus】**(一一五〇ごろ〜一二二〇ごろ) デンマークの歴史家。「学識のあるサクソ」とよばれた。著書『デンマーク人の事跡』はラテン語で書かれ、北欧神話・伝説、歴史研究の大著。シェークスピア作として知られる『ハムレット』の原話を含む。

**さく-そう【錯▼綜】**(名・サ変自) 複雑に入り交じること。錯雑。complication 用例 事情が―する。

**サクソニー【Saxony】** 紡毛織物の一種。細い良質のメリノ羊毛を原料にして、メルトン仕上げをしたもの。本来はサクソニー羊毛を使った軽い紡毛織物。

**サクソフォン【saxophone】** 木管楽器。歌口は一枚リード。音域により七種ある。豊かな音色をもちジャズの主要楽器。ベルギーのアドルフ＝サックスが発明。サキソフォン。サックス。↓写

●サクソフォン　アルトサクソフォン。

**サクソン-じん【サクソン人】** ゲルマン民族の一部族。三世紀以降エルベ・ライン両河の下流域に居住。五世紀に一部がアングル人とともにブリテン島に渡り、アングロ-サクソン諸王国を建設、現在のイギリス人の根幹をなす。Saxon

**さく-たい【錯体】** 金属または金属に類似の元素を中心として、他のイオンや分子が立体的に結合した原子集団。錯分子・錯イオン・錯塩などに分類する。錯化合物。complex

**さくたい-かがく【錯体化学】** 金属の錯体を対象とする化学の一分野。かつては無機化学の一部と考えられたが、現在は有機金属化合物などをも対象に含む。chemistry of complex

**さく-たのみ【作頼み】** 九州地方の中部で、豊作を祈って八朔の日に作神に神酒を供えたり、田畑の作物を「頼みます、頼みます」と唱えながら見てまわる行事。

**さく-ちがい【作違い】** 作物の取り入れの見込みがはずれること。不作。poor harvest

**さく-ちょう【作調】** 作品にあらわれているおもむき・調子。

**さく-ちょう【昨朝】** きのうの朝。yesterday morning

**ざ-くつ【座屈】** 棒や柱などの両端から力を加えて圧縮すると、急に曲がってしまう現象。buckling

**さく-づけ【作付(け)】**(名・サ変他) 田畑に作物を植え付けること。さくつけ。planting

**さくづけ-めんせき【作付面積】** 作付けした田畑の広さ。planted area

**さく-てい【策定】**(名・サ変他) 対策・計画を立てて物事を決めること。

**さく-てき【索敵】**(名・サ変自) 敵を探し求めること。用例 ―行。

**さく-ど【作土】** 耕地の最上部を占める土層。耕具で攪拌され、作物の根が十分にのびる範囲の部分。耕土。top soil

**さく-とう【昨冬】** 昨年の冬。去冬。last winter

**さくとう【作東】**〈町〉 岡山県東部、兵庫県に接する町。稲作と商工業がさかん。土居地区は旧宿場町。人口八八三七(一九八八)。

**さく-どう【索道】**《「架空索道」の略》↓ロープウエー

**さく-どう【策動】**(名・サ変自他) 策略をめぐらして、ひそかに行動すること。maneuvering 用例 会社乗っ取りを―。

**さく-どり【作取り】** 魚を、刺身などにするために血合いなどを除いて、形を整えること。

**さくなみ-おんせん【作並温泉】** 宮城県西部、宮城町にある温泉。一一〇〇年の歴史をもつ。作並こけしが有名。

**さく-にゅう【搾乳】**(名・サ変自) ウシ・ヤギなどの乳をしぼること。乳牛では、一日二〜三回しぼる。milking

**さく-にん【作人】** ①作る人。作った人。②荘園制下の農民で、名主に対して、負担をおう自作農。その下うけは下作人。

**さく-ねん【昨年】** ことしの前の年。去年。last year

**さく-はく【削▼剝】** ①けずりはぐこと。②流水・風・氷河などが地表をけずりとること。用例 氷河の―作用。

**さく-ばく【索漠・索▼莫・索▼寞】**(形動トタル) 気分などがもの寂しいさま。dreary 用例 ―とした生活。

**さく-ばん【昨晩】** きのうの晩。last night

**さくひ-こんぜ【昨非今是】**《陶淵明の『帰去来辞』にある語句》境遇がすっかり変わって、昨日までよくないと思っていたことを、今日はよいと思うこと。

**さく-びょう【作病】** 仮病。

**さく-ひん【作品】** ①製作したもの。芸術作品。創作。work ②

**さく-ふう【作風】** 作品の傾向・特徴。style

**さく-ふう【▼朔風】**《朔は北の方角》きたかぜ。

**さく-ぶつ【作物】**《「さくもつ」は別語》ある人がつくった絵・彫刻などの制作物。作品。work

**さく-ぶん【作文】**(名・サ変自他)《「さくもん」は別語》①文章をつくること。また、その文章。composition ②文章の表現を飾り立てているだけで、内容のないこと。また、その文章。rhetorical work 用例 あの政治家の演説はまったくの―だ。

**さく-べい【索▼餅】** 唐菓子の一種。小麦粉と米粉を練り、縄状にねじったもの。油で揚げ、酢味噌のようなものや、小豆の粉などを付けて食べた。麦縄。

**さく-ぼ【酢母・▼醋母】** ↓さくさんきん(酢酸菌)

**さく-ほう【冊封】** 中国で、皇帝が諸侯を立て、封禄や爵位を与えること。「冊」はそのときの勅書。漢代に始まる。

**さく-ほう【作法】** 作り方。さほう。用例 小説―。

**さく-ほう【昨報】** きのうの報道。yesterday's report

**さく-ぼう【▼朔望】** 陰暦で、月の一日と一五日。新月と満月。

**さく-ぼう【策謀】**(名・サ変自) はかりごとを立てること。策略。計略。stratagem 用例 ―の士。

**さくぼう-げつ【▼朔望月】** 朔から次の朔まで、または望から次の望までの平均時間。月の満ち欠けの周期に一致する。二九・五三日。synodic month

**さく-ほく【▼朔北】** ①きた。北方。②中国で、北辺の地。

**さく-ぼんち【佐久盆地】** 長野県東部、浅間山と蓼科山の裾合いにある盆地。千曲川が貫流する。佐久平。

**さく-ま【作間】** ①作物の植えてあるうねとうねとの間。②農作業のひまな時期。農閑期。

**さくま【佐久間】**〈町〉 静岡県北西部、天竜川中流の町。天竜美林の中心でスギ・ヒノキなどの林業がさかん。人口七九一一(一九八八)。

**さくま-しょうざん【佐久間象山】**(一八一一〜一八六四) 幕末の兵学者。信州松代藩士。名は啓。蘭学・砲術に通じ、和魂洋才を唱え、公武合体・開国論者として活躍。勝海舟・吉田松陰らを育成。尊攘派の志士に暗殺された。さくまぞうざん。

**さくま-ダム【佐久間ダム】** 静岡・愛知県境、天竜川にあるダム。有効貯水量二億五四〇万$m^3$。重力式ダムで、第二次大戦後初の大規模ダム。

**さくま-とせい【作間渡世】** 江戸時代、本百姓が農閑期に、農業以外に営んだ営業。作間稼ぎ。類似 作間商い。

**さくま-もりまさ【佐久間盛▽政】**(一五五四〜一五八三) 安土桃山時代の武将。柴田勝家の甥。尾張の人。織田信長の家臣。のち柴田勝家に仕え、賤ケ岳の戦いで豊臣秀吉に敗れて刑死。

**さく-もつ【作物】**《「さくぶつ」は別語》田畑に作る農作物。さくもの。crops

**さく-もの【作物】** ①名作。名人の作。masterpiece ②さくもつ。crops

**さく-もん【作文】**《「さくぶん」は別語》漢詩をつくること。また、その漢詩。詩作。

**さく-や【昨夜】** きのうの夜。昨晩。ゆうべ。last night

**さく-やく【▼炸薬】** 爆弾や砲弾につめて炸裂させるための火薬の総称。黒色火薬・硝酸セルロース・トリニトロトルエンなど。bursting charge

**さく-ゆ【搾油】**(名・サ変自) 原料から、油をしぼりとること。oil expression

**さく-ゆう【昨夕】** きのうの夕方。ゆうべ。last evening

**さく-よう【▼腊葉】**《「せきよう」の慣用読み》植物を紙の間などに挟んで乾燥させた標本。押し葉。

**さくら** ①売り手と共謀して、客のふりをし、客に買いたい気をおこさせる大道商人の仲間。shill ②聴衆にまじり、人々を共鳴させるようにする演説者の仲間。claque 用例 ―を使う。

**さくら【桜】** ①バラ科サクラ属のうち、花が美しく、観賞される落葉高木の総称。古くから愛好され、日本の国花。葉は互生。花は五弁で、多くは春開く。八重咲きなど約三〇〇の品種がある。材は、建築・家具・版木に用いる。ミザクラの果実はさくらんぼ。アケボノグサ。チェリー。ユメミグサ。cherry blossom ②桜色。pink ③襲の色目の名。表は白色、裏は紅か濃い葡萄染め。④紋所の名。桜の花を紋章化したもの。⑤馬肉の異称。↓図(次ページ) ↓襲の色目図

**さくら【佐倉】**〈市〉 千葉県北部、印旛沼の南にある市。旧城下町。住宅・工業都市で東京の衛星都市。国立歴史民俗博物館がある。人口一三万二二九七(一九八八)。

**さくら-あずまお【佐久▽良▽東雄】**(一八一一〜一八六〇) 幕末の尊攘派の志士・歌人。常陸の人。真言宗の僧であったが還俗。平田篤胤の門下生。桜田門外の変に連座して捕らえられ、獄死。歌集『薑園集』。

**さくらい【桜井】**〈市〉 奈良県、奈良盆地南東隅の市。木工業が発達。三輪そうめんが名産。交通の要地。長谷寺・大神神社・談山神社など史跡に富む。人口五万九四九九(一九八八)。

**さくらい-ばいしつ【桜井梅室】**(一七六九〜一八五二)

●サクラ①
山桜

大島桜　松月　染井吉野　緑萼桜　御衣黄　緋寒桜

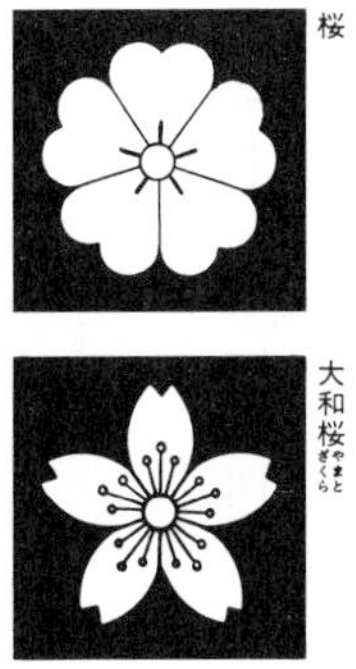
●桜④
桜　大和桜

江戸末期の俳人。名は能充。金沢の人。高桑闌更門の馬来に師事。天保三大家の一人。著書『梅室付合集』『梅室家集』など。

**さくら-いろ【桜色】** 桜の花びらのような色。淡紅色。

**さくらえ【桜江】**〈町〉島根県中西部、江の川下流の町。稲作・養蚕が行われる。人口四二九九(一九八八)。

**さくら-えび【桜▽海▽老】** サクラエビ科のエビ。体長約五㎝。ほとんど透明で発光する。煮ると桜色になる。深海性で、夜間表層に移動。食用。駿河湾・相模湾・東京湾に分布。ヒカリエビ。↓エビ図

**さくら-かい【桜会】** 国家改造を目的に昭和五年(一九三〇)組織された、陸軍の中堅将校の団体。三月事件・十月事件を画策。

**さくら-がい【桜貝】** 浅海の砂底にすむニッコウガイ科の二枚貝。

●サクラガイ

殻長約三㎝、殻高約一・三㎝。殻は扁平で薄く、桃色花弁状で光沢がある。貝細工用。北海道から九州・朝鮮半島に分布。↓図

**さくら-がみ【桜紙】**《もと、商標名》薄くて、柔らかいちりがみ。soft thin paper

**さくら-がり【桜狩(り)】** ①山野に桜花をたずね、ながめ歩くこと。②《交野が皇室の遊猟地で、また、桜の名所でもあったのでいう》鷹狩り。

**さくらがわ【桜川】**〈村〉茨城県南部、霞ケ浦南岸の村。稲敷穀倉地帯の一部で、早場米の産地で知られる。人口八二二五(一九八八)。

**さくらがわ-じひなり【桜川慈悲成】**(一七六二〜一八三三) 江戸後期の戯作者・落語家。通称錺屋大五郎。江戸の人。烏亭焉馬とともに落語中興の祖とされる。黄表紙『馬鹿長命子気物語』、噺本『滑稽好』など。

**さくらぎちょう【桜木町】** 神奈川県横浜市、西区と中区にまたがる地区。桜木町駅は明治五年(一八七二)、日本最初の鉄道開通時の横浜駅であった。

**さくら-ごち【桜▽東▽風】**《桜の咲くころに吹くことからの名》春になって吹く東風。

**さくら-じま【桜島】** 鹿児島県、鹿児島湾にある火山島。標高一一一七m。噴火記録の多い活火山で知られ、大正三年(一九一四)の噴火で大隅半島と地つづきとなった。

**さくらじま【桜島】**〈町〉鹿児島県、桜島の西半の町。観光中心で、町営フェリーで鹿児島市街と結ばれる。人口五五五四(一九八八)。

**さくらじま-だいこん【桜島大根】** ダイコンの一品種。根は大円球で一五kgほど。肉質は密で甘味がある。鹿児島県桜島と、その周辺が主産地。↓ダイコン図

**さくら-ぜんせん【桜前線】** サクラ(ソメイヨシノ)が開花した地点をむすんだ線。ふつう一〇日間ごとに引く。高い山では一〇〇m登るごとに一両日遅れるという。三月末九州から北上し、五月初め北海道に至る。暖かさの移行の指標とする。cherry-blossom front ↓開花前線図

**さくら-そう【桜草】** サクラソウ科の多年草。山野にはえる。高さ一五〜三〇㎝。葉は根生。葉の中に花茎を伸ばし散形状に五弁花をつける。園芸品種は種類も多く、色彩も豊富。ニホンサクラソウ。↓写

**さくら-そうご【佐倉宗▼吾】**(生没年未詳) 江戸前期の義民。姓は木内。下総国公津村の名主。佐倉藩の重税に抗して将軍に直訴し、妻子とともに処刑。義民伝説で広く流布し、佐倉惣五郎の名で知られる。

**さくら-だい【桜▼鯛】** 岩礁底にすむスズキ科の海水魚。全長は雄約一三㎝、雌約一〇㎝。雄は鮮紅色、雌は赤黄色。食用。南日本に分布。↓図

●サクラダイ

**さくらだ-いちろう【桜田一郎】**(一九〇四〜一九八六) 化学者。高分子化学を研究し、日本独特の合成繊維であるビニロンを完成。

**さくらだ-じすけ【桜田治助】** 江戸の歌舞伎作者。四世まで。初世(一七三四〜一八〇六)は天明期の代表的作者。江戸世話狂言を確立。作品『御摂勧進帳』など。二世(一七六八〜一八二九)は舞踊劇にすぐれる。舞踊劇『汐汲』など。三世(一八〇二〜一八七七)はのちに狂言堂左交。舞踊劇『三世相錦繡文章』(通称、お園六三)など。

**さくら-たで【桜▼蓼】** タデ科の多年草。湿地にはえる。地下茎が長く這う。葉は尖頭披針形で短柄。夏から秋に、淡紅色花をまばらにつける。

**さくらだ-もん【桜田門】** 江戸城内の城門の一つ。本丸・西丸の南方の内桜田門・南大手門・外桜田門をいう。現在は外桜田門のみをさす。

**さくらだもんがい-の-へん【桜田門外の変】** 万延元年(一八六〇)三月三日、水戸・薩摩藩の尊攘派浪士によって桜田門外で起こされた大老井伊直弼の暗殺事件。開国の調印、安政の大獄などの政策が原因。

**さくら-づけ【桜漬(け)】** 桜の花を塩づけにしたもの。湯を注いで桜湯として飲む。

**さくら-つつじ【桜▼躑▼躅】** ツツジ科の常緑低木。暖地の林中にはえる。葉は楕円形で、枝先に二〜三片がつく。春に、枝先に二〜三個の桜色の花を開く。暖地に分布。

●サクラソウ

**さくら-なべ【桜▼鍋】** 馬肉のすき焼き。

**さくら-にく【桜肉】**《桜色をしていることから》馬の肉。さくら。horsemeat

**サクラニン**【sakuranin】 ソメイヨシノなどの植物の樹皮に含まれる植物色素の一つ。

**さくらのその【桜の園】**《原題Vishnjovyj Sad(ロシア)》チェーホフの四幕戯曲。一九〇三年刊、一九〇四年初演。領地「桜の園」の滅びゆく運命に、古いロシアの没落と新しいものの胎動を象徴させた。

**さくらま-きゅうせん【桜間弓川】**(一八八九〜一九五七) 能楽師。シテ方。金春流。東京生まれ。動きの多い能を得意とし、東京の金春流の中心として活躍。

**さくらま-さじん【桜間左陣】**(一八三五〜一九一七) 能楽師。シテ方。金春流。熊本生まれ。東京で活躍。宝生九郎・梅若実とともに、明治三名人の一人。

**さくら-まじ【桜▽真▽風】**《「まじ」は南寄りの風の意》桜の咲くころ、南の方から吹いてくる暖かい風。日和真風。

**さくら-ます【桜▼鱒】** サケ科の魚。全長約六〇㎝。背部は濃青色、腹部は銀白色。川で生まれて海へ下る降海型である。または湖沼型をサクラマス、海へ下らない河川型をヤマメといって区別。関東地方以北に分布。ホンマス。

**さくらまち-てんのう【桜町天皇】**(一七二〇〜一七五〇) 第一一五代天皇(在位一七三五〜一七四七)。名は昭仁。中御門天皇の第一皇子。朝儀の振興につとめ、新嘗祭・豊明節会などを再興。また歌にもすぐれた。

**さくらま-みちお【桜間道雄】**(一八九七〜一九八三) 能楽師。シテ方。金春流。熊本生まれ。奥深く繊細な芸風で独自の世界を完成。重要無形文化財保持者。

**さくら-めし【桜飯】** しょうゆ・酒を加えて炊いた飯。茶めし。

**サクラメント**【sacrament】 キリスト教で、神の見えない霊的恩恵を見える形で表す手段・方法。カトリックと東方正教会系では七つの秘跡(洗礼・堅信・聖体・告解・終油・叙階・婚姻)、プロテスタントでは二つの聖礼典(洗礼・聖餐)をさす。秘跡。

**サクラメント**【Sacramento】 アメリカ西部、カリフォルニア州の州都。商業・交通の要地。日系人口が多い。人口二七・六万(一九八〇)。

**さくら-もち【桜▼餅】** あんを小麦粉を焼いて作った皮に入れて蒸し、塩漬けの桜の葉に包んだ菓子。江戸向島の長命寺が発祥地。

**さくら-ゆ【桜湯】** めでたい席で使う、茶の代わりに桜漬けを湯に入れた飲み物。↓写

**さくら-らん【桜▼蘭】** ガガイモ科のつる性多年草。九州南部からオーストラリアにかけて

分布。つるに多肉質で光沢のある長楕円形の大きな葉をつける。五月ごろ、白色で中心部が淡紅色の、星形の小花がボール状に集まって咲く。観賞用に栽培。ホヤ。

● 桜湯

**さく-らん【錯乱】**(名・サ変自) ①こんがらかること。distraction ②精神が乱れて、正常な判断ができないこと。derangement 用例 精神—。

**さくらん-じょうたい【錯乱状態】** 体験・思考の連続性が乱れて支離滅裂となり、幻覚・錯覚が現れ、精神興奮を示す意識の混濁状態。急性の脳疾患などに伴いおこるが、原病が治癒すればおさまる。confusion

**さくらん-ぼう【桜ん坊】** 桜の実の総称。とくに、食用とする桜桃の実をいう。さくらんぼ。cherry

**さくり【▼噦り・▼吃▽逆】**(名・サ変自) ↓しゃっくり(噦り)

**さぐり【探り】** ①探ること。また、探るための器具。sound ②間者。スパイ。spy

**探りを入れる**(さぐりをいれる) 相手の思惑や隠しごとについて、それとなく調べ、反応をたしかめる。sound out

**ざくり**(副) 勢いよく切ったり、割ったり、突きさしたりする音・さま。

**ざ-ぐり【座繰り・▼坐繰り】** ①生糸の繰り糸法。煮繭から右手で糸を手繰り、左手でまわす歯車仕掛けの糸車に巻き取る。②ボルトやナットの締め付けを安定させるため、その場所の表面をその頭の大きさに合わせて円形に浅く平滑に削ること。

**さぐり-あし【探り足】** 足で探りながら歩くこと。また、その歩き方。

**さぐり-あ・てる【探り当てる】**(下一他) さがして見つける。find out 用例 やっと原因を—・てた。

**さぐり-だ・す【探り出す】**(五他) 調べたりさがしたりして見つけ出す。find out

**さく-りつ【冊立】**(名・サ変他) 勅命によって皇太子・皇后を定めること。さくりゅう。

**さく-りゃく【策略】** はかりごと。計略。策謀。strategy 用例 —をめぐらす。

**さく・る【▼抉る】**(五他) ↓しゃくる(抉る)

**さぐ・る【探る】**(五他) ①手足の感覚で物を求める。feel 用例 ポケットを—。②そっと調べる。探知する。search 用例 意向を—。③美しい景色や見知らぬ土地をたずねる。visit 用例 古都の秋を—。

**さく-れい【作例】** 作り方の例・手本。example

**さく-れつ【▼炸裂】**(名・サ変自) 爆弾・砲弾などが破裂すること。explosion

**ザグレブ【Zagreb】** ユーゴスラビア西部、クロアチア共和国の首都。同国屈指の都市。一七世紀以来の大学を中心とする文化都市。人口一一七・五万(一九八一)。

**ざくろ【▽石▼榴・▼柘▼榴】** ザクロ科の落葉小高木。高さ四～八m。枝は分枝が多く、葉は長楕円形。花は橙赤色で筒状。果実は球形で黄赤色。九～一〇月に熟し、実は裂ける。種子の外皮は食用となり、根は薬用。じゃくろ。pomegranate ↓写

● ザクロ　花(上)と実(下)。

**ざくろ-いし【▽石▼榴石】** マグネシウム・鉄・マンガン・カルシウム・アルミニウムなどを含む珪酸塩鉱物。等軸晶系。赤・褐・黄・暗緑色。変成岩に多い。宝石・研摩剤・マンガン鉱石などに利用する。garnet

**ざくろ-ぐち【▽石▼榴口】** 江戸時代の銭湯の浴槽への出入り口。浴槽の前を板戸でおおい、湯が冷めるのを防いだ。洗い場からは板戸の下をかがんで入った。ザクロの実の酢を鏡を磨くのに使ったことから、「鏡要る」を「かがみ入る」にかけたものといわれる。↓図

● 石榴口　左手が石榴口、右手の小さな窓が上がり湯。三谷一馬『江戸商売図絵』より。

**ザグロス-さんみゃく【ザグロス山脈】**(Kūhhāye Zagros) イラン南西部、イラン高原南西に連なる山脈。標高一五〇〇～三〇〇〇m。南西山麓に石油を産出。

**ざくろ-そう【▽石▼榴草】** ザクロソウ科の一年草。高さ約二〇cm。葉は細長く、下部で輪生、上部ではときに対生。夏から秋にかけて黄褐色の小花が咲く。本州以南にはえる。↓写

● ザクロソウ

**ざくろ-ばな【▽石▼榴鼻】** 先が赤くふくれた鼻。

**ざくろ-ひ【▽石▼榴皮】** 生薬の一つ。ザクロの根皮および幹皮を乾燥したもの。煎じて駆虫、とくに条虫駆除剤として用いる。pomegranate bark

**さく-わ【作話】**《Konfabulationドイツの訳語》老人性精神病であるコルサコフ症候群の症状の一つ。記憶が欠落し、これを空想や虚言による事柄で補おうとすること。

**さけ【酒】** ①米とこうじで造った日本酒。ささ。sake ②日本の酒税法ではアルコール分一%(一度)以上を含む飲料の総称。醸造酒・蒸留酒・混成酒など。alcoholic drinks 数え方 一杯・一合・一ml・一本・一瓶・一樽。

**酒が酒を飲む**(さけがさけをのむ) 酒飲みが、酔いがまわるにつれてますます大飲する。

**酒が回る**(さけがまわる) ①酒席などでそこにいる人々全員に、酒がもれなくつがれる。pour drinks to everyone ②酒に酔う。be drunk

**酒無くて何の己が桜哉**(さけなくてなんのおのれがさくらかな) 酒がなければ、花見をしてもいっこうにおもしろくもない。

**酒に呑まれる**(さけにのまれる) 酒を飲みすぎて、本性を失う。be completely drunk

**酒に別腸有り**(さけにべっちょうあり) 酒の入る量の多い少ないは、からだの大きさに関係しない。

**酒の上**(さけのうえ) 酒を飲んで酔った状況。酔って理性を失ったさま。under the influence of liquor

**酒の燗は人肌**(さけのかんはひとはだ) 酒を温めるときは、人の体温ぐらいの温かさがよいということ。

**酒の酔い本性忘れず**(さけのよいほんしょうわすれず) 「酒飲み本性違わず」と同意。

**酒は憂いの玉箒**(さけはうれいのたまははき) 《箒は「ほうき」に同じ》酒に酔えば心配を忘れ去ることのたとえ。

**酒は気違い水**(さけはきちがいみず) 酒は正気を失わせる飲み物だということ。

**酒は飲むとも飲まるるな**(さけはのむとものまるるな) 酒を飲んでもいいが、飲みすぎて正気を失ってはならない。

**酒は百薬の長**(さけはひゃくやくのちょう) 適度に飲めば、酒はどんな薬よりも健康によい。Good wine makes good blood.

**酒盛って尻切らる**(さけもってしりきらる) 人によくつくしたのに、逆に損害を受ける。類似 酒買って尻切られる。

**酒を煮る**(さけをにる) 仕込んだ新酒を、殺菌のために火入れする。

**さけ【▼鮭・▼鮏】** サケ科の魚。繁殖期の雄は上あごがかぎ状に曲がって「鼻曲がり」とよばれる。全長約七〇cm。海で育ち、産卵のため生まれた川を海からさかのぼる。食用。卵は筋子・イクラ。河川遡上は北太平洋で広くみられ、日本では能登半島・茨城以北に多い。人工採卵による孵化放流が積極的に行われている。シャケ。アキアジ。chum salmon 数え方 一尾・一匹・一本。↓図

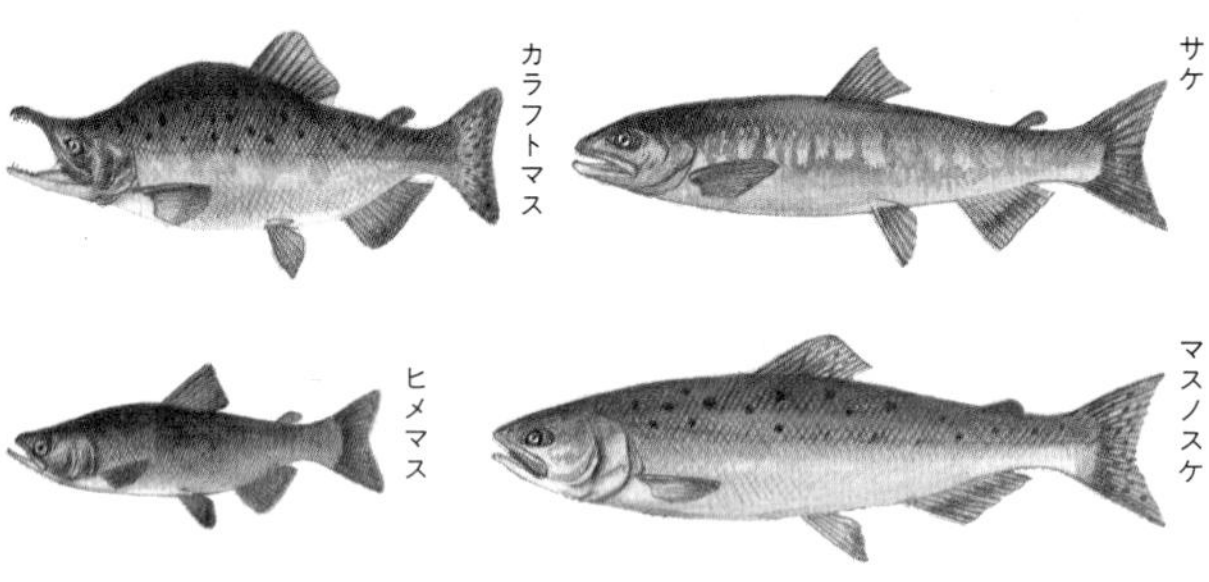

● サケ　サケと近縁種

**さげ【下げ】** ①下げること。lower 対義 上げ。②相場の下落。sag 対義 上げ。③刀の下げ緒。④落語のおち。

**さ-けい【左傾】**(名・サ変自) 対義 右傾。①左に傾くこと。incline to the left ②急進的思想、とくに社会主義や共産主義的立場に近くなること。左翼化。radicalize

**さ-けい【▼沙鶏・砂鶏】** サケイ科の鳥の総称、また、その一種。キジ類とハト類との中間の形状で、翼長約二五cm。おもに砂漠にすむ。ユーラシアに分布。日本には冬季まれに渡来。sandgrouse ↓図

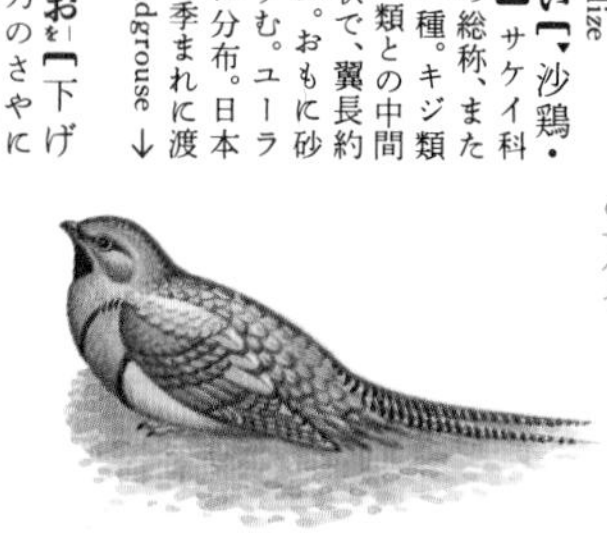
● サケイ

**さげ-お【下げ緒】** 刀のさやに結んで下げる組みひも。下げ。↓日本刀図

**さげ-おび【下げ帯・提げ帯】** ①女性の帯の結び方の一つ。結んだ帯の両端をたらす結び方。また、その帯。②室町時代の宮中の女官の帯。幅が狭く、前で結んでたらした。

**さけ-おろし【▼鮭▼颪】** 東北地方で、サケが産卵のために川を上ってくる仲秋のころに吹く、野分のような風。

**さげ-かじ【下げ▼舵】** 航空機の機首や潜水艦の艦首を下に向ける、かじの取り方。down helm 対義 上げ舵。

**さけ-かす【酒▼粕・酒▼糟】** 清酒もろみから清酒をしぼりとったかす。そのままの板かす、加工した練りかすがある。アルコール分約八%。

**さげ-がみ【下げ髪・▽垂髪】** ①↓おさげ(御下げ)①。②近世、貴婦人や官女が晴れのときに結った髪型。おすべらかし。↓図

● 下げ髪②

**さけがわ【▼鮭川】**〈村〉 山形県北部、新庄盆地の村。稲作・畜産・ヒメユリなどの草花栽培がさかん。人口六六二三(一九八八)。

**さけ-くさ・い【酒臭い】**(形) 酒のにおいがする。smell of liquor 用例 —息。

**さけ-ぐせ【酒癖】** 酒に酔ったときに出る癖。酔ったときのふるまい。さけくせ。drinker's eccentricity

**さけ-くらい【酒食らい】**《俗語》のんべえ。大酒飲み。

**さけ-さかな【酒▼肴】** ↓しゅこう(酒肴)

**さげ-しお【下げ潮・下げ▼汐】** 引き潮。干

潮。ebb tide 対義上げ潮。

**さげ‐じゅう【下げ重・提げ重】**《「下げ重箱」の略》手に下げるようにした重箱。

**さけ‐ずき【酒好き】**(名・形動) 酒を飲むのが好きなこと・さま・人。a drinker

**さけ‐ずし【酒▼鮨】** 酢のかわりに酒を使った鮨飯で作る押しずし。鹿児島県の名物。具はかんぴょう・シイタケ・白身魚・エビなど。

**さげす・む【▼蔑む・▼貶む】**(五他) 見下げる。けいべつする。despise

**さげ‐ぜん【下げ▼膳】** 食事の膳をかたづけること。

**さけ‐の‐おおすけ【▼鮭の大助】** 伝説上の鮭の王様。漁師が遭難したときに、漁師をやめることを条件に鮭の大助に助けてもらった。その日が漁の神恵比寿の講の日だったため、一一月二〇日の夜は外出しないなどの俗信がある。

**さけ‐のみ【酒飲み・酒▼呑み】** 酒が好きでたくさん飲む人。上戸。drinker

**酒飲み本性違わず**(さけのみほんしょうたがわず) 酒飲みはどんなに酔っても、本性を失うことはない。酒の酔い本性違わず。

**さけ‐びたり【酒浸り】** しじゅう酒を飲んでいること。さかびたり。be soaked in drink 用例 — の毎日。

**さげ‐びら【下げビラ】** 品物の名や値段を書いて、売り場などにつるす紙片。

**さけ・ぶ【叫ぶ】**(五自) ①《「号ぶ」とも》声をはりあげる。わめく。shout 用例大声で—。②社会に強く訴える。appeal 用例核兵器廃絶を—。

**さけ‐ぶとり【酒太り・酒▽肥り】**(名・サ変自) 酒を飲んだために太ること。さかぶとり。

**さげ‐まえがみ【下げ前髪】** 少女などが額に垂らした髪。

**さけ‐め【裂け目】** 裂けた所。われめ。crack

**さげ‐もどし【下げ戻し】** 政府や上役に差し出した書類などが、そのまま本人に戻されること。却下。rejection

**さ・ける【裂ける】**(下一自) 切れて分かれる。split 用例布地が—。

**さ・ける【避ける】**(下一他) ＝避く。①遠ざかる。よける。avoid 用例日ざしを—。車を—。②かかわらないようにする。evade 用例難題を—。いざこざを—。③はばかる。差し控える。avoid 用例明言を—。

**さ・げる【下げる】**(下一他) ①一端を固定してたらす。hang 用例軒に提灯を—。②位置・程度・等級などを低くする。lower 対義上げる。用例値を—。温度を—。③身分の高い人や客人から遠ざける。しりぞける。let... go away 用例家人を—。④かたづける。clear 用例おぜんを—。皿を—。⑤後方へ移動させる。move back 用例机を—。レフトを—。⑥交付する。grant 用例恩給を—。⑦ひき出す。おろす。draw 用例貯金を—。

**さ・げる【提げる】**(下一他) 手などに下げて持つ。hang 用例かばんを—。

**さげ‐わた・す【下げ渡す】**(五他) 官庁から下付する。grant

**さ‐けん【差遣】**(名・サ変他) 使いを出すこと。官庁から役人をさしむけること。

**さ‐げん【左▼舷】** 船上で、船首に向かって左の船ばた。port side 対義右舷。

**さこ** 11画 **【▼逧】** 部首[辶] 和製漢字 JIS 7790

↓さこ【迫・谷・逧】

**さこ【▽迫・▽谷・▼逧】** 小さな谷。谷あいの道の行きづまりの場所。はざま。せこ。

**さ‐ご** シカの胎児。それを黒焼きにしたものは産後のひだちが悪いときの薬にする。

**ざ‐こ【雑魚・▽雑▼喉】** ＝じゃこ。①いろいろの種類が入りまじった小ざかな。mixed small fish ②下っぱ。小物。small fry

**雑魚の魚交じり**(ざこのととまじり) 弱小の者が大物の中にまじっていること。身分・能力などの不相応な者が、中にまじっているたとえ。類似田作の魚交じり。

**さ‐こう【砂鉱】** 砂鉱床を構成する鉱石。砂質堆積物中に淘汰作用で特定の鉱物が集中して形成される。砂鉄や砂金など。placer ore

**さ‐こう【鎖▼肛】** 肛門閉鎖と直腸閉鎖の総称。胎生五〜一二週までの発育異常による。治療は生後六か月前後の根治手術。anal atresia

**ざ‐こう【座高・▼坐高】** 体幹の長さ。背をまっすぐにして腰をかけたときの、腰から頭頂までの高さ。sitting height

**さ‐こうしょう【砂鉱床】** 鉱床や鉱石が風化・浸食などで細かく砕け、流水などによって別の場所に沈着した鉱床。砂金・砂鉄・石榴石など。placer

**さこ‐うべん【左顧右▼眄】**(名・サ変自) ↓うこさべん(右顧左眄)

**ザゴースキン【Mikhail Nikolayevich Zagoskin】**(一七八九〜一八五二) ロシアの小説家。歴史小説『ユーリ＝ミハイロフスキー』など。

**さ‐こく【鎖国】**(名・サ変自) 外国との通商・交易を禁止すること。とくに、徳川幕府が集権的封建体制確立のため、キリスト教禁止を口実に貿易と外国人の渡来を統制し、日本人の海外渡航を禁止した政策。寛永一六〜嘉永六年(一六三九〜一八五三)の約二一五年間にわたった。貿易港は長崎一港。オランダ・中国(明)・朝鮮を除く外国との通交を禁止。national isolation 対義開国。

**さこく‐れい【鎖国令】** 江戸初期、幕府が鎖国政策推進のため数次にわたって発布した、渡航・貿易に関する法令。寛永一〇年(一六三三)の渡航制限、同一二年の渡航および帰国の全面禁止、同一三年のポルトガル人の出島隔離、同一六年のポルトガル船の来航禁止、同一八年のオランダ人の出島集住によって完成。

**さ‐こつ【鎖骨】** 胸郭上部前方に水平にあり、首の下と肩を結ぶ長骨。内側端(胸骨端)は胸骨に、外側端は肩甲骨に接している。そのあいだを鎖骨体という。肩甲骨とともに上肢帯をなす。clavicle

**ざ‐こつ【座骨・▼坐骨】** 尻の下部にあって、骨盤を構成する骨。座骨体と座骨枝に区別される。ischium 用例 — 神経痛。

**ざ‐こつ【▼挫骨】** 骨をくじくこと。また、その骨。

**ざこつ‐しんけい【座骨神経】** 下肢の筋運動・皮膚感覚を支配する、人体でもっとも太い神経。脛骨神経と総腓骨神経に分かれ、大腿後面・下腿・足の全筋群と皮膚に分布。sciatic nerve

**ざこつしんけい‐つう【座骨神経痛】** 座骨神経が分布する大腿から足に起こる持続性の痛み。腰椎の椎間板ヘルニア、神経炎などによっておきる。sciatica

**ざこ‐ね【雑魚寝・▽雑▽居寝】** ①多くの人々が入りまじって寝ること。sleeping together in a huddle ②宵祭りなどのあとに多数の男女が神殿などに籠もって共寝する民間習俗。雑魚寝祭り。

**ざこ‐ば【▽雑▼喉場・雑魚場】** 江戸時代、大坂にあった魚市場の通称。秀吉の築城後、靫町に設置したのが始まり。それが有名だったため、一般的な魚市場の名称ともなった。魚河岸。

**さごはち‐づけ【三五八漬(け)】** 福島地方の郷土料理。塩三・麹五・蒸し米八の割合で漬け床を作るのでこの名がある。漬け床は一晩置いて、季節の野菜・キノコなどを漬ける。

**サゴ‐やし【▼沙▽穀▼椰子】**《「サゴ」はマレーシア土語で食料、の意》ヤシ科サゴヤシ属の総称。高さ一〇〜五〇m、径四〇〜六〇cmの大形のヤシ。葉は羽状で披針形。幹からはサゴでんぷんをとり、芽は食用。葉からマットやかごを作る。マレーシア原産。観賞用に栽培。sago palm

**さ‐ごろも【▽狭衣】** 古語《「さ」は接頭語》衣服。着物。用例人妻に言ふは誰が言 — この紐解けと言ふは誰が言(万葉・一二・二八六六)。

**さごろも‐の【▽狭衣の】**［枕ことば］《衣には、緒をつけるところから》「ひも・を(小・緒)」にかかる。用例 — 小筑波嶺ろの山の崎忘ら来ばこそ汝を懸けなはめ(万葉・一四・三三九四)。

**さごろもものがたり【▽狭衣物語】** 平安後期の物語。四巻。作者は禖子内親王の宣旨(女官)説が有力。延久・承保(一〇六九〜七七)ごろ成立か。『源氏物語』の影響が濃い。源氏宮との遂げられぬ恋に悩む狭衣大将が、神託により帝位にのぼる半生を描く。

**さ‐こん【左▽近】**「左近衛府」の略。対義右近。

**左近の桜**(さこんのさくら) 紫宸殿正面の階段の、向かって右に植えた桜。平安時代以降、左近衛府の官人がそのせわをしたことからの名。対義右近の橘。

**さ‐こんえ【左▽近▽衛】**「左近衛府」の略。対義右近衛。

**さ‐こんえふ【左▽近▽衛府】** 六衛府の一つ。右近衛府とともに宮中の警護、行幸の供奉にあたった。参照近衛府。

**ささ** 11画 **【▼笹】** 部首[竹] 人名用 和製漢字 JIS 2691

↓ささ【笹・篠】

**ささ【▽酒】**《女房ことば。中国で、竹葉が酒の異名だったことから》酒。

**ささ【▼笹・▼篠】** ①イネ科の多年生植物。山野に群生する小形のタケ類で、竹の子の皮の落ちないものの総称。葉茎は観賞用・細工物用など。ネマガリダケの竹の子は食用。飼料にも利用する。bamboo grass ②紋所の名。笹の葉・枝をとりあわせて描いたもの。↓写

**さ‐さ【▼些▼些】**(形動トタル) 少し。ちょっと。用例 — たる事。

**さ‐さ【▽細・▽小】**(接頭) 細かい意。用例 — にごり。

**さ‐ざ【▽且座】** 千家茶道の七事式の一つ。客三人と亭主(東)、亭主補佐(半東)で催し、正客は花を活け、次客は炭を継ぎ、三客は香を炷き、主客ともに聞く。また東は濃茶、半東は薄茶を点てて楽しむ。

**さざ【佐々】**〈町〉長崎県、佐世保市北西隣の町。かつては炭鉱町として繁栄。今は農業と工業が中心。人口一万二二三二(一九八八)。

**ざ‐さ【座作・▼坐作】** すわることと立つこと。立ち居。

**ささ‐あめ【▼笹▼飴】** 新潟県上越地方の郷土菓子。ササの葉に、水あめを小判形にのせて固め、これを二つ折りにして包んだもの。

**サザーランド【Earl Wilbur Sutherland】**(一九一五〜一九七四) アメリカの生理学者。遺伝情報の伝達物質の一つ、サイクリックAMPを発見。一九七一年ノーベル生理学医学賞受賞。

**サザーランド【Graham Sutherland】**(一九〇三〜一九八〇) イギリスの画家。動植物を擬人化した画風で、茨のモチーフによる表現で知られる。作品『キリスト磔刑』など。

**さ‐さい【▼些細・▼瑣細】**(形動) 少し。ほんのわずか。trifle 用例 — なことから、けんかになる。

**ささ‐うお【▼笹魚】** 虫こぶ(＝虫癭)の一種。アズマザサなどの葉にササウオタマバエが寄生してできる魚の形をした虫こぶ。

**ささえ【支え】** 支えること・もの。support 用例心の —。

**さざえ【▽栄▼螺・▼拳▼螺】** リュウテンサザエ科の巻き貝。潮間帯下の岩礁にすむ。殻はこぶし形で、殻高約一〇cm、殻径約八cm。ふたは石灰質で厚い。食用。殻はボタンや細工用。北海道南部以南・朝鮮半島に分

●ササ①

ネマガリダケ

クマザサ

ヤダケ

●サザエ

布。さざい。↓図

**さざえさん【サザエさん】** 長谷川町子作の家庭漫画。また、その主人公。昭和二一年(一九四六)『夕刊フクニチ』に連載、のち『朝日新聞』に登場し、同四九年(一九七四)まで連載。日常性の中の笑いを描く。

**ささ・える【支える】**(下一他) ①物が倒れたり落ちたりしないようにする。support 用例杖で体を—。②現状を保たせる。support 用例生活を—。③くいとめる。ふせぐ。check 用例正面からの攻撃を—。

**ささ-おり【▼笹折(り)】** ①ササの葉で食物を包んだもの。②経木で作った箱。折り。

**ささ-がき【▼笹▼掻き】**《切片が笹のような形になるところから》ゴボウなどを鉛筆をけずるように細く薄く切る切り方。↓図

●笹掻き

**ささ-がに【▽細▼蟹・▼笹▼蟹】**《クモが子ガニに似ることに由来》①クモ。②クモの網。

**ささがに-の【▽細▼蟹の】**［枕ことば］「蜘蛛・雲・糸・いと(副詞)」などにかかる。用例わがせこがくべき宵なり—蜘蛛のふるまひかねてしるしも(古今・墨滅歌)。

**ささかみ【▼笹神】**〈村〉新潟県北部、新発田市南隣の村。出湯・村杉などの温泉がある。水稲単作地帯。人口一万四〇一(一九八八)。

**ささ-がや【▼笹▼萱】** イネ科の一年草。山野にはえる。稈は細く、高さ二〇〜七〇cm、よく分枝。葉は広披針形で薄い。夏から秋、まばらに緑色小穂をつける。

**ささ-がれい【▼笹▼鰈】** ヤナギムシガレイの『別名。

**ささがわながれ【▼笹川流れ】** 新潟県北部、日本海に臨む岩石海岸。花崗岩が海食を受け、奇岩・絶壁・洞窟を形成する。

**ささかわ-りんぷう【▼笹川臨風】**(一八七〇〜一九四九) 歴史家・俳人。本名、種郎。東京生まれ。東大卒。著書『東山時代の美術』など。

**ささぎ【▼豇▽豆】**「ササゲ」の転。

**ささき-くに【佐々木▽邦】**(一八八三〜一九六四) 小説家。静岡県生まれ。明治学院卒。日本の小市民的ユーモア文学の新分野を開く。作品『愚弟賢兄』『ガラマサどん』『苦心の学友』など。

**ささき-こうぞう【佐々木更三】**(一九〇一〜一九八五) 政治家。宮城県生まれ。日大卒。日本社会党の指導者で、一貫して左派の立場を堅持。昭和四〇〜四二年(一九六五〜六七)同党委員長。

**ささき-こじろう【佐々木小次郎】**(?〜一六一二) 江戸初期の剣客。号は巌流。長門の人。諸国を遍歴し、燕返しの剣法を会得したと伝える。豊前海上の向島(船島)で宮本武蔵と試合し、敗死。

**ささき-そういち【佐々木▼惣一】**(一八七八〜一九六五) 憲法・行政法学者。鳥取市生まれ。京大卒。京大教授。京大滝川事件で辞職。第二次大戦後、憲法改正審議に参画。昭和二七年(一九五二)文化勲章受章。著書『日本憲法要論』など。

**ささき-たかおき【佐々木▽隆▽興】**(一八七八〜一九六六) 医学者。東京都生まれ。京大教授。アミノ酸の合成研究に貢献。吉田富三とともにアゾ色素による人工肝癌の生成に成功。昭和一五年(一九四〇)文化勲章受章。

**ささき-たかつな【佐々木高綱】**(?〜一二一四) 鎌倉初期の武将。治承四年(一一八〇)源頼朝の挙兵当初より従軍。源義仲追討のさいの梶原景季との宇治川の先陣争いで有名。晩年は高野山に入山。

**ささき-どうよ【佐々木道誉】**(一三〇六〜七三) 南北朝時代の武将。名は高氏。近江の人。足利尊氏に従い、室町幕府創立に尽力。闘茶・連歌をよくし、茶道の成立に貢献。その権勢とはでな行動で「ばさら大名」と称される。

**ささき-のぶつな【佐佐木▽信綱】**(一八七二〜一九六三) 歌人。号は竹柏園。三重県生まれ。東大卒。『心の花』創刊。歌風は温雅清新。万葉学者・歌学者としても名高い。昭和一二年(一九三七)文化勲章受章。歌集『思草』、著書『日本歌学史』など。

**ささき-みつぞう【佐々木味津▽三】**(一八九六〜一九三四) 小説家。本名、光三。愛知県生まれ。明大卒。作品『右門捕物帖』『旗本退屈男』など。

**ささき-もさく【佐佐木茂索】**(一八九四〜一九六六) 小説家。京都生まれ。『文芸春秋』同人。新鮮な感覚の心理描写が特色。作品『春の外套』など。

**ささ-きり【▼笹▼螽▼蟖】** 山地の林間の草地に多いキリギリス科の昆虫。体長二cm内外。緑色か褐色。夏、笹の葉の上などでジリジリと鳴く。本州以南・東南アジアに分布。↓写

●ササキリ

**ささ・ぐ【▼捧ぐ】** 古語(下二他)↓ささげる(捧げる)

**ささ-くさ【▼笹草】** イネ科の多年草。中部以西の山地にはえる。茎は高さ四〇〜六〇cmで直立。葉は広披針形で長さ約二〇cm、幅約五cm。夏に、緑色の花穂をつける。ササノハグサ。

**ささ-ぐも【▼笹▼蜘▼蛛】** ササグモ科のクモ。体長約一cm。草の間や低木の間を歩き、ジャンプして昆虫を捕食。本州以南に分布。

**ささくら-おんせん【▼笹倉温泉】** 新潟県南西部、糸魚川市の早川上流の温泉。古くからの湯治場。焼山や妙高山への登山口。

**ささ-ぐり【▽小▼栗】** シバグリの別名。

**ささぐり【▼篠▼栗】**〈町〉福岡県中部、福岡市東方の町。旧宿場町。粕屋炭田は閉山したが宅地化がすすむ。人口二万二四三五(一九八八)。

**ささくれ-だ・つ【ささくれ立つ】**(五自) ささくれたようになる。ささくれて目立つ。have a hangnail

**ささ-く・れる**(下一自) ①先が細かく裂けたり、割れたりする。split finely ②つめの生えぎわの皮が小さくむける。hangnail ③感情がとげとげしくなる。be irritated 用例気持ちが—。

**ささげ【▼豇▽豆・▽大▽角▽豆】** マメ科の一年草。つる性で、葉は三小葉。夏、淡紫色の蝶形花をつける。さやは細長い。若いさや、熟した種子は食用。ササギ。↓図

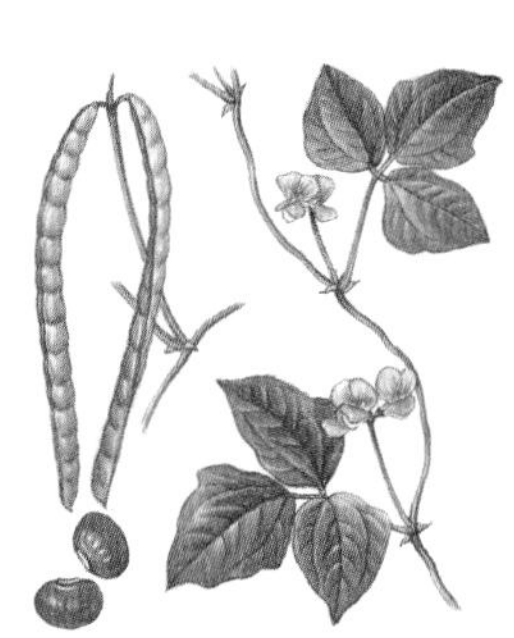

●ササゲ

**ささげ-つつ【▼捧げ▽銃】**《銃を捧げよ、の意》軍隊で銃を持っているときの敬礼のしかた。体の前に両手で銃を持ち上げて垂直に保ち、頭を敬礼すべき人や国旗に向けて注目する。presenting arms

**ささげ-も・つ【▼捧げ持つ】**(五他) 両手で差し上げて持つ。両手でうやうやしく持つ。hold up

**ささげ-もの【▼捧げ物】** ①献上品。offering ②供え物。offering

**ささ・げる【▼捧げる】**(下一他) ①両手に持って目の高さに上げる。lift up ②《「献げる」とも》たてまつる。献上する。offer 用例神に—。③真心や愛情を相手に示す。devote 用例研究に一生を—。

**ささ-ごい【▼笹五位】** ゴイサギに似るが、それより小さいサギ科の鳥。翼長約二〇cm。頭に長い緑黒色の冠状の羽をもつ。アジア東部沿岸で繁殖し、日本以南で越冬。amur green heron

**ささご-とうげ【▼笹子峠】** 山梨県甲府盆地東端、旧甲州街道の峠。標高一〇九六m。国道二〇号の笹子トンネル完成により衰微、旧道は廃道となる。

**ささざわ-さほ【▼笹沢左保】**(一九三〇〜) 小説家。横浜市生まれ。本名、勝。推理作家として出発。現代的感覚の時代小説も書く。作品『人喰い』『木枯し紋次郎』など。

**ざざ-しんたい【座作進退】** たちいふるまい。behavior

**ささ-たけ【▼笹竹】** 小形のタケのこと。

**ささたけ-の【▼篠竹の】**［枕ことば］《枕ことば「さすたけの」の変化したもの。禁園(皇居内の庭園)を竹の園ということからともするが未詳》「大内・大宮人」などにかかる。用例百千鳥けさこそ来鳴け—大宮人に初音待たれて(続古今・春上)。

**さ-さつ【査察】**(名・サ変他) 決めたとおりかどうか調査すること。inspection 比較偵察。用例現地—。空中—。

**ささ-なき【▼笹鳴き】** 早春、ウグイスがチュッチュッと鳴くこと・声。

**さざ-なみ【▽小波・▽細波・▼漣】**《古くは「さざなみ」》①細かに立つ波。ripple ②琵琶湖西南岸の古称。

**さざなみ-の【▽小波の】**［枕ことば］琵琶湖畔の地名「志賀・大津・近江」などにかかる。また、波の文の意から「あや」、波が寄ることから「夜・寄る」にかかる。用例—志賀の辛崎幸くあれど大宮人の船待ちかねつ(万葉・一・三〇)。

**さざなみ-やっこ【▼漣▽奴】** 岩礁やサンゴ礁にすむチョウチョウウオ科の海水魚。全長約四〇cm。成長とともに体色・斑紋が著しく変化。観賞魚。千葉県以南の西太平洋からインド洋にかけて分布。↓図

●サザナミヤッコ

**ささ-にごり【▽小濁り・▽細濁り・▽薄濁り】** 川・池の水が少しにごること。

**ささ-にしき【ササニシキ】** イネの品種。東北地方で栽培。秋田のハツニシキと宮城のササシグレの交配で、昭和三八年(一九六三)から産出。コシヒカリと並んで良質な米の銘柄。

**ささのは-べら【▼笹葉▽倍▽良】** 藻場にすむベラ科の海水魚。全長約二五cm。雄は灰赤黄色で、雌は赤みが強い。食用。本州中部以南に分布。

**ささ-の-み【▼笹の実】** ササの結ぶ果実。

**ささ-の-ゆき【▼笹の雪】**「絹ごし豆腐」の優雅なよび方。

**ささ-ばたき【▼笹▼叩き】** 巫女がササの葉を両手に持って振り回し、口寄せすること。巫女そのものをさすこともある。あるいは、ササを用いた煤払い。

**ささ-はら【▼笹原】** ササが一面にはえた所。ささわら。

**ささ-ぶね【▼笹舟】** ササの葉で舟の形をつくったもの。

**ささ-べり【▼笹▽縁】** 衣服や袋物のへりを布や組みひもで細く縁どりすること。また、そのようにしたもの。和服の袖つけ・身八つ口などに使われる。玉縁。

**ささ-み【▼笹身】** 鶏の胸肉。白身で柔らかく、ソテー・炊き込みご飯などに用いる。↓鳥肉図

**ざざ-むし【ざざ虫】** 長野・伊那地方の方言で、流水中にすむカワゲラやトビケラなどの幼虫をさす。つくだ煮として食用。

**ささ-めき【▽私▽語】** ひそひそ話。低い音声。whispering

**さざ-めき** 離れた所から聞こえてくる、にぎやかな声・音。hubbub 用例祭りの—。

**ささ-め・く**(五自) ひそひそ話す。ささやく。whisper

**さざ-め・く**(五自) ざわざわと、にぎやかな声・音がする。さんざめく。hubbub

**ささめ-ごと【▽私▽語】** ㊀ひそひそ話。ささめきごと。whisper ㊁《ささめごと》心敬の連歌論書。寛正四年(一四六三)成立。連歌の歴史・作法・表現論などを問答体で説いたもの。

**ささめ-ゆき【▽細雪】** ㊀①細かに降る雪。light snow 比較ぼたん雪。②まばらに降る雪。light snow ㊁谷崎潤一郎の小説。昭和一八〜二三年(一九四三〜四八)発表。大阪船場の旧家の四人娘の物語。伝統世界の美を追求し、谷崎文学の極致を示す。

**ささ-も【▼笹藻】** ヤナギモの別名。

**ささもり-ぎすけ【▼笹森儀助】**(一八四五〜一九一五) 探検家。青森県生まれ。維新後の国力の発展は国民の生産力にあると考え、千島・沖縄・奄美・朝鮮半島・シベリアなどの辺地を踏査。主著『千島探検』『南島探検』ほか。

**ささ-やか【▽細やか】**(形動) ①小さいさま。細か。tiny ②そまつ。modest 用例—な贈り物。③ほそぼそしたさま。humble

**ささ-やき【▼囁き・▽私▽語】** ささやくこと。

●簓(ささら)① すりざさら

●簓②

そっと話しかけること。whisper
**囁き千里(ささやきせんり)** 内緒話が、遠くまですぐに広がるたとえ。秘密はもれやすいということ。囁き八丁。
**ささや・く【▼囁く・▽私▽語く】**(五他) ひそひそ話す。私語する。ささめく。whisper
**ささや-とうげ(ーたうげ)【▼笹▽谷峠】** 宮城・山形県境、笹谷街道の峠。標高九〇六m。国道の笹谷トンネルが開通し、仙台から山形への最短コース。
**ささ-やぶ【▼笹▼藪】** ササが一面に茂っている所。bamboo bush
**ささやま【▼篠山】**〈町〉兵庫県東部、篠山盆地の町。旧城下町。『デカンショ節』の発祥地とされる。人口二万二四四二(一九八八)。
**ささやま-ぼんち【▼篠山盆地】** 兵庫県東部、篠山川流域を中心とする浸食盆地。丹波(たんば)杜氏(とうじ)の出身地。
**ささ-ゆ【▼笹湯・▽酒湯】** 子どもの疱瘡(ほうそう)が治ったあと、酒とネズミの糞(ふん)を入れた湯で沐浴(もくよく)させる一種のおまじない。また、その湯。さかゆ。

**ささ-ゆり【▼笹▽百▽合】** ユリ科の多年草。本州中部以西の山地にはえる。高さ約一m。花は大形で桃色、まれに白色で内面に斑点(はんてん)はない。花粉は赤褐色。花期は六～七月。↓写
**ささら【▽細】** ㊀(名) 美しい小形の模様。㊁(接頭)《体言に付けて》細かく美しい意。

**ささら【▼簓】** ①日本の民俗芸能の体鳴楽器。刻み目のある棒(簓子)と、先を割ったささら竹をすり合わせる「すりざさら」と、多数の木の札にひもを通し、振って札をすり合わせる「編木(びんざさら)」がある。②竹を細かく裂いて束ねた、たわしのようなもの。なべなどの焦げつきを落としたりするのに使う。↓写
**ざざらぎ-いせき【座▽散▽乱木遺跡】** 宮城県岩出山町で発掘された旧石器時代から縄文時代早期に至る遺跡。下層の発掘によって三万三〇〇〇年以前の前期旧石器文化の存在が判明した。

**ささら-さっぽう【▼簓▽先▽穂】** サボテンの異名。

**ささら-だに【▼簓▼蜱・▽壁▼蝨】** 森林土壌の表層や落葉の下にすむダニ類の一群。体長〇・二～一・五mm。腐植・菌類などを食べる。世界各地に分布。

**ささら-なみ【▽細波】** さざなみ。さざれなみ。

**ささ-りんどう【▼笹▽竜▽胆】** 紋所の名。竜胆の一種。原形は五葉三花、その葉が笹に似ているため、この名がある。村上源氏の代表紋。↓図

●笹竜胆(ささりんどう)
笹竜胆

三つ笹竜胆

**ささ・る【刺さる】**(五自) 先のとがったものが突き立つ。stick 用例 刺(とげ)が―。
**さざれ【▽細】** ㊀(名)《「さざれ石」の略》小石。㊁(接頭) 小さい。ささ。
**さざれ-いし【▽細石】** こいし。小さな石。さざれ。
**さざれ-なみ【▽細波】** 古語 ①そよ風のために立つ小さい波。さざなみ。さざらなみ。用例 ―寄する文(あや)をば青柳(あをやぎ)のかげの糸して織るかとぞみる(土佐)。②[枕ことば]「立つ」「間(ま)なく」などにかかる。用例 ―立ちても居ても漕(こ)ぎ廻(めぐ)り見れども飽かず(万葉・一七・三九九三)。
**さざん-か【▽山▽茶花】**《字音「さんさか」の転か》ツバキ科の常緑小高木。四国・九州の山地にはえ、観賞用にも栽培。高さ四～八m。葉は厚く楕円(だえん)形。晩秋に、紅色や白色の花が咲く。種子からは油をとる。細工材・木炭原料。ヒメツバキ。サンザカ。チャバイ。↓写

●ササユリ

**ササン-ちょう【ササン朝】** ペルシアの王朝。二二六年アルダシール一世がパルチアを倒して創建。ゾロアスター教を国教とし、都はクテシフォン。六世紀ホスロー一世の治世に最盛。西はシリア、東はオクサス地方、南はイエメンに及ぶ広大な領土を支配したが、内政が混乱、六四二年にアラブ軍に敗退し六五一年に滅亡。美術面にすぐれ、ヨーロッパ・中国・日本にも大きな影響を与えた。Sasanian dynasty
**サザンパシフィック-てつどう【サザンパシフィック鉄道】**(Southern Pacific Railroad) アメリカの民営鉄道。太平洋岸のポートランドとニューオーリンズを結ぶ区間が主要路線。一八八四年設立。

**サザンプトン【Southampton】** イギリス南部、イギリス海峡に臨む港湾都市。ハンプシャー州の州都。人口二〇・二万(一九八五)。

**さし【刺し】** ①突き刺すこと。stick 用例 くし―のだんご。②俵に突き刺し、中の米を取り出して検査する用具。筒状のものの先を斜めにそいだもの。米刺し。

**さし【差し】** ㊀(名) ①さしむかい。face to face ②さしかえ。replace ③荷物をふたりでかつぐこと。さしにない。④すもうで、さし手。⑤能の型で、手を横から前に差し出すこと。⑥《「注し」とも》入れること。pour; fill 用例 状―。油―。⑦《「尺」とも》ものさし。ruler ⑧《「緡」とも》ぜにさし。㊁(接頭) 動詞に付いて、意味を強め、語調をととのえる語。用例 ―出す。㊂(助数) 舞の曲を数える語。番。用例 一―舞う。

●サザンカ 花(上)と実(下)。

**差しつ差されつ(さしつさされつ)** 杯をやりとりして、酒を飲むさま。exchange sake cups
**さ-し【砂▼嘴】** 沿岸流が運んできた砂礫(されき)が湾口などに堆積(たいせき)して、海岸から細長く突き出した地形。サロマ湖や東京湾の富津州(ふっつのす)など。spit ↓写
**さ-し【▼渣▼滓】** 液体の底にしずんだかす。沈殿物。おり。
**さし【▼蠁子】** ハエの幼虫。釣り餌(え)用に、腐った魚などで培養したキンバエの蛆(うじ)や、糠味噌(ぬかみそ)などに発生するショウジョウバエの蛆をさすことが多い。蛆。
**さ-し【左思】**(二五〇ごろ～三〇五ごろ) 中国、晋(しん)代の詩人。字(あざな)は太沖(たいちゅう)。臨淄(りんし)の人。代表作「三都賦(さんとのふ)」で「洛陽(らくよう)の紙価を高める」の故事を生む。「詠史詩」八首が代表作。
**さし【▽止し】**(接尾)《動詞に付いて》途中でやめていることを表す。用例 食べ―。読み―。
**さじ【▼匙】** ①液体や粉をすくい取る道具。スプーン。②《薬をさじで調合することから》薬の調合。また、薬。
**匙を投げる(さじをなげる)** 《薬の調合のさじを投げ出す、の意》医者が見放す。また、物事をあきらめる。give up
**さ-じ【▼瑣事・▼些事】** つまらない事。小事。trifle 用例 ―にこだわる。
**さじ【佐治】**〈村〉鳥取県南東部、千代(せんだい)川支流佐治川に沿う村。二十世紀ナシ・佐治石・因州(いんしゅう)和紙が特産。人口三六四九(一九八八)。
**ざ-し【座視・▼坐視】**(名・サ変他) そばで黙って見ていること。見ているだけで、かかわらないこと。look on unconcernedly 用例 ―するに忍びない。
**ざし【差し・指し】**(接尾)《名詞に付いて》状態、ようすなどを表す。用例 おも―。まな―。
**さし-あい(ーあひ)【差(し)合い】** ①さしさわり。故障。hindrance ②人の前で、してはならない言動。offense ③連歌や俳諧(はいかい)で、規則にはずれること。
**さし-あ・う(ーあふ)【差(し)合う】**(五自) ①さしさわりがある。hinder ②出会う。meet
**さし-あ・げる【差(し)上げる】** ㊀(下一他) ①持ち上げる。lift; raise 用例 頭より高く―。②ささげる。offer ③「与える」の謙譲語。用例 お手紙を―・げます。㊁(補動)《「…してさしあげる」の形で》「やる」の謙譲語。…してあげる。用例 お荷物を運んで―。
**さし-あし【差(し)足】** ①音のしないように、つま先のほうから、そっと足をつけて歩くこと。stealthy steps 用例 抜き足―。②競馬で、㋐競い合う相手の馬を、瞬時のうちに追い抜く走力。㋑ゴール近くになって前の馬を追い抜く走り方。用例 鋭い―を見せる。

●砂嘴(さし) 北海道、サロマ湖。

**さし-あたって【差し当(た)って・差当(た)って】**(副) ただ今のところ。さしあたり。

**さし-あたり【差し当(た)り・差当(た)り】**(副) 今のところ。当分。とりあえず。

**さし-あつま・る【差し集まる】** 古語 (四自) 一つ所に寄りあう。群がる。用例 なま心ある人など―・りてすずろはしや(蜻蛉・上)。

**さし-あぶら【差(し)油・▽注(し)油】** 機械に油を差すこと。その油。oil
**さし-あみ【刺(し)網】** 魚の通路に細長く張り、魚を網目にかからせたり、網地にからませたりしてとる網漁具。底刺し網・浮き刺し網・流し刺し網・巻き刺し網がある。gill net ↓図

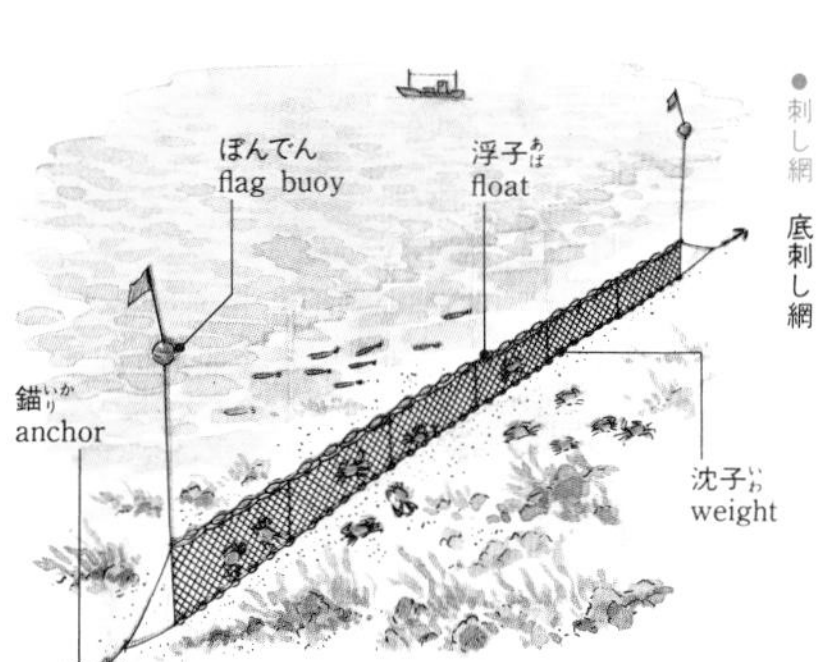

●刺し網 底刺し網

**さし-いらえ(ーいらへ)【差し▽答え】** 古語 返事。受け答え。応答。用例 さもあるまじき人の、―をもうしろやすくしたるは(枕・よろづのことよりも情あるこそ)。

さし-い・る【▽射(し)入る】(五自) 光がはいりこむ。さしこむ。shine into

さし-い・る【差し入る】古語(下二他) ↓さしいれる(差し入れる)

さし-いれ【差(し)入れ】(名・サ変他) ①警察署や刑務所に留置、拘置、拘留されている者に、外部から食物や品物を届け入れること。また、その物。send in…to a prisoner ②広く、差し入れをすること・物。

さしいれ-ひん【差(し)入れ品】 差し入れの品物。thing sent in to a prisoner

さし-い・れる【差(し)入れる】(下一他) ①中に入れる。insert ②差し入れをする。send in…to a prisoner

さし-うつむ・く【差(し)▼俯く】(五自) じっとうつむく。look down

さし-うま【差(し)馬】 競馬で、レースの途中までは馬群の後方でレースを進め、ゴール間近で抜け出して勝つ馬。また、その戦法を得意とする馬。比較 逃げ馬・先行馬・追い込み馬。

さし-え【挿(し)絵】 一定の文章に挿入されて、その意味を視覚化し、印象づける絵画。illustration 比較 口絵・カット。

サジェスチョン【suggestion】 解決の手がかりなどを、それとなくほのめかすこと。暗示。サジェスション。

さし-お・く【差(し)置く】(五他) ①置く。put ②そのままにして置く。捨て置く。leave 用例 余談は——・いて。③無視する。ないがしろにする。ignore 用例 先輩を——・いて失礼ながら。

さし-おさえ【差し押(さ)え・差押(さ)え】(名・サ変他) 国家が私人に対して、特定の物または権利の処分を禁止する行為。民事訴訟上は、金銭債権についての強制執行の一つ。国税徴収法上は、租税の滞納処分の一段階。刑事訴訟法上は、押収の一手段として行われる。seizure

さし-おさ・える【差し押(さ)える・差押(さ)える】(下一他) ①押さえる。press down ②差し押さえをする。seize

さじ-おもだか【▼匙▽沢▼瀉】 中部以北の池や沼にはえるオモダカ科の多年草。高さ約七〇cm。太い根茎から、長柄で尖頭楕円形の葉を叢生。夏、長い花茎を伸ばし、白花を多数つける。根は「沢瀉」とよばれ利尿剤。

さし-かえ【差(し)替え・差(し)換え】 ①差し替えること。また、そのもの。とくに刀にいう。②印刷で、誤植または変更部分を入れかえて訂正すること。correcting

さし-か・える【差(し)替える・差(し)換える】(下一他) ①取り替えて、差す。change 用例 刀を——。かんざしを——。②位置をかえて差す。replace ③印刷で、文章や図版を入れかえる。change

さし-かか・る【差し掛(か)る・差掛(か)る】(五自) ①出くわす。come across ②その場へ来る。通りかかる。come near 用例 山道に——。③さしせまる。imminent

さし-かけ【指(し)掛け】 将棋で、決着のつかない対局を途中で休止し、後日まで勝負を据え置くこと。

さし-かけ【差(し)掛け】 ①傘などをさしかざすこと。hold over ②母屋から屋根をひさしのように出した建物。下屋。penthouse

さし-か・ける【差(し)掛ける】(下一他) 上からおおうようにかざす。hold over 用例 傘を——。

さじ-かげん【▼匙加減】 ①さじにもる程度。prescription ②薬を調合する程度。prescription ③手加減。consideration

さし-がさ【差(し)傘】 柄があり、手に持ってさす傘。からかさ・こうもり傘など。umbrella 比較 被り笠。

さし-かざ・す【差(し)▼翳す】(五他) てのひらや手にしたものを、頭の上へさしかける。hold up over one's head

さし-かた・める【差(し)固める】(下一他) ①かたく閉じる。close tight ②厳しく警戒する。fortify 用例 正門を——。

さし-か・つ【指(し)勝つ】(五自) 将棋で、自分に有利な指し手を指して勝つ。

さし-か・つ【差(し)勝つ】(五自) 相撲などで、自分に有利な差し手にする。

さし-がね【差(し)金】 ①《「指し矩」とも》金属性で、直角に折れ曲がった物差し。曲尺。steel square ②操り人形の腕に付いている操り糸のある長い棒。③チョウ・小鳥などを操るために、細い黒塗りの竹ざおの先に針金をつけた歌舞伎用の小道具。④背後で人を操ること。instigation ⑤手付け金。deposit

さし-がみ【差(し)紙】 江戸時代、奉行所が出した呼び出し状。

さし-がめ【刺▼亀▽虫・刺▼椿▽象】 捕らえると吻で刺すサシガメ科の昆虫の総称。多くは体長一・五cm内外。ほとんどが昆虫などを捕食。中南米には人を刺し、危険なシャガス病を媒介する種もいる。世界に約三五〇〇種、日本に約七〇種が分布。assassin bug ↓図

●サシガメ　アカサシガメ

さし-かわ・す【差(し)交わす】(五他) 互いに交差させる。かわす。cross

さし-き【挿(し)木】 植物体の一部分を切りとって、砂・赤土・鹿沼土などに挿して根を出させ、新株をつくる方法。cutting 比較 つぎ木。↓図

さしき【佐敷】〈町〉 沖縄県、沖縄島南部東岸の町。サトウキビ栽培がさかん。琉球の統一者、尚巴志の旧居城がある。人口一万七四九(九八)。

●挿し木

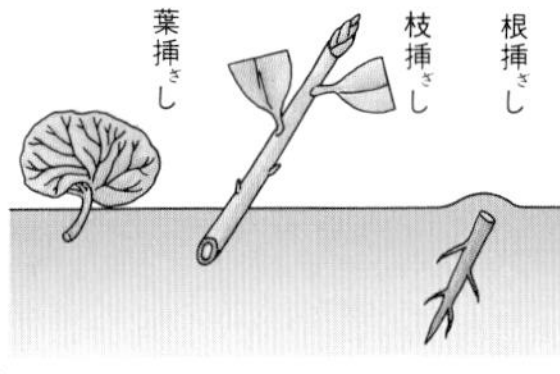



さ-じき【桟敷】 ①祭り見物のために、地面よりも高く設けた床。さんじき。②劇場や相撲小屋などで、土間よりも一段高くつくられた見物席。

ざ-しき【座敷】《昔の家は板敷きで、敷物を敷いてすわったことから》①畳を敷きつめた部屋。とくに客間。②宴席。③客や宴席のとりもち。

さしき-かごうぶつ【鎖式化合物】 ↓しぼうぞくかごうぶつ(脂肪族化合物)

さし-きず【刺(し)傷】 針・くぎ、先のとがった刃物などが突き刺さってできるきず。刺創。stab wound

ざしき-のぼり【座敷▼幟】 座敷に飾る端午の祝いの幟。本来は外に掲げるものを小形にしたもの。内幟。

さし-きり【指(し)切り】 将棋で、攻め過ぎて駒が足りなくなり、攻めが続かなくなった状態。

さし-き・る【指(し)切る】(五他) 将棋で、指し切りの状態になる。

さし-き・る【差(し)切る】(五他) 競馬で、後ろを走っていた馬が追いぬいて勝つ。outrun

ざしき-ろう【座敷▼牢】 仕切りをして、罪人・精神異常者などを押し込めておく座敷。

ざしき-わらし【座敷▽童・座敷▽童子】 屋内に現れる子どもの姿をした妖怪。家の神の形を変えたもので、いたずらだが、富をもたらすという。おもに東北地方に分布する伝承。

さし-ぐし【挿(し)▼櫛】 婦人が髪飾りに挿すくし。ornamental comb 比較 梳き櫛。

さし-ぐすり【差(し)薬・▽注(し)薬】 目に差す薬。点眼薬。目薬。eye lotion

さし-ぐすり【挿(し)薬】 肛門に入れる薬。座薬。suppository

さし-くち【指(し)口】 木材の側面に、他の部材の端を取り付けるために、うがった枘穴。また、その穴の位置。spigot

さし-ぐ・む【差(し)▽含む】(五自) 目に涙をうかべる。

さし-く・る【差(し)繰る】(五他) くり合わせる。都合をつける。

さし-くわ・える【差(し)加える】(下一他) あとから加える。つけ加える。add

さし-げ【差(し)毛】 動物の毛並みで、別な色の毛がまじっていること。また、その毛。

さし-こ【刺(し)子】 補強のため、厚手の綿布を重ね合わせ、一面に細かく刺し縫いしたもの。農漁民の仕事着・消防服・剣道着など。quilt ↓写

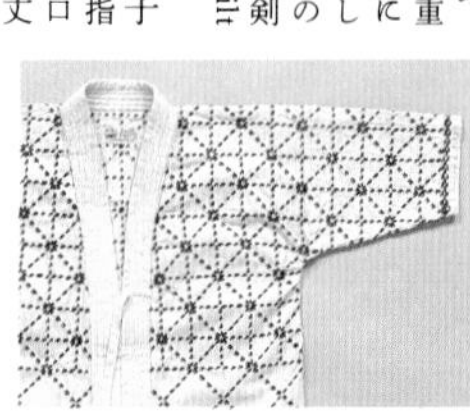

●刺し子　剣道着。

さし-こ【指(し)子・指(し)▼袴】 指貫のように裾口をしぼらず、丈を短くした切り袴。指貫よりも略式に用いられる。

さし-こ・える【差(し)越える】(下一自) でしゃばる。

さしこ-おり【刺(し)子織り】 刺し子に模して織った綿織物。縦、横一重または二重の厚地の織物で、太い刺し子糸をところどころに加えて織る。

さし-こ・す【差(し)越す】(五自他) ①(自)㋐越えて先に出る。㋑順序・手続きをふまずに行う。さしおいて行う。②(他)送ってよこす。送ってくる。

さしこ-ばんてん【刺(し)子半▼纏】 木綿を重ね合わせ細かく刺し縫った刺し子で作った半纏。火消しが用いた。

さし-こみ【指(し)込み】 将棋で、同じ相手と何番も指し続け、一方が何番か負け越したとき、勝者の駒落ちの方法を、順次厳しく変えていく対局法。

さし-こみ【差(し)込み】 ①差し込むこと・もの。insert ②コンセントに差し込む部品。プラグ。plug ③胃や腹に急におこる痛み。胃けいれんなど。しゃく。spasm

さしこみ-でんわ【差(し)込み電話】 電話機コードのプラグをジャックに差し込むことによって、同一屋内の複数箇所で使用できる電話。plug-in telephone

さし-こ・む【▽射(し)込む】(五自) 日の光がさし入る。shine into

さし-こ・む【差(し)込む】(五自他) ①(他)突き入れる。insert ②(自)急に胃や腹がはげしく痛む。have a stitch

さし-ころ・す【刺(し)殺す】(五他) 刃物などで刺して殺す。stab to death

さし-ざお【差(し)竿・刺(し)▼竿】 先端に鳥もちをからめた竿。小鳥を捕るときに用いる。鳥刺し竿。刺捕り竿。

さし-さば【刺(し)▼鯖】 背開きにしたサバを塩漬けにしたもの。二尾を重ねて刺し連ねるところから言う。江戸時代、盆の贈答品などとして用いた。

さし-さわり【差(し)障り】 さしつかえること。邪魔。hindrance

さし-しお【差(し)潮・差(し)▼汐】 みちてくる潮。上げ潮。対義 引き潮。

さし-しめ・す【指し示す】(五他) ゆびで指して示す。point out; indicate

さし-ず【指図】(名・サ変他) ①言いつけてさせること。命令。指揮。direction ②名ざし。指定。designation

さしず-さいけん【指図債権】 証券上に記載された特定の債権者、またはその者からの指図(=裏書き)により権利を譲渡された者を権利者とする債権。手形・小切手・倉庫証券など。obligation to order

さしず-しょうけん【指図証券】 証券上に記載された者、またはその者が指定する他の者を権利者とする有価証券。手形・小切手・貨物引換証・船荷証券・株券など。bill to order

さし-ずめ【差(し)詰め】(副) ①さしあたり。for the time being ②つまり。結局のところは。after all

さし-せま・る【差(し)迫る】(五自) おしつまる。切迫する。be imminent

さし-ぞえ【差(し)添え】 ①つきそい。escort ②大刀に添える小刀。わきざし。

さし-だし【差(し)出し・差出】 ①差し出すこと。present ②母屋からひさしを出して、差し掛けにした店。projected store

さしだし-にん【差出人】 手紙や荷物などを送る名義人。sender 対義 受取人。

さし-だ・す【差(し)出す】(五他) ①出す。提出する。present 用例 書類を——。②送る。send 用例 代理人を——。

さし-たて【差(し)立て】 発送すること。send off 用例 ——局。

さし-た・てる【差(し)立てる】(下一他) ①立てる。stand ②使者などを差し向ける。send off ③発送する。send

さ-し-たる【▽然したる】(連体)《下に打ち消しをともなって》これというほどの。さほどの。not so much 用例 ——こともない。

さし-だる【指(し)▼樽・差(し)▼樽】 婚礼や儀式で使われる箱形の酒樽。上に注ぎ口があり、全体は黒漆塗りで、家紋を金で入れたりする。

さし-ちが・える【刺(し)違える】(下一自) 互いに刀で胸など刺し合う。stab each other 用例 ——・えて死ぬ。

さし-ちが・える【差(し)違える】(下一他) ①入れ違えにする。misplace ②相撲で、行司が勝敗の判定をまちがう。

さし-つか・う【差し支う】古語(下二自)



↓ 行き先項目、図版・写真参照印。 JIS 日本工業規格情報交換用漢字符号コード(区点コード)。

↓さしつかえる(差し支える)

**さし-つかえ**【差(し)支え】 さしつかえること。さしさわり。支障。hindrance 用例 —ない。

**さし-つか・える**【差(し)支える】(下一自) 故障・さまたげが起きる。さしさわる。be hindered

**さし-つかわ・す**【差(し)遣わす】(五他) 使者として行かせる。派遣する。send off

**さし-つぎ**【刺(し)継ぎ】(名・サ変他) 布地の弱ったところを、同じ色の糸で刺して強くすること。reinforce with the stitch

**さし-つぎ**【指(し)継ぎ】 将棋で、前回から持ち越した勝負を再開して指し続けること。

**さし-つ・ける**【差(し)付ける】(下一他) ①おし当てる。press ②差し出す。突きつける。hold out

**さし-つち**【差(し)土】 園芸で、花壇などに新しく土を加えること。その土。

**さし-つど・う**【差(し)集う】(五自) 寄り集まる。get together

**さし-て**【指(し)手】 ①将棋の駒をルールにしたがって動かすこと。数え方 一手。②将棋を指す人。③将棋の上手な人。

**さし-て**【差(し)手】 相撲で、腕を相手の脇の下にさし込むこと。また、その手。用例 —をかえす。

**さ-して**【▿然して】(副) たいして。それほど。これといって。とくに。not so much 用例 —問題とするに足りない。

**然しても無い**(さしてもない) とくに、これというほどのことでもない。大したことはない。用例 —相手に敗れる。

**さし-で**【差(し)出】 ①差し出ること。②「差し出口」の略。

**さしで-がまし・い**【差(し)出がましい】(形) でしゃばるようである。pussy

**さしで-ぐち**【差(し)出口】 でしゃばって言うことば。口出し。pussy remark

**さし・でる**【差(し)出る】(下一自) ①前へ出る。go forward ②でしゃばる。poke one's nose into ③ぬっと出る。appear suddenly

**さしでん**【左氏伝】『春秋』の注釈書。春秋三伝の一つ。左丘明の作とされる。理念について論じた『公羊伝』『穀梁伝』に対し、史実を主に記したもの。『左伝』『春秋左氏伝』。

**さし-とお・す**【刺(し)通す】(五他) とがったもので突き通す。pierce

**さし-とめ**【差(し)止め・差止】 差し止めること。禁止。prohibition 用例 記事—。

**さしとめ-せいきゅう**【差止請求】 ある行為によって不当に不利益を受けるおそれのある者が、その行為の差し止めを請求すること。

**さし-と・める**【差(し)止める】(下一他) 止める。禁止する。prohibit 用例 出入りを—。

**さし-にない**【差(し)担い】 荷物をさげた棒の前後を二人でかつぐこと。さし。

**さし-ぬい**【刺(し)縫い】(名・サ変他) ①布を幾枚も重ねてひと針ごとに針をひきぬいて縫うこと。また、そのようにして縫ったもの。running stitch ②日本刺繡で、一針ずつ長短をつけた返し縫いの線を並べて、段状に繰り返して縫いつめる方法。比較的広い面を埋め、色の濃淡、または明暗を表すのに使う。

**さし-ぬき**【指▿貫】 昔、衣冠・直衣・狩衣のときにはいた、だぶっとしてゆるやかな袴。裾を緒でくくり、しぼった。↓衣冠図 ↓狩衣図 ↓直衣図

**さし-ね**【指(し)値】 顧客が証券売買の注文をするとき指定する、売値・買値の希望額。limit price

**さし-のぞ・く**【差し▾覗く】 古語 (四自他) ①(他)のぞいてみる。用例 藤大納言、人よりけに—・きて(枕・小白河といふ所は)。②(自)立ち寄る。用例 まれまれ殿上の方に—・きても(源氏・竹河)。

**さし-の・べる**【差(し)伸べる・差(し)延べる】(下一他) 伸ばす。差し出す。hold out 用例 救いの手を—。

**さし-のぼ・る**【差(し)上る・差(し)昇る】(五自) 太陽・月などがのぼる。rise

**さし-ば**【▾翳】 古代、貴人に従者が左右からさしかける長柄のついた扇。薄絹を張ったり鳥の羽を束ねて作る。

**さし-ば**【差(し)歯】 歯の根につぐ人工の歯。false tooth

**さし-ば**【▾鶻・差羽】 ワシタカ科の鳥。翼長約三二cm。全体が褐色で、白いのどの中央に黒条が一つある。小鳥獣などを捕食。夏鳥として日本に春渡来し、本州中部以南の各地の森林で繁殖。冬は沖縄以南に去る。eastern buzzard-hawk ↓図

●サシバ

**さし-ばえ**【刺▾蠅】 吸血性のサシバエ科のハエ。灰黒色で、体長六〜七mm。成虫の口は細長く突出する。牧場や家畜小屋に多く、牛馬などの血を吸う。日本全土・世界各地に分布。stable fly

**さし-はさ・む**【差(し)挟む・▿挟む】(五他) ①はさむ。間に入れる。insert ②疑いなどの気持ちを心に持つ。いだく。hold 用例 疑いを—。③他人の話に割り込む。用例 口を—。

**さし-ばな**【挿(し)花】 ①いけばな。②いけばなの一様式、生花のこと。

**さし-ひか・える**【差(し)控える】(下一自他) ①(自)控える。進まずにいる。wait 用例 左右に—。②(他)遠慮する。refrain from 用例 口出しを—。

**さし-ひき**【差(し)引き・差引】(名・サ変自他) ①(他)数を引き去ること。また、その残り。deduction; balance ②(自)㋐海水のみちひ。ebb and flow; tide ㋑体温の上がり下がり。rise and fall of temperature

**さしひき-かんじょう**【差引勘定】 収入と支出の差額を計算すること。balance

**さし-ひ・く**【差(し)引く】(五他) ①引く。deduct ②過不足を計算する。balance

**さし-ひび・く**【差(し)響く】(五自) ①影響する。influence 用例 家計に—。②さわる。affect

**さしま**【▿猿島】〈町〉 茨城県南西部、岩井市北隣の町。近郊野菜栽培がさかん。人口一万五四六〇(一九八八)。 【料】

**さし-まえ**【差(し)前】 ↓さしりょう(差し料)

**さし-まね・く**【差(し)招く・▾麾く】(五他) ①手で招く。beckon to ②指揮する。command 用例 兵を—。

**さし-まわ・す**【差(し)回す】(五他) ①回す。回送する。send around ②差し向ける。send around 用例 車を—。

**さし-み**【刺身】 魚介類を生のまま小片に切った、日本の代表的料理。生け作り、洗い、たたきなど。つくりみ。数え方 一皿・一人前・一さく(刺身用につくった魚肉の塊)。

**刺身の妻**(さしみのつま) ①刺身の色どりに添える野菜や海藻。②あってもなくてもよいもの。添え物。

**さし-み**【差(し)身】 相撲で、自分の得意のほうの差し手を早く差すこと。用例 —のうまい力士。

**さし-みず**【差(し)水】(名・サ変自) ①豆やめん類をゆでるとき、沸騰している湯がふきこぼれないように注ぎ足す水のこと。びっくり水。②井戸に他から悪い水がしみこむこと。また、その水。

**さしみ-ぼうちょう**【刺身包丁】 刺身をつくるための包丁。刃渡りが長く、刃幅が狭い。関東では長方形のたこ引きが、関西では先端のとがった柳刃がおもに使われた。

**さし-むかい**【差し向(か)い・差向(か)い】 ふたりで向かい合うこと。さし。face to face

**さし-むき**【差(し)向き】(副) 今のところ。さしあたり。当分。for the time being

**さし-む・ける**【差(し)向ける】(下一他) ①向ける。direct ②人を行かせる。つかわす。send 用例 使いを—。

**さ-しも**(副) ①それほど。あんなに。so much 用例 —知らじな ②古語 ㋐そうは。そうとは。用例 —(㋑《疑問や反語をともなって》それほど。たいして。用例 この燃ゆる思ひを(後拾遺・恋一)。—たけき物とは見ず(平家・六・祇園女御)。

**さし-もぐさ**【指▿焼草・指▾艾】 ヨモギの古名。ヨモギの葉でもぐさをつくり、灸に使うことからの名。サセモグサ。

**さし-もどし**【差(し)戻し】 ①差し戻すこと。②上級審が、原判決を取り消して審理をやり直させるため、事件を控訴審や第一審に移すこと。send back

**さし-もど・す**【差(し)戻す】(五他) ①もとの状態に戻す。もとへ返す。send back 用例 書類を—。②上級裁判所が下級裁判所の原判決を破棄して裁判のやり直しを命じる。refer back

**さし-もの**【指(し)物・差(し)物・挿(し)物】 ①木材を組み合わせて作った器物。箱・机など。②昔、戦場で具足の背の指し筒にさして目じるしとした標識。旗指し物。③髪にさして飾るくし・かんざしなど。↓写

●指し物② 相馬の野馬追い(福島県)。

**さしも-の**(連体) あれほどの。さすがの。such 用例 —強情者も参ったらしい。

**さしもの-し**【指(し)物師】 木の板を組み合わせて、机・たんす・箱などを作る職人。指し物大工。指し物屋。箱大工。↓図

**さ-しゃく**【茶▾杓】 ↓ちゃしゃく(茶杓)

**さしゃ・る**(下二・四他) 「する」の尊敬語。なさる。参考 活用は、下二段・四段が混在する。

**さしゃる**(助動 下二・四段混在型) 尊敬の意を表す。…なさる。

**さしゃん・す**(サ変他) 「する」の尊敬・丁寧語。なさいます。

**さしゃんす**(助動 サ変型) 尊敬・丁寧の意を表す。…なさいます。

**さ-しゅ**【詐取】(名・サ変他) だまして取ること。swindle

**さし-ゆ**【差(し)湯】 ①湯がさめないように湯をつぎ足すこと。また、その湯。add hot water ②濃すぎるお茶などに、湯を加えてうすめること。また、その湯。weaken with hot water

**さ-しゅう**【査収】(名・サ変他) 調べて、受け取ること。check and accept

**さ-しゅう**【佐州】 佐渡国。

**さ-じゅつ**【詐術】 だます手段。swindle

**さし-ゆる・す**【差(し)許す】(五他) 許す。許してやる。forgive

**ざ-しょ**【座所】 いる所。居室。用例 御—。

**さ-しょう**【左証】《割り符の左がわの意》証拠。あかし。しょうさ。

**さ-しょう**【▾些少】(名・形動) わずか。すこし。trifle

**さ-しょう**【査証】(名・サ変他) ①調査して証明すること。②海外旅行のさいに旅行先の国が入国を認めて旅券へ裏書きすること。ビザ。入国査証。visa 比較 旅券。

**さ-しょう**【詐称】(名・サ変他) 氏名・住所・職業などをいつわって言うこと。false presentation of oneself

**さ-じょう**【▾叉状】 交差している状態。

**さ-じょう**【砂上】 すなの上。

**砂上の楼閣**(さじょうのろうかく) 外見はりっぱだが、土台が弱くて、物事が実現できないこと、また、長続きしないことのたとえ。house built on sand

**ざ-しょう**【座礁・▾坐礁】(名・サ変自) 船が暗礁に乗り上げて動かなくなること。running aground 比較 座州。対義 離礁。

**ざ-しょう**【▾挫傷】 外力が、皮膚の表面を傷つけることなく皮下の組織に作用して、小出血のほかには著しい組織の損傷のみられない状態。うちみ。contusion

**ざ-じょう**【座上・▾坐上】 ①上席の座。かみざ。②寄り合いなどの席上。

**座上の空論**(ざじょうのくうろん) 「机上の空論」と同意。

**ざ-じょう**【座乗・▾坐乗】(名・サ変自) 海軍

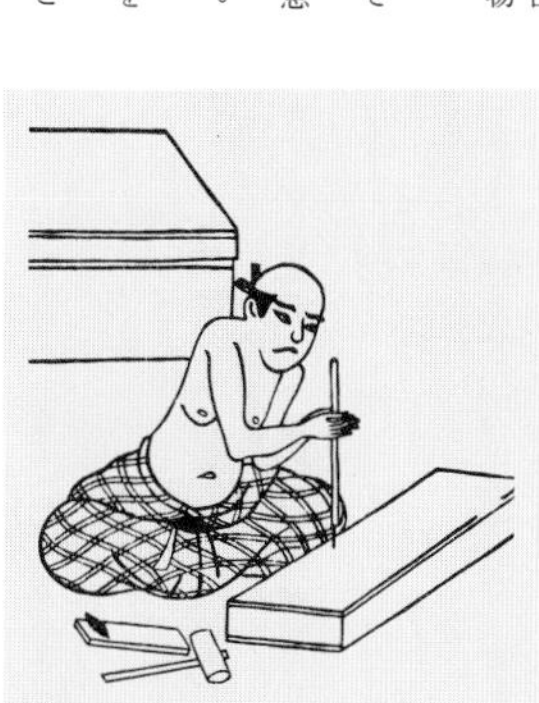

●指し物師『人倫訓蒙図彙』より。

で、指揮官が艦艇や航空機に乗り組み指揮をとること。用例 司令長官— の旗艦。

**さじょう-ぶんし【鎖状分子】** ↓しぼうぞくかごうぶつ(脂肪族化合物)

**ざ-しょく【座食・▼坐食】**(名・サ変自) 働かずに暮らすこと。いぐい。徒食。living in idleness

**ざ-しょく【座職・▼坐職】** すわって仕事をする職業。座業。居職。

**さし-りょう【差(し)料】** 自分が腰にさすための刀剣。差し前。

**さし-わけ【指(し)分け】** 将棋で、何番かの勝負の結果が、互角になること。

**さし-わたし【差(し)渡し】** 直径。径。diameter

**さ-じん【茶人】** ①茶の湯を好む人。ちゃじん。②風流な人。

**さ-じん【砂▼塵・▼沙▼塵】** すなぼこり。sandy dust

**さ-しんこう【査慎行】**(一六五〇〜一七二七) 中国、清初の詩人。字は悔余。海寧の人。蘇軾を範とし、清に宋詩の風を開く。詩文集『敬業堂集』。

**さ-しんしつ【左心室】** 心臓の四室の一つ。上部は左心房と連絡し、肺から送られた新鮮な血液をここでいったんためて、大動脈口から全身へ送り出す。left ventricle ↓心臓図

**さ-しんぼう【左心房】** 心臓を仕切る四室の一つ。左後上部にある部分。肺から送られた新鮮な血液はいったんこの左心房に入り、二尖弁という通路から左心室に送られる。left atrium ↓心臓図

**さ-す【砂州・砂▼洲】** 海岸や湖岸のやや沖合いに、細長く岸と平行に延びた砂礫の州。風や沿岸流による堆積作用で形成される砂嘴が成長してできる。弓ケ浜・天橋立など。sand bar 比較 砂嘴。↓写

● 砂州　天橋立(京都府)。

**さ-す【▼扠▽首】** 棟木を支えるために二本の木材を山形に組んだもの。合掌。扠手。↓民家図

**さ・す【刺す】**(五他) ①刃物などで、つきとおす。pierce ②虫などが針で毒を入れたり、血を吸ったりする。sting 用例 蚊が—。③縫う。sew 用例 畳を—。④もちざおで鳥をとる。⑤さおを水底に突いて小舟を進める。pole a boat ⑥野球で、出塁している走者をアウトにする。touch out

**釘を刺す** ↓くぎ(釘)

**さ・す【指す】**(五他) ①指で示す。point ②その方向へ向かう。めざす。go to 用例 北を—。③名指す。nominate 用例 暗に—。④ものさしで計る。measure ⑤将棋をする。

**さ・す【▽射す】**(五自)《「差す」とも》①日光が当たる。shine ②表面に現れる。

**さ・す【差す】**(五自他) ①(他)㋐かざす。用例 傘を—。㋑刀を腰につける。wear ㋒舞で、手を前方に差し出す。㋓相撲で、相手の脇に手をつき入れる。用例 右を—。㋔《「注す」とも》そそぐ。pour; drop 用例 目薬を—。㋕加える。用例 朱を—。紅を—。②(自)㋐上げ潮になる。rise 対義 引く。㋑気がとがめる。feel guilty ㋒表面に現れる。用例 ほんのり赤みが—。

**さ・す【挿す】**(五他) ①物の中にはさみ入れる。insert 用例 かんざしを—。②挿し木をする。plant ③花を生ける。

**さ・す【鎖す】**(五他) 門・戸を閉ざす。閉める。shut

**さ・す【▽止す】**(接尾)《動詞の連用形に付いて五段の動詞をつくる。五段型》途中でやめることを表す。用例 言い—。

**さす** 古語 (助動 下二型)《四段・ナ変・ラ変の動詞以外の未然形に付く》①使役の意を表す。用例 うち臥したまへるに、僧都の御弟子惟光を呼び出で—(源氏・若紫)。②《多く「らる」「たまふ」「おはす」などとともに用いて》最高の尊敬の意を表す。用例 猫を御ふところに入れさせ給ひて(枕・うへにさぶらふ御猫は)。③《「聞こゆ」とともに用いて》謙譲の意を表す。用例 よろしうだに思ひきこえ—べきことかは(枕・宮にはじめてまゐりたるころ)。④《軍記物などで》受身の「らる」に代えて用いる。用例 畠山馬の額をのぶかに射させて(平家・九・宇治川先陣)。参照 す。参考 ②は「せる」「させる」の形で、いまも使われる。

**サス【SAS】**《Scandinavian Airlines Systemの略》スカンジナビア航空の通称。

**ざ-す【座主】** 大寺の首長で、寺務を統轄する最高位の僧職。延暦寺・醍醐寺・金剛峰寺などにおかれ、官命により就任した。

**ざ-す【座州・▼坐▼洲】**(名・サ変自) 船が川などの浅瀬に乗り上げて動かなくなること。

**ざ・す【座す・▼坐す】**(五自) ↓ざする(座する) 比較 座礁。

**サスーン【Siegfried Sassoon】**(一八八六〜一九六七) イギリスの詩人。戦争詩人として活躍。詩集『逆襲』、自伝的回想録『シャーストン回想録』など。

**さす-が【刺▽刀】** 腰にさす小刀。さやまき。

**さすが【▽流▽石・▼遉】**(副・形動)《「しかすが」の約》①そうはいうものの。しかしながら。however ②やはり。いかにも。as was expected

**サスカチェワン【Saskatchewan】** カナダ中部、大平原地帯にある州。小麦生産地。金・銀・石油・天然ガスなど鉱産資源も豊富。人口九六・八万(一九八一)。

**サスカトゥーン【Saskatoon】** カナダ中南部、サスカチェワン州にある商業都市。春小麦を産する地帯の中心地。製粉工場が多い。人口一五・四万(一九八一)。

**さすが-の【▽流▽石の・▼遉の】**(連体) いくら…でもやはり。あれほどの。さしもの。such ... as ... 用例 — 知恵者も困った。

**さすが-は【▽流▽石は・▼遉は】**(副) 期待にそむかないで。やはり。さすが。as was expected 用例 — ベテランだ、うまい。

**さずかり-もの【授かり物】** 神仏などからいただいた物。用例 子は—。

**さずか・る【授かる】**(五自他) 授けられる。いただく。be gifted

**さず・く【授く】** 古語 (下二他) ↓さずける「(授ける)」

**さずけ-もの【授け物】** 神仏が授ける物。

**さず・ける【授ける】**(下一他) ①与える。渡す。grant ②伝える。教える。instruct 用例 知恵を—。

**さ-すず【砂▼錫】** 花崗岩などに含まれていた錫石が、風化作用や浸食作用で砂や礫の中に堆積したもの。錫の原石。placer tin

**さすたけ-の【刺竹の】**〔枕ことば〕《語義、かかりかたとも未詳》「君・大宮人・皇子・舎人」などにかかる。用例 — 大宮人は今もかも人なぶりのみ好みたるらむ(万葉・一五・三七五八)。

**さす-て【差す手】** 舞のふりで、手を前方へ差し出す動作。

**差す手引く手** ①舞の手ぶり。②なにかにつけて。用例 — うまく運ぶ。

**サス-プロ**《和製語。sustaining programの略》民間放送の自主番組。スポンサーをつけないで自主的に制作・放送される番組。

**サスペンション【suspension】** 車両の車輪・車軸と車体のあいだにつけた各種のばね装置または緩衝器。車輪からの振動をやわらげ、各部位の損傷を防ぐ。

**サスペンス【suspense】** ①不安。気がかり。②推理小説・映画などで、筋の運びによって、読者や観客が感じる不安感・緊張感。

**サスペンダー【suspenders】** ズボンやスカートのつりひも。また、靴下留め。元来、男子が用いた実用的なものだったが、最近は若い男女や礼装にも用いられる。

**サスペンダー-スカート**《skirt with suspenderから》一組みのつりひもで両肩から支えるスカート。つりスカート。

**サスペンデッド-ゲーム【suspended game】** 野球で、日没になったり、照明の故障などの事故で五回以降で打ち切られた試合を、後日続行するもの。一時停止試合。

**さす-また【刺▼股・指▼叉】** 江戸時代に犯罪人などを捕らえるのに用いた武器。長柄の先にU字型の金具をつけ、その股で相手ののどを押さえる。突棒、袖搦とともに三つ道具とよばれた。↓写

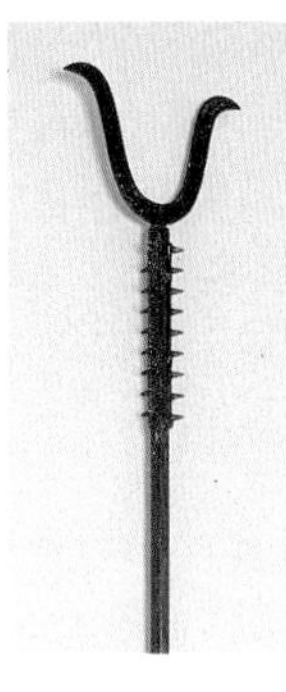
● 刺股

**さすらい【▽流▽離・▽漂▽泊】** さすらうこと。放浪。wandering

**さすらい-びと【▽流▽離人・▽漂▽泊人】** さすらう人。放浪者。wanderer

**さすら・う【▽流▽離う・▽漂▽泊う】**(五自) あちこちを、あてもなくさまよい歩く。wander

**さす・る【▽摩る・▽擦る】**(五他) てのひらで、軽くこする。やや強くなでる。rub

**胸を摩る** ↓むね(胸)

**ざ・する【座する・▼坐する】**(サ変自) =座す。①すわる。sit down ②何もしないでいる。idle away 用例 —・して結果を待つ。③まきぞえとなる。関係する。連座する。be implicated 用例 事件に—。

**さ-すれ-ば【▽然すれば】** 文語的 (接続) ①だから。②それならば。

**ざ-せき【座席】** すわる席。すわる場所。seat 用例 — 指定券。

**させ-たま・う【させ▽給う】** 古語 (連語)《助動詞「さす」の連用形に尊敬の補助動詞「たまう」の付いたもの》①《「させ」が尊敬の意の場合》最高の尊敬の意を表す。…なさる。お…になる。お…あそばされる。用例 大臣の御里に源氏の君まかで—(源氏・桐壺)。②《「させ」が使役の場合》…おさせになる。…させなさる。用例 かくあまたの人を賜ひてとどめ—・へど(竹取)。

**さ-せつ【左折】**(名・サ変自) 道を左へ曲がること。turn to the left 対義 右折。

**ざ-せつ【▼挫折】**(名・サ変自) 計画・事業などが途中で駄目になること。腰砕け。中断。fail; collapse

**サセックス【Sussex】** イギリス南東部のイギリス海峡に臨む地域。海岸地帯は有名な保養地。

**させぼ【佐世保】**〈市〉長崎県北部にある市。第二次大戦末まで海軍の町で知られ、戦後工業都市として再出発。西海国立公園の観光基地。人口二四万八九五八(一九八八)。

**させ-もぐさ【▽指▽焼草・▽指▼艾】** さしもぐさ。させも。

**さ・せる**(下一他) 人に、ある動作をするようにしむける。やらせる。let; make 用例 手伝いを—。

**さ-せる【▽然せる】** 文語的 (連体)《下に打ち消しをともなって》とりたてて言うほどの。さしたる。用例 — 功績もなく。

**させる**(助動 下一型)《上一段・下一段・カ変の動詞の未然形に付く》①ほかのものに動作を行わせる意を表す。let 比較 せる。用例 子どもに見—。生徒に来—。②許容・放任の意を表す。…してもよい。…するにまかせる。allow ③《「させられる」の形で》尊敬の意を表す。用例 見たいだけ見—。用例 神前に祈願させられる。

**さ-せん【左遷】**(名・サ変他) 低い地位・官職に下げること。relegation 対義 栄転。

**さ-ぜん【作善】**《仏教語》善根を積むこと。仏像・堂・塔を造り、経を読むなど。

**ざ-ぜん【座禅・▼坐禅】**《仏教語》仏教の基本的な修行法の一つ。両足を組み、姿勢を正して端座、精神を集中して悟りの道を求めること。とくに禅宗ではその意義を重んじ、理論化した。↓写

● 座禅　耕雲寺(東京都)。

**させん-せい【左旋性】** 光学異性体のもつ性質の一つ。平面偏光が物質を通過するとき、偏

光面を左へ回転させる性質。levorotatory

**ざぜん-そう**【座禅草】サトイモ科の多年草。本州以北の湿地にはえる。座禅姿にみたてられる仏焔苞は、長さ約二〇cm。→写

ザゼンソウ

**ざぜんわさん**【▼坐禅和▼讃】江戸中期、白隠がつくった和讃。二二行四四句。座禅実践の功徳と悟りの境地を謳いあげたもの。

**さ-ぞ**【▼嘸】(副)《下に推量をともなって》きっと。さだめて。さだめし。さぞかし。certainly 用例 —ご心配でしょう。

**さそい**【誘い】誘うこと。誘われること。勧誘。invitation 用例 お—が掛かる。

**誘いの隙**(さそいのすき) 自分の態度にわざと隙を見せ、敵が乗じてくるようにしむけること。

**さそい-あ・う**【誘い合う】(五自) お互いに誘う。call for each other

**さそい-あわ・せる**【誘い合(わ)せる】(下一他) ①前もって相談しておいて誘い合う。call for each other as arranged ②誘い合って一緒にする。do something together

**さそい-か・ける**【誘い掛ける】(下一他) あることをしてもらおうと誘う。うながす。invite

**さそい-こ・む**【誘い込む】(五他) 誘って仲間に引き入れる。誘って中に入れる。entice into

**さそい-だ・す**【誘い出す】(五他) ①誘って外に出す。invite ②あることをするように仕向ける。move

**さそい-みず**【誘い水】①井戸のポンプから水が出ないとき、水を導き出すために注ぎ入れる水。呼び水。priming water ②実現を促すのに役立つもの。きっかけとなるもの。encouragement

**さそいみず-せいさく**【誘い水政策】政府が公共事業等を行って不況からの回復の糸口をつくり、民間の経済活動の活発化をはかる政策。一九三〇年代にアメリカで行われた。pump-priming policy

**さそ・う**【誘う】(五他) ①まねく。呼びに来る。invite ②促す。ある気持ちにさせる。cause 用例 眠りを—。③呼び出す。連れ出す。用例 こちらに—い出してこい。④そそのかす。誘惑する。tempt 用例 悪事に—。

**ざ-ぞう**【座像・▼坐像】すわっている姿・像。sedentary statue 対義 立像。

**さぞ-かし**【▼嘸かし】(副)《「かし」は強めの助詞》「さぞ」の強意。きっと。さぞや。certainly

**さ-そく**【左側】ひだりがわ。the left side 対義 右側。用例 ここでは—通行。

**さ-そく**【▽早足】すばやい足の運び方。また、軽快な足づかい。

**早足を踏む**(さそくをふむ) すばやく足を動かす。また、すぐ次の動作に移ることができるように、身がまえる。

**さぞ-や**【▼嘸や】(副)《「や」は強めの助詞》さぞかし。certainly

**さそり**【▼蠍】サソリ目に属する節足動物の総称。後腹部は尾状で、先端にはかぎ状の毒針がある。人に致命的な毒をもつものは数種のみ。日本産はヤエヤマサソリなど二種。体長一・二〜一八cm。昼は石や落ち葉の下にひそみ、夜、出てきて昆虫などを捕食。卵胎生。scorpion →写

サソリ

**さそり-ざ**【▼蠍座】南天の星座。黄道十二星座の一つ。いて座の西でS字状の星の配列が特徴。一等星アンタレスはα星。アンタレスと両側の星が作る三つ星は、中国の古名では商宿。七月二三日ごろの午後八時ごろに南中。面積四九七平方度。つりばり星。Scorpius →図

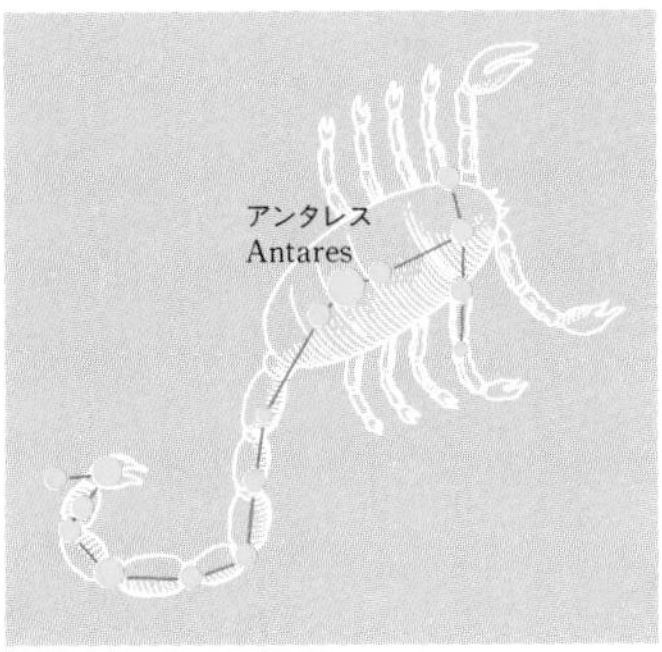


蠍座

**さそり-もどき**【▼蠍▽擬】サソリモドキ目に属する動物の総称。またはその一種。体長四cm内外。背面は黒色、腹面は赤黒色。触肢がはさみ状で大きくサソリに似るが、毒腺はない。熱帯地方に分布するが、日本でも熊本県天草島以南に分布。

**さ-そん**【差損】売買の決済のさい、収支の差によって生じる損失。対義 差益。

**さ-た**【▼沙▼汰】(名・サ変自) ①㋐知らせること。たより。知らせ。notice 用例 なんの—もない。㋑公のさしず。命令。directions ㋒事がら。事件。affair 用例 正気の—。②古語 ㋐処置。用例 同じくはかの事—しおきて(徒然・五九)。㋑さしず。命令。用例 流罪の—はなかりけり(平家・二・西光被斬)。㋒うわさ。評判。用例 三井寺には、をりふし競が—ありけり(平家・四・競)。

**沙汰の限り**(さたのかぎり)《評定・裁断・処置できる限界、の意。「沙汰の限りに非ず」の形でも使うが、多く、それと同意に用いて》もってのほか。論外。言語道断。be preposterous

**沙汰の外**(さたのほか) 問題にならないこと。be preposterous

**さた**【佐多】〈町〉鹿児島県、大隅半島南端の町。日本本土最南端の佐多岬灯台がある。野菜・ポンカン・熱帯の果物である竜眼などの産地。畜産もさかん。人口五一一五(一九八八)。

**さ-だ**【▼蹉▼跎】(名・形動タルト) ①つまずいて進めないこと・さま。②思いどおりに行かないこと・さま。③志を得ないこと・さま。おちぶれたさま。不遇なさま。

**さだ**【佐田】〈町〉島根県東部、出雲市南隣、神戸川に沿う町。林業のほか、稲作中心の農業が行われる。人口五四四四(一九八八)。

**サターン**【Saturn】①ローマ神話の農耕の神。ラテン名はサトゥルヌス。②土星。占星術では災いの星のこと。

**さ-だいじん**【左大臣】律令制下、太政大臣欠官のときに太政官を統轄する長官。常置の官職では最高の地位。右大臣の上席。左丞相。左相。左のおとど。いちのかみ。

**さ-だいじん**【左大神】随身門の向かって右方に安置してある神像。対義 矢大神。

**さた-いねこ**【佐多稲子】(一九〇四) 小説家。長崎市生まれ。プロレタリア運動を中心とする自伝的作品が多い。作品『くれなゐ』『樹影』『時に佇つ』など。

**さ-だいべん**【左大弁】律令制の左弁官局で、太政官の官職。右大弁にならび、八省のうち中務・式部・治部・民部の四省を管轄。

**さだ-か**【定か】(形動) 確かなさま。明らかなさま。はっきり。sure

**ざ-たく**【座卓】和室などで、座って使用するテーブル。角形と丸形があり、脚が折りたためるものもある。ちゃぶだい。

**さたけ-しょざん**【佐竹▼曙山】(一七四八〜八五) 江戸中期の日本画・洋風画家。本名、義敦。秋田藩主。秋田派を盛り上げた功績者。平賀源内の洋画技法を習う。画論『画法綱領』『画図理解』、作品『湖山風景図』など。

**さたけ-よしまさ**【佐竹▽義▽和】(一七七五〜一八一五) 江戸後期の大名。秋田藩主。天明の飢饉後、農業技術の導入、殖産振興、専売制実施など藩政改革を推進。

**さだ-す・ぐ**【さだ過ぐ】古語 (下二自)《「さだ」は時の意》①ちょうどよい時期が過ぎる。用例 この—・ぎて後恋ひむかも(万葉・一一・二七三二)。②さかりの年齢が過ぎる。用例 —・ぎたまへるここちすれども(増鏡・内野の雪)。

**さだ-そう**【佐多草】コショウ科の多年草。多肉質で、全体に細毛。高さ約三〇cm。楕円葉が三〜五枚輪生。花穂が数個、茎頂に直立。九州佐多岬が産地であることからの名。

**さた-つつじ**【佐多▼躑▼躅】ツツジ科の常緑低木。山腹や丘陵にはえる。花色は緋赤・赤・赤紫・紫。霧島山以南の大隅半島・薩摩半島に分布。

**さた-なし**【▼沙▼汰無し】①そのすじの指図がないこと。no instructions ②知らせがないこと。no news ③ないしょにすること。問題にしないこと。keep secret

**さた-にん**【▼沙▼汰人】中世から近世にかけて、沙汰(命令・判決など)を執行する人。また、その職名。役所の雑役を扱う役人や集会の代表などをいう。

**さだま・る**【定まる】(五自) ①決まる。be decided 用例 運命が—。②落ち着く。be settled 用例 天気が—。③おさまる。静まる。be quelled 用例 反乱が—。④はっきりする。become clear 用例 情勢が—。

**さた-みさき**【佐多岬】鹿児島県、大隅半島先端の岬。本土の最南端でソテツ・ビロウなどが群生。霧島屋久国立公園の海中公園地区。

**さだみさき-はんとう**【佐田岬半島】愛媛県西部の半島。約四〇kmに及ぶ狭長な半島で平地は少ない。柑橘類の大産地。伊方には原子力発電所がある。

**さだみつ**【▽貞▽光】〈町〉徳島県北西部、吉野川沿いの町。木材の産地。剣山の登山口。人口七二七一(一九八八)。

**さだ・む**【定む】古語 (下二他) →さだめる(定める)

**さだむね**【▽貞▽宗】(生没年未詳) 鎌倉末〜南北朝の刀工。通称、彦四郎。正宗の後継者。鎌倉風・南北朝風の両様の作刀。現存作には銘を欠く。

**さだめ**【定め】①決まって動かないこと。settle ②決定。decision ③規則。rule ④運命。因縁。destiny 用例 この世の—。

**定め無き世**(さだめなきよ) はかないこの世。無常の世の中。transient

**さだめ-がき**【定(め)書き・定書】江戸時代のおもに庶民を対象とした法令。法度書き。

**さだめ-し**【定めし】(副)《下に推量をともなって》きっと。必ず。定めて。certainly 用例 —ご安心でしょう。

**さだめ-て**【定めて】(副) →さだめし(定めし)

**さだめ-な・い**【定め無い】(形) 無常だ。はかない。

**さだ・める**【定める】(下一他) ①決める。decide; determine 用例 ねらいを—。②落ち着かせる。relax 用例 心を—。③おさめる。鎮める。establish 用例 天下を—。④はっきりさせる。make clear 用例 態度を—。

**さた-やみ**【▼沙▼汰▽止み】①お流れ。中止。be dropped ②うわさが消えること。suspension of a rumor

**さ-たん**【左▼袒】(名・サ変自)《漢王につく者は左袒せよと言った、前漢の功臣周勃の故事による。左袒は、左の肩を片肌脱ぎにして出すこと》①味方すること。加勢。②同意すること。賛成。

**さ-たん**【▼嗟嘆・▼嗟▼歎】(名・サ変他) ①なげくこと。②感心してほめること。

**サタン**【Satan】キリスト教で、悪魔。

**ざ-だん**【座談】(名・サ変自) 数人が、自由に気楽に話し合うこと。また、その話。table talk 比較 対話・対談。

**ざだん-かい**【座談会】座談のための集まり。discussion meeting

**さち**【幸】①さいわい。幸福。happiness 用例 —あれ。②漁・狩りの獲物。catches 用例 海の—。

**サチャグラハ**【Satyagraha】《原義はヒンズー語で「真理の堅持」の意》ガンジーの民族運動の基本的な思想。非暴力と不服従という独特な反英抵抗運動の形態をさす。非暴力的抵抗。

**ざ-ちゅう**【座中】①集会の列席者の中。gathering ②演芸の一座の仲間。troupe

**ざ-ちょう**【座長】①劇団のかしら。一座の長。leading actor ②会議・座談会などで議事を主宰する役・人。chairman

**サッ** 6画 **【早】** 部首[日]ひ 教育小1 JIS 3365

音 ソウ・サッ 訓 はやい・はやまる・はやめる 筆順 ↓ソウ[早]

はやい。すみやか。「早急・早速」↓ソウ[早]

**サツ** 4画 **【▼扎】** 部首[扌]てへん JIS 5709

**サツ** 5画【冊】 部首[冂]まきがまえ 教育小6 JIS2693
5画【▼册】 旧字 JIS4938
音サツ・サク
冊
①ふみ。本。「一冊・分冊・別冊」「冊子・冊数」②本を数えるのに用いる。用例(助数)五—。↓サク【冊】

**サツ** 5画【札】 部首[木]きへん 常用→教育小4 JIS2705
音サツ 訓ふだ
札
①ふだ。文字などの書いてある小さい紙・木片。「改札・検札・入札・表札」②紙幣。紙に印刷したお金。「お札」「札入れ・札びら」用例(名)—ばかりで百万円。
**札で面張る**(さつでつらはる) 現金を相手の鼻先にちらつかせて、金の力で、自分の思いどおりにしようとする。

**サツ** 8画【刷】 部首[刂]りっとう 教育小4 JIS2694
音サツ 訓する
刷
①する。こする。いんさつする。「印刷・縮刷・増刷」②きれいにする。はく。「刷新」③はけ。ブラシ。

**サツ** 8画【▼刹】 部首[刂]りっとう JIS4975
音サツ・セチ・セツ
①てら。寺院。寺の塔。「古刹・名刹」②くに。国土。土地。↓セツ【刹】

**サツ** 9画【▼拶】 部首[扌]てへん JIS2702
音サツ
①せまる。ちかづける。②「挨拶(あいさつ)」は、儀礼的な会釈の動作やことば。

**サツ** 10画【殺】 部首[殳]るまた 教育小4 JIS2706
11画【▼殺】 旧字
音サツ・サイ・セツ
訓ころす
殺
①ころす。しなせる。対義 生(い)・活(か)。「自殺・毒殺」「殺害(さつがい・せつがい)」②あらあらしい。きびしい。「殺到・殺伐」③なくす。けす。「抹殺」「殺風景(さっぷうけい)」④意味を強めるのに添えて用いる。「悩殺・忙殺」⑤とりあげない。「笑殺・黙殺」↓サイ・セツ【殺】

**サツ** 11画【▼紮】 部首[糸]いとへん JIS6907
音サツ
①たばねる。たばねたもの。たば。②とどまる。駐在する。

**サツ** 14画【察】 部首[宀]うかんむり 教育小4 JIS2701
音サツ・セチ
察
①おしはかる。了解する。「考察・推察」「察知」②しらべ、みる。「観察・診察」③しらべ、ただす。「警察・検察」④俗に、警察の意。用例(名)—の手が回った。

**サツ** 14画【▼箚】 部首[竹]たけかんむり JIS6820
14画【▼劄】 部首[刂]りっとう 異体字
音トウ・サツ
①さす。いれずみをする。②とどまる。駐在する。③もうしぶみ。君主にさしだす文書。④上から下へくだす公文書。通達書。⑤しるす。かきしるす。「箚記」

**サツ** 14画【▼颯】 部首[風]かぜ JIS8105
音ソウ・サツ
①風のふく音。「颯々」②きびきびしているさま。「颯爽(さっそう)」③おとろえているさま。

**サツ** 15画【▼撒】 部首[扌]てへん JIS2721
音サツ・サン
まく。まきちらす。「撒水(さっすい・さんすい)・撒布(さっぷ・さんぷ)」↓サン【撒】

**サツ** 15画【撮】 部首[扌]てへん 常用 JIS2703
音サツ・サイ
訓とる
①とる。写真をとる。うつす。「撮影」②つまむ。つまみ。「撮要」

**サツ** 17画【▼薩】 部首[艹]くさかんむり
17画【▼薩】 異体字 JIS2707
音サツ・サチ
①すくう。仏教で、まよっている衆生(しゅじょう)をすくう。「薩埵(さった)」②薩摩国(さつまのくに)のこと。「薩州・薩長」

**サツ** 17画【擦】 部首[扌]てへん 常用 JIS2704
音サツ
訓する・すれる
する。こする。さする。かする。「摩擦」「擦過傷」

**ザツ** 14画【雑】 部首[隹]ふるとり 教育小5 JIS2708
18画【▼雜】 旧字 JIS8024
17画【▼襍】 部首[衤]ころもへん 異体字 JIS8023
音ザツ・ゾウ・ソウ
雑
①いろいろいりまじる。こみあう。「混雑・繁雑・複雑」「雑誌」②主要でない、いろいろな。「雑種・雑収入・雑費(ざっぴ)・雑用」用例(名)—の部に入れる。③ぞんざい。粗末。「粗雑」用例(形動)掃除のしかたが—だ。↓ゾウ【雑】

**さつ-い**【殺意】 人を殺そうとする意志。murderous intent 用例—をいだく。

**さつ-いれ**【札入れ】 紙幣を入れるもの。さいふ。紙入れ。wallet

**さ-つう**【茶通・茶▼桶】 茶道で、薄茶を入れる容器の一つ。蓋(ふた)が浅めで円筒形。容器の角には丸みがつけられてある。

**さつう-ばこ**【茶通箱】 茶道で、二種の濃茶(こいちゃ)を同時に客にすすめるときの点前(てまえ)に用いる箱。

**さつ-えい**【撮影】(名・サ変他) 写真をうつすこと。映画・ビデオなどをとること。take a picture; shoot

**ざつ-えい**【雑詠】 題をきめずにいろいろの事物をよんだ詩歌や俳句。miscellaneous poems 比較 題詠。

**さつえい-き**【撮影機】 映画の撮影機械。フィルム規格は家庭用の八mmから劇場用の七〇mmまで各種あり、電動モーターで駆動し、一秒間二四こまが標準。motion picture camera

**さつえい-じょ**【撮影所】 映画撮影のために必要な、スタジオ・機材・付属施設などを備えた映画製作工場。スタジオ。studio

**さつえい-せんそう**【▼薩英戦争】 文久(ぶんきゅう)三年(一八六三)イギリス艦隊の鹿児島砲撃事件。前年の生麦(なまむぎ)事件の交渉難航によりイギリスが攻撃し、薩摩(さつま)藩も応戦。同年一一月和議が成立。

**ざつ-えき**【雑役】 あれこれこまごました力仕事。odd jobs

**ざつ-えき**【雑益】 さまざまな細かい利益。定収入以外のいろいろな所得。雑収入。miscellaneous gains 対義 雑損。

**ざつえき-ふ**【雑役夫】《卑語》用務員。作業員。

**ざつ-おん**【雑音】 ①音響学で、騒音。noise 対義 楽音。②電気通信工学で、目的とする信号にまじって、有効な通信を妨害する擾乱(じょうらん)電流。noise ③うわさ。rumor ④やじ。jeer ⑤当事者に対する批判や意見。批判をきらっていう語。criticism

**さっ-か**【作家】《「さくか」の変》芸術作品を作る人。小説・戯曲・詩歌などを書く人。とくに小説家や劇作家。novelist; writer 比較 作者。

**さっ-か**【作歌】(名・サ変自)《「さくか」の変》詩歌をつくること。つくった詩歌。

**さっ-か**【▼蒴果】 ↓さくか(蒴果)

**さっ-か**【擦過】(名・サ変自) かすること。すりむくこと。abrasion

**ざっ-か**【雑貨】 日用のこまごまとした用品・商品。小間物。miscellaneous goods 用例—商。

**サッカー**【soccer】 一一人ずつの二チームが手を使わずに(ゴールキーパーは除く)ボールを奪いあい、相手ゴールにシュートして得点を争う球技。蹴球(しゅうきゅう)。アソシエーションフットボール。比較 ラグビー。↓図

**サッカー**【sucker】 布面に波状の縮みを現した織物。縞(しま)・格子柄が多い。綿が主。夏の婦人・子供服地。シアーサッカー。

**さつ-がい**【殺害】(名・サ変他) 人を殺すこと。murder

**さっ-かく**【錯角】《「さくかく」の変》二本の直線と他の一直線が交わってできる角のうち、二直線の内側で相対し一直線をはさむ二つの角。図では、二つの直線$l$、$m$が直線$n$と交わってできる八つの角のうち$c$と$e$、$d$と$f$とを互いに錯角の関係にあるという。alternate angle ↓図

●錯角

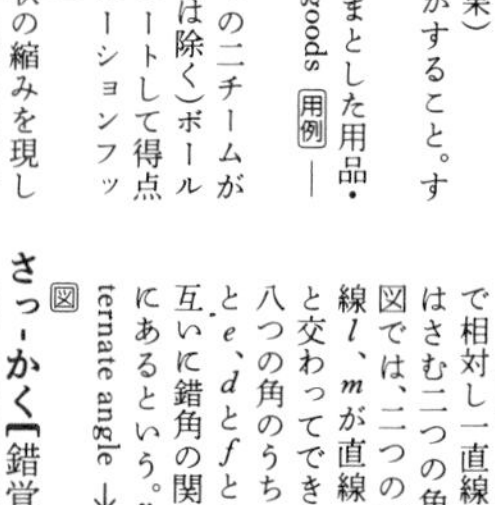

∠cと∠e、∠dと∠fが錯角

**さっ-かく**【錯覚】(名・サ変自)《「さくかく」の変》①物事をあやまってまったく別のものと思いこむこと。illusion 用例—におちいる。②心理学で、外界の対象を、そのもとの形と違ったものに知覚すること。hallucination 比較 幻覚。

**ざつ-がく**【雑学】《けんそん・軽蔑(けいべつ)に使う》

●サッカー

さ



↓行き先項目、図版・写真参照印。 JIS 日本工業規格情報交換用漢字符号コード(区点コード)。

いろいろの方面についてのまとまりのない雑多な知識・学問。knowledge in various matters

**さっか-しょう【擦過傷】** かすりきず。abrasion

**さっか-そう【擦過創】** 皮膚の表面が物などとの摩擦で局所的にはがれたもの。かすりきず。すりむききず。abrasion

**ざつ-かぶ【雑株】** 仕手株や人気株・優良株以外の株式。二流以下の株。

**サッカラーゼ【saccharase】** 蔗糖をブドウ糖と果糖に分解する酵素。動植物に広く分布。インベルターゼ。スクラーゼ。転化酵素。

**サッカリメーター【saccharimeter】** ↓けんとうけい(検糖計)

**サッカリン【saccharin】** 人工甘味料。甘味は蔗糖の約五〇〇倍であるが、発癌性の疑いがあって使用量は制限されている。国連食糧農業機関・世界保健機関による一日の摂取許可量は体重一kgあたり五mg。

**サッカル【Sukkur】** ↓スックル

**サッカレー【William Makepeace Thackeray】**(一八一一〜六三) イギリスの小説家。上流社会の人間の虚栄と俗物根性を、客観的・風刺的にえぐり出した。作品『虚栄の市』『ヘンリー=エズモンド物語』など。

**サッカロース【saccharose】** ↓しょとう(蔗糖)

**さっ-かん【錯簡】** 《「さくかん」の変》書物のとじ違いで、ページの順序が狂っていること。また、文章の前後が乱れていること。

**ざっ-かん【雑感】** さまざまな感想。まとまりのない感想。miscellaneous thoughts

**ざっ-かん【雑観】** さまざまな観察。まとまりのない観察。

**さっき【▽先】**(名・副) 《「さき」の転》さきほど。先刻。a little while ago

**さっ-き【削器】** ↓スクレーパー

**さっ-き【殺気】** ①草木を枯らす寒冷の気。②荒々しいようす。敵意にみちた気分。blood-thirstiness; threat 用例 ―を感じる。

**さっ-き【▽数奇】**(形動) 《「すうき」の転》↓すうき(数奇)

**さっ-き【▼箚記】** 《「さつ」は「箚」を札の意に用いたための慣用読み》本を読んで、気の向くままに、備忘用の抜き書きや感想などを書き記したもの。

**さ-つき【五月・▼皐月】** ①陰暦五月の異称。②ツツジ科の常緑低木。高さ一m内外。関東以西の川岸の岩上などにはえる。五〜七月に枝先に赤・紅紫色・白などの花を開く。古くから観賞用として栽培され、栽培種数は多い。サツキツツジ。azalea →写

**五月の鯉の吹き流し**《こいのぼりには、はらわたがないことから》腹の中にわだかまりがなく、さっぱりした気性のたとえ。

**ざっ-き【雑記】** さまざまな事柄を書くこと。書いたもの。miscellaneous notes 用例 ―帳。身辺―。

**ざ-つき【座付(き)】** ①劇団・劇場に専属すること。用例 ―作者。②席のはじめに述べる口上。

**さつき-あめ【五月雨】** さみだれ。つゆ。梅雨。

**さつき-しょう【▼皐月賞】** 中央競馬の五大クラシックレースの一つ。出走資格は明け四歳の牝・牡混合。毎年四月に中山競馬場で開催。距離は二〇〇〇m。

**さっき-だ・つ【殺気立つ】**(五自) 興奮して荒々しい気分になる。seething

**さつき-つつじ【▼皐月▼躑▼躅】** サツキの別称。

**さつき-の-せち【五月の節】** ↓たんご(端午)

**さつき-ばれ【五月晴(れ)】** ①つゆの晴れ間。さみだれの晴れ間。②五月の晴れわたった空。

**さつき-やみ【五月▼闇】** つゆどきの夜の暗いこと。その夜。

**さっ-きゅう【▼遡及】**(名・サ変自) 「そきゅう」の慣用読み。

**さっ-きゅう【早急】**(名・形動) 非常に急ぐこと・さま。至急。そうきゅう。urgency 用例 ―に手配する。

**ざっ-きょ【雑居】**(名・サ変自) ①いろいろの人が一つの家・建物に一緒に住むこと。mixed residence ②いろいろのものが、同じ所にあること。mixed existence ③一つの地域に、さまざまな人種や国籍の人が一緒に住むこと。mixed residence

**さっ-きょう【作況】** 《「さくきょう」の変》農作物のでき具合。作柄。crop condition 用例 ―予報。

**ざつ-ぎょう【雑業】** ①いろいろの仕事・職業。miscellaneous professions ②職業のはっきりした分類に入れにくい職業。free-lance profession

●サツキ②

**さっきょう-しすう【作況指数】** イネ・ムギ・イモ類など主要農産物の収量を示す指標。ふつう、一〇a当たりの予想収量を平年収量で割って一〇〇を掛けたもの。

**さっ-きょく【作曲】**(名・サ変自他) 《「さくきょく」の変》音楽作品を楽譜・記号などによって創作する行為。composition 比較 作詞。

**ざっ-きょく【雑曲】** ①雅楽以外の音曲。②流行歌。俗曲。popular song

**さっきょく-か【作曲家】** 作曲を職業とする人。composer

**ざっきょ-ビル【雑居ビル】** 多業種の事務所・商店などがまじり合って入居しているビル。

**さっ-きん【殺菌】**(名・サ変他) 微生物に物理的・化学的刺激を加え、短時間内に殺すこと。加熱や乾燥などの物理的方法、殺菌剤などの化学的方法がある。sterilization 比較 滅菌。用例 低温―。

**ざっ-きん【雑菌】** 種々雑多な菌。とくに微生物などを培養するときに、外部から入りこんだ異種の細菌のこと。

**ザッキン【Ossip Zadkine】**(一八九〇〜一九六七) フランスの彫刻家。ロシア生まれ。キュビスムの主要作家。後年、情緒的表現を深める。ロッテルダムの『ナチ爆撃の記念彫刻』など。

**さっきん-ざい【殺菌剤】** 細菌・真菌類・ウイルスなど、病原となる微生物を死滅させる薬剤。フェノール・クレゾール・オキシドールなど。消毒剤。bactericide

**さっきん-とう【殺菌灯】** 紫外線の殺菌力を利用した放電灯の一種。手術室・食品加工室・厨房などで使う。germicidal lamp

**サック【SAC】** 《Strategic Air Command の略》戦略空軍。

**サック【sack】** ①袋。さや。②指を保護するためにはめるゴム製の袋。③《「ルーデサック」の略》コンドーム。

**ザック【Sackドイツ】** 登山に使うリュックサック。

**さつ-ぐう【▼薩隅】** 薩摩と大隅。

**サックス【sax】** 「サクソフォン」の略。

**サックス【Adolphe Sax】**(一八一四〜九四) ベルギーの管楽器製作家。サクソフォンの発明者。

**ザックス【Hans Sachs】**(一四九四〜一五七六) 宗教改革時代のドイツ最大のマイスタージンガー(=職匠歌人)・劇作家。靴工。職匠歌や謝肉祭劇に初めて文学的価値を与えた。謝肉祭劇『ばかの治療』など。

**ザックス【Julius von Sachs】**(一八三二〜九七) ドイツの植物生理学者。植物の光合成についての知識を集大成。水耕法に使う水耕液を開発。

**ザックス【Nelly Sachs】**(一八九一〜一九七〇) ドイツのユダヤ系女流詩人。大戦中のユダヤ民族の苦難を、旧約的世界の深みと高さのなかでうたう。一九六六年ノーベル文学賞受賞。詩集『逃亡と変容』『夜よ分かれよ』、詩劇『エリ』など。

**サック-ドレス【sack dress】** ウエストを締めない筒形ないし袋状のワンピース。一九五八年パリコレクションに登場。

**ざっく-ばらん**(形動) 隠しごとをしないさま。遠慮のないさま。あけすけ。frankly 用例 ―に話す。

**ざっくり** 一(副) 力をこめて切ったり、割ったりするさま。用例 スイカを―切る。二(副・サ変自) 布地などの織り目・手触りが粗いさま。rough 用例 ―した手触りのセーター。

**ざつ-げい【雑芸】** ①種々の技芸。miscellaneous accomplishments ②↓ぞうげい(雑芸)

**ざつ-げき【雑劇】** 中国古典芸能の一名称。当意即妙の滑稽劇で茶番劇。宋代から元代初期に盛行。元曲の母胎となった。

**サッケッティ【Franco Sacchetti】**(一三三二ごろ〜一四〇〇) イタリアの小説家・詩人。民間伝承話を取り入れ、同時代の民衆の生活を活写した。作品『三百短編』など。

**ざっ-けん【雑件】** いろいろの細かい用件・事件。miscellaneous matters

**さつげん-がっき【擦弦楽器】** 弓で弦をこすって音を出す楽器。ヨーロッパのバイオリン属、東アジアの胡弓などが代表的。

**ざっ-こ【雑戸】** 律令制下、宮廷に仕え諸官司に属した手工業技術者の集団。渡来人の子孫が多く、大化の改新前の品部の系譜を引く。良民の下に位した。

**さっ-こう【作興】**(名・サ変自他) 《「さくこう」の変》ふるい起こること。ふるい起こすこと。用例 国民精神を―する。

**ざっ-こう【雑考】** ①いろいろな考え。②種々の考察・考証。

**ざっ-こく【雑穀】** 米・麦以外の穀物の総称。アワ・キビ・マメ・ソバなどの総称。

**サッコ-バンゼッティ-じけん【サッコ-バンゼッティ事件】** アメリカの冤罪事件。一九二〇年、強盗殺人犯人とされた無政府主義者サッコとバンゼッティが、証拠不十分のまま、国内外の抗議運動にもかかわらず、二七年に処刑された事件。Sacco-Vanzetti case

**さっ-こん【昨今】** 《「さくこん」の変》きのうきょう。近ごろ。このごろ。these days

**ざっ-こん【雑婚】** 原始時代、集団内の男女が相手を定めずに夫婦関係を結んだこと。乱婚。参考 集団婚であることが明らかにされなかったころの命名。

**さっさ-せいせつ【佐々▼醒雪】**(一八七二〜一九一七) 俳人・国文学者。本名政一。京都生まれ。俳諧研究に貢献。著書『連俳小史』『俳句大観』など。

**さっ-さつ【▼颯▼颯】**(形動トタル) 風の吹くさま。また、その音の形容。用例 風―の秋。―たる秋風。

**さっさ-と**(副) ためらったり手間どったりせず、すばやく行動するさま。quickly 用例 ―片付ける。

**さっさ-なりまさ【佐々成▽政】**(?〜一五八八) 安土桃山時代の武将。織田信長に仕え越中富山城主。のち豊臣秀吉と戦い、敗れて服属、肥後を領したが、国一揆蜂起の失政をとがめられ切腹。

**サッサフラス【sassafras】** クスノキ科の落葉高木。葉は卵形で、先端は二〜三裂。春、黄緑色の花をつけ、楕円形の黒い果実を結ぶ。樹皮・根は生薬・香料となり、材は耐湿性があり船材となる。北米に分布。

**サッサリ【Sassari】** イタリア、サルデーニア島北西部の都市。一六世紀創設の大学がある。人口一二万(一九八三)。

**ざっ-さん【雑▼纂】** ①系統立てないで編集すること。その書物。雑録。②種々の記録・事項を集めた書物。

**さっし【察し】** 察すること。思いやり。consideration 用例 ―がいい。―がつく。

**さっ-し【冊子】** とじた書物。巻子本以外の本の総称。冊子本。book; booklet

**サッシ【sash】** 鉄・アルミなどの金属性の窓枠。また、それを使った窓。サッシュ。用例 アルミ―。

**ざっ-し【雑誌】** 一定の誌名のもとに各種の記事を編集し、原則として定期的に刊行する出版物。刊行期間により週刊・月刊・旬刊・季刊・年刊・不定期刊に、また内容により娯楽・婦人・文芸雑誌などに分けられる。マガジン。magazine

**ざつ-じ【雑事】** いろいろな細かい用事。雑用。miscellaneous affairs 比較 俗事。

**さっしゃ・る**(下二・四他) 《「させらる」の転》「する」の尊敬語。なさる。参考 活用は、下二段・四段が混在する。

**さっしゃる**(助動 下二・四段混在型) 尊敬の意を表す。…なさる。

**サッシュ【sash】** 柔らかい布地の装飾用の帯。婦人服・婦人帽などに用いる。絹や薄地のウール、合成繊維製などがある。

**ざっ-しゅ【雑酒】** 日本の酒税法上の分類用語。清酒・合成清酒・焼酎・みりん・ビール・果実酒・ウイスキー・リキュール・スピリッツの類以外の酒。どぶろく・白酒・老酒など。

**ざっ-しゅ【雑種】** ①いろいろのものが混じっている種類。cross ②異なる種類の個体を交雑してできた子孫。遺伝学的にはヘテロ接合体をもつ固体。あいのこ。hybrid

**さっ-しゅう【▼薩州】** 薩摩国。

**ざつ-じゅう【雑▼糅・雑▼揉・雑▼蹂】** 入りまじること。



▼常用漢字表外。 ▽常用漢字表の音訓外。

**ざっ-しゅうにゅう【雑収入】** ①簿記で、どの項目にもはいらない、いろいろな収入。miscellaneous income ②定期収入以外のいろいろな収入。miscellaneous income

**ざっしゅ-きょうせい【雑種強勢】** 雑種の第一代が両親の系統のいずれよりも体格・繁殖力などですぐれている現象。ニワトリ・カイコ・トウモロコシなど多くの動植物で知られ、生産・育種に利用される。ヘテローシス。heterosis

**ざっしゅ-だいいちだい【雑種第一代】** 交雑によって生じた第一代目の雑種。親の形質よりもすぐれたものができることが多く、品種改良などに利用される。$F_1$の記号で表す。first filial generation

**ざっしゅ-だいにだい【雑種第二代】** 雑種第一代の自家受精によって得られる二代目の雑種。$F_2$の記号で表す。second filial generation

**ざっ-しょ【雑書】** ①雑多な事柄を記した書物。雑録。books on various subjects ②分類上一定の部類に属さない書物。miscellaneous books

**さっ-しょう【殺傷】**(名・サ変他) 殺したり、傷つけたりすること。killing and wounding

**ざっ-しょう【雑掌】** 荘官の一つ。貴族・社寺の家来で、その代理として命じられ、年貢その他の用務に当たった者。

**ざっ-しょく【雑色】**《「ぞうしき」は別語》①種々の色。various colors ②雑多な色。various colors

**ざっ-しょく【雑食】**(名・サ変他) ①種類の違ったものを、混ぜて食べること。omnivorousness ②動物質も植物質も食べること。polyphagia

**ざっしょくせい-どうぶつ【雑食性動物】** 動物質・植物質を問わず食物とする動物。サル・イノシシなど。家畜などには雑食の傾向が強い。omnivorous animal

**さっ・しる【察しる】**(上一他) ↓さっする(察する)

**さっ-しん【刷新】**(名・サ変他) まったく新しくすること。一新。reform 用例 政界の―を図る。

**さつ-じん【殺人】** 人を殺すこと。murder

**さつ-じん【殺陣】** ↓たて(殺陣)

**さつじん-き【殺人鬼】** 人殺しを平気でする悪人。devilish homicide

**さつじん-けん【殺人剣】** 人を殺すための剣。対義 活人剣。

**さつじん-ざい【殺人罪】** 故意に人を殺すことによって成立する罪。普通殺人罪と尊属殺人罪の別がある。

**さつじん-てき【殺人的】**(形動) 人命を奪うばかりに、ひどくはげしいさま。deadly 用例 ―な満員電車。

**さっ-すい【撒水】**(名・サ変自)《「さんすい」は慣用読み》水をまくこと。散水。water 用例 ―車。

**さっ-すう【冊数】** 書物などの数。volume

**さっ・する【察する】**(サ変他) =察しる・察す。①おしはかって考える。guess; presume ②思いやる。sympathize with ③事情・意味をのみこむ。understand

**察するに余り有る**(さっするにあまりある)《推察の限界をこえている、の意》普通・尋常でない。なみなみのものではない。用例 気持ちは、―。

**ざつ-ぜい【雑税】** 基本的な租税以外の、こまごましたいろいろの税。miscellaneous taxes

**ざっ-せつ【雑節】** 二十四節気以外の、土用・入梅・八十八夜・二百十日などの総称。日本の稲作に合わせた、仕事の目印にする季節的な区切り。

**ざつ-ぜん【雑然】**(形動トタル) 整頓されないでいろいろな物が入りまじっているさま。disorderly

**さっ-そう【颯爽】**(形動トタル) 勇ましく、さわやかなさま。gallant 用例 ―と登場。

**ざっ-そう【雑草】** ①農耕地に発生し、作物の生育に影響をおよぼす草本植物。広くはあき地、路傍などに生育する野草も含める。weed ②生命力・生活力がたくましいことのたとえ。full of vitality 用例 ―のような生き方。

**さつぞう-かん【撮像管】** 光電面に結んだ光学像を、電気的信号に変換する電子管。イメージオルシコン・ビジコンなどが用いられる。image pick-up tube

**さっ-そく【早速】**(副) すぐ。すぐさま。すみやかに。immediately 用例 ―うかがいます。

**ざっそ-けつだんしょ【雑訴決断所】** 建武政権が元弘三年(一三三三)設置した裁判機関。所領関係を中心とする一般訴訟を取り扱った。

**さっそ-ざい【殺鼠剤】** ネズミを駆除する薬剤。ratsbane

**ざっ-そん【雑損】** こまごました損失。種々雑多な損害。miscellaneous losses 対義 雑益。

**さった【薩埵】**《仏教語。sattva 梵の音写で、生命のあるもの、の意》①衆生。生あるもの。②「菩提薩埵」の略。

**ざっ-た【雑多】**(形動) 種々入り混じっているさま。miscellaneous 用例 ―な品物。

**さった-とうげ【薩埵峠】** 静岡県清水市興津と由比町の境にある峠。標高九〇m。富士山と駿河湾の展望で有名。

**さつ-たば【札束】** 紙幣を重ねて束ねたもの。wad of bills

**ざつ-だん【雑談】**(名・サ変自) とりとめのない、さまざまの話をすること。よもやま話。chat

**さっ-ち【察知】**(名・サ変他) おしはかって知ること。推知。perceive; infer 比較 感知。用例 相手の意図を―する。

**サッチャー【Margaret Thatcher】**(一九二五〜) イギリスの政治家。オックスフォード大卒。保守党。一九七五年イギリス初の女性党首となり、七九年から首相。

**さっちゅう-ざい【殺虫剤】** 害虫を駆除する薬剤。insecticide

**さっ-ちょう【薩長】** 薩摩藩と長州藩。用例 ―連合。

**さっちょう-どうめい【薩長同盟】** ↓さっちょうれんごう(薩長連合)

**さっちょう-れんごう【薩長連合】** 幕末、薩摩藩と長州藩が結んだ同盟。それまで反目していた両藩は坂本竜馬らの斡旋で接近、慶応二年(一八六六)薩摩の西郷隆盛、長州の木戸孝允が会見し盟約を締結。これによって討幕運動は急速に進展。

**さって【幸手】**〈市〉 埼玉県北東部の市。利根川流域の穀倉地帯にあって発展。東京都のベッドタウン化も進む。人口五万一八二〇(一九八八)。

**さっ-と【颯と】**(副) ①雨風が急に来るようす。suddenly ②すばやく。quickly 用例 ―立ちあがる。

**ざっ-と【雑と】**(副) ①あらまし。ほぼ。about 用例 ―三〇〇人ばかり。②おおまかに。roughly 用例 部屋を―かたづける。

**さっ-とう【殺到】**(名・サ変自) 一時にどっとおしよせること。rush 用例 客が―する。

**ざっ-とう【雑踏・雑沓】**(名・サ変自) こみ合うこと。人ごみ。混雑。hustle and bustle 用例 ―にもまれる。

**さっ-とら【薩都剌】**(?〜一三〇八) 中国、元末の詩人。字は天錫。雁門の人と称するが、もとイスラム系の人。詩風は叙情性が濃く艶麗、ときに奔放。景勝を賦した詩が多い。詩集『雁門集』。

**さつなん-しょとう【薩南諸島】** 鹿児島県南部、九州本土と沖縄との間の島群。南西諸島の鹿児島県に属する島々で、種子島から与論島に至る島群。バナナ・パイナップルなどの栽培が行われる。

**ざつ-ねん【雑念】** 精神の統一・集中をじゃまする種々の思い。ぞうねん。worldly thoughts 用例 ―をはらう。

**ざつ-のう【雑納】** 中世の税収納法の一つ。本来は米穀で納める租税を、藁・塩・麦・大豆など、その土地の特産物で納入すること。色代納。

**ざつ-のう【雑嚢】** いろいろなものを入れるふくろ。haversack

**さっぱ【拶双魚】** ニシン科の海水魚。全長約一五cm。背面は青黒色、腹面は銀白色。下顎が上顎よりやや突出。南日本・朝鮮半島南部に分布。岡山県倉敷地方ではこの魚の酢漬けを飯借という。

**ざっ-ぱい【雑俳】**《雑体の俳諧、の意》前句・七・七に五・七・五をつける前句付け、五に七・五をつける冠付けなどがある。言語遊戯的な文芸として江戸時代の庶民の間に流行。

**ざっ-ぱく【雑駁】**(形動) ①まとまりのないさま。inconsistent 用例 ―な知識。②そまつ。rough

**さつ-ばつ【殺伐】**(形動トタル) 荒々しく殺気だつさま。bloodthirsty

**さっぱり** ㊀(副・サ変自) ①さわやかなさま。清いさま。fresh; be refreshed 用例 気分が―する。②あっさりして、いやみのないさま。plain 用例 ―した味。㊁(副) ①《下に打ち消しをともなって》いっこう。まるで。not ... at all 用例 ―わからない。②《「さっぱりだ」のかたちで》いっこうに駄目なさま。not ... at all 用例 売れ行きは―です。

**ざっ-ぴ【雑費】** こまごましたことに使う費用。miscellaneous expenses

**さっ-ぴ・く【差っ引く】**(五他)「さしひく」の転。

**さっ-ぴつ【擦筆】** ①水墨画の技法。かすれの出る筆使いで、作家の覇気や古淡味の表現ともなる。渇筆・枯筆。②吸取紙や鞣革を巻いて筆のようにしたもの。木炭画などの線をこすってぼかす。

**さつ-びら【札片】** 紙幣。

**札片を切る**(さつびらをきる)《多く、他人に見せびらかすようにして》お金を惜しげもなく、また、はでに使う。spend money recklessly

**ざっ-ぴん【雑品】** 種々のこまごました品物。miscellaneous articles

**さっ-ぷ【撒布】**(名・サ変他)《「さんぷ」は慣用読み》まきちらすこと。ふりかけること。scattering

**サッファール-ちょう【サッファール朝】** アッバース朝時代のイランの王朝。八六七〜九〇三年存続。Saffarid dynasty

**さっ-ぷうけい【殺風景】**(名・形動) ①おもむきのないこと・さま。つまらないこと・さま。tastelessness ②興ざめのすること。また、そのさま。bleak; dull

**サッフォー【Sapphō】**(生没年未詳) 紀元前七世紀末から前六世紀初めに活躍したギリシアの女流詩人。素朴な感情を優美で情熱的な詩句でうたった。簡明で力強い詩風の祝婚歌や恋愛歌が多い。

**さっぷげんき【冊府元亀】** 中国の類書。一〇〇〇巻。六経・子史を中心に中国の上古から五代までの歴代君臣の事績を集めたもの。宋の真宗の命により、王欽若らが撰。一〇一三年(大中祥符六)完成。

**さっぷ-ざい【撒布剤】** 消毒・防腐・殺虫のためにまく薬。dusting powder

**ざつ-ぶつ【雑物】** ①いろいろのもの。miscellaneous things ②くだらないもの。useless things ③まじりもの。impurities

**ざつ-ぶん【雑文】** さまざまの、とりとめのないことを書いた文章。miscellaneous writings

**ザッヘル-マゾッホ【Leopold von Sacher-Masoch】**(一八三六〜九五) オーストリアの小説家。被虐的な傾向の肉感的小説を多く書き、マゾヒズムの語の由来となる。作品『ガリーツィエン物語』『毛皮を着たビーナス』など。

**ざっ-ぽう【雑報】** それほど重要ではない、種々のできごとの報道。miscellaneous news

**ざつ-ぼく【雑木】** ①さまざまの木。various trees ②材木とならない木。ぞうき。worthless trees

**さっぽろ【札幌】**〈市〉 北海道石狩平野南西部の市。道庁所在地で、北海道の政治・経済・文化の中心。政令指定都市。明治四年(一八七一)開拓使がおかれてから発展。第三次産業が多いが工業化も進む。人口一五八万二〇七三(一九八八)。

**さっぽろ-のうがっこう【札幌農学校】** 明治期の官立農学専門教育機関。明治五年(一八七二)東京に開拓使仮学校として発足、同八年(一八七五)札幌に移転し、同九年(一八七六)改称。北大農学部の前身。

**さっぽろ-バンド【札幌バンド】** 明治初期、札幌農学校に学び、教頭クラークの感化でキリスト教に入信した青年の一団。

**さっぽろ-ゆきまつり【札幌雪祭(り)】** 北海道札幌市の大通公園と真駒内の両会場で、二月一〜一一日に行われる雪と氷の祭典。巨大な雪像・氷像が並ぶ、日本を代表する冬の祭り。↓雪祭り 写

**さつま【薩摩】**〈町〉 鹿児島県北部、大口市南隣の町。稲作のほか、タバコ・茶・肉牛を産する。人口五五七五(一九八八)。

**さつま【薩摩】** ↓さつまのくに(薩摩国)

**さつま-あげ【薩摩揚(げ)】** すりつぶした魚肉を塩・砂糖で調味し、ニンジンのせん切りなどを混ぜて油で揚げたもの。鹿児島(薩摩)名物。↓練り製品 写

**さつま-いとびな【薩摩糸雛】** 鹿児島(薩摩)産の変わりびなで、竹を心棒にした立ち紙びな。竹の端を首とし麻糸を後ろに垂らし髪に見立てる。

**さつま-いも【薩摩芋・甘藷】** ヒルガオ科の一年草または多年草。花はヒルガオに似て淡紅色、葉は心臓形、茎はつる性で地をはう。根の肥大した塊根には、多量のでんぷんを含む。日本へは一七世紀に中国から渡来。食用・アルコール原料・飼料。原産地アメリカ。カンショ。カライモ。バンショ。リュウキュウイモ。スイートポテト。タイハク。sweet potato ↓図(次ページ)

●サツマイモ　花

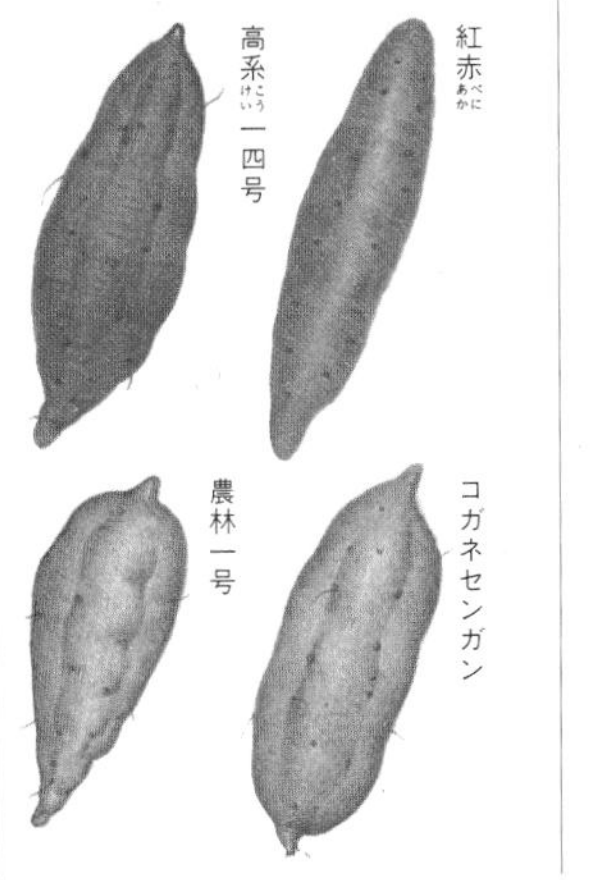

●サトイモ　花

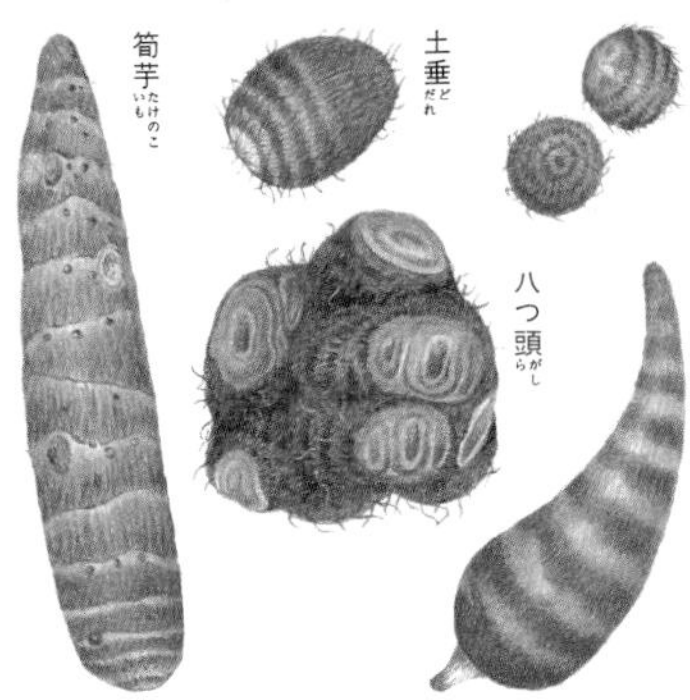


**さつま-うつぎ【▼薩摩▽空木】** バイカウツギの別名。

**さつま-うま【▼薩摩馬】** 在来馬の一つ。江戸時代に薩摩藩で飼育改良。薩摩駒。

**さつま-がすり【▼薩摩▼絣】** 紺地に白い絣模様を織り出した木綿絣。琉球産の木綿絣をまねて薩摩で織り出した、染色の堅ろうな高級木綿。

**さつま-ぎく【▼薩摩菊】** エゾギクの別名。

**さつま-げき【▼薩摩外記】**（？～一七一六） 古浄瑠璃の語り手。京都から江戸へ出て活躍。その語り方は豪快で、外記節といわれた。

**さつま-じい【▼薩摩▼椎】** マテバシイの別名。

**さつま-じょううん【▼薩摩浄雲】**（一五九三～一六七二） 古浄瑠璃の語り手。堺の人。寛永年間（一六二四～四四）の初めごろ江戸に出て操り芝居を興行した。

**さつま-じょうふ【▼薩摩上布】** 沖縄産の麻織物。本来、宮古・八重山産の上布のことだが、藩政時代、琉球は薩摩の支配下にあったためこの名称ができた。

**さつま-じる【▼薩摩汁】** 鶏肉か豚肉・芋・ゴボウ・ニンジン・大根・こんにゃくなどを入れたみそ汁。豚汁として全国に普及した。鹿児島（＝薩摩）料理。

**さつま-すぎ【▼薩摩杉】** ヤクスギの別名。

**さつま-にしき【▼薩摩▼錦▼蛾】** マダラガ科のガ。開張約八cm。黒地に青緑色の光沢がある斑紋があり、前翅に茶褐色の帯をもつ。つかむと胸から悪臭のある黄色の液体を出す。西日本以南に分布。

**さつま-にんぎょう【▼薩摩人形】** 鹿児島（薩摩）産の五月の節句人形。板馬に車をつけ紙製の鎧を着た武者が乗る。馬乗り武者。

**さつま-の-かみ【▼薩摩▽守】**《薩摩守忠度を「ただ乗り」にもじって》①無賃乗車。それをした人。②狂言の曲名。旅の僧が渡し船にただ乗りしようとするが、「忠度」の名を忘れて失敗する。

**さつま-の-くに【▼薩摩国】** 旧国名。現在の鹿児島県西部と甑島列島。西海道の一国。「延喜式」では中国、一三郡。国府・国分寺は川内市。明治四年（一八七一）廃藩置県により鹿児島県。薩州。薩摩。

**さつま-はやと【▼薩摩▼隼▽人】** 薩摩藩士の美称。

**さつま-はん【▼薩摩藩】** 江戸時代の藩の一つ。現在の鹿児島県と宮崎県の一部および琉球を管轄。藩主は島津氏。元禄時代（一六八八～一七〇四）以降七七万石。幕末維新期に多数の人材を出し、政局の指導的役割を果たす。

**さつま-はんとう【▼薩摩半島】** 鹿児島県南西部を占める半島。サツマイモ・タバコなど畑作がさかん。

**さつま-びわ【▼薩摩▼琵▼琶】** 室町末期、薩摩にはじまった悲壮なしらべの琵琶歌。比較 筑前琵琶。

**さつま-やき【▼薩摩焼】** 薩摩・大隅（鹿児島県）産の陶磁器。文禄・慶長の役後渡来した朝鮮陶工が焼いた茶陶に始まる。茶陶が主で、白薩摩・錦手など。

**さつま-ろうそく【▼薩摩▼蠟▼燭】** ①近世、薩摩国（鹿児島地方）で生産された上等な蠟燭の総称。②松脂と魚油などでつくった蠟燭。

**ざつ-む【雑務】** こまごました不定の仕事。miscellaneous duties

**さつもん-どき【擦文土器】** 北海道鉄器時代初期の土器。形は深鉢・高坏系で、体部に刷毛目様のへらでこすった文様のあるものが多い。

**さつもん-ぶんか【擦文文化】** 八～一三世紀、北海道から東北地方北部に出現した文化。本州の古墳文化の影響を受け、へらでこすった文様をもつ土器（＝擦文土器）・鉄器を作った。狩猟・採集や初歩の農耕を行い、機織り技術ももつ。

**さつ-よう【撮要】** 要点を抜き出すこと。その書物。摘要。

**ざつ-よう【雑用】** ①こまごました用事。miscellaneous jobs ②つまらない用事。雑事。odd jobs

**さつ-りく【殺▼戮】**（名・サ変他） むごたらしく殺すこと。殺害。massacre

**ざつ-ろく【雑録】** 種々のことを統一なく書くこと。その記録。

**ざつ-わ【雑話】** とりとめもない話。雑談。chat

**さて**［6画］**【▼扨】** 部首［扌］ 和製漢字 JIS 5714
→さて

**さ-て** ㊀（接続）《「扨」「偖」とも》別の事を述べはじめるときに用いる語。そうして。ところで。by the way 用例 ―、話はかわって。㊁（感）①感心したり困ったりしたときに用いる語。Let me see. 用例 ―どうしよう。―うらやましいことだ。②動作をしようとするときに用いる語。now 用例 ―始めようか。㊂ 古語（副）①そのままで。用例 ―し残したるを―うちおきたるは、おもしろく（徒然・八二）。②《「さての」の形で》それ以外。そのほか。用例 ―の人々は、みな臆しがちにはなじろめる多かり（源氏・花宴）。

**さで-あみ【▼叉手網】** 掬い網の一種。二本の竹を交差させて三角形の口を作り、これに袋状の網をつけたもの。交差した竹が、手を交差させた形（叉手）に似るための名称。小魚とりや鴨猟などに用いる。さで。→写

●叉手網

**サティ【Erik Satie】**（一八六六～一九二五） フランスの作曲家。アカデミズムに反抗した独自の作風は、現代音楽に強い影響を与えた。ピアノ曲『ナシの形の三つの曲』など。

**さ-てい【査定】**（名・サ変他） 調べて決めること。assessment 用例 税額を―する。

**サディズム【sadism】**《フランスの作家マルキ＝ド＝サド（＝サド侯爵）の名から》①相手に苦痛を与えることに性的な満足を感じる異常性欲の一種。②一般に攻撃的破壊的傾向の強い性格をいう。対義 マゾヒズム。

**さて-お・く【▼扨置く・▼扨▽措く】**（五他） そのままにしておく。すておく。set aside 用例 それは―・き。

**さて-こそ**（副） ①やっぱり。案の定。that's why ②古語 そうしてこそ。それによって初めて。用例 ―九品の上にも障りなく生まれたまはめ（源氏・夕顔）。

**さて-さて**（感） いや、どうも。なんとまあ。Well！ 用例 ―、困ったことだ。

**さ-てつ【砂鉄】** 鉄の酸化鉱物の粒が、多量に含まれている砂の堆積物。岩石（おもに火成岩）に含まれる磁鉄鉱や含チタン磁鉄鉱が風化や浸食により分離し、集積してできる。鉄の原料になる。iron sand

**さ-てつ【▼蹉▼跌】**（名・サ変自） ①つまずくこと。stumble ②失敗して行きなやむこと。failure

**さて-は** ㊀（接続） そしてまた。その上。besides ㊁（感） そうかと思い当たるときに発する語。それでは。so then; Oh！ 用例 ―やったか。

**さて-また**（接続） そうしてまた。それからまた。moreover

**さて-も** ㊀（副） そうであっても。そのようであっても。㊁（接続） それにしても。㊂（感） ほんとにまあ。さてさて。

**サテュリコン【Satyricon】** 古代ローマの作家ペトロニウスの小説。断片のみ現存。三青年の恋と冒険の物語で、一世紀ごろの風俗と口語を伝える。

**サテュロス【Satyros ギリシア】** ギリシア神話の山野の精。上半身は人間でヤギの足と耳をもつ。ニンフと戯れたり、家畜を盗んだりする。酒神ディオニュソスに従って歩く。satyr

**サテライト【satellite】** ①惑星をまわる衛星。②空港ビルで、搭乗橋を放射状に設けて、機体への乗降を行っている所。③衛星国。④お供。⑤「サテライト局」の略。

**サテライト-きょく【サテライト局】** ①テレビの電波の届きにくい地域に設けられた補助的な中継局。②人工衛星に搭載した無線局。

**サテライト-スタジオ【satellite studio】** 衛星のように本局から離れた地点に設けられた放送用スタジオ。

**サテン【satijn オランダ】** 光沢に富み、すべりがよい織物。絹のほか化繊や綿のものもある。ドレス、コートの裏、帯、布団などに用いる。繻子織り。satin

**さでん【左伝】**「左氏伝」の略。

**サテン-ステッチ【satin stitch】**《繻子地に似た仕上がりから》刺繡の刺し方の一つ。図柄の幅一杯に差し渡した糸で表面を埋める。面刺しに用いる。

**さと【里・▽郷】** ①人家が少しある所。人里。村里。village ②生まれた家。妻・養子の実家。one's native home 用例 ―帰り。③いなか。在。country ④養育料を出して、子どもをあずける、よその家。adopter's home ⑤素姓。おいたち。parentage 用例 お―が知れる。⑥宮仕えする人が、宮中に対して、自家を言った語。

**さと【里】**〈村〉 鹿児島県甑島列島、上甑島東部の村。イワシ・アジ・イセエビ漁とカノコユリ栽培がさかん。人口一八九六（一九八八）。

**さ-ど【砂土】** 砂が八〇%以上まじり、粘土含量の低い土壌。通気性はよいが水分や養分の保持力が弱い。sand

**さど【佐渡】** →さどのくに（佐渡国）

**サド【Donatien Alphonse François de Sade】**（一七四〇～一八一四） フランスの小説家。通称マル

▼常用漢字表外。　▽常用漢字表の音訓外。

キ=ド=サド(侯爵)。サディズムといわれる変態性欲を描く。性本能を直視して人間の全的自由を求める意志は、のちに高く評価される。作品『ジュスチーヌあるいは美徳の不幸』『ジュリエット物語あるいは悪徳の栄え』など。

**さと・い**【▼聡い】(形) ①かしこい。分別がある。smart ②するどい。sharp 用例 利に——。

**さと-いぬ**【里犬】 人に飼われる犬。pet dog 対義 山犬。

**さと-いも**【里芋】 サトイモ科の多年草。葉は長い柄をもち、広楕円形で水をはじく。地下のいもは球茎で、親・子・孫の多くのいもをつける。食用。アジアの熱帯地域原産。ハタケイモ。イエツイモ。ツルノコイモ。ハスイモ。タイモ。↓図(前ページ)

**さ-とう**【左党】 対義 右党。①急進政党。左派。the left wing ②酒の好きな人。ひだりきき。drinker

**さ-とう**【砂糖】 甘みを出す調味料。サトウキビ・サトウダイコンなどからとる。sugar 数え方 一さじ・一袋・一箱・一斤。↓図

**さ-とう**【差等】 違い。差別。等級。

**さ-どう**【作動】(名・サ変自) 機械やしかけが働きだすこと。operation 用例 冷蔵庫の——音。

**さ-どう**【茶道】 茶の湯。ちゃどう。

**さ-どう**【茶頭】 安土桃山時代以降、城中で茶事をつかさどる役。茶坊主。

**ざ-とう**【座頭】 ①盲人の琵琶法師の位で最下位の者。②盲人で遊芸・はり・あんまなどを業とする人。③頭をそった盲人。

**さとう-あいこ**【佐▼藤愛子】(一九二三— ) 小説家。大阪生まれ。佐藤紅緑の娘。サトウ・ハチローは兄。作品『戦いすんで日が暮れて』『花はくれない』など。

**さとう-いっさい**【佐▼藤一斎】(一七七二—一八五九) 江戸後期の儒者。幕府の儒官。美濃の人。朱子学のほか、陽明学にも通じた。安積艮斎ら門人多数。著書『言志四録』など。

**さとう-えいさく**【佐▼藤栄作】(一九〇一—一九七五) 政治家。山口県生まれ。東大卒。岸信介の実弟。運輸次官から政界に入り、昭和三九年(一九六四)から同四七年(一九七二)まで自民党総裁・内閣総理大臣。安保条約の自動延長、沖縄返還を実現。同四九年(一九七四)ノーベル平和賞受賞。↓写

●佐藤栄作

**さとう-かえで**【砂糖▼楓】 カエデ科の落葉高木。高さ約三〇m。葉は三〜五裂し、粗い鋸歯がある。樹液からメープルシュガーをつくる。街路樹・庭園樹とする。北アメリカ東部原産。sugar maple

**さとう-きび**【砂糖▼黍】 イネ科の多年草。茎の高さ三〜四mで多数の節がある。茎をしぼった汁から砂糖をつくる。主産地東南アジアなど。インド原産。カンショ。カンシャ。sugar-cane ↓写

**ざとう-くじら**【座頭鯨】 ナガスクジラ科のヒゲクジラ。体形が琵琶に似てずんぐりしている。全長約一五m。胸びれが大きい。背部は黒く、腹部は白い。世界の海洋に分布。humpback whale ↓クジラ図

**さとう-こうろく**【佐▼藤紅緑】(一八七四—一九四九) 俳人・劇作家・小説家。本名、洽六。青森県生まれ。少年少女小説で熱狂的な支持を得た。作品『あゝ玉杯に花うけて』など。

●砂糖 種類と特徴

| 分類 | 種類 | | 特徴 |
| --- | --- | --- | --- |
| 含蜜糖 | 黒糖 | | 甘みが強く、苦みもある。菓子などに利用 |
| 含蜜糖 | 赤糖 | | 赤褐色の小さな固まりの混ざった粗い粒状。パウンドケーキやプディングに利用 |
| 含蜜糖 | 白下糖 | | 小さな粒の混ざった半固形状で白砂糖の原料 |
| 含蜜糖 | 再製糖 | | 低品質の分蜜糖に糖蜜を加え加熱したもの |
| 分蜜糖 | 耕地白糖 | | サトウキビやサトウダイコンから直接つくった白砂糖 |
| 分蜜糖 | 精製糖(原料糖を精製) | ざらめ糖 | 結晶が大きく甘みが強い。煮豆、製あんなどに利用 |
| 分蜜糖 | 精製糖(原料糖を精製) | 車糖:上白糖 | 溶けやすい。料理全般 |
| 分蜜糖 | 精製糖(原料糖を精製) | 車糖:中白糖 | やや淡黄色。煮物用 |
| 分蜜糖 | 精製糖(原料糖を精製) | 車糖:三温糖 | 茶色。つくだ煮、煮物用 |
| 分蜜糖 | 精製糖(原料糖を精製) | グラニュー糖:粉糖 | 少量のコーンスターチを混ぜ粉砕。生クリームなどに利用 |
| 分蜜糖 | 精製糖(原料糖を精製) | グラニュー糖:角砂糖 | グラニュー糖にさらに飽和糖液を加え立方体に成型 |
| 分蜜糖 | 精製糖(原料糖を精製) | グラニュー糖:氷砂糖 | 最も結晶が大きく純粋。梅酒、果物の砂糖漬けなどに利用 |

●サトウキビ

**さとう-さたろう**【佐▼藤佐太郎】(一九〇九—一九八七) 歌人。宮城県生まれ。『アララギ』に参加し斎藤茂吉に師事。日常生活を堅実な写生によってうたう。歌集『歩道』『帰潮』など。

**さとう-さとる**【佐▼藤さとる】(一九二八— ) 児童文学者。横須賀市生まれ。作品『だれも知らない小さな国』『おばあさんのひこうき』など。

**さとう-しょうちゅう**【佐▼藤尚中】(一八二七—一八八二) 江戸末期から明治期の外科医。佐倉順天堂の開祖佐藤泰然の養子。佐倉藩と明治政府に仕え医療制度の確立に貢献した。東京に順天堂医院を設立。

**さとう-しょうひぜい**【砂糖消費税】 間接消費税の一つ。砂糖・糖蜜・糖水などに課された国税。消費税の創設に伴い、平成元年(一九八九)に廃止。sugar excise tax

**さとう-じょうれい**【砂糖条例】(Sugar Act) 一七六四年イギリス政府がアメリカ植民地の防衛・維持費支弁のため、輸入糖蜜に対する高関税を規定した国会法。強い反対にあい、印紙条例とともにアメリカ独立戦争の一因となった。砂糖税法。

**さとう-そうのすけ**【佐▼藤▼惣▼之助】(一八九〇—一九四二) 詩人。神奈川県生まれ。明るい感覚の詩を残す。歌謡曲も作詞。詩集『正義の兜』など。

**さとう-だいこん**【砂糖大根】 アカザ科の二年草。冷涼地域の糖料作物。根は肥大して紡錘形となり、砂糖を採る。そのかすは、茎葉とともに家畜飼料。地中海沿岸地方原産。テンサイ。シュガービート。sugar beet ↓写

**さとう-たいぜん**【佐▼藤泰然】(一八〇四—一八七二) 江戸末期から明治初期の蘭方外科医。千葉県佐倉に順天堂を開き西洋医学教育を行う。

**さとう-ぢしゃ**【砂糖▼萵▼苣】 サトウダイコンの別名。

**さとう-ちゅうりょう**【佐▼藤忠良】(一九一二— ) 彫刻家。宮城県生まれ。東京美術学校卒。ヒューマニスティックな写実が特色。作品『群馬の人』など。

**さとう-ちょう**【砂糖鳥】 枝から逆さにつり下がって眠ることで知られるオウム科の鳥。全長一二〜一七cm。約八種がインドからニューギニアにかけて分布。

**さとう-ちょうざん**【佐▼藤朝山】(一八八八—一九六三) 彫刻家。福島県生まれ。洋風の要素を加えた伝統的作品から東洋的作風に転じた。作品『牝猫』『鷹』など。

**さとう-づけ**【砂糖漬(け)】 果物などを砂糖をたっぷり加えて煮つめたり、砂糖に漬けたりすること。また、その漬けたもの。保存性に富む。ぶんたん漬け・ふき漬けなど。be preserved in sugar

**さとう-のぶひろ**【佐▼藤▽信▼淵】(一七六九—一八五〇) 江戸後期の農政学者。出羽の人。農政・経済・国防論で、土地や資本の国有など独自の説を唱えた。著書『経済要録』『農政本論』など。

**さとう-はちろう**【サトウ・ハチロー】(一九〇三—一九七三) 詩人・小説家。本名、佐藤八郎。紅緑の子。東京生まれ。童謡・歌謡曲の作詞、ユーモア小説を発表。詩集『爪色の雨』など。

**さとう-はるお**【佐▼藤春▽夫】(一八九二—一九六四) 詩人・小説家。和歌山県生まれ。慶大中退。生田長江らに師事。近代人の憂愁をうたいあげた。昭和三五年(一九六〇)文化勲章受章。詩集『殉情詩集』、小説『田園の憂鬱』『晶子曼陀羅』など。↓写

●佐藤春夫

**さと-うま**【里馬】 ①田舎の馬。在郷馬。②遠隔地へ、農耕馬を定期間賃貸しすること。また、その馬。手間馬。さくんま。

**さとう-まこと**【佐▼藤▽信】(一九四三— ) 劇作家。東京生まれ。早大中退。演劇集団「68/71」を結成。作品『鳴呼鼠小僧次郎吉』など。

**さどう-みっきょう**【左道密教】 後期インド密教の一派。人間の欲望を肯定するかのように、とくに性的な行法・儀式をもって悟りを得ることを説いた。

●サトウダイコン

**ざとう-むし**【座頭虫】 メクラグモ目の節足動物の総称。クモに似ているが、別の仲間。体はごく小さいが、脚は糸状できわめて長い。日本産数十種。世界各地に分布。daddy longlegs ↓図

●ザトウムシ ナミザトウムシ

**さとう-もろこし**【砂糖▼蜀▼黍】 イネ科の一年草。モロコシの変種。茎が多汁で蔗糖などを含む。アフリカ原産で、アメリカで栽培。sweet sorghum

**さとう-やし**【砂糖▼椰子】 ヤシ科の常緑高木。高さ約一五mで、葉は羽状複葉。表面は暗緑色で、裏面は灰白色。花序を切断し、出る液から砂糖・椰子酒を作る。東インド地方原産。sugar palm

**サトゥルヌス**【Saturnus(ラテン)】 ローマ神話の農耕の神。人間に農耕を教えたとされる。ギリシア神話のクロノスと同一視された。英語名サターン。Saturn

**サトー**【Ernest Mason Satow】(一八四三—一九二九) 幕末・明治前期のイギリス外交官。日本語に通じ、日本文化を理解・紹介するなど幕末動乱期の日英外交に貢献。著書『一外交官の見た明治維新』。

**さど-おけさ**【佐渡おけさ】 新潟県佐渡島の代表的な民謡。全国的に有名になった。元来は盆踊り唄。「おけさ」の一種。

**さと-おさ**【里▽長】 ↓りちょう(里長)

**さと-おや**【里親】 対義 里子。①他人の子供を預かり、親の代わりに育てる者。foster parent ②児童福祉法に基づいて、都道府県知事の認可を受け、家庭に恵まれない児童を預かり養育する者。

**サドカイ-は**【サドカイ派】 紀元前二〜後一世紀ごろのユダヤ教の一派。保守的な貴族的祭司階級で、パリサイ派と対立。Sadducees

**さと-がえり**【里帰り】(名・サ変自) ①他家に嫁いだ女性が、結婚後一定期間、一時的に実家に帰る風習。また、一般に嫁が実家にしばらく帰っていることをいう。②奉公人が休暇で自宅へ帰ること。

**さと-かぐら**【里神楽】 宮中以外で行われる神楽。近世以降は、とくに江戸の祭礼神楽をさし、仮面による神話劇が多い。比較 御神楽。

**さど-が-しま**【佐渡島】 新潟県の沖合いにある島。面積八五七・一km²。古来佐渡国として国府がおかれ、江戸時代は金山の島として繁栄。産業は稲作中心の農業と漁業が主。史跡・景勝に恵まれ、民謡『佐渡おけさ』は有名。さどしま。

**さと-かた【里方】** 嫁・婿・養子などの実家。その親類。bride's family

**さと-きまだらひかげ【里黄▼斑日陰▼蝶】** 林やその周辺にいるジャノメチョウ。開張約六cm。成虫は樹液に集まる。幼虫の食草はタケ科のササ類。九州以北の日本全土に分布。

**さど-きんざん【佐渡金山】** 佐渡相川を中心とする金・銀鉱山。平安末期から砂金で知られていたが、文禄四年(一五九五)ごろ鉱山を発見。江戸幕府が直轄鉱山として金銀を採掘。

**さと-ご【里子】** 対義 里親。①他家へ預けられて養育をされる子ども。foster child ②児童福祉法に基づいて里親に養育される、家庭に恵まれない児童。

**さと-ごころ【里心】** 実家・ふるさとをなつかしむ心。homesickness

**里心が付く**(さとごころがつく) 郷里や実家に帰りたくなる。ホームシックにかかる。get homesick

**さと-ことば【里言葉・里▽詞】** ①田舎のことば。くになまり。方言。dialect ②遊女のことば。くるわことば。ありんすことば。

**さと-ざくら【里桜】** サクラの園芸品種の一群の総称。オオシマザクラを主体に改良選抜されたもので、人家の近くに植えられることから名がついた。イエザクラ。↓盆栽 写

**さとし【諭し】** ①論すこと。教え。admonition ②神仏のお告げ。

**さと・し【▼聡し】** 古語 (形ク) ↓さとい(聡い)

**さとしょう【里▼庄】**〈町〉岡山県南西部、笠岡市東隣の町。桃の産地。大原焼が特産。宅地化が進む。人口一万五五八(一九八八)。

**さどじょうわ【佐渡情話】** 浪曲の題名。佐渡を舞台にした若い男女の恋物語。寿々木米若の自作自演で一世を風靡した。

**さと・す【諭す】**(五他) ①よく言い聞かせる。admonish ②教え導く。advise

**さと-だいり【里内裏】** 平安京で宮城外におかれた皇居。貞元元年(九七六)円融天皇のとき皇居を焼失、藤原兼通の邸を内裏としたことに始まる。白河天皇以後、里内裏がふつうになり、大内裏はすたれた。今内裏。

**さど-の-くに【佐渡国】** 旧国名。現在の新潟県佐渡島。北陸道の一国。「延喜式」では中国、三郡。国府・国分寺はともに佐渡郡真野町。明治元年(一八六八)佐渡県、同二年(一八六九)越後府に編入されたが、間もなく再置。同四年(一八七一)相川県と改称し、同九年(一八七六)新潟県に併合。佐州。佐渡。

**さと-ばら【里腹】** 生家に帰った嫁などが、十分に食事をとること。

**里腹三日**(さとばらみっか) 里に帰って食事をとると、三日の間空腹を感じない、ということ。婚家での窮屈さや遠慮から、嫁や婿が解放されるさまに言う。

**サドバリー[Sudbury]** カナダ中部、オンタリオ州南東部の鉱業都市。世界有数のニッケル鉱山がある。人口九・二万(一九八一)。サドベリー。

**サドバリー-こうざん【サドバリー鉱山】**(Sudbury) カナダ中部、ヒューロン湖北部の鉱山。世界有数のニッケル鉱の産地。銅も産出し、大製銅所がある。

**さと-びと【里人】** ①里に住む人。同じ里の人。villager ②田舎者。rustic ③宮仕えしないで民間にいる人。対義 宮人。

**さど-ぶぎょう【佐渡奉行】** 江戸幕府の遠国奉行の一つ。慶長六年(一六〇一)佐渡相川に奉行所を設置。主として金・銀山の支配、北辺の警備を担当。

**サドベアヌ[Mihail Sadoveanu]**(一八八〇―一九六一) ルーマニアの小説家。辺地の自然と人間を写実的に描いた。作品『ジデリ兄弟』『狼の浮島』など。

**ザトペック[Emil Zátopek]**(一九二二―) チェコスロバキアの元陸上競技選手。ヘルシンキオリンピックで五〇〇〇m・一万m・マラソンの三種目に優勝し、人間機関車とよばれた。

**サドベリー[Sudbury]** ↓サドバリー

**さと-へん【里偏】** 漢字を組み立てている部分の名。「野」などの「里」。

**サド-マゾ** 《和製語。「サディズム」と「マゾヒズム」からの造語》性の倒錯。SM。

**さとみ【里▽美】**〈村〉茨城県北端、福島県に接する村。林業が主体で、良質の建築材を産出。畜産も行われる。人口五〇〇八(一九八八)。

**さとみ-かつぞう【里見勝蔵】**(一八九五―一九八一) 洋画家。京都生まれ。東京美術学校卒。フォービスムの日本移植に功績を残す。作品『女』など。

**さとみ-とん【里見▼弴】**(一八八八―一九八三) 小説家。本名、山内英夫。横浜生まれ。有島武郎・生馬の弟。『白樺』同人。『人間』創刊。昭和三四年(一九五九)文化勲章受章。作品『多情仏心』『極楽とんぼ』など。

**さとみはっけんでん【里見八犬伝】** 『南総里見八犬伝』の略称。

**さと-みや【里宮】** 山麓の村里近くに祭られ、山宮を本殿としてもつ神社。参拝者のために設けられ、祭りには山中の神霊を迎える祭場ともなる。

**さとむら-じょうは【里村▽紹▼巴】** ↓じょうは(紹巴)

**さと-めぐり【里▽回】** アオダイショウの異名。

**さと-やま【里山】** 人里近くにある山。

**さと-ゆき【里雪】** 平野部を中心に降る雪。人口密集地に降るので影響が大きい。対義 山雪。

**さとり【悟り・▽覚り】** ①物事の道理をはっきり知ること。気づくこと。enlightenment 用例 ―が早い。②《仏教語》迷いを離れた究極的な認識の世界。

**悟りを開く**(さとりをひらく) 迷いがとけて、真理に通ずる。

**さと・る【悟る・▽覚る】**(五自他) ①(自)迷いを去って真理を知る。attain spiritual enlightenment ②(他)㋐推し量って知る、理解する。㋑感づく。be aware of 用例 死期を―。

**サドル[saddle]** 自転車などの腰掛け台。↓自転車 図

**サトレジ-がわ【サトレジ川】**(Sutlej) 南アジア、インダス川の支流パンジャブ五河の一つ。チベット高原に発し、インド北部からパキスタンを西に流れる。灌漑用の大きなダムがある。長さ一四〇〇km。

**さどわら【佐土原】**〈町〉宮崎県中部、宮崎市北隣の町。旧城下町。スイカなどの促成栽培がさかん。特産に佐土原人形がある。人口三万六八七(一九八八)。

**サドン-デス[sudden death]** 《突然の死、の意》①アメリカンフットボールやサッカーなどの延長戦の方式の一つ。先に得点したチームが勝ちとなる。②ゴルフのプレーオフで、延長一ホールずつで勝敗を決定する方式。

**サナー[Sanaa]** ↓サヌア

**さ-なえ【早苗】** 苗代から田に移し植えるころの、イネの若い苗。

**さなえ-うた【早苗歌】** 田植え歌。

**さなえ-どり【早苗鳥】** ホトトギスの異名。

**さなえ-とんぼ【早苗▼蜻▼蛉】** サナエトンボ科の昆虫の総称。体は黒地に黄緑色の斑紋がある。初夏に出現。コオニヤンマ・ミヤマサナエ・コサナエなど。日本全土に分布。

**さ-なか【▽最中】** さいちゅう。in the midst (of)

**さ-ながら【▼宛ら】**(副) ㊀(副) ①そっくりそのまま。用例 本番―の避難訓練。②まるで。ちょうど。用例 ―絵のようだ。③古語 ㋐すっかり。全部。用例 七珍万宝―灰燼となりにき(方丈記)。㋑《下に打ち消しをともなって》まったく。全然。用例 ことば、よその聞きに従ひて、―心にあらず(徒然・七五)。㊁古語(接続) とはいうものの。そうはいうものの。用例 大尽にあふこと多し。―それとて乞ひがたく(世間胸算用)。

**さなぎ【▼蛹】** 完全変態をする昆虫の発育過程で、幼虫期と成虫期をつなぐ特殊な段階。摂食・移動をしないので外見上休止の状態だが、内部で、成虫の器官がつくられる。pupa ↓写

**さなぎ-たけ【▼蛹▼茸】** 子嚢菌類バッカクキン科のキノコ。冬虫夏草の一種。鱗翅類の蛹に寄生する。高さ一〜六cmの棍棒状、橙黄色。世界中に分布。

**さ-なきだに【▽然無きだに】** 文語的(連語) そうでなくてさえ。

**さ-なくば【▽然無くば】** 文語的(連語) そうでなければ。

**さなげ-やま【▽猿投山】** 愛知県中部、瀬戸市南東境にある山。標高六二九m。山麓は陶土の産地。

**さなげ-よう【▽猿投窯】** 愛知県中部の猿投山を中心とする古窯群。古墳時代後期の須恵器の生産に始まり、鎌倉時代末に消滅。多種多様の器形がある。

**さなごうち【佐▼那▽河▽内】**〈村〉徳島県東部、徳島市南西隣の村。ミカン・スダチ・シイタケ栽培がさかん。人口三六九二(一九八八)。

**さな-だ【▽真田】** ①さなだひも。②さなだひものように編んだもの。

**さなだ【▽真田】**〈町〉長野県北東部、上田市北東隣の町。戦国時代の武将真田氏の発祥の地。高原野菜産地。人口一万九八八(一九八八)。

**さなだ-じゅうゆうし【▽真田十勇士】** 安土桃山時代、真田幸村の家臣で大坂冬・夏の陣で活躍したという一〇人の勇士。江戸中期に書かれた『真田三代記』を参考に、明治末・大正時代に成立。猿飛佐助・霧隠才蔵・三好清海入道・三好伊三入道・由利鎌之助・筧十造・海野六郎・望月六郎・穴山小助・根津甚八。

**さなだ-ひも【▽真田▼紐】** 《武将真田昌幸が刀の柄を巻いたことからの名という》太い木綿糸で、平たく組んだひも。古くは漢より渡来した技法で、織物にしたのが真田帯。帽子や造花の材料に使われる。

**さなだ-むし【▽真田虫・▽条虫】** 扁形動物の条虫類の俗称。体は一個の頭節と数個ないし数千個の片節からなり、長さ数センチメートル〜数メートルの平たいひも状。脊椎動物の腸内に寄生。tapeworm

**さなだ-ゆきむら【▽真田▽幸村】**(一五六七―一六一五) 安土桃山時代の武将。上田城主昌幸の二男。豊臣秀吉に仕え、大坂の陣では豊臣方に属し戦死。

**ザナック[Darryl Zanuck]**(一九〇二―一九七九) アメリカの映画製作者。作品『わが谷は緑なりき』『史上最大の作戦』など。

**サナトリウム[sanatorium]** 結核、種々の神経病などを治療する療養所。郊外に設けられ、清浄な空気、日光、静寂な環境を利用して治療する。

● 蛹 ナミアゲハ

**さな-ぶり【▽早▽苗▼饗】** ↓さのぼり(早上り)

**さなぶり-しんじ【▽早▽苗▼饗神事】** 田植えの終了後に行われる、田の神を送る神事。神が植え付けの終わりを見届けて、天に昇り帰るものとされる。

**さ-なり【▽然なり】** 古語(連語) 《副詞「さ」に断定の助動詞「なり」の付いたもの》そうだ。それだ。用例 さならでも、おのづから、げに後に思へば(源氏・帚木)。

**ざ-なり** 古語(連語) 《打ち消しの助動詞「ず」の連体形に、伝聞・推定の助動詞「なり」が付いた「ざるなり」の音便形「ざんなり」の「ん」を表記しない形。未然形に付く》…ないようだ。…ないそうだ。用例 かたはらなる所に、先追ふ車とまりて、「荻の葉、荻の葉」と呼ばすれど答へ―(更級)。参考 中古では「ざなり」と表記して、「ざんなり」と読んだ。

**さに-つらう** [枕ことば] 《赤く照り輝いて美しい意から》「色・君・ひも・妹」などにかかる。用例 ―妹を思ふと霞立つ春日も暗に恋ひわたるかも(万葉・一〇・一九一一)。

**さ-にわ【さ庭】** 神道で、託宣を取り次ぐ人。神懸りの席で神霊が乗り移る尸童に対座し、その内容の真偽の判断や、ついた神の位階を定める者。

**サヌア[San'ā]** 中東、北イエメンの首都。標高二四〇〇mにある。外港ホデイダがある。人口二七・八万(一九八一)。サナー。

**さぬき【▼讃岐】** ↓さぬきのくに(讃岐国)

**さぬき-がん【▼讃岐岩】** 瀬戸内地方に産出する黒色緻密な安山岩。ガラス質石基の中に斜方輝石の斑晶を含む。岩片をたたくと、響きのよい音がする。かんかん石。サヌカイト。sanukite

**さぬき-さんみゃく【▼讃岐山脈】** 徳島・香川両県の境をなす山脈。最高峰は竜王山一〇六〇m。

**さぬき-の-くに【▼讃岐国】** 旧国名。現在の香川県。南海道の一国。「延喜式」では上国、一一郡。国府は坂出市府中町、国分寺は綾歌郡国分寺町。明治四年(一八七一)廃藩置県により香川県。同六年(一八七三)名東県に併合、同八年(一八七五)再置、同九年(一八七六)愛媛県に併合、同二一年(一八八八)香川県。讃州。讃岐。

**さぬきのすけのにっき【▼讃岐▽典▽侍日記】** 平安後期の日記。二巻。著者は讃岐典侍(本名藤原長子)。堀河天皇追慕の記。天皇の発病から崩御まで、幼帝鳥羽天皇に奉仕したことを記す。

**さぬき-へいや【▼讃岐平野】** 香川県北半の平野。瀬戸内型寡雨気候のため二万近い溜池がつくられた。現在は吉野川からの香川用水により水不足は解消。



▼ 常用漢字表外。 ▽ 常用漢字表の音訓外。

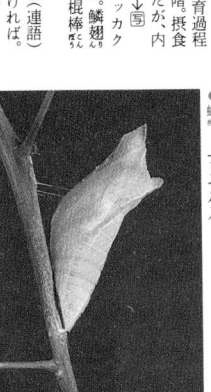

**さね【▽札】** 鉄またはなめし革で作った小さい板。よろい・かぶとの材料。

**さ-ね【▽実・▽核】** ①根本の物。nucleus ②果実の核。stone ③陰核。clitoris ④壁の下地。undercoat of the wall ⑤板をつなぎ合わせるとき、他方の板の溝にはめ込むようにつくった突起部。tongue

**さね-かずら【▽実▼葛・▽真▼葛】** マツブサ科のつる性常緑低木。関東以西の山地にはえ、庭木にもする。葉は楕円形で光沢があり、夏に黄白色の花を開く。秋赤い実がなる。茎の粘液は製紙用、鬢付け油の原料。ビナンカズラ。↓[写]

● サネカズラ

**さね-さし** [枕ことば]《語義、かかりかたとも未詳》「相模(=さがみ)」にかかる。[用例] ―相武の小野に燃ゆる火の火中に立ちて問ひし君はも(古事記・中)。

**さねぶと-なつめ【▽核太▼棗】** クロウメモドキ科の落葉小高木。栽培ナツメの原種。枝に長いとげをもち、葉は長卵形。果実は小さく、果肉は少ない。核中の種子は「酸棗仁」とよび、漢方薬。サネブト。

**さねもり-おくり【▽実盛送り】** 農作物の害虫を追い払う虫送りの行事の一つ。わらで作った実盛人形を、鉦や太鼓をたたき、川や村境まで送り出すもの。昔、平家の武将斎藤実盛が、稲につまずいたために討たれて、稲虫になったという伝説から。

**さの【佐野】**〈市〉 栃木県南西部の市。旧宿場町。機業地として発達した工業都市で、機械工業なども進出。人口八万二四七二(一九八八)。

**さ-のう【砂▼嚢】** ①砂を入れた布袋。堤防の補強などに使う。sandbag ②鳥類の前胃に続く厚い筋肉層をもつ胃。中に砂粒があり、食物を機械的に破砕する。砂肝。すなぶくろ。gizzard

**さ-のつどり【さ野つ鳥】** [枕ことば]《「さ」は接頭語。野にすむ鳥の意》「きぎし(キジの古名)」にかかる。[用例] 青山に鵺は鳴きぬ ― 雉は響む庭つ鳥鶏は鳴く(古事記・上)。

**さの-つねたみ【佐野常民】**(一八二二〜一九〇二) 政治家・社会事業家。佐賀の人。大蔵卿・元老院議長・枢密顧問官などを歴任。西南戦争にさいして博愛社(のちの日本赤十字社)を創立し、敵味方の区別なく救護した。

**さののちがみ-の-おとめ【▽狭野▼茅上▽娘▽子】**(生没年未詳) 奈良中期の歌人。茅上は弟上かともいう。下級女官。『万葉集』中に中臣宅守との贈答歌二三首を残す。

**さ-のぼり【▽早上り】** 田植えの終わりに田の神を送る祭り。転じて、田植えしまいの祝い、農事の休みの日をいう。さなぶり。さなぼり。[対義] 早下り。

**さの-まなぶ【佐野学】**(一八九二〜一九五三) 社会運動家。大分県生まれ。日本共産党の創立に参加。同党中央委員長ののち、昭和八年(一九三三)獄中で転向を声明。

**さ-のみ【▽然のみ】** [古語](副) ①むやみと。[用例] よき人は、知りたることとて ― 知り顔にやは言ふ(徒然・七九)。②《下に打ち消しをともなって》たいして。さほど。[用例] 女房達 ― たけく、二位殿・越前の三位のうへのやうに、水の底にも沈み給はねば(平家・灌頂・女院出家)。

**さの-よう【佐野洋】**(一九二八〜) 小説家。本名、丸山一郎。東京生まれ。東大卒。都会的感覚と軽快な作風で推理小説界に新風を吹きこむ。作品『一本の鉛』『華麗なる醜聞』など。

**さ-は【左派】** 政治・思想の団体などで、社会主義的な、あるいは急進的・革新的な、思想・政策・態度・行動をもつ人。また、そのグループ。the left wing [対義] 右派。

**さ-は【▽然は】** [古語]《副詞「さ」に助詞「は」が付いたもの》㊀(副) 「さ」を強めた言い方。そうは。そのようには。[用例] 例のうるさき御心とは思へど、― 中さで(源氏・夕顔)。㊁(接続) それでは。それならば。さば。[用例] ―、この度は帰りて、後に迎へに来む(更級)。

**さば【▼鯖】** サバ科の海水魚。北方系のマサバ(別名ヒラサバ・ホンサバ)と南方系のゴマサバ(別名マルサバ)の二種がある。体の断面がゴマサバのほうが円い。ともに全長四〇cm余。食用。マサバは樺太以南、ゴマサバは本州中部以南に分布。mackerel ↓[図]

**鯖の生き腐れ**(さばのいきぐされ) サバが非常にくさりやすいことに言う。

**鯖を読む**(さばをよむ) 利益となるように、数をごまかして言う。鯖読みをする。cheat; miscount intentionally

**さ-ば【▽生▽飯・▽散▽飯】**《仏教語》餓鬼や鬼神に供えるため、たべものを食前にとり分けること。屋根にまいたりする。さんばん。さんば。

**サバ【Sabah】** マレーシア、カリマンタン島の北東部を占める州。州都コタキナバル。全土の八六%がジャングルにおおわれる。人口一〇三・四万(一九八〇)。住民はマライ系種族が多い。

**サパー【supper】** 一日の最後の食事。一般には夕食のあとの夜食。昼にディナー(正餐)をとると夕食がサパー。

**さは-あれ【▽然は有れ】** [文語的](連語) 『われ』↓さ

**さ-はい【差配】**(名・サ変他) ①手分けして事務を取り扱うこと。②所有主に代わって、貸し家・貸し地を管理すること・人。agency ③指図をすること・人。director

**サバイバル【survival】** 生き残ること。生き残った者。

**さばえ【▼鯖江】**〈市〉 福井市南隣の市。旧城下町。めがね枠・漆器・織物が特産。人口六万二二八九(一九八八)。

**さばえ-なす【▽五▽月▼蠅なす】** [古語] ①(副)《五月ごろのハエのように、の意》さわがしく、うるさいさま。[用例] 是に万の神の声は ― 満ち(古事記・上)。②[枕ことば]「騒く・荒ぶる」などにかかる。[用例] ― 騒く舎人は白栲に服取り着て(万葉・三・四七八)。

**さば-おり【▼鯖折(り)】** 相撲の決まり手の一つ。両回しを強く引きつけあごを相手の肩にのせてのしかかり、膝をつかせる技。

**さ-ばかり【▽然▽許り】** [古語](副) ①そのくらい。それだけ。[用例] 竹取の翁、― 語らひつるが、さすがに覚えて眠りをり(竹取)。②たいそう。非常に。[用例] ― 寒き夜もすがら、ここかしこに睡り居たるこそをかしけれ(徒然・二一三)。

**さば-がわ【佐波川】** 山口県中部を南流する川。長さ五六km。防府市で周防灘に入る。上流部に滑国有林がある。

**さばき【▼捌き】** さばくこと。[用例] 手―。

**さばき【裁き】** ①裁くこと。judgement ②キリスト教で、神の審判。judgement

**さ-ばく【佐幕】**《「佐」はたすける意》江戸幕府を支持したこと。[対義] 勤王・尊王。

**さ-ばく【砂漠・▼沙漠】** 雨量が少なく、植物がほとんど生育しない荒れ地。気温の年変化・日変化が大きい。地形上から砂砂漠・礫砂漠・岩石砂漠に大別される。desert

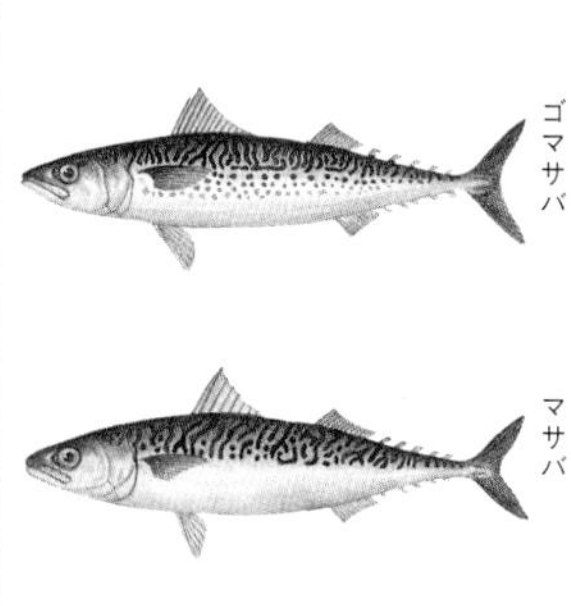

● サバ

**砂漠の船**(さばくのふね) 隊商が使うラクダのこと。

**さば・く【▼捌く】**(五他) ①売りこなす。sell out ②うまく処理する。handle [用例] 手綱を―。仕事を―。

**さば・く【裁く】**(五他) ①間に入って話をつける。仲裁する。②正否を決める。裁判する。judge [用例] 罪人を―。事件を―。[用例] けんかを―。mediate

**さばく-かいこく【佐幕開国】** 江戸時代末期、幕府を助け、外国とつきあうことを支持した政治的スローガン。[対義] 尊王攘夷。

**さばく-きこう【砂漠気候】** 降水量より蒸発量の方が多く、乾燥がはげしい気候。オアシス以外は木も草もほとんど生えない。北アフリカ・オーストラリア・中央アジアなどの砂漠、大山脈の風下側、大陸の内部などにみられる。desert climate

**さば-ぐも【▼鯖雲】** 巻積雲の俗称。サバの体の模様に似ているところから、この名がある。鰯雲。うろこ雲。

**さばく-らい【砂漠雷】** 乾燥地の砂塵があらしで起こる雷。まき上げられた砂粒が摩擦で電荷を帯び、電光放電を起こす。

**さばけ-ぐち【▼捌け口】** 物品の売れ先。納入先。販路。market

**さば・ける【▼捌ける】**(下一自) ①乱れていたものが、きちんとなる。整然となる。be in order ②売れる。はける。sell well ③世なれて、頭固でなくなる。物分かりがよくなる。be sociable

**さば-さば**(副・サ変自) ①気分がさっぱりするさま。feel relieved [用例] もめごとが片付いて―する。②気性がさっぱりしているさま。frank [用例] ―とした性分。

**サパタ【Emiliano Zapata】**(一八七九?〜一九一九) メキシコの革命家。インディオ出身。一九一一年農民を率いて蜂起。マデロ革命政権に対して農地改革の徹底を要求。南部の支配地域で土地改革を行ったが、カランサ大統領により暗殺。

**さ-はち【▽皿鉢・砂鉢】** ↓さわち(皿鉢)

**ザバッティーニ【Cesare Zavattini】**(一九〇二〜) イタリアの小説家・脚本家・映画監督。第二次大戦後ネオレアリズモの中心として活躍。脚本『靴みがき』『自転車泥棒』など。

**サバティエ【Paul Sabatier】**(一八五四〜一九四一) フランスの化学者。接触還元を研究し、油脂硬化工業の基礎を築いた。一九一二年ノーベル化学賞受賞。

**サバト【shabbāth(ヘブライ)】** ユダヤ教・キリスト教の安息日。sabbath

**サバト【Ernesto Sábato】**(一九一一〜) アルゼンチンの小説家。実存主義を代表。作品『トンネル』『英雄たちと墓について』など。

**サバナ【savana(スペイン)】** 熱帯の、雨季と乾季が交代する地域にみられる草原。まばらな林を交じえ、乾季には草も枯れるが、雨季には丈の高い草原となる。アフリカ中部や南アメリカなど。サバンナ。熱帯草原。savannah

**サバナ【Savannah】** アメリカ南東部、ジョージア州東岸の港湾都市。一七三三年建設の古都。人口一四・二万(一九八〇)。

**サバナ-きこう【サバナ気候】** 熱帯気候の一つで、一年が雨季と乾季にはっきり分かれるもの。雨季には丈の高い草原に樹木がまばらに生じ、乾季には草は枯れ、樹木は落葉する。サバンナ気候。savanna climate

**さばに** 沖縄の伝統的な舟。速力は速く軽量で二、三人でかつげる。刳舟と、その発達型である板をはり合わせたハギ舟がある。帆や櫂を使用、現在は原動機付きもある。↓[写]

● さばに　沖縄県、伊江村。

**さば-ふぐ【▼鯖▽河▽豚】** フグ科サバフグ属の総称。背が青緑色で腹が白く無毒。全長約三五cm。福島・山形以南・台湾に分布。ギンフグ。

**さば-ぶし【▼鯖節】** サバの頭部と内臓を取りのぞき、鰹節と同様の工程でつくった製品。大部分は削り節に加工される。

**サハマ-さん【サハマ山】**(Nevado Sajama) 南アメリカ、ボリビア中西部のチリ国境近くにある火山。標高六五二〇m。

**さば-よみ【▼鯖読み】**(名・サ変自) 数をごまかして言うこと。鯖を読むこと。cheat in counting

**サハラ-さばく【サハラ砂漠】**(Sahara) アフリカ大陸の北部を占める世界最大の砂漠。西は大西洋から東はナイル川の谷まで、北は地中海岸のアトラス山脈から南はニジェール川、チャド湖付近まで広がる。

**サバラン【savarin ᶠʳ】** イーストでふくらませた生地で焼いたパンを、ラム酒入りのシロップに浸した洋菓子。

**サバラン【Jean Anthelme Brillat-Savarin】**(一七五五〜一八二六) フランスの食通・文筆家。美味学を一般に普及させた。著書に『美味礼賛』。

**サバリッシュ【Wolfgang Sawallisch】**(一九二三〜) ドイツの指揮者。正統的解釈と清新な表現が特徴。昭和四二年(一九六七)N響名誉指揮者に就任。

**サハリン-とう【サハリン島】**(Sakhalin) 北海道の北方にあり、シベリアと間宮海峡で隔てられた島。面積七・六万km²。明治三八年(一九〇五)、日露講和条約により北緯五〇度以南が日本領となるが、第二次大戦後は全島をソ連が占有。樺太。

**さばれ** 文語的(感・接続) →さわれ

**サバレタ【Nicanor Zabaleta】**(一九〇七〜) スペインのハープ奏者。ペダル八個のハープを考案した。

**さはん-じ【茶飯事】** ①ありふれたこと。everyday affairs 用例 日常―。②たやすいこと。easy job

**サバンナ【savannah】** →サバナ

**さび** 《俗語。「山葵」とも》すし屋で、ワサビのこと。用例 ―ぬき。

**山葵を利かせる** わさびをたっぷりつける。転じて、ぴりっと引きしまった感じを出す。put spice

**さび【寂】** ①古びて閑雅なこと。閑寂なこと。②謡や語り物などで、声が老熟してしぶみのあること。③蕉風俳諧の根本理念の一つ。閑寂・枯淡の境地をいい、句の情調として重視される。元来は中世の代表的美の理念「幽玄」の発展として形成された美意識。比較 撓り・細み。

**さび【▼錆・▼銹・▼鏽】** ①空気・湿気などの作用で、金属の表面にできる酸化物・水酸化物・炭酸塩などの総称。rust ②悪習の結果。用例 身から出た―。

**サピア【Edward Sapir】**(一八八四〜一九三九) アメリカの言語学者・文化人類学者。北ドイツ生まれ。イェール大学教授。形式記述言語学の権威。北米インディアンの調査で知られる。

**さび-あゆ【▼錆▼鮎】** 秋、背にさび色のまだらのできたアユ。落ちあゆ。

**さび-いろ【▼錆色・▼銹色】** 鉄さびのような赤茶色。reddish brown

●ザビエル

**ザビエル【Francisco Xavier】**(一五〇六〜一五五二) イエズス会宣教師。スペイン生まれ。天文一八年(一五四九)日本に初めてキリスト教を伝え、伝道の基礎を固めた。シャビエル。ハビエル。→写

**さび-きん【▼銹菌】** 担子菌類サビ菌目の菌類の総称。シダや種子植物に寄生し、ナシの赤星病などのさび病を起こす。菌糸は宿主体内の細胞間にあり、吸器を細胞内に刺しこんで養分を吸収。

**さび-ごえ【寂声】** 老熟して、おもむきのある声。

**さびし-い【寂しい・▽淋しい】**(形) ①話し相手もなく静かで心細い。lonesome ②人気がなくもの悲しい。sad ③もの足りない。unsatisfied 用例 口が―。派生 さびしが・る(五自) さびしげ(形動) さびしさ(名)

**さびた** ノリウツギの北海道での呼び名。

**さび-だけ【▼錆竹】** 立ち枯れて表面にさびのような斑点の出た竹。また、それに似せて、硫酸で焼いた竹。

**さび-つ-く【▼錆付く】**(五自) ①金属同士がさびて離れなくなる。rust together ②ひどくさびる。be completely rusted

**さび-どめ【▼錆止め】** 金属または合金の腐食を防ぐための処理。ペイントの塗布、めっき、表面を酸化物に変化させるなど。rust-proof

**さびどめ-ざい【▼錆止め剤】** 金属の表面にぬり、さびを防ぐ薬品の総称。二クロム酸ナトリウムなど安定な酸化膜を形成するもの、ヒドラジンなどの酸素を吸収するもの、燐酸ソーダなどの不溶性の皮膜をつくるもの。防錆剤。rust preventives

**さびどめ-とりょう【▼錆止め塗料】** 金属の腐食防止用の下塗り塗料。鉛系(鉛丹・亜酸化鉛など)、亜鉛系(ジンククロメートなど)などがある。さび止めペイント。anticorrosive paint

**サビニー【Friedrich Karl von Savigny】**(一七七九〜一八六一) ドイツの法学者。ベルリン大学総長。プロイセン司法大臣。ローマ法研究の第一人者で歴史法学派の創始者。著書『占有権』など。

**サビニャック【Raymond Savignac】**(一九〇七〜) フランスのグラフィックデザイナー。ユーモラスなポスターで活躍。

**さび-びょう【▼銹病】** 種子植物やシダ植物にサビ菌類が寄生しておこる病気。鉄さびのような胞子をつくり放出する。作物の大敵。rust

**さび-もの【寂物】** 茶道で、新しい道具に対して古い「さび」のある道具をさしていう。

**ざ-ひょう【座標】** 平面や空間における点の位置を、基準となる点や直線との関係で示す数、または数の組。coordinate →図

**ざひょう-けい【座標系】** 空間の点あるいは物体の位置を表すための一組のものさし。原点と三本の直交軸からなる直交座標系など。coordinate system

**ざひょう-じく【座標軸】** 空間・平面における直交座標系・斜交座標系で、それらの座標を定めるとき、基準とする直線。x軸、y軸など。coordinate axis

**ざひょう-へんかん【座標変換】** 一つの座標系による点の座標や、図形の方程式などを別の座標系の座標や方程式などに置き換えること。coordinate transformation

**さ-びらき【▽早開き】** →さおり(早下り)

**さ-び・る【▽寂びる】**(上一自) ①もの静かな趣がある。tranquil 用例 ―びた山里。②地味で落ち着いている。refined and simple 用例 ―びた色。③老熟する。mellow

**さ-び・る【▼錆びる】**(上一自) さびが生じる。rust

**さび・る【寂る】** 古語(下二自) →さびれる(寂れる)

**さび・れる【寂れる・▽荒れる】**(下一自) にぎわっていた所が衰えて、さびしくなる。become desolate 用例 町が―。

**さ-ふ【左府】** 左大臣の唐名。対義 右府。

**さ-ぶ【左武】** 武を尊ぶこと。対義 右文。

**さ・ぶ【▽寂ぶ・▽荒ぶ】** 古語(上二自) ①寂しがる。用例 朝夕に―・びつつ居らむ(万葉・四・五七二)。②古びる。古びておもむきがでる。用例 岩に苔むして―・びたる所なりければ(平家・灌頂・大原入)。

**さ・ぶ** 古語(接尾)《名詞に付いて動詞をつくる。上二型》そのものらしいようすであるの意。…のようだ。用例 礒のかみふりにし恋のかみ―・びて(古今・雑体)。

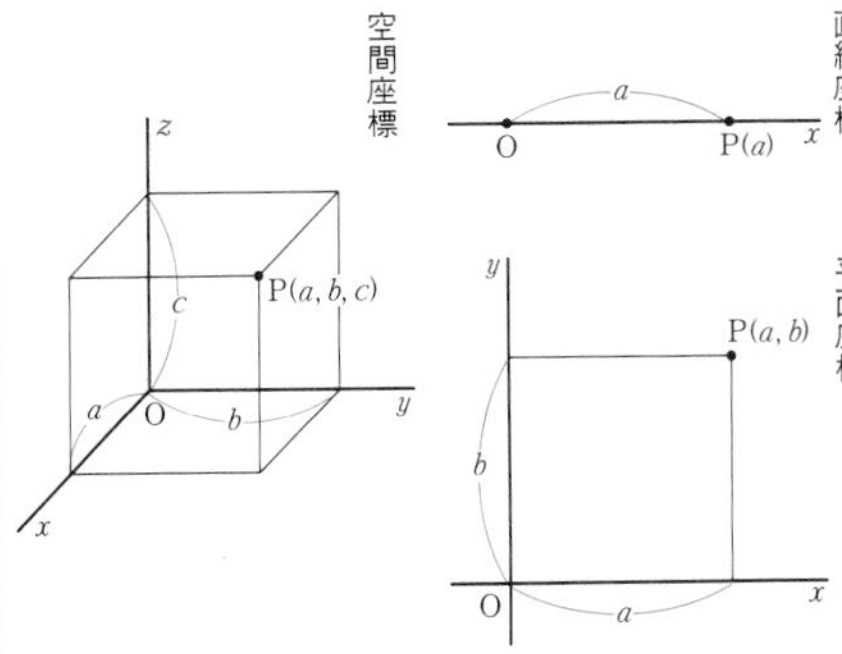


●座標

**サブ【sub】** ①補助する人。補欠選手。②「サブウエー」の略。③「サブザック」「サブリュック」の略。

**サファイア【sapphire】** 鋼玉の一種。青色の透明なもので宝石として用いられる。九月の誕生石。青玉。→誕生石 写

**サファビー-ちょう【サファビー朝】** イランのイスラム教シーア派の王朝。一五〇一年イスマイル一世が創始。第五代アッバース一世は対立していたオスマントルコとウズベク族から旧領を回復、全盛期を現出。タブリーズからイスファハンに遷都し、イラン的特色をもつイスラム文化を築いた。その死後は衰微し、一七三六年アフガン族の侵入で滅亡。Safavid dynasty

**サファリ【safari】** 《スワヒリ語で、旅行の意》①アフリカ東部などへの狩猟遠征。②「サファリルック」「サファリレース」「サファリパーク」の略。

**サファリ-パーク【safari park】** 野生動物を放し飼いにした自然公園。自動車に乗って中から見物する。

**サファリ-ルック【safari look】** 洋服のスタイルの一つ。アフリカ探検旅行に着る服装をとり入れたもの。上着は長めのベルト付きのジャケットでシャツカラー、パッチポケットなど活動的なデザインが特徴。

**サファリ-レース** 自動車による悪路踏破レース。サファリラリー。safari rally

**サブウエー【subway】** 地下鉄。

**サフォーク【Suffolk】** イギリス南東部、北海に面する州。かつてのイーストアングリア王国の領土。人口六二・四万(一九九五)。

**サフォーク-しゅ【サフォーク種】** ウマおよびヒツジの一品種。ウマは労役用で栗毛のものが多い。ヒツジは肉用種で肉質がよい。いずれもイギリスのサフォーク州原産。Suffolk

**サブカルチャー【subculture】** ①下位文化。ある社会の支配的・伝統的文化に対し、非行少年・ヒッピー・若者など特定の社会集団に生まれ育つ独特の文化。②人間以外の動物の文化的行動の体系。

**サブ-ザック** 《和製語。subとSackドイツから》→サブリュック

**ざぶ-ざぶ**(副) 水を大きくかき分けたり動かしたりする音・さま。with splashes 用例 ―洗い物をする。

**サブジェクト【subject】** ①題目。②文法で、主語。対義 オブジェクト。③哲学で、主観。主体。対義 オブジェクト。

**サブシステンス【subsistence】** 《「生存・生計」の意から》生きるための最低限の必要。

**サブスタンス【substance】** 物質。実体。実有。本質。

**サブ-センター** 《和製語》副都心。

**サブタイトル【subtitle】** ①副題。副表題。②映画やテレビドラマで、状況・所・時などを説明する字幕。対義 メーンタイトル。

**サブダクション【subduction】** 地球の表層をつくるプレートが、互いに衝突し合い、片方が他方の下に潜り込んでいく現象。海洋プレートで起きる。潜り込むプレートの上面に沿って、地震活動が活発に起こる。参照 コリジョン。

**ざ-ぶとん【座布団】** 座るときに敷く小さな「ふとん」。

**サブナード** 《和製語》①地下の遊歩道。商店などの並ぶ地下街。②東京の新宿にある地下街の名称。

**サブマリン【submarine】** ①潜水艦。②野球で下手投げの投手。

**サプライサイド-エコノミックス【supply-side economics】** 《供給サイドの経済学》→きょうきゅうサイドのけいざいがく

**さぶら・う【▽候う・▽侍う】** 古語 ㊀(四自)《「さもらふ」の転》①貴人や主人にお仕えする。伺候する。用例 いづれの御時にか、女御更衣あまた―・ひたまひける中に(源氏・桐壺)。②「あり」「をり」「行く・来く」などの謙譲語。参る。うかがう。用例「いましづかに、御局に―・はむ」とて往ぬれば(枕・大進生昌が家に)。③「あり」の丁寧語。ございます。あります。おります。用例 これより珍しいことは、―・ひなむや(源氏・帚木)。㊁(補動 四)①補助動詞「あり」の丁寧語。…です。(で)ございます。(で)あります。用例 珍らかなることに―・ふ(更級)。②丁寧語。…ます。用例「辛い目をみ―・ひて。誰にかは憂へ申し侍らむ」とて(枕・僧都の御乳母ままなど)。

**さぶら・ふ【▽候ふ】** 古語(四自・補動)→さぶらう(候う)

**サフラワー-ゆ【サフラワー油】** ベニバナの種子から抽出した油。多量のリノール酸を含み、脱コレステロール作用があるという。safflower oil

●サフラン

**サフラン【saffraan オランダ・泊夫藍】** アヤメ科の球根草。クロッカスの一種。花のめしべは古く



▼常用漢字表外。 ▽常用漢字表の音訓外。

から薬用として使用され、現在では食品などの着色料、香料として用いる。小アジア・ヨーロッパ原産。→写

**サフラン-もどき【サフラン▽擬】** ヒガンバナ科の春植え球根草。鱗茎(りんけい)より線形葉を数枚根生。夏、桃色でサフランに似た花をつける。熱帯アメリカ原産。ゼフィランサス。zephyr lily

**ざぶり**(副) 物を水に勢いよく投げ込んだり、水中に飛び込んだりしたときの音。また、水を勢いよくかけたり、波が打ち寄せるときの音にも言う。ざぶん。用例 ―と水をかぶる。

**サブリミナル-アド【subliminal ad】** 潜在意識下広告。人間に意識されるかどうかすれすれの刺激をくり返し与えることによって購買意欲をそそることをねらう。

**サブ-リュック**《和製語。「リュック」は「リュックサック」の略》小形のリュックサック。サブザック。ナップザック。knapsack

**サブルーチン【subroutine】** コンピュータープログラムで、何回も同じ手順を実行する部分を取り出して、共通に使えるようにしたもの。比較 ルーチン。

**サブレ【sablé(フランス)】** 洋菓子の一種。小麦粉に対してバターの配合を多くし、さくさくした歯ごたえがあるように焼き上げたクッキー。

**さぶ-ろう【▽三郎】** 男子で三番めに生まれた子。三男。対義 太郎・二郎。

**サブロック【SUBROC】**《submarine rocketの略》アメリカ海軍が一九六五年に完成した対潜ロケット。頭部に核爆雷や通常魚雷を装着、攻撃型原子力潜水艦に装備され、慣性誘導装置をもつ。最大射程五六km。

**さ-ぶん【差分】** 関数$f(x)$において、$f(a+\Delta x)-f(a)$を$x=a$における$f(x)$の差分という。$\Delta x$を$x$の差分という。difference

**ざぶん**(副) →ざぶり

**さ-べつ【差別】**(名・サ変他) 分け隔てをすること。差をつけること。distinction

**さべつ-かんぜい【差別関税】** 輸入品を品目・原産国・価格などによって選別し、通常と異なる税率で課する関税。割り増しするものと割り引きするものに分かれ、前者には報復関税・不当廉売関税など、後者には特恵関税・互恵関税などがある。differential duties

**さべつ-たいぐう【差別待遇】** 待遇に差をつけて人をとりあつかうこと。使用者がその雇用する労働者を差別することは、労働基準法・労働組合法で禁止している。discriminative treatment

**サベナ-ベルギー-こうくう【サベナーベルギー航空】**(Société Anonyme Belge d'Exploitation de la Navigation Aérienne(フランス): SABENA) ベルギーの航空会社。一九二三年設立。SAB。

**サヘル-ちいき【サヘル地域】**(Sahel-strip) アフリカのサハラ砂漠南縁で東西に広がる帯状の地域。半乾燥気候で降水量の年変化が大きいために、干魃(かんばつ)が生じやすい。

**さ-へん【サ変】**「サ行変格活用」の略。

**さ-へん【左辺】** 対義 右辺。①数学で、等号・不等号でつながれた数式の左側の部分。the left side of an equation ②碁で棋譜(きふ)の左側の方。

**サボ**《「サボタージュ」の略》怠業。サボタージュ。

**サボ【sabot(フランス)】** 木をくりぬいて作った靴。ヨーロッパの農民が履いた。日本では一九六〇〜七〇年代にかけて、女性に流行した底の厚い靴をサボ風の靴などとよんだ。→写

●サボ

**サボイア-け【サボイア家】** イタリアの王家。一一世紀にウンベルト一世が創始。一四一六年以降サボイア公と称した。一七二〇年サルデーニア王国を成立させ、一八六一年イタリア王国成立と同時にビットリオ=エマヌエレ二世が即位。一九四六年共和制成立によりその支配は終わった。the House of Savoia

**さ-ほう【作法】** ①しかた。やりかた。manner ②起居・動作の正しい法式。エチケット。manners 用例 礼儀―。③仏事の法式。葬式・授戒など。

**さ-ぼう【茶房】** 喫茶店。

**さ-ぼう【砂防】** 土砂のくずれなどをふせぐこと。植林・護岸・水制・ダムなどでふせぐ。erosion control

**ざ-ぼう【▽坐忘】**《『荘子(そうじ)』のことば》自己の心身を忘れ、宇宙の大道と一体化すること。

**ざ-ぼうき【座▽箒】** 茶席の畳を掃く羽箒(はぼうき)。ツルやハクチョウなどの片羽で作る。実用よりは席中の清めの意味で用いる。参照 茶箒。

**さぼう-こうがく【砂防工学】** 砂防に関する理論・計画、砂防工事の設計・施工について研究する工学分野。erosion control engineering

**さぼう-ダム【砂防ダム】** 土砂の流動の激しい渓流などに設け、土砂の移動を防ぎ沈積させるダム。河床の勾配(こうばい)をゆるやかにし、急流では階段状に設ける。erosion control dam

**サポーター【supporter】** ①支持者、援助者。②スポーツ、医療などで局部、関節などの保護に用いるゴムを織り込んだ布製のバンド。③登山で、輸送、炊事、警戒、連絡などの任務にあたる支援隊。

**サポート【support】**(名・サ変他) 支持すること。後押しすること。

**さほ-がわ【佐保川】** 奈良県北部を流れる川。春日山から若草山の北を西流し、初瀬川と合流して大和(やまと)川となる。長さ一五km。『万葉集』にも詠まれた奈良時代の行楽の地。

**サポジラ【sapodilla】** アカテツ科の常緑高木。熱帯で栽培される。高さ約二〇m。葉は厚く楕円(だえん)形。花は白色鐘形。果実は楕円形で甘い。樹皮の乳液はチューインガムの原料。チューインガムノキ。

**サボタージュ【sabotage(フランス)】**(名・サ変自) ①仕事をなまけること。②争議行為の一つ。表面上は仕事に従事しながら、わざと仕事の能率を落としたり、不良品を製造したりして業務を妨害し、紛争解決の手段にすること。怠業。sabotage 比較 ストライキ。

**サポテカ-ぞく【サポテカ族】** メキシコ南部に住むインディオ。トウモロコシを中心とする農耕に従事。紀元前五〇〇年ごろモンテ-アルバンに石造の大宗教センターを建設。Zapotec

**サボテン【仙人掌・覇王樹】**《sapoten(スペイン)から》サボテン科の総称。常緑多年生乾生植物。高さ数センチメートル〜一〇m内外。多くは葉の変形した針状のとげがある。花は赤・白・黄が多く、色は鮮明。茎の上に直接開く。約一万二〇〇〇種。観賞用として栽培。中・南米原産。ハオウジュ。ササラサッポウ。シャボテン。cactus →写

**さ-ほど【▽然程・左程】**(副) ①《下に打ち消しをともなって》それほど。用例 ―おいしくはない。②《「さほどに」の形で》それほどまでに。用例 ―に言われるなら試してみましょう。

**サボナローラ【Girolamo Savonarola】**(一四五二〜一四九八) イタリアの宗教改革者。ドミニコ会士でフィレンツェに赴任。教皇や市政の腐敗を痛烈に批判、メディチ家を追放して一四九四〜九七年、神政政治を行ったが、異端者として破門、焚刑(ふんけい)に処せられた。

**サポニン【saponin】** 植物に含まれる配糖体のなかで、水に混ぜて振ると泡立ちを生じるものの総称。去痰(きょたん)剤に用いるが、溶血作用があるので注射はできない。

**サボ・る**(五他)《俗語。「サボ」の動詞化》仕事・授業などを怠ける。be idle

**ザポロージェ【Zaporozhye】** ソ連南西部、ウクライナ共和国東部の工業都市。ドニエプル川左岸の港湾都市。同国の重要な工業中心地の一つ。人口八六・二万(一九八九)。

**サボワ【Savoie】** フランス南東部、イタリアと国境を接するアルプス山中の地域。サボイア。

**ザボン【zamboa(ポルトガル)・朱欒・香欒】** ミカン科の常緑高木。柑橘(かんきつ)類の一種。夏に、白い花を開き、ミカン類では最大の実をつける。果実は人頭大。九州・四国の暖地で栽培。果実を生食、果皮を砂糖漬けにする。文旦(ぶんたん)。ボンタン。ザンボア。shaddock

**サボン-そう【サボン草】** ナデシコ科の多年草。高さ約五〇cm。葉は披針形。夏、サクラに似た紅桃色の花が咲く。葉の汁に含まれるサポニンで泡立ちを生じ、昔は洗濯にもちいた。根は薬用。観賞用に栽培。ヨーロッパ原産。シャボンソウ。

**さま【様】** 一(名) ①ありさま。ようす。state ②すがた。かたち。appearance ③しかた。むき。manner 二 古語(代) ①あなた。用例 ―に、なに惜しかるべし(好色一代男)。②あのかた。用例 ―に進ぜてくださりませ(浄瑠璃・心中刃は氷の朔日)。三(接尾) ①人名・身分などの下に付けて敬意を示す語。さん。用例 ②物事を丁寧に言う気持ちを表す語。用例 御苦労―。

**様に様を付ける**(さまにさまをつける) 敬ううえにも、さ

●サボテン

ハシラサボテン

コノハサボテン

ウチワサボテン

シャコバサボテン

キュウケイサボテン

さ

らに敬う。このうえなく尊敬する。

**様になる** 何かするようす、また、できあがりの結果が、それにふさわしいかっこうになる。look good

**ざま【▽様・▽態】**《俗語》ようす・格好をあざけって言う語。用例 なんという―だ。

**様あ見ろ**《他人の失敗などを、当然のことであるとしてあざけって言う語》それ見たことか。様あ見やがれ。It serves you right.

**様は無い** みっともない。体裁が悪い。shabby; shameful

**ざま【座間】**〈市〉神奈川県中部、相模原台地の市。自動車・機械・金属などを中心とする工業都市。人口一〇万三七七八(一九八八)。

**ざま【▽様・▽方】**(接尾)①…のほうに。用例 雨が横―に降りつける。②…と同時に。用例 近より―切りかかる。③動作のしかた・しぶり。用例 書き―。

**サマー【summer】** 夏。

**サマー-ウール【summer wool】** 夏季用毛織り服地の総称。ポーラー・トロピカルなどがある。

**さま-あ・し【様▽悪し】** 古語(形シク) ぶざまだ。見苦しい。用例 人の後ろにさぶらふは、―・しくも及びからず(徒然・一三七)。

**サマー-スクール【summer school】** 夏季学校。

**サマー-タイム【summer time】** ㊀アメリカなどで、夏の一定期間、昼間の時間を有効に利用するため、通常の標準時をくりあげる制度。日本では昭和二三～二六年(一九四八～五一)に実施したが、不評で中止。夏時間。㊁《Summer Time》ヘイワード作詞、ガーシュウィン作曲の子守歌。一九三五年のオペラ『ポーギーとベス』中の歌。

**サマー-ハウス【summer house】** 避暑地に建てられた別荘。また、夏の貸し別荘。

**サマール-とう【サマール島】**(Samar Island)フィリピン中東部、ビサヤ諸島中の島。面積一・三万km²。米・ココナツ・トウモロコシなどを栽培。

**さま-がわり【様変(わ)り】**(名・サ変自) ようすがすっかり変わること。change completely

**さま-さま【様様】**(接尾) そのものがありがたいことを示す語。用例 お天気―だ。

**さま-ざま【様様】**(形動) いろいろ。various 用例 ―な形。

**さま・す【冷ます】**(五他) ①熱を下げてあつくなくする。ひやす。cool 用例 熱を―。②高ぶった気分などを衰えさせる。spoil 用例 興奮を―。

**さま・す【覚ます・▼醒ます】**(五他) ①眠っているのを起こす。awake ②気がつくようにさせる。悟らせる。bring to one's sense ③《多く「醒ます」を当てる》酒の酔いを取りのぞく。make sober ④《多く「醒ます」を当てる》興味などを失わせる。用例 興を―。

**ざます**(助動 特殊型)《俗語》ございます。ざあます。

**さまた・ぐ【妨ぐ】** 古語(下二他) ↓さまたげる(妨げる)

**さまたげ【妨げ】** 邪魔。さわり。妨害。obstacle

**さまた・げる【妨げる】**(下一他) ①邪魔をする。disturb; obstruct ②《「…を妨げない」の形で》あってもよい。may 用例 再任を―・げない。

**さ-まつ【▼瑣末・▼些末】**(形動) ささい。わずか。いささか。末梢的。trivial

**さまつ-だけ【▽早松▼茸】** 担子菌類シメジ科のキノコ。かさは径一〇～一二cm。マツタケに似るが芳香がほとんどない。食用。

**さ-まで【▽然▼迄】**(副) それほどまで。so much

**さまに【様似】**〈町〉北海道、襟裳岬北西の町。コンブ・サケ・マス・カニなどの漁業がさかん。人口七四八四(一九八八)。

**さま-の-かみ【左馬▽頭】** 左馬寮の長官。対義 右馬頭。

**ザマ-の-たたかい【ザマの戦い】** 第二ポエニ戦争の最後の決戦。紀元前二〇二年、ローマの将軍スキピオ(大)が、北アフリカ、カルタゴ南西のザマでハンニバル率いるカルタゴ軍を撃破。Battle of Zama

**ざまみ【座間味】**〈村〉沖縄県、慶良間列島の座間味島など九島からなる村。漁業が主体。第二次大戦時米軍最初の上陸地。人口八〇六(一九八八)。

**さ-まよ・う【▼彷▼徨う】**(五自) ①あてもなく歩く。うろつく。wander ②ためらう。決心がつかない。hesitate

**さまよ・う【▽吟う】** 古語(四自) なげき悲しむ。苦しみうなる。呻吟する。用例 春鳥の声の―・ひ(万葉・二〇・四四〇八)。

**さまよえるオランダじん【さまよえるオランダ人】**《原題Der fliegende Holländer ドイツ》ワーグナー作曲のオペラ。全三幕。一八四三年初演。船長の娘ゼンタが幽霊船船長の魂を救済する物語。「水夫の合唱」などが有名。

**サマラン【Semarang】** スマランの別称。

**サマリア【Samáreia】** パレスチナにあった古代都市。紀元前九世紀のイスラエル王オムリが北王国の首都として建設。前七二一年アッシリアに占領されると各地から異民族が移住。以後住民は異教徒とみなされ、ユダヤ人と対立。

**サマリウム【samarium】** 希土類元素の一つ。元素記号Sm 原子番号六二。原子量一五〇。灰色の金属。サマリウムを含むある種の結晶はレーザー光源に利用される。

**サマルカンド【Samarkand】** ソ連南部、ウズベク共和国東部、シルクロードの古都。イスラム建築がある。人口三六万(一九八六)。

**サマン【Albert Samain】**(一八五八～一九〇〇) フランス象徴派に属し、「憂愁と悲哀の詩人」といわれる。詩集『王女の庭にて』『壺の脇腹』『黄金の車』など。

**サミー-デービス-ジュニア【Sammy Davis Jr.】**(一九二五～) アメリカの黒人歌手・映画俳優。

**さみし・い【▽寂しい・▼淋しい】**(形) さびしい。lonely 派生 さみしが・る(五自) さみしげ(形動) さみしさ(名)

**さみず【▽三水】**〈村〉長野県北部、斑尾山南麓の村。稲作とリンゴ栽培が中心で、トマト栽培もさかん。人口六〇八一(一九八八)。

**サミズダート【samizdat ロシア】** ソ連で、グラブリト(＝文献出版管理局)の検閲なしに印刷される地下出版物。

**さみ-せん【▽三味線】** ↓しゃみせん(三味線)

**さ-みだれ【五月雨】** ①陰暦五月ごろの長雨。梅雨に降る雨。さつきあめ。②《①の降り方から》断続的にくり返されること。intermittent repetition

**サミット【summit】**《頂上の意》①最高の地位にある者どうしの会談。②先進国首脳会議。一九七五年からフランスの提唱によって開かれ、おもに経済問題を協議。アメリカ・イギリス・フランス・西ドイツ・イタリア・カナダ・日本の七か国の大統領・首相とEC委員長が参加し毎年一回開催。

**さ-みどり【▽早緑】**《「早」は当て字》若草や若葉のみどり色。用例 ―匂う。

**さみ-まんぜい【▼沙▼弥満誓】**(生没年未詳) 奈良中期の歌人。俗名、笠朝臣麻呂。造筑紫観世音寺別当。大伴旅人らと交友。

**ザミャーチン【Yevgeny Ivanovich Zamyatin】**(一八八四～一九三七) ロシア・ソ連の小説家。機械文明・組織に圧殺される人間を風刺的に描く。作品『地方の物語』『島の人々』『洞窟』『われら』など。

**サミュエルソン【Bengt Ingemar Samuelsson】**(一九三四～) スウェーデンの生化学者。一群の生理活性物質プロスタグランジンを研究し、プロスタグランジン様物質ロイコトリエンを発見。一九八二年ノーベル生理学医学賞受賞。

**サミュエルソン【Paul Anthony Samuelson】** ↓サムエルソン

**さ-む【作務】**《仏教語》禅寺で、僧が雑役など種々の肉体労働を行うこと。座禅と並ぶ重要な修行の一つとされる。

**さ・む【冷む・覚む・▼褪む】** 古語(下二自) ↓さめる(冷める) ↓さめる(覚める) ↓さめる(褪める)

**サム【SAM】**《surface-to-air missileの略》地対空ミサイル。

**さむ・い【寒い】**(形) ①気温の低いことを、からだ全体で感じる。cold 比較 涼しい・冷たい。対義 暑い。②ぞっとする。chilly 用例 背筋が―・くなる。③《上に「お」を付けて》貧弱だ。poor 用例 お―暮らし。派生 さむが・る(五自) さむげ(形動) さむさ(名)

**サムエル【Samuel】** 旧約聖書『サムエル記』中の人物。紀元前一一世紀後半に活躍した、モーセ以後ダビデの時代にかけての最大の指導者。

**サムエルソン【Paul Anthony Samuelson】**(一九一五～) アメリカの経済学者。新古典学派の代表的理論家の一人。一九七〇年ノーベル経済学賞受賞。著書『経済分析の基礎』など。

**さむ-かぜ【寒風】** 寒い風。かんぷう。cold wind

**さむ-がり【寒がり】** 寒さを人より強く感じること・人。sensitive to the cold 対義 暑がり。

**さむかわ【寒川】**〈町〉神奈川県南部、相模川に沿う町。内陸工業・近郊農業・住宅地として発展。人口四万一八二六(一九八八)。

**さむかわ-じんじゃ【寒川神社】** 神奈川県高座郡寒川町宮山にある旧国幣中社。祭神は寒川比古命と寒川比女命。相模国の一の宮、関八州鎮護の神として有名。

**さむかわ-そこつ【寒川▼鼠骨】**(一八七五～一九五四) 俳人。本名、陽光。愛媛県生まれ。正岡子規の遺風を守り、写生文にすぐれた。作品『寒川鼠骨集』。

**さむ-け【寒気】** ①寒さ。cold ②熱などのために、ぞくぞくする、不快な寒さ。感染症などで、体温の急激な上昇とともに、皮膚血管の収縮により熱の放散が妨げられておこる。悪寒。chill

**さむけ-だ・つ【寒気立つ】**(五自) ①寒さを感じる。feel cold ②恐ろしくなる。feel chilly

**さむ-さ【寒さ】** 寒いこと。また、その程度。cold 用例 ―きびしい折。

**さむさ-しのぎ【寒さ▼凌ぎ】** 寒さを忘れるための手段・事柄・工夫。keeping off the cold

**さむさ-の-しすう【寒さの指数】** 植物分布と温度との関係を考えるための指数の一つ。一年間の各月の平均気温が、五℃より低い月を選び出し、各月の数値と五℃との差を合計したもの。coldness index 対義 暖かさの指数。

**さむ-ざむ【寒寒】**(副) ①いかにも寒いさま。wintry 用例 ―とした身なり。②何もなくて殺風景なさま。dreary 用例 ―とした部屋の中。

**さむ・し【寒し】** 古語(形ク) ↓さむい(寒い)

**さむ-ぞら【寒空】** 冬のさむざむとした空。寒天。wintry sky

**サムソン【Samson】** 旧約聖書『士師記』のイスラエルの伝説的勇士。愛人デリラの裏切りで怪力の宿る長髪を失い、ペリシテ人にとらわれるが、神助で復讐をとげる。

**サムナー【James Batcheller Sumner】**(一八八七～一九五五) アメリカの生化学者。酵素の分離精製の研究に従事。ノースロップ、スタンレーとともに、近代酵素化学に貢献。一九四六年ノーベル化学賞受賞。

**さむ-よ【寒夜】** 冬の寒い夜。

**さむらい【侍】**《「さぶらう」の名詞形》①奈良時代、主君の身の回りの世話をする者。②平安時代、皇后・中宮・親王・摂関家の警備に奉仕する特定の者。四位・五位の者が多かった。その詰め所。③鎌倉・室町時代、御家人のこと。自領を持ち、幕府の役につく武士。④江戸時代、お目見え以上の武士。旗本。⑤気骨のある人。用例 かれも―だ。

**さむらい-あり【侍▼蟻】** アリの一種。体長約五mmで、黒色。クロヤマアリに似るが、あごが大きく、鎌状に発達。夏、クロヤマアリの巣を襲い、蛹などを略奪して巣に持ち帰り、生まれたアリに食物収集その他自分たちの世話をさせる。日本全土に分布。↓アリ図

**さむらい-えぼし【侍▽烏▽帽子】** 絹製の立て烏帽子を頂で三角に折り曲げ、黒漆で塗り固めたもの。侍が麻地に定紋をつけた礼服(素襖)を着るときに用いた。武家烏帽子。納豆烏帽子。↓素襖図

**さむらい-だいしょう【侍大将】** 大将軍の下で、一軍を率いて指揮する者。

**さむらい-どころ【侍所】** ①院・親王家また三位以上の貴族に伺候する侍の詰め所。②鎌倉・室町幕府の政治機関。治承四年(一一八〇)源頼朝が設置。戦時は御家人の指揮統率、平時は刑事裁判、将軍身辺の警備などを担当。

**さむろ・う【▽候う】** 古語(四自・補動) ↓さぶらう(候う)

**さめ【▼鮫】** 軟骨魚類からエイ類・ギンザメ類を除いた魚類の総称。体側には鰓孔が六～七対あり、体表には歯と同じ構造の鱗(＝楯鱗)がある。歯は鋭い。尾びれは半月形。うきぶくろはない。体長一五cm～二〇m。卵胎生が多い。世界に約二五〇種が分布するが、暖海域に多い。肉は練り製品の原料。フカ。shark ↓図

**さめ-が-い【▼醒が井】** 滋賀県米原町の地名。旧村。『十六夜日記』『東関紀行』に記された中山道の宿場町。『古事記』に記された湧水や名物醒が井もちで知られる。

**さめ-がれい【▼鮫▼鰈】** 目のある側は暗黄褐色で斑紋があり、目のない側が暗紫色のカレイ科の海水魚。体長約五〇cm。鱗はない。千島列島以南の日本各地と朝鮮半島の沿岸に分布。食用。



▼常用漢字表外。 ▽常用漢字表の音訓外。

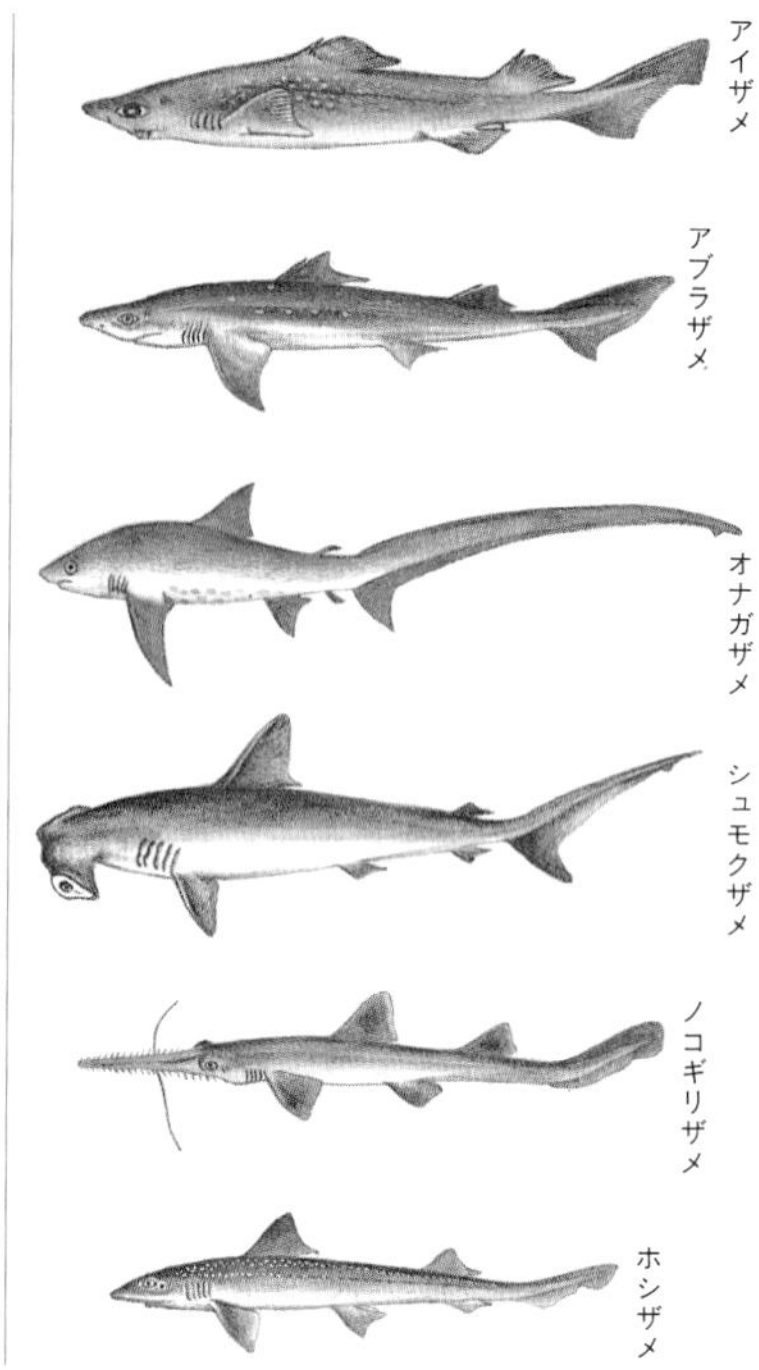


**さめがわ【▼鮫川】**〈村〉福島県南東部、阿武隈高地の村。畑作などの農業がさかん。人口五四六〇(一九八八)。

**さめ-ぎわ【覚め際・▼醒め際】** 覚めようとするとき。be about to wake up 用例 目の―。酔いの―。

**さめ-こもん【▼鮫小紋】** サメの肌のような模様を染めだした小紋。↓小紋 写

**さめ-ざめ**(副) 涙をしきりに流して、ひそやかに泣くさま。in tears 用例 ―と涙を流す。

**さめ-はだ【▼鮫肌・▼鮫▽膚】** サメの肌のようにざらざらした状態のもの、また、そのような人の肌。fishskin

**さめ-びたき【▼鮫▼鶲】** ヒタキ科の小鳥。全長約一三cm。体は灰褐色で地味。東南アジアからの夏鳥で、本州・北海道の高山帯で繁殖。

**さめ-やらぬ【覚め▽遣らぬ・▼醒め▽遣らぬ】**(連語) ①眠り・酔いが覚めきっていない。②情熱・感情がひえていない。用例 興奮―面持ち。―若き日の望み。

**ざ-めり** 古語(連語)《打ち消しの助動詞「ず」の連体形「ざる」に、推量の助動詞「めり」が付いた「ざるめり」の音便形「ざんめり」の「ん」を表記しない形。未然形に付く》…ないようだ。…ないようにみえる。用例 かぐや姫の、例も月をあはれがり給へども、この頃となりてはただごとにも侍ら―(竹取)。

**さ・める【冷める】**(下一自) ①熱いものがつめたくなる。ひえる。get cold 用例 湯が―。②関心などがなくなる。abate 用例 投機熱が―。興奮が―。

**さ・める【覚める・▼醒める】**(下一自) ①目が開く。起きる。wake up 対義 眠る。②正気に返る。be disillusioned ③《多く「醒める」を当てる》酒の酔いが去る。become sober ④《多く「醒める」を当てる》冷静になる。用例 ―・めた目で観察する。⑤《多く「醒める」を当てる》興味などがなくなる。用例 興が―。

**さ・める【▼褪める】**(下一自) 色が薄れる。あせる。fade 用例 色の―・めた衣服。

**さめん-こく【査免国】**「査証免除国」の略。入国するのにビザを必要としない国。

**ザメンホフ【Ludwik Lejzer Zamenhof】**(一八五九-一九一七) 帝政ロシア領時代のポーランドの眼科医。国際語のエスペラントを創案し、一八八七年発表。

**さ-も【▽然も】**(副) ①そのように。like that 用例 ―うれしそうに。②全く。実に。really 用例 ―あろう。

**然も有らば有れ**(さもあらばあれ)《「遮莫」とも書く》それならそれで、しかたがない。どうあろうとも。ままよ。さわれ。

**然も有りなん**(さもありなん) そうであろう。いかにももっともだ。

**然も有るべき**(さもあるべき) そうあるはずの。そうありそうな。

**然も有れ**(さもあれ) ①《不本意ながら、なりゆきにまかせたり、事態を受け入れたりしよう、また、結果はともかく、ひとつやってみよう、という気持ちを表す》えい、どうであろうとも。②それにしても。

**然も言われたり**(さもいわれたり) よくぞ言われた。いかにもおっしゃるとおり、もっともなことだ。

**然も無し**(さもなし) ①そんなことはない。それはちがっている。②たいしたことではない。どうというほどのことでもない。

**然も似たり**(さもにたり) とてもよく似ている。まるでそっくりだ。

**サモア-しょとう【サモア諸島】**(Samoa Islands) 南太平洋、ポリネシア西部の火山島群。アメリカ領東サモアと西サモア共和国に分かれる。

**サモイエド【Samoyed】** イヌの一品種。肩高約五五cm。中形犬であるが、白い長毛で日本スピッツによく似ている。サモイエド族がトナカイ猟やそり引きに用いる。西シベリア原産。

**サモイエド-ごは【サモイエド語派】** フィン-ウゴル語派とともにウラル語族を形成する一語群。シベリアの北極海岸地方で用いられ、ネネツ語・ガナサン語・エネツ語などを含む。Samoyedic languages

**サモイエド-しょぞく【サモイエド諸族】** シベリア、北極海沿岸地方の諸民族の総称。多くはトナカイ飼育民で、狩猟・漁労を主とするものもある。Samoyeds

**さも-さも【▽然も▽然も】**(副)「さも」を強めた形。いかにも。用例 ―得意気に。

**さもし・い**(形) ①心が汚ない。卑しい。mean ②姿・形が見苦しい。mean 派生 さもしげ(形動) さもしさ(名)

**サモス-とう【サモス島】**(Sámos) ギリシア南東部、エーゲ海の東南の島。タバコの産地。ピタゴラスの生地。古代遺跡が点在する。面積四七六km²。

**さも-そうず【▽然も▽候ず】** 古語(連語) ①《「そうず」は「そうらわず」の転》いやどうして。とんでもない。用例 ―、御房も勅勘の身で(平家・五・福原院宣)。②《「そうず」は「そうらわんとす」の転》いかにもその通りだろう。用例 おお、―、さもあらん(浄瑠璃・出世景清)。

**ざ-もち【座持ち】** その座を面白くすること。entertaining 用例 ―がうまい。

**ざ-もと【座元・座本】** 江戸時代の江戸における歌舞伎・人形浄瑠璃の興行主。京坂でいう櫓主(興行権所有者)・小屋主(劇場所有者)・座元(興行者)を兼ねる。太夫元。

**さも-ないと【▽然も無いと】**(連語) そうでないと。otherwise

**さも-なくば【▽然も無くば】** 文語的(連語) さもないと。さもなければ。

**さも-なければ【▽然も無ければ】**(連語) もしそうでなければ。さもないと。otherwise

**さ-もも【▽早桃】** スモモの品種の一つ。五月ごろ熟す。

**さもら・う【▽候う・▽侍う】** 古語(四自)《上代語。中古以後、「さぶらふ」「さうらふ」「さむらふ」と変化していく》①機会を待つ。時機をうかがう。用例 朝凪に舳向け漕がむと―・ふとわが居る時に(万葉・二〇・四三九八)。②貴人のそば近くにいて、命令を待つ。用例 東の滝の御門に―・へど(万葉・一・

一八四)。

●サモワール

**サモワール【samovar ロシア】** ソ連特有の湯わかし器。円筒形で、その中央を通るパイプの中で炭火をたき、周囲の水をわかす。銅・黄銅製が多い。↓写

**さ-もん【査問】**(名・サ変他) 問いただして調べること。inquiry 用例 裏切り者を―する。

**さや【▼莢】** 豆果の果皮。マメの実をつつんでいる皮の部分。legume

**さや【▼鞘】** ①刀剣の身をおさめる筒。sheath 対義 身。数え方 一本。②鉛筆・筆の先にかぶせるもの。cap ③堂・蔵などの外囲い。④値段や利率の差額。margin 用例 ―を稼ぐ。↓日本刀 図

**鞘が有る**(さやがある) 本心を包みかくして、相手になかなか見せない。

**さ-や【▼紗▼綾】**《「さあや」の略》紋様を綾織りにした絹織物。地紋は紗綾形とよばれる。天正年間(一五七三〜九二) から江戸初期にかけて多く用いられた。

**さや【佐屋】**〈町〉愛知県西部、津島市南隣の町。旧宿場町。イチゴ栽培などの園芸農業、繊維工業が発達。人口二万八三一一(一九八八)。

**さや-あて【▼鞘当て】** ①《武士がすれ違うとき、刀のさやの触れたのをとがめだてしたことから》ささいなことが原因で争うこと。②《歌舞伎『浮世柄比翼稲妻』の中の一場の通称から》女をめぐって、ふたりの男が争うこと。rivalry in love

**さや-いんげん【▼莢隠元】** さやごと野菜として食べる若いインゲンマメ。haricot bean

**さや-えんどう【▼莢▼豌豆】** さやごと野菜として食べる若いエンドウのこと。field pea

**さや-か【▽明か・▽清か】**(形動) ①すがすがしく美しいさま。fresh ②はっきりと見えるさま。用例 秋来ぬと目には―に見えねども(古今・秋下)。③音声のさえて聞こえるさま。clear

**さや-がた【▼紗▼綾形】** 古典模様の一つ。方形渦巻状の形をつないだ雷文つなぎや、卍くずしなどの卍の形をくずして連続させた卍くずしなどの文様がある。紗綾や綸子などの文様として用いた。現在では染め物の模様などに用いる。

**さや・ぐ** 古語(四自) ①さやさやと音を立てる。用例 うねび山、木の葉―・ぎぬ(古事記・中)。②騒ぐ。用例 水穂国はいたく―・ぎてありなり(古事記・上)。

**ざ-やく【座薬・▼坐薬】** カカオ脂などの固形脂肪に有効薬物を配合して、肛門・膣内などに差し込み、体温で軟化・溶解させて作用させる外用剤。suppository

**さやけ・し【▽明けし・▽清けし】** 古語(形ク) ①明らかだ。用例 天雲の霽れて月夜―・く(万葉・二〇・二三二七)。②清い。用例 行く水の音も―・く(万葉・一七・四〇〇三)。

**さや-さや**(副) 竹・木の葉、草などが軽く触れ合う音・さま。rustle 用例 ―と風が稲田を吹き渡る。

**さや-じり【▼鞘▼尻】** 刀剣のさやの先端。こじり。

**さや-どう【▼鞘堂】** 建造物本体を守るため、その外側に造った建物。中尊寺の金色堂の鞘堂が有名。覆い堂。

**さや-とり【▼鞘取(り)】** 時間的(先物と現物)・場所的(二地域の取引所)な開きによって生じる価格差を利用して、利益を得るためになされる取り引き。arbitrage

**さや-に** 古語(副)《「さや」は動詞「さやぐ」の語幹》ざわめくばかりに。用例 あしひきのみ山も―落ち激つ(万葉・六・九二〇)。

**さや-の-なかやま【佐夜ノ中山・▽小夜ノ中山】** 静岡県掛川市東部の峠。標高およそ二〇〇m。旧東海道の難所。「夜泣き石」の伝説で知られる。さよのなかやま。

**さや-ばし・る【▼鞘走る】**(五自) 刀身がさやから自然に出る。

**さやま【▽狭山】**〈市〉埼玉県南西部、武蔵野の台地の市。航空自衛隊の入間基地がある。狭山茶の産地。人口一五万一四三四(一九八八)。

**さやま-いけ【▽狭山池】** 大阪府南部、大阪狭山市にある池。面積〇・五km²。垂仁天皇が作らせたとされる、日本最古の灌漑用溜池の一つ。

**さや-まき【▼鞘巻(き)】** 鍔のない短刀の一種。太刀にそえて差す。革の細長いひもを鞘に巻いて、残りを帯にはさんでとめる。鞘は斜めの刻み目をつけ、葛を巻いたように作る。のちに、刻み目のついた漆塗りになる。そうまき。腰刀。↓写

●鞘巻き

**さやま-こ【▽狭山湖】** 埼玉県南部、狭山丘陵にある人造湖。有効貯水量一九五〇万m³。昭和九年(一九三四)東京都の上水道源として完成。山口貯水池。



↓ 行き先項目、図版・写真参照印。 JIS 日本工業規格情報交換用漢字符号コード(区点コード)。

**さや-まめ【▼莢豆】** さやのついたままの豆。さやつきの豆。

**さや-みどろ【▼鞘味泥】** 緑藻植物オエドゴニウム属の総称。淡水藻で、水中のくいや水草、水底の石などに着生する。細長い細胞が分枝せず、つながって糸状となる。

**さや-よせ【▼鞘寄せ】**(名・サ変自) ①同一銘柄の株式の新株と旧株の価格差がなくなること。narrowing of spread ②同一業種の中心銘柄の株価が同一水準になること。narrowing of spread

**サヤン-さんみゃく【サヤン山脈】**(Sayansky khrebet) ソ連中南部、モンゴルとの国境近くを東西に連なる山脈。最高峰ムンクサルディク山は標高三四九二m。

**さ-ゆ【▽白湯】** なにも混ぜていない湯。plain hot water

**さ・ゆ【▼冴ゆ】** 古語 (下二自) ↓さえる(冴える)

**さ-ゆう【左右】** 一(名) ①左と右。right and left 対義 前後。②かたわら。側近。one's side 二(名・サ変他) ①思うようにすること。支配し自由にすること。command 用例 天候に―される。②言動をあいまいにすること。

**言を左右にする**(げんをさゆうにする) ↓げん(言)

**左右に託す**(さゆうにたくす) はっきりした処置をせず、あいまいにその場をにごす。言を左右にする。

**ざ-ゆう【座右】** =ざう。①座席の右。②かたわら。身辺。at hand ③《相手を直接名ざすのを避ける、の意》手紙のわき付けに用いる語。

**座右の銘**(ざゆうのめい) 座右に置いて、つねに戒めとすることば。favorite motto

**さゆう-そうしょう【左右相称】** 左右が互いに対称の関係にあること・形。シンメトリー。symmetry

**さ-ゆり【▽小▽百▽合】**《「さ」は接頭語》ユリの美称。

**さ-よ【▽小夜】**《「さ」は接頭語》夜。晩。用例 ―ふけて。

**さよ-あらし【▽小夜▼嵐】** 夜に吹くあらし。night storm

**さ-よう【▽然様・左様】** 一(副・形動) そのよう。そう。二(感) そうだ。しかり。

**さ-よう【作用】**(名・サ変自) ①他に力を及ぼすこと。働き。action 用例 引力の―。②二物体間にたがいに力が働くとき、その一方の力の働き。物体や場の間に物理的ならびに化学的な影響がおよぼされる。action ③生きるに必要な働き。function 用例 消化―。

**さよう【佐用】**〈町〉兵庫県西部、千種川に沿う町。出雲文化と大和文化の交流点で早くから開けた。人口九六〇九(一九八八)。

**さよう-いん【作用因】** ↓どうりょくいん(動力因)

**さよう-しからば【▽然様▽然らば・左様▽然らば】** 一(接続) それならば。if so 二(名) 堅苦しいことば遣い。切り口上。

**さよう-スペクトル【作用スペクトル】** 異なった波長の光を当てることで、生物がどのような反応をするかを定量的に測定したもの。さまざまな植物の光合成特性を調べるときに測定する。action spectrum

**さよう-せん【作用線】** 物体に力が働くとき、作用点を通って力の働く方向に引いた線。line of action

**さよう-そ【作用素】** 数学で、集合の要素を同じ集合の他の要素または他の集合の要素に対応させる記号。線形空間での写像、関数空間での微分記号など。演算子。operator

**さよう-てん【作用点】** 物体に力が作用している点。point of application ↓梃子 図

**さよう-なら【▽然様なら・左様なら】**(感) 別れのあいさつ。さよなら。good-bye

**さようはんさよう-の-ほうそく【作用反作用の法則】** 作用に対して、必ず大きさが等しく方向が反対の反作用があるという法則。ニュートンの運動の第三法則。law of action and reaction

**さよ-きょく【▽小夜曲】** ↓セレナード

**さ-よく【左翼】** 対義 右翼。①つばさ・隊列・陣形の左方。left wing ②既存の権力や体制に反対する急進派・社会主義者・共産主義者・無政府主義者などの総称。フランス革命期の議会で急進派が議長席から見て左側に着席したことからいわれる。left wing ③野球で、外野の一つ。レフト。left field

**ざ-よく【座浴・▼坐浴】** 腰から下だけを湯につけること。そのようにして行う治療法。こしゆ。

**さよく-しょうにびょう【左翼小児病】**《レーニンの用語》社会主義・共産主義の革命運動で、極端な公式論におちいり現実離れした過激な方針をとりたがる未熟な態度。

**さよ-しぐれ【▽小夜時雨】** 夜降る時雨。

**さよ-ちどり【▽小夜千鳥】** 夜鳴く千鳥。

**さよなき-どり【▽小夜鳴鳥】** ナイチンゲールの異名。

**さよ-なら**(感)「さようなら」の約。

**さよなら三角また来て四角**(さよならさんかくまたきてしかく) 子ども達が、別れるときに戯れて言うことば。

**さよ-の-なかやま【▽小夜ノ中山】** ↓さやのなかやま(佐夜ノ中山)

**さより【▼鱵・▽細▽魚・▽針▽魚】** サヨリ科の海水魚。体形がサンマに似て細長く、下あごが伸びる。全長約四〇cm。動物性プランクトンを食べる。食用。日本各地・朝鮮半島・台湾の沿岸域に分布。ハリウオ。ハリヨ。↓図

**さら【皿・▽盤】** 食物を盛ったり受けたりする平たく浅い食器。材料・形・大きさ・文様など多種多様。plate; dish 数え方 一枚・一口。一揃い・一組み。

**さら【▽新・更】** 新しいこと・もの。あら。new thing 用例 まっ―。

**さら【▼娑羅・▼沙羅】**「サラソウジュ」の略。

**さら【更】** 古語 (形動ナリ) ①《「言うも」「言えば」のあとに用いて》今さらいうのもおかしい。用例 軸・表紙・箱の様など言へば―なりかし(源氏・鈴虫)。②《「言うもさらなり」の略》言うまでもない。用例 一の人の御有り様は―なり(徒然・一)。

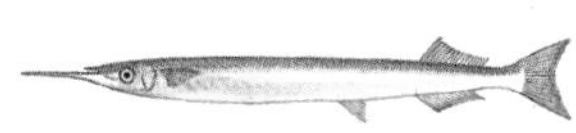
●サヨリ

**ざら** 一(名)《「粗」とも》①「ざら紙」の略。②「ざら目」の略。二(形動) 珍しくないさま。いくらもあるさま。common 用例 ―にある品。

**さらい【▼杷・▼杈・▼欋】** ①長い柄の先に歯を付け、土をかきならす農具。②竹製のくまで。

**さ-らい【再来】**《接頭的。「さいらい」の約》次の次の。翌々。after next 用例 ―週。―年。

**サライ【Sarai】** 一三~一四世紀に栄えたキプチャク-ハン国の首都。ボルガ川下流にあり、バツが建設した旧サライとベルケ-ハン建設の新サライがある。

**さらい-げつ【再来月】** 次の次の月。the month after next

**さら-いし【皿石】** 火山の噴火口付近に散在する板状の岩片で、周囲が盛り上がった皿状のもの。阿蘇火口に多く見られる。

**さらい-にこ【作礼▼而去】**《仏教語》諸経典の末尾に用いられる語。仏の説法が終わって聴衆が礼をして退出すること。

**さらい-ねん【再来年】** 次の次の年。明後年。the year after next

**さら・う【▼浚う・▼渫う】**(五他) 水の底にたまった土・ごみなどを取り除く。dredge

**さら・う【▽復▽習う】**(五他) 繰り返し習う。復習する。さらえる。review; practice

**さら・う【▼攫う・▼掠う】**(五他) ①横から急に奪い去る。carry off 用例 子どもを―。②全部持ち去る。sweep away

**さら-うどん【皿▼饂▼飩】** 長崎のチャンポンに似た料理。細いめんを揚げるかいため、いためた野菜や魚介類を加えてかたくり粉でとろみをつけたもの。

**サラエボ【Sarajevo】** ユーゴスラビア中部、ボスニアヘルツェゴビナ共和国の首都。第一次大戦の発端サラエボ事件の地。人口四四・九万(一九八一)。

**サラエボ-じけん【サラエボ事件】** 一九一四年六月二八日、オーストリア皇太子フランツ=フェルディナント大公夫妻が、ボスニアの都サラエボでセルビアの汎スラブ主義者に暗殺された事件。第一次大戦の直接的契機となった。Assassination of Sarajevo

**さら・える【▼浚える・▼渫える】**(下一他) 浚う。

**さら・える【▽復▽習える】**(下一他) 復習をする。さらう。review

**さら-がい【皿貝】** ニッコウガイ科の海産二枚貝。殻長約一〇cm、殻幅約二・七cm。白色、卵形でふくらみが小さい。食用。太平洋側では千葉県、日本海側では石川県以北に分布。

**ざら-かいめん【ざら海綿】** 浅海にすむカイメン。体は円筒状か扇状。針状骨片を含むので海綿質は硬い。温・熱帯水域に分布。

**ざら-がみ【▽粗紙】** 砕木パルプを主原料とする下級の印刷用紙。雑誌・広告用ちらしなどに使用。わら半紙。ざら。rough paper

**サラ-きん【サラ金】**《「サラリーマン金融」の略》サラリーマン・主婦などを対象とする無担保高金利の小口融資。高金利による被害が続出したため、昭和五八年(一九八三)サラ金に関する規制法を公布。サラリーローン。

**さら-ぐも【皿▼蜘▼蛛】** サラグモ科に属するクモの総称。山地の草間や木の枝に皿状の網を張る。日本に約六〇種が分布。日本産クモ類の中でもっとも種類が多い。

**サラクルー【Armand Salacrou】**(一八九九~) フランスの劇作家。戯曲『アラスの見知らぬ女』『地球は丸い』『デュラン大通り』など。

**さらけ-だ・す【▼曝け出す】**(五他) すっかり出して示す。reveal

**さら・ける【▼曝ける】**(下一他) さらけ出す。すべてをあからさまにする。reveal

**サラゴーサ【Zaragoza】** スペイン北東部、エブロ川沿いの都市。同名州の州都。ローマ時代からの都市で歴史的建造物が多い。人口五九・一万(一九八一)。

**サラサ【saraça ポルトガル・更紗】** 花鳥・人物・動物や幾何学模様などを捺染した綿布・絹布。インドが本場。印花布。シャム染め。シャムロ染め。chintz ↓写

**サラサーテ【Pablo de Sarasate】**(一八四四~一九〇八) スペインのバイオリン奏者・作曲家。パガニーニ以来の名手といわれた。作品『チゴイネルワイゼン』『スペイン舞曲集』など。

**サラザール【António de Oliveira Salazar】**(一八八九~一九七〇) ポルトガルの政治家。一九二六年のクーデターで蔵相となり、財政再建に手腕を発揮。三二年から首相。スペインのフランコとともに、第二次大戦後も存続したファッショ政権の支配者として知られる。

**サラザール-きょう【サラザール橋】**(Salazar Bridge) ポルトガル、リスボン市のテージョ川河口にかかる道路橋。長さ二・六km。一九六六年完成。

**さらさ-どうだん【更▼紗▽灯台】** ツツジ科の落葉低木。近畿以北の山地に自生。枝は輪生し、横に広がる。釣り鐘形の花冠は淡紅色。庭木とする。

**さらさ-ばていら【更▼紗馬▼蹄▼螺】** ニシキウズ科の海産大形巻き貝。殻高約一〇cm。円錐形で重厚。殻表は白く、紅紫色か黒緑色のいなずま模様が入っている。ボタン・貝細工に利用。奄美大島以南に分布。タカセガイ。

**さら-さら** 一(副) ①物事がよどみなくはかどるさま。smoothly 用例 ―と書く。②浅い小川の水が流れる音・さま。ripplingly 用例 ―と、小川が流れる。二(副・サ変自) 湿り気・粘り気がなく、べとつかないさま。dry 用例 ―とした肌触り。

**さら-さら【更更】**(副)《下に打ち消しをともなって》①少しも。not in the least ②決して。万一にも。not at all

**ざら-ざら**(形動・副・サ変自) ①触った感じなどが、なめらかでないさま。rough 用例 ネコの―した舌。②たくさんの小さく固いものが触れ合う音・さま。jinglingly 用例 マメをざるに―とあける。

**さらさ-れんげ【更▼紗▼蓮華】** モクレン科の落葉高木。ハクモクレンの変種とされ、花被の外側が淡紅紫色で、内側が白色である点で区別される。

**さらし【▼晒し・▼曝し】** ①「さらしもめん」の略。②漂白すること。さらすこと。漂白したものに付けることば。bleaching 用例 ―粉。―あめ。③江戸時代の刑罰の一つ。追放・遠島・磔の罪人を見せしめのため、町かどなどに座らせて世人に見せつけたこと。参照 晒し者。④《晒》㋐地歌の曲名。深草検校作曲(改

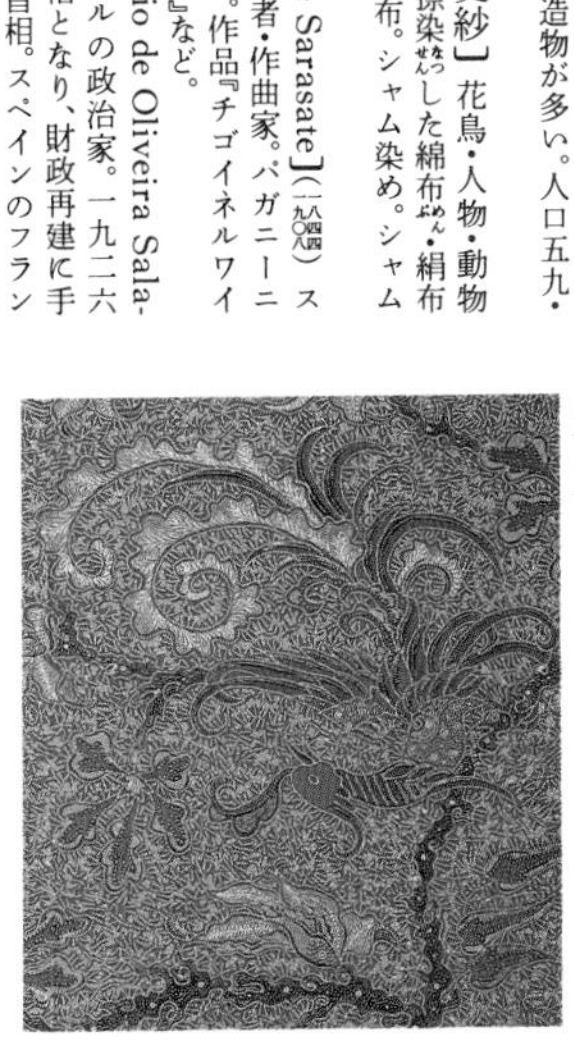
●サラサ



▼常用漢字表外。 ▽常用漢字表の音訓外。

編)。京都宇治川の布晒しを歌った曲。㋑箏曲の曲名。地歌『晒』を箏曲に移したもの。㋒歌舞伎下座音楽の一種。⑤歌舞伎舞踊の演出・技法用語。

**さらし-あめ【▼晒し▼飴】** 水あめの水分や混ざり物をとり除き、幾度も引きのばしたり折り重ねたりして気泡を含ませ、白くしたあめ。宮城県のさらしよしあめは有名。白あめ。

**さらし-あん【▼晒し▼餡】** 小豆を煮つめてつぶし、水にさらし、脱水した生あんを、乾燥して粉末にしたもの。和菓子の材料。ほしあん。

数え方 一個・一本。

**さらし-い【▼晒し井】** 井戸替え。水をくみ干して、井戸の掃除をすること。七月七日に、井戸ざらいなどといって行う所も多かった。

**さらし-くじら【▼晒し鯨】** 塩蔵したクジラの尾の部分の尾羽を薄く切り、くりかえし熱湯に浸し、水晒しして作った食品。酢みそを添えて食べる。

**さらし-くび【▼晒し首・▼曝し首】** 獄門の刑に処して首をさらすこと。さらされた首。

**さらし-こ【▼晒し粉】** ①水にさらし、白くした米の粉。②消石灰に塩素ガスを吸収させた白色粉末。酸化力が強く、漂白剤・消毒剤として利用される。カルキクロル石灰。クロール石灰。クロールカルキ。カルキ。bleaching powder

**さらしな【更▽科・更▽級】** 長野県、長野市の南郊地域。古来、月見の名所として歌に詠まれ、ソバの生産地としても知られる。

**さらしなきこう【更▽科紀行】** 松尾芭蕉の俳諧紀行文。貞享五年(一六八八)名古屋から木曽路を通り、更科姨捨山の月見をしたさいの作品。

**さらしな-しょうま【▼晒菜升麻】** キンポウゲ科の多年草。山地にはえる。高さ約一m。葉は有柄で三回三出複葉。夏、白花を総状に密集。肥大した根茎は「升麻」とよばれる漢方薬。↓写

●サラシナショウマ

**さらしなにっき【更▽級日記】** 平安中期の日記。一巻。作者は菅原孝標女。宮廷世界への憧憬とそれに対する悔恨を中心に、生涯を回顧した作品。寛仁四年(一〇二〇)一三歳の折の上総から京への旅に始まり、最後は夫を失い、弥陀来迎を頼む心境に至って終わる。

**さらし-ねぎ【▼晒し▼葱】** 薄く、あるいはせん切りにし、流水でさらして辛みやぬめり、臭みを取り除いたネギ。

**さらし-もの【▼晒し者・▼曝し者】** ①さらしの刑に処せられた人。②大勢の見ている所で、恥をかくこと。exposure for public ridicule

**さらし-もめん【▼晒し木綿】** 漂白した小幅白木綿の一種。上物は三〇番手。普通は二〇番手、一六番手ぐらいの平織りの織物。略して「さらし」ともいう。bleached cotton cloth ↓写

●晒し木綿

**さらし-ろう【▼晒し▼蠟】** 木蠟を漂白して精製した日本蠟。

**さら・す【▼晒す・▼曝す】**(五他) ①日光・雨風に当てる。expose ②布を灰汁で煮て水で洗い、日に干して白くする。bleach ③料理で、野菜などを水に浸け、灰汁を抜く。④広く人目に示す。expose 用例 人目に—。

**さらず-は【▽然らずは】** 古語(接続) そうでなければ。用例 都の外へ出さるるか、—命をめさるるか(平家・一・祇王)。参考 後世に、「さらずば」となった。

**サラセニア【Sarracenia】** サラセニア科の多年生食虫植物。葉は筒状で内壁に逆毛が密生し、滑り落ちた虫を捕らえる。北アメリカ原産。観賞用に栽培する。ヘイシソウ。↓写

●サラセニア

**サラセン【Saracen】** ギリシア・ローマ世界における、シリア地方のアラブ諸族の呼称。中世以後のヨーロッパでは、広くイスラム教徒をさすようになった。ギリシアの文献にみえるアラブの一部族の名称「サラケニ」に由来するといわれる。

**サラセン-ていこく【サラセン帝国】** カリフの支配するイスラム教徒の諸帝国の総称。七世紀中ごろの前ウマイヤ朝の成立から、一三世紀ごろ蒙古軍によってアッバース朝が滅ぼされるまで、アジア・アフリカ・南ヨーロッパの広大な地域を支配した。

**さら-そうじゅ【▼娑羅双樹・▼沙羅双樹】** フタバガキ科の常緑高木。インド高地にはえる。高さ約三〇m。葉は卵状楕円形、光沢がある。葉の付け根に大形の円錐花序を生じ、淡黄色で五弁の花をつける。材は建築用。種から油をとる。釈迦が入滅するとき枯れて鶴の羽のように白くなった伝説により仏教では聖樹とされる。日本で、サラソウジュとしているのはナツツバキである。サラノキ。シャラノキ。カクリン。

**サラダ【salad】** 生野菜を主材料に、肉・魚・卵などを加えてドレッシングであえた料理。肉料理のつけ合わせ、前菜など。

**サラダ-な【サラダ菜】** キク科の一年生野菜。タマチシャ(レタス)の系統。タマチシャのようには結球せず、半結球。葉はやわらかく生食。

**サラダ-ゆ【サラダ油】** おもにサラダに用いるように作られた植物油。無臭・淡色透明で、精製度が高い。オリーブ油・菜種油など。salad oil

**さら-ち【▽新地・更地】** ①手入れをしない土地。a land left neglected ②空き地。vacant lot ③法律で、建物のない宅地。a lot with no buildings on it

**ざら-つ・く**(五自) ざらざらする。be gritty

**さら-で【▽然らで】** 古語(連語) 《「さあらで」の約》そうではなくて。用例 —逢ふべき君ならなくに(山家集)。

**サラディン【Saladin】**(一一三八〜一一九三) エジプトのアイユーブ朝の創始者(在位一一六九〜一一九三)。一一八七年、十字軍を破ってエルサレムを解放。その後、第三次十字軍と和を講じた。キリスト教徒の巡礼を許可するなど、節度と寛容ある態度を示し、開明的君主として知られる。アラビア名はサラーフ=アッディーン。

**さらで-だに【▽然らでだに】** 古語(連語) そうでなくてさえ。用例 —あやしきほどの夕暮れに(後拾遺・秋上)。

**さらで-も【▽然らでも】** 古語(連語) そうでなくても。用例 霜のいと白きも、また— いと寒きに(枕・春はあけぼの)。

**サラトフ【Saratov】** ソ連南西部、ボルガ川中流域の港湾都市。鉄道の分岐点で、造船・機械・食品工業が発達。人口九〇・七万(一九八六)。

**さら-に【更に】**(副) ①かさねて。その上に。still more 用例 —すすめる。②あらためて。あらたに。anew 用例 —説明を加える。③いよいよ。ますます。いっそう。more and more 用例 —はげしく。④《下に打ち消しをともなって》いっこうに。少しも。not at all 用例 —反省の色がない。

**更にもあらず**(さらにもあらず) 《へりくだって》たいしたことではない。また、言うまでもない。もちろんだ。

**更にも言わず**(さらにもいわず) あらためて言うまでもない。もちろんだ。It is needless to say.

**さら-ぬ【▽然らぬ】** 古語(連体) 《「さあらぬ」の約》①そうでない。それ以外の。用例 寺院の号、—万のものにも(徒然・一一六)。②なんでもない。平気である。用例 涙をしのび、—ていにもてないて申けるは(平家・一〇・維盛入水)。

**さらぬ-だに【▽然らぬだに】** 古語(連語) そうでなくてさえ。用例 —秋の旅ねはかなしきに(新古今・羇旅)。

**さら-の-き【▼娑羅の木・▼沙羅の木】** ①サラソウジュの別名。②ナツツバキの別名。

**さら-ば【▽然らば】** 一 古語(接続) それならば。それでは。用例 —、いかがはせん(竹取)。二(感) 別れるときに言う語。

**ざら-ば【ざら場】** 株式市場の立ち会い時間中、寄り付きと大引けの間に行われる相対売買。また、それで成立した値段。continuous session

**さらば・える**(下一自) ①死体などが風雨にさらされて、骨だけになる。②やせて骨がめだつ。become emaciated 用例 老い—。

**さら-ばかり【皿▼秤・▽盤▼秤】** 品物をのせる皿がついている計量器。上皿天秤や棹秤など。balance

**サラバンド【saraband】** スペインの古い舞曲。四分の三拍子のゆるやかで荘重なリズムをもつ。

**サラファン【sarafan ロシア】** ロシアの農婦たちが着る民族衣装。袖なしの胴部と、丈の長いスカートが胸高な切り替えでつながったジャンパースカート形式の服。↓写

●サラファン　モスクワ小劇場。

**サラブレッド【thoroughbred】** ①↓サラブレッドしゅ(サラブレッド種)。②《俗語》家がら・育ちのよい人。

**サラブレッド-しゅ【サラブレッド種】** イギリスの在来種にアラビア系の馬を交配した競馬用の馬。体高一六五cm内外。皮膚は薄いが筋肉はよく発達。走力は時速六〇km以上。多くの改良種の作出にも貢献した。thoroughbred ↓馬図

**さらべつ【更別】**〈村〉 北海道十勝平野、帯広市南隣の村。豆類・テンサイ・ジャガイモの栽培と酪農が中心。人口三五〇〇(一九八九)。

**サラ-ベルナール【Sarah Bernhardt】** ↓ベルナール

**さら-まわし【皿回し】** 曲芸の一つ。竹や木の細い棒の先で、皿・小鉢などを回転させる芸。また、その芸人。皿回しの芸は奈良時代に中国から渡来。dish-spinning trick

**サラマンカ【Salamanca】** スペイン西部の交易都市。商業・文化の中心地。同名州の州都。一二世紀の聖堂など古い建造物が多い。とくに一三世紀創設の大学は、ヨーロッパへのアラビアの学問紹介の窓口。人口一六・七万(一九八一)。

**サラマンカ-だいがく【サラマンカ大学】** スペイン最古の大学の一つ。一二一八年に創立。中世のキリスト教世界における、アラビア哲学研究の中心的な機関。University of Salamanca

**サラマンダー【salamander】** ①サンショウウオ。②火蛇。西洋の伝説上の動物で、ヘビまたはイモリの形をして火中に住み、火を消す力をもつという。動物の中でもっとも強い毒をもつと信じられた。

**サラミス-の-かいせん【サラミスの海戦】** 紀元前四八〇年、アテネ中心のギリシア艦隊が、ペルシア艦隊をアテネ付近のサラミス湾内で撃破した海戦。ペルシア戦争におけるギリシアの勝利を決定的にした。Battle of Salamis

**サラミ-ソーセージ【salami sausage】** ドライソーセージの一種。牛・豚肉に、ラード・香辛料・ラム酒を加え、燻蒸・乾燥する。イタリアンサラミ・ジャーマンサラミなど。↓ソーセージ写

**サラム【Abdus Salam】**(一九二六〜) パキスタンの理論物理学者。弱い相互作用と電磁相互作用の統一ゲージ理論への貢献、とくに弱い中性カレントの予言で、一九七九年ノーベル物理学賞受賞。

**ざら-め【▽粗目】** ①「ざらめとう」の略。②「ざらめゆき」の略。

**ざらめ-とう【▽粗目糖】** 精製糖の一種。結晶が大きく純度が高い。精製度の高い白ざらめ、やや純度のおちる中ざらめなど。granulated sugar

**ざらめ-ゆき【▽粗目雪】** 春季、積もった雪が融解と凍結を繰り返し、粒子が粗いざらめ状になった雪。密度〇・三〜〇・五。ざらめ。corn snow; granular snow

**さら-ゆ【▽新湯・更湯】** ↓あらゆ(新湯)

**サラリー【salary】** 給料。



↓行き先項目、図版・写真参照印。 JIS 日本工業規格情報交換用漢字符号コード(区点コード)。

**サラリー-ガール**《和製語。「サラリーマン」から》女性の給料生活者。

**サラリー-マン**《salaried manから》給料をもらって生活している人。月給取り。勤め人。

**サラリー-ローン**《和製語》↓サラきん(サラ金)

**さらり-と**(副) ①すらすらと。smoothly ②きれい、さっぱり。entirely

**サラワク**【Sarawak】マレーシア、カリマンタン島北西部の南シナ海に臨む州。州都クチン。ほとんどジャングルにおおわれ、開発は進んでいない。ダヤク族その他マライ系住民が大部分。人口一三〇・八万(一九八〇)。

**サラン**【Saran】《商標名》塩化ビニリデンと塩化ビニルの共重合体を溶融し紡糸したもの。弾性・耐水性・耐薬品性に富む。網・シート・テントなどに利用。

**サランスク**【Saransk】ソ連中西部、モスクワ東南の工業都市。モルドワ自治共和国の首都。人口三二・五万(一九八四)。

**サランボー**【Salammbô フランス】フロベールの歴史小説。一八六二年刊。古代カルタゴを舞台に、反乱を主導した傭兵(ようへい)隊長と、カルタゴ軍総帥の娘サランボーとの悲恋を描く。

**さ・り**【▿然り】古語(ラ変自)《「さあり」の約》①そうである。そうだ。用例―けれども、つらげなるけしきもみえで(古今・雑下・詞)。②《肯定の応答を示す》そうだ。用例「おい、―、―、とうなづきて」(源氏・玉鬘)。

**ざ-り**【▾砂利】じゃり。gravel

**ざり** 古語(助動)《打ち消しの助動詞「ず」に動詞「あり」の付いた「ずあり」の約》打ち消しの意を表す。用例咲か―し花も咲けれど(万葉・一・一六)。参照ず。

**サリー**【sārī ヒンディー】インドでヒンズー教徒の女性が着る巻きつけ式の衣装。木綿・絹・レーヨンなどの一枚布で、文様を染めたものもある。また、その生地もいう。↓写

●サリー

**サリエリ**【Antonio Salieri】(一七五〇〜一八二五) イタリアの作曲家。ウィーンで宮廷音楽家として活躍。モーツァルトとの不仲は有名。オペラ『タラーレ』など。

**さり-がた・い**【去り難い】(形) ①去りにくい。離れにくい。hard to leave ②捨てにくい。hard to desert ③さけにくい。hard to avoid 派生さりがたげ(形動) さりがたさ(名)

**ざり-がに**【▾蝲▾蛄】ザリガニ科のエビ。大きなはさみ脚がある。体長約七cm。河川の石の下や穴にすむ。アメリカザリガニに似ているが小形。北海道・東北に分布。寄生虫がいるので生食は危険。エビガニ。crayfish ↓図

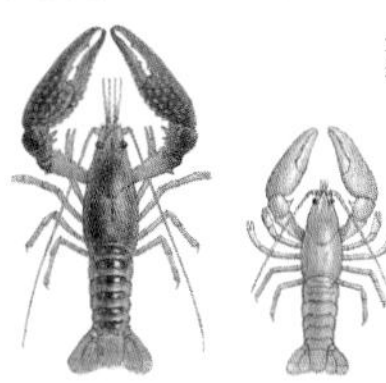
●ザリガニ ザリガニ(右)、アメリカザリガニ(左)。

**さり-きらい**【去り嫌い(さりきらひ)】①連歌・俳諧(はいかい)で、同じ季のことば、同じ字、似たことば、縁語を、近接した句に入れて詠むのを嫌うこと。②すき嫌い。えりごのみ。

**さりげ-な・い**【▿然り気無い】(形) そんなようすがない。なにげない。in a casual manner

**さり-じょう**【去り状・▿避り状】=さりぶみ。①離縁状。②自分の権益を譲ることを示した文書。

**サリチル-さん**【サリチル酸】化学式$C_6H_4(OH)COOH$ 水にわずかに溶ける無色針状結晶。染料合成原料・医薬品など。salicylic acid

**サリチルさん-フェニル**【サリチル酸フェニル】化学式$C_6H_4(OH)COOC_6H_5$ 白色の結晶粉末。弱い芳香がある。腸内や尿路などの殺菌剤として利用。ザロール。phenyl salicylate

**サリチルさん-メチル**【サリチル酸メチル】化学式$C_6H_4(OH)COOCH_3$ 芳香族カルボン酸のエステルの一つ。強い芳香をもった液体。水にわずかに溶ける。香料・消炎剤、筋肉痛などの治療薬などに利用。methyl salicylate

**さり-とて**【▿然りとて】(接続)《「さありとて」の約》そうかといって。for all that

**さり-とは**【▿然りとは】(接続)《「さありとは」の約》①そうとは。それは。if so 用例―つらい。②これはまた。O my! 用例―ひどい話だ。

**サリドマイド**【thalidomide】非バルビツル酸系の鎮静・催眠薬。妊婦の服用と奇形児発生との関連が明らかとなり、日本でも昭和三七年(一九六二)販売停止。

**さり-とも**【▿然りとも】古語(接続)《「さありとも」の約》①それにしても。それでも。用例いかが。―聞き知りなむ(枕・一条の院をば今内裏とぞいふ)。②《副詞的に用いて》よもや。まさか。用例―と思ひつつ、明くるを待ちつる(更級)。

**さり-ながら**【▿然りながら】古語(接続)《「さありながら」の約》しかしながら。そうではあるが。用例よく知らぬよしして、―つまづま合はせて語る虚言(そらごと)(徒然・七三)。

**サリナス**【Pedro Salinas】(一八九二〜一九五一) スペインの詩人。愛を主題にした知的な叙情詩を書く。詩集『あなたへの声』『愛の条理』など。

**さり-ぬ・べし**【▿然りぬべし】古語(連語)《「さありぬべし」の約》①適している。適当である。用例是に候ふ巻物のうちに―・きもの候はば(平家・七・忠度都落)。②相当である。りっぱである。用例なほ―・べからん人のむすめなどは(枕・おひさきなく)。

**サリバン**【Arthur Seymour Sullivan】(一八四二〜一九〇〇) イギリスの作曲家。台本作家ギルバートと『軍艦ピナフォア』『ミカド』など、数々のオペレッタを生む。

**サリバン**【Louis Henry Sulivan】(一八五六〜一九二四) アメリカの建築家。シカゴに事務所をもち、「形態は機能に従う」という機能主義建築を提唱。シカゴ派として、現代建築としての高層ビルの様式を確立。フランク=ライトはサリバンの流れをくむ一人。

**サリヤン**【Martiros Sergeyevich Sariyan】(一八八〇〜一九七二) ソ連邦アルメニアの画家。風景・肖像画家として活躍。作品『アルメニア』など。

**サリュート**【Salyut ロシア】《挨拶(あいさつ)の意》一九七一年以降、ソ連が引き続き打ち上げている宇宙科学ステーションの名称。宇宙船ソユーズで乗員を輸送し、軌道上で科学実験を行っている。

**さ-りょう**【茶寮】①茶室。②喫茶室。③喫「茶店。料理屋。

**サリンジャー**【Jerome David Salinger】(一九一九〜) アメリカの小説家。若い世代の心理と感覚を精緻(せいち)な文体で描く。中編『ライ麦畑でつかまえて』、短編集『九つの物語』など。

**さる**【▿申】十二支の第九。昔の時刻で、今の午後四時、その前後二時間。方角で、西南西。

**さる**【猿】㊀(名) ①ヒトを除く霊長類の総称。南アメリカ産で樹上生活の広鼻猿類、ユーラシア・アフリカ産で尻(しり)だこの発達する狭鼻猿類、尾のない高等な類人猿類のほかに、ツパイやキツネザルなどの原始的な原猿類が含まれる。えて。えてこう。ましら。モンキー。ape; monkey ②戸の上下のさんに取り付けた、戸じまりの具。bolt ㊁(接頭) あさはか、ずるいなどの意をそえる。shallow; cunning 用例―知恵。―まね。↓図

**犬と猿**(いぬとさる) ↓いぬ(犬)

**猿が辣韮を剝く様**(さるがらっきょうをむくよう) ①《サルにラッキョウをあたえると、食べる部分を残さずに、しまいまで全部皮をむいてしまうと言われるところから》いくえにも包んである包装をつぎつぎにむくさま。②むだな努力をして、効果がまったく現れないさま。

**猿に烏帽子**(さるにえぼし) 《サルに烏帽子をかぶせる意》その人柄にふさわしくないこと。

**猿の尻笑い**(さるのしりわらい) 《サルが自分の尻の赤いことに気がつかないで、他の尻を笑う意》自分の欠点に気づかず、他人を笑うこと。

**猿の人真似**(さるのひとまね) よく考えもしないで、人のまねをすること。さるまね。mimic as monkeys do

**猿は人間に毛が三本足らぬ**(さるはにんげんにけがさんぼんたらぬ) サルは人間に似ているが知恵はおよばない、という意の俗説。

**猿も木から落ちる**(さるもきからおちる) その道に長じた人も、時には失敗することがあるたとえ。Even Homer sometimes nods. 類似河童(かっぱ)の川流れ。弘法にも筆の誤り。

**さ・る**【去る】㊀(五自他) ①(自)㋐行ってしまう。はなれていく。leave 対義来る。用例故郷を―。冬が―。㋑場所・時などが隔たる。be distant 用例理想を―こと甚だしい。今を―一年前。㋒消えうせる。なくなる。be gone 用例痛みが―。②(他)㋐とりのぞく。捨てる。take off 用例邪念を―。俗念を―。㋑遠ざける。用例悪友を―。㋒離別する。divorce 用例妻を―。㊁古語(四自)《進行・移動するの意を表し、「去る」意にも「来る」意にも用いる》①…になる。来る。用例春―・れば野にも山にも立つけぶり(大鏡・時平)。②遠ざかる。離れる。用例今かく政事(まつりごと)を―・りて(源氏・若菜上)。③変化する。用例時うつり、事―・り(古今・仮名序)。㊂(連体) 過ぎ去った。前の。last 対義来たる。用例―九月一日。

**去る者は追わず**(さるものはおわず) 自分から離れて行く人については、その人の意志に任せて、無理には引きとめたり、追いかけたりしない。Not worth pursuing those who run away.

**去る者、日日に疎し**(さるもの、ひびにうとし) 死んだ人や、遠

クモザル

●サル㊀① ツパイ(右)、キツネザル(左)

●猿㊁②

チンパンジー

カニクイザル



▾常用漢字表外。 ▿常用漢字表の音訓外。

く離れた人は、しだいに忘れられる。Out of sight, out of mind.

**さ・る【避る】** 古語 (四他) ①避ける。よける。用例 え―・らぬ馬道の戸をさしこめ(源氏・桐壺)。②断る。拒む。用例 何ぞ遂に―・らむや(日本書紀・允恭)。

**さる【▽然る】**(連体)《動詞「然り」の連体形》①ある。某。用例 ―有名な作家が言ったことば。②古語 ㋐そういう。そんな。用例 ―さがなきえびす心を見ては(伊勢・一五)。㋑しかるべき。りっぱな。用例 別当入道―人にて(徒然・二三一)。

**ざる【▼笊】** ①細く割った竹で編んだ容器。金網やプラスチック製のものもある。用途別に、盆ざる・仕分けざる・めざる・みそこしなど。②「ざるそば」の略。③「ざるご」の略。

**笊で水を汲む** まったく無駄なこと、努力しても効果のないことのたとえ。endeavor in vain 比較 骨折り損の草臥れ儲け。

**ざる** 文語的 (助動)《打ち消しの助動詞「ざり」の連体形》…しない。用例 そうせ―をえない。見―、聞か―。

**サルウィン-がわ【サルウィン川】**(Salween) ビルマ東部を南に流れる川。チベット高原から南下、ビルマ・タイの国境に沿って流れて、マルタバン湾に注ぐ。河口付近は米作地帯。長さ二八〇〇km。

**さる-おがせ【猿▽麻▼桛】** サルオガセ科の地衣類。深山の樹木の枝から糸状にたれ下がる。淡緑色。世界に約四五〇種、日本に約四〇種。マツノコケ。↓写

●サルオガセ

**ざる-がい【▼笊貝】** 沿岸の砂底にすむザルガイ科の二枚貝。殻高約八cm、殻長約六・五cm。黄褐色の殻皮でおおわれ、殻頂寄りに紅斑があり、そこから四〇本内外の太い放射状のすじが走る。軟体の足は赤く食用。房総半島以南に分布。

**さるがきょう-おんせん【猿ケ京温泉】** 群馬県北部、新治村にある温泉。相俣ダムによりできた赤谷湖岸にある。

**さる-がく【猿楽・▽申楽・▽散楽】** ①日本古代・中世芸能の一つ。中国伝来の散楽の滑稽物真似芸が日本的に展開したものとされる。能や狂言の源流。平安時代には散楽とほぼ同じ内容で、鎌倉時代に物真似や歌舞の要素を強め、寺社の祭礼の芸能として専業的芸団組織が生まれ、独占権をもつ(猿楽座)。室町時代には能と同義語。さるごう。②能楽の古称。

**さるがくだんぎ【▽申楽談儀】** 能楽の秘伝書。正式には『世子六十以後申楽談儀』。永享二年(一四三〇)成立。世阿弥の晩年の芸談を次男の元能が筆録し整理したもの。室町時代の能楽研究の根本史料として重要。

**サルガッソ-かい【サルガッソ海】**(Sargasso) 北大西洋西部、西インド諸島とアゾレス諸島間に広がる海域。ホンダワラが密生する海で、魔の海域とされる。

**さるかに-かっせん【猿▼蟹合戦】** 昔話の一つ。柿をめぐってサルに親を殺されたカニが、臼・ハチ・クリなどの助力でサルに仕返しをするという話。

**さるかわ-ゆでん【▽申川油田】** 秋田県北西部、男鹿半島基部の油田。

**サルキー【saluki】** イヌの一品種。肩高約六五cm。体は細く、口先の部分が長い。走るのが速く、本来はレイヨウ狩り用の猟犬。アラビア原産。

**さるくい-わし【猿▼喰▼鷲】** 嘴が強大で、頭に冠羽があるタカ科の鳥。全長約九五cm。ルソン島・ミンダナオ島などの森林に一〇〇羽前後しかいないので、絶滅が心配されている。フィリピンワシ。

**さる-ぐつわ【猿▼轡】** 声を出させないよう、口にかませるもの。gag

**ざる-ご【▼笊碁】** へたな碁。ざる。

**サルコイドーシス【sarcoidosis】** 皮膚・リンパ節・肺・目などに肉芽性の結節を形成する原因不明の全身性疾患。肺のリンパ節に多く見られる。

**サルコウ-ジャンプ【Salchow jump】** フィギュアスケートで、ジャンプの種類の一つ。内側エッジで踏み切り、空中で回転して、反対足の外側エッジで着氷する。スウェーデンのウーリッヒ=サルコウが考案。

**サルコシン【sarcosine】** 天然たんぱく質には含まれていないアミノ酸の一つ。クレアチンの分解物。メチルグリシン。

**さる-こと【▽然ること】** 古語 ①そのようなこと。そういうこと。用例 いかでか―なくてはおはせむ(竹取)。②当然なこと。もっともなこと。用例 月のかたぶくを慕ふ習ひは―なれど(徒然・一三七)。

**ザルコマイシン【Sarkomycin ドイツ】** 放線菌の生産する酸性の抗生物質。抗腫瘍性と弱い抗菌性がある。癌の治療に適用。昭和二六(一九五一)梅沢浜夫らによって抽出された。

**ざる-ころがし【▼笊転がし】** 葬儀の出棺直後に、棺を置いてあった部屋を掃き出し、笊を転がす呪術的な風習。

**サルゴン〈一世〉【Sargon Ⅰ】** アッカド王朝の創始者(在位BC二三七〇ごろ〜BC二三一〇ごろ)。アッカドを根拠地に南方のシュメル諸市を統一。

**サルゴン〈二世〉【Sargon Ⅱ】** 新アッシリアの王(在位BC七二一〜BC七〇五)。サルゴン王朝の創始者。全オリエントに及ぶ大帝国を建設、首都をコルサバードに定めた。

**サルサ【salsa スペイン】** ラテン-アメリカ音楽の一種。キューバ音楽を基本とするニューヨークのラテン系人種の音楽。

**さるさわ-いけ【猿沢池】** 奈良市の中央にある池。興福寺南大門の放生池として造られた。さるさわのいけ。

**サルジニア-とう【サルジニア島】**(Sardinia) ↓サルデーニアとう(サルデーニア島)

**さる-しばい【猿芝居】** ①サルを飼いならして、演じさせる見せ物。monkey show ②あさはかな、たくらみ。shallow-minded scheme 用例 ―をうつ。

**サルシフィ【salsify】** キク科の二年草。葉は線形。夏に紫色の花をつける。ゴボウに似た白色の根は約三〇cmで食用。ヨーロッパ中部から北アフリカ原産。明治初年渡来。バラモンジン。セイヨウゴボウ。

**さる-すべり【猿滑・▽百▽日▽紅】**《樹皮が滑らかで、サルもすべって登れない木、の意》ミソハギ科の落葉小高木。高さ約五m。樹皮は滑らかで褐色。八〜九月に紅色または白い小花が群がり咲く。材は床柱・細工物。観賞用などに栽培。中国南部原産。ヒャクジツコウ(百日紅)。サルナメリ。↓写

●サルスベリ

**ざる-そば【▼笊▼蕎▽麦】** ゆでて水でさらし、ざるに盛ったそば。海苔をきざんでのせ、つけづゆにきざみねぎ・わさびなどの薬味を入れて食べる。ざる。数え方 一枚。

**サルタ【Salta】** アルゼンチン北西部、アンデス山麓の観光・商工業都市。同名州の州都。人口二六万(一九八〇)。

**さるだ-ひこ【猿田▼彦】** シソ科の多年草。湿地にはえる。茎は四角形で、高さ約六〇cm。葉は狭倒卵形で鋸歯をもつ。夏から秋に、葉腋に白色小形の唇形花をつける。

●サルト『アルピエの聖母』。一五一七年、ウフィッツィ美術館(イタリア)。

**さるだひこ-の-かみ【猿田▼彦神・▼猨田▼毘古神】** 日本神話の神。天孫降臨の一行を天の八衢で出迎え、高千穂峰まで先導した国神。天鈿女命の夫。後世、道祖神と結びついた。岐の神。猿田彦。さるたひこのかみ。

**サルタン【sultan】** スルタンの英語名。

**さる-ぢえ【猿知恵】** あさはかな知恵。こざかしい知恵。shallow cunning

**ザルツブルク【Salzburg】** オーストリア中部、アルプス山麓の商工業・観光都市。同名州の州都。毎年、夏に音楽祭が開かれる。岩塩(ザルツ)の産地。人口一三・九万(一九八一)。

**ザルツブルク-おんがくさい【ザルツブルク音楽祭】**(Salzburger Festspiel ドイツ) モーツァルトの生地ザルツブルクで毎年夏に催される世界的音楽祭。一九二〇年リヒャルト=シュトラウス・ホフマンスタールらが創立。

**ザルツマン【Christian Gotthilf Salzmann】**(一七四四〜一八一一) ドイツの教育家・牧師。子どもの自発性、体育と徳育、作業教育等を重視し、子どもの諸能力の調和的育成をめざした。

**サルデーニア-おうこく【サルデーニア王国】** イタリアのサボイア家のビットリオ=アメデオ二世が、一七二〇年サルデーニア島をあわせて樹立した王国。首都トリノ。一八四八年立憲議会制を施行。イタリア統一運動の中心となり、六一年イタリア王国の成立と同時に解消。Kingdom of Sardinia

**サルデーニア-とう【サルデーニア島】**(Sardegna) 地中海西部、イタリア半島西方の島。面積二・四万km²。サルジニア島。

**ザルテン【Felix Salten】**(一八六九〜一九四五) オーストリアの小説家。ハンガリー生まれ。自然に生きる動物を愛情をこめて描いた。作品『バンビ』『白馬物語』など。

**サルト【SALT】** ↓ソルト

**サルト【Salto】** 南アメリカ、ウルグアイ北西部、ウルグアイ川左岸の港湾都市。農産物の集散地。同名県の県都。人口七・二万(一九七五)。

**サルト【Andrea del Sarto】**(一四八六〜一五三〇) イタリア-ルネサンス、フィレンツェ派の代表的画家。壁画や祭壇画を描いた。作品『アルピエの聖母』『マリアの誕生』など。↓写

**さる-ど【猿戸】** ①庭園に使う木戸。②内側の横木を柱の穴に差し込む戸。

**サルドゥイ【Severo Sarduy】**(一九三七〜 ) キューバの小説家。尖鋭な言語実験派。作品『コブラ』『マイトレヤ』など。

**サルトゥイコフ-シチェドリン【Mikhail Saltykov-Shchedrin】**(一八二六〜一八八九) ロシアの小説家。ゴーゴリと並ぶ大風刺作家。作品『県の記録』『ゴロブリョフ家の人々』『現代の牧歌』など。

**サルドゥー【Victorien Sardou】**(一八三一〜一九〇八) フランスの劇作家。技巧的な作風と多作で知られる。戯曲『トスカ』『サン-ジェーヌ夫人』など。

**さるとび-さすけ【猿飛佐助】** 戦国末期、真田幸村に仕えたといわれる忍者。明治末期に講談に登場した伝説上の人物。

**さるとり-いばら【▼菝▼葜・猿捕▼茨】** ユリ科のつる性落葉低木。山野にはえる。雌雄異株。茎にとげがあり、葉は円形、基部に巻きひげがある。初夏に黄緑色の小花が咲き、果実は赤熟。サンキライ。カララ。↓写

●サルトリイバラ

**サルトル【Jean-Paul Sartre】**(一九〇五〜一九八〇) フランスの哲学者・小説家。実存主義の代表者。社会的・政治的問題に積極的に参加。一九六四年ノーベル文学賞受賞を拒否。小説『嘔吐』『自由への道』、評論集『シチュアシオン』、哲学論文『存在と無』、戯曲『汚れた手』など。↓写

●サルトル

**サルトロ-カンリ【Saltoro Kangri】** チベット高原西方、カラコルム山脈中シアチェン氷河南の高峰。標高七七四二m。

**さる-なし【猿▼梨】** マタタビ科のつる性の落葉低木。山地にはえる。雌雄異株。初夏に白色の五弁花が下向きに咲く。果実は球形で食用。シラクチヅル。↓写

●サルナシ

**さる-なめり【猿▽滑】** サルスベリの異名。

**さるのいきぎも【猿の生き肝】** 動物の由来を説く昔話の一つ。竜宮で生き肝を取られそうになった猿が、クラゲの失言で危険を知り逃げ帰ってしまい、クラゲはその失敗の罪で、打たれて骨無しになったという話。

**さる-の-こしかけ【猿の腰掛・▼胡▽孫▽眼】** 担子菌類サルノコシカケ目に属するキノコのうち、硬質で多年生のキノコの総称。立ち木・枯れ木にはえ、半円形に発達する。発汗・利尿など薬用ともなる。↓写

●サルノコシカケ

**さる-は【▽然るは】** 古語(接続) ①《前文の意に反することを導き出す場合》それでいて。そのくせ。用例 ―、から思ふ人、ことにすぐれてもあらじかし(枕・ふと心おとりとかするものは)。②《前文を受けて、さらに説明する場合》しかも。そのうえ。それは。用例 ―、跡とふわざも絶えぬれば(徒然・三〇)。

**サルパ【salpa】** 原索動物の一群で、ホヤと近縁の浮遊生物。暖海にすむプランクトンで、体長数ミリメートル～二〇cm。体はたる状か円柱状で透明。構造はホヤに似る。世界各地の暖海域に分布。↓図

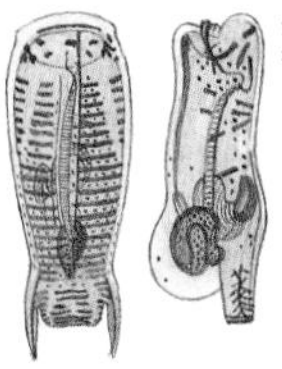

●サルパ　オオサルパ、連鎖個体(右)と単独個体(左)。

**さる-はし【猿橋】** 山梨県大月市、桂川にかけられた木橋。橋柱がなく両岸から肘木をせり合わせた造り。日本三奇橋の一つ。↓写

**サルバドル【Salvador】** ブラジル中東部の港湾都市。バイア州の州都で商工業・経済・文化の中心。人口一七六・七万(一九八〇)。旧称サンサルバドル。

**さる-はむし【猿葉虫】** ハムシ科の一種サルハムシ類の昆虫の総称。体は楕円形で、背面はふくらむ。体長五mm前後。日本産約五〇種。ブドウの害虫アカガネサルハムシ、スギの苗木を枯らすウスイロサルハムシなど、農林業の害虫が多い。

**サルバルサン【Salvarsan】** 「アルスフェナミン」の商標名。

**サルビア【salvia】** シソ科の一年草、二年草、または多年草。温帯地方に約七〇〇種。秋、紅色系の唇形花を穂状につける。観賞用。ヤクヨウサルビアともよばれる同属のセージは、薬用・香辛料用。ヒゴロモソウ。↓写

●サルビア

**さる-ひき【猿引き・猿▼曳き】** ↓さるまわし(猿回し)

**サルピグロッシス【Salpiglossisラテン】** ナス科の一年草。温室で育成される。高さ約三〇cm。夏、径約六cmの花が咲く。花色は白・黄・紅・紫紅。南アメリカ原産。

**サルファ-ざい【サルファ剤】** ブドウ球菌・肺炎菌・赤痢菌など病原菌の増殖を抑える抗菌剤。化膿性疾患をはじめ各種の細菌性の疾患に有効。スルファ剤。スルファミン。スルホンアミド。sulfa drug

**さるふつ【猿払】〈村〉** 北海道北部、稚内市南東隣の村。酪農とホタテガイ養殖などの漁業を主とする。人口三四六六(一九八八)。

**サルベージ【salvage】** ①座礁・沈没した船の引き揚げなどを目的とする作業。②海難救助。

**サルベージ-せん【サルベージ船】** 沈没船の引き揚げ、座礁した船の曳航などを専門とする船。広く、舷の低い作業甲板をもち、復元性と耐波性にすぐれている。救難船。salvage boat

●猿橋

**ざる-べからず** 文語的(連語) …しなければならない。…しないわけにはいかない。

**さる-べ・し【▽然る▽可し】** 古語(連語) ①当然そうあるはずである。しかるべきである。用例 ―・き契りこそはおはしましけめ(源氏・桐壺)。②そうなる運命である。用例 ―・きにやおはしけむ、右大臣の御ためによからぬこと出できて(大鏡・時平)。③りっぱである。用例 ―・き所の下部などの来て(枕・ねたきもの)。

**サルペドン【Sarpēdōnギリシア】** ①ギリシア神話でゼウスとエウロペの子。Sarpedon ②ゼウスの子。トロヤ戦争でトロヤ救援に活躍。パトロクロスに殺されたが、死と眠りの神が彼の埋葬の礼をとる。Sarpedon

**さる-ぼお【猿▼頰】** フネガイ科の海産の二枚貝。ふくらんでいる殻は白色で、黒褐色の殻皮をかぶる。殻長約七・五cm、殻高約六cm。肉は赤く、食用。東京湾から沖縄に分布。モガイ。↓図

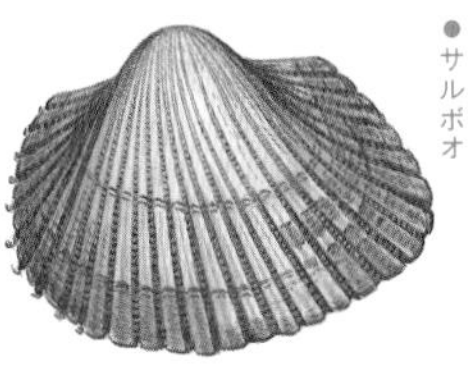

●サルボオ

**さる-ほど-に【▽然る程に】** 古語(接続) ①そうこうするうちに。やがて。用例 ―、同じき七月二十七日、上皇つゐに崩御なりぬ(平家・一・額打論)。②《話題を変えるとき》さて。話変わって。用例 ―、鬼界が島の流人ども(平家・二・康頼祝言)。

**さる・まじ【▽然るまじ】** 古語(連語) ①そうすべきでない。不適当だ。用例 ―・まじき御振る舞ひもうちまじりける(源氏・帚木)。②たいしたものではない。用例 おほかた、殿上人、女房、―・まじき女官までも(大鏡・師輔)。

**さる-また【猿▼股】** 男性用の下ばき。腰部をおおう短い股引き。猿股引き。西洋褌。

**さる-まなこ【猿眼】** 猿の目のように、まるく深くくぼんだ目。

**さる-まね【猿真▽似】**(名・サ変他) くだらない人まね。猿の人真似。copycat

**さるまる-だゆう【猿丸▽大▽夫】**(生没年未詳) 伝説的歌人。三十六歌仙の一人。『古今集』真名序に名が見え、奈良後期か平安初期の人という。

**さる-まわし【猿回し】** 大道芸の一つ。猿に芸を仕込んで演じさせる芸能。または、その飼育者。猿引き。猿使い。↓大道芸写

**サルミエント【Domingo Faustino Sarmiento】**(一八一一〜八八) アルゼンチンの教育者・文筆家・政治家。一八六八年大統領に就任し、教育問題に貢献。著書に『ファクンド、あるいは文明と野蛮』など。

**さるみの【猿▼蓑】** 江戸初期の俳諧集。六巻二冊。元禄四年(一六九一)刊。向井去来・野沢凡兆編。『俳諧七部集』の第五。発句三八二句・連句四歌仙・俳文「幻住庵記」などを収める。幽玄閑寂な句境を求め、象徴的情趣美を示した蕉風完成期の句集。

**ざる-みみ【▼笊耳】** 聞いてもすぐ忘れること。対義 袋耳。

**さる-め【▼猨女・猿女】** 神祇官の職の一つ。また、それに従事する氏族。大嘗祭・鎮魂祭などの神楽に奉仕した女。

**さる-めん【猿面】** ①猿のような顔。②猿の顔にかたどった面。

**さるめん-えびね【猿面▽海▽老根】** ラン科の多年草。山林内にはえる。長さ約二五cm、幅約八cmの長楕円形の葉が二～四個束生。晩春に、萼片が緑色で、唇弁が紫褐色の花をつける。名は唇弁の感じを猿の顔に見たてたもの。

**さるめん-かじゃ【猿面▽冠者】** ＝さるめんかんじゃ。①猿の顔に似ている若者。②豊臣秀吉の、若いときのあだ名。さる。

**サルモネラ-きん【サルモネラ菌】** 病原性の腸内細菌の一属。短桿菌で多数の鞭毛がある。チフス菌・パラチフス菌・腸炎菌など五〇〇ほどの種類があり、食中毒・胃腸炎などを起こす。salmonella

**サルモネラ-しょくちゅうどく【サルモネラ食中毒】** 食中毒の原因菌であるサルモネラ菌に汚染された食品を食べておきる中毒。症状は急性胃腸炎の型を示す。salmonella food poisoning

**さる-もの【▽然る者】**(連語) 相当な者。抜け目のない者。用例 敵も―。

**サルモン【André Salmon】**(一八八一〜一九六九) フランスの詩人。アポリネールらと立体派運動を展開。美術批評も多い。詩集『人間性の時代』など。

**サレ【Marie Sallé】**(一七〇七〜五六) フランスのバレリーナ。『ピグマリオン』を踊ったとき軽いギリシア風寛衣を採用し衣装改革を行った。

**ざ-れい【座礼・▼坐礼】** すわって敬礼をすること。そのおじぎ。対義 立礼。

**ざれ-うた【▽戯れ歌】** ①滑稽な歌。おどけた歌。②狂歌。俳諧歌。ざれごと歌。

**ざれ-え【▽戯れ絵】** 滑稽な絵。鳥羽絵。戯画。caricature

**サレーユ【Sébsatien Félix Raymond Saleilles】**(一八五五〜一九一二) フランスの法学者。パリ大学教授。科学学派の創始者で、私法の解釈論に新機軸をもたらした。主著『歴史学派と自然法』。

**さ-れき【砂▼礫】** すなと小石。しゃれき。gravel

**され-こうべ【▼髑▼髏・▼曝れ▽頭】** 風雨にさらされた頭骨。しゃれこうべ。しゃりこうべ。どくろ。skull

**ざれ-ごと【▽戯れ言】** ふざけて言うことば。冗談。joke

**ざれ-ごと【▽戯れ事】** ふざけてすること。冗談ごと。いたずらごと。joke

**サレジオ-かい【サレジオ会】** カトリック教会男子修道会の一つ。一八七四年ドン＝ボスコがイタリアに創立。勤労青少年教育・貧困者援助・出版などに従事。the Salesian Order

**され-ど【▽然れど】** 文語的(接続) しかし。だが。

**され-ば【▽然れば】** 文語的(接続) だから。それゆえ。

**さ・れる【▽為れる】**(下一他) ①「する」の受身。be done 用例 ばかに―。②「する」の尊敬語。なさる。用例 説明を―。

**ざ・れる【▽戯れる】**(下一自) ふざける。たわむれる。joke

**サレルノ【Salerno】** イタリア南部、サレルノ湾に臨む港湾都市。古代、ギリシア人の植民地として建設。人口一五・八万(一九八五)。

**サロイヤン【William Saroyan】**(一九〇八〜八一) アメリカの小説家。庶民や子どもの生活を描き、明るくペーソスにあふれる作風。短編集『わが名はアラム』、長編『人間喜劇』など。

**サロート【Nathalie Sarraute】**(一九〇二〜) フランスの女流小説家。ロシア生まれ。ヌーボーロマンの先駆者。小説『プラネタリウム』『黄金の果実』、評論『不信の時代』など。

**サローヤン【William Saroyan】** ↓サロイヤン

**サロス-しゅうき【サロス周期】**《「サロス」はシュメール語で三六〇〇の意》日食や月食の循環周期。六五八五・三二一日ごとに、日食と月食がくりかえされる。Saros period

**サロッド【sarod】** 北インド古典音楽の独奏

用撥弦楽器。音色は繊細。革張りの胴に表面に金属板をつけた頸部が付き、その後部に共鳴具をもつ。五～八本の金属弦と約一五本の金属共鳴弦がある。

**サロニカ**[Salonica] テッサロニキの別称。

**サロベツ-げんや**【サロベツ原野】 北海道北部の原野。天塩・サロベツ両川の下流域にあり、天塩平野の大部分を占める。

**サロペット**[salopetteフランス] 主として労働者や子供などが着る胸当てがついたズボン。背中から両肩につりひもを渡し、胸部でボタンなどで留める形式のズボン。↓図

●サロペット

**さろま**【佐▼呂間】〈町〉北海道北東部、オホーツク海沿岸の町。漁業や酪農のほかテンサイなどを栽培。人口八二三二(一九八八)。

**サロマ-こ**【サロマ湖】 北海道北東部、オホーツク海岸の潟湖。面積一五二km²、北海道最大の湖。最深一九・六m。ホタテガイなどの養殖がさかん。湖畔にアッケシソウの群落。

**サロメ**[Salomē]『新約聖書』中の女性。ガリラヤの領主ヘロデの後妻ヘロデアの娘。王の前で舞い、そのほうびとして洗礼者ヨハネの首を所望。

**ザロモン**[Erich Salomon](一八八六～一九四四) ドイツの写真家。キャンディッド(=盗み撮り)写真の創始者。不意打ち撮影の成功で有名。

**サロン**[salon] ①客間。応接間。②フランスで、上流階級の女性が自邸の客間(サロン)で催した名士たちの集まりや社交界をさす。一七世紀のランブイエ侯爵夫人のサロンが有名。③美術の展覧会・展示会。④船などの談話室。⑤喫茶店・バー・美容院などの名に用いられる語。

**サロン**[sarongオランダ]《元来、マレー語で、筒・鞘、の意》マレー半島・インドネシア・南インドなどで用いられる筒状の衣服。スカート部にひだをたたみ、余った部分は腰にはさんで形をつくる。

**ざ-ろん**【座論・▼坐論】 座して論じること。impractical discussion

**サロン-てき**【サロン的】(形動) ①サロンの。サロン風の。social ②仲間だけで、他を入れないさま。exclusive

**ざろん-ばい**【座論梅】 ウメの一品種。実が接近してつき、熟す前に、一つずつ落ちていくのを、座論にたとえた。ヤツブサウメ。

**サロン-ミュージック**[salon music] レストランなどで演奏する平易な音楽。古典的な曲を通俗的に編曲したもの。サロン音楽。

**さわ**【沢】 ①水がたまり、草が茂っている低地。swamp ②山間の、やや広くて浅い谷川。gorge

**さ-わ**【茶話】 気軽にする話。茶飲み話。ちゃわ。chatting over the tea cup

**サワー-クリーム**[sour cream] 生クリームを乳酸菌で発酵させたもの。東欧原産。レモン汁を加えて作ってもよい。ヨーグルトも同じ起源。

**さわ-あじさい**【沢▽紫▽陽▽花】 ヤマアジサイの別名。

**サワー-ミルク**[sour milk] 牛乳を乳酸菌で発酵させ酸味を出したもの。乳酸飲料の原料、洋菓子・料理の風味づけなどに使われる。

**さわ-あららぎ**【沢▼蘭】 サワヒヨドリの別名。

**さわうち**【沢内】〈村〉岩手県西部、奥羽山脈の中の村。林業のほか、稲作・畜産・果樹栽培を行う。人口四六七五(一九八八)。

**さわ-おぐるま**【沢小車】 キク科の多年草。山野の湿地にはえる。茎は高さ約六〇cmで中空。葉はへら形で厚い。春、茎頂に散形状に頭花がつく。頭花は約五cmで、舌状花は黄色。

**さ-わ-かい**【茶話会】 茶と菓子で気楽に話をする、形式ばらない会合。tea party

**さわがし・い**【騒がしい】(形) ①物音などがして、うるさい。noisy ②あわただしい。忙しい。bustling ③物騒だ。turbulent 用例 世の中が—。派生 さわがしさ(名)

**さわが・す**【騒がす】(五他) ↓さわがせる(騒がせる)

**さわが・せる**【騒がせる】(下一他) =さわがす。①騒がしい思いをさせる。disturb ②世間を不安にする。agitate

**さわ-がに**【沢▼蟹】 サワガニ科に属する日本で唯一の純淡水産のカニ。甲幅約三cm。体色は茶褐色から淡青色まで変化にとむ。ハイキュウチュウの中間宿主。本州以南に分布。↓写

●サワガニ

**さわぎ**【騒ぎ】 ①騒ぐこと。fuss 用例 大—だ。どんちゃん—。②もめごと。trouble 用例 —を起こす。③とりこみ。騒動。混雑。confusion 用例 盗難—。④《「…どころの騒ぎ」の形で。下に打ち消しをともなって》なまやさしくない程度。not so simple as 用例 いやになるどころの—ではない。

**さわ-ぎきょう**【沢▼桔▼梗】 キキョウ科の多年草。山野の湿地にはえる。茎は太く、高さ約一m。葉は披針形で低い鋸歯をもつ。夏、総状花序を生じ、多数の青紫色の唇形花をつける。↓写

●サワギキョウ

**さわ-ぎく**【沢菊】 キク科の多年草。山地の木陰にはえる。高さ約八〇cm。葉は羽状で深裂。五～六月に、黄色の頭花を十数個つける。ボロギク。

**さわぎ-た・てる**【騒ぎ立てる】(下一自) 大げさに騒ぐ。騒々しくする。make a great fuss

**さわ・ぐ**【騒ぐ】(五自)《上代は「さわく」》①やかましくする。がやがや、ざわざわ音を立てる。make a noise ②あわてる。hurry-scurry ③騒動を起こす。make a disturbance ④穏やかでなくなる。落ちつかなくなる。feel uneasy 用例 血が—。⑤評判になる。うわさされる。用例 マスコミが—。

**胸が騒ぐ**(むねがさわぐ) 心配や、悪い予感などのために、胸がどきどきして落ち着かない。胸騒ぎがする。have a presentiment

**さわ-ぐるみ**【沢▼胡▽桃】 山地の谷間にはえるクルミ科の落葉高木。高さ約二五m。葉は羽状複葉。小葉は広披針形。五月に花穂を下垂。果実は堅果。

**ざわ-ざわ**(副・サ変自) 集まった人々などの動きや声などの音。そういう音がして、落ち着かないさま。be noisy

**さわ-さわ(と)**(副) ①風にゆれる木の葉などの音のさま。②風がすがすがしく吹き渡るさま。

**さわ-しおん**【沢紫▼苑】 ベンケイソウ科の多年草。茎は直立し、長披針葉が互生。夏、数本の花穂を茎頂に出し、黄白小花を多数つける。

**さわ-しば**【沢▼柴】 カバノキ科の落葉高木。山地にはえる。葉は尖頭卵形。五月、緑黄色の尾状の花穂を下垂。材は細工・家具用。

**さわ・す**【▼醂す】(五他) ①柿の実の渋を抜く。sweeten ②水につけて、さらす。あわす。bleach in water

**さわずみ-けんぎょう**【沢住検▽校・沢▽角検▽校】(生没年未詳) 琵琶法師。江戸初期に京都で活動。初めて浄瑠璃に三味線の伴奏をつけた。

**さわた**【佐和田】〈町〉新潟県佐渡島、真野湾に臨む町。中心の河原田は島内バス交通の要所。人口一万三一五(一九八八)。

**さわだ-しょうじろう**【沢田正▽二郎】(一八九二～一九二九) 俳優・新国劇の創立者。滋賀県生まれ。早大卒。通称は沢正。芸術座を経て大正六年(一九一七)新国劇を結成。剣劇を考案。↓写

●沢田正二郎

**さ-わち**【▽皿▽鉢・砂鉢】《「浅鉢」の略である「さはち」の転》浅くて大形の皿。

**さわち-りょうり**【▽皿▽鉢料理】 高知の郷土料理。宴会料理で、盛り込み(煮しめ・天ぷら・巻きずしなどの盛り合わせ)、生け作り、カツオのたたきなどを、皿鉢に盛りつけて供する。

**ざわ-つ・く**(五自) ざわざわ、がやがやする。be noisy

**さわ-に**【▽多に】 古語 (副) 多く。たくさん。用例 人—国には満ちて(万葉・四・四八五)。

**さわに-わん**【沢煮▼椀】 野菜と豚の脂身をせん切りにし、塩と控えめのしょうゆで薄味に仕立てた汁物。こしょうを添える。

**さわ-のぼり**【沢登り】 登山で、沢に沿って登っていくこと。climb up along a mountain stream

**さわ-ひよどり**【沢▼鵯】 キク科の多年草。日当たりのよい山地にはえる。高さ約四〇cm。葉は厚く、広披針形。秋、散房状に淡紅紫色の小頭花をつける。サワアララギ。

**さわ-ふたぎ**【沢▼蓋木】 ハイノキ科の落葉低木。山の谷間などにはえる。春から夏にかけて小さな白色花を多数つけ、果実は藍色に熟す。枝葉の灰は紫染めに用いる。↓写

●サワフタギ

**さわ-べ**【沢辺】 沢のほとり・あたり。

**さわ-みず**【沢水】 沢を流れる水。

**さわむら-えいじ**【沢村栄治】(一九一七～一九四四) プロ野球、巨人軍投手。三重県の生まれ。プロ野球草創期の速球投手として知られたが、第二次大戦で戦死。

**さわむら-げんのすけ**【沢村源▼之助】 歌舞伎俳優。屋号紀伊国屋。現在五世まで。四世(一八五九～一九三六)は毒婦役を得意とした。

**さわむら-しょう**【沢村賞】 プロ野球で、その年にもっとも活躍した投手に与えられる賞。名投手沢村栄治の功績をたたえて、昭和二二年(一九四七)制定。

**さわむら-そうじゅうろう**【沢村宗十郎】 歌舞伎俳優。屋号紀伊国屋。代々、和事の名優を輩出。現在九世まで。初世(一六八五～一七五六)は二世市川団十郎と並称された名優。武家出身。和事・実事を得意とした。三世(一七五三～一八〇一)は天明・寛政期の名優。色事師の第一人者。七世(一八七五～一九四九)は独特な色気をもち、最後の和事師といわれた。

**さわむら-たのすけ**【沢村田▼之助】 歌舞伎俳優。屋号紀伊国屋。初世・五世以外は女形。現在六世まで。初世(一七五三～一八〇二)はのちの三世沢村宗十郎。三世(一八四五～七八)は美貌で激しい気性の天才的女形。脱疽にかかり両手足を切断、なお舞台を務めた。

**ざわ-めき** ざわめく声や音。hum of voices

**ざわ-め・く**(五自) ざわざわする。ざわつく。be noisy

**さわ-やか**【▼爽やか】(形動) ①さっぱりしてこころよいさま。すがすがしいさま。爽快。refreshing ②はっきりしているさま。clear ③あざやか。vivid

**さわやか-さ**【▼爽やかさ】 さわやかなこと・程度。refreshingness

**さわ-や・ぐ**【▼爽やぐ】(五自) さわやかになる。feel refreshing

**さわやなぎ-まさたろう**【沢柳▽政太郎】(一八六五～一九二七) 教育家・貴族院議員。長野県生まれ。東大卒。二高・一高校長、文部次官などを歴任。大正期の自由主義新教育運動を指導し、成城学園を設立。東北帝大初代総長。京都帝大総長。

**さわら**【▼椹】 ヒノキ科の常緑針葉高木。山地にはえ高さ約三〇m。樹皮は灰褐色で縦裂する。葉は鱗片状で先がとがる。雌雄同株。四月に開花。球果は黄褐色。庭園・いけがき用。材は建築・器具・パルプなどに利用。↓図

●サワラ(椹)

**さわら**【▼鰆】サバ科の海水魚。全長約一m。体上部に青緑色の斑紋が散在。浅海に群れすむ。四〜六月に内湾で産卵。食用。北海道以南に分布。幼魚はサゴシ・サゴチ。spanish mackerel ↓図

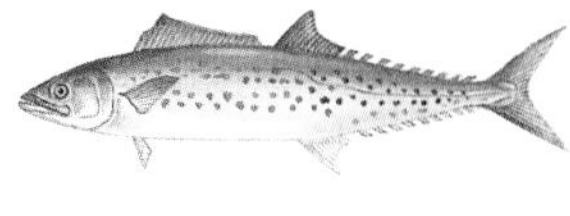

●サワラ（鰆）

**さわら**【佐原】〈市〉千葉県北東部、利根川下流の市。江戸時代河港として発展。水郷早場米地帯の中心。水郷観光の拠点。工業化も進む。人口五万五〇〇〇(一九八八)。

**さわら**【砂原】〈町〉北海道、渡島半島内浦湾に臨む町。ホタテガイ養殖などの漁業と水産加工業がさかん。人口六一〇四(一九八八)。

**さ-わらび**【▽早▼蕨】《「さ」は接頭語》春、芽を出したばかりのワラビ。

**さわ-らん**【沢▼蘭】ラン科の多年草。高さ約二〇cm。岡山以北の山地の湿原にはえる。葉は一枚で線形。夏に紅紫色の花が先端に一個咲く。アサヒラン。↓写

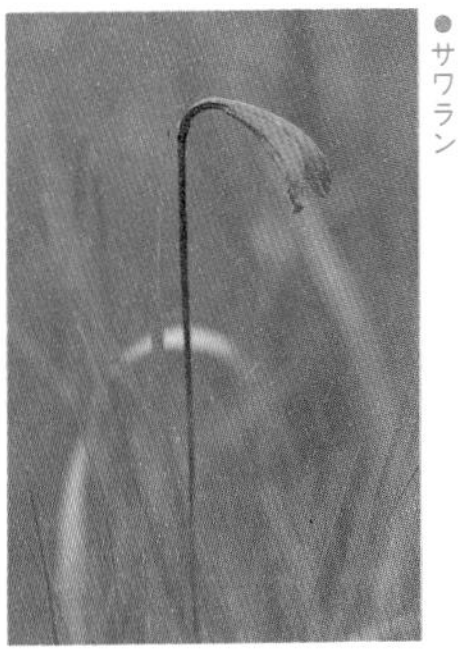

●サワラン

**さわり**【触り】①触ること。touch ②触った感じ。touch; feel ③義太夫節で、義太夫節以外の曲節を取り入れた部分。のちに、口説といわれる歌謡的部分、さらに、曲の聞かせ所をもいうようになった。④三味線の弦、とくに第一弦が棹にさわって出す音およびその仕掛け。⑤《③から転じて》一般に、聞かせ所。聞き所。climax

**触り三百**（さわりさんびゃく）《ちょっと触れただけで、三〇〇文の損害になる意から》物事にちょっと関係したために迷惑をこうむったり、損をするたとえ。

**さわり**【障り】①さしつかえ。支障。hindrance ②病気。disorder ③月経。menses

**さわ・る**【触る】（五自）①軽くふれる。touch 用例 手に—。②かかわりを持つ。関係する。have to do with 用例 寄ると—と。③気分を害する。hurt 用例 気に—。神経に—。

**触らぬ神に祟り無し**（さわらぬかみにたたりなし）かかわり合いにならなければ、無事だ。Far from Jupiter far from thunder.; Let sleeping dogs lie.

**さわ・る**【障る】（五自）①差し支える。hinder ②害になる。邪魔になる。be harmful ③病気になる。be bad for health

**さわ-るりそう**【沢▼瑠▼璃草】ムラサキ科の多年草。日本固有種。山地の樹下にはえる。高さ約五〇cm。晩春、茎の上部に渦巻状の花序をつけ、るり色の小さな花が咲く。

**さわれ** 古語 《「さはあれ」の約》＝さばれ。用例 そこ㊀(感)どうともなれ。えい、ままよ。㊁(接続)そうではあるが。はかとなくいとくるしけれど、—とのみおもふ(蜻蛉・中)。

**さ-わん**【左腕】①左のうで。left arm ②左利き。left-handed 用例 —投手。

**サン** 3画【三】部首[一] 教育小1 JIS 2716 | 6画【▼弎】部首[弋] 異体字

音 サン
訓 み・みっつ・みっつ

一 二 三

①みっつ。みつ。み。「三角・三月・三脚・三拍子」用例 (名)—を数えたとき…。②みたび。「三選」③たびたび。「再三」「三思・三省」④三味線の糸で、もっとも調子の高い糸。⑤三河国のこと。「駿遠三」「三州」参照 参。⑥野球で三塁手のこと。「三遊間」参考 金額を書くとき、参を用いることがある。

**三度の飯より好き**（さんどのめしよりすき）何よりも好き。be crazy about 用例 —な将棋。

**サン** 3画【山】部首[山] 教育小1 JIS 2719

音 サン・セン
訓 やま

山 山 山

①やま。平地より高くそびえたところ。対義 川。「遠山・連山」「山河・山岳・山水・山脈」②寺のこと。「開山」③比叡山のこと。「山門」

**サン** 3画【▼彡】部首[彡] JIS 5536

音 サン・セン

①はけめ。模様。また、髪飾り。②部首の一つ。さんづくり。けかざり。

**サン** 6画【▼汕】部首[氵] JIS 6172

音 サン

①魚がおよぐさま。②あみ。すくいあみ。

**サン** 7画【▼删】部首[刂] JIS 4972

音 サン

けずる。不要な字句や文章をのぞく。整理する。「删定」

**サン** 7画【▼芟】部首[艹] JIS 7176

音 サン・セン

かる。草をかりさる。かりのぞく。「芟除」

**サン** 7画【▽杉】部首[木] 常用 JIS 3189

音 サン
訓 すぎ

スギ。スギ科の常緑針葉高木。

**サン** 8画【参】部首[厶] 教育小4 JIS 2718 | 11画【▼參】旧字 JIS 5052

音 サン・シン
訓 まいる

参 参 参 参 参 参

①まいる。㋐尊貴・目上のところへいく。「帰参・持参・推参」「参上」㋑寺社などにもうでる。「日参・墓参」「参拝」㋒まける。やられる。「降参」㋓こまる。へこたれる。「降参」②仲間いりする。くわわる。「参加・参会・参事・参政権・参列」③ひきくらべる。しらべる。「参考・参照」④参議院のこと。対義 衆。「衆参両院」⑤証書などに、三のかわりに書く字。「一金参万円也」⑥三河国のこと。「参州」

**サン** 8画【▼衫】部首[衤] JIS 7446

音 サン

①ひとえ。ひとえもの。うらのない衣服。②はだぎ。したぎ。「汗衫」

**サン** 9画【▼珊】部首[王] JIS 2725

音 サン

①「珊瑚」は、花虫綱に属する刺胞動物。石灰質の骨格を加工して、装飾品をつくる。②サンチ。センチ。長さの単位。センチメートル。centimètreの音訳の略。

**サン** 9画【▼舢】部首[舟]

音 サン

「舢板」は、はしけ。小舟。

**サン** 9画【▼閂】部首[門] JIS 7957

音 サン

かんぬき。かんのき。門や戸をあかないようにする横木。

**サン** 10画【桟】部首[木] 常用 JIS 2723 | 12画【▼棧】旧字 JIS 6002

音 サン

①かけはし。「桟道・桟橋」②戸や障子のほね。③さる。雨戸や板戸などの戸締まり用の木の栓。④板がそらないようにうちつける細い木。⑤ねだ。ゆか板の下にわたす横木。

**サン** 10画【蚕】部首[虫] 教育小5 →教育小6 JIS 2729 | 24画【▼蠶】旧字 | 26画【▼蠺】異体字 JIS 7436

音 サン・テン
訓 かいこ

蚕 蚕 蚕 蚕 蚕 蚕

カイコ。カイコガの幼虫。こ。おこ。おこさま。カイコを飼う。「養蚕」「蚕業・蚕糸・蚕室・蚕食」参考 蚕は「テン」で、ミミズの意。もとは、蠶とは別の字。

**サン** 11画【惨】部首[忄] 常用 JIS 2720 | 14画【▼慘】旧字 JIS 5646

音 サン・ザン
訓 みじめ

①むごたらしい。いたましい。「悲惨」「惨事・惨状」②みじめ。みじめな。「惨敗」↓ザン【惨】

**サン** 11画【産】部首[生] 教育小4 JIS 2726 | 11画【▼產】旧字

音 サン
訓 うむ・うまれる・うぶ

産 産 産 産 産 産

①子をうむ。うまれる。比較 生。「安産・出産」「産院・産卵」用例 (名)お—。②物をつくる。物がとれる。とれた物。「国産・生産」「産業・産物」用例 (名)これは愛知県の—だ。③もとで。資金。身代。「財産・資産・破産」用例 (名)—を失う。④うぶ。うまれたまま。

**産を傾く**（さんをかたむく）①財産を使い果たす。②全財産を差し出す。

**産を破る**（さんをやぶる）破産する。すべての財産を失う。

**サン** 12画【傘】部首[人・𠆢] 常用 JIS 2717

音 サン
訓 かさ

①かさ。また、かさのようなもの。「銀傘・鉄傘・落下傘」②力のおよぶ範囲。「傘下」

**サン** 12画【散】部首[攵] 教育小4 JIS 2722

音 サン
訓 ちる・ちらす・ちらかす・ちらかる

散 散 散 散 散 散

①ちる。ちらす。対義 集。「解散・分散」「散会・散開」②ぶらぶらする。「散策・散歩」③ひま。「閑散」④こなぐすり。「胃散」「散薬」⑤きまりがない。「散位・散文」

**サン** 12画【▼跚】部首[足] JIS 7673

音 サン

「蹣跚」は、よろよろとあるくさま。

**サン** 13画【▼蒜】部首[艹] JIS 4139

音 サン

ひる。ユリ科の多年草で、においが強く、食用になるものの総称。ノビル。ニンニク。

**サン** 13画【▼盞】部首[皿] JIS 6623

音 サン・セン

さかずき。小さい杯。「酒盞」

**サン** 13画【▼粲】部首[米] JIS 6876

音 サン

①しらげよね。精白した米。白米。②めし。いい。食事。たべもの。③あざやか。あきらか。鮮明。「粲麗」

**サン** 14画【算】部首[竹] 教育小2 JIS 2727 | 13画【▼筭】異体字

音 サン

算 算 算 算 算 算

①かぞえる。かず。「暗算・計算」「算数」②かずとり。そろばん。「珠算」「算木」用例 (名)—を置く。③みこみ。つもり。「公算・心算」④やりくり。工面。「予算」「算段」

**算無し**（さんなし）計算しきれない。また、数えきれない。数限りなくある。

**算を置く**（さんをおく）①算木で計算する。②算木を用いて占う。

**算を乱す**（さんをみだす）ちりぢりばらばらになる。混乱する。be utterly disorganized

**サン** 14画【酸】部首[酉] 教育小5 JIS 2732

音 サン
訓 すい

酸 酸 酸 酸 酸 酸

①すっぱい。すい。す。「酸味」②青色のリトマス紙を赤くかえる化合物。水溶液中で水素イオンを生じる。また、塩基と反応して塩を生じる。対義 塩基。「塩酸・酢酸」「酸性」用例 (名)—に弱い。③つらい。むごい。きびしい。「辛酸」「酸鼻」④酸素のこと。「酸化」

**サン** 15画【▼撒】部首[扌] JIS 2721

音 サツ・サン

まく。まきちらす。「撒水・撒布」↓サツ【撒】

**サン** 15画【▼潸】部首[氵] JIS 6306

音 サン



▼常用漢字表外。 ▽常用漢字表の音訓外。

①涙がながれるさま。「潸々・潸然」②雨がふるさま。「潸々」

**サン** 15画【賛】部首[貝] 教育小5 JIS 2731 ｜ 19画【贊】旧字 JIS 7653

賛 賛 賛 賛 賛

音**サン**

①たすける。力をそえる。「賛助・賛成・賛同・賛否」②《讃とも》㋐ほめる。たたえる。「自賛・賞賛・礼賛」「賛辞・賛嘆・賛美歌」㋑絵などにかきそえた詩・文章・ほめことば。「画賛」用例(名)―をする。

**サン** 16画【▾篹】部首[竹] ｜ 17画【▾簒】異体字 JIS 5053

音サン・セン

うばう。うばいとる。無理にとる。「簒奪・簒立」

**サン** 16画【▾餐】部首[食] JIS 2733

音サン

たべる。くらう。飲み食いをする。また、食事。たべもの。「加餐・午餐会・賜餐・正餐・素餐・粗餐・晩餐」

**サン** 17画【▾燦】部首[火] JIS 2724

音サン

あざやか。あきらか。きらびやか。ひかりかがやくさま。用例(形動トタル)生命の―として輝くところ。

**サン** 18画【▾繖】部首[糸] JIS 6968

音サン

かさ。きぬがさ。絹などで張った長柄の傘。

**サン** 19画【▾鏟】部首[金]

音サン・セン

①ならす。けずる。たいらにする。②ならし。かんな。やすり。木や鉄などをけずって、たいらにする道具。

**サン** 20画【▾攙】部首[扌]

音サン・ザン

①さす。つきさす。②たすける。たすけおこす。

**サン** 20画【▾纂】部首[糸] JIS 2728

音サン

あつめる。よせあつめる。編集する。「雑纂・編纂・論纂」

**サン** 20画【▾霰】部首[雨] JIS 8039

音セン・サン

あられ。①空中の水蒸気が急に氷結して降る、白色の小さい球状のもの。「急霰」「霰弾」②賽の目状に細かく切ったもの。また、そのように切った餅。

**サン** 21画【▾驂】部首[馬] JIS 8161

音サン

①そえうま。馬車で、中心になる馬につきしたがわせる馬。②そえのり。貴人の馬車に、お供としてのること。また、その人。「驂乗」

**サン** 22画【▾巑】部首[山]

音サン

するどくとがった山。また、山がけわしくそびえつらなるさま。

**サン** 22画【▾攢】部首[扌] ｜ 18画【▾攅】異体字 JIS 5825

音サン

あつめる。あつまる。むらがる。

**サン** 25画【▾纉】部首[糸] ｜ 21画【▾纘】異体字 JIS 6983

音サン

つぐ。うけつぐ。つづける。

**サン** 26画【▾讚】部首[言] JIS 7613 ｜ 22画【▾讃】異体字 JIS 2730

音サン

①ほめる。たたえる。「称讃・賞讃」「讃歌・讃美」②仏の徳をたたえる歌のことば。「漢讃・梵讃・和讃」③絵などにかきそえた詩・文章・ほめことば。「画讃」④讃岐国のこと。「讃州」

**サン** 27画【▾鑽】部首[金] JIS 7951 ｜ 23画【▾鑚】異体字 JIS 7952

音サン

①きり。たがね。のみ。穴をあける道具。②うがつ。きる。きりもみする。きりで穴をあける。「鑽孔」③研究する。深くものごとをきわめる。「研鑽」「鑽仰」④あつめる。あつまる。

**サン** 29画【▾爨】部首[火] JIS 6406

音サン

①かしぐ。飯をたく。炊事。「炊爨」②かまど。へっつい。③めしたき。おさんどん。

**さん**【▽様】(接尾)《「さま」よりうちとけた言い方》①氏名などに付けて敬意を表す語。②丁寧に言う気持ちを表す。用例ごくろう―。

**サン**【sun】㊀太陽。用例―グラス。㊁《The Sun》①アメリカの大衆紙。一八三三年ニューヨークで創刊。安くて面白い新聞として、初期大衆紙の原型になった。一九二三年廃刊。②イギリス最有力の大衆朝刊紙。一九六四年創刊。タブロイド版。

**ザン** 10画【残】部首[歹] 教育小4 JIS 2736 ｜ 12画【▾殘】旧字 JIS 6144

残 残 残 残 残

音**ザン**・サン

訓**のこる・のこす**

①のこる。のこす。「敗残」「残業・残月・残暑・残存・残留」②のこり。あまり。「残額・残金・残高・残品・残部」用例(名)今月の―はどれほどか。③むごい。むごたらしい。「残虐・残酷・残忍」④きずつける。ころす。そこなう。「残害」

**ザン** 11画【惨】部首[忄] 常用 JIS 2720 ｜ 14画【▾慘】旧字 JIS 5646

音**サン・ザン**

訓**みじめ**

みじめ。むごい。いたましい。「惨酷・惨殺・惨死・惨敗」↓サン【惨】

**ザン** 11画【▾斬】部首[斤] JIS 2734

音サン・ザン

きる。刀できる。きりころす。「斬殺・斬首・斬新」

**ザン** 14画【▾塹】部首[土] JIS 5247 ｜ 17画【▾壍】異体字

音セン・ザン

ほり。城などにめぐらされたほり。「塹壕」

**ザン** 14画【▾嶄】部首[山] JIS 5448

音サン・ザン

たかい。けわしい。さがしい。山がそびえたつさま。「嶄然」

**ザン** 15画【▾慙】部首[心] JIS 5647 ｜ 14画【▾慚】部首[忄] 異体字 JIS 5648

音ザン

はじる。はずかしいと思う。はじ。恥辱。「無慙」「慙愧」

**ザン** 15画【暫】部首[日] 常用 JIS 2735

音**ザン**

しばらく。①しばし。ちょっとの間。「暫時」②かりに。かりそめに。「暫定的」③長い間。ひさしぶり。

**ザン** 15画【▾槧】部首[木] JIS 6065

音サン・ザン・セン

①ふだ。木をけずって文字を書くのに用いた板。②てがみ。文書。版本。

**ザン** 18画【▾竄】部首[穴] JIS 6766

音サン・ザン

①のがれる。にげかくれる。「竄入」②はなつ。追放する。「流竄」③あらためる。文字をかきかえる。「改竄」

**ザン** 18画【▾蹔】部首[足]

音ザン

①はやくはしるさま。②しばらく。しばし。かりに。

**ザン** 19画【▾鏨】部首[金] JIS 7920

音サン・ザン

①たがね。鋼鉄製ののみ。石や金属などをきざむ道具。②える。ほる。うがつ。

**ザン** 20画【▾巉】部首[山] JIS 5458

音サン・ザン

けわしい。さがしい。山がするどくきりたっているさま。「巉崖」

**ザン** 20画【▾懺】部首[忄] JIS 5682 ｜ 18画【▾懴】異体字 JIS 5683

音サン・セン・ザン

くいる。罪・あやまちをくいあらためる。「懺悔」↓セン【懺】

**ザン** 24画【▾讒】部首[言] JIS 7609

音サン・ザン

そしる。人の悪口をいう。つげぐち。中傷。「讒言・讒訴・讒奏・讒謗」

**さん-あく**【三悪】①三つの悪。②《仏教語》殺生・盗み・淫欲を満たす、の三つの罪。③「三悪道」の略。

**さん-あくしゅ**【三悪趣】三悪道の別称。

**さん-あくどう**【三悪道】《仏教語》衆生が己の悪業の報いによって生まれかわる三つの世界。地獄道・餓鬼道・畜生道の三つ。三悪趣。三悪。さんまくどう。

**さん-あみ**【三▾阿▾弥】室町時代の画家、能阿弥(名は真能)・芸阿弥(真芸)・相阿弥(真相)の父子孫三代のこと。足利将軍家の同朋衆で、唐物や唐絵の鑑定などに携わった。

**さん-アミド**【酸アミド】↓アミド

**サン-アントニオ**【San Antonio】アメリカ南部、テキサス州中南部の商工業都市。一八三六年テキサス守備隊が全滅したアラモの砦跡がある。人口七八・六万(一九八〇)。

**サンアンドレアス-だんそう**【サンアンドレアス断層】(San Andreas Fault) 北米の太平洋岸に沿って存在する長大な水平ずれ断層。長さ一〇〇〇km以上で、カリフォルニアの海岸沿いの山脈を斜めに横切っている。

**さん-い**【散位】律令制で、位階だけあって官職のないこと。また、その人。さんに。

**さん-い**【賛意】賛成の意志。approval 用例―を表する。

**さんいちご-じけん**【三・一五事件】昭和初頭の日本共産党員らに対する弾圧事件。昭和三年(一九二八)三月一五日、田中義一内閣は、治安維持法違反容疑により全国で千数百人を一斉検挙。

**さんいち-どくりつうんどう**【三・一独立運動】日本統治下の朝鮮の独立運動。一九一九年三月一日、宗教家の孫秉熙らは京城(ソウル)で独立宣言を発表し、数千の学生・民衆が「朝鮮独立万歳」を叫んで示威。運動は各地に波及、激しい武力弾圧を受けて挫折したが、民族意識高揚への大きな転機となった。万歳事件。

**さん-いつ**【散逸・散▾佚】(名・サ変自) ちらばって、なくなること。get scattered and lost

**さんいっち-の-ほうそく**【三一致の法則】場所・時間・筋の三要素に関する一七世紀フランスの古典劇の作劇上の規則。演劇は、一つの場所で(場所)、一日のうちに(時間)、一つの出来事(筋)が展開されるように作られるべきだとする。

**さん-いん**【山陰】対義山陽。①山の北・かげ。②「山陰道」の略。③「山陰地方」の略。

**さん-いん**【参院】「参議院」の略称。

**さん-いん**【産院】産科などを扱う医院。maternity hospital

**さんいんかいがん-こくりつこうえん**【山陰海岸国立公園】京都府、丹後半島から兵庫・鳥取両県の日本海岸にまたがる国立公園。断崖・洞門・湾入・砂丘など変化に富んだ海岸線が特色。昭和三八年(一九六三)指定。

**さんいん-ちほう**【山陰地方】中国地方の日本海側の称。京都府・兵庫県北部を含むことも多い。山陰。

**さんいん-どう**【山陰道】七道の一つ。京都府を含む中国地方北部の八か国。丹波・丹後・但馬・因幡・伯耆・出雲・石見・隠岐。山陰。

**さんいん-ほんせん**【山陰本線】JR西日本の鉄道幹線の一つ。京都と山陽本線幡生を結ぶ。長さ六七五・四km。昭和八年(一九三三)開通。

**さん-う**【三有】三界の別称。

**さん-う**【山雨】山の方から降ってくる雨。山中の雨。

**山雨来たらんとして、風、楼に満つ**(さんうきたらんとして、かぜ、ろうにみつ) 変事の起こる直前に、不気味な気配がみなぎるたとえ。Coming events cast their shadows before them.

**さん-え**【三▾慧】《仏教語》聞・思・修の三つの智慧。聞慧は教えを聞いて得る智慧。思慧は教えを思惟して得る智慧。修慧は禅定を修めて得る智慧。

**さん-えん**【三遠】中国の山水画における遠近法の三つの基本的構図。山下から山頂を仰ぐ高遠、山前から山後をのぞく深遠、近山から遠山を望む平遠をいう。北宋の郭煕が『林

泉高致』で述べた。

**さん-えん【三猿】** 見ざる・聞かざる・言わざる、の意を表す三匹の猿の絵や像。猿は山王権現の使令といわれ、のちに山王が庚申の本尊になると猿も共に祭られるようになった。↓[写]

● 三猿 日光東照宮。

**さんえんか-りん【三塩化▼燐】** 化学式$PCl_3$ 無色の液体。水により塩化水素とホスホン酸に分解。湿った空気中で発煙。有機合成の塩素化剤に利用。phosphorus trichloride

**さんえんき-へいこう【酸塩基平衡】** 酸と塩基の間の可逆反応において化学平衡が成立していること。一般にAH(酸)+B(塩基)⇄$A^-$(塩基)+$BH^+$(酸)と表される。

**サン-オイル** 《和製語》日焼け用化粧品。肌を傷めず、滑らかに美しく日焼けするために用いられる油。suntan oil

**さん-おん【三音】** 茶席で、釜の蓋をずらす音、茶筅を水で清める音、茶杓で茶碗の縁を軽く打つ音の三つ。茶席ではこの三つの音のほかは音をたてないのを理想とする。

**さん-か【山家】** 山の中の家。やまが。villa in a mountain

**さん-か【山▼窩】** 《卑語》山間や河原で漂泊していた人々。箕・籠などを作るなどして生計をたて、天幕生活をして移動した。第二次大戦時の戦時統制でその数は激減した。さんわ。

**さん-か【参加】**(名・サ変自) 団体や組織などに加わっていっしょに仕事や活動をすること。仲間になること。participation

**さん-か【惨禍】** いたましい災難・災害。calamity

**さん-か【産科】** 妊娠・分娩・新生児を扱う臨床専門医科。妊婦・新生児という健康人を対象とする。obstetrics

**さん-か【傘下】** 支配下。勢力下。under a person's banner [用例] ―におさめる。

**さん-か【酸化】**(名・サ変自他) 物質が酸素と化合すること。また、その反応。水素原子を失うこと、また、原子またはイオンが電子を放出することとも定義される。oxidation [対義] 還元。

**さん-か【賛歌・▼讃歌】** ①ほめたたえる歌。paean ②賛美歌。hymn

**さん-が【山河】** =さんか。①山と川。mountains and rivers ②自然。nature [用例] 国破れて―あり。

**さん-が【参賀】**(名・サ変自) 皇居へ行って祝賀の気持ちを表すこと。

**サンガ【saṃgha梵】** 僧伽の原語。和合衆・和合僧と意訳される。

**ざん-か【残花】** 散り残っている花。

**サンガー【Frederick Sanger】**(一九一八～) イギリスの生化学者。サンガー試薬を発見。たんぱく質のアミノ酸鎖構造を研究。インシュリンの構造決定に成功。一九五八年と八〇年の二度にわたってノーベル化学賞を受賞。

**サンガー【Margaret Higgins Sanger】**(一八八三～一九六六) アメリカの女性社会運動家。一九一六年同国初の避妊診療所を開設し、産児制限・家族計画の普及につとめた。著書『結婚の幸福』など。

**さんか-あえん【酸化亜鉛】** ↓あえんか(亜鉛華)

**さんか-アルミニウム【酸化アルミニウム】** アルミニウムの酸化物。化学式$Al_2O_3$ 水に不溶の無色または白色の粉末。金属アルミニウムの精錬に利用。粒度のそろったものはファインセラミックスの原料。アルミナ。aluminum oxide

**さん-かい【山海】** 山と海。mountains and seas

**さん-かい【山塊】** 山脈から分かれ、離れた一群の山。mountain mass [用例] 秩父―。

**さん-かい【参会】**(名・サ変自) 会に出席すること。attendance

**さん-かい【散会】**(名・サ変自) ①会合が終わって別れること。adjournment ②国会で、日程の議事を全部済ませて、本会議を終わること。adjournment [比較] 延会。

**さん-かい【散開】**(名・サ変自) 密集しないで、ちらばること。deployment [用例] 部隊が―する。

**さん-がい【三界】** ㊀(名)《仏教語》=三有。①生死流転する迷いの世界。欲界・色界・無色界。②三千世界。全世界。[用例] 女は―に家なし。㊁(接尾) ①遠い所の意。くんだり。[用例] 九州―。②限られた範囲を表す。[用例] 一日―。

**子は三界の首枷**(こはさんがいのくびかせ) 子への親の心配はどこまでも尽きないたとえ。A child is an everlasting responsibility to parents.

**三界は火宅**(さんがいはかたく) 《迷いの世界を、燃えている家にたとえた語》この世に苦しみは絶えない。

**さん-がい【惨害】** ひどい災害。havoc [用例] 台風による―。

**ざん-がい【残害】**(名・サ変他) ①損なうこと。injury ②殺すこと。killing

**ざん-がい【残▼骸】** ①捨てられた死体。むくろ。carcass ②壊れたり焼けたりした残り。残片。debris

**ざん-がい【▼巉▼崖】** 切り立ったがけ。きりぎし。

**さんかいかん【山海関】** 中国、河北省北東端、渤海湾岸にある都市。万里の長城東端の関門で、古来、軍事の要衝。シャンハイコワン。

**さんかい-き【三回忌】** 死後翌々年の忌日。三周忌。三年忌。

**さんかいき【山▼槐記】** 《「山槐」は中山右大臣の意》平安末期、中山忠親の日記。別称『達幸記』。仁平元年～建久五年(一一五一～九四)の記録が現存。保元・平治の乱から鎌倉幕府成立期の好史料。

**さんがい-きょう【三階教】** 中国の仏教の一派。隋の僧信行が『十輪経』によって創唱、平等を説き社会事業に尽くしたが、弾圧され衰亡。

**さんがい-ぐさ【三界草】** ホトケノザの別名。茎の上部に輪生する葉を仏の座に見立て、これが数段になることからの名。

**さんかい-せいだん【散開星団】** 比較的まばらな星の集合。大部分は主系列の種族Ⅰの天体。銀河面や銀河の渦状腕に分布。プレアデス星団など。open cluster ↓星団[写]

**さんかい-の-ちんみ【山海の珍味】**(連語) 山や海からとれる種々のもの。また、それで作ったおいしい料理。sumptuous feasts

**さんがい-びし【三▼蓋▼菱・三階▼菱】** 紋所の名。菱紋の一種。大小三個の菱形を上下に重ねたもの。小笠原氏の代表紋。↓[図]

● 三蓋菱

三蓋菱　丸に変わり三蓋菱

**さんがい-ぶし【三階節】** 新潟県柏崎地方の民謡。盆踊り唄は「野良三階節」、座敷唄は「御座敷三階節」ともいわれる。

**さんがい-るてん【三界流転】** 《仏教語》衆生が、迷いの世界である三界を善悪の業とその報いによって、生まれかわり死にかわりすること。三界輪廻。

**さんか-えん【酸化炎】** ↓がいえん(外炎)

**さんか-おうとう【酸果桜桃】** バラ科の落葉小高木。春、葉よりも早く白花を開く。果実は淡紅色、果肉は無色か赤紫色でやわらかく、多汁。酸味が強く、缶詰用。西南アジア原産。

**さん-かおん【三▽和音】** ↓さんわおん(三和音)

**さんか-カルシウム【酸化カルシウム】** カルシウムの酸化物。化学式CaO 白色の粉末。カーバイドの原料。また、しっくいに使用。生石灰。calcium oxide

**さんかかんげん-こうそ【酸化還元酵素】** 生体内の酸化還元反応を触媒する酵素。オキシダーゼ・デヒドロゲナーゼなど。oxidoreductase

**さんかかんげん-てきてい【酸化還元滴定】** 酸化還元反応を利用した滴定法。酸化剤を標準液とする場合を酸化滴定、その逆を還元滴定という。redox titration

**さんかかんげん-でんい【酸化還元電位】** 溶液の酸化力・還元力を示す値。酸化体と還元体を含む平衡溶液に、白金電極と標準水素電極を入れたときの両極間の電位差。oxidation-reduction potential

**さんかかんげん-はんのう【酸化還元反応】** もっとも基本的な化学反応の一つ。古くは、酸素と化合することを酸化、酸化物から酸素がうばわれる反応を還元といった。現在では、広く電子を奪われることを酸化、電子を与えることを還元という。この二つは必ず同時に起こるので、合わせてこうよぶ。oxidation-reduction reaction

**さんか-ぎん【酸化銀】** 銀の酸化物。酸化銀(Ⅰ)$Ag_2O$と酸化銀(Ⅱ)AgOがある。前者は暗褐色の粉末で、水に少し溶け塩基性を示す。アンモニア水に溶け錯イオンを生成する。後者は灰黒色の粉末。酸化剤。silver oxide

**さんが-きんたい【山河襟帯】** 山が「えり」のように囲み、川が「おび」のようにめぐっている要害の地。

**さん-かく【三角】** ①三つの角がある形。triangle ②「三角形」の略。③三角法の俗称。

**三角な雪**(さんかくなゆき) 芝居で、雪降りの場面に用いる、紙を切って作ったうろこ形の雪。

**さん-かく【参画】**(名・サ変自) 計画に加わること。participation in planning

**さん-がく【三学】** 《仏教語》仏教の基本的な修行法の戒・定・慧の三つ。戒は善を行うこと、定は精神統一、慧は真実を見きわめること。

**さん-がく【山岳・山▼嶽】** 陸地の表面が著しく他より盛り上がった所。また、それらが連なった所。山。mountains

**さん-がく【参学】**(名・サ変自) 《仏教語》仏学を修めること。

**さん-がく【産学】** 産業界と大学。industry and university [用例] ―協同。

**さん-がく【産額】** 生産される数量。また、その金額。生産高。output

**さん-がく【散楽】** 日本古代芸能の一つ。中国から奈良時代に渡来した曲芸・軽業・物真似芸など雑芸の総称。雅楽に対して俗楽とされ、余興芸だった。源流は中央アジアで、中国では、紀元前後にすでに存在した。滑稽物真似芸は田楽・猿楽から能・狂言を導いた。[参照] 田楽・猿楽。

**ざん-がく【残額】** 差し引いた残りの金額・数量。残高。balance

**さんかく-い【三角▼藺】** カヤツリグサ科の多年草。海岸の近くや湿地にはえる。草丈五〇～一〇〇cm。茎の断面は三角形。

**さんかく-か【三角架】** 底が円形・球形をした実験器具類を熱するとき、三脚の上にのせる三角形の支持台。triangle ↓[図]

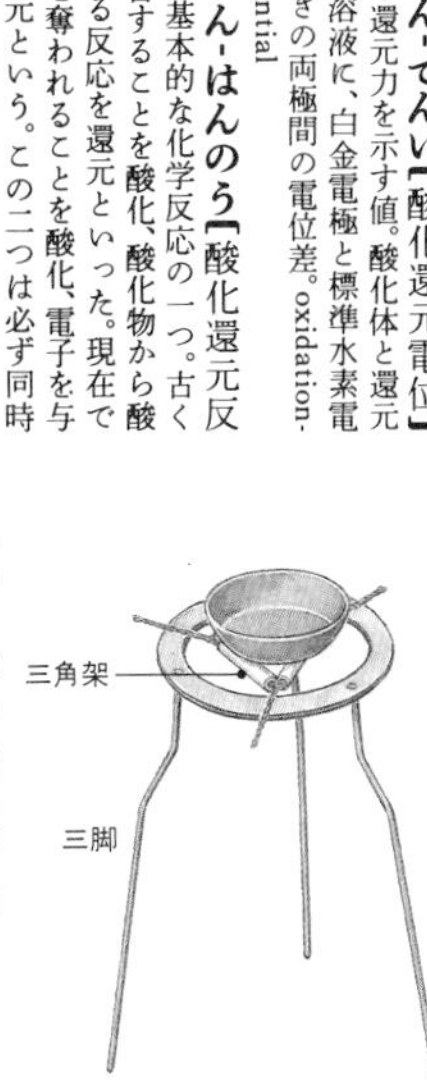


● 三角架

**さんかく-がい【三角貝】** 中生代とくにジュラ紀から白亜紀に栄えた絶滅二枚貝。貝殻の形が三角形に近い。日本産約一〇〇種。重要な示準化石。

**さんかく-かんけい【三角関係】** 三人の男女間の恋愛関係。eternal triangle

**さんかく-かんすう【三角関数】** 原点を中心とする単位円上の点の横座標、縦座標、またその比、およびそれらの逆数を、その点の偏角で表す関数。正弦関数・余弦関数・正接関数・余接関数・正割関数・余割関数の六関数。円関数。trigonometric function [参照] 三角比。

**さんがく-きこう【山岳気候】** 山地にみられる気候。平地より気温は低く、一日の温度差が大きい。気温の年変化は平地よりおくれ、春はわりあい寒く、秋は暖かい。日中は谷を上る風、夜間は谷を下る風が吹く。mountain climate

**さんがく-きょうどう【産学協同】** 産業界と大学が緊密な関係をもつことによって、技術開発や技術者養成の効果をあげようとすること。university-industry cooperation

**さんかく-きん【三角▼巾】** 正方形の大きな布を対角線で三角形に折ったもの。応急手当てのときの包帯や、料理のときに頭にかぶる物などとして使用。

**さんかく-きん【三角筋】** 肩筋を構成する筋肉の一つ。肩の関節をおおい、肩にまるみを与える三角形の筋肉。上腕の外転運動をつかさどる。deltoid muscle ↓筋肉[図]

**さんかく-けい【三角形】** 同一直線上にない三点をむすぶ三つの線分からなる図形。また、その内部を含めた図形。triangle

**さんかく-こう【三角江】** ↓エスチュアリ

**さんかく-ざ【三角座】** 北天の小星座。一二月一七日ごろの午後八時ごろに南中。面積一三二平方度。Triangulum

**さんかく-しさ【三角視差】** 地球の公転軌道の半径を基線として見た恒星の位置の差。年周視差。trigonometric parallax

**さんかく-じょうぎ【三角定規】** 三角形の定規。triangle米; setsquare英

**さんがく-しんこう【山岳信仰】** 特定の山を信仰の対象として崇拝すること。山岳崇拝。mountain worship

**さんかく-す【三角州・三角▾洲】** 河水の運んだ土砂が河口付近に堆積して形成された扇形の州。デルタ。delta

**さんかく-すい【三角▾錐】** 底面が三角形の角錐。triangular pyramid

**さんかく-そくりょう【三角測量】** 測量地域内に設定した三角形の一辺の距離と両端の角を測量して、他の二辺の距離を計算で求める測量法。順次に三角形をつなぎながら測量地点をふやす。triangulation

**さんかく-ちゅう【三角柱】** 底面が三角形の角柱。triangular prism

**さんかく-づる【三角▾蔓】** ギョウジャノミズの別名。

**さんかく-てん【三角点】** 三角測量により地球上の位置(経緯度)が正確に決められた測地の基準点。また、その標識。石柱を設置し、重要度に応じて一等から四等までの別がある。triangulation point

**さんかく-なみ【三角波】** 方向の異なる波の衝突によってできる、波高の三角状の波。chopping wave

**さんがく-は【山岳派】**(Montagnardフラ) フランス革命期の国民公会左派。議場の高所に議席を占めたのに由来。ジャコバン派が中心で、一七九三年ジロンド派を追放し独裁体制を樹立。ダントン・マラー・ロベスピエールが指導。モンタニャール。

**さんがく-はくぶつかん【山岳博物館】** 長野県大町市の市営博物館。昭和二六年(一九五一)開設。山岳知識の普及を目的とする。

**さんかく-ひ【三角比】** 直角三角形の辺の比。角Cが直角である直角三角形ABCの辺の比は角Aの大きさで決まる。これらをBC/AB=sinA, AC/AB=cosA, BC/AC=tanA, AB/BC=cosecA, AB/AC=secA, AC/BC=cotAと書き、角Aの正弦・余弦・正接・余割・正割・余接という。trigonometric ratio →図

**さんがく-びょう【山岳病】** →こうざんびょう(高山病)

**さんかくぶち-しんじゅうきょう【三角縁神獣鏡】** 古墳から出土する鏡の一類型。径二〇～二五cmの円形で、縁の断面が三角形をなしていて、裏面に中国神話の神獣の文様が刻んである。

**さんがく-ぶっきょう【山岳仏教】** 人里から離れた山林にこもって仏道を修行するもの。平安仏教の天台宗・真言宗や修験道などをさす。

**さんかく-フラスコ【三角フラスコ】** 円錐形の上部を開口し、首状にした形の実験器具。エルレンマイヤーフラスコ。Erlenmeyer flask →フラスコ図

**さんかく-ほう【三角法】** 三角関数の性質を研究し、測量などへの応用をはかる数学の一分野。trigonometry

**さんかく-ぼうえき【三角貿易】** 二国間で行っている物資の輸出入のバランスが悪いとき、第三国を介入させて収支を均衡させるとともに、貿易の拡大をはかること。一八世紀のアメリカ植民地(ラム酒)とアフリカ西岸(奴隷)、西インド諸島(砂糖)間で行った貿易など。trilateral trade

**さんかく-ぼうし【三角帽子】** ㊀①帽子の山が三角形にとがった帽子。②一七、八世紀、西洋の男性がかぶったブリム(縁)が三角に折れ上がったフェルト帽。tricorne ③四角な布を斜めに折って三角にしてかぶるもの。戸外労働のときに用いる。風呂敷ぼっち。㊁《原題El sombrero de tres picosスペイン》一幕バレエ。原作はスペインの小説家アラルコンの代表作。ファリャが作曲。粉屋の女房にいびられる代官の風刺話。

**さんかく-ほうていしき【三角方程式】** 未知数や、未知数の式の三角関数を含む方程式。trigonometric equation

**さんかく-よく【三角翼】** 平面の形が三角形の翼。超音速機に用いられる。デルタ翼。delta wing

**さんか-クロム【酸化クロム】** クロムの酸化物。酸化クロム(Ⅲ)$Cr_2O_3$と酸化クロム(Ⅵ)$CrO_3$が代表的。前者は緑色顔料でクロムグリーンとよばれる。後者は有毒な暗赤色の結晶で強力な酸化剤。chromium oxide

**さんか-こうそ【酸化酵素】** →オキシダーゼ

**さんか-ざい【酸化剤】** 他の物質を酸化し、それ自身は還元される物質。広義では、電子を獲得してより安定な状態になろうとする物質をいう。oxidizing agent

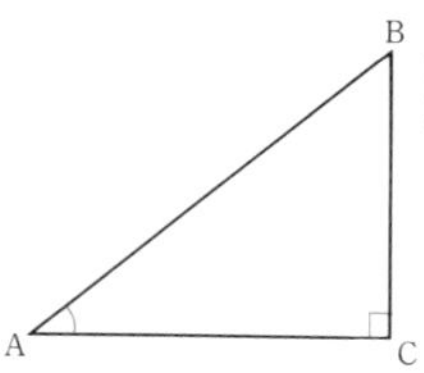


$\sin A = \frac{BC}{AB}$　$\operatorname{cosec} A = \frac{AB}{BC}$

$\cos A = \frac{AC}{AB}$　$\sec A = \frac{AB}{AC}$

$\tan A = \frac{BC}{AC}$　$\cot A = \frac{AC}{BC}$

●三角比

**さんかしゅう【山家集】** 西行の歌を収めた平安末期の私家集。三巻。四季・恋・雑に部類、巻末に百首歌一編がある。歌数は流布本で一五六九首。自然詠や無常をよんだ述懐歌などがすぐれている。

**さんか-すいぎん【酸化水銀】** 水銀の酸化物。酸化水銀(Ⅰ)$Hg_2O$と酸化水銀(Ⅱ)$HgO$がある。古くは、前者を黒降汞、後者を粒子の大小で赤降汞あるいは黄降汞とよんだ。ともに水に溶けず有毒。塗料・殺菌剤などに利用。mercury oxide

**さんか-すう【酸化数】** 分子やイオンなどで、結合に関与する電子が構成原子にどのように割り当てられているかを示す数。反応後、酸化数が増加した原子は、酸化されたという。oxidation number

**さんか-すず【酸化▾錫】** 錫の酸化物。酸化錫(Ⅳ)$SnO_2$と酸化錫(Ⅱ)$SnO$がある。前者は白色の粉末。金属錫の原料、エナメル・乳白ガラスに利用。後者は黒色の粉末。酸にも塩基にも溶けやすい。tin oxide

**さんか-たんそ【酸化炭素】** 炭素の酸化物。一酸化炭素$CO$や二酸化炭素$CO_2$など。carbon oxide

**さんか-ちっそ【酸化窒素】** 窒素の酸化物。酸化二窒素$N_2O$(笑気ともいう)・一酸化窒素$NO$・二酸化窒素$NO_2$・三酸化二窒素$N_2O_3$などがある。ふつうは、一酸化窒素をさすことが多い。nitrogen oxide

**さん-がつ【三月】** 一年の第三番の月。March 比較弥生。

**さんがつ-かくめい【三月革命】** ①一八四八年三月ドイツ各地に起きた市民革命。フランスの二月革命の影響によるもの。ウィーンではメッテルニヒがイギリスに亡命。ベルリンでは国民議会が成立、新憲法草案が発表された。②一九一七年三月一二日(ロシア暦二月二七日)に起きたロシア革命の発端となる革命。自由主義派よりなる臨時政府が成立。皇帝ニコライ二世は退位して帝政は崩壊。二月革命。March Revolution

**さんがつ-じけん【三月事件】** 昭和六年(一九三一)三月のクーデター未遂事件。桜会幹部・陸軍中央などが軍事政権樹立を企てたが失敗した。

**さんがつ-どう【三月堂】** 東大寺の法華堂の通称。毎年陰暦三月に法華会を行ったことに由来。大仏建立以前にあった金鐘寺を前身とする。天平五年(七三三)の創建で、不空羂索観音を本尊とする。→写

**さんがつ-の-せっく【三月の節句】** →ひなのせっく(雛の節句)

**さんかつ-はんしち【三勝半七】** 人形浄瑠璃・歌舞伎世話物の『艶容女舞衣』の主人公茜屋半七と愛人の三勝。元禄八年(一六九五)の心中事件が題材。

**さんかてき-りんさんか【酸化的▾燐酸化】** 生体内でもっとも効率のよい高エネルギー燐酸結合の生成過程。ミトコンドリア内の電子伝達系でATPが生成される仕組みをいう。oxidative phosphorylation

**さんか-てつ【酸化鉄】** 鉄の酸化物。赤色の結晶性粉末の酸化鉄(Ⅲ)$Fe_2O_3$(赤鉄鉱として産出)、発火性の黒色粉末である酸化鉄(Ⅱ)$FeO$および強磁性の四酸化三鉄$Fe_3O_4$(磁鉄鉱として産出)がある。iron oxide

**さんか-どう【酸化銅】** 銅の酸化物。酸化銅(Ⅰ)$Cu_2O$と酸化銅(Ⅱ)$CuO$がある。前者は暗赤色の結晶性粉末で赤色顔料、後者は黒色粉末で触媒などに利用される。copper oxide

**さんか-ナトリウム【酸化ナトリウム】** ナトリウムの酸化物。化学式$Na_2O$ 白色の粉末。水と激しく反応して水酸化ナトリウムを生じる。脱水剤など。sodium oxide

**さんか-なまり【酸化鉛】** 鉛の酸化物。褐色の酸化鉛(Ⅳ)$PbO_2$と黄色の酸化鉛(Ⅱ)$PbO$(密陀僧)があり、そのほか四酸化三鉛$Pb_3O_4$などがある。四酸化三鉛は鉛丹とよばれ、赤色顔料に利用される。lead oxide

**さんが-にち【三箇日】** 正月の元日・二日・三日の三日間。

**さんがね-さん【三ケ根山】** 愛知県南東部、蒲郡市にある山。標高三二六m。三河湾を展望する景勝地。

●三月堂

**さんか-の-ごい【三家の五位】** 体が黄褐色で、背に小黒斑が散在するサギ。全長約七〇cm。くびの羽毛は長く飾り羽状。アシ原にすみ、肉食性。ヨーロッパ・北アフリカ・アジア中部に分布。日本には、まれに冬鳥として渡来。bittern

**さんか-はっこう【酸化発酵】** 好気性微生物が有機物を不完全酸化し、中間代謝物が多量に蓄積される発酵。酢酸発酵などは、その一例。oxidative fermentation

**さんか-バナジウム【酸化バナジウム】** バナジウムの酸化物。酸化バナジウム(Ⅲ)$V_2O_3$や酸化バナジウム(Ⅴ)$V_2O_5$など、化学反応の触媒として用いる。vanadium oxide

**さんか-バリウム【酸化バリウム】** バリウムの酸化物。化学式$BaO$ 白色の粉末。水に溶かすと、多量の熱を出して水酸化物になる。硝酸・塩酸に溶ける。重土。barium oxide

**さんか-ひそ【酸化▾砒素】** 砒素の酸化物。三酸化二砒素$As_2O_3$や五酸化二砒素$As_2O_5$などがあり、半導体に利用。arsenic oxide

**さんか-ひまく【酸化被膜】** 金属表面をおおいつつむ酸化物の薄い膜。oxide film 参照アルマイト。

**さんか-ぶつ【酸化物】** 酸素と他の元素との化合物。中性(一酸化炭素など)・酸性(非金属の酸化物)・塩基性(金属の酸化物)・両性(両性金属の酸化物)に分類される。oxide

**さんかぶつ-イオン【酸化物イオン】** 二価の酸素イオン$O^{2-}$。希ガスを除くほとんどすべての元素と化合物をつくる。非金属元素とは共有結合分子をつくり、金属元素とはイオン結晶をつくる。oxide ion

**さんかぼうし-ざい【酸化防止剤】** 酸化による変質を防ぐ物質。石油・ゴム・容器・食品などに使用。antioxidant

**さんか-ほうしゅう【参稼報酬】** プロ野球選手が所属球団と契約する年俸。二月～一一月までのシーズン契約で、球団は選手に対し一〇回以上に分割して支払うことなどが、野球協約で定められている。

**さんか-マグネシウム【酸化マグネシウム】** マグネシウムの酸化物。化学式$MgO$ マグネシウムを燃やしたときにできる白色の粉末。耐火剤・医薬品に利用。マグネシア。苦土。magnesium oxide

**さんか-マンガン【酸化マンガン】** マンガンの酸化物。マンガンの原子価が七、四、三、二のものなどがあり、それぞれ異なる色をもつ。manganese oxide

**さんか-みんしゅしゅぎ【参加民主主義】** 国民が、議会を通じてではなく、市民運動や住民運動などによって直接的に政治に参加する方式。direct democracy

さんか-めいが【三化▼螟▼蛾】イッテンオオメイガの別名。

さんか-めいちゅう【三化▼螟虫】イッテンオオメイガの幼虫。

さん-かよう【山荷葉】メギ科の多年草。山の木陰にはえる。根出葉は盾形で二深裂。夏に、白花を数個つけ、果実は楕円形で碧黒色。→図

●サンカヨウ

さん-からど【桟唐戸】框の中に縦横の桟を組み、その枠に薄い板を入れ子にした扉。唐戸。

さんがわ【▽寒川】〈町〉香川県東部の町。稲作などの農業と林業が中心。ボタン製造も有名。人口六〇八四(一九八八)。

さん-かん【三関】①畿内防衛のため、とくに東方への備えとして設けられた三つの関所。平城京のときは鈴鹿(伊勢)・不破(美濃)・愛発(越前)の各関。平安京のときは逢坂・鈴鹿・不破の各関。②古代、蝦夷に備えて設けられた三つの関所。勿来・白河・念珠ケ関の各関。奥羽三関。

さん-かん【三▼韓】①古代朝鮮の馬韓・辰韓・弁韓(弁辰)の三つの韓族の総称。②古代朝鮮の国名。百済・新羅・高句麗の総称。後三韓。

さん-かん【山間】山と山の間。山の中。a mountain region 用例 ―の小道。

さん-かん【参看】(名・サ変他)①行って、見ること。inspection ②照らし合わせて見ること。参照。reference

さん-かん【参観】(名・サ変他)行って、実際に見ること。inspection 比較 視察。用例 授業―。

ざん-かん【残簡】一部分残っている書物・文書。mostly lost writings

さんかん-おう【三冠王】野球で、首位打者・本塁打王・打点王、スキーで、滑降・回転・大回転などの三大タイトルを独占した人。トリプルクラウン。triple-crown winner

さんかん-がく【三▼韓楽】古代に朝鮮半島から日本に伝来した新羅楽・百済楽・高句麗楽の日本での総称。雅楽の高麗楽の母体になる。

さんかん-しおん【三寒四温】三日間寒い日が続き、あとの四日間は暖かくなるという周期が繰り返される現象。冬季、中国北東部や朝鮮半島でみられる。大陸の高気圧の盛衰により生じると考えられる。

さんかん-しき【三管四▽職】室町幕府の管領に任ぜられる斯波・畠山・細川の三家と、侍所の所司に任ぜられる赤松・一色・京極・山名の四家の併称。

ざんかん-じょう【▼斬▼奸状】悪人を切り殺すわけを書いた文書。

さんかん-ば【三冠馬】中央競馬で、皐月賞・東京優駿(ダービー)・菊花賞の四歳馬三冠レースのすべてに一着となった馬。英国の二〇〇〇ギニー・ダービー・セントレジャーの三レースの例にならっていう。triple-crown horse

さん-かんれい【三管▽領】室町幕府の管領に任ぜられる家の格式のある斯波・畠山・細川の三家。

さん-き【三帰】《仏教語》仏・法・僧の三宝に帰依すること。

さん-き【山気】山中のひえびえした空気。mountain air

さん-き【酸基】酸の分子から水素イオンを取り除いた残りの部分。塩の陰イオンの部分をいう。acid radical

さん-ぎ【三岐】三重県と岐阜県。

さん-ぎ【参議】㊀(名・サ変自)国政に参加すること。㊁(名)①太政官の中で、大・中納言に次ぐ重職。②明治の初め、左右大臣の下の官職。

さん-ぎ【算木】①和算で、平方根などの計算に使う計算器。②占いに使う六本の四角な棒。→写

●算木②

ざん-き【▼慙▼愧・▼慚▼愧】(名・サ変自)心から恥ずかしく思うこと。shame 用例 ―にたえない。

さんぎ-いん【参議院】衆議院とともに国会を構成する議院の一つ。法律・予算の制定、条約の承認、首相指名で衆議院が優先するほかは、ほぼ同等の権限をもつ。参院。House of Councilors 対義 衆議院。

さんぎいん-ぎいん【参議院議員】参議院に選出されている議員。任期は六年で、三年ごとに半数が改選される。比例代表区と各選挙区から選ばれる。

さん-ききょう【三奇橋】特色ある構造をもった三つの橋の総称。山口県の錦帯橋、山梨県の猿橋、富山県の愛本橋をいう。愛本橋の代わりに長野県の木曽の桟を入れることもある。

ざん-ぎく【残菊】初冬ごろまで咲き残っているキク。

ざんぎく-の-えん【残菊の宴】中古から、咲き残った菊花を観賞するために、毎年一〇月五日に催された宮中の酒宴。

ざんぎく-ものがたり【残菊物語】戯曲。新派の代表的演目の一つ。村松梢風原作、巌谷真一脚色。昭和一一年(一九三六)初演。尾上菊之助と乳母お徳との恋の悲劇。

さん-きゃく【三脚】①三本の足。three legs ②ガスバーナーなどで、実験器具を熱するさいに用いる鉄製の台。鉄製の環に三本脚をつけたもの。tripod →三角架図 ③《「三脚架」の略》カメラ・カンバスなどをのせる三本脚の用具。持ち運びに便利なように、脚が伸縮する。tripod

ざん-ぎゃく【残虐・惨虐】(名・形動)むごたらしいこと・さま。残酷。cruelty

さんきゃく-か【三脚架】→さんきゃく(三脚)③

さん-きゅう【産休】出産のためにとる休暇。出産休暇。maternity leave

サンキュー【thank you】(感)ありがとう。

ざん-きゅう【残丘】準平原の上に、浸食からとり残されて孤立した丘。浸食に強い岩石のため残ったものと、原地形の分水嶺付近にあったものとがある。モナドノック。monadnock

サン-キュロット【sans-culottes フランス】《貴族・ブルジョアの使用したキュロット(=半ズボン)をはかないものの意》フランス革命期、革命推進の原動力となった手工業者・小商店主・労働者などの議場外勢力。

さん-きょ【山居】(名・サ変自)山の中で暮らすこと。また、山の中の住まい。

さん-きょ【散居】(名・サ変自)ちらばって住むこと。また、ちらばっている住まい。

さん-きょう【三教】①三つの教え。一般に中国では儒教・仏教・道教、日本では神道・儒教・仏教をさす。②三つの宗教。仏教・神道・キリスト教。

さん-きょう【山峡】山と山との間。やまかい。ravine

さん-きょう【三峡】中国、揚子江が四川省奉節から湖北省宜昌に至る間の三峡谷。瞿塘峡・巫峡・西陵峡。古来、航行の難所。長さ二〇四km。サンシャ。

さん-ぎょう【三業】料理屋・待合・芸者屋の三種の営業。用例 ―地。

さん-ぎょう【蚕業】蚕の採卵から飼養・製糸までにかかわる事業の総称。sericulture

さん-ぎょう【産業】人間の生活を経済的に豊かにするために財貨やサービスを生みだす活動。農林水産業・鉱工業・商業などの総称で、とくに工業だけをさすこともある。industry

さん-ぎょう【▼鑽仰】(名・サ変他)《「讃仰」は誤り》聖人の学徳を尊ぶこと。さんこう。

ざん-きょう【残響】室内などで、音源が停止したのちも周囲などで、反射した音がある時間継続して聞こえる現象。reverberation

ざん-ぎょう【残業】(名・サ変自)所定の労働時間以後も居残って仕事をすること。また、その仕事。一般に時間外割り増し賃金が支払われる。超過勤務。overtime work

さんぎょう-い【産業医】事業場などで従業員の健康管理・衛生教育・健康障害防止のための原因調査、再発防止の医学的措置を行う医師。industrial hygienist

さんぎょう-えいが【産業映画】企業がスポンサーとなって製作される非劇場上映用映画。

さんぎょう-かくめい【産業革命】産業技術の変革により、手工業から機械工業への発展にともなう社会経済上の大変革。一七六〇年代イギリスの繊維工業部門に始まり、一八三〇年代以降欧米各国に波及。その結果生産量は飛躍的に増大し、工場制と資本主義が確立。the Industrial Revolution

さんぎょうかんれん-しゃかいしほん【産業関連社会資本】社会資本である公共諸施設のうち、輸送・通信・水道・電力施設などの経済的共通資本のこと。

さんぎょうぎしょ【三経義▼疏】聖徳太子の三つの仏典の注釈書『法華経義疏』『維摩経義疏』『勝鬘経義疏』の総称。

さんぎょう-くみあい【産業組合】第二次大戦前の日本で、生産者の協同組合組織。明治三三年(一九〇〇)制定の産業組合法により設立。今日の農協など各種協同組合の前身。

さんぎょう-こうがい【産業公害】工場・鉱山などの産業活動を原因とする公害。コンビナートなど工場集中地域で多く発生する。煤煙・有毒ガス・汚水・悪臭、地下水くみ上げによる地盤沈下など。industrial pollution

さんぎょう-こうぞう【産業構造】一国の産業の構成。各種産業間における資本・労働力などの配分の状態。industrial structure

さんぎょうこうぞう-しんぎかい【産業構造審議会】産業政策の調査・審議を行う通産大臣の諮問機関。昭和三九年(一九六四)設置。

さんぎょう-ごうりか【産業合理化】新設備・技術の導入や人員配置の改編による、産業組織の再編成。生産性向上・利潤率増大が目的。industrial rationalization

さんきょうごぎ【三▼俠五義】中国、清末の口語長編小説。講釈師の石玉崑の語り物をまとめたもの。一八七九年刊。宋の名裁判官包拯が正義を行い、俠客・義士が悪と戦う物語。原名『忠烈俠義伝』、のち改編されて『七俠五義』。

さんぎょう-こっか【産業国家】経済繁栄を支える基幹産業が発達し、経済基盤の安定と確立をめざす国家。industrial state

さんぎょう-さいへんせい【産業再編成】経済成長と国民生活の向上を目的に、産業組織を効率的なものに組みかえること。industrial reorganization

さんぎょう-しほん【産業資本】生産過程に投入され、剰余価値を生み出す資本。資本主義に特有の近代的資本形態。industrial capital 比較 商業資本。

さんぎょう-しほんしゅぎ【産業資本主義】産業革命を経て本格的に確立した資本主義。イギリスをはじめ欧米先進国は一九世紀半ばから末にかけてこの段階に達した。industrial capitalism

さんぎょう-しゃかいがく【産業社会学】産業組織・制度に関する諸現象を研究対象とする社会学の一分野。職場集団、職場の人間関係、勤労意欲などの考察が中心課題。industrial sociology

さんぎょう-しんりがく【産業心理学】応用心理学の一部門。産業活動に従事する人間の心理学的諸問題を研究する。industrial psychology

さんぎょう-スパイ【産業スパイ】企業の生産や販売、技術などに関する秘密を探り、他の企業に漏らすこと。また、それを行う人。industrial spy

さんぎょう-せいさく【産業政策】通商産業省を中心に農林水産省・大蔵省などの官庁が、その所管する産業に対して行う政策の総称。industrial policy

さんぎょう-そしき【産業組織】一つの産業内部での、企業どうしの競争や独占の仕組み。市場構造・市場行動・市場成果の三側面からみる。industrial organization

さんぎょう-ち【三業地】第二次大戦前の遊興地の呼称。料理屋・待合・芸者屋の三種の営業が許可されていた一定の地域。

さんぎょうとうし-とくべつかいけい【産業投資特別会計】産業の開発や貿易振興などの経済再建策に財政資金を投資するための特別会計。昭和二八年(一九五三)設置。

さんぎょう-どうろ【産業道路】産業の便宜のために設けられた道路。industrial road 対義 観光道路。

さんぎょう-はいきぶつ【産業廃棄物】産業活動にともなって生じた廃棄物のうち、燃え殻・廃油その他、法律・政令で定められたもの。その処理は原則として排出事業者の責任とされる。industrial waste

さんぎょうべつ-くみあい【産業別組合】企業の別に関係なく、同一産業に働く労働者によって組織される組合。欧米では一般



▼常用漢字表外。 ▽常用漢字表の音訓外。

的な組合形態だが、日本では海員組合だけ。industrial union [比較]企業別組合・職業別組合。

**さんぎょうべつ-じんこう【産業別人口】** 就業人口を産業別に分類したもの。経済の発展にともない第一次産業から第二次・第三次産業へと移動する。population by industry

**さんぎょう-ほうこくかい【産業報国会】** 第二次大戦中につくられた労使一体の官製労働組織。昭和一三年(一九三八)以来戦争協力のため各職場に設置、同一五年(一九四〇)全国組織として大日本産業報国会を結成。同一七年(一九四二)大政翼賛会の指導下に入り、戦後GHQの指令で解散。産報。

**さんぎょう-みんしゅしゅぎ【産業民主主義】** 労働者と使用者の関係を民主化して産業を運営しようとする考え。第一次大戦後に定着しはじめ、今日では自主管理運動などの背景となっている。industrial democracy

**さんぎょうよう-ロボット【産業用ロボット】** 工場などの生産工程で、人間に代わって単純な繰り返し作業や危険の伴う作業を行うのに利用されるコンピューター制御の自動機械。industrial robot

**さんぎょう-よびぐん【産業予備軍】**《マルクス経済学の用語》資本主義社会において産業活動の拡大に対応するために、完全失業または半失業状態におかれている人たち。相対的過剰人口。industrial reserve army

**さんぎょうれんかん-ひょう【産業連関表】** 国民経済計算の一つ。一定の期間内に一国の産業・経済部門間に行われた相互取り引きの連関を表にまとめたもの。レオンチェフ表。投入産出表。interindustry-relations table

**さん-きょく【三曲】** 日本音楽で、江戸末期以降、三味線・箏・尺八(または胡弓)の三種の合奏。

**さん-きょく【散曲】** 中国で、詞のあとを受け、元・明代に行われた歌曲。伝統歌劇の元曲や南曲の歌詞(曲)の部分と同質で、曲だけが分離独立したための名。

**さんきらい【山帰来】** ①ユリ科のつる性落葉低木。葉は厚く長楕円状で披針形。初夏、白色の小花を開く。地下の塊根は「土茯苓」ともよばれる漢方薬。②サルトリイバラの俗称。

**ざん-ぎり【▽散切り】** 男性の髪型の一つ。ふつう明治の断髪令以後の、髷を切った短髪をさす。[用例] ―頭。↓[図]

●散切り

**ざんぎり-もの【▽散切(り)物】**《散切り頭の人物を主人公にしたため》歌舞伎世話物の一種。明治初期の新風俗世相劇。河竹黙阿弥の『島鵆月白浪』など。

**さん-きん【参勤・参▼覲】**(名・サ変自) ①出仕して、主君にお目にかかること。また、主君のもとに勤めること。とくに江戸時代、諸大名が将軍に謁見して幕府に出仕したこと。②「参勤交代」の略。

**さん-きん【産金】** 黄金を産出すること。また、その金。gold mining

**ざん-きん【残金】** ①手元に残っているお金。balance ②払うべき金の未払い分。unpaid balance

**さんきん-こうたい【参勤交代・参▼覲交代】** 江戸幕府が大名統制のために、諸大名を一定期間江戸に詰めさせた制度。寛永一二年(一六三五)三代将軍徳川家光のとき法制化。原則として一年在国、一年在府、四月を交代期とした。

**さん-ぐう【参宮】** 神社、とくに伊勢神宮に参拝すること。

**サンクション【sanction】** ある行為に対して社会や集団がみせる、プラス・マイナスの評価を示す反応。報酬・制裁など。

**サンクチュアリ【sanctuary】** [一]①聖域。神殿・教会など神聖な場所。②禁猟区。鳥類保護区域。バードサンクチュアリ。[二]《原題Sanctuary》アメリカの小説家フォークナーの長編小説。一九三一年刊。

**さん-くつ【山▼窟】** 山中にあるいわや。

**ザンクト-ガレン【Sankt Gallen】** スイス北東部の都市。同名州の州都。七世紀創立のベネディクト会修道院を中心に発展。刺繡・レースの生産がさかん。人口七・六万(一九八〇)。

**ザンクトゴットハルト-とうげ【ザンクトゴットハルト峠】**(Sankt Gotthard Pass) サンゴタールド峠の別称。

**サングラス【sunglasses】** 遮光眼鏡。レンズに色をつけて、まぶしさを防いだり、紫外線・赤外線から目を保護するのに用いる。

**サン-クリストバル【San Cristóbal】** ベネズエラ西部、コロンビア国境近くの商業都市。一五六一年建設。コーヒー・カカオ・小麦などの集散地。人口一九・九万(一九八一)。

**さん-ぐん【三軍】** ①中国、周代の兵制で、大国の諸侯が有した上軍・中軍・下軍各一万二五〇〇人、計三万七五〇〇人の軍勢。転じて、大軍。②全軍隊。全軍。③陸・海・空軍の総称。

**三軍も帥を奪う可き也、匹夫も志を奪う可からざる也** 大軍に守られた大将の命を奪うことはできるが、たとえ身分のいやしい男でも、心が堅固であれば、その志を変えさせることはできない。

**さんぐんぎ【参軍戯】** 中国、唐代の古典芸能。参軍と蒼鶻という二人の人物による滑稽問答・掛け合い芝居。宋代の雑劇に継承され、中国古典劇の基本的要素となった。

**さんぐん-ふくごうたい【産軍複合体】** ↓ぐんさんふくごうたい(軍産複合体)

**さん-け【三家】** ①徳川将軍の一門の尾張家・紀伊家・水戸家。大名の首位。御三家。②鎌倉時代以降、太政大臣まで昇進できる公家。閑院・花山院・久我(または中院)。

**さん-け【産気】** 子どもがいよいよ産まれそうな気配。labor pains

**さん-げ【散華】** [一](名) 仏教法会の儀式の一つ。仏を供養するために花または紙製の彩色した蓮華の花弁をまく。[二](名・サ変自) 戦死すること。

**ざん-げ【▼懺▽悔】**(名・サ変他)《仏教語では正しくは「さんげ」》神仏に罪・過ちを告白し、くいあらためること。

**さん-けい【三景】** けしきのもっともすぐれている三か所。日本三景は松島・天ノ橋立・厳島のこと。the three famous scenic spots

**さん-けい【山系】** ほぼ同一系統のいくつかの山脈または山地の集合。a mountain system

**さん-けい【山鶏】** キジ科の鳥。翼長約二四cm。頭に白色の冠羽がある。台湾の標高一〇〇〇m級の山地の森林に生息。

**さん-けい【参▼詣】**(名・サ変自) 神社・寺におまいりすること。参拝。visit a temple; visit a shrine

**さんけい-えん【三▼渓園】** 神奈川県横浜市の本牧にある純日本式庭園。大正一四年(一九二五)、横浜の豪商、原富太郎が築造。園内には臨春閣をはじめ、重要文化財が多数ある。

**さんけい-かじょ【散形花序・▼繖形花序】** 花序の一つ。多くの花の花柄が主軸の先端に放射状につくもの。umbel ↓花序[図]

**さんけい-しんぶん【産経新聞】** 日刊全国紙の一つ。昭和一七年(一九四二)愛知以西の業界紙が統合し『産業経済新聞』として創刊。第二次大戦後東京に進出し、全国紙化。

**さんげがくしょうしき【山家学生式】** 最澄の著。修行僧の守るべき規則を説いた「天台法華宗年分学生式(六条式)」「勧奨天台宗年分学生式(八条式)」「天台法華宗年分度者回小向大式(四条式)」三部の総称。大乗戒による一宗独立を意図して天台宗独自の修行規定を呈したもの。弘仁一〇年(八一九)成立。

**さん-げき【惨劇】** ①いたましいできごと。tragic incident ②悲惨な筋の劇。tragedy

**さん-けつ【三傑】** 三人のすぐれた人物。古代中国では、漢の蕭何・張良・韓信。蜀の諸葛亮・関羽・張飛など。日本では明治維新の西郷隆盛・大久保利通・木戸孝允などをいう。

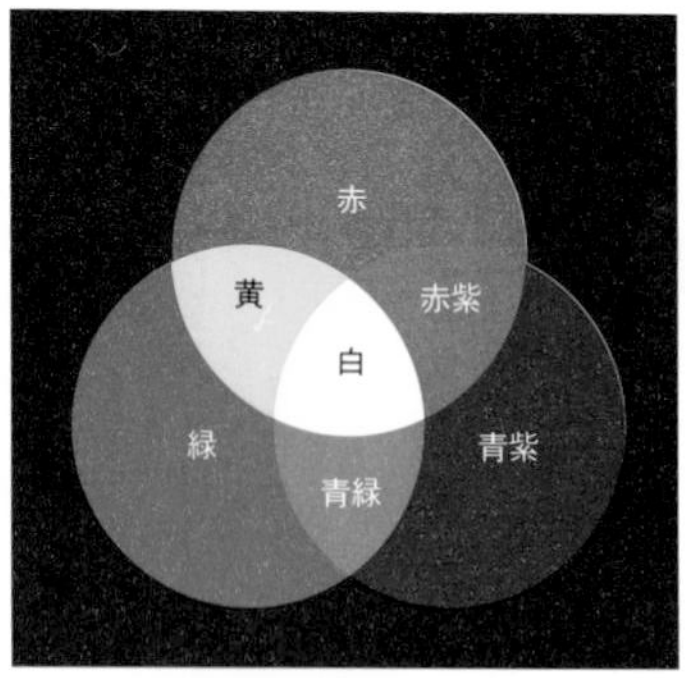



●三原色
加法混色(光)

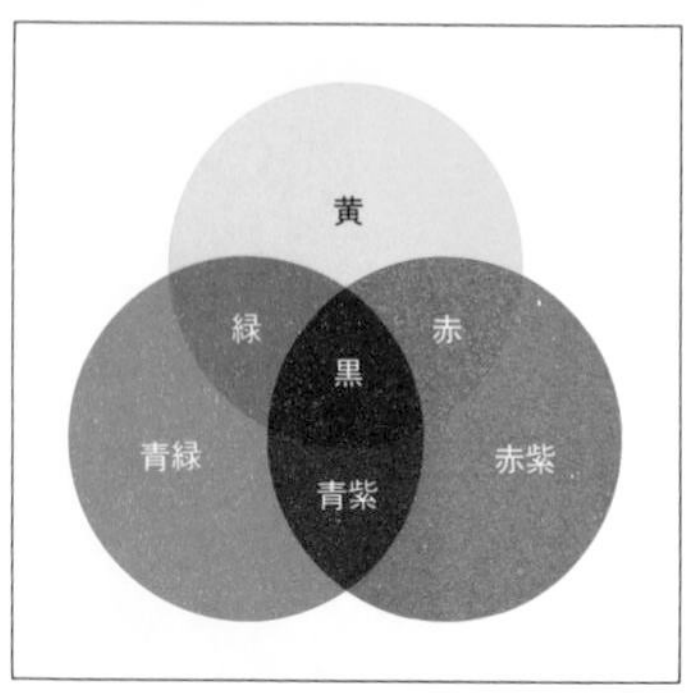



減法混色(色料)

**さん-けつ【酸欠】**《「酸素欠乏」の略》酸素が不足していること。oxygen shortage [用例] ―状態。

**さん-げつ【山月】** 山の近くに見える月。the moon over a mountain

**ざん-けつ【残欠・残▼闕】** 欠けて不完全なこと・もの。imperfection [用例] 古写本の―。

**ざん-げつ【残月】** [一]明け方の空にかかる月。ありあけの月。残んの月。[二]地歌・箏曲の曲名。天明・寛政年間(一八世紀末)に、大坂の峰崎勾当が作曲。門人であった娘を追悼した、手事物の代表曲の一つ。

**さんけ-づ・く【産気付く】**(五自) 今にも、子どもが生まれるような状態になる。begin to labor

**さんけつ-くうき【酸欠空気】** 酸素が不足した空気。大気中約二〇%の酸素が半分近くになると窒息死する。地層中の鉄分に酸素を吸収され、酸素のない空気が地層のすきま、地下工事現場などで噴出する。酸素消費性物質を積んだ船倉などでも発生。irrespirable atmosphere

**さんげ-もん【▼懺▽悔文】**《仏教語》懺法などで懺悔の意を述べる文。一般に『華厳経』「普賢行願品」の略懺悔を用いる。

**さん-けん【三権】** 国家の統治権の分類。立法権・司法権・行政権。

**さん-けん【蚕繭】** カイコとまゆ。

**さん-けん【散見】**(名・サ変自) あちこちに見えること。be found here and there

**さん-げん【三元】** ①中国で、年と日と時の始まりである一月一日をさす。②道教の祭日、上元(一月一五日)・中元(七月一五日)・下元(一〇月一五日)の総称。

**さん-げん【三弦・三▼絃】** ①三味線。②雅楽に使う三種の弦楽器。和琴・琵琶・箏の総称。

**ざん-げん【▼讒言】**(名・サ変自他) 事実を曲げて人のことを悪く告げること。告げ口。中傷。ざん。slander

**さん-げんしょく【三原色】** 適当に混色すれば、任意の色がつくれるように選ばれた三つの色。絵の具などでは赤紫・黄・青緑、光などでは赤・青紫・緑が使われる。three primary colors ↓[図]

**さんげん-そしき【三原組織】** 織物の基本となる三種類の織り方。平織り・斜文織り・繻子織りのこと。これらを変化させたり、組み合わせて織物がつくられる。

**さんげん-にはく【三言二拍】** 中国、明末の通俗短編小説集五冊の総称。三言とは馮夢竜編著の『喩世明言』『警世通言』『醒世恒言』、二拍とは凌濛初編著の『拍案驚奇』『二刻拍案驚奇』をいう。各四〇編。計二〇〇編。さまざまな人物が登場し、当時の生活・風俗をいきいきと描く。

**さんげん-パイ【三元▼牌】** 麻雀で用いる牌のうち、白板(白)・緑発(発)・紅中(中)の三種の総称。

**さんげん-びしゃ【三間飛車】** 将棋の戦法で、振り飛車の一つ。飛車を第三筋、先手でいうと第七筋に移した陣形。

**さんけん-ぶんりつ【三権分立】** 立法・行政・司法の三権を三つの異なった機関に受けもたせて、権力の濫用を防止し、これらの機関相互に抑制と均衡が働くようにしようとする思想および機構。一八世紀にロックやモンテスキューらが主張し、近代民主制の基本となっ

●三権分立　日本国憲法の三権分立

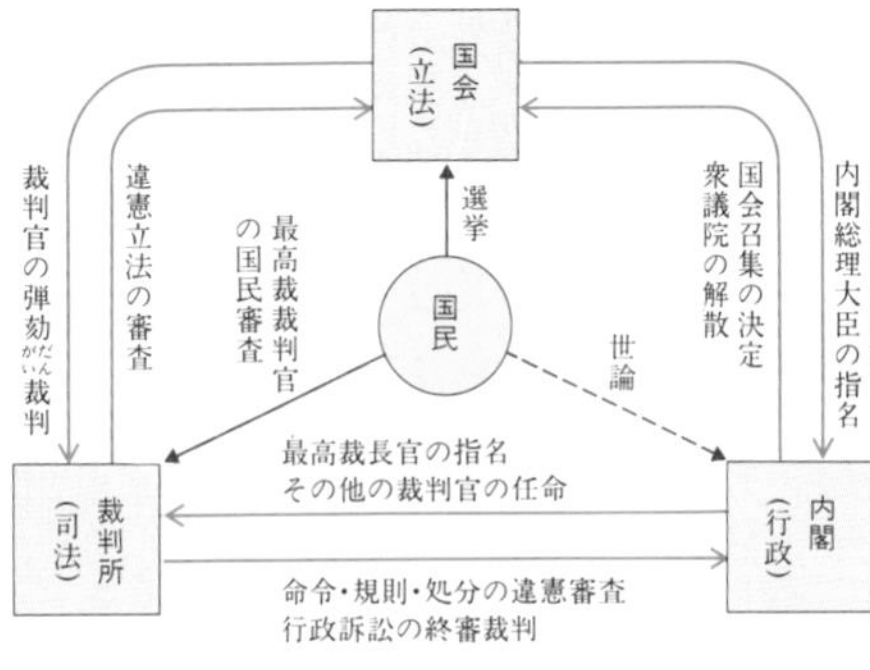


た。権力分立。division of the three powers ↓図

**さん-こ【三戸】** 目と耳と口の、三つの感覚器官の総称。

**三戸を潜む(さんこをひそむ)** 鳴りをひそめ、全神経を対象に集中させる。

**さん-こ【三顧】** 三度訪ねて行くこと。

**三顧の礼(さんこのれい)** 《中国の三国時代に蜀の劉備が諸葛亮を三度訪ねて行って味方に招いた故事から》目下の人を何度も訪問し、礼を尽くして頼むこと。

**さん-ご【三五】** ①十五夜。三五の月。三五夜。②まばらなこと。三々五々。by twos and threes

**三五の十八(さんごのじゅうはち)** 《三と五の積は一五だが、それを一八とすることから》あてがはずれること。

**さん-ご【▼珊▼瑚】** 腔腸動物の八放サンゴ亜綱(装飾用のアカサンゴ・シロサンゴなど)と六放サンゴ亜綱(珊瑚礁を形成するイシサンゴなど)に属す石灰質または骨質の骨格を形成する動物の総称。coral ↓写

**さん-ご【産後】** 出産のあと。after childbirth 対義 産前。用例 —の肥立ちが悪い。

**さん-こう【三公】** ①太政大臣・左大臣・右大臣。②のち左大臣・右大臣・内大臣。③中国で、天子を補佐する最高の大臣。周は太師・太傅・太保、秦・前漢は丞相・太尉・御史大夫、後漢から唐までは太尉・司徒・司空、宋以降は太師・太傅・太保。

**さん-こう【三光】** ①太陽・月・星の三つの天体。②花札の遊びで、花合わせの出来役の一つ。松・桜の二〇点札と梅の一〇点札をそろえたもの。「こいこい」などでは柳以外の二〇点札を三枚そろえたものをさす。

**さん-こう【三后】** 太皇太后・皇太后・皇后の総称。

**さん-こう【三考】**(名・サ変他) 何度も考えること。think over 比較 再考。

**さん-こう【三更】** 昔、日没から日の出までの時刻を五つに分けた三番め。午後一一時ごろから午前一時ごろまで。子の刻。丙夜。

**さん-こう【三皇】** 中国の伝説上の三帝王。ふつう伏羲・女媧・神農。女媧のかわりに燧人、あるいは祝融をあてるが、天皇・地皇と人皇または泰公とする説もある。

**さん-こう【三綱】** 儒教で説く人間の重んずべき三大道徳。父子・君臣・夫婦の道をいう。

**さん-こう【参向】**(名・サ変自) 出むくこと。参上。visit

**さん-こう【参考】** あることがらについての意見をまとめるために、他人の意見や別の資料などと引き合わせて考えること。その足しにするもの。reference

**さん-こう【散光】** でこぼこの面に当たって乱反射する光。scattered light

**さん-こう【▼鑽孔】**(名・サ変自他) 穴をあけること。パンチを入れること。boring; punch

**さん-こう【▼鑽仰】**(名・サ変他) ↓さんぎょう(鑽仰)

**さんこう【三光】**〈村〉 大分県北部、中津市・宇佐市に接する村。両市のベッドタウン。稲作・畜産などを行う。人口五六四六(一九八八)。

**さん-ごう【三業】**《仏教語》身・口・意の三つの力。善悪の種々のことをなすものの総称。

**さん-ごう【山号】** 寺の名に冠する称号。比叡山延暦寺の比叡山、金竜山浅草寺の金竜山の類。比較 寺号。

**さんごう【三郷】**〈町〉 奈良県、奈良盆地西縁の町。イチゴ栽培・履物の製造を行うが、宅地化が目立つ。人口二万一八三四(一九八八)。

●サンゴ　ハナガササンゴ

**ざん-こう【残光】** 夕日の光。残照。afterglow

**ざん-こう【残香】** あとに残った香り。うつりが。のこりが。

**ざん-ごう【▼塹▼壕】** 体を隠して射撃できるように歩兵の守備線に掘った防御用のからぼり。trench

**さんこう-き【▼鑽孔機】** ①工作物に穴をあける機械。ボール盤。せんこう機。boring tool ②紙テープ・紙カードなどに符号化された情報どおりに穴をあける装置。コンピューターの入力データ作成装置の一種。perforator

**さんこう-ごじょう【三綱五常】** 儒教で、人間の尊ぶべき三つの道、すなわち、君臣・父子・夫婦の道と、人の守るべき五つの道徳、仁・義・礼・知・信を言う。

**さんこう-ごてい【三皇五帝】** 中国伝説上の帝王、三皇と五帝。五帝は黄帝・顓頊・帝嚳・尭・舜とされる。

**さんごうしいき【三▽教▽指帰】** 仏教書。空海の著。三巻。儒教・道教・仏教を比較して仏教のすぐれていることを説き、仏道を志す意義を明らかにしたもの。延暦一六年(七九七)の成立。草稿本は『聾瞽指帰』。

**さんこうしゃ-ごげんぎょう【三公社五現業】** 三つの公社(国鉄・電電公社・専売公社)と五つの現業官庁(造幣・印刷・アルコール専売・国有林野・郵政)。昭和六二年(一九八七)の国鉄民営化を最後に公社はなくなり、アルコール専売もはずれて四現業だけが現存。

**さんこう-しょ【参考書】** 学習の参考のために作った本。受験・研究・調査などの参考のために使う本。reference book

**さんこう-せいうん【散光星雲】** 星間物質が密で不規則に広がる星雲。カリフォルニア星雲・オリオン星雲。diffuse nebula ↓星雲写

**さんこう-せいさく【三光政策】** 《「三光」は、殺光(=殺しつくす)・焼光(=焼きつくす)・搶光(=奪いつくす)の三つ》第二次大戦中、旧日本軍が中国で行った非人道的な作戦や行為。中国側が名づけたもの。三光作戦。

**さんこう-ちょう【三光鳥】** ヒタキ科の夏鳥。翼長約九cm。雄の尾は長さ三五cm余に達する。背面は紫赤色、腹面は白い。樹林内にすむ。ツキヒホシホイホイと鳴く。本州・四国・九州で繁殖し、東南アジアに渡る。↓図

●サンコウチョウ

**さんこう-にん【参考人】** ①犯罪捜査の参考にするため捜査機関の取り調べをうける、被疑者以外の者。witness ②国会の委員会で意見を求められる学識経験者。expert called for reference

**サンゴール【Léopold Sédar Senghor】**(一九〇六) セネガルの詩人・政治家。セネガル共和国初代大統領(在任一九六〇〜八〇)。アフリカの魂を雄大に歌う。詩集『影の歌』『黒い生贄』など。

**さんご-かい【▼珊▼瑚海】**(Coral Sea) オーストラリア北東岸、太平洋南西部のニューギニア・ソロモン・ニューカレドニア島に囲まれた海域。コーラル海。

**さん-ごく【三国】** ①中国、後漢末の黄巾の乱以後興った魏・呉・蜀の三つの国。②四〜七世紀の朝鮮における高句麗・新羅・百済。③一〇世紀の朝鮮における新羅・高麗・後百済。後三国。

**ざん-こく【残酷・惨酷・残刻】**(名・形動) 人や動物などの苦しみや痛みを少しも気にかけないようす。むごたらしいこと・さま。残忍。cruelty

**さんごくいじ【三国遺事】** 古代朝鮮の史書。新羅・高句麗・百済の故事を収録。高麗の僧一然の著。一二八〇年成立。五巻。仏教関係の記述が多いが、朝鮮古代史の好資料。

**さんごく-いち【三国一】** 《昔、日本・唐(中国)・天竺(インド)の三国を、全世界の意で用いたことから》世界でもっともすぐれているもの・こと。世界一。

**さんごく-かんしょう【三国干渉】** 日清戦争の直後、日本の遼東半島領有に反対するロシア・フランス・ドイツ三国の干渉。明治二八年(一八九五)日本はやむなく受諾。

**さんごくかん-ぼうえき【三国間貿易】** ↓ちゅうかいぼうえき(仲介貿易)

**さんごくかん-ゆそう【三国間輸送】** 外航船が自国への航路で就業せず、他国間の航路で輸送を行うこと。triangular transportation

**さんごく-きょうしょう【三国協商】** 一八九一年の露仏同盟、一九〇四年の英仏協商、一九〇七年の英露協商によって成立したイギリス・フランス・ロシアの連合。ドイツ・イタリア・オーストリアの三国同盟に対抗。Triple Entente

**さんごくし【三国志】** 中国の正史。二十四史の一つ。六五巻。西晋の陳寿の撰。魏志・蜀志・呉志からなり、三国時代の歴史を紀伝体で叙述したもの。魏志の「東夷伝」の条に倭人に関する記述があり、「魏志倭人伝」とよばれる。

**さんごくしえんぎ【三国志演義】** 中国の長編歴史小説。明代の羅貫中作。一二〇回。四大奇書の一つ。後漢末の魏・呉・蜀三国の争乱から晋の統一に至る歴史を講釈の形で小説化したもの。最古の刊本は一五二二年。一二〇回本は清の毛宗崗の修訂になる(一六七九年刊)。『三国演義』。『三国志通俗演義』。

**さんごくしき【三国史記】** 朝鮮最古の史書。五〇巻。高麗の仁宗の勅命で金富軾らが編纂。一一四五年成立。新羅・高句麗・百済の歴史を紀伝体で記述。

**さんごく-じだい【三国時代】** ①中国、後漢末、魏・呉・蜀の三国が分立した時代。二二〇年魏の建国から二八〇年晋による再統一まで。②朝鮮で、新羅・百済・高句麗の三国が鼎立した三一三〜六七六年の間の時代。

**さんごくつうらんずせつ【三国通覧図説】** 江戸時代の地理書。林子平著。天明五年(一七八五)刊。日本と朝鮮・琉球・蝦夷地を図示・解説。海防思想の普及に貢献。

**さんごく-でんらい【三国伝来】** インドから中国を経て日本に伝わって来たこと。

**さんごく-どうめい【三国同盟】** ①ドイツ・オーストリア・イタリア間の秘密軍事同盟。一八八二年締結。三国協商に対抗するもので第一次大戦前の国際関係を規定したが、イタリアは協商側に接近、一九一五年同盟を破棄し参戦した。Triple Alliance ②↓にちどくいさんごくどうめい(日独伊三国同盟)

**さんご-じゅ【▼珊▼瑚珠】** 珊瑚を加工して装飾用に作った玉。coral beads

**さんご-じゅ【▼珊▼瑚樹】** ①スイカズラ科の常緑高木。暖地の海岸にはえる。高さ約八m。葉は長楕円形。初夏に白小花が密生。果実は秋に赤く熟して美しい。庭木・生け垣にもする。②木の形をした珊瑚。↓写

●サンゴジュ①

**さんごしゅう【▼珊▼瑚集】** 永井荷風の訳詩・評論集。大正二年(一九一三)刊。フランス近代詩三八編ほかを収録。典雅な肉感性にあふれた名訳詩集として大きな影響を与えた。

**さんご-しょう【▼珊▼瑚礁】** 熱帯・亜熱帯地方の浅海にすむ、造礁サンゴ虫の遺骸が堆積した石灰質の岩礁。その形状と位置によって裾礁・堡礁・環礁などに大別する。coral reef ↓写

▼常用漢字表外。　▽常用漢字表の音訓外。

●珊瑚礁

**さんご-せっかいがん【珊瑚石灰岩】** サンゴ礁をつくる造礁サンゴや石灰藻が集積してつくられる石灰岩。coralline stone

**サンゴタールド-とうげ【サンゴタールド峠】**(Passo del San Gottardo) スイス中部、アルプス山脈のサンゴタールド山地にある峠。標高二一一二m。古代以来ヨーロッパの南北を結ぶ重要な交通路。ザンクトゴットハルト峠。

**サンゴタールド-トンネル**[San Gottardo Tunnel] スイス中部、アルプス山脈サンゴタールド峠にある鉄道トンネル。長さ約一五km。一八八二年開通。

**さんご-ちゅう【珊瑚虫】** 腔腸動物花虫類中の一群で、装飾サンゴや造礁サンゴを形成する生体(個虫)。個虫一個のつくりはイソギンチャクなどと同じ。たくさんの個虫が外骨格をつくって群体を形成する。この外骨格をサンゴとよぶ。coral insect

**さん-こつ【山骨】** 山の土砂が崩れて、むき出しになった岩石。

**さんご-とう【珊瑚島】** 珊瑚礁が海面に現れて形成された島。coral reef island

**さんご-ばな【珊瑚花】** キツネノマゴ科の小低木。ブラジル原産で温室栽培。葉は尖頭長楕円形で約二〇cm。夏、密錐花序を頂生。花は肉色で花冠の長さ約五cm。包葉は長楕円形。

**さんご-へび【珊瑚蛇】** 体に赤・黒・黄などの縞模様のあるコブラ科の毒ヘビの総称。全長一m内外。いずれも美しいが、かまれると危険。トカゲなどを捕食。北米南部から中南米に約五〇種が分布。

**さんご-も【珊瑚藻】** 紅藻植物サンゴモ科の海藻の総称。直立する有節サンゴモ類と岩面をはうコケ状の無節サンゴモ類に大別される。体表・体内に石灰を沈積する。

**さん-こん【三献】** 中世以降の酒宴における礼法の一つ。肴や吸い物を添えた膳を出し、酒を大・中・小の杯で一杯ずつ三度すすめ、膳を取り替えてこれを三回繰り返すもてなし方。式三献。

**ざん-こん【残痕】** ①残ったあと。痕跡。あとかた。vestige ②きずあと。scar

**さん-さ【三叉】** 三筋に分かれる所。三つまた。trifurcating

**さん-さ【蚕渣・蚕沙】** カイコの食べ残しのクワの葉と蚕糞の混合物。肥料や家畜の飼料にする。カイコの衛生上、除沙は重要。

**サン-サーンス**[Charles Camille Saint-Saëns](一八三五〜一九二一) 近代フランスを代表する作曲家。古典的な均整をもち、輝かしい管弦楽法による華麗な表現が特徴。オペラ『サムソンとデリラ』、交響曲三・ピアノ協奏曲五曲など。

**さん-さい【三才】** ①天・地・人。②宇宙間の万物。③人相で、額・鼻・あご。

**さん-さい【三彩】** 二種以上の色釉を施し、低火度焼成した陶器。緑・黄・赤・茶・藍でいろどられる。中国、唐で八世紀ごろ唐三彩が焼成され、これを受け継いで宋三彩・遼三彩・元三彩が焼かれた。明代の法花もこの一種で、清代には素三彩が作られた。日本では奈良時代に焼成された。↓写

●三彩　『三彩貼花鳳首瓶』。唐代(八世紀)、東京国立博物館。

**さん-さい【三際】**《仏教語》前際・中際・後際の総称で過去・現在・未来のこと。三世。さんざい。

**さん-さい【山妻】** 自分の妻をけんそんしていう語。愚妻。

**さん-さい【山菜】** 山野に自生する植物で、採取して食用にするもの。ワラビ・ゼンマイ、タラノキの芽など。edible wild plant

**さん-さい【山塞・山砦】** ①山中のとりで。mountain fastness ②山賊のすみか。mountain hangout

**さん-ざい【散在】**(名・サ変自) あちこちにあること。lie scattered 用例人家が—する。

**さん-ざい【散剤】** 二種類以上の薬品の粉末を混合し、均質にした粉薬。内服用と皮膚に散布するものがある。powder

**さん-ざい【散財】**(名・サ変自) 金銭をたくさん使うこと。また、つまらないことに金銭を使うこと。waste of money

**ざん-さい【残滓】**《「ざんし」の慣用読み》かす。のこりかす。leavings

**ざん-ざい【斬罪】** 首を切り落とす刑。江戸幕府による死刑の方法で、武士についていったもの。庶民については死罪・下手人といった。打ち首。刎首。

**さんさい-いち【三斎市】** 中世から近世にかけて全国各地で開かれた定期市。月三回開かれ、営業税を納めた特定の商人が独占販売を行った。

**さんざい-しんけいけい【散在神経系】** 神経細胞が体表にほぼ一様に網目状に散在する神経系。神経節や脳をもたない。腔腸動物のヒドラやイソギンチャクにみられる。diffuse nervous system 比較集中神経系。

**さんさいずえ【三才図会】** 中国の絵入りの類書。一〇六巻。天・地・人の三才に及ぶさまざまな事物を、天文・地理・人物・鳥獣・草木など一四部門に分類して図説した一種の百科事典。明代の王圻の撰。一六〇七年(万暦三五年)成立。日本の『和漢三才図会』はこれにならったもの。

**さんさい-りゅう【三斎流】** 茶道流派の一つ。流祖細川三斎(忠興)。江戸初期に形成。千利休の茶の正統を守り、武家の間に広まった。

**さんざ-か【山茶花】** サザンカの別名。サンサカ。

**ざんざか-おどり【ざんざか踊り】** 兵庫県但馬地方で、盂蘭盆会を中心に演じられる太鼓踊り。男たちが体に掛けた太鼓を打ちながら豪快に踊る。名称は「ざんざかざっとう」の打ち音に由来する。↓写

●ざんざか踊り　兵庫県、和田山町。

**さん-さがり【三下がり】** 三味線の基本的調弦の一つ。本調子の第三弦を一全音(長二度)下げる。上品で落ち着いた気分を表す。比較二上がり。

**さん-さく【散策】**(名・サ変自) 気分転換のため、また、考え事などをしながら、ぶらぶら歩くこと。散歩。ramble

**さんざ-し【山査子・山樝子】** バラ科の落葉低木。庭に植える。小枝にはとげがある。葉はくさび形。春にウメに似た白色五弁の花が咲き、果実は秋に赤熟または黄熟し、漢方薬とする。中国原産。↓写

●サンザシ　花(上)と実(下)。

**さんさ-しぐれ【さんさ時雨】** 宮城・福島・岩手の各地、とくに会津地方で婚礼などに歌われる祝儀唄。静かな洗練された旋律が特色。

**さんさ-しんけい【三叉神経】** 脊椎動物の第五脳神経。脳橋から出て、眼神経・上顎神経・下顎神経の三枝に分かれる神経。顔の皮膚、歯の感覚、舌の味覚などを支配。trigeminal nerve →神経系図

**さんさしんけい-つう【三叉神経痛】** 三叉神経の三つの分枝のうち、主として上顎神経・下顎神経が分布する顔面の下三分の二の片側に起こる発作性の激痛。trigeminal neuralgia

**ざん-さつ【惨殺】**(名・サ変他) むごたらしく殺すこと。slaughter

**ざん-さつ【斬殺】**(名・サ変他) 切り殺すこと。put ... to the sword

**さんざっ-ぱら**(副)《俗語。「さんざん」を強めた語》はなはだしく。したたかに。用例—悪口をあびた。

**さんざ-め・く**(五自) にぎやかに騒ぎたてる。make merry

**サン-サルバドル**[San Salvador] 中央アメリカ、エルサルバドルの首都。サン-サルバドル火山のふもとにある都市。商・工業の中心地。一六世紀の建設以来数回の地震被害を受けた。人口四五・三万(一九八四)。

**サンサルバドル-とう【サンサルバドル島】**(San Salvador) 西インド諸島北部、バハマ諸島中部の島。面積一五五km²。一四九二年コロンブスが発見したといわれている。旧称ワトリング島。

**さんさ-ろ【三叉路】** 三方に分かれる道。trifurcated road

**さん-さん【潸潸】**(形動トタル) ①涙を流すさま。さめざめ。②雨の降るさま。

**さん-さん【燦燦】**(形動トタル) きらめくさま。きらきら。brilliant

**さん-ざん【散散】** 一(形動) ひどい目にあうさま。terribly 用例—な仕打ちにあう。二(副) 程度・状態がはなはだしいさま。ひどく。さんざっぱら。用例—遊んだ。

**ざん-ざん**(副) 雨が激しく降る音・さま。heavily 用例雨が—降る。

**さんさんか-いおう【三酸化硫黄】** 化学式$SO_3$ 三種類の変態(発煙性液体・針状結晶・アスベスト状)がある。水と激しく反応し、硫酸になる。sulfur trioxide

**さんさんか-にひそ【三酸化二砒素】** 化学式$As_2O_3$ 無水亜砒酸、また俗に亜砒酸とよばれる白色粉末。猛毒で殺虫剤に利用。diarsenic trioxide

**さんさん-くど【三三九度】** 三つ組みの杯で、三度ずつ三回杯をやりとりする献杯の礼。現在では、結婚式で新郎新婦が夫婦の固めをする儀礼として行われる。

**さんさん-ごご【三三五五】**(副) ①小人数の仲間が、ばらばらに行くさま。by twos and threes ②あちこちに散在するさま。here and there

**さん-し【三尸】** 道教で、人の腹の中に住んでいるという三匹の虫。わずかなあやまちも見逃さず、庚申待ちの夜には眠っている人体から抜け出して、天帝にその罪を告げるといわれている。三尸虫。

**さん-し【三思】**(名・サ変自他) 何度も考え直すこと。熟慮。thinking over

**さん-し【蚕糸】** ①きいと。きぬいと。silk yarn ②養蚕と製糸。sericulture and filature

**さん-し【蚕紙】** カイコガに卵を生みつけさせる紙。さんらんし。たねがみ。egg card

**さん-し【散士】** →さんじん(散人)①

**さん-し【散史】** 文人が筆名に添える語。比較散人。用例東海—。

**さん-じ【三次】** ①三度。three times 用例—にわたる選挙。②数学で、次数が三であること。cubic 用例—方程式。

**さん-じ【三時】** ①時刻の名称の一つ。午前と午後の三時。three o'clock ②《多く、上に「お」を付けて》午後三時の間食。おやつ。③農業で、三つのたいせつな時期。春の耕作、夏の除草、秋の収穫。④《仏教語》仏滅後の仏教の行われ方の区分。正法・像法・末法。

**さん-じ【参事】** 事務に参与すること。また、その身分や職名。counselor

**さん-じ【惨事】** 多くの死者が出るような、むごたらしいできごと。disaster 用例—を招く。

**さん-じ【産児】** ①子を生むこと。child birth ②生まれた子。newborn baby



↓行き先項目、図版・写真参照印。 JIS 日本工業規格情報交換用漢字符号コード(区点コード)。

**さん-じ【賛辞・▼讃辞】** 褒めことば。eulogy 用例 ―を呈する。

**ざん-し【残▼滓】** のこりかす。ざんさい。leavings

**ざん-し【惨死】**(名・サ変自) むごたらしい死に方をすること。tragic death

**ざん-し【▼慙死・▼慚死】**(名・サ変自) ①心から恥じて死ぬこと。dying of shame ②死ぬほど深く恥じること。being filled with shame

**ざん-じ【暫時】**(名・副) わずかの間。しばらく。for a little while

**さんシー-せいさく【三C政策】** 第一次大戦前のイギリスの帝国主義政策。ケープタウン・カイロ・カルカッタの三都市を結ぶ三角地帯を支配しようというもの。ドイツの三B政策と対立。

**サン-ジエゴ[San Diego]** →サンディエゴ

**サン-ジェルマン-アンレー[Saint-Germain-en-Laye]** パリ西郊、セーヌ河畔の都市。古い城や礼拝堂が知られる。人口三・八万(一九八二)。サンジェルマン。

**サンジェルマン-じょうやく【サンジェルマン条約】** 第一次大戦後の一九一九年九月、パリ西郊のサンジェルマン-アンレーで連合国側とオーストリアとの間に結ばれた講和条約。ハンガリー・チェコスロバキアなどの独立が承認され、オーストリア帝国は解体。The Treaty of St. Germain

**サンジカリスム[syndicalisme フランス]** フランスを中心として一八九〇年代から第一次大戦にかけて展開された、無政府主義的労働組合運動の理論と実践。議会主義を否定し、ゼネストなど労働組合の直接的政治行動による社会革命をめざした。労働組合主義。サンディカリズム。syndicalism

**さんじ-かん【参事官】** 内閣官房・法制局や各省庁で重要事項の総合的な整理などに従事する職員の官職名。councilor

**さん-しき【算式】** 演算の順序や方法を示した式。numerical expression

**さんしき-カミツレ【三色カミツレ】** ハナワギクの別名。

**さんしき-すみれ【三色▼菫】** パンジーの和名。黄(または赤)・紫・白の三色からなるものが主体であるための名。サンショクスミレ。pansy ↓写

●サンシキスミレ

**さんし-ぎょう【蚕糸業】** 生糸の生産・流通・販売にかかわる事業。silk industry

**さん-じげん【三次元】** 前後・左右・上下の三つの広がり。空間。three-dimensions 用例 ―の世界。対義 一次元・二次元・四次元。

**さんじげん-かいろそし【三次元回路素子】** 一つの半導体チップの上に、電子回路を何層も重ねたもの。容量は飛躍的に増大する。three-dimensional integrated circuits

**さんじ-さんぎょう【三次産業】** →だいさんじさんぎょう(第三次産業)

**さんし-しけんじょう【蚕糸試験場】** 農林省の付属研究機関。クワ・カイコの生理・病理の研究や、養蚕・製糸・絹加工などに関する試験や研究を行う。

**さんじ-しょうひしゃ【三次消費者】** 食物連鎖において二次消費者を食べる動物。タカやナマズなどの肉食動物がこれにあたる。tertiary consumer

**さんし-すいめい【山紫水明】** 自然の景色が清く美しいこと。用例 ―の地。

**さん-しせい【三姿勢】** ライフル射撃競技で、伏せ射ち・立ち射ち・膝射ちの三つの射撃姿勢の総称。また、射撃をこの三姿勢の順に行う総合競技種目をもいい、六〇発競技と一二〇発競技がある。

**さんじ-せいげん【産児制限】** 人工的妊娠中絶や妊娠防止策などによる出生の計画的制限。サンガー夫人が提唱した。産制。birth control

**さん-した【三下】**《「三下やっこ」の略》ばくち打ちの仲間で、いちばん下級の者。

**三下に見る**(さんしたにみる) 軽くみる。軽蔑する。

**さんしち-そう【三七草・山▽漆草】** キク科の多年草。慶長年間に中国より渡来。葉は三～七片に深裂。名はこれに由来。秋、深黄色の頭花を散房状につける。葉のしぼり汁は血止め。

**さんしち-にち【三七日】** ①人の死後二一日目に行われる仏事。みなぬか。②誕生後二一日目の祝い。

**さん-しつ【蚕室】** カイコを飼う部屋。silkworm rearing room

**さん-しつ【産室】** 子を産む部屋。delivery room

**さんし-の-れい【三枝の礼】**(連語)《ハトの子は、親鳥の枝から三本下の枝にとまるという意》ハトでさえ親を敬う心があるということから、親孝行の大切さを言うたとえ。

**ザンジバル[Zanzibar]** アフリカ東海岸沖合い、インド洋上の二島。一九六四年タンガニーカと連合し、タンザニア連合共和国を形成。人口三一・四万(一九八五)。

**サン-シモン[Claude-Henri de Rouvroy de Saint-Simon]**(一七六〇～一八二五) フランスの代表的な空想的社会主義者。科学者・有産者・実業家・技師などの産業者が指導する自主管理的な産業体制を構想し、実証的科学の進歩、産業の繁栄、勤労者の福祉のなかに人類の解放をみようとした。著書『人間科学覚書』など。

**サン-シモン[Louis de Rouvroy,duc de Saint-Simon]**(一六七五～一七五五) フランスの軍人・政治家・作家。ルイ一四世の宮廷を描いた『回想録』で知られる。

**さん-しゃ【三社】** ①三つの神社、または、三つの会社。②日本の代表的な三つの神社。伊勢神宮・石清水八幡宮・賀茂神社(または春日神社)。

**さん-しゃ【三車】**『法華経』譬喩品に説かれる羊車・鹿車・牛車の三つの乗り物。羊車は声聞乗、鹿車は縁覚乗、牛車は菩薩乗を表す。

**さん-しゃ【三舎】** 昔、中国で、軍隊の三日間の行程。九〇里。

**三舎を避ける**(さんしゃをさける) ①へりくだる。相手に一目置く。make oneself humble ②相手を恐れて、近づかない。用例 鬼神も―。

**さん-しゃ【三者】** 三つの人・物事。three parties 用例 ―凡退。

**サンシャ【三峡】**(Sānxiá) →さんきょう(三峡)

**さん-しゃく【参酌】**(名・サ変他) 比べ合わせて、よいほうを選ぶこと。参照。配慮。consideration

**さん-じゃく【三尺】** ①一尺の三倍。一m弱。②《「三尺帯」の略》並幅、丈二・五mほどの帯で、職人の一重回し帯から子ども用に変化したもの。兵児帯。

**三尺下がって師の影を踏まず**(さんじゃくさがってしのかげをふまず)《師に付き従うとき、弟子は師の影を踏まないようにしなければいけない、の意》師に対して礼を失しないようにせよと戒めたことば。be always polite to one's master

**三尺高し**(さんじゃくたかし) 磔の柱の高さが、頭上約三尺であることから、磔の刑に処せられることにいう。

**三尺の秋水**(さんじゃくのしゅうすい) とぎすました刀剣。

**三尺の童子**(さんじゃくのどうじ) 小さな子ども。幼童。また、無知な者。

**さん-じゃく【山▼鵲】** カラス科の鳥。全長約四〇cm。カササギに似て、尾が長い。縁起の良い鳥とされる。中国・ヒマラヤに分布。

**さんじゃく-バナナ【三尺バナナ】** バショウ科の多年草。高さ一～二mの丈の低いバナナ。中国原産。果実は五稜で、長さ約一〇cm。一房に二〇〇～二五〇本もつく。芳香があり、甘く美味。

**さんじゃく-もの【三尺物】** 講談・浪花節で、侠客・遊び人を主人公とした演目の総称。『国定忠治』『清水次郎長伝』など。語源は、遊び人が三尺帯をよく締めていたことから。

**さんしゃ-しょうけい【三斜晶系】** 三つの結晶軸が斜交し、かつそれぞれの軸の長さが異なる結晶系。triclinic system

**さんしゃ-ていりつ【三者▼鼎立】** 三つのもの、三つの勢力。あるいは三人が互いに対立していること。三者が並び立っていること。

**さんじゃ-まつり【三社祭(り)】** ㊀東京都台東区の浅草神社で五月の一七、一八日に近い土・日曜に行われる祭り。三基の大神輿が町内を練り歩き、本殿の前では田楽や獅子の舞が奉納される。↓写 ㊁《三社祭》歌舞伎舞踊。清元。本名題『弥生の花浅草祭』。天保三年(一八三二)初演。三社祭の山車人形を舞踊化したもの。

●三社祭り㊀

**さん-しゅ【三種】** ①三つの種類。three kinds ②「第三種郵便物」の略。定期刊行の新聞・雑誌など。

**さん-じゅ【傘寿】**《「傘」の略字「仐」の字形から》八〇歳。また、その祝い。

**ざん-しゅ【▼斬首】**(名・サ変他) 首を切りおとすこと。また、その首。

**さん-しゅう【三州・参州】** 三河国の。

**さん-しゅう【参集】**(名・サ変自) あつまって来ること。gathering

**さん-しゅう【▼讃州】** 讃岐国の。

**さん-じゅう【三重】** ①三つかさなること。みかさね。三層。三段。triplication ②《日本音楽用語》㋐声明の最高の音域。㋑平曲の最高音域部分とその旋律型。㋒三味線音楽の旋律型。㋓歌舞伎の下座音楽で、三味線で奏する効果音楽。

**さん-じゅう【三従】** 儒教で、女性の従うべき道とした三つの徳目。『儀礼』によれば、家にあっては父に従い、嫁しては夫に従い、夫が死してのちは子に従うというもの。

**さんじゅういち-もじ【三十一文字】** 和歌。短歌。みそひともじ。

**さん-しゅうき【三周忌】** →さんかいき(三回忌)

**さんじゅう-けつごう【三重結合】** 二つの原子が三個の電子対を共有する結合。とくに炭素どうしの三重結合をアセチレン結合という。付加反応が起こりやすい。triple bond

**さんじゅうごミリ-カメラ【三五ミリカメラ】** 三五mm幅のフィルムを使用するカメラ。現在は、ペンタプリズムを備えた一眼レフ形式で、縦二四mm、横三六mmの大きさの画面のものが主流。

**さんじゅう-さつ【三重殺】** →トリプルプレー

**さんじゅうさん-かんのん【三十三観音】** 観世音菩薩が衆生済度のために変化するという三三身。楊柳・竜頭・持経・円光・遊戯・白衣・蓮臥・滝見・施薬・魚籃・徳王・水月・一葉・青頸・威徳・延命・衆宝・岩戸・能静・阿耨・阿麼提・葉衣・瑠璃・多羅尊・蛤蜊・六時・普悲・馬郎婦・合掌・一如・不二・持蓮・灑水の三三。

**さんじゅうさんげん-どう【三十三間堂】** 京都市東山区三十三間堂廻り町にある蓮華王院の通称。天台宗。長寛二年(一一六四)後白河法皇の発願で平清盛が造営。一〇〇一体の千手観音像を安置。↓写

**さんじゅうさん-しょ【三十三所】** 観音像を安置した三三か所の巡礼霊場。観世音菩薩が三三身に化身して衆生を救うという

●三十三間堂 千手観音像。

信仰にちなむ。西国三十三所・坂東三十三所など。三十三箇所。三十三番札所。

**さんじゅうし【三銃士】**《原題 Les Trois Mousquetaires(フランス)》デュマ(父)の小説。一八四四年刊。ルイ一三世治下のフランスで、主人公ダルタニャンが、アトス・アラミス・ポルトスの三銃士と活躍する物語。

**さんじゅう-しょう【三重唱】** 三人で三声部に分かれて歌い合わすこと。その合唱。trio

**さんじゅう-すいそ【三重水素】** 水素の同位体で質量数が三のもの。放射性があり、放射線源やトレーサーに利用される。トリチウム。記号T、$^{3}H$。tritium

**さんじゅう-そう【三重奏】** 三人が三種の独奏楽器で合奏すること。ピアノ・バイオリン・チェロを用いるピアノ三重奏など。トリオ。trio

**さんじゅう-だな【三重棚】** 茶室の棚物の一種。棚板が三段に重なっている。地板の上に水指、その上段には棗、その上の段には柄杓・蓋置、天板には香炉などを飾る。

**さんじゅう-てん【三重点】** 一成分からなる物質の気相・液相・固相の三相が共存した状態にある点。たとえば、水の三重点は〇・〇〇七五℃、圧力四・八五mmHg　triple point

**さんじゅう-とが【三獣渡河】**《仏教語》『優婆塞戒経』のことば。声聞・縁覚・菩薩の三乗をそれぞれ河を渡る兎・馬・象にたとえ、深浅のあることを説くもの。

**さんじゅうに-そう【三十二相】** 仏にそなわるという、常人と異なるすぐれた三二の身体的特徴。金色の肉身、頂上の肉髻、眉間の白毫など。三十二相八十種好。八十随形好。

**さんじゅうねん-せんそう【三十年戦争】** 一六一八～四八年、ドイツの新旧両教徒の対立に各国が干渉した最大の宗教戦争。旧教側にスペイン、新教側にスウェーデン・デンマーク・フランスが出兵。旧教派ではワレンシュタイン、新教派ではグスタフ=アドルフやクリスチャン四世らが活躍。ウェストファリア条約で終結。Thirty years' War

**さんじゅうはちど-せん【三十八度線】** 朝鮮半島を横断する北緯三十八度線。一九四八年以来、北側の朝鮮民主主義人民共和国と南側の大韓民国とを分かつ国境となる。北緯三十八度線。38th parallel

**さんじゅうばん-じん【三十番神】** 本地垂迹説で、『法華経』を一か月間交替で守るとされる三〇の日本の神々。

**さんじゅうろくにんしゅう【三十六人集】** 平安中期までの代表的歌人である三十六歌仙の私家集を集成したもの。『歌仙家集』。

**さんじゅうろっ-かせん【三十六歌仙】** 平安中期、藤原公任が選んだ三六人の名歌人の総称。柿本人麻呂・紀貫之・凡河内躬恒・伊勢・大伴家持・山部赤人・在原業平・遍照・素性・紀友則・猿丸大夫・小野小町・藤原兼輔・藤原朝忠・藤原敦忠・藤原高光・源公忠・壬生忠岑・斎宮女御(徽子女王)・大中臣頼基・藤原敏行・源重之・源宗于・源信明・藤原清正・源順・藤原興風・清原元輔・坂上是則・藤原元真・小大君・藤原仲文・大中臣能宣・壬生忠見・平兼盛・中務の三六人(『三十六人歌仙伝』による)。

**さんじゅうろっ-けい【三十六計】** 中国古代の兵法で、三六種の計略。多くの計略。
**三十六計、逃ぐるに如かず**(さんじゅうろっけい、にぐるにしかず) 逃げることにまさる方策はない。逃げるのがもっともよい策である。Discretion is the better part of valor.

**さんじゅうろっ-ぴょう【三十六俵】**《もと、三六個の俵を、同心円状に二重に配置したものであったことから》相撲の土俵。

**さんしゅこんごう-ワクチン【三種混合ワクチン】** 不活化した百日ぜき菌・破傷風トキソイド・ジフテリアトキソイドの三つを混合したワクチン。乳幼児期に接種する。昭和五六年(一九八一)より製造許可。triple vaccine

**さんじゅ-じょうかい【三▼聚浄戒】** 大乗仏教の三つの基本的な戒法の総称。悪を防ぐ摂律儀戒、善を行う摂善法戒、人々に利益をほどこす摂衆生戒。三聚戒。

**サン-ジュスト【Louis-Antoine-Léon de Saint-Just】**(一七六七～九四) フランス革命期の政治家。ロベスピエール派の国民公会議員。公安委員として軍事・食糧問題を担当。エベール派・ダントン派を告発し、恐怖政治を推進。テルミドールのクーデターで処刑。

**さん-しゅつ【三出】**(名・サ変自) 植物で、クローバーなどのように、葉柄の先端に三枚の小さな葉がつくこと。

**さん-しゅつ【産出】**(名・サ変他) 有用な物資をうみだすこと。産物を出すこと。production

**さん-しゅつ【算出】**(名・サ変他) 計算して、数値を出すこと。calculation

**さん-じゅつ【算術】** ①自然数・分数・小数および量についての計算を中心に、数量に関する問題の解決を取り扱う実用的な数学。arithmetic ②初等数学で、代数・幾何・三角法の前段階として学ぶ計算法。arithmetic ③かつての小学校での教科名。

**さんじゅつ-きゅうすう【算術級数】** ↓とうさきゅうすう(等差級数)

**さんじゅつ-へいきん【算術平均】** ↓そうかへいきん(相加平均)

**さんしゅ-の-じんぎ【三種の神器】** 歴代天皇が皇位のしるしとして継承する三つの宝物。天孫降臨のさい、天照大神から瓊瓊杵尊に授けられたというもの。八咫の鏡・天の叢雲の剣(草薙の剣)・八坂瓊の曲玉。

●サンショウ　花(右)と実(左)。

**さん-しゅゆ【山▼茱▼萸】** ミズキ科の落葉小高木。高さ約四m。葉は楕円形。早春に黄色の四弁花が咲き、果実は秋に赤熟。果実は強壮薬。庭木にもする。朝鮮半島中部原産。↓写

●サンシュユ

**さん-じょ【▼芟除】**(名・サ変他) 草を、刈りとって除くこと。除去。排除。せんじょ。

**さん-じょ【産所】** うぶや。産室。delivery room

**さん-じょ【散所】** 古代末・中世における貴族・寺社の所領の一形態。その住民は、田地に権利をもたず、隷属し雑役などに従事したため卑賤視された。鎌倉時代以降は、交通・商工業、雑芸、築庭などに従事する者も出た。

**さん-じょ【賛助】**(名・サ変他) 賛成して援助すること。agree and support [用例] ―会員。

**ざん-しょ【残暑】** 立秋後の暑さ。lingering summer heat [比較] 余寒。

**さん-しょう【三唱】**(名・サ変他) 三回となえること。three cheers [用例] 万歳―。

**さん-しょう【三焦】** 漢方で、六腑の一つ。上焦(心臓の上)・中焦(胃の中)・下焦(膀胱の上)の三つよりなり、それぞれ摂取・消化・排泄をつかさどるという。

**さん-しょう【三障】**《仏教語》正道や善心をさまたげる三つの障害。貪瞋痴の煩悩障、五逆・十悪の業障、悪趣に生まれる報障をいう。

**さん-しょう【三賞】** 大相撲の本場所で、とくに活躍した力士に与えられる、殊勲・敢闘・技能の三つの賞の総称。関脇以下の幕内力士が対象で、勝ち越していることが条件の一つ。

**さん-しょう【山▼椒】** ミカン科の落葉低木。高さ約三m。雌雄異株。枝にとげがあり、葉は羽状複葉。春、黄緑色の五弁花を開く。秋に結実。若葉・果実は食用・薬用・香辛料用。古名、ハジカミ。川薑。さんしょ。↓写
**山椒は小粒でもぴりりと辛い**(さんしょうはこつぶでもぴりりとからい)《手腕や力量を示すことば》からだや構えは小さくても、劣ったり負けたりはしない。Small head but great wit.

**さん-しょう【参照】**(名・サ変他) 他のものを比べて見ること。reference [用例] 下図―。

**さん-じょう【三乗】** ㊀(名・サ変他) 数学で、同じ数を三つかけ合わせること。cube ㊁(名)《仏教語》衆生の能力・素質に応じて悟りに導く三種類の教法。声聞乗・縁覚乗・菩薩乗。

**さん-じょう【山上】** 山の上。top of a mountain

**さん-じょう【参上】**(名・サ変自) ①主君・長上のもとへ行くこと。visit ②相手方に行くことの謙譲語。うかがうこと。参ること。

**さん-じょう【惨状】** むごたらしいありさま。disastrous scene [用例] 事故現場の―。

**さん-じょう【▼驂乗】** 貴人に従って同じ車に乗り、その護衛をすること・人。

**さんじょう【三条】**〈市〉新潟県中部、信濃川と五十嵐川の合流点にある市。日本有数の金物の産地。人口八万六四二〇(一九八八)。

**ざん-しょう【残照】** ①入り日。その光。sunset ②夕焼け。afterglow

**さんしょう-うお【山▼椒魚】** サンショウウオ亜目に属する両生動物の総称。形はイモリに似て、山間の渓流にすむ。日本に約一八種。日本全土、北半球温帯部に分布。salamander ↓図

**さんじょう-が-たけ【山上ケ岳】** 奈良県南部、大峰山の主峰。標高一七一九m。修験道の霊場。女人禁制で知られた山。

**さんじょう-き【三畳紀】** 中生代を三分した場合の最初の時代。約二億四〇〇〇万年前から約二億年前まで。アンモナイト・爬虫類が栄え、シダ類・ソテツ類が繁茂した。Triassic period

**さんしょう-くい【山▼椒▼喰】** サンショウクイ科の鳥。翼長約一〇cmで、尾が長い。背面は暗灰色で腹が白い。名はヒリヒリと鳴くことに由来。本州・四国では夏鳥として渡来。九州・沖縄では冬鳥。↓図

●サンショウクイ

**さんじょう-こかじ【三条小▽鍛▼冶】** 平安後期の刀工宗近の異称。京都三条に住む。能『小鍛冶』で知られる。

**さんじょう-こん【三乗根】** ↓りっぽうこん(立方根)

**さんじょう-さねとみ【三条▽実▽美】**(一八三七～九一) 幕末・維新期の公卿・政治家。尊攘派の公卿として活躍。七卿落ちの一人。明治維新後、太政大臣となり、内閣制ができると内大臣、一時内閣総理大臣を兼任した。

**さんしょう-だゆう【山▼椒太▽夫・山▽荘太▽夫】** ㊀安寿と厨子王の哀話で知られる伝説中の長者の名。原型は長者没落を説くものという。㊁《山椒太夫》伝説を素材とした森鷗外作の小説。

**さんしょうてい-からく【三笑亭可楽】** 落語家。今日までに八代。初代(一七七七～一八三三)は三題噺を創始。門下からは林屋正蔵らの「可楽十哲」とよばれる人材を輩出、落語中興の祖の一人とされる。

**さんじょう-てんのう【三条天皇】**(九七六～一〇一七) 第六七代天皇(在位一〇一一～一六)。名は居貞。冷泉

●サンショウウオ
ハコネサンショウウオ
トウキョウサンショウウオ
カスミサンショウウオ



↓行き先項目、図版・写真参照印。　[JIS] 日本工業規格情報交換用漢字符号コード(区点コード)。

天皇の第二皇子。

**さんじょうにし-さねたか【三条西▽実▽隆】**（一四五五〜一五三七）室町後期の公卿・学者。香道御家流の始祖。和歌にすぐれ、古典の保存や伝統文化の復興に尽力。日記『実隆公記』。

**さんじょう-の-せっきょう【山上の説教】** 新約聖書『マタイによる福音書』五〜七章の通称。イエスがガリラヤ湖畔の山の上で、神の子として弟子たちに説いたという、正義と愛についての一連の教え。山上の垂訓。the Sermon on the Mount

**さんしょう-ばら【山▼椒▼薔▼薇】** バラ科の落葉低木。葉は奇数羽状複葉で、サンショウに似る。初夏に、径約五㎝の淡紅色の五弁花を開き、黄色の果実を結ぶ。箱根・富士山の周辺に多い。

**さんしょう-も【山▼椒藻】** サンショウモ科の一年生水生シダ。長さ約一〇㎝。楕円形の浮上葉と根状に分枝した沈水葉を輪生。水田・池沼に浮遊する。↓図

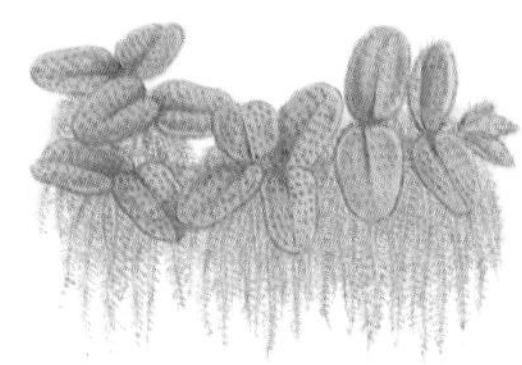

●サンショウモ

**さん-しょく【三食】** ①朝昼晩の三度の食事。three meals ②三回分の食事。

**さん-しょく【三職】** ①律令制下の官制。太政大臣・左右大臣・参議をさす。②室町時代の三管領。③明治政府最初の官制。慶応三年（一八六七）設置。総裁・議定・参与をさす。

**さん-しょく【山色】** 山の色・けしき。mountain scenery

**さん-しょく【蚕食】**（名・サ変他）カイコがクワの葉を食べるように、しだいに他の領分を侵すこと。encroachment

**さん-じょく【産▼褥】** 出産時の産婦のねどこ。puerperium

**さんしょく-き【三色旗】** ①三色に染め分けた旗。tricolor flag ②フランスの国旗。tricolor flag

**さんじょく-き【産▼褥期】** 出産後の、母体が妊娠前と同じに回復するまでの期間。通常六〜八週間。十分な安静と睡眠、栄養補給に努める必要がある。

**さんしょく-すみれ【三色▼菫】** ↓さんしきすみれ（三色菫）

**さんじょく-ねつ【産▼褥熱】** 出産後の産褥期に生ずる発熱疾患。出産時の創傷などからの細菌感染がおもな原因。puerperal fever

**サンジョルジョ-ぎんこう【サンジョルジョ銀行】** 一四〇七年イタリアのジェノバに設立された世界最古の公立銀行。フランス革命の余波をうけて閉鎖。

**サン-ジョン-ペルス【Saint-John Perse】**（一八八七〜一九七五）フランスの詩人・外交官。西インド諸島生まれ。象徴主義的で雄大な詩風。一九六〇年ノーベル文学賞受賞。詩集『賛』『遠征』など。

**さん・じる【参じる】**（上一自）↓さんずる（参ずる）

**さん・じる【散じる】**（上一自他）↓さんずる（散ずる）

**さんしろう【三四郎】** 夏目漱石の小説。明治四一年（一九〇八）『朝日新聞』に連載。熊本から上京した大学生三四郎の青春を描く。

**さん-しん【三振】**（名・サ変自）野球で、打者が空振りや、ストライクのボールを見送ることなどで、三個目のストライクを宣告されること。打者アウトとなる。ストラックアウト。strike-out

**さん-しん【三▽線】** 沖縄や奄美諸島の三弦の撥弦楽器。中国の三弦が起源。三味線の祖。胴にヘビの皮を張り、水牛の角の爪で弾く。蛇皮線。

**さん-しん【参進】**（名・サ変自）神前や貴人の前へ進み出ること。

**さん-じん【三身】**《仏教語》仏の三つの姿。法身・報身・応身。

**さん-じん【山人】** ①世間から離れて静かに生きている人。hermit ②文人などの雅号に添える語。用例 紅葉—。

**さん-じん【山神】** ↓やまのかみ（山の神）

**さん-じん【散人】** ①世事を離れた人。官に仕えない人。散士。②雅号に添える語。用例 荷風—。

**ざん-しん【残心】** 剣道で打突動作が完了したあと、あるいは弓道で矢を射たあとの、油断のない身構えと心構え。

**ざん-しん【▼讒臣】** 讒言する家来。

**ざん-しん【▼斬新】**（形動）趣向が、たいへん新しいさま。新奇。novel 用例 —なアイディア。

**さん-しんざん【三神山】** 中国の神仙説による想像上の三山、蓬萊山・方丈山・瀛洲山の総称。渤海の東にあり、神仙が住み、不老不死の仙薬があるとされた。

**さんしん-せいど【三審制度】** 同一事件について、訴訟の当事者が三つの異なる段階での審理・裁判を求めることができる上訴制度。参照 審級制度。

**さん-しんとう【三親等】** 法律で、親等の一つ。曾祖父母・曾孫・おじ・おば・おい・めいとの関係。relations in the third degree 対義 一親等・二親等。

**さん・す【▼簒す】** 文語的（サ変他）うばう。簒奪する。

**さん・す**（サ変他）《「さしゃんす」の転》「する」の尊敬・丁寧語。なさいます。

**さんす**（助動 サ変型）①尊敬の意を表す。…なさる。②丁寧の意を表す。…ます。

**さん-ず【三▽途】**《仏教語》人が悪業の報いとしておもむくとされる三つの世界。火途（地獄道）・刀途（餓鬼道）・血途（畜生道）のこと。

**ざんす**（助動 特殊型）《江戸吉原の遊里語》…でございます。…です。用例 さい—。

**さん-すい【山水】** ①山と川。hills and rivers ②自然の景色。それを描いた絵。山水画。③築山と池のある庭園。用例 枯れ—。

**さん-すい【散水・▼撒水】**（名・サ変自）《「撒水」の慣用読み》水をまくこと。sprinkle water 用例 —車。

**さん-ずい【三水】** 漢字を組み立てている部分の名。「汗・江・汽」の左にある「氵」。

●山水画　雪舟『破墨山水図』（部分）。明応四年（一四九五）、東京国立博物館。

**さんすい-が【山水画】** 自然の風景を描いた東洋画の一部門。中国の六朝時代に鑑賞絵画として独立。明初の沈周・文徴明により南宗画として完成。日本では雪舟により完成された。↓写

**さんすいせん-の-ていり【三垂線の定理】** 立体幾何学の定理の一つ。図では、平面外の一点Pからその平面に垂線を下ろし、その足Qからその平面上の直線lに垂線QRを下ろせば、PRは直線lに垂直であるという定理。theorem of three perpendiculars ↓図

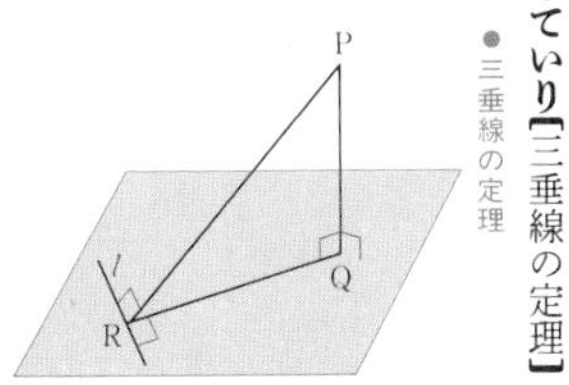


●三垂線の定理

**さんすいそ-えん【酸水素炎】** 水素の炎に酸素が十分に供与できるようにして得られる炎。炎の温度は約二五〇〇℃。金属材料の切断・溶接に使用。oxyhydrogen flame

**さんすい-るい【三▼錐類】** 原始的な化石哺乳類の一群。ネコぐらいの大きさで、肉食。各頬歯に三個の尖頭が並列する。中生代ジュラ紀に生息。

**さん-すう【算数】** ①かぞえた数。counted number ②計算。calculation ③小学校で教える数学の教科名。数の計算と基本的な図形の取りあつかいが中心。arithmetic

**サンスーシ-きゅうでん【サンスーシ宮殿】**（Sanssouci）《「サンスーシ」は、心やすらぐ、の意》プロイセンのフリードリヒ大王の離宮。ポツダム市に臨む高台にある。一七四五〜四七年建造。ロココ様式の瀟洒な建物。

**さん-すくみ【三▼竦み】**《ヘビはナメクジを、ナメクジはカエルを、カエルはヘビを恐れるといわれることから》三者がそれぞれに、恐れて動けないこと。

**サンスクリット【Sanskrit】**《完成された言語、俗語に対する雅語、の意》古代インドの標準文章語。インド-ヨーロッパ語族インド-イラン語派に属し、西洋古典語と同一の祖語から分かれたもの。サンスクリット語。梵語。

**さん-すけ【三助】**《卑語》もと、銭湯で、釜を焚き、客の背中を流す男の使用人。

**サンステファノ-じょうやく【サンステファノ条約】** ロシア-トルコ戦争の講和条約。一八七八年締結。ロシアに有利な決定がなされたが、イギリス・オーストリアが反対し、ベルリン会議で修正。「サンステファノ」はイスタンブール西郊の小村。Treaty of San Stefano

**さんず-の-かわ【三▽途の川】**《仏教語》死後、冥土に行く亡者の渡るという川。生前の罪業によって、流れの速さの異なる三つの瀬があるという。三瀬川。

**さん・する【参する】**（サ変自）参加する。関係する。take part in

**さん・する【産する】**（サ変自他）＝産す。①うむ。うまれる。bear; be born ②育てる。raise ③生産する。産出する。produce

**さん・する【算する】**（サ変他）数える。ある数・量になる。算す。count 用例 参拝者は八〇万人を—・した。

**さん・する【賛する・▼讃する】**（サ変自他）＝賛す。①力を添えて助ける。support ②同意する。agree ③ほめる。praise 用例 故人の徳を—。④絵画などに賛の詩文を書く。

**さん・ずる【参ずる】**（サ変自）＝参じる・参ず。①「行く」の謙譲語。うかがう。まいる。用例 かならず—・じます。②参加する。participate ③参禅する。

**さん・ずる【散ずる】**（サ変自他）＝散じる・散ず。①ちる。ちらす。scatter ②なくなる。なくす。squander 用例 家財を—。③気を晴らす。dispel 用例 鬱を—。

**ざん・する【▼竄する】**（サ変他）島流しにする。流罪にする。

**ざん・する【▼讒する】**（サ変他）讒言する。中傷する。告げ口する。slander

**さん-ずん【三寸】** ①一寸の三倍。約九㎝。②厚さの薄いこと、長さの短いことなどを比喩的に言う語。用例 舌先—。胸—。

**三寸の舌**（さんずんのした）弁舌。口先。舌先三寸。

**三寸の見直し**（さんずんのみなおし）三寸ぐらいの違いによる体裁の悪さは、見直しているうちにそれほど目立たなくなる。少しの誤差・欠点、顔の醜さなどは、見なれれば苦にならなくなることのたとえ。

**三寸俎板を見抜く**（さんずんまないたをみぬく）眼識の鋭いことのたとえ。

**さん-せ【三施】**《仏教語》三種の布施。他人に金品・物資を施す財施、正しい仏法を説き、さとらせる法施、恐怖から解放して、畏れることのない確信を施す無畏施。

**さん-ぜ【三世】** ①《仏教語》過去・現在・未来。前世・現世・来世。②父・子・孫の三代の縁。three generations

**三世の縁**（さんぜのえん）三世までつながる縁。主従の縁。

**さん-せい【三世】** 三代目。the third 比較 三世（さんぜ）。

**さん-せい【三省】**（名・サ変他）毎日三回反省すること。日々何度もわが身をかえりみ、戒めること。

**我、日に我が身を三省す**（われ、ひにわがみをさんせいす）《『論語』にある句》一日に三度、自分の考え・言動などを反省してみる。

**さん-せい【三聖】** ①三人の聖人。㋐釈迦牟尼・孔子・キリスト。Three Holy Sages ㋑釈迦牟尼・老子・孔子。㋒老子・孔子・顔回。②その道でもっともすぐれた三人。たとえば和歌で、柿本人麻呂・山部赤人・衣通姫。

**さん-せい【参政】** 国民が直接または間接に政治に参加すること。participating in government

**さん-せい【産制】**「産児制限」の略。

**さん-せい【酸性】** 酸のもつ性質。水溶液中で水素イオンを生成し、塩基と塩をつくる。pH七未満。青色リトマス試験紙を赤変する。酸味があり、金属を腐食する。acidic 対義 塩基性・アルカリ性。

**さん-せい【賛成】**（名・サ変自）人の意見・態度などに同意すること。approval 対義 反対。用例 —を得る。原案に—する。—多数。

**さんせい【山西】**〈省〉中国、華北の省。東は河北省、北は長城を境に内モンゴル自治区に接する山岳地帯。省都は太原。中央を黄河が貫流、黄土地帯であるが、農作のほか、鉱工業が発達。人口二五七二万（一九八四）。シャンシー。

**ざん-せい【残生】** 年をとって、あといくらもない命。余生。rest of one's life

**さんせい-う【酸性雨】** ふつうの雨に比べて酸性度が強い雨。石油や石炭などの化石燃料

を燃やしたときに発生する硫黄酸化物が、大気中で雨水にとけてできる。環境破壊の大きな要因になっている。acid rain

**さんせい-えん【酸性塩】** 金属によって置換することのできる水素イオンを一部残している塩。炭酸水素ナトリウム $NaHCO_3$ など。acid salt

**さんせい-がん【酸性岩】** 珪酸の量が構成成分の重量比で六六%以上の火成岩。花崗岩・流紋岩など。石英・長石が主要構成鉱物のため、白っぽく見える。acidic rock 対義 塩基性岩。

**さんせい-けん【参政権】** 国民が国政に参加する権利。選挙権・被選挙権、公職につく権利など。suffrage

**さんせい-ざいばつ【三星財閥】** 韓国の大財閥の一つ。三星物産・三星電子を中心として各分野に事業を展開している。

**さんせい-さんかぶつ【酸性酸化物】** 水と反応して酸素酸をつくり、塩基と反応して塩をつくる酸化物。二酸化炭素、二酸化硫黄など。acidic oxide

**さんせい-し【酸性紙】** 印刷インキのにじみ止めに酸性の硫酸アルミニウムを用いて漉いた紙。年とともに劣化を起こす。acid paper

**さんせい-しょくひん【酸性食品】** 体内で分解されて酸を生成する食品。燐・硫黄・塩素などを多く含む。肉・卵・魚・穀類など。acid food

**さんせい-しょくぶつ【酸性植物】** 酸性土壌によく生育する植物の総称。泥炭地や湿原など腐植酸の多い場所に生育するもので、ミズゴケ・マガヤ・ツルコケモモ・ヨシなど。また酸性の畑地にはスギナが生える。

**さんせい-せいこうほう【酸性製鋼法】** 酸性スラグによる酸化製錬を主体とし、ベッセマー転炉を用いた製鋼法。ベッセマー法。acid Bessemer process

**さんせい-せん【酸性泉】** 鉱水一kg中に水素イオン一mg以上を含み、酸性を示す温泉。噴気地帯周辺に自然湧出する。箱根・登別・草津・那須など。acid spring

**さんせい-せんりょう【酸性染料】** 分子内にスルホ基、カルボキシル基などの酸性基をもつ染料。アゾ染料など。羊毛・絹などの染色用。acid dye

**さんせい-たんさんナトリウム【酸性炭酸ナトリウム】** ↓たんさんすいそナトリウム(炭酸水素ナトリウム)

**さんぜいっしん-の-ほう【三世一身の法】** 奈良時代の法令。養老七年(七二三)発布。新しく用水を設けて開墾した田は三代、古い用水で開墾した田は一代の間私有を許した。

**さんせい-ど【酸性度】** 溶液の酸性の程度を表す量。一般に水素イオン濃度指数pHを用いる。酸度。acidity

**さんせい-どう【(株)三省堂】** 辞書出版が主の出版社。明治一四年(一八八一)亀井忠一が創立。昭和四九年(一九七四)倒産したが、同五九年(一九八四)再建完了。

**さんせい-どじょう【酸性土壌】** 水または塩化カリウムなどの中性塩溶液に溶けて酸性を示す土壌。作物の育ちが悪い。酸性土。acid soil 対義 塩基性土壌。

**さんせい-はくど【酸性白土】** 粘土鉱物モンモリロナイトを主成分とする白色や淡黄色などの粘土。懸濁液のpHは五～六で酸性を示す。東北地方・上信地方に産出する。吸着性が強く、油・酒などの脱色、硬水の軟化剤などとして利用する。Japanese acid clay

**さんせい-はんのう【酸性反応】** 陽子(水素イオン)を他に与える反応。acid reaction

**さんせい-ひりょう【酸性肥料】** 化学的酸性肥料と生理的酸性肥料がある。前者は水溶液が酸性を示すもので、過燐酸石灰など。後者は植物が成分を吸収した後の土壌が酸性を示すもので、硫酸アンモニウム(硫安)などがある。acid fertilizer

**さんせい-ぼんち【▼鑽井盆地】** 井戸を掘ると地下水が自然に湧き出る構造の盆地。透水層と不透水層の重なり合った地層が四方から下方に傾斜し、透水層中の地下水に圧力が加わっているため。オーストラリアの大鑽井盆地が有名。artesian basin

**さん-せき【三▼蹟・三跡】** 平安時代の三人の能書家。小野道風・藤原佐理・藤原行成の尊称。道風の代わりに兼明親王を加えることもある。比較 三筆。

**さん-せき【山積】**(名・サ変自) 仕事・問題などが、たくさんたまっていること。山積み。lie in piles 用例 難問が―する。

**さんせき-の-わか【三夕の和歌】** 結句に「秋の夕暮」と詠じた三首の名歌。『新古今和歌集』中の寂蓮「さびしさはその色としもなかりけり槙立つ山の秋の夕暮」、西行「こころなき身にもあはれは知られけり鴫立つ沢の秋の夕暮」、定家「みわたせば花ももみぢもなかりけり浦の苫屋の秋の夕暮」の歌をさす。

**さんぜ-そう【三世相】** ①仏教の三世因果応報思想と陰陽五行説、十干十二支などを織りまぜ、吉凶などを判断すること。また、それを説く書物。②人生の吉凶禍福の定まらないこと。

**さんせだい-じゅうたく【三世代住宅】** 親と子と孫の三世代、二世帯が同じ敷地内に住めるように建てられた住宅。

**さん-せちえ【三節会】** 宮中で正月に営まれた三つの節会の総称。元日の節会・七日の白馬の節会・一六日の踏歌の節会のこと。

**ざん-せつ【残雪】** 春になっても山などに消え残っている雪。日本の平地では四～五月には消えるが、山では夏でも残り、雪渓となる。unmelted snow

**サンセベリア【Sansevieria ラテン】** ユリ科の多年生の観葉植物。鉢植え用。地中に匍匐茎をもち、葉は多肉質で形は多様。白小花を穂状につける。アフリカ原産。フクリンチトセランなど五〇種以上あり、代表的なものはチトセラン。↓写

●サンセベリア

**さん-せん【三遷】** 三度移り変わること。**三遷の教え** 「孟母、三遷の教え」の略。

**さん-せん【山川】** 山と川。hills and rivers

**さん-せん【参戦】**(名・サ変自) 国が戦争に加わること。participation in a war

**さん-せん【散銭】** 神仏に供える金銭。賽銭。

**さん-ぜん【三千】** ①一〇〇〇の三倍。転じて、多くの数量をたとえていう。three thousands ②《仏教語》一〇〇〇の三乗、一〇億のこと。billion **三千の寵愛、一身に在り**《白居易『長恨歌』の一句》多くいる後宮の女の中で、ただ一人君主の寵愛を占める。

**さん-ぜん【参禅】**(名・サ変自) 師について、禅の修行をすること。また、座禅を組むこと。

**さん-ぜん【産前】** 出産のすぐ前。before childbirth 対義 産後。

**さん-ぜん【▼潸然】**(形動トタル) さめざめと泣くさま。用例 ―と泣く。

**さん-ぜん【▼燦然・▼粲然】**(形動トタル) ①きらきらと輝くさま。brilliant 用例 ―と輝くダイヤモンド。②輝かしいさま。brilliant

**ざん-ぜん【残▼喘】** 年をとって、あと長くない命。残生。余生。**残喘を保つ** やっと生き長らえている。

**ざん-ぜん【▼嶄然】**(形動トタル) いちだんとぬきんでるさま。用例 ―たる大記録。**嶄然、頭角を現す** 高く抜きんでて、才能をひときわあらわす。

**さんぜん-いん【三千院】** 京都市左京区大原来迎院町にある天台宗の寺。天台宗三門跡の一つ。延暦年間(七八二～八〇六)、最澄が比叡山に開創した一宇、のちの円融房にはじまるという。本堂の往生極楽院は藤原後期の代表的な阿弥陀堂建築として知られる。↓写

**さん-せんけ【三千家】** 茶道の流派のうち、表千家・裏千家・武者小路千家の三家の総称。江戸初期、利休の孫宗旦の息子たちから三家に分かれた。

**さんぜんさんご-の-きゅうか【産前産後の休暇】** 労働基準法によって母体保護のために認められる産前六週間、産後八週間の休暇。

**さんぜん-せかい【三千世界】** ↓さんぜんだいせんせかい(三千大千世界)

**さん-ぜんそう【三全総】** 第三次全国総合開発計画の略称。

**さんせん-そうもく【山川草木】** 自然。自然の景色。nature

**さんぜん-だいせんせかい【三千大千世界】** 仏教で、一仏の教化する範囲。須弥山を中心とした一世界を基本に、一〇〇〇集まった世界を小千世界、小千世界が一〇〇〇集まった世界を中千世界、中千世界が一〇〇〇集まった世界を大千世界という。この小・中・大の三種の千世界からなる大千世界が三千大千世界。三千世界。

**さんせん-べん【三▼尖弁】** 心臓の右心房と右心室の間にある弁。体内から戻った血液は右心房から右心室に入り、そこから肺へ送られるが、このとき右心房に血液が逆流するのを防ぐ役目をする。tricuspid valve

**さんせんべん-へいさふぜん【三▼尖弁閉鎖不全】** 心臓弁膜症の一種。心室収縮時に右心室から右心房に血液が逆流する。右心室の拡張で起こる場合が多い。tricuspid valve regurgitation

**さん-そ【酸素】** 元素記号O。原子番号八。原子量一六・〇。地球上にもっとも多く存在する元素。単体には$O_2$のほかオゾン$O_3$、四原子分子$O_4$がある。ふつうの酸素$O_2$は無色無臭の気体。多くの生物の呼吸や物質の燃焼に不可欠。水や空気の構成成分。oxygen

**ざん-そ【▼讒訴】**(名・サ変他) 人をおとしめるため目上の人に訴えること。陰口。悪口。slander

**さん-そう【山草】** 山野にはえる草。園芸では、そのうち、とくに趣のある小形植物をさし、コケモモなどの小低木も含む。

**さん-そう【山荘】** 山の中にある別荘。mountain villa

**さん-そう【山相】** 山のすがた。山の形状。地質構造や気象など。face of mountain

**さん-そう【山僧】** ①山寺の僧。②僧が自分をけんそんしていう語。愚僧。③延暦寺の僧。対義 寺僧。

●三千院 往生極楽院。

**さん-ぞう【三蔵】**《仏教語》経蔵・律蔵・論蔵の三種の経典。また、この三蔵に深く通じた高僧に対する敬称。

**ざん-そう【▼讒奏】**(名・サ変他) 人のことを、天子に悪く申し上げること。

**ざん-ぞう【残像】** 外部からの刺激が消えても感覚に残っている像のこと。残感覚。主として視覚についていう。afterimage

**さんそう-こうりゅう【三相交流】** 位相が一二〇度ずつずれ、周波数の等しい三つの交流。三本の導線で伝えられる。ふつう、大電力の発電・送電は三相で行われる。three-phase alternating current 比較 単相交流。

**さんぞうし【三▽冊子】** 服部土芳著の俳論書。題名はのちの通称。元禄一五年(一七〇二)成立。『白冊子』『赤冊子』『忘れ水』の三冊。芭蕉の俳論を整理したもの。

**さんそう-にもく【三草二木】** 『法華経』薬草喩品に説くたとえ。薬草に大・中・小、樹に大・小の違いがあっても平等に雨に育まれるように、機根の異なる衆生も、仏の教化により等しく悟りをえられることを表す。

**さんそう-ぶんぷ【三相分布】** 固相・液相・気相の三部分からなっている土壌のそれぞれの容積の、全容積に対する百分率。three phase distribution

**さんぞう-ほうし【三蔵法師】** 仏教で経・律・論の三蔵に精通した高僧。おもに中国で経典の翻訳に従事した僧の尊称で、唐の玄奘をさすことが多い。

**さん-ぞうろう【▽然ん候う】** 古語《連語。「さにそうらう」の転》そうです。用例「あれに控へたる、頼政ならむ」「―」(平治)。

**さんそうわぶき-てんろ【酸素上吹き転炉】** 高圧酸素を炉の上部から炉内に吹き込んで製鋼する転炉。製錬時間が短く(約三〇分)、良質の鋼が得られる。

**さんそかいり-きょくせん【酸素解離曲線】** ヘモグロビンが酸素と結合する度合いと酸素分圧との関係を示す曲線。oxygen dissociation curve

**さんそ-きゅうにゅう【酸素吸入】** 肺に高濃度酸素を吸入させる治療法。呼吸不全の状態、そのほか高山病などに適用される。oxygenic inhalation

**さん-ぞく【三族】** 三種の親族。①父・子・孫。②父母・兄弟・妻子または子孫。③父・母・妻の親族。

**三族を夷ぐ** 一人の罪によって、その三族にまで刑罰を加え、滅ぼす。

**さん-ぞく【山賊】** 山中に住む賊。やまだち。bandit 対義海賊。

**さんそ-けつぼうしょう【酸素欠乏症】** 空気中の酸素不足による窒息症状。失神・顔面蒼白などの症状を呈する。周囲の酸素濃度が一六%以下になると発生。酸素テントなどで治療する。hypoxia

**さんそ-こきゅう【酸素呼吸】** 酸素の消費をともなう細胞の呼吸。動植物にみられる一般的な呼吸法。呼吸基質としては多く糖が用いられ、解糖系・TCA回路・電子伝達系を経て二酸化炭素と水に分解される。発生したエネルギーはアデノシン三燐酸として貯える。respiration

**さんそ-さん【酸素酸】** 化学式中に酸素原子を含む無機酸の総称。酸性酸化物と水から得られる。硝酸$HNO_3$・硫酸$H_2SO_4$など。オキソ酸。oxygen acid; oxyacid

**さんそ-せいこう【酸素製鋼】** 溶解と精錬に酸素を用いる製鋼法。製鋼時間が短縮され、燃料や電力の節減となる。oxygen steel-making process

**さんそ-せいれん【酸素製錬】** 酸素や、酸素割合をふやした空気を炉内に送って行う製錬法。炉内の反応を促進し、窒素を除去できる。oxygen smelting

**さんそてんか-こうそ【酸素添加酵素】** 物質に酸素原子を直接添加する酵素。オキシゲナーゼ。oxygenase

**さんそ-テント【酸素テント】** 呼吸困難やショック状態などにある患者を治療する装置。ビニール製で、なかの酸素濃度を高め患者の上半身を入れる。oxygen tent

**サンソビーノ【Andrea Sansovino】**(一四六〇ごろ〜一五二九) イタリア-ルネサンス期の彫刻家・建築家。作品にサント-スピリト聖堂など。

**さんそ-ふさい【酸素負債】** スポーツなど、運動後の疲労を回復するため、ふだんよりも必要となった酸素の量。運動中の酸素不足分の償却にあてられると考えられる。oxygen debt

**さんそ-ヘモグロビン【酸素ヘモグロビン】** ヘモグロビンに酸素分子が結合したもの。動脈血に多量に含まれ、肺から組織へ運ばれる。oxyhemoglobin

**サンソム【William Sansom】**(一九一二〜七六) イギリスの小説家。カフカ的な短編小説にすぐれる。多くの短編集のほか、長編『肉体』など。

**さん-そん【山村】** 山の斜面や山間部にあり、林野が大きな面積をしめる地域社会。山村振興法によれば、林野率七五%以上、人口密度一km²あたり一・一六人未満で、社会施設は整っていない。mountain village 比較漁村・農村。

**さん-そん【散村】** 人家が個々に分散している集落の形態。洪水予防、火災予防、土地制度、地形的な状況などにより、計画的につくられたものが多い。富山県砺波平野の例が有名。dispersed settlement

**さん-ぞん【三尊】**《仏教語》①仏と、仏の説いた法と、法をひろめる僧の三宝。②中尊の仏と脇士の二菩薩との一組。三尊仏。㋐弥陀・観音・勢至。㋑釈迦・文殊・普賢。㋒薬師・日光・月光。

**ざん-そん【残存】**(名・サ変自) =ざんぞん。①残っていること。remaining ②生き残ること。生存。survival 用例 ─者。

**サンソン-ずほう【サンソン図法】** 地図投影法の一つ。正積図法の一種で分布図に使用。高緯度地方の形の歪みが大きい。サンソン-フラムスチード図法。Sanson-Flamsteed projection →地図図

**ざんそん-ゆにゅうせいげん【残存輸入制限】** ガットの承認を得ず、その規定に違反している輸入制限。自国内産業の保護などを目的とし、最大の非関税障壁となっている。residual import restriction

**サンタ【Santa】**「サンタ-クロース」の略。

**さんだ【三田】**〈市〉兵庫県南東部、武庫川上流の市。旧城下町。三田牛で知られてきた。工業都市化・住宅都市化が進む。人口四万五二〇五(一九八八)。

**サンタ-アナ【Santa Ana】** アメリカ西部、カリフォルニア州南部の都市。ロサンゼルスの住宅衛星都市。人口二〇・四万(一九八〇)。

**サンタ-アナ【Santa Ana】** 中央アメリカ、エルサルバドルの商業都市。同国西部の中心地。コーヒーの取り引きが活発。人口一三・五万(一九八四)。

**サンタ-アナ-デ-クエンカ【Santa Ana de Cuenca】** →クエンカ

**サンダーランド【Sunderland】** イギリス、イングランド北部、ウィア川河口の港湾都市。一四世紀以降、石炭の積み出しと造船で発達。造船・陶磁器・製紙・化学工業など。人口二九・九万(一九八五)。

**さん-たい【三体】** ①固体・液体・気体。②能楽で、ものまねの基本となる老体・女体・軍体。③書道やいけばなで、真(楷)・行・草。

**さん-たい【三▼諦】** 仏教の三つの真理。一切の事象には実体がないという空諦、一切の事象は縁によって仮に存在しているという仮諦、一切の事象は存在するのでもしないのでもないという中諦をいう。空・仮・中の三諦。

**さん-だい【三代】** ①親・子・孫。three generations ②古代中国の夏・殷・周の三王朝。③三代めの世継ぎの人。the third

**さん-だい【参内】**(名・サ変自) 宮中に参上すること。参上。

**さんだい-ぎむ【三大義務】** 憲法が国民に課している三つの義務。子女に普通教育を受けさせる義務、勤労の義務、納税の義務。

**さんだい-きゃくしき【三代▽格式】** 弘仁・貞観・延喜格式の総称。平安初期に多く出された格式(=法令)を政務の必要上、法令集に編纂。

**さんたいし【三体詩】** 唐詩の選集。「さんていし」とも読む。南宋の周弼編。三巻。一二五〇年刊。七言絶句・七言律詩・五言律詩の三体の詩のみを分類収録。詩人一六七人、約五〇〇首。『唐賢三体詩法』『三体唐詩』。

**さんだいじけん-けんぱくうんどう【三大事件建白運動】** 明治二〇年(一八八七)地租軽減、言論・集会の自由、外交失策の挽回の三項を要求した政治運動。政府により弾圧され終息。

**さんだいじつろく【三代実録】** 平安初期の歴史書。六国史の六番目。五〇巻。延喜元年(九〇一)完成。藤原時平・菅原道真らの撰。清和・陽成・光孝三天皇の三〇年間の編年体正史。

**さんだい-しゅう【三代集】**『古今和歌集』『後撰和歌集』『拾遺和歌集』の三勅撰和歌集の総称。古くは『万葉集』『古今和歌集』『後撰和歌集』の三集の称。

**さんだい-そうおん【三代相恩】** 三代続いて主家に仕え、恩を受けていること。三代重恩。

**さんだい-はつめい【三大発明】** ヨーロッパ-ルネサンス期における火薬・羅針盤・活版印刷の実用化・普及をいう。

**さんだい-ばなし【三題▼噺・三題▼咄】** 客席からもらった、人物・品物・場所など任意の三つの題をおりこんで、即席につくる落語。文化元年(一八〇四)三笑亭可楽によって創始された。『鰍沢』『大仏餅』など。

**さんだい-ボウル【三大ボウル】** 日本における アメリカンフットボールの主要な三つの競技会の総称。ライスボウル(=日本選手権)・西宮ボウル(=学生の全関東対全関西)・甲子園ボウル(=大学日本選手権)の三つ。

**さんだい-め【三代目】** 第三代に当たることと・人。the third 用例 ─を襲名。

**売り家と唐様で書く三代目**(うりいえとからようでかくさんだいめ) →うりいえ(売り家)

**さんたい-もんだい【三体問題】** 互いに力をおよぼし合う三つの物体の運動を調べる問題。万有引力で引き合う三つの質点の力学。three-body problem

**さん-たいよう【三大洋】** 太平洋・大西洋・インド洋のこと。合わせて全海洋の面積の八九%を占める。the three major oceans

**ざん-だか【残高】** ①預金・家計等の収支や貸借の差し引き残金。用例当座─。②元高と歩合高の差。

**サンタ-カタリナ【Santa Catarina】** ブラジル南部の州。大半が高原地帯で、農牧林業がさかん。人口四一七・四万(一九八六)。

**サンダカン【Sandakan】** マレーシア、カリマンタン島サバ地方北東部にある港湾都市。木材工業の中心地。人口七万(一九八〇)。

**サンタ-クララ【Santa Clara】** キューバ中部の都市。タバコ・サトウキビ栽培の中心。人口一八・九万(一九八一)。

**サンタクルーズ-しょとう【サンタクルーズ諸島】**(Santa Cruz Islands) 太平洋南西部、ソロモン諸島中の火山島群。主島ヌデニ島。

**サンタ-クルス【Santa Cruz】** ボリビア東部の商業都市。同名州の州都。サトウキビ・コーヒー・木材・石油などの集散地。人口三七・七万(一九八二)。

**サンタ-クロース【Santa Claus】** =サンタ。①クリスマスの前夜、子どもの靴下に贈り物を入れていくという白ひげ、赤い服の老人。②トルコのミラの司教聖ニコラウス(?〜三五〇ごろ)の欧米での愛称。子どもや水夫、旅人などの守護聖人とされ、その伝説が移民のオランダ人を通じてアメリカでクリスマスと結びついた。

**さん-だつ【▼簒奪】**(名・サ変他) 帝位をうばい取ること。usurpation

**サンタ-バーバラ【Santa Barbara】** アメリカ西部、カリフォルニア州南部の都市。太平洋に臨む保養・行楽地。人口七・四万(一九八〇)。

**サンタ-フェ【Santa Fé】** アメリカ西部、ニューメキシコ州の州都。スペイン人建設の古都、観光都市。永い間カトリックの中心地として栄えた。人口四・九万(一九八〇)。

**サンタ-フェ【Santa Fé】** アルゼンチン中部の商工業都市。同名州の州都。大学都市として知られる。人口二八・七万(一九八〇)。

**サンタフェ-てつどう【サンタフェ鉄道】** アメリカの民営鉄道。シカゴとロサンゼルスを結ぶ区間が主要路線。一八五九年設立。Santa Fé Railroad

**サンタ-マリア【Santa Maria ラテン】**《聖母マリア、の意》イエスの母の尊称。

**サンタマリア-デル-フィオーレ-だいせいどう【サンタマリア-デル-フィオーレ大聖堂】**(Santa Maria del Fiore イタリア) イタリアのフィレンツェにある聖堂。一二九六〜一四六二年建造。

**サンタ-マルタ【Santa Marta】** コロンビア北部、カリブ海に臨む港湾都市。同国最古の植民地都市。保養地。人口二一・八万(一九八五)。

**サンタ-モニカ【Santa Monica】** アメリカ、カリフォルニア州、ロサンゼルス市西郊の高級住宅都市。気候が温和で、観光地としても有名。人口八・八万(一九八〇)。

**サンタヤナ【George Santayana】**(一八六三〜一九五二) アメリカの哲学者・詩人。スペイン生まれ。ハーバード大教授をへて、ヨーロッパに移住。著書『美の感覚』『理性の生命』など。

**さん-だゆう【三太▽夫】** 貴族や富豪などの家の会計や家事を取り扱う人。多くは、蔑称として用いられる。執事。

**さんだら-ぼうし【桟▽俵法師】** →さんだら(桟俵)

**さん-たる【惨たる】**(連体) いたましい。むごたらしい。disastrous 用例 ─光景。

**サンダル【sandal】** 履物の一種。足の甲の部分が開放的な靴。甲部は鼻緒式・ベルト式がある。古い歴史があり、現在は室内履き・レジャー用などに男女とも広く使用。↓写

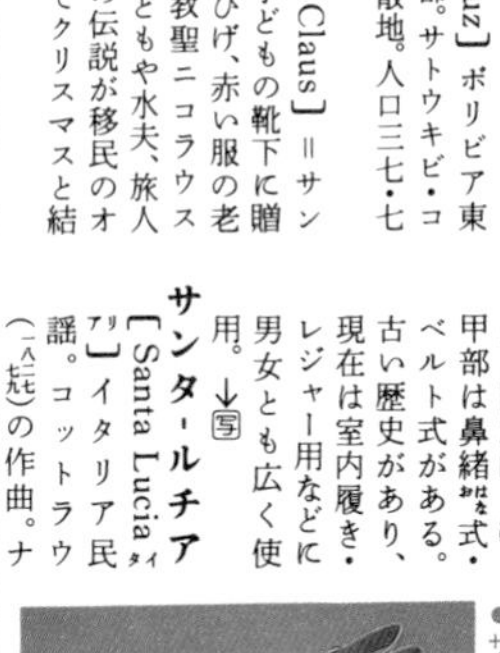
●サンダル

**サンタ-ルチア【Santa Lucia イタリア】** イタリア民謡。コットラウ(一八二七〜七九)の作曲。ナポリの守護聖人と舟遊びの楽しさをたたえる舟歌。

**さん-たろう【三太郎】** ①おろか者をけいべつして言う語。stupid ②江戸時代、商家に奉公する住み込みの少年たちの通称。

**さんたろう-ごえ【三太郎越え】** 熊本県八代・水俣両市間の、三つの峠の総称。赤松太郎・佐敷太郎・津奈木太郎の各峠で、かつての交通上の難所。

**さんたろうのにっき【三太郎の日記】** 阿部次郎の評論感想集。大正三〜四年(一九一四〜一五)刊。個我の完成をめざす情熱的な求道精神を伝える。青春の書として愛読さ

れた。

**さん-だわら**【桟俵】米俵の両端をふさぎ、形をととのえ、中身のこぼれを防ぐために用いる丸いわら製のふた。道祖神への供物をのせたり疱瘡送りに川へ流したりした。桟俵法師。俵端。↓図

● 桟俵

**さん-たん**【三炭】茶事における初炭・後炭・立炭の三度の炭点前。

**さん-たん**【三嘆・三▾歎】(名・サ変他) ①何度もなげくこと。心から感心すること。admiration 用例 一読―。②何度も褒めること。deploring

**さん-たん**【賛嘆・▾讃嘆・▾讃▾歎】□一(名・サ変他) 褒めたたえること。嘆賞。admiration □二(名) ↓さんだん(賛嘆)

**さん-たん**【惨▾憺・惨▾澹】(形動トタル) ①非常にいたましいさま。pitiful ②たいへん苦心するさま。taking great pain 用例 苦心―。③薄暗く気味が悪いさま。dismal

**さん-だん**【散弾・▾霰弾】多くの小さなたまが、あられのように飛び出る仕組みの弾丸。shot 用例 ―銃。

**さん-だん**【算段】(名・サ変他) ①方法・手段を工夫すること。contriving 用例 ―がつく。②お金をつごうすること。くめん。raising 用例 やりくり―。

**さん-だん**【賛嘆・▾讃▾歎】《仏教語》仏・菩薩の徳をたたえること。その韻文。さんたん。

**さんたん-か**【山丹花】アカネ科の常緑低木。鉢植え。ジンチョウゲに似た小花が枝の先にかたまって咲く。花期は春から夏。花色は朱赤・黄・白。中国南部・マレー原産。イクソラ。↓写

● サンタンカ

**さんだん-がまえ**【三段構え】物事をするさい、失敗や故障に備え、三段階の準備をすること。

**さんだん-きょう**【三段峡】広島県北西部、太田川の支流柴木川の峡谷。約一〇kmを超える深淵・滝などの景勝がつづく。

**さんだん-ぎれ**【三段切れ】連歌・俳諧の発句で、五・七・五が、それぞれ名詞で切れている句。「目には青葉 山ほととぎす 初鰹」など。

**さんだん-じゅう**【散弾銃】一発で多数の散弾を発射する銃。一般に許可される口径は一八・五mm以下で、鳥猟や小型の獣猟に用いられる。ショットガン。shotgun

**さんだん-とび**【三段跳び】陸上競技、跳躍種目の一つ。助走して踏み切り(ホップ)、次に同じ足で跳び(ステップ)、最後に足を替えて跳んで(ジャンプ)、その距離を競う。トリプルジャンプ。triple jump

**さんだん-め**【三段目】相撲で、幕下の下、序二段の上の階級。

**さんだん-ろんぽう**【三段論法】論理学で、大前提(=MはPである)と小前提(=SはMである)から結論(=SはPである)を導き出す推論形式。syllogism 参照 演繹法。

**さん-ち**【三知】『論語』のことば。資質のちがいによる道の知り方をいう。生まれながらに知る(=生知)、学んで知る(=学知)、苦しんでのちに知る(=困知)の三つ。

**さん-ち**【山地】山の多い土地。山中の土地。やまち。mountainous district

**さん-ち**【産地】①生産地。place of production ②出生地。birthplace

**サンチ**【centi】《centimètre の略》センチ(メートル)に同じ。

**ざん-ち**【残置】(名・サ変他) 残しておくこと。

**サンチアゴ**【Santiago】南アメリカ、チリの首都。アンデス山脈西麓に位置。同国の主要な工業都市で、鉄鋼・機械・食品工業がさかん。一八一八年独立とともに首都。人口四三一・八万(一九八五)。

**サンチアゴ-デ-クーバ**【Santiago de Cuba】キューバ東部、カリブ海に臨む港湾都市。一九世紀末のアメリカ-スペイン戦争の激戦地。人口九四・三万(一九八四)。

**サンチアゴ-デ-コンポステーラ**【Santiago de Compostela】スペイン北西部の都市。ラコルーニャ州南部の丘陵にある。九世紀の修道院を中心として発達。人口九・四万(一九八一)。サンチアゴ。

**サンチーム**【centime フランス】フランスやスイスなどの補助通貨単位。一フランの一〇〇分の一。

**サンチェス-フェルロシオ**【Rafael Sánchez Ferlosio】(一九二七) スペインの小説家。ネオリアリズムの代表者的な存在。作品『ハラマ河』など。

**さんち-たい**【山地帯】植物の垂直分布帯の一つ。夏緑樹林で代表され、日本ではケヤキ・ブナ・クリなどが繁茂する地帯。低山帯。

**さんち-ちょくそう**【産地直送】消費者運動の一つ。生産物を生産者から、直接消費者に届くようにした流通システム。産地直結。産直。farm fresh

**さんち-どんや**【産地問屋】卸売業者のうち、産地で直接生産者から集荷し、中央卸売市場などに販売する人。また、その店。生産地問屋。

**さん-ちゃ**【山茶】ツバキの異名。

**さん-ちゃ**【散茶】①ひき茶。粉茶。②出ばなの茶。

**さん-ちゃく**【参着】(名・サ変自) 到着すること。arrival

**さんちゃく-ばらい**【参着払い】↓いちらんばらい(一覧払い)

**さんちゃん-のうぎょう**【三ちゃん農業】農家のおもな働き手が長期間出稼ぎなどに出たあと、かあちゃん・じいちゃん・ばあちゃんで行う農業。

**さん-ちゅう**【山中】山の中。in the mountains

**山中の賊を破るは易く心中の賊を破るは難し**(さんちゅうのぞくをやぶるはやすく しんちゅうのぞくをやぶるはかたし) 山の中にいる悪者を退治するのは難しくないが、自分の心の中に巣くうよこしまな気持ちを打ち払うのは、たやすいことではない。精神修養の困難なたとえ。

**山中暦日無し**(さんちゅうれきじつなし) 山中に住む者は、世間の煩わしさがないから、年月のたつのも忘れる。

**さん-ちょう**【三朝】①《年と月と日との朝であることから》元旦。元日の朝。②三代の朝廷。

**さん-ちょう**【山頂】山のいただき。頂上。山巓。mountaintop 対義 ふもと。

**さん-ちょう**【参朝】(名・サ変自) 朝廷に参上すること。参内。

**さん-ちょう**【散超】《「散布超過」の略》財政資金の対民間支出額が、民間からの受け入れ額を上回ること。excess disbursement 対義 揚げ超。

**さんちょう-せい**【三長制】中国、北魏の村落制度。五家を一隣、五隣を一里、五里を一党とし、それぞれに長を置いて県が監督した。戸籍調査の徹底を期したもので、四八六年に施行。

**さん-ちょく**【産直】「産地直送」「産地直結」「産地直売」の略。

**サンチョ-パンサ**【Sancho Panza】スペインのセルバンテスの小説『ドン=キホーテ』の作中人物。ドン=キホーテの従僕。打算的だが、好人物。

**さん-つう**【産痛】出産時の痛み。子宮収縮によるものと、胎児による産道圧迫によるものとがある。labor pain

**さん-づくり**【▾彡・▾旁】漢字を組み立てている部分の名。旁の一つ。「形・彰・彫」などの右にある「彡」。

**さん-づけ**【さん付け】人の名に「さん」をつけて呼ぶこと。丁寧な呼び方で、親しみを示すこともある。比較 くん付け。

**さん-てい**【▾刪定】(名・サ変他) 語句・文章の悪い部分を削って、整えること。

**さん-てい**【算定】(名・サ変他) 計算して結果を決めること。また、その結果。見積もり。estimation

**ざん-てい**【暫定】はっきり決めるまで、しばらく仮に決めておくこと。provisionality 用例 ―処置。

**さんディー-えいが**【3D映画】《three-dimensional movies の訳》三次元映画。立体映画のこと。

**サン-ディエゴ**【San Diego】アメリカ西部、カリフォルニア州南西端の港湾都市。太平洋岸最大の海軍基地がある。人口八七・六万(一九八〇)。

**サンディカリズム**【syndicalism】↓サンジカリスム

**ざんてい-てき**【暫定的】(形動) 一時的なさま。tentative

**サンディニスタ**【Sandinista スペイン】ニカラグアの左翼武装革命組織サンディニスタ民族解放戦線。また、そのメンバー。同国の革命指導者サンディーノの名にちなむ。一九七九年の革命を成功させ、実権を保持。

**ざんてい-よさん**【暫定予算】予算成立が四月一日の年度開始に間に合わなかったとき、本予算へのつなぎとして必要な経費の支出が認められる暫定的な予算。本予算成立とともに失効する。provisional budget 比較 補正予算。

**サンデー**【Sunday】日曜日。

**ざん-てき**【残敵】討ちもらした敵兵。the remnants of the enemy 用例 ―掃蕩。

**サン-テグジュペリ**【Antoine de Saint-Exupéry】(一九〇〇〜一九四四) フランスの小説家。飛行士生活を通して、人間の尊厳とモラルを探求した。作品『夜間飛行』『人間の土地』、童話『星の王子さま』など。

**サン-デッキ**【sun deck】①船の甲板。②家屋の居間・子供部屋などの外部南側に作られる板張りの部分。遊び場、ふとん干し、日光浴などに使われる。

**サン-テティエンヌ**【Saint Etienne】フランス南東部にある鉱工業都市。ロワール県の県都。人口二〇・七万(一九八二)。

**さん-てん**【山▾巓】山のいただき。山頂。

**さんてん-しじ**【三点支持】登山で、岩登りの原則。両手両足のうち一肢だけを動かし、他の三肢でつねに体の安定を保つようにすること。

**さん-ど**【酸度】①↓さんせいど(酸性度)。②一分子の塩基がもつ、酸基や陰性基と置換できる水酸基の数。一個の場合は一酸塩基、二個では二酸塩基などと表す。acid degree

**サンド**【sand】砂。

**サンド**【George Sand】(一八〇四〜一八七六) フランスの女流小説家。本名オロール-デュパン、デュドバン男爵夫人。円熟期に素朴な農民生活を描いた。ミュッセやショパンとの恋愛で有名。作品『魔の沼』『愛の妖精』など。

**サンドイッチ**【sandwich】《イギリスのサンドイッチ伯爵が考案したことから》薄い二枚のパンの間に肉・野菜などをはさんだ食べ物。調理・携帯が簡単なため、世界的に普及。比較 ホットドッグ。

**サンドイッチ-こうぞう**【サンドイッチ構造】上下二枚の表板の間に軽い芯材をはさんで接合した構造。薄い金属板でも、強度が著しく増す。ヘリコプターの回転翼、航空機の翼の後縁部などに用いられる。sandwich structure

**サンドイッチ-マン**【sandwich man】広告板をからだの前後にさげて、街頭を歩く人。

**さんど-いも**【三度芋】ジャガイモの異名。ニドイモの名もある。一年に二、三度収穫できることからの名。

**さん-とう**【三等】①三番目。the third place 用例 ―賞。②《「三等車」の略》鉄道で、旅客等級の一つ。日本では昭和三五年(一九六〇)に廃止、二等級制となったのち、同四四年(一九六九)にグリーン車と普通車との二本立てになる。third class ③俗に、程度が劣ること。用例 ―国。

**さんとう**【山東】〈町〉滋賀県北東部、天野川上流の町。旧宿場町。農業中心。長岡のゲンジボタルは有名。人口一万二六二九(一九八八)。

**さんとう**【山東】〈町〉兵庫県北東部、京都府に接する町。稲作、肉・乳牛飼育、養鶏のほか繊維工業もある。人口六八五九(一九八八)。

**さんとう**【山東】〈省〉中国、華北にある省。省都済南。山東半島・中央丘陵・華北平原の一部からなる。平野部では小麦・トウモロコシ・タバコなどの生産、沿岸部では製塩業がさかん。石炭・鉄などの鉱産資源も豊かで、重化学工業も発達。人口七五六四万(一九八四)。シャントン。

**さん-どう**【山道】やまみち。やまじ。mountain path



↓ 行き先項目、図版・写真参照印。 JIS 日本工業規格情報交換用漢字符号コード(区点コード)。

**さん-どう【参堂】**（名・サ変自）①神仏を祭る堂に参拝すること。②人を訪問することの謙譲語。

**さん-どう【参道】** 社寺に参拝するためにつくられた道路。

**さん-どう【桟道】** ①がけなどに沿って、棚のように張り出してつくった道。plank road ②絶壁から絶壁に架け渡した橋の道。かけはし。plank bridge

**さん-どう【産道】** 出産時に胎児が通るところ。恥骨結合部・仙骨などに囲まれる骨産道と、おもに子宮頸管と膣からなる軟産道がある。birth canal

**さん-どう【散▼瞳】** 瞳孔の広がった状態。暗い場所では生理的反射で起こる。瞳孔散大。mydriasis

**さん-どう【賛同】**（名・サ変自）他人の意見や主張に同意すること。賛成。approval

**ざん-とう【残党】** 戦いなどに敗れ、討ち漏らされた人々。remnants 用例 平家の—。

**さんとう-か【山頭火】** ↓たねださんとうか（種田山頭火）

**さんとう-きょうざん【山東京山】**（一七六九〜一八五八）江戸後期の戯作者。本名は岩瀬百樹。京伝の弟。江戸の人。合巻『復讐妹背山物語』、随筆『歴世女装考』など。

**さんとう-きょうでん【山東京伝】**（一七六一〜一八一六）江戸後期の戯作者・浮世絵師。本名は岩瀬醒。通称、京屋伝蔵。画工名北尾政演。江戸の人。戯作のあらゆる分野で活躍し、町人出身の職業的戯作者の元祖。吉原風俗の機微を描く写実の巧みさで洒落本の第一人者。黄表紙『江戸生艶気樺焼』、洒落本『通言総籬』、読本『忠臣水滸伝』など。

**さんとう-さい【山東菜】** アブラナ科の葉菜類で、明治の初めに中国から導入された山東白菜の変種。愛知県の特産。淡緑色の葉は長大で、葉縁は歯牙状で波うつものと平滑なものと二種があり、結球しない。煮物・漬物用。サントウナ。

**さんとう-じゅうやく【三等重役】**《源氏鶏太の小説の名から》従業員から引き上げられた、名目ばかりの重役。

**さんとう-しゅっぺい【山東出兵】** 田中義一内閣が昭和二〜三年（一九二七〜二八）三回にわたり行った中国山東省への出兵。満州（現在の中国東北部）を中国から分離し、日本の勢力に組みこむため断行。同四年（一九二九）撤兵した。

**さん-とうしん【三等親】** 三親等の旧称。

**さんとう-せいじ【三頭政治】** ローマ共和政末期の三人の実力者による政治形態。第一回は紀元前六〇年カエサル・ポンペイウス・クラッススによる私的盟約。第二回は前四三年、アウグストゥス・アントニウス・レピドゥスが国家再建三人委員に就任。前三六年レピドゥスの失脚で解体。Triumvirate

**さんとう-はんとう【山東半島】** 中国、山東省東部、黄海と渤海を分ける半島。青島・威海などの良港があり、沿岸は好漁場。シャントン半島。

**さんとう-れき【三統暦】** 最初に実施された中国暦法。漢の鄧平がつくり、前一〇四年から一八八年間施行された。

**サントーリオ【Santorio Santorio】**（一五六一〜一六三六）イタリアの医師。物理的医学の先駆者。医学に、体温計・脈拍計・湿度計などの計測的方法を導入。

**さんど-がさ【三度▼笠】**《月に三度、定期的に江戸と京、大坂を往復した三度飛脚が用いたところから》菅笠の一種。顔をおおうように深く作られた端折り型のものをいうことが多い。大深。↓図

●三度笠

**さん-とく【三徳】** 人の守るべき三つの徳目。『書経』では、正直・剛克・柔克。『中庸』では智・仁・勇。『周礼』では至徳・敏徳・孝徳。

**さん-どく【三毒】**《仏教語》人間の善根を損なう三つの害。貪欲・瞋恚・愚痴。むさぼること、怒ること、理非のわからないことの三つ。

**さんと-して【惨として】**（副）いたましい思いで。みじめな様子で。用例 —声なし。

**サントス【Santos】** ブラジル南部、サンパウロの外港。同国有数の貿易港で、世界一のコーヒー積み出し港。人口四一・二万（一九八〇）。

**サンド-スキー【sand ski】** レジャースポーツの一つ。雪の代わりに砂の斜面を滑って楽しむスキー。

**さん-どっかい【三読会】** ↓どっかいせい（読会制）

**サント-ドミンゴ【Santo Domingo】** 西インド諸島、ドミニカ共和国の首都。イスパニオラ島南部に位置し、カリブ海に臨む。カカオ・コーヒー・タバコの輸出港で、工業もさかん。一四九六年スペイン人が建設。人口一五五・一万（一九八一）。旧称シウダードトルヒーヨ。

**サン-ドニ【Saint-Denis】** インド洋、マダガスカル島の東六四〇kmにあるフランス領レユニオン島の中心都市。行政・商業の中心地。人口一〇・九万（一九八二）。

**サントニン【santonin】** 代表的な回虫駆除薬。キク科ヨモギ属のシナ花・ミブヨモギなどから得られる。

**サンドバーグ【Carl Sandburg】**（一八七八〜一九六七）アメリカの詩人。機械文明や民衆の生活を、卑語をまじえた自由な散文体で力強くうたった。詩集『シカゴ詩集』『煙と鋼鉄』、伝記『リンカーン伝』など。

**サンドバッグ【sandbag】** ボクシングの練習用具の一つ。長円筒形の革製の袋におがくずや砂などを入れたもの。これを吊るして打ち、パンチ力などを養う。

**さんど-びきゃく【三度飛脚】** 江戸時代の飛脚の一種。江戸時代の民間の飛脚である町飛脚の起源。大坂・京都と江戸間を毎月三度定期的に往復。

**サント-ブーブ【Charles-Augustin Sainte-Beuve】**（一八〇四〜一八六九）フランスの詩人・文芸批評家。伝記的方法を採り、近代批評の祖とされる。詩集『ジョゼフ=ドロルムの生涯、詩、および思想』、批評『ポール-ロワイヤル』『月曜閑談』など。

**サンド-ペーパー【sandpaper】** 紙やすり。

**サン-トメ【São Tomé】** 西アフリカ、サントメ-プリンシペの首都で、この国ただ一つの港湾都市。火山島のサントメ島北東部に位置。人口三・五万（一九八四）。

**さんど-め【三度目】** 二度目のつぎ。三回目。

**三度目の正直** 最初の一、二回目は本物ではなく、三回目のものこそが間違いのないものである、ということ。多く勝負ごとや占いなどで二度続けて不首尾に終わったときなどに、「今度こそは」と意気ごむ気持ちで言う。

**さんとめ-じま【桟留▼縞】** インドのサントメ島（São Thomé ポルトガル 英語ではセントトーマス島）から南蛮船で渡来した光沢のある縞木綿のこと。のちに日本でも織られたが、舶来の上質ものは唐桟といい、通人の羽織や着物に用いられた。

**サン-トメ-プリンシペ【São Tomé e Príncipe ポルトガル】**（Democratic Republic of Sao Tome and Principe）西アフリカ、ギニア湾東部のサントメ島・プリンシペ島などからなる民主共和国。首都サントメ。一九七五年ポルトガルから独立。主産物はカカオ・コーヒーなど。面積一〇〇〇km²。人口一一万（一九八六）。正称サントメ-プリンシペ民主共和国。

**サンドラール【Blaise Cendrars】**（一八八七〜一九六一）フランスの詩人。スイス生まれ。激情と憂愁を交えた詩や小説を書いた。詩集『全世界』、小説『黄金』など。

**サントラ-ばん【サントラ盤】**《「サウンドトラック盤」の略》サウンドトラックから録音したレコード。

**ザントラルト【Joachim von Sandrart】**（一六〇六〜一六八八）ドイツの画家・美術史家。その著『ドイッチェ-アカデミー』は美術史資料として重要。

**サントリー【サントリー（株）】** 業界最大手の洋酒メーカー。ウイスキーを中心にワイン・ビールなどを製造。明治三二年（一八九九）創業。

**サントリニ-とう【サントリニ島】**（Santorini）ティーラ島の旧称。

**サンドレス【sundress】** 日光浴をするときに着るドレス。肩や背が大きくあき、袖はつけない。海岸や高原で着られるほか、ボレロと組み合わせて街でも着られる。

**さん-ない【山内】** ①山の中。山中。in the mountain ②寺の境内。

**さんない【山内】**〈村〉秋田県南東部、横手市東隣の村。農業中心。県内外の酒造地での山内杜氏の名は有名。人口五三四二（一九八八）。

**さん-なくどう【三悪道】** ↓さんあくどう（三悪道）

**サン-ナゼール【Saint-Nazaire】** フランス西部、ロアール川河口の港湾・工業都市。ナントの外港。かつて大西洋航路の起点として知られた。人口六・九万（一九八二）。

**サンナッザーロ【Jacopo Sannazzaro】**（一四五六ごろ〜一五三〇）イタリアの詩人・人文学者。ナポリの宮廷に仕え、牧歌『アルカディア』によって名高い。

**ざん-なり** 古語（連語）↓ざなり

**さんなん【山南】**〈町〉兵庫県中東部、篠山川に沿う町。釣り具などの工業と、花卉栽培がさかん。人口一万四四九一（一九八八）。

**さん-に【散位】** ↓さんい（散位）

**さんにく-のうりょく【産肉能力】** ウシ・ブタ・ニワトリなどの家畜の肉生産能力。成長速度・飼料効率・脂肪分布や肉の質と量などの条件から総合的に判断される。performance of meat production

**さん-にゅう【参入】**（名・サ変自）①高貴な人の所へまいること。参上。visit ②入ってくること。新たに加わること。join

**さん-にゅう【算入】**（名・サ変他）数え入れること。counting in 用例 予算に—する。

**ざん-にゅう【▼竄入】**（名・サ変自）①逃げ込むこと。taking refuge ②紛れ込むこと。getting mixed ③詩文に、原作以外の注や書き入れが紛れ込むこと。

**さんにゅう-いんりょう【酸乳飲料】** 牛乳を乳酸発酵させてから調製した飲料。乳酸菌の生きているものと、殺菌されたものがある。lactic acid beverage

**ざん-にょう【残尿】** 排尿時に完全に排出されず膀胱内に残っている尿。前立腺肥大症なども原因の一つ。residual urine

**さん-にん【三人】** 人数の三。また、その人々。三名。三者。みたり。

**三人、市虎を成す** 何人もの人が同じことを言えば、事実無根のことでも信じられるようになることのたとえ。三人、虎を成す。

**三人寄れば公界** 三人の人が集まったら、そこは私的な場所ではなく、すでに公の所であると考えなくてはならない。そこでは、内緒話はできず、秘密を保つこともできない。

**三人寄れば文殊の知恵** みんなで話し合うと、すばらしい考えがうかぶものだというたとえ。

**ざん-にん【残忍・惨忍】**（形動）むごいさま。cruelty 用例 —な仕打ち。

**さんにん-かたわ【三人片輪】** 能狂言の曲名。歌舞伎舞踊。目・口・足が悪いとして、主人をだまそうとする三人の調子者が登場。

**さんにんきちさくるわのはつがい【三人吉三▼廓初買】** 歌舞伎世話物。河竹黙阿弥作。万延元年（一八六〇）初演。幕末生世話物の代表作。義兄弟の契りを結んだ三人の盗賊、和尚吉三・お坊吉三・お嬢吉三と、和尚の弟妹、父親などの暗い宿命を描く。三人吉三巴白浪。

**さんにん-しまい【三人姉妹】**《原題 Tri sjostry ロシア》チェーホフの戯曲。四幕。一九〇一年初演。著者四大戯曲の一つ。地方都市に住む三人姉妹が苦悩の中で新しい生活への期待を抱く。

**さん-にんしょう【三人称】** 文法で、話し手と相手以外の第三者をさす代名詞。「このかた・そのかた・かれ」など。第三人称。他称。指示代名詞（これ・そこ・あちら、など）も含めることがある。the third person 対義 一人称・二人称。

**さん-ぬる【去んぬる】** 古語（連体）《「さりぬる」の転》過ぎ去った。前の。用例 —三月にも御幸ありき（平家・五・富士川）。

**さん-ねん【三年】** 一年の三倍。みとせ。学校で、第三学年。また、多くの年月を言う。three years

**三年飛ばず鳴かず** 将来の活躍のために、こらえて時機を待つことに言う。

**ざん-ねん【残年】** ①余りの年。②余生。余命。the rest of one's life

**ざん-ねん【残念】**（形動）①もの足りない気持ちがあとまで残っているさま。心残り。regret 用例 時間がなくて—でした。これでお別れとは—です。②勝負事に負けたりして口惜しく思うさま。chagrin 用例 —無念。

**残念、閔子騫** 孔子の門下「顔淵」と、「残念」の音が似ているところから言ったしゃれ。それに同じ門下の「閔子騫」を続けたことば。江戸時代、漢学の書生らが用いた。

**さんねん-き【三年忌】** ↓さんかいき（三回忌）



▼常用漢字表外。 ▽常用漢字表の音訓外。

**ざんねん-しょう【残念賞】** くじ引きや競技会などで、惜しくも外れた人に出す賞。consolation prize

**ざん-の-いお【▼犀▽魚】** ↓じゅごん(儒艮)

**さんのういちじつ-しんとう【山王一実神道】** 仏教の天台教学と神道の日吉信仰の神仏混交の神道説。近世初頭、天台宗の僧天海が発展させ、日吉大社を中心に広まった。日吉神道。天台神道。山王神道。

**さんのう-ごんげん【山王権現】** 日吉大社の祭神の総称。最澄が中国天台山国清寺にならって山王祠を建立、比叡山の鎮守神として大山咋神のほかを祭ったもの。

**さんのう-まつり【山王祭(り)】** ①滋賀県大津市の日吉神社で四月一二～一五日に行われる例祭。日吉祭り。②東京都千代田区の日枝神社で六月一〇～一六日に行う祭り。古くは天下祭りといわれた江戸二大祭りの一つ。比較 神田祭り。↓写

●山王祭り②

**サン-ノゼ【San José】** アメリカ、カリフォルニア州中部の商工業都市。サンフランシスコの衛星都市。人口六三万(一九九〇)。

**さん-の-ぜん【二の▼膳】** 本膳料理で、二の膳の次に出す膳。客の側から見て、本膳の左に置く。↓本膳料理図

**さん-の-つづみ【三の鼓】** 雅楽の打楽器。高麗楽に使用。胴の中央がくびれた細腰鼓で、床に横置きして一本の桴で打つ。日本には七世紀ごろ朝鮮から伝来。

**さん-の-とり【三の▼酉】** 一一月に酉の日が三度あるとき、その第三の酉の日。その日に行われる酉の市。俗に、三の酉まである年は火事が多いという。比較 一の酉・二の酉。

**さんのへ【三▽戸】**〈町〉 青森県南東部、馬淵川中流の町。南部氏発祥の地といわれ、城跡がある。旧宿場町。人口一万五六七〇(一九八八)。

**さん-の-まる【三の丸】** 城の二の丸を囲む外囲い。対義 本丸・二の丸。↓城図

**さんのみや【三宮】** 神戸市中央区にある地区。三宮駅を中心に、市内随一の高層建築群をもつ繁華街。地下街も発達。

**さん-ば【三▽番】** 「三番叟」の略。

**さん-ば【▽生▽飯・散▽飯】** ↓さば(生飯)

**さん-ば【産婆】** 助産婦の旧称。

**サンバ【samba ポルトガル】** ブラジルの黒人的・民俗的なダンスとダンスリズム。四分の二拍子。

**サンバー【sambar】** 東洋区域に特産の大形シカ。体高約一・二m。森林にすみ、泥浴を好む。南アジアに分布。スイロク。

**さん-ぱい【三拝】**(名・サ変自) ①三度おがむこと。②何度もおがむこと。三拝九拝。

**さん-ぱい【参拝】**(名・サ変自) 社寺にお参りすること。worship

**さん-ぱい【惨敗】**(名・サ変自) みじめに負けること。ざんぱい。crushing defeat 対義 圧勝。用例 ―を喫する。

**さん-ぱい【酸敗】**(名・サ変自) 酒・脂肪類の味が変わって酸味を呈すること。acidification

**さんばい-おろし【さんばい降ろし】**《「さんばい」は田の神、の意》田植えはじめにあたって田の神を迎える神事。田の水口などに盛り土をして祭壇を設け、豊作を祈って神酒や飯・サバのひれなどを供える。

**さんぱい-きゅうはい【三拝九拝】**(名・サ変自) ①三拝の礼と九拝の礼。②何度もおがんで敬意を表すこと。心からたのむこと。

**さんばい-さま【さんばい様】** 中国・四国地方で田の神のこと。さんばい。

**さんばい-ず【三杯酢】** 合わせ酢の一つ。酢とみりん(または砂糖)としょうゆを合わせたもの。本来は、各調味料を一杯ずつ合わせた。比較 二杯酢。

**さんばい-たい【三倍体】** 染色体数が、基本数の三倍になっている生物体。一般に大形化、肉厚となり、有性生殖では系統を維持しにくい。種なしのスイカ・ブドウなどを作るのに利用。triploid

**サン-パウロ【São Paulo】**〈州〉 ブラジル南部、大西洋に臨む州。州都サンパウロ。コーヒー・綿花の栽培のほか、自動車・機械工業がさかん。日本をはじめ、各国からの移民が多い。人口三〇四五万(一九八六)。

**サン-パウロ【São Paulo】**〈市〉 ブラジル南部、サンパウロ州の州都。同国第一の商・工業都市。コーヒー、農産物の集散加工、電気・機械・化学などの工業が発達。日系人の活動が目立つ。人口七〇三・三万(一九八〇)。

**さんば-がえる【産婆▼蛙】** 地中の穴にすむスズガエル科のカエル。体長約五cm。背面は黄褐色、腹面は灰色で黒点をもつ。雄がひも状の卵塊を後肢に巻きつけて保育する。西ヨーロッパに分布。↓図

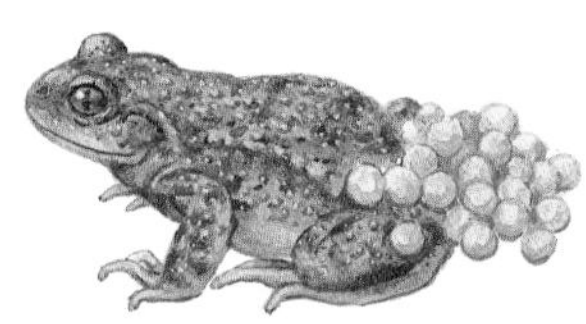

●サンバガエル

**さんば-がらす【三羽▼烏】** 三人のすぐれた人・門弟・部下。trio

**さんば-がわ【三波川】** 群馬県南部、鬼石町を西流する川。神流川の支流。流域は三波川系とよばれる古い地層。桜の名所。

**さんばがわ-へんせいたい【三波川変成帯】** 結晶片岩よりなる広域変成帯。関東山地長瀞付近と、諏訪湖付近から中央構造線の南側に沿い浜名湖地方・紀伊半島・四国を経て九州八代に至る。

**さん-ぱく【三白】** ①馬の四本の足のうち、三本の足の下部が白いもの。用例 ―流星。②《「三白図」の略》画題の一つ。雪・シラサギ・ハクタカ・ハクガン・白梅などのうちの三者を配して描くもの。賀意を表す。③「三白眼」の略。

**さんぱく-がん【三白眼】** 黒目が上方によっていて、左右と下の三方に白目のある目。

**さん-ばし【桟橋】** ①接岸した船をつなぎとめ、人の出入りや荷物の積み降ろしなどに使う橋。岸から水上に突き出ている。pier ②資材の運搬・人員の通路のため建築現場に設けられた傾斜した仮設物。

**さんば-じゅつ【産婆術】** ソクラテスの哲学的問答法のこと。対話によって相手の無知を自覚させ、真の知識に導く方法を助産婦の仕事にたとえたもの。助産術。maieutics

**さんばそう【三▽番▼叟】** ①能楽の『翁』(式三番)で、千歳・翁の舞に続き、狂言方が演じる部分とその役の名称。②歌舞伎舞踊。能の『翁』を取り入れたもので、多くの曲がある。③物事の手始め。幕あき。

**さんばそう-もの【三▽番▼叟物】** 能の『翁』から派生した日本音楽・舞踊の一系統。河東節・常磐津節・清元節・長唄などにある。

**さんぱちしき-ほへいじゅう【三八式歩兵銃】** 日本陸軍の歩兵銃。村田銃改良型の三〇年式小銃をさらに改良して操作を簡便にしたもので、明治三八年(一九〇五)採用。第二次大戦末期まで使用された。

**さん-ぱつ【散発】**(名・サ変自他) ①銃などをまばらに撃つこと。sporadic shooting ②ときどき起こること。occasional happenings 用例 地震が―する。

**さん-ぱつ【散髪】** ㊀(名・サ変自) 髪の毛を刈り整えること。理髪。haircut ㊁(名) ①ばらばらに乱れた髪。散らし髪。disheveled hair ②ざんぎり。

**ざんばら-がみ【ざんばら髪】** 振り乱れた髪。さんばらがみ。

**サンバルテルミー-の-ぎゃくさつ【サンバルテルミーの虐殺】** 一五七二年八月二四日のサンバルテルミー祝祭日にパリを中心に起こった、旧教徒による新教徒虐殺事件。ギーズ公アンリと摂政カトリーヌ=ド=メディシスの策したもので、新教徒派は首領コリニーをはじめ多くを失った。Massacre of Saint Bartholomew's Day

**さん-ばん【三ばん】**《俗語》選挙に勝つのに必要とされる三つの条件。地盤・看板(=肩書き)・かばん(=お金)。

**サン-パン【三板・舢板 中】**(sam-pan) はしけ。小船。

**さん-ぱん【▽生飯・散飯】** ↓さば(生飯)

**ざん-ぱん【残飯】** 食べ残しのごはん。leavings

**さん-はんきかん【三半規管】** 脊椎動物の内耳にあり、平衡感覚をつかさどる器官。互いにほぼ直角をなす三個の半環状の管からなる。半規管。semicircular canals ↓耳図

**さんはんごはん-うんどう【三反五反運動】** 一九五一～五二年に中国で行われた粛正運動。公務員の汚職・浪費・官僚主義(=三害)とそれに関連する資本家の贈賄・脱税・公産横領・原料ごまかし・国家経済情報漏洩(=五毒)に反対し、根絶しようとしたもの。

**さんぱん-の-らん【三藩の乱】** 中国、清の康熙帝治世の一六七三～八一年、雲南の呉三桂、広東の尚可喜、福建の耿継茂(死後子の精忠)の三藩が起こした反乱。清が三藩の勢力削減のために廃藩を策したのが原因。まもなく二藩は降伏、呉だけが抵抗したが、それも鎮圧。これにより清朝の中国統治は完成した。

**さんばんめ-もの【三番目物】** 五番立ての能の番組の三番目に上演される曲。女性や美男が主人公で、優美な場面が多く、とくに幽玄。『井筒』『二人静』『関寺小町』『羽衣』など。鬘物。

**さん-び【酸鼻】** 非常にむごたらしいこと。heart sickening 用例 ―をきわめる殺人現場。

**さん-び【賛美・▼讃美】**(名・サ変他) 褒めたたえること。praise

**さん-ぴ【賛否】** ①賛成と不賛成。approval and disapproval 用例 ―同数。②賛成か不賛成か。approval or disapproval 用例 ―を問う。

**ザンビア【Zambia】**(Republic of Zambia) アフリカ中南部の内陸にある共和国。首都ルサカ。一九六四年イギリスから独立。銅・コバルト・ウラン鉱などの鉱物資源が多い。隣国ジンバブエ国境近くにカリバダムがある。面積七五・三万km²。人口六九〇万(一九八六)。正称ザンビア共和国。

**さんビー-せいさく【三B政策】** 第一次大戦前のドイツの帝国主義政策。ベルリン・ビザンティウム・バグダードの三都市を鉄道で結び、近東へ進出を企図したもの。

**サン-ピエール【Bernardin de Saint-Pierre】** ↓ベルナルダン=ド=サン=ピエール

**サンピエトロ-だいせいどう【サンピエトロ大聖堂】**(Basilica di San Pietro in Vaticano イタリア) バチカン宮殿に隣接する世界最大の聖堂。三二六年、使徒ペテロの墓上にコンスタンティヌス一世が建てた聖堂が最初。ブラマンテ・ミケランジェロらの設計により一五〇六～一六二六年に再建された。イタリアールネサンス、バロックの傑作。↓写

●サンピエトロ大聖堂

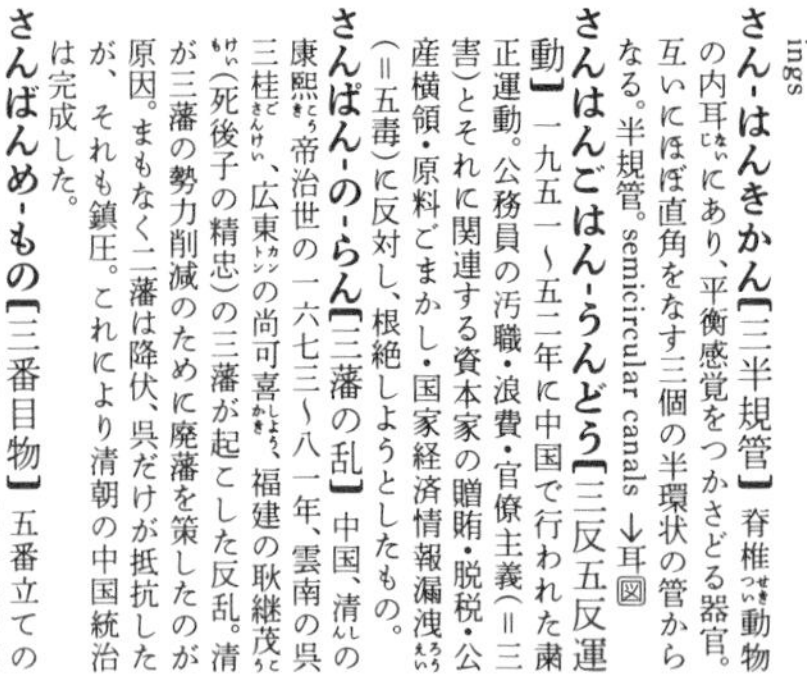

**さんび-か【賛美歌・▼讃美歌】** キリスト教会で、礼拝などのさい神を賛美する歌唱。カトリック教会では聖歌という。hymn

**さん-ぴつ【三筆】** ①三人のすぐれた書家、または画家。②平安初期の能書家、空海・嵯峨天皇・橘逸勢。ほかに寛永の三筆、黄檗の三筆、幕末の三筆など。比較 三蹟。

**さんびゃく-しょこう【三百諸侯】** 江戸時代のすべての大名をさしていう語。大名家がおよそ三〇〇であったため。

**さんびゃく-だいげん【三百代言】** ①《明治初期の語》無資格の代言人。②弁護士を卑し

めていう語。pettifogger ③他人を言いくるめること・人。quibbling

**さん-ぴょう【散票】** まとまった支持票以外の散らばっている票。scattered votes

**さん-びょうし【三拍子】** ①音楽で、三拍で一小節をつくる拍子。triple time ②小鼓・大鼓・太鼓または笛など、三種の楽器で拍子をとること。また、その拍子。③三つの重要な条件。three important conditions

**三拍子揃う**（さんびょうしそろう） 必要な条件がみなそろう。all-around*; all-round* 用例 攻・走・守の三拍子揃った好選手。

**さん-ぴん【産品】** 産出する物。生産品。products 用例 一次―。

**ざん-ぴん【残品】** 売れ残った商品。unsold goods

**さんぴん-ざむらい【三▽一侍】**《「ぴん」はポルトガル語Pinto(点の意)の転か。年に三両一分扶持の給料を受ける武士、の意から》身分の低い武士や若者を卑しめていう語。三一奴。

**さん-ぶ【三部】** ①三つの部分・部類。three parts ②三冊。three copies

**さんぶ【山武】**〈町〉千葉県東金市北隣の町。野菜や落花生などを栽培。山武杉で知られるが宅地開発により減少。人口一万一三二四(一八九)。

**さん-ぷ【参府】**(名・サ変自) 江戸時代、諸大名が江戸に参勤したこと。

**さん-ぷ【産婦】** 出産前後の婦人。比較 妊婦。pregnant woman; woman in childbed

**さん-ぷ【散布・▼撒布】**(名・サ変自他)《撒布の慣用読み》①(他)まきちらすこと。scatter 用例 農薬を―する。②(自)《「散布」で》植物が、風・流水・動物などを媒介として種子を拡散し、分布を広げること。dispersal

**ざん-ぶ【残部】** ①残りの部分。the rest ②売れ残りの品。とくに、出版物の残り部数。remainder

**ざんぶ**(副) 大きな物・重い物が水に落ちるときの音・さま。ざぶり。ざぶん。splashingly

**サン-フアン【San Juan】** 西インド諸島、アメリカ領プエルトリコの首都。港湾都市。コーヒー・タバコの輸出港で、観光地としても知られる。人口四三・五万(一九〇)。

**サン-フアン【San Juan】** アルゼンチン北西部、アンデス山脈東麓の都市。同名州の州都。人口一一・八万(一九〇)。

**サンフィッシュ【sunfish】** マンボウ。

**さんぶ-いっそう【三武一宗】** 中国で仏教を弾圧した四人の天子。北魏の太武帝・北周の武帝・唐の武宗・後周の世宗。

**さん-ぷう【山風】** 山から吹く風。おろし。wind from the mountain 『杉風』

**さんぷう【▽杉風】** →すぎやまさんぷう(杉山杉風)

**サンフォライズ【Sanforized】** おもに綿織物の機械的防縮仕上げをいう。湿気と熱を与えた布を、サンフォライズ機で収縮させる。もとは商標でクルエットアンドピーボディー社(米)のサンフォライズ機にちなむ。

**さんぶ-かい【三部会】**(États généraux フランス) フランスの身分制議会。聖職者・貴族・平民の身分別代表で構成。一三〇二年パリに初めて召集。一六一四年以後中断。一七八九年財政危機打開策審議のため召集されて第三身分中心の国民議会となり、大革命の推進力となった。

**さんぶ-がっそう【三部合奏】** 弦楽器または管楽器が三つの声部を受け持って奏する合奏。trio

**さんぶ-きょう【三部経】** 同類の経典の中で、とくに尊重される三部の仏教経典。法華三部経の『無量義経』『法華経』『観普賢経』、大日三部経の『大日経』『金剛頂経』『蘇悉地羯羅経』など。ほかに浄土三部経・護国三部経・弥勒三部経などがある。

**さん-ぶぎょう【三奉行】** 江戸幕府の行政・司法機関である寺社奉行・勘定奉行・町奉行の総称。それぞれ寺社領・天領・江戸市中を管轄。

**さん-ぷく【三伏】** ①夏至のあとの第三の庚の日(=初伏)、第四の庚の日(=中伏)と、立秋後の最初の庚の日(=末伏)。②夏の暑さのいちばん厳しい期間。

**さん-ぷく【山腹】** 山のいただきと、ふもとの中間。中腹。hillside

**さんぷく-つい【三幅対】** ①三つで一組みになっている掛け物。②三つで一そろいの物・人。↓写

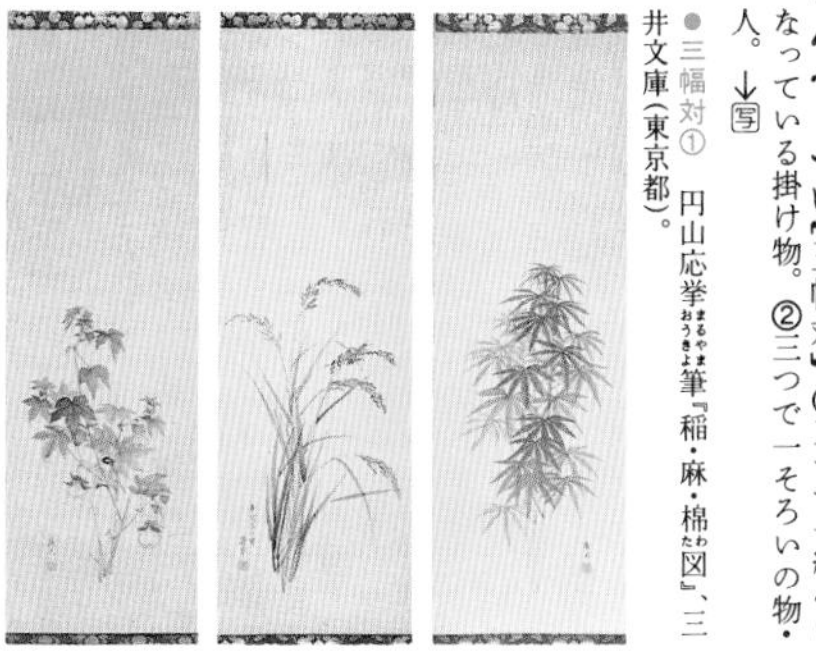

● 三幅対① 円山応挙筆『稲・麻・棉図』、三井文庫(東京都)。

**さん-ぷくでん【三福田】**《仏教語》人が福徳の種を植える三つの田の意。敬田(三宝)・恩田(父母)・悲田(貧苦者)。あるいは功徳福田(三宝)・報恩福田(父母)・貧窮福田(貧苦者)ともいう。

**さんぶ-けいしき【三部形式】** 全体が三部分からなる音楽形式。A―B―Aが基本的形式で、各部分は八小節の大楽節からなり、BはAに対比する。ternary form

**さんぶ-さく【三部作】** 三つの部分に分かれているが、一貫した主題で完結する作品。trilogy

**さんふじんか【産婦人科】** 産科と婦人科の両方をいう医学の分野。妊娠・出産をはじめ婦人病を扱う。obstetrics and gynecology

**さん-ぶつ【産物】** ①その土地から産出する物。products ②成果として得られる物。result 用例 時代の―。

**ざん-ぶつ【残物】** 残りもの。余りもの。使い残り。『残り』

**さんぶつ-え【▼讃仏会】**《仏教語》仏の徳を褒めたたえるために行う法会。とくに、浄土真宗本願寺派の彼岸会をいう。

**さんぷ-ど【散布度】** 変量の散らばりの程度を表す値。分散・標準偏差などがある。degree of scattering

**さん-ふどう【三不動】** ①不動明王画像の三つの名作。三井寺の黄不動、高野山の赤不動、青蓮院の青不動。②江戸近辺にあった目黒不動・目白不動・目赤不動の総称。

**サン-フランシスコ【San Francisco・桑港】** アメリカ北西部、カリフォルニア州中部、太平洋に臨む商工業都市。三方を海に囲まれた坂の多い街を、名物の路面電車が走る。人口六七・九万(一九〇)。シスコ。

**サンフランシスコ-がわ【サンフランシスコ川】**(Rio São Francisco) ブラジル高原南東部のカナストラ山地から北東に流れ、大西洋に注ぐ川。長さ二九〇〇km。

**サンフランシスコ-くうこう【サンフランシスコ空港】**(San Francisco International Airport) サンフランシスコ南郊にある国際空港。面積二一km²。一九二七年開設。

**サンフランシスコ-こうわじょうやく【サンフランシスコ講和条約】** 第二次大戦の終結、国交回復のために、日本が旧連合国四八か国と結んだ平和条約。昭和二六年(一九五一)九月八日、サンフランシスコで調印。日本首席全権は首相吉田茂。翌年発効。対日平和条約。対日講和条約。

**サンフランシスコ-わん【サンフランシスコ湾】**(San Francisco Bay) アメリカ北西部、カリフォルニア州中部の湾。金門海峡で太平洋に通じ、金門湾ともいう。

**サンプリング【sampling】**(名・サ変他) 標本抽出。統計調査あるいは実験で、目的に応じた特性について、対象となる集団からそれを代表する標本を抽出すること。用例 ランダム―。

**サンプル【sample】** ①標本。②見本。③試料。

**サンプロン-とうげ【サンプロン峠】**(Col du Simplon) シンプロン峠のフランス語名。

**サンプロン-トンネル【Simplon Tunnel】** →シンプロントンネル

**さん-ぶん【散文】** 韻文と対立する言語表現形式で、通常の文章をいう。prose 対義 詩・韻文。

**さんぷん-き【散粉機】** 粉剤の農薬を送風機の風によってほぐして散布する機械。duster

**さんぶん-し【散文詩】** 近代詩型の一つ。散文によって純粋な詩精神の表現を追究したもの。ボードレールの散文詩『パリの憂鬱』など。prose poem

**さんぶん-てき【散文的】**(形動) 対義 詩的。①散文らしいさま。prosaic ②詩的な情緒やおもむきのないさま。prosaic 用例 ―な景色。

**さん-ぺい【散兵】** 兵を、適当な距離を隔てて配置すること。その兵。skirmisher

**さんぺい-じる【三平汁】** 塩ざけの頭やあらをぶつ切りにし、野菜とともに煮込んだ粕汁。北海道の郷土料理。漁師三平の考案という。

**さんへいほう-の-ていり【三平方の定理】** 平面幾何学の定理の一つ。直角三角形において、斜辺の平方は、他の二辺の平方の和に等しいという定理。ピタゴラスの定理。theorem of three squares ↓図

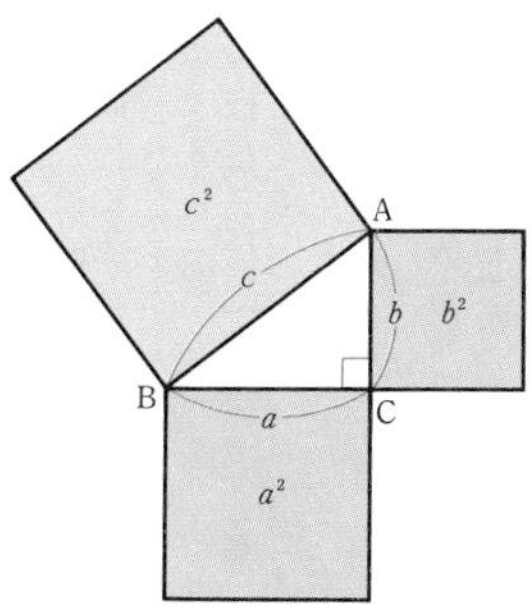


$$a^2+b^2=c^2$$

● 三平方の定理

**さんべ-おんせん【三▽瓶温泉】** 島根県大田市、三瓶山南麓の温泉。国民保養温泉で三瓶観光の基地。旧名、志学温泉。

**さん-ぺき【三▼碧】** 九星の一つ。東方を本位とし、木星に属する。

**さんべ-さん【三▽瓶山】** 島根県中部にある火山。標高一一二六m。溶岩円頂丘。『出雲国風土記』にみえる「国引き」の支柱にした山といわれる。大山隠岐国立公園に含まれる。

**ザンベジ-がわ【ザンベジ川】**(Zambezi River) アフリカ南部、ザンビア北西部からジンバブエ・モザンビークを経てインド洋に注ぐ川。長さ二七四〇km。中流部にビクトリア瀑布がある。

**さん-べつ【産別】**《「産業別」の略》①産業別組合、または労働組合の産業別連合体。②↓さんべつかいぎ(産別会議)

**さんべつ-かいぎ【産別会議】**《「全日本産業別労働組合会議」の略》昭和二一年(一九四六)に結成された、当時日本最大のナショナルセンター。日本共産党の強い影響下にあった。弾圧と内部分裂によって次第に弱体化し、同三三年(一九五八)解散。

**サンベルト【Sunbelt】**《太陽のあたる地帯の意》アメリカ合衆国のカリフォルニア・アリゾナ・ニューメキシコ・テキサス州など南部諸州の総称。気候が温暖で生活環境がよく、近年、企業や人口の集中がみられる。

**サンベルナール-とうげ【サンベルナール峠】**(Col du Saint Bernard) アルプス西部、モンブランの東と西にある大小二つの峠。標高二四七八mと二一八八m。ナポレオンのアルプス越えで有名。

**ざん-ぺん【残片】** 残ったかけら。きれはし。

**サンボ【sambo ロシア】**《武器なき護身術、の意》柔道に似たソ連の格闘技。投げ技・抑え技・関節技などがあるが、絞め技は禁止。

**さん-ぽ【散歩】**(名・サ変自) 運動や気晴らしのため、気楽に歩き回ること。散策。walk

**サンホアキン-がわ【サンホアキン川】**(San Joaquin River) アメリカ西部、カリフォルニア州中部の川。シエラネバダ山脈西部から北西に流れ、サンフランシスコ湾に注ぐ。長さ五一〇km。

**サンボアンガ【Zamboanga】** フィリピン南部、ミンダナオ島南西部、サンボアンガ半島南端の港湾都市。人口三四・四万(一九〇)。

**さん-ぼう【三方】** ①三つの方向。three directions ②神仏・貴人に供える物をのせる四角な白木の台。台の三方に飾りの穴がある。三宝。↓写

● 三方②

**さん-ぼう【三宝】**《仏教語》仏・法・僧を宝にたとえていう。仏は悟りを開き教え導く者。法はその教え。僧は教えに従い修行する者の集まり。

**さん-ぼう【山房】** ①山中の家。cottage in the mountains ②書斎。また、書斎の名に用いる語。用例 漱石―。

**さん-ぼう【参謀】** ①高級指揮官の幕僚とし

▼常用漢字表外。 ▽常用漢字表の音訓外。

て作戦・用兵・情報などの計画・立案を担当する将校。staff ②指導者の側近として策略を練る人。adviser

**さん-ぽう【山砲】** 山地の戦闘向きにつくった大砲。小型で分解して運ぶことができる。mountain gun

**さん-ぽう【産報】** 大日本産業報国会の略称。

**さん-ぽう【算法】** ①計算の方法。算術。②数学の旧称。

**ざん-ぼう【▼讒▼謗】**(名・サ変他) そしること。悪口。slander 用例罵詈—。

**さんぽう-いん【三宝院】** 京都市伏見区醍醐にある醍醐寺の本坊。永久三年(一一一五)勝覚の創建。明治まで、修験道当山派の本山。

**さんぽう-いん【三法印】**《仏教語》仏法の正しい教えであるかどうかの判断の基準となる、三つの特徴的な教理。諸行無常・諸法無我・涅槃寂静のこと。

**さんぽう-かじょ【散房花序・▼繖房花序】** 花序の一種。中軸に多数の花がつき、下方の花柄ほど長く、上部が一平面上に見えるもの。アブラナやダイコンなどの開花中に見られる。corymb ↓花序図

**さんぽう-かん【三宝▼柑】**《江戸時代に、三方にのせて紀州の殿さまに献上したことからとも》ミカン科、和歌山県原産の柑橘類。果実はだるま形で淡い黄橙色。皮は厚いが、果肉の味はよい。↓写

●サンポウカン

**さんぽう-きん【三方金】** 洋とじの書物で、背以外の三方の小口に金箔を付けること。比較天金。

**さんぽう-こうじん【三宝荒神】** 仏・法・僧を守護する神。民間では、かまどの神として信仰される。↓写

●三宝荒神

**さんぽう-しょうけい【三方晶系】** 主軸と、それに直交して互いに一二〇度の角をなす三つの軸との、合わせて四軸を結晶軸とする結晶系。trigonal system

**さんぼう-ほんぶ【参謀本部】** 陸軍の中央統帥機関。旧日本軍では内閣から独立して国防・用兵計画をつかさどった。General Staff Office

**ざんぼう-りつ【▼讒▼謗律】** 明治八年(一八七五)制定の言論取締法。新聞紙条例と併用して政府批判の言論を弾圧。

**さん-ぼく【三木】** ①古今伝授の中にある三種類の木。諸説あるが通常は、「おがたまのき」「めどにけずりばな」「かわなぐさ」をさす。②いけばなで、草花を使わず木だけ三種用いて活けること。③刑具の一種。木製の枷で、罪人の首枷・手枷・足枷の三つ。

**さんぽく【山北】**〈町〉新潟県北端の町。産物は木材やナメコ・ゼンマイなど。名勝「笹川流れ」がある。人口九六四四(一九八八)。

**さんぼく-いっそう【三木一草】** 後醍醐天皇の建武新政下の四人の功臣。三木は結城親光・名和長年・楠木正成、一草は千種忠顕をさす。

**さんぽしき-のうぎょう【三▼圃式農業】** 耕地を三分し、輪作によって地力維持をはかる農耕形態。中世ヨーロッパ農業の典型的なかたちで、耕地を夏作地・冬作地・休閑地に分け、三年周期で一巡させる。three-field system

**サン-ホセ【San José】** 中央アメリカ、コスタリカの首都。標高一一〇〇mの高原にある。コーヒー・砂糖・カカオ豆の集散地。人口二四・一万(一九八四)。

**さんぽ-の-らん【三浦の乱】** 永正七年(一五一〇)朝鮮で起きた日本人居留民の暴動。李氏朝鮮の貿易統制強化に対し乃而浦(熊川)・富山浦(釜山)・塩浦(蔚山)の三浦の日本人が反乱。

**サンボリスト【symboliste フランス】** サンボリスム(象徴派)に属する人。

**サンボリスム【symbolisme フランス】** 象徴主義。英語で、シンボリズム。Symbolism

**さん-ぼん【三盆】** 砂糖の一種。わが国古来の方法で精製した結晶粒の細い上白糖。主として和菓子の材料に用いる。さんぼんじろ。三盆糖。和三盆。

**さんぼんぎ【三本木】**〈町〉宮城県北部、鳴瀬川中流の町。旧宿場町。稲作地帯であるが、工業も進出。人口八七八五(一九八八)。

**さんぼんぎ-はら【三本木原】** 青森県東部、十和田市を中心に広がる洪積台地。江戸末期南部藩の藩士が開拓。

**さんぼん-じろ【三盆白】** ↓さんぼん(三盆)

**さんま【▽秋▽刀▽魚】** 外洋の表層近くを群遊するサンマ科の魚。冷水を好み、南北に回遊を行う。全長約四〇cm。食用。北千島から東シナ海に分布。北方にいるときに油がのって美味のため、八～一二月にわたって釧路から房総半島にかけて移動するものを漁獲する。saury ↓図

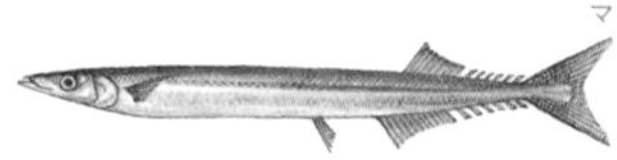
●サンマ

**さん-まい【三枚】** ①一枚の三倍。②「さんまいおろし」の略。

**さんまい【三▼昧】**《samādhi 梵の音写で、定・正定と訳す》①《仏教語》精神を集中し、心身を安定させること。また、その状態。定。三摩地。concentration ②《他の名詞について、ザンマイと濁音化する》熱中すること。absorption 用例読書—。③「三昧場」の略。

**さん-まい【産米】** できた米。用例本年度—。

**さん-まい【散米】** 神道で、悪気をはらうための御祓いや神拝などのとき、神前で米をまきちらすこと。また、その米。神供。打ち撒き。

**さんまい-おろし【三枚下ろし】** 魚の頭を切り、中骨と、その左右の両身との三枚に切り分けるおろし方。↓図

●三枚下ろし

**さんまい-どう【三▼昧堂】** 僧がこもって法華三昧・念仏三昧の行を修する堂。

**さんまい-にく【三枚肉】** ↓ばらにく(肋肉)

**さんまい-ば【三▼昧場】**《仏教語》葬儀場・火葬場。また、墓場。

**さんまい-め【三枚目】**《歌舞伎の番付の右から三番目に書かれたことから》喜劇役者。比喩的に、いつも滑稽なことをする人。comedian 比較二枚目。

**さん-まくどう【三悪道】** ↓さんあくどう(三悪道)

**さんまじ【三摩地】** 三昧①の別称。

**さんまや【三摩▼耶・三▼昧▼耶】**《仏教語。samaya 梵の音写で、時・一致の意》①仏が今まさに説法をしようとするときのこと。②密教で仏と衆生とが本来平等であるという意。

**サン-マリノ【San Marino】**(Republic of San Marino) イタリア中東部の山中にある小国。首都サンマリノ。ヨーロッパ最古の共和国で、観光と切手収入が多い。面積六〇km²。人口二万(一九八九)。正称サンマリノ共和国。

**サンマルコ-だいせいどう【サンマルコ大聖堂】**(Basilica di San Marco イタリア) イタリア北部、ベネチアにあるビザンチン様式の聖堂。一一世紀に現在の形に再建。Cathedral of San Marco

**サンマルコ-ひろば【サンマルコ広場】**(Piazza San Marco) イタリア北部、ベネチア南端にある広場。サンマルコ大聖堂や宮殿、博物館などに囲まれた観光の中心地。

**サン-マルチン【José de San Martin】**(一七七八～一八五〇) 南アメリカ独立の英雄。アルゼンチン出身。スペイン本国で軍務に服し、一八一二年帰国。アルゼンチン・チリ・ペルーの独立を実現したのち、フランスに亡命。

**さん-まん【散漫】**(形動) 仕事・考えなどがまとまりのないさま。しまりのないさま。loose 比較冗漫。用例注意力—。

**さん-み【三位】**《「さんい」の変》①位階の第三位。正三位と従三位。また、その人。②キリスト教で、父(=神)・子(=キリスト)・聖霊。the Trinity

**さん-み【酸味】** すっぱい味。酢味。sour taste

**さんみ-いったい【三位一体】** ①キリスト教の基本的教義。父(=神)・子(=キリスト)・聖霊という三位(神の三種の位格)はすべて、一つの神の表れで元来一体のものであるということ。the Trinity ②三つのものが一体となること。三者が心を合わせること。

**サンミゲル-デ-トゥクマン【San Miguel de Tucumán】** アルゼンチン北部、アンデス山脈東麓の都市。亜熱帯気候地域で、サトウキビ栽培、製糖業がさかん。人口四九・七万(一九八〇)。トゥクマン。

**さん-みつ【三密】**《仏教語》密教で、仏の身体とことばと心の不思議な働きのこと。身密・口密・意密の総称。

**さん-みゃく【山脈】** いくつかの山々が長く脈状に連なったもの。かなりの高さと領域を占めるものをいうが、とくに基準はない。やまなみ。mountain chain; mountain range 比較山塊。

**さん-みやけ【三宮家】** ①中世以降、世襲親王家の伏見宮・桂宮・有栖川宮の三家。②大正・昭和前期、大正天皇の三皇子(雍仁親王・宣仁親王・崇仁親王)が創立した秩父宮・高松宮・三笠宮の三家。

**さん-みょう【三明】** 仏や阿羅漢のそなえる三つの神通力。過去世の因縁を知る宿命明、未来の果報を知る天眼明、現在の煩悩を断つ漏尽明。

**さんみん-しゅぎ【三民主義】** 中国、清末に孫文が提唱した革命理論。民族の独立(民族主義)、民権の伸長(民権主義)、民生の安定(民生主義)の三項からなる。一九〇五年、中国革命同盟会の綱領となる。

**ざん-む【残務】** 残っている仕事。unsettled affairs 用例—整理。

**ざん-む【残夢】** ①目ざめたあと、まだ意識に残っているゆめ。dream lingering in one's heart ②見残したゆめ。unfinished dream

**さんむ-しゅぎ【三無主義】** 一九六〇年代以降の若者にみられた無気力・無関心・無責任を評することば。その後、無感動を加え四無主義、さらに無作法を加えて五無主義などという。

**ざん-めり** 古語(連語) ↓ざめり

**さん-めん【三面】** ①三つの面。三方面。three sides ②新聞の社会面。city news

**さんめん-きじ【三面記事】**《新聞が四ページでつくられていたころの社会面が三ページ目にあったことから》日刊新聞の社会記事の通称。city news

**さんめん-きょう【三面鏡】** 正面と左右に鏡がある鏡台。左右から畳めるようになっていて、同サイズの鏡が三枚のものを本三面、左右の袖鏡が二分の一サイズを半三面という。dresser with three mirrors

**さんめん-こうき【三面紅旗】**《三枚の赤旗の意》一九五八年中国共産党が毛沢東の指導のもとで八全大会で決定した社会主義革命の基本路線。総路線・大躍進・人民公社を象徴する。

**サンメンシャ【三門峡】**(Sānmén Xiá) ↓さんもんきょう(三門峡)

**サンメンシャ-ダム【三門峡ダム】**(Sānmén Xiá) ↓さんもんきょうダム(三門峡ダム)

**さんめん-ろっぴ【三面六▼臂】** ①仏像などで、一体の頭部に顔が三つあり、腕を六本具えていること。②ひとりで数人分の働きをするたとえ。八面六臂。用例—の大活躍。

**さんもう-さく【三毛作】** 一年間に、同じ土地に三種類の作物を順次栽培し収穫すること。three crops a year 比較一毛作・二毛作。

**サン-モリッツ【Saint-Moritz】** スイス南東部の町。標高一八四〇m。ウインタースポーツで有名な保養地。国際的観光地。人口五九〇〇(一九八〇)。

**さん-もん【三文】** ①一文の三倍。わずかの金銭。little money ②値打ちのごく低いもの。two-bit 用例二束—。

**さん-もん【三門】**《仏教語》禅宗の寺の正門。本堂を涅槃にたとえ、そこに至るために通らなければならない空・無相・無作の三解脱を門になぞらえたという。

**さん-もん【山門】**①《寺院は多く山に建てられ、山号をもつことから》寺の門。寺。②天台宗の山門派。延暦寺。対義 寺門。

**さんもんオペラ【三文オペラ】**《原題 Die Dreigroschenoper ドイ》クルト=ワイル作曲のオペラ。一九二八年ベルリンで初演。台本はブレヒトによる一八世紀の『乞食オペラ』の翻案。ジャズの手法を導入し、世相を風刺した異色の作品。

**さんもん-きょう【三門峡】**中国、河南省西部、山西省との境にある黄河中流の峡谷。一九六一年、三門峡ダムが完成。三つの水路、人門・神門・鬼門の名に由来。サンメンシャ。

**さんもんきょう-ダム【三門峡ダム】**三門峡に建設されている大型ダム。一九五五年に黄河治水計画により着工、六一年に完成。貯水量約四〇〇億t。サンメンシャダム。

**さんもんごさんのきり【▿楼門五三▾桐】**歌舞伎時代物。原名題『金門五三桐』。初世並木五瓶作。安永七年(一七七八)初演。大盗石川五右衛門が真柴久吉(豊臣秀吉)の天下を狙う物語。

**さんもん-は【山門派】**比叡山延暦寺を総本山とする天台宗の一派。慈覚大師円仁を始祖とし、一三流に分かれる。対義 寺門派。

**さんもん-ばん【三文判】**できあいの安い印判。

**さんもん-ぶんし【三文文士】**《文士を軽蔑した言い方》凡作しか書けない文士。literary hack

**さん-や【三夜】**①みかづき。crescent ②結婚後三日目の夜。③誕生後三日目の祝い。産養い。

**さん-や【山野】**①山と野原。hills and fields ②いなか。countryside

**さんや【山▿谷・三野・三▿谷】**東京都台東区北東部の地区。簡易宿泊街。かつて新吉原の遊郭のあったところ。

**ざん-や【残夜】**夜明け。夜明けがた。daybreak

**さん-やく【三役】**①相撲で、大関・関脇・小結。②能楽で、ワキ方・狂言方・囃子方。③三つのおもだった役。三人の首脳者。three key officials 用例 党――。組合――。

**さん-やく【山薬】**生薬の一つ。ヤマノイモ科ヤマノイモ・ナガイモの根茎の皮をはぎ、乾燥したもの。でんぷんのほかにアミラーゼやアミノ酸を含む。滋養強壮・糖尿病に用いる。

**さん-やく【散薬】**こなぐすり。粉末のくすり。powdered medicine

**さん-ゆう【三友】**①三人の友人。とくに、益者三友と損者三友。②画題となる松・竹・梅のこと。用例 歳寒の――。③《白居易の詩から》琴・詩・酒。

**さんゆうぐれ-の-わか【三夕暮の和歌】**→さんせきのわか(三夕の和歌)

**さんゆうてい-えんしょう【三遊亭円生】**落語家。現在六代まで。初代(一七六八〜一八三八)は三笑亭可楽に学び、芝居噺を創始。三遊派の祖。六代(一九〇〇〜七九)は本名、山崎松尾。大阪生まれ。先代の芸風をよく継いで大成。落語協会会長もつとめた。

**さんゆうてい-えんちょう【三遊亭円朝】**(一八三九〜一九〇〇)落語家。本名、出淵次郎吉。江戸の人。芝居噺・怪談噺を得意とし、人情噺の創作に意を注いだ。『真景累ケ淵』『怪談牡丹灯籠』などの作品は、明治期の講談速記本の流行にもつながり、高く評価されている。

**さんゆうてい-えんゆう【三遊亭円遊】**落語家。今日までに五代。初代(一八四九〜一九〇七)は本名、竹内金太郎。江戸の人。三遊亭円朝門下。すてこ踊りの珍芸で人気を集め「鼻の円遊」と愛称された。

**さんゆうてい-きんば【三遊亭金馬】**落語家。現在四代まで。三代(一八九四〜一九六四)は本名、加藤専太郎。東京生まれ。自作『居酒屋』のレコードが大いに売れ、東宝専属落語家となる。

**さんゆう-は【三遊派】**三遊亭・橘家などを芸名の亭号に名のる落語家の一門の総称。

**さん-よ【三余】**読書によい三種の余暇。夜・雨降り・冬。

**さん-よ【参与】**㊀(名・サ変自)事に加わりあずかること。participation ㊁(名)①学識経験者を行政事務などに起用するときの役職名。adviser ②明治政府の初期の官職の一つ。

**ざん-よ【残余】**残り。余り。the rest

**さん-よう【山容】**山の姿・かたち。appearance of a mountain

**さん-よう【山陽】**対義 山陰。①山の南側。②「山陽道」の略。③「山陽地方」の略。

**さん-よう【算用】**(名・サ変他)①計算すること。勘定。calculation ②見積もり。目算。estimation

**さんよう【山陽】**〈町〉岡山県南東部、岡山市北東隣の町。岡山市のベッドタウン。桃やブドウの産地。人口二万一六一四(一九八八)。

**さんよう【山陽】**〈町〉山口県下関市東隣の町。中心は交通の要地厚狭と漁港の埴生。人口二万三二七八(一九八八)。

**さんよう-しんかんせん【山陽新幹線】**JR西日本の鉄道新幹線。新大阪と博多を結ぶ。長さ五四〇・五km。東海道新幹線を西に延長、昭和四七年(一九七二)に新大阪〜岡山間、同五〇年(一九七五)に博多間が開通。

**さんよう-すうじ【算用数字】**アラビア数字。1・2・3など。Arabic numerals

**さんよう-ちほう【山陽地方】**中国地方の瀬戸内海側の呼称。山陽。

**さんよう-ちゅう【三葉虫】**古生代に繁栄した海生の節足動物。多くのものは海底を這っていた。古生代の示準化石で、世界的に分布。trilobites ↓写

●サンヨウチュウ 化石。

**さんよう-どう【山陽道】**七道の一つ。今の中国地方南部の八か国の称。播磨・美作・備前・備中・備後・安芸・周防・長門。山陽。せんようどう。

**さんよう-ほんせん【山陽本線】**JR西日本の鉄道幹線の一つ。神戸と門司を結び瀬戸内海沿いを走る。長さ五一三・三km。昭和一七年(一九四二)開通。

**さんよ-かん【参与官】**大正一三年(一九二四)から昭和二三年(一九四八)まで各省に設置されていた政務官の職名。大臣の命をうけ帝国議会との交渉にあたった。

**ざんよ-ちっそ【残余窒素】**血漿たんぱく質以外の血中窒素化合物の総量。尿素五〇%、他はクレアチニン・アミノ酸・尿酸など。腎機能障害の測定に用いられる。非たんぱく性窒素。residual nitrogen

**さん-よん-ベンゾピレン【3, 4-benzopyrene】**発癌性をもつ炭化水素化合物。食肉の薫製品に微量検出される。石油・石炭などにも含まれる。俗称ベンゾピレン。

**さん-らく【三楽】**《『孟子』から》君子の三つの楽しみ。一家の無事、やましくないこと、英才の教育。

**さん-らく【惨落】**(名・サ変自)相場が急にひどく下落すること。暴落。sudden fall 対義 急騰。

**さん-らん【産卵】**(名・サ変自)卵をうむこと。laying eggs 用例 ――期。

**さん-らん【散乱】**(名・ザ変自)①散らばること。まとまりがないこと。dispersion 用例 器材が――する。②波動や粒子が、その波長にくらべてあまり大きくない物体にあたって、さまざまな方向に散ること。反射とは区別される。物体が一つの場合、ふつうはそれを中心として広がってゆく球面波が発生する。scattering

**さん-らん【▾燦▾爛】**(形動トタル)光り輝くさま。きらびやかなさま。用例 光輝――たる宝冠。

**さんらん-し【蚕卵紙】**カイコガに卵を産みつけさせる厚い紙。種紙。蚕卵台紙。蚕紙。egg card

**さんらん-のうりょく【産卵能力】**卵をうむ能力の程度。産卵数または産卵率・卵重で表す。ニワトリの場合、うみ初めが早く、持続性があり、冬季も休みなくうむものほどよい。egg laying performance

**さん-り【三里】**①一里の三倍、約一一・七八km。②灸点の一つ。ひざ頭の外側の下、少しくぼんだ部位。万病にきくとされる。

**さん-りく【三陸】**東北地方、太平洋側地域の総称。陸奥(=青森県)・陸中(=岩手県)・陸前(=宮城県)の三国をさす。

**さんりく【三陸】**〈町〉岩手県南東部、三陸海岸の町。ブリ定置網漁業と吉浜のアワビが有名。人口九二八四(一九八八)。

**さんりく-かいがん【三陸海岸】**青森・岩手・宮城県にかけての太平洋沿岸一帯。大部分がリアス式海岸で良港が多く景勝に富み、とくに、陸中海岸は国立公園に指定されている。

**さんりく-つなみ【三陸津波】**東北地方北東部(=三陸地方)の沖合いに起こった、地震による津波。明治二九年(一八九六)と昭和八年(一九三三)には大災害を与えた。

**さんりく-てつどう【三陸鉄道】**岩手県の三陸海岸を走る第三セクター鉄道。北リアス線(宮古〜久慈間七一km)と南リアス線(盛〜釜石間三六・六km)の二線。昭和五九年(一九八四)旧国鉄から移管。

**さん-りつ【▾簒立】**(名・サ変自)臣下が天子の位を奪って、その位に就くこと。usurp the throne

**さんり-づか【三里塚】**千葉県成田市南東部の地区。かつて、皇室御料牧場と桜の名所で知られたが、新東京国際空港が建設された。

**さんりゃく【三略】**①漢の張良が黄石公から授かったという戦術書。②とらのまき。pony

**さん-りゅう【三流】**①三つの流派。three schools ②第三等の階級。実力・格式などが、二流までも行かないほど、低いこと。third-class 用例 ――校。

**さん-りゅう【産▾瘤】**分娩ののち児頭の先進部にみられる粘性の軟らかい腫瘤。産道の圧迫による循環障害によりおこる。つねに一個だけ生じ、のち消失する。caput succedaneum

**ざん-りゅう【残留】**(名・サ変自)残りとどまること。残っていること。staying behind 用例 ――組。

**ざんりゅう-じか【残留磁化】**強磁性体を磁場中に置いて磁化したあと、磁場を取り除いても磁化が残る現象。鉄やニッケルを含む鉱物中には、自然の状態で、この現象を示すものがある。remnant magnetization

**さんりゅう-しゅ【▾霰粒▾腫】**まぶたの内側にできるぐりぐり。マイボーム腺から出る脂肪が固まり、それを中心におこる慢性肉芽性炎症。痛みなどはないが摘出手術を要する。hailstone

**ざんりゅう-のうやく【残留農薬】**収穫した作物中に含まれている農薬。residual agricultural chemicals

**さん-りょう【三▾稜】**①三つの角をもったもの。②ウキヤガラの塊茎を乾燥させたもの。漢方薬。

**さん-りょう【山陵】**①山とおか。hills and mountains ②天皇・皇后の墓。みささぎ。

**山陵崩る**(さんりょうくずる) 君主・王が死ぬ。崩御する。

**さん-りょう【山▾稜】**山の尾根。mountain ridge

**さん-りょう【産量】**生産される量。output

**さんりょう-きょう【三▾稜鏡】**↓プリズム

**さんりょうし【山陵志】**歴代天皇陵を調査・考証した書。二巻。蒲生君平著。文化五年(一八〇八)刊。皇陵の復興を説き、幕末の尊王論の先駆となる。

**さん-りん【三輪】**①三つの車輪。②「三輪車」の略。用例 オート――。③《仏教語》㋐地下にあって大地を支える金輪・水輪・風輪の三つの輪。㋑身・口・意の三業。㋒施し手と受け手と施し物。用例 ――清浄。

**さん-りん【山林】**①野山の林。野山。hills and fields ②山と山中の林。mountains and forests 用例 ――解放。③土地登記簿の表示事項のうちの地目の一つ。おもに樹木の生育に供される土地。forest

**山林に交わる**(さんりんにまじわる) 隠棲する。出家する。

**さんりん-しゃ【三輪車】**三つの車輪のある乗り物。tricycle

**さんりん-しょうじょう【三輪清浄】**《仏教語》布施を与える人、受ける人、施される物のすべてが、空・無我の教えによってこだわりがなく、浄らかであること。

**さんりん-ぼう【三隣亡】**日に関する俗信。この日に家を建てると、火事が起こり近隣の家三軒を焼き亡ぼすという。

**さん-るい【三塁】**野球で、走者が二塁の次に進む塁。ホットコーナー。サードベース。third base

**さん-るい【酸類】**酸性を示す物質の総称。酢酸・硝酸・塩酸など。acids

**ざん-るい【残塁】**①攻め落とされずに残っているとりで。remnant fort ②野球で、その回の攻撃が終了したときに、走者が塁に残っ

ているこど。be left on base

**サン-ルイス-ポトシ**【San Luis Potosí】メキシコ中部、アナワク高原にある商工業都市。世界的な砒素工場がある。人口一二二・七万(七九)。

**サン-ルーフ**【sun roof】乗用車で、上部から外光などが車内にさしこむよう調節のできる屋根。

**サンルーム**【sunroom】日光浴をするための部屋。南向きでガラス張りになっている場合が多い。

**さん-れい**【山霊】山の精霊。山の神。

**さん-れい**【山▼嶺】山のみね。山頂。mountaintop

**さん-れい**【蚕齢】カイコの幼虫の発育段階を区分するさいの単位。卵から孵化したものを一齢、一回目の脱皮を終えたものを二齢、以下脱皮ごとに齢を重ねる。ふつうカイコは五齢のあと、糸を吐き繭をつくる。

**さん-れい**【▼粲麗】(名・形動) あざやかで美しいこと・さま。

**サン-レオン**【Charles-Victor-Arthur Michel Saint-Léon】(一八二一〜七〇) フランスの舞踊家・バイオリン奏者。舞踊譜を考案。代表作『コッペリア』など。

**さん-れつ**【参列】(名・サ変自) 儀式・会合などに列席すること。attendance 用例 —者。

**さん-れつ**【惨烈】(名・形動) むごたらしいこと・さま。cruelty 用例 —をきわめる現場。

**サン-レモ**【San Remo】イタリア北西部のリグリア海に臨む観光保養都市。毎年音楽祭が行われる。人口六・一万(八一)。

**サンレモ-おんがくさい**【サンレモ音楽祭】(Festival della Canzone di San Remo イタリア) カンツォーネのコンテスト。イタリアのサンレモで毎年開催。一九五一年開始。

**さん-れん**【三連】①三つまたは三回続くこと。three times consecutive 用例 —勝。②漢詩の句の下三字を、平、または仄だけで連ねること。作詩上、これを忌む。

**さんれん-すいしゃ**【三連水車】水車を三台連ねたもの。灌漑用。

**さんれん-ぷ**【三連符】音符は、ふつう二分音符・四分音符など二分割によるが、それを長さを変えずに三分割したもの。表示法は二分割した音符を三個書く。三連音符。triplet

**さん-ろ**【三露】茶道で、席入り前、中立ち前、退出前の三度、露地に打つ打ち水。

**さん-ろう**【山楼】山中や山上にある高い建物。

**さん-ろう**【参▼籠】(名・サ変自) 一定期間、社寺にこもって祈ること。おこもり。

**サン-ローラン**【Cécil Saint-Laurent】(一九一九〜) フランスの小説家・ジャーナリスト。作品『いとしのカロリーヌ』など。

**サン-ローラン**【Yves-Mathieu Saint-Laurent】(一九三六〜) フランスの服飾デザイナー。

**さん-ろく**【山▼麓】山のふもと。山すそ。foot of a mountain

**さんろく-きょうてい**【三六協定】労働基準法第三六条に基づき使用者と労働者の代表によって書面で締結される、時間外労働に関する協定。時間外協定。

**さんろん-しゅう**【三論宗】中国一三宗・南都六宗の一つ。インドの竜樹の『中論』『十二門論』と提婆の『百論』の三論を基本にして、大乗の教え、空思想を説く大乗仏教の一学派。鳩摩羅什が中国に伝え、隋の吉蔵が大成。日本には六二五年、吉蔵の弟子高麗の慧灌が渡来して広めた。

**さんわ**【三和】〈町〉茨城県西部、結城市南西隣の町。稲作のほか、野菜・スイカなどを栽培。人口三万四〇〇三(一九八八)。

**さんわ**【三和】〈町〉広島県東部、吉備高原の町。稲作・畜産・野菜栽培などを行う。人口五三四一(一九八八)。

**さんわ**【三和】〈町〉長崎県南部、長崎市南隣の町。ベッドタウン化が進む。ビワ中心の果樹栽培がさかん。人口一万一九八〇(一九八八)。

**さんわ**【三和】〈村〉新潟県南西部、上越市東隣の村。豪雪地帯。稲作中心の農業が行われる。人口六六三七(一九八八)。

**さん-わおん**【三和音】音楽で、基音とその上の三度と五度の音程に当たる音を、同時にひびかせた音。ド・ミ・ソ、レ・ファ・ラ、ソ・シ・レなど。triad

**さんわ-ぎんこう**【(株)三和銀行】山口・第三十四・鴻池の三行の合併により大阪に設立された都市銀行。昭和八年(一九三三)設立。

**さんわり-じち**【三割自治】中央集権的な政治体制のために、地方公共団体が独自の政策を実行しにくい状態をさす言葉。地方公共団体の歳入全体に占める地方税の割合などに象徴され、地方行政の主導権が、中央に七割、各自治体には三割の意味。

# し シ

**し**【し・シ】五十音図さ行第二の仮名。平仮名・片仮名ともに「之」の草体。濁音は「じ」「ジ」。

**シ** 2画【厶】部首[厶] JIS 5051
音シ・ボウ
①わたくし。私。②ござる。ある。いる。③部首の一つ。む。

**シ** 3画【▼之】部首[丿] 人名用 JIS 3923
音シ
①ゆく。いく。おもむく。いたる。②この。これ。③…の…。上の語と下の語をつなぐ。

**シ** 3画【士】部首[士] 教育小4 JIS 2746
音シ・ジ
士 士 士
①男の敬称。対義 姉。「紳士・名士」「士君子」 用例 (名)好学の—。②特別の資格・職業の人。「学士・博士・文士・弁士」 用例 《接尾的》栄養—。公認会計—。代議—。弁護—。③さむらい。兵隊。「下士官・武士・兵士」「士官・士気」

**シ** 3画【子】部首[子] 教育小1 JIS 2750
音シ・ス
訓こ
子 子 子
①こども。こ。対義 親・父・母。「実子・父子・母子・養子」②小さいもの。「原子・黒子・電子・粒子」③たまご。み。「種子」「子房」④おとこ。ひと。「才子」 用例 《接尾的》編集—。受付—。消息—。⑤男を尊敬していうのに用いる。「君子・孔子・老子」⑥あなた。先生。また、特に孔子のこと。 用例 (代)— いわく…。⑦ね。十二支の第一。「甲子」「子午線」⑧五等爵の第四位。 用例 (名)公侯伯—男。⑨下に添えて用いる。「障子・帽子」↓ス[子]

**シ** 3画【尸】部首[尸] JIS 5389
音シ
①しかばね。むくろ。死体。②かたしろ。祖先を祭るとき、神霊のかわりになって祭りをうける者。ひとがた。③部首の一つ。しかばねかんむり。しかばね。

**シ** 3画【▼巳】部首[己] 人名用 JIS 4406
音シ
み。十二支の第六。「上巳」 参考 已・己は別の字。

**シ** 4画【支】部首[支] 教育小5 JIS 2757
音シ
訓ささえる
支 支 支
①わかれる。わかれ。えだ。対義 本。「気管支」「支局・支線・支店・支離滅裂」②ささえる。ささえ。「支援・支持」③さしさわり。つかえ。「支障」④しはらう。はらう。対義 収。「支給・支出・支弁」⑤中国の旧称。支那のこと。比較 中華。「日支・北支」⑥年・日・時刻などの区分。「十二支」

**シ** 4画【止】部首[止] 教育小2 JIS 2763
音シ
訓とまる・とめる
止 止 止
①とまる。とめる。やむ。やめる。比較 留。「休止・禁止・終止・制止・中止・停止・廃止」「止血」②身のこなし。ふるまい。「挙止」

**シ** 4画【氏】部首[氏] 教育小4 JIS 2765
音シ
訓うじ
氏 氏 氏
①うじ。名字。比較 姓。対義 名。「姓氏」「氏族・氏名」②おもに男を、軽い敬意でさすのに用いる。比較 君。「両氏」 用例 (代)この成功は—のおかげである。③名字や名前に添える敬称。 用例 (接尾)高山—。秋彦—。

**シ** 5画【▼仔】部首[人・亻] JIS 2738
音シ
①こまかい。ちいさい。「仔細」②たえる。任にたえる。やりとおす。

**シ** 5画【仕】部首[人・亻] 教育小3 JIS 2737
音シ・ジ
訓つかえる
仕 仕 仕
①つかえる。つとめる。「出仕・奉仕」「仕官」②《サ変動詞「為」の連用形「し」にあてる》する。「仕上げ・仕入れ・仕事・仕立て」↓ジ[仕]
**仕を致す**(しをいたす) 官職を辞する。致仕する。

**シ** 5画【卮】部首[卩・㔾] JIS 5040
音シ
さかずき。四升(現在の約二ℓ)入りの大きな杯。

7画【▼巵】部首[己] 異体字 JIS 5466

**シ** 5画【▼只】部首[口] 人名用 JIS 3494
音シ
ただ。①これだけ。それだけ。「只管」②無料。無代。

**シ** 5画【史】部首[口] 教育小4 JIS 2743
音シ
史 史 史
①ふみ。記録。人間・民族・国などの経過。「国史・歴史」「史学・史書・史跡」 用例 (名)—をひもとく。《接尾的》日本—。文学—。②ふびと。書き役。「侍史」③さかん。律令制で、太政官・神祇官などの四等官。
**史に三長有り**(しにさんちょうあり) 歴史を書く人には、才と学と識の三つの長所が必要である。

**シ** 5画【司】部首[口] 教育小4 JIS 2742
音シ・ス
司 司 司
①つかさどる。とりあつかう。担当する。管理する。「行司」「司会・司法・司令」②つかさ。つかさどる人。「郡司・上司」「司教・司祭・司書」

**シ** 5画【四】部首[囗] 教育小1 JIS 2745
音シ
訓よ・よつ・よっつ・よん
四 四 四
①よつ。よっつ。よたび。「再三再四」「四角・四季・四球」 用例 (名)—を数える。②よも。まわり。東西南北。前後左右。「一天四海」「四散・四通八達・四方」③野球で、フォアボール。「四死球」

**シ** 5画【市】部首[巾] 教育小2 JIS 2752
音シ
訓いち
市 市 市
①まち。「都市」「市街」 用例 (名)大隠は—にかくる。②いち。いちば。「市価・市況」③地方自治体の一つ。対義 町・村。「市民・市役所」 用例 (名)—に昇格する。—町村。④市の名に添えて用いる。 用例 (接尾)甲府—。

**シ** 5画【矢】部首[矢] 教育小6 →教育小2 JIS 4480



↓行き先項目、図版・写真参照印。 JIS 日本工業規格情報交換用漢字符号コード(区点コード)。

音シ
訓や
矢 矢 矢 矢 矢
や。弓のや。「一矢・嚆矢」

シ 11画 【▼笶】 部首[竹] 異体字 JIS 6793

シ 5画 【示】 部首[示] 教育小5 JIS 2808
4画 【▼ネ】 部首[ネ] 異体字
音ジ・シ・キ・ギ
訓しめす
筆順↓ジ[示]
しめす。みせる。「教示・明示」「示教・示唆」参考 ①すべて、「ジ」とも読む。②俗字や常用漢字の偏では、ネを用いる。↓ジ[示]

シ 6画 【▼弛】 部首[弓] JIS 3548
音シ・チ
ゆるむ。ゆるめる。対義張。「弛緩」

シ 6画 【▽芝】 部首[艹] 常用 JIS 2839
音シ
訓しば
①シバ。イネ科の多年草。しばくさ。庭園などに植えられる。②しば。道ばたや空き地に生える、イネ科の葉の細い植物の総称。③マンネンタケ。サルノコシカケ科のきのこ。ひじりたけ。さいわいたけ。かどでたけ。「霊芝」

シ 6画 【旨】 部首[日] 常用 JIS 2761
音シ
訓むね
①むね。かんがえ。「主旨・趣旨・宗旨・本旨」「旨趣」②うまい。おいしい。味がよい。

シ 6画 【▼朿】 部首[木] JIS 5919
音シ
とげ。のぎ。いら。草木のはり。

シ 6画 【次】 部首[欠] 教育小3 JIS 2801
6画 【▼次】 旧字
音ジ・シ
訓つぐ・つぎ
筆順↓ジ[次]
ついで。順序。「式次第」「次第」↓ジ[次]

シ 6画 【▼此】 部首[止] JIS 2601
音シ
①この。これ。対義彼。「此岸」②かく。このような。

シ 6画 【死】 部首[歹] 教育小3 JIS 2764
音シ
訓しぬ
死 死 死 死 死 死
①しぬ。命がつきる。生気がない。感覚がない。対義生・活。「急死・病死・変死」「死角・死文・死亡」用例(名)―の商人。②ころす。自殺。用例(名)―をたまわる。③命にかかわる危険。「死線・死地・死中」④命がけ。しにものぐるい。一生懸命。「必死」「死守・死闘・死力」⑤野球で、㋐アウト。「二死満塁」㋑デッドボール。「死球」
**死一等を減ずる**(しいっとうをげんずる) 極刑である死罪より一段階減刑して、死罪の次に重い刑に処する。
**死に至る病**(しにいたるやまい) ①必ず死ぬ病気。不治の病。死病。a fatal disease ②絶望。また、絶望的な事柄。despair
**死の商人**(しのしょうにん) 敵味方を問わず、武器を売った商人や製造業者。現代でも、武器を扱う軍需資本家に言う。merchant of death
**死は或いは泰山より重く或いは鴻毛より軽し**(しはあるいはたいざんよりおもくあるいはこうもうよりかろし) 生命は、時には貴重でみだりに捨てるべきではないが、場合によっては惜しまずに捨てるべきである。
**死を視る事、帰するが如し**(しをみること、きするがごとし) 死ぬことを、家に帰ることのように考える。死に臨んで、泰然として恐れないようすである。

シ 6画 【糸】 部首[糸] 教育小1 JIS 2769
12画 【▼絲】 旧字 JIS 6915
音シ・ベキ
訓いと
糸 糸 糸 糸 糸 糸
①いと。「絹糸・製糸・綿糸」②いとを張った楽器。弦楽器。「糸竹」③割合・長さなどの単位。毛の一〇分の一。一の一万分の一。用例(名)四毛五―。参考 糸は「ベキ」で、もとは、絲とは別の字。

シ 6画 【自】 部首[自] 教育小2 JIS 2811
音ジ・シ
訓みずから
筆順↓ジ[自]
おのずから。ひとりでに。おのずと。「自然」↓ジ[自]

シ 6画 【至】 部首[至] 教育小6 JIS 2774
音シ
訓いたる
至 至 至 至 至 至
①いたって。このうえなく。非常に。「至急・至極・至上・至尊・至当」②そうなる。「必至」③いたる。極点にゆきつく。対義自。「夏至・冬至」

シ 7画 【伺】 部首[人・イ] 常用 JIS 2739
音シ
訓うかがう
うかがう。機嫌をうかがう。目上の人の様子をみる。「奉伺」「伺候」

シ 7画 【▼址】 部首[土] JIS 5214
7画 【▼阯】 部首[阝] 異体字 JIS 7987
音シ
①あと。建物などがあったあと。「遺址・旧址・城址」用例(接尾)高松城―。②もとい。いしずえ。基礎。

シ 7画 【▼妛】 部首[女]
7画 【▼妛】 異体字 JIS 5412
音シ
①あなどる。②おろか。③みにくい。

シ 7画 【▼孜】 部首[子] JIS 2758
音シ
つとめる。つとめはげむ。「孜々」

シ 7画 【▼芷】 部首[艹]
音シ
ヨロイグサ。セリ科の多年草。

シ 7画 【志】 部首[心] 教育小5 JIS 2754
音シ
訓こころざす・こころざし
志 志 志 志 志 志
①こころざし。こころざす。「初志・大志」「志学・志願・志望」用例(名)詩は―をいうものなり。②しるし。かいたもの。記録。比較 誌。「三国志・植物志」③志摩国のこと。「志州」

シ 7画 【▼沚】 部首[氵] JIS 6177
音シ
①なぎさ。みぎわ。②洲。なかす。砂洲。

シ 7画 【私】 部首[禾] 教育小6 JIS 2768
音シ
訓わたくし
私 私 私 私 私 私 私
①わたくし。自分。対義公・官。「公私」「私宅・私的・私有・私立」②個人的な利益をかんがえる立場。「公平無私」「私情・私心・私腹・私利私欲」③ひそかに。心のうちに。「私語・私淑」

シ 7画 【▼豕】 部首[豕] JIS 7621
音シ
①いのこ。㋐い。イノシシ。ウシ目に属する哺乳動物。㋑ブタ。イノシシを家畜化した動物。②部首の一つ。いのこへん。

シ 8画 【使】 部首[人・イ] 教育小3 JIS 2740
音シ
訓つかう
使 使 使 使 使 使
①つかう。もちいる。「行使」「使役・使途・使用」②つかい。「急使・正使・大使・天使」「使者・使節」用例《接尾的》遣唐―。③使用者のこと。「労使」

シ 8画 【▼侈】 部首[人・イ] JIS 4844
音シ
おごる。贅沢をする。また、ほしいままにする。「奢侈」

シ 8画 【刺】 部首[刂] 常用 JIS 2741
音シ・セキ
訓さす・ささる
①さす。つきさす。「風刺」「刺客・刺激・刺殺」②とげ。はり。「有刺鉄線」③なふだ。「名刺」用例(名)―を通ずる。
**刺を通ずる**(しをつうずる) 名刺を出す。

シ 8画 【▼呰】 部首[口] JIS 5079
音シ・サ
①そしる。非難する。②きず。欠点。

シ 8画 【姉】 部首[女] 教育小4 →教育小2 JIS 2748
音シ
訓あね
姉 姉 姉 姉 姉 姉
①あね。年齢が上の女のきょうだい。対義妹。「長姉・令姉」「姉妹」②女の敬称。対義士。「諸姉」③婦人の氏名に添える敬称。比較 氏。用例(接尾)K子―。

シ 8画 【始】 部首[女] 教育小3 JIS 2747
音シ
訓はじめる・はじまる
始 始 始 始 始 始
①はじめる。はじまる。対義終。「開始・終始・創始」「始業・始発」②はじめ。もと。対義末。「原始・年始」

シ 8画 【▼茈】 部首[艹]
音シ・サイ
①ムラサキ。ムラサキ科の多年草。むらさきそう。②むらさき色。

シ 8画 【肢】 部首[月] 常用 JIS 2772
音シ
①手足。「下肢・義肢・後肢・四肢・上肢・前肢」「肢体」②わかれた部分。「選択肢・分肢」

シ 8画 【枝】 部首[木] 常用 →教育小5 JIS 2762
音シ・キ
訓えだ
枝 枝 枝 枝 枝 枝
①えだ。え。「幹枝・樹枝」「枝葉」②わかれ。わかれる。「連枝」

シ 8画 【▼泗】 部首[氵] JIS 6189
音シ
①中国の川の名。山東省をながれ、江蘇省で淮水にそそぐ。泗水。「泗上」②はなじる。なみだと一緒にでる液。「涕泗」

シ 8画 【▼祀】 部首[示] JIS 6711
音シ・ジ
まつる。神をまつる。まつり。「合祀・祭祀」

シ 8画 【祉】 部首[ネ] 常用 JIS 2767
9画 【▼祉】 部首[示] 旧字
音シ・チ
さいわい。しあわせ。幸福。「社会福祉」

シ 9画 【▼俟】 部首[人・イ] JIS 4856
音シ
まつ。じっとまつ。期待する。

シ 9画 【▼咨】 部首[口] JIS 5094
音シ
①はかる。とう。といはかる。②なげく。なげき。ああ。「咨嗟」

シ 9画 【▼咫】 部首[口] JIS 5101
音シ
①中国の長さの単位。周代の尺度で、八寸。約一八cm。②みじかい。ちかい。「咫尺」③た。あた。日本の古代の長さの単位。親指と中指をひろげた長さ。

シ 9画 【姿】 部首[女] 教育小6 JIS 2749
9画 【▼姿】 旧字
音シ
訓すがた
姿 姿 姿 姿 姿 姿
すがた。かたち。様子。「英姿・雄姿・容姿」「姿勢」

シ 9画 【▼屍】 部首[尸] JIS 2751
音シ
しかばね。むくろ。死体。「死屍」「屍骸・屍体」

シ 9画 【▼屎】 部首[尸] JIS 5393
音シ・キ

▼常用漢字表外。 ▽常用漢字表の音訓外。

くそ。大便。「屎尿」

**シ** 9画 【▼茨】 部首[艹] JIS 1681
音 シ・ジ
①ふく。屋根をふく。くさぶき。②かや。屋根をふく材料となるイネ科の植物。「茅茨」③いばら。うばら。とげのある低木。

**シ** 9画 【思】 部首[心] 教育小2 JIS 2755
音 **シ**
訓 **おもう**
おもう。おもい。「意思・熟思・相思・沈思」「思案・思考・思索・思想・思潮・思慕」

**シ** 9画 【指】 部首[扌] 教育小3 JIS 2756
音 **シ**
訓 **ゆび・さす**
①ゆび。「屈指・十指・食指」「指紋」②さす。さししめす。さしずする。「指示・指定・指摘・指導・指南・指名・指令」

**シ** 9画 【施】 部首[方] 常用 JIS 2760
音 **シ・セ・イ**
訓 **ほどこす**
おこなう。もうける。「実施」「施行・施策・施政・施設」↓セ【施】

**シ** 9画 【▼枲】 部首[木]
音 シ
カラムシ。イラクサ科の多年草。まお。

**シ** 9画 【▼柹】 部首[木] JIS 1933
9画 【▼柿】 異体字
9画 【▼杮】 異体字
音 シ
カキ。カキノキ科の落葉高木。また、その実。

**シ** 9画 【▼祇】 部首[示]
8画 【▼祇】 部首[ネ] 異体字 JIS 2132
音 キ・ギ・シ
ただ。まさに。まさしく。↓ギ【祇】

**シ** 10画 【師】 部首[巾] 教育小5 JIS 2753
音 **シ**
①先生。おしえ、みちびく人。「恩師・禅師・導師・法師・牧師」「師匠・師弟」用例(名)——と仰ぐ。②それを仕事にする人。「医師・絵師・庭師」用例《接尾的》請負——。薬剤——。講談——。詐欺——。勝負——。③いくさ。軍隊。「王師・出師」④もろもろ。ひとびと。「京師」

**シ** 10画 【▼恣】 部首[心] JIS 5583
音 シ
ほしいまま。ほしいままにふるまう。思いどおりにふるまう。「放恣」「恣意」

**シ** 10画 【脂】 部首[月] 常用 JIS 2773
音 **シ**
訓 **あぶら**
①動物のあぶら。「脱脂」「脂肪」②植物のやに。「樹脂」③べに。くちべに。「脂粉」

**シ** 10画 【▼茲】 部首[玄]
音 シ・ケン・ゲン
①くろい。②この。これ。ここ。

**シ** 10画 【▼疵】 部首[疒] JIS 6551
音 シ
①きず。きずあと。「疵瑕」②欠点。あやまち。③そしる。非難する。

**シ** 10画 【▼眥】 部首[目] JIS 6636
10画 【▼眦】 異体字 JIS 6637
音 シ・セイ・サイ
まなじり。めじり。

**シ** 10画 【▼砥】 部首[石] JIS 3754
音 シ・テイ
①といし。と。刃物をとぐのに用いる、きめのこまかい石。②とぐ。みがく。平らにする。

**シ** 10画 【▼祗】 部首[示] JIS 6713
音 シ
①つつしむ。うやうやしくかしこまる。「祗候」②ただ。まさに。まさしく。

**シ** 10画 【▼祠】 部首[示] JIS 6712
音 シ
①ほこら。やしろ。「淫祠」「祠官・祠堂」②まつる。まつり。

**シ** 10画 【紙】 部首[糸] 教育小2 JIS 2770
7画 【▼帋】 部首[巾] 異体字 JIS 5467
音 **シ**
訓 **かみ**
①かみ。「表紙・用紙・和紙」「紙型・紙幣」②書いてあるかみ。「紙背・紙幅」③新聞。比較 誌。「紙上・紙代・紙面」用例《接尾的》機関——。日刊——。

**シ** 10画 【▼翅】 部首[羽] JIS 7034
音 シ
①つばさ。はね。鳥や昆虫のはね。「展翅」②かける。空をとぶ。③ただ。ただに。それだけ。

**シ** 10画 【▼舐】 部首[舌] JIS 7151
音 シ
なめる。ねぶる。舌の先でなでる。

**シ** 10画 【▼蚩】 部首[虫] JIS 7348
音 シ
①あなどる。ばかにする。②わらう。あざけりわらう。③おろか。愚鈍。

**シ** 10画 【▼衹】 部首[ネ]
音 シ
①きがえ。きがえの衣服。②ぬいめ。布をぬいあわせたところ。③ふき。ふきかえし。衣服の裏地をおりかえし、表地に縁のようにぬいつけた部分。

**シ** 11画 【▼偲】 部首[人・イ] JIS 2837
音 シ・サイ
しのぶ。ひそかに思う。人を思いしたう。

**シ** 11画 【▼匙】 部首[匕] JIS 2692
音 シ・ジ
さじ。スプーン。液体や粉をすくう道具。

**シ** 11画 【▼徙】 部首[彳] JIS 5548
音 シ
うつる。うつす。場所をかえる。

**シ** 11画 【▼莿】 部首[艹]
音 シ
とげ。のぎ。いら。草木のはり。

**シ** 11画 【▼梓】 部首[木] 人名用 JIS 1620
音 シ
①あずさ。木の名。②版木。文字や絵画などをほって、印刷する板。「上梓」
**梓に上す**(しにのぼす) 出版する。上梓する。

**シ** 11画 【▼梔】 部首[木] JIS 5973
音 シ
クチナシ。アカネ科の常緑低木。

**シ** 11画 【▼瓷】 部首[瓦] JIS 6510
音 シ・ジ
①やきもの。せともの。かたくやいた陶器。②かめ。とっくり。

**シ** 11画 【▼畤】 部首[田] JIS 6531
音 シ・ジ
まつりの庭。祭地。神霊をまつるところ。

**シ** 11画 【紫】 部首[糸] 常用 JIS 2771
音 **シ**
訓 **むらさき**
むらさき。むらさき色。「暗紫色・千紫万紅」「紫外線・紫紺・紫檀」

**シ** 11画 【▼耜】 部首[耒] JIS 7051
音 シ
すき。すきの刃。土をほりおこす農具。

**シ** 11画 【視】 部首[見] 教育小6 JIS 2775
12画 【▼視】 旧字
音 **シ**
①みる。「監視・凝視・正視・注視」「視察・視線・視力」②視力。「遠視・近視」③かんがえる。おもう。みなす。「重視・敵視・無視」用例《接尾的》疑問——。有望——。

**シ** 11画 【▼趾】 部首[足] JIS 7670
音 シ
①あし。あしくびから先の部分。「足趾」②あと。㋐あしあと。㋑建物などがあったあと。

**シ** 11画 【▼鈚】 部首[金] JIS 7865
音 シ
ほこ。こぼこ。短いほこ。

**シ** 12画 【▼啻】 部首[口] JIS 5133
音 シ
ただ。ただに。それだけ。

**シ** 12画 【▼廁】 部首[广] JIS 5490
11画 【▼厠】 部首[厂] 異体字 JIS 5046
音 シ・ショク
①かわや。便所。②まじる。まぜる。

**シ** 12画 【▼葹】 部首[艹] JIS 7265
音 シ
オナモミ。キク科の一年草。

**シ** 12画 【▼揣】 部首[扌] JIS 5769
音 スイ・シ
はかる。①おしはかる。推測する。「揣度・揣摩憶測」②高さや長さなどをはかる。

**シ** 12画 【▼斯】 部首[斤] JIS 2759
音 シ
①この。これ。「斯道・斯文」②かく。このような。

**シ** 12画 【▼痣】 部首[疒] JIS 6560
音 シ
あざ。ほくろ。皮膚にできる紫・赤・黒などのまだら・点。

**シ** 12画 【▼竢】 部首[立] JIS 6779
音 シ
まつ。じっとまつ。期待する。

**シ** 12画 【▼粢】 部首[米] JIS 6871
音 シ・セイ
①キビ。イネ科の一年草。②しとぎ。神前にそなえる餅。

**シ** 12画 【▼覗】 部首[見] JIS 3933
音 シ
うかがう。のぞく。こっそりみる。

**シ** 12画 【▼觜】 部首[角] JIS 7525
音 シ・スイ
①くちばし。はし。鳥などの口先。②とろき。星の名。二十八宿の一つ。

**シ** 12画 【▼訾】 部首[言]
音 シ
①そしる。非難する。②きず。欠点。③はかる。とう。といはかる。

**シ** 12画 【詞】 部首[言] 教育小6 JIS 2776
音 **シ・ジ**
①ことば。詩文。文章。「歌詞・祝詞・誓詞」「詞章」②中国の韻文の一形式。唐代に成立し、宋代にさかんになった。一定の楽曲につけた歌詞。曲子詞。詩余。③品詞。「動詞・名詞」④対義 辞。㋐橋本文法で、それだけで文節をつくることのできる語。自立語。㋑時枝文法で、客体的な事柄を表す語。

**シ** 12画 【▼貲】 部首[貝] JIS 7639
音 シ
①もとで。財産。「貲産」②おかねをだして、罪をあがなう。身のしろ金。罰金。

**シ** 12画 【歯】 部首[歯] 教育小3 JIS 2785
15画 【▼齒】 部首[齒] 旧字 JIS 8379
音 **シ**
訓 **は**
①は。きば。「義歯・犬歯・乳歯・抜歯・門歯」「歯牙」用例《接尾的》永久——。②とし。よわい。年齢。「年歯」
**歯を没す**(しをぼっす) 命が尽きる。死ぬ。

**シ** 13画 【▼嗜】 部首[口] JIS 5147
音 シ

①たしなむ。このんで、したしむ。「嗜好・嗜好品・嗜眠」②たしなみ。こころえ。つつしみ。

シ 13画【嗣】部首[口] 常用 JIS 2744
音シ
つぐ。つづける。あとつぎ。よつぎ。「継嗣・後嗣・嫡嗣」「嗣君・嗣子」

シ 13画【▼嗤】部首[口] JIS 5148
音シ
わらう。あざけりわらう。また、あざわらい。「嗤笑」

シ 13画【▼塒】部首[土] JIS 5245
音シ・ジ
ねぐら。とや。鶏舎。鳥のねる場所。

シ 13画【寘】部首[宀]
音シ
おく。とどめる。とめおく。

シ 13画【▼蓍】部首[艹] JIS 7273
音シ
①メドハギ。マメ科の多年草。②めどぎ。占いに用いる筮竹。もと、メドハギの茎でつくった。

シ 13画【▼滓】部首[氵] JIS 6272
音シ・サイ
かす。おり。液体中に沈んだもの。「鉱滓・残滓」

シ 13画【▼獅】部首[犭] JIS 2766
音シ
ライオン。ネコ科の哺乳動物。しし。からしし。「獅子・獅子吼・獅子奮迅」

シ 13画【▼肆】部首[聿] JIS 7072
音シ
①つらねる。ならべる。②みせ。品物をならべるみせ。「書肆」③ほしいまま。ほしいままにふるまう。「放肆」④証書などで、四の代わりに用いる文字。「肆万円也」

シ 13画【試】部首[言] 教育小4 JIS 2778
音シ
訓こころみる・ためす
試 試 試 試 試 試
①こころみる。やってみる。ためす。「試験・試食・試練」用例《接頭的》—運転。②試験のこと。「考試・入試」用例(名)—に応ずる。

シ 13画【詩】部首[言] 教育小3 JIS 2777
音シ
詩 詩 詩 詩 詩 詩
①うた。心の感動や想像などを一種のリズムをもった形式で、ことばや文字に表現したもの。文芸様式の一つ。対義散文・小説。「漢詩・劇詩・叙事詩・叙情詩」「詩歌・詩人」用例(名)—は情調の表現である。数え方一編。②文学。用例(名)古代中国の—は志をいうの意で、現代の文学のことにほかならない。③リズムと美の感覚。ポエジー。「詩的精神」用例(名)—を—たらしめるものは—的精神なのであって、必ずしもその形式にはよらない。④五経の一つ。中国古代の詩を孔子が選定したという書。『詩経』。
**詩に別才有り**(しにべっさいあり) 詩の上手下手は、学問や知識の深浅によるのではなく、別種の才能によることが多い。
**詩を作るより田を作れ**(しをつくるよりたをつくれ) 詩を作って風流に身を任せるよりも、実生活に役立つことに従事したほうが、人生にとって利があるということ。
**詩を祭る**(しをまつる)《唐の詩人、賈島が、その年に作った自分の詩に酒と肴を供えて祭ったという故事から》平生の詩作の労を慰めることに言う。

シ 13画【資】部首[貝] 教育小5 JIS 2781　13画【▼資】旧字
音シ
資 資 資 資 資 資
①もとで。財産。「出資・投資」「資金・資本」用例(名)—を投ずる。②材料。原料。「物資」「資源・資料」用例(名)参考の—とする。③費用をまかなうお金。「学資」用例(名)米塩の—。④うまれつき。たち。「英資・天資」「資質・資性」用例(名)果断の—の持ち主。⑤資本家のこと。「労資」

シ 13画【雌】部首[隹] 常用 JIS 2783
音シ
訓め・めす
①めす。め。対義雄。「雌蕊・雌雄」②よわい。おとる。「雌伏」

シ 13画【飼】部首[食] 常用 →教育小5 JIS 2784　14画【▼飼】旧字
音シ・ジ
訓かう
飼 飼 飼 飼 飼 飼
動物をかう。やしなう。世話をする。「飼育・飼養・飼料」

シ 14画【▼屣】部首[尸]
音シ
底のたいらになっているはきもの。くつ。草履。わらじ。

シ 14画【▽漬】部首[氵] 常用 JIS 3650
音シ
訓つける・つかる
①つける。ひたす。水や染料にひたす。②つかる。ひたる。③つけものをする。つけもの。

シ 14画【▼緇】部首[糸] JIS 6930
音シ
①くろい。くろ。黒い色。「緇衣」②僧。僧侶。

シ 14画【誌】部首[言] 教育小6 JIS 2779
音シ
誌 誌 誌 誌 誌 誌
①しるし。かいたもの。記録。比較志。「地誌・日誌」②雑誌のこと。比較紙。「誌代」用例《接尾的》機関—。月刊—。

シ 15画【▼嘴】部首[口] JIS 5160
音シ
①くちばし。はし。鳥などの口先。②とがって突きでたところ。「砂嘴」

シ 15画【▼幟】部首[巾] JIS 5480
音シ
のぼり。はたじるし。目じるしにたてるはた。「旗幟」

シ 15画【▼廝】部首[广] JIS 5503　14画【▼厮】異体字 部首[厂] JIS 5049
音シ
しもべ。雑用をする小者。召し使い。

シ 15画【▼摯】部首[手] JIS 5785
音シ
①とる。つかむ。手にとる。②いたる。気持ちがとどく。また、てあつい。まじめ。「真摯」

シ 15画【▼撕】部首[扌] JIS 5789
音セイ・シ
さく。ひきさく。ばらばらにやぶる。

シ 15画【▼澌】部首[氵]
音シ
①つきる。なくなる。ほろびる。②ちる。ちりぢりになる。

シ 15画【賜】部首[貝] 常用 JIS 2782
音シ
訓たまわる
たまわる。たまう。くださる。たまもの。「恩賜・下賜」「賜暇・賜金」

シ 15画【▼輜】部首[車] JIS 7747　16画【▼輺】異体字
音シ
①ほろぐるま。うしろが幌でおおってある車。②にぐるま。荷物や兵糧をはこぶ車。「輜重」

シ 15画【▼駛】部首[馬] JIS 8143
音シ
①はやい。すみやか。②はせる。馬や車をはしらせる。

シ 15画【▼駟】部首[馬] JIS 8142
音シ
四頭だての馬車。また、それをひく四頭の馬。「駟馬」
**駟の隙を過ぐるが如し**(しのげきをすぐるがごとし)《壁にあいた、幅のせまいすき間から、馬車が走って横ぎって行くのを見るようなものである、の意》あっという間に過ぎ去ってしまう。月日のたつのがはやいことにいう。
**駟も舌に及ばず**(しもしたにおよばず) 一度しゃべったことは、たちまち世間に広まるたとえ。失言は取り返しがつかないこと。Words have wings and cannot be recalled.

シ 15画【▼髭】部首[髟] JIS 4106　17画【▼頾】異体字 部首[頁]
音シ
ひげ。口ひげ。鼻の下のひげ。

シ 15画【▼鰤】部首[魚]
音シ
カマス。スズキ目に属する海水魚。

シ 15画【▼鳷】部首[鳥]
音シ
「鳷鵲」は、①中国の西方にいて、人のことばがわかるという大鳥。②ルリカケス。カラス科の鳥で、カケスの近縁種。

シ 16画【▼熾】部首[火] JIS 6385
音シ
①さかん。火の勢いがさかん。「熾烈」②さかんにもやす。火の勢いをさかんにする。

シ 16画【▼篩】部首[竹] JIS 6833　25画【▼籭】異体字
音シ・サイ
①ふるい。細かいものが網目から落ちるようにつくった道具。②ふるう。ふるいにかけてよりわける。

シ 16画【▼縒】部首[糸] JIS 6951
音シ
①よる。糸をねじって交え合わせる。②より。よったもの。

シ 16画【▼諡】部首[言] JIS 7575　17画【▼謚】異体字 JIS 7574
音シ
おくりな。死者の生前の行いを褒めたたえてつけるよび名。「諡号」

シ 16画【諮】部首[言] 常用 JIS 2780　16画【▼諮】旧字
音シ
訓はかる
はかる。とう。下の者にといはかる。「諮議・諮問」

シ 16画【▼錙】部首[金] JIS 7901
音シ
①中国古代の重さの単位。六銖で一錙とする。一錙は、約四g。②わずか。わずかなもの。

シ 16画【▼鴟】部首[鳥] JIS 8286　17画【▼鵄】異体字 JIS 8287
音シ
①トビ。ワシタカ科の鳥。とんび。「金鵄勲章」②フクロウ。フクロウ目に属する鳥。みみずく。③「鴟尾」は、宮殿・仏殿などの棟の両端にとりつける飾り。

シ 17画【▼簁】部首[竹]
音シ
①ふるい。細かいものが網目から落ちるようにつくった道具。②ふるう。ふるいにかけてよりわける。

シ 17画【▼鮨】部首[魚] JIS 8231
音シ・キ
①うおびしお。魚のしおから。②しび。マグロの大きなもの。しびまぐろ。③すし。㋐酢漬けにした魚。㋑にぎりずし・ちらしずし・おしずしなどの総称。鮓。寿司。

シ 17画【▼鴲】部首[鳥]
音シ
シメ。アトリ科の鳥。

シ 18画【▼贄】部首[貝] JIS 7651
音シ
にえ。みやげもの。君主や師にはじめて面会するときに贈る挨拶の礼物。

シ 19画【▼鯔】部首[魚] JIS 8243

**シ** 20画 【鯔】 部首[魚]
音 シ
①ボラ。ボラ目に属する海水魚。②いな。ボラの幼魚。

**シ** 20画 【▼鷙】 部首[鳥]　20画 【▼鵄】 異体字
音 シ・ジ
ウ。ペリカン目に属する鳥。しまつどり。

**シ** 21画 【▼鰤】 部首[魚] JIS 8262
音 シ
ブリ。アジ科の海水魚。

**シ** 22画 【▼鷙】 部首[鳥] JIS 8325
音 シ
①あらどり。猛鳥。他の小鳥や獣をとらえるあらあらしいとり。「鷙鳥」②あらい。あらあらしい。たけだけしい。

**シ** 26画 【▼釃】 部首[酉]
音 シ・リ
したむ。液をたらす。酒をこす。酒をしぼる。

**し**
㊀(接助)《終止形に付く》①事柄を列挙して示す。用例 復習もした—予習もした—、遊びに行こう。②一つの事柄をあげて、理由として示す。用例 雨でもある—、休むことにした。③《助動詞「まい」に付けて》軽蔑する理由を表す。用例 子どもではあるまい—、自分でしなさい。④控え目に言う気持ちを表す。用例 彼がそんなことを言うはずがない—。㊁古語(副助)《種々の語に付く》強意を表す。用例 から衣きつつなれにしつま—あれば(伊勢・九)。参考「しも・しぞ」などの形で用いられることも多い。

**じ**【じ・ジ】↓し【し・シ】

**ジ** 5画 【仕】 部首[人・亻] 教育小3 JIS 2737
音 シ・ジ
訓 つかえる
筆順 ↓シ[仕]
つかえる。人の用事をする。「給仕」↓シ[仕]

**ジ** 5画 【示】 部首[示] 教育小5 JIS 2808　4画 【▼ネ】 部首[ネ] 異体字
音 ジ・シ・キ・ギ
訓 しめす
①しめす。みせる。「暗示・教示・掲示・指示・展示・表示」「示威」②はなしあい。「示談」↓シ[示]

**ジ** 6画 【地】 部首[土] 教育小2 JIS 3547
音 チ・ジ
筆順 ↓チ[地]
①つち。のびひろがる、つちの上。「田地」「地所・地代・地盤・地面」②うまれつき。たち。もちまえ。「生地・素地」「地声」用例(名)—が出る。③きれ。織物の材料や性質。「絹地・切れ地・布地」用例(名)—のあらい織物。④小説などで、作者の説明の文。対義 会話・ことば。用例(名)—の文。⑤地紙のこと。⑥いなか。そのところ。「地酒・地回り」用例《接頭的》—玉子。⑦碁石でかこんだ領分。⑧事実。実際。用例(名)—で行く。⑨しろうと。用例(名)—の女。⑩日本の伝統音楽では、基本または土台の意で用いる。㋐能楽で、地謡。㋑浄瑠璃で、地合い。㋒三味線で、地調子。㋓日本舞踊で、伴奏音楽。↓チ[地]
**地で行く** そのままを実際にやる。live a story itself 用例 浦島太郎を—。
**地を打った** 《地面は、誰が打ってもはずれることがないところから》ありきたりの。平凡な。

**ジ** 6画 【字】 部首[子] 教育小1 JIS 2790
音 ジ
訓 あざ
①言葉や音を表す記号。もんじ。もじ。筆跡。「活字・漢字・誤字・数字・脱字・文字」「字句・字体」用例(名)書きにくい—だ。きれいな—だ。②漢字のこと。「字音・字画・字訓・字典」用例(名)一—一語。③あざな。④あざ。
**字が差す** 連歌や俳諧で、用字が前の句と差し合い(=同字・同類の語などが、規定以上に近づくこと)になることを言う。
**字を留む** 紙を文字の上に敷いて、書き写す。敷き写しにする。

**ジ** 6画 【寺】 部首[寸] 教育小2 JIS 2791
音 ジ・シ
訓 てら
①てら。対義 社。「国分寺・社寺・廃寺」「寺院・寺社」②てらの名の下に付けて用いる。用例(接尾)天竜—。③役所。官庁。「鴻臚寺」

**ジ** 6画 【次】 部首[欠] 教育小3 JIS 2801　6画 【▼次】 旧字
音 ジ・シ
訓 つぐ・つぎ
①つぎ。二番め。つぐ。「次官・次席・次長・次男・次なん」用例《接頭的》—年度。②ついで。順序。「今次・式次・順次・席次」③段階・回数を表すのに用いる。用例(助数)第二—世界大戦。↓シ[次]

**ジ** 6画 【▼而】 部首[而] JIS 2809
音 ジ・ニ
①しこうして。そうして。…て。…にして。「而立」②しかれども。しかしながら。③すなわち。そこで。④なんじ。おまえ。

**ジ** 6画 【耳】 部首[耳] 教育小1 JIS 2810
音 ジ・ニ・ジョウ
訓 みみ
①みみ。五官の一つ。また、みみ形のもの。つまみ。「外耳・牛耳・中耳炎・内耳」「耳鼻科・耳目」②のみ。ばかり。それだけ。

**ジ** 6画 【自】 部首[自] 教育小2 JIS 2811
音 ジ・シ
訓 みずから
①おのれ。わたくし。対義 他。「各自・独自」「自意識・自我・自己・自身・自体・自分」②みずから。おのれひとりで。「自衛・自覚・自活・自習・自宅」③おのずから。ひとりでに。おのずと。「自明」④…から。…より。対義 至。「自今」⑤おもいのまま。「自在」↓シ[自]

**ジ** 7画 【似】 部首[人・亻] 教育小5 JIS 2787
音 ジ・シ
訓 にる
にる。にせる。「疑似・近似・酷似・相似・類似」

**ジ** 7画 【児】 部首[儿] 教育小5 →教育小4 JIS 2789　8画 【▼兒】 旧字 JIS 4927
音 ジ・ニ・ゲイ
①こ。こども。おさなご。「愛児・育児・幼児」「児童」用例《接尾的》優良—。虚弱—。②ひと。青年。「寵児」用例《接尾的》幸運—。熱血—。↓ニ[児]

**ジ** 8画 【事】 部首[亅] 教育小3 JIS 2786　7画 【▼亊】 異体字 JIS 4815
音 ジ・ズ・シ
訓 こと
①こと。ことがら。しごと。「家事・関心事・記事・行事・万事・用事」「事業・事件・事実・事情・事態・事物」②そのことにあたる人。「幹事・刑事・検事・主事・判事」③つかえる。「兄事・師事・臣事」↓ズ[事]

**ジ** 8画 【侍】 部首[人・亻] 常用 JIS 2788
音 ジ・シ
訓 さむらい
①そばにいて、用をつとめること・人。おつき。また、はべる。さぶろう。つかえる。「近侍・奉侍」「侍医・侍従」②さむらい。武士。

**ジ** 8画 【▼刵】 部首[刂]
音 ジ
みみきる。みみきり。耳をきりとる刑罰。

**ジ** 8画 【▼姒】 部首[女]
音 シ・ジ
①あね。年齢が上の女のきょうだい。②あによめ。兄の妻。

**ジ** 8画 【▼峙】 部首[山] JIS 5414
音 ジ・チ
中国の山の名。

**ジ** 8画 【▼怩】 部首[忄] JIS 5566
音 ジ
はじる。はじらう。「忸怩」

**ジ** 8画 【治】 部首[氵] 教育小4 JIS 2803
音 ジ・チ
訓 おさめる・おさまる・なおる・なおす
①おさめる。まつりごと。「政治」②病気をなおす。なおる。「根治・療治」↓チ[治]

**ジ** 9画 【▼咡】 部首[口]
音 ジ
①くちもと。くちさき。②ささやく。ひそひそはなす。

**ジ** 9画 【▼峙】 部首[山] JIS 5421
音 ジ
そばだつ。そびえる。「対峙」

**ジ** 9画 【▼茲】 部首[艹] JIS 7204
音 シ・ジ
①しげる。草木がはびこる。②ますます。いよいよ。③ここ。ここに。

**ジ** 9画 【▼恃】 部首[忄] JIS 5584
音 シ・ジ
たのむ。たよりにする。「矜恃」

**ジ** 9画 【持】 部首[扌] 教育小3 JIS 2793
音 ジ・チ
訓 もつ
①もつ。たもつ。「維持・堅持・支持・保持」「持参」②ひきわけ。もち。「持碁」用例(名)対局は—になりそうだ。

**ジ** 10画 【除】 部首[阝] 教育小5 →教育小6 JIS 2992
音 ジョ・ジ・チョ
訓 のぞく
筆順 ↓ジョ[除]
①とりのぞく。はらう。「掃除」②官職に任ずる。「除目」↓ジョ[除]

**ジ** 10画 【時】 部首[日] 教育小2 JIS 2794
音 ジ・シ
訓 とき
①とき。「一時・瞬時・常時・同時・不時着」「時間・時期・時刻・時節」用例《接尾的》空腹—。②一時間。一時間あたり。「毎時」「時速」用例《接尾的》キロワット—。③時刻を示すのに用いる。用例(助数)三—。④そのときの。いまの。「時価・時評・時流」⑤丁度よいとき。「適時」「時雨・時宜」

**ジ** 10画 【▼珥】 部首[王] JIS 6466
音 ジ
みみだま。耳にかざる玉。耳飾り。

**ジ** 11画 【▼痔】 部首[疒] JIS 2806
音 ジ
肛門のできもの・病気。「痔核・痔疾・痔瘻」

**ジ** 12画 【▼孳】 部首[子] JIS 5358
音 シ・ジ
①うむ。こどもをうむ。②しげる。ふえる。そだてる。

**ジ** 12画 【滋】 部首[氵] 常用 JIS 2802　12画 【▼滋】 旧字
音 ジ・シ
①おいしい。味がよい。「滋味」②しげる。ふえる。そだてる。「滋雨」③うるおす。やしないになる。「滋養」

**ジ** 13画 【▼蒔】 部首[艹] JIS 2812
音 シ・ジ
①うえる。移植する。②まく。㋐種をまく。㋑まき絵をする。金・銀粉などを漆にまく。

**ジ** 13画 【慈】 部首[心] 常用 JIS 2792　13画 【▼慈】 旧字
音 ジ
訓 いつくしむ

いつくしむ。いつくしみ。めぐみ。対義 厳。「仁慈・大慈大悲」「慈愛・慈雨・慈善・慈悲・慈母」

**ジ** 13画 【辞】 部首[辛] 教育小4 JIS 2813
音 ジ・シ
訓 やめる
19画 【▼辭】 旧字 JIS 7770

①ことば。単語。文章。「訓辞・賛辞・祝辞」「辞書」用例 (名)開会の―。②ことわる。やめる。いとまごいする。「固辞」「辞去・辞世・辞退・辞任・辞表」③中国の韻文体の一つ。賦のうちで叙情的なもの。前漢時代に流行。『楚辞』『秋風辞』『帰去来辞』。④対義 詞。㋐橋本文法で、単独で文節をつくれない単語。付属語。㋑時枝文法で、話し手の立場で、その判断の形式、意志・感情などを直接に表す単語。助詞・助動詞・感動詞・接続詞および陳述の副詞。

**辞を低うする**(じをひくうする) へりくだった言い方をする。丁寧なことばをつかう。

**ジ** 14画 【▼爾】 部首[爻] 人名用 JIS 2804
音 ジ・ニ
5画 【▼尓】 部首[小] 異体字 JIS 5385

①なんじ。おまえ。「爾汝」②その。それ。この。「爾後・爾今・爾余・爾来」③しかり。そのとおり。④下に添えて状態を示すのに用いる。「莞爾・卒爾・率爾・聊爾」

**ジ** 14画 【磁】 部首[石] 教育小6 JIS 2807
音 ジ・シ
14画 【▼磁】 旧字

①じしゃく。鉄片をすいつけたり、南北をさす性質のある物体。「磁気・磁石・磁性」②やきもの。せともの。かたくやいた陶器。「青磁」「磁器」

**ジ** 15画 【▼餌】 部首[食]
音 ジ
14画 【▼餌】 異体字 JIS 1734

①たべもの。「薬餌」②えさ。え。「好餌」

**ジ** 16画 【▼膩】 部首[月] JIS 7123
音 ジ・ニ

①あぶら。脂肪。②あぶらぎる。ふとる。こえる。

**ジ** 16画 【▼樲】 部首[木]
音 ジ

サネブトナツメ。クロウメモドキ科の落葉小高木。さねぶと。からなつめ。

**ジ** 17画 【▼鮞】 部首[魚]
音 ジ・ジク

はららご。はらこ。魚の卵のかたまり。

**ジ** 18画 【▼邇】 部首[辶] JIS 7778
音 ジ・ニ
8画 【▼迩】 部首[辶] 異体字 JIS 3886

ちかい。ちかいところ。ちかづく。

**ジ** 19画 【璽】 部首[玉] 常用 JIS 2805
音 ジ・シ

①しるし。印。「印璽・御璽・国璽」②八尺瓊曲玉のこと。「剣璽」

**ジ** 21画 【▼轜】 部首[車] JIS 7763
音 ジ
13画 【▼輀】 異体字

ひつぎをのせる車。霊柩車。「霊轜」「轜車」

**ジ** 21画 【▼鰣】 部首[魚]
音 シ・ジ

①ヒラ。ニシン科の海水魚。②ハス。コイ科の淡水魚。③エソ。ハダカイワシ目に属する海水魚。

**じ【▽柱】** 弦楽器の部品名。弦を支えたり、動かして弦の長さを調節し、音を胴体に伝える。bridge 用例 琴―。

**じ【路】**(接尾)①そのほうへ行く道。街道。用例 奥州―。木曽―。②その方面。くに。用例 越―。③その日数で行ける行程。用例 五日―。④年齢を表す。用例 よわい七十―。

**じ** 古語 (助動 特殊型)《用言の未然形に付く》比較 まじ。①打ち消しの推量を表す。…ないだろう。用例 我を除きて人は在ら―と誇ろへど(万葉・五・八九二)。②打ち消しの意志を表す。…ないようにしよう。…まい。用例 京にはあら―、あづまのかたに住むべき国求めにとて行きけり(伊勢・九)。

**ジ[di]**《接頭的》ギリシア語で、二の意。用例 ―メチルエーテル。

**シアーサッカー[seersucker]** 表面に波状の凹凸のある、木綿・レーヨン・リンネルなどの織物。本来はインド産の薄麻布を言い、縦糸を縮ませる織り方で凹凸をだしたもの。単にサッカーとよぶことが多い。

**シアーズ-ローバック[Sears, Roebuck and Company]** アメリカ最大手の小売・通信販売企業。一九〇六年設立。

**し-あい【試合・仕合】**(名・サ変自) スポーツ競技や武術などで、勝負を争うこと。マッチ。ゲーム。コンテスト。game; contest 数え方 一勝負・一戦・一試合・一回・一本。

**じ-あい【地合(い)】** ①布の地質や品質。生地。織り地。texture ②義太夫節で、詞に対して地の部分。③囲碁で、対局の途中の、石の布置のつり合い。captured territory ④株式や商品取引で、人気・気配などから見た相場の状態。

**じ-あい【自愛】**(名・サ変自) ①自分の身をたいせつにすること。take care of oneself ②自分の言行を慎むこと。自重。prudence ③自分の利益をはかること。利己。selfishness

**じ-あい【慈愛】** いつくしみ愛すること。affection

**じあえんそさん-ナトリウム【次亜塩素酸ナトリウム】** 化学式NaClO 強い酸化作用をもち、無水物は不安定。漂白剤・殺菌消毒剤・酸化剤などに利用。sodium hypochlorite

**し-あがり【仕上がり】** できあがること。また、仕事の結果。できばえ。finish

**し-あが・る【仕上がる】**(五自) 仕事ができあがる。完成する。be finished 用例 ―・ってみると悪くない。

**し-あ・ぐ【仕上ぐ】** 古語 (下二他)↓しあげる(仕上げる)

**し-あくしゅ【四悪趣】**《仏教語》悪業の報いとして死後に行く四つの世界。地獄・餓鬼・畜生・修羅。

**しあく-しょとう【▽塩▽飽諸島】**↓しわくしょとう(塩飽諸島)

**し-あげ【仕上げ】** ①仕上げること。完成。completion ②できあがった結果。finish ③仕事の最後の手入れ・段階。finishing touch

**じ-あげ【地上げ】** ①土を盛って土地を高くすること。盛り土。②細分化されている土地を所有権者から先行取得し、あとで借地権者を立ちのかせて、広い土地にまとめること。

**しあげ-こう【仕上(げ)工】** 仕上げの工程に従事する工員。finisher

**しあげ-しろ【仕上(げ)代】** 機械部品などで、仕上げの段階で削られる部分を見込んで、仕上げ寸法より大きくとってある部分。finishing stock

**し-あ・げる【仕上げる】**(下一他) 仕事をしとげる。完成させる。finish

**し-あごんきょう【四▼阿▽含経】** 漢訳の四つの阿含経の総称。長阿含経・中阿含経・増一阿含経・雑阿含経。

**し-あさって【▽明▽明▽後▽日】** あさっての次の日。three days hence 比較 やのあさって。

**ジアスターゼ[diastase]** ①アミラーゼの俗称。動植物界に広く分布するでんぷん分解酵素。でんぷんやグリコーゲンなどを麦芽糖とデキストリンにかえる。②①を含む消化剤。

**ジアセチルモルヒネ[diacetylmorphine]** ヘロインの化学名。

**ジアゼパム[diazepam]** 精神安定剤。緩和な精神安定作用・筋弛緩作用などがある。商標名、ホリゾン・セルシンなど。

**ジアゾ-か【ジアゾ化】** ジアゾニウム塩を合成する反応。希酸性溶液中で芳香族第一アミンと亜硝酸ナトリウムを反応させる。アゾ染料の製造に利用。diazotization

**ジアゾ-かごうぶつ【ジアゾ化合物】** ジアゾ基 $-N=N-$ をもつ化合物。芳香族アミンから誘導されるジアゾニウム塩を含めていうこともある。爆発性をもつものが多い。diazo compound

**ジアゾニウム-えん【ジアゾニウム塩】** ジアゾニウムイオン $[Ar-N\equiv N]^+$ (Arは芳香族炭化水素基)と酸の陰イオンとからなる塩。ジアゾ化合物の合成などの中間体。diazonium salt

**ジアゾ-はんのう【ジアゾ反応】** ジアゾニウム塩を用いる反応の総称。分解によるフェノールの生成、カップリングによるアゾ染料の生成など。diazo reaction

**シアター[theater]** 劇場。

**シアター-ギルド[Theatre Guild]** アメリカの、非商業主義演劇をプロデュースする趣旨で発足した団体。『ポギーとベス』『オクラホマ』などの上演によって、ミュージカルにも大きく貢献。一九一八年創立。

**じ-あたま【地頭】** かつらなどを用いていないそのままの頭。地髪。

**し-あつ【指圧】**(名・サ変他) ①指先でヒトの体表面を押すこと。血液の循環をよくする目的で行う。pointillage ②「指圧療法」の略。

**じ-あつ【地厚】**(名・形動) 織物などの生地の厚いこと・さま。対義 地薄。

**しあつ-りょうほう【指圧療法】** 体表面のつぼを指で圧迫して血行をよくする治療法。日本で発展した民間療法の一つ。指圧。finger-pressure therapy

**シアトー[SEATO]**《Southeast Asia Treaty Organization の略》東南アジア条約機構。東南アジア・西南太平洋地域の反共軍事同盟組織。一九五四年アメリカの提唱により結成。七七年解散。セアトー。

**シアトリカリズム[theatricalism]** 近代のリアリズム演劇の文学性偏重を否定して、舞台造型などで劇場芸術としての本質を強調するクレーグらの演劇上の立場。「演劇の再演劇化」ともいわれた。

**シアトリカル-ダンス[theatrical dance]** 観客を対象に舞台で演じられる舞踊の総称。劇場舞踊・舞台舞踊。

**シアトル[Seattle]** アメリカ北西部、ワシントン州にある商工業都市。太平洋岸にあり貿易港として発展。鉄道・航空など交通上の要地。航空機生産で知られるボーイング社の大工場がある。人口四九・四万(一九八〇)。

**シアヌーク[Norodom Sihanouk]**(一九二二― ) カンボジアの政治家。一九四一年王位につき四九年独立を達成。六〇年国家元首となるが、七〇年ロン=ノルのクーデターで解任。中国に亡命してロン=ノル政権への抵抗を宣伝、民族連合政府を樹立。七九年ヘン=サムリン政権成立後は国外から反ベトナム闘争を展開、八二年民主カンボジア連合政府の成立にともない大統領に就任。

**じ-あまり【字余り】** 和歌・俳句などで、ある句の音節の数が定められたものよりも多いこと。五音節であるはずの句が六、七音節になるなど。

**じ-あめ【地雨】** 比較的長時間一定の強さで降り続く雨。低気圧にともなう温暖前線によってできた雲などによる。

**じあ-りんさん【次亜▼燐酸】**↓ホスフィンさん(ホスフィン酸)

**シアル[sial]** 大陸地殻の上層部を構成している物質の総称。珪素(Si)とアルミニウム(Al)に富むことからの名。海底地殻にシアルはない。対義 シマ。

**し-あわせ【幸せ・仕合(わ)せ】** 一 (名) 運。回り合わせ。luck 二 (名・形動) 幸福。幸運。happiness 対義 不幸せ。用例 ―な家庭を築く。

**しあわせ-と【幸せと】**(副) さいわいにも。幸福なことに。fortunately

**し-あん【私案】** 一個人の考えや案。わたくしの考え。one's private plan 用例 これは―にすぎない。

**し-あん【思案】**(名・サ変自他) ①考えること。くふう。thinking 比較 思考。用例 ここが―のしどころ。②心配。worry

**思案投げ首**(しあんなげくび) 考えあぐねるさま。at one's wit's end

**思案に余る**(しあんにあまる) よい考えが浮かばない。be at a loss

**思案に落ちない**(しあんにおちない) どうも理解できない。合点がゆかない。腑に落ちない。

**思案に暮れる**(しあんにくれる) どうしようかと迷って、考えがまとまらない。be lost in thought

**思案に沈む**(しあんにしずむ) 深く考えこむ。think over

**思案に尽きる**(しあんにつきる) よい考えが浮かばず、どうしてよいかわからなくなる。思案に余る。be at one's wit's end

**思案を回らす**(しあんをめぐらす) あれこれと策をねる。いろいろな考え方を試みる。考えをめぐらす。思案を働かせる。think hard

**し-あん【試案】** ためしに作った案。tentative plan 対義 成案。

**シアン[cyaan]** ①青酸カリなどシアン化物の通称。cyanide ②化学式 $(CN)_2$ 特異臭のある無色の気体。可燃性があり、猛毒。ジシアン。青素。シアノーゲン。cyanogen ③一価のシアン基 $-C\equiv N$ のこと。

▼常用漢字表外。 ▽常用漢字表の音訓外。

**シアン【cyan】** 緑がかった鮮やかな青色。印刷インキなどに用いる三原色の一つ。シアンブルー。

**じあん【治安】** 平安中期の年号。寛仁から改元。元年(一〇二一)二月二日～四年(一〇二四)七月一三日。次に、万寿に改元。

**シアンか-カリウム【シアン化カリウム】** 化学式KCN 潮解性をもつ無色の結晶。猛毒。めっき・有機合成・分析試薬に用いる。青酸カリ。potassium cyanide

**シアンか-ぎん【シアン化銀】** 化学式AgCN 白色ないし灰色で無臭の粉末。三二〇℃以上に熱するとジシアンを出して分解する。日光で暗変する。有毒。銀めっきに利用。silver cyanide

**シアンか-すいぎん【シアン化水銀】** 化学式$Hg(CN)_2$ 無色の結晶で、熱すると三二〇℃でジシアンを発生して分解する。猛毒。医薬およびジシアン製造に用いる。mercury cyanide

**シアンか-すいそ【シアン化水素】** 化学式HCN 沸点二五・七℃の無色の液体。特異臭をもち、猛毒。アクリル樹脂の合成、殺虫剤に利用。水溶液はシアン化水素酸。hydrogen cyanide

**シアンか-ナトリウム【シアン化ナトリウム】** 化学式NaCN 潮解性をもつ無色の結晶。猛毒。鋼の焼き入れ・金銀の冶金・めっき・メタクリル樹脂の製造などに利用。青酸ソーダ。sodium cyanide

**シアンか-ぶつ【シアン化物】** 原子団－CNをもつ化合物の総称。通常、シアン化水素の塩をさす。アルカリ金属・アルカリ土類金属の塩は水に溶け、塩基性を示す。他の金属塩は共有結合性が強く、水に溶けにくい。cyanide

**シアンか-ほう【シアン化法】** ↓せいかほう(青化法)

**シイ** 12画 **【▼弑】** 部首[弋] JIS 5522

音 シ・シイ

ころす。臣下が主君をころす。子が親をころす。「弑逆」

**しい【▼椎】** ブナ科の常緑高木。高さ二五m以上。暖地にはえ、栽植もされる。葉は楕円形で裏面は帯褐色。六月ごろ開花。果実は食用。材は建築・薪炭材・シイタケの原木など。↓写

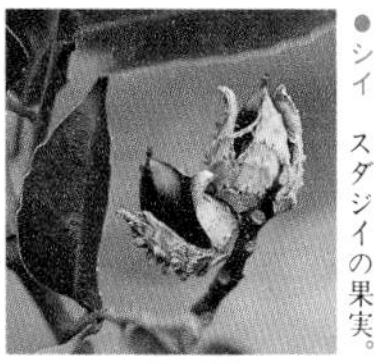

●シイ スダジイの果実。

**し-い【四▼夷】** 中国周辺の異民族。中華思想に基づく語。東夷・西戎・南蛮・北狄。

**し-い【四囲】** ①四方をかこむこと。surroundings ②まわり。周囲。surroundings 用例 ―の情勢。

**し-い【思▼惟】**(名・サ変自) 比較 思惟。①考え思うこと。論理的な思考。thinking ②哲学で、もっぱら理性に基づいて、問題について思考すること。thought

**し-い【私意】** ①自分ひとりの判断や意見。私見。one's personal opinion ②自分の利益をはかる心。私心。selfishness

**し-い【▼恣意】** かって気ままな心・考え。arbitrariness 用例 ―的判断。

**し-い【紫衣】** 紫色の僧衣。昔は天皇の許可がないと着られなかった。しえ。紫袈裟。

**し-い【▼緇衣】** ＝しえ。①黒いころも。僧衣。②僧。

**シー【C・c】** ①アルファベットの第三文字。②《大文字で》炭素(carbon)の元素記号。③《大文字で》セ氏温度(Celsius)を表す記号。④《大文字で》音楽で、㋐音名の一つ。ハ音。㋑四分の四拍子の記号。⑤《大文字で》ローマ数字の一〇〇を示す。⑥《大文字で》電気容量(capacity)を示す記号。⑦《大文字で》数字の後につけて、世紀(century)を示す記号。

**シー【sea】** 海。用例 ―サイド。

**じい【▽祖▽父】** 父母の父にあたる人。そふ。grandfather

**じい【▼爺】** 老人をよぶ称。老爺。old man

**じ-い【示威】**(名・サ変自) 威力や気勢をしめすこと。しい。demonstration

**じ-い【字▼彙・辞▼彙】** ㊀辞書。辞典。字引き。dictionary ㊁《字彙》中国明代の字書。梅膺祚編。一二集。外に首・尾二巻。初めて漢字の筆画による配列法をとり、二一四部、三万三〇〇〇字を収録。

**じ-い【次位】** ①次の位。second rank ②二番目。second place

**じ-い【自慰】**(名・サ変自) ①自分で自分をなぐさめること。self-consolation ②自己の性器を性交以外の方法で刺激して性欲の満足をえる行為。手淫。オナニー。マスターベーション。onanism; masturbation

**じ-い【侍医】** ①大宝律令で、内薬司に属し天皇の診療にたずさわった医師。②貴人の主治医。わが国では宮内庁侍従職に属し、天皇・皇族の診療に当たる医師。

**じ-い【辞意】** ①ことばの意味。meaning of a word ②職・地位などを、やめたい気持ち。intention of resignation 用例 ―を漏らす。

**ジー【G・g】** ①アルファベットの第七文字。②《大文字で》音楽で、音名の一つ。ト音。③《小文字で》重力(gravity)の加速度。④《小文字で》重さの単位グラム。

**シー-アール-ディー【CRD】**《chronic respiratory diseaseの略》呼吸器性マイコプラズマ病。細菌がニワトリなど鳥類の呼吸器粘膜を冒す慢性疾患。食欲の減退、関節炎などの症状を呈し、産卵率が低下する。

**シーアールティー-ディスプレーそうち【CRTディスプレー装置】** ブラウン管を利用したコンピューターの映像表示装置。cathode ray tube display

**シー-アイ【CI】**《corporate identityの略》↓コーポレートアイデンティティ

**ジー-アイ【GI】**《Government Issueの略》官給品の意から転じて、アメリカ兵をさすようになったことば。

**シー-アイ-イー【CIE】**《Civil Information and Education Sectionの略》アメリカが第二次大戦後の日本占領時に設置した民間情報教育局。

**シー-アイ-エー【CIA】**《Central Intelligence Agencyの略》アメリカ中央情報局。他国の国家機密探索・情報収集や政治工作にあたる大統領の直属機関。一九四七年国家安全保障法により設置。

**シー-アイ-エス-エル【CISL】**《Confederazione Italiano Sindacati Lavoratori イタリアの略》イタリア労働組合連盟。

**シー-アイ-エフ【CIF】**《cost, insurance and freightの略》運賃・保険料込みの貿易取引条件。商品の輸出原価に到着港までの運賃・保険料などを加えた値段での貿易契約。シフ。

**シー-アイ-オー【CIO】**《Congress of Industrial Organizationsの略》↓エーエフエルシーアイオー(AFL-CIO)

**ジーアイ-カット【GI cut】** クルーカットの別称。第二次大戦中のアメリカ軍人の髪型に多かったことからの命名。戦後、世界的に流行。↓図

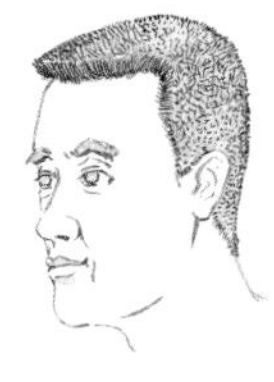

●G-カット

**シー-アイ-キュー【CIQ】**《Customs(税関)・Immigration(出入国管理)・Quarantine(検疫)の頭文字》出入国のさい必ず受けなければならない一連の手続き。

**シー-アイ-シー【CIC】**《Counter Intelligence Corpsの略》防諜部隊。アメリカ陸軍情報機関の一つで、占領中日本各地に配置された。

**シー-アイ-ティー-オー【CITO】**《Charter of International Trade Organizationの略》国際貿易憲章。

**シーアイランド-めん【シーアイランド綿】** アメリカの南・北カロライナ、ジョージア州沿岸で産する綿。繊維が細長く、絹のような光沢があり、高級品。海島綿。Sea Island cotton

**シーア-は【シーア派】** イスラム教の主要な分派。シーアは「アリーの党」の意の略称で、ムハンマドの女婿で第四代カリフのアリーとその子孫のみをイマームと認める。全イスラム教徒の約一割という少数派で、イラン・イエメンに多く、諸派に分かれる。the Shias

**シーアン【西安】**(Xī'ān) ↓せいあん(西安)

**シー-アンカー【sea anchor】** 荒天のときに船から海中に投じ、水の抵抗を利用して船首を風上に向けるとともに、風による漂流を少なくする道具。小型漁船・救命艇に装備。

**ジー-イー【GE】**《General Electric Companyの略》↓ゼネラルエレクトリック

**シー-イー-エー【CEA】**《Council of Economic Advisersの略》アメリカ大統領経済諮問委員会。アメリカ大統領直轄の政府機関で、大統領に経済政策上の勧告を与える。一九四六年設立。

**じい-うんどう【示威運動】** 示威のために行う団体行動。デモンストレーション。デモ。demonstration

**ジー-エイチ-キュー【GHQ】**《General Headquartersの略》連合国最高司令官総司令部。ポツダム宣言の受諾にともなう対日占領政策の遂行を任務として昭和二〇年(一九四五)設置。二七年(一九五二)サンフランシスコ講和条約の発効とともに廃止。

**シー-エー-アイ【CAI】**《computer assisted (aided) instructionの略》コンピューター利用による個別学習指導。あらかじめ入力された学習プログラムにしたがって組織的に学習を進める。

**シー-エー-シー-エム【CACM】**《Central American Common Marketの略》中米共同市場。

**シー-エー-ティー-ブイ【CATV】** ①山間部や都市の高層ビルなどによるテレビ電波の難視聴区域解消のための共同受信施設。有線テレビ。同軸ケーブルで送信する。community antenna television ②①の同軸ケーブルの送信能力が大きいことに着目して、独自の自主放送などに活用されつつあるシステム。ケーブルテレビ。cable television

**ジー-エー-ビー【GAB】**《General Arrangements to Borrowの略》一般借り入れ取り決め。

**ジー-エス-アール【GSR】**《galvanic skin reflexの略》電気皮膚反射。精神的刺激にともなう皮膚の状態の変化を計器でとらえるもの。うそ発見器などに応用される。

**シー-エス-シー-イー【CSCE】**《Conference on Security and Cooperation in Europeの略》ヨーロッパ安全保障協力会議。ヨーロッパの緊張緩和と安全保障を目的に一九七五年ヘルシンキで開かれた東西ヨーロッパの首脳会議で、アルバニア以外の全ヨーロッパ諸国とアメリカ・カナダが参加。ヘルシンキ会議。

**ジー-エス-ピー【GSP】**《official government selling pricesの略》政府公式販売価格。産油国政府が設定する原油の公式販売価格。

**ジー-エヌ-イー【GNE】**《gross national expenditureの略》国民総支出。

**ジー-エヌ-ダブリュー【GNW】**《gross national welfareの略》国民総福祉。

**シー-エヌ-ディー【CND】**《Campaign for Nuclear Disarmamentの略》核軍備の廃絶をめざすイギリスの市民組織。一九五七年設立。本部はロンドン。

**ジー-エヌ-ピー【GNP】**《gross national productの略》国民総生産。

**シー-エフ【CF】**《commercial filmの略》テレビで放映される広告・宣伝用のフィルム。

**シー-エム【CM】**《commercial messageの略》↓コマーシャルメッセージ

**ジー-エム【GM】** ①《guided missileの略》↓ゆうどうミサイル(誘導ミサイル)。②《General Motors Corporationの略》↓ゼネラルモーターズ

**シー-エム-イー-エー【CMEA】**《Council for Mutual Economic Assistanceの略》↓コメコン(COMECON)

**ジー-エル-シー-エム【GLCM】**《ground-launched cruise missileの略》地上発射巡航ミサイル。戦域核兵器で、小型ターボファンエンジンで推進する中距離有翼ミサイル。

**シー-オー【CO】**《化学記号から》一酸化炭素。

**シーオー-ちゅうどく【CO中毒】** 一酸化炭素による中毒。一酸化炭素中毒。carbon monoxide poisoning

**シー-オー-ディー【COD】** ①《chemical oxygen demandの略》化学的酸素要求量。②《cash on deliveryの略》配達時点で現金を受け取り、商品をわたす販売方法。現品着払い。

**ジー-オー-ティー【GOT】**《glutamic oxaloacetic transaminaseの略》アミノ基転移酵素の一つ。心筋と肝臓に多く分布していて、心筋梗塞や肝障害のとき血中に出てきて活性化するので診断の指標になる。正常値五～四〇単位。

**しい-か【詩歌】**《「詩歌」の転》①詩や短歌・俳句など韻文の総称。poetry ②漢詩と和歌。

**シーガー【Pete Seeger】**(一九一九～) アメリカのフォークソング歌手。民謡復興運動の先頭に立つ。作品『花はどこへ行った』など。

**じい-が-せ【▼爺が背・▽石▼鼈】** ヒザラガイの異名。この貝を岩からはがすと腹側に曲がり、老人の背に似ることに由来する名。

**シーガル**[George Segal](一九二四) アメリカの彫刻家。人間の石膏像を日常の家具などに配する特異な彫刻で知られる。作品『レストランの窓』など。

**し-いぎ【四威儀】**《仏教語》行・住・座・臥の四つの作法にかなうもの。戒律にかなった挙措。

**しい-ぎゃく【▼弑逆】**(名・サ変他) 主君・父などを殺すこと。しぎゃく。regicide

**シー-キュー【CQ】** アマチュア無線で、呼び出しの合図。

**し-いく【飼育】**(名・サ変他) 家畜などの動物を飼い育てること。飼いならすこと。breeding

**ジーグ**[gigue] 一六世紀西ヨーロッパやアイルランドで流行した舞曲。農民舞踊。三拍子で速いテンポ。バロック時代の宮廷でも流行。

**シークェンシャル-アクセス**[sequential-access] コンピューターで、記憶データを呼び出す方法の一つ。必要とするデータの番地を先頭から順番に探すこと。磁気テープはこの方法。逐次呼出し。対義ランダム-アクセス。

**シークェンス**[sequence] ①映画・テレビで、いくつかのシーンをつないで、一つの話としてまとまった部分。連続した一つの場面設定。②トランプで、同じ印の札で、数の連続した三枚以上の札。

**シーグバーン**[Kai Manne Börje Siegbahn](一九一八) スウェーデンの物理学者。カール=シーグバーンの息子。高分解能電子分光学への貢献により、一九八一年ノーベル物理学賞受賞。

**シーグバーン**[Karl Manne Georg Siegbahn](一八八六〜一九七八) スウェーデンの物理学者。カイ=シーグバーンの父。X線分光学における発見と研究で、一九二四年ノーベル物理学賞受賞。

**しいく-びん【飼育瓶】** 昆虫などを飼うための瓶。通常は円筒形で、金網あるいはガラス製の蓋がある。

**ジークフリート**[Siegfried] ①古代ゲルマンの伝説の英雄。中世ドイツの英雄叙事詩『ニーベルンゲンの歌』に登場。霊剣で竜を殺し、その血を浴びて不死身となるが、急所を刺されて暗殺される。②ワーグナーの楽劇『ニーベルングの指輪』第二夜の題名。また、その主人公。③ジロドゥ作の戯曲の題名。

**ジークフリート-せん【ジークフリート線】** 一九三八年、ナチス-ドイツがフランスのマジノ線に対抗して、独仏国境に建設した要塞線。延長約五〇〇km、幅約五〇km。Siegfried Line

**シークレット**[secret] 秘密。

**シークレット-サービス**[secret service] ①政府の秘密諜報機関。②《Secret Service で》アメリカ財務省の秘密検察局。

**シークレット-ポリス**[secret police] 秘密警察。

**シーゲル**[Don Siegel](一九一二) アメリカの映画監督。作品『マンハッタン無宿』『ダーティハリー』など。

**しいさあ**《獅子の意》沖縄地方で、魔除けとして屋根に据えつける焼きものの獅子像。

**シーザー**[Caesar] カエサルの英語読み。

**シーサイド**[seaside] 海岸。海辺。

**しい-ざかな【▽強い▼肴】** 懐石料理で、基本的な献立(一汁三菜)以外に出される料理。酒の肴のようなもの。進め肴。追い肴。

**ジーザス-クライスト-スーパースター**[Jesus Christ Superstar] イギリスのロックオペラ。作曲ウェーバー、台本・作詞ライス。新約聖書に基づく。一九七〇年初演。七三年映画化。

**じい-さん【▽祖▽父さん】** 父母の父をよぶ語。grandfather 対義祖母さん。

**じい-さん【▼爺さん】** 老年の男をしたしみ、くだけた感じでよぶ語。old man 対義婆さん。

**シーさん-しょくぶつ【$C_3$植物】** 光合成の初期過程で、炭素原子三個が結びついた化合物をつくる植物。ホウレンソウ・ダイズなど。

**シー-シー**[cc] 《cubic centimeter の略》体積の単位で、立方センチメートルのこと。

**シー-シー-アイ【CCI】**《Chamber of Commerce and Industry の略》商工会議所。

**シー-ジー-アイ-エル【CGIL】**《Confederazione Generale Italiana del Lavoro の略》イタリア労働総同盟。

**シー-ジー-イー【CGE】**《Compagnie Générale d'Electricité の略》↓ゼネラルデレクトリシテ

**シージーエス-たんいけい【CGS単位系】** 長さにセンチメートル(cm)、質量にグラム(g)、時間に秒(s)の単位を採用し、ほかのすべての量の単位をこれらから誘導するように定めた単位系。centimeter-gram-second system of units

**ジー-シー-エム【GCM】**《greatest common measure の略》最大公約数。

**ジージー-げんゆ【GG原油】** 産油国政府と消費国政府との間の取り決めに基づいて取り引きされる原油。government to government crude oil 比較DD原油。

**ジー-シー-シー【GCC】**《Gulf Cooperation Council の略》湾岸協力会議。

**シー-シー-シー-ピー【CCCP】**《Sojuz Sovetskich Socialisticeskich Respublika の略の英語読み》ソビエト社会主義共和国連邦。「CCCP」はロシア語読みでエス-エス-エス-エル。

**シー-シー-ディー【CCD】** ↓でんかけつごうそし(電荷結合素子)

**シー-ジー-ティー【CGT】**《Confédération Générale du Travail の略》フランス労働総同盟。

**シー-シー-ブイ【CCV】**《configure-controlled vehicle の略》形態変換制御航空機。飛行条件にあわせて、飛行姿勢をコンピューター制御でかえることができ、従来よりも多様な飛行形態をとれる高性能航空機。

**シー-シー-ユー【CCU】**《coronary care unit の略》冠状動脈疾患集中治療施設。心臓病患者、とくに心筋梗塞の発作をおこした患者を収容し、死因となる不整脈の早期発見と処理を集中して行う施設。

**じ-いしき【自意識】** 自分で自分を見つめる心の働き。経験の統一体としての自分について、みずからもつ意識。self-consciousness

**じいしき-かじょう【自意識過剰】** 自分が他人からいつも注目されていると思いこみ、どう見られているかを過度に気にすること。

**シー-ジャック**《和製語。hijack からの造語》船舶の乗っ取り。

**シーシャン【西山】**(Xīshān) ↓せいざん(西山) 「ス

**シーシュポス**[Sisyphos] ↓シシュフォス

**シース**[sheath] ①万年筆・鉛筆などを入れるケース。皮・ビニールなどでできている。さや。②ほっそりしたシルエットのドレス。

**シーズ-せん【シーズ線】** 電熱線を金属管の中に入れ、マグネシウム粉末や酸化アルミニウム粉末とともに封じ込んだ発熱体。液体の加熱に用いられる。sheathing wire

**シー-スリー-アイ【$C^3I$】**《Command, Control, Communication and Intelligence の略》指揮・統制・通信および情報活動。軍隊において人体の五感・神経にあたる機能を総称したもの。兵器の進歩・多様化、軍事技術の複雑化にともない、高度なエレクトロニクス技術を使ったシステムとして運用されている。シーキューブド-アイ。

**しい・する【▼弑する】**(サ変他) 君主や父など、目上の者を殺す。「ど、目上の者を殺す。」

**シー-スルー-ルック**[see through look] 洋服のスタイルの一つ。オーガンジーなどの透ける素材で作った服装。透け透けルック。

**シーズン**[season] ①季節。②ある物事がさかんに行われる時期。時期。用例旅行——。

**シーズン-オフ**《和製語》季節・時期にはずれていること。シーズン以外の時期。off-season

**ジー-セブン【G7】**《Conference of Ministers and Governors of the Group of Seven Countries の略》七か国蔵相会議。参照十か国蔵相会議。

**ジーゼル**[diesel] ↓ディーゼル

**ジーせんじょうのアリア【G線上のアリア】** バッハの管弦楽組曲第三番の第二曲のアリアをウィルヘルミが編曲したもの。バイオリンのG線だけで奏する旋律は優美で荘重。Air on the G string

**シーソー**[seesaw] 子どもの遊具の一種。長い板の中央を台で支え、板の両端に乗って交互に上下して遊ぶ。

**シーソー-ゲーム**[seesaw game] 追いつ追われつの試合。

**しい-そさん【▼尸位素▼餐】** ある地位についていながら、職責を果たさずに俸給だけもらうこと・人。

**シータ【θ・θ】** ギリシア字母の第八字。テータ。theta 「タ。theta

**しいだ【▼椎田】**〈町〉福岡県東部、周防灘に臨む町。旧宿場町。干拓による工業化が進む。人口一万四四五二(一九八八)。

**しい-たけ【▼椎▼茸・▽香▼蕈】** 担子菌植物キシメジ科のキノコ。かさは径五〜一〇cm。表面は淡褐色、裏面は白色。春秋に広葉樹の枯木に寄生。食用には江戸時代から栽培。生のものは淡白で、乾かしたものは芳香があり美味。↓写 ↓キノコ写

● シイタケ

**しいた・げる【虐げる】**(下一他) 苦しめる。いじめる。虐待する。oppress

**シー-たては【C立羽▼蝶】** 後翅の裏面にC字状の銀紋があるタテハチョウ。開張約五・五cm。翅表は赤褐色の地に黒色斑が散在し、両翅の外縁の凸凹が著しい。山地および寒い地方に多い。食草はエノキ・ニレ・ホップなど。日本全土・ユーラシアに分布。

**し-いち【視位置】** 地球の中心から天体を見て天球上に投影したときの位置。apparent position

**シーチアン【西江】**(Xī Jiāng) ↓せいこう(西江) 「(西江)

**シーチャチョワン【石家荘】**(Shíjiāzhuāng) ↓せっかそう(石家荘)

**シーチング**[sheeting] 敷布用に広幅に織られた平織り綿布。おもにさらした生地。洋裁では、芯地や立体裁断用の布、仮縫い用の布として使用。粗布。

**シーツ**[sheet] 敷布。

**シーツァン【西蔵】**(Xīzàng) ↓チベット

**シーツァン-じちく【シーツァン自治区・▽西▽蔵自治区】**(Xīzàng) 中国南西部、ヒマラヤ山脈・崑崙山脈などに囲まれたチベット高原上の自治区。中心都市はラサ(拉薩)。北部では家畜の遊牧、南部では農耕が行われており、ラサを中心に近代工業も発達。人口一八九万(一九八四)。

**しい-て【▽強いて】**(副) 無理に。たって。forcibly 用例——言うならば。

**シー-ティー【CT】** ↓コンピュータートモグラフィー

**シー-ディー【CD】** ①《compact disc の略》コンパクトディスク。②《certificate of deposit の略》譲渡性定期預金証書。③《cash dispenser の略》現金自動支払機。

**シー-ディー-イー【CDE】**《Conference on Confidence & Security-Building Measures and Disarmament in Europe の略》ヨーロッパ軍縮会議。

**シー-ティー-エス【CTS】** ①《central terminal station の略》原油の中央貯蔵基地。②《cold type system の略》写真植字で組み版をつくり、写真製版で印刷用の版を得る印刷方式。③《computerized typesetting system の略》印刷物の製作工程をコンピューターで制御・管理する写真植字組み版システム。電算写植システム。

**シー-ティー-シー【CTC】**《centralized traffic control の略》列車集中制御装置。信号・ポイントなど列車の進路制御を一か所の指令センターで集中操作するシステム。新幹線には大規模なものが使用され、また在来線にも広く用いられている。

**シー-ティー-スキャナー**[CT scanner] ↓コンピュータートモグラフィー

**シー-ディー-ち【CD値】** ↓くうりきとくせい(空力特性)

**シー-ディー-ユー【CDU】**《Christlich Demokratische Union の略》キリスト教民主同盟。

**ジー-テン【G10】**《Conference of Ministers and Governors of the Group of Ten Countries の略》十か国蔵相会議。

**シート**[seat] ①乗り物や劇場・球場などの座席。観客席。②野球やバレーボールなどでの守備位置。定位置。ポジション。

**シート**[sheet] ①薄い紙・板・布。用例切手——。②トラック・貨車などの荷物をおおうカバー。

**シード**[seed](名・サ変他)《種をまく意》トーナメントで、有力なチームや選手が最初から対戦しないようにあらかじめちらした組み合わせ法。また、その選手やチーム、組み合わせ上の指定位置をいう。

**ジード**[André Gide] ↓ジッド

**シート-しょくひん【シート食品】** 紙状にした食品。肉・野菜などの食品原料を小さく切

るか粉末にし、接着剤を加えてシート状に伸ばし、冷凍・真空乾燥したもの。フィルム食品。カード食品。

**シードのうた【シードの歌】**《原題Cantar de mio Cid スペイン》スペインの叙事詩。現存するスペイン最古の作品。一一四〇年ごろの作で作者未詳。国土回復の戦いで活躍した国民的英雄シードの武勲をたたえる。

**シート-ノック**《和製語》野球などの守備練習の一つ。選手が守備位置につき、ノッカーの打つボールを捕ったり、各塁などへ送球を行ってチーム守備を訓練する。fielding practice

**シート-パイル**［sheet pile］↓やいた(矢板)

**シートピア**《和製語。sea(海)とutopia(理想郷)から》科学技術庁が、昭和四六～五〇年(一九七一～七五)に実施した海底居住実験用基地。収容人員四名、設置期間(目標)三〇日で、昭和五〇年(一九七五)、一〇〇m海中実験に成功した。海中居住基地。

**シート-ベルト**［seat belt］自動車や航空機の座席に備えられ、運転者や乗客を座席に固定する安全ベルト。自動車の走行中、航空機の離着陸時などに、用いられる。セーフティベルト。↓自動車図

**シードル**［cidre フランス］りんごでつくった酒。発泡性があり、ほんのり甘い。アルコール分二～八%。フランス、ノルマンディー産のものが始まり。

**ジードルンク**［Siedlung ドイツ］集合住宅。集団住宅地。都市計画の発達や田園都市運動の影響から、今世紀になってドイツをはじめ各国で建設が進んだ。

**シートン**［Ernest Thompson Seton］(一八六〇～一九四六)アメリカの小説家・画家・博物学者。イギリス生まれ。野生動物の生態を観察し、多くのスケッチとともに動物文学を書く。物語『動物記』など。

**しいな【▼粃・▼秕】**①子実の充実していないイネもみ。しいなせ。しいなし。②みのらないで、しなびた果実。③中身のないもの。からっぽのもの。

**しいな-りんぞう【▼椎名▼麟▼三】**(一九一一～一九七三)小説家。本名、大坪昇。兵庫県生まれ。キリスト教的実存主義の作風を示す。作品『深夜の酒宴』『永遠なる序章』『美しい女』など。

**シーニン**［西寧］(Xining)↓せいねい(西寧)

**しい-の-み【▼椎の実】**シイの果実。花の開いた翌年に成熟。堅果を包む総包は晩秋に開裂。堅果は卵円形で食用となる。chinquapin

**しいば【▼椎葉】**〈村〉宮崎県北西部、山間の村。平家落人集落の伝説が残る秘境。『ひえつき節』のふるさと。人口五〇四〇(一九九八)。

**シー-ハイル**［Schi Heil ドイツ］(感)《スキーに幸あれ、の意》ゲレンデでスキーヤーがあいさつに用いる語。

**ジー-パン**《和製語。ジーンズとパンツから》紺色のデニム地で作られたズボン。作業着や遊び着として普及。ジーンズ。jeans

**シー-ピー**【CP】①《commercial paperの略》↓コマーシャルペーパー。②《counter purchaseの略》↓カウンターパーチェス

**シービーアール-へいき【CBR兵器】**《CBRはchemical, biological, radioactiveの頭文字》↓エービーシーへいき(ABC兵器)

**シー-ビー-アイ【CBI】**《Confederation of British Industryの略》イギリス産業連盟。

**シー-ピー-アイ【CPI】**《consumer's price indexの略》消費者物価指数。

**シー-ビー-エス**［CBS Inc.］アメリカの四大放送ネットワーク会社の一つ。一九二七年設立。

**シー-ピー-エス【CPS】**《consumer price surveyの略》消費者物価調査。

**シー-ピー-エックス【CPX】**《command post exerciseの略》指揮所演習。指揮官・幕僚などがおもに地図上で作戦・指揮の訓練を行うこと。

**シー-ピー-エム【CPM】**《critical path methodの略》生産活動に必要な時間と費用を最小にするための計画法。また、それに基づく管理法。デュポン社が開発し、一九五八年ごろから実用化。

**シー-ビー-シー【CBC】**《Canadian Broadcasting Corporationの略》カナダ放送協会。

**ジー-ピー-ティー【GPT】**《glutamic pyruvic transaminaseの略》アミノ酸とα(アルファ)ケト酸とのアミノ基転移を触媒する酵素の一つ。肝臓に多く分布し、肝障害があると血中に大量に出て活性化するので診断に役立つ。正常値五～四〇単位。

**シービー-へいき【CB兵器】**《CBはchemicalとbiologicalの頭文字》生物化学兵器。BC兵器。

**シー-ピー-ユー【CPU】**《central processing unitの略》コンピューターの中央処理装置。プログラムの実行、データ処理を行う論理演算機構と制御機構をさすが、主記憶装置を含めることもある。中央処理装置。

**シー-ピンク**［sea pink］アルメリアの英名。海の石竹と訳される。

**シープ**［sheep］ヒツジ。

**ジープ**［jeep］《商標名。general purpose carの頭文字GPからの転》四輪駆動の小型自動車。第二次大戦直前にアメリカで軍用として開発された。

**ジー-ファイブ【G5】**《Conference of Ministers and Governors of the Group of Five Countriesの略》五か国蔵相会議。参照 十か国蔵相会議。

**シー-フー**［西湖］(Xī Hú)↓せいこ(西湖)

**シー-フード**［seafood］食用にする魚介・海藻類の総称。

**シーボーグ**［Glenn Theodore Seaborg］(一九一二～)アメリカの化学者。プルトニウムをはじめ多くの超ウラン元素を発見。人工元素の化学を樹立。一九五一年ノーベル化学賞受賞。

**シー-ホース**［sea horse］タツノオトシゴ。

**シーボルト**［Philipp Franz von Siebold］(一七九六～一八六六)ドイツの医師・日本研究家。文政六年(一八二三)のオランダ長崎商館の医師として来日。鳴滝塾を設け、医学・博物学を教授。高野長英・伊東玄朴らを育て日本文化の発展に寄与。シーボルト事件で国外追放後、再来日。著書は『日本』『日本動物誌』『日本植物誌』など。↓写

●シーボルト　長崎県立長崎図書館。

**ジーボルト**［Karl Theodor Ernst von Siebold］(一八〇四～一八八五)ドイツの動物学者。フィリップ＝シーボルトのいとこ。ミュンヘン大学で比較解剖学・生理学などを教える。キュビエの動物分類法を改善。寄生虫の生活史も研究。

**シーボルト-じけん【シーボルト事件】**文政一一年(一八二八)シーボルトの帰国のさい、国禁の日本地図の持ち出しが発覚。シーボルトは国外追放、洋学者多数も処罰された。

**シーボルト-の-き【シーボルトの木】**クロウメモドキ科の落葉小高木。枝にとげがあり、葉は倒卵状長楕円形。春、葉腋に緑黄花を数個つける。長崎市外、鳴滝のシーボルト邸の跡に植えられて名がついた。中国原産。

**ジー-マーク【Gマーク】**《Gはgood designの略》機能・品質がすぐれ、形・色彩などがよくまとめられた商品につけられるマーク。通産省が日常生活にひろく使われる製品から選定する。↓図

●Gマーク

**じいまあみ-どうふ【▽地▽豆豆腐・▽落▽花▽生豆腐】**沖縄料理の一つ。落花生(じいまあみ)をすりつぶし、くず粉を溶かし込み火にかけてよく練りあげ、冷し固めた、ごま豆腐に似たもの。たれやしょうゆで食べる。

**シームリア**［Seymouria ラテン］↓セイムリア

**シームレス**［seamless］縫い目のないこと。用例 ―ストッキング。

**ジー-メン**［G-men］《Government menの略》①アメリカ連邦捜査局(FBI)の捜査官。②捜査・摘発を担当する、警察官以外の公務員。用例 麻薬―。

**シーメンス**［Siemens AG］西ドイツの世界有数の総合電気メーカー。重電機と通信・医療機器が中心。一八四七年設立。ジーメンス。

**ジーメンス**［Siemens ドイツ］電気伝導率の単位。電気抵抗の単位オームの逆数で、モー(℧)またはSの記号が使われる。電気技術者ジーメンスにちなむ。

**ジーメンス**［Ernst Werner von Siemens］(一八一六～一八九二)ドイツの電気技術者・事業家。業績としてグタペルカケーブルの発明、発電機の改良など多数がある。西独最大の電機メーカーのシーメンス社の前身を起こす。

**ジーメンス-じけん【ジーメンス事件】**大正期の汚職事件。大正三年(一九一四)海軍高官が兵器発注にからみ、ドイツのシーメンス、イギリスのビッカーズ両社より収賄したことが発覚。これにより山本内閣は総辞職。

**しいもと-さいまろ【▼椎本才▼麿】**(一六五六～一七三八)江戸中期の俳人。本名、谷八郎右衛門。大和の人。談林俳諧を学び、蕉門とも交流あり、のち大坂俳壇の中心となる。

**シーモノフ**［Konstantin Mikhaylovich Simonov］(一九一五～一九七九)ソ連の小説家。小説『昼となく夜となく』『生者と死者』、戯曲『ロシアの人々』、詩集『友と敵』など。

**シー-ユー【CU】**《Consumers Union の略》↓コンシューマーズユニオン

**シーよん-しょくぶつ【$C_4$植物】**光合成による炭素固定の初期産物として、炭素四原子を含むジカルボン酸をつくる植物の総称。強光下での光合成効率が高い。サトウキビ・トウモロコシなど。

**しいら**【▼鱰】24画 部首［魚］和製漢字

【▼鱪】25画 異体字 和製漢字

スズキ目に属する海水魚。全長約一・五m。体は青緑色に黄色がまじり美しい。外洋の表層を群遊する。世界の暖海に分布。まんびき。くまびき。↓図

●シイラ

**シーラーズ**［Shīrāz］イラン南部、ファルス地方の中心都市。「緑の庭園」といわれる。人口四一・六万(一九七六)。

**シーラカンス**［Coelacanth］総鰭亜綱シーラカンス目に属する魚類の総称。体長約一・五m。現存の硬骨魚類で、もっとも原始的な特徴をもち、生きた化石といわれる。アフリカ東海岸に分布。↓図

●シーラカンス

**シー-ランド**［Sea Land Service Inc.］アメリカの代表的なコンテナ船会社。コンテナごとにトレーラーを使用する独特の輸送システムをもつ。一九五六年設立。

**ジーリ**［Beniamino Gigli］(一八九〇～一九五七)イタリアのテノール歌手。ベルカント唱法の美声で、カルーゾ亡きあとを継ぐ。

**シーリング**［ceiling］《天井の意》①政府予算の概算要求枠。大蔵省に対する各省庁の次年度予算の概算要求について、閣議で一定の基準額を定めること。昭和五九年(一九八四)概算要求基準と改称。②雲量が六以上の雲層の下面と地面との距離。また、飛行機から地上が見える最大高度。雲底高度。③鉛直視程。

**シーリング-しょうめいきぐ【シーリング照明器具】**天井に取り付ける照明器具。埋め込み型と、じか付け型に大別。ceiling light 「シーリング照明器具」の略。

**し・いる【強いる】**(上一他)無理にやらせる。強制する。force 用例 酒を―。

**し・いる【▼誣いる】**(上一他)事実を曲げて言う。こじつける。distort

**シール**［seal］①アザラシ。②スキーの裏につけるすべり止め用のアザラシの毛皮。シールスキン。③手紙の封にはりつける紙。封かん紙。

**シールド-こうほう【シールド工法】**《shieldは盾の意。鉱員を保護することから》鋼鉄製の円筒を用いたトンネル掘削工法。軟弱な地盤でも工事が安全に行える。shield method

**シールド-ルーム**《和製語。shieldは、防御物、の意》周囲を銅などの金属板で完全におおい、外部から電波が侵入しないようにした部屋。

**し-いれ【仕入(れ)】**事業に必要な商品や原材料などを購買すること。purchase

**シーレ**［Egon Schiele］(一八九〇～一九一八)オーストリアの表現派画家。鋭利に屈曲した強い線で、人物・肖像・幻想風景を描く。作品『妊婦と死神』など。

●寺院建築　大報恩寺本堂(和様)

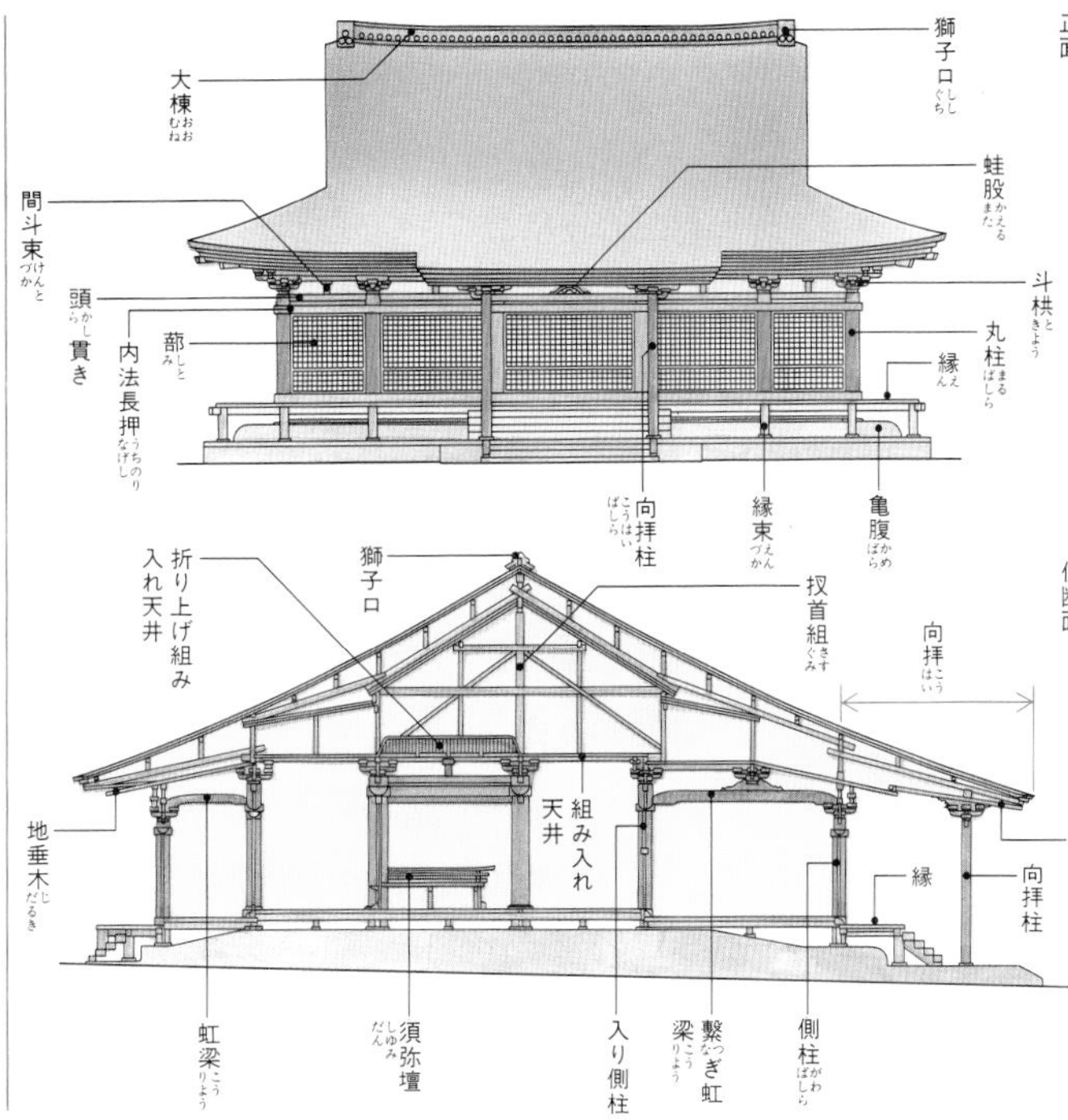


**シー-レーン**【sea-lane】一般に、航路帯・海上交通路のこと。狭義には、有事のさい日本が防衛・確保すべき一〇〇〇海里、約一八五〇㎞以内の海上連絡交通路。ＳＬＯＣ。

**しいれ-がき**【仕入書】商品を発送するさい、荷送り人が荷受け人あてに添付する明細書。品名・種類・数量・価格や支払い条件などが記入される。送り状。invoice

**しいれ-さき**【仕入先】商品や原材料を仕入れるさいの直接の供給者。supplier

**し-い・れる**【仕入れる】(下一他)①商売用の品物を買い入れる。仕込む。stock ②手に入れる。自分のものにする。procure 用例 情報を—。

**じ-いろ**【地色】布・紙などの生地の色。ground color

**シーロー**【serow】カモシカの英語名。

**シーロメーター**【ceilometer】雲の高さを測定する器械。地上から光やレーザー光を投射し、雲底からの反射を受けて高さを求める。雲高計。

**し-いん**【子音】音声学で単音の分類の一つ。母音以外の音の総称。発音のときに、舌・歯・唇・口蓋・喉頭などで閉鎖や狭めなどの方法で呼気をさえぎって発する音。声帯の振動の有無で有声子音と無声子音に分ける。父音。コンソナント。しおん。consonant 対義 母音。

**し-いん**【子院・支院・枝院】①同一境内にあって本寺に付属する小寺。塔頭。わき寺。②本山の支配下にある寺院。末寺。

**し-いん**【死因】死亡の原因。自然死(病死など)と不自然死(事故死・自殺など)に大別される。cause of death

**し-いん**【私印】個人または各家の印。対義 公印・官印。

**し-いん**【試飲】(名・サ変他)酒などの味みをするために、少量飲んでみること。sampling

**シーン**【scene】①舞台面。②映画で、カットが集まったもの。比較 カット・シークェンス。③光景。けしき。④場景。場面。

**じ-いん**【寺院】寺と、それに付属した別舎の総称。礼拝・修行の場所。仏教の道場。てら。temple 数え方 一寺・一堂・一宇。

**じ-いん**【次韻】㊀中国の作詩における和韻の一種で、他人の詩の韻字と同じ韻字を用いる方法。おもに詩の贈答のさいに用い、宋代に広く流行した。㊁桃青(松尾芭蕉)編の俳諧撰集。延宝九年(一六八一)刊。芭蕉・榎本其角・椎本才麿・揚水の四吟五十韻一巻・百韻二巻・余興の四吟四句を収める。『俳諧次韻』。

**ジーン**【gene】↓いでんし(遺伝子)

**じいん-けんちく**【寺院建築】仏をまつり、信者が参詣し、僧侶が仏典を学ぶ施設の建築。塔・金堂・講堂・僧房など、多くの建物が設けられるが、時代や宗派によりその種類や配置は異なる。temple building ↓図

**ジーンズ**【jeans】細綾綿織物の一種。また、それで作ったズボンや服。丈夫なので仕事着・遊び着に用いる。とくに、ジーパンをさすこともある。

**しいん-と**(副)物音ひとつせず、静まりかえっているさま。しんと。deathly quiet 用例 辺りが—なる。

**じいん-と**(副)感動・感激などで、しびれるように感じるさま。じんと。be moved 用例 目がしらが—熱くなる。

**じいん-はっと**【寺院法度】江戸時代の仏教寺院取締法令の総称。寺院内の戒律の遵守や学問の奨励などを指示。慶長六～寛文五年(一六〇一～六五)に制定。諸宗寺院法度。

**ジーン-バンク**【gene bank】↓いでんしぎんこう(遺伝子銀行)

**し-う**【糸雨】糸をひくように細くこまかい雨。小雨。霧雨。

**し・う**【強う】古語(上二他)↓しいる(強いる)

**し・う**【▾誣う】古語(上二他)↓しいる(誣いる)

**じ-う**【時雨】①ちょうどよい時に降る雨。②しぐれ。

**時雨の化**(じうのか)仁徳ある君主の教化の及ぶさまを、時雨が万物をうるおすのにたとえた語。

**じ-う**【慈雨・滋雨】生命をうるおし育てる雨。とくに、ひでり続きのあとの雨。恵みの雨。

**じ-うす**【地薄】(名・形動)織物などの生地の薄いこと・さま。対義 地厚。

**じ-うた**【地▾唄・地歌】①三味線音楽の一種。江戸唄に対して、上方唄を関西で地元の唄の意でいったもの。三味線組歌・歌物・浄瑠璃物・手事物などを含む。現在では三曲合奏の形式による地歌がほとんど。法師歌。②その地方特有の歌。

**シウダー・デ・メヒコ**【Ciudad de México】「メキシコシティー」の正称。

**シウダード-トルヒーリョ**【Ciudad Trujillo】ドミニカの首都、サントドミンゴの旧称。

**シウダード-フアレス**【Ciudad Juárez】メキシコ北部、リオグランデ川右岸の商業都市。対岸のアメリカのエルパソと国際橋で結ぶ。人口五六・七万(一九九〇)。

**じ-うたい**【地謡】能楽で、舞台の一隅で地の部分を多人数がうたうこと。また、その謡や、うたう役。

**じうた-まい**【地▾唄舞】主として地唄を伴奏として舞う上方舞。能の舞が舞踊化された座敷舞。山村流・井上流・楳茂都流がある。

**し-うち**【仕打ち】①人に対する態度。やりかた。treatment 用例 むごい—。②俳優の表情・動作。こなし。performance

**しうら**【市浦】〈村〉青森県北西部、津軽半島西岸の村。農業を中心とし畜産もさかん。十三湖のシジミが名産。人口三八二三(一九九八)。

**し-うん**【紫雲】①むらさき色の雲。②《仏が来迎するときに乗ってくるという》めでたい雲。慶雲。瑞雲。

**じ-うん**【時運】時代のなりゆき。時勢。tide 用例 —に乗ずる。

**じうん**【慈雲】(一七一八～一八〇四)江戸中期の僧。真言宗正法律の祖。諱は飲光。大坂の人。悉曇学の大家で、慈雲尊者・慈雲律師・葛城尊者と尊称された。『梵学津梁』『十善法語』などを著す。

**しうんじ**【紫雲寺】〈町〉新潟県越後平野北部、日本海に臨む町。農業を中心とし加治川米の産地。人口八四六五(一九九八)。

**し-うんてん**【試運転】(名・サ変他)乗り物や機械などが完成したとき、一般に使用する前に、試験のため運転してみること。test run 用例 新車の—。

**し-うんどう**【視運動】地球の中心から見た天球上における天体の見かけの運動。惑星の順行・留・逆行など。apparent motion

**し-え**【紫▿衣】↓しい(紫衣)

**シェア**【share】市場占有率。ある種類の商品について、一社製品が市場全体に占める割合。マーケットシェア。

**シェアバター-の-き**【シェアバターの木】アカテツ科の高木。果実はアンズに似た形で脂肪を五〇％も含む。チョコレート・マーガリンの原料。アフリカ特産。

**し-えい**【市営】市が経営すること。municipal 用例 —バス。

**し-えい**【私営】個人・民間会社が経営すること。private management 対義 国営・公営。

**じ-えい**【自営】(名・サ変他)独立して、自力で経営すること。independent 用例 —業者。

**じ-えい**【自衛】(名・サ変自)自分の力で自分を守ること。self-defense 用例 —手段。

**シエイエス**【Emmanuel-Joseph Sieyès】(一七四八～一八三六)フランスの政治家。一七八九年『第三身分とは何か』を発表。三部会代表となり国民議会成立に尽力。のちナポレオンのクーデターに参加。執政政府の第二執政となったが、王政復古後オランダに亡命。

**じえい-かん**【自衛官】防衛庁の職員のうち、制服を着用し陸・海・空の各自衛隊に勤務する者。

**じえい-かんたい**【自衛艦隊】海上自衛隊の主力部隊。四群の護衛隊から成る護衛艦隊と、航空集団(六航空群)・潜水艦隊・掃海隊群で編成される。司令部は横須賀。

**じえい-けん**【自衛権】他国からの不法な攻撃に対し、緊急の場合は武力をもってこれを排除し、自国を守る国際法上の権利。国連憲章は集団的自衛権と個別的自衛権を規定している。right of self-defense

**じえい-たい**【自衛隊】直接・間接侵略に対する日本の防衛を主要任務とし、必要に応じて公共秩序の維持にあたる組織。陸上・海上・航空の三隊よりなる。昭和二九年(一九五四)保安隊と警備隊を発展させて成立。Self-Defense Forces ↓図

**じえいたい-ほう**【自衛隊法】自衛隊の任務・組織・権限などを定めた法律。昭和二九年(一九五四)防衛庁設置法とともに公布。

**しえい-でん**【私営田】平安時代、地方豪族が個人的に開発・経営した田。初期荘園の一種とされる。対義 公営田。

**シェイプ**【SHAPE】《Supreme Headquarters Allied Powers in Europe の略》ヨーロッパ連合軍最高司令部。ＮＡＴＯ軍のうち、北欧軍・中欧軍・南欧軍・地中海軍を指揮下におく。所在地はベルギーのカストー。

**ジェー**【J・j】①アルファベットの第一〇文字。②仕事・熱量の単位ジュール。

**ジェー-アール**【ＪＲ】《Japan Railway(s)の略》旧日本国有鉄道を分割した民営旅客鉄道会社六社と貨物鉄道会社の総称。

**ジェーアール-かもつてつどうがいしゃ**【ＪＲ貨物鉄道会社】日本全国の鉄道によって貨物輸送を行う会社。昭和六二年(一九八七)四月発足。本社は東京。営業キロ一万一一㎞。シンボルカラーはコンテナブルー(灰色がかった青)。ＪＲ貨物。

**ジェーアールきゅうしゅう-りょかくてつどうがいしゃ**【ＪＲ九州旅客鉄道会社】九州全域の旅客輸送を行う民営鉄道会社。昭和六二年(一九八七)四月発足。本社は福岡。営業キロ二一四〇六㎞。シンボルカラーはレッド。ＪＲ九州。

▾常用漢字表外。　▿常用漢字表の音訓外。

**ジェー-アール-シー**【JRC】《Junior Red Crossの略》青少年赤十字。
**ジェー-アール-シー-エス**【JRCS】《Japanese Red Cross Societyの略》日本赤十字社。
**ジェーアールしこく-りょかくてつどうがいしゃ**【JR四国旅客鉄道会社】四国全域の旅客輸送を行う民営鉄道会社。昭和六二年（一九八七）四月発足。本社は高松。営業キロ八八一km。シンボルカラーはライトブルー。JR四国。
**ジェーアールとうかい-りょかくてつどうがいしゃ**【JR東海旅客鉄道会社】東海道新幹線と愛知県を中心とする東海地域の旅客輸送を行う民営鉄道会社。昭和六二年（一九八七）四月発足。本社は名古屋。営業キロ二〇〇三km。シンボルカラーはオレンジ。JR東海。
**ジェーアールにしにほん-りょかくてつどうがいしゃ**【JR西日本旅客鉄道会社】山陽新幹線を中心に北陸・近畿・中国地域の旅客輸送を行う民営鉄道会社。昭和六二年（一九八七）四月発足。本社は大阪。営業キロ五三二三km。シンボルカラーはブルー。JR西日本。
**ジェーアールひがしにほん-りょかくてつどうがいしゃ**【JR東日本旅客鉄道会社】東北・上越両新幹線を含む東北・関東・上信越地域の旅客輸送を行う民営鉄道会社。昭和六二年（一九八七）四月発足。本社は東京。営業キロ七六五七km。シンボルカラーはグリーン。JR東日本。
**ジェーアールほっかいどう-りょかくてつどうがいしゃ**【JR北海道旅客鉄道会社】北海道全域の旅客輸送を行う民営鉄道会社。昭和六二年（一九八七）四月発足。本社は札幌。営業キロ三一七七km。シンボルカラーはライトグリーン。JR北海道。
**ジェー-アイ-エス**【JIS】↓ジス（JIS）
**ジェー-エー-イー-アール-アイ**【JAERI】《Japan Atomic Energy Research Instituteの略》日本原子力研究所。
**ジェー-エー-エス**【JAS】↓ジャス（JAS）
**ジェー-エー-エス-エー**【JASA】《Japan Amateur Sports Associationの略》日本体育協会。
**ジェー-エー-エフ**【JAF】《Japan Automobile Federationの略》日本自動車連盟。故障の修理などのサービス業務をはじめ、日本のモータースポーツの統括などを行う団体。昭和三七年（一九六二）設立。ジャフ。
**ジェー-オー-シー**【JOC】《Japan Olympic Committeeの略》日本オリンピック委員会。オリンピック参加のためと派遣選手の強化を目的とする国内委員会。比較 NOC・IOC。
**ジェー-オー-シー-ブイ**【JOCV】《Japan Overseas Cooperation Volunteersの略》青年海外協力隊。
**シェーカー**〔shaker〕カクテル材料を入れて振り、混ぜ合わせる器具。材質は銀・ステンレスなど。↓写

●自衛隊

自衛官の階級と旧日本陸海軍の階級

| 陸上自衛隊 | 海上自衛隊 | 航空自衛隊 | 旧陸軍 | 旧海軍 |
|---|---|---|---|---|
| | | | 大将 | 大将 |
| 陸将 | 海将 | 空将 | 中将 | 中将 |
| 陸将補 | 海将補 | 空将補 | 少将 | 少将 |
| 一等陸佐 | 一等海佐 | 一等空佐 | 大佐 | 大佐 |
| 二等陸佐 | 二等海佐 | 二等空佐 | 中佐 | 中佐 |
| 三等陸佐 | 三等海佐 | 三等空佐 | 少佐 | 少佐 |
| 一等陸尉 | 一等海尉 | 一等空尉 | 大尉 | 大尉 |
| 二等陸尉 | 二等海尉 | 二等空尉 | 中尉 | 中尉 |
| 三等陸尉 | 三等海尉 | 三等空尉 | 少尉 | 少尉 |
| 准陸尉 | 准海尉 | 准空尉 | 准尉 | 兵曹長 |
| 陸曹長 | 海曹長 | 空曹長 | 曹長 | 上等兵曹 |
| 一等陸曹 | 一等海曹 | 一等空曹 | 軍曹 | 一等兵曹 |
| 二等陸曹 | 二等海曹 | 二等空曹 | 伍長 | 二等兵曹 |
| 三等陸曹 | 三等海曹 | 三等空曹 | 兵長 | 水兵長 |
| 陸士長 | 海士長 | 空士長 | 上等兵 | 上等水兵 |
| 一等陸士 | 一等海士 | 一等空士 | 一等兵 | 一等水兵 |
| 二等陸士 | 二等海士 | 二等空士 | 二等兵 | 二等水兵 |
| 三等陸士 | 三等海士 | 三等空士 | | |

自衛官と旧日本陸海軍の階級は必ずしも対応しない。旧日本陸海軍の階級名は第二次世界大戦末期のもの

陸上自衛官の階級章

●シェーカー

**ジェーカーブ-こうか**【Jカーブ効果】《グラフの形から》為替レートの低下が、はじめは貿易収支の悪化を、ついでその改善をもたらす現象。また逆に、為替レートの上昇が、はじめは貿易収支の黒字幅を拡大し、しだいに赤字へと転化させる現象。J-curve effect
**シェーク**〔shake〕（名・サ変他）酒・牛乳・その他飲料を、シェーカーを使って、振り混ぜること。また、混ぜ合わせた飲み物。主としてカクテル。
**シェークスピア**〔William Shakespeare〕（一五六四〜一六一六）イギリスの劇作家・詩人。ストラトフォード-オン-エーボン生まれ。ロンドンに出て俳優・劇作家として活躍。三万語におよぶ英語で人間感情を多様に追究し、性格悲劇を創造した。史劇『リチャード三世』『ヘンリー四世』、喜劇『夏の夜の夢』『ベニスの商人』、悲劇『ジュリアス=シーザー』と四大悲劇『ハムレット』『オセロー』『リア王』『マクベス』、ロマンス劇『冬物語』『あらし』、『ソネット集』などの詩作品。↓写

●シェークスピア　王立シェークスピア記念劇場（イギリス）。

**シェークスピア-げき**【シェークスピア劇】シェークスピアの戯曲を上演したもの。シェークスピア劇はエリザベス朝時代に生まれ、すべての国民に親しまれた、健全で普遍的な内容と活力をもつ芝居である。
**シェーク-ハンド**〔shake hands〕①握手。②「シェークハンド-グリップ」の略。
**シェークハンド-グリップ**〔shake-hand grip〕卓球のラケットの持ち方の一種。握手をするような形でグリップを握る。比較 ペンホルダーグリップ。↓卓球図
**シェーグレン-しょうこうぐん**【シェーグレン症候群】おもに涙腺と唾液腺に障害が出る疾患。中年女性に多く、主症状は乾性角結膜炎・口腔粘膜乾燥・慢性関節リューマチなど。Sjögren's syndrome
**ジェー-シー-エス**【JCS】《Joint Chiefs of Staffの略》統合参謀本部。
**ジェー-シー-シー-アイ**【JCCI】《Japan Chamber of Commerce and Industryの略》日本商工会議所。
**ジェー-シー-ペニー**〔J. C. Penney Co., Inc.〕アメリカの巨大小売チェーンの一つ。一九二四年設立。
**ジェー-ティー-ろくじゅう**【JT-六〇】《JAERI Tokamak-60の略》核融合炉開発のため、日本原子力発電所に設置されているトカマク方式の臨界プラズマ試験装置。
**シェード**〔shade〕①光を遮るもの。日よけ。ひさし。②電灯のかさ。
**シェード-さいばい**【シェード栽培】↓しゃこうさいばい（遮光栽培）
**シェーバー**〔shaver〕ひげを剃るための道具。とくに電動式のもの。かみそり。
**シェーパー**〔shaper〕刃物を往復させて、小型工作物の平面やみぞを削る工作機械。形削り盤。
**シェービング**〔shaving〕ひげなどを剃ること。用例 ―ブラシ。
**シェービング-クリーム**〔shaving cream〕ひげ剃り用クリーム。かみそり負けを防ぐ。
**シェーファー**〔Wilhelm Schäfer〕（一八六八〜一九五二）ドイツの小説家。偉人の逸話や小説を書いた。作品『ドイツ魂の一三の書』など。
**シェープ-アップ**〔shape up〕健康と美容のため、体形を整えること。また、そのためにする運動。
**シェーマ**〔Schema ドイ〕①型。形式。②哲学で、図式。
**ジェームズ**〔Henry James〕（一八四三〜一九一六）アメリカの小説家。イギリスに帰化。洗練された心理主義的な小説を書く。作品『アメリカ人』『ある婦人の肖像』『鳩の翼』『使者たち』『黄金の杯』など。
**ジェームズ**〔William James〕（一八四二〜一九一〇）アメリカの心理学者・哲学者。機能心理学を提唱。またパースらとプラグマティズムを創始。著書『宗教的経験の諸相』『プラグマティズム』など。

●ジェームズ一世

**ジェームズ**〈一世〉〔James I〕（一五六六〜一六二五）イギリス王（在位一六〇三〜二五）。スコットランド王（在位一五六七〜一六二五）としては六世。エリザベス一世の死後王位につき、スチュアート朝を創始。英国国教会主義を強調して新旧両教徒を弾圧し、王権神授説を奉じて議会と対立するなど、国民の不満を招いた。↓写
**ジェームズ**〈二世〉〔James II〕（一六三三〜一七〇一）イギリス王（在位一六八五〜八八）。清教徒革命で亡命し王政復古で帰国。議会の反対をおして即位。旧教復活などの反動政治を行い議会と対立。一六八八年名誉革命によりフランスに亡命。
**ジェームズタウン**〔Jamestown〕大西洋南東部、イギリス領セントヘレナ島の中心都市。島の北西岸にある。ナポレオン一世の配流地。人口一五一六（一九七六）。
**シェーラー**〔Max Scheler〕（一八七四〜一九二八）ドイツの哲学者。現象学を倫理学・宗教哲学に適用、また哲学的人間学を構想。著書『倫理学における形式主義と実質的価値倫理学』など。
**シェエラザード**〔Schéhérazade〕①リムスキー=コルサコフ作曲の交響組曲。四楽章。一八八八年作曲。『アラビアン-ナイト』に取材した一種の標題音楽。②バレエ作品。一幕。フォーキン振り付け。一九一〇年初演。①の第一・二・四楽章でバレエに構成。
**シェーレ**〔Schere ドイ〕《鋏の意》↓きょうじょうかかくさ（鋏状価格差）
**ジェーン-エア**〔Jane Eyre〕シャーロット=ブロンテの小説。一八四七年刊。不幸な恋愛を貫き結婚する孤児ジェーン=エアの物語。
**ジェーン-ねんかん**【ジェーン年鑑】ロンドンのジェーン出版社が発行する、軍艦・航空機・兵器システムなどについての各種年鑑の総称。そのデータは世界でもっとも権威あるものとされる。
**シェーンベルク**〔Arnold Schönberg〕（一八七四〜一九五一）オーストリアの作曲家。十二音技法の創始者で、二〇世紀の音楽にもっとも大きな影響を与えた一人。作品『月に憑かれたピエロ』『管弦楽のための変奏曲』『ワルシャワの生き残り』など。
**し-えき**【私益】個人または一部の人の利益。private interest 対義 公益。
**し-えき**【使役】㊀（名・サ変他）使うこと。働かせること。employment ㊁（名）文法で、他になにかをさせることを表す用法。動詞に助動詞の「せる・させる」を添えて表す。「笑わせる」「信じさせる」など。causative verb
**しえき-けん**【使役犬】忠実さやすぐれた知能・嗅覚・聴覚などを利用して、人間の役にたたせるよう訓練した犬。番犬・牧羊犬・盲導犬・警察犬・軍用犬・救助犬・そり犬など。working dog
**じえき-けん**【自益権】社員・株主が法人に対してもつ権利のうち、経済的利益を受ける

ことを目的とする権利。配当請求権・株式買取請求権など。対義 共益権。

**しえ-じけん【紫▽衣事件】** 寛永四年(一六二七)江戸幕府が、大徳寺・妙心寺などの僧の紫衣着用の勅許を無効とした事件。後水尾天皇は退位を決意。幕府に抗議した大徳寺の僧沢庵らは流罪。

**ジェスチャー【gesture】** ＝ゼスチャー。①身ぶり。手ぶり。てまね。用例 ―たっぷり。②見せかけ。そぶり。

**ジェスチャー-ゲーム**《和製語》出題された語や文を、身ぶり・体の動きだけで表現し、人に当ててもらうゲーム。charades

**シェストフ【Lev Shestov】**(一八六六〜一九三八) ロシアの哲学者・評論家。晩年パリで亡命生活。実存主義的、反理性主義的な不安の哲学を唱え、第一次大戦後の哲学・文学に影響を与えた。著書『悲劇の哲学』など。

**シェストレム【Victor Sjöström】**(一八七九〜一九六〇) スウェーデンの映画監督・俳優。無声映画時代のスウェーデンを代表する監督。作品『生恋死恋』『霊魂の不滅』(監督・主演)など。

**ジエチル-エーテル【diethyl ether】** 化学式$C_2H_5OC_2H_5$ 芳香のある無色の液体。引火しやすい。麻酔剤・溶剤などに利用。エチルエーテル。エーテル。

**しエチル-なまり【四エチル鉛】** 化学式$Pb(C_2H_5)_4$ 無色油状の可燃性液体。臭気をもち、猛毒。ガソリンのオクタン価を高めるために添加。テトラエチル鉛。tetraethyl lead

**しエチルなまり-ちゅうどく【四エチル鉛中毒】** 四エチル鉛の体内摂取によりおこる激しい中毒。死亡事故も多い。不眠・幻覚などの精神神経症状が主。テトラエチル鉛中毒。

**ジェッダ【Jidda; Jiddah】** ジッダの別称。

**ジェット【jet】** ①狭い孔から流体が連続的に噴出すること。その噴出物。噴流。噴射。噴出。②ジェットを利用した水車・蒸気タービン・ジェット機などの略。

**ジェット-エンジン【jet engine】** 吸入・圧縮した空気中に燃料を噴射して燃焼させ、発生した高温高圧のガスを噴射し、その反動で推進するエンジン。噴射式推進装置。

**ジェット-き【ジェット機】** ジェットエンジンを搭載した航空機。jet plane

**ジェット-きりゅう【ジェット気流】** 対流圏の上部または成層圏の下部で、ほぼ水平で狭い領域に集中した強い気流。冬は北緯三〇度付近にあり、夏には四五度付近まで北上する。噴流。jet stream

**ジェット-コースター**《和製語》遊園地などの、娯楽設備の一種。起伏に富むレール上を、高速で走る乗り物に乗ってスリルを楽しむ。roller coaster

**ジェットすいしん-けんきゅうじょ【ジェット推進研究所】**(Jet Propulsion Laboratory) アメリカ、カリフォルニア工科大学の付属研究所。NASAの惑星探査機ボイジャー計画への協力で知られる。

**ジェットすいしん-せん【ジェット推進船】** ポンプで吸い入れた水を船尾から噴射し、その反動で進む船。水深の浅い河川・湖沼の舟艇、人命救助艇などに適している。jet propulsion ship

**ジェット-スキー【jet ski】** 船型ボードにエンジンとハンドルをつけた小型艇。スポーツ・レジャー用。↓写

●ジェットスキー

**ジェット-ねんりょう【ジェット燃料】** ジェットエンジン用の航空燃料。燃焼性・耐寒性に優れ、発熱量が大きい。アルケンや芳香族炭化水素分の少ない重質ガソリンまたは灯油留分を精製して製造する。jet fuel

**シェッフェル【Joseph Viktor von Scheffel】**(一八二六〜一八八六) ドイツの詩人・小説家。長編叙事詩『ゼッキンゲンのラッパ手』、歴史小説『エッケハルト』など。

**シェトランド-シープドッグ【Shetland sheep dog】** イヌの一品種。肩高約三四cm。コリーに似た小形の牧羊犬・家庭犬。イギリスのシェトランド諸島原産。シェルティー。↓犬写

**シェトランド-しょとう【シェトランド諸島】**(Shetland Islands) イギリス、スコットランドの北東二〇〇kmにある大小一〇〇余の島群。中心はメーンランド島。高緯度にあり、夏には白夜が楽しめる。

**シェトランド-ポニー【Shetland pony】** ウマの一品種。肩高約一mの小形のウマであるが、頑健で毛色が美しい。愛玩用。イギリスのシェトランド諸島原産。シェルティー。

**ジェトロ【JETRO】**《Japan External Trade Organizationの略》日本貿易振興会。通産省所管の全額政府出資の特殊法人で、海外市場調査・貿易促進への協力などを行う。昭和三三年(一九五八)設立。

**シエナ【Siena】** イタリア中部、キャンティ山中の観光都市。中世に繁栄した古都で、聖堂やシエナ派の絵画など文化財に富む。人口六・九万(一九七一)。

**シエナ-だいせいどう【シエナ大聖堂】** イタリア中部のシエナにある聖堂。イタリア-ゴシック建築の代表作。Cathedral of Siena

**シエナ-は【シエナ派】** 一三〜一五世紀にかけてイタリア中部のシエナに起こった画派。フィレンツェ派と並び、イタリア-ルネサンスの二大流派の一つ。叙情的・装飾的様式を確立。グイド＝ダ＝シエナ・ドゥッチョ・マルティーニ・ロレンツェッティ兄弟ら。Sienese school

**ジェニー【François Gény】**(一八六一〜一九五九) フランスの法哲学者。法源発見のための自由な学問的探究を説き、制定法万能主義を批判。著書『私法解釈の方法論』など。

**ジェニーナ【Augusto Genina】**(一八九二〜一九五七) イタリアの映画監督。作品『さらば青春』『月光の曲』など。

**シェニール-いと【シェニール糸】**《chenilleフランスは毛虫の意》飾りより糸。表面に短いけばを立てたもの。シェニール織りに使う。主として装飾用。モール糸。chenille yarn

**シェニエ【André-Marie de Chénier】**(一七六二〜一七九四) フランスの詩人。ギリシア趣味豊かな叙情詩の多くは死後発表された。革命に参加し処刑された。作品『悲歌』『牧歌』など。

**ジェネット【genet】** ヨーロッパ産の小形の肉食獣。体長・尾長ともほぼ同じで約四五cm。ジャコウネコの仲間で、臭腺はあるが、ジャコウネコほど発達していない。

**ジェネバ【Geneva】** ↓ジュネーブ

**ジェネレーション【generation】** ＝ゼネレーション。①世代。②同時代の人々。

**ジェノア【Genoa】** ジェノバの別称。

**ジェノサイド【genocide】** 人種の差別や宗教上の偏見による皆殺し。

**ジェノサイド-じょうやく【ジェノサイド条約】**(Genocide Convention) ナチスによるユダヤ人虐殺のような集団殺害を防止し、その処罰を定めた条約。一九四八年国連総会で採択。

**ジェノバ【Génova】** イタリア北西部、ジェノバ湾に臨む港湾都市。後背地に工業地帯をひかえ、地中海有数の貿易港。中世には貿易・金融の中心として栄え、文化遺産が多い。人口七四・七万(一九八三)。ジェノア。

**ジェノバ-きょうわこく【ジェノバ共和国】**(Repubblica di Genova) イタリアのコムーネ(自治共和国)。一一世紀以来コルシカ・サルデーニャを植民地とし、一二〜一三世紀に全盛。一四世紀ベネチアとの海戦に敗れ衰退。以後財閥貴族による寡頭共和制を樹立、ナポレオンによる征服まで継続。

**シェパード【shepherd】** ドイツ原産のイヌの品種。正しくはジャーマンシェパード。体高約六〇cm、体重約三〇kg。軍用犬・警察犬・盲導犬などに使用。セパード。↓犬写

**シェパード-チェック【shepherd check】** 織物の柄の名。スコットランドの格子柄のなかでももっともオーソドックスなもので、大きさが等しい白黒のチェックをさす。現在は配色や格子の大きさが多様化している。

**シェフ【chefフランス】**《長・頭の意》レストランの料理長。chief

**ジェファーソン【Thomas Jefferson】**(一七四三〜一八二六) アメリカの政治家。第三代大統領(在任一八〇一〜一八〇九)。一七七六年独立宣言を起草。九〇年ワシントンの下で初代国務長官。大統領在任中、ルイジアナを購入。アメリカ民主主義の父とされる。

**ジェファーソン-シティ【Jefferson City】** アメリカ中北部、ミズーリ州中部、ミズーリ川沿いの商工業都市。同州の州都。人口三・四万(一九八〇)。

**シェファービル【Schefferville】** カナダ、ケベック州北東部の鉱山都市。鉄鉱石の産地。人口二万(一九八一)。

**シェフィールド【Sheffield】** イギリス、イングランド北部の工業都市。一四世紀から刃物の生産で知られる鉄鋼業の中心地。人口五三・九万(一九八五)。

**シェフチェンコ【Taras Hryhorovich Shevchenko】**(一八一四〜一八六一) ロシア、ウクライナの詩人。ウクライナ民族文学の父。詩集『コブザーリ』、長詩『ガイダマキ』。美術作品もある。

**シェブロン【Chevron Corp.】** メジャー(＝国際石油資本)の一つ。一九一一年スタンダードグループの解体によって成立したスタンダード-オイル-オブ-カリフォルニア社が、一九八四年に社名変更して成立。

**ジェボンズ【William Stanley Jevons】**(一八三五〜一八八二) イギリスの経済学者・論理学者。限界効用理論の創始者の一人として近代経済学の生誕に貢献。また、ブール代数の普及に努めた。著書『経済学の理論』など。

**ジェラシー【jealousy】** 嫉妬。やきもち。

**シェラトン【Thomas Sheraton】**(一七五一〜一八〇六) イギリスの家具設計家。『家具設計図集』『家具辞典』などを発刊し、当時の家具に影響を与えた。

**シエラネバダ-さんみゃく【シエラネバダ山脈】**(Sierra Nevada) アメリカ、カリフォルニア州東部の山脈。最高峰ホイットニー山は標高四四一八m。山脈中には、ヨセミテ国立公園などがある。

**シエラネバダ-さんみゃく【シエラネバダ山脈】**(Sierra Nevada) スペイン南部、アンダルシア地方の山脈。最高峰ムルアセン山は標高三四八二m。南斜面でブドウ・オリーブなどが栽培されている。

**シエラマドレ-さんみゃく【シエラマドレ山脈】**(Sierra Madre) メキシコ中央部を占める大山脈。東・西・南の三つの山脈の総称。最高峰オリサバ山は標高五六九九m。

**シエラモレーナ-さんみゃく【シエラモレーナ山脈】**(Sierra Morena) スペイン南部、アンダルシア山脈の北を東西に連なる山脈。最高峰エストレラ山は標高一二九九m。

**ジェラルディ【Paul Géraldy】**(一八八五〜一九八三) フランスの詩人・劇作家。叙情詩集『お前と私』、戯曲『愛する』など。

**シエラ-レオネ【Sierra Leoneスペイン】**(Republic of Sierra Leone) 西アフリカ南西端、大西洋に臨む共和国。首都フリータウン。一九六一年イギリスから独立。もとは胡椒海岸といわれ、一六〜一八世紀には奴隷貿易がさかんに行われた。ダイヤモンド・鉄鉱石を産出。面積七・二万km²。人口三六七万(一九八六)。正称シエラレオネ共和国。

**シェラン【Alexander Lange Kielland】**(一八四九〜一九〇六) ノルウェーの小説家。急進的立場から地方都市の社会悪を摘発した。作品『ガルマンとウォルシェ』など。ヒェラン。キーランド。

**シェリー【sherry】** スペイン、ヘレス産のワイン。ブランデーでアルコール分を強化する。アルコール分一五〜二〇%。

**シェリー【Mary Wollstonecraft Shelly】**(一七九七〜一八五一) イギリスの女流小説家。詩人P＝B＝シェリーの二番目の妻。怪奇小説『フランケンシュタイン』の作者。

**シェリー【Percy Bysshe Shelley】**(一七九二〜一八二二) イギリス-ロマン派の詩人。美への感性にあふれた叙情詩を書いた。長詩『マブ女王』『アラスター』、詩『西風の賦』『雲』『雲雀によせて』、詩劇『チェンチ家』『プロメテウス解縛』、詩論『詩の弁護』など。

**ジェリコ【Jericho】** イェリコの英語読み。

**ジェリコー【Jean-Louis-André-Théodore Géricault】**(一七九一〜一八二四) フランスの画家。写実に根ざした大胆な描写と色調でロマン主義絵画の先駆となる。作品『メデューズ号の筏』『エプソムの競馬』など。↓ロマン主義写

**シェリダン【Richard Brinsley Sheridan】**(一七五一〜一八一六) イギリスの劇作家・政治家。的確な性格描写と対話で風習喜劇に新しい生命を与えた。戯曲『恋敵』『悪口学校』『批評家』など。

**シェリフ【Robert Cedric Sherriff】**(一八九六〜一九七五) イギリスの劇作家。反戦劇『旅路の終わり』で知られる。

し

**シェリング**【Friedrich Wilhelm Joseph von Schelling】(一七七五〜一八五四) ドイツの哲学者。客観的観念論と評される同一哲学を主張。ドイツ-ロマン主義思潮の代表者。著書『人間的自由の本質』など。
**シェリング**【Henryk Szeryng】(一九一八〜一九八八) メキシコのバイオリン奏者。ポーランド生まれ。端正で雄大な演奏で国際的に活躍。
**シェリントン**【Charles Schott Sherrington】(一八五七〜一九五二) イギリスの神経生理学者。神経細胞の機能研究に貢献。エードリアンとともに一九三二年ノーベル生理学医学賞受賞。
**シェル**【shell】 貝殻。
**シェル**【Maximillian Schell】(一九三〇〜) ドイツの映画俳優。主演作『トプカピ』『ニュールンベルグ裁判』など。
**シェル-こうぞう**【シェル構造】 建築の曲面構造の一種。薄い鉄筋コンクリート板の曲面のもつ力学的特質を利用して、貝殻(シェル)を伏せたような大きな屋根を構成できる。shell construction ↓写

●シェル構造　オーストラリア、シドニー－オペラハウス。

**ジェルジャービン**【Derzhavin】 ↓デルジャービン
**ジェルジンスク**【Dzerzhinsk】 ソ連中西部、ボルガ川支流オカ川に臨む工業都市。人口二七・七万(一九八六)。
**シェルター**【shelter】 ①避難所。遮蔽物。②核戦争時の放射能をさけるための退避壕。核シェルター。
**シェルパ**【sherpa】 ↓シェルパぞく(シェルパ族)
**シェルパ-ぞく**【シェルパ族】 チベット系の一民族。ネパール東部の高地に居住。農耕とヤク・ゾーの牧畜に従事。多くはラマ教徒。ヒマラヤ登山の案内や荷揚げに活躍し、民族名がそれらの仕事にたずさわる人々の名称となった。シェルパ。Sherpa
**シェルブール**【Cherbourg】 フランス北西部、コタンタン半島北端の港湾都市、軍港。人口二・八万(一九八二)。
**シェルヘン**【Hermann Scherchen】(一八九一〜一九六六) ドイツの指揮者・評論家。現代作品を多く初演。
**ジェルミ**【Pietro Germi】(一九一四〜一九七四) イタリアの映画俳優・監督。作品『越境者』『鉄道員』など。
**ジェルミナール**【Germinal】 ゾラの小説。一八八五年刊。題名は革命暦の「芽生えの月」のこと。炭坑労働者と資本家の対決を描く。
**シェルモールド-ほう**【シェルモールド法】 鋳造法の一つ。熱した金型に熱硬化性樹脂を混ぜた珪砂をふりかけてつくった薄い殻の鋳型を使う。精度のよい鋳物が得られる。shell molding
**シェルラン-とう**【シェルラン島】(Sjælland) デンマーク東部の島。東岸に首都コペンハーゲンがある。面積七〇一六㎢。酪農がさかん。
**ジェローム**【Jerome Klapka Jerome】(一八五九〜一九二七) イギリスの小説家・劇作家。ユーモアに富んだ読物『閑人閑話』『ボートの三人男』で有名。
**ジェロニモ**【Geronimo】(一八二九〜一九〇九) アメリカインディアン、アパッチ族の指導者。一八七六〜八六年、アパッチ族の領域のアリゾナ・ニューメキシコ地方に進出した白人と抗争。
**ジェロムスキ**【Stefan Zeromski】(一八六四〜一九二五) ポーランドの小説家。社会悪と戦う人々を描く。作品『家なき人々』『早春』など。
**ジェロントクラシー**【gerontocracy】 老人政治。長老支配政治。
**ジェロントロジー**【gerontology】 老年学。
**し-えん**【支援】(名・サ変他) 力を添えて助けること。後援。support
**し-えん**【私▼怨】 個人的な恨み。personal grudge
**し-えん**【紙▼鳶】 凧の別称。
**し-えん**【紫煙・紫▼烟】 ①むらさき色のけむり・もや。purplish smoke ②タバコのけむり。tobacco smoke 用例 —をくゆらす。
**し-えん**【試演】(名・サ変他) 演劇などをためしに演じること。trial performance
**じ-えん**【自演】(名・サ変自) 自分の作品を自分で演出したり、出演したりすること。
**じえん**【慈円】(一一五五〜一二二五) 鎌倉初期の天台宗の僧。天台座主。関白藤原忠通の子。和歌にすぐれ、家集『拾玉集』のほか、史論『愚管抄』を著した。
**ジエン**【diene】 ↓ジオレフィン
**しえんか-エチレン**【四塩化エチレン】 無色透明の液体。溶剤であるが、鉤虫駆除、とくに十二指腸虫に有効。テトラクロロエチレン。tetrachlorethylene
**しえんか-けいそ**【四塩化▼珪素】 化学式 $SiCl_4$ 発煙性の透明液体。珪素樹脂の原料。
**しえんか-たんそ**【四塩化炭素】 化学式 $CCl_4$ 芳香をもつ沸点七六・七℃の無色の液体。化学的に安定なため、各種の溶剤・消火剤に利用。テトラクロロメタン。carbon tetrachloride
**しえんかたんそ-ちゅうどく**【四塩化炭素中毒】 四塩化炭素の蒸気吸入および液体の皮膚からの吸収によりおこる急性・慢性の中毒。肝障害・頭痛・めまいなどをともなう。carbon tetrachloride poisoning
**シェンキエビチ**【Henryk Sienkiewicz】(一八四六〜一九一六) ポーランドの小説家。歴史小説の巨匠。ネロ時代のローマにおけるキリスト教徒の迫害史を描いた『クオ-バディス』で有名。一九〇五年ノーベル文学賞受賞。作品『十字軍団の騎士』など。
**シェンケーヴィッチ**【Henryk Sienkiewicz】 ↓シェンキエビチ
**シェンケンドルフ**【Max von Schenkendorf】(一七八三〜一八一七) ドイツの詩人。愛国的な詩を書いた。詩集『祖国への春の挨拶』など。
**ジェンダー**【gender】 ①文法で、名詞の性。②生物学上の雌雄を表すセックスに対し、社会的・文化的につくられた男女の性別。イリイチが用いた概念。
**シェンチェン**【深圳】(Shēnzhèn) ↓しんせん(深圳)
**ジェントリー**【gentry】 イギリスの絶対王政下における富裕な農業経営者層。貴族の下、ヨーマンの上におかれる。中世末には地方政治を支え、近代に入ると中央政界に進出。一七世紀以降の市民革命にも大きな役割を果たした。
**ジェントルマン**【gentleman】 紳士。ゼントルマン。対義 レディー。
**ジェンナー**【Edward Jenner】(一七四九〜一八二三) イギリスの内科医。一七九六年牛痘にかかった人が、天然痘にかからないことにヒントを得、その後の研究で牛痘種痘法を確立した。
**ジェンマ**【Giuliano Gemma】(一九三八〜) イタリアの映画俳優。主演作『荒野の一ドル銀貨』『怒りの荒野』など。
**シェンヤン**【瀋陽】(Shěnyáng) ↓しんよう(瀋陽)
**シエンヤン**【咸陽】(Xiányáng) ↓かんよう(咸陽)
**しお**【▽入】(助数) 染色をするさいに、染め汁に糸などを浸す度数を数える語。用例 八入—の色。
**しお**【塩】 ①主成分が塩化ナトリウムの白い結晶体。塩辛い味の基本的調味料。または工業用。けがれを清めるものとしても使われる。食塩。salt ②塩かげん。用例 —があまい。—をきかす。数え方 一さじ。
**塩が効く**(しおがきく) ①塩加減がよい。well salted ②効き目がある。effective
**塩が浸む**(しおがしむ) 世間の苦労が身にしみる。世に出て苦しい経験を積む。しおじむ。潮を踏む。
**しお**【潮・▼汐】 ①月や太陽の引力による海水の周期的な満ち引き。tide 用例 上げ—。引き—。②海水・海流。tide ③機会。しおどき。chance 用例 来客を—に席を立つ。
**潮が適う**(しおがかなう) 船出に、ちょうどよい潮ぐあいだ。the tide is favorable
**潮の八百路**(しおのやおじ) ①海の多くの水路。②遠い船路。
**潮を踏む**(しおをふむ) 世の中へ出て、苦労を重ねる。つらい目にあう。塩を踏む。塩が浸む。
**しおを**【志雄】〈町〉 石川県能登半島基部、羽咋市南隣の町。稲作が中心。ブドウ栽培も行われる。人口八〇六三(一九八八)。
**しお-あい**【潮合(い)】 ①潮が満ち引きするころ。tidal hour ②ちょうどよいおり。しおどき。好機。chance
**しお-あし**【潮足】 潮の満ち干の速さ。
**しお-あじ**【塩味】 塩でつけた味。salty taste
**しおい-うこう**【塩井雨江】(一八六九〜一九一三) 詩人・国文学者。本名、正男。兵庫県生まれ。東大卒。長詩『深山の美人』、『新古今集詳解』など。
**ジオイド**【geoid】《地球に似たもの、の意》凹凸のある地球表面を平均海水面でならしたときできる仮想的地球。地球重力の方向とは垂直で、地球の基本形とする。
**しお-いり**【潮入り】 海につながっている川・池・沼などに海水が流れこむこと・所。
**し-おう**【雌黄】 ①石黄の古名。砒素の硫化物で、黄色の顔料。有毒。薬用、絵の具用。②東南アジア産オトギリソウ科の常緑高木が出す、黄色樹脂。顔料や水彩絵の具の原料となる。
**雌黄を加える**(しおうをくわえる)《昔、雌黄を使用して行ったことから》詩などを添削、また、批評する。
**じ-おう**【地黄】 ①ゴマノハグサ科の多年草。肥大した根茎より、ちりめん状のしわのある長楕円形の葉が束生。初夏、淡紅紫色の鐘状花を開く。中国北部原産で、古くから栽培。アカヤジオウ。②①の根を乾燥した生薬。補血・強壮・解熱などの効果がある。
**しおう-ごうん**【四王呉▼惲】 中国、清初の文人画壇を代表する六大家の通称。四王は王時敏・王鑑・王原祁・王翬、呉惲は呉歴・惲寿平。
**しお-うみ**【潮海】 ①塩分をふくんだ海。sea ②塩湖。salt lake 対義 淡海。
**し-お・える**【▽為終える】(下一他) 仕事をすませる。なしとげる。完了する。finish 用例 宿題を—。
**ジオーク**【William Francis Giauque】(一八九五〜一九八二) アメリカの物理化学者。常磁性塩類を消磁することにより低温が得られることを提唱。酸素の同位体の酸素一七と酸素一八を発見。一九四九年ノーベル化学賞受賞。
**しお-おし**【塩押し・塩▽圧し】(名・サ変他) 余分な水分を取り除く、漬物の下ごしらえ。ごく少量の塩を振り、軽い重石をして、短時間おく。下漬け。
**し-おお・せる**【▽為▽果せる】(下一他) じゅうぶんに、なしとげる。成就する。accomplish
**しお-かげん**【塩加減】 塩でする味のつけぐあい。seasoning with salt
**しお-がしら**【潮頭】 沖からさしてくる潮の波がしら。wave crest
**しお-かぜ**【潮風】 海面上を吹いてくる風。sea breeze
**しお-がま**【塩▼釜・塩▼竈】 ①塩を作るため、海水を煮つめるかま・かまど。②干菓子の中の打ち物の一つ。みじん粉に砂糖と塩、海藻の粉末などをまぜ、しめり気をもたせてから木枠に入れて形づくる。仙台地方の名物。
**しおがま**【塩▼竈】〈市〉 宮城県中部、松島湾に臨む市。塩竈神社の門前町、漁港として発達。三陸漁業の基地で、水産加工などの工業がさかん。人口六万二〇三七(一九八八)。
**しおがま-ぎく**【塩▼竈菊】 ゴマノハグサ科の多年草。日当たりのよい山野にはえる。高さ約六〇㎝。葉は尖頭長楕円形。夏に、紅紫色の唇形花を茎頂につける。
**しおがま-じんく**【塩▼竈甚句】 宮城県塩釜地方の座敷唄。ハットセ節。
**しおがま-じんじゃ**【塩▼竈神社】 宮城県塩竈市一森山にある旧国幣中社。祭神は塩土老翁神ほか四神。海上安全、安産の神とされる。陸奥国一の宮。明治期より志波彦神社を合祭。正称は志波彦塩竈神社。
**しお-から**【塩辛】 魚介類の肉・内臓・生殖巣などを塩漬けにして腐敗を防ぎ、発酵熟成させた食品。
**塩辛食おうとて水を飲む**(しおからくおうとてみずをのむ)《塩辛を食べるとのどが渇くので、前もって水を飲んでおく意から》手回しがよすぎて、かえって間が抜けているたとえ。
**しお-から・い**【塩辛い】(形) 塩けが強い。しょっぱい。salty 派生 しおからさ(名)

しおから-ごえ【塩辛声】しわがれた声。hoarse voice
しおから-とんぼ【塩辛▼蜻▼蛉】トンボ科の昆虫。腹長約五cm。羽化したばかりのときは、雌雄とも麦わら色だが、成熟すると雄は黒色化し、塩がふいたように白粉でおおわれるのでシオカラトンボといい、雌は麦わら色に黒い条が走るのでムギワラトンボという。日本全土に分布。↓図

●シオカラトンボ　雄。

しおかわ【塩川】〈町〉福島県会津盆地、日橋川に沿う町。旧宿場町。会津盆地の稲作中心地。人口一万六六五八(一九八八)。

し-おき【仕置(き)】①処置。②こらしめ。chastisement ③おしおき。

しお-ぎ【塩木】製塩するため海水を煮つめるのに用いた薪のこと。薪の伐採を「塩木なめ」、搬出を「塩木流し」と称する所もある。

しお-くぐ【塩▼莎▽草】カヤツリグサ科の多年草。高さ約六〇cm。河口の湿地にはえる。茎・葉に三稜がある。葉は線形。夏に、茶褐色の花を数個つける。ハマクグ。

しお-くじら【塩鯨】クジラの脂肪部分の塩漬け。薄切りしてゆで、汁の実・なべ物・野菜いためなどに用いる。

しお-くみ【潮▼汲み・▼汐▼汲み】㊀食塩を作るために、海水をくむこと・人。㊁《汐汲み》歌舞伎舞踊。長唄による七変化舞踊『七枚続花の姿絵』の一つ。能の『松風』の舞踊化。文化八年(一八一一)初演。

しおくみ-にんぎょう【▼汐▼汲み人形】歌舞伎舞踊の『汐汲み』の女性のすがたを人形化したもの。三月節句に、添え人形としてひな段に飾られる。

しお-ぐもり【潮曇(り)】海上が潮気のために曇って見えること。mist on the sea
し-おくり【仕送り】(名・サ変自他)生活費を送ること。remittance
しお-け【塩気・▼鹹気】塩の味。塩分。saltiness 用例 ―が強い。

しお-け【潮気】海辺の、塩分を含んだ、湿った空気。sea air
しお-け【潮▼蹴】死者を埋葬したあと穴掘り役の人たちが、海の水で体や鍬を清めること。長崎県五島地方の習俗。

しお-けむり【塩煙】塩を焼くかまの煙。

しお-けむり【潮煙】海水のしぶき。spray of the sea water 用例 ―が立つ。

しお-こしょう【塩▼胡▼椒】塩とこしょう。また、塩とこしょうで味をつけること。
しお-ごり【潮▼垢離】身をきよめるために海水を浴びること。
しお-さい【潮▽騒】潮が満ちてきて、波が立ちさわぐこと。その波の音。しおざい。sea roar
しお-ざかい【潮境】①異なる性質の潮流の境界。水温や塩分および透明度が急変する。親潮と黒潮が接触する三陸沖などはこの例。比較 潮目。②物事の境目。border
しお-ざかな【塩魚】塩漬け、または塩をふりかけた魚。塩物。salted fish
しお-さき【潮先】①さして来る潮の先。潮がしら。rising tide ②物事のはじめ。beginning
しお-ざけ【塩▼鮭】サケの塩蔵品。従来は魚体重量の約四〇%の食塩を用いたが、薄塩製品もある。salted salmon 参照 新巻き。
し-おさめ【仕納め】最後の仕事・行動。the last work to be done 用例 プレーの―。
しおざわ【塩沢】〈町〉新潟県南部、魚野川沿いの町。旧宿場町。塩沢御召など織物が特産。石打などのスキー場があり、観光の町としても有名。人口二万一〇〇一(一九八八)。
しお-じ【塩地】山地にはえるモクセイ科の落葉高木。葉は羽状複葉で、小葉は長卵形。初夏に、花弁のない小花を円錐状につける。材は建築用。関東以西に分布。
しお-じ【潮路】①海流の流れる道すじ。tideway ②船の往来する道すじ。海路。sea route
しお-しお(と)【▼悄▼悄(と)】(副)元気のないさま。in low spirits
しお-じり【塩▼尻】①塩田で、砂を塚のように積みあげたもの。海水を注ぎかけ、日にさらすと塩分が固着する。②すりばち。cone-shaped
しおじり【塩▼尻】〈市〉長野県中部、松本市南隣の市。旧宿場町。ブドウの栽培がさかんで、ぶどう酒の醸造も行われている。平出遺跡がある。人口五万六一八四(一九八八)。
しおじり-とうげ【塩▼尻峠】長野県中部、松本盆地と諏訪盆地の境をなす峠。標高九九九m。中山道の峠として知られ眺望がよい。
しお-せ【潮瀬】海水の流れ。current
しお-ぜ【塩瀬】①絹織物の一種。布面に横畝のある平織りの織物。厚地の羽二重に似ているため塩瀬羽二重ともいう。半襟地・袱紗・帯地用。②①を模倣した平織りの人絹織物。
しお-ぜい【塩税】↓えんぜい(塩税)
しお-せんべい【塩▼煎▼餅】うるち米の粉を水で練って蒸してから、つき、薄く延ばしてしょうゆでつけ焼きにした焼き菓子。

しおた【塩田】〈町〉佐賀県南西部、塩田川に沿う町。古く水陸交通の要地。陶土生産などが行われる。人口一万二六一七(一九八八)。
しお-だし【塩出し】(名・サ変自)塩蔵食品の塩分を、調理に向く塩かげんになるまで除く方法。薄い塩水や真水に浸したり、湯をくぐらせたり注いだりする。塩抜き。removal of the salt
しお-だち【塩断ち】(名・サ変自)神仏に願をかけて、一定期間塩気のある物を食べないこと。
しお-だまり【潮▼溜(ま)り】磯の岩礁上などで、潮がひいても海水が残っているところ。tidal pool
しお-だら【塩▼鱈】タラの塩蔵品。頭と内臓を除いて塩蔵する。また、開きにして塩蔵した後、乾燥したもの。
しお-た・る【潮垂る】古語(下二自)↓しおたれる(潮垂れる)
しお-た・れる【潮垂れる】(下一自)①海水や潮気でぬれて、着物からしずくが垂れる。②悲しみに沈む。be deep in grief ③元気をなくす。be dejected ④泣く。weep
しお-づけ【塩漬(け)】野菜・魚・肉などを塩で漬けること。また、その漬けたもの。塩の浸透作用で不要な水分が除かれ、腐敗を防ぎ、貯蔵によい。酵素の働きで風味が出る。salt; salted food
しおつち-の-かみ【塩▼椎神】日本神話の神。海幸山幸の神話に出てくる海神で、山幸彦を舟で海神の宮へ渡した神。塩土老翁。
しおで【▽牛尾▽菜】ユリ科のつる性多年草。山野にはえ、巻きひげがある。雌雄異株。夏に淡黄緑色の花が咲く。果実は黒熟する。若芽は食用。↓写

●シオデ

しお-どき【潮時】①潮が満ち引きする時。tidal hour ②ちょうどよいおり。好機。機会。chance 用例 ―をみはからう。
しお-どけい【潮時計】潮の満ち干から時刻を知るため、月の出、月の入り、潮の干満の時刻を表にしたもの。
し-おと・す【▽為落(と)す】(五他)①一部分をしないでしまう。fail to ②ないがしろにする。make light of
しお-に【塩煮】塩味で煮ること。その料理。
シオニズム【Zionism】《エルサレムの古い愛称シオンSionから》紀元七〇年のユダヤ人国家滅亡以来流浪し差別・迫害をうけてきたユダヤ人を一つの民族にまとめ、祖先の地パレスチナに国家を再建しようとする思想と運動。一九世紀後半からヘルツルらを中心に起こった。シオン主義。
しお-ぬき【塩抜き】(名・サ変自)↓しおだし(塩出し)
しおのえ【塩江】〈町〉香川県南部、香東川上流の町。野菜・茶・花卉栽培がさかん。塩江温泉がある。人口四二八八(一九八八)。
しお-の-みさき【潮岬】和歌山県南端、串本町にある岬。本州最南の岬で、明治六年(一八七三)建設の灯台がある。
しおのや-おん【塩▽谷温】(一八七八―一九六二)中国文学者。東京生まれ。東大教授。中国俗文学研究の先駆者。著書『支那文学概論』『新字鑑』など。
しおのや-とういん【塩▽谷▼宕陰】(一八〇九―六七)江戸末期の漢学者。名は世弘。江戸の人。昌平黌の儒官。著書『阿芙蓉彙聞』『宕陰存稿』など。
しお-ばな【塩花・潮花】①清めのためにまく海水、または塩。②飲食店などで門口に盛りあげておく塩。もり塩。③《「潮花」で》白い波。
しお-はま【塩浜】↓えんでん(塩田)
しお-はゆ・い【▼鹹い】(形)塩辛い。salty
しおばら【塩原】〈町〉栃木県北部の山間の町。塩原十一湯と、紅葉・渓谷美で知られる温泉・観光の町。人口九五三二(一九八八)。
しお-ばらい【塩払い】葬儀から戻った人が家に入る前に、体に塩をふりかけて浄める行為。
しおばらたすけ【塩原多助】歌舞伎『塩原多助一代記』の通称。
しおばらたすけいちだいき【塩原多助一代記】①落語の題名。百姓多助が苦労の末に成功する話。愛馬の青との別れが有名な人情噺。三遊亭円朝の代表作の一つ。実在した塩原屋太助がモデル。②①を脚色した歌舞伎の外題。三遊亭円朝作の人情噺を脚色したもの。
しお-ひ【潮干】①海水が引くこと。引き潮。ebb tide ②潮干狩り。shell-gathering
しおひ-がた【潮干潟】潮が引いて現れた所。干潟。ebb tide beach
しおひ-がり【潮干狩(り)】干潮時の海浜で貝などを採取して楽しむこと。四月の大潮(陰暦の三月三日ごろ)が最適とされる。shell gathering
しお-びき【塩引(き)】(名・サ変他)魚類を塩漬けにすること。塩漬けにしたもの。とくに、サケ・マスの塩蔵品を言う。salted fish
しお-ふき【潮吹き】①クジラの呼気。クジラの呼気が水滴となり、あたかも海水を吹き上げているように見えること。spouting ②バカガイ科の海産の二枚貝。殻長約五cm。内湾干潟の砂泥中にすむ。食用。東北地方から朝鮮半島・台湾沿岸に分布。③「潮吹き面」の略。↓図

●シオフキ②

しおふき-めん【潮吹(き)面】里神楽の馬鹿踊りに用いる面の一つ。ひょっとこ。
ジオプトリー【Dioptrieドイツ】メートル単位で表したレンズの焦点距離の逆数。眼鏡レンズの度数(屈折力)を表す。凸レンズは正の値、凹レンズは負の値とする。diopter
しおぶね-の【潮舟の】［枕ことば］《沖を並んで行く舟、岸につながれている舟のようすから》「並ぶ・置く」にかかる。用例 乎久佐壮子と乎具佐助丁と―並べて見れば乎具佐勝ちめり(万葉・一四・三四五〇)。
しお-ぼし【塩干し】(名・サ変他)魚類を塩漬けしたのち、乾燥すること。また、その製品。丸干しと開き干しがある。ひもの。salted and dried
しお-ま【潮間】潮の引いているあいだ。at low tide
しお-ます【塩▼鱒】マスの塩蔵品。魚体重量の約四〇%の食塩を加えて漬けこむ。主としてカラフトマスが原料。
しお-まち【潮待ち】(名・サ変自)①船出のために潮が満ちてくるのを待つこと。wait for the rising tide ②よい時機を待つこと。wait for a good chance
しお-まつり【潮祭(り)】不漁が続いたときに、漁師が漁の神を祭り大漁を祈願する行事。恵比須祭り。げん直し。まん直し。
しお-まねき【潮招・▽望▽潮】暖地の海岸・河口の干潟の穴にすむスナガニ科のカニ。甲長約一・七cm、甲幅約二・七cm。暗青色で紫色の網目模様がある。雄の左右のはさみ脚は大きさが

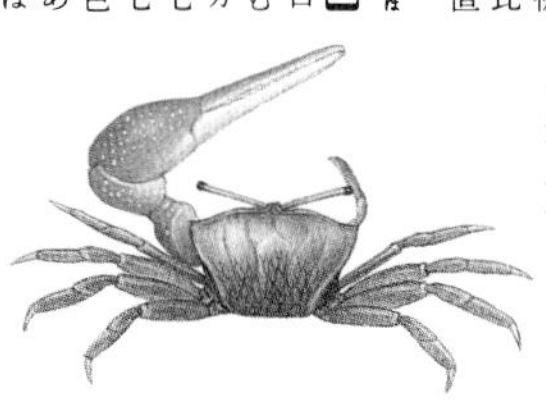
●シオマネキ

著しく異なる。有明海・黄海などに分布。↓図

**しお-み**【塩味】 塩からい味。塩あじのぐあい。しおけ。salt 用例 ―が少し強い。

**しお-みず**【塩水】 塩分を含む水。食塩を溶かした水。salt water 対義 真水。

**しお-みず**【潮水】 海水。うしお。sea water

**しおみ-だけ**【塩見岳】 長野・静岡県境、赤石山脈中央部にある山。標高三〇四七m。秀麗な山容で知られる。

**しお-みどろ**【潮味泥】 褐藻植物シオミドロ属の海藻の総称。糸状の体は無数に分岐する。種類は多く、同定は困難。

**しお-め**【潮目】 異なる潮流の境目。水温や塩分濃度などの性質が異なる水塊の境界域に現れる。プランクトンが繁殖するので好漁場。current rip

**しお-もの**【塩物】 塩漬けにした魚。塩引き。salted fish

**しお-もみ**【塩▼揉み】(名・サ変他) 調理の下ごしらえの一つ。野菜などに少量の塩を振り、軽くもむ。余分な水分や臭みを取り除く。rub with salt

**しお-や**【塩屋】 ①塩を作る釜のある小屋。②塩を売る店。また、その商人。

**しおや**【塩谷】〈町〉 栃木県北部、高原山南東麓から鬼怒川にかけて広がる町。稲作中心の農業が主体。佐貫石仏・高原牧場などがある。人口一万五三五四(一九八八)。

**しおや-あぶ**【塩屋▼虻】 一見ハチに似たムシヒキアブ科の昆虫。体長約三cm。黒色で、腹部に黄白色の横帯がある。他の昆虫を捕らえ、体液を吸う。日本全土・朝鮮半島に分布。

**しお-やき**【塩焼(き)】(名・サ変他) ①調理材料に塩をふって焼くこと。また、焼いたもの。おもに魚介類に用いる。アユの塩焼き・タイの塩焼きなど。②海水を煮つめて塩をつくること・人。用例 ―場。

●枝折り戸

**しお-やけ**【潮焼け】(名・サ変自) ①海上の水蒸気が太陽に反映して赤みを帯びること。②潮風にさらされ、日に照らされて、皮膚が赤黒くなること。sunburn on the beach

**しおや-とんぼ**【塩屋▼蜻▼蛉】 シオカラトンボに似るが、やや小形のトンボ。腹長約五cm。地色は黄色で、黒い条がある。平地の水田付近に多い。日本全土に分布。

**しお-ゆ**【塩湯・潮湯】 ①海水をわかした風呂。しおぶろ。②塩分を含んでいる温泉。③白湯に食塩を入れたもの。熱さまし・うがいなどに使う。

**しお-ゆで**【塩▼茹で】 熱湯に一～二%程度の塩を入れ、材料を入れてゆでたり、塩をまぶしてから、ゆでる調理法。boil with salt

**しおらし・い**(形) ①控え目で、つつましい。modest ②かわいらしい。lovely ③もっともらしい。plausible 派生 しおらしげ(形動) しおらしさ(名)

**ジオラマ**【diorama フランス】 描かれた長大な背景の前に小道具を置いて、光を当てながら窓からのぞくと、実際の光景を見るような感じを起こさせた見世物。明治中期に東京の浅草などで流行。幻想画。ディオラマ。

**しおり**【▼撓(り)】 蕉風俳諧の根本理念の一つ。あわれな余情を生みだすような句の姿。表現上の技巧ではなく、一句全体から感じられる作者の心を重視する。比較 寂・細み。

**しおり**【枝折(り)・▼栞】 ①木の枝を折り、目印にすること。leave a trace ②読みかけの本のあいだにはさみ、目印とするもの。bookmark ③案内書。手引き。guide ④「枝折り戸」「枝折り垣」の略。↓本図

**しおり-がき**【枝折(り)垣】 木の枝や竹などを折って作った粗末な垣根。

**しおり-ど**【枝折(り)戸・▼柴折(り)戸・▼栞戸】 木の枝や竹などを折って作った粗末な開き戸。露地の仕切りなどに用いる。しおり。↓写

**しお・る**【▼萎る】 文語的(下二自) ①能楽で、手または扇を顔に当てて泣くしぐさをする。用例 シテ―。②しおれる。droop

**ジオレフィン**【diolefin】 一般式$C_nH_{2n-2}$分子内の炭素と炭素の間に二重結合を二個もつ鎖式の不飽和炭化水素の総称。付加反応や重合反応が容易に起こる。ジエン。

**しお・れる**【▼萎れる】(下一自) ①植物が生気を失う。しぼむ。うなだれる。droop ②力が抜けて、しょんぼりする。be depressed

**し-おん**【子音】 ↓しいん(子音)

**し-おん**【四恩】《仏教語》父母・国王・衆生・三宝(または天地)の四つから受ける大恩。

**し-おん**【私恩】 個人的にほどこす恩。用例 ―を売る。

**し-おん**【師恩】 先生の恩。師から受けた恩。

**し-おん**【紫▼苑・紫▼菀】 キク科の多年草。西日本の山地の草原にはえる。高さ約二m。根出葉はへら形で大きい。夏から秋に、淡紫色の頭花が咲く。観賞用に栽培もする。根は漢方薬用。オニノシコクサ。↓写

●シオン

**し-おん**【歯音】 歯または歯ぐきと、舌の先とで出す子音[t][d][s][z]の類。

**シオン**【Sion】 ①エルサレム旧市街にある丘の名。ダビデ王がイスラエルの首都とし、「聖なる山」とよばれる。②《転じて》エルサレム。全イスラエル。

**じ-おん**【字音】 古くから日本語に固定した日本流の漢字の発音。漢字音。借用の時代によって漢音・呉音・唐音などの差があり、同じ字でも、場合によって読み方が違い、慣用音もある。対義 字訓。

**じおん-かなづかい**【字音仮名遣い】 漢字の音を仮名で書き表す場合の一定のきまり。歴史的仮名遣いのうちの、同音の漢字の字音の書き分けをいう。「陽・用・要・葉」を「やう・よう・えう・えふ」と表す類。現代仮名遣いでは、これらはすべて「よう」となる。対義 国語仮名遣い。

**じおん-じ**【慈恩寺】 唐の高宗が六四八年、長安に建立した寺院。玄奘を上座として招き、訳経院を設けて仏典の漢訳事業を行った。大雁塔が現存。大慈恩寺。↓写

●慈恩寺　大雁塔。

**しおん-とりょう**【示温塗料】 温度上昇に応じて変色する顔料を含む塗料。反応装置、電気機器などに使用。heat sensitive paint

**しか**【▼鹿】 ①シカ科の草食獣の総称。そのうちとくに、ニホンジカ・アカシカなどのシカ属をさすことが多い。ふつう、雄は毎年はえかわる骨質の枝角をもつ。四肢は細く走行に適する。肉は食用。皮・角は細工用。世界各地に分布。カノシシ。deer 数え方 一頭・一匹・一蹄。②《「鹿恋」の字を当てたことから》遊女の階級の一つ。「囲い」の異名。↓写

**鹿の角を蜂が刺す** まったく感じない、少しの手ごたえもないことのたとえ。蛙の面へ水。ししの角を蜂が刺す。

**鹿待つ処の狸** シカをとろうと待っていて、タヌキがでてきたので、タヌキをとらえてしまう。期待していたよい獲物が得られず、意外につまらないものを手にいれるたとえ。

**鹿を馬と言う** =鹿を指して馬と為す。①人を、ばかにしてだますたとえ。make white black ②矛盾を、強引に押しとおすたとえ。make white black

**鹿を追う者は山を見ず** 利益を得ようと夢中になっている者は、他を顧みないたとえ。You cannot see the wood for trees.

**鹿を指して馬と為す** 「鹿を馬と言う」と同意。

**中原に鹿を逐う** ↓ちゅうげん(中原)

●シカ①　ニホンジカ

**し-か**【史家】 歴史に詳しい人。歴史の研究者。歴史家。historian

**し-か**【四科】 儒学の四学科目。徳行・言語(外交談判)・政事・文学(学問)。孔子が弟子を学徳別に比較称揚したことに由来。

**し-か**【市価】 「市場価格」の略。

**し-か**【死花・紙花】 ↓しかばな(死花花)

**し-か**【糸価】 生糸の値段。

**し-か**【私家】 ①自分の家。one's own house ②個人の家。また、一個人。private house 用例 ―版。

**し-か**【▼疵▼瑕】《「疵」はからだのきず、「瑕」は玉のきず》きず。欠点。瑕疵。

**し-か**【紙価】 紙の値段。price of paper

**洛陽の紙価を高める** ↓らくよう(洛陽)

**し-か**【▼翅果】 ↓よくか(翼果)

**し-か**【詞華・詞花】 りっぱな詩文。

**し-か**【歯科】 医学の一分野。歯・歯ぐきなどの矯正や口腔内の病気の治療と予防を目的とする。dentistry

**し-か**【詩歌】 ↓しいか(詩歌)

**し-か**【雌花】 雄しべがなく、雌しべだけをもつ花。めばな。female flower 参照 単性花。

**し-か**【賜暇】 もと、官吏が休暇をとるのを許されること。また、その休暇。

**しか**【志賀】〈町〉 石川県、能登半島西岸の町。繊維工業・瓦製造などの産業がある。人口一万七六九三(一九八八)。

**しか**【子夏】(BC五〇七ごろ-BC四二〇ごろ) 中国、春秋時代の儒者。孔門の十哲の一人。姓は卜。名は商。文学にすぐれ、孔子の「詩学」を伝える。

**しか**【然・▼爾】 文語的(副) そのように。そう。用例 ―いう。

**しか**(副助)《体言、動詞の連体形、形容動詞の連用形などに付く。下に打ち消しをともなって》それと限る意。用例 これ―ない。ぼく―知らない。

**し-が**【歯▼牙】 ①歯ときば。②歯。

**歯牙にもかけない** 相手にしない。問題にもしない。歯牙にかけない。take no notice of

**歯牙の間に置く** 注目して取り上げる。問題にする。

**しが**【四賀】〈村〉 長野県中部、松本市北隣の山間の村。農業が主で、稲作のほか養鶏・養豚がさかん。人口六七一四(一九八八)。

**しが**【志賀】〈町〉 滋賀県琵琶湖西岸の町。農業と観光の町で、雄松崎は近江舞子とよばれ、琵琶湖第一の水泳場。人口一万六八五二(一九八八)。

**しが**【滋賀】〈県〉 近畿地方北東部の県。県庁所在地は大津市。伊吹・鈴鹿・比良などの山地に囲まれ、中央部に琵琶湖がある。江州米の産地として知られる農業県であったが、大津市を中心に繊維・機械などの工業の発達が目立つ。面積四〇一六km²、人口一一八万一〇八(一九八八)。

**じか**【直】《「じき」の転》間に隔てるものが無いこと。直接。direct 用例 ―取引。

**じ-か**【自火】 自分の家から出した火事。

**じ-か**【自家】 ①自分の家。one's own house 用例 ―用車。②自分自身。自分。oneself

**自家薬籠中の物** 自分の思いのままになるもの・人。

**じ-か**【時価】 そのときの相場・値段。current price 対義 定価。

**じ-か**【磁化】 ①磁場内に物体を置いて磁気を帯びさせること。また、その強さ。単位体積当たりに生じた磁気モーメントの大きさで表す。magnetization ②窯業で、高温で焼いたことにより磁器質になること。

**じ-か【時下】**(副) このごろ。ただいま。目下。手紙で、時候のあいさつに使う語。
**じ-が【自我】** ①自分。自己。②哲学で、意識される客体としての自己に対して、自分を意識する主体。③心理学で、個々の心理現象を、一貫した全体的な「自分」として意識する体験。④精神分析において、知覚・感情・行為などの各精神機能をつかさどる人格の中枢機関。人格内のエス(＝イド)・自我・超自我という三つの領域の力学的な調整を行う機関。ego; self
**じ-が【自画】** 自分でかくこと。また、自分をかいた絵。用例 —像。
**じが【▼爾雅】** 中国最古の字書。著者不明。漢代初期までに長期にわたって成立したものとみられる。おもに『詩経』『書経』にある文字を、意味により一九部門に分類、整理したもの。
**シガー【cigar】** タバコの葉を刻まずに太く巻いたもの。葉巻タバコ。葉巻。
**し-かい【▼尸解】** 道家の方術の一つ。肉体を残して霊魂だけが抜け去る術という。
**し-かい【司会】**(名・サ変他) 催し物や会議・舞台演芸・ショーなどの進行を中心になって行うこと。また、それを行う人。master of ceremonies; chairman
**し-かい【四海】** ①四方の海。②天下。国内。whole country ③四方の外国。世界。whole world
**四海、波静か**(しかい、なみしずか) 国の内外が平和なこと。天下太平。The world is at peace.
**し-かい【死灰】** ①火の気のない灰。②生気のない物事。
**死灰復燃ゆ**(しかいまたもゆ) いったん落ち着いた事柄がふたたびおこる。また、いったん滅んだものや勢いを失ったものが、ふたたびさかんになる。
**し-かい【視界】** 目で見られる範囲。視野。view 用例 —が開ける。
**し-かい【▼斯界】** この社会・方面。用例 —の権威。
**し-かい【詩界】** 詩人の世界。詩壇。
**しか-い【歯科医】** 歯科医師。dentist
**し-かい【死海】**(Dead Sea) アラビア半島北西部、ヨルダン地溝帯の最低部にある塩湖。面積一〇五〇㎢。湖面の高さは海面下三九六m。塩分濃度平均二五%。
**し-がい【市外】** 市の区域外。outside the city 対義 市内。
**し-がい【市街】** ①町。town ②町のにぎやかな通り。street
**し-がい【死▼骸・▼屍▼骸】** 死体。なきがら。しかばね。corpse
**じ-かい【字解】** 文字、とくに漢字の意味の解釈。比較 解字。
**じ-かい【次回】** つぎの回。このつぎ。next time
**じ-かい【耳介】** 外耳道の外側にあって貝殻状に突き出している部分。おもに弾性軟骨と皮膚からなり、音を集める役目をもつ。耳殻。auricle →耳図
**じ-かい【自戒】**(名・サ変自他) 自分で自分をいましめること。self-admonition 比較 自警。
**じ-かい【自▼晦】**(名・サ変自) 自分の才能をかくすこと。
**じ-かい【自壊】**(名・サ変自) ①自然にこわれること。disintegration ②内部に原因があって、くずれていくこと。disintegration
**じ-かい【持戒】**《仏教語》戒をかたく守ること。対義 破戒。
**じ-かい【磁界】** →じば(磁場)
**じかい【辞海】** 近代中国の辞書。一九三七年刊。舒新城・沈頤らの編。『辞源』の形式を踏襲、さらに語彙を増補し、出典を明記したことなどが特徴。
**じ-がい【自害】**(名・サ変自) 自分で自分の身を傷つけて、命を絶つこと。自刃。suicide
**しか-いう【▼云▼爾】** 文語的 (連語) 《漢文調の序文などで》上のとおり。
**しがいか-くいき【市街化区域】** すでに市街地となっている区域と、今後約一〇年以内に、計画的に市街化される区域。対義 市街化調整区域。
**しがいか-ちょうせいくいき【市街化調整区域】** 昭和四三年(一九六八)公布の都市計画法で定められた、ほぼ一〇年間は市街地としての開発・建設が抑制される区域。対義 市街化区域。
**しかい-けいてい【四海兄弟】** 『論語』のことば。天下の人すべてが兄弟のようにわけへだてなく、親しむべきであるということ。四海同胞。
**じかい-さよう【自壊作用】** 自然にこわれる現象。内部から崩れる現象。disintegration
**しか-いし【歯科医師】** 歯科医師法により厚生大臣の免許を受け、歯科医療および保健指導を行う人。dentist
**じが-いしき【自我意識】** 自分が外界や他人とは区別された一つの存在であり、主体的に何かをしている、と感じる意識。ego-consciousness
**しかい-しゃほん【死海写本】** 一九四七年以来、死海北西沿岸のクムラン洞穴などで発見されたユダヤ教関係の古写本の総称。死海文書。クムラン文書。Dead Sea Scrolls
**しがい-せん【紫外線】** 波長が、可視光線より短く、X線より長い領域(四〇〇～一ナノメートル)の電磁波。太陽の光や殺菌灯などに含まれる。強い化学作用をもつ。菫外線。ultraviolet ray
**しがいせん-しゃしん【紫外線写真】** 石英と蛍石で作った特殊レンズと特殊な乾板を使い、紫外線をあてて撮影する写真。医学・美容・鑑識捜査・工業検査などに利用。ultra-violet photograph
**しかい-なみ【四海波】** 謡曲『高砂』の一節で、「四海波静か」から「君の恵みぞ有り難き」までの通称。婚礼や祝賀の席で謡われる。
**しか-えいせいし【歯科衛生士】** 歯科医師の直接指導のもとに、歯や口腔などの疾患の予防処置や診療の補助にあたる人。都道府県知事の免許が必要。dental hygienist
**し-かえし【仕返し】**(名・サ変自) ①やりかえすこと。報復。返報。revenge ②やりなおすこと。do over again
**じ-がお【地顔】** 化粧しない顔。すがお。no-make
**しかおい【▼鹿追】**〈町〉 北海道中東部、十勝平野北西部の町。明治時代の終わりころから開拓が進められ、酪農・畑作がさかん。然別湖で知られる。人口六五二〇(一九八八)。
**しかかり-ひん【仕掛(か)り品】** 決算期末に製造工程にあって、まだ製品として完成する前段階のもの。棚卸資産の一つ。しかけひん。goods in process
**し-かか・る【仕掛(か)る・▽為掛(か)る】**(五他) ①し始める。begin ②仕事の途中である。
**じが-かんよ【自我関与】** 心理学で、自分と関係があると感じた事柄に身を入れたり、うちこんだりする状態。ego-involvement
**しか-ぎこうし【歯科技工士】** 厚生大臣の免許を受け、歯科医療に用いる入れ歯など技工物の作製・修理・加工を行う人。歯科技工所を開設できる。dental technician
**じかき-むし【字書虫】** ハムグリガやハムグリバエの幼虫の俗称。幼虫がエンドウなどの葉を食害した跡が外部から絵や文字をかいたように見えることに由来。絵かき虫。
**じか-きょくせん【磁化曲線】** 強磁性体の磁化の強さと磁場の強さとの関係を示す曲線。magnetization curve
**しが-きよし【志賀▽潔】**(一八七〇～一九五七) 細菌学者。宮城県生まれ。東大卒。赤痢菌・睡眠病の病原体に有効な化学療法剤トリパンロートを発見。
**し-かく【四角】**(名・形動) ①四すみに角がある形・さま。square 用例 —な箱。—に切る。②態度がまじめで、かた苦しいこと・さま。austere
**四角な座敷を丸く掃く**(しかくなざしきをまるくはく) 《雑な掃除をする意から》横着な手抜き仕事をする。また、細部にまで気を配らず、いい加減にすることのたとえ。
**四角な文字**(しかくなもじ) 《角ばった文字の意》漢字、とくに楷書。
**し-かく【死角】** ①障害物や銃砲の位置の関係などで、弾丸をうちこめない範囲・角度。dead angle ②視界からはずれる範囲・角度。用例 —にはいる。
**し-かく【刺客】** 暗殺をする人。しきゃく。せっかく。assassin 用例 —を放つ。
**し-かく【視角】** 目から物体の両端までの二直線がなす角度。物体が目の位置から離れるほど視角は小さくなる。visual angle
**し-かく【視覚】** 目で見る感覚。網膜に対する光の刺激でおこり、光が弱ければ明暗のみ、強ければ色覚がおこる。sense of sight
**し-かく【資格】** ①仕事をする人々の間における身分・地位。capacity 用例 父兄代理という—で出席する。②仕事をしたり任務についたりするために必要な条件。qualification 用例 教員の—をとる。出場—。
**しか-く【▽然く・▼爾く】** 文語的 (副) そのように。
**し-がく【史学】** 歴史を研究する学問。歴史学。historical science
**し-がく【志学】** ①学問に志すこと。②《『論語』の「われ十有五にして学に志す」から》一五歳。
**し-がく【私学】** ①個人の学説。②私立学校。private school 対義 官学。
**し-がく【視学】** 旧制の地方教育の行政官。教育の指導監督・教員の任免などを行い、国の教育方針の徹底をはかった。
**し-がく【▼斯学】** この学問。その方面の学問。用例 —の権威。
**し-がく【詩学】** 詩歌の本質とその美的価値・作品の構造・作詩法・表現などを論じたもの。アリストテレスの『詩学』が最初。詩論。poetics
**じ-かく【字画】** 漢字を構成する点・画。また、その数。
**じ-かく【寺格】** 寺の格式。寺の階級。門跡・本山・別院・末寺などの類。
**じ-かく【耳殻】** →じかい(耳介)
**じ-かく【自覚】**(名・サ変自他) ①自分自身の置かれている状態・能力・使命などをはっきり意識していること。self-consciousness ②哲学・心理学で、自己の行為・経験を反省し、吟味すること。自我や自己に関する意識。self-consciousness
**じ-かく【時角】** ある天体と天の北極・南極をとおる大円の切り口(時圏)と天の子午線面とのなす角度。子午線を0度とし西回りに測り、一五度を一時間として扱う。hour angle
**じ-かく【▼痔核】** →いぼじ(疣痔)
**じ-がく【自学】**(名・サ変自他) 他人に頼らず自分の力で学ぶこと。独学。self-teaching
**しかく-い【四角▼藺】** カヤツリグサ科の多年草。高さ約三〇cm。湿地に群生。茎には三～五稜がある。下部に鱗片状の葉。夏に、淡褐色の小穂を出す。
**しかく・い【四角い】**(形) ①四角の形である。square ②四角ばって、かたくるしいさまである。formal
**しがく-おんせん【志学温泉】** 三瓶温泉の別称。
**しかく-けい【四角形】** 平面上で、どの三点も同一直線上にない四点を、交わらずに順にむすぶ四つの線分からなる図形。また、その内部を含めた図形。quadrangle
**しかく-げんご【視覚言語】** 視覚によって意思や思想を伝達するもの。手話。標識など。
**しかくしきょう-の-まつり【四角四境の祭(り)】** 疫神のなす災厄を回避するために、家の四隅と国境など四か所で営んだ陰陽道の祭祀。四角四堺の祭り。道饗の祭り。
**じがく-じしゅう【自学自習】** 教師の指導などに頼らず、自分の力で学習すること。learn by oneself
**しかく-しめん【四角四面】**(名・形動) ①真四角なこと・さま。square ②ひどくまじめでかた苦しいこと・さま。stiff 用例 —な男。
**じかく-しょうじょう【自覚症状】** 病気について、患者が自ら異常と感ずる状態の内容。痛み・熱・動悸・めまい・痰など。subjective symptom
**しがく-じょせい【私学助成】** 私学経営に対する国または地方公共団体の財政援助。
**しかく-すい【四角▼錐】** 底面が四角形の角錐。quadrangular pyramid
**しかく-せいど【資格制度】** ①企業が従業員に対し、仕事上の地位としての職位とは別に一定の資格を与えて等級づける制度。②医師・弁護士など特定の職業について、一定の条件を満たす者にだけ就業・営業を認める公的制度。
**じかく-だいし【慈覚大師】** 円仁の諡。
**しかく-だけ【四角竹】** イネ科のタケ。稈は高さ約五mで、表面は褐緑色を呈し、断面は鈍四角形。葉が狭披針形で、美しい。庭植え用。中国原産。シホウチク。
**しかく-ちゅう【四角柱】** 底面が四角形の角柱。quadrangular prism
**じかく-てき【自覚的】**(形動) 物事を、みずから深く認識して行うさま。conscious 用例 社会人としての—な行動。
**しかく-ば・る【四角張る】**(五自) ①四角い形になる。かどばる。be angular ②かたくるしい態度をとる。しゃっちょこばる。become formal
**しかく-まめ【四角豆】** マメ科のつる性多年草。熱帯アジア特産。肥大した塊根をもち、地上部は毎年枯れる。花は淡青色。さやは一〇～七〇cmで、断面は四角。さやのほか葉・花・塊根を食用。ウイングドビーン。winged bean
**し-かけ【仕掛(け)】** ①仕事の中途であるこ

と。しかかり。being half-finished ②人に働きかけること。spurring ③しくみ。からくり。装置。mechanism; trick ④規模。scale

**しかけ-にん【仕掛(け)人】** 陰で策略をめぐらす首謀者。

**しかけ-はなび【仕掛(け)花火】** 花火の一方式。地上に櫓を組むなどして仕掛けを作り、点火するといろいろな色や形が現れる花火。set fireworks 比較 打ち上げ花火。

**しかけ-ひん【仕掛(け)品】** ↓しかかりひん(仕掛かり品)

**し-か・ける【仕掛ける・▽為掛ける】**(下一他) ①し始める。start ②しむける。働きかける。spur; force ③装置する。準備する。set up 用例 花火を—。

**シカゴ【Chicago】** アメリカ中北部、イリノイ州北東部、ミシガン湖南岸の大商工業都市。風の強いことで有名。世界有数の穀物市場・家畜市場がある。食品・鉄鋼・化学・印刷などの諸工業が発達。人口三〇〇・五万(一九八〇)。

**シカゴ【Chicago】** アメリカのロック演奏グループ。一九六九年七人編成でレコードデビュー。高い音楽性で知られる。

**しが-こうげん【志賀高原】** 長野県北東部、長野盆地の東方にある高原。火山性緩斜面が広がり、多くの湖沼がある。温泉・スキー場が多く、上信越高原国立公園の中心。

**シカゴ-こうきょうがくだん【シカゴ交響楽団】**(Chicago Symphony Orchestra) アメリカの交響楽団。精緻なアンサンブル、明るい音色、豊かな表現力をもつ。一八九一年創立。一九六九年からショルティが常任指揮者。

**シカゴ-は【シカゴ派】** 一九世紀後半にシカゴで活躍した、アメリカ近代建築の先駆者たち。ルイス＝サリバンやフランク＝ライトら。Chicago school

**じか-ざし【▽直挿し】** 苗木を育てるさい、挿し木とする枝をじかに土に挿しこむ方法。

**し-かざん【死火山】** 構造や岩質から火山と認められるが、歴史上の活動記録がない火山。箱根山や月山など。現在では、この語は用いられない。extinct volcano 比較 活火山・休火山。

**しか-し【▽然し・▽併し】**(接続) ①前の語句に続けて、対立する関係の事柄を言うときの語。けれども。けれど。but 対義 それから。用例 一着だ。—、タイムは悪い。②感慨をこめて言い出すときの語。however 用例 —、大変だった。

**しか-じか【▽然▽然・▼云▼云】**(副)《長いことばを略して、それを代用する》うんぬん。such and such 用例 かくかく—。

**しが-じく【詩画軸】** 画面の余白に賛詩を書き加えた掛軸。室町初期から盛行し、山水図が一般的。画の主題を明確にし、画趣を増すために、画で語りつくせないものを詩(書)で補う。

**しが-しげたか【志賀▽重▼昂】**(一八六三〜一九二七) 明治・大正の地理学者・政論家。愛知県生まれ。札幌農学校卒。三宅雪嶺らと政教社を創立。雑誌『日本人』を発行して国粋主義を主張。著書『日本風景論』など。

**じが-じさん【自画自賛】**(名・サ変自)《自分のかいた絵に自分で賛を書く、の意》自分で自分を褒めること。てまえみそ。自賛。self-praise

**じが-じつげん【自我実現】** 自分の持っている性質・才能を完全に発達させること。self-realization

**しか-して【▽然して・▼而して】** 文語的 (接続) そして。こうして。しこうして。

**しかし-ながら【▽然し▼乍(ら)】** 一(接続) しかし。けれども。but 二 古語 (副) ①そのまま。すべて。ことごとく。用例 妻子をはぐくみ所従をかへりみる事、—君の御恩ならずといふ事なし(平家・七・福原落)。②結局。要するに。用例 人のために恨みを残すは、—わが身のためにてこそありけれ(宇治拾遺・一一)。

**しか-しゅう【私家集】** 個人の和歌を集めたもの。家集。家の集。対義 勅撰集・私撰集。

**しか-しゅう【詞華集・詞花集】** ①詩文を選び集めたもの。アンソロジー。anthology ②『詞花和歌集』の略。

**じか-じゅせい【自家受精】** ジストマ・ホヤなど、雌雄同体の動物の個体内に生じた精子と卵の間で受精が起こること。self-fertilization

**じか-じゅふん【自家受粉】** 雄しべの花粉が、同じ花の雌しべまたは同じ株の雌しべに受粉すること。そのうち、前者を自花(同花)受粉という。self-pollination 対義 他家受粉。

**しか-ず【▽如かず・▽若かず・▽及かず】** 文語的 (連語) ①およばない。おとる。用例 百聞は一見に—。②そのほうがよい。それがいちばんよい。用例 三十六計、逃げるに—。

**しか-すがに【▽然すがに】** 古語 (副) そうはいうものの、やはり。さすがに。用例 梅の花散らくは何処—この城の山に雪は降りつつ(万葉・五・八二三)。

**じか-せい【自家製】** 自分の家でつくること。つくったもの。ホームメード。homemade 用例 —のクッキー。

**じか-せん【耳下▼腺】** 唾液腺のなかで最大のもの。下顎骨の後部に接し、外耳道の前方にある。parotid gland

**じかせん-えん【耳下▼腺炎】** 耳下腺の炎症。患部に発熱・はれ・痛みがある。ウイルスによる流行性耳下腺炎は、俗に「おたふくかぜ」という。mumps

**じが-ぞう【自画像】** 作者自身を描いた肖像作品。self-portrait

**し-かた【仕方】** ①やりかた。方法。way 用例 —がわからない。②ふるまい。行い。しうち。behavior 用例 なんという—だ。③手まね。身ぶり。gesture 用例 演技の—をして見せる。

**じ-かた【地方】** ①室町幕府の職名。京都市中の不動産や訴訟を管掌。②江戸時代、町方に対する農村の呼称。転じて田制・土地制度。また、農政一般。対義 町方・浦方。③日本舞踊で、音楽を受けもつ人。また、能楽の地謡方。対義 立方。④船で沖から見て陸寄りの海。coast

**じかた-さんちょう【地方三帳】** 江戸時代、年貢徴収のため作成された三種の基本帳簿。各村の課税対象高などを記した取箇郷帳、税額の内容・納期を記した年貢割付帳、納税後代官から発行される年貢皆済目録の総称。

**じかた-さんやく【地方三役】** 村方三役の別称。

**じかた-しょ【地方書】** 近世の農政や農村生活に関する書物。代官や農政学者・篤農家などが検地・石盛・年貢・用水その他について記したもの。『地方凡例録』『地方落穂集』など。

**しかた-な・い【仕方無い】**(形) しようがない。やむをえない。仕方がない。cannot be helped 用例 どうにも—。—やつ。

**しかた-ばなし【仕方話・仕方▼噺】** 身ぶりや手ぶりを入れた話。とくに落語で、はなしのなかの演者の動作に主眼がおかれているもの。『蒟蒻問答』『死神』など。

**じかたはんれいろく【地方凡例録】** 江戸時代の地方書。一一巻。大石久敬著。農政全般を体系的に詳述。著者死去のため未完。慶応二年(一八六六)刊。

**じか-たび【地下足袋・▽直足袋】** 作業用の足袋。底部および指部をゴム引きにしたもの。アメリカの運動靴からヒントを得たとされ、明治中期より用いられている。↓写

地下足袋

**じ-がため【地固め】**(名・サ変自) ①建築の前に地面を突いて固めること。地ならし。地形。level the ground ②物事の基礎を固めること。solidify the foundation

**じか-だんぱん【▽直談判】**(名・サ変自) 本人が直接にかけ合うこと。ひざづめ談判。direct negotiation

**し-がち【仕勝ち】**(形動) そうする傾向があるさま。be apt to 用例 病気(を)—だ。

**じか-ちゅうどくしょう【自家中毒症】** 自分の体内でできた有毒な代謝物による病気。急にぐったりし、数日にわたり嘔吐を反復する。二〜一〇歳の小児によくおこり、成長につれ自然治癒する。周期性嘔吐症。アセトン血性嘔吐症。autointoxication

**し-かつ【死活】** ①死ぬことと生きること。life and death ②生きるか死ぬかということ。life or death 用例 —問題。

**しかつ【師勝】**〈町〉愛知県北西部、名古屋市北隣の町。野菜産地であったが、名古屋市の衛星都市化。人口三万九五三四(一九八八)。

**し-がつ【四月】** 一年の第四番の月。April 比較 卯月。

**じ-かつ【自活】**(名・サ変自) 親・知人などの援助をうけないで自分の力で生活すること。self-support 用例 まだ—もできない年ごろだ。

**しがつ-テーゼ【四月テーゼ】**(Aprelskiye Tezisy ロシア) 一九一七年、ロシア二月革命後の四月にレーニンが発表した、ボリシェビキの革命戦略。臨時政府との対立を明確にするとともに、すべての権力をソビエトに移すことを主張し、十月革命を準備するものとなった。

**しがつ-ばか【四月馬▼鹿】** ↓エープリルフール

**しかつべ-まがお【▼鹿都▽部真顔】**(一七五三〜一八二九) 江戸後期の狂歌師・黄表紙作者。本名は北川嘉兵衛。戯作名は恋川好町。江戸の人。狂歌に優雅な風調を主張。作品『類題俳諧歌集』など。

**しかつめ-らし・い【▼鹿▼爪らしい】**(形)《「鹿爪」は当て字》①もったいぶっている。かた苦しく形式ばっている。formal ②もっともらしい。plausible 派生 しかつめらしげ(形動) しかつめらしさ(名)

**しかと** 14画 **【▼聢】** 部首[耳]みみへん 和製漢字 JIS 7062

↓しかと[確と・聢と]

**しか-と【▽確と・▼聢と】**(副) ①はっきりと。distinctly 用例 —確かめる。②たしかに。certainly 用例 —承知する。③すきまなく。びっしりと。tightly

**じか-どうちゃく【自家▼撞着】**(名・サ変自) 同一人の言動が前後食い違って、つじつまの合わないこと。self-contradiction 比較 自己矛盾。

**しか-な** 古語 (連語)《終助詞「しか」に感動の終助詞「な」の付いたもの。「てしかな」「にしかな」の形で》強い望みを表す。…したいものだ。…したいなあ。しがな。用例 いかでこのかぐや姫を得て—(竹取)。

**しが-な・い**(形) 取るに足りない。まずしい。poor 用例 —くらし。

**しが-なおや【志賀直▼哉】**(一八八三〜一九七一) 小説家。宮城県生まれ。東大中退。『白樺』創刊に参加。強烈な自我意識と潔癖な感性に支えられた精緻なリアリズム文学を確立。昭和二四年(一九四九)文化勲章受章。作品『城の崎にて』『和解』『小僧の神様』『暗夜行路』など。↓写

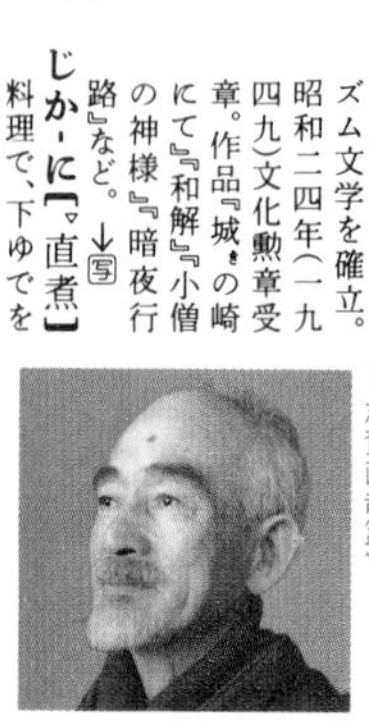

志賀直哉

**じか-に【▽直煮】** 料理で、下ゆでをしないで、いきなりだし汁や調味料で煮る方法。素材の持ち味を生かす。直炊き。

**じか-に【▽直に】**(副) 直接に。directly

**じ-がね【地金】** ①未加工の金属素材。unprocessed metal ②めっきをする下地の金属。ground metal ③《②から比喩的に》ありのままの性質。本心。本性。true character

**地金が出る** ①めっきがはがれて地金が現れる。the gilt comes off ②表面を取り繕っていたものがはがれて、本性・本心が現れる。betray oneself

**しかね-ない【▽為兼ねない】**(連語) ふつうではしないようなことをしそうである。

**し-か・ねる【▽為兼ねる】**(下一他) することができない。できかねる。be unable to

**しかの【▼鹿野】**〈町〉鳥取県東部、鳥取市南西隣の町。旧城下町。鹿野温泉、山中鹿之助の菩提寺がある。人口四六七一(一九八八)。

**しか-の-しま【志▽賀島】** 福岡県博多湾にあり、海ノ中道で陸とつながっている島。面積五・八km²。古代の金印の出土地。元寇などの史跡に富む。

**しか-の-つのきり【▼鹿の角切り】** 毎年、秋の彼岸に奈良の春日大社で、神の使いと

鹿の角切り



↓ 行き先項目、図版・写真参照印。 JIS 日本工業規格情報交換用漢字符号コード(区点コード)。

される鹿の角を切り落とす行事。寛文一一年(一六七一)に始まるという。↓写

**しかのとおね【▼鹿の遠音】** 尺八音楽の曲名。作曲者未詳。深山で雌雄のシカが相応ずる遠音を模し、高低二管の尺八で演奏する。

**しかの-ぶざえもん【▼鹿野武左▽衛門】**(一六四九～九九) 江戸落語の祖。大坂の人。噺家であり作家でもあった。塗師から辻咄を始めて本職となる。江戸の寄席興行の創始者。

**しか-のみ-ならず【▽然のみならず・▽加▼之】** 文語的(接続)《漢文訓読から》そればかりでなく。そのうえ。

**しかは-あれど【▽然は有れど】** 文語的(接続) そうではあるが。

**じか-ばき【▽直▼穿き・▽直履き】** ①くつ下や下着などなしで、直接くつ・ズボンなどをつけること。②畳表のついていないげた。

**じが-ばち【似我▼蜂】** ジガバチ科の昆虫の総称。また、その一種。後者は、体長約二cm。体色は光沢のある黒色。地中に穴を掘り、捕らえたガの幼虫を蓄え、卵を産みつける。日本全土・サハリンに分布。コシボソバチ。mining bee ↓図

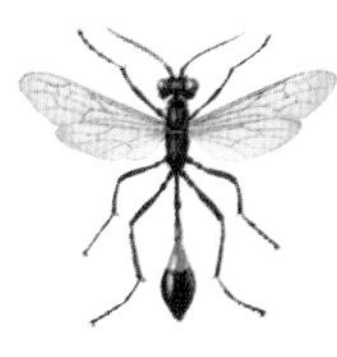
●ジガバチ

**じか-はっこう【時価発行】** 株式会社が増資するさい、旧株の時価(=そのときの市場株価)を基準に新株価額を決めて発行すること。issue at the market price 対義 額面発行。

**じか-はつでん【自家発電】** 電力の消費者が自分で使用するために行う発電。工場・ビル・病院などで、外部からの電力供給が絶たれたときの非常用電源としたり、高い山の上の宿泊所などで行われる。private power generation

**しか-ばな【死花花】** 葬具の一種。竹ひごに紙を張り、細かく鋏を入れて刻み目をつけたものを四本、台にとりつけて葬列に持つ。しか。紙花。

**し-かばね【▼尸】** 漢字を組み立てている部分の名。「尺・届」などの上にある「尸」。

**し-かばね【▼屍】** 死体。かばね。corpse

**屍に鞭打つ**(しかばねにむちうつ) 死者の悪口を言う。死屍に鞭打つ。speak ill of the dead

**屍を晒す**(しかばねをさらす) 野外で死ぬ。die in battle

**しか-ばん【私家版】** 個人が、営利を目的としないで発行し、限られた範囲の人に配布する本。自家版。私版。privately printed book

**じか-び【▽直火】** 直接火にあてること。魚の網焼きやバーベキューなどは直火焼きという。

**しか-ぶえ【▼鹿笛】** おすジカをよび寄せるために吹く、めすジカの声に似せた笛。ししぶえ。

**しかべ【▼鹿▽部】**〈町〉北海道、渡島半島東岸の町。ミンク飼育やウナギ養殖などを行う。駒ケ岳の東麓に鹿部温泉がある。人口五一二八(一九八八)。

**しか-ほういがく【歯科法医学】** ↓ほうしがく(法歯学)

**しかま【▽色麻】**〈町〉宮城県西部、船形山北東麓の町。水稲単作地帯だが林業も行われる。人口八七六八(一九八八)。

**しかま【▽飾磨】** 兵庫県、姫路市南部の地区。重化学工業地域。古代から瀬戸内海の要港として知られた。

**じか-まき【▽直▼播き】**(名・サ変他) ↓じきまき(直播き)

**しかまち【▼鹿町】**〈町〉長崎県、北松浦半島西岸の町。真珠養殖・ミカン栽培に力を入れる。人口六二二三(一九八八)。

**じ-がみ【地紙】** ①傘・扇などに張る紙。②下地の紙。ground paper 用例 ふすまの—。

**じ-がみ【地髪】** はえている頭髪。地毛。natural hair 対義 入れ髪・かもじ。

**しがみ-つ・く【しがみ付く】**(五自) 強くだきつく。かじりつく。cling

**しかめ-つら【▼顰め面】** 眉のあたりにしわをよせた、不機嫌な顔。しかめづら。しかめっつら。grimace

**しか・める【▼顰める】**(下一他) 顔や額にしわをよせて、不快・苦痛などの気持ちを表す。frown

**しか-も【▽然も・▼而も】** ㊀(接続) ①そのうえに。moreover ②けれども。にもかかわらず。and yet ㊁ 古語(副) そのように。そんなに。用例 三輪山を—隠すか(万葉・一・一八)。

**しがやま-りゅう【志賀山流】** 歌舞伎舞踊の一流派。一七世紀末の志賀山万作が祖。六世(一七三六～九〇)は舞踊劇の大成者。

**しがらき【▽信▽楽】**〈町〉滋賀県南部の町。信楽焼の産地で、植木鉢や火鉢が特産。信楽宮跡がある。人口一万四〇三八(一九八八)。

**しがらき-の-みや【▽信▽楽宮・紫香▽楽宮】** 奈良時代の都宮の一つ。聖武天皇の造営。天平一七年(七四五)都と定めたが、まもなく平城京に帰る。現在の滋賀県甲賀郡信楽町に所在。

**しがらき-やき【▽信▽楽焼】** 滋賀県甲賀郡信楽地方で焼成される陶器。古くから日用雑器を主とした堅い焼締め陶を作る。室町時代に茶器が焼かれるようになった。↓写

**しから-し・める【▽然らしめる】**(下一他) そうさせる。そのようにさせる。be due to 用例 努力の—ところと言える。

**しからずんば【▽然らずんば】** 文語的(接続) そうでなければ。

**しから-ば【▽然らば】** 文語的(接続) それなら。それでは。さらば。

**しがらみ【▼柵・▼篰】** ①川の中に杭を打ち、竹や木を渡して流れをせきとめるためのもの。weir ②せきとめるもの。まといつくもの。bondage 用例 世の—。

**しがらみそうし【しがらみ草紙】** 文芸雑誌。森鷗外中心の新声社同人の作品を掲載。明治二二年(一八八九)創刊。同二七年(一八九四)廃刊。鷗外・逍遥の「没理想論争」が注目された。

**しか・り【▽然り】** 文語的(ラ変自)《「しかあり」の約》そうだ。そのとおりである。対義 否。

**しかり-つ・ける【▼叱り付ける】**(下一他) 強くしかる。scold severely

**しかりべつ-こ【▽然別湖】** 北海道中東部、大雪山の南にある堰止め湖。面積三・四km²。最深九九m。湖岸線の出入りが多く美しく、付近に温泉がある。

**しか・る【▼叱る・▼呵る】**(五他) ①年下の者をとがめる。scold 用例 子どもを—。やさしく—。②声を荒くいましめる。rebuke 用例 声高に—。

**しかる-あいだ【▽然る間】** 古語(接続) ①そうしている間に。さるほどに。用例 いよいよ愛しかしづく事限りなし。—、その時の諸々の上達部・殿上人、消息を遣りて懸想しけるに(今昔・三一)。②それゆえ。用例 非常の赦行はる。—鬼界の島の流人、少将成経、康頼法師赦免(平家・三・足摺)。

**しかる-うえは【▽然る上は】** 文語的(接続) そういうことであるからには。then

**しかる-ときは【▽然る時は】** 文語的(接続) そのときには。もしそうであるとすれば。in that case

**しかる-に【▽然るに】** 文語的(接続) それなのに。ところが。however

**しかる-のちに【▽然る後に】** 文語的(接続) そうしてから。and then

●信楽焼 『信楽一重口水指(銘柴庵)』。桃山時代、東京国立博物館。

**しかる-べからず【▽然る▽可からず】** 文語的(連語) よろしくない。不適当だ。

**しかる-べき【▽然る▽可き】** 文語的(連語) ①そうあるはずのこと。そうするのが当然のこと。due 用例 罰せられて—だ。②《連体詞的》適当な。相当な。proper 用例 —人に見てもらう。

**しかる-べく【▽然る▽可く】** 文語的(副) 適当に。よろしく。properly

**ジカルボン-さん【ジカルボン酸】** 分子内に二個のカルボキシル基をもつ有機化合物の総称。二塩基酸としての反応を示し、一般に一個しかもたないものより酸性は強い。dicarboxylic acid

**シガレット【cigarette】** ↓かみまきタバコ(紙巻きタバコ)

**シガレット-ケース【cigarette case】** 紙巻きタバコを入れて携帯するための容器。

**しかれ-ども【▽然れども】** 文語的(接続) そうではあるが。しかしながら。されども。

**しかれ-ば【▽然れば】** 文語的(接続) ①そうであるから。だから。されば。②《手紙で》そこで。さて。

**しかわかしゅう【詞花和歌集】** 平安後期の勅撰和歌集。一〇巻。崇徳上皇の命により仁平元年(一一五一)ごろ藤原顕輔が撰進。八代集の第六。総歌数四〇九首(精撰本)。歌人は曾禰好忠・和泉式部など。詞花集。

**し-かん【士官】** ①軍隊で、兵・下士官に対して尉官以上の総称。将校。officer ②船員のうち、上級職員の通称。officer

**し-かん【子▼癇】** 重度の妊娠中毒症の一つ。意識混濁・全身痙攣などをともなう。胎児の死亡をおこしやすい。eclampsia

**し-かん【支管】** ガス・水道などの、本管から分かれて、各利用者のもとに引かれた管。branch pipe 対義 本管。

**し-かん【止観】**《仏教語。「止」は妄念を止めて心を特定の対象に集中すること、「観」は正しい智慧によって事物を誤りなく観ること》①天台宗でもっとも重視する仏教の修行実践法の一つ。②『摩訶止観』の略。

**し-かん【仕官】**(名・サ変自) ①官吏になること。enter the government service ②武士が主君に召しかかえられて仕えること。

**し-かん【史官】** ①歴史を編集する官吏。②古代中国で、文書・記録をつかさどる役人。

**し-かん【史観】**「歴史観」の略。

**し-かん【▼弛緩】**(名・サ変自) たるみゆるむこと。だらしなくなること。relaxation 対義 緊張。

**し-かん【私感】** 自分の個人的な感想。

**し-かん【▼祠官】** ①かんぬし。神職。②郷社の社司。

**し-かん【詩巻】** 詩を書きしるした書物。詩集。

**し-かん【師管・▼篩管】** 植物の維管束中にある管状の組織。細長い細胞が縦につながり、師孔を通して原形質に連絡。同化物質・貯蔵物質の通路。ふるいかん。sieve tube ↓維管束図

**し-がん【史眼】** 歴史記述の虚実を見とおす眼識。historical insight 用例 するどい—の持ち主。

**し-がん【▼此岸】**《仏教語》迷いの世界。現世。対義 彼岸。

**し-がん【志願】**(名・サ変自他) 自分でねがい出ること。志望。application

**し-がん【詩眼】** 詩や文学作品の価値を感じ取る眼識。poetic appreciation

**じ-かん【字間】** 字と字の間の幅。space between letters

**じ-かん【次官】** ①長官に次ぐ地位にある役人。②大臣を補佐し、各部局・機関を監督する者。衆・参議院議員から選任される政務次官と、一般公務員の最高位である事務次官とがある。vice-minister ③律令制で、上級官吏の四等官の第二。すけ。

**じ-かん【耳管】** ↓エウスタキオかん(エウスタキオ管)

**じ-かん【時間】**《時刻との混同に注意》①ある時刻からある時刻までの間。time 用例 休憩—。②時の単位。一日の二四分の一。六〇分。hour ③仕事などをするためにくぎった、一定の長さの時。hour 用例 労働—。国語の—。④俗に、時の流れの中の一点。時刻。time ⑤哲学で、過去・現在・未来と連続して永久に流れていくもの。対義 空間。⑥物理学で、時の経過を示す量。自然現象の変遷を表す数学的表示の独立変数として用いられる量。time 対義 空間。

**時間の問題**(じかんのもんだい) 一定の時間が経過すれば、ひとりでに解決されるような事柄。a matter of time

**時間を割く**(じかんをさく) ある事のために、とくに時間を都合する。また、時間を割り当てる。spare time

**じ-かん【時▼艱】** 時局の困難。また、その時代の難問題。

**じ-がん【慈眼】** ↓じげん(慈眼)

**じ-がん【慈顔】** 愛情のこもったやさしい顔。

**じかん-えん【耳管炎】** 鼻咽腔と中耳腔を連絡する耳管の炎症。圧迫感・耳鳴り・耳痛などの症状をともなう。salpingitis

**じかんがい-きょうてい【時間外協定】** ↓さんろくきょうてい(三六協定)

**じかんがい-てあて【時間外手当】** 所定の勤務時間を超過した労働に対して支払われる追加賃金。超過勤務手当。overtime pay

**じかんがい-ろうどう【時間外労働】** 早出や残業など、所定の労働時間を超えて行われる労働。一般に時間外割り増し賃金が支払われる。overtime work 比較 超過勤務。

**しかん-がっこう【士官学校】** ①軍隊の士官を養成する学校。military academy ②「陸軍士官学校」の略。

**じかん-きゅう【時間給】** ①労働した時間に応じて支払われる賃金。月給・週給・日給などの方式がある。time wages 比較 出来高給。②一時間当たりの賃金。おもに臨時雇用者に適用される。時給。hourly payment

**じかん-げいじゅつ【時間芸術】** 時間的経過のうちに表現される芸術。また、時間的な運動や継起関係において認知される芸術。音楽・文芸など。対義 空間芸術。

**じかん-けんきゅう【時間研究】** 作業のむだな動作をはぶいて能率を向上させるため、個々の作業動作の必要時間の分析から全体の標準時間を割り出す方法。フレデリック＝テーラーが創始。time study

**しかん-こうほせい【士官候補生】** 軍隊で、士官に任命される資格をもつ者。cadet; Gentleman Cadet

**じかんさ-こうげき【時間差攻撃】** バレーボールで、おとりのジャンプで相手のブロックのタイミングをはずし、他の選手が相手陣にボールを打ち込む攻撃法。

**しかんしき-かごうぶつ【脂環式化合物】** 分子内の炭素原子の結合が環をなすが、性質は脂肪族化合物と類似している有機化合物。ベンゼン核をもつ芳香族化合物に対する語。alicyclic compound

**しかんせい-まひ【▼弛緩性麻▼痺】** 筋緊張を失い、だらっと麻痺した状態。下肢では腱反射もみられない。flaccid paralysis

**しかん-たざ【▼只管▽打▼坐・▼祗管▽打▼坐】** 《仏教語》ただひたすら座禅すること。わが国の曹洞宗の開祖道元が強調した教えで、悟りのための座禅でなく、仏行としての実践を強調したもの。

**じかん-てき【時間的】**（形動） 物事が時間に規定されているさま。timewise 用例 ——にまにあわない。

**じかん-はんてん【時間反転】** 物理学などで、時間の流れを逆向きにし、過去と未来を入れかえること。time reversal

**じかん-ひょう【時間表】** ①時刻表。timetable ②仕事・学習・生活などを時間に割りあて、表に示したもの。時間割。schedule

**しがん-へい【志願兵】** みずから願い出て兵役に服した兵士。兵員の大部分を志願者から採用する制度を、徴兵制度に対し志願兵制度という。volunteer

**じかん-わり【時間割】** 仕事・学習・生活などを時間に割りあてること。また、その表。時間表。timetable

**シキ** 6画 **【式】** 部首［弋］ 教育小3 JIS 2816

音 シキ・ショク

式 式 式 式 式 式

①きまり。のり。「形式」 ②おおやけの行事や作法。「儀式・挙式・礼式」「式辞」用例（名）——をあげる。 ③やりかた。規格。「旧式・古式・新式」用例《接尾的》西洋——。日本——。内田——にはまいった。 ④数学・物理学・化学などで、記号をつらねて、ある対象・関係などを表すのに用いるもの。「公式・数式」用例（名）次の——を解け。《接尾的》計算——。分子——。 ⑤律令を実施する細目。「延喜式」

**シキ** 6画 **【色】** 部首［色］ 教育小2 JIS 3107

音 ショク・シキ

訓 いろ

筆順 ↓ショク［色］

①いろ。いろどり。いろどる。「彩色」「色彩・色紙・色弱」用例《接尾的》五——の糸。 ②男女間の欲情。「色情・色魔・色欲」 ③仏教で、物質的な存在の総称。形をもち生成変化するもの。五蘊の一つ。ルーパ。「色界・色即是空」 ↓ショク［色］

**シキ** 18画 **【織】** 部首［糸］ 教育小5 JIS 3105 18画 **【▼織】** 旧字

音 ショク・シキ

訓 おる

筆順 ↓ショク［織］

①おる。機をおる。布をおる。 ②くみたてる。「組織」 ↓ショク［織］

**シキ** 18画 **【▽職】** 部首［耳］ 教育小5 JIS 3106 18画 **【▼職】** 旧字

音 ショク・シキ

筆順 ↓ショク［職］

①大宝令の役所を示す名の一つ。用例（名）中宮——。大膳——。 ②特に、中宮職のこと。 ③中世の荘園制や公家・武家・社寺の支配体制の中で定められた各種の権限と地位の名。 ↓ショク［職］

**シキ** 19画 **【識】** 部首［言］ 教育小5 JIS 2817 19画 **【▼識】** 旧字

音 シキ・ショク・シ

識 識 識 識 識 識

①しる。みわける。「意識・知識・認識・博識」「識別」 ②かんがえ。ものごとをみわける力。「眼識・見識・常識」「識見・識者」 ③しりあい。ちかづき。「相識・面識」用例（名）一面の——もない。 ④しるし。しるす。「標識」「識語・識」 ⑤仏教で、ものごとをみわける心の作用。五蘊の一つ。「意識・六識」

**しき【▼磯▽城・▽城】** 古代、神霊の奉斎のために、周囲に石をめぐらした斎場。

**し-き【士気】** 兵士の戦闘意欲。また一般に、人々の意気ごみ。morale 用例 ——があがる。

**し-き【子規】** ①ホトトギスの異名。 ②↓まさおかしき（正岡子規）

**し-き【四季】** ㊀①春・夏・秋・冬のこと。four seasons ②年じゅう。四時。all seasons ③陰暦で各季節の最後の月。三・六・九・一二月。㊁①詩雑誌。近代叙情詩の中心となった。昭和八年（一九三三）堀辰雄が創刊、第二・第三次を経て現在に至る。第二次編集は三好達治・丸山薫・堀辰雄で、月刊。②㋐《原題Le quattro stagioni》ビバルディ作曲の弦楽合奏と独奏バイオリンによる協奏曲。協奏曲集作品八の一～四番の総称。四季の変化を描写。㋑《原題Die Jahreszeiten》ハイドン作曲のオラトリオ。一八〇一年作曲。

**し-き【死期】** 命のなくなるとき。臨終。いまわ。しご。one's death

**し-き【志気】** 物事をしようとする意気ごみ。eagerness

**し-き【私記】** 個人的な記録。公的でない記録。private documents

**し-き【始期】** ①始まるとき。始めの期間。beginning period ②法律行為の効力を発生させたり、債務の履行を請求できるようになる期限。initial term 対義 終期。

**し-き【指揮】**（名・サ変他） ①指図して人々を動かすこと。命令。command 用例 ——官。 ②音楽で、複数の演奏者または歌唱者に統一を与える行為。conduct

**し-き【紙器】** 紙でつくった器具・容器。paper receptacle

**しき【史記】** 中国の史書。二十四史の一つ。前漢の司馬遷の著。本紀一二巻、表一〇巻、書八巻、世家三〇巻、列伝七〇巻の計一三〇巻より成る。黄帝より古代王朝を経て、漢の武帝に至るまでの歴史を紀伝体で叙述。後世、正史の規範とされた。太史公書。

**しき【志木】**〈市〉 埼玉県南部、荒川沿いの市。東京のベッドタウン。江戸時代は新河岸川の河港。サクラソウの自生地で知られる。人口六万一八六三（一九八八）。

**しき**（副助）《多く代名詞に付く》…くらい。…ほど。用例 これ——のことでは、へこたれない。

**しぎ** 16画 **【▼鴫】** 部首［鳥］ 和製漢字 JIS 2818

↓しぎ［鴫・鷸］

**しぎ【▼鴫・▼鷸】** シギ科に属する鳥の総称。全長一三～六〇cm。湿地や砂浜で甲殻類や貝類を捕食。夏シベリア地方で繁殖、南半球で越冬。途中、日本に立ち寄るものが多い。sandpiper ↓写

**鴫の看経（しぎのかんきん）** シギが田や沢に立っているようすを、読経しているさまに見立てたもの。また、ひっそりと寂しいさまのたとえ。

**鴫の羽返し（しぎのはがえし）** ①《相手の両手が、シギの羽を裏返すかっこうに似ることから》相撲の手の一つ。両手を差し、相手の首のうしろにまわして締めつける形。 ②舞の所作の名。

**鴫の羽掻き（しぎのはがき）** シギが羽虫をとろうとして、しきりにくちばしで羽根をしごくこと。転じて、回数の多いことのたとえ。また、一説に、シギが繰り返し羽ばたくこと。鴫の羽根掻き。

● シギ　ダイシャクシギ（上）、イソシギ（下）。

**し-ぎ【仕儀】** 事のなりゆき・次第。用例 結局、かくのごとき——となった。

**し-ぎ【市議】**「市議会議員」の略。

**し-ぎ【私議】** ㊀（名） 自分の意見。私見。personal opinion ㊁（名・サ変他） かげでひそかに批評すること。backbite

**し-ぎ【思議】**（名・サ変他） おしはかること。考えること。用例 不可——。

**し-ぎ【試技】** ①重量挙げで、一種目につき三回まで許される演技。 ②陸上競技の跳躍や投擲などの競技で一回行える試行。トライアル。

**し-ぎ【諮議】**（名・サ変他） ①相談すること。 ②諮問に応じて評議すること。

**ジキ** 8画 **【直】** 部首［目］ 教育小3→教育小2 JIS 3630

音 チョク・ジキ・チ

訓 ただちに・なおす・なおる

筆順 ↓チョク［直］

①じかに。うちつけに。ちょくせつ。「直参・直訴・直伝・直筆・直話」用例（名）——の返答。《接頭的》——取引。——弟子。 ②すぐ。あまり時をおかずに。用例（副）——わかる。 ③すなお。まっすぐ。なおい。「正直」 ↓チョク［直］

**ジキ** 9画 **【食】** 部首［食］ 教育小2 JIS 3109 9画 **【▼食】** 旧字

音 ショク・ジキ・シ・イ

訓 くう・くらう・たべる

筆順 ↓ショク［食］

くう。くらう。たべる。たべもの。「悪食・断食・中食」 ↓ショク［食］

**じ-き【自記】**（名・サ変他） ①自分でしるすこと。write by oneself ②器械が自動的に記録すること。self-recording 用例 ——装置。

**じ-き【次期】** 次の時期。次の期間。next term

**じ-き【自棄】** すてばち。やけ。self-abandonment 用例 自暴——。

**じ-き【時季】** 季節。時節。season 用例 ——のくだもの。

**じ-き【時期】** ①とき。おり。ころ。time 用例 ——をみて話そう。 ②季節。season

**じ-き【時機】** 適当な時。よい機会。しおどき。チャンス。opportunity 用例 ——を失する。

**じ-き【磁気】** 磁石のもつ作用および性質。鉄を引きよせるなど。電流も磁場を形成する。magnetism

**じ-き【磁器】** 陶土などの原料をよく焼きしめてガラス様にした、白色半透明の焼き物。質は緻密で、たたくと金属音を発する。釉を施すのがふつう。有田焼・九谷焼など。porcelain; china 比較 陶器。

**じき【敷（き）】**（助数） 畳を数える語。部屋の大きさを表す。用例 一〇〇畳——。

**じ-ぎ【字義】** 文字・漢字の意味。literal meaning 比較 語意・語義。

**じ-ぎ【児戯】** 子どもの遊び。child's play

**児戯に等しい（じぎにひとしい）** 子どもがたわむれているようで、発想や行いがいかにも幼稚っぽい。児戯に類する。be childish

**児戯に類する（じぎにるいする）**「児戯に等しい」と同意。

**じ-ぎ【事宜】** 事が適当であること。用例 ——に従う。

**じ-ぎ【時宜】** ①時勢にかなうこと。opportune 用例 ——を得る。 ②ちょうどよいころあい。timely 用例 ——に適する。

**じ-ぎ【時儀】** ①時候のあいさつ。season's greetings ②辞儀。

**じ-ぎ【辞儀・辞宜】**（名・サ変自） ①遠慮。辞退。用例 ——におよぶ。 ②頭を下げて礼をすること。えしゃく。あいさつ。greeting 用例 お——。

**しき-あみ【敷（き）網】** 方形・円形などの形をした漁網。えさや集魚灯を用いて水底あるいは中層にしいた網の上に魚を集め、引き揚げる。四つ手網・棒受け網・四艘張り網など。lift net ↓図（次ページ）

**じき-あらし【磁気▼嵐】** 地球の磁場が不規則に乱れる現象。磁場の大きさの変動は最大で数パーセント。デリンジャー現象が起き、電波通信が不能になる。ほぼ世界中同時に起こる。太陽の黒点の活動に関係があるとされる。magnetic storm

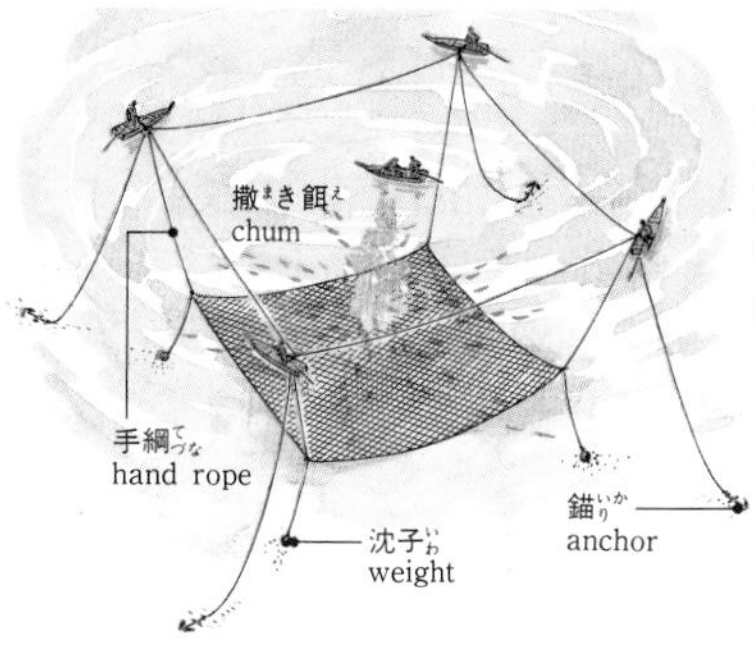

●敷き網　四艘張り網

しき-い【敷居】①地上や床に敷いてすわる、ござ・むしろ。②古くは閾といい、引き戸・ふすま・障子などの下部にあって、それらの通る溝をつけた横木。threshold 対義 かもい。→和風住宅図

敷居が高い（しきいがたかい） 不義理・不面目などで、その人の所へは行きにくい。feel awkward to visit someone

しき-いき【識▼閾】心理学で、ある意識作用が生じたり、消失したりするさいの境界。意識閾。threshold of consciousness

しき-いし【敷石・▼甃石・▼鋪石】地面に並べて敷いた石。耐水・耐摩耗性のある自然石・切り石・割り石を使う。石畳。paving stone

じき-いじょう【磁気異常】地磁気の標準的な分布からのずれのこと。おもに地殻の岩石中に含まれる磁鉄鉱などの強磁性鉱物による。magnetic anomaly

しき-いた【敷(き)板】①物の下に敷く板。②床板。floorboard ③踏み板。footing plank

しきい-ち【▼閾値】①反応を起こさせるために必要な最小の物理量。threshold ②生体に興奮を誘発するために必要な最小の刺激の強さ。threshold ③核爆発装置を一個生産するのに必要な核物質の推定量。プルトニウム二三九で八kg。threshold amount ④放射線の被曝量で、それ以下なら障害のおそれはないとされる数値。threshold dose 用例 ―を超える。

じきインクもじ-よみとりそうち【磁気インク文字読(み)取り装置】コンピューターの入力装置の一種。磁気インクで印字された文字を読み取り、電気信号に変換する。MICR。magnetic ink character reader

しき-うつし【敷(き)写し】(名・サ変他) ①書画を下におき、上の紙に写すこと。透写。tracing ②ひきうつし。

しき-え【色▽衣】高位の僧が着る赤・紫色などの法衣。

じき-エネルギー【磁気エネルギー】磁場の中にたくわえられるエネルギー。磁束密度と磁場の強さで表す。磁場のエネルギー。

じき-おんどけい【自記温度計】温度の時間的変化を自動的に記録する装置。物体の熱膨張や、金属の電気抵抗の温度変化を利用する。thermograph

じき-カード【磁気カード】プラスチックなどに磁性体を塗布した情報記録用のカード。IDカード・キャッシュカードなど。magnetic card

しき-かい【色界】《仏教語》三界の一つ。物欲や性欲はないが、まだ物質からはなれられない世界。欲界と無色界の境界で、清浄な物質からなる。色天。対義 無色界・欲界。

し-ぎかい【市議会】市民が選んだ市議会議員で構成され、市の自治行政についての意思を決定する議決機関。

しぎかい-ぎいん【市議会議員】市民によって選挙され、市議会を構成する議員。任期四年。市議。

じき-かいろ【磁気回路】強磁性体を使って磁束が一周するように作った回路。電磁石・変圧器・継電器などに応用。magnetic circuit

しき-かく【色覚】視覚のうち、光の波長の違いにより色の違いを識別する感覚。ヒトでは約一六〇の色調を区別できる。色神。色視。色感。color sensation

しき-がし【式菓子】祝儀・不祝儀などに用いる菓子類。一般には引き出物用の菓子。

しき-がまえ【式構え】漢字を組み立てている部分の名。もと、「いぐるみ」とも。「代・式・弐」などの「弋」。

しき-がみ【敷(き)紙】①ものの下に敷く紙。②紙でつくられた敷物。

しき-がわ【敷(き)皮・敷(き)革】①敷物に用いる毛皮。鹿・虎・熊・豹・ムートンなど。rug 数え方 一枚。②靴の中に入れる足底形のクッション。インソール。中敷き。insole

しき-かん【色感】①色から受ける感じ。②色覚。color sensation

じき-きあつけい【自記気圧計】気圧の時間的変化を自動的に記録する器械。アネロイド気圧計の伸び縮みを拡大し、その変化をペンで記録。barograph

しき-きつ【四季▼橘】ミカン科の低木。熱帯アジア・南米で栽培。果実は径約三cm、橙色に熟し、皮は薄くむきやすい。酸味が強く、砂糖漬けや、レモンの代用として用いる。

し-きぎょう【私企業】民間人が資本を出し、営利追求を目的に設立した企業。private enterprise 対義 公企業。

じき-きょうめい【磁気共鳴】磁場内の磁気モーメントが特定の周波数の電磁波を吸収する現象。磁気共鳴吸収。magnetic resonance

しき-きん【敷金】①不動産とくに建物の賃貸借で、賃借人が賃料などの債務の担保として賃貸人に渡す金銭。契約解除のさい返還される。しき。deposit ②取り引きの証拠金。deposit

しき-け【式家】藤原四家の一つ。藤原不比等の第三子、宇合の子孫の家系。

しき-げ【式外】《「式外の社」の略》「延喜式神名帳」に記録されていないこと。その神社。対義 式内。

しき-けん【指揮権】①さしずする権限。②法務大臣が、検察官の職務や犯罪捜査について、検察官を指揮監督する権限。用例 ―発動。

しき-けん【識見】学識と意見。見識。discernment

じき-けん【磁気圏】太陽風によって閉じこめられている地球磁場の勢力範囲。太陽側では、地球半径の約一〇倍のところまで、反対側は、地球半径の一〇〇〇倍以上伸びている。magnetosphere

しぎ-けんぽう【私擬憲法】《私人のつくった憲法草案の意》明治前期、民間人や政府要人により起草された憲法の私案。植木枝盛の案などが有名。

しき-ご【識語】写本・刊本の本文の前または後ろに、由来・年月などを書いたことば。

じき-コア【磁気コア】直径一～三mmのドーナツ型をしたフェライトすなわち鉄酸化物の環。第二世代コンピューターの主記憶装置の記憶素子として使われた。フェライトコア。磁心。magnetic core

じきコア-メモリー【磁気コアメモリー】磁気コアを縦・横に配列し、これに導線を通した形の記憶装置。初期のコンピューターに使用された。磁心記憶装置。magnetic core memory

しき-ごたつ【敷(き)▼炬▼燵】↓おきごたつ(置き炬燵)

じき-コンパス【磁気コンパス】磁針がほぼ南北を指す性質を使って、方位を知る器械。羅針盤。magnetic compass

しき-さい【色彩】①いろ。いろどり。color ②物事の性質・傾向。character

しきさい-かんかく【色彩感覚】いろどりについて感じとる力・感じ方。sense of color

しきさい-けいかく【色彩計画】日常生活や生産活動の分野で、色の働きを効果的に活用するため、色の使い方の計画をたてること。color planning

しきさい-ちょうせつ【色彩調節】色彩を効果的に活用するために、配色など色の使い方を考えること。

しき-ざき【四季咲き】季節を限らず、いつでも花の咲くこと・植物・品種。perpetual

しきざき-ばら【四季咲▼薔▼薇】コウシンバラの異名。

しき-ざくら【四季桜】①ヒガンザクラの園芸種。花は白または淡紅色で、八重のものと一重のものがある。一〇月ごろから翌年四月まで咲く。ジュウガツザクラ。②コブシの異名。

しぎ-さん【▽信貴山】①奈良県北西部、生駒山地南部の山。標高四三七m。②「信貴山寺」の略。

じき-さん【直参】①直接主君に仕える者。②江戸時代、将軍家に直属した家臣。旗本・御家人。対義 陪臣。

しぎさんえんぎ-えまき【▽信貴山縁起絵巻】信貴山の聖・命蓮の奇跡を描く絵巻物の傑作。三巻。平安時代(一二世紀後半)の作。筆者不明。奈良県朝護孫子寺蔵。↓写

●信貴山縁起絵巻　『信貴山縁起絵巻』「飛倉巻」(部分)。平安時代、朝護孫子寺(奈良県)。

しぎさん-じ【▽信貴山寺】奈良県生駒郡平群町の信貴山にある真言宗の寺。聖徳太子の創建とされ、『信貴山縁起絵巻』で知られる。正称は朝護孫子寺歓喜院。

しき-さんば【式三▽番】①能楽で、祝いに演じられる三つの曲の総称。現在では、「翁」と呼ばれている。しきさんばん。②能楽の『翁』によった歌舞伎舞踊。祝儀用で、新春などに上演される三番叟物。③常磐津『祝言式三番叟』、義太夫『寿式三番叟』の略。

しき-し【色紙】①和歌・俳句・絵・書などを書くための厚手で四角い紙。表面に模様をかき、金・銀の箔などを散らす。比較 短冊。②和裁で、弱った衣服に裏打ちする布。

しき-じ【式次】儀式をとり運ぶ順序。式次第。program of ceremony

しき-じ【式辞】儀式の席で述べるあいさつのことば。address

しき-じ【識字】文字の読み書きができるようになること。用例 ―運動。

じき-じき【直直】(副) 直接にお目にかかって。じかに。in person

しきし-ぎり【色紙切(り)】料理材料を正方形あるいは長方形に切ること。和歌や俳句を書く色紙に見立てたもの。

じき-じくうけ【磁気軸受(け)】作用する荷重を磁力の反発力によって支える軸受け。低摩擦が特徴。magnetic bearing

しき-じつ【式日】①宮中で儀式の行われる日。ceremonial day ②国民の祝日。祭日。national holiday ③学校などで特定の行事に当てられている日。specific day for school events ④江戸時代、幕府の評定所で裁判や評議を行う日。

じき-しつどけい【自記湿度計】湿度の時間的変化を自動的に記録する器械。毛髪が湿度の高低によって伸縮する性質などを利用する。self-registering hygrometer ↓百葉箱図

しきし-ないしんのう【式子内親王】(?～一二〇一) 平安末・鎌倉初期の歌人。後白河法皇の皇女。清澄・閑寂のうちに情熱を秘めた歌風で、当代女流歌人の第一人者。法皇没後出家。家集『式子内親王集』。しょくしないしんのう。

じきしにんしん-けんしょうじょうぶつ【直指人心見性成仏】禅のことば。座禅修行によって自己の心を見きわめ、自分と仏は本来一つのものであると悟ること。

しき-しま【敷島・▼磯▽城島】①大和国の磯城郡の地名。崇神・欽明両天皇がここを都に定めた。②日本国。やまとの国。③「敷島の道」の略。

敷島の道（しきしまのみち） 和歌の道。歌道。しきしま。比較 筑波の道。

しきしま【敷島】〈町〉山梨県中部、甲府市西隣の町。農業と工業が中心。ベッドタウン化も進む。人口一万六〇四一(一九八八)。

しきしま-の【敷島の】[枕ことば]「やまと・道」などにかかる。用例 ―倭の国の石上布留の里に紐解かず丸寝をすれば(万葉・九・一七八七)。

▼常用漢字表外。　▽常用漢字表の音訓外。

**しき-しゃ【指揮者】** ①指揮をする人。commander ②音楽で、合奏や合唱を指揮する人。コンダクター。conductor

**しき-しゃ【識者】** すぐれた見識のある人。intelligent person

**しき-じゃく【色弱】** 軽い色盲。また、部分色盲に近いもののこともいう。赤色弱と緑色弱があり、伴性遺伝をする。slight color blindness

**じき-しゃへい【磁気遮▼蔽】** ある空間を、透磁率の高い磁性体(パーマロイなど)で囲んで、内部に磁場が侵入するのを防ぐこと。magnetic screening

**じき-しょ【直書】** ①自筆。直筆。autograph ②自筆の文書。one's own handwriting

**しき-じょう【式場】** 儀式をする会場。ceremonial hall

**しき-じょう【色情】** 性的な欲望。情欲。sexual desire

**じき-しょうそう【時期尚早】**(名・形動) まだそのときでないこと・さま。まだ早いこと・さま。prematurity 用例 それを論ずるのは―だ。

**しき-しん【色心】**《仏教語》物質と精神。物質界と精神界。

**しき-しん【色身】**《仏教語》すがたかたちをもった仏の身体。

**しき-しん【色神】** 色彩を識別する能力。色覚。

**じきしん-りゅう【直心流】** 香道流派の一つ。家元松崎雨香。広義の香道を提唱して、第二次大戦後に創始された。

**じき-ず【磁気図】** 地磁気の分布を示した図。最近では、航空磁気測量や人工衛星観測の結果を活用して作成する。magnetic chart

**じき-すいいけい【自記水位計】** 河水と通じる井戸に浮標を浮かべ、その昇降を自動的に記録する装置。water level graph

**し-きせ【仕着せ・四季施】**《おもに上に「お」をつけて》①主人が奉公人に、季節に応じ、とくに盆暮れに着物を与えること。また、その着物。出入りの職人などに与えられる半天は、「しきせ半天」という。livery ②上から一方的に与えられること。また、そのもの。お定まり。用例 お―の校則。③きまりきったこと。お定まり。routine; convention

**しき-そ【色素】** ①発色のもとになる物質。天然色素・染料・顔料など。coloring matter; pigment ②固有の色をもつ有機化合物の総称。それぞれ、発色団といわれる不飽和性の原子団があり、特有の色を示す。coloring matter

**じき-そ【直訴】**(名・サ変自他) ①きめられた手続きをふまずに、直接、将軍や領主に訴状を差し出すこと。江戸幕府は原則として直訴を認めず、訴人は死罪とされた。②上司をとびこえて、上級役職者に訴えること。direct appeal

●式台①

**しき-そう【色相】** ①色の種類・調子。color tone ②物理学・心理学で、色感を区別する要素の一つ。hue 比較 彩度・明度。③《仏教語》肉眼で見える形・ようす。

**じき-そうきょくし【磁気双極子】** 有限の磁気モーメントをもつ十分に小さな磁石。また、そのような磁場を発生させる閉電流。magnetic dipole

**じき-ぞうふくき【磁気増幅器】** 磁性体の磁化特性を利用した増幅器。増幅度が大きく、大出力が得られ、また、寿命が長い。magnetic amplifier

**しき-そく-ぜ-くう【色即是空】**《仏教語。「即是」は、そのまま、の意》万物は、形こそさまざまであるが、その本性は空であるということ。

**しきそ-さいぼう【色素細胞】** 色素顆粒を多量に含む細胞。この色素顆粒が、神経やホルモンのはたらきで細胞内で凝集・拡散し、体色変化を起こす。pigment cell

**しきそ-たい【色素体】** 植物で、色素を含む、または色素の形成が可能な細胞質内の小体の総称。葉緑体・有色体・白色体に分類される。膜に包まれ、内部にDNAがあり、自己増殖する。chromatophore

**しきそ-たんぱくしつ【色素▼蛋白質】** 色素と結合した複合たんぱく質。色素へモグロビンが代表的。ほかに、ミオグロビン・チトクロムなど。chromoprotein

**シキソトロピー【thixotropy】** 応力による物体の軟化現象のうち、回復を伴うもの。多くのコロイド系の物質に起こる。揺変性。チキソトロピー。

**しきそ-ほう【色素胞】** 色素細胞のなかで、変温脊椎動物の体色のもとになる色素を含む大形の細胞。樹枝状の突起をもつ。内部の色素粒の移動で体色が変化。黒色素胞・黄色素胞・虹色素細胞などをいう。chromatophore

**しき-だい【式台・敷(き)台】** ①玄関の上がり口の前に設けた、座敷より低い板敷部分。②和船の反台の受け座となる材。↓写

**しき-だい【色代・式代・色体】** 古語 (名・サ変自) =しきたい。①頭を下げて礼をすること。あいさつ。えしゃく。用例 ―して、しづしづと歩み(平治)。②おせじ・追従を言うこと。用例 諸卿―して(平家・六・入道死去)。③他の品物で代用すること。

**しきたえ-の【敷▼栲の・敷▽妙の】** [枕ことば]《「しきたえ」は、寝所に敷く布。一説に、織り目の細かい布》「ころも・そで・たもと・まくら」などにかかる。用例 大夫と思へるわれも―衣の袖は通りて濡れぬ(万葉・二・一三五)。

**しき-たく【雌器▼托】** 苔類の葉状体の上に生じるかさ状の造卵器。雌器床。female receptacle ↓蘚苔植物図

**しぎ-だちょう【▼鷸▼駝鳥】** シギダチョウ科の鳥の総称。翼長一三～三八cm。ダチョウに近縁で、地上で生活し、飛翔する力が弱い。南米に分布。↓図

●シギダチョウ

**しきだ-としはる【敷田年▽治】**(一八一七～一九〇二) 幕末・明治の国学者。豊前の人。神宮皇学院学頭。著書『古事記標註』など。

**し-きたり【仕来り】** 古くからきまって行われるやりかた。ならわし。慣例。custom

**ジギタリス【Digitalis】** ゴマノハグサ科の多年草。高さ一～一・五m。葉は長楕円形。初夏に、紫・紅色の釣り鐘形の花を多数、穂状につける。観賞用・薬用に栽培。和名、キツネノテブクロ。↓写

●ジギタリス

**じき-だん【直談】**(名・サ変自) ①直接聞いた話。②じか談判。

**じき-たんきょくし【磁気単極子】** 南北いずれかの磁極だけをもつ粒子。存在が予想されているが、まだ確認されていない。モノポール。magnetic monopole

**じき-たんこう【磁気探鉱】** 地磁気の異常を検知して、地下の磁性鉱床などを探す方法。magnetic prospecting

**じき-たんしょうほう【磁気探傷法】** 鋼材など、磁性をおびる材料の内部の欠陥を検出する非破壊試験法。材料の表面に磁性体粉末を付着させ、模様の乱れから傷の所在を知る方法(磁粉探傷)と、電流を流したコイルで材料を走査し、磁束の漏れを検出する方法とがある。magnetic-particle test

**しき-ち【敷地】** 建物・道路などに使う一区切りの土地。法律上、建蔽率・容積率の基準となる。lot; site

**しき-ちょう【色調】** 色の濃淡・強弱の調子。いろあい。color tone

**しき-ちょう【色聴】** 音の刺激によって色彩感覚が起こる現象。color hearing

**しき-つ・める【敷(き)詰める】**(下一他) 一面に敷く。すき間のないように敷く。spread all over

**じき-ていこう【磁気抵抗】** 磁気回路における、磁束に対する抵抗。リラクタンス。magnetic resistance

**しきてい-さんば【式亭三馬】**(一七七六～一八二二) 江戸後期の戯作者。本名は菊地久徳。江戸の人。古書籍店・売薬屋を営む。本領は滑稽本で、庶民の日常生活や会話の描写に独特のおかしみをかもしだす作風。合巻『雷太郎強悪物語』、滑稽本『浮世風呂』など。

**じき-ディスク【磁気ディスク】** 表面を磁性材料の皮膜でおおった情報記憶用の回転円板。コンピューターの補助記憶に用いる。ディスク。magnetic disc; magnetic disk

**じき-テープ【磁気テープ】** ポリエステル樹脂などのプラスチックテープに、酸化鉄などの磁性体を塗布したもの。録音・録画に、また、コンピューターの記憶媒体として使う。magnetic tape

**じき-でし【直弟子】** 手を取って教えた弟子。直接の弟子。direct disciple

**しき-てん【式典】** 儀式・典礼。

**しき-でん【▽職田】** ↓しきぶんでん(職分田)

**じき-でん【直伝】** 師からじかに奥義をさずけられること。immediate transmission

**しき-どう【色道】** 色恋に関すること。love affair

**じき-とう【直答】**(名・サ変自) ①直接答えること。direct answer ②すぐに答えること。即答。immediate reply

**じき-とう【直稲】** 奈良・平安時代に、役所・官庁の用に供するために、絹布などと交換に支払う稲。また、購入する品物の代価として支払う稲。

**じき-どう【食堂】**《仏教語》寺院内の食事をするための堂。

**ジギトキシン【digitoxin】** ジギタリスの葉にある強心作用をもつ配糖体。白色粉末状。苦い。

**じき-ドラム【磁気ドラム】** コンピューターの補助記憶装置の一種。金属製の円筒表面を磁性材料で被覆したもの。magnetic drum

**じき-とりひき【直取引】** 売り主と買い主が、仲買人を通さずに直接取り引きすること。

**しき-ない【式内】**《「式内の社」の略》「延喜式神名帳」に記録のあること。その神社。式社。対義 式外。

**しき-なみ【▽頻並み・敷並み】** 古語 (名・形動) しきりに続くこと・さま。たてつづけだ。用例 ―につどひたる車なれば(枕・小白河といふ所は)。

**頻並みを打つ** しきりに行われる。絶え間なく続く。

**じき-に【直に】**(副) すぐ。ただちに。じき。「immediately

**しきね-じま【式根島】** 東京都伊豆諸島の島。面積三・八$km^2$。平坦な台地状の火山島で、小港湾がある。漁業が中心。

**しき-ねん【式年】** 歴代の天皇・皇后の式年祭が行われる年。崩御の年から三・五・一〇・二〇・三〇・四〇・五〇年後で、その後は一〇〇年ごととなる。

**しきねん-さい【式年祭】** 神道で、一定の年を定めて行う祭儀のこと。皇室の式年に準じる。

**しきねん-せんぐう【式年遷宮】** 神道で、一定期間ごとに社殿を新造し、旧殿から神体を移す行事。伊勢神宮では二〇年ごとに、宇佐神宮は三〇年ごとに行う。

**しき-のう【式能】** 儀式として行う能楽。

**じき-のう【直納】**(名・サ変他) 直接に納めること。

**しきのながめ【四季の眺め】** 地歌・箏曲の曲名。松浦検校(?～一八二二)が作曲し、八重崎検校(?～一八四八)が箏曲に編曲。作詞は殿村平右衛門で、四季の田園風景をよむ。

**しき-の-みこ【志貴▽皇子】**(?～七一六ごろ) 奈良時代初期の歌人。天智天皇の第七皇子。光仁天皇の父。『万葉集』に短歌六首を残す。歌は流麗明快で、直線的な調べをもつ。

**しきのやまんば【四季の山▼姥】** 長唄の曲名。一一世杵屋六左衛門作曲、文久二年(一八六二)初演。山姥が、四季の情趣に託して、遊女であった昔を思う演奏会用長唄。

しきび【▼樒】↓しきみ(樒)
しき-び【式微】(名・サ変自) 王室が、たいへん衰えること。しょくび。
じき-ひ【直披】手紙のわき付けに用いる語。封筒のあて名の脇に書き、相手の直接の開封を求めるという意味をもつ。親展。ちょくひ。Confidential
じき-ひつ【直筆】自分自身で書くこと。また、その書いた物。one's own handwriting
しき-ふ【敷布】敷きぶとんやベッドをおおう汚れ防止用の布。素材は綿ブロード・シーチング・麻布などが適する。夏にはパナマシーツ・花ござなどを代用することもある。シーツ。sheet
しき-ぶ【式部】①「式部省」の略。②女官の呼び名。父・兄などの近親者が式部省の役人である女性に付けられる。用例 紫―。③明治初期、式部局にあって儀式を扱った官名。
じき-ふ【食▽封】古代の俸禄制度。皇族・高官・功労者・社寺などに与えられた封戸。
じき-ふうそくけい【自記風速計】風によるプロペラの回転を利用して、その回転数から風速を自動的に記録する器械。anemograph
しきぶ-かん【式部官】もと、宮内省で祭典・儀式・接待などをつかさどった官吏。
しき-ふく【式服】儀式のときに着る衣服。儀礼服。ceremonial dress
しきぶ-しょう【式部省】律令制における八省の一つ。儀式、官吏の考課・選任・叙位、大学に関することを扱った役所。
じきふじょう-しゃりょう【磁気浮上車両】↓リニアモーターカー
しきぶ-しょく【式部職】宮内庁の一部局。皇室の祭典・儀式・接待などをつかさどる。
しき-ぶとん【敷(き)布団】就寝時に体の下に敷く夜具。関西は鏡(額縁)仕立て、関東は引き返し仕立てが多かったが、今は毛抜き仕立て(表裏同寸法に縫い合わせる)が多い。mattress 対義 掛け布団。
しきぶん-でん【▽職分田】律令制で、官職に応じて支給された俸禄田制。原則として不輸租田。太政大臣に四〇町、大臣に三〇町、大・中納言に二〇町など支給された。職田。
しき-べつ【識別】(名・サ変他) 見分けること。discrimination
じき-ヘッド【磁気ヘッド】磁気テープや磁気ディスクなどの磁性媒体上で、磁化点の読み出し・書き込み・消去に使われる電磁石。ヘッド。magnetic head
しき-ほう【式法】儀式の作法。
しき-ぼう【指揮棒】指揮者が、リズムの拍を奏者や合唱者に指示するために用いる棒。タクト。baton
しき-ま【色魔】女たらし。lady killer

しき-まい【式米】葬儀のさいに、喪家の近親者が香典として贈る米。棺の前や玄関に飾ったり、会葬者にふるまうために用い、また、式後、僧侶に謝礼として贈る風習もある。一俵香典。
しき-まい【敷(き)米】入り婿や嫁として家を出て行く者に対し、実家側が財産として持たせてやるもの。
じき-まい【直米】取り引きのさいに、代価または賃貸料として支払われる米。
じき-まき【直▼播き】(名・サ変他) 苗床にではなく、種を直接に田畑にまくこと。じかまき。ちょくはん。direct planting
しき-まつば【敷(き)松葉】庭に敷かれる枯れ松葉。冬から春にかけての庭に趣をそえ、霜柱や凍結を防ぐのが目的。
しきみ 11画【▼梻】部首[木]きへん 和製漢字
↓しきみ[樒・梻]
しきみ【▼樒・▼梻】シキミ科の常緑小高木。高さ約三m。山林中にはえ、墓地などにも植える。春、黄白色の小花が咲く。全体に香気があり、枝を仏事に用い、葉から抹香をつくる。果実は有毒。ハナノキ。シキビ。↓写

●シキミ

しきみ【▼閾】門柱の間や出入り口の下端に横たわる敷居。また、戸・障子などを立てるための溝つきの敷居。

じき-みや【直宮】天皇と直接血のつながる皇族。皇太子・皇子・内親王・皇弟の総称。

しき-めい【色名】個々の色の名。基本色名や慣用色名などがある。日本工業規格(JIS)では工業用色名を統一している。

しき-もう【色盲】色覚に障害のあること。全色盲・赤緑色盲・青黄色盲があり、ふつうは赤緑色盲をいう。遺伝性で男子に多い。color blindness
じき-モーメント【磁気モーメント】磁石の強さを表す量。S極からN極へ向かう磁力線の向きを「磁気モーメントの向き」という。磁石が磁場から受ける力は、すべて磁気モーメントに比例する。magnetic moment

しき-もく【式目】《「式」は法式、「目」は条目》①武家時代、法規を箇条書きにしたもの。用例 貞永―。②連歌・俳諧の規則。
しきもく-じん【色目人】《種類多き外国人、の意》中国、元朝の法制上の身分の一つ。ヨーロッパ人を含む西方諸国人の総称。身分制度上、蒙古人に次ぐものとされ、漢人(金朝の遺民)・南人(南宋の遺民)よりも優遇された。
しき-もの【敷物】床に敷くものの総称。保温・防湿・防汚・装飾などが目的。じゅうたん・茣座・畳・うすべりなど。carpet; mat
じき-もの【直物】市場で直接に売買される品物。現物。spot goods 対義 先物。
じきもの-とりひき【直物取引】↓げんぶつとりひき(現物取引)
しきもり-いのすけ【式守▼伊▼之助】大相撲の立行司。江戸時代に始まる行司の名家で、軍配には紫白の房を用いる。参照 立行司。
じき-もん【直門】先生から、教えを直接受けること。受けた人。直弟子。direct disciple
しぎ-やき【▼鴫焼(き)】《ナスの長柄が、シギのくちばしに似ているところからいう》ナスを油でいため、甘い練りみそをぬった精進料理。
し-ぎゃく【▼弑逆】(名・サ変他) ↓しいぎゃく(弑逆)
じ-ぎゃく【自虐】自分で自分をいじめること。心身を自分で苦しめること。self-infliction 用例 ―行為。
しぎゃく-せい【▼嗜虐性】むごいことを好む性向。sadism
じぎゃく-てき【自虐的】(形動) 自分で自分を苦しめるさま。self-inflictive
し-きゅう【子宮】受精卵を発育させる女性の内部生殖器の中軸をなす臓器。妊娠時には、位置・形・大きさに著しい変化がみられる。子つぼ。uterus ↓生殖器図
し-きゅう【支給】(名・サ変他) 金品をあてがうこと。payment
し-きゅう【四球】↓フォアボール
し-きゅう【死球】↓デッドボール②
し-きゅう【至急】(名・副) 非常に急ぐこと・さま。urgency
し-きゅう【指球】イヌやネコ類などの食肉類に発達する、指の下面にある小肉球。それらの後ろにある掌球とともに柔らかなクッションをなし、柔軟な足首とあいまって、音をたてずに歩くことを可能にしている。
じ-きゅう【自給】(名・サ変他) ①必要なものを自分で得ること。self-supply ②自分の力で生活すること。自活。self-support
じ-きゅう【持久】(名・サ変自) 長い間持ちこたえること。persistence 用例 ―戦。

じ-きゅう【時給】「時間給」の略。
しきゅうがい-にんしん【子宮外妊娠】受精卵が子宮以外の場所に着床した異常妊娠。一般には卵管妊娠をいう。ショック状態から出血死をまねくこともある。ectopic pregnancy
しきゅう-がん【子宮▼癌】子宮に発生する悪性腫瘍の一つ。子宮頸部に発生する子宮頸癌と、子宮体部に発生する子宮体癌とに分けられる。uterine cancer
しきゅう-きんしゅ【子宮筋▼腫】子宮に発生する良性の腫瘍。貧血や月経痛、排便障害や腰痛などの症状を伴う。myoma of uterus
じきゅう-こうい【自救行為】官憲の力をかりず、自力で権利の実行あるいは被害の回復をはかるためになす行為。自力救済。self-help
しきゅうしかん-しゅっけつ【子宮▼弛緩出血】出産のさい、胎盤の娩出前後に、子宮収縮が不完全なために起こる大出血。atonic hemorrhage
しきゅう-しき【始球式】野球などで、シーズン開始時や大会の開始時などに、主催者や来賓がマウンドから投球を行う行事。season opening ceremonies
じきゅう-じそく【自給自足】(名・サ変自) 自らの需要を自らの生産によってまかなうこと。アウタルキー。self-sufficiency; autarky
しきゅうしゅうしゅく-ざい【子宮収縮剤】子宮筋を収縮させる薬剤。分娩誘発や分娩後の出血防止などに使用。oxytocic
しきゅうしゅうしゅく-ホルモン【子宮収縮ホルモン】↓オキシトシン
しきゅう-たい【糸球体】腎臓皮質にある腎小体内部の毛細血管が球状に集まった部分。血漿中から尿成分をこし取る働きがある。glomerulus
しきゅうたい-じんえん【糸球体▼腎炎】糸球体に起こる非化膿性の炎症のことで、腎炎といえばこれをさす。急性と慢性があり、急性は小児に多い。glomerulonephritis
しきゅうたい-のう【糸球体▼嚢】腎臓の内部にあり、糸球体を包む二重の袋。腎動脈から入った血液は糸球体で濾過され、原尿がこの袋にたまる。ボーマン嚢。capsule of Bowman
じき-ゆうどう【磁気誘導】磁場の中に磁性体を置くと、その磁性体が磁化される現象。磁気感応。magnetic induction
しきゅうないまく-しょう【子宮内膜症】子宮の内膜組織が、子宮以外の場所に増殖する疾患。月経痛が主症状。ホルモン療法が良好。endometriosis
じきゅう-ひりょう【自給肥料】農家が、手近な材料で作る肥料。堆肥・廐肥・下肥・緑肥・草木灰などをいう。self-sufficing manure

しきゅうふぞくき-えん【子宮付属器炎】主として卵管に起きる炎症。卵巣や周囲組織に、炎症性の腫瘤をつくる。下腹部痛・腰痛・発熱などの症状を呈する。adnexitis
し-きょ【死去】(名・サ変自) 死ぬこと。death
じ-きょ【辞去】(名・サ変自) あいさつをして立ち去ること。leave
し-きょう【司教】カトリック教会の聖職の一つ。司祭の上に立つ、司教区の管理者。bishop; pontiff
し-きょう【市況】市場における商品・株式などの取引状況。または、市場景気。market conditions 用例 株式―。
し-きょう【示教】(名・サ変他) 具体的に示し教えること。教示。じきょう。
し-きょう【指教】(名・サ変他) 実際にさし示して教えること。
し-きょう【試供】(名・サ変他) 商品を使ってもらうために、その見本を提供すること。offer as a sample 用例 ―品。
し-きょう【詩境】詩の生まれる心境。詩にうたわれた境地。
し-きょう【詩興】①詩作したいような気分。②詩的な感興。詩情。用例 ―をそそる。
しきょう【詩経】中国最古の詩集。五経の一つ。紀元前一〇世紀から前六世紀ごろまでの中国北部の歌謡を集めたもの。孔子の編とされる。総数三一一編(六編は編名のみ)。国風(一五風)・雅(小雅・大雅)・頌(周・魯・商)に分かれる。国風は地方の民謡、雅は宮廷でうたわれた儀礼歌、頌は祖先の魂を祭る廟祭歌。四言一句を原則とする。『楚辞』とともに中国文学の源流をなす。
し-ぎょう【始業】(名・サ変自) 対義 終業。①業務・仕事を始めること。②その学期、また学年の授業を始めること。commencement
し-ぎょう【▼斯業】この事業。その道の事業。
じ-きょう【自供】(名・サ変自他) 法律で、自分から申し立てること。申し立てたこと。confess 比較 告白・自白・供述。
じ-きょう【自▼彊】自分からつとめ励むこと。
自彊息まざる可し(じきょうやまざるべし) なまけずに努力しなさい。
じ-きょう【持経】《仏教語》いつも身から離さずに、よむ経文。
じ-ぎょう【地形】①土地のようす。ちけい。②建築物の基礎工事。③建築前の地固め。
じ-ぎょう【事業】①社会的な仕事。project ②企業。実業。enterprise
じぎょう-か【事業家】生産・販売などの事業をおこし、これを経営する人。businessman

**じぎょう-きょうどうくみあい**【事業協同組合】 中小企業等協同組合法による組合の一つ。組合員の事業に必要な共同施設を中心とし、事業資金の貸し付けや厚生施設の設置などを行う。

**じぎょう-さい**【事業債】 事業会社が発行する社債。電力会社によるものを電力債といい、他の事業会社発行の一般事業債と区別する。industrial bonds 比較 金融債。

**じぎょうしゃ-だんたい**【事業者団体】 共通の利益を増進することをおもな目的とする複数の事業者の結合体、または連合体。trade association

**じきょう-じゅつ**【自▼彊術】 中国の導引という一種の養生法に、近代の体操を加えて作られた健康増進法。体肢や関節を屈伸させ、皮膚や筋肉を摩擦して気力と体力とを養成する。

**じぎょうしょ-ぜい**【事業所税】 地方税の一つ。一定規模以上の企業に課する目的税。office tax

**じぎょう-しょとく**【事業所得】 個人が継続的に農林業・商工業などの事業を営むことによって生じる所得。business income

**じぎょう-ぜい**【事業税】 事業を営む法人・個人に課される収益税。都道府県税の中心。business tax

**じぎょう-だん**【事業団】 特別法に基づいて国家的事業を行うために設立された特殊法人。政府全額出資、政府と地方公共団体の共同出資などの諸形態がある。宇宙開発事業団・公害防止事業団など。

**しきょう-ひん**【試供品】 試みに使用するよう無料で提供される商品。販売促進の手段の一つ。sample

**じぎょうぶ-せい**【事業部制】 事業の効率化のために、組織を縦割りにして製品や市場・地域などの別を基準に部門化した企業組織。各事業部はそれぞれ独立した分権的な単位となる。

**しきょう-ゆうずい**【四強雄▼蕊】 ↓しちょうゆうずい(四長雄蕊)

**し-きょく**【支局】 本局から分かれて、各地につくられた事務所。branch office 対義 本局。

**し-きょく**【私曲】 自分の利益だけを考えてする不正な行為。

**し-きょく**【詞曲】 詞と曲。歌謡。

**しき-よく**【色欲・色▼慾】 ①情欲。passion ②色情と利欲。lust and avarice

**じ-きょく**【時局】 国家・社会の、現在の情勢。situation 用例 ―はきわめて重大。

**じ-きょく**【磁極】 磁化した磁性体で、周囲より磁気力が強い場所。形が棒状なら両端に現れる。N(正極)とS(負極)の別がある。magnetic pole

**し-きり**【仕切(り)】 ①しきること。しきったもの。partition ②物事の結末をつけること。決着。決算。settlement ③「仕切金」の略。④相撲で、立ち合い前に身構えること。

**しきり-きん**【仕切金】 売買取引の成立により、売り手が買い手から受け取る代金と諸経費の総額。仕切銀。しきりがね。

**しきり-しょ**【仕切書】 ↓しきりじょう(仕切状)

**しきり-じょう**【仕切状】 仕切金の内訳を記した明細書。売買条件の履行を証明するため、売り手が買い手に送る書類。仕切書。インボイス。invoice

**しきり-せん**【仕切(り)線】 相撲で仕切りのとき、そこより前に出てはならない線。大相撲では土俵中央から東西三五㎝ずつ隔てて、幅六㎝、長さ九〇㎝の白線が入れられている。start line ↓相撲 図

**しきり-に**【▽頻りに】(副) ①何度も。たびたび。frequently ②熱心に。eagerly ③絶えず。引き続いて。incessantly

**しきり-ねだん**【仕切値段】 ①取引所を通さず証券会社の店頭で行われる仕切売買で成立した株の売買価格。②信用取引や清算取引で未決済の株(建て玉)を決済するときの値段。

**しきり-ば**【仕切(り)場】 ①江戸から明治期まで劇場内に設置されていた事務所。常時、係の者が詰めて場内をとりしきったり会計を行ったりした。また、そこに詰める手代のこと。②回収した廃品を整理したり、売買したりする場所。

**しきり-ばいばい**【仕切売買】 証券会社が取引所を通さず、自社の店頭で顧客の売買注文の相手方となって取り引きを成立させること。原則的に禁止されている。店頭売買。transactions on dealer's basis

**じき-りゅうたい**【磁気流体】 液体金属(水銀・溶融ナトリウム)やプラズマのような、電気伝導性のある液体や気体。magnetfluid

**しき-りょう**【式量】 組成式に含まれる元素の原子量の和。分子式で表せないイオン結晶の場合に使う。化学式量。formula weight

**し-き・る**【仕切る】(五他) ①くぎる。かぎる。partition ②結末をつける。決算する。settle ③相撲で、立ち合い前の身構えをする。

**しき・る**【▽頻る】(接尾)《動詞の連用形について動詞をつくる。五段型》間をおかずに、たえまなく繰り返されるようす。しきりに続く。用例 降り―雨。

**ジキル-と-ハイド**《スティーブンソンの小説『ジキル博士とハイド氏』の主人公が、紳士と悪党の一人二役をすることから》極端な二重人格者。

**ジキルはかせとハイドし**【ジキル博士とハイド氏】《原題 The Strange Case of Dr Jekyll and Mr Hyde》ロバート=ルイス=スティーブンソンの小説。一八八六年刊。薬品で善悪二重の人格を使い分けていた主人公が、善に戻れなくなり自殺する。

**じき-れいきゃく**【磁気冷却】 磁気を利用して低温を得る方法。とくに超低温の実現に利用。断熱消磁。magnetic cooling

**じき-ろくおん**【磁気録音】 テープレコーダーなどで、強磁性体の磁化現象を用いた録音。強磁性体としては、フェライトのような酸化鉄をポリエステルのテープに塗布したものを用いる。magnetic recording

**じき-わ**【直話】(名・サ変自) 直接に話すこと。また、その話。

**しき-わら**【敷(き)▼藁】 保湿・保温などのため作物の根本に敷くわら。または、家畜小屋の中に家畜の寝床として敷くわら。litter

**し-きん**【至近】 非常に近いこと。very near 用例 ―距離。

**し-きん**【私金】 国または地方公共団体以外に属する金銭。対義 公金。

**し-きん**【資金】 ①営利・経営のための金銭・支払い手段の総称。資本金。capital stock ②特定の目的に使う金銭。fund 用例 育英―。

**し-きん**【賜金】 国家・皇室から下される金【銭。

**し-ぎん**【市銀】 「市中銀行」の略。

**し-ぎん**【歯▼齦】 歯の根を包む粘膜とその下の組織。はぐき。歯肉。用例 ―炎。

**し-ぎん**【詩吟】 漢詩に節をつけてうたうこと。

**しきんうんよう-ぶ**【資金運用部】 大蔵大臣が管轄する政府の金融機構。郵便貯金や国民年金などの積立金を原資として公共の利益増進に運用する。

**しきんうんようぶ-とくべつかいけい**【資金運用部特別会計】 資金運用部の歳出入を経理する特別会計。昭和二六年(一九五一)設置。

**しきん-ぐり**【資金繰り】 営業を順調につづけるための資金の調達・やりくり。financing

**しきん-ざん**【紫金山】 中国、江蘇省南京市の郊外にある山。標高四四八m。天文台・中山陵・孝陵などがある行楽地。鍾山。ツーチンシャン。

**しきんじゅんかん-ひょう**【資金循環表】 ↓マネーフローひょう(マネーフロー表)

**しきん-じょう**【紫禁城】 中国の北京にある明・清時代の宮城。現在は、故宮博物院とよばれている。↓写

**しきん-せき**【試金石】 ①黒色で緻密な石英からなる岩石。これにつけた条痕で金・銀の純度を判定する。touchstone 参照 試金法。②物・人の価値や力量などをためす物事。test; touchstone

**しきん-ほう**【試金法】 鉱石・金属・合金・製錬中間製品の貴金属材料の純度の決定法。狭義には、金銀などの定量分析法。assay

**しきん-ほけん**【資金保険】 ①事故発生時の保険金の支払いが一回で完了する保険。一時金保険。対義 年金保険。②進学・結婚など将来の出来事の資金を準備するための生存保険。学資保険・嫁資保険など。比較 貯蓄保険。

**しきん-ポジション**【資金ポジション】 金融機関の資金の貸借状態。預金受け入れなどによる資金調達と、貸し出しや有価証券などに運用中の資金との過不足の状況。bank's fund position

**しきんポジション-しどう**【資金ポジション指導】 日本銀行が都市銀行を中心とする金融機関の資金ポジション悪化を防ぐために資金繰りの指導を行うこと。ポジション指導。

**し-く**【四苦】《仏教語》人生の四つの苦痛。生・老・病・死の四つ。比較 五苦・四苦八苦。

**し-く**【市区】 ①市街の区画。block 用例 ―改正。②市と区。municipal district 用例 ―町村。

**し-く**【詩句】 詩の中の句。詩の一節。verse

**し・く**【敷く・▽布く】(五自他) ①(他)㋐下に当てる。sit on 用例 座ぶとんを―。㋑延べ広げる。spread 用例 ふとんを―。㋒一面に並べる。cover 用例 道にじゃりを―。㋓押さえつける。用例 泥棒を組み―。㋔広く及ぼす。promulgate 用例 善政を―。㋕設備などを作る。lay 用例 鉄道を―。②(自)㋐ちらばる。scatter 用例 花が散り―。㋑広がる。広まる。spread 用例 名声、天下に―。

●紫禁城

**し・く**【▽如く・▽若く・▽及く】㊀(五自) およぶ。匹敵する。㊁古語(四自) 追いつく。用例 吾が愛妻にい―・きあはむかも(古事記・下)。

**如くは無し**(しくはなし) …にしたことはない。…がいちばんだ。用例 うれいを払うもの、酒に―。

**ジク** 7画【▼忸】 部首[忄] JIS 5557
音 ジク・ジュウ
はじる。はじいる。「忸怩」

**ジク** 8画【▼竺】 部首[竹] JIS 2819
音 チク・ジク・トク
①タケ。イネ科の植物。②「天竺」は、昔、日本・中国からインドをよんだ称。

**ジク** 10画【▼衄】 部首[血] JIS 7440
9画【▼衂】 異体字 JIS 7441
音 ジク
①はなぢ。鼻からでる血。②くじける。やぶれる。

**ジク** 11画【▼舳】 部首[舟] JIS 7156
音 チク・チュウ・ジク
①とも。ふねの後部。船尾。②へさき。ふねの前部。船首。「舳艫」

**ジク** 12画【軸】 部首[車] 常用 JIS 2820
音 ジク・チク
①回転の中心。まるいものの中心。心棒。「回転軸・車軸・地軸・中軸」「軸心」用例(名)―を受ける。②ものごとの中心。かなめ。「枢軸」③まきもの。「掛け軸」「軸物」用例(名)―をかける。④まきものを数えるのに用いる。用例(助数)掛け物一―。⑤マッチや筆の棒。「軸木」⑥数学で、対称図形や座標のもとになる線。「x軸・y軸」用例(名)―を定める。

**じ-く**【字句】 文章の中の、文字とことば。words and phrases 用例 ―にこだわる。

**じ-く**【磁区】 強磁性体の内部で、基本になる原子、または分子の磁気モーメントが一様に並んでいる小区域。domain

**ジグ**【jig】《「治具」とも当てる》①工作物に刃物が正しく当たるように位置決め・支持または案内する道具。②流体中に脈動を与えて選炭・選鉱などを行う装置。

**じく-あし**【軸足】 スポーツなどで、投球や投擲などの体の回転を伴う運動を行うとき、軸となって体重を支える側の足。pivot leg

**じ-くう**【時空】 時間と空間。space and time 用例 ―を超えた物語。

**じく-うけ**【軸受(け)】 回転軸を支える機械要素。軸と軸受けの摩擦を減少させるために潤滑油などを使うすべり軸受けと、ころや玉

●軸受け

玉軸受け

ころ軸受け

を使うころがり軸受けがある。ベアリング。bearing →写

**じくうけ-こう【軸受(け)鋼】** ボールベアリングなどの軸受けに用いる特殊鋼。耐摩耗性にすぐれ、しかも衝撃に対する靭性も要求される。高炭素鋼(炭素〇・九五～一・一%、クロム〇・六～一・九%)が代表的。bearing steel

**じくうけ-ごうきん【軸受(け)合金】** 軸受けに用いられる合金の総称。耐衝撃性・耐荷重性・耐摩耗性などが必要条件。銅を主体とする砲金・ケルメット、錫・鉛系のホワイトメタルなどが代表的。bearing metal

**しくう-と【司空図】**(八三七～九〇八) 中国、晩唐の詩人。字は表聖。河中の人。詩趣を二四項に分け、各項を四言一二句で解説した詩論『二十四詩品』で有名。詩文集『司空表聖集』。

**じく-かざり【軸飾り・軸▽荘り】** 茶道で、軸物が宸翰・拝領物・名物などの場合のあつかい方。正客の希望で、これらを床の間に掛けるときの作法をいう。外題飾り。

**しく-かつよう【シク活用】** 文語の形容詞活用の一つ。「美しく」「悲しく」などのように、連用形の語尾が「しく」となるもの。比較ク活用。

**じく-ぎ【軸木】** ①掛け物の軸に使う棒。②マッチの棒。matchwood

**シク-きょう【シク教】** インドで一六世紀初め、イスラム教の影響をうけ、ヒンズー教の改革をめざして成立した宗派。開祖はナーナク。偶像崇拝・カースト制を否定する。Sikhism

**し-ぐさ【仕▽種・仕草】** ①しかた。しぶり。gesture ②舞台で俳優がする表情・動作。所作。action

**ジグザグ【zigzag】**(名・形動) 左右交互に折れ曲がっていること・さま。Z字形。いなずま形。用例――デモ。

**じくさく-とっき【軸索突起】** 神経細胞から出る長い突起。樹状突起に対していう。軸索の末端は分枝し、次のニューロンまたは効果器に接合して、神経細胞の興奮を伝える。軸索。神経線維。axon

**ジグザグ-ミシン**《和製語》ミシンの縫い目が、直線だけでなくジグザグにも縫える機構をもつミシン。

**じく-じ【▼忸▼怩】**(形動トタル) 恥じ入るさま。ashamed 用例内心――たるものがある。

**しく-しく**(副) ①力なく泣くさま。sob ②はげしくはないが、たえず、にぶく刺すように痛むさま。griping pain 用例胃が――痛い。

**じく-じく**(副・サ変自) 水分が多く、にじみ出たり、しみ込んだりするさま。oozy 用例傷口が――する。

**しくじ・る**(五他) ①やり損なう。失敗する。fail ②勤め先をくびになる。be dismissed

**じく-しん【軸心】** ①中心となる軸。axis ②軸の中心。

**し-ぐぜいがん【四▼弘誓願】**《仏教語》すべての菩薩が起こすという四つの誓願。衆生無辺誓願度・煩悩無量誓願断・法門無尽誓願学・仏道無上誓願成の四つ。宗派によって語句に異同がある。総願。弘願。弘誓。四弘願。

**シク-せんそう【シク戦争】** インド北西部に王国を建てたシク教徒とイギリスとの間に、一八四五～四六年、四八～四九年の二回にわたり起きた戦争。シク軍は初め優勢であったが、内紛などにより敗北。Sikh Wars

**じく-そう【軸装】** 書画を掛け軸や巻き物に仕立てること。その物。

**ジグソー-パズル【jigsaw puzzle】** 同じような大きさに、細かくばらばらにした絵や写真を、つなぎ合わせて元どおりにする遊び。また、その用具。

**し-くち【仕口】** ①しかた。方法。やりくち。way; manner ②木材を組み合わせて接ぐときの指し口、組み手の総称。connection; joint

**じ-ぐち【地口】** ことわざ・成語の語呂に合わせてしゃれをいうことば遊び。とくに、江戸時代に流行した。

**じぐち-あんどん【地口行▽灯】** 地口を書き、漫画を添えて道端に立てるあんどん。

**し-くつ【試掘】**(名・サ変他) 鉱山・油田・遺跡などを、ためしに掘ってみること。trial digging 用例温泉を――する。

**じく-つぎて【軸継(ぎ)手】** 動力や回転を伝えるため、二本の軸をつなぐ機械要素。二軸がまっすぐな固定軸継ぎ手、ある角度で交わる自在軸継ぎ手などがある。shaft coupling

**しくつ-けん【試掘権】** 鉱業権の一つ。一定の鉱区内で鉱物の有無・品質・採掘経営の適否などを探知・調査する権利。存続期間は二年。

**しくつ-こう【試掘溝】** 遺跡などで、ためしに掘ったみぞ。トレンチ。trench

**シグナル【signal】** ①しるし。合図。②交通の信号機。

**シグナル-レッド【signal red】** 交通信号の赤のような鮮やかな赤。ルージュ。

**しく-はっく【四苦八苦】** 一(名)《仏教語》生・病・老・死の四苦と、愛別離苦・怨憎会苦・求不得苦・五陰盛苦の四つ。二(名・サ変自) ひどく苦しみ悩むこと。be in an agony

**じ-くばり【字配り】** 文字の並び方。それをきめること。word order

**じく-ほうご【▼竺法護】**(生没年未詳) 中国、西晋の訳経僧。月氏出身。師の竺高座とともに西域から仏典を将来し、般若系経典類を中心に漢訳した。

**じく-ほうらん【▼竺法▼蘭】**(生没年未詳) 一世紀後半の中インドの僧。後漢の明帝の時、招かれて洛陽の白馬寺に住し、中国に仏教を伝えた。『四十二章経』を初めて漢訳したという。

**シグマ【Σ・σ】** ①ギリシア字母の第一八字。sigma ②数学で、総和を表す記号。sigma ③物理で、シグマ粒子。sigma

**ジクマロール【dicumarol】** 血液の凝固を遅延させる物質。ビタミン$K_1$に拮抗し、プロトロンビンの生成を抑制する。

**し-くみ【仕組(み)】** ①くわだて。やりかた。計画。plan ②組み立て。構造。structure ③趣向。脚色。構想。plot

**し-く・む【仕組む】**(五他) ①くふうする。contrive ②たくらむ。plot ③趣向を考えてつくる。arrange

**じ-ぐも【地▼蜘▼蛛】** 暗褐色のジグモ科のクモ。全長約一六㎜。木の根元などに細長い袋状の巣を作る。日本全土に分布。ツチグモ。ハラキリグモ。フクログモ。→クモ図

**じく-もの【軸物】** ①床の間や壁にかざるため、文字や絵を掛け軸に仕立てたもの。掛け物。数え方一幅・一軸・一対。②巻き物。

**ジグモンディ【Richard Adolf Zsigmondy】**→ツィグモンディ

**シクラミンさん-ナトリウム【シクラミン酸ナトリウム】** 人工甘味料の一つ。催奇性があるので、使用禁止となった。チクロ。シクロ。ガリン。sodium cyclamate

**シクラメン【cyclamen】** サクラソウ科の多年草。観賞用で園芸品種が多く多花性。色は赤・桃・白・紫など。冬から早春の代表的な鉢物。地中海沿岸原産。カガリビバナ。ブタノマンジュウ。→写

●シクラメン

**しぐれ【時雨】** 昼夜、晴れや曇りに関係なく降る通り雨。晩秋から初冬にかけて見られる。

**しぐれ-き【時雨忌】** 松尾芭蕉の忌日。元禄七年(一六九四)一〇月一二日に没。

**しぐれ-に【時雨煮】** ハマグリ・アサリやカツオ・マグロなど、魚介類にショウガを加えて、つくだ煮風にしょうゆで煮しめたもの。しょうが煮。

**しぐれ-はまぐり【時雨▼蛤】** ハマグリのむき身に少量の刻みショウガを加えて湯で煮る。次にたまりじょうゆで煮しめたもの。三重県桑名の名物。

**しぐ・れる【▽時▽雨れる】**(下一自) ①時雨がふる。rain off and on ②涙を浮かべる。泣く。

**じく-ろ【▼舳▼艫】** 船のへさきとども。船首と船尾。

**舳艫相銜む**(じくろあいふくむ) 多くの艦船が連なって航行する。

**舳艫千里**(じくろせんり) 多くの船が連なり続くさま。

**シクロアルカン【cycloalkane】** 原油中に含まれる環式飽和炭化水素の総称。一般式$C_nH_{2n}$で表され、性質はアルカンと似ている。シクロパラフィン。ナフテン。

**シクロスポリン【cyclosporine】** 免疫抑制剤の一つ。とくに臓器移植後の拒絶反応を抑えるために使われる。腎臓・肝臓の機能障害などの副作用がある。サイクロスポリンA。

**シクロパラフィン【cycloparaffin】**→シクロアルカン

**シクロバルビタール【cyclobarbital】** バルビツル酸誘導体の睡眠薬。カルシウム塩の商標名がアドルム。

**シクロフスキー【Viktor Borisovich Shklovsky】**(一八九三～一九八四) ロシア・ソ連の文芸学者。一九二〇年代のソ連前衛芸術に大きな影響を与えた。評論『言語の復活』『方法としての芸術』『ドストエフスキー論―肯定と否定』など。

**シクロプロパン【cyclopropane】** シクロアルカンの一つ。副作用の少ない吸入麻酔剤。無色の気体。

**シクロヘキサノン【cyclohexanone】** 環式ケトンの一つ。化学式$C_6H_{10}O$ ハッカに似たにおいがある無色の液体。溶剤・ナイロンの製造原料に利用。

**シクロヘキサン【cyclohexane】** シクロアルカンの一つ。化学式$C_6H_{12}$ ベンジンに似たにおいをもつ液体。溶媒などに用いる。

**シクロヘキシルスルファミンさん-ナトリウム【シクロヘキシルスルファミン酸ナトリウム】**→チクロ

**シクロペンタン【cyclopentane】** 炭素の数が五個のシクロアルカン。化学式$C_5H_{10}$ シクロアルカン中でもっとも安定。ガソリンの一成分。

**し-くん【嗣君】** 嗣子の敬称。主君の跡取り。

**じ-くん【字訓】** 漢字の日本語読み。同じ意味である語を、日本語として別の読み方をしたもの。「上」を「うえ・かみ」、「魚」を「うお・さかな」とよむなど。対義字音。

**し-くんし【士君子】** 学問・徳行のすぐれた人。

**し-くんし【四君子】** 中国・日本画の画題。タケ・ウメ・キク・ランを高潔な君子にたとえたもの。文人画家の好む画題。

**し-くんし【使君子】** シクンシ科のつる性常緑低木。葉は楕円形。夏に白から紅色に変わる五弁花を下向きに開く。鉢植え。白色の種子は駆虫薬。→写

●シクンシ

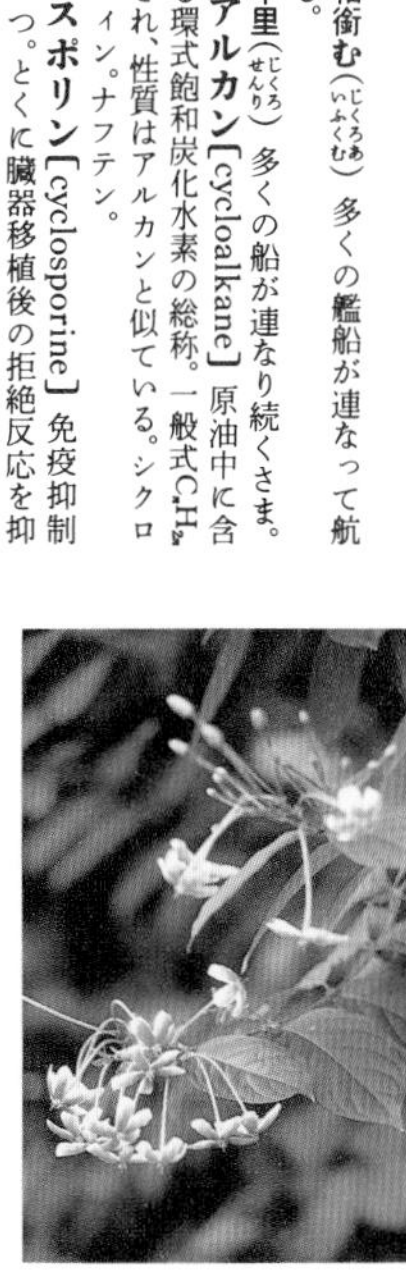

**し-け【▽時化】** ①海上で、台風や低気圧などによって起こる悪天候。stormy weather ②①のため、漁獲が少ないこと。poor catch ③お客の入りや収入が少ないこと。depression

**し-け【▽湿気】**(「しっき」の転)しめりけ。しっけ。moisture

**し-け【四華・四▽花】**《仏教語》『法華経』が説かれるときに現れたという六つの瑞相の一つ。空から白蓮華・大白蓮華・紅蓮華・大紅蓮華の四種の蓮の花が降りそそいだという。

**し-け【師家】**《仏教語》禅僧の資格の一つ。専門の僧堂で修行僧に禅の指導をする僧。

**じ-げ【地下】** ①昇殿を許されない人。地下人。対義殿上・堂上。②平民。庶民。

**し-けい【死刑】** 受刑者の生命を奪うもっとも重い刑罰。極刑。死罪。death penalty

**し-けい【私刑】** 法律によらない私的な制裁。リンチ。lynch

**し-けい【紙型】** 活版印刷用の鉛版を作るための紙製の鋳型。組み版などの原版の上にドライマット原紙をのせ、圧力を加えて作る。paper mold

**し-けい【詞兄】** 文学に親しんでいる友人の敬称。比較学兄。

**し-けい【詩形・詩型】** 詩の形式。

**し-げい【至芸】** 最高の芸。芸の極致。supreme arts

**じ-けい【字形】** 文字のかたち。letter type 比較字体・書体。

**じ-けい【次兄】** 二番めの兄。仲兄。one's second elder brother 対義長兄。

**じ-けい【自警】**(名・サ変自) 自分の力で警戒すること。self-warning 比較自戒。

**じ-けい【▼刵刑】** 古代中国の耳切りの刑。

**じ-けい【慈恵】** 恩恵を施すこと。

**し-けいざい【私経済】** 個人または私法人が

営む経済。私有財産制・自由競争を前提とし、各経済主体が市場を通じて経済活動を行う経済領域をさす。民間経済。private economy

**しげい-しゃ【▽淑景舎】** 平安京内裏の東北隅にあり、女御・更衣の居所にあてられた。庭にキリの木があるので、「桐壺」ともいう。しげいさ。

**じけ-いせき【寺家遺跡】** 石川県羽咋市の砂丘で発見された古代の遺跡。近くの気多神社に関連する遺跡とみられる。奈良時代の三彩小壺、大がかりな焚火儀礼の址などの検出で注目された。

**じけい-だん【自警団】** 非常のさい自衛のために組織される民間の自主的警備団体。vigilance committee

**じ-けいれつ【時系列】** 時間の流れにそって観測される統計量を配列したもの。time series

**シケイロス【David Alfaro Siqueiros】**（一八九六〜一九七四）メキシコの画家。迫力ある写実様式を展開、各地に壁画を描く。作品『自画像』など。

**じげ-うけ【地下請(け)】** 荘園の年貢を一村の農民が共同で請け負う制度。南北朝時代以降、郷村制の発達とともに有力農民を中心に行われた。百姓請。惣村請。

**し-げき【史劇】** 歴史上の事件に取材した演劇。historical play

**し-げき【詩劇】** 韻文で書かれた劇。poetic drama

**し-げき【刺激・刺▼戟】**（名・サ変他）①感覚器官の神経に興奮をひきおこさせること。また、その原因・作用。stimulus ②心を強く動かすこと。興奮させること。stimulation 用例 激情的な演説に聴衆は強い—を受けた。

**しげき-てき【刺激的】**（形動）刺激を受けて突き上げられるさま。精神・感覚を興奮させるさま。stimulative 用例 この絵は—だ。

**しげく【▽繁く】**（副）かず多く。ひんぱんに。frequently 用例 足—通う。

**しけ-こ・む【しけ込む】**（五自）①悪い遊び場などへはいりこむ。また、そこに長く滞在する。go and stay ②金まわりが悪く家に閉じこもる。

**しげ・し【▽繁し】** 古語（形ク）①草木がおいしげっている。用例 木立—・く、森の様なるを過ぎ給ふ(源氏・蓬生)。②数や量が多い。用例 荒れたる家の露—・きをながめて(源氏・帚木)。③絶え間ない。用例 まして—・く渡らせ給ふ御方は(源氏・桐壺)。④わずらわしい。用例 現世には人言—来む生にも逢はむわが背子今ならずとも(万葉・四・五四一)。

**しげ-しげ(と)【▽繁▽繁(と)】**（副）①しきりに。たびたび。frequently 用例 —通う。②よくよく。つくづく。fixedly 用例 —見つめる。

**しけ-しだ【▽湿▽羊▽歯】** オシダ科の夏緑性シダ。日陰や湿地にごくふつうにはえる。葉は約四〇cm、厚くてもろく、一回羽状複葉。包膜は半月状。↓図

●シケシダ

**しげたゆう-ぶし【▽繁太▽夫節】** 浄瑠璃の流派名。宮古路(のちに豊美)繁太夫が元文・寛保年間(一七三六〜四四)ごろ関西でおこした。のち、地歌に吸収された。

**し-けつ【止血】**（名・サ変他）出血を止めること。また、その方法。外傷の応急手当て、および手術操作で重要。指圧法・緊縛法・圧迫包帯などがある。血どめ。hemostasis 対義 出血。

**し-けつ【四穴】** 日本の箏用の調律器具。長さ約七・五cm、直径約一・五cmの竹か象牙製の管の一方を和紙で閉じ、表に三つ、裏面に一つの指孔をあけたもの。一竹。

**じ-けつ【自決】**（名・サ変自）①自分のことは自分できめること。self-determination 用例 民族—。②自殺すること。suicide

**しけつ-ざい【止血剤】** 血液凝固促進作用や血管強化作用により出血を止める薬剤。トロンボプラスチン製剤など。hemostatic

**しけつ-せん【止血栓】** 深い傷などで止血が困難なとき、滅菌ガーゼやヨードホルムガーゼなどを、傷口内に深く強く充塡する止血法。タンポン法。arrest of hemorrhage tampon

**シゲティ【Joseph Szigeti】**（一八九二〜一九七三）アメリカのバイオリン奏者。ハンガリー生まれ。独特の運弓法を用い、知的な演奏をする。

**しげ-どう【▽重▼籐・▽滋▼籐】** 竹に黒漆を塗ったものを心とし、上に白のトウを一五mmほどずつあけて細く巻いた弓。大将などの持ち弓とした。↓弓図

**じげ-にん【地下人】** ①平安時代、清涼殿に昇殿を許されない下級官人の総称。じげ。対義 殿上人。②宮廷官人の、自分たち以外の一般庶民に対する呼称。

**しげのいこわかれ【▽重の井子別れ】** 浄瑠璃『恋女房染分手綱』の十段目の通称。乳母重の井は馬子の三吉を我が子と悟るが、親子の名乗りをせずに別れる。

**しげの-の-さだぬし【▽滋野▽貞主】**（七八五〜八五二）平安初期の漢学者。『経国集』二〇巻を撰修、『秘府略』一〇〇〇巻を編纂した。

**しげのぶ【▽重▽信】**〈町〉愛媛県中部、重信川に沿う町。平地は稲作、山麓はミカン・花の栽培がさかん。人口二万四六五(一九八八)。

**しげのぶ-がわ【▽重▽信川】** 愛媛県中部、松山平野を西流する川。長さ三六km。足立重信が改修、氾濫を治めたためその名をとって川の名とした。

**しげの-やすつぐ【▽重野安▼繹】**（一八二七〜一九一〇）幕末・明治の歴史学者。薩摩の人。維新後、文部省で『大日本編年史』などの史料編纂に従事。のち東大教授。著書『国史眼』。

**しげ-み【茂み】** 草木の茂った所。thicket

**しげみつ-まもる【▽重▽光▼葵】**（一八八七〜一九五七）外交官・政治家。大分県生まれ。東条・小磯・東久邇内閣の外相。昭和二〇年(一九四五)降伏文書に調印。戦犯解除ののち改進党総裁、鳩山内閣で外相を歴任。

**しげやま-け【茂山家】** 狂言大蔵流の一家系。関西で活躍する茂山千五郎家・忠三郎家・弥五郎家の三家をいう。東京の現宗家弥太郎も弥五郎家の出身。茂山の名は幕末に現れた。

**しげり【茂り】** 茂ること。茂った所。しげみ。grow thick

**シケリアノス【Angelos Sikelianós】**（一八八四〜一九五一）ギリシアの詩人。美しいイメージで世界の調和をうたった。作品『人生への序章』。

**しけ・る【▽湿気る】**（五自）湿気を帯びる。get damp

**し・ける【▽湿気る】**（下一自）湿気を帯びる。get damp

**し・ける【▽時化る】**（下一自）①風雨で海上が荒れる。be stormy ②《俗語》金まわりが悪い。③気分がふさぐ。be depressed

**しげ・る【茂る・▽繁る・▽滋る】**（五自）草木が生長して枝葉が重なり合う。繁茂する。grow thick 用例 草の—・った庭。

**し-けん【私見】** 自分の意見。また、それをけんそんしていう語。personal view

**し-けん【私権】** 私法上認められている権利。一般に財産・身分に関する権利など。private right 対義 公権。

**し-けん【試験】**（名・サ変他）①物の能力や性質などをためすこと。テスト。experiment 用例 品質を—する。②学力や能力をためすため、問題を出して答えさせること。考査。テスト。examination

**し-げん【至言】** 事情・真理をみごとに表したことば。適切なことば。きわめて、もっともなことば。wise saying

**し-げん【始原】** はじめ。もと。原始。

**し-げん【資源】** ①人間が採取して利用する天然の物質の総称。鉱物・土地・水が基本的資源で、ここから天然のまま、または人工的に動植物・食糧・エネルギーなどの資源が得られる。resources ②《転じて》事業などに役立つ物資や人材。resources

**じ-けん【事件】** ①世間の話題となるようなできごと。event 用例 —が発生する。②法律で、訴訟事件。case 用例 刑事—。数え方 一件。

**じ-けん【時圏】** 天球上の天体と天の北極・天の南極を結ぶ大円の切り口。hour circle

**じ-げん【示現】**（名・サ変自他）①神仏が霊験を示し現すこと。②《仏教語》仏・菩薩が形を変えて現れること。権化。

**じ-げん【字源】** 一字一字の字体の起こり。仮名の場合は、そのもとになった漢字。

**じ-げん【次元】** ①数学で、幾何学的図形や物体および空間の広がりの自由度を示す概念。dimension ②物理学や工学で、長さ・質量・時間などの基本量と物理量との関係。dimension ③物の考え方の立場や世界観。stand point

**次元を異にす** ①立場や考え方などがまったく異なる。②問題の性質がまったく違う。

**じ-げん【時限】** 時間をくぎること。くぎった時間。period 用例 第一—。

**じ-げん【慈眼】**《仏教語》仏・菩薩が慈悲の心で衆生を見る目。

**しげん-えいせい【資源衛星】** 資源探査のほか農作物の作柄や大気・海洋の汚染度などを観測する人工衛星。赤外線による地表の映像をもとに解析する。ランドサットなど。environmental survey satellite

**しげんエネルギー-ちょう【資源エネルギー庁】** 通商産業省の外局の一つ。鉱物資源とエネルギーの供給・利用に関する行政を総合的に行うため、昭和四八年(一九七三)に発足。Agency of National Resources and Energy

**じげん-かいせき【次元解析】** 物理学や化学の関係式において、両辺の諸量の次元を比較して未知の関係式を推定する方法。両辺にある諸量のそれぞれの次元積が等しいことを利用する。dimensional analysis

**しげん-かいはつ【資源開発】** 地下資源・水資源などの天然資源の開発。これら諸資源の潜在的価値を取り出して、経済活動や社会生活に役立つように有効な利用をはかること。resource development

**しげん-カルテル【資源カルテル】** ある資源の生産国どうしが価格・生産統制のために結成するカルテル。OPEC・OAPECなど。生産国カルテル。生産者同盟。producers' cartel

**しけん-かん【試験官】** 試験に当たる人・役人。examiner

**しけん-かん【試験管】** ガラス管の一方の端を丸底に閉じた容器。もっとも簡単で多用途な化学実験器具。test tube ↓図

**しけんかん-ベビー【試験管ベビー】** 試験管内で精子と卵子を結合させ、受精卵を母体内に着床させて出産した子ども。体外受精児。test-tube baby

**じけん-きしゃ【事件記者】**《俗語》刑事事件を担当する社会部の記者。

**しけん-し【試験紙】** 指示薬または試薬溶液を浸み込ませて乾燥した濾紙。定性分析に用いる。リトマス試験紙・pH試験紙・酢酸鉛紙・沃化カリウムでんぷん紙など。test paper

**しけん-じごく【試験地獄】** 入学試験に合格することが難しくて、受験者が苦しむたとえ。ordeal of examination

**じげん-スト【時限スト】** あらかじめ時間を限って行うストライキ。交渉の妥結まで行う無期限ストと異なり、示威の意味が強い。limited time strike

**しげん-せいぶつ【始原生物】** 生物のいちばん元の祖先と考えられる生物。archaeorganism

**しげんたんさ-えいせい【資源探査衛星】** 地球上の天然資源の探査、その状況の監視などを行う人工衛星。resources inquiry satellite

**しけん-てき【試験的】**（形動）ためしに行うさま。experimental

**しげん-ナショナリズム【資源ナショナリズム】** 石油などの重要資源を自国内にもつ国、とくに発展途上国がこれら資源に対する主権を主張し、それに基づく民族的利益を確保しようとする政策。resources nationalism

**じげん-ばくだん【時限爆弾】** 化学薬品と時計などによる時限装置を内蔵し、一定の時間をすぎると自動的に爆発する爆弾。time bomb

**しけん-びしゃ【四間飛車】** 将棋の戦法で、振り飛車の一つ。飛車を第四筋、先手でいうと第六筋に移した陣形。

**しげん-もんだい【資源問題】** 資源の供給不足をめぐる諸問題。備蓄の充実、消費の節約、代替エネルギーの開発などが課題。problem of natural resources

**しげん-リサイクル【資源リサイクル】**《「リサイクル」は循環処理する・再循環させ

●試験管

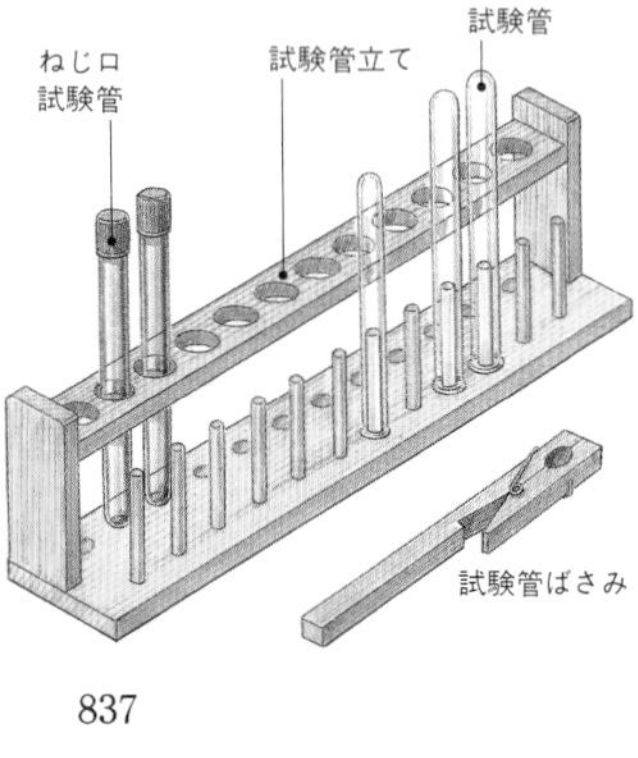

る、の意》廃棄物を資源として再生利用すること。

**じげん-りっぽう【時限立法】** 有効期間が前もって決められている法律。

**しこ【▽醜】** 古語 ①がんこなもの、みにくいものをののしる語。用例 慨きや―ほととぎす暁の(万葉・八・一五〇七)。②自分を卑下して言う語。ろくでもないこと。役に立たないこと。用例 ―の御楯と出で立つわれは(万葉・二〇・四三七三)。

**し-こ【四▼股】** 相撲の基本的な準備運動。力士が土俵の上などで両足を開き、腰を落とした姿勢から手を膝にそえたまま足を交互に上げては踏み下ろして行う。力足。stamp 用例 ―を踏む。

**し-こ【四庫】** 中国宮廷の書庫。蔵書を経(経書)・史(歴史)・子(諸子百家)・集(詩文集)の四部に分類、収納。唐の玄宗の時、長安・洛陽に設置されたのに始まる。

**し-こ【四顧】** ㊀(名・サ変自) 四方を見まわすこと。㊁(名) あたり。付近。

**し-こ【指呼】**(名・サ変他) ゆびさしてよびかけること。

**指呼の間(しこのかん)** 指呼すればすぐ答えるほど、近い距離。within hail

**し-ご【死後】** 死んだあと。没後。after one's death 対義 生前。

**し-ご【死期】** 死にぎわ。臨終。

**し-ご【死語】** ①現在まったく使われなくなった言語。梵語・ラテン語など。dead language ②時代の推移で使われなくなった語句・ことば。obsolete word 比較 廃語。

**し-ご【私語】**(名・サ変自) ささやくこと。ひそひそ話。whisper 用例 ―をかわす。

**し-ご【詩語】** とくに詩に使われることば。poetic diction 比較 歌語。

**じ-こ【自己】** ①われ。自分。自身。self ②個体としての統一体で、他と区別するわれ。ego

**じ-こ【事故】** ①突然発生する、よくないできごと。accident 用例 交通―。②不都合な行為や事態。trouble 用例 ―を起こして退社する。

**じ-ご【耳語】**(名・サ変自他) 耳打ちすること。ひそひそ話。私語。

**じ-ご【事後】** 物事の終わったあと。after the event 対義 事前。

**じ-ご【持碁・▼芇】** 囲碁で、終局時に白と黒の地または目数が同数になること。こみのない対局では引き分けとする。

**じ-ご【▼爾後】**(名・副) そののち。それ以後。thereafter

**じこ-あい【自己愛】** 精神分析の用語。自分を愛する心理。自他の区別がつかない幼児期にみられるものと、青年期などに、他者に向けられていた愛が再び自分に向けられるものとがある。ナルシシズム。narcissism

**じこ-あんじ【自己暗示】** ①患者が、催眠状態で自分に暗示をかけることによって行う精神療法。自己催眠。autosuggestion ②自分自身が何かを強く思いつめることなどによって自分に強く暗示をかけること。

**じこ-インダクタンス【自己インダクタンス】** 電流回路の自己誘導の程度を示す量。単位はヘンリー。記号はH。self-inductance

**しこう【支考】** ↓かがみしこう(各務支考)

**し-こう【四光】** 花札のゲームで、花合わせや八八の出来役の一つ。二〇点札のうち松・桜・芒(坊主)・桐の四枚を集めたもの。

**し-こう【四更】** 昔、日没から日の出までの時刻を五つに分けた四番め。午前一時ごろから午前三時ごろまで。丑の刻。丁夜。

**し-こう【至高】** この上もなく高いこと。最高。

**し-こう【伺候・▼祗候】**(名・サ変自) ①おそば近く仕えること。②御機嫌うかがいに行くこと。③天皇の大喪にあたり、皇族・近親が遺体をお守りすること。通夜に該当する。用例 殯宮―。

**し-こう【志向】**(名・サ変他) ①気持ちがあることに向かって進もうとすること。inclination 用例 文学を―する。②哲学で、精神・意志が一定の目的に向けられること。intention

**し-こう【指向】**(名・サ変他) ある目的をめざして進むこと。また、進めること。point to

**し-こう【私考】** 自分の考え。自分なりの意見。また、それをけんそんして言う語。私見。

**し-こう【私行】** 私生活上の行い。private conduct

**し-こう【思考】**(名・サ変自他) ①考え。考えること。thought 比較 思案。②哲学で、思惟。speculation ③結論を得るまでの観念の過程。人間が一定のことをなしとげようとするとき、その目標に至る筋道・方法を見つけようとして働く精神活動。thinking 対義 直覚。

**し-こう【施工】**(名・サ変自他) 工事を行うこと。せこう。execution

**し-こう【施行】**(名・サ変他) 《「せぎょう」は別語》①実地に行うこと。実行。実施。enforcement ②《「せこう」とも》法令が制定されたのち、その効力を現実に発生させること。法律は公布の日から二〇日後に施行されるのが原則。law enforcement

**し-こう【視紅】** ↓ロドプシン

**し-こう【歯▼垢】** 歯の表面に付着した軟らかい沈着物。微生物や多種の細菌がいる。石灰化した固着物が歯石。dental calculus

**し-こう【▼嗜好】**(名・サ変他) たしなみ好むこと・もの。たしなみ。好み。taste

**し-こう【詩稿】** 詩の下書き。

**し-こう【試行】**(名・サ変他) ためしにやってみること。try

**しこう【子貢】**(BC五二〇〜BC四五六?) 中国、春秋時代の儒者。孔門十哲の一人。姓は端木、名は賜。言語(＝外交談判)にすぐれ、魯・衛の宰相となった。

**し-ごう【師号】** 天皇(朝廷)から高僧に賜る大師・国師・禅師などの称号。

**し-ごう【▼諡号】** 僧侶や徳行の優れた人、身分の高い人に対して、死後に生前の行いをたたえておくる名。おくりな。

**じ-こう【耳▼垢】** ↓みみあか(耳垢)

**じ-こう【事項】** 一つ一つの事がら。matter; item 用例 注意―。

**じ-こう【侍講】** 君主・東宮に学問を講義すること・役・人。

**じ-こう【時好】** そのときどきの好み・流行。

**時好に投ずる(じこうにとうずる)** 時好によく合って歓迎される。

**じ-こう【時効】** ①法律で、一定の事実状態が一定期間継続した場合に、権利の取得・喪失や義務の免除などの法律効果を認める制度。prescription 用例 ―にかかる。②一般に、時間の経過によって効力・権利が消滅すること。prescription

**じ-こう【時候】** 四季の陽気・気候。season 用例 ―のあいさつ。

**じ-ごう【寺号】** 寺の名。比較 山号。

**じ-ごう【次号】** 新聞・雑誌などで、次に刊行される予定の号。next issue 用例 ―の予告。

**じ-こうかしょう【耳硬化症】** 内耳を包む骨の異常によって起こる音の伝導障害の病気。原因不明で、日本では少ない。otosclerosis

**しこう-けい【志向形】** 動詞の活用形の一つ。五段活用で、意志・推量の助動詞「う」に続く形。「書こう」「行こう」など。

**じこう-けい【耳▼垢型】** 耳あかが湿っているか乾燥しているかによって分ける遺伝的形質。earwax type

**じこう-こうか【時効硬化】** 時間の経過とともに合金が硬化する現象。室温放置で生じる場合を自然時効硬化、加熱後に生じる場合を人工時効硬化という。age hardening

**しこう-さくご【試行錯誤】** 新しい課題に対して失敗を重ねながらも、次第に正しい解決に達しようとすること。trial and error

**しこう-じっけん【思考実験】** 思考上の実験方式を想定し、現実の実験に伴うさまざまな制約にかかわりなく、結果を吟味すること。thought experiment

**しこう-して【▼而して】** 文語的(接続) そして。それから。

**じごう-じとく【自業自得】** 自分でした悪いことのむくいが、自分にふりかかってくること。the natural consequence of one's deeds

**しこう-しへい【至公至平】**(名・形動) きわめて公平なこと・さま。

**しこう-しょうがい【思考障害】** 記憶力・知識・学習能力の異常を前提としない、思考そのものの異常。知能障害とは異なる。妄想・形式障害(うつ病・そう病・思考途絶など)がある。thought disturbance

**しこう-せい【志向性】** 哲学用語。意識は常に特定の対象に向けられており、あるものに関しての意識であるということ。フッサールの現象学でとくに強調される。intentionality

**しこう-せい【指向性】** 音波や電波などの波を放射する強さや受ける感度が方向によって異なること。directivity

**しこうせい-アンテナ【指向性アンテナ】** 特定の方向に対して、電波を発したり受信したりする働きが、とくに高いアンテナ。directional antenna

**し-こうてい【始皇帝】**(BC二五九〜BC二一〇) 中国秦の建国者、皇帝。名は政。紀元前二四七年秦王となり、前二二一年天下を統一、皇帝を称した。匈奴を北に追い、南は広東地方まで征服。郡県制をしき中央集権政策を強化して中国専制政治の祖型をなした。万里の長城や阿房宮など大土木工事を起こし、道路を整備、度量衡や文字の統一をはかる一方、焚書坑儒による思想統制を行った。

**しこうてい-りょう【始皇帝陵】** 秦の始皇帝の墓。中国陝西省驪山北麓にある一辺約三五〇mの台形二段の方墳。二重の周壁をめぐらす。延べ七〇万人を動員して造営したという。周辺からは秦代の遺跡・遺物が発掘されているが、一九七五年陵の東一・五kmの地点で兵馬俑坑が発見された。

**じこう-どう【慈江道】** 北朝鮮(朝鮮民主主義人民共和国)北部の道。道都江界。北は鴨緑江を隔てて中国と接する。全道の九二%が山岳地域。チャガンド。

**しこう-ひん【紙工品】** 紙の加工品。paper work

**しこう-ひん【▼嗜好品】** 個人の好みを満足させ、味覚・嗅覚・視覚に快感を与える飲食物の総称。生命維持に必要な栄養物と区別。清涼飲料・茶・酒類・菓子など。

**しこう-りゅう【▼嘴口竜】** 中生代の空を飛ぶ爬虫類である翼竜類を二大別したうちの一つ。尾が長く、ジュラ紀初期から白亜紀初期にかけて生存していた。その代表はランフォリンクス。もう一方は翼手竜。pterosaur

**しこう-りょく【思考力】** 思考する働き・能力。thinking power

**しこう-ろくみん【四公六民】** 江戸時代、農民の収穫の四割を年貢として収めさせ、六割を手許に残させたこと。比較 五公五民。

**じ-ごえ【地声】** 生まれつきの声。one's natural voice 対義 作り声。

**し-ごか【刺五加】** 生薬の一つ。ウコギ科エゾウコギの根を乾燥したもの。朝鮮人参に似た作用があり、強壮・鎮静・食欲増進などに用いる。

**じこ-がいねん【自己概念】** 心理学で、自分で自分をどう見ているかについての感じ方、考えの内容。自己像。self concept

**じこ-かぶしき【自己株式】** 株式会社が取得または質受けした自社発行の株式。投機を助長するなどの弊害があるため、その所有は原則として禁止されている。treasury stock

**しご-かん【子午環】** 天体位置の観測のための大型の子午儀。天体の子午線通過を観測し、赤経・赤緯を決定するもの。天文学におけるもっとも基本的な器械。meridian circle

**しごき【▽扱き】** ①「扱き帯」の略。②しごくこと。③《俗語》大学の運動部などで、先輩が後輩に体罰を加えるなどして厳しく鍛えること。haze

**しご-ぎ【子午儀】** 時刻測定のための望遠鏡。恒星の子午線通過の位置を測定する装置。正しく東西方向にかつ水平に設けた回転軸に、小型望遠鏡を取りつけたもの。望遠鏡は左右には動かず、子午面内だけで回転する。transit instrument 参照 子午環。

**しごき-おび【▽扱き帯】** 女の腰帯の一つ。適当な長さの、一幅の布をしごいて締める帯。花嫁衣装や女児の祝い着の帯の下部に巻き、左後ろ脇に蝶結びにして垂らす。しごき。抱え帯。↓写

● 扱き帯　七五三の着物姿。

**じこ-ぎせい【自己犠牲】** わが身をかえりみず、人助けや仕事に尽力する。献身。self-sacrifice

**じこ-ぎまん【自己欺▼瞞】** 自分で自分の心をあざむくこと。間違った自分自身の行為などを無理やり納得させること。self-deception

**じこ-きんゆう【自己金融】** 企業が必要資金を調達する方法の一つ。社内留保の繰り入れによって行う。具体的には利益準備金・別途積立金などの準備金・積立金を用いる。self-financing

**しこく【四国】** ①四国地方。②南海道から紀伊・淡路を除いた阿波・讃岐・土佐・伊

予の四つの国の総称。

**し-ごく【至極】** ㊀(名・形動) このうえないこと・さま。最上。extremity 用例 迷惑—。㊁(副) このうえなく。きわめて。very 用例 —ゆかいだ。

**至極に詰まる**(しごくにつまる) どうにもならなくなる。道理につまる。閉口する。

**しご・く【▽扱く】**(五他) ①ある物を手ににぎって、一方の手で強く引く。しめて、こく。draw through one's hand 用例 槍を—。②《俗語》きびしくきたえる。

**じ-こく【▽二黒】** 九星の一つ。南西を本位とし、土星に属する。

**じ-こく【自国】** 自分の属する国。one's own country 対義 他国・外国。

**じ-こく【時刻】**《時間との混同に注意》①時の経過のうちの特定の一瞬。きまった時。time 用例 発車—。②ころ。とき。機会。time 用例 —到来。

**時刻を回らす**(じこくをめぐらす) 時を費やす。時間をかける。時を移す。

**じ-ごく【地獄】** ①《仏教語》六道の一つ。現世で悪いことをしたことによって、死後に行く苦しみの世界。八大地獄など。対義 極楽。用例 —に落ちる。②キリスト教で、不信者の救われない魂が落ちていく、永遠の刑罰をうける場所。hell 対義 天国。③たいへん苦しめられること・所。用例 試験—。④活火山の火口。また熱湯を噴き出している所。crater 用例 —谷。

**地獄極楽は此の世に在り**(じごくごくらくはこのよにあり) 善悪の行いの応報は、来世をまつまでもなく、この世ですぐにあらわれるということ。地獄も極楽も目の前に在る。Heaven and hell both exist in this world.

**地獄で仏に会った様**(じごくでほとけにあったよう) 困っているときに思いがけない救いに会ったうれしさのたとえ。an oasis in the desert

**地獄にも鬼許りではない**(じごくにもおにばかりではない) せちがらいこの世にも、慈悲深い親切な人はいるというたとえ。類似 渡る世間に鬼はなし。

**地獄にも知る人**(じごくにもしるひと) 地獄のような所でも、知己はできるものである。どこへ行っても、どんな境遇にあっても、知り合いはできるということ。地獄にも近づき。

**地獄の一丁目**(じごくのいっちょうめ) ひじょうな危険や困難、また、破滅などへ向かう第一歩。a step to Hell

**地獄の上の一足飛び**(じごくのうえのいっそくとび) 危険きわまりないこと。

**地獄の馬は顔許りが人**(じごくのうまはかおばかりがひと) 地獄の馬は顔だけが人間ということから、心の汚い人間をののしって言う語。人面獣心。

**地獄の釜**(じごくのかま) 地獄で、罪人を煮て、こらしめるという釜。

**地獄の釜の蓋も開く**(じごくのかまのふたもあく) 正月と盆の一六日は、地獄の鬼も亡者を苦しめない日とされた。この日をやぶ入りとして住み込みの使用人にも休みを与えた。

**地獄の沙汰も金次第**(じごくのさたもかねしだい)《地獄の裁判も買収できる意》お金さえあれば、どんなことでも思うようにできるたとえ。Money is the best lawyer.

**地獄の地蔵**(じごくのじぞう) ひじょうな困難や危難にあるとき、思いがけず助けにあうこと。地獄で仏に会ったよう。

**地獄は壁一重**(じごくはかべひとえ) 人間は、一歩道をふみちがえれば、すぐに罪悪をおかすおそれがあること。

**地獄も住み家**(じごくもすみか) どんなひどい所に住んでも、住みなれればよく感じられる。類似 住めば都。

**しこく-カルスト【四国カルスト】** 愛媛・高知両県にまたがる石灰岩台地。鍾乳洞などの景観が二〇kmにわたって見られる。

**しこく-けん【四国犬】** 日本犬の一品種。肩高五〇cm内外。イノシシ狩り用の中形犬で、ごま毛のものが多い。四国の山岳部原産で、愛媛・高知両県に多い。天然記念物。

**しこく-さぶろう【四国▽三郎】** 四国の吉野川の異称。比較 坂東太郎・筑紫二郎。

**しこく-さんち【四国山地】** 四国の中央部を東西に走る山地。主峰は、最高峰の石鎚山一九八二mと、剣山。

**しこく-じゅんれい【四国巡礼】** 四国八十八箇所を巡拝すること・人。四国遍路。四国まいり。四国めぐり。

**じごくぞうし【地獄草紙】** 絵巻物。六道思想を背景とする地獄を描いた鎌倉時代(一二世紀末)の作。東京国立博物館本四段一巻など。↓写

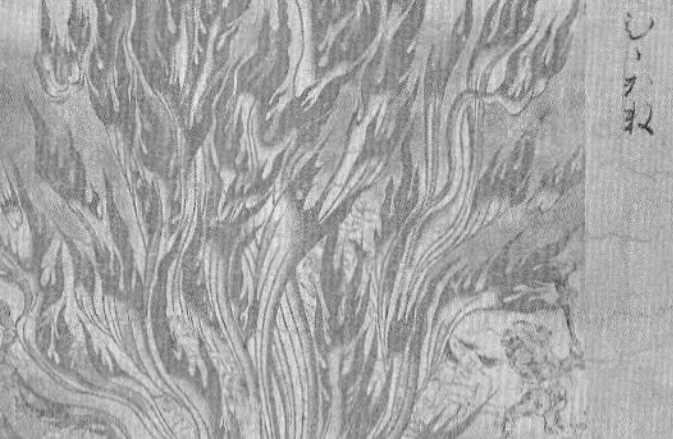

●地獄草紙 『地獄草紙』「雲火霧処地獄」(部分)。鎌倉時代、東京国立博物館。

**じごくだに-おんせん【地獄谷温泉】** 長野県北東部、山ノ内町にある温泉。熱湯を十数メートルも噴出する噴気孔がある。

**しこく-ちほう【四国地方】** 日本の南西部、四国島と属島からなる地方。徳島・香川・愛媛・高知四県からなる。関西経済圏に含まれ、本四架橋により本州と結ばれる。

**じこく-てん【持国天】** 仏教の四天王の一つ。東方世界の守護神で、多く右手に宝珠、左手に剣をもつ姿で表される。↓四天王写

**しこく-どうめい【四国同盟】** 一八一五年、オーストリア・プロイセン・ロシア・イギリスがウィーン体制維持と革命鎮圧を目的に締結した同盟。一八一八年にフランスが加盟、五国同盟となり、一八二二年解消。Quadruple Alliance

**じごく-の-かまのふた【地獄の▼釜▼蓋】** キランソウの別名。

**じごくのきせつ【地獄の季節】**《原題Une saison en enferフランス》ランボーの散文詩集。一八七三年作。詩人の生活・詩法、精神上の危機を表現し、近代の宿命と脱出への希求をうたう。

**しこく-はちじゅうはっかしょ【四国八十八箇所】** 四国にある八八の弘法大師ゆかりの仏教霊場。四国札所。↓図(次ページ)

**しこく-びえ【四国▼稗】** イネ科の一年草。高さ六〇～九〇cm。葉は線形。夏に、花穂を数個つけ、果実は黄赤色に熟す。陸田で耕作。食用・飼料用。コウボウビエ。

**じこく-ひょう【時刻表】** 交通機関の運行時刻を一覧できる表。または、併せて旅行関係の情報を掲載した出版物。時間表。timetable

**じごく-へん【地獄変】**《「地獄変相」の略》亡者の受ける苦しみの光景を描いた絵。

**しこく-へんろ【四国遍路】** 四国巡礼の別称。

**しこく-まいり【四国参り】** 四国巡礼の別称。

**じごく-みみ【地獄耳】** ①一度聞いたら忘れないこと・人。強記。have a memory like an elephant ②人の秘密などをいちはやく聞き込むこと・人。sharp ears

**じこ-けいご【自己敬語】** 話し手(=神・天皇)が自分の動作・状態に敬語を使うこと。古代の歌などにみられる。

**じこ-げんいん【自己原因】**(causa suiラテン) 自己自身が自己の存在の原因であるもの。スコラ哲学における神やスピノザのいう実体など。自因。

**じこ-けんお【自己嫌悪】** 自分で自分がいやになること。self-hatred 用例 —におちいる。

**じこ-けんじ【自己顕示】** 自分を目立たせようとすること。push oneself forward 用例 —欲。

**しご-こうちょく【死後硬直】** 死亡したとき弛緩した筋肉が、化学変化によってしだいにかたくなり、他動的な関節の屈曲も困難になること。この硬直は外気温が高いほど早くはじまり、持続時間も短く、早く終わる。rigor mortis

**し-ごころ【詩心】** ①詩の意味。詩の表現している趣旨。②詩を作ろうとする気持ち・素養。③詩を味わう能力・素養。ししん。

**じこ-さいみん【自己催眠】** 注意集中と自己暗示により自分で催眠状態になる技法。シャーマン・霊媒などにみられる。また精神療法にも利用される。autohypnosis

**じ-こさく【自小作】** 自作を主とするが、小作もすること。また、その農民。自作農と小作農を合わせてさすこともある。

**しこ-しこ**(副・サ変自) ①弾力があって歯ごたえのよいさま。②地味にこつこつするさま。

**じこ-じつげん【自己実現】** 心理学で、自分がもつ多くの可能性の実現をめざすこと。

**じこ-しほん【自己資本】** 企業内部で調達された資本。株主の払い込み資本金と企業収益からの積立金の合計。所有者資本。元入れ資本。owned capital 対義 他人資本。

**じこ-しゅぎ【自己主義】** 自分のことばかりを中心にして、他人の迷惑・損害などは考えないやり方。利己主義。egoism

**じこ-しょうかい【自己紹介】**(名・サ変自) 人に対して、自分の名前や経歴などを言って知らせること。self introduction

**じご-しょうだく【事後承諾】** 事後になっての承諾。ex post facto approval 用例 —を求める。

**しご-しょぶん【死後処分】** 行為者の死後に効力を生じる法律行為。遺言や死因贈与など。死後行為。対義 生前処分。

**じ-ごしらえ【地▼拵え】** ①利用に適するよう土地をならすこと。ground clearance ②植物が生育しやすいように耕地に手を加えること。site preparation

**しご-せん【子午線】**(「子」は北、「午」は南) ①観測者の天頂と、天球の南北両極を通過する大円。天の子午線。meridian ②観測地点と、地球の両極を通過する大円。地球の子午線。経線。meridian ↓地平座標図

**しこぜんしょ【四庫全書】** 中国、清の乾隆帝の勅命で紀昀ら多数の学者が編集した叢書。三四五八種、七万九五八二巻。経・子・史・集の四部に分類。一七八一年完成。文淵閣(北京城)、文源閣(円明園)、文津閣(熱河離宮)、文溯閣(奉天城)の四庫と揚州・鎮江・杭州の三か所に分けて所蔵。

**しこぜんしょそうもくていよう【四庫全書総目提要】** 四庫全書の総目録。四庫全書の総目を記し、内容・著者・評価などについて解説したもの。一七八二年成立。二〇〇巻。

**じこ-せんでん【自己宣伝】**(名・サ変自) 自分で自分の長所などを言いふらすこと。

**じこ-そがい【自己疎外】** ①《Selbstentfremdungドイツの訳》ヘーゲル弁証法の重要概念の一つ。あるものが自己のうちに本質としてもっているものを、自己に対立するものとして自己の外へおし出し、自己の本質に背反するもの、自己にとってよそよそしいものとみなすこと。疎外。外化。②マルクス主義で、資本主義社会において、人間の労働や個性、人格などが商品としてあつかわれ、自己の本質を失って非人間的な状態におちいること。self-alienation ③現代社会で、組織化・機械化の発展にともなって、人間が平均化・画一化・非個性化され、人間性を失っていること。standardization

**しこ-たま**(副)《俗語》たくさん。どっさり。用例 —もうける。

**しこたん-そう【▽色丹草】** ユキノシタ科の小形の多年草。高山の岩の間にはえる。小形の披針形の葉が密生。夏に、黄白色で紅色の斑点のある小花を開く。色丹島で最初に発見されたための名。千島・樺太・北海道、本州の山地に分布。↓写

●シコタンソウ

**しこたん-とう【▽色丹島】** 北海道東部、歯舞諸島北東の島。面積二五五km$^2$。水産資源に富む。しゃこたんとう。参照 北方領土問題。

**しこたん-はこべ【▽色丹▽繁▼縷】** ナデシコ科の多年草。高山の砂礫地にはえる。高さ約二〇cm。葉は先のとがった卵形、帯白緑色。夏に、白花を開く。花弁は五個で、先は二裂。色丹島で発見された。

**じこちゅうしん-せい【自己中心性】** ピアジェの発達心理学の用語。自分のことを第一に考え、他人の立場に立って考えられぬ性質。主観と客観とが未分化な幼児の心理的特徴。egocentrism

**じこちゅうしん-てき【自己中心的】**(形動) ①子どもの、自分と自分以外とが区別できない性質。②利己主義であるさま。self-centered

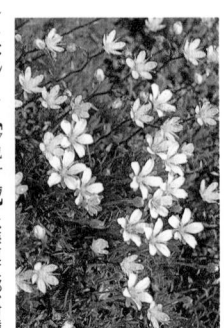

**しこつ-こ【支▼笏湖】** 北海道南西部、石狩平野の南西にある湖。面積七七km$^2$。最深三六〇

●四国八十八箇所　上から札所番号、寺名、宗派、所在地を示す。図中の数字は札所の番号を示す

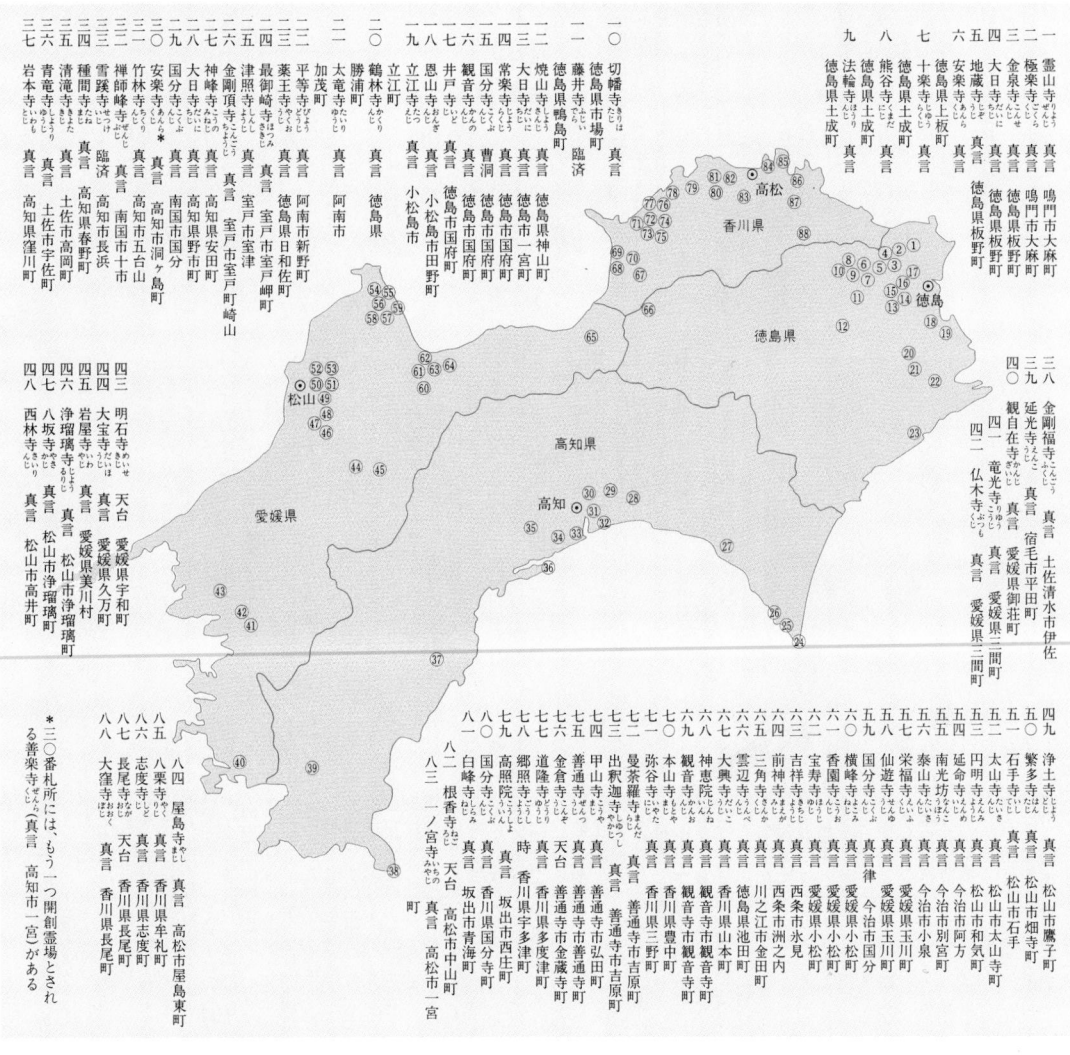

一　霊山寺　真言　鳴門市大麻町
二　極楽寺　真言　鳴門市大麻町
三　金泉寺　真言　徳島県板野町
四　大日寺　真言　徳島県板野町
五　地蔵寺　真言　徳島県板野町
六　安楽寺　真言　徳島県上板町
七　十楽寺　真言　徳島県土成町
八　熊谷寺　真言　徳島県土成町
九　法輪寺　真言　徳島県土成町
一〇　切幡寺　真言　徳島県市場町
一一　藤井寺　臨済　徳島県鴨島町
一二　焼山寺　真言　徳島県神山町
一三　大日寺　真言　徳島市一宮町
一四　常楽寺　真言　徳島市国府町
一五　国分寺　曹洞　徳島市国府町
一六　観音寺　真言　徳島市国府町
一七　井戸寺　真言　徳島市国府町
一八　恩山寺　真言　小松島市田野町
一九　立江寺　真言　小松島市立江町
二〇　鶴林寺　真言　徳島県勝浦町
二一　太竜寺　真言　阿南市加茂町
二二　平等寺　真言　阿南市新野町
二三　薬王寺　真言　徳島県日和佐町
二四　最御崎寺　真言　室戸市室戸岬町
二五　津照寺　真言　室戸市室津
二六　金剛頂寺　真言　室戸市室戸町崎山
二七　神峰寺　真言　高知県安田町
二八　大日寺　真言　高知県野市町
二九　国分寺　真言　南国市国分
三〇　安楽寺*　真言　高知市洞ヶ島町
三一　竹林寺　真言　高知市五台山
三二　禅師峰寺　真言　南国市十市
三三　雪蹊寺　臨済　高知市長浜
三四　種間寺　真言　高知県春野町
三五　清滝寺　真言　土佐市高岡町
三六　青竜寺　真言　土佐市宇佐町
三七　岩本寺　真言　高知県窪川町
三八　金剛福寺　真言　土佐清水市伊佐
三九　延光寺　真言　宿毛市平田町
四〇　観自在寺　真言　愛媛県御荘町
四一　竜光寺　真言　愛媛県三間町
四二　仏木寺　真言　愛媛県三間町
四三　明石寺　天台　愛媛県宇和町
四四　大宝寺　真言　愛媛県久万町
四五　岩屋寺　真言　愛媛県美川村
四六　浄瑠璃寺　真言　松山市浄瑠璃町
四七　八坂寺　真言　松山市浄瑠璃町
四八　西林寺　真言　松山市高井町
四九　浄土寺　真言　松山市鷹子町
五〇　繁多寺　真言　松山市畑寺町
五一　石手寺　真言　松山市石手
五二　太山寺　真言　松山市太山寺町
五三　円明寺　真言　松山市和気町
五四　延命寺　真言　今治市阿方
五五　南光坊　真言　今治市別宮町
五六　泰山寺　真言　今治市小泉
五七　栄福寺　真言　愛媛県玉川町
五八　仙遊寺　真言　愛媛県玉川町
五九　国分寺　真言律　今治市国分
六〇　横峰寺　真言　愛媛県小松町
六一　香園寺　真言　愛媛県小松町
六二　宝寿寺　真言　愛媛県小松町
六三　吉祥寺　真言　西条市氷見
六四　前神寺　真言　西条市洲之内
六五　三角寺　真言　川之江市金田町
六六　雲辺寺　真言　徳島県池田町
六七　大興寺　真言　香川県山本町
六八　神恵院　真言　観音寺市観音寺町
六九　観音寺　真言　観音寺市観音寺町
七〇　本山寺　真言　香川県豊中町
七一　弥谷寺　真言　香川県三野町
七二　曼荼羅寺　真言　善通寺市吉原町
七三　出釈迦寺　真言　善通寺市吉原町
七四　甲山寺　真言　善通寺市弘田町
七五　善通寺　真言　善通寺市善通寺町
七六　金倉寺　天台　善通寺市金蔵寺町
七七　道隆寺　真言　香川県多度津町
七八　郷照寺　時　香川県宇多津町
七九　高照院　真言　坂出市西庄町
八〇　国分寺　真言　香川県国分寺町
八一　白峰寺　真言　坂出市青海町
八二　根香寺　天台　高松市中山町
八三　一ノ宮寺　真言　高松市一宮町
八四　屋島寺　真言　高松市屋島東町
八五　八栗寺　真言　香川県牟礼町
八六　志度寺　真言　香川県志度町
八七　長尾寺　天台　香川県長尾町
八八　大窪寺　真言　香川県長尾町

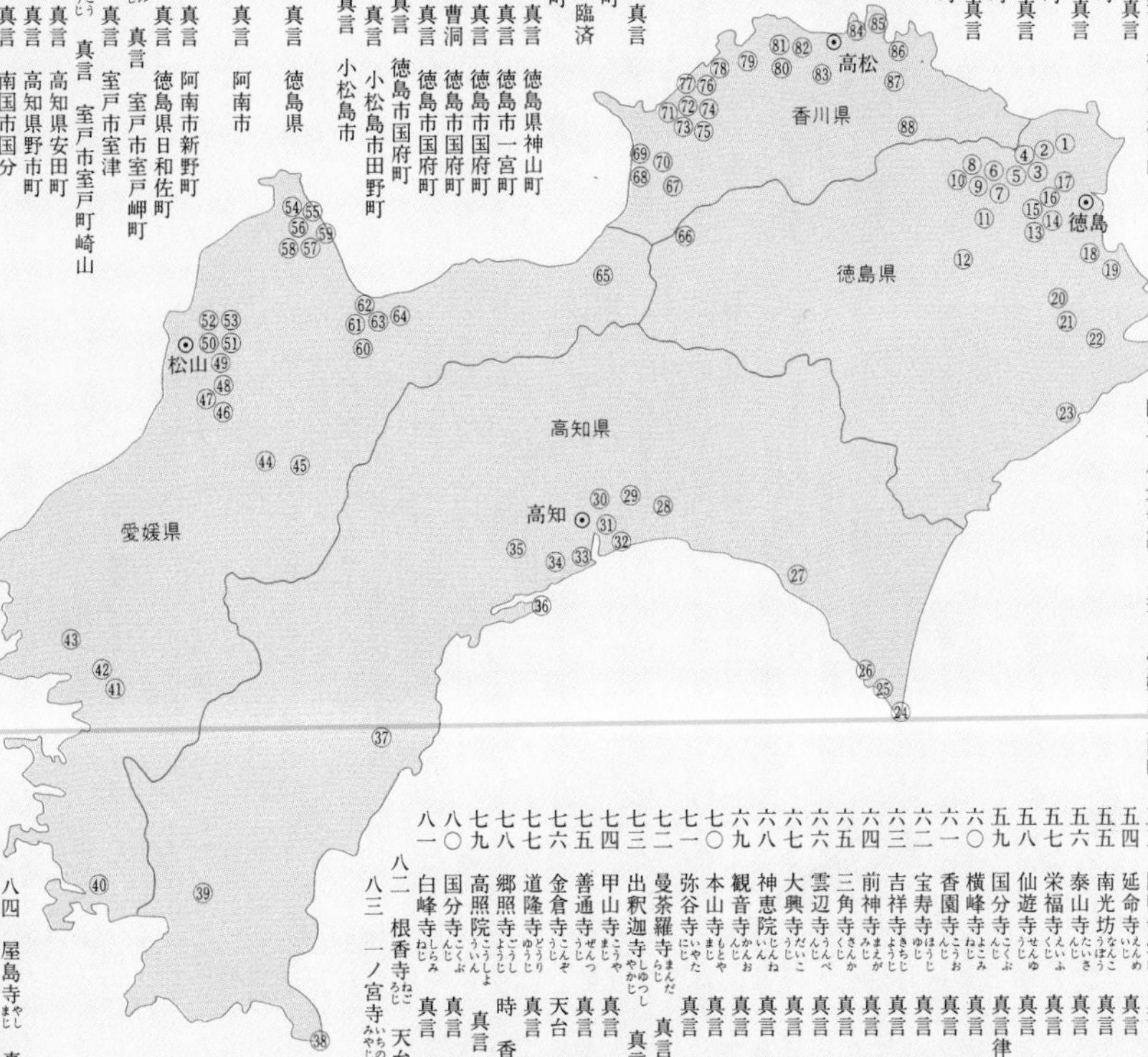


*三〇番札所には、もう一つ開創霊場とされる善楽寺(真言　高知市一宮)がある

m。カルデラ湖。日本最北の不凍湖。

**しこつとうや-こくりつこうえん【支▼笏▽洞▼爺国立公園】** 北海道南西部、支笏湖・洞爺湖を中心とする国立公園。定山渓・登別・羊蹄山地区があり、多数の火山と温泉がある。昭和二四年(一九四九)指定。

**じ-こっぴ【地骨皮】** 生薬の一つ。ナス科のクコの乾燥根皮。果実を枸杞子、葉を枸杞葉という。煎じて消炎・解熱・強壮などに用いる。

**し-ごと【仕事】** ①すること。deed ②職業。employment; occupation; job 用例 —をさがす。③頭やからだを使って働くこと。work 用例 立派な—を残す。水—。針—。④物理で、物体に力を加えて、その位置を移動させること。その量は加えた力の大きさと動いた距離との積で表される。単位はエルグ(erg)、ジュール(J)。work

**仕事の虫** 仕事に夢中になって、他を顧みないこと・人。仕事一点張りなこと・人。workaholic 用例 父は—だ。

**しごと-かんすう【仕事関数】** 物質の表面から電子を取り出すのに必要なエネルギーの最小値。熱電子放出や光電子放出などを考えるのに重要な量。work function

**しごと-ぎ【仕事着】** 労働するときの衣服。農山村や漁村には、千葉の働きじゅばんや、栃木の山着など、その土地独特のものがある。working clothes

**しごと-きゅう【仕事給】** 仕事の内容によって格付けされた賃金形態。職務給よりゆるやかなもの。wages by the job 対義 能力給。

**しごと-し【仕事師】** ①土木などにたずさわる人。とび職。②仕事を計画し、どしどし片づけていく人。やり手。go-getter

**しごと-とうりょう【仕事当量】** ↓ねつのしごととうりょう(熱の仕事当量)

**しごととひび【仕事と日日】**(Erga kai hemerai) ヘシオドスの教訓叙事詩『農と暦』の訳名の一つ。

**しごと-の-げんり【仕事の原理】** てこや滑車などの道具を使って作業するとき、加える力は小さくできるが、仕事量(=力×距離)は不変という原理。仕事量不変の原理。

**しごと-はじめ【仕事始め】** 多く正月二日、四日、一一日に行う仕事始めの行事。本来は一つの儀礼で予祝の意がある。鍬入れ・初山などの家業始め。また、現在は官庁や会社の御用始めも含む。

**しごと-りつ【仕事率】** 単位時間当たりになされる仕事の量。一秒当たり一ジュール(J)の仕事率を一ワット(W)という。工率。power

**しこ-な【▽醜名】** ①あだ名。nickname ②自分の名をけんそんして言う語。本名。実名。name ③《「四股名」とも当てる》力士の呼び名。出身地の山や川にちなんだもの、師匠ゆずりのもの、本名のままのものなど、いろいろある。

**し-こなし【▽為▽熟し】** ①身のこなし。態度・ようすや立ち居振る舞い。②物事をうまく処置すること。さばき。切りまわし。

**し-こな・す【▽為▽熟す】**(五他) ①うまくやってのける。manage ②上手に振る舞う。execute

**しこ-の-みたて【▽醜の▽御▼楯】**(連語) ↓「しこ(醜)②」

**じこ-ひてい【自己否定】**(名・サ変自) 自分をみにくく、価値なく、正しくもないものなどと否定すること。self-negation

**じこ-ひはん【自己批判】**(名・サ変自) 自分で、自分の思想や行動を批判し、その誤りを行動によって正すこと。self-criticism

**じこ-ひょうげん【自己表現】**(名・サ変自) 自分を表現すること。芸術表現など。self-expression

**じこ-ほぞん【自己保存】** 生物本能の一つ。自己の生命を守り、保存しようとすること。self-preservation

**ジゴマ【Zigomar フランス】** フランスの探偵小説の主人公で、神出鬼没の悪漢。一九一一年に映画化された。

**し-こみ【仕込み】** ①調理の下ごしらえのこと。または調理材料の買い入れのこと。preparation ②酒などを醸造するときに、原料を調合して桶に詰めること。preparation ③教えこむこと。しつけ。training; education ④買い入れること。仕入れ。purchase; stock ⑤中に入れること・装置。device ⑥もとで。資本。capital ⑦「仕込みづえ」の略。

**しこみ-え【仕込(み)絵】** 大量の需要に応ずるために商品として作られた絵画。安土桃山時代以降、有名画家主宰の工房の画工や、町絵師など無名画家の筆になるものが多い。

**しこみ-おけ【仕込(み)▼桶】** 酒・しょうゆなどの醸造用のおけ。

**しこみ-せいど【仕込(み)制度】** 問屋が生産者に資金・材料を前貸しし、製品の集荷に加えて金利による利益をも取得する制度。

**しこみ-づえ【仕込(み)▼杖】** 中に刀などをしのばせたつえ。しこみ。

**し-こ・む【仕込む】**(五他) ①教え込む。しつける。ならす。train 用例 芸を—。②仕入れる。仕入れてたくわえる。stock ③中に装置する。fit into 用例 刀を—。④酒・しょうゆ・みそなどの醸造に取り掛かる。ferment 用例 酒を—。

**じこ-むじゅん【自己矛盾】** 同一人物のなかで、論理・言動が相反したり、くいちがったりすること。

**しこ-め【▽醜女】** ①顔のみにくい婦人。ugly woman ②あの世にいるという、みにくい女

**しご-めん【子午面】** 地球上のある地点の天頂と、天の南北の極を含む大円の切り口。子午圏。meridian plane

**じこ-めんえき【自己免疫】** 自分の細胞などを抗原として抗体をつくり、免疫反応を起こさせる現象。これにより起こる病気を自己免疫病・自己免疫疾患といい、溶血性貧血・甲状腺炎などにみられる。autoimmunity

**じこ-ゆうどう【自己誘導】** 電気回路を流れている電流の大きさや向きが変わるとき、回路自体に起こる電磁誘導。self-induction

**しこり【▽凝り・▼痼り】** ①筋肉の緊張を続けるような姿勢をとったり作業を続けると筋肉の硬度が増し、張るような不快感とともに固くなる現象。stiffness in a mustle ②物事のあとに残るすっきりしない気分。unpleasant feeling 用例 感情の——が残る。

**凝りを残す**(しこりをのこす) 事が片付いた後に、気持ちの上ですっきりしないものを残す。後々まで、未解決な問題を残す。

**じこ-りゅう【自己流】** 自分で考え出した流儀。自分独特のやり方。one's own style

**しこ・る【▽凝る・▼痼る】**(五自) しこりができる。get stiff

**しころ【▼錣・▼錏】** かぶと・ずきんの左右後方にたれ下がって首筋をおおうもの。

**ジゴロ【gigolo フランス】** 女性に養われ、働かないで暮らす男。ひも。

**しころ-ぶき【▼錣▼葺(き)】** 入り母屋造りで、切り妻屋根とそれに続く一段下がった四方ふきおろし屋根のついているもの。錣屋根。↓屋根図

**し-こん【士魂】** ①武士のたましい。②りっぱな男子の精神。用例 ——商才。

**し-こん【支根】** 主根から分岐して出る細い根。側根。lateral root

**し-こん【紫根】** 生薬の一つ。合弁花植物ムラサキの根を乾燥したもの。湿疹・凍傷・切り傷・やけどなどに用いる。

**し-こん【紫紺】** むらさき色をおびた紺色。濃いむらさき色。deep purple

**し-こん【詩魂】** ①詩をつくりたくなる気持ち。②詩に対する情熱。

**じ-こん【自今・▼爾今】**(名・副) いまからのち。今後。from now on 用例 ——以後。

**し-こんでん【私墾田】** 奈良末・平安前期、有力社寺や貴族らが開墾し、私有化した田地。荘園制成立の要因の一つとなる。

**し-さ【示唆】**(名・サ変他) =じさ。①それとなく教えること。また、その教え。suggestion ②ある観念を与えてほのめかすこと。hint 比較 暗示。用例 ——に富む。

**し-さ【▼咨▼嗟】** ため息をついて嘆くこと。

**し-さ【視差】** ①対象物を二点から見たときの方向の差。二点間の距離と視差から、対象物までの距離が幾何学的に求められる。parallax ②写真機のファインダーの像と撮影レンズの像のくいちがい。パララックス。parallax

**し-ざ【視座】** 物事を見、考える人の、立脚点。視点。

**じさ** 16画 **【▼橲】** 部首[木]きへん 和製漢字 JIS 6079
地名に用いられる。

**じ-さ【時差】** ①均時差。equation of time ②二つの地点の時間の差。経度一五度の差が時差一時間に相当する。標準時のちがいによる。difference in time ③時刻をずらすこと。時刻のずれ。difference in time 用例 ——出勤。

**じ-ざ【侍座・侍▼坐】**(名・サ変自) 貴人のそばに付き従ってすわっていること。

**シザース-ジャンプ【scissors jump】** =挟み跳び。①走り幅跳びの跳び方の一つ。踏み切り後、空中で歩くように脚を動かす。②走り高跳びの跳び方の一つ。バーを脚ではさむようにして越える。正面跳び。

**し-さい【子細・▼仔細】** ①細かくくわしいこと。委細。一部始終。details 用例 ——に調べる。②わけ。いわれ。事情。reason 用例 事の——。③さしつかえ。trouble 用例 とくに、——あるまい。④もったい。『い。

**子細に及ばず**(しさいにおよばず) かれこれ言うまでもない。

**し-さい【司祭】** カトリックの聖職の一つ。司教の次位。助祭の上。儀式をつかさどる。priest

**し-さい【詩才】** 詩をつくる才能。poetic genius

**し-ざい【死罪】** ①死刑。capital punishment ②《死に相当する罪、の意》書簡・上奏文などの末尾に用いて、失礼をわびる気持ちを表す語。capital crime 用例 頓首——。

**し-ざい【私財】** 私有する財産。個人の財産。private property 用例 ——をなげうつ。

**し-ざい【資材】** 物をつくるもとになる材料。material

**し-ざい【資財】** ①財産。資産。property ②事業や生活の資本・元手になる財産。assets

**じ-ざい【自在】**(名・形動) ①思いのままになること。また、そのさま。freedom 用例 自由——。②「自在かぎ」「自在だけ」の略。

**じざい-が【自在画】** 手だけでかく絵・図面。対義 用器画。

**しさい-がお【子細顔】** わけありげな顔つき。meaningful look

**じざい-かぎ【自在▼鉤】** 囲炉裏やかまどの上につるし、鍋や釜をかける道具。火との間隔を自由に調節することができる。自在。↓写

**じざい-スパナ【自在スパナ】** ↓モンキーレンチ

**じざい-だけ【自在竹】** 茶道で、炉に釜をつる道具。天井の低い小間で使う。主軸は竹、小猿鉤を使って釜をつるようになっていて、上下の伸縮が自在。自在。

**しざい-ちょう【資財帳】** 律令制下、国が官大寺などに記帳を義務づけた寺の財産目録。寺領・経典・仏像・僧の員数、および縁起などを記載。中世以降は寺の私的な財産目録として普及。

**しさい-な・い【子細無い】**(形) ①別状ない。be fine ②さしつかえない。have no difficulty

**しさい-な・し【子細無し】** 古語 (形ク) ①めんどうがない。わけない。用例 男しもなむ、——きものは侍るめる(源氏・帚木)。②↓しさいない(子細ない)

**しさい-に【子細に】**(副) こまごまとくわしく。in detail 用例 ——調べる。

**し-さいぼう【刺細胞】** クラゲ・ヒドラなどの腔腸動物に特有の刺胞を形成・保持する細胞。刺激にあうと中から刺糸がとび出し、毒液を相手の体に注入する。

**し-さいぼう【視細胞】** 光に感じる細胞。ロドプシンをもち、その分子が光子を受けて起こる光化学変化がもとで視覚が生じる。visual cell

**しさい-らし・い【子細らしい】**(形) ①わけがありそうだ。②もったいぶっている。

**じ-ざかい【地境】** 土地の境目。boundary

**しさか-じま【四▼阪島】** 愛媛県、新居浜市沖にある島群。宮窪町に所属。美濃島・家ノ島・梶島・鼠島・明神島からなる。かつて別子銅山の製錬所があった。

**し-さく【思索】**(名・サ変自他) 理路を追って考えること。思想に達するまでの道筋。thinking; speculation 比較 思弁・思考。用例 ——にふける。

**し-さく【施策】**(名・サ変自) ①政治家や行政機関が、計画・方法を実行すること。measures ②実地に行った政策・対策。policy

**し-さく【詩作】**(名・サ変自) 詩をつくること。composition of poems

**し-さく【試作】**(名・サ変他) ためしに作ること。また、作ったもの。trial manufacture 用例 ——品。

●自在鉤

**じ-さく【自作】**(名・サ変自他) ①自分の所有地で農業を営む農家もしくは農民。owner farmer 対義 小作。②自分で作ること。また、作ったもの。one's own work

**じさく-じえん【自作自演】**(名・サ変他) ①自分で劇を作り、自分が舞台で演じること。make and perform one's own play ②なんでも自分できりもりすること。do everything by oneself

**しさく-てき【思索的】**(形動) 物事を深く、系統的に考えるさま。speculative

**じさく-のう【自作農】** 耕作地の全部または大部分が自己所有である農家。農林統計では九〇%以上をいい、五〇%以上九〇%未満を自作兼小作農とする。landed farmer

**じ-ざけ【地酒】** 特定の地域や、その土地でしかつくられていない酒。

**じさ-しゅっきん【時差出勤】** 大都市でのラッシュアワーを緩和するため、出勤・退社時間をずらすこと。staggered working hours

**し-さつ【刺殺】**(名・サ変他) ①さし殺すこと。stab to death ②野球で、走者にボールを接触させてアウトにすること。touching out

**し-さつ【視察】**(名・サ変他) 実地を見きわめること。見回り。inspection 用例 雪害地の——。

**じ-さつ【自殺】**(名・サ変自) 自分で自分の命を絶つこと。suicide 対義 他殺。

**じさつかんよ-ざい【自殺関与罪】** 自殺の意思がない者に自殺を決意させる(教唆)、または、自殺の意思がある者に有形・無形の便宜を与える(幇助)ことによって、自殺させる罪。

**じさつ-てき【自殺的】**(形動) 結果が自分をほろぼすことになるさま。suicidal 用例 ——行為。

**じさつ-てん【自殺点】** サッカー・バスケットボール・ホッケーなどで、誤って味方のゴールへ球を入れてしまった場合に、相手に与えられる得点。

**じさつほうじょ-ざい【自殺▼幇助罪】** 自殺をしようとする者に、なんらかの便宜を与えて自殺を手助けする罪。

**しさ-てき【示唆的】**(形動) それとなく教えるさま。ほのめかすさま。suggestive

**しさねつ-ぶんせき【示差熱分析】** 熱分析の一つ。標準物質と試料を同時に加熱(冷却)し、その熱変化の差から、分解・融解・転移温度などを求める。differential thermal analysis

**し-ざま【▽為様】** ある物事をするそのしかた。しよう。way of doing 用例 ——が悪い。

**じ-ざむらい【地侍・地▽士】** 室町・戦国時代、在地の郷村内に居住し、農業に従事した在野の武士。一揆などのさいに指導力を発揮。のちに戦国大名の家臣、江戸時代には郷士となった。

**しさ・る【▽退る】**(五自) さがる。しりぞく。しざる。

**シザル-あさ【シザル麻】** ↓サイザルあさ(サイザル麻)

**し-さん【四散】**(名・サ変自) 四方に散ること。ちりぢりになること。scatter

**し-さん【私産】** 個人が所有している財産。私財。private property

**し-さん【▼貲産】** 財産。資産。

**し-さん【試算】**(名・サ変他) ①ためしに計算すること。また、その計算。trial calculation ②計算に誤りがないか調べるための計算。検算。check

**し-さん【資産】** ①個人または法人が所有する金銭・物・利権などの総称。assets 用例 固定——。②資本となる財産。資財。property

**し-さん【賜▼餐】** 天皇から食事をたまわること。その食事。

**し-ざん【死産】**(名・サ変自) 出産時に胎児が死んで生まれること。妊娠四か月以後の死産児の場合、事実を医学的に調べて異常のあるときは届け出なければならない。しさん。stillbirth 比較 流産。

**じ-さん【自賛・自▼讃】**(名・サ変自) 《自分のかいた絵に自分で賛をする、の意から》自分をほめること。self-praise 用例 自画——。

**じ-さん【持参】**(名・サ変他) 持って行くこと。また、持って来ること。bring

**しさん-かぶ【資産株】** 業績・配当が順調で、投機的変動も少ないため、資産として長期間保有するのに適した株式。income stock

**じさん-きた【自賛▼毀他】** 《仏教語》十戒の一つ。自慢をし、他人をそしること。

**じさん-きん【持参金】** 結婚のときに嫁または婿が婚家に持っていく金品。世界に広くみられ、日本でも嫁入り道具などの持参を慣習としている。dowry

**しさん-さいひょうか【資産再評価】** 貨幣価値の変動に即して、企業が貸借対照表上の資産価額を是正すること。適正な減価償却費の計上に役立つ。assets revaluation

**シザンサス【Schizanthus】** ナス科の一年草。高さは約五〇㎝。葉は黄緑色の長卵形で切

●シザンサス

れ込みが深い。夏に、浅い漏斗形の花をつける。花色は紫・桃・白色など。観賞用。チリ原産。コチョウソウ。↓写

**しさん-とうけつ【資産凍結】** 企業や個人の資産の処分や移転を、制限または禁止すること。とくに、ある国が国内にある特定国の資産について行うものをいうことがある。assets freeze

**しさん-ひょう【試算表】** 複式簿記で、仕訳帳から元帳への転記の正確性や営業の概要を知るために、元帳の各勘定の借方・貸方の合計額や残高を集計した表。借方の金額と貸方の金額は必ず一致する。trial balance

**しさん-ひょうか【資産評価】** 貸借対照表・財産目録に記載する資産の価額を算定すること。取得原価を原則とするが、時価による場合もある。assets valuation

**しし【▽肉・▼宍】** 獣類の肉。flesh

**肉が付く**（ししがつく） からだに肉がつく。ふとる。put on weight

**肉が減る**（ししがへる） からだの肉付きが悪くなる。やせる。

**しし【▼鹿】** シカの古名。

**鹿の角を蜂が刺す**（しかのつのをはちがさす） 「しかの角を蜂が刺す」と同意。

**鹿の角を揉む**（ししのつのをもむ） 《シカの角をさいころの材にしたところから》賭博に夢中になることに言う。

**しし【▼猪】** イノシシの古名。

**しし【▽獣】** けだもの。野獣。とくに、イノシシやシカをいう。

**獣食った報い**（ししくったむくい） 《昔、伊勢神宮で忌まれたことからとも、また賀茂神社・春日大社などでシカは神の使いなので、これを食べると罰を受けるからとも、また仏教で肉食を禁止していたことからともいう》禁を破って、または、自分だけがよい思いをした報いとして、当然味わわなければならない苦痛。また、悪事をしたために受ける苦しい報い。

**し-し【史詩】** 歴史上の事件を題材にした叙事詩。epic

**し-し【四至】** 荘園などの、土地の四方の境。また、田地・屋敷などの四方の境界。しいし。

**し-し【四肢】** ①上肢（前肢）と下肢（後肢）との総称。魚類のひれが進化したもの。両生類以上の動物では体の移動のために用いられる。ヒトは下肢だけで移動する。手足。limb ②人間の両手と両足。手足。limbs

**し-し【死▼屍】** 死体。死骸。しかばね。corpse

**死屍を鞭打つ**（ししをむちうつ） 死んだ人を悪く言う。死者に鞭打つ。屍に鞭打つ。speak ill of the dead

**し-し【志士】** ①一身を犠牲にして国事に奔走する人。とくに、江戸末期、京都や江戸に出て尊王攘夷を論じ、世論を動かした人々。②りっぱな志をもつ人。man of great aim

**志士、苦心多し**（しし、くしんおおし） 志士は、その志が高く強固なものであるがゆえに、自分の理想がなかなか実現されることはなく、その理想の状態とはうらはらに、かえって苦労してしまうものである。

**志士仁人は生を求めて以て仁を害する無し**（ししじんじんはせいをもとめてもってじんをがいするなし） 志士や仁者は、自分の命を捨てるようなことがあっても、志や仁を重んじ、まっとうしようとする。

**し-し【私史】** 民間で作った史書。野史。外史。private chronicle

**し-し【刺史】** 中国の地方官の名称。漢代、州の下の郡県を監察するものであったが、のち州の長官をいうようになった。

**し-し【師資】** 師としてたのむこと。師弟の間がら。

**し-し【紙誌】** 新聞と雑誌。

**し-し【▼梔子】** 生薬の一つ。クチナシの果実。解熱・利尿・降圧・止血作用などがある。食品の黄色着色料ともなる。山梔子。

**し-し【嗣子】** 家を継ぐべき子ども。跡取り。跡継ぎ。inheritor

**し-し【▼獅子】** ①ライオン。lion ②「獅子舞い」の略。

**獅子身中の虫**（しししんちゅうのむし） 《獅子の体内にいて、害をもたらす虫、の意から》①仏教徒でありながら、仏法に害をする者。②内部から災いを起こす者。恩をあだで返す者。snake in one's bosom

**獅子に鰭**（ししにひれ） ただでさえ強い者に、さらに強くなる力が加わること。類似 鬼に金棒。

**獅子に牡丹**（ししにぼたん） 獅子にボタンの花を配した豪華な図柄。とりあわせのよいもののたとえ。類似 梅に鶯。紅葉に鹿。

**獅子の子落とし**（ししのこおとし） 獅子は子を生むと深い谷に突き落とし、中途で岩にとりつき生き残った強い子だけを育てるという俗説。転じて、自分の子を苦しい環境におき、力をためすことに言う。Spare the rod and spoil the child.

**獅子の歯噛み**（ししのはがみ） たけり、怒るさまの、ひどく恐ろしいことにいう。

**獅子の分け前**（ししのわけまえ） 弱い者を使役して得た利益を、強い者が、その力で独り占めすること。

**し-し【詩史】** ①詩の歴史。history of poetry ②詩の形式で述べた歴史。epic

**しし【子思】**（BC四八三ごろ～BC四〇二ごろ） 中国、戦国時代の儒者。名は伋。孔子の孫。曾子に学び、『中庸』を著したとされる。

**しし【▼尸子】** 中国古代の思想書。諸子百家の一つの雑家の書。戦国時代の尸佼の著。儒教に近い立場から王道を説く。二〇編。清の章宗源が逸文を集めた二巻が現存。

**し-し【▼孜▼孜】**（形動トタル） 《「孜」は努める、の意》熱心に励むさま。うまずたゆまず。assiduous 用例 ―として働く。

**しじ【▼榻】** 牛車のながえを支える机形の台。↓牛車 図

**榻の端書き**（しじのはしがき） 《小野小町と深草少将との伝説で、少将が一〇〇夜通って榻に寝たら会うという約束で、通うごとに榻に印をつけ、九九夜まで通って死に、ついに果たせなかったということから》男の女に対する恋のはげしさ、また、思うにまかせぬ恋のたとえ。

**し-じ【支持】**（名・サ変他） ①もちこたえること。ささえもつこと。uphold 用例 組織を―する。②賛成して援助すること。support 用例 ―政党。

**し-じ【四時】** ①春・夏・秋・冬。四季。一年じゅう。しいじ。four seasons ②《仏教語》旦（＝朝）・昼・暮・夜。一日じゅう。

**し-じ【死児】** ①死んだ子。dead child ②死んで生まれた子。stillborn baby

**死児の齢を数える**（しじのよわいをかぞえる） いまさらどうにもならないことについて、愚痴を言う。cry over spilt milk

**し-じ【私事】** ①一身上のこと。わたくしごと。personal affair 対義 公事。②内密のこと。secret affair

**し-じ【指示】**（名・サ変他） ①さし示すこと。indication ②指図すること。指図。direction

**し-じ【指事】** 漢字の六書の一つ。形のない事物を表すために、抽象的な点や線を組み合わせて作った文字。「一・二・上・下」など。比較 象形・形声・会意・転注・仮借。

**し-じ【師事】**（名・サ変自） 師として仕え、教えを受けること。study under

**じ-し【地子】** ①平安時代、諸国の官有田の余りを人民に貸して耕作させ、秋になって税として納めさせたイネ。地子物。②室町時代、都市の土地に課した税。地子銭。

**じ-し【次子】** 二番めの子。one's second child

**じ-し【侍史】** ①貴人につき従う書記。②手紙のわき付けに用いる語。あて名の左下に書くと「侍史に取り次いでもらって差し上げる」意になり、相手への敬意を表す語となる。

●シシウド

**じじ【▽祖▽父】** 父母の父。そふ。おおじ。じい。grandfather 対義 祖母。

**祖父は辛労、子は楽、孫は乞食**（じじはしんろう、こはらく、まごはこじき） 祖父は苦労をして身代を築き、子はそのおかげで楽に暮らし、孫に至って家を滅ぼすということ。富家が三代は続かないことにいう。

**じじ【▼爺】** 男の老人。対義 婆。

**じ-じ【自▼恃】**（名・サ変自） 自分自身をたよりにすること。みずからたのむこと。

**じ-じ【事事】** このこと、かのこと。ことごと。everything

**じ-じ【時事】** ①そのときどきのできごと。events of the day ②現在のできごと。current affairs 用例 ―問題。

**ジシアン** 《dicyanogenから》化学式$(CN)_2$ 特異臭のある無色の気体。可燃性があり、猛毒。青素。シアノーゲン。

**じじい【▼爺】** 《俗語》男の老人。「じじ」をあなどりをこめて使うぞんざいな言い方。

**ししい-でん【紫▼宸殿】** ↓ししんでん（紫宸殿）

**しし-うど【▼猪▽独▽活】** 山地の湿地にはえるセリ科の多年草。高さ約二m。三回羽状複葉。秋に白い小さな花が傘状に密集。果実は紫色を帯び楕円形。根は薬用となる。↓写

**しし-おき【▽肉置き】** からだの肉のつきぐあい。肉付き。ししつき。

**ししお-ざる【▼獅子尾猿】** シシ（ライオン）に似た尾をもち、顔のまわりにたてがみのあるオナガザル科のサル。体長約五〇cm、尾長約三〇cm。果実・葉などのほか昆虫も食べる。インド南西部の森林にすむ。lion-tailed monkey

●鹿踊り 岩手県、大船渡市。

**しし-おどし【▼鹿▽威し】** ①田畑を荒らす鳥や獣を追い払うための装置の総称。かかし・鳴子・添水など。②庭園施設の一つ。一方を切り落とした竹筒を支点でささえ、その切り口に水を注いでためると、重みで下がるとともに水が流れ出る。その反動ではね上がり、他端が下に置かれた石などを打って音を出すしかけのもの。添水。

**しし-おどり【▼鹿踊(り)】** 鹿の頭を頭につけ、八～一二人または三人で踊る獅子舞。岩手・宮城両県を中心に分布する。↓写

**しし-がき【▼猪垣・▼鹿垣】** 耕地の周囲に、枝のついた木などをめぐらせた柵。イノシシやシカの侵入を防ぐもの。

**しし-がしら【▼獅子頭】** ①木製のシシの頭部。獅子舞いに使う。②《草の姿を獅子舞いに用いる獅子頭に見立てて》日本特産のシシガシラ科のシダ。葉は長さ三〇cm余、櫛の歯のように細かく切れて、輪状に四方に群出する。③頭上にこぶのある金魚。ランチュウ・オランダシシガシラなど。↓写

**ししがたに-じけん【▼鹿ケ谷事件】** 治承元年（一一七七）藤原成親・同師光・俊寛ら後白河院の近臣が、京都鹿ケ谷の山荘で平家討伐の謀議をした事件。密告により発覚。師光は死罪。成親・俊寛は流罪。

**シシカバブ【şiş kebabeトルコ】** トルコの料理。

●獅子頭① 獅子舞い

●シシガシラ②

羊肉を角切りにし、トマト・タマネギなどとともに、長い金ぐしに刺してあぶり焼きにしたもの。

**しじか・む**【▼蹙む】(五自) しわがよる。ちぢまる。

**しし-がり**【▽獣狩(り)・▼鹿狩(り)・▼猪狩(り)】山野に入ってシカやイノシシなどを捕ること。しし。

**し-しき**【司式】(名・サ変自) 儀式の進行を受け持つこと。多く、教会でいわれる語。

**し-しき**【四▽職】室町幕府侍所の長官(=所司)に任ぜられた山名・赤松・一色・京極の四家。

**し-しき**【歯式】哺乳類の歯の種類・数を一定の方式に従って表示するもの。横棒の上下に、上顎、下顎の片側歯数を門歯・犬歯・前臼歯・後臼歯の順に並べる。dental formula ↓図

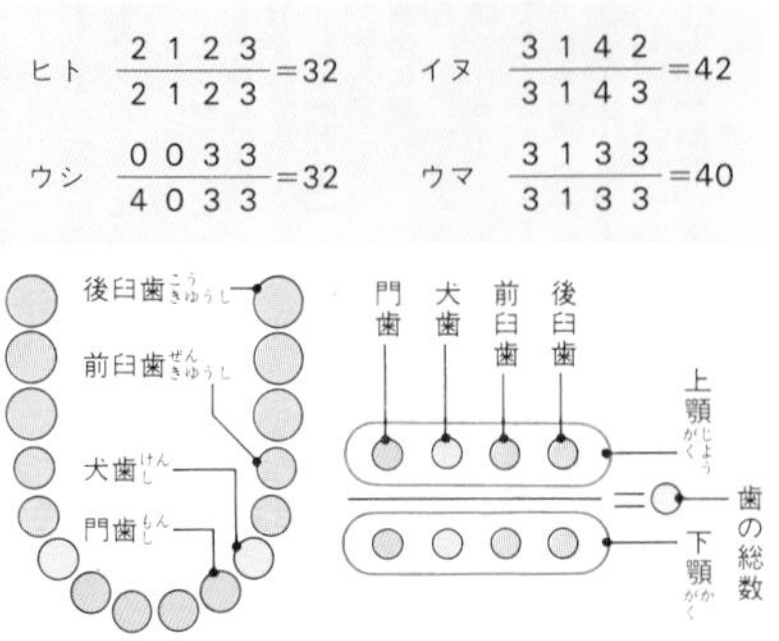

●歯式

**しし-きゅう**【▼獅子宮】中国の黄道星座十二宮の五番目の星座。かに座からしし座にまたがるところ。the Lion

**しし-く**【▼獅子▼吼】(名・サ変自) ①熱弁をふるうこと。②《仏教語》仏が正道を説いて外道・悪魔を恐れさせること。

**ししくい**【▼宍▼喰】〈町〉徳島県南端、太平洋に臨む町。漁業と野菜栽培がさかん。水床湾はリアス式の景勝地で知られる。人口四一七六(一九八八)。

**しし-くしろ**［枕ことば］《「肉串」で、串刺しにした焼き肉の味がよい(良味)ということからとするが、「繁釧(鈴をたくさんつけた腕輪)」などの説もある》「黄泉」などにかかる。用例 大夫の争ふ見れば生けりとも逢ふべくあれや―黄泉に待たむと〈万葉・九・一八〇九〉。

**しし-ぐち**【▼獅子口】①鬼板・鬼瓦の一種。瓦棟の両端につける飾りで、上部に三本か五本の経の巻をのせる。②能面の一種。③竹製花入れの一つ。生け口が獅子の口に似ている。↓神社建築図 ↓寺院建築図

**し-じげん**【四次元】↓よじげん(四次元)

**しし-こく**【▼獅子国】スリランカ(一九七二年セイロンから改称)の旧称。

**じじ-こっこく**【時時刻刻】(副)《「じじこくこく」の変》①時を追って。次々と。every moment 用例 情勢が―に変化する。②ある時刻が次第に近づくさま。minute by minute 用例 出発の時が―に迫る。

**しし-ざ**【▼獅子座】北天の星座。黄道十二星座の一つ。一等星レグルスはα星。レグルスを含む大鎌形が特徴。四月二五日ごろの午後八時ごろに南中。面積九四七平方度。Leo ↓図

●獅子座

**しじ-さい**【四時祭】神社の年間の定期的な祭儀。祈年祭・月次祭・新嘗祭・元旦祭など。恒例祭。

**しじ-さいぼう**【支持細胞】①刺胞動物の刺細胞などのあいだを埋める上皮細胞。supporting cell ②脊椎動物で、嗅細胞・味細胞・聴細胞などの間にあり、それらを支持する上皮細胞。supporting cell

**ししざ-りゅうせいぐん**【▼獅子座流星群】しし座を放射点とし一一月一七日ごろを極大日とする流星群。Leonids

**しし**【子思子】中国古代の思想家子思、およびその後学の思想を伝える儒書。子思は孔子の孫で、『中庸』の作者とされる。

**ししし-おう**【▼獅子心王】リチャード一世の異称。

**じじ-しんぽう**【時事新報】福沢諭吉が創刊した新聞。不偏不党を掲げ、報道記事の重視と経済記事を特色とした。明治一五年(一八八二)創刊。昭和三〇年(一九五五)『産業経済新聞』に吸収された。

**しし-ずく**【▽肉豆▼蔻】ニクズクの異名。

**しじ-せい**【私事性】①私事に属する性質。②個人の内心の要求。

**しし-そうしょう**【師資相承】師から門弟へと、次々に伝えること。ししそうじょう。

**しじ-そしき**【支持組織】体形の維持や諸器官の形態・位置の保持を目的とする組織。細胞間質が豊富で、ここに各種線維と無定形基質がある。結合支持組織・軟骨支持組織など。supporting tissue

**しし-そんそん**【子子孫孫】子孫の末々。子孫の代々。one's descendants

**しじ-だいめいし**【指示代名詞】代名詞の一つ。事物・場所・方角をさす。「これ・そこ・あちら・どれ」など。demonstrative pronoun 対義 人称代名詞。

**しし-たけ**【▼猪▼茸】担子菌類イボタケ科のキノコ。コウタケに似るがかさは漏斗形にならない。コウタケをシシタケとよぶ地方も多い。

**し-しつ**【私室】個人の使用する部屋。自分だけの部屋。private room 比較 個室。

**し-しつ**【紙質】紙の品質・性質。quality of paper

**し-しつ**【脂質】脂肪またはそれに類した性質。また、その性質を備えた物質。脂肪酸がアルコールやグリセリンとエステル結合したもの(=単純脂質)、それに塩や糖がついたもの(=複合脂質)、それらが分解してできたものなど。核酸・たんぱく質・糖質とともに生体を構成する重要な物質群をなしている。リピド。リポイド。lipid; lipoid

**し-しつ**【資質】生まれつき。資性。天性。nature

**し-じつ**【史実】歴史上の事実。historical fact

**じ-しつ**【地質】布地の品質。生地の性質。quality of texture

**じ-しつ**【耳疾】耳の病気。

**じ-しつ**【自失】(名・サ変自) われを忘れて、ぼうっとすること。be stupefied 用例 茫然―する。

**じ-しつ**【自室】自分の部屋。one's own room 比較 私室。

**じ-しつ**【▼痔疾】肛門部の病気。痔。hemorrhoids

**じ-じつ**【事実】㊀(名) ①実際にあること。また、あったこと。ちがいなく本当のことがら。fact 用例 ―誤認もはなはだしい。②自然界の客観現象。客観的に存在していること・もの。fact ③ある時、ある所に起こったできごと・経験を、判断の形式で言い表した、特殊な偶然的な知識。fact 用例 見た―どおりに報告する。㊁(副) 実際。ほんとうに。まったく。actually 用例 ―そのとおりだ。

**事実は小説より奇也**(じじつはしょうせつよりきなり) 小説の作り話よりも、ときには事実のほうにすじ立てがおもしろく、めずらしい話がある。

**じ-じつ**【時日】①時と日。date ②日どり。ある期間。time

**じじ-つうしんしゃ**【(株)時事通信社】日本を代表する通信社の一つ。昭和二〇年(一九四五)設立。

**しじつがん**【資治通鑑】中国の史書。戦国時代、晋が分裂した紀元前四〇三年から五代末の九五九年までの編年体の通史。北宋の司馬光が勅命で編纂。一〇八四年完成。二九四巻。書名は「治政に資するための鑑」の意。通鑑。

**しじつがんこうもく**【資治通鑑綱目】中国の史書。南宋の朱熹・趙師淵共著。五九巻。『資治通鑑』をもとに項目を大綱と細目に分け、宋学の理論で叙述。王朝の正統論を重視。

**しし-つき**【▽肉付き】からだの肉の付き方。にくづき。ししおき。

**じじつ-しん**【事実審】事実認定と法令の解釈・適用の双方を行う裁判の審級。民事訴訟では第一審と控訴審、刑事訴訟では一般に第一審だけ。the trial of fact 対義 法律審。

**しじつ-たい**【子実体】菌類で、菌糸がからみあって塊状になった部分。通常は胞子を生じ、大形のものはキノコとなる。fruit body

**じじつ-むこん**【事実無根】事実であるという根拠がなにもないこと。事実ではないこと。groundless

**じじつ-もんだい**【事実問題】《quid factiの訳》①裁判で、事実の認定に関すること。対義 法律問題。②哲学で、物事の認識がなりたつ事実的な過程を問うこと。カントが法律用語を準用したもの。対義 権利問題。

**しし-とうがらし**【▼獅子唐辛子】ナス科トウガラシのなかの甘味種で、ピーマンの系統。果実は小形で細長く、しわがある。緑色の未熟果を食用。シシトウ。

**しし-どうぶつ**【四肢動物】両生類以上の高等な脊椎動物の俗称。quadruped

**じ-しばい**【地芝居】その土地の人々が演じるしろうと芝居。主として歌舞伎・人形芝居についていい、演目は義太夫狂言が多い。現在多くは山村辺地に残る。地狂言・草芝居。

**しし-ばな**【▼獅子鼻】小鼻の広がった低い鼻。ししっぱな。pug nose

**じ-しばり**【地縛】①田畑や道ばたにはえるキク科の多年草。高さ約一〇cm。茎は長く地をはう。葉は卵形。春に黄色の頭花が咲く。イワニガナ。②メヒシバの別名。↓写

●ジシバリ①

**しし-びしお**【▽肉▼醬】干し肉を細かくきざみ、塩・こうじをまぜて作った塩辛のような食品。

**じじ-ぶつぶつ**【事事物物】あらゆる物事。その一つ一つ。everything

**しし-ふんじん**【▼獅子奮迅】(名・サ変自) 獅子が怒り狂うように勢いはげしく、勇ましいこと。迅速勇猛なこと。fight with irresistible force 用例 ―の活躍。

**しし-ぶんろく**【▼獅子文六】(一八九三〜一九六九) 小説家・演出家。本名、岩田豊雄。横浜生まれ。慶大中退。ユーモアと風刺の利いた風俗小説を書く。フランス近代劇の紹介、文学座創立に尽くす。昭和四四年(一九六九)文化勲章受章。作品『自由学校』『大番』など。

**しじま** ①物を言わないこと。沈黙。②静かなこと。静寂。用例 夜の―を破る。

●獅子舞い 埼玉県、白髭神社。

**しし-まい**【▼獅子舞(い)】獅子頭をつけて舞う民俗芸能。広くは鹿または竜などの頭をつけて舞うものも含んで呼ばれる。悪魔払いの舞として普及した。しし踊り。↓写

**しじみ**【▼蜆】シジミガイ科の二枚貝の総称。日本には三種が淡水・汽水域にすむ。殻長三〜四cm。貝殻は黒茶色。食用。↓写

●シジミ

**しじみ-じる**【▼蜆汁】シジミを実にしたみそ汁。シジミを水から煮て、辛口のみそを加える。だし汁は使わない。

**しじみ-たては**【▽小▽灰立羽▼蝶】①台湾・中国からヒマラヤ・マレー半島・スマトラにかけて産する小形のチョウ。開張一・五〜六・五cm。②シジミタテハ科のチョウの総称。

しじみ‐ちょう【▼蜆▼蝶・小▽灰▼蝶】シジミチョウ科のチョウの総称。小形のチョウが多く、開張一二～五〇㎜。幼虫はいぼやこぶのあるナマコ形で、さなぎはずんぐりしただるま形。種類が多く、世界に約三〇〇〇種、日本に約七〇種が分布。しじみ。

しじみ‐ばな【▼蜆花】バラ科の落葉低木。葉は楕円形で細鋸歯をもつ。四月、新しい葉とともに八重咲きで平たい球形花をつける。庭園・公園用。切り花。中国原産。コゴメバナ。

じじ‐むさ・い【▼爺むさい】(形) 年寄りめいている。

しし‐むら【▼肉▼叢】肉のかたまり。hunk of meat

しし‐めい【史思明】(七六一) 中国、唐の逆臣。安史の乱の主謀者の一人。トルコ系出身の武将で、安禄山の将軍となる。のち安禄山の子慶緒を殺し、大燕皇帝を称したが、子の史朝義に殺された。

しし‐もの【▼獅子物】日本舞踊の一系統で、獅子に関係あるものの総称。能の『石橋』系の『連獅子』、獅子舞系の『越後獅子』など。

し‐しゃ【支社】①ある神社の祭神を分け祭った神社。末社。分社。②会社などで本社から分かれて事業を行う事務所。branch office

し‐しゃ【死者】死んだ人。死人。dead person 対義 生者。

**死者に鞭打つ** (ししゃにむちうつ)《中国、春秋時代、伍子胥が、親族の仇である楚の平王の死体を鞭で打ったという故事から》死んだ人の言動を悪く言う。speak ill of the deceased

し‐しゃ【使者】命令を受けて使いをする者。messenger 用例 ―を立てる。

し‐しゃ【詩社】詩人仲間で組織する団体。

し‐しゃ【試写】(名・サ変他) 映画の一般公開前に、宣伝などのために特定の人々に映写して見せること。preview 用例 ―会。

し‐しゃ【試射】(名・サ変他) 銃砲などをためし撃ちすること。test-fire

じ‐しゃ【寺社】寺と神社。社寺。temples and shrines

じ‐しゃ【侍者】貴人のそばに仕えて雑用に当たる者。おつき。

じ‐しゃ【▼轜車】貴人の葬儀のさいに、棺をのせてはこぶための車。

し‐しゃく【子爵】五等爵の第四位の爵位。viscount

しじ‐やく【指示薬】滴定または容量分析の終点(当量点)や、水素イオン濃度などを肉眼で判定するための試薬。発色または色の変化を利用するものが多い。indicator

じ‐しゃく【磁石】①磁場を生じる物体または装置。永久磁石・電磁石など。電流計・発電機の回転子・スピーカーなどに使用。magnet ②「磁石盤」の略。

**磁石に針** (じしゃくにはり) 接近しやすいこと、誘惑されやすいことのたとえ。

じ‐じゃく【示寂】(名・サ変自)《仏教語》高僧が死ぬこと。入寂。

じ‐じゃく【自若】(形動タルト) 態度が変わらず、ゆうゆうと落ち着いたさま。self-possessed 用例 泰然― として動じない。

じしゃく‐こう【磁石鋼】永久磁石として使用される鋼。電動機や発電機および送受信器などの電気機器に使用。KS鋼やMK鋼など。magnet steel

じしゃく‐ばん【磁石盤】方位を知るための器具。円盤の外周部に方位を目盛りし、中心に地球の南北を指す磁針を水平に回転できるように置く。羅針儀。磁石。コンパス。magnetic compass

ししゃ‐ごにゅう【四捨五入】(名・サ変他) ある桁までの概数を求めるのに、次の桁が四以下ならば、切り捨て、五以上なら、切り上げる方法。rounding

ししゃ‐ざい【止▼瀉剤】下痢をおさえ、腸に対する刺激をやわらげる薬剤。タンニン酸アルブミン・薬用炭・サルファ剤など。antidiarrhoic

ししゃ‐さんご【四射▼珊▼瑚】オルドビス紀(五億年前から四億四〇〇〇万年前)以後の古生代に栄えた絶滅サンゴ。日本の古生代石灰岩の代表的化石。

ししゃのしょ【死者の書】古代エジプトの葬祭用呪文の集成。新王国時代にパピルス紙に書かれ、死者の再生を助けるためミイラとともに副葬された。Book of the Dead →写

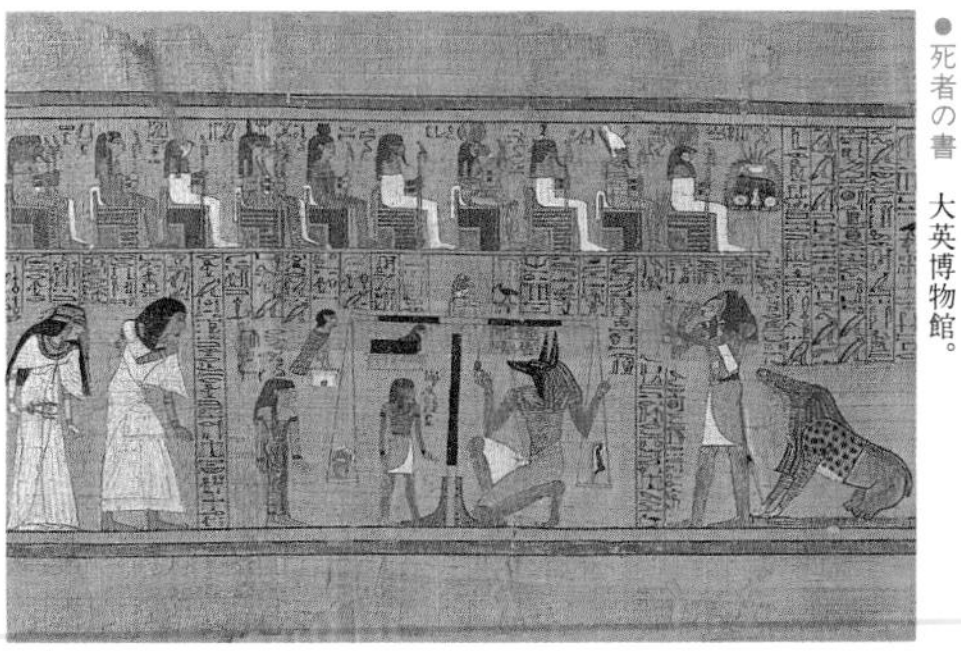

●死者の書 大英博物館。

シシャパンマ【希夏邦馬】(Xixabāngmǎ) 中国ゴサインタン山の別称。

じしゃ‐ぶぎょう【寺社奉行】江戸幕府の職名。三奉行の一つ。寺社・神官・僧侶などの支配が主な任務。鎌倉幕府が直轄寺社を支配するために設置したことに始まる。

シシャモ【柳葉魚】(アイヌ語から) キュウリウオ科の海水魚。ワカサギに近縁。全長約一五㎝。一一月ごろ川を遡って産卵する。食用。北海道の太平洋沿岸に分布。→写

●シシャモ 雄(上)と雌(下)。

し‐しゅ【四衆】仏門の四種の弟子の総称。比丘・比丘尼・優婆塞・優婆夷をさす。

し‐しゅ【旨趣】①趣旨。meaning ②心の底にある深い思い。考え。所存。opinion

し‐しゅ【死守】(名・サ変他) 命がけで守ること。defense to the death

し‐しゅ【詩趣】①詩的な味わい。poetry ②詩のおもしろみ。詩興。poetic sentiment

し‐しゅ【▼錙▼銖】きわめて少ない分量。わずかなこと。参考 古代の中国の量目で、一〇〇粒のキビを銖とし、六銖を錙とした(二四銖を両、八両または六両を錙とする説もある)。

**錙銖を失わず** (ししゅをうしなわず) ごくわずかの誤りもない。錙銖を遺さず。

じ‐しゅ【自主】他人の力・保護・指図などをかりずに、自分の判断・力で行うこと。また、そういう態度。independence 用例 ― 独立の精神。

じ‐しゅ【自首】(名・サ変自)《「首」は述べるの意》犯罪が発覚する前に、犯人が捜査機関に自発的に自己の犯罪事実を申し出ること。自首は減刑の理由になる。surrender

し‐しゅう【死臭・▼屍臭】腐った死体から出る悪臭。the putrid smell of a dead body

し‐しゅう【刺▼繡】(名・サ変他) 手芸技法の一つ。布地に糸で模様を縫い表すこと。縫い箔。縫い取り。embroidery

し‐しゅう【詩集】詩を集めた本。collections of poems; anthology 比較 歌集・句集。

し‐しゅう【志州】志摩国の異称。

し‐じゅう【四重】四つに重なっていること。fourfold

し‐じゅう【始終】㊀(名) ①始めと終わり。first and last ②始めから終わりまで。from beginning to end 用例 一部―。㊁(副) ①絶えず。いつも。always ②ついに。つまり。結局。finally

じ‐しゅう【次週】次の週。来週。next week

じ‐しゅう【自宗】自分が属する宗教の流派。

じ‐しゅう【自修】(名・サ変他) 自分で学問をおさめること。self-education

じ‐しゅう【自習】(名・サ変他) 自分で学習すること。study for oneself 用例 ―時間。自学―。

じ‐しゅう【時宗】浄土教の一宗派。鎌倉中期、一遍上人の開宗。日常生活を常に臨終時と考えて念仏せよと説く。総本山は神奈川県の清浄光寺(遊行寺)。遊行宗。

じ‐じゅう【自重】機械・車両などの、それ自体の重さ。

じ‐じゅう【侍従】①天皇のそば近く仕えること・人。②宮内庁侍従職の職員。③練り香。六種の薫物の一種。

ししゅう‐いと【刺▼繡糸】刺繡用の糸の総称。日本刺繡用の釜糸と西洋刺繡用の色糸と白糸がある。embroidery thread

しじゅう‐うで【四十腕】四〇歳ごろになって、肩より高く上げたときなどに腕が痛むこと。しじゅうかいな。

しじゅう‐から【四十▼雀】平地から低山の森にふつうにみられるシジュウカラ科の留鳥。翼長約七㎝。背は灰青色、腹は白、頭・喉が黒く、頬が白い。スズメよりやや小さく、鳴き声がかわいい。日本全土に分布。→写

●シジュウカラ

じしゅう‐かん【時習館】熊本藩の藩校。宝暦五年(一七五五)藩主細川重賢が創設。実学主義の教育が特徴。

ししゅう‐き【思秋期】思春期に対応する、中年層の危機の時期をさすとされる語。自律神経失調や精神的に不安定になるなどの障害が出現しやすい。

しじゅうく‐にち【四十九日】《仏教語》人の死後四九日め。また、その日の法事。インドで四九日間は次の世に生を受けるまでの時期とされた。中陰。中有。しちしちにち。なななぬか。

しじゅうく‐もち【四十九▼餅】葬式の日、または四十九日などに作る四九個の餅。忌み明けの日に食べると伝染病にかからないという。

しじゅう‐くらがり【四十暗がり】四〇歳ごろ、視力がおとろえてくること。老眼。

しじゅうしち‐し【四十七士】赤穂義士の別称。

し‐じゅうしょう【四重唱】四人で四声部に分かれて合唱すること。カルテット。vocal quartet

じじゅう‐しょく【侍従職】天皇の側近に仕え、事務をつかさどった役所。明治二年(一八六九)宮内省内に設置。現在は宮内庁の一局。じじゅうしき。

し‐じゅうそう【四重奏】四人が四つの独奏楽器で合奏すること。弦楽四重奏が一般的で、弦楽三重奏と組み合わせるピアノ四重奏、フルート四重奏などもある。カルテット。quartet

じじゅう‐ちょう【侍従長】侍従職の長官。

しじゅうにしょう‐ぎょう【四十二章経】仏教経典の一つ。四二章にわたり仏教生活の要点を説いた入門書的なもので、漢訳経典の最初のものとされていたが、中国での偽経と考えられる。

しじゅうはち‐がん【四十八願】《仏教語》『無量寿経』に説く、阿弥陀仏が過去世に法蔵菩薩であったとき、生ける者すべての苦悩の根本を取り除き、浄土を建立しようとして立てた四八の願い。本願。宿願。誓願。

しじゅうはっ‐て【四十八手】①相撲の伝統的な技の総称。首で行う反り、腕で行う捻り、腰で行う投げ、足で行う掛けの四手に、各一二の変化がある。the forty-eight tricks ②種々の手段。かけひき。social tact 用例 恋の―。

**四十八手の裏表** (しじゅうはってのうらおもて) 相撲の四十八手にそれぞれ裏と表があることから、転じて、手段に種々の変化があること。

ししゅう‐ばり【刺▼繡針】刺繡用の針。ふつうの縫い針に比べ針穴が大きい。フランス刺繡針・クロステッチ針・毛糸針・スウェーデン刺繡針などがある。embroidery needle

じしゅう‐よう【磁州窯】中国の北方民間窯の総称。また、その製品。河北省磁県彭城鎮にある窯を中心とする。北宋以来現在まで存続。白地に黒で文様を描いたもので、白掻落手・白地黒掻落手・練上手などがあ

る。

じしゅ-かんり【自主管理】労働者がみずから経営の管理を行うこと。新しい形の労働運動で、ユーゴスラビアでの試みがその実例。self-management

じしゅ-きせい【自主規制】権力の介入や干渉によらず、個人や団体が自主的にその活動を規制すること。self-imposed control

し-しゅく【止宿】(名・サ変自)一定期間、旅館・下宿・知人の家などに泊まること。用例 ——先。

し-しゅく【私淑】(名・サ変自)直接の教えは受けないが、ある人を手本としてひそかに尊敬し、学ぶこと。adoration

し-じゅく【私塾】①江戸時代に教師の自宅を教場として、国学や漢学、または洋学などを教授した教育機関。②学習塾・進学塾・書道塾・そろばん塾などの総称。

じ-しゅく【自粛】(名・サ変自)他からの強制ではなく、自分から言動を控え目にしたり、行為を取り止めたりすること。self-imposed control

じしゅ-けん【自主権】①法律で、国家が他国の干渉を受けずに行動する権利。autonomy ②団体が自己の規則をきめ、自分で事をする権利。autonomy ③地方自治体が持っている自治立法権。legislative autonomy

ししゅ-ざんまい【四種三▼昧】《仏教語》天台智顗の『摩訶止観』に説く止観行の呼称。常坐・常行・半行半坐・非行非坐の四つの総称。

じしゅ-せい【自主性】他人を頼りにしないで、自分の判断力をたっとぶ態度・性質。independence

し-しゅつ【支出】(名・サ変他)売買取引を成立させたり日常生活を行うために金銭や物品を使うこと。expenditure 対義 収入。

し-じゅつ【施術】(名・サ変自)術をほどこすこと。とくに、手術を行うこと。せじゅつ。operation

ししゅつ-こくみんしょとく【支出国民所得】支出面からとらえた国民所得。民間の消費支出や投資と政府支出を加算して得られる。生産国民所得・分配国民所得と同額。national income expended

ししゅつ-ふたんこうい【支出負担行為】契約の締結や職員採用など、国の支出の原因になる行為。act resulting in treasury expenses

じしゅ-てき【自主的】(形動)自分の判断で物事をするさま。自分だけの力で処理するさま。independent 比較 自発的。用例 ——な態度。

じしゅ-トレーニング【自主トレーニング】①スポーツ選手などが、自分で計画的なトレーニングを行うこと。②プロ野球のシーズンオフに、選手たちが自由意思で行う練習。自主トレ。

シシュフォス【Sisyphosギリ】ギリシア神話のコリントの王。奸智にたけ、ゼウスから、地獄で急坂に大石を押し上げる苦業を永遠に課せられた。カミュはこれを人間の不条理の象徴とみた。シジフォス。Sisyphus

しじゅ-ほうしょう【紫▼綬褒章】学術・芸術上の発明・改良・創作に功労のあった者に授与される褒章。綬(リボン)は紫色。↓勲章写

じしゅりゅうつう-まい【自主流通米】生産者が、国の検査機関の認可を受けて、自由な価格で消費者に売ることのできる米。対義 政府米・標準価格米。

し-じゅん【至純・至▼醇】(形動)少しも混じり気のないさま。absolutely pure

し-じゅん【諮▼詢】(名・サ変他)問題について、下の者、また、他の機関に問いはかること。諮問。inquiry

じ-じゅん【耳順】《『論語』に「六十にして耳順う」とあって、孔子は六〇歳になって、他人のことばが素直に受け入れられるようになった、ということから》六〇歳。

じ-じゅん【滋潤】(名・形動)しっとりと、うるおいのあること・さま。

しじゅん-かせき【示準化石】地層の堆積した地質年代を決定するのに役立つ化石。広く分布し、種としての生存期間が短く、個体数の多いものが適している。三葉虫(古生代)・アンモナイト(中生代)など。index fossil

ししゅん-き【思春期】身体的・精神的に不安定で大人になる変化がおき、二次性徴を示すようになる時期。はじまりの年齢は若年化の傾向にあるが、個人差が大きい。春機発動期。puberty

しじゅん-ぎ【視準儀】①子午線観測を主とする望遠鏡を調節するための小型望遠鏡。collimator ②望遠鏡の光軸調整を行うための小型望遠鏡。collimator

しじゅん-せつ【四旬節】カトリックの教会暦用語。キリストの断食修行の苦難をしのぶ期間で、「灰の水曜日」から復活日の前日までの、日曜日を除く四〇日間。四旬祭。大斎節。レント。Lent

し-しょ【支所】会社・官庁などの出張所。branch office

し-しょ【支署】本署から分かれた役所。substation 対義 本署。

し-しょ【司書】図書館で専門的業務を担当する職員。図書館法に規定される一定の資格をもち、図書館の管理運営事務に従事する人。librarian

し-しょ【史書】歴史の書物。史籍。history book

し-しょ【四書】儒教の基本聖典。もとは『礼記』の中の一編である『大学』『中庸』と『論語』『孟子』の四書をいう。従来基本の書とされた五経は大部で難解であるため、学問と実践の関係を重んじ、さらに学問体系を勘案して、朱子が『四書集注』で定めたもの。比較 五経。

し-しょ【死所】①死んだ場所。place of death ②悔いなく死ねる場所。place to die 用例 ——を得る。

し-しょ【私書】①個人の文書・手紙。private document ②内密の手紙。private letter

し-しょ【詩書】①詩の本。詩集。poetry ②『詩経』『書経』をあわせた呼称。

し-じょ【子女】①むすことむすめ。子ども。children 対義 父兄。②女の子。girls

し-じょ【紫女】紫式部の異称。

じ-しょ【地所】家を建てたりする土地。地面。land 用例 ——付き。

じ-しょ【字書】漢字についての辞書。一字一字の意味・音・訓・字源・熟語などを知るためのもの。字引。字典。dictionary 用例 干禄——。

じ-しょ【自書】(名・サ変他)自分で書くこと。また、書いたもの。one's own writing

じ-しょ【自署】(名・サ変自)自分で自分の名を書くこと。また、書いたもの。signature

じ-しょ【辞書】見出しのことばを一定の順序に並べ、発音・意味・用法、事柄の内容などを説明した書物。辞典。字引。dictionary 用例 日葡——。

じ-じょ【次女・二女】女子で、二番めに生まれた子。one's second daughter 対義 次男。

じ-じょ【自助】他人を頼らず、自力で向上・発展をはかること。self-help 用例 ——の精神。

じ-じょ【自序】著者自身が書いた序文。author's preface

じ-じょ【自叙】自分で自分の身の上を書き述べること。autobiography

じ-じょ【児女】①女の子。little girl ②女の子と男の子。boys and girls ③子どもと女。

じ-じょ【侍女】身分の高い人に仕えて、身のまわりの世話をする女。腰元。waiting maid

じ-じょ【▼爾▼汝】相手を呼び捨てにすること。

爾汝の間柄(じじょのあいだがら) きわめて親しい友人どうし。類似 爾汝の交わり。

し-しょう【支障】さしつかえ。さしさわり。interference 用例 ——をきたす。

し-しょう【四生】《仏教語》生き物の四種の生まれ方。胎生・卵生・湿生・化生。

し-しょう【四姓】↓カースト

し-しょう【四聖】《仏教語》仏・菩薩・声聞・縁覚の総称。十界のうち、天上・人間・地獄・餓鬼・畜生・修羅の六凡と区別する。

し-しょう【市章】市の記章。市のしるし。

し-しょう【死生】↓しせい(死生)

し-しょう【死傷】(名・サ変自)①死ぬこと、けがをすること。be killed or wounded ②死んだ者と負傷した者。casualties

し-しょう【私▼娼】公的な許可なしに営業する売春婦。unlicensed prostitute 対義 公娼。

し-しょう【私傷】公務中でないときのけが。対義 公傷。

し-しょう【刺傷】(名・サ変他)刃物などでさして傷つけること。また、その傷。さしきず。stab

し-しょう【枝▼梢】枝の先。小枝。こずえ。

し-しょう【師匠】対義 弟子。①学問や技術を教える人。教師。先生。teacher ②遊芸などを教える人。master ③落語家などへの敬称。

し-しょう【▼翅▼鞘】甲虫の前翅。鞘状に堅くなって、飛翔用よりもむしろ体の保護用となる。さやばね。elytron

し-しょう【視床】間脳の後ろにある卵形の灰白質で、嗅覚以外の知覚神経が大脳にいく途中の接続部分。錐体外路系の重要な一部。thalamus ↓脳図

し-しょう【詞章】①詩歌または文章。poetry and prose ②浄瑠璃・謡曲などの文章。

し-しょう【▼嗤笑】(名・サ変他)あざわらうこと。冷笑。sneer

し-しょう【詩抄・詩▼鈔】詩をより抜いて編集した書物。anthology

し-じょう【史上】歴史に記されていることを対象とすること。歴史上。in history

し-じょう【史乗】《「乗」は、記録の意》歴史書。

し-じょう【市上】まちなか。市中。

し-じょう【市場】①一定の商品を規則的に取り引きする場所。青果市場・証券取引所など。いちば。market; stock exchange ②場所に関係なく存在する、財・サービスの取り引き関係。労働市場・国際金融市場など。market ③商品の需要先。market 用例 ——調査。

し-じょう【至上】この上ないこと。最上。supremacy

し-じょう【至情】①まごころ。赤心。sincerity ②ごく自然な人情。

し-じょう【私情】①個人的な感情。personal feelings ②自分の利益をはかろうとする考え。self-interest

し-じょう【枝条】えだ。

し-じょう【▼泗上】《孔子が、山東省を流れる泗水のほとりで弟子たちに教えたことから》孔子の学派。用例 ——の弟子。

し-じょう【紙上】①紙の上。on paper ②新聞の記事面。紙面。in the newspaper

し-じょう【詩情】①詩的な味わい。詩のおもしろみ。詩趣。poetic sentiment ②詩を作りたい気持ち。poetic inspiration

し-じょう【試乗】(名・サ変自)試運転などで、乗り物にためしに乗ること。test-drive

し-じょう【誌上】雑誌の記事面。誌面。in a magazine

じ-しょう【自性】《仏教語》本来持っている性質。本性。

じ-しょう【自称】(名・サ変自)①自分で自分をほめること。自賛。self-praise ②自分で名のること。self-styled 用例 ——団体役員。③↓いちにんしょう(一人称)

じ-しょう【自証】(名・サ変自他)①自分で自分を証明すること。②《仏教語》悟りを開くこと。

じ-しょう【自傷】《心理学用語》自分で自分の身体を傷つける行為。自殺未遂による場合、自己顕示などの目的をもって行う場合、衝動的に行う場合などがある。self-mutilation

じ-しょう【自照】(名・サ変自)自分で自分を見つめ、反省すること。自己反照。reflection 比較 観想。

じ-しょう【事象】①さまざまな事柄・現象。matter ②数学で、さいころを転がしたときなどの試行の結果として起こる事柄。event

じしょう【治承】平安末期の年号。安元ののちから改元。元年(一一七七)八月四日〜五年(一一八一)七月一四日。次に、養和に改元。

じ-しょう【時鐘】時刻を知らせるかね。時の鐘。

じ-じょう【自乗・▼二乗】(名・サ変他)↓にじょう(二乗)①

じ-じょう【自浄】みずからの力でよごれや悪いところをとりのぞき、きよめること。self-purify 用例 ——作用。

じ-じょう【事情】①事のわけ・次第。matter 用例 ——を打ち明ける。——の許すかぎり。家庭の——。②ようす。circumstances 用例 海外——を視察する。

じ-じょう【治定】(名・サ変自)①物事に決まりがつくこと。②決心。覚悟。

じ-じょう【辞譲】けんそんして人にゆずること。modesty

じ-じょう【磁場】↓じば(磁場)

しじょう-かかく【市場価格】市場での競争と需要・供給の関係を通じて形成される、商品・サービスの価格。完全競争市場のもとでは、供給超過は価格を下げ、需要超過は価格を上げる。市価。market price 対義 正常価格。

ししょう-かぶ【視床下部】間脳の一部。視床の下方にあり、下面は脳下垂体に連なる。体温調節、物質交代、内臓や血管のはたらきをつかさどる自律神経の中枢。hypothalamus ↓脳図

しじょう-がわら【四条河原】京都市内を流れる鴨川の、三条と四条の間の河原。近世以降、茶屋・芝居小屋が建ち、とくに納涼でにぎわった。

しじょう-きん【糸状菌】糸状の菌糸だけが

広がって繁殖する菌類。「カビ」と同様で、おおまかな分類学的概念を表す語。

**しじょうきんりれんどうがた-よきん**【市場金利連動型預金】①一九七八年にアメリカの銀行が導入した、財務省証券金利に連動して金利の変化する定期預金。MMC。money market certificate ②日本で昭和六〇年(一九八五)から発売された、譲渡可能定期預金(CD)の利率に、金利が連動する定期預金。MMC。money market certificate

**しじょう-けいざい**【市場経済】資本主義社会の価格機構に基づいた経済制度。これにより生産と消費が社会的に調整される。market economy 比較 計画経済。

**しじょう-こうぞう**【市場構造】産業組織論の基礎概念の一つ。ある産業の諸企業をとりまく経済的な環境。market structure

**じ-しょうこつ**【耳小骨】耳の、鼓膜と内耳とを連絡する小さな骨。つち骨・きぬた骨・あぶみ骨からなる。鼓膜の振動を内耳へ伝える。auditory ossicle

**しじょう-こふん**【四条古墳】奈良県橿原市四条町で昭和六二年(一九八七)発見された、二重周溝の方形墳。西方に造り出しをもつ。盛り土部分は残存していないため、埋葬主体などは判明しない。周溝内から多種多量の木製葬具が埴輪とともに発見され、注目された。

**しじょう-さいぶんか**【市場細分化】異質なものが混じり合う全体市場を特定の基準で部分市場に分割し、市場ごとの特性をはっきりさせて消費者の要求にこたえ、売り上げ増をはかること。market segmentation

**じじょう-さよう**【自浄作用】自然界が、さまざまなはたらきによって汚染物質を除去する作用。ある限度を超えると、自浄作用がはたらかないで汚染が進行する。self-purification

**じしょうさん-ビスマス**【次硝酸ビスマス】胃腸病に用いる収斂剤。胃腸内の異常発酵で生ずる有毒な硫化水素とも結合して刺激をおさえる。硝蒼。bismuth subnitrate

**し-しょうじ**【四▽摂事】《仏教語》菩薩が衆生を悟りに導く四つの方法。布施摂・愛語摂・利行摂・同事摂。

**ししょう-じ**【指小辞】派生名詞の接辞の一つ。本源名詞がもつものより小さい概念、また愛称を表す。イタリア語・ドイツ語・ロシア語に多い。diminuative

**じしょう-じ**【慈照寺】銀閣寺の正称。

**じじょう-じばく**【自縄自縛】《自分のなわで自らをしばる、の意》自分の言動のために自分の動きがとれなくなって苦しむこと。be caught in one's own trap 用例 ―に陥る。

**ししょう-しょうこうぐん**【視床症候群】視床が冒されておこる症候群。後大脳動脈の主幹血管の出血・閉塞などによる。片側知覚麻痺・知覚鈍麻・立体覚異常・一過性運動麻痺などの症状を呈する。デジェリン-ルーサイ症候群。thalamic syndrome

**じしょう-しょうじょうしん**【自性清浄心】《仏教語》人間の心は、本質において煩悩に汚されることなく浄らかであるということ。

**しじょう-せいさん**【市場生産】不特定多数の買い手の需要を見込んで製品をつくること。素材・完成品の場合に多い。見込み生産。production on anticipation 対義 注文生産。

**し-しょうせつ**【私小説】作者自身を主人公に、身辺の実生活や心境を、体験の告白という形で描いた小説。自己凝視のなかに真実性を求めようとする。身辺雑記風のものを私小説、観照性の高いものを心境小説とよぶことがある。西欧の第一人称小説(イッヒロマン)とは異なる。代表的作家に志賀直哉・葛西善蔵・嘉村礒多・梶井基次郎など。わたくししょうせつ。

**しじょう-せんゆうりつ**【市場占有率】↓マーケットシェア

**し-しょうたい**【四▽聖▼諦】↓したい(四諦)

**し-じょうたい**【糸状体】①原糸体。protonema ②アオミドロなどの藻類のように、細胞が一列に連なっている体の構造。trichome

**しじょう-だいいちぶ**【市場第一部】株式市場を第一部と第二部に区分する一方の名称。東京・大阪・名古屋の三取引所にある。資本金・株主数などの株券上場審査基準に合格した株は市場第二部に、さらに指定基準に合格した株が市場第一部に上場される。

**しじょう-ちゅう**【糸状虫】フィラリアの別名。

**しじょう-ちょうさ**【市場調査】商品・サービスの需要動向を的確につかむための調査。marketing research

**しじょう-てんのう**【四条天皇】(一二三一～四二)第八七代天皇(在位一二三二～四二)。名は秀仁。後堀河天皇の第一皇子。

**しじょうなわて**【四▼條▼畷】〈市〉大阪府北東部の市。大阪市の衛星都市。四條畷神社がある。人口四万九五四四(一九九八)。

**しじょう-は**【四条派】↓まるやましじょうは(円山四条派)

**じじょう-はんけつ**【事情判決】処分または裁決が違法でありながら、これを取り消すことが公益に著しい障害を与える場合に、原告の請求を棄却する判決。

**じしょう-ぶんがく**【自照文学】自照の精神で書かれた文学。日記・随筆など。

**しじょう-ぶんせき**【市場分析】市場調査の一手法。公刊データや既存の社内データを分析して、市場調査に必要な情報を得ること。マーケットアナリシス。market analysis

**しじょう-めいれい**【至上命令】絶対に従うべき命令。supreme order

**じじょえいゆうでん**【児女英雄伝】中国、清代の小説。満州貴族の文康の作。現存四一回。一八二一～五一年の成立。美貌で武勇抜群の女主人公が活躍する才子佳人小説。

**ししょ-かん**【私書▼函】私書箱の旧称。

**し-しょく**【紙▼燭・脂▼燭】↓しそく(紙燭)

**し-しょく**【試食】(名・サ変他)料理や食品の味・出来具合をみること。味見のために、ためしに食べてみること。sample

**じ-しょく**【辞色】ことば遣いと顔いろ。用例 ―を和らげる。

**じ-しょく**【辞職】(名・サ変他)自分から職をやめること。resignation 比較 免職。

**ししょしっちゅう**【四書▽集注】四書の注釈書。朱子の著。従来の古注に対し新注と称され、これにより朱子学が確立された。

**じじょ-でん**【自叙伝】自分で書いた、自分の伝記。自伝。autobiography

**ししょ-ばこ**【私書箱】《「郵便私書箱」の略》郵便局内に置かれ、使用者に貸与される郵便物の受け箱。到着した郵便物はそのつど私書箱に配布され、使用者は随時受け取る。post-office box

**じじょろん**【自助論】《原題Self Help》スマイルズの著書。一八五九年刊。独立独行して成功した三〇〇人余の実例を集め、「天は自ら助くる者を助く」の精神を力説。明治初期、中村正直が『西国立志編』として翻訳・紹介しベストセラーとなった。

**シシリー-とう**【シシリー島】(Sicily Island) シチリア島の英語名。

**し-しん**【四▼箴】①『礼記』の四つの戒。おごりを増長させてはならない、欲求はほしいままにしてはいけない、要求は適度にとどめなければならない、楽しみはそればかり求めてはならない、の戒。②宋の程頤による視箴・聴箴・言箴・動箴の四つの教え。

**し-しん**【至心】非常に誠実な心。まごころ。至情。sincerity

**し-しん**【私心】①自分ひとりの考え。私意。personal opinion ②私利私欲をはかる心。利己心。selfishness 用例 いささかの―もない。

**し-しん**【私信】①業務・公用のためでない、私用の手紙。private letter ②内密の通信。secret communication

**し-しん**【使臣】君主・国家の命令を受けて外国につかわされる者。大使・公使など。envoy

**し-しん**【指針】①磁石・時計・計器類などの、目盛りを指示する針。needle; pointer ②物事の方針。手引き。道しるべ。guide 用例 ―を与える。

**し-しん**【視診】(名・サ変他)肉眼で身体を観察して診断すること。

**し-しん**【詩心】＝しごころ。①詩の味わいがわかる心。appreciation of poetry ②詩に表したい心。poetic sentiment

**し-しん**【詩神】①詩をつかさどる神。ミューズ。Muses ②偉大な詩人。great poet

**し-じん**【士人】①教養や身分のある人。人士。gentleman ②さむらい。

**し-じん**【四神】四方の神。東は青竜、西は白虎、南は朱雀、北は玄武。

**し-じん**【私人】公的な立場を離れた、個人。private citizen 対義 公人。

**し-じん**【詩人】①詩を作る人。詩作に巧みな人。poet 比較 歌人・俳人。②詩的精神の持ち主。poet

**じ-しん**【地震】大地が振動すること。地球内部のある領域に変形が起き、そのひずみが岩石の破壊という形で急に解放されて振動を発生させるもの。earthquake

**地震雷火事親父**(じしんかみなりかじおやじ) 世の中で代表的な恐ろしいものを、恐ろしい順に並べたことば。

**地震の時は竹藪へ逃げろ**(じしんのときはたけやぶへにげろ) 竹藪は、竹の根が張っているので、地震のとき地割れや竹の倒れる心配が少なく、安全であることを言ったもの。

**じ-しん**【自身】①自分。自己。oneself ②《他の語に付けて、強める》そのもの。みずから。itself 用例 それ―、問題だ。

**じ-しん**【自信】自分の能力・価値などを自分で確信すること。みずからたのむところがあること。self-confidence 用例 ―がある。―に満ちた態度。

**じ-しん**【侍臣】君主のそばに仕える家来。近侍。attendant

**じ-しん**【時針】時計の短針。hour hand 対義 分針・秒針。

**じ-しん**【磁針】中央部を支え、水平面内を自由に回転できるようにした磁石の針。羅針。magnetic needle

**じ-じん**【自刃】(名・サ変自)刃物で自殺すること。自害。suicide with the sword

**じ-じん**【自尽】(名・サ変自)みずから命を断つこと。自殺。

**じ-じん**【時人】当時の人々。

**ししん-おん**【歯唇音】上の前歯と下唇とを接して出す子音。[f][v]など。唇歯音。labiodental

**じしん-がく**【地震学】地球物理学の一分野。地震の性質やその原因の究明および地震波を利用した地球の内部構造の解明などを目的とする。seismology

**じしんかつどう-くうはくいき**【地震活動空白域】巨大地震の発生する地域でありながら、長期間にわたって地震活動の見られない地域。目下、地震の原因となるひずみが蓄積中であり、近い将来に地震の発生する危険があるとされる。地震空白域。

**しじん-き**【四神旗】天上の四方の神を描いた儀式用の四本の旗。描かれる四神は、青竜(東)・白虎(西)・朱雀(南)・玄武(北)。朝廷で、元日朝賀や即位礼などのさいに大極殿・紫宸殿の庭に立てられた。

**じしん-きおくそうち**【磁心記憶装置】↓じきコアメモリー(磁気コアメモリー)

**じしんきょう-よみ**【地神経読み】琵琶をひき、地神を祭る経文を読んで、土地の神を祭った盲人の僧。

**じしん-くうはくいき**【地震空白域】↓じしんかつどうくうはくいき(地震活動空白域)

**し-しんけい**【視神経】脊椎動物の第二脳神経。網膜から出る神経線維の集まった束で、視覚をつかさどり、網膜でとらえた光の刺激を間脳・中脳に伝える。optic nerve ↓目図

**じしん-けい**【地震計】主として、地震のさいの地面の運動を記録する装置。上下および水平方向の運動を記録する上下動地震計・水平動地震計がある。seismograph ↓写

● 地震計 水平動電磁地震計。

**ししんけい-いしゅく**【視神経▼萎縮】視神経炎・緑内障・脳腫瘍などの一症状として現れる視神経の萎縮。視力が低下し、視野が狭くなる。optic atrophy

**ししんけい-えん**【視神経炎】視力と視野の障害。急性と慢性がある。髄膜炎・脳腫瘍・脳梅毒・結核・急性伝染病などからおこるが、原因不明のものも多い。optic neuritis

**ししんけい-せきずいえん**【視神経▼脊髄炎】急速な視力・視野障害と下半身の麻痺をほぼ同時期におこす病気。多発性硬化症の一種。デビック病。optic neuromyelitis

**じしん-こう**【地神講】社日に、作神として地神を祭る講。多くは神体化した「地神」



▼常用漢字表外。 ▽常用漢字表の音訓外。

「地神塔」の文字を刻んだ石塔をもつ。参照 地神。

**じしんさいほけん-とくべつかいけい【地震再保険特別会計】** 国が民間の地震保険を補完している地震再保険に関する歳出入を経理するために設置された特別会計。

**し-しんせい【始新世】** 地質年代の区分の一つ。新生代古第三紀を三分した場合の二番目の時代。約五四〇〇万年前から約三七〇〇万年前まで。有孔虫・オノアシ類などが栄えた。Eocene Epoch

**しじん-そうおう【四神相応】** 道教で、四神の地相があてはまる最良の土地柄。東に流水(川)、西に大道(街道)、南にくぼ地、北に丘陵を有する土地が青竜・白虎・朱雀・玄武の四神に相応する最高の地相とされた。

**じしん-たい【地震帯】** 震源(震央)の分布する帯状の特定地域。環太平洋地震帯など。seismic zone

**じしん-たんこう【地震探鉱】** 人工地震を起こし、地震波を通して地球内部の資源などを探査する方法。seismic prospecting 参照 地震探査。

**じしん-たんさ【地震探査】** 人工地震による弾性波を利用した調査法。地殻の構造を調べたり、地下の鉱床や石油・石炭を探したり、土木工事の予備的調査を行う。seismic prospecting

**じしん-だんそう【地震断層】** 地震で地表に出現した断層。地震の原因となる活動を起こした震源断層の場合と、地震の振動などによって誘発された断層の場合とがある。fault associated with earthquake

**じしん-つなみ【地震津波】** 地震による海底の地殻変動で生まれた大波。海岸近くの浅所で急激に波高を増し、とくに狭い湾の奥に大きな被害をおよぼす。津波。tsunami

**ししん-でん【紫▼宸殿】** 大内裏の正殿。公式の儀式を行う場で、公事・朝賀や即位などの大礼も行った。ししいでん。南殿。

**じしん-どう【地震動】** 地震による地面の揺れ。地震動は上下方向および水平面内の二方向(東西・南北)の計三成分で表す。earthquake vibration

**しじんのこい【詩人の恋】**《原題 Dichterliebe(ドイ)》シューマン作曲の連作歌曲集。全一六曲。一八四〇年作。ハイネの詩による。ロマン派歌曲の傑作。

**じしん-は【地震波】** 地震の発生とともに、震源から地球内部または地表面を伝わっていく弾性波。縦波のP波、横波のS波、表面波の三種類がある。seismic wave

**じしん-ばん【自身番】** 江戸時代、江戸市中警備のためにおかれた番所。町方の費用でおかれ、町方の公用処理・防火・防犯などを担当。

**じしん-ほけん【地震保険】** 地震・噴火、これらによる津波を原因とする火災・埋没・流失による損害を補う保険。対象は居住用の建物と家財。earthquake insurance

**じしん-よち【地震予知】** どれぐらいの大きさの地震が、いつ、どこで発生するかを予測すること。地殻の変形・過去の地震活動・地磁気・地電流・土地電気抵抗・地下水位などを観測して予知する。earthquake prediction

**し・す【死す】**(サ変自) 死ぬ。みまかる。die

**死して後已む**(ししてのちやむ) 命あるかぎりは努力をつづける。struggle until one dies

**死せる孔明、生ける仲達を走らす**(しせるこうめい、いけるちゅうたつをはしらす)《蜀の諸葛孔明が魏の司馬仲達と対陣中に病死し、それを聞いた仲達が追撃したが、蜀軍が旗をひるがえして反撃の勢いを示したので、仲達は「孔明まだ死せず」と驚いて退いたという故事から》あわてて逃げる者をあざけって言う。

**しず【▼賤】** いやしいこと・者。用例 —が家。

**しず【▼倭▽文】** 古代の織物で、麻・コウゾなどのよこ糸を青・赤などの色に染めて乱れ模様に織ったもの。しず織。

**ジス【JIS】**《Japanese Industrial Standard の略》日本工業規格。鉱工業製品の規格で、日本工業標準調査会の審議に基づいて通産省が認定し、認定商品には「JISマーク」がつけられる。↓図

●JIS JISマーク

**し-すい【止水】** ①よどんで流れていない水。たまり水。②水の流れを止めること。

**し-すい【試▼錐】**(名・サ変他) 地中に深い穴を掘り、地球内部の構造や地下水脈・物質を探査すること。また、その方法。ボーリング。drilling; boring

**しすい【▼泗水】**〈町〉 熊本県北部、菊池市南隣の町。稲作・酪農・タバコ・野菜栽培などの農業が主。人口一万一七三八(一九八八)。

**しすい【▽酒々井】**〈町〉 千葉県北部、成田市南隣の町。スイカ・メロンの産地。宅地開発が進む。人口一万八三二四(一九八八)。

**し-ずい【歯髄】** 歯の内部の腔所を満たす軟らかい組織。歯冠歯髄と歯根歯髄に分かれ、神経・血管に富む。dental pulp ↓歯図

**し-ずい【雌▼蕊】** ↓めしべ(雌蕊)

**じ-すい【自炊】**(名・サ変自) 自分で毎日の食事を作ること。self-cooking 用例 —生活。

**しずい-えそ【歯髄▽壊▼疽】** 歯髄が腐敗性炎症をおこし死滅した状態のこと。necrosis of the pulp

**しずい-えん【歯髄炎】** 歯の内部にある歯髄の炎症。大部分は虫歯に続発する細菌感染による。pulpitis

**しすい-げんしょう【死水現象】** 船の前進が妨げられる現象。密度の異なる海水層が重なっている場所を船が航行するとき、その推進力が、境界面に内部波を起こして消費されるために起こる。

**し-すいこ【私出▽挙】**《「出」は貸し出し、「挙」は回収の意》古代、民間人どうしで稲・粟や金銭などを貸し、利息をとったこと。利率は年一〇割もの高利。天平九年(七三七)に禁止令が出されたが、以降も存続。対義 公出挙。

**しずい-せつだん【歯髄切断】** 歯髄炎の初期に歯髄の痛みを除く治療法の一つ。歯冠歯髄のみを除去し、健康な歯根歯髄を保存しておく。rupture of dental pulp

**し-すう【指数】** ①量の変動を、基準値を一〇〇とし、それに対する割合として表す数。index 用例 物価—。賃金—。②抽象的な事柄の程度を数の大小で表すための数。index 用例 不快—。知能—。③全体の動きを反映している部分の動き。④累乗を表すために数の右肩に小さく付けて示す数。exponent

**し-すう【紙数】** ①紙の枚数。②原稿枚数や書物のページ数。the number of pages 用例 —が尽きる。

**じ-すう【字数】** 文字のかず。the number of letters

**じ-すう【次数】** 単項式において、掛け合わせた文字の個数。多項式においては、各項の次数のうちで最大のもの。degree

**しすう-かんすう【指数関数】** 正の定数 $a$ と、実数の変数 $x$ によって定義される関数 $a^x$。$a$ をその指数関数の底という。exponential function

**しすう-ほうそく【指数法則】** 累乗に関する次の三つの法則。① $a^x a^y = a^{x+y}$ ② $(a^x)^y = a^{xy}$ ③ $(ab)^x = a^x b^x$ law of exponents

**しすう-ほけん【指数保険】** 保険金が生計費指数などの上昇にスライドして年々増額される仕組みの保険。index clause insurance

**しず-え【▽下▽枝】** 下のほうの枝。したえ。対義 上枝。

**しずおか【静▼岡】**〈県〉 中部地方南東部、太平洋側の県。県庁所在地は静岡市。北は富士山・南アルプスの山岳、南は太平洋に臨む。農業がさかんで茶・ミカンは特産。遠洋漁業・ウナギ養殖も有名。機械類・紙など近代工業の発達も顕著。面積七七七三km²、人口三六三万二〇二〇(一九八八)。

**しずおか【静▼岡】**〈市〉 静岡県中部、駿河湾に臨む市。県庁所在地。駿河の国府がおかれ、長く駿府とよばれた。旧城下町・宿場町。木工・家具工業、製茶のほか、近代工業も発達。人口四六万九七八二(一九八八)。

**しずおか-じけん【静▼岡事件】** 自由民権運動の最後の激化事件。明治一九年(一八八六)静岡県の自由党員らによる政府転覆計画が発覚、百余名が逮捕された。

**しずおか-へいや【静▼岡平野】** 静岡県中部、静岡・清水両市にまたがる平野。ミカン・茶・石垣イチゴの特産が知られる。

**しず-か【静か・▽閑か・▽寂か】**(形動) ①物音や人声のないさま。quiet 用例 —な山道。②動きが少なく、落ち着いているさま。おだやか。calm 用例 —な物腰。③目立った動きがないさま。calm 用例 世の中が—になった。④口数の少ないさま。silent 用例 —な人。

**静かに流れる川は深い**(しずかにながれるかわはふかい)《西洋のことわざ》静かで落ち着いた言動の人こそ、思慮が深い。

**しずか-ごぜん【静御前】**(生没年未詳) 源義経の側室。京都の白拍子の出。義経の吉野落ちに随行、捕らえられ、鎌倉の鶴岡八幡宮で義経への慕情を歌舞した話で知られる。

**しずか-さ【静かさ】** 静かなこと・程度。quietness; silence

**シス-がた【シス型】**《…のこちら側、を意味するラテン語「シス」に由来》二重結合に対して、同じ原子または原子団が同じ側に結合した幾何異性体。cis form 対義 トランス型。

**しず-が-たけ【▼賤ケ岳】** 滋賀県琵琶湖の北にある山。標高四二三m。天正一一年(一五八三)豊臣秀吉が柴田勝家と戦った古戦場として知られる。

**しずがたけ-の-たたかい【▼賤ケ岳の戦い】** 豊臣秀吉と柴田勝家の合戦。天正一一年(一五八三)両者は近江国賤ケ岳で戦い、秀吉が勝利。

**しずかなドン【静かなドン】**《原題 Tikhy Don(ロシア)》ショーロホフの小説。一九二八〜四〇年作。革命の中のドン=コサックの運命を描く。

**しずく【滴・▼雫】** 液体のしたたり。drop

**しずくいし【▼雫石】**〈町〉 岩手県西部、岩手山南方の町。岩手山麓では酪農がさかんで、小岩井農場がある。人口一万九三一二(一九八八)。

**しず-け・し【静けし】** 古語(形ク) 静かだ。穏やかだ。用例 鴨川の後瀬—・く(万葉・一一・二四三一)。派生 しずけさ(名)

**しず-こころ【静心】** 静かな心。落ち着いた気持ち。しずごころ。

**シスコ** サンフランシスコの俗称。

**しず-しず(と)【静静(と)】**(副) ①ゆるやかに。slowly ②しとやかに。gracefully

**シスター【sister】** ①姉妹。対義 ブラザー。②カトリックの尼僧。修道女。対義 ブラザー。③女学生間で同性愛の相手をいう俗語。エス。

**シスター-ボーイ**《和製語》女性のようにかよわい感じの青年。昭和三二年(一九五七)映画『お茶と同情』で、ジョン=カーが演じて流行語になった。sissy

**しずたに-がっこう【▽閑谷学校】** 備前市閑谷にある岡山藩の郷学。寛文八年(一六六八)池田光政が藩内民間の子弟のために創設。遺構は現存する最古の学校建築で、国宝。閑谷黌。

**しず-たまき【▼倭▽文手▼纏】**［枕ことば］《「しづ」は、古くは「しつ」。横糸を青や赤などに染めた糸で織った古代の織物で作った腕輪。粗末なものとされていたことから》「卑し」などにかかる。用例 —賤しきわがゆゑ大夫の争ふ見れば生けりとも逢ふべくあれや(万葉・九・一八〇九)。

**シスチン【cystine】** アミノ酸の一つ。システインの酸化生成物。たんぱく質としてとくに毛髪・爪に多量に含まれる。

**システィナ-れいはいどう【システィナ礼拝堂】** バチカン宮殿にある礼拝堂。一四八一年完成。ミケランジェロの『最後の審判』の壁画で著名。Sistine Chapel ↓写

●システィナ礼拝堂

**システイン【cysteine】** アミノ酸の一つで不安定な化合物。二分子が酸化・結合してシスチンとなる。体内の酸化還元作用に重要である。

**システマチック【systematic】**(形動) 組織的。体系的。系統的。

**システム【system】** ①組織。②体系。系統。③制度。

**システム-エンジニア【system engineer】** コンピューターで業務を処理する場合、そのシステムの開発・設計を行う技術者。どのような仕組みで情報を処理するかを検討し、その方法を設計する。担当する業務により、システムアナリスト・システムプランナー・システムデザイナーなどという。SE。

**システム-エンジニアリング【systems engineering】** 人間と機械系システムの計画・分析・設計・評価などを、目的にあった合理的なものにするための基礎的な工学。システム工学。SE。



↓ 行き先項目、図版・写真参照印。 JIS 日本工業規格情報交換用漢字符号コード(区点コード)。

**システム-かぐ【システム家具】** さまざまな機能をもった単品を、自由に組み合わせる家具。壁面を活用して、床から天井まで取り付けられる組み合わせ家具。壁面家具。

**システム-キッチン** 《和製語》流し台・調理台・レンジ・戸棚などを合理的・機能的に組み合わせた台所設備。

**システム-こうがく【システム工学】** ↓システム-エンジニアリング

**システム-コンポ** 《system componentから》プレーヤー・アンプ・スピーカーなどが、一式になったステレオ。各部分を自由に配置できる。シスコン。

**システム-さんぎょう【システム産業】** 異なった業種を有機的に組み合わせた機能集約型の複合的産業。情報産業・海洋開発産業・原子力産業・省力産業などが代表的。system industry

**システム-しょうひん【システム商品】** 互いに機能的な関連をもち、全体として特定の用途に使われるように設計された商品群。system goods

**システムズ-アプローチ【systems approach】** 事物や現象をいくつかの部分からなる全体として把握し、その変化を、部分どうしの相互作用や全体と環境との間の関係によって生じるものとみる考え方。

**システム-ダイナミックス【systems dynamics】** システム分析の一手法。時間の変数の推移にともなうシステムの状態変化を、数値計算をもとに描いた図式によって分析するもの。インダストリアル-ダイナミックス。

**システム-デザイン【systems design】** システム分析に基づいて、経済性・信頼性・性能などが最適のシステムをつくりあげること。システム設計。

**システム-ばいばい【システム売買】** 証券取引所で、コンピューター-システムによって行う売買取引。

**システム-ぶんせき【システム分析】** システム工学の一段階。条件の変化に対応するシステムの変化を分析する作業。system analysis

**ジステンパー【distemper】** イヌ・キツネ・イタチなどがかかるウイルス性急性伝染病。高熱、粘膜の炎症、下痢を起こす。死亡率は高いが、一度かかると終生免疫となる。ワクチンで予防。

**ジストマ【distomaラテ】** 《口が二つあるものの意》吸虫類の俗称。平たい体の前端(口)と腹面に吸盤がある。すべて寄生性。人体寄生虫が多い。

**ジストロフィー【dystrophy】** 進行性筋委縮症。左右対称に筋委縮・脱力・運動機能障害などが起こってくる。

**シストロン【cistron】** 突然変異体を用いたシス-トランス検定(相補性検定)により定義される遺伝子の機能単位。オペロンとほぼ同義語。

**しずない【静内】** 〈町〉北海道南部、太平洋に臨む町。木材工業・商業がさかん。新冠種畜牧場がある。桜並木が有名。人口二万五〇五六(一九八八)。

**しず-の-お【▼賤の▽男】** 古語 身分の卑しい男。用例 あやしき―の声々(源氏・夕顔)。

**しず-の-おだまき【▼倭▽文の▼苧▽環】** しず布を織るのに使う、麻糸を巻いた玉。

**しず-の-め【▼賤の女】** 古語 身分の卑しい女。用例 ある―ひる寝したりき(古事記・中)。

**しず-の-や【▼賤の屋】** 古語 身分の卑しい者の家。用例 あやしき―も(枕・十二月二十四日、宮の御仏名の)。

**しずはたおび【▼賤機帯】** 三味線音楽の曲名。さらわれた子をさがして隅田河畔を母が狂い歩く。一中節・長唄にある。

**ジスプロシウム【dysprosium】** 希土類元素の一つ。元素記号Dy 原子番号六六。原子量一六二。単体は金属。一八八六年ボアボードランが発見した。

**じ-すべり【地滑り・地▼辷り】**(名・サ変自) ①比較的ゆるやかな斜面の土地の表層部が徐々に下方に移動する現象。landslide ②物事が急激に大きく変わること。landslide 用例 ―的な勝利。

**し-すま・す【▽為済ます】**(五他) うまくし終える。やってのける。manage

**しずまり-かえ・る【静まり返る】**(五自) すっかり静かになる。

**しずま・る【静まる】**(五自) ①静かになる。become quiet 用例 場内が―。②落ち着く。calm down 用例 気が―。③寝入る。sleep 用例 寝―。④はげしい勢いがおとろえる。decline 用例 風が―。

**しずま・る【鎮まる】**(五自) ①神などが、そこにいる。鎮座する。be enshrined 用例 熱田の森に―・ります神。②騒ぎがおさまって世の中が平和になる。subside 用例 反乱が―。③痛みがおさまる。abate 用例 歯痛が―。

**しず・む【沈む】**(五自) ①水の中に向かって行く。sink 対義 浮く・浮かぶ。用例 船が―。水に―。②元気がなくなる。気がふさぐ。be depressed 用例 ―・んだ表情。③おちぶれる。be ruined 用例 不幸な境遇に―。④太陽・月などが、地平線などにかくれる。set 対義 昇る。用例 日が西に―。⑤落ちついた感じである。be subdued; fade 用例 ―・んだ色調。⑥ボクシングで打たれてたおれ、起きられなくなる。be knocked out 用例 マットに―。⑦マージャンで、最初の持ち点以下になる。へこむ。用例 一万点―。

●シスレー 『曲がり道』。一八七五年、シカゴ美術館。

**沈む瀬在れば浮かぶ瀬在り**(しずむせあればうかぶせあり) 人には、おちぶれたり、運が向かなかったりするときもあれば、繁栄し、幸運であるときもある。人生には、よいときもあれば悪いときもある。人の運命には定まるところがない。類似 沈めば浮かぶ。

**しずめ【沈め】** ①沈めること。②沈めるためのおもり。「めのおもり。」

**しずめ【鎮め】** ①国などをおさめること。その役目。suppression 用例 国の―。②おさえ。おもし。weight

**しず・める【沈める】**(下一他) 水の中に入って行くようにする。沈ませる。sink 対義 浮かべる。

**しず・める【静める】**(下一他) ①物音や声を静かにさせる。quiet 用例 鳴りを―。②落ちつかせる。安らかにさせる。calm 用例 心を―。埃を―。

**しず・める【鎮める】**(下一他) ①神をそこに祭る。鎮座させる。enshrine 用例 ゆかりの地に神として―。②さわぎをおさめて世の中を平和にする。quell 用例 内乱を―。③痛みをおさめる。relieve 用例 頭痛を―。

**シスモンディ【Jean Charles-Léonard Simonde de Sismondi】**(一七七三〜一八四二) スイスの経済学者。自由放任主義を批判し小生産者の擁護を唱えた。著書『政治経済学新原理』など。

**ジズヤ【jizyahアラビア】** イスラム教国でジンミー(異教徒)に課した人頭税。これを支払うことで彼らはイスラム教に改宗することなく、旧来の宗教・習俗の維持を許可された。

**しずり【▽垂り】** 木の枝から雪が落ちること。その雪。しずれ。しずりゆき。

**し・する【死する】**(サ変自) 死ぬ。みまかる。

**し・する【資する】**(サ変自) =資す。①助けとする。役立たす。contribute ②費用を出す。finance

**し・する【視する】**(接尾) 《漢語に付けて動詞をつくる。サ変型》…と見る。…と考える。…扱いにする。用例 困難―。英雄―。

**じ・する【侍する】**(サ変自) そば近く仕える。はべる。侍す。attend on

**じ・する【治する】**(サ変自他) =治す。①(自)病気などがなおる。cure ②(他)㋐病気などをなおす。cure ㋑おさめる。rule ㋒とりきめる。定める。settle

**じ・する【辞する】**(サ変自他) =辞す。①(自)あいさつして帰る。退出する。leave ②(他)㋐職をやめる。辞職する。resign ㋑辞退する。断る。refuse to accept

**じ・する【持する】**(サ変他) もつ。たもつ。持す。maintain

**満を持して放たず**(まんをじしてはなたず) 《弓をひきしぼっていて、まだ射ない、の意から》じゅうぶん用意をして機会を待っているたとえ。満を持す。watch for an opportunity

**ジスルフィラム【disulfiram】** アンタビュースの一般名。

**シスレー【Alfred Sisley】**(一八三九〜一八九九) フランスの画家。両親はイギリス人。印象派の代表者の一人。作品『ポール-マルリーの洪水』など。↓写 ↓印象派美術写

**しず-わ【▽後輪】** 鞍の後部の、輪形に高くなっている部分。尻輪。対義 前輪。↓鞍 図

**し-せい【司政】** 政治をつかさどること。administration 用例 ―官。

**し-せい【四声】** 中国、とくに六朝・唐宋における漢字の発音の分類。平・上・去・入声の四種の声調。現代中国語では、上平声・下平声・上声・去声の四つの声調。

**し-せい【四姓】** ①四つの名家。源(=みなもと)・平(=たいら)・藤(=ふじわら)・橘(=たちばな)。②↓カースト

**し-せい【四聖】** 世界の四人の聖人。ふつうには釈迦牟尼・孔子・キリスト・ソクラテス。

**し-せい【市井】** ①人家の集まっている所。町。town ②世間。巷間。the world

**市井の人**(しせいのひと) 市中に住む庶民。

**し-せい【市制】** ①市としての制度。②旧憲法で市の構成・組織・権限・監督などを定めた基礎的法律。昭和二二年(一九四七)廃止。

**し-せい【市政】** 市の行政。municipal government

**し-せい【市勢】** 市の人口・産業・財政などの情勢。state of a city

**し-せい【死生】** 死と生。死ぬことと生きること。生死。ししょう。life and death

**死生命在り**(しせいめいあり) 人間の生死は天命であって、人間の力ではどうにもならない。

**死生を共にする**(しせいをともにする) 運命をともにする。share one's fate with 「ること・人。」

**し-せい【至聖】** 知徳のきわめてすぐれていること・人。

**し-せい【至誠】** きわめて誠実なこと。まごころ。sincerity

**至誠、天に通ず**(しせい、てんにつうず) まごころは神をも動かし、よい結果に至る。Sincerity can move heaven.

**し-せい【私製】** 私人で作ること。作ったもの。private 対義 官製。用例 ―はがき。

**し-せい【刺青】** 肌に針で墨や朱を刺し入れた絵模様のこと。江戸時代には、とくに自らの意志によるものをいい、前科者の印に彫られたものは入れ墨とよんだ。入れ墨。彫り物。tattoo ↓写

●刺青

**し-せい【姿勢】** ①からだつき。すがた。figure ②体幹・体肢・頭部など身体各部の相対的位置関係。posture ③物事に対するからだのかまえ方。posture; pose ④態度。attitude 用例 高―。

**姿勢を正す**(しせいをただす) おもに品行・モラルの面で、それまでの態度・行いを反省し、改める。correct one's attitude

**し-せい【施政】** 政治を行うこと。その政治。administration 用例 ―方針。

**し-せい【詩聖】** ①古今に類のない、りっぱな詩人。ホメロス・ダンテなど。great poet 比較 歌聖。②《李白の詩仙に対して》杜甫の称。

**し-せい【試製】**(名・サ変他) ためしに製作すること。試作。

**し-せい【資性】** 生まれつき。天性。nature

**し-ぜい【市税】** 地方税の一つ。市が賦課・徴収する租税。市民税・固定資産税・軽自動車税・都市計画税など。

**じ-せい【自生】**(名・サ変自) 植物が自然にはえ増殖していること。野生。native 用例 山野に―する植物。

**じ-せい【自制】**(名・サ変他) 自分の感情・欲

望などを自分でおさえること。じっとがまんすること。self-control ［比較］克己。

**じ-せい【自省】**(名・サ変自) 自分を反省すること。自分の行為や態度・考えなどをかえりみること。reflection

**じ-せい【自製】**(名・サ変他) 自分のところで作ること。また、作ったもの。自家製。home-made ［比較］手製。

**じ-せい【時制】**↓テンス

**じ-せい【時世】** 時代。ときよ。the times ［用例］いいご―だ。

**じ-せい【時勢】** 時代のなりゆき・勢い。the tide of the times ［用例］―にさからう。

**じ-せい【辞世】** ①人がこの世を去ること。死ぬこと。②死ぬまぎわにのこす和歌・俳句など。江戸時代以降、武家社会では辞世をのこすのが習慣のようになった。

**じ-せい【磁性】** 物体が示す磁気的性質。永久磁石や磁場中におかれた物質がもつ。magnetism

**じ-せいおん【次清音】** 中国音韻学における声母(=頭子音)の発音の分類の一つ。音声学で、無声の有気音にあたる。

**し-せいかつ【私生活】** 個人としての生活。one's private life

**しせい-かん【死生観】** 死に対する考え方、およびそれに基づいた人生観。

**しせい-けん【施政権】** 信託統治地域の司法・立法・行政を行う権限。

**しせい-し【私生子】** 非嫡出子をさす旧民法上の名称。戸籍簿にも記載されたが昭和一七年(一九四二)の民法改正で廃止。私生児。illegitimate child

**しせい-じ【私生児】**↓しせいし(私生子)

**しせい-しき【示性式】** 有機化合物の構造式を簡略にして分子の特性を明示するように記した化学式。エタノールは $CH_3CH_2OH$ と記す。rational formula

**じせい-しょくぶつ【自生植物】** 人手によらず自然に生育している植物。native plant

**しせい-せいど【氏姓制度】** 大和朝廷を中心とする国家組織の基礎となった制度。土地・人民を支配する豪族を氏とし、これに姓という称号を与えて社会的秩序を構成。

**しせい-だい【始生代】** 地質時代のもっとも古い時代。先カンブリア時代の前半。約二五億年前より古い時代。この地質時代の最古の岩石は約三八億年前のもの。微生物の化石が見られる。太古代。Archaeozoic Era

**じせい-たい【磁性体】** 磁気を帯びた物体。強磁性体と弱磁性体に大別できる。magnetic substance

**しせい-ちょうさかい【市政調査会】** 都市の政治・行政について基礎的な調査研究を行う機関。ニューヨークにはじまり、東京・大阪などにも設置。Bureau of Municipal Research

● 支石墓 里田原遺跡(長崎県)。

**しせい-どう【(株)資生堂】** 化粧品製造・販売の最大手企業。昭和二年(一九二七)設立。

**しせい-の-と【市井の徒】** 市中に横行する無頼の徒。市中のならず者。

**しせい-はがき【私製葉書】** 通常はがきと往復はがきについて、省令の定めを基準に、民間で、または個人で作製した郵便はがき。

**じせい-はんどうたい【磁性半導体】** 強磁性や反強磁性などの磁性と半導体的特性をあわせもつ物質。magnetic semiconductor

**しせい-ホルモン【雌性ホルモン】** 脊椎動物の雌の卵巣から分泌されるホルモン。性器の発育や機能維持と、二次性徴の発現や性行動の誘起に寄与する。発情ホルモン(卵胞ホルモン)と黄体ホルモンの二種類がある。female sex hormone

**じせい-りゅうたい【磁性流体】** 直径一〇万分の一ミリメートル程度の微細な強磁性粒子(酸化鉄)を界面活性剤で処理して安定に分散させた懸濁液。磁性インク・磁気シールなどに使用。magnetic fluid

**し-せき【史跡・史蹟】** 歴史上の事件のゆかりの場所・建造物など。historic site

**し-せき【史籍】** 歴史の書物。史書。historical books

**し-せき【歯石】** 歯の表面、歯のあいだ、歯と歯肉のあいだなどに、唾液中の燐とカルシウムが、食べかすなどとともに沈着したもの。歯肉周囲炎などの原因となる。dental calculus

**し-せき【咫尺】** 曰(名)《「咫」は八寸、「尺」は一尺、の意》非常に近い距離。［用例］―の間んか。曰(名・サ変自) 貴人にお目通りすること。

**咫尺を弁ぜず** 暗くて、近くのものも見分けがつかない。

**じ-せき【次席】** ①二番めの席。next seat ②首席の次の人。the second in rank ③第二位。the second prize

**じ-せき【耳石】** 内耳の前庭にある小さな石灰質の粒。移動により位置の変化を感じとらせる平衡石の一種。聴砂。otolite

**じ-せき【自席】** 自分の座席。one's own seat

**じ-せき【事跡・事蹟】** 事件の行われたあと。trace

**じ-せき【事績】** なしとげた仕事。功績。いさお。achievement

**じ-せき【自責】**(名・サ変自) 自分で自分をせめ、とがめること。self-reproach ［用例］―の念にかられる。

**じせき-てん【自責点】** 野球で、投手の責任によって相手に与えた点。自チームのエラーやパスボールなどがからんだ場合は該当しない。earned run

**しせき-ぼ【支石墓】** 新石器時代から金属器時代初めの巨石墳墓。巨石で作られた箱形石室、または巨石を数個の石で支えたもの。中国東北部、朝鮮半島、弥生時代の北九州で発達。↓［写］

**し-せつ【私設】** 個人が設立すること。したもの。private establishment ［対義］官設・公設。

**し-せつ【私説】** 公には認められていない、個人の学説。one's personal opinion

**し-せつ【使節】** 使臣。envoy ［用例］親善―。

**し-せつ【施設】** 曰(名・サ変他) ある目的のために、建物・設備を造ること。その建物・設備。facilities ［用例］厚生―。曰(名) 児童福祉の養護施設、老人福祉の施設などの略称。home

**し-ぜつ【歯舌】** 軟体動物の多くに特有の器官で、口腔内のやすり状の舌。食物をかきとるはたらきをする。radula

**じ-せつ【耳癤】** 耳のおでき。外耳道の耳垢腺・皮脂腺にブドウ球菌が感染しておこる化膿性炎症。激しい耳の痛み・圧痛がある。うみが出れば痛みは消失。furuncle of ear

**じ-せつ【自切・自截】** 動物が敵に体の一部を捕らえられたり、傷つけられたとき、その体部を自分で切り離すこと。逃避反射の一種とされる。自切後は再生する。トカゲの尾はその一例。autotomy

**じ-せつ【自説】** 自分の考え・意見。one's own view ［用例］―を曲げない。

**じ-せつ【持説】** 常に主張している意見。持論。one's cherished opinion

**じ-せつ【時節】** ①ころ。時候。季節。season ②時世。とき。the times ③よい機会。chance ④世の中の情勢。the times ［用例］―到来。

**じせつ-がら【時節柄】** 曰(名) 時節にふさわしいこと。suitable for the time 曰(副) 時節が時節であるだけに。［用例］―遠慮したほうがよい。

**ジゼル【Giselle】** バレエ作品。ハイネの詩によりゴーティエ台本、アダン作曲。一八四一年初演。ロマンティック-バレエの代表作。↓［写］

● ジゼル 松山バレエ団。

**しせるたましい【死せる魂】**《原題 Mjortvye dushi》ゴーゴリの小説。一八四二年刊。戸籍上は生きているはずの、死んだ農奴を買い歩く主人公と、その訪問先の地主たちの醜悪で滑稽な姿を描く。

**し-せん【支線】** 本線から分かれた線。道路・鉄道・電話線など。branch line ［対義］幹線・本線。

**し-せん【死線】** ①それを越えると銃殺される、牢獄のまわりに設けた限界線。②生死のさかい。crisis ［用例］―をさまよう。

**死線を越える** ①死ぬほどの苦しみを通り抜ける。survive a life-or-death crisis ②生死を念頭におかない。

**し-せん【私選】** みずから選ぶこと。select privately

**し-せん【私撰】** 個人が作品をえらび、作品集をまとめること。select by oneself ［比較］自撰。［対義］官撰・勅撰。

**し-せん【視線】** 目の注がれている方向。ものをみつめている目の向き。one's eyes ［用例］―を感じる。―をそらす。

**し-せん【詩仙】** ①世間の俗事を超越した天才的詩人。great poet ②《杜甫の詩聖に対して》李白の称。

**しせん【四川】**〈省〉 中国中西部の省。揚子江上流の四川盆地・チベット高原南東部からなる。豊かな農作地帯と鉱産資源に富み、重化学工業も発達。人口一億七五五万(一九八四)。スーチョワン。

**し-ぜん【自然】** 曰(名) ①人間の存在・意識の成立などに無関係に存在する外界。nature ［対義］人間。②天地間の物質的事物。天地万物。nature ［対義］文化。③造化の力。人の力ではおよばない力。Nature ［対義］人為・人工。［用例］―の暴威におののく。④自然科学の対象として因果法則の下にある、ありのままの現象世界。nature ⑤人や物の固有の性格。もとからそなわっている性質。nature ［対義］作為。曰(名・形動) 人為が加えられていないこと・さま。天然のままの姿・ようす。わざとらしくないこと・さま。natural ［対義］人為・人工・不自然。［用例］―の美。そう受けとるのが―だ。曰(副) ①いつのまにか。おのずから。ひとりでに。by itself ［用例］けがは―に治る。②［古語］万が一。［用例］―のことのあらんとき、物の具して頼朝が乗るべき馬なり(平家・九・生ずきの沙汰)。

**自然に還れ**《フランスの思想家ジャン=ジャック=ルソーの主張》社会の因襲から脱け出して、人間本来の状態にもどろう、という呼びかけの語。Return to nature!

**自然は飛躍せず**《リンネやライプニッツが用いたことば》自然の変化は徐々にであって、一足飛びでないとする考え方を言う。

**し-ぜん【至善】** この上ない善。最高善。supreme good

**じ-せん【自選】**(名・サ変自他) ①(自)選挙で自分をえらぶこと。②(他)自分の作品の中から自分でよいものをえらび出すこと。one's own selection

**じ-せん【自撰】**(名・サ変他) 自分で自分の作品をえらび、序などを書いて書物にまとめること。author's own selection ［比較］私撰。

**じ-せん【自薦】**(名・サ変自) 自分で自分を推薦すること。self-recommendation ［対義］他薦。

**じ-ぜん【次善】** 最善に次ぐこと。第二のよい方法。second best ［用例］―の策。

**じ-ぜん【事前】** 物事の始まる、また起こる前。beforehand ［対義］事後。

**じ-ぜん【慈善】** ①めぐむこと。あわれみをかけること。charity ②貧困者を助けること。charity

**しぜん-いおう【自然硫黄】** 火山・温泉などで析出する硫黄の単体。形状は塊状・球状・結晶状などさまざま。黄色でもろい。native sulfur

**じぜん-うんどう【事前運動】** 立候補の届け出または候補者推薦の届け出前に選挙運動を行うこと。公職選挙法で禁止されている。preelection campaigning

**しぜん-かい【自然界】** ①天地万物の存在する範囲。認識の対象となるすべての外界。natural world ②人間界以外の世界。外界の一



↓行き先項目、図版・写真参照印。 ［JIS］日本工業規格情報交換用漢字符号コード(区点コード)。

し

つ。natural world ③人工の加わらない世界。nature [対義]人間界。
**しぜん-かかく【自然価格】** ↓せいじょうかかく(正常価格)
**しぜん-かがく【自然科学】** 自然、とくに物質を研究対象とする科学。一般に、科学といえば自然科学をさす。natural science [対義]社会科学・人文科学。
**しぜん-がく【自然学】** ギリシア哲学における学問の分野の一つで、自然界の事象についての研究。physics
**しぜん-かのう【自然可能】** 文法で、自発。
**しぜん-かんきょう【自然環境】** 狭義には天然のまま生物の生態系が維持されているところ。広く、人間の生活を考える上で、全地球的環境をさす場合も多い。the environment
**しぜんかんきょうほぜん-ほう【自然環境保全法】** 自然を無秩序な開発や動植物の捕獲・伐採などによる破壊から守ることを目的とした法律。昭和四七年(一九七二)公布。
**しぜん-きゅうかい【自然休会】** 会期中の国会が、慣習または各政党の申し合わせに基づいて一定期間本会議を休むこと。地方議会などでも準用。spontaneous recess [比較]休会。
**じぜん-きょうぎ【事前協議】** 日米安全保障条約に基づき、アメリカ軍が日本で一定の行動をおこす場合、事前に日米で話し合う制度。prior consultation
**しぜん-きん【自然金】** 天然に産出する金。樹枝状・ひげ状・粒状で、多くは砂金などとして産出。native gold
**しぜん-けつぞく【自然血族】** 血族のうち、実の親子のように生理的な血のつながりがある者。blood relative [対義]法定血族。
**しぜん-けん【自然権】** 人が生まれながらにもち、絶対かつ不可侵とされる権利。平等権・財産権など。natural right
**しぜん-げんご【自然言語】** 日本語・英語などのように、歴史的に発生し、それを母語とする話し手をもつ言語。日常言語。natural language [対義]人工語。
**しぜん-げんしゅう【自然減収】** 国民所得の減少や物価の下落により、当初予算に比べて税収や官業収入などが減少すること。
**しぜん-げんしょう【自然現象】** ①自然界にみられるいろいろなできごと・すがた・形。natural phenomenon ②しぜんに起こる現象。natural phenomenon
**しぜん-こう【自然光】** 天然に存在する光。進行方向に垂直な面内であらゆる方向に振動して、偏光していない。natural light
**しぜん-こうえん【自然公園】** すぐれた自然景観の保護と、その利用の増進を目的として、自然公園法により指定されている公園。国立公園・国定公園・都道府県立自然公園・海中公園が含まれる。natural park

**しぜん-さいがい【自然災害】** 地震・台風・豪雨などの、人為によらない異常な自然現象によって生じる災害。disaster
**しぜん-ざんりゅうじき【自然残留磁気】** 過去の地球磁場の影響によって岩石が保持している磁気。natural remanent magnetization
**しぜん-し【自然死】** 寿命がつきて自然に死ぬこと。natural death
**じぜん-じぎょう【慈善事業】** 孤児・老病者・難民などの援助を目的とするサービス活動。philanthropy
**しぜん-しじん【自然詩人】** 自然をうたうのにすぐれた詩人。nature poet [対義]人生詩人。
**しせん-しゅう【私▼撰集】** 公的な勅撰集に対し、私的に選ばれた歌集。『後葉(ごよう)和歌集』『古今和歌六帖(ろくじょう)』など。[対義]勅撰集。
**しぜん-しゅうきょう【自然宗教】** 未開社会の原始宗教のような自然発生的な宗教。アニミズム・呪物(じゅぶつ)崇拝など。primitive religion
**しぜん-しゅぎ【自然主義】** ①哲学で、観念的・歴史的なものをしりぞけて、自然的なものを唯一の実在とし、最高の権威とする世界観。naturalism ②倫理学で、歴史・社会・人為などによってけがされていない本来の姿が顕現することを要求する態度。naturalism ③《naturalisme(フランス)の訳》文芸では、一八七〇年代のフランスで、小説・演劇を中心に勢力をふるい、諸外国に影響を与えた文学運動。芸術を道徳的・理想的価値から切りはなし、現実の客観的観察や実験などにより、人間の真実と社会の法則を解明する文学をめざした。ゾラが推進。日本では島崎藤村(しまざきとうそん)・田山花袋(たやまかたい)・岩野泡鳴(いわのほうめい)・徳田秋声(とくだしゅうせい)など。naturalism
**しぜん-しょくひん【自然食品】** 無農薬で栽培し、また加工時に添加物を加えたりしないで、そのもののもつ性質を生かした食品。natural foods
**しぜん-しん【自然神】** 自然現象・自然物を神格化したもの。海の神・風の神など。nature deity [対義]人格神。
**しぜん-じん【自然人】** ①社会や文化の影響を受けず、生まれたままの本性によって生きている人間。natural man ②法律で、生きている人間。出生から死亡まで権利・義務の主体となる人間。natural person [対義]法人。
**しぜんしんえいどう【自然真営道】** 江戸時代の思想書。安藤昌益(あんどうしょうえき)の主著。稿本は一〇一巻九三冊。刊本は宝暦(ほうれき)三年(一七五三)三巻三冊のみ刊行。医学と同時に、社会を論じた書で、昌益の独特の理論を展開。
**しぜん-しんがく【自然神学】** キリスト教神学の一つ。啓示や奇跡にたよらず、人間の理性によって神の存在を認識できると考えるもの。Natural theology
**しぜん-じんるいがく【自然人類学】** 人類の形質を研究する学問。体質・血液型・遺伝など人間の生物的側面の把握を研究目的とする。形質人類学。physical anthropology [比較]文化人類学。
**しぜん-すう【自然数】** 1から始まり、順次一つずつ増加し、限りなく続く数の総称。個数を示したり、順序を示したりするのに用いられる。正の整数。natural number
**しぜん-すうはい【自然崇拝】** 太陽や山岳など、自然物や自然現象を崇拝・信仰すること。nature worship
**しぜん-せんたく【自然選択】** 自然界における生存競争の結果、適者は生存繁栄し、不適者は亡びること。ダーウィンが人為選択の概念から考えた語。自然淘汰(とうた)。natural selection [対義]人為選択。
**しぜん-ぞうしゅう【自然増収】** 国民所得の増加により、当初予算に比べて税収や官業収入などが増加すること。natural increase in tax revenue [対義]自然減収。
**しせん-そくど【視線速度】** 運動する天体の観測者の視線に平行な速度成分。ドップラー効果による光の波長の増減から求める。radial velocity
**しぜん-そん【自然村】** 地縁的・血縁的共同体として自然発生した村。[対義]行政村。
**しぜん-たい【自然体】** ①自然に立った姿勢。②意気ごんだり気負ったりしない、ありのままであるさま。③武道や格技の構え。柔道では右自然体・左自然体・自然本体の三姿勢がある。normal posture
**しぜん-たいすう【自然対数】** $\lim_{n\to\infty}\left(1+\frac{1}{n}\right)^n$ の値 $e=2.71828\cdots$(ネピアの数)を底(てい)とする対数。$\log_e x$, $\ln x$ などと書く。natural logarithm
**しぜん-ちりがく【自然地理学】** 地理学の一分野。地球表面上の自然現象について、その分布や相互関係を研究する部門。地形・気候・陸水・生物・土壌などが対象となる。physical geography [対義]人文地理学。
**しぜん-ていぼう【自然堤防】** 河川の両側に、自然に作られた細長い堤防状の微高地。洪水時に、流路からあふれた水が運んできた、砂などが堆積(たいせき)してできる。natural levee
**しぜん-てつがく【自然哲学】** 自然の全体像を解釈し、統一的に関連づけて説明しようとする哲学の総称。philosophy of nature
**しせん-どう【詩仙堂】** 石川丈山の晩年の居宅。狩野探幽(かのうたんゆう)筆の中国三十六詩仙像にみずから詩を賦(ふ)し掲げた。京都市左京区一乗寺にある。
**しぜん-とうた【自然▼淘▼汰】** 自然選択の旧称。
**しぜん-どく【自然毒】** 《食中毒の分類上の用語》動植物中の有害成分の総称。テトロドトキシン(フグ毒)・ムスカリン(毒キノコの成分)など。
**しぜんとじんせい【自然と人生】** 徳冨蘆花(とくとみろか)の随筆小品集。明治三三年(一九〇〇)刊。清新な自然描写により高く評価された。
**じぜん-なべ【慈善▼鍋】** ↓しゃかいなべ(社会鍋)
**しぜん-はっか【自然発火】** 物質が空気中で酸化や摩擦によって発熱し、やがて発火・燃焼する現象。黄燐(おうりん)・セルロイド・石炭など火災の原因ともなる。spontaneous ignition
**しぜん-はっせい【自然発生】** 人為的な力を及ぼすことなく発生すること。outbreak voluntarily [用例]暴動は—的に起こった。
**しぜんはっせい-せつ【自然発生説】** 生物が無生物より発生するという、アリストテレス以来信じられていた説。パスツールの実験などで否定された。しかし今日、太古の生命起源についてはこの説も考慮されている。偶然発生説。spontaneous generation; abiogenesis
**しぜん-はん【自然犯】** 行為それ自体が反社会的・反道徳的であるような犯罪。また、その犯罪人。刑法規定の犯罪は原則として自然犯。刑事犯。criminal offense [対義]法定犯。
**しぜん-ぶんべん【自然分▼娩】** 帝王切開など人工的介助を行わず、妊婦の自然の娩出力による出産。natural birth [参照]ラマーズ法。
**しぜん-ぶんべんほう【自然分▼娩法】** 安産法の一つ。麻酔などの薬物や切開などによらず、妊婦の心や体の緊張を取り除くことで、分娩時の苦痛をやわらげようとするもの。一九三三年、イギリスの産婦人科医リードが考案、現在の安産法の基礎。natural delivery
**しぜん-ぶんるい【自然分類】** 生物を、その進化してきた道すじをしらべ、類縁にしたがって体系的に分けること。一八世紀のリンネが行った、形態的特徴を整理し分類する方法に始まり、現在の自然分類が確立されてきた。小さいグループをあわせて大きなグループへ分類段階を拡張して、進化の系統を明らかにする。natural classification [対義]人為分類。
**しせん-べんごにん【私選弁護人】** 被告人・容疑者、その代理人などが、みずから選任した弁護人。[対義]国選弁護人。
**しぜん-べんしょうほう【自然弁証法】** 《哲学用語》弁証法的唯物論の立場に立つ自然観で、弁証法を物質的自然の自己運動・自己発展の論理とみるもの。natural dialectics
**しぜん-ほう【自然法】** ①自然界のすべてを支配する法則。natural law ②人間や物事の本質に基づくものとして普遍性をもつとみなされる規範。西欧の法や政治思想に強い影響を与えた概念。natural law [対義]実定法。
**しぜん-ほうしゃのう【自然放射能】** ↓てんねんほうしゃのう(天然放射能)
**しぜん-ぼく【自然木】** 栽培ではなく、山野にはえている樹木。native tree
**しぜん-ほご【自然保護】** 自然をそのままの状態にしておくこと。また、自然の美しい景観や動植物の生存にとっての重要な環境を維持し、保全すること。nature conservation
**しせん-ぼんち【四川盆地】** 中国、四川省東部の盆地。気候・土壌・水利に恵まれる穀倉地帯。スーチョワン盆地。
**しぜん-ゆうほどう【自然遊歩道】** 自然公園の中に設けられている歩行者専用道路。解説板や案内図が設けられている。nature trail
**しせん-りょうり【四川料理】** 中国料理の一つ。四川省は内陸に位置するため、野山の幸に恵まれ、とくに豆腐料理は多彩。乾燥した海産物をたくみに料理することも特徴。味は濃厚で辛く、刺激的。
**しぜん-りん【自然林】** 播種(はしゅ)や植樹によらずに、自然のままに成立した森林。天然林。natural forest
**しぜん-れき【自然暦】** 草木の開花、星の位置、渡り鳥の飛来、山の雪など、自然界の現象によって季節を知ること。農業・漁業の目安とした。perpetual calendar
**し-そ【始祖】** ①はじめの人。元祖。開祖。founder ②禅宗で、菩提達磨(ぼだいだるま)。
**し-そ【紫▼蘇】** シソ科の一年草。中国原産で、古くから栽培。高さ約四〇㎝。葉は卵形で鋸歯(きょし)がある。初秋に淡紫色の小花を穂状につける。果実は球形。葉・花穂・果実は食用で香気がある。アオジソ・アカジソなど。ノラエ。↓[写]

● シソ　アカジソ

**し-そ【▼緇素】** ①黒衣と白衣。②僧と俗人。僧俗。
**じ-そ【自訴】**(名・サ変自) 自首。self-surrender
**シゾイド-にんげん【シゾイド人間】** 小此木啓吾(おこのぎけいご)の造語で、現代人に広くみられる分裂症的な心理傾向。自己中心的でありながら、自分を見失う不安が強く、それぞれの場面で偽りの自分を示して他人と同調するが、深

▼常用漢字表外。　▽常用漢字表の音訓外。

くは結びつこうとしない。schizoid person

**し-そう【四相】**《仏教語》①生・老・病・死の総称。②万物の生滅変化を示す四種の相。生相・住相・異相・滅相。③衆生が外界に対して、実在していると誤解し執着する四つの相。我相・人相・衆生相・寿命相。

**四相を悟る**（しそうをさとる）生滅無常の道理を知る。聡明なことに言う。

**し-そう【死相】**①死に顔。死者の人相。face in death ②死期の迫った顔つき。shadow of death

**し-そう【志操】**心中にかたく守って、変えないこころざし。みさお。principle 用例 ―堅固。

**し-そう【使▼嗾・指▼嗾】**（名・サ変他）そそのかすこと。けしかけること。たきつけること。扇動。instigation

**し-そう【刺創】**針・くぎ、先のとがった刃物などが突き刺さってできる傷。刺し傷。stab wound

**し-そう【思想】**①心にうかぶ考え。思い。idea; thought ②判断・推理による結果として生じた意識の内容。thought ③人生・社会・政治などに対する一定の見解。統一的・全体的な判断体系。thought; ideology 用例 過激な―。

**し-そう【紙窓】**紙を張った窓。明かり障子のついた窓。

**し-そう【詞宗】**①詩や文章の大家。大文学者。②学者・文人の敬称。

**し-そう【詩宗】**①権威ある詩人。great poet ②詩人の敬称。

**し-そう【詞藻】**①ことばのあや。②詩歌。文章。③詩文をつくるすぐれた才能。用例 ―ゆたかな人。

**し-そう【歯槽】**歯根を支える上・下顎骨のあな。形はほぼ各歯根の形に等しい。alveolus

**し-そう【詩想】**①詩作の着想。poetical inspiration ②詩の表す思想。poetical sentiment

**し-そう【試走】**（名・サ変自）①乗り物、とくに自動車の性能を知るために走らせること。test driving ②実際の競技の前に走って調子を見ること。trial run before the race

**し-ぞう【死蔵】**（名・サ変他）活用しないでしまっておくこと。退蔵。keep something idle

**し-ぞう【私蔵】**（名・サ変他）個人が所蔵すること・物。private collection

**じ-そう【寺僧】**①寺の僧。priest ②三井寺の僧。対義 山僧。

**じ-そう【事相】**①物事のようす・なりゆき。phase ②《仏教語》密教で、修法や儀式などの行的な分野。対義 教相。

**じ-そう【侍曹】**《おそばにいる人、の意》手紙のわき付けの一つ。侍史。

**じ-ぞう【地蔵】**「地蔵菩薩」の略。

**地蔵と閻魔は一**（じぞうとえんまはいっ）地蔵菩薩も閻魔王も本地は阿弥陀如来で、地蔵はその慈悲を、閻魔はその忿怒を表したものである。

**地蔵の顔も三度**（じぞうのかおもさんど）どんなにおだやかな人でも、何度もひどいことをされれば腹をたてるたとえ。仏の顔も三度。

**地蔵の十福**（じぞうのじっぷく）地蔵を信仰すると授かるという一〇の福徳。女人泰産・身根具足・衆病疾除・寿命長遠・聡明智慧・財宝盈溢・衆人愛敬・穀米成熟・神明加護・証大菩提をいう。

**じ-ぞう【自蔵】**（名・サ変他）計器や機械の内部に、付属的な機能が組みこまれていること。内蔵。ビルトイン。self-contained

**しそう-か【思想家】**思想を検討し、深めている人。思想の豊富、深遠な人。thinker

**じぞう-がお【地蔵顔】**まるい、にこにこ顔。やさしい顔。

**しそう-かせき【示相化石】**地層の堆積した環境を推定するのに役だつ化石。たとえば、サンゴの化石は熱帯地方の浅海を示す示相化石である。環境への適応範囲が狭いものほどよい。facies fossil

**しそう-けいさつ【思想警察】**国家体制に批判的な思想を取り締まったり弾圧したりすることを任務とする警察。thought police

**しそう-げき【思想劇】**思想問題を提起して、観客の理性に訴える演劇。イプセン・デュマ・ショーなどの作品。problem play

**しそう-せい【思想性】**物事に対して見解のあるさま。用例 ―のない発言。

**しそう-ぜんどう【思想善導】**昭和初期、学生・生徒の左傾化を防ごうとした学内指導。

**しそう-てき【思想的】**（形動）①思想に関するさま。思想上。ideological 用例 ―に行きづまる。②深く思索して独自の見解・意見が行動などに現れるさま。

**しそう-のうよう【歯槽▼膿▼瘍】**歯槽骨の部分の炎症によって、うみがたまるもの。歯ぐきの粘膜下に発生し、赤くはれて痛む。多くは歯の付け根の部分の歯膜炎による。alveolar abscess

**しそう-のうろう【歯槽▼膿漏】**歯の周縁組織の慢性炎症性の病気。歯肉が赤くはれ、うみが出て出血しやすい。歯石沈着などが原因。歯周疾患。alveolar pyorrhea

**しそう-はん【思想犯】**思想に基づく犯罪。また、その犯罪人。もとは治安維持法に違反した犯罪・犯罪者の通称。ideological offense

**しそうはんほごかんさつ-ほう【思想犯保護観察法】**治安維持法違反で処分されたのち釈放された者を監視した法。昭和一一年（一九三六）公布、同二〇年廃止。

**じそう-ほう【自走砲】**車両と一体化し、機動性にすぐれた火砲。self-propelled artillery

**じぞう-ぼさつ【地蔵▼菩▼薩】**釈迦の入滅後、弥勒仏が現れるまでのあいだ六道の一切衆生を教化するという菩薩。とくに子どもの守護者として尊崇された。地蔵。地蔵尊。↓写

● 地蔵菩薩

**じぞう-ぼん【地蔵盆】**陰暦七月（現在は八月）の二三、二四日に石地蔵を祭る行事。化粧を施し、花や団子を供え、念仏を唱えるなど、近畿地方を中心にした子どもの行事。

**しそうりょうしん-の-じゆう【思想良心の自由】**憲法一九条が保障する基本的人権の一つ。個人の内心にかかわる精神活動の自由。

**じぞう-わさん【地蔵和▼讃】**地蔵菩薩の徳をたたえる和讃。多くは近世につくられたもので、子どもを救う賽の河原の地蔵菩薩の和讃がとくによく知られている。

**シソーラス【thesaurus】**①ことばを意味によって分類配列した一種の類語辞典。②コンピューターなどの情報検索で、的確な情報を選び出すために用いられる検索語の語彙集。

**しそ-きせき【紫▼蘇輝石】**斜方輝石の一つで、鉄とマグネシウムの珪酸塩鉱物。斜方晶系で、柱状結晶。緑色や暗茶褐色。火成岩に広く含まれている。hypersthene

**し-そく【子息】**むすこ。他人の子どもをさしていう。son

**し-そく【四足】**①四本の足。four legs ②四本の足をもつけもの。four-footed animal; beast ③哺乳類の俗称。mammal 用例 ―獣。④四本の脚のある物。四本脚の机など。four-legged thing

**し-そく【四則】**加法・減法・乗法・除法の四つの演算の総称。four rules

**し-そく【紙▼燭・脂▼燭】**①昔、宮中などで用いた灯火。松の木の棒の先をこがし、油をぬって、そこに火をつけたもの。元のほうを紙で巻いた。ししょく。②こよりを油にひたして、火をつけたもの。

**し-ぞく【士族】**①武士の家柄。武門。②明治以後、武士の家系の者に与えられた族称。昭和二二年（一九四七）廃止。比較 華族・平民。

**し-ぞく【支族・枝族】**大きな一族の中から分かれて、新しい集団をつくった血族。分族。分家。

**し-ぞく【氏族】**未開社会の構成単位で、同じ祖先を持つ人々から成る血族集団。うじ。clan 比較 種族・部族。

**じ-そく【自足】**（名・サ変自）①自分に必要なものを自分で満たすこと。self-sufficiency 用例 自給―。②自分で満足していること。self-satisfaction

**じ-そく【時速】**一時間に進む距離で示した速さ。speed par hour

**じ-そく【磁束】**磁束密度と、それに垂直な断面積をかけた量。磁気回路において、電気回路の電流に対応する量。magnetic flux

**じ-ぞく【持続】**（名・サ変自他）いつまでも長くつづくこと。ある状態のままいつまでももちつづけること。continuance 対義 中断。用例 好調を―する。

**じそく-けい【磁束計】**電磁誘導の法則を使って、狭い空間の磁束や磁束密度を測定する装置。探索コイルの面を磁界と垂直に置いて測る。fluxmeter

**じぞくすいみん-りょうほう【持続睡眠療法】**精神科で用いる特殊療法の一つ。強い睡眠薬を用いて一～三週間、食事と排便以外持続的に眠らせ、心身の病的状態から回復させようとするもの。continuous sleep treatment

**じぞく-せい【持続性】**長つづきする性質。durability

**じぞく-てき【持続的】**（形動）長くつづくさま、つづけるさま。continuous 対義 断続的。

**しぞく-の-しょうほう【士族の商法】**①明治維新後、多くの士族が起こした事業などが失敗したこと。また、そのやり方。②《転じて》一般に、慣れない仕事をして失敗すること。また、そのやり方。amateurish business methods

**じそく-みつど【磁束密度】**磁場を表す基本量。物質中の磁場と、それによって生じる磁化の強さを加えたベクトル量。magnetic flux density

**し-そこな・う【▽為損なう・仕損なう】**（五他）しくじる。失敗する。fail

**しそ-ちょう【始祖鳥】**最古とされる化石鳥類。ジュラ紀に生存。カラス大で、爬虫類に似た骨格に、体を支える強い後肢と長い尾を備える。前肢は大きくて、未発達な翼状の形態をしている。archaeopteryx ↓図

● シソチョウ　想像図。

**し-そつ【士卒】**①士官と兵卒。武士と雑兵。②つわもの。軍兵。兵隊。

**しそ-にんぎょう【紙塑人形】**紙を水に浸し、糊を加え粘土状にした素材から作る人形。昭和初期に考案され、鹿児島寿蔵が芸術品にまで高めた。

**し-そん【子孫】**①子どもと孫。children and grandchildren ②祖先から血すじの続いた人々。posterity

**し-そん【至尊】**①もっともたっといこと・人。supremacy ②天皇。天子。Emperor

**じ-そん【自存】**（名・サ変自）自力で生きること。self-existence

**じ-そん【自尊】**①自分がえらいと思うこと。self-esteem ②自分に誇りを持ち、品位をたもつこと。self-respect 用例 独立―。

**じ-そん【児孫】**子と孫。子孫。

**児孫の為に美田を買わず**（じそんのためにびでんをかわず）《西郷隆盛の詩にみえる語》子孫のために財産を残すと、よい結果をもたらさないので、残すべきでない。

**じ-そん【慈尊】**弥勒菩薩の敬称。

**し-そんじ【仕損じ・▽為損じ】**しくじり。失敗。failure

**し-そん・じる【仕損じる・▽為損じる】**（上一他）やりそこなう。失敗する。しそんずる。しそんず。fail to 用例 急いては事を―。

**じそん-しん【自尊心】**①自分の品位・人格をたもとうとする気持ち。pride ②自分が人よりもすぐれているという気持ち。プライド。pride 用例 ―を傷つけられる。

**した【下】**㊀（名）①位置が低い方。下方。下部。lower part 対義 上。②階級や地位が低いこと。inferiority 用例 ―からの要求。③内がわ。かくれたところ。under 用例 ―心。衣の―のよろい。④おとること。below 用例 だいぶ格が―だ。⑤すぐあと。just after 用例 そう言う口の―から。⑥年齢が若いこと。younger 用例 兄より三つ―だ。⑦代金の一部として、また、抵当として渡す品物。part payment 用例 ―取り。㊁（接頭）前もってする、準備する意。用例 ―相談。―調べ。

**下に居る**（したにいる）①しゃがむ。ひざまずく。土下座する。②能の型の一つ。片ひざを立ててすわる状態をいう。

**下に下に**（したにしたに）《下に居よ、の意》江戸時代、将軍・大名の行列が通過するとき、先払いが庶民に土下座をうながした掛け声。

**下に出す**（したにだす）物を買うとき、代価の一部にあてるため手もとの品物を渡す。下取りさせる。

**下に見る**（したにみる）①見おろす。look down ②見下げる。look down on

**下へも置かない**（したへもおかない）親切、丁寧にもてな

す。

**した【舌】** 口の中にある筋肉を主体とする器官。味覚・そしゃくなどのほか、発声器として重要な役割をもつ。べろ。tongue 用例 —がもつれる。

**舌が肥える**(したがこえる) うまい物、高級な食べ物を食べなれているために、味の良し悪しがよくわかるようになる。口が肥える。比較 口が奢る。

**舌が長い**(したがながい) おしゃべりである。多弁だ。

**舌が伸びる**(したがのびる) 他をはばからず、いばって大げさなことを言う。大言・広言を吐く。

**舌が回る**(したがまわる) べらべらとよくしゃべる。glib

**舌三寸に胸三寸**(したさんずんにむねさんずん) 口と心は慎しまなければならないたとえ。

**舌の先**(したのさき) 口先。弁舌。舌先。glib 用例 —で丸めこむ。

**舌の剣は命を絶つ**(したのつるぎはいのちをたつ) 人を傷つけるようなことばは、おうおうにして双方の命取りになる。ことばを慎しめということ。

**舌の根の乾かぬ内**(したのねのかわかぬうち) 《人の言動の矛盾をとがめるときに使う》言い終わったばかりなのに。in the next breath 用例 —に、よくもそんなことが言えるな。

**舌は禍の根**(したはわざわいのね) 禍の多くはことばから起こる、というたとえ。舌は禍の門。

**舌も引かぬ**(したもひかぬ) まだ、言い終わらない。言ってまだ間もない。

**舌柔らか也**(したやわらかなり) 物言いが巧みである。

**舌を食う**(したをくう) 舌をかみ切って死ぬ。

**舌を滑らす**(したをすべらす) 話さなくてもいいこと、口にしてはいけないことをついしゃべってしまう。口を滑らす。let slip

**舌を出す**(したをだす) ①かげで、あざける。あざわらう。make a fool of ②自分の失敗をはずかしがる動作や、そのさま。be ashamed

**舌を出すも嫌い**(したをだすもきらい) 「出す事は舌を出すも嫌い」の略。

**舌を鳴らす**(したをならす) 舌打ちする。

**舌を二枚に使う**(したをにまいにつかう) つじつまの合わないことや、相手次第で違うことを言ったりする。類似 舌を返す。二枚舌を使う。

**舌を翻す**(したをひるがえす) ひどく驚いたり、あきれたりする。舌を振るう。

**舌を振るう**(したをふるう) ①ひどく驚き恐れる。舌を翻す。②弁論する。弁を振るう。

**舌を巻く**(したをまく) 感心して強くおどろく。be astonished

**した【▼簧】** 《「舌」の意》雅楽器の笙や篳篥、また、クラリネット・オルガンなどの楽器に取り付け、振動させて音を出す金属製や葦製の薄片。reed

**しだ【▽羊▽歯・歯▼朶】** シダ植物のうち大葉類(シダ類)の総称。シダ植物全体の総称としても用いられる。fern 参照 羊歯植物。

**じ-た【自他】** ①自分と他人。oneself and others 用例 —ともに認める。②《仏教語》自力と他力。③文法で、自動詞と他動詞。transitive and intransitive verbs

**自他共に許す**(じたともにゆるす) 自分も他人も、ともに認める。be generally accepted

**じ-だ【耳▼朶】** みみたぶ。みみ。earlap

**耳朶に触れる**(じだにふれる) 聞こえる。耳に入る。reach one's ear

**した-あご【下▼顎】** 下のほうのあご。chin ↓頭 図

**下顎と上顎とのぶつかり放題**(したあごとうわあごとのぶつかりほうだい) 口の動くにまかせて、勝手なことをしゃべりまくるようす。

**した-あじ【下味】** 焼き物・蒸し物などの材料に、前もって調味料などでつけておく味。preliminary seasoning

**ジダーノフ【Zhdanov】** ソ連南西部、ウクライナ共和国南東部、アゾフ海に臨む港湾・工業都市。人口五二・五万(一九八六)。旧称マリウーポリ。

**ジダーノフ【Andrey Aleksandrovich Zhdanov】**(一八九六〜一九四八) ソ連の政治家。一九一二年以降革命運動に参加。三〇年以後党中央委員などの要職を歴任。スターリン体制下で文化問題を担当。

**した-あらい【下洗い】** よごれのひどいせんたく物などを、前もってざっと洗うこと。

**シタール【sitār ヒンディー】** 北インドのリュート属の撥弦楽器。ペルシアのセタールから考案。金属弦七本と共鳴弦十数本をもつ。右手人差し指にはめた針金製の爪ではじく。独奏用。

**し-たい【支隊・枝隊】** 本隊から分かれて独立の行動をとる部隊。detached force 対義 本隊。

**し-たい【四▼諦】** 《仏教語》釈迦の教えの四つの根本的な真理。苦諦(この世は苦である)・集諦(苦の原因は欲望にある)・滅諦(欲望の絶滅による悟りの世界)・道諦(実践としての八正道)。四聖諦。苦集滅道。

**し-たい【死体・▼屍体】** 死んだ人や動物のからだ。死骸。corpse 対義 生体。

**し-たい【肢体】** ①手足。limbs ②手足と身体。body and limbs 用例 —健全。

**し-たい【姿態・姿体】** すがた。かたち。figure

**し-だい【四大】** 《仏教語》①万物を構成するとされる四元素。地大・水大・火大・風大の総称。②人間の身体。

**四大、空に帰す**(しだい、くうにきす) 《人のからだが無になる、の意》肉体が滅びる。死ぬ。

**し-だい【市大】** 「市立大学」の略。

**し-だい【私大】** 「私立大学」の略。

**し-だい【次第】** ㊀(名) ①順序。order 用例 式—。②手続き。procedure ③わけ。事情。circumstances 用例 —によっては。㊁(接尾) ①…したら、すぐに。用例 帰り—。②そのことによって決まる意。…しほうだい。用例 金—。③なりゆきにまかせる意。用例 言いなり—。

**し-だい【至大】**(名・形動) この上もなく大きいこと・さま。immensity 用例 —至高。

**し-だい【紙代】** ①用紙の代金。price of the paper ②新聞の代金。subscription to a newspaper

**し-だい【誌代】** 雑誌の代金。

**じ-たい【字体】** ①文字の骨組み・形。個々の文字に特有の形を与える点や線画の組み合わせ。form of a character ②漢字の場合、楷書・行書・草書の書体や、明朝・清朝・ゴシックなどの印刷活字体、正体に対する異体・俗体・略体の別など。style of penmanship

**じ-たい【自体】** ㊀(名) ①自分のからだ。oneself ②そのもの。それ自身。itself 用例 彼の言うこと—がおかしい。㊁(副) もとより。元来。いったい。originally 用例 —、君のせいだ。

**じ-たい【事態・事体】** 事のなりゆき・状態。多く、よくない状態についていう。situation 用例 —が好転する。—を静観する。緊急—。

**じ-たい【辞退】**(名・サ変他) ①へりくだって身を引くこと。refusal ②へりくだって、断ること。decline

**じ-だい【地代】** ↓ちだい(地代)

**じ-だい【次代】** 次の時代・世代。next generation 用例 —をになう。

**じ-だい【自大】** 自分はえらいとほこりたかぶること。自慢。用例 夜郎—。

**じ-だい【事大】** 強大なものに従い仕えること。用例 —主義。

**じ-だい【時代】** ①社会の構造や政権などで、なんらかの特徴が共通していて、区切られた、わりに長い期間。年代。period; age 用例 奈良—。—が変わる。②当代。現世。the times 用例 —の先駆者。③時を経て古びていること。antiquity 用例 —がつく。—を思わせる茶わん。

**時代の寵児**(じだいのちょうじ) その時代に、世間でもてはやされる人。時代の花形。流行児。売れっ子。a child of the age

**し-たいあん【施耐▼庵】**(生没年未詳) 中国、元末明初の小説家。興化の人と伝える。門人の羅貫中とともに長編小説『水滸伝』などをつくったと伝えられるが、詳細不明。

**したい-いき【死体遺棄】** 死体を捨てて、あるいは放置してかえりみないこと。刑法一九〇条によって処罰の対象となる。abandonment of a corpse

**じだい-おくれ【時代遅れ・時代後れ】**(名・形動) 古びてしまってその時代の流行や傾向に合わなくなっていること・さま。out-of-date

**じだい-がか・る【時代掛(か)る】**(五自) 古い時代のものに見える。be antique-looking 用例 —った茶器。

**しだい-がき【次第書(き)】** 由来・順序を書いた文書。program

**じだい-かんかく【時代感覚】** その時代の動向を敏速にとらえ、順応できる感覚。sense of the times 用例 —がするどい。

**しだい-きしょ【四大奇書】** 中国、元代に成立した長編小説『水滸伝』『三国志演義』と戯曲『西廂記』『琵琶記』を元代四大奇書といい、のちには戯曲を除いて『西遊記』『金瓶梅』を加え、中国小説の四大奇書という。

**じだい-ぎれ【時代切(れ)・時代▽裂】** 主として室町時代に中国から渡来した織物。武家・茶人たちが茶道具の袋などに愛好した。

**じだい-くぶん【時代区分】** 歴史の流れを、それぞれの特徴に応じて一定の期間に区切ること。西洋史では、原始・古代・中世・近代・現代に区切るのが一般的。日本ではさらに中世後半を近世とよぶ。その他、歴史認識によりさまざまな区分の仕方がある。periodization in history

**じだい-げき【時代劇】** 武家時代を題材や背景にした映画・演劇。historical play

**したい-けんあんしょ【死体検案書】** 医師が診療中の患者以外の死亡者について、検察官または警察官の検視に立ち会ってつくる証明書。書式と効力は死亡診断書と同じ。coroner's death certificate

**したい-げんしょう【死体現象】** 死によって現れる種々の現象。全身の組織細胞が無酸素状態になるための変化。冷却・硬直・乾燥・腐敗・白骨化・ミイラ化など。postmortem appearance

**したい-こうちょく【死体硬直】** 死後一定時間を経て全身の筋肉が硬化する現象。通常、死後二時間ごろから現れ、のち消える。rigor mortis

**じだい-さくご【時代錯誤】** その時代に合わない古い考えで判断し、行動しようとすること。時代おくれ。アナクロニズム。anachronism

**じだい-し【時代史】** ある時代だけの歴史。history of a period 比較 通史。用例 平安—。

**じだい-しちょう【時代思潮】** その時代の主流をなす思想傾向。trend of the times

**じだい-しゅぎ【事大主義】** 一定の主義・方針をもたないで、勢力の強大なものになびいて、安全をはかろうとするやり方。flunkyism

**じだい-しょうせつ【時代小説】** 武家時代の風俗や人物などを題材・背景とした通俗小説。historical novel 比較 歴史小説。

**じだい-しょく【時代色】** その時代特有の風俗・情趣の傾向や色あい。用例 —ゆたかな行事。

**じだい-せいしん【時代精神】** ある時代の人たちが共有し、その時代を特徴づける精神的雰囲気。spirit of the age

**しだい-せつ【四大節】** 昭和二〇年(一九四五)以前の祝日、四方拝・紀元節・天長節・明治節の総称。それぞれ一月一日、二月一一日、四月二九日(昭和)、一一月三日。

**じだい-そう【時代相】** その時代の社会のすがた・ありさま。phases of the age

**しだい-だな【次第棚】** 床の間や書院の脇に設ける棚。書物をのせたりする。

**じだい-てき【時代的】**(形動) ①時代に関するさま。historical 用例 —に問題にならない。②その時代の特徴を示しているさま。characteristic of the age 用例 —な事件。

**じだい-とう【事大党】** 李氏朝鮮末期の守旧的党派。清国に従属する閔氏一族を中心とする。日本と結ぶ開化派の独立党を、壬午の変で圧迫したが、日清戦争後は衰退。

**しだい-な【次第名】** 出生順につけられている名のこと。長男から順に太郎・次郎・三郎とするなどの名をさす。

**しだい-に【次第に】**(副) 順をおって。つぎつぎ。しだいしだいに。gradually

**したい-はっしょうどう【四▼諦八正道】** 仏教の根本教理。四つの基本的な真理(苦・集・滅・道の四諦)と、悟りの境地へ至るための八つの正しい実践行(正見・正思惟・正語・正業・正命・正精進・正念・正定)。

**し-たいふ【士大夫】** ①中国の支配階級の総称。周代には天子・諸侯に仕える卿・大夫・士があったが、のち上級官吏をさす呼称となった。宋以後は科挙に合格した文官をいう。②《転じて》人格がすぐれ、位の高い人。教養豊かな読書人。

**したい-ふじゆうじ【肢体不自由児】** 手足や体に不自由なところがある一八歳未満の子ども。physically handicapped child

**じだい-まつり【時代祭(り)】** 京都市左京区の平安神宮で一〇月二二日に行われる祭り。平安時代から明治時代にいたる、わが国の風俗を行列に仕立てて市内を一巡する。京都の代表的な祭りの一つ。↓写

**じだい-もの【時代物】** ①多くの時代を経たもの。antiquity ②歴史上の事件・人物を題材にした浄瑠璃・歌舞伎。対義 世話物。③武家時代を題材にした劇・映画・小説。まげもの。

**し-たいよう【視太陽】** われわれが実際に見る太陽。apparent sun 比較 平均太陽。

**し-たいようじ【視太陽時】** ↓しんたいようじ(真太陽時)

**した・う【慕う】**(五他) ①なつかしく思う。恋しく思う。long for ②後を追う。follow ③

●時代祭り

尊敬して見習う。adore

**した-うけ【下請(け)】**(名・サ変他) ①人が引き受けた仕事を、さらに請け負うこと。下請負。②中小企業が、大企業の製品の一部の製造・加工を請け負うこと。とくに発注側と受注側の力関係が対等でない場合にいう。subcontract ③下請け業者。下請け企業。subcontractor

**したうけ-こうじょう【下請(け)工場】** 親会社の注文によって部品や製品の製造・加工を請け負う工場。subcontract factory

**した-うち【舌打ち】**(名・サ変自) 食べ物の味見をしたり、また、おもしろくないときなどに、舌を鳴らすこと。click one's tongue 比較 舌鼓。

**したうち-おん【舌打(ち)音】** 子音の一つ。舌を上顎につけ、急にはじいて出す音。物事がうまくいかないときなどにする「チェッ」。ブッシュマン語・ホッテントット語などでは言語音として用いられる。クリック。click

**した-え【下絵】** ①下がきの絵。rough sketch ②下地の絵。design

**した-えだ【下枝】** 樹木の下の方にある枝。[low branches

**した-えのぐ【下絵の具】** 陶磁器の下絵に使う絵の具。金属酸化物・硼酸・硼砂・珪砂、安定剤・補助剤などから製造。underglaze color

**した-おし【下押し】**(名・サ変自) ①下のほうへ押すこと。downward push ②相場が下落する傾向にあること。drop

**した-おび【下帯】** ①昔、小袖の上に締めた帯。下ひも。②下の帯。③褌。④腰巻き。

**したが・う【従う・▽随う・▽順う】**(五自) 対義 逆らう。①服従する。さからわない。obey 用例 習慣に——。②…のとおりにする。守る。observe 用例 忠告に——。③ついていく。ならう。follow 用例 先達に——。④沿う。たどる。go down a river 用例 流れに——・って下る。⑤《「…にしたがい」「…にしたがって」の形で》…につれて。…とともに。according as 用例 仕事が進むに——・い、興味も増した。

**したが・える【従える・▽随える】**(下一他) ①引き連れていく。be accompanied by 用例 部下を——。②服従させる。そむかないようにする。subdue 用例 天下を——。賊を——。

**した-がき【下書(き)】**(名・サ変他) ①清書の前にためしに書くこと。また、書いたもの。rough draft ②草稿。草案。manuscript ③《「下描(き)」とも》絵画などをかくとき、まずおおよその輪郭をしるすこと。

**した-かげ【下陰・下▼蔭】** 樹木などの下の暗い所。shade

**した-がさね【下▽襲】** 束帯の袍の下に着る腋あけの衣。身分の高い者は後ろの裾を長く袍の下から出して歩く者もいた。

**したがた-どうぶつ【舌形動物】** 細長く伸びた舌状の寄生動物群。脚はないが体が体節から成る。イヌの鼻腔に寄生するイヌシタムシ、カエルの筋肉内に寄生するカエルシタムシなど。

**したがっ-て【従って】**(接続) ゆえに。よって。だから。so

**した-がり【下刈(り)】**(名・サ変他) 幼い造林木を保護するために、雑草木を刈り取ること。weeding

**した-ぎ【下着】** 衣服の下に着るものの総称。肌に直接着るもの、体型を整えるもの、装飾が主目的のものに分かれる。underwear 対義 上着。数え方 一枚・一揃い・一組み。

**したきり-すずめ【舌切(り)▼雀】** 昔話の一つ。正直な爺が得をし、不正直な婆が損をする。原型は『宇治拾遺物語』の「腰折れ雀」。動物報恩説話。現在の標準的な話は江戸時代に書物の影響で広まった。

**し-たく【支度・仕度】**(名・サ変自他) ①準備すること。用意。preparation 用例 夕食の——。②きちんとした身なりに改めること。身じたく。dressing 用例 ——をととのえて出掛ける。

**支度違う**(したくたがう) 予想がはずれる。目算が狂う。おもわくが違う。

**し-たく【私宅】** 個人の住まい。自分の家。自宅。one's own house

**し-たく【▼揣度】**(名・サ変他) おしはかって考えること。

**しだ・く**(五他) あらす。つぶす。用例 踏み——。

**じ-たく【自宅】** 自分の住まい。one's house 対義 他家。

**じ-だくおん【次濁音】** 中国音韻学における声母(頭子音)の発音の分類の一つ。鼻音・流音・半母音が含まれる。清濁音。

**したく-きん【支度金】** ①就職・結婚などの準備に要する金銭。②支度に要するという名目で支払う金。outfit allowance

**した-くさ【下草】** 木の下にはえている草。とくに、林の中に群がってはえている雑草や小木。下ばえ。undergrowth

**した-げいこ【下▼稽古】** 本番の前に練習すること。前げいこ。rehearsal

**した-けんぶん【下検分】**(名・サ変他) 前もって検査しておくこと。下見。preliminary examination

**した-ごころ【下心】** ①前からのたくらみ。secret intention ②心の底。本心。one's real intention ③漢字を組み立てている部分の名。「忝・恭」などの下にある「⺗」。

**した-ごしらえ【下▼拵え】**(名・サ変自他) ①前もって大ざっぱに作っておくこと。preliminaries ②前もって準備すること。下作り。下準備。preparation 用例 料理の——。

**した-さき【舌先】** ①舌の先。tip of the tongue ②口先。口頭。tongue

**舌先三寸**(したさきさんずん) ことば巧みに操ること。cheat by a glib tongue

**した-ざわり【舌触り】** 食べ物などが舌に触ったときの感じ。texture

**した・し【親し】** 古語 (形シク) ↓したしい(親しい)

**した-じ【下地】** ①物事の基礎。下ごしらえの準備。ground work ②《「助枝」とも》壁塗りのための骨組み。③生まれつきの素質。making ④本心。まことの心。⑤《味つけのもとという意味から》㋐しょうゆ。soy sauce ㋑だし汁。⑥中世の土地制度で、領主の収益の対象となる所領。

●下地窓 長野市、松代の高義亭。

**下地は好き也、御意は良し**(したじはすきなり、ぎょいはよし) 自分でも嫌いではないと思っているところへ、そうするようにと、好意からの勧めを受けることに言う。

**し-だし【仕出(し)】** ①作り出すこと。production ②料理屋・仕出し専門店で料理の注文を受けて届けること。会席・懐石料理など。catering

**したし・い【親しい】**(形) ①仲がよい。心やすい。懇意だ。close 用例 彼とは——。②血筋が近い。related 用例 ——縁者。③しばしば接して、珍しくない状態だ。accustomed 用例 国民の耳目に——。派生 したしげ(形動) したしさ(名)

**したしき【親しき】** 文語的 《「親し」の連体形》親しいこと。

**親しき中に垣をせよ**(したしきなかにかきをせよ) 親しくしていても、礼儀は守るようにせよ。類似 親しき中にも礼儀有り。

**親しき中にも礼儀有り**(したしきなかにもれいぎあり) 親しい間柄でも、守らなければならない礼儀はあるものだ。A hedge between keeps friendships.

**した-じき【下敷(き)】** ①文房具の一種。物の下に敷くための布・紙・板など。字や絵を書くとき目安のため、あるいはクッション材として用いる。desk pad ②手本。model ③物の下に敷かれること。be pressed under 用例 車の——になる。

**したしく【親しく】**(副) 《「親しい」の連用形から》①自分で。みずから。personally 用例 ——手をくだす。②じかに。じきじきに。directly 用例 ——接する。

**した-しごと【下仕事】** ①準備の仕事。下ごしらえ。下準備。preparations ②下請け。subcontracted work

**したじ-ちゅうぶん【下地中分】** 鎌倉時代の係争解決法。荘園領主と地頭との争いを、下地(=土地)を両者で分割することにより解決した。

**したじっ-こ【下地っ子】** 将来、芸者にするため、遊芸を習わせる少女。

**した-しば【下▼柴】** 木の下にはえた柴。

**したじ-まど【下地窓】** 土壁の一部を塗り残して壁下地(=木舞)をあらわした窓。茶室に多く用いられ、その内側に障子を掛ける場合もある。↓写 ↓茶室図

**したし-み【親しみ】** ①親しい気持ち。familiarity 用例 ——をこめる。②なさけ。愛情。affection

**したし・む【親しむ】**(五自) ①仲よくする。be familiar 用例 子供に——・まれる。②常に接してなじむ。be fond of 用例 読書に——。

**しだしゅし-るい【▽羊▽歯種子類】** 古生代の後半から中生代の初めにかけて出現した裸子植物。葉や茎はシダ類のようだが、種子をもつ点が異なる。シダ植物と種子植物の中間種として進化の研究上重要。

**した-じゅんび【下準備】**(名・サ変他) ことが順調に行くように前もって準備すること。大まかに、ざっと作っておくこと。したごしらえ。下仕事。preparations

**した-しょく【下職】** 下請けをする職・人。したじょく。underwork

**しだ-しょくぶつ【▽羊▽歯植物】** 植物分類学上の名称。胞子で無性生殖を行う植物の中で、もっとも進化した一群。葉裏の胞子嚢から地上に散らばった胞子は発芽して配偶体となり、そこに生じた精子と卵子とからふたたび胞子体が形成される。世界で約一万種、日本に五〇〇種が知られる。pteridophyte ↓写

●シダ植物 ジュウモンジシダ

**した-しらべ【下調べ】**(名・サ変他) ①前もって調べること。preliminaries ②予習。preparation

**した-ず【下図】** 下がきの図。下絵。rough [sketch

**し-だ・す【仕出す】**(五他) ①しはじめる。begin ②注文の料理を作って配達する。cater ③しでかす。make a mess

**した-ずり【下刷(り)・下▼摺(り)】**(名・サ変他) 出来上がった木版や活版をためしに刷ること。ためしずり。test print

**した-そうだん【下相談】** 前もってする相談。打ち合わせ。preliminary arrangement

**したた【下田】**〈村〉 新潟県中部、栃尾市北東隣の村。稲作・タバコ栽培などの農業が行われる。人口一万二九六七(一九八〇)。

**した-だい【舌代】** 口上のかわりに書いたもの。口上書き。ぜつだい。

**したたか【▽強か・▽健か】** 一(副) じゅうぶん。たっぷり。ひどく。heavily 用例 ——に酔う。二(形動) ①非常に強いさま。tough 用例 ——者。②思うように扱えないさま。一筋なわではいかないさま。用例 ——な子どもだ。三 古語 (形動ナリ) しっかりしたさま。確かなさま。用例 ——なる御後ろ見は(源氏・帚木)。

**したた・む【▽認む】** 古語 (下二他) ↓したためる(認める)



↓ 行き先項目、図版・写真参照印。 JIS 日本工業規格情報交換用漢字符号コード(区点コード)。

し

した**た・める**【ᐁ認める】(下一他) ①書きしるす。write ②食事をする。take ③したくする。処理する。用意する。

**じ-たたら**【地ᐁ踏▾鞴・地▾蹈▾鞴】①足ぶみ式の大きなふいご。②じだんだ。

**地踏鞴を踏む**(じたたらをふむ) 足を踏みならして、ひどくくやしがる。地団駄踏む。

**したたら・す**【滴らす】(五他) 液体がしたたるようにする。drip [用例]血を—。

**した-たらず**【舌足らず】(名・形動) ①発音がはっきりしないこと・さま・人。lisp ②言い回しが不十分なこと・さま。言い足りないこと・さま。lame expressions

**した-たり**【滴り】《古くは「しただり」》しずく。点滴。drop

**滴り積もりて淵となる**(したたりつもりてふちとなる) わずかなものでも多く集まれば、大きなものになるたとえ。[類似]塵も積もれば山となる。

**した-た・る**【滴る】(五自)《「下垂る」の意》しずくが、たれて落ちる。drip

**した-たる・い**【舌たるい】(形) ものの言い方が甘えたようである。lisping [派生]したたるげ(形動) したたるさ(名)

**し-た・つ**【仕立つ】[古語](下二他) ↓したてる(仕立てる)

**じ-たつ**【示達】(名・サ変他) 下位者または国民に、文書で命令または通知すること。したつ。[比較]通達。

**した-つづみ**【舌鼓】 うまい物を食べるとき、舌を鳴らすこと。smack one's lips [比較]舌打ち。[用例]—を打つ。

**したっ-ぱ**【下っ端】①下のほう。下部。the lower part ②地位の低い者。subordinate

**した-づみ**【下積み】①他の物の下に積むこと・物。lower layer [対義]上積み。②いつまでも人に使われていて出世できないこと・人。[用例]—の生活。

**した-つゆ**【下露】 木の下などにしたたる露。

**した-て**【下手】《「へた」は別語》①下のほう。しもて。the foot [対義]上手。②川下。downstream [対義]上手。③風下。leeward [対義]上手。④へりくだった態度。したで。condescension [対義]上手。⑤地位の低いこと。inferiority [対義]上手。⑥相撲で、相手の腕の下に差した手。lower hand [対義]上手。

**下手につく**(したてにつく) 人の下風にたつ。でしゃばらない。behave oneself humbly

**下手に出れば付け上がる**(したてにでればつけあがる) へりくだった態度をとると、それをいいことに、相手が傲慢な態度をとる。

**し-たて**【仕立(て)】①こしらえること。making ②衣服を一定の方法で裁断・縫製して作り上げること。また、その技術。裁縫。しこみ。training ④したくして、さしむけること。差し立て。preparing [用例]舟—。

**した-で**【下手】↓したて(下手)④

**したて-おろし**【仕立(て)下ろし】 新しく作られた衣服をはじめて着用すること。また、その衣服。

**したて-なげ**【下手投げ】[対義]上手投げ。①相撲の決まり手の一つ。四つに組み、体を開きながら相手の回しをとっている下手で投げる技。under arm throw ②↓アンダースロー

**したて-もの**【仕立物】 仕立て上げた着物や服、また、それらを仕立てること。裁縫。縫い物。sewing

**したて-や**【仕立屋】 裁縫を職業とする家・人。tailor; dressmaker

**し-た・てる**【仕立てる】(下一他) ①こしらえる。make ②着物を作り上げる。tailor ③教え込んで、一人前にする。しこむ。train ④したくして、さしむける。準備する。send [用例]車を—。

**した-ども**【下供】 供の中で、下回りの者。

**下供を落とす**(したどもをおとす) 略式にして、下回りの供を伴わないで行く。

**した-どり**【下取(り)】(名・サ変他) 新製品を売るさいに、買い手が所有している同種の旧製品を買い上げること。新製品の販売促進の一手段。trade-in

**したとり-しゃくし**【下取(り)▾杓子】 茶道で用いる灰匙の一種。炉の灰をならしたり、すくったりするためのもの。底取り。

**したとり-ほうろく**【下取(り)▾焙▾烙】 茶道で、炉・風炉の灰や下火を取り入れる素焼きの平らな土鍋。半田。

**した-なめずり**【舌▾舐めずり】(名・サ変自) ①唇をなめ回すこと。lick one's lips ②期待・空腹などのとき、しきりに待ち構えること。looking forward to

**した-ならし**【下慣らし】(名・サ変他) 前もってならしておくこと。下げいこ。

**した-に**【下煮】(名・サ変他) 料理の材料をあらかじめ薄い味で煮ておくこと。わんだねやあえ物の具やすしの具などに用いる。

**した-ぬい**〔ーぬひ〕【下縫い】(名・サ変他) 裁縫で、本縫いにかかる前に仮に縫っておくこと。また、その衣服。仮縫い。tack

**した-ぬり**【下塗り】(名・サ変他) ①物に塗料を塗るとき、仕上げ塗りのまえに下地を塗ること。また、その塗るもの。undercoat ②油絵をかくときの基礎的作業の一つ。undercoat

**した-ね**【下値】 経済で、今までの相場より低い値段。安値。lower price [対義]上値。

**した-ば**【下歯】 下の歯ぐきにある歯。

**した-ば**【下端】 下の部分。下面。

**下端に付く**(したばにつく) 下手にでる。おとなしく応じる。

**した-ばえ**【下生え】 下草。undergrowth

**したば-が**【下▾翅▾蛾】 ヤガ科の中形ないし大形のガの一群。前翅は樹皮に似た地味な色であるが、後翅(＝下翅)が赤・白・黄・紫などの帯で鮮やかに彩られる。開張五～一〇㎝。夏、出現し、夜行性で、よく灯火に飛来する。北半球に多くの種類があり、日本産約三〇種。

**した-ばき**【下▾穿き】 腰から下にはくもの。とくに直接肌に着ける衣類。underpants

**した-ばき**【下履(き)】 建物の外を歩くときに履く物。下駄や靴の類。[対義]上履き。

**じた-ばた**(副・サ変自) ①手足をもがいて、抵抗するさま。struggle ②あわてふためくこと・さま。in a fluster

**した-ばたらき**【下働き】 ①人の下で働くこと・人。underwork ②炊事などの雑用をすること・人。underservant

**した-はら**【下腹】 腹の下部。したっぱら。したばら。abdomen

**下腹に毛が無い**(したはらにけがない) 《老いたオオカミの下腹には、毛が無いという俗信から》長年経験を積んで悪賢い者のたとえ。

**した-ばり**【下張り・下▾貼り】(名・サ変他) ふすまや天井などの下地に張ること。また、その紙・布。[対義]上張り。

**した-び**【下火】 ①火災の火の勢いが衰えること。burn low ②物事の勢いが衰えること。decline ③茶道の炭手前で、あらかじめ炉や風炉に火を入れておくこと。④下からあてる火。

**した-ひも**【下▾紐】 ①小袖の上で結ぶひも。②下裳・下袴のひも。

**下紐解く**(したひもとく) ①女が、男に肌身を許す。②男女が、心からうちとける。

**したひも-の**【下▾紐の】[枕ことば]《同音の繰り返しから》「した」にかかる。[用例]物思ふと人には見えじ—下ゆ恋ふるに月そ経にける(万葉・一五・三七〇八)。

**した-びらめ**【舌▾鮃】 ウシノシタ科とササウシノシタ科の海水魚の総称。全長二〇㎝前後。体は扁平で長楕円形。食用。世界中の暖海に分布し、砂泥底にすむ。sole →[図]

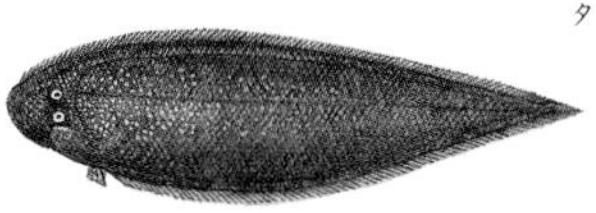

●シタビラメ　クロウシノシタ

**した-へん**【舌偏】 漢字を組み立てている部分の名。「乱」「辞」などの左にある「舌」。

**した-まえ**〔へ→ま〕【下前】 衣服の前を合わせたとき内側になる部分。和服では男女ともに右身頃が下前。洋服では女性は前・後ろあきともに左身頃が下前、男性は右身頃が下前になる。[対義]上前。

**じ-たまご**【地卵】 その土地に産した卵。じたま。

**した-まち**【下町】 市街地で、低地にある地域。住宅地区に対する商工業地区、また、高級住宅地に対して庶民の住む街区をも意味する。東京では隅田川・江戸川沿いの区部の通称。[対義]山の手・山手。

**したまち-ことば**【下町言葉】 東京方言の一部。「ヒ」と「シ」の混同や、巻き舌音が特徴。

**した-まわり**〔ーまはり〕【下回り】 ①雑用をする役・人。下働き。underwoker ②歌舞伎で、最下級の俳優。

**した-まわ・る**〔ーまはる〕【下回る】(五自) ある基準より下になる。少なくなる。be below the average [対義]上回る。[用例]予想を—。

**した-み**【下見】(名・サ変他) ①あらかじめ検分すること。下検分。preliminary inspection ②あらかじめ書物に目を通しておくこと。preparation ③家の外まわりをおおうように張る横板。clapboard

**した-み**【下身】 魚をまな板に置いたとき、下方になった部分。

**したみ-ざけ**【▾湑み酒】 ますなどから、したたって、たまった酒。

**した-みず**〔ーみづ〕【下水】 ①物の陰を流れる水。②漢字を組み立てている部分の名。「求・泰」などの下にある「氺」。

**したみ-ばり**【下見張(り)】 建物の外壁や塀に用いる板壁。横板を使い、下から上へ各板が少しずつ重なるように張る。下見。

**した・む**【▾湑む・▾釃む】(五他) ①水分をしたたらせて水けを完全にきる。[用例]急須の茶を—。②水分を布にしみ込ませる。

**した-むき**【下向き】[対義]上向き。①下方を向くこと。face downward ②相場が下がる傾向にあること。downward tendency

**した-むし**【舌虫】 平たくて細長く、一見、動物の長い舌のようにみえる舌形動物に属する一群。幼生には二対の肢があるが、成体には肢がなく、多数の環状構造が見られる。体内寄生性で、おもに爬虫類と哺乳類の呼吸器系に寄生。イヌにつくイヌシタムシなど。→[図]

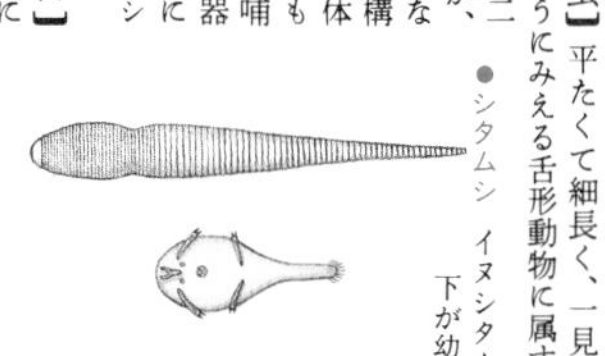

●シタムシ　イヌシタムシ　下が幼生。

**した-め**【下目】 ①顔は動かさずに下方を見る目つき。[対義]上目。[用例]—を使う。②見くだすこと。despise

**下目に懸ける**(したためにかける) 見くだす。見さげる。軽蔑する。下目に見る。

**した-もえ**【下▾萌え】 地中から草の芽が出ること。出た芽。

**した-や**【下屋】 母屋に付属する小屋。shed

**したや**【下ᐁ谷】 東京都台東区西部の地区。商業地域。古くは上野駅周辺、武蔵野台地の東縁に接する低地一帯をさした。

**した-やく**【下役】[対義]上役。①下級の役人。minor official ②部下の役人。subordinate

**しだ-やば**【志田野▾坡】(一六六二～一七四〇)《「志田」は「志太」とも》江戸前期の俳人。福井の人。江戸越後屋の番頭、のち大坂に住む。蕉門十哲の一人。「軽み」の風を受けて平俗な句風。『炭俵』を共編。西国に蕉風を広めた。

**した-よみ**【下読み】(名・サ変他) 前もって読んで調べておくこと。予習。rehearsal

**したら**【ᐁ設ᐁ楽】〈町〉 愛知県北東部、三河高原の町。中心の田口は旧宿場町。山間の町で林業がさかん。人口六六四八(一九八八)。

**しだら**《多く、よくないときに言う》しまつ。だらし。[用例]—ない。

**じ-だらく**【自堕落】(名・形動) 身持ちが悪いこと・さま。ふしだらなこと・さま。slovenliness

**し-たり**(感) ①《成功したとき》うまくやった。えらいぞ。Good! ②《失敗したとき》しまった。[用例]これは—。

**したり-がお**〔ーがほ〕【したり顔】 得意そうな顔つき。triumphantly

**し-だれ**【枝垂れ・ᐁ垂れ】《「枝」は当て字》たれ下がること。droop; weep

**しだれ-うめ**【枝垂梅】 枝が垂れる品種のウメ。

**しだれ-ざくら**【枝垂桜】 バラ科の落葉高木。エドヒガンの変種。太い枝は横にひろがるが、細枝は垂下。三月下旬、淡紅白色、単弁の花を開く。イトザクラ。シダレヒガン。シダリザクラ。

**しだれ-ひがん**【枝垂彼岸】 シダレザクラの別名。

**しだれ-もも**【枝垂桃】 花モモの一種。枝が下垂し、花色は桃・紅色。八重咲き・一重咲きがある。代表種はサガミシダレ。

**しだれ-やなぎ**【枝垂柳】 川岸や街路に植えられるヤナギ科の落葉高木。高さ六～一〇m。雌雄異株。枝は細く垂れ、幹は灰黒色で縦に裂け目がある。春に開花。中国原産。イトヤナギ。

**し-だ・れる**【枝垂れる・ᐁ垂れる】(下一自)《「枝」は当て字》枝などが長くたれ下がる。droop; weep

**したわし・い**〔したはしい〕【慕わしい】(形) あこがれ

▾ 常用漢字表外。　ᐁ 常用漢字表の音訓外。

るものに心が引き寄せられる。懐しい。恋しい。dear 派生 したわしげ(形動) したわしさ(名)

**したわし-さ**【慕わしさ】 慕わしいこと・程度。affection

**し-たん**【四端】《「端」は端緒の意》孟子の思想の主要素の一つ。仁・義・礼・智の徳の端となるべき惻隠(=あわれみ)・羞悪(=はじらい)・辞譲(=ゆずりあい)・是非(=分別)の四つの心をいう。

**し-たん**【紫▾檀】 マメ科の常緑小高木。インド南部・スリランカにはえる。高さ約一〇m。葉は三~五小葉からなる複葉。花は黄色の蝶形。心材は暗紫色を帯びて堅く、建築・器具材として珍重。rosewood; red sandalwood

**し-だん**【史談】 歴史にまつわる話。史話。

**し-だん**【指弾】(名・サ変他) つまはじきすること。そしること。非難。blame 用例 世の―を受ける。

**し-だん**【師団】 陸軍で独立して作戦を担当する戦略単位部隊。旅団の上位。army division

**し-だん**【詩壇】 詩人の社会・仲間。poetic circles

**じ-たん**【時短】「労働時間短縮」の略。

**じ-だん**【示談】 民事関係の争いを裁判によらず当事者間で解決すること。和談。settlement 用例 ―にする。

**したん-かい**【試胆会】 参加者の度胸を試すための催し。胆試し。

**じ-だんだ**【地団駄・地団太】《「じたたら」の転》足を強く踏みならすこと。

**地団駄踏む**(じだんだふむ) 足を踏みならして、ひどくくやしがる。地踏鞴を踏む。地団駄を踏む。stamp with chagrin

**じだん-や**【示談屋】 自動車事故などのさい、依頼人に代わって示談に持ちこみ、礼金をとる商売・人。mediator

**シチ** 2画【七】 部首[一] 教育小1 JIS 2823

音 シチ・シツ
訓 なな・ななつ・なの

七　七

①ななつ。なな。「北斗七星」「七五三・七五調・七福神・七宝」用例 (名)―を数える。②沢山の。なんども。「七転八倒・七難」

**シチ** 15画【質】 部首[貝] 教育小5 JIS 2833　11画【▾貭】 異体字 JIS 7636

音 シツ・シチ・チ

筆順 ↓シツ[質]

かた。抵当。身がわり。契約の履行を保証するため、また、特に借金の抵当として先方にあずけておくもの。「入質・人質」「質札・質物・質屋」用例 (名)洋服を―に入れた。↓シツ・チ[質]

**質が流れる**(しちがながれる) 質屋から借りたお金を返さないために、質に預けた品物が、自分のものでなくなる。forfeit a pawn

**質に入れる**(しちにいれる) 質屋に、借金の抵当として、財物を預ける。質に置く。pawn

**質に置く**(しちにおく)「質に入れる」と同意。

**質に取る**(しちにとる) ①質ぐさを預かる。take ... in pawn ②人質にする。hold ... as hostages

**質八を置く**(しちばちをおく)《「質」に、同音の「七」をかけ、「八」と続けて、語呂合わせした語》質入れする。

**し-ち**【四▾智】《仏教語》仏となったときにあらわれる四つの智慧。大円鏡智・平等性智・妙観察智・成所作智。

**し-ち**【死地】 ①死ぬべき場所。死所。proper place to die 用例 ―を求める。②死ぬか生きるかの場所。the jaws of death 対義 生地。用例 ―におもむく。

**死地に陥れて後生く**(しちにおとしいれてのちいく) 自軍を、死ぬか生きるかの窮地におき、必死の思いで奮闘させてこそ、危地を逃れ、生きのびることができる。

**しち**(接頭) ごたごたして、うるさい意。用例 ―くどい。―めんどうくさい。

**じ-ち**【自治】 ①他の力を借りないで、自分で自分たちのことを処理すること。self-government ②「自治行政」の略。

**じち-いかだいがく**【自治医科大学】 私立の医科大学。辺地の医師不足解消を目的とし、国や都道府県が費用を分担して昭和四七年(一九七二)栃木県に設立。

**しち-いれ**【質入れ】(名・サ変他) ①借金をするための担保として質屋に品物を預けること。pawn ②質権設定の目的で、物件または権利を質権者に提供すること。pledge

**シチェチン**【Szczecin】 ポーランド北西部、オドラ川に臨む工業・港湾都市。ハンザ同盟の有力市。人口三九・一万(一九八五)。

**シチェドリン**【Shchedrin】 ↓サルトゥイコフ=シチェドリン

**しち-おうこく**【七王国】 中世初期イングランドに渡ったアングロ-サクソン族が建てた部族国家の総称。ノーサンブリア・マーシア・イーストアングリア・エセックス・ケント・サセックス・ウェセックス。相互に抗争したが、八二九年ウェセックスのエグバートが統一。Heptarchy

**しち-おん**【七音】 中国音韻学における声母(頭子音)の調音点による分類。唇音・舌音・牙音・歯音・喉音・半舌音・半歯音をいう。

**じち-かい**【自治会】 ①地域住民が日常の社会生活を自主的に運営するための組織。②学生が学校生活を自主的に運営するための組織。

**しちかい-き**【七回忌】 死後満六年目の忌日。また、その日行う仏事供養。七周忌。七年忌。

**しちかしゅく**【七ケ宿】〈町〉 宮城県南西端、奥羽山脈中の町。林業中心。蔵王山の登山口。人口二三六八(一九八八)。

**しち-がつ**【七月】 一年の第七番めの月。July 比較 文月。

**しちがつ-おうせい**【七月王政】(Monarchie de Juillet フランス) 一八三〇年、フランスの七月革命で成立したルイ=フィリップの王政。制限選挙制に立脚した立憲君主制をしき、金融資本家が実権を掌握したが、二月革命により崩壊。

**しちがつ-かくめい**【七月革命】(Révolution de Juillet フランス) 一八三〇年七月、フランス、ブルボン家の復古王朝を打倒した市民革命。極端な反動政治に対し、労働者・知識人を中心に市民が蜂起。シャルル一〇世はイギリスに亡命。七月王政が成立。

**しちがはま**【七ケ浜】〈町〉 宮城県中部、仙台湾に臨む町。半農半漁で、海苔の養殖がさかん。人口一万八八三七(一九八八)。

**しち-かんのん**【七観音】 ①観音の代表的なものの七種。千手観音・馬頭観音・十一面観音・聖観音・如意輪観音・准胝観音・不空羂索観音。②観音信仰で知られる京都の七寺の総称。革堂・河崎清和院・吉田寺・清水寺・六波羅蜜寺・六角堂・蓮華王院。

**しちきょう-おち**【七▾卿落ち】 文久三年(一八六三)八月、討幕計画にやぶれた三条実美・三条西季知・沢宣嘉・四条隆謌・錦小路頼徳・東久世通禧・壬生基修の尊攘派公卿七名が長州へ落ちのびた事件。

**じち-ぎょうせい**【自治行政】 ①国の干渉を排除し、民衆が自治の原則に基づいて行う行政。自治。self-government ②地方自治体が自主的に行う行政運営。地方自治。

● 七五三②

**じち-きょうわこく**【自治共和国】 ソ連などの行政単位の一つ。対外的な国家ではないが連邦内で一定の主権を認められている。autonomous republic

**し-ちく**【糸竹】《「糸」は弦を張ったもの、「竹」は笛などの類》①楽器。②音楽。管弦。

**し-ちく**【紫竹】 ↓くろちく(黒竹)

**じち-く**【自治区】 ①言語・宗教を共通にする民族の居住単位で、国から一定範囲の自治権が認められている地区。中国でのチベット自治区など。autonomous district ②地方自治法上、ある程度の自治を認められた区。東京都の特別区と財産区。self-governing district 比較 行政区。

**しち-ぐさ**【質▿種・質草】 借金の抵当に質屋に預ける品物。元金に規定の利息をつけて返済すると請け出せるが、返済期限をすぎた場合は借金と相殺される。質物。

**しちくしょしんしゅう**【糸竹初心集】 一節切・箏・三味線の入門書。近世日本音楽に関する最古の信頼できる文献。著者中村宗三。寛文四年(一六六四)刊。全三巻。

**しち-くど・い**【しち▾諄い】(形) 非常にくどい。くどくどしい。

**しち-けん**【質券】 ↓しちふだ(質札)

**しち-けん**【質権】 担保物権の一つ。債権者が債権の担保として品物や財産権を預かり、債務者に弁済を強制すると同時に、弁済のない場合にはその物を売却して優先的に弁済を受ける権利。

**じち-けん**【自治権】 地方公共団体がその地域においてもつ支配権。住民は首長や議員の選挙を通じて間接的に、また住民投票などを通じて直接的に自治権を行使する。right of self-government

**しち-けんじん**【七賢人】 紀元前七~前六世紀のギリシアで、その思想とことばによって模範と仰がれた七人の哲学者・政治家。タレース・ビアス・ピッタコス・ソロン以外は異説が多く不確定。seven wise men

**しち-ご-さん**【七五三】 ①祝儀に用いるめでたい数。②子どもの成長を祝って、男子三歳・五歳、女子三歳・七歳の一一月一五日に氏神にお参りする行事。七五三の祝い。③注連縄。④本膳が七菜(七種のおかず)、二の膳が五菜、三の膳が三菜のりっぱな献立。↓写

**しちご-ちょう**【七五調】 韻文で、七つの音節からなる句の次に、五つの音節からなる句を組み合わせて一まとまりとなる調子をくり返す形式。対義 五七調。

**しち-ごん**【七言】 一句が七字からなる中国の詩の句。その詩。詩体。七言詩。比較 五言。

**しちごん-こし**【七言古詩】 中国の詩体の一つ。一句が七字からなる古体詩。句数のきまりもなく、平仄の規則から自由な形式。

**しちごん-し**【七言詩】 一句が七字からなる中国の詩。七言古詩・七言絶句・七言律詩など。七言。

**しちごん-ぜっく**【七言絶句】 中国の詩体の一つ。七言の句が四句からなる近体詩。七絶。

**しちごん-はいりつ**【七言排律】 中国の詩体の一つ。一句が七字からなる排律。参照 排律。

**しちごん-りっし**【七言律詩】 中国の詩体の一つ。七言の句八つからなるもの。七言律。

**しち-さん**【七三】 ①七分と三分の割合。②髪を七分・三分のあたりで左右に分ける分け方。③芝居の花道で、舞台へ三分、揚げ幕へ七分の所。

**しち-し**【七子】 ①建安の七子は、中国、後漢末の建安年間(一九六~二二〇)に活躍した七人の文人。孔融・王粲・劉楨・陳琳・阮瑀・徐幹・応瑒。②前後七子は、明代の文人。前七子は弘治・正徳年間(一四八八~一五二一)の李夢陽・何景明・徐禎卿・辺貢・王廷相・康海・王九思。後七子は嘉靖年間(一五二二~六六)の李攀竜・王世貞・謝榛・宗臣・梁有誉・徐中行・呉国倫。

**しちじ-しき**【七事式】 千家の茶道の茶法の一つ。花月・且座・茶かぶき・一二三・員茶・回り花・回り炭の七式をいう。表千家七世宗左が禅書『碧巌録』の中の「七事随身」の語にちなんで制定したもの。

**しちしち-にち**【七七日】 人の死後四九日目の日。また、その日の法要。この日死者の霊魂は家を離れるなどと伝えられ、多くの地方で四十九日餅をつく。なななぬか。四十九日。

**しちし-とう**【七支刀】 奈良県天理市石上神宮に伝わる鉄剣。全長七五cmで、左右に三本ずつの枝状の刃が分かれる。金象嵌の六一文字の銘文があり、当時の国際関係を知る重要史料とされ、また、この刀が三六九年に百済で作られたことを示す。ななつさやのたち。↓写

**しち-しゃく**【七尺】 一尺の七倍。二・一m強。

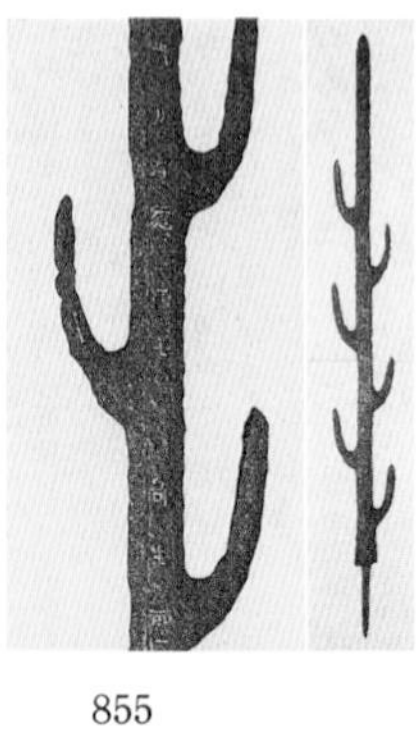

● 七支刀 表(右)と裏の部分(左)。



↓ 行き先項目、図版・写真参照印。 JIS 日本工業規格情報交換用漢字符号コード(区点コード)。

**七尺下がって師の影を踏まず**（しちしゃくさがってしのかげをふまず） 師に従うときは七尺の間隔をとって、師の影を踏まないようにする。師を尊敬し、礼を失してはいけないことを言う。三尺下がって師の影を踏まず。

**しちじゅうに-こう【七十二候】** 二十四節気をそれぞれ三分して七十二の候に分け、各候の気候や自然の変化を示したもの。

**しちしゅ-の-ふね【七種の船】** 七夕に、織女星に対して供える七種の供物をのせた船。七月七日の七の数にちなんだ風習の一つ。

**しちしゅ-ふたおき【七種▼蓋置(き)】** 茶道で、利休好みとされる七種の蓋置。穂屋(＝火舎香炉)・五徳・栄螺・一閑人・三つ人形・蟹・三つ葉の七種。金属または陶磁製。それぞれにあつかい方がある。

**しち-しょう【七生】** ①七度生まれ変わること。用例 ―報国。②七代。seven generations 用例 ―までたたる。

**しちじょう【七城】**〈町〉熊本県北部、菊池川に沿う町。稲作、畜産、タバコ・メロン栽培が中心。人口六〇八三(一八八)。

**じち-しょう【自治相】** 自治大臣の通称。

**じち-しょう【自治省】** 中央官庁の一つ。地方自治・選挙に関する制度の企画・運営、国と地方の連絡、地方団体間の協調をはかる。昭和三五年(一九六〇)自治庁が消防本部を統合して昇格。外局に消防庁、付属機関として中央選挙管理委員会がある。Ministry of Home Affairs

**しち-しょく【七色】** 七種の色。とくに、太陽光線のスペクトルとして現れる、赤・橙・黄・緑・青・藍・紫。prismatic colors

**シチジル-さん【シチジル酸】** ヌクレオチドの一つ。シトシン・D-リボース・燐酸が各一分子ずつ結合したもので、RNAの構成成分。cytidylic acid

**しち-せいが【七清華】** 公家の家格の一つ。清華は摂関家に次ぐ家格で、花山院・西園寺・大炊御門・久我・閑院流三条(転法輪)・徳大寺・菊亭(今出川)の七家をさす。のち、広幡家・醍醐家を加えて九家。

**しち-せき【七夕】** 五節句の一つ。七月七日。牽牛・織女の両星が年に一度会うという日。七夕。乞巧奠。

**しち-せき【七赤】** 九星の一つ。金星で、西方を本位とする。Venus

**しち-ぜつ【七絶】** 漢詩の「七言絶句」の略。

**じち-たい【自治体】** 自治行政の権限を与えられた公共団体。地方公共団体。地方自治体。地方政府。self-governing body

**じち-だいがっこう【自治大学校】** 地方公務員を対象に行政・自治運営などの専門知識を教授する研修機関。自治省に付属。

**じちたい-けいさつ【自治体警察】** 昭和二二年(一九四七)から市または人口五〇〇〇人以上の町村に設けられた警察組織。国の指揮監督を受けず独立していた。同二九年(一九五四)警察法の改正にともない廃止。比較 国家地方警察。

**しち-だいじ【七大寺】** 奈良の七つの大寺院の総称。東大寺・興福寺・元興寺・大安寺・薬師寺・西大寺・法隆寺をいう。南都七大寺。

**じち-だいじん【自治大臣】** 国務大臣の一人。自治省の長。自治相。Minister of Home Affairs

**じち-だんたい【自治団体】** 自治体の別称。

**しちてん-はっき【七転八起・七▼顚八起】** ↓ななころびやおき(七転び八起き)

**しちてん-ばっとう【七転八倒・七▼顚八倒】**(名・サ変自)《何度も倒れたり、ころげまわったりする、意》ころげまわって、苦しみもだえること。しってんばっとう。writhe

**しち-どう【七堂】**「七堂伽藍」の略。

**しち-どう【七道】**《「道」は地方の意》昔の地方行政区画。東海道・東山道・北陸道・山陰道・山陽道・南海道・西海道の総称。参照 五畿。

**しちとう-い【七島▼藺】** カヤツリグサ科の多年草。暖地の水田に栽培される。高さ約一・五m。葉は披針形。秋に黄褐色の小穂をつける。茎は畳表に使用。↓写

シチトウイ

**しちどう-がらん【七堂▼伽▼藍】**《「七堂」は、ふつう、塔・金堂・講堂・鐘楼・経蔵・僧房・食堂のこと。宗派により、堂宇が異なる》各種の堂塔の完備した寺院。七堂。↓図

**しちとう-ねつ【七島熱】** 伊豆七島に発生する発疹性熱性疾患。ツツガムシ病の七島型で、一二月を最盛に、一一月から二月に発生する冬型。

**じち-とし【自治都市】** 中世のヨーロッパで、国王や領主から自治権を獲得した都市。一三世紀ごろがもっともさかん。commune

**しち-ながれ【質流れ】** 質屋で借りた金が期限までに返済できず、質草が質屋の所有物となること。また、そうなった品物。流質。forfeited pawn

**しち-ならべ【七並べ】** トランプゲームの一種。数人で行い、七の数を中心に同じ印の札で数を追って並べていく。早く手札がなくなった者が勝ちとなる。fantan; sevens; parliament

**しち-なん【七難】** ①《仏教語》七種類の災難。諸説あるが、『法華経』では、火難・水難・羅刹難・刀杖難・鬼難・枷鎖難・怨賊難。②七つの欠点。多くの欠点。種々の非難。種々の欠点・難点。用例 色の白いは―かくす。

**しちなん-はっく【七難八苦】**《仏教語》七難と八苦。ありとあらゆるこの世の苦難のこと。

**しちねん-せんそう【七年戦争】** プロイセン・オーストリアの対立にイギリス・フランスの植民地戦争がからみ、一七五六〜六三年行われた戦争。プロイセンはシレジアを確保し、イギリスは北米・インドのフランス領土を奪って世界制覇の地歩を固めた。Seven Years' War

**しちのへ【七▽戸】**〈町〉青森県東部、十和田市北隣の町。旧城下町。馬の産地で有名。奥羽種畜牧場がある。人口一万二四四五(一八八)。

**シチパチョフ【Stepan Petrovich Shchipachyov】**(一八九九〜一九八〇)ソ連の詩人。叙事詩『シェンスコエ村の小屋』など。

**しちぶきん-つみたて【七分金積(み)立て】** 江戸時代、寛政の改革の一政策。寛政三年(一七九一)老中松平定信は江戸市中の備荒貯蓄として、町入用金を節約して作った金額の七割を積み立て、低利の金融に運用させた。七分積み金。

**しち-ふくじん【七福神】** 福徳の神として信仰される七神。大黒天・恵比須・毘沙門天・弁財天・福禄寿・寿老人(または吉祥天)・布袋。仏教の七難七福の思想を受けて生まれた。↓写

**しちふくじん-おどり【七福神踊(り)】** 小正月などに、七福神に仮装して踊る祝賀の踊り。福島県二本松地方や、佐賀県有田町などに伝承される。

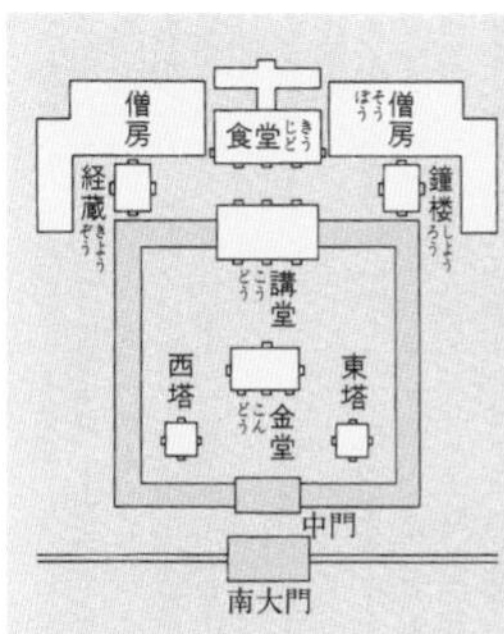


七堂伽藍　薬師寺の伽藍配置

**しちふくじん-もうで【七福神▼詣(で)】** 年初めに一年間の福徳を願って、七福神を巡拝する風習。

**しちぶしゅう【七部集】**『俳諧七部集』の略称。

**しち-ふだ【質札】** 質屋が発行する、質物の預り証。質券。pawn ticket

**しちぶ-づき【七分▼搗き】** 玄米を七割ほど精白すること。その米。

**しちぶつつうかい-げ【七仏通戒▼偈】**《仏教語》過去七仏が共通の戒めとして示したという偈。「諸悪莫作(諸悪をなすことなく)」「衆善奉行(諸善を行い)」「自浄其意(心をきよくせよ)」「是諸仏教(これが諸仏の教えである)」の四句。仏教の教えのすべてがこの一偈に含まれるとされる。

**しち-へんげ【七変化】** ①ランタナの和名。花冠の色が初め黄色から濃赤色にまで変化することからの名。②舞踊で、一人の踊り手が早変わりして七種類を踊ること。③紫陽花の異名。

**しち-ほう【七宝】** ↓しっぽう(七宝)①

**しちほう-ばと【七宝▼鳩】** 飼い鳥にされるハト科の鳥。全長約三〇cm。雄は顔から胸が黒く、背は暗褐色で、尾が長い。低木の林・耕地・公園などにすむ。サハラ以南のアフリカ・マダガスカルなどに分布。

七福神
恵比須
大黒天
布袋
毘沙門天
弁財天
寿老人
福禄寿

**しちほ-の-さい【七歩の才】**《七歩あるく間に詩一編をつくった魏の曹植の故事から》つくるのが速い、すぐれた詩文の才。

**しちみ-とうがらし【七味唐辛子】** ↓なないろとうがらし(七色唐辛子)

**しち-むずかし・い【しち難しい】**(形)《「むずかしい」を強めた語》きわめてむずかしい。とても面倒だ。しちむつかしい。

**しちめん-ざん【七面山】** 山梨県南西部、身延町飛地にある山。標高一九八二m。身延山とともに日蓮宗の霊山。

**しちめん-ちょう【七面鳥】** キジ科の肉用の家禽。体重は雄一〇〜一六kg、雌六〜九kg。頭部に肉いぼ、頸部に肉垂れがある。原種は北アメリカに野生。ターキー。turkey ↓写

シチメンチョウ

**しち-めんどう【しち面倒】**(形動) きわめてやっかいなさま。troublesome

**しちめんどう-くさ・い【しち面倒臭い】**(形) 非常にめんどうだ。troublesome

**しち-もつ【質物】** ①質屋に現金と引き替えに担保として預ける物品。pawn ②ひろく債務の担保となるものの総称。質ぐさ。pledge

**しち-や【七夜】** ①七日目の夜。②子どもが生まれて七日目の祝い。ふつう、出産の忌みは七日を単位に明けるとされ、七夜はその最初。御七夜。枕下げ。

**しち-や【質屋】** 物品を担保に小口貸し出しを行う庶民金融機関。また、その業者。質店。一六銀行。pawnshop

**し-ちゃく【試着】**(名・サ変他) 衣服などを、買う前に自分に合うかどうかためしに着てみること。try on; fit on

**し-ちゅう【支柱】** ①支えの柱。つっかい棒。prop ②物事の支えとなる重要なもの。support

**し-ちゅう【▼仔虫】** 幼虫。子虫。

**し-ちゅう【市中】** 市のうち。まちなか。in the

city

**し-ちゅう【死中】** 死を待つよりほかない境地。fatal situation

**死中に活を求める**(しちゅうにかつをもとめる) 死中にいて、なお逃がれる方法を見いだす。find a way out of a fatal situation

**シチュー【stew】** 塩こしょうをした肉を炒め、トマトピューレー・スープ・ワインなどに調味料を加えて、野菜といっしょに、とろ火で煮込んだ料理。イギリスの代表的家庭料理。フランスではラグー。

**じ-ちゅう【寺中】** ①寺の境内。precincts of a temple ②大きな寺の地域内にある小さい寺。塔頭。

**じ-ちゅう【自注・自▾註】** 自分の文章・著書に自分で注釈を加えること。その注釈。annotation by the author

**しちゅう-ぎんこう【市中銀行】** ①民間の銀行の総称。city bank 対義 中央銀行。②大都市に本店があり、全国に支店網をもつ特定の大銀行。都市銀行。city bank 対義 地方銀行。

**しちゅう-きんゆうきかん【市中金融機関】** 中央銀行以外の民間金融機関の総称。

**しちゅう-きんり【市中金利】** 市中金融機関の金利。とくに貸出金利。

**しちゅう-こん【支柱根】** 気根の一つ。植物体の地上部からはえ、地中にもぐり地上部を支える根。ガジュマル・タコノキなどにみられる。

**しちゅう-せん【私鋳銭】** 奈良~平安中期、政府の鋳銭司で造幣された皇朝十二銭以外の偽造貨幣。

**シチュエーション【situation】** ①位置。境遇。②場合。局面。状況。事態。

**じ-ちょ【自著】** 自分の書きあらわした本。one's own work

**し-ちょう【仕丁】** ↓じちょう(仕丁)

**し-ちょう【支庁】** 交通不便な地や島などにおかれている都道府県の出先事務所。北海道では市以外の全域におかれ、行政区画となっている。local government agency 対義 本庁。

**し-ちょう【市庁】** 市役所の別称。

**し-ちょう【市長】** 市の行政を行い、市の職員の監督を役目とする、市政の代表者。mayor

**し-ちょう【思潮】** その時代の人々が持っている広く一般的な思想傾向。時代思潮。trend of thought

**し-ちょう【紙帳】** 和紙を張り合わせて作った蚊帳。江戸から明治の初期まで使われ、冬は防寒用とした。安価なため庶民に普及。また、漆塗り職人の塵除け用にも使った。

**し-ちょう【視聴】**(名・サ変他) ①見ることと聞くこと。とくに、テレビを見ること。watching and listening 用例 ―者。②注意。注目。notice

**し-ちょう【試聴】**(名・サ変他) レコードなどをためしに聞くこと。audition

**し-ちょう【▾輜重】**《「輜」は衣類をのせる車、「重」は荷をのせる車、の意》①旅行者の荷物。②旧日本陸軍で武器・弾薬・糧食・被服など軍需品の総称。また、これらの補給・輸送を担当する部隊や機関。military supplies 用例 ―兵。

**し-ちょう【▾鷙鳥】** 猛禽。ワシ・タカの類。

**しち-よう【七曜】** ①日・月と、火星・水星・木星・金星・土星の五星の総称。②一週七日の各日に七曜を配した名称。日曜・月曜・火曜・水曜・木曜・金曜・土曜のこと。

**じ-ちょう【仕丁】** ＝しちょう・してい。①古代の力役の一種。五〇戸に二人ずつ差し出させ、三年間中央官庁の雑役に従事させた。②平安時代以後、種々の雑役に従事した者。

**じ-ちょう【次長】** 長の次の職・人。vice-director

**じ-ちょう【自重】**(名・サ変自) ①自分の品位をたもつこと。self-respect ②言行を慎むこと。prudence ③自分のからだを大事にすること。自愛。take care of oneself

**じ-ちょう【自▾嘲】**(名・サ変自) 自分をあざけること。self-contempt

**しちょう-かく【視聴覚】** 視覚と聴覚。audio-visual

**しちょうかく-きょういく【視聴覚教育】** 視覚や聴覚にうったえる各種メディア・教具を用いて、知識を明確にし、事実や現象を理解させる教育方法。audio-visual education

**しちょうかく-メディア【視聴覚メディア】** 見たり聞いたりするマスコミの媒体。ラジオ・テレビ・映画など。audio-visual medium 比較 印刷メディア。

**しちょうかく-ライブラリー【視聴覚ライブラリー】** ビデオテープやレコードなどの視聴覚資料を収集・整理し、教育や研究活動に利用の便宜を図る施設。audio-visual library

**しちょう-げ【紫丁▿花】** アカネ科の落葉低木。高さ約六〇cm。暖地の川岸にはえる。盆栽・庭木。全体に特有の臭気がある。葉は狭い卵形。夏に、先端が五裂した漏斗状の紫花をつける。イワハギ。

**しちょうしゃ-うんどう【視聴者運動】** 視聴者が自分たちの考えをテレビ番組の内容に反映させようとする運動。audience campaign

**しちょうしゃさんか-ばんぐみ【視聴者参加番組】** 一般視聴者が出演する放送番組。クイズ・ゲーム・のど自慢など。audience participation program

**しちよう-せい【七曜星】** 北斗七星。the Big Dipper米; the Plough英

**し-ちょう-そん【市町村】** 都道府県の下にある地方自治体。明治二一年(一八八八)市制・町村制の制定によって成立した。

**しちょうそん-がっぺい【市町村合併】** 複数の市町村が統合して一つの市町村になること。関係市町村からの申請を受け、知事が都道府県議会の承認を受けて合併を決定する。merge of municipalities

**しちょうそん-くみあい【市町村組合】** 市町村が病院経営、ごみ・し尿処理などの事業や事務を共同して処理するためにつくった組合組織の地方団体。union of municipalities

**しちょうそん-ぜい【市町村税】** 市町村が課する地方税の総称。普通税(市町村民税・固定資産税など)と目的税(都市計画税など)に分かれる。

**しちょうそん-ちょう【市町村長】** 市町村を代表し、統轄する執行機関の長。住民の直接公選による。市町村の業務を管理運営し、規則の制定権をもつ。

**しちょうそんみん-ぜい【市町村民税】** 地方税の一つ。ある市町村内に住所・事業所・家屋などをもつ個人・法人に対し、その市町村が課する租税。

**しちょう-ねつ【▾弛張熱】** 一日の体温の差が一℃以上の発熱。結核や敗血症などにみられる。ちちょう熱。remittent fever

**しちよう-ひょう【七曜表】** 一年または一か月の日を七曜(日曜~土曜)に配列した表。カレンダー。calendar

**しちょう-ゆうずい【四長雄▾蕊】** 六本のおしべのうち四本が長く二本が短いもの。アブラナ科の花に特有。四強雄蕊。tetradynamous stamen

**しちょう-りつ【視聴率】** あるテレビ番組が、一定地域内のどれだけの人または世帯で見られたかを統計的に推定する数字。audience rating 用例 ―が高い。

**しちよう-れき【七曜暦】** 古代の暦の一種。日・月と五星(火水木金土)の位置を記載したもの。律令制下、元日に陰陽寮の官人が天皇に奏上。

**し-ちょく【司直】** 法によって正否を裁く役の人。裁判官や検事。judge 用例 ―の手にゆだねる。

**し-ちょっけい【視直径】** 天体の両端と観測者がなす角度。角直径。apparent diameter

**シチリアーナ【siciliana イタリア】** 一七~一八世紀に流行したシチリア島起源の舞曲。牧歌風で、八分の六か八分の一二拍子。

**シチリア-とう【シチリア島】**(Sicilia) イタリア南部、地中海最大の島。面積二万$km^2$。北部は山地で、最高峰エトナ山は標高三三二八m。シシリー島。

**しちり-が-はま【七里ケ浜】** 神奈川県鎌倉市、稲村ケ崎から腰越までの海岸。長さ四km。砂浜で、背後の丘陵は住宅・別荘地。

●地鎮祭

**しちり-けっかい【七里結界】**《「七里けっぱい」はなまり》①《仏教語》修行の邪魔者を入れないように、七里四方に境界を設けること。②嫌って寄せつけないこと。断じて近づけないこと。

**しちり-ながはま【七里長浜】** 青森県津軽半島、岩木川河口から鰺ケ沢町に至る海岸。南北三〇kmの砂浜で、海岸に沿って屏風山砂丘があり、スイカの産地となっている。

**しちり-の-わたし【七里の渡し】** 宮の渡しの別称。

**しちり-みはま【七里▿御浜】** 三重県南部、熊野市から熊野川河口に至る海岸。長さ二〇km。単調な砂礫海岸だが、松林が美しい。

**じち-りょう【自治領】** ある国家の領土の一部だが、広範囲な自治権をもつ領域。とくに独立国で国連構成国でもあるイギリス連邦諸国をさす。self-governing dominion

●七輪

**しち-りん【七輪・七厘】**《価格が七厘ほどの炭で煮炊きができるという意》土製で、炭・練炭・たどん用の移動ができるこんろ。かんてき。↓写

**じち-ろう【自治労】**《「全日本自治団体労働組合」の略》地方自治体の職員を組織した労働組合。昭和二九年(一九五四)結成。地方公務員法の適用を受けるため、団体交渉権・争議権をもたない。

**じ-ちん【自沈】**(名・サ変自) 艦船を、その乗組員の手で沈めること。scuttle one's own boat

**じちん-さい【地鎮祭】** 建築儀礼の一つ。建築にとりかかる前に、土地の神を祭り、工事の無事を祈願する。地祭り。土祭り。↓写

**シツ** 5画 **【▾叱】** 部首[口]くちへん JIS 2824

音 シツ・シチ

しかる。ののしる。したうちをする。「叱正・叱責」

**シツ** 5画 **【失】** 部首[大]だい 教育小4 JIS 2826

音 シツ・イツ

訓 うしなう

失 失 失 失 失

①うしなう。なくす。対義 得。「遺失・一得一失・損失・忘失」「失業・失効・失望」②あやまる。やりそこなう。あやまち。「過失」「失火・失言・失策・失態・失敗」用例 (名)―をおぎなう。

**シツ** 9画 **【室】** 部首[宀]うかんむり 教育小2 JIS 2828

音 シツ

訓 むろ

室 室 室 室 室 室

①へや。「暗室・温室・浴室」「室員・室温」用例 文語的 (名)光縁師の―に入る(＝入門する)。《接尾的》研究―。応接―。②王のいえ。「王室・皇室・帝室」③身分の高い人の妻。「正室・側室・内室」用例 文語的 (名)内山氏の女を―に迎える。④むろ。ほらあな。

**室に入りて矛を操る**(しつにいりてほこをあやつる)《他人のへやに入りこみ、そこの主の矛をとって乱暴することから》師の道をもって、師を害する。また、相手方の主張を逆に利用して、攻撃する。

**シツ** 10画 **【▾桎】** 部首[木]きへん JIS 5963

音 シツ

あしかせ。罪人の足にはめて、動作を自由にさせない刑具。「桎梏」

**シツ** 10画 **【疾】** 部首[疒]やまいだれ 常用 JIS 2832

音 シツ

①はやい。いきおいよくはしる。比較 速。「疾走・疾風」②やまい。病気。「悪疾・眼疾」「疾患」③にくむ。ねたむ。そねむ。

**シツ** 11画 **【執】** 部首[土]つち 常用 JIS 2825

音 シツ・シュウ・シュ

訓 とる

①とる。とらえる。とらえてはなさない。「確執・固執」②とる。手にとって仕事をする。「執筆・執務」↓シュウ【執】

**シツ** 11画 **【▾悉】** 部首[心]こころ JIS 2829

音 シツ



↓ 行き先項目、図版・写真参照印。 JIS 日本工業規格情報交換用漢字符号コード(区点コード)。

①ことごとく。のこらず。「悉皆」②つくす。しりつくす。くわしい。「知悉」

**シツ** 12画【湿】 部首[氵] さんずい 常用 JIS 2830 ｜ 17画【▼濕】 旧字 JIS 6328 ｜ 13画【▼溼】 異体字
音 シツ・シュウ
訓 しめる・しめす
①しめる。じめじめする。うるおう。対義 乾。「湿気・湿潤・湿地・湿度・湿布」 ②病気の一つ。疥癬。用例(名)——をかく。

**シツ** 12画【▼蛭】 部首[虫] むしへん JIS 4140
音 シツ・チツ
ヒル。ヒル綱に属する環形動物。からだの前後の端には、それぞれ一個の吸盤がある。湿地などにすむ。

**シツ** 13画【▼嫉】 部首[女] おんなへん JIS 2827
音 シツ
そねむ。ねたむ。にくむ。「嫉視・嫉妬」

**シツ** 13画【▼瑟】 部首[王] たまへん JIS 6478
音 シツ
おおごと。弦楽器の一つ。ことの大形のもので、二五前後の弦がある。弦を両手の指でつまんで演奏する。対義 琴。「琴瑟」

**シツ** 14画【漆】 部首[氵] さんずい 常用 JIS 2831 ｜ 9画【▼柒】 部首[木] き 異体字
音 シツ
訓 うるし
ウルシ。ウルシ科の落葉高木。また、ウルシの樹液からつくった塗料。「漆器・漆工・漆黒」

**シツ** 15画【▼膝】 部首[月] にくづき JIS 4108
音 シツ
ひざ。ひざがしら。脛と股のあいだの関節部。「膝下・膝行」

**シツ** 15画【▼蝨】 部首[虫] むし JIS 7392 ｜ 8画【▼虱】 異体字 JIS 7345
音 シツ
シラミ。シラミ目に属する昆虫。

**シツ** 15画【質】 部首[貝] かい 教育小5 JIS 2833 ｜ 11画【▼貭】 異体字 JIS 7636
音 シツ・シチ・チ

①もと。なかみ。内容。対義 量。「実質・品質・物質・本質」用例(名)仕事をする時間の量よりも、どんなによい仕事をするかという——が重要なのである。②うまれつき。たち。「気質・資質・性質・素質」用例(名)病弱の——。英明の——。《接尾的》筋肉——。粘液——。③きく。たずねる。ただす。「質疑・質問」④かざりけがない。「質実・質素」↓シチ・チ[質]

**シツ** 17画【▼隰】 部首[阝] こざとへん JIS 8014
音 シュウ・シツ
さわ。ひくくてしめった土地。低湿地。

**シツ** 17画【▼蟋】 部首[虫] むしへん JIS 7409
音 シツ
「蟋蟀」は、コオロギ。バッタ目に属する昆虫。古くは、「きりぎりす」ともいった。

**シツ** 19画【▼櫛】 部首[木] きへん ｜ 17画【▼楖】 異体字 JIS 2291
音 シツ
①くし。髪の毛をすいたり、髪飾りにしたりする道具。②くしけずる。くしで髪の毛をすく。髪をとかす。「櫛風沐雨」③ならぶ。くしの歯のようにびっしりとならんださま。「櫛比」

**シツ** 20画【▼騭】 部首[馬] うま ｜ 17画【▼隲】 部首[阝] こざとへん 異体字 JIS 8013
音 シツ・チョク
①おうま。おすの馬。②のぼる。のぼらせる。

**ジッ** 2画【十】 部首[十] じゅう 教育小1 JIS 2929
音 ジュウ・ジッ・シュウ
訓 とお・と
筆順 ↓ジュウ[十]
とお。と。「十戒・十指・十種・十進法」↓ジュウ[十]

**ジツ** 4画【日】 部首[日] ひ 教育小1 JIS 3892 ｜ 4画【▼曰】 旧字
音 ニチ・ジツ
訓 ひ・か
筆順 ↓ニチ[日]
①ひ。ひる。一昼夜。対義 月・年。「元日・休日・祭日・昨日・終日・旬日・当日・不日・連日」②太陽。ひざし。対義 月。「落日・烈日」「日月」↓ニチ[日]

**ジツ** 8画【実】 部首[宀] うかんむり 教育小3 JIS 2834 ｜ 14画【▼實】 旧字 JIS 5373
音 ジツ・シツ
訓 み・みのる

①みちる。みたす。「充実」②まこと。まごころ。「真実・誠実」「実意・実直」用例(名)——のない人。③なかみ。ことがら。まことに。まさに。本当に。対義 虚・仮・名。「虚実・故実・事実・有名無実」「実演・実況・実現・実行・実際・実質・実態」用例(名)名ばかりで——をともなわない。④血のつながっている。対義 義・養・継。「実家・実兄・実子・実弟・実父・実母」用例(名)——の親。⑤み。草木のみ。みのる。「果実・結実」

**実を言うと**(じつをいうと) 本当のことを言うと。真実を言えば。to tell the truth

**ジツ** 9画【▼昵】 部首[日] ひへん JIS 5867
音 ジツ・デイ・ショク
ちかづく。なれる。なじむ。なじみ。「昵懇」

**ジツ** 9画【▼衵】 部首[衤] ころもへん JIS 7450
音 ジツ
あこめ。①婦人や童女のはだ着。②男子が装束のとき、単衣の上、下襲の下に着た小【袖】。

**ジツ** 14画【▼暱】 部首[日] ひへん
音 ジツ
ちかづく。なれる。なじむ。なじみ。

**じつ-あく**【実悪】 歌舞伎で、悪人中の悪人を演ずる役・役者。

**しつ-い**【失意】 望みがかなわないこと。あてがはずれてがっかりすること。失望。不遇。disappointment; adversity 対義 得意。

**しつ-い**【室▼韋・失▼韋】 六〜一〇世紀、中国東北地区、東蒙古に居住したツングース系の部族。嫩江流域を中心に七〜八世紀に強盛。

**じつ-い**【実意】 ①本心。real intention 用例——をただす。②親切な心。まごころ。誠意。sincerity 用例——を尽くす。

**しつ-いん**【室員】 研究室・分室など、室と名のつく部署の一員・人々。

**じつ-いん**【実印】 市区町村役場に届け出て、印鑑証明をもらえるようにしてある個人の印章。一人一個に限られる。比較 認め印。

**じつ-いん**【実員】 実際の人数。actual number 比較 定員。

**し-つう**【止痛】 いたみをとめること。いたみどめ。stop the pain

**し-つう**【私通】(名・サ変自) 夫婦でない男女がひそかに情交すること。密通。adultery

**し-つう**【▼歯痛】 歯および歯の周囲組織に感じる疼痛。虫歯や歯髄炎・歯周組織炎などによる。はいた。toothache

**しつう**【史通】 中国最初の史論書。唐の劉知幾の著。二〇巻。七一〇年ごろ成立。古今の史書を論評、歴史編纂の方法を論じたもの。

**じつ-う**【実有】《仏教語》一時的な仮のものでなく、不変常住の実体として存在すること。実在。対義 仮有。

**しつう-はったつ**【四通八達】(名・サ変自) 道路・鉄道などの交通手段や通信手段が四方八方に通じていること。

**じつ-えき**【実益】 実際の利益。正味の利益。actual profit 比較 純益。対義 実害。

**じつ-えん**【実演】(名・サ変他) ①公衆の面前で実際に演じて見せること。demonstration ②映画と併演のかたちで、映画俳優や歌手によって行われる演技や歌。また、それを行うこと。stage show

**しつ-おん**【室温】 一般の室内の温度。ふつう二〇℃前後。常温。room temperature

**しっ-か**【失火】(名・サ変自) 過失で火事を起こすこと。また、その火事。accidental fire 比較 出火。

**しっ-か**【▼膝下】 ①ひざもと。close by one ②父母などの養護のもと。under parental care ③手紙のわき付けの一つ。父母などへの便りに用いる。

**しっ-か**【▼膝▼窩】 ひざの裏側にあるくぼみ。下肢・足に分布する血管・神経・リンパ管はすべてここを通る。ひかがみ。popliteal fossa ↓足図

**じっ-か**【実家】 ①生まれた家。生家。one's parents' home ②養子・嫁などの生家。さと。one's parents' house 対義 養家・婚家。

**しっ-かい**【▼悉皆】(副) みな。残らず。すっかり。

**悉皆成仏**(しっかいじょうぶつ)《「草木国土悉皆成仏」の略》いっさいの生物はすべて成仏するということ。

**じっ-かい**【十戒・十▼誡】 ①『旧約聖書』中、神がシナイ山でモーセに示した一〇か条の戒め(『出エジプト記』二〇章)。文字は二枚の石板に書かれていた。唯一神教の典拠。Ten Commandments; Decalogue ②《「十戒」で》仏道の修行で守るべき一〇か条の戒め。

**じっ-かい**【十界】《仏教語》迷界と悟界を一〇に分けたもの。迷界の地獄・餓鬼・畜生・修羅・人間・天上の六界と、悟界の声聞・縁覚・菩薩および仏の四界。

**じつ-がい**【実害】 実際の害悪や損害。actual damage 対義 実益。

**しつがいけん-はんしゃ**【▼膝▼蓋▼腱反射】 膝外骨(ひざの皿)の下の腱を叩くと、それに続く大腿四頭筋が瞬間的に縮み、下脚が前にとび出す反射。脚気の診断に使う。膝蓋反射。patellar reflex

**しつがい-こつ**【▼膝▼蓋骨】 膝関節の前側にある平たい皿状の骨。patella ↓骨格図

**しつがい-じんたい**【▼膝▼蓋▼靱帯】 膝蓋骨より下方にある大腿四頭筋に続く強い腱。膝蓋腱反射検査として脚気の診断に用いられる。patella ligament

**しっかい-や**【▼悉皆屋】 染め物・洗い張りを請け負う店・人。

**しっ-かく**【失格】(名・サ変自) ①規定・手続きなどに違反して、資格を失うこと。disqualification ②スポーツ競技で、出場資格を失うこと。レスリングで持ち点がなくなり、上位戦に進めなくなることなど。disqualification ③能力などがその任に適さないこと。disqualification

**じつ-がく**【実学】 実際に役立つ学問。また、実践を目的とする学問。江戸時代の読み・書き・算盤や農工商の実業的学問、蘭学の実用的なもの、諸藩の財政・産業経済学など。近代では法律学・医学・経済学・工学など。practical science

**じっかこく-ぞうしょうかいぎ**【十か国蔵相会議】(Conference of Ministers and Governors of the Group of Ten Countries) 国際通貨基金(IMF)の一般借入取り決めに参加している一〇か国(アメリカ・イギリス・フランス・西ドイツ・日本・イタリア・カナダ・オランダ・ベルギー・スウェーデン)の大蔵大臣をメンバーとする国際経済・金融問題についての会議。一九六二年以降不定期に開催。通称G10。アメリカから日本までの五か国の蔵相・中央銀行総裁によるものをG5、それにイタリア・カナダを加えたものをG7という。

**しっか-ざい**【失火罪】 過失による出火で建造物などを焼く罪。

**じつ-かた**【実方】 歌舞伎で、実事を演ずる役者。

**しっか-と**【▽確と・▼聢と】(副)《「しかと」の転》しかと。しっかりと。firmly

**じつ-かぶ**【実株】 実際に売買される株式。正株。現株。対義 空株。

**しっかり**【▽確り・▼聢り】(副・サ変自) ①堅固なさま。たしかなさま。firmly 用例——にぎる。——した土台。②心やからだのはたらきがたしかなさま。soundly 用例まだ耳は——している。③たくさん。ぎっしり。tightly 用例——つまっている。

**しっかり-もの**【▽確り者】 ①堅実で信用できる者。man of firm character ②気丈な者。man of stability

**シッカロール**《商標名》亜鉛華または亜鉛華とでんぷんの等量混合物で作った皮膚につける粉薬。あせも・ただれにきく。

**しづがわ**【志津川】〈町〉宮城県北東部、三陸海岸の町。稲作などの農業と、海苔・ワカメ養殖がさかん。人口一万五六五一(一九八八)。

**じつかわ-えんじゃく**【実川延若】 関西の歌舞伎俳優。屋号河内屋。現在三世まで。初世(一八三一〜八五)は上方風和事にすぐれ、明治初・中期の名優。二世(一八七七〜一九五一)は明治末〜昭和前期の名優で、晩年は関西劇壇の大御所。

**しっ-かん**【失陥】(名・サ変自) ①しくじること。②城・領土などを敵に奪われること。

**しっ-かん**【疾患】《「疾」は矢によるきず。「患」は心がくるしむこと》病気。やまい。苦しみ。illness

**しつ-かん【質感】** 材質から受ける感じ。

**じっ-かん【十干】** 番号の役をする、甲・乙・丙・丁・戊・己・庚・辛・壬・癸の一〇字の漢字の名称。これを十二支と組み合わせて六〇を周期とし、年・日を表すことに使った。日本では、木・火・土・金・水の五行に、兄・弟を配して読む。甲・乙・丙・丁・戊・己・庚・辛・壬・癸。

**じっ-かん【実感】**(名・サ変他) ①実際の感じ。actual feeling ②実際に接したように、なまなましく感じること。また、その感じ。realization 用例 —がわく。③真実の感情。true sentiment

**じっ-かん【日観】**(生没年未詳) 中国、宋末~元初の画僧。水墨の葡萄の図を描き、日本では室町時代以来珍重された。

**じっかん-じゅうにし【十干十二支】** 十干と十二支の組み合わせ。これを組み合わせた六〇の干支で日・月・年を表す。

**しつかんじょう-しょう【失感情症】** 喜怒哀楽などの感情が感じられない症状。精神病に伴って起こることが多い。

**しつ-かんせつ【▼膝関節】** 大腿骨と脛骨とを結合している関節。構造は複雑で、この関節によって下腿が屈伸する。knee joint

**しっ-き【湿気】** しめりけ。しっけ。moisture

**しっ-き【漆器】** うるし塗りの器物。塗り物。lacquer ware

**しつ-ぎ【質疑】**(名・サ変自) 疑問の点をただすこと。質問。question 用例 —応答。

**じっ-き【実記】** 事実の記録。

**じ-つき【地突き・地▼搗き】**(名・サ変自) 建築にかかる前に地面をつき固めること。地固め。地形。ground making

**じつ-ぎ【実技】** 実地の技術。practical skill 用例 体育の—。

**じつき-うた【地突(き)▼唄】** 全国的にある日本民謡。建築前などに地固めをするさいの作業唄。土突き歌。

**しづき-ただお【志▼筑▽忠雄】**(一七六〇~一八〇六) 江戸中期の蘭学者・天文学者。長崎の人。主著『暦象新書』により地動説・ニュートン力学を日本にはじめて紹介。

**シッキム【Sikkim】** インド北東部の州。ヒマラヤ山脈中にあり、全土が山岳地帯で、河谷部でも標高二〇〇〇m。ネパール・中国・ブータンと国境を接する。人口二一・六万(一九八一)。

**しっ-きゃく【失脚】**(名・サ変自) ①足をふみはずすこと。miss one's step ②地位・立場を失うこと。downfall

**しっきゅう-おんどけい【湿球温度計】** 乾湿温度計において、球部をぬらしたほうの温度計。乾球温度計と組み合わせ、両者の示度の差から湿度を測る。wet-bulb thermometer

**しつ-ぎょう【失業】**(名・サ変自) 職をうしなうこと。また、労働の意欲と能力がありながら労働者が就業の機会を得られない状態。unemployment 比較 潜在失業・不完全就業。

**じっ-きょう【実況】** 実際のありさま・状況。actual scene

**じっ-きょう【実教】**《仏教語。真実の教え、の意》天台宗では『法華経』の教え、一乗の実大乗をいう。対義 権教。

**じつ-ぎょう【実業】** 生産・販売などを行う事業。農・商・工・水産業など。industry

**じつぎょう-か【実業家】** みずから資本を投じて企業を設立・経営し、社会的に有用な活動を行って金銭的利益を得る人。businessman

**じつぎょう-がっこう【実業学校】** 旧制中等学校の一つ。中堅技術者の養成を目的とした工業学校・農業学校・商業学校・商船学校・水産学校など。

**しつぎょうたいさく-じぎょう【失業対策事業】** 国または地方自治体が失業者の仕事を確保するために行う公共事業。昭和二四年(一九四九)に制定された緊急失業対策法に基づく。

**しっきょう-ふう【疾強風】** 風力階級が八の風の呼称。毎秒一七・二~二〇・七m。小枝が折れ、風に向かうと歩けない程度の風。gale

**じっきょう-ほうそう【実況放送】** 事件・行事・スポーツなどを、現場から直接ラジオやテレビで放送すること。また、その番組。on-the-spot broadcasting

**しつぎょう-ほけん【失業保険】** 政府または公共団体・雇用主・労働者が基金を積み立て、失業者に一定期間一定の金額を給付する社会保険。昭和五〇年(一九七五)四月から雇用保険に切り換えられた。unemployment insurance

**しつぎょう-りつ【失業率】** 働く意思と能力をもつ人の全体に占める、仕事に就くことができない人の比率。重要な景気指標。unemployment rate

**しっ-きん【失禁】**(名・サ変自) 病気・恐怖・老衰などで、自覚せずに大小便を漏らすこと。incontinence

**じっきんしょう【十▽訓抄】** 鎌倉中期の説話集。三巻。建長四年(一二五二)成立。作者未詳。おもに年少者への教訓・啓蒙のため、一〇項の徳目をあげて論じ、各項に即した和漢の説話を約二八〇集める。じっくんしょう。

**しっ-く【疾駆】**(名・サ変自) 車や馬が速く走ること。drive fast

**シック【chic フランス】**(形動) しゃれた。小粋な。素敵な。用例 —な着こなし。

**しっ-くい【漆▼喰】**《「石灰」の唐音。当て字》日本古来の壁材料。消石灰に砂・のり・すさなどを加えて水で練ったもの。壁や天井に塗り、石やれんがなどの接合にも用いる。mortar

**し-つく・す【▽為尽(く)す】**(五他) すっかりしてしまう。すべてしてしまう。do everything

**シックス-ばん【シックス判】** 写真のサイズで六×六cm判のこと。六六判。

**シック-はんのう【シック反応】** ジフテリアに対する免疫の程度を調べる反応。一定量のジフテリア毒素を皮内注射すると、免疫されていないときには注射した所が赤くはれる(陽性)。Schick's test

**ジッグラト【ziggurat】** 古代メソポタミアの都市に築かれた、方形で階段状の塔。上にいくほど方形は小さく何段にも重なる建造物で、最上段に神殿をおく。参照 バベルの塔。↓写

● ジッグラト　イラク。前二一〇〇年ころ(ウル王朝)の建造と推定される。

**しっくり**(副・サ変自) 物事のよく合うさま。harmoniously 用例 気持ちが—合う。

**じっくり**(副) じゅうぶん時間をかけて。落ち着いて。thoroughly 用例 —考える。

**しっ-け【湿気】** しめりけ。しっき。moisture

**しつけ** 16画 **【▼躾】** 部首[身]へん 和製漢字 JIS 7731

↓しつけ[仕付け・躾]

**し-つけ【仕付け・▼躾】** ①日常生活に必要なことを習慣づけ、礼儀作法や社会生活に必要な規律を身につけさせること。teaching manners ②《「仕付け」で》作りつけること。して。③縫い目や折り目を固定するための仮押さえ縫いのこと。ミシンの縫い目の固定、形を保つための仮押さえ、また和服では着用中の型くずれをふせぐための縫い仕付けなど。tacking; basting 用例 —糸。—針。④田植え。植えつけ。用例 —時。

**しっ-けい【失敬】** 一(名・形動・サ変自) 相手に敬意を欠くこと・さま。失礼。impoliteness 用例 —な男。二(名・サ変自他) ①盗むこと。steal 用例 ホテルのスプーンを—する。②別れること。用例 ここで—しよう。三(感) 男性どうしが、別れるときや、わびるときなどのあいさつ語。So long.

**じっ-けい【実兄】** 両親を同じくする兄。one's elder brother

**じっ-けい【実刑】** 執行猶予なしで実際に執行される刑罰。

**じっ-けい【実景】** 実際のけしき。actual view

**しつけ-いと【仕付け糸・▼躾糸】** 縫い目を整えたり、仕立て上がりの形を整えたりするために、あらく縫う糸。絹にはぞべ糸、ウールにはしろもを使う。tacking thread

**じつ-げつ【日月】** ①太陽と月。the sun and the moon ②年月。つきひ。time

**じつげつ-たん【日月▼潭】** 台湾中部、台湾山脈中の淡水湖。面積約九km²。周囲に高峰が連なる景勝地。竜湖。リーユエタン。

**しつけ-ばし【仕付け▼箸・▼躾▼箸】** 子供に正しい箸の持ち方を教えるために考案されたもの。箸の中ほどに指を入れる輪とフックが付いている。

**しっ・ける【湿気る】**(下一自)《俗語》しめりけをおびる。しける。get damp

**し-つ・ける【仕付ける】**(下一他) ①作りつける。仕立てる。baste ②いつも…しなれる。やりつける。be used to ③田植えをする。④《「躾ける」とも》礼儀作法を教え込む。breed 用例 幼児を—。

**しっ-けん【失権】**(名・サ変自) 権利・権力を失うこと。loss of one's right

**しっ-けん【執権】** ①政治の実権をにぎること。また、政権をにぎった人。man in power ②鎌倉時代、政所の長官。将軍の補佐役。北条時政がこの職について幕府の実権を掌握して以来、北条氏の世襲。③室町時代、管領の別称。

**しっ-けん【識見】**《「しきけん」の変》物事を見わける能力。見識。discernment 用例 高い—。

**しつ-げん【失言】**(名・サ変自) 言うべきでないことをうっかり口にすること。また、そのことば。slip of the tongue

**しつ-げん【湿原】** 低温・過湿で植物の遺骸の分解が妨げられ、泥炭化した地層の上に成立する草原。地下水位が高い所に発達する湿性草原もふくめて言う。やち。bog

**じっ-けん【実見】**(名・サ変他) 実際に目で見ること。

**じっ-けん【実検】**(名・サ変他) ほんとうかどうかを検査すること。identification 用例 首—。

**じっ-けん【実験】**(名・サ変他) ①理論・仮定の真偽を実際にためしてみること。experiment 用例 —室。理科の—。②実際の経験。one's personal experience 比較 実践。用例 自己の—に徴して。

**じっ-けん【実権】** 実際の権力。real power

**じつ-げん【実現】**(名・サ変自他) ①実際に現れ出ること。現し出すこと。可能性として隠れて存在するものをあらわにすること。realization ②現実的でない観念・理想などを時間・空間の中で実在的にすること。coming true 用例 長い夢が—する。

**じっけんいがくじょせつ【実験医学序説】**《原題Introduction à l'étude de la médecine expérimentale フランス》フランスの生理学者ベルナールの著書。一八六五年刊。自然科学に立脚した実験医学を提唱した。

**じっけん-かがく【実験科学】** 実験を研究方法の中心とする科学。empirical science

**じっけん-けいかくほう【実験計画法】** 普遍的な法則を得るために実験を行うとき、どのようなデータを集め、どのような分析方法をとることが効率的かを調べる統計的手法。design of experiment

**じっけん-げきじょう【実験劇場】** 営利的な制約をはなれて、新しい演劇を育成するための劇場。experimental theater

**じっけん-こう【実験校】** 教育上のさまざまな実験を行い、新しい学校経営や教育内容・方法を研究するための学校。国立大学の付属校など。laboratory school

**じっけん-しき【実験式】** 物質を構成する元素の割合をもっとも簡単な整数で表した式。たとえば、アセチレン$C_2H_2$もベンゼン$C_6H_6$も実験式ではCHで表される。empirical formula

**じっけん-しょうせつ【実験小説】** フランスの作家ゾラの小説理論。小説は、人間を一定の個人的・社会的環境において実験した報告書で、小説家は科学者であるとする。experimental novel

**じっけんしょうせつろん【実験小説論】**《原題Le Roman expérimental フランス》ゾラの自然主義小説論。一八八〇年刊。小説も実験的方法で科学になるべきだと提唱。

**じつげん-せい【実現性】** 実現できる性質・程度。practicability

**じっけん-ち【実験値】** 実験によって得られた数値。あるいはそれをもとに計算して得られた数値。empirical value 対義 理論値。

**じっけん-どうぶつ【実験動物】** 医学・生物学などの研究に使用する目的で飼養・繁殖・管理される動物。モルモット・ラット・マウスなど。laboratory animal

**じっけん-びがく【実験美学】** おもに美的快感の心理学的実験によって、美の法則を追究する経験的・科学的美学。experimental aesthetics

**じっけん-ぶつりがく【実験物理学】** 主として実験による研究を行う物理学。実験により新現象や未知の法則性を発見したり、理論を検証する。experimental physics

**しっ-こ【疾呼】**(名・サ変自他) 早口ではげしく呼び立てること。

**しつ-ご【失語】** ①物を言うはたらきを失うこと。aphasia ②言い違いをすること。slip of the tongue

**しつこ・い**(形) =しつっこい。①色・味・香があっさりしていない。くどい。heavy 用例 —味。②わずらわしいほど、どこまでもつきまとう。執念深い。importunate 用例 —・くつきまとう。—人。派生 しつこさ(名)

**しっ-こう【失効】**(名・サ変自) 効力を失うこと。invalidation

**しっ-こう【執行】**(名・サ変他) 実際にとり行うこと。しゅぎょう。execution

**しっ-こう【▼膝行】**(名・サ変自) 身分の高い人の前に進み出るときの作法。立ちあがらずひざで進むこと。座礼の一つ。

**じっ-こう【実行】**(名・サ変他) 実際に行うこと。practice 用例 —力。計画を—に移す。

**じっ-こう【実効】** 実際の効果・効力。efficacy

**しっこう-いいん【執行委員】** 選ばれて、団体の決議を実行する責任を負う委員。executive committee

**じっこう-かかく【実効価格】** ①消費者が同一の商品を異なる価格で購入している場合、その平均価格をそれぞれの消費量で加重平均して算定したもの。公定価格と闇価格がある場合などに適用。effective price ②日用品を購入するさいの実際の価格。purchase price

**しっこう-かん【執行官】** おもに強制執行を実施する任務をもつ国家公務員。地方裁判所に所属する。

**しっこう-きかん【執行機関】** ①地方公共団体・法人などの意思決定を実行する機関。知事・取締役会など。executive ②実力を用いる行政機関。警察官など。executive ③民事訴訟法上、強制執行を行う国の機関。執行官など。executive organ

**じっこう-きょう【実行教】** 教派神道十三派の一つ。富士信仰を中心とする不二道を基盤に、柴田花守(咲行)が創始。明治一五年(一八八二)別派独立。

**じっこう-きんり【実効金利】** 金融機関から融資を受ける者が実質的に負担する金利。表面金利に、歩積み・両建てなどの金利が加わったもの。実質金利。effective interest rate 対義 表面金利。

**じっこう-しつど【実効湿度】** 当日ばかりでなく、前日、前々日も考慮した平均湿度。木材などの乾燥の目安となり、火災学などでよく用いられる。effective humidity

**しっこう-しょう【失行症】** 知能の低下や意識障害もなく、麻痺もないのに、かつて習得した一定の目的運動ができなくなる障害。大脳の部分的な病変によっておこる。apraxia

**じっこう-ぜいりつ【実行税率】** 関税を課するさい、各国が実際に適用している税率。

**じっこう-ぜいりつ【実効税率】** 納税者が実際に負担する税額の課税標準に対する比率。effective tax rate

**じっこう-ち【実効値】** 変化する電圧や電流の大きさを示す一種の平均値。交流の瞬間値の二乗平均の平方根で定義される。正弦波では、最大値の$1/\sqrt{2}$となる。effective value

**しっこう-ていし【執行停止】** 行政処分の取り消し訴訟を審理中の審判機関が、申し立てにより処分の一時停止を行政庁に命ずること。suspension of execution

**しっこう-ゆうよ【執行猶予】** 判決で刑は言い渡すがその執行を一定期間猶予し、その期間を無事に経過した場合は刑を受けることがなくなる制度。stay of execution

**じっこう-よさん【実行予算】** 旧憲法下で慣例的に認められた施行予算。予算不成立のとき、前年度の予算を事情の差違を考慮し、不都合を調整したうえで執行。現在の暫定予算に相当する。

**しっこう-り【執行吏】** 地方裁判所にいて、訴訟書類の送達や差し押さえなどの強制執行をする公務員。もと、執達吏。執行官。bailiff

**じつご-きょう【実語教】** 平安末から江戸時代に用いられた児童用の教訓書。儒教・仏教の経典中の名言を五言の対句で構成。

**しっ-こく【▼桎▼梏】**《「桎」は足かせ、「梏」は手かせ》行動・生活などの自由をさまたげるもの。束縛。fetters

**しっ-こく【漆黒】** 黒うるしを塗ったように黒く、つやのあること・色。jet-black 用例 —のやみ。

**じっこく-とうげ【十石峠】** 群馬・長野県境にある峠。標高一三五六m。江戸時代、佐久地方から一日一〇石の米を上州へ運んだことに由来。

**じっこく-とうげ【十国峠】** 静岡県、熱海市西境の峠。標高七七四m。旧一〇か国の展望と源実朝の歌で知られる。

**しっ-こし【▼尻腰】**《俗語。「しりこし」の転》①根気。用例 —がかなわぬ。②しっかりしたところ。用例 —のない人。

**しつこ・し** 古語 (形ク) ↓しつこい

**しつご-しょう【失語症】** 知能低下・意識障害・発語機能などに異常がないのに、言語機能とくに聴取・発語・読み書きに障害がある状態。多くは、大脳の部分的な損傷によっておこる。aphasia

**じつ-ごと【実事】** 歌舞伎で、実直な人が主人公で、平凡な事件を写実的に演ずるもの。用例 —師。

**じっ-こん【実根】** 方程式の根(=解)のうち、実数であるもの。実数解。real root 対義 虚根。

**じっ-こん【▼昵懇・▽入魂】**(名・形動) ごく親しいこと・さま。ねんごろ。懇意。親密。intimacy

**じっ-さい【実際】** ㊀(名) ①ありのままのようす。②《仏教語》存在の究極的なすがた。涅槃。真如。㊁(副) ほんとうに。まったく。really

**じつ-ざい【実在】**(名・サ変自) ①実際に存在すること。あること。entity 対義 架空・仮象。②哲学で、時間空間的な外的世界に、意識から独立に存在している客観的な対象。もしくは事物の本質的な存在。真実在。reality

**じっさい-か【実際家】** 理論や知識より経験をたっとび、実行に才能をもっている人。practical person

**じつざい-せい【実在性】** 観念から独立して、現実的・客観的に事実・物体・事象などとして存在するあり方。reality

**じっさい-てき【実際的】**(形動) 対義 空想的。①事実にぶつかることに意味のあるさま。practical 対義 思弁的。用例 —な仕事。②実地に合い、意味があるさま。real 用例 —な内容。③実行することに能力を示すさま。practical 用例 —な行動ではすばらしい力をもつ。

**じつざい-ろん【実在論】** ①哲学で、外界の事物が、認識主観から独立に存在することを認める認識論の立場。realism ②中世スコラ哲学において、類・種のような普遍は、個物に先だって実在するとする説。実念論。realism 対義 観念論。

**しっ-さく【失策・失錯】**(名・サ変自) しそこなうこと。エラー。error

**じっ-さく【実作】**(名・サ変他) 実際に作ること。また、作ったもの。product

**じっ-さつ【十▼刹】** 臨済宗で、五山に次ぐ寺格をもつ一〇の寺。京都十刹は等持・臨川・真如・安国・宝幢・普門・広覚・妙光・大徳・竜翔の各寺。鎌倉十刹は禅興・瑞泉・東勝・万寿・大慶・興聖・東漸・万福・法泉・長楽の各寺。じっせつ。

**しっ-し【▼嫉視】**(名・サ変他) ねたんで見ること。jealousy

**しつ-じ【執事】** ①大家の使用人で、主人に代わり、家事全般を取り仕切る役。②平安時代以来、公家などの家政担当者の長。③鎌倉幕府では執権の別称。④鎌倉・室町時代を通じて政所の次官、問注所の長官。⑤江戸幕府で若年寄の別称。⑥社寺などで事務を取り扱い監督する人。

**じっ-し【十指】** ①一〇本のゆび。ten fingers ②大ぜいの人々。a lot of people

**十指に余る**(じっしにあまる) 一〇本の指で数えきれない。一〇より多くある。more than ten

**十指の指す所**(じっしのさすところ) 大ぜいの人々の意見が一致しているさま。だれしもが認めること。universally admitted 類似 十目の見るところ。

**じっ-し【実子】** 自分の生んだ子。また、生ませた子。生みの子。one's own child

**じっ-し【実姉】** 両親を同じくする姉。one's elder sister

**じっ-し【実施】**(名・サ変他) 計画・法律などを、実際に行うこと。enforcement

**じつ-じ【実字】** 漢字で、実体のあるものを表す字。人・犬・草・木など。対義 虚字。

**しっ-しき【湿式】** 物質の製法などで、溶液・溶剤などの液体を使う方式。対義 乾式。

**しっしき-こうほう【湿式工法】** 建築の施工過程で、左官材料などのように水を使用する工法。wet construction 対義 乾式工法。

**しっしき-せいれん【湿式製錬】** 鉱石中の金属を、酸やアルカリ液に溶かして採取する製錬法。多くの場合、溶けやすい化合物にするため焙焼を行う。電解製錬・青化法などが代表例。hydrometallurgy

**じつじ-きゅうぜ【実事求是】**《中国の古い成語》理念からではなく、事実をきわめて、事物の真理を求めること。

**しつ-じつ【質実】**(名・形動) 飾り気がなく、まじめなこと・さま。simplicity 対義 華美。用例 —剛健。

**じっ-しつ【実質】** そのものの実際の内容・性質。正味。substance 対義 形式・名目。用例 —はよいが、外見が悪い。

**じっしつ-けいざいせいちょうりつ【実質経済成長率】** 実質国民総生産の年間増加率。実質成長率。real economic growth rate

**じっしつ-こくみんしょとく【実質国民所得】** 国民所得を基準年度の物価指数で修正したもの。これにより貨幣価値の異なるいくつかの期間の国民所得水準が比較できる。real national income

**じっしつ-ちんぎん【実質賃金】** 実際に購入できる生活物資やサービスの量で表された賃金。名目賃金を物価指数で除して算出し、生活水準を示す指標とされる。real wages 対義 名目賃金。

**じっしつ-てき【実質的】**(形動) ①外形より実質をもとにするさま。substantial 対義 形式的。②《「実質的には」の形で》実際には。ほんとうは。practical

**じっし-とうきゅう【実視等級】** 肉眼に感じる明るさによって定めた天体の光度の等級。眼視等級。visual magnitude

**じっ-しゃ【実写】**(名・サ変他) 実景・実況をそのままうつすこと。また、うつしたもの。live filming; filming on the spot

**じっ-しゃ【実射】**(名・サ変他) 実弾を実際に発射すること。fire live shells

**じっしゃ-えいが【実写映画】** ニュース映画・記録映画の旧称。ドキュメンタリー映画。documentary film

**じっ-しゃかい【実社会】** 実際の社会。活社会。用例 —のつめたい風。

**じっ-しゅう【実収】** 手取りの収入。実際の収穫。net income

**じっ-しゅう【実習】**(名・サ変他) 実地にならうこと。practice

**じっしゅ-うんきゅう【十種雲級】** ↓じっしゅうんけい(十種雲形)

**じっしゅ-うんけい【十種雲形】** 世界気象機関が、雲を形態的特徴などから分類した一〇種類の型(巻雲・巻積雲・巻層雲・高積雲・高層雲・乱層雲・層積雲・層雲・積雲・積乱雲)。十種雲級。

**じっしゅ-きょうぎ【十種競技】** 陸上競技の混成競技の一つ。男子のオリンピック種目で、一人が二日間で一〇〇m競走・走り幅跳び・砲丸投げ・走り高跳び・四〇〇m競走・一一〇m障害・円盤投げ・棒高跳び・槍投げ・一五〇〇m競走の一〇種目を行い、総得点で順位を競う。デカスロン。decathlon

**しっ-しゅつ【▼蟋▼蟀】** コオロギの異名。

**しつ-じゅん【湿潤】**(名・形動) しめりけがあること・さま。dampness

**しつじゅん-きこう【湿潤気候】** 樹木が生育できるだけの十分な降水量がある気候。日本・西ヨーロッパ諸国にみられる。humid climates 対義 乾燥気候。

**しつじゅん-きょうりょくし【湿潤強力紙】** メラミン樹脂・尿素樹脂などで加工した合成樹脂加工紙。ぬれたときの強さが乾燥時の一五%増以上ある。紙タオル・ティーバッグ・地図などに使用。wet-strength paper

**しつじゅん-パンパ【湿潤パンパ】** 南米のパンパのうち年降水量五〇〇㎜以上の湿潤地域をいう。肥沃な土壌におおわれ、世界の穀倉地帯の一つをなす。humid pampas

**しっ-しょう【失笑】**(名・サ変自) 思わず、わらいだしてしまうこと。

**失笑を買う**(しっしょうをかう) 人から、ばかにされて笑われる。思慮分別が足りないために、笑い者になる。苦笑また冷笑される。be laughed at

**しっ-しょう【湿生】**《仏教語》四生の一つ。湿気から生じるとされるもので蚊や虫類など。

**じっ-しょう【実正】** 間違いないこと。truth 用例 借用申候処—也。

**じっ-しょう【実証】**(名・サ変他) ①たしかな

証拠。確証。actual proof ②ある事がそうであることを実地について証明すること。事実によって証明すること。demonstration

**じつ-じょう【実状】** 実際のありさま。actual circumstances

**じつ-じょう【実情】** ①真情。まごころ。sincerity ②実際の事情。ありのままの状況。実状。actual circumstances

**じっしょう-しゅぎ【実証主義】** ↓じっしょうてつがく(実証哲学)

**じっしょう-せい【実証性】** 事実によって証明できる性質。demonstrativeness 比較 科学性。用例 ―に富む立論。

**じっしょう-てき【実証的】**(形動) 観察・実験して、たしかな証拠をもとに積極的に物事を考え、処理していくさま。positive

**じっしょう-てつがく【実証哲学】** コントにより提唱された哲学。認識を経験的な事実に限定して、実証できるものだけが正しい知識であるとするもの。実証主義。positivism

**しっ-しょく【失職】**(名・サ変自) 失業すること。unemployment 対義 就職。

**じっ-しょく【十職】** 千家の宗匠の指定で、茶道具を調製する一〇の家。楽吉左衛門(陶工)、中村宗哲(塗師)、黒田正玄(柄杓師)、奥村吉兵衛(表具師)、中川浄益(金物師)、駒沢利斎(指物師)、飛来一閑(一閑張り細工師)、土田友湖(袋物師)、大西清右衛門(釜師)、永楽善五郎(土風炉師)。いずれも明治中期から。千家十職。

**じっし-れんせい【実視連星】** 望遠鏡で連星としての運動が認められる恒星。おおぐま座のミザールなど。visual binary

**しっ-しん【失神・失心】**(名・サ変自) 脳の血液循環障害により意識の一時的消失がおこった状態。原因は貧血・自律神経失調症・ヒステリーなどで、てんかんにもみられる。人事不省。喪神。syncope

**しっ-しん【湿▼疹】** 皮膚におこる炎症の一種。皮膚のただれ・あせもなど。治療はおもに副腎皮質ホルモン軟膏などの外用療法。eczema; rash

**じっしん-ぶんるいほう【十進分類法】** 図書分類法の一つ。分類の体系をアラビア数字で表し、十進法を応用してその範囲を分類する方法。一八七六年、アメリカのデューイが発表。日本ではそれを翻案した日本十進分類法(NDC)を用いる。decimal classification

**じっしん-ほう【十進法】** 数の表し方の一つ。一〇個の数字0、1、2、…、9を用いて一〇ずつまとめて上の位に上げていく。decimal system; denary scale

**じっ-すう【実数】** ①実際の数。actual number ②有理数と無理数の総称。real number 対義 虚数。③コンピューターで使われる数のうちで、小数点のついている形の数。real number

**じっすう-かい【実数解】** ↓じっこん(実根)

**しっ・する【▼叱する】**(サ変他) しかる。叱す。

**しっ・する【失する】**(サ変自他) =失す。①(他)うしなう。なくす。miss 用例 機会を―。②(自)程度がすぎる。be too 用例 寛大に―。おそきに―。

**しっ-せい【▼叱正】**(名・サ変他) 《文章、とくに詩文の修正をたのむときに用いる》しかって正すこと。用例 御―を請う。

**しっ-せい【失政】** 方法を誤った政治。悪政。misgovernment

**しっ-せい【執政】** ①政務をとること。その職・人。administration ②江戸時代、老中や諸侯の家老。

**しっ-せい【湿生】** おもに植物が、湿潤な環境で生育すること。対義 乾生。

**しっ-せい【湿性】** しめった性質。しめりけの多い性質。wetness 対義 乾性。

**じっ-せい【実勢】** ①実際の勢力。actual power ②実際の状態。用例 ―利回り。

**じっ-せいかつ【実生活】** 日々の実際の生活。actual life 用例 ―の経験から割り出す。

**しっせい-かん【執政官】** ↓コンスル

**しっせい-しょくぶつ【湿生植物】** 湿原・水辺など湿潤な土地にはえる植物。hygrophyte 比較 乾生植物・中生植物。

**しっせい-せいふ【執政政府】**(Consulat フランス) 一七九九年の総裁政府崩壊から、一八〇四年の第一帝政樹立までのフランスの政体。三人の執政が行政権を行使したが、実質的には第一執政のナポレオンの独裁。統領政府。

**しっせい-せんい【湿生遷移】** 湖や沼など湿地をはじまりとする植物群落の遷移。生物の遺骸や土砂などの堆積にはじまり、沈水植物群落・浮水植物群落などを経て、湿原・森林へと変化していく。hydrarch succession 対義 乾生遷移。

**しっせい-そうげん【湿性草原】** 川や湖の岸辺などの湿地にできる草原。ヨシ・アゼスゲなどの群落がある。湿地草原。humidiherbosa 比較 湿原。

**じっせい-レート【実勢レート】** 変動相場制の為替市場で実際に売買されるレート。需給バランスを反映し一国通貨の対外価値を的確に示す。実勢為替相場。real rate of exchange

**しっ-せき【▼叱責】**(名・サ変他) しかって、とがめだてすること。scold 用例 ―を受ける。

**しっ-せき【失跡】**(名・サ変自) 人がどこにいるか、わからなくなること。失踪。disappearance

**じっ-せき【実績】** それまでの実際の成績・てがら。actual results 用例 ―をあげる。

**じっせき-しゅぎ【実績主義】** ↓メリットシステム

**しつ-ぜつ【湿舌】** 天気図上で、湿った大気が舌状に伸びている部分。南方から水蒸気を多く含む気流が大気の下層に流れこむと、天気図では舌状を示すことが多い。このとき、上層に寒気があると、集中豪雨が降りやすい。moist tongue

**じっ-せつ【十▼刹】** ↓じっさつ(十刹)

**じっ-せつ【実説】** 実際にあった話。実話。true story 対義 虚説。

**じっ-せん【実戦】** 実際の戦闘・試合。ほんとうのたたかい。actual fighting

**じっ-せん【実線】** 連続しているふつうの線。solid line 対義 点線。

**じっ-せん【実践】**(名・サ変他) ①実際に行うこと。実行。practice 比較 実験。用例 自分の発言を―に移す。②ある理論や主義によって実際に行動すること。人間が外界についての知識に基づいて、これに働きかけ、変えようとする努力。practice 対義 理論・思弁。

**じっせん-きゅうこう【実践▼躬行】**(名・サ変他) 自分が実際にふみ行うこと。

**じっせん-てき【実践的】**(形動) ①実際に行うさま。practical 対義 思弁的。②行為に関するさま。practical 対義 観念的。

**じっせん-りせい【実践理性】** カントの用語。先天的な道徳法則によって意志を規定する理性。practical reason 対義 理論理性・純粋理性。

**じっせんりせい-の-ようせい【実践理性の要請】**(Postulate der praktischen Vernunft ドイツ) カントが『実践理性批判』において、理性は、理論的には認識できない超越的対象としての神の存在・自由・魂の不死を、実践的には不可欠のものとして要請するとしたこと。

**しっ-そ【質素】**(名・形動) ①つましいこと・さま。frugality ②飾り気のないこと・さま。simplicity

**しっ-そう【失▼踪】**(名・サ変自) ①行方をくらますこと。出奔。家出。abscondence ②法律で、住所・生死が不明なこと。失跡。disappearance

**しっ-そう【疾走】**(名・サ変自) 速く走ること。dash 比較 疾駆。

**じっ-そう【実相】** ①《仏教語》一切のもののありのままの真実の姿。仏陀のさとった究極の世界。真如・法性・涅槃などの意味も含む。②実際のありさま。真実。reality

**じつ-ぞう【実像】** 対義 虚像。①物理で、光が凸レンズ・凹面鏡で屈折、反射して結ぶ像。real image ②世間のうわさなどをはなれた、真実の姿。one's real life 用例 スターの―。

**じっそう-かんにゅう【実相観入】** 《斎藤茂吉のことば》短歌の中心理念。うわべの写生にとどまらないで、実相に悟入して、自己と自然とが一元となった生を写すこと。

**しっそう-せんこく【失▼踪宣告】** 人の行方や生死が一定期間不明のとき、利害関係人の請求により、家庭裁判所がその不在者を死亡したものと見なす審判。

**しっ-そく【失速】**(名・サ変自) 飛行中、揚力が急になくなる現象。機体はきりもみ状態で落下し、揚力が回復するまで操縦不能となる。stall

**じっ-そく【実測】**(名・サ変他) 実際にはかること。actual survey

**じっ-そん【実損】** 実質上の損害。正味の損失。actual loss

**じつ-ぞん【実存】**(名・サ変自) 哲学で、本質に対し、いま、ここに現実に存在するという個人の存在のあり方。実存主義の中心概念。もとスコラ哲学の用語だが、キルケゴールが自己存在に関心をもつ人間の主体的なあり方の意に用いた。existence

**じつぞん-しゅぎ【実存主義】**(existentialisme フランス) 理性や科学の立場から人間のあり方を規定する考え方を排し、人間の実存を哲学の中心に置く思想的立場。現代哲学の主要な潮流。サルトルの造語による。キルケゴール・ニーチェらに始まり、ヤスパース・ハイデッガー・サルトルらが展開。フランスでは哲学だけでなく、文学・芸術一般におよぶ。実存哲学。

**じつぞん-てつがく【実存哲学】**(Existenzphilosophie ドイツ) ヤスパースの用語。合理主義・実証主義に対し、人間の存在を事物の存在とは異なる独自な実存としてとらえ、そのありかたを明らかにしようとする哲学。実存主義。

**しっ-た【▼叱▼咤・▼叱▼咜】**(名・サ変他) 大声で、しかりつけること。また、指図すること。scold; command 用例 ―激励。

**ジッダ【Jiddah】** サウジアラビア中西部、紅海沿岸の商業都市。貿易港。メッカ巡礼者の上陸地。人口五六・一万(一九七四)。ジェッダ。

**しっ-たい【失対】**「失業対策」の略。

**しっ-たい【失態・失体】** ①面目を失うこと。disgrace ②しくじること。失敗。mistake

**じっ-たい【実態】** 実際の状態。実情。actual condition 用例 ―調査。

**じっ-たい【実体】** ①ほんとうのもの。正体。ありのままのもの。内部にあるもの。entity; content ②哲学で、変化し移り変わる現象の根底にあって、同一性を保ちながらそのもととしてこれらを制約し、統一している永遠不変の本質的・根源的な内容のこと。substance

**じったい-か【実体化】**(名・サ変他) 思考のうちにあるものを、客観的な実在にすること。substantiate

**じったい-し【実体視】** ↓りったいし(立体視)

**じったい-ふりこ【実体振り子】** 剛体に軸を通し、この軸を水平に固定してそのまわりを回転できるようにした振り子。重力の作用するところが一点とみなせない。物理振子。複振子。physical pendulum

**じったい-ほう【実体法】** 権利・義務の種類、その主体や効果など裁判上の基準を定めている法律。刑法・民法・商法など。substantive law 対義 手続法。

**しったか-ぶり【知ったか振り】**(名・サ変自) 実際には知らないのに、知っているようなふりをすること・人。a know-it-all

**しっ-たつ【執達】**(名・サ変他) 上司の意を受けて下の者に通達すること。

**しったつ-り【執達吏】** 執行吏の旧称。

**しったるた【▼悉▽達多】** 《siddhārtha 梵の音写で、目的をなしとげた、の意》釈迦が出家する前の、太子であったときの俗名。悉達多。

**しったん【▼悉▽曇】** 《siddhaṃ 梵の音写で、成就・吉祥の意》サンスクリットの字母。また、それを表記する文字。仏教とともに中国・日本に伝わった。五十音図の配列には悉曇の影響が大きい。梵字。

**じつ-だん【実弾】** ①ほんものの弾丸。実包。ball cartridge 対義 空包。②《俗語》選挙などのさいに買収に使われる、現金。

**しっ-ち【失地】** 取られて、なくした土地。lost territory 用例 ―回復。

**しっ-ち【湿地】** じめじめして、つねに水分が多い土地。湖沼が干上がったり、まわりから流入する堆積物で埋め立てられていく過程で生じる場合が多い。damp ground

**じっ-ち【実地】** ①実際に行われる場所。現場。actual place ②実際の場合。practice 用例 ―試験。

**じっち-けんしょう【実地検証】**(名・サ変他) 犯罪の現場やその他の一定の場所を実際に出向いて調べること。on-the-spot investigation

**しっち-そうげん【湿地草原】** ↓しっせいそうげん(湿性草原)

**じっちゅう-こう【十▼炷香】** 香道の組み香の一つ。まず三種類の伽羅香木の匂いを試み、次に本香として三種を三炷ずつ、さらに客香一炷を加え、計一〇炷の香を聞いてその中から正確に三種と客香を当てる。

**じっちゅう-はっく【十中八九】** 《一〇のうち、八か九》おおかた。大部分。じゅうちゅうはちく。ten to one

**しっ-ちょう【失調】** ①調和・調子を失うこと。disharmony 用例 栄養―。②ある部位の筋肉の障害などで運動機能がうまく働かなくなること。

し



↓ 行き先項目、図版・写真参照印。 JIS 日本工業規格情報交換用漢字符号コード(区点コード)。

**じっ-ちょく【実直】**(名・形動) 誠実で正直なこと・さま。律儀。実体。honesty

**しっ-ちん【七珍】**《仏教語》↓しっぽう(七宝)①

**しっちん-まんぽう【七珍万宝】**《仏教語》あらゆるすべての宝物。

**しっ-つい【失墜】**(名・サ変他) 名誉・信用をおとすこと。

**じ-つづき【地続き】** 土地が続いていること。隣り合っていること。adjoining

**じっ-て【十手】** 江戸時代、捕り手が用いた道具。長さ約一尺五寸(約四五cm)の鉄棒で、手元に鉤があり、柄に色別で所管を示したふさ紐のついたもの。犯罪者を捕らえるときに用いたが、身分を証明するものでもあった。手木。

**じっ-てい【実体】**(名・形動) ↓じっちょく(実直)

**じっ-てい【実弟】** 両親を同じくする弟。one's younger brother

**じってい-ほう【実定法】** 人の行為によって作られ、一定の時代、社会で実際に使われる法。制定法・慣習法・判例法など。実証法。人為法。positive law 対義 自然法。

**しつ-てき【質的】**(形動) 実質に関するさま。内容・本質についてのさま。qualitative 対義 量的。用例 ——にすぐれている。

**じっ-てつ【十哲】** 一〇人のすぐれた思想家・人物。用例 孔門の——。

**しっ-てん【失点】** 競技・勝負などで、相手に取られた点。lost score

**しつ-てん【質点】** 力学で、質量と位置をもつが大きさのない仮想の点。material point

**しつ-でん【湿田】** 水はけが悪く、一年じゅう水分の多い水田。対義 乾田。

**しつてん-けい【質点系】** 複数の質点から構成される力学系。system of particles

**しっ-と【▾嫉▾妬】**(名・サ変他) ①人をねたむこと。そねむこと。envy ②男女間のやきもち。ジェラシー。jealousy

**しつ-ど【湿度】** 空気中の水蒸気の含まれる度合いを示す値。目的に応じて種々の表し方があるが、相対湿度がもっともふつう。humidity

**じっ-と**(副) ①長い時間一点を見つめるさま。staringly 用例 ——目を凝らす。②静止しているさま。quietly 用例 物陰に——身を潜める。

**ジッド【André Gide】**(一八六九〜一九五一) フランスの小説家。二〇世紀フランス文学を代表する一人。個性を束縛するものと闘い、個人の可能性を信頼した。一九四七年ノーベル文学賞受賞。作品『背徳者』『狭き門』『法王庁の抜け穴』『贋金つくり』など。

**シット-イン【sit-in】** 座り込み。

**しっ-とう【失当】**(名・形動) 道理にはずれること・さま。不当。

**しっ-とう【失投】**(名・サ変自) 野球で、投手があやまって打者に打ちやすい球を投げること。careless pitch

**しっ-とう【執刀】**(名・サ変自) メスをとって手術や解剖をすること。performance of operation

**じつ-どう【実動】**(名・サ変自) 機械・車両などが、実際に動いていること。operate

**じつ-どう【実働】**(名・サ変自) 実際に労働をすること。稼働。actual working

**シットウェル【Edith Sitwell】**(一八八七〜一九六四) イギリスの女流詩人。大胆な技法で実験的な詩を書き、高踏的な新詩運動を行った。詩集『正面』『黄金海岸の慣習』『原子時代の三部作』など。

**じつどう-じかん【実働時間】** 実際に労働をしている時間。actual working hours 対義 拘束時間。

**じっ-とく【十徳】** ①一〇種の徳。多くの徳。②《僧衣の「直綴」の変という》素襖の形に似て脇を縫いつけたもの。江戸時代には、医者・学者の礼装として用いた。

**じっ-とく【▿拾得】**(生没年未詳) 中国、唐代の奇僧。寒山と並称される伝説的な人物で、『寒山詩』中にその詩を収載。

**しつど-けい【湿度計】** 湿度を測定する器械。二本の温度計の一方の球部を湿らせ、二本の示度差から、表により相対湿度を求める乾湿計や毛髪湿度計など。hygrometer

**しつど-ひょう【湿度表】** 乾湿計の示度を見て簡単に湿度が求められるよう工夫された数表。table of humidity

**しっとり(と)**(副・サ変自) ①適当にしめりけがあるさま。wet 用例 ——ぬれる。②落ち着いた気分・味わいのあるさま。gently 用例 ——した作品。

**じっとり(と)**(副・サ変自) ひどく湿ったさま。とくに、汗ばんだきま。damply 用例 ——寝汗をかく。

**しつ-ない【室内】** 部屋の中。indoor

**しつない-がく【室内楽】** 各声部(パート)一楽器による器楽の合奏音楽。声部数によって二重奏・三重奏・四重奏・五重奏などにわけられる。バイオリン二、ビオラ・チェロ各一の弦楽四重奏が室内楽の中心とされる。chamber music

**しつない-きこう【室内気候】** 温度・湿度・気流・清浄度など、室内の気候要素の総合状態をいう。indoor climate

**しつない-きょうぎかい【室内競技会】** 屋内の競技場で行われる陸上競技会。冬季など屋外シーズン開幕前に行われることが多い。インドアゲーム。indoor games

**しつ-ないしょう【▾膝内障】** ひざ関節内の組織障害の総称。関節がはれて痛む。半月板損傷・ばねひざなどがある。internal derangement of knee joint

**しつない-そうしょく【室内装飾】** ↓インテリアデザイン

**じつ-に【実に】**(副) ほんとうに。まことに。実際。まったく。げに。indeed

**しつにん-しょう【失認症】** 大脳皮質の障害により、視力・聴力・触覚に異常がないのに対象物を認知できない状態。痴呆や意識障害とは区別される。agnosia

**しつ-ねん【失念】**(名・サ変他) ①物忘れすること。度忘れ。forget 用例 うっかり——する。②《仏教語》正念を失うこと。

**じつ-ねん【実年】**《実りある年齢、の意》五〇代から六〇代の経験豊かな年代。壮年の次、老年の前。昭和六〇年(一九八五)、厚生省が公募したものの中から選んだ語。

**じつ-の【実の】**(連体) ほんとうの。real 用例 ——子。

**じつ-の-ところ【実のところ】**(副) ほんとうは。to tell the truth

**じつ-は【実は】**(副) ほんとうは。実際には。to tell the truth

**ジッパー【Zipper】**《商標名》洋服・かばん・袋などの合わせ目をとじる金具。ファスナー。チャック。ジップファスナー。

**しっ-ぱい【失敗】**(名・サ変自他) やりそこなうこと。しくじり。失策。failure 対義 成功。用例 試験に——する。思わぬ——を招く。

**失敗は成功の基**(しっぱいはせいこうのもと) 失敗することによって、反省・改善することを学び、それが、やがては人を成功へと導くもととなる。失敗は成功の母。Failure is a stepping-stone to success.

**じっぱ-ひとからげ【十把一▿絡げ】** ①多くのものを、差別なく一まとめにして取り扱うこと。in the lump ②粗末に扱うこと。treating rudely ③数が多くても価値のないこと。unworthy lot

**じっ-ぱらみつ【十波羅▾蜜】**《仏教語》菩薩の実践すべき一〇種の徳目。六波羅蜜に、方便・願・力・智の四波羅蜜を加えたもの。

**しつ-ばん【湿板】** 写真感光板の一つ。沃化カリウムを含んだコロジオン液をガラス板に塗り、硝酸銀溶液に浸したもの。乾かないうちに撮影する。wet collodion

**しっ-ぴ【失費】** 費用がかかること。かかった費用。入費。expenses 用例 ——がかさむ。

**しっ-ぴ【▾櫛比】**(名・サ変自) くしの歯のように、ぎっしりと並ぶこと。用例 人家が——する。

**じっ-ぴ【実否】** 事実かどうか。ほんとうかうそか。じっぷ。true or not 用例 事の——をただす。

**じっ-ぴ【実費】** 実際にかかった費用。actual expenses

**しっ-ぴつ【執筆】** ㊀(名・サ変自他) 筆をとって文を書くこと。writing ㊁(名) 書道で、筆の持ち方。

**しっ-ぷ【湿布】**(名・サ変自他) 冷水・温湯・薬液などで湿らせた布を、局所あるいは全身に当てる治療法。鎮痛・消炎などの作用がある。その布。compress; wet pack 対義 乾布。

**じっ-ぷ【実父】** 血のつながったちち。one's father

**じっ-ぷ【実▿否】** ↓じっぴ(実否)

**しっ-ぷう【疾風】** 激しく吹く風。風力階級五の風(毎秒八・〇〜一〇・七m)。葉の茂った木がゆれ、池に波頭が立つ程度の風。gale; whirlwind

**疾風に勁草を知る**(しっぷうにけいそうをしる)《「勁草」は、風に強い、また風雪にたえる草、の意。強く激しい風が吹いてはじめて強靭な草を見分けることができる、ということ》困難にあったときこそ、人の意志・節操のかたさがわかるものだ。

**しっぷう-じんらい【疾風迅雷】** 強風と激しい雷。そのように、すばやく、激しいこと。like greased lightning

**しっぷう-どとう【疾風怒▾濤】** ↓シュトゥルム-ウント-ドラング

**しっぷう-もくう【▾櫛風▾沐雨】**《風にくしけずり、雨にからだを洗う、の意》苦難に耐えて活動するたとえ。

**じつ-ぶつ【実物】** 実際の物品。現物。actual object

**じつぶつ-だい【実物大】** 実物と同じ大きさ。life-sized 用例 ——の人形。

**じつぶつ-とりひき【実物取引】** ↓げんぶつとりひき(現物取引)

**シッフ-の-しやく【シッフの試薬】** ドイツの化学者ヒューゴー=シッフが発見したアルデヒドの検出用試薬。アルデヒド類に加えると室温で無色から赤紫色に変わる。Schiff's reagent

**しっ-ぺい【▿竹▾篦】** ①禅宗で、師家が参禅者を指導するとき用いる、竹製・弓形の法具。②指で打つこと。しっぺ。

**しっ-ぺい【疾病】** やまい。病気。disease

**しっぺい-がえし【▿竹▾篦返し】**(名・サ変自) 相手の仕打ちに対して、すぐに、または同じ方法で、仕返しすること。しっぺ返し。tit for tat 比較 おうむ返し。用例 ——を食わせる。

**しっぺい-ちりがく【疾病地理学】** 人間社会における集団的疾病現象を、自然的・社会的諸条件との関連において研究し、地域分布の法則性を見いだそうとする学問。medical geography

**しっぺい-ほけん【疾病保険】** 病気の入院費・治療費、また治療のための休業などの補償を目的とする保険。sickness insurance 比較 医療保険・健康保険。

**じっぺんしゃ-いっく【十返舎一九】**(一七六五〜一八三一) 江戸後期の戯作者。本名は重田貞一。駿河の人。当時随一の多作家で幅広く執筆、滑稽本『東海道中膝栗毛』は大当たりで滑稽本流行の源となった。

**じつへんすう-かんすうろん【実変数関数論】** 実数の集合で定義された実数値関数の性質を研究する数学の一分野。微分学や積分学も含む。theory of functions of real variables

**しっ-ぽ【▾尻▿尾】** ①動物のしりから後ろに細長くのびたもの。お。tail ②細長い物のあとの端。end

**尻尾を出す**(しっぽをだす) ごまかしがばれる。show one's true colors 類似 化けの皮を現す。比較 襤褸が出る。

**尻尾を掴む**(しっぽをつかむ) 相手の秘密・弱点などをにぎる。catch a person tripping

**尻尾を振る**(しっぽをふる) へつらう。be fawning on

**尻尾を巻く**(しっぽをまく) 降参する。give up

**尻尾を見せない**(しっぽをみせない) 弱点・秘密・ごまかしの証拠となるものなどを隠し通す。cover one's tracks

**じ-つぼ【地坪】** 地面の坪数。対義 建坪。

**じつ-ぼ【実母】** 血のつながったはは。one's mother

**しつ-ぼう【失望】**(名・サ変自) あてがはずれて、気を落とすこと。disappointment 用例 ——落胆。

**しっ-ぽう【七宝】**《仏教語》①経論に書かれている七つの宝石類。各種異説があるが、たとえば、金・銀・瑠璃・玻璃(水晶)・硨磲・赤珠(珊瑚)・瑪瑙。七珍。しちほう。②透明または不透明のガラス質の色釉を、金属の素地に焼きつけて装飾とする工芸技法。有線七宝・象眼七宝・透明七宝・七宝絵などがある。日本では一七世紀に平田道仁が平田七宝をおこし、本格的制作が普及した。エマイユ。エナメル。七宝焼。③「七宝つなぎ」の略。④紋所の名。↓写

● 七宝② 『スプーン』。一五世紀前半、ボストン美術館。

**しっぽう【七宝】**〈町〉 愛知県西部、名古屋市西隣の町。七宝焼のほか工業・家具製造業などがある。人口二万二三八八(一九八八)。

**じっ-ぽう【十方】** ①四方と四すみ・上下。②あらゆる方角・場所。

**じっ-ぽう【実包】** 実弾。ball cartridge 対義 空包。

**じっぽう-ぐれ【十方暮(れ)】** 暦注の一つ。甲申の日から癸巳の日までの一〇日間。間日を除いたこの期間はあらゆる場所・方角が闇に閉ざされるとして、とくに旅行・移転を忌む。

**じっぽう-せかい【十方世界】**《仏教語》全世界。世界全体。

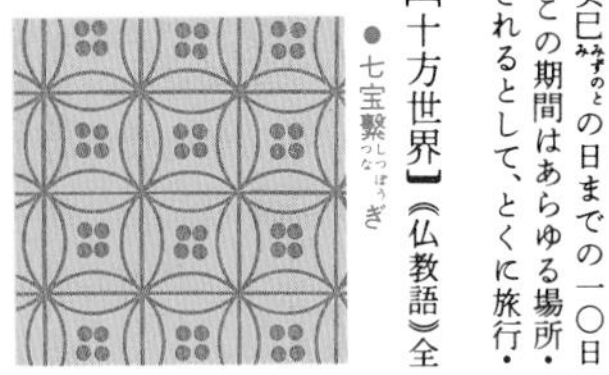

● 七宝繋ぎ

**しっぽう-つなぎ【七宝▾繋ぎ】** 両端のとがった長円形をつなぎ合わせた模様。しっぽう。↓写

**しっぽう-やき【七宝焼】** ↓しっぽう(七宝)②

**しつ-ぼく【質朴・質▾樸】**(名・形動) 自然のままで、素直なこと・さま。飾り気のないこと・さま。simplicity

**しっぽく-りょうり【▿卓▾袱料理】**《卓袱は中国風の食卓をおおう布。転じて、その食卓》日本化した中国料理。わん汁以外は各種の料理を大皿や大鉢に盛り、各人が取り分けて食べる。長崎名物。↓写

● 卓袱料理

**しっぽのつり【▾尻▿尾の釣(り)】** 昔話の一つ。猿がカワウソにだまされて尻尾で魚を採ろうとしたが、水がこおったのを知らずに引っ張ったので、尾が切れて短くなったという話。類話は北ヨーロッパに多い。

**しっぽり**(副) ①全体的にぬれるさま。しっとり。用例 春雨に―ぬれる。②男女が情細やかに時をすごすさま。

**じつ-まい【実妹】** 両親を同じくするいもうと。one's real younger sister

**じつ-みょう【実名】** ↓じつめい(実名)

**しつ-む【執務】**(名・サ変自) 事務・業務をとること。official duties 用例 ―中。

**じつ-む【実務】** 実際に行う業務・事務。business 用例 ―につく。

**しつむ-りつ【▾悉無律】** ↓ぜんかむかのほうそく(全か無かの法則)

**じ-づめ【字詰(め)】** 原稿や本などで、一行または一ページに入れる字数。入っている字数。

**しつ-めい【失名】** 姓名がわからないこと。anonym 用例 ―氏。

**しつ-めい【失明】**(名・サ変自) 視神経が光を感じなくなること。目が見えなくなること。両眼が失明した場合を盲目という。go blind

**じつ-めい【実名】** ほんとうの姓名。本名。じつみょう。one's real name 対義 仮名・偽名・芸名・筆名・虚名・呼び名。

**じつ-もって【実▿以て】**(副) 実に。まったく。はなはだ。用例 ―相済まないことです。

**しつ-もん【質問】**(名・サ変自他) わからないことや理由などを、問いただすこと。question 対義 回答。用例 ―状。―を受ける。

**しつもんしゅい-しょ【質問主意書】** 国会で、議員が国政一般について内閣に事実・所信をただすための文書。

**しつ-よう【執▾拗】**(名・形動) ＝しつおう。①がんこに自分の意見を通そうとすること・さま。片意地。obstinacy ②うるさくまつわること・さま。しつこいこと・さま。importunate

**じつ-よう【実葉】** ↓ほうしよう(胞子葉)

**じつ-よう【実用】** 実際に役立つこと。実際に用いること。実際。utility

**じつよう-しゅぎ【実用主義】** ①哲学で、行為や現実に重きをおき、認識や思惟を行為の手段とみなす説。プラグマティズム。pragmatism ②日常生活に役立つかどうかで価値を決めるやり方。また、実用を第一の目標に置く態度。pragmatic

**じつよう-しんあん【実用新案】** 物品の形状・構造または組み合わせを従来のものと変えることで、新規の技術的・実用的効果を生じさせる考案。new design for practical use

**じつよう-せい【実用性】** 実用にかなう性質・程度。practical use

**じつよう-たんい【実用単位】** 統一的に決められた単位系とは別に、実用上の測定に便利なように慣習的に使われる単位。馬力など。practical unit

**じつよう-てき【実用的】**(形動) 実用に適するさま。practical 対義 芸術的。

**じつよう-ろん【実用論】** 記号論の一分野。情報の機械的授受だけでなく、それを行うさいの情況の影響による多様性まで含めて問題とする研究分野。pragmatics

**じ-づら【字面】** 文字や、その並び方を見て受ける感じ。文章の表面的な印象。face 用例 ―が悪い。―を追う。

**しつらい【▿設い】** ①もうけととのえること。かざりつけること。②《「室礼」などの字を当てる》平安時代以降、饗宴・移転・女御入内など晴れの儀式の日に、寝殿の母屋・廂を調度でかざりたてること。

**しつ-らい【疾雷】** はげしい雷。また、急に鳴りひびく雷。

**疾雷、耳を掩うに及ばず** 相手の動きがあまりにも急で、防ぐひまもない。疾雷、耳を掩うに暇あらず。

**し-づら・い【▿為▿辛い】**(形) しにくい。やりづらい。difficult

**しつら・える【▿設える】**(下一他) もうけ、ととのえる。かざりつける。provide

**しつらくえん【失楽園】**《原題 Paradise Lost》ミルトンの叙事詩。一六六七年刊。聖書の楽園追放の物語に、堕天使サタンの反逆の話をからませ、人間性と原罪と恩寵の問題を追究。

**シッランパー【Frans Eemil Sillanpää】**(一八八八～一九六四) フィンランドの小説家。迫力ある農民小説を書いた。一九三九年ノーベル文学賞受賞。作品『聖惨』『若く逝きし者』など。

**じつ-り【実利】** 実際の利益。実益。utility

**じつ-り【実理】** 実際に即した道理。経験から得た理論。practical theory

**しつり-し【▾蒺▾藜子】** 生薬の一つ。暖かい海辺の砂地に自生するハマビシの果実を乾燥したもの。脂肪油やサポニンを含む。強壮・利尿に用いる。

**じつり-しゅぎ【実利主義】** 功利主義。utilitarianism

**じつり-てき【実利的】**(形動) 利益・効用を目的とするさま。pragmatic

**しつ-りょう【室料】** ホテルやアパートなどの部屋の借り賃。部屋代。room rent

**しつ-りょう【質料】**(hylē ギリシア) アリストテレスの用語で、事物が形成されるときの素材となるもの。たとえば建築において家の構造が形相であるのに対し、材木などは質料である。カントでは、認識主観の形式によって限定される対象の素材。ヒュレー。対義 形相。

**しつ-りょう【質量】** 物体がもっている固有の量。慣性質量と重力質量の二とおりの定義があるが、実際には両者は一致する。mass

**しつりょう-いん【質料因】** アリストテレスの説く四原因の一つ。生成・変化のもととなるもの。material cause

**しつりょう-エネルギー【質量エネルギー】** 質量としてもっているエネルギー。相対性理論では質量とエネルギーが等価で、質量を$m$、エネルギーを$E$、光速度を$c$とすると、$E=mc^2$の関係がある。mass energy

**しつりょう-けっそん【質量欠損】** 原子核を構成する核子(陽子と中性子)の質量の和から、原子の質量を差し引いた値。原子核の結合エネルギーに相当。mass defect

**しつりょうさよう-の-ほうそく【質量作用の法則】** 化学反応が平衡状態にあるとき、温度が一定なら反応物質の濃度積と生成物質の濃度積との比が一定となるという法則。law of mass action

**しつりょう-すう【質量数】** 原子核を構成する陽子と中性子の和。mass number

**しつりょう-スペクトル【質量スペクトル】** 質量分析器や質量分析計で、イオンを質量と電荷の比の大きさで分離し、それを順にならべたもの。質量測定・同位体の存在比測定・化学分析などに使用される。mass spectrum

**しつりょう-ちゅうしん【質量中心】** 物体あるいは質点系の全質量が集中しているとみなせる点。外力はこの点に作用すると考える。重心。center of mass

**しつりょう-ひ【質量比】** ロケット打ち上げ時の総質量と推進剤を使い果たしたあとの質量の比。一般に、ロケットの速度は、質量比が大きいほど速くなる。mass ratio

**しつりょうふへん-の-ほうそく【質量不変の法則】** ↓しつりょうほぞんのほうそく(質量保存の法則)

**しつりょう-ぶんせきき【質量分析器】** 質量の異なるイオンを分離し、検出する装置。イオンに電場と磁場をかけると、質量電荷比のちがいに応じて曲がり方が異なることを利用。mass spectrograph

**しつりょう-ぶんせきほう【質量分析法】** 原子または分子をイオン化し、磁場を作用させることによってイオンを質量別に分け、電気的に検出する分析法。有機化合物などの同定、原子量の精密測定などに用いる。mass spectrometry

**しつりょうほぞん-の-ほうそく【質量保存の法則】** 化学反応の前後で、反応する物質の全体の質量は変わらないという法則。一七七四年ラボアジエが提唱した。質量不変の法則。law of conservation of mass

**じつ-りょく【実力】** ①実際に持っている能力・技量。ability 用例 ―をたくわえる。②目的を達するためにとる手段。武力やストライキなど。force 用例 ―行使。

**しつ-れい【失礼】** ㊀(名・形動・サ変自) 礼にはずれること・さま。無礼。impolite 用例 ―な態度。㊁(名・サ変自) 立ち去ること。辞去。退席。leave 用例 そろそろ―しましょう。㊂(感) 別れるとき、わびるとき、話しかけるときなどのあいさつ語。Excuse me.; I'm sorry. 用例 ―、とんだことをいたしました。

**じつ-れい【実例】** 証明のためにあげる、実際にあった例。実際の例。example 用例 ―をあげる。

**しつれい-ながら【失礼▾乍(ら)】**(連語) ものをたずねたり、反対したりするときなどのあいさつ語。Excuse me, but… 比較 僭越ながら。

**しつ-れん【失恋】**(名・サ変自) 恋がかなえられなくなること。broken heart

**じつ-ろく【実録】** ①事実のままの記録。実記。authentic record ②編年体史書の一種。帝王一代の記録を年代順に編集したもの。

**じつろく-もの【実録物】**《事実によった読み物、の意》実録体小説。実録小説。近世後期に講釈師の口述筆記が貸本屋を通して流布した。お家騒動物・仇討物などがある。

**じつ-わ【実話】** 事実の話。実際にあった話。true story 用例 ―雑誌。

**し-て【シテ・仕手】** ①能楽で、主役になる役者。対義 ワキ。②狂言で、主人役になる役者。対義 アド。

**し-て【仕手】** ①する人。②やりて。man of ability ③株式で、投機を目的に大口の売買をする人。operator 用例 ―株。

**して**(接続) 上の事柄を受け、それに続ける語。疑問文に多く用いる。そして。それで。用例 ―、その後のなりゆきは。

**し-て** ㊀(格助) ①手段・方法・材料などを示す。…でもって。…で。用例 三人―手伝う。②文語的《「…をして」の形で。》使役の対象となる人をさす。…に。用例 父母を―言わしむれば。㊁(接助)《連用形に付いて》…て。…に。用例 若く―賞をとる。㊂(副助) 意味を強める。用例 それだから―。

**しで 12画【▾榊】** 部首[木]へん 和製漢字 JIS 6016 地名に用いられる。参照 四手。

**しで【四手・▿垂】** ①《「垂らす」の意の動詞「しず(垂ず)」の連用形から》しめなわや玉ぐしにたらす白い紙。昔は、木綿をつけた。②やりの柄につける払子のような毛。↓写

● 四手①

**しで【四手】** カバノキ科の落葉高木で、山地にはえるイヌシデ・アカシデ・クマシデなどの総称。高さ約一五m。葉は楕円形。花は雌雄同株で五月ごろに開く。果実は卵形。↓写

● シデ　アカシデの雄花(右)と雌花(左)。

**し-で【死出】** ①死んであの世へ行くこと。②「死出の山」の略。

**死出の田長**(しでのたおさ)《「死出」は、「死出の山」から来て鳴くからとも、「賤(しず)」の転ともいわれる。「田長」は、その鳴き声を聞いて田植えを始めることに由来》ホトトギスの異名。

**死出の旅**(しでのたび) 死出の山へ行く、すなわち死ぬこと。

**死出の山**(しでのやま)《仏教語。『十王経』にある語》死者が秦広王の庁にたどり着くまでの道中にあるといわれる険しい山。死出。

**し-てい【子弟】** ①子どもやおとうとたち。children ②未成年者。minority 対義 父兄。用例 ―教育。③男の子。男子。boys

**し-てい【仕丁】** ↓じちょう(仕丁)

**し-てい【私邸】** 個人のやしき。私宅。private residence 対義 官邸・公邸。

**し-てい【使丁】** やとわれて雑用をする人。

**し-てい【指定】**(名・サ変他) それと示して定めること。appointing 用例 ―席。

**し-てい【師弟】** 師と弟子。教師と生徒。master and disciple

**師弟は三世**(していはさんぜ) 師弟の縁は、前世・現世・来世にわたるほど深い因縁でつながっているということ。類似 師は三世の契り。

**し-てい【視程】** ①気象観測で、見通しのきく水平距離。②航空関係で、目標物が肉眼で見えなくなる距離。雨・雪・霧・煙霧などによる大気の混濁度を示す尺度。滑走路ごとに最小値がきめられていて、その値以下のときは滑走路は閉鎖される。visibility

**じ-てい【自邸】** 自分のやしき。one's residence

**シティー【city】** ①都市。市。②《the Cityで》イギリスのロンドン市東部にある約一・六$km^2$の地区。イギリスの金融・商業・海運業の中心地。

**シティー-エア-ターミナル【city air terminal】** 都市と、郊外にある空港間を往来する旅客のために設けられた地上輸送サービス施設。交通機関の発着・航空券発売・座席予約のほか、チェックインなども行う。シティーターミナル。

**シティー-マネージャー【city manager】** アメリカで、市会に任命されて市政を運営する専門家。

**してい-ぎょぎょう【指定漁業】** 農林水産大臣の許可が必要な漁業。母船式漁業・トロール・カツオ一本釣り・マグロ延縄・大中型の巻き網漁業など。designated fishery

**してい-しょく【指定職】** 一般職の国家公務員のうち、人事院規則にしたがい職務の内容・責任を考慮して特別の俸給表が適用される職。事務次官・国立大学学長など。

**じ-ていすう【時定数】** 初めの値から最終値まで変化・減少する量の何パーセントかになるまでに要する時間。緩和時間。time constant

**シティズン-バンド【citizen band】** トランシーバー(=簡易携帯無線電話機)用に指定された周波数帯。二六メガヘルツ・二七メガヘルツ。

**してい-そはく【子庭祖▼柏】**(生没年未詳) 中国、元末の禅僧・水墨画家。風刺詩に巧みで、画は枯木・石菖蒲を得意とした。日本では室町時代以来珍重された。

**してい-つうか【指定通貨】** 外国為替管理法で外国との取引決済に使用することを認められた通貨。designated currency

**してい-でんせんびょう【指定伝染病】** 厚生大臣が必要に応じて指定する伝染病。伝染病予防法により予防措置を規定。現在では、急性灰白髄炎(小児麻痺)とラッサ熱の二種類。designated infectious disease

**してい-とし【指定都市】** 「政令指定都市」の略。

**シティバンク【Citibank】** アメリカ最大手の商業銀行。とくに国際業務の比重が高い。一八一二年設立。

**してい-めいがら【指定銘柄】** 証券取引所上場株式のうち、信用取引上の特別優遇措置がとられている銘柄。昭和五三年(一九七八)それまでの特定銘柄にかわって誕生。比較 特定銘柄。

**してい-よきん【指定預金】** 政府資金の一部について大蔵大臣が資金の用途・金額・期間・利率などを指定し、日銀を通じて市中金融機関に預金した制度。市中金融の緩和対策を目的としたが、昭和二九年(一九五四)廃止。

**し-でか・す【仕出かす】**(五他) してしまう。やらかす。accomplish

**して-かぶ【仕手株】** 投機によって短期間に大きな利益を得ることを目的とする専門業者(=仕手)が、売買の対象に選んだ銘柄。一般に、値動きが激しく、売買回転率の高い銘柄に多い。speculative stocks

**して-からが**(連語)《「…にしてからが」の形で》…でさえも。even… 用例 この人に―このざまだ。

**し-てき【指摘】**(名・サ変他) ①さし示すこと。indication 用例 重要点を―する。②隠れている物事を取り出して示し、はっきりさせること。revelation 用例 弱点を―する。

**し-てき【史的】**(形動) 歴史に関係のあるさま。歴史的。historical

**し-てき【私的】**(形動) 個人にかかわるさま。プライベート。private 対義 公的。

**し-てき【詩的】**(形動) ①詩についての。詩であるところの。poetical 用例 ―様式。②詩のような味わいのあるさま。現実を離れて感興にひたるさま。poetic 対義 散文的。

**じ-てき【自適】**(名・サ変自) なんらの束縛も受けず、思いのままに楽しむこと。living freely from worldly care 用例 悠々―の生活。

**してき-げんざい【史的現在】** 過去の事実を、いきいきと描写するために動詞の現在形で述べること。historical present

**してき-じち-の-げんそく【私的自治の原則】** 近代法の根本原理の一つ。私人間の物の売買など私法的法律関係を、個人の自由意思に基づいて規律させる原則。契約自由の原則、過失責任の原則、自己責任の原則などとして現れる。freedom of contract

**してき-せいしん【詩的精神】** 美的なおもむきを重んじる心の働き。poetic spirit

**してき-ねんきん【私的年金】** 生命保険会社や信託銀行など民間の企業・団体があつかう年金の総称。private pension 対義 公的年金。

**してき-ゆいぶつろん【史的唯物論】** 唯物史観の別称。

**しで-こぶし【四手▽辛▼夷】** モクレン科の落葉小高木。中国原産で、庭園などに植える。コブシによく似ているが、萼と花弁の区別がない。十数個の花弁を玉串などに垂れ下げる「四手」に見たてた。ヒメコブシ。

**しで-ざくら【四手桜】** ザイフリボクの異名。

**して-せん【仕手戦】** 株式取引で、ある銘柄をめぐって売り手と買い手が互いの思惑から相争い、大量の売買を行うこと。

**し-てつ【私鉄】** 民間会社が経営する鉄道の通称。民鉄。private railway

**じ-てっこう【磁鉄鉱】** 鉄の酸化鉱物の一つ。等軸晶系。金属光沢があり、黒色を示す。強磁性の良電導体。火成岩や変成岩に普遍的に含まれる。製鉄のおもな原料。マグネタイト。magnetite

**してつ-そうれん【私鉄総連】**《「日本私鉄労働組合総連合会」の略》大手私鉄と地方の中小私鉄の労組からなる有力な民間組合。昭和二二年(一九四七)結成。

**シテ-とう【シテ島】**(Île de la Cité) フランス中北部、パリを流れるセーヌ川の中の島。この島を中心にパリ市街が形成された。歴史的建物が多く、パリ観光の中心地。

**シデナム【Thomas Sydenahm】**(一六二四〜八九) イギリスの医師。イギリスのヒポクラテスとよばれた史上有数の臨床医家。マラリアの特効薬としてキニーネを発見。また、病気を忠実に観察し、疾病分類に独自の境地を開いた。

**しで-の-き【四手の木】** アカシデの別名。

**して-は**(連語)《「…にしては」の形で》…ということを考えに入れると。for; considering 用例 かれに―よくできた。

**して-ばしら【シテ柱】** 能舞台で、舞台と橋がかりとの間にある柱。シテの所作の起点と終点になる。比較 ワキ柱。↓能楽図

**しではら-きじゅうろう【▽幣原喜重郎】**(一八七二〜一九五一) 外交官・政治家。大阪生まれ。各国公使を経て四度外相。ワシントン軍縮会議の全権委員。第二次大戦後、昭和二〇年(一九四五)一〇月に組閣、憲法改正に当たった。のち進歩党総裁。

**して-み・る-と**(接続) そうだとすると。してみれば。if so

**しで-むし【▽埋▽葬虫】** シデムシ科の甲虫の総称。体長八mm〜三・五cm。地上生活をし、ごみためや動物の死骸に集まる。日本全土に分布。↓図

● シデムシ

**して-も**(連語)《「…にしても」「…としても」の形で》…であっても。even though 用例 それに―、うれしい。

**して-や・る【▽為て▽遣る】**(五他) ①うまうまとしおおせる。だます。deceive 用例 ―・ったりとほくそえむ。②しとげる。accomplish

**し-てん【支店】** 本店から分かれた店。分店。branch 対義 本店。

**し-てん【支点】** 挺子や振り子の動きを支える固定点。fulcrum 対義 重点・力点。↓挺子図

**し-てん【死点】** 往復機関で、連結棒とクランクとが運動行程のなかで一直線となり、クランクを回転させる方向の分力が働かなくなる点。dead center

**し-てん【始点】** ①運動・動作などの始まりの点・所。starting point ②有向線分やベクトルの始まりの点。initial point

**し-てん【▼祀典】** ①神をまつる儀式。②祭祀について記した書物・典籍。

**し-てん【視点】** ①視線が達する点。②ものを見る立場。観点。viewpoint ③絵画の遠近法で、画面に対して視線が直角に交わる仮定の一点。

**し-でん【史伝】** ①歴史と伝記。history ②歴史上の記録による伝記。biography

**し-でん【市電】** ①市営電車の略称。②道路上の軌道を走る路面電車。street car

**し-でん【師伝】** 師からの伝授。

**し-でん【紫電】** ①紫色の電光。purple lightning ②鋭い眼光。③とぎすました刀の光。flash of a sword 用例 ―一閃。

**し-でん【賜田】** 奈良・平安時代、功労のあった者に特別に与えられた田。おもに皇族や中央貴族に与えられた。別勅賜田。

**じ-てん【字典】** 漢字を集めて一定の順序に並べ、その音・訓・意味・用法などを説明した書物。字引。字書。比較 辞典。用例 康熙―。

**じ-てん【事典】** 物や事がらを表す語を集めて、一定の順序に並べ、その内容を解説した書物。encyclopedia 比較 辞典。用例 百科―。

**じ-てん【辞典】** ことばをあつめて一定の順序にならべ、書き表し方・品詞・意味・用法などを説明した書物。辞書。dictionary 比較 字典・事典。用例 英和―。

**じ-てん【次点】** ①当選者に次ぐ得票数。また、得票をした人。runner-up ②最高点に次ぐ得点。また、得点をした人。

**じ-てん【自転】**(名・サ変自) ①自分で回転すること。rotation ②天体が自身の重心を通る軸を中心として回転すること。rotation 対義 公転。

**じ-てん【時点】** 時の流れの、ある一点。the moment 用例 その―ではまだ生存していた。

**じ-でん【自伝】** ↓じじょでん(自叙伝)

**しでん-かい【紫電改】** 旧日本海軍の局地戦闘機。中翼の「紫電」を低翼にして脚を改良し、昭和二〇年(一九四五)制式採用。本土防空に活躍した。

**じでん-かん【磁電管】** ↓マグネトロン

**じてん-しゃ【自転車】** サドルに腰かけ、両足でペダルを踏んで車輪を回し、ハンドルで方向操作しながら進む軽便な車両。二輪車がふつう。bicycle 数え方 一台。↓図

**じてんしゃ-きょうぎ【自転車競技】** 自転車を用いて行う競技。速さを競うトラック競技やロードレースのほか、サイクルサッカーなどがある。bicycle racing

**じてんしゃ-そうぎょう【自転車操業】**《自転車が止まると倒れることから》慢性的に資金が不足し、借入金をつぎつぎに回転させてようやく営業を続けている状態。

**してん-づめ【支店詰(め)】** 支店に勤務すること。work at the branch

**し-てんどう【四▼顛倒】**《仏教語》四つのまちがった考え方。世間の一切のものを常・楽・我・浄であると考え、反対に涅槃の境地を無

●四天王① 四天王像 東大寺戒壇院(奈良県)。

常・無楽・無我・無浄であるとするもの。四倒。
**してん-のう【四天王】** ①《仏教語》帝釈天に仕え、八部衆を支配して仏法や仏法に帰依する人々を守護する護法神。持国天・増長天・広目天・毘沙門天(多聞天)。②《転じて》臣下や門弟などの中で、とくにすぐれた四人のこと。↓写
**してんのう-じ【四天王寺】** 大阪市天王寺区元町にある和宗の総本山。もと天台宗。聖徳太子の創建と伝えられ、四天王寺式の伽藍配置で有名。太子信仰の中心として知られる。荒陵寺。天王寺。難波寺。堀江寺。↓写
**してんのう-じゅ【四天王樹】** スギ・イチョウ・クス・ケヤキの四種類の木。
**しと【▽尿】** 古語 小便。小水。ゆばり。用例 この宮の御—に濡るるは、うれしきわざかな(紫式部日記)。
**し-と【史都】** 史跡の多い都市。用例 —鎌倉。
**し-と【死都】** 災害などによって住民が死に絶えてしまった都市。廃都。用例 —ポンペイ。
**し-と【使徒】** ①キリスト教初代教会の最高位の職名。apostle ②イエス=キリストが福音を伝えるために選んだ一二人の弟子。the Apostles ③神聖な事業に献身的な努力をする人の敬称。用例 平和の—。
**し-と【使途】** 金品の使いみち。how to use 用例 —不明金。
**し-ど【示度】** ①計器の示す目盛り度。indication ②気圧の程度。registered degree 用例 中心—。
**し-ど【私度】** 古代、官から僧尼となる許可を得ないで勝手に出家得度すること。
**しど【志度】**〈町〉香川県東部、瀬戸内海に臨む町。ブドウ栽培、桐下駄の生産、ハマチ養殖などが行われる。志度寺、平賀源内の旧邸がある。人口二万一〇七八(一九八八)。
**じ-ど【磁土】** 陶磁器の原料となる土・ねんど。陶土。kaolin
**し-とう【死闘】**(名・サ変自) 死にものぐるいで戦うこと。desperate struggle 用例 —を繰りかえす。
**し-とう【至当】**(名・形動) きわめて適当なこと・さま。このうえなく、よくあてはまること・さま。proper 用例 —な処置をとる。
**し-とう【私党】** 私利・私欲のために集まった集団。band 対義 公党。用例 —を組む。
**し-とう【私闘】** 個人的な利害・感情による争い。private strife

●四天王寺

**し-どう【士道】** ①りっぱな男子の、ふみ行うべき道。②武士道。
**し-どう【四道】** ①四つの道。四つの方面。わが国では、古代には北陸道・東海道・西海道・丹波道の総称。②平安時代、大学寮で教授した四つの学科。紀伝道・明経道・明法道・算道の総称。
**し-どう【市道】** 市の行政区域内にあって、市が管理している道路。municipal roads
**し-どう【私道】** 法律で、土地の私的な所有者が一般交通の用に供している道路。private road 対義 公道。
**し-どう【始動】**(名・サ変自他) 動かし始めること。動き始めること。starting
**し-どう【指導】**(名・サ変他) 正しいと信じる目的・方向に教え導くこと。guidance 用例 生徒を—する。—にあたる。
**し-どう【師道】** 人の師として守るべき道。
**し-どう【▽祠堂】** ①祖先を祭った所。みたまや。持仏堂。②小さいやしろ・ほこら。
**し-どう【▽斯道】** ①学問・技芸で、従事している方面。この道。the art ②孔子・孟子の仁義の道。
**じ-とう【自党】** 自分の属している党派。one's party
**じ-とう【地頭】** ①平安末期、領主と契約を結び、在地にあって荘園を管理した荘官。②鎌倉・室町幕府の職名。源頼朝が治安維持の名目で全国に設置、盗賊の逮捕、年貢の徴収や大番役にあたった。比較 守護。用例 泣く子と—には勝てぬ。
**じ-どう【自動】** 対義 他動。①《「自働」とも》自力で動くこと。動力を持っている機械が、決められた一つのまとまった仕事や動作を自然にすること。オートマチック。automatic 用例 —ドア。—販売機。②文法で、「自動詞」の略。
**じ-どう【児童】** ①子ども。少年少女。child ②小学校に学ぶ子ども。学童。pupil 比較 生徒・学生。
**しどう-いん【始動因】** 動力因の別称。
**じとう-うけ【地頭請(け)】** 鎌倉時代、地頭が荘園領主と契約を結び、一定額の年貢を請け負った制度。地頭が各地に支配権を握る原因となった。
**じどう-うんてんきどうシステム【自動運転軌道システム】** 車両をコンピューターの自動制御によって、軌道上で運行させる交通システム。大都市の交通システムや空港内の輸送に採用されている。AGT。automatically guided transit
**シトウェル【Edith Sitwell】** ↓シットウェル
**しとう-が【指頭画】** 筆の代わりに指で描く東洋画の画法。指の爪やはらに墨・絵の具をつけて描く。中国の唐代に始まり、清代前期に盛行。日本では池大雅が有名。
**じどう-が【児童画】** 児童(小学生)や幼児(就学前の子ども)の描いた絵。children's picture
**じどうか-けんしん【自動化検診】** 健康診断の普及と高度化をめざす方法。検診センターなどに、血圧・心電図検査などの自動化装置を備え、検査結果はコンピューターで処理し、総合診断は医師が行う。automatic examination
**しとう-かん【四等官】** 律令制度で、各官庁に置かれた四等級の官。事務を統括する長官、長官補佐の次官、一般事務をとる判官、書記にあたる主典。官庁によって、違った漢字が当てられた。
**じどう-き【児童期】** 発達心理学で、五、六歳から一二、一三歳ごろ。知的・社会的な発達が著しい期間。childhood
**じどうきじゅつ-ほう【自動記述法】** ↓じどうしょき(自動書記)②
**じどうけいかい-かんせいそしき【自動警戒管制組織】** 防空作戦で、警戒監視や迎撃兵器の決定などを、コンピューターで自動処理するシステム。航空自衛隊のバッジシステムなど。air defense ground environment system
**じどうけいぞく-ていきよきん【自動継続定期預金】** 満期日に解約の申し出がないときは、元金または元利金が自動的に同じ条件で継続する定期預金。
**じどう-けいほうそうち【自動警報装置】** 警報を自動的に発する装置。温度・煙・ガスなどの検知器と組み合わせて電気的に作動するものが多い。autoalarm
**じどう-げき【児童劇】** 児童を観客とする劇。また、児童が演じる劇をいう場合もある。children's theater 参照 学校劇。

●自転車

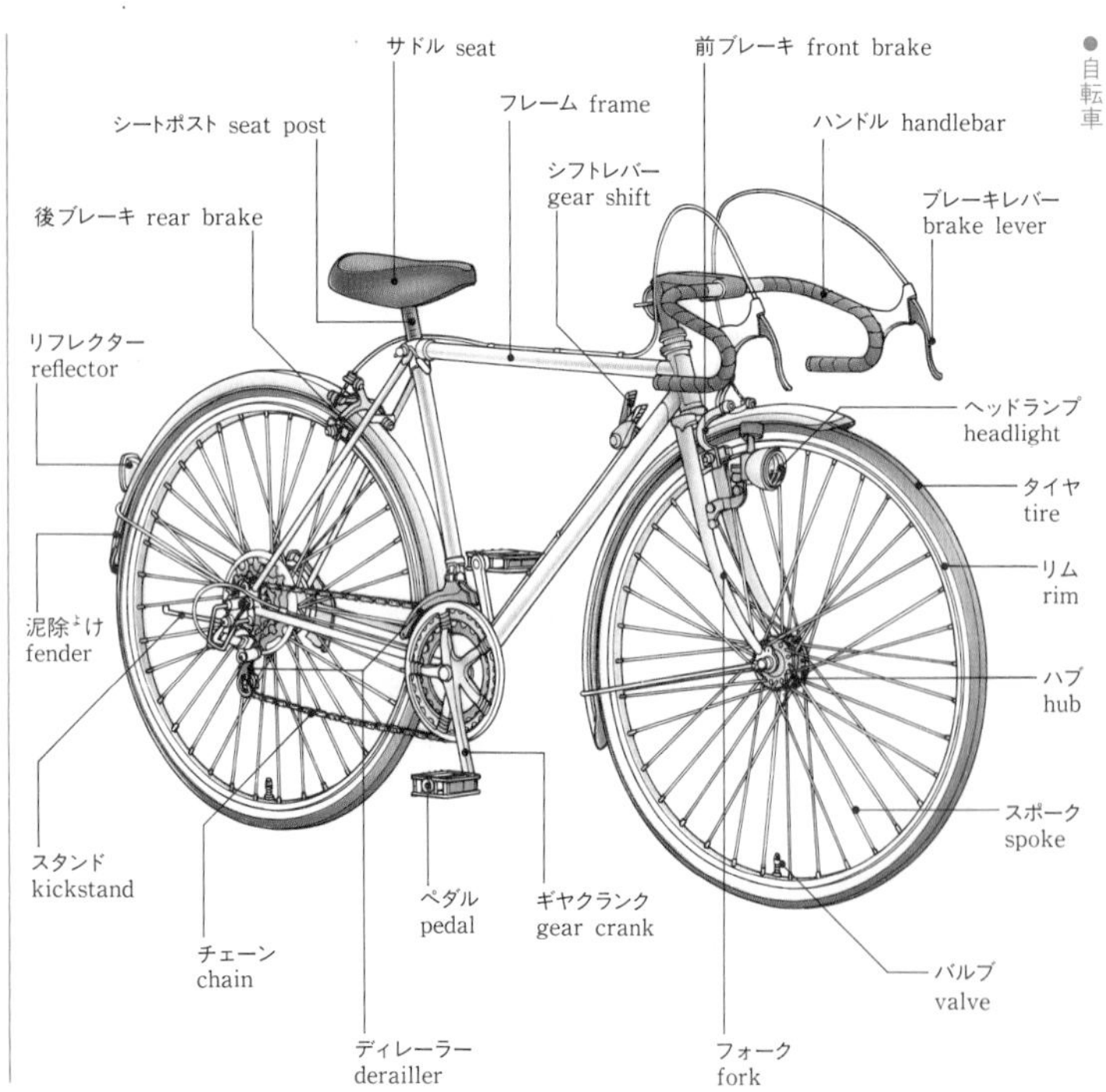

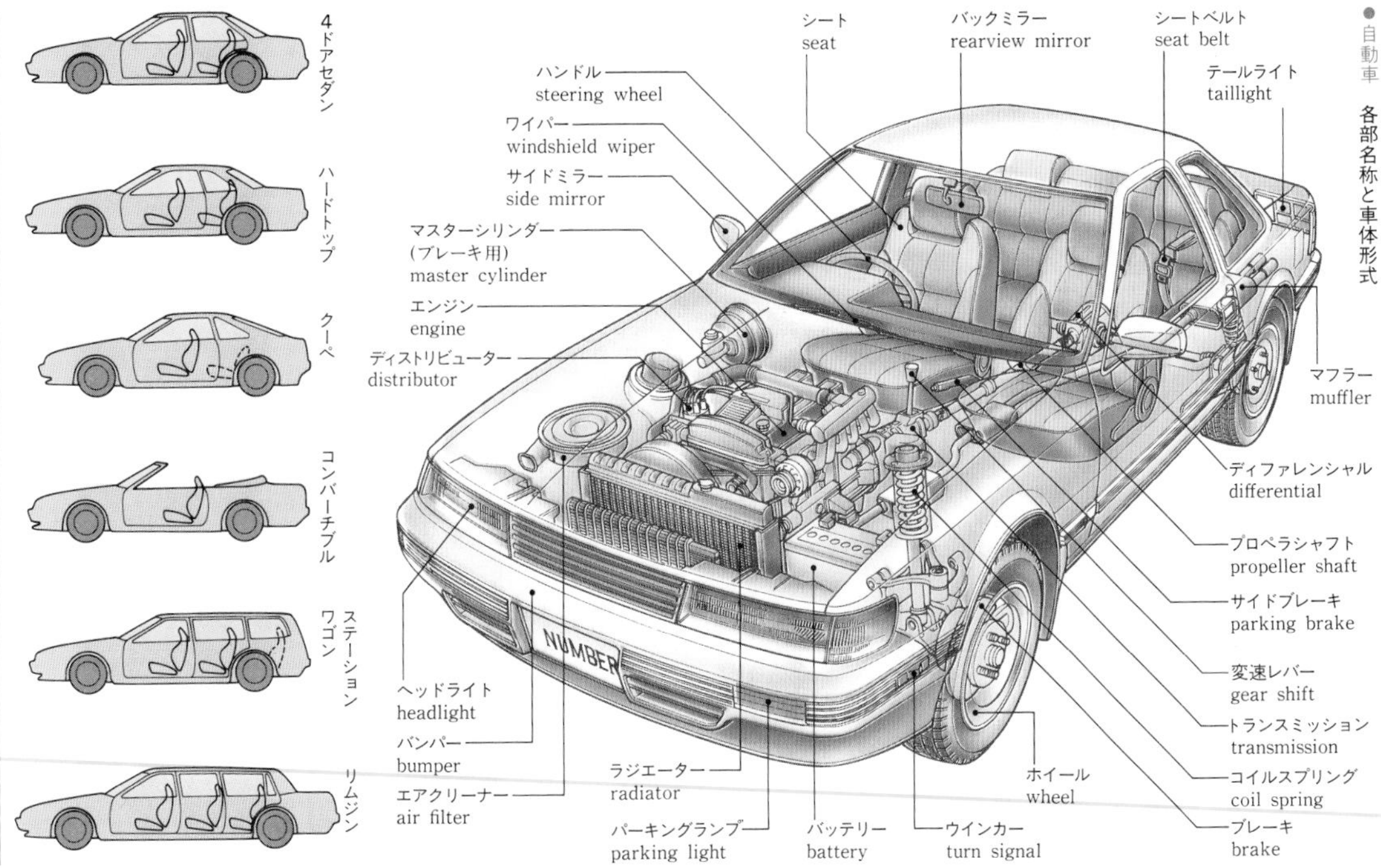


●自動車 各部名称と車体形式



**じどう-けんじゅう【自動▼拳銃】** 弾倉が銃把の内部にあり、発射時の反動と弾倉ばねによって薬莢の排出と次の弾の装塡が自動的に行われる拳銃。弾数が多く、弾倉の装塡も簡単で、発射速度が速い。オートマチック。automatic pistol

**じどう-けんしょう【児童憲章】** 児童福祉の根本理念として児童の権利を宣言し、それに対する社会の義務をうたった憲章。昭和二六年(一九五一)制定。

**しどう-げんり【指導原理】** 指導する行為・考え方・運動などの標準となる根本理論。guiding principle

**じどう-こうえん【児童公園】** 児童を対象とした公園。都市公園法で設置基準が定められ、広場・ブランコ・すべり台・便所などを設ける必要がある。

**じどう-こうかんき【自動交換機】** 電信・電話などの回線の選択・接続を人手によらず自動的に行う設備。クロスバー交換機・電子交換機などがある。自動式電話交換機。automatic switchboard

**じどう-こうざふりかえ【自動口座振替】** 公共料金・給与・年金などの支払いを委託された銀行・郵便局などが、所定日に支払人口座から預金を自動的に引き落として受取人口座へ振り替える制度。自動振替。自動振替決済制度。automatic transfer system

**じどう-し【自動詞】** ほかのものに影響をおよぼさない動作や存在を表す動詞。「風が吹く」の「吹く」、「家を出る」の「出る」など。intransitive verb 対義 他動詞。

**じどう-しゃ【自動車】** ガソリン・軽油・アルコールなどを燃料とする原動機を備え、その動力で車輪を回転させ、軌道や架線によらないで走行する車。car 数え方 一台。↓図

**じどうしゃ-きょうしゅうじょ【自動車教習所】** 自動車の運転技能・法令・構造などを教える施設。公安委員会指定教習所での教習終了者は、免許取得にさいし技能試験が免除される。driving school

**じどうしゃじゅうりょう-ぜい【自動車重量税】** 自動車および軽自動車の重量に応じて課される国税。道路その他の社会資本整備の財源にあてられる。

**じどうしゃしゅとく-ぜい【自動車取得税】** 自動車の取得時に課される都道府県税。道路整備費獲得のための目的税。

**じどうしゃ-ぜい【自動車税】** 自動車の所有者に課される都道府県税。

**じどうしゃそんがいばいしょうせきにん-ほけん【自動車損害賠償責任保険】** 損害保険の一つ。自動車の人身事故による賠償責任額を補うための強制保険。昭和三〇年(一九五五)制定。自賠責保険。compulsory automobile liability insurance

**じどうしゃそんがいばいしょうほしょう-ほう【自動車損害賠償保障法】** 交通事故の被害者を救済することを目的とし、自動車の所有者などに自動車損害賠償責任保険への加入を強制する法律。昭和三〇年(一九五五)公布。自賠法。

**じどうしゃ-でんわ【自動車電話】** 自動車に設置できる電話。八〇〇メガヘルツの無線を使用する。car telephone

**じどうしゃ-ほけん【自動車保険】** 自動車と自動車事故に対する損害保険。ふつうは車両保険・対人賠償保険などの任意保険をさす。automobile insurance

**じどうしゃ-レース【自動車レース】** 二台以上の自動車が、同一コースを一定のルールで走る競技。速度や耐久性・経済性などを競う。カーレース。car race

**じどう-じゅう【自動銃】** 引き金を引くと自動的に連続発射できる銃器の総称。自動拳銃・自動小銃など。

**じどうしゅうはすうせいぎょ【自動周波数制御】** 発振器がいつも所要の周波数で発振するように自動的に調節すること。automatic frequency control

**しどう-しゅじ【指導主事】** 都道府県・市町村の教育委員会事務局に置かれている職員。学校教育全般に関し、分野ごとに専門的事項の指導・助言を行う。

**しどう-しょうぐん【四道将軍】** 崇神天皇のとき、地方征討のため、北陸・東海・西道・丹波(山陰)の四道に派遣されたという将軍。北陸は大彦命、東海は武渟川別命、西道は吉備津彦命、丹波は丹波道主命。

**じどう-しょうじゅう【自動小銃】** 引き金を引いている間、自動的に連続発射できる小銃。automatic rifle

**じどうしょうてん-カメラ【自動焦点カメラ】** ↓エーエフカメラ(AFカメラ)

**じどう-しょき【自動書記】** ①交霊現象のお筆さき。霊媒が自分の意志ではなく自動的に字を書く現象。②理性・道徳の制御をのがれて心の深層から流れ出すイメージを詩に書く方法。フロイトの精神分析の影響下に、アンドレ=ブルトンらがシュールレアリスム運動の中で用いた。自動記述法。automatic writing

**じどう-しょっき【自動織機】** よこ糸を自動的に補給し、長時間連続運転できるようにした織り機。automatic loom

**じどう-しんだんそうち【自動診断装置】** 症状・検査所見などをコンピューターで分析し、医師の診断を補助する装置。automatic diagnoser

**じどう-しんりがく【児童心理学】** 発達心理学の一分野。児童の心理的特徴や発達のメカニズムの解明を目的とする。child psychology

**しとうず【▽下▼沓・▼襪】** (「したぐつ」の転)沓をはくときに用いる、布製の足袋のようなもの。

**じどう-すいはんき【自動炊飯器】** 自動的に御飯が炊ける器具。熱源は電気・ガス。米と水を加減して入れ操作する。

**しどう-せい【指導性】** 他を指導する力量・能力があること。リーダーシップ。leadership 用例 ―を発揮する。

**じどう-せいぎょ【自動制御】** 機械・装置などの運転・操作を自動的に行うこと。また、その機構。制御の手順があらかじめきまっているシーケンス制御と、結果を設定値に近づけるよう制御するフィードバック制御がある。オートメーション。automatic control

**じどう-せいぎょそうち【自動制御装置】** 機械の動作および状態を、自動的に制御する装置。automatic controller

**じどう-せんばん【自動旋盤】** 工作物の切削作業を自動的に行う旋盤。主軸の回転数・刃物の送り・工作物の供給をカムで制御する。automatic lathe

**じどう-そうじゅうそうち【自動操縦装置】** 航空機を、予定した経路・高度で、自動的に航行させるための機上の装置。autopilot

**じどう-そうだ【自動操▼舵】** 船などの舵を自動的に操作すること。設定した針路と実際の針路とのずれを検知して、これを修正するように舵を動かす。automatic steering

**じどう-そうだんいん【児童相談員】** 福祉事務所内に設置された家庭児童相談室で、社会福祉主事とともに相談・指導に当たる非常勤職員。正称は家庭児童相談員。

**じどう-そうだんじょ【児童相談所】** 児童の福祉を実施する機関。児童福祉法により都道府県および指定都市に設置される。child guidance center

**じどうついび-ぎょらい【自動追尾魚雷】** ↓ホーミングぎょらい(ホーミング魚雷)

**じどうついび-ミサイル【自動追尾ミサイル】** ↓ホーミングミサイル

**じどう-てあて【児童手当】** 社会保障制度の一つ。義務教育就学前の児童を含む二人以上の児童を養育する者に支給される手当。children's allowance

**しどう-てき【指導的】**(形動) ①指導に関するさま。guiding ②指導性があるさま。leading 用例 ―な論文。

**じどう-てき【自動的】**(形動) ①ひとりでに動くさま。automatic 比較 自発的。②機械が人間の手を借りないで働くさま。automatic

**じどう-てんか【自動点火】** 乾電池や圧電素

し

子を利用した点火装置を用いて火をつけること。automatic ignition

**じとう-てんのう【持統天皇】**(六四五―七〇二) 第四一代天皇(在位六九〇―六九七)。天智天皇の第二皇女。天武天皇の皇后。天武天皇の没後に即位。藤原京に遷都し、飛鳥浄御原律令を施行した。

**じどう-てんめつき【自動点滅器】** 明るさにより電灯を自動的に点滅させる装置。光導電セルの抵抗値が明るさによって変化することを利用し、点灯回路を開閉する。flasher

**じどう-でんわ【自動電話】** ①公衆電話の旧称。②ダイヤル式の電話機。

**しどう-どうき【示導動機】**《「ライトモチーフ」の訳》楽劇や標題音楽で、特定の観念・人物・事物を表現し、一曲中繰り返しあらわれる動機。ワーグナーの楽劇などに用いられる。leading motive

**じどう-にりんしゃ【自動二輪車】** 原動機を備えた二輪車。道路交通法では、排気量五〇ccを超えるもの。サイドカーも含まれる。オートバイ。motorbike米; motorcycle英

**じどう-はんばいき【自動販売機】** 硬貨や紙幣を入れると、自動的に所定の品物やサービスが受けられ、釣り銭も出る機械。自販機。vending machine

**じどう-ふくし【児童福祉】** 児童の基本的人権を保障し福祉の増進をめざす活動。child welfare

**じどうふくし-し【児童福祉司】** 児童福祉法に基づいて児童や妊産婦の保護・相談に応じる専門職。

**じどうふくし-しんぎかい【児童福祉審議会】** 児童福祉法に基づいて、児童や妊産婦の福祉を審議するため、中央および都道府県・市町村ごとに設置される機関。

**じどうふくし-ほう【児童福祉法】** 満一八歳に満たない者の、健全な育成と生活の保障について定めた法律。昭和二二年(一九四七)公布。

**しどう-ぶなん【至道無難】**(一六〇三―一六七六) 江戸時代の臨済宗の僧。美濃の人。江戸で仮名法語によって禅を平易に説いた。『至道無難禅師仮名法語』で知られる。

**じどうふよう-てあて【児童扶養手当】** 国が児童扶養手当法に基づき、父親と生計を異にする児童について、離別母子家庭の母親または養育者に支給する手当。

**じどう-ぶんがく【児童文学】** 児童を読者対象にした文学の総称。juvenile literature

**じどう-ふりかえ【自動振替】** 「自動口座振替」の略。

**しどうほうがく【止動方角】** 狂言の一つ。太郎冠者が、咳払いをすると暴れ、「止動方角」の呪文でしずまる馬を使って、小言をいう主を落馬させる話。

**じどう-ほうこうたんちき【自動方向探知機】** 電波の到来方向を自動的に測定して、自分の位置を知る装置。航空機・船舶などに装備。ADF。automatic direction finder

**じどう-ほんやく【自動翻訳】** ↓きかいほんやく(機械翻訳)

**じとうみょう-ほうとうみょう【自灯明法灯明】**《仏教語》『涅槃経』中のことばで、「みずからを灯明とし、みずからをよりどころとし、他のものにたよってはいけない。法を灯明とし、法をよりどころとして、他をたよってはいけない」の意。晩年の釈迦が病に倒れたとき、弟子の阿難に語ったとされる教えを示す語。

**しどう-ようりょう【指導要領】** 「学習指導要領」の略。

**しどう-ようろく【指導要録】** 学校備え付け公簿の一つ。児童・生徒の学籍・学習・行動および性格などを記録するもの。

**じどう-りとくせいぎょ【自動利得制御】** 入力信号の変動に対し、増幅器の出力信号レベルを自動的に一定に保つこと。ラジオ受信機など。automatic gain control

**じどう-れっしゃせいぎょそうち【自動列車制御装置】** ↓エーティーシー(ATC)

**じどう-れっしゃていしそうち【自動列車停止装置】** ↓エーティーエス(ATS)

**じどう-ろうどう【児童労働】** 満一五歳に満たない児童による労働。労働基準法はこれを禁止し、一八歳未満についても制限している。child labor

**シドー【Max von Sydow】**(一九二九― ) スウェーデンの舞台・映画俳優。主演作『第七の封印』『野いちご』『処女の泉』など。

**シトー-かい【シトー会】**(Sacer Ordo Cisterciensis ラテン) 一〇九八年、ベネディクト会の聖ロベールによりフランスのシトーに創設された修道会。一二～一三世紀に最盛。一七世紀の改革でトラピスト会(厳律シトー会)が成立。

**しとおとめ【死と乙女】**《原題Der Tod und das Mädchen ドイツ》①シューベルト作曲の芸術歌曲。クラウディウスの詩により一八一七年作曲。②シューベルト作曲の弦楽四重奏曲。第二楽章の主題に歌曲が使われている。一八二四年作。

**しとぎ【粢・糈】** 神事や年中行事に供物とする餅。生米を水につけて蒸し、搗きくずして丸めたもの。しとぎもち。鳥の子。

**しときょうでん【使徒行伝】**(The Acts) 新約聖書中の一書。『ルカによる福音書』に続くもので、イエスの昇天後の弟子たちの活動を伝える。使徒行録。

**し-とく【至徳】** ①この上ない、すぐれた徳。the most excellent virtue ②日本の南北朝で、北朝の年号。永徳から改元。元年(一三八四)二月二七日～四年(一三八七)八月二三日。次に嘉慶に改元。

**し-とく【舐犢】** 親牛が子牛を舌でなめてやること。

**舐犢の愛**(しとくのあい) 親がわが子を盲目的にかわいがること。

**し-どく【死毒・屍毒】** 細菌の作用などで、動物の死体からたんぱく質が分解されるときに発生する有毒物質。

**じ-とく【自得】**(名・サ変自他) ①自分で会得すること。self-acquisition 用例 新技術を——する。②満足すること。self-satisfaction ③報いを受けること。pay for one's acts 用例 自業自得——。

**じ-とく【自瀆】**(名・サ変自) ①自分で自分をけがすこと。masturbation ②↓しゅいん(手淫)

**じ-どく【侍読】** 天皇に学問を講ずる学者。侍講。

**しどけ-な・い**(形) だらしない。みだれている。slovenly 派生 しどけなげ(形動) しどけなさ(名)

**し-と・げる【為遂げる】**(下一他) しまいまで完全にする。なしとげる。accomplish

**し-どころ【為所】** 大事なところ。する価値がある場合。用例 がまんの——。

**しと-しと**(副) 細かい雨がしめやかに降るさま。drizzly 用例 ——と降るこぬか雨。

**じと-じと**(副・サ変自) ひどく湿ったさま。じめじめ。damp 用例 てのひらが汗で——になる。

**しとしろん【詩と詩論】** 詩雑誌。欧米のモダニズムを紹介し、現代詩運動の端緒を開いた。昭和三年(一九二八)創刊。のち『文学』と改題。春山行夫編集。同人に安西冬衛・北川冬彦など。昭和八年(一九三三)廃刊。

**しとしんじつ【詩と真実】**《原題Dichtung und Wahrheit ドイツ》ゲーテの自伝。一八一一～三三年刊。四部。一七七五年ワイマールに出発するまでを描く。

**しどだいら-おんせん【志戸平温泉】** 岩手県花巻市西部にある温泉。豊沢川沿いの古い温泉。プール・遊園地がある。

**しと-だる【四斗樽】** 酒などが四斗(約七二ℓ)入るたる。よんとだる。

**シドッチ【Giovanni Battista Sidotti】**(一六六八―一七一五) イタリアのイエズス会士。宝永五年(一七〇八)鎖国の禁を犯し屋久島に上陸して逮捕された。新井白石の『西洋紀聞』『采覧異言』のもととなる資料を提供した。のち牢死。

**しとど【巫鳥・鵐】** ホオジロ、あるいはホオアカ・アオジ・クロジなどの類の異名。シトト。ミコドリ。

**しとど** 文語的 (副) ひどくぬれるさま。びっしょり。

**シドニー【Philip Sidney】**(一五五四―一五八六) イギリスの政治家・詩人。多方面にすぐれた能力を示したルネサンスの人間像の典型。恋物語『アルカディア』、ソネット集『アストロフェルとステラ』、詩論『詩の弁護』など。

**シドニー【Sydney】** オーストラリア南東部、ニューサウスウェールズ州の州都。ポートジャクソン湾に臨む同国最大の都市。一七七〇年クックが発見。以来同国の中心地として発展。人口三三九・二万(一九八五)。

**シドニー【Sydney】** カナダ東部、ノバスコシア州北東端、ケープブレトン島にある重工業都市。製鉄・造船がさかん。人口三万(一九八一)。

**シドニー-せんげん【シドニー宣言】** 臓器移植を行うさいの死の判定について、一九六八年、シドニーでの世界医師会総会で採択された宣言。Sydney Declaration

**しとね【茵・褥】** 敷物の一種。真綿などを入れた布製で方形のもの。寝るときや座るときに用いた。

**しとへんよう【死と変容】**《原題Tod und Verklärung ドイツ》リヒャルト＝シュトラウス作曲の交響詩。一八八九年作。死と浄化。

**しとみ【蔀】** ①寝殿造りや神社仏閣に用いられた建具。板の両側または片側に碁盤目の格子を取り付けたもので、多くは上下二枚になっている。②中小和船の舷側に立てる、波・しぶきよけの戸。③築城で、城外から透けて見える所をおおう戸。↓寺院建築図

**しどみ【櫨】** クサボケの別名。

**し-と・める【仕留める】**(下一他) ①獲物をうち殺す。kill ②ねらっていたものを手に入れる。get

**しと-やか【淑やか】**(形動) 上品で落ち着いているさま。たしなみ深いさま。graceful

**シトラルテペトル-さん【シトラルテペトル山】**(Vol. Citlaltépetl) オリサバ山の別称。

**じ-どり【地取(り)】** ①家を建てる前に地所の区画をすること。layout ②囲碁で地を取ること。また、両者が地を囲い合うことで勝負がついた対局。地取り碁。

**じ-どり【地鳥】** ①ニワトリの祖先とされる日本鶏の総称。土佐地鶏・三重地鶏など。②鶏舎によらず野外で飼育したその地域特産とされるニワトリ。

**しと・る【湿る】**(五自) しめる。うるおう。moisten

**シトルリン【citrulline】** 塩基性アミノ酸の一つ。尿素を生成する中間体として重要。

**しどろ**(形動) 秩序なく乱れているさま。

**しどろ-もどろ**(形動) 話のつじつまが合わず、乱れるさま。confused; incoherent

**シトロン【citron】** ミカン科の常緑低木。柑橘類の一種。果実は紡錘形でレモンより大きい。果皮は厚く、酸味が強い。果実は砂糖煮。果汁は飲料または枸櫞酸の原料。インド東部原産。

**シドン【Sidon】** フェニキア最古の都市。紀元前一四世紀ごろから東地中海を支配し繁栄。貿易の要路にあるため、他勢力にしばしば征服された。現在のサイダ。

**しな【品】** ①㋐品物。article 用例 お見舞いの——。㋑商品。article 用例 ——切れ。㋒品種。品質。quality 用例 所変われば——変わる。——が落ちる。㋓《「科」とも》あだっぽいさま・しぐさ。coquetry 用例 娘のような——をして。② 古語 《「級」とも》㋐地位。身分。用例 人の——高く生まれぬれば(源氏・帚木)。㋑階段。用例 御階の中の——のほどに居給ひぬ(源氏・若菜上)。㋒品位。品格。用例 才なくなりぬれば、——くだり(徒然・一)。㋓味わい。用例 すこし残るは国なまり、それも詞の——ならし(浄瑠璃・用明天王職人鑑)。

**品を作る**(しなをつくる) あだっぽいようす・しぐさをする。なまめかしくふるまう。科を作る。be coquettish

**しな【支那】**《卑語》「中国」に対する外国人の呼称。王朝名「秦」の名がサンスクリット語でチーナ、チンといわれ、のち逆輸入されたものの漢訳とされる。日本では江戸時代中期ごろに一般化し、以後、次第に蔑称的な呼称となったため、第二次大戦後は使用されない。

**しな**(接尾)《動詞の連用形に付いて》そのとき。ついで。…がけ。用例 帰り——に。

**しない【竹刀】** 剣道に用いる竹製の刀。割り竹を組み合わせ、柄と切っ先に革をかぶせ、峰の部分に弦を張り、鍔をつけた用具。

**し-ない【市内】** 市の区域内。within the city 対義 市外。

**じ-ない【寺内】** 寺院の境内。また、寺の建物の中。

**しない-きょうぎ【しない競技】** 服装や規則を洋風化した剣道競技。第二次大戦後、禁止されていた剣道復興のため考案され、昭和二五年(一九五〇)から同二九年(一九五四)まで行われた。

**シナイ-さん【シナイ山】**(Mt. Sinai) ヤハウェがモーセの前に現れ、十戒を授けた山。シナイ半島南部のムーサ山にあたるといわれる。

**じない-ちょう【寺内町】** 室町・戦国時代、寺院の境内に形成された町。堀をめぐらし、一向一揆の防衛拠点となった。のちに大阪城となった石山本願寺などが有名。

**シナイ-はんとう【シナイ半島】**(Sinai) エジプト北東部、紅海に突き出た半島。聖書上の事跡の舞台。

**しな・う【撓う】**(五自) ①弾力があって曲



↓行き先項目、図版・写真参照印。 JIS日本工業規格情報交換用漢字符号コード(区点コード)。

がる。たわむ。しなる。bend ②なびく。従う。yield

**しな‐うす【品薄】**(名・形動) 品物が不足すること・さま。short of supply

**し‐なおし【▽為直し】** 改めてすること。やり直し。redo

**じ‐なおし【地直し】** 裁断する前に布地のつれやたるみ、布目の曲がりをアイロンで直すこと。仕立てやすくし、形崩れを防ぐ。地伸し。

**し‐なお・す【▽為直す】**(五自) 改めてもう一度する。redo

**しな‐がき【品書(き)】** ①品物の名を書き並べたもの。目録。list ②メニュー。menu

**しな‐かず【品数】** 品物の種類。assortment of goods 用例 —が少ない。

**しな‐かたち【品形】** 古語 家柄や顔つき。用例 —こそ生まれつきたらめ(徒然・一)。

**しな‐がちょう【支▼那▼鵞鳥】** カモ科の鳥。ガチョウの一品種で、サカツラガンを品種改良した肉用家禽。体重約五kg。白色種と褐色種があり、いずれも嘴の基部にこぶがある。中国原産。Chinese goose

**しなが‐どり【▽息長鳥】**［枕ことば］《カイツブリの古名。水鳥の総称とも。かかりかた未詳》「安房」などにかかる。用例 —安房に継ぎたる梓弓周准の珠名は(万葉・九・一七三八)。

**しな‐がら【品柄】** 品物の質。品質。quality

**しな‐がれ【品枯れ】** 品物が出回らないこと。品薄なこと。

**しながわ【品川】** 東京都、品川区北東部の地区。旧宿場町。東部は東京港の埠頭・倉庫・工場地帯、西部は住宅地。

**しながわしんじゅう【品川心中】** 落語の題名。品川の女郎が、紋日の金に困って、客の貸本屋に心中をもちかけるはなし。後半の「仕返し」の部分はほとんど演じられない。

**しながわ‐だいば【品川台場】** 江戸末期、江戸の品川沖に設置された幕府の砲台。嘉永六年(一八五三)のペリー来航以後、江川太郎左衛門の献策によって築造。七か所のうち、五か所が完成。御台場。

**しながわ‐はぎ【品川▼萩】** マメ科の二年草。高さ約九〇cm。長楕円形の葉は三枚の小葉からなる。夏に、黄色の小さい蝶形花がふさのように密生。乾かすと芳香がある。家畜の飼料。

**しながわ‐やじろう【品川▼弥▽二郎】**(一八四三〜一九〇〇) 明治の政治家。長州藩出身。戊辰戦争では奥州鎮撫総督参謀。明治二五年(一八九二)内務大臣として露骨な選挙干渉を行い引責辞任。

**じ‐なき【地鳴き】** 繁殖期に鳴き方が変わる鳥の、平常の鳴き方。たとえば、ウグイスのチャッチャッという声。

**しな‐ぎれ【品切れ】** 品物が売り切れること。out of stock

**シナゴーグ【synagōgē ギリシア】**《ともに集まるの意》ユダヤ教の会堂。安息日ごとに礼拝が行われる。synagogue

**しな‐ざかる**［枕ことば］《語義、かかりかたとも未詳》「越」にかかる。用例 —越に五年住み住みて立ち別れまく惜しき初夜かも(万葉・一九・四二五〇)。

**しな‐さだめ【品定め】** よしあしを批評して決めること。品評。estimation

**じ‐なし【地▼梨】** クサボケの異名。

**シナジー【synergy】**《共働の意》①分散した状態にある集団や個人が互いに適応しあうことで統合されていく過程。②ある集団が目標を達成するために費やすエネルギーの総体。

**しな‐じな【品品】** ㊀(名) ①いろいろな品物や種類。various articles 用例 店には多くの—が並ぶ。②古語 いろいろな等級・階級。用例 その—やいかに(源氏・帚木)。㊁古語(副) それぞれ特色や差のあるさま。さまざまに。用例 舎人どもの禄も—賜はる(源氏・蛍)。

**しな‐じへん【支▼那事変】**「日中戦争」の日本側の旧呼称。

**し‐な・す【死なす】**(五他) 死に追いやる。let … die

**し‐な・す【▽為成す・▽為▼做す】** 古語(四他) 作り上げる。用例 池の心広く—・して(源氏・桐壺)。

**しな‐だま【品玉】** ①いくつもの玉や刀・槍を空中に投げ上げて受け止める曲芸。②《転じて》手品。

**品玉も種から** 手品の玉も種がいる。何事も材料がないとできない。

**しな‐だ・れる【▼撓垂れる】**(下一自) ①しなやかに垂れる。hang down ②人に甘えて寄りかかる。lean upon

**しな‐ちく【支▼那竹】** 中国の広東・台湾産の竹の子をゆで、乾燥するか塩漬けにしたもの。湯・水でもどし、中華料理の材料。メンマ。

**シナ‐チベット‐ごぞく【シナ‐チベット語族】** チベット・中国全土・タイ・ビルマなど、東アジア・東南アジアで用いられている言語の総称。中国語・タイ語・チベット語・ビルマ語など。形態の上では孤立語の特徴をもつ。Sino-Tibetan languages

**しな‐てる**［枕ことば］《語義、かかりかたとも未詳》「片」などにかかる。用例 —片足羽川のさ丹塗の(万葉・九・一七四二)。

**シナトラ【Frank Sinatra】**(一九一五〜) アメリカのポピュラー歌手・映画俳優。映画『オーシャンと一一人の仲間』などに主演。

**しな‐なし【支▼那▼梨】** ナシの栽培の一グループ。明治初年に導入。「鴨梨ヤーリー」の果実は緑黄色で紡錘形。果肉は白く、多汁で芳香がある。「莱陽慈梨ライヤンツーリー」は緑黄色で褐色の斑点が多い。果肉は黄色多汁で、甘味と芳香がある。中国ナシ。

**しなの【▽信▽濃】** ↓しなののくに(信濃国)

**しなの【▽信▽濃】**〈町〉 長野県北部、黒姫山東麓にある町。中心地の柏原は旧宿場町で、小林一茶の生地。野尻湖がある。人口一万一九〇二(一九九八)。

**しなの‐がき【▽信▽濃▼柿】** カキノキ科の落葉高木。信越・東北地方で栽培。果実は三〜四cmの長楕円形で黄熟し、食用にもなるが、おもに柿渋をとる。マメガキ。ブドウガキ。

**しなの‐がわ【▽信▽濃川】** 長野・新潟両県を貫流する川。長さ三六七km、日本最長の川。関東山地の甲武信ケ岳に発し、新潟市で日本海に注ぐ。長野県内では千曲川とよぶ。

●シナノキ

**しな‐の‐き【▽科の木】** 山地にはえるシナノキ科の落葉高木。葉は互生し、心臓形で先はとがる。六〜七月に、淡黄色の五弁小花を開く。核果は秋に暗褐色に熟す。↓写

**しなの‐きんばい【▽信▽濃金梅】** キンポウゲ科の多年草。高山の草原に群生する。高さ約三〇cm。葉は掌状。夏に、萼が花弁状の黄花を開く。↓写

●シナノキンバイ

**しなの‐ぐるみ【▽信▽濃▼胡▽桃】** テウチグルミとペルシアグルミの雑種。殻果が大きく、種子の品質がよい。

**しなの‐じ【▽信▽濃路】** ①信濃国の道。②信濃地方。③信濃へ通じる道。

**しなの‐の‐くに【▽信▽濃国】** 旧国名。現在の長野県。東山道の一国。「延喜式」では上国、一〇郡。国府・国分寺はともに上田市。後、国府は松本市に移転。明治四年(一八七一)廃藩置県により長野・筑摩二県。同九年(一八七六)長野県に統合。信州。信濃。

**しなののぜんじ‐ゆきなが【▽信▽濃前司行長】**(生没年未詳) 鎌倉時代の人。『徒然草』の記述により、『平家物語』の作者に擬せられる。

**しな‐はまだらか【支▼那▼翅▼斑蚊】** 翅に白黒の斑があり、しりを高く上げて止まるカ。体長約五・五mm。水田・池沼などに、とくに真夏に発生。マラリア、イヌのフィラリアなどを媒介。日本全土に分布。

**しな・びる【▼萎びる】**(上一自) 生気がなくなる。wither

**シナプシス【synapsis】** ↓たいごう(対合)

**シナプス【synapse】** ニューロンの末端が他のニューロンと接合するところ。興奮が伝達される場所。

**しな‐ぶれ【品触れ】**(名・サ変自) 警察が、盗難品や紛失物の発見のため、質屋・古物商などに、その品目・特徴を列記して知らせること。

**しな‐べ【品▽部】**「品部」の別読み。

**しな‐みざくら【支▼那実桜】** 東アジア原産のオウトウ。中国の中部から北部に広く分布。江戸時代に導入され花木として栽植。花色は白または淡紅色。中国桜桃。

**しな‐もの【品物】** ①しな。物品。article ②商品。goods

**シナモン【cinnamon】** クスノキ科の常緑高木。セイロン特産。葉は長楕円形で革質。若枝の皮をはいで乾燥して、桂皮を作る。香辛料・医薬品。セイロンニッケイ。↓写

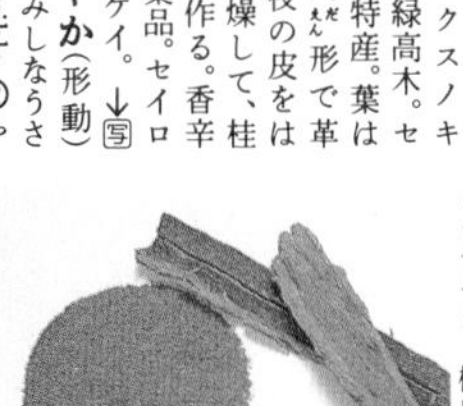

●シナモン　樹皮と粉末。

**しな‐やか**(形動) ①たわみしなうさま。flexible ②やわらかくなよやかなさま。supple ③やさしいさま。graceful

**しなやか‐さ** しなやかなこと・程度。flexibility

**じ‐ならし【地▽均し】**(名・サ変他) ①地面を平らにすること。その道具。ローラー。level the ground ②物事がうまくゆくように、事前に行う準備。下工作。

**じ‐なり【地鳴り】**(名・サ変自) 地震や火山爆発のさいに種々の音が鳴り響くこと。また、その音。岩盤を共振させる振動の振動数が、二〇サイクル以上になると発生する。地ひびき。

**シナリオ【scenario】** 映画・テレビドラマ撮影のための台本。脚本。

**シナリオライター【scenariowriter】** 映画やテレビの脚本を書く人。脚本家。

**しな・る【▼撓る】**(五自) しなう。bend

**し‐な・れる【▽為慣れる】**(下一自) することに慣れる。be used to

**しな‐わけ【品分け・品▽別け】**(名・サ変他) 品物を種類によって区別すること。類別。assortment

**し‐なん【至難】**(名・形動) きわめてむずかしいこと・さま。the most difficult 用例 —のわざ。

**し‐なん【指南】**(名・サ変他)《「指南車」から出た語》教え導くこと。教授すること。また、その役。instruction; instructor

**じ‐なん【次男・▽二男】** 二番めに生まれた男子。one's second son 対義 次女。参考 戸籍法では「二男」と書く。

**じ‐なんきょく【磁南極】** 地球磁場の磁力線の一方の極。南緯七八・六度、東経一一〇・一度にある。magnetic south pole

**しなん‐しゃ【指南車】** 古代中国で、その手指がいつも南をさし示すしかけの立像をのせた車。

**シナントロプス【Sinanthropus】**《Sinanthropus Pekinensis ラテン の略》原人の一種。一九二一年北京郊外の周口店で化石骨を発見。以来約四〇個体分が出土。他の原人とともにホモエレクトゥス(直立歩行のヒト)とよぶ。北京原人。シナントロプス‐ペキネンシス。

**しなん‐ばん【指南番】** 幕府や大名に仕えて武芸を教えた役・人。指南役。

**しなん‐やく【指南役】** 指南番。

**シニア【senior】** 対義 ジュニア。①成年者。年長者。②上級生。

**ジニア【Zinnia ラテン】** キク科ジニア属の総称。園芸上はヒャクニチソウをいう。

**しにいたるやまい【死に至る病】**《原題 Sygdommen til doden デンマーク》哲学書。キルケゴールの著書。一八四九年刊。絶望に省察を加え、その克服はキリスト教信仰によってのみ可能と説く。書名は新約聖書『ヨハネによる福音書』の中のことばで、絶望を意味する。

**しに‐うま【死に馬】** 死んだ馬。

**死に馬に鍼を刺す** まったく効果がない。また、かすかな望みをいだいて、最後の手立てを講じてみる。

**しに‐おく・れる【死(に)後れる・死(に)遅れる】**(下一自) 身近な人などの死のあとに、生き残る。また、死に時に死ねないで生き続けている。outlive

**しに‐がお【死(に)顔】** 死んだ人の顔つき。



▼常用漢字表外。　▽常用漢字表の音訓外。

death mask

**しに-かか・る**【死に掛(か)る・死掛(か)る】（五自） 死にそうである。まさに死のうとしている。dying

**しに-がくもん**【死(に)学問】 実際に役立たない学問。useless learning

**しに-か・ける**【死(に)掛ける】（下一自） あやうく死にそうになる。もう少しで死ぬところである。coming within an inch of death

**しに-がね**【死(に)金】 ①死後の用意に、ためるお金。②持っていて活用しないお金。dead capital ③使ったかいのないお金。むだがね。ill-spent money

**しに-がまえ**【歹】 ↓いちたへん(一タ偏)

**しに-がみ**【死(に)神】 ㊀人を死にみちびくといわれる神。用例 ――にとりつかれる。Death ㊁落語の題名。死に神のおかげで金もうけをした男が、死に神をだましたため、ろうそくの灯と自分の命を交換するはめになるはなし。イタリアオペラ『靴直しクリピスノ』から三遊亭円朝(初世)が翻案したもの。

**死に神が憑く**（しにがみがつく） 間もなく死ぬ運命にあること。死にたい気持ちになっている状態などに言う。死に神に取り憑かれる。

**シニカル**【cynical】（形動） ひややかにあざわらう態度で見るさま。皮肉なさま。冷笑的。シニック。用例 ――な社会批評。

**しに-かわ・る**【死に変(わ)る・死変(わ)る】（五自） ①死んで姿を変える。②生まれ変わる。reborn

**しに-ぎわ**【死(に)際】 今にも死のうとしているとき。臨終。末期。one's last moment

**し-にく**【歯肉】 顎骨の歯槽突起と歯をおおう口腔粘膜の一部。淡紅色でリンパ管に富む。歯ぐき。歯齦。gum ↓歯図

**し-にく・い**【為難い】（形） するのがむずかしい。やりにくい。hard to do 派生 しにくげ(形動) しにくさ(名)

**しにく-えん**【歯肉炎】 歯肉の疾患。歯肉が赤くはれ、出血しやすくなる。口中の細菌増殖・栄養障害などによる。gingivitis

**しにく-しゅっけつ**【歯肉出血】 歯肉近縁部、または歯肉嚢などからの出血。歯ブラシ使用時の出血はすぐに止まるが、ビタミンC欠乏・血液疾患による出血はなかなか止まらない。gingival bleeding

**しに-ざま**【死(に)様】 死に臨む、また死ぬときのありさま・態度。または、死んだようす。the manner of one's death

**シニシズム**【cynicism】 ①すべてを見下げる考え。社会道徳・世論・習俗を無視する態度。②古くは、幸福は有徳によって成るという考えから、外的条件に左右されず、志を堅固にし、欲望をおさえて、自然的生活をし、文明社会を無視する態度。

**しに-しょうぞく**【死(に)装束】 死に臨んだときに着る衣服。とくに、切腹や自殺などで死ぬときの白い衣服。また、死者に着せる衣服。死にいでたち。白装束。

**し-にせ**【老舗】 《「為似す」すなわち先祖からの家業をまねて、よく守り継ぐ、の意の転》何代も続いて繁盛し、信用があり名も通っている店。long-established store

**しに-ぞこない**【死(に)損ない】 ①死にそこなうこと。また、その人。a person who failed to die ②老人を侮蔑的にいう語。dotard

**しに-そこな・う**【死(に)損なう】（五自） ①死ぬべきときに死ぬことができない。fail to die ②危うく死にそうになる。survive

**しに-たい**【死に体】 ①相撲で、相手の技が決まり、重心を失って反撃できる見込みがまったくない体勢。勝敗の判定がつきにくいとき、足の裏が返ったかどうかが判定の基準とされる。対義 生き体。②《転じて》勢いがなくなった状態。死んだも同然。用例 ――をさらした政治家。

**しに-た・える**【死(に)絶える】（下一自） ①絶滅する。②死んで血筋がなくなる。die out

**しに-どき**【死(に)時】 死ぬ時。死ぬべき時。the time to die

**しに-どころ**【死(に)所・死(に)処】 死に場所。用例 ――を得る。

**しに-はじ**【死(に)恥】 死にぎわの恥。死後にまで残る恥。shameful death 対義 生き恥。

**しに-ばしょ**【死(に)場所】 死ぬ所。死ぬべき場所。死に所。

**しに-は・てる**【死(に)果てる】（下一自） ①死んでしまう。die ②ことごとく死ぬ。die out

**しに-ばな**【死(に)花】 ①切り株に咲いた花。②死んだことで得たほまれ。死に際の名誉。glorious death

**死に花を咲かせる**（しにばなをさかせる） 立派に死ぬ。死後に誉れを残す。

**しに-ひょう**【死に票】 ↓しひょう(死票)

● シニョレリ『最後の審判』(部分)。一四九二～一五〇二年、オルビエト聖堂(イタリア)。

対義 生き別れ。

**しに-わか・れる**【死(に)別れる】（下一自） 一方は死に、他方は生き残るかたちで、長の別れとなる。死別する。

**し-にん**【死人】 死んだ者。dead person

**死人に口無し**（しにんにくちなし） ①死人は無実の罪を着せられても、弁解のしようがない。Dead man tells no tales. ②死人を証人に立てることはできない。Dead man tells no tales.

**じ-にん**【自任】（名・サ変自他） ①自分で自分の任務と考えること。self-appointment 用例 女房役を――する。②自分でその才能・性格などが、すぐれていると信じこむこと。自負。pretensions 用例 天才を――する。

**じ-にん**【自認】（名・サ変他） 自分でみとめること。acknowledge oneself

**じ-にん**【神人】 鎌倉・室町時代、神社の下級職員。警備や雑役にあたった。じんにん。

**じ-にん**【辞任】（名・サ変自他） 職務・任務をやめること。resignation 比較 解任。対義 就任。

**し・ぬ**【死ぬ】（五自） 対義 生きる。①命がおわる。die 対義 生まれる。用例 交通事故で――。②生気がない。動きがない。be lifeless 用例 デッサンの線が――・んでいる。風が――・んでむし暑くなる。③活用されない。lie unused 用例 名案が――。お金が――。④野球で、アウトになる。be out 用例 走者が――。⑤囲碁で、相手にかこまれて石を取られる。用例 大石が――。

**死なば諸共**（しなばもろとも） ①死ぬときは、一緒に死のう。共に死ぬ覚悟で事を行おうという誓いのことば。Die all together. ②死の道連れにしてやるという脅しのことば。Go to the grave together.

**死ぬ者貧乏**（しぬものびんぼう） 死んでしまっては利益を得ることも、いいめをみることもできず、ただ損をし不幸なだけである。

**死ぬる子は眉目好し**（しぬるこはみめよし） とかく、早死にする子に限って器量がよい。早死にした子を惜しむ気持ちからいう。

**死ねがな目抉ろ**（しねがなめくじろ） 《「がな」は、願望の意を表す助詞》死ぬとよい、そうなったら目をくりぬいてやるという貪欲・非道な心にいう。

**死んだ子の年を数える**（しんだこのとしをかぞえる） 言ってみても、しかたのない過去の愚痴を言うたとえ。It is no use crying over spilt milk. 類似 死児の齢を数える。

**死んでの長者より生きての貧乏**（しんでのちょうじゃよりいきてのびんぼう） 死んで金持ちになるよりも、貧乏しても生きているほうが幸せである、ということ。

**死んで花実が咲くものか**（しんではなみがさくものか） 死んでしまったのでは、もう幸福を得ることはできないのだから、一時の絶望などから命を捨ててしまうのは愚かなことである。死んではつまらない。死んで花実がなるものか。You won't prove anything by dying. 比較 死んでも命が有る様に。

**死んでも命が有る様に**（しんでもいのちがあるように） 死にたくない、という気持ちがきわめて強いことをいう。be attached to life

**死んでも死に切れぬ**（しんでもしにきれぬ） 残念で、心安らかに死ねない。I can't die and leave things this way.

**じ-ぬし**【地主】 ①土地の所有者。歴史的には土地所有制度の変遷に対応して変化してきた。封建社会の領主。landlord ②農地の所有者。landowner 対義 小作。

**じぬし-かいきゅう**【地主階級】 基本的な生産要素である土地を私的に所有し、貸与して地代をとる階級。封建社会の支配階級。gentry

**シネ** 「シネマ」の略。

**シネ-スコ** 「シネマスコープ」の略。

**じ-ねずみ**【地鼠】 食虫目トガリネズミ科に属する、ネズミに似た黒褐色の小獣。体長約七cm。夜間活動し、とがった口先で昆虫・クモなどを食う。日本全土・済州島に分布。

**じ-ねつ**【地熱】 ①地球内部に保有されている熱。火山や温泉の原因となるマグマの熱など。ちねつ。geothermy ②地面の熱気。terrestrial heat

**じねつ-はつでん**【地熱発電】 地球内部の熱を利用する発電。地下のマグマで加熱された熱水・蒸気、または地下の高温岩体に水を注入して得た熱水・蒸気を利用してタービンを回す。高温岩体発電。ちねつはつでん。geothermal electric power generation ↓写

● 地熱発電 宮城県、鬼首地熱発電所。

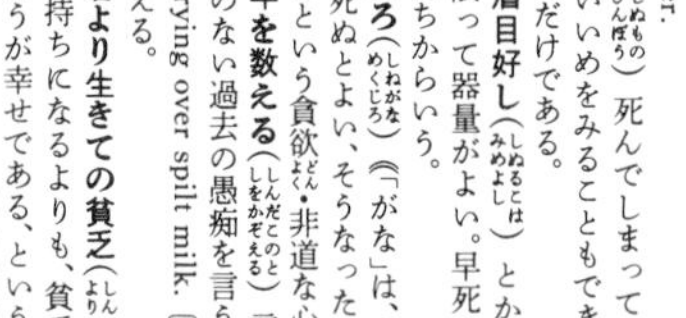

**シネマ**【cinema】 映画。キネマ。映画館。

**シネマ-スコープ**【Cinema Scope】 《商標名》立体的な音響装置と画面とを持つ映画。特殊レンズで圧縮撮影したものを、横に広い弓なりのスクリーンに拡大映写する。シネスコ。

**シニフィアン**【signifiant フランス】 ソシュールの用語。一定の音連鎖による感覚映像(聴覚映像)で、概念と結びついて言語記号を形づくるもの。記号表現。能記。対義 シニフィエ。

**シニフィエ**【signifié フランス】 ソシュールの用語。一定の概念で、聴覚映像と結びついて言語記号を形づくるもの。記号内容。所記。対義 シニフィアン。

**しに-み**【死(に)身】 ①死ぬべき身。mortal body ②必死。捨て身。in desperation ③死んだように活気のないこと。spiritless 対義 生き身。

**しに-みず**【死(に)水】 人の臨終にさいし、筆や鳥の羽などを使って唇を水でうるおすこと。また、その水。末期の水。

**死に水を取る**（しにみずをとる） ①末期の水で死人の唇をぬらす。②死ぬまでめんどうを見る。attending one's deathbed

**しに-め**【死(に)目】 死に際。臨終。the moment of one's death

**死に目に会う**（しにめにあう） 死ぬ間際の人に会う。人の死に間にあう。be present at one's deathbed

**しに-ものぐるい**【死に物狂い】 必死になって努力すること。あばれること。try desperately

**シニャック**【Paul Signac】（一八六三～一九三五） フランスの新印象派の画家。印象派美術の理論と技法を発展させ、モザイク風の点描主義による新表現を創始した。作品『オランダ風景』など、著書『ドラクロワから新印象主義まで』。

**シニャフスキー**【Andrey Donatovich Sinyavsky】（一九二五～　） ソ連の小説家・文芸批評家。作品を国外で発表し、のちフランスに亡命。著書『革命初期の詩、一九一七～二〇』、長編『裁きは始まる』、評論『ゴーゴリの影』など。

**し-にゅう**【市乳】 一般に市販される牛乳・加工乳の総称。

**し-にょう**【支繞】 ↓えだにょう(支繞)

**し-にょう**【屎尿】 大小便。糞尿。排出物。human waste

**しに-よく**【死(に)欲】 死が近づくと、ますます欲深くなること。

**シニョレリ**【Luca Signorelli】（一四四五ごろ～一五二三） イタリアの画家。裸体群の表現にすぐれた。作品『最後の審判』など。↓写

**シニヨン**【chignon フランス】 髷。また、髷風に束ねる髪型。↓図

● シニヨン

**しに-わかれ**【死(に)別れ】 一方は死んで、他方は生き残ること。



↓ 行き先項目、図版・写真参照印。 JIS 日本工業規格情報交換用漢字符号コード(区点コード)。

**シネマ-ベリテ【cinéma vérité フランス】** インタビュー方式などで日常生活の実相を描く映画。一九六〇年代のフランスで創始。

**シネラマ【Cinerama】** 《商標名》三台のカメラで同時に情景を分割して写したフィルムを、三台の映写機で映して、横に広い立体的な画面をつくりだす映画。

**シネラリア【cineraria】** キク科の多年草。ふつう、秋まき一年草として温室で栽培する。葉は心臓形。花色は、青・紫・桃・白、また蛇の目模様など品種が多く、冬から春の鉢植え草花の代表。カナリヤ諸島原産。サイネリア。フキギク。↓写

●シネラリア

**し-ねん【思念】**(名・サ変自他) 思い考えること。つねに心に思っていること。thought

**じ-ねん【自然】** 《仏教語》①本来そうであること。②天然のままであること。しぜん。

**し-ねんごう【私年号】** 朝廷の定めた公式の年号以外に文書に現れる年号。日本では古文献に残る六、七世紀の古代年号群と、鎌倉・室町期の中世年号群がある。異年号。逸年号。

**じねん-じょ【自然▼薯】** ヤマノイモ科のつる性の多年草。ヤマノイモの一品種で、山野にはえる。夏に白い花が咲き、根は円柱形で表皮は黄褐色。とろろ汁のほか、煮て食べたり、菓子材料などにする。じねんじょう。

**じねん-じょう【自然生】** ↓じねんじょ(自然薯)

**じねん-ばえ【自然生え】** 人手によらず自然にはえること。また、その草木。

**じねん-ほうに【自然法▼爾】** 《仏教語》①ものごとが自ら法(真理)にのっとっていること。人為を加えぬありのまま。②親鸞の基本的な思想。煩悩をそなえたまま如来に救われること。自力のはからいを捨て、阿弥陀の本願の自然なはたらきで往生することを説いたもの。

**しの【▼篠】** ①「篠竹」の略。②「篠笛」の略。

**篠を束ねる**(しのをつかねる) 篠竹をたばにしたようにすきまなく大雨が強く激しく降るさまをいう。

**篠を突く**(しのをつく) 篠竹をつき下ろすように大つぶの雨が激しく降るようすをいう。用例 —雨。

**篠を乱す**(しのをみだす) 大雨が激しく降るのに加えて、大風が吹き荒れるさまをいう。

**し-のう【子▼嚢】** 子嚢菌類の有性生殖で生じる胞子をつつむ袋状の器官。多くは八個の胞子を含む。ascus

**し-のう【詩▼嚢】** 詩の下書きや原稿を入れる袋。転じて、詩人の思想・感情。用例 —をこやす。

**しのうきん-るい【子▼嚢菌類】** 真菌類の中で子嚢を形成するもの。カビ類や酵母菌類のほか、チャワンタケなどのキノコ類がある。一万五〇〇〇種が知られている。Ascomycetes

**しのう-くんれんし【視能訓練士】** 医師の指示で、目に障害のある人の視力矯正訓練と検査を行う人。orthoptist

**し-のう-こう-しょう【士農工商】** 江戸時代の身分制度。武士を頂点に、農民・工(職)人・商人に分類。

**しのぎ【▼鎬】** 刃物の、刃とみねとの中間の小高い部分。↓日本刀図

**鎬を削る**(しのぎをけずる) 《互いの刀のしのぎが削れるほど、激しく切り合う、の意から》激しく争う。fight desperately

**しの・ぐ【▼凌ぐ】**(五他) ①まさる。exceed 用例 壮者を—。②堪え忍ぶ。endure ③防ぐ。keep out 用例 雨露を—。

**シノグロッサム【cynoglossum】** ムラサキ科の秋まき一年草。初夏に、ワスレナグサに似た青や白の花が咲く。花壇で観賞用に栽培する。

**し-のこ・す【▽為残す】**(五他) 途中までして残す。全部することができず、一部を残す。leave half done

**しの-ごの【四の五の】**(副) あれこれとめんどうな文句を言うさま。grumbling 用例 —言わずに仕事をせよ。

**しのざき-しょうちく【▼篠崎小竹】**(一七八一～一八五一) 江戸後期の儒者。大坂生まれ。尾藤二洲・古賀精里について朱子学を修めた。

**じ-のし【地▽伸し】** ↓じなおし(地直し)

**しの-じま【▼篠島】** 愛知県知多半島南端、南知多町の島。面積〇・七㎢。観光漁業と海水浴でにぎわう。

**し-の-しょうにん【死の商人】** 武器・弾薬などを製造・販売することによって巨額の利益を得る業者。merchant of death

**しの-すすき【▼篠▽薄】** ①シノダケの群がりはえているもの。②まだ穂の出ないススキ。

**しの-そうしん【志野宗信】**(?～一四八〇) 香道の志野流の始祖。実質上の香道の創始者。足利義政に仕え、香木の知識を深く究め、義政の命を受けて香道の諸方式を定めた。

**しのだ【▽信太・▽信田】** ①大阪府泉北郡にあった地名。信太村。現在の和泉市の北部から泉大津市の一部を含む地域。「信太の森のきつね」の伝説で名高い。②《キツネが住んでいたという信太の森にちなんで》油揚げを用いた料理につける語。

**しの-だけ【▼篠竹】** 全体に細く小さい竹・笹などの俗称。

**しのだ-ずし【▽信太▼鮨・▽信田▼鮨】** いなりずし。

**しのだ-に【▽信太煮・▽信田煮】** 油揚げを用いた煮物。

**しのだ-まき【▽信太巻(き)・▽信田巻(き)】** 油揚げを一枚に切り開き、材料を巻いたもの。煮たり、揚げたり、蒸したりする。ふくろ。

**しのだ-まさひろ【▼篠田正▼浩】**(一九三一～) 映画監督。岐阜県生まれ。作品『乾いた花』『心中天網島』『桜の森の満開の下』など。

**しのづか-りゅう【▼篠塚流】** 上方舞の一流派。文政(一八一八～三〇)のころ京都で篠塚文三郎(梅扇)が創始。

**しのつ-げんや【▼篠津原野】** 北海道西部、江別市の北にある原野。泥炭地帯であるが、用・排水路の篠津運河建設と客土で水田化。

**しの-に** 古語(副) ①しおれて、なえなえと。しんみりと。用例 情も—古思ほゆ(万葉・三・二六六)。②しきりに。用例 —露散る夜半の床かな(新古今・恋二)。

**シノニム【synonym】** 語形が違っていて、同じ意味を持つ単語どうしの関係。「本と書物」「はらとおなか」など。同義語。同意語。類語。対義 アントニム。

**しののめ【▽東▽雲】** 明けがた。あかつき。あけぼの。

**し-の-はい【死の灰】** 原水爆が爆発したとき、大気中に降る核分裂生成物。放射線を出し、人体に有害。放射性降下物。fallout

**しのばず-の-いけ【▽不▽忍池】** 東京都台東区、上野公園の池。江戸時代からの行楽地。低湿な沼地で、ハスの花で知られる。水上動物園がある。

**しのば・せる【忍ばせる】**(下一他) ①そっと入れておく。忍ばす。conceal 用例 ふところに—。②目立たないようにする。かくす。用例 足音を—。

**しのは・ゆ【▼偲はゆ】** 古語(連語)《上代語。動詞「しのふ」の未然形に自発の助動詞「ゆ」の付いたもの》しのばれる。用例 大伴の高師の浜の松が根を枕き寝れど家し—(万葉・一・六六)。

**し-の-はんてい【死の判定】** 医学上、どの時点をもって人間の死と認めるかという問題。これまでわが国では心臓の停止・呼吸停止・瞳孔反射の消失で死と判定していた。しかし、脳死の概念が登場し、臓器移植の問題もからみ、新しい概念を求める論議が活発になってきている。diagnosis of death

**しのび【忍び】** ①しのぶこと。内密にすること。secret 用例 お—姿。②ひそかに敵中にはいること・術・人。忍術。忍者。用例 —の術。

**しのび-あい【忍び▼逢い】** 男女がひそかに会うこと。密会。あいびき。secret date

**しのびあうはるのゆきどけ【忍▼逢春雪解】** 清元節の曲名。三千歳。

**しのび-あし【忍び足】** こっそり歩く足取り。stealthy steps 用例 ぬき足、さし足、—。

**しのび-がえし【忍び返し】** 塀や門の上に先のとがった竹・木・鉄釘・ガラスの破片などを並べたもの。盗賊や敵の侵入を防ぐのが目的。spike ↓写

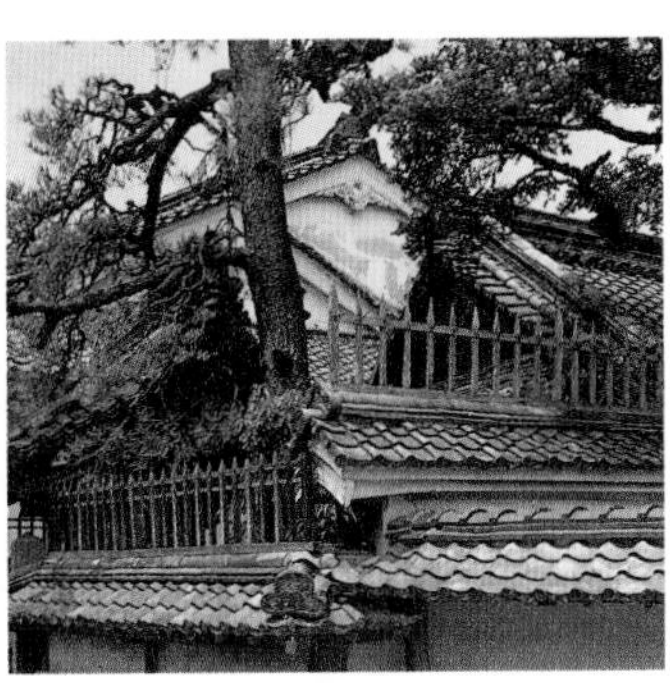

●忍び返し

**しのび-こ・む【忍び込む】**(五自) こっそり入りこむ。しのびいる。steal in

**しのび-な・い【忍びない】**(形) 我慢できない。耐えられない。cannot bear 用例 見るに—。

**しのび-なき【忍び泣き】**(名・サ変自) 声をころして泣くこと。人目を避けて、こっそり泣くこと。weep in secret

**しのび-ね【忍び音】** ①ひそひそ声。小声。whisper ②かすかな泣き声。sobbing voice ③陰暦四月ごろのホトトギスの初音。

**しのび-の-もの【忍びの者】** 敵陣・人家などに忍びこんでようすをうかがう者。間者。忍者。

**しのび-ぼうちょう【忍び包丁】** ↓かくしぼうちょう(隠し包丁)

**しのび-やか【忍びやか】**(形動) ひそか。こっそり。stealthy

**しのび-よ・る【忍び寄る】**(五自) 相手が気付かないうちに近づく。そっと近づく。steal up

**しのび-わらい【忍び笑い】**(名・サ変自) 声をひそめて笑うこと。titter

**しのぶ【忍】** 岩や木の幹に着生するシノブ科のシダ。長い根茎から羽状に分裂した葉をだす。根茎をまるめて吊り、「忍ぶ玉」として観賞。シノブグサ。↓図

●シノブ

**しの・ぶ【忍ぶ】**(五自他) ①(自)㋐隠れる。ひそむ。hide 用例 物かげに—。㋑人目をはばかる。conceal 用例 —恋路。②(他)我慢する。堪える。bear 用例 つらさを—。恥を—。

**しの・ぶ【▼偲ぶ・▽慕ぶ】** ㊀(五他) ①恋い慕う。long for ②懐しく思い出す。慕う。remember 用例 昔を—。㊁古語(四他)《「賞ぶ」とも。上代は「しのふ」》美を味わう。用例 黄葉をば取りてそ—(万葉・一・一六)。

**しの-ぶえ【▼篠笛】** 日本の管楽器。篠竹で作った七孔の横笛。民俗芸能で広く用い、長唄などでも取り入れている。竹笛。しの。

**しのぶ-ぐさ【忍草】** シノブの古名。土がなくても堪え忍んで生育するところからの名。

**シノプシス【synopsis】** 梗概。あらすじ。

**しのぶ-ずり【忍▼摺(り)・▽信夫▼摺(り)】** シノブグサの色素で、葉・茎の形を模様化して布にすりつけたもの。しのぶもじずり。

**しのぶたかゆ-おんせん【▽信夫高湯温泉】** ↓たかゆおんせん(高湯温泉)

**しのぶとう【死の舞踏】** ①《原題Totentanz ドイツ》リスト作曲のピアノと管弦楽のための作品。一八四九年作。②《原題Danse macabre フランス》サン=サーンス作曲の交響詩。一八七四年作。中世・ルネサンス期の画家が好んで描いた「死の舞踏」を題材とする。

**しのぶ-もじずり【忍▼捩▼摺(り)・▽信夫▼捩▼摺(り)】** ↓しのぶずり(忍摺)

**し-の-ぶよう【死の舞踊】** ①中世後期、ヨーロッパに流行した死の思想の寓意的表現の一つ。絵画・文学・音楽の主題となり、多くの作品がつくられた。②祈禱舞踊の一つ。病魔や死魔からのがれるために踊られる舞踊。中世の「死の舞踊」が有名。

**じ-の-ぶん【地の文】** 小説・戯曲などで、会話文に対して作者が説明や描写をしている文章。narrative part 対義 会話文。

**しの-やき【志野焼】** 岐阜県土岐地方で焼かれた陶器。乳白失透の長石釉を表面に厚くかける。絵志野・鼠志野・紅志野などがある。慶長年間(一五九六～一六一五)に盛行。茶器・水差しなどが作られた。↓写

**しの-りゅう【志野流】** 香道流派の一つ。足利義政の命により志野宗信の創始した香道の諸方式。志野家は三代まで。蜂谷家がこれを継ぎ、現在は二〇世宗玄。

**シノワズリー【chinoiserie フランス】** 近世ヨーロッパ美術にあらわれた「シナ(中国)趣味」。とくに一八世紀中期のフランスでロココ美術と融合し、建築・室内装飾・家具・壁掛け・陶器などに多く用いられた。

**しば【芝】** ①イネ科の多年草。日当たりのよい山野の草地にはえる。高さ一〇～二〇㎝。茎は

●志野焼『志野茶碗(銘振袖)』。桃山時代、個人蔵。

地下茎または匍匐茎。東アジアに自生するノシバ・オニシバ・コウライシバ、ゴルフ場に植えられる西洋種のベントグラス・バーミューダグラスなどがある。lawn ②①と①に似たイネ科以外の雑草の総称。しばくさ。↓図

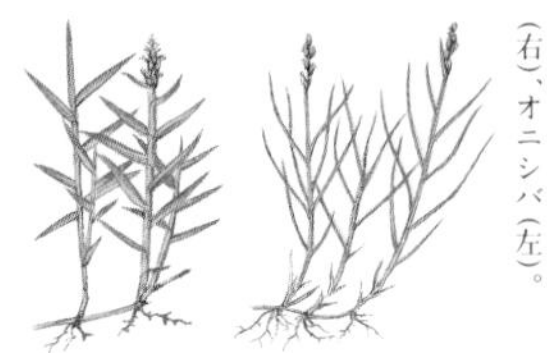

●シバ① コウライシバ(右)、オニシバ(左)。

**しば【▼柴】** 山野の雑多な低木の類。そだ。brushwood

**しば【芝】** 東京都港区東部の地区。台地は文教・住宅地、低地は商工業地。芝公園・増上寺・東京タワーなどがある。

**し-ば【死馬】** 死んだ馬。

**死馬の骨**(しばのほね) かつては抜きんでていたが、今では何の価値もなくなったもの。

**死馬の骨を買う**(しばのほねをかう) 才能のない人をまず優待すれば、あとから才能のある人が集まってくる。死馬の骨を五百金に買う。

**死馬の骨を五百金に買う**(しばのほねをごひゃっきんにかう) 「死馬の骨を買う」と同意。

**し-ば【▼駟馬】** 四頭立ての馬車。その車を引く馬。

**駟馬も追う能わず**(しばもおうあたわず) 一度口外したことは、取り返しがつかない。類似 駟も舌に及ばず。

**シバ【Śiva梵・湿婆】** ヒンズー教の三大神の一つ。死・破壊と同時に創造・生殖をつかさどる神。仏教では大自在天となる。↓写

**じ-ば【地場】** ①地元。local 用例 ―産業。②取引所のある都市の中小証券業者や常連の客。地場手筋。比較 客筋・法人筋・金融筋。

**じ-ば【磁場】** 磁石あるいは電流が、そのまわりにつくる場。磁界。magnetic field

**ジハード【jihādアラビア】** イスラム教の信仰を広めたり防衛したりするための異教徒との戦い。聖戦。

**し-はい【支配】** ㊀(名・サ変他) ①勢力・権力で他をおさえること。ある個人または集団が他の個人・集団に優越した地位に立ち、継続してその行動を拘束すること。マックス=ウェーバーはカリスマ的・伝統的・合法的の三つに類型化した。統治。rule; dominate ②他の要因が人の考えや行動に影響して拘束すること。rule; reign ③物や仕事などを分けて配ること。direction ㊁(名) 株式会社で、株式を保有し取締役の任免を左右できる地位。

**し-はい【紙背】** ①紙の裏。reverse side of paper ②文章に含まれた真の意味。between the lines 用例 眼光―に徹す。

**し-はい【賜杯】** 競技・試合の勝者に天皇・皇族から贈られる優勝杯。

**しば-い【芝居】** ①演劇の総称。とくに、歌舞伎・新派など。play ②役者の演技。acting 用例 ―が下手だ。③人をだますためのたくらみ。put-up job 用例 一―打つ。

**芝居を打つ**(しばいをうつ) ①芝居をする。芝居を興行する。perform a play ②巧みに仕組んで人をだます。play a trick

**しば-い【司馬▼懿】**(一七九〜二五一) 中国、三国時代の魏の宰相。字は仲達。死後、高祖宣帝。曹操以下四代に仕え、遼東・楽浪征服などで大功をたてた。五丈原における諸葛孔明との戦いは有名。

**じ-はい【耳▼坏】** 左右に耳形の把手のある坏。中国で戦国時代以降に作られ、漆器・土器・青銅器などがある。

**しはい-かいきゅう【支配階級】** 政治・経済的および社会的な支配力を持つ階級。governing classes

**しばい-がか・る【芝居掛(か)る】**(五自) ことばや動作が芝居をしているかのようにわざとらしくなる。状況が現実離れしている。be theatrical

●シバ ニューデリー美術館。

**しばい-げ【芝居気】** =しばいぎ。①演ずる心構え。②人前をつくろい飾る心。ostentation ③人の意表をついておもしろがる気持ち。芝居っ気。showmanship

**じばいせき-ほけん【自賠責保険】** 「自動車損害賠償責任保険」の略。

**しばい-たい【四倍体】** 基本数の四倍の染色体をもつ倍数体。もとの二倍体とくらべて体の構造が大きなものが多い。よんばいたい。tetraploid

**しばい-ぢゃや【芝居茶屋】** 芝居見物の客の便宜をはかって、入場の斡旋・案内・休息・食事などの世話をした劇場付属の茶屋。

**しはい-てき【支配的】**(形動) ある思想・考え・勢力が力を得て、全体を従わせるさま。dominant 用例 反対意見が―である。

**しはい-にん【支配人】** 営業主に代わって営業所の一切の取り引き・訴訟を実行する権利をもつ、法律上定められた使用人。manager

**しば-いぬ【▼柴犬】** 小形の日本犬。体高約四〇cm。番犬・猟犬になる。日本の中部山岳地帯原産。天然記念物。

**しばい-ばなし【芝居▼噺・芝居▼咄】** 題材に芝居を用いた落語・講談の総称。本来は、背景・鳴り物を使って、芝居がかりのせりふで演ずる「正本芝居噺」のこと。『七段目』『淀五郎』など。

**しはい-りょく【支配力】** 支配する実力・権力。control

**じ-ばえ【地生え】** その土地の生え抜き。用例 ―の人。

**しば-えび【芝▽海▽老】** クルマエビ科のエビ。体長約一五cm。浅海の砂泥底にすむ。食用、釣り餌になる。東京湾・瀬戸内海・有明海などに分布。シロエビ。↓エビ図

**しば-えん【司馬炎】**(二三六〜二九〇) 中国、西晋の初代皇帝(在位二六五〜二九〇)。廟号は武帝。司馬懿の孫。二六五年魏に代わって建国。二八〇年呉を滅ぼして中国を統一。占田・課田法を行うなど内政に努めた。

**しば-がき【▼柴垣】** しばで編んだ垣根。

**しば-かり【芝刈(り)】** 芝生などの芝を刈ること。用例 ―機。

**しば-かり【▼柴刈(り)】** 野山で、たきぎ用のしばを取ること。gather firewood

**しばかわ【芝川】**〈町〉静岡県中部、富士宮市西隣の町。山地が多く、農林・製材業が中心。人口一万二八〇〇(一九八八)。

**しばき-よしこ【芝木▽好子】**(一九一四〜) 小説家。東京生まれ。府立一高女卒。作品『青果の市』『湯葉』『青磁砧』など。

**しはく【▼淄博】** 中国、山東省中部の鉱工業都市。山東省最大の炭田があるほか、鉄鉱石・ボーキサイトなどの資源が豊富。金属・陶器・電気工業も発達。人口二二八万(一九八四)。ツーポー。

**じ-はく【自白】**(名・サ変他) ①自分で白状すること。confession ②訴訟手続きで、被告人または被疑者が自分がなした犯罪事実を認める供述。confession 比較 自供。③民事訴訟で、相手方が主張する自分に不利益な事実を認めること。また、その旨の陳述。

**じ-ばく【自縛】**(名・サ変自) ①自分で自分をしばること。binding oneself ②自分の意見で自分が自由にならなくなること。restricted by one's own opinion 用例 自縄―。

**じ-ばく【自爆】**(名・サ変自) ①自分の乗っている飛行機・艦船などを、みずから爆破すること。suicidal explosion ②自分で自分をだめにすること。self-destruction

**しば-くさ【芝草】** ↓しば(芝)

**しば-ぐり【▼柴▼栗】** クリの野生種。果実は小さいが、味は良い。ササグリ。クサクリ。

**しば-こう【司馬光】**(一〇一九〜一〇八六) 中国、北宋の政治家・学者。王安石の新法に反対して用いられず、政界を引退。勅命により『資治通鑑』の編纂に専念。司馬温公。

**しば-こうかん【司馬江漢】**(一七四七〜一八一八) 江戸後期の洋風画家。江戸の人。本名は安藤吉次郎。狩野派・中国写生画を学び浮世絵も描く。銅版画を制作。洋風画の先駆者・進歩的市民思想家として著名。作品『七里ケ浜図』(絵画)、『両国橋図』(銅版画)、著書『天地理談』など。↓写

**しば-ざくら【芝桜】** ハナシノブ科の多年草。四月から五月にかけて、サクラに似た淡紫・淡紅・白色の小花が咲く。花壇の縁取り用。北アメリカ原産。ハナツメクサ。モスフロックス。↓写

●シバザクラ

**じば-さんぎょう【地場産業】** 地域の特性をいかして独自の製品をつくりだす産業。

**しば-し【▽暫し】**(副) すこしの間。しばらく。暫時。for a while 用例 ―の別れ。

**しば-しば【▼屢・▼屢▼屢・▽数】**(副) たびたび。何度も。often

**しば-しょうじょ【司馬相如】**(BC一七九〜BC一一七) 中国、前漢の文学者。字は長卿。成都の人。漢代の賦文学の集大成者。作品『子虚賦』『上林賦』『長門賦』など。

**し-はす【師走】** ↓しわす(師走)

**しば-せん【司馬遷】**(BC一四五ごろ〜BC八六ごろ) 中国、前漢の歴史家。父の職をついで太史令となり『史記』の編纂に着手。紀元前九九年匈奴に敗れた李陵を弁護して武帝の怒りにふれ、翌年宮刑に処せられた。以後、『史記』を完成。

**しば-ぜんこう【芝全交】**(一七五〇〜九三) 江戸後期の戯作者。本名は山本藤十郎。江戸の人。遊里・歌舞伎に取材した作品が多い。黄表紙『大悲千禄本』など。

●司馬江漢『両国橋図』。天明七年(一七八七)、神戸市立博物館。

**しば-そのめ【▼斯波園女】**(一六六四〜一七二六) 江戸前期の女流俳人。伊勢の人。芭蕉に入門。句集『菊之塵』『鶴の杖』など。園女。

**しばた【▼柴田】**〈町〉宮城県南部、阿武隈川下流の町。旧城下町・宿場町。電機・食品工業などの工場がある。人口三万五九三二(一九八八)。

**しばた【▽新▽発田】**〈市〉新潟県、越後平野北部の市。旧城下町、史跡が多い。県北部の穀倉地帯の中心。新潟新産業都市の後背地で工業化が進む。人口七万八六四七(一九八八)。

**じ-はだ【地肌・地▽膚】** ①生地の肌。texture ②大地の表面。the surface of the earth

**しばた-かついえ【▼柴田勝家】**(一五二二〜八三) 安土桃山時代の武将。尾張の人。織田氏の重臣。本能寺の変後は豊臣秀吉と対立、賤ケ岳の戦いに敗れ、本拠の北庄で自殺。

**しばた-きゅうおう【▼柴田▼鳩翁】**(一七八三〜一八三九) 江戸後期の心学者。京都の人。諸国を巡歴、教化に努めた。晩年に失明。著書『鳩翁道話』。

**しばた-けいた【▼柴田▼桂太】**(一八七七〜一九四九) 植物生理・生化学者。東京生まれ。東大教授。資源科学研究所長。フラボノイド化合物の植物界での分布などを研究。

**しばた-しょう【▼柴田▼翔】**(一九三五〜) 小説家・独文学者。東京生まれ。東大卒。作品『されどわれらが日々―』『燕のいる風景』など。

**しばた-ぜしん【▼柴田是真】**（一八〇七〜九一）幕末・明治期の漆芸家・日本画家。江戸の人。蒔絵・漆絵を得意とする。作品『茨木童子図額』など。

**しば-たた・く【▽瞬く】**（五他）しきりにまたたきする。しばたく。blink

**しば-たっと【司馬達▽等】**（生没年未詳）六世紀の渡来人。蘇我氏に協力して仏教受容に貢献。仏師の鞍作止利はその孫。

**しばた-みなお【▼柴田▽南雄】**（一九一六〜）作曲家。東京生まれ。東大卒。入野義朗とともに十二音技法による作曲を行う。昭和四五年（一九七〇）以後は新しい作風を形成。管弦楽曲『シンフォニア』など。

**しばた-れんざぶろう【▼柴田錬▽三郎】**（一九一七〜）小説家。本姓斎藤。岡山県生まれ。慶大卒。伝奇的ロマンに新生面を開く。作品『イエスの裔』『眠狂四郎無頼控』など。

**しば-ち【芝地】**芝のはえている地。芝生。lawn

**じ-ばち【地▼蜂】**クロスズメバチの俗称。

**し-はつ【始発】**①最初に出発すること。the first starting 対義 終着。②その日の最初に出る電車。the first train 対義 終発。③その駅・停留所を起点として出る列車・バスなど。

**じ-はつ【自発】**①自分から進んですること。voluntary ②文法で、意志と関係なく、自然にある状態になること。「故郷のことが思われる」の「れる」など。参照 れる・られる。

**しば-づけ【▼柴漬（け）】**京都特産の漬物。ナスとシソの葉に、ショウガ・ミョウガなどを加えて塩漬けにする。シソの色と風味が独特。

**じはつ-じか【自発磁化】**強磁性体が、外部からの磁場を受けない状態でもつ磁化。原子のスピンが規則正しく並ぶことによって生じる。spontaneous magnetization

**じはつ-せい【自発性】**自分から進んで物事をする性質・能力。能動性。self-motivation 用例 ―のある子。

**じはつ-てき【自発的】**（形動）自分の意志として行うさま。voluntary 比較 自動的・自主的。対義 強制的・受動的。

**しば-ど【▼柴戸】**↓しばのと（柴の門）

**しば-な【▽塩場菜】**シバナ科の多年草。海岸や河口の塩湿地にはえる。葉は扁平で約二五cm。葉鞘に三〜五mmの葉舌がある。六〜一〇月に、花茎に両性花を多数開く。モシオグサ。

**しば-な・く【▼屢鳴く】**古語（四自）たえまなく鳴く。しきりに鳴く。用例 清き川原に千鳥―（万葉・六・九二五）。

**じ-ばなし【地▼噺】**落語の形式の一つ。登場人物の対話ではなしの筋をはこばずに、地の説明で展開させるもの。『源平盛衰記』『西行』など。漫談。

**しば-の-いおり【▼柴の▼庵】**①しばぶきの、そまつな家。②自分の家をけんそんして言う語。

**シバ-の-じょおう【シバの女王】**紀元前一〇世紀ごろ、南アラビアのシバ王国を支配した伝説の女王。Queen of Sheba

**しば-の-と【▼柴の▽門・▼柴の戸】**①しばで作った粗末な門・戸。②《転じて》粗末な家。しばのかど。しばど。しばのとぼそ。

**しばの-りつざん【▼柴野▼栗山】**（一七三六〜一八〇七）江戸後期の朱子学者。讃岐の人。江戸に出て林氏に学び、松平定信に用いられる。「寛政異学の禁」を建議。寛政三博士の一人。

**シバ-は【シバ派】**ヒンズー教の有力な一派。シバを最高神として崇拝。Saivism

**しば-はま【芝浜】**落語の題名。のんだくれの魚屋が、賢い女房の知恵で立ちなおるという人情噺ふうの佳編。三遊亭円朝の三題噺ともいわれる。

**しばび-の-かい【▼柴火の会】**茶道の野点の一種。野外でしばをたき湯をわかして催す茶会。

**しば-ふ【芝生】**芝が全面に群生する場所。庭園・公園・運動競技場・ゴルフ場・飛行場・河川堤防などにみられる。西洋シバ・日本シバがある。芝地。lawn

**しば-ぶえ【▼柴笛】**カシ・シイなどの若葉を丸めてふき鳴らすこと。その葉。

**しば-ぶね【▼柴舟】**しばを積んだ舟。

**しばまた【▼柴又】**東京都葛飾区東部、江戸川に沿う地区。帝釈天の門前町として発展してきた。

**しばまた-たいしゃくてん【▼柴又▽帝釈天】**東京都葛飾区柴又にある日蓮宗の寺。正称は題経寺。本尊は日蓮作とされる帝釈天で、庶民信仰で知られる。

**しば-やなぎ【▼柴柳】**ヤナギ科の落葉低木。東海・関東の丘陵地にはえる。枝端は下垂する。葉は卵状披針形。若葉は紅色。四月、葉と同時に、花穂を垂らす。

**しば-やま【芝山】**芝を植えた築山。

**しば-やま【▼柴山】**雑木のはえた山。

**しばやま【芝山】〈町〉**千葉県北東部、成田市東隣の町。稲作、スイカ・野菜栽培が中心。芝山古墳群がある。人口八四七九（一九八八）。

**しばやま-がた【▼柴山潟】**石川県南西部にある潟湖。面積一・九km²。フナ・コイなどがとれる。湖畔に片山津温泉。

**しば-よしかど【▼斯波▽義▽廉】**（生没年未詳）室町時代の武将。斯波義敏除籍後をうけて管領を継ぐが、義敏との間に相続争いが起こり応仁の乱の一因となる。

**しば-よしとし【▼斯波▽義▽敏】**（一四三五ごろ〜一五〇八）室町時代の武将。将軍足利義政の命に反したため家督を廃された。のち斯波義廉との間に相続争いが起こり応仁の乱の一因となる。

**しば-よしまさ【▼斯波▽義▽将】**（一三五〇〜一四一〇）室町初期の武将。越前・越中・能登などの守護。三代将軍足利義満の時に側近として幕政を指導し管領となった。応永の乱に功をあげ、以後、三管領の一家としての家格を確立。

**じ-ばら【地腹】**生まれつきの腹。用例 ―が大きい。

**じ-ばら【自腹】**①自分の腹。one's stomach ②自分の金銭。身銭。one's own purse

**自腹を切る**（じばらをきる）自分で負担するには及ばない経費を、自分の金で支払う。pay out of one's own pocket 類似 身銭を切る。

**し-はらい【支払（い）・仕払（い）】**（名・サ変他）支払うこと。そのしるし。payment 対義 受け取り。用例 ―をすます。

**しはらい-かんじょう【支払勘定】**①債権と債務を差し引きして債務が余ること。②仕入先との経常取り引きから発生した債務。③簿記で、支払債務を記入する口座。accounts payable 対義 受取勘定。

**しはらいじゅんび-せいど【支払準備制度】**管理通貨制のもとで、市中銀行に対し預金などの一定割合を中央銀行に預け入れた現金・流動資産として保有することを義務づける制度。預金者保護を目的として発足したが、現在は支払準備率操作により金融政策上重要な役割をはたしている。準備預金制度。reserve requirements system

**しはらいじゅんび-りつ【支払準備率】**市中銀行の預金などの総額に対する中央銀行への預け入れ金額の比率。預金準備率。reserve ratio

**しはらいじゅんびりつ-そうさ【支払準備率操作】**金融政策の手段の一つ。中央銀行が支払準備率を操作し、市中銀行に課されている支払準備を増減させることによって金融の調整をはかること。預金準備率操作。reserve requirement system

**しはらい-てがた【支払手形】**取引代金決済のために振り出した手形。また、手形債務を示す簿記上の負債勘定項目の名称。note payable 対義 受取手形。

**しはらい-めいれい【支払命令】**金銭などの代替物や有価証券の一定数量の給付を求める請求に限り、簡易裁判所が債権者の一方的申し立てだけで債務者に支払いを命ずる裁判。order for payment

**しはらい-わたし【支払渡し】**荷為替取り引きにおける荷物引き渡しの条件の一つ。支払人が銀行から船積み書類の引き渡しを受けるとき、手形代金の支払いを必要とするもの。D.P.。documents against payment 対義 引受渡し。

**し-はら・う【支払う・仕払う】**（五他）代金・料金などを相手に渡す。pay

**しばら-く【▽暫く・▼須▼臾】**㊀（副）①すこしの間。for a while 用例 ―お待ちください。②やや長い間。久しぶり。for a long time 用例 ―でしたね。㊁（名）《「暫」で》歌舞伎十八番の一つ。一幕。荒事の典型。若くて強い主人公が、「しばらく」と声をかけて登場、善を救い悪を滅ぼす。初世市川団十郎が元禄一〇年（一六九七）演出の基礎をつくり、二世団十郎が元文元年（一七三六）現在の形にまとめた。

**し-はらみつ【四波羅▼蜜】**《仏教語》涅槃に具わる常・楽・我・浄の四つの徳。

**しばられたプロメテウス【縛られたプロメテウス】**《原題Promētheus Desmōtēs ギリシア》アイスキュロス作の悲劇。神々の火を盗んで人類に与えたため、ゼウスから過酷な刑をかせられたプロメテウスを軸に、神界と人類の発展を壮麗雄大に描く。

**しばり-あ・げる【縛り上げる】**（下一他）厳重に縛る。くくりあげる。bind up

**しばり-あみ【縛り網】**巻網の一つ。桂縄または振り縄とよぶ威嚇具を使って魚を追い込み、網の両袖を相互に交差して包囲する網漁具。タイ縛り網が代表的。closing seine

**しば-りきゅう【芝離宮】**東京都港区海岸の旧離宮。明治維新前は紀伊藩浜屋敷。明治九年（一八七六）離宮に編入。大正一三年（一九二四）、前年の関東大地震で建物が焼失したため東京都に下付。現在は、旧芝離宮恩賜公園という。

**しばり-くび【縛り首】**①戦国・江戸時代の刑罰の一つ。罪人を縄でうしろ手に縛り、首を斬った。②俗に、絞首刑。hanging

**しばり-つ・ける【縛り付ける】**（下一他）縛って離れないようにする。tie down

**しば-りょうたろう【司馬▼遼太郎】**（一九二三〜）小説家。本名、福田定一。大阪生まれ。大阪外語大卒。史実の新解釈と巧みな語り口で文壇に新風を送る。作品『梟の城』『竜馬がゆく』『坂の上の雲』など。

**しば・る【縛る】**（五他）①ひも・なわなどでくくる。かたく結ぶ。bind 用例 傷口を―。②とらえてくくる。捕縛する。arrest 用例 盗賊を―。③行動の自由を制限する。束縛する。restrict 用例 規則に―・られる。時間に―・られる。

**じ-ばれ【地▼腫れ】**（名・サ変自）傷口などの回りの皮膚が一面にはれること。swelling

**しば・れる**（下一自）《方言》東北・北海道で、ひどく冷えこむ。凍る。

**し-はん【四半】**①正方形に切った布。②四分の一。quarter 用例 ―期。

**し-はん【市販】**（名・サ変他）市中で一般に販売すること。marketing

**し-はん【死▼斑・▼屍▼斑】**死後、身体の下側に集まった血液によって見られる皮膚の変色。ふつうは暗赤色。postmortem lividity

**し-はん【私版】**個人・民間の出版。私家版。private printing 対義 官版。

**し-はん【師範】**①手本。模範。model ②学問・技芸を教える人。師匠。先生。teacher 用例 ―代。③「師範学校」の略。

**し-はん【紙半】**葬列に加わる近親者が肩にかける白い布。また、近親者や棺をかつぐ人が額につける三角形の白い布や紙。

**し-はん【紫▼斑】**内出血のために現れた、紫色の斑点。purple spot

**じ-はん【自判】**①自分で判をおすこと。seal by oneself ②上級裁判所が、上訴された事件について原判決を破棄したとき、原審へ差し戻さずみずから裁判をすること。

**じ-はん【事犯】**処罰すべき行為。用例 経済―。

**じ-ばん【地盤】**①大地の表面。地殻。ground 用例 ―沈下。②建造物などの基礎となる土地。土台。foundation ③物事の根拠地。勢力の範囲。base 用例 ―をかためる。

**ジバン【gibão ポルト・襦袢】**↓じゅばん（襦袢）

**しはん-がっこう【師範学校】**旧制の小学校・国民学校の教員養成のための官公立の学校。新制の学芸大学・国立大教育学部等の母体となった。

**じはん-き【自販機】**「自動販売機」の略。

**ジパング【Zipangu イタリア】**マルコ＝ポーロが『東方見聞録』で日本をさした語。黄金と真珠の国とされ、当時の読者を東洋へとかりたてた。ジャパンはこの語に由来。

**し-はんけい【視半径】**天体の視直径の二分の一。apparent radius

**ジバンシー【Hubert de Givenchy】**（一九二七〜）フランスの服飾デザイナー。

**じばん-ちんか【地盤沈下】**地面が沈む現象。地殻の運動・収縮などの自然的原因と、地下水の過剰消費などの人為的原因がある。subsidence

**しはん-びょう【紫▼斑病】**皮膚・粘膜で毛細血管が出血し、赤色ないし紫色の斑点が多数認められる疾患の総称。血小板の減少が主原因。purpura

**しばん-むし【死番虫】**シバンムシ科の甲虫の一群。体長二〜六mm。枯れ木・乾いた木材のほか、タバコ・古書を食害する種もある。世界各地に分布。

**し-ひ【市費】**市の経費・費用。

**し-ひ【私費】**①個人が出す費用。private expense 対義 官費・公費。②自分で払うこと。自費。personal expense

**し-ひ【詩碑】** 詩を刻み込んだ記念碑。[比較]歌碑・句碑。
**しび【▼鮪】** マグロの異名。
**し-び【詩美】** 詩の美しさ。詩らしい美しさ。
**し-び【▼鴟尾・▼鵄尾】** 寺院・城などの大棟の両端に置かれた魚形の装飾。古代の沓の形に似るため、沓形ともいう。
**じ-ひ【自費】** 自分で費用を支払うこと。one's own expense [用例]―出版。
**じ-ひ【慈悲】** ①《仏教語》仏が衆生をいつくしみ、あわれむ心。慈は与楽、悲は抜苦をいう。大慈大悲。②なさけ。いつくしみ。mercy
**慈悲の粧**(じひのよそおい) ①僧侶の衣服。②僧侶。
**慈悲を垂れる**(じひをたれる) あわれみの気持ちをかける。恩恵を与える。have mercy on
**シビア【severe】**(形動) ＝シビアー。①厳しいさま。容赦のないさま。②厳正なさま。
**じびいんこう-か【耳鼻▼咽▼喉科】** 耳・鼻・咽頭・喉頭およびその関連器官を取り扱う臨床医学の一分野。耳鼻科。otorhinolaryngology
**シビウ【Sibiu】** ルーマニア中部、南カルパチア山脈北麓の商工業都市。人口一七・三万(一九八四)。
**ジビエ【gibierフランス】** 狩猟鳥獣。食用の獲物。ウサギ・シカ・キジ・野ガモ・ツグミなど。
**じび-か【耳鼻科】** ↓じびいんこうか(耳鼻咽喉科)
**じ-びき【地引(き)・地▼曳(き)】** ①魚をとるために沖合いに張った網を浜へ引き寄せること。②「地引き網」の略。seine ③建築で、地鎮祭のあとで土地を清める儀式。地引き祭り。
**じ-びき【字引】** ①字書。②辞書。dictionary
**字引と首っ引き**(じびきとくびっぴき) ひとことずつ字引を引きながら、努力して読むこと。with the constant help of a dictionary
**じびき-あみ【地引(き)網】** 長い両袖網と袋網および引き綱からなる網。網を沖合いに張り、魚が入ったところで引き綱で引き寄せ、岸に引き揚げる。地引き。seine; dragnet ↓[図]
**じひ-しゅっぱん【自費出版】**(名・サ変他) 個人または団体が費用を全部自分で出して、本を出版すること。publish on one's own expense
**じひしん-ちょう【慈悲心鳥】** ①ホトトギス科の鳥、ジュウイチの異名。②ブッポウソウの別称。
**しび-ちゅうだい【紫微中台】** 奈良時代の令外官の一つ。天平勝宝元年(七四九)光明皇太后のため皇后宮職を改称し設置。藤原仲麻呂が内相(長官)となり専権をふるった。
**し-ひつ【史筆】** 歴史をしるす筆。転じて、歴史をしるす上での表現法や態度。
**し-ひつ【紙筆】** ①紙と筆。pen and paper ②文章に書きあらわすこと。筆紙。writing
**し-ひつ【試筆】**(名・サ変自) 書きぞめ。[用例]元旦―。
**じ-ひつ【自筆】** 本人が書くこと。本人が書いたもの。autograph [用例]―の履歴書。
**シビック-トラスト【Civic Trust】** 企業や個人が資金を出し合って、都市環境の保全・改善を進める制度。一九五七年にイギリスで始まった。
**し-びと【死人】** 死んだ人。しにん。dead person
**じ-ひびき【地響き】**(名・サ変自) ①地震の振動が音として感じられる現象。地鳴り。subterranean rumbling ②大地がゆれ響くほどの音のたとえ。rumble
**しひゃくし-びょう【四百四病】**《仏教語》人間のかかる病気の総称。人体は、地・水・火・風という四つの元素(＝四大)からなるとされ、この四大が不調のとき、そのおのおのに一〇一の病を生じるとする。
**四百四病の外**(しひゃくしびょうのほか) 恋の病。love-sickness

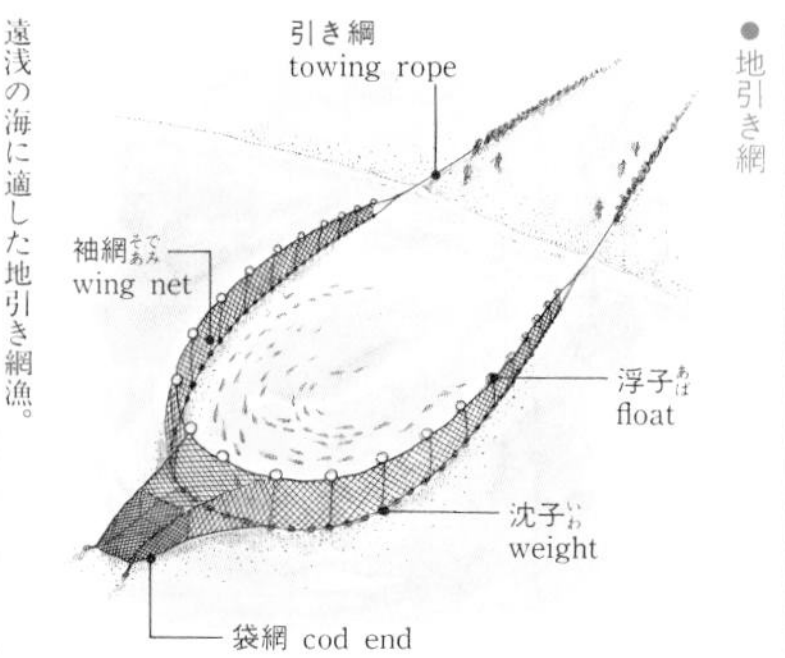

●地引き網

遠浅の海に適した地引き網漁。

**シビュラ【sibyllaラテン】** ギリシア神話のペルシアやデロスの巫女。恍惚状態で書いたという神託や予言の書が伝わる。アポロン神を裏切ったため、年老いても死ねないクマイのシビュラが有名。sibyl
**し-ひょう【死票】** 落選者に投じられたために議席獲得の上で役立たなかった票。大・中選挙区制よりも小選挙区制で、より多く生じる。比例代表制では少ない。死に票。dead vote
**し-ひょう【指標】** ①目じるし。index ②ある数の常用対数を、整数と、1より小さい正の小数との和で表したときのその整数部分。ある数の整数部分が $n$ 桁ならその指標は $n-1$ であり、小数点以下第 $n$ 位に初めて0でない数字の現れる数の指標は $-n$ である。characteristic ③カーソル。cursor
**し-ひょう【師表】** 人々の手本。また、手本となる人。model [用例]世の―となる。
**し-びょう【死病】** 死ぬときまった病気。不治の病。fatal disease
**じ-ひょう【次表】** 次にある表。[対義]前表。
**じ-ひょう【耳標】** 家畜の個体を識別するため、耳にはめる標識用金具。アルミ製または合成樹脂製で、記号・番号などが刻印してある。ear mark
**じ-ひょう【時評】** ①その当時の評判。reputation at that time ②時事問題についての批評。comments on current events
**じ-ひょう【辞表】** 辞職を申し出る文書。辞職願い。letter of resignation [用例]―を出す。―をふところに。
**じ-びょう【持病】** ①つねに苦しめられている病気。慢性の病気。chronic disease ②つねに出る悪いくせ。bad habit
**し-びょうし【四拍子】** ①音楽で、四拍で一小節をつくる拍子。よんびょうし。quadruple time ②能楽で、小鼓・大鼓・太鼓・笛などの、四種の楽器。また、その演奏者。
**しひょう-しょくぶつ【指標植物】** ある地域の環境条件の変化を判断するのに役立つ植物。indicator plant [参照]指標生物。
**しひょう-せいぶつ【指標生物】** 気候や土壌などの自然環境を示すための目じるしとなる生物群落のこと。おもに植物が用いられ、それを指標植物という。indicator plant
**しびり【▼痺り】** しびれること。しびれ。
**痺り京へ上れ**(しびりきょうへのぼれ) しびれがきれたのを治そうとするときに、唱えるまじないのことば。
**シビリアン【civilian】** 一般国民。軍人に対して文民。武官に対して文官。
**シビリアン-コントロール【civilian control】** 文民統制。
**しび・る【▼痺る】**[古語](下二自) ↓しびれる(痺れる)
**シビル-ミニマム**《和製語》都市化した社会で一定水準の市民生活を送るために必要とされる、社会資本や社会保障などの最低基準。市民生活水準。
**しびれ【▼痺れ】** しびれること。全身、または身体の一部の知覚が鈍麻ないし消失したり、異常になったりする状態をいう。しびり。numbness
**痺れを切らす**(しびれをきらす) ①しびれが起こる。have pins and needles ②待ちくたびれて、我慢ができなくなる。lose one's patience 「名。
**しびれ-うなぎ【▼痺▼鰻】** デンキウナギの異名。
**しびれ-えい【▼痺▼鱝・▼痺▼鱏】** シビレエイ科の海水魚。全長約三〇cm。胸びれの基部の皮膚下に発電器があり、外敵を感電させる。本州中部以南の浅海に分布。↓[図]

●シビレエイ

**しびれ-ぐすり【▼痺れ薬】** 麻酔剤。
**しびれ-なまず【▼痺▼鯰】** デンキナマズの異名。
**しび・れる【▼痺れる】**(下一自) ①からだの一部の感覚がなくなる。become numb ②電気などの強い刺激で、体がびりびりする。③《俗語》歌曲などに、うっとりとする。
**しひん【詩品】** 中国の詩論書。①梁代の鍾嶸著。三巻。漢から梁に至る詩人一二二人の五言詩を、上中下の三つに分けて批評したもの。現存最古の詩論で、唐以降の詩話の祖となる。②唐代の司空図著の『二十四詩品』のこと。一巻。[参考]司空図。
**し-びん【▼溲瓶】**《「しゅびん」の転》病人などが寝たまま小便をするための、ガラス・陶・プラスチック製の器。尿器。urinal
**し-ふ【師父】** ①師と父。one's father and master ②父のように敬愛する師。father
**し-ふ【師▼傅】** 付きそって教え導く役・人。もり役。
**し-ふ【詩賦】** 中国の韻文。詩と賦。
**しぶ【渋】** ①柿の渋い味。astringent taste ②「柿渋」の略。③水などの垢。
**渋が抜ける**(しぶがぬける) あか抜けてくる。洗練されて美しくなる。
**渋抜ける**(しぶぬける) 「渋皮が剝ける」と同意。
**渋を食う**(しぶをくう) 割に合わない目にあう。また、小言を言われる。しかられる。渋を食らう。
**渋を引く**(しぶをひく) 防腐剤・補強剤として、網・紙などにカキの渋を塗る。
**し-ぶ【支部】** 本部から分かれて、地区の事務を扱う所。branch office [対義]本部。
**し-ぶ【市部】** 市に属する部分。urban part [対義]郡部。
**し-ぶ【師部・▼篩部】** 植物体の維管束のうち、師管・師部柔組織・師部繊維からなる部分。養分の通路となり、また茎や根を強固にする。phloem ↓維管束[図]
**じ-ふ【自負】**(名・サ変自他) 自分で自分の才能に自信をもち、誇ること。pride [用例]―心。
**じ-ふ【慈父】** [対義]慈母。①やさしいちち。affectionate father ②父の敬称。[比較]厳父。
**じ-ぶ【治部】** 「治部省」の略。
**しぶ・い【渋い】**(形) ①渋のような味がする。astringent [用例]この柿は―。―お茶。②落ち着いて深みがある。地味である。tasteful; elegant [用例]―好み。③気むずかしい。不快そうだ。sullen [用例]―顔。④けちである。stingy [用例]支払いが―。[派生]しぶさ(名) しぶみ(名)
**しぶ-いた【四分板】** 厚さ四分(＝約一・二cm)ぐらいの板材。
**しぶ-いろ【渋色】** 柿渋の色に似た、くすんだ黄褐色。tan
**し-ふう【士風】** 武士の気風・風紀。
**し-ふう【詩風】** 詩の作風・作り方・傾向。style of poetry
**しぶ-うちわ【渋▽団▽扇】** 柿渋を表面に塗って補強した団扇。赤黒い粗末なもので、江戸時代には貧乏神の持ち物ともされた。柿団扇。渋扇。
**しぶえ-ちゅうさい【渋江抽斎】**(一八〇五〜一八五八) 江戸後期の儒者。弘前藩医。江戸の人。考証学をよくした。森鷗外による伝記で有名。
**ジフェニル【diphenyl】** ↓ビフェニル
**ジフェニルヒダントイン【diphenylhydantoin】** 代表的な抗痙攣薬。中枢神経系の他の部位にはほとんど作用が認められないほどの微量で、特異的に運動機能の興奮を抑制する。
**ジフェンヒドラミン【diphenhydramine】** 抗ヒスタミン剤。薬物反応などのアレルギーの対症療法に使用。乗り物酔い防止の作用もある。
**シフォン【chiffon】** 絹織物の一種。粗い平織りで、地が透き通り、張りがあり、ひだが出しやすい。ベール・肩かけなどにする。
**しぶ-おんせん【渋温泉】** 長野県北東部、山ノ内町にある温泉。山ノ内温泉郷の中心。歴史は古く、僧行基の発見と伝えられる。
**しぶ-おんぷ【四分音符】** ↓しぶんおんぷ(四分音符)
**シフォン-ベルベット【chiffon velvet】** 二

重組織の薄手のビロード風織物。肩かけなどに用いる。

**ジブカイン**【dibucaine】 局所麻酔剤。作用が長く持続する。おもに腰椎麻酔に用いる。

**しぶ-がき**【渋▼柿】 実が熟しても渋い柿。干し柿にしたり、柿渋をつくる。

**しぶ-がっしょう**【四部合唱】 音楽で、男声か女声、または混声で四つの声部から成る合唱。代表的な合唱形は混声四部合唱。chorus in four parts

**しぶ-がみ**【渋紙】 張り重ねて柿渋を塗った紙。丈夫で軽く防水性があるので敷物や荷物の包装に使った。

**しぶ-かわ**【渋皮】 樹木・果実の外皮の内側の薄い皮。あまかわ。epidermis

**渋皮が剝ける**(しぶかわがむける) 婦人の外見が、あかぬけして美しくなる。また、物事になれて、上手になる。渋が剝ける。渋抜ける。become refined

**しぶかわ**【渋川】〈市〉 群馬県中部、利根川と吾妻川の合流点にある市。旧宿場町。各種工業が活発。人口四万七四一七(一九八八)。

**しぶかわ-はるみ**【渋川春▽海】(一六三九〜一七一五) 江戸幕府碁所出身の暦学者。日本人として初めて暦法(=貞享暦法)を組織し、幕府天文方となる。

**しぶき**【▽繁吹(き)・▽飛▼沫】 ①しぶくこと。splash ②細かく飛び散る水。spray

**し-ふく**【至福】 この上ない幸福。bliss

**し-ふく**【私服】 ①官服・制服に対して、個人の立場で着る衣服。plain clothes ②官服以外の服を着た警察官。

**し-ふく**【私腹】 自分の利益・財産。私利。one's own profit

**私腹を肥やす**(しふくをこやす) 地位・職権を悪用して、もうける。line one's pocket with profits

**し-ふく**【紙幅】 ①紙のはば。paper width ②定められた原稿の枚数。space 用例 ―の許すかぎり。

**し-ふく**【雌伏】(名・サ変自) こらえて時機を待つこと。bide one's time 対義 雄飛。用例 ―すること一〇年。

**しぶ・く**【▽繁吹く・▽重吹く】(五自) ①雨まじりの風が激しく吹きつける。②しぶきがあがる。splash

**じ-ふく**【時服】 ①時候に合わせて着る衣服。②天皇の親族以下諸臣に、朝廷から、春と秋、または夏と冬の二季に賜った衣服。

**しふくせんねん-せつ**【至福千年説】 キリスト教のことば。キリストの再臨とともに最後の審判が行われるという終末論の中で、再臨と審判の間には一〇〇〇年間の隔たりがあり、この間に義人たちが地上の王国を享受するという教説。千年王国論。千年至福説。chiliasm

**じ-ぶくろ**【地袋】 床の間の脇の違棚の下側に、床面に接して作られた袋戸棚。対義 天袋。

**しぶ-ごのみ**【渋好み】(名・形動) じみな深味のある衣服や装身具を好むこと・人・さま。have a taste for things of austere elegance

**しぶ-さ**【渋さ】 渋いこと・程度。astringency 比較 渋み。

**し-ぶさ**【四房】 大相撲で、土俵上の吊り屋根の四隅に下がる青・赤・白・黒色の四つの房。四本柱の名残で、各房の色は四季と四神を表している。参照 四本柱。→相撲図

渋沢栄一

**しぶさわ-えいいち**【渋沢栄一】(一八四〇〜一九三一) 明治・大正時代の実業家。武蔵国の人。維新後、大蔵省に出仕。退官後、第一国立銀行をはじめ王子製紙・日本鉄道など多くの銀行・会社や、東京商大(現、一橋大)などの学校の設立に尽力。→写

**しぶさわ-けいぞう**【渋沢敬▽三】(一八九六〜一九六三) 財界人。東京生まれ。東大卒。渋沢栄一の孫。日銀総裁。第二次大戦後幣原内閣の蔵相として、財閥解体・新円切り替えの立役者となった。民俗学・民具・漁業史などの研究者としても有名。

**しぶし**【志布志】〈町〉 鹿児島県、大隅半島東部の町。志布志湾に臨み、農・漁業がさかん。枇榔島がある。人口二万二六六(一九八八)。

**しぶ・し**【渋し】 古語 (形ク) →しぶい(渋い)

**ジプシー**【Gypsy】 インド・西アジア・アフリカ・ヨーロッパ・アメリカなどに生活する放浪民族。インド-ヨーロッパ語族に属するロマニー語を共通言語とする。閉鎖的社会をもち、数十家族が移動し、テント生活をするが、定着ジプシーもいる。楽師・占い師・金属細工師・木細工師などとして生活。形質は、混血により一様でない。起源についてはインドの下層民出身説が有力。

**ジプシー-おんがく**【ジプシー音楽】 放浪民族ジプシーの音楽。刹那的・即興的性格をもち、細かく激しいリズム、強弱やテンポの急激な変化が特徴。特有の音階による。ハンガリー・スペインのものが有名。gypsy music

**ジプシー-ご**【ジプシー語】 ジプシーの用いる言語の総称。インド-ヨーロッパ語族に属する中期インド-アーリア語から変化、分岐。ヨーロッパ方言・アルメニア方言・アジア方言に大別される。ロマニー語。Romany

**ジプシー-せんしゅ**【ジプシー選手】 国民体育大会の開催県を渡り歩く選手。開催県が好成績を収めようとして、有力選手を集めるために出現した現象。

**しぶ-しぶ**【渋渋】(副) しぶりながら。いやいやながら。不承不承。reluctantly

**じぶ-しょう**【治部省】 律令制下、皇室の陵墓、貴族の相続・婚姻、僧尼の統制などをつかさどった役所。太政官の管轄。

**しぶし-わん**【志布志湾】 鹿児島県、大隅半島東部の湾。臨海工業地帯としての開発地域。湾内の枇榔島は亜熱帯植物の自生地。

**しぶ-せんい**【師部繊維】 師部を構成する繊維組織。細長い厚膜な細胞からなり、強靭なものを繊維原料に利用する。phloem fiber

シフゾウ

**しふ-ぞう**【四不像】《尾はロバに、ひづめはウシに、くびはラクダに、角はシカに似て、しかもそれらのいずれの動物でもないもの、の意》シカ科の偶蹄類。肩高約一・一m。北京南苑にいたものがヨーロッパに伝えられた。野生種はいない。Père David's deer →写

**しぶ-ぞめ**【渋染(め)】 柿渋で染めること。また、柿渋で染めた布や着物。

**ジブチ**【Djibouti】(Republic of Djibouti) アフリカ東部、紅海の入り口にある共和国。首都ジブチ。もとフランス植民地。一九七七年独立。砂漠や半砂漠が国土の大部分を占め遊牧民が多い。面積二・二万km²。人口四六万(一九八六)。正称ジブチ共和国。

**ジブチ**【Djibouti】〈市〉 アフリカ東部、ジブチ共和国の首都。紅海の入り口に当たり、コーヒー・皮革製品などの輸出港。人口二〇万(一九八五)。

**しぶ-ちゃ**【渋茶】 味の渋くなった茶。また、渋味の強い葉を用いた茶。

**しぶ-ちん**【渋ちん】《俗語》ひどく物おしみをする人。けちんぼう。吝嗇家。

**し-ぶつ**【死物】 ①死んだ物。dead thing 対義 活物。②役に立たない物。廃物。useless thing

**し-ぶつ**【私物】 個人の所有物。private property 対義 公物・官物・公器。

**じ-ぶつ**【事物】 もの。ものごと。things

**じ-ぶつ**【持仏】 いつも身近に置いて信仰する仏像。

**しぶつ-きせい**【死物寄生】 生物が、他の生物の死体・排出物などに寄生して養分をとり、生活すること。腐生。saprophagy; saprophyte 対義 活物寄生。

**しぶつ-さん**【至仏山】 群馬県北東部の山。標高二二二八m。尾瀬ヶ原の展望によく、高山植物の宝庫とされる。

**じぶつ-どう**【持仏堂】 持仏または祖先の位牌を安置する堂。

**しぶ-つら**【渋面】《俗語》にがにがしい顔つき。しかめつら。じゅうめん。しぶっつら。wry face

**ジフテリア**【diphtheria】 ジフテリア菌の飛沫感染による法定伝染病。咽頭のジフテリアがいちばん多く、上気道に偽膜をつくり、咽頭痛・呼吸困難・かれ声などの強い症状を示す。子どもに多い。

**シフト**【shift】 ①野球で、打者の打球方向をあらかじめ想定し、野手が変則的な守備位置をとること。②アメリカンフットボールで、攻撃側の選手二人以上がプレーに入る直前に位置を変えること。

**しぶと・い**(形) 強情だ。片意地だ。容易に屈しない。obstinate 派生 しぶとさ(名)

**シフト-ドレス**《和製語》ウエストで切り替えず、肩からまっすぐ垂れた感じのワンピース。

**じふとへんけん**【自負と偏見】《原題Pride and Prejudice》オースティンの小説。一八一三年刊。高慢な男に偏見をもつ女主人公が結婚するまでを描く作品。

**じぶ-に**【治部煮】 カモの煮物。金沢名物。胸肉にそば粉か小麦粉をまぶし、甘辛く煮て、野菜をつけ合わせる。おろしわさびで食べる。

**しぶ-ぬき**【渋抜き】 渋をぬくこと。とくに、柿の渋みをアルコールや湯に浸してぬくこと。removing astringency

**じ-ふぶき**【地吹雪】 地上に降った雪が、風のために吹き上げられる現象。blowing snow

**しぶ-み**【渋味】 ①渋いこと・感じ。astringency 比較 渋さ。②渋い味。astringency ③地味な深みのある趣。austere elegance

**しぶや**【渋▽谷】 東京都渋谷区中部、渋谷駅付近の地区。渋谷駅に多くの鉄道が集中しているため、繁華街を形成。

**しぶや-てんがい**【渋▽谷天外】(一九〇六〜八三) 松竹新喜劇の座長・俳優・作者・演出家。本名、渋谷一雄。筆名、館直志。大阪生まれ。曾我廼家系喜劇の伝統を守った。

**しぶや-みのる**【渋▽谷実】(一九〇七〜八〇) 映画監督。東京生まれ。作品『自由学校』『本日休診』など。

**シフラ**【Cziffra György】(一九二一〜 ) ハンガリーのピアニスト。フランス在住。超絶的な技巧の持ち主で、リストを得意とする。

**ジブラルタル**【Gibraltar】 イベリア半島南端、ヨーロッパ岬を占めるイギリスの植民地。戦略上の拠点。海軍基地がある。スペインとの間に領有権の争いがある。人口二・九万(一九九四)。

**ジブラルタル-かいきょう**【ジブラルタル海峡】(Strait of Gibraltar) ヨーロッパ南西端とアフリカ北西端間の海峡。地中海の西の出入り口。幅一三〜三七km。最大水深九四二m。

**し-ぶり**【仕振り】 仕事などをするようす・やりかた。manner

**しぶ-りつ**【四分律】 原始仏教の小乗二十部派の一つである法蔵部で伝承された律蔵。四部から成るための呼称。漢訳の律の中で、もっとも広く用いられた。しぶんりつ。

**しぶり-ばら**【渋り腹】 直腸や膀胱の炎症により、内容物がほとんどないにもかかわらず便意や尿意を催す状態。裏急後重。結痢。tenesmus

**シプリペジウム**【Cypripedium】 ラン科シプリペジウム属の総称。地上ランの仲間で、ヨーロッパ・シベリアに自生。冬になると地上部は枯れ、根茎が残る。日本にはアツモリソウなど。

**しぶ・る**【渋る】(五自他) ①(自)㋐すらすらはかどらない。make slow progress ㋑気が進まない。hesitate ㋒通じがない。be constipated ②(他)いやがる。気が進まず、ぐずぐずする。be unwilling 用例 承諾を―。

**しぶ-ろく**【四分六】 四分と六分の割合。しぶろくぶ。ratio of six to four

**し-ふん**【私憤】 私事に関する怒り。personal spite 対義 義憤・公憤。

**し-ふん**【脂粉】 ①べにとおしろい。cosmetics ②化粧。make up 用例 ―をこらす。

**脂粉の香**(しふんのか) 女の化粧の香り。女のなまめかしさ。

**し-ぶん**【士分】 武士の身分。

**し-ぶん**【死文】 ①無視されている法令・規則。dead letter ②内容のない文章。

**し-ぶん**【▼斯文】 この道・学問。とくに、儒学。

**し-ぶん**【詩文】 ①詩と文章。poetry and prose ②文学。literature

**じ-ふん**【自噴】(名・サ変自) 地層中に高圧状態で存在する石油・ガス、また温泉などの地下水が、採取用の井戸から噴出する現象。圧力が低下すると間欠自噴となり、やがては止まる。flowing

**じ-ぶん**【自分】 ㊀(名) その人自身。自己。self 用例 ―のことは―でする。㊁(代) おのれ。われ。わたくし。I 用例 ―がやります。

**自分の頭の蠅を追え**(じぶんのあたまのはえをおえ) 「人の蠅を追うより己の蠅を追え」と同意。

**じ-ぶん**【時分】 ①とき。ころ。time 用例 その―。②時機。opportunity

じ-ぶん【時文】①その当時の文。②中国の文語文。[対義]白話。

しぶん-いすう【四分位数】大きさの順に並べた度数分布を四等分したときの境界値。分布の散らばり方を測定するときに使用する。quartile

しぶん-えん【四分円】円を、直角に交わる二直径によって、四つに分けたうちの一つ。中心角が直角である扇形をなす。quadrant

しぶん-おんぷ【四分音符】音楽で、全音の四分の一の長さを表す符号。♩で表す。しぶおんぷ。quarter note米; crotchet英

じぶん-かって【自分勝手】(名・形動)自身の都合だけを考えること・さま。わがまま。身勝手。selfishness

しぶん-ごれつ【四分五裂】(名・サ変自)ちりぢりばらばらになること。しぶごれつ。disruption

じぶん-じしん【自分自身】自分を強めた言い方。one's own self

し-ぶんしょ【私文書】公務員が職務上の権限に基づいて作成した文書以外の文書。私書。private document [対義]公文書。

じふん-せい【自噴井】掘抜井戸の一種。地面に穴を掘ると、圧力を受けている地下水が自然に噴出してくるもの。artesian well

じぶん-どき【時分時】きまった食事時。めしどき。

じぶん-もち【自分持ち】自分が負担すること。自弁。paying for oneself

しべ【▼蕊・▼蘂】①雄しべと雌しべ。②ひもの先の房。

し-へい【私兵】個人が、自分の利益や勢力拡張のために養っておく兵隊。また、公の機関に属さない武力集団。

し-へい【紙幣】紙に印刷した貨幣。政府が発行する政府紙幣と、中央銀行が発行する銀行紙幣(=銀行券)とに分けられる。狭義では政府紙幣をいう。さつ。軟貨。paper money [対義]硬貨・正金。[数え方]一枚・一束。

じ-へい【時弊】その時代の悪習・弊害。abuses of the age

じ-へい【辞柄】言いぐさ。口実。

じへい-しょう【自閉症】①精神分裂病患者にみられる基本的な特徴の一つ。スイスのブロイラーが一九一一年に提唱した。自分のからに閉じこもり空想の世界に生きるさまをいう。autism ②幼児の、感情や精神機能一般の発達障害の一つ。外界との接触を絶って自分の心の中に閉じこもってしまう状態をいう。autism

し-へき【四壁】①四方のかべ。walls of all sides of the room ②あたり。隣近所。neighborhood

し-へき【▼嗜癖】タバコやアルコールなどの嗜好が習慣となり、それをやめると不快な精神状態になったり、禁断症状が出るのでやめられない状態。addiction

じ-へき【磁壁】強磁性体で、スピンが平行にそろっている磁区と磁区との境界で、スピンが徐々に向きを変えている層。domain wall

じ-べた【地べた】《俗語》地面。大地。

しべちゃ【▽標茶】〈町〉北海道東部、釧路川中流の町。酪農のほか、肉牛や馬の飼育が行われる。人口一万一三一三(一九八八)。

し-べつ【死別】(名・サ変自)死にわかれること。死に別れ。bereavement [対義]生別。

しべつ【士別】〈市〉北海道北部、名寄盆地の天塩川に沿う市。テンサイ・ジャガイモ・大根栽培などの農業がさかん。製糖工場がある。人口二万七二四〇(一九八八)。

しべつ【▽標津】〈町〉北海道東部、根室海峡に臨む町。農・漁業の町で、酪農、肉牛の飼育がさかん。人口七一一九(一九八八)。

シベリア【Siberia】《ロシア語では、Sibir》ソ連東部、アジア大陸北部、西はウラル山脈から、東は太平洋岸の分水界までの地域の名称。大半はタイガ地帯。ロシア革命後、鉱産資源・水力資源・林産資源の開発が始まる。

シベリア-きだん【シベリア気団】冬、シベリアを中心として、東アジア大陸をおおう気団。乾燥した冷たい空気。冬型気圧配置の一因。Siberia air mass

シベリア-こうきあつ【シベリア高気圧】冬季シベリアを中心とし、東アジア全体を支配する広大な強い高気圧。Siberia-anticyclone [参照]シベリア気団。

シベリア-しゅっぺい【シベリア出兵】ロシア革命への干渉戦争。大正七年(一九一八)八月、チェコ軍救援を名目に日・米・英・仏・伊・中国がシベリアに出兵。日本軍は連合軍撤退後も同一一年(一九二二)まで駐留するが失敗に帰する。

シベリア-てつどう【シベリア鉄道】(Siberian Railway)ソ連、ウラル山脈の東のチェリャビンスクと、日本海岸のウラジオストクを結ぶ鉄道。長さ七四一六km。一九二〇年開通。北方四〇〇〜七〇〇km地点を並行してバム鉄道(=第二シベリア鉄道)が走る。

シベリウス【Jean Sibelius】(一八六五〜一九五七)フィンランドの作曲家。自国の民族精神に基づいた作品を多く発表。交響曲、交響詩『カレワラによる四つの伝説』『フィンランディア』など。

ジベレリン【gibberellin】細胞の伸長をうながす植物ホルモンの一種。

し-へん【四辺】①あたり。近所。neighborhood ②四方の境。四面。all sides ③数学で、四つの辺。four sides

し-へん【紙片】かみきれ。piece of paper

し-へん【詩編・詩▼篇】[一]①詩。poem ②詩集。collection of poems [二]《多く、「詩篇」で》『旧約聖書』中の一書。五巻一五〇編。イスラエル民族の祭儀の歌をはじめ、その生活のあらゆる場面から、祈りの姿勢でうたった賛美と懇願の歌を収載。The Psalms; The Psalter

し-べん【支弁・支▼辨】(名・サ変自)①取り計らうこと。まかなうこと。②支払うこと。payment [用例]会社が―する。

し-べん【至便】(名・形動)非常に便利なこと・さま。most convenient [用例]交通―の所。

し-べん【思弁・思▼辨】(名・サ変他)①考えて道理をわきまえ知ること。thinking [比較]思索。②経験によらず、純粋な思考だけで観念の結合・分離を行い、認識を構成すること。純理論的思惟。speculation [対義]経験。③頭の中だけで考えて、経験・実践に無関係なこと。空論。speculation

じ-へん【事変】①天災・地異などの変わったできごと。accident ②警察力で鎮圧できない騒乱。disturbance ③宣戦布告のない国家間の戦闘行為。trouble; conflict

じ-べん【自弁・自▼辨】(名・サ変他)費用を自分で負担すること。paying one's own expenses [用例]交通費は―のこと。

しへん-けい【四辺形】同一直線上にない四点をむすぶ四つの線分からなる図形。また、その内部を含めた図形。四角形。quadrilateral

じへん-せい【磁変星】磁場をもつ恒星で、磁場の強さが周期的あるいは不規則に変化するもの。magnetic variable fixed star

しべん-てき【思弁的】(形動)①純理論的であるさま。speculative [対義]実践的。②頭の中だけで考えるさま。speculative [対義]実際的。

しべん-てつがく【思弁哲学】経験によらず、純粋思考だけで実在を認識しようとする哲学。ドイツ観念論哲学をさすことが多い。speculative philosophy

し-ほ【試補】本官になる前の事務見習い。[対義]本官。[用例]司法官―。

しぼ【▼皺】強撚糸で織った織物の表面にでる細かなしわ。クレープデシン・ジョーゼット・縮緬などの織物にみられる。織物の表面に陰影を作ったり、重みや厚みや複雑さを加える。

し-ぼ【私募】(名・サ変他)証券募集の一形態。株式や社債の発行にあたって、広く一般からは募集せず、発行会社が特定または少数の投資家から募集するもの。private placement [対義]公募。

し-ぼ【思慕】(名・サ変他)なつかしく思うこと。思い慕うこと。恋い慕うこと。longing [用例]―の念。

じ-ぼ【字母】①ある言語の単語を書き表すもととなる文字。アルファベット・仮名など、表音文字の一つ一つ。②活字の鋳型のもとになる字。活字母型。

じ-ぼ【慈母】[対義]慈父。①情け深くやさしい母。affectionate mother ②母の敬称。

し-ほう【司法】立法・行政とならぶ国家作用の一つ。具体的な法律上の紛争を解決するため、裁判所が法を適用して行う民事・刑事の裁判。judiciary [対義]行政・立法。

し-ほう【四方】①東・西・南・北。four cardinal points ②あらゆる方面。まわり。周囲。all sides ③諸国。天下。whole country ④四角。square

し-ほう【至宝】①この上ない貴重な宝。the greatest treasure ②もっとも大切な人物。most important person [用例]学界の―。

し-ほう【私法】個人どうしの生活関係について規定した法規。民法・商法など。private law [対義]公法。

し-ほう【私報】①内々の知らせ。secret information ②個人的な報知。personal notice ③官報・局報以外の電報。private telegram [対義]官報。

し-ほう【刺胞】クラゲなどの刺胞動物の上皮に埋まった袋状の微小構造物。接触刺激や食物成分の化学刺激により刺糸が発射される。先端より刺胞毒を射出するものもある。nematocyst

し-ほう【詩法】詩の作法。詩の作り方。prosody

し-ぼう【子房】被子植物の雌しべの下部のふくらんだ部分。一〜数枚の心皮が結合して室をつくり、内部に胚珠を含む。受粉後、成熟すれば果実となり、胚珠は種子となる。ovary →花[図]

し-ぼう【死亡】(名・サ変自)人が死ぬこと。法律上、死亡と同時に死者の権利能力は消滅し、財産的権利義務の相続がはじまる。death

し-ぼう【志望】(名・サ変他)志すこと。ああなりたいこうなりたいと望むこと。wish

し-ぼう【脂肪】油脂のうち、常温で固体のもの。動物では皮下・筋肉・骨髄などに蓄積され、植物では主として種子に含まれる。エネルギーの貯蔵源。fat [参考]常温で液体のものは油。

じ-ほう【時報】①放送・電話などで標準時刻を知らせること。time signal [参考]放送局・電話局では、親時計を郵政省電波研究所からの標準連続報時電波に合わせてある。②その時々のできごとの報道。また、それをのせた雑誌。news letter

じ-ぼう【自暴】自分で自分の身を損なうこと。みずから自分を堕落させること。self-abandonment

し-ほういん【四法印】《仏教語》正しい仏法であることを証明する四つの特徴のこと。諸行無常・諸法無我・一切皆苦・涅槃寂静をいう。

しほう-かいぼう【司法解剖】犯罪との関係が疑われる死体について、警察・検察庁・裁判所からの嘱託・命令で行われる解剖。legal autopsy

しほう-がき【仕法書(き)】商品を注文するとき、その商品名・種類などを細かく書いて送る書き付け。specification

しほう-かん【司法官】司法権の行使に関与する公務員。ふつうは裁判官をさすが、広く検察官まで含めることもある。judicial officer [対義]行政官。

しぼう-かん【脂肪肝】肝臓に脂肪が異常にたまった状態。放置すれば肝硬変へ進む。主原因はアルコールの過剰摂取、高脂肪食など。fatty liver

しほう-けいさつ【司法警察】司法権に基づいて犯罪捜査・犯人逮捕と証拠の収集を行う警察。judicial police [比較]行政警察。

しほう-けん【司法権】立法権・行政権とならぶ国家の統治権の一つ。法律を適用し当事者間の具体的争訟を解決する権能。judicial power

しほう-けんしゅうじょ【司法研修所】裁判官や裁判所職員の研究と修養、および司法修習生の修習に関する事務をとりあつかうため最高裁判所に置かれる機関。

しほう-こっか【司法国家】立法・司法・行政の国家三権のうち、違憲立法審査権・行政裁判権をもつことによって、司法府が優位に立つ国家。アメリカ・日本など。law-governed country

しほう-さいばん【司法裁判】民事および刑事についての裁判。judicial trial [対義]行政裁判。

しぼう-さいぼう【脂肪細胞】内部に多量の脂肪を含む細胞。組織間に散在することもあるが、毛細血管に沿って脂肪組織を形成することが多い。fat cell

しぼう-さん【脂肪酸】カルボキシル基を一個もつカルボン酸のうち、鎖式構造のものの総称。合成化学では重要な原料。fatty acid

じぼう-じき【自暴自棄】(名・形動)やけになること・さま。やぶれかぶれ。self-abandonment

しほう-しけん【司法試験】裁判官・検察官または弁護士になろうとする者に必要な学識とその応用能力を判定する国家試験。state-law examination

しぼう-しつ【脂肪質】脂肪の多い物質。また、脂肪の多い体質。あぶら性。fatty

しぼう-しゅ【脂肪▼腫】脂肪組織からなるこぶ状の良性腫瘍。発育は遅く、皮下に多く発生する。lipoma

しほう-しゅうしゅうせい【司法修習生】

司法試験に合格し、裁判官・検察官・弁護士となるため最高裁判所の命令で法律実務を修習中の者。

**しぼう-しゅし【脂肪種子】** トウゴマ・ナタネなどの、貯蔵物質として多量の脂肪を含む種子。脂肪は発芽時に糖に変わり、エネルギー源として役立つ。

**しほう-しょし【司法書士】** 他人の依頼により裁判所・検察庁・法務局に提出する書類を代わって作成することを業とする者。judicial scrivener

**し-ほうじん【私法人】** 私法上の法人。会社などの営利法人、社団法人・財団法人などの公益法人、および協同組合・労働組合などの中間法人に分類される。対義 公法人。

**しぼう-しんだんしょ【死亡診断書】** 人の死亡に関して医師が作成する証明書。医師が診療中の患者の死に自ら立ち会ったか、患者の死亡前二四時間以内に診察した場合にだけ作成できる。certificate of death

**しぼうぞく-かごうぶつ【脂肪族化合物】** 分子内の炭素原子がすべて鎖状につながった有機化合物。鎖式化合物。鎖状分子。aliphatic compound

**しぼう-そくせん【脂肪▼塞栓】** 外傷、とくに骨折により脂肪組織が破壊され、脂肪滴が静脈に入って肺や脳の毛細血管をつまらせる状態。急激な呼吸困難など。fat embolism

**しぼう-そしき【脂肪組織】** 結合組織の一種。脂肪細胞と弾性線維・膠原(こうげん)線維からなる。栄養分を貯蔵するところ。fat tissue

**しぼうた-みのる【▼柴▽生田▼稔】**(しばうた)(一九〇四) 歌人・国文学者。三重県生まれ。東大卒。斎藤茂吉(さいとうもきち)に師事。歌集『春山』『冬の林に』、評伝『斎藤茂吉伝』など。

**しほう-ちく【四方竹】** シカクダケの別名。

**しほう-どうぶつ【刺胞動物】** 触手に刺胞がある動物群で、腔腸(こうちょう)動物のこと。付着型のポリプと浮遊型のクラゲの二型があり、両型を合わせもつものもある。淡水生もあるが大部分は海水生。ヒドラ・ハチクラゲ・イソギンチャク・サンゴなど、約一万種ある。参照 ポリプ。

**しぼう-とどけ【死亡届(け)】** 人が死亡したときに行う戸籍上の届け出。死亡の事実を知った日から七日以内に市区町村役場へ届け出る。report of one's death

**しほう-とりひき【司法取引】** アメリカの刑事事件で、裁判の時間や費用を節約するため、検察官と被告人の弁護人が、有罪の答弁と引き換えに求刑を軽くするなどの取り引きを行う制度。plea bargaining

**しぼうのかたまり【脂肪の塊】** 《原題Boule de Suif(フランス)》モーパッサンの小説。一八八〇年発表。乗合馬車での娼婦(しょうふ)の行動を通して人間のエゴイズムをあばく。

**しほう-はい【四方拝】** 四大節の一つ。一月一日早朝、宮中で行われる祭儀。天皇が神嘉殿(しんかでん)南庭で伊勢(いせ)神宮、天神地祇(ちぎ)などを拝し、天下泰平・万民安寧・豊作を祈る。

**しほう-はっぽう【四方八方】** あちらこちら。あらゆる方面。on all sides

**しぼう-ぶとり【脂肪太り】** 脂肪がつきすぎて太っていること・人。fat

**しぼう-ほけん【死亡保険】** 生命保険の一つ。被保険者が死亡した場合に保険金が支払われる。死亡の時期を一定期間に限定したものを定期保険、そうでないものを終身保険という。life insurance against death

**しぼう-ゆ【脂肪油】** 油脂のうち、常温で液状のもの。オリーブ油・アマニ油・魚油などで、不飽和脂肪酸を多く含む。脂油。fatty oil

**しぼう-りつ【死亡率】** ①一定集団の一定期間に発生する死亡者の割合。通常、年間死亡者数の年央人口(日本は一〇月一日現在)の千分率で表す。mortality rate 用例 幼児の―。②ある病気にかかった人とそれで死んだ人の割合。用例 ガンの―。

**し-ぼく【四木】** 生活上有用なチャ・クワ・ウルシ・コウゾの四種の木。江戸時代、重視された。しもく。

**し-ぼく【司牧】** カトリック・英国国教会で、聖職者の職務。プロテスタントでは牧会。cure of souls

**し-ぼち【▽新▽発▽意】** 《「しんぼち」の「ん」が表記されない形》↓しんぼち(新発意)

**し-ぼつ【死没・死▼歿】**(名・サ変自) 人が、死ぬこと。死亡。death

**し-ほっかい【四法界】** 《仏教語》華厳(けごん)宗で、この世を説明する基本的な思想の四つの立場。差別の現象界すなわち事法界、無差別の真理の境界すなわち理法界、理と事の融合した一体不二の世界すなわち理事無礙法界、事物がたがいに融合して不可分の世界すなわち事々無礙法界の総称。四種法界。

**じ-ほっきょく【磁北極】** 地球磁場の磁力線の一方の極。北緯七八・六度、西経七〇・一度にある。magnetic north pole

**シホテアリン-さんみゃく【シホテアリン山脈】**(Sikhote-Alin khrebet) ソ連、ロシア共和国東部、日本海北東岸沿いに連なる山脈。最高峰タルドキ-ヤニ山は標高二〇七八m。

**じぼ-ひょう【字母表】** 字母を重複することなく一定の順序に並べた表。五十音図・アルファベット・千字文など。

**しぼ・む【▼萎む・▼凋む】**(五自) しなびる。しおれる。なえる。wither 用例 花が―。夢が―。

**しぼり【絞り】** ①絞ること。squeeze ②手ぬぐいやタオルを湯や水にひたして絞ったもの。おしぼり。wet hand towel ③「絞り染め」の略。④花びらなどのまだらになったもの。dapple ⑤光学器械で、レンズを通る光量を調節する装置、または、その調節目盛り。diaphragm

**しぼり【搾り】** 搾ること。用例 乳(ち)―。

**しぼり-あ・げる【絞り上げる】**(下一他) ①完全に絞る。squeeze up 用例 洗濯物を―。②苦しい声を張り上げる。用例 うめき声を―。③ひどく責める。scold severely 用例 いたずらっ子を―。④巻き上げる。せびり取る。squeeze 用例 金を―。

**しぼり-かこう【絞り加工】** 平らな金属板から筒形をつくる加工法。片面をダイス(型)で支え、他の面から押し入れるようにして絞る。

**しぼり-ぞめ【絞り染め】** 糸や板などで布地を部分的に締めつけて防染し、模様を表す染色。纐纈(こうけち)。くくり染め。しぼり。tie-dyeing ↓写

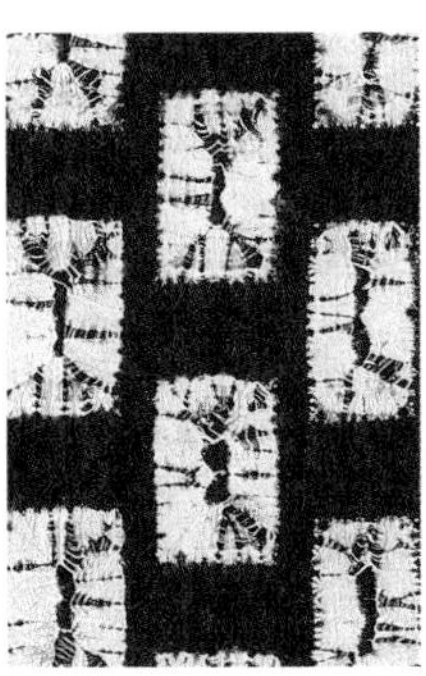

● 絞り染め

**しぼり-だし【絞り出し】** チューブの一端をおして口から中身を出すもの。絵の具・練り歯磨きなどの、細長い容器。tube

**しぼりだし-ぶくろ【絞り出し袋】** 中に入れた生クリームなどを絞るために、厚手の布や紙で三角形に作った調理器具。口金をつけて使う。

**しぼり-と・る【搾り取る】**(五他) ①しぼって取る。squeeze ②取れるだけ取る。搾取する。exploit

**しぼ・る【絞る】**(五他) ①強くおし、また、ねじって水気を出す。squeeze; wring 用例 タオルを―。②片方に寄せてくる。gather 用例 幕を―。③無理に出す。strain 用例 知恵を―。声を―。④絞り染めをする。tie-dye ⑤レンズの絞りを小さくする。stop down ⑥スピーカーの音量を小さくする。用例 ステレオの音を―。⑦せばめる。圧縮する。narrow down 用例 問題を―。

**しぼ・る【搾る】**(五他) ①強くおしたりして、液を出す。squeeze 用例 乳を―。油を―。②巻き上げる。搾取する。squeeze 用例 税金を―。③きつくしかる。また、注意をする。scold severely 用例 先生に―・られる。

**しほろ【士▼幌】**〈町〉北海道、十勝(とかち)平野北部の町。ジャガイモ・テンサイなどの畑作が主体。人口七一二九(一九八九)。

**し-ほん【紙本】** 紙に書かれた書画・文書など。対義 絹本(けんぽん)。

**し-ほん【資本】** ①利潤をうむもとになる金銭。元手(もとで)。capital ②事業の成立・維持に要する基金。capital ③土地・労働とともに生産の三要素の一つ。新たな営利のために使用する過去の生産物。capital ④企業の資産総額。capital

**しほん-か【資本家】** 生産手段の所有者であり、労働者を使用して商品・サービスを生産し、利潤を得る人。ブルジョア。capitalist 対義 労働者。

**しほん-かいてんりつ【資本回転率】** 年間売上高と資本との比率。資本利用の有効性を示す指標。capital turnover ratio

**しほんか-かいきゅう【資本家階級】** 階級としてみたときの資本家。ブルジョアジー。capitalist class 対義 労働者階級。

**しほん-かんげん【資本還元】** 株式・債券などから定期的に入る配当・利子や地代などからの予想収益を、市場利子率で割って擬制資本を算出する手続き。資本化。capitalization

**しほん-かんじょう【資本勘定】** 簿記で、資本に属する諸勘定の総称。資本金・法定準備金・剰余金などが含まれる。capital account

**しほん-きん【資本金】** 資本主義における営利企業の基礎資金。また一般に、もとで。capital

**しほん-けいすう【資本係数】** 生産物一単位を得るのに必要な最小の資本量。技術水準に依存する。capital coefficient

**しほん-こうせい【資本構成】** 企業の自己資本と借入資本との構成比。財務安定性を示す指標の一つ。capital structure

**しほん-コスト【資本コスト】** 企業の資金調達にかかる費用。株式配当金・負債の利息など。cost of capital

**しほん-ざい【資本財】** ↓せいさんざい(生産財)

**しほんざい-さんぎょう【資本財産業】** 生産機械や原料などの生産手段を生みだす産業。消費財産業に比較して需要変動が激しい。capital goods industry

**しほん-じゆうか【資本自由化】** ↓しほんとりひきのじゆうか(資本取引の自由化)

**しほん-しゅうし【資本収支】** 一国に生じた対外的な資金の流出入を、一定期間について記録したもの。経常収支とともに国際収支を構成する。balance of capital account

**しほん-しゅうせき【資本集積】** ↓しほんちくせき(資本蓄積)

**しほん-しゅうちゅう【資本集中】** 資本が特定の企業や個人に集中すること。財閥形成がこの例。capital centralization

**しほんしゅうやくがた-さんぎょう【資本集約型産業】** 大規模な資本設備をつかう産業。石油精製工業などの重化学工業をはじめ大企業に多い。労働節約型産業。capital-intensive industry 対義 労働集約型産業。

**しほん-しゅぎ【資本主義】** 生産手段が私的に所有され、商品生産が支配的な社会的生産様式。利潤の追求を経済活動の第一目的とする。capitalism

**しほんしゅぎ-けいざい【資本主義経済】** 企業の利潤追求のための経済活動により生産と分配が行われる経済体制。私有財産制と資本家・労働者の二階級の存在を基礎とし、無政府的生産、景気変動、価格機構による自動調整などが特徴。capitalistic economy 対義 社会主義経済。

**しほんしゅぎ-こく【資本主義国】** 生産手段を資本家が所有し、利潤追求のための自由競争を経済・社会的な基礎とする国家。capitalist country

**しほん-じゅんびきん【資本準備金】** 法定準備金の一つ。株主の出資額の一部などからなり、資本に準ずる性格がある。capital reserve 比較 利益準備金。

**しほん-じょうよきん【資本剰余金】** 企業会計上、公募株式の払い込みなどの資本取引によって生じた剰余金。capital surplus 比較 利益剰余金。

**しほん-そうびりつ【資本装備率】** 労働者一人当たりの資本額。資本量の労働量に対する比率。重化学工業では高く軽工業では低い。資本集約度。capital equipment ratio

**しほん-ちくせき【資本蓄積】** 資本が生みだした剰余価値を資本に追加して生産規模を拡大し、絶えずより多くの剰余価値を求めること。資本形成。資本集積。capital accumulation

**しほん-ちょうたつ【資本調達】** 企業経営を行うのに必要な資金を獲得すること。長期と短期に分かれる。資金調達。financing

**しほん-とうひ【資本逃避】** 通貨価値の下落、為替管理の強化や政治不安があるとき、自国通貨資金を安全な国の通貨に切り替えて不利益を避けること。capital flight

**しほんとけいえい-の-ぶんり【資本と経営の分離】** 資本所有者と経営者が別個の人格に機能分化すること。株式会社制度発展の必然的帰結。所有と経営の分離。separation between capital and administration

**しほん-とりひき【資本取引】** ①企業の資本金や資本剰余金を増減させるような取り引き。capital transaction 対義 損益取引。②国

▼常用漢字表外。　▽常用漢字表の音訓外。

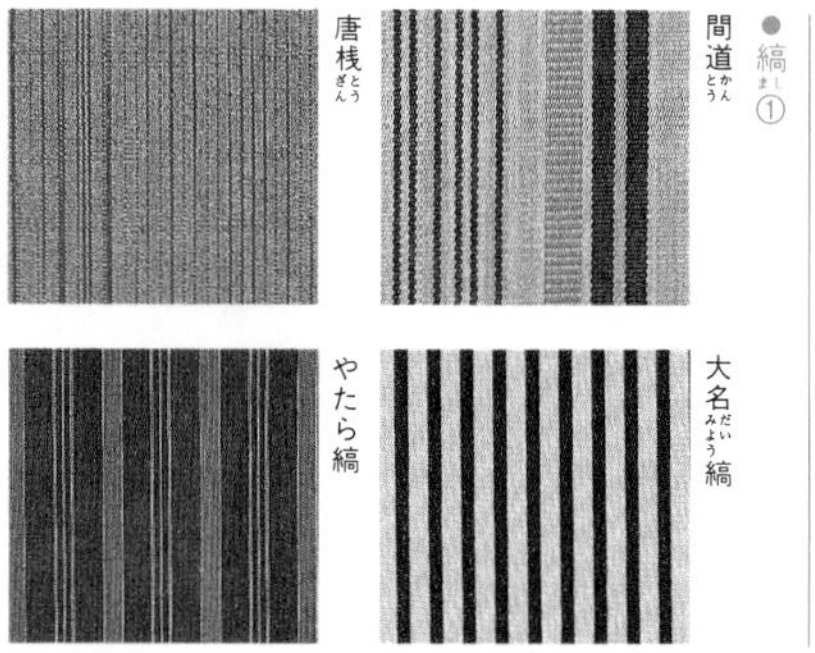

●縞①

際間取引のうち、有価証券の売買や資本の投下・貸借を中心とした取り引き。capital transaction

**しほんとりひき-の-じゆうか【資本取引の自由化】** 国と国との間での有価証券売買や資本貸借などを自由化すること。日本はOECD加盟を機に昭和四二年(一九六七)以降段階的に進め、同四八年(一九七三)にほぼ達成。資本自由化。liberalization of capital transactions

**しほん-の-ゆうきてきこうせい【資本の有機的構成】** 可変資本に対する不変資本の比率。organic composition of capital

**しほん-ばしら【四本柱】** 相撲の土俵の屋根を支える四本の柱。北東隅の柱は青で季節の春と四神の青竜を、東南隅は赤で夏と朱雀を、南西隅は白で秋と白虎を、西北隅は黒で冬と玄武を表す。昭和二七年(一九五二)秋場所以後、取り払われ、つり屋根にそれぞれの色の房を下げたものになった。参照四房。

**しほん-ゆしゅつ【資本輸出】** 国内の過剰資本が、より大きな利潤を求めて対外投資されること。貸付資本の輸出など。多国籍企業もその展開の一つ。capital export

**しほん-りえきりつ【資本利益率】** 期間利益に対する投下資本の平均有り高の比率。資本の収益性を示す指標。return on investment ratio

**しほんろん【資本論】**《原題Das Kapital, Kritik der Politischen Ökonomie ドイ》マルクスの主著。一八六七年第一巻刊行。資本主義社会の経済的運動法則を批判的に解明し、科学的社会主義に基礎を与えた。

**しま【島】** ㊀①周囲を海・湖などの水域で完全に囲まれた陸地。最小の大陸であるオーストラリアよりも小さいものをいう。island ②一区画をなした狭い土地。narrow strip of land ③泉水・築山などが設けられている庭。garden ④頼れるもの。手がかり。用例取りつく―。⑤勢力範囲。縄張り。用例―を荒らす。⑥海を隔てた流刑の地。用例―流し。㊁堀田清美作の戯曲。職場出身作家による戦後代表作。昭和三二年(一九五七)劇団民芸初演。広島被爆者の若い中学校教師が主人公。

**しま【▼縞】** ①布地の縦または横に色違いの筋を並列させた織物。また、そのような模様。ストライプ。stripe ②平行した筋がある模様。stripe ③光の回折・干渉で生じる模様。fringe ↓写

**し-ま【死魔】** 死という魔物。死に神。

**し-ま【詩魔】** 詩作にふけらせる、不思議な力。

**しま【志摩】** ↓しまのくに(志摩国)

**しま【志摩】**〈町〉三重県、志摩半島南端の町。英虞湾の真珠養殖が主で、海女漁業でも知られる。人口一万六八七〇(一九八八)。

**しま【志摩】**〈町〉福岡県北西部、糸島半島の町。姫島を含む。花卉やミカンの栽培がさかん。名勝芥屋ノ大門がある。人口一万五四七〇(一九八八)。

**シマ【sima】** 大陸地殻の下部や海洋底の地殻を構成している物質の総称。珪素(シリコン)とマグネシウムに富むことからの名。地殻下層部。対義シアル。

**しま-あい【▼縞合(い)】** しまの色や、間隔の具合から受ける感じ。

**しま-あおじ【島▼蒿▼雀】** ホオジロ科の小鳥。翼長約七・五㎝。背面が茶色、胸面が黄色。北海道の草原に夏鳥として渡来。ユーラシア中部に分布。yellow-breasted bunting

**しま-あじ【▼縞▼鰺】** 沿岸の岩礁地帯に群棲するアジ科の海水魚。全長約一m。背側が青く、腹側は銀白色。体側中央を一本の金色の線が走る。高級魚で夏がとくに美味。南日本からインド洋に分布。コセアジ。↓図

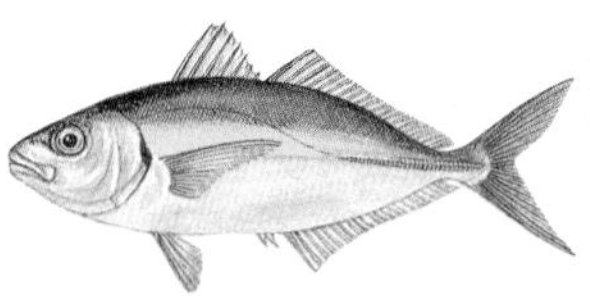
●シマアジ

**し-まい【仕舞】** 能の略式の舞。能の主要な部分を抜粋し、シテ一人が面も装束もつけずに紋服袴で舞う。↓写

**し-まい【仕舞(い)・▽終い】** ①おわり。end 用例お―。②やめること。休止。close ③売り切れ。sold out ④かたづけ。put in order

**し-まい【姉妹】** ①あねといもうと。sisters 対義兄弟。②同じ系統で互いに類似点をもつもの。sister 用例―艦。―店。

**じ-まい【地米】** その土地で生産された米。

**じ-まい【仕舞(い)・▽終い】**(接尾)①《名詞に付いて》それを終えること。やめること。用例店―。②《「…ずじまい」の形で》…せずに終わってしまうこと。用例とうとう行かず―になった。

**しま-いさき【▼縞▼伊佐木】** シマイサキ科の海水魚。全長約二五㎝。灰青色の体側を四本の黒色縦帯が走り、イサキに似る。食用。本州中部以南に分布。鰾(浮き袋)を収縮させ発音するので、ウタウタイとよばれる。シマイサギ。

**しまい-そうしつ【島井宗室】**(一五三九～一六一五) 安土桃山時代・江戸初期の博多の豪商。茶人。対明・朝鮮貿易で巨利を獲得。

**しまい-とし【姉妹都市】** 都市が主として外国の都市と特別な親善関係を結んだ場合の相互の都市。文化・物・人の交流などがおもな目的。sister city

**しまい-ぶろ【仕舞(い)風▼呂】** 一番最後に、湯を抜くころになって入る風呂。仕舞い湯。

**しまい-へん【姉妹編】** 小説や映画などで、前の作品と関連し、類似する作品。sequel

**し-ま・う【仕舞う・▽終う】** ㊀(五他) ①おえる。おわらせる。finish 用例きょうの仕事を―。②かたづけ納める。put in order 用例道具を―。③やめる。たたむ。close 用例店を―。㊁(補動)《「…てしまう」の形で》①完了する。finish 用例書いて―。②そのつもりでなく、あることが起こる。用例落として―。忘れて―。

●仕舞　観世流。

**じ-まう**(連語)《俗語。接続助詞「で」に補助動詞「しまう」が付いた「でしまう」の転》…してしまう。用例飲ん―。

**しま-うちゅう【島宇宙】** 太陽系が属する銀河系とほぼ同格の恒星の大集団。小宇宙。銀河。island universe

**しま-うま【▼縞馬・▼斑馬】** 全身に黒と白のしま模様のあるウマ科の草食動物。体高一・二～一・四m。草原に群棲する。サハラ以南のアフリカに四種が分布。ゼブラ。zebra ↓写

●シマウマ　グランドシマウマ

**じ-まえ【自前】** ①費用を全部自分でまかなうこと。at one's own expense ②芸者などが独立して営業すること。

**しま-おくそく【▼揣摩憶測・▼揣摩▼臆測】**(名・サ変他) 形勢・事情をいいかげんにおしはかること。当て推量。mere conjectures; guesswork

**しまお-としお【島尾敏雄】**(一九一七～一九八六) 小説家。横浜市生まれ。九大卒。死や不安を超現実的な場を設定して描く。作品『日の移ろい』『死の棘』など。

**しま-おりもの【▼縞織物】** しま模様を織り出した織物。

**しま-おんせん【四▽万温泉】** 群馬県北西部、中之条町にある温泉。四万川の渓流に沿い、豊かな自然に恵まれる保養地。

**しま-か【▼縞蚊】** カ科の昆虫。体長五㎜内外。黒い胸背に縦の白条がある。昼行性で、やぶや木陰にすむ。吸血性で、デング熱や黄熱病の病原体を媒介する種もある。世界的に分布。ヤブカ。

**しま-がくれ【島隠れ】** 島の陰にかくれること。用例―に行く船。

**しま-かげ【島陰】** ①島に隠れて見えない所。the lee of an island ②島の陰の部分。the back of an island

**しま-かげ【島影】** 島の姿。silhouette of island 用例―をみとめる。

**しま-がつお【▼縞▼鰹】** シマガツオ科の黒っぽくて平たい海水魚。全長約五〇㎝。肉は白身で食用。日本全土のほか全世界に分布。エチオピア。pomfret

**しまがはら【島ケ原】**〈村〉三重県西部、上野市の西隣の村。石材・耐火粘土を産し、伊賀焼・瓦が特産。人口三一〇五(一九八八)。

**しま-がら【▼縞柄】** しまの模様。洋服地では、しま幅によってチョーク・ペンシルなど、和服地では、千筋・万筋・桟留縞・やたら縞・弁慶縞などの種類がある。striped pattern

**しまき-あかひこ【島木赤▼彦】**(一八七六～一九二六) 歌人。本名、久保田俊彦。長野県生まれ。長野師範卒。伊藤左千夫に師事。『アララギ』を編集。写生に基づく幽寂な歌境を示し、鍛練道を説いた。歌集『太虚集』『柿蔭集』、歌論『歌道小見』など。

**しまき-けんさく【島木健作】**(一九〇三～一九四五) 小説家。本名、朝倉菊雄。札幌生まれ。東北大中退。農民運動に参加後、求道的な転向小説を書く。作品『生活の探求』『赤蛙』など。

**じ-まく【字幕】** 映画・テレビなどで、題名・製作者・出演者や、せりふ・画面の説明などをスクリーン上に写し出すもの。

**しまく-えん【歯膜炎】** 歯根を包んでいる歯根膜の炎症。大部分は歯肉炎などに続発する細菌感染。歯の浮いた感じ、打診痛などの症状がある。正しくは、歯根膜炎。periodontitis

**しま-ぐに【島国】** 四方が海に囲まれた国。island country

**しまぐに-こんじょう【島国根性】** 視野がせまく、こせこせした性質をさげすんでいう語。insularism

**しまぐに-てき【島国的】**(形動) こせこせして、視野の狭いさま。insular 対義大陸的。

**しまざき-とうそん【島崎▼藤村】**(一八七二～一九四三) 詩人・小説家。本名、春樹。長野県生まれ。明治学院卒。浪漫主義の詩人として近代詩の夜明けを導き、のち自然主義の代表作家となる。『文学界』創刊に参加。随筆・紀行・童話でも独自性を発揮。詩集『若菜集』、小説『破戒』『春』『家』『新生』『夜明け前』など。↓写

●島崎藤村

**しまじ-もくらい【島地黙雷】**(一八三八～一九一一) 仏教学者。浄土真宗本願寺派の僧。山口県生まれ。維新後の宗教行政に活躍し、神仏分離を主張。

**しま-だ【島田】**「島田まげ」の略。

**しまだ【島田】**〈市〉静岡県中部、大井川下流の市。古く大井川の川越えの宿場で栄えた。木材や茶の集散加工地。人口七万四三三六(一九八八)。

**しま-だい【島台】** めでたい宴席などに用い

られる飾り台。州浜台の上に松・竹・梅や鶴・亀などを置いたもの。島形。

**しま-だい【▼縞▼鯛】** タカノハダイあるいはイシダイの異名。

**しまだ-くずし【島田崩し】** 島田まげの一種。やや略したような結い方。

**しまだ-けいぞう【島田啓▽三】**(一九〇〇～一九七三) 漫画家。東京生まれ。昭和八～一四年(一九三三～三九)の『冒険ダン吉』で児童漫画に新生面を開く。

**しまだ-さぶろう【島田▽三郎】**(一八五二～一九二三) 明治・大正の政治家。静岡県生まれ。嚶鳴社幹部として立憲改進党創立に参画。足尾鉱毒事件・ジーメンス事件などで活躍。のち衆議院議長。

**しまだ-しょうご【島田正▼吾】**(一九〇五～) 俳優。横浜生まれ。辰巳柳太郎とともに新国劇の中心的存在だった。得意な演目は『瞼の母』など。

**しまだ-せいじろう【島田清次郎】**(一八九九～一九三〇) 小説家。石川県生まれ。長編『地上』で若くして流行作家となるが、のち精神異常をきたして死去。

**しまだ-まげ【島田▼髷】** 日本髪の髪型の一つ。おもに未婚の婦人が結う。まげの根を高く結ったのを高島田といい、花嫁が結う。低く平らなのを潰し島田という。名は、東海道島田宿の遊女が結い始めたのに由来するという。しまだわげ。↓図

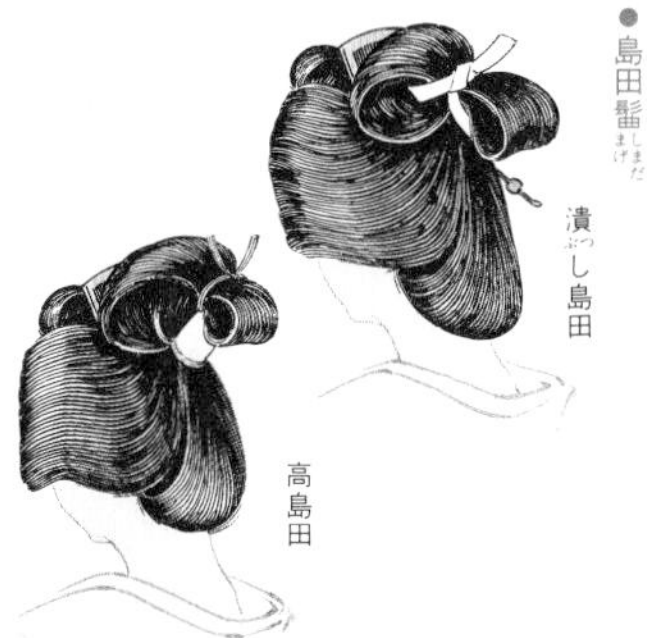

●島田髷

**しまちどりつきのしらなみ【島▼鵆月白▽浪】** 歌舞伎世話物。河竹黙阿弥作。白浪散切狂言。明石の島蔵・松島千太はじめ登場人物すべてが盗人という趣向。明治一四年(一八八一)初演。

**し-まつ【始末】** ㊀(名)①はじめと終わり。beginning and ending ②おもに悪い状態の、物事の結果。consequences 用例 あれだけ言ったのに、この―だ。㊁(名・サ変他)①かたづけること。処理。settle 用例 ―が悪い。②倹約。thrift

**始末に負えない** 決まりをつけたり、整理することができない。手に負えない。どうしようもない。too difficult to deal with

**始末を付ける** 物事の締めくくりや処理をする。片を付ける。settle

**しまづ-し【島津氏】** 平安末期以来の南九州の豪族。鎌倉時代、忠久が薩摩・大隅・日向三国の守護となり、のち貴久が薩摩と大隅を統一して戦国大名に発展。子義久が九州をほぼ統一したが、天正一五年(一五八七)豊臣秀吉にくだった。江戸時代には七七万石を領し、幕末には長州藩とともに倒幕運動の中心となった。

**しまづ-しげひで【島津▽重▽豪】**(一七四五～一八三三) 江戸後期の薩摩藩主。蘭学・実学を導入、殖産興業など開明策をとり、造士館・医学院などを創立。

**しまつ-しょ【始末書】** 事故を起こしたさいに、その当事者・責任者が事故の経緯を上司や役所に報告する文書。しまつがき。

**しまっ-た** ㊀(感) 失敗したときの残念な気持ちを表す語。Darn it! ㊁(連体) 気がつかないうちにした失敗。blunder 用例 ―ことをした。

**しま-づたい【島伝い】** 島から島へ伝って行くこと。from island to island 用例 ―に北上する。

**しま-つ-とり【島つ鳥】**[枕ことば]《島にいる鳥の意》「鵜」にかかる。用例 ―鵜養が伴は行く川の清き瀬ごとに篝さしなづさひ上る(万葉・一七・四〇一一)。

**しまづ-なりあきら【島津▽斉▼彬】**(一八〇九～一八五八) 幕末の薩摩藩主。斉興の子。久光の異母兄。蘭学に通じた開明論者。藩政刷新と富国強兵策を推進。↓写

●島津斉彬

**しまづ-ひさみつ【島津久▽光】**(一八一七～一八八七) 幕末の政治家。斉興の子。斉彬の異母弟。斉彬没後、藩主忠義の父として実権を掌握。公武合体派の中心として活躍するが、まもなく力を失い郷里に隠退。

**しまづ-ひさもと【島津久基】**(一八九一～一九四九) 国文学者。鹿児島県生まれ。東大教授。著書『近古小説新纂』『義経伝説と文学』など。

**しまつ-や【始末屋】** 倹約する人。締まり屋。thrifty person

**しまづ-よしひさ【島津▽義久】**(一五三三～一六一一) 戦国時代の武将。島津氏第一六代。ほぼ九州全域を平定したが天正一五年(一五八七)豊臣秀吉に降伏。

**しま-どじょう【▼縞▽泥▼鰌】** ドジョウ科の淡水魚。全長約一三cm。体側に黒斑が一列に並ぶ。水の澄んだ川や湖沼の砂底にすむ。北海道と九州西部を除く日本全土に分布。

**しま-ながし【島流し】** ①昔の刑罰の一つ。罪人を遠方の島や国に送ったこと。遠島。遠流。②遠い任地へやること。左遷。

**しまなか-ゆうさく【▼嶋中雄作】**(一八八七～一九四九) 出版経営者。奈良県生まれ。早大卒。『婦人公論』初代編集長をへて昭和三年(一九二八)中央公論社社長。自由主義的な編集方針で知られ、同社に出版部門を新設した。

**しま-なんようすぎ【島南洋杉】** ナンヨウスギ科の常緑高木。葉は細長く、樹姿が美しい。暖地では庭木、寒地では室内で鉢植え。オーストラリア原産。

**しま-ぬけ【島抜け】** 島破り。

**しま-ね【島根】** 古語 島。また、島国。用例 荒き―に宿りする君(万葉・一五・三六八八)。

**しまね【島根】**〈県〉 中国地方北西部、日本海側の県。県庁所在地は松江市。中国山地が大部分をしめる。東部には中海・宍道湖を含む地溝帯があり、北に島根半島、沖合いに隠岐諸島がある。農業主体で漁業もさかん。面積六六二八km²、人口七九万一五二二(一九八八)。

**しまね【島根】**〈町〉 島根県北東端、島根半島の町。沿岸漁業が中心。養殖漁業や畜産もさかん。人口五〇三二(一九八八)。

**しまね-はんとう【島根半島】** 島根県の北東部の半島。『出雲国風土記』に「国引き」によってできたという伝説がある。山地が主で、北岸はリアス式海岸。出雲大社など有名社寺が多い。

**しまのうち【島▼之内】** 大阪市南区にある地区。長堀・道頓堀・東横堀・西横堀で囲まれた商業地区で、心斎橋筋を中心にビル街がある。

**しま-の-くに【志摩国】** 旧国名。現在の三重県志摩半島。東海道の一国。「延喜式」では下国、二郡。国府・国分寺はともに志摩郡阿児町。明治四年(一八七一)廃藩置県により鳥羽県。のち度会県を経て、同九年(一八七六)三重県に編入。志州。志摩。

**シマノフスキ【Karol Maciej Szymanowski】**(一八八二～一九三七) ポーランドの作曲家。ショパンなどの影響を受け、のち、無調や多調の手法を取り入れた作品に達する。オペラ『ロージェ王』など。

**しまばら【島原】**〈市〉 長崎県、島原半島東岸の市。旧城下町。雲仙への東の入り口で、九州本土や天草へフェリーが発着。島原城など名所が多い。人口四万五二七六(一九八八)。

**しまばら-じょう【島原城】** 長崎県島原市にあった近世の城。寛永元年(一六二四)島原藩主松倉重政が築城。築城費用調達のための重税が島原の乱の一因となった。

**しまばら-どうちゅう【島原道中】** 京都の遊郭島原で、毎年四月二一日に行われた行事。盛装で黒塗り三本足の下駄をはいた売れっこの太夫たちが八文字を踏んで練り歩いた。

**しまばら-の-らん【島原の乱】** 江戸初期、九州島原・天草で起こったキリシタン・農民の反乱。寛永一四年(一六三七)苛烈な迫害に抗して同地方のキリシタンが農民と結んで反乱。天草四郎時貞を中心に原城に籠城。幕府は苦戦ののち翌年鎮圧。天草の乱。天草一揆。

**しまばら-はんとう【島原半島】** 長崎県南東部の半島。中央に雲仙岳があり、周辺扇状地ではジャガイモ・メロン・ミカン栽培や酪農がさかん。雲仙天草国立公園の要部で温泉も多い。

**しまばら-わん【島原湾】** 長崎県、島原半島東側の海域。北は有明海につづく。干満の差が大きく、湾口の早崎瀬戸は潮流が速い。

**しま-はんとう【志摩半島】** 三重県南東部の半島。北部は山がち、南部はリアス式海岸。真珠養殖がさかん。全域が伊勢志摩国立公園に指定され、多くの観光資源に恵まれる。

**しま-ふくろう【島▼梟】** 耳状に見える飾り羽根のあるフクロウ。日本産のフクロウ類中最大で、全長約五〇cm。褐色地に暗褐色の斑が並ぶ。脚は羽毛でおおわれる。中国東北部・樺太などに分布し、日本では北海道の森林中に留鳥としてすむ。

**しま-へび【▼縞蛇】** ナミヘビ科の無毒のヘビ。山野にふつうに見られる。全長約一・五m。体は淡褐色で、背に四本の濃褐色の縦じまが走る。カエル・ネズミを捕食。日本全土に分布。↓図

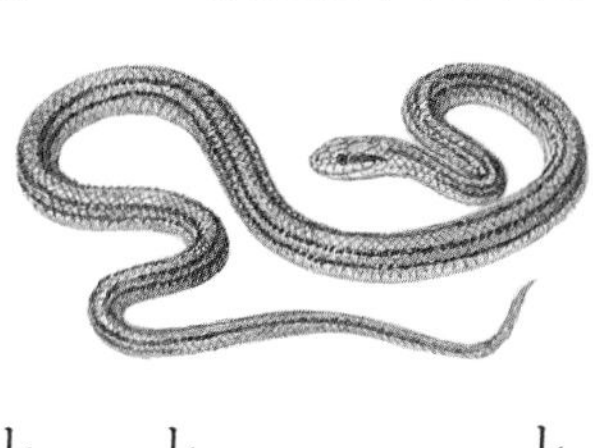
●シマヘビ

**じ-まま【自▼儘】**(名・形動) わがままなこと・さま。気ままなこと・さま。selfishness; wilfulness 用例 ―に暮らす。

**しままき【島牧】**〈村〉 北海道渡島半島、日本海側の村。農・漁村で、狩場山・茂津多岬など景勝地が多い。人口二八一二(一九八八)。

**しま-みみず【▼縞▼蚯▼蚓】** 環形動物ツリミミズ科に属し、各体節の中央部に紫褐色の横じまのあるミミズ。体長六～一八cm。有機質の多い土壌を好む。釣り餌のほか、土壌改良用に養殖される。

**しまむら-ほうげつ【島村抱月】**(一八七一～一九一八) 評論家・作家・演出家。島根県生まれ。早大卒。早大教授。自然主義文学運動・新劇運動に貢献した。文芸協会を経て女優松井須磨子と芸術座を結成、欧州近代劇の大衆化に尽力。著書『近代文芸之研究』など。↓写

●島村抱月

**しま-め【▼縞目】** 縞の、色と色との境目。

**しまもと【島本】**〈町〉 大阪府北東端の町。ウイスキー・金属・化学などの工場が進出。桜井駅跡がある。人口二万九八九九(一九八八)。

**しま-もの【島物】** ①南方諸島から渡来した物。②出所不明の物。

**しま-もの【▼縞物】**《「島物」の意。南蛮船によってもたらされた織物には、縞模様のものが多かったところから》縞を織り出した織物。縞織物。

**しま-もり【島守】** 島の番人。guard of an island

**しま-やぶり【島破り】** 島流しになった罪人が島を抜け出ること。その抜け出た罪人。島抜け。

**しま-やま【島山】** ①島の中にある山。②山の形の島。③庭の池の中にある山形の島。

**しまり【閉(ま)り】** 戸じまり。lock the door 用例 ―をきちんとしてから寝る。

**しまり【絞まり】** 絞まるぐあい。tightness 用例 ひもの―がきつい。

**しまり【締(ま)り】** ①締まっていること。ゆるみのないこと。tightness 用例 口もとに―がない。②締まりぐあい。③しめくくり。settlement 用例 仕事の―が悪い。④つましいこと。倹約。thrift 用例 ―屋。⑤取り締まり。supervision 用例 町内の―にあたる。

**締まりが無い** ①人品がだらしない。slovenly ②体などが引き締まっていない。fat

**しま-りす【▼縞▼栗▼鼠】** リス科の齧歯類。背に五本の黒い縦じまがある。体長約一四cm。森林にすむが地上で生活。冬は冬眠。北海道、アジア中・東部に分布。chipmunk ↓写

**しまり-や【締(ま)り屋】** ①倹約な人。始末屋。thrifty person ②けち。miser

**しまり-ゆき【締(ま)り雪】** 積雪後、雪自身の重さで締まった雪。結晶形から氷の粒のつながった網目構造に変化したもの。

**しま・る【閉(ま)る】**(五自) とざされる。とじられる。shut

▼常用漢字表外。　▽常用漢字表の音訓外。

●シマリス

対義 開く・開く。用例 門が—。店が—。

**しま・る【絞まる】**（五自）強くしめつけられる。tighten

**しま・る【締(ま)る】**（五自）①《「緊(ま)る」とも》㋐かたく結ばれる。be tightened 対義 ゆるむ。用例 ねじが—。㋑緊張する。be braced up 対義 ゆるむ。用例 身が—。終わりまで—・って行こう。㋒相場が堅実になる。また、上がり気味になる。対義 ゆるむ。②倹約する。be thrifty 用例 彼はなかなか—・っている。

**じ-まわり【地回り・地廻り】**①一般に、近郷から物品を回送してくること。また、そのもの。②都市の近郷を回って商売すること。また、その人。③遊里・盛り場を縄張りとし、常にうろうろしているやくざ者。

**じ-まん【自慢】**（名・サ変他）自分で自分を誇ること。self-praise 用例 —たらたら話す。

**自慢じゃないが**（じまんじゃないが）《自慢話の始めに言うことば》自慢するわけではないが。I don't mean to boast, but...

**じまん-たらし・い【自慢たらしい】**（形）自慢するような態度だ。boastful 用例 —帰朝報告。

**しまんと-がわ【四万十川】**高知県南西部を流れる川。長さ一九六㎞。四国山地に発し、迂回・蛇行しながら多くの支流を合わせ、中村市で太平洋に注ぐ。アユなどの魚類が豊富。渡川。

**しまんろくせん-にち【四万六千日】**七月一〇日の観世音菩薩の縁日。この日に参詣すれば、四万六〇〇〇日の参詣と同じ功徳があるとされる。東京浅草観音が有名。比較 千日参り。

**しみ【染み】**①しみること。そまること。dye ②そまってよごれること。よごれた所。汚点。stain 用例 —を抜く。③皮膚に生じる褐色斑(＝肝斑)のこと。liver spot

**しみ【凍み】**こおること。用例 —豆腐。

**しみ【紙魚・衣魚・蠹魚】**シミ科の昆虫の総称。体長約一㎝。翅は退化し、尾部に三本の長い突起。銀白色で形が魚に似ている。書物や衣類などの害虫。トギョ。silverfish ↓図

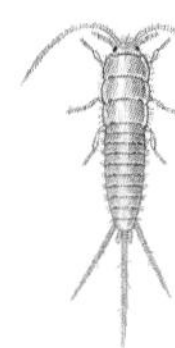

●シミ　ヤマトシミ

**じ-み【地味】**（名・形動）人目をひかないこと・さま。くすんでいること・さま。質素。plain 対義 派手。

**じ-み【滋味】**①おいしい味。delicious ②滋養となる食物。nutriment ③感じのよい、豊かな印象。wholesome 用例 —あふれる話。

**しみ-い・る【染み入る】**（五自）心に深く染みとおる。soak in

**しみ-こ・む【染み込む】**（五自）奥まで深く染みる。染みとおる。soak in

**しみ-じみ【沁み沁み】**（副）深く心に感じるさま。つくづく。しんみり。heartily 用例 —考える。

**し-みず【清水】**地中からわき出るきれいな水。spring water

**しみず【清水】**〈市〉静岡県中部、駿河湾に臨む市。旧宿場町。清水港は車両・茶などの輸出港で特定重要港湾。周辺は工業地帯。マグロ・カツオの水揚げでも有名。三保の松原がある。人口二四万二二七七(一九八八)。

**しみず【清水】**〈町〉北海道東部、十勝川沿いの町。豆類・テンサイ・ジャガイモなどの栽培がさかん。人口一万二二五六〇(一九八八)。

**しみず【清水】**〈町〉福井県北部、福井市南隣の町。稲作・繊維工業がさかん。菅笠などが特産。人口一万三九八(一九八八)。

**しみず【清水】**〈町〉静岡県東部、沼津・三島両市にはさまれた町。紡績・機械工業などが行われる。人口二万七四一七(一九八八)。

**しみず【清水】**〈町〉和歌山県北部、有田川上流の町。林業地。人口六二八四(一九八八)。

**しみず-くにお【清水邦夫】**(一九三六～)劇作家。新潟県生まれ。早大卒。戯曲『真情あふる軽薄さ』『狂人なおもて往生をとぐ』『わが魂は輝く水なり』など。

**しみず-けんせつ【清水建設(株)】**日本最古で大手の建設会社。江戸時代に創業。昭和一二年(一九三七)設立。

**しみず-こう【清水港】**駿河湾西岸に位置する日本有数の貿易港。三保半島が自然の防波堤をなす良港で、特定重要港湾。

**しみず-こん【清水崑】**(一九一二～七四)漫画家。長崎県生まれ。毛筆の政治漫画、詩情を漂わせた漫画で知られる。作品『かっぱ天国』など。

**しみずじろちょうでん【清水次郎長伝】**講談・浪曲の題名。江戸後期から明治にかけて実在した侠客山本長五郎の伝記で、浪曲は三代目神田伯山の講釈をもとにしている。

**しみず-たかし【清水多嘉示】**(一八九七～一九八一)彫刻家。長野県生まれ。ブールデルに師事、その構成的な作風を継ぐ。作品『男の坐像』など。

**しみず-とうげ【清水峠】**群馬・新潟県境、谷川岳北方にある峠。標高一四四八m。上越線のトンネル開通以降衰微。

**しみず-トンネル【清水トンネル】**群馬・新潟県境の三国山脈茂倉岳の下を通る上越線のトンネル。長さ九七〇二m。昭和六年(一九三一)開通。同四二年(一九六七)に新清水トンネルが開通、複線化され、上り線専用になった。

**しみず-の-じろちょう【清水の次郎長】**(一八二〇～九三)幕末の侠客。駿河国の清水港の人。本名、山本長五郎。街道一の大親分と称された。

**しみず-はまおみ【清水浜臣】**(一七七六～一八二四)江戸後期の国学者・歌人。号は泊洦舎。江戸の人。医を業とした。歌文に秀で考証学に業績。注釈『伊勢物語添註』、家集『泊洦舎集』など。

**しみ-だ・す【染み出す】**（五自）にじんで内側から表面へ出る。ooze

**じ-みち【地道】**㊀（名・形動）《ふつうの速度で歩く、の意》①堅実に行うこと・さま。かけひきのない、ふつうのやり方。正当なやり方。steadiness ②じみなこと・さま。質素。modesty; plainness ㊁（名）自然のままの道。舗装していない道。unpaved road

**しみ-つ・く【染み付く・染み着く】**（五自）深くそまりつく。be fast stained

**しみ-つ・く【凍み付く】**（五自）物にこおりつく。

**しみっ-たれ**（名・形動）①けちくさいこと・さま。misery ②いくじのないこと・さま。coward; chicken ③貧弱なこと・さま。

**しみっ-た・れる**（下一自）①けちけちする。be stingy ②見すぼらしいなりである。be shabby

**しみ・でる【染み出る】**（下一自）にじんで内側から表面へ出る。ooze

**しみ-どうふ【凍み豆腐】**こおり豆腐の別称。高野豆腐。

**しみ-とお・る【染み通る・染み透る】**（五自）①深く染み込む。soak through ②心に深く感じる。be deeply impressed

**しみ-ぬき【染み抜き】**（名・サ変他）布地や衣類に付着した部分的な汚れを取り去ること。布地と染みの特質を調べたうえ、手早く水や薬剤で処理する。stain removal

**し-みゃく【支脈】**山脈などの分かれたもの。offset

**し-みゃく【史脈】**歴史としてのつながり。

**シミュレーション［simulation］**（名・サ変他）あるシステムの動きや性質などを、その模型を使った実験によって分析し予測すること。多くはコンピューターを利用する。模擬実験。

**シミュレーター［simulator］**①シミュレーションしたものをコンピューターの言語で記述した一連のプログラム。②複雑な作動状況などを、コンピューターを使って実際の場面と同じように再現する装置。航空機の操縦・原子炉の運転などの訓練や試験研究などに使われる。模擬装置。

**し-みょう【至妙】**（名・形動）非常に妙味のあること・さま。

**じみょういん-とう【持明院統】**鎌倉・南北朝時代、大覚寺統(南朝)と対立した後深草天皇の皇統。建武の中興後は北朝を形成。明徳三年(一三九二)両朝合一後は、この皇統が皇位を継承。

**し・みる【染みる・浸みる・滲みる】**（上一自）①液体が物の中に入ってだんだん広がる。にじむ。be stained 用例 油が布に—。②液体や気体などで、神経が強く刺激されて痛みを感じる。smart 用例 歯に—。煙が目に—。③《「沁みる」とも》心身に深く感じる。be deeply impressed 用例 身に—・みて忘れない。④影響を受ける。そまる。be infected with 用例 悪習に—。

**し・みる【凍みる】**（上一自）寒さが強く加わる。こおる。freeze

**じ・みる【染みる】**（接尾）《名詞に付いて動詞をつくる。上一段型》…のようだ。…らしく見える。用例 子ども—。年寄り—。

**しみ-わた・る【染み渡る】**（五自）隅々まで染みとおる。penetrate 用例 胸中深く—。

**し-みん【士民】**①武士と庶民。②士族と平民。

**し-みん【四民】**①近世社会の四つの身分。武士・百姓・職人・商人。士農工商。②すべての人民。用例 —平等。

**し-みん【市民】**①市の住民。都市に住む人。citizen ②権力機構に属さない一般の国民。citizen ③国の政治に参加する権利をもつ国民。公民。citizen ④《citoyen フランスまたは Bürger ドイツの訳》中世のヨーロッパで、都市に居住し身分的な特権をもっていた人びと。citizen ⑤《bourgeois フランスの訳》近代的な産業資本家を中心とする、市民革命と資本主義の担い手となった人びと。citizen

**し-みん【嗜眠】**病的な睡眠状態。重病・高熱のさいに生じる。刺激を与えると一時目ざめるが、すぐに深く眠りこむ状態。軽度のものは傾眠。lethargy

**しみん-うんどう【市民運動】**市民としての立場から行われるさまざまな社会・政治運動。特定の組織形態に固定されない点が特徴。citizens' campaign

**しみん-かいきゅう【市民階級】**階級としてみたときの市民層。中世には自由な市民として貴族と下層民との中間階級を形成。近代資本主義の下では中産階級と同義に使われ、デモクラシーの担い手となる。ブルジョアジー。bourgeoisie

**しみん-かくめい【市民革命】**封建社会または絶対王政から市民社会への転換にさいして起こる革命。清教徒革命・名誉革命・フランス革命などがその典型。ブルジョア革命。civic revolution

**しみんケーン【市民ケーン】**《原題 Citizen Kane》一九四一年作のアメリカ映画。オーソン＝ウェルズが監督・主演。

**しみん-げき【市民劇】**一八世紀西欧の市民層の台頭と、合理主義的思潮を背景に生まれた劇形式。市民生活に素材を求めて自然な感情表現を重視し、近代リアリズム演劇の端緒となった。

**しみん-けん【市民権】**中世都市や近代国家において、市民としての行動・思想・言論の自由を認められて、政治に参加する権利。citizenship

**しみん-さんか【市民参加】**市民が行政に自発的・直接的に参加すること。また、その制度。住民参加。civic participation

**しみん-しゃかい【市民社会】**封建的身分制度から解放された自由で平等な個人が結びついて形成する近代社会。市民革命によって成立し、私有権の確立が背景となる。civil society

**しみん-ぜい【市民税】**↓しちょうそんみんぜい(市町村民税)

**しみんせいふにろん【市民政府二論】**《原題 Two Treatises of Government》ロックの著書。一六八九年刊。主権在民と国民の反抗権を認め、代表制民主主義などによる法のもとでの統治と個人の自由との両立を説く。統治二論。

**しみん-せんそう【市民戦争】**一国内の対立する勢力間の武力抗争。とくに、被支配階級が支配階級に対して行う闘争をいう。内乱。内戦。civil war

**じみん-とう【自民党】**自由民主党の略称。

**しみん-ほう【市民法】**①市民社会を規律する近代私法。所有権の絶対・契約の自由などを原則とする。civil law 比較 社会法。②古代ローマで、ローマ市民にのみ適用された実定法。civil law

**しみん-マラソン【市民マラソン】**一般市民が参加できるマラソン大会の総称。青梅マラソン・ボストンマラソンなど。

**し・む【染む・▼沁む・▽浸む・▼滲む】** 古語 一（四自）そまる。用例 御香のいと深う―・み給へるが（源氏・宿木）。二（上二自）↓しみる（染みる）。三（下二他）①そめる。用例 わが衣色どり―・めむ味酒三室の山は黄葉しにけり（万葉・七・一〇九四）。②深く心ひかれる。用例 花の枝にいとど心を―・むるかな（源氏・梅枝）。

**し・む【占む】** 古語（下二他）↓しめる（占める）

**しむ** 古語（助動 下二型）《用言の未然形に付く》①使役の意を表す。用例 法を犯さしめて、それを罪なはん事、不便のわざなり（徒然・一四二）。②《多く他の尊敬語とともに用いて》尊敬の意を表す。用例 一院第二の王子、ひそかに入寺せしめ給ふ（平家・四・山門牒状）。③《謙譲語に付く》謙譲の意を表す。用例 御寺に申し文を奉らしめとなむ（大鏡・道長上）。参考 口語的には「しめる」が用いられる。

**じ-む【寺務】** 寺院の事務。それをつかさどる僧。

**じ-む【事務】** 会社や役所などでおもに机の上でする、計算や書類を扱う仕事・業務。ビジネス。clerical work 用例 ―をとる。―所。

**じ-む【時務】** ①時代の急務。requirement of the time ②その時々の急務。目下の急務。current urgency

**ジム【gym】**《gymnasiumの略》＝ジムナジウム。①体育館。②ボクシングなどの練習場。

**ジムカーナ【gymkhana】** 自動車レースの一種。線や標柱などを並べて作られた複雑なコースを走り、時間を競う。スラローム。

**しむかっぷ【▽占▽冠】**〈村〉北海道南部、夕張市東隣の村。稲作のほか、肉牛・乳牛の飼育がさかん。人口一六一八（一九八八）。

**じ-むかで【地▽百▽足】** ツツジ科の常緑小低木。高山の岩場にはえる。茎は針金状で地をはい、小葉を密生。夏に、白色の鐘形花をつける。本州中部以北に分布。

**じむ-かん【事務官】** 一般の行政事務を担当する国家公務員。secretary 比較 教官・技官。

**じむ-かんり【事務管理】**《法律用語》法律的に義務のない者が他人のために、その事務を処理すること。頼まれたわけでもないのに、留守中の隣人のために集金人への立て替え払いをするなど。

**じむ-きかい【事務器械】** 事務に必要な労働を補足・代行する機械や装置。タイプライター・複写機・データ処理機械など。office equipment

**じむ-きょく【事務局】** 団体・学校などで、事務を取り扱う所。secretariat

**じ-むぐり【地▽潜】** ナミヘビ科のヘビ。全長七〇～九〇㎝。背側は緑色がかった淡褐色で、小さい黒点が散在し、腹面は赤褐色で市松模様の黒斑がある。林中を好み、巣穴にもぐってネズミなどを捕食。日本全土に分布。↓図

**じむぐり-がえる【地▽潜▼蛙】** 穴を掘ってひそむヒメアマガエル科のカエル。体長約四㎝。頭は小さく、胴は幅広く太い。中国南部・東南アジアに分布。

●ジムグリ

**し-むけ【仕向け】** ①取り扱い。待遇。treatment ②商品などを人に当てて送ること。forwarding

**し-む・ける【仕向ける】**（下一自他）①（自）㋐人がその気持ちになるようにする。force 用例 怒るように―。㋑動作をしかける。treat ②（他）商品などを人に当てて送る。send

**じ-むし【地虫】** ①コガネムシ科のうち、食葉類の幼虫の俗称。乳白色、円筒形のころころした虫で、地中や堆肥・糞・朽ち木などの中で育つ。地中で植物の根などを食害するものはネキリムシといい、害虫。②地中にすむ虫の総称。

**じむ-じかん【事務次官】** 各省と大臣を長とする庁におかれ、大臣を助け、省務・庁務を整理し、各部局や機関の事務を監督する国家公務員。administrative viceminister 比較 政務次官。

**シムシル-とう【シムシル島】**（Simushir Ostrov）ソ連、クリル（千島）列島中部の火山島。面積三五七㎢。旧称、新知島。

**シムズ【William Gilmore Simms】**（一八〇六～七〇）アメリカの小説家。辺境ロマンスなどで知られる。作品『イェマシー族』など。

**シムソン-せん【シムソン線】** 三角形ABCの外接円上の任意の点Pから三角形の三辺またはその延長上におろした各垂線の足D・E・Fは一直線上にある。この直線をいう。Simson line ↓図

**じむ-てき【事務的】**（形動）①てきぱきと事をさばくさま。practical ②扱いが形式的なさま。businesslike

**じむ-とりあつかい【事務取（り）扱い】** 臨時にその職務を取り扱うこと・人。用例 学長―。

**ジムナジウム【gymnasium】** ↓ジム

**シムノン【Georges Simenon】**（一九〇三～）フランスの小説家。ベルギー生まれ。メグレ警部が主人公の推理小説で有名。作品『黄色い犬』『雪は汚れていた』など。

●シムソン線

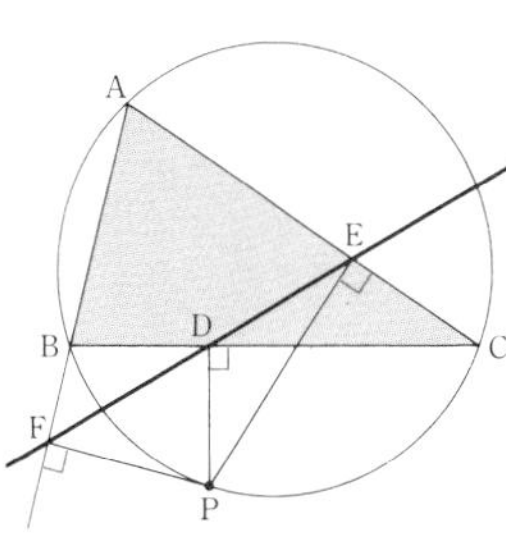



直線lをシムソン線という

**シムラ【Simla】** インド北西部、ヒマラヤ山麓、標高二二〇〇mにある保養都市。農畜産物取り引きの中心地。人口五・五万（一九七一）。

**シムラ-かいぎ【シムラ会議】** 一九一三年、インドのシムラでチベットがイギリスと中国に独立承認を求めた会議。チベットを中国の宗主権下の完全自治国とするイギリス案に対し、中国が批准を拒否。

**し-むりょうしん【四無量心】**《仏教語》四つの利他の心のこと。無限の慈愛の心である慈無量心、無限の憐れみの心である悲無量心、万人の幸福を喜ぶ喜無量心、一切のとらわれを捨てる捨無量心の総称。

**しめ【締め】** 一（名）①締めること。tie ②《「〆」とも》合計。総計。total ③手紙の封に書く「〆」のこと。二（助数）①たばねた物を数える語。一しめは一〇束（＝一〇〇帖）で、二〇〇〇枚。②ちり紙・半紙を数える語。

**しめ【▽注▽連・▽標・▽七▽五▽三】** ①場所を限るために、木を立て、縄を張るなどして、しるしとするもの。mark ②制限して出入りを禁ずること。③しめなわ。④しめかざり。

**しめ【▼鴟】** スズメに似るが、はるかに大きく、嘴も太いアトリ科の鳥。褐色で、全長約二〇㎝。ユーラシア中北部に分布し、日本へは冬鳥として渡来（北海道などでは繁殖）し、山麓の雑木林などにすむ。↓写

●シメ

**しめ【志▽免】**〈町〉福岡市東隣の町。炭鉱町だったが、閉山で福岡市郊外の住宅・工業地に転換し発展。人口三万四五三五（一九八八）。

**しめ-あ・げる【締（め）上げる】**（下一他）①強くしめつける。tighten ②厳しく責める。苦しめる。take to task

**し-めい【氏名】** 名字と名前。姓名。full name

**し-めい【死命】** ①死ぬべき命。fate to be killed ②死と生命。生か死かの瀬戸際。life or death

**死命を制する** 生死を左右するような、相手の急所を抑える。have a hold upon

**し-めい【使命】** ①与えられた任務。duty ②自覚的に実行すべき務め。mission 用例 ―を帯びる。用例 教育的―。

**し-めい【指名】**（名・サ変他）人名を指定すること。名ざし。nomination

**し-めい【師命】** 師と仰ぐ人のいいつけ。teacher's instruction

**じ-めい【耳鳴】** ①↓みみなり（耳鳴り）。②自分だけが知っていることをいう語。

**じ-めい【自明】**（名・形動）証明しなくても、わかりきっていること・さま。self-evidence 用例 ―の理。

**しめいきょうそう-けいやく【指名競争契約】** 契約の相手となるべき候補者数人をあらかじめ指定し、もっとも有利な条件で契約に応ずる者と契約を結ぶ方式。appointed bidding contract

**しめい-けん【氏名権】** 人格権の一つ。自分の氏名や屋号を、みだりに他人に利用されない権利。right of name

**しめい-さいけん【指名債権】** 特定の者を債権者とする普通の債権。債権者の変更を予定している指図債権や無記名債権などに対する。obligation with a named obligee

**しめい-すいせん【指名推薦】** 地方議会で行う選任手続き。議長または特定議員の推薦した候補者を一致して承認することで公職者を確定する。nomination

**しめ-いた【▽注▽連板・▼〆板】** 縁側の鴨居と軒桁の間に張る横羽目板。

**しめい-だせい【指名代打制】** プロ野球などで、試合前に投手に代わって打つ打者を指名し、投手は投げるだけ、指名打者は打つだけに専念する制度。日本ではパ・リーグで採用。DH制。designated hitter system

**しめい-だしゃ【指名打者】** プロ野球などで、投手の代打として打順に組み込まれた打撃専門の選手。攻撃時のみ試合に参加する。DH。designated hitter

**しめい-てはい【指名手配】**（名・サ変他）逮捕状が出ていて所在不明の犯人の逮捕を他の警察署に依頼すること。search for a named suspect

**しめい-とうひょう【指名投票】** ①憲法第六七条に基づき、内閣総理大臣を国会議員の中から国会の議決によって指名するための投票。首班指名。roll-call vote ②アメリカで大統領候補を選出するときに政党組織内で行われる投票。delegate vote

**シメオン【Simeon】** ①新約聖書『ルカによる福音書』中の敬虔な老人。幼子イエスを見て頌歌を歌う。②ヤコブとレアの第二子。イスラエル一二部族の一部族の祖。

**しめ-かざり【▽注▽連飾り】** 正月や祭りのときに、神聖な場所や神を迎えるしるしとして、注連縄を張って飾ること。また、その縄。

**しめ-かす【▽搾（め）▼滓・▼〆▼粕】** 魚・大豆・ゴマなどの油をしぼり取ったあとのもの。魚肥をさす場合が多い。肥料などに用いる。oil cake

**しめ-がね【締（め）金】** ひも・帯などを締めるための金具の総称。尾錠。バックル。clasp; buckle

**しめ-ぎ【▽搾（め）木】** 原料から油をしぼり取るための、木製の道具。oil press

**しめ-きり【締（め）切り・締切・▼〆切】** 締め切ること・日・期限。closing

**しめきり-こうほう【締（め）切り工法】** 水中で、まわりを矢板などで囲って水の浸入を防ぎ、内部の水を排除して作業する工法。coffering method

**しめ-き・る【閉（め）切る】**（五他）すっかりとじる。とじたままにする。shut up 用例 戸を―。

**しめ-き・る【締（め）切る】**（五他）募集の受け付けなどを打ち切る。きりをつける。close 用例 申し込みを―。

**しめ-くく・る【締（め）▽括る】**（五他）①かたく締めて、くくる。bind fast ②まとまりをつける。settle ③取り締まる。監督する。superintend

**しめ-こみ【締（め）込み】** ↓まわし（回し）②

**しめ-ころ・す【絞（め）殺す】**（五他）首を絞めて殺す。strangle

**しめ-さば【締（め）▼鯖】** サバを塩と酢でしめたもの。塩をたっぷり振り、数時間おいて酢に浸す。関西では「きずし」という。

**しめし【示し】** ①示すこと。さとし。revelation ②みせしめ。lesson

**示しがつかない** 人々に示すための、よい手本にならない。模範としてのききめがない。えらそうなことを言っても、人々が従ってくれない。set a bad example 用例 教師がこれでは―。

**しめ-じ【占地・湿地】** 担子菌類シメジ科のキノコ。ふつう、ホンシメジをさす。高さ約一〇㎝。ナラ・クヌギなどの林内に秋ごろ多数

●シメジ　サクラシメジ

が一塊となってはえる。かさははじめは黒っぽく、開くと灰褐色。食用。センボンシメジ。シメジタケ。↓写

**しめし-あわ・せる**【示し合(わ)せる】(下一他) ①前もって相談する。arrange beforehand ②合図で知らせ合う。make a sign to each other

**しめし-ばい**【湿し灰】 茶道で炉にまく灰。番茶で湿らせ、灰器に入れて、炭点前の とき持ち出し、炉中にまく。炉の見栄えに独特の味わいを添える。

**しめ-しめ**(感)《「しめ」は「しめた」の略》ものごとが思うようにいってひそかに喜ぶときに発する語。

**じめ-じめ**(副・サ変自) ①湿り気が多く不快なさま。dampy 用例 部屋の中が—する。②陰気なさま。gloomy 用例 —した性格。

**しめ・す**【示す】(五他) ①物を見せて、はっきりと知らせる。show 用例 切符を—。②感情・意志などを外に表して見せる。show 用例 難色を—。態度で—。③指さして教える。point to 用例 方向を—。

**しめ・す**【湿す】(五他) 湿り気を与える。moisten

**しめす-へん**【示偏】 漢字を組み立てている部分の名。「社・祖・祀・祠」などの左にある「ネ・示」。

**しめ-た**(感) うまくいった喜びを表す語。I've got it.

**しめ-だいこ**【締(め)太鼓】 能や長唄の囃子や祭囃子などに用いる太鼓。胴の両側の革の縁をひもで結び、その締め工合で革の張りを調節する。樫製の二本の桴で打つ。

**しめ-だか**【締(め)高・▼メ高】 合計した総額。sum

**しめ-だ・す**【閉(め)出す】(五他) 戸を閉めて中に入れない。lock out

**しめ-だ・す**【締(め)出す】(五他) 仲間に入れないようにする。exclude

**しめ-たま・う**【しめ▽給う】 古語 (連語)《助動詞「しむ」の連用形に尊敬の補助動詞「たまう」の付いたもの》①《「しめ」が尊敬の場合》もっとも尊敬の意が強い。お…になる。お…あそばす。…なさる。用例 左右の大臣に世の政を行ふべきよし宣旨下さ—・へりしに(大鏡・時平)。②《「しめ」が使役の場合》…おさせになる。…させなさる。用例 そこらの燕、子産まざらむやは。さてこそ取ら—・はめ(竹取)。

**ジメチル-エーテル**【dimethyl ether】 化学式$CH_3OCH_3$ エーテル特有の芳香がある無色の気体。冷媒に利用。メチルエーテル。

**ジメチルグリオキシム**【dimethylglyoxime】 化学式$C_4H_8O_2N_2$ 無色の結晶で水に溶けにくいが、エタノールに溶ける。ニッケルの沈殿試薬として重要。

**し-めつ**【死滅】(名・サ変自) 死に絶えること。extinction

**じ-めつ**【自滅】(名・サ変自) ①しぜんにほろびること。natural decay ②自分のしたことで自分がほろびること。self-destruction

**じめ-つ・く**(五自) ①湿気でじめじめする。feel damp ②陰気で暗い。gloom

**しめ-つ・ける**【締(め)付ける】(下一他) ①強く締める。tighten ②厳しく圧迫する。press hard

**しめっ-ぽ・い**【湿っぽい】(形) ①湿り気がある。damp ②陰気くさい。gloomy 用例 —話。派生 しめっぽさ(名)

**しめ-て**【締めて・▼メて】(副) 合計して。全部で。in all

**しめ-なわ**【▽注▽連縄】 悪神を入れないために神前や神事の場に張りわたす縄。神域を画する境界を示す。↓写

**しめ-の**【▽標野】 古代、皇室・貴族が領有した狩猟用の山林・原野。しめをはって一般人の立ち入りを禁止。

●注連縄　諏訪神社(長野県)。

**しめ-やか**(形動) ①ひっそりと静かなさま。quiet ②気分が沈んでいるさま。dismal

**しめり**【湿り】 ①湿ること。しっけ。水気を含んでしっとりしていること。しっけ。dampness 用例 —を帯びる。②雨が降ること。とくに、晴天続きや乾燥しているときに、ちょうどよい程度の雨が降ること。raining 用例 よいお—だ。

**しめり-け**【湿り気】 しっき。しっけ。moisture

**しめり-ばん**【湿り半】《「半」は「半鐘」の略》火事がおさまったという半鐘の鳴らし方。

**しめ・る**【湿る】(五自) ①水気をもつ。しっとりぬれる。moisten 用例 梅雨で家の中が—。②気がめいる。沈んだ雰囲気である。feel gloomy 用例 気分が—。③火・火事などが消える。

**し・める**【占める】(下一他) ①自分のものとする。専有する。occupy 用例 一位を—。②場所・地位・割合をとる。hold 用例 一角を—。

**味を占める**(あじをしめる) ↓あじ(味)

**し・める**【閉める】(下一他) 戸・窓などをとじる。営業をやめる。close 対義 開く・開ける。用例 戸を—。店を—。

**し・める**【絞める】(下一他) ①ひもなどを首に巻きつけて強く力を加える。tighten 用例 首を—。②俗に、ニワトリなどの首をひねって殺す。

**し・める**【締める】(下一他) ①かたく結んで緩まないようにする。tie 対義 緩める。用例 帯を—。②ねじって緩まないようにする。turn off 対義 緩める。用例 栓を—。③《「緊める」とも》たるんでいたものを緊張させる。brace control 対義 緩める。用例 気持ちを—。④合計する。sum up 用例 帳簿を—。—・めて一万円。⑤節約する。save 用例 家計を—。⑥手打ちをして祝う。clap one's hands 用例 手を—。⑦料理で、魚肉などをひきしめる。用例 酢で—。

**しめる**(助動 下一型) 動作を起こさせる意。…させる。用例 名をなさ—。

**ジメルカプロール**【dimercaprol】 無色かやや黄色がかった油状液体。不快臭がある。水銀・鉛・クロムなどに解毒作用がある。BAL。

**し-めん**【四面】 ①四つの平面。four sides ②まわり。四方。all sides ③奥行きと間口との長さが等しいこと。

**し-めん**【紙面】 ①新聞の記事を載せた面。紙上。space; page 用例 —をにぎわす。②手紙。書面。letter

**し-めん**【誌面】 雑誌の紙面。誌上。space; page

**じ-めん**【地面】 ①土地の表面。地上。ground ②地所。land

**じ-めん**【字面】 字づら。

**じめん-し**【地面師】 他人の所有する土地を利用して詐欺行為をする者。

**しめん-そか**【四面▼楚歌】《漢の軍に囲まれた楚の項羽が、夜敵陣におこる楚の国の歌を聞き、楚人は敵に従ったかと驚き嘆いた故事から》四面みな敵であること。孤立すること。

**しめん-たい**【四面体】 四つの面からなる立体。どの面も三角形となる。tetrahedron

**ジメンヒドリナート**【dimenhydrinate】 抗ヒスタミン剤。乗り物酔い・めまい・吐き気に用いる。

**しも**【下】 対義 上。①おもだったものや中心から離れたほう。off-center part 用例 —座。②下のほう。低いほう。用例 川の—。風—。③民衆。庶民。the masses 用例 —万民に至るまで。④地位・身分の低い者。lower classes 用例 —の者。⑤一年、一月など、一定の期間のうち、あとのほう。用例 —半期。⑥腰から下の部分。the lower half of the body 用例 —半身。⑦便所。または大小便。excrement and urine 用例 —の世話をする。⑧和歌の下の句。五七五のあとにくる七七の句。用例 —の句。⑨都からはなれて遠いところ。とくに、九州・四国を指したこともある。

**しも**【下】〈村〉 富山県北部、富山・新湊両市に接する村。旧宿場町。水稲単作地帯。人口二〇一六(一九八八)。

**しも**【霜】 ①大気中の水蒸気または地中の水分が地上の物体の表面に凍りついたもの。0℃以下の気温でできることが多い。雪の結晶と本質的には変わらない。結晶の形も雪と同じ。frost ②しらが。gray hair 用例 —をいただく。

**霜が降りる**(しもがおりる) 霜が地面などを白くおおう。霜が降る。霜が置く。have some frost

**霜を履んで堅氷至る**(しもをふんでけんぴょういたる) 霜が降りるころを経て、氷がかたくはる季節となる。何ごとも徴候が現れてから、実際のできごとが来るというたとえ。

**し-も**(連語)《副助詞「し」に係助詞「も」の付いたもの》①《「だれしも」「折しも」「まだしも」などの形で》受ける語句を強調する意を表す。用例 折—雨が降り出した。②《「必ずしも」などの形で。下に打ち消しをともなって》部分否定を表す。用例 必ず—よいとは思えない。③ 古語 ㋐上の語をとりたてて強調する意を表す。よりによって。用例 時—あれ秋やは人の別るべき(古今・哀傷)。㋑《連体形に付いて》…にもかかわらず。用例 やつれたまへる—、見ても飽かぬ心地ぞする(源氏・葵)。

**折しも有れ**(おりしもあれ) ちょうどそのとき。just then

**無きにしも非ず**(なきにしもあらず) ないわけではない。あるのだ。It's not impossible.

**しもいち**【下市】〈町〉 奈良県、吉野地方北部の町。吉野川流域の木材集散地。割りばし・三方製造がさかん。人口一万五〇三(一九八八)。

**しもいちだん-かつよう**【下一段活用】 動詞の活用の型の一つ。「分ける」の語尾が、「け・け・ける・ける・けれ・けろ」となるように、五十音図のエの段のみに活用するもの。対義 上一段活用。

**し-もう**【刺毛】 ①植物の表皮がとくに厚く、堅くなった毛状の突起。stinging hair ②昆虫の体壁にある毒腺をもつ単細胞突起。seta

**しもうさ**【下▽総】 ↓しもうさのくに(下総国)

**しもうさ-だいち**【下▽総台地】 千葉県北部に広がる洪積台地。畑作地帯だったが、宅地化・工業化が進む。

**しもうさ-の-くに**【下▽総国】《「しもつふさのくに」の転》旧国名。現在の千葉県北部と茨城県南西部。東海道の一国。「延喜式」では大国、一一郡。国府は市川市国府台、国分寺は同市国分町。明治四年(一八七一)廃藩置県により印旛・新治二県。同六年(一八七三)印旛県は木更津県と合併し千葉県。同八年(一八七五)新治県は千葉・茨城二県に分割編入。総州。北総。下総。

**しもおか-れんじょう**【下▼岡▼蓮▼杖】(一八二三～一九一四) 日本最初の職業写真師。伊豆下田生まれ。文久二年(一八六二)横浜、のち東京で開業。

**しも-がかり**【下掛(か)り】 能楽で京都のシテ方の観世・宝生流に対し、金春流と同系統の金剛・喜多流の三流派をいう。ワキ方では春藤・高安・ワキ方宝生流の三流。

**しも-がか・る**【下掛(か)る】(五自) ①下半身・性欲に関係する。indecent ②みだらな話になる。obscene

**しも-がこい**【霜囲い】(名・サ変他) 霜の害を防ぐため、草木・野菜などを、わらでおおうこと。その囲い。霜よけ。frost protector

**しもかまがり**【下▼蒲刈】〈町〉 広島県、瀬戸内海の下蒲刈島からなる町。ミカン・レモン栽培のほか、タイなどの一本釣り漁業がさかん。人口三八五五(一九八八)。

**しもかも-おんせん**【下▽賀茂温泉】 静岡県伊豆半島南端、南伊豆町にある温泉。温泉を利用した熱帯植物園などの施設が多い。

**しもがも-じんじゃ**【下▼鴨神社】 賀茂御祖神社の通称。

**しも-がれ**【霜枯れ】 ①霜で草木が枯れること。霜枯れした草木。being frosted ②霜枯れ時。frosty season

**しもがれ-どき**【霜枯れ時】 ①草木が霜で枯れる時節。晩秋。frosty season ②商売の景気の悪い時。slack time



↓行き先項目、図版・写真参照印。　JIS 日本工業規格情報交換用漢字符号コード(区点コード)。

**しも-が・れる【霜枯れる】**(下一自) 霜で草木が枯れる。be nipped by frost

**しもかわ【下川】**〈町〉 北海道北部、名寄市東隣の町。離農や地元の鉱山の合理化などで人口減少が著しい。人口五四一七(一九八八)。

**しもかわ-おうてん【下川凹天】**(一八九二―一九七三) 漫画家。鹿児島県奄美大島生まれ。昭和初期、エロティシズムによる新風俗漫画を開拓。

**しも-き【下期】**→しもはんき(下半期)

**しもきた-はんとう【下北半島】** 青森県北東部、津軽海峡に突出する半島。大間崎は本州最北端。恐山などの火山群がある。ヒバ材などの林業、イカなどの漁業が中心。

**しもきたやま【下北山】**〈村〉 奈良県南部、北山川上流の村。林業が中心。池原ダムがある。人口一六〇七(一九八八)。

**しもぎょう【下京】** 京都市の市街地南部をいう。中世ごろは二条通りを境に上京と下京に分けていたが、明治以降は三条通り以南とされた。現在は、四条通り以南。

**じ-もく【耳目】** ①耳と目。ears and eyes ②聞くことと見ること。hearing and seeing

**耳目を集める**(じもくをあつめる) 人々の関心を集める。attract the public eyes

**耳目を属す**(じもくをしょくす) 耳をそばだて目を注いで、十分に見聞きする。

**じ-もく【除目】**《「除」は官に任命し、「目」は目録にしるす意》平安時代以降、朝廷における大臣以外の諸官任官の儀式。春秋二回行われ、春は県召、秋は司召という。そのほか臨時の除目もある。

**じもくじ【▽甚目寺】**〈町〉 名古屋市の西に接する町。園芸農業で知られたが、近郊都市化が進む。人口二万九三九二(一九八八)。

**しも-ぐもり【霜曇(り)】** 霜のおりるような寒い夜に、空のくもること。

**し-もくれん【紫木▼蓮】** モクレンの別名。ハクモクレンに対して、暗紫色の大形の花をつけることからの名。

**しも・げる【霜げる】**(下一自) 野菜などが、霜のために腐る。

**しもごう【下郷】**〈町〉 福島県、南会津地方の町。タバコ栽培などを行う。奇勝「塔のへつり」がある。人口九〇八七(一九八八)。

**しもこうべ-ちょうりゅう【下▽河辺長流】**(一六二七―八六) 江戸前期の歌人・古典学者。大和の人。その万葉研究を契沖が受け継ぎ、国学成立の先駆となっている。著書『万葉集管見』、家集『晩花集』など。

**しも-ごえ【下肥】** 肥料として用いる人糞尿。かつて農村では広く用いられたが、近年、衛生的見地から使用量が激減。night soil

**しもこしき【下▼甑】**〈村〉 鹿児島県甑島列島、下甑島南半の村。漁業を主体とし、カノコユリ栽培もさかん。人口三五〇七(一九八八)。

**しも-ざ【下座】** 下位の座席。末座。げざ。lower seat 対義 上座。用例 ―に控える。

**しも-ざま【下様】** 対義 上様。①下のほう。②民間。しもじも。

**しもざわ-かん【子▽母沢寛】**(一八九二―一九六八) 小説家。本名、梅谷松太郎。北海道生まれ。明大卒。股旅物や幕末を背景とした歴史小説に独特の境地を示した。作品『新撰組始末記』『父子鷹』など。

**しもじ【下地】**〈町〉 沖縄県、宮古島南西部の町。サトウキビ栽培が行われる。観光地与那覇前浜がある。人口三〇六四(一九八八)。

**しも-じも【下下】** 大名や支配階級から見て、一般の人々。庶民。

**しもじょう【下▼條】**〈村〉 長野県南部、天竜川沿いの村。ナシ・柿などの果樹栽培・畜産などが行われる。人口三九七一(一九八八)。

**しも-じょちゅう【下女中】** 台所その他の雑用をする女中。下仕え。対義 上女中。

**しもすえよし-ローム【下末▽吉ローム】** 関東ローム層を四分した下から二番目の層。横浜市北部下末吉台地に分布。赤褐色や灰色の火山灰層で、軽石層をはさむ。

**しもすわ【下▼諏▽訪】**〈町〉 長野県中部、諏訪湖北岸の町。旧宿場町。精密機械・メリヤス工業が発達。人口二万六〇六二(一九八九)。

**しも-せき【下席】** 寄席などで、その月の下旬・二一日から月末までの興行。対義 上席・中席。

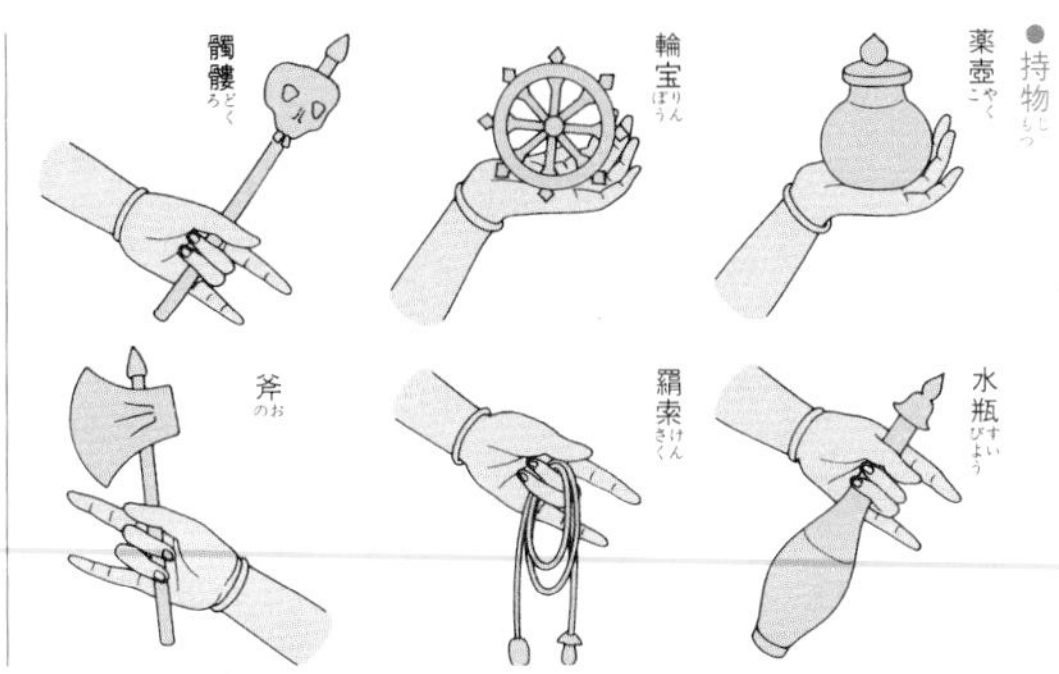

●持物

●シモツケ②

**しもだ【下田】**〈市〉 静岡県、伊豆半島南部の市。安政元年(一八五四)日米和親条約が結ばれ開港。史跡に富み、温泉にも恵まれる。遠洋漁業の基地。人口三万四三二二(一九八八)。

**しもだ【下田】**〈町〉 青森県東部、相坂(奥入瀬)川下流の町。農業が主体。企業進出により工業生産も行われる。人口九二二七(一九八八)。

**しもだ-おんせん【下田温泉】** 熊本県天草下島、天草町の温泉。東シナ海(天草灘)に臨み、雄大な展望に恵まれる。

**しもだ-じょうやく【下田条約】** 幕末、アメリカ総領事ハリスと下田奉行の間で結ばれた日米協約。安政四年(一八五七)六月調印。外国人居住権・犯罪人の処分などに関することを決定。下田約定。

**しもだて【下▽館】**〈市〉 茨城県西部の市。旧城下町。県西部の商工業の中心で、電気機器・コンクリート製品工業や醸造業がさかん。人口六万四九六八(一九八八)。

**しもだ-ぶぎょう【下田奉行】** 江戸幕府の遠国奉行の一つ。元和二年(一六一六)設置当初は下田へ出入りする廻船や貨物の監視を主任務としたが、幕末、外交上の重要な出先機関となった。

**しもた-や【仕▽舞た屋】** ①《「仕舞うた屋」の意》店じまいした商家。②商店街の中で、商業以外の収入で生活している家。③自宅で商売をしていない、ふつうの家。

**しも-だらい【下▼盥】** 下帯や腰巻きなど下半身につけるものを洗う盥。

**じ-もちあげ【地持(ち)上げ】** 低い土地に土砂を盛って、高くすること。

**地持ち上げもならぬ**(じもちあげもならぬ) ひいきめにみてもどうにもならない。

**しもつ【下津】**〈町〉 和歌山県海南市南隣、紀伊水道に臨む町。特定重要港湾、石油基地として活況を呈する。ミカン栽培がさかん。人口一万六四三九(一九八八)。

**じ-もつ【持物】** 仏像が手に持つ仏・菩薩のはたらきを象徴するもの。薬師の薬壺、観音の蓮華や水瓶、明王の剣や金剛杵、千手観音の輪宝・髑髏など。→図

**しも-づかえ【下仕え】** 昔、院・宮・親王・摂家などの高貴の家に仕えて雑用をした女。下女中。

**しも-つ-かた【下つ方】**《「つ」は「の」の意の格助詞》①しもじも。②下のほう。すえ。

**しもつかれ** 北関東地方の煮物の一種。塩ザケの頭を刻んで水煮したものと、炒った大豆、刻んだ油揚げ、ダイコン・ニンジンなどを、酒かす・砂糖・酢・しょうゆなどで味付けして煮る。しみつかり。すむつかり。

**しも-つき【霜月】** 陰暦一一月の異称。

**しもつき-まつり【霜月祭(り)】** 陰暦一一月に民間で行われる稲の収穫祭。時期は地方によりちがうが、二三日ごろに行うところが多い。宮廷では新嘗祭が行われる。

**しもつけ【下▽野】** ①→しもつけのくに(下野国)。②バラ科の落葉低木。高さ約一m。山地にはえ、観賞用にも栽培。葉は長楕円形で鋸歯がある。五～八月に、淡紅色の小花を密生。→写

**しもつけ-そう【下▽野草】** バラ科の多年草。高さ六〇cm～一m。山地にはえ、観賞用に栽培もする。葉は複葉で鋸歯がある。六～七月に、密集した淡紅色の小花が咲く。クサシモツケ。→写

●シモツケソウ

**しもつけ-の-くに【下▽野国】**《古くは「下毛野」》旧国名。現在の栃木県。東山道の一国。「延喜式」では上国、九郡。国府は栃木市国府、国分寺は下都賀郡国分寺町。明治四年(一八七一)廃藩置県により栃木・宇都宮の二県。同九年(一八七六)合併し栃木県。野州。下野。

**しもつま【下妻】**〈市〉 茨城県西部、鬼怒川と小貝川に沿う市。旧城下町。近郊農業と養豚がさかんで工業も行われる。人口三万三一五六(一九八八)。

**しも-て【下手】** 対義 上手。①下のほう。lower part ②舞台の、客席から見て左のほう。left of the stage →歌舞伎図

**しもと【▼笞・▼楚】** 罪人を打つ、木製のむち。

**しもと【▼葼・▼楉・▽細▽枝】** 長く伸びた木の若枝。

**じ-もと【地元】** ①ある物事に直接関係のある土地。local 用例 ―の人々。②自分の住む土地。hometown

**しも-どけ【霜解け・霜▽融け】** 気温が上がって霜がとけること。thaw 比較 雪解け。

**しもなか-やさぶろう【下中▼弥▽三郎】**(一八七八―一九六一) 教育者・出版経営者。兵庫県生まれ。平凡社を創立して百科事典出版の草分けとなり、日本初の教員組合として啓明会を組織した。

**しもにた【下仁田】**〈町〉 群馬県南西部の山間盆地の町。コンニャク・ネギの産地として有名。石灰工場がある。人口一万四一三一(一九八八)。

**しもにだん-かつよう【下二段活用】** 文語動詞の活用の型の一つ。「与ふ」の語尾が、「へ・へ・ふ・ふる・ふれ・へよ」となるように、五十音図のウ・エの二段に活用するもの。口語では、すべて下一段活用の語となっている。対義 上二段活用。

**シモニデス【Simōnidēs】**(BC五五六ごろ―BC四六八ごろ) ギリシアの叙情詩人。理知的で力強く簡潔な詩を残す。作品『ペルシア戦役戦没者墓碑銘』など。

**じ-もの【地物】** その土地にできる産物。local products

**しも-の-く【下の句】** 和歌の第四と第五の句。対義 上の句。

**しものせき【下関】**〈市〉 山口県西端、関門海峡に臨む市。古くは長門国府が置かれ、明治以降は貿易港、釜山連絡航路起点として発展した。日本有数の遠洋漁業基地。関連工業も発達。人口二六万二一九(一九八八)。馬関。

**しものせき-かいきょう【下関海峡】** →かんもんかいきょう(関門海峡)

**しものせき-じけん【下関事件】** 幕末、イギリス・アメリカ・フランス・オランダの四国連合艦隊による長州藩攻撃事件。元治元年(一八六四)四か国は前年に攘夷を決行した長州藩に対する報復措置として下関海峡沿岸を砲撃、砲台を全滅させた。

**しものせき-じょうやく【下関条約】** 日清戦争の講和条約。明治二八年(一八九五)四月、両国全権が下関で調印。内容は朝鮮の独立、遼東半島・台湾などの割譲、賠償金支払いなど。

**しも-ばしら【霜柱】** ①地表が凍るとき土の中の水分が毛管現象で地上へしみ出してきて凍り、柱状の氷となって表土をもち上げたもの。frost columns ②シソ科の多年草。高さ約六〇cm。山地にはえる。葉は対生、茎は方形、秋

●霜柱①



▼常用漢字表外。 ▽常用漢字表の音訓外。

に淡黄色の筒状唇形花を穂状に開く。冬、枯れた茎に氷の結晶ができることからの名。ユキヨセソウ。↓写

**しも-はんき【下半期】** 会計年度などの一年のうち、あとの半期。下期。the latter half of the year 対義 上半期。

**しも-ぶくれ【下膨れ・下脹れ】** 顔の下部がふくらんでいること。また、その顔。full-cheeked face

**しもふさ【下総】**〈町〉千葉県北部、成田市北東隣の町。稲作中心。サツマイモ・スイカ栽培などもさかん。人口七〇二二(一九八八)。

**しもふさ-かんいち【下総皖一】**(一八九八〜一九六二) 作曲家・教育家。埼玉県生まれ。東京音楽学校卒・同校教授。作品『三味線協奏曲』、著書『作曲法』など。

**しも-ふり【霜降り】** ①霜がおりること。②二色以上の繊維を混紡した糸。霜降り糸。melange yarn ③小倉織。霜降り糸で織ったサージなどの織物。また杢糸の織物。④牛肉などで、脂肪が白くまだらに入っていること。marbled beef ⑤魚肉などのぬめりや血、においなどをとり、うま味を逃がさないために、熱湯にくぐらせたあと冷水で急冷する調理法。熱によりたんぱく質が白く変成し霜がおりたように見える。

**しもふり-ごよう【霜降五葉】** ゴヨウマツの変種。中部以北の山地にはえる。五本ずつ束生する葉に、気孔のすじが白く目立つ。庭木・盆栽用。

**しもふり-づくり【霜降(り)作り】** 霜降りにした魚を薄く切る、刺身の作り方。マグロやカツオなどによく用いる。湯霜作り。

**しも-べ【下部・僕】** ①召し使い。下男。servant ②検非違使庁の下級官吏。逮捕・尋問・押送にあたった。

**しもべ【下部】**〈町〉山梨県南部の町。下部温泉は武田信玄の隠し湯として有名。富士五湖めぐりの拠点。人口七一三二(一九八八)。

**しもむら-かんざん【下村観山】**(一八七三〜一九三〇) 日本画家。和歌山県生まれ。本名、晴三郎。狩野芳崖・橋本雅邦に学ぶ。東京美術学校卒。同校教授。日本美術院創立に参加。格調高い新古典的表現は定評がある。作品『木の間の秋』『弱法師』など。↓写

**しもむら-こじん【下村湖人】**(一八八四〜一九五五) 小説家・教育家。本名、虎六郎。佐賀県生まれ。東大卒。自伝的小説『次郎物語』で有名。

**しも-やけ【霜焼け】** 寒冷時に手足や指の皮膚血管が麻痺・鬱血して赤紫色になり、はれてかゆみや痛みがでる症状。正式には凍瘡。frostbite

**しも-やしき【下屋敷】**《主として江戸時代の大名の家にいう》郊外の別邸。別墅。対義 上屋敷。

**しもやま【下山】**〈村〉愛知県中部、三河高原の村。農林業、とくにシクラメンなどの花の栽培がさかん。人口四四一〇(一九八八)。

**しもやま-じけん【下山事件】** 昭和二四年(一九四九)国鉄総裁下山定則が登庁の途中行方不明となり、常磐線北千住と綾瀬駅間の線路上で轢死体で発見された事件。吉田内閣の国鉄職員大量整理の最中で、他殺・自殺両説が対立し現在も不明。

**しも-よ【霜夜】** 霜が降りる、寒い夜。frosty night

**しも-よけ【霜除け】** 作物や草木を霜の害から守るために、冬の期間、わら・よしず・こもなどでするおおい。霜囲い。

**しも-りゅう【下流】** 江戸中期、京都の下京六条に住んでいた藪内家の茶道の呼称。これに対して上京の三千家を上流とよんだ。対義 上流。

**し-もん【四文】** ①一文の四倍。②《四文銭の小額なことから》わずかなこと、また安っぽいことのたとえ。

**四文と出る**(しもんとでる) 人の話に、軽々しく口をはさむ。軽はずみに口を出す。

**し-もん【指紋】** 手の指の末端の、てのひら側にある皮膚の紋様。各個人に固有で、終生変わらないので、個人識別上もっとも確実な手がかりとなる。fingerprint 用例 ——をとる。

**し-もん【試問】**(名・サ変他) 試験のために質問すること。ためしに問うこと。question 用例 口頭——。

**し-もん【諮問】**(名・サ変他) 政策などについて意見を問うこと。inquiry

●下村観山『弱法師』(部分)。大正四年(一九一五)、東京国立博物館。

**シモン【Claude Simon】**(一九一三〜) フランスの小説家。ヌーボーロマンの代表者の一人。一九八五年ノーベル文学賞受賞。作品『フランドルへの道』『ル-パラス』『歴史』など。

**シモン【Pierre-Henri Simon】**(一九〇三〜七二) フランスの批評家・小説家。『ル-モンド』紙の文芸時評を担当。評論集『告発された人間』など。

**シモン【Simon】** 聖書およびキリスト教史に頻出する人名。ヘブライ語動詞シャーマー(聞く)に由来。

**じ-もん【地紋・地文】** ①布地に織り出した模様。woven pattern ②物の地に付された模様。pattern

**じ-もん【寺門】** ①寺の門。②禅宗で、寺。③園城寺の別称。対義 山門。

**じ-もん【自門】** ①自分の一家・一族。②自分の属する寺や宗派。

**じ-もん【自問】**(名・サ変自) 自分で自分に問うこと。反省して考えること。ask oneself

**しもん-きかん【諮問機関】** 学識経験者などからなり、行政官庁からの諮問に応じて意見を答申する機関。審議会・協議会・調査会など。advisory organ

**じもん-じとう【自問自答】**(名・サ変自) 自分に問い、自分が答えること。questioning oneself

**しもん-しゅつゆう【四門出遊】** 四門遊観「の別称。

**シモンズ【Arthur Symons】**(一八六五〜一九四五) イギリスの詩人・批評家。フランス象徴主義文学を紹介。著書『文学における象徴主義運動』など。

**シモンズ【John Addington Symonds】**(一八四〇〜九三) イギリスの著述家。近代印象批評の先駆とされる。著書『イタリア-ルネサンス』など。

**じもん-は【寺門派】** 園城寺を総本山とする天台宗の一派。派祖は智証大師円珍。対義 山門派。

**しもん-ゆうかん【四門遊観】** 釈迦の出家の動機とされる伝説。カピラ城の東南西北四つの門から外に出て老人・病人・死者・出家の修行者をまのあたりに見、それが出家の機縁となったというもの。四門出遊。

**シャ** 5画 **【且】** 部首[一] 常用 JIS 1978
音 シャ・ショ・ソ
訓 かつ
①かつ。そのうえに。…したり…したりする。②まさに…んとす。…しようとする。③しばらく。とりあえず。

**シャ** 5画 **【写】** 部首[冖] 教育小3 JIS 2844
15画【寫】 部首[宀] 旧字 JIS 5377
14画【冩】 異体字 JIS 4948
音 シャ
訓 うつす・うつる
①うつす。うつる。うつし。「誤写・書写・謄写・描写・複写」「写真・写生」②しゃしん。写真をうつす。比較 映る。「映写・実写・接写」「写植」

**シャ** 7画 **【沙】** 部首[氵] 人名用 JIS 2627
音 サ・シャ
①すな。いさご。まさご。「流沙」②よりわける。よなげる。③梵語 sā・śā・śra・śrā などの音訳字。「沙弥・沙門・沙羅双樹」 ↓サ[沙]

**シャ** 7画 **【社】** 部首[ネ] 教育小2 JIS 2850
8画【社】 部首[示] 旧字
音 シャ・ジャ
訓 やしろ
①おみや。やしろ。対義 寺。「神社」「社寺・社務所」②なかま。くみあい。団体。「会社・結社」「社会・社交・社中」③会社や新聞社のこと。「出社・入社」「社員・社説・社用」用例(名)——の用事。

**シャ** 7画 **【車】** 部首[車] 教育小1 JIS 2854
音 シャ・キョ・コ
訓 くるま
①くるま。軸を中心としてまわる輪。「滑車・水車」「車軸・車輪」②くるまでうごく乗り物。「外車・汽車・乗車・新車・廃車・発車」「車庫・車窓・車両」用例《接尾的》三輪——。

**シャ** 8画 **【舎】** 部首[口] 教育小5 JIS 2843
8画【舍】 部首[舌] 旧字 JIS 7150
音 シャ・セキ
①いえ。たてもの。「官舎・鶏舎・校舎・宿舎」用例《接尾的》家畜——。寄宿——。飼育——。②《目下の者を謙遜していう》いえの。「舎弟」③寄宿舎のこと。「舎監」用例(名)——の食事。

**シャ** 8画 **【姐】** 部首[女] JIS 1625
音 シャ・ソ
①あね。姉。②あねご。あねさん。親分や兄貴分などの妻。③ねえさん。旅館や料理屋などの手伝いの女性。

**シャ** 8画 **【炙】** 部首[火] JIS 6353
音 シャ・セキ
①あぶる。火にあててやく。②あぶり肉。火であぶった肉。やき肉。「膾炙」③ちかづく。ちかづいてあぶられる。「親炙」

**シャ** 8画 **【者】** 部首[耂] 教育小3 JIS 2852
9画【者】 旧字
音 シャ
訓 もの
①ひと。人物。「医者・学者・患者・作者・信者」用例《接尾的》反対——。文学——。②もの。こと。「後者・前者」

**シャ** 9画 **【卸】** 部首[卩] 常用 JIS 1823
8画【卸】 旧字
音 シャ
訓 おろす・おろし
①荷物を車や肩から下におろす。おろす。②問屋から小売商に品物をうりわたす。おろし。

**シャ** 9画 **【柘】** 部首[木] JIS 3651
音 シャ
①ヤマグワ。クワ科の落葉高木。②ツゲ。ツゲ科の常緑低木。

**シャ** 9画 **【洒】** 部首[氵] JIS 6215
音 セイ・サイ・シャ
①あらう。そそぐ。②さっぱりしているさま。あかぬけしているさま。「瀟洒」「洒脱・洒落、洒々落々」

**シャ** 9画 **【砂】** 部首[石] 教育小6 JIS 2629
音 サ・シャ
訓 すな
筆順 ↓サ[砂]
すな。いさご。まさご。「金剛砂・土砂・白砂青松」「砂金・砂利」 ↓サ[砂]

**シャ** 10画 **【娑】** 部首[女] JIS 5316
音 サ・シャ
梵語 sa・sā の音訳字。「娑婆」

**シャ** 10画 **【射】** 部首[寸] 教育小6 JIS 2845
音 シャ・セキ・エキ・ヤ
訓 いる
①いる。矢をいる。たま・はりをうつ。「注射・直射・発射・放射」②六芸の一つ。弓術。③さす。日があたる。「直射・日射病」

**シャ** 10画 **【紗】** 部首[糸] 人名用 JIS 2851
音 サ・シャ
①うすぎぬ。うすもの。粗い透かし目のあるからみ織りの一種。横糸一本に縦糸二本を交互させ、もじり目を織りだす。通気性に富み、夏の衣料などに用いる。「金紗・錦紗」②「羅紗」



↓ 行き先項目、図版・写真参照印。 JIS 日本工業規格情報交換用漢字符号コード(区点コード)。

「シャ」は、羊毛で織った、地の厚い毛織物。↓サ[紗]

**シャ** 11画 [▼偖] 部首[人・亻] JIS 4887
音シャ
さて。ところで。それから。

**シャ** 11画 [▼這] 部首[⻌] ―― 10画 [▼這] 部首[⻌] 異体字 JIS 3971
音シャ
①この。これ。「這般」 ②はう。はらばう。手足と腹を地につけて、少しずつすすむ。

**シャ** 11画 [捨] 部首[扌] 教育小6 JIS 2846 ―― 11画 [▼捨] 旧字
音シャ
訓すてる
捨 捨 捨 捨 捨 捨
①すてる。てばなす。ほうっておく。対義 取。「取捨」「捨身」 ②ほどこす。神仏に寄進する。「喜捨」 ③仏教で、心を平安にすること。苦でも楽でもないこと。

**シャ** 11画 [斜] 部首[斗] 常用 JIS 2848
音シャ・ヤ
訓なincludes
訓ななめ
ななめ。はす。かたむく。「傾斜」「斜視・斜辺・斜面・斜陽」
**斜に構える**《刀をななめにして身構えることから》普通でない、気どった態度をとる。put on airs

**シャ** 11画 [赦] 部首[赤] 常用 JIS 2847
音シャ
ゆるす。罪をゆるす。「恩赦・大赦・特赦」「赦免」

**シャ** 12画 [▼奢] 部首[大] JIS 5290
音シャ
おごる。贅沢をする。分にすぎる。「華奢・豪奢」「奢侈」

**シャ** 12画 [煮] 部首[灬] 常用 JIS 2849 ―― 13画 [▼煮] 旧字
音シャ・ショ
訓にる・にえる・にやす
①にる。水などをくわえ、火にかけて熱をとおす。「煮沸」 ②にえる。③にやす。

**シャ** 12画 [▼畬] 部首[田] ―― 12画 [▼畭] 異体字 JIS 6534
音ヨ・シャ
やきた。草木を焼きはらってつくった耕地。↓ヨ[畬]

**シャ** 12画 [▼硨] 部首[石]
音シャ
「硨磲」は、ニマイガイ綱に属する軟体動物。シャコガイ。オオジャコガイは、世界最大の二枚貝。殻長一m、重量二〇〇kg以上にもなる。

**シャ** 13画 [▼鉈] 部首[金] JIS 7877
音シャ・タ
①なた。まきわりなどに用いる、柄のついた、刃の肉の厚い刃物。②ほこ。短いほこ。

**シャ** 14画 [遮] 部首[⻌] 常用 JIS 2855 ―― 15画 [▼遮] 部首[⻌] 旧字
音シャ
訓さえぎる
さえぎる。へだてる。「遮光・遮断・遮蔽」

**シャ** 14画 [▼賖] 部首[貝]
音シャ
①おきのる。かけで買う。金を借りて、ものを買う。②かしうり。貸して売る。③とおい。はるか。④おそい。のばす。

**シャ** 16画 [▼赭] 部首[赤] JIS 7664
音シャ
①あかつち。そお。鉄分をふくんだ赤い土。②あか。あかい。赤い色。「代赭色」「赭衣・赭熊」

**シャ** 17画 [▼藉] 部首[艹] JIS 7320
音シャ・セキ・ジャク
①しく。敷物をしく。②かりる。また、かす。③よる。かこつける。「藉口」 ④なぐさめる。やわらげる。「慰藉」↓セキ[藉]

**シャ** 17画 [謝] 部首[言] 教育小5 JIS 2853
音シャ
訓あやまる
謝 謝 謝 謝 謝 謝
①お礼をする。「感謝」「謝恩」 ②あやまる。おわびをする。「陳謝」「謝罪」 ③ことわる。「謝絶」 ④おとろえる。また、わかれてさる。「新陳代謝」

**シャ** 18画 [▼瀉] 部首[氵] JIS 6335
音シャ
①そそぐ。どっと水がながれくだる。「一瀉千里」 ②はく。食物を口からはく。「吐瀉」 ③はらくだし。下痢をする。「吐瀉」

**シャ** 22画 [▼鷓] 部首[鳥] JIS 8326
音シャ
「鷓鴣」は、キジ科の鳥。

**し-や**[視野] ①眼球を動かさないで見ることのできる範囲。視線を基準とし、それからの角度で表す。field of view ②目のとどく範囲。view 用例 ―の広い山頂。③物事を観察し、批評する範囲。outlook 用例 内面的―の広さ。④見方・考え方のおよぶ範囲。the range of vision 用例 ―のせまい人。

**し-や**[子夜] ㊀①夜の子の刻。午前〇時。②また、その前後二時間。真夜中。㊁中国の小説家茅盾の長編小説。一九三三年発表。三〇年代の上海を舞台に、民族資本家の苦闘と敗北の姿を生き生きと描く。茅盾の代表作。

**ジャ** 8画 [邪] 部首[阝] 常用 JIS 2857 ―― 7画 [▼邪] 旧字
音ジャ・シャ・ヤ
ただしくない。ねじけた。よこしま。対義 正。「正邪」「邪悪・邪道・邪念」

**ジャ** 11画 [蛇] 部首[虫] 常用 JIS 2856
音ジャ・ダ・タ・イ
訓へび
ヘビ。トカゲ目ヘビ亜目に属する爬虫類。くちなわ。また、ヘビのように。「大蛇・毒蛇」「蛇籠・蛇口・蛇の目・蛇腹・蛇皮線」↓ダ[蛇]
**蛇が蚊を呑んだ様** ①小さすぎて問題にならないことの形容。②小量で腹のたしにならないたとえ。
**蛇の道は蛇** その道の者は、その間の事情によく通じている。同じことをめざしている者のすることは、同類にはすぐにわかる。Set a thief to catch a thief.

**ジャ** 17画 [▼闍] 部首[門] JIS 7975
音ト・シャ・ジャ
梵語cāの音訳字。「阿闍梨」↓ト[闍]

**ジャ** 21画 [▼麝] 部首[鹿] JIS 8345
音シャ・ジャ
ジャコウジカ。シカ科の哺乳動物。「蘭麝」「麝香」

**じゃ**(接続) それなら。それでは。じゃあ。用例 ―私が行きます。

**じゃ**(助動 特殊型)《「である」の「る」がとれた「であ」の転》①断定を表す。…である。用例 これはみごとな木―。②疑問を表す。…であるか。用例 どう―。どこ―。③《体言に付いて》資格・身分などを表す。…にあたる。用例 母―人。

**じゃ**(連語) ＝じゃあ。㊀《断定の助動詞「だ」の連用形「で」に係助詞「は」の付いた「では」の転》…では。用例 だめ―ないか。㊁《格助詞「で」に係助詞「は」の付いた「では」の転》…では。用例 ここ―人目につく。

**ジャー**[jar] 断熱容器の一種。食料品を保温または保冷するためのもの。構造は魔法びんと同じだが、固形物を入れるため広口のものが多い。

**シャーウッド**[Robert Emmet Sherwood](一八九六～一九五五) アメリカの劇作家。社会批判の喜劇が多い。戯曲『化石の森』『白痴の喜び』など。

**じゃ-あく**[邪悪](名・形動) ねじけていて悪いこと・さま。wickedness

**ジャーク**[jerk] 重量挙げの競技種目の一つ。まずバーベルを肩まで一気にひき上げ、続いて足を前後に開きながら頭上に差し上げて、挙げた重量を競う。また、その方法。比較 スナッチ。

**シャークスキン**[sharkskin] ①サメの皮、およびその表面に似た織物。②二種類以上の糸で綾織りにした梳毛織物。③つや消しのレーヨン糸で布面をざらざらにした織物。

**ジャージー**[jersey] ①編み機で編んだメリヤス生地。また、その風合いをもたせた織物。イギリス海峡のジャージー島が原産で、漁夫の衣料品に使われていた。伸縮性に富む。②ラグビー選手などのユニホーム。

**ジャージー-シティ**[Jersey City] アメリカ北東部、ニュージャージー州北東部の港湾都市。ハドソン川右岸にあり、ニューヨーク港の一部をなす。人口二二・四万(一九八〇)。

**ジャージー-しゅ**[ジャージー種] ウシの一品種。ジャージー島原産の乳用種。体は小形で体重三五〇～四〇〇kg。毛は黄褐色または灰褐色。年間総乳量二五〇〇kgで、乳脂率も五%と高く、バターやクリーム製造に向く。Jersey ↓牛写

**ジャージー-とう**[ジャージー島](Jersey) イギリス海峡南部、チャネル諸島中最大の島。ジャージー種の牛の原産地。面積一一六km²。イギリス領。

**しゃあ-しゃあ**(副) むとんじゃくで、厚かましいさま。thick-skinned 用例 失敗しても―としている。

**じゃあ-じゃあ**(副) 水などが勢いよく流れ出る音・さま。splashingly 用例 ホースで水を―まく。

**ジャータカ**[Jātaka梵・闍陀伽] 原始仏教経典の一つで、釈迦の前世の物語集。何度も生まれかわる間、菩薩として善行を積むという五四七話を集めたもの。本生譚。本生経。

**ジャーディン-マセソン-しょうかい**[ジャーディン-マセソン商会](Jardine, Matheson and Co.,Ltd.) 一八三二年マカオに創立されたイギリスの中国貿易商会。アヘンと茶の貿易代理店として繁栄。多角的事業経営に成功、東アジアにおける最大のイギリス系財閥に発展。

**シャー-ナーメ**[Shāh Nāme]《王者の書、の意》ペルシアの民族詩人フィルダウシーの長編叙事詩。天地創造からササン朝滅亡までの王者中心の物語で、近世ペルシア文学の代表作。

**ジャーナリスティック**[journalistic](形動) ①ジャーナリストとしての資質が、すぐれているさま。②ジャーナリズムに取りあげられて話題を呼ぶさま。③《批判的に》ジャーナリズムが俗悪な姿勢におちこむさま。

**ジャーナリスト**[journalist] ①新聞・雑誌などの編集者・記者。②新聞・雑誌の寄稿家。

**ジャーナリズム**[journalism] ①新聞・雑誌・放送などの総称。その事業。②言論・報道関係で、時事問題をとりあげ、解説し批判する事業。その持つ性格・勢力。対義 アカデミズム。③営利的・平面的・迎合的な出版や報道。用例 ―に毒される。

**ジャーナル**[journal] ①定期刊行物。新聞・雑誌など。②日刊新聞。

**ジャーナル-じくうけ**[ジャーナル軸受(け)] 円筒状の回転軸(＝ジャーナル)の形態にあわせて、回転しやすくつくった軸受け。ラジアル軸受け。journal bearing

**ジャーヒズ**[al-Jāḥiz](七七六～八六八)《目玉の出た人、の意》アラブの散文作家。アダブという文学ジャンルを大成。長編『動物の書』『けちんぼたち』など。

**シャープ**[sharp] ㊀(形動) するどいさま。鋭敏。㊁(名) ①音楽で、半音高くする記号。嬰記号。「♯」。対義 フラット。②「シャープペンシル」の略。

**シャープ-ペンシル**《和製語。一八三七年、アメリカでエバーシャープの名で発売されたことから》芯のくり出し式鉛筆。機械鉛筆。ノック式や回転式がある。mechanical pencil

**シャーベット**[sherbet] 果汁にシロップやリキュールなどを加え、凍らせた冷菓。食品衛生法では、乳脂肪三%以下のもの。フランス語はソルベ。

**シャーマニズム**[shamanism] シャーマンを通じて、神霊や死霊などの霊的存在と接触・交渉する呪術や宗教現象。巫術。シャーマニズム。

**シャーマン**[shaman] 神霊と直接に霊的交渉を行う宗教的職能者。元来はシベリアのツングース族の宗教的指導者をさす名称。霊的交渉のさいにはトランス(恍惚)状態をともなうが、神霊がシャーマンにのりうつる型と、シャーマンの霊魂が霊界に旅行する型が考えられている。巫者。巫女。シャマン。

**ジャーマン-アイリス**[German iris] アヤメ科の園芸用宿根草。さまざまな種の交配でできたもの。花色はきわめて豊富で、香りも高い。地中海原産。ドイツアヤメ。

▼常用漢字表外。 ▽常用漢字表の音訓外。

**ジャーマン-シルバー**【German silver】↓ようぎん(洋銀)

**シャーマン-はんトラストほう**【シャーマン反トラスト法】アメリカ最初の一般的な独占禁止法。一八九〇年制定。競争を制限する行為を禁止したが、規定があいまいであったため実効があがらず、一九一四年これを補充強化したクレートン法が成立。Sherman Act

**ジャーミー**【Jāmī】(一四一四〜九二) ペルシアの詩人。ペルシア文学の古典時代最後の大詩人。七部作『七つの王座』、叙情詩集『ジャーミー詩集』など。

**ジャーミストン**【Germiston】南アフリカ共和国北東部、ヨハネスバーグの南東にある工業都市。世界最大の金の精錬所がある。人口一五・五万(一九八〇)。

**シャーメン**【厦門】(Xiàmén) ↓アモイ

**シャーリング**【shirring】縫い縮めによって模様や変化を作り出す手芸的技法。直線縫いを縮めたり、刺繡を併用したりする。↓写

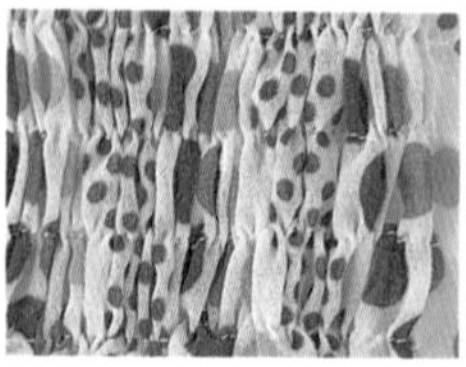

●シャーリング

**シャール**【René Char】(一九〇七〜八八) フランスの詩人。詩集『打ち手なき槌』『眠りの神の書』『基底と頂点の探究』など。

**ジャール-へいげん**【ジャール平原】(Plaines des Jarres) ラオス中部、ビエンチャンの北東に広がる平原。鉄器時代初期の巨石文化遺跡がある。ベトナム戦争当時の戦場の一つ。

**シャーレ**【Schale ドイツ】ふちの低い円筒形のガラス製の皿とふたを組み合わせた化学実験器具。ペトリ皿。petri dish ↓図

●シャーレ

**シャーロック-ホームズ**【Sherlock Holmes】↓ホームズ

**シャーロット**【Charlotte】アメリカ南部、ノースカロライナ州南部の商工業都市。交通の要衝。人口三一・四万(一九八〇)。

**シャーン**【Ben Shahn】(一八九八〜一九六九) アメリカの画家。ロシア生まれ。社会的な題材をやや抽象化された様式で表現。壁画にもすぐれる。作品『あき地』など。↓写

●シャーン『サッコとバンゼッティの受難』。一九三一年ごろ、ホイットニー美術館(アメリカ)。

**しゃ-い**【差異】《「しゃ」は呉音》違い。相違。

**差異も無い**(しゃいもない) たわいもない。らちもない。

**しゃ-い**【赭衣】罪人に着せる赤い着物。転じて、罪人。

**しゃ-い**【謝意】感謝または謝罪の気持ち。thanks 用例 —を表する。

**シャイ**【shy】(形動) はにかみやであるさま。内気。用例 —な人。

**シャイアン**【Cheyenne】アメリカ西部、ワイオミング州の州都。一八七〇年の金鉱発見以来、急速に発展。人口四・七万(一九八〇)。

**シャイアン-ぞく**【シャイアン族】北米の平原インディアンの一部族。大平原地帯に居住。かつては農耕・野牛の狩猟に従事。勇猛で知られた。Cheyenne

**ジャイアント**【giant】大男。巨人。

**ジャイアント-パンダ**【giant panda】中国産のパンダ科の珍獣。白と黒に染め分けられている。中国では大熊猫(ターシュンマオ)、日本では単にパンダという。体長一・二〜一・六m。尾は短い。チベット東部と四川(しせん)省の高山地帯の竹林にすみ、竹の子や竹の葉が好物。オオパンダ。シロクログマ。↓写

●ジャイアントパンダ

**ジャイカ**【JICA】《Japan International Cooperation Agencyの略》国際協力事業団。

**シャイデマン**【Philipp Scheidemann】(一八六五〜一九三九) ドイツの政治家。社会民主党員として活躍。一九一九年共和国初代首相。ベルサイユ条約に反対して辞任。三三年ナチス政権成立で亡命。

**ジャイナ-きょう**【ジャイナ教】前五〜前四世紀ごろインドに興った宗教。開祖はヴァルダマーナ(マハービーラ)。ジャイナ教は、開祖がジナ(耆那(じな)、梵語(ぼんご)で勝者・聖者の意)ともいわれたことからの呼称。ベーダを否定し、不殺生(ふせっしょう)と苦行の実践を重視。耆那教。Jainism

**ジャイプル**【Jaipur】インド西部、ラジャスタン州の州都。商業都市。宝石・象牙(ぞうげ)細工が有名。人口一〇〇・五万(一九八一)。

**ジャイミニ**【Jaimini】(生没年未詳) 紀元前二世紀ごろのインドの哲学者。六派哲学の一つミーマーンサー学派の祖。ベーダの祭式を規定する『ミーマーンサー・スートラ』は彼の言行を集めたもの。

**シャイレンドラ-ちょう**【シャイレンドラ朝】八世紀中葉から約一世紀間、インドネシアの中部ジャワに存続した仏教王朝。ボロブドゥールなどの寺院を建立。Shailendra dynasty

**ジャイロコンパス**【gyrocompass】羅針盤の一つ。ジャイロスコープの原理を用いて、高速で回転するこまの軸がいつでも南北をさすようにした装置。船舶・航空機に用いる。

**ジャイロスコープ**【gyroscope】精密な重心をもつ高速回転体(こま)の回転軸が、一定の方向を維持するように支えた装置。互いに、直交する支点で支えられた三重の金属枠の一番内側の枠で回転体の軸を支える。ジャイロコンパスなどに用いる。ジャイロ。回転儀。

**シャイロック**【Shylock】①シェークスピアの喜劇『ベニスの商人』に登場する金貸しのユダヤ人。②《転じて》貪欲(どんよく)な金貸し。

**しゃ-いん**【社印】①会社の公式の印判。②神社の印判。the official seal of a company

**しゃ-いん**【社員】①会社につとめている人。会社員。従業員。employee ②社団法人の構成員。member

**じゃ-いん**【邪淫】①みだらなこと。lewdness ②《仏教語》五戒の一つ。男女間の不道徳な情事。

**しゃいん-そうかい**【社員総会】社団法人での最高の意思決定機関。general meeting of members

**シャウディン**【Fritz Richard Schaudinn】(一八七一〜一九〇六) ドイツの動物学者。梅毒の病原体スピロヘーターパリダを発見。微生物学の優れた研究に対して授与するフリッツ=シャウディン賞は、彼の名による。

**シャウプ-かんこく**【シャウプ勧告】昭和二四年(一九四九)アメリカのシャウプを団長とする税制調査団が行った、日本の税制改革に対する勧告。所得税中心型への移行、地方財政の充実などを内容とし、以後の税体系の基本となった。

**しゃ-うん**【社運】会社の運命。future of a company 用例 —をかける。

**しゃ-えい**【射影】(名・サ変他) ①かげをうつすこと。また、そのかげ。投影。projection ②平面上の図形F上のすべての点と、平面外の一点Oとを直線で結ぶことを、OからFを射影するという。また、これを任意の平面で切ったときできる図形をもさす。projection ↓図

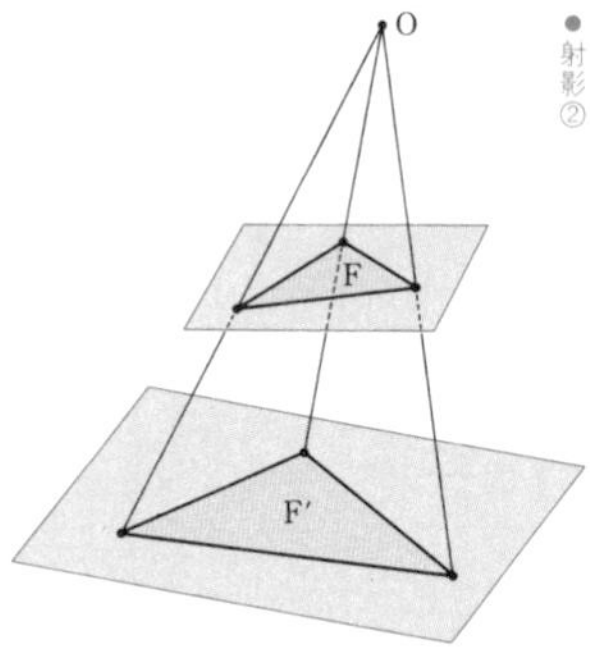



●射影②

**しゃ-えい**【斜影】ななめにうつるかげ。slanting shadow

**しゃえい-きかがく**【射影幾何学】図形の性質のうちで、射影変換によって不変な性質を対象として研究する幾何学の一分野。projective geometry

**しゃえ-じょう**【舎衛城】古代インドのコーサラ国の首都。南郊に釈迦(しゃか)が説法した祇園精舎(ぎおんしょうじゃ)がある。シュラーバスティー。

**しゃ-えんすい**【斜円錐】頂点から底面へ下ろした垂線の足が底面の円の中心と一致しない円錐。oblique circular cone ↓円錐図

**しゃ-えんちゅう**【斜円柱】母線(ぼせん)が底面に垂直でない円柱。oblique circular cylinder ↓円柱図

**しゃ-おく**【社屋】会社の建物。the office building of a company

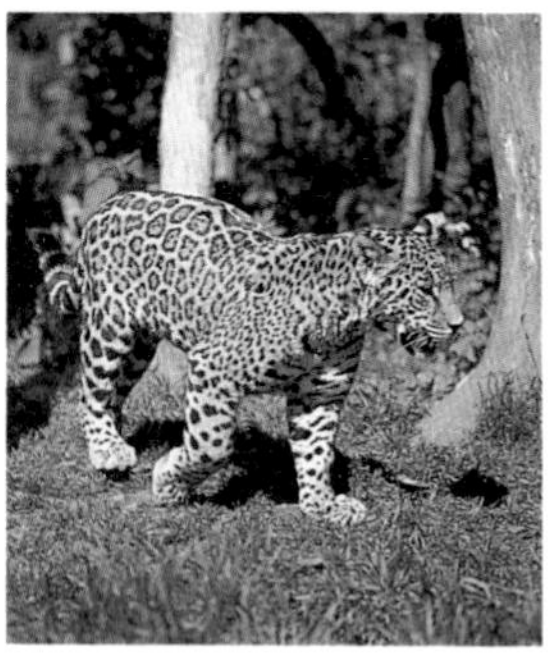

●ジャガー

**シャオシン**【紹興】(Shàoxīng) ↓しょうこう(紹興)

**しゃ-おん**【遮音】(名・サ変自) 外から内へ、また内から外へ音が伝わらないようにすること。気密性を高め、床・天井・壁などに吸音材を使用。sound insulation

**しゃ-おん**【謝恩】(名・サ変自) 受けた恩に感謝すること。expression of gratitude 用例 —会。

**しゃか**【釈迦】《Śākya 梵の音写。能力ある者、の意》①アーリヤ族のクシャトリヤ(=王族・武士の身分)に属する古い種族の一つ、シャーキヤ族。釈迦はこの種族の生まれ。②(BC五六六〜BC四八六／BC四六三〜BC三八三)仏教の開祖。四聖の一人。ネパール南部、カピラ城の浄飯王(じょうぼんのう)の長子。幼名はゴータマ=シッダッタ。二九歳の時に出家し、三五歳で悟りを開いてブッダとなる。八〇歳で入滅(にゅうめつ)するまで各地を遍歴し、教えを説いた。生没年については多くの異説があり一定しない。釈迦牟尼(むに)。釈迦如来。釈尊。

**釈迦に説法**(しゃかにせっぽう) 知りつくしている人になお教えることの愚かさを言う。釈迦に経。Don't try to teach your grandmother to suck eggs.

**しゃ-が**【車駕】①くるま。乗り物。②天子の乗り物。③天子の敬称。

**しゃ-が**【射干】アヤメ科の常緑多年草。高さ三〇〜六〇cm。山林の陰地に群生する。根茎は長くはう。葉は剣状。五月に、淡青紫色の花を開く。↓写

●シャガ

**ジャガー**【jaguar】ネコ科の食肉獣。体長一・二〜一・八m。森林中の水辺を好み、シカやサルなどを捕食。北アメリカ南部から南アメリカに分布。アメリカヒョウ。↓写

**ジャカード-おり**【ジャカード織り】ジャカード機(ジャカールの発明)を使って紋様を織り出した織物やメリヤスの総称。jacquard weave

**ジャカード-き**【ジャカード機】フランス人のジャカールが発明した織機。模様に対応して穴をあけた紋紙を使って紋織物を織る。Jacquard machine

●シャガール『わたしと村』一九一一〜一二年、ニューヨーク近代美術館。

**シャガール**【Marc Chagall】(一八八七〜一九八五) ユダヤ人画家。ロシア生まれ。幻想的風景を得意とする。作品『わたしと村』、パリ-オペラ座天井画、聖書の版画挿絵など。→［写］

**ジャカール**【Joseph Marie Jacquard】(一七五二〜一八三四) フランスの技術家。一八〇四年、紋織機械ジャカード機を発明。

**しゃ-かい**【社会】 ①世間。世の中。society; world ［用例］実—。②同類のなかま。集団。group; circle ［用例］芸能人の—。③人間が共同して生活するため、継続的に集まってできる集団。また、その結びつき。自然発生的なものと人為的なものの別がある。国家・共同体・家族・会社など。society ［用例］地域—。民主—。

**社会に出る**(しゃかいにでる) 世間の仕事に従事するようになる。親の手を離れて、独自に生計を立てるようになる。become a working member of society

**社会の木鐸**(しゃかいのぼくたく) 《「木鐸」は、木製の舌を有する鈴。昔、中国で、法令などを民衆に公布するときに鳴らしたもの》世の人を教え導く人。社会の指導者。leader

**社会の窓**(しゃかいのまど) 《俗語。昭和二〇年代の評判のラジオ番組の名から》おもに男子の、ズボンの前明きのこと。［用例］—が開いている。

**しゃかい-あく**【社会悪】 社会のひずみ・矛盾などから生まれる貧困・犯罪などの暗悪面。social evil

**しゃかい-いしき**【社会意識】 階級・民族・世代などの社会集団のメンバーが共有する、その集団の存在条件に規定された思考・感情・意志の総体。social consciousness ［対義］個人意識。

**しゃかい-うんどう**【社会運動】 社会生活上の諸問題の解決をめざす大衆の自発的運動。署名運動・デモ行進など、さまざまな形をとる。social movement

**しゃかい-か**【社会化】(名・サ変他) ①人間の相互作用により社会が形成される過程。process of socialization ②ひとりの人間が他者との関係のなかで自己を形成し、社会に適応していくこと。socialization ③生産手段の私的所有を廃して社会の共同所有に移すこと。④企業の公有・公営化や社会的管理のための政策などの総称。socialization

**しゃかい-か**【社会科】 小・中・高等学校の教科の一つ。社会生活に対する正しい理解を与える。歴史・地理・政治・経済など。社会。

**しゃかい-かいけい**【社会会計】 ↓こくみんけいざいけいさん(国民経済計算)

**しゃかい-かいりょうしゅぎ**【社会改良主義】 資本主義の矛盾や欠陥を、体制の全体的変革によらず部分的・漸進的に解決しようとする思想。修正資本主義・フェビアニズム・社会民主主義など。social reformism

**しゃかい-かがく**【社会科学】 人間の生活環境としての社会に関する系統的で実証的な知識の体系。経済学・社会学・政治学などの総称。social sciences ［対義］自然科学・人文科学。

**しゃかい-がく**【社会学】 《sociologie(フランス)の訳》人間の社会的行為を基礎に社会の構造・機能と変動を研究する社会科学の一部門。コントが創始・命名した。理論的研究とともに、社会調査に基づく実証的分析も行う。sociology

**しゃかい-かくめい**【社会革命】 政治体制だけでなく社会の仕組みそのものの根本的な変革をめざす運動。social revolution ［比較］政治革命。

**しゃかいかくめい-とう**【社会革命党】 (sotsialisty revolyutsionery(ロシア)) 帝政ロシアの革命政党。一九〇一年ナロードニキ系諸派が統合して結成。一七年二月革命後は臨時政府を支持。同年左右に分裂。左派はボルシェビキと連立内閣を形成。通称SR(エスエル)。

**しゃかい-きはん**【社会規範】 社会的に望ましいと認められる行動や態度の規準。慣習・法・道徳などがあり、これに従わないときは社会的制裁が加えられる。social norm

**しゃかい-きょういく**【社会教育】 ひろく社会で行われる組織的な教育。おもに勤労青年や成人を対象とする。social education ［対義］学校教育。

**しゃかいきょういく-しゅじ**【社会教育主事】 都道府県・市町村の教育委員会に置かれていて、社会教育にかかわる専門的な指導・助言を行う職員。

**しゃかいきょういく-ほう**【社会教育法】 社会教育に関する総合法。昭和二四年(一九四九)公布。教育基本法の趣旨にのっとって国民の自由な学習を保障し、国と地方公共団体の任務を定める。

**しゃかいけいざい-こうせいたい**【社会経済構成体】 歴史的社会の経済構造と、それに対応する上部構造の総称。唯物史観で社会の発展段階を区分するうえでの基本概念。原始共同体・奴隷制・封建制・資本主義・共産主義の五つが一般的。経済的社会構成体。economic formation of society

**しゃかいけいやく-せつ**【社会契約説】 国家・政治体制は諸個人どうしの自発的な契約によりはじめて成立するとする社会理論。社会に先行する自然状態を想定し、そこに個人の独立・平等な自然権を認めることが前提となっている。ホッブズ・ロック・ルソーらが主張。国家契約説。theory of social contract

**しゃかいけいやくろん**【社会契約論】 《原題Du Contrat Social(フランス)》ジャン=ジャック=ルソーの古典的名著。一七六二年刊。人民主権の観念に基づいて近代民主制の理論を確立し、フランス革命に思想的根拠を与えた。

**しゃかい-げき**【社会劇】 現実社会に存在する事情・問題を、具体的・風刺的・批評的・傾向的に演出する劇。イプセンの『人形の家』など。social drama

**しゃかい-けん**【社会権】 基本的人権の一つ。国に対して社会保障その他の配慮を行うように要求する権利。社会的弱者の救済を目的とする。社会的基本権。

**しゃかい-げんか**【社会原価】 公害対策費など、企業がもたらした損失を補償する費用を社会に転嫁して負担させたもの。社会的費用。ソーシャルコスト。social cost

**しゃかい-げんごがく**【社会言語学】 言語学の一分野。社会的・文化的な諸要因と言語行動・言語生活などの関係を研究するもの。言語社会学。sociolinguistics

**しゃがい-こう**【社外工】 下請け企業から派遣され親企業の作業場で働く労働者。親企業の景気変動に対する安全弁として利用される場合が多い。

**しゃかい-こうがく**【社会工学】 社会問題を工学と同じような技術的方法で分析し解決しようとする学問分野。自然科学の分野で発達した予測法を社会科学に採り入れ、産業公害・交通事故などの防止法を研究する。ソーシャル-エンジニアリング。social engineering

**しゃかい-こうこく**【社会広告】 官庁や非営利団体が社会的目標をもって行う広告。議員候補者の広告や慈善事業への協賛のよびかけなど。ソーシャル-アドバタイジング。social advertising

**しゃかい-こうぞう**【社会構造】 一定の生産関係の上に立つ社会階級・階層、各種の社会関係や集団、政治・法その他の制度、ならびに宗教・文化・イデオロギーなどの統一的全体。social structure

**しゃかい-こっか**【社会国家】 社会の共同生活の中で、個人に人間に値する生活を保障することを任務とする国家。自由国家への批判として主張された。

**しゃかい-さんか**【社会参加】 ①社会や集団とのかかわりの中で、個人がその社会的役割をはたすこと。②身障者や老人が社会的活動にかかわること。

**しゃかい-じぎょう**【社会事業】 特定の個人または家族に対する社会福祉の施策・活動の総称。片山潜(かたやません)がこの語を用いたのが最初とされる。社会福祉事業。social work

**しゃかい-しげん**【社会資源】 個人・集団などの欲求を満たしていくのに必要な施設・設備・制度・技術・人材・財などの総称。social resources

**しゃかい-システム**【社会システム】 ①交通・教育・医療・防災・情報などについての社会的要請を満たすための仕組み。social system ②社会学で、個人どうしの働きかけから形成され、役割と地位を変数として構成される社会関係のネットワーク。社会体系。social system

**しゃかい-しそう**【社会思想】 社会に対する特定の利害・態度・意識に基づいて、社会秩序・制度のあり方をとらえる認識の体系。古くは宗教・哲学、ついで政治・経済思想などの形であらわれた。social thought

**しゃかい-しひょう**【社会指標】 よりよい福祉を実現するために、社会の貨幣量では計れない側面がどのような水準にあるのかを評価した数値。国民福祉指標・生活環境指標など。social indicator

**しゃかい-しほん**【社会資本】 道路・上下水道・教育施設・公営住宅・公園など、国民経済全体の基盤となる公共施設。社会的間接資本。社会的共通資本。SOC。social capital

**しゃかい-しゅうだん**【社会集団】 メンバーの間に持続した社会関係と共通の利害や考え方がみられる集団。家族・仲間・町・会社など。social group

**しゃかい-しゅぎ**【社会主義】 資本・土地などの生産手段の私有を廃して社会全体で所有し、国家が全体の利益のために生産・分配を管理する社会体制。またはその実現をめざす思想・運動。資本主義から共産主義に移行する過渡的形態とされる。socialism ［比較］共産主義。

**しゃかいしゅぎ-インターナショナル**【社会主義インターナショナル】(Socialist International) 第二インターナショナルの流れをくむ社会民主主義政党の国際組織。日本の社会党と民社党も参加。一九五一年COMISCO(コミスコ)を改組して成立。本部ロンドン。［参照］インターナショナル。

**しゃかいしゅぎ-かくめい**【社会主義革命】 資本主義体制を打破し、社会主義体制を樹立するための革命。一九一七年ロシア革命によるソビエト政権の成立を最初とする。プロレタリア革命。proletarian revolution

**しゃかいしゅぎ-けいざい**【社会主義経済】 市場経済によらず、生産手段の共有に基づく計画経済を中心とする経済体制。socialist economy ［対義］資本主義経済。

**しゃかいしゅぎ-こく**【社会主義国】 資本主義を打倒する革命をへて成立し、生産手段の国有化に基づく社会主義の確立と共産主義への移行をめざす過渡期の国家。socialist state

**しゃかいしゅぎ-しゃ**【社会主義者】 社会主義運動にたずさわる人々。また、社会主義思想を信奉する人々。socialist

**しゃかいしゅぎ-せいとう**【社会主義政党】 社会主義社会の実現をめざす政党。革命の方法の違いなどにより多様に分類される。socialist party

**しゃかいしゅぎ-ほう**【社会主義法】 マルクス-レーニン主義に立脚した、ソ連をはじめとする社会主義諸国の法。socialist laws

**しゃかいしゅぎ-リアリズム**【社会主義リアリズム】(sotsialisticheskу realizm(ロシア)) ソ連における芸術・文学の創作方法の基本理念。「現実をその革命的発展において正しく歴史的具体性をもって描く」こと。一九三四年第一回ソ連作家大会で採択された。

**しゃかい-しょうせつ**【社会小説】 一般的には、社会問題を主題とする問題提起の小説。とくに、日清戦争後の社会的矛盾を指摘した内田魯庵(うちだろあん)などの作品をさす場合がある。

**しゃかい-じん**【社会人】 ①社会を構成する一員。member of society ②学生などに対し、社会に出て働いている人。working people ［用例］—としての第一歩。

**しゃかい-しんかろん**【社会進化論】 ダーウィンの進化論を人間社会に適用し、弱肉強食・適者生存の原理が人間社会をも支配しているとする思想。社会ダーウィニズム。social Darwinism

**しゃかいじん-やきゅう**【社会人野球】 社会人が行う野球試合。また、その組織。プロ野球と学生野球などを除き、企業の従業員によるチームが主流。日本社会人野球協会が統轄。ノンプロ野球。

**しゃかい-しんり**【社会心理】 一定の社会環境のなかで生活することによって形成されてくる個人の心理と、その結合としての社会意識。social psychology

**しゃかい-しんりがく**【社会心理学】 個人や集団の行動および心理過程の理解を深め、社会との関係を研究する心理学の一分野。social psychology

**しゃかい-じんるいがく**【社会人類学】 文化人類学の一分野。世界の諸民族・諸文化を親族・社会組織さらに政治・経済組織に力点をお

▼常用漢字表外。 ▽常用漢字表の音訓外。

いて分析。フィールドワークなどによる実証的な研究が特徴。一九二〇年代以後、イギリスを中心に形成。social anthropology

**しゃかい-せい【社会性】** 対義 個人性。①ある社会に特有な性質。sociality ②集団生活をするために必要な能力や素質。sociality 用例 幼稚園では幼児の―を養う。

**しゃかい-せいがく【社会静学】**《statique sociale フランスの訳》コントによる社会学の区分の一つ。社会を構成している諸部分の相互の関係を研究する。social statics 対義 社会動学。

**しゃかい-せいぎ【社会正義】** 社会の全構成員に対して実現されるべき正義。人間の平等性という理念を基礎としてあらゆる差別をなくし、実質的な平等を実現すること。君臣・父子などのせまい範囲での正義に対することば。social justice

**しゃかいせい-こんちゅう【社会性昆虫】** 群れて生活する昆虫で、集団が著しく統合性と役割分化をもつもの。ハチ・シロアリ・アリなど。social insect

**しゃかい-せいさく【社会政策】** 資本主義国家が現行の社会制度を容認し、その機構内で欠陥を是正するために行う政治的・経済的諸政策。失業対策・労働運動対策・労働者保護政策・工場法など。social policy

**しゃかい-せいど【社会制度】** 各社会で正当なものとして認められ、組織化された行為の様式。慣習・規則・法律など。social system

**しゃかいせきにん-かいけい【社会責任会計】** 企業の社会的責任遂行の状況を、企業会計情報を通じて開示・評価するもの。social responsibility accounting

**しゃかい-そしき【社会組織】** 人々が相互に連繫し、相互に依存し合う行為の様式。social organization

**しゃかいたいいく-しどうしゃ【社会体育指導者】** 文部省がスポーツ指導者に与える公認資格。文部省が認定した社会教育団体で定められた講習・研修を修めた者に授与。

**しゃかいたいしゅう-とう【社会大衆党】** 昭和初期の無産政党。昭和七年(一九三二)結成。委員長安部磯雄。反資本・反共産・反ファシズムを表明。のち右傾化し八年後に解党。

**しゃかい-たいせい【社会体制】** 歴史的に発展する社会の各段階を、一定の統合原理によって秩序づけられる統一体としてとらえた概念。資本主義体制・社会主義体制など。social system

**しゃかい-ちょうさ【社会調査】** 社会事象について、現地調査でデータを集め分析する過程とその方法。自然科学の実験に対応する。国勢調査など。social research

**しゃかい-ていこくしゅぎ【社会帝国主義】** 第一次大戦にさいし、自国ドイツの帝国主義的膨張政策が労働者の利益になるとして戦争政策協力の立場をとった第二インターナショナルの指導者たちを、レーニンらが批判したことば。第二次大戦後の中ソ対立では、中国がソビエトの対外政策に対して使用した。social-imperialism

**しゃかい-てき【社会的】**(形動) 対義 個人的。①社会性のあるさま。social ②社会と結びつきのあるさま。social ③社会という立場から決定しようとするさま。social

**しゃかいてき-いどう【社会的移動】** 個人や集団が社会的な地位や役割を変えること。social mobility

**しゃかいてき-きょり【社会的距離】** 個人と個人、個人と集団、または集団どうしの間の親しさや好き嫌いの程度をあらわす概念。social distance

**しゃかいてき-きんこう【社会的均衡】** 社会システムを構成する諸要素の均衡がとれ、社会が安定している状態。social equilibrium

**しゃかいてき-きんちょう【社会的緊張】** 個人や集団・人種・民族・階級などの間に存在する緊迫した対立状態。敵対的態度・紛争など。social tension

**しゃかいてき-こうい【社会的行為】** ①他人に対してなされる行為。②他人の目を意識して意図的になされる行為。social action

**しゃかいてき-さべつ【社会的差別】** 社会活動を行う上で、学歴・性・国籍などにより不利益を受けること。social discrimination

**しゃかいてき-じじつ【社会的事実】**《デュルケームの用語》客観的に実在して個人を拘束する力をもつ行為・思考、すなわち集団表象。social fact

**しゃかいてき-せいさい【社会的制裁】** 集団のメンバーの規範に違反する行為を、社会組織の有形・無形の力で拘束すること。また、それにともなって加えられる懲罰的な行為。非難・嘲笑・侮辱・村八分など。sanction

**しゃかいてき-そんざい【社会的存在】**《gesellschaftliches Sein ドイツの訳》マルクス主義の用語。生産関係に基づき、歴史的に規定された物質的社会関係の総体。意識を規定するとされる。social existence

**しゃかいてき-ひよう【社会的費用】** ↓しゃかいげんか(社会原価)

**しゃかいてき-ぶんか【社会的分化】** 社会の内部が複雑で異質的な状態に変化していくこと。社会分化。social differentiation

**しゃかいてき-ぶんぎょう【社会的分業】** 社会全体の労働が農業・工業・商業などの職業分野に専門分化すること。social specialization

**しゃかい-とう【社会党】** ①社会主義または社会民主主義の実現をめざす政党。Socialist party ②日本社会党の略称。

**しゃかい-とう【車界党・車会党】** 明治一五年(一八八二)に結成された人力車夫の団体。奥宮健之など自由党左派により民権運動の一環として組織された。

**しゃかい-どうがく【社会動学】**《dynamique sociale フランスの訳》コントによる社会学の区分の一つ。社会の継続的な変化を研究する分野。social dynamics 対義 社会静学。

**しゃかい-とうけい【社会統計】** 社会事象について行われる統計的な観測。人口統計・経済統計・文化統計・政治統計・犯罪統計など。social statistics

**しゃかい-なべ【社会▾鍋】** 日本救世軍が歳末助け合いのため街頭に置く募金用の鍋。また、その募金運動。大正八年(一九一九)山室軍平がアメリカ救世軍にならって始めた。慈善鍋。charity pot

**しゃかい-びょうり【社会病理】** 犯罪・非行・離婚・売春・自殺・貧困など、健全な状態とは異なる社会状態。social pathology

**しゃかい-びょうりがく【社会病理学】** 社会学的な方法で社会の病理現象を研究する学問。一九二〇年代以降アメリカを中心に発達した。social pathology

**しゃかい-ファシズム【社会ファシズム】** 社会民主主義運動に対し、社会主義を名乗りながら結果的にはファシズムを導くと批判する立場からの呼称。第三インターナショナル(＝コミンテルン)が、第一次大戦後に規定した。

**しゃかい-ふあん【社会不安】** 社会的緊張・葛藤が、社会全般にわたってもたらす不安感。社会秩序の解体現象や変動現象にともなう危機的な心理状態。social unrest

**しゃかい-ふくし【社会福祉】** 自力で生活を営むことが困難な個人や世帯に対する社会的援助。日本には児童・老人・心身障害者・母子家庭および貧困者を対象とする制度があり、国・地方公共団体・社会福祉法人によって運営されている。social welfare

**しゃかいふくし-きょうぎかい【社会福祉協議会】** 地域社会の福祉に関する調査と対策のために組織される民間の自主的団体。国・都道府県・市区町村を単位に設置される。

**しゃかいふくし-じぎょう【社会福祉事業】** 貧困や障害によって生活が困難な人々に対するサービス活動の総称。社会事業。social welfare service

**しゃかいふくし-しゅじ【社会福祉主事】** 社会福祉事業法などの施行に関して、都道府県知事・市町村長の事務の執行を補助する公務員。

**しゃかい-へんどう【社会変動】** 社会の構造に矛盾が生まれ、社会制度や社会体制が変動・解体して新しいものに移行すること。social change

**しゃかい-ほう【社会法】** 個人的利益に基礎をおく市民法を、社会全体の立場から修正する法。労働法・経済法などを含む。social law

**しゃかい-ほけん【社会保険】** 社会政策の一つとして、国民の生活保障・損害補償をはかるための公的保険制度。医療保険・雇用保険・災害補償保険・年金保険の四種に大別される。social insurance

**しゃかいほけんいりょう-きょうぎかい【社会保険医療協議会】** 社会保険による医療について、厚生大臣・都道府県知事の諮問に答申し、建議する機関。中央社会保険医療協議会と地方社会保険医療協議会とがある。

**しゃかいほけん-しんぎかい【社会保険審議会】** 政府管掌の健康保険や厚生年金保険などの運営について審議する機関。厚生省の管轄。

**しゃかいほけん-ろうむし【社会保険労務士】** 厚生大臣・労働大臣の認可に基づき、社会保険・労働保険に関する書類作成や指導・相談などを業務とする人。

**しゃかい-ほしょう【社会保障】** 国民の最低生活を保障し、生活を維持するための政策や制度。社会保険、公的扶助、公衆衛生、医療・社会福祉の総称。social security

**しゃかいほしょうせいど-しんぎかい【社会保障制度審議会】** 社会保障についての調査・審議・勧告を行う内閣総理大臣の諮問機関。昭和二四年(一九四九)発足。

**しゃかい-みんしゅしゅぎ【社会民主主義】** 議会主義などの合法的な手段によって平和的・漸進的な社会主義の実現をめざす社会改良主義。social democracy

**しゃかいみんしゅ-とう【社会民主党】** ①社会民主主義の実現をめざす政党。②明治三四年(一九〇一)安部磯雄・片山潜らによって結成された日本最初の社会主義政党。③昭和二六年(一九五一)平野力三を中心に結成され、翌年、農民協同党と合併して協同党となった政党。

**しゃかい-めん【社会面】** 新聞で、社会の一般的なできごとを報道する紙面。三面。

**ジャガ-いも【ジャガ芋・▾爪▾哇▾薯・▿洋芋】**《「ジャガタラいも」の略》ナス科の多年草。花は白または紫。地下茎が肥大して塊茎をつくる。男爵・メークインなど多くの品種がある。アンデス山系高地原産。日本への渡来は一六世紀末。バレイショ。サンドイモ。ナツイモ。ゴショイモ。potato ↓図

●ジャガイモ
花
男爵
メークイン

**しゃかい-もんだい【社会問題】** 社会の矛盾・不合理が生み出す諸問題。労働問題・住宅問題・老人問題など。social problem

**しゃかい-ゆうきたいせつ【社会有機体説】** 社会の組織を一つの生物のような有機体とみなし、社会現象を相互依存性と機能分化に力点をおいてとらえる社会理論。ダーウィンの影響によりコントやスペンサーなどが提唱。organic concept of society

**しゃかい-りんり【社会倫理】** 個人の生き方についての倫理に対し、社会生活のあり方についての倫理の総称。social ethics

**しゃか-が-たけ【▿釈▾迦ケ岳】** 奈良県南部、紀伊山地の山。標高一八〇〇m。修験道の霊場の大峰山の一峰。

**しゃ-かく【社格】** 国家が定めていた神社の格式。明治四年(一八七一)の太政官布告では、大・中・小官幣社、大・中・小国幣社、府・県・郷・村社、無格社などに分類。古代は天つ社・国つ社、律令時代には式内・式外社の大小などに区別。第二次大戦後、神社の国家管理の廃止とともに、廃止された。

**しゃ-かくちゅう【斜角柱】** 側稜が底面に垂直でない角柱。oblique prism ↓角柱図

**じゃ-かご【蛇▾籠】** 丸い筒形の金網に石を詰めたもの。護岸用。

**しゃか-さんぞん【▿釈▾迦三尊】** 仏像の形式の一つ。釈迦像を中心に、多くはその左右に脇侍として文殊・普賢の両菩薩を配する。↓写(次ページ)

**しゃか-しめじ【▿釈▾迦占地】** 担子菌類シメジ科のキノコ。かさは径〇・五～三cm、灰色。ひだは白～淡灰色。多数が集合して発生する。食用。センボンシメジ。



↓ 行き先項目、図版・写真参照印。 JIS 日本工業規格情報交換用漢字符号コード(区点コード)。

●釈迦(しゃか)三尊　法隆寺金堂(奈良県)。

**ジャガタラ**【Jacatra(オランダ)・咬𠺕吧】①ジャカルタの旧称。②ジャワ島の旧称。③「ジャガタラいも」の略。

**ジャガタラ-いも**【ジャガタラ芋】《慶長(けいちょう)三年(一五九八)または同八年(一六〇三)にジャワのジャカルタから長崎に渡来したことから》ジャガイモ。

**ジャガタラ-ぶみ**【ジャガタラ文】江戸幕府の鎖国政策でジャガタラ(ジャカルタ)に追放された南蛮人との混血児やその日本人母が日本に送った書簡。

**しゃ-かっこう**【斜滑降】スキーで、斜面を斜めに横切るようにして滑り降りること。また、その技術。traversing

**しゃかない-こうざん**【▽釈▼迦内鉱山】秋田県大館(おおだて)市にある鉱山。銅・亜鉛・鉛・硫化鉄・銀などを産出したが、昭和六二年(一九八七)閉山。

**しゃか-にょらい**【▽釈▼迦如来】釈迦の尊称。

**しゃか-はっそう**【▽釈▼迦八相】釈迦一代の八事件。兜率(とそつ)天から下る、摩耶夫人(まやぶにん)の胎内に入る、誕生、出家、悪魔を退ける、悟りを開く、はじめて法を説く、入滅、の八つ。

**しゃが・む**(五自)かがむ。うずくまる。squat

**しゃか-むに**【▽釈▼迦▼牟尼】《Śākya-muni梵の音写。シャーキヤ族出身の聖者、の意》釈迦の尊称。

**ジャカランダ**【Jacaranda ラテン】ノウゼンカズラ科のジャカランダ属の総称。高木または低木で約五〇種がある。その一種は高さ約一五m、葉は羽状複葉でシダに似る。枝先に円錐花序をつくり、釣り鐘形の紫色花を多数開く。庭木・街路樹として広く植えられる。熱帯アメリカ原産。

**ジャガランディ**【jaguarundi】胴長、短足で、体形や走り方がイタチ科の動物に似ているネコ科の肉食獣。体長約七五cm。森林・平原に生活し、水辺でネズミ・魚・鳥などを捕食。南アメリカに分布。

**しゃかりき**(形動)《俗語》大ふんとうのさま。用例 ―になって働く。

**ジャカルタ**【Jakarta】インドネシアの首都。商業都市。ジャワ島北西部、ジャワ海に臨む。オランダ統治時代はバタビアと呼ばれた。独立以来人口が急増。人口六五〇・三万(一九九〇)。

**しゃが・れる**【▼嗄れる】(下一自)声がかすれる。become hoarse

**しゃ-かん**【▽左官】《「さかん」のなまり》↓さかん(左官)

**しゃ-かん**【舎監】寄宿舎の監督。dormitory superintendent

**しゃ-がん**【斜眼】①よこめ。sidelong glance ②やぶにらみ。斜視。squint

**しゃ-がん**【▼赭顔】あから顔。

**じゃ-かん**【蛇管】①吸熱や放熱をよくするためにらせん状に巻いた管。coil ②↓ホース

**しゃがん-かく**【遮眼革】馬の眼につけて視野をせばめ、前方だけに気持ちを集中させるための馬具。競馬では、臆病(おくびょう)な馬に使用することが多い。blinker

**しゃかん-きょり**【車間距離】走行中の自動車と自動車との距離。とくに、前を走る自動車との間の距離。the distance between two cars 用例 ―を十分に取る。

**じゃ-き**【邪気】①病気のもとになる悪い気。noxious gas 用例 ―を払う。②風邪。a cold ③悪意。malice

**じゃ-き**【邪鬼】たたりをするという神。もののけ。妖怪。monster

**シャギー**【shaggy】㊀(形動)けむくじゃらなさま。㊁(名)毛足の長い織物。

**ジャギー**《和製語》ジャズに合わせてステップするダンス体操。

**シャギー-カーペット**【shaggy carpet】毛足の長い敷物。視覚や触覚に柔らかさと暖かさを与え、装飾的効果も高い。

**しゃき-しゃき**(副・サ変自)①歯切れのよい音・さま。crispy 用例 ―した歯ざわり。②手早く物事を行うさま。てきぱき。briskly 用例 ―した娘。

**しゃきっ-と**(副・サ変自)人の姿・態度などが、締まりがあってしっかりしているさま。straight 用例 背筋を―のばす。

**シャギニャン**【Marietta Sergeyevna Shaginyan】(一八八八～一九八二)ソ連の女流小説家。作品『水力発電所』など。

**しゃ-きょう**【写経】(名・サ変自)流布(るふ)・供養(くよう)のため、経文を書き写すこと。また、書き写した経文。

**しゃ-ぎょう**【社業】会社の事業。company's business

**じゃ-きょう**【邪教】対義 正教。①社会に有害な宗教。heathenism ②邪宗。heresy 比較 異教。

**じゃ-きょく**【邪曲】(名・形動)まちがったこと・さま。よこしま。不正。wickedness

**しゃ-ぎり**①歌舞伎(かぶき)で、一幕の終わるたびに奏される、太鼓・大太鼓・笛による囃子(はやし)。②狂言で、笛のみで奏される囃子。③民俗芸能などで、練り物の行列の途中で奏される、笛・太鼓・鉦(かね)による囃子。

**しゃ-きん**【砂金】↓さきん(砂金)

**しゃ-きん**【謝金】お礼のお金。礼金。fee; reward

**シャク** 3画【勺】部首[勹](つつみがまえ) 常用 JIS 2859　3画【▼勺】旧字

音 シャク・セキ

①ひしゃく。また、くむ。②尺貫法の容積の単位。一合の一〇分の一。約〇・〇一八ℓ。③尺貫法の土地の面積の単位。一坪の一〇〇分の一。一分の一〇分の一。約〇・〇三三㎡。④山頂までの道のりの一〇〇分の一。一合の一〇分の一。↓セキ[勺]

**シャク** 4画【尺】部首[尸](しかばね・かんむり) 教育小6 JIS 2860

音 シャク・セキ

①尺貫法の長さの基本単位。一〇寸。一丈の一〇分の一。鯨尺(くじらじゃく)は約三七・八cm、曲尺(かねじゃく)は約三〇・三cm。②ながさ。ものさし。「曲尺(きょくしゃく・かねじゃく)・鯨尺」「尺度」用例(名)どうも―がたりない。③一尺の意。「尺八・尺余」④みじかい。すこしばかり。「尺寸(しゃくすん・せきすん)・尺地(しゃくち・せきち)」参考 象形文字。人が親指とほかの四本の指とをひろげて、長さをはかる様子による。

**尺も短き所有り、寸も長き所有り**(しゃくもみじかきところあり、すんもながきところあり)《「寸」は、三cm強の長さ》尺でも短くて足りないことがあり、寸でも長すぎることがある。賢者も場合によっては劣り、愚者も場合によってはまさることがあるというたとえ。

**尺を取る**(しゃくをとる) ものさしで長さをはかる。尺を打つ。

**尺を枉げて尋を直ぶ**(しゃくをまげてひろをのぶ) 短いものはまげてちぢめ、長いものはさらに伸ばす。小利をすてて大利をとるたとえ。

**シャク** 5画【石】部首[石](いし) 教育小1 JIS 3248

音 セキ・シャク・コク・ジャク

訓 いし

筆順 ↓セキ[石]

いし。いわ。「磁石・盤石(ばんじゃく)」↓コク・セキ[石]

**シャク** 6画【▼妁】部首[女](おんなへん) JIS 5302

音 シャク

なこうど。結婚のなかだち。媒酌人。

**シャク** 6画【▼芍】部首[艹](くさかんむり) JIS 7173

音 シャク

「芍薬」は、キンポウゲ科の多年草。

**シャク** 7画【▼杓】部首[木](きへん) JIS 2861

音 シャク・ヒョウ

ひしゃく。湯や水などをくむ道具。竹・木・金属などでつくられた小形容器に、柄をつけたもの。「杓子」

**シャク** 7画【▼灼】部首[火](ひへん) JIS 2862

音 シャク

①やく。あぶる。あかくやく。「灼熱」②あきらか。あかあかとかがやく。「灼々」

**シャク** 7画【赤】部首[赤](あか) 教育小1 JIS 3254

音 セキ・シャク

訓 あか・あかい・あからむ・あからめる

筆順 ↓セキ[赤]

あか。あかい。あかい色。「赤銅(しゃくどう・せきどう)・赤熱」↓セキ[赤]

**シャク** 8画【昔】部首[日](ひ) 常用 →教育小3 JIS 3246

音 セキ・シャク

訓 むかし

筆順 ↓セキ[昔]

むかし。いにしえ。対義 今(こん)。「今昔(こんじゃく)」↓セキ[昔]

**シャク** 9画【▼斫】部首[斤](おのづくり) JIS 5849

音 シャク

きる。たちきる。たたききる。

**シャク** 10画【借】部首[人・亻](にんべん) 教育小4 JIS 2858

音 シャク・セキ・シャ

訓 かりる

①かりる。かり。対義 貸(たい)。「借金(しゃっきん)・借地・借用」「恩借・賃借・拝借」②ゆるす。みのがす。「仮借(かしゃく)」

**シャク** 10画【▼笏】部首[竹](たけかんむり) JIS 6784

音 コツ・シャク

束帯着用のとき、右手に持つ細長い薄板。君命などを備忘用に書いた。参考 もともとの音は「コツ」。骨(こつ)に通じるのをきらって、笏の長さの一尺から、尺(しゃく)の音を借りたという。↓写 ↓束帯図

**シャク** 10画【酌】部首[酉](ひよみのとり) 常用 JIS 2864　10画【▼酌】旧字

音 シャク

訓 くむ

①酒をさかずきにつぐ。くむ。「晩酌」「酌人(しゃくにん)」用例(名)お―はだれがする。②事情をくみとる。「参酌」「酌量」③結婚のなかだち。「媒酌」

**酌を取る**(しゃくをとる) 宴席や酒席で、酒の酌をする。

**シャク** 11画【釈】部首[釆](のごめへん) 教育小6 →常用 JIS 2865　20画【▼釋】旧字 JIS 7857

音 シャク・セキ

①ゆるす。はなす。「保釈」「釈放」②とく。ときあかす。「解釈・注釈・評釈」「釈義・釈明」用例(名)島田氏の―によれば。③釈迦牟尼(しゃかむに)のこと。また、仏門・仏弟子のこと。「釈氏・釈尊」④仏教で、㋐仏弟子であることを示すのに用いる。用例《接頭的》―空海。㋑浄土真宗で、戒名(かいみょう)の上につけて用いる。用例《接頭的》―秀漫。

**シャク** 14画【▼綽】部首[糸](いとへん) JIS 6931

音 シャク

①ゆるい。ゆるやか。寛大な。「綽々」②やわらか。しなやか。しとやか。

**シャク** 16画【▼錫】部首[金](かねへん) JIS 2866

音 セキ・シャク

①すず。元素の一つ。銀白色で、のびとひろがりがよく、さびない金属。②僧や修験者(しゅげんじゃ)がもつ、つえ。頭部に数個の環(かん)をつける。「錫杖(しゃくじょう)」

**錫を飛ばす**(しゃくをとばす) 僧が、修行のために各地を行脚(あんぎゃ)する。

**シャク** 17画【爵】部首[爫](つめかんむり) 常用 JIS 2863　18画【▼爵】旧字

音 シャク

①さかずき。祭礼のとき、酒をつぐのに用いるもの。②貴族のくらい。「叙爵・人爵(じんしゃく)・天爵」「爵位」③中国古代の諸侯またはその臣下の世襲の身分階級。④日本の華族令による世襲的五等爵。明治一七年(一八八四)制定、昭和二二年(一九四七)廃止。

**シャク** 19画【▼爍】部首[火](ひへん) JIS 6403

●笏(しゃく)『徳川吉宗画像』より。

音シャク ①あきらか。あかあかとかがやく。②とかす。とける。高熱で金属を溶解する。

**シャク** 19画【繳】 部首[糸]

音シャク・キョウ ①いと。生糸のいとすじ。②いぐるみ。矢に糸をつけ、射たとき、鳥を巻きくるむしかけのもの。↓キョウ【繳】

**シャク** 21画【嚼】 部首[口] JIS 5180

音シャク ①かむ。かみくだく。「咀嚼」②あじわう。かみしめる。ものごとの道理を理解する。「咀嚼」

**シャク** 21画【癪】 部首[疒] 和製漢字 JIS 6591

音シャク ①さしこみ。みずおち、または、上腹部の疝痛の発作。胆石症や急性膵臓炎などによる。②はらだち。いかり。「癇癪」

**癪に障る**(しゃくにさわる) 腹立たしい。irritating

**癪の種**(しゃくのたね) いかりの原因。

**シャク** 22画【爝】 部首[火]

音シャク ①かがりび。たいまつ。ともしび。②てる。てらす。

**シャク** 23画【鑠】 部首[金] JIS 7943

音シャク ①とかす。とける。高熱で金属を溶解する。②あきらか。あかあかとかがやく。③「矍鑠」は、年老いても元気で丈夫なさま。

**し-やく【試薬】** ①各種の試験・検査・分析などに用いる化学薬品。reagent ②見本用の医薬品。sample medicine

**ジャク** 8画【若】 部首[艹] 教育小6 JIS 2867

音ジャク・ニャク・ニャ
訓わかい・もしくは

若 若 若 若 若 若

①わかい。としがわかい。対義老。「老若・老若」「若年・若輩」②いくらか。いくつか。「若干」③状態を表すのに用いる。「自若・瞠若」④もしくは。さもなければ。あるいは。⑤若狭国のこと。「若州」↓ニャク【若】

**ジャク** 10画【弱】 部首[弓] 教育小2 JIS 2869
10画【弱】 旧字

音ジャク・ニャク
訓よわい・よわる・よわまる・よわめる

弱 弱 弱 弱 弱 弱

①よわい。おとる。対義強。「強弱・衰弱・微弱・貧弱」「弱小・弱点」用例(名)——をもって強に当たる。②よわる。よわまる。よわめる。③としがわかい。また、二〇歳。比較若。「弱冠」④その数にたりない意。対義強。用例(接尾)五メートル——。

**ジャク** 11画【寂】 部首[宀] 常用 JIS 2868

音ジャク・セキ
訓さび・さびしい・さびれる

①さびしい。しずか。「閑寂・静寂」「寂然・寂漠」②仏教で、涅槃の境地。僧の死。比較滅。「示寂・入寂」「寂光・寂滅」③さび。閑雅なさま。④さびれる。ふるくなる。おとろえる。↓セキ【寂】

**ジャク** 11画【雀】 部首[隹] JIS 3193

音シャク・ジャク ①スズメ。ハタオリドリ科の鳥。「燕雀」「雀羅」②スズメのように、こおどりする。「雀躍」

**ジャク** 12画【惹】 部首[心] JIS 2870

音ジャ・ジャク ひく。ひきつける。ひきおこす。「惹起」

**ジャク** 12画【楉】 部首[木]

音ジャク・ニャク ①ザクロ。ザクロ科の落葉性小高木。②しもと。すわえ。木の細長い若い枝。

**ジャク** 12画【着】 部首[目] 教育小3 JIS 3569

音チャク・ジャク
訓きる・きせる・つく・つける
筆順↓チャク【着】

つく。くっつく。はなれない。「愛着・執着」↓チャク【着】

**ジャク** 13画【蒻】 部首[艹] JIS 7274

音ジャク・ニャク ①ガマの芽。若いガマ。②「蒟蒻」は、サトイモ科の多年草。地中にできる球茎を食用にする。

**ジャク** 13画【搦】 部首[扌] JIS 5778

音ダク・ニャク・ジャク からめる。しばる。とらえる。

**ジャク** 19画【鵲】 部首[鳥] JIS 8307

音シャク・ジャク ①カササギ。カラス科の鳥。朝鮮がらす。②「耆婆扁鵲(=耆婆は古代インドの、扁鵲は古代中国の名医の名)」は、世にもまれな名医。

**ジャク** 21画【鶸】 部首[鳥] JIS 8320

音ジャク ①ヒワ。アトリ科の鳥。マヒワ・ベニヒワ・カワラヒワなど。②トウマル。鶏の一品種。

**じ-やく【持薬】** いつも持っていて服用する薬。one's usual medicine

**しゃく-い【爵位】** 貴族の階級別を示す称号。多く世襲で特権が付与された。日本では明治憲法下の華族制度において公・侯・伯・子・男の五等爵を制定。peerage

**しゃく・う【杓う】**(五他)《俗語》水などをすくう。

**じゃく-おん【弱音】** よわい音。小さな音。音を小さくすること。weak sound

**じゃくおん-き【弱音器】** 楽器の音量を柔らかくおさえたり、音色を変えるための道具。楽器によっていろいろある。ミュート。ソルディーノ。mute ↓トランペット図

**しゃく-が【尺蛾】** シャクガ科に属するガの総称。ナミシャク・エダシャク・フユシャクなど。夜行性。幼虫はシャクトリムシ。日本産約六〇〇〇種。日本各地に分布。geometrid moth ↓写

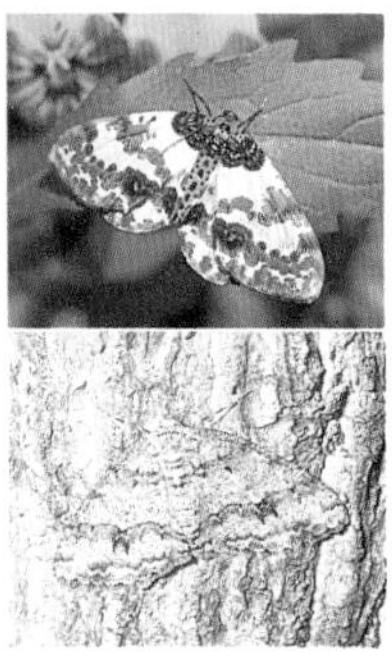

●シャクガ ユウマダラエダシャク(上)、シモフリエダシャク(下)。

**しゃく-ぎ【釈義】** 意義を解釈すること。また、その内容。commentary

**しゃく-ざい【借財】**(名・サ変自) お金を借りること。また、借りたお金。借金。loan

**じゃく-さん【弱酸】** 水素イオン濃度の低い酸性の水溶液。weak acid

**しゃく-し【杓子】** 飯や汁などをすくう道具。汁用は頭が小皿状。飯用は平板状。古くは「へら」「かい」といった。しゃもじ。ladle

**杓子で腹を切る**(しゃくしではらをきる) できるはずのないことのたとえ。

**杓子は耳搔きにならず**(しゃくしはみみかきにならず) 大きい物は、必ずしも小さい物の代用にはならない。

**しゃく-し【釈氏】**《仏教語》①釈迦。②釈迦の弟子。また、僧。

**しゃく-じ【借字】** 外国語などの音を写す文字として、字義に関係なく使った漢字。梵語の音訳や万葉仮名など。

**じゃく-し【弱視】** 視力が弱いこと。視力障害に相当する変化がとくに認められないような視力障害を漠然とさす。amblyopia

**しゃくし-じょうぎ【杓子定規】**(名・形動)《曲がって正しくない定規、の意》形式にこだわって、応用・融通のきかないこと・さま。going by rule

**しゃくし-な【杓子菜】** タイサイの異名。

**しゃく-じめ【尺メ】** 尺貫法の木材の体積の単位。一尺メ木材とは、切り口が一尺平方(一尺は約三〇㎝)で長さが一二尺のもの。

**じゃく-しゃ【弱者】** 弱い者。力のない者。the weak 対義強者。

**シャクシャイン**(?〜一六六九) 江戸前期のアイヌの大酋長。寛文九年(一六六九)全蝦夷地のアイヌ部族に松前藩の非道をうったえた檄を発して蜂起。同藩との和議成立の祝宴の場で謀殺された。

**しゃく-しゃく【灼灼】**(形動トタル) ①明るく光りかがやくさま。②きわめて明らかなさま。

**しゃく-しゃく【綽綽】**(形動トタル) 落ち着いて、ゆとりのあるさま。用例余裕——。

**じゃく-じゃく【寂寂】**(形動トタル) ①ひっそりしてさびしいさま。②無心なさま。用例空々——。

**じゃく-しゅう【若州】** 若狭国の。

**し-やくしょ【市役所】** 市の行政事務をとりあつかう役所。市庁。

**しゃく-じょう【錫杖】**《khakkhara梵の訳語》①僧・修験者が持つ、つえ。頭部に数個の環を付ける。②祭文読みが振り鳴らして調子をとる用具。

**じゃく-しょう【弱小】**(名・形動) ①弱くて小さいこと・さま。small and weak 対義強大。②年齢の若いこと・さま。弱年。youth

**じゃく-じょう【寂静】** 一(形動) ひっそりして静かなさま。二(名)《仏教語》煩悩を断ち切って苦を滅した涅槃の境地。涅槃寂静。

**しゃくじょう-そう【錫杖草】** イチヤクソウ科の多年生腐生植物。山地の木陰にはえる。葉緑素をもたず、全体は黄褐色。葉は披針形で鱗片状。夏に、淡黄色で鐘状の花をつける。↓写

●シャクジョウソウ

**しゃく-じん【石神】** 石にやどる神。巨石・奇石・石棒など、石を神体、または神の依代として祭る。いしがみ。しゃくじ。さぐじ。

**じゃく-しん【弱震】** 気象庁の震度階で震度三の地震。戸や障子が鳴動する程度。minor earthquake

**しゃくじんもんどう【石神問答】** ↓いしがみもんどう(石神問答)

**しゃく・する【釈する】**(サ変他) 説明する。解釈する。釈す。

**じゃく・する【寂する】**(サ変自) 僧尼が死ぬ。寂す。

**しゃく-すん【尺寸】** ほんのわずかばかりのこと。せきすん。

**しゃくせき-し【赤石脂】** 漢方薬の一つ。酸化鉄・カオリナイトなどを含む未分解の雲母の粘土。収斂・止血などに有効。

**しゃく-せん【借銭】** 人から金銭をかりること。また、かりた金銭。借金。借財。

**しゃく-ぜん【釈然】**(形動トタル) 疑い・恨み・迷いなどがとけて、心がさっぱりするさま。become clear 用例——としない。

**しゃく-ぜん【綽然】**(形動トタル) ゆったりしているさま。落ち着いているさま。綽綽。

**じゃく-そつ【弱卒】** 弱い兵・部下。cowardly soldier 対義勇将。用例勇将のもとに——なし。

**しゃく-そん【釈尊】** 「釈迦牟尼世尊」の略。釈迦の尊称。

**ジャクソン【Jackson】** アメリカ南部、ミシシッピ州の州都。綿花の集散地。人口二〇・三万(一九八〇)。

**ジャクソン【Andrew Jackson】**(一七六七〜一八四五) アメリカの政治家。第七代大統領(在任一八二九〜三七)。西部出身最初の大統領。選挙権の拡大・公立学校の普及など、ジャクソニアン-デモクラシーといわれる民主主義的政策を推進した。

**ジャクソン【Charles Thomas Jackson】**(一八〇五〜一八八〇) アメリカの医師。エーテルの麻酔作用の発見者。これによりモートンの無痛抜歯手術、ワーレンの無痛外科手術(一八四六年)などが行われた。

**ジャクソン【Glenda Jackson】**(一九三六〜) イギリスの映画女優。主演作『恋する女たち』『ウィークエンド-ラブ』など。

**ジャクソン【John Hughlings Jackson】**(一八三五〜一九一一) イギリスの医師。当時の代表的神経病学者。失語症の研究、ジャクソン型癲癇で有名。

**ジャクソン【Mahalia Jackson】**(一九一一〜七二) アメリカの黒人女性歌手。ゴスペルソングの第一人者。

**ジャクソン【Milt Jackson】**(一九二三〜) アメリカのジャズ演奏家・作曲家。とくにビブラフォンに優れ、この楽器の可能性を拡大。

**ジャクソンビル【Jacksonville】** アメリカ南部、フロリダ州北東部の港湾都市。柑橘類・綿花・木材の積み出し港。人口五四・一万(一九八〇)。

**じゃく-たい【弱体】** ①からだの弱いこと。not healthy ②組織・体制の弱いこと。weakness

●シャクナゲ

キバナシャクナゲ

ハクサンシャクナゲ

ツクシシャクナゲ

ホソバシャクナゲ

**じゃくたい-か【弱体化】**(名・サ変自他) 勢いが弱くなること。また、弱くすること。weaken [対義]強化。
**しゃく-ち【尺地】**↓せきち(尺地)
**しゃく-ち【借地】**(名・サ変自他) 契約により他人から土地を借りること。また、その土地。leased land
**じゃ-ぐち【蛇口】** ①給水管の先に取り付け、水を出したり、止めたりする金具。水栓。カラン。faucet ②石垣などに設けた水はけ口。faucet
**しゃくち-けん【借地権】** 建物の所有を目的とする地上権と賃借権の総称。
**しゃくち-ほう【借地法】** 借地権の保護を目的とする法律。大正一〇年(一九二一)公布。
**しゃく-ちょうくう【釈▼迢空】** 折口信夫の号。
**しゃくち-りょう【借地料】** 借りた土地に対して支払う料金。地代。land rent
**シャクティ【śakti梵】**《能力の意》ヒンズー教で世界を創造する最高神のもつ活動的な力。または、最高神のもつ女性的な能力。性力。
**じゃく-てき【弱敵】** 弱い敵。weak enemy [対義]強敵。[用例]―といえども、侮るな。
**しゃく-てん【釈▼奠】**↓せきてん(釈奠)
**じゃく-てん【弱点】** ①弱み。うしろめたいところ。weak point [用例]―を握る。②欠点。短所。fault
**じゃく-でん【弱電】** 電子工学・通信工学などの弱い電流をあつかう電気機器の部門の通称。[対義]強電。
**じゃく-でんかいしつ【弱電解質】** 水溶液中でイオンになりにくい物質。電離度の小さい物質。ふつう電離度〇・〇一以下のものをさす。酢酸・アニリンなど。weak electrolyte
**しゃく-ど【尺度】** ①物の長さをはかる用具。ものさし。メートル尺・かね尺・鯨尺など。measure ②長さ。たけ。寸法。length ③評価の基準。standard
**しゃく-どう【赤銅】** ①銅に金を約六%、銀を一%加えた日本古来の合金。緑青・みょうばん・硫酸銅の混合液で処理すると紫黒色になる。美術工芸品や銅像などに用いられる。紫金。烏金。alloy of copper and gold ②「赤銅色」の略。
**しゃくどう-いろ【赤銅色】** 赤銅のようなつやのある暗い茶色。[用例]―の肌。
**しゃく-とく【尺▼牘】**《一尺の木札、の意》手紙。せきとく。
**しゃくとり-むし【尺取虫・尺▼蠖虫】** シャクガ科のガの幼虫。体は細長く円筒形。体をU字形に曲げては伸ばす動作を反復して移動。日本各地に分布。しゃくとり。measuring worm
**しゃくなげ【石▼楠▽花・石南▽花】** ツツジ科の常緑低木の一群の総称。高さ一~三m。山地の岩石地にはえ、観賞用にも栽培。葉は長楕円形。晩春に淡紅色、黄色、白色などの花を開く。日本原産種に、ツクシシャクナゲ・キバナシャクナゲ・ハクサンシャクナゲ・ホソバシャクナゲなどがある。rhododendron ↓[写]
**じゃくにく-きょうしょく【弱肉強食】** 力の弱いものが強いものの餌食になること。強者が栄えること。
**しゃくにほんぎ【釈日本紀】**『日本書紀』の現存最古の注釈書。二八巻。卜部兼方著。鎌倉末期に成立。
**しゃく-にん【酌人】** 酒の酌をする人。酌取り。
**しゃく-ねつ【▼灼熱】**(名・サ変自) ①焼けて熱くなること。焼いて熱くすること。incandescence [用例]―した鉄。②暑さの激しいこと。scorching [用例]―の太陽。③熱烈。passionate [用例]―の恋。
**しゃく-ねつ【赤熱】**(名・サ変自他) ↓せきねつ(赤熱)
**じゃく-ねん【若年・弱年】** 年齢のわかいこと・者。youth
**じゃく-ねん【寂然】**(形動トタル) ひっそりしているさま。せきぜん。
**じゃくねんせい-かんせつリューマチ【若年性関節リューマチ】** 一六歳以下の子どもに起こる慢性関節リューマチ。発熱・リンパ節腫脹・発疹などの全身症状が強く現れる。juvenile rheumatoid arthritis
**じゃく-はい【若輩・弱輩】** ①年のわかい者。young and inexperienced ②未熟で経験に乏しい者。green horn
**しゃく-はち【尺八】** ①一尺八寸。②日本の代表的縦笛。簧はなく、管の片方の端が斜め外側に削られている。一般に竹製で五孔七節。標準管長一尺八寸(五四・五cm)。普化尺八。虚無僧尺八。[数え方]一管。↓[図] ↓虚無僧[図]

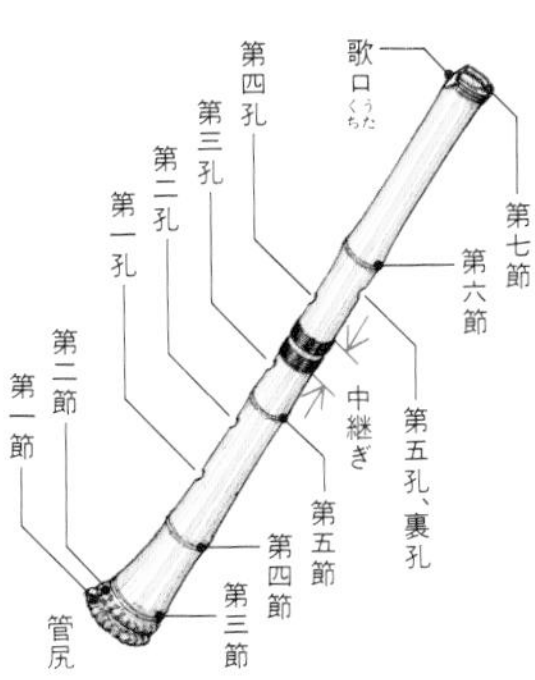

●尺八② 普化尺八の各部名称

**ジャグ-バンド【jug band】** 一九三〇年代にアメリカ南部の黒人の間で人気のあった素朴なジャズ楽団編成。楽器の一つとしてジャグ(酒びん・つぼ類)を使用。
**しゃく-びょうし【▼笏拍子】** 神楽歌・催馬楽・東遊などで使う打楽器。笏を縦に中央から二つに切断したもの。音頭が拍子をとるときに打ち合わせる。さくほうし。
**しやく-びん【試薬瓶】** 化学薬品を入れておく瓶。薬品の種類により広口・細口がある。ガラス製またはプラスチック製。reagent bottle ↓[図]

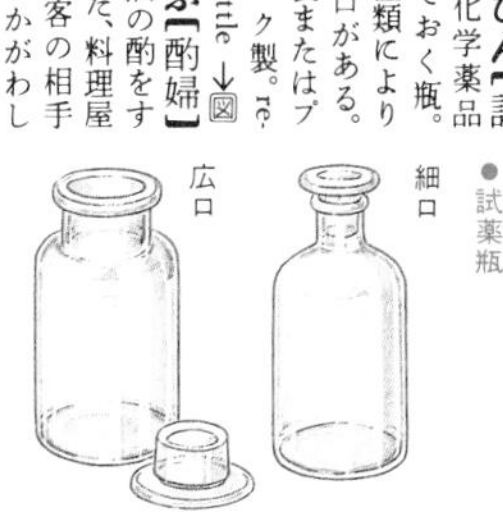

●試薬瓶

**しゃく-ふ【酌婦】** 酒宴で酒の酌をする女。また、料理屋などで、客の相手をするいかがわしい職業の女。
**しゃく-ぶく【▽折伏】**(名・サ変他)《仏教語》教導の方法の一つ。相手を強く責め立てて迷いをさまさせること。[対義]摂受。
**しゃく-ほう【釈放】**(名・サ変他) 捕らえた者を自由にしてやること。release [対義]拘禁。
**しゃく-ま【借間】** へやを借りること。借りたへや。rented room
**しゃ-ぐま【▽赤▼熊・▼赭▼熊】** ①あかく染めた、ヤクの尾の毛。払子などに使う。②縮れ毛で作った、入れ毛。
**じゃく-まく【寂▼寞】**(名・形動トタル) ↓せきばく(寂寞)
**しゃく・む**(五自)《俗語》中がくぼむ。
**しゃく-めい【釈明】**(名・サ変他) 事情を明らかにして、誤解をとくこと。vindication [用例]―の余地がない。
**じゃく-めつ【寂滅】**(名・サ変自)《仏教語》①欲望の境地を離れること。涅槃。②死ぬこと。
**寂滅の煙と立ち上る**(じゃくめつのけむりとたちのぼる) 焼失する。焼けてしまう。
**寂滅を唱う**(じゃくめつをとなう) 死ぬ。
**じゃくめつ-いらく【寂滅為楽】**《仏教語》寂滅の境地を真の安楽とすること。
**しゃく-もち【▼癪持(ち)】** しゃくが持病であること・人。
**しゃく-もん【▼迹門】**《仏教語》①この世に姿を現した仏の、衆生を救う働きを示す方面のこと。②『法華経』の前半の一四品のこと。『法華経』以前の教えは方便であるとして、衆生がみな仏になれる一乗の法を説く。[対義]本門。
**しゃく-もん【借問】**(名・サ変自) ↓しゃもん(借問)
**しゃく-もん【釈門】** 仏門。仏家。僧。
**しゃく-や【借家・借屋】** 他人から家屋を借りること。また、借りた家屋。しゃっか。rented house [対義]貸し家。
**借家栄えて母屋倒れる**(しゃくやさかえておもやたおれる) 恩恵をうけた人が栄え、恩恵を施した人の方がおちぶれる。借家貸して母屋取られる。
**しゃく-やく【▼芍薬】** キンポウゲ科の多年草。高さ約八〇cm。観賞用や薬用として栽培。園芸品種は非常に多い。五~六月に赤・白などの大きな美花を数個開く。根を乾燥したものは「赤芍」「白芍」として、とくに婦人病の治療薬に利用。中国原産。室町時代に渡来。ヌミグスリ。ハナノサイショウ。peony ↓[写]

●シャクヤク

**じゃく-やく【▼雀躍】**(名・サ変自) こおどりして喜ぶこと。[用例]欣喜―。
**しゃくや-ほう【借家法】** 建物の賃貸借について借り主の保護を目的とする法律。大正一〇年(一九二一)公布。しゃっかほう。
**しゃく-よう【借用】**(名・サ変他) かりること。かりて使うこと。borrow [用例]―証書。
**じゃく-ら【▼雀羅】** スズメを捕る網。
**門前、雀羅を張る**(もんぜん、じゃくらをはる) ↓もんぜん(門前)
**しゃく-らん【借覧】**(名・サ変他) 書物などをかりて見ること。
**しゃくり【▼噦り・▼吃▽逆】** ↓しゃっくり(噦り)
**しゃくり-あ・げる【▼噦り上げる】**(下一自) 声を吸い込むようにして泣く。sob
**しゃくり-なき【▼噦り泣き】** しゃくりあげて泣くこと。すすり泣き。sob
**じゃく-りゅうし【弱粒子】** ↓ウィークボソン
**しゃく-りょう【借料】** 物を借りたのに対して払うお金。かりちん。rent
**しゃく-りょう【酌量】**(名・サ変他) 事情をよく理解して同情すること。consideration [用例]情状―。

**しゃくりょう-げんけい【酌量減軽】** 裁判官が犯罪の情状をくみ取り、みずからの裁量で刑を軽減すること。extenuation

**しゃく・る【▼抉る】**(五他)《「さくる」の転》①中がくぼむように削る。gouge ②すくい上げる。ladle ③おだてる。flatter

**しゃく・る【▼噦る】**(五自)《「さくる」の転》①しゃっくりをする。hiccup ②しゃくり泣きをする。sob

**シャクルトン【Ernest Henry Shackleton】**(一八七四〜一九二二) イギリスの探検家。一九〇九年南磁極を発見、南極点近くの南緯八八度二三分に到達。

**じゃく-れい【若齢・弱齢】** 年の若いこと。弱年。若年。youth

**しゃく・れる【▼抉れる】**(下一自) 中程がくぼんで、先が突き出ている。be concaved 用例 ―・れた顔。

**じゃくれん【寂▼蓮】**(一一三九ごろ〜一二〇二) 平安末・鎌倉前期の歌人。俗名、藤原定長。俊成の養子、のち出家。『新古今和歌集』撰者の一人。歌風は優艶で寂寥。家集『寂蓮法師集』。

**シャクンタラー【Śakuntalā梵】**《原題Abhijñāna-śakuntalā梵》古代インドの詩人カーリダーサ作の戯曲。天女の娘シャクンタラーとドゥフシャンター王の恋物語。古代叙事詩『マハーバーラタ』などの伝説を潤色。サンスクリット文学の傑作。

**しゃけ【▼鮭】** サケの東京なまり。

**しゃ-け【社家】** 特定の神社に世襲的に奉仕する神職の家。伊勢神宮の荒木田氏・度会氏、出雲大社の千家氏・北島氏など。

**しゃ-けい【舎兄】** 他に対して自分の兄を言う語。対義 舎弟。

**しゃ-けい【斜▼頸】** 頭が一方に傾いている状態。胸鎖乳突筋の生まれつきの短縮によるものが多い。矯正や手術などを必要とする。wryneck

**しゃ-げき【射撃】**(名・サ変他) 銃・砲を撃つこと。shooting

**しゃげき-きょうぎ【射撃競技】** 銃を用いて標的を射撃し、的中させた数や的中点によって優劣を競うスポーツ。ライフル射撃競技とクレー射撃競技に大別される。shooting

**しゃ-けつ【▼瀉血】**(名・サ変自) ①血を吐いたり、下したりすること。②静脈に針またはビニール製の管を挿入して静脈血を抜き取ること。心臓性喘息・肺水腫・高血圧などの応急処置として行われる。phlebotomy

**ジャケツ[jacket]** ジャケットの古い呼び方。また、毛糸で編んだ袖の長い上着。

**じゃけつ-いばら【蛇結▼茨】** マメ科のつる性落葉低木。山野にはえる。とげがあり、葉は羽状複葉。初夏に、黄色五弁花を総状につける。開花後、さやを結ぶ。種子は薬用。茎のもつれる様子がとぐろを巻くヘビに似る。カワラフジ。

**ジャケット[jacket]** ①前あき・袖付きの洋風の上着の総称。腰丈かそれより短めがふつう。一般には、男子服の背広上着、婦人服のスーツ上着をいう。②レコードを入れる紙製のふくろ。

**しゃけ-ぶぎょう【社家奉行】** 室町幕府の職制の一つ。神社の祭祀・神官人事・社領・訴訟など一切を管掌。

**しゃ-けん【車券】** 競輪で、勝者を予想して配当金を得るために買う券。勝者投票券の俗称。bike-race ticket 比較 馬券。

**しゃ-けん【車検】**《「車体検査」の略》道路運送車両法に基づき自動車の所有者に義務づけられている制度。構造・装置の検査があり、基準に適合すると検査証を交付され、有効期間が延長される。

**じゃ-けん【邪見】** まちがった見方。よこしまな考え方。evil view 用例 ―を捨てる。

**じゃ-けん【邪険・邪▼慳】**(形動) 手荒く扱うさま。無慈悲。cruel 用例 ―にする。

**しゃ-こ【車庫】** 電車や自動車など、車両を入れておく建物。garage; traindepot

**しゃ-こ【▼蝦▼蛄・▽青▽竜▼蝦】** 沿岸の砂泥底に穴を掘ってすむシャコ科の甲殻類。体長一五cmくらい。エビに似て平たい。北海道以南から中国まで分布。すし種・煮つけなどに利用。ガサエビ。

**蝦蛄で鯛を釣る**(しゃこでたいをつる) 少ない元手で大きな利を得ることを言う。類似 海老で鯛を釣る。

**しゃ-こ【▼硨▼磲】** ①↓しゃこがい(硨磲貝)。②①の貝殻で、七宝の一つ。

**しゃ-こ【▼鷓▼鴣】** キジ科の鳥の一属の総称。ウズラよりやや大きな鳥で、約四〇種が世界に分布。中国南部のコモンシャコ、北アメリカのコリンウズラなどは狩猟鳥で有名。francolin ↓図

シャコ(鷓鴣)

**じゃ-こ【▽雑▽魚・▽雑▼喉】** ↓ざこ(雑魚)

**しゃ-こう【社交】** 人々が集まって、互いに交際すること。世の中でのつきあい。社会での交際。social gathering

**しゃ-こう【射光】**(名・サ変自) 光を出すこと。radiating

**しゃ-こう【射幸・射▼倖】** まぐれあたりの利益を得ようとすること。speculation

**しゃ-こう【斜光】** ななめに差しこんでくる光線。

**しゃ-こう【斜坑】** 傾斜している坑道。斜坑の傾斜は二五度以内で、それ以上の傾斜の場合は斜め立て坑という。inclined shaft 対義 竪坑・横坑。

**しゃ-こう【遮光】**(名・サ変自) 光をおおいさえぎること。shading

**しゃ-こう【▼藉口】**(名・サ変自) 口実をつくって言うこと。言いわけ。かこつけ。

**じゃ-こう【蛇行】**(名・サ変自) ↓だこう(蛇行)

**じゃ-こう【▼麝香】** 生薬の一つ。雄のジャコウジカの下腹部にある袋状の腺の分泌物を乾燥してつくった高級な香料。香料のほか鎮痙剤・興奮剤に用いる。ムスク。musk

ジャコウアゲハ

**じゃこう-あげは【▼麝香揚▽羽▼蝶】** 翅の黒い大形のアゲハチョウ。開張約八・五cm。雄は特異なにおいを発する。東北地方以南、東南アジアに分布。↓写

**じゃこう-うし【▼麝香牛】** 麝香に似たにおいをだすウシ科の動物。肩高一・一〜一・五m。体毛は黒く長い。ツンドラでヤナギやコケを食べる。下毛は高級毛織物の材料。北極圏に分布。musk ox ↓写

ジャコウウシ

**しゃこう-かい【社交界】** おもに上流の階層の人々で形づくられる交際社会。social circle 用例 ―の花形。

**しゃこう-さいばい【遮光栽培】** 朝夕の光を一定時間さえぎる栽培法。日照時間が短くなると花をつける秋ギクなどの栽培植物の開花を早めるのに用いる。シェード栽培。shading culture 比較 電照栽培。

**しゃこう-ざひょう【斜交座標】** 平面上で軸が直交していない座標。点Pから二つの軸に、それぞれ平行な線をひき、他の軸との交点の座標でPの位置を表す。oblique coordinates

**じゃこう-じか【▼麝香▼鹿】** シカ科の動物。体高五〇〜六〇cm。体は暗褐色で、角はなく上顎の犬歯が牙状に発達。雄の下腹部と尾腺に麝香腺があり、麝香がとれる。中央アジア・中国北部・朝鮮半島などに分布。musk deer ↓図

ジャコウジカ

**しゃこう-しゅうだん【射幸集団】** 競馬・競輪など賭博のために集まる人々。まじめに働くことを嫌い、スリルや冒険をもとめるものが多い。

**しゃこう-じれい【社交辞令】** ①社交のさいの決まり文句。②つきあいの上でのほめことば。外交辞令。diplomatic compliments

**しゃこう-しん【射幸心・射▼倖心】** まぐれあたりの利益を得ようとする気持ち。speculative spirit 用例 ―をあおる。

**しゃこう-せい【社交性】** ①社会を形づくろうとする人間の特性。sociability ②他人とのつきあいがうまくやれる性質。sociability

**じゃこう-そう【▼麝香草】** シソ科の多年草。山地の木陰にはえる。葉は対生し、長楕円形。秋に、淡紫色の筒状花をつける。茎葉にかすかに芳香がある。↓写

ジャコウソウ

**しゃこう-ダンス【社交ダンス】** 社交や娯楽のために、男女一組みのカップルで踊るダンス。伴奏音楽のリズムにより、ワルツ・フォックストロットなどのモダン系と、ルンバ・タンゴなどのラテン系に大別される。ソーシャルダンス。social dance

**しゃこう-てき【社交的】**(形動) 社交に慣れて、つきあいのうまいさま。sociable

**じゃこう-ねこ【▼麝香猫】** ジャコウネコ科の動物。雌雄とも尾のつけ根に臭腺がある。体長約五〇cm。灰褐色で黒斑が縦に並ぶ。ネコに似るが、体が細く、四肢が短い。東南アジアに分布。musk cat; civet cat ↓写

ジャコウネコ

**じゃこう-ねずみ【▼麝香▼鼠】** ネズミに似たトガリネズミ科の動物。ネズミとは類縁はない。体長一二cm内外、尾長七cm内外。口吻がとがり、長い触毛をもち、強い悪臭を発する。人家内やその付近にすみ、昆虫・ミミズなどが主食。インドや東南アジアに分布し、日本では九州の一部や南西諸島に見られる。musk rat

**しゃこう-ふせいごう【斜交不整合】** 地層の傾斜の異なる二つの地層群が重なってできた不整合。傾斜不整合。angular unconformity

**しゃこ-がい【▼硨▼磲貝】** シャコガイ科の二枚貝の総称。一般に大形で、世界最大の貝のオオジャコガイは殻長約一・四m、二三〇kg余に達する。他に、ヒレジャコガイ・シャゴウなど。貝柱は食用。殻は容器や置物などにされる。暖熱帯海域の珊瑚礁にすむ。シャコ。↓図

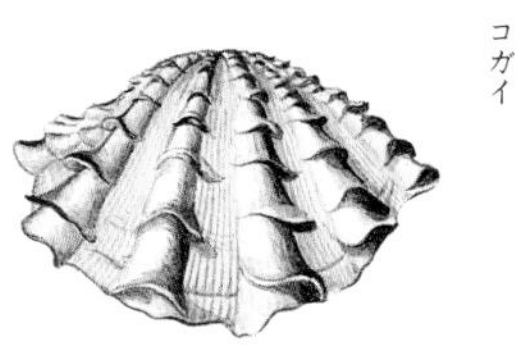

シャコガイ　ヒレジャコガイ

**しゃ-こく【社告】** 会社・新聞社などの告知。announcement

**じゃ-ごけ【蛇▼苔】** ジャゴケ科のコケ。湿った所に群生する。葉状で、表面にヘビのうろこに似た六角形の区画模様をもつ。

**しゃこたん【▽積丹】**〈町〉北海道西部、積丹半島先端部の町。スケトウダラ漁や酪農が行われる。人口四三九〇(一九八八)。

**しゃこたん-はんとう【▽積丹半島】** 北海道西部、日本海に突出する半島。先端に神威岬がある。スケトウダラ・イカ漁がさかん。

**しゃこば-サボテン【▼蝦▼蛄葉サボテン】** サボテン科の多肉植物。茎は茎節順に分岐し、四方にたれ下がる。花は基部が筒状で二〇枚前後の花びらが段咲きになり、茎節の先端につく。花色は白・紅など。クリスマスカクタス。Christmas cactus; crab cactus →サボテン 写

**ジャコバン-は【ジャコバン派】**(Jacobinsフラ) フランス革命期の急進的政治結社。一七八九年パリのジャコバン修道院で結成。九一年以後党内右派を追放、山岳派の中核を占めて国民公会の主導権を掌握。恐怖政治を断行して革命の遂行をはかったが、九四年テルミドールのクーデターにより崩壊。

**ジャコブ【Francis Jacob】**(一九二〇〜) フランスの生物学者。モノーらとたんぱく質の合成制御機構を解明。一九六五年ノーベル生理学医学賞受賞。

**ジャコブ【Max Jacob】**(一八七六〜一九四四) フランスの詩人。シュールレアリスムの先駆者。詩集『聖者マトレル』『中央実験室』など。

**しゃこ-まんりき【▼蝦▼蛄万力】** C字形で、一方がねじになった、鉄製の締め付け用工具。えびまんりき。

**ジャコメッティ【Alberto Giacometti】**(一九〇一〜一九六六) スイスの彫刻家・画家。針金状の細長い人物像で有名。作品『男の顔』など。↓写

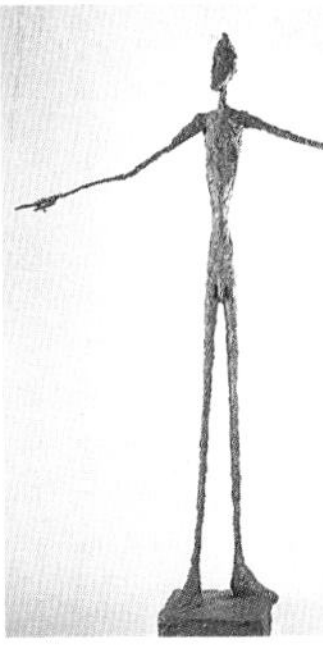

●ジャコメッティ 『指さす男』。一九四七年、ニューヨーク近代美術館。

**シャコンヌ【chaconneフランス】** 三拍子の舞曲。バロック音楽の重要な器楽形式。低音主題または主題の和声構造が反復保持され、上声部が変奏する変奏曲の一種。

**しゃ-さい【社債】** 株式会社がひろく一般から資金を借り入れるために発行する債務証券。確定利付証券で償還期限があり、議決権をもたない点で株式と異なる。debenture; corporate bond

**しゃ-ざい【謝罪】**(名・サ変自他) あやまちをわびること。apology 用例 ―文。

**しゃざい-こうこく【謝罪広告】** 被害者の名誉を回復するために、加害者が新聞などの広告で謝罪の意を表明するもの。

**しゃさい-とりょう【車載斗量】** 数のたいへん多いこと。また、数は多いが、みな平凡であること。

**しゃ-さつ【射殺】**(名・サ変他) 弓・銃などでうちころすこと。shooting to death

**しゃ-し【社史】** 会社の歴史。the history of a company

**しゃ-し【斜視】** ①両眼で物を見るとき、一方の眼の視線が異なる方向に向く状態。やぶにらみ。斜眼。strabismus ②ながしめ。横目。squint

**しゃ-し【▼奢▼侈】**(名・形動) 分に過ぎてぜいたくなこと・さま。おごり。luxury 用例 ―に流れる。

**しゃし【車師】** 中国史籍にみえる西域の国名。漢代から北魏時代、天山山脈東部にあり、トルファン盆地を中心とする地を車師前国(都は交河城)、その北方の部分を車師後国と称した。四五〇年滅亡。

**シャーシー【chassis】** ①自動車などの車台。②ラジオ・テレビなどの部品の取り付け台。

**しゃ-じ【写字】**(名・サ変自) 文字を書き写すこと。

**しゃ-じ【社寺】** 神社と寺院。寺社。

**しゃ-じ【謝辞】** お礼、または、おわびのことば。

**しゃ-じく【車軸】** 車の心棒。axle

**車軸を下す**(しゃじくをくだす) 「車軸を流す」と同意。

**車軸を流す**(しゃじくをながす) 雨がはげしく降るさま。車軸を下す。It's pouring.

**しゃじく-も【車軸藻】** シャジクモ科の淡水藻。湖・池・水田などに生育する。主軸に多くの節をもち、そこから六〜八本の枝を放射状に出すので、この名がある。

**しゃじくも-しょくぶつ【車軸藻植物】** 植物界の一門。淡水に生育。スギナに似て節部と節間部が反復し、節部に小枝を輪生。仮根で水底に定着する。節部に造卵器・造精器がつく。日本産約六〇種。シャジクモ・フラスコモなど。輪藻類。stonewort

**しゃ-じつ【写実】**(名・サ変他) 事実をありのままに客観的に写すこと。realism 比較 写生。

**しゃじつ-しゅぎ【写実主義】** 芸術上、主観よりも客観を重視し、現実の事象を忠実・的確に再現しようとする傾向をいう。リアリズム。realism 参照 ロマン主義・理想主義。

**しゃじつ-せい【写実性】** 写実の程度・性質。realism

**しゃじつ-てき【写実的】**(形動) 写実に重きをおくさま。realistic

**じゃじゃ-うま【じゃじゃ馬】** ①暴れ馬。restive horse ②わがままで人の言うことを聞かない女。shrew

**しゃ-しゃく【車借】** 中世の運輸業者。荷車を運搬手段とし、馬借の補助的役割をつとめた。京都近郊や近江国坂本の車借が有名。

**しゃしゃ-らくらく【▼洒▼洒落落】**(形動タル) 性質・言動があっさりして、こだわらないさま。しゃらく。

**しゃしゃり-でる【しゃしゃり出る】**(下一自)《俗語》出しゃばる。ずうずうしく前に出る。

**しゃしゃんぼ【▽南▼燭】** ツツジ科の常緑低木。山野にはえる。葉は革質で、楕円状卵形。夏に、長い壺状の白花が咲く。晩秋、果実は黒熟、食用。

**しゃ-しゅ【社主】** 会社の持ち主。proprietor of a company

**しゃ-しゅ【車種】** 自動車などの種類。

**しゃ-しゅ【射手】** ①弓をいる人。いて。archer ②銃砲を発射する人。射撃手。shooter

**じゃ-しゅう【邪宗】** ①悪い宗教。邪教。②江戸時代に、キリスト教を呼んだ語。邪宗門。

**じゃしゅうもん【邪宗門】** 北原白秋の処女詩集。明治四二年(一九〇九)刊。感覚と官能の陶酔を、南蛮趣味と世紀末的デカダンスの中に解放。近代詩に一時期を画した。

**しゃ-しゅつ【射出】**(名・サ変自他) ①矢・弾丸などをうちだすこと。shooting ②一点から放射状に出ること。また、出すこと。emitting

**しゃ-しょう【社章】** 会社・結社などの記章・紋章。badge of a company

**しゃ-しょう【車掌】** 汽車・電車・バスなどに乗務して、車中の事務を取り扱う者。conductor

**しゃ-しょう【捨象】**(名・サ変他) 認識活動において、対象の表象のなかから、特定のものをとりだす抽象のさいに、他のものを捨て去る作用。

**しゃ-じょう【写場】** 写真を撮る設備をととのえた場所。写真館。フォトスタジオ。studio

**しゃ-じょう【車上】** 車の上。乗用車・客車などの中。on a car 用例 ―の人となる。

**しゃ-じょう【射場】** ①射撃をするための場所。②弓を射るための場所。矢場。

**しゃ-じょう【謝状】** お礼、または、おわびの手紙。

**しゃ-しょく【写植】** ↓しゃしんしょくじ(写真植字)

**しゃ-しょく【社▼稷】** ①中国で昔、建国のときに天子・諸侯が祭った土地の神(=社)と五穀の神(=稷)。②国家があがめまつる神霊。③国家。朝廷。用例 ―を憂える。

**社稷、墟となる**(しゃしょく、きょとなる) 国家が滅びる。

**社稷の臣**(しゃしょくのしん) 国家の安危・存亡を一身に担う重臣。

**シャシリック【shashlykロシア】** 羊の肉を大きな角切りにして串焼きにしたロシア料理。

**しゃ-しん【写真】** ①実際の姿をありのままに写しとること。写生。写実。picture ②物体の像をレンズやピンホールを通して、感光材料(フィルム・印画紙など)上に結ばせ、現像・定着などの化学的処理によって半永久的な画像をつくること。一般にカメラとフィルムを用いて撮影し、フィルムを現像処理してネガを作り、それを印画紙に焼きつけて写真とする。photography 数え方 一枚・一葉・一組み。③「活動写真」の略。映画。film

**しゃ-しん【捨身】**《仏教語》身を捨てること。仏道修行のために世俗の身分や人間関係を捨てること。

**捨身の行**(しゃしんのぎょう) 《仏教語》身体を仏にささげての修行。

**しゃ-じん【▼沙▽参】** 漢方薬の一つ。ツリガネニンジンの根で鎮咳去痰剤。

**じゃ-しん【邪心】** ねじけた悪い心。wicked heart

**じゃ-しん【邪神】** ①災いを与える悪神。evil god ②異教の神。heathen god

**しゃしん-き【写真機】** 写真を写す機械。カメラ。camera 数え方 一台。

**しゃしん-じょうどう【捨身成道】**《仏教語》命を投げすてて、仏の道を体得すること。

**しゃしん-しょくじ【写真植字】** 活字の代わりに、ネガ文字の集合した文字盤からレンズを通して印画紙またはフィルムに文字を一字ずつ焼きつけ、印字・製版する方法。写植。phototypography

**しゃしんしょくじ-き【写真植字機】** 写真植字を行う機械。光源・文字盤・レンズ・暗箱・送り装置などからなる。文字を、ネガ文字の集合した文字盤から複数のレンズで拡大・縮小・変形を行って印画紙またはフィルムに焼き付ける。写植機。phototypesetter ↓写

●写真植字機 手動の写真植字機。

**しゃしん-せいはん【写真製版】** 写真技術を応用して凸版・平版・グラビアなど印刷用の版をつくる方法。photoengraving

**しゃしん-そくりょう【写真測量】** 写真の像から、目的とする物体の形状・大きさ・構造・位置などをはかり、割り出すこと。photogrammetry

**しゃしん-でんそう【写真電送】** 写真・絵画などの画面を、電気信号を利用して遠隔地に送ること。phototelegraphy 参照 ファクシミリ。

**しゃしん-てんちょうとう【写真天頂筒】** 天頂に向けた望遠鏡。写真を使用して、時刻・緯度を精密に観測する。photographic zenith tube

**しゃしん-ばん【写真版】** ①ネガから焼きつけた印画紙。photograph ②写真を焼き付けた亜鉛版からつくり、本・新聞・雑誌などに印刷される凸版。また、その印刷物。photoengraving

**しゃしん-はんてい【写真判定】** 各種の競走で、決勝線への到達順位を写真で判定すること。高速度カメラを使い一〇〇分の一秒のタイム差まで読みとれる。determination of the winner by photograph

**しゃしん-レンズ【写真レンズ】** 写真撮影用のレンズ。性能は焦点距離とFナンバーで表し、標準レンズ・広角レンズ・望遠レンズのほか、特殊な魚眼レンズ・マクロレンズ・ズームレンズなどがある。photographic lens ↓写

**ジャス【JAS】**《Japanese Agricultural and Forestry Standardの略》日本農林規格。農林水産物とその加工品の品質に関する規格。合格品にはJASマークをつける。

**ジャズ【jazz】** 二〇世紀初頭、アメリカ南部のニューオーリンズで生まれ、発達した民衆音楽。黒人音楽とヨーロッパ音楽の出会いによるもので、即興演奏・独特のスイング感・ブルーフィーリングなどを特徴とする。

**じゃ-すい【邪推】**(名・サ変他) 事実をゆがめて悪く推量すること。suspicion

**ジャズ-きっさ【ジャズ喫茶】** ジャズのレコードや生演奏を聴かせる喫茶店。昭和三五年(一九六〇)ごろから東京の新宿を中心に広まり、同四〇年ごろに全盛。

**シャスタ-さん【シャスタ山】**(Mount Shasta) アメリカ北西部、カリフォルニア州北部、カスケード山脈中の死火山。標高四三一七m。

**シャスタ-デージー【Shasta daisy】** キク科の耐寒性多年草。キクの改良品種の一つ。高さ五〇〜八〇cm。一重咲き・八重咲き。早生種は五月、晩生種は七月開花。花壇・切り花用。

**ジャズ-ダンス【jazz dance】** ジャズ音楽の



▼常用漢字表外。 ▽常用漢字表の音訓外。

●写真レンズ　レンズの種類による写り方の違い
魚眼レンズ使用
広角レンズ使用
標準レンズ使用
望遠レンズ使用

軽快なリズムに合わせて自由に踊るダンス。一九七〇年代後半から日本でも流行。

**ジャスト**【just】（副）ちょうど。きっかり。[用例]八時――に会場にはいった。

**ジャスパー**【jasper】不純物を含む不透明の珪酸（けいさん）質の鉱物。緑・青・赤・褐色などの色で、かんざしや指輪に用いる。碧玉（へきぎょく）。

**ジャスパー-こくりつこうえん**【ジャスパー国立公園】（Jasper National Park）カナダ南西部、ロッキー山脈中の国立公園。面積一・一万km²。雄大な氷河や森林が広がり、規模はカナダ随一。

**ジャズ-バンド**【jazz band】ジャズを演奏する楽団。

**ジャズ-フェスティバル**【Jazz Festival】ジャズの芸術性を啓蒙（けいもう）するため世界各地で開かれる演奏公演の総称。第二次大戦後に始められ、ニューポートの公演などが有名。

●JASマーク

**ジャス-マーク**【JASマーク】日本農林規格（JAS）に合致した農林水産物とその加工品に付けられるマーク。↓[図]

**ジャスミン**【jasmine】モクセイ科の一属の総称。一般に低木、または、つる性で、熱帯から亜熱帯に約四〇〇種産する。葉は三～七枚の小葉がある複葉で、白・黄色の花が咲く。観賞用、また、花から香料の原料、ジャスミン油を得るため栽培。マツリカ。ソケイ。↓[写]

**ジャスミン-ちゃ**【ジャスミン茶】中国特産の花茶。緑茶に乾燥したジャスミンの花を混ぜる。香気を楽しむので香片（シャンピエン）ともいう。jasmin tea

**ジャスラック**【JASRAC】↓にほんおんがくちょさくけんきょうかい（日本音楽著作権協会）

**しゃ・する**【謝する】（サ変自他）＝謝す。①（自）いとまごいして帰る。take one's leave ②（他）㋐あやまる。わびる。謝罪する。apologize for [用例]無礼を――。㋑断る。謝絶する。refuse ㋒礼を言う。thank [用例]御苦労を――。

**しゃ-ぜ**【社是】会社の基本的な方針。経営上の方針。policy of a company

**しゃ-せい**【写生】（名・サ変他）事物をそのまま描くこと。スケッチ。sketch [比較]写実。

**しゃ-せい**【射精】（名・サ変自）精液を射出すること。ejaculation

**しゃせい-が**【写生画】写生した絵。sketch

**しゃせい-ぶん**【写生文】事物をそのまま客観的に観察、表現しようとする文章。sketch

**しゃせきしゅう**【▼沙石集】鎌倉（かまくら）時代の仏教説話集。一〇巻。無住一円（むじゅういちえん）著。弘安（こうあん）六年（一二八三）成立。平易な文体で書かれ、世俗の説話も含む。

●ジャスミン

**しゃ-せつ**【社説】新聞・雑誌などに特別の欄を設け、その社の基本方針に沿って掲げる論評。日本では明治七年（一八七四）『朝野（ちょうや）新聞』が論説欄を新設したことからはじまる。editorial米; leader英

**しゃ-ぜつ**【謝絶】（名・サ変他）断ること。refusal [用例]面会――。

**じゃ-せつ**【邪説】よこしまな説。悪い説。heresy

**シャセリオ**【Théodore Chassériau】（一八一九～五六）フランスの画家。裸婦の描写に独特の作風を築く。アングルの弟子。ドラクロワの鮮明な色彩に影響を受けた。作品『エステル』など。

**しゃ-せん**【社線】民間会社が経営する鉄道・バスなどの路線。private railway line

**しゃ-せん**【車線】自動車の走る路線。自動車が並んで走行できる台数で道幅を示す。traffic lane [用例]追い越し――。

**しゃ-せん**【斜線】①ななめに引いた線。slant line ②数学で、一つの直線または平面に垂直でない線。oblique line

**しゃぜん-し**【車前子】生薬の一つ。オオバコの種子。アウクビンなどを含み、せき止め・消炎・利尿に用いる。plantain seed

**しゃ-そう**【社倉】江戸時代の備荒貯蓄制度。農民に持ち高に応じて、穀類を供出保管させ飢饉（ききん）に備えた。義倉（ぎそう）・常平倉（じょうへいそう）とともに三倉の一つ。

**しゃ-そう**【社葬】会社が施主（せしゅ）となっていとなむ葬式。company funeral [比較]国葬。

**しゃ-そう**【社僧】神社や神宮寺に所属して仏事を行った僧。別当を最高位に種々の階層があった。明治維新後の神仏分離により廃止。宮僧（みやそう）・供僧（ぐそう）・神僧。

**しゃ-そう**【車窓】列車・電車・自動車などのまど。car window [用例]――のけしきを楽しむ。

**しゃ-そう**【射創】弾丸によってできた創傷。gun injury

**しゃ-ぞう**【写像】集合$A$の各要素に集合$B$の一つの要素を対応させる規則を$A$から$B$への写像という。mapping

**しゃ-そく**【社則】会社の規則。company regulations

**しゃ-たい**【車体】車で、人・荷物をのせる部分。また、車全体の外形。ボディー。body of a car

**しゃ-だい**【車台】車体を支え、車輪に続く枠。シャーシー。chassis

**じゃ-たい**【蛇体】へびのからだ・形・すがた。「蛇身。

**しゃ-たく**【社宅】企業が自社の社員に、安い家賃で貸す住宅。日本独自の制度。

**しゃ-だつ**【▼洒脱】（名・形動）さっぱりして俗気のないこと・さま。あかぬけ。free and easy

**じゃ-だま**【蛇▽卵】チオシアン酸水銀（II）$Hg(SCN)_2$を小球に固めたもの。点火すると、燃えながらふくれ、褐色の蛇のようになる。花火として使用。

**しゃ-だん**【社団】①一定の目的をもった人の集合体で、社会的に一個の集団として存在する組織。association [比較]財団。②「社団法人」の略。corporation

**しゃ-だん**【遮断】（名・サ変他）続いているものの流れを途中でさえぎり止めること。interception [用例]通行を――する。

**しゃだん-き**【遮断器】電気回路の開閉を行う部分。circuit breaker

**しゃだん-き**【遮断機】鉄道の踏切に設置され、電車や列車の通行時に人や車の通行を遮断し、交通の安全をはかる設備。crossing gate

**しゃだん-ほうじん**【社団法人】ある目的のために結合した人の集合体で、権利義務の主体になることを認められた法人。aggregate corporation [比較]財団法人。

**しゃち** 19画【▼鯱】部首［魚］（うおへん）和製漢字 [JIS]8247
①マイルカ科の哺乳（ほにゅう）動物。ハクジラ類の一つ。世界の海洋に分布。雄は、特に背びれが大きくなり、体長約九m。雌は小さい。数頭～数十頭の群れをつくり、クジラやイカ・魚などを襲う。さかまた。たかまつ。↓[写] ↓クジラ[図]
②想像上の魚。しゃちほこのこと。↓城[図]

**じゃ-ち**【邪知・邪▼智】正しくない知恵。悪知恵。

**しゃちこ-ば・る**【▼鯱張る】（五自）「しゃちほこばる」の転。

**しゃち-だま**【しゃち▽弾▽丸・▽幸弾】猟師が、獲物から取り出した命中弾を溶かして作った弾丸。この弾丸はまた必ず獲物に命中し、幸（さち）を得るとされる。

●シャチ①

**しゃち-ば・る**【▼鯱張る】（五自）↓しゃちほこばる（鯱張る）

**しゃち-ほこ**【▼鯱】屋根の大棟の両端につけた魚形の装飾。頭は竜に似て、鋭い背びれをもつ想像上の動物をかたどったもの。火よけのまじないに城郭建築に多く使われた。名古屋城の金のしゃちほこが有名。しゃち。

**しゃちほこ-が**【▽天▽社▼蛾・▼鯱▼蛾】シャチホコガ科のガの総称。開張三・五～六・五cm。胴が太い。幼虫はシャチホコムシといい、静止時には体の前後を上にそらせてしゃちほこ状になる。日本全土に分布。↓[図]

●シャチホコガ

**しゃちほこ-だち**【▼鯱立ち】（名・サ変自）＝しゃっちょこ立ち。①さかだち。headstand ②あるだけの力を尽くすこと。無理算段。do one's best

**しゃちほこ-ば・る**【▼鯱張る】（五自）＝しゃちこばる。①しゃちほこのように、いかめしく構える。become stiff ②緊張して固くなる。become stiff

**しゃ-ちゅう**【社中】①社内。in one's company ②邦楽・詩歌などの、同門・結社の仲間。

**しゃ-ちゅう**【車中】列車・電車・自動車などの中。車内。in a car

**しゃちゅう-だん【車中談】** 政治家などが車中で話す非公式の談話。
**しゃ-ちょう【社長】** 企業の最高責任者。代表取締役の中から一人が選任され、取締役会に対し執行活動の責任を負う。president
**しゃ-ちょう【謝▼朓】**(四六四 四九九) 中国、南北朝期の南斉の詩人。字は玄暉。陽夏の人。言語の音律美を追求した永明体の詩を開く。宣城太守となったので、その集を『謝宣城集』という。
**しゃちょう-きょう【斜張橋】** 塔の頂部・中央部から斜め直線状に張ったケーブルで、桁やトラスを直接に吊った構造の橋。cable-stayed bridge →写

●斜張橋 愛知県、名港西大橋。

**しゃ-ちょうせき【斜長石】** ナトリウムやカルシウムおよびアルミニウムなどを含む珪酸塩鉱物。三斜晶系。岩石にもっとも一般的に含まれている白色鉱物。造岩鉱物中で、もっとも重要なもの。plagioclase
**シャツ【shirt】** ①上半身に着る洋風の肌着や下着の総称。アンダーシャツ。②ワイシャツ、およびワイシャツ仕立てのブラウス。③上着とともにその内側に着たもので、上着が略されたもの。運動用の表着。Tシャツ・ポロシャツ・アロハシャツなど。
**しゃっ-か【借家】** →しゃくや(借家)
**しゃっ-か【釈家】** 《「しゃくか」の変》①寺。②僧。釈氏。
**じゃっ-か【弱化】**(名・サ変自他) 《「じゃくか」の変》だんだん弱くなること。また、弱くすること。weaken 対義 強化。
**しゃっ-かく【尺▼蠖】** シャクトリムシの漢名。
**尺蠖の屈めるは伸びんが為**(しゃっかくのかがめるはのびんがため) 将来の発展のため、一時の屈辱をたえしのぶことのたとえ。
**シャツ-カラー【shirt collar】** 襟型の一つ。シャツやシャツスタイルのブラウスについている襟の総称。オープンカラー(=開襟)・ステンカラー・スポーツカラーなどがある。↓カラー図
**ジャッカル【jackal】** イヌ科の食肉動物。体長約七五cm。夜行性で死肉をあさり、また群れで他の哺乳類を襲う。アジア南部から北アフリカに分布。↓写
**しゃっ-かん【借款】** 《「しゃくかん」の変》①資金の借り入れ。loan ②政府・公的機関による国際間の長期資金の貸借。用途により経済借款と政治借款とに分けられる。loan
**じゃっ-かん【若干】**(名・副) 《「じゃくかん」の変》少し。いくらか。そこばく。some
**じゃっ-かん【弱冠】** 《「若冠」は誤り。「じゃくかん」の変》①《中国周代の制で、男は二〇歳になると元服したことから》二〇歳。②年の若いこと。
**しゃっかん-ほう【尺貫法】** 《「しゃくかんほう」の変》長さに尺、質量に貫、面積に歩、容積に升の単位を採用したわが国古来の度量衡法。計量法により昭和三四年(一九五九)に廃止。
**じゃっ-き【弱起】** 《「じゃくき」の変》楽曲の拍子が弱拍部から始まること。上拍(=アウフタクト)。
**じゃっ-き【▼惹起】**(名・サ変他) 《「じゃくき」の変》事件・問題をひきおこすこと。
**ジャッキ【jack】** 小さい人力で重い物体を少しずつ持ち上げる器具。ねじ・歯車・油圧などを利用。
**じゃっ-きゅう【若朽】** 《俗語。「じゃくきゅう」の変。「老朽」のもじり》若いのに早くも役に立たないこと・人。
**しゃっ-きょう【釈教】** 《「しゃくきょう」の変》釈迦の教え。仏教。
**しゃっ-きょう【石橋】** ①能の曲名。五番目物。世阿弥または観世元雅作という。獅子舞に、寂照法師入唐の、霊地石橋のことが素材。獅子が牡丹の花の間を勇壮に舞い狂う。②歌舞伎舞踊の一系統。長唄。能の『石橋』によるもの。『二人石橋』『鏡獅子』など。石橋物・獅子物。
**しゃっきょう-か【釈教歌】** 和歌の部立ての一つ。仏教や経文を題材とした和歌。
**しゃっきり**(副・サ変自) 気持ちに生気があって、しっかりしているさま。briskly 用例 気分を―させる。
**しゃっ-きん【借金】**(名・サ変自) 《「しゃくきん」の変》お金を借りること。また、借りたお金。debt 対義 貸し金。
**借金の山**(しゃっきんのやま) 非常に多くの借金。pile of debts 用例 ―を築く。
**借金を質に置く**(しゃっきんをしちにおく) ①借金を担保にするよりほかないぐらいに、無理な金銭の工面をする。②たいそう貧乏であることのたとえ。
**借金を踏み倒す**(しゃっきんをふみたおす) 言い逃れをして、借りた金を返さない。welsh on a debt; bilk a debt
**しゃっきん-とう【借金党】** 困民党の別称。
**しゃっきん-とり【借金取り】** 借金の取り立てに来る人。debt collector
**しゃっ-く【赤口】** 《「赤口日」の略》六曜の一つ。正午だけ吉で、その他は、何をするにも凶とされる日。しゃっこう。
**じゃっ-く【▼惹句】** 《「じゃくく」の変》広告などで、人の注意をひこうとする簡潔なことば。歌い文句。キャッチフレーズ。
**ジャック【jack】** トランプで、兵士の絵札。
**ジャック-ダルクローズ【Émile Jaques-Dalcroze】**(一八六五 一九五〇) スイスの音楽教育者。リズム運動をともなう新しい教育理論(=リトミック)を提唱。音楽や舞踊の教育に影響を与えた。
**ジャックナイフ【jackknife】** 大型の折り畳み式ナイフ。海軍ナイフ。
**しゃっくり【▼噦り・▼吃▽逆】**(名・サ変自) 横隔膜のけいれん性収縮により、突然声門が開いて空気が吸いこまれ、特異な音を発生する現象。さくり。しゃくり。hiccup
**ジャックリー-の-らん【ジャックリーの乱】**(La Jacquerie フランス) 一三五八年、北フランスに起こった農民暴動。百年戦争による傭兵の略奪、重税に起因。一か月間で貴族軍に鎮圧された。農民に対する蔑称であるジャックに由来。
**ジャッグル【juggle】**(名・サ変他) 野球などで、捕球のさい、ボールをグラブあるいは手の中ではずませたり、取り落としそうになること。
**しゃっ-けい【借景】** 《「しゃくけい」の変》遠くの森や山などの景色を、庭園の一部と見立てること。その景色。
**しゃっ-こう【赤口】** 《「しゃくこう」の変》↓しゃっく(赤口)
**しゃっ-こう【赤光】** 斎藤茂吉の第一歌集。大正二年(一九一三)刊。リアリズムを基調に青春の悲哀と寂寥を官能的にうたい、叙情精神の高揚を示す。
**じゃっ-こう【弱行】** 《「じゃくこう」の変》実行力が弱いこと。用例 薄志―。
**じゃっ-こう【寂光】** 《「じゃくこう」の変》①しずかな、さびしい光。②《仏教語》生滅を超えた真の知恵が輝いていること。③「寂光浄土」の略。
**じゃっこう-いん【寂光院】** 京都市左京区大原草生町にある天台宗の尼寺。聖徳太子の創建とされる。平家滅亡後、建礼門院が隠棲した寺として知られる。
**じゃっこう-じょうど【寂光浄土】** 《仏教語》寂光の世界。寂光土。常寂光土。
**じゃっ-こく【弱国】** 《「じゃくこく」の変》弱い国。lesser power 対義 強国。
**しゃっ-こつ【尺骨】** 《「しゃくこつ」の変》前腕骨のうち内側にある管状の長骨。ulna
**ジャッジ【judge】** 一(名・サ変他) 審判。判定。二(名) 競技の進行・判定をする審判員。レフリー。比較 アンパイア。
**シャツ-ジャケット【shirt jacket】** シャツ地で仕立てたシャツ風のジャケット。裾をズボンやスカートの上に出して着る。シャツジャック。
**シャッター【shutter】** ①写真機や撮影機で、必要な時間だけフィルムに光を通すための開閉装置。絞りの近くで数枚の金属の羽根が輪状に開閉するレンズシャッターと、感光面の直前で間隔のある二枚の幕が走行するフォーカルプレーンシャッターがある。②よろい戸。
**しゃっちょこ-だち【▼鯱立ち】**(名・サ変自) 《俗語》しゃちほこだち。
**しゃっちょこ-ば・る【▼鯱張る】**(五自) 《俗語》しゃちほこばる。
**しゃっ-つら【しゃっ面】** 《俗語》顔をののしって言う語。しゃつら。
**シャットアウト【shutout】**(名・サ変他) ①閉め出すこと。用例 取材陣を―する。②野球などで、相手に一点も与えずに負かすこと。
**ジャップ【Jap】** 日本人を軽蔑して言う語。用例 ―勝ち。
**シャッフル【shuffle】** ジャズ演奏のリズム。すり足で歩く、足を引きずって歩くという感じを取り入れたピアノやドラムの奏法スタイル。
**シャッポ【chapeau フランス】** 帽子。
**シャッポを脱ぐ**(シャッポをぬぐ) 降参する。脱帽する。take one's hat off
**しゃ-てい【舎弟】** ①他に対して自分の弟を言う語。対義 舎兄。②《俗語》弟と同じ扱いを受ける者。弟分。
**しゃ-てい【射程】** ①弾丸の達する最大距離。射程距離。shooting range ②及ぼしうる範囲。range
**しゃ-てき【射的】** ①的を銃でねらってうつこと。shooting ②空気銃の先にコルクをつめて四m前後の距離から的を射ち、命中した者に賞品を与える遊び。明治一〇年(一八七七)ごろ東京の浅草公園ではじまる。
**しゃ-でん【社殿】** 神社の、神体を安置した建物。
**しゃでん-く【車電区】** 鉄道で、客車のあらゆる電気設備に関して、保守する作業員の勤務する場所。
**しゃ-ど【斜度】** 二本の線の交差した角度。かたむきぐあいの角度・程度。
**しゃ-ど【▼赭土】** 酸化鉄をふくみ、赤い色をした土。良質のものは顔料とする。あかつち。
**しゃ-とう【社頭】** 社殿の付近。社前。
**しゃ-とう【斜塔】** かたむいて立っている塔。leaning tower 用例 ピサの―。
**しゃ-どう【車道】** 道路で自動車を通行させるために区分されている部分。roadway 対義 歩道。
**じゃ-どう【邪道】** ①不正な手段。正常でないやりかた。evil courses 対義 正道。②邪教。魔法。heresy
**シャトー【château フランス】** ①城。邸宅。②料理材料の切り方の一つ。野菜などを細長く切り、面取りをする。ジャガイモ・ニンジンなどによく使われる。シャトー切り。↓図

●シャトー②

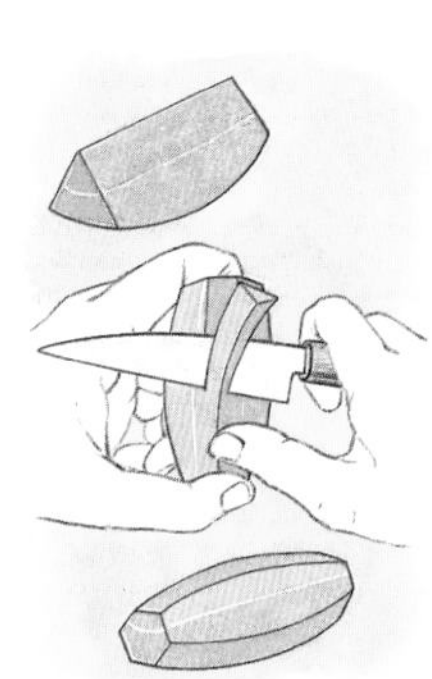

**シャドー【shadow】** 影。陰影。用例 アイ―。

**シャドー【Johann Gottfried Schadow】**(一七六四 一八五〇) ドイツの古典主義彫刻家。プロイセン宮廷彫刻家。作品『フリードリヒ大王の像』など。

**シャドー-キャビネット【shadow cabinet】** 影の内閣。

**シャドー-ステッチ【shadow stitch】** 刺繡の刺し方の一つ。薄地の裏側に刺した糸が表から影のように見える刺繡で、ベール・ハンカチーフなどに用いる。

**シャトー-ブリアン【chateaubriand フランス】**

●ジャッカル

ヒレ肉の最良部を用いた最高級のビーフステーキ。

**シャトーブリアン**【François-René de Chateaubriand】(一七六八〜一八四八) フランスの小説家。フランス-ロマン主義の父とよばれる。作品『キリスト教精髄』(『アタラ』『ルネ』の挿話を含む)など。

**シャドー-ボクシング**【shadow boxing】 ボクシングの練習法の一つ。相手を仮想して一人で動きながら行う。

**シャドー-マスク**【shadow mask】 カラーブラウン管の中に設けられた電子ビームの集束板。直径〇・二〜〇・三㎜の小孔を規則的にあけた金属薄板。この板を蛍光面と電子銃の間におき、そこを通過した赤・黄・緑の三種類の電子ビームがそれぞれ対応する蛍光点に正しく当たる。

**シャドー-ワーク**【shadow work】 家事労働など、対価が支払われない労働。賃労働とともに発生してそれを補完する役割をはたし、今日その比重はきわめて大きい。イリイチの提起した概念。

**シャトル**【shuttle】 ①織機の杼。②ミシンの下糸入れ。③タッチングレース用の舟形の糸巻き。④「シャトルコック」の略。⑤「スペースシャトル」の略。

**シャトルアラブ-がわ**【シャトルアラブ川】(Shatt al'Arab) イラク南部、チグリス川とユーフラテス川が合流した川。イラン国境を流れペルシア湾に注ぐ。長さ一九三㎞。

**シャトル-がいこう**【シャトル外交】《「シャトル」は織機の杼》往復外交。一九七三年以降アメリカのキッシンジャーが大統領補佐官・国務長官として各国間を頻繁に往復して行った外交方式をさす。shuttle diplomacy

**シャトルコック**【shuttlecock】 バドミントンで使う羽根。半球状のコルクのヘッドと一四〜一六枚の羽根からなる。シャトル。

**しゃ-ない**【車内】 列車・電車・自動車などの中。車中。in a car; in a train 用例 —広告。

**しゃ-ない**【社内】 ①会社の内部。in a company ②社殿の中。神社の境内。in a shrine

**しゃない-ほう**【社内報】 企業が従業員の一体感を高めることなどを目的に発行する小雑誌や新聞。house organ

**しゃない-よきん**【社内預金】 企業が労働基準法に基づいて労働組合と協定し、従業員の給与の一部を任意で比較的高利率を保証して預かること。

**しゃない-りゅうほ**【社内留保】 企業の純利益から配当・税金など社外流出分を差し引いたもの。企業内に蓄積・留保される。内部留保。retained profit

**しゃなり-しゃなり**(副・サ変自)《俗語》しなやかに気どって歩くようす。用例 —と歩く。

**しゃにく-さい**【謝肉祭】 カトリック教国で、四旬節の直前の数日間に行われる祭り。仮装行列などがはなやか。カーニバル。carnival

**しゃ-にち**【社日】《「社」は中国で土地の神、の意》春分と秋分にもっとも近い戊の日。

**しゃにち-さま**【社日様】 春と秋の社日に祭る土地の神。作神として春は作物の生育を祈り、秋は収穫に感謝して祭られる。

**しゃに-むに**【遮二無二】(副) がむしゃらにするさま。むやみに。強引に。recklessly 用例 —突き進む。

**ジャネ**【Pierre-Marie-Felix Janet】(一八五九〜一九四七) フランスの精神病理学者。臨床心理学者。ヒステリーや精神衰弱について研究。

**シャネル**【Gabrielle Chanel】(一八八三〜一九七一) フランスの服飾デザイナー。メゾン-シャネルの経営者。シャネルスーツとシャネル五番の香水が有名。

**シャネル-スーツ**【Chanel suit】 一九一〇年代にシャネルが考案した女性用スーツ。襟をとり除くなど形をシンプルにし、色・柄・素材・トリミングで特色を出す。

**じゃ-ねん**【邪念】 ①悪い考え。wicked thought ②不純な気持ち。wicked mind

**しゃのく**【車匿】 釈迦が出家するときに従った御者の名。釈迦入滅後、阿難について修行し阿羅漢の境地に達したという。

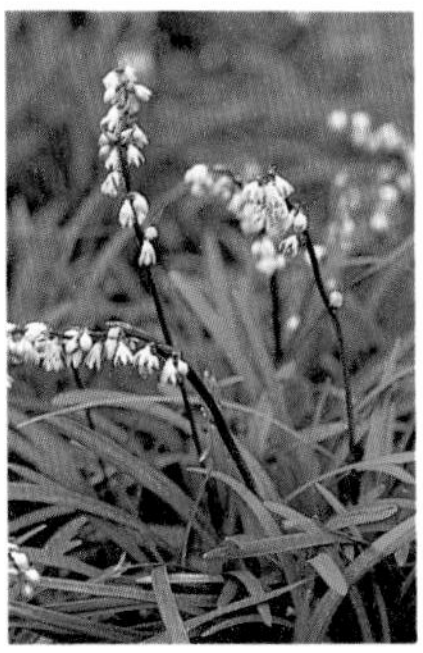
●ジャノヒゲ　オオバジャノヒゲ

**じゃ-の-ひげ**【蛇の鬚】 ユリ科の常緑多年草。高さ七〜一五㎝。山地の林下にはえるほか、庭にも植える。葉は線形で、初夏に、淡紫色の小花をつける。リュウノヒゲ。↓写

**じゃ-の-め**【蛇の目】 ①太い輪の形。また、その形の紋所の名。霊力をもつ紋として珍重される。②ヘビの目。冷酷な見すえるような目つき。③「蛇の目傘」の略。④料理で、材料の切り方の一つ。環形に切ること。キュウリ・ニンジンなどの芯をくり抜き、輪切りにする。⑤環形のケーキ型。↓図

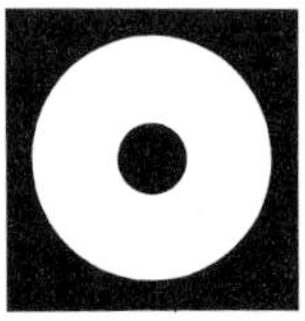
●蛇の目①　蛇の目

三つ盛り蛇の目

**蛇の目を灰汁で洗うた様**(じゃのめをあくであろうたよう) 眼光のきわめて鋭いさま。物事の理非を明白にする眼力にも言う。

**じゃのめ-がさ**【蛇の目傘】 竹製の骨の、中央と端の回りに青などの土佐紙を、中間に白紙を張った蛇の目模様の和傘。じゃのめ。↓写

●蛇の目傘

**じゃのめ-ぎく**【蛇目菊】 ベニジウムの別名。

**じゃのめ-そう**【蛇目草】 ハルシャギクの別名。

**じゃのめ-ちょう**【蛇目蝶】 ジャノメチョウ科のチョウの総称。開張は、黒褐色の雄が約四㎝、暗灰褐色の雌が約七㎝。翅にヘビの目のような紋がある。日本全土・アジア・ヨーロッパに分布。↓図

●ジャノメチョウ

**しゃ-ば**【車馬】 ①車と馬。horses and vehicles ②車を引く馬。horse ③乗り物。vehicle 用例 —賃。

**しゃば**【娑婆】《仏教語。sahā梵の音写で、忍ぶの意》①人間が住むこの世のこと。釈迦が現れて教化する迷いの世界。忍土。堪忍土。②《俗語》兵営・刑務所などに対し、外の自由な社会。

**娑婆で見た弥三郎**(しゃばでみたやさぶろう) 知人に対して、知らないふりをすること。

**シャバ**【Shaba】 アフリカ中部、ザイール南部の州。旧カタンガ州。銅を中心とした鉱産資源が豊富。人口三八二・三万(一九八一)。

**しゃばく-じょう**【射爆場】 飛行機が行う射撃と爆撃の演習地。

**しゃばっ-け**【娑婆っ気】 名誉・利益などを欲しがる気持ち。しゃばけ。worldly desires

**じゃはな-のぼる**【謝花昇】(一八六五〜一九〇八) 沖縄の自由民権運動家。沖縄生まれ。東大卒。政府の旧慣温存策に反対し、農業の改革につとめ、参政権獲得運動に尽くしたが弾圧された。

**ジャパニーズ**【Japanese】 日本。日本風の。日本人。日本語。用例 —イングリッシュ。

**ジャパネスク**【Japanesque】 日本式。日本風の。

**ジャパノロジー**【Japanology】 日本学。外国人による日本研究。言語・宗教・政治・経済・芸術など広い分野にわたる。

**じゃ-ばら**【蛇腹】 ①ヘビのはら。また、そのような模様。②写真機の、伸び縮みする暗箱の側壁。ベローズ。③軒や壁に水平に取り付ける、帯状の飾りの突出部。④衣服の立ち襟や前合わせの縁、また、ポケットの縁などにつける装飾用の布。

**じゃばら-ぎり**【蛇腹切(り)】 キュウリなどの野菜を、両側から太さの半分まで斜めに細かい包丁目を入れる飾り切り。

**ジャバルプル**【Jabalpur】 インド中部、デカン高原北部の都市。兵器類の製造・セメント工業がさかん。人口七五・八万(一九八一)。

**しゃ-はん**【這般】 ㊀(代) これら。用例 —の事情により。㊁(副) このたび。今回。

**ジャパン**【Japan】 日本。

**ジャパン-オープン**【Japan Open】 スポーツ競技で、日本で行われるオープン選手権大会の通称。出場資格にアマチュア・プロの制限がない。ゴルフ・テニスなどで行われている。

**ジャパン-カップ**《和製語》 ①世界の一流選手を招いて、日本で開かれる国際競技会に付せられる名称の一つ。競馬・バレーボールなど。比較 ワールドカップ。②日本中央競馬会が、世界の一流馬を招待して行う国際レース。出走資格はサラブレッド四歳以上。毎年一一月東京競馬場で開催。距離は二四〇〇ｍ。第一回は昭和五六年(一九八一)。

**ジャパン-タイムズ**【The Japan Times】 日本人による最初の日刊英字新聞。明治三〇年(一八九七)創刊。

**シャバンヌ**【Chavannes】 ↓ピュビ=ド=シャバンヌ

**しゃ-ひ**【社費】 ①神社の費用。②会社の費用。company's expenses

**しゃ-ひ**【舎費】 寄宿舎を維持するために、寄宿人に割り当てる費用。

**じゃ-ひ**【邪飛】 野球で、ファウルフライ。

**じゃ-び-せん**【蛇皮線】 中国の元代におこり、琉球に広まった三弦の楽器、三線の日本での俗称。胴の両面にヘビの皮を張る。三味線の前身。↓写

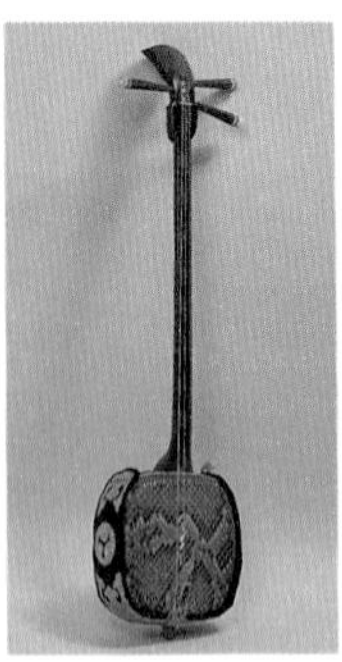
●蛇皮線　国立民族学博物館(大阪府)。

**しゃ-ひょうしん**【謝冰心】(一九〇〇〜 ) 中国の女流小説家。福建省生まれ。五・四運動期から創作を始め、児童文学でも活躍。小説『超人』、詩集『繁星』、児童文学『陶奇の夏休み日記』など。

**シャピロ**【Karl Jay Shapiro】(一九一三〜 ) アメリカの詩人。詩集『人-所-物』『Vレター』、『詩論』など。

**しゃ-ひん**【社賓】 その会社の重要なお客。company guest

**しゃ-ふ**【写譜】(名・サ変他) 楽譜を書き写すこと。また、その楽譜。copy a score

**しゃ-ふ**【車夫】 人力車をひく職業の人。車ひき。rickshaw-man

**ジャブ**【jab】 ボクシングの打法の一つ。利き腕でない方のこぶしで相手の顔面や身体をまっすぐ小きざみに打つ。

**しゃ-ふう**【社風】 その会社特有の気風。company's culture

**しゃぶ-しゃぶ** 牛肉の薄切りを沸騰した湯にさっと通し、たれ・薬味につけて食べる料理。とりあわせは野菜・春雨など。ほかに鶏・羊・豚・魚肉なども用いられる。

**じゃぶ-じゃぶ**(副) 洗ったり、大きくかき混ぜたりなどして、水が躍りはねる音・さま。ざぶざぶ。splashingly 用例 —水をかける。

**しゃ-ふつ**【煮沸】(名・サ変他) 水などを加熱して煮え立たせること。わかすこと。boiling 用例 —消毒。

**シャフティ**【Shakhty】 ソビエト連邦南西部、ドン川河口北東部にある工業都市。ドンバス東部の石炭工業の中心の一つ。人口二二・三万(一九八六)。

**シャフト**【shaft】 ①動力を伝達する回転軸。②用具の柄。用例 ゴルフクラブの—。

**ジャフナ**【Jaffna】 スリランカ北部、ジャフナ半島西部の港湾都市。かつてタミル王国の首都でヒンズー文化の拠点であった。人口一一・八万(一九八一)。

**シャプラン**【Jean Chapelain】(一五九五〜一六七四) フランスの詩人・批評家。叙事詩『オルレアンの処女』。

**シャブリ**【chablis フランス】 フランス、ブルゴーニュ地方シャブリ地区産の白ワイン。緑がかった黄金色で、さっぱりした辛口。

**シャブリエ**【Alexis Emmanuel Chabrier】(一八四一〜一八九四) フランスの作曲家。軽妙洒脱な作風で、楽器の斬新な組み合わせを行う。オペラ『グバンドリーヌ』、『スペイン狂詩曲』など。

**しゃぶり-つ・く**【しゃぶり付く】(五自) ①しゃぶって離さない。suck on ②取りついて離れない。むしゃぶりつく。seize violent hold of

**しゃぶ・る**(五他) 口の中でなめる。ねぶる。『suck



↓行き先項目、図版・写真参照印。 JIS 日本工業規格情報交換用漢字符号コード(区点コード)。

**しゃ-へい【遮▼蔽】**(名・サ変他) おおって見えなくすること。覆い。cover

**しゃべ-く・る【▼喋くる】**(五自他) さかんにしゃべる。rattle on

**しゃべ・る【▼喋る】**(五自他) ①話す。言う。talk ②べらべらと話す。chatter 用例 よく―人だ。

**シャベル【shovel】** 土砂などをすくい、穴を掘る用具。スコップ。ショベル。

**シャベル-ローダー【shovel loader】** 土砂などを掘ってすくい上げる装置を備えたトラクター。

**しゃ-へん【斜辺】** ①斜めの辺。oblique side ②直角三角形の直角に対する辺。hypotenuse

**ジャボ【jabot フランス】**《胸高につけたときの形が鳥の餌袋(ジャボ)に似るところから》ブラウス・ジレーなどにつける胸飾り。薄布にフリルやギャザーをあしらったもの。

**じゃ-ほう【邪法】** ①正しくないやりかた。不正な教え。heretical doctrine ②魔法。black art

**しゃほう-しょうけい【斜方晶系】** 対称性によって分類した結晶系の一つ。長さの異なる三つの軸が直交する形の結晶系。rhombic system

**しゃ-ぼうとく【謝▼枋得】**(一二二六〜八九) 中国、宋代末の忠臣。宋の滅亡後、元に仕えることを拒否、絶食して死ぬ。その気骨は文天祥と並び称される。編著に『文章軌範』がある。

**シャボ-テン【sapoten スペイン・仙人掌・覇王樹】** ↓サボテン

**しゃ-ほん【写本】** 手書きによって書写された本。また、手書きで写すこと。模本。抄本。謄本。manuscript 対義 版本。

**シャボン【sabão ポルトガル】** せっけん。

**シャボン-だま【シャボン玉】** ①せっけん液を、ストローの先に付けて吹いたり、針金などの輪に付けて振るなどしてつくる気泡。また、それをつくる遊び。soap bubble ②はかないもののたとえ。

**じゃ-ま【邪魔】** ㊀(名・形動・サ変他) 妨げること・さま。また、妨げになる物・音。obstacle ㊁(名)《仏教語》修行を妨げる悪魔。

**御邪魔に上がる** 他人の家を訪問することの、へりくだった言い方。用例 近々お邪魔に上がりたいのですが。

**邪魔が入る** 差し障りができる。妨げが生じる。hinder 用例 せっかくの休暇に―。

**ジャマイカ【Jamaica】** 中央アメリカ、西インド諸島中のジャマイカ島などからなる国。首都キングストン。一九六二年イギリスから独立。世界的なボーキサイト産地で、砂糖・バナナ・コーヒーも生産。主島ジャマイカ島は観光地としても著名。面積一・一万km²。人口二三七万(一九八六)。

**じゃま-だて【邪魔立て】**(名・サ変他) わざとじゃまをすること。hindrance

**じゃまっ-け【邪魔っ気】**(形動) じゃまになるさま。obstructive

**しゃ-み【▼沙▼弥】**《仏教語》①出家して十戒を守る男子の称。まだ具足戒を受けない見習い僧。②妻帯した僧。

**沙弥から長老にはなれぬ** 物事を進めるには段階があって、即席にはいかない。

**じゃみ** ①小さいもの、未熟なもの。また、みすぼらしいもの。②釣りで、小ざかな。ざこ。

**しゃみ-せん【三味線】** 日本の撥弦楽器。棹と胴からなり、ネコまたはイヌの皮を胴に張り、弦は三本。撥でひく。太棹・中棹・細棹に分かれ、太棹は義太夫節、中棹は地唄・浄瑠璃、細棹は長唄・小唄などに使われる。中国の三弦が琉球を経て日本へ伝来し、改造された。しゃみ。さみせん。三弦。数え方 一丁・一棹。↓図

**三味線を弾く** 相手の話に調子を合わせる。また、適当なことを言ってはぐらかし、相手に真意を悟らせない。play along with

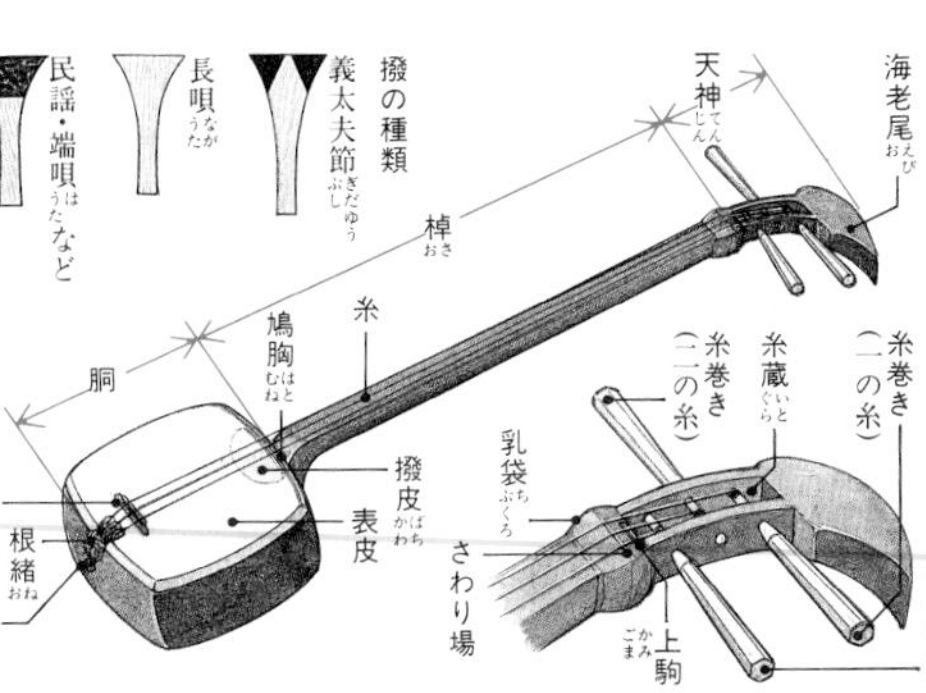

● 三味線 各部名称と撥

**しゃみせん-がい【三味線貝】** 形が一見三味線に似るシャミセンガイ科の触手動物。黄緑色の二枚の殻(殻長約四cm、殻幅約二cmの長方形)があり、二枚貝に似るが、殻は貝のように左右ではなく背腹にある。殻の後端から柄を出して固着する。浅海の砂泥中に穴を掘ってすむ。瀬戸内海・有明海などに分布。この仲間の化石は古生代から知られ、生きている化石の一つ。↓図

**しゃみせん-ぐさ【三味線草】** ナズナの異名。

● シャミセンガイ　ミドリシャミセンガイ

**シャミッソー【Adelbert von Chamisso】**(一七八一〜一八三八) ドイツ-ロマン派の詩人・植物学者。フランス貴族の子。小説『ペーター=シュレミールの不思議な話』、詩『女の愛と生涯』など。

**しゃ-む【社務】** ①神社の事務。用例 ―所。②会社の用務。business of a company

**シャム【Siam・暹羅】** ①タイの旧称。②ニワトリの品種、シャモの異名。③「シャムネコ」の略。

**ジャム【jam】** 果物に砂糖を加えて煮つめた保存食品。果実の原形が残っているものはプレザーブ。

**ジャム【Francis Jammes】**(一八六八〜一九三八) フランスの詩人。神秘的な甘い詩風で歌う。詩集『夜明けの鐘から日暮れの鐘まで』など。

**シャム-ご【シャム語】** タイ語の別称。

**ジャムシェドプル【Jamshedpur】** インド東部、ビハール州南部の重工業都市。同国鉄鋼業の最大中心地。人口六七万(一九八一)。

**ジャム-セッション【jam session】** ジャズ音楽用語。同じテーマで即興演奏の腕を競い、あるいはその場で編成したメンバーで合奏するつどい。一九四〇年代が最盛期。

**シャム-そうせいじ【シャム双生児】** 双胎の一種。二人の身体の一部が癒合している二重体奇形のこと。Siamese twins

**ジャムナ-がわ【ジャムナ川】** ↓ヤムナがわ(ヤムナ川)

**シャム-ねこ【シャム猫】** ネコの一品種。初めシャム(現在のタイ)の王室で飼われ、のちイギリスで改良された。体は細くしなやかでクリーム色・銀色など。顔・耳・尾・四肢は暗褐色。Siamese cat ↓猫 写

**シャム-わん【シャム湾】**(Gulf of Siam) タイ南部、インドシナ半島南西部とマレー半島に囲まれる湾。メナム川が流入する。タイランド湾。

**しゃ-めい【社名】** 結社・会社の名前。name of a company

**しゃ-めい【社命】** 会社の命令。order of the company 用例 ―を帯びる。

**しゃ-めん【赦免】**(名・サ変他) 罪・過失を、ゆるすこと。remission

**しゃ-めん【斜面】** 傾いている面。傾斜面。slope

**しゃめん-ばいよう【斜面培養】** 寒天などで斜面の固定培地をつくり、その面に細菌やカビなどを培養すること。slant culture

**しゃめん-ふう【斜面風】** 熱的原因によって斜面を上昇したり、下降したりする風。日中は斜面が温められて上昇し、夜間は冷やされて下降する。slope wind

**シャモ**(shymo アイヌ) アイヌ人が日本人をさして言った語。

**シャモ【軍鶏】** ニワトリの一品種。首が長く肩幅は広く、容姿は精悍。江戸時代にシャム(タイ)から渡来、日本で改良された。闘鶏用・愛玩用・肉用。シャム。グンケイ。↓写

● シャモ

**シャモア【chamois】** カモシカに近縁の草食獣。ヨーロッパ、アルプスなどに生息する。体長約一・三m、体高約〇・八m。後方へかぎ形に曲がった角がある。岩登りが巧み。

**しゃ-もじ【▼杓文字】**《「杓子」の女房ことば》飯や汁をすくうための木製の道具。

**シャモット-れんが【シャモット▼煉▼瓦】** 耐火れんがの一つ。耐火粘土をあらかじめ焼成し、粉砕したもの(シャモット)に粘土を混ぜてつくる。耐熱建材としてもっとも広く使用されている。chamotte brick

**シャモニー【Chamonix】** フランス南東部の町。アルプス山脈のモンブラン北麓の登山基地。標高一〇四〇m。国際的なスキー場がある。人口八八〇〇(一九八二)。

**しゃ-もん【▼沙門】**《仏教語。śramaṇa 梵 の転訛形の音写で、善に勤める人の意》出家し、悟りを開くために努力する人。出家。

**しゃ-もん【▽借問】**(名・サ変自)《「しゃくもん」は慣用読み》ためしに質問すること。

**じゃ-もん【蛇紋】** ヘビの胴体の斑紋に似た模様。

**しゃもん-おり【斜文織(り)】** 織物の三原組織の一つ。縦・横糸が順次交錯して、斜めの織り模様をつくる。平織りに比べ糸密度を多くすることができ、綾目の細かいものは耐久性があり、組織が柔軟。綾織り。twill weave

**じゃもん-がん【蛇紋岩】** 蛇紋石を主成分とする暗緑色の岩石。橄欖岩中の橄欖石や輝石が変質してできる。造山帯に産出することが多い。装飾石材として用いられる。serpentinite

**じゃもん-せき【蛇紋石】** マグネシウムの含水珪酸塩鉱物。蛇紋岩の主成分鉱物。単斜晶系。色は緑・緑青色が主で、黄・白・灰色もある。橄欖岩中の橄欖石や輝石が、水と反応して変質し生成する。繊維状のものはアスベスト(石綿)の一種で、断熱材として利用する。serpentine

**ジャヤ-さん【ジャヤ山】**(Puntjak Jaya) インドネシア、ニューギニア島の最高峰。標高五〇三〇m。旧称スカルノ山。

**しゃ-ゆう【社友】** ①社員以外で、その会社に深い関係のある人。②同じ会社の仲間。colleague

**しゃ-よう【社用】** 会社の用事。company business

**しゃ-よう【斜陽】** ㊀①夕日。setting sun ②権勢のあったものが、おちぶれること。declining 用例 ―産業。㊁太宰治の小説。昭和二二年(一九四七)発表。第二次大戦後の没落貴族の家庭を描く。

**しゃよう-ぞく【社用族】**《「斜陽族」のごろ合わせ》会社の用事にかこつけて、社費で、はでな遊び・旅行などをする人。

**しゃよう-ぞく【斜陽族】** 第二次大戦後の社会的変動によって没落した華族などの上流階級。太宰治の小説『斜陽』から生まれた風俗語。

**じゃ-よく【邪欲】** ①正しくない欲望。wicked desire ②みだらな欲念。wanton desire

**しゃら【▼娑羅・▼沙羅】** ①サラソウジュの別名。②ナツツバキの別名。

**シャラ【Janine Charrat】**(一九二四〜) フランスのバレリーナ。独創的な振り付けで知られる。

**じゃ-らい【▽射礼】** 奈良時代から宮中で正月に行われた射術の儀式。一五日に兵部省で射手と順番をきめ、一七日に建礼門の前で挙行。南北朝時代ごろまで続いた。

**しゃ-らく【▼洒落】**(名・形動) あっさりしていて、わだかまりのないこと・さま。frank; open-heartedness

**しゃらく【写楽】** ↓とうしゅうさいしゃらく(東洲斎写楽)

**しゃら-くさ・い【▼洒▽落臭い】**(形)《俗語》生意気だ。こしゃくだ。

**じゃら-じゃら**(副・サ変自) ①硬貨など、たくさんの硬い小さなものが触れ合って出す音。②《俗語》いろっぽく、いやらしく言った

●舎利塔　延暦寺（滋賀県）。

り、したりするさま。とくに、女に対する男の態度を言う。
**じゃら・す**（五他）《俗語》ふざけさす。じゃれさせる。用例 子猫を——。
**しゃら-そうじゅ【▼娑羅双樹】**↓さらそうじゅ（娑羅双樹）
**ジャランドル**［Jullundur］インド北西部、パンジャブ州中部の都市。軍事上の要地。人口四〇・六万（一九八一）。
**しゃり【舎利】**①《仏教語》仏・聖者の遺骨。仏舎利。②火葬にしたあとの骨。③米また米飯の隠語。用例 銀——。④白くなって死んだカイコ。
**舎利が甲になる**（しゃりがこうになる）《「舎利」は骨、または頭蓋（ずがい）骨。「甲」は、よろい》とうていありえないことのたとえ。
**しゃ-り【射利】**偶然の利益をあてにして、金もうけをしようとすること。
**しゃり【斜里】**〈町〉北海道東部、オホーツク海に臨む町。テンサイ・ジャガイモ栽培、サケ漁がさかん。人口一万五五三一（一九八八）。
**じゃ-り【砂利】**小石。またそれに砂の混じった物。ざり。gravel
**ジャリ**［Alfred Jarry］（一八七三〜一九〇七）フランスの詩人・劇作家。ダダイスム・シュールレアリスムの先駆者。戯曲『ユビュ王』など。
**シャリアピン**［Fyodor Ivanovich Shalyapin］（一八七三〜一九三八）ロシアのバス歌手。すばらしい美声と劇的表現力でオペラに活躍。二〇世紀前半を飾る名歌手の一人。
**シャリー**［Andrew Victor Schally］（一九二六〜）アメリカの内分泌学者。副腎（ふくじん）皮質ホルモン放出因子と黄体（おうたい）形成ホルモン放出因子の構造を解明した。一九七七年ノーベル生理学医学賞受賞。
**シャリーア**［shari'a アラビア］《本来は、水場への道、の意》イスラム教の教義に基づいて人間の正しい生き方を示した規範体系。宗教儀礼から刑法や国際法まで一切を含む。イスラム法。聖法。
**しゃ-りき【車力】**大八車で荷物を運ぶ職業の人。cart-man
**しゃりき【車力】**〈村〉青森県、津軽（つがる）半島西岸の村。稲作のほか、スイカ・メロン栽培がさかん。航空自衛隊のナイキ基地がある。人口六八六一（一九八八）。
**しゃり-とう【舎利塔】**仏舎利を安置する小さな塔。↓写
**シャリバリ**［charivari フランス］中世以降のヨーロッパで共同体の規範を犯したものに加えられた儀礼的な懲罰行為。若者組を中心に大騒ぎが演じられ、規範を犯したものは罰金を払うことで許されて共同体の一員と認められる。
**シャリベツ【舎利別】**《siroop オランダの音写》白砂糖の濃い溶液。シロップ。
**しゃりほつ【舎利▼弗】**《Sāriputra 梵 の音写》釈迦（しゃか）十大弟子の一人。十六羅漢の一人。智慧（ちえ）第一と称せられた。舎利子。シャーリプトラ。
**しゃ-りょう【車両・車▼輛】**車。車体。car 数え方 一両・一台。
**しゃりょう-かんちき【車両感知器】**道路の渋滞（じゅうたい）監視や、信号の適切な制御のために路上に設置する機器。磁気や超音波を利用したセンサーで、設置地点を通過する車両などを感知する。traffic counter
**しゃり-ようき【舎利容器】**舎利（仏陀（ぶっだ）の遺骨）を納めたもの。舎利を入れたガラスつぼを、さらに銀・銅器に入れたもの。
**しゃ-りん【車輪】**①車の輪。wheel 数え方 一輪。②一生懸命演じる、また働くこと。working hard 用例 大——。
**しゃりん-せき【車輪石】**碧玉（へきぎょく）または粘板岩などで作られた古墳時代の腕輪の一つ。カサガイ製貝輪を模したもの。扁平（へんぺい）な卵形を呈し、中央に円孔、表面には放射状の彫刻をもち、車輪の形に似ている。実用品ではなく、宝器の一つとされる。↓写

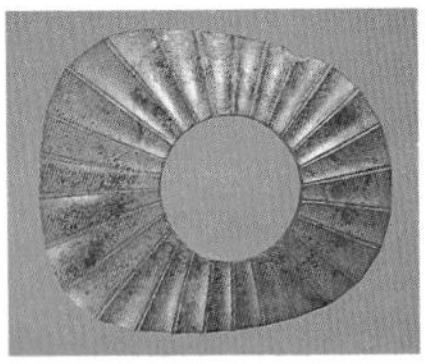

●車輪石　大阪府、金山古墳出土。

**しゃりんのした【車輪の下】**《原題Unterm Rad ドイツ》ヘルマン＝ヘッセの自伝小説。一九〇六年刊。おとなたちの虚栄と神学校生活での少年の悲劇を描く。
**しゃりん-ばい【車輪梅】**バラ科の常緑低木。高さ二〜五m。暖地の海辺にはえる。葉は長楕円（だえん）形で厚く、枝先に密に互生。五月、白色五弁花を開く。タチシャリンバイ。↓写
**しゃる**（助動 下二・四段混在型）《「せらる」の転》尊敬の意を表す。お…になる。参考 活用は、はじめ下二段であったが、のち四段化し、両方が混在する。
**ジャル【JAL】**《Japan Air Lines の略》日本航空（株）。
**ジャルー**［Edmond Jaloux］（一八七八〜一九四九）フランスの小説家・批評家。小説『愛の終末』など。
**シャルコー**［Jean Martin Charcot］（一八二五〜一八九三）フランスの神経病理学者。近代神経学の祖。筋萎縮（いしゅく）性側索硬化症・シャルコー-マリー筋萎縮症などを初めて報告した。
**シャルジャ**［Sharjah］アラビア半島東部、アラブ首長国連邦を構成する七つの首長国の一つ。首都シャルジャ。人口一八・四万（一九八二）。
**シャルダン**［Jean-Baptiste Siméon Chardin］（一六九九〜一七七九）フランスの画家。日常生活や身辺の事物を、詩情豊かな落ち着いた画面に描出。作品『こま遊びの少年』『妻の像』など。↓写
**シャルティエ**［Alain Chartier］（一三八五ごろ〜一四三三ごろ）フランスの詩人。宮廷風恋愛を主題とした。詩『つれなき美女』、散文『四人譏罵（きば）問答』など。
**シャルトリューズ**［Chartreuse フランス］蒸留酒に各種の薬草を加えたもの。フランスのシャルトリューズ派寺院創製で、リキュールの女王といわれる。緑・黄・白の三種類がある。アルコール分四五〜五五％。
**シャルトル**［Chartres］フランス中北部、パリ南西のウール川に臨む商業都市。電子・機械・化学などの工業がさかん。ゴシック式の最高傑作といわれる大聖堂が有名。人口三・七万（一九八二）。
**シャルトル-だいせいどう【シャルトル大聖堂】**（Cathédrale Notre-Dame de Chartres フランス）フランス中北部の、シャルトルにある大聖堂。フランス-ゴシック建築の代表作。しばしば火災で破損、現存のものは一一九四〜一二二五年ごろ再建。↓ゴシック美術 写
**シャルドンヌ**［Jacques Chardonne］（一八八四〜一九六八）フランスの小説家。夫婦間の心理と愛を描く。作品『祝婚歌』『ロマネスク』など。
**シャルパンティエ**［Gustave Charpentier］（一八六〇〜一九五六）フランスの作曲家。管弦楽組曲『イタリアの印象』、オペラ『ルイーズ』など。

●シャリンバイ

**シャルパンティエ**［Marc-Antoine Charpentier］（一六三四〜一七〇四）フランスの作曲家。モリエールと組み、劇の付随音楽で成功。宗教音楽にもすぐれる。

●シャルダン『こま遊びの少年』。一七三八年ごろ、ルーブル美術館（フランス）。

**シャルマン**［charmant フランス］（形動）魅力的なさま。チャーミング。charming
**シャルル**〈豪胆（ごうたん）公〉［Charles le Téméraire］（一四三三〜一四七七）フランスのブルゴーニュ公。ルイ一一世の王権伸張策に対抗し、不満諸侯を組織して、国王に領地保全を認めさせた。ナンシーで戦死。
**シャルル**〈七世〉［Charles Ⅶ］（一四〇三〜一四六一）フランス国王（在位一四二二〜一四六一）。ジャンヌ＝ダルクのオルレアン解放後、ランスで戴冠（たいかん）。一四五三年、カレーを除く全土をイギリス支配から回復し、百年戦争を終結させた。以後、国内統一と王権強化に尽力。勝利王。
**シャルル**〈九世〉［Charles Ⅸ］（一五五〇〜一五七四）フランス国王（在位一五六〇〜一五七四）。即位後も母后カトリーヌ＝ド＝メディシスが摂政（せっしょう）として実権を掌握。治世中宗教紛争が頻発し、新旧両派の政争にまきこまれた。サン-バルテルミーの虐殺を黙認した。
**シャルル**〈一〇世〉［Charles Ⅹ］（一七五七〜一八三六）フランス国王（在位一八二四〜一八三〇）。フランス革命中は亡命して反革命運動を組織。王政復古後は極右王党派を指導。ルイ一八世の死で即位したが、反動政策を行ったため七月革命を招き、イギリスに亡命。北イタリアで死去。
**シャルル-ドルレアン**［Charles d'Orléans］（一三九四〜一四六五）フランスの詩人。伝統的な宮廷風恋愛を主題とし、優雅な洗練された詩法で歌った。イギリスに二五年間幽閉された。作品『獄舎の歌』など。
**シャルル-の-ほうそく【シャルルの法則】**圧力一定のとき、気体の体積は、温度が一℃上昇するごとに0℃のときの体積の二七三分の一ずつ増加するという法則。Charle's Law
**シャルルマーニュ**［Charlemagne］カール（一世）のフランス語読み。
**シャルルロア**［Charleroi］ベルギー南西部の工業都市。炭田地域の中心にあり、鉄鋼・機械・化学などの重化学工業が発達。人口二一万（一九八二）。
**しゃれ【▼洒▽落】**①服装・持ち物などに気をつかってよそおうこと。おしゃれ。dress up ②時流に適した、洗練された感じのもの・こと。③即興の、機知に富んだことば。同音を利用した、気の利いた言い替え。地口。pun 用例 ——がうまい。
**しゃ-れい【謝礼】**（名・サ変自）お礼をすること。また、その金品。reward
**しゃ-れいうん【謝霊運】**（三八五〜四三三）中国、南北朝期の南宋（なんそう）の詩人。陽夏の人。謝康楽（しゃこうらく）ともよばれる。自然を詠じては当代随一といわれ「山水詩」の分野を開く。陶淵明（とうえんめい）と並ぶ六朝期の代表的詩人。詩集『謝康楽集』。
**シャレー**［chalet］①スイス山地の農家風別荘。②木造の小規模の山荘。
**しゃ-れき【砂▼礫】**↓されき（砂礫）
**しゃ-れき【社歴】**①会社の歴史。the history of a company ②入社してからの年数。length of service
**しゃれ-こうべ【▼髑▼髏】**↓されこうべ（髑髏）
**しゃれ-こ・む【▼洒▽落込む】**（五自）念入りに自分をかざる。めかしこむ。dress oneself up
**しゃれっ-け【▼洒▽落っ気】**＝しゃれけ。①着飾って人に見せようとする気持ち。②気の利いた言動をしようとする気持ち。
**ジャレット**［Keith Jarrett］（一九四五〜）アメリカのジャズ-ピアニスト・作曲家。一九七〇年代のジャズの担い手の一人となる。
**しゃれ-ぼん【▼洒▽落本】**江戸中期〜後期の小説の一ジャンル。遊里を舞台に遊びの美意識「通」を、滑稽（こっけい）をまじえ会話中心に書いたもの。明和（めいわ）〜天明（てんめい）ごろに盛行。半紙四つ折りの書型から蒟蒻本（こんにゃくぼん）・小本（こぼん）とも。山東京伝（さんとうきょうでん）『通言総籬（つうげんそうまがき）』など。
**しゃ・れる【▼洒▽落る】**（下一自）①はでに装う。dress up ②言動があかぬけている。doing smartly ③しゃれを言う。pun
**じゃ・れる【▽戯れる】**（下一自）①ふざける。play with ②まつわりつく。cling; stick
**じゃ-れん【邪恋】**よこしまな恋。道にはずれた恋。illicit love
**ジャロ【JARO】**《Japan Advertising Review Organization の略》日本広告審査機構。
**シャローム**［shālōm ヘブライ］ユダヤ人が平安・安息・平和の意をこめて、頻繁に交わす日常のあ

いさつ。

**シャロット**【shallot】ユリ科の多年草。タマネギの変種。葉はタマネギに似る。地下の鱗茎は肥大すると、三㎝ほどに分球。鱗茎を香辛野菜とし、葉も食用。エシャロット。↓写

● シャロット

**シャロレー-しゅ**【シャロレー種】フランス、シャロレー地方原産の肉用牛の一品種。体は大形で発育がよい。各国で肉牛の改良に利用される。Charolais

**シャワー**【shower】①急に降ってくる雨。にわか雨。②散水噴出口(シャワーヘッド)から水や適温の湯を出し体を洗う設備。

**シャワー-トイレ**《和製語》温水洗浄装置のついた便器。便座にノズルがあり、用便後に温水で洗浄ができるもの。

**ジャワ-かい**【ジャワ海】(Java Sea) インドネシア中部・スマトラ島南東部・ジャワ島・小スンダ列島西部・カリマンタン島に囲まれる海域。東西一〇〇〇㎞、南北四〇〇㎞。

**ジャワ-げんじん**【ジャワ原人】ピテカントロプスの別称。

**ジャワ**【Jawaオランダ・爪哇・瓜哇】ジャワ島の略称。

**ジャワ-ご**【ジャワ語】ジャワの大部分で用いられる言語。アウストロネシア語族に属す。最古の文献は九世紀にさかのぼり、古代にはサンスクリット語、中世にはアラビア語・オランダ語などの影響を受けた。相手の階級に応じゴコとクロモの二種類の言語を区別する。Javanese

**ジャワ-サラサ**【Java saraçaポルトガル・ジャワ更紗】インドネシアのジャワ島で産する木綿のろうけつ染め。また、それを模したプリント。植物文様や幾何文様が多く、茶・青・オレンジなどを用いる。

**ジャワ-とう**【ジャワ島】(Java Pulau) インドネシアの主島。大スンダ列島に属する。中心都市ジャカルタ。東西に細長く、火山が多い。面積一二・六万$km^2$。古くから、仏教・ヒンズー教・イスラム教のほか、ヨーロッパの文化が伝来。米・トウモロコシ・ゴム・茶などの農業がさかん。世界有数の人口密度の高い島。

**シャン**【schönドイツ】(名・形動)《学生語から》女性の美しいこと・さま。また、美人。用例 彼女は——だ。

**シャンカール**【Ravi Shankar】(一九二〇) 国際的シタール奏者・作曲家。インド生まれ。インドの民族楽器シタールを通じてインド音楽を広める。

**シャンカラ**【Saṅkara梵】(七〇〇～七五〇ごろ) インドの哲学者。六派哲学の一つベーダーンタ学派の教理の集大成者。

**じゃんがら** 福島県磐城地方や長崎県平戸地方で、盆に行われる民俗舞踊の一つ。念仏踊りの一種で、祖霊供養を目的に、鉦・太鼓を打ち鳴らしながら踊る。平戸では豊作祈願の意味もあるという。

**ジャンク**【junk】《「戎克」とも》中国特有の帆船の総称。木造で、船内を多数の隔壁で仕切って肋骨の代わりとしている。運搬船として使用され、大型の外洋用から小型の内河川用まである。↓写

● ジャンク　武漢付近の長江(揚子江)。

**ジャンク-アート**【junk art】廃物芸術。生活の中のがらくたや、こわれた機械部品などで構成された芸術。一九五〇年代半ばのラウシェンバーグの作品などから始まるとされる。

**ジャン-クリストフ**【Jean-Christophe】ロマン=ロランの小説。全一〇巻。一九〇四～一二年発表。ドイツ人天才音楽家の、誕生から死までの苦難に満ちた生涯を描く。

**ジャングル**【jungle】①密生した未開地の森林、熱帯雨林をさす。南米アマゾン川流域、アフリカのザイール川流域、東南アジアなどにみられ、高温で多湿。密林。②《転じて》暗黒街。

**ジャングル-キャット**【jungle cat】ネコ科の動物。体長八〇㎝内外。耳は三角形、尾に黒帯。やぶ地や草原などにすみ、ネズミ・カエル・鳥などを捕食。南・東南アジアなどに分布。

**ジャングル-ジム**【jungle gym】金属パイプを立体格子に組んだ子どもの遊具。渡る、くぐる、登り下りするなどして遊ぶ。

**ジャングルブック**【The Jungle Book】キプリングの小説・韻文集。一八九四年・続編九五年刊。オオカミに育てられた少年の物語。

**じゃん-けん**【じゃん▼拳】拳の一種。手で石(ぐう=拳骨)、鋏(ちょき=中・人差し指の二本指を出したもの)、紙(ぱあ=てのひらを開いたもの)をつくり、いっしょに出して勝負を決める遊び。石は鋏に、鋏は紙に、紙は石に勝つ。ぐうちょきぱあ。いしけん。paper, stone and scissors

**シャンシー**【山西】〈省〉(Shānxī) ↓さんせい(山西)

**シャンシー**【陝西】〈省〉(Shǎnxī) ↓せんせい(陝西)

**しゃん-しゃん**(副) ①鈴の鳴る音。jingle ②大勢の人が調子を合わせて手を打つ音。③丈夫でてきぱき立ち働くさま。briskly 用例 八〇歳でも——働いている。

**じゃん-じゃん**(副) ①半鐘などを続けて鳴らす音。jangle ②次から次へと間をおかず続けるさま。one after another 用例 料理を——持って来させる。

**シャン-シュイ**【湘水】(Xiāng Shuǐ) ↓しょうこう(湘江)

**しゃんす**(助動 サ変型)《四段・ナ変動詞の未然形に付く》尊敬または丁寧の意を表す。…なさいます。

**ジャンセニスム**【jansénismeフランス】オランダの神学者ヤンセンの説に基づき、一七～一八世紀にフランスを中心に起こった宗教改革運動。人間の自由意志よりも恩寵を重んじてイエズス会と対立した。

**シャンゼリゼー**【Champs-Élysées】フランス中北部、パリの有名な大通り。コンコルド広場とドゴール広場間一・九㎞を結ぶ。

**ジャン-そう**【▼雀荘】《俗語》麻雀屋。

**シャン-ぞく**【シャン族】ビルマを中心に、インドのアッサム地方、中国雲南省に分布するタイ系諸族の一つ。水稲耕作に従事。一二～一六世紀にはビルマに多数の土侯国を形成。Shan

**シャンソン**【chansonフランス】フランス語による世俗的な歌曲。①一六世紀までの世俗歌曲。②一般にフランスのポピュラーソングをさす。歌詞の内容が重要視され、クプレという物語風の部分と、ルフランという繰り返しの部分とから成り立つ、などの特色がある。

**シャンソン**【André Chamson】(一九〇〇～八三) フランスの小説家。一九三〇年代の代表的左翼知識人。作品『街道の人々』『セベンヌ組曲』など。

**ジャンソン**【Francis Jeanson】(一九二二) フランスの哲学者・小説家。評論『サルトル』、自伝小説『女たちへの手紙』など。

**シャンソン-ド-ジェスト**【chansons de gesteフランス】フランス最古の英雄叙事詩の総称。一一世紀末(あるいは一二世紀初め)から一四世紀まで数多くつくられた。英雄の超人的な武勇や精神的葛藤を歌う。武勲詩。

**シャンタン**【shantung】横糸に節糸を使い、布面に不規則な節を出し、野趣を出した平織りの織物。元来は中国山東省で産する柞蚕糸や絹の玉糸を用いた手織物のこと。

**シヤンタン**【湘潭】(Xiāngtán) ↓しょうたん(湘潭)

**シヤン-チアン**【湘江】(Xiāng Jiāng) ↓しょうこう(湘江)

**シヤン-チー**【象棋】(xiàngqí) 盤上遊戯の一種。中国の将棋で、駒は円形、敵味方三二枚を使う。駒の動かし方など、日本の将棋とはルールが異なる。中国将棋。しょうき。

**シャンツェ**【Schanzeドイツ】スキーのジャンプ台。ski jump

**シャンティイ**【chantillyフランス】生クリームに砂糖とバニラを加えて泡立てたもの。

**シャンデリア**【chandelierフランス】洋室の天井からつるす装飾の付いた照明器具。ろうそく形のシャンデリア電球を用いるものが多い。

**シャンテレル**【chanterelleフランス】アンズタケの別名。

**しゃん-と**(副) ①きちんとして、崩れていないさま。straight 用例 ——立つ。②確かなさま。衰えず丈夫なさま。clear and sound 用例 頭は——している。

**シャントウ**【汕頭】(Shàntóu) 中国、広東省北東部の港湾都市。一八五八年の天津条約で開港。韓江デルタ地域の農産物の集散地。伝統的刺繍が有名。人口七四・六万(一九八四)。スワトウ。

**シャントン**【山東】〈省〉(Shāndōng) ↓さんとう(山東)

**シヤンナン**【湘南】(Xiāngnán) ↓しょうなん(湘南)

**ジャンヌ-ダルク**【Jeanne d'Arc】(一四一二～三一) 百年戦争でフランスを救った英雄的少女。救国の啓示を受けたとして従軍。一四二九年イギリス軍包囲下のオルレアンを解放。三〇年イギリスの捕虜となり、三一年ルーアンの宗教裁判により異端とされ焚刑。オルレアンの少女。↓写

● ジャンヌ=ダルク　アングル『シャルル七世の戴冠式のジャンヌ=ダルク』より。

**ジャンパー**【jumper】①仕事・レジャー・スポーツ用に広く着られる、ゆったりしたブラウスまたは上着。丈はウエストぐらい、袖口と裾はゴム編みかボタン止めが多い。②スキーなどの跳躍競技の選手。

**ジャンパー-スカート**《和製語》胴着とスカートが続いた婦人・女児服。ブラウスに組み合わせるので、ふつう、袖無しで襟ぐりが深い。jumper ↓図

● ジャンパースカート

**シャンパーニュ**【Champagne】フランスのパリ盆地東部、北はエーヌ川から南はセーヌ川とヨンヌ川に囲まれた地域。

**シャンハイ**【上海】(Shànghǎi) 中国、揚子江の下流南岸、支流黄浦江との合流点にある中国最大の商工業都市。省と同格の中央直轄市。一八四二年の開港以来、急速に発展。人口六八八万(一九八四)。

**シャンハイコワン**【山海関】(Shānhǎiguān) ↓さんかいかん(山海関)

**シャンハイ-じへん**【▽上▽海事変】①昭和七年(一九三二)上海で起こった日中両軍の武力衝突。日本軍は上海占領をはかったが、中国軍の抵抗を受け停戦。国際的孤立を深めた。②昭和一二年(一九三七)日中戦争の最中、日本軍が上海を占領した事件。これにより戦争がさらに拡大した。

**シャンハイ-りょうり**【▽上▽海料理】中国料理の一つ。中国料理のうちで、もっとも洗練されているといわれる。海に近いため魚介類の料理が特徴。また、昔からの港湾都市で、外国料理の影響もうけている。

**ジャン-パウル**【Jean Paul】(一七六三～一八二五) ドイツの小説家。理想の世界を陶酔と夢想のうちに描いた。小説『宵の明星』『巨人』、教育論『レバーナ』、『美学入門』など。

**ジャン-バルジャン**【Jean Valjean】ユゴーの小説『レ-ミゼラブル』の主人公。パンを盗んで一九年間を獄中に過ごし、のち慈善と愛と苦難に生きる。

**シャンパン**【champagneフランス・三鞭酒】厳密にはフランスのシャンパーニュ産の発泡性のワイン。赤と白の二種。アルコール分一二％。シャンペン。

**シャンピニョン**【champignonフランス】ハラタケ科に属する食用の白いキノコ。人工栽培は一六五〇年ごろパリ郊外で始められた。西洋

▼常用漢字表外。　▽常用漢字表の音訓外。

料理の材料として重要。マッシュルーム。mushroom

**ジャンプ**[jump] ㊀(名・サ変自) 跳び上がること。跳躍。用例 ホップ-ステップ-アンド-―。㊁(名) スキー・陸上競技で、跳躍種目。

**シャンプー**[shampoo] ㊀(名・サ変自) 頭髪の汚れを洗い落とすこと。㊁(名) 洗髪剤。せっけんと合成洗剤に大別される。乾燥した髪、脂性の髪など髪質に応じて製品化されている。

**ジャンプ-きょうぎ**[ジャンプ競技] スキーのノルディック競技の一つ。人工のジャンプ台から空中に飛び、飛距離と飛型を競う。七〇m級と九〇m級がある。ski jumping ↓図

**ジャンプスーツ**[jumpsuit] 上着とズボンが一体化したつなぎ形式の服。一九六七年のパリコレクションで初登場。素材は伸縮性のあるジャージーなど。↓写

**ジャンプ-ボール**[jump ball] バスケットボールで、試合開始時や再開時に行われるプレー。向かい合った選手が、レフリーの投げ上げたボールを取り合う。

●ジャンプスーツ

**シャンプラン**[Samuel de Champlain](一五六七～一六三五) フランスの探検家。アンリ四世の命により一六〇三年以来カナダを探検。一六〇八年ケベックを建設。一六二〇年カナダ初代総督に任ぜられた。

**ジャンブル**[Dzhambul] ソ連中南部、カザフ共和国の都市。五世紀以来の古都で古墳、廟など史跡が残る。人口三〇・八万(一九八六)。

**シャンフルリ**[Champfleury](一八二一～一八八九) フランスの小説家。本名ジュール＝ユソン。写実主義を唱えた。作品『シャン-カイユー』など。

**シャンブレー**[chambray] 縦に色糸、横にさらし糸か未ざらし糸を用いた平織りの綿織物。デニムに似る。霜降り・縞柄などが多い。

**シャンペン**[champagne フラ ンス・三鞭酒] ↓シャンパン

**ジャンボ**[jumbo](名・形動) ①巨大な。特大の。用例 ―宝くじ。②「ジャンボ-ジェット」の略。

**ジャンボ-ジェット**[jumbo jet] ボーイング社製747型機の愛称。超大型のジェット機で、乗客定員三〇〇～五〇〇人。

**ジャンボリー**[jamboree]《アメリカインディアンのことばで「祝宴」「酒盛り」の意》国際的、または全国的なボーイスカウトの野営大会。

**シャンポリオン**[Jean-François Champollion](一七九〇～一八三二) フランスのエジプト学者。一八二二年、ロゼッタ石とオベリスクの銘文の比較研究により、エジプト象形文字(ヒエログリフ)の解読に成功。

**ジャンメール**[Zizi Jeanmaire](一九二四～) フランスのバレリーナ・シャンソン歌手。映画にも多く出演。

**ジャンル**[genre フラ ンス] ①共通の特質をもつ似かよった部門。類。②文学や芸術で、類型・形式などによる分類のこと。詩・小説・戯曲など。

**シャンル-フォン**[香炉峰](Xiānglú Fēng) ↓こうろほう(香炉峰)

**シュ** 4画 [手] 部首[手] 教育小1 JIS 2874 3画 [扌] 部首[扌] 異体字
音 シュ・シュウ・ス
訓 て・た
手 手 手 手
①て。肩から指先までの部分。うで。てくび。てのひら。てのゆび。対義 足。「握手・挙手・徒手・魔手」「手中」②やりかた。てぎわ。「手段・手法・手練・手腕」③ひと。…するひと。「騎手・選手・投手・名手」用例《接尾的》運転―。交換―。④てずから。自分でする。「手記・手書」参考 漢字の偏では、扌が用いられる。

**シュ** 4画 [殳] 部首[殳] JIS 6153
音 シュ
①ほこ。長いほこ。また、さお。②部首の一つ。ほこづくり。るまた。

**シュ** 5画 [主] 部首[丶] 教育小3 JIS 2871 5画 [主] 旧字
音 シュ・ス・シュウ
訓 ぬし・おも
主 主 主 主 主
①きみ。支配する人。対義 従。「君主・名主・主君・主従」用例 (名) ―とあおぐ。―につかえる。②ぬし。「祭主・喪主」③客に対する地位のもの。対義 客。㋐まねく人。「主人」㋑自分。作用・行為の中心。「主客・主観・主体」④おもな。上の。中心。対義 従・伴・副。「主位・主演・主眼・主義・主催・主食・主題・主張」用例 (名) ―になって働く。《接頭的》―目的。―産地。⑤キリスト教で、神またはキリストのこと。用例 (名) ―よ、みめぐみを。

**主辱めらるれば臣死す**(しゅはずかしめらるればしんしす) 主君が他から辱めを受けたならば、臣たる者は、命をかけてその恥辱をそそぐ。

↓シュウ・ス[主]

**シュ** 6画 [守] 部首[宀] 教育小3 JIS 2873
音 シュ・ス・シュウ
訓 まもる・もり
守 守 守 守 守 守
①まもる。まもり。対義 攻。「固守・死守・保守」「守護・守備」②役人。かみ。「看守・国守・太守」③もり。子もり。番人。↓ス[守]

**シュ** 6画 [朱] 部首[木] 常用 JIS 2875
音 シュ
①あかい。あか。あけ。すこし黄色がかったあかい色。あかい色の顔料。比較 丹。「朱印・朱墨・朱塗り」用例 (名)満面に―を注ぐ。②昔の貨幣の単位。一両の一六分の一。一分の四分の一。③中国の宋代の学者、朱熹のこと。「程朱学」「朱子学」

**朱に交われば赤くなる**(しゅにまじわればあかくなる) 人は交わる友によって、よくも悪くもなる。He who touches pitch shall be defiled therewith. 比較 麻の中の蓬。

**朱を入れる**(しゅをいれる)《朱筆を用いて行うことから》詩文を添削する。転じて、広く、文章を直す。また、習字で文字の書きぐあいを直す。correct

**朱を注いだ様**(しゅをそそいだよう) 顔などが真っ赤になることの形容。be flushed 用例 怒りで顔が―になる。

**シュ** 8画 [侏] 部首[人・亻] JIS 4845
音 シュ
背たけの低い人。こびと。一寸法師。「侏儒」

**シュ** 8画 [取] 部首[又] 教育小3 JIS 2872
音 シュ
訓 とる
取 取 取 取 取 取
①とる。える。対義 捨。「進取・奪取」「取材・取捨・取得」②仏教で、十二因縁の一つ。愛欲におぼれ、名利を得ようとすること。

**シュ** 8画 [枓] 部首[木]
音 シュ・トウ
ひしゃく。湯や水などをくむ道具。↓トウ[枓]

**シュ** 9画 [姝] 部首[女]
音 シュ
①うるわしい。みめよい。美人。②やわらかい。よわよわしい。

**シュ** 9画 [茱] 部首[艹] JIS 7205
音 シュ
①「茱萸」は、グミ。グミ科の樹木。②「呉茱萸」は、かわはじかみ。ミカン科の落葉小高木。

**シュ** 9画 [洙] 部首[氵] JIS 6212
音 シュ
中国の川の名。山東省をながれる。泗水の支流。洙水。

**シュ** 9画 [炷] 部首[火]
音 シュ
①ひをともす。また、香をたく。②しん。灯心。灯油にひたして、ひをつけ、あかりとするもの。

**シュ** 9画 [狩] 部首[犭] 常用 JIS 2877
音 シュ・シュウ
訓 かる・かり
①かり。鳥・けものなどをとること。類似 猟。対義 漁。「狩猟」②昔、中国で、天子の命令によって、諸侯がまもっていた領地。「巡狩」

**シュ** 9画 [首] 部首[首] 教育小2 JIS 2883
音 シュ・シュウ
訓 くび
首 首 首 首 首 首
①くび。こうべ。あたま。対義 尾。「斬首」「首級・首尾」②おさ。かしら。「元首・党首」③はじめ。第一。「部首」「首位・首席」④白状をする。もうしでる。「自首」⑤漢詩や和歌。「落首」⑥漢詩や和歌を数えるのに用いる。用例 (助数)五―。

**シュ** 10画 [修] 部首[人・亻] 教育小5 JIS 2904
音 シュウ・シュ
訓 おさめる・おさまる
筆順 ↓シュウ[修]
①おさめる。ならう。「勤修」「修行・修験者」②儀式をおこなう。「修法」
↓シュウ[修]

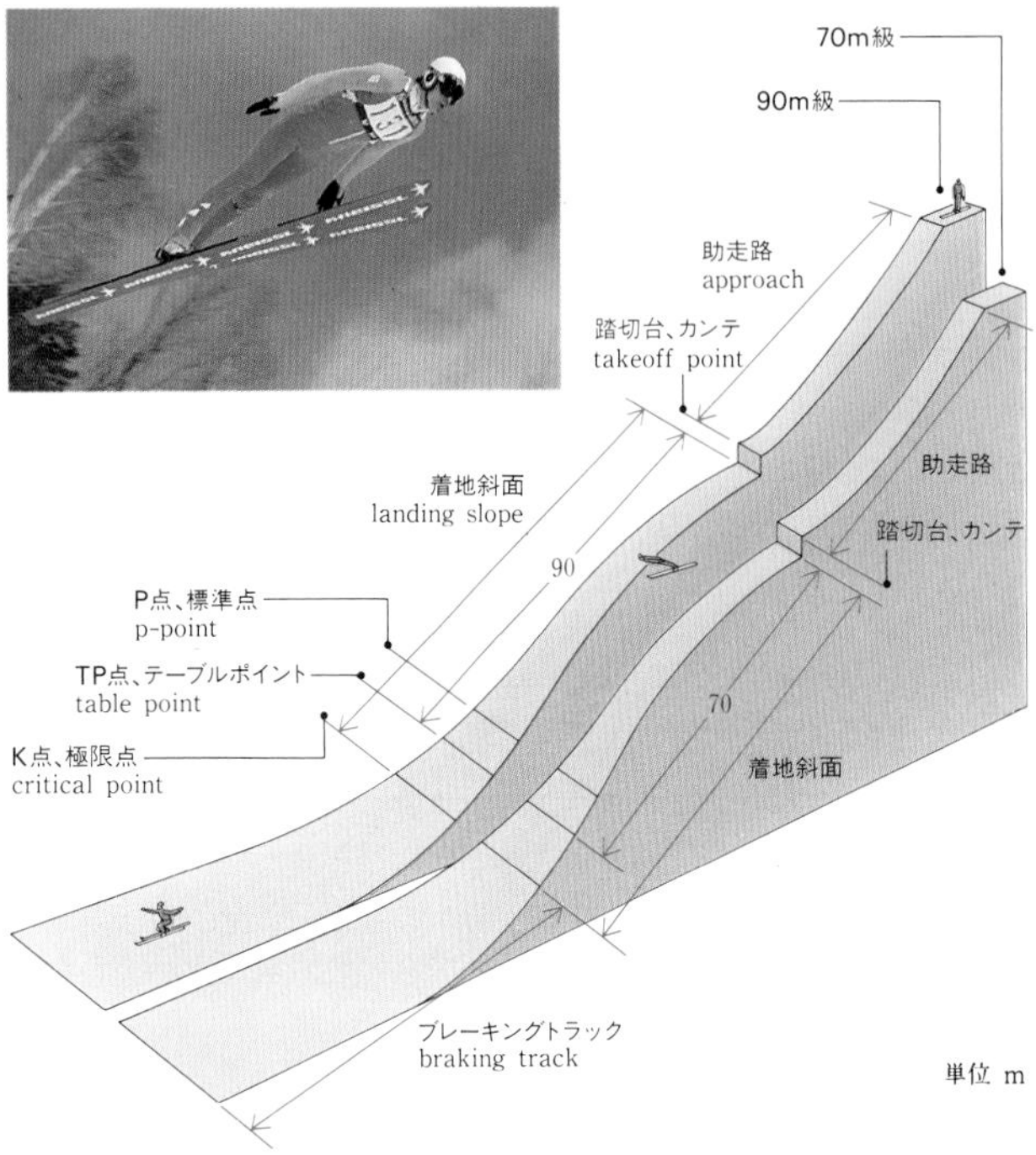

●ジャンプ競技 七〇m級、九〇m級のジャンプ台



↓行き先項目、図版・写真参照印。 JIS 日本工業規格情報交換用漢字符号コード(区点コード)。

し

**シュ** 10画【▽株】 部首[木] 教育小6 JIS 1984
音 シュ・チュ 訓 **かぶ**
①かぶ。木のきりかぶ。「枯株・守株」②草木を数えるのに用いる。用例(助数)海棠一―。③かぶしき。かぶけん。④おかぶ。得意のこと。
**株を削り根を掘る**(しゅをけずりねをほる) 根こそぎにする。すべて取り除く。

**シュ** 10画【殊】 部首[歹] 常用 JIS 2876
音 シュ 訓 **こと**
①ことに。とりわけ。特別に。すぐれて。「特殊」「殊遇・殊勲・殊勝」②ころす。たつ。

**シュ** 10画【珠】 部首[王] 常用 JIS 2878
音 シュ・ジュ・ズ
①たま。まるいたま。「真珠・念珠・宝珠」「珠玉」②そろばん。「珠算」

**シュ** 10画【酒】 部首[酉] 教育小3 JIS 2882
音 シュ 訓 **さけ・さか**
さけ。さか。さかもり。「飲酒・禁酒・洋酒」「酒宴・酒家・酒豪・酒量」用例《接尾的》合成―。

**シュ** 11画【▼娵】 部首[女] JIS 5323
音 シュ・ソウ
①よめ。にいづま。息子の妻。②「娵訾」は、星座の名。↓ソウ【娵】

**シュ** 11画【▼娶】 部首[女] JIS 5324
音 シュ
めとる。嫁にもらう。妻としてむかえる。「娶嫁」

**シュ** 12画【▼棕】 部首[木] JIS 6003 ― 13画【▼椶】 異体字 JIS 6004
音 ソウ・シュ
「棕櫚」は、ヤシ科の常緑高木。

**シュ** 12画【衆】 部首[血] 教育小5 →教育小6 JIS 2916 ― 11画【▼眾】 部首[目] 異体字
音 **シュウ・シュ**
筆順 ↓シュウ【衆】
①おおい。もろびと。沢山の人たち。対義 寡。「大衆・衆生・衆徒」用例(名)若い―。②多くの人を丁寧にいうのに用いる。用例(接尾)子供―。女―。↓シュウ【衆】

**シュ** 12画【▼須】 部首[頁] 人名用 JIS 3160
音 シュ・ス
①ひげ。あごひげ。②もとめる。もとめまつ。③もちいる。④すべからく…すべし。ぜひ…しなければならない。「必須」「須要」⑤しばらく。短時間。「須臾」↓ス【須】

**シュ** 13画【▼腫】 部首[月] JIS 2880
音 ショウ・シュ
はれる。はれもの。できもの。むくみ。「水腫・浮腫」「腫物・腫瘍」

**シュ** 14画【種】 部首[禾] 教育小4 JIS 2879
音 シュ・ショウ 訓 **たね**
①たね。植物のたね。「種子」②うえる。たねをまく。「播種」「種痘」③しな。品目。たぐい。一定の基準で分類したもの。「雑種・人種・品種」「種族・種目」④生物分類の基本単位。相互に交配可能で、子孫が生きつづける生物群。属より下位の段階。「亜種・変種」「種概念」用例(名)―は属の下位。

**シュ** 14画【▼銖】 部首[金] JIS 7883
音 シュ・ジュ
①重さの単位。一両の二四分の一。中国周代の一銖は、黍一〇〇粒の重さで、約〇・六七g。②わずか。わずかなもの。③日本の江戸時代の貨幣の単位。一両の一六分の一。一分の四分の一。朱。④利率や歩合の名目。一割の一〇分の一。分。歩。

**シュ** 15画【▼諏】 部首[言] JIS 3159
音 シュ・ス・ソウ
はかる。みんなに相談する。意見をきく。

**シュ** 15画【趣】 部首[走] 常用 JIS 2881
音 **シュ**・ソク 訓 **おもむき**
①おもむき。あじわい。「興趣・詩趣・情趣・野趣」「趣向・趣旨」②すき。このみ。「趣味」③仏教で、衆生の輪廻する世界。「悪趣」

**シュ** 16画【▽輸】 部首[車] 教育小5 JIS 4502 ― 16画【▼輸】 旧字
音 **ユ**・シュ
筆順 ↓ユ【輸】
まける。やぶれる。「輸贏」↓ユ【輸】

**シュ** 16画【▼麈】 部首[鹿] JIS 8339
音 シュ・ス
おおじか。シカの一種。シカ科の哺乳動物。尾の毛で払子をつくった。

**シュ** 20画【▼繻】 部首[糸] JIS 6976
音 シュ・ジュ
①うすぎぬ。きめのこまかい薄織りの絹。②「繻子」は、厚手で、つやのある綾絹の織物。③「繻珍」は、繻子地に色糸で模様を織りだしたもの。しちん。しっちん。

**シュ** 22画【▼鬚】 部首[髟] JIS 8204
音 シュ・ス
ひげ。①あごひげ。②動物のくちひげ。③ひげの形をしたもの。

**しーゆ【脂油】** 常温で液状の脂肪。脂肪油。[fatty oil]

**ジュ** 6画【▼戍】 部首[戈] JIS 5691
音 シュ・ジュ
まもる。武器をとって国境をまもる。また、その守備兵。守備兵の陣屋。「衛戍」

**ジュ** 7画【寿】 部首[寸] 常用 JIS 2887 ― 14画【▼壽】 部首[士] 旧字 JIS 5272
音 **ジュ**・シュウ・ス 訓 **ことぶき**
①とし。いのち。「喜寿・長寿・米寿」「寿命」用例(名)百年の―を保つ。②ながいき。「寿福」③いわい。ことぶき。「寿杯」
**寿を上る**(じゅをたてまつる) 長寿であるようにと祈る。

**ジュ** 8画【受】 部首[又] 教育小3 JIS 2885
音 **ジュ**・シュウ・ズ 訓 **うける・うかる**
①うける。うけとる。うけいれる。対義 授・送。「授受・伝受・納受・拝受」「受験・受賞・受信・受像・受注」②仏教で、感覚的刺激をうけとめるはたらき。六根でしるはたらき。五蘊の一つ。十二因縁の第七支。③うかる。合格する。

**ジュ** 8画【▼呪】 部首[口] JIS 2886 ― 8画【▼咒】 異体字 JIS 5080
音 シュウ・シュ・ジュ
①のろう。のろい。「呪咀」②まじない。仏教では、不思議な力をもつ秘密のことばのこと。真言。陀羅尼。「呪術・呪文」

**ジュ** 10画【従】 部首[彳] 教育小6 JIS 2930 ― 11画【▼從】 旧字 JIS 5547 ― 4画【▼从】 部首[人] 異体字 JIS 4826
音 **ジュウ・ショウ・ジュ** 訓 **したがう・したがえる**
筆順 ↓ジュウ【従】
そえ。同じ位で下。対義 正。用例(接頭)―三位。↓ジュウ・ショウ【従】

**ジュ** 11画【授】 部首[扌] 教育小5 JIS 2888
音 **ジュ** 訓 **さずける・さずかる**
①さずける。あたえる。対義 受。「教授・伝授」「授業・授産所・授受・授与」②さずかる。いただく。

**ジュ** 12画【就】 部首[尢] 教育小6 JIS 2902
音 **シュウ・ジュ** 訓 **つく・つける**
筆順 ↓シュウ【就】
なす。なる。なしとげる。「成就」↓シュウ【就】

**ジュ** 13画【▼頌】 部首[頁] 人名用 JIS 8083
音 ショウ・ジュ・ヨウ
仏教で、経文の中の韻文の部分。仏の徳を賛嘆し、教理を説く。ガーター。「偈頌」↓ショウ【頌】

**ジュ** 14画【▼綬】 部首[糸] JIS 2890
音 ジュ
ひも。くみひも。勲章や褒章などをさげるひも。「紫綬褒章」用例(名)首相の―を帯びる。
**綬を釈く**(じゅをとく) 官職を退く。
**綬を結ぶ**(じゅをむすぶ) 官職に就く。

**ジュ** 14画【需】 部首[雨] 教育小6 →常用 JIS 2891
音 **ジュ**・シュ
もとめる。ほしがる。もとめ。要求。対義 給。「応需・軍需・特需・必需品・民需」「需給・需要」

**ジュ** 15画【▼豎】 部首[豆] JIS 7619 ― 13画【▼竪】 部首[立] 異体字 JIS 3508
音 シュ・ジュ
①たつ。たてる。横のものを縦にたてる。②たて。対義 横。③こども。また、年少の者や未熟な者をいやしめて言う。「豎子」

**ジュ** 16画【儒】 部首[人・亻] 常用 JIS 2884
音 **ジュ**
①孔子のはじめた教学。「儒家・儒学・儒教・儒者」用例(名)―をまなぶ。②学者。先生。「犬儒・俗儒・大儒」

**ジュ** 16画【樹】 部首[木] 教育小6 JIS 2889
音 **ジュ**
①き。たちき。「果樹・大樹」「樹脂」用例《接尾的》常緑―。街路―。②たつ。たてる。「樹立」

**ジュ** 17画【▼嬬】 部首[女] JIS 3660
音 ジュ
①つま。そばめ。めかけ。②よわい。かよわい。

**ジュ** 17画【▼孺】 部首[子] JIS 5362
音 ジュ
①ちのみご。おさなご。こども。②おさない。いとけない。

**ジュ** 17画【▼濡】 部首[氵] JIS 3908
音 ジュ
①うるおう。ぬれる。うるおす。ぬらす。「濡潤」②うるおい。めぐみ。

**ジュ** 18画【▼臑】 部首[月] JIS 7134
音 ドウ・ジュ・ジ
すね。はぎ。膝から足首までの部分。

**ジュ** 19画【▼襦】 部首[衤] JIS 7501
音 ジュ
はだぎ。腰までの長さの下着。「襦袢」

**シュア【sure】**(形動) 確かなさま。確実なさま。用例―なバッティング。
**シュアレス【André Suarès】**(一八六八～一九四八) フランスの批評家。繊細な感受性で美を追求した。評論『三人』など。
**ジュアンドー【Marcel Jouhandeau】**(一八八八～一九七九) フランスの小説家。私生活を素材にした内省的作品が多い。作品『ゴドー氏の内生活』など。
**しゅ-い【主位】** 中心になる地位・位置。top
**しゅ-い【主意】** ①おもな意味・考え。主眼。the main point ②意志を主とすること。voluntarism 対義 主情・主知。③君主の意向。lord's mind
**しゅ-い【首位】** 第一位。the first place 用例―を争う。
**しゅ-い【趣意】** ①考え。意見。趣旨。purport 用例―書。②文章などで、言おうとしていること・意味。
**し-ゆい【思▼惟】**《仏教語》知恵を働かせて、物事の真底を見、考えること。比較 思惟。
**しゅい-しゅぎ【主意主義】** 対義 主知主義。①知・情・意の中で、意志を中心にして考える主張。voluntarism ②哲学で、存在の本体は意志であるとする主義。voluntarism ③心理学で、精神の働きの根本は意志であるとする説。

主意説。voluntarism

**ジュイスブルク**【Duisburg】西ドイツ西部、ルール地方の鉱工業都市。ライン川に沿い、ヨーロッパ最大の内陸河港がある。人口五二万(一九八五)。デュースブルク。

**しゅ-いそん**【朱▾彝尊】(一六二九～一七〇九)中国、清初の文学者。号は竹垞。秀水の人。詩は王士禎と並び称され、詞では南宋詞を重んじ浙西詞派を興した。『明史』編集に従事。詩文集『曝書亭集』、詞選集『詞綜』、経書の解説『経義考』など。

**しゅい-だしゃ**【首位打者】野球で、そのシーズンや大会などでもっとも打率の高い選手。リーディングヒッター。leading hitter

**シュイチョウ**【徐州】(Xúzhōu)↓じょしゅう(徐州)

**しゅ-いん**【手印】印相の別称。

**しゅ-いん**【手▾淫】自慰。オナニー。onanism

**しゅ-いん**【主因】おもな原因。primary cause 対義副因。

**しゅ-いん**【朱印】朱肉で押した印。命令・公認の証拠におした朱肉の印。その文書。red seal

**じゅ-いん**【樹陰・樹▾蔭】木のかげ。こかげ。shade of a tree

**しゅいん-じょう**【朱印状】花押の代わりに朱印を押し発行した公文書。戦国大名に始まり、江戸時代には徳川将軍のみが発行。↓写

●朱印状　暹羅国渡航朱印状。相国寺(京都府)。

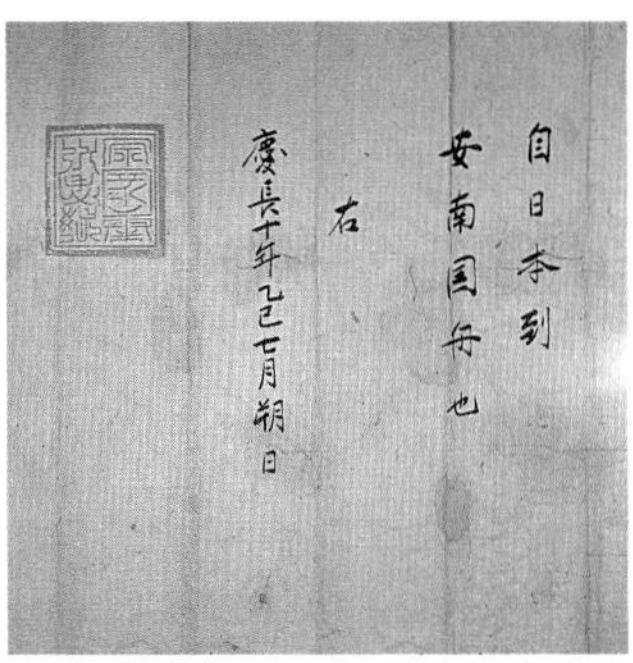

**しゅいん-せん**【朱印船】↓ごしゅいんせん(御朱印船)

**しゅいん-ち**【朱印地】江戸時代、将軍の朱印状によってその領有を確認され、年貢・課役を免除された寺社領。

**シュウ** 4画【収】部首[又] 教育小5 →教育小6 JIS 2893

6画【▾收】部首[攵] 旧字 JIS 5832

音シュウ
訓おさめる・おさまる

①おさめる。おさまる。「回収・徴収」「収益・収穫・収縮」②とりだか。対義支。「月収・年収」「収支・収入」

**シュウ** 5画【▾主】部首[丶] 教育小3 JIS 2871

5画【▾主】旧字

音シュ・ス・シュウ
訓ぬし・おも
筆順↓シュ[主]

《音「シュ」の転》ぬし。あるじ。きみ。自分がつかえる人。↓シュ・ス[主]

**主を取る**(しゅうをとる) 主人を求めて、仕える。

**シュウ** 5画【囚】部首[口] 常用 JIS 2892

音シュウ

①つかまる。とらわれる。つかまえる。とらえる。「幽囚」「囚人・囚徒」②とりこ。とらえられた人。「虜囚」用例《接尾的》死刑―。脱獄―。

**シュウ** 6画【州】部首[巛・川] 教育小3 JIS 2903

16画【▾駲】部首[馬] 異体字 JIS 8150

音シュウ・ス
訓す

①くに。また、地方行政区画。「九州・豪州・信州・本州」②連邦をなすくに。「ニューヨーク州」「州知事」用例(名)アラスカが―に昇格した。③《洲とも》大陸。「アジア州」④しり。しりのあな。穴。臀部。↓ス[州]

**シュウ** 6画【舟】部首[舟] 常用 JIS 2914

音シュウ
訓ふね・ふな

ふね。ふな。こぶね。類似船。「漁舟・軽舟・孤舟」「舟運・舟航・舟遊」参考昔、中国で函谷関から東の地方で、この字を用い、西の地方では、船を用いた。

**シュウ** 7画【秀】部首[禾] 常用 JIS 2908

音シュウ
訓ひいでる

ひいでる。ひいでた人・もの。「俊秀・優秀」「秀逸・秀歌・秀才」

**シュウ** 8画【周】部首[口] 教育小4 JIS 2894

8画【▾周】旧字

音シュウ・シュ
訓まわり

①まわる。めぐる。まわり。めぐり。比較週。「外周・一周」「周囲・周忌・周遊」②あまねし。ゆきとどく。「周知・周到・周密」③中国古代の王朝の名。殷につぐ。前一〇五〇ごろ～前二五六年。鎬京(西安付近)に都のあった前七七一年までを西周、それよりあと都を成周(洛陽付近)においた期間を東周(春秋戦国時代ともいう)とする。王朝として実力のあったのは西周時代。

**シュウ** 8画【宗】部首[宀] 教育小6 JIS 2901

音シュウ・ソウ

独自の教理をもつ団体。「改宗・禅宗」「宗教」↓ソウ[宗]

**シュウ** 8画【▾岫】部首[山] JIS 5413

音シュウ・ユウ

くき。①山のほらあな。山中のいわあな。②みね。山のいただき。

**シュウ** 8画【▾泅】部首[氵] JIS 6190

音シュウ

およぐ。うかぶ。水にうかぶ。

**シュウ** 9画【拾】部首[扌] 教育小3 JIS 2906

音シュウ・ジュウ
訓ひろう

ひろう。ひろいあつめる。「収拾」「拾遺・拾得」↓ジュウ[拾]

**シュウ** 9画【▾柊】部首[木] JIS 4102

音シュウ

ヒイラギ。モクセイ科の常緑樹。

**シュウ** 9画【▾洲】部首[氵] JIS 2907

音シュウ・ス

しま。くに。大陸。「アジア洲」

**シュウ** 9画【祝】部首[ネ] 教育小5 →教育小4 JIS 2943

10画【▾祝】部首[示] 旧字

音シュク・シュウ
訓いわう
筆順↓シュク[祝]

①いわう。ことほぐ。いわい。「祝儀・祝言・祝着」②のりと。のっと。神にいのることば。↓シュク[祝]

**シュウ** 9画【秋】部首[禾] 教育小2 JIS 2909

9画【▾烁】異体字

16画【▾穐】異体字 JIS 1612

21画【▾龝】異体字 JIS 6752

音シュウ
訓あき

①あき。四季の一つ。対義春。「初秋・晩秋」「秋雨・秋季」②とき。としつき。「千秋」

**シュウ** 9画【臭】部首[自] 常用 JIS 2913

10画【▾臭】旧字

音シュウ・キュウ
訓くさい

①くさい。よくないにおい。「悪臭・俗臭・体臭」「臭気」用例《接尾的》刺激―。②くさみ。…らしい様子。感じ。用例《接尾的》学生―。貴族―。③臭素のこと。「臭化物」

**シュウ** 9画【▾酋】部首[酉] JIS 2922

音シュウ

おさ。かしら。部族・なかまの長。「酋長」

**シュウ** 10画【修】部首[人・亻] 教育小5 JIS 2904

音シュウ・シュ
訓おさめる・おさまる

①おさめる。ならう。「研修・必修」「修業・修得・修養」②なおす。つくろう。「改修」「修正・修繕」③おさまる。なおる。↓シュ[修]

**シュウ** 10画【▾袖】部首[ネ] JIS 3421

音シュウ

そで。衣服のそで。「長袖」「袖珍本」

**シュウ** 11画【▾售】部首[口] JIS 5120

音シュウ

うる。うれる。あきなう。

**シュウ** 11画【執】部首[土] 常用 JIS 2825

音シツ・シュウ・シュ
訓とる

とる。とりつく。深く心にかける。「固執」「執心・執着・執念」↓シツ[執]

**シュウ** 11画【週】部首[辶] 教育小3 →教育小2 JIS 2921

12画【▾週】部首[辶] 旧字

音シュウ

①めぐる。めぐり。「週期」比較周。②日・月・火・水・木・金・土曜日の、七日間。「各週・隔週・毎週」「週刊・週間・週番」用例(名)―の【第一日】。

**シュウ** 11画【▾脩】部首[月] 人名用 JIS 7091

音シュウ

①ほじし。肉をほしたもの。「束脩」②おさめる。ととのえる。③ながい。ほそながい。

**シュウ** 11画【終】部首[糸] 教育小3 JIS 2910

11画【▾終】旧字

音シュウ・シュ
訓おわる・おえる

①おわる。おえる。おわり。対義始。「最終・無終・有終」「終業・終結・終日・終了」用例《接頭的》―列車。②しぬ。死。「臨終」③ついに。㋐しまいに。㋑一度も。

**シュウ** 11画【▾羞】部首[羊] JIS 7023

音シュウ

①すすめる。食物を供えすすめる。御馳走をする。②はじる。はじいる。はじ。「含羞・嬌羞」「羞恥」

**シュウ** 11画【習】部首[羽] 教育小3 JIS 2912

11画【▾習】旧字

音シュウ・ジュウ
訓ならう

①ならう。まなぶ。なれる。「演習・温習・学習・練習」「習熟・習得」②ならわし。くせ。「悪習・慣習・風習」「習慣・習俗」

**シュウ** 12画【▾啾】部首[口] JIS 5134

音シュウ

なく。また、そのなき声。①すすりなく。ちいさい声でなく。②鳥獣や虫などが、ものがなしくなく。「啾々」

**シュウ** 12画【就】部首[尢] 教育小6 JIS 2902

音シュウ・ジュ
訓つく・つける

①つく。したがう。「去就」②とりかかる。…になる。「就学・就業・就職・就任」↓ジュ[就]

**シュウ** 12画【▾萩】部首[艹] 人名用 JIS 3975

音シュウ

ハギ。マメ科の落葉低木。秋の七草の一つ。

**シュウ** 12画【▾葺】部首[艹] JIS 4188

音シュウ

①ふく。茅などで屋根をおおう。②かさねる。かさなる。

**シュウ** 12画【▾愀】部首[忄] JIS 5623

音シュウ・ショウ

①顔色をかえる。きりっとなる。②さびしい。

ものさびしい。

**シュウ** 12画【▾湫】 部首[氵] JIS6255
音シュウ・ショウ
①くて。くで。土地が低くて、水草などが生えている湿地。②みずたまり。いけ。

**シュウ** 12画【衆】 部首[血] 教育小5→教育小6 JIS2916 ｜11画【▾眾】 部首[目] 異体字
音**シュウ・シュ**
衆衆衆衆衆
①おおい。もろびと。沢山の人達。対義寡。「群衆・大衆・聴衆・民衆」「衆人」用例(名)―をたのむ。②多くの人を丁寧にいうのに用いる。用例(接尾)子供―。女―。③衆議院のこと。対義参。「衆院・衆参両院」↓シュ[衆]
**衆を恃む**(しゅうをたのむ) 多人数であることをあてにする。多人数であることの勢いを利用する。rely on one's great numbers; by force of numbers

**シュウ** 12画【集】 部首[隹] 教育小3 JIS2924
音**シュウ**・ジュウ
訓**あつ**まる・**あつ**める・**つど**う
集集集集集集
①あつまる。つどう。あつめる。対義散。「群集・結集」「集会・集金・集計・集合・集中」②歌や文章などをあつめたもの。「歌集・句集・詩集・私家集・全集・文集」用例(名)歌の―。《接尾的》用例―。作品―。

**シュウ** 13画【▾蒐】 部首[艹] JIS2915
音シュウ
①あつまる。あつめる。「蒐集」②かり。春の狩り。③アカネ。アカネ科の多年草。

**シュウ** 13画【▾遒】 部首[⻌] JIS7804 ｜11画【▾逎】 異体字 JIS7805
音シュウ
①せまる。ちかづく。②つよい。力づよい。ひきしまっている。「遒麗」

**シュウ** 13画【愁】 部首[心] 常用 JIS2905
音**シュウ**
訓**うれ**える・**うれ**い
かなしむ。うれえる。うれい。「哀愁・郷愁・憂愁・旅愁」「愁傷・愁嘆」

**シュウ** 13画【▾楫】 部首[木] JIS6023 ｜17画【▾檝】 異体字
音シュウ
①かじ。かい。水をかいて舟をすすめる道具。②こぐ。かいで舟をこぐ。

**シュウ** 13画【▾楸】 部首[木] JIS6022
音シュウ
ひさぎ。キササゲ。ノウゼンカズラ科の落葉高木。

**シュウ** 13画【▾溲】 部首[氵] JIS6276
音シュウ・ソウ
①ひたす。水でぬらす。②いばり。ゆばり。ゆまり。小便。

**シュウ** 13画【▾綉】 部首[糸] JIS6921
音トウ・シュウ
ぬいとり。色糸で布地に模様をぬいつづったもの。刺繡。

**シュウ** 13画【酬】 部首[酉] 常用 JIS2923 ｜21画【▾醻】 異体字
音**シュウ**
①かえす。むくいる。「応酬・献酬・報酬」②こたえる。返辞。「貴酬」

**シュウ** 14画【▾僦】 部首[人・亻]
音シュウ
報酬をだして、やとう。利用する。かりる。

**シュウ** 14画【▾甃】 部首[瓦] JIS6512
音シュウ
①しきがわら。地上にしきつめる平たいかわら。②いどがわら。井戸の内側に張るかわら。③いしだたみ。地上に平たい石をしきならべたもの。

**シュウ** 14画【▾聚】 部首[耳] JIS7060
音シュ・ジュ・シュウ
①あつまる。つどう。あつめる。あつまり。②むら。村落。「聚落」

**シュウ** 15画【▾皺】 部首[皮] JIS6618
音シュウ・スウ
①しわ。皮膚・布・紙などの表面にできる細かいちぢみ。②しわむ。しわがよる。しわをよせる。

**シュウ** 15画【▾緝】 部首[糸] JIS6941
音シュウ
①つむぐ。繊維をよりあわせて糸にする。②あつまる。あつめる。書籍などを編集する。③つかまえる。とらえる。

**シュウ** 15画【▾蝤】 部首[虫]
音シュウ・ユウ
「蝤蛑」は、ガザミ。ワタリガニ科の甲殻類。

**シュウ** 15画【▾銹】 部首[金] JIS7888 ｜21画【▾鏽】 異体字 ｜19画【▾鏥】 異体字 JIS7921
音シュウ
さびる。さび。金属の表面にできる酸化物。

**シュウ** 16画【▾蕺】 部首[艹]
音シュウ
ドクダミ。ドクダミ科の多年草。しぶき。

**シュウ** 16画【▾褶】 部首[衤] JIS7489
音チョウ・シュウ
①うまのりばかま。乗馬用の袴。②しびら。ひらみ。ひらび。ひらおび。平安時代の礼装の部分の名。男性は袴の上に、女性は唐裳の上につけ、下半身をおおうもの。③ひだ。しわ。㋐衣服の細かい折りこみの折りめ。㋑山の細かく折りたたんだように見えるもの。「褶曲」↓チョウ[褶]

**シュウ** 16画【▾輯】 部首[車] JIS2920
音シュウ
あつまる。あつめる。とりあつめる。編集する。「編輯」

**シュウ** 17画【▾螽】 部首[虫] JIS7410
音シュウ
イナゴ。バッタ科の昆虫。

**シュウ** 17画【醜】 部首[酉] 常用 JIS2925
音**シュウ**
訓**みにく**い
①みにくい。しこ。対義美。「醜悪・醜態」②はじる。はじいる。はじ。「醜聞」用例(名)―をさらす。

**シュウ** 17画【▾鍬】 部首[金] JIS2313
音ショウ・シュウ
①くわ。土をたがやす農具。②すき。土をほりおこす農具。

**シュウ** 18画【▾鞦】 部首[革] JIS8067
音シュウ
①しりがい。牛や馬の尻にかけるひも。②「鞦韆」は、ぶらんこ。

**シュウ** 19画【▾繡】 部首[糸] ｜17画【▾繍】 異体字 JIS2911
音シュウ
ぬいとり。ぬいとる。ぬいとりをする。色糸で布地に模様をぬいつづる。「錦繡・刺繡」

**シュウ** 19画【▾蹴】 部首[足] JIS2919
音シュク・シュウ
ける。けとばす。「蹴鞠・蹴球」

**シュウ** 20画【▾鰌】 部首[魚] JIS8253
音シュウ
ドジョウ。コイ目に属する淡水魚。

**シュウ** 20画【▾鰍】 部首[魚] JIS1966
音シュウ
①ドジョウ。コイ目に属する淡水魚。②カジカ。カサゴ目に属する魚。③イナダ。ブリの若魚。

**シュウ** 22画【襲】 部首[衣] 常用 JIS2917 ｜22画【▾襲】 旧字
音**シュウ**
訓**おそ**う
①おそう。不意打ちにする。「強襲・空襲・夜襲・来襲」「襲撃」②つぐ。うけつぐ。「因襲・世襲・踏襲」「襲名」③かさねる。かさね。

**シュウ** 23画【▾讎】 部首[言] JIS7608 ｜23画【▾讐】 異体字 JIS2918
音シュウ
①こたえる。むくいる。しかえしをする。「復讎」②あだ。かたき。「恩讎」

**シュウ** 23画【▾鷲】 部首[鳥] JIS4741
音シュウ・ジュ
ワシ。タカ目に属する鳥のうち、大形のもの。「霊鷲山」

**シュウ** 24画【▾驟】 部首[馬] JIS8169
音シュウ
①はせる。はしる。馬がかける。②にわか。急に。突然。「驟雨」③しばしば。たびたび。

**シュー**【Eugène Sue】(一八〇四～五七) フランスの小説家。新聞小説で大衆の人気を博した。作品『パリの秘密』『七つの大罪』など。

**し-ゆう**【四友】①書道の大切な道具である、筆・墨・硯・紙の総称。文房四宝。②雪中に咲き画の題材となる四種の花。玉椿・臘梅・水仙・山茶花。

**し-ゆう**【私有】(名・サ変他) 個人または私的団体が所有すること。private possession 対義公有・官有。用例―財産。

**し-ゆう**【師友】①先生と友人。teachers and friends ②師として仰ぐ友人。one's reverend friend

**し-ゆう**【詩友】 詩をつくる上での仲間。poetical friend

**し-ゆう**【雌雄】①めすとおす。male and female ②勝敗。優劣。victory or defeat 用例―を決する。

**しゆう**【子有】 冉求の字。

**しゆう**【子▾游】 中国、春秋時代の儒者。孔門の十哲の一人。子夏とともに文学にすぐれたことで知られる。

**し-ゆう**【▾蚩▾尤】 中国の神話中の人物。人身牛蹄、頭に角があるとされる。黄帝と涿鹿の野に戦い捕殺されたという。

**ジュウ** 2画【十】 部首[十] 教育小1 JIS2929
音**ジュウ・ジッ**・シュウ
訓**とお・と**
一十
①とお。と。そ。とたび。一〇番め。「十月・十度」用例(名)―に八九。②すっかり。全部。「十全」用例(名)一を聞いて―を知る。③多いこと。多い数。「十人十色」↓ジッ[十]
**十の一二**(じゅうのいちに) わずかなこと。

**ジュウ** 4画【▿中】 部首[丨] 教育小1 JIS3570
音チュウ・ジュウ
訓**なか**
筆順↓チュウ[中]
①…のあいだ。おり。用例(名)この―は、お世話になりました。②…のうち、すべて。…のあいだ、つづけて。用例(接尾)世界―。一年―。
↓チュウ[中]

**ジュウ** 4画【▾什】 部首[人・亻] JIS2926
音シュウ・ジュウ
①とお。十。②一〇人、または、一〇軒を一組みとした単位。③『詩経』の雅・頌の一〇編。雅・頌の諸編は、一〇編ずつで一巻をなしていた。転じて、詩歌や詩編のこと。「佳什」④雑多な。日常つかう。「什器・什宝・什物」

**ジュウ** 4画【▾廿】 部首[廾] JIS3891 ｜3画【▾卄】 部首[十] 異体字
音ジュウ・ニュウ
にじゅう。二十。

**ジュウ** 5画【汁】 部首[氵] 常用 JIS2933
音**ジュウ**・シュウ
訓**しる**
しる。つゆ。「液汁・果汁・墨汁」

**ジュウ** 5画【▾禸】 部首[禸]
音ジュウ
①あしあと。獣が地をふんだ跡。②部首の一つ。じゅうのあし。

**ジュウ** 6画【充】 部首[儿] 常用 JIS2928 ｜5画【▾充】 旧字
音**ジュウ**・シュウ
訓**あ**てる
①あてる。あてがう。ふさぐ。「補充」「充当・充用」②みたす。みちる。一杯になる。「拡充」「充血・充実・充満」

▾常用漢字表外。 ▿常用漢字表の音訓外。

し

**ジュウ** 6画【▼戎】 部首[戈] JIS 2931
音ジュウ
①つわもの。武器・兵士・軍隊・戦争など、軍事に関することがら。「戎衣・戎器」②えびす。中国の西方にすむ異民族。また、ひろく異民族のこと。「西戎」

**ジュウ** 7画【住】 部首[人・亻] 教育小3 JIS 2927 ／ 7画【▼住】旧字
音ジュウ・チュ・ジュ
訓すむ・すまう
①すむ。すまう。すまい。「移住・永住・居住」「住居・住持・住所・住職・住宅・住民」用例(名)衣食―。②住職のこと。「後住・先住・当住」

**ジュウ** 7画【▼狃】 部首[犭] JIS 6429
音ジュウ
①なれる。なれしたしむ。なれなれしくする。「狃習」②ならう。くりかえしおこなう。

**ジュウ** 8画【▼杻】 部首[木]
音ジュウ・チュウ
もち。モチノキ。モチノキ科の常緑高木。↓チュウ【杻】

**ジュウ** 9画【拾】 部首[扌] 教育小3 JIS 2906
音シュウ・ジュウ
訓ひろう
筆順↓シュウ【拾】
とお。受取や証文などの金額を書くとき、十の代わりに用いる字。「伍拾円」↓シュウ【拾】

**ジュウ** 9画【柔】 部首[木] 常用 JIS 2932
音ジュウ・ニュウ
訓やわらか・やわらかい
①やわらかい。しなやか。対義剛。「剛柔・優柔」「柔軟」用例(名)―よく剛を制す。②やわらげる。てなずける。「懐柔」③やわら。「柔術・柔道」↓ニュウ【柔】
**柔も亦茹わず剛も亦吐かず**(じゅうもまたくらわずごうもまたはかず) 弱い者を侮らず、強い者を恐れない。

**ジュウ** 9画【▽柱】 部首[木] 教育小3 JIS 3576 ／ 9画【▼柱】旧字
音チュウ・チュ・ジュウ
訓はしら
筆順↓チュウ【柱】
琵琶の糸をささえるこま。琴の「ことじ」にあたる。用例(名)座に著っきて、まづ―を探られたりければ(徒然・七〇)。↓チュウ【柱】

**ジュウ** 9画【重】 部首[里] 教育小3 JIS 2937
音ジュウ・チョウ
訓え・おもい・かさねる・かさなる
①おもい。ひどい。対義軽。「加重・過重・体重」「重傷・重心」用例(名)責任は―、かつ大。《接頭的》―労働。②おもんずる。とうとぶ。対義軽。「重視・重農主義・重用」③かさねる。かさなる。「重縁・重殺・重任・重箱・重複」④重箱のこと。用例(名)お―。⑤かさなりを数えるのに用いる。用例(助数)三―。⑥二つある。用例《接頭的》―クロム酸ナトリウム。⑦え。かさね。かさなり。↓チョウ【重】

**ジュウ** 10画【従】 部首[彳] 教育小6 JIS 2930 ／ 11画【▼從】旧字 JIS 5547 ／ 4画【▼从】部首[人] 異体字 JIS 4826
音ジュウ・ショウ・ジュ
訓したがう・したがえる
①したがう。したがえる。比較随。「屈従・忍従・服従・盲従」「従事」②…から。…より。「従前・従来」③そえ。おもでないもの。対義主。④とも。家来。用例(名)―として扱えばよい。対義主。「主従」「従者」↓ジュ・ショウ【従】

**ジュウ** 11画【渋】 部首[氵] 常用 JIS 2934 ／ 15画【▼澁】旧字 JIS 6307 ／ 15画【▼澀】異体字 JIS 6308
音ジュウ・シュウ
訓しぶ・しぶい・しぶる
①しぶい。にがにがしい。「渋面」②しぶる。はかどらないさま。「苦渋・難渋」③むずかしい。「晦渋」④しぶ。柿のしぶ。

**ジュウ** 12画【揉】 部首[扌] JIS 5770
音ジュウ
①もむ。手でもんで、やわらげる。②てなずける。やわらげる。③まじる。いりまじる。

**ジュウ** 12画【▼絨】 部首[糸] JIS 6916
音ジュウ
①地の厚い織物。「絨毯」②刺繍糸の一種。

**ジュウ** 14画【銃】 部首[金] 常用 JIS 2938 ／ 13画【▼銃】旧字
音ジュウ・シュウ
鉄砲やピストルなど。こづつ。つつ。比較砲。「機銃・小銃・短銃・猟銃」「銃声」用例(名)―を構える。《接尾的》機関―。ライフル―。数え方一丁。

**ジュウ** 15画【▼糅】 部首[米] JIS 6882
音ジュウ
まじる。いりまじる。まじえる。まぜあわす。かつ。「雑糅」

**ジュウ** 16画【獣】 部首[犬] 常用 JIS 2935 ／ 19画【▼獸】旧字 JIS 6457
音ジュウ
訓けもの
けもの。けだもの。哺乳動物のこと。「怪獣・猛獣・野獣」「獣医・獣肉・獣類」
**獣を逐う者は目に太山を見ず**(じゅうをおうものはめにたいざんをみず) 利益を得ることに熱中すると、他を顧みないことを言う。

**ジュウ** 16画【縦】 部首[糸] 教育小6 JIS 2936 ／ 17画【▼縱】旧字 JIS 6952
音ジュウ・ショウ
訓たて
①たて。対義横。「縦走・縦断」②おもうまま。ほしいまま。「操縦・放縦」「縦覧」③たとえ。たとい。かりに…でも。

**ジュウ** 16画【▼蹂】 部首[足] JIS 7690
音ジュウ
ふむ。ふみにじる。ふみあらす。「蹂躙」

**ジュウ** 18画【▼鞣】 部首[革] JIS 8068
音ジュウ
なめしがわ。なめす。獣の皮の毛と脂をとりさって、しなやかにする。

**ジュー**【Jew】 ユダヤ人。

**じ-ゆう**【自由】 (名・形動) ①心のまま。思うまま。自在。freedom ②他からの拘束・束縛を受けないこと・さま。freedom 用例君の―にまかせる。③政治上は、参政権その他の政治的行動に国家権力の干渉がないこと・さま。freedom 用例言論の―。④哲学では、自分の権利・義務・認識に基づいて他から支配されないこと・さま。liberty ⑤法学では、法律の範囲内における自律的活動。liberty

**じ-ゆう**【事由】 できごとのわけ。事柄の理由。reason

**しゅう-あく**【醜悪】(名・形動) みにくく、きたないこと・さま。見苦しいこと・さま。ugliness 用例―な行い。

**じゅう-あく**【十悪】 ①《仏教語》一〇種の罪悪。十戒。殺生・偸盗・邪淫・妄語・悪口・両舌・綺語・貪欲・邪見・瞋恚。②中国古代、謀反など、一〇の重罪。

**じゅう-あつ**【重圧】 強い圧力・圧迫。strong pressure 用例―に耐える。

**しゅう-い**【周囲】 ①まわり。周辺。circumference 用例城の―。②外界。環境。environment 用例―の無理解。

**しゅう-い**【拾遺】 ①もれたものを、ひろっておぎなうこと。gleaning ②「侍従」の唐名。

**しゅう-い**【衆意】 大勢の考え。民衆の心。public opinion 用例―に基づく。

**じゅう-い**【▼戎衣】 戦争に出るときの服装。「軍装」

**じゅう-い**【重囲】 いくえにもとりまいた囲み。close siege 用例敵の―におちいる。

**じゅう-い**【獣医】 正しくは獣医師。家畜の病気の予防・診断・治療をする医者。獣医師国家試験に合格し、農水産大臣の免許を受ける必要がある。veterinarian米; veterinary surgeon英

**しゅう-いか**【雌雄異花】 一つの花に雄しべ、または雌しべだけしかない花。前者を雄花、後者を雌花といい、それぞれを単性花という。diclinism

**しゅう-いけい**【雌雄異形】 雌雄異体の動物のうち、第二次性徴がはなはだしく異なり外観上の雌雄の差異が著しく違っていること。チョウやボネリアなど。dioecism

**じゆう-いし**【自由意志】 何ものにも束縛されずに、自ら決定する意志。free will

**しゅう-いしゅ**【雌雄異▽株】 雄花と雌花が異なる個体に生ずる植物。イチョウ・ゼニゴケなど。dioecism 対義雌雄同株。

**しゅう-いたい**【雌雄異体】 同じ種の動物で、卵巣をもつ雌と精巣をもつ雄が別の個体であるもの。植物では雌雄異株という。gonochorism 対義雌雄同体。

**じゅう-いち**【十一】 腹に横縞のないホトトギス科の鳥。全長約三〇cm。夏鳥として日本に渡来し、九州から北海道で繁殖し、冬は東南アジアに去る。山地の森林にすみ、ジュイチーと鳴くのでこの名がある。↓写

**じゅういち-がつ**【十一月】 一年の第一一番の月。November 比較霜月。

**じゅういちがつ-かくめい**【十一月革命】 一九一七年一一月(ロシア暦の一〇月)のロシア革命の頂点をなす革命。レーニン・トロツキーらの指導で、ケレンスキー臨時政府を打倒、ソビエト政権を樹立。社会主義国家建設へ着手。十月革命。November Revolution

●ジュウイチ

●十一面観音 向源寺、通称は渡岸寺(滋賀県)。

**じゅういちめん-かんのん**【十一面観音】 六(七)観音の一つ。頭上に寂静・威怒・利牙出現・笑怒・如来の相などの一一(一〇)面を有する観世音菩薩で、二臂のもの、四臂のものなどがある。↓写

**じゅういちや-ぎさぶろう**【十一▽谷義▽三郎】(一八九七) 小説家。神戸生まれ。東大卒。新感覚派。作品『仕立屋マリ子の半生』『唐人お吉』など。

**しゅう-いつ**【秀逸】 ㊀(名・形動) とりわけすぐれていること・さま・もの。super excellent ㊁(名) 選句・選歌においてすぐれた句・歌。

**じゅう-いつ**【充▼溢】(名・サ変自) みちあふれること。overflow 用例闘志の―。

**しゅういわかしゅう**【拾遺和歌集】 平安中期、三番目の勅撰和歌集。二〇巻。寛弘二～四年(一〇〇五～〇七)ごろの成立か。撰者は花山院とその側近か。歌数約一三五〇首。歌風は平明優美。柿本人麻呂・紀貫之らの歌が多い。拾遺集。

**しゅう-いん**【衆院】 「衆議院」の略。

**シュウィンガー**【Julian Seymour Schwinger】(一九一八) アメリカの理論物理学者。素粒子論や原子核理論を研究し、朝永振一郎とは別に「くりこみ理論」を完成。朝永振一郎・ファインマンとともに一九六五年ノーベル物理学賞受賞。

**シュウィント**【Moritz von Schwind】↓シュビント

**しゅう-う**【秋雨】 秋の雨。あきさめ。autumn rain

**しゅう-う**【▼驟雨】 急に降りはじめ、短時間で急に終わる雨。降雨強度の時間的変動が激しい。雷雨や夕立など。shower

**しゅう-うん**【舟運】 ふねによる交通・運送。transportation by ship

**しゅう-えい**【終映】 その日の映画の映写が終わること。

**じゅう-えいそう**【重営倉】 旧日本陸軍の刑罰の一つ。兵営内の牢(=営倉)に一～三〇日監禁した。

**しゅう-えき**【囚役】 囚人に課せられる労役。

**しゅう-えき**【収益】 商品やサービスの提供



↓ 行き先項目、図版・写真参照印。 JIS 日本工業規格情報交換用漢字符号コード(区点コード)。

に対し、反対給付として得られる価値のこと。売上高、運賃・料金収入、利息や配当金など。revenue 用例 —をあげる。

**しゅう-えき【周易】** 三易(連山・帰蔵・周易)の一つ。周代に大成された易法。易経。

**しゅう-えき【就役】**(名・サ変自) ①職務・任務につくこと。commission ②囚人が刑に服すこと。servitude

**じゅう-えき【汁液】** しる。つゆ。液汁。juice

**じゅう-えき【獣疫】** 家畜の伝染病。cattle plague

**しゅうえき-ぜい【収益税】** 生産要素からもたらされる収益を対象とする租税。物税。

**じゅうえき-せんこう【重液選鉱】** 比重選鉱法の一種。二種類の鉱物粒子(有用鉱石と脈石)を、その中間の比重をもつ重液中で浮鉱と沈鉱に分ける。heavy-media separation

**じゆう-エネルギー【自由エネルギー】** 熱力学において物質の状態を表すために用いられる関数の一つ。物質の内部エネルギーから、その絶対温度とエントロピーの積を引いたもの。free energy

**しゅう-えん【周延】** 論理学で、ある概念についての判断がその外延全部に及ぶこと。「すべてのSはPである」では、Sが周延されている。周布。distribution

**しゅう-えん【周縁】** まわり。ふち。circumference

**しゅう-えん【終▼焉】** ①死にぎわ。最期。末期。臨終。last moments ②隠居して晩年を送ること。老後の生活。用例 —の地。

**しゅう-えん【終演】**(名・サ変自他) 映画・演劇が終わること。はね。the end of the show 対義 開演。

**じゅう-えん【重縁】** 親類どうしで縁組みすること。

**じゆう-えん【自由円】** ①海外の諸通貨との交換が自由にできる円。free yen ②日本に居住していない者が日本の外国為替銀行に預金している自由円勘定のこと。free yen account

**じゆう-えんぎ【自由演技】** ↓じゆうもんだい(自由問題)

**しゅう-お【▼羞悪】**(名・サ変他) 不善を恥じ、憎むこと。恥ずかしく思うこと。shame

**じゅう-おう【十王】**《仏教語》冥土で死者の罪をさばくという一〇人の王。秦広王・初江王・宋帝王・五官王・閻魔王・変成王・泰山府君・平等王・都市王・五道転輪王。

**じゅうおう【十王】**〈町〉 茨城県北部、太平洋に臨む町。炭鉱の町だったが、閉山のため、現在は農林業が中心。人口一万二八八五(一九八八)。

**じゅう-おう【縦横】** ①たてとよこ。length and breadth ②思うまま。自由自在。freely ③四方八方。いたるところ。in all directions ④合従と連衡。

**じゅうおう-か【縦横家】** 中国、戦国時代の諸子百家の一つ。弁舌と策謀の外交的手腕を発揮。合従策(従は縦)を説いた蘇秦、連衡策(衡は横)を説いた張儀が代表的。しょうおうか。

**しゅうおうし【秋桜子】** ↓みずはらしゅうおうし(水原秋桜子)

**じゅうおう-むじん【縦横無尽】**(名・形動) 思う存分やること・さま。

**じゅう-おん【重恩】** かさなる恩義。あついめぐみ。many favors

**しゅうおん-あん【酬恩▼庵】** 京都府綴喜郡田辺町薪にある臨済宗大徳寺派の寺。大応国師創建の妙勝寺を康正二年(一四五六)一休が再興して改称、この寺で入寂した。薪の一休寺。

**しゅうおん-き【集音機】** 弱い音を、放物面の反射板で集め、その中央の焦点にあるマイクロホンでとらえる装置。集音マイクロホン。parabolic reflector

**しゅう-おんらい【周恩来】**(一八九八〜一九七六) 中国の政治家。江蘇省出身。一九一七年日本に留学。五・四運動で活躍、投獄。一九二〇年欧州に留学、二二年共産党に入党。中共フランス支部を結成。中華人民共和国成立とともに国務院総理兼外交部長。内政・外交に敏腕を振るった。チョウ＝エンライ。↓写

●周恩来

**しゅう-か【秀歌】** すぐれた和歌。名歌。excellent poems

**しゅう-か【集荷・▼蒐荷】**(名・サ変自他) 各地から産物を市場に集めること。集まること。その荷物。gather of products

**しゅう-か【集貨】**(名・サ変自他) 貨物・商品を集めること。また、集まること。その貨物。gather of goods

**しゅう-か【臭化】** ①臭素を化合すること。brominate ②ある元素名の前に付けて、その元素が臭素と化合物をつくっていることを示す。bromic

**しゅう-か【衆寡】** 多人数と少人数。majority and minority

**衆寡敵せず**(しゅうかてきせず) 少人数では多人数にかなわない。It is ill contending with the master 「ny of thirty legions.

**じゅう-か【重科】** 重いとが。重罪。重罰。felony

**じゅう-か【銃火】** ①銃器の出す火。gunfire ②射撃。firing 用例 —を浴びる。

**じゆう-か【自由化】**(名・サ変他) 制限や制約をはずすこと。liberalization

**じゆう-か【自由花】** 伝統的で形式を重んじる従来の生け花に対して、自由な発想による創作的な現代生け花の総称。花材を表現の一要素としてとらえ、作者の主観に基づく個性的な生け花。比較 格花。

**じゆう-が【自由画】** 児童が実感をそのままに自由にかいた絵。free drawing

**しゅう-かい【周回】**(名・サ変自) まわること。まわり。めぐり。

**しゅう-かい【集会】**(名・サ変自) 多くの人が集まること。会合。meeting 用例 —の自由。

**しゅう-かい【醜怪】**(形動) みにくく異常であるさま。ugly and bizarre 用例 —な面相。

**しゅうかい-がん【集塊岩】** 火山弾や火山礫などが固まってできた岩石。agglomerate

**しゅうかいさつ-スト【集改札スト】** 鉄道事業の労働組合が、集改札業務を行わないストライキ。

**しゅうかい-じょうれい【集会条例】** 明治一三年(一八八〇)制定された自由民権運動の弾圧法。集会や結社活動の束縛、軍人・教員・学生などの政治参加を禁止した。

**しゅうかい-どう【秋海▼棠】** シュウカイドウ科の多年草。高さ約四〇cm。葉はゆがんだ心臓形。初秋に淡紅色の花を開き、花後にむかごを生じて増える。庭園に栽植。中国原産。↓写

●シュウカイドウ

**しゅうかい-の-じゆう【集会の自由】** 憲法が保障する基本的人権の一つ。多数人が共同の目的のために一定の場所に集まる自由。freedom of assembly

**しゅうか-エチル【臭化エチル】** エチル基と臭素の化合物。化学式$C_2H_5Br$ 常温で液体。水・エタノール・エーテルに溶ける。有機合成のエチル化や麻酔薬に利用。ethyl bromide

**じゆう-かかく【自由価格】** 公定価格・統制価格などのように外部から規制されず、自由競争によって成立する市場価格。闇価格なども含む。free price

**じゅうかがく-こうぎょう【重化学工業】** 鉄鋼・化学・機械工業などの総称。比較的必要資本量が多く、製造業の中心部分を占める。heavy and chemical industry

**しゅうか-カリウム【臭化カリウム】** 化学式KBr 水に溶けやすい無色の結晶。写真用薬品・赤外部光学系用プリズム・鎮静催眠薬に利用。potassium bromide

**じゅう-かき【重火器】** 歩兵の装備する火器のうち、一人では携行できないもの。陸上自衛隊では重機関銃・迫撃砲などをいう。heavy weapons

**じゆうが-きょういく【自由画教育】** 児童の創造性を重視した美術教育運動。模写重視の「不自由」画に対して命名された。大正八年(一九一九)に画家の山本鼎が提唱し、現在の美術教育の底流となる。

**しゅうか-ぎん【臭化銀】** 化学式AgBr 水に溶けない淡黄白色の粉末。光にあたると黒色に変化する。フィルム・印画紙の感光材などに利用。silver bromide

**しゅう-かく【収穫】**(名・サ変他) ①作物を取り入れること。また、取り入れたもの。harvest ②かちえたもの。えもの。game ③よい結果。fruits 用例 旅行の—。

**しゅう-かく【臭覚】** ↓きゅうかく(嗅覚)

**しゅう-がく【宗学】**《仏教語》各宗派で正統とされる教義に関する学問。

**しゅう-がく【修学】**(名・サ変自) 学問をおさめ習うこと。study

**しゅう-がく【就学】**(名・サ変自) ①学校、とくに小学校に入ること。enter school ②師について学ぶこと。

**じゅう-かく【縦隔】** 胸腔の中央部にあって、左右の肺にはさまれ、前方は胸骨に、後方は胸椎に、下方は横隔膜に接する部分。mediastinum

**しゅうかく-き【臭覚器】** ↓きゅうかくき 「(嗅覚器)

**しゅうかく-さい【収穫祭】** 農作物の収穫にさいしてとり行われる農耕儀礼の一つ。世界各地に分布。harvest festival

**しゅうかくていげん-の-ほうそく【収穫逓減の法則】** 生産要素(土地・資本・労働)のうち、ある生産要素だけを増加させ他の生産要素の量を一定とすると、生産量の増加分がしだいに減少するという法則。law of decreasing returns

**しゅうがく-りつ【就学率】** 学齢児童・生徒の総数に対する就学者の割合。percentage of school attendance

**しゅうがく-りょうほう【集学療法】** がんの治療などで、各科の専門医学を結集して臨床治療効果を高めようとする方式。内科・麻酔科・放射線科・外科などの各科専門医が連携してあたるので、その効果も高い。集学治療。

**しゅうがく-りょこう【修学旅行】** 児童・生徒に実地を見学・研究させるため、教職員が引率して催す旅行。school excursion

**じゅうかさん-ぜい【重加算税】** 税の申告で事実の隠蔽・仮装があった場合に課される加算税。隠蔽・仮装された分の三〇ないし三五%を課す。heavy additional tax

**しゅうか-すいそ【臭化水素】** 化学式HBr 無色の気体。塩化水素に似た性質をもつ。水溶液は臭化水素酸。hydrogen bromide

**じゅうか-ぜい【従価税】** 課税物件の価格を基準にして税率を決める課税方式。日本では関税・トン税などに適用する。ad valorem duty 比較 従量税。

**じゆう-がた【自由形・自由型】** 競泳種目の一つ。泳法に制約はないがクロールが主流。一〇〇m・二〇〇m・四〇〇m・八〇〇m・一五〇〇mなどがある。free style

**じゅう-がつ【十月】** 一年の第一〇番の月。October 比較 神無月。

**十月の木葉髪**(じゅうがつのこのはがみ) 陰暦一〇月ごろに、頭髪がよく脱けることをいう。

**じゅうがつ-かくめい【十月革命】** ↓じゅういちがつかくめい(十一月革命)

**じゅうがつ-ざくら【十月桜】** シキザクラの別名。

**じゅうがつ-じけん【十月事件】** 昭和初期のクーデター未遂事件。昭和六年(一九三一)、桜会系軍部革新将校らに大川周明ら民間右翼が加わってクーデターを計画したが失敗。

**じゆう-かったつ【自由▼闊達・自由▼豁達】**(形動) 思うままにふるまってこだわるところがないさま。こだわりがなく、のびやかなさま。free and generous

**しゅうか-ナトリウム【臭化ナトリウム】** 化学式NaBr 無色の結晶性粉末。水によく溶ける。写真用薬品や鎮静剤に用いる。sodium bromide

**しゅうか-ぶつ【臭化物】** 臭素と、それより陽性な元素の化合物。bromide

**じゅうかりんさん-せっかい【重過▼燐酸石灰】** 燐酸肥料の一つ。水溶性燐酸を三〇%以上含み、硫酸分が少ない。燐鉱石を燐酸で処理して作る。triple super phosphate

**しゅう-かん【収監】** 法令に基づいて犯罪人を監獄に収容すること。imprisonment

**しゅう-かん【週刊】** 週に一度刊行すること。また、その刊行物。ウイークリー。weekly 比較 旬刊・月刊。用例 —誌。

**しゅう-かん【週間】** ㊀(名) ①一週のあいだ。七日間。week 用例 —天気予報。②特別の行事をする七日間。week 用例 交通安全—。㊁(助数) 七日間を単位として数える語。用例 三—。

**しゅう-かん【終刊】** ㊀(名・サ変自) 刊行を終えること。㊁(名) 継続発行していた刊行物の最後のもの。

**しゅう-かん【終巻】** ①最後のまき。final volume 対義 首巻。②書物・巻物の最後の部分。

▼常用漢字表外。 ▽常用漢字表の音訓外。

巻尾。the end of a book

**しゅう-かん【習慣】** ①ある国・地方の人々がそうするならわしになっていること。しきたり。慣習。custom 比較 風習。用例 日本人の―。②個人が同じことを長い間繰り返してきた結果のきまり。くせ。habit 用例 早起きの―。

**習慣は第二の天性也**(しゅうかんはだいにのてんせいなり) 習慣は、生活に深く染みこみ、生まれながらの性質とかわらないほどになる。習い、性となる。

**じゅう-かん【重患】** 重い病気・病人。重病。serious illness

**じゅう-かん【縦貫】**(名・サ変他) たて・南北につらぬくこと。running through 用例 ―鉄道。

**じゅう-がん【銃丸】** 小銃に用いる弾丸。鉄砲玉。bullet

**じゅう-がん【銃眼】** 射撃するために、城壁・戦車の車体などにあけた小さい穴。loophole

**しゅうかん-し【週刊誌】** 一週間に一回発行される雑誌。日本では大正一一年(一九二二)創刊の『週刊朝日』『サンデー毎日』が最初。weekly

**しゆう-かんべつ【雌雄鑑別】** 動物の雌雄を見分けること。とくにニワトリ・カイコでは重要で、雛や幼虫のうちに行われる。sexing

**しゅう-き【周忌】** 人の死後、年ごとに巡ってくる祥月命日。満一年目を一周忌、二年目を三回忌とし、以後、七・一三・一七・二三・二七・三三・五〇・百回忌などの年に、とくに仏事を行う。回忌。年忌。

**しゅう-き【周期】** ①ひとまわりする時期。period ②物理で、振動体・公転体に見られるように、まったく同一の現象が、繰り返して起こる場合、その一回に要する時間。cycle 用例 振り子の―。

**しゅう-き【宗規】** 宗教上のきまり。その宗派の規約。religious regulation 比較 清規。

**しゅう-き【秋気】** 対義 春気。①秋の冷たい空気。秋のけはい。autumnal air ②秋の景色。秋色。autumnal scenery

**しゅう-き【秋季】** 秋の季節。fall米; autumn英 対義 春季。

**しゅう-き【秋期】** 秋の期間。fall米; autumn英 対義 春期。

**しゅう-き【臭気】** 不愉快なにおい。悪臭。bad smell

**しゅう-き【終期】** ①終わりの時期。終わるとき。末期。closing period ②法律上の行為の効果が消滅する期限。final term 対義 始期。

**しゅう-ぎ【宗義】** 宗派の根本の教義。denominational doctrine

**しゅう-ぎ【祝儀】** ①祝いの儀式。狭義では、婚礼を意味する。celebration ②お祝いの気持ちを表して贈る金銭や品物。gratuity ③芸人や職人などへの心づけ。tip

**しゅう-ぎ【衆議】** 多人数でする相談・評議。meeting 用例 ―一決。

**じゅう-き【▼什器】** 日常使用する家具・道具。utensil

**じゅう-き【▼戎器】** いくさに用いる道具。武器。兵器。

**じゅう-き【重器】** ＝ちょうき。①大切な器具。重宝。important appliance ②重要な役目。大切な人物。important person

**じゅう-き【重機】** 「重機関銃」の略。

**じゅう-き【銃器】** 小銃・機関銃・ピストルなどの総称。small arms

**しゅうぎ-いん【衆議院】** 参議院とともに国会を構成する議院の一つ。全国の選挙区から選出された議員で構成される国権の最高機関で立法権の主体。法律・予算の議決、条約の承認、内閣総理大臣の指名については参議院に優先する。衆院。House of Representatives 対義 参議院。

**しゅうぎいん-ぎいん【衆議院議員】** 国民によって各選挙区から選出され、衆議院を構成する国会議員。任期四年。代議士。

**しゅうき-うんどう【周期運動】** 一定の時間ごとに同一状態が繰り返される運動。振動や回転運動など。periodic motion 用例 振り子の―。

**しゅうき-かつどう【周期活動】** 生物の生理活動や行動などが周期的に繰り返される現象。日周・月周・年周などさまざまな周期のものがある。渡り鳥の習性、動物の生殖行動、植物の開花など。rhythmic activity

**じゅう-きかんじゅう【重機関銃】** 口径が大きく、重量が重い機関銃。射程距離が長く、命中精度も良い。heavy machine gun 対義 軽機関銃。

**しゅうき-かんすう【周期関数】** 零でないある実数定数$\omega$に対して$f(x+\omega)=f(x)$をみたす関数$f(x)$のこと。このときの$\omega$を周期という。periodic function

**しゅう-きく【▼蹴▼鞠】** けまり。

**しゅうきこうど-かんけい【周期光度関係】** 変光周期一～五〇日のケフェイド型の変光星で、変光周期が長いほど光度(絶対光度)が明るいという関係。period-luminosity relation

**しゅうき-こうれいさい【秋季皇霊祭】** 宮中祭祀の一つ。秋分の日に、天皇が皇霊殿で歴代の天皇・皇族の霊を祭る。もと国家の祭日とされた。

**しゅうき-すいせい【周期▼彗星】** ある周期で太陽を焦点とする楕円軌道を運動する彗星。周期二〇〇年以下を短周期彗星という。ハレー彗星など。periodic comet

**しゅうきせい-おうとしょう【周期性▼嘔吐症】** 小児が急に元気がなくなり、しきりに嘔吐する病気。血液・尿にアセトン体が増量するところから、糖と脂肪にかかわる代謝障害が考えられる。アセトン血性嘔吐症。俗称、自家中毒症。periodic vomiting

**しゅうきせい-ししまひ【周期性四肢麻▼痺】** 手足の力が周期的になくなる発作。多くは一～二日で回復し、知覚は正常。バセドー病に合併することが多い。periodic paralysis

**しゅうき-ひょう【周期表】** 周期律に従い、原子番号順に元素を並べた表。最初につくったのはメンデレーエフ。周期表の位置から元素の性質が推測できる。periodic table

**しゅうき-びん【集気瓶】** 気体を捕集するために使う広口瓶。ガラス製で板状のガラスでふたをする。gas collecting bottle →図

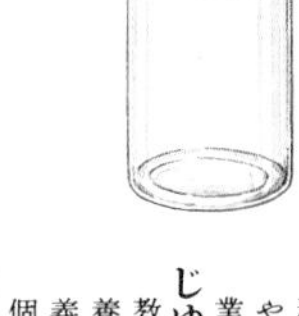

●集気瓶

**しゅうぎ-ぶくろ【祝儀袋】** 慶事の祝い・心づけなどに、金銭を入れて贈る熨斗や水引きのついた小さな紙の袋。熨斗袋。

**しゅうぎ-もの【祝儀物】** 三味線音楽・箏曲の一系統。慶祝・寿福を表現。長唄『松の緑』、地歌・箏曲『松竹梅』など。

**しゅう-きゅう【週休】** 一週間のうちに定められた休暇があること。weekly holiday 用例 ―制。

**しゅう-きゅう【週給】** 一週間ごとに支給する賃金。weekly salary 対義 年給・月給・日給。

**しゅう-きゅう【▼蹴球】** ボールを蹴ることを認められている球技の総称。サッカー(ア式蹴球)・アメリカンフットボール・ラグビーなど。一般にサッカーをさすことが多い。フットボール。football

**じゅうぎゅう-ず【十牛図】** 禅宗で、修行の深まりを牛と牧童の関係にたとえ、一〇の段階に分けて図示したもの。尋牛・見跡・見牛・得牛・牧牛・騎牛帰家・忘牛存人・人牛倶忘・返本還源・入鄽垂手。北宋の廓庵志遠の『十牛図頌』が有名。

**しゅうきゅうふつか-せい【週休二日制】** 週のうち二日を休日とする制度。ふつうは土・日曜日が休日。five-day week

**じゅう-きょ【住居】** ①住生活の場。居住のための家屋。住宅。住まい。house; residence ②住所。居所。address

**しゅう-きょう【宗教】** 神・仏・霊といったような超人間的存在やその力・意志をよりどころに、平安を得ようとして求める信仰。およびそれに基づく儀礼や行事、あるいは、それから派生する精神文化の総体をいう。一般的には、信者によって教団が営まれる。religion

**しゅう-ぎょう【修業】**(名・サ変自) 学術・技芸を習い、身につけること。study

**しゅう-ぎょう【終業】**(名・サ変自) 対義 始業。①仕事を終わること。completion of work ②一日・一学期・一学年の学業を終わること。over

**しゅう-ぎょう【就業】**(名・サ変自) 仕事にとりかかること。業務につくこと。commencement of work 比較 就職。用例 ―時間。

**じゅう-ぎょう【従業】**(名・サ変自) 仕事にたずさわること。

**じゆう-ぎょう【自由業】** 人に雇われず、勤務時間などの制約を受けずに、専門的な知識や才能に基づいて営む職業。弁護士・作家・開業医など。liberal profession

**じゆう-きょういく【自由教育】** ①政治・宗教などに支配されないで、自由で自主的な教養人を育てることを目的とする教育。人文主義的教養教育。liberal education ②子どもの個性を重視した自発的活動中心の教育。

**じゅうぎょう-いん【従業員】** 業務に従事する人。employee

**じゅうぎょういんもちかぶ-せいど【従業員持株制度】** 株式会社が従業員に特別の便宜を与え、自社株の取得・保有をさせる制度。安定株主を確保するとともに、従業員の福利と貯蓄の増進などを目的とする。ESOP。employee stock ownership plan

**しゅうきょう-おんがく【宗教音楽】** 宗教的儀式と結びついた音楽。より広くは宗教的内容にかかわるすべての音楽。religious music

**しゅうきょう-が【宗教画】** 宗教に関連した絵画。religious painting

**しゅうきょう-かいかく【宗教改革】** 一六世紀初め、ヨーロッパに起こったキリスト教と教会制度の革新運動。一五一七年、ルターが自由な精神を圧迫し腐敗堕落したローマ教会を批判したのに端を発し、ドイツ・スイスから欧州各地に普及。聖書を唯一の根拠として自由な信仰を求めようとした。ルター・カルバンにより新しい教義と教会が確立され、イギリスではイギリス国教会が成立。Reformation

**しゅうきょう-かいぎ【宗教会議】** カトリック教会において、おもに教義に関する事項を審議決定する会議。教皇または教皇特使が召集して開催。公会議。council

**しゅうきょう-がく【宗教学】** 客観的・科学的立場から宗教一般を実証的に研究する学問の総称。宗教社会学・宗教心理学・宗教史などを含む。science of religion

**しゅうぎょう-きそく【就業規則】** 事業所での労働者の規律や労働条件などについて使用者が定めた規則。一〇人以上の労働者を使用する事業者は、これを制定し労働基準監督署へ届け出る義務がある。office regulations

**しゅうきょう-きょういく【宗教教育】** 宗教的教養・儀礼の教育を通じて、人格の陶冶・向上をめざすもの。religious education

**しゅうきょう-げき【宗教劇】** 宗教的な題材・内容を、宗教的な動機に基づいて劇化した演劇。演劇史的にはキリスト教を背景としたヨーロッパ中世宗教劇をさし、とくに一六世紀初めのキリスト受難劇は宗教劇の代表的なもの。religious drama; miracle play

**しゅうぎょう-こうぞう【就業構造】** 産業の規模や雇用形態・就業時間・所得などからみた就業の状態。structure of employment

**しゅうきょう-さいばん【宗教裁判】** 一三～一八世紀、ローマ教会が異端者の追及・処罰のために行った裁判。一二三一年に教皇グレゴリウス九世により定められ、ドミニコ会とフランシスコ会がその任にあたった。残酷な審問と処刑で知られ、とくにスペインの例は有名。異端審問。Inquisition

**しゅうぎょう-じかん【就業時間】** →ろうどうじかん(労働時間)

**しゅうきょう-しゃかいがく【宗教社会学】** 宗教と社会の相互関係や宗教集団を社会学的に研究する学問。デュルケーム・マックス＝ウェーバーが体系化した。sociology of religion

**しゅうぎょう-じんこう【就業人口】** 一五歳以上で、収入を得るために職業についている人の総数。自営業者・家族従業者・被雇用者に分けられる。population of the employed

**しゅうきょう-しんりがく【宗教心理学】** 宗教行動を心理学の立場と方法で研究する学問。psychology of religion

**しゅうきょう-せんそう【宗教戦争】** 信仰に関して起こる戦争。とくにヨーロッパにおいて、宗教改革による新旧両派対立に起因する国内および国際間の武力抗争。一六世紀なかばから一世紀にわたり頻発。フランスのユグノー戦争、オランダ独立戦争、ドイツを中心とする三十年戦争など。religious war

**じゆう-きょうそう【自由競争】** ①なんらの束縛・干渉・制限を受けず自由に他と競争すること。②国家の干渉や私的な制約がなく、需要と供給が自由な状態で行われる市場競争。free competition

**しゅうきょう-てつがく【宗教哲学】** 宗教の本質と価値を哲学の立場や方法で研究し、その存立の根拠を明らかにする学問。philosophy of religion

**しゅうきょう-びじゅつ【宗教美術】** 仏教美術やキリスト教美術のように、宗教に関連した美術。religious art

**しゅうきょう-ぶんがく【宗教文学】** 宗教的な内容・傾向をもった文学。聖典・経典や賛歌、宗教家の作品、文学者による宗教的性格の作品がある。religious literature

**しゅうきょう-ほうじん【宗教法人】** 宗教法人法によって、法人として認可された宗教団体。religious corporation

**しゅうきょう-みんぞくがく【宗教民族学】** 宗教学の一分野。未開社会の民族の宗教を踏査し、比較研究する学問。ethnology of religion

**しゅう-きょく【終曲】** 音楽で、楽曲の最終楽章。フィナーレ。finale

**しゅう-きょく【終局】** ①囲碁や将棋の一局が終わること。②物事の終結。落着。end; close

**しゅう-きょく【終極】** 終わり。果て。しまい。finality

**しゅう-きょく【▼褶曲・▼皺曲】** ほぼ水平に形成された地層が、地殻変動にともなう外力を受けて波のように曲げられること。また、曲げられた状態。fold 用例 ―山脈。

**しゅうきょく-さんち【▼褶曲山地】** 褶曲構造をもつ山地。アルプスやヒマラヤなどの山脈は大規模な褶曲山地。folded mountain range

**しゅうきょく-せい【周極星】** 日周運動によっては地平線下に沈むことのない星。日本では、こぐま座・ケフェウス座などの星。circumpolar star

**しゅうきょく-ふう【周極風】** ↓きょくとうふう(極東風)

**じゅうきょ-し【住居▼址】** 古代の住居のあと。洞窟(どうくつ)・竪穴(たてあな)など。ancient dwelling site

**じゅうきょしんにゅう-ざい【住居侵入罪】** 正当な理由なく他人の住居・建造物・艦船に立ち入ることで成立する罪。また、要求を受けてもその場所から立ち去らない罪(不退去罪)を含んでいうこともある。

**じゅうきょ-せんようめんせき【住居専用面積】** 共同住宅では階段・通路などの共用スペースを除いた面積。一戸建て住宅では延べ床面積。

**しゅうぎょ-とう【集魚灯】** 魚を海面近くに集めるためのあかり。サンマ・イワシ・アジ・イカなどの走光性の魚介類を捕獲するのに用いる。水上灯と水中灯があり、白熱灯のほか、蛍光灯や水銀灯も使用。fish-luring lamp ↓写

**じゅうきょ-の-ふかしん【住居の不可侵】** 居住者の意思に反しその生活空間に侵入されたり、捜索をうけたりしないこと。憲法第三五条に定められている。

**じゆう-キリストきょう【自由キリスト教】** キリスト教で既成教会、とくにイギリス国教会から分離し、独自の教理に基づいて運営する教会や教派のこと。Free Christians

**しゅうき-りつ【周期律】** 元素を原子番号順に並べると、化学的性質が周期的に変化するという法則。一八六九年メンデレーエフによって確立されたが、ニューランズやマイヤーの功績も大きい。periodic law

**しゅうぎわしょ【集義和書】** 熊沢蕃山(くまざわばんざん)の随想録。寛文(かんぶん)一二年(一六七二)刊。おもに学問・思想を論じる。経世治民を中心に論じた宝永(ほうえい)六年(一七〇九)刊の『集義外書』とともに、蕃山の代表作。

**しゅう-きん【秋▼錦】** キンギョの一品種。明治初期、ランチュウとオランダシシガシラを交雑させつくりだした。背びれを欠く。

**しゅう-きん【集金】**(名・サ変自他) 金銭を集めて回ること。そのお金。collection of money

**しゅう-きん【▼銹菌】** ↓さびきん(銹菌)

**しゅう-きん【秋▼瑾】**(一八七七〜一九〇七) 中国の婦人革命家。一九〇四年(明治三七)日本留学。中国革命同盟会に参加。帰国して教育と清(しん)朝打倒運動に活躍。一九〇七年巡撫(じゅんぶ)暗殺事件に連座して斬首(ざんしゅ)刑。辞世の「秋風秋雨愁殺人」の句は有名。

**しゅう-ぎん【秀吟】** すぐれた吟詠・詩歌。

**じゅう-きんぞく【重金属】** 比重がほぼ五以上の金属。鉄・銅・鉛・クロムなど。heavy metal 対義 軽金属。

**じゅうきんぞく-ちゅうどく【重金属中毒】** 重金属そのもの、およびその化合物による中毒の総称。水銀中毒・カドミウム中毒、あるいは殺虫剤の誤飲によるものなどがある。heavy metal poisoning

**しゅう-く【秀句】** ①すぐれた俳句。比較 佳句。対義 駄句。②詩文の巧みな表現。③同音異義のことばを利用した、うまいしゃれの文句。地口など。

**しゅう-ぐ【衆愚】** 多くのおろか者。vulgar masses

**じゅう-く【重苦】** ひどい苦しみ。重くたえがたい苦しみ。agony

**しゅうぐ-せいじ【衆愚政治】** 理性と判断力に欠ける民衆の、数の力によって運営される政治。民主政治の堕落した形態。古代アテネ末期の政治が好例。mobocracy

●集魚灯　根室沖合いのイカ漁。

**ジュークボックス【jukebox】** コインを入れ、選曲ボタンを押すと自動的にそのレコードがかかる装置。自動電気蓄音機。

**シュークリーム**《chou à la crème フランス の訛(なま)り》シュー(=キャベツ)形の皮にクリームを入れた洋生菓子。cream puff

**シュークルート【choucroute フランス】** キャベツを塩漬けにして酸味を出した漬物。ドイツのザウアークラウト。

**じゅうクロムさん-カリウム【重クロム酸カリウム】** 二クロム酸カリウムの旧称。

**じゅうクロムさん-ナトリウム【重クロム酸ナトリウム】** 二クロム酸ナトリウムの旧称。

**じゅう-ぐん【従軍】**(名・サ変自) 軍隊に従って戦地へ行くこと。serve in the war

**じゅうぐん-きしゃ【従軍記者】** 軍隊に従って戦地へ行き、戦況を報道する新聞・雑誌などの記者。war correspondent

**しゅう-けい【集計】**(名・サ変他) 寄せ集めて合計すること。また、その合計。total

**じゅう-けい【重刑】** 重い刑。重科。severe punishment

**じゅう-けい【従兄】** 年上の、男のいとこ。elder cousin

**じゅう-けい【銃刑】** 銃殺する刑罰。日本では第二次大戦後廃止。銃殺刑。execution by shooting

**じゅうけい【重慶】** 中国、四川(しせん)省中東部の大都市。中国、南西地区の経済・交通・文化の中心。重化学工業、紡織工業が発達。人口二二七三・四万(一九八四)。チョンチン。

**じゆう-けい【自由刑】** 法律で、身体の自由を拘束する刑罰。懲役(ちょうえき)・禁錮(きんこ)・拘留(こうりゅう)の三種。比較 財産刑。

**じゆう-けいざい【自由経済】** 企業や個人などの経済主体の活動が自由に認められ、国家・地方公共団体の干渉や規制を受けない経済体制。free economy 対義 統制経済。

**じゅう-けいてい【従兄弟】** 男のいとこ。cousin

**じゆうけいやく-せんしゅ【自由契約選手】** プロ野球で、球団との契約が解消され、他のどの球団とでも自由に契約することのできる選手。free contract player

**しゅう-げき【襲撃】**(名・サ変他) 急におそいかかって攻めること。attack

**じゅう-げき【銃撃】**(名・サ変他) 小銃・機関銃などで撃つこと。shooting

**じゆう-げきじょう【自由劇場】** ①(Théâtre-Libre フランス)一八八七年アントワーヌによってパリに創立された劇団。イプセン・ストリンドベリ・トルストイなどの作品を紹介。その演劇革新運動は諸外国にも刺激と影響を与えた。②明治四二年(一九〇九)小山内薫(おさないかおる)と二世市川左団次が組織した劇団。イプセン・チェーホフなどの作品を紹介。日本最初の新劇運動として、文壇・演劇界に大きな影響を与えた。大正八年(一九一九)に消滅。

**しゅう-けつ【終結】** ㊀(名・サ変自) 終わること。おさまりがつくこと。settlement 対義 開始。用例 争議が―した。㊁(名) 数学・論理学などで、仮説から推論して得られる結論。帰結。conclusion 対義 仮説。

**しゅう-けつ【集結】**(名・サ変自他) 一か所に集まること。また、集めること。gather; assemble 用例 物資の―。部隊の―。

**しゅう-げつ【秋月】** あきの夜の月。autumn moon

**じゅう-けつ【充血】**(名・サ変自) 臓器または組織中の流血量が増加している状態。局所は赤くはれ、体表部は体温が高い。動脈の拡張が原因。hyperemia 比較 うっ血。

**じゅうけつ-きゅうちゅう【住血吸虫】** 哺乳(ほにゅう)類と鳥類の血管内に寄生する吸虫の一群。ヒトに寄生するものは数種あり、日本住血吸虫はその一種。blood fluke

**じゆう-けっこん【自由結婚】** 自由婚姻の通称。

**しゅうげつ-とうかん【秋月等観】**(生没年未詳) 室町後期の画僧。雪舟に学び、のち明(みん)に渡る。作品『蘆雁図』『西湖図』など。

**しゅう-けん【集権】** 権力を一か所に集めること。centralization of power 対義 分権。用例 中央―。

**しゅう-げん【祝言】** 祝いのことば。とくに、嫁入り儀式とそれに引き続き行われる祝宴。婚礼。結婚式。祝儀。wedding 用例 ―を挙げる。

**じゅう-けん【銃剣】** ①銃と剣。②白兵戦や突撃のとき小銃の先端につける小剣。また、その剣をつけた小銃。bayonet 用例 ―術。

**じゆう-けん【自由権】** 市民生活を営むうえで国家権力の介入を排除しうる権利。精神・経済活動・身体の自由権がある。乱用や公共の福祉に反する場合は制限される。civil liberties

**じゅう-げん【重言】** 同じ意味の二つの語をかさねる言い回し。「ひにち」「後の後悔」など。比較 畳語。

**しゅう-けんじん【周建人】**(一八八九〜一九八四) 中国の生物学者。ダーウィンの『種の起源』を中国語に翻訳。文学者魯迅(ろじん)の弟。

**じゅうけん-どう【銃剣道】** 武道の一つ。木製の銃を使って突いたり払ったりして戦う。銃の渡来に、日本古来の槍術(そうじゅつ)が加わってできた銃槍格闘が始まり。昭和三一年(一九五六)全日本銃剣道連盟が発足。

**じゅう-ご【銃後】** 直接戦闘に参加しない国民。また、戦場となっていない国内。the home front 対義 前線。用例 ―の守り。

**しゅう-こう【舟行】**(名・サ変自) ①ふねで行くこと。sailing ②ふなあそび。boating ③ふなあし。sailing

**しゅう-こう【舟航】**(名・サ変自) ふなたび。航海。sailing

**しゅう-こう【周航】**(名・サ変自) 船であちこちを巡ること。cruise 用例 瀬戸内海を―する。

**しゅう-こう【修交】**(名・サ変自) 親しくつきあうこと。friendship

**しゅう-こう【修好】**(名・サ変自) 国と国とが仲よくすること。amity 用例 ―条約。

**しゅう-こう【就航】**(名・サ変自) 船・航空機が初めて航路につくこと。

**しゅう-こう【衆口】** 多くの人々のことば。世間のうわさ。

**衆口、金を鑠かす**(しゅうこう、きんをとかす) 多くの人々が言うと、強く、恐ろしい力となる。中傷の恐ろしさのたとえ。

**しゅう-こう【集光】**(名・サ変他) レンズや鏡などを使って光線を一方向に集めること。light condensing 用例 ―器。

**しゅう-こう【醜行】** ①恥ずべき行い。shameful conduct ②みだらな行い。loose conduct

**しゅう-こう【周公】**(生没年未詳) 中国、周の王族。文王の子、武王の弟。名は旦(たん)。武王を助けて殷(いん)の紂(ちゅう)王を滅ぼし、武王の死後、幼い成王を補佐。東方の乱を鎮圧し王室の基礎を確立。礼をもって政治の基本とし、儒教で理想的人格とされる。周公旦。

**しゅう-ごう【秋▼毫】**《秋に抜けかわった獣毛、の意。それが細いことから》非常に少ないこと。ほんの少し。slight 用例 ―の憂いなし。

**しゅう-ごう【習合】**(名・サ変他) 違った教義・主義を折衷し、調和させること。用例 神仏―。

**しゅう-ごう【集合】** ㊀(名・サ変自他) 一か所に集まること。集め合わせること。また、そのものの集まり。gather ㊁(名) 数学で、任意のものの集まりで、それがその集まりに属するかどうか、およびこの集まりに属する二つのものが等しいか異なるかが明確に判定できるもの。set ↓図

**じゅう-こう【重厚】**(名・形動) どっしりと落ち着いていること・さま。composedness 対義 軽佻(けいちょう)。用例 ―な態度。

**じゅう-こう【銃口】** 銃のつつぐち。つつさき。muzzle of a rifle

**じゅう-こう【獣行】** ①むごい行為。bestial act ②肉欲をほしいままにする行為。lustful act

**じゆう-こう【自由港】** 関税を課することなく、外国貨物の自由な出入を認めた商港。ハン

▼常用漢字表外。　▽常用漢字表の音訓外。

●集合図　Sは全体集合

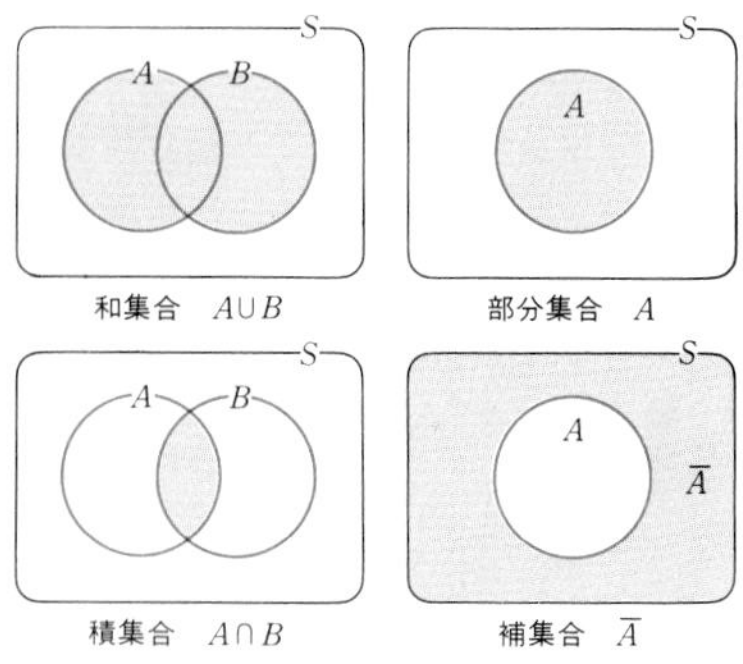


ブルク・香港・シンガポールなど。日本にはない。free port

**じゅう-ごう【十号】**《仏教語》仏の一〇種の称号。如来・応供・正遍知・明行足・善逝・世間解・無上士・調御丈夫・天人師・世尊。仏十号。

**じゅう-ごう【重合】**(名・サ変自) 構成単位となる分子(単量体またはモノマー)が二個以上結合し、分子量の大きい化合物をつくること。また、その反応。付加重合・縮重合など。polymerization 用例 ―体。

**しゅうごう-か【集合果】** 多くの花の子房が結実し、それらが集まって一個の果実のような形態をとるもの。クワ・イチジク・パイナップルなど。multiple fruit 比較 単果・複合果。

**しゅうごう-がいねん【集合概念】** 論理学で、なんらかの類似点に基づいて、諸対象を一つの意味のある全体として総括する概念。collective concept

**じゅう-こうぎょう【重工業】** 生産物の重量を基準として分類した場合の製造業の一部門。重化学工業とほぼ同じ概念。heavy industry 対義 軽工業。

**しゅうごう-こうどう【集合行動】** 人々の集合がとる行動の総称。大衆運動・社会運動や群衆行動など、なんらかの形で社会に変化を求める点が特徴。collective behavior

**しゅうごう-ざい【集合罪】**「凶器準備集合罪」の略。

**しゅうごう-じゅうたく【集合住宅】** 複数の住居が集まり一つの建物を構成する住宅。アパートやマンションなど。apartment house

**じゅう-こうぞう【柔構造】** 建築物の耐震構造の一つ。建築材料を固く接合する剛構造に対し、ある程度揺れることにより地震エネルギーを吸収する構造。flexible structure

**じゅうごう-たい【重合体】** 重合反応によってできる化合物。単量体の数により二量体・三量体…とよび、分子量が約一〇〇〇以下のものをオリゴマー、それよりかなり大きいものをポリマー、または高重合体という。polymer

**じゅう-こう-ちょう-だい【重厚長大】**《産業用語。重く、厚く、長く、大きい、の意》鉄鋼業・重工業など大規模な設備を要し、小回りがきかない製造業の性質を言う語。対義 軽薄短小。用例 ―産業。

**しゅうこうてん【周口店】** 中国、北京の南西約五〇kmの旧石器時代の洞窟遺跡。一九二一年アンダーソンが発見の端緒をつけ、一九二七～三七年に発掘調査された。石灰岩の洞窟から二五～五〇万年前のものとされるシナントロプス-ペキネンシス(=北京原人)の化石人骨四十数体と石器が出土。チョウコウチェン。

**しゅうこうてんさんちょうどう-じん【周口店山頂洞人】** 化石人類の一つ。新人に属す。約一万八〇〇〇年前、後期旧石器時代に生存。化石骨が中国北京市郊外の周口店遺跡の山頂洞内で出土した。

**しゅうごう-ひょうしょう【集合表象】** 集団のメンバーに共有される思考・感情・行動の様式。個人に内面化され拘束力をもつ社会的な行為と思考の様式。思潮・信仰など。フランスの社会学者デュルケームの用語。集団表象。集合意識。collective representation

**しゅうこう-ぼ【周溝墓】** 周囲に堀・溝をめぐらせた古代の有力者の墓。二世紀ごろから造られたという。

**しゅうごう-むいしき【集合無意識】** 個人的な無意識より心の深い層にある、人類に共通して祖先から伝わる無意識。ユングの創唱による。普遍的無意識。集団的無意識。collective unconsciousness

**しゅうごう-めいし【集合名詞】** 英文法で、「家族」「社員」などのように同種の個体の集まった全体を表す名詞。collective noun

**しゅうこう-レンズ【集光レンズ】** 目的とする方向に光線を集めるレンズ。converging lens

**しゅうごう-ろん【集合論】** 集合に関する理論。一九世紀末、ドイツのカントールによって創始。現代数学の基礎の一つ。set theory

**しゅう-こつ【収骨】**(名・サ変自他) ①戦地や山野に散った遺骨を、埋葬するために収拾すること。②火葬後、骨を骨壺におさめること。

**じゅうごねん-せんそう【十五年戦争】** 満州事変・日中戦争および太平洋戦争の総称。昭和六年(一九三一)の満州事変勃発から同二〇年(一九四五)の敗戦に至る約一五年間の戦争。

**じゅうご-パズル【十五パズル】** 盤上遊戯の一種。一六分割された正方形の盤上に正方形の駒一五個を適当に並べ、駒一個分の空間を使って、上下・左右に移動し、上に書いてある絵や数字を正しく整える遊び。また、その用具。

**ジューコフ【Georgy Konstantinovich Zhukov】**(一八九六～一九七四) ソ連の軍人。元帥。第二次大戦中は参謀総長としてモスクワ防衛戦、ベルリン攻撃を指揮。一九五五年国防相となったが、五七年解任。

**じゅうご-や【十五夜】** ①陰暦の毎月一五日の夜。満月の夜。②とくに、陰暦八月一五日の夜。中秋。古来、月見の宴を催した。

**じゅう-こん【重根】** $n$次方程式の$n$個の解のうち、二つ以上等しいものがあるときのその解。重解。multiple root

**じゅう-こん【重婚】**(名・サ変自) 正式に結婚している者が、さらに他の者と結婚すること。刑法上の犯罪行為。bigamy

**じゆう-こんいん【自由婚姻】** 旧民法の規定で、親の同意を得ないで行う結婚。男子三〇歳、女子二五歳までは親の同意を要した。自由結婚。

**しゅう-こんごう【執金剛】** ↓しゅこんごう(執金剛)

**しゅう-さ【収差】** レンズなどを通った光線が、一点に止まらず、像がぼけたりゆがんだりする現象。色収差・球面収差・非点収差・コマ収差・湾曲収差など。aberration

**じゅう-ざ【銃座】** 銃を据える場所。emplacement

**ジューサー【juicer】** 果物・野菜などからジュースを作る器具。電動式はカッターで材料を細断しフィルターでこして液汁をとる。手動式は材料を上から圧搾する。

**しゅう-さい【収載】**(名・サ変他) ①物品を車などに載せること。②作品を書物・雑誌に掲載すること。

**しゅう-さい【秀才】** ①学問・才能のすぐれた人。genius 対義 鈍才。②昔、中国で官吏登用試験の科目。のち科挙の一科。また、その合格者。進士。③律令制の官吏登用試験の科目の一つ。文章道で文章得業生となり、七年以上勉学して試験に合格した人。

**しゅう-ざい【秋材】** 温帯の樹木で、夏から秋に生長する部分。繊維に富み、緻密で赤味を帯びる。春材とともに年輪を構成する。晩材。summer wood 対義 春材。↓木材図

**しゅう-ざい【集材】** きりたおした木材を一か所に集めること。

**じゅう-ざい【重罪】** ①程度の重い罪。重科。felony 対義 微罪・軽罪。②旧刑法規定における犯罪区分の一つ。死刑から軽禁獄までの九種の刑を科せられる罪。対義 軽罪・違軽罪。

**じゆう-ざい【自由財】** 量がきわめて豊富で、自由に無償で入手できるため経済活動の対象とならないもの。空気・水など。free goods 対義 経済財。

**しゅうざい-き【集材機】** 鉄索を用いて、木材をつり上げて集材する機械。山岳林の集材に適する。

**しゆう-ざいさん【私有財産】** 私有財産制度のもとで、個人または私的グループが所有し、原則として自由に使用・処分できる財産。private property 対義 公有財産。

**しゆうざいさん-せいど【私有財産制度】** 財産の私有を認める制度。近代社会の特色としていうときは、個人の財産権は絶対的で不可侵であるとする原則をさす。private ownership system

**しゅう-さいぼう【臭細胞】** においを感じる細胞。臭神経線維とともに臭覚器をつくる。昆虫では触角に分布し、ヒトでは鼻腔内の粘膜の上皮にある。

**じゅう-さいぼう【柔細胞】** 植物の柔組織を形成する細胞。細胞壁は薄く、同化・分解・貯蔵などの重要な働きを行う。parenchymatous cell

**じゆう-さいりょう【自由裁量】** 行政庁が行政行為をするにあたって法令に抽象的・一般的な事項しか定められていない場合、その法令の規定の枠内で行うことができる自由な判断。discretion

**しゅう-さく【秀作】** すぐれた作品。excellent work

**しゅう-さく【習作】**(名・サ変他) 絵画・彫刻などを、練習のために作ること。その作品。試作。エチュード。study

**しゅうさく-じん【周作人】**(一八八五～一九六七) 中国の随筆家。魯迅の弟。浙江省の人。立教大学に学ぶ。小品文に独自の境地を開き、枯淡の筆致は高く評価される。著書『雨天の書』、自伝『知堂回想録』など。

**しゅう-さつ【集札】**(名・サ変自) 乗降口・駅の出口などで乗客から切符を受けとること。ticket collection 対義 改札。

**じゅう-さつ【重殺】** ↓ダブルプレー

**じゅう-さつ【銃殺】**(名・サ変他) 銃で撃ち殺すこと。また、その刑。shooting to death 用例 ―に処する。

**しゅう-さん【秋蚕】** ↓あきご(秋蚕)

**しゅう-さん【衆参】** 衆議院と参議院。用例 ―両院。

**しゅう-さん【集散】**(名・サ変自他) 集まったり散ったりすること。また、集めたり散らしたりすること。gather and distribute 用例 ―地。離合―。

**しゅう-さん【▼蓚酸】** 化学式$(COOH)_2$ 無色無臭の結晶。二分子の結晶水をもつ。カタバミなど植物界に広く存在する。染色助剤・還元剤などに、また高純度のものは滴定用標準試薬として用いられる。oxalic acid

**じゅう-さん【重三】** ①すごろくで、二つのさいころが、二つとも三の数を出すこと。朱三。②ちょうさん。三月三日の節句。上巳。

**じゅうさんかい-き【十三回忌】**《仏教語》死後満一二年目の忌日。その日に行う仏事のこと。

**しゅうさん-かじょ【集散花序】** 有限花序の一種。最初に主軸の先に花をつけ、次にその横から枝が出てその先に花をつけて、順次開花する花序。cyme ↓花序図

**じゅうさん-がつ【十三月】**《一二月の次の月の意》正月。一月。

**十三月なる顔付き**(じゅうさんがつなるかおつき)《一年が一三か月もあるような気でいるということからとも、正月ののんびりした風情からともいう》のんきな顔付き。

**しゅうさん-き【周産期】** 出産の前後の期間。この時期は母体および胎児・新生児にとって特異な生理状況にあるので重要視される。これに対する医療を周産期医療といい、この分野を周産期医学という。

**しゅうさんき-しぼう【周産期死亡】** 妊娠第二九週以降の後期死産と、生後一週未満の早期新生児死亡とをあわせたもの。出生をめぐる時期の母子健康状態の総合的評価の指標とされる。perinatal mortality

**じゅうさん-ぎょう【十三経】** 中国、宋代に成立した儒教の経典一三書の呼称。『易経』『書経』『詩経』『周礼』『儀礼』『礼記』『左氏伝』『公羊伝』『穀梁伝』『論語』『孝経』『爾雅』『孟子』。

**しゅうざん-ぐんとう【舟山群島】** 中国、浙江省北東部、杭州湾沖にある島群。大小二百六十余島からなり、主島は舟山島。船舶の中継・避難所として重要。チョウシャン群島。

**じゅうさん-こ【十三湖】** 青森県、津軽半島北西部の潟湖。面積二〇・六km²。最深三m。シジミが名産。

**じゅうさん-しゅう【十三宗】** 中国または日本の仏教諸宗派の総称。中国では毘曇・成実・律・三論・涅槃・地論・浄土・禅・摂論・天台・華厳・法相・真言の各宗。日本では法相・華厳・律・天台・真言・融通念仏・浄土・浄土真・時・臨済・曹洞・日蓮・黄檗の各宗。

**しゅうさん-しゅぎ【集産主義】** 資本・土地などの生産手段を社会全体で所有し管理する社会組織、またはそれをめざす思想。中央集権的な段階にある共産主義の一側面としていわれることもある。collectivism

**じゅうさんぞく-みつぶせ【十三束三伏**

し

せ】《束は指四本並べた幅。伏は指一本の幅》矢の長さにいう語。ふつうの矢よりも長い。

じゅうさんだい-しゅう【十三代集】八代集に続く一三の勅撰和歌集の総称。「新勅撰和歌集」「続後撰和歌集」「続古今和歌集」「続拾遺和歌集」「新後撰和歌集」「玉葉和歌集」「続千載和歌集」「続後拾遺和歌集」「風雅和歌集」「新千載和歌集」「新拾遺和歌集」「新後拾遺和歌集」「新続古今和歌集」。

じゅうさん-づか【十三塚】一三基の小さな塚が一列に並んでいる遺跡。ほぼ日本全国に分布し、民間信仰の対象で、起源には戦死者を葬ったなど、諸説がある。

じゅうさんにち-いわい【十三日祝(い)】正月の準備を始める一二月一三日の祝い。煤掃きをしたり年木を伐ったり、さらに年取りの膳につく地方もある。十三日正月。正月始め。

じゅうさん-ぶつ【十三仏】初七日から三十三回忌まで、一三回の忌日の法要に本尊として配当し供養する仏。初七日の不動明王から釈迦・文殊・普賢・地蔵・弥勒・薬師・観音・勢至・阿弥陀・阿閦・大日・三十三回忌の虚空蔵までの仏・菩薩。

じゅうさん-まいり【十三参り】陰暦三月一三日に、一三歳になった子どもが、知恵や福徳が授かるようにと、虚空蔵菩薩に参詣する風習。

じゅうさん-や【十三夜】㊀①陰暦の毎月一三日の夜。the thirteenth night ②とくに、陰暦九月一三日の夜。のちの月。㊁樋口一葉の小説。明治二八年(一八九五)発表。封建的な社会や家庭の矛盾をすべて甘受せざるをえないお関を通して、明治の女性の悲劇を描く。

じゅうさん-り【十三里】《「九里四里(栗より)うまい」のしゃれ》サツマイモの俗称。また、その焼き芋。

しゅう-し【収支】収入と支出。income and outgo

しゅう-し【宗旨】①宗門の教義。doctrine ②宗門。宗派。sect 用例 ―変え。③趣味・職業・主義などの好みや傾向など。one's taste 用例きみとは―が違う。

宗旨を変える ①従来の宗派から、他の宗門に入る。convert ②いままでの趣味・主義・職業などを他のものに変える。change

しゅう-し【秋思】秋のもの悲しい思い。

しゅう-し【修士】①学位の一つ。大学院に二年以上在学して、修士論文の審査・試験に合格した者に与えられる。マスター。Master ②カトリックの修道士。monk 対義修女。

しゅう-し【修史】歴史書の編纂。compilation of a history 用例 ―事業。

しゅう-し【終止】(名・サ変自) ①終わること。おしまい。end ②文法で、「終止形」の略。

しゅう-し【終始】㊀(名) 終わりと始め。beginning and ending ㊁(名・サ変自) 始めから終わりまで変わらないこと。一貫すること。consistency ㊂(副) いつも。常に。しじゅう。throughout

終始、一の如し 始めから終わりまで、変わることがない。

しゅう-じ【修辞】ことばを巧みに美しく表現すること・技術。rhetoric

しゅう-じ【習字】①文字の書き方を習うこと。また、練習すること。手ならい。書道。penmanship; calligraphy ②もと、小・中学校の国語科の一分野。書き方。calligraphy

しゅう-じ【▽種子】《仏教語》唯識説で、あらゆる現象を生じさせる因となるもの。

じゅう-し【重視】(名・サ変他) 重要だと考えること。重んずること。make much of 対義軽視。

じゅう-し【従姉】年上の、女のいとこ。female elder cousin

じゅう-し【獣脂】獣類からとる脂肪。tallow

じゆう-し【自由詩】伝統的な韻律によらない、自由律の詩。現代詩の主流。日本では短歌や俳句に対する口語自由詩の意。free verse 対義定型詩。

じゅう-じ【十地】《仏教語》菩薩の修行すべき五二の段階を一〇に分けて示したもの。第四一位から第五〇位までの歓喜地・離垢地・発光地・焔慧地・難勝地・現前地・遠行地・不動地・善慧地・法雲地。

じゅう-じ【十字】①十の字。また、その形。十文字。cross ②十字路。四つつじ。crossroad ③「十字架」の略。cross ④十字座。南十字星。the Southern Cross

十字を切る キリスト教徒が祈るとき、手で胸に十字を描く。cross oneself

じゅう-じ【住持】寺の主である僧。住職。

じゅう-じ【従事】(名・サ変自) その仕事についていること。engaging in

じゅう-しい 沖縄のご飯料理。豚肉からとっただし汁を使う。くふあじゅうしい(=炊き込みご飯)と、やふあらじゅうしい(=雑炊)がある。

しゅうし-いっかん【終始一貫】(副・サ変自) 始めから終わりまでずっと変わらずに。consistently 用例 ―、表情を変えない。

じゅうじ-か【十字花】十字花冠をもつ花。

じゅうじ-か【十字架】①罪人をはりつけにする十字形の柱。cross ②キリスト教で、イエス=キリストの死とそれによる救済を象徴するシンボル。十字。cross ↓図

じゅうじか-か【十字花科】双子葉植物離弁花類。現在の分類法では、アブラナ科。萼片四個、花弁四個が十字形に並ぶことからの名。cruciferae

じゅうじ-かかん【十字花冠】四枚の花びらが相対してつき、十字状に見える花冠。アブラナ科の花の形。crucifer corolla

しゅうじ-がく【修辞学】《rhetoricの訳語》効果的な言語表現の方法についての学問。アリストテレスが古代ギリシアの雄弁術を、文章表現の原理ともいうべき修辞学に高めた。弁辞学。雄弁術。

しゅうし-かてい【修士課程】大学院で修士の学位を与える課程。学部卒業者が入学し、修業年限は二年以上。マスターコース。master course

しゅうじ-かん【集治監】旧刑法で、徒刑・流刑・終身懲役など重刑の囚人を拘禁した施設。

しゅうしき-じょ【秋色女】(一六六九―一七二五) 江戸中期の女流俳人。榎本其角の門人。名は、あき。号は、菊后亭。江戸の人。一三歳のとき、「井戸ばたの桜あぶなし酒の酔」の句をよんだという秋色桜の伝説で知られる。

じゅうじ-ぐん【十字軍】①一一世紀末～一三世紀、西欧キリスト教徒による聖地エルサレム回復のための中近東各地への遠征。一〇九五年教皇ウルバヌス二世のクレルモン公会議における遠征宣言により、翌一〇九六年から八次にわたって遠征。the Crusades ②《転じて》ある理想または信念に基づく集団的闘争・行動。crusader

しゅうし-けい【終止形】①活用形の一つ。活用形のなかで基本と考えられるもので、基本形とも。文を言い切るときの形。「空が晴れる。」などの「晴れる」の形。end-form ②音楽で、楽曲の段落または終止部分に用いる旋律や和声の定型。cadence

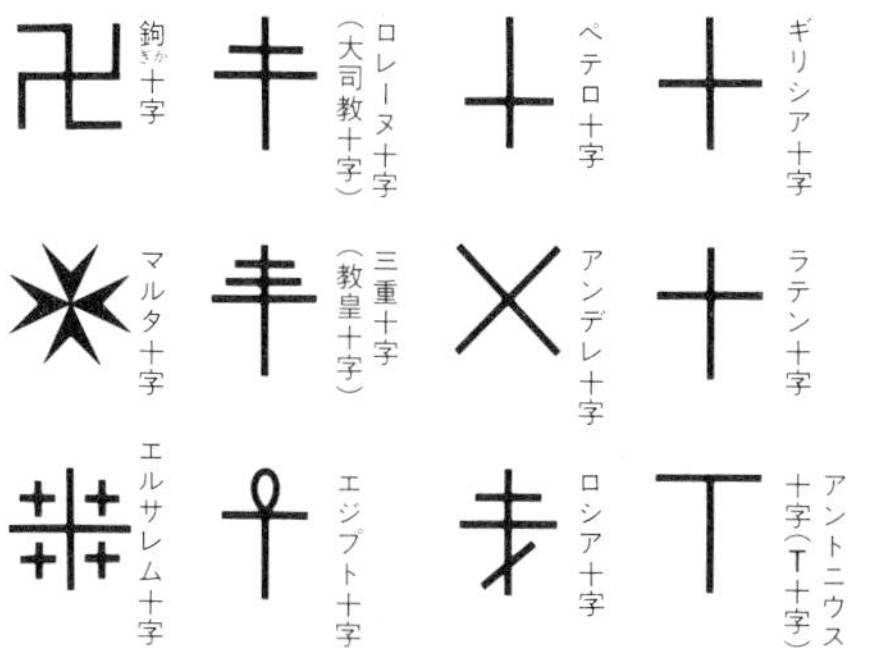

●十字架② 十字の形式

じゆう-じざい【自由自在】(名・形動) 思いのままであること・さま。freely 用例 ―に腕をふるう。

しゅうし-せい【従士制】古代ゲルマンの自由民どうしの軍事的主従関係。従士は有力者の保護を受ける代償に、軍事奉仕を義務づけられた。封建的家臣制の先駆形態とされる。

じゅうじ-せき【十字石】鉄とアルミニウムの含水珪酸塩鉱物。単斜晶系で、柱状結晶。ガラス光沢または樹脂光沢をもつ。暗褐色や黄褐色。柘榴石・藍晶石などと共存。staurolite

じゅうしち-げん【十七▼絃】日本の楽器。箏の一種。大正一〇年(一九二一)宮城道雄が従来の十三絃の箏の低音部の不足を補うため考案。

じゅうしちじょう-けんぽう【十七条憲法】↓けんぽうじゅうしちじょう(憲法十七条)

じゅうしち-もじ【十七文字】俳句の別称。

しゅう-じつ【秋日】①秋の日。autumn day ②秋。autumn

しゅう-じつ【週日】①一週間の日。七日。days of the week ②土・日曜日以外の日。ウイークデー。weekday

しゅう-じつ【終日】(名・副) 一日じゅう。朝から晩まで。ひねもす。all day 用例 ―終夜。

じゅう-じつ【充実】(名・サ変自) 力・内容がみちみちていること。repletion 対義空虚。

じゅうじ-の-みょうごう【十字の名号】世親の『浄土論』にある「帰命尽十方無礙光如来」の一〇字。「南無阿弥陀仏」と同じ意。

しゅうし-ふ【終止符】①欧文の終わりにつけるしるし。ピリオド。「.」period ②物事の結末。end

終止符を打つ ①欧文で、文章の終わりに終止符をつける。put a period to ②物事を終わりにする。決着をつける。put an end to

しゅうし-ほう【終止法】文の言い切りに用いられる単語の用法。用言では終止形・命令形にこの用法がある。また、感動詞・終助詞はつねにこの用法で用いられる。また体言や形容詞・形容動詞の語幹もこの用法をもつ。「火事！」「すてき！」「おお寒」など。文語文では係り結びによる終止法がある。比較中止法。

しゅうじ-ほう【修辞法】修辞に関する法則。西欧で、弁論の技法。また、書きことばの技巧。日本の枕ことば・掛けことばなども、その例。レトリック。作文法。rhetoric

じゅうじ-ほうか【十字砲火】左右から交差するように撃つ砲火。十字火。cross fire

じゅう-しまつ【十姉▽妹】カエデチョウ科の小鳥。翼長約五cm。飼育は容易で繁殖力が強い。中国から移入した鳥を日本で改良。中国南部・スマトラなどの原産種。↓写

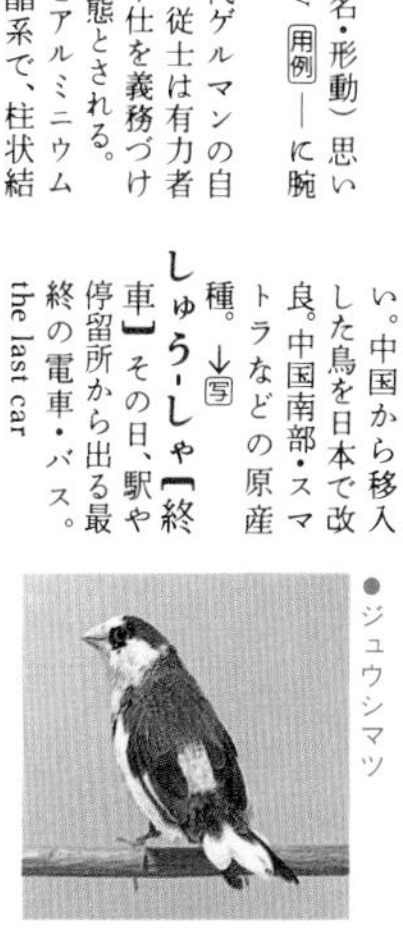
●ジュウシマツ

しゅう-しゃ【終車】その日、駅や停留所から出る最終の電車・バス。the last car

しゅう-しゃ【▼摺写】(名・サ変他) 刷って写すこと。比較書写。

じゅう-しゃ【従者】とも。ともの者。attendant

しゅう-じゃく【執着・執▽著】(名・サ変自) 思いこんで、離れられないこと。しゅうちゃく。attachment

じゅうしやま【十四山】〈村〉愛知県西部、木曽川支流、日光川下流の村。稲作・園芸農業・養鶏などを行う。人口五八〇九(一九八)。

しゅう-じゅ【収受】(名・サ変他) ①受けて収めること。receipt ②法律で、金品などを不正に得ること。

しゅう-しゅう【収拾】(名・サ変他) 混乱状態をおさめ、まとめること。control 用例 ―がつかない。

しゅう-しゅう【収集・▼蒐集】(名・サ変他) 集めること。集めた品。コレクション。collection 用例 ―癖。

しゅう-しゅう【▼啾▼啾】(形動トタル) ①虫・鳥などが弱い声で鳴くさま。chirpily ②死人の泣き声のように気味の悪いさま。weirdly 用例 鬼哭―。

しゅう-じゅう【▽主従】主君と家来。しゅじゅう。master and servant

主従は三世 主従の縁は前世・現世・来世にわたるということ。しゅじゅうは三世。

じゅう-しゅう【▼狃習】繰り返し習うこと。

じゅう-じゅう【重重】(副) よくよく。かさねがさね。repeatedly 用例 ―ごもっとも。

じゅうじゅう-きんかい【十重禁戒】《仏教語》大乗仏教のもっとも基本的な一〇種の戒。『梵網経』では殺・盗・婬・妄語・酤酒・説四衆過・自讃毀他・慳惜加毀・瞋心不受悔・謗三宝の一〇。十重禁。

じゅうじゅうしんろん【十住心論】仏教書。空海の主著。『秘密曼荼羅十住心論』の略称。天長七年(八三〇)ごろの成立。『大日経』『住心品』によって心の発展段階を一〇に分け、その最高位に真言宗を位置づけた。

じゆう-しゅぎ【自由主義】人間は本来自由だとみなし、権力による干渉や統制を廃して信仰・思想・結社・経済活動などの自由を主張する立場。近代資本主義の発達とともに一七～一八世紀にあらわれた思想。liberalism

じゆうしゅぎ-こっか【自由主義国家】自



▼常用漢字表外。　▽常用漢字表の音訓外。

由主義を基礎とする国家。基本的人権の尊重や、権力分立制などが特徴。日・米・西ヨーロッパ諸国など。free nation

**じゆうしゅぎ-しゃ【自由主義者】** 自由主義を重んじる人。リベラリスト。liberalist

**しゅう-しゅく【収縮】**(名・サ変自他) ①ちぢめること。shrinking ②物体の体積が縮小すること。contraction 対義 膨張。

**しゅう-じゅく【習熟】**(名・サ変自) 物事に慣れてうまくなること。mastery 用例 外国語に—する。

**しゅうじゅく-きょくせん【習熟曲線】** 学習の過程を記録するために用いる曲線。時間(横軸)と学習した量(縦軸)で表す。学習曲線。learning curve

**じゅうしゅくごう-はんのう【重縮合反応】** 縮合反応を繰り返して、高分子化合物が生成する反応。反応は段階的に進行するので、反応時間が長いほど分子量の大きい化合物が得られる。縮合重合。縮重合。reaction of polycondensation

**しゅうしゅく-ほう【収縮胞】** 原生動物の体内の空胞の一種。収縮と拡張を繰り返す。細胞内の浸透圧調節が主な機能。contractile vacuole

**じゅう-しゅつ【重出】**(名・サ変自) 重複して出ること。繰り返し現れること。ちょうしゅつ。appear repeatedly

**じゅう-じゅつ【柔術】** 日本古来の、武器を用いない格闘武術。投げ・固め・関節技(かんせつわざ)などを主体とし、多くの流派に分かれる。嘉納治五郎(かのうじごろう)が各派の長短を研究、確立したのが近代柔道。

**しゅうしゅ-ぼうかん【▼袖手傍観】**(名・サ変他) なにもせず、努力もしないで、なりゆきに任せていること。拱手(きょうしゅ)傍観。

**じゅう-じゅん【柔順】**(名・形動) ものやわらかなこと・さま。やさしくしとやかなこと・さま。meekness

**じゅう-じゅん【従順】**(名・形動) すなおで、逆らわないこと・さま。obedience

**しゅう-しょ【衆庶】** 多くの人々。庶民。国民。

**しゅう-じょ【修女】** カトリックの修道女。sister 対義 修士。

**しゅう-じょ【醜女】** 顔のみにくい女。しこめ。ugly woman 対義 美女。

**じゅう-しょ【住所】** ①住んでいる場所。すみか。address ②法律で、人が生活する本拠となる場所。法人の場合は、おもな事務所か本店の所在地。address 比較 居所(いどころ)。

**しゅう-しょう【周章】**(名・サ変自) あわてること。うろたえること。

**しゅう-しょう【秋宵】** 秋のよい。autumn evening

**しゅう-しょう【終宵】** ひと晩じゅう。夜通し。夜もすがら。終夜。all night long

**しゅう-しょう【終章】** 小説や論文などの最終の章。the final chapter 対義 序章。

**しゅう-しょう【就床】**(名・サ変自) とこに入ること。寝ること。就寝。go to bed 比較 就眠。対義 起床。

**しゅう-しょう【愁傷】**(名・サ変自) ①嘆き悲しむこと。grief ②《「ご愁傷さま」の形で、悔やみにいう語》気の毒であること。sorriness

**しゅう-じょう【宗乗】**《仏教語》各宗派で教団のよりどころとする教義。

**しゅう-じょう【醜状】** けがらわしい状態。みにくいありさま。shameful situation 用例 —をさらす。

**じゅう-しょう【重唱】**(名・サ変他) 各声部をそれぞれ一人の唱者が歌う多声の声楽曲。二～四重唱が多い。part singing 比較 合唱。

**じゅう-しょう【重症】** 重い病気。重病。serious illness 対義 軽症。

**じゅう-しょう【重傷】** 重いきず。ふかで。serious injury 対義 軽傷。用例 —を負う。

**じゅう-しょう【銃床】** 小銃の銃身を支える、木製の部分。gunstock

**じゅう-しょう【銃傷】** 銃弾でうけた傷。銃創。てっぽうきず。bullet wound

**じゅうしょう-きんむりょくしょう【重症筋無力症】** 運動を続けると筋力が低下する病気。夕方になるとまぶたが下がるなどの眼症状をはじめ、言語障害・嚥下(えんげ)障害などが起こるが、安静にすると回復する。myasthenia gravis

**じゅうしょう-しゅぎ【重商主義】** ①商業を重視する主義。mercantilism ②一六～一八世紀にかけて資本主義生成期にあった西ヨーロッパ諸国が推進した経済政策とその理論。外国貿易を通じての金銀の蓄積を重視した。理論家としてはマン・ペティ・スチュアートなどが代表的。mercantilism 比較 重農主義。

**じゅうしょうしんしんしょうがい【重症心身障害】** 身体的・精神的障害が重複し、しかも重症のもの。通常、ふつうの運動は不能である。

**じゅうしょう-せき【重晶石】** バリウムの硫酸塩鉱物。斜方晶系。板状や柱状の結晶。ガラスまたは樹脂状光沢で、無色・白色・黄色・褐色など。主として熱水鉱床や黒鉱鉱床中にみられる。バリウムや白色顔料などの原料に使われる。barite

**じゅうしょう-レース【重賞レース】** 競馬・競輪などで、格式が高く、賞金も高額のレース。重賞競走。grade race

**しゅうしょう-ろうばい【周章▼狼▼狽】**(名・サ変自) あわてふためくこと。うろたえまごつくこと。consternation

**しゅう-しょく【秋色】** ①秋の感じ。sign of autumn 用例 —が深まる。②秋の景色。autumn scenery

**しゅう-しょく【修飾】**(名・サ変他) ①美しくかざること。decoration ②文法で、ある語句について、その意味・内容を限定したり、詳しくしたりすること。modification

**しゅう-しょく【就職】**(名・サ変自) 職業につくこと。find a job 比較 就業。対義 失職・退職。

**しゅう-しょく【愁色】** 悲しそうな顔つき。worried look

**じゅう-しょく【住職】** 寺院の主管者である僧。住持。院主。方丈(ほうじょう)。

**じゅう-しょく【重職】** 重要な職務。要職。responsible post 対義 閑職。

**じゆう-しょくぎょう【自由職業】** ↓じゆうぎょう(自由業)

**しゅうしょく-ご【修飾語】** 文の成分の一種。他を修飾する地位にある文節または連文節。体言にかかる連体修飾語(「白い花」の「白い」など)と、用言にかかる連用修飾語(「美しく咲く」の「美しく」、「豊かに実る」の「豊かに」など)とがある。modifier 対義 被修飾語。

**しゅうしょく-じょし【修飾助詞】** 副助詞。

**しゅうしょく-なん【就職難】** 就職がむずかしいこと。job shortage 用例 —の時代。

**しゅうしょく-ろうにん【就職浪人】** 学校は卒業したが、就職できない人。

**しゅう-じょし【終助詞】** 助詞の一種。主として文の終わりに付いて、疑問・感動・強め・禁止などの意味を表す語。「君は行きますか」「ずいぶん遅いな(・なあ)」「そんなこと知ってるさ(・よ)」の「か・な・なあ・さ・よ」のほか、「ね・ぞ・わ・とも」など。

**じゅうじ-ろ【十字路】** 十の字の形に交差している道。よつつじ。crossroads

**しゅう-しん【修身】** ①身を修め、行いを正しくするように努めること。②旧制の小・中学校における道徳教育教科の名称。忠孝の徳目を中心に国民の道徳意識の形成をはかった。明治五年(一八七二)発足。同二三年(一八九〇)からは教育勅語を基準とする内容となった。昭和二〇年(一九四五)に授業を停止、二一年後に廃止。

**修身斉家治国平天下**(しゅうしんせいかちこくへいてんか) 自分の行いを正し、家庭を整え、次に国家を治めてはじめて、天下は平和になる。天下を治めるには、順序があるということ。

**しゅう-しん【執心】**(名・サ変自) 深く心にかけること。devotion 用例 ひどくご—だ。お金に—がある。

**しゅう-しん【終身】** 一生の間。終生。for life

**しゅう-しん【終審】** ①最後の審理。final inquiry ②法律で、最高裁判所の審理。final trial

**しゅう-しん【就寝】**(名・サ変自) ねどこにはいること。ねること。就床。go to bed 比較 就眠。

**しゅう-しん【衆心】** 多くの人の心。

**衆心、城を成す**(しゅうしん、しろをなす) 多くの人が心を合わせると、守りは城のように堅固となる。

**しゅう-しん【周臣】**(生没年未詳) 中国、明(みん)代中期の職業画家。浙派(せっぱ)と呉派の中間様式である院派の大成者。山水画・人物画にすぐれる。

**しゅう-じん【囚人】** 刑務所に入れられている人。既決囚と未決囚とがある。prisoner 比較 罪人。

**しゅう-じん【衆人】** ①大勢の人々。people 用例 —環視の的。②普通の人々。common people

**しゅう-じん【集▼塵】** ちりやごみを一か所に集めること。collecting dust 用例 —ぶくろ。

**じゅう-しん【重心】** 物体の各部分に働く重力が、すべてその一点に集まって作用するとみなされる点。質量中心と一致。center of gravity 用例 —を失う。

**重心を取る**(じゅうしんをとる) つり合いをとって、物事を安定させる。keep one's balance

**じゅう-しん【重臣】** ①重要な役職の臣。重職。key retainer; responsible post ②第二次大戦前、元老とともに後継首相の選考に当たった人々。主として元首相。官制上の職名ではない。

**じゅう-しん【銃身】** 銃の弾が通る筒の部分。barrel

**じゅう-しん【獣心】** けだもののように、恩や恥を知らない残忍な心。brutal heart 用例 人面—。

**じゅう-じん【縦陣】** 艦隊の陣形の一つ。指揮官の乗艦を先頭に他の艦が縦に列を組んだ陣形。一列の場合を単縦陣、二列の場合を二列縦陣という。column; line ahead

**じゅうしん-かいぎ【重臣会議】** 昭和七年(一九三二)の五・一五事件後、首相経験者と枢密(すうみつ)院議長とで構成され、内大臣を補佐して後継首相の選任や国家の重大事などを討議した会議。同二〇年(一九四五)以後、廃止。

**しゅうしん-かん【終身官】** 旧制で、自分から望んでの辞職あるいは有罪判決による免職処分をうけない限り、死ぬまで免職されることのない官吏。lifetime official

**しゅうじん-き【集▼塵機】** 気体中に浮遊する微粒子を分離し集める装置。dust catcher

**しゅうしん-けい【終身刑】** 一生拘禁する刑罰。無期懲役・無期禁錮(きんこ)がこれにあたる。

**しゅうしん-こよう【終身雇用】** 特別な事情がない限り定年まで雇用関係が維持される制度。年功賃金とともに日本企業の特徴とされてきた。lifetime employment

**じゆうしんしょう-しゅぎ【自由心証主義】** 裁判手続きで提出される証拠の証明力(証拠の価値)に対する評価を裁判官の自由な判断にゆだねる考え方。近代裁判の原則。principle of free conviction

**しゅうじん-そうち【集▼塵装置】** 工場などの煙突・生産工程などから出る粉塵を集める装置。大気汚染防止などが目的。dust cleaner

**じゆう-しんどう【自由振動】** 外部から作用を受けず、復元力だけで行う振動。原理的にはいつまでも振動が継続する。減衰振動や周期的外力の加わる強制振動に対するもの。free oscillation

**しゅうしん-ねんきん【終身年金】** 年金の支払いが被保険者の死亡まで行われる年金保険。life annuity 対義 有期年金。

**しゅうしん-ぶんり【就寝分離】** 家庭内で、親と子や男子と女子などで寝室を別にすること。

**しゅうしん-ほけん【終身保険】** 保険期間が終身にわたり、一定期間に限定されない死亡保険。whole life insurance

**シューズ**[shoes] 靴。短靴。用例 レーン—。

**ジュース**[deuce] 卓球・テニス・バレーボールなどのゲームで、通常の勝敗が決まる一点前に、同点となること。その後は一方が二点の差をつけるまで、競技は続けられる。

**ジュース**[juice] 果物や野菜のしぼり汁の総称。法的には、原料をしぼった天然果汁。

**ジュース-アゲン**[deuce again] テニス・卓球などの球技で、再びジュースになること。

**しゅう-すい【秋水】** ①秋の澄みきった水。clear water in autumn ②とぎすました鋭利な刀。sharp blade 用例 三尺の—。

**じゅう-すい【重水】** 化学式$D_2O$ 重水素と酸素が結合してできる水。無色無臭。原子炉の中性子減速材に用いる。heavy water

**じゅう-すいそ【重水素】** ①質量数二をもつ水素の同位体。元素記号Dまたは$^2H$。原子炉の減速材などに利用される。ジュウテリウム。deuterium ②ジュウテリウムと質量数三のトリチウム($^3H$またはT)の総称。heavy hydrogen

**じゅうすい-ろ【重水炉】** 原子炉のうち、天然ウランを燃料とし、重水素を減速材・冷却剤に用いたもの。heavy-water reactor

**しゅう-すじ【▽主筋】** 主人・主君の血筋。それに近い関係の人。

**しゅう・する【修する】**(サ変他) ＝修す。①おさめる。master ②ととのえる。put in order ③かざる。decorate ④みがく。polish up

**しゅう・する【執する】**(サ変自) 深く心にかける。執す。be attached to

**じゅう・する【住する】**(サ変自) ＝住す。①すむ。すまう。live ②とどまる。stay



↓行き先項目、図版・写真参照印。 JIS 日本工業規格情報交換用漢字符号コード(区点コード)。

**しゅう-せい【秋声】** 秋の、虫や風の音など。sound of an autumnal wind
**しゅう-せい【修正】**(名・サ変他) よくない点を正しく直すこと。amendment
**しゅう-せい【修整】**(名・サ変他) ①よくない点、乱れた点などを整えなおすこと。revision ②写真印画・製版用原稿・フィルムなどの傷を消し、また、修飾するために手工的に加筆や漂白を行い補正すること。レタッチ。retouching
**しゅう-せい【終生・終世】**(名・副) 一生。終身。all one's life
**しゅう-せい【習性】** ①習慣と性質。②習慣によってつちかわれた性質。habit; behavior ③動物の摂食・性行動・営巣などについて、同一種内でどの個体にも共通する行動様式。life habit
**しゅう-せい【集成】**(名・サ変他) 集めて、まとめ上げること。集大成。compilation
**しゆう-せい【雌雄性】** 一つの種で、雌と雄に分けられること。生殖器官のちがいで区別できる。カブトムシの角、ライオンのたてがみなど、外見的に雌雄の区別のできるものもある。sexuality
**しゅう-ぜい【収税】**(名・サ変自他) 税をとりたてること。徴税。taxation
**じゅう-せい【重星】** 二個以上の恒星がごく接近して観測されるもの。明るいほうを主星、暗いほうを伴星という。double star
**じゅう-せい【銃声】** 銃を撃ったときの音。gun report [用例]―がこだまする。
**じゅう-せい【獣性】** ①獣類の性質。animality ②人間のもつ、動物的な性質。brutality
**じゅう-ぜい【重税】** 負担の重い税。heavy tax [比較]悪税。
**しゅうせい-ざい【集成材】** 厚さ一～三㎝の挽(ひ)き板を層状に接着して一つのブロック材にしたもの。化粧用・構造用・化粧張り構造用の三種類がある。laminated wood
**しゅうせい-しほんしゅぎ【修正資本主義】** 資本主義の本質をたもちながら、貧困・失業・恐慌などの諸矛盾を政府の積極的介入によって解消しようとする考え方や立場。modified capitalism
**しゅうせい-しゅぎ【修正主義】** マルクス主義の理論を修正し、改良主義や議会主義を唱える思想的立場。ベルンシュタインの理論がその代表例。revisionism [対義]教条主義。
**しゅうせい-へいきんかぶか【修正平均株価】** 複数の銘柄の株価変動を総合的に表す指数の一つ。一般にはダウ式平均株価をさす。adjusted stock price average
**しゅうせい-よさん【修正予算】** 成立した予算総額には変更を加えず、勘定項目の修正を行った予算。昭和三七年(一九六二)の財政法改正により、追加予算と合わせて補正予算と改称。revised budget
**しゅうぜい-り【収税吏】** 税金をとりたてる官吏。tax collector
**しゅう-せき【集積】**(名・サ変自他) 集め積むこと。また、集まり積もること。accumulation [用例]物資の―。
**じゅう-せき【重責】** 重大な責任。heavy responsibility [用例]―を担う。
**しゅうせき-かいろ【集積回路】** 半導体の小片表面に多数のトランジスター・ダイオード・抵抗・コンデンサーなどに相当する回路素子を一体化して組み入れた電子回路。IC。integrated circuit ↓[写]

●集積回路　超LSIの顕微鏡写真。

**しゅう-せん【周旋】**(名・サ変他) 《事を行うためにめぐり歩く、の意》①仲に立って世話をすること。なかだち。あっせん。intermediation ②国際紛争を解決するために、第三国が間に入って紛争当事国間の意思の疎通をはかること。good offices
**しゅう-せん【終戦】** 戦争が終わること。end of the war [対義]開戦。
**しゅう-せん【▼鞦▼韆】** ぶらんこ。
**しゅう-ぜん【修繕】**(名・サ変他) つくろうこと。修復。修理。repair
**しゅう-ぜん【愁然】**(形動トタル) うれえ悲しむさま。sorrowfully
**じゅう-せん【縦線】** ①縦(たて)に引いた線。②五線譜で小節を区切るための縦の線。単線と複線がある。bar
**じゅう-ぜん【十全】**(名・形動) 完全であること・さま。条件・資格が完全に備わっていること・さま。perfection
**じゅう-ぜん【十善】**《仏教語》十戒をたもつこと。
**十善の君**(じゅうぜんのきみ) 前世の十善の結果、現世で天子の位を受けた人。天子。天皇。
**じゅう-ぜん【従前】** 今より前。今まで。formerly
**じゅうぜん【柔然】** 四～六世紀、モンゴル高原に拠(よ)ったモンゴル系の遊牧民族。五世紀に最盛となり、東は興安嶺(こうあんれい)、西はタリム盆地にわたる地域を支配し、北魏(ほくぎ)に対立したが、六世紀中ごろ突厥(とっけつ)に滅ぼされた。
**しゅうせん-きねんび【終戦記念日】** 第二次大戦の終結を記念し、平和を祈念する日。八月一五日。昭和二〇年(一九四五)のこの日正午、ポツダム宣言を受諾したことを宣言する昭和天皇の放送が日本全土に流れ、戦争は終わった。
**しゅうせん-ぎょう【周旋業】** 不動産の売買や人の雇用などのさいに、その仲介や口入れを行い手数料をとる業種。broker; agent
**しゆう-せんたく【雌雄選択】** 雄のシカの角や鳥の美しい羽など二次性徴を発達させることで、異性から選択され、子孫をのこしてゆけるという現象。これをダーウィンは自然選択の一種と考えた。雌雄淘汰(とうた)。sexual selection
**しゅうせん-の-しょうしょ【終戦の詔書】** 太平洋戦争終結のために、ポツダム宣言の受諾、日本の無条件降伏を宣言した詔書。昭和二〇年(一九四五)八月一五日、昭和天皇の放送がなされた。ポツダム宣言受諾の詔書。
**じゅうぜんほうご【十善法語】** 仏教書。慈雲尊者飲光(おんこう)の法語録。安永(あんえい)三年(一七七四)成立。十善戒を守ることの意義・功徳(くどく)などを説いたもの。
**しゅう-そ【宗祖】** 宗派の開祖。founder of a religious sect
**しゅう-そ【臭素】** ハロゲン元素の一つ。元素記号Br　原子番号三五。原子量七九・九。非金属元素では唯一室温で液体。赤褐色。酸化剤・感光材料などに利用。bromine
**しゅう-そ【愁訴】**(名・サ変自) 事情を嘆き訴えること。petition [用例]不定―。
**じゅう-そ【重▼祚】**(名・サ変自) 一度退位した天皇が、また位につくこと。ちょうそ。
**しゅう-そう【秋霜】** ①秋におくしも。autumn frost ②刀剣の異称。sharp sword ③刑罰・権威・節操などの厳しいこと。severity
**しゅう-ぞう【収蔵】**(名・サ変他) ①秋、作物をおさめ、蓄えること。garner ②物をとり入れておさめておくこと。store
**しゅう-ぞう【修造】**(名・サ変他) 建物などを直し造ること。修理。しゅぞう。
**じゅう-そう【住僧】** 寺に住む僧。
**じゅう-そう【重奏】**(名・サ変他) 各声部(パート)を一つずつの楽器で演奏すること。二重奏・三重奏・四重奏など。アンサンブル。ensemble [比較]合奏。
**じゅう-そう【重曹】**《「重炭酸曹達(ソーダ)」の略》炭酸水素ナトリウム。
**じゅう-そう【重葬】** 死者を埋葬する方法の一つ。土葬のさいに、かつて死体を埋めた所に重ねて埋葬すること。
**じゅう-そう【重層】** いくえにも重なること。multistoried; multilayered
**じゅう-そう【銃創】** 銃弾による傷。gunshot wound
**じゅう-そう【縦走】**(名・サ変自) ①たて・南北に貫いていること。traverse ②登山で、尾根伝いに山を歩き、一度で、いくつかの山頂を踏破する登り方。walk along the ridge
**じゅうそう-せん【重曹泉】** 重炭酸イオンとナトリウムイオンが主成分の温泉。アルカリ泉。
**しゅうそう-れつじつ【秋霜烈日】**《秋の霜と夏の日。ともに、厳しく激しいところから》刑罰・権威・節操などのきわめて厳しいこと。
**しゅう-そく【収束】**(名・サ変自他) ①おさまり、落ちつくこと。しめくくること。end; conclusion ②数学で、数列や無限級数または変数などが一定値(極限値)に限りなく近づくこと。収斂(しゅうれん)。convergence ③→しゅうそく(集束)
**しゅう-そく【集束】**(名・サ変自) 光線の束が一点に集中すること。収束。収斂(しゅうれん)。focus
**しゅう-そく【終息・終▼熄】**(名・サ変自) ①終わりになること。cessation; end ②すっかり絶えること。extinction
**しゅう-ぞく【習俗】** 習慣と風俗。ある社会集団で、統一され、繰り返されて一つの型になっている共通の生活様式。ならわし。風習。manners and customs
**じゅう-そく【充足】**(名・サ変自他) ①じゅうぶん満たすこと。satisfying ②満ち足りること。satisfaction
**じゅう-ぞく【従属】**(名・サ変自) 他のものの下につきしたがうこと。subordination [対義]自立。
**じゅうぞく-えいよう【従属栄養】** 他の生物のつくった有機物を栄養素としてとり入れる栄養様式。有機栄養。heterotrophism [対義]独立栄養。
**じゅうぞくえいよう-せいぶつ【従属栄養生物】** 成長や生活に必要な栄養の供給を既成の有機物に依存する生物。光合成を行わない菌類、寄生植物、すべての動物が含まれる。有機栄養生物。heterotroph [対義]独立栄養生物。
**じゅうぞく-がいしゃ【従属会社】** 資本出資その他の手段を通じて他の会社から支配を受けている会社。subsidiary company
**じゅうぞく-こく【従属国】** 形式的には独立しているが、実際は政治的・経済的に他の国の支配・制約を受けている国。dependency [対義]独立国・宗主(そうしゅ)国。
**じゅうぞく-じしょう【従属事象】** 事象Aの起きる起きないが、事象Bの起こる確率に影響を与えるとき、BはAの従属事象であるという。dependent event [対義]独立事象。
**じゅうぞく-じんこう【従属人口】** 一五歳未満と六五歳以上の人口。この人々は扶養され、他者に従属しているという考えに立っていわれることば。[対義]生産人口。
**じゅうぞく-せつ【従属節】** 一つの文の中で、ある語句に対し意味上従属的な関係に立っている節。主語節・述語節・修飾節など。subordinate clause [対義]対立節。
**じゅうぞく-はん【従属犯】** 従犯のこと。加担犯。幇助(ほうじょ)犯。
**じゅうぞく-へんすう【従属変数】** 変数$y$が変数$x$の関数として、$y=f(x)$と表されるとき、$y$を従属変数という。dependent variable [比較]独立変数。
**じゅうそくりゆう-の-げんり【充足理由の原理】** 形式論理学の基本原理の一つ。すべて思考にはかならず十分な理由・根拠がなければならないという主張。ライプニッツが初めて唱えた。充足理由律。principle of sufficient reason
**じゅうぞく-りろん【従属理論】** 資本主義は独占的性格をもち、欧米先進国などの中枢部が発展途上国など周辺部を従属させながら収奪し、貧困を蓄積させることによって発展しているとする理論。一九六〇年代後半にラテンアメリカから提起された。dependency theory
**しゅうそく-レンズ【集束レンズ】** 凸(とつ)レンズなど、光線を集束するレンズ。focusing lens
**じゅうぞく-ろうどう【従属労働】** 資本主義社会の労働関係。労働者が使用者に対し、経済的・人格的・法的に従属した立場に立たされている状態。
**じゅう-そしき【柔組織】** 柔細胞からなる組織。植物の葉肉・皮層・果肉中などに広く分布し、重要な生理作用をになう。parenchyma ↓維管束[図]
**じゅう-そつ【従卒】** 将校に付きしたがってその雑事をする兵。従兵。
**しゅう-そん【集村】** 村落の形態の一種。民家が一か所に集まってできた村落。塊村・路村・列村などに分類される。agglomerated settlement
**じゅう-だ【柔▼懦】**(形動) 気が弱いさま。優柔。effeminate
**しゅう-たい【醜態・醜体】** ①見苦しいありさま。disgraceful behavior ②恥ずべき状態。shameful conduct [用例]―をさらす。
**醜態を演ずる**(しゅうたいをえんずる) 人前で、ぶざまで見苦しい態度や行いをする。disgrace oneself [用例]酔って―。
**じゅう-たい【重体・重態】** 病気や外傷などで生命の存続が危ぶまれる状態。critical condition
**じゅう-たい【▼紐帯】** →ちゅうたい(紐帯)
**じゅう-たい【渋滞】**(名・サ変自) とどこおってはかどらないこと。delay [用例]行政事務が―する。交通―。
**じゅう-たい【縦隊】** たてに並んだ隊形。column [対義]横隊。
**じゅう-だい【十代】** 一〇歳代。また、その年齢の少年・少女。ティーンエージャー。teenage
**じゅう-だい【重大】**(形動) ①事の容易でな

▼常用漢字表外。　▽常用漢字表の音訓外。

いさま。serious ②非常に重要なさま。important; grave

**じゅう-だい【重代】** 先祖から代々伝わること。祖先伝来。［用例］— の宝刀。

**じゅうだい-し【重大視】**（名・サ変他）容易でない問題と考えること。take seriously

**しゅう-たいせい【集大成】**（名・サ変他）多くを集めて、まとめ上げること。集成。compilation ［用例］『源氏物語』研究の —。

**しゅうたい-そうさく【集体創作】** 現代中国の創作方法の一つ。多くの人々が共同して作品をつくること。新歌劇『白毛女』が最初の成功作。

**じゅう-だいでし【十大弟子】** 釈迦の一〇人の高弟。舎利弗・目犍連・摩訶迦葉・阿那律・須菩提・富楼那・迦旃延・優婆離・羅睺羅・阿難陀。

**じゅう-たく【住宅】** 人の住む家や建物。家族などが寝食をともにする生活の拠点。住居。residence

**じゅうたくきょうきゅう-こうしゃ【住宅供給公社】** 居住環境の良好な住宅や宅地を供給するための特殊法人。政府の全額出資で昭和四〇年（一九六五）各地方に設立。

**じゅうたくきんゆう-こうこ【住宅金融公庫】** 長期低利の住宅建築資金の融資を目的とする政府金融機関。昭和二五年（一九五〇）設立。

**じゅうたく-さんぎょう【住宅産業】** 住宅を供給するための産業の総称。不動産業・宅地造成業・建築請負業・住宅設備機器メーカー・住宅金融業など。housing industry

**じゅうたくそうごう-ほけん【住宅総合保険】** 住宅・家財が火災・風水害などでうけた損害を総合的に補う保険。householders' comprehensive insurance

**じゅうたく-てあて【住宅手当】** 家賃などの住宅費の一部にあてる目的で労働者に支給される手当。第二次大戦後の住宅難のころに始まった。housing allowance

**じゅうたく-とし【住宅都市】** 大都市の衛星都市として、住宅機能がとくに発達した都市。ベッドタウン。bed town; suburban town

**じゅうたくとしせいび-こうだん【住宅・都市整備公団】** 日本住宅公団と宅地開発公団とを統合し、昭和五六年（一九八一）に発足した特殊法人。おもな事業は住宅建設・宅地供給・都市整備・都市再開発など。住宅公団。

**じゅうたく-なん【住宅難】** 住宅が足りなくて人々が困る状態。housing shortage

**じゅうたく-もんだい【住宅問題】** 住宅の不足・老朽化や居住環境・住宅費あるいは遠距離通勤など、住宅にかかわる問題の総称。housing problem

**じゅうたく-ローン【住宅ローン】** 個人の住宅の建設・購入、宅地の取得などに対する長期資金融資。住宅金融公庫など公的機関によるものと民間金融機関によるものとがある。housing loan

**しゅう-だつ【収奪】**（名・サ変他）強制的に取り上げること。deprivation ［用例］領民の財産を — する。

**しゅう-たん【愁嘆・愁▼歎】**（名・サ変自）なげき悲しむこと。lament

**しゅう-だん【集団】** ①集まり。群れ。group; mass ②共通の目標・規範・仲間意識などに基づいて組織され、相互関係が持続する人の集まり。社会集団。group ［比較］群集・団体。③一定の標識を共通にもつ個体の集合。統計集団。group

**じゅう-たん【▼絨▼毯・▼絨▼緞】** 木綿・麻の下地にパイル糸をからませた織物。おもに敷物として使う厚地の毛織物。カーペット。carpet; rug

**じゆう-たん【自由端】** 弦の一端から振動波が伝わるとき、他端が自由に動けるようになっていること。また、その部分。free end

**じゅう-だん【銃弾】** 小銃・ピストルなどのたま。bullet ［比較］砲弾。

**じゅう-だん【縦断】**（名・サ変自）①縦にたち切ること。vertical cutting ［対義］横断。②南北に通り抜けること。go through

**しゅうだん-あんぜんほしょう【集団安全保障】** いくつかの国が共同し、組織的に相互の安全と平和を保障する制度。具体的な機構としては、全世界的な安全維持を目的とする国際連合と、国連憲章五一条に規定された集団的自衛権に基づく地域的集団安全保障としての北大西洋条約機構・ワルシャワ条約機構などがある。collective security ↓図

**しゅうだん-いでんがく【集団遺伝学】** 生物集団の遺伝を扱う遺伝学の一分野。突然変異を確率過程として扱うなど、統計学を利用する。population genetics

**じゅうたん-が【▼絨▼緞▼蛾】** ヒロズコガ科のガ。開張二～三cm。前翅の基部は紫黒色、後翅は青銅色。イガと同じように、幼虫が毛皮、毛織物を食害する。全世界に分布。

**しゅうだん-けんしん【集団検診】** 疾病発見のために、地域・事業場など一定の集団で行われる医学的検査。mass health examination

**しゅうだん-こん【集団婚】** 未開種族に行われた結婚の形態の一つ。同世代の一群の男と一群の女が共有的な性関係を結ぶ。もと、乱婚。group marriage

**しゅうだんさつがい-ざい【集団殺害罪】** 特定の人種・民族・教徒などの集団を迫害し殺害する罪。ジェノサイド条約によって罰せられる。crime of genocide

**じゅうたんさん-ソーダ【重炭酸ソーダ】** 炭酸水素ナトリウムの俗称。

**しゅうだん-しどう【集団指導】** 政党や労働組合で、特定の個人による専制的な指導を廃し、組織内民主主義を保障するために、幹部集団が討議と合意によって指導すること。group leadership

**しゅうだん-しゅうしょく【集団就職】** 地方の中学・高校卒業生が、集団で大都市の工場や商店などに就職すること。

**しゅうだんしゅぎ-きょういく【集団主義教育】** 主として社会主義諸国で行われている教育の形態。個人の要求が集団の意志と統一されるような人格の形成をめざす。ソ連のマカレンコが理論化。

**しゅうだん-しんりがく【集団心理学】** 集団を、個人が相互に作用する一つのシステムとしてとらえ、その心理や行動を研究する学問。集合心理学。group psychology

**しゅうだん-せいしんりょうほう【集団精神療法】** 一定期間、グループの形で行われる精神療法の総称。神経症・環境適応不全・精神病などに適用。集団心理療法。グループワーク。group therapy

**じゅうだん-せん【十段戦】** 囲碁・将棋の十段位を争う棋戦。タイトル戦の一つ。将棋は昭和三五年（一九六〇）、囲碁は同三七年（一九六二）に発足。

●集団安全保障　地域的集団安全保障

| 条約・機構名 | 加盟国 |
| --- | --- |
| 北大西洋条約機構NATO（一九四九年） | アメリカ、ベルギー、カナダ、デンマーク、イギリス、フランス*1、イタリア、アイスランド、ノルウェー、オランダ、ポルトガル、ルクセンブルク、ギリシア、トルコ、西ドイツ、スペイン |
| ワルシャワ条約機構（一九五五年） | ソ連、ポーランド、チェコスロバキア、東ドイツ、ハンガリー、ルーマニア、ブルガリア |
| アンザス条約ANZUS（一九五一年） | オーストラリア、ニュージーランド、アメリカ |
| リオデジャネイロ条約（一九四七年） | アルゼンチン、バハマ、ボリビア、ブラジル、チリ、コロンビア、コスタリカ、キューバ*2、ドミニカ、エルサルバドル、グアテマラ、ハイチ、ホンジュラス、メキシコ、パラグアイ、パナマ、ペルー、トリニダード-トバゴ、アメリカ、ウルグアイ、ベネズエラ、エクアドル、ニカラグア |

*1 一九六六年軍事機構から脱退
*2 一九六二年米州機構（OAS）で現政権のみ排除することを決議

**しゅうたん-そくど【終端速度】** 物体に対する抵抗力がその速さとともに増大するとき、やがて物体は一定の速度に落ちつく。そのときの速度。粘液中などで小球を落下させて測定する。terminal velocity

**しゅうだん-そしょう【集団訴訟】** 一つの行為や事件から多数の被害者が出た場合に、一部の被害者が全体を代表して訴訟を起こすことを認める制度。集合代表訴訟。クラスアクション。class action

**しゅうだんてき-じえいけん【集団的自衛権】** 自国と密接な関係にある国が武力攻撃をうけた場合、その国を援助して共同で防衛する権利。国連憲章五一条は、安全保障理事会が必要な措置をとるまでの間、加盟国が個別的自衛権とともに、この権利を行使することを認めている。right of collective self-defense ［比較］個別的自衛権。

**しゅうだん-のうじょう【集団農場】** 共同所有の土地で、農業を協同で経営する農場。ソ連のコルホーズ、イスラエルのキブツなど。collective farm

**しゅうたん-ば【愁嘆場】** 芝居で、なげき悲しむ所作をする場面。pathetic scene

**しゅうだん-はたおりどり【集団機織鳥】** ハタオリドリ科の小鳥。樹木の枝の上に集団で巣をつくる。全長約一七cm。隣どうしの巣がつながって巨大な球状の巣となり、それぞれに入り口がついているので、鳥のアパートのようになる。大きい巣では数百羽の集団にもなる。アフリカのサバナに生息。シャカイハタオリドリ。social weaver

**しゅうだん-ヒステリー【集団ヒステリー】** 一人の感情や考え方が、ただちに他のメンバーに伝播するような密接な関係の集団において、多数の人に同時に精神的興奮・恍惚状態・けいれん・失神などのヒステリー状態が起こること。mass hysteria

**しゅうだん-ひょうしょう【集団表象】** ↓しゅうごうひょうしょう（集合表象）

**しゅうだん-ほいく【集団保育】** 乳幼児を保育所などで預かり、集団で保育すること。孤児や共働き夫婦などの乳幼児を対象とする。group childcare

**しゅうだんぼうえい-じょうやく【集団防衛条約】** 国連憲章五一条に規定された集団的自衛権に基づき、外部からの武力攻撃に対していくつかの国が共同で防衛することを決めた条約。北大西洋条約機構・ワルシャワ条約機構など。collective defense agreement

**しゅうだん-めんえき【集団免疫】** 一定の集団における感染症に対する抵抗力のこと。感染症の流行を予測する重要な因子。ツベルクリン反応など。herd immunity

**しゅう-ち【周知】** 広く知れわたっていること。公知。common knowledge ［用例］— の事実。

**しゅう-ち【衆知・衆▼智】** 多くの人の知恵。wisdom of the many ［用例］— を集める。

**しゅう-ち【▼羞恥】** はずかしく思うこと。はじらい。shyness

**しゆう-ち【私有地】** 個人や私的グループが所有する土地。private land ［対義］公有地。

**しゅう-ちく【修築】**（名・サ変他）社寺・城・家などを修理し整えること。repair

**しゅう-ちゃく【祝着】** 喜び祝うこと。喜ばしいこと。congratulation ［用例］— 至極。

**しゅう-ちゃく【執着】**（名・サ変自）↓しゅうじゃく（執着）

**しゅう-ちゃく【終着】** 列車などが、最終の所につくこと。arrival ［対義］始発。

**しゅうちゃく-えき【終着駅】** 終点の駅。terminal station

**しゅう-ちゅう【集注・集▼註】** 書物の注釈を集めたもの。しっちゅう。variorum

**しゅう-ちゅう【集中】**（名・サ変自他）心・動きなどが、一点に集まること。また、集めること。concentration

**しゅうちゅう-かんり【集中管理】** ある業務を組織の特定部署に集中し、一括して管理すること。［用例］— システム。

**しゅうちゅう-ごうう【集中豪雨】** せまい地域に集中して降る大雨。梅雨の末期などによく起こる。local severe rain fall

**しゅうちゅう-しんけいけい【集中神経系】** 神経中枢と末梢神経とが分化した神経系。扁形動物以上の高等な動物でみられる。concentrated nervous system ［比較］散在神経系。

**しゅうちゅう-しんり【集中審理】** 裁判で、一つの事件の口頭弁論期日や公判期日が数日にわたるとき、集中して継続的に審理する方法。

**しゅうちゅう-せいさん【集中生産】** 性能が良く生産費の低い設備や製造元などに、生産を集中させること。concentrated production

**しゅうちゅう-ダクト【集中ダクト】** マンションなどの共同住宅で、各戸から出る煙や湯気を一つのダクト（風道）に集め屋上に抜く方式。centralized duct

**じゅうちゅう-はちく【十中八九】**（副）↓じっちゅうはっく（十中八九）

**しゅう-ちょう【▼酋長】** 未開の部族の首領。chief

**しゅう-ちょう【愁腸】** うれえ悲しむ心。

**じゅう-ちん【重鎮】** ①重いおさえ。mainstay

②ある団体・方面で重きをなす人。大立て者。pillar
**しゅうちん-ぼん【▼袖珍本】** 袖やたもとに入れて持ち歩けるような、小さな本の総称。pocket book
**じゅう-づめ【重詰(め)】** 重箱に詰めた料理。漆器が汁気を逃がさないので、保存・携帯の必要がある料理に用いられた。
**しゅう-てい【舟艇】** 小型の船。boat 用例 上陸用―。
**しゅう-てい【修訂】**(名・サ変他) 書物の誤りを直し正すこと。revision 用例 ―版。
**じゅう-てい【重訂】**(名・サ変他) 書物などの誤りを、かさねて訂正すること。また、訂正したもの。recorrection
**じゅう-てい【従弟】** 年下の、男のいとこ。younger cousin
**ジュウテリウム【deuterium】** ↓じゅうすいそ(重水素)①
**しゅう-てん【秋天】** 秋の空。autumn sky
**しゅう-てん【終点】** 最終の箇所。到着点。terminal 対義 起点。
**しゅう-でん【終電】** 「終電車」の略。
**じゅう-てん【充▼塡】**(名・サ変他) ①詰めこんで、いっぱいにすること。fill ②歯科用語で、虫歯などでできた歯の欠損部に材料をはめこみ、歯の形を復元すること。plug
**じゅう-てん【重点】** ①物事のいちばん大切なところ。注意を注ぎ、力を入れるべき重要な点・箇所。important point ②物理で、てこで動かすとき、物体の重さが直接かかる点。weight point 対義 力点・支点。③重ね字。踊り字。「丶」「々」「〻」「〱」など。
**じゅう-でん【充電】**(名・サ変自他) 蓄電池やコンデンサーなどに、外部電源により電圧を加え、電気エネルギーや電荷を蓄えること。charge 対義 放電。
**じゅう-でんき【重電機】** 発電機・電動機など、生産手段に使われる電気機械。heavy electric equipment 対義 軽電機。
**じゅうでんき-こうぎょう【重電機工業】** 発電機・電動機などの回転電気機械や、変圧器などの静止電気機械を製造する産業。発電所用の大型機器から一般住宅用機器まで幅ひろい。heavy electric equipment industry
**じゅうてん-ざい【充▼塡剤】** ①穴やすきまをふさぐために用いる物質。filler; packing ②製品の強度、耐久性など品質を向上させるために加える物質。軟化剤・可塑剤など。filler; loading material ③一般にかさをふやすために添加される物質。bulking agent
**じゅう-でんし【自由電子】** 真空や金属などの中を自由に運動する電子。金属の熱や電気の伝導などは、金属内の自由電子の働きで説明される。free electron 対義 束縛電子。

**しゅう-でんしゃ【終電車】** その日の最終の電車。終電。the last car
**じゅうてん-しゅぎ【重点主義】** 重要なことを集中的に処理していく考え方・やり方。priority system
**しゅうでん-そうち【集電装置】** 電車が電力を取り入れる装置。パンタグラフ・Zパンタ・トロリーポールなどがある。current collector
**じゅうてん-てき【重点的】**(形動) 一部に重点をおいてするさま。intensive
**しゅうと【▼舅】** 夫または妻の父。father-in-law 対義 姑。
**しゅうと【▼姑】** ↓しゅうとめ(姑)
**しゅう-と【囚徒】** 囚人。prisoner
**しゅう-と【宗徒】** その宗教の信者。信徒。believer
**しゅう-と【衆徒】** ↓しゅと(衆徒)
**シュート【shoot】**(名・サ変自他) ①サッカー・バスケットボールなどで、ゴールをねらって、ボールをけること。また、投げること。②野球で、投手の振った腕の方向と逆に曲がる変化球。右投手なら右へ曲がる。
**ジュート【jute】** ①ツナソの英名。②ツナソの茎からとった繊維。穀物用の袋などにする。
**じゅう-ど【重土】** ①粘土が多く、耕作には適さない土。②酸化バリウムの別称。
**じゆう-ど【自由度】** 物体の運動状態や平衡状態を表すために必要な変数の数。一個の質点の運動については前後・左右・上下の三自由度、平衡系では温度・圧力・濃度など。degree of freedom
**しゅうと-いり【▼舅入り】** 婚礼のさい、両家の両親が往き来すること。嫁入りの翌日、嫁の両親が婿方へ行ってもてなしを受ける式。
**しゅう-とう【周到】**(形動) 用意が行き届いて手抜かりのないさま。念入りである。careful 対義 不用意。用例 用意―。
**しゅうとう【周東】**〈町〉 山口県東部、玖珂盆地の町。旧宿場町。穀倉地帯。ブロイラー生産工場がある。人口一万五四六五(一九八九)。
**しゅう-どう【修道】**(名・サ変自) ①道義をおさめること。cultivating one's morality ②宗教の修行。religious study
**じゅう-とう【充当】**(名・サ変自他) その用にあてはまること。あてはめること。appropriation
**じゅう-とう【重盗】** ↓ダブルスチール
**じゆう-とう【自由党】** ①(Liberal Party)イギリスの政党。一七世紀に組織されたホイッグ党を前身として一八五九年設立。一九世紀後半から第二次大戦まで保守党と二大政党を形成した。②自由民権運動の政治的指導部として明治一四年(一八八一)に結成された、日本最初の全国政党。総理は板垣退助。明治一七年(一八八四)解党。明治二三年(一八九〇)板垣・大井憲太郎らが立憲自由党として再建。③昭和二五年(一九五〇)民主自由党が民主党連立派を吸収して結成した保守政党。同三〇年(一九五五)保守合同により自由民主党に移行した。
**じゅう-どう【柔道】** 日本古来の柔術をスポーツ化した格闘技。明治一五年(一八八二)嘉納治五郎が確立したもので、投げ技・固め技・当て身技の三部門からなる。世界的に普及し、昭和三九年(一九六四)東京大会以来、オリンピック種目となる。↓写

●柔道

**しゅうどう-いん【修道院】** キリスト教の修道士や修道女が共同生活を営む住居。清貧・貞潔・従順を三大理想とする。cloister
**しゅうどう-かい【修道会】** カトリック教会で、清貧・貞潔・従順の三つの誓願を立てて共同生活をおくる、修道士や修道女の組織。religious order
**しゅう-どうしゅ【雌雄同▽株】** 雄花と雌花が同じ株につくもの。カボチャやキュウリなど。シダ植物で造卵器と造精器が同じ前葉体につくこともいう。monoecism 対義 雌雄異株。
**しゅう-とうた【雌雄▼淘▼汰】** ↓しゅうせんたく(雌雄選択)
**しゆう-どうたい【雌雄同体】** 一つの動物個体の中に雌性・雄性の生殖巣がともに発達すること。ミミズやカタツムリなどにふつうにみられる。hermaphroditism 対義 雌雄異体。
**しゅう-とく【収得】**(名・サ変他) 自分のものとすること。とりいれること。acquisition 用例 ―罪。
**しゅう-とく【拾得】**(名・サ変他) 落とし物をひろうこと。pick up 用例 ―物。
**しゅう-とく【修得】**(名・サ変他) 学問・技芸を身につけること。acquisition
**しゅう-とく【習得】**(名・サ変他) ならい覚えること。learning
**しゅうとく-ぜい【収得税】** 個人・法人が一定期間に得る収入に対して課される税。所得税・法人税・事業税など。acquisition tax 比較 消費税。
**しゅうと-ご【▼舅御・▼姑御】** 「しゅうと」の敬称。
**じゆう-とし【自由都市】** 一三〜一四世紀、ドイツの皇帝直属の帝国都市のうち、皇帝に対する軍役・貢納義務を免除された特権都市。free city
**ジュート-じん【ジュート人】** 五世紀後半、アングル族・サクソン族とともにイングランドに移住したゲルマン人の一派。原住地はユトランドとされ、イングランドでは七王国の一つ、ケント王国を建てた。ユート人。Jute
**じゅうど-すい【重土水】** 水酸化バリウムの水溶液。強アルカリ性で、アルカリ標準液に利用。バリタ水。baryta water
**じゅう-とっき【柔突起】** 小腸の粘膜や胎盤にみられる小突起。上皮細胞におおわれ、内部に毛細血管をもつ。小腸の表面積を大きくし、養分の吸収に役立つ。繊毛。villus
**しゅうと-め【▼姑】** 夫または妻の母。しゅうと。mother-in-law 対義 舅。
**姑の涙汁**《姑は嫁に対する同情の少ない意から》非常に小さなもの・少ないことのたとえ。
**姑の場塞がり** 姑が、意地が悪く、嫁を邪魔扱いにすること。
**姑の前の見せ麻小笥**《「麻小笥」は細く裂いてつないだ麻を入れるかご》姑に対する嫁の見せかけの働き、また、人前で体裁をつくって働くふりをするたとえ。
**シュードモナス【Pseudomonasラテン】** グラム陰性の細菌の一属。運動性の桿菌で、鞭毛がある。色素を生産し、蛍光を発するものもある。土中・水中に分布。
**シュードラ【śūdra梵】**《漢訳は首陀羅》古代インド四種姓の第四。アーリア人に征服された先住民などがこれに含まれていた。上位三種姓の僕であるが、のち農業・牧畜業・手工業を営むものをさすようになった。
**しゅう-とんい【周▼敦▼頤】**(一〇一七〜七三) 中国、宋代の儒者。字は茂叔。号は濂渓。人間道徳の原理を太極説に求め、宋学を創始。著書『太極図説』など。
**しゅう-ない【週内】** その週のうち。by the end of this week
**じゅう-なん【柔軟】**(形動) ①しなやかなさま。柔らかなさま。flexible 対義 強硬。用例 ―な方針。②順応性の高いさま。adaptable 用例 ―な方針。
**じゅうなん-たいそう【柔軟体操】** からだを柔らかくするための体操。関節を屈伸させ、筋や腱を伸ばす。準備運動や整理運動にも用いられる。ストレッチングもその一つ。callisthenics
**じゅうに-いんねん【十二因縁】**《仏教語》一切の有情の生死流転の因果関係を構成するとされる一二項目。無明・行・識・名色・六入・触・受・愛・取・有・生・老死をさす。十二支縁起。
**じゅうにおん-おんがく【十二音音楽】** 二〇世紀初めにシェーンベルクが創案した十二音技法によって作曲された音楽。一二の半音全部が等価値に平均して用いられ、調性をもたず、無調音楽の一種。ドデカフォニー。twelve-tone music
**じゅうに-か-げつ【十二か月】** 一年間。twelve months
**じゅうに-がつ【十二月】** 一年の第一二番の月。December 比較 師走。
**じゅうに-きゅう【十二宮】** ↓こうどうじゅうにきゅう(黄道十二宮)
**じゅう-にく【獣肉】** イノシシ・シカ・クマなどけものの肉。meat
**じゅうにげつ-けん【十二月建】** 十二支を陰暦の一年一二か月に配当したもの。一月の寅に始まり、一二月の丑に終わる。
**じゅうに-こ【十二湖】** 青森県西部、白神山地西麓の湖沼群。三十余の小湖沼が、高原上に点在する。
**じゅうに-さま【十二様】** 群馬から中部地方にかけての山の神の呼称。
**じゅうに-し【十二支】** 中国の暦法で、年を一二分した子・丑・寅・卯・辰・巳・午・未・申・酉・戌・亥の総称。後世、子は鼠、以下順に牛・虎・兎・竜・蛇・馬・羊・猿・鶏・犬・猪の動物を配し、十干と組み合わせるなどして時刻・方位・日・年を示す呼称となっている。
**じゅうにし-ちょう【十二指腸】** 小腸のうち胃の幽門につづく二五〜三〇cmの部分。胆液や膵液の分泌の調節および食物との混合を行い、消化管ホルモンを作る。duodenum ↓胃図 ↓腸図
**じゅうにしちょう-かいよう【十二指腸▼潰▼瘍】** 十二指腸に生じるただれ。ほとんど十二指腸球部にみられる。成因や症状は胃潰瘍とほとんど同じ。duodenal ulcer
**じゅうにしちょう-ちゅう【十二指腸虫】** コウチュウの異名。
**じゅうに-しと【十二使徒】** 福音を伝えるためにイエスによって選ばれた一二人の弟子。「新約聖書」中のルカの『使徒行伝』によると、ペテロ・ヨハネ・アンデレ・ピリポ・バルトロマイ・マタイ・トマス・ゼベダイの子ヤコブ・タダイ・シモン・アルパヨの子ヤコブ・ユダ(裏切り後はマッテヤ)の一二人。the (twelve)

●十二神将　十二神将像　新薬師寺(奈良県)。

宮毘羅大将

伐折羅大将

迷企羅大将

安底羅大将

頞儞羅大将

珊底羅大将

因陀羅大将

波夷羅大将

摩虎羅大将

真達羅大将

招杜羅大将

毘羯羅大将

Apostles

**じゅうに-しんしょう【十二神将】** 仏教で薬師如来に属する一二の護法神。宮毘羅・伐折羅・迷企羅・安底羅・頞儞羅・珊底羅・因陀羅・波夷羅・摩虎羅・真達羅・招杜羅・毘羯羅大将。じゅうにじんしょう。↓写

**じゅうに-ちょく【十二直】** 暦注の一つ。立春後は寅の日、啓蟄後は卯の日を建とし、以下順に除、満、平、定、執、破、危、成、納、開、閉の一二をあて日常生活の吉凶を判断するもの。十二客。建除。

**じゅうに-てん【十二天】** 仏教の一二の神で、天地・日月・八方を守護する。梵天・地天・日天・月天・帝釈天(東)・火天(東南)・焔摩天(南)・羅刹天(西南)・水天(西)・風天(西北)・毘沙門天(北)・伊舎那天(東北)。

**じゅうに-ひとえ【十二単】** ①《「十二」とは重袿に単を加えて着たことから》女房装束の物具姿の俗称。男子の束帯に相当する。十二の御衣。②シソ科の多年草。丘陵地にはえる。全体に白毛を密生。葉は対生し、基部は鱗片状。春に淡紫色の花が多数穂状に開く。↓写

**じゅうに-ひょうほう【十二表法】**(lex duodecim tabularum ラテン) 古代ローマ最古の成文法。紀元前四五〇年ごろ貴族と平民の階級闘争の結果として制定。一二表から成り、既成の慣習法が中心。十二銅板法。

**じゅうに-ぶん【十二分】**(形動)《「十分」を強めた語》じゅうぶんすぎるほど、たっぷりなさま。じゅうぶん以上のさま。more than enough

**じゅうに-まつり【十二祭(り)】** 群馬県赤城山北麓の山の神祭り。山の神を十二様という。炭焼きや猟師など山で働く者が、二月と一二月の一二日に行う。

**じゅうに-やき【十二焼(き)】** 年占の一種。餅や豆・クリ・クルミなどを一年の月の数、一二個焼いて、その焼けぐあいでその年の天候や豊凶を占うもの。

**しゅう-にゅう【収入】** 金品を受け取って自分の所有とすること。所有となったもの。所得。income [対義]支出。[用例]—をあげる。

**しゅうにゅう-いんし【収入印紙】** 政府が税の一部と手数料・罰金・科料などを徴収するために発行する証票。revenue stamp

**しゅうにゅう-やく【収入役】** 市町村・特別区などで、現金・物品の出納その他の会計事務をつかさどる公務員。

**じゅうに-りつ【十二律】** 中国で行われていた音律。一オクターブ一二個の半音階の音律。日本へは奈良時代ごろに伝えられた。

**しゅう-にん【就任】**(名・サ変自) 任務・役目につくこと。installation [対義]辞任・退任。[用例]会長に—する。

**じゅう-にん【十人】** ひとりの一〇倍。ten people

**十人寄れば十国の者**(じゅうにんよればとくにのもの) 一〇人集まれば、それぞれ出身地が異なり、風俗・習慣などもそれぞれ違っているということ。世の中は広いことをいう。

**じゅう-にん【住人】** その土地・家に住んでいる人。inhabitant

**じゅう-にん【重任】** 一(名) 重要な任務。important duty 二(名・サ変自) 引き続いて前の役目につくこと。再任すること。reappointment

**じゅうにん-といろ【十人十色】** 人によって考えや好みがそれぞれに違うこと。So many men, so many minds.

**じゅうにん-なみ【十人並(み)】**(名・形動) 顔つき・才能などが、ふつうであること・さま。ordinary

**しゅうねい【集寧】** 中国、内モンゴル自治区の都市。モンゴルのウランバートルを経てソ連と鉄道で連絡する。人口一五・八万(一九八四)。チーニン。

●十二単①

●ジュウニヒトエ②



↓行き先項目、図版・写真参照印。　JIS 日本工業規格情報交換用漢字符号コード(区点コード)。

**しゅう-ねん【周年】** ①まる一年間。転じて、一周忌。the first anniversary ②十周年、百周年のようにまる何年かが経過したことを意味する語。anniversary

**しゅう-ねん【執念】** ①執着して離れない心。persistently ②恨みを晴らそうとする心。revengeful mind

**じゅう-ねん【十念】**《仏教語》①「十念称名」の略。南無阿弥陀仏を一〇回唱えること。②浄土宗で、信者に仏縁を結ばせるため、唱えて授ける南無阿弥陀仏。

**じゅうねん-いちじつ【十年一日】** 長い間ずっと同じ状態であること。without any change over a long period 用例 ―の如く。

**じゅうねん-ひとむかし【十年一昔】**《だいたい一〇年もたてば社会が変わっている、と見るところから》一〇年もたてば昔のことになるということ。また、このことから、一〇年を「昔」の一単位にするということ。

**しゅうねん-ぶか・い【執念深い】**(形) 執念の度が強い。tenacious

**しゅう-のう【収納】**(名・サ変他) ①金品などを受けおさめること。receipt ②作物を収穫すること。harvest ③生活用品・荷物などをかたづけ、しまうこと。put away for storage

**じゅう-のう【十能】** 炭火などを持ち運ぶ道具。全部を金属にしたもの、柄を木製にしたものがある。↓写

●十能

**しゅうのう-かぐ【収納家具】** 生活に必要な物品や衣類などを整理収納する家具類の総称。たんす類や戸棚類など。closet; cabinet

**じゅうのう-しゅぎ【重農主義】** ①人民の福利や国の産業の成立の上で、とくに農業を重んずる主義。physiocracy ②一八世紀後半、フランスのケネーを中心とする経済思想。重商主義に対抗し、農業生産だけを富の源泉ととらえた。資本主義的生産の最初の体系的把握として古典学派誕生の契機となった。physiocracy 比較 重商主義。

**じゆう-の-めがみぞう【自由の女神像】** ニューヨーク港リバティー島に立つ自由を象徴する女神像。独立一〇〇年を記念して、一八八六年にフランスから贈られた。Statue of Liberty

**じゆうのり【自由▼之理】** イギリスの社会思想家ミル著の『自由論』の訳書。中村正直の訳。明治四年(一八七一)刊行。自由民権思想に影響を与えた。

**しゅう-は【宗派】** ①同じ宗教内の分派。流派。sect; denomination ②仏教で、特定の教義と儀式をもった寺院・僧侶とその信徒を包括する団体。

**しゅう-は【秋波】** ①秋のころの澄みきった水の波。②美人のきれいな目元。③色っぽい目つき。色目。ウインク。wink

**秋波を送る**(しゅうはをおくる) こびを示す。ウインクする。cast sheep's eye at

**シューバ【shuba ロシア】** 毛皮製の防寒用オーバーコート。

**しゅう-はい【集配】**(名・サ変他) 貨物・郵便物などを集めたり配ったりすること。collection and delivery 用例 ―人。

**シューパイ【数牌 中】**(shù pái) 麻雀で用いる牌のうち、索子・餅子・万子の各牌の総称。それぞれ一索・四万など一〜九までの数がつく。

**しゅう-ばく【就縛】**(名・サ変自) 罪人などが捕らえられること。捕らえられて縛られること。

**じゅう-ばくげきき【重爆撃機】** 爆弾の積載量が多く、航続距離の長い大型爆撃機。アメリカのB-52ストラトフォーレス、ソ連のバックファイアーが代表的。heavy bomber 対義 軽爆撃機。

**じゅう-ばこ【重箱】** 食物を入れる重ねの容器。ふつう、四角で扁平な形の器を二重から五重にかさねる。おもに漆器。お重。数え方 一組み・一重ね・一提げ。

**重箱の隅は杓子で払え**(じゅうばこのすみはしゃくしではらえ) 細かい所まで干渉せずに、大目に見るべきことのたとえ。

**重箱の隅を突っつく**(じゅうばこのすみをつっつく) 「重箱の隅を楊枝で穿くる」と同意。

**重箱の隅を楊枝で穿くる**(じゅうばこのすみをようじでほじくる) ごく小さなことまで、うるさくせんさくする。重箱の隅を突っつく。make a fuss about details

**じゅうばこ-よみ【重箱読み】**《重を「じゅう」と音読し、箱を「はこ」と訓読することから》漢字二字の語を、前の字を音、後の字を訓で読むこと。「両替」・「団子」・「頭取」など。対義 湯桶読み。

**しゅうは-すう【周波数】** 周期的に変化する現象の、単位時間(一秒間)当たりの回数。振動数に等しく、単位はヘルツ(Hz)またはサイクル毎秒。frequency

**しゅうはすう-へんい【周波数偏移】** 無線送信機・発振器などで、変調信号入力がある場合とない場合とで搬送周波数がずれる。このずれの幅をいう。frequency deviation

**しゅうはすう-へんかんそうち【周波数変換装置】** 交流電力の周波数を変換する装置。frequency converter

**しゅうはすう-へんちょう【周波数変調】** 電波の変調方式の一つ。搬送波の振幅を一定に保ちながら周波数を変化させる方法。雑音が少なく、音質が安定。FM。frequency modulation 比較 振幅変調。

**しゅうはすう-わりあて【周波数割(り)当て】** 電波の干渉妨害を避けるため、周波数を使用目的に応じ合理的に割り当てること。frequency assignment

**じゅうはち-かい【十八界】**《仏教語》感覚や知覚による認識の成立のための要素を一八に分類したもの。知覚機能としての六根、その対象である六境、その認識作用としての六識。

**じゅうはち-こう【十八公】**《「松」の字を分解しての名》マツの異称。

**じゅうはち-ささげ【十八▼豇▽豆・十八▽大▽角▽豆】** ジュウロクササゲの別名。

**じゅうはち-ばん【十八番】** ①歌舞伎の市川団十郎家に伝わった一八の当たり狂言。参照 歌舞伎十八番。②その人のもっとも得意とするもの。おはこ。one's forte

**しゅう-はつ【終発】** 最終の発車。the last car 対義 始発。

**しゅう-ばつ【修▼祓】**(名・サ変自)《「しゅうふつ」の慣用読み》みそぎをすること。はらいをすること。

**しゅう-ばつ【秀抜】**(形動) 他に比べ、際立ってすぐれているさま。superb

**じゅう-ばつ【重罰】** 重い罰。厳罰。severe punishment

**じゅうはっしりゃく【十八史略】** 中国の史書。撰者は元の曾先之。『史記』以下一七の正史に、宋代の史書を加えて編年史的に要約したもの。日本では室町時代以後愛読された。

**じゅうはっ-ぱん【十八般】** 各種武芸の総称。昔、中国で行われた武芸のうち矛・弓・銃など、武芸者に最低必要とされたものが一八種であったことから。参照 武芸十八般。

**しゅう-ばん【週番】** 一週間交替で行う勤務。それにつく人。weekly duty

**しゅう-ばん【終板】** 運動神経の末端と筋線維の接する部分にみられる特殊構造。神経の興奮(指令)は筋肉に伝わるが、逆向きには伝わらないようになっている。運動終板。端板。end-plate

**しゅう-ばん【終盤】** 対義 序盤。①碁・将棋で、勝負の決まる最後の段階。よせ。②長期にわたる物事の終わりの段階。追い込み。final stage 用例 ―戦。

**じゅう-はん【重版】**(名・サ変他) すでに出版した書籍を追加印刷し出版すること。また、その出版物。再版。reprint

**じゅう-はん【重犯】** ①程度の重い犯罪。また、その犯罪人。felony ②重ねて罪を犯すこと。また、その犯罪人。累犯。repeated offense

**じゅう-はん【従犯】** 共犯の一つ。犯罪行為の実行者に凶器・資金や助言を与えるなどして犯罪行為を容易にすること。幇助犯。accessory

**しゅう-び【愁▼眉】**《うれいを含んだまゆの意》心配そうな顔つき。

**愁眉を開く**(しゅうびをひらく) 心配ごとが解決して、ほっと安心する。feel relieved

**じゅう-ひ【獣皮】** けものの皮。hide

**じゅう-び【重美】**「重要美術品」の略。

**しゅう-ひつ【収筆・終筆】** 書道で、筆が紙から離れるときの収めの筆使い。この巧拙が次の点画の起筆に影響する。

**しゅう-ひょう【衆評】** 多くの人の批評。世評。public opinion

**しゅう-ひょう【集票】**(名・サ変他) 投票用紙・調査票などを集めること。gather votes

**じゅう-びょう【重病】** 重い病気。大病。重患。serious illness

**じゆう-びょうどう-はくあい【自由・平等・博愛】**(Liberté, Égalité, Fraternité フランス) フランス革命の標語。封建的抑圧に対して自由を、封建的特権に対して権利の平等を要求し、解放された自由・平等な人間の間に友愛的な連帯関係を樹立しようというもの。

**しゅう-ふ【醜婦】** 顔かたちのみにくい女。しこめ。醜女。

**ジューブ【Pierre-Jean Jouve】**(一八八七〜一九七六) フランスの詩人・小説家・評論家。カトリック的主題を精神分析の手法で描く。詩集『血の汗』『パリの聖母』、小説『ポーリナ一八八〇年』など。

**シュー-フィッター**《和製語》靴屋で、足に合った靴を選ぶさいに、種々アドバイスをしてくれる人。

**しゅう-ふう【秋風】** 秋に吹く風。autumn wind

**しゅうふう-さくばく【秋風索漠】**(形動タル) 物事の勢いが衰えて、もの寂しいさま。

**しゅう-ふく【修復・修覆】**(名・サ変他) 修繕して元のとおりにすること。つくろい直すこと。しゅふく。repair 用例 本尊の―。

**じゅう-ふく【重複】**(名・サ変自) ↓ちょうふく(重複)

**じゅう-ぶく【重服】** 重い喪。血縁の濃い縁者の喪に服すること。また、そのときに着用する喪服。対義 軽服。

**じゅうふく-じゅせい【重複受精】** 被子植物に特有の受精方法。花粉管にある精核が二個に分かれて、一個は胚嚢内の卵細胞の核と、他の一個は胚嚢中央部の極核と合一すること。double fertilization

**しゅう-ふつ【修▼祓】**(名・サ変自) ↓しゅうばつ(修祓)

**しゅう-ぶつ【▼繡仏】** 刺繡によって仏像を表現したもの。中宮寺の『天寿国繡帳』が日本最古の作例。

**じゅう-ぶつ【従物】** ある物の本来の利用目的を補助・継続させるために付属させる物。家屋における畳・建具など。対義 主物。

**しゅう-ふっかい【周▽仏海】**(一八九七〜一九四八) 中国の政治家。共産党から転向、三民主義の理論家として国民党政府の要職を歴任。一九四〇年汪兆銘の南京政府に参加。四五年戦犯として逮捕され獄死。

**しゅう-ぶん【秋分】** 二十四節気の一つ。九月二三日ごろ。太陽が天球の黄道上を移動し、秋分点を通過する時。また、その日。秋の彼岸の中日。昼夜の長さがほぼ等しくなる。autumnal equinox 対義 春分。

**しゅう-ぶん【醜聞】** 不名誉な評判。聞き苦しい評判。スキャンダル。scandal

**しゅうぶん【周文】**(生没年未詳) 室町中期の画僧。字は天章。号は越渓。相国寺都管職。のち幕府御用絵師。繊細な山水詩画軸を作る。彫刻や襖・屏風絵も手がけた。作品『竹斎読書図』など。↓漢画 写

**じゅう-ぶん【重文】** ①構造からみた文の種類の一つ。一文の中で、主語・述語の関係が二回以上成立し、しかも、その関係が対等に並列されている文。「花は笑い、鳥は歌う」など。compound sentence 比較 複文。対義 単文。②「重要文化財」の略。

**じゅう-ぶん【十分・充分】**(副・形動) みち足りるさま。不足のないさま。enough 用例 ―いただきました。―気をつけてください。

**じゅうぶん-じょうけん【十分条件】**「AならばBである」という命題が成り立つとき、AをBが成立するための十分条件という。sufficient condition 対義 必要条件。

**しゅうぶん-そう【秋分草】** キク科の多年草。関東以西の山地の木陰にはえる。葉は暗緑色・披針形で、両面に短毛。夏から秋に、葉腋に淡黄緑色の頭花をつける。

**しゅうぶん-てん【秋分点】** 天の赤道と黄道の交点のうち、黄道上の太陽が赤道を北から南へ通過する点。太陽がこの点にくる時刻が秋分。autumnal equinox 対義 春分点。

**じゅうぶんのいち-ぜい【十分の一税】** ヨーロッパ中世の教会が、教区の農民に課した貢租。旧約聖書『レビ記』に基づき、収穫の一〇分の一を徴収。のち世俗領主も徴収し、農民には大きな負担となった。一九世紀に廃止。教区税。tithe

**しゅうぶん-の-ひ【秋分の日】** 国民の祝日の一つ。九月二三日ごろ。太陽が秋分点に達する日で、祖先をうやまい死者をしのぶ。秋の彼岸の中日。もとの秋季皇霊祭。

**しゅう-へい【州兵】** アメリカの兵制の一つ。志願兵で編制され、各州の治安維持を担当す

る組織。連邦軍の予備軍でもある。陸軍州兵と空軍州兵にわかれる。National Guard

**じゅう-へい【従兵】** 将校につきしたがって、身の回りの世話をする兵。従卒。orderly

**しゅう-へき【周壁】** まわりのかべ。surrounding wall

**しゅう-へき【習癖】** くせ。ならわし。habit

**しゅう-へき【▼褶▼襞】** ①地球表面のしわ。fold ②山脈・衣服のひだ。fold

**シューベルト【Franz Peter Schubert】**（一七九七〜一八二八）オーストリアの作曲家。素朴で飾らない叙情性を特徴とするロマン派の先駆。歌曲での功績が大きく、「歌曲の王」といわれる。歌曲集『美しき水車小屋の娘』『冬の旅』『白鳥の歌』など六百余の歌曲、交響曲・室内楽曲など。↓写

●シューベルト

**しゅう-へん【周辺】** あるもののまわり。めぐり。周囲。surrounding

**じゅう-べん【重弁・重▼瓣】** 花弁が、いく重にも重なったもの。八重咲き。対義 単弁。

**しゅうへん-げんこう【周辺減光】** 太陽または他の星で、みかけの中心部から周縁部に向かって輝度が減少する現象。温度が外へ向かって低下していることと大気の存在を示す。limb darkening

**じゅうべん-じゅうぎ【十便十宜】** 東洋画の画題。清初の李漁が山居生活の便と宜、各一〇を詩二〇首に詠じた、その詩意を描いたもの。池大雅と与謝蕪村合作のものが有名。

**しゅうへん-そうち【周辺装置】** ①機械本体のまわりに装着された付属の機械。peripheral equipment ②コンピューターの中央処理装置の周辺にあり、その制御下で働く装置。端末装置とは別。カード読み取り機・磁気テープ装置・ラインプリンターなど。周辺機器。peripheral equipment

**しゅう-ほ【修補】**（名・サ変他）破損や不足をつくろいおぎなうこと。補修。

**じゅう-ぼいん【重母音】** 一つの音節内で二つの母音が連続しているもの。例えば英語のoldの[ou]の類。二重母音。diphthong

**しゅう-ほう【宗法】** ①各宗派・宗門の法規。②宗祖の説いた教え。

**しゅう-ほう【週報】** ①毎週きまって行う報告。weekly report ②週刊の新聞・雑誌。weekly 対義 日報・旬報・月報・年報。

**しゅう-ほう【衆峰】** 多くの山のみね。many ridges

**しゅうほう【秋芳】**〈町〉山口県西部、山間の町。稲作・ナシ栽培などを行う。秋吉台・秋芳洞で知られる。人口七八七五（一九八八）。

**しゅう-ぼう【衆望】** ①多くの人々の望み。public expectation 用例 ―を担う。②多くの人々から受ける信望。public confidence; popular support 用例 ―にこたえる。

**しゅう-ぼう【醜▼貌】** みにくい容貌。

**しゅう-ぼう【周▼昉】**（生没年未詳）中国、唐代中期の画家。美人画にすぐれ、水月観音図の創始者。

**じゅう-ほう【▼什宝】** 家の宝として大切にする道具類。

**じゅう-ほう【重宝】** 大切な宝物。ちょうほう。treasury of great value

**重宝を懐く者は夜行せず**（じゅうほうをいだくものはやこうせず）重要な宝物を持っている者は、夜歩きをしない。大目的を持つ者は、その身を大切にしなければならない、ということのたとえ。

**じゅう-ほう【重砲】** 口径が大きく、砲身の長い大砲。heavy gun

**じゅう-ほう【銃砲】** 小銃と大砲。guns

**じゆう-ぼうえき【自由貿易】** 国家による関税・貿易為替管理・輸出入数量制限などの干渉が一切ない貿易取り引き。free trade 対義 保護貿易・管理貿易。

**じゆうぼうえき-こう【自由貿易港】** 関税制度上、港の一部または全部を外国とみなして関税法を適用せず、この区域内で外国貨物の積み込み・陸揚げ・保管・加工などを自由に行うことを認める制度。また、その港。自由港。free port

**しゅう-ほうげん【周邦▼彦】**（一〇五六〜一一二一）中国、北宋末の詞人。字は美成。銭塘の人。音律にくわしく、その詞は宋詞第一と評され、慢詞（長編の詞）を確立。詞集『片玉集』。

**しゅうほう-どう【秋芳洞】** ↓あきよしどう（秋芳洞）

**じゆう-ほうにん【自由放任】**《laissez-faire フランスの訳》国家の統制を廃し、個人の自由な行動にまかせておけば、社会全体の経済厚生は最大に実現されるという古典的自由主義の主張。レッセフェール。

**しゅうほう-みょうちょう【宗峰妙超】**（一二八二〜一三三七）鎌倉末期の臨済宗の僧。正和四年（一三一五）大徳寺の開山となる。大灯国師。

**じゅう-ぼく【従僕】** 男の召し使い。下男。servant

**しゅう-ぼつ【周▼勃】**（?〜BC一六九）中国、前漢の高祖の臣。漢の建国に尽力。高祖の死後、呂氏の乱の鎮圧、文帝擁立に功あり、丞相となった。

**じゆう-ほんぽう【自由奔放】**（形動）思うままにふるまって、しきたりや他人のおもわくなどは眼中にないさま。まわりのことを気にしたりせずに、思うままにふるまうさま。free and unrestrained

**シューマイ【焼売中】**（shaomài）中国料理の点心の一つ。ひき肉・エビ・カニに、野菜などを刻んで混ぜ、練り合わせ、薄い皮に包んで蒸したもの。↓点心写

**じゅう-まい【従妹】** 年下の、女のいとこ。cousin

**じゆう-まい【自由米】** 食糧管理法に違反する米のこと。農家から直接民間に売り渡されたり、正規に出荷した米が流通段階で横流しされたもの。

**しゅう-まく【終幕】** ①芝居の最後の幕・場面。final scene 対義 序幕。②事件の最後。終結。end

**しゅう-まつ【週末】** ①一週間の終わり。土曜日。ウイークエンド。weekend ②土曜日から日曜日。weekend 用例 ―旅行。

**しゅう-まつ【終末】** しまい。終わり。はて。conclusion

**しゅうまつ-じゅうたく【週末住宅】** 本宅以外に、週末や短い休暇を過ごすための住宅。weekend house 比較 セカンドハウス・別荘。

**シューマッハー【Kurt Schumacher】**（一八九五〜一九五二）西ドイツの政治家。一九四六年社会民主党を再建し、委員長としてドイツ復興に寄与した。

**しゅうまつ-ろん【終末論】** 世界の終末をめぐるキリスト教神学の思想。世の終わり、最後の審判、キリストの再臨などの信仰の教説。eschatology

**シューマン【Elisabeth Schumann】**（一八八八〜一九五二）アメリカのソプラノ歌手。ドイツ生まれ。深い情感をたたえた高度の歌唱技法で知られた。

**シューマン【Robert Alexander Schumann】**（一八一〇〜一八五六）ドイツの作曲家・音楽批評家。ドイツ-ロマン派音楽の本質を純粋にあらわし、とくにピアノ曲と歌曲に名作を多く残した。ピアノ曲『謝肉祭』『子供の情景』、歌曲集『詩人の恋』『女の愛と生涯』、交響曲四曲、室内楽曲など。

**シューマン【Robert Schuman】**（一八八六〜一九六三）フランスの政治家。蔵相・首相・外相を歴任し、ヨーロッパ石炭鉄鋼共同体（ECSC）結成を提唱し、ヨーロッパ経済共同体（EEC）設立を推進した。

**じゅう-まん【充満】**（名・サ変自）いっぱいになること。みちること。fullness

**じゅうまんおく-ど【十万億土】**《仏教語》①現世から西方の極楽に至るまでにあるという仏土の数。②十万億土をこえた極楽浄土。

**シューマン-ハインク【Ernestine Schumann-Heink】**（一八六一〜一九三六）アメリカのドラマティック-アルト歌手。オーストリア生まれ。二〇世紀初頭名アルト歌手とうたわれた。

**シューマン-プラン【Schuman Plan】** 一九五〇年、フランスの外相シューマンが提唱した、西欧六か国の石炭・鉄鋼共同管理計画。これに基づいてヨーロッパ石炭鉄鋼共同体（ECSC）が設立され、ヨーロッパ経済共同体（EEC）やヨーロッパ共同体（EC）の先駆となった。

**しゅう-み【臭味】** ①よくない感じ。くさみ。臭気。bad smell 用例 役人の―。②同じ仲間。同類。associate

**しゅうみつ【宗密】**（七八〇〜八四一）中国、唐代の僧。華厳宗第五祖。禅にも通じ、『禅源諸詮集』を著して教禅一致を唱えた。著書『原人論』など。すみつ。圭峰大師。定慧禅師。

**しゅう-みつ【周密】**（形動）心遣いが、細かく行き届いているさま。手抜かりのないさま。careful

**じゅうみはいどく-とう【十味敗毒湯】** 漢方薬の一つ。柴胡・桜皮・桔梗・生姜・川芎など一〇種類の生薬からなる。華岡青洲の創案。化膿性のはれものや湿疹に用いる。

**しゅう-みん【就眠】**（名・サ変自）ねむりにつくこと。go to bed 比較 就寝・就床。

**じゅう-みん【住民】** その土地に住んでいる人。inhabitant 用例 ―登録。

**しゅうみん-うんどう【就眠運動】** 夜間に、植物の花弁や葉が閉じたり、下垂したりする運動。光の強さや温度の変化が刺激となり膨圧が変化しておこる。nyctinasty

**じゅうみん-うんどう【住民運動】** 地域住民みずからが生活に根ざした要求を掲げ、行政機関や企業に対してその実現を求めてゆく運動。concerted action by the residents

**じゅうみん-かんさせいきゅう【住民監査請求】** ↓かんさせいきゅう（監査請求）②

**じゅうみん-きほんだいちょう【住民基本台帳】** 住民の居住関係の公証や選挙人名簿などの基礎とするため、市区町村が作成する住民についての記録。

**じゆうみんけん-うんどう【自由民権運動】** 人民の自由権・参政権の獲得をめざした日本最初の国民的な民主主義運動。国会開設・憲法制定・地租軽減・条約改正などを要求。明治七年（一八七四）ごろから高揚し、同一四年（一八八一）ごろが最盛期。

**じゆうみんけん-ろん【自由民権論】** 明治初期の自由民権運動の理論的支柱となった政治思想。イギリスの功利主義とフランスの天賦人権思想の影響を受けて発展したもので、中江兆民・植木枝盛・馬場辰猪らが代表的な理論家。

**じゅうみん-さんか【住民参加】** ↓しみんさんか（市民参加）

**じゅうみん-じち【住民自治】** 地方政治がその地方に住んでいる住民の手により自律的に行われること。地方公共団体による団体自治とともに、地方政治の不可欠の要素。resident autonomy

**しゅうみん-しゅうかい【州民集会】**（Landsgemeinde ドイ）スイスのグラールスなどで現在も行われている、直接民主制の一形態。有権者が直接議場に行き、議決に参加する形をとる。

**じゆうみんしゅ-とう【自由民主党】** 昭和三〇年（一九五五）に自由党と日本民主党が合同して結成した保守政党。結党以来長期政権を維持。財界の強力な支持が基盤。自民党。

**じゅうみん-ぜい【住民税】** 個人・法人の所得に課される地方税。都道府県民税と市町村民税。local inhabitants tax

**じゅうみん-そしょう【住民訴訟】** 住民がその所属する地方公共団体の会計処理に違法・不当があるとして起こす訴訟。

**じゅうみん-とうひょう【住民投票】** 直接民主制の方式の一つ。重要な事項の決定にさいし、住民の意思を反映するため、直接投票を行うこと。vote by the inhabitants

**じゅうみん-とうろく【住民登録】** 住民の居住関係を明らかにするため、市区町村がその住民について行う登録。世帯ごとの住民票をつくり、住民基本台帳をそなえる。resident registration

**じゅうみん-はつあん【住民発案】** ↓イニシアチブ②

**じゅうみん-ひょう【住民票】** 市区町村の住民について、その氏名・住所・出生年月日・性別・世帯関係・戸籍の表示などを世帯ごとに記載したもの。住民基本台帳の基礎となる。resident card

**しゅう-む【宗務】** 宗教上の事務。

**しゅう-めい【▽主命】** ↓しゅめい（主命）

**しゅう-めい【醜名】** よくない評判。醜聞。scandal 用例 ―を残す。

**しゅう-めい【襲名】**（名・サ変他）芸名などを先代から受け継ぐこと。用例 ―披露。

**しゅうめい-ぎく【秋明菊】** キンポウゲ科の

●シュウメイギク

多年草。高さ約七〇cm。山地にはえ、栽植もされる。秋にキクに似た白色・淡紅色の花を開く。キブネギク。↓写

**じゅう-めん【渋面】** 苦々しい顔。しぶい顔。しかめっつら。grimace

**渋面を作る**(じゅうめんをつくる) 顔をしかめる。不機嫌な顔をする。苦々しい顔つきをする。make a grimace

**しゅう-もう【衆盲】** ①数多くの盲人。②多くの愚か者。

**衆盲、象を摸す**(しゅうもう、ぞうをもす) 一小部分を見た経験から大勢を判断するたとえ。群盲、象を評す。

**しゅう-もく【衆目】** 数多くの人の目。大勢の観察。public attention 用例 —の一致するところ。

**じゅう-もく【十目】** 一〇人の目。衆目。

**十目の見る所**(じゅうもくのみるところ)《「十目の見る所十指の指す所」の下略》みんなが一致して認めることである。十指の指す所。

**十目の見る所十手の指す所**(じゅうもくのみるところじっしゅのさすところ) 「十目の見る所」と同意。

**じゅう-モザイク【雌雄モザイク】** 一つの動物個体の中に、雌性と、雄性の形質をもつ部分が、明らかな境界をもって、同時に存在する現象。チョウ・ガ・ミツバチなど昆虫に多くみられる。性的モザイク。gynandromorph

**しゅう-もち【▽主持(ち)】** 仕える主人のある身分・人。servant

**じゅう-もつ【▼什物】** ①日常使う道具。什器。utensil ②秘蔵の宝物。treasure 用例 寺の—。

**しゅう-もん【宗門】** ①宗派。宗旨。sect ②僧。bonz

**しゅうもん-あらため【宗門改(め)】** 江戸時代の宗教制度。キリシタン禁圧のため、全国民に寺の檀家たることを義務づけ、仏教徒であることを証明させた。

**じゅう-もんじ【十文字】** ①漢数字の十の字の形。また、縦・横に線が交差した形。cross ②「十文字槍」の略。③紋所の名。十の字を紋章化したもの。島津氏の代表紋。↓図

●十文字③
丸に十の字

島津十文字

**じゅうもんじ【十文字】**〈町〉秋田県南部、横手盆地の町。稲作が中心。サクランボなどの果樹栽培に力を入れている。人口一万五五三九(一九八八)。

**じゅうもんじ-くらげ【十文字▽水▽母】** 十文字形をした海産の小形クラゲ。体長約二cm。海藻に着生して生活。日本特産種で南日本に分布。

**じゅうもんじ-しだ【十文字▽羊▽歯】** オシダ科のシダ。高さ約五〇cm。葉は一回複葉で、羽状に分裂し、最下の一対の羽片が大きく、十文字槍の穂に似る。胞子嚢の群は円形。↓図

●ジュウモンジシダ

**じゅうもんじ-とうげ【十文字峠】** 埼玉・長野県境、甲武信ケ岳北方の峠。標高二〇三〇m。古くから秩父・佐久地方を結ぶ。

**じゅうもんじ-やり【十文字▼槍】** 穂が十文字の形をした槍。中央に一本の刃とその左右に鎌のような刃がついている。十文字鎌。

**じゆう-もんだい【自由問題】** 採点を競うスポーツの競技課題の一つ。自分で演技の内容を考え、自由に得意技を披露する演技問題。おもに体操やフィギュアスケートで用いられる。自由演技。free exercise 比較 規定問題。

**しゅうもん-にんべつちょう【宗門人別帳】** キリスト教禁止令の布告以後、江戸幕府が寺院に作成させた帳簿。檀家であることを証明するもので、のちに家族・奉公人も登録したため戸籍の役目も果たした。宗旨人別帳。宗門改人別帳。

**しゅう-や【秋夜】** 秋の夜。秋のよい。autumn evening

**しゅう-や【終夜】**(名・副) 一晩じゅう。夜通し。all night 用例 —営業。—灯。

**じゅう-や【十夜】** 浄土宗で行われる、一〇昼夜にわたる別時念仏の法会。陰暦の一〇月五日から一五日まで行ったが、現在は一一月五日から一五日まで。お十夜。十夜念仏。十夜法要。

**しゅう-やく【集約】**(名・サ変他) 集めて一つにまとめること。intensive

**じゅう-やく【十薬】** ①ドクダミの異称。②開花期のドクダミの地上部を刈り取り、乾燥した生薬。配糖体のクエルシトリンなどを含む。利尿剤、化膿・創傷薬。

**じゅう-やく【重役】** ①重要な役職。また、それに就いている人。②企業などで、取締役およびそれに準ずる役職。また、それに就いている人。executive; director

**じゅう-やく【重訳】**(名・サ変他) 一度翻訳されたものを、さらにほかの言語に訳すこと。retranslation

**しゅうやく-のうぎょう【集約農業】** 多くの資本や労働力を投下し、単位面積あたり高い収益をあげる農業経営方式。園芸農業はその好例。intensive agriculture 対義 粗放農業。

**しゅうやく-ゆうずい【集▼葯雄▼蕊】** 葯が合着して花糸が離れている雄しべ。キク科の花にみられる。合着雄蕊。集葯雄しべ。syngenesious stamen

**しゅう-ゆ【終油】** カトリック教会七秘跡の一つ。司祭が臨終の信者に香油をぬって、心と体に救いの恵みを授ける儀式。塗油。抹油。extreme unction

**しゅう-ゆ【周▼瑜】**(一七五〜二一〇) 中国、三国時代の呉の武将。字は公瑾。二〇八年、赤壁の戦いで曹操の軍を撃破したことで有名。

**じゅう-ゆ【重油】** ①原油を常圧で蒸留したさいの残油を主体とする重質油。沸点約三五〇℃以上。黒ないし黒褐色。流動性や硫黄分などによりA・B・Cに分類。内燃機関の燃料などに用いる。fuel oil ②コールタールを蒸留して得る粗留分。木材の防腐剤などに利用。heavy oil

**しゅう-ゆう【周遊】**(名・サ変自) あちこち旅行して歩くこと。excursion 用例 —旅行。

**しゅうゆう-かん【修▼猷館】** 江戸時代、福岡藩の藩校。天明四年(一七八四)藩主黒田斉隆が創立。廃藩置県による廃校ののち、校名は県立中学、さらに新制高校により継承。

**しゅうゆう-けん【周遊券】** 旅行の行程に必要な乗車券などを一つづりにまとめたもの。通常はいくつかの指定地を通過することを条件とし、運賃割引の特典がある。circular tour ticket

**しゅう-よう【収用】**(名・サ変他) ①とりあげて使うこと。②公共の目的に使用するため、一般人の所有権などの権利を強制的に徴収すること。expropriation 比較 徴発。

**しゅう-よう【収容】**(名・サ変他) ①人・物を一定の場所に入れること。accommodation ②法律で、刑務所に入れること。imprisonment

**しゅう-よう【修養】**(名・サ変他) 学問を身につけ、人格を高めること。cultivation 用例 —を積む。

**しゅう-よう【襲用】**(名・サ変他) そのまま受け継いで使うこと。

**しゅう-よう【周揚】**(一九〇八〜八九) 中国の文芸理論家。本名は起応。湖南省の人。日本に留学。文芸理論やソ連文学の翻訳で活躍。解放後文学芸術界の責任者だった。

**じゅう-よう【充用】**(名・サ変他) そのことにあてて用いること。appropriation

**じゅう-よう【重用】**(名・サ変他) 人を重く用いること。ちょうよう。promotion to a responsible post

**じゅう-よう【重要】**(名・形動) その意義や必要性が大きいこと・さま。だいじ。たいせつ。important 用例 —な書類。

**じゅうようさんぎょう-とうせいほう【重要産業統制法】** 昭和六年(一九三一)に公布された、重要産業のカルテル結成を推進する法律。同一六年(一九四一)廃止。

**じゅうよう-さんこうにん【重要参考人】** 刑事事件で、容疑は認められるものの被疑者とするには証拠が十分でない者。important witness

**じゅうよう-し【重要視】**(名・サ変他) 重要だと認めること。重視すること。take ... seriously 対義 軽視。

**じゅう-ようし【重陽子】** 陽子一個と中性子一個からできた重水素の原子核。水素の同位核。核融合で重要な役割をはたす。記号D、$^{2}H$。deuteron

**しゅうようじょぐんとう【収容所群島】**《原題Arkhipelag Gulag ロシア》ソルジェニーツィンの記録作品。一九七三〜七六年刊。ソ連の強制収容所の内幕を暴露。

**じゅうよう-びじゅつひん【重要美術品】** 昭和八年(一九三三)公布の準国宝級の美術品。同二五年(一九五〇)文化財保護法の制定により、その名称は廃止。

**じゅうよう-ぶんかざい【重要文化財】** 有形文化財(歴史上・芸術上、価値の高いもの)のうち、文化財保護法により重要なものとして指定された物件。美術品と考古資料をいう。重文。important cultural property

**じゅうよう-むけいぶんかざい【重要無形文化財】** 無形文化財のうち、文化財保護法により重要なものとして指定されたもの。伝統工芸、または演劇・音楽などの伝統芸術で、すぐれた伝承者によって保存される。保持者を「人間国宝」とも称する。

**じゅう-よく【獣欲・獣▼慾】** ①本能のままに動く、動物的な欲望。animal desires ②肉欲。性欲。carnal desire

**じゅうよっか-としこし【十四日年越(し)】** 小正月が一月一五日であることから、その前日を年越しとして祝うこと。十四日正月。

**しゅう-らい【襲来】**(名・サ変自) おそってくること。来襲。raid; visitation 用例 台風の—。外敵の—。

**じゅう-らい【従来】**(名・副) これまで。前から。従前。until now; former

**しゅう-らく【集落・▼聚落】** 人間の住居の集まっている地域。村落と都市に大別され、一般的には生活や生産の基盤である土地・道路なども含む。community

**じゆう-らっか【自由落下】** 物体が空気の抵抗を受けず、重力だけの作用で落下する現象。free fall

**しゅう-らん【収▼攬】**(名・サ変他) 気持ちなどをつかんで支配しやすくすること。grasping 用例 人心を—する。

**じゅう-らん【縦覧】**(名・サ変他) 思いのままに見ること。inspection 用例 就業中—謝絶。

**しゅう-り【修理】**(名・サ変他) 壊れた所をつくろいなおすこと。修復。修繕。repair

**じゆう-りつ【自由律】** 短歌・俳句の様式の一つ。伝統的な五音・七音の韻律や三一字・一七字の形式にとらわれずにつくるもの。比較 定型。

**しゅう-りっぱ【周立波】**(一九〇八〜七九) 中国の小説家。本名は紹儀。湖南省の人。農村の改革を描く長編『暴風驟雨』『山郷巨変』など。

**じゆうりつ-はいく【自由律俳句】** 五・七・五の定型によらず、自由な表現を主張した俳句。新傾向俳句を無季・口語的表現へ徹底させたもの。中塚一碧楼・荻原井泉水・河東碧梧桐が運動を推進。

**じゅう-りゅうし【重粒子】** 核子、および核子以上の質量と半整数スピンをもち、強い相互作用をもつ素粒子の総称。陽子・中性子・ハイペロン・チャームバリオンなど。バリオン。baryon

**じゅう-りょ【住▼侶】** その寺に住む僧。住僧。

**しゅう-りょう【収量】** 農作物などの、とり入れた分量。yield 用例 反あたり—。

**しゅう-りょう【秋涼】** ①秋の涼しい風・気候。autumn breeze ②陰暦八月の別称。

**しゅう-りょう【修了】**(名・サ変他) 一定の学業・課程をおさめ終えること。completion of a course 用例 二学年—。

**しゅう-りょう【終了】**(名・サ変自他) 終わること。終えること。しまい。終わり。end 対義 開始。用例 本日—。

**じゅう-りょう【十両】** ①一両の一〇倍。②大相撲で幕内と幕下の間の地位。また、その力士。幕内力士と同様、関取の待遇を受ける。かつては、幕下上位十枚目までの別称。

**じゅう-りょう【重量】** ①物体に働く重力の大きさ。物体の重さ。weight ②重い目方。heavy weight 対義 軽量。

**じゅう-りょう【銃猟】** 猟銃や空気銃で、鳥獣を狩猟すること。shooting

**じゅうりょう-あげ【重量挙げ】** バーベルを持ちあげ、その重量を競うスポーツ。競技では、スナッチとジャークを各三回行い、ベスト記録の合計で勝敗を競う。ウエートリフティング。weight lifting 比較 パワーリフティング。

**じゅうりょう-キログラム【重量キログラム】** ↓キログラムじゅう(キログラム重)

**じゅうりょう-ぜい【従量税】** 課税対象の

物品に物量単位で課税標準を定め、それに基づいて税金をかける課税方式。酒税・砂糖消費税・石油ガス税・揮発油税・地方道路税や関税など。specific duties [比較]従価税。

**じゅうりょう-トン【重量トン】** その船に積める最大重量。貨物だけによる排水量を英トンで表す。deadweight tonnage [比較]トン・排水トン。

**じゅうりょう-パーセント【重量パーセント】** 物質の濃度を表す方法。その物質全体の重量と各成分の重量の比を百分率で表したもの。percentage by weight

**じゅうりょう-ぶんせき【重量分析】** 定量分析の基本的な手法。試料中の定量しようとする成分を、組成のきまった化合物として分離し、その重量を測って求める方法。gravimetric analysis

**しゅう-りょく【衆力】** 多くの人の力。

**じゅう-りょく【重力】** 地球が物体を引きつける力。地球の自転による遠心力を含む。より一般には、万有引力の意味で用いられる。gravity

**じゅうりょく-いじょう【重力異常】** 観測した重力値に種々の補正を加えたのち、観測点における緯度によって決まる標準重力を引いたもの。観測点付近の地質構造を反映している。gravity anomaly

**じゅうりょく-かそくど【重力加速度】** 単位質量あたりの重力。振り子の自由振動や精密なばねばかりを利用して測定する。標準は、$9.806m/s^2$ gravitational acceleration

**じゅうりょく-けい【重力計】** 精密なばねばかりを用いて重力加速度を測定する器械。地球の各地の重力差を計り、資源探査などに使用する。gravimeter

**じゅうりょく-しつりょう【重力質量】** 物体に働く重力の大きさを同一地点で比較することによって決められた質量。キログラム原器に働く重力を標準にとる。gravitational mass

**じゅうりょく-せきほうへんい【重力赤方偏移】** 質量の大きい天体から発する電磁波のスペクトルが、重力のためにわずかである が長波長側へずれる現象。一般相対性理論で説明される。gravitational red shift

**じゅうりょく-ダム【重力ダム】** ダム自体の重さで水圧を支える構造のダム。コンクリート製で、断面で見たとき、上流面は鉛直、下流面は、傾斜して三角形となっている。gravity dam ↓[写]

**じゅうりょく-たんいけい【重力単位系】** 長さ・時間・重量を基本単位として、これらから他の諸単位を誘導する単位系。gravitational system of units

**じゅうりょく-たんこう【重力探鉱】** 物理探鉱の一方法。地表における重力分布やその異常を測定し、地下構造や鉱床とくに油層の存在を推定する。gravity prospecting

**じゅうりょく-の-りろん【重力の理論】** 古典的な重力論は、ニュートンによる万有引力の理論によって完成した。一般相対性理論に基づく現代の重力論では、重力は時空間の幾何学的性質によって説明される。gravitational theory

**じゅうりょく-は【重力波】** 一般相対性理論から推論される重力場の波。光と同じ速さで伝わるとされるが、直接の検出には、まだ成功していない。gravitational wave

**じゅうりょく-ほうかい【重力崩壊】** 自分の重力で天体が収縮すること。gravitational collapse

**じゅうりょく-レンズ【重力レンズ】** 巨大な楕円銀河など大質量物質の強い重力によって、その向こうにある天体からの光が曲げられる効果。gravitational lens

**しゅう-りん【秋▼霖】** 秋の長雨のこと。九月中旬ごろから一〇月中旬ごろまで。梅雨ほど明らかではないがそれに似た気圧配置の雨期をいう。

**しゅう-りん【私有林】** 個人や法人が単独もしくは共同で所有する森林。全国林野面積の三分の二を占めて、所有者の大部分は農家で、零細規模のものが多い。private forest [対義]公有林。

**じゅう-りん【▼蹂▼躙・▼蹂▼躪】**(名・サ変他) ①ふみにじること。trample ②暴力で権利・秩序をおかすこと。violation [用例]人権—。

**ジュール【joule】** エネルギーおよび仕事の単位。一ニュートンの力を加えて、物体を一mだけ動かすときのエネルギーの量。一ジュールは$10^7$エルグ。物理学者ジュールにちなむ。記号J。

**ジュール【James Prescott Joule】**(一八一八〜八九) イギリスの物理学者。電流の熱の発生から、ジュールの法則を発見。熱の仕事当量を実測。トムソンと協力し、ジュール–トムソン効果を発見。熱力学の第一法則である、「エネルギー保存の法則」確立の基礎をつくる。

●重力ダム　福島県、田子倉ダム。

**しゅう-るい【醜類】** 悪事をした連中。rascals

**じゅう-るい【獣類】** 哺乳動物の通称。けだもの。けもの。animal

**ジュールダン【Charles Jourdan】**(一九二〇) フランスの製靴業者。シャルル=ジョルダンのブランド名で、流行婦人靴を世界的に発表、輸出。

**ジュール-トムソン-こうか【ジュール-トムソン効果】** 細孔を通して気体が圧力の高い方から低い方へ流れるときに、圧力差に比例した温度変化が生じる現象。Joule-Thomson effect

**ジュール-ねつ【ジュール熱】** 電気抵抗のある導体に電流を流したときに発生する熱。電熱器などは、この熱を利用している。Joule's heat

**ジュール-の-じっけん【ジュールの実験】** 一八四八年、熱の仕事当量を測定した最初の実験。熱と仕事が同質のものであることを示し、熱力学の第一法則の基礎となった。Joule's experiment

**ジュール-の-ほうそく【ジュールの法則】** 導体内に流れる電流によって単位時間に発生する熱量は、電流の強さの二乗と電気抵抗に比例するという法則。Joule's law

**シュールレアリスム【surréalisme フランス】** 超現実主義。第一次大戦後のフランスに端を発した二〇世紀最大の芸術運動。詩・絵画を中心に芸術のほぼ全領域にわたる。理性や常識を否定して、夢・幻覚などの直接的な表現によって意識下の現実に光をあて、人間の意識と現実の変革をめざした。文学ではブルトン・アラゴン・エリュアールら。絵画ではエルンスト・キリコ・デュシャン・ダリら。シュール。シュールリアリズム。↓[写]

**しゅう-れい【秀麗】**(名・形動) すぐれて、美しいこと・さま。gracefulness; beautifulness [用例]—な富岳。眉目—。

**しゅう-れい【秋冷】** 秋のひんやりした気候。autumn chill [対義]春暖。

**しゅう-れい【▼遒麗】** 文章・筆跡などが力強く、美しいこと。

**じゅう-れつ【縦列】** たてに並ぶこと。その列。column [対義]横列。

**しゅう-れっしゃ【終列車】** その日最後に出る列車。the last train

**しゅう-れん【修練・修錬】**(名・サ変他) 心身をみがき、きたえること。training

**しゅう-れん【習練】**(名・サ変自他) 繰り返し習って、わざをねること。慣れること。練習。practice

**しゅう-れん【▼聚▼斂】**(名・サ変自他) きびしく重税を取り立てること。収斂。levy a heavy tax

**聚斂の臣有らんよりも寧ろ盗臣有れ**(しゅうれんのしんあらんよりもむしろとうしんあれ) 重税をむごく取り立てて民心を失う臣よりは、私腹をこやすために国有財産を費消する臣のほうが、まだしもましである。国を治める要点は、民心をつなぐことにある。聚斂の臣有らんより寧ろ盗臣有れ。

**しゅう-れん【収▼斂】**(名・サ変自他)《「斂」はおさめるの意》①ひきしめること。ちぢまること。contraction [用例]肌を—させる。②重税を取り立てること。levy a heavy tax ③作物をとりこむこと。harvest ④物理で、光線の束が一点に集まること。凸レンズを通った光線が一点に集まることにもいう。集束。convergence ⑤↓しゅうそく(収束)②

**しゅうれん-ざい【収▼斂剤】** たんぱく質と結合して不溶性の被膜を形成する薬剤。止血・消炎・下痢止め・鎮痛に用いる。ビスマス化合物・ゲンノショウコなど。astringent

**しゅう-ろう【就労】**(名・サ変自) 労働に従事すること。仕事にとりかかること。start working

**じゅう-ろうどう【重労働】** 肉体的な激しい力のいる仕事。hard labor [対義]軽労働。

**じゆう-ろうどうしゃ【自由労働者】** 雇用関係や職場などが一定していない労働者。日雇い労働者など。casual laborer

**じゆう-ろうれん【自由労連】** 国際自由労連の略称。

●シュールレアリスム
ダリ『記憶の固執』。一九三一年、ニューヨーク近代美術館。

**しゅう-ろく【収録】**(名・サ変他) ①取り上げて書物・雑誌などにのせること。collection ②録音・録画すること。recording

**しゅう-ろく【集録】**(名・サ変他) 文章を集めて書物・雑誌に編むこと。集めて記録すること。compilation

**じゅうろく-ささげ【十六▼豇▽豆・十六▽大▽角▽豆】** マメ科の一年草。ササゲの一種。さやは細長く約三〇cm。十数個の種をもち、食用。ジュウハチササゲ。ナガササゲ。サンジャクササゲ。

**じゅうろく-ミリ【十六ミリ】**《「十六ミリフィルム」の略》幅一六mmのフィルム。また、それを使用する撮影機や撮影された映画など。16 mm-film

**じゅうろく-むさし【十六六指・十六武▽蔵】** 盤上遊戯の一種。中央に親石一つ、周縁に一六の子石を置き、親が子と子のあいだに割って入ると両側の子は取られ、親は子に囲まれて動けなくなると負けになる。

**じゅうろく-や【十六夜】** 陰暦一六日の夜。いざよい。

**じゅうろく-らかん【十六羅漢】**《仏教語》仏の正しい教えを守ることを誓った一六人の尊者。主として禅宗で図像化され、尊崇される。

**じゅうろっこくしゅんじゅう【十六国春秋】** 中国の五胡十六国を記した史書。北魏

エルンスト『大いなる森』。一九二七年、バーゼル美術館(スイス)。

の崔鴻の撰。宋代に散逸し、現行本は明代の屠喬孫・項琳による偽作。

**しゅう-ろん【宗論】** ㊀①《仏教語》一つの経典の宗旨をまとめ論じたもの。②宗派間での教義上の論争。㊁狂言の曲名。宗旨の違う僧二人が改宗を迫って争い、ついには題目と念仏を互いに取り違えて唱えてしまうというもの。

**しゅう-ろん【衆論】** 多くの人の議論・意見。public opinion

**しゅう-わい【収賄】**(名・サ変他) 賄賂を取ること。bribery 対義 贈賄。

**しゅうわい-ざい【収賄罪】** 公務員または仲裁人がその職務に関して、賄賂を受領・要求・約束する罪。acceptance of bribe

**しゅ-えい【守衛】** ①学校・会社・官庁などの建物を警備する人。警備員。guardman ②旧制で、国会の事務局に属し、院内の取り締まりを行った人。現在の衛視にあたる。③番人。guard; keeper

**しゅ-えい【▽輸▼贏】** ↓ゆえい(輸贏)

**じゅ-えい【寿永】** 平安末期の年号。養和から改元。元年(一一八二)五月二七日～四年(一一八五)八月一四日。次に、文治に改元。ただし、京都では、三年(一一八四)四月一六日まで。次に、元暦に改元。

**じゅ-えい【樹影】** 木のかげ・姿。shadow of a tree

**じゅ-えき【樹液】** ①樹木に含まれる液状の物質。sap ②樹木から出る液。樹脂・乳液など。sap

**じゅ-えき【受益】** 利益を受けること。receive benefit

**じゅえき-けん【受益権】** ①憲法で保障された基本的人権の分類の一つ。国民が国家の積極的行為や給付を要求し、利益を得る権利。国務請求権。②信託の受益者のもつ権利。beneficiary right

**じゅえきしゃ-ふたん【受益者負担】** 公共事業によって特別な利益を受ける者に、その事業に必要な経費の全部または一部を負担させること。benefit principle

**じゅえき-しょうけん【受益証券】** 証券投資信託と貸付信託で、利益の分配を受ける権利を表示する有価証券。beneficiary certificate

**シュエシャン【雪山】**(Xuě Shān) ↓せつざん(雪山)

**しゅ-えん【主演】**(名・サ変自) 映画・演劇で、主役を演じること・人。leading actor; star 対義 助演。

**しゅ-えん【酒宴・酒▼讌】** さかもり。宴会。banquet

**しゅおつ【朱乙】** 北朝鮮(朝鮮民主主義人民共和国)、咸鏡北道中東部の都市。郊外の朱乙温泉が有名。チュウル。

**しゅ-おん【主音】** 調あるいは音階の第一音。たとえばハ長調におけるハ音。主調音。トニック。キーノート。tonic; keynote ↓図

**しゅ-おん【主恩】** 主君や主人から受けた恩。

**しゅ-か【主家】** 主君・主人の家。しゅけ。master's family

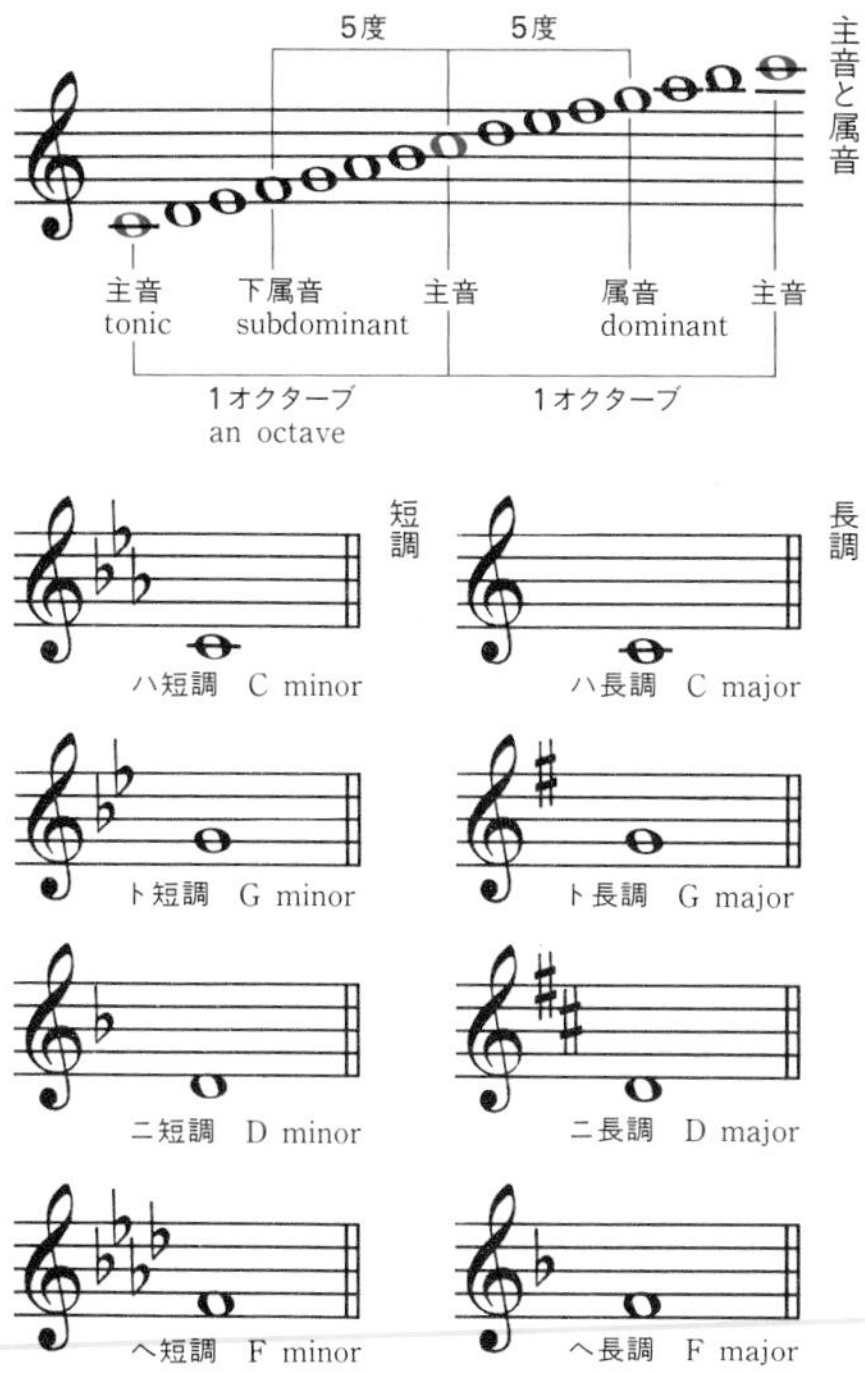

●主音
主音と属音

**しゅ-か【酒家】** ①酒屋。liquor store ②酒飲み。上戸。drinker

**しゅ-か【▼娶嫁】** よめを迎えること。また、よめ入りすること。嫁娶。

**しゅ-が【主我】** ①哲学で、自我。ego ②心理学で、経験の主体である「われ」。ego ③自分の利害を中心として考え、行動すること。利己。egoism

**しゅ-が【珠芽】** ↓むかご(零余子)

**じゅ-か【儒家】** 儒者。その家柄。

**じゅ-か【樹下】** 木の下。under a tree 対義 樹上。

**シュガー【sugar】** 砂糖。用例 ―ポット。

**しゅ-かい【首▼魁】** ①悪事の張本人。首謀者。ringleader ②さきがけ。forerunner

**じゅ-かい【樹海】** 広い森林地帯を海にたとえる語。sea of trees

**じゅ-かい【受戒】**(名・サ変自)《仏教語》仏徒としての戒律を授けられ、それに従うことを誓うこと。

**じゅ-かい【授戒】**(名・サ変自)《仏教語》戒律を授けること。

**じゅかい-え【授戒会】**《仏教語》在家の信者に、仏弟子として守るべき戒を授ける法会。

**しゅ-がいねん【種概念】** 哲学で、諸概念の相互関係において、他の概念の外延の下に部分として含まれる概念。下位概念。species

**しゅ-かく【主客】** =しゅきゃく。①主人と客。host and guest ②おもなものと付随するもの。principal and auxiliary ③哲学で、主体と客体。subject and object ④文法で、主語と客語。主格と賓格。subjective and objective

**しゅ-かく【主格】** 主語を表す格。日本語では多く格助詞「が」で示す。nominative case 対義 賓格。

**しゅ-かく【酒客】** 酒飲み。酒家。drinker

**じゅ-がく【儒学】** 孔子の教えに基づく学問。四書五経を経典とし、仁と礼を中心とした実践的道徳の体現と治国平天下を目的とする。孔子の死後、孟子や荀子に継承され、漢代には国学となって中国思想の中心となった。日本では、江戸時代以降、社会・政治的に大きな影響を与えた。

**しゅがくいん-りきゅう【修学院離宮】** 京都市左京区比叡山麓にある離宮。後水尾上皇がみずからの意匠により、万治二年(一六五九)ごろ落成。上・中・下の三つの茶屋に分かれ、各々が独立した庭園でそれぞれが小径で結ばれている。庭園美で有名。

**しゅかく-てんとう【主客転倒】**(名・サ変自) 物事の順序や軽重が逆であること。put the cart before the horse

**シュカサプタティ【Śukasaptati】** 古代インドの民衆的なサンスクリット説話集。主人の留守に妻女の姦通をとめるため、賢いオウムが毎夜話をしてきかせ七〇夜を無事にすごす。

**しゅが-しゅぎ【主我主義】** 利己主義。egoism 比較 個人主義。

**しゅが-てき【主我的】**(形動) 利己的。egoistic

**じゅか-びじん【樹下美人】** 樹下に婦人が配される絵画・工芸の意匠。婦人は立像・座像。ときに男子の人物像を含める士女画もいう。正倉院宝物の『鳥毛立女屛風』などが有名。↓写

●樹下美人 『鳥毛立女屛風』(部分)。天平時代(八世紀)、正倉院(奈良県)。

**しゅ-かん【手簡・手▼翰】** てがみ。letter

**しゅ-かん【主幹】** 元締め。主任。chief 用例 編集―。

**しゅ-かん【主管】**(名・サ変他) 主になって管理・管轄すること・役・人。supervisor

**しゅ-かん【主観】** ①自分だけの考え・見方。subjectivism 対義 客観。用例 彼は―で物を言う。②対象となりうる一切をのぞき、対象化できないもの、すなわち意識それ自体。subject ③外界を知覚・意識する主体。認識主観。自我。subject 用例 私小説は―の告白体である。④事物を見たり聞いたりして心の中にえがいた意識内容。subject

**しゅ-かん【首巻】** ①はじめのまき。第一巻。the first volume ②書物・巻物の最初の部分。巻頭。beginning of a book 対義 終巻。

**しゅ-がん【主眼】** 大切な点。かなめ。principal object

**じゅ-かん【樹冠】** 樹木の上部の枝葉の広がり。crown ↓木図

**じゅ-かん【樹幹】** 木のみき。trunk

**じゅ-がん【▽入眼】** 仏像を造って、その開眼をすること。

**じゅ-がん【▼呪願】**《仏教語》食事・法会のとき、短い文句を唱えて、祈ること。

**しゅかん-ざっしゅ【種間雑種】** 同属異種の生物間の交雑でできる雑種第一代。また、その後代。通常の種内交雑では得られない有用な遺伝形質を他の種から導入するのに利用される。interspecific hybrid

**しゅかん-しゅぎ【主観主義】** 対義 客観主義。①客観情勢を無視して、自分の主観的な考えだけによって万事を解決する態度。subjectivism ②哲学で、㋐人間の知識は万人に共通なものでなく、それぞれの人間の感覚・知覚・経験のみとする考え方。subjectivism ㋑価値判断に客観的な規準というものはありえず、各人の心の中にあるとする考え方。subjectivism ③刑法理論で、犯罪行為をなした者の性格・意思などを行為自体やその結果より重視して刑罰の規準とする態度。subjectivism

**しゅかん-てき【主観的】**(形動) 対義 客観的。①自分の考えを中心に、物事を処理しようとするさま。subjective ②個人的。自分勝手な。公平に物を見ないで自己の感情・意志のままにふるまうさま。subjective

**しゅ-き【手記】** 自分で体験や感想などを書くこと。書いたもの。覚え書き。note

**しゅ-き【酒気】** ①酒のかおり。②酒によったようす。drunken 用例 ―をおびる。

**しゅ-き【酒器】** 酒を飲むために用いる器。酒を入れてつぐ器と、受けて飲む器。徳利・銚子・杯・猪口・ぐい飲み・燗なべなど。

**しゅ-き【朱▼熹】** 朱子の本名。

**しゅ-ぎ【主義】** ①守って変えない一定の主張・方針・立場。principle 用例 ―も節操もない人。②継続している思想上の立場・理論。イズム。ism 用例 経験―。

**じゅ-き【授記・受記】**《仏教語》仏が修行者に、未来に悟りを得られることを予言・約束すること。記別。

**しゅきおく-そうち【主記憶装置】** コンピューターが内蔵している記憶装置。命令の読み出し・実行がいちばん速く、即時アクセスが可能。内部記憶装置。main memory; main storage 比較 補助記憶装置。

**しゅぎ-しゃ【主義者】** その主義を固く守っている人。とくに、かつての社会主義者・共産主義者。ideologist

**しゅぎ-はん【衆議判】** 歌合わせで、左右の方人の衆議で歌の優劣を決めたこと。しゅうぎはん。

**しゅ-きゃく【主客】** ↓しゅかく(主客)

**しゅ-きゅう【守旧】** 以前からの風習を変えようとしないこと。旧習を守ること。保守。墨守。conservatism

**しゅ-きゅう【首級】** 討ち取った敵の首。しるし。用例 ―をあげる。

**じゅ-きゅう【受給】**(名・サ変他) 配給または給付などを受けること。have a ration

**じゅ-きゅう【需給】** 需要と供給。supply and

demand

**じゅ-ぎょ【▽入御】**(名・サ変自) 天皇・三后が内裏へはいることをいう敬語。対義 出御。

**しゅ-きょう【主教】** ギリシア正教会やイギリス国教会の、日本では聖公会の最高級聖職。ビショップ。bishop

**しゅ-きょう【酒興】** 酒を飲んでのおもしろさ。さかもりの座興。conviviality 用例 ―を添える。

**しゅ-ぎょう【修行】**(名・サ変自) ①《仏教語》仏道をおさめ、善事を行うこと。信仰を深め、悟りに至るために行う精神的・肉体的な行為の総称。坐禅・称名念仏・断食・巡礼など。ascetic practices ②学術・技芸をおさめみがくこと。study; training

**しゅ-ぎょう【修業】**(名・サ変自) 学問・技術を習いおさめること。しゅうぎょう。study; training

**じゅ-きょう【▼誦経】**(名・サ変自) ↓ずきょう(誦経)

**じゅ-きょう【儒教】** 孔子を創始者とする実践的倫理思想とその教説の総称。漢代の国教となって以来、中国の代表的思想として、朝鮮や日本の思想・道徳にも大きな影響を与えた。孟子・荀子らにより発展し、朱子が四書を制定するなど朱子学を大成させた。明代の王陽明は知行合一・心即理・致良知の三説をもって陽明学を確立。清代には朱子学・陽明学の実践的側面を否定した考証学が起こった。日本では、朱子学が江戸幕府の官許の学となって以降、社会一般に及んで盛行した。

**じゅ-ぎょう【授業】**(名・サ変自) 学校などで学問・技芸を教えること。lessons 用例 ―を受ける。

**じゅぎょう-りょう【授業料】** 授業を受ける対価として生徒・学生が納めるお金。school fee

**しゅ-ぎょく【珠玉】**《「珠」は海のたま、「玉」は山のたま》①真珠と玉。jewel ②美しく貴重なもの。gem ③すぐれた詩文。literary gem **珠玉の瓦礫に在るが如し**(しゅぎょくのがれきにあるがごとし) 凡人の中に英才がまじっていることのたとえ。

**しゅ-きょくせん【主曲線】** 地図上で、土地の起伏や山の形を表す等高線のうち、細い実線で示される線。間隔は二万五〇〇〇分の一地形図で一〇m、五万分の一地形図で二〇m。intermediate contour

**シュク** 6画 **【▼夙】** 部首[夕] JIS 2940
音 シュク
つとに。①はやく。朝はやく。「夙夜」 ②もとから。以前から。「夙志」

**シュク** 8画 **【叔】** 部首[又] 常用 JIS 2939
音 シュク
年下の兄弟。おじ。父の弟。対義 伯・仲・季。「伯叔」「叔父・叔母」

**シュク** 9画 **【祝】** 部首[ネ] 教育小5 →教育小4 JIS 2943
10画 **【▼祀】** 部首[示] 旧字
音 シュク・シュウ
訓 いわう
祝 祝 祝 祝 祝 祝
①いわう。ことほぐ。いわい。「慶祝・奉祝」「祝意・祝電」 ②はふり。神職。↓シュウ【祝】

**シュク** 10画 **【▼俶】** 部首[人・亻] JIS 4872
音 シュク・テキ
①はじめ。はじめて。はじめる。 ②よい。すぐれた。 ③ととのえる。おさめる。「俶装」

**シュク** 11画 **【▼倏】** 部首[人・亻]
10画 **【▼倐】** 異体字 JIS 6439
11画 **【▼儵】** 異体字
音 シュク
たちまち。すみやか。急に。「倏忽」

**シュク** 11画 **【宿】** 部首[宀] 教育小4 →教育小3 JIS 2941
音 シュク・スク
訓 やど・やどる・やどす
宿 宿 宿 宿 宿 宿
①やどる。とまる。やど。「合宿・下宿・星宿・旅宿」「宿舎・宿直・宿場・宿泊」 ②馬継ぎ場。宿場。用例 (名)小田原の―。 ③まえからの。もとから。以前から。「宿縁・宿願・宿敵・宿弊・宿望・宿命」

**シュク** 11画 **【▼菽】** 部首[艹] JIS 7235
音 シュク
まめ。まめ類の総称。

**シュク** 11画 **【淑】** 部首[氵] 常用 JIS 2942
音 シュク
①《おもに女についていう》しとやか。よい。「貞淑」「淑女・淑徳」 ②したう。「私淑」

**シュク** 11画 **【粛】** 部首[聿] 常用 JIS 2945
13画 **【▼肅】** 旧字 JIS 7073
音 シュク
①つつしむ。おごそか。「厳粛・自粛・静粛」「粛然」 ②ただす。ただしくする。いましめる。「粛正・粛清」

**シュク** 12画 **【▼粥】** 部首[米] JIS 2001
音 シュク・イク
かゆ。米をやわらかくたいたもの。↓イク【粥】

**シュク** 14画 **【▼蓿】** 部首[艹] JIS 7282
音 シュク
「苜蓿」は、ウマゴヤシ。マメ科の二年草。

**シュク** 17画 **【縮】** 部首[糸] 教育小6 JIS 2944
音 シュク
訓 ちぢむ・ちぢまる・ちぢめる・ちぢれる・ちぢらす
縮 縮 縮 縮 縮 縮
①ちぢむ。ちぢまる。ちぢめる。対義 伸・拡。「圧縮・恐縮・収縮・伸縮」「縮尺・縮小・縮図」 ②ちぢみ。ちぢみおり。 ③ちぢれる。ちぢらす。

**シュク** 18画 **【▼蹙】** 部首[足] JIS 7706
音 シュク・セキ
①せまる。さしせまる。ちかづく。 ②ちぢむ。ちぢまる。ちぢめる。 ③しかめる。顔にしわをよせる。「顰蹙」

**シュク** 19画 **【▼儵】** 部首[人・亻]
音 シュク
たちまち。すみやか。急に。

**シュク** 22画 **【▼鬻】** 部首[鬲] JIS 6888
音 シュク・イク
かゆ。米をやわらかくたいたもの。↓イク【鬻】

**シュク** 24画 **【▼鱐】** 部首[魚]
音 シュク
ほしうお。ひもの。

**しゅ-ぐ【手具】** 新体操で、演技内容を多様に、しかも難度を高めるための用具。帯状布(リボン)・棍棒(クラブ)・輪(フープ)・縄(ロープ)・ボールの五種類がある。gymnastic hand apparatus

**ジュク** 11画 **【▼孰】** 部首[子] JIS 5357
音 ジュク
①いずれ。いずれか。どちらか。 ②たれ。だれ。だれか。

**ジュク** 14画 **【塾】** 部首[土] 常用 JIS 2946
音 ジュク
①まなびや。学舎。㋐私学。私設の学舎。「松下村塾」 ㋑技芸や学問などを教えるところ。「学習塾・そろばん塾」用例 (名)―に通う子が多い。 ②門のわきの堂。 ③慶応義塾のこと。用例 (名)―の学風。

**ジュク** 15画 **【熟】** 部首[灬] 教育小6 JIS 2947
音 ジュク
訓 うれる
熟 熟 熟 熟 熟 熟
①にる。よくにえる。「半熟」 ②うれる。よくみのる。なれて調和する。「円熟・完熟・習熟・未熟」「熟達・熟練」 ③すっかり。十分に。「熟睡・熟知」 ④じっと。つくづく。つらつら。「熟議・熟考・熟思・熟視」

**しゅく-あ【宿▼痾】** 長年の病気。持病。chronic disease

**しゅく-あく【宿悪】** ①《仏教語》前世で犯した悪業。 ②過去の悪事。旧悪。

**しゅく-い【祝意】** お祝いする気持ち。congratulations

**しゅく-い【宿意】** ①前からの意見・望み。 ②長い間の恨み。

**しゅく-いんめい【祝▼允明】**(一四六〇～一五二六) 中国、明代の書家・文人。字は希哲、号は枝山。長洲の人。唐寅らと「呉中四才子」といわれた詩文の名手。書法にすぐれた。詩文集『懐星堂全集』。

**しゅく-う【宿雨】** ①連日降り続いている雨。ながあめ。霖雨。 ②前夜からの雨。

**しゅ-ぐう【殊遇】** とくに手厚いもてなし。非常に丁寧な待遇。special favor 用例 ―を受ける。

**しゅく-うん【宿運】** 宿命。

**しゅく-えい【宿営】**(名・サ変自) ①陣をしいて宿泊すること。陣営。camp ②軍隊が兵営外で宿泊すること。また、その場所。billet

**しゅく-えき【宿駅】** 古代・中世、駅伝や旅人の宿泊を主目的とした集落。江戸時代には宿場町として発展。

**しゅく-えん【祝宴】** 祝いの宴会。賀宴。banquet 用例 ―をはる。

**しゅく-えん【宿▼怨】** 前からのうらみ。長年のうらみ。old grudge

**しゅく-えん【宿縁】**《仏教語》前世からの因縁。

**しゅく-が【祝賀】**(名・サ変他) 喜び祝うこと。celebration

**しゅく-がく【宿学】** 多年にわたって名声が高く人々に尊敬されている学者。

**しゅく-がく【粛学】**(名・サ変自) 大学の内部を粛正すること。とくに、第二次大戦前の日本の大学で進歩的な思想をもつ学者を追放したこと。

**しゅく-かご【宿▼駕▼籠】** 江戸時代、旅人を乗せて宿駅間を往来した粗製の駕籠。雲助駕籠。雲駕籠。

**しゅく-がん【宿願】** ①《仏教語》前世からの願い。 ②以前からの願いごと。宿望。desire; hope

**じゅく-ぎ【熟議】**(名・サ変他) よく論じ合うこと。用例 ―を重ねる。

**しゅく-ぐん【粛軍】** 軍紀を粛正すること。とくに、昭和一一年(一九三六)の二・二六事件のあと、軍中央部が部内規律の粛正を名目に、皇道派を一掃した人事異動。

**しゅく-けい【粛啓】**《つつしんで申し上げる、の意》手紙の書き出しに置くあいさつ語。謹啓。粛白。

**しゅく-げん【縮減】**(名・サ変他) ちぢめへらすこと。規模を小さくすること。contraction 用例 予算を―する。

**じゅく-ご【熟語】** ①二つ以上の単語が結合してできた語。「春風」「手荷物」など。複合語。idiom ②二つ以上の漢字の結合で表す漢語。熟字。「都会」「学校」「観梅」など。 ③慣用句。成句。「油を売る」「腹が立つ」など。idiomatic phrase

**しゅく-ごう【宿業】**《仏教語》現世の果報の原因である前世の行為。前世の報い。

**しゅく-ごう【縮合】**(名・サ変自) 複数の分子の間から、水・塩化水素など簡単な分子が離脱し、新しい共有結合を形成する反応。condensation

**しゅくごう-じゅうごう【縮合重合】** ↓じゅうしゅくごうはんのう(重縮合反応)

**しゅくこん-そう【宿根草】** ↓しゅっこんそう(宿根草)

**しゅく-さい【祝祭】** 祝いの祭り。また、祝いと祭り。fete

**しゅくさい-げき【祝祭劇】** さまざまな祝祭にともなう供宴行事として上演される演劇。

**しゅくさい-じつ【祝祭日】** ①祝日と祭日。holiday ②明治以降の祝日と大祭日の併称。現在では「国民の祝日」という。public holiday

**しゅく-さつ【縮刷】**(名・サ変他) もとの版よりちぢめて小さく印刷すること。また、その印刷物。reduced-size printing 用例 ―版。

**しゅく-し【祝詞】** ①祝いの気持ちを述べることば。祝辞。congratulations ②のりと。

**しゅく-し【宿志・▼夙志】** まえまえから心に定めた目的。かねてからの希望。

**しゅく-じ【祝辞】** お祝いのことば。祝詞。congratulations 用例 ―を述べる。

**じゅく-し【熟思】**(名・サ変他) 深く考えること。熟慮。deliberation

**じゅく-し【熟▼柿】** よく熟した柿の実。

**じゅく-し【熟視】**(名・サ変他) よく見ること。見つめること。凝視。stare

**じゅく-じ【熟字】** 一まとまりの意味をもつ、二字以上の漢字の結合。比較 熟語。

**じゅくし-くさ・い【熟▼柿臭い】**(形) 酒に酔って熟柿のようなにおいの息をはく。

**じゅくじ-くん【熟字訓】** 熟字を本来の字訓ではよまず、全体として一つの訓によむもの。「今日＝きょう」「大人＝おとな」「落葉松＝からまつ」など。比較 当て字。


↓行き先項目、図版・写真参照印。 JIS 日本工業規格情報交換用漢字符号コード(区点コード)。

**しゅく-じつ【祝日】** いわいの日。とくに国で定めた「国民の祝日」をいう。national holiday 比較 祭日。

**しゅく-しゃ【宿舎】** ①やど。やどや。lodgings ②寄宿舎。合宿。dormitory ③公務員に貸与される住宅。用例 公務員—。

**しゅく-しゃ【縮写】**(名・サ変他) 原形よりちぢめて、小さく写すこと。reduced copy

**じゅく-しゃ【塾舎】** 塾の建物。塾生の寄宿舎。

**しゅく-しゃく【縮尺】**(名・サ変他) ①地図・設計図などにおける縮小の比率。図上の二点間の長さと、実際の二地点間の長さの比で、分子を一とすれば、分母の小さいほど縮尺は大きい。reduced scale ②製図で、実物より小さく書くこと。縮図。縮尺図。reduced drawing 対義 現尺。

**しゅく-しゅ【宿主】** 他の生物に寄生される生物のこと。カイチュウの宿主はヒト。やどぬし。寄主。host 用例 中間—。

**しゅく-じゅう【縮▼絨】** 毛織物の仕上げ加工法。毛織物をせっけん・希酸液などで湿らせ、温度を上げて圧縮・摩擦し、組織を密にする。milling; fulling

**しゅく-じゅうごう【縮重合】** ↓じゅうしゅくごうはんのう(重縮合反応)

**しゅく-しゅく【粛粛】**(形動トタル) ①静かなさま。用例 鞭声—夜河を過る(山陽詩鈔)。②つつしんでいるさま。③おごそかなさま。

**しゅく-しょ【宿所】** ①とまる所。やど。lodgings ②住む家。accommodation

**しゅく-じょ【淑女】** =レディー。対義 紳士。①しとやかで品のある婦人。lady ②女性・婦人の敬称。lady ③上流社会の女性。lady

**しゅく-しょう【祝勝】** 勝利を祝うこと。celebration of a victory 用例 —会。

**しゅく-しょう【宿将】** 老練な将軍。長年、名望ある武将。veteran general

**しゅく-しょう【縮小】**(名・サ変自他) ちぢんで、小さくなること。ちぢめて小さくすること。reduction 対義 拡大。

**しゅくしょう-きんこう【縮小均衡】** 経済の規模をちぢめつつ、収入と支出のつりあいをとろうとすること。reductive balance 対義 拡大均衡。

**しゅくしょう-さいせいさん【縮小再生産】** 生産が繰り返されていく過程で不況などによって資本が縮小され、前回より小さな規模で行われる再生産。reproduction on a diminishing scale 対義 拡大再生産。

**シュクシン【** Vasily Makarovich Shukshin**】**(一九二九〜七四) ソ連の小説家・映画監督・俳優。チェーホフ以来の短編小説の名手。映画脚本『赤いカリーナ』など。

**しゅく・す【祝す】**(五他) ↓しゅくする(祝する)

**しゅく・す【宿す】** 古語 (サ変自) ↓しゅくする(宿する)

**しゅく-ず【縮図】** 一①縮尺してかいた図。reduced drawing ②実際の出来事をあらわした小さな見本。microcosm 用例 人生の—。三徳田秋声の小説。昭和一六年(一九四一)発表。花柳界の女銀子の過去とその周辺の庶民の種々相を描く。未完。

**じゅく・す【熟す】**(五自) =熟する。①十分に実る。ripen 用例 —・したリンゴ。②ころあいとなる。mature 用例 実行の機が—・した。③うまくなる。熟練する。get skillful ④使いなれて調和する。mature 用例 この語はまだ—・していない。

**しゅく-すい【宿酔】** ふつかよい。hangover

**しゅく-すい【▼菽水】** ①豆と水。②貧しい食事・暮らし。

**菽水の歓**(しゅくすいのかん) 貧しい生活の中にあって、親に孝養を尽くすよろこび。

**じゅく-すい【熟睡】**(名・サ変自) ぐっすり眠ること。sound sleep 対義 仮睡。

**しゅく・する【祝する】**(サ変他) いわう。ことほぐ。祝す。congratulate

**しゅく・する【宿する】**(サ変自) やどる。宿す。

**じゅく・する【熟する】**(サ変自) ↓じゅくす(熟す)

**しゅく-せ【宿世】**《仏教語》前世。すくせ。

**しゅく-せい【粛正】**(名・サ変他) きびしく不正をただすこと。enforcement of discipline 用例 綱紀—。

**しゅく-せい【粛清】**(名・サ変他) ①政党や秘密結社などで理論的・政策的対立があるとき、組織の統一性・一体性を確保するために多数派が反対派を追放・排除・抹殺すること。purge ②正当な手続きによって乱れや不正をとりのぞき、世の中を平穏にすること。cleanup

**じゅく-せい【塾生】** 塾の学生・生徒。

**じゅく-せい【熟成】**(名・サ変自) ①十分に時間をかけて望ましい状態にすること。maturing; aging ②食品が適当な条件下で一定期間貯蔵され、その間に微生物などの作用で成分が適度に変化し、独特の風味をもつようになること。ripen

**しゅく-せつ【宿雪】** 去年からの、解けない雪。残りの雪。

**しゅく-ぜん【宿善】**《仏教語》①過去世で行った善い行為。②今までにつんだ善根。しゅうぜん。

**しゅく-ぜん【粛然】**(形動トタル) ①静かなさま。silent; quiet ②かしこまるさま。solemn ③おごそかで、きちんとしたさま。reverent

**しゅく-そう【▼俶装】** 身じたくをすること。

**しゅくそん-がく【宿存▼萼】** 花が散っても落ちずに、果実についたり包んだりして残る萼。persistent calyx

**しゅく-たい【縮退】** ①恐縮してしりぞくこと。②物理で、系に対称性があるため自由度の数が減ること。

**しゅく-だい【宿題】** ①教師が自宅で生徒にさせるためにだす問題。homework ②未決定のまま持ち越された問題。pending question 比較 懸案。

**じゅく-たつ【熟達】**(名・サ変自) 熟練して上達すること。become proficient 対義 未熟。

**じゅく-だん【熟談】**(名・サ変自) よく話し合うこと。よく相談すること。careful consultation

**じゅく-ち【熟知】**(名・サ変他) よく知っていること。familiarity

**じゅく-ちょう【塾長】** 塾の最高責任者。塾頭。また、塾生の長。

**しゅく-ちょく【宿直】**(名・サ変自) 交替で泊まって警戒すること・人。night duty 対義 日直。用例 —室。

**しゅく-つぎ【宿継(ぎ)・宿次(ぎ)】** 宿場ごとに馬方や馬を継ぎかえながら、荷物などを運ぶこと。駅逓。宿送り。

**しゅく-てき【宿敵】** 年来の敵。昔からの敵。old enemies

**しゅく-てん【祝典】** 祝いの儀式。celebration

**しゅく-でん【祝電】** 祝いの電報。congratulatory telegram 対義 弔電。

**しゅく-とう【祝▼禱】**(名・サ変自) ①神に祈ること。pray ②プロテスタントで、礼拝・結婚式・葬儀の終わりに牧師が会衆のために行う祝福の祈り。カトリックでは掩祝・祝福。benediction

**しゅく-とう【粛党】**(名・サ変自) 政党などが内部を粛正すること。

**じゅく-とう【塾頭】** 塾の責任者。また、塾生の長。

**しゅく-とく【淑徳】** 貞淑な婦人の徳。feminine virtues

**じゅく-どく【熟読】**(名・サ変他) 意味をよく考えて読むこと。perusal

**じゅくどく-がんみ【熟読▼玩味】**(名・サ変他) 十分に読み味わうこと。reading with appreciation

**しゅくと-して【粛として】**(副) ①つつしんで。おごそかに。②物音がしなくて、静かなさま。しんとして。用例 —声なし。

**じゅく-ねん【熟年】** 人生経験をつんで円熟した年代。また、その人々。中・高年層をさすが、具体的な年齢については諸説がある。maturity

**しゅく-ば【宿場】** 江戸時代、おもに旅行者の宿泊用に設けられた集落。東海道には五三、中山道には六七など、多くの宿場が成立。↓写

●宿場　馬籠　歌川広重『木曽街道』より。

妻籠　長野県南木曽町、現在の妻籠宿。

**しゅく-はい【祝杯・祝▼盃】** 祝いのさかずき。toast

**祝杯を挙げる**(しゅくはいをあげる) 祝いの酒もりをする。drink a toast

**しゅく-はく【宿泊】**(名・サ変自) 自宅以外に泊まること。宿ること。lodging 用例 —料。数え方 一泊・一宿。

**しゅく-ばく【▼菽麦】** 豆と麦。

**菽麦を弁ぜず**(しゅくばくをべんぜず)《豆と麦の区別ができない、の意》おろかで、身近な物事の区別も知らないことにいう。

**しゅく-はずれ【宿外れ】** 宿場を出外れた所。on the outskirts of a post town

**しゅくば-まち【宿場町】** 宿場を中心としてできた町。post town 比較 門前町・城下町。

**しゅく-ふ【叔父】** ↓おじ(叔父)

**しゅく-ふく【祝福】**(名・サ変他) ①人の幸福を祈り、また、祝うこと。blessing ②キリスト教で、神から与えられる幸福。blessing

**しゅく-へい【宿弊】** 古くからある弊害・悪習。deep-rooted evil

**しゅくへい-せん【縮閉線】** ↓エボリュート

**しゅく-べん【宿便】** 腸のなかに長い間たまっていた便。coprostasis

**しゅく-ぼ【叔母】** ↓おば(叔母)

**しゅく-ほう【祝砲】** 祝意を表すために発射する空砲。salute 比較 礼砲。

**しゅく-ほう【宿報】**《仏教語》前世の行為のむくいとしての現世の果報。

**しゅく-ぼう【宿坊】** ①参拝の人々が泊まる寺の宿泊所。②寺の中の僧の住まい。僧坊。

**しゅく-ぼう【宿望】** ①年来の望み。長い間の希望。宿願。long-cherished ambition ②以前からのよい評判。reputation of long standing

**しゅく-みゃく【縮脈】** 容器の壁にあけた孔から噴出する流体がくびれて、孔より細い平行流になる現象。vena contracta

**じゅく-みん【熟眠】**(名・サ変自) ぐっすりねむること。熟睡。

**しゅく-めい【宿命】** 前世に決まった運命。もって生まれためぐりあわせ。宿運。fate

**しゅくめい-かん【宿命観】** ↓しゅくめいろん(宿命論)

**しゅくめい-てき【宿命的】**(形動) 宿命として定まっているさま。fateful

**しゅくめい-ろん【宿命論】** =宿命観。①すべてのことはなるようにしかならないものだという考えを中心にした主張。fatalism ②社会・人生のことは、前世から決まっていて、人間のどんな努力も無駄であるから、運命に従うほかはないという説。fatalism

**しゅく-や【▼夙夜】**(名・副) 朝早くから、夜遅

▼常用漢字表外。　▽常用漢字表の音訓外。

くまで。朝夕。日夜。あけくれ。

**しゅくゆう【祝融】** ①中国古代の伝説上の人物。『墨子』によれば、殷の湯王が夏の桀王を攻めたさい、城に火を降らせたという。のち火の神・夏の神とされた。②火事。火災。

**祝融の災い**(しゅくゆうのわざわい) 火事の災難。火災。

**ジュグラー-の-なみ【ジュグラーの波】** ほぼ一〇年周期の景気循環波動。フランスのジュグラーが発見。恐慌を循環の一局面として位置づけた。主循環。ジュグラー循環。Juglar cycles

**じゅく-らん【熟覧】**(名・サ変他) よくよく見ること。熟視。careful inspection

**じゅく-りょ【熟慮】**(名・サ変他) 深く考えること。熟考。consideration

**しゅく-りょう【宿料】** 宿泊代。hotel charges

**じゅくりょ-だんこう【熟慮断行】**(名・サ変他) 考え抜いてから、きっぱりと実行にとりかかること。be deliberate in council and decisive in action

**じゅく-れん【熟練】**(名・サ変自) 慣れていて、じょうずなこと。skill 対義 未熟。

**じゅくれん-こう【熟練工】** 特殊な技術に熟練した工員。skilled worker

**しゅく-ろう【宿老】** ①経験をつんで、思慮のある老人。老巧な人。veteran ②武家の重臣。評定衆・老中など。③江戸時代、町内の年寄役。

**しゅく-わり【宿割(り)】**(名・サ変自) 宿所を割り当てること・役。やどわり。

**しゅ-くん【主君】** 自分が仕える君主。one's lord 比較 君主。

**しゅ-くん【殊勲】** すぐれた功績。抜群の手柄。distinguished service 用例 —を立てる。

**じゅ-くん【受勲】**(名・サ変自) 勲章を受けること。to be decorated

**しゅくん-しょう【殊勲賞】** ①スポーツ競技などで、特筆すべき働きをみせた者に贈られる賞。the Outstanding Performance Award ②大相撲本場所の三賞の一つ。横綱・大関または優勝を争ったような好成績の力士を倒したものの中から選ばれる。参照 三賞。

**しゅ-けい【主刑】** それだけを独立して科することができる刑罰。刑法により死刑・懲役・禁錮・罰金・拘留・科料の六種が規定されている。対義 付加刑。

**しゅ-けい【主計】** 会計を取り扱う官職・人。accountant

**しゅ-げい【手芸】** 主として手先の作業によって作られる技芸。編み物・刺繡・染色など多様。広義には、中小企業で量産される、半ば機械化した手工芸も含む。handcraft

**しゅ-げい【種芸】** 作物を植え付けること。栽培。cultivation

**じゅ-けい【受刑】**(名・サ変自) 刑の執行を受けること。under sentence 用例 —者。

**じゅ-けい【▾綬鶏】** キジ科の鳥。翼長約二二cm。繁殖期には喉の肉垂れがふくらみ、綬を吐いているようにみえるので、吐綬鶏ともいう。中国南東部に分布。tragopan

**じゅ-けい【樹形】** 樹木全体の形。種類・環境などによって特徴がある。樹木の高さから、高木・亜高木・低木に区分し、根・幹・枝・葉などで全体の姿をつくる。tree form

**しゅげいしゅち-いん【▾綜芸種▾智院】** 日本最初の普通教育機関。天長五年(八二八)空海が京都九条に創立し、庶民の子弟に儒教と仏教を教えた。

**じゅけい-ず【樹形図】** 樹木の幹、枝ぶりの全体形を模式的な図に表したもの。これによって各種類の特徴を知る。

**しゅけいれつ-せい【主系列星】** ヘルツシュプルング-ラッセル図の帯状の主系列上に並んだ恒星。main sequence star

**じゅげむ【寿▿限無】** 落語の題名。前座が口ならしに教えられる代表的な演目。寺の住職が子どもにつけてくれた、めでたい長い名前がひき起こす滑稽噺。

**しゅ-けん【主権】** ①領土と人民を支配する国家の権力。統治権。sovereignty ②国家の意思。国家主権。national sovereignty ③政治のあり方を最終的に決定する権威。国民主権・天皇主権など。sovereignty ④国家の権力が国内では最高であり、国外に対して独立で他のなにものにも制約されないことを示す概念。

**じゅ-けん【受検】**(名・サ変自他) 検査・検定などを受けること。submit to inspection

**じゅ-けん【受験】**(名・サ変自他) 試験を受けること。take an examination

**じゅ-けん【授権】** 一定の資格・権利・権限などを特定の人に与えること。代理権の授与をさすのが一般的。authorization

**しゅけん-こく【主権国】** 国の内外に対して最高独立の中央権力をもつ国家。sovereign nation

**しゅけん-ざいみん【主権在民】** 国家の主権が国民にあること。民主政体の原理。国民主権。popular sovereignty

**じゅけん-さんぎょう【受験産業】** 入学試験を事業と結びつけた企業の総称。学習塾・予備校・模擬試験業者など。受験競争が激しくなるにつれ、昭和三五年(一九六〇)ごろからの成長が目立つ。

**じゅけん-しほん【授権資本】** 会社が発行する株式の総数。定款に記載され、登記により公示される。authorized capital

**しゅけん-しゃ【主権者】** 国家の主権を有する者。現在の日本では国民。sovereign

**しゅげん-じゃ【修験者】** 修験道を修行する人。山伏。験者。↓写

**しゅ-げんしょう【朱元▾璋】** 洪武帝の本名。

**しゅげん-どう【修験道】** 高山などで修行し、呪力を体得しようとする宗教。密教と日本古来の山岳信仰・神道などが結びついて生まれ、役小角を祖とする。天台系の本山派(天台山伏)、真言系の当山派(真言山伏)などがある。修験宗。

**しゅ-ご【主語】** ①文の成分の一種。「風が吹く」「色が白い」「ぼくが山田です」などの「風が」「色が」「ぼくが」のように、「何が」「だれが」に当たる文節。「何も・何は」などとなることもある。また、日本語には主語が省略された、述語だけの文もある。subject 対義 述語。②↓しゅじ(主辞)

**しゅ-ご【守護】** ㊀(名・サ変他) まもること。まもり。protection ㊁(名) 源頼朝が義経追及を名目として文治元年(一一八五)に設けた職名。国ごとに軍事・警察にあたった。南北朝から室町時代にかけて、国衙領や荘園を侵略し、守護大名となる。守護職。比較 地頭。

**しゅ-こう【手工】** ①木・紙などを使ってする手先の工芸。handicraft ②もと、小学校の教科。工作の旧称。

**しゅ-こう【手交】**(名・サ変他) 手渡すこと。hand over

**しゅ-こう【首肯】**(名・サ変自他) うなずくこと。承知・賛成すること。consent 用例 その考えは—できない。

**しゅ-こう【殊功】** すばらしい手柄。殊勲。distinguished service

**しゅ-こう【珠孔】** 種子植物の胚珠の先にある小さな穴。受精のとき、花粉管はこの穴を通って胚囊に達する。micropyle

**しゅ-こう【酒▾肴】**《「肴」は、さかな、の意》酒と料理。food and drink

**しゅ-こう【趣向】**《「趣好」は誤り》①会や行事のやり方。おもむき。device 用例 —を変える。—をこらす。②芝居などを行ったり、作ったりする上での、おもしろみを出すためのくふう。idea

●修験者

**しゅ-こう【珠江】** 中国雲南省東部から東江、北江などを合わせ、南シナ海に注ぐ大河。長さ一七九〇km。下流域に珠江デルタが広がる。チューチアン。

**しゅこう【珠光】** ↓むらたじゅこう(村田珠光)

**しゅこう【▾袾▾宏】**(一五三五〜一六一五) 中国明代末の僧。もと儒学者で、儒・仏・道三教の一致を説き、また禅と念仏・律を結合させて雲棲念仏をおこした。

**しゅ-ごう【酒豪】** 酒に強い人。大酒飲み。heavy drinker 比較 酒仙。

**じゅ-こう【受講】**(名・サ変自他) 講義・講習を受けること。attend a lecture

**じゅ-こう【樹高】** 樹木の高さ。tree height ↓木図

**じゅ-ごう【▿准后】**《「准三后」の略》准三宮。

**しゅ-こうぎょう【手工業】** 機械でなく人間の技能と簡単な道具で生産する小規模の工業。農業から分離した最初の工業形態。handicraft industry

**しゅご-うけ【守護請(け)】** 室町時代、守護が荘園や国衙領の年貢を請け負う制度。荘園領主らが年貢確保を期すために行ったが、結果として守護の力が増大。

**しゅごう-じごく【衆合地獄】**《仏教語》八大地獄の一つ。殺生・盗み・邪淫の者の落ちる地獄。

**しゅこう-りょう【酒▾肴料】** 慰労のため、酒肴の代わりに出す金銭。金一封。

**ジュコーフスキー【Vasily Andreyevich Zhukovsky】**(一七八三〜一八五二) ロシア-ロマン主義の代表的詩人。プーシキンらの先駆的存在。作品『村の墓地』『スベトラーナ』、翻訳詩など。

**しゅご-しょく【守護職】** ↓しゅご(守護)㊁

**しゅご-じん【守護神】** 特定の個人や集団を守り、幸福をもたらすと信じられている神。しゅごしん。guardian deity; genius

**しゅご-だいみょう【守護大名】** 室町時代、領主化した守護。

**しゅ-こん【主根】** 種子の胚の幼根がのびたもので、双子葉植物では太く長くのびて根の中心となる。main root

**じゅ-こん【▿入魂】** ↓にゅうこん(入魂)

**じゅ-ごん【儒▾艮】** ジュゴン科に属し、海で生活する草食性の哺乳類。体形は紡錘状で、全長約二m。青灰色。雌が子を抱く姿から人魚を想像したという。天然記念物。奄美大島からアフリカ東岸に分布。ザンノイオ。dugong ↓写

**しゅ-こんごう【執金剛】**《仏教語。「執金剛神」の略》仁王の一つ。開口(阿形)像で金剛杵を持って仏法を守護する神。一般に向かって右に位置する。金剛力士。密迹金剛。金剛手。しゅうこんごう。

**しゅ-さ【主査】** 主となって調べること・人。chief investigator

**しゅ-ざ【首座】** ①かみざ。上座。上席。top seat ②上座につく資格のある人。head

**しゅ-さい【主宰】**(名・サ変自他) 上に立って一切を支配すること・人。leader

**しゅ-さい【主催】**(名・サ変自他) 中心になって事をもよおすこと・人・法人。sponsorship

**しゅ-さい【主祭】** キリスト教で、祭事をつかさどること。また、その人。chief priest

**しゅ-さい【守歳】** 大晦日に過ぎゆく年を惜しんで、徹夜して新年を迎えること。

**しゅ-ざい【主剤】** くすりを調合するさい、主成分となるくすり。

**しゅ-ざい【取材】**(名・サ変自) 記事などの材料・題材を集めること。collecting data 用例 —旅行。

**しゅ-ざい【首罪】** 首を斬られる罪。斬罪。decapitation

**しゅ-ざや【朱▾鞘】** 朱色に塗った、刀のさや。

**しゅ-さん【酒▾盞】** さかずき。酒杯。

**しゅ-ざん【珠算】** そろばんを使って行う計算。たまざん。abacus calculation 比較 筆算・暗算。

**じゅ-さん【授産】** 職がなく生活に困窮している人々に就業の能力や機会を与えること。sheltered work programs

**じゅ-さんぐう【▿准三宮】** 親王・諸王・女御

●ジュゴン

・摂政・関白などを優遇するために設けた、太皇太后宮・皇太后宮・皇后宮の三宮に準ずる待遇。また、それを受けた者の称。准后。准三后。

**じゅ-さんごう【▽准三后】** ↓じゅさんぐう(准三宮)

**じゅさん-じょ【授産所】** 身体や家庭の事情により就業する条件に制約がある人々に、経済的自立のため仕事を斡旋する社会福祉施設。vocational aid center

**しゅ-し【主旨】** おもな意味・内容。purport; gist

**しゅ-し【趣旨】** その事をする中心的な考え方。事のわけ。意見。趣意。purport

**しゅ-し【種子】** ①種子植物の胚珠が開花後に発達したもの。胚と胚乳、それを包む種皮から成る。被子植物では果実の内部に生じるが、裸子植物では露出する。貯蔵物質により、でんぷん種子と脂肪種子に分ける。たね。seed [比較]胞子。[数え方]一粒・一袋。②物事のもと。cause; source ↓果実[図]

**しゅ-し【朱子】**(一一三〇〜一二〇〇) 中国、宋代の儒者。朱子学の創始者。名は熹。字は元晦。一九歳で進士となり、約五〇年間官界にありながら、学に励んだ。著書『四書集注』『近思録』『朱子語類』など。

**しゅ-じ【主事】** ①学校・官庁・自治団体などで、一定の事務を主管する役・人。manager ②禅宗で、寺の事務を執る職の総称。

**しゅ-じ【主辞】** 論理学で、判断・命題の対象となり、それについて陳述がなされる概念。主語。主概念。「犬は動物である」の「犬」など。subject [対義]賓辞。

**しゅ-じ【種子・種字】**《仏教語》密教で、梵字一字で、仏・菩薩を表したもの。

**じゅ-し【▼呪師】** 平安末から鎌倉期にかけて芸能化した仏教行事を執り行った猿楽者の高位の者。華麗な装束で勇壮に舞った名人らの存在が寺院から離れた鑑賞芸能を生んだ。

**じゅ-し【▼豎子・▼孺子】** ①子ども。わらべ。②年少者や未熟な者を見下していう語。青二才。

**豎子、教う可し**(じゅし、おしうべし) この子は、教育するに足る子どもだ。

**豎子の名を成す**(じゅしのなをなす)《くだらない相手に負けたときに、くやしがって言う》いくさに負けて、敵にてがらを立てさせる。

**じゅ-し【樹枝】** 木の枝。branch

**じゅ-し【樹脂】** ①樹木が分泌する粘性の物質。やに。天然樹脂。natural resin ②固体または半固体の合成有機高分子物質。合成樹脂。プラスチック。synthetic resin

**しゅじ-い【主治医】** ①主となって治療にあたる医者。physician in charge ②かかりつけの医者。family doctor

**しゅし-がく【朱子学】** 朱子により大成された宋代儒学の学派。程頤・周敦頤らの諸学説を基礎に、理気説に基づく性即理へと発展させた。実践的には居敬窮理・格物致知を重視する。日本では江戸時代初期、幕府の官学とされ、幕末まで基本的教学となった。程朱学。[比較]陽明学。

**じゅし-かこう【樹脂加工】** 繊維・織物・紙などを合成樹脂で処理して、防皺性・防縮性・防湿性などを向上させる加工。resin treatment

**じゅしき-かんじょう【授▽職▼灌頂】** 行者が阿闍梨の地位に上るときの儀式。授職。

**しゅ-じく【主軸】** ①中心となる軸。principal axis ②原動機から直接に動力を伝える軸。main shaft ③集団のなかで、中心になる人。key man; leader [用例]チームの—。

**しゅし-こつ【種子骨】** 腱や靭帯のなかにある小さな骨。摩擦を少なくしスムーズな運動をするのに役立つ。sesamoid

**じゅしじょう-ほうでん【樹枝状放電】** 雷放電の一種。雲から地面に向かう放電路の途中でいくつも枝分かれをする放電。

**しゅし-しょくぶつ【種子植物】** 花を咲かせ、種子を形成する植物の総称。裸子植物と被子植物に大別される。顕花植物。seed plant [対義]隠花植物。

**じゅし-どう【樹脂道】** 植物体内にある管状の細胞間隙で、中に樹脂を含むもの。植物体が傷つくと、樹脂を分泌して傷口を保護する。resin canal

**しゅ-しゃ【手写】**(名・サ変他) 手で書き写すこと。copy by hand

**しゅ-しゃ【朱砂】** ↓しんしゃ(辰砂)①

**しゅ-しゃ【取捨】**(名・サ変他) 取ることとすてること。選ぶこと。adoption and rejection

**じゅ-しゃ【儒者】** 儒学を修めた学者・職。儒官。Confucian

**しゅ-しゃかい【種社会】** 生物社会の基本単位として、昭和二四年(一九四九)に、今西錦司が提唱した概念で、スペシアとよんだ。地球上の生物社会全体は、もっともよく似た生活形をもつ個体の集まりとしての、基本的な部分社会(種社会)に到達するとした。specia; synusia

**しゅ-じゃく【朱▼雀】** ↓すざく(朱雀)①

**しゅしゃ-せんたく【取捨選択】**(名・サ変他) よいほうを取り、悪いほうをすてること。make a wise choice

**しゅ-しゅ【守▽株】** ①切り株の番をすること。②「守株の愚」の略。

**守株の愚**(しゅしゅのぐ)《昔、中国で、畑に走ってきたウサギが切り株に当たって死んだのを見た農夫が、それからは耕すのをやめて、ウサギが来ないかと切り株の番ばかりしていたが、一羽もとれなかった故事から》同じ方法にばかりこだわって進歩を知らないおろかさのたとえ。守株。[類似]株を守る。

**しゅ-じゅ【▼侏儒】** ①こびと。dwarf ②見識のない者を悪くいう語。undignified

**しゅ-じゅ【種種】**(名・副・形動) いろいろ。さまざま。variety; various [用例]— 雑多。

**じゅ-じゅ【授受】**(名・サ変他) やりとりすること。受け渡し。give and receive [用例]賞品の—。

**しゅしゅう【▽株▼洲】** 中国、湖南省東部の工業都市。鉄道車両・化学・食品工業が発達。水陸交通の要地。人口四八・八万(一九八四)。チューチョウ。

**しゅ-じゅう【主従】** 主人と従者。しゅうじゅう。master and servant

**主従は三世**(しゅじゅうはさんぜ) 主従の縁は、前世・現世・来世にわたる、ということ。しゅうじゅうは三世。

**しゅじゅ-そう【種種相】** いろいろの姿・ありさま。various phases [用例]社会の—。

**しゅ-じゅつ【手術】** ㊀(名・サ変他) ①器械器具を用いて皮膚・内臓などに切開・切除・摘出などの操作を加えて病気や外傷に対処し、また機能回復させようとする治療法。外科系の各科が行う。operation ②《比喩的》物事の状況などを大幅に改めること。large reform [用例]再建のための—。㊁(名) ①手先のわざ。arts of the hands ②方法。手段。means

**じゅ-じゅつ【▼呪術】** 超自然的な力によって、ある目的を達成しようとする行為や信仰の体系。まじない。魔術。magic

**じゅ-じゅん【▼濡潤】** ぬれて、うるおうこと。また、豊かに富むこと。

**しゅ-しゅんすい【朱▼舜水】**(一六〇〇〜一六八二) 明末の中国の儒者。万治二年(一六五九)長崎に亡命。水戸藩主徳川光圀に迎えられ、江戸在住の藩の学者に礼法・農業などを指導。著書『舜水先生文集』など。

**しゅ-しょ【手書】** ㊀(名・サ変他) 自分で書くこと。書いたもの。one's own handwriting ㊁(名) 自筆の手紙。親書。autographic letter

**しゅ-しょ【朱書】**(名・サ変他) 朱で書くこと。書いたもの。rubrication

**しゅ-しょう【手抄】** 手ずからの書き抜き。

**しゅ-しょう【主将】** ①全軍を指揮する総大将。②スポーツ競技で、選手の中から選ばれたリーダー。チームをまとめ代表する。キャプテン。captain

**しゅ-しょう【首将】** 全軍の総大将。commander-in-chief

**しゅ-しょう【主唱】**(名・サ変自他) 中心になって、ある主張をすること・人。advocacy

**しゅ-しょう【首唱】**(名・サ変自他) まっさきにいいだすこと・人。advocacy

**しゅ-しょう【首相】** 内閣総理大臣の通称。the prime minister

**しゅ-しょう【殊勝】**(形動) ①とくにすぐれているさま。admirable ②けなげで感心なさま。奇特。praiseworthy [対義]不心得。

**しゅ-じょう【主上】** 天皇の尊称。おかみ。

**しゅ-じょう【主情】** 感情を主とすること。人間の感情を重んじる考え方。知・情・意の中で情を主とすること。emotionalism [対義]主知・主意。

**しゅ-じょう【衆生】**《仏教語》仏の救いの対象となるすべての生命あるもの。有情。

**じゅ-しょう【受賞】**(名・サ変自他) 賞を受けること。receive a prize

**じゅ-しょう【授賞】**(名・サ変自他) 賞を与えること。award a prize

**じゅ-じょう【樹上】** 木の上。on a tree [対義]樹下。

**しゅしょう-え【修正会】** 仏教諸宗で、毎年正月の三日間ないし七日間、その年の繁栄を祈って行う法会。

**しゅしょうぎ【修証義】** 曹洞宗の基本宗典の一つ。大内青巒が道元の『正法眼蔵』を編集したものをもとに、明治二三年(一八九〇)『曹洞教会修証義』として成立。

**しゅじょう-さいど【衆生済度】**《仏教語》仏・菩薩が、衆生を迷いの世界から救って、悟りの世界へ導くこと。

**しゅじょう-しゅぎ【主情主義】** 感情を重んじる考え方。知性は人間一般の共通概念的なものであって、感情こそ、すべてにまさっているという考え方。emotionalism

**しゅじょう-てき【主情的】**(形動) 感情を重んじて、生命感などがあふれるさま。emotionalistic [用例]—な作品。

**じゅじょう-とっき【樹状突起】** ニューロンから出る二種類の突起のうちの短いもの。長い突起はふつう一本で、軸索突起といわれ、これが神経線維である。

**しゅしょう-ふに【修証不二】**《仏教語》悟りと修行は別のものでなく、修行はそのまま悟りであり、悟りはまた修行を離れてはないとの意。修証一如。

**しゅ-しょうめい【種小名】** 生物の学名を二名法で表したとき、属名のあとに続く語。その種の特徴を表す語。specific epithet

**しゅ-しょく【主食】** 日常の食事で穀類を主とした食品。欧米では主食・副食の区別はない。[対義]副食。

**しゅ-しょく【酒色】** 酒を飲むことと女遊びをすること。[用例]—にふける。

**しゅ-しょく【酒食】** 酒と食事。wine and food

**しゅ-しん【主神】** 祭神中、主体として祭る神。chief god

**しゅ-しん【主審】** ①スポーツ競技で、主となる審判員。chief referee ②野球の球審。チーフアンパイア。chief umpire

**しゅ-しん【朱唇】** ①赤いくちびる。coral lips ②紅をつけたくちびる。rouged lips

**しゅ-じん【主人】** ①一家の長である男性。head of a family [対義]主婦。②店の経営者。owner [用例]旅館の女—。③自分の仕える人。旦那。one's master ④妻が他に対して夫をいう称。husband ⑤訪ねてきた人をもてなす人・役。host [対義]客。

**じゅ-しん【受信】**(名・サ変自他) ①郵便物・電報を受け取ること。receive [対義]送信・発信。②通信・放送などを受けること。receive [対義]送信・発信。

**じゅ-しん【受診】**(名・サ変自) 診察を受けること。have a medical examination

**じゅしん-き【受信機】** 外部からの信号を受け、それから必要な情報を取り出す装置。一般に、無線通信機をさし、ラジオ・テレビ受像機・ファクシミリなどがある。receiver [対義]送信機。

**しゅじん-こう【主人公】** ①主人の敬語。②事件・文学作品などの中心人物。ヒーロー・ヒロイン。hero; heroine

**じゅしん-にん【受信人】** 郵便・電報などを受け取る人。addressee [対義]発信人。

**しゅ-す【▼繻子・朱子】** 絹織物の一種。布面に縦糸か横糸のいずれかを浮かせたもの。なめらかで光沢がある。帯地用など。サテン。satin

**じゅ・す【▼誦す】** [古語](サ変他) 声に出して読みあげる。口ずさむ。誦する。誦ずす。[用例]種々の偈を—(平家・六・慈心房)。

**じゅ-ず【数珠】** 小さい玉を糸でぬき連ねた輪。仏を拝むときに手にかけ、称名の数などを数えるのに使う。玉はふつう一〇八個。念珠。ずず。[数え方]一具・一連。

**しゅ-すい【取水】**(名・サ変自) 川の流れから水を取り入れること。

**じゅ-すい【▽入水】**(名・サ変自) 川や海などにはいって自殺すること。身投げ。drown oneself

**しゅずい-けんじ【守随憲治】**(一八九九〜一九八三) 演劇学者。東京生まれ。東大卒。学問的な歌舞伎研究の道をひらく。著書『歌舞伎通鑑』など。

**しゅす-おり【▼繻子織(り)】** 平織り・綾織りと並んで織物三原組織の一つ。縦または横糸が長く浮いて並列になっている織物。光沢に富む。satin weave ↓織物[図]

**じゅずかけ-ばと【数珠掛▼鳩】** ハト科の飼い鳥。翼長約一六cm。羽色は灰色、後頸部に半月状の黒い帯模様がある。日本のシラコバトに似るが、少し小さい。羽が白い変種をギンバトという。インド・小アジア原産。ringed

turtledove

**じゅず-だま【数珠玉】** イネ科の多年草。高さ八〇～一五〇㎝。荒れ地にはえる。初秋に雌雄の小穂をつける。果実を数珠のようにつないで遊ぶ。熱帯アジア原産。トウムギ。ズズコ。Job's tears →写

●ジュズダマ

**しゅす-ちりめん【▼繻子▽縮▼緬】** 繻子織り(サテン織り)の縮緬。片面はサテンに、片面はクレープのように見えるなめらかな柔らかい織物。satin crepe

**じゅず-つなぎ【数珠▼繫ぎ】** 数珠のように多くの人・物を並べて、縛ること。link together; tied in a row

**ジュスティ【Giuseppe Giusti】**(一八〇九～一八五〇) イタリアの詩人。外国の圧制下にあって政治や社会を風刺した。作品『詩集』『トスカーナ地方格言集』など。

**しゅ-ずみ【朱墨】** 朱の粉を膠で練り固めた墨。赤墨。朱。

**じゅず-も【数珠藻】** ①緑藻植物ジュズモ属の総称。緑色糸状の海藻で、分枝はない。径約二㎜の細胞が数珠状に一列に並ぶ。ホソジュズモ・フトジュズモなど。②ネンジュモの別名。

**しゅす-らん【▼繻子▼蘭】** ラン科の多年草。高さ一〇～二〇㎝。山地の木陰にはえる。葉は楕円形で中央に白線。八～九月に、淡褐色の花が咲く。ビロードラン。→写

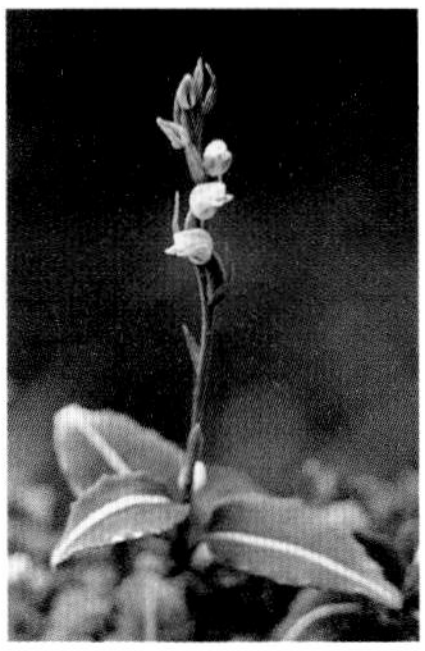

●シュスラン

**しゅ・する【修する】**(サ変他) 行う。おさめる。学ぶ。修す。master 用例 医術を―。仏事を―。

**しゅ-せい【主星】** 二つの恒星が接近して見える重星のうち、明るく見えるほうの星。暗く見えるほうを伴星という。primary star

**しゅ-せい【守成】**(名・サ変他) あとを引き継ぎ、事業を守り固めること。対義 創業。

**しゅ-せい【守勢】** 防ぎ守る形勢。その軍勢。defense 対義 攻勢。

**しゅ-せい【首星】** 星座の中で通常もっとも明るい星。ほとんどがα(アルファ)星といわれる。alpha

**しゅ-せい【酒精】** エチルアルコール。すべてのアルコール飲料に含まれていることから。spirit of wine

**しゅ-ぜい【主税】** 税に関する事柄を扱うこと。tax bureau 用例 大蔵省―局。

**しゅ-ぜい【酒税】** 酒類に課される間接消費税。製造者・輸入引取人から徴収する。liquor tax

**じゅ-せい【受精】**(名・サ変自) 雌雄の生殖細胞である卵と精子が合体し、両方の核が融合すること。動物では、魚のような水生動物にみられる体外受精と、人間をはじめとする陸生動物にみられる体内受精がある。種子植物では、受粉ののち花粉の精核と雌花の卵細胞の核が合体すること。fertilization

**じゅ-せい【授精】**(名・サ変他) 人工的に精子を卵に結合させること。fertilization

**しゅぜい-きょく【主税局】** 大蔵省の内局の一つ。内国税制度や税理士制度に関する調査・企画・立案のほか、外国との租税協定に関する事務、租税の収入見積もり、地方公共団体の歳入に関する調査などを行う。

**じゅせい-のう【受精▼嚢】** 交尾により雄または相手(雌雄同体の場合)からえた精子を貯えておく小嚢。扁形動物や昆虫などでみられる。卵管を下降してきた卵を、精子は受精嚢を出て受精させる。seminal receptacle

**しゅ-せいぶん【主成分】** 物質のおもな成分。main components

**じゅせい-まく【受精膜】** 受精後、卵のまわりに形成される膜。ウニなどの多くの海産動物にみられ、胚を保護する。fertilization membrane

**じゅせい-らん【受精卵】** 雌雄の配偶子である卵と精子、あるいは種子植物の精核が合体してできたもの。fertilized egg

**じゅせいらん-いしょく【受精卵移植】** 優秀な雌の体内から受精卵を採取し、培養後、他の個体の子宮内に移植すること。これにより遺伝的にすぐれた子を得ることができる。ウシやウマなどで実施される。fertilized egg transplantation

**しゅぜい-りょう【主税寮】** 律令制下、民部省に属し、諸国の米穀の出納、田に課す税などのことを扱った役所。ちからのつかさ。

**しゅ-せき【手跡・手▼蹟】** その人の書いた文字。筆跡。handwriting

**しゅ-せき【主席】** 第一位の人。長。the head 用例 ―検事。

**しゅ-せき【首席】** 第一番の席次。また、その人。the top 用例 ―で卒業。

**しゅ-せき【酒席】** さかもりの席。banquet

**しゅせき-さん【酒石酸】** 化学式$C_4H_6O_6$ 植物界、とくにブドウ果実中に存在する無色の結晶。爽快な酸味をもつ。酸味料、金属イオンのマスキング剤に利用。四種類の光学異性体がある。tartaric acid

**しゅせきさん-ナトリウム-カリウム【酒石酸ナトリウムカリウム】** 化学式$KNaC_4H_4O_6$ 四つの光学異性体のうちの一つをロッシェル塩という。無色の結晶で水に溶けやすく、強い圧電効果を示すので、発振器用圧電素子に用いられる。利尿剤などにも利用。potassium sodium tartrate

**しゅ-せん【主戦】** ①開戦を主張すること。advocacy of war ②軍の主力。main force ③主力となって戦うこと。chief fighter 用例 ―投手。

**しゅ-せん【酒仙】** 風格ある酒飲み。比較 酒豪。

**しゅ-ぜん【主▼膳】** ①天子の食膳のことをつかさどる役・人。②宮内庁管理部(もと大膳寮)に属し、供宴に関することなどをあつかう職員。

**しゅ-ぜん【修善】**《仏教語》善行をおさめること。用例 断悪―。

**しゅ-ぜん【▼鬚▼髯】** あごひげとほおひげ。

**じゅ-せん【受洗】**(名・サ変自) キリスト教で、洗礼を受けて信者になること。baptism

**じゅ-ぜん【受禅】**(名・サ変自) 帝位を譲られて即位すること。比較 禅譲。

**じゅせん-し【▽鋳銭司】** →ちゅうせんし(鋳銭司)

**しゅぜん-じ【修禅寺】** 静岡県田方郡修善寺町にある曹洞宗の寺。開山は空海の弟子杲隣。真言宗からのち臨済宗となり、北条早雲の外護により曹洞宗に転じた。源範頼・源頼家が幽閉・殺害された所。

**しゅぜんじ【修善寺】**〈町〉 静岡県、伊豆半島北部の町。桂川渓谷の温泉を中心とした観光と農業の町。岡本綺堂の戯曲『修禅寺物語』で有名。人口一万七七九五(一九九八)。

**しゅぜんじものがたり【修禅寺物語】** 新歌舞伎の古典的名作。岡本綺堂作。一幕。明治四四年(一九一一)初演。将軍源頼家の末路をからませて、伊豆の面作り師夜叉王の名人気質を描く。

**しゅ-ぜんちゅう【朱全忠】**(八五二～九一二) 中国、五代の後梁の建国者。廟号は太祖。唐末の黄巣の乱に参加。唐に降り節度使となったが、九〇七年哀帝に譲位させて即位。汴州に都したが、李克用らの節度使と対立。子の友珪に謀殺された。

**しゅせん-ど【守銭奴】** 一金銭をためるばかりで活用しない者。けちんぼ。miser 二《原題 L'Avare(フランス)》モリエールの喜劇。五幕散文。一六六八年初演。高利貸しで強欲なアルパゴンと息子や娘の恋をめぐる滑稽な騒動を描く。

**しゅぜん-ぶぎょう【衆善奉行】**《仏教語》もろもろの善を行うこと、の意。七仏通戒偈の一句。

**しゅせん-ろん【主戦論】** 開戦を主張する意見。jingoism 対義 非戦論・反戦論。

**しゅ-そ【首▼鼠】**《穴から首を出してあたりをうかがっているネズミ》どちらにするか迷って決心のつかないことのたとえ。

**じゅ-そ【▼呪▼詛・▼呪▼咀】**(名・サ変他) 神仏の力によって相手に災難の起こるように祈ること。のろい。しゅそ。

**しゅ-ぞう【酒造】** 酒を製造すること。また、その会社。brewing 比較 醸造。

**しゅ-ぞう【修造】**(名・サ変他) つくろい直すこと。しゅうぞう。

**じゅ-そう【樹霜】** 霧氷の一種。空中の水蒸気が昇華によって枝などに付着して生じた氷の結晶。木花。hoarfrost on trees 比較 樹氷。→写

●樹霜

**じゅ-ぞう【寿像】** その人が生きているうちにつくっておく肖像。

**じゅ-ぞう【受像】**(名・サ変他) テレビの電波を受けて受像機に再現すること。また、その像。receive a picture 対義 送像。

**じゅ-ぞう【受贈】**(名・サ変他) 人から物をおくられること。寄贈されること。じゅそう。

**しゅ-そく【手足】** ①手と足。てあし。hands and feet ②部下。手下。家来。follower

**手足を措く所無し**(しゅそくをおくところなし) 安心して身をおく場所がない。

**しゅ-そく【首足】** ①首と足。head and legs ②首から足まで。身体。body

**首足、処を異にする**(しゅそく、ところをことにする) 首と足とが別々にされる刑に処せられて、殺される。be executed

**しゅ-ぞく【種族】** ①同一の性質をもつもの。生物で同類に属するものなど。species ②同じ祖先の家族・氏族からなる社会集団。tribe 比較 部族・民族。③天文学で、星の生成の時期による種類の分類。銀河系形成直後に生まれた古い星を種族Ⅱ、古い星から放出された物質から生まれた若い星を種族Ⅰという。stellar population

**しゅそ-りょうたん【首▼鼠両端】** 迷ってきめられず、様子を見ていること。用例 ―を持する。

**シュターミッツ【Johann Anton Stamitz】**(一七一七～一七五七) ドイツの作曲家。ボヘミア生まれ。マンハイム楽派の中心で、古典派の交響曲・協奏曲の形式の基礎を確立。

**シュタール【Georg Ernst Stahl】**(一六六〇～一七三四) ドイツの医師・化学者。病気とは精神の不調和によりおこる身体の異常という一種の物活論を説く。また、燃焼とは可燃性物質からフロギストンが放出される過程であると説明した。

**しゅ-たい【主体】** ①他に働きかけるもとになるもの。subject ②性質・状態・働きの基になる本体。知・情・意の働きの統一体としての実体。subject 比較 主観。対義 客体。③団体や機械の主要部分。main body 対義 客体。

**しゅ-だい【主題】** ①おもな題目。subject 対義 副題。②作品の中心となる思想内容。テーマ。theme 比較 題材・筋。③音楽で、楽曲を構成するための主要な楽想。主題は旋律としてとらえられることが多い。theme

**しゅ-だい【首題】** ①《仏教語》経文の初めに書かれた文句。②手紙・通知などの初めに書かれた題目。opening phrase

**じゅ-たい【受胎】**(名・サ変自) 身ごもること。妊娠。conception

**じゅ-だい【▽入内】**(名・サ変自) 皇后・中宮となって、正式に内裏にはいること。

**しゅだい-か【主題歌】** 映画などで、作品の主題を骨子として作詞・作曲した歌。テーマソング。theme song

**じゅたい-こくち【受胎告知】**『新約聖書』において、大天使ガブリエルが処女マリアの前に現れ、マリアが神の子を宿したことを伝えた神のみ告げ。the Annunciation

**しゅだい-ず【主題図】** 特定の用途に従って作成された地図。土地利用図・地質図・言語分布図など。thematic map

**しゅたい-せい【主体性】** ①行動の中心になるものがもつ自発的な能動性。identity ②考え、感じ、体験し、行動する自由をもっている、人間の自主的、能動的な性質・態度。independence

**じゅたい-ちょうせつ【受胎調節】** 人為的な方法により妊娠の成立を避けること。家族計画達成の手段。避妊。conception control

**しゅたい-てき【主体的】**(形動) 主体性をもっているさま。independent

**シュタイナート【Otto Steinert】**(一九一五〜七八) ドイツの写真家。「主観的写真」を提唱、写真運動に寄与。

**シュタイン【Heinrich Friedrich Karl von und Stein】**(一七五七〜一八三一) プロイセンの政治家。一八〇七年、首相となり近代的改革を指導したが、反対派のため失脚、ロシアに亡命。ナポレオン打倒に尽力。一八一九年古代ドイツ史学教会を設立。ドイツ中世史料の集大成に貢献した。

**シュタイン【Lorenz von Stein】**(一八一五〜九〇) ドイツの政治学者・法学者。伊藤博文に立憲君主制の憲法の原則を教え、大日本帝国憲法の制定に大きな影響を与えた。

**シュタインバーガー【Jack Steinberger】**(一九二一〜) アメリカの物理学者。ニュートリノの研究から、「弱い相互作用」を実験的・理論的に研究する道を開く。レーダーマン・シュワルツとともに、一九八八年ノーベル物理学賞受賞。

**シュタウディンガー【Hermann Staudinger】**(一八八一〜一九六五) ドイツの化学者。高分子化合物を研究し、プラスチックの構造を解明。一九五三年ノーベル化学賞受賞。

**しゅ-たく【手沢】** ①手ずれでできたつや。また、それのついたもの。②「手沢本」の略。

**じゅ-たく【受託】**(名・サ変他) ①頼まれること。②預かること。be entrusted with, take charge of

**じゅ-だく【受諾】**(名・サ変他) 引き受けること。承諾。acceptance

**じゅたく-がいしゃ【受託会社】** 社債募集・投資信託などの委託を受けた会社。trustee company

**じゅたくしゅうわい-ざい【受託収賄罪】** 収賄罪のうち、具体的な職務行為について請託を受けた場合に成立する罪。

**じゅたく-はんばい【受託販売】** 他人から委託を受け、委託者に所有権のある商品を自分の名で販売すること。consignment sale

**しゅたく-ぼん【手沢本】** =しゅたく。①故人に愛読され、手沢のついた本。遺愛の本。②自筆の注記・書き入れなどのある書物。

**しゅだつ【▼須達】** 釈迦に帰依したインド舎衛城の長者。祇陀太子の園林に祇園精舎を建立し、釈迦に献じた。給孤独。須達多。

**シュタドラー【Ernst Stadler】**(一八八三〜一九一四) ドイツの詩人。トラークル・ハイムとならぶ初期表現主義の代表。第一次大戦で戦死。詩集『前奏曲』『出発』など。

**しゅたら【修多羅】**《仏教語。sūtra梵の音写で、糸・ひものこと。転じて、教法を貫く綱要・綱要書、の意》①経典。経文。②十二部経の一つ。散文で説かれている部分。契経。③袈裟につける組みひもの装飾。

**しゅだら【首▼陀羅】**→シュードラ

**しゅ-たる【主たる】**(連体) おもな。中心の。main 用例 ―成分。

**シュタルク【Johannes Stark】**(一八七四〜一九五七) ドイツの実験物理学者。カナル線(陽極線の一種)からの発光によるドップラー効果と、強い電場の中での水素原子スペクトルの分裂(シュタルク効果)の発見により、一九一九年ノーベル物理学賞受賞。

**シュタルク-こうか【シュタルク効果】** 原子や分子の放射する光のスペクトルが、外から加えた電場によって、ずれたり分離したりする現象。Stark effect

**しゅ-だん【手段】** 目的を果たすために用いる方法。てだて。means 対義 目的。用例 ―を選ばず。

**しゅ-ち【主知】** 理性・知性・合理性を重んずること。意志や感情より理性を重んずること。intellectualism 対義 主情・主意。

**しゅ-ち【趣致】** おもむき。ふぜい。おもしろみ。taste

**ジュチ【Juchi】**(一一七七〜一二二四/五) モンゴル帝国建設の功労者。チンギス=ハンの長子。一二一九年に始まる中央アジア遠征に右翼軍の長として活躍。キルギスから南ロシア一帯を支配。

**しゅ-ちく【種畜】** 優良な形質を後代に残すための繁殖用家畜。能力・体型・血統などで選ぶ。種馬・種牛など。breeding stock

**しゅちく-ぼくじょう【種畜牧場】** 家畜の改良を目的に優秀な種畜を飼養する国営の牧場。国営以外は種畜場という。livestock breeding station

**しゅち-しゅぎ【主知主義】** 対義 主意主義。①知性的・論理的・合理的なものを重んずる態度。intellectualism ②哲学で、認識はすべて理性に基づくとする立場。intellectualism ③心理学で、理性・知性に重きを置き、感情・意志などを軽視する立場。intellectualism

**しゅち-てき【主知的】**(形動) 知性をすべての基礎に置いて重視するさま。感情に流れたり、偏ったりしないで、知性に従って行動するさま。intellectual

**しゅち-にくりん【酒池肉林】**《中国古代の紂王の故事。酒をたたえた池と、肉をぶらさげた林》贅沢な酒宴。sumptuous feast

**しゅ-ちゅう【手中】** 手のうち。in one's hands

**手中に収める**(しゅちゅうにおさめる) 「手中に握る」と同意。

**手中に握る**(しゅちゅうににぎる) 自分のものとする。手中に収める。take possession of

**じゅ-ちゅう【受注・受▼註】**(名・サ変他) 注文を受けること。また、引き受けること。receive an order 対義 発注。

**しゅ-ちょ【主著】** その人のおもな著作。main work

**しゅ-ちょう【主張】**(名・サ変他) 自分の見解を強く言いはること。また、その見解。assertion 用例 ―を通す。自己の権利を―する。

**しゅ-ちょう【主潮】** ある時代や社会で主流となっている思想傾向。main current

**しゅ-ちょう【主調】** ①おもな調子。dominant note ②音楽で、楽曲の中心となっている主要な音調。keynote

**しゅちょう【朱鳥】** 天武朝の最後の年号。元年(六八六)七月〜同九月。すちょう。あかみとり。

**しゅ-ちょう【首長】** ①上に立って支配する者。かしら。head ②行政機関の最高責任者。内閣では総理大臣、地方自治体では知事・市町村長など。head 用例 ―公選。

**しゅ-ちょう【殊▼寵】** 特別かわいがること。favor

**しゅ-ちょう【▼腫脹】**(名・サ変自) 医学で、肉腫・充血などで身体の一部がはれること。むくみ。swelling

**しゅちょう-おん【主調音】** 主音。キーノート。keynote

**しゅちょう-せい【首長制】** 行政機関の長と議会のメンバーを同様に直接公選によって選ぶ制度。行政に住民の意思を直接反映させるための方式で、日本の地方自治体やアメリカの大統領制などが採用している。首長主義。大統領型政治制度。presidential system

**しゅ-ちん【朱珍・▼繻珍】** 繻子地に二色以上の色横糸で模様を織り出した絹織物。金銀箔・金銀糸を用いたものもある。丸帯・袈裟・袋物などに使用。

**シュツ 5画【出】** 部首[凵] 教育小1 JIS 2948

音 シュツ・スイ
訓 でる・だす

出 出 出 出 出

①でる。中から外へでる。対義 入。「外出・傑出・検出・進出・退出・分出」②だす。外へだす。「輸出」「出火・出荷・出題・出版」③で。そこの生まれである。「出自・出身」↓スイ【出】

**シュツ 17画【▼蟀】** 部首[虫] JIS 7411

音 シュツ

「蟋蟀」は、コオロギ。バッタ目に属する昆虫。古名は、きりぎりす。

**ジュツ 5画【▼朮】** 部首[木] JIS 5918

音 シュツ・チュツ・ジュツ

①モチアワ。イネ科の一年草。アワの一品種。②オケラ。キク科の多年草。うけら。

**ジュツ 6画【▼戌】** 部首[戈] JIS 5692

音 ジュツ

いぬ。十二支の第一一。参考 戍は別字。

**ジュツ 8画【▼卹】** 部首[卩]

音 シュツ・ジュツ

①あわれむ。いたわる。②うれえる。心配する。③めぐむ。すくう。たすける。

**ジュツ 8画【述】** 部首[辶] 教育小5 JIS 2950

9画【▼述】 部首[辶] 旧字

音 ジュツ・シュツ
訓 のべる

述 述 朮 朮 述 述

のべる。いう。のべたもの。「叙述・祖述・著述・陳述・論述」「述懐・述語」

**ジュツ 8画【▼怵】** 部首[忄]

音 チュツ・シュツ・ジュツ

①おそれる。心配する。②いたむ。かなしむ。

**ジュツ 9画【▼恤】** 部首[忄] JIS 5585

音 シュツ・ジュツ

①あわれむ。いたわる。「恤兵」②うれえる。心配する。③めぐむ。すくう。たすける。「救恤・賑恤」

**ジュツ 11画【術】** 部首[行] 教育小5 JIS 2949

11画【▼術】 旧字

音 ジュツ・シュツ

術 術 術 術 術 術

①わざ。すべ。「学術・技術・芸術・算術・手術・仁術・魔術」用例 (名)身を守る―。②たくらみ。はかりごと。「術策・術数・術中」用例 (名)―をめぐらす。③魔術。用例 (名)―にかかる。

**しゅつ-えき【出液】** 植物の幹や枝を損傷または切断したとき、その傷口・切り口から植物体内の液が排出される現象。bleeding

**しゅつエジプトき【出エジプト記】**(Exodus)『旧約聖書』モーセ五書の第二書。イスラエル人がモーセの指導でエジプトを脱出する物語。エクソダス。

**しゅつ-えん【出▼捐】** 当事者の一方が自分の意思で損失をし、他方に利益を得させること。

**しゅつ-えん【出演】**(名・サ変自) 映画・演劇などに出て演技をすること。performance

**しゅっ-か【出火】**(名・サ変自) 火事を出すこと。fire 比較 失火。

**しゅっ-か【出荷】**(名・サ変他) 対義 入荷。①荷物を積み出すこと。shipping ②商品を市場に出すこと。put on the marketing

**しゅつ-が【出芽】**(名・サ変自) ①草木の芽が出ること。めぐむこと。germination ②無性生殖の一種。酵母菌・ヒドラなどでみられ、個体の体壁の一部に小突起(芽体)が生じ、生長して親の個体と同様な個体ができる現象。budding ③植物体の軸に分岐ができ、新しい軸の原基が形成されること。budding

**じゅっ-かい【述懐】**(名・サ変自他) ①過去のことについて、思いを述べること。その内容。recollection ②愚痴を言うこと。complaint

**しゅっ-かく【出格】** きまりをはずれること。破格。別格。

**しゅっか-くみあい【出荷組合】** 農・林・漁業などの生産物を協同出荷するための組織。中小生産者が問屋の介入を排し、取り引き上の不利益を防止するのが目的。forwarding association

**しゅっ-かん【出棺】**(名・サ変自) 葬式で、死者の棺を家や式場から火葬・埋葬のため送り出すこと。

**しゅつ-がん【出願】**(名・サ変自他) ねがい出ること。願書を出すこと。application

**じゅっきゅう-きそく【▼恤救規則】** 明治七年(一八七四)に制定された、日本最初の公的扶助による貧民救済制度。昭和七年(一九三二)まで存続。

**しゅつ-ぎょ【出御】**(名・サ変自) 天皇・三后のおでまし。対義 入御。

**しゅつ-ぎょ【出漁】**(名・サ変自) ↓しゅつりょう(出漁)

**しゅっ-きょう【出京】**(名・サ変自) ①都から地方へ行くこと。都落ち。leave the capital ②地方から都へ出ること。上京。come up to town

**しゅっ-きょう【出郷】**(名・サ変自) 郷里を出ること。

**しゅっ-きん【出金】**(名・サ変自) 金銭を出すこと。出した金銭。payment 対義 納金・入金。

**しゅっ-きん【出勤】**(名・サ変自) つとめに出ること。attendance 対義 欠勤。

**しゅっ-け【出家】**(名・サ変自) 在俗の生活をすてて仏門に入ること。また、その人。比丘・比丘尼・沙弥・沙弥尼・式叉摩那の五衆をいう。僧侶。priest 対義 在家。

**じゅっ-けい【術計】** たくらみ。計略。

**しゅつ-げき【出撃】**(名・サ変自) 陣地を出て、敵を攻めること。sortie 比較 進撃。

**しゅっ-けつ【出欠】** 出席と欠席。出勤と欠勤。attendance or absence

**出欠を取る**(しゅっけつをとる) 出席か欠席か、出勤か欠勤かを調べる。call the roll

**しゅっ-けつ【出血】**(名・サ変自) ①血管が切れ、そこから血液が流れ出ること。体内の血液



▼常用漢字表外。 ▽常用漢字表の音訓外。

の三分の一を失うと生命が危険になる。bleeding [対義]止血。②損をすること。犠牲。sacrifice [用例]――サービス。

しゅっけつせい-はいけつしょう【出血性敗血症】パスツレラ菌によるウシ・ヒツジ・ブタなどの急性伝染病。全身の皮下や臓器に点状出血を起こして高熱・呼吸困難などの症状を示し、致死率は高い。家畜法定伝染病。hemorrhagic septicemia

しゅっけとそのでし【出家とその弟子】倉田百三の戯曲。大正五～六年(一九一六～一七)発表。親鸞、子の善鸞、弟子の唯円らの恋愛と信仰の問題を描く。『歎異抄』の教えを戯曲化。

しゅつ-げん【出現】(名・サ変自) 現れ出ること。appearance

しゅっ-こ【出庫】(名・サ変自他) [対義]入庫。①倉庫から品物を出すこと。take goods out of the warehouse ②電車・自動車などが車庫から出ること。go out of the garage

じゅつ-ご【述語】文の成分の一種。「風が吹く」「色が白い」「ぼくは山田です」などの「吹く」「白い」「山田です」のように、「どうする」「どんなだ」「何だ」にあたる文節。主語のあらわす動作・状態などを述べたもの。predicate [対義]主語。

じゅつ-ご【術語】学問・技術・法律などで、正確な意味を与えられた用語。学術用語。専門語。テクニカルターム。technical term

しゅっ-こう【出向】(名・サ変自) ①出向くこと。repair to ②命令を受けて、現在勤めている会社や団体から、関連会社や他の団体などに出向いて業務につくこと。temporary transfer

しゅっ-こう【出校】(名・サ変自) ①教職員が学校に出ること。go to school [用例]――日。②教職員が学校から出ること。下校。leave school ③印刷物の校正刷りが出ること。

しゅっ-こう【出航】(名・サ変自) ①船が航海に出ること。出帆。start on a voyage ②飛行機が出発すること。take off

しゅっ-こう【出港】(名・サ変自) 船がみなとを出ること。departure; leave port [対義]入港。

しゅっ-こう【出講】(名・サ変自) 学校などに出向いて講義をすること。give lecture

じゅっ-こう【熟考】(名・サ変他) 《「じゅくこう」の変》よく考えること。熟慮。consideration

しゅっ-こく【出国】(名・サ変自) 自分の国、また、ある国を出て、他の国へ行くこと。leave one's country [対義]入国。

しゅつ-ごく【出獄】(名・サ変自) 囚人が釈放されて刑務所を出ること。leave prison [比較]脱獄。[対義]入獄。

じゅつごしょうかせい-かいよう【術後消化性▼潰▼瘍】胃切除術ののちに胃腸吻合口の近くに新しく発生する潰瘍。胃は酸度が高いので、手術にさいし減酸効果の処置が不十分だと起こりやすい。postoperative peptic ulcer

しゅっ-こつ【▼倏▼忽】(形動トタル) 《「しゅくこつ」の変》たちまち。にわかに。

しゅっ-こん【宿根】《「しゅくこん」の変》①「宿根草」の略。②《仏教語》前世から定まっている運命。

しゅっこん-そう【宿根草】寒さや乾燥などで環境が悪化するさいに、地上部は枯れるが、地中の部分が生き残り、条件がよくなればふたたび生長を開始する草。多年草。perennial plant

じゅっ-さく【述作】(名・サ変他) ①前人の説を明らかにすることと、新説を立てること。propose a new theory ②本を書くこと。writing

じゅっ-さく【術策】はかりごと。策略。trick [用例]――をめぐらす。

しゅっ-さつ【出札】(名・サ変自) 切符を売ること。sell ticket [比較]改札。[対義]集札。

しゅっ-さん【出山】《仏教語》釈迦が雪山で苦行したのち、成道して山中から出たこと。

しゅっ-さん【出産】(名・サ変自他) ①子を生むこと、子が生まれること。分娩。delivery ②人の手で産物を作り出すこと。産出。production

しゅつ-ざん【出山】(名・サ変自) ①山を出ること。②僧が、今まで修行していた寺から出ること。[対義]帰山。

しゅっさん-りつ【出産率】人口一〇〇〇人に対する一年間の出産数の比率。これには死産数も含まれる。死産数を除いた出生数の場合は出生率という。birth rate

しゅっ-し【出仕】(名・サ変自) ①官に仕えること。仕官。service ②役所に勤めに出ること。出勤。attend one's office

しゅっ-し【出資】(名・サ変自) ①資金を出すこと。investment ②共同事業を営むために、組合員や社員が現金その他の財産・信用または労務を会社などの法人に提供すること。contribution

しゅつ-じ【出自】①出どころ。生まれ。origin ②文化人類学で、ある個人がどのような集団に生まれたかということ。descent

しゅつじ-しゅうだん【出自集団】出自を同じくする人々によって形成される集団。婚姻規制・居住規制を行う集団もある。descent group

しゅっし-せん【出糸▼腺】クモが糸をつむぎだす腺。クモ類の腹部内にあり、その分泌物は腹部下面の後方にある出糸突起から出て、空気にふれてクモの糸となる。紡績腺。spinning gland

しゅっし-ほう【出資法】金融業者などを規制するため、出資金の受け入れを制限して預かり金・浮き貸し・高金利などを取り締まる法律。昭和二九年(一九五四)公布。

しゅっ-しゃ【出社】(名・サ変自) 会社に出ること。出勤。go to office [対義]退社。

じゅっしゅ-うんけい【十種雲形】↓じっしゅうんけい(十種雲形)

しゅっ-しょ【出処】①官に仕えることと退いて民間にいること。②出どころ。source [用例]――をただす。

しゅっ-しょ【出所】㊀(名) ①生まれた所。出生地。one's birthplace ②出どころ。origin [用例]うわさの――。㊁(名・サ変自) 刑務所から釈放されること。出獄。release from prison [対義]入所。

しゅっ-しょう【出生】(名・サ変自) ①胎児が母体から生まれ出ること。法律上、自然人は出生により権利能力を取得し、法益の主体となる。しゅっせい。birth [用例]――届。②その土地の生まれであること。native

しゅつ-じょう【出場】(名・サ変自) ①競技・演技などをするため、その場所に出ること。participation [対義]欠場。②駅などの構内から外へ出ること。exit [対義]入場。

しゅつじょうこうご【出定後語】江戸中期の仏教論の書。富永仲基著。二巻。延享元年(一七四四)成立。経典を分析、加上という概念のもとに、その歴史性を明らかにして大乗非仏説を唱えたわが国最初の書。

しゅつじょうしょうご【出定笑語】平田篤胤の著。六巻。仏教の成立、伝来などについて述べ、その思想を非難・攻撃した書。文化八年(一八一一)成立。

しゅっしょう-たいじゅう【出生体重】子どもが生まれた直後の体重。その後の子どもの発育発達上の一つの目安となる数値。平均三〇〇〇g前後。二五〇〇g未満の場合は低出生体重児という。birth weight

しゅっしょう-とどけ【出生届(け)】人が生まれたとき行う戸籍上の届け出。一四日以内に出生地の市区町村役場に届け出る。しゅっせいとどけ。registration of a birth

しゅっしょう-りつ【出生率】ある地域の人口一〇〇〇人に対する年間出生数の割合。通常一〇月一日現在の人口が基準。しゅっせいりつ。birth rate

しゅっ-しょく【出色】(名・形動) きわだって、すぐれていること・さま。prominence [用例]――のできばえ。

しゅっしょ-しんたい【出処進退】①官に仕えることと、退いて民間にいること。現在の職にとどまることと、辞めること。②身のふりかた。去就。one's course of action [用例]――を明らかにする。

しゅっ-しん【出身】その土地・学校の出であること。また、属していたところ・身分。come from [用例]広島――。

しゅつ-じん【出陣】(名・サ変自) 戦場や戦いに出発すること。

しゅつじん-しき【出陣式】出陣にさいしての儀式。吉日を選び、身支度をととのえ、打ち鮑・勝ち栗・昆布の縁起物の肴を神前に供え、杯を回し、鬨の声をあげるなど、さまざまな慣習があった。

しゅっ-す【▽卒す】[古語](サ変自) 四位・五位の人が、死ぬ。そっす。[比較]薨ずる。

しゅっ-すい【出水】(名・サ変自) 大水が出ること。洪水。flood

しゅっ-すい【出穂】イネなどの穂が出ること。

しゅっすい-かん【出水管】二枚貝のもつ二本の水管のうち後背方にあるもの。えらを通った水が出ていく管。exhalent siphon

じゅっ-すう【術数】はかりごと。策略。stratagem [用例]権謀――。

しゅっ-せ【出世】(名・サ変自) ①生まれ出ること。出生。birth ②世に出て成功すること。立身。success ③《仏教語》㋐衆生を救うために、仏がこの世に現れ出ること。㋑出世間。

しゅっ-せい【出生】(名・サ変自) ↓しゅっしょう(出生)

しゅっ-せい【出征】(名・サ変自) 将兵として、また軍隊に属して戦地へ行くこと。departure to the front [用例]――兵士。

しゅっ-せい【出精】(名・サ変自) 精を出すこと。仕事に励むこと。

しゅっせ-うお【出世魚】①成長とともに呼び名の変わる魚。ブリ・スズキ・ボラなど。②コイの美称。

しゅっせかげきよ【出世▽景清】浄瑠璃。近松門左衛門作。貞享二年(一六八六)初演。竹本義太夫のために書き下ろした近松―義太夫路線の記念碑的作品。頼朝をねらう平景清は恩情に感じて自ら両眼を抉って去って行く。

しゅっせ-がしら【出世頭】同じ仲間の中でいちばん出世した人。また、出世がもっとも早い人。the most successful person

しゅっ-せき【出席】(名・サ変自) 授業・会合などに出ること。attendance [対義]欠席・退席。[用例]――をとる。

しゅっ-せけん【出世間】《仏教語》世俗を離れること。迷い・煩悩から離れること。出世。解脱。[対義]世間。

しゅっせ-さく【出世作】その人が、世の中に認められた、いちばんはじめの作品。

しゅっせ-ばらい【出世払い】出世・成功したときに借財を返済するという約束で取り結ぶ債務。

ジュッセルドルフ【Düsseldorf】↓デュッセルドルフ

しゅっ-せん【出船】(名・サ変自) 船が港を出ること。でふね。船出。

しゅっ-そう【出走】(名・サ変自) 競馬・競輪などで、競走に出場して走ること。entry in a race [用例]――馬。

しゅっ-たい【出▽来】(名・サ変自) 《「しゅつらい」の転》①事件が起こること。happening ②物事ができあがること。成就。accomplishment [用例]一大事――。[用例]近日――。

しゅつ-だい【出題】(名・サ変自) ①問題を出すこと。set a question ②詩や歌を作るときに題を出すこと。give a subject

しゅっ-たつ【出立】(名・サ変自) 旅に出ること。旅だち。departure

しゅっ-たん【出炭】(名・サ変自) ①石炭を掘り出すこと。coal production ②木炭を生産すること。charcoal production

じゅっ-ちゅう【術中】計略のうち。trick

術中に陥る(じゅっちゅうにおちいる) 計略にかかる。fall into a trap

しゅっ-ちょう【出張】(名・サ変自) 《「でばる」の漢字書きの音読からできた語》①用務のためよそへ出ていくこと。business trip ②臨時によそへ遣わされること。business trip

しゅっ-ちょう【出超】「輸出超過」の略。

しゅっ-ちん【出陳】(名・サ変他) 展覧会などに出品して陳列すること。exhibition

シュッツ【Heinrich Schütz】(一五八五～一六七二) ドイツの作曲家。おもに教会音楽を作曲し、バッハ以前のドイツ最大の音楽家といわれる。多声音楽様式に新しいイタリアの協奏様式を結合した作風。作品『シンフォニエ-サクレ』など。

シュツットガルト【Stuttgart】↓シュトゥットガルト

しゅっ-てい【出廷】(名・サ変自) 法廷に出ること。appearance in court [対義]退廷。

しゅっ-てん【出典】故事・引用句などの出どころ。それが出ている書物。典拠。source

しゅつ-ど【出土】(名・サ変自) 古い時代の遺物が、土中から掘り出されること。excavation [用例]――品。

しゅっ-とう【出頭】㊀(名・サ変自) ①役所などへ本人が出向くこと。appearance ②他に抜きんでていること。抜群。excellence ㊁(名) 重要な政務にあずかった者。[用例]――家老。

しゅつ-どう【出動】(名・サ変自) 活動するために出かけること。出かけて行って活動すること。go into action [比較]始動。

しゅっとう-にん【出頭人】出頭する人。attendant

しゅっとう-めいれい【出頭命令】裁判所が被告人に、指定の場所への出頭を命ずるこ



↓ 行き先項目、図版・写真参照印。 [JIS] 日本工業規格情報交換用漢字符号コード(区点コード)。

と。summons

**じゅつ-な・い【術無い】**(形) ①しかたない。②せつない。つらい。困ったことだ。派生じゅつなが・る(五自) じゅつなげ(形動) じゅつなさ(名)

**しゅつ-にゅう【出入】**(名・サ変自) 出ることと、はいること。ではいり。come in and go out

**しゅつにゅうこくかんり-れい【出入国管理令】** 出国・入国者を取り締まり、その公正な管理を行うことを目的とした政令。昭和二六年(一九五一)公布。同五六年(一九八一)一部を改正し「出入国管理及び難民認定法」と改称。

**しゅつ-のう【出納】**《「すいとう」は別語》昔、蔵人所などで、物の出し入れや雑事に当たった役。

**しゅつ-ば【出馬】**(名・サ変自) ①馬に乗ってその場に臨むこと。とくに、戦場に出ること。出陣。②自らその場に出ること。go in ③選挙などに立候補すること。run for election

**しゅっ-ぱつ【出発】**(名・サ変自) ①出かけること。departure ②新しく事を始めること。start 用例再―。

**しゅっぱつ-てん【出発点】** ①出発する地点。starting point ②事を始める時。最初。start

**しゅっ-ぱん【出帆】**(名・サ変自) 船出すること。出港。sailing out

**しゅっ-ぱん【出版】**(名・サ変他) 販売・配布の目的で文書や絵画などを刊行すること。ひろくは新聞についてもいうが、ふつう書籍・雑誌の刊行をいう。publication

**しゅっぱん-けん【出版権】** 著作物を複製し発売配布する権利。著作者自身が持つ著作出版権と、著作者との契約で出版者が得る設定出版権とに分けられる。publishing rights 比較著作権。

**しゅっぱん-しゃ【出版社】** 著作物や図書を企画・編集し、印刷物として刊行する会社。publishing company

**しゅっぱん-じょうれい【出版条例】** 明治二年(一八六九)政府批判の思想を抑圧するため制定された出版取締法。同二六年(一八九三)出版法に引き継がれた。

**しゅっぱん-の-じゆう【出版の自由】** 印刷物によって思想を発表する自由。表現の自由の一部で、憲法二一条によって保障される。freedom of the press

**しゅっぱん-ほう【出版法】** 一般新聞と定期刊行雑誌以外の出版物の取り締まりを目的とした法律。出版条例を受け継いで明治二六年(一八九三)に制定。昭和二四年(一九四九)廃止。

**しゅっ-ぴ【出費】**(名・サ変自) 費用を出すこと。また、かかった費用。かかり。expenses 比較入費。用例―がかさむ。

**しゅっ-ぴん【出品】**(名・サ変他) 展覧会・売店・陳列場などに、品物・作品を出すこと。exhibition

**しゅっ-ぷ【出府】**(名・サ変自) ①地方から都市へ出ること。上京。come up to the capital ②江戸時代、江戸へ出ること。

**じゅつ-ぶ【述部】** 文の中で述語の働きをする部分。predicate 対義主部。

**しゅっ-ぺい【出兵】**(名・サ変自) 国外に軍隊を派遣すること。派兵。dispatch troops 対義撤兵。

**じゅっ-ぺい【▼恤兵】**(名・サ変自他) 金銭・物品を送って出征兵士を慰問すること。用例―金。

**しゅつ-ぼつ【出没】**(名・サ変自) 出ることと、隠れること。現れたり、隠れたりすること。make frequent appearances

**しゅつぼつ-せい【出没星】** 天体の日周運動において、東側の地平線から出て、西側の地平線に沈む星。rising and setting star

**しゅっ-ぽん【出奔】**(名・サ変自) ①家を出て、ゆくえをくらますこと。abscondence ②江戸時代、徒士以上の武士が逃亡してゆくえをくらますこと。

**しゅつ-らい【出来】**(名・サ変自) ↓しゅったい(出来)

**しゅつらん-の-ほまれ【出▼藍の誉れ】**(連語)《『荀子』の「青は藍よりいでて藍より青し」から》弟子が師よりもすぐれること。excel one's master

**しゅつ-り【出離】**(名・サ変自)《仏教語》①世間を逃れ、はなれること。②僧になること。

**しゅつ-りょう【出猟】**(名・サ変自) 鳥・けものをとりに出ること。go hunting

**しゅつ-りょう【出漁】**(名・サ変自) 漁に出ること。しゅつぎょ。go fishing 用例北洋に―する。

**しゅつ-りょく【出力】**《output の訳》①原動機・発電機などが、一定時間に出す有効エネルギー。output ②電気用語で、信号を回路の外へ出すこと。output 対義入力。③コンピューターから情報を出すこと。また、その情報。output 対義入力。

**しゅつりょく-そうち【出力装置】** コンピューターのデータ処理の結果を書き出す装置。各種の印字装置、X-Yプロッターなど。output device; output unit

**しゅつりょく-でんあつ【出力電圧】** 電気系の装置で、信号や電力を外部へ供給するときの電圧。output voltage

**しゅつりょく-トランス【出力トランス】** 電力増幅器とスピーカーなどの負荷を効率よく結合するための変圧器。output transformer

**しゅつ-るい【出塁】**(名・サ変自) 野球で、打者が塁に出ること。be on base

**しゅつ-ろ【出▼廬】**(名・サ変自) 隠退していた人が、再び社会に出て活動すること。comeback

**シュティフター【Adalbert Stifter】**(一八〇五～六八) オーストリアの小説家。詩的写実主義文学の代表者の一人。短編集『とりどりの石』、教養小説『晩夏』、歴史小説『ウィティコー』など。

**シュティルナー【Max Stirner】**(一八〇六～五六) ドイツの哲学者。本名は、ヨハン=カスパール=シュミット。いっさいの権威を否定し、自我のみを実在とする極端な個人主義を主張し、無政府主義に至った。主著『唯一者とその所有』。

**シュテール【Hermann Stehr】**(一八六四～一九四〇) ドイツの小説家。作品『聖人屋敷』など。

**シュテッティン【Stettin】** ↓シチェチン

**シュテファン-ボルツマン-の-ほうそく【シュテファン-ボルツマンの法則】** 黒体の単位断面積から単位時間に放射されるエネルギーは、その黒体の絶対温度の四乗に比例するという法則。太陽表面温度の推定などに用いられる。Stefan-Boltzman's law

**シュテム**《stemmen ドイツ(止める)から》スキー板の後端をV字形に開くこと。回転のきっかけをつくったり、スピードを加減するための技術。

**シュテム-クリスチャニア【Stemm Kristiania ドイツ】** ↓シュテムボーゲン

**シュテムボーゲン【Stemmbogen ドイツ】** アルペンスキーの技術。斜滑降からスキー板の後端をV字形に開いてスピードを落とし、回転のきっかけをつかむ半制動回転。シュテムターン。

**シュテルン【Otto Stern】**(一八八八～一九六九) アメリカの物理学者。ドイツ生まれ。磁場の中で、原子はそのスピンの向きで量子化することを示したシュテルン-ゲルラッハの実験などで、一九四三年ノーベル物理学賞受賞。

**シュテルンハイム【Carl Sternheim】**(一八七八～一九四二) ドイツの劇作家。喜劇『ズロース』『ブルジョワ-シッペル』など。

**しゅ-てん【主典】** ①律令制で、上級官吏の四等官の第四。さかん。②もと、官幣社・国幣社の神職。禰宜の下で、祭祀・事務に当たった。

**しゅ-てん【主点】** ①主要な点。要点。point ②レンズの性質を決める点の組。薄いレンズではその中心が主点となる。principal point

**しゅ-でん【主殿】** ①室町時代の武家住宅で、その中心となる建物。寝殿・表座敷・客殿などをいう。②朝廷の重大な儀式のとき、香炉の火をつかさどる役。

**しゅてん-どうじ【酒▼吞童子・酒▼顚童子】** 室町時代に鬼を装って物を奪い婦女をさらった盗賊。また、その伝説。大江山の酒呑童子は源頼光とその四天王が退治したといわれる。

**しゅ-と【首途】** 旅立ち。かどで。departure

**しゅ-と【首都】** その国の中央政府が置かれている都市。政治的機能を中心とするが、経済的・文化的中心となることが多い。首府。capital

**しゅ-と【酒徒】** ①酒飲み仲間。drinking companion ②酒好きの人。drinker

**しゅ-と【衆徒】** ＝しゅうと。①諸山・諸大寺に住む多くの僧侶。many priest ②平安末ごろから僧兵の別称。僧徒。monk soldier ③奈良興福寺で武力組織とした下級僧侶。比較国民。

**しゅ-とう【手▼套】** てぶくろ。てとう。gloves

**手套を脱す**(しゅとうをだっす) 今までの見せかけをやめて、ほんとうの手腕を示す。

**しゅ-とう【酒盗】**《酒の肴にすると酒を盗んでまで飲みたくなるほどの珍味といわれることから》カツオの内臓で作る塩辛。高知県の名産。参照塩辛。

**しゅ-とう【種痘】** ヒトの天然痘予防のため牛痘ウイルスを接種すること。また、その方法。一七九六年、ジェンナーにより実証された。昭和五五年(一九八〇)世界保健機関の天然痘根絶宣言により、わが国でも種痘の定期接種は廃止された。vaccination

**しゅ-とう【朱▼耷】**(一六二六～一七〇五) 中国、明末清初の文人画家。号の八大山人で有名。独特の山水・花鳥にすぐれる。

**しゅ-どう【手動】** 手で動かすこと。manual

**しゅ-どう【主動】**(名・サ変自) 自分が中心となって活動すること。take on initiative 比較能動。用例―的。

**しゅ-どう【主導】**(名・サ変他) 中心となって指導すること。リード。leadership 用例―権。

**しゅ-どう【衆道】** 男色の道。

**じゅ-どう【受動】** 働き・作用を受けること。受け身。passive 対義能動。

**じゅどう-きつえん【受動喫煙】** ↓かんせつきつえん(間接喫煙)

**しゅどう-けいじ【手動計時】** 時間を競う競技で、計時員がストップウオッチを用いて時間を計測すること。manual timing

**しゅとう-じょ【種痘所】** 江戸で牛痘接種を行ったところ。江戸在住蘭方医八二人の醵金により、安政五年(一八五八)、神田お玉ケ池の川路聖謨の下屋敷に設立。俗に、お玉ケ池種痘所。

**じゅどう-たい【受動態】** 文法で、行為を受けるがわを主語に立てたときの表現。日本語では、「泣かれる」のように自動詞にもある。受け身。passive voice 対義能動態。

**シュトゥットガルト【Stuttgart】** 西ドイツ南西部、バーデンビュルテンベルク州の州都。ネッカー川沿いの商工業都市。人口五七・一万(一九八三)。シュツットガルト。

**じゅどう-てき【受動的】**(形動) 受け身であるさま。passive 対義能動的・自発的。

**シュトゥルム-ウント-ドラング【Sturm und Drang ドイツ】**《疾風怒濤、の意》一七七〇年代のドイツの文学革命運動とその流派。理性よりも感情を尊重し、自己の実現をめざし、個性としての天才を崇拝した。ゲーテ・シラーなど。

**シュトース【Veit Stoss】**(一四四五ごろ～一五三三) ドイツ後期ゴシックの代表的彫刻家。おもに彩色木彫を制作。作品『マリア聖堂中央祭壇』(クラクフ)など。

**しゅ-とく【取得】**(名・サ変他) 自分のものにすること。手に入れること。acquisition

**しゅ-とく【朱徳】**(一八八六～一九七六) 中国の軍人。辛亥革命、第三革命に活躍。一九二二年共産党に入党。南昌暴動に参加。二八年井岡山で毛沢東と合流。以後軍の最高指揮官として活躍。中華人民共和国成立後は国家副主席など要職を歴任。文化大革命で一時批判された。

**しゅ-とくじゅん【朱徳潤】**(一二九四～一三六五) 中国、元代の文人画家・官吏。山水画にすぐれていた。浙派の源流。

**しゅと-けん【首都圏】** 東京都の都市的影響下にある地域。行政的には、昭和三一年(一九五六)に制定された首都圏整備法の適用される一都七県(東京・神奈川・埼玉・千葉の全域と茨城・栃木・群馬・山梨の一部)をさす。Tokyo metropolitan area

**しゅと-こうそくどうろ【首都高速道路】** 東京都とその周辺地域の有料自動車道路。都内のハイウエー網を形成。

**しゅと-して【主として】**(副) おもに。もっぱら。mainly

**しゅと-だいがくやきゅう【首都大学野球】** 関東地方一三大学野球部の結成する首都大学野球連盟が毎年春秋に行うリーグ戦。二部制。昭和三九年(一九六四)に東都大学野球連盟より分離結成。

**シュトックハウゼン【Karlheinz Stockhausen】**(一九二八～) ドイツの前衛作曲家・理論家。電子音楽の創始にもっとも重要な役割を果たした。その後も現代音楽の可能性を追求している。作品『コントラ-プンクテ』『テレムジーク』など。

**シュトラウス【David Friedrich Strauss】**(一八〇八～七四) ドイツの神学者・哲学者。ヘーゲル左派の代表者。聖書の歴史的研究を行い、著書『イエス伝』で「キリスト神話論」を展開。



▼常用漢字表外。 ▽常用漢字表の音訓外。

**シュトラウス**【Emil Strauss】(一八六六〜一九六〇) ドイツの小説家。作品『友人ハイン』『交錯』など。

**シュトラウス**【Johann Strauss】(一八二五〜九九) オーストリアの作曲家・指揮者・バイオリン奏者。同名の父ヨハン(「ワルツの父」)と区別し「ワルツ王」とよばれる。親しみやすい名曲を残した。オペレッタ『こうもり』『ジプシー男爵』、ワルツ『美しく青きドナウ』など。

**シュトラウス**【Josef Strauss】(一八二七〜七〇) オーストリアの作曲家。「ワルツの父」の次男。ワルツ『オーストリアの村燕』『天体の音楽』など。

**シュトラウス**【Richard Georg Strauss】(一八六四〜一九四九) ドイツの作曲家。指揮者としても活躍。ドイツ＝ロマン派最後の巨匠。交響詩と歌劇に大作を残す。交響詩『ドン＝ファン』『死と変容』、オペラ『ばらの騎士』、歌曲・ピアノ曲など。

**シュトラスブルガー**【Eduard Adolf Strasburger】(一八四四〜一九一二) ドイツの細胞学者・植物学者。細胞分裂における染色体の動きなどを研究。

**シュトラスブルク**【Strassburg】↓ストラスブール

**シュトルム**【Theodor Storm】(一八一七〜八八) ドイツの小説家・詩人。つつましやかで暖かい短編を書いた。作品『みずうみ』『三色すみれ』『白馬の騎士』など。

**シュトルム-ウント-ドラング**【Sturm und Drang ドイツ】↓シュトゥルムウントドラング

**シュトレーゼマン**【Gustav Stresemann】(一八七八〜一九二九) ドイツの政治家。一九二三年挙国連合内閣を組閣。通貨安定と経済再建に尽力。以後外相として協調外交を推進。ロカルノ条約締結、国際連盟加入を実現。一九二六年ノーベル平和賞受賞。

**シュトロハイム**【Erich von Stroheim】(一八八五〜一九五七) アメリカの映画監督・俳優。オーストリア生まれ。監督作『グリード』など。出演作『大いなる幻影』など。

**シュナーベル**【Arthur Schnabel】(一八八二〜一九五一) オーストリアのピアニスト。新しいベートーベン解釈を確立した。

**シュナイダー**【Reinhold Schneider】(一九〇三〜五八) ドイツの小説家。作品『ホーエンツォレルン家』など。

**シュナイダー**【Romy Schneider】(一九三八〜八二) オーストリアの映画女優。主演作『制服の処女』『離愁』『サン＝スーシの女』など。

**じゅ-なん**【受難】(名・サ変自) ①苦しみにあうこと。suffering ②イエス＝キリストがエルサレムで逮捕され、裁かれて十字架上で死にいたるまでの苦難。パッション。Passion

**じゅなん-きょく**【受難曲】 四福音書のキリスト受難の物語をもとにした宗教音楽。バッハの『マタイ受難曲』など。Passion music

**じゅなん-げき**【受難劇】 キリスト受難の物語を劇化したヨーロッパ中世末期の宗教劇の一種。中世受難劇として有名なアウグスブルク受難劇など。ルネサンス以後ではオーベルアンメルガウ受難劇が代表的。Passion play

**じゅなん-しゅう**【受難週】↓じゅなんせつ(受難節)

**じゅなん-せつ**【受難節】 キリスト教の教会暦による、イエスの復活日前日までの一週間。四旬節の最後の一週間をいう。受難週。聖週。Passion week

**ジュニア**【junior】 対義 シニア。①年少者。未成年者。②下級生。③息子。

**ジュニア-ウエルターきゅう**【ジュニアウエルター級】 プロボクシングWBAの体重別階級の一つ。六一・二〜六三・五kg。WBCではスーパーライト級。junior welterweight

**ジュニア-カレッジ**【junior college】 アメリカの高等教育機関の一つ。二年制でハイスクールから接続。日本の短期大学の原型。

**ジュニア-スタイル**【junior style】 少女向きの服装。おもに一〇代の半ばまでの少女を対象とする。

**ジュニア-バンタムきゅう**【ジュニアバンタム級】 プロボクシングWBAの体重別階級の一つ。五〇・八〜五二・一kg。WBCではスーパーフライ級。junior bantamweight

**ジュニア-フェザーきゅう**【ジュニアフェザー級】 プロボクシングWBAの体重別階級の一つ。五三・五〜五五・三kg。WBCではスーパーバンタム級。junior featherweight

**ジュニア-フライきゅう**【ジュニアフライ級】 プロボクシングWBAの体重別階級の一つ。四八・九kg以下。WBCではライトフライ級。junior flyweight

**ジュニア-ヘビーきゅう**【ジュニアヘビー級】 プロボクシングWBAの体重別階級の一つ。七九・三〜八六・一kg。WBCではクルーザー級。junior heavyweight

**ジュニア-ボード**《junior board of directorsから》青年重役会。提案制度をかねた若手経営者の育成制度。

**ジュニア-ミドルきゅう**【ジュニアミドル級】 プロボクシングWBAの体重別階級の一つ。六六・六〜六九・八kg。WBCではスーパーウエルター級。junior middleweight

**ジュニア-ライトきゅう**【ジュニアライト級】 プロボクシングWBAの体重別階級の一つ。五七・一〜五八・九kg。WBCではスーパーフェザー級。junior lightweight

**ジュニア-レッド-クロス**【Junior Red Cross】 赤十字の組織の一つ。赤十字精神に基づき、少年少女が健康・安全・奉仕・国際理解・親善を実践目標に活動。青少年赤十字。

**しゅに-え**【修二会】 諸大寺で、陰暦二月一日から一四日まで、国家安泰などを祈って行った仏教法会。東大寺二月堂のお水取りはとくに有名。

**しゅ-にく**【朱肉】 押印に使う朱色の印肉。中国から伝来し、明治時代署名捺印(なついん)するようになって普及。一般には、レーキ顔料(がんりょう)を油で練り、もぐさに混ぜるかスポンジにしみこませる。

**じゅ-にく**【受肉】 キリスト教用語。神の子キリストがナザレのイエスという人間の姿となってこの世に生まれたこと。託身。incarnation

**シュニッツラー**【Arthur Schnitzler】(一八六二〜一九三一) オーストリアの小説家・劇作家。人間の潜在意識や死生観を掘り下げた。小説『テレーゼ』、戯曲『アナトール』『恋愛三昧(ざんまい)』『輪舞』など。

**じゅ-にゅう**【授乳】(名・サ変自) 乳児に乳を与えること。breast-feeding

**じゅにゅう-き**【授乳期】 乳児に乳を飲ませる期間。生後約一か年。lactation period

**しゅ-にん**【主任】 ①主となって任務に当たること・人。chief ②任務担当の上席者。person in charge

**じゅ-にん**【受任】 ①任命を受けること。②委任契約によって、委任事務を処理する義務を負うこと。

**じゅ-にん**【受忍】 不利益や迷惑などをこうむってもがまんすること。用例 ――の限度をこえる。

**じゅにん-げんど**【受忍限度】 公害や騒音など、他人に対する生活妨害や損害を互いにがまんすべき限度。

**しゅにん-せい**【主任制】 小学校・中学校・高等学校などに、教科主任・学年主任・生徒指導主事などを設置する制度。

**しゅ-ぬり**【朱塗(り)】 朱色に塗ること。また、塗ったもの。vermilion-lacquered article

**ジュネ**【Jean Genet】(一九一〇〜八六) フランスの小説家・劇作家・詩人。泥棒(どろぼう)・乞食(こじき)・男娼(だんしょう)など体験的な諸悪を聖化し、実存主義的傾向の作品を書いた。小説『花のノートルダム』『泥棒日記』、戯曲『女中たち』など。

**シュネーデル**【Gérard Schneider】(一八九六〜) フランスの画家。スイス生まれ。精神面の純粋さを重視し、抽象絵画に独自の画境を確立。

**シュネーデル**【Schneider s.a.】 フランスのシュネーデル財閥の中心となる持ち株会社。一九六六年設立。エレクトロニクス・エンジニアリング・土木工事の三部門が中心。

**ジュネーブ**【Genève】 スイスの南西端、レマン湖畔の国際観光都市。国際赤十字、ILOなど国際機関の本部が多い。人口一五・九万(一九八三)。ジュネバ。

**ジュネーブ-かいぎ**【ジュネーブ会議】(Geneva Conference) 一九五四年、朝鮮統一問題とインドシナ戦争終結問題討議のためジュネーブで開かれた国際会議。一八か国が出席。前者は意見対立のまま打ち切り、後者は、ベトナム・ラオス・カンボジアにおける休戦などを決定したジュネーブ協定が成立。

**ジュネーブ-ぎていしょ**【ジュネーブ議定書】(Geneva Protocol) ジュネーブで成立した複数国間の約束文書。①一九二四年に国連総会で採択された、国際紛争の平和的処理に関する一般議定書。②一九二五年の毒ガスなどの使用禁止に関する議定書。

**ジュネーブ-ぐんしゅくいいんかい**【ジュネーブ軍縮委員会】(Disarmament Committee) ジュネーブにあった軍縮交渉専門機構の通称。一九六〇年国連機構外に一〇か国軍縮委員会が発足。六一年一八か国軍縮委員会に発展、六九年さらに日本など八か国の参加で軍縮委員会会議と改称。七八年新たに軍縮委員会として再発足し、八四年軍縮会議と改称。

**ジュネーブ-ぐんしゅくかいぎ**【ジュネーブ軍縮会議】 ①(Naval Conference) 一九二七年、海軍補助艦艇の制限に関するアメリカ・イギリス・日本三国の軍縮会議。②(Disarmament Conference) 一九三二年、国際連盟の主催で五九か国が参加して行われた軍縮会議。三三年ドイツの脱退で中絶。③(The Conference on Disarmament) 一九八四年、ジュネーブ軍縮委員会を改称して成立した機構。CD。

**ジュネーブ-こ**【ジュネーブ湖】(Genève) レマン湖のフランス語名。

**ジュネーブ-じょうやく**【ジュネーブ条約】(Geneva Conventions) 戦時の傷病兵・捕虜・抑留者の保護を目的として一九四九年にジュネーブで締結された四つの条約の総称。赤十字条約。

**しゅ-の-いのり**【主の祈り】 イエスが弟子たちに教えた模範的な祈り。「天にましますわれらの父よ」で始まる主禱(しゅとう)。Lord's prayer

**しゅ-のう**【首脳】 政府・会社・団体などの中心人物。brains

**じゅ-のう**【受納】(名・サ変他) 金品を受け納めること。acceptance 比較 受容。

**しゅのう-ぶ**【首脳部】 政府・会社・団体などのもっとも重要な地位にある人々。幹部。the executives

**ジュノー**【Juneau】 アメリカ、アラスカ州の州都。サケ漁業の根拠地。一八八〇年のゴールドラッシュ以後発展。人口二万(一九八〇)。

**ジュノー**【Juno】↓ユノ

**シュノーケル**【Schnorchel ドイツ】 ①潜水艦が潜航中に用いる給・排気筒。第二次大戦中にドイツが実用化し、潜航中もディーゼルエンジンが使えるようになった。②スポーツ用の、水中での呼吸装置。長さ三〇cmほどのパイプで、一端を口にくわえ、他端を水面上に出して呼吸を行う。スノーケル。snorkel米; snort英

**しゅのきげん**【種の起原】《原題On the Origin of Species by Means of Natural Selection》自然選択説による進化論を唱えたダーウィンの主著。一八五九年初版。

**じゅ-の-ぼさつ**【地▼涌の▼菩▼薩】『法華経(ほけきょう)』「涌出品(ゆじゅっぽん)」中、『法華経』を弘布(ぐふ)するために地下から涌出(ゆしゅつ)した無数の菩薩たちの総称。

**しゅ-ば**【種馬】 種(たね)付け用に選ばれた血統・能力・体型のすぐれた牡馬(おすうま)。あるいは繁殖用に飼養されている牡および牝(めす)の馬。たねうま。stallion

**シュバーベン**【Schwaben】 西ドイツ南西部、バイエルン州南西部の行政区。中心都市アウグスブルク。人口一五三・七万(一九八一)。シュワーベン。

**しゅ-はい**【酒杯・酒▼盃】 さかずき。wine-glass 用例 ――をあげる。

**シュパイアー**【Speyer】 西ドイツ南西部、ライン川中流左岸の工業都市。人口四・四万(一九八一)。

**しゅ-ばいしん**【朱買臣】(?〜BC一〇九) 中国、前漢時代の政治家。会稽(かいけい)太守となり九卿(きゅうけい)に列した。貧しい生活中に去った妻が、のちに立身した彼を見て、恥じて自殺したという。

**シュバイツァー**【Albert Schweitzer】(一八七五〜一九六五) 神学者・哲学者・医者・音楽家・キリスト教伝道者。アルザス生まれ。アフリカのガボンのランバレネに病院を設立し、原住民救済に後半生のすべてをささげた。一九五二年ノーベル平和賞受賞。著書『文化哲学』『水と原生林の間で』など。

**シュバイツァー-しやく**【シュバイツァー試薬】 水酸化銅(II)を過剰の濃アンモニア水に溶解した濃青色の液体。セルロースを溶解する。銅アンモニアレーヨンの製造に使用。Schweizer's reagent

**じゅ-ばく**【▼呪縛】(名・サ変他) まじないをかけて動けなくすること。spellbind

**しゅばし-こう**【朱▼嘴▼鸛】 ヨーロッパ産の嘴(くちばし)が赤いコウノトリ。全長約一m。日本産のものは嘴が黒褐色。冬はアフリカに渡って越冬。古くからヨーロッパの民話や伝説に登場し、幸福をもたらす鳥、赤ん坊を連れてきてくれる鳥とされる。white stork

**シュバリエ**【Maurice Chevalier】(一八八八〜一九七二) フランスのシャンソン歌手・俳優。しゃれた歌と演技で知られた幻想派歌手の第一人者。

**シュバルツバルト**【Schwarzwald】↓シュワルツワルト

**しゅ-はん【主犯】** 二人以上で罪を犯したとき、その中心となって犯罪行為を行った者。principal 対義 共犯。

**しゅ-はん【首班】** ①第一の席次。首席。the head ②内閣総理大臣。the prime minister

**じゅ-ばん【▼襦▼袢】** 《gibão ポルトガル から》和装用下着の一種。上半身用の単の肌着。この呼称は明和・安永・天明のころからで、それ以前は肌着・肌付といった。従来の着たけのものは長じゅばん、短いものは半じゅばんという。ジバン。

**ジュパンチッチ【Oton Župančič】**(一八七八〜一九四九)ユーゴスラビアの詩人。スロベニア語で独自の詩境を開拓。詩集『陶酔の杯』『独白』など。

**しゅ-ひ【珠皮】** 胚珠の外部の一組織で、種子形成では種皮になる部分。ふつう、合弁花類や裸子植物では一枚、離弁花類や単子葉植物では二枚。integument

**しゅ-ひ【種皮】** 植物の種子の皮。胚珠の珠皮が発達したもの。種子の外側をおおい、胚を保護する。発芽時の水分吸収調節に役だつ。seed coat

**しゅ-び【守備】**(名・サ変他) 敵を防ぎ、味方を守ること。守り。defense 対義 攻撃。

**しゅ-び【首尾】** 《首と尾、の意》①初めと終わり。前後。beginning and end 用例 ——一貫。②なりゆき。結果。result 用例 ——は上々。

**じゅ-ひ【樹皮】** 樹木の形成層より外側の部分。樹木の生長にしたがってたえず変化し、篩部の内側に分化したコルク形成層が肥大生長すると外側のコルク層は死滅して外樹皮となり、はがれ落ちる。bark →木材 図

**シュピーゲル【Der Spiegel ドイ】** 西ドイツのニュース週刊誌。野党的立場からドイツ統一政策・核軍事政策などを批判。一九四七年創刊。

**しゅび-いっかん【首尾一貫】**(名・サ変自) 始めから終わりまで一つの方針、考え方で通すこと。be consistent

**シュピールハーゲン【Friedrich Spielhagen】**(一八二九〜一九一一) ドイツの小説家。作品『問題的な人物』など。

**ジュピター【Jupiter】** ①ラテン語「ユピテル」の英語読み。ローマ神話の最高神。②木星。

**ジュピターこうきょうきょく【ジュピター交響曲】**(Jupiter-Symphonie ドイ) モーツァルト作曲の交響曲、第四一番、ハ長調、K五五一の通称。一七八八年作。古典派交響曲の典型で、彼の器楽曲の最高峰。

**しゅ-ひつ【主筆】** 新聞社・雑誌社などで、記者の首席として社説・論説や主要な記事を書く人。editor in chief

**しゅ-ひつ【朱筆】** ①朱で直したり、つけ加えたりする筆。vermilion-brush ②朱の書き入れ。correction

**朱筆を入れる**(しゅひつをいれる) 「朱筆を加える」と同意。

**朱筆を加える**(しゅひつをくわえる) 文章を直す。添削する。朱筆を入れる。朱を入れる。revise

**しゅ-ひつ【▽執筆】** ①記録係。書記。②連歌・俳諧などの席で、参会者の句を記録する人。

**シュビッタース【Kurt Schwitters】**(一八八七〜一九四八) ドイツのダダイスムの画家。廃品を画面に張り合わせた抽象作品を制作、メルツと命名した。

**シュピッテラー【Carl Spitteler】**(一八四五〜一九二四) スイスの詩人。ギリシア神話を題材に大規模な叙事詩を書いた。一九一九年ノーベル文学賞受賞。韻文叙事詩『オリンピアの春』など。

**しゅび-ぼうがい【守備妨害】** 野球で、守備側の選手のプレーを攻撃側の打者または走者が妨害すること。interference with fielding

**しゅ-びょう【種苗】** 作物や草花の種と苗。seeds and sapling

**じゅ-ひょう【樹氷】** 霧氷の一種。地表近くが氷点以下になったとき、過冷却の霧粒が、枝や地物に吹きつけられてできた白色で不透明のもろい氷。羽毛状やひれ状をしていて、風上に向かって発達する。soft rime 比較 樹霜・粗氷。→写

●樹氷　青森県、八甲田山の樹氷。

**しゅび-よく【首尾よく】**(副) うまく。よいぐあいに。successfully

**しゅ-ひん【主賓】** ①主人と客。主客。host and guest; hostess and guest ②来客の中のもっとも重要な人。正客。the guest of honor

**しゅ-びん【▼溲瓶】** →しびん(溲瓶)

**シュビント【Moritz von Schwind】**(一八〇四〜七一) ドイツ-ロマン派の代表的画家。空想に富んだメルヘンの世界を描いた。童話の木版挿絵も多い。

**しゅ-ふ【主婦】** 一家の主人の妻。また、一家の女主人。housewife 対義 主人。

**しゅ-ふ【首府】** 国家の中央政府の所在地。一般に政治的機能を中心とするが、経済・文化などの中心ともなっている。首都。capital

**しゅ-ぶ【主部】** ①主要な部分。②文の中で主語の働きをする部分。subject 対義 述部。

**じゅ-ふ【▼呪符】** 病気・災難などをさけるための、まじないのふだ。護符。

**シュプール【Spur ドイ】** スキーで、滑ったあとにできる雪上の線。

**じゅふく-じ【寿福寺】** 鎌倉市扇ガ谷にある臨済宗建長寺派の寺。鎌倉五山の一つ。正治二年(一二〇〇)北条政子が創建、栄西を開山とした。

**しゅふ-しんけいしょう【主婦神経症】** 主婦の精神的ひずみから現れる特有の心身機能障害。子育ての時期の育児ノイローゼ、中年期の空の巣症候群や主婦不適応症候群など。housewives' neurosis

**しゅ-ぶつ【主物】** 独立してその物本来の利用目的を達せられる物で、付属物が付いている物。たとえば畳・建具に対する家屋。この場合、家屋に抵当権が設定されると畳・建具などにも効力がおよぶ。対義 従物。

**じゅ-ぶつ【儒仏】** 儒教と仏教。

**じゅぶつ-すうはい【▼呪物崇拝】** 宗教形態の一つ。ある物体に超自然的な力があると信じ、崇拝すること。また、その儀礼。フェティシズム。fetishism

**シュプランガー【Eduard Spranger】**(一八八二〜一九六三) ドイツの哲学者・心理学者・教育学者。ディルタイの影響のもとに、了解心理学と文化哲学を基礎とする文化教育学を提唱。著書『生の諸形態』など。

**シュプレヒコール【Sprechchor ドイ】** ①詩やせりふなどを合唱で連呼する一種の朗唱形式。②集会・デモ行進などで、スローガンなどを一斉に力強く訴えること。

**シュプレマティズム【Suprematism】** 芸術における絶対主義。一九一三年マーレビッチが提唱した先駆的抽象絵画論。方形・円形・三角形などの基本形態と純粋な色彩により造形を徹底的に追求する。

**しゅふ-れん【主婦連】** 主婦連合会の略称。

**シュプレンゲル【Christian Konrad Sprengel】**(一七五〇〜一八一六) ドイツの植物学者。花の形態と昆虫との関係、虫媒花と風媒花を研究。

**しゅふ-れんごうかい【主婦連合会】** 日本の代表的婦人団体。昭和二三年(一九四八)奥むめおを会長に結成。主婦連。

**しゅ-ぶん【主文】** ①一文章の主要な部分。main clause 比較 副文。②判決文で、判決の結論を示す部分。判決主文。text

**じゅ-ふん【受粉】**(名・サ変自) 花粉が、被子植物では雌しべの柱頭に、裸子植物では胚珠の珠孔部につくこと。pollination 用例 人工——。参照 自家受粉・他家受粉。

**しゅぶん-きん【朱文金】** キンギョの一品種。フナと三色デメキンの雑種で、尾びれが長く、白・青・赤・黒などの鮮明な斑紋が特徴。丈夫で飼いやすい。日本原産種。

**ジュベ【Louis Jouvet】**(一八八七〜一九五一) フランスの俳優・演出家。ジロドゥの作品など多くの現代劇・古典劇の演出に成功。映画でも活躍。

**しゅ-へい【手兵】** 手元に置く兵士。直接の部下。てぜい。one's men

**しゅ-へい【守兵】** 守備に当たっている兵。guards

**シュペーマン【Hans Spemann】**(一八六九〜一九四一) ドイツの動物学者。イモリの胚など、両生類の初期発生を研究し、その形成体を発見。一九三五年ノーベル生理学医学賞受賞。

**しゅ-へき【酒癖】** 酒に酔うと出るくせ。さけぐせ。drinker's eccentricity

**しゅ-べつ【種別】**(名・サ変他) 種類の違いによって分けること。また、分けたもの。類別。classification

**シュペルビエル【Jules Supervielle】**(一八八四〜一九六〇) フランスの詩人・小説家。ウルグアイ生まれ。調和の感覚を基調に宇宙と伝説をうたう。詩集『無実の囚人』、小説『ノアの方舟』など。

**シュペングラー【Oswald Spengler】**(一八八〇〜一九三六) ドイツの哲学者。歴史的相対主義の立場から世界の文化を生成消滅する有機体とみなし、西欧文明の没落を予言した。主著『西洋の没落』。

**しゅ-ほ【酒保】** ①酒を売る店。liquor shop ②兵営内で日用品や飲食物を売る所。post exchange

**しゅ-ほう【手法】** ①やり方。方法。method ②芸術作品における技巧・方法。technique

**しゅ-ほう【主峰】** 一つの山脈の中で、もっとも高い山。main peak

**しゅ-ほう【主砲】** 軍艦に装備した火砲のうち、最大口径のもの。一般に初速の大きいカノン砲を使用し、給弾・発射は自動的に行われる。旧日本海軍の戦艦大和・武蔵の四六cm砲が史上最大。primary gun 対義 副砲。

**しゅ-ほう【修法】** 《仏教語》密教で、加持・祈禱を行う儀式。すほう。ずほう。

**しゅ-ぼう【首謀・主謀】** 悪事・陰謀などの中心人物。張本人。ringleader 用例 ——者。

**じゅ-ほう【▼呪法】** まじないの方法。呪術。incantation

**シュポーア【Louis Spohr】**(一七八四〜一八五九) ドイツのバイオリン奏者・作曲家。ドイツ-ロマン派の代表的作曲家の一人。オペラ『イエソンダ』、バイオリン協奏曲など。

**しゅ-ぼく【朱墨】** ①朱色の墨。しゅずみ。②朱色と墨色。③《朱色と墨色で帳簿に記す意から》役所の事務を執ること。④詩文の添削。

**じゅぼく-どう【▽入木道】** 《王羲之の書いた字の墨が、三分(=約一cm)も木に染み込んだという故事から》書道のこと。

**しゅぼだい【▼須▽菩提】** 《Subhūti 梵 の音写》釈迦の十大弟子の一人。十六羅漢の一人。縁起の理の理解にすぐれ、解空第一と称せられる。スブーティ。

**シュマーレンバハ【Eugen Schmalenbach】**(一八七三〜一九五五) ドイツ経営経済学の創始者。動的貸借対照表理論の確立、限界原価計算理論を提起し、会計制度の統一化などに業績を残す。著書『動的貸借対照表論』など。

**しゅまりない-こ【朱▼鞠内湖】** 北海道北部、石狩川の支流雨竜川上流の人造湖。面積二四km²。発電用で有効貯水量一億七二二〇m³。雨竜湖・雨竜第一貯水池。

**しゅ-み【趣味】** ①感興をそそるようなよさのあること。おもむき。味わい。taste ②仕事ではなく、楽しみとしてすること。創作・製作・鑑賞・収集など。ホビー。taste; hobby 用例 ——は切手収集です。

**シュミーズ【chemise フラ】** 婦人用下着の一種。ひもで肩からつり、上半身から腰の下までをおおう肌着。保温・吸汗用。もとフランスで男女それぞれの下着だったものが、女性用は下着に、男性用はワイシャツへと発展した。シミーズ。

**シュミーデベルク【Oswald Schmiedeberg】**(一八三八〜一九二一) ドイツの医師。近代薬理学の父。動物実験による薬物研究の道を開いた。

**しゅみ-せん【▼須▼弥▽山】** 《Sumeru 梵 の音写。漢訳は妙高・妙光》古代インドの宇宙説で、世界の中心にそびえるという高山。日月は、その中腹を回転するという。

**しゅみ-だん【▼須▼弥壇】** 《仏教語》寺院の仏殿の中で、仏像などを安置する壇。須弥山をかたどったことに由来する。須弥座。仏の座。→寺院建築 図

**シュミット【Carl Schmitt】**(一八八八〜一九八五) ドイツの公法・政治学者。ベルリン大教授。ワイマール体制下で議会制民主主義を批判。大統領の非常大権に注目して独裁制を説き、ナチスの理論展開に寄与した。著書『政治的なものの概念』など。

**シュミット【Helmut Schmidt】**(一九一八〜 ) 西ドイツの政治家。社会民主党。国防相・経済相・蔵相などをへて一九七四年首相。八二年経済政策でつまずき辞任。

**シュミット-カメラ【Schmidt camera】** 《発明者の名に由来》凹面反射鏡と、収差補正用薄レンズを用いた反射屈折系の天体用カメラ。明るくて、収差の少ない広い視野が得られる。シュミット望遠鏡。→写

**シュミット-せん【シュミット線】** 樺太

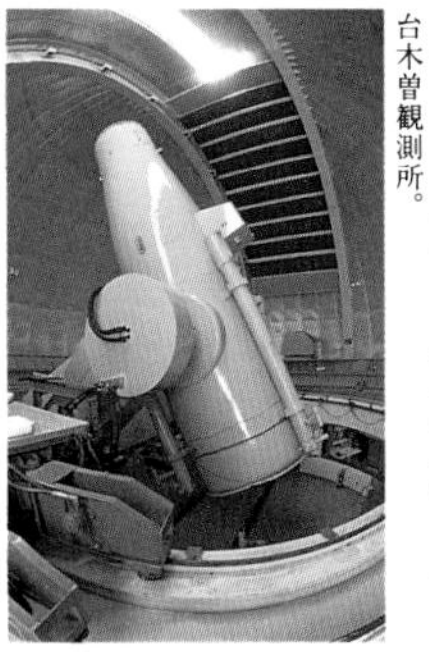

●シュミットカメラ　口径一〇五cm、国立天文台木曽観測所。

(サハリン)中央部にひかれた植物区系区の境界線。温帯と亜寒帯の境界となる。Schmidt's line

**シュミットボン**【Wilhelm Schmidtbonn】(一八七六〜一九五二) ドイツの小説家・劇作家。暖かみのある叙情的な作品を書いた。戯曲『街の子』、物語『河畔の人々』など。

**シュミット-ロットルフ**【Karl Schmidt-Rottluff】(一八八四〜一九七六) ドイツ表現主義の代表的画家。「橋派」。あざやかな色彩と簡潔な形態による構築的な作風。木版・石版画も多数制作。作品『昇る月』など。↓写

●シュミット-ロットルフ　『夏』。一九一三年、ニーダーザクセン州立博物館(西ドイツ)。

**しゅ-みゃく**【主脈】①山系中の主になる山脈。main mountain range ②鉱脈の主となるところ。main mineral vein ③植物の葉の中央を貫く葉脈。main vein ↓葉図

**じゅ-みょう**【寿命】①生物が生まれてから老衰によって死ぬまでの期間。生物の寿命の長さは、それぞれ決まっている。ヒトは約七〇〜八〇年。トラは約一一年など。life span ②品物の使える期間。耐久年数。life

**寿命が縮む**(じゅみょうがちぢむ) 身にこたえるほどに、極度の恐怖心を抱いたり、驚きをうけたりする。take years off one's life 用例 ―思いをした。

**しゅ-む**【主務】事務を主管すること・人。用例 ―官庁。

**シュムシュ-とう**【シュムシュ島】(Ostrov Shumshu) 太平洋北西部、千島列島最北東端の火山島。面積二三〇km²。もと日本領。今はソ連領。旧称占守島。

**しゅ-め**【主▽馬】「主馬寮」の略。

**しゅ-めい**【主命】主人・主君の命令。しゅうめい。one's master's order

**しゅ-めい**【種名】生物分類の基礎単位名。specific name

**シュメール**【Sumer】メソポタミアの古名。また、民族名。前三〇〇〇年ごろ、ウルなど人類最初の都市文明を形成。日干し煉瓦造りの神殿やジッグラトを建設。楔形文字・円筒印章・建築などのほか彫刻・工芸品にすぐれた遺品を残した。その人種的起源は不明。スメル。

**しゅめ-りょう**【主▽馬寮】明治以後、宮内省に属し、馬・牧場などの管理に当たった役所。

**しゅ-もう**【朱▼蒙】朝鮮、高句麗の伝説上の始祖。射をよくしたが、扶余人に殺されそうになり、のがれて普述水(佟佳河)に至り、高句麗を開いたという。

**しゅ-もく**【種目】種類別による項目。item

**しゅ-もく**【▼撞木】＝しもく。①鉦をたたいて打ち鳴らす丁字形の棒。鉦たたき。②釣り鐘をついて鳴らす棒。

**じゅ-もく**【樹木】木。生育している木。tree

**しゅもく-がい**【▼撞木貝】殻が丁字形の撞木に似ている海産の二枚貝。殻長・殻高とも約二〇cm。殻表は黄白色で、あらく波うつ。浅海の岩礫底にすむ。房総以南に分布。

**じゅもく-げんかい**【樹木限界】↓こうぼくげんかい(高木限界)

**しゅもく-ざめ**【▼撞木▼鮫】外洋の表層にすむサメ。頭部が丁字形の撞木に似ていて先端に目がある。全長約四m。世界の暖海に九種が分布。hammerhead shark ↓サメ図

**しゅもく-づえ**【▼撞木▼杖】頭部が、丁字の撞木形をしたつえ。

**しゅ-もく-てき**【主目的】おもな目的。main purpose

**しゅ-もつ**【▼腫物】はれもの。できもの。boil

**シュモラー**【Gustav von Schmoller】(一八三八〜一九一七) ドイツの経済学者。新歴史学派をおこして社会政策学会を創設。著書『法と経済の根本問題』など。

**じゅ-もん**【▼呪文】まじないの文句。のろいの文句。spell

**しゅ-やく**【主役】対義 脇役。①主要な役目・人。leading role ②映画・演劇の主人公。その役。leading actor; leading actress

**しゅ-やく**【主薬】処方したくすりの中で、おもな成分をなすくすり。

**しゅ-ゆ**【▼須▼臾】一昼夜の三〇分の一。わずかな間。しばらく。すゆ。moment 比較 刹那。用例 ―も惜しみて勉学す。

**じゅ-よ**【授与】(名・サ変他) さずけ与えること。conferment

**しゅ-よう**【主用】①主人に命じられた用事。employer's business ②おもな用向き。main business

**しゅ-よう**【主要】(名・形動) おもなこと・さま。かなめ。重要。肝要。essentials

**しゅ-よう**【▼須要】(名・形動) 欠くことができないこと・さま。必要。必須。

**しゅ-よう**【▼腫▼瘍】組織細胞が自律的に過剰増殖したもの。良性と悪性がある。tumor

**じゅ-よう**【受容】(名・サ変他) 《感覚・意志・文化などに使う》受け入れること。acceptance 比較 受納・受理。

**じゅ-よう**【需要】①必要なものを求めること。request ②市場にある商品・サービスを購入したいという欲求で、実際に購買力をともなうもの。また、その総量。demand 対義 供給。

**じゅよう-インフレ**【需要インフレ】総需要が総供給に対して相対的に増大し、超過需要をもたらす場合に起こるインフレーション。demand-pull inflation 対義 コストインフレーション。

**しゅようえし-いんし**【▼腫▼瘍▽壊死因子】白血球のマクロファージ(大食細胞)が生産・分泌するたんぱく質。一九七四年、米国のスローンケタリング癌研究所で発見された。癌細胞だけを攻撃し、正常細胞にはほとんど害を与えない。TNF。tumor necrosis factor

**じゅよう-き**【受容器】動物体の感覚器の一部で、刺激を直接受け入れる部分。感覚細胞自体や細胞の一部であることもある。受容体。receptor

**じゅようきょうきゅう-の-ほうそく**【需要供給の法則】商品・サービスの需要・供給量とその価格との関係をめぐる法則。市場競争がたもたれている場合、ある商品・サービスの価格は、それに対する需要が供給を上回る場合には上昇し、逆のときには下落する。law of demand and supply

**じゅよう-たい**【受容体】①生体膜上または細胞液中にあって、ホルモン・抗原など外来性の物質あるいは光・圧力など物理的刺激を認識し、細胞に応答を誘起するたんぱく質の構造体。レセプター。receptor ②↓じゅようき(受容器)

**しゅよう-どう**【主要動】地震動の中の主要な揺れ。S波が到達してから以後の地震動。principal shock 対義 初期微動。

**じゅよう-の-だんりょくせい**【需要の弾力性】消費者の商品・サービスに対する需要量が、所得や価格の変化によってどの程度変化するかを示す指標。demand elasticity

**しゅよう-マーカー**【▼腫▼瘍マーカー】腫瘍細胞によって特異的に産生される物質で、癌の診断・病状の経過観察の指標とされるもの。tumor marker

**じゅよう-よそく**【需要予測】商品・サービスに対する需要の動向を把握すること。価格や所得の動向分析に基づく。demand forecast

**しゅ-よく**【主翼】飛行機やグライダーで、飛行に必要な揚力を発生する翼。main wing ↓旅客機図

**しゅら**【修羅】①《仏教語》「阿修羅」の略。②大石や大木などを運ぶ古代以来の運搬具。修羅車。

**修羅の巷**(しゅらのちまた) 激戦・激闘の場所。scene of carnage 類似 修羅場。

**修羅の妄執**(しゅらのもうしゅう) 激しい恨み・そねみに心をうばわれる。

**修羅を燃やす**(しゅらをもやす) 激しいねたみ・恨みを燃えたたせる。

**シュラーフ**【Johannes Schlaf】(一八六二〜一九四一) ドイツの小説家。ホルツとともに徹底自然主義を提唱。合作小説『パパ-ハムレット』、戯曲『エルツェ親方』など。

**シュラーフザック**【Schlafsack ドイツ】登山用の寝袋。封筒形・人形形などがある。スリーピングバッグ。シュラーフ。sleeping bag ↓写

●シュラーフザック

**しゅらい**【▽周礼】儒教経典で、十三経の一つ。三礼の一つ。周公旦の撰と伝えられ、周代の制度を記述したもの。秦の焚書にあったが、漢代に五編が発見され、一編を加えて六編。

**じゅ-らい**【▽入来】(名・サ変自) ①入ってくること。おいで。光来。②来訪を敬っていう語。

**シュライエルマッハー**【Friedrich Ernst Daniel Schleiermacher】(一七六八〜一八三四) ドイツの哲学者・神学者。ベルリン大教授。宗教の根源を「絶対依存の感情」に求め、近代主義神学の祖とされる。主著『宗教論』。

**シュライデン**【Matthias Jakob Schleiden】(一八〇四〜一八八一) ドイツの植物学者。植物の発生過程を研究。一八三八年シュワンとともに細胞説を提唱。

**シュライヤー**【Peter Schreier】(一九三五〜) ドイツのテノール歌手。透明な声と完璧なテクニックをもち、現在最高のリック-テノールといわれる。指揮活動も行う。

**しゅら-おうぎ**【修羅扇】①波に日輪と半月を描いた黒骨の軍扇。武者扇。②能の修羅物で、シテや鬼の役が用い、表裏ともに金地に波と日輪を描いた黒骨の中啓。

**ジュラ-き**【ジュラ紀】《名称は「ジュラ山脈」に由来》中生代を三分した場合の二番目の時代。約二億年前から約一億四〇〇〇万年前にあたる。恐竜類や始祖鳥をはじめ、アンモナイトなどの海生動物や裸子植物が繁栄した。Jurassic Period

**じゅ-らく**【▽入▼洛】(名・サ変自) 貴人が京都に入ること。御入京。

**じゅ-らく**【▼聚楽】和風建築の塗り壁の上塗りに用いる黄褐色の土。

**じゅらく-だい**【▼聚楽第】豊臣秀吉が京都に造営した城郭風の大邸宅。天正一五年(一五八七)完成。桃山建築を代表する建物で、大徳寺唐門と西本願寺飛雲閣が現存遺構という。じゅらくてい。↓写

●聚楽第　『聚楽第図屏風』より。三井文庫(東京都)。

**ジュラ-さんみゃく**【ジュラ山脈】(Jura) フランス東部、スイスとの国境にある山脈。最高峰クレ-ドゥ-ラ-ネージュ山は標高一七二三m。地質時代区分ジュラ紀の名はこの山脈にちなむ。

**しゅら-じょう**【修羅場】戦闘・争乱の悲惨な場所。しゅらば。scene of bloodshed

**しゅら-どう**【修羅道】阿修羅道のこと。

**しゅら-ば**【修羅場】①↓しゅらじょう(修羅場)。②芸能で、戦闘・争乱の場面。

**しゅら-もの**【修羅物】能の分類の一つ。武将の霊が合戦の有り様を語り舞う能。多くは修羅道の苦しみを語り、救いを求める。『清経』『敦盛』など。二番目物。

**ジュラルミン**【duralumin】アルミニウム

を主成分とする強力軽合金。銅四%、マグネシウム・マンガン各〇・五%を含む。引っ張り強度は鋼に匹敵し、重さは鋼の約三分の一。航空機・自動車・建築などの構造材料に利用。

**しゅ-らん【酒乱】** 酒に酔うと暴れる癖。また、そういう人。drunken frenzy

**しゅ-らん【種卵】** 雛を生産するための卵。すぐれた雌雄の自然交配や人工授精により得られる。受精率・孵化率の高いことが望ましい。hatching egg

**シュランベルジェ【Jean Schlumberger】**（一八七七〜一九六八）フランスの小説家。ジッドらと『NRF』誌を創刊。作品『サン-サチュルナン』など。

**しゅ-り【修理】** ①↓しゅうり(修理)。②「修理職」の略。

**しゅり【首里】** 沖縄県、那覇市東部にある地区。琉球王朝時代の都。一帯は住宅地域。守礼門・園比屋武御嶽の石門など歴史遺産が多く、沖縄観光の中心。

**じゅ-り【受理】**（名・サ変他）願書や書類を受け取って正式に取り扱うこと。acceptance 比較受容。

**ジュリアード-おんがくがっこう【ジュリアード音楽学校】**（Juilliard School）アメリカの音楽学校の名門。一九二四年設立。現名称はジュリアード学校。ジュリアード音楽院。

**ジュリアード-げんがくしじゅうそうだん【ジュリアード弦楽四重奏団】**（Julliard String Quartet）アメリカの弦楽四重奏団。ジュリアード音楽院の教授をメンバーとして一九四六年結成。とくに現代音楽の演奏に定評がある。

**ジュリアス-シーザー【Julius Caesar】** シェークスピアの悲劇。一六〇〇年ごろの作。一六二三年初版。シーザーの死、アントニーの活躍とブルータスの悲劇的運命を描く。

**ジュリアン-ソレル【Julien Sorel】** スタンダールの小説『赤と黒』の主人公。才知と美貌に恵まれ、立身出世への野望に燃えるが挫折する。

**ジュリーニ【Carlo Maria Giulini】**（一九一四〜）イタリアの指揮者。ミラノ-スカラ座・ウィーン交響楽団首席指揮者。

**シュリー-ビジャヤ【Sri Vijaya】** 七〜一一世紀にスマトラ島南部で栄えた王朝。パレンバンを中心にさかんに貿易活動を行った。九世紀半ばに最盛。

**シュリーファー【John Robert Schrieffer】**（一九三一〜）アメリカの物理学者。イリノイ大学大学院生時代に、バーディーン・クーパーとともに超電導を解明する理論をつくる。一九七二年ノーベル物理学賞受賞。

**シュリーマン【Heinrich Schliemann】**（一八二二〜一八九〇）ドイツの考古学者・実業家。トロヤ遺跡の発見、ミケーネ・ティリンスなどの発掘に功績。ギリシア先史時代研究の基礎を築く。著書『古代への情熱』など。

**シュリーレン-ほう【シュリーレン法】** 透明な媒質中で、屈折率の変化による光線の進行方向の変化を観測し、ひずみや不均一性を調べる方法。光学ガラスの検査などに応用。schlieren method

**ジュリエンヌ【julienne フランス】** フランス料理で使われる、材料を一〜二mm角、三〜五cmの長さの棒状にする切り方。

**しゅり-けん【手裏剣】** 相手に投げつけて攻撃する武器の一つ。鋼鉄製で、手のひらの中に入るぐらいの小さな刀。

**しゅり-しき【修理▽職】** 律令制で、内裏の修理・造営などに当たった役所。すりしき。

**しゅり-じょう【首里城】** 沖縄県那覇市首里にあった山城。中山王尚巴志が築城、一六〇〇年代に完成。第二次大戦で全壊したが、守礼門など一部復元。↓写

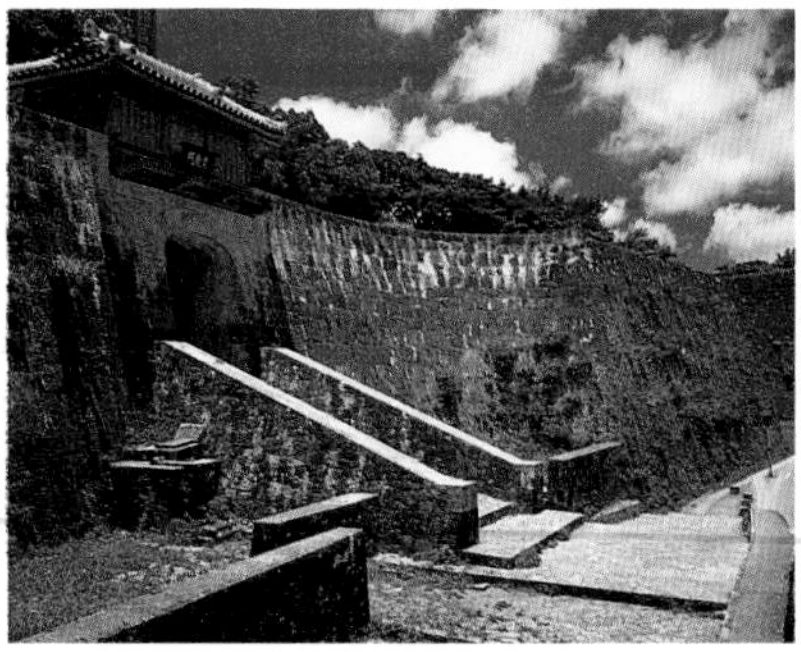

●首里城　首里城跡(沖縄県)。

**じゅ-りつ【樹立】**（名・サ変自他）しっかり立てること。また、立つこと。establishment

**シュリック【Moritz Schlick】**（一八八二〜一九三六）ドイツの哲学者。ウィーン学団の創立者。論理実証主義の基本を確立。著書『一般的認識論』など。

**しゅりはんどく【▽周▼梨▼槃特】** 釈迦の弟子。聡明な兄の摩迦槃特に比べ暗愚であったが、釈迦の教えによって大悟したという。チューラパンタカ。

**シュリ-プリュドム【Sully Prudhomme】**（一八三九〜一九〇七）フランスの詩人。日常生活の叙情を歌い、哲学的な詩も作った。一九〇一年ノーベル文学賞受賞。詩『正義』『幸福』など。

**しゅ-りゅう【主流】** ①川の本流。mainstream 対義支流。②中心となる傾向・勢力。leading faction

**しゅ-りゅう【▼腫▼瘤】** 組織または臓器の一部に生じた、境界の明瞭な腫れもの。外傷・炎症など原因はさまざま。癌の一型であることが多い。mass

**しゅりゅう-だん【手▼榴弾】** 手で投げる小型爆弾。時限信管で破裂し、爆風や破片で人を殺傷する。手投げ弾。てりゅうだん。hand grenade

**しゅ-りょう【狩猟】**（名・サ変自）野生の鳥獣を捕獲すること。わが国では現在、限られた場所・種類・数・猟法だけが、環境庁の管理下で許可されている。hunting 対義漁猟。

**しゅ-りょう【首領】** 一団の仲間の長。かしら。leader

**しゅ-りょう【酒量】** 飲むことのできる酒の量。one's drinking capacity

**じゅ-りょう【受領】** 一(名・サ変他) 金品などを受け取ること。領収。receipt 用例 ―証。二(名)↓ずりょう(受領)

**しゅりょうさいしゅう-みん【狩猟採集民】** 農耕・牧畜を行わず、野生の動植物の狩猟や採集に食料源を求める人々。hunters and gatherers

**じゅりょう-ぼん【寿量▽品】**「如来寿量品」の略。

**しゅ-りょく【主力】** ①中心となる勢力。main force 用例 ―部隊。②おもな力。effort 用例 入試に―をそそぐ。

**しゅりょく-かん【主力艦】** 戦闘の主力となる軍艦。戦艦の別称。capital ship

**じゅ-りん【樹林】** 樹木が密にはえている場所。高木からなる森林、低木からなる低木林がある。forest

**じゅりんがいし【儒林外史】** 中国、清代の長編口語小説。呉敬梓の作。五五回。『紅楼夢』とともに清代小説の双璧。一七四五〜四九年ごろ成立。科挙制度の弊害、とくに非人間的な受験生活、官吏の腐敗堕落を痛烈に風刺する。

**シュリンプ【shrimp】** 小形のエビ類。

**しゅ-るい【酒類】** アルコール分を含んだ飲料の総称。酒税法ではアルコール分一度以上の飲料(溶解してアルコール分一度以上の飲料にできる粉末状のものを含む)をいい、清酒・合成清酒・しょうちゅう・みりん・ビール・果実酒類・ウイスキー類・スピリッツ類・リキュール類・雑酒に分類している。alcoholic drinks

**しゅ-るい【種類】** 性質・状態などが互いに類似しているものをまとめたときの、ひとまとまり。たぐい。いろわけ。グループ。kind 用例 ―が異なる。犬にもいろいろ―がある。

**シュルツ【Theodore William Schultz】**（一九〇二〜）アメリカの農業経済学者。シカゴ大教授。開発途上国では教育研究投資により人間の生産要素としての能力を高めることを優先し、農業近代化を進めるべきだとして工業開発優先を批判した。一九七九年ノーベル経済学賞受賞。著書『農業の経済組織』など。

**シュルツェ【Max Johann Sigismund Schultze】**（一八二五〜一八七四）ドイツの動物学者。神経その他の諸組織、原生動物などの顕微鏡的研究が多い。細胞を有核の原形質塊と定義した。

**シュルレアリスム【surréalisme フランス】** ↓シュールレアリスム

**じゅ-れい【寿齢】** ①長命。long life ②いのち。よわい。life

**じゅ-れい【樹霊】** 老樹に宿っている精霊。「soul of a tree

**じゅ-れい【樹齢】** 樹木の年齢。根の近くの年輪数で測定する。樹木は生物中最長の寿命をもち、四〇〇〇〜五〇〇〇年(セコイアオスギ)のものもある。tree age

**しゅれい-もん【守礼門】** 琉球国、首里城の第二の坊門。一五二七〜五五年(享禄・天文年間)ごろ建設。那覇市首里城址に、戦後再建。

**シュレーゲル【Schlegel】** ドイツの文芸批評家兄弟。ドイツ-ロマン主義の理論的指導者。兄アウグスト=ウィルヘルムAugust Wilhelm von Schlegel(一七六七〜一八四五)、弟フリードリヒFriedrich von Schlegel(一七七二〜一八二九)。ノバーリスらと雑誌『アテネーウム』を発刊。著書は兄『劇的芸術と文学についての講義』、弟『詩についての対話』など。

**シュレーディンガー【Erwin Schrödinger】**（一八八七〜一九六一）オーストリアの理論物理学者。量子力学の成立に寄与。波動力学を提唱し、シュレーディンガーの波動方程式を導いた。一九三三年ノーベル物理学賞受賞。

**シュレーディンガー-の-はどうほうていしき【シュレーディンガーの波動方程式】** 量子力学の基本方程式。物質を構成する基本的な粒子(電子など)のふるまいを波動として考え、表した式。Schrödinger equation

**シュレジエン【Sahlesien】** ↓シロンスク

**シュレシンジャー【John Schlesinger】**（一九二六〜）イギリスの映画監督。作品『真夜中のカーボーイ』『イナゴの日』など。

**シュレスビヒ-ホルシュタイン【Schleswig-Holstein】** 西ドイツ北部の州。州都キール。ユトランド半島基部にあたる。人口二六一・七万(一九八三)。

**シュレッダー【shredder】** 切りきざむもの。とくに不要文書などを機密保持のために細かく切りきざむ機械。

**しゅ-れん【手練】**《「てれん」は別語》磨いた腕前。熟練した手並み。dexterity 用例 ―の早業。

**しゅ-ろ【▼棕▼櫚・▼棕▼梠】** ①ヤシ科の常緑高木。高さ五〜一〇m。幹は円柱形で直立し、葉は茎頂に集まり、うちわ形で深裂。初夏に開花。雌雄異株。幹は褐色の繊維でおおわれ、これからほうきや縄を作る。各地で植栽。ワジュロは日本原産。②シュロの葉の開いた形の紋章。↓写

●シュロ①

**しゅ-ろう【酒楼】** 料理屋。料理茶屋。

**じゅ-ろう【▽入▼牢】**（名・サ変自）牢にはいること。にゅうろう。

**じゅ-ろうじん【寿老人】** 七福神の一つで、長寿を授ける神。長頭の老人で、巻き物をつけた杖と団扇を持ち、鹿を連れている。中国では、福禄寿と同体異名の神といわれている。南極老人。↓七福神図

**しゅろ-そう【▼棕▼櫚草】** ユリ科の多年草。山林にはえる。茎の高さ七〇cm内外、下部に狭披針形の葉を数枚つける。夏から秋に、円錐花序を立て、紫褐色の花をつける。茎の基部の毛がシュロに似るための名。有毒。

**しゅろ-ちく【▼棕▼櫚竹】** ヤシ科の常緑小高木。高さ二〜五m。葉は一〇〜一五枚の小葉に裂け、掌状に広がる。夏に、黄色小花をつける。観葉植物。茎はステッキの柄に使用される。中国南部・台湾原産。↓写

●シュロチク

**しゅろ-なわ【▼棕▼櫚縄】** シュロの毛をよりあわせてないあげた縄。耐水性に富むので漁業用などに使用。hemp-palm rope

**しゅろ-ぼうき【▼棕▼櫚▼箒】** シュロの毛を束ねたほうき。畳へのあたりが軟らかい高級ほうき。hemp-palm broom

**しゅ-わ【手話】** 身振りや手指を使って行う意思の伝達法。sign language

**シュワープ【Gustav Schwab】**（一七九二〜一八五〇）ドイツのシュワーベン派の詩人。作品『ドイツ譚詩集』『ギリシア-ローマ神話粋』など。

**シュワーベ-の-ほうそく【シュワーベの**

法則】《発見者の名から》所得に対する家賃の割合は低所得者層ほど大きいという経験的法則。Schwabe's law

**シュワーベン**[Schwaben] ↓シュバーベン

**シュワイツァー**[Albert Schweitzer] ↓シュバイツァー

**じゅわ-き【受話器】** 電話機などで、電気信号を音声信号に変換する装置。直接耳にあてて聞く。receiver 対義 送話器。

**しゅわ-ほう【手話法】** 聴覚障害教育の一方法。手話と指文字を併用する。創案者はフランスのド＝レペー。manual sign method

**シュワルツ**[Melvin Schwartz](一九三二—) アメリカの物理学者。ドイツ生まれ。ニュートリノの研究から「弱い相互作用」を実験的・理論的に研究する道を開く。シュタインバーガー・レーダーマンとともに一九八八年ノーベル物理学賞受賞。

**シュワルツコップ**[Elisabeth Schwarzkopf](一九一五—) ドイツのソプラノ歌手。ポーランド生まれ。オペラ・歌曲ともにすぐれ、第二次大戦後の最高の歌手の一人。

**シュワルツシルト**[Karl Schwarzschild](一八七三—一九一六) ドイツの天文学者。一般相対性理論のシュワルツシルト解を発見した。この解に含まれる天体の半径はブラックホールになりうる境界値を示す。

**シュワルツワルト**[Schwarzwald] 西ドイツ南西部を南北に走る森林山地。地名は「黒い森」の意。シュバルツバルト。

**しゅ-わん【手腕】** ①うで。arms ②うでまえ。技量。skill

**シュワン**[Theodor Schwann](一八一〇—八二) ドイツの動物生理学・解剖学者。シュライデンとともに細胞説を提唱し、生物の自然発生説に反対の考えをもった。消化酵素ペプシンを発見。

**シュン** 6画【旬】 部首[日] 常用 JIS 2960
音 ジュン・シュン
①魚・野菜・果物などの、もっとも味のよい時期。比較 走り。用例(名) ── のもの。②ものごとをおこなう、もっともよい時期。↓ジュン[旬]

**シュン** 9画【俊】 部首[人・亻] 常用 JIS 2951
音 シュン
すぐれる。ぬきんでている。すぐれている人。「英俊」「俊才・俊秀・俊敏」

**シュン** 9画【春】 部首[日] 教育小2 JIS 2953
音 シュン
訓 **はる**
①はる。四季の一つ。対義 秋。「早春・晩春」「春夏秋冬・春暖」②年のはじめ。「賀春・新春」③としごろ。わかい時期。「思春期・青春」④男女間の欲望。「春情」

**シュン** 10画【峻】 部首[山] 人名用 JIS 2952
音 シュン
①たかい。けわしい。「険峻・嶮峻」「峻険・峻嶮・峻嶺」②きびしい。はげしい。「峻拒・峻厳・峻別・峻烈」

**シュン** 10画【悛】 部首[忄] JIS 5602
音 シュン・セン
あらためる。自分から非をあらためる。「改悛」

**シュン** 10画【浚】 部首[氵] JIS 6220
音 シュン
①さらう。水底の土砂をとってふかくする。「浚渫」②ふかい。水がふかい。奥ふかい。

**シュン** 11画【逡】 部首[辶] JIS 7785
音 シュン
①しりぞく。あとしざりする。ためらう。「逡巡」②はやい。すみやか。

**シュン** 12画【皴】 部首[皮] JIS 6615
音 シュン
①ひび。あかぎれ。②しわ。ひだ。

**シュン** 12画【竣】 部首[立] JIS 2955
音 シュン
おわる。おえる。仕事をなしおえる。「竣工・竣功」

**シュン** 12画【舜】 部首[舛]
13画【舜】 異体字 JIS 2956
音 シュン
中国古代の伝説の五帝のひとり。儒家の理想とする聖天子。帝尭につかえ、尭の死後、徳望により帝となった。

**シュン** 13画【惷】 部首[心] JIS 5622
音 シュン
①うごめく。虫がうごく。②おろか。無知で、ものわかりがにぶいさま。

**シュン** 13画【雋】 部首[隹] JIS 8020
音 セン・シュン
すぐれる。ぬきんでている。

**シュン** 15画【儁】 部首[人・亻] JIS 4914
音 シュン
すぐれる。ぬきんでている。すぐれている人。

**シュン** 15画【墫】 部首[土] JIS 5251
音 シュン
舞うさま。舞う様子。

**シュン** 15画【蕣】 部首[艹] JIS 7292
音 シュン
①ムクゲ。アオイ科の落葉低木。もくげ。はちす。きはちす。②アサガオ。ヒルガオ科の一年草。はちす。

**シュン** 17画【濬】 部首[氵] JIS 6329
音 シュン
①さらう。水底の土砂をとってふかくする。②ふかい。水がふかい。奥ふかい。

**シュン** 17画【駿】 部首[馬] 人名用 JIS 2957
音 シュン
①すぐれた馬。足のはやい馬。「駿足・駿馬」②はやい。すみやか。③すぐれる。ぬきんでている。すぐれている人。「駿才」

**シュン** 18画【瞬】 部首[目] 常用 JIS 2954
17画【瞬】 旧字
16画【瞚】 異体字
音 シュン
訓 **またたく**
またたく。まばたき。非常に短い時間。「一瞬」「瞬間・瞬時」

**シュン** 20画【鰆】 部首[魚] JIS 8254
音 シュン
サワラ。サバ科の海水魚。

**シュン** 21画【蠢】 部首[虫] JIS 7433
音 シュン
①うごめく。虫がうごく。「蠢動」②おろか。無知で、ものわかりがにぶいさま。

**ジュン** 6画【巡】 部首[巛] 常用 JIS 2968
7画【巡】 旧字
音 ジュン
訓 **めぐる**
めぐる。まわってあるく。「一巡」「巡回・巡業・巡査・巡察・巡視・巡洋艦」

**ジュン** 6画【旬】 部首[日] 常用 JIS 2960
音 ジュン・シュン
①一〇日。一〇日間。比較 週・月。「下旬・上旬・中旬」「旬刊・旬間」②一〇年。一〇歳。「七旬」↓シュン[旬]

**ジュン** 9画【徇】 部首[彳] JIS 5546
音 シュン・ジュン
①あまねし。ゆきわたる。②となえる。広くつげしらせる。③したがう。ものごとにつくして、命をすてる。

**ジュン** 9画【荀】 部首[艹] JIS 7206
音 シュン・ジュン
①黄色の花がさき、赤い実がなるという伝説上の草の名。②中国人の姓の一つ。③「荀子」は、中国の戦国時代の学者・思想家。性悪説をとなえた。荀況。また、その著書。二〇巻。

**ジュン** 9画【恂】 部首[忄] JIS 5586
音 シュン・ジュン
①まこと。まことに。まったく。「恂々」②おそれる。おののく。「恂々」

**ジュン** 9画【洵】 部首[氵] 人名用 JIS 6213
音 シュン・ジュン
①まこと。まことに。まったく。②はるか。とおい。

**ジュン** 9画【盾】 部首[目] 常用 JIS 2966
音 ジュン・トン
訓 **たて**
たて。敵の矢・槍・弾丸などをふせぐ武具。対義 矛。「矛盾」

**ジュン** 10画【准】 部首[冫] 常用 JIS 2958
音 ジュン・シュン
①正式のものにつぐ。なぞらえる。「准将」②ゆるす。「批准」参考 もと準の俗字。准は別の字。

**ジュン** 10画【殉】 部首[歹] 常用 JIS 2962
音 ジュン
したがう。①死者のあとをおって、しぬ。「殉死」②ものごとにつくして、命をすてる。「殉職・殉難」

**ジュン** 10画【純】 部首[糸] 教育小6 JIS 2967
音 ジュン・シュン・トン
まじりけがない。もっぱら。「清純・忠純・不純」「純益・純金・純粋・純然・純白・純毛」用例(形動) ── な人。《接頭的》 ── 理論。 ── 日本的。

**ジュン** 10画【隼】 部首[隹] 人名用 JIS 4027
音 シュン・ジュン
①ハヤブサ。タカ目に属する鳥。②勇ましくて、行動がすばやい人のたとえ。

**ジュン** 11画【惇】 部首[忄] 人名用 JIS 3855
音 トン・ジュン
①あつい。てあつい。人情があつい。②まこと。まごころ。

**ジュン** 11画【淳】 部首[氵] 人名用 JIS 2963
音 シュン・ジュン
①あつい。てあつい。人情があつい。②すなお。かざりけがない。まじりけがない。「淳朴・淳良」

**ジュン** 12画【循】 部首[彳] 常用 JIS 2959
音 ジュン
①したがう。さからわない。よりそう。②めぐる。まわる。「循環」③ぐずぐずしていて、あらためない。「因循」

**ジュン** 12画【筍】 部首[竹] JIS 6803
10画【笋】 異体字 JIS 6804
音 シュン・ジュン
たけのこ。たかんな。タケの地下茎からでる若芽。

**ジュン** 12画【閏】 部首[門] JIS 1728
音 ジュン
①うるう。あまりの月日。「閏月」②正統でない君位。「閏位」

**ジュン** 12画【順】 部首[頁] 教育小4 JIS 2971
音 ジュン・シュン
①したがう。さからわない。すなお。比較 遵。対義 逆。「温順・帰順・従順」「順調・順当・順風・順延・順法」②次第。さだまった位置。「順位・順延・順序・順番」用例(名) ── にならぶ。《接尾的》五十音 ── 。先着 ── 。
**順を追う(をおう)** 順番に従う。物事が順序通りに行われる。follow the order

**ジュン** 13画【楯】 部首[木] JIS 2961
音 シュン・ジュン
①たて。敵の矢・槍・弾丸などをふせぐ武具。②てすり。おばしま。欄干。

**ジュン** 13画【準】 部首[氵] 教育小5 JIS 2964
12画【凖】 部首[冫] 異体字 JIS 5037
音 ジュン・セツ
①てほん。きまり。規則。また、なぞらえる。「基準・水準・標準」「準拠・準用」②正式なものにつぐ、一つまえ。比較 准。用例《接頭的》 ── 決勝。

**ジュン** 13画【詢】 部首[言] JIS 7546
音 シュン・ジュン
①とう。たずねる。②はかる。相談する。「諮詢」

**ジュン** 13画【馴】 部首[馬] JIS 3875
音 シュン・ジュン



↓ 行き先項目、図版・写真参照印。 JIS 日本工業規格情報交換用漢字符号コード(区点コード)。

①なれる。㋐動物が人になつく。㋑なじむ。熟達する。②ならす。なれさせる。「馴致」③したがう。さからわない。すなお。

**ジュン** 14画【▾蓴】 部首[艹] JIS 7283
音 シュン・ジュン
ぬなわ。ジュンサイ。スイレン科の多年生水草。

**ジュン** 15画【遵】 部首[辶] 常用 JIS 2969
16画【▾遵】 部首[辶] 旧字
音 ジュン・シュン
したがう。さからわない。きまりにしたがう。
比較 順。「遵守・遵法・遵奉」

**ジュン** 15画【潤】 部首[氵] 常用 JIS 2965
音 ジュン
訓 **うるおう・うるおす・うるむ**
①うるおう。うるむ。水けをふくむ。ふくませる。うるおす。「湿潤」「潤滑油」②もうけ。うるおい。「利潤」③かざる。立派にする。「潤色」

**ジュン** 15画【▾諄】 部首[言] JIS 7557
音 シュン・ジュン
①くりかえし、心をこめて、おしえさとす。「諄々」②あつい。ねんごろ。丁寧。

**ジュン** 15画【▾醇】 部首[酉] JIS 2970
音 シュン・ジュン
①酒のとろりとしておいしいこと。その酒。「芳醇」②あつい。てあつい。人情があつい。「醇々」③まじりけがない。「醇乎・醇正」

**ジュン** 19画【▾鶉】 部首[鳥] JIS 8308
音 シュン・ジュン
ウズラ。キジ科の鳥。

**じゅん-あい**【純愛】 純粋な愛情。pure love

**じゅん-い**【▾閏位】 正統でない天子の位。

**じゅん-い**【順位】 順序を表す地位。順番。ranking 数え方 一番・一着・一位・首位・首席・次席・第一席。

**じゅんい-せい**【順位制】 動物の個体間あるいは集団相互の間にみられる順位で、優位と劣位の関係から生まれた集団の秩序体制。dominance-subordinance hierarchy

**じゅん-いつ**【純一】(名・形動) ①混じりけがないこと・さま。pure ②偽り・飾りけのないこと・さま。plain ③もっぱら。

**しゅん-いん**【春陰】 サクラの花の咲くころ、空が曇っていること。花曇り。

**しゅん-えい**【俊英】 ひときわすぐれていること・人。俊秀。prodigy

**じゅん-えき**【純益】 総収入から諸経費を差し引いた残額。純利益。net profit 比較 実益。

**じゅん-えん**【巡演】(名・サ変他) 巡回して、上演すること。performance tour

**じゅん-えん**【順延】(名・サ変他) 順次に日のべすること。postponement 用例 雨天—。

**じゅん-えん**【順縁】《仏教語》対義 逆縁。①老いた人から先に死ぬこと。②善事が仏道に入る因縁となること。

**じゅん-おう**【順応】(名・サ変自) ↓じゅんのう(順応)

**しゅんおく-みょうは**【春屋妙▾葩】(一三一一〜一三八八) 鎌倉末・南北朝時代の臨済宗の僧。夢窓疎石の甥で、甲斐の人。至徳元年(一三八四)相国寺を創建。

**じゅん-おくり**【順送り】(名・サ変他) 順を追ってつぎつぎに送ること。pass on

**じゅん-おん**【純音】 振動数が常に一定で、波形が完全な正弦曲線で表される音。音叉を軽くたたいたときの音は純音に近い。pure tone

**しゅん-か**【春化】 春に芽をふき、開花結実する冬越しの植物が、冬の寒さにさらされている間に受ける生理現象。たとえば、秋まき小麦は、冬の寒さにさらされなければ開花・結実しない。vernalization

**しゅん-が**【春画】 男女の情交の様子を描いた絵。枕絵。笑い絵。pornography

**じゅん-か**【純化】(名・サ変他) ①混じりけをなくすこと。purification ②単純なものにすること。simplification

**じゅん-か**【順化・▾馴化】(名・サ変他) 生物が環境や気候の変化に適応するようになること。また、それらの条件に適応する性質を遺伝的にもつようになること。気候に対しては気候順化。acclimation; acclimatization

**じゅん-か**【▾醇化・▾淳化】(名・サ変他) ①手厚い教えによって感化すること。②美学で、材料を整理して不用の部分を除くこと。

**じゅん-かい**【巡回】(名・サ変自) ①回り歩くこと。tour ②見回ること。巡見。巡視。round; patrol

**じゅんかい-しんりょう**【巡回診療】 医師を含む診療班が巡回して、その地域の住民に医療を行うこと。親元病院・医科大学・社会事業団体などが中心に行う。traveling clinic

**じゅんかい-としょかん**【巡回図書館】 おもに図書館のない地域を自動車で定期的に巡回して、図書の閲覧・貸し出しをするもの。巡回文庫。移動図書館。book mobile

**じゅんかい-ぶんこ**【巡回文庫】 ↓じゅんかいとしょかん(巡回図書館)

**しゅん-か-しゅう-とう**【春夏秋冬】 ①はる・なつ・あき・ふゆ。四季。four seasons ②一年中。いつも。all the year round

**しゅんか-しょり**【春化処理】 植物の春化の現象を、人為的に行うことによって、発芽・開花させること。秋まき植物の種子を春にまいて発芽させることができる。バーナリゼーション。vernalization

**じゅん-かつ**【潤滑】(名・形動) ①物の表面などがうるおって、なめらかなこと・さま。smoothness ②機械などの接触部分が、摩擦がなくなめらかなこと・さま。lubrication

**じゅんかつ-ざい**【潤滑剤】 機械などを潤滑に働かせる油・滑石などの総称。lubricant

**じゅんかつ-ゆ**【潤滑油】 液状の潤滑剤。接触面の摩擦を減少させる目的で、適度な粘性・安定性・さび止め効果をもつものが使われる。用途により、タービン油・マシン油・モーター油など。lubricating oil

**ジュンガル**【Jungar】 一七〜一八世紀に北西モンゴルに拠ったオイラート族の一派。一七世紀後半、その支配はトルキスタンから外モンゴルに及んだが、一七五五年清の遠征により滅亡。ズンガル。

**ジュンガル-ぼんち**【ジュンガル盆地・▾准▾噶▾爾盆地】 中国、新疆ウイグル自治区西部の盆地。アルタイ山脈と天山山脈に囲まれ、古来、交通の要地。綿花・穀物の農業地域。

**しゅん-かん**【春寒】 春先の寒さ。立春以後の寒さ。はるさむ。

**しゅん-かん**【▾笋干・▾笋▾羹・▾筍干】 普茶料理の前菜。竹の子に季節の野菜・豆腐・クリの実・きのこなどを煮て取り合わせる。

**しゅん-かん**【瞬間】 非常に短い時間。瞬時。またたくま。せつな。moment 対義 永遠。

**しゅんかん**【俊寛】(一一四三ごろ〜一一七九ごろ) 平安末期の僧。後白河院の近臣。鹿ケ谷の平家討滅の陰謀に参画、捕らえられて鬼界ケ島に配流。その地で没。

**じゅん-かん**【旬刊】 一〇日ごとに発行すること。その新聞・雑誌。publishing every ten days 比較 週刊・月刊。

**じゅん-かん**【旬間】 一〇日間。とくに行事などがある一〇日間。ten-day period

**じゅん-かん**【循環】(名・サ変自) ひとめぐりして、同じ所にもどってくること。circulation 用例 血液の—。

**循環、端無きが如し**(じゅんかん、はしなきがごとし) 物事はつねに循環していて、その糸口を尋ねることはできない。

**じゅんかん-かてい**【循環過程】 周期的現象の一周期、または、熱力学で物質の状態が変化し、ふたたびもとの状態にもどる経路。cyclic process

**じゅんかん-き**【循環器】 循環器系に属する器官。脊椎動物では、血管系の器官として心臓・血管、リンパ系の器官としてリンパ管・胸管・リンパ小節・リンパ節・脾臓などがある。circulatory organ

**じゅんかんき-けい**【循環器系】 身体各部に体液を流す管系。心臓と血管からなる血管系と、リンパ管とリンパ節からなるリンパ系がある。circulatory organs system ↓図

**じゅんかん-きしつ**【循環気質】 エルンスト=クレッチマーによる気質の分類の一つ。快活で高揚した気分と陰気で沈んだ気分が交替してあらわれる気質。そううつ気質。cyclothymia

**じゅん-かんごふ**【准看護婦】 医師または看護婦の指示により看護業務を行う女子。中学校卒業後二年の准看護婦学校の卒業者、または高等学校衛生看護科修了後、都道府県知事の資格試験に合格した者。

**じゅんかん-しょうすう**【循環小数】 有限個の数字の同じ列が繰り返して限りなく続く無限小数。すべて分数で表すことができる。たとえば、0.6123123…は6117／9990で、0.6i23と書く。recurring decimal

**しゅんかん-せっちゃくざい**【瞬間接着剤】 接着時間がきわめて短い接着剤。空気中の水分によってすみやかに重合して固化する。シアノアクリル酸エステルが代表的。機械用・医用など広く使われる。instantaneous adhesive

**しゅんかん-ふうそく**【瞬間風速】 時々刻々に変化する風速の、ある時刻での値。instantaneous wind speed

**しゅんかん-ゆわかしき**【瞬間湯沸(か)し器】 栓を開けると自動的にガスバーナーに着火し、一定温度の湯が出る器具。instantaneous heater

**じゅんかん-ろんぽう**【循環論法】 論理学の、虚偽の一つ。ある命題の証明に、証せられるべき当の命題自身を用いる堂々めぐりの誤った論証。循環論証。circular reasoning

**しゅん-き**【春気】 対義 秋気。①春のけしき。spring scenery ②春のけはい。spring air

**しゅん-き**【春季】 春の季節。春。springtime 対義 秋季。

**しゅん-き**【春期】 春の期間。spring term

●循環器系 人の血液の循環路

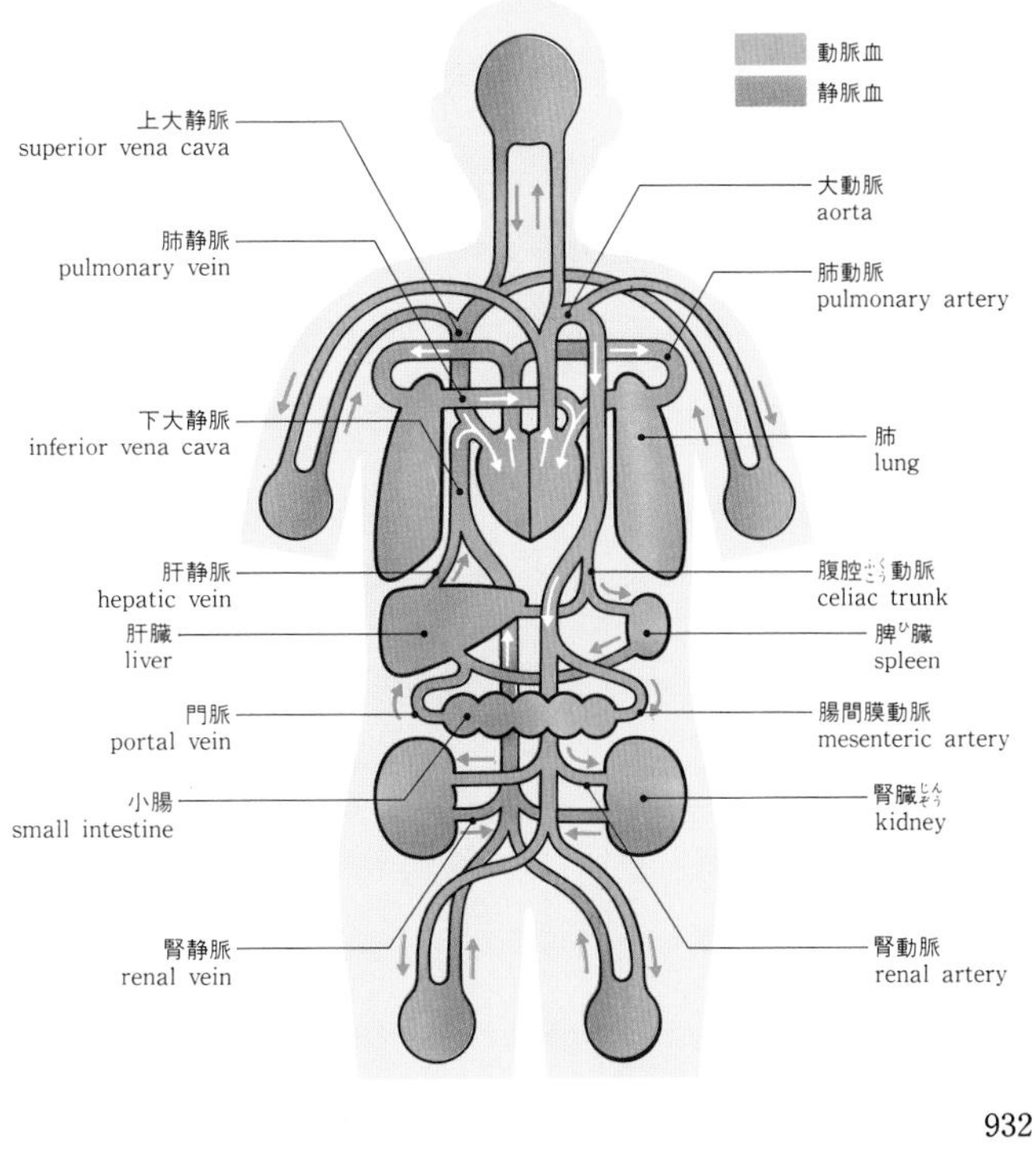

**しゅん-き【春機】** 異性を欲する気持ち。色情。対義 秋期。

**じゅんぎ【遵義】** 中国、貴州省北部の商工業都市。鉄道交通の要地。毛沢東の指導権が確立された遵義会議の開催地。人口三四・七万(一九八四)。ツンイー。

**じゅんぎ-かいぎ【遵義会議】** 一九三五年、長征途上の中国共産党が貴州省の遵義で開いた中央政治局拡大会議。中国共産党の毛沢東路線確立の第一歩となる。

**しゅんき-カタル【春季カタル】** まぶたの内側に赤い乳頭増殖がおこる一種の結膜炎。学童・少年期に多く、春から夏にかけてひどく、数年間反復する。vernal conjunctivitis

**しゅん-ぎく【春菊】** キク科の一年草。高さ三〇～六〇cm。若い茎・葉は無毛で柔らかく、香気がある。花は淡黄色。食用。観賞用の品種もある。キクナ。↓写

●シュンギク

**じゅん-きそ【準起訴】** 職権濫用罪について告訴・告発があったのに検察官が不起訴処分にした場合、告訴・告発人の請求に基づき、裁判所がその事件を審判に付すこと。付審判。

**しゅんき-はつどうき【春機発動期】** 心身が発育、変化して、異性を意識し始める時期。十四、五歳から十八、九歳。思春期。puberty

**じゅん-ぎゃく【順逆】** ①道理に合うことと背くこと。right and wrong ②従うことと反逆すること。loyalty and treason

**じゅん-きゅう【準急】**《「準急行列車」の略》速度・停車駅で急行列車に準じた列車。local express

**しゅん-きょ【▼峻拒】**(名・サ変他) 厳しくこばむこと。

**じゅん-きょ【準拠】**(名・サ変自) よりどころとして従うこと。また、その基準。be based on

**じゅん-きょう【殉教】**(名・サ変自) 信仰のため、命を捨てること。martyrdom 比較 殉職。

**じゅん-きょう【順境】** すべてが順調で、しあわせな境遇。favorable circumstances 対義 逆境。

**じゅん-ぎょう【巡業】**(名・サ変自) あちこちを興行して回ること。provincial tour

**じゅんきょ-しゅうだん【準拠集団】** 現に所属しているかどうかにかかわらず、自分が態度を決定したり物事の評価を下すときに影響をうける集団。reference group

**じゅん-きょせい【準巨星】** ヘルツシュプルング-ラッセル図で、主系列と巨星との中間にある恒星。subgiant star

**じゅんきょ-ほう【準拠法】** 特定の法律問題を判断するとき、その基準・根拠となる法。proper law

**じゅん-きん【純金】** 混じりけのない金。きんむく。二四金。pure gold

**じゅん-ぎん【純銀】** 混じりけのない銀。ぎんむく。pure silver

**しゅんきん-しょう【春琴抄】** 谷崎潤一郎の小説。昭和八年(一九三三)発表。盲目の娘春琴に献身的に仕える佐助の話。

**じゅん-きんちさん【準禁治産】** 精神が衰弱して判断力が低い者や浪費者などの財産・権利を守るため、家庭裁判所によって準禁治産の宣告をされた状態。quasi-incompetent 比較 禁治産。

**じゅん-きんちさんしゃ【準禁治産者】** 心神耗弱などにより判断能力が欠けているため、家庭裁判所の準禁治産者宣告を受けた者。一定の財産的行為には保佐人の同意を要する。quasi-incompetent

**じゅん-ぐり【順繰り】** 順序を追って行うこと。じゅんじゅん。order

**じゅん-けい【純系】** 特定の形質が代々変わらずに遺伝する個体群。遺伝子がホモである遺伝的に均一な系統。pure line

**じゅん-けい【▼閏刑】** 中・近世、有位者・武士・僧侶または幼老・婦女・廃疾者などに対し、正刑に代えて科した刑罰。正刑に比べて軽科。鎌倉・室町時代の解官や除籍、江戸時代の逼塞・閉門・剃髪・手鎖・過料など。

**じゅんけい-せつ【純系説】** 植物生理学者のヨハンセンが個体変異と遺伝の研究から立てた説。一度、純系の集団になると選択(淘汰)は無効となるという説。pure-line theory

**しゅんけい-ぬり【春慶塗】** 漆塗り装法の一種。木地に赤や黄で着色し、透漆を塗り木目をみせる。室町初期、堺の漆工春慶の考案といわれる。

**じゅんけい-ぶんり【純系分離】** 作物や家畜の集団から、希望する純系を取り出すこと。品種改良の基礎技法の一つ。pure line separation

**ジュンケイロ【Guerra Junqueiro】**(一八五〇～一九二三) ポルトガルの詩人。社会や政治を痛烈に批判した風刺詩が多い。作品『ドン=フアンの死』など。

**しゅん-けつ【俊傑】** すぐれた人物。great man

**しゅん-げつ【春月】** ①春の夜のおぼろ月。hazy vernal moon ②春の季節。spring season

**じゅん-けつ【純血】** ①動物で、同種の雌雄間に生まれたもの。pureblood ②純粋の血筋。pureblood

**じゅん-けつ【純潔】**(名・形動) ①心が清らかなこと・さま。purity ②性的に潔白なこと・さま。chastity

**じゅん-げつ【旬月】** ①一〇日、あるいは一か月。②一〇か月。ten months ③少しの日数。a few days

**じゅん-げつ【▼閏月】** うるうづき。intercalary month

**じゅんけつ-きょういく【純潔教育】** 正しい性知識や性道徳により、青年の心身の純潔を守る教育。性教育。education in sexual morality

**じゅん-けっしょう【準決勝】** トーナメント形式の競技で、決勝出場の資格をかけて行われる試合。セミファイナル。semifinal

**しゅん-けん【▼峻険・▼峻▼嶮】**(名・形動) 山が高くけわしいこと・さま。steepness

**しゅん-げん【▼峻厳】**(名・形動) 非常にきびしいこと・さま。strictness 用例 ―な取り締まり方針。

**じゅん-けん【巡見】**(名・サ変他) 見回ること。巡回。巡視。patrol

**じゅん-けん【巡検】**(名・サ変他) 見回って調べること。巡視。round of inspection

**じゅん-けん【純絹】** 交ぜもののない絹。また、その織物。正絹。本絹。pure-silk

**じゅんげん-ごう【順現業】**《仏教語。「順現受業」の略》現世に行い、現世でその報いを受けるという善悪の行為。

**じゅんけん-し【巡見使】** 江戸時代、将軍の交代期に全国に派遣された民情・政情視察官。

**じゅん-こ【▼醇▼乎】**(形動トタル) 純粋なさま。まじりけのないさま。

**しゅん-こう【春光】** ①春の日ざし。spring sunlight ②春のけしき。春色。spring scenery

**しゅん-こう【春荒】** 春の強い風。暖かい南寄りの風が吹き、ときに雨をともなう。春疾風。春嵐。

**しゅん-こう【春郊】** 春の郊外・田舎。vernal field

**しゅん-こう【▼竣工・▼竣功】**(名・サ変自) 工事ができあがること。完工。完成。落成。completion 対義 着工・起工。

**じゅん-こう【巡行】**(名・サ変自) 各地をめぐり歩くこと。patrol; tour

**じゅん-こう【巡幸】**(名・サ変自) 天皇が各地を旅行すること。

**じゅん-こう【巡航】**(名・サ変自) 船や航空機などが、各地をめぐること。cruise

**じゅん-こう【順光】** 写真を撮るとき、撮影者側からさす光線。対義 逆光。

**じゅん-こう【順行】**(名・サ変自) ①順序を追って進んで行くこと。行うこと。go in order 対義 逆行。②命令に従って行くこと。go by order

**じゅん-こうこく【準抗告】** 裁判官がなした一定の裁判、または検察官・検察事務官・司法警察職員がなした一定の処分に対する不服申し立て。

**じゅん-こうしきやきゅう【準硬式野球】** 軟式野球の一種。ゴム製の外周の内部に硬球と同様の芯をもつボールを用いて行う。

**じゅんこうせい-じょうてんたい【準恒星状天体】** 見かけは恒星であるが膨大なエネルギーを放出し、スペクトルの赤方偏移が大きい天体。中心部が特別に活動的な銀河と考えられる。クエーサー。quasi-stellar object

**じゅんこう-せん【巡航船】** 島から島を航海して回る小型船。cruiser

**じゅんこう-そくど【巡航速度】** 飛行機や船舶が、継続的に距離飛行(航行)、または時間飛行(航行)する場合の速度。航空機の場合、一定距離を最少時間で飛行する必要があれば高速巡航、最少燃料で飛ぶ必要があれば長距離巡航を選ぶ。経済速度。cruising speed

**しゅんこうでん【春香伝】** 朝鮮の李朝末期の小説。作者未詳。封建的身分制度への反発、官僚に対する抵抗などを描く古典小説の代表作。唱劇を小説化したものか。娘春香が李夢竜と最後にめでたく結ばれる話。

**じゅんこう-ミサイル【巡航ミサイル】** ジェットエンジンで推進され、比較的低速で低高度を飛行する有翼誘導ミサイル。レーダーによる捕捉が困難で、命中精度がきわめて高い。空中発射巡航ミサイル(ALCM)、地上発射巡航ミサイル(GLCM)、海上・潜水艦発射巡航ミサイル(SLCM)に分類される。cruise missile

**じゅん-こく【殉国】** 国難に命を捨てること。dying for one's country

**じゅんご-ごう【順後業】**《仏教語。「順後受業」の略》現世で善悪の業をつくり、次の次の第三世以後の生存からその報いを受けるという行為。

**じゅん-さ【巡査】** 警察官の最下位の階級。また、その警官。おまわりさん。policeman

**しゅん-さい【俊才・▼駿才】** すぐれた才知。それをもつ人。俊足。genius

**しゅん-ざい【春材】** 温帯の樹木で、春から夏に生長する部分。組織があらく、白みを帯びる。秋材とともに年輪を構成する。早材。spring wood 対義 秋材。

**じゅん-さい【▼蓴菜】** スイレン科の多年生水草。池や沼にはえる。茎葉は粘液に包まれる。葉は楕円形で水面に浮かぶ。夏に暗紫色の花を開く。若芽・若葉は食用。古名ヌナワ。↓図

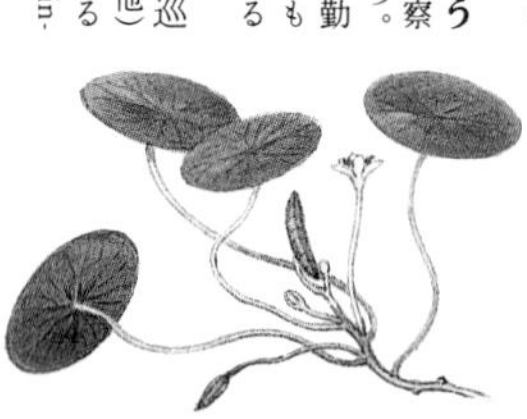
●ジュンサイ

**じゅんさ-ちょう【巡査長】** 警察官の職名の一つ。階級ではない。勤務成績が優秀なものに与えられる称。

**じゅん-さつ【巡察】**(名・サ変他) 巡回して視察すること。round of inspection

**じゅんさ-ぶちょう【巡査部長】** 警察官の階級の一つ。巡査の上、警部補の下。

**しゅん-じ【瞬時】** またたくま。瞬間。a moment

**じゅん-し【巡視】**(名・サ変他) 見回ること。巡回。巡検。patrol

**じゅん-し【殉死】**(名・サ変自) 主君の死を追って自殺すること。追い腹。

**じゅん-し【▼荀子】**(BC二九八ごろ～BC二三八ごろ) 中国、戦国末の儒者。諸子百家の一人。名は況。荀卿と尊称。趙の人。荀卿とその一門の著とされる『荀子』二〇巻は、孟子の性善説に反対、性悪説を主張。

**じゅん-じ【順次】**(副) 順序に従って。順々に。in order

**じゅん-しかん【准士官】** 下士官と士官の間に位する官。旧日本軍で、陸軍の准尉、海軍の兵曹長。

**じゅんし-せん【巡視船】** 海上の治安確保・警備・救難などの業務を行う船舶。日本では海上保安庁に所属する。patrol boat

**しゅん-じつ【春日】** 春の日・太陽。spring day; spring sunshine

**じゅん-じつ【旬日】** 一〇日。一〇日間。ten days

**しゅんじつ-ちち【春日遅遅】**(形動トタル) 春の日がうららかで、のどかなさま。

**じゅん-しゃく【巡▼錫】**(名・サ変自)《「錫」はつえ》僧が諸国を回って布教すること。

**じゅん-ジャンプ【純ジャンプ】** スキーのジャンプ競技。複合競技で行われるジャンプと区別するためにいう。純飛躍。ski jumping

**じゅん-しゅ【巡狩】**(名・サ変自) 天子が諸国を視察すること。

**じゅん-しゅ【遵守・順守】**(名・サ変他) 法律や教えを守ること。observance

**しゅん-しゅう【俊秀】** すぐれていること・人。俊英。genius

**しゅん-しゅう【春愁】** 春の日になんとなく感じる寂しさ・ものうさ。

**しゅん-じゅう【春秋】** ㊀①春と秋。spring and autumn ②一か年。one year ③年齢。歳月。age ④将来。future ㊁中国古代の史書。五経の一つ。紀元前七二二年(魯の隠公元年)から前四八一年(哀公一四年)まで一二代二四二年間の年代記。孔子またはその門人の編とされ、儒家の教科書に用いられた。

**春秋高し**(しゅんじゅうたかし) 年老いている。春秋長ず。

**春秋に富む**(しゅんじゅうにとむ) 年が若く、将来がある。have a long future before one

**春秋の筆法**(しゅんじゅうのひっぽう) ①公正で厳しく、批判的な文章表現・態度。②間接的な理由を直接的な理由として表現する手法、批判の方式。そのために、一見、原因と結果の間に飛躍があるように見えるが、真相をついている批判のしかた・表現形式・論理。③事実の記述とされる中に、私見をまじえて書き表すやり方。

**春秋、鼎に盛ん也**(しゅんじゅう、まさにさかんなり) 働きざかりである。壮年である。

**しゅんじゅう-さんでん【春秋三伝】** 『春秋』の三種類の注釈書。『左氏伝』『公羊伝』『穀梁伝』をいう。

**しゅんじゅう-じだい【春秋時代】** 中国史の時代区分の一つ。周が洛陽に遷都した紀元前七七〇年から、韓・魏・趙が晋を三分した前四〇三年までの約三六〇年間。東周の王室の衰退で群雄割拠の状態となって激しい対立抗争をくり返し、末期には春秋十二列国と呉・越の一四国が残った。

**しゅんじゅう-じゅうにれっこく【春秋十二列国】** 中国、春秋時代の一二の国。魯・衛・晋・鄭・曹・蔡・燕・斉・陳・宋・楚・秦。

**しゅんじゅうせんごく-じだい【春秋戦国時代】** 中国古代の時代区分。紀元前七七〇年の周の東遷から、前二二一年秦の統一までの時代。前半を春秋時代、後半を戦国時代と称する。

**しゅんじゅう-の-ごは【春秋の五覇】** ↓ごは(五覇)

**しゅん-じゅん【▼逡巡】**(名・サ変自) しりごみすること。ためらい。hesitation 用例 遅疑―。

**じゅん-じゅん【▼恂▼恂】**(形動トタル) ①謹直なさま。②おそれおののくさま。

**じゅん-じゅん【▼諄▼諄】**(形動トタル) 繰り返して、ねんごろに説いてきかせるさま。repeatedly 用例 ―とさとす。

**じゅんじゅん-けっしょう【準準決勝】** トーナメント形式の競技で、準決勝出場の資格をかけて行われる試合。quarterfinal

**じゅんじゅん-に【順順に】**(副) 順序を追って物事をするさま。順次。順に。in order

**じゅん-じょ【順序】** ①先後・大小などの決まった並び方。事の次第。order 用例 ―がくるう。②物事をする手順。仕方の段取り。arrangements 用例 ―をふむ。

**しゅん-しょう【春宵】** 春のよい。spring evening

**春宵一刻価千金**(しゅんしょういっこくあたいせんきん) 花は盛りで、月はおぼろな春の夜のひとときは、千金にも価するここちがする。

**しゅん-じょう【春情】** ①春めいたけしき。春色。spring scenery ②色気。色情。lust

**しゅんじょう【俊▼芿】**(一一六六~一二二七) 鎌倉初期の律僧。肥後の人。建久一〇年(一一九九)入宋して禅・律・天台を学び、一二年後、典籍二千余巻を将来。京都東山の仙遊寺を泉涌寺とし中興。月輪大師。

**じゅん-しょう【准将】** 米国などの軍人の階級の一つ。少将と大佐との中間の将校。将官の最下位。代将。

**じゅん-じょう【殉情】** 感情に忠実に従うこと。いちずなこと。romanticism

**じゅん-じょう【純情】**(名・形動) 純真なこと・さま・心。純真。pure heart 用例 ―可憐。

**じゅん-じょう【準縄】**《「準」はみずもり、「縄」はすみなわ》規則。標準。手本。用例 規矩―。

**じゅんじょうししゅう【▼殉情詩集】** 佐藤春夫の処女詩集。大正一〇年(一九二一)刊。文語定型詩の伝統的なリズムと端正な古語を使用し、近代人の孤独な心理と感傷とを繊細に表現。

**しゅん-しょく【春色】** 春のけしき。春光。spring scenery

**じゅん-しょく【殉職】**(名・サ変自) 職務を遂行するために死ぬこと。仕事中に死ぬこと。die at one's post of duty 比較 殉教。

**じゅん-しょく【潤色】**(名・サ変他) ①文章にあやをつけること。embellishment ②色どり・つやを加えること。embellishment

**しゅんしょくうめごよみ【春色梅▽児誉▽美】** 為永春水作の人情本。天保三~四年(一八三二~一八三三)刊。四編一二冊。色男の丹次郎の恋のもつれを艶麗な下町情緒のなかに描く。人情本の内容・形式を確立した。

**じゅんじょ-すう【順序数】** 順序を示すために自然数1、2、3、…を用いるが、自然数で足りない場合、自然数を拡張して、$\omega, \omega+1, \omega+2$, …と一般化した番号のこと。つまり、二つの整列集合A、Bの間に前後の順序を保ったまま一対一の対応がつけられるならば、A、Bは同じ順序数をもつという。ordinal number

**じゅんじょ-すうし【順序数詞】** 数詞の一種。「第一」「二番目」などのように順序を表すもの。序数詞とも。ordinal number 対義 基数詞。

**じゅんじょ-ふどう【順序不同】** 人名・会社名などを並べるとき、一定の決まりの順序に従っていないこと。順不同。in no special order

**じゅん・じる【殉じる】**(上一自) =殉ずる・殉ず。①主君のあとを追って死ぬ。immolate oneself for one's master ②運命をともにして尽くす。sacrifice oneself

**じゅん・じる【準じる】**(上一自) =準ずる・準ず。①手本として従う。follow ②なぞらえる。ならう。imitate

**じゅん-しん【純真】**(名・形動) ①汚れのないこと・さま。purity 対義 不純。②邪念がないこと・さま。純情。innocence

**しゅんしん-くん【春申君】**(?~BC二三八) 中国、戦国時代の楚の宰相。戦国四君の一人。食客三〇〇〇人を養い、その権勢は王をしのいだという。

**じゅんしん-むく【純真無▼垢】**(名・形動) けがれやいつわりのない美しい心を持っていること・さま。心に不純なところがないこと・さま。pure

**じゅん-すい【純水】** 溶存物質を取り除いて、ほとんど純粋とみなせる水。一般には比抵抗$10^{6}\Omega$cm以上のものをいう。pure water

**じゅん-すい【純粋】**(名・形動) ①混じりけのないこと・さま。purity 用例 ―の水。②完全なこと・さま。正真正銘。genuineness 用例 ―フランス語。③ねじけた心や私欲のないこと・さま。purity

**じゅんすい-けいざいがく【純粋経済学】** 政治・法律などの社会的要素をできるだけ排除して、純粋に経済現象だけを独立した科学的分析の対象としようとする学問。レオン=ワルラスが提唱。pure economics

**じゅんすい-し【純粋詩】**(poésie pure フランス) 散文的要素を排除した純粋な詩の意。

**じゅんすいじっせんりせい-の-ようせい【純粋実践理性の要請】**(Postulate der praktischen Vernunft ドイツ) カントが『実践理性批判』において、理性は、理論的には認識できない超越的対象としての神の存在・自由・魂の不死を、実践的には不可欠のものとして要請するとしたこと。

**じゅんすい-せい【純粋性】** 純粋であること。purity

**じゅんすい-ばいよう【純粋培養】** 生物一種類だけを目的に培養すること。pure culture

**じゅんすい-ほうがく【純粋法学】** ケルゼンを中心とするウィーン法学派の法学説。新カント派哲学の影響のもとに、法学に対し純粋数学のように厳密な理論体系を与えようとしたもの。pure theory of law

**じゅんすい-りせい【純粋理性】** カント哲学の基本概念で、経験をまじえない先天的認識の能力。pure reason 対義 実践理性。

**じゅんすいりせい-の-にりつはいはん【純粋理性の二律背反】**(Antinomie ドイツ) カントが『純粋理性批判』で挙げた、理性が必然的に陥る自己矛盾。理性が超越的対象としての世界を認識しようとすれば、相矛盾する四組の命題の定立と反定立のおのおのを、まったく同等の権利をもって主張せざるをえなくなることをいう。

**じゅんすいりせいひはん【純粋理性批判】**《原題 Kritik der reinen Vernunft ドイツ》哲学書。カントの主著。一七八一年刊。人間の認識能力の範囲・限界を考察、新しい哲学への道を開いた。

**じゅん・ずる【殉ずる】**(サ変自) ↓じゅんじる(殉じる)

**じゅん・ずる【準ずる】**(サ変自) ↓じゅんじる(準じる)

**しゅん-せい【▼竣成】**(名・サ変自) 建造物などができあがること。竣工。落成。

**じゅん-せい【純正・▼醇正】**(名・形動) ①純粋で、ただしいこと・さま。混じりけのないこと・さま。purity ②学理・理論を主にして応用面は考えないこと・さま。metaphysic 対義 応用。

**じゅん-せい【準正】** 民法で、非嫡出子に嫡出子の身分を取得させる制度。非嫡出子の母と父が婚姻して認知する場合と、父が認知した後でその子の母と婚姻する場合がある。

**じゅん-せい【準星】** クエーサーの別名。

**じゅんせい-かがく【純正化学】** 自然科学の一分野で、純粋に学問として研究する化学。純粋化学。pure chemistry 対義 応用化学。

**しゅんぜいきょう-の-むすめ【俊成▼卿▽女】** ↓ふじわらのとしなりのむすめ(藤原俊成女)

**じゅんせい-しょくひん【純正食品】** 本来の材料だけで作り、防腐剤・漂白剤・着色剤などの添加物や増量材を使っていない食品。food without additives 比較 自然食品。

**じゅんせい-ちょう【純正調】** 音律の一つ。音階中の各音の音程を決めるとき、簡単な整数比に基づく方法。協和度が高く、響きが清澄であるとする理論による。転調に適さないため実用的でない。純正律。pure temperament

**じゅんせいちょう-オルガン【純正調オルガン】** 一オクターブに二〇の鍵(大鍵七・小鍵一三)を配し、純正調にほぼ等しい音を出すオルガン。田中正平が明治二二年(一八八九)考案。enharmonic organ

**しゅん-せつ【春雪】** 春に降る雪。spring snow

**しゅん-せつ【▼浚▼渫】**(名・サ変他) 海や川の底の土砂をさらって取って除くこと。dredging

**じゅん-せつ【順接】**《「順態接続」の略》前の条件から当然導かれる関係として、あとの語句を続けること。「それで・だから・したがって・ので」の類の接続詞・接続助詞などの役目。対義 逆接。

**じゅんせつ-じょうけん【順接条件】** 予想に沿った結果を導くときの条件。

**しゅんせつ-せん【▼浚▼渫船】** 港湾や河川などの水底を浚渫するための作業船。水底の土砂を採取する目的にも用いる。掃底船。ドレッジャー。dredger →写

●浚渫船 東京湾、羽田沖。

**しゅんせん【春川】** 韓国北東部、江原道中西部にある道都。商業都市。李朝時代から地方政治の中心地。人口一六・三万(一九九五)。チュンチョン。

**じゅん-せん【準線】** 楕円・双曲線・放物線に付随する定直線。これらの曲線は、この定直線と焦点への距離の比が一定な点の軌跡である。directrix

**じゅん-ぜん【純然】**(形動トタル) ①混じりけのないさま。純粋。pure ②まったくそれに違いないさま。absolute 用例 ―たる勝利。

**しゅん-そく【俊足】** ①すぐれた弟子。俊才。excellent pupil ②↓しゅんそく(駿足)②

**しゅん-そく【▼駿足】** ①足の速い馬。しゅんめ。swift horse ②《「俊足」とも》走ることの速いこと・人。fast runner 対義 鈍足。

**じゅん-そく【準則】** ①規則にのっとること。observance of a rule ②従うべき規則。standing rule

**じゅんたい-じょし【準体助詞】** 助詞の一種。体言と同じ働きに用いられる。「話すのを聞く」「見てからにする」の「の・から」など。

**じゅん-たく【潤沢】** ㊀(名) ①つや。うるおい。光沢。luster ②めぐみ。favor ㊁(形動) 物が豊富なさま。abundant

**しゅん-だん【春暖】** 春のあたたかさ。warm spring weather 対義 秋冷。用例 ―の候。

**じゅん-ち【▼馴致】**(名・サ変他) ①なれさせ

▼常用漢字表外。　▽常用漢字表の音訓外。

ること。なじませること。tame ②しだいになれるようにすること。gradual habituation

**じゅんち-てい【順治帝】**（一六三八〜六一） 中国、清朝第三代皇帝（在位一六四三〜六一）。廟号は世祖。太祖ヌルハチの孫。都を北京に遷し、反清勢力を平定、漢人官僚の登用など中国的君主制に移行しつつ清朝の基礎を固めた。

**じゅんちゅうきょり-だんどうミサイル【準中距離弾道ミサイル】** 中距離弾道ミサイル（IRBM）と短距離弾道ミサイル（SRBM）との中間射程の地対地弾道ミサイル。射程八〇〇〜二四〇〇km。MRBM。medium range ballistic missile

**じゅん-ちょう【順調】**（名・形動） 物事が調子よくはかどること・さま。favorable condition

**シュンツ【順子中】**（shùn-zi） 麻雀で同種の数牌を数字順に三枚そろえた組み合わせ。自摸によるものは明順、吃によるものは暗順という。

**じゅん-て【順手】** 鉄棒体操で、手のひらを下に向けて、上から鉄棒をにぎること。正手。

**しゅん-でい【春泥】** 春のぬかるみ。とくに、雪解け・霜解けなどによるぬかるみ。

**じゅんでい-かんのん【准▼胝観音・准提観音】** 六（七）観音の一つ。女身で三眼一八臂を有する。除災・除病・延命などの願をかなえるとされる。

**しゅん-と**（副） 意外なことや恐れのために、急に静かになるさま。意気消沈するさま。in low spirits

**じゅん-ど【純度】** 品質の純良な程度。純粋さの程度。purity

**しゅん-とう【春闘】**《「春季賃金闘争」の略》毎年春に、労働組合が賃上げ要求を中心に行う全国的な共同闘争。日本独特の方式で、昭和三〇年（一九五五）に行われたのが最初。

**しゅん-どう【▼蠢動】**（名・サ変自） ①虫などがうごめくこと。wriggle ②つまらない者が策動したり、騒いだりすること。maneuver

**じゅん-とう【順当】**（形動） 道理にかなって当然なさま。あたりまえ。proper 比較 適当。

**じゅんとく-てんのう【順徳天皇】**（一一九七〜一二四二） 第八四代天皇（在位一二一〇〜二一）。後鳥羽天皇の第三皇子。父上皇と鎌倉幕府打倒をはかり（承久の乱）、敗れて佐渡に配流。和歌にすぐれた。著書『八雲御抄』など。

**じゅん-なん【殉難】**（名・サ変自） ①災難にあって任務のために死ぬこと。martyrdom ②事変のために死ぬこと。be killed in an accident

**じゅん-に【順に】**（副） 順序に従って。順々に。in order

**じゅんにん-てんのう【▼淳仁天皇】**（七三三〜七六五） 第四七代天皇（在位七五八〜七六四）。名は大炊。天武天皇の皇子の舎人親王の第七皇子。藤原仲麻呂（＝恵美押勝）と親しい関係にあったため、仲麻呂が乱を起こすと帝位を廃され、淡路国に配流。

**じゅん-ねん【▼閏年】** うるうどし。leap year

**じゅん-のう【順応】**（名・サ変自）《「じゅんおう」の変》 ①事情・環境などに応じて、それに合うように変わっていくこと。adaptation ②生物が周囲の刺激に応じて機能などを変えていくこと。adaptation 用例 人間は風土に―する。

**じゅんのう-せい【順応性】** 環境にうまく合うようになっていく性質。環境にうまく慣れていく能力。adaptability 用例 ―が高い。

**じゅん-ぱい【巡拝】**（名・サ変自） 方々の社寺を参拝して回ること。

**じゅん-ぱく【純白】**（名・形動） ①混じりけのない雪のような白。もっとも白い色。まっ白。スノーホワイト。snow white ②心が自然のままで清いこと。また、そのさま。immaculate 比較 潔白。

**しゅんぱつ-りょく【瞬発力】** 身体全体や手や足が、瞬間的に発揮する力。または、その能力。starting power

**じゅん-ばん【順番】** 順序を追って事に当たること。その順序。turn

**しゅん-ぴ【春肥】** 農業で、春、作物にやるこやし。はるごえ。spring fertilizer

**じゅん-び【準備】**（名・サ変自他） ある物事にすぐ取りかかれるように、前もって用意すること。したく。preparation 用例 ―をととのえる。―体操。雨具を―する。

**じゅんび-きん【準備金】** 企業が将来の必要にそなえて積み立て、留保しておく金額。法定準備金と任意積立金がある。積立金。reserve

**じゅんび-しさん【準備資産】** 各国の通貨当局が対外決済のために保有している金・SDR・リザーブトランシュなどの資産。reserve assets

**じゅんび-しょめん【準備書面】** 民事訴訟の原告や被告が口頭弁論で述べようとする事項をあらかじめ記載した書面。brief

**じゅんぴつ-りょう【潤筆料】** 書・画をかいてもらったお礼のお金。揮毫料。fee for writing; fee for painting

**じゅん-ひぶ【順日歩】** 信用取引の残高において売りより買いが上回っているとき、買い方が融資を受けた金に対して支払う一日あたりの利子。対義 逆日歩。

**じゅんびよきん-せいど【準備預金制度】** ↓しはらいじゅんびせいど（支払準備制度）

**しゅん-びん【俊敏】**（名・形動） すばしこくてかしこいこと・さま。brilliance 対義 遅鈍。

**しゅん-ぷう【春風】** 春に吹く風。はるかぜ。spring breeze

**じゅん-ぷう【順風】** 進む方向に吹く風。追い風。fair wind 対義 逆風。

**順風に帆を上げる**（じゅんぷうにほをあげる） 物事が調子よくはかどるたとえ。smooth sailing with a fair wind

**じゅん-ぷう【▼醇風・▼淳風】** よいならわし。良風。good customs

**しゅんぷう-たいとう【春風▼駘▼蕩】**（形動トタル） 春のけしきののどかなさま。転じて、人がらのおおらかなようすにもいう。

**しゅんぷうてい-りゅうきょう【春風亭柳橋】** 落語家。六代目（一八九九〜一九七九）は本名渡辺金太郎。東京生まれ。NHKの「とんち教室」のレギュラー出演者で知られ、古典・新作ともに得意とした。現在は第七代。

**しゅんぷうてい-りゅうし【春風亭柳枝】** 落語家。現在八代まで。初代（？〜一八六八）は初代麗々亭柳橋の門下。人情噺の演じ方に工夫を加え、名人といわれた。

**しゅんぷうばていのきょく【春風馬堤曲】** 与謝蕪村の俳詩。安永六年（一七七七）刊の『夜半楽』所収。短詩形一八首を連ね、藪入りの娘の道行きを描いた郷愁の詩の傑作。

**じゅんぷう-びぞく【▼醇風美俗】** よい風俗・習慣。良風美俗。good morals and manners

**じゅんぷう-まんぱん【順風満帆】** ふねが追い風を帆いっぱいに受けること。物事が万事都合よく進行することのたとえ。

**じゅん-ぶっしつ【純物質】** 蒸留・蒸発・濾過・遠心分離など物理的方法でさらに別の成分に分けられない物質。pure substance

**しゅん-ぶん【春分】** 二十四節気の一つ。三月二一日ごろ。太陽が天球の黄道上を移動し、春分点を通過する時。また、その日。春の彼岸の中日で、昼夜の長さがほぼ等しくなる。vernal equinox 対義 秋分。

**じゅん-ぶん【純分】** 地金にふくまれている純金・純銀の分量。fineness

**じゅん-ぶんがく【純文学】** ①言語を素材として、思想や情緒や美的感動を表現した想像力による作品。詩歌・戯曲・小説など。広い意味の文学（哲学・歴史などを含む）に対する語。belles lettres ②大衆的・通俗的でない文学。pure literature 対義 大衆文学。

**しゅんぶん-てん【春分点】** 天の赤道と黄道の交点のうち、黄道上の太陽が赤道を南から北へ通過する点。太陽がこの点にくる時刻が春分。vernal equinox 対義 秋分点。↓赤道座標図

**しゅんぶん-の-ひ【春分の日】** 国民の祝日の一つ。三月二一日ごろ。太陽が春分点に達する日で、春の彼岸の中日。もとの春季皇霊祭。

**じゅん-へいげん【準平原】** 河水などの浸食による地形変化の最終段階と考えられる平坦な地形。原地形から幼年期・壮年期・老年期をへて、海面とほぼ同じ高さの準平原となる。中国山地や阿武隈高地は準平原の隆起したもの。peneplain

**シュンペーター【Joseph Alois Schumpeter】**（一八八三〜一九五〇） ケインズとならぶ二〇世紀前半最大の経済学者の一人。オーストリア生まれ。ナチスに追われ渡米。企業者の機能と技術革新を重視して独自の理論を築いた。著書『経済発展の理論』『景気循環論』など。

**しゅん-べつ【▼峻別】**（名・サ変他） きびしく区別すること。sharp distinction

**じゅん-ぽう【旬報】** ①一〇日ごとの報告。②旬刊の新聞・雑誌。ten-day report 参照 日報・週報・月報・年報。

**じゅん-ぽう【遵奉】**（名・サ変他） 従い守ること。observance

**じゅん-ぽう【遵法・順法】** 法律・規則によく従うこと。law abiding

**じゅんぽう-とうそう【順法闘争】** 法令の定めるとおりに労務を提供することによって逆に能率の低下をはかり、使用者に損害を与える労働争議の一戦術。law-abiding labor struggle

**じゅん-ぼく【▼醇朴・純朴・▼淳朴】**（名・形動） 情に厚く、飾りけがないこと・さま。人ずれしていないこと・さま。simple-hearted

**しゅん-ぽん【春本】** 男女の情交を興味本位に書いた本。pornographic book

**しゅん-まく【瞬膜】** 脊椎動物のまぶたの内側にある透明な薄い膜。両生類・爬虫類・鳥類などにあり、水中や空中を移動するさいに眼球表面を保護。哺乳類では多くのものが退化。nictitating membrane

**しゅん-みん【春眠】** 春の夜のねむり。one's sleep in spring night

**春眠暁を覚えず**（しゅんみんあかつきをおぼえず）《中国、唐代の詩人、孟浩然の詩句》春眠の快さに、朝、なかなか目がさめない。

**しゅん-め【▼駿馬】** 足の速い馬。しゅんば。swift horse 対義 駑馬。

**じゅん-めん【純綿】** 木綿以外の繊維が交ざっていない糸。また、その織物。all cotton

**じゅん-もう【純毛】** 羊毛以外の繊維が交ざっていない糸。また、その織物。pure wool

**じゅん-ゆう【巡遊】**（名・サ変自） あちこち旅行して回ること。遊覧。tour

**じゅん-よ【旬余】** 一〇日あまり。over ten days

**しゅん-よう【春陽】** ①春の日の光。spring sunshine ②春の季節。springtime

**じゅん-よう【準用】**（名・サ変他） ある事項に関する規定に、必要な修正を加え、それと類似の事項に適用すること。

**しゅんよう-かい【春陽会】** 美術団体。小杉放庵らの院展洋画部の脱退者と草土社、梅原竜三郎らが大正一一年（一九二二）創立。日本的感性で洋画を扱おうとした。

**じゅんよう-かん【巡洋艦】** 攻撃・防御力は戦艦よりおとるが速力と航続力にすぐれ、偵察哨戒・戦闘・対空護衛・艦隊指揮など多様な任務にあたる軍艦。cruiser

**じゅん-ようし【順養子】** 弟が兄の養子となり、あとを継ぐこと。その弟。

**じゅん-ら【巡▼邏】** 巡回。見回り。パトロール。patrol 用例 ―卒。

**しゅん-らい【春雷】** 春の雷。日本海低気圧からのびる寒冷前線の通過で起こることが多い。

**しゅん-らん【春▼嵐】** ①春のあらし。spring storm ②春のもや。spring haze

**しゅん-らん【春▼蘭】** ラン科の常緑多年草。山野にはえる。高さ約三〇cm。葉は線形。早春に、淡黄緑の花を一個つける。香気があり、観賞用に栽培。ホクロ。↓写

**春蘭秋菊倶に廃す可からず**（しゅんらんしゅうぎくともにはいすべからず） 両者共にすぐれており、捨てがたい。

● シュンラン

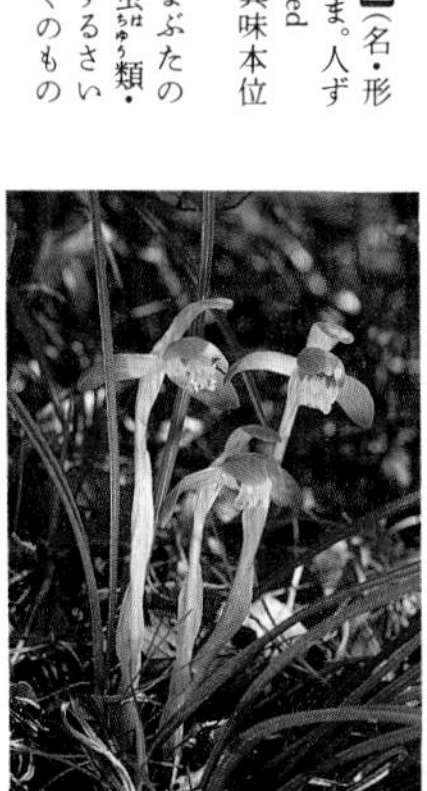

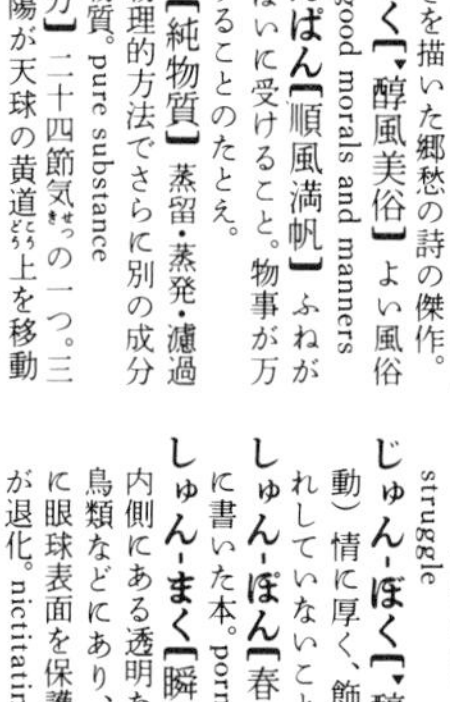

**じゅん-らん【巡覧】**（名・サ変自） 方々を回って見ること。tour

**じゅん-り【純利】** 純利益。純益。net profit

**じゅん-り【純理】** 情勢・利害などを考えに入れない、純粋の理論・学理。pure logic

**じゅん-りえき【純利益】** 一会計年度の総収益と総費用の差額。経営利益に特別損益を加減して算出する。純益。net profit

**じゅん-りょう【純量】** 正味の目方。net weight

**じゅん-りょう【純良】**（名・形動） 混じりけがなく良質なこと・さま。purity

**じゅん-りょう【▼淳良・▼醇良】**（名・形動） 素朴で善良なこと・さま。be simple and good

**じゅん-りょう【順良】**（名・形動） すなおで善良なこと・さま。be good and obedient

**しゅん-りん【春▼霖】**《「霖」は長雨の意》春の長雨。仲春から晩春にかけて、本州の南岸沿いに前線が停滞して起こる。

**しゅん-れい【▼峻▼嶺】** 高く、けわしいみね。steep ridge

**じゅん-れい【巡礼・順礼】**（名・サ変自） 信仰

上の聖地や霊場に参詣して回ること。また その巡拝する人。キリスト教徒のパレスチナ巡礼、イスラム教徒のメッカ巡礼、日本では仏教徒の西国三十三所巡りや四国八十八か所の巡礼など。pilgrimage

**じゅんれい-うた【巡礼歌】** ある宗教にとって特別に由縁の深い土地・建物などを巡拝するさい、教徒によって歌われる聖歌。pilgrim psalm

**じゅんれい-てつどう【巡礼鉄道】**《イスラム教徒が、メッカ巡礼に利用することから》ジャズ鉄道の別称。

**じゅん-れき【巡歴】**(名・サ変自) 方々を回って歩くこと。遍歴。itinerancy

**しゅん-れつ【▼峻烈】**(名・形動) 厳しく、激しいこと・さま。severe 用例 ―な処置。

**じゅん-れつ【順列】** ①順序。order ②数学で、いくつかのものの中から、ある一定個数のものをとりだして、一列に並べる並べ方。また、そのしかたの総数。permutation

**しゅん-れん【春▼聯】** 中国で、新春を祝い瑞気を迎えるためにめでたい対句を書き、門柱や部屋の入り口に張る赤い紙。商家は「開市大吉・万事亨通」、農家は「春種千天地・秋収万石糧」など。

**じゅん-ろ【順路】** ①順序のよい道筋。route ②正しい道理・手続きに従うこと。その手続き。regular route

**ショ** 5画 **【処】** 部首[几] 教育小6 JIS 2972 ―― 11画 【▼處】 部首[虍] 旧字 JIS 4961

音ショ

①ところ。場所。「居処・出処」 ②とりはからう。きめる。「善処」「処置・処罰・処分・処理」 ③役人になっていない。まだ結婚していない。家にいる。「処士・処女」

**ショ** 7画 **【初】** 部首[刀] 教育小4 JIS 2973

音ショ・ソ

訓**はじめ・はじめて・はつ・うい・そめる**

比較 始。 ①はじめ。「最初・当初」「初夏・初期・初志・初歩」 ②はじめて。はつ。「初演・初診」 用例《接頭的》―対面。

**ショ** 8画 **【▼苴】** 部首[艹] JIS 7183

音ショ・ソ・サ

①つと。つつみ。わらなどで、つつんだもの。 ②アサ。クワ科の一年草。また、その実。

**ショ** 8画 **【所】** 部首[戸] 教育小3 JIS 2974 ―― 8画 【▼所】 旧字

音ショ・ソ

訓**ところ**

①ところ。「近所・住所・場所・名所」 ②㋐そうすること・もの。「所感・所期・所見・所属・所得・所有」 ㋑そうされること・もの。対義 能。「所化・所与」 ③事務や研究などをあつかうところ。比較 署。「所員・所長」 用例(名)―に行く。(接尾)事務―。出張―。研究―。

**ショ** 8画 **【▼杵】** 部首[木] JIS 2147

音ショ

①きね。臼にいれたものをつく道具。 ②つち。ものをたたいたり、つきかためたりする道具。

**ショ** 9画 **【▼胥】** 部首[月] JIS 7081

音ショ・ソ

①あいともに。一緒に。 ②みる。のぞいてみる。 ③小役人。下級官吏。

**ショ** 10画 **【書】** 部首[曰] 教育小2 JIS 2981

音**ショ**

訓**かく**

①かく。しるす。また、文字。対義 読。「行書・清書」「書家・書式・書体」 用例(名)―をよくする。 ②六芸の一つ。かきかた。筆跡。「書道」 用例(名)―を送る。 ③かいたもの。かきつけ。「願書」「書類」 ④手紙。「投書」 用例(名)―を送る。 ⑤本。「古書・蔵書・図書・良書」「書名」 用例(名)―を読む。 ⑥中国古代の五経の一つ。『書経』。 用例(名)詩―礼楽。

**書は以て姓名を記するに足るのみ**(しょはもってせいめいをきするにたるのみ) 書は姓名を書ければ十分であり、それ以上学ぶ必要はない。書を学ぶよりも、兵法を学んだ方がよい。

**書を校するは塵を掃らうが如し**(しょをこうするはちりをはらうがごとし) どんなに念を入れて校正しても、誤りが残ることをいう。

**ショ** 11画 **【庶】** 部首[广] 常用 JIS 2978

音**ショ**

①いろいろな。もろもろの。「庶事・庶務」 ②一般の。平民。「衆庶」「庶民」 ③のぞみねがう。こいねがう。「庶幾」 ④めかけばら。「庶子」

**ショ** 11画 **【▼渚】** 部首[氵] 人名用 JIS 2977 ―― 12画 【▼渚】 旧字

音ショ

①小さい洲。小島。 ②なぎさ。みぎわ。なみうちぎわ。

**ショ** 11画 **【▼蛆】** 部首[虫] JIS 7355

音ショ・ソ

うじ。うじむし。ハエやアブなどの幼虫。

**ショ** 12画 **【暑】** 部首[日] 教育小3 JIS 2975 ―― 13画 【▼暑】 旧字

音**ショ**

訓**あつい**

①あつい。あつさ。対義 寒。「炎暑・酷暑・残暑・避暑」「暑気」 用例(名)―をさける。 ②夏の土用の一八日間。用例(名)―中見舞。

**ショ** 12画 **【▼湑】** 部首[氵]

音ショ

①したむ。液をしたたらす。酒をこす。 ②つゆの多いさま。

**ショ** 12画 **【▼黍】** 部首[黍] JIS 2148

音ショ

①キビ。イネ科の一年草。もちきび。 ②中国古代の最小の重量単位。百黍(=キビ一〇〇粒の重さ)が一銖で、約〇・六七g。

**ショ** 13画 **【署】** 部首[罒] 教育小6 JIS 2980 ―― 14画 【▼署】 旧字

音**ショ**

①かく。しるす。かきつける。「自署・連署」「署名」 ②やくわり。わりあて。「部署」 ③警察署や税務署などの役所。比較 所。「署員・署長」 用例《接尾的》警察―。税務―。

**ショ** 13画 **【▼睢】** 部首[隹] JIS 8019 ―― 16画 【▼鵙】 部首[鳥] 異体字

音ショ

「睢鳩」は、ミサゴ。ワシタカ科の鳥。

**ショ** 14画 **【▼墅】** 部首[土] JIS 5248

音ショ・ヤ

①しもやしき。いなかや。別荘。 ②なや。田畑にある物置小屋。

**ショ** 14画 **【▼蔗】** 部首[艹] JIS 7284

音シャ・ショ

サトウキビ。イネ科の多年草。「甘蔗」「蔗糖」

**ショ** 14画 **【緒】** 部首[糸] 常用 JIS 2979 ―― 15画 【▼緒】 旧字

音**ショ・チョ**

訓**お**

①いとぐち。はじめ。とりかかり。「端緒・由緒」 用例(名)―に就く。 ②こころ。「情緒」 ③お。㋐ほそいひも。㋑履物のはなお。㋒楽器や弓の糸。絃。㋓ものごとの長くつづくもの。↓チョ【緒】

**緒に就く**(しょにつく) ものごとの見通しがついて、うまく進みかける。予定の事業が始まる。ちょに就く。用例 まだ―・いたばかりだ。

**ショ** 14画 **【▼蜡】** 部首[虫]

音ショ・サ

うじ。うじむし。ハエやアブなどの幼虫。↓サ【蜡】

**ショ** 15画 **【▼糈】** 部首[米]

音ショ・ソ

①しらげよね。精米。神にそなえる白米。 ②かて。食糧。 ③しとぎ。米の粉でつくった長円形のもち。

**ショ** 15画 **【▼翥】** 部首[羽]

音ショ

とぶ。あがる。とびあがる。

**ショ** 15画 **【諸】** 部首[言] 教育小6 JIS 2984 ―― 16画 【▼諸】 旧字

音**ショ**

①いろいろな。もろもろの。「諸君・諸国・諸事・諸説・諸般」 用例(接頭)―問題。 ②下に添えて用いる。「忽諸」

**ショ** 15画 **【▼紓】** 部首[魚]

音ショ

カマス。スズキ目に属する海水魚。

**ショ** 17画 **【▼嶼】** 部首[山] JIS 5457

音ショ

しま。小島。「島嶼」

**ショ** 17画 **【▼薯】** 部首[艹] ―― 16画 【▼薯】 異体字 JIS 2982

音ショ・ジョ

いも。①ヤマノイモ。ヤマノイモ科のつる性多年草。やまいも。「自然薯」 ②「薯蕷」は、ナガイモ。ヤマノイモ科のつる性多年草。 ③いも類の通称。「甘薯・馬鈴薯」

**ショ** 18画 **【▼曙】** 部首[日] ―― 17画 【▼曙】 異体字 JIS 2976

音ショ

あけぼの。あかつき。夜明け。「曙光」

**ショ** 19画 **【▼藷】** 部首[艹] ―― 18画 【▼藷】 異体字 JIS 2983

音ショ

①サトウキビ。イネ科の多年草。 ②いも。㋐いも類の通称。㋑「甘藷」は、サツマイモ。ヒルガオ科の多年草。

**ショ** 20画 **【▼櫧】** 部首[木]

音ショ

カシ。ブナ科の常緑高木。

**ショ** 25画 **【▼鱮】** 部首[魚]

音ショ

タナゴ。コイ科の淡水魚。

**し-よ【賜与】**(名・サ変他) くだしたまわること。

**ジョ** 3画 **【女】** 部首[女] 教育小1 JIS 2987

音**ジョ・ニョ・ニョウ**

訓**おんな・め**

①おんな。め。対義 男。「処女・少女・男女・美女」「女子・女性・女流」 用例(接頭)―店員。 ②婦人の名の下につけて用いる。用例(接尾)千代―。 ③むすめ。対義 男。「長女・二男一女」 用例(名)松平氏の―なり。 ④なんじ。おまえ。↓ニョ・ニョウ【女】

**ジョ** 6画 **【如】** 部首[女] 常用 JIS 3901

音**ジョ・ニョ**

①そのとおり。おなじ。ごとし。「如上」 ②下に添えて用いる。「欠如・突如・躍如」 ↓ニョ【如】

**ジョ** 6画 **【▼汝】** 部首[氵] JIS 3882

音ジョ

なんじ。おまえ。そなた。そち。

**ジョ** 7画 **【助】** 部首[力] 教育小3 JIS 2985

音**ジョ・ショ**

訓**たすける・たすかる・すけ**

①たすける。力をかす。たすけ。比較 援。「援助・救助・補助」「助言・助手・助役・助力」 ②すけ。㋐律令制で、四等官の第二。寮の次官。㋑こどもを背負う帯。㋒他の語につけて、人名らしくいう。

**ジョ** 7画 **【序】** 部首[广] 教育小5 JIS 2988

音**ジョ**

①ついで。順番。「順序・秩序」「序列」 用例(名)長幼の―。 ②まえおき。文章や楽曲などのはじめの部分。比較 ことば書き。対義 跋。「序曲・序文・序幕」 用例(名)論文の―を書く。―破急。

**ジョ** 7画 **【▼抒】** 部首[扌] JIS 5719

音ショ・ジョ

①くむ。くみだす。②もらす。のべる。心をのべる。「抒情」

**ジョ** 9画【叙】 部首［又］ 常用 JIS 2986
11画【敍】 部首［攴］ 旧字 JIS 5838
11画【敘】 部首［攵］ 異体字 JIS 5839
音 ジョ
①のべる。順序をつけてのべる。「自叙伝・倒叙」「叙景・叙事・叙述」②官位をさずける。「昇叙」「叙位・叙勲・叙爵・叙任」③《抒とも》心をのべる。「叙情詩」

**ジョ** 9画【茹】 部首［艹］ JIS 7207
音 ジョ・ニョ
①な。野菜。あおもの。②くう。くらう。たべる。③やわらか。④くさる。腐敗する。⑤ゆでる。うでる。

**ジョ** 9画【洳】 部首［氵］ JIS 6214
音 ジョ・ニョ
①中国の川の名。河北省をながれる。洳河。②水にひたって、しめっているさま。また、その湿地。

**ジョ** 10画【徐】 部首［彳］ 常用 JIS 2989
音 ジョ
ゆっくり。しずかに。おもむろに。比較 除。「緩徐」「徐行・徐々」

**ジョ** 10画【除】 部首［阝］ 教育小5 →教育小6 JIS 2992
音 ジョ・ジ・チョ
訓 のぞく
除 除 除 除 除 除
①のぞく。とりさる。比較 徐。「解除・駆除・排除」「除外・除幕式・除名」②数学で、わり算。対義 乗。「乗除」「除数・除法」↓ジ【除】

**ジョ** 10画【恕】 部首［心］ JIS 2990
音 ショ・ジョ
①ゆるす。おおめにみる。「寛恕」②おもいやり。あわれみ。「忠恕」

**ジョ** 12画【絮】 部首［糸］ JIS 6917
音 ショ・ジョ
①わた。まわた。ふるわた。②くどい。くだくだしい。「絮説」

**ジョ** 12画【舒】 部首［舌］ JIS 4816
音 ショ・ジョ
①のばす。ひろげる。②のびる。ひろがる。③ゆっくり。しずかに。おもむろに。

**ジョ** 13画【耡】 部首［耒］ JIS 7052
音 ジョ
①すく。田畑をたがやす。②すき。土をほりおこす農具。

**ジョ** 13画【蜍】 部首［虫］ JIS 7375
音 ショ・ジョ
「蟾蜍」は、①ヒキガエル。カエル目に属する両生類。がま。②月の別名。月にヒキガエルがすむという伝説から。

**ジョ** 15画【鋤】 部首［金］ JIS 2991
音 ショ・ジョ
①すき。土をほりおこす農具。②すく。田畑をたがやす。

**じ-よ**【自余・爾余】 そのほか。このほか。
**自余に混ぜず**（じよにこんぜず） 他のものと紛れない。並み並みでない。

**じ-よ**【時余】 一時間あまり。about an hour

**しょあく-まくさ**【諸悪莫作】《仏教語。もろもろの悪をなすことなかれ、の意》七仏通戒偈の初句。

**しょ-い**【所為】 しわざ。行い。ふるまい。deed

**じょ-い**【女医】 婦人の医師。lady doctor

**じょ-い**【叙位】 ①位階を授けること。また、授けられること。②正月五日か六日に宮中で行われた年中行事の一つ。五位以上の位階を授ける儀式。

**じょ-い**【徐渭】（一五二一～九三） 中国、明代中期の文人・画家。浙江省紹興の人。詩・文・書・画ともにすぐれる。とくに水墨花卉画が得意。文集『徐文長集』、戯曲『四声猿』など。

**しょい-あげ**【背負(い)揚げ】 帯揚げ。

**しょい-こ**【背負(い)子】 荷物を背負うときに用いる梯子状の木の枠。背負梯子。↓写

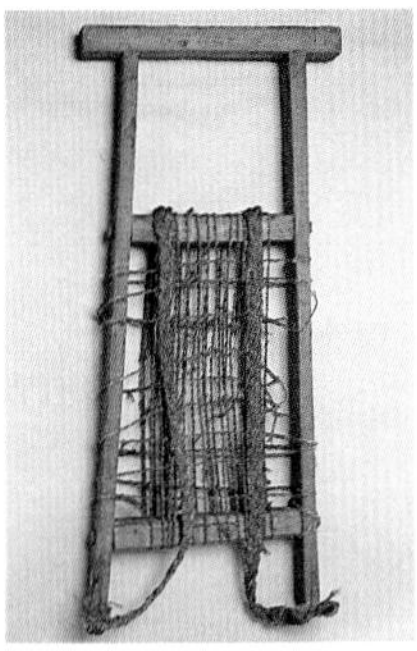
●背負い子

**しょい-ご**【背負(い)籠】 背負うためのひもと枠を付けたかご。

**ショイコウ-シャン**【水口山】（Shuikōushān）↓すいこうざん（水口山）

**しょい-こみ**【背負(い)込み】 ①しょい込むこと。encumber oneself with ②仕入れて売れない品物。dead stock

**しょい-こ・む**【背負(い)込む】（五他） 困ったことを引き受ける。encumber oneself with

**ジョイス**【James Augustine Joyce】（一八八二～一九四一） アイルランドの小説家。「意識の流れ」や「内的独白」などの技法を駆使した大作『ユリシーズ』と、大胆な言語的実験作『フィネガン徹夜祭』により、二〇世紀ヨーロッパ小説の巨匠と仰がれる。ほかに短編集『ダブリンの人々』、自伝的小説『若い芸術家の肖像』、童話『猫と悪魔』。

**しょ-いちねん**【初一念】 最初に思い立ったこと・考え。初志。original intention 用例 ―を貫く。

**しょい-なげ**【背負(い)投げ】↓せおいなげ（背負い投げ）

**しょ-いん**【所員】 研究所・事務所・出張所などに勤務する人。staff member

**しょ-いん**【書院】《書庫・書斎の意》①昔の中国で集書や講学の場所。②宋代以降発展した官学以外の学校。白鹿洞書院は著名。③日本で寺院や室町以降の武家や公家の邸宅の居間兼書斎。④付け書院のこと。⑤書院造りの座敷。儀式や客の応対をした。その位置によって表書院と奥書院、構造によって黒書院と白書院がある。

**しょ-いん**【署員】 警察署・税務署・消防署などの職員。official

**じょ-いん**【女陰】 女性の陰部。女性の性器。vagina

**ショインカ**【Wole Soyinka】（一九三四～） ナイジェリアの劇作家・詩人。ヨルバ族。一九八六年ノーベル文学賞受賞。戯曲『ライオンと宝石』、小説『通訳者たち』など。

**しょいん-づくり**【書院造(り)】 室町時代末期から桃山時代にかけて完成した武家住宅の様式。床の間・違い棚など、現在の住宅様式にも名残がみられる。↓図

**ジョイント**【joint】 ①継ぎ目・継ぎ手。②列車の連結装置。③合同。提携。用例 ―コンサート。

**ジョイント-ベンチャー**【joint venture】 大規模な土木・建設工事など一企業では資金・技術などの点で受注できない事業を、複数の企業が共同して請け負うこと。また、共同出資によってその事業専用に設立された会社。大規模事業にともなうリスクを分散する意味もある。共同企業体。JV。

**ショウ** 3画【上】 部首［一］ 教育小1 JIS 3069
音 ジョウ・ショウ
訓 うえ・うわ・かみ・あげる・あがる・のぼる・のぼせる・のぼす
筆順 ↓ジョウ【上】
①うえ。かみ。えらい。「上下・上人」②資産。財産。「身上」↓ジョウ【上】

**ショウ** 3画【小】 部首［小］ 教育小1 JIS 3014
音 ショウ
訓 ちいさい・こ・お
小 小 小
①ちいさい。こ。お。対義 大。「群小・縮小・短小」「小国・小刀・小都市・小藩」用例（名）大は小を兼ねる。（形動）―といえどもあなどらず。②三一日ない月。用例（名）二月は―の月だ。③わずか。すくない。「大同小異」「小雨・小額・小康」用例（形動）大なり―なり似たようなもの。④上につけて、謙遜して自分のがわを示すのに用いる。「小社・小生・小店」⑤小学校のこと。「付属小」

**小の虫を殺して大の虫を助ける**（しょうのむしをころしてだいのむしをたすける）↓しょうのむし（小の虫）

**ショウ** 4画【井】 部首［二］ 常用 JIS 1670
音 セイ・ショウ
訓 い
いげたの形をしたもの。「天井」↓セイ【井】

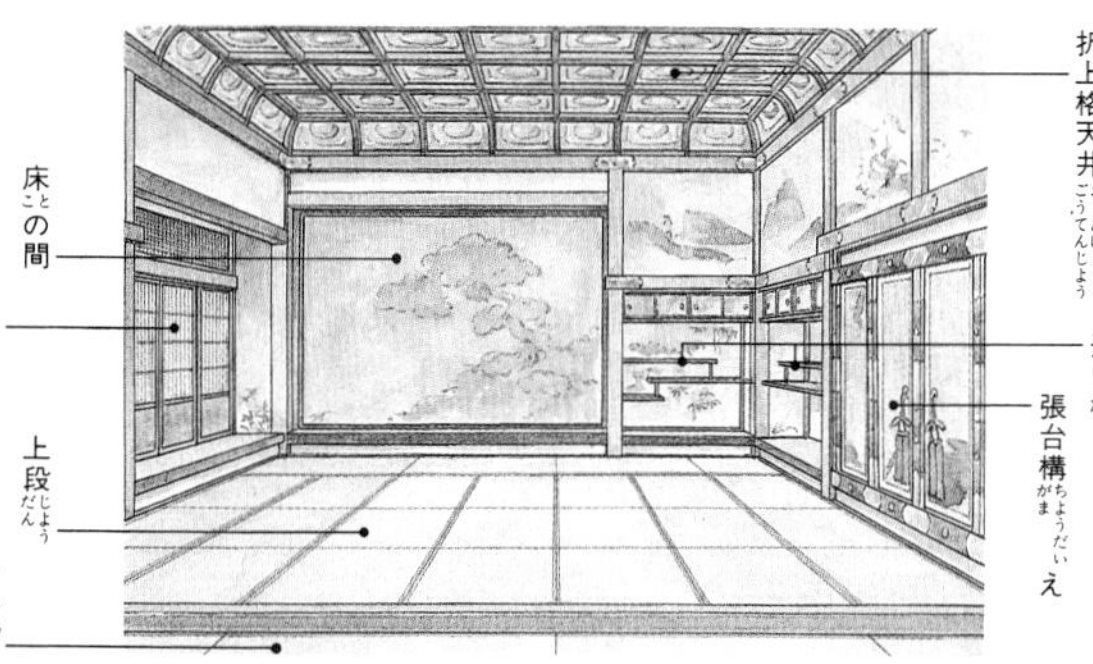

●書院造り

**ショウ** 4画【升】 部首［十］ 常用 JIS 3003
音 ショウ
訓 ます
①のぼる。あがる。上へすすむ。②ます。一升ます。③尺貫法の容積の単位。一合の一〇倍。約一・八ℓ。「一升瓶」

**ショウ** 4画【少】 部首［小］ 教育小2 JIS 3015
音 ショウ
訓 すくない・すこし
少 少 少 少
①すくない。すこし。へる。対義 多。「過少・軽少・減少・多少」「少額・少数」②おさない。わかい。対義 老。「年少・幼少」「少女・少壮・少年」③二つのうち二番め、または、三つのうち三番め。対義 大・中。「少尉・少佐・少将・少納言・少弐」

**ショウ** 4画【爿】 部首［爿］ JIS 6413
音 ショウ
①だい。寝台。②きぎれ。木を二分したときの左の半分。③部首の一つ。しょうへん。

**ショウ** 5画【召】 部首［口］ 常用 JIS 3004
音 ショウ
訓 めす
めす。下の者をよびよせる。おめし。比較 招。「応召」「召喚・召集・召致」

**ショウ** 5画【正】 部首［止］ 教育小1 JIS 3221
音 セイ・ショウ
訓 ただしい・ただす・まさ
筆順 ↓セイ【正】
①ただしい。「正気・正直・正真・正体・正面」②きっかり。「正午」用例《接頭的》―一時。③主となるもの。同じ位で上。対義 従。用例《接頭的》―一位。④はじめ。年のはじめ。「賀正」「正月」↓セイ【正】

**ショウ** 5画【生】 部首［生］ 教育小1 JIS 3224
音 セイ・ショウ
訓 いきる・いかす・いける・うまれる・うむ・おう・はえる・はやす・き・なま
筆順 ↓セイ【生】
①うまれる。うむ。うまれながら。対義 死。「出生・誕生」「生国・生得」②いきる。いきている。いかす。いのち。比較 活。対義 殺。「一殺多生・一生・殺生・養生」「生類」用例（名）―あるもの、必ず滅す。↓セイ【生】

**生を替う**（しょうをかう） 生まれかわる。

**生を隔つ**（しょうをへだつ） あの世とこの世と別々にな



↓ 行き先項目、図版・写真参照印。 JIS 日本工業規格情報交換用漢字符号コード（区点コード）。

る。死別する。

**ショウ** 6画 【匠】 部首[匚] 常用 JIS 3002
音ショウ
①たくみ。工芸・学術などにすぐれた人。かしら。先生。「画匠・巨匠・工匠・師匠・宗匠・番匠・名匠」②工夫。趣向をこらす。「意匠」③てらい。「匠気」

**ショウ** 6画 【▾庄】 部首[广] 人名用 JIS 3017
音ソウ・ショウ
①いなか。むらざと。「庄屋」②しもやしき。別宅。いなかの家。

**ショウ** 7画 【▾劭】 部首[力] JIS 5003
音ショウ
①つとめる。はげむ。②うつくしい。うるわしい。

**ショウ** 7画 【声】 部首[士] 教育小2 JIS 3228 ／ 17画 【▾聲】 部首[耳] 旧字 JIS 7065
音セイ・ショウ
訓こえ・こわ
筆順↓セイ[声]
こえ。調子。「上声・大音声」↓セイ[声]

**ショウ** 7画 【床】 部首[广] 常用 JIS 3018
音ショウ・ソウ
訓とこ・ゆか
①とこ。ねどこ。ねだい。寝台。「起床・病床・臨床」②病院で、病床を数えるのに用いる。用例(助数)二十―。③ゆか。ものをささえる台。「温床・河床・銃床」④地層。「鉱床」

**ショウ** 7画 【抄】 部首[扌] 常用 JIS 3022
音ショウ
①ぬきだす。ぬきがき。「詩抄」「抄出・抄本・抄訳・抄録」用例《接尾的》『平家物語』―。②うつす。かきうつす。「手抄」「抄本」③注をつけた本。用例《接尾的》『湖月―』。④紙をすく。すくいとる。「抄紙」

**ショウ** 7画 【肖】 部首[月] 常用 JIS 3051 ／ 7画 【▾肖】 旧字
音ショウ
①にる。にている。あやかる。「不肖」②にせる。かたどる。「肖像」

**ショウ** 8画 【▾妾】 部首[女] JIS 3010
音ショウ
①めかけ。そばめ。側室。「愛妾」「妾宅・妾腹」②こしもと。貴人につかえる女性。③わらわ。女性がへりくだっていう自称。わたくし。

**ショウ** 8画 【姓】 部首[女] 常用 JIS 3211
音セイ・ショウ
ひと。かばね。「小姓・百姓」↓セイ[姓]

**ショウ** 8画 【尚】 部首[小] 常用 JIS 3016 ／ 8画 【▾尙】 旧字
音ショウ
①たっとぶ。とうとぶ。「尚古・尚武」②たかい。立派な。「高尚」③なお。まだ。「尚早」

**ショウ** 8画 【▾邵】 部首[阝] JIS 7826
音ショウ
中国の春秋時代の晋国の地名。現在の河南省にあった。

**ショウ** 8画 【性】 部首[忄] 教育小5 JIS 3213
音セイ・ショウ
筆順↓セイ[性]
①うまれつき。さが。たち。ひとがら。「気性・根性・本性」「性分」用例(名)―が合う。―の悪いやつ。《接尾的》苦労―。心配―。②仏教で、物の本質。対義体。③人の生年月日に五行を配し、その相生・相克で吉凶をきめるもの。用例(名)土の―。↓セイ[性]
**性に合う**(しょうにあう) 他の、ある物事や人物に対して、生まれつきの性質や能力が、しっくり合う。congenial

**ショウ** 8画 【▾戕】 部首[戈]
音ショウ
そこなう。きずつける。ころす。殺傷する。

**ショウ** 8画 【承】 部首[手] 教育小5 JIS 3021
音ショウ・ジョウ
訓うけたまわる
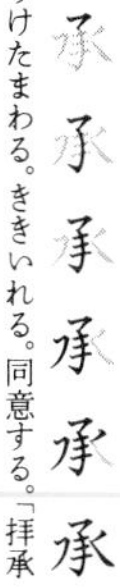
①うけたまわる。ききいれる。同意する。「拝承・不承不承・了承」「承諾・承知・承認・承服」②うけつぐ。「継承・師資相承」「承前・承句」③漢詩の承句。「起承転結」

**ショウ** 8画 【招】 部首[扌] 教育小5 JIS 3023
音ショウ
訓まねく

まねく。よぶ。比較召。「招宴・招集・招待・招致」

**ショウ** 8画 【昇】 部首[日] 常用 JIS 3026
音ショウ
訓のぼる
のぼる。あがる。上へすすむ。比較登。対義降。「上昇」「昇格・昇給・昇進・昇天」

**ショウ** 8画 【▾昌】 部首[日] 人名用 JIS 3027
音ショウ
①うつくしい。立派な。②さかん。さかえる。「繁昌・隆昌」

**ショウ** 8画 【松】 部首[木] 常用→教育小4 JIS 3030 ／ 8画 【▾枩】 異体字 JIS 5932
音ショウ
訓まつ

マツ。マツ科マツ属の植物。「白砂青松・老松」「松竹梅」

**ショウ** 8画 【沼】 部首[氵] 常用 JIS 3034
音ショウ
訓ぬま
ぬま。泥土が多い池。「湖沼」「沼沢」

**ショウ** 8画 【▾牀】 部首[爿] JIS 6414
音ソウ・ショウ
①だい。ものをおく台。②ねだい。ねどこ。寝台。「牀頭」③ゆか。とこ。④こしかけ。椅子。床几。

**ショウ** 8画 【青】 部首[青] 教育小1 JIS 3236 ／ 8画 【▾靑】 旧字
音セイ・ショウ
訓あお・あおい
筆順↓セイ[青]
あお。あおい。「紺青・緑青」↓セイ[青]

**ショウ** 9画 【▾俏】 部首[人・亻]
音ショウ
①にる。にせる。かたどる。②やつす。㋐めだたないように姿をかえる。㋑やせるほど、なやむ。㋒化粧をする。㋓字の画を省略する。

**ショウ** 9画 【▿咲】 部首[口] 常用 JIS 2673 ／ 9画 【▾咲】 旧字
音ショウ
訓さく
①さく。花のつぼみがひらく。②わらう。えむ。わらい。

**ショウ** 9画 【▾庠】 部首[广] JIS 5489
音ショウ
まなびや。学校。

**ショウ** 9画 【▿荘】 部首[艹] 常用 JIS 3381 ／ 10画 【▾莊】 旧字 JIS 7223
音ソウ・ショウ
①おごそか。いかめしい。「荘厳」②しもやしき。別宅。いなかの家。③「荘園」は、平安～室町時代に、貴族や社寺が諸国にもっていた私有地。↓ソウ[荘]

**ショウ** 9画 【政】 部首[攵] 教育小5 JIS 3215 ／ 8画 【▾政】 旧字
音セイ・ショウ
訓まつりごと
筆順↓セイ[政]
まつりごと。おさめること。ととのえること。「摂政・太政大臣」↓セイ[政]

**ショウ** 9画 【星】 部首[日] 教育小2 JIS 3217
音セイ・ショウ
訓ほし
筆順↓セイ[星]
ほし。天体。「明星」↓セイ[星]

**ショウ** 9画 【昭】 部首[日] 教育小3 JIS 3028
音ショウ

あきらか。ひかりかがやく。はっきりしている。「昭示・昭代・昭和」

**ショウ** 9画 【相】 部首[目] 教育小4→教育小3 JIS 3374
音ソウ・ショウ
訓あい
筆順↓ソウ[相]
①あいともに。一緒に。「相伴」②大臣。「外相・宰相・首相・文相」「相国」用例(名)王侯―将。《接尾的》自治―。↓ソウ[相]

**ショウ** 9画 【省】 部首[目] 教育小4 JIS 3042
音セイ・ショウ
訓かえりみる・はぶく
筆順↓セイ[省]
①はぶく。へらす。はしょる。「冠省」「省筆・省略」②中央政府の役所。「八省」「省議・省令」用例《接尾的》外務―。中務―。③中国で、地方の行政区画。用例《接尾的》河北―。山東―。↓セイ[省]

**ショウ** 10画 【▾倘】 部首[人・亻]
音ショウ・トウ
さまよう。たちもとおる。ぶらつく。

**ショウ** 10画 【▾倡】 部首[人・亻] JIS 4873
音ショウ
①わざおぎ。芸人。俳優。②あそびめ。遊女。③となえる。うたう。

**ショウ** 10画 【▾哨】 部首[口] JIS 3005
音ショウ
みはる。みはり。番兵。「歩哨」「哨戒」

**ショウ** 10画 【宵】 部首[宀] 常用 JIS 3012 ／ 10画 【▾宵】 旧字
音ショウ
訓よい
よい。夕方。「春宵・徹宵」

**ショウ** 10画 【将】 部首[寸] 教育小6 JIS 3013 ／ 11画 【▾將】 旧字 JIS 5382
音ショウ
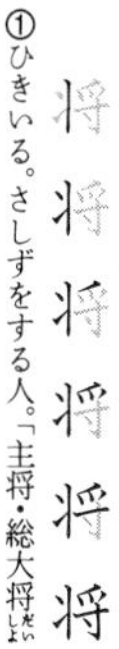
①ひきいる。さしずをする人。「主将・総大将」用例(名)一軍の―。②軍人の階級。佐の上。対義兵。「中将」「将官」③これから。まさに…せんとす。「将来」
**将を射んと欲すれば先ず馬を射よ**(しょうをいんとほっすればまずうまをいよ) 大きな物を手に入れようとするなら、その回りにある小さなものをまず攻めるべきである。He that would the daughter win, must with the mother first begin.

**ショウ** 10画 【▾峭】 部首[山] JIS 5425 ／ 10画 【▾陗】 部首[阝] 異体字
音ショウ
①けわしい。さがしい。きりたっている。②きびしい。はげしい。「料峭」

**ショウ** 10画 【従】 部首[彳] 教育小6 JIS 2930 ／ 11画 【▾從】 旧字 JIS 5547 ／ 4画 【▾从】 部首[人] 異体字 JIS 4826
音ジュウ・ショウ・ジュ
訓したがう・したがえる
筆順↓ジュウ[従]
①のびやか。ゆったりと。「従容」②したがう。ついていく。調子をあわせる。「追従」↓ジュ・ジュウ[従]

**ショウ** 10画 【▾陞】 部首[阝] JIS 7994
音ショウ
のぼる。あがる。上へすすむ。「陞進・陞任」

**ショウ** 10画 【▾悄】 部首[忄] JIS 5601
音ショウ
①うれえる。うれえしおれる。「悄然」②しずか。ひっそりとしずまったさま。③きびしい。はげしい。

**ショウ** 10画 【▾悚】 部首[忄] JIS 5594
音ショウ
おそれる。おびえてすくむ。びくびくする。

**ショウ** 10画 【▾浹】 部首[氵] JIS 6221
音ショウ
①あまねし。広くゆきわたっている。「浹洽」②めぐる。ひとまわり。

**ショウ** 10画 【消】 部首[氵] 教育小3 JIS 3035 ／ 10画 【▾消】 旧字
音ショウ
訓きえる・けす

消 消 消 消 消

①きえる。けす。ついやす。「解消・費消」「消火・消散・消失・消毒・消費・消防・消滅」②ひかえめ。対義積。「消極的」③《銷とも》しのぐ。よける。「消夏」

**ショウ** 11画【症】 常用 部首[疒] JIS 3041

音ショウ

やまいのありさま。病気の様子。「炎症・重症」「症状」用例(接尾)既往―。狭心―。

**ショウ** 10画【祥】 常用 部首[ネ] JIS 3045 11画【祥】旧字 部首[示]

音ショウ

①さいわい。めでたいことの現れ。「吉祥・吉祥天・不祥事」「祥雲」②喪中のまつり。「祥月命日」

**ショウ** 10画【秤】 部首[禾] JIS 3973

音ショウ

はかり。天秤。ものの重さをはかる器具。はかる。「秤量」

**ショウ** 10画【称】 教育小5 →常用 部首[禾] JIS 3046 14画【稱】旧字 JIS 6742

音ショウ

称 称 称 称 称

①名をとなえる。よび名。となえ。「愛称・敬称・呼称・自称・総称・他称・通称・人称・不定称・名称」「称号・称名」用例(名)九郎の―を与える。②ほめる。たたえる。比較賞。「過称」「称賛・称美・称揚」③評判。用例(名)古今独歩の―がある。

**ショウ** 10画【笑】 教育小6 →教育小4 部首[竹] JIS 3048

音ショウ

訓わらう・えむ

笑 笑 笑 笑 笑

①わらう。えむ。わらい。「苦笑・談笑・微笑・冷笑」「笑声」②《御とともに上に付けて》謙遜して、そのことを望むことを示す。「御笑納・御笑覧」

**ショウ** 11画【唱】 教育小4 部首[口] JIS 3007

音ショウ

訓となえる

唱 唱 唱 唱 唱

①となえる。「暗唱・主唱・提唱」「唱道」②うたう。うた。「合唱・独唱」「唱歌」用例《接尾的》二重―。

**ショウ** 11画【商】 教育小3 部首[口] JIS 3006 11画【商】旧字

音ショウ

訓あきなう

商 商 商 商 商

①あきなう。あきない。「行商・通商」「商業・商港・商店・商品・商用」②あきんど。あきゅうど。「豪商・隊商」用例《接尾的》雑貨―。小売―。③数学で、わり算で得た答え。対義積。用例(名)次の式の―を言え。④はかる。相談する。「会商・協商」「商議」⑤中国古代の王朝の名。殷の別称。

**ショウ** 11画【娼】 部首[女] JIS 3011

音ショウ

あそびめ。遊女。「街娼」「娼妓・娼婦」

**ショウ** 11画【徜】 部首[彳]

音ショウ

さまよう。たちもとおる。ぶらつく。

**ショウ** 11画【菖】 部首[艹] JIS 3052

音ショウ

①ショウブ。サトイモ科の常緑多年草。古くは、「あやめ」といった。「菖蒲」②セキショウ。サトイモ科の常緑多年草。

**ショウ** 11画【逍】 部首[辶] JIS 7786

音ショウ

さまよう。たちもとおる。ぶらつく。「逍遥」

**ショウ** 11画【捷】 部首[扌] JIS 3025

音ショウ

①はやい。すばやい。「敏捷」②相手にかつ。まかす。「戦捷」

**ショウ** 11画【梢】 人名用 部首[木] JIS 3031 11画【梢】旧字

音ショウ

①こずえ。木の幹や枝の先。「枝梢」②すえ。はし。「末梢」

**ショウ** 11画【淌】 部首[氵] JIS 6237

音ショウ・トウ

①おおなみ。大きい波。②水のながれるさま。

**ショウ** 11画【淞】 部首[氵] JIS 6236

音ショウ

中国の川の名。江蘇省にある太湖から東へながれだし、上海の北で黄浦江にそそぐ。淞江。呉淞江。

**ショウ** 11画【清】 教育小4 部首[氵] JIS 3222 11画【淸】旧字

音セイ・ショウ・シン

訓きよい・きよまる・きよめる

筆順→セイ[清]

きよい。きよめる。「清浄」→シン・セイ[清]

**ショウ** 11画【渉】 常用 部首[氵] JIS 3036 10画【涉】旧字

音ショウ

①かかわる。関係する。「干渉・交渉」「渉外」②あるきまわる。わたる。「渡渉・跋渉」③あさる。「渉猟」

**ショウ** 11画【猖】 部首[犭] JIS 6443

音ショウ

くるう。たけりくるう。あばれる。「猖獗」

**ショウ** 11画【章】 教育小3 部首[立] JIS 3047 11画【章】旧字

音ショウ

章 章 章 章 章

①しるし。はんこ。「印章・記章・勲章・肩章・紋章」用例《接尾的》功労―。②ふみ。のり。比較文。「玉章・憲章・文章」③文・詩・楽曲などの大きな区ぎり。段落。比較編・節。「楽章・序章」「章句・章節・章段」用例(名)―を立てる。④文や詩の段落を数えるのに用いる。用例《接尾的》第一―。

**章を断ち義を取る** 詩や文章の一部分だけを取り出して、前後の文脈とは関係のない意味で用いる。また、そうして、自分の都合のよいような意味だけに使う。

**ショウ** 11画【笙】 部首[竹] JIS 6789

音ソウ・ショウ

ふえ。管楽器の一つ。木製で中空のはこ形の上底に、竹の管を環状に並べて立てたもの。雅楽の代表的楽器。しょうのふえ。↓写

●笙

**ショウ** 11画【紹】 常用 部首[糸] JIS 3050

音ショウ

①ひきあわせる。とりもつ。「紹介」②つぐ。うけつぐ。「紹述」

**ショウ** 11画【舂】 部首[臼] JIS 7146

音ショウ

つく。うすづく。臼で穀物をつく。

**ショウ** 11画【訟】 常用 部首[言] JIS 3057

音ショウ

あらそう。うったえる。うったえ。「訴訟」

**ショウ** 12画【勝】 教育小3 部首[力] JIS 3001 12画【勝】旧字

音ショウ

訓かつ・まさる

勝 勝 勝 勝 勝

①《捷とも》相手にかつ。まかす。まさる。すぐれる。対義敗・負。「決勝・全勝・優勝・連勝」「勝因・勝者・勝敗・勝負・勝利」②かちを数えるのに用いる。用例(助数)三―二敗。③景色がすぐれていること・ところ。「奇勝・名勝」「勝景・勝地」④たえる。こらえる。

**ショウ** 12画【廂】 部首[广] JIS 5491

音ショウ・ソウ

ひさし。①母屋の両がわにあるへや。②わたどの。わたり廊下。③本屋の軒の下にかけだした小屋根。

**ショウ** 12画【弽】 部首[弓]

音ショウ・キョウ

ゆがけ。弓を射るときにつける革の手袋。

**ショウ** 12画【掌】 常用 部首[手] JIS 3024

音ショウ

①て。てのひら。たなごころ。「合掌・落掌」「掌握・掌上・掌中」②つかさどる。うけもつこと・人。「車掌・職掌」

**掌を反す** てのひらを反転する。転じて、物事が容易なさまを言う。

**掌を指す** てのひらを指でさし示す。物事がきわめて容易であること、また明白であることのたとえ。

**ショウ** 12画【敞】 部首[攵] JIS 5840

音ショウ

①ほがらか。土地が高くて平らで、ひらけているさま。②ひろい。心がひろい。寛大なさま。

**ショウ** 12画【晶】 常用 部首[日] JIS 3029

音ショウ・セイ

①あきらか。ひかる。②単純な鉱物がもつ規則正しい形。「結晶」③鉱物の名。「水晶」

**ショウ** 12画【椒】 部首[木] JIS 6005

音ショウ

①はじかみ。サンショウ。ミカン科の落葉低木。「山椒」②「胡椒」は、コショウ科の常緑多年生つる植物。

**ショウ** 12画【湘】 部首[氵] JIS 3037

音ショウ

①中国の川の名。広西壮族自治区からながれだし、瀟水を合わせ、洞庭湖へそそぐ。湘江。湘水。②中国の湖南省の別称。③「湘南」は、神奈川県南西部の海岸地帯。相模国の南部の意。中国風にそうよぶ。

**ショウ** 12画【焼】 教育小4 部首[火] JIS 3038 16画【燒】旧字 JIS 6386

音ショウ

訓やく・やける

焼 焼 焼 焼 焼

やく。もやす。やける。「延焼・全焼・燃焼・類焼」「焼失」

**ショウ** 12画【焦】 常用 部首[灬] JIS 3039

音ショウ

訓こげる・こがす・こがれる・あせる

①こげる。こがす。やく。「焦土・焦熱」②あせる。いらいらする。「焦心・焦慮」③光線があつまる。「焦点」

**ショウ** 12画【猩】 部首[犭] JIS 6447

音セイ・ショウ

①「猩々」は、㋐想像上の獣。サルの一種。人語を解し、酒を好むという。㋑オランウータン。オランウータン科の哺乳動物。㋒大酒家の異称。②あか。赤い色。「猩紅熱」

**ショウ** 12画【硝】 常用 部首[石] JIS 3043 12画【硝】旧字

音ショウ

鉱物の一つ。ガラス・火薬・肥料などの原料。「硝煙・硝酸・硝石」

**ショウ** 12画【稍】 部首[禾] JIS 6736

音ソウ・ショウ

①ちいさい。すこし。わずか。②やや。ようやく。次第に。

**ショウ** 12画【竦】 部首[立] JIS 6780

音ショウ

①つつしむ。かしこまる。②おそれる。おびえてすくむ。びくびくする。③そばだつ。そびえる。

**ショウ** 12画【粧】 常用 部首[米] JIS 3049

音ショウ・ソウ

よそおう。顔かたちをかざる。よそおい。「化粧」

**ショウ** 12画【▼翔】 部首[羽] 人名用 JIS 7038 ／ 12画【▼翔】 旧字
音 ショウ
かける。とぶ。羽をひろげて高くとぶ。「飛翔」

**ショウ** 12画【装】 部首[衣] 常用 →教育小6 JIS 3385 ／ 13画【▼裝】 旧字 JIS 7470
音 **ソウ・ショウ**
訓 **よそおう**
筆順 ↓ソウ[装]
よそおう。身支度をする。よそおい。「衣装」「装束」 ↓ソウ[装]

**ショウ** 12画【証】 部首[言] 教育小5 JIS 3058 ／ 19画【▼證】 旧字 JIS 7590
音 **ショウ**・セイ
①あかし。うらづけ。しるし。事実によってあきらかにする。「確証・検証・考証・実証・保証」「証拠・証人・証明」 用例 (名)――とするに足る。②しるしの文書。用例 《接尾的》受領――。領収――。③仏教で、さとり。正法を修得して真実の理を体得すること。④病気の様子。漢方医学で、症候群・病態像を表す。比較 症。用例 《接尾的》葛根湯――。参考 証は、「セイ・ショウ」で、いさめる意。證とは、もとは別の字。

**ショウ** 12画【詔】 部首[言] 常用 JIS 3059
音 **ショウ**
訓 **みことのり**
みことのり。天子のおおせ。比較 勅。「大詔」「詔書・詔勅」

**ショウ** 12画【象】 部首[豕] 教育小4 JIS 3061
音 **ショウ・ゾウ**
①かたち。すがた。かたどる。「印象・仮象・気象・現象・対象・抽象」「象形」②うらかた。易のうらないにでるかたち。↓ゾウ[象]

**ショウ** 12画【▼鈔】 部首[金] JIS 7868
音 ソウ・ショウ
①かすめる。とる。かすめとる。②うつす。かきうつす。③ぬきだす。ぬきがき。「鈔本」④さつ。紙幣。切手。

**ショウ** 13画【傷】 部首[人・亻] 教育小6 JIS 2993
音 **ショウ**
訓 **きず・いたむ・いためる**
①きず。きずつける。きずつく。比較 病。「軽傷・殺傷・重傷・損傷・凍傷・負傷」「傷害・傷病」用例 《接尾的》擦過――。②いたむ。かなしむ。いためる。「感傷・愁傷」「傷心」③そしる。つげぐち。「中傷」

**ショウ** 13画【▼剿】 部首[刀] ／ 13画【▼勦】 部首[刂] 異体字 JIS 4986
音 ショウ・ソウ
①たつ。たちきる。②ころす。ほろぼす。

**ショウ** 13画【奨】 部首[大] 常用 JIS 3009 ／ 14画【▼奬】 旧字 JIS 5293 ／ 15画【▼獎】 部首[犬] 異体字 JIS 6450
音 **ショウ**
すすめる。すすめ、はげます。比較 励。「勧奨・推奨」「奨学・奨励」

**ショウ** 13画【照】 部首[灬] 教育小4 JIS 3040
音 **ショウ**
訓 **てる・てらす・てれる**
①てる。てらす。てらす光。「残照」「照射・照明・照覧」②てらしあわせる。みくらべる。「参照・対照」「照応・照会・照合」③写真。「小照」「照影」

**ショウ** 13画【▼睫】 部首[目] JIS 6644
音 ショウ
①まつげ。まぶたのふちの毛。「目睫」②またたく。まばたく。まばたきをする。

**ショウ** 13画【▼筲】 部首[竹]
音 ソウ・ショウ
①ふご。竹かご。竹のはこ。②めしびつ。竹製のめしびつ。

**ショウ** 13画【▼蛸】 部首[虫] JIS 3493
音 ショウ
タコ。イカ綱タコ目に属する軟体動物。

**ショウ** 13画【詳】 部首[言] 常用 JIS 3060
音 **ショウ**・ヨウ
訓 **くわしい**
くわしいつまびらか。対義 略。「不詳・未詳」「詳細・詳説・詳報・詳論」

**ショウ** 13画【▼鉦】 部首[金] JIS 3064
音 セイ・ショウ
たたきがね。まるくたいらで、ふたの形のかね。つちの形のばちでたたく。「鉦鼓」↓写

**ショウ** 13画【▼頌】 部首[頁] 人名用 JIS 8083
音 ショウ・ジュ・ヨウ
①たたえる。ほめる。「頌歌・頌詞・頌詩・頌春・頌徳」②『詩経』の六義の一つ。祭祀の歌。③人をほめたたえることば・文。文体の一つ。↓ジュ[頌]

**ショウ** 14画【▼嘗】 部首[口] JIS 3008 ／ 13画【▼甞】 部首[甘] 異体字 JIS 6519
音 ショウ・ジョウ
①なめる。あじわう。「臥薪嘗胆」②こころみる。ためしてみる。「嘗試」③かつて。まえに。以前に。④秋のまつり。新しく収穫した穀物を神にそなえる。

**ショウ** 14画【▼嶂】 部首[山] JIS 5449
音 ショウ
みね。高くけわしいみね。

**ショウ** 14画【彰】 部首[彡] 常用 JIS 3020 ／ 14画【▼彰】 旧字
音 **ショウ**
あきらか。あらわす。ひろく世にあらわす。「顕彰・表彰」

**ショウ** 14画【▼蔣】 部首[艹] ／ 13画【▼蒋】 異体字 JIS 3053
音 ショウ
マコモ。イネ科の大形多年草。

**ショウ** 14画【障】 部首[阝] 教育小6 JIS 3067 ／ 14画【▼障】 旧字
音 **ショウ**・ソウ
訓 **さわる**
①さわる。さしさわる。さわり。さまたげ。「故障・支障」「障害」②へだてるもの。「障子・障壁」

● 鉦

**ショウ** 14画【▼慯】 部首[忄] JIS 5651
音 ショウ
①うれえる。うれい。②いたむ。

**ショウ** 14画【▼慴】 部首[忄] JIS 5650
音 ショウ
①おそれる。おびえる。ちぢみあがる。②おどす。おびやかす。

**ショウ** 14画【▼摺】 部首[扌] JIS 3202
音 ショウ・ロウ
①たたむ。おりたたむ。「摺本」②ひだ。おりたたんだもの、たたみめ。③する。印刷する。

**ショウ** 14画【精】 部首[米] 教育小5 JIS 3226 ／ 14画【▼精】 旧字
音 **セイ・ショウ**
筆順 ↓セイ[精]
①こころ。たましい。「精霊」②はげむ。つとめる。「無精」「精進」↓セイ[精]

**ショウ** 14画【▼裳】 部首[衣] JIS 3056
音 ショウ
も。もすそ。はかま。腰から下につける衣服。スカート。「衣裳」

**ショウ** 14画【▼誚】 部首[言] JIS 7555
音 ショウ
①せめる。しかりとがめる。②そしる。けなす。

**ショウ** 14画【▼誦】 部首[言] JIS 7554
音 ショウ・ジュ・ズ
①となえる。声をだしてよむ。「口誦・読誦」「誦経」②そらんずる。そらでよむ。暗唱する。「諳誦」③いう。かたる。「伝誦」

**ショウ** 14画【▼韶】 部首[音] JIS 8080
音 ショウ
①中国古代の伝説の聖天子舜がつくったという音楽。②うつくしい。うららか。③つぐ。うけつぐ。

**ショウ** 15画【▼廠】 部首[广] JIS 3019 ／ 14画【▼厰】 部首[厂] 異体字 JIS 5050
音 ショウ
①うまや。馬小屋。②しごとば。工場。「工廠」③かりや。壁のない建物。仮小屋。「廠舎」

**ショウ** 15画【▼蕉】 部首[艹] JIS 3054
音 ショウ
バショウ。バショウ科の多年草。「芭蕉」

**ショウ** 15画【▼慫】 部首[心] JIS 5649
音 ショウ
すすめる。説きすすめる。「慫慂」

**ショウ** 15画【▼憔】 部首[忄] JIS 5662
音 ショウ
やつれる。やせおとろえる。なやんでやせる。「憔悴」

**ショウ** 15画【▼槳】 部首[木]
音 ショウ
かじ。かい。水をかいて舟をすすませるもの。

**ショウ** 15画【▼樅】 部首[木] JIS 6066
音 ショウ
モミ。マツ科の常緑針葉高木。

**ショウ** 15画【▼樟】 部首[木] JIS 3032
音 ショウ
くす。クスノキ。クスノキ科の常緑高木。「樟脳」

**ショウ** 15画【▼殤】 部首[歹] JIS 6147
音 ショウ
わかじに。二〇歳になる前に死ぬこと。夭折。

**ショウ** 15画【▼漿】 部首[水] JIS 6289
音 ショウ
①こんず。はやず。アワやもちごめなどで醸造した酢。②のみもの。飲料とする液体。③しる。液状のもの。「液漿・脳漿」「漿果」
**漿を請いて酒を得**(しょうをこいてさけをう)《水をもらおうとしたのに、酒をもらう意から》希望する以上の物を得ることのたとえ。

**ショウ** 15画【▼璋】 部首[王] JIS 6488
音 ショウ
圭(=上がとがり、下が四角の玉)をたてに半分にした玉。半圭。

**ショウ** 15画【衝】 部首[行] 常用 JIS 3055
音 **ショウ**
①つく。ぶつかる。「緩衝・折衝」「衝撃・衝突」②かなめ。重要なところ。「要衝」用例 (名)――に当たる。③惑星・地球・太陽が、この順序で一直線にならんだ状態。また、その時刻。
**衝に当たる**(しょうにあたる) ①重要な場所になっている。be an important point ②だいじな役目を受け持つ。be in responsible of

**ショウ** 15画【賞】 部首[貝] 教育小4 JIS 3062
音 **ショウ**
①ほめる。めでる。たたえる。比較 称・推。

対義 罰。「鑑賞・激賞・嘆賞」「賞状・賞品」②ほうび。くだされもの。「懸賞・受賞・授賞・入賞」用例(名)――をあたえる。《接尾的》文部大臣――。

**ショウ** 15画【銷】 部首[金] JIS 7889
音ショウ
①金属をとかす。とける。②きえる。けす。ついやす。また、しのぐ。よける。「銷夏・銷却・銷沈」

**ショウ** 15画【霄】 部首[雨] JIS 8028
音ショウ
①そら。高い空。天上。②みぞれ。雨まじりの雪。「霄雪」

**ショウ** 15画【餉】 部首[食] JIS 8114
17画【餉】 異体字
音ショウ
①かれいい。ほしいい。携帯用の食べ物。弁当。②かて。兵糧。転じて、軍用金。③おくる。食べ物などをおくる。「餉遺」

**ショウ** 15画【麨】 部首[麦]
音ショウ
むぎこがし。麦をいって、粉にしたもの。

**ショウ** 16画【嘯】 部首[口] JIS 5166
音ショウ
①うそぶく。「長嘯」㋐口をすぼめて声を長くだす。口笛をふく。㋑口ずさむ。②うなる。なく。「海嘯」

**ショウ** 16画【薔】 部首[艹] JIS 7312
音ショク・ショウ・ソウ
「薔薇(しょうび・そうび)」は、バラ。バラ科の落葉または常緑低木。↓ショク【薔】

**ショウ** 16画【蕭】 部首[艹] JIS 7311
音ショウ
①ヨモギ。キク科の多年草。もちぐさ。さしもぐさ。②さびしい。ものさびしい。「蕭条・蕭々」

**ショウ** 16画【樵】 部首[木] JIS 3033
音ショウ
①たきぎ。まき。②きこり。山林の木をきる人。③きこる。こる。山林の木をきる。たきぎをとる。

**ショウ** 16画【橡】 部首[木] JIS 3843
音ショウ・ゾウ
①とち。トチノキ。トチノキ科の落葉高木。②クヌギ。ブナ科の落葉高木。つるばみ。どんぐり。

**ショウ** 16画【橦】 部首[木] JIS 6085
音トウ・ショウ・シュ
①つく。うつ。②きぎれ。木片。③敵陣を破壊する戦車。↓トウ【橦】

**ショウ** 16画【椙】 部首[木] 和製漢字 JIS 6081
音ショウ
《椙に日をくわえたもの》スギ。スギ科の常緑針葉高木。

**ショウ** 16画【燋】 部首[火]
音ショウ・シャク
①かがりび。たいまつ。②こげる。こがす。やく。

**ショウ** 16画【瘴】 部首[疒] JIS 6579
音ショウ
山や川から生じる湿熱の毒気。また、その気にあたっておこる熱病。「瘴気・瘴癘(しょうれい)」

**ショウ** 16画【踵】 部首[足] JIS 7691
音ショウ
①くびす。きびす。かかと。②つぐ。あとにつづく。ひきつぐ。③おう。あとをおう。

**ショウ** 16画【霎】 部首[雨] JIS 8032
音ソウ・ショウ
①こさめ。通り雨。②しばらく。みじかい時間。

**ショウ** 16画【鞘】 部首[革] JIS 3068
音ソウ・ショウ
さや。刀身をおさめる筒。

**ショウ** 17画【償】 部首[人・亻] 常用 JIS 2994
音ショウ
訓つぐなう
つぐなう。つぐない。「代償・弁償」「償還・償金」

**ショウ** 17画【檣】 部首[木] JIS 6094
19画【艢】 部首[舟] 異体字 JIS 7164
音ショウ
ほばしら。マスト。「檣頭・檣楼」

**ショウ** 17画【燮】 部首[火] JIS 5057
音ショウ
やわらげる。やわらげて、調和させる。

**ショウ** 17画【牆】 部首[爿] JIS 6415
16画【墻】 部首[土] 異体字 JIS 5254
音ショウ
かき。かきね。塀。しきり。「牆壁」

**ショウ** 17画【礁】 部首[石] 常用 JIS 3044
音ショウ
かくれいわ。水にかくれていたり、みえがくれする岩。地学では、水深二〇m以浅で、固結した岩石やサンゴよりなるものをいう。「暗礁・岩礁・座礁」

**ショウ** 17画【篠】 部首[竹] JIS 2836
13画【筱】 異体字 JIS 6812
音ショウ
しの。茎が細く、むらがり生えるタケ類の総称。しのだけ。ささ。

**ショウ** 17画【聳】 部首[耳] JIS 7064
音ショウ
①そばだつ。そびえる。そばだてる。②おそれる。おびえてすくむ。「聳動」

**ショウ** 17画【鍾】 部首[金] JIS 3065
音ショウ
①あつまる。あつめる。「鍾愛」②さかずき。③さかつぼ。④かね。つりがね。参考 鐘(しょう)は別の字。

**ショウ** 18画【觴】 部首[角] JIS 7528
音ショウ
①さかずき。酒杯。②「濫觴」は、揚子江のような大河も、その源はやっとさかずきをうかべるほどの水である、という意から、物事の始まり。起源。

**ショウ** 18画【蹤】 部首[足] JIS 7707
音ショウ
あと。あしあと。あとかた。事跡。「先蹤」

**ショウ** 18画【醬】 部首[酉]
17画【醤】 異体字 JIS 3063
音ショウ
ひしお。ひしおみそ。穀類を発酵させ、塩をまぜたもの。「醬油」

**ショウ** 18画【韘】 部首[韋]
音ショウ
ゆがけ。弓を射るときにつける革の手袋。

**ショウ** 18画【鬆】 部首[髟] JIS 8202
音ショウ・ソウ
①髪がみだれる。②あらい。ゆるい。③す。大根・ゴボウなどの心(しん)に、細かい多数の穴ができたもの。

**ショウ** 18画【鮹】 部首[魚] JIS 8235
音ショウ・ソウ
タコ。イカ綱タコ目に属する軟体動物。

**ショウ** 19画【瀟】 部首[氵] JIS 6347
音ショウ
①きよい。きよらか。「瀟洒(しょうしゃ)」②中国の川の名。湖南省の九疑(きゅうぎ)山からながれだし、湘水(しょうすい)に合する。瀟水。

**ショウ** 19画【簫】 部首[竹] JIS 6852
音ショウ
ふえ。管楽器の一つ。長さのちがう竹の管を、横に並べてあるもの。

**ショウ** 19画【鏘】 部首[金] JIS 7922
音ショウ・ソウ
玉・鈴・金属・石などの鳴る音。

**ショウ** 19画【鯧】 部首[魚]
音ショウ
マナガツオ。スズキ目に属する海水魚。

**ショウ** 20画【鐘】 部首[金] 常用 JIS 3066
20画【鐘】 旧字
音ショウ
訓かね
かね。つりがね。「半鐘・晩鐘」「鐘声」参考 鍾(しょう)は別の字。

**ショウ** 21画【囁】 部首[口] JIS 5181
音ショウ
ささやく。ささめく。低い声でひそひそと話す。

**ショウ** 21画【懾】 部首[忄] JIS 5687
音ショウ
おそれる。おびえる。ちぢみあがる。

**ショウ** 21画【顦】 部首[頁]
音ショウ
やつれる。やせおとろえる。なやんでやせる。

**ショウ** 22画【鱆】 部首[魚] JIS 8267
音ショウ
タコ。イカ綱タコ目に属する軟体動物。

**ショウ** 22画【麞】 部首[鹿]
14画【獐】 部首[犭] 異体字
音ショウ
ノロ。シカ科の哺乳(ほにゅう)動物。

**ショウ** 23画【鷦】 部首[鳥] JIS 8328
音ショウ
「鷦鷯(しょうりょう)」は、ミソサザイ。スズメ目に属する鳥。

**ショウ** 25画【釂】 部首[酉]
音ショウ
のみほす。さかずきの酒をのみつくす。

**ショウ** 25画【鱨】 部首[魚]
音ショウ
①ギバチ。ギギ科の淡水魚。②ギギ。ギギ科の淡水魚。

**ショウ** 26画【鯗】 部首[魚] JIS 8272
19画【鯗】 異体字
音ショウ
①ひもの。魚の干したもの。②ふか。サメの大きなもの。

**ショウ** 27画【顳】 部首[頁] JIS 8103
音ジョウ・ショウ
「顳顬(しょうじゅ)」は、こめかみ。耳と目のあいだの、ものをかむと動く部分。

**しょ・う**【背負う】(五他)《「せおう」の転》①背中にのせる。carry on one's back ②引き受ける。encumber oneself with ③うぬぼれる。自負する。be puffed up
**背負って立つ**(しょってたつ) 組織・団体や運動の中心的存在となって、活動・発展のささえになる。carry; lead

**し-よう**【子葉】 種子植物の胚(はい)の中にできる葉。発芽するとき、最初に出る。単子葉植物では一枚、双子葉植物では二枚が対生、裸子植物では二枚から数枚。cotyledon

**し-よう**【止揚】(名・サ変他)《aufheben(ドイツ)の訳語》ヘーゲル弁証法の主要概念。ある定立を反定立によって否定しつつ、より高次の段階としての総合へ生かし高めること。揚棄。アウフヘーベン。

**し-よう**【仕様】 しかた。方法。手段。means
**仕様が無い**(しようがない) ①ほかに方法がない。しょうが無い。There's no alternative for it. ②どうにもならない。しょうも無い。しょうむ無い。It cannot be helped.
**仕様む無い**(しようむない) 「仕様が無い」②と同意。
**仕様も無い**(しようもない) 「仕様が無い」②と同意。

**し-よう**【史要】 歴史の要点。その書き抜き。

**し-よう**【至要】(名・形動) この上なく大切なこと・さま。

**し-よう**【私用】 対義 公用。①自分の用事。private business ②私事に使うこと。private use

**し-よう**【使用】(名・サ変他) 使うこと。use
**使用に耐える**(しようにたえる) 使うことができる。使って役に立つ。useful

**し-よう**【枝葉】 対義 根幹。①えだと葉。えだは。branches and leaves ②物事の大切でない事柄。minor details 用例 ――末節。

**し-よう**【試用】(名・サ変他) ためしに使うこと。trial

**し-よう**【飼養】(名・サ変他) 家畜にえさをやって育てること。飼育。rear

**ジョウ** 3画【丈】 部首[一] 常用 JIS 3070

音ジョウ・チョウ 訓たけ
①尺貫法の長さの単位。一〇尺。約三・〇三m。②たけ。身長。ながさ。③立派な男。「丈夫」④役者の名の下に付けて敬意を示すのに用いる。用例(接尾)菊五郎―。

**ジョウ** 3画 **【上】** 部首[一] 教育小1 JIS 3069
音ジョウ・ショウ 訓うえ・うわ・かみ・あげる・あがる・のぼる・のぼせる・のぼす
上 上 上
①うえ。かみ。対義下。「以上・主上・地上・頂上・天上」「上級・上空・上下・上古」②よい。すぐれた。「極上」「上客・上首尾・上製」用例(名)それだけできれば―の部だ。③二つのうち、または、三つの組のうちの第一。対義中・下。「上巻・上編」用例(名)―の巻。巻―。④あげる。あがる。のぼる。のぼる。「炎上・逆上」「上昇」⑤都へいく。のぼる。「上京」⑥上野国のこと。「上越・上州」⑦…に関して。用例《接尾的》一身―。↓ショウ【上】

**ジョウ** 4画 **【▼仍】** 部首[人・イ] JIS 4827
音ジョウ・ニョウ
①よる。もとのままにしたがう。②しきりに。かさねて。③なお。そこで。

**ジョウ** 4画 **【冗】** 部首[冖] 常用 JIS 3073 5画 **【▼宂】** 部首[宀] 異体字
音ジョウ
①むだな。あまっている。「冗員・冗談・冗費」②くだくだしい。「冗長・冗漫」

**ジョウ** 5画 **【▼仗】** 部首[人・イ] JIS 4831
音ジョウ
①つわもの。うちもの。兵器。刀や矛などの武器。「兵仗」②まもり。そなえ。護衛。「儀仗兵」③よる。たよる。たのむ。

**ジョウ** 6画 **【▼丞】** 部首[一] 人名用 JIS 3071
音ショウ・ジョウ
①すくう。②たすける。補佐する。「丞相」③律令制で、八省の三等官。

**ジョウ** 6画 **【成】** 部首[戈] 教育小4 JIS 3214 7画 **【▼成】** 旧字
音セイ・ジョウ 訓なる・なす 筆順↓セイ【成】
なる。なす。なしとげる。「成就・成仏」↓セイ【成】

**ジョウ** 7画 **【▼杖】** 部首[木] JIS 3083
音ジョウ
①つえ。ステッキ。「儀杖・錫杖」②むかしの五刑の一つ。つえでうつ刑罰。

**ジョウ** 7画 **【条】** 部首[木] 教育小5 JIS 3082 11画 **【▼條】** 旧字 JIS 5974
音ジョウ
条 条 条 条 条 条 条
①ことがら。くだり。法令。「箇条・信条」「条件・条項・条文」用例(名)その―に誤字がある。②すじ。すじみち。「条理」③ありさま。様子。「別条」④えだ。こえだ。「柳条」⑤《條とも》ひも。さなだひも。「条虫」⑥…について。用例(接助)…に候―。⑦…とはいえ。用例(接助)…とは言い―。⑧細長いものを数えるのに用いる。用例(助数)一―の小枝。⑨市街区の街区を数えるのに用いる。用例(助数)西九―通り。

**ジョウ** 7画 **【状】** 部首[犬] 教育小5 JIS 3085 8画 **【▼狀】** 旧字
音ジョウ
丨 丬 丬 壮 状 状 状
①かきつけ。てがみ。「質問状・書状・賞状・免状」用例(名)この―持参の者。《接尾的》年賀―。紹介―。②かたち。ありさま。「異状・形状・現状」「状況・状態」用例《接尾的》袋―。

**ジョウ** 8画 **【定】** 部首[宀] 教育小3 JIS 3674
音テイ・ジョウ 訓さだめる・さだまる・さだか 筆順↓テイ【定】
①さだまる。さだめる。さだめ。さだめて。本当に。「必定」「定規・定石・定紋」用例(名)案の―。それは―か。②仏教で、心を一つに集中させること。ある対象に心をそそいで乱れない状態。三昧。三学の一つ。「禅定」用例(名)―に入る。↓テイ【定】

**ジョウ** 8画 **【▼帖】** 部首[巾] JIS 3601
音チョウ・ジョウ
①手本。「法帖」②折り本。③たたみを数えるのに用いる。用例(助数)四―半のへや。参照畳。④紙・海苔などを数えるのに用いる。美濃紙は五〇枚(または四八枚)、半紙は二〇枚、海苔は一〇枚が一帖。用例(助数)海苔五―。⑤幕二張りずつを一まとめとして数えるのに用いる。用例(助数)白幕三―。⑥屏風を数えるのに用いる。用例(助数)前の屏風二―。↓チョウ【帖】

**ジョウ** 9画 **【乗】** 部首[丿] 教育小3 JIS 3072 10画 **【▼乘】** 旧字 JIS 4811
音ジョウ・ショウ 訓のる・のせる
乗 乗 乗 乗 乗 乗
①のる。のせる。対義降。「騎乗・同乗」「乗客・乗車・乗馬」②かける。かけ算。対義除。「二乗・自乗」「乗数・乗法」用例(名)加減―除。③くるま。のりもの。「下乗」④車を数えるのに用いる。用例(助数)千―。⑤仏教で、教法。仏の教え。衆生を悟りの彼岸へ到達させるのりものの意。「小乗・大乗」

**ジョウ** 9画 **【城】** 部首[土] 教育小6 JIS 3075 10画 **【▼城】** 旧字
音ジョウ・セイ 訓しろ
城 城 城 城 城 城
①しろ。「金城鉄壁・築城」「城郭・城主・城壁」②町やたてもの。「不夜城」③山城国のこと。「城州」

**ジョウ** 9画 **【▼茸】** 部首[艹] JIS 3491
音ジョウ
①しげる。めぶく。草がさかんにおいしげる。②にこげ。うすくやわらかい毛。③たけ。きのこ。くさびら。

**ジョウ** 9画 **【▼拯】** 部首[扌] JIS 5746
音ショウ・ジョウ
①あげる。ひきあげる。②すくう。たすける。

**ジョウ** 9画 **【浄】** 部首[氵] 常用 JIS 3084 11画 **【▼淨】** 旧字 JIS 6238
音ジョウ・セイ
きよい。きよらか。きよめる。「清浄・不浄」「浄化・浄財・浄書・浄土」

**ジョウ** 10画 **【▽娘】** 部首[女] 常用 JIS 4428
音ジョウ 訓むすめ
むすめ。おとめ。少女。未婚の女。孃。「娘子軍」

**ジョウ** 10画 **【▼烝】** 部首[灬] JIS 6363
音ショウ・ジョウ
①むす。むらす。熱する。②もろもろ。数がおおい。「烝民」

**ジョウ** 11画 **【剰】** 部首[刂] 常用 JIS 3074 12画 **【▼剩】** 旧字 JIS 4984
音ジョウ
①あまり。あまる。「過剰・余剰」「剰余」②あまつさえ。そのうえ。おまけに。

**ジョウ** 11画 **【常】** 部首[巾] 教育小5 JIS 3079
音ジョウ・ショウ 訓つね・とこ
常 常 常 常 常 常
①つね。いつも。きまった。「異常・正常・日常・非常・無常」「常温・常識・常任・常備」用例《接頭的》―雇い。②かわらない道徳。「五常」③常陸国のこと。「常州・常磐」

**ジョウ** 11画 **【情】** 部首[忄] 教育小5 JIS 3080 11画 **【▼情】** 旧字
音ジョウ・セイ 訓なさけ
情 情 情 情 情 情
①なさけ。きもち。おもいやり。対義知・意。「感情・強情・薄情・無情・友情」「情愛・情趣・情緒・情操・情熱」用例(名)―にもろい。―が濃い。②ありさま。様子。「事情」「情景・情勢・情報」↓セイ【情】
**情が移る**(じょうがうつる) しだいに愛着を感じるようになる。begin to love
**情に厚い**(じょうにあつい) 情け・思いやりが豊かで、することに真心がこもっている。warm-hearted
**情に絆される**(じょうにほだされる) 情けにひかされる。be swayed by passion
**情を売る**(じょうをうる) 売春する。色を売る。類似情に負ける。
**情を立てる**(じょうをたてる) 義理立てをする。do one's duty
**情を通じる**(じょうをつうじる) ①敵に内通する。hold secret communication with the enemy ②男女がひそかに肉体関係を持つ。私通する。have a love affair secretly with
**情を張る**(じょうをはる) 意地を通す。強情を張る。

**ジョウ** 11画 **【▼掟】** 部首[扌] JIS 5761
音テイ・ジョウ
おきて。さだめ。さしず。規則。しきたり。

**ジョウ** 11画 **【盛】** 部首[皿] 常用 →教育小6 JIS 3225 12画 **【▼盛】** 旧字
音セイ・ジョウ 訓もる・さかる・さかん 筆順↓セイ【盛】
さかん。さかる。さかり。「繁盛」「盛者必衰」↓セイ【盛】

**ジョウ** 12画 **【場】** 部首[土] 教育小2 JIS 3076 14画 **【▼塲】** 異体字 JIS 5239
音ジョウ 訓ば
場 場 場 場 場 場
ば。ひろば。ところ。「会場・劇場・現場・退場」「場外」用例(名)受験者が―にあふれた。《接尾的》競技―。

**ジョウ** 12画 **【畳】** 部首[田] 常用 JIS 3086 22画 **【▼疊】** 旧字 JIS 6540 22画 **【▼疉】** 異体字 JIS 6541 16画 **【▼疂】** 異体字 JIS 6542
音ジョウ・チョウ 訓たたむ・たたみ
①かさねる。かさなる。くりかえす。「重畳」「畳語・畳字」②たたむ。おりかえして、かさねる。③たたみ。㋐ゆかの上にしくもの。㋑草履などの表につける、イグサなどを編んだもの。㋒しきものの総称。④たたみを数えて、へやの広さを表すのに用いる。比較帖。用例(助数)四―半。

**ジョウ** 13画 **【▼嫋】** 部首[女] JIS 5330
音ジョウ・ジャク
①たおやか。しなやか。「嫋々・嫋娜」②ゆれうごく。そよぐ。③こまかくかすかなさま。

**ジョウ** 13画 **【蒸】** 部首[艹] 教育小6 JIS 3088
音ジョウ・ショウ 訓むす・むれる・むらす
蒸 蒸 蒸 蒸 蒸 蒸
①むす。むらす。熱する。「蒸気・蒸発・蒸留水」②もろもろ。数がおおい。「蒸民」

**ジョウ** 13画 **【▼絛】** 部首[糸] JIS 6922
音トウ・ジョウ
ひも。さなだひも。くみひも。ひらたく、あつく編んだひも。

**ジョウ** 13画 **【▼裊】** 部首[衣]
音ジョウ
①たおやか。しなやか。②ゆれうごく。そよぐ。

**ジョウ** 14画 **【▼嫦】** 部首[女] JIS 5335
音ジョウ・コウ
「嫦娥」は、①月にすむという仙女の名。②月のこと。姮娥。

**ジョウ** 14画 **【▼蓧】** 部首[艹]
音ジョウ
あじか。土をはこぶ道具。竹やアシなどを編んでつくる。

**ジョウ** 14画 **【静】** 部首[青] 教育小4 JIS 3237 16画 **【▼靜】** 旧字 JIS 8048
音セイ・ジョウ 訓しず・しずか・しずまる・しずめる 筆順↓セイ【静】
①しずか。音がしない。「寂静」②うごかない。活動的でない。「静脈」↓セイ【静】

**ジョウ** 15画 **【▼嬈】** 部首[女]
音ジョウ・ニョウ



▼常用漢字表外。 ▽常用漢字表の音訓外。

①わずらわしい。気にそまない。②たわむれる。もてあそぶ。③うつくしい。なよやか。

**ジョウ** 15画【蕘】部首[艹] JIS 7293
音ジョウ
①たきぎ。しば。②きこり。しばかり。

**ジョウ** 15画【縄】部首[糸] 常用 JIS 3876 ／19画【繩】旧字 JIS 6974
音ジョウ 訓**なわ**
なわ。また、なわのようなもの。「結縄・自縄自縛・捕縄」「縄文」

**ジョウ** 15画【諚】部首[言] 和製漢字 JIS 7560
音ジョウ
おおせ。貴人や上位の人のことば・命令。「御諚・優諚」

**ジョウ** 16画【壌】部首[土] 常用 JIS 3077 ／20画【壤】旧字 JIS 5265
音ジョウ
①大地。土地。対義 天。「天壌」②つち。「土壌」

**ジョウ** 16画【嬢】部首[女] 常用 JIS 3078 ／20画【孃】旧字 JIS 5348
音ジョウ
①むすめ。おとめ。少女。未婚の女。「貴嬢・令嬢・老嬢」用例(名)—や。②結婚前のむすめに敬意を示して用いる。用例(接尾)夏子—。③婦人。用例《接尾的》交換—。

**ジョウ** 16画【遶】部首[辶] JIS 7813
音ジョウ・ニョウ
めぐる。めぐらす。かこむ。

**ジョウ** 16画【橈】部首[木] JIS 6086
音ドウ・ジョウ・ニョウ
かじ。かい。水をかいて舟を進ませるもの。↓ドウ【橈】

**ジョウ** 16画【錠】部首[金] 常用 JIS 3091
音ジョウ・テイ
①鉄などでつくって戸・引き出し・門などにとりつけ、物を保管したり戸締まりに用いる金具。対義 鍵。「手錠・南京錠」「錠前」用例(名)—をおろす。②平たく丸い形にかためた薬。「錠剤」用例《接尾的》糖衣—。③錠剤を数えるのに用いる。用例(助数)三—ずつ飲む。↓箱錠図

**ジョウ** 17画【嬲】部首[女] JIS 5343
音ジョウ
たわむれる。もてあそぶ。なぶる。

**ジョウ** 17画【蟐】部首[虫] JIS 7412
音ジョウ
意義未詳。

**ジョウ** 17画【襄】部首[衣] JIS 7487
音ショウ・ジョウ
①はらう。のぞく。はらいのける。②のぼる。高いところにあがる。③たすける。助力する。

**ジョウ** 18画【擾】部首[扌] JIS 3081
音ジョウ
みだれる。さわがしい。うるさい。わずらわしい。「騒擾」「擾乱」

**ジョウ** 18画【穠】部首[禾]
音ジョウ
さかん。①草木がしげる。②花がさきみだれる。③ふとっている。

**ジョウ** 18画【穣】部首[禾] 人名用 JIS 3087 ／22画【穰】旧字 JIS 6753
音ジョウ
①きびがら。キビの茎の皮をとりさったもの。②ゆたか。みのる。穀物がゆたかにみのる。「豊穣」

**ジョウ** 18画【繞】部首[糸] JIS 6969
音ジョウ・ニョウ
①まとう。まつわる。②めぐる。めぐらす。かこむ。「囲繞」↓ニョウ【繞】

**ジョウ** 18画【聶】部首[耳] JIS 7067
音ジョウ・ショウ
ささやく。ささめく。小声でひそひそはなす。

**ジョウ** 18画【襛】部首[衤]
音ジョウ
①あつい。衣服が厚いさま。②さかん。草木や花などがさかんなさま。

**ジョウ** 20画【蘘】部首[艹]
音ジョウ
ミョウガ。ショウガ科の多年草。

**ジョウ** 20画【攘】部首[扌] JIS 5823
音ジョウ
①はらう。のぞく。はらいのける。「攘夷」②ぬすむ。とってしまう。

**ジョウ** 20画【譲】部首[言] 常用 JIS 3089 ／24画【讓】旧字 JIS 7610
音ジョウ 訓**ゆずる**
ゆずる。へりくだる。「移譲・謙譲」「譲渡・譲歩」

**ジョウ** 20画【醲】部首[酉]
音ジョウ
①こい酒。②こい。味がこい。こってりした。

**ジョウ** 20画【醸】部首[酉] 常用 JIS 3090 ／24画【釀】旧字 JIS 7854
音ジョウ 訓**かもす**
かもす。発酵させて酒や醤油をつくる。「家醸・吟醸」「醸成・醸造」

**ジョウ** 21画【饒】部首[食] JIS 8133
音ジョウ・ニョウ
ゆたか。おおい。ありあまる。「豊饒」「饒舌」

**ジョウ** 22画【禳】部首[示] JIS 6726
音ジョウ
はらう。はらいのける。神をまつって災いをのぞく。

**ジョウ** 25画【躡】部首[足] JIS 7726
音ジョウ
①ふむ。ふみつける。②はく。履物をはく。③おう。あとをおう。

**ジョウ** 26画【鑷】部首[金] JIS 7950
音ジョウ
①けぬき。毛髪をぬきとる道具。②かなばし。ピンセット。

**ジョウ** 26画【饟】部首[食]
音ショウ・ジョウ
①かれいい。ほしいい。弁当。②かて。食料。兵糧。③おくる。食べ物をおくってやしなう。

**ジョウ** 27画【驤】部首[馬] JIS 8172
音ショウ・ジョウ
①のぼる。あがる。あげる。②馬が首をあげてはしる。

**じょう【尉】** ①律令制で、衛門府・兵衛府および検非違使の判官。②能楽で、おきなの付ける種々の面の称。白式尉・父の尉・黒式尉など。対義 姥。

**尉と姥**(じょうとうば) 謡曲『高砂』に登場するおきなと、おうな。姿絵・人形にし、婚礼・雛祭りなどの祝いに用いる。

**じょう【掾】** ①律令制で、国司の判官。②《接尾的》浄瑠璃の太夫に与えられた称号。

**じ-よう【自用】** ①自分が使うこと・物。personal use ②自分の用むき。私用。③人の意見を用いず、我意を張ること。self-opinionated

**じ-よう【滋養】** 栄養になること。また、その食品。nourishment

**しょう-あい【性合(い)】** ①性質。nature ②互いの性質が合うこと。congeniality 用例—の夫婦。

**しょう-あい【鍾愛】**(名・サ変他)《愛を集める、の意》非常にかわいがること。

**じょう-あい【情合(い)】** ①人情のぐあい。affection ②互いの気持ちが合うこと。affinity

**じょう-あい【情愛】** 愛し合う気持ち。なさけ。愛情。affection

**しょう-あく【掌握】**(名・サ変他) 自分のものにして支配すること。grasp 用例 政権を—する。

**しょうアジア-はんとう【小アジア半島】**(Asia Minor) アジア大陸西端、黒海、エーゲ海、地中海に囲まれる半島。東西一〇〇〇km、南北四〇〇〜六〇〇km。トルコ領。古来東西文化の接点。アナトリア半島。

**しょうあん【正安】** 鎌倉末期の年号。永仁から改元。元年(一二九九)四月二五日〜四年(一三〇二)一一月二一日。次に、乾元に改元。

**しょうあん【承安】** ↓じょうあん(承安)

**しょう-あん【硝安】**「硝酸アンモニウム」の略。

**じょうあん【承安】** 平安末期の年号。嘉応から改元。元年(一一七一)四月二一日〜五年(一一七五)七月二八日。次に、安元に改元。しょうあん。

**しょうアンティル-しょとう【小アンティル諸島】**(Lesser Antilles) 西インド諸島のアンティル諸島東半部の島群。

**しょうあん-ばくやく【硝安爆薬】** 硝安(=硝酸アンモニウム)を基剤とし、これに可燃物を混合した爆薬の総称。日本では検定に合格した炭鉱爆薬をいう。ammonium nitrate explosive

**しょう-い【小異】** 少し違うこと。minor difference 用例 大同—。

**小異を捨てて大同に付く**(しょういをすててだいどうにつく) 細部で少しの異論はあっても、大筋で一致できるところを重視して、協同する。ignore minor differences to come to a common consensus

**しょう-い【少尉】** 軍隊の階級の一つ。尉官の最下級。中尉の下。

**しょう-い【傷痍】** きず。けが。hurt; injury; wound 用例—軍人。

**しょう-い【餉遺】** 物品をおくること。

**しょうい【松意】** ↓たしろしょうい(田代松意)

**じょう-い【上位】** 地位・順位などが高いこと。higher rank 対義 中位・下位。

**じょう-い【上医】** 診察や技術のすぐれた医師。

**上医は国を医す**(じょういはくにをいやす) 上医は、戦乱・弊風などの国の疾病を治すもので、個人の病気を治すのはその次である。

**じょう-い【上意】** 主君の命令・意向。one's lord's wishes 対義 下意。用例—討ち。

**じょう-い【情意】** 感情と意志。こころ。心持ち。emotion and will

**じょう-い【攘夷】** 外国人を追い払って、入国・交通を拒否すること。exclusion of foreigners

**じょう-い【譲位】**(名・サ変自) 君主が位をゆずること。abdication

**じょうい-かたつ【上意下達】** 主君の命令・意向を家臣・領民に伝えること。また一般的に、上の者の意志・命令を下の者に伝えること。

**じょう-いき【浄域】** ①汚れのない所。社寺の境内。②極楽浄土。

**しょうい-ぐんじん【傷痍軍人】** 戦争や公務によって負傷した兵隊。wounded soldier

**じょうい-しぼう【上位子房】** 子房が萼・花冠などのつけねより上に位置しているもの。アブラナやユリなど。superior ovary

**しょうい-だん【焼夷弾】** 施設・人員・兵器などを焼きはらうために使われる砲弾・爆弾。油脂・化学薬品・テルミットなどによって二〇〇〇〜三〇〇〇℃の高熱を発する。incendiary bomb

**しょう-いちい【正一位】** ①律令制で、位階の最上位。②神社に与えられる神位の最高位。正一位稲荷神社など。

**しょういち-こくし【聖一国師】** 円爾弁円の諡。

**じょうい-とうごう【情意投合】**(名・サ変自) 気持ちが、互いに通じ合って親しむこと。気持ちがぴったり合うこと。coincidence of sentiment

**じょうい-ろん【攘夷論】** 幕末の封建的排外思想。外国との通商に反対し、来港する欧米列強を、儒教の華夷思想のもとに打ち払うことを主張。孝明天皇をはじめとする公家、後期水戸学派を中心とする志士らがその代表。

**しょう-いん【小引】** 短いはしがき。a short preface

**しょう-いん【小飲】** 小人数でする簡単な酒もり。小宴。small dinner party

**しょう-いん【承引】**(名・サ変他) 引き受けること。承諾。consent

**しょう-いん【松韻】** 松風の響き。松籟。

**しょう-いん【勝因】** ①勝利の原因。対義 敗因。②《仏教語》善果をもたらすすぐれた因縁。

**しょう-いん【証印】**(名・サ変自) 証明に印を押すこと。また、その印。seal affixed to a document

**じょう-いん【上院】** 二院制の議会で下院に対する議院。名称は国によって異なる。日本では、もとの貴族院、今の参議院がこれにあたる。the Upper House 対義 下院。

**じょう-いん【冗員・剰員】** 無駄な人員。余分の人員。supernumerary
**じょう-いん【乗員】** 交通機関の乗務員。crew
**じょう-いん【畳韻】** 漢字の二字とも同じ韻をもつ熟語。「拙劣・姓名」など。
**しょう-う【小雨】** こさめ。light rain
**じょう-うち【常打(ち)】**(名・サ変他) 決まった場所で、決まった興行をすること。regular performance
**しょう-うちゅう【小宇宙】** ①宇宙に点在する星雲。島宇宙。microcosmos ②哲学で、宇宙の代表となる小さい宇宙。とくに、人間、または人間の魂。ミクロコスモス。microcosmos 対義 大宇宙。
**しょううつしあさがおばなし【生写朝顔話】** 人形浄瑠璃・歌舞伎時代物。山田案山子(近松徳叟)遺稿、翠松園主人校補。天保三年(一八三二)初演。恋人と縁談の相手が同一人と知らず、恋人を慕って家出、盲目の門づけとなった女性、深雪の悲劇。朝顔日記。
**しょう-うん【祥雲】** めでたい雲。瑞雲。
**しょう-うん【商運】** 商売上の運。luck in business
**しょう-うん【勝運】** 勝つはずの運命。luck 用例 ―に見放される。
**じょう-え【浄▽衣】** ①白い狩衣形の衣服。神事・祭事用。white costume ②僧の白い衣服。white robe
**しょう-えい【照影】** 肖像画。肖像写真。
**じょう-えい【上映】**(名・サ変他) 映画をうつして客に見せること。screening
**じょうえい【▽貞永】** 鎌倉中期の年号。寛喜から改元。元年(一二三二)四月二日～二年(一二三三)四月一五日。次に、天福に改元。
**じょうえい-しきもく【▽貞永式目】** 御成敗式目の別称。
**しょう-えき【▼漿液】** 粘性が小さく、ねばねばしない液体。対義 粘液。
**じょうえつ【上越】** ①上野国と越後国との併称。今の群馬県と、新潟県の佐渡島を除いた地域。②新潟県南西部の地域。
**じょうえつ【上越】**〈市〉 新潟県南西部、高田平野にある市。ともに旧城下町の、高田・直江津両市が合併して誕生。交通の要地。工業も発達。人口一二万八八三九(一九八八)。
**じょうえつ-しんかんせん【上越新幹線】** JR東日本の鉄道新幹線。東京の上野と新潟を結ぶ。上越線の輸送力増強のため建設された。昭和五七年(一九八二)大宮～新潟が開通。同六〇年(一九八五)上野に接続。長さ三三〇・三km。
**じょうえつ-せん【上越線】** JR東日本の鉄道幹線の一つ。高崎と信越本線の宮内を結ぶ。本州横断鉄道の一つで長さ一六二・六km。昭和六年(一九三一)開通。
**しょう-エネルギー【省エネルギー】** ガス・石油・電力などのエネルギーの消費を節約すること。省エネ。energy-saving
**しょう-えん【小円】** ①小さい円。小さい丸。small circle ②球を、球の中心を通らない平面で切ったとき、その切り口に現れる円。small circle →球図
**しょう-えん【小宴】** 小人数の宴会。小飲。small dinner party
**しょう-えん【招宴】** 宴会にまねくこと。人々をまねいて開いた宴会。invitation to a feast; feast
**しょう-えん【松煙・松▼烟】** ①松の木を燃やしたときに出る黒いけむり。②松根を燃やしてつくった煤。墨の材料に用いる。③墨の異称。
**しょう-えん【▽荘園・▼庄園】** 平安から室町時代まで、貴族・社寺などが諸国にもっていた私有地。荘。そうえん。参照 荘園制。
**しょう-えん【消炎】** 炎症を消し去ること。reduce inflammation
**しょう-えん【硝煙】** 銃砲を撃ったときのけむり。powder smoke
**じょう-えん【上演】**(名・サ変他) 劇を舞台で演じて、客に見せること。presentation
**じょう-えん【情炎】** 激しい情欲。情火。flaming desire
**じょうえんかほう-ふん【上円下方墳】** 下部が方形の平面をもち、上部が円形の古墳。京都市山科の天智天皇陵など。
**しょうえん-ざい【消炎剤】** 皮膚や粘膜のはれ・熱・痛みなどの炎症を軽減する薬物。ステロイド剤・非ステロイド剤・収斂剤など。antiphlogistic
**しょうえん-せい【▽荘園制】** 封建社会の経済的な基盤となった大土地所有制度。①日本では平安から室町時代にかけて貴族・社寺などが荘園を所有。不輸不入の特権を得るために皇室・摂関家などに土地を寄進し保護を求めた。②中国では均田制の崩壊後に現れ、宋代以後の官僚地主の経済的土台をなした。③ヨーロッパでは一種の地主制で、土地所有者が経営はしないで地代のみを受けとる制度。manorial system
**しょうえん-だんう【硝煙弾雨】** 火薬のけむりがたちこめ、弾が雨のように飛び交うこと。戦闘の激しいさま。hardfought battle
**しょうえん-りょうしゅ【▽荘園領主】** 日本の荘園制にあって荘園の寄進を受けた所有者。有力貴族・社寺などで、皇室・摂関家がそのうち最大のもの。本所。領家。
**しょうおう【正応】** 鎌倉末期の年号。弘安から改元。元年(一二八八)四月二八日～六年(一二九三)八月五日。次に、永仁に改元。
**しょうおう【承応】** ↓じょうおう(承応)
**しょう-おう【照応】**(名・サ変自) ①物事が対応してつりあっていること。correspondence ②詩や文で、前後する二つの語句の用法や意味が応じ合っていること。correspondence
**しょうおう【松翁】**(生没年未詳) 日本の南北朝時代の隠士。本名未詳。説話集『吉野拾遺』の著者とされる。
**しょう-おう【商▼鞅】**(?～BC三三八) 中国、戦国時代の法家。諸子百家の一人。衛の公子。秦の孝公に仕え、富国強兵策を推進。財政・土地制度・地方行政を改革、中央集権制を確立したが反対派により刑死。公孫鞅。商君。
**しょうおう【勝央】**〈町〉 岡山県北東部、津山盆地東部の町。中心の勝間田は旧宿場町。農業が主体。人口一万一六二〇(一九八八)。
**しょう-おう【▼蕉翁】** 松尾芭蕉のこと。
**じょうおう【▽承応】** 江戸初期の年号。慶安から改元。元年(一六五二)九月一八日～四年(一六五五)四月一三日。次に、明暦に改元。しょうおう。
**じょうおう【▽貞応】** 鎌倉中期の年号。承久から改元。元年(一二二二)四月一三日～三年(一二二四)一一月二〇日。次に、元仁に改元。
**しょうおう-か【▽縦横家】** ↓じゅうおうか(縦横家)
**じょうおう-だな【▽紹▼鷗棚】** 茶道の棚物の一種。武野紹鷗の好みの、ヒノキを使った春慶塗の大きな棚。地袋がつき、その上に四本柱・天板がのる。
**しょう-おく【小屋】** ①小さな家。こや。hut ②自分の家をけんそんしていう語。
**しょう-おん【消音】** 音を消すこと。また、音を外に聞こえないようにすること。muffle
**じょう-おん【常温】** ①平常の温度。normal temperature ②つねに一定した温度。fixed temperature
**じょうおん-かこう【常温加工】** ↓れいかんかこう(冷間加工)
**しょうおん-き【消音器】** ①内燃機関の排気音を軽減する装置。マフラー。muffler ②小型火器の銃口に装着して弾丸発射音を小さくする装置。サイレンサー。silencer
**しょう-か【上下】** ①うえとした。high and low ②統治者と人民。ruler and people
**しょう-か【小過】** 小さなあやまち。small mistake 対義 大過。
**しょう-か【小暇】** わずかなひま。小閑。short time to spare
**しょうか【正▼嘉】** 鎌倉中期の年号。康元から改元。元年(一二五七)三月一四日～三年(一二五九)三月二六日。次に、正元に改元。
**しょう-か【昇華】**(名・サ変自) ①化学で、固体が液体にならずにすぐ気体に、またその逆に変化する現象。sublimation 比較 気化・蒸発。②精神分析学の用語。無意識の性的なエネルギーが、芸術的・宗教的活動やスポーツなど社会的に価値のあるものにおきかえられること。sublimation ③ある状態から、より高度な状態に変わること。sublimate

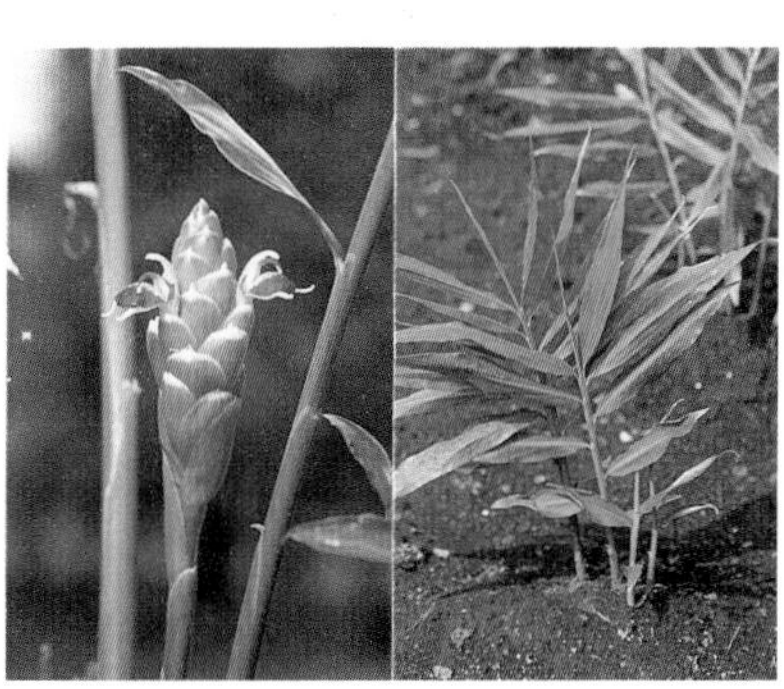
●ショウガ 葉(右)と花(左)。

**しょう-か【将家】** 武士の家。武将の家柄。warrior 用例 勝敗は―の常。
**しょう-か【消化】**(名・サ変自他) ①生物が、食物を吸収しやすいように分解する作用。また、その過程。機械的消化と化学的消化(加水分解反応)、細胞外消化と細胞内消化に分けられる。digestion ②知識をよく理解して身につけること。comprehension; digest 用例 学んだ知識をよく―する。③計画や仕事などをすべてし終えること。accomplish 用例 全試合日程を―した。④商品などが売りさばかれること。sell well 用例 在庫品がたちまち―される。
**しょう-か【消火】**(名・サ変自) 火、とくに火災を消すこと。fire fighting
**しょう-か【消夏・▼銷夏】** 夏の暑さをしのぐこと。summering 用例 ―法。
**しょう-か【唱歌】** ①歌をうたうこと。singing ②もと、小学校の教科の一つ。そのための簡単な声楽曲。song ③雅楽や邦楽などで、楽器の旋律を口でとなえること。しょうが。
**しょう-か【商家】** 商人の家。shop英
**しょう-か【商科】** 商業の学科。商学部。commercial course
**しょう-か【▼娼家】** 娼婦を置き、客を遊ばせる家。妓楼。遊女屋。女郎屋。
**しょう-か【硝化】** ①↓ニトロか(ニトロ化)。②窒素化合物の分解によって生じたアンモニアが酸化されて硝酸塩になる現象。nitrification
**しょう-か【証果】**《仏教語》仏道修行によって悟りを得ること。また、その悟り。
**しょう-か【証歌】**《和歌で、使ったことば・発想などが正しいことを説明するために》証拠として引用する歌。
**しょう-か【▼頌歌】** キリスト教で、神の栄光を褒めたたえる歌。賛歌。オード。ode
**しょう-か【▼漿果】** 外果皮は薄いが、中果皮・内果皮が肥厚し、水分を多量に含む果実。液果にほぼ同じ。bacca
**しょう-か【▼蕭何】**(?～BC一九三) 中国、前漢の宰相。劉邦(=高祖)と同郷で挙兵以来ともに行動。秦の律令や文書に通じ、漢経営の基礎を固めた。
**しょう-が【小我】** 自分にとらわれた、狭い自我。self; ego 対義 大我。
**しょう-が【生▼薑・生▼姜・▼薑】** ショウガ科の多年草。葉はササ形で細長く、根茎は淡黄色で多肉質。辛味と佳香がある。夏に、赤黄色の花が咲く。食用・薬用。熱帯アジア原産。クレノハジカミ。ハジカミ。ジンジャー。ginger →写
**じょう-か【上下】** 上院と下院。the Upper and Lower Houses 比較 上下・上下。用例 ―両院。
**じょう-か【城下】** ①しろの下。城壁の外。outside the castle ②「城下町」の略。
**城下の誓い** 敵に城の下まで攻め寄せられ、しかたなくする降伏の約束。城下の盟。
**じょう-か【浄化】**(名・サ変他) ①よごれを清めること。purification ②不正をなくすこと。purification 用例 政界―。③フロイトの精神分析の用語。無意識の中にある精神的外傷の原因を明らかにして、表現や情動によって外部に発散し、消失させること。カタルシス。catharsis
**じょう-か【浄火】** 清らかな火。けがれのない火。聖火。sacred fire
**じょう-か【情火】** はげしい情欲。情炎。passion
**じょう-か【情歌】** ①恋歌。love song ②どどいつ。
**じょう-が【▼嫦▼娥】**《中国の古い伝説で、西王母の不死の薬を盗んで月へ逃げた女の名から》月。
**しょう-かい【商会】** ①商業上の組織や会社。trade association ②商店・商社の名につけて用いる語。company
**しょう-かい【▼哨戒】**(名・サ変他) 計画的・継続的に敵を監視・偵察すること。また、その行動。patrol
**しょう-かい【紹介】**(名・サ変他) ①人と人とを引き合わせること。introduction ②中に立って世話をすること。とりもち。introduction 用例 ―の労をとる。③事情などを解説し、知らせるこ

と。introduction 用例 現状を—する。

**しょう-かい【照会】**(名・サ変他) 問い合わせること。問い合わせ。inquiry

**しょう-かい【詳解】**(名・サ変他) くわしく解釈すること。その解釈。detailed explanation 対義 略解。

**しょう-がい【生害】**(名・サ変自) 自殺すること。自害。

**しょう-がい【生涯】** ①一生の間。終生。all one's life ②一生のうちのある部分。life 用例 公—。

**しょう-がい【渉外】** 外部・外国と交渉、連絡すること。public relations 用例 —部。

**しょう-がい【傷害】**(名・サ変他) きずを負わせること。けがをさせること。injury 用例 —罪。

**しょう-がい【障害・障▼碍・障▼礙】** ①物事の、さまたげ・じゃま。obstacle 用例 —物。②さわり。故障。hindrance 用例 呼吸器—。③「障害競走」の略。

**じょう-かい【浄界】** ①けがれのない区域。神社や寺の境内。②《仏教語》浄土。

**じょう-かい【常会】** 時を定めて開く会合。定期の集会。regular meeting

**じょう-がい【城外】** 城のそと。

**じょう-がい【場外】** ある場所、ある会場の、定められた区域の外。outside of a place 対義 場内。用例 —ホームラン。

**じょうがい-かぶ【場外株】** 証券取引所に上場されていないため、場外市場で取り引きされる株。未上場株と非上場株がある。unlisted stocks

**しょうかい-き【▼哨戒機】** 一定の空域で警戒・索敵にあたる軍用機。航続力にすぐれる。とくに対潜哨戒機をいうこともある。patrol plane

**しょうがい-きょういく【生涯教育】** 生涯にわたっての教育を統合的に考え、そのための社会的な保障をしようという思想・政策。昭和四〇年(一九六五)ユネスコで、フランスのラングランが提唱。lifelong education

**しょうがい-きょうそう【障害競走】** ①陸上競技で、走路上の障害を越えて走るレース。ハードル競走。ハードルレース。hurdle race ②競馬で、走路に障害物を設けて行う競走。障害レース。hurdle race

**しょうがい-ざい【傷害罪】** 故意に他人の生理的機能を害し、または重要な外貌上の損傷を与える罪。

**しょうかい-じょう【紹介状】** 人を先方に紹介する手紙。letter of introduction

**しょう-かいせき【▼蒋介石】**(一八八七 一九七五) 中国の軍人・政治家。中華民国総統。日本の陸軍士官学校留学中、辛亥革命に参加。国共合作による北伐を成功させ、一九二八年南京国民政府主席に就任。日中戦争開始後は軍・政・党の権力を掌握、また四大家族の一つとして官僚財閥を形成。戦後は内戦に敗れ、四九年台湾に移った。チャン＝チェシー。→写

●蒋介石

**じょうがい-とりひき【場外取引】**→てんとうとりひき(店頭取引)

**しょうがい-ねんきん【障害年金】** 年金保険で、心身に障害を受けた被保険者や組合員に給付される年金。国民年金・厚生年金・各種共済年金のほか、業務災害補償制度などによるものがある。

**しょう-かいは【小会派】** 議会・団体・党内などの小人数の派。minor party

**じょうがい-ばけん【場外馬券】** 競馬場内の勝馬投票所(馬券売り場)以外に設けられた投票所で発売される馬券。off-track betting ticket

**しょうがい-ひえつ【障害飛越】** 馬術競技の一種目。馬場内にあらかじめ設定された横木・竹柵・水濠などの障害物を飛び越すもの。落下・拒止・時間超過などの過失を減点法によって採点し順位を競う。show jumping

**しょうがいぶつ-きょうそう【障害物競走】** ①運動会などで、走路に種々の障害物を置き、跳んだり、くぐったり、よじのぼったりして行う競走。obstacle race ②陸上競技で、障害物と水濠を越えて行う競技。三〇〇〇m障害が広く行われている。

**しょうがい-ほけん【傷害保険】** 思わぬ事故による傷害や死亡に対し医療費・休業補償などが支払われる保険。交通傷害保険・旅行傷害保険など。casualty insurance

**しょうがい-ほしょう【障害補償】** 業務上の傷病が原因で身体に障害が残った場合に支給される補償。障害一時金と障害補償年金がある。accidental compensation

**じょうかい-ぼん【浄海▽坊】** ジョウカイボン科に属する昆虫の総称。甲虫ではあるが、細身の体は軟弱、前翅もあまり堅くない。体長約一・五cm。体は黒色、前翅などは褐色。春から夏、花や葉の上にみられ、花蜜をなめたり、他の昆虫を捕食。日本全土・朝鮮半島に分布。

**しょうか-えき【消化液】** 消化腺から口腔や消化管内に分泌される消化酵素を含む液体。唾液・胃液・胆汁など。digestive juice

**しょうか-かん【消化管】** 口から肛門に至る一連の器官。扁形動物では肛門がなく、食物の残りは口から排泄される。腸管。alimentary canal

**しょうか-き【消化器】** 食物の貯蔵・消化・吸収を行う器官。多くの動物で内臓の大部分を占める。digestive organ

**しょうか-き【消火器】** 火災の初期に、消火に用いる持ち運びのできる簡便な器具。消防法にもとづき国家検定を実施。fire extinguisher

**しょうかき-けい【消化器系】** 食物を摂取・分解・吸収し、その栄養分を血液中に送る働きをする器官の総称。消化管と付属器官からなる。消化管は口腔・咽頭・食道・胃・小腸・大腸・肛門までの一連の器官で、付属器官は唾液腺・肝臓・膵臓など。digestive system →図

**しょうか-きん【硝化菌】** 亜硝酸菌・硝酸菌の総称。土壌中で、生物の遺体の腐敗から生じたアンモニアを酸化して、亜硝酸か硝酸にする細菌。硝化細菌。nitrifying bacteria

**しょう-かく【小核】** 原生動物繊毛虫類にある大と小の細胞核のうち、小さいほうの核。機能上、生殖核ともいう。micronucleus

**しょう-かく【昇格】**(名・サ変自他) 格式・資格が上がること。上げること。格上げ。promotion in status

**しょう-がく【小学】** ㊀①古代中国で、王侯・士太夫の八歳以上の子弟に学問を授けた施設。また、そこで教えた六芸をいう。転じて、文字・訓詁・音韻に関する学問をいう。②「小学校」の略。㊁一一八七年、宋の劉子澄が朱子の指導により編述した、初学者のための礼儀・修身の書。

**しょう-がく【小額】** 小さい単位のお金。small denomination 用例 —紙幣。

**しょう-がく【少額】** わずかな金高。small sum 対義 多額。

**しょう-がく【正覚】**《仏教語》正しいさとり。

**しょう-がく【商学】** 商業についての学問。commercial science

**しょう-がく【奨学】** 学問を奨励すること。study encouragement 用例 —資金。

**じょう-かく【乗客】**→じょうきゃく(乗客)

**じょう-かく【城郭・城▼廓】** ①しろの回りのかまえ。castle wall ②しろ。castle

**じょう-かく【城閣】** しろの物見。しろ。watchtower of a castle

**じょう-がく【上▼顎】** うわあご。upper jaw 対義 下顎。

**しょうがく-いん【奨学院】** 平安時代、在原氏が一族の子弟のために作った大学。元慶五年(八八一)在原行平が京都左京三条に設立。昌泰三年(九〇〇)大学寮に入る。平安末期に衰微。

**じょうがく-おん【上▼顎音】** 前舌面・中舌面を硬口蓋にあてて発する子音。

**しょうがく-かん【(株)小学館】** 大手出版社の一つ。学年別学習雑誌で知られたが、第二次大戦後総合出版社に発展。大正一一年(一九二二)設立。

**しょうがく-きん【奨学金】** ①学問の研究を助成するために与える奨励金。scholarship ②学資の補助を必要とする成績優秀な学生・生徒に対して、貸与・給与される金。scholarship

**じょうがく-こつ【上▼顎骨】** 上顎部にあって顔面の主部を占める左右一対の骨。上面は眼窩に、内側は鼻腔に、下面は口腔にそれぞれ面する。maxilla →頭蓋図

**しょう-がくせい【章学誠】**(一七三八 一八〇一) 中国、清代中期の史学者。史学の方法を論じ、史書の重要性を主張。主著『文史通義』。

**しょうがく-せいど【奨学制度】** 経済的理由によって修学が困難な者に対し、学資金を給付・貸与して学業を奨励する制度。育英制度。scholarship

**しょうがくちょちく-ひかぜいせいど【少額貯蓄非課税制度】**→まるゆう(マル優)

**じょうかく-とし【城郭都市】** 市街を城壁で囲んだ都市。石・煉瓦または土で壁を作り、外側に堀を伴うことが多い。中国ではとくに発達し、古い様式は正方形の城内を九経九緯に碁盤割りにし、中央に宮殿、左右に市をおいた。インド・オリエント・古代ギリシア・ローマ・中世ヨーロッパにも発達。

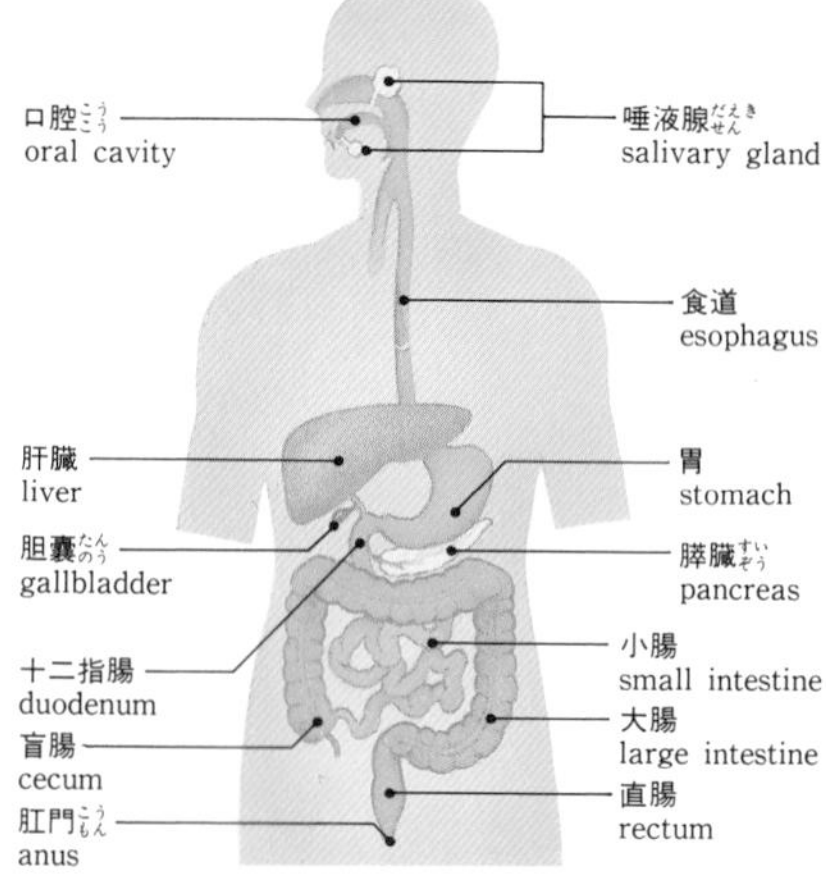


●消化器系 人の消化器系

**しょうがく-ぼう【正覚坊】** ①アオウミガメの異名。②大酒飲み。heavy drinker

**しょうか-こう【松花江】** 中国、東北地区を流れる川。黒竜江(アムール川)の支流。長さ一八五〇km。ハルビン市を貫流。スンガリ川。ソンホワチアン。

**しょうか-こうそ【消化酵素】** 食物の消化を促進させる酵素。高等動物では消化腺から分泌される。digestive enzyme

**しょうかこうそ-ざい【消化酵素剤】** 消化液の分泌が少ないとき、消化を助ける薬剤。ジアスターゼ・ペプシン・パンクレアチンなどの製剤。digestive ferment drug

**しょうか-ざい【消火剤】** 火災のさいに火を消すために用いられる物質。炭酸水素ナトリウム・四塩化炭素など。fire-extinguishing substance

**しょうか-さいきん【硝化細菌】**→しょうかきん(硝化菌)

**しょうか-さよう【硝化作用】** アンモニア性窒素が、土壌中の亜硝酸菌および硝酸菌の作用で、亜硝酸または硝酸の窒素に変化すること。nitrification 参照 脱窒現象。

**じょう-が-しま【城ケ島】** 神奈川県、三浦半島先端にある島。北原白秋の詩碑や灯台、城ケ島大橋があり、観光地として有名。

**しょうか-せん【松果▼腺】**→しょうかたい(松果体)

**しょうか-せん【消化▼腺】** 消化管に属し、消化酵素を含む消化液を出す腺。peptic gland

**しょうか-せん【消火栓】** 消火用の給水栓。街路上やビルなどの構内に設置。fireplug; hydrant

**じょうか-そう【浄化槽】** 浄化設備の一つ。公共下水道が完備していない地域で、水洗便所を使用する場合、家庭・学校・病院などで汚水処理のために設ける水槽。septic tank

**しょうかそん-じゅく【松下村塾】** 幕末、長州萩にあった吉田松陰の私塾。尊攘思想による教育を行い、木戸孝允、高杉晋作ら討幕派志士を輩出。→写(次ページ)

**しょうか-たい【松果体】** 脊椎動物の間脳上部にある、まつかさ状の内分泌器官の一つ。性腺発育を抑制するホルモンを分泌。松果腺。pineal body →脳図

**しょう-かち【消▽渇】** ①のどがかわき、尿が出なくなる病気。②女性のりん病の俗称。

**しよう-かち【使用価値】** 商品が物としてもっている有用性。つまり人間の欲望を満たすことができる性質。value in use; use value 対義 交換価値。

**しょう-がつ【正月】** ①一年の最初の月。一月。②年の始めの祝いをする期間。元日から七日までを大正月(松の内)といい、一五日前後を小正月という。

●松下村塾 山口県萩市。

**しょう-がっこう【小学校】** 義務教育のうち、満六歳から一二歳の六年間を就学義務として初等普通教育を行う学校。elementary school 米; primary school 英

**しょうがつ-ごや【正月小屋】** 子どもたちが、正月中の幾日かを、寝食を共にして過ごすために掛ける小屋。また、その行事。中部以東の広い地域の風習で、多くは正月一五日のどんどの火で、小屋を焼く。雪小屋。鳥追い小屋。

**しょうがつ-はじめ【正月始め】** →じゅうさんにちいわい(十三日祝い)

**しょうがつ-りょうり【正月料理】** 新年を祝うための料理。広くは正月の行事料理全部をさし、雑煮・七草がゆなども含む。おせち料理。

**しょうかどう-しょうじょう【松花堂昭乗】**(一五八四〜一六三九) 江戸初期の僧・書画家。俗名中沼式部。空海の書と上代様かなに学び、松花堂流をつくる。寛永の三筆の一人。画作も職業絵師と異なる魅力をみせる。

**しょうか-ねつ【昇華熱】** 固体が液体を経ずに直接気体になる(＝昇華)とき、吸収する熱量。物質に固有の値。sublimation heat

**しょう-かぶ【正株】** 株券の現物。実株。現株。対義 空株。

**しょうか-ふりょう【消化不良】** ①消化器、おもに小腸の細菌感染や腸炎、糖・たんぱくの消化異常などで、消化が十分に行われず下痢・悪心・嘔吐をおこす状態。indigestion ②物事の意味や内容が十分に理解できないこと。また、それが身につかないこと。unable to fully understand

**じょうか-まち【城下町】** 城を中心として発達した町。比較 在町・宿場町・港町・門前町。

**しょうか-りつ【消化率】** 家畜飼育で、摂取した飼料中の成分量に対する消化吸収された成分量の百分率。飼料の栄養価を測る数値。digestibility

**しょうかわ【▽荘川】**〈村〉 岐阜県北西部、庄川に沿う村。農林業が中心。御母衣ダムにより一部水没。人口一五三四(一九八八)。

**しょう-がわ【▼庄川】** 富山県西部を北流する川。長さ一一五km。岐阜県中部に発し、富山湾に注ぐ。御母衣ダム・庄川峡など秘境や名所が多い。

**しょうがわ【▼庄川】**〈町〉 富山県西部、庄川中流の町。林業・木工業がさかん。景勝の庄川峡がある。人口七六五二(一九八八)。

**しょう-かん【小官】** 日(名) 地位の低い官吏。minor official 日(代) 官吏が自分をけんそんしていう語。

**しょう-かん【小寒】** 二十四節気の一つ。一月六日ごろ。寒さがかなりきびしくなる時期。対義 大寒。

**小寒の氷、大寒に解く**《大寒の方が、かえって小寒よりも暖かい、の意から》物事が起きたりする順序は、いつも決まった順番通りにというわけではない。

**しょう-かん【小閑・少閑】** わずかのひま。little leisure

**しょう-かん【召喚】**(名・サ変他) 裁判所が被告人・証人・鑑定人などに対し、指定の日時・場所に出頭を命ずること。summons

**しょう-かん【召還】**(名・サ変他) 派遣したものを呼び戻すこと。とくに、大使・公使などの外交使節や領事を本国に呼び戻すこと。recall

**しょう-かん【▽荘官】** 荘園領主の代官。貴族の家司や社寺の僧・神官がなるものと、在地の有力者がなるものとがあった。荘司など名称は多様で、公事や年貢の徴収、治安維持などにあたり、のち地頭にとって代わられた。

**しょう-かん【将官】** 軍隊の階級で、大将・中将・少将・准将の総称。佐官の上。自衛隊では将・将補に相当する。

**しょう-かん【消閑】** ひまつぶし。killing of time

**しょう-かん【商館】** 江戸時代、外国人経営の「商店。

**しょう-かん【傷寒】** ①急性熱性の病気に対する漢方医学での総称。②激しい熱病に対する古い呼び名。③腸チフスの古称。

**しょう-かん【償還】**(名・サ変他) ①借りたものについて代償を返すこと。redemption 比較 返却。②金銭債務の返済。redemption

**しょう-がん【賞▼翫・賞▼玩】**(名・サ変他) ①めずらしがって、大切にすること。珍重。②味わって食べること。賞味。

**じょう-かん【上官】** 目上の役人・軍人。うわやく。senior officer

**じょう-かん【冗官】** むだな官職・官吏。

**じょう-かん【乗艦】**(名・サ変自) 軍艦に乗り込むこと。また、乗り込んでいる軍艦。

**じょう-かん【情感】** ①物事が心にあたえる独特のおもむき・感じ。emotion 用例 ―をこめる。②気持ちや感情。feeling

**じょうがん【▽貞観】** 平安初期の年号。天安から改元。元年(八五九)四月一五日〜一九年(八七七)四月一六日。次に、元慶に改元。

**しょうかん-かぶしき【償還株式】** あらかじめ一定期間後に償還することを条件として発行される株式。redeemable stock

**じょうがん-きゃくしき【▽貞観▽格式】** 平安初期に編集された律令の補助法。三大格式の一つ。格一二巻、式二〇巻。清和天皇の命で藤原良相らが編集。格は貞観一一年(八六九)、式は同一三年(八七一)に完成。現在は散逸。

**しょうかん-こうさい【償還公債】** 発行者が一定の期間内に償還する義務を負った公債。随時償還と定期償還の別がある。redeemable debt

**じょうがんじ-がわ【常願寺川】** 富山県中部を北流する川。長さ五六km。飛騨山脈中に発し富山湾に注ぐ。灌漑・発電に利用。

**じょうがん-じだい【▽貞観時代】** 平安前期、清和天皇の治世の貞観年間(八五九〜八七七)のこと。密教美術に代表される貞観文化が開花した時期とされる。

**しょう-かんしゅうほう【商慣習法】** 商法の領域での慣習法。商事については商法典に次ぎ、民法典に優先する効力がある。law merchant

**じょうがんせいよう【▽貞観政要】** 中国、唐の太宗と群臣の問答・事績を分類・収録した書。一〇巻。八世紀初めに呉兢が撰。為政者の必読書として日本でも広く読まれた。

**しょう-かんぜおん【▽聖観世音】**《仏教語》七観音、また六観音の一つ。十一面・千手などの特別の姿でない、ふつうの観音。宝冠をいただき、左手に蓮華を持つのが一般的。聖観音。→写

●聖観世音 延暦寺(滋賀県)。

●鍾馗 五月人形。

**じょう-かんちょう【滋養▼灌腸】** 栄養になる薬液を肛門から入れ、大腸壁から吸収させること。また、その薬。nutritious enema

**じょうがん-でん【▽貞観殿】** 平安京内裏の宮殿の一つ。皇后宮の正殿。

**じょうがん-の-ち【▽貞観の治】** 清和天皇の治世。平安初期、天皇は年号を貞観とし、親政を行って唐の太宗にならおうとした。

**しょう-かんのん【▽聖観音】** →しょうかんぜおん(聖観世音)

**じょう-かんぱん【上甲板】** 船のいちばん上にある甲板。じょうこうはん。upper deck

**しょうかんろん【傷寒論】** 後漢末ごろ、張仲景によって著された漢方医学書。急性熱性疾患の薬物治療法を記す。漢方の原典。

**しょう-き【小器】** 小さい器量。また、その人。対義 大器。

**しょう-き【正気】** ①気が確かなこと。sanity 対義 狂気。②酒に酔っていないこと。しらふ。soberness

**しょう-き【正忌・祥忌】** 故人の死んだ同月同日。祥月命日。正命日。

**しょう-き【匠気】** 芸術家などが好評を得るために技巧を見せびらかそうとする気持ち。

**しょう-き【沼気】** 沼沢・湿地・汚染された川などに発生するガス。植物などが腐敗してできるもので、メタンが主成分。marsh gas

**しょう-き【将器】** 将としてふさわしい器量。また、その人物。

**しょう-き【笑気】**《吸うと顔の筋肉が痙攣し、笑ったような表情になるところから》一酸化二窒素の別名。笑気ガス。laughing gas

**しょう-き【商機】** ①商売上の、よい機会。business opportunity ②商売上の秘密。

**しょう-き【勝機】** 勝つべき機会。勝利を得るきっかけ。winning opportunity 用例 ―を逸する。

**しょう-き【詳記】**(名・サ変他) くわしく書くこと。また、書いた物。minute description 対義 略記。

**しょう-き【▼瘴気】** 熱病を起こさせる山川の毒気。miasma

**しょう-き【▼鍾▼馗】**《中国、唐の玄宗皇帝が夢に見て描かせたのに始まるという》魔を除き疫病の悪神を追い払うという神。ひげをたくわえ黒冠をつけ、軍靴をはき、片手に剣を持つ。強者の権化とされる。五月人形とし、また、幟に描かれる。鍾馗様。鍾馗大臣。→写

**しょう-ぎ【床▼几・▼牀▼几・将▼几】** ①野外で用いる腰掛け。脚を中央で交差させ、上端に革や布を張ったもの。折りたたんで持ち歩くことができる。②数人同時にかけられる横長の腰掛け。→写

●床几① 豊臣秀頼所用。大阪城天守閣。

**しょう-ぎ【省議】** 中央各省の省としての意見決定の会議。また、そこでの議決。

**しょう-ぎ【将棋・象棋】** 将棋盤と駒を使って二人で行うゲーム。起源はインド。日本への伝来については中国を経由して奈良時代に遣唐使により、または南方から海路によるなど諸説がある。大将棋・中将棋・小将棋など多種あったが、現在広く行われているのは小将棋。

**しょう-ぎ【商議】**(名・サ変他)《「商」は、はかる、相談する、の意》相談すること。協商。協議。conference

**しょう-ぎ【▼娼▼妓・▼倡▼伎】** 遊女。とくに、遊郭で売春を公認された女性。公娼。

**しょう-ぎ【勝義】**《仏教語》真如・涅槃などのように、世間通俗を超えた最高の真理。第一義。

**じょう-き【上気】**(名・サ変自) ①のぼせて顔がほてること。be flushed ②かっとなること。get excited

**じょう-き【上記】** 文書などで、上方(または前)にしるしてあること。また、その文句。above-mentioned 対義 下記。

**じょう-き【条規】** 条文に示された規定・規則。stipulation

**じょう-き【乗機】** 乗り込む飛行機。乗り込んでいる飛行機。

**じょう-き【浄机・浄▼几】** きちんと整理し、



▼ 常用漢字表外。 ▽ 常用漢字表の音訓外。

清められているつくえ。用例明窓—。

**じょう-き【常軌】** ふつうに行われる方法。常道。proper course

**常軌を逸する**(じょうきをいっする) 世間なみでないことをする。go off the rails

**じょう-き【蒸気・蒸汽】** ①水蒸気。steam ②液体または固体が蒸発または昇華により気体となったもの。vapor ③「蒸気船」の略。

**じょう-ぎ【定規・定木】** ①決まった形を利用して線を引く製図用具。ruler ②手本。規則。標準。standard 用例杓子—。

**じょう-ぎ【情義】** 交際上の人情と義理。

**じょう-ぎ【情・誼・情宜】** ①つきあい上のあたたかい人情。交際の情愛。friendship 用例—に厚い。②親しみ。よしみ。なじみ。friendly feeling

**じょうき-あつ【蒸気圧】** 同じ物質の液体または固体が、気体と共存して熱平衡にある蒸気の圧力。温度の関数で温度の上昇とともに増加。vapor pressure

**しよう-きかん【試用期間】** 労働者を雇用したあと、その適性や能力などを審査する期間。ふつう一～六か月。trial period

**じょうき-きかん【蒸気機関】** 蒸気エネルギーを機械的エネルギーに変換させる原動機。高温高圧の蒸気の圧力をシリンダー内のピストン運動に、ついで回転運動に変える。steam engine

**じょうき-きかんしゃ【蒸気機関車】** ボイラーをもち、蒸気機関を動力とする機関車。炭水車の有無により、テンダー機関車とタンク機関車に分けられる。用途によって旅客列車用・貨物列車用などがある。steam locomotive →図

**じょう-きげん【上機嫌】**(名・形動) 非常に機嫌がよいこと・さま。ご機嫌。good humor

**しょう-きこう【小気候】** 狭い範囲にあらわれる気候。地形・高度・土地利用の状態などに左右される。microclimate

**じょうぎ-ざ【定規座】** 南天の小星座。七月一八日ごろの午後八時ごろに南中。面積一六五平方度。Norma

**じょうき-せん【蒸気船】** →きせん(汽船)

**じょうき-タービン【蒸気タービン】** 高温高圧の蒸気をノズルから噴出させ羽根車に当て、軸を回転させる装置(＝原動機)。蒸気のもつ熱エネルギーを回転の運動エネルギーに変える。火力・原子力発電などの大出力原動機に用いられる。steam turbine

**しょうぎ-たい【彰義隊】** 戊辰戦争で新政府軍と戦った旧幕臣の一隊。江戸の上野の寛永寺を拠点に戦らが、慶応四年(一八六八)五月敗北。

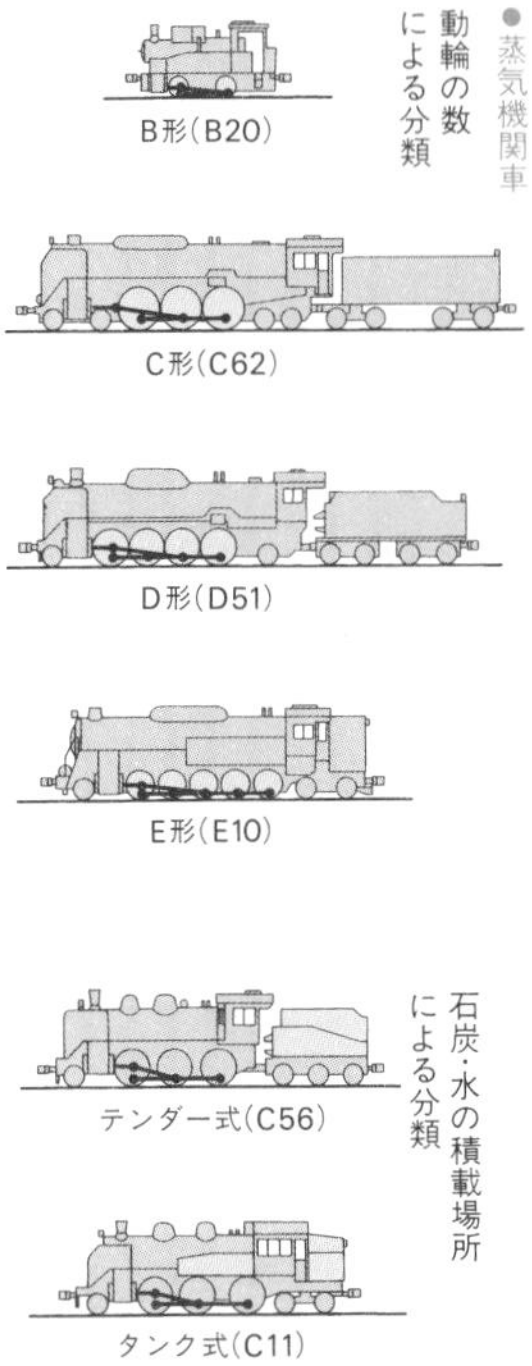

C11タンク式 三重連で倉吉線を走る(一九七二年)

C56テンダー式 汐留駅跡にて(一九八七年)

D51テンダー式 総武線を走る(一九六九年)

**しょうぎ-だおし【将棋倒し】** 立て並べた将棋のこまを倒すように、一端が崩れると総崩れになること。fall down one upon another

**しょうぎ-どころ【将棋所】** 江戸時代に碁所と並んで、代々将棋で幕府に仕えた家柄。また、同時代の将棋名人の別称。慶長一二年(一六〇七)、大橋宗桂が将棋所の司として第一世名人になってから、大橋(本家)・大橋(分家)・伊藤の三家が世襲。

**しょうぎ-ばん【将棋盤】** 将棋で、駒を配置する盤。縦横に九つずつの枡目がある。標準サイズは長さ三六㎝、幅三三㎝。脚付きの六寸盤、七寸盤の高価なものから、二つ折りの板盤まで多くの種類がある。日向産のカヤ材が最上とされる。数え方一面。

**しょう-きぼ【小規模】**(名・形動) 仕組みや構えなどが小さいこと・さま。small scale 対義大規模。

**じょうき-ポンプ【蒸気ポンプ】** 蒸気機関によって動くポンプ。steam pump

**しょう-きゃく【正客】** ①来客の中のいちばん大事な客。主賓。②茶事に招かれた客のうちで、最上位の人。

**しょう-きゃく【消却・▼銷却】**(名・サ変他) ①消すこと。なくすこと。erasure ②借金などを返すこと。pay back the debt

**しょう-きゃく【償却】**(名・サ変他) ①償いとして返すこと。repayment ②「減価償却」の略。

**しょう-きゃく【焼却】**(名・サ変他) 焼き捨てること。burn up

**じょう-きゃく【上客】** ①上座の客。主賓。guest of honor ②大切な客。customer

**じょう-きゃく【乗客】** 乗り物に乗っている客。じょうかく。passenger

**じょう-きゃく【常客】** いつも来る客。とくい。常連。regular customer

**しょうきゃく-ろ【焼却炉】** ごみなどを焼き捨てる炉。incinerator

**しょうきゅう【承久】** →じょうきゅう(承久)

**しょう-きゅう【昇級】**(名・サ変自) 等級が上がること。promotion

**しょう-きゅう【昇給】**(名・サ変自) 基本給が増額になること。raise

**じょう-きゅう【上級】** 上の等級。upper class 対義下級・初級。用例—生。

**じょうきゅう【▽承久】** 鎌倉初期の年号。建保から改元。元年(一二一九)四月一二日～四年(一二二二)四月一三日。次に、貞応に改元。しょうきゅう。

**じょうきゅう-さいばんしょ【上級裁判所】** 審級において上位にある裁判所。地裁に対する高裁、高裁に対する最高裁。superior court 対義下級裁判所。

**しょう-きゅうし【小休止】**(名・サ変自) 少しの時間休むこと。short rest; break

**しょう-きゅうし【小・▼臼歯】** 犬歯の後方につづく上下各二対ずつある臼歯。上顎と下顎では形が著しく相違している。前臼歯。premolar →歯図

**じょうきゅう-しん【上級審】** 上級裁判所。また、その審理。superior court 対義下級審。

**じょうきゅう-の-らん【▽承久の乱】** 承久三年(一二二一)、後鳥羽上皇が鎌倉幕府を倒そうとして、かえって北条義時に敗れた戦乱。

**しょう-きょ【消去】**(名・サ変自他) 消し去ること。きえてなくなること。elimination

**しょう-ぎょ【松魚】** カツオの異名。

**しょうきょう【正▽慶】** 日本の南北朝で、北朝の年号。元弘から改元。元年(一三三二)四月二八日～二年(一三三三)五月?日。次に、元弘に復す。

**しょう-きょう【生▼薑・生▼姜】** 生薬の一つ。ショウガの根茎を乾燥したもの。香味料・胃薬・発汗薬に用いる。成分は精油一～三%、辛味成分ジンゲロンなど。ginger

**しょう-きょう【商況】** 商売の景気。商業の状況。business trends

**しょう-ぎょう【商業】** 商品の流通過程で、生産者と消費者との間を商品売買によってつなぎ、そこから利益を得る事業。あきない。commerce

**しょう-ぎょう【▽聖教】**《仏教語》仏の教え。経典。経文。

**じょう-きょう【上京】**(名・サ変自) 地方から都(今日では東京)へ行くこと。比較上洛。

**じょう-きょう【状況・情況】** ありさま。情勢。situation

**じょうきょう【▽貞享】** 江戸初期の年号。天和から改元。元年(一六八四)二月二一日～五年(一六八八)九月三〇日。次に、元禄に改元。

**しょうぎょう-えんげき【商業演劇】** 企業として興行される演劇。利潤追求を第一の目的とし、娯楽性を優先させて多数の観客の動員をめざす。

**しょうぎょう-がく【商業学】** ①《Handelswissenschaft(ドイツ)の訳》一八世紀のドイツで盛んになった、商取引についての学問。経営経済学に発展。②商品・サービスの売買取引の仕組みや性格を研究する学問。商学。commercial science

**しょうぎょう-かくめい【商業革命】** 一五世紀末の地理上の発見によって起こった、ヨーロッパの商業・経済構造上の大変革。インド航路の開発により、経済の中心は北イタリア・南ドイツからポルトガル・スペインに移行した。Commercial Revolution

**しょうぎょう-ぎんこう【商業銀行】** 短期資金の受け入れ・貸し付けや商業手形の割引をおもな業務とする銀行。金融機構の中心。commercial bank

**しょうぎょう-きんゆう【商業金融】** 商品・サービスの売買に必要な資金を調達・供給する短期的金融。commercial finance 比較生産金融。

**じょうぎょう-ざんまい【常行三▼昧】** 天台宗の四種三昧の一つ。九〇日間、道場内の阿弥陀仏のまわりをまわってその名を念じ唱える行。

**しょうぎょう-しほん【商業資本】** 流通過程で独立的に機能し、商業活動から利潤を得るために投資される資本。商品取扱資本と貨幣取扱資本に分けられる。商人資本。commercial capital 比較産業資本。

**しょう-きょうしょう【小協商】** 一九二〇～二一年、チェコスロバキア・ユーゴスラビア・ルーマニアの三国間に結ばれた同盟関係。ベルサイユ体制維持に貢献したが、ナチスの台頭により崩壊。Little Entente

**じょうきょう-しょうこ【情況証拠】** 犯罪事実を間接的に推測させる証拠。犯人が現場に残した指紋など。間接証拠。circumstantial evidence

**しょうぎょう-しんよう【商業信用】** 産業資本家や商業資本家が互いに与えあう信用。掛け売りと掛け買いの形をとり、現金にかわって手形で取り引きされる。commercial credit

**しょうぎょう-しんようじょう【商業信用状】** 貿易取引の決済のために発行される信用状。輸出入業者に対してその取引銀行が手形の引き受け、または支払いを保証するもの。commercial letter of credit

**しょうぎょう-ちょうぼ【商業帳簿】** 商人が商法上の義務として、営業上の財産および損益の状況を明らかにするために作成する書類。会計帳簿・貸借対照表など。

**しょうぎょう-てがた【商業手形】** 商取引の代金決済のために振り出される手形。約束手形と為替手形。commercial bill 比較融通手形。

**じょうぎょう-どう【常行堂】** 天台宗において常行三昧を修めるための道場。常行三昧堂。

**しょうぎょう-とうき【商業登記】** 商人の営業上の一定事項を登記所の商業登記簿に登記すること。また、その登記。commercial registration

**しょうぎょう-の-じょ【▽聖教序】** 中国で、新しく訳した仏教経典に皇帝が授けた序。唐の玄奘の『瑜伽師地論』の訳に対し太宗が書いた序が最古。

**しょうぎょう-びじゅつ【商業美術】** 商業上の目的に即した美術。応用美術の一部門。commercial art

**しょうぎょう-ほうそう【商業放送】** 広告媒体として放送を行い、その収入で運営する事業体。民間放送。commercial broadcasting 対義 公共放送。

**しょうぎょう-ぼき【商業簿記】** 商業を営む企業に適用される簿記。商品やサービスの売買取引の記帳を中心に損益を明らかにするもの。commercial bookkeeping

**しょうぎょう-りっち【商業立地】** 小売業・卸売業・サービス機関などが店舗・営業所を構える地理的位置。経営戦略上重要な要素。

**じょうきょう-れき【▽貞享暦】** 江戸中期に使われた太陰暦。暦学者で幕府天文方の渋川春海が日本人として最初に考案した暦。貞享二年(一六八五)採用、宝暦四年(一七五四)廃止。

**しょう-きょく【小曲】** 短い楽曲。short piece

**しょう-きょく【消極】** 控え目なこと。退いて何もしないこと。進んで行動・主張などをしないこと。passive 対義 積極。

**じょう-きょく【浄曲】** 浄瑠璃の別称。義太夫節をさす場合が多い。

**しょうきょく-ざい【消極剤】** ↓げんきょくざい(減極剤)

**しょうきょくさい-てんかつ【松▼旭斎天勝】** 女性奇術師。現在二代まで。初代(一八八六〜一九四四)は本名中井かつ。東京生まれ。松旭斎天一の弟子として欧米を巡業。帰国後、奇術の近代化につとめ、西洋奇術の座長として人気を博した。

**しょうきょく-せい【消極性】** 物事を進んでせず、引っ込み思案である傾向。passiveness 対義 積極性。

**しょうきょく-てき【消極的】**(形動) 対義 積極的。①自分で進んでしようとしないさま。passive 用例 ―態度。②控え目なさま。引っ込みがちなさま。他の動きを待っているさま。passive 用例 ―対応。

**しょうきょ-ほう【消去法】** ①連立方程式の解法において、未知数を順次消去して最後に未知数一つの方程式をつくり、それを解くことで解を得る方法。加減法。elimination ②ある条件にあてはまるものを探すとき、不適格なものを取りのぞき、正しいものを見つけ出す方法。elimination

**しょうき-らん【▼鍾▼馗▼蘭】** ヒガンバナ科の多年草。葉は広線形で帯白緑色。夏には枯れる。秋に、黄花を五〜一〇個輪生。庭園または切り花用。ショウキズイセン。

**しょう-きん【正金】** ①現金。cash 用例 ―取引。②本位貨幣のこと。一般には金銀貨幣をさす。specie 対義 紙幣。

**しょう-きん【賞金】** 賞として与えるお金。prize

**しょう-きん【償金】** 外国や他人におよぼした損害をつぐなうために支払われる金銭。賠償金。indemnity

**じょう-きん【常勤】**(名・サ変自) 毎日一定時間勤務すること。full-time employment 対義 非常勤。

**しょうきん-るい【渉▼禽類】** 水辺を歩き、えさをあさる鳥類。嘴・頸・脚などが長い。ツル・サギ・シギなどの仲間。

**しょうきん-レース【賞金レース】** 優勝者や入賞者などに賞金が与えられる競走。prize money race

**しょう-く【承句】** 漢詩で、絶句の第二句。または律詩の第三・四句。対義 起句。

**しょう-く【章句】** ①文の、章と句。chapter and verse ②文章の段落。paragraph

**じょう-く【冗句】** 無駄な語句。redundant phrase

**しょうくう【証空】**(一一七七〜一二四七) 鎌倉初期の僧。浄土宗西山派の祖。法然に師事し、のち西山の善峰寺で浄土宗弘布に努めた。西山上人。

**じょう-くう【上空】** 空の上のほう。ある場所の上の空。up in the sky

**じょうぐうしょうとくほうおうていせつ【上宮▽聖徳法王帝説】** 最古の聖徳太子の伝記。著者不詳。奈良初期成立という。太子の系譜・事績などを中心に記述。

**じょうぐう-たいし【上宮太子】** 聖徳太子の別称。

**じょうぐ-ぼだい【上▽求▼菩▽提】**《仏教語》菩薩が己自身の悟りのために修行し、努力すること。対義 下化衆生。

**しょう-くん【▼湘君】** 中国神話の女神。湘夫人とともに湘水にすみ、『山海経』によれば二女神が出入りするたびに暴風雨が起きたという。漢代になると、尭の娘たちで、舜に嫁し、その没後湘水で死んだ娥皇と女英とされた。

**しょう-ぐん【将軍】** ①全軍を率いて、指図する職・人。commander ②「征夷大将軍」の略。

**しょう-ぐん【▼湘軍】** 中国、清朝末期の一八五三年、曾国藩が郷里の湖南省湘郷県で組織した郷勇部隊。太平天国の乱平定の主力となった。

**しょう-ぐん【▼蕭軍】**(一九〇七〜) 中国の小説家。本名、劉鴻霖。遼寧省生まれ。魯迅の知遇を得た。作品『八月の郷村』『過去の年代』など。

**しょうくん-きょく【賞勲局】** 勲位・勲章などの栄典事務をつかさどった官庁。明治九年(一八七六)正院に賞勲事務局を置き、翌年賞勲局と改称。昭和二四年(一九四九)総理府賞勲部に改組。

**しょうぐん-け【将軍家】** ①征夷大将軍の家柄。②幕府。

**しょうぐん-じぞう【勝軍地蔵】** 中世以降、武家に信仰された地蔵菩薩。鎧姿で馬に乗り、錫杖と如意宝珠を持っている。

**じょう-げ【上下】** 一(名) ①うえとした。up and down ②身分の高い人と低い人。high and low ③のぼりとくだり。up and down ④二冊に分かれている本の、上巻と下巻。二(名・サ変自他) ①のぼりくだりすること。go up and down ②あがりさがり、あげさげすること。rise and fall

**じょうげ【上下】**〈町〉広島県、府中市北西の町。芦田川上流にある町。旧宿場町。農業を主とする。人口七〇五〇(一九八八)。

**しょう-けい【上▼卿】** ①平安時代、公事をとりあつかった首席の公卿。②記録所の長官。

**しょう-けい【小径・小▼逕】** 細い道。小道。lane

**しょう-けい【小計】** 一部分の合計。subtotal 対義 総計。

**しょう-けい【小景】** ①ちょっとしたながめ。fine scenery ②小さい風景画。small landscape painting

**しょう-けい【小憩・少憩】**(名・サ変自) ちょっと休むこと。小休止。rest

**しょう-けい【承継・紹継】**(名・サ変他) ①受けつぐこと。succession ②法律で、権利・義務を引きつぐこと。inheritance

**しょう-けい【▼捷径】** ①近道。早道。②手っ取り早い手段。

**しょう-けい【勝景】** すぐれたけしき。絶景。fine view

**しょう-けい【象形】** ①物の形をかたどること。representation ②漢字の六書の一つ。物の形をかたどって文字をつくる方法。比較 指事・形声・会意・転注・仮借。

**しょう-けい【▼憧▼憬】**(名・サ変自) ↓どうけい(憧憬)

**しょう-けい【祥啓】**(生没年未詳) 室町後期の画僧。建長寺の書記で、通称啓書記。芸阿弥に師事。力強い筆致とすぐれた構成で水墨画に一派を開く。作品『山水図』など。

**じょう-けい【上計】** すぐれた計略。上策。

**じょう-けい【上掲】**(名・サ変他) 上にかかげること。前にかかげたこと。above-mentioned 用例 ―の図表。

**じょう-けい【情景・状景】** ありさま。ようす。けしき。光景。scene 用例 ―を思い浮かべる。

**じょう-けい【場景】** その場のありさま。scene

**じょうけい【定慶】** 鎌倉時代の慶派仏師。①(生没年未詳)大仏師法師定慶を称し、写実的で宋風をとり入れた異色ある作風。作品興福寺『維摩居士』など。②(一一八四〜?)肥後法眼と称した。作品『毘沙門天』など。③(生没年未詳)越前法橋と称し、法隆寺西円堂『薬師如来』を修理。

**じょうけい【▽貞慶】**(一一五五〜一二一三) 鎌倉初期の法相宗の学僧。号は解脱房。笠置寺・海住山寺に隠棲した。著書『唯識同学鈔』など。

**しょうけい-かかん【鐘形花冠】** 合弁花冠の一種。花弁が癒合して釣鐘形になり、先端が切れこんだ形。ホタルブクロ・ドウダンツツジなど。campanulate corolla

**しょうけい-こく【承継国】** ある国が支配していた地域を、新たに統治することになった国家。succession state

**しょう-けいこく【▼蔣経国】**(一九〇六〜一九八八) 台湾政府の政治家・軍人。蔣介石の長男で後継者。第二次大戦後、台湾で国民党や国防部の要職を歴任し、一九七八年から死去するまで中華民国総統。

**しょうけい-しゅとく【承継取得】** ある人が他の人の権利を引き継いで、その権利を取得すること。譲渡・相続など。acquisition by succession 対義 原始取得。

**しょうけい-もじ【象形文字】** 事物の形にかたどった文字。一字が一語の意味を表す。漢字、古代エジプトのヒエログリフ、その他古代文字は多くこれである。hieroglyph ↓図

●象形文字

**しょう-げき【笑劇】** こっけいな、短い喜劇。ファース。farce 比較 喜劇。

**しょう-げき【唱劇】** 歌を主体にした朝鮮の芸能。パンソリ(=単唱)といい、ひとり数役を歌い演じたが、しだいに大勢で一つの劇を演じるようになった。形式はオペラに近い。『春香伝』『沈清伝』『興夫伝』などが有名。

**しょう-げき【衝撃】** ①はげしくつき当たること・力。impact ②強く心を動かされること。ショック。shock ③物理で、物体に急激に加えられた力。impulse

**しょうげき-しけん【衝撃試験】** 材料試験の一つ。試験片や材料に衝撃を加えて、破壊に要したエネルギーとしての衝撃値などを測定する。impact test

**しょうげきじょう-うんどう【小劇場運動】** 一九世紀末から二〇世紀初めにかけて世界中に広がった、反商業的な演劇革新運動。小劇場で自然な演技により生活の真実を表現し、演劇に芸術的自由を確立する運動。近代劇運動の先駆。Little Theatre movement

**しょうげき-は【衝撃波】** 気体中に、急激な強い圧縮が局部的に生じ、圧力変化が音速より速く伝わるときの波。火薬の爆発や超音速機の飛行などで発生。shock wave

**しょう-けつ【▼猖▼獗】**(名・サ変自) ①たけり狂うこと。rampancy ②病気など、悪いものの勢いが盛んなこと。はびこること。prevail 用例 ―をきわめる。

**しょう-けつ【焼結】** 融点以下の温度で熱せられた粉末が収縮・密着して固まる現象。粉末冶金・サーメットなどに応用。sintering

**しょうげつどう-こりゅう【松月堂古流】** 華道流派の一つ。江戸中期に是心軒一露が関西で開いた。中部地方に分派が多い。

**じょうげ-どう【上下動】** 上下、すなわち鉛直方向の動き。とくに、複雑な地震動のうちの垂直方向の動き。これと水平動が合成されたものが実際の震動。vertical motion 対義 水平動。

**しょう-けん【正見】**《仏教語》八正道の一つで、正しく四諦の理を悟ること。

**しょう-けん【正絹】** 混じり物のない絹。本絹。純絹。pure silk

**しょう-けん【商圏】** ①一定の商業活動が行われる地域的範囲。trading area ②特定企業の勢力下にある市場領域。trading area

**しょう-けん【商権】** 商業上の権利。commercial rights

**しょう-けん【証券】** ①手形。証文。bill 数え方 一枚・一通。②財産的価値のある私的権利や義務を記載した文書。株券・債券などの有価証券と借用書のような証拠証券がある。securities

**しょうげん【正元】** 鎌倉中期の年号。正嘉から改元。元年(一二五九)三月二六日〜二年(一二六〇)四月一三日。次に、文応に改元。

**しょうげん【承元】** ↓じょうげん(承元)

**しょう-げん【証言】**(名・サ変他) ①ある事実をことばによって証明すること。verbal evidence ②証人が裁判所・国会その他の国家機関に対して行う供述。testimony

**しょう-げん【象限】** 座標軸によって四つに

分けられた、座標平面の各部分。直交座標軸で分けた場合、右上を第一象限といい、以下左回りに第二、三、四象限という。座標軸上の点はどの象限にも入れない。quadrant

**しょう-げん【詳言】**(名・サ変他) くわしく述べること。詳述。

**じょう-けん【条件】** ①くだり。箇条。item ②物事を制約したり限定したりして、積極的にも消極的にも影響を与える事情・事項。condition 用例 —によっては賛成する。③物事が実現するのに必要な事情・事項。用例 —が備わる。立地—。④法律で、法律の効力の発生または消滅を、将来起こる事柄の正否で左右させることを述べた条項。condition 用例 停止—。

**じょう-けん【常見】**《仏教語》世界は常住不変であり、人の死後も自我は永久不滅であるという考え。仏教の立場からは誤った見解とされる。対義 断見。

**じょう-げん【上元】** 節日の一つ。陰暦正月一五日。この日に小豆粥を食べると、その年の疫を避けられるといわれる。

**じょう-げん【上弦】** ①月が太陽の東側にあって黄経の差が九〇度になる時刻。また、現象。②新月の約一週間後の半月。半円状に西半分が輝いて見える月。月の入りのとき、弓の弦が上方にある形に見える。弓張り月。かみのゆみはり。the first quarter 対義 下弦。

**じょう-げん【上限】** 対義 下限。①上の、または古いほうの限界。upper limit ②実数の集合が有限であるとき、その上界となる数のうちの最小値をいう。least upper bound; supremum ③定積分の上の限界。upper limit

**じょうげん【▽承元】** 鎌倉初期の年号。建永から改元。元年(一二〇七)一〇月二五日～五年(一二一一)三月九日。次に、建暦に改元。しょうげん。

**じょうげん【▽貞元】** 平安中期の年号。天延から改元。元年(九七六)七月一三日～三年(九七八)一一月二九日。次に、天元に改元。

**じょう-げん【▼鄭玄】**(一二七～二〇〇) 中国、後漢の学者。訓詁にすぐれ、漢代経学の今文・古文の対立を統一的に集大成した。ていげん。

**しょうけん-がいしゃ【証券会社】** 証券取引法に基づいて証券業を営む株式会社。昭和四〇年(一九六五)から免許制となった。securities company

**しょうけん-ぎょう【証券業】** 有価証券の引き受け・分売・委託売買と自己売買を営む業種。securities business

**しょうけん-きんゆう【証券金融】** 有価証券の購入・保有のための資金の貸借、または証券を担保にした資金の貸借のこと。専門機関として証券金融会社がある。securities finance

**しょうけん-こうたいごう【昭憲皇太后】**(一八五〇～一九一四) 明治天皇の皇后。名は美子。公卿一条忠香の娘。女子教育・社会事業の振興に尽力。

**じょうけん-しげき【条件刺激】** 条件反射を引き起こす原因となる刺激。conditioned stimulus

**しょうけん-しじょう【証券市場】** ①有価証券が取り引きされる市場。証券発行者・証券会社・投資家などからなり、発行市場と流通市場に区分される。securities market ②証券取引所。securities exchange

**しょうけん-だいこう【証券代行】** 株式発行会社の株式の名義書き換え・配当金支払・新株発行などいっさいの株式事務を代行する機関。また、その業務。transfer agent for securities

**しょうけんちゅう-とう【小建中湯】** 漢方薬の一つ。桂枝・芍薬・甘草・大棗・生姜・膠飴からなり、全身疲労・精力減退・冷えによる腹痛・身体虚弱児の体質改善に用いる。

**じょうけん-づけ【条件付け】** 条件反応・条件反射を形成すること。また、その形成過程。conditioning

**しょうけん-とうし【証券投資】** 配当・利子や売買差益の取得を目的に国内外の株式や債券を買うこと。securities investment

**じょうけん-とうそう【条件闘争】** 絶対反対というのでなく、ある条件がみたされれば、ゆずってもよいという態度でする闘争。labor dispute upon certain condition

**しょうけんとりひき-いいんかい【証券取引委員会】**(Securities and Exchange Commission) アメリカの独立した証券行政官庁。証券取り引きの公正化、投資者の保護が主要任務。一九三四年設立。SEC。

**しょうけん-とりひきじょ【証券取引所】** 有価証券の売買のための市場機構。証券取引法にもとづく会員組織の社団法人で、東京・大阪など八か所に設置。stock exchange

**しょうけんとりひき-しんぎかい【証券取引審議会】** 大蔵省の付属機関の一つ。証券取引法にもとづき、有価証券の発行および売買その他の取り引きに関する重要事項を調査し審議する。昭和二七年(一九五二)設置。

**しょうけんとりひき-ほう【証券取引法】** 有価証券の取り引きを公正にし、国民経済の適切な運営と投資者の保護をはかるための法律。昭和二三年(一九四八)公布。

**じょうけん-はんしゃ【条件反射】** 動物などに、本能的にもつ反射を刺激しながら、それと無関係な刺激を与えると、やがて後者の刺激だけで本能的な反射が起こる現象。ロシアのパブロフは、イヌに餌を与えるたびに音を聞かせると、やがてイヌは音だけで唾液分泌することを発見した。conditioned reflex

**じょうけん-はんのう【条件反応】** 一定の条件のもとに、後天的に個体の行動に適応してつくられる反応。条件反射を応用して二種類の刺激を条件として与え、一方の刺激だけで他方の刺激に対する反応が起こるようにすること。conditioned response

**しょうけん-りまわり【証券利回り】** 有価証券の利子または配当金の証券買い入れ価格に対する割合。投資家からみた実質的収益率を示す。株式利回りと債券利回り。

**しょう-こ【尚古】** 昔の文物・制度をたっとぶこと。用例 —趣味。—思想。

**しょう-こ【沼湖】** ぬまと、みずうみ。湖沼。lakes and marshes

**しょう-こ【称呼】** よび名。よび方。appellation

**しょう-こ【商▼賈・商▼估・商▼沽】** ①商売。②商人。あきんど。

**しょう-こ【証拠】** ①事実を証明・認定する根拠。証左。あかし。しるし。evidence ②裁判で、裁判官が事実の有無を判断するための資料。人証・物証・書証などに分かれる。evidence

**しょう-ご【正午】** 昼の一二時。真昼。noon

**しょう-ご【▼鉦鼓】** =しょうこ。①仏事のとき、たたくかね。②昔、陣中で使ったかねと太鼓。③つり下げて鳴らす皿形、金属製の雅楽用打楽器。

**じょう-こ【上戸】** 大宝令の制で、一戸に成年男子が六～七人いる戸。対義 下戸。

**じょう-こ【上古】** ①大昔。②歴史の時代区分の一つ。上代。日本では、都がおもに大和にあった五世紀から七世紀までの期間。大和時代。

**じょう-こ【▼杖鼓】** 朝鮮の鼓。中国起源の楽器で、民謡・劇音楽に用いられる。チャンゴ。

**じょう-ご【上戸】** ①酒のよく飲める人。酒好きの人。drinker 対義 下戸。②《接尾的》酒に酔ったときにあらわれる独特な癖。その癖をもった人。用例 笑い—。泣き—。

**じょう-ご【冗語・剰語】** むだなことば。むだ話。redundant word

**じょう-ご【畳語】** 複合語の一種。同じ単語・語根が結合した語。多数を表し、また副詞に多い。「人々・さむざむ・わざわざ・泣く泣く」など。比較 重言。

**じょう-ご【▽漏▽斗】**《上戸の意で、酒を吸い込むからという》アサガオ形の、液体を注ぎ入れる用具。ろうと。funnel ↓写

●漏斗

**しょうご-いん【▽聖護院】** 京都市左京区聖護院中町にある寺。増誉の開基による白川院を前身とする。もと天台宗寺門派の大本山で三門跡の一つ。慶長一八年(一六一三)から明治まで修験道本山派の本山。

**しょうごいん-かぶら【▽聖護院▼蕪】** カブの一種。京都聖護院付近の原産。わが国でもっとも大形の白丸カブ。晩生で品質がよく、千枚漬けの材料。しょうごいんかぶ。↓カブ図

**しょうごいん-だいこん【▽聖護院大根】** ダイコンの一種。京都聖護院付近の産。根身は丸形で径約一五cm。肉質は柔らかく辛味がない。煮食・千枚漬け用。↓ダイコン図

**しょうこいんめつ-ざい【証拠▼湮滅罪】** 犯罪に関する証拠を隠して消してしまうか、偽造・変造する、または偽造・変造した証拠を用いる罪。証憑湮滅罪。

**しょう-こう【少考】**(名・サ変自) 少しの間考えること。think for a while

**しょう-こう【小康】** ①病気が少しよくなりかけること。lull 用例 —を保つ。②世の中が一時治まること。lull

**しょう-こう【小稿】** 自分の書いた原稿をけんそんしていう語。

**しょう-こう【昇▼汞】** 塩化第二水銀の別称。

**しょう-こう【昇降】**(名・サ変自) あがりおりすること。go up and down 用例 —口。

**しょう-こう【将校】**《「校」は仕切り。むかし中国で指揮官がその中から軍を指揮したことから》①軍隊の指揮官。officer ②少尉以上の軍人。士官。commissioned officer

**しょう-こう【▼浹▼洽】**(名・サ変自) ひろく行きわたること。

**しょう-こう【消光】**(名・サ変自) なんということなく月日を送ることの謙譲語。

**しょう-こう【消耗】**(名・サ変自他) ↓しょうもう(消耗)

**しょう-こう【症候】** 身心に現れる異常な状態。病気の症状や徴候。symptom

**しょう-こう【商工】** 商業と工業。commerce and industry

**しょう-こう【商港】** 商船が出入りし、物資の集散を中心とする港。commercial harbor 比較 漁港・軍港。

**しょう-こう【焼香】**(名・サ変自) 香をたいて仏・死者にたむけること。

**しょうこう【紹興】** 中国、浙江省北東部、杭州南東の都市。魯迅の生誕地。紹興酒が有名。人口二四・四万(一九八四)。シャオシン。

**しょう-こう【▼湘江】** 中国、広西壮族自治区北部から湖南省を経て、洞庭湖に注ぐ川。長さ一一五〇km。湘水。シャンチアン。シャンシュイ。

**しょう-ごう【称号】** よび名。名称。呼称。title 用例 弥陀の—。

**しょう-ごう【商号】** 商人が営業上自己を表すために用いる名称。屋号など。trade name 比較 商標。

**しょう-ごう【照合】**(名・サ変他) 照らし合わせて調べること。collation

**じょう-こう【上皇】** 譲位した後の天皇の称号。古代、持統天皇が称したのが最初。太上天皇。

**じょう-こう【条項】** くだり。箇条。項目。article

**じょう-こう【乗降】**(名・サ変自) 乗り物に、乗り降りすること。get on and off

**じょう-こう【情交】** ①親しい交際。intimacy ②男女の肉体的な交わり。sexual intercourse

**じょう-ごう【成功】** 平安中期以降行われた一種の売官制度。朝廷の造営などに費用を献じたりした者が任官されること。南北朝以降廃絶。

**じょう-ごう【乗号】** 数学で、掛け算のしるし。記号×。multiplication sign 対義 除号。

**しょう-こうい【商行為】** 契約や取り引きなど、営利を目的とした行為。おもに商法によって規律される。business

**しょうこう-かい【商工会】** 都市部以外の地域の小規模事業者が加入する非営利団体。経営改善のための指導などを行う。

**しょうこう-かいぎしょ【商工会議所】** 商工業者が、その地域の商工業の改善・発展をはかるために組織する総合的な経済団体。全国主要都市にあり、日本商工会議所がその全国連合会。CCI。

**しょうこう-かん【彰考館】** 江戸初期、水戸藩主徳川光圀が設けた『大日本史』編纂局。寛文一二年(一六七二)駒込から小石川の藩邸内に移設、命名。のち水戸に移され、現在は彰考館文庫。

**しょうこう-き【昇降機】** エレベーター。リフト。elevator

**しょうこう-くみあい【商工組合】** 都道府県単位の中小商工業者の組合。商業組合と工業組合の総称。メンバーどうしで生産調整・販売価格など事業活動の規制を行う。

**しょうこうくみあい-ちゅうおうきんこ【商工組合中央金庫】** 中小企業の協同組合を対象とする金融機関。政府と組合の折半出資による特殊法人。昭和一一年(一九三六)設立。商工中金。

**しょうこう-ぐん【症候群】** いくつかの症状や徴候がいっしょに現れ、原因が複数で独特の臨床像をもつ病気。ネフローゼ症候群など。シンドローム。syndrome

**しょうこう-さいけん【商工債権】** 金融債の一つ。商工組合中央金庫が資金調達を目的に発行する割引債と利付き債の総称。

**しょうこうし【小公子】**《原題Little Lord

Fauntleroy》バーネットの小説。一八八六年刊。ニューヨークで育ったセドリックが、イギリスの貴族の跡つぎになり、祖父の心の窓を開く。

**しょう-こうじ**【▼蔣光慈】(一九〇一～三一) 中国の小説家・詩人。本名、光赤。安徽省生まれ。太陽社をおこし無産者階級文学を主張。長編小説『田野の風』など。

**しょうこう-しゅ**【紹興酒】中国の代表的な醸造酒。もち米・特殊なこうじで造る。古いものを老酒という。浙江省紹興産。アルコール分一三%。

**しょうこうじょ**【小公女】《原題A Little Princess》バーネットの小説。一八八八年作。大金持ちの娘セーラが、父の死で塾の下働きとなるが、父の親友によって再び幸福になる。

**しょうこう-しょう**【商工省】現在の通商産業省の前身。大正一四年(一九二五)農商務省が農林省と商工省に分割。昭和二四年(一九四九)通商産業省に改組。

**しょうこう-すい**【昇▼汞水】昇汞に食塩を加えて水に溶かしたもの。消毒用。solution of corrosive sublimate

**しょうこう-だ**【昇降▼舵】飛行機の機首を上下させるかじ。水平尾翼の後部にある。elevator 比較 方向舵。→旅客機図

**しょうこう-ちゅうきん**【商工中金】商工組合中央金庫の略称。

**しょう-こうてん**【昇交点】地球の軌道面(=黄道面)と他の天体の軌道面が交わる点のうち、その天体が南から北へ通過する点。ascending node 対義 降交点。

**しょうこう-てんのう**【称光天皇】(一四〇一～二八) 第一〇一代天皇(在位一四一二～二八)。名は実仁。後小松天皇の第二皇子。

**しょうこう-ねつ**【▼猩紅熱】溶血性連鎖球菌による急性感染症。法定伝染病の一つ。発熱をともない紅色の発疹ができるのが特徴。幼児期から学童期にかけて多い。scarlet fever

**しょうこ-きん**【証拠金】契約の履行を保証するための担保。とくに、信用取引で株を売買する場合の担保として客が証券業者に納めるもの。

**しょう-こく**【小国】領土が小さい国。また、経済力や軍事力などが弱い国。small country

**しょう-こく**【相国】①中国で宰相の官名。②日本で太政大臣・左大臣・右大臣の呼称。

**しょう-ごく**【生国】生まれた国。出生地。しょうこく。one's native country

**じょう-こく**【上告】(名・サ変他) ①上の部局に申し立てること。上申。②上訴の一つ。㋐民事訴訟上、控訴審の終局判決に対する不服申し立て。㋑刑事訴訟上、高等裁判所が下した第一審または第二審判決に対する不服申し立て。final appeal

**じょう-こく**【上刻】昔、一時(今の約二時間)を三分した、その最初の時間。対義 中刻・下刻。用例 巳の―。

**じょう-こく**【上国】律令制で、諸国の位付けを大・上・中・下としたもののうちの一つ。山城・摂津・尾張など三五か国。

**しょうこく-かみん**【小国寡民】老子が説く理想の社会。国が小さく人民が少ない村落的な自然社会をいう。

**しょうこく-じ**【相国寺】京都市上京区相国寺門前町にある臨済宗相国寺派の大本山。京都五山の一つ。永徳二年(一三八二)足利義満の創建。開山は夢窓疎石。そうこくじ。

**じょうこく-しん**【上告審】上告の受理・審判。また、それを行う裁判所。第三審。hearing of final appeal

**しょう-こくみん**【少国民】年少の国民、すなわち次代をになう少年少女。第二次大戦中に用いられた語。

**しょうこ-だ・てる**【証拠立てる】(下一他) 証拠をあげてはっきりさせる。prove

**しょう-こと**《「せんこと」の転。多く「しょうことなく」「しょうことなしに」の形で》なすべきこと。しかた。

**じょう-ごや**【定小屋】①常設の興行場。②ある俳優や芸人がつねに出演する劇場。

**しょう-こり**【性懲り】ほんとうに懲りること。用例 ―もなく。

**じょう-ごわ**【情▽強】(名・形動) ごうじょうなこと・さま。片意地。

**しょう-こん**【招魂】死者のたましいをまねいて慰めること。

**しょう-こん**【商魂】あくまで利益を求める商人としての気構え。shrewd business acumen 用例 たくましい―。

**しょう-こん**【傷▼痕】きずあと。scar

**しょう-ごん**【▽荘厳】㊀(名・サ変他)《仏教語》仏像・仏堂を飾ること。㊁(名・形動) ↓そうごん(荘厳)

**じょう-こん**【上根】《仏教語》仏道修行にあたって素質や能力のすぐれた人。上機。対義 下根。

**じょう-こん**【条▼痕】①すじ状の跡。linear mark ②発射された弾丸と銃砲とがこすれてできた、弾丸の表面のすじ。abrasion; scratch ③素焼きの陶板(条痕板)に鉱物をこすりつけたときにできるすじ。streak

**じょう-こん**【乗根】$a$を$n$乗して$b$となるとき$a$を$b$の$n$乗根という。平方根や立方根など。radical root

**しょうこん-さい**【招魂祭】①死者の霊を祭る神道の祭祀。②明治以後、招魂社で国に殉じた人の霊を祭った祭典。

**しょうこん-しゃ**【招魂社】幕末以後、国事に殉じた人の霊を祭る神社。昭和一四年(一九三九)に護国神社と改称。

**じょうこん-しょく**【条▼痕色】鉱物を白い素焼きの陶板(条痕板)の上でこすったときに生じる粉末の色。各鉱物によって異なり、肉眼による鉱物の鑑定に役立つ。streak color

**しょうこん-ゆ**【松根油】マツの根株を乾留して得られる油。テレビン油、クレオソート油などを含み、精製して溶剤や防腐剤に利用。日本では第二次大戦中、航空機燃料も製造した。pine oil

**しょう-さ**【小差】少しの違い。slight difference 対義 大差。

**しょう-さ**【少佐】軍隊の階級の一つ。佐官の最下級。

**しょう-さ**【勝差】スポーツ競技などで、勝ち数の差。lead

**しょう-さ**【証左】①あかし。証拠。evidence ②証人。witness

**しょう-ざ**【正座】正客がすわる正面の座。

**じょう-ざ**【上座】①上席。かみざ。対義 下座。②《仏教語》禅宗などで、指導的地位にある修行僧の敬称。首座。

**じょう-ざ**【常座】能の舞台で、シテ・ワキが出て来て、まず足をとめる、決まった位置。

**しょう-さい**【小才】少しばかりの才知・才能。こさい。smartness 用例 ―のきく若者。

**しょう-さい**【商才】商売の才能。business ability 用例 ―にたける。

**しょう-さい**【詳細】(名・形動) くわしいこと・さま。委細。details

**じょう-さい**【定斎】漢方のせんじ薬。暑気当たりに使う。じょさい。用例 ―屋。

**じょう-さい**【城▼塞・城▼砦】しろと、とりで。要害。fortress

**じょう-ざい**【常在】(名・サ変自) いつも、そこにあること。また、居ること。

**じょう-ざい**【浄財】寺院や慈善のために寄付するお金。offering of money

**じょう-ざい**【浄罪】宗教で、罪をきよめること。

**じょう-ざい**【錠剤】医薬品にでんぷんやアラビアゴムなどを加え、機械的に圧縮成形して飲みやすくした製剤。ふつうは円盤形。タブレット。tablet 対義 粉薬・水薬。数え方 一錠・一粒・一瓶。

**しょうさいこ-とう**【小▼柴▼胡湯】漢方薬の一つ。柴胡・黄芩・甘草など七種類の生薬からなる。食欲不振・悪寒・疲労感などに有効。感冒・肺炎などに応用。

**しょうさい-ふぐ**【▽潮▽前▽河▽豚・▽潮際▽河▽豚】マフグ科の海水魚。東京でゴマフグという。全長約三五cm。背側は褐色のまだら模様で、腹側は白い。卵巣と肝臓に猛毒。食用。東北地方から九州の沿岸に分布。

**しょう-さき**【正先】《「正面の先」の略》能の舞台で、正面の前方のこと。

**しょう-さく**【小策】つまらない、小手先の策略。petty trick

**じょう-さく**【上作】①すぐれたできばえ。上出来。good work 対義 下作。②作物のできのよいこと。豊作。good crop

**じょう-さく**【上策】もっともよいはかりごと。good plan 対義 下策・拙策。

**じょう-さし**【状差(し)】柱などにかけて手紙を入れるもの。letter rack

**しょう-さつ**【小冊】小さな書物。小冊子。パンフレット。pamphlet 対義 大冊。

**しょう-さつ**【笑殺】(名・サ変他) ①わらって相手や問題にしないこと。laugh away ②大いにわらうこと。わらわせること。laughter

**しょう-さつ**【▼蕭殺】(形動トタル) 秋風が草木を枯らし、しぼませた、もの寂しいさま。

**しょう-さっし**【小冊子】うすい小さな書物。パンフレット。pamphlet

**じょうざ-ぶ**【上座部】部派仏教初期の一派。釈迦の死後一〇〇年、原始仏教教団が二分されたさいの、進歩的な大衆部に対する保守派の仏教。南方仏教の基本をなす。テーラバーダ。対義 大衆部。

**じょう-さま**【上様】勘定書き・領収書などで、特定のあて名の代わりに書く語。うえさま。

**しょう-さん**【少産】生まれる子が少ないこと。用例 ―傾向。

**しょう-さん**【消散】(名・サ変自他) 消えてなくなること。消し、散らすこと。dissipation

**しょう-さん**【勝算】勝てる見込み。かちみ。prospect of winning

**しょう-さん**【硝酸】化学式$HNO_3$ 無色で発煙性の液体。酸化力が強く、金・白金以外のほとんどの金属を溶かす。肥料・火薬・ニトロ化合物などの原料。nitric acid

**しょう-さん**【称賛・称▼讃・賞賛・賞▼讃】(名・サ変他) 褒めたたえること。praise

**じょう-さん**【蒸散】(名・サ変自) 植物体内の水が、水蒸気の形で体外に排出される現象。環境の変化に応じて気孔を開閉して蒸散量を調節する。transpiration 用例 ―作用。参照 気孔蒸散・クチクラ蒸散。

**じょう-ざん**【乗算】かけざん。乗法。

**じょう-ざん**【常山】中国の山西省にある山。

**常山の蛇勢**(じょうざんのだせい) ①《常山にすむ率然というヘビが、攻防にたいそう巧みであったという故事から》前後左右の陣が相互に連絡し、攻撃・防御ともに助けあう陣法。②文章の前後が相照応して、首尾が一貫していること。

**しょうさん-アンモニウム**【硝酸アンモニウム】化学式$NH_4NO_3$ 無色の結晶で水に溶けやすい。速効性の窒素肥料だが水田には不向き。硝安爆薬の基材。硝安。ammonium nitrate

**しょうさん-エステル**【硝酸エステル】一般式$RONO_2$ 硝酸の水素をアルキル基で置換したもの。アルキル基の種類により硝酸エチル・ニトログリセリン・硝酸セルロースなど各種あるが、いずれも衝撃で爆発しやすく、火薬・ダイナマイト・ロケット燃料などに利用される。nitric ester

**しょうさん-えん**【硝酸塩】硝酸の水素原子を金属(広義には非金属原子も含む)で置換した塩。一般式$M(NO_3)_x$ 水溶液中で硝酸イオンを電離する。硝酸ナトリウム$NaNO_3$など。nitrate

**しょうさん-カリウム**【硝酸カリウム】化学式$KNO_3$ 天然には硝石として産出する無色の結晶。黒色火薬・マッチの原料、酸化剤など。potassium nitrate

**しょうさん-カルシウム**【硝酸カルシウム】化学式$Ca(NO_3)_2$ 潮解性のある、無色粉末または塊状物。花火の酸化剤に利用。ノルウェー硝石。calcium nitrate

**しょうさん-きん**【硝酸菌】短桿菌に属する土壌細菌の一種。亜硝酸を酸化して硝酸にし、そのさいに発生するエネルギーを利用して炭酸同化を行う。

**しょうさん-ぎん**【硝酸銀】化学式$AgNO_3$ 無色の結晶であるが光によって分解し黒変する。分析試薬・臭化銀の製造・銀めっき・医薬品に利用。silver nitrate

**じょうざんけい-おんせん**【定山渓温泉】北海道、札幌市西部の温泉。豊平川の上流にあり、札幌の奥座敷といわれる。

**しょうざん-しこう**【商山四▼皓】東洋画の画題。秦の始皇帝のとき、乱を避けて商山に隠れた四人の白髪の高士を描いた図。日本では室町時代から漢画の画題となった。

**しょうさん-セルロース**【硝酸セルロース】セルロースを硝酸と硫酸で加熱処理し、水酸基の一部を硝酸エステルにした化合物。エステル化の程度が高いものは乾燥状態で爆発しやすく、綿火薬とよばれる。低いものはラッカー・フィルム・セルロイドなどの原料に利用。ニトロセルロース。硝酸繊維素。硝化綿。nitrocellulose

**しょうさん-せんいそ**【硝酸繊維素】硝酸セルロースの別名。

**しょうさん-てつ**【硝酸鉄】化学式$Fe(NO_3)_3$および$Fe(NO_3)_2$ 前者は潮解性をもち、顔料・媒染剤などに使われる。九水和物は無色、水溶液は褐色。後者の六水和物は淡緑色。iron nitrate

▼常用漢字表外。　▽常用漢字表の音訓外。

しょうさん-どう【硝酸銅】化学式$Cu(NO_3)_2$ 潮解性をもつ青色の結晶。三、六、九の各水和物があり、温度によって安定な形が異なる。copper nitrate
しょうさん-ナトリウム【硝酸ナトリウム】化学式$NaNO_3$ 天然にはチリ硝石として産出する。水に溶けやすい無色の結晶。肥料、硝酸カリウムの製造、ガラスの消泡剤などに利用。sodium nitrate
しょうさん-なまり【硝酸鉛】化学式$Pb(NO_3)_2$ 無色の結晶で、水に溶ける。熱すると酸化鉛になる。他の鉛塩の原料。lead nitrate
しょうさん-バリウム【硝酸バリウム】化学式$Ba(NO_3)_2$ 無色の結晶。分析試薬、花火の炎色(緑)剤、医薬に利用。barium nitrate
しょう-し【小子】㊀(名) ①子ども。child ②弟子。門人。disciple ㊁(代) 目上の人に対し、自分をけんそんしていう語。
しょう-し【小史】①簡単な歴史書。short history ②文筆家が自ら雅号などに添える語。用例 鏡花—。
しょう-し【小▼祠】小さなやしろ。ほこら。
しょう-し【小誌】①小さな雑誌。②自分の発刊している雑誌をけんそんしていう語。
しょう-し【生死】①↓せいし(生死)。②↓しょうじ(生死)
しょう-し【抄紙】紙をすくこと。
しょう-し【尚歯】《「歯」は、年齢の意》老人をうやまうこと。敬老。用例 —会。
しょう-し【将士】将校と兵士。
しょう-し【笑止】(名・形動) わらうべきこと。おかしいこと。absurdity
しょう-し【焼死】(名・サ変自) 焼け死ぬこと。death from fire
しょう-し【証紙】支払い・品質などの証明に張り付ける紙。certificate stamp
しょう-し【賞詞】ほめることば。ほめことば。賛辞。eulogy
しょう-し【▼頌詞】ほめたたえることば。賛辞。頌辞。
しょう-し【▼頌詩】ほめたたえる詩。
しょう-し【▼嘗試】こころみること。ためすこと。
しょう-し【尚氏】琉球の王家の姓。一五世紀初め琉球(沖縄)本島佐敷の按司(領主)尚巴志が本島全土を統一(第一尚氏)。一四七〇年(文明二)、新王朝(第二尚氏)に替わり明治時代まで存続。
しょう-じ【小事】小さなこと。つまらないこと。trifle 対義 大事。
**小事は大事**(しょうじはだいじ) 小事でも油断すると大事になるので、つまらぬことでも注意せよ、ということ。A small leak can sink a great ship.
しょう-じ【少時】㊀(名) 幼い時。若い時。one's childhood ㊁(副) しばらくの間。しばし。a little while
しょうじ【正治】鎌倉初期の年号。建久から改元。元年(一一九九)四月二七日～三年(一二〇一)二月一三日。次に、建仁に改元。
しょう-じ【正時】一二時ちょうど、一時ちょうどなど、分・秒の端数のつかない時刻。
しょう-じ【生死】《仏教語》生まれたり死んだりして苦しむ迷いの世界。また、その繰り返し。しょうし。
**生死を出ず**(しょうじをいず)「生死を離る」と同意。
**生死を離る**(しょうじをはなる)《仏教語》煩悩の迷いを捨て、涅槃の悟りに達し、生死流転の苦界から脱することをいう。悟りを開く。
しょう-じ【床子】座具の一種。横長の机のような形で、背もたれがなく、上面は板を並べ打った簀の子状。敷物か茵を敷いて上に座る。そうじ。
しょう-じ【▽荘司・▼庄司】荘官。
しょう-じ【昭示】(名・サ変他) はっきりと示すこと。明示。
しょう-じ【省字】(名・サ変他) 漢字の字体を簡易にすること。また、その漢字。
しょう-じ【消磁】磁性体の磁化を消すこと。強磁性体の残留磁化は熱を加えたり、振動する磁場をかけたりすると少しずつ弱くなり、ついには消えてしまう。demagnetization
しょう-じ【商事】①商売に関する事柄。business affairs ②「商事会社」の略。
しょう-じ【▼頌辞】ほめたたえることば。賛辞。頌詞。
しょう-じ【障子】和風家屋の間仕切り用建具の総称。襖・衝立て・明かり障子など。数え方 一枚・一本。↓和風住宅図
**障子に目有り**(しょうじにめあり)《「壁に耳有り、障子に目有り」の上略》秘事や悪事は見つけられやすいたとえ。類似 壁に耳有り。
じょう-し【上▼巳】《月の最初の巳の日の意》五節句の一つ。三月三日。じょうみ。桃の節句。雛の節句。三月節句。
じょう-し【上司】①上役。one's superior ②上級の官庁。
じょう-し【上使】江戸幕府が諸大名などへつかわした使者。
じょう-し【上肢】上腕・肘・前腕・手の総称。ヒト以外の動物では前肢という。upper limbs 対義 下肢。
じょう-し【上▼梓】(名・サ変他) ①《古く梓の木を版木としたことから》版木に刻むこと。②書物を出版すること。publication
じょう-し【城市】①城壁に囲まれた都市。castle town ②城のある町。城下町。
じょう-し【城▼址・城▼趾】城のあったあと。しろあと。ruins of a castle
じょう-し【▽娘子・▼嬢子】①むすめ。少女。②婦人。
じょう-し【情死】(名・サ変自) 愛し合う男女が、いっしょに命を断つこと。心中。
じょうし【条支】中国、漢魏時代の史書にみえる西方の国名。カルデア、シリア、ペルシア湾岸のファールスとする説がある。
じょうし【情史】中国、明代の短編小説集。二四巻。詹詹外史(馮夢竜)編。古今の情愛に関する話を短編の読物にまとめ、二四に分類。正名は『情史類略』。
じょうじ【▽貞治】日本の南北朝で、北朝の年号。康安から改元。元年(一三六二)九月二三日～七年(一三六八)二月一八日。次に、応安に改元。
じょう-じ【常事】①決まっている事柄。fixed affair ②日常のこと。ordinary affair
じょう-じ【常時】(名・副) ふだん。いつも。平生。usually; always
じょう-じ【情事】夫婦でない男女の交わりに関する事柄。いろごと。love affair
じょう-じ【畳字】おどり字。
しょうじ-い・れる【▽請じ入れる・招じ入れる】(下一他) まねいて家・部屋に上げる。usher in
しょうし-かい【尚歯会】江戸後期の西洋事情研究会。渡辺崋山・高野長英らを中心に蘭学者と進歩的幕臣が集まった。蛮社の獄で解散。
しょうじ-がいしゃ【商事会社】商行為を営む社団法人。とくに貿易や輸出入の仲介を行う会社。商事。対義 民事会社。
しょうし-がお【笑止顔】①おかしいと思う顔つき。②同情している顔つき。
しょうじ-かおる【▼庄司薫】(一九三七— ) 小説家。本名福田章二。東京生まれ。東大卒。作品『赤頭巾ちゃん気をつけて』など。
しょうじ-がみ【障子紙】明かり障子に張る紙。美濃紙、半紙のほか、マニラ麻を原料とするもの、ビニール加工した防水性のものなど。数え方 一本・一巻き。
しょうし-がん【松脂岩】松脂に似た光沢をもつ流紋岩質のガラス質火山岩。水分に富む。暗緑・暗黒・暗紫色など。ピッチストーン。pitchstone
しょうし-き【▼鍾子期】中国、春秋時代の人。名人伯牙の琴を真に理解した友人で、その死後、伯牙は琴を弾かなかったという。
しょう-じき【正直】㊀(名・形動) 正しくて、うそのないこと・さま。かげひなたのないこと・さま。honesty 用例 —な人。㊁(副) ほんとうのところ。ほんとうを言うと。frankly 用例 —、困っている。
**正直の頭に神宿る**(しょうじきのこうべにかみやどる) 正直な人には神の助けがある。Honesty pays.
**正直は一生の宝**(しょうじきはいっしょうのたから) 正直は、一生を通じて守らなければならない大切なものである。Honesty is the best policy.
**正直者が馬鹿を見る**(しょうじきものがばかをみる) 悪賢い者がじょうずに立ち回り、利益をあげているのに対し、正直な者が規則を守った結果、損をする。Honesty doesn't pay.
じょう-しき【常識】①その時代や社会で、一般人が共通にもっている知識または判断力・理解力。コモンセンス。common sense ②わかりきった考え。ありふれた知識。common knowledge 比較 良識。
じょうしき-か【常識家】常識が円満に発達した人。man of sense
じょうしき-てき【常識的】(形動) ①考え方や言行が人なみで、ふつうであるさま。common ②平凡で新味がないさま。commonplace 用例 —な人間。
じょうしき-てつがく【常識哲学】イギリスの啓蒙哲学の一つ。スコットランドのリードが創唱。人間が共通にもつ常識を根本原理とし、これを真理の規準とする立場。common sense philosophy
じょうし-ぐん【▽娘子軍】①中国、唐代の平陽公主が組織した女性だけの軍隊。②婦人の集団。
しょう-しげん【省資源】物資のむだ使いをやめて、効率的な利用に努めること。saving resources
しょうじ-こ【精▽進湖】山梨県、富士山の北麓にある堰止め湖。面積〇・八km²。富士五湖中最小。釣りやスケートでにぎわう。
じょう-じせい【常磁性】物質に磁場を加えると、その方向に弱く磁化する性質。強磁性と異なり、永久磁性がない。paramagnetism
じょうじせい-たい【常磁性体】磁場に比例して磁場の向きにわずかに磁化する磁性体。多くの場合に、磁化率はキュリーの法則に従って温度変化する。paramagnetic material
しょう-しせん【▼蔣士▼銓】(一七二五—一七八五) 中国、清代の詩人・劇作家。号は蔵園。鉛山の人。闊達な詩風で乾隆三大家の一人。詩文集『忠雅堂詩文集』、戯曲集『蔵園九種曲』。
しょうし-せんばん【笑止千万】(名・形動) ひどくばからしく見えるさま。very absurd
しょうし-たい【硝子体】眼球の内腔で水晶体から網膜までを満たす無色透明のゼラチン状物質。ガラス体。vitreous body ↓目図
しょうじ-たろう【▽東▽海▽林太郎】(一八九八—一九七二) 歌謡曲歌手。秋田市生まれ。早大卒。たんたんとした歌唱で親しまれ、『赤城の子守唄』『野崎小唄』などがヒット。
しょう-しつ【消失】(名・サ変自) 消えてなくなること。disappearance
しょう-しつ【焼失】(名・サ変自他) 焼けてなくなること。焼いたために失うこと。destruction by fire
じょう-しつ【上質】質がいいこと。fine quality 用例 —の布。
じょう-じつ【情実】①実際の事情。real situations ②私情にからんで公平な扱いを妨げる事情。personal consideration 用例 —にとらわれる。
じょうしつ-し【上質紙】化学パルプを原料とした印刷用紙。おもに書籍などに用いられる。high quality paper
じょうじつ-しゅう【成実宗】仏教宗派の一つ。中国十三宗の一つで、『成実論』を所依とする。日本では南都六宗の一つとして、三論宗に付属して研究された。
じょうじつ-ろん【成実論】インドの仏教学者訶梨跋摩の著作。鳩摩羅什が漢訳。部派仏教の論書で一切皆空を説き、これによって中国で成実宗が成立。
じょうじま【城島】〈町〉福岡県南西部、筑後川沿いの町。酒造で知られ、九州の「灘」とよばれる。人口一万四五九三(一九九八)。
しょう-しみん【小市民】《petit bourgeois フランスの訳》↓プチブル
しょう-しゃ【小社】①小さなやしろ。small shrine ②小さな会社。small company ③自分の会社をけんそんしていう語。our company
しょう-しゃ【商社】①海外取引をあつかう商事会社。trading company ②商品を生産せず、取引を営業の中心とする企業。business company
しょう-しゃ【勝者】競争・勝負などに勝った人。勝利者。winner 対義 敗者。
しょう-しゃ【傷者】きずついた人。けが人。負傷者。wounded person
しょう-しゃ【照射】(名・サ変自他) ①日光などが照りつけること。shine ②光線を当てること。irradiate 用例 X線—。
しょう-しゃ【▼廠舎】軍隊の演習地にある、かりごや。バラック。
しょう-しゃ【▼瀟▼洒・▼瀟▼灑】(形動) ①さっぱりして気がきいているさま。elegant 用例 —な建物。②すっきりとしゃれているさま。chic 用例 —な身なり。
しよう-しゃ【使用者】一般に、労働者を雇用する者。労働組合法では労働契約の当事者、労働基準法では事業主、事業の経営担当者、事業のうち労働者に関する事項を担当するすべての者をさす。employer
しょう-じゃ【生者】《仏教語》生きている者。
しょう-じゃ【精舎】《仏教語。vihāra梵の漢訳》寺。寺院。
じょう-しゃ【乗車】(名・サ変自) 列車・電車・バス・自動車などに乗ること。また、その車。get on a car 対義 降車・下車。

**じょう-しゃ【浄写】**(名・サ変他) きれいに書き写すこと。fair copy [比較]浄書。
**じょう-じゃ【定者】**《仏教語》大法会のとき、香炉を持ち列を先導する小僧。じょうざ。
**じょうしゃ-きょひ【乗車拒否】** タクシーの運転手が、自分の都合から、空車なのに客の乗車を断ること。
**しょう-しゃく【照尺】** 銃の照準装置の一つ。銃身の後端にあって表尺板・照門などからなり、目標までの距離に表尺板を合わせ、照門と照星の延長線上に目標がくるようにねらいを定める。the sight
**じょうしゃ-けん【乗車券】** 電車・バスなどに乗るための切符。運輸業者が旅客に発行するもので、乗車などの権利を表す有価証券。定期・回数乗車券などがあるほか、乗船券なども含まれる。ticket
**しょうしゃ-せんりょう【照射線量】** 放射線量の一種。ある場所におけるX線やγ線のエネルギー量を、それらが空気中で生成する電離の総量で定義したもの。単位はクーロン毎キログラム。記号C/kg exposure dose
**しようしゃ-だんたい【使用者団体】** 個々の使用者を代表して労働組合と交渉し、労働協約を締結することなどを目的に使用者が結成する団体。group of employers
**じょう-じゃっこうど【常寂光土】**《仏教語》天台四土の一つ。法身仏のすむとされる真如の世界。寂光浄土。寂光土。
**じょうしゃ-ひっすい【盛者必衰】**《仏教語》さかえている者も、かならずおとろえる時が来るということ。せいじゃひっすい。
**しょうじゃ-ひつめつ【生者必滅】**《仏教語》生きているものは必ず死滅するということ。人生の無常をいう語。[比較]会者定離。
**しょう-じゅ【▽摂受】**《仏教語》教導方法の一つ。相手を受け入れて、おだやかに導くこと。[対義]折伏。
**しょう-じゅ【▽聖衆】**《仏教語》①聖者たち。②極楽浄土の菩薩たち。[用例]――来迎。
**じょう-しゅ【上酒】** 上等の酒。good liquor
**じょう-しゅ【城主】** ①城のぬし。lord of a castle ②江戸時代の大名の格式。国持ち、準国持ちに次ぐ。居城をもっていた大名。[比較]領主。[対義]無城。
**じょう-しゅ【情趣】** ①おくゆかしい落ち着いた気分。おもむき。sentiment [用例]――に富む城下町。②心理学で、特別な内容や対象の意味にかかわらない、ぼんやりした、つかみどころのない感情。
**じょう-しゅ【醸酒】** 酒を造ること。かもして造った酒。brewing
**じょう-じゅ【成就】**(名・サ変自他) ①できあがること。成功。accomplishment ②なしとげること。達成。attainment [用例]大願――。

**しょう-しゅう【召集】**(名・サ変他) ①戦時などに在郷軍人・国民兵などを軍隊によび集めること。call ②衆・参両院の国会議員に対して、議会開催のため一定の期日に集会するように命ずること。call
**しょう-しゅう【招集】**(名・サ変他) まねき集めること。assemblage [用例]株主を――する。
**しょう-じゅう【小銃】** 歩兵用の携帯用小火器。口径五・四五～七・六二mm。現在は、ほとんどが自動、半自動の切り替え式。射撃以外に、銃口部に銃剣をつけて白兵戦にも用いる。rifle
**じょう-しゅう【上州】** 上野国。
**上州名物嬶天下に空っ風**(じょうしゅうめいぶつかかあでんかにからっかぜ)《上野国(現在の群馬県)では、主婦が養蚕などに励み、家計を支えていたことから》上野国の名物は、かかあ天下と、九月から三月にかけて吹く赤城おろしだ。
**じょう-しゅう【城州】** 山城国。
**じょう-しゅう【常州】** 常陸国。
**じょう-しゅう【常習】** ①ふだんの習慣。habit ②いつも過失をおかすこと。
**じょう-じゅう【常住】** ㊀(名・サ変自) ①《仏教語》生死がなく永久に存在すること。[対義]無常。②いつも住むこと。permanent residence ㊁(副) ふだん。いつも。usually
**しょうしゅう-ざい【消臭剤】** ↓だっしゅうざい(脱臭剤)
**じょうじゅう-ざが【常住▼坐▼臥】**(名・副)《「行住坐臥」との混交》すわるにも寝るにも。平生。
**じょうしゅう-はん【常習犯】** ある一定の犯罪行為を反復して行う習癖がもとになって引き起こされる犯罪。また、その犯人。recidivism
**しょうしゅう-れいじょう【召集令状】** 旧日本軍が戦時動員などにさいして兵役にある者を召集した命令書。赤紙。
**しょう-しゅくしゃく【小縮尺】** 地図で、分母数が大きく分数値が小さくなる縮尺。ふつう一〇〇万分の一以下の地図をいう。大縮尺の地図より、実際の地形表現は小さくなる。small scale [対義]大縮尺。
**しょう-しゅつ【抄出】**(名・サ変他) 抜き出して書くこと。抜き書き。extraction
**しょう-しゅつ【晶出】** 液体から結晶が析出する現象。あるいは温度を下げたり、水を蒸発させたりして、溶液中の溶質を結晶として析出させる操作。晶析。crystallization
**しょう-じゅつ【紹述】**(名・サ変他) 受け継いで述べること。[用例]師の説を――する。
**しょう-じゅつ【詳述】**(名・サ変他) くわしく述べること。詳言。detailed explanation [対義]略述。
**じょう-じゅつ【上述】**(名・サ変他) 以上に述べたこと。前述。如上。abovementioned

**じょう-じゅつ【▼杖術】** 古武道の一つ。杖を武器とする格技。
**じょう-しゅび【上首尾】** うまくいくこと。よい結果。success [対義]不首尾。
**しょう-しゅん【▼頌春】**《春をたたえる、の意》年賀状などで、新年のあいさつのことば。賀春。
**しょう-じゅん【照準】**(名・サ変自) 射撃が目標に命中するように、ねらいを定めること。aim
**じょう-じゅん【上旬】** 月の初めの一〇日間。初旬。[対義]中旬・下旬。
**しょう-じゅんかん【小循環】** ↓はいじゅんかん(肺循環)
**しょう-しょ【小暑】** 二十四節気の一つ。七月八日ごろ。梅雨が上がって、暑さが厳しくなる時期。
**しょう-しょ【証書】** 事実の証明・証拠となる文書。certificate [用例]卒業――。[数え方]一通・一札。
**しょう-しょ【詔書】** 天皇が発する文書で、国民に公示されるもの。現憲法下では、国会の召集や衆議院の解散を命ずるものなど。Imperial rescript
**しょうしょ【尚書】**『書経』の別名。
**しよう-しょ【仕様書】** ①やりかたの順序を書いた文書。specifications ②注文品の内容・図面を書いた書類。しようがき。specifications
**しょう-じょ【小序】** 短い序文。short preface
**しょう-じょ【少女】** ①年の若い女子。小学生から中学生くらいの年齢の女子。girl [対義]少年。②法的には、少年法が対象とする二〇歳未満、児童福祉法が対象とする小学校就学から一八歳未満の女子。
**しょう-じょ【昇叙・▼陞叙】**(名・サ変自) 上級の官位にあげられること。promotion
**しょう-じょ【詳叙】**(名・サ変他) くわしく述べること。[対義]略叙。
**じょう-しょ【上書】**(名・サ変自) 主君・貴人に書状を奉って意見を述べること。また、その書状。
**じょう-しょ【浄書】**(名・サ変他) きれいに書き直すこと。清書。[比較]浄写。
**じょう-しょ【情緒】** ①事にふれて起こる、さまざまの思い。じょうちょ。また、それらを生じさせる雰囲気。emotion [用例]異国――。②心理学で、急激に引き起こされる一時的な感情。情動。emotion
**じょう-じょ【乗除】**(名・サ変他) 乗法と除法。掛け算と割り算。multiplication and division
**しょう-しょう【小照】** 小さな肖像画・写真。
**しょう-しょう【少将】** ①軍隊の階級の一つ。将官の最下級。中将の下に位する。②昔、近衛府の次席次官。

**しょう-しょう【▼悄▼悄】**(形動トタル) 元気をなくし、しおれるさま。しおしお。すごすご。in low spirits
**しょう-しょう【▼蕭▼蕭】**(形動トタル) 風や雨で、もの寂しいさま。[用例]――たる風の音。
**しょう-しょう【少少・小小】**(副) すこし。わずかばかり。a little
**しょう-じょう【小乗】**《仏教語》小さな乗り物の意で、自らの救済を優先重視する声聞乗と縁覚乗に対する大乗の立場からの批判的呼称。[対義]大乗。
**しょう-じょう【症状】** 病気の状態。symptom
**しょう-じょう【清浄】** ①清らかなこと。せいじょう。purity ②《仏教語》迷い・私欲・罪悪などのないこと。[用例]六根――。
**しょう-じょう【掌上】** てのひらの上。
**掌上に運らす**(しょうじょうにめぐらす) てのひらの上で自由にあやつる。思いどおりに行う。
**しょう-じょう【▼猩▼猩】** ①中国の想像上の怪獣。サルのような顔をもち、毛は朱紅色で長く、人語を解し、酒好き。②大酒を飲む人。酒豪。heavy drinker ③オランウータンの異名。
**しょう-じょう【賞状】** 学業や品行などのすぐれた者に、それを褒めたことばを記して与える書状。honorable certificate
**しょう-じょう【▼霄壌】** 空と土。天と地。
**霄壌の差**(しょうじょうのさ) 天と地ほどの大きな違い・へだたり。雲泥の差。
**しょう-じょう【▼蕭条】**(形動トタル) ひっそりと、もの寂しいさま。
**じょう-しょう【上声】** 漢字の四声の一つ。仄に属する、上がり型の声調。
**じょう-しょう【上昇】**(名・サ変自) のぼること。上がること。rise [対義]下降・低下。
**じょう-しょう【▼丞相】**《古くは、「しょうじょう」》①古く中国で天子(皇帝)を補佐して政治を行う最高の官。②日本で大臣の別称。
**じょう-しょう【常勝】** 戦うたびに勝つこと。invincible
**じょう-じょう【上上】**(名・形動) この上なくよいこと・さま。申し分のないこと・さま。最上。上乗。the best [対義]下下。
**じょう-じょう【上乗】** ㊀(名)《仏教語》最上の教法。大乗。㊁(名・形動) もっともすぐれていること・さま。上々。[用例]――のできばえ。
**じょう-じょう【上場】**(名・サ変他) ①上演。presentation ②証券・商品取引所の取引物件として登録されること。listing [用例]――企業。
**じょう-じょう【条条】** それぞれの箇条。every item
**じょう-じょう【常常】** ふだん。つねひごろ。

**常常綺羅の晴れ着無し**(じょうじょうきらのはれぎなし) いつも美しい服を着ている人は、いざというとき、これと決めた晴れ着がない。
**じょう-じょう【情状】** ①事情。わけ。circumstances ②法律で、犯罪に及んだ犯人の身辺的事情。性格・経歴・境遇、犯行後の態度なども含む。circumstances
**じょう-じょう【▼嫋▼嫋・▼裊▼裊】**(形動トタル) ①風がそよそよと吹くさま。②長くしなやかなさま。③声が細く長く響くさま。[用例]余韻――。
**しょうじょう-えび【▼猩▼猩▽海▽老】** 深海にすむオキエビ科の大形エビ。体長約二〇cm。体は深い赤色。大正七年(一九一八)日本で初めて採集された。
**しょうじょう-がい【▼猩▼猩貝】** ウミギクガイ科の二枚貝。殻があざやかな黄橙色で、殻表に多数の突起がある。殻長約七cm、殻高約八cmで、ほぼ円形。浅海の岩礁に付着。紀伊半島以南に分布。
**しょうじょう-かざん【鐘状火山】** 粘性の大きな溶岩で、釣り鐘状になった火山。箱根火山の二子山など。トロイデ。溶岩円頂丘。lava dome
**しょう-しょうぎ【小将棋】** 現代の将棋の古称。大将棋・中将棋に対してのよび方で、駒の数などは時代によって異なる。
**じょうじょう-きち【上上吉】** ①この上もなく縁起のよいこと。the best of all luck ②芸事などが、この上もなくすぐれていること。best
**しょうしょう-きょく【招商局】** 中国の民族資本による最初の汽船会社。一八七二年李鴻章らが上海に設立。
**じょうしょう-きりゅう【上昇気流】** 大気中で、上方に向かう空気の流れ。地表が強く熱せられる場合、空気が山地に沿って押し上げられる場合、前線による場合、低気圧域内の収束による場合などに発生する。雲をつくり雨を降らせることが多い。ascending air current
**しょうじょう-こうかんちょう【▼猩▼猩紅冠鳥】** ホオジロ科の鳥。雄は鮮紅色の冠羽をもち、額からのどにかけて黒く、全身赤色。全長約二〇cm。鳴き声が美しく、飼育観賞されている。北アメリカ東部原産。カーディナル。cardinal
**しょうじょうこう-じ【清浄光寺】** 神奈川県藤沢市西富にある時宗の総本山。正中二年(一三二五)時宗第四世呑海の創建。遊行寺。
**しょうしょう-じ【▽誠照寺】** 福井県鯖江市本町にある浄土真宗誠照寺派の本山。親鸞の旧跡に、孫の如覚が真照寺を創建、のち改称。鯖江御堂。
**じょうじょう-しゃくりょう【情状酌量】**

▼常用漢字表外。 ▽常用漢字表の音訓外。

(名・サ変自) 裁判官が判決を下すにあたって、犯人の同情すべき点を考え、刑を軽くすること。consideration of circumstances 用例 ―の余地なし。

**しょうじょう-すげ【▼猩▼猩▼菅】** カヤツリグサ科の多年草。草丈約四〇cm。高原に叢生する。茎は三稜形で、葉は線形。赤褐色の花穂を出す。

**しょうじょう-せぜ【生生世世】**《仏教語》いくたびも生まれかわる、その多くの世。

**しょうじょう-そう【▼猩▼猩草】** トウダイグサ科の一年草。草丈約六〇cm。葉は線形から円形までさまざまで、辺縁は波状。夏、緑黄色の小花を包む数枚の葉が鮮赤色を呈する。北アメリカ原産。

**じょうしょうていし-しょうこうぐん【上昇停止症候群】** 中年管理職者がこれ以上昇進の見込みがないときにおちいる一種のうつ症状。

**しょうじょう-とんぼ【▼猩▼猩▼蜻▼蛉】** 中形のトンボ科の昆虫。腹長約三cm。雄は橙色、雌は紅赤色。翅は雌では前縁部、雄では基部が赤い。アカトンボ類に似ているが、近縁ではなく、アカトンボ類が北方系なのに対し南方系。本州以南・アジア南部に広く分布。

**しょうじょう-ばえ【▼猩▼猩▼蠅】** ショウジョウバエ科の昆虫の総称。体長約一・五～四mm。ふつう目は赤色。遺伝学の実験材料として有名。世界に約二〇〇〇種。banana fly; fruitfly; pomace fly; vinegar fly ↓図

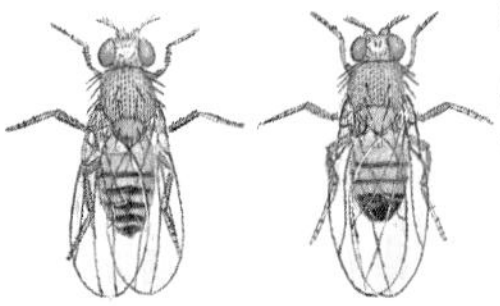
● ショウジョウバエ キイロショウジョウバエ、雄(右)と雌(左)。

**しょうじょう-ばかま【▼猩▼猩▼袴】** ユリ科の常緑多年草。山地の多湿地にはえる。根出葉は長楕円形。春に、紅紫色の花を一〇個内外つける。↓写

**しょうしょう-はっけい【▼瀟▼湘八景】** 東洋画の画題。中国の洞庭湖付近の八つのすぐれた景色。北宋末に初めて描かれ、鎌倉時代の日本に伝来。近江八景・金沢八景はこれによる。

**しょうじょう-ひ【▼猩▼猩▼緋】** 鮮やかな深紅色。

**しょうじょう-ふくよう【掌状複葉】** 複葉の一種。数枚の小葉が放射状に出ているもの。アケビ・トチノキなど。palmate compound leaf

**しょうじょう-ぶっきょう【小乗仏教】** 釈迦の入滅後分裂した教団諸部派の総称。「小乗」は出家者の修行・悟りだけを論じて衆生の救いを考えない「小さな乗り物」の意味で、大乗仏教側からの呼称。部派仏教。上座部仏教。ヒーナヤーナ。対義 大乗仏教。

**しょうじょう-ぼく【▼猩▼猩木】** ポインセチアの和名。

**しょうじょう-るてん【生生流転】** 万物がたえず生まれ変わり、形を変えて生きつづけること。輪廻転生のさま。せいせいるてん。

**しょうじょ-かげき【少女歌劇】** 女性だけで演ずる日本独特の音楽劇。男装の麗人、衣装・舞台装置の華やかさが人気の特色。宝塚歌劇団がある。大正三年(一九一四)第一回公演。

**しょうしょ-かしつけ【証書貸付】** 銀行が手形の代わりに借用証書をとって資金を貸し付けること。loan on deeds 比較 手形貸付。

**しょう-しょく【小食・少食】**(名・形動) 食べる分量が少ないこと・人・さま。have a small appetite; small eater 対義 大食。

**しょう-しょく【小職】**(代) 官職にある人が自分をけんそんしていう語。

**じょう-しょく【常食】**(名・サ変他) ①日常の食事として食べること。また、食べるもの。daily food ②一定の食事・食物。regular diet

**しょうしょ-しょう【尚書省】** 中国の官制。秦代の少府の属官で文書を扱ったが、漢代には職掌を広げ、枢機にあずかるようになり、六朝以降は中書省・門下省と鼎立。行政の中枢機構となった。

**じょうしょしょうがい-じ【情緒障害児】** ↓じょうちょしょうがいじ(情緒障害児)

**しょう・じる【生じる】**(上一自他) =生ず・生ずる。①はえる。はやす。grow; root 用例 葉が―。根を―。②物事が起こる。物事を起こす。cause; occur 用例 事故が―。波乱を―。③あらわれる。あらわす。発生する。gain; get 用例 利益が―。効果を―。

**しょう・じる【▽請じる・招じる】**(上一他) まねく。家の中へ案内する。しょうず。しょうずる。invite

● ショウジョウバカマ

**じょう・じる【乗じる】**(上一自他) =乗ず・乗ずる。①(自)㋐乗る。mount 用例 風雲に―。㋑つけこむ。take advantage of 用例 すきに―。②(他)数をかける。multiply 対義 除する。

**しょうし-るい【▼鞘▼翅類】** ↓こうちゅう(甲虫)

**しょう-しん【小心】**(名・形動) ①用心深いこと・さま。細心。cautiousness ②気が小さくびくびくしていること・さま。小胆。timidity 用例 ―者。

**しょう-しん【小身】** 身分や給与の低いこと・人。対義 大身。用例 ―者。

**しょう-しん【正真】** まことであること。いつわりのないこと。true

**しょう-しん【昇進・▼陞進】**(名・サ変自) 地位・身分が上がること。promotion

**しょう-しん【焦心】**(名・サ変自) ①思いをこがすこと。worry ②あせること。impatience

**しょう-しん【傷心】** 一(名・サ変自)《「傷神」とも》心を痛めること。悲しむこと。心痛。sorrow 二(名) きずつけられ、うちひしがれた心。broken heart 用例 ―を癒やす。

**しょう-しん【焼身】**(名・サ変自) 自分の身体を火で焼くこと。用例 ―自殺。

**しょう-しん【詳審】**(名・形動) 事細かにくわしいこと・さま。

**しょう-しん【衝心】** 医学で、脚気が進んで、心臓をおかし、呼吸が苦しくなること。heart failure from beriberi

**しょう-じん【小人】** ①子ども。少年。child 対義 大人。②徳・器量のない者。小人物。narrow-minded person 対義 君子・大人。③身分のいやしい者。小者。mean person ④背の低い人。short person

**小人閑居して不善を為す**(しょうじんかんきょしてふぜんをなす) 小人物は、ひまだと、ついよくないことをする。An idle brain is the devil's shop.

**小人窮すれば斯に濫す**(しょうじんきゅうすればここにらんす) 徳や器量のない人は、窮乏すれば道にはずれたことをする。

**小人に罪無し、玉を抱いて罪有り**(しょうじんにつみなし、たまをいだいてつみあり) 小人というだけでは罪はないのだが、小人が身分不相応の財宝をもつと、とかく過ちをおかしやすいものだ。

**小人の過つや必ず文る**(しょうじんのあやまつやかならずかざる) 小人物は、過ちを犯しても、それを改めようとはしないで、つくろい飾ろうとする。

**小人の勇**(しょうじんのゆう) 小人物の、ただ血気にはやるだけの勇気。匹夫の勇。

**しょう-じん【生身】**《仏教語》①この世に現れた仏・菩薩の肉体。②人間の肉体。

**しょう-じん【消尽】**(名・サ変他) 使いきること。すっかり消耗すること。

**しょう-じん【焼尽】**(名・サ変自他) 焼きつくすこと。すっかり焼けること。

**しょう-じん【精進】**(名・サ変自) ①《仏教語》一心に仏道を修行すること。六波羅蜜の一つ。②心身を浄めて行いを慎むこと。物忌みすること。purification ③肉食をさけ、菜食すること。④ひたすら努力すること。diligence

**じょう-しん【上申】**(名・サ変他) 上役や官庁に、意見や事情を述べること。report to one's superior 用例 ―書。

**じょう-じん【常人】** 並の人。一般の人。正常な人。ordinary man

**じょう-じん【情人】** =じょうにん。①意中の人。こいびと。sweetheart ②情夫。情婦。いろ。lover; mistress

**じょうじん【成尋】**(一〇一一～一〇八一) 平安後期の天台宗の僧。六二歳で入宋し、中国で訳経に従事。神宗皇帝に重用されて帰国を許されず、経典五二七巻を日本に送った。宋で没。善慧大師。

**しょうじん-あけ【精進明け】** 精進の期間が終わり肉食すること。精進落とし。精進落ち。

**しょうじん-あげ【精進揚(げ)】** 野菜のてんぷらのこと。比較 天ぷら。

**じょうじんあじゃりのははのしゅう【成尋▼阿▼闍梨母集】** 平安後期の日記的な私家集。二巻。僧成尋の母の歌集。老齢の作者が成尋の渡宋による母子離別の悲哀をつづる。

**じょう-しん-えつ【上信越】** 旧国の上野・信濃・越後三か国の併称。

**じょうしんえつこうげん-こくりつこうえん【上信越高原国立公園】** 群馬・新潟・長野三県にまたがる国立公園。浅間山・戸隠山・谷川連峰などの山々や、多くの高原・湖沼がある。昭和二四年(一九四九)指定。

**しょうじん-おとし【精進落(と)し】** 精進の期間が終わって肉食をすること。精進落ち。精進明け。

**しょう-しんか【小進化】** 遺伝子の突然変異や環境条件への適応とともに種内分化をおこす進化。microevolution 対義 大進化。

**しょうじん-がに【精進▼蟹】** 沿岸の岩礁にすむイワガニ科のカニ。甲幅約四cm。黒褐色。脚は長く、動きは速い。岩手県以南に分布。

**しょうしんげ【正信▼偈】** 親鸞の『教行信証』「行巻」末にある七言一二〇句の偈。阿弥陀仏・釈尊・七祖の教えに基づく信心や称名を説く。正信念仏偈。

**しょうじん-けっさい【精進潔斎】**(名・サ変自) 肉食などを避け、心身を清め、つつしむこと。

**じょう-しんこ【上▽糝粉】** うるち米の粉末をふるいにかけ、下に落ちた細かい粉。まんじゅうの皮・団子などに用いる。粗いものは並しん粉。

**しょうじん-しょう【小人症】** 身長が異常に小さいこと。ふつう標準偏差の三倍以上低い場合をいう。骨疾患・栄養代謝疾患・染色体異常・内分泌疾患などによりおこる。こびと症。dwarfism

**しょうしん-しょうめい【正真正銘】** 少しのいつわりもないこと。ほんとう。true

**しょうじん-もの【精進物】** 肉類・魚介類を用いない食物。対義 生臭物。

**しょうしん-よくよく【小心翼翼】**(形動タル) ①細かいことまで注意するさま。conscientious ②ひどくびくびくするさま。timid

**しょうじん-りょうり【精進料理】** 肉食しない僧侶の食事として考案された料理。野菜・海藻など植物性食品だけで作る。↓写

● 精進料理

**しょう・す【抄す】** 古語(サ変他) ↓しょうする(抄する)

**じょう-ず【上手】**(名・形動) ①物事をするのに、たくみであること・さま・人。skillfulness 対義 下手。②おせじを言うのがうまいこと・さま・人。如才がないこと・さま・人。また、そのおせじ。flattery ③江戸時代、囲碁・将棋で七段をさした。

**上手の手から水が漏れる**(じょうずのてからみずがもれる) どんなに上手な人でさえ、たまには失敗することもある。Even Homer sometimes nods. 類似 弘法も筆の誤り。猿も木から落ちる。

**上手の猫が爪を隠す**(じょうずのねこがつめをかくす) 「能有る鷹は爪を隠す」と同意。

**じょう-ず【上▽衆・上▽種】** 古語 身分の高い人。上臈。対義 下衆。

**しょう-すい【小水】** ①《「少水」とも》少しの水。a little water ②小便。小用。urine

**小水、石を穿つ**(しょうすい、いしをうがつ) 「雨垂れ石を穿つ」と同意。

**小水の魚**(しょうすいのうお) 死が迫っているたとえ。

し



↓ 行き先項目、図版・写真参照印。 1-16 日本工業規格情報交換用漢字符号コード(区点コード)。

**しょう-すい【将帥】** 軍隊を率い、指揮する将軍。大将。commander

**しょう-すい【▼憔▼悴】**(名・サ変自) 心配のため、やせおとろえること。やつれること。haggardness

**しょう-すい【▼湘水】** ↓しょうこう(湘江)

**しょう-ずい【祥▼瑞】** めでたいしるし。めでたいことの前ぶれ。吉兆。瑞兆。

**じょう-すい【上水】** 上水道。また、その水。service water 対義 下水。用例 玉川―。

**じょう-すい【浄水】** ①きれいな水。また、水をきれいにすること。clean water 用例 ―施設。②手洗い水。ちょうず。washing water

**じょうすい-じょう【浄水場】** 水道水の安全を確保するため、取水した水を沈殿・濾過・消毒などにより飲用に適するまでに浄化するための施設。water purification plant

**じょうすい-どう【上水道】** 飲用その他に用いる水を家庭などに導く水道。水道法により、給水人口五〇〇一人以上の場合をいう。waterworks 対義 下水道。

**しょう-すいろ【▼捷水路】** 蛇行した川の流路を短縮するための水路。ショートカット。intercepting drain

**しょう-すう【小数】** ①小さい数。small number 対義 大数。②数学で、実数を小数点を用い十進法で表したもの。有限小数と無限小数がある。decimal

**しょう-すう【少数】** 数の少ないこと。small number 対義 多数。

**じょう-すう【乗数】** 掛け算で、掛けるほうの数。multiplier 対義 被乗数。

**じょう-すう【常数】** ↓ていすう(定数)③

**しょうすうかぶぬし-けん【少数株主権】** 株主権の一つ。一人または数人の株主が一定数以上の株式を所有する場合に行使できる権利。臨時総会招集請求権や取締役解任請求権など。right of the minority shareholders

**じょうすう-こうか【乗数効果】** 投資や財政支出などの経済量が変化すると他の経済量に影響をおよぼし、この影響が次々に波及して結果的にもとの数倍の変化を生み出すこと。multiplier effect

**しょうすう-だいひょうせい【少数代表制】** 少数派の意見を十分に政治に反映させようという制度。比例代表制はその一例。minority representation 対義 多数代表制。

**しょうすう-てん【小数点】** 小数で、整数部分と小数部分の間に打つ点。decimal point

**しょうすう-とう【少数党】** 国会内で、議席数の少ない政党。minority party

**しょうすう-みんぞく【少数民族】** 複数民族からなる国のなかの、少人数で支配的でない民族。多数派民族とは異なった伝統・文化をもち、抑圧や差別を受けやすい。ethnic minority

**しょうすうみんぞく-もんだい【少数民族問題】** 少人数で被支配的な地位にある民族集団が、支配的民族集団の圧迫に対しみずからの権利を主張することによって起こる政治問題。problems of national minorities

**しょう-ずく【小豆▼蔲】** ショウガ科の多年草。カンナに似た外形で花は白い。種子はカルダモンといい、香辛料としてカレー料理に不可欠。インド原産。cardamon

**じょうず-もの【上手者】**《多く上に「お」を付けて》おせじのうまい人。如才ない人。

**しょう・する【抄する・▼鈔する】**(サ変他) =抄す。①抜き書きする。extract ②書き写す。copy

**しょう・する【称する】**(サ変自他) =称す。①名づける。となえる。よぶ。名乗る。name 用例 五郎と―。②ほめる。praise 用例 健闘を―。③いつわっていう。pretend 用例 病と―・して出仕せず。

**しょう・する【証する】**(サ変他) =証す。①あかす。証明する。prove ②うけあう。保証する。guarantee ③さとりをひらく。be awakened

**しょう・する【▼頌する】**(サ変他) 徳・功績などを、文章につづって、ほめたたえる。しょうす。celebrate

**しょう・する【▼誦する】**(サ変他) 声に出して読む。唱える。誦す。しょうす。recite 用例 詩を―。

**しょう・する【賞する】**(サ変他) =賞す。①褒美を与える。ほめる。よみする。praise 用例 勤勉を―。②美しいと思って味わう。appreciate 用例 花を―。月を―。

**しょう・ずる【生ずる】**(サ変自他) ↓しょうじる(生じる)

**しょう・ずる【▽請ずる・招ずる】**(サ変他) ↓しょうじる(請じる)

**じょう・ずる【乗ずる】**(サ変自他) ↓じょうじる(乗じる)

**しょうスンダ-れっとう【小スンダ列島】**(Lesser Sunda Islands) インドネシア、バリ島の東方からチモール島に至る島群。火山噴火・地震活動が激しい。ヌサテンガラ列島。

**しょう-せい【小生】** ㊀(名) 後輩。若い者。one's junior; youth ㊁(代) 男子が自分をけんそんしていう語。愚生。

**しょう-せい【小成】** 小事をなしとげること。少し成功すること。small success 対義 大成。

**小成に安んずる**(しょうせいにやすんずる) 小成で満足してしまい、大きなことをしようとしない。be contented with one's small success

**しょう-せい【召請】**(名・サ変他) 召し出して来させること。invitation

**しょう-せい【招請】**(名・サ変他) まねいて、来てもらうこと。おいでを願うこと。invitation

**しょう-せい【将星】**《中国で、大将になぞらえる星》将軍。

**将星隕つ**(しょうせいおつ)《諸葛亮が五丈原で死ぬ前に、大きな星がその陣中に落ちたという故事から》将軍が陣中で死ぬ。

**しょう-せい【笑声】** わらい声。laughter

**しょう-せい【勝勢】** 勝ちそうな情勢。勝った勢い。prospects of victory 対義 敗勢。用例 ―にのる。

**しょう-せい【焼成】**(名・サ変他) かまに入れて高温で焼くこと。おもに陶磁器やれんが製造など窯業で使う語。baking

**しょう-せい【照星】** 銃身の先に突起している照準具。比較 照門。

**しょう-せい【鐘声】** かねの鳴り響く音。sound of a bell

**しょう-せい【▼鍾▼惺】**(一五七四～一六二四) 中国、明末の詩人。字は伯敬。竟陵の人。反擬古主義を唱えた「竟陵派」の中心。詩文集『隠秀軒集』。

**しょう-ぜい【正税】** 律令制下、諸国の官倉(正倉)に貯蔵された租稲。おもに地方財政の財源にあてられた。大税。

**じょう-せい【上世】** 大昔。上代。上古。ancient times

**じょう-せい【上製】** 上等につくられたもの・こと。superior make 比較 特製。対義 並製。用例 ―本。

**じょう-せい【情勢・状勢】** なりゆき。形勢。situation 比較 状態。

**じょう-せい【醸成】**(名・サ変他) ①発酵させて、酒・しょうゆなどを造ること。醸造。brewing ②雰囲気などをつくり出すこと。bring about 用例 平和の気運を―する。

**じょうせい-けつじょ【情性欠如】** 性格のゆがみの一つ。相手への思いやり・愛情に欠け、相手の苦痛がわからず、心の中での争いがない。

**しょうせい-ぶどうさん【焦性▼葡▼萄酸】** ↓ピルビンさん(ピルビン酸)

**しょうせい-ぼっしょくしさん【焦性没食子酸】** ↓ピロガロール

**しょうせいりゅう-とう【小青竜湯】** 漢方薬の一つ。麻黄・甘草・桂枝など八種類の生薬からなる。ぜんそく・気管支炎などに効く。

**しょうせい-りんぴ【焼成▼燐肥】** 燐酸カルシウムを主成分とした燐酸肥料。中性で、水に溶けにくく、やや効果が遅い。calcined phosphate

**じようせい-れん【自溶製錬】** 溶融製錬の一つ。予熱空気を用いて目的の金属鉱石を燃焼させ、その燃焼熱を利用する方法。おもに銅製錬に応用。autogenous smelting

**しょう-せき【硝石】** カリウムの硝酸塩鉱物。乾燥地帯の地表や洞穴の床に薄く結晶する。無色の斜方晶系の結晶。水によく溶ける。窒素肥料・カリ肥料・火薬などに利用。nitre

**しょう-せき【証跡】** 証拠となる、あとかた。trace

**じょう-せき【上席】** ①上座。かみざ。top seat ②上の席次・等級。seniority

**じょう-せき【定石】** ①囲碁で、打ち方の基本となる定型。②物事の決まったやり方。standard stratagem

**じょう-せき【定跡】** 将棋で、指し方の基本となる定型。

**じょう-せき【定席】** ①決まった座席。one's habitual seat ②常設の寄席。

**じょう-せき【乗積】** ①数や式を乗じて得た値。product ②数列 $\{x_n\}$ の項を順次に乗法記号でつないだもの $x_1 \cdot x_2 \cdot \cdots x_n$ をいう。product

**しょう-せつ【小雪】** 二十四節気の一つ。一一月二二、二三日ごろ。北風が強くなる時期。

**しょう-せつ【小節】** ①小さいふし。small knot ②わずかな義理。slight fidelity ③音楽で、楽譜の縦線で区分された部分。measure

**小節に拘る**(しょうせつにこだわる) つまらぬ義理にとらわれる。

**しょう-せつ【小説】** ①中国の古典語で、市井の風聞を拾い集めたもの。②《坪内逍遥によるnovelの訳語》散文による虚構(フィクション)の物語。西洋の近代市民社会の興隆とともに起こった、写実的要素の濃い文学様式。比較 物語・詩。数え方 一編。一本。

**事実は小説より奇也**(じじつはしょうせつよりきなり) 事実のほうが、ときには小説の作り話よりも波乱に富んでいて、珍しいことがある。Truth is stranger than fiction.

**しょう-せつ【消雪】**(名・サ変自) 雪をとかして、なくすこと。

**しょう-せつ【章節】** 長い文章の、大・小のくぎり。chapters and sections

**しょう-せつ【詳説】**(名・サ変他) くわしく説明すること。詳述。detailed explanation 対義 略説。

**しょう-せつ【▼霄雪】** みぞれ。

**じょう-せつ【浄▼刹】**《仏教語》①浄土。②霊地。③寺。

**じょう-せつ【常設】**(名・サ変他) 常に設置してあること。permanent 用例 ―館。

**じょう-ぜつ【▼饒舌・冗舌】**(名・形動) よくしゃべること・さま。おしゃべり。多弁。garrulity 対義 寡言。

**しょう-せっかい【消石灰】** 生石灰と水とからつくられる白色粉末。各種工業や、肥料・農薬などとして用いられる。水酸化カルシウム。

**しょうせつげっぽう【小説月報】** 中国の文学雑誌。一九一〇～三二年刊。二一年、「文学研究会」の機関誌となり新文学運動に貢献。茅盾らが編集。

**しょう-せっこう【焼石▼膏】** ↓やきせっこう(焼き石膏)

**しょうせつしんずい【小説神髄】** 坪内逍遥の文学論。明治一八～一九年(一八八五～八六)刊。勧善懲悪主義の小説を排し写実主義を提唱、近代小説論の先駆となる。

**しょう-せん【省線】** 旧鉄道省(現在の運輸省)が管理していた国営鉄道路線。また、その電車の通称。現在はJR線。

**しょう-せん【商船】** 商行為として旅客や貨物を輸送する船舶。船籍をもち、その国の政府の船舶名簿に登録されたもの。客船・貨物船・貨客船に分けられる。商船。merchant ship

**しょう-せん【商戦】** 商売上の競争。sales war 用例 歳末―。

**しょう-ぜん【小善】** ちょっとしたよい行い。small good conduct

**しょう-ぜん【承前】** 前文を受け継ぐこと。続き。多く、書き出すときに用いる。

**しょう-ぜん【▼悄然】**(形動トタル) しょんぼりとしたさま。しおしお。dejected 用例 孤影―。

**じょう-せん【定先】** 囲碁で、対局者の一方がつねに先番で打つ対戦形式。先。

**じょう-せん【乗船】** ㊀(名・サ変自)《「上船」とも》船に乗ること。embarkation 対義 下船。㊁(名) 乗っている船。

**じょう-せん【情宣】**「情報宣伝」の略。用例 ―活動。

**しょうせん-きょう【昇仙峡】** 山梨県、甲府市北西部の峡谷。仙娥滝から天神森まで約五㎞。浸食・風化による花崗岩の奇勝が有名。御岳昇仙峡。

**しょうせんきょく-せい【小選挙区制】** 一選挙区から一名を選出する選挙制度。イギリス・フランスの下院などで採用。single-seat constituency system 比較 中選挙区制。対義 大選挙区制。

**しょう-ぜんてい【小前提】** 論理学で、三段論法の第二の前置き。minor premise

**しょう-そ【勝訴】**(名・サ変自) 訴訟に勝つこと。win a suit 対義 敗訴。

**じょう-そ【上訴】**(名・サ変自) ①上級の機関や上司などに訴えること。appeal ②法律で、裁判が確定する前に、すでに下された裁判を不服として、訴訟の続行を上級の裁判所に申し立てること。判決に対する控訴と上告、決定・命令に対する抗告など。appeal

**しょう-そう【少壮】** 若くて元気のよい年ごろ。また、その人。youthful 用例 ―の科学者。

**少壮幾時ぞ**(しょうそういくときぞ) 若い時期はいくらもなく、すぐに老衰のときが来る。

**しょう-そう【正倉】** 律令時代、穀物や宝物を収めた諸官庁・諸寺の主倉庫。

**しょう-そう【尚早】** 時機などの、まだ早いこと。premature 用例 時機―。

**しょう-そう【性相】**《仏教語》事物の不変の本体である性と、差別変化の現象である相をさす。

**しょう-そう【章草】** 漢字の書体の一つ。隷書の簡略体。つづけずに一字一字をくずしたもので、さらに草書へと変化した。

**しょう-そう【焦燥・焦▾躁】**（名・サ変自） いらいらとあせること。焦慮。impatience 用例 ―にかられる。

**しょう-そう【硝▾蒼】** ↓じしょうさんビスマス（次硝酸ビスマス）

**しょう-ぞう【抄造】**（名・サ変他） 紙をすいて作ること。

**しょう-ぞう【肖像】** 特定の人物の顔立ち・形姿などを写した絵画・彫刻・写真など。portrait 用例 ―画。

**じょう-そう【上奏】**（名・サ変他） 天皇に事情・意見を申し上げること。奏聞。

**じょう-そう【上層】** 対義 下層。①重なりの上の部分。upper layer ②上の階級。upper class 用例 ―階級。

**じょう-そう【情操】** ①上品で豊かな感情・心。sentiment ②真理・道徳・芸術・宗教などを愛するような知的に養われた高度な感情。美的・知的・道徳的・宗教的の四つに分けられる。sentiment 用例 ―教育。

**じょうそう【丈草】** ↓ないとうじょうそう（内藤丈草）

**じょう-ぞう【醸造】**（名・サ変他） 発酵作用によって酒・みそ・しょうゆ・酢などの食品を作ること。醸成。brewing 用例 ―元。

**しょうそう-いん【正倉院】** ①正倉の数棟が一郭をなすところ。②東大寺に属する双び倉。校倉造りで知られる。天平勝宝四年（七五二）東大寺大仏の開眼供養に使われた調度類、その他宝物を納める。今は宮内庁の所管。御物のうちには、光明皇后が聖武天皇の冥福を祈り東大寺に献納された品々も含まれる。↓写

**じょうそう-うん【上層雲】** 地上約九〇〇〇mから一万三〇〇〇mにできる雲。巻雲・巻積雲・巻層雲の三種類がある。小さな氷の結晶からできた雲。対義 下層雲。

**じょうぞう-ぎょう【醸造業】** 発酵作用を応用し、穀物や果実から酒・酢・みそ・しょうゆなどを造る食品工業の一部門。brewing industry

**じょうそう-きょういく【情操教育】** 豊かな感受性、創造的・批判的な心情、積極的・自主的な態度などを育て養うための教育。culture of sentiments

**じょうそう-きりゅう【上層気流】** 上空を流れる気流。high altitude air current

**しょうぞう-けん【肖像権】** 自分の肖像画や容貌・姿態の写真を、承諾なしに描かれ撮影されない自由。また、それを世間に公表されることを拒否する権利。人格権の一部とみなされている。right of portrait

**じょうぞう-しゅ【醸造酒】** 果実や穀類を発酵させ、発酵液を濾過した酒の総称。蒸留酒に比べアルコール度が低く、エキス分が多い。清酒・ビール・ワインなど。brewage liquor

**しょう-ぞう-まつ【正像末】**《仏教語》釈迦入滅後から、時を経るに従って仏教の衰微していく様を三段階に分けていうもの。正法・像法・末法のこと。三時。

**しょう-そく【消息】** ＝しょうそこ。①動静。ありさま。movements ②たより。手紙。連絡。correspondence ③ようす。内々の事情。circumstances

**しょう-ぞく【装束】** ①衣服を身につけること。服装を整えること。身じたく。dressing ②衣服。服装。装い。attire; costume ③貴人の衣冠・束帯などの総称。そうぞく。court dress

**しょうそく-すじ【消息筋】** ニュース報道などで取材源を公表できないときの情報源の示し方の一つ。情報の出所が、専門家やジャーナリストなど事情に詳しい人である場合に使う。informed source

**しょうそく-つう【消息通】** 事件・内幕・人物の行動などをよく知っている人。well-informed person

● 正倉院② 正倉院宝庫正面（奈良県）。

**しょうそく-ぶん【消息文】** 手紙文。

**しょう-そこ【消▿息】** 古語 ↓しょうそく（消息）

**しょう-そつ【将卒】** 将校と兵卒。将兵。officers and men

**しょう-そん【焼損】**（名・サ変自他） 焼けてこわれること。焼いてこわすこと。用例 ―家屋。

**じょう-だ【▾嫋▾娜・▾裊▾娜】**（形動トタル） しなやかなさま。美しく、しとやかなさま。

**しょう-たい【小隊】** ①軍隊の編制単位の一つ。中隊の三～四分の一の小部隊。陸上自衛隊の小銃小隊は三八名。platoon ②小人数の隊。platoon

**しょう-たい【正体】** ①本当の身分・姿。true character 用例 ―を見抜かれる。②正気。本心。consciousness 用例 酔って―を失う。

**正体が無い**（しょうたいがない） 飲酒などのために、正常な心を失っている。気をとり乱している。前後不覚である。be dead drunk

**正体を現す**（しょうたいをあらわす） 今まで隠していた本当の姿・形を見せる。reveal one's natural shape

**しょう-たい【招待・▿請待】**（名・サ変他） 客をまねいてもてなすこと。invitation

**しょうたい【▾昌泰】** 平安初期の年号。寛平から改元。元年（八九八）四月二六日～四年（九〇一）七月一五日。次に、延喜に改元。

**しょう-だい【昭代】** よく治まっている世。太平の世。

**しょう-だい【商大】**「商科大学」の略。

**しょう-だい【唱題】**《仏教語》日蓮宗で、法華経の題目に「南無」の二字を加え、「南無妙法蓮華経」の七字を唱えること。

**じょう-たい【上体】** からだの腰から上。上半身。upper part of the body 用例 ―を起こす。

**じょう-たい【上▾腿】** 骨盤からひざまでの間。もも。thigh 対義 下腿。

**じょう-たい【状態】** 外から見た、そのときの物事のありさま。condition 用例 混乱した―が続く。無気力―。

**じょう-たい【情態】** ①心のありさま。state of mind ②外面的ようすと内面的ようすの総称。

**じょう-たい【常体】** 口語文体の一種。文末表現に「だ」「である」などを用いる。だ・である体。対義 敬体。

**じょう-たい【常態】** ふつうのありさま。正常な状態。normal condition 対義 変態。

**じょう-だい【上代】** ①大昔。上世。上古。ancient times ②日本史の時代区分の一つ。奈良時代。大和時代。

**じょう-だい【城代】** ①主君の留守に城を守った責任者。②「城代家老」の略。③江戸幕府の職名。大坂城・駿府城を守った職。

**じょうだい-かよう【上代歌謡】**『古事記』『日本書紀』『風土記』など、上代の文献に採録された歌謡。

**じょうだい-がろう【城代家老】** 江戸時代、江戸参勤などで藩主が留守の間に、城を守り、領国内のすべての政務を担当した家老。国家老。

**しよう-たいしゃく【使用貸借】** 物を無償で借り、使用したら返すことを内容とする契約。loan for use 比較 消費貸借。

**じょうだいじょうみゃく-しょうこうぐん【上大静脈症候群】** 身体上半部から心臓にかえる上大静脈が圧迫されて起こる症状。顔や首のはれ、静脈の怒張などがある。多くは肺癌による圧迫で起こる。superior vena caval syndrome

**しょうだいじょうろん【▿摂大乗論】** インドの仏教学者無着の著作。一般に真諦訳が用いられる。唯識説の立場から、大乗仏教を統一的に論じたもの。中国で、これによって摂論宗が成立。

**じょうたい-ず【状態図】** 物質あるいは物質系のいくつかの状態量を考えるとき、それらの間に成立する関係を平面図や立体図で表したもの。phase diagram

**じょうだい-とくしゅかなづかい【上代特殊仮名遣い】** 上代の文献にみられる、万葉仮名の使い分け。五十音の「キ・ケ・コ・ソ・ト・ヒ・ヘ」の清濁と「エ・ノ・ミ・メ・ヨ・ロ」（『古事記』では「モ」も）に当たる万葉仮名に二種の区別がありこれを甲類・乙類とよぶ。のちに失われた音韻の違いに基づくとみられる。

**じょうたい-の-ふくし【情態の副詞】** 副詞の一種。ありさま・しかたなどを表すことば。「にっこり笑う」「じっと見る」「わざわざ行く」の「にっこり・じっと・わざわざ」など。

**じょうだい-ぶんがく【上代文学】** 大和・奈良時代の文学。『古事記』『日本書紀』『風土記』、『万葉集』『懐風藻』など。

**じょうたい-ほうていしき【状態方程式】** 熱平衡状態にある物体について、巨視的な物理量（温度・体積・圧力など）の間の関係を表す式の総称。equation of state; characteristic equation

**じょうだい-よう【上代様】** 平安中期に完成した和様の書風。奈良時代の唐風の書を基礎とし、三跡（小野道風・藤原佐理・藤原行成）にいたって、純日本風として大成した。

**じょうたい-りょう【状態量】** 物質系や空間の巨視的状態を表す量。熱力学では圧力・体積・温度など。空間の巨視的状態としては、電場・磁場など。quantity of state

**しょう-たく【▾妾宅】** 本宅以外の、めかけを住まわせるための家。用例 ―を構える。

**しょう-たく【沼沢】** ぬまとさわ。swamps 用例 ―地。

**しょう-だく【承諾】**（名・サ変他） 引き受けること。聞き入れること。承知。consent 対義 拒絶。用例 親の―を得る。

**しょうたく-しょくぶつ【沼沢植物】** 水辺の湿地や沼沢地にはえる植物。アシ・マコモ・ガマなど。helophyte

**しょうだ-けんじろう【正田建次郎】**（一九〇二～七七） 数学者。群馬県生まれ。群論・代数系に関する研究を通じて抽象代数学で指導的役割を果たした。昭和四四年（一九六九）文化勲章受章。

**じょう-たつ【上達】**（名・サ変自他） ①（自）学術・技術などがじょうずになること。advancement ②（他）下の者の意志が上の者に通じること。用例 下意―。

**じょう-だま【上玉】** ①上等の宝玉・品物。article of the best quality 用例 ―のネックレス。②《俗語》美人。

**しょう-たん【小胆】**（名・形動） 気が小さいこと・さま。小心。timidity 対義 大胆。

**しょうたん【▾湘▾潭】** 中国、湖南省東部の河港都市。物資の集散地、河川交通の要地として古くから栄える。人口五〇・二万（一九八四）。シャンタン。

**しょう-だん【昇段】**（名・サ変自） 武芸・囲碁・将棋・芸道などで、段位が上がること。用例 五段に―する。

**しょう-だん【商談】**（名・サ変自） 商売・取り引き上の話し合い。negotiation

**しょう-だん【章段】** ①文章の段落。the end of a paragraph ②巻・章などの中の一まとまり。

**じょう-たん【上端】** 上のはし。upper end 対義 下端。

**じょう-だん【上段】** ①上の段。the upper section 対義 下段。用例 二段ベッドの―。②上座。上席。③「上段の間」の略。↓書院造り 図 ④刀などを頭上に振りかざして構えること。対義 正眼・下段。

**じょう-だん【冗談】** ①無益なつまらない話。むだ口。idle talk ②ふざけていう話。joke ③ふざけてすること。joke

**冗談じゃない**（じょうだんじゃない）《相手の悪ふざけをたしなめたり、いわれたことを否定するときにいう語》とんでもない。いいかげんにしろ。No kidding!

**冗談半分**（じょうだんはんぶん） 本心とたわむれがなかば入りまじっていること。いいにくいことなどを、じょうだんにまぎらわしていうさま。half in joke

**じょうだん-ぐち【冗談口】** ふざけた話。おもしろおかしいことば。また、それを言うこと。joke 用例 ―をたたく。

**しょうだんちよう【▾樵談治要】** 室町後期



↓ 行き先項目、図版・写真参照印。 JIS 日本工業規格情報交換用漢字符号コード（区点コード）。

の政治意見書。一巻。一条兼良著。文明一二年(一四八〇)成立。将軍足利義尚のための政道書。

**じょうだん-の-ま【上段の間】** 寝殿造りで、下段の間より一段高く、主君が家臣などに対面した所。のちに、書院造りでは、貴賓の座る所。上段。対義 下段の間。

**しょう-ち【小知・小▼智】** あさはかな知恵。小才のきく人。shallow wisdom 対義 大知。

**小智は菩提の妨げ**(しょうちはぼだいのさまたげ) 小智のある者は、それが妨げとなって、仏門の正道に入ることができない。

**しょう-ち【召致】**(名・サ変他) めし寄せること。summons

**しょう-ち【招致】**(名・サ変他) まねいて、来てもらうこと。invitation 用例 各党の党首を—する。

**しょう-ち【承知】**(名・サ変他) ①知っていること。be informed 用例 —しております。そんなことは百も—だ。②聞き入れること。同意。承諾。consent 用例 —いたしました。③許すこと。がまんすること。pardon 用例 これ以上は—できない。

**承知之助**(しょうちのすけ)《承知した、という意を人名めかして言った語》わかった。了解した。用例 おっと合点—。

**しょう-ち【沼池】** ぬまといけ。

**しょう-ち【勝地】** けしきのよい土地。名勝。

**勝地本来定主無し**(しょうちほんらいていしゅなし) 名勝にはそれを専有する者があるわけではなく、観賞する人が、その心のままに心ゆくまで味わえばよい。

**じょう-ち【上知・上▼智】** 知恵のすぐれていること・人。supreme wisdom 対義 下愚。

**上智と下愚とは移らず**(じょうちとかぐとはうつらず) 生まれながらの賢明な者と愚かな者は、境遇によってそれぞれ愚かな者になったり賢明な者になったりと変化することがない。

**じょう-ち【城池】** 城の周りの堀。城と堀。

**じょう-ち【常置】**(名・サ変他) 常に設けておくこと。standing; permanent 比較 常設。用例 —委員会。

**じょう-ち【情痴】** 色情におぼれて理性を失うこと。痴情。love foolery

**しょうちく【松竹(株)】** 映画・演劇中心の興行会社。明治三五年(一九〇二)白井松次郎・大谷竹次郎兄弟が設立。

**しょうちく-かげきだん【松竹歌劇団】** 松竹経営の女性だけのレビュー団。大正一一年(一九二二)大阪で発足。のち東京進出。昭和五七年(一九八二)までの本拠は国際劇場。通称SKD。

**しょう-ちく-ばい【松竹梅】** ㊀①マツとタケとウメ。めでたいもののしるしとして使われる。歳寒の三友。②三つの等級を示す符丁として使う語。ふつう松を最上位とする。㊁邦楽曲名。地歌・箏曲・長唄などの曲名。祝賀の意味をもち同名の曲が多い。歌詞に四季の風物をうたう。

**じょう-ちゃく【蒸着】** 真空中や低圧ガス中で金属や非金属を加熱蒸発させ、基板に付着させて薄膜を作ること。電極や反射鏡などに利用。vacuum evaporation

**しょうちゅう【正中】** 鎌倉末期の年号。元亨から改元。元年(一三二四)一二月九日～三年(一三二六)四月二六日。次に、嘉暦に改元。

**しょう-ちゅう【笑中】** 笑う心のうち。笑う顔のうち。

**笑中に刀有り**(しょうちゅうにとうあり) うわべはやさしく見せかけて、内心では人を害しようと思っていることに言う。笑中にかたな有り。

**笑中に刃を研ぐ**(しょうちゅうにやいばをとぐ)「笑中に刀有り」と同意。

**しょう-ちゅう【掌中】** ①てのひらのうち。手中。in one's hand ②自由に扱うことのできる範囲。in one's power

**掌中の珠**(しょうちゅうのたま) ①もっとも大切なもの。apple of one's eye ②最愛の子。

**しょう-ちゅう【焼▼酎】** 芋・穀類から造る日本の蒸留酒。飲用、梅酒などリキュール製造用とする。アルコール分二〇～四〇%。ちゅう。

**しょう-ちゅう【詳注・詳▼註】** くわしい注。

**じょう-ちゅう【条虫】** 扁形動物条虫綱に属する動物の総称。体は扁平でひも状。体長は一mmから数メートルにおよぶ。成虫は脊椎動物の消化管に寄生。中間宿主はウシ・ブタ・マスなど。サナダムシ。tapeworm

**じょう-ちゅう【常駐】**(名・サ変自) いつも、そこに駐在していること。be permanently stationed

**しょうちゅう-の-へん【正中の変】** 鎌倉末期、後醍醐天皇の幕府討滅計画未遂事件。正中元年(一三二四)天皇は日野資朝・俊基らと討幕を計画。未遂に終わり、資朝は佐渡に配流。

**しょう-ちょ【小著】** ①ページ数の少ない著作。thin book ②自分の著書をけんそんして言う語。

**じょう-ちょ【情緒】**「じょうしょ」の慣用読み。

**情緒纏綿**(じょうちょてんめん) 情緒が、深くまつわりついて、離れがたいこと。じょうしょてんめん。tender sentiment

**しょう-ちょう【小腸】** 食物を消化し、栄養素を吸収する消化器官。上部は胃、下部は盲腸につづく。もっとも重要な消化器で、長さ六・五～七・五m。small intestine →腸図

**しょうちょう【正長】** 室町中期の年号。応永から改元。元年(一四二八)四月二七日～二年(一四二九)九月五日。次に、永享に改元。

**しょう-ちょう【消長】**(名・サ変自) おとろえることと栄えること。盛衰。rise and fall

**しょう-ちょう【象徴】**(名・サ変他) 抽象的な観念などを具体的なものによって示すこと。また、そのもの。symbol 用例 剣は武士道の—である。

**じょう-ちょう【上長】** 年上の人。目上の人。one's elder

**じょう-ちょう【冗長】**(名・形動) くどくて、長たらしいこと・さま。くだくだしいこと・さま。tedious 対義 簡潔。

**じょう-ちょう【情調】** ①おもむき。気分。mood 用例 異国—。②感覚にともなって起こる感情。sentiments

**じょうちょう【定朝】**(?～一〇五七) 平安中期の仏師。京都七条仏所の祖。寄木造りの方法を完成し、「定朝様」と称される優雅典麗な和様彫刻を創造。後世長く仏像彫刻の規範となる。大規模な仏所をもつ世襲の専門仏師職を確立したといわれる。作品は、平等院鳳凰堂本尊『阿弥陀如来像』。

**しょうちょう-げき【象徴劇】** 人生のさまざまな意味を象徴的方法で暗示した劇。メーテルリンクの『青い鳥』など。

**しょうちょう-し【象徴詩】** 感覚と知性を重視して、直接にはつかみにくい精神内容を、暗示的な形を用いて表現したり、また、音楽的に表現したりした詩。

**しょうちょう-しゅぎ【象徴主義】**《サンボリスム symbolisme(フランス)の訳語》普遍的な理念に特殊な形を与える動きと、特殊な個物に普遍的な意味を与える動きとを交錯させ、双方の動きの合一する場に世界の全体像を暗示的に浮かび上がらせようとする文学・芸術の傾向。一九世紀後半、主としてフランスの詩に顕著な特徴をあらわし、近代から現代にかけての世界文学に深く本質的な影響を及ぼした。シンボリズム。

**しょうちょう-せい【象徴性】** 象徴的であること。symbolism

**しょうちょう-たいけい【象徴体系】** 世界を探究し、認識し、表現するために用いる象徴(=シンボル)の織りなす体系。各社会・文化によって異なる。symbol system

**しょうちょう-てき【象徴的】**(形動) 本質を暗示するさま。symbolic

**しょうちょう-てんのうせい【象徴天皇制】** 日本国憲法が規定する、天皇に象徴的な地位を認める制度。天皇は国民統合の象徴であり、国政に関する権能はもたないとされる。

**しょうちょう-は【象徴派】** 象徴主義の詩人たちのこと。参考 象徴主義。

**しょう-ちょく【詔勅】** 天皇が意思を表明する文書。詔書と勅語。みことのり。

**じょうちょしょうがい-じ【情緒障害児】** 情緒的に障害のある子ども。親や友人との感情的葛藤などが原因となりチック症・登校拒否などの症状を示す。じょうしょしょうがいじ。emotionally disturbed children

**しょう-ちん【消沈・▼銷沈】**(名・サ変自) 気力がおとろえること。気力が消えうせること。しおれること。dejection 対義 揚揚。用例 意気—。

**しょう-つき【祥月】**《仏教語》①一周忌。②一周忌以後の故人の死亡の当月。

**しょうつき-めいにち【祥月命日】** 故人の死んだ月日と同じ月日。一周忌以後、祥月命日に三回忌、七回忌などの法要を営む。正忌。正命日。

**じょうっ-ぱり【情っ張り】**(名・形動) いじっぱり。obstinacy

**じょう-づめ【定詰(め)】** ①勤務のため、いつも一定の場所に詰めていること・人。②江戸時代、大名・旗本・藩士などが、勤務のために一定期間江戸に滞在すること。

**じょう-づめ【常詰(め)】** いつも決まった場所で控えていること・人。permanent engaging

**しょう-てい【小弟・少弟】** ①年少の弟。one's little brother ②自分の弟をけんそんしていう語。③年長者に対して、自分をけんそんしていう語。対義 大兄。

**しょう-てい【章程】** ①おきて。②事務をとる上の細則。

**じょう-てい【上帝】** ①天上の神。天帝。②宇宙の絶対唯一の神。造物主。ヤハウェ。God

**じょう-てい【上程】**(名・サ変他) 議案を会議にかけること。presentation 用例 一括—。

**しょうてい-きんすい【松亭金水】**(一七九七～一八六二) 江戸末期の戯作者。本名中村保定また経年。江戸の人。人情本『恋の花染』『閑情末摘花』など。

**しょう-てき【小敵・少敵】** 対義 大敵。①小人数の敵。small enemy ②弱い相手。weak opponent 用例 —たりとも侮らず。

**じょう-でき【上出来】**(名・形動) できばえがよいこと・さま。りっぱなでき。good performance 対義 不出来。

**しょうてつ【正徹】**(一三八一～一四五九) 室町前期の歌僧。備中の人。東福寺の書記。藤原定家を崇拝し、夢幻的で余情深い秀歌を残す。家集『草根集』、歌論書『正徹物語』など。

**しょうてつものがたり【正徹物語】** 室町時代の歌論書。二巻。正徹著。宝徳二年(一四五〇)ごろ成立。藤原定家に傾倒する立場から、和歌に関する考えや心得などを随筆風に記す。

**じょうて-もの【上手物】** 精巧で高価な工芸品。上等品。choice goods 対義 下手物。

**しょう-てん【小店】** ①小さい店。small shop ②自分の店をけんそんしていう語。

**しょう-てん【小▼篆】** 漢字の書体の一つ。大篆を簡略化して、書きやすくしたもの。篆書。→写

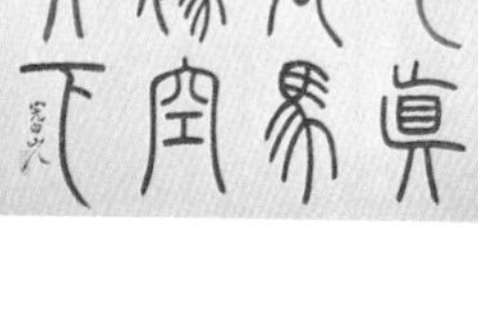

●小篆 鄧石如筆「若真万馬騰空天下」。東京国立博物館。

**しょう-てん【声点】** 漢字の四隅につけてその四声を示す符号の点。のちアクセントを示すために仮名につけるようになった。濁点はこれが発達したもの。

**しょう-てん【昇天】**(名・サ変自) ①天にのぼること。上天。②イエス=キリストが死後三日目に復活、以後四〇日間しばしば弟子たちの前に現れた後、天に昇ったという伝承。the Ascension ③キリスト教で、信者が死ぬこと。また、一般に、人が死ぬこと。death

**しょう-てん【商店】** 商品を売る所。商売屋。store; shop

**しょう-てん【焦点】** ①平行光線がレンズや球面鏡などで屈折または反射したのちに集中する点。focus ②楕円・双曲線・放物線などの二次曲線をえがくための定点。focus ③関心や注意の集まるところ。用例 話の—がぼける。→図 →楕円図

**しょう-てん【衝天】**《天をつく意》勢いのさかんなこと。high spirits 用例 意気—。

**しょう-てん【賞典】** ①ほうびとして与えられるもの。褒賞。reward ②ほうびを与えることに関するきまり。褒賞規定。

**しょう-でん【小伝】** 簡単な伝記。略伝。biographical sketch

**しょう-でん【召電】** 人を呼び寄せるための電報。summons by wire

**しょう-でん【招電】** 人をまねくための電報。invitation by wire

**しょう-でん【昇殿】** ①宮中の清涼殿の南面にある、殿上の間に入ることを許されること。②神社の拝殿に入るのを許されること。

**しょう-でん【▽聖天】** 歓喜天の別称。

**しょう-でん【詳伝】** くわしい伝記。detailed biography 対義 略伝。

**じょう-てん【上天】** ㊀(名) ①空。天。②天帝。③天上界のうちですぐれている方の天。対義 下天。④四天の一つ。冬の天。㊁(名・サ変自) 天にのぼること。昇天。

**じょう-でん【上田】** 地味が肥えて、作物がよ

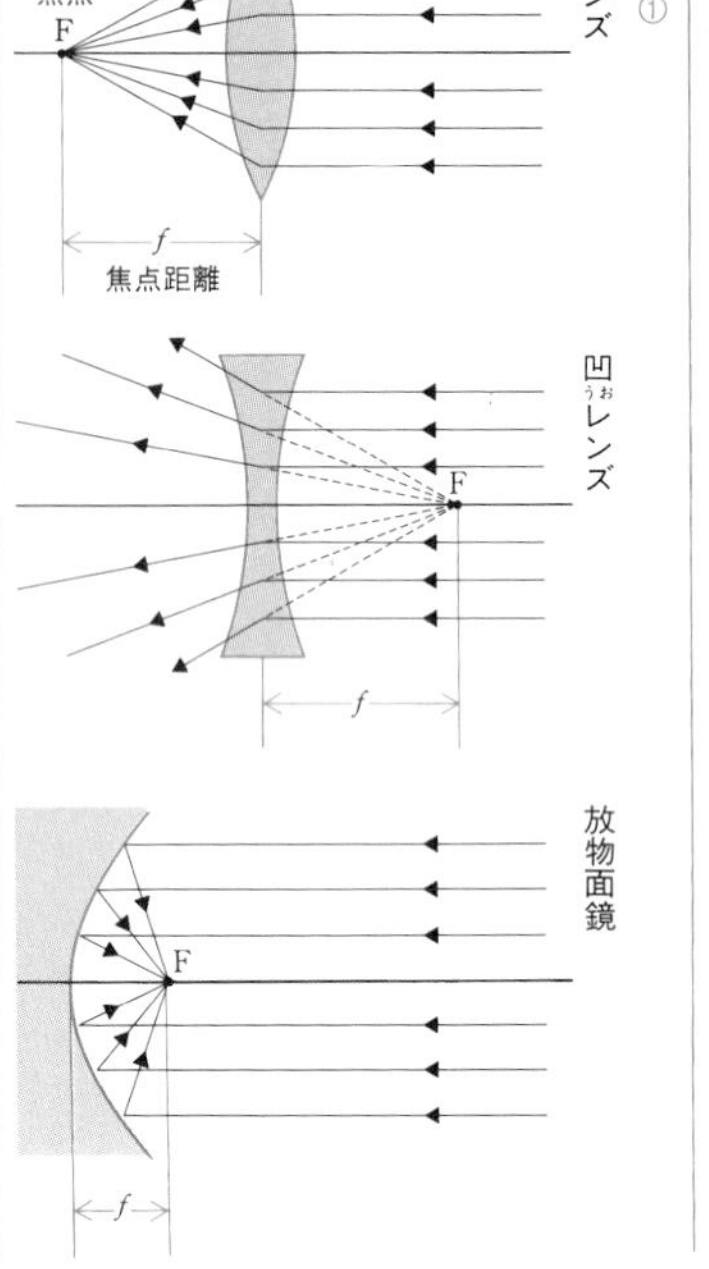

●焦点①

くできる田。対義下田。
**じょう-でん【乗田・剰田】** 律令制下、口分田・位田・職田などを班給した残りの田。農民に賃貸し、収穫の一部を納めさせた。
**じょう-てんき【上天気】** よく晴れた天気。fine weather
**しょうてん-きょり【焦点距離】** レンズや球面鏡などで、主点から焦点までの距離。焦点距離が大きいほど、レンズが光を収束・発散させる作用は弱い。focal length
**しょうでん-じけん【昭電事件】** 昭和二三年(一九四八)に発生した、復興金融金庫から昭和電工(株)への融資をめぐる贈収賄事件。政・財界人多数が逮捕・告訴され、芦田内閣崩壊の原因となった。昭電疑獄。
**しょうてん-しんど【焦点深度】** 被写体の一点にレンズのピントを合わせたとき、焦点の前後の鮮明に結像する範囲。depth of focus 比較被写界深度。
**しょう-てんち【小天地】** ①せまい世界。小さい社会。small world ②人間界。
**しょうと【▽兄▽人】** 古語 ①女から男の兄弟を呼ぶ語。用例 ― たちのまもらせ給ひけるとぞ(伊勢・五)。②男の兄弟。のちにはもっぱら兄をさす。用例 公世の二位の ― に良覚僧正と聞こえしは(徒然・四五)。
**しょう-と【商都】** 商業のさかんな都市。commercial city 比較学都。
**しょう-ど【焦土】** 黒く焼けこげた大地。scorched earth
**焦土と化す**(しょうどとかす) 多くの建物がすっかり焼けてしまう。焼け野が原になる。be reduced to ashes
**しょう-ど【照度】** 一定の表面積が一定時間に受ける光の量。単位はルクス。記号lx 太陽が直射する地表の照度は約一〇万ルクス。illumination intensity
**じょう-と【譲渡】**(名・サ変他) 財産・権利などを、ゆずりわたすこと。transfer 比較贈与。
**じょうと【上都】** 中国、元朝の副都。一二五六年フビライが創設。歴代夏季の都とされた。遺址は内モンゴル自治区多倫北西三六km の地にある。開平。
**じょう-ど【浄土】** ①《仏教語》仏や菩薩の住む三毒・五濁のない清浄な世界。十方に諸仏の浄土があるとされるが、一般には阿弥陀仏の西方極楽浄土をさす。Pure Land 対義穢土。②「浄土宗」の略。
**じょう-ど【壌土】** ①つち。土壌。soil ②粘土と砂の割合が、三対七ぐらいの土壌。水や肥料の保持力にすぐれ、適量の腐植を含めば最良の土。あらゆる作物に適する。loam
**しょうドイツ-しゅぎ【小ドイツ主義】** オーストリアを排してプロイセンを中心にドイツを統一しようとした政策。一八四八年フランクフルト国民会議以来有力となり、ドイツ帝国成立により目的達成。
**しょう-とう【小刀】** ①わきざし。対義大刀。②こがたな。knife
**しょう-とう【小党】** 小人数の政党。議会で勢力の弱い党派。small party
**しょう-とう【少糖】** 糖のうち、単糖と多糖の中間に位置するものの総称。単糖が脱水縮合したもので、その数により二糖・三糖・四糖などがある。単糖に近い物理的・化学的性質をもつ。蔗糖など。oligosaccharide
**しょう-とう【松▼濤】** 《マツを吹く風の音を濤の音にたとえていう語》まつかぜ。
**しょう-とう【▼牀頭】** 寝台のそば。
**しょう-とう【消灯】**(名・サ変自) あかりを消すこと。put out light 対義点灯。
**しょう-とう【▼檣灯】** 船灯の一つ。夜間衝突を避けるためマストに取り付ける白色灯。マスト灯。mast headlight
**しょう-とう【▼檣頭】** 帆柱の先。masthead
**しょう-どう【唱道】**(名・サ変他) ①意見をとなえること。advocate ②先に立ってとなえること。preach 用例軍備の縮小を ― する。
**しょう-どう【唱導】**(名・サ変他) ①《仏教語》教えを説いて、仏道にみちびくこと。また、その説教の法式の一つ。②先立ちとなり、他をみちびくこと。
**しょう-どう【商道】** 商人として守るべき道徳。商業道徳。ethics of business
**しょう-どう【章動】** 地球の自転軸が示す、周期的な小幅なぶれ。月・惑星などの引力によって起こる。nutation
**しょう-どう【衝動】** ①心を強くつき動かすこと。impulse ②心理学で、本能的に、ある動作や行為をうながす内部的欲求。不安感情をともない、無意識的に強迫された知覚・観念を起因とする心的傾向。drive 用例 一時の ― にかられる。③急ではげしい肉体的または心理的なショック。shock 用例 ― を受ける。④物理で、物体に急にはげしく加えられる力。impulse
**しょう-どう【▼聳動】**(名・サ変自他) 驚かし、動揺させること。おそれおののくこと。用例耳目を ― する。
**じょう-とう【上棟】** 建物の骨組みができて、むな木をあげること。むねあげ。用例 ― 式。
**じょう-とう【上等】**(名・形動) 対義下等・中等・並等。①等級・身分が上のこと・さま。first class 比較特等。②すぐれていること・さま。fine quality
**じょう-とう【常▼套】** やり方などが、決まりきったこと。ありふれたこと。常用。慣用。commonplace
**じょう-どう【成道】**(名・サ変自) 《仏教語。成仏得道の意》①釈迦が一二月八日、菩提樹のもとで、悟りを開いたこと。②悟りを開いて仏となること。
**じょう-どう【常道】** ①いつもするやり方。ordinary way ②つねに守るべき道徳。proper behavior
**じょう-どう【情動】** 心理学で、その影響が身体に現れるほど強い、怒り・恐れ・悲しみ・喜びなどの一時的な感情。情緒。エモーション。emotion
**じょうどう-え【成道会】** 釈迦が悟りを開いた日として、毎年一二月八日に行う仏教法会。臘八会。
**しょうどう-か【証道歌】** 禅の典籍の一つ。唐代の僧、永嘉玄覚の作。禅の真髄を流麗な文体でうたったもの。
**しょうどう-がい【衝動買い】** 購入予定がない商品をその場の気分で購入すること。impulse buying
**じょうどう-きょく【常動曲】** ↓むきゅうどう(無窮動)
**じょうとう-く【常▼套句】** 言い習わした文句。決まり文句。常套語。hackneyed expression
**じょうとう-しき【上棟式】** 棟上祭の別称。
**じょうとう-しゅだん【常▼套手段】** いつも決まって使う手段。常用手段。慣用手段。one's usual practice
**しょうとう-しょう【小頭症】** 頭が異常に小さい先天性奇形。精神薄弱などの神経症状がみられる。原因は遺伝・ダウン症候群など。microcephaly
**じょうどう-しょうがい【情動障害】** 感情・欲情などの情緒的機能が害されること。躁うつ病などで典型的に現れる。emotional disturbance
**じょうとう-しょうがく【成等正覚】** 《仏教語》菩薩が修行をなしとげ、仏の悟りを得ること。
**じょうとう-せん【上棟銭】** 建物の上棟式で、お祝いとしてまく金銭。餅まきの餅の中に入れたりする。
**しょうどう-つばめ【小洞▼燕】** 小形のツバメ科の鳥。背面が灰褐色、腹面は胸に同色の横帯がある以外は白色。全長約一三cm。砂質の崖などに横穴を掘って産卵するので、スナムグリツバメの別名がある。夏鳥としてアジア南方から本州北部・北海道に渡来し、繁殖。
**しょうどう-てき【衝動的】**(形動) 《意志的に抑えられないで》①急に何かをしようという心の動きが起こるさま。impulsive ②人に強い刺激を与えるさま。ショッキング。shocking
**しょうとう-ぶんりつ【小党分立】** 小さな政党が分かれて争い合っていること。splinter of small political parties
**じょうとう-へい【上等兵】** 陸軍の兵の階級の一つ。旧日本軍では兵長と一等兵との間の位。
**しょうどう-もん【▽聖道門】** 《仏教語》自らの能力と修行によって、現世において悟りを得ようとする考え方で、天台・真言・禅などの浄土教以外の宗派の教え。自力門。対義浄土門。
**しょうど-がいこう【焦土外交】** 国が焼け野原と化しても国策を遂行しようという決意で展開する外交。満州事変のさい、外相内田康哉が行った帝国議会での演説中のことば。転じて、国民に犠牲を強いる外交政策。
**じょうど-が-はま【浄土ケ浜】** 岩手県、宮古市東部にある海岸。海食による白い石英粗面岩の奇岩と、松の緑を特徴とする景勝地。
**じょう-とき【常▽斎・定▽斎】** 僧の定時の食事。
**じょうど-きょう【浄土教】** 仏教で、念仏を唱えて阿弥陀仏の極楽浄土に生まれることを説く教え。唐代の善導によって確立され、日本では空也・源信を経て、法然(浄土宗)・親鸞(浄土真宗)・一遍(時宗)らが教理化。
**しょうとく【正徳】** 江戸中期の年号。宝永八年(一七一一)四月二五日～六年(一七一六)六月二二日。次に享保に改元。
**しょう-とく【生得】** 生まれつき。天性。せいとく。by nature 用例 ― の短気で。
**しょう-とく【▼頌徳】** 徳を褒めたたえること。用例 ― 碑。
**しょうとく【承徳】** ↓じょうとく(承徳)
**しょうとく【承徳】** 中国、河北省北東部の都市。もと熱河省の省都熱河。清朝の離宮跡やラマ寺院など遺跡が多い。人口三二・六万(一九八四)。チョントー。
**しょう-どく【消毒】**(名・サ変他) 病原性の微生物を死滅させるか発育を阻止して、感染を防止すること。日光・焼却・薬物による方法がある。disinfection
**じょうとく【▽承徳】** 平安末期の年号。永長から改元。元年(一〇九七)一一月二一日～三年(一〇九九)八月二八日。次に、康和に改元。しょうとく。
**じょう-とくい【上得意】** たくさん買ってくれる客。generous customer
**じょう-とくい【常得意】** いつも決まって買ってくれる客。regular customer
**しょうとく-かんねん【生得観念】** 生まれつき備わっている観念。先天。
**しょうとく-しゅう【▽聖徳宗】** 仏教宗派の一つ。昭和二五年(一九五〇)法相宗より分離独立、法隆寺を総本山とする。
**しょうとく-たいし【▽聖徳太子】**(五七四～六二二) 用明天皇の皇子。推古天皇の摂政。名は厩戸皇子。冠位十二階の制・十七条憲法の制定・遣隋使の派遣などの治績をあげる。仏教の興隆につとめ、法隆寺などを建立。著書『三経義疏』。上宮太子。↓写

●聖徳太子 『聖徳太子二王子像』より。宮内庁。

**しょうとく-てんのう【称徳天皇】** 孝謙天皇の重祚名。

**しょうとく-の-ち【正徳の治】** 江戸中期、正徳年間(一七一一～一六)を中心とする新井白石・間部詮房の文治主義政治の称。将軍は六代徳川家宣・七代家継の二代にわたる。儒教理念と政治との合理的一致をはかった。

**しょうどく-やく【消毒薬】** 消毒に使う薬物。クレゾール・逆性せっけん・エチルアルコール・ホルマリンなど。disinfectant

**しょうど-けい【照度計】** 照度の測定器。できるだけ標準観測者と同じように感応するよう補正された光電池や光電管が用いられる。illuminometer →写

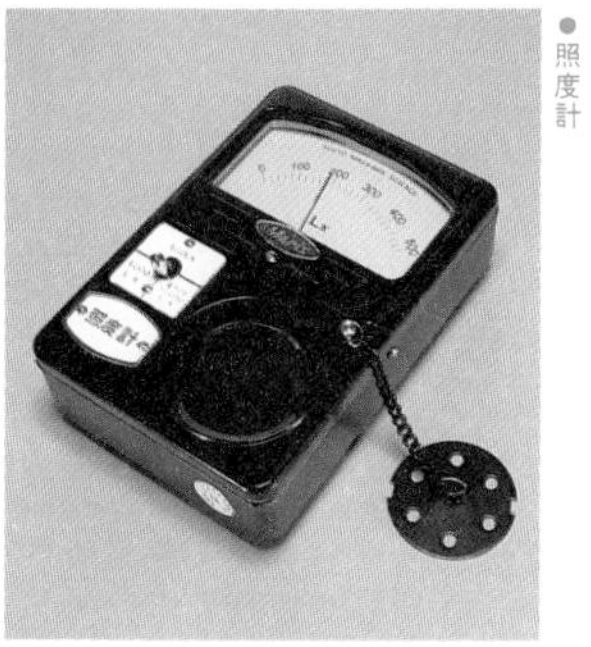

●照度計

**じょうど-さんぶきょう【浄土三部経】** 浄土宗・浄土真宗などでとくに尊重する三つの経典。『無量寿経』『観無量寿経』『阿弥陀経』。

**しょうど-しま【小▽豆島】** 香川県北東部、瀬戸内海に浮かぶ島。面積一五二・四$km^2$。最高点八一七m。オリーブ・電照菊が特産物。奇勝寒霞渓と、小説『二十四の瞳』の舞台として知られる。

**じょうど-しゅう【浄土宗】** 法然の開いた日本仏教の一宗派。浄土三部経を所依とし、専修念仏による他力易行の浄土往生を説く。戒律や造寺造仏の不要を主張し、もっぱら南無阿弥陀仏の名号を念仏すれば極楽浄土に往生できると説いた。浄土専念宗。

**じょうと-しょとく【譲渡所得】** 資産の売買や交換などから生じる所得。所得計算上、長期保有資産と短期保有資産の譲渡は区別される。capital gain

**じょうど-しんしゅう【浄土真宗】** 親鸞を開祖とする日本仏教の一宗派。浄土宗より出て一派をなす。阿弥陀仏の本願他力の回向によって、信心だけで往生することを説く。本願寺派・大谷派など一〇派がある。真宗。門徒宗。一向宗。

**じょうとせい-ていきよきんしょうしょ【譲渡性定期預金証書】** 裏書きなどの方法で譲渡の可能な定期預金証書。商業銀行の有力な資金調達手段となっている。金利自由化を背景に、日本でも昭和五四年(一九七九)に導入。譲渡性預金。CD。NCD。negotiable time certificate of deposit

**じょうとせい-よきん【譲渡性預金】** ↓じょうとせいていきよきんしょうしょ(譲渡性定期預金証書)

**じょうと-たんぽ【譲渡担保】** 債権者に物を譲渡する形をとって事実上は担保に入れること。mortgage

**しょう-とつ【衝突】**(名・サ変自) ①つき当たること。ぶつかること。collision ②立場・利害などの相反する者同士が争うこと。conflict 用例意見が―する。③離れていた二つの物体が接近または接触し、力をおよぼし合い、離れていく現象。多くの場合、変形・発熱・合体などがともなう。collision

**じょうど-へんそう【浄土変相】** 諸仏の浄土におけるありさまを描いた図絵。

**じょうど-もん【浄土門】**《仏教語》阿弥陀仏の誓願を信じて念仏をとなえれば、極楽往生がかなえられるとする教え。浄土宗・浄土真宗・時宗などの浄土教系の宗派。他力門。対義聖道門。

**しょう-とりひき【商取引】** 商業上の取引行為。commercial transaction

**じょうどろんちゅう【浄土論▼註】** 中国、北魏の曇鸞の著作。正称は『無量寿経優婆提舎願生偈註』。世親の『浄土論』の注釈書で、阿弥陀仏の本願による救済を説き、浄土教の成立に影響を与えた。往生論註。

**しょうない【▼庄内】**〈町〉 福岡県中北部、飯塚市東隣の町。旧炭鉱町。工業化をはかっている。人口一万八三四(一九八八)。

**しょうない【▼庄内】**〈町〉 大分県中部、大分川沿いの町。稲作、ナシ・イチゴ栽培、牧牛などがさかん。人口一万一三三〇(一九八八)。

**じょう-ない【場内】** 場所や会場の内。the inside of a place 対義場外。

**しょうないおばこ【▼庄内おばこ】** 山形県庄内地方の民謡。『秋田おばこ』などの源流。農家の縄ない唄からおこったといわれる。

**しょうない-がわ【▼庄内川】** 濃尾平野を南西に流れる川。長さ九六km。岐阜県南部から、名古屋市北西部を経て伊勢湾に注ぐ。

**しょうない-へいや【▼庄内平野】** 山形県北西部、最上川下流の沖積平野。稲作地帯で庄内米は有名。中心は酒田市・鶴岡市。

**しょう-なごん【少納言】** 律令制下、太政官少納言局の官職。天皇に近侍し日常の命令報告の伝達、駅鈴・官印などの管理が職務。

**じょう-なし【情無し】** 人情のないこと・人。coldhearted

**しょう-なん【小難】** 小さな災難。small misfortune 対義大難。

**しょうなん【昭南】** 第二次大戦中、日本軍が占領下のシンガポールにつけた呼称。

**しょうなん【沼南】**〈町〉 千葉県北西部、手賀沼の南にある町。野菜などの近郊農業地。宅地化が著しい。人口三万九六六八(一九八八)。

**しょうなん【▼湘南】** 神奈川県南部、三浦半島逗子付近から小田原にかけての、相模湾岸の呼称。別荘地・住宅地として発展。

**しょうなん【▼湘南】** 中国、湖南省の洞庭湖に注ぐ湘江の南岸一帯の地域の呼称。景勝地。シヤンナン。

**じょうなん【城南】**〈町〉 熊本県中部、熊本平野南東部の町。稲作などの農業と酒造がさかん。人口一万六〇四八(一九八八)。

**しょう-に【小児】** 子ども。child

**しょう-に【少弐】** 大宰府の次席の次官。大弐の下。

**しょうに-いがく【小児医学】** 小児期の子どもを対象とする臨床医学の総称。出生から成長発育の終わるまでの期間を、小児期とする。pediatrics

**しょうに-か【小児科】** 医学の分科の一つ。小児の病気を専門にみる。pediatrics

**しょうに-かせいコレラ【小児仮性コレラ】** 離乳期前後の幼児に多い下痢症。牛乳状の白色便、嘔吐、発熱が特徴。秋から冬に多い。白色便下痢症。infantile pseudocholera

**しょうに-がん【小児▼癌】** 小児に多くみられる癌。成人と比べて小児の癌は、上皮組織に現れないものが多いなど、病態上に特徴がある。もっとも多いのが白血病で、小児癌の約半分。その他、脳腫瘍・神経芽細胞腫なども多い。cancer in children

**しょうに-けっかく【小児結核】** 小児がかかる結核。成人のものと本質的な違いはない。初期の結核症が大半を占め、病気の進行は急性で結核性髄膜炎などの重症になることもある。早期治療で全治するが予防は大切。tuberculosis in children

**しょうに-ぜんそく【小児▼喘息】** 乳幼児期にみられる喘息性の気管支炎。ゼイゼイいう呼吸音の喘鳴が特徴。infantile asthma

**しょう-にち【正日】** ①人の死後四九日目。四十九日。②満一年目の命日。一周忌。③毎年の命日。正忌。正命日。

**しょうに-はっけつびょう【小児白血病】** 小児の白血病。とくに急性型のものが多く、二～六歳に集中する。死亡率の高い病気だが、化学療法の進歩で長期生存例も増えつつある。leukemia in children

**しょうに-ひまんしょう【小児肥満症】** 小児のふとりすぎ。過食と運動不足が主原因だが、クッシング症候群などの病気によることもある。大半は六歳ごろまでに起こり、この三分の二は肥満成人になるとされる。obesity in children

**しょうに-びょう【小児病】** ①小児に多くみられる病気の総称。ジフテリア・はしか・百日ぜきなど。children's diseases ②公式的な考えにとらわれて、極端に走ろうとする性向。用例―的行動。

**しょうに-ひんけつ【小児貧血】** 小児が起こす貧血。食物中の鉄欠乏による低色素性貧血をはじめ、溶血性貧血・再生不良性貧血・感染性貧血などがある。症状には、年齢による差異があるが、おもに、顔色が悪い、疲れやすい、すこしの運動での動悸、立ちくらみなどがみられる。anemia of children

**しょうに-まひ【小児麻▼痺】** 小児に多くみられる運動機能の麻痺。脳性麻痺または脊髄性小児麻痺(＝急性灰白髄炎)がある。前者は先天性か後天性の脳障害のために起こり、後者はポリオウイルスによる急性感染症。主として二、三歳児がかかる。ワクチンの普及で激減。ポリオ。infantile paralysis

**しょうにゅう-せき【▼鍾乳石】** 鍾乳洞の天井からつらら状にたれて固まった石灰岩。地下水中の炭酸に石灰炭が溶け、水滴となってしたたる途中で炭酸カルシウムが少しずつ沈殿していってできる。石灰洞。stalactite ↓鍾乳洞図

**しょうにゅう-どう【▼鍾乳洞】** 地下水の溶解浸食によって、石灰岩地帯に形成された洞穴(＝石灰洞)のうち、洞穴内に鍾乳石が発達したもの。秋吉台の秋芳洞など。limestone cavern →図

**しょう-にん【上人】** ①知と徳とを兼ね備えた高僧。②僧位の名。法橋。③僧の敬称。用例一遍―。

**しょう-にん【▽聖人】** ①知恵が広大で、慈悲心の深い人。聖者。②高僧の敬称。

**しょう-にん【小人】** 子ども。child 対義大人。

**しょう-にん【承認】**(名・サ変他) ①正当とみとめて許可すること。approval ②聞き入れること。承諾。approval ③私法上、一定の事実を認めること。approval ④公法上、国または地方公共団体が与える同意。approval ⑤国際法上、新たな国家や政府、交戦団体の国際法上の地位を認めること。approval

**しょう-にん【昇任・▼陞任】**(名・サ変自他) 上級の地位にのぼること、のぼらせること。promotion

**しょう-にん【商人】** 商売をする人。あきんど。merchant

**しょう-にん【証人】** ①事実関係を証明する人。witness ②保証に立つ人。保証人。surety ③裁判所や議会の命令により、自分が経験した事実を述べる第三者。witness

**しよう-にん【使用人】** ①人や物を使う人。使用者。employer ②雇われて使われる人。employee

**じょう-にん【情人】** ↓じょうじん(情人)

**じょう-にん【常任】**(名・サ変自) ①いつもその任にあること。standing 用例―委員。②いつもまかせること。entrust usually

**じょうにん-いいんかい【常任委員会】** 予算委員会・外務委員会など、国会の各議院に常設される一六の委員会。本会議で審議する案件の予備審査を行う。standing committee 比較特別委員会。

**しょうにん-じんもん【証人尋問】** 証人から証言を求めること。または、その手続き。examination of a witness

**じょうにん-りじこく【常任理事国】** 国際連合の安全保障理事会で、常任の議席をもっている国。アメリカ・イギリス・ソ連・フランス・中国の五か国。拒否権を行使する特権が与えられている。permanent members of the UN Security Council 対義非常任理事国。

**しょう-ね【性根】** 心のもち方。こころね。根性。nature 用例―が据わる。

**性根が腐る** 道徳心を失っている。恥を恥とも思わなくなる。性根がゆがむ。utterly corrupt

**性根を入れ替える** 今までよくないことをしていた者などが、心を改め、仕事などにまじめに打ちこむように努める。mend one's ways

**しょう-ねつ【焦熱】** ①こげるような暑さ。burning ②「焦熱地獄」の略。

**じょう-ねつ【情熱】** 対象とするものの実現をめざす、燃え上がるような強く激しい感情。激情。passion 用例仕事に―を燃やす。

**しょうねつ-じごく【焦熱地獄】**《仏教語》八大地獄の一つ。罪深い亡者が火責めにされるという地獄。炎熱地獄。

## しょう-ねん【少年】

①年の若い男子。boy 対義少女・青年・壮年。②少年法で、二〇歳未満の男女。児童福祉法で、小学校就学から満一八歳未満の男女。minority

**少年老い易く学成り難し** 《朱熹の詩の句》年をとるのは早いが、学問はなかなか進まない。Art is long, life is short.

**少年よ大志を抱け** 《札幌農学校(現在の北海道大学)のアメリカ人教師クラークが、学校を去るにあたって、学生たちに残したことば》若者達よ、大きな志をもちなさい。Boys, be ambitious.

**しょう-ねん【正念】** ①《仏教語》㋐正法を思念すること。㋑一心に念仏すること。㋒往生

を信じること。用例 臨終—。②正気。本気。

**しょう-ねん【生年】** とし。年齢。せいねん。age

**じょう-ねん【情念】** ①感情をともなった思い。②人間が苦しみにさらされるほど強烈になる感情。一過性の情緒に対して、愛着・嫉妬・憎悪・野心など、持続的な感情をいうことが多い。情熱。パッション。passion

**しょうねん-いん【少年院】** 家庭裁判所から保護処分として送られてきた者（一四～二六歳）を収容し、矯正教育をほどこす国の施設。Juvenile Training Schools

**しょうねん-かんべつしょ【少年鑑別所】** 家庭裁判所から送られてきた少年を一定期間収容し、医学・心理学などの専門知識に基づき、心身の状況や性格について鑑別を行う国の施設。Juvenile Classification Home

**しょうねんクラブ【少年▼倶▽楽部・少年クラブ】** 代表的少年雑誌の一つ。大正三年（一九一四）講談社が創刊。昭和三七年（一九六二）休刊。

**しょうねん-けいむしょ【少年刑務所】** 懲役または禁固の刑を受けた少年（二〇歳未満）を収容する刑務所。心身状況によっては、二六歳まで継続できる。

**しょうねん-じゅうじぐん【少年十字軍】** 一二一二年、フランス・ドイツの少年少女で組織された十字軍。フランスのものはマルセイユで四散。ドイツのものの一部は南イタリアまで到達。子供十字軍。Juvenile Crusade

**しょうねん-しんぱんしょ【少年審判所】** 少年の保護処分をつかさどった機関。現在は家庭裁判所に移管され廃止。

**じょうねん-だけ【常念岳】** 長野県北西部、飛驒山脈東部にある山。標高二八五七m。ピラミッド形の山容が特徴。

**しょうねん-ば【正念場】** ①歌舞伎などで、もっとも大事な場面。②ここぞという大事な場面。用例 —を迎える。

**しょうねん-はんざい【少年犯罪】** 二〇歳未満の少年による犯罪。少年法の適用を受ける。juvenile delinquency

**しょうねん-ひこう【少年非行】** 二〇歳未満の少年が一定の規範に反する行為をなし、またはその行為におよぶ状態にあること。juvenile delinquency

**しょうねん-へい【少年兵】** 旧陸海軍で、志願制度で募集した少年兵。航空・戦車などで必要な特別の訓練を、二〇歳の徴兵年齢以前から始めて効果を挙げようとしたもの。

**しょうねん-ほう【少年法】** 非行少年の保護処分や刑事事件を引き起こした少年に対する特則、ならびに少年の福祉を害する成人に対しての刑事手続きなどを定めた法律。昭和二三年（一九四八）公布。

**しょう-のう【小脳】** 脳の一部。大脳の後下方、橋の後方に位置し、体の平衡・筋肉運動の調節などをつかさどる。鳥類・哺乳類でよく発達している。cerebellum ↓脳図

**しょう-のう【小農】** 家族だけでする、小さい規模の農業・農家。small farmer 対義 大農。

**しょう-のう【笑納】**（名・サ変他）《上に「御」を付けて》人に物を贈るときの謙譲語。つまらない品ですが、笑って納めてください、の意で用いる。用例 御—ください。

**しょう-のう【▼樟脳】** 化学式$C_{10}H_{16}O$ クスノキから得られる無色透明の固体または板状結晶。昇華性があり、特異なにおいと味がある。硝酸セルロースの可塑剤、防虫剤、医薬品などに利用。カンフル。camphor

**じょう-のう【上納】** ㊀（名・サ変他）政府・官庁へ物品を納めること。㊁（名）年貢米。

**しょうのう-ゆ【▼樟脳油】** クスノキの材から得る精油。特有のにおいがある。樟脳・サフロール・防虫剤・防臭剤の原料。camphor oil

**しょうの-じゅんぞう【▼庄野潤▽三】**（一九二一～）小説家。大阪市生まれ。九大卒。平凡な日常生活の裏側の危機を描く。作品『プールサイド小景』『静物』『夕べの雲』など。

**じょう-の-じょう【上の上】**（連語）いちばんすぐれていること。the very best 対義 下の下。

**しょう-の-つき【小の月】** 一か月の日数が、陰暦で二九日以下の月。陽暦では三〇日以下の二・四・六・九・一一月のこと。対義 大の月。

**しょう-の-ふえ【▼笙の笛】** ↓しょう（笙）

**しょう-の-むし【小の虫】** 小さい虫。対義 大の虫。

**小の虫を殺して大の虫を生かす**（しょうのむしをころしてだいのむしをいかす）やむをえないときは、大事のために小事を犠牲にする。小の虫を殺して大の虫を助ける。Lose a leg rather than a life.

**しょう-は【小破】**（名・サ変自他）少し壊れること。slight damage 対義 大破。

**しょう-は【▼翔破】**（名・サ変他）飛行機や鳥などが全行程を飛び終わること。また、飛び通すこと。

**しょうは【召波】** ↓くろやなぎしょうは（黒柳召波）

**じょう-は【条▼播】**（名・サ変他）農業で、平行したうねを作り、これに種をまくこと。すじまき。

**じょうは【▽紹▼巴】**（一五二五ごろ～一六〇二）室町末期の連歌師。奈良の人。里村北家の祖とされる。永禄・元亀年間以後、連歌界の第一人者。著書『毛利千句』、連歌論『連歌至宝抄』など。

**じょう-ば【乗馬】** ㊀（名・サ変自）馬に乗ること。horse back riding 対義 下馬。㊁（名）人を乗せるための馬。horse for riding

**しょう-はい【勝敗】** かちまけ。勝負。victory or defeat

**しょう-はい【賞杯・賞▼盃】** 競技の勝者や功労者に賞として与えるさかずき。カップ。トロフィー。trophy

**しょう-はい【賞▼牌】** 競技の勝者や功労者に賞として与える記章。メダル。medal

**しょう-ばい【商売】**（名・サ変自他）①利益を得るために、物を仕入れて売ること。あきない。営業。trade; business 用例 —繁盛。②生計をたてるための職業。家業。occupation ③専門に行っている仕事。profession 用例 作家は書くのが—。④芸者などの職業。用例 —女。

**しょうばい-あがり【商売上がり】** 以前に芸者などをしていたこと・人。

**しょうばい-おうらい【商売往来】** 往来物の一つ。江戸時代、商用文・商品の種類、商人の心得などを集め記した、町人の教科書。

**しょうばい-かたぎ【商売▽気▽質】** 商人特有の、利益に抜け目のない習性。characteristic feature of merchant

**しょうばい-がたき【商売敵】** 商売の上での競争相手。business rival

**しょうばい-がら【商売柄】** ①商売の種類。kinds of business ②商売の種類によって養われた、それぞれの習性。business interest

**しょうばい-ぎ【商売気】** ①金もうけに抜け目のない性質。commercial spirit ②職業意識。professionalism 用例 —を出す。

**しょうばい-にん【商売人】** ①商人。merchant ②ある物事を専門に行う人。くろうと。expert ③商売のうまい人。good businessman ④芸者など水商売の女。商売女。woman of a certain character

**しょう-はく【松▼柏】** ①マツとコノテガシワ。②常緑樹。ときわ木。③《松柏が常緑であることから》節操をかたく守ることのたとえ。

**しょう-はく【商博】**「商学博士」の略。D.C.S.

**しょうはく【肖▼柏】**（一四四三～一五二七）室町後期の歌人・連歌師。別号は牡丹花。宗祇に師事、古今伝授を受ける。風流隠逸の中に華麗な作風を示す。『水無瀬三吟百韻』の作者の一人。家集『春夢草』、連歌論書『肖柏口伝抜書』など。ぼたんかしょうはく。

**じょう-はく【上白】** ①上等の白米。②上質の白砂糖。

**じょう-はく【上▼膊】** 肩とひじとの間。二の腕。upper arm 対義 下膊。

**しょうはく-さんみゃく【小白山脈】** 韓国南部を北東から南西に連なる山脈。主峰智異山は標高一九一五m。山腹に花崗岩などが露出して白く見える。ソベク山脈。

**しょうはく-るい【松▼柏類】** 裸子植物の大部分を占める針葉樹類。柏はヒノキに近いコノテガシワのこと。

**じょう-ばこ【状箱】** ①手紙を入れて使いに持たせてやる小箱。②手紙を入れておく箱。letter case

**しょう-ばつ【賞罰】** ほめることと罰すること。賞と罰。reward and punishment

**じょう-はつ【蒸発】**（名・サ変自）①液体がその表面から気化すること。沸点でなくても、どんな温度でも部分的に起こる。evaporation ②ある日突然、ゆくえをくらまし消息がわからなくなること。disappearance

●鍾乳洞　カルスト地形と鍾乳洞

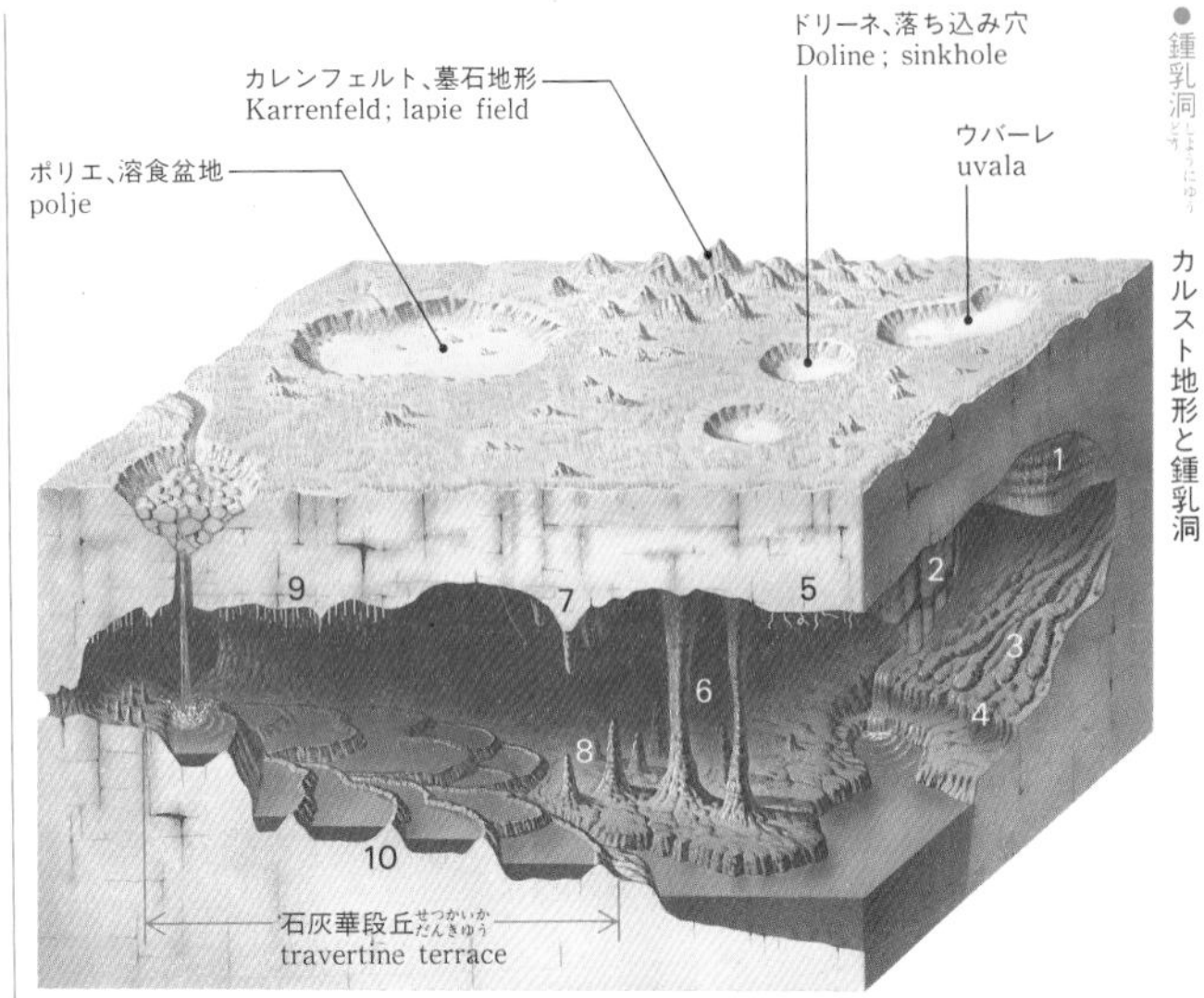


1 ベーコン状カーテン bacon
2 カーテン curtain
3 フローストーン、流れ石 flowstone
4 ノッチ notch
5 ヘリクタイト helictites
6 石柱 limestone column
7 鍾乳石 stalactite
8 石筍 stalagmite
9 鍾乳管、ストロー straw
10 リムストーン、畦石 rimstone

鍾乳石と石筍　山口県美祢郡秋芳洞。

石灰華段丘　山口県美祢郡秋芳洞。

**じょうはつ-ぎり【蒸発霧】** 暖かい水面上に冷たい空気があるときに発生する霧。風呂の中の湯気と同じ現象。

**じょうはつ-けい【蒸発計】** 一日の蒸発量を測定する装置。平らな器に水をはり、水位の減り方から求める。蒸発量はミリメートル単位で表す。evaporimeter

**じょうはつ-ざら【蒸発皿】** 溶液を熱し、溶媒を蒸発させて濃縮または乾固するため用いられる口付きの皿。磁製のほか、石英製・白金製などがある。evaporating dish ↓図

●蒸発皿

**じょうはつ-ねつ【蒸発熱】** 液体が蒸発するとき外部から吸収する熱量。気化熱。heat of vaporization

**じょうはな【城▽端】**〈町〉富山県西部、砺波平野の町。善徳寺の門前町。産業は機業・スキー製造など。人口一万一三四〇(一九八八)。

**しょうは-ブロック【消波ブロック】** 波浪のエネルギーを吸収するように工夫されたコンクリートブロック。テトラポッド(商標名)など。

**しょうばら【▼庄原】**〈市〉広島県北東部、西城川に沿う市。畜産・商業の中心。比婆牛は有名。人口二万二六七一(一九八八)。

**じょう-はり【情張り】**(名・形動) 強情を張ること・人・さま。意地っ張り。

**情張りは棒の下**(じょうはりはぼうのした) 強情を張る者は、人に打たれる。すなおにするのが得であるということ。

**じょう-はり【浄▼玻▼璃】** ①くもりのないガラス・水晶。②「浄玻璃の鏡」の略。

**じょうはり-の-かがみ【浄▼玻▼璃の鏡】** ①《仏教語》地獄の閻魔王庁にある鏡。死者の生前の善悪の行為をすべて映し出すとされる。②ごまかせない眼識。

**しょう-はん【小藩】** 石高の小さい藩。一〇万石未満、のち五万石未満。

**しょう-ばん【相伴】**(名・サ変自) ①連れて歩くこと・人。take ②正客の相手となって、ともに接待を受けること・人。participation ③他とのつりあいで利益を受けること・人。partake

**じょう-ばん【上番】** 当直や見張りをつとめること。対義下番。

**じょう-ばん【定盤】** ①精密仕上げの平滑面をもつ鋳鉄製の平板。罫書き・組み立て・測定などの基準面として用いる。surface plate ②塗り師・蒔絵工などが工作に用いる台。

**じょうばん【常▼磐】** 常陸国と磐城国。

**じょうはん-かく【上反角】** 飛行機の主翼は、翼の端に行くにしたがって水平より高くなるように胴体に取り付けられているが、この反り返りの角度をいう。傾いた機体を復元する力が生じる。dihedral angle

**しょうばん-さんご【床板▼珊▼瑚】** 古生代カンブリア紀に出現し、シルル紀からデボン紀に栄えた化石サンゴのグループ。クサリサンゴ・ハチノスサンゴなど。

**じょう-はんしん【上半身】** 腰から上の部分。上体。upper part of the body 対義下半身。

**じょうばん-せん【常▼磐線】** JR東日本の鉄道幹線の一つ。東京の日暮里と宮城県岩沼を結ぶ。岩沼で東北本線と連絡。長さ三四三・一km。明治三八年(一九〇五)開通。

**しょう-パンダ【小パンダ】** ↓レッサーパンダ

**じょうばん-たんでん【常▼磐炭田】** 福島県南東部から茨城県北東部にまたがる炭田。日本の代表的炭田であったが、昭和五一年(一九七六)全山閉山。

**じょうばんゆもと-おんせん【常▼磐湯本温泉】** 福島県南東部、いわき市にある温泉。常磐炭田の坑内に湧き出す熱泉から引き湯する。

**しょう-ひ【消費】**(名・サ変他) ①金品を使ってなくすこと。consumption 比較費消。②人間の欲望を満たすため、財・サービスを使って減らすこと。経済循環の一過程で、経済の最終目的にあたる。consumption 対義生産。

**しょう-び【床尾】** ↓だいじり(台尻)

**しょう-び【称美・賞美】**(名・サ変他) 褒めたたえること。愛し好むこと。praise

**しょう-び【焦▼眉】**《まゆをこがすほど火が近づく、の意》危険が身に迫ること。急迫。火急。緊急。

**焦眉の急**(しょうびのきゅう) さしせまった危難・急務。crying need

**しょう-び【▼薔▼薇】** バラ。そうび。

**じょう-ひ【上皮】** 動物体の表面や臓器・血管の表面をおおう細胞層。epithelium

**じょう-ひ【冗費】** むだな費用。むだ遣い。wasteful expenses

**じょう-び【常備】**(名・サ変他) つねにそなえておくこと。standing

**しょうひかがく-れんごうかい【消費科学連合会】** 衣食住の身近な問題を科学的にとらえ、安全性の追究を目的とする消費者団体。昭和三九年(一九六四)設立。

**しょうひ-かくめい【消費革命】** 所得や技術水準の上昇を背景として、消費生活が質量ともに急激に高度化し、いわゆる消費社会が生まれること。consumption revolution

**しょうひ-くみあい【消費組合】** ①旧産業組合法による購買組合の一つ。協同で生産者や問屋から品物を買って、組合員に安く売る組織。昭和二三年(一九四八)消費生活協同組合に改組。②「消費生活協同組合」の略。

**じょうび-ぐん【常備軍】** 平時から編制されている軍隊。一五世紀中ごろ、フランスのシャルル七世が創設。近代国家では戦時の動員軍の基幹として保有。standing army

**じょう-びけし【定火消(し)】** 江戸幕府の職名。江戸市中の防火・非常警備に当たった。対義町火消し。

**しょうひ-こうぞう【消費構造】** 家計の消費支出の配分構造。食料費・住居費・光熱費・被服費・雑費などがそれぞれ家計支出に占める割合と相互関係。consumption structure

**しょうひ-ざい【消費財】** 経済財のうち、直接に人の欲望を満たす財。耐久消費財と非耐久消費財がある。consumption goods 対義生産財。

**しょうひ-しゃ【消費者】** 商品・サービスを消費用に購入する人。consumer 対義生産者。

**しょうひしゃ-うんどう【消費者運動】** 消費者の利益をまもり、生活水準を向上させるための組織的な運動。婦人団体・生活協同組合などの消費者団体が中心となる。consumerism; consumer movement

**しょうひ-しゃかい【消費社会】** 資本主義のもとで高度に発展した産業社会。生存のための消費が文化的欲望を満たすためのものに変質し、大量消費が行われることからいう。consumptive society

**しょうひしゃ-かかく【消費者価格】** 消費者が財・サービスを入手するさいの価格。生産者価格に利潤・運賃などを加えたもの。consumer's price 対義生産者価格。

**しょうひしゃ-ぎょうせい【消費者行政】** 消費者保護を目的とする行政機能。相対的に弱い立場にある消費者の利益と安全の確保を行政的に援助しようとするもの。

**しょうひしゃ-きんゆう【消費者金融】** 銀行・クレジットカード会社などが消費者に商品・サービスの購入資金を貸し付けること。割賦販売を含めることもある。消費者ローン。consumer finance

**しょうひしゃ-しゅけん【消費者主権】** 消費者の利益追求を経済活動の第一目的とする考え方。consumers' sovereignty

**しょうひしゃ-しんよう【消費者信用】** 消費者が商品・サービスを購入するとき、販売業者または金融機関が与える信用。割賦販売やクレジットカードなどによる繰り延べ払い、資金貸し付けなどの形をとる。consumer credit

**しょうひしゃ-そしょう【消費者訴訟】** ある商品・サービスから消費者が受けた被害に関する訴訟。consumer action

**しょうひしゃ-だんたい【消費者団体】** 消費者の権利や利益をまもるために、消費者が自主的に結成する組織。consumer group

**しょうひしゃ-ぶっか【消費者物価】** 消費者が日常入手する商品・サービスの価格水準。consumer price

**しょうひしゃぶっか-しすう【消費者物価指数】** 消費財・サービスの価格変動を一定の方式であらわした指数。毎月一回総理府統計局が発表。卸売物価指数とならぶ重要な指標。CPI。consumer's price index

**しょうひしゃぶっか-ちょうさ【消費者物価調査】** 消費者の家計簿による、実際に購入された商品・サービスの価格調査。消費者物価指数(CPI)作成の基礎。昭和二一年(一九四六)創設、同二六年(一九五一)に消費実態調査、同二八年(一九五三)に家計調査と名称変更。CPS。consumer's price survey

**しょうひしゃ-ほご【消費者保護】** 一般の消費者の利益をまもるための政策や制度。昭和四三年(一九六八)制定の消費者保護基本法が基礎となる。

**しょうひしゃほご-ほう【消費者保護法】** 粗悪品や危険な商品、誇大広告などから消費者を守ることを目的とした法の総称。

**しょうひしゃ-モニター【消費者モニター】** 消費者の立場から、商品の批評・感想を述べる人。実際に商品を使ってみたうえで、企業・官庁などに報告する。user-monitor

**しょうひ-ぜい【消費税】** 従来の特定の物品やサービスに課税していた個別消費税とは異なり、物品やサービスの消費に広く薄く負担を求めるという観点から、国内で行われるほとんどすべての取り引きを課税対象として、取り引きの各段階ごとに三%の税率で課税される間接税。抜本的税制改革の一環として平成元年(一九八九)に施行。

**しょうひせいかつ-きょうどうくみあい【消費生活協同組合】** 消費者が資金を出し合い、生活物資の購買をおもな目的に組織する協同組合。生活協同組合。生協。COOP。コープ。cooperative

**しょうひ-せいこう【消費性向】** 所得に対する消費の割合。所得が増すにつれて消費も増すが、その増加率は減少する。前者は平均消費性向、後者は限界消費性向として示される。propensity to consume 対義貯蓄性向。

**じょうひ-そしき【上皮組織】** 体の外表面や器官の内腔表面をおおう膜状の組織。分泌を営む腺上皮にもなる。epithelial tissue

**しょうひ-たいしゃく【消費貸借】** 借りた物と同種・同質・同量の物を返すことを条件に物を借りる契約。loan for consumption 比較使用貸借。

**じょう-びたき【▽尉▼鶲・上▼鶲】** ヒタキ科の小鳥。翼長約七cm。雄は頭が灰色、顔が黒、腹が赤褐色。平地の雑木林に生息する。ヒーッヒーッカッカッと鳴く。秋、日本全土に渡来し、越冬。↓写

●ジョウビタキ

**しょう-ひつ【省筆】**(名・サ変自) ①語句を省略すること。簡単に書くこと。ellipsis ②文字の字画をはぶくこと。

**しょうひ-とし【消費都市】** 都市の分類の一つ。経済的な機能が消費によって保たれている都市。政治都市・軍事都市・住宅都市・学術都市などが含まれる。consumer city

**しょうひ-ぶんか【消費文化】** 現代の商業主義的な大衆文化。大量消費と消費生活本位の価値観を特徴とし、高度に発達した産業化社会に広くみられる。consumer culture

**じょうび-やく【常備薬】** 家庭や身辺に、いつも用意しておく薬。household medicine

**しょう-ひょう【商標】** 事業者が自分の商品を他の事業者のものと識別するために用いる独自の標識。文字・記号・図形などによる。トレードマーク。ブランド。trademark; brand 比較商号。

**しょう-ひょう【証票】** 証拠・証明となる札・書き付け。voucher

**しょう-ひょう【証▼憑】** 事実を証明する根拠。証拠。

**しょう-びょう【傷病】** 負傷と病気。sickness and wound 用例—兵。

**じょう-ひょう【上表】**(名・サ変自) 君主に文書を奉ること。また、その文書。present a memorial to the Throne

**しょうひょうが-じだい【小氷河時代】** 山岳氷河が拡大した一時期。アルプス・ノルウェー・アラスカなどを中心に世界的な気温低下や植生変化が起こった。小氷期。little ice age

**しょうひょう-けん【商標権】** 商標を登録することにより、その商標を独占的に使用できる権利。trademark right

**しょうびょう-てあてきん【傷病手当金】**

業務によらない傷病で就業できなくなった者が受ける医療保険給付。allowance for the sick and wounded

**しょう-ひん【小品】** ①小さい品物。small piece ②文学・絵画・彫刻などで、簡潔にまとめた小さな作品。short piece ③「小品文」の略。

**しょう-ひん【商品】** 商売用の品物。売買の対象として生産された財・サービス。goods; commodity

**しょう-ひん【賞品】** 賞として与える品。prize

**じょう-ひん【上品】** 対義下品。㊀(名) 質のよい品物。first class article ㊁(名・形動) 品のよいこと・さま。elegant

**しょうひん-かいてんりつ【商品回転率】** 商品の年間売上高を平均在庫高で割った値。荷替わり回数。merchandise turnover

**しょうひん-かへい【商品貨幣】** その社会でもっとも市場性のある商品自体を、そのまま貨幣として用いるもの。貨幣経済が未発達な時代にみられた。家畜・穀物・衣料など。物品貨幣。貨物貨幣。自然貨幣。commodity money

**しょうひん-けいざい【商品経済】** 資本主義経済の特徴の一つ。すべての財・サービスが商品として生産され交換されている経済。commodity economy

**しょうひん-けん【商品券】** 券面に記載された価格に相当する商品を、引き換えに渡すことを約束した一種の有価証券。商品切手。gift certificate

**しょうひん-せいさん【商品生産】** 交換によって利益を得ることを目的に行われる財・サービスの生産。生産手段の私的所有と社会的分業を前提とし、資本主義のもとでの賃労働の発達によって一般化した。production of commodities

**しょうひん-テスト【商品テスト】** 売り上げ増進または消費者保護のために、商品の品質・性能・構造・成分・安全性などを検査すること。product testing

**しょうひん-ぶん【小品文】** ①中国文学の散文の一ジャンル。随想・紀行・写生などの短文。林語堂らが活躍。②ふだんのちょっとしたことを書いたスケッチ体の短い文章。小品。

**しょう-ふ【正▼麩】** ふを作るときに出る小麦粉のでんぷん。煮て、のりにする。

**しょう-ふ【▼娼婦】** 売春を職業とする女性。prostitute

**しょう-ぶ【尚武】** 武事を重んじること。martial spirit

**しょう-ぶ【勝負】** ㊀(名) ①かちまけ。victory or defeat ②「勝負事」の略。㊁(名・サ変自) かちまけを争って決めること。試合。fight 数え方 一番・一本。

**勝負は時の運**(しょうぶはときのうん) かちまけは、その時々の運・不運によるものである。だから、かっておごらず、まけても自信を失ってはならない。また、人の努力には限界があることをもいったもの。Fortune decides the outcome of a battle.

**しょう-ぶ【▼菖▼蒲】** ①サトイモ科の多年草。水辺に群生する。高さ約八〇cm。葉は長い剣状。初夏に、花茎の中ほどに淡黄色の肉穂花序をつける。全草に芳香があり、根茎は薬用に、茎葉は端午の節句の菖蒲湯に使う。観賞用のハナショウブとは別種。ノキアヤメ。アヤメグサ。フキグサ。ソウブ。参照アヤメ。②ハナショウブの俗称。③襲の色目の名。表は青、裏は紅梅。↓写 ↓襲の色目図

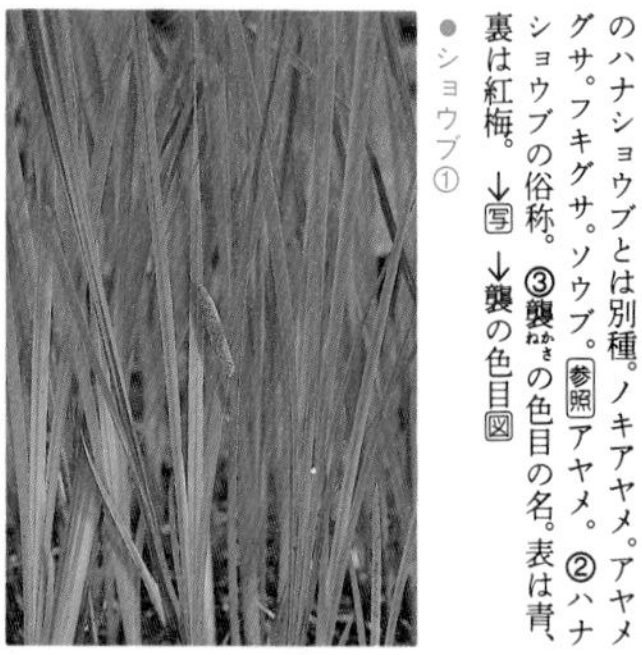

●ショウブ①

**しょうぶ【▼菖▼蒲】**〈町〉埼玉県北東部、久喜・鴻巣市間にある町。見沼代用水に沿う旧市場町。稲作中心。人口二万一五七七(一九八八)。

**じょう-ふ【上布】** 麻織物の一種。細い麻糸で織った上質の夏向き着尺地。本来は、チョマ・タイマの手紡ぎ糸を使う。薩摩上布・越後上布など。

**じょう-ふ【定府】** 江戸時代、大名やその家臣が江戸に定住すること。

**じょう-ふ【城府】** ①都市。②城内の役所。③都市にめぐらした壁。城壁。④へだてとなるもの。

**城府を設けず**(じょうふをもうけず) 相手に対して心を開き、へだてなくうちとける。

**じょう-ふ【情夫】** 夫以外の愛人。いろおとこ。かくし男。lover

**じょう-ふ【情婦】** 妻以外の愛人。いろおんな。mistress

**じょう-ふ【丈夫】**《「じょうぶ」は別語》男子の美称。りっぱな男。ますらお。manly person

**じょう-ぶ【丈夫】** (形動)《「じょうふ」は別語》①すこやかなさま。健康。healthy 用例 —な子ども。②こわれにくいさま。堅固。strong 用例 —な机。

**じょう-ぶ【上部】** 上の部分。upper part 対義下部。

**しょう-ふう【松風】** 松に吹く風。まつかぜ。

**しょう-ふう【▼蕉風】** 松尾芭蕉およびその門流の俳風。「さび」「しおり」「細み」を根本理念として、幽玄・閑寂の境を表現しようとする。芭蕉晩年には「軽み」が重視される。

**しょう-ふう【正風】** ①↓しょうふうてい(正風体)。②蕉風。

**しょうふう-てい【正風体】** ①正しい姿。とくに和歌で、伝統による正しい歌体。②俳諧の一体。蕉風の体。

**じょうふう-はろう【乗風波浪】**《風に乗り、荒波を渡り切る、の意》情勢に乗じ、あらゆる困難を突破して前進すること。

**しょうぶ-がたな【▼菖▼蒲刀】** 端午の節句に、子どもが刀の代わりに差したショウブ。香り豊かなショウブで邪気を払おうとする意味がある。あやめがたな。あやめ太刀。

**しょうぶ-かぶと【▼菖▼蒲▼兜】** 端午の節句に、男の子がかぶったり、飾ったりする、ショウブで作った兜。あやめかぶと。

**じょうふきょう-ぼさつ【常不▽軽▼菩▼薩】**『法華経』「常不軽菩薩品」に出てくる菩薩の名。他者はすべて仏になるべき尊い人であるとして、常に礼拝したという。

**しょう-ふく【▼妾腹】** 愛人から生まれたこと・子。めかけばら。

**しょう-ふく【承服・承伏】**(名・サ変他) 承知して従うこと。納得。acceptance 用例 その提案には—できない。

**じょう-ふく【浄福】** ①清らかな幸福。beatitude ②《仏教語》煩悩を離れた真の幸福。

**じょう-ぶく【▽調伏】**(名・サ変他) ↓ちょうぶく(調伏)

**しょうふく-じ【▽聖福寺】** 福岡市博多区御供所町にある臨済宗妙心寺派の寺。源頼朝が建久六年(一一九五)創建、栄西を開山とする。日本最初の禅寺。

**しょうふくてい-しょかく【笑福亭▽松▼鶴】** 落語家。現在六代まで。五代(一八八四〜一九五〇)は本名、竹内梅之助。格調正しい芸風で、『上方はなし』の刊行など大阪落語の保存に貢献した。

**じょう-ぶくろ【状袋】** 書状を入れる紙袋。封筒。envelope

**じょうぶ-こうぞう【上部構造】**《Überbau ドイツの訳》史的唯物論の用語。社会の政治的・法的機構と哲学・道徳・芸術・宗教などのイデオロギーの総体。下部構造(経済的構造)によって制約を受けるとされる。superstructure 対義下部構造。

**しょうぶ-ごと【勝負事】** ①勝敗を争うゲーム。碁・麻雀など。game of chance ②かけごと。ばくち。gamble

**しょうぶ-し【勝負師】** ①ばくちうち。gambler ②碁・将棋など勝ち負けを争うことを職業とする人。③かけひきの手腕のある人。思い切った行動をする人。good bargainer

**しょう-ふだ【正札】** 商品に付ける、掛け値なしの値段を書いた札。price tag

**しょうふだ-つき【正札付(き)】** ①正札の付いていること・商品。fixed-price article ②定評のある物・人。notorious person

**じょう-ぶつ【成仏】**(名・サ変自)《仏教語》①悟りを開くこと。②死んで仏になること。

**しょうぶ-の-せっく【▼菖▼蒲の節句】** 五節句の一つ。五月五日。邪気を払うとされるショウブを軒先に差し、またショウブの葉を浮かべた湯に入る習慣から。アヤメの節句。端午の節句。

**しょうぶ-ふく【勝負服】** 競馬の騎手がレース時に着る服。レース中の馬の識別のため、色や柄が決められている。イギリスで創始。現在わが国では、中央競馬は馬主ごと、地方競馬は騎手ごとに決められ登録されている。racing color silk

**しょうぶ-ゆ【▼菖▼蒲湯】** 端午の節句に沸かす、ショウブの葉を入れた風呂。ショウブは強いにおいがあるために邪気を払うという。アヤメの湯。そうぶゆ。比較柚湯。

**しょう-ぶん【小文】** ①短い、ちょっとした文。short piece ②自分の文章をけんそんしていう語。

**しょう-ぶん【性分】** 生まれつき。たち。天性。nature

**じょう-ぶん【上文】** そこまで述べてきた文。前文。foregoing paragraph

**じょう-ぶん【上聞】** 申し上げたことが君主・天子の耳に入ること。Imperial hearing 用例 —に達する。

**じょう-ぶん【冗文】** むだの多い文章。冗漫な文章。redundancy

**じょう-ぶん【条文】** 箇条書きの文。provisions

**じょう-ぶんべつ【上分別】** もっともよい考え。the best idea 対義無分別。

**しょうへい【正平】** 日本の南北朝で、南朝の年号。興国から改元。元年(一三四六)一二月八日〜二五年(一三七〇)七月二四日。次に、建徳に改元。

**しょうへい【承平】** ↓じょうへい(承平)

**しょう-へい【招▼聘】**(名・サ変他) 礼を尽くしてまねくこと。招請。invitation

**しょう-へい【▼哨兵】** 見張りの兵士。歩哨。

**しょう-へい【将兵】** 将校と兵士。将卒。officers and men

**しょう-へい【傷兵】** 戦争で負傷した兵士。wounded soldier

**しょうへい【▼昌平】** 孔子の生誕地。山東省曲阜県にある郷名。

**じょうへい【▽承平】** 平安中期の年号。延長から改元。元年(九三一)四月二六日〜八年(九三八)五月二二日。次に、天慶に改元。しょうへい。

**じょう-へい【城兵】** 城を守る兵士。garrison

**しょうへい-が【障▼屏画】** 襖・障子・杉戸・天井などを含めた室内壁面を飾る障壁画と、屏風絵・衝立絵の総称。水墨障屏画と、金地濃彩の金碧障屏画があり、安土桃山時代が最盛期。↓写(次ページ)

**しょうへい-こう【▼昌平▼黌】** 昌平坂学問所の別称。

**しょうへいざか-がくもんじょ【▼昌平坂学問所】** 江戸幕府の学問所。最初は林家の私塾。のち幕府の官学となり、昌平坂学問所(=昌平黌)と改称。朱子学を正学とし、旗本・御家人の教育と諸藩の儒者の養成を行った。維新後、大学校となったが、明治四年(一八七一)廃止。

**じょう-へいそう【常平倉】** 律令制下の救民用貯穀倉の一つ。天平宝字三年(七五九)創設。とくに穀価の調節に用いられた。平安時代には常平所として行われ、江戸時代にも義倉・社倉とともに設置した藩もあった。

**じょうへい-てんぎょう-の-らん【▽承平・天▽慶の乱】** 平安中期、東国と西国でほぼ時を同じくして起こった二つの反乱。承平五年(九三五)東国の平将門の起こした乱は天慶二年(九三九)鎮圧。翌年西国の藤原純友の乱も鎮圧。

**しょう-へいりん【章▼炳▼麟】**(一八六八〜一九三六) 中国、清末・中華民国初期の革命家・学者。号は太炎。浙江省の人。一九〇四年光復会を組織し革命運動を指導。孫文・黄興とともに革命の三尊といわれる。考証学を発展させ『文始新方言』などを著す。

**しょう-へき【障壁】** ①しきりのかべ。wall ②しきり。へだて。barrier ③じゃまになるもの。さまたげ。barrier

**しょう-へき【▼牆壁】** かきねとかべ。かこい。

**しょう-べき【昇▼冪】** 一つの文字に注目して整式の同類項をまとめ、次数の低い項から高い項へと順に並べた状態。ascending powers 対義降冪。

**じょう-へき【城壁】** 城のまわりにめぐらされた壁や塀。castle wall

**しょうへき-が【障壁画】** 主として書院造り建築の襖や壁貼付、杉戸・舞良戸・障子貼付、天井などに描かれた絵画の総称。金碧画と水墨画があり、安土桃山時代に飛躍的に発展した。智積院・大覚寺・南禅寺などに代表的作品が多い。障壁画に屏風絵・衝立絵を加えた名称に障屏画がある。

**しょう-へん【小片】** 小さい切れ端・かけら。

●障屏画

狩野永徳『唐獅子図屏風』。桃山時代(一六世紀後期)宮内庁。

海北友松『雲竜図』(部分)。慶長四年(一五九九)ごろ、建仁寺(京都府)。

長谷川等伯『松林図屏風』(部分)。桃山時代(一六世紀後期)東京国立博物館。

長谷川久蔵『桜図』(部分)。文禄元年(一五九二)、智積院(京都府)。

尾形光琳『紅白梅図屏風』。江戸時代(一八世紀前半)MOA美術館(静岡県)。

『婦女遊楽図』(松浦屏風)(部分)。江戸時代(一七世紀前半)、大和文華館(奈良県)。

small piece

**しょう-へん【小変】** ①わずかな変化。small change ②ちょっとした異変。small change

**しょう-へん【小編・小▾篇】** 短い文学作品。short piece

**しょう-へん【掌編・掌▾篇】** ごく短い文学作品。コント。conte

**しょう-へん【▾爿偏】** 漢字を組み立てている部分の名。「牀・牂」などの左にある「爿」。

**しょう-べん【小便】** 一(名) 尿道を通って排出される液体。尿。小用。urine 対義 大便。二(名・サ変自)《俗語》契約を中途で破ること。

**小便一町、糞一里**(しょうべんいっちょう、くそいちり) 歩いて旅するとき、小便や大便のために同伴者に遅れることを言う。類似 小便一町、飯一里。

**じょう-へん【城辺】**〈町〉 愛媛県南端の町。中世には城下町。深浦港はカツオ・イワシなどの水揚げ地。人口一万一六二七(一九八八)。

**じょう-べん【浄弁・浄・▾辨】**(生没年未詳) 鎌倉時代の歌僧。京都の人。法印。頓阿・兼好・慶運とともに二条為世門の和歌四天王と称された。

**しょうべん-くさ・い【小便臭い】**(形) ①小便のにおいがする。smell of urine ②未熟で子供っぽい。未熟である。childish

**しょうへん-しょうせつ【掌編小説】** 短編小説よりさらに短い小説。

**しょうべん-の-き【小便の木】** ミツバウツギ科の常緑低木。暖地にはえる。葉は柄をもち三枚からなる複葉。初夏に、円錐花序を立て、緑白色の小花を密生。切ると樹液が多量に出ることからの名。

**しょうほ【正保】** 江戸初期の年号。寛永から改元。元年(一六四四)一二月一六日～五年(一六四八)二月一五日。次に、慶安に改元。しょうほう。

**しょう-ほ【商舗】** みせ。商店。store 米; shop 英

**じょう-ほ【譲歩】**(名・サ変自他) ①人に道をゆずること。make way for another ②自分の主張・意見を引っ込めて、他人の説に従うこと。concession 用例 ——にも限界がある。

**しょうほう【正▿保】** ↓しょうほ(正保)

**しょうほう【承▿保】** ↓じょうほう(承保)

**しょう-ほう【商法】** ①商売のやりかた。way of business ②明治三二年(一八九九)に公布された商法典。③企業関係の経済的利益を調整するための法律の総称。商法典をはじめ有限会社法・手形法などの制定法、商事条約・商慣習法など。commercial law

**しょう-ほう【勝報・▾捷報】** 勝利の知らせ。news of a victory 対義 敗報。

**しょう-ほう【詳報】** くわしい知らせ。detailed report

**しょう-ぼう【正法】**《仏教語》=しょうほう。①仏の説いた正しい教え。②三時の一つ。釈迦入滅後を三期に分けた、第一期の五〇〇年または一〇〇〇年間。教・行・証の三つがいずれも正しく行われていたとされる時代。

**正法に奇特無し**(しょうぼうにきどくなし)《「奇特」は、神仏などの不思議な力》正しい法門には、不思議なご利益などというものはない。奇特があるといっているのは、かえって邪教なのである。

**正法に不思議無し**(しょうぼうにふしぎなし) 「正法に奇特無し」と同意。

**しょう-ぼう【消防】** 消火と防火。火災の消火・警戒・予防・人命救助にあたること。また、その人。fire fighting

**しょう-ぼう【焼亡】**(名・サ変自) 焼けうせること。焼失。じょうもう。destruction by fire

**しょうぼう【▿聖宝】**(八三二～九〇九) 平安初期の真言宗の僧。大和の人。三論・法相・華厳・密教を学び、東密小野流を創始。理源大師。

**じょう-ほう【上方】** 上のほう。対義 下方。

**じょう-ほう【定法】** ①決まったおきて。法則。established rule ②決まったやり方。accepted method

**じょうほう【▿承▿保】** 平安中期の年号。延久から改元。元年(一〇七四)八月二三日～四年(一〇七七)一一月一七日。次に、承暦に改元。しょうほう。

**じょう-ほう【乗法】** ↓かけざん(掛け算)

**じょう-ほう【情報】** ①実情についての知らせ。information ②一定の約束に基づいて人間が数字・音声などの信号に与えた意味や内容。判断・行動の上で必要な知識。information

**じょう-ぼう【条坊】** ①町の道筋。②東西・南北に走る道路で碁盤の目のように区画する、古代の都城制の道路。平城京・平安京などにみられる。

**じょうほうか-しすう【情報化指数】** 情報化の程度を定量的に表示する場合に基準となる指標。テレビ・電話の普及台数、新聞・雑誌・書籍の発行部数、高等教育の就学水準など。

**じょうほうか-しゃかい【情報化社会】** 情報の大量生産・流通・消費によって特徴づけられる社会。コンピューターなどの情報機器を活用する脱工業化社会。information society

**じょうほう-きょく【情報局】** 内閣情報局の略称。昭和一五～二〇年(一九四〇～四五)の間に設置され、言論・マスコミの統制にあたった。

**じょうほう-けんさく【情報検索】** 収集・分類された多数の情報の中から必要なものを取り出すこと。information retrieval

**しょうぼうげんぞう【正法眼蔵】** 禅の書。道元の著。九五巻。寛喜三年(一二三一)から建長五年(一二五三)にかけての和文の法語をまとめたもので、曹洞宗の根本宗典。只管打坐・本証妙修・行持道環などの独自の禅思想を展開。



▾ 常用漢字表外。 ▿ 常用漢字表の音訓外。

**しょうぼうげんぞうずいもんき【正法眼蔵随聞記】** 禅の書。道元の日常の教えを、弟子の懐奘が筆録したもの。六巻。修行者の心構えを平易に説く。嘉禎年間(一二三五〜三八)成立。

**じょうほう-こうがい【情報公害】** 無秩序に氾濫する情報が公共に与える害。意図的に操作された情報や誤報、興味本位な個人生活の暴露、過激な性や犯罪の報道など、情報化社会が生みだす社会的な弊害のこと。information pollution

**じょうほうこうかい-せいど【情報公開制度】** 国や地方自治体が収集・作成した政治・行政に関する記録・資料を、国民や住民の請求によって公開する制度。public information system

**じょうほう-さんぎょう【情報産業】** ①情報の生産・流通・販売・サービスなどの業務に関する産業。information industry ②コンピューター関連産業。computer-related industry

**しょう-ほうし【小胞子】** シダ植物で胞子に大小の別があるときの、小形の胞子。小胞子が発芽すると雄の前葉体をつくる。microspore

**じょうほう-し【情報誌】** 特定の読者を対象に、細分化された情報を提供する雑誌。映画や催し物の日程だけを集めた雑誌など。information magazine

**じょうぼうじ【浄法寺】**〈町〉 岩手県北部、青森県に接する町。稲作・タバコ栽培・畜産がさかん。漆器が特産。古刹天台寺がある。人口六七五一(一九八八)。

**しょうぼう-じどうしゃ【消防自動車】** 消防活動とそれにともなう人命救助に用いる自動車の総称。消防ポンプ車のほか、化学車・はしご車・排煙車・無線車・シュノーケル車などがある。fire engine

**じょうほう-しゃかい【情報社会】** ↓じょうほうかしゃかい(情報化社会)

**じょうほうしゅうしゅう-かん【情報収集艦】** 相手国の通信内容やレーダーを受信・解析する軍艦。おもに軍事情報や相手レーダーの能力などの探知を目的とする。

**しょうぼう-しょ【消防署】** 消防を扱う役所。fire station

**じょうほう-しょり【情報処理】** ①通信の内容を記憶したり整理したり検索したりすること。②得られたデータから目的に沿った情報を得ること。データ処理のほか図形・文字・音声の識別、翻訳なども含まれる。information processing

**じょうぼう-せい【条坊制】** 古代の都市区画法。唐の都長安をまねて、都の東西南北を碁盤目状に区分。藤原京に初めて導入され、平城京・平安京に継承。

**しょうぼう-せつび【消防設備】** 消防法で旅館・ホテル・劇場などに設置が義務づけられている、防火壁・火災報知器・スプリンクラーなどの設備。

**しょうほう-たい【小胞体】** 細胞器官の一つ。細胞質内にみられ、内部に空間のある管状などの膜構造。細胞内物質輸送や細胞内代謝に関係。endoplasmic reticulum ↓細胞[図]

**しょうぼう-だん【消防団】** 市町村の消防・水防機関。団長は市町村長が任命し、団員は非常勤の者が多い。fire company

**じょうほう-ちかん【上方置換】** 容器の口を下に向けて気体の出口にかぶせ、気体を捕集する方法。空気より軽く、水に溶ける気体(アンモニアなど)に適用。↓[図]

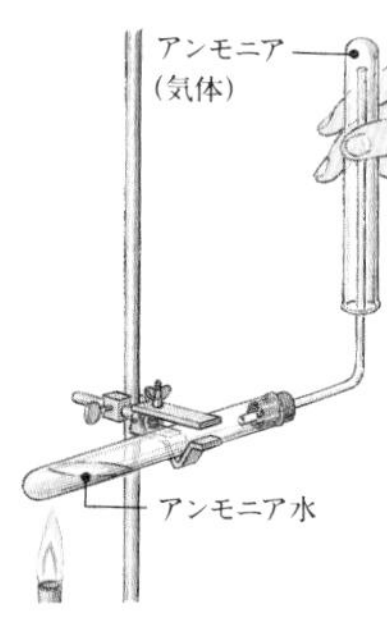


●上方置換　アンモニアの捕集例

**しょうぼう-ちょう【消防庁】** ①自治省の外局の一つ。消防全般に関する基準・計画などの研究・立案・指導・助成を行う行政機関。Fire-defence Agency ②《「東京消防庁」の略》東京都二三区が共同で設立した消防組織。

**しょう-ほうてい【小法廷】** 最高裁判所の一五人の裁判官を五人ずつに分けて構成する三つの法廷。特別の事件以外の審理は、原則的にここで行われる。[対義]大法廷。

**しょうぼう-てい【消防艇】** 船舶・港湾施設などの火災に対し、海上から消火活動をする小型船。fireboat

**じょうほう-ていり【乗法定理】** 事象A、Bが同時に起こる確率は、Aが起こる確率と、Aが起こっているときにBが起こる条件つき確率との積に等しいという定理。multiplication theorem

**じょうほう-みんしゅしゅぎ【情報民主主義】** 情報において、プライバシーを守る権利、知る権利、情報を利用する権利、参加する権利の四つを尊重すること。インフォメーション-デモクラシー。information democracy

**じょうほう-りょう【情報量】** 与えられた情報の大きさ。amount of information

**じょうほう-りろん【情報理論】** 抽象的な情報に情報量という数学的定義を与え、情報の伝達機構に関して、数量的・統計的に解析する学問。一九四八年にクロード=シャノンが創始した。information theory

**しょうぼく【勝北】**〈町〉 岡山県、津山盆地北東部の町。酒米の産地。酪農も発達。東部には日本原高原がある。人口七八八二(一九八八)。

**じょうほく【常北】**〈町〉 茨城県中部、水戸市北西隣の町。茶・ナガイモが特産。木工業も行われる。人口一万一二〇六(一九八八)。

**じょう-ぼく【上木】**(名・サ変他) ↓じょうし(上梓)

**しょう-ほん【正本】** ①[対義]副本。㋐原本。the original ㋑登記所の台帳。register ②省略のない本。丸本。unabridged text ③浄瑠璃の詞章に節回しを記入した本。④脚本。台本。play

**しょう-ほん【抄本・鈔本】** ①一部を書き抜いた書物。abridgment ②原本となる書類の一部を書き抜いたもの。また、写し取ったもの。abstract [対義]謄本。

**しょう-ほん【証本】** 証拠になる文書。documentary evidence

**しょう-ほん【摺本】** 折りたたみ本。折り本。

**じょう-ぼん【上品】**《仏教語》極楽浄土往生の九品のうち、上の三つの位。[対義]中品・下品。[参考]九品。

**じょうぼん-のう【浄飯王】** 釈迦の父。中インド、迦毘羅衛国の王。シュッドーダナ。

**しょう-ま【升麻】** サラシナショウマの根茎を乾燥した生薬。解熱・解毒などに用いる。black cohosh root

**しょう-ま【消磨】**(名・サ変自他) すり減らすこと。すり減ること。abrasion

**しょう-まい【正米】** ①現在ある米。②実際に取り引きされる米。実米。[対義]空米。

**じょう-まえ【錠前】** ↓じょう(錠)

**しょうま-きょう【照魔鏡】** ①魔の本性を映し出すというかがみ。②かくれた本体を映し出すもの。

**しょう-まく【漿膜】** ①胚発生のさい、もっとも外側を包む胚膜。脊椎動物の爬虫類・鳥類・哺乳類、昆虫などにみられる。serosa ②体腔の内面をおおう膜。

**しょう-マゼランうん【小マゼラン雲】** 天の南極付近にある棒状の銀河。明るさ約二等。わが銀河系に一番近く、距離は約一七万光年。small Magellanic cloud

**しょう-まん【小満】** 二十四節気の一つ。草木が一応の大きさに達する、という意の語。五月二一日ごろ。

**しょうまん【勝鬘】** 『勝鬘経』の主人公。舎衛国波斯匿王の娘。仏教の熱心な信者で、釈迦の威神力によって『勝鬘経』を説いたとされる。勝鬘夫人。

**じょう-まん【冗漫】**(名・形動) 長くて、しまりのないこと・さま。おもに、文章がだらだらとまとまりなく長いこと・さま。prolix [比較]散漫。[対義]簡潔。

**しょうまん-ぎょう【勝鬘経】** 大乗経典の一つ。宋の求那跋陀羅の漢訳。一巻。王妃勝鬘が女性在俗信者の立場から、一乗・如来蔵思想を中心に仏教の道理を説くという形式のもの。正称は『勝鬘師子吼一乗大方便方広経』。

**しょう-み【正味】** ①物の中身。content ②中身だけの目方。正目。net weight ③ほんもの。本当のところ。④掛け値なしの値段。net price

**しょう-み【笑味】**(名・サ変他)《上に「御」を付けて》人に食べ物を贈るときの謙譲語。[用例]御——ください。

**しょう-み【賞味】**(名・サ変他) おいしく味わうこと。appreciation [用例]銘菓を——する。

**じょう-み【上巳】** ↓じょうし(上巳)

**じょう-み【情味】** ①味わい。おもむき。attraction ②人情味。humanity

**しょうみ-きかん【賞味期間】** 食品を、風味をそこなわずに、できたてと同じように味わうことができる期間。open date

**しょう-みつ【詳密】**(名・形動) くわしく細かいこと・さま。詳細。detailedness

**じょう-みゃく【静脈】** 血液を末梢から求心的に心臓に環流させる血管。皮下や頭蓋腔内をのぞき、動脈と同じ経路をたどる。動脈内に比べて血流は著しく遅く、内圧はきわめて低い。体循環の静脈は、冠状静脈・上大静脈・下大静脈の三つに区分される。vein [対義]動脈。

**じょうみゃく-あつ【静脈圧】** 静脈の内圧。心房の位置の圧力を標準にして表し、正常値は肘静脈血圧で六〇〜一〇〇ミリメートル水銀柱。心臓病の診断・治療の指標となる。venous pressure

**じょうみゃく-けつ【静脈血】** 静脈のなかを流れる血液。酸素を含む量が少なく、二酸化炭素が多い。肺で動脈血にかわる。venous blood

**じょうみゃくけっせん-しょう【静脈血栓症】** 静脈の内部で血液が凝固して血の塊になる現象。とくに左下肢の静脈に多い。放置しておくと危険なので早期に摘除する。venous thrombosis

**じょうみゃく-さんぎょう【静脈産業】** 廃棄物を処理・再生・再加工する産業。[対義]動脈産業。

**じょうみゃく-ちゅうしゃ【静脈注射】** 薬を静脈のなかに直接注射すること。皮下や筋肉内注射に比べて効き方が早い。intravenous injection

**じょうみゃく-ますいやく【静脈麻酔薬】** 静脈内注射により全身麻酔を起こす薬物。バルビツル酸誘導体・ケタミン・プロパニジドなど。intravenous anesthesia

**じょうみゃく-りゅう【静脈瘤】** 静脈の血行障害により、血管が部分的にみみずばれ状にふくらむ状態。立ち仕事をする人や妊婦の下肢などに多くみられる。varix

**しょう-みょう【小名】** [対義]大名。①中世、名田・領地がそれほど多くなく、勢力も大きくなかった武士。②江戸時代、領地の少ない大名。

**しょう-みょう【声明】**《仏教語》①インドの五明の一つ。音韻・文字・意味など、ことばについての学問。②仏教の儀式で、僧が経文を歌唱して仏徳をたたえる音楽。梵唄。

**しょう-みょう【称名・唱名】**《仏教語》「南無阿弥陀仏」など、仏の名号をとなえること。[用例]——念仏。

**じょう-みょう【定命】**《仏教語》前世の因縁によって決まっている寿命。

**じょう-みょう【常命】** ふつうの人の寿命。normal length of life

**じょうみょう-じ【浄妙寺】** 鎌倉市二階堂にある臨済宗建長寺派の寺。鎌倉五山の一つ。文治四年(一一八八)足利義兼が極楽寺として創建、のち、足利尊氏が改称。

**しょうみょう-ねんぶつ【称名念仏・唱名念仏】** 「南無阿弥陀仏」と唱えること。

**じょう-みん【常民】** 世間の人々。一般人。大衆。民俗学ではとくに、文化的な観点から民間伝承を保持する生活者をいう。

**じょう-みん【蒸民・烝民】** 万民。諸人。

**しょう-む【商務】** 商業上の事務。commercial affairs

**じょう-む【乗務】**(名・サ変自) 交通機関に乗って、運転・乗客の世話などの業務を行うこと。work of carmen [用例]——員。

**じょう-む【常務】** ①日常のふつうの仕事。regular business ②「常務取締役」「常務理事」などの略。

**しょうむ-いんしょかん【商務印書館】** 中国の出版社。一八九七年上海に設立。教科書・参考書などのほか中国の古典、外国図書の翻訳出版を行い、文化面に大きな役割を果たした。解放後は公私合営、台湾にも存続。

**じょうむ-かい【常務会】** 常務取締役以上の役員で構成される、社長の諸問機関。実質的には最高の業務執行意思決定機関となる。operating committee

**しょうむ-てんのう【聖武天皇】**(七〇一〜七五六) 第四五代天皇(在位七二四〜七四九)。文武天皇の第一皇子。全国に国分寺、奈良に東大寺を建立。大仏を造立。天平文化の絶頂期を現出。

**じょうむ-とりしまりやく【常務取締役】** 株式会社で、社長を補佐し、おもに部門ごとの責任者として日常の業務の処理にあたる重役。executive director

**しょう-め【正目】** 中身だけの目方。net

weight

**しょう-めい【召命】** キリスト教用語。神が特定の人を選んで一定の仕事をたくすこと。また、その仕事。vocation

**しょう-めい【正銘】** ほんもの。genuineness 用例 正真―。

**しょう-めい【証明】**(名・サ変他) ①真偽を明らかにすること。証拠だてること。proof ②命題が真であることを論理的に示すこと。与えられた公理などの仮定から定められた推論の規則に従って行う。demonstration ③訴訟法上、裁判官に係争事実について確信を抱かせるためになされる、当事者の行為。proof

**しょう-めい【照明】**(名・サ変他) 明るく照らすこと。また、その光線。視環境を人工光により調整したり、舞台・撮影効果のために光線を用いること。lighting

**しょうめい-きぐ【照明器具】** 光源をそなえた照明用の器具。配光・光色・光量を変換・制御できる。灯器。lighting fixture; lighting equipment

**しょうめい-たいし【昭明太子】**(五〇一〜五三一) 中国、南朝の梁の文人。武帝の長子。名は蕭統。『文選』三〇巻を編纂。

**しょうめい-だん【照明弾】** 夜間、空中でマグネシウム・アルミニウムの粉末と酸素供給剤の混合物を固めた照明剤を燃やし、落下傘で降下させて目標地域を照明する弾丸。火砲または航空機投下による。flare

**しょうめい-にち【正命日】** 故人の死んだ同月同日。祥月命日。正忌。正日。

**しょう-めつ【生滅】**(名・サ変自) 生じることと滅すること。生と死。せいめつ。birth and death

**しょう-めつ【消滅】**(名・サ変自他) 消えてなくなること。消してなくすこと。extinction

**しょう-めん【正面】** ①正しく向き合っていること・方向。まむかい。まむき。front ②まともに。直接。direct ③相撲場で土俵の北がわの所。対義 向こう正面。→相撲図

**正面切って**(しょうめんきって) ①面と向かって。to a person's face ②遠慮や遠回しな言い方などをせず、直接に、はっきりと。directly

**正面を切る**(しょうめんをきる) ①相手に面と向かう。改まった態度をとる。be formal ②開き直って、遠慮ない態度をとる。be unreserved

**じょう-めん【定免】** 江戸中期から行われた年貢徴収法の一つ。豊凶に関係なく過去五～二〇年の平均で税率を定めた。従来の検見法に対するもの。

**しょうめん-こんごう【青面金剛】** ①《仏教語》青い顔、三眼六臂の忿怒相で表される金剛童子。病魔を追い払ってくれるとされる。②庚申信仰の祭神の一つ。庚申待ちの本尊として祭られる。

**しょうめん-そうび【正面装備】** 戦闘に直接必要な装備。戦車・火器・戦闘機・護衛艦などをいう。

**しょう-もう【消耗】**(名・サ変自他)《「しょうこう」の慣用読み》①物を使い減らすこと。減ること。consumption ②体力・気力を使い果たすこと。くたびれること。exhaustion 用例 体力を―する。

**じょう-もう【上毛】**《「上毛野」の略》上野国の古称。

**じょう-もう【▽焼亡】** 古語 火事。しょうぼう。

**じょうもう-さんざん【上毛三山】** 群馬県にある赤城・榛名・妙義の三つの山。

**しょうもう-ひん【消耗品】** 使うとなくなっていく物。紙・鉛筆など。expendable 比較 備品。

**しょうもう-らんせい【▼睫毛乱生】** まつげの向きが乱れている状態。眼瞼縁炎・トラコーマなどの炎症がまつげの毛根に及ぶことにより起こる。trichiasis

**じょう-もく【条目】** ①分けて書きならべた項目の一つ一つ。箇条書きの各項目。article ②法令を書いたもの。clause

**しょう-もつ【抄物】** ①和歌・漢詩文・経文の抜き書き。書き抜き。しょうもち。②↓しょうもの(抄物)

**しょう-もの【抄物】** 室町時代に、おもに禅寺で行った講義案。また、その注釈書。

**じょう-もの【上物】** 上等の品物。choice goods

**しょう-もん【声聞】**《仏教語》釈迦の教えを直接聞いた仏弟子。のち大乗仏教では、四諦の教えによって阿羅漢となることを目的とする小乗の修行者をいう。

**しょう-もん【掌紋】** てのひらにある皮膚の隆起線。指紋と同様に、人ごとに異なり、終生変わらないので個人の識別に利用。手相とは異なる。palm print

**しょう-もん【証文】** ①借りたしるしに渡す証書。bond ②契約書。contract

**証文の出し後れ**(しょうもんのだしおくれ) 手後れで、効き目がなくなることのたとえ。It is too late to grieve when the chance is past.

**しょう-もん【照門】** 銃の照準装置で、照尺についている凹状の切れめ。銃身の先端にある照星と目標とを見通して、ねらいを定める。notch of the backsight 参照 照尺・照星。

**しょう-もん【▼蕉門】** 松尾芭蕉の門下。

**じょう-もん【定紋】** 家々で決まっている紋。家紋。用例 ―の入ったちょうちん。

**じょう-もん【縄文】** なわ目の模様。

**じょうもん-かいしん【縄文海進】** 縄文時代の海岸線が現在より内陸にあったこと。内陸で発見される貝塚により、当時の海水の浸入度がわかる。

**しょうもん-き【将門記】** 平安中期の軍記物語。一巻。作者未詳。天慶三年(九四〇)の成立とされる。軍記物語の源。承平・天慶の乱の経緯を、平将門の活躍を中心に、変体漢文で力強く描く。まさかどき。

**じょうもん-じだい【縄文時代】** 縄文土器の製作・使用を指標とする日本の新石器時代。紀元前数千年から前三世紀ごろまでといわれるが定説はない。狩猟・漁労および採集が生活の基調で、住居は竪穴式が主。土器のほか石器・骨角器も使用。草創・早・前・中・後・晩期の六期に分類。

**しょうもん-じょう【声聞乗】**《仏教語》三乗の一つ。阿羅漢の境地を究極とする教え。

**じょうもん-じん【縄文人】** 縄文時代の日本列島の住民。二、三万年前に大陸から陸橋を渡って来たモンゴロイド系人種で、その後海水面の上昇で孤立し、独自の形質がつくられたと思われる。主として小動物や鳥・魚の狩猟、木の実・野菜の採集で食料を獲得。晩期には栽培耕作も行われたと推測される。

**じょうもん-どき【縄文土器】** 日本で製作・使用された土器の最初の様式のもの。黒褐色や赤褐色を呈し、厚手だが、時代・地域の差によりちがいがある。名称は、縄目文様を施されたものが多いことに由来。

**じょうもん-のうこう【縄文農耕】** 縄文時代に行われた農耕。縄文時代に農耕が行われたかどうかについてまだ定説はないが、近年栽培植物とみられる炭化種子が縄文遺跡から出土するなど、データが集積されつつある。

**しょうもん-の-じってつ【▼蕉門の十哲】** 松尾芭蕉門下の一〇人のすぐれた俳人。一般には、榎本其角・服部嵐雪・向井去来・内藤丈草・森川許六・杉山杉風・各務支考・志田野坡・越智越人・立花北枝をいう。

**じょうもん-ぶんか【縄文文化】** 縄文土器を使用していた時代の文化。弓矢を使用する狩猟をはじめ、漁労、食用植物の採取など、採集経済の段階。利器の中心は石器。住居は竪穴式住居を主とし、装身具・呪術具なども時期とともに発展した。

**しょう-や【▼庄屋】** 江戸時代、村方三役の一つ。村の代表者を命じられた百姓。おもに関西での呼び名。関東では名主。

**しょう-やく【生薬】** 動植物や鉱物をそのままあるいは性質を変えない程度の簡単な加工を施して薬品として用いるもの。モルヒネの原料のアヘン、キニーネの原料のキナ皮など多数ある。きぐすり。crude drug

**しょう-やく【抄訳】**(名・サ変他) 原文の一部分を翻訳すること。また、その訳。abridged translation 対義 完訳・全訳。

**しょう-やく【硝薬】** 火薬。gunpowder

**じょう-やく【条約】** ①箇条書きの約束。agreement ②国家または国際機構の間で結ばれる合意。書面で締結され法的拘束力をもつ。treaty

**じょうやく-かいせい【条約改正】** ①条約をあらためること。treaty revision ②安政五年(一八五八)に幕府が諸外国と締結した不平等条約の改正。明治二七年(一八九四)陸奥宗光外相が対英交渉に成功、同四四年(一九一一)小村寿太郎外相により全面改正が実現。

**じょう-やど【定宿・常宿】** いつも泊まる宿。one's regular inn

**じょう-やとい【常雇い】** ①一年あるいは、それ以上、続いて雇われること・人。じょうよう。regular employee 対義 臨時雇い。②雇いつけている人。regular employee

**じょうや-とう【常夜灯】** 終夜点灯しておく照明器具。歩行などの安全確保が目的。玄関・廊下などに設置。night-light

**しょう-ゆ【▼醤油】** 大豆と小麦で作ったこうじに食塩水を加えて発酵させた液状の調味料。日本独自のもの。したじ。むらさき。soy sauce 数え方 一さじ・一リットル・一瓶・一本・一樽。

**醤油で煮染めた様**(しょうゆでにしめたよう) 醤油の色が染み込んでしまったように、ひどく汚れて垢じみているさま。

**しょうゆ-あらい【▼醤油洗い】** 料理の下ごしらえで、材料をしょうゆにさっと浸すこと。生臭い材料や水っぽい材料によく用いる。

**じょうゆいしきろん【成唯識論】** 法相宗の所依の仏教書。一〇巻。玄奘の訳。世親の「唯識三十頌」に対するインド十大論師の註釈のうち、護法の註釈を主に他説を合わせて編集した論書。

**しょう-ゆう【小勇】** 小事にはやる、つまらない勇気。血気の勇。brute courage 対義 大勇。

**しょうゆうき【小右記】** 平安中期の日記。藤原実資の著。天元元年(九七八)から長元五年(一〇三二)の記録。藤原道長・頼通時代の政治・社会・宮中儀式などを詳述。

**しょうゆう-せい【小遊星】** 小惑星の別名。

**しょう-よ【賞与】** ①賞として与える金品。prize ②給料以外に支給する金銭。ボーナス。bonus

**じょう-よ【丈余】** 一丈(約三m)とすこし。一丈あまり。用例 ―の大仏。

**じょう-よ【剰余】** あまり。のこり。余分。余剰。surplus

**じょう-よ【譲与】**(名・サ変他) 物をゆずり与えること。transfer

**しょう-よう【小用】** =こよう。①ちょっとした用事。trifling matter ②小便。urine

**しょう-よう【商用】** ①商売上の用事。business ②商業方面に使うこと。use on business

**しょう-よう【▼逍▼遥】**(名・サ変自) 気の向くままに散歩すること。そぞろ歩き。ramble

**しょう-よう【▼慫▼慂】**(名・サ変他) そばから勧めること。勧誘。

**しょう-よう【賞揚・称揚】**(名・サ変他) 褒めそやすこと。admiration

**しょう-よう【従容】**(形動タル) ゆったりと落ち着いたさま。composed 用例 ―として死地に赴く。

**じょう-よう【乗用】**(名・サ変他) 乗り物として使うこと。for riding 用例 ―車。

**じょう-よう【常用】**(名・サ変他) ①いつも使っていること。daily use ②続けて使うこと。habitual use

**じょう-よう【常陽】** 動力炉・核燃料開発事業団の大洗工学センターにある、実験用の高速増殖炉。熱出力一〇万キロワット。昭和五二年(一九七七)臨界に達した。

**じょう-よう【常▼傭】** ↓じょうやとい(常雇い)

**じょうよう【城陽】**〈市〉京都府南部、宇治市南隣の市。京都市のベッドタウンとして発展。人口八万三〇〇二(一九八八)。

**じょうよう【上陽】**〈町〉福岡県南部、耳納山地南麓の町。高級茶・菊栽培などの農業や林業が行われる。人口五三二九(一九八八)。

**しょうよう-がくは【▼逍▼遥学派】** ペリパトス学派の別称。

**じょうよう-かんじ【常用漢字】** ①昭和五六年(一九八一)、「当用漢字表」に代わって、日常用いる目安として制定された「常用漢字表」に掲げてある一九四五字の漢字。②大正一二年(一九二三)、臨時国語調査会の発表した、「常用漢字表」に掲げてある一九六二字の漢字。③昭和六年(一九三一)に臨時国語調査会が発表した、②を修正した一八五八字の漢字。

**じょうよう-こう【常用工】** ↓ほんこう(本工)

**じょうよう-じ【常用時】** 平均太陽時に一二時を加えた時系。日常使用されている時刻。仮想太陽の南中を一二時(正午)とする。civil time

**じょうよう-しゃ【乗用車】** 人を乗せるための自動車。car 比較 貨物自動車・トラック。

**しょうよう-じゅりん【照葉樹林】** 亜熱帯・暖温帯の多雨地方に発達した常緑広葉樹の森林。葉はクチクラ層が発達し、革質で光沢がある。雲霧林。laurel forest

**しょうようじゅりん-ぶんか【照葉樹林文化】** 常緑広葉樹林帯(⇃照葉樹林帯)にみられる共通の文化要素によって特色づけられる文化。東南アジアから西日本に至り、その起源はアッサム・雲南山地付近と想定される。イモ

▼常用漢字表外。 ▽常用漢字表の音訓外。

と雑穀の焼き畑耕作が水田稲作導入以前の日本に伝来し、基層文化の形成に影響。

**じょうよう-だいし【▽承陽大師】** 道元の諡号。

**じょうよう-たいすう【常用対数】** 一〇を底とする対数。十進法による通常の数の計算に便利。common logarithm

**しょうようろく【従容録】** 禅の書。中国、宋の万松行秀の著。宏智正覚の『頌古百則』に、禅的な批評・注釈を加えたもの。『碧巌録』と並んで禅宗で重視される。

**じょうよ-かち【剰余価値】**《Mehrwert ドイツの訳》労働者が生産過程において生産する価値のうち、賃金相当額を超える分。これが利潤・利子・地代の源泉をなすことをマルクスが解明。絶対的剰余価値と相対的剰余価値とに分類される。余剰価値。surplus value

**じょうよ-きん【剰余金】** ①一定基準を超えて余った金額。②企業会計上、総資産額から負債と法定資本の合計額を差し引いた残額。資本剰余金と利益剰余金に分かれる。surplus

**しょう-よく【小欲・少▼欲】** 欲の少ないこと。be not so avaricious

**じょう-よく【情欲・情▼慾】** ①《仏教語》むさぼり執着する心。②肉体的な欲望。色情。性欲。lust

**じょうよ-ぜい【譲与税】** 国税として徴収した税を、特定の目的のため地方公共団体に譲与する制度。地方道路譲与税・石油ガス譲与税など。地方譲与税。

**じょうよ-ていり【剰余定理】** $x$についての整式$f(x)$を$x-a$で割ったときの剰余は、$f(a)$に等しいという定理。remainder theorem 参照因数定理。

**じょうよ-ろうどう【剰余労働】** 労働者が自分の労働力を再生産するために必要な、労働時間を超える労働。これによって剰余価値が生産される。不払い労働。surplus labor

**しょう-らい【生来】**(名・副) ↓せいらい(生来)

**しょう-らい【招来】**(名・サ変他) ①来てもらうこと。invitation ②ある結果をもたらすこと。cause 用例不幸を—する。

**しょう-らい【▽請来】**(名・サ変他) 仏像・経文などを請い受けて外国から持って来ること。

**しょう-らい【将来】** 一(名・副) これから来ようとする近い未来。行く先。前途。future 用例日本の—はどうなる。—有望な青年。対義既往。二(名・サ変他) ①持って来ること。bring about 用例唐からの—品。②招き寄せること。引き起こすこと。用例戦争の危機を—する。

**しょう-らい【松▼籟】** ①松に吹く風。その音。まつかぜ。②茶がまの湯のたぎる音。

**しょうらい-じんこう【将来人口】** 将来の一定時点で実際に到達すると推計される人口。future population

**しょうらい-せい【将来性】** これから発展するという見込み。前途が有望な状態。promising

**じょう-らく【上▼洛】**(名・サ変自) 地方から都・京都へ行くこと。比較入洛。

**じょう-らく-が-じょう【常楽我浄】**《仏教語》①悟りの四つの属性とされるもの。「常」は恒常不変であること、「楽」は安らかなこと、「我」は自在無碍であること、「浄」は清浄であること。②無常を「常」、苦を「楽」、無我を「我」、不浄を「浄」とする四つの誤った考え方。

**しょう-らん【笑覧】**(名・サ変他) 人に物を見てもらうことをけんそんしていう語。用例御—ください。

**しょう-らん【照覧】**(名・サ変他) ①明らかに見ること。seeing clearly ②神仏や貴人が見ることをいう敬語。

**じょう-らん【上覧】**(名・サ変他) 天皇・貴人が見ることをいう尊敬語。ごらんになること。用例—に供する。

**じょう-らん【▼擾乱】**(名・サ変自他) 騒ぎみだれること。騒ぎみだすこと。乱。disturbance

**しょう-り【小吏】** 低い階級の役人。小役人。petty official

**しょう-り【小利】** わずかな利得。small profit

**小利大損**(しょうりだいそん) 少しばかりの利益を得ようとして、かえって大きな損失をしてしまうこと。

**しょう-り【勝利・▼捷利】** 戦いに勝つこと。victory 対義敗北。

**しょう-り【掌理】**(名・サ変他) しっかり取り扱って、処理すること。管理し、取りまとめること。

**じょう-り【条理】** ①物事の筋道・道理。reason ②ある社会の法秩序を支えている基本的な法的価値体系のこと。法律が不完全なときは裁判の基準としての法の根拠とされる。principle

**じょう-り【情理】** 人情と道理。reason and sentiment 用例—を尽くす。

**しょうりき-まつたろう【正力松太郎】**（一八八五〜一九六九）実業家・政治家。富山県生まれ。東大卒。読売新聞社社主。日本テレビ社長。衆議院議員として科学技術庁長官などをつとめた。読売巨人軍の創設者で野球連盟会長となり、プロ野球発展にも貢献。

**じょう-りく【上陸】**(名・サ変自) 海から陸に上がること。landing 用例横浜港に—する。

**じょうり-しゅうらく【条里集落】** 古代の条里制に関連した村落。正方形または長方形の計画的な集落で、近畿を中心に、北九州・北陸地方にかけて遺構が残る。

**じょうり-せい【条里制】** 古代の土地区画制度。土地を道や溝で一町(六〇歩)方格に区画したものを坪といい、三六坪を一里とした。班田収授を円滑に実施するために用いられた。

**しょうり-だてん【勝利打点】** 野球で、チームの勝利を決定づけた打点。打点が先取点となり、自軍リードのまま試合が終了したとき、また、打点が最終的な勝ち越し点となったとき。game-winning runs batted in

**しょう-りつ【勝率】** 試合に勝った割合。winning average

**しょう-りつ【▼聳立】**(名・サ変自) 高くそびえ立つこと。屹立。

**しょうり-とうしゅ【勝利投手】** 野球で、その試合の勝利にもっとも貢献した投手。先発投手であれば五回以上登板、また登板中に自チームがリードしているなどの条件が必要。winning pitcher

**しょうりゃく【正▽暦】** 平安中期の年号。永祚から改元。元年(九九〇)一一月七日〜六年(九九五)二月二二日。次に、長徳に改元。

**しょうりゃく【承▽暦】** ↓じょうりゃく(承暦)

**しょう-りゃく【省略】**(名・サ変他) 一部分をはぶくこと。はぶいて簡単にすること。omission 比較割愛。

**しょう-りゃく【商略】** 商売上の駆け引き。商策。business strategy

**じょう-りゃく【上略】**(名・サ変他) 前の文を略すこと。前略。the preceding part omitted 対義下略。

**じょうりゃく【▽承▽暦】** 平安中期の年号。承保から改元。元年(一〇七七)一一月一七日〜五年(一〇八一)二月一〇日。次に、永保に改元。しょうりゃく。

**じょう-りゅう【上流】** 対義下流。①川上。みなかみ。upper reaches ②社会的に上の身分・地位。upper classes 用例—社会。

**じょう-りゅう【蒸留・蒸▼溜・蒸▼餾】**(名・サ変他) いくつかの成分を含む混合溶液を熱し、発生した蒸気をふたたび液化して、溶液の精製分離を行うこと。また、その操作。低沸点・高揮発性のものほど先に留出する。化学工業で広く利用される。distillation

**じょうりゅう-しゅ【蒸留酒】** 果実や穀類を発酵・蒸留して造った酒の総称。アルコール度が高く長期貯蔵に耐える。材料により独特の香気がある。ウイスキー・ブランデー・焼酎など。スピリッツ。distilled liquor

**じょうりゅう-すい【蒸留水】** 蒸留して得た水。化学的に純粋に近い。distilled water

**しょうり-ゆでん【勝利油田】** 中国、山東省北東部、黄河の河口部にある油田。一九六二年発見。産油量は大慶油田につぎ同国第二位。黄島へパイプラインが延びる。ションリー油田。

●精霊流し　神奈川県、三浦市。

**しょう-りょ【焦慮】**(名・サ変自) いらだつこと。あせり。impatience

**しょう-りょう【小量】** せまい度量。狭量。narrow-minded

**しょう-りょう【少量】** わずかな分量。small quantity 対義多量。

**しょう-りょう【商量】**(名・サ変他) あれかこれかと、はかり考えること。consideration 用例比較し、—する。

**しょう-りょう【渉猟】**(名・サ変他) ①広くあさること。scout ②多くの本を読みあさること。reading extensively

**しょう-りょう【精霊・▽聖霊】** 仏教で、死者の霊魂のこと。盆に迎える祖霊。精霊送り・精霊流しなどの民間行事が各地で行われている。

**しょう-りょう【▼鷦▼鷯】** ミソサザイの漢名。

**鷦鷯、林に巣食うも一枝に過ぎず**(しょうりょう、はやしにすくうもいっしにすぎず) ミソサザイが林の中に巣を懸けるのは、一枝だけだ。人は皆、分に応じて満足すべきである、という戒め。

**しょうりょう-え【▽聖霊会】** 聖徳太子の忌日の陰暦二月二二日(現在では四月二二日)に、太子ゆかりの寺院で、太子の聖霊を祭る法要。大阪市の四天王寺のものが有名。法要に次いで平安朝以来の舞楽が奉納される。太子会。

**しょうりょう-え【精霊会・▽聖霊会】** ↓うらぼんえ(盂蘭盆会)

**しょうりょう-おくり【精霊送り】** 盂蘭盆の終わりに、精霊を供え物とともに川や海へ流し送る行事。送り火・精霊流しなどを行う。

**しょうりょう-かへい【▼秤量貨幣】** 額面ではなく、目方・量によって価値が決まる貨幣。江戸時代の丁銀・豆板銀など。

**しょうりょう-だな【精霊棚】** 盂蘭盆会に、飲食物を供え、祖先の霊を祭るために設ける祭壇。盆棚。しょうろだな。

**しょうりょう-ながし【精霊流し】** 盆の一五日または一六日に盆の供え物を川や海に流し、祖先の霊を送る行事。長崎市などのものが有名。精霊送り。灯籠流し。↓写

**しょうりょう-ばった【精霊▼蝗▽虫】** 頭部が細く、脚の長いバッタ。体長五〜九cm。体色は緑色型と茶色型がある。平地の草原に多く、雄は飛ぶさいにキチキチと発音。中国・台湾・日本に分布。↓バッタ図 ↓写

●ショウリョウバッタ

**しょうりょう-ぶね【精霊舟】** 盆に迎えた祖先の霊を送るために、川や海に流す舟。麦わらなどで作り、帆に「西方丸」「浄土丸」などと書き、西方浄土に送り返す気持ちを表す。

**しょうりょう-むかえ【精霊迎え】** 盂蘭盆行事として精霊を迎えること。盆の初日の七月一三日に行うが、迎え火をたいたり、先祖の数の笹舟に洗米・小豆を供えて海に流したりなど多様である。

**しょうりょく-か【省力化】**(名・サ変他) 機械などの利用で、人手や労力を省くこと。labor-saving

**じょうりょく-こうようじゅ【常緑広葉樹】** 一年中緑の葉を保つ広葉樹。葉の寿命が一年以上あり、新葉が出てから古い葉が落ちる。ツバキ・シイ・カシ・クスノキなど。evergreen broad-leaved tree

**じょうりょく-じゅ【常緑樹】** 一年中緑葉を失わない木本。マツ・スギ・ヒノキなどの針葉樹は亜寒帯に、カシ・シイ・ツバキなどの広葉樹は温帯から熱帯にかけて分布。常磐木。evergreen tree 対義落葉樹。

**しょう-りん【照臨】**(名・サ変自) ①神仏が天上から人間を見ること。②貴人の来訪をいう尊敬語。

**しょうりん【松林】** 北朝鮮(朝鮮民主主義人民共和国)南部、大同江下流左岸の工業都市。第二次大戦後は重化学工業地域を形成。旧称、兼二浦。ソンニム。

**しょうりん-じ【少林寺】** 中国河南省登封県嵩山にある寺。四九六年北魏の孝文帝が創建。達磨大師修禅の故地、少林寺拳法発祥の地とされる。

**しょうりんじ-けんぽう【少林寺▼拳法】** 初代宗道臣が昭和二二年(一九四七)に創始した格技。中国河南省の嵩山少林寺と、そこに伝承される「少林武術」に由来。達磨大師が、インドからもたらした古代武術に始まるとされる。

**しょう-るい【生類】** いきもの。生物。living things

**じょう-るい【城塁】** しろ。とりで。城砦。

**しょうるいあわれみ-の-れい【生類▼憐みの令】** 江戸初期、五代将軍徳川綱吉が出した動物愛護令。貞享四年(一六八七)発令。とくに犬に対する愛護は異常で、綱吉は犬公方と非難をうけた。

**しょうるいほんぞう【証類本草】** 中国の本草書。正しくは『経史証類備急本草』。三〇巻。宋の唐慎微の編で、一〇八二年ごろになる。東洋文化史研究の上で重要文献。

**じょう-るり【浄▼瑠▼璃】** ①すきとおった美しい瑠璃。②日本伝統音楽の中の語り物の一種。三味線の伴奏で語られる。義太夫節・常磐津節・清元節・新内節などを含む。名称は室町中期の『浄瑠璃姫十二段草子(浄瑠璃姫物語)』に由来。江戸時代に人形操りと結び、人形浄瑠璃として発展。とくに竹本義太夫が近松門左衛門と組み質を高めた。

**じょうるり-じ【浄▼瑠▼璃寺】** 京都府相楽郡加茂町にある真言律宗の寺。天平年間(七二九〜七四九)の行基の創建とされる。九体の阿弥陀像を安置した本堂は藤原時代の遺構。九体寺。

**しょう-れい【省令】** 法律や政令を施行するため、またはその委任に基づき、各省大臣が発する命令。ministerial ordinance

**しょう-れい【症例】** 病気やけがの症状の例。「case

**しょう-れい【奨励】**(名・サ変他) よいとして、すすめはげますこと。encouragement

**しょう-れい【▼瘴▼癘】** 気候・風土によって起こる伝染性の熱病。マラリアなど。用例 ―の地。

**じょう-れい【条例】** ①箇条書きにした法令。ordinance ②地方公共団体の議会が法令の範囲内で制定する法。regulation by law

**じょう-れい【常例】** いつもの例。ならわし。usual practice

**しょうれい-きゅう【奨励給】** 作業量や生産高などの標準量を設定し、これを超過した割合に応じて賃金を支払う給与形態。incentive wage

**じょう-れん【常連・定連】** ①いつもつれだっている連中。regular partners ②いつもその飲食店や興行場などに来る連中。regular visitors

**しょうれん-いん【青▼蓮院】** 京都市東山区粟田口にある天台宗の門跡寺院。天養元年(一一四四)天台座主行玄の創建。皇族が多く入寺したので、粟田御所の別名がある。せいれんいん。

**しょうれんいん-りゅう【青▼蓮院流】** 尊円親王(一二九八〜一三五六)に始まる書道の流派。尊円流・粟田流ともいわれる。江戸時代に御家流として実用的書体となる。

**しょう-ろ【松露】** 担子菌植物ショウロ科のキノコ。扁球形で径一〜三cm。白色で、空気にふれると紅変。海岸の松林の砂中に生じ、食用。

**しょう-ろ【▼捷路】** 近道。捷径。

**ジョウロ【jorro ポルトガル・如雨露】** 草木に水を注ぎかける用具。ジョロ。watering pot

**しょう-ろう【▼檣楼】** 帆柱の上部に設けられた物見のための施設。top

**しょう-ろう【鐘楼】** かねつき堂。しゅろう。belfry

**じょう-ろう【上▼臈】** ①年功を積んだ高僧。②身分の高い人。上流の人。③身分の高い女官。上臈女房。④江戸幕府の大奥の職名。⑤身分の高い婦人。貴婦人。

**じょう-ろう【城楼】** 城の物見やぐら。天守閣。watchtower of a castle

**しょう-ろう-びょう-し【生老病死】**《仏教語》人間がこの世でのがれることのできない四つの苦しみ。生まれること・老いること・病むこと・死ぬこと。四苦。

**しょうろう-もり【鐘楼守(り)】** 鐘楼の番人。かねつき。belfry keeper

**しょう-ろく【小▼禄】** わずかの禄。small stipend

**しょう-ろく【抄録】**(名・サ変他) 抜き書きすること。また、その抜き書き。excerpt 比較 抜粋。

**しょう-ろく【詳録】**(名・サ変他) くわしい記録をとること。また、その記録。detailed record

**じょう-ろく【丈六】** ①《「丈六仏」の略》立像のたけが一丈六尺ある仏像。②あぐら。あぐらをかくこと。

**しょう-ろん【小論】** ①短い論文・論説。short article ②自分の論文・論説をけんそんしていう語。article

**しょう-ろん【詳論】**(名・サ変他) くわしく論じること。また、その論。full discussion

**しょうろん-しゅう【▽摂論宗】** 中国仏教十三宗の一つ。真諦が漢訳した『摂大乗論』に基づき唯識縁起を説いた。

**しょう-わ【小話】** ちょっとした話。anecdote 比較 こばなし。

**しょうわ【正和】** 鎌倉末期の年号。応長から改元。元年(一三一二)三月二〇日〜六年(一三一七)二月三日。次に、文保に改元。

**しょうわ【承和】** ↓じょうわ(承和)

**しょうわ【昭和】** 昭和天皇時代の年号。大正から改元。元年(一九二六)一二月二五日〜六四年(一九八九)一月七日。次に、平成に改元。

**しょう-わ【笑話】** こっけいな話。わらい話。funny story

**しょう-わ【唱和】**(名・サ変自) ①ひとりの声に応じて、他の人々が一緒にとなえること。chorus ②相手の詩歌に応じて詩歌をつくること。

**しょうわ【▼庄和】**〈町〉 埼玉県東部、江戸川に沿う町。米の産地として知られるが、園芸農業もさかん。人口三万六七五一(一九八八)。

**しょうわ【昭和】**〈町〉 秋田県西部、秋田市北隣の町。稲作などの農業と佃煮業がさかん。人口九六四八(一九八八)。

**しょうわ【昭和】**〈町〉 山梨県甲府市南西隣、甲府盆地の町。電機・音響・医療機器工業がさかん。人口一万一五四七(一九八八)。

**しょうわ【昭和】**〈村〉 福島県西部、只見川支流野尻川に沿う村。稲作・タバコ栽培などを行う。駒止湿原はミズバショウの群生地。人口二四二八(一九八八)。

**しょうわ【昭和】**〈村〉 群馬県中部、赤城山北西麓の村。高原野菜・コンニャク栽培、酪農などが発達。人口八四一〇(一九八八)。

**じょう-わ【情話】** ①真情を打ち明けて語る話。cordial talk ②人情のこもった話。human story 用例 下町―。③恋の物語。love story 用例 佐渡―。④むつまじい語らい。むつごと。lover's talk

**じょうわ【▽承和】** 平安初期の年号。天長から改元。元年(八三四)一月三日〜一五年(八四八)六月一三日。次に、嘉祥に改元。しょうわ。

**じょうわ【▽貞和】** 日本の南北朝で、北朝の年号。康永から改元。元年(一三四五)一〇月二一日〜六年(一三五〇)二月二七日。次に、観応に改元。

**しょうわ-いしん【昭和維新】** 昭和初期の右翼および軍部急進派の唱えた国家改造のスローガン。明治維新にならい天皇中心主義の国体論を主張。

**しょうわ-かいげん【昭和改元】** 年号を昭和に改めたこと。大正一五年(一九二六)一二月二五日、大正天皇の崩御にともない、摂政裕仁親王が践祚。同日詔書公布。

**しょうわ-きち【昭和基地】** 日本の南極観測の基地。南極大陸に隣接した東オングル島にある。昭和三二年(一九五七)に建設が始まった。

**しょうわ-きょうこう【昭和恐慌】** 世界恐慌の影響と、浜口内閣の金解禁で昭和五年(一九三〇)に起きた日本の経済混乱。倒産が相つぎ失業者が増大、社会不安の中で軍部が台頭。

**しょう-わくせい【小惑星】** 太陽のまわりをまわる小天体。おもに火星と木星の軌道のあいだにある。一八〇一年にイタリアのピアッジが初めて発見した。年間八〇〜一〇〇個が新しく発見されており、一九八八年二月現在で約三八〇〇個が確認されている。小遊星。アステロイド。asteroid ↓太陽系図

**しょうわくせい-たい【小惑星帯】** 火星と木星の軌道の間で、とくに小惑星の多い帯状の場所。minor planet belt; asteroid belt

**しょうわくせい-の-ぐん【小惑星の群】** 木星の公転周期と整数比になるような公転周期の小惑星。トロヤ群・ヒルダ群など。group of minor planets

**しょうわくせい-の-ぞく【小惑星の族】** 同じ母体から生じたと思われる小惑星。family of minor planets

**しょうわ-けんきゅうかい【昭和研究会】** 昭和一一年(一九三六)設立の革新的学者・新官僚の国策研究団体。後藤隆之助主宰。近衛文麿のブレーンとして新体制運動の立案に参画。

**しょうわ-げんろく【昭和元▼禄】** 第二次大戦後二十余年をへた太平な世相を、元禄時代(一六八八〜一七〇四)にたとえたことば。昭和四三年(一九六八)、当時の政治家が使って流行。

**しょうわ-しんざん【昭和新山】** 北海道南西部、有珠山の東に接する火山。標高四〇二m。昭和一八年(一九四三)から二〇年にかけて噴火、誕生した溶岩円頂丘。

**しょうわ-でんこう【昭和電工(株)】** 大手の総合化学企業。昭和一四年(一九三九)設立。

● 昭和天皇

**しょうわ-てんのう【昭和天皇】**(一九〇一〜一九八九) 第一二四代天皇(在位一九二六〜一九八九)。大正天皇の第一皇子。名は裕仁。恐慌・日中戦争の拡大から第二次大戦・敗戦と前半は多難な治世であった。昭和二一年(一九四六)公布の日本国憲法により、国政に関する権能を有しない、国民統合の象徴となる。参照 象徴天皇制。↓写

**じょうわ-の-へん【▽承和の変】** 平安初期の政変。承和九年(八四二)伴健岑・橘逸勢らが謀反計画のかどで流罪。皇太子恒貞親王が廃され、藤原良房の妹の子道康親王が立太子。良房らの陰謀事件とみられる。

**しょう-わる【性悪】**(名・形動) ①心根の悪いこと・さま・人。ill-natured ②浮気なこと・さま・人。inconstancy

**じょう-わん【上腕】** 肩さきから肘までの部分。中軸に上腕骨があり、上腕筋・三角筋などがある。上膊。二の腕。upper arm ↓腕図

**じょうわん-さんとうきん【上腕三頭筋】** 上腕の後外側にある筋肉。二頭筋とともに、肘関節の伸縮をになう。三頭膊筋。triceps muscle of arm

**じょうわん-にとうきん【上腕二頭筋】** 上腕の前内側にある筋肉。長短二頭あり、いわゆる力こぶをつくる筋肉。biceps muscle of arm

**しょ-え【所依】**《仏教語》よりどころとなるもの。根拠とされるもの。経典・論疏などに用いられる。

**しょ-えん【初演】**(名・サ変他) 演劇・音楽などをはじめて上演・演奏すること。first performance 用例 本邦―。

**しょ-えん【所縁】** ①《仏教語》認識の対象となるもの。対義 能縁。②ゆかり。縁故。relation

**じょ-えん【助演】**(名・サ変自) 主役を助けて演技すること・人。supporting performance 対義 主演。

**ショー【show】** ①見せること。展示。展示会。②音楽・歌・舞踊などで構成される、視覚要素の強い催し物。ミュージカルショーなど。③興行。

**ショー【George Bernard Shaw】**(一八五六〜一九五〇) イギリスの劇作家・批評家。アイルランド生まれ。機知と逆説を駆使した作劇術により、イギリス近代劇の伝統を確立。一九二五年ノーベル文学賞受賞。戯曲『ウォレン夫人の職業』『シーザーとクレオパトラ』『人と超人』『ピグマリオン』『聖女ジョーン』など。↓写

● G=B=ショー

**ショー【Irwin Shaw】**(一九一三〜一九八四) アメリカの劇作家・小説家。第二次大戦を描いた小説『若き獅子たち』で有名。戯曲『死者を葬れ』など。

**じょ-おう【女王】** ①女性の王。queen ②王の后。queen ③内親王以外の皇族の女性。④その世界で、第一人者である女性。queen 用例 銀盤の―。

**じょおう-あり【女王▼蟻】** 産卵能力をそなえた、アリやシロアリの雌。初め翅があるが、のち脱落。体、とくに腹部は卵巣が発達して大きい。一巣に一匹で、アリでは一度の交尾で生

涯産卵し続けるが、シロアリでは一匹の雄とカップルをなし、定期的に交尾して産卵し続ける。queen ant

**ショーウインドー【show window】** 商品などを飾っておく窓。飾り窓。

**じょおう-ばち【女王▼蜂】** ミツバチ社会において生殖・産卵能力のある雌バチ。幼虫時代を通じて王乳（＝ローヤルゼリー）で育てられ、体も大きい。一群中に一匹いて、一度交尾すれば、生涯産卵し続ける。queen bee

**ジョーカー【joker】**《冗談を言う人、の意》トランプのゲームで、最強になったり、どの札の代用にもなったりする番外のカード。ふつう、道化師の絵がかかれている。

**しょ-おく【書屋】** ①書斎。勉強部屋。study ②書店。bookstore米; bookshop英

**ジョーク【joke】** 冗談。しゃれ。

**ショーケース【showcase】** 陳列棚。

**ジョージ〈一世〉【George Ⅰ】**（一六六〇〜一七二七）イギリス王（在位一七一四〜二七）。ドイツのハノーバー家から入って王位を継承。英語を解せず、国情にうとく国政をすべてウォルポールに一任。このため責任内閣制の発達を助長した。

**ジョージ〈三世〉【George Ⅲ】**（一七三八〜一八二〇）イギリス王（在位一七六〇〜一八二〇）。王権回復のため親政を試み、ホイッグ党勢力の抑止に尽力。小ピットを首相としてトーリー党に政権を委任したが、北米の植民地政策に失敗、その独立を招き不評をかった。晩年は精神異常で廃人となった。

**ジョージ〈五世〉【George Ⅴ】**（一八六五〜一九三六）イギリス王（在位一九一〇〜三六）。重厚な人格で立憲君主として国民の敬愛を受けた。第一次大戦中ドイツ系の家名を嫌ってウィンザーと改称。

**ジョージ〈六世〉【George Ⅵ】**（一八九五〜一九五二）イギリス王（在位一九三六〜五二）。第二次大戦中ロンドンにとどまって国難に善処し、国民の敬愛をかちえた。エリザベス二世の父。

**ジョージア【Georgia】** アメリカ南東部、大西洋に臨む州。独立当時の一三州の一つ。州都アトランタ。コットンベルトの一部。人口五四六・三万（一九八〇）。

**ジョージタウン【Georgetown】** アメリカ北東部、デラウェア州南部の町。製材業がさかん。人口一・七万（一九八〇）。

**ジョージタウン【Georgetown】** 南アメリカ北部、ガイアナの首都。デメララ川河口にある同国唯一の貿易港。人口七・二万（一九七六）。

**ジョージワシントン-きょう【ジョージワシントン橋】**（George Washington Bridge）アメリカ、ニューヨーク市のハドソン川にかかる二重床式吊り橋。長さ一・一km。一九三一年完成。

**ジョーゼット【georgette フランス】**《「ジョーゼットクレープ」の略》光沢の乏しいちぢみ状の透けるように薄い平織りの織物。本来は絹織物。

夏の婦人服地用。

**ショーソン【Ernest Chausson】**（一八五五〜九九）フランスの作曲家。繊細な叙情と流麗な旋律で親しまれる。バイオリンと管弦楽のための『詩曲』など。

**ショーツ【shorts】**《短いパンツの意》①股下が短く、腰部にぴったり合った婦人用下着。パンティー。②おもに運動・レジャー用の短めの半ズボン。

**ショート【short】**《短い、の意》㊀（名）①ゴルフなどで、ボールが目的の所に届かないこと。②「ショートストップ」の略。㊁（名・サ変自）《「ショートサーキット」の略》正常の回路でない二点間に小さい抵抗で電流が通じること。ショートサーキット。短絡。

**ショート-カット【short cut】** 女性の髪型の一つ。短くカットしたスタイル。

**ショートケーキ【shortcake】** スポンジケーキに生クリームや生の果物をはさんだり、のせたりした菓子。

**ショート-サーキット【short circuit】** ↓ショート㊁

**ショート-ショート【short-short】**《short storyに由来》超短編小説。コントの系列に属するが、ミステリーやSFに多い形式。掌編小説。

**ショート-スキー【short ski】** スキー板の短いもの。だいたい一一〇〜一六〇cmのものをいい、初心者・練習・ツアー用に適する。

**ショート-ステイ**《和製語》寝たきり老人を家族が介護できない事情が生じたとき、一時的に福祉施設が引き取って介護すること。原則として期間は七日以内。temporary care

**ショートストップ【shortstop】** 野球で、二塁と三塁の間を定位置として守備を行う選手。遊撃手。ショート。

**ショート-トラック【short track】** スピードスケート競技を行うための室内のトラックで、一周の距離が一一一・一二mと短いリンク。または、それを使用する競技。

**ショート-トン【short ton】** ↓べいトン（米トン）

**ショートニング【shortening】** 各種油脂を練り合わせ、ガスや乳化剤を加え、バター状にした油脂。製菓によく用いられる。

**ショート-パス【short pass】** アメリカンフットボール・サッカー・ホッケーなどの球技で、比較的短い距離での球の受け渡し。

**ショート-パンツ【short pants】** 丈の短いパンツ。スポーツルックの流行で多様なものが登場し、ショーツともいう。ボクサーショーツまたはトランクス、テニスショーツ、ウォーキングショーツなどがある。

**ショート-パント【short punt】** ラグビーで、接近した相手の頭のすぐ上を越える程度の小さいパントキック。

**ショート-ヘア【short hair】** 襟足から二〜三cmまで、またはそれ以上に短い髪の総称。短髪。

**ショート-ポイント-カラー【short point collar】** ワイシャツの襟型の一つ。標準型（レギュラーポイント）の襟にくらべ襟先が短く、やや開いたもののこと。開いた襟元にネクタイの結び目を大きくもってくる。

**ショート-ホール【short hole】** ゴルフで、基準打数が三打のホール。一般的には二二九m以下のホール。比較 ロングホール。

**ショートホーン-しゅ【ショートホーン種】** イングランド北東部原産のウシの一品種。体重は雄約一二〇〇kg、雌約六〇〇kg。肉用種で、肉質はよい。Shorthorn

**ショー-ビジネス【show business】** ①芸能・娯楽産業。②ショーの興行。

**ショービニズム【chauvinism】**《ナポレオンを狂信的に崇拝した兵士ショーバンから》盲目的で狂信的な愛国主義。また、他の国家・民族集団に対する敵対的な態度や心情に基づく排外的政策。比較 ジンゴイズム。

**ショーペンハウアー【Arthur Schopenhauer】**（一七八八〜一八六〇）ドイツの哲学者。世界は表象であり、「盲目的な生存の意志」の客体化であるという立場から、人生が苦で、悲劇であるという厭世哲学を説いた。著書『意志と表象としての世界』など。ショーペンハウエル。

**ショー-ボート【Show Boat】** アメリカのミュージカル。原作エドナ＝ファーバー。ハマースタイン二世台本、ジェローム＝カーン作曲。一九二七年初演。ミシシッピ川に生きる三代の物語。三度映画化。

**ショーマン【showman】** 芸人のこと。タレントのなかでも、とくに演出感覚のすぐれた人。また、興行師。

**ショーマンシップ【showmanship】** 興行上の手腕・演出の才能。芸人・タレントの持ち味、人々を楽しませようとする芸人としてのサービス精神など。

**ショール【shawl】** 婦人用肩掛けの総称。日本ではとくに和装用肩掛けをさし、細長い洋装用のストールと区別する。数え方 一本。

**ショールーム【showroom】** 展示室。陳列室。

**ショール-カラー【shawl collar】** 襟型の一種。ショールのような形で、前の折り返し部分にきざみが入らず丸みがある。へちま襟。↓図

●ショールカラー

**ショーロー【Arthur Leonard Schawlow】**（一九二一〜 ）アメリカの物理学者。レーザー分光学への貢献により、一九八一年ノーベル物理学賞受賞。

**ショーロホフ【Mikhail Aleksandrovich Sholokhov】**（一九〇五〜八四）ソ連の小説家。一貫して革命期・社会主義建設期のドン＝コサックの運命を正統的リアリズムで描く。一九六五年ノーベル文学賞受賞。作品『静かなドン』『開かれた処女地』『人間の運命』など。

**ショーン【Ted Shawn】**（一八九一〜一九七二）アメリカの舞踊家。妻セント＝デニスとデニショーン舞踊団を組織。モダンダンスの中心となる。

**ジョーンズ【James Jones】**（一九二一〜七七）アメリカの小説家。ベストセラー小説『地上より永遠に』で知られる。

**ジョーンズ【Jasper Johns】**（一九三〇〜 ）アメリカの画家。国旗・的・数字など日常の記号を、そのまま抽象画として表現、ポップアートの先駆をなした。ビール缶などの彫刻も制作。

**ジョーンズ【Quincy Jones】**（一九三三〜 ）アメリカの作曲家・楽団リーダー。映画音楽の作曲・コンサートなど多角的に活躍。

**ジョーンズ【Tom Jones】**（一九四〇〜 ）イギリスの歌手。ロック・ブルース・ゴスペルソングなどの唱法を消化した歌唱で人気を集めた。

**しょ-か【初夏】** ①夏の初め。はつなつ。early summer ②陰暦四月の異称。

**しょ-か【書架】** 書物を並べて置く棚。本棚。bookshelf 数え方 一個・一本。

**しょ-か【書家】** ①文字をじょうずに書く人。能書家。calligrapher ②書道の専門家。calligrapher

**しょ-か【諸家】** ①多くの家。various families ②一派をなしている、多くの学者・識者。various schools of thought

**しょ-が【書画】** 書と絵。paintings and calligraphic works 用例 ―骨董。

**じょ-か【序歌】** ①序詞を添えた和歌。②序文の代わりの歌。

**じょか【女▼媧】** 中国神話の女神。伏羲の妹で妻とされる。人面蛇身。大洪水を治め、人類を創造したという。

**しょ-かい【初会】** ①はじめて会うこと。とくに、遊女がはじめてその客の相手をすること。②最初の会合。the first meeting

**しょ-かい【初回】** 最初の回。第一回。the first time

**しょ-かい【所懐】** 思うところ。思い。感想。所思。one's opinion 用例 ―を述べる。

**じょ-かい【叙階】** カトリック教会の七秘跡の一つ。聖職につく者にその任務にふさわしい権能と恵みを授ける秘跡。ordination

**じょ-がい【除外】**（名・サ変他）ある範囲・規定からはずすこと。exclusion 用例 その問題は―して考える。

**じょがい-れい【除外例】** ①例外。exception ②特例。exception

**しょ-がかり【諸掛（か）り】** ①いろいろな費用。sundry expenses ②原価以外にかかる諸費用。sundry expenses

**しょ-がく【初学】** はじめて学ぶこと・人。「novice

**じょがくざっし【女学雑誌】** キリスト教的理想主義の婦人教養雑誌。北村透谷・島崎藤村らを育て、明治浪漫主義の母体となった。明治一八年（一八八五）創刊。同三七年（一九〇四）廃刊。

**じょ-がくせい【女学生】** 女子の生徒。また、女学校の生徒。schoolgirl 比較 女子学生。

**しょ-かつ【所轄】**（名・サ変他）役所などが統括し、管理すること。その範囲・受け持ち。jurisdiction 用例 ―署。

**じょ-がっこう【女学校】** ①女子教育のための学校。girls' school ②旧制の、高等女学校。

**しょかつ-こうめい【諸▼葛孔明】** ↓しょかつりょう（諸葛亮）

**しょかつ-さい【諸▼葛菜】** アブラナ科の一年草。江戸時代に中国より渡来。根は白色直根。根出葉はダイコンに似る。春に、藤色の十字花をつける。ハナダイコン。

**しょかつ-りょう【諸▼葛▼亮】**（一八一〜二三四）中国、三国時代の蜀の丞相。字は孔明。劉備に三顧の礼をもって迎えられ、天下三分の計をたて劉備を蜀の帝とした。劉備の死後も子の劉禅を助け、雲南を攻略平定。五丈原で魏軍と対陣中、病死。

**しょ-かん【初刊】** 最初に刊行すること。また、その本。the first publication

**しょ-かん【所感】** 心に感じたこと。感想。one's impressions 比較 所思。用例 年頭―。

**しょ-かん【所管】**（名・サ変他）管理すること。また、その範囲。jurisdiction

**しょ-かん【書巻】** 書物。本。book

**しょ-かん【書簡・書▼翰】** 手紙。書状。letter

**しょ-がん【所願】** 願うところ。願い。wish

**じょ-かん【女官】** 宮中に仕える女性の官吏。にょかん。にょうかん。

**しょがん-じょうじゅ【所願成就】** 願いがかなえられること。accomplishment of one's wish

**しょ-かんせん【初感染】** はじめてその病菌におかされること。おもに、肺結核についていう。はつかんせん。the first infection

**しょかん-せん【書簡▼箋】** 手紙を書く用紙。びんせん。letter paper

**しょかんたい-しょうせつ【書簡体小説】** 全編が手紙の形式でできている小説。ゲーテの『若きウェルテルの悩み』、ラクロの『危険な関係』などが代表的作品。epistolary novel

**しょかん-ちょう【所管庁】** 特定の事務・土

地を管理する官庁。competent authorities

**しょかん-ぶん【書簡文】** 手紙文。epistolary style

**しょ-き【初期】** 一定期間の初めの時期。始まって間もない時期。early stage 対義 末期。

**しょ-き【所期】**(名・サ変他) 期待すること。expectation 比較 予期。用例 —の目的を果たす。

**しょ-き【書記】** ①書きしるすこと。しるしたもの。記録。recording ②文書・庶務・会計などの事務に当たる役・人。clerk ③会議などの記録係。右筆。scribe ④書記局の一員。

**しょ-き【庶幾】**(名・サ変他) こいねがうこと。wish

**しょ-き【暑気】** 夏の暑さ。heat 対義 寒気。用例 —払い。

**しょき【書紀】**『日本書紀』の略。

**じょ-き【徐▼熙】**(生没年未詳) 中国、五代の南唐(一〇世紀)の画家。淡彩をほどこした水墨花鳥画を得意とし、没骨の創始者。「野逸」と評され、その画法は「徐氏体」とよばれる。

**しょき-あたり【暑気▽中り】** 暑さのため病気になること。suffer from the heat

**しょき-きょく【書記局】**《Sekretariatロシア》の訳》共産党・左翼組織や労働組合などで中央執行委員会に直属し、実務を遂行する機関。比較 政治局。

**しょき-じょうけん【初期条件】** ①物体の変化を見るときのはじめの状態。②微分方程式の解に含まれる任意定数を決定する条件。initial condition

**じょき-じょき**(副) はさみで髪・布などを切る音・さま。用例 髪を—切る。

**しょきち-もんだい【初期値問題】** ある時刻における状態を知って、その後の状態の変化を調べる問題。微分方程式を解く問題となることが多い。initial value problem

**しょき-ちょう【書記長】** 書記局の長。chief secretary

**しょき-づくえ【書記机】** ↓ビューロー

**しょき-びどう【初期微動】** 地震の初期の小さな揺れ。P波(縦波)によると考えられる。preliminary tremor 対義 主要動。

**しょきびどう-けいぞくじかん【初期微動継続時間】** 地震が始まってから主要動になるまでの時間。この時間から震源距離がわかる。preliminary tremor time

**しょ-きゅう【初級】** 物事のはじめの級。最低の等級。the beginner's class 対義 上級。

**じょ-きゅう【女給】**《卑語》明治時代、洋食店・酒場・喫茶店で客の給仕や接待をした女性。カフェーが社交場となった大正初期ごろから、今日でいうホステスとしての意味に変わった。waitress

**じょ-きょ【除去】**(名・サ変他) とりのぞくこと。removal

**しょ-きょう【書経】** 中国の経書。五経の一つ。尭舜時代から春秋時代に至る、聖王・賢主の詔勅・誓詞・政治理念などを記したもの。各時代の史官が記録したものを孔子が編したといわれ、いわゆる『今文尚書』三三篇、『古文尚書』二五篇がある。尚書。

**しょ-ぎょう【所行・所業】** しわざ。行い。deed

**しょ-ぎょう【諸行】**《仏教語》①因縁和合によって生じたこの世の一切の現象。②悟りに至るためのすべての善行。③浄土教で、念仏に対してそれ以外のすべての修行。

**じょ-きょうじゅ【助教授】** 教授の下位にあって、授業・研究などをする大学などの教員。assistant professor米; lecturer英

**しょぎょう-むじょう【諸行無常】**《仏教語》仏教の基本的な教理。三法印の一つ。因縁和合によって生じたこの世の一切のものは、常に生滅変化するということ。

**じょ-きょうゆ【助教諭】** 小・中学校などの教員で普通免許状をもたないもの。もと、代用教員。

**じょ-きょく【序曲】** ①オペラ・オラトリオ・組曲など大規模な楽曲の開始部におかれる導入的器楽曲。近代には演奏会用の独立した序曲もあらわれる。overture ②事の始め。introduction 用例 これはまだ事件の—だよ。

**ジョギング【jogging】** 陸上競技の練習法の一つ。話をしながら楽に走れる程度の速度の緩走。近年は一般人の健康マラソンを意味する。

**ショク** 6画 **【色】** 部首[色] 教育小2 JIS 3107

音 ショク・シキ 訓 いろ

色 色 色 色 色 色

①いろ。いろどり。いろどる。「顔色・脚色・原色・染色・着色・白色・無色」用例《接尾的》天然—。保護—。②かおかたち。「才色・容色」③ありさま。様子。「喜色・特色」用例《接尾的》国際—。地方—。④男女間の欲情。「好色・女色」↓シキ[色]

**ショク** 8画 **【▽卓】** 部首[十] 常用 JIS 3478

音 タク・ショク

仏前に置くつくえ。用例(名)—の上の供物。参考「ショク」は唐音。↓タク[卓]

**ショク** 9画 **【▼拭】** 部首[扌] JIS 3101

音 ショク・シキ

ぬぐう。ふく。ふきとる。「払拭」

**ショク** 9画 **【食】** 部首[食] 教育小2 JIS 3109 | 9画 **【▼食】** 旧字

音 ショク・ジキ・シ・イ 訓 くう・くらう・たべる

食 食 食 食 食 食

①くう。くらう。たべる。「飲食・会食・草食・大食・肉食」「食事・食堂・食品・食物・食用」用例(名)—がすすむ。②たべもの。くいもの。「美食・夕食」「食通」用例《接尾的》栄養—。美容—。③《蝕とも》㋐むしばむ。かける。そこなう。「侵食・浸食・腐食」㋑ある天体が、別の天体またはその影によって、一部または全部がかくされる現象。「月食・日食」↓ジキ[食]

**食が進む** 食欲が出て、おいしく、たくさん食べられる。have a good appetite

**食を願わば器物** 食べ物をもらおうとすれば、まず、食器を用意することが必要である。ものには順序があることのたとえ。

**ショク** 11画 **【▼埴】** 部首[土] JIS 3093

音 ショク

はに。ねばつち。へな。粘土。「埴土」

**ショク** 12画 **【▼喞】** 部首[口] JIS 5136

音 ショク・ソク

①なく。虫や鳥などがあつまってなく。②かこつ。愚痴をこぼす。③「喞筒」は、ポンプ。

**ショク** 12画 **【▼寔】** 部首[宀] JIS 5370

音 ショク

まことに。本当に。実際に。

**ショク** 12画 **【植】** 部首[木] 教育小3 JIS 3102

音 ショク・チ 訓 うえる・うわる

植 植 植 植 植 植

①うえる。木などをうえる。「移植」「植樹・植物・植林」②人を移して開拓させる。比較 殖「入植」「植民」③活字をくむ。「誤植」「植字」

**ショク** 12画 **【殖】** 部首[歹] 常用 JIS 3103

音 ショク 訓 ふえる・ふやす

①ふえる。ふやす。「生殖・増殖・繁殖・利殖」「殖財・殖産」②たくわえる。ふやして多くもつ。「学殖」③人を移して開拓させる。比較 植。「殖民」

**ショク** 13画 **【▼嗇】** 部首[口] JIS 5207

音 ショク

①おしむ。ものおしみをする。やぶさか。けち。「吝嗇」②とりいれる。収穫する。

**ショク** 13画 **【▼蜀】** 部首[虫] JIS 7370

音 ショク

①あおむし。いもむし。チョウやガなどの幼虫。②中国の、現在の四川省地方。ふるくから肥沃の地として知られる。用例(固名)—の桟道。③中国の三国時代の国の一つ。蜀漢。二二一〜二六三年。劉備が成都を都とした。魏・呉とともに天下を三分。

**ショク** 13画 **【触】** 部首[角] 常用 JIS 3108 | 20画 **【▼觸】** 旧字 JIS 7529

音 ショク・ソク 訓 ふれる・さわる

①ふれる。さわる。「感触・接触」「触覚・触手・触発」②あたる。つきあたる。「抵触」↓ソク[触]

**ショク** 13画 **【▼軾】** 部首[車] JIS 7740

音 ショク・シキ

しきみ。車の前部にある横木。

**ショク** 13画 **【飾】** 部首[食] 常用 JIS 3094 | 14画 **【▼飾】** 旧字 | 16画 **【▼餝】** 異体字 JIS 8119

音 ショク・シキ 訓 かざる

①かざる。かざり。「修飾・装飾・服飾・文飾」②頭のかざり。髪の毛。「落飾」

**ショク** 15画 **【嘱】** 部首[口] 常用 JIS 3092 | 24画 **【▼囑】** 旧字 JIS 5186

音 ショク

①たのむ。たのみ。「委嘱」「嘱託・嘱望」用例(名)切なる—を受ける。②目をつける。「嘱目」

**ショク** 15画 **【▼襮】** 部首[示] JIS 6721

音 ショク

中国人名。尭(=伝説上の帝王)の臣で、周(前一〇五〇ごろ〜前二五六年)の祖といわれる人。

**ショク** 15画 **【▼稷】** 部首[禾] JIS 6745

音 ショク

①キビ。イネ科の一年草。②たかきび。モロコシ。イネ科の一年草。コーリャン。③五穀の神。「社稷」

**ショク** 15画 **【▼蝍】** 部首[虫]

音 ショク・ソク

①「蝍蛆」は、ムカデ。ムカデ綱に属する節足動物。②「蝍蛉」は、トンボ。トンボ目に属する昆虫。あきつ。

**ショク** 15画 **【▼蝕】** 部首[虫] | 14画 **【▼蝕】** 異体字 JIS 3110

音 ショク

むしばむ。かける。そこなう。「月蝕・侵蝕・日蝕・腐蝕」「蝕害」

**ショク** 16画 **【▼薔】** 部首[艹] JIS 7312

音 ショク・ショウ・ソウ

みずたで。ガワタデ。タデ科の一年草。↓ショウ[薔]

**ショク** 17画 **【▼燭】** 部首[火] JIS 3104

音 ショク・ソク

①光度の単位。昭和二三年(一九四八)以前につかわれた。現在は、カンデラ。比較 ワット。「六十燭」②ともしび。あかり。「華燭・手燭」「燭台」

**ショク** 17画 **【▼謖】** 部首[言] JIS 7576

音 シュク・ショク

たつ。おきあがる。

**ショク** 18画 **【▼穡】** 部首[禾] JIS 6749

音 ショク

とりいれる。とりいれ。穀物の収穫。「稼穡」

**ショク** 18画 **【織】** 部首[糸] 教育小5 JIS 3105 | 18画 **【▼織】** 旧字

音 ショク・シキ 訓 おる

織 織 織 織 織 織

おる。機をおる。布をおる。「染織・紡織」「織機・織女」↓シキ[織]

**ショク** 18画 **【職】** 部首[耳] 教育小5 JIS 3106 | 18画 **【▼職】** 旧字

音 ショク・シキ

職 職 職 職 職 職

①しごと。「就職・内職」「職業・職場」用例(名)不景気で—がない。②やくめ。つとめ。「在職・退職・天職」「職権・職責」用例(名)—を免じられる。③手先などでする、仕事の能力。また、それのある人。「畳職」「職人」用例(名)手に—がない。↓シキ[職]

**ショク** 22画 **【▼贖】** 部首[貝] JIS 7662

音 ショク

あがなう。①買いもとめる。物と物とをとりかえる。②かわりの物でうめあわせる。金品で罪をつぐなう。「贖罪」

**ショク** 26画 **【▼矚】** 部首[目] JIS 6665

音 ショク・ソク

みる。目をつける。注目する。

**しょ-く【初句】** ①和歌・俳句で、第一句。②漢詩で、起句。

**し-よく【私欲・私▼慾】** 自分だけの利益をは



▼常用漢字表外。 ▽常用漢字表の音訓外。

かる心。self-interest 用例 私利—。

**ジョク**10画【辱】 部首[辰] 常用 JIS 3111
音 ジョク・ニク
訓 **はずかしめる**
①はずかしめる。「侮辱」 ②はじ。はずかしめ。対義 栄。「栄辱・屈辱・雪辱・恥辱」 ③かたじけなくする。好意をうける。「辱知」

**ジョク**13画【蓐】 部首[艹] JIS 7276
音 ジョク
①しとね。しきもの。布団。 ②こも。むしろ。

**ジョク**13画【溽】 部首[氵] JIS 6273
音 ジョク
①むしあつい。湿気がおおくてあつい。 ②こい。味がこい。こってりした。

**ジョク**15画【褥】 部首[衤] JIS 7483
音 ジョク
しとね。しきもの。布団。「産褥熱」「褥席」

**ジョク**16画【縟】 部首[糸] JIS 6953
音 ジョク
①しげし。おおい。模様や彫刻などがこみいっている。 ②わずらわしい。くどい。「縟礼」 ③しとね。しきもの。布団。

**じょく-あく**【濁悪】《仏教語》汚れと悪が満ちていること。人心が乱れ罪悪に満ちた世の状態。五濁と十悪。

**しょく-あたり**【食中り】(名・サ変自) 飲食物によって中毒を起こすこと。食傷。食中毒。food poisoning

**しょく-あん**【職安】「公共職業安定所」の略。

**しょく-い**【職位】 職階制のもとで個人に割り当てられる仕事。具体的には職務の遂行に必要となる権限と責任をともなった地位をさし、企業に属する個人はすべて職位をもつ。position

**しょく-いき**【職域】 ①職業・職務の範囲。range of one's work ②職場。one's post

**しょく-いん**【職印】 公務に使う印。official seal 対義 私印。

**しょく-いん**【職員】 官庁・学校・会社などに勤めている職務担当者。staff member

**しょくいん-かいぎ**【職員会議】 学校運営の中心的機関。小・中・高校などで、校長を含む教職員で構成される全校的な会議。staff meeting

**しょくいん-だんたい**【職員団体】 国家公務員法で非現業の一般公務員について認められている団体。労働組合に相当するが交渉権・争議権は認められていない。public employees' association

**しょくいん-ろく**【職員録】 官職にいる人の職名・氏名などを載せた名簿。staff list 比較 紳士録。

**しょ-ぐう**【処遇】(名・サ変他) 待遇すること。また、そのしかた。扱い。treatment 用例 手厚く—する。

**しょく-えん**【食塩】 精製した食用の塩。主成分は塩化ナトリウム。調味料。common salt

**しょくえん-ちゅうしゃ**【食塩注射】 医療で、血圧の増進や、解毒などのために静脈や皮下に打つ、生理的食塩水の注射。salt injection

**しょく-おや**【職親】 職を求める身体障害者などの世話をし、職業の指導をする親代わりの人。

**しょく-がい**【食害・蝕害】(名・サ変他) 害虫などが、農作物などを食い荒らして害を与えること。vermin damage

**しょく-ぎょう**【職業】 個人が生活を維持するため、収入を得る目的で継続的に従事する仕事。生業。家業。occupation

**しょくぎょうあんてい-じょ**【職業安定所】「公共職業安定所」の略。

**しょくぎょうあんてい-ほう**【職業安定法】 職業紹介や職業指導など、労働者の就業保護について定めた法律。昭和二二年(一九四七)公布。

**しょくぎょう-いしき**【職業意識】 ①自分がある職業に従事していることの自覚・認識。用例 —に欠ける。 ②それぞれの職業に従う人がもつ特有な物の見方・感じ方。professional sense

**しょくぎょう-がん**【職業癌】 一定の職業に従事する人に多発する癌。とりあつかう材料などに含まれる発癌性物質に長期間接していることが原因とされる。環境癌。occupational cancer

**しょくぎょう-ぐんじん**【職業軍人】 士官学校など軍関係の学校を卒業し、軍務を職業としている軍人。career soldier

**しょくぎょうくんれん-こう**【職業訓練校】 就職や転職に役立つ技能を身につけるための訓練機関。国・都道府県・雇用促進事業団が運営する。vocational training school

**しょくぎょうくんれん-だいがっこう**【職業訓練大学校】 職業訓練指導員の養成や職業訓練に関する調査研究を行う労働省所管の学校。vocational training college

**しょくぎょう-しん**【職業神】 職業の守護神として、同業者が共通に信仰する神。大工職の聖徳太子などのように、職の開祖として同業者団結のための役割をもっている。

**しょくぎょうせんたく-の-じゆう**【職業選択の自由】 自分の意志で職業を選択できる自由。憲法二二条で保障される。freedom to choose one's occupation

**しょくぎょう-だんたい**【職業団体】 特定の職業をもつ者どうしが、共通の利益を守るために組織する団体。職能団体としての医師会・弁護士会や協業組合・同業組合など。craft association

**しょくぎょう-びょう**【職業病】 一定の職業に従事したとき、とくにかかりやすい疾病。作業の種類・環境条件・方法、経歴・年齢により症状やおかされる部位が異なる。炭鉱労働者の珪肺など。occupational disease

**しょくぎょう-ふじん**【職業婦人】 職業に従事して収入を得る女性。working woman

**しょくぎょうべつ-くみあい**【職業別組合】 産業や企業の枠を超えて同一職業の労働者が組織する労働組合。職能別組合。職種別組合。craft union 比較 企業別組合・産業別組合。

**しょくぎょう-りんり**【職業倫理】 特定の職業に従事する者の間で守ることが要求される行動規範。vocational ethics

**しょく-け**【食気】 食欲。くいけ。appetite

**しょく-げん**【食言】(名・サ変自)《一度口から出たことばを、ふたたび口に戻す、の意》約束・前言を破ること。うそをつくこと。break one's promise

**しょくげんしょう**【職原鈔】 南北朝時代の官職制度の書。二巻。北畠親房著。興国元年(一三四〇)成立。律令以来の官職の起源・沿革を解説。幼少の後村上天皇のために記述したという。

**しょく-ご**【食後】 食事のあと。after a meal 対義 食前。用例 —服用。

**食後直ぐに寝ると牛になる**(しょくごすぐにねるとうしになる) 口中の食べ物をかみながら横になる姿が、牛の反芻に似ているところから、そのようにすると、牛になるといって、行儀の悪さを戒めたことば。

**しょくこう-ら**【蜀紅螺】 浅海の砂底にすむショクコウラ科の巻き貝。卵円形で、殻高約九cm、殻径約六cm。光沢のある殻表には一二本内外の盛り上がった縦すじが走り、すじの上は桃・褐・白の色帯でいろどられ、その間はそれらの色で波状模様が描かれて美麗。紀伊半島以南に分布。

**しょく-さい**【植栽】(名・サ変他) 植物を植えつけること。planting

**しょく-ざい**【殖財】(名・サ変他) 財産をふやすこと。蓄財。moneymaking

**しょく-ざい**【贖罪】(名・サ変自) ①犠牲や代償によって罪をあがなうこと。罪ほろぼし。expiation ②キリスト教で、キリストが十字架にかかり、人類に代わって罪をあがなったこと。atonement

**しょくざい-の-ひ**【贖罪の日】 ユダヤ暦の七月一〇日、大祭司が贖罪の儀式を行った日。アザゼル(贖罪)の山羊が民のすべての罪を背負って荒野へ放たれる日。Day of Atonement

**しょく-さいぼう**【食細胞】 動物体内をアメーバ運動によって移動し、固形物を摂取する細胞。移動性のない固定性食細胞も存在。白血球・組織球・マクロファージなど。phagocyte

**しょく-さよう**【食作用】 細胞が栄養摂取・清浄作用などの目的で、外界の固形物を能動的に取り込む働き。仮足のような突起を出し、包み込むようにして取り込み、食胞を形成し消化する。アメーバ、脊椎動物の白血球などにみられる。phagocytosis

**しょく-さん**【殖産】 産業をさかんにし、生産物をふやすこと。increase of production

**しょくさん-こうぎょう**【殖産興業】 明治前期の産業育成保護政策。政府が先進資本主義諸国から近代的な技術・制度を移植し、官営工場の設置、内国勧業博覧会の開催、助成金交付による私企業の育成などを実行。

**しょくさんじん**【蜀山人】 大田南畝の別号。

**しょく-し**【食指】 ひとさしゆび。index finger

**食指が動く**(しょくしがうごく) 食欲がわく。欲しいと思う気持ちがおこる。have an itch for

**しょく-じ**【食事】(名・サ変自) 生存に必要な栄養をとるための、食べるという行為。また、その食品・素材・調理法・食器類・食事作法など。meal 数え方 一膳・一口・一杯・一回・一食・一かたけ。

**食事の時箸から箸へ食べ物を渡さない**(しょくじのときはしからはしへたべものをわたさない) 火葬場では骨揚げのときに箸挟みで骨を拾い、受け渡すが、それと同じであるところから忌み嫌っていったもの。

**しょく-じ**【食餌】 病気を治すものとしての食べ物。diet

**しょく-じ**【植字】(名・サ変自) 活版印刷で、活字を、句読点や記号などとともに段落・行間などを整え、指定どおり組む作業。ちょくじ。typesetting; composition 比較 文選。

**しょくじ-アレルギー**【食事アレルギー】 食べたもので蕁麻疹などのアレルギー反応を起こすこと。原因となる食物は卵・牛乳・肉・魚・そば・大豆・野菜など。food allergy

**しょくじ-さほう**【食事作法】 食事をするときの食卓上の作法。料理の種類や、国により異なった形式がある。テーブルマナー。table manner

**しょくし-ないしんのう**【式子内親王】
↓しきしないしんのう(式子内親王)

**ジョクジャカルタ**【Djokjakarta; Jogjakarta】 インドネシア、ジャワ島中南部の都市。スルタンの王宮があり、ジャワ伝統文化の中心地。更紗の生産が有名。人口三九・九万(一九八〇)。ジョクヤカルタ。ヨギヤカルタ。

**しょく-しゅ**【触手】 多くの下等動物の前端部や口の周辺にある屈伸自在な突起物。ふつう触覚・嗅覚などをつかさどるが、刺胞動物では捕食・攻撃・防御の機能がある。tentacle

**触手を伸ばす**(しょくしゅをのばす) 野心を抱いて働きかける。try to get

**しょく-しゅ**【職種】 職業・職務の種類。type of occupation

**しょく-じゅ**【植樹】(名・サ変自) 木をうえること。tree planting 比較 植林。

**しょくじゅう-きんせつ**【職住近接】 勤め先と住居が近いこと。

**しょくじゅ-ぞうりん**【植樹造林】 苗畑で養成した苗木を植えつけて林をつくること。人工造林のなかで、損失が少なく安全確実なので、もっとも広く行われている。planting

**しょくしゅ-どうぶつ**【触手動物】 体の先端に触手冠がある水生の着生小動物の一門。ホウキムシ類・コケムシ類・腕足類の総称。触手には繊毛があり、口を囲むように配列。

**しょく-じょ**【織女】 ①機織りの女。weaving girl ②七夕伝説の女主人公。対義 牽牛。③「織女星」の略。

**しょく-しょう**【食傷】(名・サ変自) ①食中り。food poisoning ②食べ飽きること。surfeit ③何度も同じものに接して、いやになること。surfeit 用例 —気味。

**しょく-しょう**【職掌】 受け持ちの職務。one's office

**しょくしょう-がら**【職掌柄】 役目の性質上。職務上。

**しょくじょ-せい**【織女星】 琴座の主星ベガの漢名。中国の伝説で、七月七日の夜、天の川の対岸にある牽牛星と会うという。いとおりひめ。おりひめ。しょくじょ。Vega

**しょくじ-りょうほう**【食餌療法】 病気の治療のため、食事処方に基づいて規定された量および質の食事をとること。糖尿病・腎臓病・肝臓病などでとられる。diet therapy

**しょく-しん**【触診】(名・サ変他) 医者が指またはてのひらで体に触って診察すること。palpation

**しょく-じん**【食尽・食甚・蝕甚】 日食・月食などの食のさいに、天体がもっとも大きく欠けた一瞬。食の最大。maximum obscuration

**しょくじん-しゅ**【食人種】 人の肉を食う風習のあった未開の人種。人食い人種。cannibal

**しょくしん-ぶんり**【食寝分離】 食事室と寝室を別々の空間として確保すること。衛生やプライバシーの確保が目的。

**しょく・する**【食する】(サ変自他) =食す。①(自)《「蝕する」とも》日食・月食を起こす。eclipse ②(他)食う。食べる。eat

**しょく・する**【属する】(サ変自他) =属す。

し



↓ 行き先項目、図版・写真参照印。 JIS 日本工業規格情報交換用漢字符号コード(区点コード)。

①(自)↓ぞくする(属する)。②(他)↓しょくする(嘱する)

**しょく・する【嘱する】**(サ変他)＝嘱す。①頼む。嘱託する。entrust ②ことづける。send word ③頼みにする。rely

**じょく-せ【▽濁世】**《仏教語》五濁・十悪の世。人心が乱れ、罪悪に満ちた世。末世。

**しょく-せい【食性】** 動物が食物に対して示す習性。同種でも発育段階や周囲の状態によって変わることがあるが、通常、食物の種類によって草食性・肉食性・雑食性・腐食性などに分かれる。food habit

**しょく-せい【植生】** ある区域に生育している植物の状態・集団。vegetation 比較 植物群落。

**しょく-せい【職制】** ①職務分担に関する制度。organization of an office ②会社・工場などで、役付きの社員や工員。管理職。management

**しょく-せいかつ【食生活】** 生活の中で、食べ物に関すること。eating habits 用例 ——の改善。

**しょくせい-ず【植生図】** ある地域の植生をいろいろな基準によって分類・記入した地図。地域の環境を知ることができる。vegetation map

**しょく-せき【職責】** 職務上の責任。one's duty 用例 ——を果たす。

**じょく-せき【▼褥席】** ふとん。しとね。

**しょく-ぜん【食前】** 食事の前。before a meal 対義 食後。

**しょく-ぜん【食▼膳】** ①食べ物をのせるぜん。table ②料理。dish

**食膳に供する**(しょくぜんにきょうする) 料理にして出す。serve

**食膳に上る**(しょくぜんにのぼる) 食事のときに、料理として出てくる。

**しょくぜん-しゅ【食前酒】** 食事の前に飲む酒。カクテル類やシェリーなどが代表的。食欲を促す働きがある。アペリチフ。aperitif

**しょくぜん-ほうじょう【食前方丈】**《「方丈」は一丈四方》ごちそうを、席の前いっぱいに並べること。きわめてぜいたくな食事のたとえ。

**しょく-そう【食草】** 昆虫がとくにきまって食物としている植物。ナミアゲハの食草がカラタチやミカンの葉というように、昆虫によって植物はほぼ決まっている。

**じょく-そう【▼褥▼瘡】**↓とこずれ(床擦れ)

**しょく-だい【▼燭台】** ろうそくを立てる台。おもに室内の照明用に使われる。ろうそく立て。candlestick ↓写

**しょく-たく【食卓】** 食事用のテーブル。角形と円形があり、甲板は耐熱性のある化粧板などが使われる。dining table 数え方 一脚・一台。

**しょく-たく【嘱託・▽属託】** ㊀(名) 正式の職員ではないが、ある業務を委託された人。part-time employee ㊁(名・サ変他) 頼むこと。任せること。commission

**しょくたく-えん【食卓塩】** 食卓で、料理の味つけに使う食塩。吸湿性の塩化マグネシウムを除いた精製塩に、炭酸カルシウムなどの防湿剤が加えてある。table salt

**しょくたく-さつじん【嘱託殺人】** 相手の依頼によってその人を殺すこと。

**しょくたく-じんもん【嘱託尋問】** 証人が外国人である場合などに、外国の裁判所に依頼して尋問してもらうこと。commissioned examination

**しょ-くち【初口】** 物事の初め。はじまり。beginning

**しょ-くち【諸口】** ①いろいろの口座・項目。miscellaneous accounts ②簿記で仕訳するとき、勘定科目が二個以上になること。代金の一部は現金、残りを掛け買いした場合、仕入れの相手方勘定は諸口となる。sundries ③いろいろの事件。various cases

**じょく-ち【辱知】**《知ってもらっていることをありがたく思う、の意》知り合いであることの謙譲語。用例 ——の間柄。

**しょくちゅう-しょくぶつ【食虫植物】** 葉・花にとまった小虫を捕らえ、消化・吸収して栄養を補充している植物の総称。粘液を出すモウセンゴケや袋状の葉をもつウツボカズラなど。食肉植物。insectivorous plant

**しょく-ちゅうどく【食中毒】** 飲食物中の細菌・毒素・化学物質によって起こる中毒。原因によりちがうが、腹痛・発熱・手足のしびれなどがある。食品中毒。食中り。food poisoning

**しょくちゅう-るい【食虫類】** 食虫目の哺乳類の総称。原始的な小形種が多い。口先は細く尖り、目は小さい。モグラ・ハリネズミ・トガリネズミなど。insectivore

**しょく-ちょう【職長】** 職場のかしら。製造業の現場で、生産と労務との管理にあたる。foreman

**しょく-つう【食通】** 料理の味・知識などにくわしいこと。また、その人。グルメ。gourmet

**しょく-ど【▼埴土】** 粘土質を半分以上含む土壌。通気性や透水性は悪いが、養分の保持力は大。clay

●燭台

**しょく-どう【食堂】** ①食事を提供して営業する店。restaurant ②食事をするために設けられた部屋。ふつう洋風住宅の食事室をさす。dining room

**しょく-どう【食道】** 咽頭につづく長さ約二五cmの消化管。胃に連結する単なる食物の通路で、消化・吸収は行われない。esophagus ↓胃図

**しょくどう-がん【食道▼癌】** 食道に生じる癌。ほとんどが扁平な上皮癌で、高齢者に多い。固形食の嚥下困難が主症状。進行性なので早期の治療が必要。esophageal cancer

**しょくどう-きょうさく【食道狭▼窄】** 食道の一部分が狭くなり、食物の通過障害などを起こした状態。食道腫瘍・食道炎などが原因。多くは手術が必要。esophageal stenosis

**しょくどう-しゃ【食堂車】** 列車で、調理室と食堂になっている車両。dining car

**しょくどう-じょうみゃくりゅう【食道静脈▼瘤】** 肝硬変などから門脈圧が高進し、その結果、食道静脈が拡張、蛇行して瘤を形づくる状態。esophageal varices

**しょく-どうらく【食道楽】** 食べ物をあれこれ求める道楽。食い道楽。gourmet

**しょく-と-して【職として】** 文語的 (副)《もとは「もととして」と読んだ》おもに。もっぱら。

**しょく-にく【食肉】** 食用にできる鳥獣肉類の総称。meat

**しょくにく-しょくぶつ【食肉植物】**↓しょくちゅうしょくぶつ(食虫植物)

**しょくにく-るい【食肉類】** 哺乳類の一目。肉食に適する発達した犬歯とかぎ爪がある。陸生のものはイヌ科・クマ科・ネコ科など七科、海生のものはアシカ科・アザラシ科・セイウチ科。carnivore

**しょくにほんぎ【▽続日本紀】** 平安初期の歴史書。六国史の二番目。四〇巻。延暦一六年(七九七)完成。菅野真道・藤原継縄らの撰。文武天皇から桓武天皇まで九代の編年体正史。

**しょくにほんこうき【▽続日本後紀】** 平安初期の歴史書。六国史の四番目。二〇巻。貞観一一年(八六九)完成。藤原良房・春澄善縄らの撰。仁明天皇の在位一八年間の編年体正史。

**しょく-にん【職人】** ①熟練した技術を身につけ、物を製作・加工することを職業とする人。craftman ②《比喩的》特定の分野に長年の経験から熟達し、技術的に信頼されている人。プロ。expert

**しょくにん-かたぎ【職人▽気▽質】** 職人に共通な性質。専門については他に譲らないので、純朴である一方、頑固であるなど。artisan spirit 比較 名人気質。

**しょくにんづくし-え【職人尽絵】** 各種の職人を主題とした絵。大和絵の伝統である歌仙絵形式と、室町時代末以来の風俗画の二種類がある。東京国立博物館蔵『東北院職人歌合』、川越市の喜多院蔵『職人尽絵屏風』など。↓写

**しょく-ねん【食年】** 天球上で太陽が月の軌道との交点を通過してからふたたび通過するまでの時間。およそ三四六・六日。eclipse year

**しょく-のう【職能】** ①地位上・職務上必要な能力。②社会のなかで一つの職業がもつ一定の有益なはたらき。job function

**しょくのう-きゅう【職能給】** 職務を遂行する能力の種類と程度を基準にして支払われる賃金形態。wages based on ability 比較 職務給・職階給。

**しょくのう-そしき【職能組織】** 組織の職務を必要な知識・技術の種類で分類し、水平的な分業と専門化を重視した組織形態。職能別組織。functional organization 比較 ライン組織。

**しょくのう-だいひょうせい【職能代表制】** 職能別に議会の代表者を選出する制度。ワイマール憲法下のドイツ経済議会やムッソリーニ治下のイタリア労働組合評議会など。functional representation 比較 地域代表制。

●職人尽絵『職人尽図屏風』「型置師」(部分)。江戸時代、サントリー美術館(東京都)。

**しょくのう-だんたい【職能団体】** 各種の仕事や職能、あるいは地位ごとに組織された団体。医師会・弁護士会など。craft union

**しょくのう-ひょうか【職能評価】** 従業員の職務遂行能力をその性質と水準に応じて分

●食品添加物　おもな食品添加物と使用食品例

| 種類 | 働き | 物質例 | おもな使用食品 |
|---|---|---|---|
| 調味料 | 食品にうまみを与え味を整える | L-グルタミン酸ナトリウム、5-イノシン酸ナトリウム | 化学調味料、昆布だしのもと、かつおだしのもと |
| 甘味料 | 砂糖などの使いにくい食品に甘味を与える | サッカリンナトリウム、グリチルリチン酸ナトリウム | こうじ漬け、たくあん漬け、酢漬け、みそ、しょうゆ |
| 酸味料 | 食品に酸味を与え風味をつける | 酢酸、クエン酸 | 清涼飲料、ゼリー、ジャム、菓子類 |
| 強化剤 | 栄養素を補い栄養価を高める | L-アスコルビン酸、炭酸カルシウム | 米、麦、小麦粉、パン、めん類、バター、マーガリン |
| 保存料 | 微生物による変質を防ぐ | ソルビン酸、安息香酸 | 魚肉練り製品、かす漬け、みそ漬け、キャビア、しょうゆ |
| 酸化防止剤 | 油脂などの酸化による変質を防ぐ | ブチルヒドロキシトルエン、dl-α-トコフェロール | 魚介冷凍品、油脂、バター、天然果汁 |
| 着香料 | 食品に香りを与え風味をつける | 酢酸エチル、ピペロナール | 清涼飲料、バター、チーズ、ハム、ソーセージ |
| 着色料 | 食品を着色し外観をよくする | 食用緑色3号、β-カロチン | 清涼飲料、カステラ、糖菓、昆布類、ノリ類、茶 |
| 発色剤 | 食品の色を固定したり発色させる | 亜硝酸ナトリウム、硫酸第一鉄 | ハム、ソーセージ、イクラ、すじこ、果実類、野菜類 |
| 漂白剤 | 食品を漂白し外観をよくする | 亜硫酸ナトリウム、無水亜硫酸 | かんぴょう、糖みつ、水あめ、乾燥果実 |
| 乳化剤 | 水と油を混合し乳化の状態にする | グリセリン脂肪酸エステル、ショ糖脂肪酸エステル | チョコレート、アイスクリーム、マーガリン、チューインガム |
| 糊料 | 食品になめらかさや粘り気を与える | アルギン酸ナトリウム、繊維素グリコール酸ナトリウム | ドレッシング、マヨネーズ、ケチャップ、アイスクリーム |
| 膨張剤 | パンなどにふくらみを与える | 焼アンモニウムミョウバン、炭酸水素ナトリウム | パン、マフィン、ビスケット、ケーキミックス |

類し、それに基づいて従業員の格付けと査定を行うこと。job evaluation

**しょくのうべつ-くみあい【職能別組合】** ↓しょくぎょうべつくみあい(職業別組合)

**しょく-ば【職場】** 会社・工場などで各自が受け持つ仕事の場所。仕事場。one's place of work

**しょく-ばい【触媒】** 化学反応の速度にかかわり、それ自体は変化しない物質。反応を早めるものを正触媒、遅くするものを負触媒という。catalyst

**しょくば-いいん【職場委員】** 職場の意見を反映させるため活動する労働者の代表。組合員の利益代表的性格と組合の執行機関的性格の両機能をもつ。欧米諸国で発展した。shop steward

**しょくば-けっこん【職場結婚】** 同じ職場に勤めている男女の結婚。

● 植物　植物の系統図

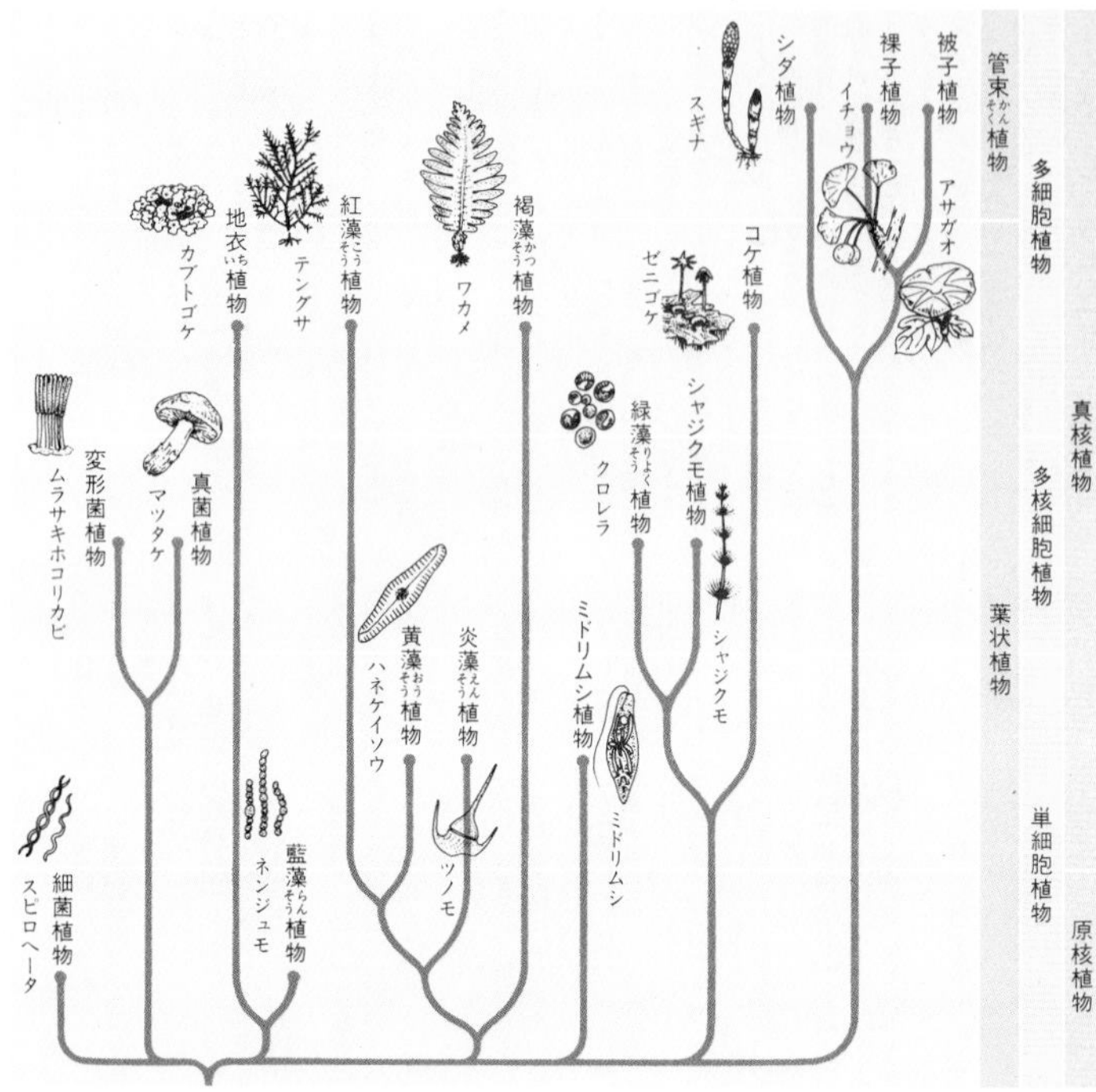


**しょく-はつ【触発】**(名・サ変自他) ①物にふれて変化、作用、爆発すること。detonation by contact ②何かのきっかけで衝動・感情などを誘い起こすこと。cause

**しょくば-とうそう【職場闘争】** 労働組合員が職場を基盤に日常的要求に基づいて行う自主的で大衆的な闘争。一九五〇年代の総評が労働運動の機軸の一つとして模索した。

**しょくば-ようご【職場用語】** その職場でのみ使われる、特別なことば。

**しょく-パン【食パン】** 内部のきめがしっとりと細かく柔らかいパン。トースト・サンドイッチ用。角形のアメリカ式と、山形のイギリス式がある。bread 数え方 一枚・一斤・一山・一本。

**しょく-ひ【食費】** 食事に使う費用。food expenses

**しょく-ひ【植皮】**(名・サ変自他) 医療で、健全な表皮を切り取り、損なわれた部分に移植すること。skin grafting 用例 —術。

**しょく-ひん【食品】** 人間が食べることのできる天然物や加工・調理物。foods

**しょくひん-えいせい【食品衛生】** 食中毒や伝染病など、飲食を通じての健康障害を防止すること。食品の生産から貯蔵までの全過程を管理し、安全な食品を提供すること。food hygiene

**しょくひんえいせい-かんしいん【食品衛生監視員】** 食品衛生法で定められた技術職種。ふつう保健所に勤務し、食品衛生に関する営業施設などの監視または指導を行う。

**しょくひんえいせい-ほう【食品衛生法】** 飲食物や食品添加物・器具・容器などによる衛生上の危害を未然に防止し、公衆衛生の向上増進を目的とする法律。昭和二二年(一九四七)公布。

**しょくひん-ぐん【食品群】** 食品を、似かよった栄養素を含むグループに分類したもの。三群・四群・六群などの分け方がある。

**しょくひん-こうかんひょう【食品交換表】** 食品を、その含む主要栄養素別に分け、グループごとに同一のカロリーになるよう、重量などを示した表。

**しょくひん-こうぎょう【食品工業】** 加工食品・飲料などを製造する産業。醸造業・水産加工業・食肉業など。食料品工業。food industry

**しょくひん-てんかぶつ【食品添加物】** 食品の加工に使用する着色料・酸化防止剤・漂白剤・人工甘味料などの物質。使用してよい添加物や使用基準量が定められている。food additives ↓図(前ページ)

**しょくひん-ひょうじゅんせいぶんひょう【食品標準成分表】** 食品の栄養素を測定し、標準的数値を国の機関で定め表示したもの。食品成分表。food ingredient table

**しょく-ぶつ【植物】** 動物と対比される生物界の一大群。草木や藻類の総称。細胞壁や葉緑素などをもち、独立栄養を営む。葉緑素をもたない菌類を独立させる考え方もある。plant 対義 動物。↓図

**しょくぶつ-ウイルス【植物ウイルス】** 高等植物や菌類・藻類などに寄生して増殖するウイルス。植物に種々の病気を起こす。タバコモザイクウイルスなど。plant virus

**しょくぶつえいよう-の-じゅうげんそ【植物栄養の十元素】** 植物が生長、生活するのに必要な基本的物質を、元素名で示したもの。炭素・水素・酸素・窒素・硫黄・鉄・マグネシウム・カリウム・燐・カルシウム。

**しょくぶつ-えん【植物園】** 植物を多数集めて公開し、広く市民の利用にも供する施設。庭園・ロックガーデンなどをつくり、栽培・研究も行う。botanical garden

**しょくぶつ-えんき【植物塩基】** ↓アルカロイド

**しょくぶつ-かがく【植物化学】** 植物の成分を化学的に研究する学問の一分野。植物成分の有機化学と植物生化学とがある。plant chemistry

**しょくぶつ-がく【植物学】** 植物を対象とする生物学の分野。一般に植物分類学・植物形態学・植物生理学・植物生態学などに大別。botany

**しょくぶつ-きょく【植物極】** 卵や初期胚で、極体の位置する動物極と対立する極。端黄卵ではこの極付近に卵黄が多い。静極。vegetal pole 対義 動物極。

**しょくぶつ-くけい【植物区系】** 全世界の植物分布を大きく分けたさいの各区域。floral region

**しょくぶつ-ぐんけい【植物群系】** ↓ぐんけい(群系)

**しょくぶつ-ぐんらく【植物群落】** 植物で、ある環境条件のもとに形成される、一定の種の組み合わせからなる集団。群落。community

**しょくぶつ-けいたいがく【植物形態学】** 植物の形、内部の構造を明らかにし、植物間の関係や系統性を研究する学問の一分野。plant morphology

**しょくぶつ-さいしゅう【植物採集】** 主として研究用に植物を集めることをいうが、薬用・観賞栽培用のための採集もいう。herborization

**しょくぶつ-さいぼう【植物細胞】** 植物体の構成単位。動物細胞と異なり、多くは細胞壁・葉緑体・液胞をもつ。

**しょくぶつ-しきそ【植物色素】** 植物から得られる色素。アイの藍色、サフランの赤黄色、ベニバナの紅色など。とくに、高等植物に豊富に含有される。染料として、また医薬品にも用いる。plant dye

**しょくぶつ-しつ【植物質】** ①食物で、植物。また、その加工品。②↓しょくぶつせい(植物性)

**しょくぶつ-しゃかいがく【植物社会学】** 植生や群落を研究する生態学の一分野。狭義には、群落を構成する種の結びつきなどから、群落を分類する研究分野をさす。plant sociology

**しょくぶつ-しんけい【植物神経】** ↓じりつしんけい(自律神経)

**しょくぶつ-せい【植物性】** =植物質。対義 動物性。①植物のもつ性質。vegetable ②植物から得られること。vegetable 用例 —たんぱく。

**しょくぶつせい-せんりょう【植物性染料】** 植物の根・葉・樹皮・果皮などを利用する天然の染料。アカネ・ムラサキ・アイ・ゲットウ・ウコンなど。

**しょくぶつ-せいちょうホルモン【植物生長ホルモン】** 植物体の特定の部分で生産され、他へ移動して茎や根の生長を調節する化学物質。ごく微量で効果を現す。合成品を含め、オーキシンと総称する。植物生長調節剤。plant hormone

**しょくぶつ-せいりがく【植物生理学】** 植物の行う同化・呼吸・生長・開花などの生理作用を、物理的・化学的な方法によって解明しようとする研究分野。plant physiology

**しょくぶつ-せんい【植物繊維】** 植物から得られる繊維類の総称。おもなものに種子毛繊維(木綿など)・靭皮繊維(タイマ・コウゾなど)・葉脈繊維(マニラアサなど)がある。fiber

**しょくぶつ-そう【植物相】** ある地域に成育・分布している植物の全種類をいう。フロラ。flora

**しょくぶつ-たい【植物帯】** 植物の垂直分布帯。下から丘陵帯・山地帯・亜高山帯・高山帯と分け、それぞれの優占種によって、シイ－タブ帯・ブナ帯・シラビソ帯・ハイマツ帯ともいう。vegetation zone

**しょくぶつ-ちりがく【植物地理学】** 地球上の植物の分布と、その成立過程を明らかにする植物学の一分野。plant geography

**しょくぶつてつがく【植物哲学】**《原題 Philosophia botanica》植物学者リンネの著書。植物分類学の原理をラテン語で書き、博物学に対する見解を展開。一七五一年刊。

**しょくぶつ-にんげん【植物人間】** 大脳の損傷によって、意識や運動機能は失われているが、呼吸・消化・吸収・循環などの機能が保たれて生きている状態の人間。医学・社会倫理上、人間の尊厳にかかわる問題として注目されている。vegetable

**しょくぶつ-プランクトン【植物プランクトン】** 水中で浮遊生活をしている植物。藻類に多く、光合成による独立栄養を営む。phytoplankton

**しょくぶつ-ぶんぷ【植物分布】** 植物の種類や植生の広がりのようす。現在の環境や過去の環境変遷、他の生物との関係など、さまざまな要因できめられる。plant distribution

**しょくぶつ-ぶんるいがく【植物分類学】** 植物を分類し、その基準を明らかにする植物学の一分野。現在では、植物相互の類縁関係・系統性を基準とするものが主流。plant taxonomy 参照 エングラー。

**しょくぶつ-ホルモン【植物ホルモン】** 植物体内で生産され、植物の生長や生理的機能などを調節する微量物質。オーキシン・ジベレリン・サイトカイニン・エチレンなど。phytohormone

**しょくぶつ-ゆ【植物油】** 植物の種子や果肉から抽出した油。綿実油・大豆油・オリーブ油・亜麻仁油・椰子油など種類が多い。リノール酸・リノレン酸などのグリセリンエステルが主成分で、食用・化粧品・医薬品など用途も広い。植物性油。vegetable oil

**しょく-ぶん【食分・▼蝕分】** 日食・月食のとき、太陽・月の欠ける程度。食度。phase of an eclipse

**しょく-ぶん【職分】** 職務上の本分・務め。役目。one's duty 用例 ——をまっとうする。

**しょく-べに【食紅】** 食品に紅色を着色するのに用いる色素。紅花などからの自然色素と石炭からの食用タール色素がある。food red 参照 食用色素。

**しょく-へん【食偏】** 漢字を組み立てている部分の名。「飲・飼・餌」などの左にある「飠」。

**しょく-へんこうせい【食変光星】** 連星で食によって規則的に変光する星。変光周期の短いものは数時間、長いものは三〇年におよぶ。変光周期などから、二星の物理量を求めることができる。食連星。eclipsing variable

**しょく-ほう【食胞】** 原生動物が食物を細胞内に摂取し消化するための一時的にできる細胞器官。アメーバでは、食物をつつみこんだ細胞膜が食胞となる。food vacuole

**しょく-ぼう【嘱望・▽属望】**(名・サ変他) のぞみをかけること。期待。expectation 用例 将来を——されている。

**しょくほう-じだい【織豊時代】** 安土桃山時代の別称。織田信長・豊臣秀吉の時代の意。

**しょくほう-しょうねん【触法少年】** 少年法で、刑罰法令に触れる行為をした一四歳未満の者。家庭裁判所の審判に付される。比較 虞犯少年。

**しょくほう-せいけん【織豊政権】** 織田信長と豊臣秀吉によって打ち立てられた政治権力。全国統一をなしとげた。その時期を安土桃山時代という。

**しょく-みん【植民・殖民】**(名・サ変自) 本国以外の地域に移住して土地の開拓や経済活動をすること・人。colonization

**しょくみん-し【植民市】** 紀元前七五〇〜前五五〇年、ギリシア本土やイオニアの諸都市により、黒海や地中海沿岸に建設された都市国家。ビザンティオン(=イスタンブール)・マッシリア(=マルセイユ)・ネアポリス(=ナポリ)など。

**しょくみん-ち【植民地】** ある国が経済的に収奪し、政治的・社会的に支配する海外の特定地域や国。第三世界とよばれる諸国の大部分は、植民地が第二次大戦後独立したもの。colony

**しょくみんち-せいさく【植民地政策】** 植民地の統治・経営についての政策。帝国主義のもとでは、本国が植民地を特別な法制下におき、社会的・経済的に差別・収奪しながら支配した。colonial policy

**しょく-む【職務】** 担当する務め。役目。duty

**しょくむ-きゅう【職務給】** 各職務の価値を比較し、その評価に基づいて賃金を決定する給与形態。wages attached to a post 比較 職能給・職階給。

**しょくむ-しつもん【職務質問】** 警察官が職務上、異常な挙動から判断して犯罪に関係があると思われる人物に、氏名・職業・行き先などを尋ねること。police checkup

**しょくむ-はつめい【職務発明】** 従業員などが職務の範囲内で行った発明。特許を受ける権利は従業員にあるが、使用者は無償で使用することができる。

**しょくむ-ひょうか【職務評価】** 企業内での各職務の価値評価や格付け。これに基づいて職務給が算定される。job evaluation

**しょくむ-ぶんせき【職務分析】** 人事・労務管理のために、従業員一人が担当する職務にどんな作業内容が含まれているかを調べ、記述すること。job analysis

**しょくむ-めいれい【職務命令】** 上司が部下の公務員に対して発する仕事上の命令。ふつう受令者は、これを拒否することができない。

**しょく-めい【職名】** 職務・職業の名前。the name of an occupation

**しょく-もう【植毛】**(名・サ変自他) 毛をうえ付けること。planting of hair 用例 ——術。

**しょく-もく【嘱目・▽属目】**(名・サ変自) ①目をつけること。注目。attention 用例 将来を——される。②目に触れること。catch one's eye 用例 ——の景。

**しょく-もたれ【食▼靠れ】** 食べた物が未消化で胃にとどまっていること。また、その感じ。remain undigested

**しょく-もつ【食物】** 生物が、その生活環境の中から栄養素としてとりこむ物質。くいもの。食べもの。food

**しょくもつ-かん【食物環】** 生物群集内のすべてが互いに関連しあう食物連鎖を総合したもの。food cycle

**しょくもつ-せんい【食物繊維】** 食物成分中で、人の消化酵素で消化できないセルロース・ペクチン・リグニンなどの繊維の総称。海藻・豆類などに多く含まれ、整腸作用がある。ダイエタリーファイバー。dietary fiber

**しょくもつ-れんさ【食物連鎖】** 食う・食われるという食物関係によってできる、生物種間のつながり。ある生物は他の生物に捕食され、鎖のようにつながった状態で表せるが、その鎖は一方向だけでなく、循環すると考えられている。food-chain

**しょく-やすみ【食休み】**(名・サ変自) 食後に休息すること。その休み。short rest after a meal

**親が死んでも食休み** 食休みをとることが健康に大切であることをいう。Regular diet is essential for health.

**しょくゆう-じょう【▼贖▼宥状】** キリスト教で、中世末から近世初期、自己の犯した罪の償いが免除されるという護符。ローマ教皇が発行権をもち、教会の有力な財源とされた。免罪符。indulgence

**しょく-よう【食用】** 食べ物とすること・物。食べられること・物。edible

**しょく-よう【食養】**(名・サ変自) 適切な食物を選んで摂取し、病気を治療すること。食養生。食餌療法。dietary cure

**しょくよう-がえる【食用▼蛙】** ↓うしがえる(牛蛙)

**しょくよう-かたつむり【食用▼蝸▽牛】** 食用にするため飼育したカタツムリのこと。ふつう、フランス産のリンコマイマイ(=エスカルゴ)をさす。殻はわら色で、高さ、幅とも各四cmくらい。ブドウ畑で飼育される。

**しょくよう-かたばみ【食用▽酢▼漿▽草】** カタバミ科の多年草。肥大した根をもち、葉は上面に紫色の帯紋のある四小葉。夏に、桃色五弁花が咲く。根を煮て食べる。メキシコ原産。

**しょくよう-カンナ【食用カンナ】** カンナ科の多年草。高さ約三m。葉は紫色でバショウに似る。花の唇弁は黄、内側は橙赤色。肥大した根茎をトーレーモアとよび、煮て食べる。サトイモに似る。南アメリカ原産。

**しょくよう-ぎく【食用菊】** 食用として、おもに東北地方で栽培されるキク。高さ約五〇cm。秋に咲く黄・白・紅の花の色と香りを賞味する。

**しょくよう-しきそ【食用色素】** 食品の着色に用いる色素。ウコン(黄)・サフラン(赤黄)・ヨモギ(緑)などの天然着色料のほかに合成着色料もある。食品衛生法に使用基準が定められている。edible dye

**しょくよう-たんぽぽ【食用▼蒲▽公▽英】** キク科の多年草。葉はやわらかく、よく茂り、食用となる。ゆでて苦味をとる。フランスで栽培。ヨーロッパ原産。

**しょくよう-へちま【食用▽糸▼瓜】** ウリ科のつる性一年草。ふつうのヘチマの食用品種。果実は短く約四〇cm。未熟果を煮て食べる。やわらかく、香りと甘味がある。中国・東南アジアで栽培。インド原産。

**しょくよう-ほおずき【食用▽酸▼漿】** ナス科の一年草。高さ約三〇cm。全草に軟毛がある。花は黄白色で、花弁は五裂。果実は黄色く、径約二cmの球形で、ビタミンを多く含み、生食または砂糖漬け。北アメリカ原産。

**しょくよう-ゆし【食用油脂】** 食用に適するよう精製された動・植物の油。常温で液状のものを食用油、固体状のものを食用脂という。edible oil and fat ↓図

●食用油脂

| | | | |
|---|---|---|---|
| 油類 | 常温で液状 | 植物油 | 大豆油、ごま油、オリーブ油、米油、コーン油、菜種油、綿実油、ひまわり油、サフラワー油、アーモンド油 |
| | | 動物油 | 鯨油、いわし油 |
| 脂類 | 常温で固体 | 植物脂 | カカオバター、やし油、パーム油 |
| | | 動物脂 | バター、牛脂(ヘット)、豚脂(ラード)、網脂、ケンネ脂 |
| 加工品 | | | マーガリン、ショートニング |

**しょく-よく【食欲・食▼慾】** 先天的または後天的にもつ食物を食べたいと思う欲望。個体維持のための生物の本能欲の一つ。食思。食い気。appetite 用例 ——の秋。

**しょく-らい【触雷】**(名・サ変自) 地雷・機雷にふれること。touch a mine

**しょく-りょう【食料】** ①食べ物。food ②食費。food expenses 用例 月々の——。

**しょく-りょう【食糧】** 食用にする物。とくに、米・麦などの主食。provisions 用例 ——事情。

**しょくりょうかんり-せいど【食糧管理制度】** 政府が食糧管理法に基づいて米麦などの主要食糧を管理し、需給・価格調整や配給などを行う制度。食管制。

**しょくりょうかんり-とくべつかいけい【食糧管理特別会計】** 食糧管理制度の収支を管理する特別会計。食管会計。

**しょくりょうかんり-ほう【食糧管理法】** 国民に食糧を安定供給するための需給・価格調整、配給統制を目的とする法律。昭和一七年(一九四二)公布。食管法。

**しょくりょう-じきゅうりつ【食糧自給率】** 食糧の国内消費向け供給量に国内生産分が占める割合。食糧全体の総合自給率は価額で、畜産物は熱量、個々の品目は数量で計算する。rate of food self-support

**しょくりょう-せいさく【食糧政策】** 食糧の需給・流通・価格・貿易に関する政策の総称。国民が必要とする食糧の安定供給を目的とする。日本では、ふつう米麦に関する政策に限定していう。food policy

**しょくりょう-ちょう【食糧庁】** 農林水産省の外局の一つで、行政機関。主要な食糧の国家管理、飲料食品および油脂の生産・流通・消費の調整がおもな任務。

**しょくりょう-ひん【食料品】** 食品。とくに主食以外のもの。肉類・野菜類・果実類など。foodstuffs

**しょく-りん【植林】**(名・サ変自) 山野に苗木をうえて林をつくること。afforestation

**じょく-れい【▼縟礼】** わずらわしい礼儀・作法。用例 繁文——。

**しょく-れき【職歴】** 職業上の経歴。business career 対義 学歴。

**しょく-れんせい【食連星】** 食変光星の別称。

**しょく-ろく【食▼禄】** 武士の給与。扶持。知行。俸禄。

**しょく-わん【触腕】** イカの一〇本の腕のうち、他より長い二本の腕。tentacle

**しょ-くん【諸君】**(代) 多くの人々をいう敬語。多くの方々。きみたち。みなさん。あなたがた。主として、男性が同輩以下の人に使う。you; gentlemen 比較 諸賢。

**じょ-くん【叙勲】**(名・サ変他) 勲等を授けて勲章を与えること。日本では明治一一年(一八七八)西南戦争の功労者へのものが最初。第二次大戦後、文化勲章を除いて生存者については廃止されたが、昭和三八年(一九六三)から生存者叙勲が復活。大勲位の二つの章、旭日章・宝冠章・瑞宝章の各勲一等から勲八等までと文化勲章の五種二八階級があり、毎年春秋二回叙勲される。↓勲章図

**しょ-け【所化】**《仏教語》①仏・菩薩に教化される者。一切の衆生。②弟子。修行中の僧。

**しょ-けい【処刑】**(名・サ変他) 刑罰に処すること。とくに、死刑にすること。execution

**しょ-けい【初経】** 最初の月経。初潮。menarche

**しょ-けい【書契】** 文字で書いた書き付け。また、文字。

**しょ-けい【書▼痙】** 文字などを職業として書く人に起こる指・手などの筋肉のけいれん・痛み。機能的な疾患だが、神経症の一種とみられている。ふつう、他の動作は正常。writer's cramp

**しょ-けい【諸兄】**(代) 多くの男性に対して、親しみをこめていう敬語。みなさん。対義 諸姉。

**しょ-げい【諸芸】** いろいろの芸ごと。accomplishments

**じょ-けい【女系】** 女子の系統。母方の系統。female line 対義 男系。

**じょ-けい【叙景】**(名・サ変自) けしきを詩や文に述べること。description of the scenery 比較 叙情。用例 ——歌。

**しょけい-いぜん【書契以前】** 文字の発明される前の大昔。

▼常用漢字表外。 ▽常用漢字表の音訓外。

**じょけい-かぞく【女系家族】** ①娘に、経営的才能のある婿養子を迎え、代々女系によって家業を継いでいく家族関係。②代々女子ばかり、あるいは女子が多く生まれる家系。

**しょげ-かえ・る【▼悄気返る】**(五自) すっかりしょげる。be utterly disheartened

**しょげ-こ・む【▼悄気込む】**(五自) すっかりしょげて、くよくよする。be utterly disheartened

**しょ-けつ【処決】**(名・サ変他) ①処置をつけること。settlement ②覚悟を決めること。決心。decision

**じょ-けつ【女傑】** 知恵や勇気のすぐれた女性。女丈夫。brave woman

**しょ・げる【▼悄気る】**(下一自) がっかりして、元気がなくなる。be disheartened

**しょ-けん【初見】** ①はじめて見ること。meeting for the first time ②はじめて会うこと。seeing for the first time ③はじめて見た楽譜で、すぐ歌ったり演奏したりすること。sight-reading

**しょ-けん【所見】** ①見たところ。見た内容。one's view 用例 医師の―。②意見。考え。one's opinion 用例 ―を述べる。

**しょ-けん【書見】**(名・サ変自) 書物を読むこと。読書。reading 用例 ―台。

**しょ-けん【諸賢】** ㊀(名) 多くの賢人。various wise men ㊁(代)《「諸君」より敬意がこめられる》多くの人々をいう敬語。皆様。

**しょ-げん【緒言】** 前書き。序文。はしがき。ちょげん。preface 対義 結語。

**しょ-げん【諸元】** 機械の寸法・重量など、性能・特徴を分析して示した数字。

**じょ-けん【女権】** 女性の政治・社会・法律・教育上の権利。women's rights 用例 ―拡張。

**じょ-げん【助言】**(名・サ変自) そばから意見を述べて助けること。口添え。じょごん。advice

**じょ-げん【序言】** 前書き。緒言。序文。preface

**しょけん-だい【書見台】** 読書用の台。本を読みやすいように甲板を傾斜させてあり、高さの調節もできる。

**じょけん-はんけつ【除権判決】** 公示催告の手続きで、所定の期間内に権利や請求の届け出がないとき、申立人の利益になるように権利を変更する判決。とくに株券・手形など有価証券の無効を宣言する判決をさす場合が多い。judgment nisi

**しょ-こ【書庫】** 本を入れておく部屋・倉。library

**しょ-こう【初更】** 昔、日没から日の出までの時刻を五つに分けた一番目。午後七時ごろから午後九時ごろまで。戌の刻。甲夜。初夜。一更。

**しょ-こう【初校】** 最初の校正。また、そのために刷ったもの。first proof

**しょ-こう【諸公】** ㊀(名) 政治にあずかる身分の高い人々に対する敬称。用例 代議士―。㊁(代) 多くの人々をいう敬語。諸君。

**しょ-こう【諸侯】** 封建時代に、領地をもち、領民を支配した大名たち。

**しょ-こう【▼曙光】** ①夜明けの太陽の光。dawn ②前途に認められるわずかな望み。prospects 用例 解決の―を見いだす。

**しょ-ごう【初号】** ①定期刊行物の第一号。the first number ②印刷で、号数活字のもっとも大きいもの。その号数の活字。約一五$mm^2$。

**じょ-こう【女工】**《卑語》工場で働く女性の旧称。女子工員。対義 男工。

**じょ-こう【徐行】**(名・サ変自) 車などが、ゆっくり進むこと。go slowly 用例 ―区間。

**じょ-ごう【除号】** 除法を示す記号。÷または/。sign of division 対義 乗号。

**じょこうあいし【女工哀史】** 細井和喜蔵の著書。大正一四年(一九二五)発行。過酷な労働や虐待に苦しむ紡績女子工員の実態を描き、女子労働者の劣悪な労働状態をさす代名詞となった。

**じょこう-えき【除光液】** 爪に塗ったマニキュアのエナメルをとかすための液。polish remover

**じょ-こうけい【徐光啓】**(一五六二~一六三三) 中国、明末の政治家・学者。早くからキリスト教を信奉。マテオ=リッチらと親交、諸学問を学び、『幾何原本』(リッチと共訳)・『崇禎暦書』など西洋文化の紹介に功績をあげた。

**じょ-こうそ【助酵素】** ↓ほこうそ(補酵素)

**しょ-こく【諸国】** ほうぼうの国。多くの国。various countries 用例 中近東―。

**しょこくふうぞくといじょうこたえ【諸国風俗問状答】** 江戸幕府が、文化年間(一八〇四~一八)各藩に風俗に関する問状を発したことに対する答書。十数編が現存。

**しょこくみんのとみ【諸国民の富】** ↓こくふろん(国富論)

**じょ-ことば【序▽詞】** ↓じょし(序詞)②

**ショコラ【chocolat フラ】** チョコレート。

**しょ-こん【初婚】** はじめての結婚。one's first marriage 対義 再婚。

**じょ-ごん【助言】**(名・サ変自) ↓じょげん(助言)

**しょ-さ【所作】** ①ふるまい。しわざ。behavior ②身のこなし。身ぶり。carriage ③踊り。舞。dancing ④「所作事」の略。

**しょ-さい【所載】** 新聞・雑誌などにのせてあること。be carried 用例 新年号―の論文。

**しょ-さい【書斎】** 住宅内で読書や書きものなどをする空間または部屋。応接室を兼ねることもある。study; den

**しょ-さい【書債】** 手紙の返事や、執筆すべき依頼の書画のたまっているもの。用例 ―を果たす。

**しょ-ざい【所在】** ①ありか。あり場所。one's whereabouts 用例 ―地。②ここかしこ。いたるところ。everywhere ③すること。仕事。work

**所在が無い**(しょざいがない) ↓しょざいない(所在無い)

**じょ-さい【如才】** いいかげんにすること。手抜かり。omission 用例 ―のない人。

**じょ-さい【助祭】** カトリックで、司祭に次ぐ者。deacon

**じょ-さい【▽定斎】** ↓じょうさい(定斎)

**しょざい-な・い【所在無い】**(形) することがなくて、退屈である。所在が無い。have nothing to do

**じょさい-な・い【如才無い】**(形) ①抜け目がない。気が利く。smart ②愛想がいい。affable

**しょさい-は【書斎派】** 理論をいうだけで、実行にはたずさわらない人。theorist

**しょさ-ごと【所作事】** 歌舞伎で演じられる舞踊または舞踊劇。振事・景事とも。現在は長唄を伴奏とする舞踊だけをいい、清元・常磐津を使う場合は「浄瑠璃所作事」という。

**しょ-さつ【書冊】** 書物。本。book

**しょ-さつ【書札】** 書き付け。手紙。書状。

**しょさつ-れい【書札礼】** 書状を中心に定められた文書作成上の儀礼。弘安八年(一二八五)弘安礼節が制定され、以後公家の書札礼の基準となる。

**しょ-さん【所産】** うみ出したもの。つくり出されたもの。product 用例 努力の―。

**しょ-ざん【初産】** はじめての出産。ういざん。はつざん。the first childbirth

**しょ-ざん【諸山】** ①多くの山。many mountains ②多くの寺。many temples

**じょ-ざん【除算】** 割り算。除法。じょさん。division

**じょさん-ぷ【助産婦】** 分娩の介助、妊産婦や新生児保育に関する保健指導などを行う女子。助産婦国家試験に合格し、厚生大臣の免許を受ける。産婆。midwife

**しょさんべつ【初山別】**〈村〉 北海道北部、天塩山地西麓の村。稲作・テンサイ栽培・牧牛・漁業が行われる。人口二二一二(一九八八)。

**しょ-し【処士】** 民間にいて、官に仕えない人。在野の人。処子。

**しょ-し【処子】** ①おとめ。処女。virgin ②処士。

**しょ-し【初志】** 最初に立てたこころざし。初一念。one's original intention 用例 ―貫徹。

**しょ-し【所司】** 鎌倉・室町幕府の侍所の職名。鎌倉幕府では長官を別当、次官を所司、室町幕府では長官を所司または頭人といった。

**しょ-し【所思】** 思うところ。思い。所懐。one's thought

**しょ-し【書▼肆】** 本屋。書店。bookstore米; bookshop英

**しょ-し【書誌】** ①ある書物の材料・体裁・成立事情などの記述。bibliography ②特定の人・題目に関する文献の目録。ビブリオグラフィー。bibliography 用例 鷗外―。

**しょ-し【庶子】** ①嫡出でない子。child by a concubine 比較 実子。対義 嫡子。②旧民法で、父が認知した私生児。

**しょ-し【諸子】** ㊀(名) 中国で、春秋・戦国時代、一家の学説を立てた人々。その学派・著書。㊁(代) 同輩以下の人々をいう敬語。諸君。

**しょ-し【諸氏】**(代) 多くの人々をいう敬語。諸君。みなさん。

**しょ-し【諸姉】**(代) 多くの女性をいう敬語。対義 諸兄。

**しょ-じ【所持】**(名・サ変他) 身につけて持っていること。possession 用例 ―品。

**しょ-じ【諸事・庶事】** いろいろの事柄。various matters 用例 ―万端整える。

**じょ-し【女子】** ①おんな。女性。婦人。woman ②むすめ。女の子。girl 対義 男子。

**女子と小人は養い難し**(じょしとしょうじんはやしないがたし) 女性と小人物は扱いにくい。

**じょ-し【女史】** ①婦人の氏名の下に添える語。社会的地位・名声のある女性に対していう。②昔中国で、皇后などのいる奥御殿に仕えて、記録の仕事をした女官。③昔、文書に関する仕事をした女官。

**じょ-し【助士】** おもに交通機関で、正式の担当者を補助する人。assistant 用例 機関―。

**じょ-し【助詞】** 品詞の一つ。活用のない付属語で、いろいろな語に付いて、語と語との関係を示したり、種々の意味を付け加えたりするもの。文中での役目の違いにより、格助詞・接続助詞・副助詞・係助詞・終助詞・間投助詞などに分ける。particle

**じょ-し【序詞】** ①はしがき。まえがき。序言。preface ②修辞法の一つ。和歌・仮名文で、ある語句をひきだすための修飾の語句。枕詞より長いものをいう。

**じょ-し【序詩】** 序として添えた詩。プロローグ。prologue

**じょ-じ【女児】** 女の子。girl 対義 男児。

**じょ-じ【助字】** 漢文で、前置詞の役をし、また語句の終わりに付いて意味を助け補う字。於・于・与・矣・焉・哉・之・乎など。助辞。

**じょ-じ【助辞】** ①国文法で、助詞・助動詞。②漢文で、助字。

**じょ-じ【序次】** ついで。順序。次第。order

**じょ-じ【叙事】** 事実をありのままに述べること。description 対義 叙情。用例 ―文。

**しょし-がく【書誌学】** 本を研究対象とする学問。本の歴史・形態・材料から内容まで本に関するあらゆる研究を含む。ビブリオグラフィー。bibliography

**じょし-がくせい【女子学生】** 女子の大学生。girl student 比較 女学生。

**しょ-しき【書式】** 書類の、決まった書き方。form

**しょ-しき【諸式・諸色】** ①いろいろの品物。various goods ②物価。prices 用例 ―があがる。

**じょ-しけん【▼茹志▼鵑】**(一九二五~) 中国の女流小説家。上海生まれ。革命に生きる女性を描く。「百合の花」が代表作。短編集『高い白楊樹』など。

**じょしさべつてっぱい-じょうやく【女子差別撤廃条約】**(Convention on the Elimination of the All Forms of Discrimination against Women) 一九七九年の第三四回国連総会で採択された、あらゆる形での女性差別の撤廃を規定する条約。

**じょじ-し【叙事詩】** 民族の建国や歴史、英雄や戦士の事跡を、固有の形式で物語った韻文。劇詩・叙情詩とともに詩の三大部門の一つ。ホメロスの『イリアス』『オデュッセイア』、中世の『ニーベルンゲンの歌』など。epic

**じょじしてき-えんげき【叙事詩的演劇】** アリストテレス以来の感情同化に基づく戯曲的演劇に対し、物語性や舞台への批判的態度などの叙事的客観性をめざす演劇理念。ブレヒトが唱道し、現代演劇の一主流となる。異化効果を観客に与え、社会的行動を認識させる。epic theatre

**じょし-じゅうどう【女子柔道】** 柔道で、女子の競技。女子の柔道の試合が行われるようになったのは、昭和五三年(一九七八)の女子全日本選手権大会が最初。同五五年からは世界選手権大会が開催されている。

**じょししんず【女史▼箴図】** 中国、晋の張華の『女史箴』(宮廷婦人のための箴言)を絵画化したもの。顧愷之の署名のある図巻が名高い。

**じょし-せんもんがっこう【女子専門学校】** 旧制の専門学校の一つ。高等女学校を修了した者を入学させた。修業年限は三年以上。新制で大学となった。女専。

**しょし-だい【所司代】** ①室町時代、侍所の所司の家臣が、所司の事務を代行したときの称。②江戸時代、京都の警察・司法・政務に当たった幕府の職名。京都所司代。

**しょ-しちにち【初七日】** ↓しょなのか(初七日)

**じょ-しつ【除湿】**(名・サ変自) 湿気を取り除くこと。dehumidify 用例 ―器。

**じょしていしんたい【女子▼挺身隊】** 第二次大戦下、軍需工場に強制的に動員された一般家庭の子女たちの労働組織。昭和一八年

(一九四三)から一四～二五歳、翌年には一二歳までの未婚の女子を対象に実施。

**じょじてき-えんげき【叙事的演劇】** ↓じょじしてきえんげき(叙事詩的演劇)

**しょし-はっと【諸士法度】** 江戸幕府が旗本・御家人を対象に定めた法令。寛永九年(一六三二)三代将軍家光が発布。軍事・生活各方面にわたる二三か条の規律を指示。旗本法度。

**しょし-ひゃっか【諸子百家】** 中国の春秋・戦国時代の諸学者・諸学派の総称。儒家・道家・陰陽家・法家・名家・墨家・縦横家・農家・雑家の九流に小説家・兵家などを加える。

**しょじひん-けんさ【所持品検査】** 警察官が職務質問するとき、相手の持ち物を検査すること。examination of personal effects

**じょし-プロレス【女子プロレス】** 女子選手によって行われるプロレスリング。男子によるものと試合形式は同じだが、前座に歌謡ショー的プログラムが入る興行が多い。female professional wrestling

**じょじ-ぶん【叙事文】** 事実をありのままに述べた文章。歴史・記録・報告など。narrative

**じょ-しま【徐志摩】**(一八九七 一九三一) 中国の詩人。浙江省生まれ。新しい格律の詩を提唱、詩界に新生面を開く。新月社を組織。詩集『志摩の詩』など。

**じょし-マラソン【女子マラソン】** 女子のマラソン競走。一九七九年に初めて国際陸連公認の大会が開かれ、一九八四年のロサンゼルスオリンピックから正式種目として採用。women's marathon race

**しょ-しゃ【書写】**(名・サ変他) ①書きうつすこと。copying 比較 摺写・謄写。②小・中学校の国語の一科目。字を正確に美しく書くことを習う。習字。

**しょ-しゃ【諸車】** いろいろの車。全部の車。vehicles 用例 ―通行止。

**じょ-しゃく【叙爵】**(名・サ変他) ①爵位を授けられること。conferment of a peerage ②律令制の官制で、従五位下に叙せられること。

**しょ-しゅ【諸種】** いろいろな種類。各種。various kinds

**じょ-しゅ【助手】** ①仕事・研究の補助をする人。assistant ②大学で、教授・助教授・講師の下で、教授の指揮のもとにその研究を助け、学生を指導する職。また、その人。assistant

**しょ-しゅう【初秋】** ①秋の初め。はつあき。early autumn ②陰暦の七月の異名。

**しょ-しゅう【所収】** おさめられていること。carried 用例 新著―の一編。

**しょ-じゅう【所従】** 下人とならぶ中世の隷属民。武事に従う郎党に対し、主人に隷属し、雑役や農業労働に従った者。人格は認められず、相続・譲与などの対象とされた。

**じょ-しゅう【女囚】** 女の囚人。female prisoner 対義 男囚。

**じょしゅう【徐州】** 中国、江蘇省北西部の鉱工業都市。古くから交通・軍事上の要地。人口八〇・六万(一九八四)。シュイチョウ。

**じょしゅう-かいせん【徐州会戦】** 日中戦争下、中国江蘇省徐州付近での日本軍と蔣介石の率いる中国軍との戦闘。昭和一三年(一九三八)日本軍は華北と華中の両戦線を結ぶため徐州占領を企てた。結果的には、日本軍は徐州を陥落したが、中国軍の主力は壊滅できず、戦線は武漢・広東へ拡大。

**しょしゅうじいん-はっと【諸宗寺院法度】** 江戸幕府の宗教統制法の一つ。寛文五年(一六六五)仏教の各宗派・寺院に対し、本末関係・宗派の法式・僧侶の守るべきことなどを規定。

**しょ-しゅつ【初出】**(名・サ変自) 最初に出ること・現れること。the first appearance

**しょ-しゅつ【所出】** ①出どころ。出所。source ②生まれ。one's birthplace

**しょ-しゅつ【庶出】** 本妻以外の女性から生まれること。また、その子。illegitimate 対義 嫡出。

**じょ-じゅつ【叙述】**(名・サ変他) 順序だてて述べること。また、述べたもの。description 比較 記述・陳述。

**しょ-しゅん【初春】** ①春の初め。はつはる。early spring ②正月。

**しょ-じゅん【初旬】** 月の初めの一〇日間。上旬。the first ten days of a month

**しょ-しょ【処処・所所】**(名・副) ところどころ。あちらこちら。here and there

**しょ-しょ【処暑】** 二十四節気の一つ。八月二三日または二四日。暑さのやむ時期。

**しょ-しょ【諸所・諸処】** 多くのところ。ほうぼう。various places

**しょ-じょ【処女】** ①性交したことのない女性。きむすめ。virgin 対義 童貞。②はじめて物事を行うこと。maiden 用例 ―演説。―航海。③人がまだ手をつけていないこと。virgin 用例 ―峰。

**しょ-しょう【所証】**《仏教語》悟り。

**しょ-しょう【書証】** 裁判で文書の内容を証拠として用いること。対義 人証・物証。

**しょ-じょう【書状】** 手紙・書簡。letter

**しょ-じょう【諸嬢】**(代) 大勢の未婚の女性をいう敬語。

**じょ-しょう【女将】** 料理屋・旅館などの女主人。おかみ。マダム。landlady

**じょ-しょう【序章】** 序に当たる章。初めの章。introduction 対義 終章。

**じょ-しょう【叙唱】** オペラやオラトリオで、語るように歌うこと。レチタティーボ。recitative

**じょ-じょう【如上】** 上述したこと。前に述べたこと。上記。前述。

**じょ-じょう【叙情・▼抒情】** 自分の感情を述べ表すこと。description of feeling 対義 叙事。

**じょじょう-し【叙情詩】** 詩人の感情や情緒を主観的にうたいあげた韻文。叙事詩・劇詩と並ぶ詩の三大部門の一つ。lyric

**じょじょうしょうきょくしゅう【▼抒情小曲集】** 室生犀星の第二詩集。大正七年(一九一八)刊。少年時の哀感や故郷への思慕を自由な文語でうたいあげる。

**じょ-じょうふ【女丈夫】** 男まさりの女。女傑。じょじょうぶ。brave woman 対義 偉丈夫。

**じょじょうみんようしゅう【叙情民謡集】**《原題Lyrical Ballads》ワーズワースとコールリッジ共著の詩集。一七九八年刊。イギリス・ロマン主義の記念碑的詩集。

**じょ-しょく【女色】** ①女の顔かたち。色香。feminine charms ②いろごと。女性との情事。love affair 用例 ―におぼれる。

●女性解放運動 おもな事例と婦人参政権の獲得

| 年 | 女性解放運動にかかわるおもな事例 | 婦人参政権の獲得 |
|---|---|---|
| 一七九一 | (仏)グージュ『女性の権利宣言』 | |
| 九二 | (英)ウルストンクラフト『女性の権利の擁護』 | |
| 一八四八 | (仏)女性の声協会を中心に婦選要求高まる<br>(米)世界初の女権大会 | |
| 五七 | (英)ナイチンゲール、看護婦養成所設立 | |
| 六五 | (英)最初の婦人参政権協会設立 | |
| 六六 | (英)J=S=ミル『女性の隷従』 | |
| 六九 | (米)アメリカ婦選協会結成<br>(英)売春禁止運動 | |
| 七一 | 最初の女子留学生渡米<br>(英)国民婦選協会中央委員会成立 | |
| 七四 | 東京に女子師範学校設立 | |
| 七九 | (独)ベーベル『婦人と社会主義』 | |
| 九〇 | (米)全米婦人参政権協会結成 | |
| 九三 | | ニュージーランド |
| 九七 | (英)婦人参政権協会国民連合結成 | |
| 一九〇二 | | オーストラリア |
| 〇六 | | フィンランド |
| 〇八 | (英)戦闘的婦選運動はじまる | |
| 一〇 | (独)ツェトキン、国際婦人デーを提唱 | |
| 一一 | 平塚らいてう青鞜社結成『青鞜』発行 | |
| 一三 | | ノルウェー |
| 一七 | | ソ連 |
| 一八 | | カナダ |
| 一九 | | ドイツ<br>スウェーデン |
| 二〇 | 新婦人協会結成 | アメリカ |
| 二一 | 社会主義婦人団体赤瀾会結成 | |
| 二四 | 婦人参政権獲得期成同盟会結成 | |
| 二八 | | イギリス |
| 三〇 | 第一回日本婦選大会 | 南ア |
| 四五 | 国際連合発足 | 日本、イタリア |

| 年 | 女性解放運動にかかわるおもな事例 | 婦人参政権の獲得 |
|---|---|---|
| 一九四五 | マッカーサー男女同権(参政権・法的地位・教育)を指令<br>新日本婦人同盟(のち婦人有権者同盟)結成 | |
| 四六 | (国連)婦人の地位委員会設置<br>日本国憲法(男女平等法を規定)公布<br>婦人民主クラブ結成 | フランス<br>ルーマニア |
| 四七 | 改正民法公布(法的男女平等) | 中国 |
| 四八 | | 韓国 |
| 四九 | (仏)ボーボワール『第二の性』 | インド |
| 五二 | | ギリシア |
| 五三 | 日本婦人団体連合会結成 | メキシコ |
| 五四 | 近江絹糸スト争議 | |
| 五五 | 第一回母親大会 | エチオピア |
| 五六 | 売春防止法公布。第一回働く女性の中央集会 | |
| 五九 | | シンガポール |
| 六五 | 世界的ウーマン-リブ運動広がる<br>日本でもウーマン-リブ運動展開 | |
| 六七 | (国連)女子差別撤廃宣言 | コンゴ |
| 七一 | | スイス |
| 七四 | | ヨルダン |
| 七五 | 国際婦人年(メキシコ会議)<br>国際婦人年日本大会開催<br>(国連)婦人の一〇年世界行動計画発表 | |
| 七七 | 婦人の一〇年国内行動計画発表 | |
| 八〇 | 国際婦人年中間年(コペンハーゲン会議)<br>女子差別撤廃条約制定、日本も署名 | |
| 八五 | 国際婦人年(ナイロビ会議)<br>女子差別撤廃条約批准 | |
| 八六 | 男女雇用機会均等法施行 | |

婦人参政権については各国とも年齢・資格が男女平等の参政権を国政レベルで獲得した年度

表中青文字は日本

**じょしょく-だん【助色団】** 発色団のみをもつ化合物に導入すると色の深みが増して濃くなり、同時に繊維に対する染着性がよくなる水酸基・アミノ基などの原子団。auxochrome

**しょじょ-さく【処女作】** その人のはじめての作品。maiden work

**しょじょ-せいしょく【処女生殖】** ↓たんいせいしょく(単為生殖)

**しょじょ-ち【処女地】** まだ人が足を踏み入れたことのない土地。未開拓の土地。virgin soil

**じょじょ-に【徐徐に】**(副) ①ゆっくり。slowly ②しだいに。gradually

**しょしょ-ほうぼう【処処方方・所所方方】** 多くの方面。至る所。everywhere

**しょじょ-まく【処女膜】** 処女の膣口の後部にある半月形の粘膜のひだ。これを境に外側を外陰部、内側を内性器という。hymen

**しょじょ-りん【処女林】** 自然のままの森林。原生林。virgin forest

**じょし-ろうどう【女子労働】** ↓ふじんろうどう(婦人労働)

**しょ-しん【初心】** ①最初に心に決めたこと。one's original intention 用例 ―にかえる。②習い始め。初学。用例 ―者。③世なれないこと。うぶ。greenness

**初心忘る可からず**(しょしんわするべからず) 習い始めたときの気持ちを忘れてはならない。志したときの意気込みや謙虚さを常に失わないようにしなくてはならない。Don't forget your first resolution.

**しょ-しん【初診】** 最初の診察。the first medical examination 用例 ―料。

**しょ-しん【初審】** 法律で、第一回の審判。第一審。始審。the first trial

**しょ-しん【所信】** 自分の信じるところ。信念。one's beliefs 用例 ―を表明する。―を披歴する。

**しょ-しん【書信】** 手紙による音信・たより。letter

**じょ-しん【女神】** 女性の神。めがみ。goddess

**じょしん【女真】** 一〇世紀末中国東北地方の東北部に出現したツングース族の一派。一二世紀に完顔部の阿骨打が金を建国。元



▼常用漢字表外。 ▽常用漢字表の音訓外。

に滅ぼされたのち明代には女直として登場。一七世紀にその一派のヌルハチが後金国、のちの清朝を建国し中国を統一。

**しょしんしゃ-マーク**【初心者マーク】自動車運転免許取得一年以内を示す、若葉形のマーク。運転者の安全と事故防止のため車体につけることを義務づけられている。若葉マーク。

**じょしん-もじ**【女真文字】女真族による金王朝が、一一一九年契丹文字、とくにその大字を模してつくった文字。まだ完全には解読されていない。

**じょ-すう**【序数】順序を示す自然数。ordinal number 比較 基数。

**じょ-すう**【除数】除法(割り算)で、割るほうの数。$a \div b$ の $b$。divisor 対義 被除数。

**じょ-すうし**【助数詞】接尾語の一種。事物を数えるとき数字のあとに付けることば。「二枚・三人・四本・五円」の「枚」「人」「本」「円」など。数えるものによって、いろいろなことばが使われる。

**じょすう-し**【序数詞】↓じゅんじょすうし(順序数詞)

**じょ-すうし**【徐崇嗣】(生没年未詳)中国、宋初の画家。祖父(または父)徐熙の「徐氏体」画風を発展させ、没骨花鳥画を完成。

**ジョスカン-デ-プレ**【Josquin Desprès (des Près)】(一四四〇ごろ-一五二一)フランドル楽派の、盛期ルネサンス最高の作曲家。通模倣とよばれる模倣対位法様式を確立。ミサ曲『フェララの公爵エルコレ』など。

**ショスタコービチ**【Dmitry Dmitriyevich Shostakovich】(一九〇六-一九七五)ソ連の作曲家。理知的で構成力のある、簡潔・平明な作風で広範囲に活動。オラトリオ『森の歌』、交響曲・協奏曲・室内楽曲など。

**しょ-ずみ**【初炭】茶事における三炭の一つ。客の着座後、最初に行う炭手前。

**しょ-する**【処する】(サ変自他)=処す。①(自)身を置く。ふるまう。behave 用例 難局に—。②(他)㋐はからう。処理する。deal with 用例 事を—。㋑定め行う。settle ㋒刑に当てる。sentence 用例 厳罰に—。

**しょ-する**【書する】(サ変他)書く。書す。write

**しょ-する**【署する】(サ変他)自分の氏名を書く。署名する。署す。sign

**じょ-する**【序する】(サ変他)=序す。①序文を書く。write a preface ②順序をきめる。put in order

**じょ-する**【叙する】(サ変他)=叙す。①詩・文などに述べ表す。describe ②爵位・勲等を授ける。confer 用例 勲三等に—。

**じょ-する**【除する】(サ変他)=除す。①とりのぞく。exclude ②割り算をする。割る。divide

**じょ-する**【恕する】(サ変他)思いやりの心で罪やあやまちなどを許す。恕す。forgive

**しょ-せい**【処世】世渡り。世すぎ。conduct of life 用例 —訓。

**しょ-せい**【初生】(名・サ変自)①はじめて生まれること。はじめて生じること。②生まれたばかりのこと。用例 —びな。

**しょ-せい**【書生】①明治・大正時代、学業を修める者。学生の別称。②同郷の先輩や有力者の家で玄関番などをしながら勉学する青年。学僕。③文書を書き写す人。筆生。

**しょ-せい**【書聖】書道の名人。

**しょ-せい**【諸政・庶政】各方面の政治。political affairs 用例 —の一新。

**しょ-せい**【諸生】《教師・師匠のほうからいう》多くの生徒や弟子。

**じょ-せい**【女声】声楽で、女性の声。woman's voice 対義 男声。用例 —合唱。

**じょ-せい**【女性】対義 男性。①女子。婦人。おんな。woman ②女としての生まれつき。女の気質。womanhood

**じょ-せい**【女婿・女▼壻】娘のむこ。one's son-in-law

**じょ-せい**【助成】(名・サ変他)力を添えて完成を助けること。furtherance 比較 助長。用例 —金。

**じょ-せい**【助勢】(名・サ変自)力を添えること・人。助力。加勢。backing

**じょせいかいほう-うんどう**【女性解放運動】女性を社会的束縛から解放し、その政治的・経済的・社会的な地位の向上をめざす運動。women's liberation movement 参照 フェミニズム。↓図

**じょせい-がく**【女性学】一九七〇年代以降の女性解放運動の中で、アメリカを中心に発展した女性に関する総合的な学問。女性の立場からの研究を重視している。women's studies

**じょせい-ご**【女性語】江戸時代以後、都会で発達した女性特有のことば。語彙だけでなく、発声・語法・言い回し・文字遣いなどにもおよぶ。female language

**しょせい-じ**【初生児】↓しんせいじ(新生児)

**じょせい-てき**【女性的】(形動)対義 男性的。①女性にふさわしいさま。feminine ②女らしいさま。feminine ③めめしいさま。effeminate

**じょせい-ホルモン**【女性ホルモン】ヒトの卵巣から分泌されるホルモン。卵胞ホルモン(発情ホルモン)と黄体ホルモンがあり、性腺付属器や乳腺の発達など、女性の形成に重要な働きをする。female sex hormone

**しょせい-ろん**【書生論】実情に合わない、理屈だけの未熟な議論。impractical argument

● 如拙『瓢鮎図』(部分)。妙心寺退蔵院(京都府)。

**しょ-せき**【書籍】本。書物。図書。book 数え方 一冊・一巻・一部・一本・一帙・一編。

**じょ-せき**【除籍】(名・サ変他)名簿・戸籍などから名まえを除くこと。removal from the register

**じょ-せき**【除斥】(名・サ変他)①のぞきしりぞけること。exclusion ②裁判官・裁判所書記官が、事件やその当事者と特殊な関係にある場合、裁判の公正をたもつため、その事件については職務を執行できないようにすること。

**じょせき-きかん**【除斥期間】一定の権利について法律が定めた存続期間。この期間が過ぎると、その権利は消滅する。婚姻・縁組の取消権、占有訴権、上訴する権利など。term of exclusion

**しょせき-コード**【書籍コード】書籍の流通を合理化するために設定された、内容・発行所などを表す書籍番号。昭和五六年(一九八一)からは国際標準図書番号(ＩＳＢＮ)が採用されている。

**しょ-せつ**【所説】説くところ。意見の内容。説。one's opinion

**しょ-せつ**【諸説】いろいろな意見・学説。various opinions

**じょ-せつ**【序説】①本論に入る前、その立場や前提を説明する部分。序論。introduction ②全体的な見通しをつけ、考えを進めるもととなる論説。総説。総論。general remarks

**じょ-せつ**【叙説】(名・サ変他)考えを述べ説明すること。叙述。explanation

**じょ-せつ**【▼絮説】(名・サ変他)くどくどしく説明すること。

**じょ-せつ**【除雪】(名・サ変自)積もった雪を取り除くこと。雪かき。snow shoveling

**じょせつ**【如拙】(生没年未詳)室町初期の画僧。正統的な山水画様式を開拓した。作品『瓢鮎図』『三教図』など。↓写 ↓漢画写

**じょせつ-しゃ**【除雪車】道路・鉄道線路などの積雪を除去する車両。雪かき車。ラッセル式・ロータリー式など。snowplow ↓写

**しょせつ-ふんぷん**【諸説紛紛】(形動トタル)さまざまな意見が入り乱れているさま。various opinions

**ジョゼフィーヌ**【Josephine Bonaparte】(一七六三-一八一四)ナポレオン一世の最初の妻。先夫ボーアルネ男爵はフランス革命で刑死。一七九六年ナポレオンと結婚。一八〇四年皇后。帝位継承者を生まなかったため一八〇九年に離婚。

**ジョセフソン**【Brian David Josephson】(一九四〇-)イギリスの物理学者。超電導現象で、ジョセフソン効果を理論的に予測し、一九七三年ノーベル物理学賞受賞。

**ジョセフソン-こうか**【ジョセフソン効果】二つの超電導体間に絶縁体や金属の薄膜をはさんでも電流が流れるという現象。また、その電流に関する法則。Josephson effect

**ジョセフソン-そし**【ジョセフソン素子】超電導現象が現れる超低温で、スイッチの動作をする論理素子。低消費電力で超高速コンピューターへの利用が期待され、現在開発中。この現象を発見した物理学者ジョセフソンにちなむ。Josephson device

**しょ-せん**【初戦】最初の試合。第一戦。the first match 用例 —を飾る。

**しょ-せん**【緒戦】戦争や試合の初めの部分。ちょせん。early stage of war

**しょ-せん**【所▼詮】㊀(名)《仏教語》語句・文章で表された意義・内容。㊁(副)①つまり。要するに。結局。after all ②とうてい。utterly 用例 —できない相談だ。

**じょ-せん**【女専】「女子専門学校」の略。

**しょせん-な・し**【所▼詮無し】古語(形ク)かいがない。しょうがない。用例 面謁—(平家・三・医師問答)。

**しょ-そう**【所相】文法で、受け身。受動。対義『能相。

**しょ-そう**【諸相】いろいろの姿・ありさま。various aspects

**しょ-ぞう**【所蔵】(名・サ変他)自分のものとしてしまっておくこと・物。所有。所有物。possession 用例 —品。

**じょ-そう**【女装】(名・サ変自)男が女の姿をすること。disguise oneself as a woman 対義 男装。

**じょ-そう**【助走】(名・サ変自)陸上競技の跳躍・投擲種目や体操競技などで、踏み切る所まで走ってはずみをつけること。approach run 用例 —路。

● 除雪車 ロータリー式除雪車。

**じょ-そう**【助奏】(名・サ変自)独唱(独奏)をひきたてるために、伴奏のほかに別の楽器で協奏すること。オブリガート。obbligato

**じょ-そう**【序奏】音楽で、楽曲の主要部分に入る準備としての前奏の部分。イントロダクション。introduction

**じょ-そう**【除喪】↓じょも(除喪)

**じょ-そう**【除霜】(名・サ変自)①植物などを、しもの害から防ぐこと。しもよけ。shelter from the frost ②電気冷蔵庫のしも取りをすること。defrost

**じょ-そう**【除草】(名・サ変自)雑草を取り除くこと。ふつう、作物を健全に育て、収量の減少を防ぐために行う。草とり。weed

**じょそう-き**【除草器】田畑の雑草を取り除くために使用する農具。weeder

**じょそう-ざい**【除草剤】雑草を取り除く薬剤。すべての植物を枯死させるもの(非選択性除草剤)と特定の植物には害を与えないで、ほかの植物を枯死させるもの(選択性除草剤)とがある。herbicide

**しょ-そく**【初速】物理で、運動を始めるときの物体がもっていた初めの速さ。initial velocity

**しょ-ぞく**【所属】(名・サ変自)事物・団体などに属していること・もの。belonging

**しょぞく-しゅうだん**【所属集団】ある人が所属している集団。本人がそのことを自覚し、また周囲からもそう認められている場合にいう。one's own group

**しょ-そくど**【初速度】観測する時刻が0の時点で物体がもっている速度。時刻 $t$ での物体の運動を記述するとき、$t$ が0のときの速度。初速度と加わる力が与えられれば、任意の時刻での物体の位置と速度が決まる。initial velocity

**しょ-ぞん【所存】** 思っている事柄。考え。つもり。one's thought

**所存の外**(しょぞんのほか) 思いがけないこと。また、残念であること。

**じょそん-だんぴ【女尊男卑】** 女性の社会的位置が男性より高いこと。そのような社会的風潮。put women above men 対義 男尊女卑。

**しょ-た【諸他】** いろいろとある、ほかのもの。many others

**しょ-た【諸多】** いろいろとたくさんあるもの。many things

**しょ-たい【所帯・▽世帯】**《身に帯びる、の意で、官職・財産をさした》①一戸を構えた独立の生計。せたい。household 用例 —をたたむ。女—。②生活の規模。暮らし向き。household 用例 —が苦しい。③所持しているもの。財産。

**所帯を持つ**(しょたいをもつ) 一家を構え、独立の生計を営む。結婚する。make a new home

**しょ-たい【書体】** ①字形を書き表す上での様式。漢字では筆写体として楷書・行書・草書などと、活字体として明朝・清朝・宋朝・アンチック・ゴシック・教科書体など。欧文活字にはローマン・イタリック・サンセリフなどがある。比較 字体・字形。②文字の書きぶり。書風。↓図

**しょ-だい【初代】** ある系統の最初の人。第一代。the founder

**じょ-たい【除隊】**(名・サ変自) 軍人が兵役を解除されること。discharge from military service 対義 入営・入隊。

●書体①

| | | |
|---|---|---|
| 明朝体 | 淡海の海夕波千鳥汝が鳴けば | (石井中明朝体) |
| 宋朝体 | 淡海の海夕波千鳥汝が鳴けば | (石井宋朝体) |
| 教科書体 | 淡海の海夕波千鳥汝が鳴けば | (石井中教科書体) |
| ゴシック体 | 淡海の海夕波千鳥汝が鳴けば | (石井太ゴシック体) |
| 楷書体 | 淡海の海夕波千鳥汝が鳴けば | (石井楷書体) |
| 行書体 | 淡海の海夕波千鳥汝が鳴けば | (岩陰行書体) |
| 草書体 | 淡海の海夕波千鳥汝が鳴けば | |
| 篆書体 | 淡海の海夕波千鳥汝が鳴けば | |
| 勘亭流 | 淡海の海夕波千鳥汝が鳴けば | |

**しょたい-じ・みる【所帯染みる】**(上一自) 所帯持ちらしくなる。生活の苦労で、はつらつとしたところがなくなる。worn out

**しょたい-どうぐ【所帯道具】** 一家を構えて暮らすのに必要な道具。家具・炊事道具など。household goods

**しょ-だいぶ【諸大夫】** 摂関・諸大臣家の家政を扱った四位・五位の官人。

**しょ-たいめん【初対面】** はじめて会うこと。the first meeting

**しょたい-もち【所帯持(ち)】** ①家庭をもって暮らすこと・人。married ②家計のやりくりの方法。housekeeping 用例 —のいい人。

**しょたい-やつれ【所帯▼窶れ】**(名・サ変自) 家計のやりくりの苦労でやつれること。

**しょ-だち【初太刀】** 最初に振り降ろした太刀。用例 —でしとめる。

**しょ-だな【書棚】** 書物をのせる棚。本棚。書架。bookshelf; bookcase

**しょ-だん【処断】**(名・サ変他) 裁いて決めること。裁決。judgement

**しょ-だん【初段】** 柔道・剣道や碁・将棋などで、最初の段位。

**じょ-たん【助炭】** 茶道で、炉中の炭火を長持ちさせるため、おおいにする道具。多く、箱形などの枠に和紙をはったもの。炉覆(ろおおい)。

**しょ-ち【処置】**(名・サ変他) ①手続きに従って決まりをつけること。しまつ。disposal 用例 必要な—をとる。寛大な—を願う。②傷や病気などの手当てをすること。treatment 用例 応急—。

**しょ-ち【所知】** ①治めるところ。所領。知行(ちぎょう)。②すでに知っていること・もの。

**じょ-ち【除地】** 江戸時代、朱印地など以外で、幕府や藩から租税を免除された土地。

**しょ-ちゅう【書中】** 文書・手紙の中で述べられていること。また、手紙。in a letter

**しょ-ちゅう【暑中】** 対義 寒中。①夏の暑い間。midsummer ②夏の土用の一八日間。

**じょ-ちゅう【女中】** ①《卑語》他家に奉公している下働きの女性。お手伝いさん。maid ②古く婦人に対する敬称。用例 お—。③公家(くげ)や武家に、仕官・奉公している女性。

**じょちゅう-ぎく【除虫菊】** キク科の多年草。高さ約六〇cm。初夏に、白い頭花をつける。花はピレトリンを含み、殺虫剤の原料とする。西アジア原産。シロバナムシヨケギク。ムシヨケギク。↓写

●ジョチュウギク

**しょちゅう-きゅうか【暑中休暇】** 夏休み。summer vacation

**しょちゅう-みまい【暑中見舞(い)】** 暑中に知人などへ安否を尋ねること・手紙。

**しょ-ちょう【初潮】** 初めておこる月経。初潮年齢は人種・環境・健康状態などにより遅速がある。初経。menarche

**しょ-ちょう【所長】** 事業所・出張所など「所」と名のつく所の最高責任者。the head of an office

**しょ-ちょう【署長】** 警察署・消防署など「署」と名のつく所の最高責任者。the head

**じょ-ちょう【助長】**(名・サ変他) ①力を貸して助け育てること。encouragement 比較 助成。②ある傾向をいっそう著しくすること。promotion 用例 悪癖を—する。

**しょっ-かい【職階】**《「しょくかい」の変》職種・責任の度合いなどによって定められた職務上の階級。job ranking

**しょっかい-きゅう【職階給】** 職階制に基づく賃金形態。職務内容を責任度・困難度によって分類し、資格を定めて序列をつけたうえで給与を定める。wages on job classification 比較 職能給・職務給。

**しょっかい-せい【職階制】** 経営組織の中ですべての職務を体系的な階層に格付けし、指揮・命令系統を明確にする制度。job-ranking system

**しょっ-かく【食客】**《「しょくかく」の変》①客分としてかかえておく人。dependent ②寄食する人。いそうろう。hanger-on

**しょっ-かく【触角】**《「しょくかく」の変》①節足動物の頭部にある触覚または嗅覚(きゅうかく)にあずかる器官。とくに昆虫の触角は感覚器としてよく発達。剣尾類・蜘蛛形(くもがた)類にはない。antenna ②《転じて》物事の状況を感知する能力。用例 —を働かせる。↓昆虫図

**しょっ-かく【触覚】**《「しょくかく」の変》皮膚が物体に触れ、感覚受容細胞が刺激されたときに生じる感覚。皮膚の表層にある触覚小体と、皮膚の深層にある層板小体からなる。tactile sense

**しょっかく-き【触覚器】** 動物が接触を感受するための、体表にある器官。全動物界に分布するが、とくに触手・触角・四肢端などには触覚器の分布・発達が著しい。tactile organ

**しょっ-かん【食間】**《「しょくかん」の変》食事と食事とのあいだ。between meals 用例 —に服用のこと。

**しょっ-かん【触感】**《「しょくかん」の変》①触覚。tactile sense ②さわった感じ。sense of touch

**しょっ-かん【▼蜀漢】** ↓しょく(蜀)③

**しょっかん-かいけい【食管会計】**「食糧管理特別会計」の略。

**しょっかん-せいど【食管制度】**「食糧管理制度」の略。

**しょっかん-ほう【食管法】**「食糧管理法」の略。

**しょっ-き【食器】**《「しょくき」の変》食事に使う器具の総称。茶わん・皿・はし・ナイフ・フォーク類。陶磁器・ガラス・漆器(しっき)・竹製・プラスチック製・金属製など。table ware

**しょっ-き【織機】**《「しょくき」の変》織物を作る機械の総称。人力による手機(てばた)と、動力による力織機とがあるが、ふつうには後者をさす。はたおりき。はた。weaving machine; loom

**ジョッキ**《jug(水差し)がなまった語》ビールを飲むための、取っ手のついた容器。ガラス製・陶製・木製・金属製がある。beer mug

**ジョッキー【jockey】** 競馬の騎手。

**しょっき-だな【食器棚】** 食器を収納する家具。衛生上、戸棚が多い。飾り棚を兼ねるものもある。cupboard

**しょっ-きり【初っ切り】** ①大相撲の花相撲や地方興行などで行われる余興。テンポが速く滑稽味(こっけいみ)がある相撲。元来、興行の初めの三番勝負の相撲の呼び名から。②物事の初め。しょっぱな。

**ショッキング【shocking】**(形動) ショックをうけるさま。はっとするさま。

**しょっきん-さよう【食菌作用】**《「しょくきんさよう」の変》高等動物の白血球が、病原菌や異物をとりこんで消化する作用。phagocytosis

**ショック【shock】** ①衝撃。②はっとすること。動揺。③種々の原因により主要臓器への有効血流量が減少し、組織が正常の機能を維持できなくなった状態。顔面蒼白(そうはく)・冷や汗・無気力・四肢(しし)寒冷などの症状を呈する。

**ショック-アブソーバー【shock absorber】** ↓かんしょうき(緩衝器)

**ショックレー【William Bradford Shockley】**(一九一〇〜八九) アメリカの物理学者。半導体研究の主導者。トランジスターの研究で一九五六年ノーベル物理学賞受賞。

**しょっ-けん【食券】**《「しょくけん」の変》食堂などで、飲食物と引き換える券。meal ticket

**しょっ-けん【職権】**《「しょくけん」の変》職務上与えられている権限。official authority

**しょっけん-らんよう【職権濫用】** ①公務員が職務上の権限をふりかざして不当な行為を行い、国民の権利をおかし、公務員の公正をけがすこと。misfeasance ②一般に、職務上の権力をむやみに使うこと。misfeasance

**しょっ-こう【▼燭光】**《「しょくこう」の変》①ともしびの光。candlelight ②物理で、光源の明るさの単位。燭(しょく)。candlepower 比較 光度。

**しょっ-こう【職工】**《卑語。「しょくこう」の変》工員・工場労働者の旧称。

**しょっこうじじょう【職工事情】** 明治三六年(一九〇三)農商務省が発行した調査報告書。紡績・織物・鉄・ガラス業などの労働者の実態を明らかにし、工場法の成立に大きな影響を与えた。

**しょっ-ちゅう**(副) いつも。常に。始終。always

**しょっ-つる【▽塩▽汁】**《塩汁(しおじる)のなまり》ハタハタやイワシを塩漬けにし、しみ出た汁をこした調味料。秋田県特産。魚醤(ぎょしょう)。

**しょっつる-なべ【▽塩▽汁▼鍋】** 秋田名物のなべ料理。しょっつるで煮汁をつくり、白身魚・豆腐・ネギ・セリなどの野菜類を大きな帆立貝の殻で煮る。しょっつるかやき(貝焼き)。

**しょっ-てる【▽背▽負ってる】**(下一自) うぬぼれている。いい気になっている。be vain

**ショット【shot】** ①ゴルフのクラブやテニスのラケットでボールを打つこと。また、打たれたボール。②バスケットボールのシュート。③映画、テレビなどの撮影で、一連の操作で撮られた一場面。

**ジョット【Giotto di Bondone】**(一二六六ごろ〜一三三七) イタリアの画家。豊かな観察力と卓越した造形力により画期的な絵画表現を達成。ルネサンス美術の先駆者。作品『聖フランチェスコ伝』

▼常用漢字表外。▽常用漢字表の音訓外。

●ジョット『天使にかこまれた玉座のキリスト』(部分)。一三二〇年ごろ、バチカン美術館。

『聖母と救世主伝』『両ヨハネ伝』など。↓写

**ショットガン**【shotgun】散弾銃。銃身の銃腔(じゅうこう)にらせん状の溝がなく、散弾を発射するための銃。狩猟・射撃競技などに使う。

**ジョッパーズ**【jodhpurs】乗馬ズボンの一種。上部がゆったりして、ひざから足首までがぴったりしたズボン。正しくはジョドパーズ。インドの男性がはくズボンに似ているので、インド北西部の地名ジョドプルからついた名称。↓図

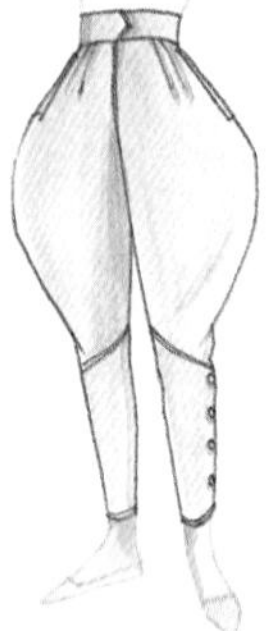

●ジョッパーズ

**しょっ-ぱ・い**【▽塩っぱい】(形)《俗語。「しおはゆい」の転》①塩気があってからい。塩からい。salty ②けちだ。しわい。stingy 用例 ―おやじ。③顔をしかめたくなるさまである。つらい。おもしろくない。wearisome ④しわがれた感じだ。hoarse 用例 ―声。

**しょっ-ぱな**【初っ▽端】《俗語》いちばん初め。初手。the very beginning

**しょっ-ぴ・く**(五他)《俗語》↓しょびく

**ショッピング**【shopping】買い物をすること。用例 ―カー。ウインドー―。

**ショッピング-センター**【shopping center】多数の小売店を立地条件にあうよう計画的に集中配置した場所。団地内や鉄道の駅付近などにみられる。商店街。

**ショッピング-バッグ**【shopping bag】買い物袋。

**ショップ**【shop】みせ。商店。

**ショップ-せい**【ショップ制】従業員としての地位と労働組合員の資格との関係を労働協約で定める制度。オープンショップ・ユニオンショップ・クローズドショップの三つが基本型。

**ジョッフル**【Joseph-Jacques-Césaire Joffre】(一八五二～一九三一)フランスの軍人。植民地勤務を経て一九一一年参謀総長。第一次大戦では、最高司令官としてマルヌの戦いでドイツ軍を撃破。

**しょ-て**【初手】①碁・将棋で最初の手。②手初め。最初。初っぱな。

**しょ-てい**【所定】さだめられていること。fixed 用例 ―の場所。

**じょ-てい**【女帝】女性の皇帝・天皇。empress

**しょていない-ちんぎん**【所定内賃金】労働協約などで定められている所定労働時間に対する賃金。基本給・業績給・諸手当を含む。fixed earnings

**ジョデル**【Etienne Jodelle】(一五三二～七三)フランスの劇詩人。フランス最初の古典悲劇とされる『捕らわれのクレオパトラ』を書く。

**しょ-てん**【書店】①本を小売りする店。bookstore米; bookshop英 ②出版社。publisher

**しょ-でん**【初伝】学問・芸道での、最下級の伝授。対義 奥伝。

**しょ-でん**【初電】その日の始発の電車。一番電車。

**しょ-でん**【所伝】①口頭・文書で伝えられた物事。tradition ②ある人・家の伝えたもの。succeeded 用例 前田家―の本。

**じょ-てんいん**【女店員】女性の店員。saleswoman; salesgirl

**しょ-とう**【初冬】①冬の初め。はつふゆ。early winter ②陰暦一〇月の異称。

**しょ-とう**【初等】はじめの等級。elementary 対義 中等・高等。

**しょ-とう**【初頭】初め。最初。the beginning

**しょ-とう**【▼蔗糖】化学式 $C_{12}H_{22}O_{11}$ 砂糖の主成分。無色の結晶で水に溶けやすい。二〇〇℃以上に熱するとカラメルになる。甘味はブドウ糖の約二倍。酸または酵素によって加水分解され、ブドウ糖と果糖になる。サッカロース。cane sugar

**しょ-とう**【諸島】二つ以上の島の集まり。比較 孤島・群島・列島。用例 小笠原(おがさわら)―。

**しょ-どう**【初動】最初の動き。早い時期の行動。first movement 用例 ―捜査。

**しょ-どう**【書道】毛筆で文字を美しく書く法。芸術としての書。

**しょ-どう**【諸道】①いろいろな芸能・方面。②万事。

**しょとう-かんすう**【初等関数】有理関数・無理関数・三角関数・逆三角関数・指数関数・対数関数の総称。elementary functions

**しょとう-きょういく**【初等教育】中等教育の基礎をなす初歩的・基本的な普通教育。学校教育法による小学校における教育。elementary education米; primary education英

**じょ-どうし**【助動詞】品詞の一つ。活用のある付属語で、用言や名詞その他に付いて、いろいろな意味を添える。auxiliary verb

**しょとう-の-しけつ**【初唐の四傑】中国、初唐期の四詩人。王勃(おうぼつ)・楊炯(ようけい)・盧照鄰(ろしょうりん)・駱賓王(らくひんのう)。六朝(りくちょう)詩の伝統の上に清新な詩風を吹きこみ、唐詩の先駆をなした。

**しょどう-はくぶつかん**【書道博物館】書の専門博物館。東京都台東区根岸にある。洋画家・書道研究家の中村不折(ふせつ)の収集品を一般に公開。

**しょ-とく**【書▼牘】手紙。書簡。

**しょ-とく**【所得】①自分の所有となること。自分の身に得たもの。possession ②経済活動をした個人・法人が対価として受けとる財貨。賃金・地代・利潤・利子など。income

**しょとく-こうか**【所得効果】所得の変化が商品・サービスに対する人々の需要におよぼす効果。income effect

**しょとく-こうじょ**【所得控除】所得税の計算上、総所得金額から一定の金額を差し引くこと。また、その金額。基礎控除・配偶者控除・医療費控除など。exemption and deduction from income

**しょとく-さいぶんぱい**【所得再分配】所得の不平等の是正などのため、政策的に所得分布を修正すること。手段としては、租税や社会保障制度の調整が有効。income redistribution

**しょとく-ぜい**【所得税】個人の所得に課される国税。給与所得は源泉徴収で、事業所得は申告納税で徴収。income tax

**しょとく-せいさく**【所得政策】賃金上昇率を生産性向上の枠内に抑えようという政府の政策。物価安定策・インフレ対策の一つ。income policy

**しょとくばいぞう-せいさく**【所得倍増政策】昭和三五年(一九六〇)に成立した池田内閣が課題とした経済政策。一〇年後には国民所得を倍増させるという長期経済目標を設定した。

**しょとく-ぶんせき**【所得分析】マクロ経済学の別称。income analysis

**しょとく-ぶんぱい**【所得分配】国民所得の、それを生みだした人々への配分のされかた。賃金・地代・利潤・利子がそれぞれ労働者・地主・資本所有者・資本提供者に支払われる。income distribution

**ジョドプル**【Jodhpur】インド西部、ラジャスタン州西部の商業都市。農畜産物の集散・加工地。人口四九・四万(一九八一)。

**ジョドレルバンク-でんぱかんそくじょ**【ジョドレルバンク電波観測所】(Jodrell Bank Radio Observatory)イギリスの宇宙電波観測所。世界初の巨大電波望遠鏡を設置。

**しょ-なぬか**【初七日】↓しょなのか(初七日)

**しょ-なのか**【初七日】《仏教語》人の死後、七日めにあたる日。また、その日に行う仏事。しょなぬか。しょしちにち。

**じょ-なん**【女難】女性関係によって男の身に起こる災難。trouble with women 用例 ―の相(そう)。

**じょ-にだん**【序二段】大相撲力士の地位の一つ。もっとも下の位である「序の口」の一段上で、三段目の下にあたる。また、その地位の力士。

**しょ-にち**【初日】相撲・芝居などの興行や催し物・集会などの最初の日。the first day 対義 千秋楽。

**初日を飾る**(しょにちをかざる) ①興行の初日を、失敗なくやり終える。②相撲で、力士が初日に勝つ。

**初日を出す**(しょにちをだす) 相撲で、二日め以降に力士がはじめて勝つこと。

**しょ-にゅう**【初乳】分娩(ぶんべん)後三～七日の間に分泌される母乳。高たんぱく質・低脂質・低糖質で黄色味をおびている。免疫体や酵素に富み、新生児にかかせない栄養を含む。first lactation

**じょ-にん**【叙任】(名・サ変他)位を授け、官職に任ずること。

**しょにん-きゅう**【初任給】入社時の賃金。一般には新規学卒者の賃金をいう。starting salary

**じょにんけん-とうそう**【叙任権闘争】中世ヨーロッパで、高位聖職者の任命権をめぐる教皇と神聖ローマ皇帝との抗争。教皇グレゴリウス七世と神聖ローマ皇帝ハインリヒ四世の争いはとくに有名。一一二二年のウォルムス宗教協約で妥協。Investiture Controversy

**しょ-ねつ**【暑熱】夏の暑さ。炎暑。summer heat

**しょ-ねん**【初年】①はじめの年。第一年。the first year 用例 ―度。②初めのころの時期。the early days 用例 昭和の―。

**しょねん-へい**【初年兵】入隊してから一年以内の兵士。new recruit

**じょ-の-くち**【序の口】①始まり。発端。the beginning ②大相撲力士の地位の一つ。番付のいちばん下に記される地位。また、その地位の力士。

**しょ-は**【諸派】いろいろな党派。とくに、大政党に対する少人数の党や会派の総称。minor parties

**しょ-はい**【書肺】クモ類の呼吸器。発生途中に腹部付属肢原基の基部がへこみ、その中に多数の葉状ひだができたもの。肺書。book lung

**じょ-は-きゅう**【序破急】日本の音楽や芸能で用いられる語。演出・構成・速度などの原理をなす。①雅楽の楽曲の構成上の三区分。「序」は冒頭の部分で無拍子。「破」は中間部で緩やかな拍子、「急」は終わりの部分で急なテンポ。②能や浄瑠璃(じょうるり)など諸芸能の構成の三区分。「序」は導入部、「破」は展開部、「急」は終結部。③演奏速度の三区分。「序」は遅く、「破」は遅くも速くもなく、「急」は速く。④物事のはじめと中と終わり。

**しょ-はつ**【初発】①物事のはじめ。しょほつ。start ②始発。the first departure

**しょ-ばつ**【処罰】(名・サ変他)罰すること。処分。punishment

**じょ-ばつ**【除伐】樹木が育ちやすいように、不用な樹木を取りのぞくこと。育林作業の一つ。improvement cutting

**しょば-や**【所場屋】《俗語。「しょば」は「ばしょ」の倒語》大道や境内などで夜店・露店などを出すとき、その場所使用料を取り立てる者。

**しょ-はん**【初犯】はじめて犯罪を行うこと。the first offense

**しょ-はん**【初版】刊行された書籍の最初の版。第一版。the first edition 比較 再版。

**しょ-はん**【諸般】いろいろ。種々。百般。various 用例 ―の事情。

**ショパン**【Fryderyk Franciszek(Frédéric François) Chopin】(一八一〇～四九)ポーランドの作曲家・ピアニスト。作品は大部分がピアノ曲で、独特の叙情性をもち、「ピアノの詩人」とよばれる。ピアノ協奏曲・ソナタや、前奏曲・ノクターン・ワルツ・ポロネーズ・マズルカほか。↓写

●ショパン

**じょ-ばん**【序盤】①碁・将棋で、勝負の最初の段階。②長期にわたる物事の最初の段階。opening 用例 ペナントレースの―戦。対義 終盤。

**ショパン-コンクール**【Chopin Concours】一九二七年ショパンを記念して始められたピアノ-コンクール。五年に一度ワルシャワで開催。優勝者にポリーニ・アルゲリッチなどがいる。正称はショパン国際ピアノ-コンクール。

**しょばんめ-もの**【初番目物】五番立ての能の番組の最初に上演される曲。天下太平を祝す内容で神の化身(けしん)の老翁が登場する。『高砂(たかさご)』『嵐山』『養老』など。脇能(わきのう)。神能。

**しょ-ひ**【諸費】いろいろの費用。諸経費。various expenses

**しょ-ぴ・く**(五他)《俗語》無理に引っ張って連れて行く。連行する。しょっぴく。

**じょ-ひこう**【徐悲▼鴻】(一八九五～一九五三)現代中国の画家。社会主義リアリズムの美術運動の基本方向を推進し、解放後の美術教育を推進し、解放後の美術運動の基本方向をつくった。



↓行き先項目、図版・写真参照印。 JIS 日本工業規格情報交換用漢字符号コード(区点コード)。

**じょひ-の-り【除比の理】** $a:b=c:d$ならば $a-b:b=c-d:d$がなりたつという定理。devidendo [比較]合比の理。

**しょ-ひょう【書票】** ↓ぞうしょひょう（蔵書票）

**しょ-ひょう【書評】** 新刊の書物・雑誌を批評あるいは紹介した文章。book review

**しょびょうげんこうろん【諸病源候論】** 中国、隋時代の医書。煬帝の勅命で、巣元方らの侍医団が編集したといわれる病理診断の専門書。後世の医家の典拠とされた。通称、『病源候論』。

**じょ-びらき【序開き】** 物事の発端。始まり。

**ジョビン【Antonio Carlos Jobim】**（一九二七―　）ブラジルの作曲家・ピアニスト・編曲者。ボサノバの中心人物。作品『イパネマの娘』など。

**しょ-ふう【書風】** 字の書きぶり。字を書くときの傾向や特徴。書体。

**しょ-ふく【書幅】** 文字を書いた掛け物。

**じょ-ふく【除服】**（名・サ変自） 喪が終わって喪服を脱ぐこと。忌明け。

**しょぶつるいさん【庶物類▼纂】** 江戸中期の日本最大の本草書。一〇〇〇巻。金沢藩主前田綱紀のもと、元禄一二年（一六九九）稲生若水によって始められ、元文三年（一七三八）丹羽正伯らにより完成。

**ジョプリン【Scott Joplin】**（一八六八―一九一七） アメリカの黒人作曲家。「ラグタイム―ピアノの父」とよばれる。作品『メイプル―リーフ―ラグ』など。

**ジョフロア-サンティレール【Étienne Geoffroy Saint-Hilaire】**（一七七二―一八四四） フランスの動物学者・比較解剖学者。著書『解剖哲学』『解剖哲学原理』。

**ジョブ-ローテーション【job-rotation】** 職務歴任制。個々の従業員に計画的に各種の職務を経験させ、能力・知識を開発していく管理方式。管理者の養成などに利用される。

**しょ-ぶん【処分】**（名・サ変他） ①処罰すること。punishment [用例]退学―。②始末すること。disposal [用例]在庫―。③法律で、法規を適用すること。legal disposition

**じょ-ぶん【序文】** 書物の前書き。はしがき。序。preface [対義]跋文。

**しょ-へき【書癖】** ①読書を好むくせ。reading habit ②書物をやたらに集めるくせ。bibliomania ③書きくせ。ふでくせ。characteristics of one's handwriting

**ショベル【shovel】** ①↓シャベル。②万能型の掘削機。パワーショベル・クラムシェルなど。

**しょ-へん【初編・初▼篇】** 最初の編。第一編。the first volume

**じょ-へんすう【助変数】** ↓ばいかいへんすう（媒介変数）

**しょ-ほ【初歩】** 最初の段階。初学。入門。the elements [用例]スキーを―から始める。

**しょ-ほう【処方】**（名・サ変他） ①処置すること・方法・手段。disposal ②薬を調合すること。prescription

**しょ-ほう【書法】** 文字の書き方。筆法。calligraphy

**しょ-ほう【諸法】**《仏教語》宇宙間の有形・無形のすべての現象。万有。諸行。

**しょ-ぼう【書房】** ①書斎。study ②本屋。書店。bookstore米; bookshop英 ③出版社。publisher

**じょ-ほう【叙法】** ↓ムード③

**じょ-ほう【除法】** ↓わりざん（割り算）

**しょほう-じっそう【諸法実相】**《仏教語》大乗仏教の根本思想の一つ。現象としてのすべての存在は、そのまま真実のあらわれであるということ。

**しょほう-せん【処方▼箋】** 医師が患者に必要と認めた薬剤の種類・量・服用法などを記してわたす書類。法制上、調剤は薬局で行う。prescription

**しょほう-むが【諸法無我】**《仏教語》仏教の根本思想の一つ。すべてのものは縁起によって生じたものであって、実体がないということ。三法印・四法印の一つ。

**ジョホール【Johore】** マレーシア、マレー半島南端の州。ジョホール水道をはさみ、シンガポールと堤や橋でつながる。人口一六〇・二万（一九八〇）。

**ジョホール-バル【Johor Baharu】** マレーシア、マレー半島南端の都市。ジョホール州の州都で、パイナップルの栽培・加工地。イスラム寺院・スルタンの宮殿があり、観光客も多い。人口二五万（一九八〇）。

**しょぼ-く・れる**（下一自） ①みじめな気持ちになる。feel discouraged ②みすぼらしい姿である。look wretched

**しょぼ-しょぼ**（副・サ変自） ①小雨が静かにもの寂しく降るさま。drizzlingly ②みすぼらしく弱々しいさま。shabby ③目がはっきり見開かず、生気のないさま。have blear eyes

**しょぼ-た・れる**（下一自） ①びしょぬれになる。しょぼぬれる。②あわれっぽい姿である。

**しょぼ-つ・く**（五自） ①しょぼしょぼと雨が降る。drizzle ②目がしょぼしょぼした感じである。bleary

**しょ-ほっしん【初発心】**《仏教語》はじめて仏道を求める心を起こすこと。しんぼち。

**しょぼ-ぬ・れる**（下一自） ↓しょぼたれる①

**じょ-ぼん【序▽品】**《仏教語。「品」は部の意》①経典の序の章。②『法華経』二十八品の第一。

**しょぼん-と**（副） 気力を失ってぼんやりしたり、しおれたりするさま。しょんぼりと。drooping1y [用例]しかられて、―なる。

**じょ-まく【序幕】** ①芝居の最初の幕。第一幕。プロローグ。the opening act [対義]終幕。②物事の始まり。口あけ。beginning

**じょまく-しき【除幕式】** 銅像や記念碑などの完成を披露する式典。おおってある布や幕などを取りさって公開する。unveiling ceremony

**しょ-みん【庶民】** ふつうの人々。一般の人々。the masses [比較]民衆・大衆・常民・人民。

**しょみん-きんゆう【庶民金融】** 庶民や個人企業に対する資金貸し付け。信用金庫・質屋・サラリーマン金融業者などが行う。petty loans for low-income class

**しょみん-てき【庶民的】**（形動） 庶民らしい、きさくで高ぶらない態度・ありさま。popular [対義]貴族的。

**しょ-む【処務】** 事務の処理。transaction [用例]―規定。

**しょ-む【庶務】** 種々雑多な一般事務。general affairs

**しょ-めい【書名】** 書物の名前。title of a 「book

**しょ-めい【署名】**（名・サ変自） 自分の姓名を自分で書くこと。また、その姓名。サイン。signature [用例]―運動。

**じょ-めい【助命】**（名・サ変自他） 命を助けること。spare one's life

**じょ-めい【除名】**（名・サ変他） ①籍・名簿から名をのぞくこと。除籍。strike off a name ②党・組合・団体から脱退させること。expulsion

**じょめい-てんのう【▼舒明天皇】**（五九三―六四一） 第三四代天皇（在位六二九―六四一）。蘇我氏におされて即位し、在位中蘇我蝦夷・入鹿親子が朝廷で勢力を伸張。

**しょめい-もくろく【書名目録】** 図書目録の一種。書名を五十音順などに整理した目録。title catalog [対義]著者名目録・件名目録。

**しょ-めん【書面】** ①手紙の表現・内容。文面。letter ②文書。手紙。document

**しょめん-しんり【書面審理】** 訴訟で、当事者と裁判所の弁論・証拠調べを口頭の陳述によらず、おもに書面で行う審理方式。documentary examination [比較]口頭審理。

**じょ-も【除喪】** ＝じょそう。①喪が終わること。[対義]服喪。②喪の期間を繰り上げて終わらせること。

**しょ-もう【所望】**（名・サ変他） のぞみ、ねがうこと。のぞみ。ねがい。desire

**じょ-もう【除毛】** むだ毛を取り除くこと。そる・抜く・ワックス塗布・電気による方法などがある。depilation

**しょ-もく【書目】** ①書物の目録。図書目録。catalog of books ②書名。title of a book

**しょもく-かいだい【書目解題】** 書物について著者・成立・内容などを説明した本。annotated bibliography

**しょ-もつ【書物】** 本。書籍。図書。ふみ。book

**しょ-や【初夜】** ①はじめての夜。the first night ②新婚夫婦がはじめて共寝する夜。bridal night ③古くは、前日の夜半から朝まで。のち、夕方から夜中まで。④夜を初・中・後と三分したものの最初の区分の時間。今の午後六時ごろから一〇時ごろまでの間。[対義]中夜・後夜。⑤戌の刻。今の午後八時前後。その時刻に行う勤行。

**じょ-や【除夜】** 一二月三一日の夜。陰暦では一二月二九日または三〇日。一年の最終日。大晦日の夜。除夕。New Year's Eve

**じょ-やく【助役】** ①主任を助ける役。assistant ②市区町村などの長を補佐し、事故ある場合は、その職務を代行する機関。また、その人。deputy mayor ③駅長を補佐する職。また、その人。assistant station master

**しょや-けん【初夜権】** 新婚初夜に、花婿に先だって花嫁と寝床を共にする権利。中世ヨーロッパの封建社会、また、未開人の間に存在したもので、初夜権は封建領主や司祭・長老など権力者がもっていた。right of first night

**じょや-の-かね【除夜の鐘】** 各地の寺で大晦日の夜から新年にかけて、午前零時を中心につく鐘。また、その音。人間の煩悩を一〇八とするところから、それを除いて新年を迎えるという意味で煩悩の数だけつく。

**しょ-ゆう【所有】**（名・サ変他） 自分のものとしてもっていること・もの。possession

**じょ-ゆう【女優】** 女性の俳優。actress [対義]男優。

**しょゆう-けん【所有権】** ①人間が生存するために物を支配する権利。right of ownership ②財産権の一つ。目的とする物を全面的に支配し、自由に使用・収益・処分する権利。私有財産制の法律的表現であり、資本主義経済の基礎となる。ownership

**しょゆうとけいえい-の-ぶんり【所有と経営の分離】** ↓しほんとけいえいのぶんり（資本と経営の分離）

**しょ-よ【所与】** ①与えられたこと・もの。be given ②一般に認められている事実・原理。fact ③問題として提起される事柄。given thing ④哲学で、思惟を加えずに直接に体験される意識内容。与えられる事柄。与件。the given

**しょ-よ【▼薯▼蕷】** ナガイモの漢名。じょよ。

**しょ-よう【所用】** ①用いること・もの。using ②用事。用件。business ③必要なもの。入用。need

**しょ-よう【所要】** 必要なこと・もの。necessary [用例]―時間。

**じょ-よう【▼汝窯】** 中国、河南省臨汝県の窯名。また、その製品の総称。北宋随一の青磁窯。釉下に彫り文様のあるオリーブ色の青磁と均窯風のものを焼成した。この最高級品を汝官窯という。

**しょよ-まんじゅう【▼薯▼蕷▼饅▽頭】** 和菓子の一つ。上しん粉にすったナガイモと砂糖を練りあわせ、あんを包んで蒸しあげたもの。

**じょらいし【如▼儡子】**（一六〇三ごろ―一六七四） 江戸初期の仮名草子作者。本名、斎藤親盛。出羽の人。著書『可笑記』『百八町記』など。にょらいし。

**しょ-り【処理】**（名・サ変他） ①問題や事務などを、さばいて始末すること。処置をつけること。disposal [用例]―を誤る。仕事を―する。②製造工程で材料に加熱などの操作を行い、その性質を変えること。[用例]熱―。

**ジョリー-ばかり【ジョリー▼秤】** 鉱物試料などの比重測定に使用するばねばかり。空気中での重さと、比重が既知の液体中での重さを比較する。Jolly spring balance

**ジョリオ-キュリー【Irène Joliot-Curie】**（一八九七―一九五六） フランスの物理学者。マリー＝キュリーの長女。夫のフレデリックと協同して中性子および人工放射能を発見。一九三五年ノーベル化学賞受賞。

**ジョリオ-キュリー【Jean Frédéric Joliot-Curie】**（一九〇〇―一九五八） フランスの物理学者。人工放射能の発見で、一九三五年妻イレーヌとともにノーベル化学賞受賞。平和運動にも活躍。

**ジョリベ【André Jolivet】**（一九〇五―一九七四） フランスの作曲家。音楽を呪術的表現とみなし、音響を第一とした。一九三六年「若きフランス」を結成。作品『ピアノ協奏曲』など。

**しょ-りゅう【庶流】** [対義]嫡流。①庶子の系統。lineage of illegitimate child ②分家・別家などの家系。傍系。collateral line

**じょ-りゅう【女流】**《芸術家など、多く、社会的に活動している人・ことについていう》女性。woman [用例]―作家。―文学。

**しょ-りょう【所領】** 領地としている土地。領地。

**しょりょう-ぶ【書陵部】** 宮内庁の中で、皇室の系譜・文書・図書などの編纂・保管や、陵墓の管理を担当する部局。昭和二四年（一九四九）、もとの宮内省図書寮と諸陵寮が合併してできたもの。

**じょ-りょく【助力】**（名・サ変自） 力を添えて助けること。手伝うこと。加勢。助勢。help [用例]―を仰ぐ。

**しょ-りん【書林】** ①多くの書物。そのある所。many books ②本屋。書店。bookstore米; bookshop英

**じょりん-もく【如▼鱗木・如輪木】** 魚のうろこのような木目。ケヤキなどに見られる。

**しょ-るい【書類】** 文字で記したものの総称。とくに、事務に関する記録・文書。documents

▼常用漢字表外。　▽常用漢字表の音訓外。

**しょるい-そうけん【書類送検】**(名・サ変他) 警察が捜査した事件についての捜査書類や資料を、被疑者を拘束しないまま検察庁に送ること。send the police report to the prosecutor

**ジョルジョーネ[Giorgione]**(一四七七ごろ〜一五一〇) イタリアールネサンス期のベネチア派の画家。清新な構想と洗練された詩情によって近代的な絵画の世界を創造。風俗画に新生面を開いた。作品『嵐』『ねむるビーナス』など。↓写

●ジョルジョーネ 『ねむるビーナス』。一五〇八〜一〇年、ドレスデン国立絵画館(東ドイツ)。

**ジョルソン[Al Jolson]**(一八八六〜一九五〇) アメリカの歌手。ロシア生まれ。ポピュラー歌手の草分け。トーキー『ジャズ-シンガー』に主演。

**ジョルダーノ[Umberto Giordano]**(一八六七〜一九四八) イタリアの作曲家。オペラ『アンドレア=シェニエ』など。

**ショルダー-バッグ[shoulder bag]** 肩からひもでつるす形式のバッグ。通学・通勤・旅行などの実用向きのものが多い。はじめ、第二次大戦中のアメリカで流行。

**ショルダー-ライン[shoulder line]** 肩線のこと。シルエット上は肩の形をいい、パターンの上では前後の身ごろの境界線をいう。

**ジョルダン[David Starr Jordan]**(一八五一〜一九三一) アメリカの動物学者。魚類の分類を研究。日本産魚類に関して業績は多い。

**ショルツ[Wilhelm von Scholz]**(一八七四〜一九六九) ドイツの詩人・評論家。戯曲『影との競走』など。

**ショルツ-りろん【ショルツ理論】** 地震発生過程に関する仮説。地震発生に先だつ地盤の異常隆起や電気抵抗変化などの現象を定性的に説明しようとするもの。ダイラタンシー理論。岩石膨張理論。Scholz theory

**ショルティ[Georg Solti]**(一九一二〜) イギリスの指揮者。ハンガリー生まれ。オペラ指揮者として活躍。ワーグナー作品の第一人者とされる。

**ジョレス[Jean Jaurès]**(一八五九〜一九一四) フランスの政治家・社会主義者。ドレフュス事件で被告を擁護。社会党統一に指導的役割を果たし、『ユマニテ』を創刊。国際反戦運動の闘士として活動したが、第一次大戦開戦直前に暗殺された。主著『社会主義的フランス革命史』。

**じょ-れつ【序列】** 成績・官位などの順序によって並ぶこと。席次。ranking 比較 系列。

**じょ-れん【如▼簾】** 食器をおおう、小さなすだれ。

**じょ-れん【▼鋤▼簾】** 土砂や小石をかき寄せる道具。長い柄の先に竹で編んだ箕のようなものを取り付けてある。

**ジョーロ[jorro ポルトガル・如露]** ↓ジョウロ

**しょ-ろう【初老】** ①もと、四〇歳の別称。②老年期に入る年ごろ。middle age

**しょ-ろう【所労】** 病気。やまい。わずらい。疲れ。

**じょ-ろう【女郎】** ①女。用例 雪—。②遊女。

**女郎に誠有れば晦日に月が出る**(じょろうにまこととあればみそかにつきがでる)《陰暦では、晦日の夜には月が出ることはないところから》女郎の言行には誠実さや真実がないことのたとえ。

**女郎の千枚起請**(じょろうのせんまいぎしょう) 女郎は上手に客をだますから、誓約を一〇〇〇枚書いたとしても信用できないことのたとえ。

**女郎の涙で倉の屋根が漏り**(じょろうのなみだでくらのやねがもり) 女郎が泣いて口説いたのにだまされ、ついに家産を傾けることをいう。

**じょろう-ぐも【女郎▼蜘▼蛛・▼斑▼蜘・▽絡▽新▽婦】** コガネグモ科のクモ。体長は、雌約三cm、雄約一cm。雌の腹部背面に黄色と青黒色の横帯が交互にある。本州以南に分布。silk spider ↓図

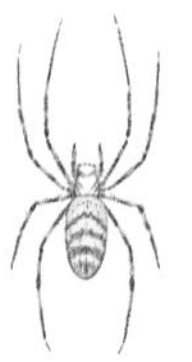

●ジョロウグモ

**しょ-ろん【所論】** 論ずるところ。主張。one's opinion

**しょ-ろん【緒論】** 前書き。序論。ちょろん。introduction

**ショロン[Cholon]** ベトナム南部、ホーチミン(サイゴン)の西半分を占める地区。伝統的に華僑が経済の実権を握る。農産物・家畜の集散地。

**じょ-ろん【序論】** 本論の前に述べる見解。緒論。序説。introduction 対義 本論。

**しょ-わけ【諸訳】** ①こみいった事情・事柄。intricacies ②細かい箇条。details ③諸雑費。sundry expenses

**ジョン[John]**(一一六七〜一二一六) イギリス王(在位一一九九〜一二一六)。フランス王と争って領土を失い、教皇との抗争に屈して国土を献ずるなど失政を重ねたため、貴族らに迫られ、一二一五年マグナ-カルタを承認させられた。失地王。

**ションガウアー[Martin Schongauer]**(一四五〇ごろ〜九一) ドイツの画家・銅版画家。銅版画作品を芸術的に高め、ドイツ-ルネサンス絵画の先駆的役割を果たした。絵画『バラまがきの中の聖母』など。↓写

●ションガウアー 『受胎告知』。ウンターリンデン美術館(フランス)。

**ジョンストン-とう【ジョンストン島】**(Johnston Island) 太平洋中部、ホノルル南西一一〇〇kmの海上にあるアメリカ領の環礁。

**ジョンソン[Andrew Johnson]**(一八〇八〜七五) アメリカの政治家。第一七代大統領(在任一八六五〜六九)。一八六五年副大統領。リンカーンが暗殺されたあと、大統領に昇格。その遺志をついで南部再建を企図したが、共和党の反対にあい政治的影響力を失った。

**ジョンソン[Ben Jonson]**(一五七二〜一六三七) イギリスの劇作家・詩人。ルネサンス期の古典主義文学論を実践、人間の欲を風刺した。喜劇『十人十色』『ボルポーニ』『錬金術師』『バーソロミューの市』、仮面劇など。

**ジョンソン[James Louis Johnson]**(一九二四〜) アメリカのジャズ-トロンボーン奏者。通称J=J。モダンジャズ最高の奏者といわれる。

**ジョンソン[Lyndon Baines Johnson]**(一九〇八〜七三) アメリカの政治家。民主党員。一九六三年ケネディ暗殺で大統領に就任。第三六代大統領(在任一九六三〜六九)。六九年引退。

**ジョンソン[Samuel Johnson]**(一七〇九〜八四) イギリスの詩人・批評家。一八世紀英文壇の大御所的存在。風刺詩『浮世の望みの空しさ』、伝記『詩人伝』、『英語辞典』など。

**ジョン-ブル[John Bull]** 典型的なイギリス人のこと。一七一二年ジョン=アーバスノット作の『ジョンブル物語』に由来する。

**ジョン-ボール[John Ball]** ↓ボール

**しょん-ぼり**(副・サ変自) 気力がなく弱ったさま。寂しそうで元気のないさま。droopingly 用例 —うなだれる。

**ジョン-まんじろう【ジョン万次郎】**(一八二七〜九八) 江戸末期の幕臣。土佐の人。本名、中浜万次郎。天保一二年(一八四一)出漁中遭難、アメリカ船に助けられる。嘉永四年(一八五一)帰国後、土佐藩・幕府に仕え、英語や航海・測量を教授。のち新政府のもとで開成学校教授。

**しら【白】** ㊀(名) つくり飾りのないこと。まじめ。正気。用例 —雲。㊁(接頭) 色が白い、の意を表す。

**白を切る**(しらをきる) 知らないふりをする。しらばくれる。feign ignorance

**しら**(終助)《「知らぬ(ん)」の「ぬ(ん)」が落ちたもの》副助詞「か」を受け、不確かなことを推測していう語。用例 間違いか—。

**シラー[Scilla]** ユリ科シラー属の植物の総称。多年草で約一〇〇種ある。ベルビアナ・カンパニュラータなどがある。

**シラー[Johann Christoph Friedrich von Schiller]**(一七五九〜一八〇五) ドイツの劇作家・詩人。ゲーテと並称された。悲劇『群盗』で出発、のちゲーテとともにドイツ古典主義の両翼となる。戯曲『たくみと恋』『ドン=カルロス』『ワレンシュタイン』『ウィルヘルム=テル』、詩『歓喜に寄す』、評論『素朴文学と情感文学』など。↓写

●シラー

**しら-あえ【白▽和え】** すった白ゴマに豆腐・白みそなどをすりまぜ、こんにゃく・野菜などをあえた料理。対義 黒あえ。

**しら-あわ【白泡】** 白い色の泡。

**白泡嚙ます**(しらあわかます) 口から白泡を吹かせるほどに、馬を勇みたたせる。

**じ-らい【地雷】** 地表や地中に設置し、敵の兵員や戦車などが、その上を通過するときに爆発して、殺傷・破壊する防御用兵器。地雷火。land mine 対義 機雷。

**じ-らい【▼爾来】**(副) その後。それ以来。since

**しらい-きょうじ【白井▼喬二】**(一八八九〜一九八〇) 小説家。本名、井上義道。横浜市生まれ。日大卒。長編伝奇小説にすぐれる。作品『富士に立つ影』など。

**しらい-ごんぱち【白井権八】** 歌舞伎劇中の人物。延宝七年(一六七九)に刑死した強盗平井権八に名を借りる。劇では鳥取藩の浪人で吉原の花魁小紫となじみ、強盗を働き鈴ケ森で刑死。

**しらいし-じま【白石島】** 岡山県南西部、笠岡諸島の島。面積二・九km²。景勝の島で、鎧岩と、旧盆の白石踊りは有名。

**しらい-てつぞう【白井鉄造】**(一九〇〇〜八三) 演出家。静岡県生まれ。宝塚歌劇団ひと筋に多くのヒット作を手がけた。

**しら-いと【白糸】** ①染めてない白色のままの糸。②生糸。白い糸状のもののたとえ。用例 滝の—。③《女房ことば》そうめん。

**しらいと-そう【白糸草】** 山野にはえるユリ科の多年草。根出葉は長卵形。四月下旬に、花茎を伸ばし、白色の小花を穂状につける。本州西部・四国・九州に分布。

**しらいと-の-たき【白糸ノ滝】** 静岡県富士宮市、富士山西麓の滝。落差二〇m。主滝のほか数百の小滝がある。

**しらい-まつじろう【白井松次郎】**(一八七七〜一九五一) 実業家。京都生まれ。明治三五年(一九〇二)弟の大谷竹次郎と松竹合名社を創立。

**しらい-みつたろう【白井▽光太郎】**(一八六三〜一九三二) 植物学者。福井生まれ。東大教授。わが国での植物病理学の先駆者。本草学史の研究にも貢献。著書『日本博物学年表』など。

**しらい-よしお【白井▽義▽男】**(一九二三〜) 元プロボクシング選手。東京生まれ。昭和二七年(一九五二)ダド=マリノを破り、日本人として初の世界フライ級チャンピオンになる。防衛四回。

**しら-うお【白魚】** ①内湾性のシラウオ科の海水魚。全長約一〇cm。肉質のあぶらびれがある。一年で成熟。三〜五月、川を溯って産卵。日本全土に分布。②素魚の異名。③女性の美しい指のたとえ。↓図

●シラウオ①

**しら-えび【白▽海▽老】** オキエビ科のエビ。深さ三〇〇〜四〇〇mのところからとれるエビ。体長約八cm。無色透明。素干し、または食紅で染めてサクラエビの代用にする。日本近海のほか世界各地に分布。ベッコウエビ。

**しらお【白雄】** ↓かやしらお(加舎白雄)

**しらおい【白老】**〈町〉 北海道南部、苫小牧



↓ 行き先項目、図版・写真参照印。 JIS 日本工業規格情報交換用漢字符号コード(区点コード)。

市西隣の町。製紙工業がさかん。アイヌのコタン(集落)がある。人口二万四〇三七(一九八八)。

**しらおか**【白▾岡】〈町〉埼玉県東部の町。園芸農業がさかん。埼玉ナシの中心。宅地化が進む。人口三万六二四三(一九八八)。

**しらお-じか**【白尾▾鹿】↓おじろじか(尾白鹿)

**しら-が**【白髪】①白色化または灰白色化した毛髪。毛根にある色素細胞がメラニンの形成を中止し、毛髪内に供給しなくなるために起きる。white hair; gray hair ②調理で、ダイコン・ネギ・ウドなど白い野菜を細切りにすること。水に放って、料理のあしらいとする。

**しらが-ごけ**【白髪▾苔】シラガゴケ科の総称。ホソバシラガゴケ・アラハシラガゴケ・オオシラガゴケなどをさすことが多い。葉の表裏を透明な細胞がつつむので白くみえる。半球状の塊を作り、園芸用の保水材として利用される。

**しら-かし**【白▾樫・白▾橿】ブナ科の常緑高木。葉は長楕円状披針形で、下面は青白色。堅果は広楕円形。材が白いことからの名だが、樹皮が黒いのでクロカシの名もある。防火・防風樹。生け垣用。樹皮・葉を染色に用いる。四国・九州・福島以西の山地にはえる。

**しらが-ぞめ**【白髪染(め)】白くなった髪を黒く染めること。また、その薬剤。hairdye

**しらが-たろう**【白髪太郎】ヤママユガ科のガ、クスサンの幼虫の俗称。体長約九cm。白い長毛でおおわれた毛虫で、クリなどを食害し、クリケムシの名もある。幼虫の絹糸腺からとれる糸はてぐすの代用とされた。

**しら-かば**【白▾樺】㊀カバノキ科の落葉高木。高さ約二〇m、径約六〇cmになる。本州中部以北の日当たりのよい高原にはえる。樹皮は白色で、横に紙状にはげる。葉は三角形で縁に二重鋸歯があり、互生。春に雄花穂が小枝から下垂する。シラカンバ。カンバ。カバ。white birch →写 ㊁文芸同人雑誌。明治四三年(一九一〇)創刊。大正一二年(一九二三)廃刊。個性尊重・人道主義を唱えた。同人は武者小路実篤・志賀直哉・有島武郎など。

● シラカバ㊀

**しらかば-こ**【白▾樺湖】長野県中部、蓼科山西麓の湖。面積〇・四km²。灌漑用の人造湖であるが、行楽やスケートでにぎわう。

**しらかば-は**【白▾樺派】日本近代文学の一派。雑誌『白樺』に参加して活躍した文学者・美術家たちの総称。

**しら-かべ**【白壁】①白い壁。white wall 用例 —造り。②《女房ことば》豆腐。おかべ。

**しらかみ-さんち**【白神山地】青森県南西部、秋田県との境にある山地。最高峰は向白神岳一二四三m。ブナ原生林が広がる。

**しら-かゆ**【白▾粥】米だけのかゆ。

**しら-かわ**【白川】熊本県中部を西流する川。長さ七四km。阿蘇山に発し、熊本市で島原湾に入る。上・中流は急流で電源地帯。

**しらかわ**【白川・白河】①京都の北部鴨川以東、東山との間の地域。②《「白河」で》昔の郡の名。今、福島県東白川・西白河・石川三郡にわたる地域。

**しらかわ**【白川】〈町〉岐阜県南東部、飛騨川沿いの町。製材業のほか茶・シイタケを栽培。人口一万二七一二(一九八八)。

**しらかわ**【白川】〈村〉岐阜県北西部、庄川上流の村。合掌造りの集落で有名。御母衣ダムがある。人口二〇〇五(一九八八)。

**しらかわ**【白河】〈市〉福島県南部の市。白河関で有名。旧城下町。ガラス・製紙などの工業がさかん。人口四万五一六四(一九八八)。

**しらかわ-ごう**【白川郷】岐阜県大野郡の庄川上流の山村地帯。明治時代まで一家族四〇～五〇人の大家族制を残していた。切り妻合掌造りの民家が現存。

**しらかわ-しんとう**【白川神道】伯家神道の別称。

**しらかわ-てんのう**【白河天皇】(一〇五三～一一二九)第七二代天皇(在位一〇七二～八六)。後三条天皇の第一皇子。譲位後、初めて院政を開き、その実権は堀河・鳥羽・崇徳天皇の三代四三年に及んだ。

**しらかわ-の-せき**【白河の関】福島県白河市大字旗宿字関ノ森にあった古代の関所。勿来の関・念珠ケ関とともに大和朝廷の東北進出の拠点で、奥羽三関の一つ。

**しらかわ-よふね**【白川夜船・白河夜船】《京の白川のことを聞かれた者が、地名の白川を川の名と思って、夜船で通ったから知らないと答えた笑い話から》よく眠っていて何も知らないことのたとえ。being fast asleep

**しらかわ-らくおう**【白河楽翁】松平定信の別称。

**しら-き**【白木】①樹皮を除き、削ったままの木材。plain wood ②トウダイグサ科の落葉小高木。山地にはえる。枝・葉に白い乳液を含む。葉は楕円形、秋に紅葉。五～六月、花穂の上部に多くの黄色の雄花が、下部に少数の雌花が咲く。本州以南に分布。

**しらぎ**【▿新▿羅】古代朝鮮の王朝。四世紀半ば、斯盧国が辰韓を統一して成立。慶州に都して勢力を伸張、高句麗・百済とともに三国時代を形成した。六世紀後半任那を滅ぼして日本の勢力を排除。七世紀後半唐と結んで高句麗・百済を滅亡させ朝鮮全土を統一したが、九三五年高麗の王建により滅亡。その間、仏教文化が栄え、日本の古代文化に大きな影響を与えた。

**しら-ぎく**【白菊】①白い花の咲くキク。白いキクの花。しろぎく。②襲の色目の名。表は白、裏は青または蘇芳。秋に用いる。

**しらぎく-かい**【白菊会】自分の死後、遺体を医・歯学生の解剖実習用に寄贈することを生前に契約する篤志家の団体。本部は東京大学医学部内にある。

**しらぎ-ごと**【▿新▿羅琴】朝鮮、三国時代に新羅で用いられた十二弦の琴。日本では三韓楽の楽器として平安時代初期まで用いられた。

**しらきぬ-びょう**【白絹病】土中の病原菌が根や茎の基部を冒し、白色菌糸と粟粒大の菌核をつくる植物の病気。野菜・イネ・果樹の苗木などに大きな害を与える。

**シラキュース**【Syracuse】アメリカ北東部、ニューヨーク州、オンタリオ湖南東の工業都市。人口一七万(一九八〇)。

**し-らく**【刺絡・刺▾胳】漢方で、静脈を刺して悪血を流し出すこと。参照 瀉血。

**シラクーザ**【Siracusa】イタリア南部、シチリア島南東部の港湾都市で観光基地。古代ギリシアの植民都市。人口一一・九万(一九八三)。古称シラクサ。

**しら-くも**【白雲】白い雲。white cloud

**しら-くも**【白▾癬・白▾禿▾瘡】小児の頭髪部に白癬菌が寄生して起こす病気。伝染力が強い。毛が白くほこりがたかったようになり抜けやすい。頭部浅在性白癬。tinea capitis

**しらくも-の**【白雲の】[枕ことば]《白雲の立つさま、絶えるさまから》「立つ・竜田・絶ゆ」などにかかる。用例 —竜田の山の滝の上の(万葉・九・一七四七)。

**しらけ-せだい**【白け世代】若者特有の社会的情熱や興味を失ってしまったかにみえる世代。昭和四六～四七年(一九七〇年代初め)ごろいわれたことば。

**しら・ける**【白ける】(下一自) ①白くなる。become white ②興がさめる。気まずくなる。be spoiled 用例 座が—。

**しら・げる**【▿精げる・白げる】(下一他) 玄米をついて白くする。精白する。polish

**しら-こ**【白子】①魚類の精巣。フグ・タイ・タラのしらこが代表的。milt 対義 真子。②身体色素の欠乏で、全身が白い人や動物。しろこ。albino

**しらこ**【白子】〈町〉千葉県、九十九里平野南部の町。稲作と、スイカ・メロン・タマネギなどを栽培。人口一万二四四五(一九八八)。

**しらこ-ばと**【白子▾鳩】ジュズカケバトの異名。

**しら-さぎ**【白▾鷺】サギ科の白色の鳥の総称。水辺で見られ、日本ではコサギ(翼長約二七cm)、ダイサギ(同約四〇cm)など四種。snowy heron →写

● シラサギ　チュウサギ

**しらさぎ-じょう**【白▾鷺城】姫路城の通称。

**しら-さや**【白▾鞘】白木のままの刀のさや。

**しらさわ**【白沢】〈村〉福島県、二本松市南隣の村。養蚕・稲作・タバコ栽培・畜産などが行われる。人口八七五三(一九八八)。

**しらさわ**【白沢】〈村〉群馬県北部、沼田市東隣の村。稲作・コンニャク栽培が中心。人口三三五八(一九八八)。

**しらじ-こぎって**【白地小切手】小切手の署名者が、要件の一部または全部を空白にしたまま署名し、後日取得者が補充するようにして流通させた小切手。blank check

**しらじ-てがた**【白地手形】金額や満期日などの要件を記載していない手形に記名捺印し、あとで空白部分を補充することを予定して交付される手形。blank bill

**しらし-め・す**【知らし召す・▿領らし召す】古語(四他) 世をお治めなさる。しろしめす。用例 瑞穂の国を天降り—・しける天皇の(万葉・一八・四〇九四)。

**しらしめ-ゆ**【白絞(め)油】良質食用油の総称。本来は脱酸・脱色・脱臭して精製した菜種油。色は淡く透明。

**しら-しら**【白白】(副) 夜がしだいに明けていくさま。しらじら。in the gray of the morning

**しら-じら**【白白】(副) ①興のさめるさま。spoil the fun ②しらばくれるさま。しらじらしいさま。pretend not to know ③↓しらしら(白白)。④色の白いさま。fair-skinned

**しらしら-あけ**【白白明け】夜が明けて空がしだいに白くなるころ。あかつき。明け方。

**しらじら-し・い**【白白しい】(形) ①見えすいている。transparent 用例 —嘘。②興がさめる。insipid

**しら-す**【白子】①イワシ類などの卵から孵化したばかりの稚魚。日本ではおもに中・南部海岸で小形の引き網により漁獲。食用。②「白子干し」の略。

**しら-す**【白州・白▾洲】①白い砂の州。white sandbar ②屋敷の玄関前などの白い砂や小石の敷いてある所。玄関前。③江戸時代、奉行所で罪人を取り調べた所。おしらす。

**しら-す**【シラス・白▿砂】鹿児島県北部・宮崎県南部の台地に広く分布する灰白色の火砕流堆積物。数メートルから数十メートルの厚さに堆積。粘土はほとんど含まず、保肥・保水力が劣る。

**しら・す**【知らす・▿領らす】古語(連語)《「知る」の未然形に尊敬の助動詞「す」の付いたもの》①世を治めていられる。しらしめす。用例 万代に国—・さむと(万葉・一九・四二六六)。②承認なさる。お許しになる。用例 商変し—との御法あらばこそ(万葉・一六・三八〇九)。

**しら-ず**【知らず】㊀文語的(連語)《「知る」の未然形に打ち消しの助動詞「ず」の付いたもの》①《文の初めに用いて》知らない。わからない。用例 —、生まれ死ぬる人、いづかたより来たりて、いづかたへか去る(方丈記)。②《「…はしらず」の形で》わからないが。さておいて。用例 他の人は—、私はよく知っている。㊁(接尾)《名詞に付いて、名詞・形容動詞語幹をつくる》…を経験することがない、…に対して無感覚である、の意を表す。用例 こわいもの—。はじ—。

**じら・す**【▿焦らす】(五他) からかったり、わざと待たせたりして、いらいらさせる。じらせる。irritate

**しらず-あえ**【白酢▿和え】白あえの衣に酢を加え、薄味に煮た野菜などをあえたもの。

**しら-すげ**【白▾菅】カヤツリグサ科の多年草。湿った林下にはえる。稈は叢生し、高さ約七〇cm。葉は、幅広い線形で軟らかい。初夏、花穂をつける。葉裏は白色を帯びるのでシラスゲという。

▾常用漢字表外。　▿常用漢字表の音訓外。

**しらず-しらず**【知らず知らず】(副) 知らないうちに。つい。unconsciously

**しらす-ぼし**【白子干(し)】カタクチイワシの稚魚をゆでて干したもの。そのまま食べるほか、おろしあえ・てんぷらなどにもする。ちりめんじゃこ。しらす。

**しらせ**【知らせ】①知らせること。通知。information ②きざし。前兆。omen 用例 夢の—。

**しらせ-かいがん**【白瀬海岸】(Shirase Coast) 南極マリーバードランドの西端にある海岸。ロス氷棚に臨む。日本の白瀬隊を記念してアメリカが命名。

**しらせ-のぶ**【白瀬▼矗】(一八六一〜一九四六) 陸軍軍人で探検家。秋田生まれ。明治四三年(一九一〇)開南丸で南極探検に出発、同四五年(一九一二)南極大陸の南緯八〇度五分に達して大和雪原と命名。

**しら・せる**【知らせる】(下一他) ほかの人が知るようにする。通知する。知らす。inform

**しらたか**【白▼鷹】〈町〉山形県南部、最上川沿いの町。中心は荒砥。酪農、果樹・ホップ栽培がさかん。人口一万八六七〇(一九八八)。

**しら-たき**【白滝】①真っ白に見える滝。②糸状に細く作ったこんにゃく。比較 糸こんにゃく。

**しらたき**【白滝】〈村〉北海道北東部、大雪山北東麓の村。ジャガイモ・テンサイ栽培や林産加工がさかん。人口一六二五(一九八八)。

**しら-たま**【白玉】①白い玉。white bead ②真珠。③白玉粉でつくった小さいだんご。白玉団子。

**しらたま-こ**【白玉粉】もち米を冷水にさらしてつくった粉。粒子が細かく、舌ざわりがなめらか。団子・求肥などの材料。寒ざらし粉。

**しらたま-の**【白玉の】[枕ことば]《「しらたま」は、貴ばれるものであることから、また、白玉を結ぶ緒の意で》「わが子・君・涙・人・を(緒)」などにかかる。用例 わが中の生れ出でたる—わが子古日は(万葉・五・九〇四)。

**しらたま-の-き**【白玉の木】ツツジ科の常緑小低木。高さ一〇〜三〇cm。北海道から本州の亜高山にはえる。夏に、白色釣り鐘形の花が数個咲く。果実は白色で特有の芳香がある。↓写

**しらたま-も**【白玉藻】車軸藻植物の一種。中軸の節から六〜八本の輪生枝を車軸のように出し、仮根部に純白であわ粒大の無性芽をつける。干拓直前の八郎潟で発見。

**しらたま-ゆり**【白玉▽百▽合】カノコユリの変種。各地の山地にまれに見られ、純白で花粉は褐色。オキナユリ。

**しら-ちゃ・ける**【白茶ける】(下一自) 色があせて白っぽくなる。しらっちゃける。fade

**しらっ-ぱく・れる**(下一自)《俗語》しらばくれる。

**しら-つゆ**【白露】白く光る露。

**しらつゆ-の**【白露の】[枕ことば]《露が置く、の意から》「おく・消」などにかかる。用例 つれもなき人をやねたく— おくとはなげき寝とはしのばむ(古今・恋一)。

**しら-とり**【白鳥】①白い羽の鳥。white bird ②ハクチョウ。swan

**しらとり-くらきち**【白鳥▽庫吉】(一八六五〜一九四二) 東洋史学者。千葉県生まれ。東大卒。近代的東洋史学の確立者で、西域史研究を開拓、東洋文庫の設立運営に貢献した。日本古代史研究においては邪馬台国北九州説の先鞭をつけた。主著『西域史研究』。

**しらとり-の**【白鳥の】[枕ことば]「鷺」などにかかる。用例 —鷺坂山の松影に宿りて行かな夜も深け行くを(万葉・九・一六八七)。

**しら-なみ**【白波・白▽浪】①泡が立って白く見える波。white crested waves ②《昔、中国の白波の谷にいた白波賊から》泥棒。thief

**しらなみごにんおとこ**【白▽浪五人男】河竹黙阿弥作の歌舞伎狂言『青砥稿花紅彩画』の別称。またその劇中人物、日本駄右衛門・弁天小僧・忠信利平・赤星十三郎・南郷力丸のこと。いずれも白波(盗賊)。↓写

**しらなみ-の**【白波の】[枕ことば]《波が立つ、うち寄せる意で》「よる・かへる」などにかかる。用例 —よるよる岸に立ち寄りて寝も見しものを住吉の松(後撰・恋一)。

**しらなみ-もの**【白▽浪物】盗賊を主人公とする歌舞伎・講談などの総称。

**しら-に**【白煮】白身の魚やダイコン・サトイモなどを、色合いをそこねないよう、塩や砂糖で白く煮上げる方法。少量の薄口しょうゆを使うこともある。うしお煮。

**しら-に**【知らに】古語(連語)《「に」は打ち消しの助動詞「ず」の連用形の古形》知らないで。用例 旅にしあれば思ひ遣るたづきを—(万葉・一・五)。

**しらにく-にんぎょう**【白肉人形】江戸時代の京都の御所人形の別称。童形で胡粉地

●シラタマノキ

●白浪五人男 右から日本駄右衛門、弁天小僧、忠信利平、赤星十三郎、南郷力丸。

白磨きのふっくらとした肌のためこの名がある。

**しらぬ-い**【▽不▽知火】九州の有明海、八代海などで夜間に見られる光の異常曲折現象。海上の漁船の漁火が無数の明滅する光になったり、横に広がって見える。海上に温度差のある気団が生じるのが原因。

**しらぬい**【しらぬひ】[枕ことば]《語義・かかりかたとも未詳》「筑紫」にかかる。用例 —筑紫の綿は身につけていまだは著ねど暖かに見ゆ(万葉・三・三三六)。

**しらぬい-かい**【▽不▽知火海】《夜の海に不知火が現れることに由来》八代海の別称。

**しらぬい-がた**【▽不▽知火型】大相撲で、横綱の土俵入りの型の一つ。第八代横綱不知火と、その弟子で第一一代横綱の二代目不知火があみ出した。四股のあとのせりあがりで、両腕を大きく広げるのが特徴。比較 雲竜型。

**しらぬか**【白▼糠】〈町〉北海道東部、釧路市西隣の町。酪農・製材・沖合い漁業が中心。水産加工などの工業団地がある。人口一万三九四五(一九八八)。

**しらぬひ**【▽不▽知火】〈町〉熊本県西部、宇土半島基部の町。ミカン栽培がさかん。人口一万一七二二(一九八八)。

**しらね**【白根】〈町〉山梨県西部、御勅使川扇状地の町。モモ・スモモ・サクランボの栽培がさかん。人口一万六七六一(一九八八)。

**しらね-あおい**【白根▼葵】キンポウゲ科の多年草。高さ約四〇cm。本州中部以北の深山の木陰にはえる。葉は掌状に深裂、初夏に、花弁のない淡紫色花が一個咲く。日光白根山に多くみられる。↓写

**しらね-さん**【白根山】栃木・群馬県境にある活火山。標高二五七八m。寛永二年(一六二五)以来数回の噴火記録がある。日光白根。

**しらね-さん**【白根山】群馬・長野県境にある活火山。標高二一六二m。文化二年(一八〇五)以来、十数回の噴火記録がある。上信越高原国立公園に属する。草津白根。

**しらね-さんざん**【白根三山】山梨県西部から静岡県との境にかけてそびえる、北岳・間ノ岳・農鳥岳の総称。南アルプスの中心をなす山群。白峰三山。

**シラノ-ド-ベルジュラック**【Savinien de Cyrano de Bergerac】(一六一九〜一六五五) フランスの小説家・自由思想家。ロスタンの同名の劇で有名。作品『月世界旅行記』など。

**しら-は**【白刃】さやから抜いた刀。抜き身。naked sword

**しら-は**【白羽】真っ白な矢羽。white-feathered arrow

**白羽の矢が立つ**(しらはのやがたつ)《人身御供を求める神が、望みの少女の家の屋根に白羽の矢を立てるという俗伝から》①犠牲にされる。be sacrificed ②多くの中からとくに選び出される。be marked out

**しら-はえ**【白▽南▽風】①梅雨があけて明るく晴れた空の下で吹く南風。九州地方などに多い。梅雨時の風は、黒南風。しろはえ。②陰暦の六月ごろ吹く南西の風。

**しらはがれ-びょう**【白葉枯(れ)病】イネの細菌病で、葉の縁にそって白色の病斑ができ、枯れ死にする。冠水しやすい川の流域や暴風雨のあとなどに多発。

**しら-はぎ**【白▼萩】ハギの一種。葉が白く、葉の表面に細かな毛がある。朝鮮半島原産。シロバナハギ。

**しら-ばく・れる**(下一自)《俗語》わざと知らないふりをする。しらっぱくれる。しらばっくれる。

**しら-はた**【白旗】対義 赤旗。①白い旗。降伏のしるしに用いられる。white flag ②源氏の旗。

**しら-はま**【白浜】白い砂の浜。white beach

●シラネアオイ

**しらはま**【白浜】〈町〉千葉県、房総半島南端の町。海女の潜水漁業、花の栽培で有名。人口七一六五(一九八八)。

**しらはま**【白浜】〈町〉和歌山県南西部、太平洋に臨む町。奈良時代から牟婁の湯として知られる日本有数の温泉地。千畳敷・三段壁・円月島など景勝地も多い。人口一万九二八〇(一九八八)。

**しら-はり**【白張(り)】①のりを堅くつけた白い狩衣。はくちょう。②「白張り提灯」の略。

**しらはり-ぢょうちん**【白張(り)▽提▽灯】白紙で張った葬式用のちょうちん。

**しらひげ-じんじゃ**【白▼髭神社】滋賀県高島郡高島町鵜川にある旧県社。祭神は猿田彦命。

**しらひげ-そう**【白▼鬚草】ユキノシタ科の多年草。高さ約二〇cm。根出葉は長柄で心臓形。花茎を叢生し、夏に、白色五弁花を一個頂生。花弁の縁が細裂してひげのようになる。

**しら-びそ**【白▼檜▼曾】マツ科の常緑針葉高木。亜高山帯に群生。樹皮は灰白色。葉は線形で、上面は濃緑色、下面は白色。六月に開花、円柱状で暗紫色の球果をつける。クリスマスツリーに使うほか、材は建築・器具用など。シラベ。

**しら-びょうし**【白拍子】①平安時代末期に始まった歌舞、またそれを演じる遊女。白い水干、烏帽子姿に太刀を差し今様などで舞った。②遊女。舞い姫。

**しら-ふ**【▽素▽面・白▽面】酒を飲んでいない、正常のときのこと・顔。sobriety 対義 酔顔。

**しら・ぶ**【調ぶ】古語(下二他)↓しらべる(調べる)

**ジラフ**【giraffe】《原語はアラビア語で、速く走るもの、の意》キリン。

**しらぶ-おんせん**【白布温泉】山形県、米沢市南部にある温泉。吾妻山登山の基地。白布高湯温泉。

**しら-ふじ**【白▼藤】①花の白いフジ。②襲の色目の名。表は薄紫で、裏は濃紫。

**シラブル**【syllable】ことばを構成する音声の、リズムの最小単位をなす単音の結合。音節。

**しらべ**【調べ】①調べること。examination ②詩歌・音楽の調子。音律。楽曲。tune ③調査。研究。点検。investigation ④罪を問いただすこと。吟味。question ⑤探すこと。捜索。search

**しら-べ**【白▼檜】シラビソの別名。

**しらべ-いと**【調べ糸】鍾を回転させるために、鍾から糸繰り車に、かけわたした糸。

**しらべ-おび**【調べ帯】軸から軸へ動力を伝えるための皮やゴム製のベルト。ちょうたい。調べ革。belt



↓行き先項目、図版・写真参照印。 JIS 日本工業規格情報交換用漢字符号コード(区点コード)。

**しらべ-がわ**【調べ革】↓ベルト①

**しらべ-ぐるま**【調べ車】調べ帯を掛けて動力を伝える車。ベルト車。belt pulley

**しらべ-の-お**【調べの緒】鼓の両面の縁の穴をかがって、胴にまとわせたひも。締めたり緩めたりして、調子を整える。↓鼓図

**しら・べる**【調べる】(下一他)①《おもに邦楽で》㋐楽器の調子を整える。㋑音楽を演奏する。用例琴を—。②調査、研究する。investigate 用例問題点を—。③問いただす。とりしらべる。inquire 用例罪人を—。④探す。search 用例かばんの中を—。⑤照らし合わせる。点検する。check 用例報告書を—。

**しら-ほ**【白帆】船に張った白い帆。white sail 用例沖の—。

**しらほね-おんせん**【白骨温泉】長野県西部、安曇村にある温泉。乗鞍岳北東麓の歴史の古い湯で、噴湯丘が有名。

**しら-まゆみ**【白真弓・白▼檀弓】①㋐マユミで作った白木の弓。㋑黒ぬりに白いトウを巻いた重藤の弓。しらまきゆみ。②[枕ことば]《弓を射る・引く・張るというところから》「いる・ひく・はる・い・ひ」などにかかる。用例—いま春山に行く雲の行きや別れむ恋しきものを(万葉・一〇・一九二三)。

**しらみ**【▼虱・▼蝨】シラミ目の昆虫の総称。体は扁平で翅がない。体長〇・五～六㎜。ヒトや獣に寄生して吸血する。発疹チフスなどを媒介。louse ↓図

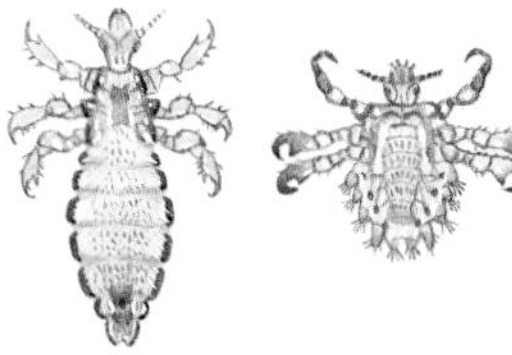

●シラミ　ケジラミ(右)、コロモジラミ(左)。

**虱の皮を千枚に剝ぐ**(しらみのかわをせんまいにはぐ) 非常に物おしみをする。きわめてけちなことのたとえ。

**虱の皮を槍で剝ぐ**(しらみのかわをやりではぐ) 小さなことを処理するのに、大げさに行う。

**虱を捫って当世の務を談ず**(しらみをひねってとうせいのむをだんず) 礼儀をわきまえず、時世を論ずる。傍若無人なさまをいう。

**しらみ-つぶし**【▼虱▼潰し】かたはしから残らず調べたり、処理したりすること。make a thorough investigation

**しらみね**【白峰】〈村〉石川県南端、手取川源流の村。牛首紬は有名。林業もさかん。人口一三〇八(一九八八)。

**しらみね-さん**【白峰山】香川県北部の山。標高三三七m。白峰寺と崇徳天皇の御陵がある。瀬戸内海の好展望地。

**しらみね-じんぐう**【白峰神宮】京都市上京区飛鳥井町にある旧官幣大社。祭神は崇徳天皇と淳仁天皇。明治元年(一八六八)白峰宮として創建。昭和一五年(一九四〇)改称。

**しらみ-ばえ**【▼虱▼蠅】鳥獣の羽や毛の間に寄生・吸血するハエ。体長七㎜内外。体が扁平なことと習性からシラミに見立ててこの名がある。代表種はウマやウシに寄生するウマジラミバエで、世界に約四〇〇種、日本に数種が分布。louse fly

**しら・む**【白む】(五自)①白くなる。明るくなる。lighten 用例東の空が—・んでくる。②興がさめる。しらける。

**しら-も**【白藻】紅藻植物オゴノリ科の海藻。分枝のある円柱状で長さ約三〇㎝。淡紅色で質は軟らかい。日本各地の潮だまりに生育する。そのまま食べるほか、寒天の原料とする。

**しら-やき**【白焼(き)】魚・肉などをなにもつけないで焼くこと。また、焼いたもの。料理のほか、短期間の保存や南蛮漬け、甘露煮などの下準備に用いる。素焼き。

**しら-やまぎく**【白山菊】キク科の多年草。根出葉は心臓形。秋に、茎頂に白色の頭状花をつける。若い葉を食用。

**しらやま-しょうさい**【白山松▼哉】(一八五三～一九二三)漆芸家。江戸生まれ。明治期の代表的蒔絵作家。作品『梅花蒔絵硯箱』など。

**しらやまひめ-じんじゃ**【白山比▼咩神社】石川県石川郡鶴来町三宮に本社があり、白峰村の白山山頂に奥社がある旧国幣中社。祭神は菊理媛神(白山比咩神)ほか二神。全国の白山神社の総本社。加賀国一の宮。白山権現。

**しら-ゆき**【白雪】雪。はくせつ。white snow 用例峰の—。

**しらゆきひめ**【白雪姫】《原題Schneewittchen ドイツ》グリムの童話。また、その主人公。美しい王女が継母にいじめられるが、七人の小人の助けでしあわせになる話。

**し-らん**【紫▼蘭】ラン科の多年草。高さ約四〇㎝。山野の湿地にはえ、観賞用にも栽培。基部に卵球形の仮茎がある。葉は長楕円形。五～六月に紅紫色の花が数個咲く。仮茎は薬用。↓写

**しらん-かお**【知らん顔】知っていても知らないふりをすること。知らぬ顔。pretend not to recognize

**しらん-どう**【▽芝▼蘭堂】江戸末期の蘭学塾。天明六年(一七八六)大槻玄沢が江戸材木町に開塾。江戸の蘭学研究の中心となった。

**しらん-ぷり**【知らん振り】《俗語》知っていても知らないふりをすること。知らぬ顔。pretend not to recognize

**シランペー**【Frans Eemil Sillanpää】↓シッランパー

**しり**【▼尻・▼臀】①腰の後ろの下の部分。けつ。おいど。いしき。臀部。buttocks; bottom ②器物の底。bottom 対義口。③《「後」とも》あと。後方。back; rear ④おしまい。末。最後。end ⑤あとしまつ。settle one's failure ⑥余波。とばっちり。by-blow 用例—が来る。⑦つつみかくしたこと。concealment; secret

**尻が暖まる**(しりがあたたまる) 長く同じ場所にいる。一つ所に落ちついて、そこでの生活になれる。また、長い期間、同じ勤務をしている。stay long in one place

**尻が重い**(しりがおもい) 動作が鈍い。なかなか物事にとりかかろうとしない。ぶしょうだ。slow

**尻が軽い**(しりがかるい) ①動作が機敏である。quick in one's movements ②軽々しい振る舞いをする。imprudent ③浮気な女をいう。a loose woman

**尻がこそばゆい**(しりがこそばゆい) 心がとがめて、きまりが悪い。落ち着かない。restless

**尻が据わる**(しりがすわる) 一か所に長く落ちつく。

**尻が長い**(しりがながい) 長居をする。stay too long

**尻が早い**(しりがはやい) ①なべ・やかんの中のものが、早く煮えたり沸いたりする。②軽々しく、すぐ調子に乗る。③女が、淫奔である。

**尻から抜ける**(しりからぬける) ①見聞きしたことを、すぐに忘れる。Soon learnt, soon forgotten. ②物事に締まりがない。loose

**尻から焼けて来る**(しりからやけてくる) 「尻に火が付く」と同意。

**尻が割れる**(しりがわれる) 悪事・たくらみなどがばれる。show the cloven hoof

**尻に敷く**(しりにしく) 妻が夫を支配する。dominate one's husband

**尻に付く**(しりにつく) 人の後ろについて行く。人のまねをする。人の配下につく。

**尻に火が付く**(しりにひがつく) 物事が差し迫る。尻から焼けて来る。be pressed by urgent business

**尻に帆を掛ける**(しりにほをかける) さっさと逃げ出す。take to one's heels

**尻に目薬**(しりにめぐすり) とんでもない見当違いのこと。まったく効き目のないこと。

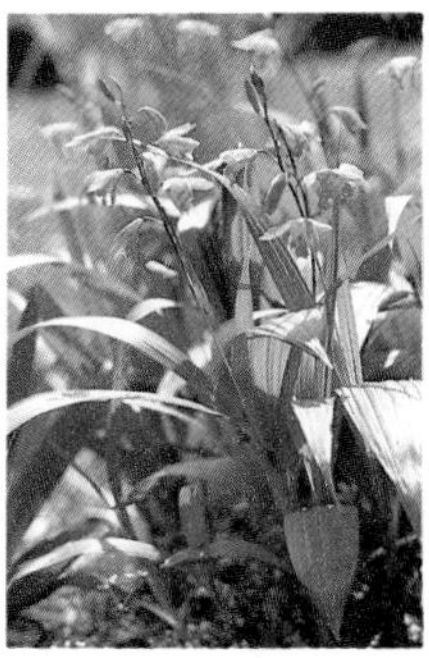

●シラン

**尻の毛迄抜かれる**(しりのけまでぬかれる) 男が、女にだまされて操られ、さんざんに絞り取られる。

**尻全し**(しりまったし) 落ちついている。度胸が据わっている。

**尻も結ばぬ糸**(しりもむすばぬいと) 《縫い糸の玉どめをしていないように》①物事の締めくくりのできないこと。②物がたまらないこと。

**尻を上げる**(しりをあげる) ①立ち上がる。訪問先から帰ろうとする。get up ②ことばの末尾を高く発音する。pronounce in rising intonation

**尻を押す**(しりをおす) 背後から援助する。support

**尻を軽くする**(しりをかるくする) 人に頼まれたことを気軽にやる。

**尻を食らえ**(しりをくらえ) 人を侮りののしることば。

**尻を据える**(しりをすえる) じっくりと腰を落ちつける。

**尻を叩く**(しりをたたく) 物事を、一生懸命させて、はかどらせようとするために、励まし、また、責め立てる。fire up

**尻を拭う**(しりをぬぐう) 他人の失敗の後始末をする。bear the consequences of(another person's) error

**尻を端折る**(しりをはしょる) ①和服の後ろ側の部分を折り曲げて、その先端部を帯の背側へ挟み込む。尻をからげる。②話・式辞・講演や文などの最後の方を適当に略して、本来の長さよりも縮める。abbreviate

**尻を捲る**(しりをまくる) ①本性を現して、反抗的になる。居直る。take a defiant attitude ②交渉などがはかばかしく運ばないことにいら立って、けんか腰になる。

**尻を持ち込む**(しりをもちこむ) 後始末を求める。drop one's mess in someone's lap

**し-り**【私利】自分だけの利益。self-interest 用例—私欲。

**じ-り**【自利】①自分に利益を与えること。②《仏教語》自分の功徳のために仏道修行を行うこと。対義利他。

**じ-り**【事理】①物事のすじみち。reason ②《仏教語》相対・差別のある現象の事と、絶対・平等の真理である理のこと。

**シリア**【Syria】西アジア、地中海東岸地域の総称。紀元前、フェニキア人の活躍の地で、現在は、シリア-アラブ共和国・ヨルダンハシミテ王国・レバノン共和国・イスラエル国の各国がこの地域を占めている。

**シリア-アラブ-きょうわこく**【シリア-アラブ共和国】(Syrian Arab Republic) 西アジア、地中海東部に臨む国。首都ダマスカス。一九四六年フランスから独立。一九五九～六一年、エジプトとアラブ連合を結成。産油国で東部は乾燥地、西部は地中海性気候。面積一八・五万㎢。人口一〇六一万(一九八六)。

**しり-あい**【知(り)合い】知り合っていること・人。知人。acquaintance

**しり-あ・う**【知(り)合う】(五自) つきあって、互いに知る。get acquainted with

**シリア-おうこく**【シリア王国】アレクサンドロス大王の遺臣セレウコス一世が紀元前三一二年に創建した王国。シリアを中心に小アジアからインドの一部に及ぶ地域を支配。首都アンティオキアはヘレニズム文化の中心地となった。前六四年ローマに滅ぼされた。Syrian Kingdom

**しり-あがり**【▼尻上がり】物事の調子や発音が、終わりに近づくにつれて上がること。with a rising intonation 対義尻下がり。

**しりあげ-むし**【▽挙▽尾虫】シリアゲムシ科の昆虫。または長翅目の総称。前者は体長約一・五㎝。雄は尾端にはさみがある。肉食性。日本全土に分布。↓写

**シリア-さばく**【シリア砂漠】(Syrian Desert) アジア西部、地中海沿岸地域とメソポタミア地域との中間にある砂漠。周辺はアラビア馬の産地。

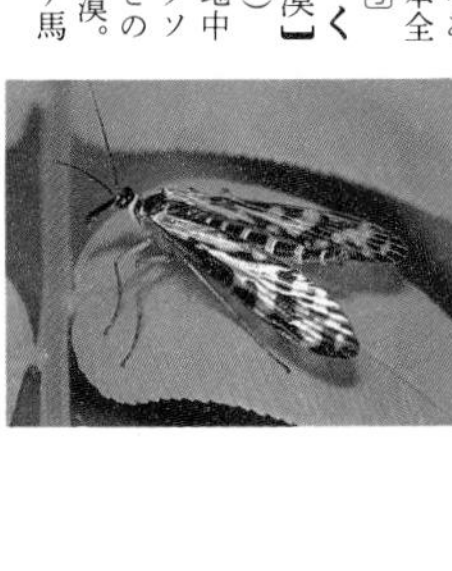

●シリアゲムシ

**しり-あし**【▽後足】あとあし。うしろあし。

**後足を踏む**(しりあしをふむ) 後ずさりする。しりごみする。

**シリアス**【serious】(形動) ①深刻なさま。重大。②本気なさま。まじめ。

**しり-あて**【▼尻当て】衣服で、しりの部分に当てる補強の布。いしき当て。seat-lining

**シリアル-プリンター**【serial printer】印字ヘッドが左右に移動し、一文字ずつ順次打ち出してゆくプリンター。

**シリーズ**【series】①出版物の叢書、映画・放送番組の連続物など、続きのもの。②野球などで、特別の組み合わせの一続きの試合。用例日本—。

**シリウス**【Sirius】《ギリシア語の光り輝くもの、の意》おおいぬ座α星。全天第一の輝星。実視光度マイナス一・五等。距離は約八・六光年。中国名は天狼星。

**しりうち**【知内】〈町〉北海道渡島半島、津軽海峡に臨む町。農業と養殖漁業がさかん。ニラが特産。人口七一五二(一九八八)。

**しり-うま**【▼尻馬】人の乗った馬の後ろに乗ること。

**尻馬に乗る**(しりうまにのる) 考えもなしに、人にまねて物事をする。follow a person blindly

**しり-え**【▽後▽方・▽後】後ろ。後ろのほう。

**しり-おし**【▼尻押し】(名・サ変他) ①後ろから押すこと。pushing from behind ②陰で助



▼常用漢字表外。▽常用漢字表の音訓外。

けること・人。backing

**じり-おし【じり押し】**(名・サ変他) ①じりじりと、少しずつ押すこと。push little by little ②ねばり強く行うこと。do... persistently

**しり-おも【▼尻重】**(名・形動) ①動作の鈍いこと・さま。②なかなか仕事にかからないこと・さま。

**シリカ【silica】** ↓にさんかけいそ(二酸化珪素)

**しり-がい【▼鞦・▼尻▼繋】** 馬具の一つ。馬のしりから車や鞍にかけるひも。比較 面掛・鞅。↓馬具図

**シリカゲル【Silikagel ドイツ】** 非晶質の珪酸からなるきわめて多孔質の固体。通常、粒状または粉末状。乾燥剤・吸着剤などに用いる。

**シリカ-タイル【silica tile】** 純度の高い石英ガラス繊維を成形、焼結したタイル。気泡の含有率が九〇%あって断熱性にすぐれるので、スペースシャトルの機体表面などに利用。

**しり-からげ【▼尻▽絡げ・▼尻▼紮げ】**(名・サ変自) 着物のすそをはしょって、帯にはさむこと。

**しり-がる【▼尻軽】**(名・形動) ①動作がすばやいこと・さま・人。agility ②言動が軽はずみなこと・さま。frivolity ③女の、浮気なこと・さま。wantonness 用例 —女。

**じ-りき【地力】** ①もともともっている力や能力。one's own potential 用例 —を発揮する。②練習と努力の結果、向上した実力。real ability 用例 —がつく。

**じ-りき【自力】** 対義 他力。①自分ひとりの力。独力。②《仏教語》自分の力で修行し、成仏・往生を願うこと。浄土教で他宗の修行のあり方をさす語。

**じりき-きゅうさい【自力救済】** 権利者が国家権力によらず、自分の力で他人の支配権を侵して権利を実現すること。緊急でやむを得ない場合をのぞき原則として違法。じりょくきゅうさい。自救行為。self-help

**じりき-きょう【自力教】**《仏教語》浄土宗・浄土真宗などで、自己の精神と努力によって悟りに至るとする他宗の教えのこと。対義 他力教。

**しり-きれ【▼尻切れ】** 後ろのほうが切れていること・もの。用例 —ぞうり。

**しりきれ-とんぼ【▼尻切れ▼蜻▼蛉】** 物事が完結せず、途中で切れて、あとが続かないこと。be left unfinished

**しりきれ-ばんてん【▼尻切れ半▼纏】** 丈がしりの上までの、短いはんてん。

**しり-くせ【▼尻癖】** ①大小便をもらす癖。②《俗語》しばしば情事を起こす、みだらな癖。用例 —が悪い。

**しり-げ【▼尻毛】** しりにはえた毛。

**尻毛を抜く**(しりげをぬく) 人が油断している間に、不意に事をしでかす。比較 生き馬の目を抜く。

**シリコーン【silicone】** 珪素を含む半有機性のポリマーの総称。化学的に安定で熱に強く、電気絶縁性もよい。分子量などによってゴム・グリース・樹脂などに区別される。参照 シリコン。

**シリコーン-ゴム**《和製語》ゴム状の珪素樹脂。熱安定性がよく、耐熱パッキング・電気絶縁材料などに使用。silicone rubber

**シリコーン-じゅし【シリコーン樹脂】** 珪素と酸素を骨格とした有機珪素の重合物の総称。油状・ゴム状・固体状のものがある。電気絶縁材・耐熱用緩衝材・撥水剤など。珪素樹脂。シリコーン。silicon resin

**シリコーン-ゆ【シリコーン油】** 重合度の低い油状の珪素樹脂。耐熱性や化学的安定性がよく、撥水性もよい。潤滑油・ポンプ油・防水処理剤などに利用。silicone oil

**しり-こそばゆ・い【▼尻▼擽い】**(形) ①しりがくすぐったい。②はずかしくて、じっとしていられない。

**しりこ-だま【▼尻子玉】** 肛門にあると想像されていた玉。水死人のはカッパに抜かれているという。

**しり-ごみ【▼尻込み・▽後込み】**(名・サ変自) ①恐れて、あとへ下がること。recoil ②おじけること。ためらい。hesitation

**シリコン【silicon】** 単体の珪素。参照 シリコーン。

**シリコン-ダイオード【silicon diode】** シリコンを用いたダイオード。ゲルマニウムダイオードより高温や高電圧に耐え、電流容量も大きい。UHF帯の検波用、ミキサー・整流用などに用いる。

**シリコン-バレー【Silicon Valley】** アメリカのサンフランシスコの南にある、サンタクララ渓谷地帯の別称。シリコンを主材料とする半導体の製作企業が数多く進出したためについた。

**しり-さがり【▼尻下がり】** ①後ろへ下がること。go backward ②物事の状態などが、あとのほうになるほど下がること。be down ③語尾の音調が低くなること。falling intonation 対義 尻上がり。

**じり-じり** ㊀(副) ①ゆっくりと力強く進むさま。slowly and steadily ②日が強く照りつけるさま。㊁(副・サ変自) しだいにいらいらするさま。

**じ-りす【地▼栗▼鼠】** 地下生活をするリス科の齧歯類。多くの種類があり、体長一〇～二五cm。尾長は六～一七cmと長い。多くは背に縞がある。北アメリカ・メキシコの草原や砂漠に穴を掘ってすむ。ground squirrel

**しり-すぼまり【▼尻▼窄まり】** ①底・端に行くにつれてすぼんでいること・もの。be narrow toward the end ②はじめは勢いがよく、しだいに衰えること。竜頭蛇尾。dwindle down

**しり-すぼみ【▼尻▼窄み】** ↓しりすぼまり(尻窄まり)

**しり-ぞ・く【退く】**(五自) ①あとへ下がる。retreat 対義 進む。用例 二、三歩—。②去る。退出する。leave 対義 行く。用例 御前を—。③職を辞す。resign 用例 現役を—。④《「退いて」の形で》そこから離れて、別の見方で。用例 —・いて考えるに。

**しりぞ・ける【退ける・▽斥ける】**(下一他) ①あとへ下がらせる。drive back 対義 進める。用例 見物人を—。②うちまかす。撃退する。defeat 用例 挑戦者を—。③遠ざける。keep away 用例 人を—・けて話し合う。④仕事・地位などを取り上げる。degrade 用例 社長を—。⑤《「却ける」とも》断る。拒絶する。refuse 対義 入れる。用例 要求を—。

**じり-だか【じり高】** 相場がじりじりと高くなること。rising tendency 対義 じり安。

**しり-だこ【▼尻▼胼▼胝】** サルのしりの、皮膚が硬くなって毛のはえてない所。

**し-りつ【市立】**《「私立」と区別して「いちりつ」とも》市の費用で設立・維持すること。また、その施設。municipal establishment

**し-りつ【私立】**《「市立」と区別して「わたくしりつ」とも》①個人の費用で設立・維持すること。また、その施設。private establishment 対義 国立・公立・官立。②「私立学校」の略。

**じ-りつ【▼而立】**《『論語』に「三十而立」とあることから》三〇歳。

**じ-りつ【自立】**(名・サ変自) 他に従属しないで、ひとりだちすること。他の助けを借りないで、自力でやっていくこと。independence 対義 従属。

**じ-りつ【自律】** ㊀(名・サ変自) 自分で自分を支配すること。自分の気ままを抑えること。self-determination 用例 —自戒。㊁(名) 倫理学で、自己の理性に従い、外的条件に左右されないこと。自分の意志を、自分の立てた法則に従わせ、理性的に決すること。カントの用語。autonomy

**じ-りつ【侍立】**(名・サ変自) 貴人のそばに立つこと。

**しりつ-がっこう【私立学校】** 国公立学校に対して民間の学校法人が設立・経営する学校。private school

**じりつ-くんれんほう【自律訓練法】** セルフコントロールの一つ。自己暗示による心身両面にわたる精神療法で、シュルツの創始。autogenic training

**じりつ-ご【自立語】** 単独で文節をつくることのできる単語。助詞・助動詞以外の品詞は、すべて自立語。independent word 対義 付属語。

**じりつ-しんけい【自律神経】** 体内にあるすべての平滑筋の運動と、腺の分泌を調節している神経。意志とは無関係に働く。血液循環・呼吸・消化・生殖などをつかさどる。交感神経・副交感神経に区分。植物神経。autonomic nervous system

**じりつしんけい-しっちょうしょう【自律神経失調症】** 交感神経と副交感神経の調節機能の不調和によりおきる身体的、精神的な症状。不眠・頭痛・食欲不振・発汗異常などで、いくつかの症状が同時におこる。ストレス・過労などが原因。autonomic ataxia

**じりつ-せい【自律性】** 自律できる性質。理性に従い、自分の立てた規範によって、他の束縛から独立して行動できる性質。autonomy

**じりつ-てき【自律的】**(形動) 束縛や指令を受けずに自分の意志で行動できるさま。autonomous

**シリトー【Alan Sillitoe】**(一九二八) イギリスの小説家。労働者の反抗的気分を力強くかつ叙情的に描く。作品『土曜の夜と日曜の朝』『長距離ランナーの孤独』など。

**しり-とり【▼尻取(り)】** ①ことばの遊び。前のことばの語尾の音を次の語の最初においてことばを連ねていくもの。cap verses ②文字つなぎの遊び。前のことばの最後の語、詩文の終句を頭において順に連ねていくもの。cap verses

**しり-ぬ・く【知(り)抜く】**(五他) 十分に知る。know ... through and through

**しり-ぬぐい【▼尻▼拭い】**(名・サ変自) 他人の失敗の後始末をすること。

**しり-ぬけ【▼尻抜け】** ①物事を見聞きしたはしから忘れること・人。forgetfulness ②後始末のつかないこと・人。leave things unfinished

**しり-はしょり【▼尻▽端▽折り】** 着物の後ろの裾をつまみ上げて帯にはさむこと。しりっぱしょり。しりからげ。

**しり-びと【知り人】** 知り合い。知人。acquaintance

**じり-ひん【じり貧】** だんだん物事の状態が悪くなっていくこと。対義 どか貧。

**しりぶか-がし【▼尻深▼樫】** ブナ科の常緑高木。暖地に自生。葉は長楕円形で密毛がある。堅果の底がへこんでいるので、この名がついた。器具材・建築材。

**しりべつ-がわ【▼尻別川】** 北海道南西部、支笏湖付近に発し、ニセコアンヌプリ南麓を流れて、日本海に注ぐ川。長さ一二六km。

**しり-め【▼尻目・▽後目】** 目だけ動かして見ること。その目つき。横目。流し目。look askance at; side-glance

**尻目に懸ける**(しりめにかける)《横目で見ることから》①見くだす。さげすむ。軽視する。あなどる。無視する。look askance at ②こびた目つきをする。色目をつかう。秋波を送る。cast an amorous glance at

**しり-めつれつ【支離滅裂】**(名・形動) ちりぢりばらばらに乱れて、筋道が立たないこと・さま。めちゃくちゃ。inconsistency

**しり-もち【▼尻▼餅】** 倒れて、しりから地面につくこと。fall on one's bottom

**尻餅を搗く**(しりもちをつく) 倒れて、地面などにしりをつける。land on one's rear; fall on one's bottom

**じりゃく【治▽暦】** 平安中期の年号。康平から改元。元年(一〇六五)八月二日～五年(一〇六九)四月一三日。次に、延久に改元。

**しりやけ-いか【▼尻焼▼烏▽賊】** 胴の後端から赤褐色の分泌物を出すコウイカ科のイカ。胴長約一八cm。暗灰褐色に小白点が散在。食用。東京湾・富山湾以西に分布。コウイカに似るが、より細長く、甲に突起がないので別名ハリナシコウイカ。

**しりや-ざき【▼尻屋崎】** 青森県、下北半島北東端の岬。近海は岩礁・濃霧が多く、古くから航海上の難所とされた。突端に尻屋崎灯台がある。

**じり-やす【じり安】** 相場がじりじりと下がること。gradual decline 対義 じり高。

**し-りゅう【支流】** ①本流に流れこむ川。えだがわ。tributary 対義 本流・主流。②分家。branch family ③分派。faction

**し-りゅう【▼緇流】**《「緇」は墨染めの衣》僧の仲間。

**じ-りゅう【自流】** ①自己流。②自分の属する流派。one's school

**じ-りゅう【地竜】** 生薬の一つ。フツウミミズ・フトミミズを乾燥させたものと、内臓を除去したミミズを乾燥させたものがある。薬効は解熱・鎮痙・利尿・解毒など。

**じ-りゅう【時流】** ①当時の一般人。②その時代の風潮・傾向。current of the times 用例 —に乗る。

**じりゅう-ち【自留地】** 社会主義国で、農民が集団農場で共同作業をするほかに、個人経営が認められている耕地。一戸あたり〇・五ha前後が限度で、農作物を自家消費したり、市場で販売することができる。

**じりゅう-てっこう【磁硫鉄鉱】** 鉄と硫黄からなる鉱物。古くはベンガラの材料。赤褐色ないし青銅褐色で、磁性をもち、鉄と硫黄の原料鉱石。pyrrhotite

**し-りょ【思慮】**(名・サ変他) 深く考えをめぐらすこと。分別。おもんぱかり。prudence 用例 —深い人。

**し-りょう【史料】** 歴史を研究する材料。historical materials 比較 資料。

**し-りょう【死霊】** 死者の魂。しれい。departed soul 対義 生き霊。
**し-りょう【私領】** ①私有地。private land ②荘園。
**し-りょう【思量・思料】**(名・サ変他) 思いはかること。あれこれと思いめぐらすこと。consideration
**し-りょう【試料】** ある目的をもって試験・検査・分析を行うために用いられる物質。見本。サンプル。sample
**し-りょう【資料】** 研究・調査などの、もととして使う材料。materials 比較 史料。
**し-りょう【飼料】** 家畜に与える食物。穀類・魚粉など栄養分の多い濃厚飼料、牧草・わらなど粗繊維の多い粗飼料、食塩・骨粉・尿素など飼料効果を高めるための特殊飼料がある。feed
**じ-りょう【寺領】** 寺の領地。
**じ-りょう【▾餌料】** 家畜・鳥・虫・魚などを飼育するための食物。天然餌料と人工餌料に分けられる。feed; bait
**しりょう-さくもつ【飼料作物】** 家畜飼料として栽培・利用される作物。青刈り飼料と、トウモロコシ・ムギなど実を利用するものとがある。forage crop
**しりょう-ず【指了図】** 将棋で、勝負の終わったときの駒の位置を記録した図。
**しりょう-たんい【飼料単位】** 飼料の栄養価の表示法の一つ。主として熱量を示すもので、オオムギ一kgが一単位(一FU)。feed unit
**しりょう-てんかぶつ【飼料添加物】** 配合飼料中の不足する栄養素を補うため、あるいは病気の予防・治療などのために添加する微量成分。ビタミン剤・ミネラル混合物・抗生物質など。feed additive
**しりょう-へんさんじょ【史料編▾纂所】**「東京大学史料編纂所」の略。
**し-りょく【死力】** 必死の力。desperate efforts 用例 ―を尽くす。
**し-りょく【視力】** ①物を見る眼の能力。eyesight 用例 ―がおとろえる。②物の形や位置を見分ける眼球の働きの程度を表す単位。二点として見分けうる二点間の最少の距離を視角で表し、その逆数に比例する量で表す。visual acuity
**し-りょく【資力】** 資金を出す能力。資金力。財力。means
**じ-りょく【磁力】** 磁場を媒介として働く力。同種(異種)の磁極間では斥力(引力)となる。磁気力。magnetic force
**じりょく-けい【磁力計】** 磁場の方向と強さを測定する装置。磁針の方向と振動周期や回転コイルに発生する電圧などを利用して測る。物質の磁性や地磁気の測定などに利用。磁気計。magnetometer

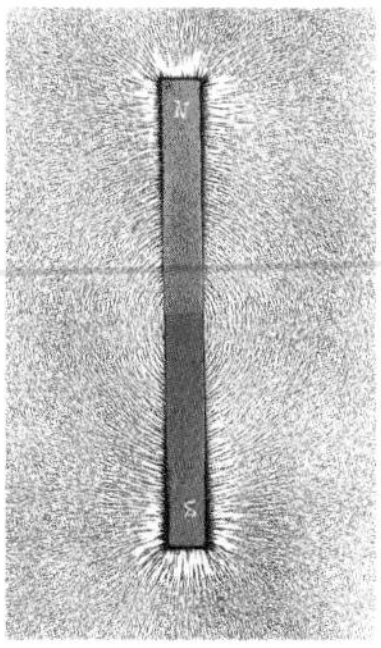
●磁力線 砂鉄の上に磁石を置くと、磁力線の方向に並ぶ。

**じりょく-せん【磁力線】** 磁場の作用方向を表す曲線。N極から出てS極に向かう。line of magnetic force ↓写
**じりょく-せんこう【磁力選鉱】** 鉱物の磁性の有無・強弱の差を利用して分離する選鉱法。magnetic separation
**じり-りた【自利利他】**《仏教語》大乗仏教の基本的な精神。修行によって自らの悟りを得るとともに、他の人をも救済しようと努力すること。
**し-りん【四隣】** ①あたり近所。whole neighborhood ②周りの国々。surrounding countries
**し-りん【詞林】** ①詩人・作家の仲間。literary circle ②詞章を集めたもの。book of prose and poetry ③辞書。dictionary
**じ-りん【字林】** 漢字の読み方や意味を解説した書物。字書。
**じ-りん【辞林】** 辞書。dictionary
**シリング【shilling; Schillingドイツ】** ①イギリスの旧補助通貨単位。一シリングは二〇分の一ポンド。一九七一年廃止。②オーストリアおよび東アフリカ諸国の通貨単位。
**シリンクス【syrinxギリシア】** 古代ギリシアの原始的な管楽器。ギリシア神話の半獣神パンが用いたことから、パンの笛ともいう。
**シリンゴール【錫林郭勒】**(Xilin Gōl) 中国、内モンゴル自治区中部の盟。モンゴリアの盟のうちモンゴル人がほとんどの遊牧地。
**シリンダー【cylinder】** 内燃機関の主要部分をなす丸い筒形の部分。中をピストンが往復してエネルギーの授受を行う。気筒。圧胴。
**シリンダー-じょう【シリンダー錠】** 円筒形シリンダー内にあるスプリングのついた数本のピンタンブラーの組み合わせで開ける錠。ピンタンブラー錠。cylinder lock ↓箱錠 図
**しる【汁】** ①物から染み出た、また、絞り取った液・水分。juice 用例 レモンの―。②吸い物。つゆ。soup 用例 すまし―。みそ―。
数え方 一膳・一椀。
**旨い汁を吸う**(うまいしるをすう) うまくやって、利を得る。自分は何もしないで、他人のおかげで利を得る。take the lion's share

**し・る【知る・▿識る】** 一(五他) ①わかる。さとる。know 用例 意味を―。②認める。認識する。recognize 用例 名前を―。③記憶する。remember 用例 ―・っている道。④親しくする。見知る。用例 よく―・っている人。⑤経験する。experience 用例 酒の味を―。⑥かかわる。be concerned with 用例 ぼくの―・ったことじゃない。二古語 ①(四自他)㋐(他)《「領る」とも》国を治める。領有する。用例 世の中を―・り給ふべき右の大臣の御勢ひは(源氏・桐壺)。㋑(自)わかる。用例 吾が恋ひ居らむ時の―・らなく(万葉・一五・三七四九)。②(下二自)↓しれる(知れる)
**知った事か**(しったことか) 《相手の言ったことに反発していう語》自分にはかかわりのないことだ。関係がない。I have nothing to do with it.
**知った事ではない**(しったことではない) あずかり知ることではない。関係ない。知った事でない。It's none of one's business.
**知らざるを知らずとせよ**(しらざるをしらずとせよ) 知らないことは知らないと、はっきりさせよ。知っていることと知らないこととをはっきりさせることが、真に知ることである。
**知らぬ顔の半兵衛**(しらぬかおのはんべえ) 知っていながら、知らないふりをすること。turn a deaf ear as if one knew nothing about it
**知らぬが仏**(しらぬがほとけ) 知らないから、平気でいられること。Ignorance is bliss.
**知らぬは亭主許り也**(しらぬはていしゅばかりなり) 女房の浮気を知らないのは、当の亭主だけである。当事者だけが知らないで平気でいることにいう。Only the husband does not know.
**知らぬ仏より馴染の鬼**(しらぬほとけよりなじみのおに) 疎遠な者より、どんな人でもいいから馴れ親しんだ人のほうがよいということ。
**知る人ぞ知る**(しるひとぞしる) 一般の、大部分の人には知られていないけれども、ある一部の人は、その値打ちをよくわかっている。Those who know, know.
**知る者は言わず、言う者は知らず**(しるものはいわず、いうものはしらず) 深く知りぬいている人は、みだりに口に出さない。やたらに口に出す人は、そのことをよく知らない人である。
**シルウァヌス【Silvānusラテン】** ローマの原野や未開地を守る神。のちギリシア神話のパンやサテュロスと同一視された。
**シルエット【silhouetteフランス】** ①影絵または影。かげぼうし。②影絵で表した写真・図案。③服飾用語で、服装デザインの形体的特色を端的に示す外形・輪郭。
**ジルカロイ【zircaloy】** 水を冷却材とする原子炉の燃料被覆用のジルコニウム‐錫合金。中性子吸収が小さく、機械的性質にすぐれ、加工性がよい。

**シル-がわ【シル川】** ↓シルダリヤがわ(シルダリヤ川)
**シルク【silk】** 絹。蚕の繭から採取した繊維。また、その製品。細く強く光沢があり、古来より衣装品に珍重されてきた。
**シルクスクリーン-いんさつ【シルクスクリーン印刷】** 孔版印刷の一種。わくに張った絹布の印刷部分以外をにかわや型紙でおおい、ローラーでインキを押し出して印刷する。silk-screen printing
**シルク-ハット【silk hat】** プラッシュ(フラシ天)仕上げをした光沢のある絹製の山の高い円筒形の帽子。黒は男子の礼装用。↓図

●シルクハット

**シルク-ロード【Silk Road】** 中央アジアのオアシス都市を結んで通る古代の東西交通路。中国産の絹がこれを通じてインド・イラン・ローマなどに運ばれたことに由来し、ドイツの地理学者リヒトホーフェンの命名。広義には、北アジアのステップ路や海上ルートの南海路も含むが、一般には華北から天山北路・南路を経て西トルキスタン、イラン高原から地中海東岸に至るコースをさす。絹の道。絹街道。↓図
**しる-け【汁気】** 物の中に含まれている水分。「みずけ。juice
**シルケット-かこう【シルケット加工】**《「シルケット」は、商標名Silketで、絹のような光沢がある、の意》綿糸・綿布を強く引っ張った状態で、水酸化ナトリウム水溶液につけ水洗・乾燥することで、絹のような光沢を得る加工法。また、同時に長さが収縮し太くなる。この原理の発見者マルセルの名から、マーセリゼーションともいう。マーセライズ加工。
**しる-けんり【知る権利】** 国民が政府・行政機関のもつ公的な情報を自由に知ることのできる権利。right to know
**しる-こ【汁粉】** 小豆のあんを湯でといたり、煮たてたりして、餅または白玉を入れたもの。ごぜん汁粉はこしあん、いなか汁粉はつぶしあんを使用。
**ジルコニウム【zirconium】** 金属元素。元素記号Zr 原子番号四〇。原子量九一・二。銀白色で天然にはジルコンとして産出する。原子炉材料、鉄鋼の脱酸剤などに利用。
**ジルコン【zircon】** ジルコニウムの珪酸塩鉱物。組成式$ZrO_2 \cdot SiO_2$ 正方晶系。正方柱状・錐状。無色・白色・褐色などさまざまで、淡紫色のものはヒアシンスという。良質のものは宝石とする。風信子鉱。

**しるし【印・▿標】** ①《「章」とも》心おぼえ。目じるし。mark 用例 赤鉛筆で―をつける。②《「証」とも》証拠になるもの。あかし。proof 用例 生きている―。③合図。signal 用例 一方通行の―。④こころざし。ほんの気持ち。token 用例 ―ばかりの品。
**しるし【▿首・▿首▿級】** 人間の首。head 用例 敵将の―をあげる。
**しるし【▿験・▿徴】** ①きざし。兆候。sign; sympton 用例 地震の―。②効き目。効果。effect 用例 薬の―。③霊験。miracle 用例 ―あらたか。
**しる・し【▿著し】** 古語 (形ク) ①いちじるしい。はっきりしている。用例 いたくおくしたまへる御けしきの―・きを(大鏡・道隆)。②そのとおりの結果になる。予想どおりだ。用例 幼婦と言はくも―・く(万葉・四・六一九)。
**じるし【印】**(接尾) ある語に添えて、そのものであることを表したり、隠語風に示したりする語。用例 ばってん―。
**しるし-ばんてん【印半▾纏】** 襟や背などに屋号や氏名などを染め抜いた半纏。藍染めの厚地木綿のものが多い。おもに職人が仕事着として着用。法被。↓写

●印半纏

**しる・す【▿印す・▿標す】**(五他) しるしをつける。目じるしとする。mark 用例 足跡を―。
**しる・す【記す・▿誌す】**(五他) ①書き付ける。write down 用例 名を―。②おぼえる。remember 用例 心に―。
**シルダリヤ-がわ【シルダリヤ川】**(Syrdarya) ソ連中南部を流れる中央アジア最大の川。長さ二二〇六km。フェルガナ盆地を北西に流れてアラル海に注ぐ。シル川。
**シルバ【José Asunción Silva】**(一八六五～九六) コロンビアの詩人。近代派の創始者の一人で、詩集『夜曲』が有名。
**ジルバ**《和製語。jitterbug(スイングジャズ狂の意)から》社交ダンスの一種。四拍子の速いテンポの音楽に合わせて踊るセパレートダン

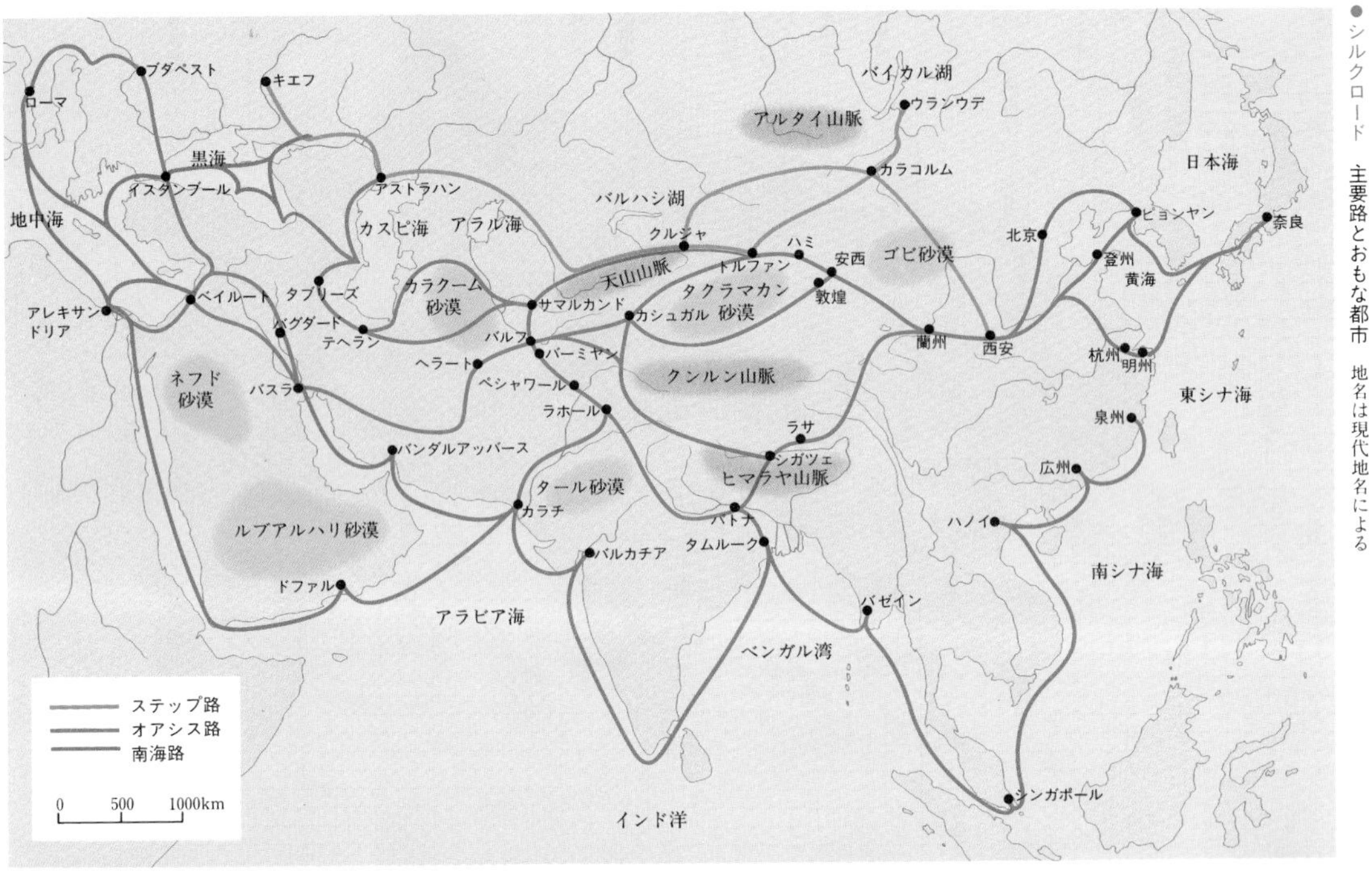


●シルクロード　主要路とおもな都市　地名は現代地名による

敦煌莫高窟千仏洞の外観　中国

天山山脈　中国

バーミヤンの谷　アフガニスタン

ス。第二次大戦中、米軍兵士により世界中に流行。

**シルバー**［silver］①銀。②銀色。

**シルバー-エイジ**《和製語。白髪が多くなり銀髪になることから》高年齢者。また、その年代。old age

**シルバー-オンライン**《和製語》独り暮らしの老人用の自動通報装置。

**シルバー-さんぎょう【シルバー産業】**①高齢者を対象とする産業。②高齢者に雇用機会などを与えるための事業。

**シルバー-シート**《和製語》電車・バスなどに設けられている老人や身体の不自由な人のための優先席。昭和四八年(一九七三)、敬老の日に、当時の国電中央線快速電車に初めて登場した。seat for seniors and handicaps

**シルバー-フォックス**［silver fox］ギンギツネ。

**シルバー-マーケット**《和製語》中高年層を対象とする市場。

**しる-べ【知る辺】**①知り合い。知人。acquaintance ②たより。ゆかり。縁のある人。relation 比較 寄る辺。

**しる-べ【ᐁ導・ᐁ標】**《「知る辺」の意》①みちびき。手引き。guidance ②案内すること・人。guide ③道しるべ。guide post

**シルミン**［silumin］鋳造用アルミニウム合金。珪素(けいそ)を約一二%含む。耐食性にすぐれ、航空機・計器などの肉薄の鋳物部品に使用。

**しる-もの【汁物】**汁を主にした料理の総称。すまし汁・みそ汁・けんちん汁・さつま汁など。すいもの。つゆもの。soup

**シルル-き【シルル紀】**古生代を細分した場合の三番目の時代。約四億三〇〇〇万年前から約四億年前。サンゴ・腕足類・三葉虫・原始的魚類などが栄え、最初の陸上植物が出現した。ゴトランド紀。Silurian Period

**シルワヌス**［Silvānus ラテン］↓シルウァヌス

**しる-わん【汁・▼椀】**汁物などを盛るわん。soup bowel

**し-れい【司令】**(名・サ変他)部隊・艦隊・管轄区域などを指図し、取り締まること・人。command

**し-れい【指令】**(名・サ変他)上部組織が指図すること。その指図。order

**じ-れい【事例】**①前例となる事実。instance ②個々の事実。case 用例 ―研究。

**じ-れい【辞令】**①応対のことば。言い回し。turn of phrase 用例 外交―。②役職などの任免のとき、その旨を書いて本人に渡す文書。written appointment

**じれいけんきゅう-ほう【事例研究法】**↓ケーススタディ

**ジレー**［gilet フランス］《チョッキの意》ベストと同じもの。古くは刺繡(ししゅう)をあしらった装飾的なもので、スーツの下に着用。

**しれ-ごと【ᐁ痴れ言】**ばかげたことば。愚かしいことば。たわごと。nonsense

**しれ-ごと【ᐁ痴れ事】**ばかげたこと。

**じれ-こ・む【ᐁ焦れ込む】**(五自)《俗語》あせる。いらいらする。

**シレジア**［Silesia］↓シロンスク

**しれた-こと【知れた事】**(連語)わかりきったこと。あたりまえのこと。用例 そんなことは―。

**し-れつ【▼熾烈】**(名・形動)勢いがさかんで、激しいこと・さま。激烈。猛烈。furiousness; violence 用例 ―な戦闘。

**し-れつ【歯列】**①歯ならび。歯なみ。row of teeth ②歯ならびに似たならびかた。並列。arranging in a row

**しれつ-きょうせい【歯列矯正】**歯ならびの異常(歯列不正)を治すこと。orthodontics

**じれった・い【ᐁ焦れったい】**(形)思うようにいかないで気が立つ。もどかしい。いらだたしい。はがゆい。irritating 派生 じれったがる(五自) じれったげ(形動) じれったさ(名)

**ジレッタンティズム**［dilettantism］↓ディレッタンティズム

**ジレッタント**［dilettante］↓ディレッタント

**しれとこ-こくりつこうえん【ᐁ知床国立公園】**北海道東部、知床半島の主要部を占める国立公園。断崖(だんがい)と原生林がつづく国立公園。昭和三九年(一九六四)指定。

**しれとこ-はんとう【ᐁ知床半島】**北海道東部、オホーツク海に突出する半島。長さ六五km。羅臼(らうす)岳・硫黄山など火山が連なり、海岸は断崖(だんがい)がつづく。サケ・マス・コンブ漁がさかん。

**しれとこ-みさき【ᐁ知床岬】**北海道知床半島先端の岬。岬の端は二〇mの断崖(だんがい)で、沖合いに岩礁(がんしょう)が連なる。コンブの採取地。

**シレネ**［Silene］ナデシコ科シレネ属の総称。園芸上ではフクロナデシコ(サクラマンテマ)をさす。高さ約三〇cm。葉は長楕円(だえん)形で、全草に毛がある。春に、がくが袋状になった五弁花をつける。花色は桃・白。

**しれ-もの【ᐁ痴れ者】**①愚かな人。ばかもの。fool ②その道にうちこんだ人。ardent person 用例 風流の―。

**し・れる【知れる】**(下一自)①世間に知られる。become known 用例 名の―・れた人。②わかる。be found to be 用例 お里が―。得体が―・れない。

**し・れる【ᐁ痴れる】**(下一自)頭の働きが鈍くなる。ばかになる。dull 用例 酒に酔い―。

**じ・れる【ᐁ焦れる】**(下一自)もどかしく思う。いらだつ。get impatient

**し-れん【試練・試▼煉】**①こころみきたえること。trial ②信仰の強さ、決心の強固さ、腕

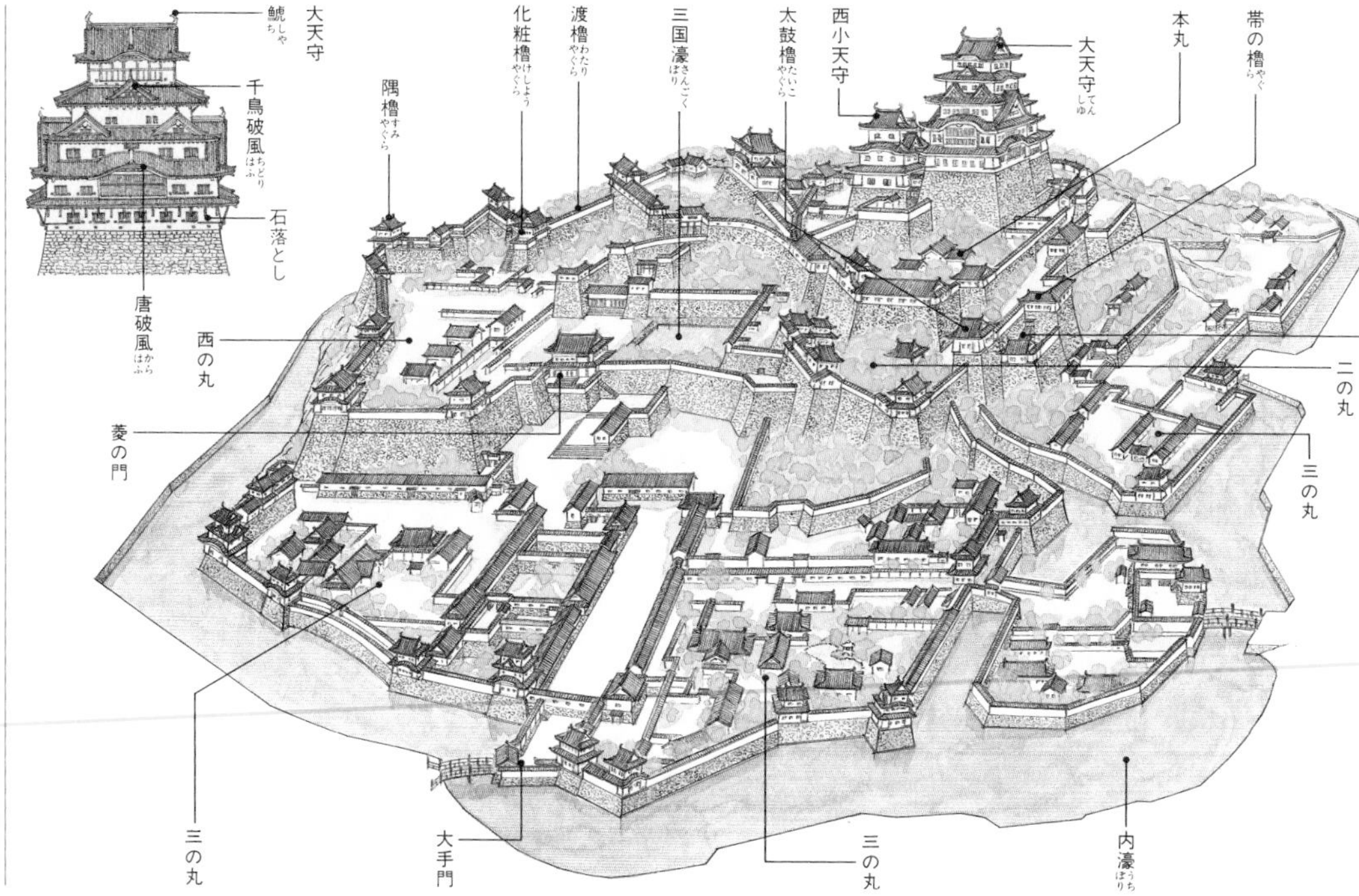

●城① 日本の城(一七世紀の姫路城内郭)

前の確かさなどをためすための苦難・課題。test

**ジレンマ【dilemma】** ＝ディレンマ。①進退きわまること。苦しい立場。板ばさみ。窮境。用例 生活と研究との―におちいる。②論理学で、前提に「AかBか」の形の命題のはいっている三段論法の一種で、多く詭弁的な結論が導きだされる論法。早起きをすれば三文の得がある。一方、寝るほど楽はない。したがって、いずれにしても、いい目にめぐりあえる、といった類。両刀論法。

**しろ【代】** ①ある用をするもの。材料。materials 用例 縫い―。②代わりとなるもの。代用。substitution 用例 形―。③代金。price 用例 飲み―。④田。田地。rice field 用例 苗―。⑤《「城」とも》アカマツ林などにできる、マツタケの菌糸の輪(菌輪)。

**しろ【白】** ①雪のような色。人間の目に見える光のすべてを反射する物体から感じる色。ホワイト。white 対義 黒。用例 ―のハンカチ。②罪の疑いが晴れること。innocent 対義 黒。用例 容疑者は―だった ③相撲で、勝ち。対義 黒。用例 ―星。④碁の白石。また、それをもつ対局者。white stone 対義 黒。⑤何も書き入れてないこと。白紙。空白。blank ⑥紅白試合で、白組。

**しろ【城】** ①外敵を防ぐための軍事的施設。古代では土手・柵・石垣・濠などを使用し侵入を防いだ。中世では土塁・濠をめぐらした居館や天険を利用した山城が発達。安土桃山時代以降、領国支配のため平地に城郭が移され、壮大な天守閣を築く。castle 比較 とりで。②自分だけのための場所。↓図

**城が落ちる**(しろがおちる) ①城が攻められて降服する。落城。②がんばりきれずに、物事が維持できなくなる。

**城を落とす**(しろをおとす) ①城を攻めて、降服させる。②くどいて承知させる。

**城を枕に討ち死にする**(しろをまくらにうちじにする) 最後まで城にとどまった敗軍の武将たちが、落城とともに戦死する。

**しろ【子路】**(BC五四二〜BC四八〇) 中国、春秋時代の儒者。孔門の十哲の一人。本名は仲由。子路は字。政事にすぐれた。季路。

**じ-ろ【地炉】** 地上や床に切った炉。いろり。

**しろ-あと【城跡・城▼址】** 昔、城のあった所。城址。the site of a castle

**しろ-あり【白▼蟻】** シロアリ目の昆虫の総称。体長五〜一〇㎜。アリに似るが胴はくびれず、体は乳白色または淡褐色で柔らかい。朽ち木や建築材に巣くって社会生活を営む。イエシロアリがもっとも有害。熱帯地方に多い。termite ↓写

**しろあり-もどき【白▼蟻▽擬】** シロアリに似たシロアリモドキ科の小昆虫の総称。九州にいるコケシロアリモドキは、体長一㎝内外。雄には同形同大の二対の翅があるが、雌には翅がない。大樹のくぼみなどにすむ。webspinner

**しろ-あん【白▼餡】** 白インゲンなどの淡い色の豆を煮て裏ごしし、白砂糖や水あめを加えて練りあげたあん。

**しろい【白井】**〈町〉千葉県北西部、船橋市北隣の町。ナシの産地として知られるが、工業団地やニュータウンの建設で都市化が急速に進む。人口三万四八一三(一九八八)。

**しろ・い【白い】** (形) ①白色である。白である。white 対義 黒い。用例 ―肌。―花びら。②色がついていない。何も書いていない。用例 ―紙。③潔白である。無罪である。対義 黒い。派生 しろさ(名) しろみ(名)

**白い歯を見せる**(しろいはをみせる) にこりとする。親しみを見せる。

**白い目**(しろいめ) 冷たい、または憎しみを表す目つき。白眼。glaring eye 用例 ―で見る。

**白い物**(しろいもの) ①雪。snow 用例 ―が降る。②しらが。白髪。gray hair 用例 ―がまじる。

**しろいし【白石】**〈市〉宮城県南部、阿武隈川の支流、白石川沿いの市。旧城下町・宿場町。温麵類や和紙が特産。蔵王山の登山基地。人口四万二三九一(一九八八)。

**しろいし【白石】**〈町〉佐賀県南西部、有明海に臨む町。れんこんの特産地で、酪農・海苔養殖もさかん。人口一万五〇九三(一九八八)。

**しろ-いと【白糸】** 染めてない白いままの糸。しらいと。

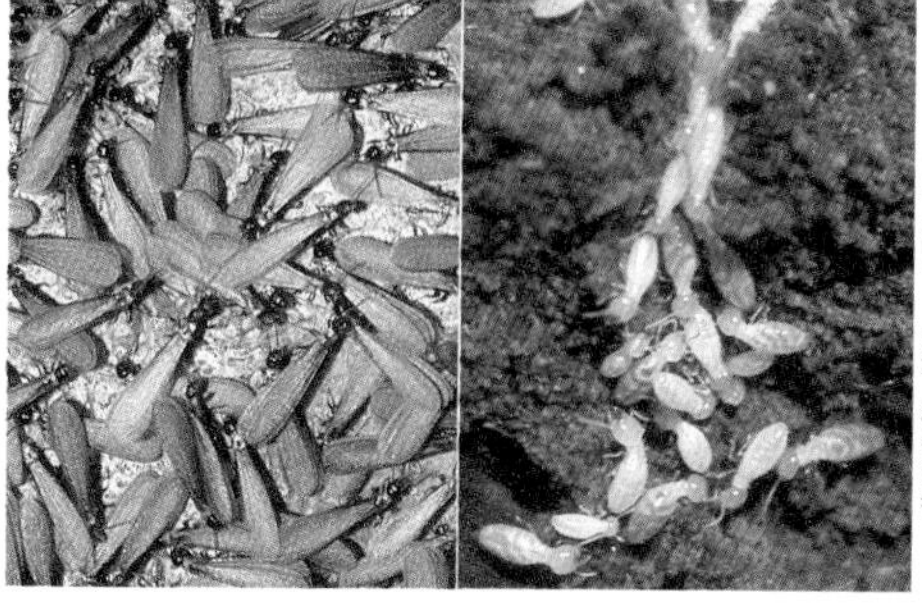
●シロアリ イエシロアリ(右)、羽化(左)。

**しろいと-ししゅう【白糸刺▼繡】** 白い基布に白糸で刺す刺繡の総称。シャドーワーク・カットワークなどの技法を用いた立体的で表現豊かなものが多い。white embroidery; whitework 対義 黒糸刺繡。

**しろ-いるか【白▽海▽豚】** 全身白色で小形のイッカク科のハクジラ。全長約四m。頭は丸い。沿岸にすみ、河を遡ることもある。皮は高価で、肉・油などは食料にもなる。北氷洋に分布。ベルーガ。beluga

**しろいろ-しんこく【白色申告】** 所得税と法人税の申告のうち、青色申告以外のものの通称。白色の用紙を用いる。課税上の特典は少ない。白色申告。比較 青色申告。

●シロイワヤギ

**しろいわ-やぎ【白岩▽山▽羊】** ウシ科の動物。肩高一m内外。カモシカに似るが全身白色。岩石地帯と森林の境界の山地にすみ、岩登りが巧み。北米のロッキー山系に分布。シロカモシカ。ロッキーヤギ。mauntain goat ↓写

**し-ろう【▼屍▼蠟】** 特殊な死体現象の一つ。死体が空気の遮断された湿った環境に放置されて体内の脂肪が変化し、白色から灰白色の蠟状となったもの。adipocere

**し-ろう【脂漏】** 皮膚の脂肪分泌が過剰な状態。鼻部などが油性光沢を示す油性脂漏と、前額髪際などが粉をふいたように皮がむける乾性脂漏がある。seborrhoea

**じ-ろう【次郎・▽二郎】** ①二番目の男子。二男。対義 太郎・三郎。②二番目のもの。用例 筑紫―。

**じ-ろう【耳漏】** 耳の穴から出る病的な分泌物の総称。みみだれ。otorrhea

**じ-ろう【▼痔▼瘻】** 痔の病気の一つ。肛門周囲の膿瘍がつぶれたあとにできる孔。うみ状の分泌物を出す。難治性で切開・切除が必要。あなじ。はすじ。anal fistula

▼常用漢字表外。　▽常用漢字表の音訓外。

**しろ-うお**【▽素魚・白魚】ハゼ科の海水魚。シラウオとは別種。全長約五cm。体は半透明で、鱗・側線はない。内湾性で、食用。本州から朝鮮半島に分布。↓図

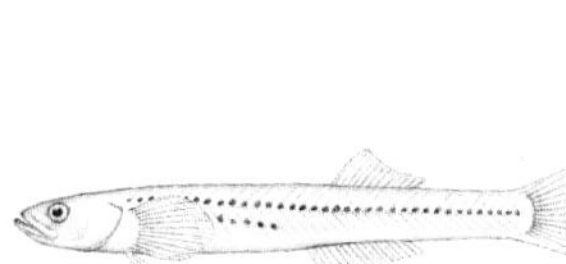

●シロウオ

**じろう-しゅ**【治▼聾酒】聾者や難聴者などを治すために、神に供え、飲ませる酒。俗信で、立春から春分の日にかけて飲むと効力があるという。

**しろう-たんぼ**【四郎探母】中国京劇の戯曲。古くから民衆に親しまれた義理人情ものの名曲。宋の四郎は遼の王女の婿となり、王女の愛を利用して母を探す。

**しろ-うと**【素人】《「しろひと(白人)」の転》対義くろうと。①経験のない未熟な人。novice ②本職・専門でない人。アマチュア。amateur ③芸者・遊女などに対して、ふつうの女性。かたぎの女。respectable woman

**しろうと-くさ・い**【素人臭い】(形) しろうとじみている。amateurish

**しろうと-め**【素人目】専門家ではない人の見る目。また、その評価や感じ方。nonprofessional eyes

**しろ-うま**【白馬】①毛色の白い馬。white horse ②《俗語》にごり酒。どぶろく。

**しろうま-あさつき**【白馬浅▼葱】ユリ科の多年草。ネギの仲間。本州中部以北の高山帯にはえる。高さ約五〇cm、葉は円筒状。茎頂に散形花序をつけ、淡紅紫色花を開く。

**しろうま-だけ**【白馬岳】飛驒山脈北部、新潟・富山・長野の県境にある山。標高二九三二m。頂上付近のお花畑や東斜面の大雪渓、八方尾根のスキー場などが知られる。はくば。

**じろう-ものがたり**【次郎物語】下村湖人の未完の自伝的大河小説。昭和一六(一九四一)から同二九年(一九五四)刊。里子に出された次郎が青年へ成長してゆく姿を描く。

**しろ-うり**【白▼瓜・▽越▼瓜】ウリ科の一年草。マクワウリの一変種。果実は二〇～三〇cmの長楕円形。果肉は白色か淡緑色。肉質は硬く、芳香や甘味はない。奈良漬け・浅漬けにする。アサウリ。↓写

●シロウリ

**しろ-うんも**【白雲▽母】雲母類の一つ。単斜晶系。白色・淡緑色・淡紅色などの六角板状結晶。真珠光沢がある。耐熱性、電気の絶縁性が大きい。耐熱保温材料として利用。muscovite

**シローネ**【Ignazio Silone】(一九〇〇～七八) イタリアの小説家・政治家。共産党、のち社会党に所属。農民文学の代表的存在。作品『フォンタマーラ』『パンと葡萄酒』など。

**しろおび-あげは**【白帯揚羽▼蝶】中形のアゲハチョウ。翅は黒く白斑をもつ。開張約五cm。幼虫の食草はミカン科。奄美大島以南に分布。

**しろ-かき**【代▼搔き】田植え前の準備作業。田に水を入れたあと、耕耘機などで土壌を攪拌・砕土する。水田の面を平らにし苗を植えやすくするほか、除草・水もれ防止・苗の発育促進などを目的とする。puddling and leveling

**しろ-かげ**【白▼鹿毛】馬の毛色の一つ。全体に薄褐色で、四足は白いもの。また、その馬。

**しろ-かしら**【白頭】能の仮髪。白い蓬髪。老人役や鬼女・妖怪・天狗で位の高いものが使用。他に赤頭と黒頭がある。

**しろ-がすり**【白▼絣・白▽飛▽白】白地に紺・黒のかすり模様を表した布。対義紺がすり。

**しろ-がね**【▽銀】《「白金」の意》①ぎん。silver ②銀貨。silver coin; white money ③銀泥。silver paint

**しろがね-づくり**【▽銀造り】銀で飾った、またはつくったもの。made of silver 用例 ―のごてん。

**しろ-かみこ**【白紙子】紙で作った衣服。柿渋を塗らない白色のもの。おもに律宗の僧や好事者が着用した。

**しろ-かもしか**【白▼羚▽羊】↓しろいわやぎ(白岩山羊)

**しろ-かもめ**【白▼鷗】全身純白色の大形のカモメ科の鳥。全長約七三cm内外。東西両半球に広く分布。夏、北極圏で繁殖し、冬、アジアでは小笠原まで南下。日本へは冬鳥としておもに北日本に渡来。glaucous gull

**しろ-かや**【白▼榧・白▼茅】多数のヒドロ虫が固着してできた群体。その名は、植物のカヤの小枝のように見えることによる。高さ七～二〇cm。幹と枝は黒褐色、小枝は白色。本州北部から九州の浅海の岩石などに付着。

**しろ-がらし**【白▼芥子】アブラナ科の一年草。草丈約一m。葉はキクの葉に似る。春に、黄色の十字花が咲く。種子は黄または白色。種子を香辛料・油脂材料。西アジア原産。キクバガラシ。

**しろかわ**【城川】〈町〉愛媛県南部、高知県に接する村。稲作・シイタケ栽培・肉牛飼育・林業などを行う。人口五九五四(一九八八)。

**しろき**【白▽酒】大嘗祭・新嘗祭のときに黒酒とともに神前に供える白い酒。特別に選んだ米から醸造された酒。

**しろ-きくらげ**【白木▽耳・白木▽水▽母】担子菌類シロキクラゲ科のキノコ。純白色、半透明のゼリー質。形は花弁状。中国料理に珍重され、栽培もされる。

**しろ-ぎす**【白▼鱚】沿岸や内湾の砂底にすむ細長い円筒形のキス科の魚。全長約二五cm。黄色みを帯びた銀白色で、吻は長く、先がとがる。ハゼとともに釣りの好対象。白身で美味。北海道以南の各地に分布。

**しろ-ぎつね**【白▼狐】キツネの白変種。ときにホッキョクギツネの異名とされる。

**し-ろく**【四六】①四と六。②四と六をかけたもの。二四。

**しろくじ-ちゅう**【四六時中】(副)《二六時中にならい、四×六＝二四とした語》二四時間中。一日中。いつも。しじゅう。always

**しろ-くじゃく**【白▽孔▼雀】インドクジャクの白変種。

**しろく-ばん**【四六判】①紙の原紙寸法の一つ。七八八mm×一〇九一mm。しろく。②書籍の大きさの一つ。一二七mm×一八八mm。四六判の全紙を三二に折って製本した寸法が左右四寸、天地六寸であることから四六判とよんだ。↓判型図

**しろく-べんれいたい**【四六▼駢▼儷体】漢文の一体。四字または六字の句を基本とし、対句を用いて句調を整えるのが特徴。日本では奈良・平安時代にさかんに用いられた。四六文。

**しろ-くま**【白▼熊】ホッキョクグマの別名。

**しろ-くろ**【白黒】①白と黒。black and white ②是と非。善と悪。無罪と有罪。right and wrong 用例 ―をはっきりさせる。③写真や映画などに色彩のついていないもの。black and white ④《「目を白黒させる」の形で》驚いて、または苦しんで、目をぐるぐる回すこと。turn one's eyes up and down

**白黒になる**(しろくろになる) 入り乱れるさま、混乱するさまをいう。

**白黒をつける**(しろくろをつける)「黒白を明らかにする」と同意。

**しろくろ-ぐま**【白黒▼熊】↓ジャイアントパンダ

**しろ-こ**【白子】↓アルビノ

**しろ-ごま**【白▼胡麻】種子の白いゴマ。

**しろ-さい**【白▼犀】体高約二m、体重三・五t余で最大のサイ。角は二本で、草食性。体は淡褐色で白くないが、オランダ語のワイト(幅広い)がホワイト(白い)となまったらしい。アフリカ南部に分布。square-lipped rhinoceros

**じろざえもん-びな**【次▽郎左▽衛門▼雛】《製作者の雛屋次郎左衛門の名に由来》江戸時代京都で作られたひな人形。引き目鉤鼻の典雅な表情が特徴で、江戸に進出し人気を得た。

**しろ-ざけ**【白酒】白くにごった甘い酒。米こうじ・蒸し米と焼酎をまぜ、すりつぶして造る。ひな祭り用。アルコール分九%。

**しろ-さんご**【白▼珊▼瑚】暖海に生息する色の白いサンゴ。アカサンゴ・モモイロサンゴとともに装飾用。枝は純白ではなく、赤みか黄みをおびている。

**しろ・し**【白し】古語(形ク)①明るい。輝いている。用例 立ち明かし―・くせよ(徒然・二二)。②↓しろい(白い)

**しろ-じ**【白地】布・紙などの地の色が白いこと。また、そのもの。

**しろした-がれい**【城下▼鰈】別府湾に臨む大分県日出町の日出城跡近くの海底からとれるマコガレイの俗称。マコガレイの中でもとくに美味とされる。

**しろしめ・す**【知ろし召す・▽領ろし召す】古語(四他)《「しらしめす」の転》①《「知ろし召す」で》お知りになっていらっしゃる。用例 人のそしりをも―・されず(源氏・須磨)。②世を治めていらっしゃる。用例 豊葦原の瑞穂の国を安国と平らけく―・せ(祝詞・大殿祭)。

**しろ-しょいん**【白書院】白木造りの書院。代表的なものは江戸城本丸にあったもので、正しくは白木書院といい、檜柾目材を使い、一切塗料を使わないで造られる。対義黒書院。

**しろ-しょうぞく**【白装束】①公家装束の一種。束帯の下に白張の単・帷子を着る。②白ずくめの服装。白は清浄無垢を意味し、穢れを忌む場合に用いられた。white robe

**しろ-じろ**【白白】(副) いかにも白く見えるさま。pure white

**じろ-じろ**(副) 無遠慮に見つめるさま。stare at 用例 上から下まで―見る。

**しろすじ-かみきり**【白▽条▽天▽牛】大形のカミキリムシ科の甲虫。体長約五cm。体は灰褐色で白斑がある。幼虫はシイ・カシ・ナラなどを食害。本州・四国・九州に分布。↓図

●シロスジカミキリ

**しろ-ずみ**【白炭】①木炭の一種。カシ・ナラなどの堅い木材を炭がま(石がま)で低温で炭化し、さらに高温で焼いてかまから出し、土と炭粉をまぜた消粉をかけて消火するので表面が灰で白くなる。堅くて火持ちがよい。ウバメガシの白炭は備長炭といって最良。かたずみ。②石灰・ごふんなどで白く着色した茶道用の枝炭。

**シロセット-かこう**【シロセット加工】毛織物の永久ひだ・折り目付けの加工。ズボンやスカートに応用。

**しろ-そこひ**【白底▼翳】↓はくないしょう(白内障)

**しろ-た**【代田】田植えの用意ができた田。

**しろ-た**【白田】①雪のある冬の田。対義青田・黒田。②《「畠」の字が、「白」と「田」に分解できることから》はたけ。

**しろ-たえ**【白▽妙・白▼栲】①カジノキの皮の繊維で織った白い布。②白い色・物。

**しろたえ-ぎく**【白▽妙菊】キク科の多年草。観賞用・切り花用。高さ四〇～八〇cm。葉と茎は白い綿毛でおおわれ、黄色の小花をつける。

**しろたえ-の**【白▽妙の・白▼栲の】〔枕ことば〕「ころも・そで・ひも・雲・雪」などにかかる。用例 春過ぎて夏来るらし―衣乾したり天の香具山(万葉・一・二八)。

**しろ-タク**【白タク】《自家用自動車のナンバープレートが白いところから》無許可でタクシー営業をする自家用車。

**しろた-ばいばい**【白田売買】田に雪のあるうちにする次年度の産米の売買契約。

**しろ-たまごてんぐたけ**【白玉子天▼狗▼茸】担子菌類テングタケ科のキノコ。かさは径五～八cm、白色。ひだは白色。白色のつばとつぼがある。有毒で死亡率が高い。

**しろ-だも**【白だも】クスノキ科の小高木。暖地の照葉樹林にはえる。葉は楕円形で裏面は白色。秋に、黄褐色の花が咲き、果実は翌年秋に赤熟。宮城県以南に分布。

**しろ-たもぎたけ**【白▼楡木▼茸】担子菌類シメジ科のキノコ。かさは径四～一五cm、白ないし褐色をおびたクリーム色。ひだは白色。食用。栽培品が市販されている。

**しろ-ちょう**【白▼蝶】モンシロチョウで代表されるシロチョウ科のチョウの総称。開張はふつう四～六cm。翅の地色は白か黄。幼虫は青虫で、食草はアブラナ科とマメ科など。世界に約一〇〇〇種、日本に約二〇種。white butterfly

**しろちょう-がい**【白▼蝶貝】ウグイスガイ科の二枚貝。殻長約二三cm。殻表は黄白色。天然真珠の母貝。インド洋・太平洋の熱帯域に分布。とくにアラフラ海に

●シロチョウガイ

多産。チョウガイ。gold-lip pearle shell ↓図

**シロッコ**【sirocco】 地中海中部から東部にかけて吹く南東の高温多湿な風。はじめは、サハラ砂漠からの砂塵を含んだ乾燥した風であるが、地中海北岸では湿った風となる。

**シロップ**【syrup】 砂糖を水にとかしたもの。果実の香料を加えて濃縮したものもある。洋菓子の味つけ、冷たい飲料の甘味に使う。舎利別。用例フルーツ―。

**しろっ-ぽ・い**【白っぽい】(形) ①白みがかっている。whitish ②しろうとくさい。amateurish 派生しろっぽさ(名)

**しろ-つめくさ**【白詰草】↓クローバー

**ジロドゥ**【Jean Giraudoux】(一八八二〜一九四四) フランスの劇作家・小説家。反リアリズムの立場で幻想的な文学空間をつくった。戯曲『ジークフリート』『トロイ戦争は起こらないだろう』『オンディーヌ』、小説『天使との闘い』など。

**しろとり**【白鳥】〈町〉 岐阜県中西部、長良川上流の町。農林業・製材業がさかん。人口一万二六六〇(一九八八)。

**しろとり**【白鳥】〈町〉 香川県東部、播磨灘に臨む町。白鳥神社の門前町。手袋の製造がさかん。人口一万四二五四(一九八八)。

**しろとり-せいご**【白鳥省▼吾】(一八九〇〜一九七三) 詩人。宮城県生まれ。早大卒。民衆詩派の代表的詩人。民謡・童謡も多い。詩集『大地の愛』など。

**しろ-ナイル**【白ナイル】(White Nile) アフリカ、ナイル川上流部、スーダン南部のノー湖からハルツームまでをいい、青ナイルと合流してナイル川となる。長さ一〇〇〇km。

**しろながす-くじら**【白長▼須鯨】 ナガスクジラ科のヒゲクジラ。鯨類中の最大種。全長三〇m以上、体重一七〇t余に達し、地球上で最大の動物。体全体が青灰色。南北両氷洋にすむが、数は少ない。blue whale ↓クジラ図

**しろ-なす**【白▼茄子】 ナスの一品種。アントシアンが生成されないため果皮が白色。シロナスビ。

**しろ-なまず**【白▼癜】 色素の欠乏に原因し、白色の斑紋のできる皮膚病。尋常性白斑。vitiligo vulgaris

**しろ-なんてん**【白南天】 ナンテンの一種。白い実をつける。観賞・薬用。シロミナンテン。

**しろ-ナンバー**【白ナンバー】《自家用車であることを示す白い番号板から》自家用車の俗称。

**しろ-ね**【白根】 ①シソ科の多年草。高さ約一m。池沼の水辺にはえる。根茎は肥厚して白色。茎は方形で、葉は広披針形。夏、葉腋に白色小形の唇形花が咲く。根茎を食用。②土の中にあって白くなった野菜類の根・茎。③《女房ことば》ネギ。

**しろね**【白根】〈市〉 新潟県中部、信濃川に沿う市。穀倉地帯でナシなどの果樹や野菜の栽培もさかん。仏壇や鎌が特産。大凧合戦が名物。人口三万五三九四(一九八八)。

**しろ-ねこ**【白猫】 全身の毛が白いネコ。white cat

**しろ-ねずみ**【白▼鼠】 ①ドブネズミの畜用種、ラットの異名。ダイコクネズミ。ラッテ。②《大黒天に仕えたという言い伝えからとも、「チュウ」という鳴き声からともいう》忠実な使用人や番頭。対義黒ねずみ。③染色の名。薄いねずみ色。しろねず。うすねずみ。light gray

**しろ-ねり**【白練(り)】 ①練って柔らかくした白い絹布。②白地の絹で仕立て、能に用いる小袖物。③白い色の練り羊羹。

**しろ-バイ**【白バイ】 警官の乗る白色のオートバイ。

**しろ-はやぶさ**【白▼隼】 ハヤブサ科の最大種。全長五〇cm余で、体は白い。北極圏で繁殖し、冬、一部が少し南下する。日本へは北海道に少数が渡来。

**しろ-はら**【白腹】 ヒタキ科の鳥。翼長約一三cm。背は暗緑褐色、腹は汚れた白色。冬、樹林でキョッキョッと鳴く。秋、日本全土に渡来。↓図

●シロハラ

**しろ-ひとり**【白灯▼蛾】 体も翅も白いヒトリガ科のガ。開張六cm内外。腹部側面に紅色の斑紋が並ぶ。七〜九月に出現。日本全土に分布。

**しろ-ふくろう**【白▼梟】 ほとんど全身が純白で大形のフクロウ科の鳥。全長約六〇cm。脚は指端まで白い羽毛でおおわれる。世界の最北端まで分布する鳥で、北極圏で繁殖し、冬は南下する。日本では北海道へまれに渡来。

**しろ-ぶな**【白▼橅】 ブナの別名。

**しろ-へび**【白蛇】 アオダイショウの白変種。岩国市麻里布に多く、天然記念物。

**しろ-ぼし**【白星】 ①白い丸印。white circle ②相撲で、星取り表に勝った力士を示すために記した白丸印。勝ち星。victory mark 対義黒星。③勝つこと。手柄をたてること。win 対義黒星。

**シロホン**【Xylophon ドイツ】 打楽器の一つ。木琴。

**しろ-まいたけ**【白舞▼茸】 担子菌類サルノコシカケ科のキノコ。マイタケに似るが色は白い。ミズナラなどの老木の根元に発生。食用。日本特産。

**しろ-まだら**【白▼斑】 細く小さなナミヘビ科のヘビ。全長四〇〜八〇cm。頭部は黒褐色、背は淡い灰褐色で全身に黒褐色の横帯。夜行性。本州・四国・九州に分布。

**しろ-まめ**【白豆】 ダイズの異名。みそ・しょうゆ・とうふなどの原料。

**しろ-み**【白身】 ①卵の内部で黄身を包んでいる透明な部分。卵白。成分は主としてたんぱく質。製菓材料としても重要。white 対義黄身。②肉の白い魚。タイ・ヒラメ・カレイなど。white meat 対義赤身。③材木などの白い部分。sapwood 対義赤身。

**しろ-み**【白み】 白いこと・度合い。whitish; white 用例―がかった色。

**しろ-みず**【白水】 米をとぐと出る白く濁った水。とぎ汁。

**しろ-みそ**【白味▼噌】 こうじの割合が高く、淡い色のみそ。短期に熟成するので塩分が低く、貯蔵しにくい。対義赤みそ。

**しろ-むく**【白無▼垢】 表裏とも白い布で仕立てた衣服。また、上着・下着・帯なども白ずくめにした服装。婚礼や葬儀など吉凶のさいに着用。↓写

**白無垢鉄火**(しろむくてっか) 見たところおとなしそうだが、実際は悪事を平気でするしたたか者。類似羽織ごろつき。

●白無垢

**しろ-め**【白目・白▽眼】 ①目の白い部分。the white of the eye 対義黒目。②冷淡な目つき。白眼。cold look

**白目で見る**(しろめでみる) 冷ややかに見る。白い目で見る。look coldly on

**しろ-め**【白▼鑞・白目】 すずとなまりの合金。はんだ。

**しろ-も**【白も】《白木綿糸のなまり》仕付けや仮縫いに使われる未さらしの木綿糸。対義色も。

**しろ-もじ**【白文字】 クスノキ科の落葉低木。中部以西の山地にはえる。葉は三角状広卵形で、三裂。裏面は帯白色。春に、葉の出る前に黄色小花が集まって咲く。アカヂシャ。

**しろ-もの**【代物】 ①商品。貨物。article ②代金。price ③美人。beauty ④人物。fellow; guy 用例たいした―だ。

**しろ-やしおつつじ**【白八▼汐▼躑▼躅】 ゴヨウツツジの別名。

**しろ-やま**【城山】 鹿児島市、市街地西方にある山。標高一〇七m。西南戦争の戦場で、西郷隆盛最期の地。市街・桜島の眺望もよい。

**しろやま**【城山】〈町〉 神奈川県北部、相模川に沿う町。野菜・クリの栽培がさかん。城山ダムがある。人口二万四五九(一九八八)。

**しろやま**【城山】 薩摩琵琶の曲名。勝海舟が明治一九年(一八八六)作詞。西幸吉作曲。西郷隆盛をしのんだ雄大な名文による名曲として有名。

**しろやま-さぶろう**【城山▽三郎】(一九二七〜) 小説家。本名、杉浦英一。愛知県生まれ。一橋大卒。経済小説といわれる新分野を開く。作品『総会屋錦城』『落日燃ゆ』など。

**しろ-やまぶき**【白山吹】 バラ科の落葉低木。庭木用。葉は対生し、卵形で先がとがる。春、小枝の先に径約四cmの白色四弁花を一個開く。果実は黒色。

**しろ-よめな**【白嫁菜】 ヤマシロギクの別名。

**しろ-よもぎ**【白▼蒿】 キク科の多年草。青森以北の日当たりのよい海岸に分布。全草に短毛を密生し、白く見える。葉は羽状に深裂。秋に、花茎を伸ばし、穂状に黄花を密集。

**じろり**(副) 目玉を動かして、にらむように鋭く見るさま。じろっ。dart a glance at 用例―とにらむ。

**し-ろん**【史論】 歴史についての評論・見解。historical essay

**し-ろん**【至論】 しごくもっともな意見・論説。most reasonable opinion

**し-ろん**【私論】 個人的な意見。one's private opinion

**し-ろん**【試論】 ①こころみに述べた論。tentative assumption ②エッセー。essay

**し-ろん**【詩論】 詩について述べた評論・意見。essay on poetry

**じ-ろん**【持論】 もとから主張している意見。持説。one's pet theory

**じ-ろん**【時論】 ①時事に関する評論。comments on current events ②当時の世論。public sentiments of the day

**シロンスク**【Silonsk】 ヨーロッパ中部、オーデル川の上・中流域の地方。ポーランド領の大部分とドイツ・チェコスロバキア領からなる。ドイツ名シュレジエン。シレジア。

**ジロンド-がわ**【ジロンド川】(Gironde) フランス南西部、ガロンヌ川とドルドーニュ川との合流点より下流部の川。長さ七五km。

**ジロンド-は**【ジロンド派】(Girondins フランス) フランス革命期の政治結社。富裕な商工業者を代表し、穏和な共和主義を主唱。ジロンド県出身者が中心。一七九二年ジャコバン派から分裂して保守化。国民公会では右派。ブリソーらの指導で一時は主導権を掌握したが、九三年に没落。

**しわ**【▼皺・▼皴】 ①皮膚・布・紙などの、表面に寄る細かいちぢみ。wrinkles 用例額の―。②さざなみ。波紋。ripples ③財政上の矛盾・赤字。financial straits

**皺を伸ばす**(しわをのばす) 息抜きをする。老人が気晴らしする。皺伸ばし。take a rest

**し-わ**【史話】 歴史に関する話。historical essay

**し-わ**【私話】 ①私事についての話。private talk ②ひそひそ話。私語。whisper

**し-わ**【詞話】 中国の韻文形式の一つ「詞」の評論およびその作者・背景などについて記したもの。

**し-わ**【詩話】 詩に関する話・評論。また、逸事などを随筆風に書いたもの。

**しわ**【紫波】〈町〉 岩手県中部の町。中心の日詰は旧宿場町。稲作・果樹栽培・酪農が主体。山王海ダムの築造で開田が進んだ。人口二万九六五二(一九八八)。

**シワーリク-きゅうりょう**【シワーリク丘陵】(Siwalik Range) インド北部、カシミールからネパール南部を経て、ダージリン南方に続く丘陵。標高九〇〇m。

**しわ・い**【▼吝い・▼嗇い】(形) けちである。しみったれだ。

**しわ-が・れる**【▼嗄れる】(下一自) 声がかれる。become hoarse

**し-わく**【思惑】《仏教語》煩悩の一つ。貪・瞋・癡など、先天的・感覚的な迷い。

**しわく-しょとう**【▽塩▽飽諸島】 岡山・香川両県間の備讃瀬戸にある島群。広島・本島など三十余島からなり、内海交通の要地として栄えた。しあくしょとう。

**しわ-くちゃ**【▼皺苦茶】(形動)《「苦茶」は当て字》しわだらけのさま。crumpled

**し-わけ**【仕分け・仕訳】(名・サ変他) ①区分すること。類別。assortment ②《「仕訳」で》複式簿記において、取引を借り方と貸し方に分け、それぞれの勘定科目を指定する手続き。仕訳帳を用いる。journalizing

**しわけ-ちょう**【仕訳帳】 仕訳をした帳面。journal 対義付込帳。

**し-わ・ける**【仕分ける】(下一他) 区分する。assort

**し-わざ**【仕業】 すること。したこと。ふるまい。所業。one's doing

**しわ・し**【▼吝し】古語(形ク) ↓しわい(吝い)

**しわ-しわ**【▼皺▼皺】(形動) ひどくしわの寄っているさま。

**じわ-じわ**(副) ①物事が少しずつ、ゆっくり進むさま。gradually 用例包囲の輪を―と狭める。②液体が、少しずつにじみ出るさま。gradually 用例涙が―とにじみ出る。

**しわす【師走】** 陰暦十二月の異称。極月(ごくげつ)。太陽暦の十二月の意にも用いる。

**じわっ-と**(副) 物事が少しずつ、ゆっくり進むさま。じわりと。じわじわ。gradually 用例 —汗が出る。

**しわ-のばし【▼皺伸ばし・▼皺延ばし】**(名・サ変自) ①しわをのばすこと。smoothing ②老人の気ばらし。recreation of the aged people

**しわ-ば・む【▼皺ばむ】**(五自) しわが寄る。しわができたようになる。wrinkle

**しわひめ【志波姫】**〈町〉宮城県北部、一迫(はさま)川に沿う町。穀倉地帯で、農業が中心。人口八一一〇(一九八八)。

**しわ-ぶき【▼咳】** せき。せきばらい。

**しわ-ぶ・く【▼咳く】**(五自) せきをする。せきこむ。cough

**しわ-ほう【指話法】** 五十音を五本の指による記号で表現するコミュニケーションの方法。聴覚障害者の会話などに使われる。finger language 比較 手話法。

**しわ-ほう【視話法】** 発音のときの口の動き方や、のどのようすなどを図や符号で表し、音を聞かなくても発音できるように習う方法。発音障害者などに用いられる。visible speech

**しわ-よせ【▼皺寄せ】**(名・サ変他) ①しわを寄せること。crinkle up one's face ②不都合なことを、他の部分におしつけること。shifting the loss to 用例 —を食う。

**じ-わり【地割(り)】** 土地を区切って割り振りすること。地所の区画。allotment of land

**じわり-じわり**(副) 物事がゆっくりと、圧迫するように進むさま。じわじわ。gradually 用例 —責めつける。

**しわ・る【▼撓る】**(五自) 力がかかって、まがる。しなう。たわむ。bend 用例 雪で竹が—。

**シワルツ [ Evgeny Lvovich Shvarts ]**(一八九六〜一九五八) ソ連の劇作家。風刺喜劇・児童劇で有名。作品『裸の王様』『影』『ドラゴン』など。

**じ-われ【地割れ】**(名・サ変自) 地震や地すべりにともなって、地表面に割れ目ができること。またその割れ目。ごく小規模のものは、日照りなどによってもできる。crack

**しわん-ぼう【▼吝ん坊】** けちなやつ。しみったれ。けちんぼう。

**吝ん坊の柿の種**(しわんぼうのかきのたね) 柿の種までも物おしみするけちんぼう。極度のけちんぼうをののしっていうことば。

**シン** 4画 **【心】** 部首[心] 教育小2 JIS 3120 ／ 3画 **【▼忄】** 部首[忄] 異体字

音 **シン**
訓 **こころ**

心 心 心 心

①こころ。きもち。こころがまえ。対義 身・物。「安心・関心・信心・内心・本心」「心情・心配」用例(名) —がつかれる。—から好き。《接尾的》愛国—。公徳—。②まんなか。まんなかにあるもの。「核心・中心」「心棒」用例(名) —まで冷える。柱の—。鉛筆の—。③しんぞう。血管系統の中枢器官。「強心剤」「心筋・心室」参考 漢字の偏には、忄を用いる。

**シン** 5画 **【申】** 部首[田] 教育小3 JIS 3129

音 **シン**
訓 **もう**す

申 申 申 申 申

①もうす。のべる。目上の人にいう。「具申・上申・追申・内申書」「申告」②さる。十二支の第九。「壬申の乱」

**シン** 7画 **【伸】** 部首[人・亻] 常用 JIS 3113

音 **シン**
訓 **のびる・のばす**

①のびる。のばす。比較 延。対義 屈・縮。「屈伸」「伸縮」②いう。のべる。もうす。「追伸・二伸」

**シン** 7画 **【▼岑】** 部首[山] JIS 5410

音 シン

①みね。山の高いところ。②するどくとがる。けわしい。さがしい。③中国人の姓の一つ。

**シン** 7画 **【▼芯】** 部首[艹] JIS 3136

音 シン

①とうしんぐさ。イグサ。イグサ科の多年草。②まんなか。中心にあるもの。用例(名) 鉛筆の—。③花の中心にある雌しべと雄しべのこと。

**シン** 7画 **【▼忱】** 部首[忄] JIS 5558

音 シン

まこと。まごころ。

**シン** 7画 **【▼沁】** 部首[氵] JIS 6178

音 シン

しみる。しみこむ。しみいる。

**シン** 7画 **【臣】** 部首[臣] 教育小4 JIS 3135

音 **シン・ジン**

臣 臣 臣 臣 臣 臣 臣

おみ。家来。君主につかえる人。比較 民。対義 君。「重臣」「臣下・臣民」用例(名) —として仕える。↓ジン【臣】

**シン** 7画 **【身】** 部首[身] 教育小3 JIS 3140

音 **シン・ケン**
訓 **み**

身 身 身 身 身 身 身

①み。からだ。対義 心。「心身・全身・病身」「身体・身長」②われ。自分。「一身・修身」「身上」③財産。「身代」④なかみ。なかご。「刀身」

**シン** 7画 **【辛】** 部首[辛] 常用 JIS 3141

音 **シン**
訓 **からい**

①からい。五味の一つ。「香辛料」②つらい。くるしい。かろうじて。「辛苦・辛酸・辛勝・辛労」③かのと。十干の第八。④からし。カラシナの種を粉にしたもの。

**シン** 7画 **【▼辰】** 部首[辰] 人名用 JIS 3504

音 シン

①たつ。十二支の第五。②ひ。日がら。とき。「佳辰・嘉辰・誕辰」③日・月・星の総称。「星辰・北辰」

**シン** 8画 **【▼呻】** 部首[口] JIS 5081

音 シン

うめく。うなる。「呻吟」

**シン** 8画 **【▼抻】** 部首[扌] JIS 5727

音 シン・チン

のべる。のばす。ひきのばす。

**シン** 9画 **【侵】** 部首[人・亻] 常用 JIS 3115 ／ 9画 **【▼侵】** 旧字

音 **シン**
訓 **おか**す

おかす。せめる。「不可侵」「侵入・侵犯・侵略」

**シン** 9画 **【信】** 部首[人・亻] 教育小4 JIS 3114

音 **シン**

信 信 信 信 信 信 信

①まこと。まごころ。「信義」②まこととする。うたがわない。「確信・自信」「信教・信仰・信念」用例(名) —をおく。—をおこす。③たより。てがみ。「音信・受信・通信」用例《接尾的》第一—。④しるし。あいず。「信号」⑤信濃国のこと。「北信」「信越・信州」

**信有れば徳有り**(しんあればとくあり) ①信仰する者には、徳行がある。②信心する人には、神仏のくだされる福徳がある。

**信は荘厳より起こる**(しんはしょうごんよりおこる) 信仰心は堂の建築・装飾などが立派であるのを見て起きるの意で、内容は形式から導き出されることを言う。

**信を為す**(しんをなす) ①本当だと思う。②信仰する。

**シン** 9画 **【▼哂】** 部首[口] JIS 5102

音 シン

わらう。ほほえむ。あざわらう。

**シン** 9画 **【▼怎】** 部首[心] JIS 5567

音 シン・ソ

いかで。なんぞ。なぜ。どうして。

**シン** 9画 **【津】** 部首[氵] 常用 JIS 3637

音 **シン**
訓 **つ**

①つ。わたしば。ふなつきば。みなと。②つば。しる。つばがわくように、興味などがあふれるさま。「興味津々」

**シン** 9画 **【▼矧】** 部首[矢] JIS 3974

音 シン

①いわんや。まして。②はぐ。竹に羽をはめて矢をつくる。

**シン** 9画 **【神】** 部首[ネ] 教育小3 JIS 3132 ／ 10画 **【▼神】** 部首[示] 旧字

音 **シン・ジン**
訓 **かみ・かん・こう**

神 神 神 神 神 神 神 神 神

①かみ。対義 仏。「鬼神・敬神」「神官・神殿・神罰」②かみのような。「神出鬼没・神速・神童・神妙」用例(名) 技、—に入る。③こころ。たましい。「失神・精神」「神経」↓ジン【神】

**シン** 10画 **【唇】** 部首[口] 常用 JIS 3116

音 **シン**
訓 **くちびる**

くちびる。口のふち。口のへり。「口唇・紅唇・歯唇音」「唇音」

**シン** 10画 **【娠】** 部首[女] 常用 JIS 3117

音 **シン**

はらむ。みごもる。「妊娠」

**シン** 10画 **【▼宸】** 部首[宀] JIS 5366

音 シン

①のき。家ののき。②天子の宮殿。また、天子に関することに添えて用いる。「紫宸殿」「宸翰・宸襟・宸筆」

**シン** 10画 **【▼莘】** 部首[艹]

音 シン

サイシン。ウマノスズクサ科の多年草。うすばさいしん。みらのねぐさ。

**シン** 10画 **【振】** 部首[扌] 常用 JIS 3122

音 **シン**
訓 **ふる・ふるう**

①ふる。ふりうごかす。比較 震。「三振」「振子・振動・振幅・振鈴」②さかんにする。ふるいたたせる。「不振」「振興・振作」

**シン** 10画 **【▼晋】** 部首[日] 人名用 JIS 3124 ／ 10画 **【▼晉】** 旧字 JIS 5873

音 シン

①すすむ。前・上へすすめる。②中国の国名。?〜前三七六年。現在の山西省南部を本拠とした春秋時代の大国。前四五三年韓・魏・趙の三家が国を分割した。③中国の王朝名。西晋(二六五〜三一六年)。東晋(三一七〜四二〇年)。

**シン** 10画 **【浸】** 部首[氵] 常用 JIS 3127 ／ 10画 **【▼浸】** 旧字 ／ 13画 **【▼寖】** 部首[宀] 異体字

音 **シン**
訓 **ひたす・ひたる**

①ひたす。ひたる。水につかる。「浸水」②しみる。しみこむ。「浸潤・浸食・浸透」

**シン** 10画 **【▼畛】** 部首[田] JIS 6527

音 シン

①あぜ。くろ。田のあいだの小道。②さかい。はて。境界。

**シン** 10画 **【▼疹】** 部首[疒] JIS 3130

音 シン・チン

ふきでものできる病気。「湿疹・発疹・麻疹」

**シン** 10画 **【真】** 部首[目] 教育小4 JIS 3131 ／ 10画 **【▼眞】** 旧字 JIS 6635 →教育小3

音 **シン**
訓 **ま**

真 真 真 真 真 真

①まこと。本当。ほんもの。対義 偽。「写真」「真意・真打ち・真価・真実・真理」用例(名) —に迫る。—の学者。②道理。対義 善・美。③うまれたまま。「純真・天真」④まったくの。「真空」⑤楷書。漢字の書体の一つ。対義 行・草。「真書」用例(名) —で書く。

**真を保つ**(しんをたもつ) 生まれつきの自然のままを失わないことに言う。

**シン** 10画 **【▼秦】** 部首[禾] JIS 3133

音 シン

①中国の王朝の一つ。?〜前二〇七年。戦国七雄の一つであったが、前二二一年、王の政(始皇帝)が天下を統一した。②はた。姓氏の一つ。

**シン** 10画 **【▼袗】** 部首[ネ] JIS 7455

音 シン

①彩衣。ぬいとりをした衣服。②ひとえもの。ひとえぎぬ。単衣の衣服。③そろい。

上下が同色の衣服。

**シン** 10画 【針】 部首[金] 教育小6 JIS 3143
音 **シン** 訓 **はり**
①ぬいばり。また、その形のもの。「運針」「針葉樹」②時計などの、はり。「磁針・秒針」「針路」③《鍼とも》治療用の、はり。「針灸」

**シン** 11画 【進】 部首[辶] 教育小3 JIS 3142 ／ 12画 【▼進】 部首[辶] 旧字
音 **シン** 訓 **すすむ・すすめる**
①すすむ。前へゆく。上級にあがる。すすめる。前へゆかせる。対義 退。「行進・後進・新進・推進・前進・注進」「進学・進度・進歩」②さしあげる。おくりもの。「進呈・進物」

**シン** 11画 【▼晨】 部首[日] JIS 5879
音 シン
①あした。あさ。夜明け。「晨旦」②とき。ニワトリが夜明けをつげてなくこと。「晨鶏」③そいぼし。房星。二十八宿の一つ。

**シン** 11画 【▼脣】 部首[月] JIS 7092
音 シュン・シン
くちびる。口のふち。口のへり。

**シン** 11画 【▼梣】 部首[木]
音 シン
トネリコ。モクセイ科の落葉高木。

**シン** 11画 【深】 部首[氵] 教育小3 JIS 3128
音 **シン** 訓 **ふかい・ふかまる・ふかめる**
①ふかい。程度のすすんだ。対義 浅。「水深」「深紅・深刻・深夜」②人目にとおい。「深山・深窓・深林」③簡単にわからない内容がある。「深意・深遠・深奥」

**シン** 11画 【▽清】 部首[氵] 教育小4 JIS 3222 ／ 11画 【▼淸】 旧字
音 **セイ・ショウ・**シン
訓 **きよい・きよまる・きよめる**
筆順 ↓セイ[清]
中国の王朝の一つ。一六一六～一九一二年。女真族のヌルハチが北方に後金国を建て、二代太宗が国号を大清と改称。一六四四年、順治帝が北京を都とした。つづく康熙・雍正・乾隆の三帝百三十余年間が全盛期。↓ショウ・セイ[清]

**シン** 11画 【紳】 部首[糸] 常用 JIS 3134
音 **シン**
①おおおび。身分の高い人が礼装用に着用する大帯。②立派な人。身分の高い人。「貴紳」「紳士」
**紳に書す**(しんにしょす) 忘れたときの用意のために、紳の端に書きつけておく。転じて、よく覚えておき、いつも手本にする。

**シン** 12画 【森】 部首[木] 教育小1 JIS 3125
音 **シン** 訓 **もり**
①もり。樹木があつまってしげっているところ。「森林」②しずか。おごそか。「森閑・森厳」③樹木がしげるさま。「森々」④おおい。「森羅万象」

**シン** 12画 【▼裑】 部首[衤]
音 シン
みごろ。衣服の、そで・えりなどをのぞいて、からだの前や背中をおおう部分。

**シン** 12画 【診】 部首[言] 常用 JIS 3139
音 **シン** 訓 **みる**
みる。病気などをみる。「往診・回診・休診・検診・誤診・打診・宅診・聴診」「診察・診断・診療」

**シン** 12画 【▼軫】 部首[車] JIS 7739
音 シン
①よこぎ。車の後部についている横木。②いたむ。うれえる。③みつかけぼし。みつうちぼし。二十八宿の一つ。

**シン** 13画 【▼嗔】 部首[口] JIS 5149
音 シン
いかる。はげしくおこる。いかり。

**シン** 13画 【寝】 部首[宀] 常用 JIS 3118 ／ 14画 【▼寢】 旧字 JIS 5374
音 **シン** 訓 **ねる・ねかす**
①ねる。ねどこにつく。やすむ。比較 眠。「就寝」「寝具・寝所・寝台」用例 (名)―につく。②奥のへや。「寝殿」
**寝に就く**(しんにつく) ねむる。go to bed

**シン** 13画 【▼蓁】 部首[艹] JIS 7277
音 シン
①しげし。草木の枝葉がさかんにしげっているさま。「蓁々」②しげみ。くさむら。

**シン** 13画 【慎】 部首[忄] 常用 JIS 3121 ／ 13画 【▼愼】 旧字 JIS 5638
音 **シン** 訓 **つつしむ**
つつしむ。かしこまる。丁寧にする。「謹慎」「慎重」

**シン** 13画 【▼搢】 部首[扌]
音 シン
①さす。はさむ。さしはさむ。②ふる。ふるう。

**シン** 13画 【▼斟】 部首[斗] JIS 5848
音 シン
①くむ。水をくみとる。酒をくみかわす。②はかる。おしはかる。事情をくみとる。「斟酌」

**シン** 13画 【新】 部首[斤] 教育小2 JIS 3123
音 **シン** 訓 **あたらしい・あらた・にい**
①あたらしい。あらたにする。対義 旧・古。「一新・革新・最新・刷新」「新株・新暦」用例 (名)―を好む。《接頭的》―時代。―勢力。②官位などに、あらたにつくこと。比較 現・元・前。用例《接頭的》―会長。③新株のこと。④新暦のこと。用例 (名)―の正月。⑤中国の王朝の一つ。八～二三年。王莽が前漢をたおして建国したが、劉秀(後漢の光武帝)にほろぼされた。

**シン** 13画 【▼罧】 部首[罒] JIS 7014
音 シン・リン
ふしづけ。柴をたばねて水中につんでおき、そこにあつまりひそんだ魚をとらえるしかけ。

**シン** 13画 【▼蜃】 部首[虫] JIS 7371
音 シン
おおはまぐり。大きな蛤。「蜃気楼(=おおはまぐりのはきだす息で生じる、と考えられていた)」

**シン** 14画 【▼蔘】 部首[艹] JIS 7285
音 シン・サン
チョウセンニンジン。ウコギ科の多年草。

**シン** 14画 【▼榛】 部首[木] JIS 3126
音 シン
①ハシバミ。カバノキ科の落葉低木。②しげみ。やぶ。草木がさかんにしげっているところ。③ハンノキ。カバノキ科の落葉高木。はりのき。

**シン** 14画 【▼槙】 部首[木] 人名用 JIS 4374 ／ 14画 【▼槇】 旧字 JIS 8402
音 テン・シン
マキ。マキ科の常緑針葉高木。いぬまき。

**シン** 14画 【▼滲】 部首[氵] JIS 6290
音 シン
しみる。しみこむ。にじむ。「滲出」

**シン** 14画 【▼賑】 部首[貝] JIS 3888
音 シン
にぎわう。にぎわい。にぎやか。「殷賑」

**シン** 15画 【審】 部首[宀] 常用 JIS 3119
音 **シン**
①つまびらかにする。くわしく調べる。あきらかにする。「審議・審査・審判・審理」②審理のこと。「原審・再審」用例《接尾的》第一―。③審判のこと。「球審・塁審」④くわしい。つまびらか。「詳審・不審」

**シン** 15画 【▼瞋】 部首[目] JIS 6651
音 シン
①いかる。はげしくおこる。目をいからす。「瞋恚」②仏教で、いかりうらむこと。三毒の一つ。また、十悪の一つ。「瞋恚」用例 (名)貪・―・痴を三毒と名づく。

**シン** 15画 【▼箴】 部首[竹] JIS 6830
音 シン
①はり。ぬいばりや治療用のはり。②いましめる。いましめ。「箴言」

**シン** 15画 【▽請】 部首[言] 常用 JIS 3233 ／ 15画 【▼請】 旧字
音 **セイ・シン・**シヨウ 訓 **こう・うける**
こう。ねがいもとめる。「普請」↓セイ[請]

**シン** 15画 【▼鋟】 部首[金]
音 セン・シン
きざむ。きざみつける。ほりつける。

**シン** 15画 【震】 部首[雨] 常用 JIS 3144
音 **シン** 訓 **ふるう・ふるえる**
①大地などが、ふるう。ふるえる。比較 振。「強震・軽震・地震・弱震・微震・余震」「震央・震源地・震災・震動」②おどろき、おそれる。おののく。「震撼」

**シン** 16画 【薪】 部首[艹] 常用 JIS 3137
音 **シン** 訓 **たきぎ**
たきぎ。まき。「採薪」「薪水・薪炭」

**シン** 16画 【▼縉】 部首[糸] JIS 6954
音 シン
①うすあか色。うすあかい色の絹。②さす。はさむ。さしはさむ。

**シン** 16画 【▼臻】 部首[至] JIS 7143
音 シン
いたる。①いきつく。達する。②きたる。やってくる。

**シン** 16画 【親】 部首[見] 教育小2 JIS 3138
音 **シン** 訓 **おや・したしい・したしむ**
①おや。対義 子。「肉親・両親」②縁つづき。「近親」「親族・親等」用例 (名)大義―を滅す。③したしい。なかよくする。対義 疎。「懇親」「親愛・親切」④天子が、みずから。「親閲・親裁・親任」⑤自分でする。「親展」
**親は泣き寄り**(しんはなきより) 「親は泣き寄り他人は食い寄り」の下略。
**親は泣き寄り他人は食い寄り**(しんはなきよりたにんはくいより) 不幸にさいし、肉親・親族はまごころを示してくれ、悲しみの気持ちで集まるので真の頼りとできるが、他人はごちそうにありつくために集まってくる。

**シン** 17画 【▼糝】 部首[米]
音 シン・ジン・サン
①「糝粉」は、白米をほして粉にしたもの。②「糝薯」は、魚肉などのすりみに、小麦粉と、すった山芋を加えて、むしたりゆでたりした食品。

**シン** 17画 【▼鍼】 部首[金] JIS 7910
音 シン
①はり。㋐ぬいばり。衣服をぬうはり。㋑治療用の、はり。「鍼灸・鍼術」②さす。はりをうつ。

**シン** 17画 【▼駸】 部首[馬] JIS 8152
音 シン
はしる。馬がはしるさま。「駸々」

**シン** 17画 【▼齔】 部首[歯] JIS 8380
音 シン
①みそっぱ。幼児のぬけかわる前のかけ歯。②かわる。七、八歳のころ、歯がぬけかわる。

**シン** 18画 【▼瀋】 部首[氵] JIS 6336
音 シン
①しる。液汁。液体。②「瀋水」は、中国の川の名。遼寧省瀋陽市の南をながれ、渾河にそそぐ。

**シン** 18画 【▼簪】 部首[竹]

▼常用漢字表外。 ▽常用漢字表の音訓外。

20画【簪】 異体字 JIS6849
音シン・サン
かんざし。①こうがい。冠をとめるために髪にさすもの。②婦人の髪にさす装飾品。

シン 19画【譖】 部首[言] JIS7591
19画【譛】 異体字 JIS7592
音シン・セン
そしる。中傷する。そしり。

シン 19画【顖】 部首[頁]
音シン
「顖門」は、ひよめき。おどりこ。乳児の前頂部の骨と骨との間が縫合しないすきま。息をするたびに、ひよひよと動くところから。

シン 20画【櫬】 部首[木]
音シン
ひつぎ。はだつきのひつぎ。もっとも内側のひつぎ。内棺。「櫬殿」

シン 21画【襯】 部首[衤] JIS7505
音シン
①はだぎ。したぎ。②ちかづく。接近する。③つけくわえる。おぎなう。

シン 21画【鷏】 部首[鳥] JIS8322
21画【鷆】 異体字 JIS8323
音テン・シン
ヨタカ。ヨタカ目に属する鳥。かすい。かすいどり。

シン 24画【讖】 部首[言] JIS7611
22画【䜟】 異体字
音シン
予言。未来をはかって、いうこと・ことば。また、その記録。用例(名)その言葉が――を成した。

シン 26画【鱵】 部首[魚]
音シン
サヨリ。サヨリ科の海水魚。

しん【新】〈町〉群馬県南部、埼玉県に接する町。旧宿場町。食品・化学工業などがさかん。陸上自衛隊の駐屯司令部がある。人口一万三五一一(一九八八)。

ジン 2画【人】 部首[人] 教育小1 JIS3145
音ジン・ニン
訓ひと
人 人
①ひと。ひとびと。「偉人・外人・詩人・聖人・婦人・名人」「人為・人格・人口・人種・人生・人物」②人種。用例《接尾的》日本――。原始――。③そこにすむひと。出身のひと。用例《接尾的》東京――。火星――。④専門のひと。用例《接尾的》経済――。⑤三つのうちの最下位。用例(名)天地――。↓ニン【人】

ジン 2画【儿】 部首[儿] JIS4925
音ジン・ニン
①ひと。人間。②部首の一つ。にんにょう。ひとあし。

ジン 3画【刃】 部首[刀] 常用 JIS3147
3画【刄】 旧字
3画【刅】 異体字 JIS4967
音ジン・ニン
訓は
①はもの。やいば。は。「凶刃・白刃・利刃」②刀できる。ころす。「自刃」「刃傷」↓ニン【刃】
**刃を迎えて解く**《竹を割るときに、最初の節を切り割れば、あとは刃を迎えて、たやすく割れる、の意》簡単に敵を破る、強い勢いに言う。破竹の勢い。

ジン 4画【仁】 部首[人・亻] 教育小6 JIS3146
音ジン・ニ・ニン
仁 仁 仁 仁
①なさけ。いつくしみ。おもいやり。「一視同仁」「仁愛・仁義・仁術」②儒教の最高の徳。ひとの根本の道。用例(名)孔子の道は――につきる。③ひと。「朴念仁」用例(名)この――はどなたかな。④さね。植物の種子内部の総称。一般に、胚と胚乳からなる。⑤核小体のこと。↓ニ・ニン【仁】↓細胞図

ジン 4画【壬】 部首[士] JIS3149
音ジン・ニン
みずのえ。十干の第九。「壬申」

ジン 5画【仭】 部首[人・亻] JIS4832
5画【仞】 異体字 JIS4833
音ジン
ひろ。深さ・高さの単位。一仭は、中国の周代の八尺(一説に七尺または四尺)。一尺は約二二・五cm。比較尋。「九仭」用例(接尾)千――の谷。

ジン 6画【尽】 部首[尸] 常用 JIS3152
14画【盡】 旧字 部首[皿] JIS6624
音ジン・シン
訓つくす・つきる・つかす
①つきる。つくす。ことごとく。「一網打尽・消尽・無尽蔵」「尽忠・尽力」②みそか。つごもり。陰暦の月末。用例(名)九月――。

ジン 6画【迅】 部首[⻌] 常用 JIS3155
7画【迅】 旧字 部首[⻌]
音ジン・シン
はやい。すばしこい。はげしい。「奮迅」「迅速・迅雷」

ジン 7画【臣】 部首[臣] 教育小4 JIS3135
音シン・ジン
筆順↓シン【臣】
おみ。家来。君主につかえる人。「大臣」↓シン【臣】

ジン 9画【荏】 部首[艹] JIS1733
音ジン・ニン
①え。エゴマ。シソ科の一年草。②「荏苒」は、ものごとがのびのびになるさま。時がおいおいとすぎてゆくさま。

ジン 9画【甚】 部首[甘] 常用 JIS3151
音ジン・シン
訓はなはだ・はなはだしい
はなはだ。はなはだしい。「激甚・幸甚・深甚」「甚大」参考甚句・甚助・甚六。

ジン 9画【神】 部首[礻] 教育小3 JIS3132
10画【神】 旧字 部首[示]
音シン・ジン
訓かみ・かん・こう
筆順↓シン【神】
かみ。かみのような。「祭神・水神・天神」「神宮・神社・神通力」↓シン【神】

ジン 9画【衽】 部首[衤] JIS7451
11画【袵】 異体字 JIS7452
音ジン・ニン
①えり。衣服のえり。②おくみ。衣服の前の左右に、えりからすそまで縫いつける細長い布。③しとね。ねどこ。「衽席」

ジン 10画【陣】 部首[阝] 常用 JIS3156
音ジン・チン
①軍勢があつまっているところ。軍のそなえ。「円陣・堅陣・敵陣」「陣中・陣容」用例(名)――をしく。②いくさ。たたかい。「出陣・戦陣」「陣没」用例(名)大坂夏の――。③ひとしきり。また、にわかに。「一陣の風」「陣痛」
**陣を取る** ①軍勢を配備し、戦いの準備をする。陣を敷く。pitch a camp ②場所を占める。take a place 用例一等席に――。

ジン 10画【紝】 部首[糸]
音ジン・ニン
①はたいと。機にかける糸。②おる。機をおる。

ジン 10画【訊】 部首[言] JIS3154
音シン・ジン
たずねる。とう。といただす。「訊問」

ジン 10画【軔】 部首[車]
音ジン
①とめぎ。くるまのとめぎ。車輪がまわるのをとめる木。②とめる。とどめる。

ジン 12画【尋】 部首[寸] 常用 JIS3150
12画【尋】 旧字
音ジン
訓たずねる
①《訊とも》たずねる。とう。といただす。「尋問」②つね。普通。「尋常」③ひろ。長さの単位。中国の周代では八尺、日本では六尺(約一・八m)。比較仭。用例(接尾)千――の底。

ジン 12画【腎】 部首[月] JIS3153
音ジン
①内臓器官の一つ。血液から不要物をこしとり、尿をつくる。「腎臓」②要所。大切なところ。「肝腎」

ジン 12画【靭】 部首[革]
12画【靱】 異体字 JIS3157
12画【靫】 異体字 JIS8055
音ジン
しなやか。やわらかで、ねばりづよい。「強靭」「靭帯・靭皮」参考靫の誤用で、「うつぼ」「ゆぎ」とも。

ジン 13画【稔】 部首[禾] 人名用 JIS4413
音ジン・ニン
①みのる。みのり。穀物が実をむすぶ。②とし。穀物が一回みのる期間。一年。

ジン 13画【飪】 部首[食]
15画【餁】 異体字
音ジン・ニン
にる。食物をよくにる。にもの。

ジン 14画【塵】 部首[土] JIS3148
音ジン
①ちり。ごみ。あくた。ほこり。「砂塵・微塵」②仏教で、衆生の心をけがすもの。色・声・香・味・触・法の六塵。六根の対象である六境。③わずらわしい世間。「俗塵」

ジン 15画【蕁】 部首[艹] JIS7301
音タン・ジン
①イラクサ。イラクサ科の多年草。蕁麻。②「蕁麻疹」は、急性の皮膚病の一つ。

ジン 15画【蕈】 部首[艹] JIS7294
音シン・ジン
きのこ。たけ。くさびら。

ジン 15画【潯】 部首[氵] JIS6309
音ジン
①みぎわ。ほとり。きし。②ふち。川などの水が、深くよどんでいるところ。

ジン 15画【糂】 部首[米] JIS6883
音サン・ジン
こなかき。すいものに米の粉をまぜて煮たもの。雑炊。

ジン 16画【儘】 部首[人・亻] JIS4854
8画【侭】 異体字 JIS4389
音ジン
①ことごとく。全部。のこらず。②まま。なりゆきまかせ。おもうとおり。そのまま。

ジン 17画【藎】 部首[艹]
音シン・ジン
①カリヤス。イネ科の多年草。黄色の染料がとれる。②まことをつくす。忠誠をつくす。

ジン 18画【燼】 部首[火] JIS6394
音ジン
もえのこり。もえかす。やけのこり。「灰燼・余燼」

ジン 21画【贐】 部首[貝] JIS7657
音シン・ジン
はなむけ。旅だつ人に金品などをおくること。また、その物。餞別。

ジン 23画【鱏】 部首[魚]
音シン・ジン
エイ。エイ目に属する軟骨魚。

ジン【gin】蒸留酒の一種。穀物から得たアルコールに主としてジュニパーベリー(=ネズの実)の香りをつけた透明な酒。カクテルのベースに使う。アルコール分四〇%以上をドライジンという。

しん-あい【信愛】(名・サ変他)①信じ愛すること。affection ②信仰と愛情。faith and love

しん-あい【親愛】(名・形動)親しみいつくしむこと・さま。affection 用例――の情。

じん-あい【仁愛】恵みいつくしむこと。慈愛。benevolence

じん-あい【塵埃】①ちり。ほこり。ごみ。dust ②汚れたこの世。俗界。the drab world ③俗事。worldly affairs

しんあさひ【新旭】〈町〉滋賀県琵琶湖西岸、安曇川河口の町。ナイキ基地がある。高島縮で知られる機業地。扇骨の製造も行う。人口九七八二(一九八八)。

しん-あん【新案】新しい考え・思いつき。new

idea

**しんあん-こう【新安江】** 中国、浙江省北西部の川。安徽省南部から南東に流れて銭塘江中流に注ぐ。シンアンチアン。

**シンアン-チアン【新安江】**(Xīn'ān Jiāng) ↓しんあんこう(新安江)

**しんあん-とっきょ【新案特許】**《「実用新案権」と「特許権」をあわせたことば》新しいくふうを登録して、独占的に使用する権利をもつこと。patent on a new device

**シンアン-リン【興安嶺】**(Xīng'ānlǐng) ↓こうあんれい(興安嶺)

**しん-い【心意】** 心。精神。mind

**しん-い【辛▼夷】** 生薬の一つ。早春のころ、コブシのつぼみを摘み取り、乾燥したもの。かぜによる頭痛・鼻づまり・鼻炎・副鼻腔炎・歯痛の治療に用いる。

**しん-い【神威】** 神の威力・威光。God's authority

**しん-い【神意】** 神の心・意志。神慮。God's will

**しん-い【真意】** ほんとうの心・意味。one's real intention

**しん-い【深意】** 深い意味。profound meaning 用例 ―を探る。

**しん-い【▼瞋▼恚・▼嗔▼恚】** ↓しんに(瞋恚) 用例 ―を解する。

**瞋恚の炎**(しんいのほのお) 「しんにのほむら(瞋恚の炎)」と同意。

**じん-い【人為】** ①人間がすること。人間のしわざ。人工。human work 対義 自然・無為。②自然のままでなく、人間が手を加えること。artificiality

**しん-いき【神域】** 神社の区域内。境内。

**しん-いき【震域】** 地震のとき、一定の震動を感じる範囲。

**しんい-せつ【▼讖緯説】** 中国、漢代に盛行した予言説。とくに王朝の交替を正当化する予言に利用された。隋の煬帝が禁止し、衰退。讖緯学。

**じんい-せんたく【人為選択】** 生物学で、生物の遺伝性と変異性を利用し、人為的に変種をつくること。人為淘汰。artificial selection 対義 自然選択。

**じんい-たんいせいしょく【人為単為生殖】** 卵に人工的な刺激を与えて、受精させずに新個体を発生させること。針でさす、酪酸の高張液につけるなどの方法がある。artificial parthenogenesis

**しんいち【新市】**〈町〉広島県東部の町。旧城下町。米作主体の農業の町だが、古くから織物の町として知られ、備後絣が名産。菊の栽培もさかん。サクラの名所大佐山公園がある。人口二万四〇二七(一九八八)。

**じんい-てき【人為的】**(形動) ①人工を加えたさま。artificial ②人の力でわざとするさま。manipulative

**じんい-とうた【人為▼淘▼汰】** ↓じんいせんたく(人為選択)

**じんい-とつぜんへんい【人為突然変異】** 人工的におこす突然変異。遺伝学者のマラーによるX線を使ったショウジョウバエの実験が最初。以来、高温・放射線・薬品その他の刺激を用いて多くの動植物で行われている。人工突然変異。artificial mutation

**じんい-ぶんるい【人為分類】** 生物の類縁関係を離れ、人間との関係だけを考えた分類法。たとえば、外見上の形態からみた草食動物・肉食動物など、利用形態による薬用植物・観葉植物など。artificial mutation 対義 自然分類。

**しん-いり【新入り】** 新しく加わること・人。新参。新米。newcomer

**しん-いん【心因】** 精神や身体の疾患の原因が、心理的なものであること。psychogenic

**しん-いん【神韻】** 芸術品などの、すぐれていて、人間わざとは思われないおもむき。用例 ―縹渺。

用例 ―性疾患。

**しん-いん【真因】** 事件などの真の原因。true cause

**しん-いん【新院】** 上皇が二人以上ある場合、最後に皇位を退いて上皇となった人。対義 本院。

**じん-いん【人員】** 人数。あたまかず。number of persons

**しん-いんしょうしゅぎ【新印象主義】**《néo-impressionnisme フランスの訳》フランスの絵画運動。印象派の理論をさらに科学的に研究し、色彩表現に新生面を開いた。一八八〇年代にスーラとシニャックが提唱。純色を尊重し、絵の具を混合せずに画面に配置して見る者の視覚混合作用に訴える。「分割派」「点描派」といわれる。

**しんいん-はんのう【心因反応】** 原因が精神的なものであることが明らかな神経症。体験の感情的要素が薄らぐと症状も軽減化する。psychogenic reaction

**じん-う【▼腎▼盂】** 腎臓で生成された尿が集まる腎臓内の腔所。尿は腎盂から尿管・膀胱を経て排出される。renal pelvis ↓腎臓図

**シンウィジュ【新義州】**(Sinŭiju) ↓しんぎしゅう(新義州)

**しんうおのめ【新魚目】**〈町〉長崎県五島列島、中通島北端の町。漁業が主で定置網漁業がさかん。人口六〇七二(一九八八)。

**じんう-じんえん【▼腎▼盂▼腎炎】** 大腸菌などの細菌の感染が、尿道・膀胱を経て、腎臓の腎盂にまでおよんでおこす炎症。急性と慢性とがあり、主症状は発熱・腰痛などだが、先天性の尿路異常をもつ小児にもみられる。慢性型は症状が不定。腎盂炎ともいう。pyelonephritis

**しん-うち【真打(ち)・心打(ち)】** 落語家・講談師などの芸人の階級の最上位。本来は寄席などの興行の責任者として、最後に登場する出演者中のもっとも格上の芸人。しん。対義 前座・二つ目。

**じん-うん【▼塵雲】** 火山噴出物などのちりが雲のように大気中に滞留するもの。

**しん-えい【真影】** 人のそのままの姿を表した肖像・写真。

**しん-えい【新鋭】** 新しくて、勢いのするどいこと・人。new and powerful; fresh 対義 古豪。用例 画壇の―。

**しん-えい【親衛】** 天子・国王・元首などの身辺の護衛。Emperor's guard

**じん-えい【陣営】** ①軍隊を配置した所。陣屋。camp ②相対する集団の一方。camp 用例 保守―。

**しんえい-たい【親衛隊】** ①天子・国王・元首などを護衛する軍隊。bodyguard ②俗に、芸能人などのとりまき。③《Schutzstaffel ドイツの訳》ナチスの付属組織。一九二五年ヒトラーの護衛隊として設置。略称SS。

**しんエコー-ずほう【心エコー図法】** ↓ちょうおんぱしんだん(超音波診断)

**しん-エスエヌエー【新SNA】**《SNAは System of National Accounts の略》新国民経済計算体系。

**しん-えつ【親閲】**(名・サ変他) 王などが、自ら検閲・閲兵すること。personal inspection

**しん-えつ【信越】** 信濃国と、三越(=越前・越中・越後)、とくに越後国との併称。

**しんえつ-ほんせん【信越本線】** JR東日本の鉄道幹線の一つ。高崎から長野を通り新潟までを結ぶ。長さ三二七・一km。明治二六年(一八九三)開通。

**しんエロイーズ【新エロイーズ】**《原題 Julie ou la Nouvelle Héloïse フランス》ルソーの書簡体小説。一七六一年刊。貴族の娘とその家庭教師の悲恋物語。一八世紀の大ベストセラー。

**しん-えん【神▼苑】** 神社の境内。そこにある庭園。

**しん-えん【深▼淵】** 深いふち。abyss

**深淵に臨む**(しんえんにのぞむ) 「深淵に臨んで、薄氷を踏むが如し」の略。

**深淵に臨んで薄氷を踏むが如し**(しんえんにのぞんではくひょうをふむがごとし) 危険に直面しているたとえ。

**しん-えん【深遠】**(名・形動) 奥深くて、たやすくはかり知れないこと・さま。深奥。profundity 用例 ―な哲理。

**しん-えん【新円】** 昭和二一年(一九四六)発行の日本銀行券。戦後のインフレの抑制策として、幣原内閣が金融緊急措置令を発し、従来の紙幣の通用を停止、新しい円紙幣を発行したもの。

**じん-えん【人煙・人▼烟】** ①人家のかまどから立ちのぼるけむり。②人家。human habitation 用例 ―まれなる土地。

**じん-えん【▼腎炎】** 腎臓の糸球体に炎症性の病変を生じる疾患。小児期、ついで青少年期に多い。尿の異常・むくみ・高血圧が主症状。糸球体腎炎。腎臓炎。nephritis

**しんえん-るい【真猿類】** 下等で原始的な原猿類(=キツネザルやメガネザルなどの仲間)を除いた高等なサル類の総称。顔は裸出し、手足の爪は平爪で、鉤爪はない。昼行性で知能が高い。中南米にすむ広鼻猿類(=新世界ザル)、アフリカとユーラシアにすむ狭鼻猿類(=旧世界ザル)、類人猿に分類される。anthropoid

**しん-おう【深奥】** 一(名・形動) 深遠。profundity 二(名) おくそこ。奥義。蘊奥。secrets

**しん-おう【震央】** 地震の震源の真上に当たる地点。epicenter 比較 震源。

**しんおう-きょり【震央距離】** 震央から観測点までの距離。epicenter distance

**じん-おく【人屋】** 人の住む家。じんか。house

**しん-おしだい【心押(し)台】** 旋盤のベッド上を動く台。主軸台と相対しており、この台で工作物のセンターを保持しながらベッド上の任意の位置に固定できる。tailstock

**しん-おん【心音】** 心臓が鼓動する音。心臓の拍動にともなう弁膜の開閉や血流の状態の変化によって生ずる振動。低くて長い第一音に高くて短い第二音がつづく。heart sound

**しん-おん【唇音】** ①唇を用いて作られる音。両唇音[p][b][m]と、歯唇音[f][v]がある。labial ②中国音韻学における声母(=頭子音)の発音の分類の一つ。音声学の両唇音・歯唇音・鼻音が含まれる。

**しんおん-けい【心音計】** 心臓や大血管の振動を記録する装置。僧帽弁閉鎖不全・大動脈弁狭窄・心房中隔欠損などの診断に用いられる。phonocardiograph

**しんおん-ず【心音図】** 心音の波形をオシログラフで記録したもの。心臓病の診断記録として用いる。PCG。phonocardiogram 比較 心電図。

**しん-か【心火】** 激しい怒り・しっとなどの感情。用例 ―を燃やす。

**しん-か【臣下】** 家来。家臣。retainer 対義 主君。

**しん-か【神化】** 一(名) ①神が万物を感化し育てること。moral reform by God ②不思議な変化。mysterious change 二(名・サ変自他) 神となること。神とすること。deification

**しん-か【神火】** ①不思議な火。mysterious fire ②汚れのない火。divine fire

**しん-か【神歌】** ①神の徳をたたえる歌。②おもに平安時代に行われた、神仏に関する内容の歌謡。かみうた。

**しん-か【真価】** ほんとうの値打ち。true value 用例 ―を発揮する。

**しん-か【真果】** 子房が果皮に、胚珠が種子になった果実。子房以外の部分を含まない。true fruit 対義 偽果。↓果実図

**しん-か【進化】**(名・サ変自) 生物種の形態・機能が、長い年月の間に、簡単なものから複雑なものへ、下等なものから高等なものへと変化し、また異なる種に分岐してきたこと。evolution 対義 退化。↓図

**しん-か【深化】**(名・サ変自他) 深くすること。深くなっていくこと。deepen

**じん-か【人家】** 人の住む家。house

**シンカー【sinker】** 野球の投手の投球で、変化球の一種。打者の手前で沈む。カーブなどと異なり球の回転は少ない。

**シンガー【singer】** 歌手。声楽家。

**シンガー【Isaac Bashevis Singer】**(一九〇四―) アメリカのイディッシュ語小説家。ポーランド生まれ。ユダヤ人社会を描く。一九七八年ノーベル文学賞受賞。作品『ゴライの悪魔』、短編集『ばかもののギンペル』など。

**シンガー【Isaac Merrit Singer】**(一八一一―七五) アメリカの発明家。実用的な家庭用ミシンの製作に成功し、シンガーミシン会社を設立。

**シンガー【Singer Company】** アメリカの航空宇宙・船舶用電子システム製造会社。ミシンメーカーとして成長。一八六三年設立。

**しん-かい【神階】** 朝廷が神社の祭神に奉った位階。品位十四階、勲位十二等からなる。

**しん-かい【深海】** 深い海。地理学では二〇〇m以上の深さの海。二〇〇〇m以上の深さの海をいう場合もある。depths of the sea 対義 浅海。

**しん-かい【新開】** 荒れ地を新しく切りひらくこと。

**しん-かい【▼秦▼檜】**(一〇九〇―一一五五) 中国、南宋の宰相。一一二七年金に捕らえられたが帰され、高宗の宰相として、主戦派の岳飛らをおさえて四二年金と屈辱的和約を締結。後世、姦臣の典型とされた。

**しん-がい【心外】**(名・形動) ①思いもよらないこと・さま。意外。unexpectedness ②意外で残念なこと・さま。annoyance 用例 ―にたえぬ。

**しん-がい【辛▼亥】** 干支の四八番目。暦に対応させ、辛亥にあたる年または日のこと。かのとい。

**しん-がい【侵害】**(名・サ変他) 他人の権利などをおかすこと。encroachment 用例 人権―。

**しん-がい【震▼駭】**(名・サ変自) 強く恐れ驚



▼常用漢字表外。 ▽常用漢字表の音訓外。

●進化 ウマの進化

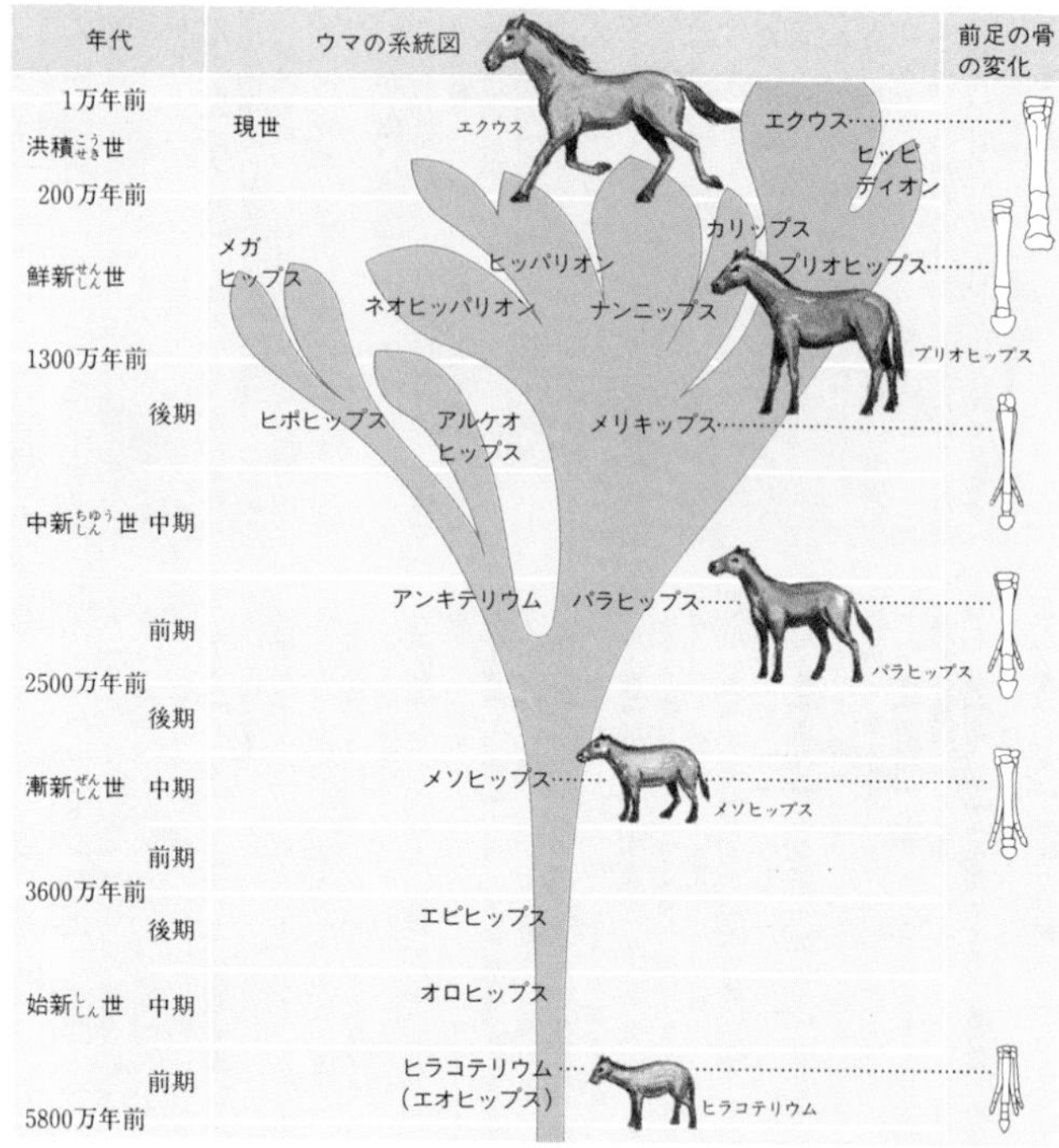


くこと。ふるえあがること。terror 用例 ―世を―させた事件。

**じん-かい【人界】** 人間の住んでいる所。

**じん-かい【▼塵▼芥】** ちりあくた。ごみ。dust 用例 ―処理場。

**じん-かい【▼塵界】** 汚れたこの世。this dirty world

**じん-がい【人外】** ①人の住む世界の外。outside of the human world 用例 ―境。②人の道にはずれていること・者。人でなし。にんがい。inhumanity

**じん-がい【▼塵外】** 俗世間を離れた所。Arcadia 用例 ―に遊ぶ。

**しんがい-かくめい【辛▼亥革命】** 一九一一年(辛亥の年)中国で起こった民主主義革命。一〇月一〇日、武昌新軍の挙兵とともに、全国に革命の動きが伝播。一二年一月に孫文を臨時大統領とする中華民国が成立。清帝退位とひきかえに袁世凱が臨時大統領となったが、独裁強化をはかったため、第二革命・第三革命が起こった。民国革命。第一革命。

**しんかい-ぎょ【深海魚】** 二〇〇m以上の深海に生息する魚類。肉食性で、発光器や、よく発達した触覚、突出した目をもち、水圧の変化に耐える構造をもつものが多い。チョウチンアンコウ・キンメダイ・ギンダラなど。deep-sea fish

**しんかい-ぎょぎょう【深海漁業】** 水深二〇〇m以上の深海の生物を捕獲対象とする漁業。一本釣り・底延縄・トロール漁業などでスケトウダラ・ムツ・メヌケなどをとる。deep-sea fishery

**じんかいしゅう【▼塵▼芥集】** 戦国時代の分国法の一つ。天文五年(一五三六)伊達稙宗が制定。全一七一条。分国法中最大。

**しんかい-せん【伸開線】** ↓インボリュート

**じんかい-せんじゅつ【人海戦術】** ①多数の兵力で攻撃を繰り返し、敵を圧倒しようとする戦術。human-wave tactics ②多数の人員を投入して仕事を達成しようとするやり方。human-wave tactics

**しんかい-たけぞう【新海竹蔵】**(一八九七〜一九六八) 彫刻家。山形県生まれ。伯父の新海竹太郎に学ぶ。日本美術院彫塑部で活躍。作品『砧』『少年トルソー』など。

**しんかい-たけたろう【新海竹太郎】**(一八六八〜一九二七) 彫刻家。山形県生まれ。明治の日本彫刻界に洋風彫塑を普及。太平洋画会彫刻部を統率。作品『ゆあみ』など。

**しんかい-ち【新開地】** ①新しく開墾・開拓した土地。newly-developed land ②新しくひらけた町。new town ③江戸時代に開かれた新田集落。低湿地・台地などが開拓された。

**しん-がお【新顔】** 新しく加入した人。新参。newcomer 対義 古顔。

**しんかがくこうわ【新科学講話】**《原題 Discorsi e dimostrazioni matematiche intorno a due nuove scienze attinenti allameccanica ed ai movimenti locali(イタリア)》ガリレイの代表著書。『機械学と位置運動に関する二つの新しい科学についての講話および数学的証明』の通称。『新科学対話』ともよばれる。三人が四日にわたり対話をする形で、ガリレイの研究の成果が述べられる。等速度運動の概念や慣性の法則などが紹介され、数学を基礎とする近代科学の誕生を示唆している歴史的書物。

**しん-かき【真書(き)】** 楷書を書くとき用いる、穂先の細い筆。

**しん-かく【神格】** 神の格式・資格・地位。「vinity di-

**しん-がく【心学】** ①宋学の別称。②江戸中期、石田梅岩の創始した庶民向きの教学。神・仏・儒・道教を融合、具体的徳目として正直と倹約を掲げ、商人の営利追求を肯定。石門心学。

**しん-がく【神学】** 神に関する教理や、信仰生活の倫理を研究する学問。とくにキリスト教神学をさすことが多く、自然神学・啓示神学などがある。theology

**しん-がく【進学】**(名・サ変自) ①学問に励むこと。study hard ②上級学校へ進むこと。go into higher schooling 用例 ―校。

**じん-かく【人格】** ①人の性格。人がら。character ②心理学で、人間の知的・感情的・意志的側面をあわせた全体としての個体の特徴。personality ③法律で、権利・義務が帰属しうる主体。

**しんかく-か【神格化】**(名・サ変他) 神として扱うこと。deification

**じんかく-か【人格化】**(名・サ変他) 人間以外のものを、仮に意志を備えた人間と見なすこと。擬人化。personification

**じんかく-けん【人格権】** 人の生命・身体・自由・名誉など、法律的に保護されるべき人格的な利益の総称。personal rights

**しんかく-さいぼう【真核細胞】** 核が核膜に包まれた構造をもつ細胞。核内に染色体・仁をもつ。細菌と藍藻植物を除く、すべての生物がもつ細胞。eukaryotic cell 対義 原核細胞。

**じんかく-しゅぎ【人格主義】** ①人格に最高の価値をおく哲学上の考え。目的自体としての人格の尊厳を説いたカントが代表的存在。personalism ②神との交わりのうちに人格の根源をみ、その人格相互の交わりを説くムーニエの立場。personalism

**じんかく-しん【人格神】** 人間のような意識や感情をそなえた神。日本やギリシアの神話に登場する神々など。personal God 対義 自然神。

**しんかく-せいぶつ【真核生物】** 真核細胞からなる生物。細菌・藍藻植物を除くすべての生物。eucaryote 対義 原核生物。

**しんがくたいぜん【神学大全】**《原題 Summa Theologiae(ラテン)》神学書。トマス=アクィナスの主著。キリスト教思想を体系づけ、スコラ哲学を完成。一二六六〜六七年刊。

**じんかく-てき【人格的】**(形動) ①人格を持つさま。have a personality ②人格に関するさま。personal

**じんかくなき-しゃだん【人格無き社団】** 個人でも法人でもない団体。PTA・婦人会・町内会・青年会・同窓会・学会・協会など。

**じん-がさ【陣▼笠】** ①江戸時代、野外用に武士がかぶった漆塗りの平たい笠。それ以前は、足軽などが兜の代わりに用いた。②下っぱの人。一般に役についていない平代議士に用いる。the rank and file ↓図

●陣笠①

**しんか-しゃ【新華社】**《「新華通訊社」の略》中華人民共和国国営の国際通信社。一九三七年設立。NCNA。New China News Agency

**しんか-しゅぎ【進化主義】** 現生の生物が長い歴史的変化の結果として生じたという考え。チャールズ=ダーウィンによって確立。この影響で法進化論・社会進化論などが成立。evolutionism

**しん-かぞく【新華族】** 明治一七年(一八八四)の華族令以後、旧大名・旧公卿などの家柄によらず、特別の勲功によって新しく華族に列せられたもの。

**しん-がた【新型・新形】** 新しい型・形式。ニュールック。new style 用例 ―車。

**しんがた-てんかんろ【新型転換炉】** 原子炉の一つ。減速材に重水を用い、ウラン二三八のプルトニウム二三九への転換効率を高めたもの。advanced thermal converter reactor

**しん-がっこう【神学校】** キリスト教会の聖職者養成機関。seminary

**しん-かなづかい【新仮名遣い】** ↓げんだいかなづかい(現代仮名遣い)

**しん-かぶ【新株】** 株式会社が増資したり他社と合併したりした結果、新しく発行される株式。new stock 対義 旧株。

**しん-がふ【新▽楽府】**《新しい楽府、の意》中国、唐代につくられた楽府題による詩。白居易の「新楽府」が有名。

**しんかぶ-おち【新株落ち】** 旧株の取得者に割り当てられた新株引受権が、有効期日を過ぎること。new share off

**しん-かぶき【新歌舞▼伎】** 明治以降、西欧的な思想や作劇術をとり入れ、文学者によって書かれた新作歌舞伎。坪内逍遥の新史劇『桐一葉』が機縁となり、大正期にさかんになった。松居松翁・岡本綺堂・真山青果らが多くの作品を書いた。

**しん-かぶきじゅうはちばん【新歌舞▼伎十八番】** 市川家の家の芸。九世団十郎の選んだ三二種の演目。父七世が「歌舞伎十八番」の続編として発案、二作で没したので九世が引き継ぐ。能を採った典雅趣味や活歴趣味が特徴。『鏡獅子』『船弁慶』など。

**しんかぶひきうけ-けん【新株引受権】** 新株の発行にさいし、優先的に株式を引き受ける権利。subscription right

**しんかぶひきうけけんつき-しゃさい【新株引受権付社債】** 社債を発行した企業の新株式の割り当てを受ける権利(ワラント)を付与した社債。日本でも昭和五六年(一九八一)に誕生し、同五九年以降新株引受権と社債の分離売買が可能となった。ワラント債。corporate bond with subscription right

**しん-かべ【真壁】** 和風家屋で、壁が柱の幅より薄く、柱が外面に見える壁。対義 大壁。

**シンガポール【Singapore・新嘉坡】**(Republic of Singapore) 東南アジア、マレー半島最南端の島国。首都シンガポール。一九六三年マレーシアから分離し独立。住民の七八%は中国系。ゴム・錫などの集散地で、石油・電子機械工業もさかん。面積六〇〇km²。人口二六一・三万(一九八七)。正称シンガポール共和国。

**シンガポール【Singapore】**〈市〉東南アジア、マレー半島最南端、シンガポール海峡に臨む国際貿易都市。シンガポール共和国の首都。ゴム・錫・織物などの中継貿易港。人口二六一・三万(一九八七)。

**しん-から【心から】**(副) こころから。心の底から。heartily

**しん-がら【新柄】** 布地・呉服などの、新しい模様。new pattern 用例 ―の反物。

**しん-がり【▽殿】**《「しりがり(後駆)」の転》①退却する軍隊の最後部で、敵の追撃を防ぐこと・部隊。殿軍。the rear unit guard 用例 ―を務める。②列・順番の最後。the rear 用例 ―にひかえる。

**しんか-ろん【進化論】** 生物が長い進化過程を経て変化・発展してきたという考え、あるいは進化の要因などをめぐって提唱されているさまざまな理論。一八五九年に発表されたダーウィンの学説をさすことが多い。evolution theory 参照 進化。

**しんかわ【新川】**〈町〉愛知県名古屋市北西に隣接する町。野菜園芸の近郊農業地帯から、工業の町へと変化。人口一万七七三二(一九八八)。

**しん-かん【心肝】**《心臓と肝臓、の意》心。心底。sincerity 用例 —に徹して忘れえない。

**しん-かん【信管】** 爆薬を起爆させるための発火装置。fuse

**しん-かん【神官】** ①神に仕え、神事にたずさわる人。神職。神主。②伊勢神宮に奉仕する神職。

**しん-かん【▼宸▼翰】** 天皇が自ら書いた文書。天皇の自筆。

**しん-かん【新刊】** 新しく出版すること。また、その書物・雑誌。new publication 比較 近刊。対義 旧刊。

**しん-かん【新患】** 新しい患者。new patient

**しん-かん【新館】** 別に新しく建てた建物。new building

**しん-かん【震▼撼】**(名・サ変自他) ①ゆり動かすこと。ゆれ動くこと。shake ②驚かし、ふるえ上がらせること。shock 用例 世間を—させる。

**しんかん【▼辰▼韓】** 三韓の一つ。古代朝鮮の南東隅、現在の慶尚北道地域に三世紀ごろ成立した一二の村落国家の総称。斯盧国を中心として統一され、やがて新羅に統合された。

**しん-かん【▼秦観】**(一〇四九〜一一〇〇) 中国、北宋の文人。字は少游、号は淮海居士。高郵の人。蘇軾の弟子で、叙情的な詞にすぐれた。詩文集『淮海集』。

**しん-かん【森閑・深閑】**(形動トタル) ひっそりと静かなさま。silent

**しん-がん【心眼】** 外見にごまかされずに物事を見抜く心の働き。one's mind's eye 用例 —をひらく。

**しん-がん【心願】** 神仏に心の中で願を立てること。pray

**しん-がん【真▼贋】** ほんものとにせもの。truth or falsehood 用例 —の区別。

**じん-かん【人間】** 世の中。人間世界。

**人間、到る所青山有り**(じんかん、いたるところせいざんあり)《「青山」は、骨を埋めるところ、の意》人間にはどこにでも働く土地があり、ふるさとばかりが生活の場所ではない。広く世の中に出て活動すべきだということ。There's room for us all in the world.

**じん-かん【▼腎管】** 無脊椎動物の排出器の一種。環形動物の腎管は体節ごとに一対ずつある。体節器。nephridium

**しんかん-かい【新幹会】** 一九二七年ソウルで結成された、朝鮮民族解放のための民族統一戦線組織。三一年解散。

**しんかんかく-は【新感覚派】** 大正末から昭和初期の文学流派。自然主義的リアリズムを否定、感覚による現実の把握と再構成を主張。雑誌『文芸時代』によった横光利一・川端康成・片岡鉄兵ら。

**しん-かんせん【新幹線】** 日本の在来線に代わる新しい幹線鉄道路線の総称。おもな区間を時速二〇〇km以上で高速走行。東海道・山陽・東北・上越各新幹線のほか、路線化計画中。

**しんかんせんしょう-じょうほうシステム【新感染症情報システム】** 風疹のほか、手足口病・プール熱など一八種のウイルス性伝染病について、厚生省が昭和五六年(一九八一)から始めた監視体制システム。

**しん-カントがくは【新カント学派】** 一九世紀後半、ドイツを中心におこった哲学の一派。カントの批判哲学を基礎におき、数学・自然科学が中心のマールブルク学派と、文化科学が中心のバーデン学派に分かれる。Neo-Kantians

**しん-かんもんトンネル【新関門トンネル】** 本州と九州とを結ぶ新幹線用の鉄道トンネル。延長一万八七一三m。昭和四九年(一九七四)一一月に完成。

**しん-き【心気】** 心。気持ち。比較 心機。用例 —を静める。

**心気が湧く**(しんきがわく) いらいらしたり、じれったかったりして、じっとしていられなくなる。

**心気を砕く**(しんきをくだく) いろいろと心配する。たいそう神経を使う。気をもむ。

**心気を燃やす**(しんきをもやす) 気をもむ。じれったく思う。心気を砕く。

**しん-き【心▼悸】** 心臓の鼓動。動悸。pulsation

**しん-き【心機】** 心の動き・働き。比較 心気。

**しん-き【辛気】**(名・形動) 心が晴れ晴れしないこと・さま。じれったいこと・さま。tedium

**しん-き【神気】** ①万物のもとの気。the elements ②気力。spirits ③心。精神。mind ④こうごうしい気分。divinity

**しん-き【振起】**(名・サ変他) 奮い起こすこと。stir up

**しん-き【新奇】**(名・形動) 新しくて珍しいこと・さま。変わっていること・さま。novelty 用例 —をてらう。

**しん-き【新規】** ①新しいこと。renovation ②新しい規則。new rule

**しん-き【新▼禧】**《年賀状に書く語》新年の喜び・幸い。用例 恭賀—。

**しん-ぎ【心木】** 車輪の回転のじくになる棒。心棒。axle

**しん-ぎ【心技】** 心とわざ。精神面と技術面。用例 —一体。

**しん-ぎ【信義】** 約束を守り、義務を果たすこと。faith 用例 —を重んじる。

**しん-ぎ【神技】** 人間離れしたうまいわざ。かみわざ。divine skill 用例 —に近い。

**しん-ぎ【真偽】** ほんとうかうそか。truth or falsehood 用例 —不明。

**しん-ぎ【真義】** ほんとうの意義。真の意味。true meaning

**しん-ぎ【▽清規】**《仏教語》禅宗寺院の共同生活の規則。対義 宗規。

**しん-ぎ【審議】**(名・サ変他) 詳しく評議すること。deliberation

**じん-き【人気】** その地方の気風。tone of a locality 比較 人気。

**じんき【神▼亀】** 奈良時代の年号。養老から改元。元年(七二四)二月四日〜六年(七二九)八月五日。次に、天平に改元。

**じん-ぎ【仁義】** ①儒教の道徳概念で、孟子の中心的な思想。仁は博愛の徳、義は悪を恥じ理非を判ずる徳を意味し、いずれも生得のものと説く。②人の行うべき道徳。礼儀上、他人に対してなすべきつとめ。用例 —に欠けた行為。③ばくち打ち・てきやなどのあいだで行われる特殊な作法・あいさつ。用例 —をきる。

**じん-ぎ【神▼祇】** 天の神と地の神。天神地祇。

**じん-ぎ【神器】**《古くは「しんぎ」とも》神から受け伝えた神聖な宝器。とくに、三種の神器。

**しんき-いってん【心機一転】**(名・サ変自) 気の向け方が、がらりと変わること。turn over a new leaf

**じんぎ-いん【神▼祇院】** 旧制下、神道国教主義により国民教化を図った内務省の外局の機関。昭和一五年(一九四〇)神社局から昇格。戦後廃止。

**しんぎ-かい【審議会】** 国や地方自治体などが学識経験者などに委嘱して不定期的に開く会議。事務局の提出する原案の検討を行うのが通例。advisory committee

**じんぎ-かん【神▼祇官】** ①律令制下、太政官とならぶ官庁。朝廷の祭祀を担当、全国の神社を管理。②太政官七官の一つ。神祇・祭祀などを管掌。明治元年(一八六八)設置。同四年(一八七一)神祇省と改称。

**しん-ぎく【新菊】** ①新しく芽を出したキク。chrysanthemum in bud ②シュンギクのなまり。

**しんき-くさ・い【辛気臭い】**(形) もどかしい。くさくさする。boring

**しんき-こうしん【心▼悸▼亢進】** 心臓の拍動が速く強くなること。発熱・貧血・過労、各種の心疾患で起こるほか、酒・タバコなどのとりすぎもその原因となる。動悸。palpitation

**しん-きじく【新機軸】** 新しい企画・方法・くふう。new departure 用例 —を打ち出す。

**しん-きしつ【辛棄疾】**(一一四〇〜一二〇七) 中国、南宋の詞人。号は稼軒。歴城の人。時事を嘆く激烈な詞風で、蘇軾以後の第一人者。詞集『稼軒長短句』。

**しんぎしゅう【新義州】** 北朝鮮(朝鮮民主主義人民共和国)、平安北道西部、鴨緑江下流の商工業都市。国境都市。水陸交通の要地として重要。シンウィジュ。

**しんき-しょう【心気症】** 神経症の一種。検査上ではとくに悪いところはないのに、自己の健康状態について必要以上に思い悩み、訴えを繰り返す症状。hypochondriasis

**じんぎ-しょう【神▼祇省】** 明治初期の政府機関の一つ。明治四年(一八七一)神祇官に代わり設置、神祇・祭祀・神社行政などを管掌。

**しんぎ-しんごんしゅう【新義真言宗】** 覚鑁を宗祖とする真言宗の一派。根来山大伝法院を本山として加持身説法を唱えた。のち智山派・豊山派に分裂。

**ジンギス-カン【成吉思汗】** →チンギス＝ハン

**ジンギスカン-りょうり【ジンギスカン料理】** スパイス入りのたれにつけた羊肉の鉄板焼き。モンゴルの遊牧民の料理に由来するともいわれる。

**しんき-まきなおし【新規▼蒔(き)直し】** 新しくやり直すこと。start afresh

**しんぎ-みりょう【審議未了】** 提出案件が審議期間中に議決にいたらず、継続審議にもならないこと。国会で審議未了の案件は会期の終了とともに廃案となる。shelve a bill

**しんきゅう【▼鍼▼灸・針▼灸】** 古代中国を起源とする心身の病気の物理療法。鍼(針刺)・灸(温熱刺激)によって治療する。資格取得者が行う。acupuncture and moxibustion

**しん-きゅう【進級】**(名・サ変自) 学年・等級などが上へ進むこと。promotion

**しん-きゅう【新旧】** ①新しいことと古いこと。old and new ②新暦と旧暦。③新教と旧教。

**しんきゅう-せいど【審級制度】** 一つの訴訟事件または決定・命令事件を、異なる階級の裁判所によって反復審判させる上訴制度。日本では三審制度を採用。the instance system

**しんきゅう-ろんそう【新旧論争】**《Querelle des Anciens et des Modernes(フランス)の訳》一七世紀末から一八世紀初めのフランスで、ギリシア・ラテンの古典文化と当時の文化との優劣に関して起こった論争。近代派ペローと古典派ボワローが争ったのが初め。古典文学への崇拝が否定され、進歩の観念が確立、啓蒙主義が促進された。

**しん-きょ【新居】** 新しく建てた、または移った家。one's new house 対義 旧居。用例 —を構える。

**じん-きょ【▼腎虚】**《本来は漢方の病名》過度の房事などによる衰弱症。

**しん-きょう【心境】** ①心のあり方。気持ち。mental state 用例 —の変化。②ある条件のもとでの心のあり方。

**しん-きょう【信教】** 宗教を信じること。信仰。religious belief 用例 —の自由。

**しん-きょう【神橋】** 神社の境内や神殿にかけた橋。

**しん-きょう【神鏡】** ①神体として祭る鏡。②八咫の鏡の別称。

**しん-きょう【進境】** 進歩・上達して到達した境地。進歩・上達のようす。improvement 用例 —著しい。

**しん-きょう【新教】** キリスト教プロテスタント諸教派の日本での呼称。対義 旧教。

**しんきょう【新京】** 中国、東北地区、吉林省の省都長春の旧称。旧満州国時代の首都。

**しん-ぎょう【心経】**『般若心経』の略。

**じん-きょう【人境】** 人間の住んでいる所。人界。

**しんきょうウイグル-じちく【新▼疆ウイグル自治区】** 中国北西部、ウイグル族の自治区。首都は烏魯木斉。タリム・ジュンガル両盆地を中心に砂漠が広がる。灌漑農業と牧畜がさかん。石油・石炭などの鉱産資源も豊富。人口一三〇八万(一九八四)。シンチヤンウイグル自治区。

**しんきょう-げきだん【新協劇団】** 昭和九年(一九三四)村山知義らが設立。社会主義リアリズムの作品を上演し、弾圧により強制解散。戦後再建されたが、同三四年(一九五九)中央芸術劇場と合併し東京芸術座となる。

**しんきょうごく【新京極】** 京都市中京区にある地区。映画館・劇場・みやげ物店などの多い繁華街。

**しんきょう-しょうせつ【心境小説】** 作者の身辺の事実や心境を描いた、観照性の高い小説。

**しん-ぎょう-そう【真行草】** ①漢字の書体で、真書(＝楷書)・行書・草書の三体のこと。②絵画・生け花・俳諧などで、表現の三種の形式をいう。真は正格、草は風雅に崩したもの、行はその中間。

**しんきょう-と【新教徒】** 一六〜一七世紀の宗教改革の結果成立した、ルターやカルバンの福音主義的信仰を奉ずる信徒。プロテスタント。Protestant

**しんきょう-の-じゆう【信教の自由】** 宗教を信じる、または信じない自由。憲法二〇条によって保障される。freedom of religion

**しん-きょく【新曲】** 新作の歌曲・楽曲。new piece



▼常用漢字表外。 ▽常用漢字表の音訓外。

**しんきょく【神曲】**《原題 La Divina Commedia(イタリア)》ダンテの代表作。長編叙事詩。一三〇七～二一年作。原題は『喜劇』で、「神聖な」という形容詞は後世に付加させられたもの。地獄・煉獄・天国の三部からなって、初めはラテンの大詩人ウェルギリウスに、のちには永遠の女性ベアトリーチェに導かれ、三界を巡ったあとで、詩人は至高天に達する。

**しんきょくうらしま【新曲浦島】**長唄の曲名。坪内逍遥作の『新曲浦島』の長唄化。序曲は杵屋六左衛門と杵屋勘五郎が作曲。明治三九年(一九〇六)初演。

**しんき-ろう【蜃気楼】**《「蜃」は大ハマグリ、またはミズチ。それがはく息から現れると考えられた》砂漠や海上で、見えないはずの風景が遠くにぼんやりと浮き上がったように見える現象。日射により地表付近の大気に密度差ができ、光が異常屈折するため。mirage →写

●蜃気楼 西ドイツ、シュレスビヒ-ホルシュタイン。

**しんきろん【慎機論】**江戸後期の幕政批判書。渡辺崋山著。天保九年(一八三八)成立。未定稿。幕府の異国船打払令を憂慮してその政策を強く批判。蛮社の獄で処罰の理由となった。

**しん-きん【心筋】**心臓の筋層を構成する筋肉。横紋筋であるが不随意筋。cardiac muscle

**しん-きん【伸筋】**関節をはさんで骨と骨とを連絡する骨格筋のうち、その収縮によって、関節で二つの骨のなす角度を平角(一八〇度)に近づかせるための筋肉。その反対に零度に近づかせるものが屈筋。extensor

**しん-きん【真菌】**↓しんきんしょくぶつ(真菌植物)

**しん-きん【宸襟】**天子の心の敬称。叡慮。用例 —を悩ましたてまつる。

**しん-きん【親近】**㊀(名)①身寄り。縁者。relative ②近臣。側近。attendant ㊁(名・サ変自)親しみ、近づくこと。familiar

**しん-ぎん【呻吟】**(名・サ変自)苦しみ、うめくこと。苦悩。moaning 用例 病床に—する。

**しんきん-えん【心筋炎】**心筋の炎症。とくに小児に多い。以前は、リューマチ熱・ジフテリアに続発する場合が多かったが、最近は、各種ウイルス感染症や川崎病の経過中や回復期に発病するものが増えている。主症状は発熱・呼吸速迫・胸痛。myocarditis

**しんきん-かん【親近感】**身近な感じ。したしみ。feeling of affinity

**しんきん-こうそく【心筋梗塞】**心臓に栄養を送る冠状動脈の閉塞などにより、血行が止まり、その支配域の心筋が酸素欠乏により急激に壊死に陥る状態。myocardial infraction

**しんきん-しょう【真菌症】**カンジダやカビなどの真菌によっておこる病気の総称。皮膚真菌症・ノカルジア症・カンジダ症などがある。mycosis

**しんきん-しょくぶつ【真菌植物】**菌類の中から細菌類と変形菌類を除外したもの。鞭毛菌類・接合菌類・担子菌類・子嚢菌類・不完全菌類からなる。葉緑素がなく、病原体となるものもある。病原性のものは不完全菌類に多い。真菌類。

**しんきん-るい【真菌類】**↓しんきんしょくぶつ(真菌植物)

**しん-く【辛苦】**(名・サ変自)苦労すること。骨折り。hardships 用例 艱難—。

**しん-く【深紅・真紅】**濃い紅色。真っ赤。crimson 用例 —の優勝旗。

**シンク【sink】**台所や洗面所の水槽。

**しん-ぐ【寝具】**寝るときに使う用具の総称。ふとん、枕など。夜具。bedding 数え方 一式・一揃い。

**シング【John Millington Synge】**(一八七一～一九〇九)アイルランドの劇作家。近代劇運動に参加。農漁民の生活を方言・俗語を交え、詩的に描いた。戯曲『海へ騎り行く人々』『西の国の人気者』など。

**シング【Richard Laurence Millington Synge】**(一九一四～)イギリスの生化学者。濾紙クロマトグラフィーの創始者。一九五二年ノーベル化学賞受賞。

**じん-く【甚句】**日本の郷土民謡の一形式。節は地方ごとで一定しない。用例 米山—。秋田—。

**しん-く-い【身口意】**《仏教語》身体(行動)と口(言語)と心(意志力)の三つの働きの総称。人間の日常生活の基本とされる。三業。

**しんくい-むし【心食虫】**ナシやリンゴなどの果実に侵入して食害するガの幼虫。メイガ類・ハマキガ類など。日本全土に分布。

**しん-くう【真空】**①本来は、気体分子などの物質がまったく存在しない空間をいう。技術的には、水銀柱で$10^{-6}$㎜以下の真空度が可能。vacuum ②仏教で、すべての事物の実相が空であること。③作用やはたらきのまったくおよんでいない空白状態。blank

**しん-ぐう【新宮】**本宮から分霊した神社。今宮。若宮。

**しんぐう【新宮】**〈市〉和歌山県南東端、熊野川河口にある市。熊野速玉大社(新宮)の門前町として発達。旧城下町。熊野川流域の木材集散地。人口三万六九二八(一九八八)。

**しんぐう【新宮】**〈町〉兵庫県西部、揖保川中流の町。播州手延べそうめんの産地。人口一万七七三七(一九八八)。

**しんぐう【新宮】**〈町〉福岡市北東隣、玄界灘に臨む町。ミカン・バラ栽培・沿岸漁業がさかん。宅地化、工業化も進む。人口一万四九八六(一九八八)。

**しんぐう【新宮】**〈村〉愛媛県北東部、銅山川に沿う村。農林業中心で、新宮茶として知られる茶の産地。人口二三〇三(一九八八)。

**じん-ぐう【神宮】**①神の宮殿。②皇祖神や皇霊を祭る格式の高い神社の称号。伊勢神宮。明治神宮。熱田神宮。用例 —外苑。

**しんくう-かん【真空管】**電子管の一つ。ガラスまたは金属の管に電極を封入し、内部を高度の真空にしたもの。電子のはたらきで検波・整流・増幅・発振などを行う。ラジオ・テレビ・コンピューターなどに用いられていたが、現在はトランジスター、ICなどにとって代わられた。vacuum tube

**じんぐう-きゅうじょう【神宮球場】**東京都渋谷区明治神宮外苑内にある野球場。大正一五年(一九二六)建設。プロ野球のほか東京六大学と東都大学が使用。第二球場が隣接。収容人員約五万二〇〇〇人。

**しんくう-けい【真空計】**希薄な気体の圧力(真空度)を測定する計器。マクラウド真空計・クヌーセン真空計・電離真空計など。低圧計。vacuum gauge

**じんぐう-こうがっかん【神宮皇学館】**神道国教化政策によって設けられた神官養成学校。明治一五年(一八八二)現在の三重県伊勢市に設立。昭和一五年(一九四〇)国立大学に昇格。戦後、廃校。同三七年(一九六二)私立皇学館大学として開校。

**じんぐう-こうごう【神功皇后】**古代の伝説的な皇后。仲哀天皇の妃。名は気長足姫。仲哀天皇が熊襲征討中に没したのち新羅に遠征、これを服属させたと伝える。

**じんぐう-じ【神宮寺】**神仏習合により神社に付属していた寺院。明治維新後、神仏分離令により独立。別当寺・神護寺・宮寺・神宮院。

**しんくう-じょうちゃく【真空蒸着】**真空中で加熱溶融した金属を、蒸気にして容器の壁などに膜状に凝縮させること。金属・プラスチックなどのめっきに利用。vacuum evaporation

**しんくう-ど【真空度】**真空の度合いを表す尺度。圧力がきわめて低い場合を高真空度という。degree of vacuum

**しんくうとうけつ-かんそう【真空凍結乾燥】**↓とうけつかんそう(凍結乾燥)

**しんくうとうけつかんそう-やさい【真空凍結乾燥野菜】**真空容器の中で、マイナス三〇～四〇℃で冷却した野菜を脱水したもの。水分を加えると元にもどる。味・香り・栄養価もそこなわれない。vacuum freeze-dried vegetable

**しんくう-パック【真空パック】**食品などを、気密性の高い包装材料を用い、内部を真空にして封入したもの。真空包装。vacuum packing

**じんぐう-ぶんこ【神宮文庫】**伊勢神宮付属の図書館。旧内宮文殿の図書をもとに、林崎文庫・宮崎文庫などを併合。神道関係の記録文書および国史書を収蔵。

**しんくう-ほうそう【真空包装】**↓しんくうパック(真空パック)

**しんくう-ほうでん【真空放電】**希薄な気体の中で起こる放電。気体特有の色で発光。陰極線・陽極線・X線などの発見のてがかりとなった。ネオンサインや蛍光灯などに応用。vacuum discharge

**しんくう-ほうでんかん【真空放電管】**ガラス管中に一対の電極を取り付け、きわめて圧力の低い気体を封じた放電管。真空度が水銀柱で一〇㎜程度のガイスラー管、〇・〇一㎜以下のクルックス管などがある。vacuum discharge tube

**しんくう-ポンプ【真空ポンプ】**真空を得るために、気体を吸引・排出する装置。必要な真空度によって、各種圧縮機から拡散ポンプ・分子ポンプまである。vacuum pump

**しんくう-みょうう【真空妙有】**仏教の根本思想の一つ。一切の事物・現象は因縁によって生滅するものであり、我とか実体というもののない空であるが、その空というとらわれのない立場からすれば、無差別にあるがままに存するのであるとする思想。

**しんくう-ようかい【真空溶解】**大気圧以下に減圧した状態で金属を溶解する方法。溶融金属中に存在するガスなどの揮発性不純物を除去するために行う。vacuum melting

**ジングシュピール【Singspiel(ドイツ)】**歌芝居。一八世紀ドイツの初期のオペラ形式。ドイツ語でうたわれ、多くの地のせりふも用いられる、喜劇的な内容。

**ジンクス【jinx】**①縁起の悪いこと。不吉をもたらすもの。②決まってそうなると思われている、よくない事柄。用例 —を破る。

**シンク-タンク【think tank】**政府や企業から調査や研究を委託され、その成果・情報などを売る企業や研究所。頭脳集団。頭脳工場。

**シングル【single】**①単一。ひとり用。対義 ダブル。②片前の上着。対義 ダブル。③「シングルヒット」の略。④「シングル幅」の略。⑤ウイスキーなどの量の単位の一つ。約三〇㎖。対義 ダブル。⑥独身者。

**シングル-カフス【single cuffs】**一重の袖口。折り返っていないもので、重ねてボタン留めにしたもの。対義 ダブルカフス。

**シングル-カラー【single collar】**ワイシャツの襟型の一つ。スタンドカラー(立ち襟)の一種で、襟先だけを折り返したもの。

**シングルス【singles】**テニス、卓球、バドミントンなどで、一人対一人で行う試合。シングル。対義 ダブルス。

**シングルズ【singles】**結婚しない、あるいは結婚しようとしない人々。家族・家庭のあり方の変化にともない、アメリカをはじめとする先進諸国で急増している。単身者。

**シングル-はば【シングル幅】**織物の幅の規格。洋服地で、約七一㎝(＝二八インチ)あるいは、九二㎝(＝三六インチ)。比較 ヤール幅。対義 ダブル幅。

**シングル-ヒット**《和製語》野球で、打者が一塁まで出塁できた安打。単打。single; one-base hit 対義 ロングヒット。

**シングル-ブレスト**《和製語》洋服の前身頃の打ち合わせ方の一つ。一列のボタンで留めるようになったもの。片前。単にシングルともいう。single-breasted suit 対義 ダブルブレスト。

**シングル-ベッド【single bed】**一人用の寝台。JIS規格では、幅は九〇㎝と一〇〇㎝と一〇五㎝の三規格、長さは一九〇㎝と一九五㎝と二〇〇㎝と二〇五㎝の四規格。比較 ダブルベッド。

**ジングル-ベル【Jingle Bells】**《そりの鈴、の意》アメリカ民謡の題名。クリスマスなどに歌われる。

**シンクレア【Upton Sinclair】**(一八七八～一九六八)アメリカの小説家。社会主義の立場から資本主義下の社会悪を暴露した。作品『ジャングル』、『ラニー＝バッドの帰還』など。

**シンクレティズム【syncretism】**①互いに異なる宗教や哲学を折衷し調和させようとする試み。折衷主義。②各種の信仰がまじりあって受け入れられている状況。重層信仰。

**シンクロ**(名・サ変自他)《synchronize; synchronizedの略》①同時に起こること。また、

そのようにつくったもの。②↓シンクロナイズ

**シンクロ-サイクロトロン**【synchrocyclotron】荷電粒子を加速する装置の一つ。荷電粒子の回転周期に合わせて加速電場の高周波を変調し、より高エネルギーまで加速できるようにしたサイクロトロン。参照シンクロトロン・サイクロトロン。

**シンクロ-シート**【synchro-sheet】《商標名》表はふつうの印刷物で、裏に録音できる磁性材料が塗ってあるシンクロリーダー用紙。読むと同時に聞くことができる。

**シンクロスコープ**【synchroscope】《商標名》パルス波形をブラウン管に静止させて観測する測定器。

**シンクロトロン**【synchrotron】加速器の一種。電子や陽子などの荷電粒子を加速し、高いエネルギーの粒子線を得る装置。一九四五年、ベクスラーとマクミランがそれぞれ独立に発明。

**シンクロトロン-ほうしゃ**【シンクロトロン放射】磁場の中を回転運動する速度の速い電子が、電磁波を放出する現象。また、その放射。synchrotron radiation

**シンクロナイズ**【synchronize】(名・サ変自他)＝シンクロ。①映画で、撮影と録音を同時に行い、あとで一本のフィルムにまとめること。同時録音。対義アフレコ。②カメラのシャッターの開閉とフラッシュ・ストロボなどの発光を連動させること。同調。

●シンクロナイズドスイミング

**シンクロナイズド-スイミング**【synchronized swimming】水泳競技の一つ。音楽に合わせ、水中や水面での泳ぎの技術・調和・美しさなどを競う。ソロ・デュエット・チームの三種目があり、自由・規定演技の得点を合わせて順位を決める。↓写

**しん-くん**【神君】①徳・功績のある君主。②徳川家康の死後の敬称。東照神君。

**しん-くん**【新訓】新しい読み方。対義古訓。

**しん-ぐん**【進軍】(名・サ変自)軍隊が進むこと。また、進めること。march

**じん-くん**【仁君】めぐみ深い君主。

**しん-け**【新家】①分家。別家。しんや。②慶長年間(一五九六～一六一五)以後の新しい公卿の家柄。花園・武者小路など。

**しん-けい**【神経】①身体各部と中枢との間の刺激・興奮を相互に伝える器官。全身に網目状に分布して知覚・運動・分泌などをつかさどり、動物の個体を一個の行動体として統一する。狭義には、末梢神経線維の束をいう。nerve 用例反射—。②過敏な心の作用。nervous 用例—質。③心のもち方。気持ち。心配り。sense 用例—が太い。無—。

**神経に触る**(しんけいにさわる) 気をいらだたせる。気に障る。get on one's nerves 比較癪に障る。

**神経を逆撫でする**(しんけいをさかなでする) 相手の気持ちをいらだたせるようなことを、言ったりしたりする。get on one's nerves

**神経を尖らせる**(しんけいをとがらせる) 気持ちをぴりぴりさせる。気を張りつめる。過敏になる。get nervous

**しん-けい**【▼晨鶏】夜明けを告げるニワトリ。

**しんけい**【心敬】(一四〇六～七五)室町中期の歌人・連歌師。紀伊の人。権大僧都。正徹に師事。枯淡幽玄な連歌を残し、和歌・連歌・仏道の三者一如を説いた。連歌論『ささめごと』『老のくりごと』、句集『芝草』など。

**じん-けい**【仁兄】手紙で、同輩を親しんでよぶ語。

**じん-けい**【仁恵】いつくしみ。めぐみ。

**じん-けい**【陣形】①戦闘の隊形。陣立て。formation ②碁・将棋などの、石やこまの陣構え。

**しんけい-えん**【神経炎】末梢神経の炎症。弛緩性麻痺・筋萎縮・知覚障害などの症状がある。neuritis

**しんけい-かかん**【唇形花冠】合弁花冠の一種。筒状の花の先が上下に分かれ、くちびるの形をしたもの。オドリコソウ・ホトケノザ・キツネノマゴなど。

**しんけいがさいぼう-しゅ**【神経芽細胞▼腫】副腎髄質または交感神経節にできる悪性腫瘍。一〇歳以下の小児に多く、腹部の大きな腫瘤が特徴。転移しやすい。neuroblastoma

**しんけいかさねがふち**【真景▽累ケ▼淵】落語の題名。根津七軒町の針医皆川宗悦が、貸し金の取り立てから、旗本深見新左衛門に殺される事件を発端にした長編の怪談噺。三遊亭円朝の作。速記本から脚色され、舞台化されたものも多い。

**しんけい-ガス**【神経ガス】人間の神経系統を麻痺させる、無色無臭の有機燐系致死性ガス。GガスやVXが代表的。nerve gas

**しんけい-かびん**【神経過敏】(名・形動)神経の働きが、鋭すぎること・さま。気を遣いすぎること・さま。oversensitiveness

**しんけい-かん**【神経管】中枢神経系の発生初期のもので、神経板となったあと閉じてできる管。やがて脳と脊髄に分化。脊椎動物および原索動物にみられる。髄管。neural tube

**しんけい-けい**【神経系】動物体の各器官を相互に連絡し、全体の調節と統合をはかる神経組織。ニューロンを構成単位とする。脳や脊髄からなる中枢神経系と、身体各部へと分布する末梢神経系とがある。nervous system ↓図

**しんけいこう-さいぼう**【神経▼膠細胞】中枢神経系の組織を支持する細胞。神経細胞の物質代謝に関与し、傷害・炎症時には増殖して細胞の修復をはかる。neuroglial cell

**しんけいこう-はいく**【新傾向俳句】明治四〇年代に流行した俳句。河東碧梧桐が中心。季題趣味を離れ、作者の感興や実感を内面的に表現する。のち自由律俳句に移行。

**しん-けいざいせいさく**【新経済政策】↓ネップ(NEP)

**しんけい-さいぼう**【神経細胞】細胞体・樹状突起・軸索からなるニューロンから突起を除いた部分。ニューロンをさすこともある。細胞体。nerve cell

**しんけい-しつ**【神経質】(名・形動)①神経症をおこしやすい性格や体質。わずかな刺激にも敏感で、感情的に反応し、病的になりやすい。nervousness ②細かいことを気にすること・性質。nervous temperament; nervousness

**しんけい-しゅうまつ**【神経終末】神経線維(軸索)の末端部。感覚神経線維では、枝分かれするものと特殊な構造のものとがある。運動神経線維は枝分かれし、腺細胞や筋肉に接する。終末がさらに他の神経細胞と連絡するものはシナプスといい、これと区別。nerve ending

**しんけい-しょう**【神経症】心理的な原因から頭痛・動悸・不眠などをおこす疾患。精神病と違い人格が障害されず、身体的異常は認められない。ノイローゼ・神経衰弱・ヒステリーの類。neurosis

**しんけい-しょう**【神経▼鞘】末梢神経系の軸索を包む薄い層で、シュワン細胞が多数かわら状にまきついたもの。シュワン鞘。neurilemma

**しんけい-すいじゃく**【神経衰弱】①心身の過労によって内外の刺激に過敏となることからくる症候群。疲労感・めまい・不眠などを訴える。neurasthenia ②同種のカードをめくり当てるトランプ遊び。

**しんけいせい-しょくよくふしんしょう**【神経性食欲不振症】神経症の一種。精神的な要因で食欲が極度に低下、食物を受けつけない状態。若い女性に多く、専門的治療が必要。拒食症。anorexia nervosa

**しんけい-せつ**【神経節】末梢神経系の途中にあるふくらんだ部分で、神経細胞と神経線維の集合した節状のもの。ganglion

**しんけい-せん**【神経戦】神経を疲れさせて、心理的に敵の戦意をくじく戦術。psychological warfare

**しんけい-せんい**【神経線維・神経繊維】神経細胞から出ている突起のうち比較的長いもの(軸索)をいう。刺激の伝達路で、ヒトの坐骨神経では一mに達する。nerve fiber

**しんけい-そう**【神経▼叢】いくつかの神経が合わさってできる複雑な網状集合体。神経線維成分の交換や混交を行う。plexus of nerves

**しんけい-そしき**【神経組織】神経系を構成する組織。ニューロンとそれを支持する神経膠よりなり、おもに刺激や興奮の伝達を行う。nervous tissue

**しんけい-たんい**【神経単位】↓ニューロン

**しんけい-ちゅうすう**【神経中枢】集中神経系で中枢部となっている、脳・脊髄などからなる部分。ふつうには中枢神経系のことをさす。nerve center 対義末梢神経。

**しんけい-つう**【神経痛】神経の走行経路およびその支配領域に起こる発作的な痛み。三叉神経痛・坐骨神経痛・肋間神経痛など。neuralgia

**しんけい-でんたつぶっしつ**【神経伝達物質】ニューロンの末端部シナプスから放出される化学物質。ニューロン間の情報伝達をになう。アセチルコリン・アドレナリンなど。neurotransmitter

**しんけい-とっき**【神経突起】神経細胞からのびた長い突起。神経突起の末端は枝分かれしてシナプスとなり神経細胞の興奮を伝えてゆく。neurite

**しんけい-はい**【神経▼胚】脊椎動物にのみみられる胚の発生過程。発生初期の、神経板を形成する時期から、それが神経管となる時期までの胚。神経管は脳と脊髄に分化する。neurula

**しんけい-ばいどく**【神経梅毒】梅毒スピロヘータによって起こる神経系の病気。神経組織の冒され方のちがいから、無症候性梅毒・髄膜血管性梅毒・実質性神経梅毒などに分類される。neurosyphilis

**しんけい-ばん**【神経板】脊椎動物および

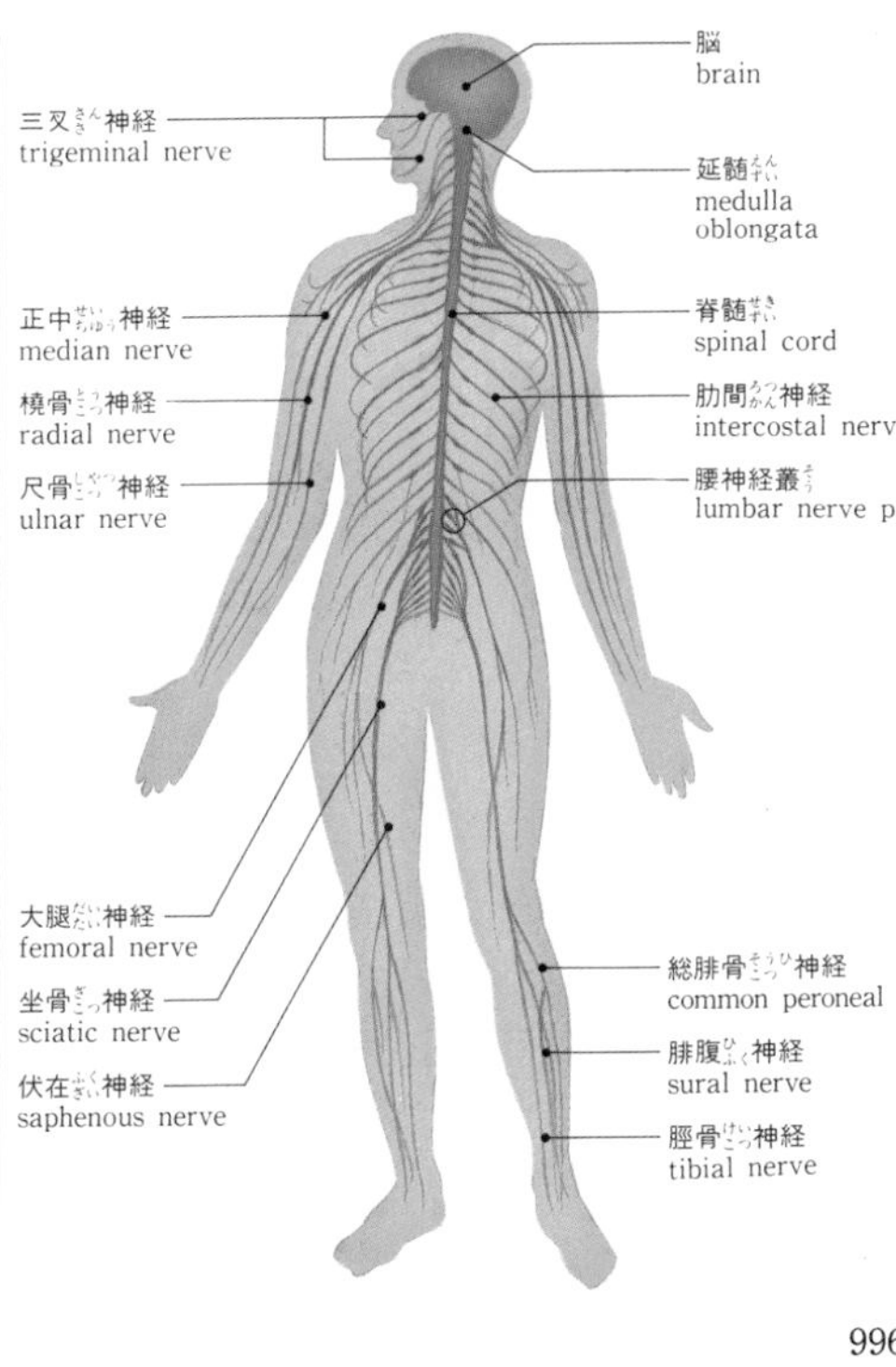


●神経系　人の神経系

▼常用漢字表外。　▽常用漢字表の音訓外。

原索動物で、原腸形成後、脊索に接する外胚葉が肥厚してできる板状の部分。発生が進むにつれて、両端が隆起・合着し、神経管になる。neural plate

**しんけい-ひふえん【神経皮膚炎】** 神経が過敏になり、わずかの刺激でかゆみを覚え、かくために皮膚が肥厚し苔癬化する皮膚病。neurodermatitis

**しんけい-びょう【神経病】** 神経系の病気の総称。nervous disease

**しんけい-ブロック【神経ブロック】** 知覚・自律神経の走行途中に局所麻酔剤・神経破壊剤を注入し、一時的または永続的に痛みを除いたり自律神経を調整したりすること。nerve block

**しんけい-ぶんぴつ【神経分泌】** 神経細胞が、ホルモンを生産し、血中に分泌する作用。neurosecretion

**しんけい-まひ【神経麻▼痺】** 脳または脊髄から出た神経が、末梢への伝導途中で障害され、運動や知覚の異常を招くこと。nerve paralysis

**しん-ケーエスこう【新KS鋼】** 昭和九年(一九三四)、本多光太郎・増本量らの発明した磁石鋼。コバルト二〇～四〇%、ニッケル一〇～二五%、チタン八～二五%を含む。new KS steel

**しん-げき【進撃】**(名・サ変自) 前進して攻撃すること。charge [比較]出撃。[対義]退却。

**しん-げき【新劇】** 日本の現代演劇の一つ。ヨーロッパの近代劇運動の影響下に生まれた新しい演劇ジャンル。能・歌舞伎などの伝統芸能と断絶し、新派劇の方向とも違う現代劇。明治末の坪内逍遥・島村抱月や小山内薫らによる新劇運動以来の歴史がある。

**しん-けつ【心血】** 心のありたけ。全精神。one's heart and soul [用例]――を注いだ作。

**しん-げつ【新月】** ①陰暦のついたち。②陰暦で、月の初めのころに出る月。new moon [比較]三日月。③東方にのぼりはじめた月。④↓さく(朔)③

**じん-けつ【人傑】** 知恵や実行力の非常にすぐれた人物。傑物。えらぶつ。remarkable man

**じん-けっかく【▼腎結核】** 結核菌の腎臓への感染で起こる病気。膀胱炎で発病し、多くは膿尿・血尿で発見される。renal tuberculosis

**じん-けっせき【▼腎結石】** 腎臓内に燐酸塩などの結石のできる疾患。疝痛があり、血尿を伴うことがある。renal stone

**じんけっせきはさい-そうち【▼腎結石破砕装置】** 強力なエネルギーをもった超音波で、体を傷つけずに腎結石を粉々に砕く装置。一分間に七〇回前後の衝撃を結石に与えて破砕する。

**しん-けん【神剣】** ①神から授かった剣。神に供えた剣。②三種の神器の一つ、「天の叢雲の剣」のこと。

**しん-けん【神権】** ヨーロッパ近世において、統治者の権力は神から与えられた神聖な権利であるとする政治的観念。divine right

**しん-けん【真剣】** ㊀(名) ほんものの刀。real sword [用例]――勝負。㊁(名・形動) 物事に対する取り組み方が本気であること。また、そのさま。まじめ。serious

**しん-けん【親権】** 未成年の子に対して親が有する身分上・財産上の権利義務の総称。parental authority

**しん-げん【進言】**(名・サ変他) 意見を申し上げること。献言。advice

**しん-げん【深玄】**(名・形動) 奥深いこと・さま。幽玄。深奥。

**しん-げん【▼箴言】** ㊀教訓をふくんだ短い句。いましめのことば。格言。proverb; maxim ㊁『旧約聖書』中の一書。伝統的にソロモン王の作とされ、古代イスラエルの伝統的経験知に基づく教訓・格言などを収録。Proverbs

**しん-げん【震源】** ①地震波が発生した地下の場所。hypocenter [比較]震央。②《比喩的に》事件などが発生したもと。ことの起こり。[用例]この事件の――を探せ。

**しん-げん【森厳】**(形動) きびしく、おごそかなさま。solemn [用例]――な境内の空気。

**じん-けん【人絹】**《「人造絹糸」の略》レーヨン。

**じん-けん【人権】** 人間である以上、当然のこととして保障されなければならない自由・平等などの権利。基本的人権。human rights

**しんげん-かほう【信玄家法】** 戦国時代の分国法の一つ。甲斐の武田氏の家法。天文一六年(一五四七)武田信玄制定の五五か条が中心。

**しんけん-さ【真剣さ】** 真剣なこと・程度。seriousness

**しん-けんざい【新建材】** おもに工業生産によって商品化された新しい建築材。加工を工夫したもの、材料の建築部位への用途を新しくしたもの、新しい原材料を組み合わせたものなどがある。モルタル・プリント合板・テックスなど。ピータイル。synthetic building material

**じんけん-しそう【人権思想】** 人間ならばだれでも当然もっている権利(基本的人権)があるとする考え。idea of human rights

**しんけん-しゃ【親権者】** 未成年の子に対して親権をもち、それを行使する者。婚姻中の父母は共同して親権者となる。person in parental authority

**じんけん-じゅうりん【人権▼蹂▼躙】** 国家権力が憲法の保障する基本的人権をおかすこと。また、使用者・顔役・マスコミなどが、弱い立場の人を不当にあつかうこと。人権侵害。violation of human rights

**じんけん-しんがい【人権侵害】** ↓じんけんじゅうりん(人権蹂躙)

**しんけん-せいじ【神権政治】** 支配者がその権力は神から与えられたものと規定し、人民の絶対的服従を強制する君主専制政治。theocracy

**じんけん-せんげん【人権宣言】**(Déclaration des Droits de L'Homme et du Citoyen フランス) フランス革命初期の一七八九年、憲法制定国民議会が採択した宣言。ミラボー・ラ＝ファイエット・シエイエスらが起草。前文と一七条から成り、自由・平等・人民主義・三権分立・所有権不可侵などを規定。アメリカ独立宣言とともに民主主義の規範とされる。

**しんげん-ち【震源地】** 地震発生の中心となった地点。hypocenter

**じんけんにかんする-せかいせんげん【人権に関する世界宣言】** ↓せかいじんけんせんげん(世界人権宣言)

**じんけん-ひ【人件費】** 労務に関して支払われる経費の総称。給与・手当・交通費など。personnel expenses [対義]物件費。[用例]――が安い。――がかさむ。

**しんげん-ぶくろ【信玄袋】** 底に平らな板などを入れ、口にひもを通してしめたやや大形の手さげ袋。武田信玄が弁当(二つ重ね弁当箱)を入れるのに用いたところからの名という。明治中期から流行。合切袋。↓[写]

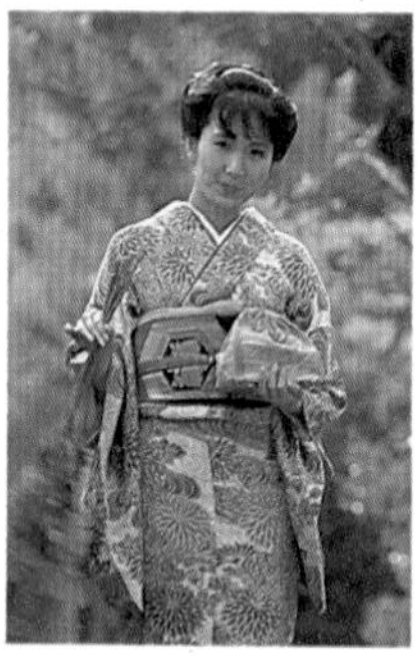

●信玄袋

**しん-けんぽう【新憲法】** 旧憲法(＝大日本帝国憲法)に対する日本国憲法の通称。

**しんけん-み【真剣味】** 真剣なこと・気持ち。serious-mindedness [用例]――に欠ける。

**じんけんようご-いいん【人権擁護委員】** 人権の侵犯を監視・救済し、人権思想の普及高揚に努めるために、法務大臣の委嘱で全国市区町村に置かれる無給の公務員。

**しん-こ【新古】** 新しいことと古いこと。新しいものと古いもの。

**しん-こ【新▽香】**《「しんこう」の転》こうのもの。つけもの。おしんこ。pickles

**しん-こ【▼糝粉】** ①精白うるち米を水に浸して軟らかにし、乾燥して粉末にしたもの。もち菓子の材料。新粉。②「しん粉もち」の略。

**しんこ** コノシロの幼魚。

**しん-ご【新語】** ㊀①新しくつくられ、使われることば。new word [比較]造語。②はじめて習うことば。新出語。new word ㊁中国、前漢の陸賈が著した儒家思想を説く書物。現存一二編、二巻。『論語』『春秋』に基づく議論が多い。『陸賈新語』。また、南北朝宋の劉義慶の『世説新語』をさすこともある。

**じん-ご【人後】** 人の後ろ・下位。behind others

**人後に落ちない** 人にひけをとらない。be second to none

**じん-ご【人語】** ①人間のことば。human speech [対義]天声。[用例]――を解する。②人の話し声。talking voice

**じん-ご【▼壬午】** 干支の一九番目。暦に対応させ、壬午にあたる年または日のこと。みずのえうま。

**ジンゴイズム【jingoism】**《イギリス首相ディズレーリを支持した保守党員の名から》狂信的好戦的な愛国主義。主戦論。[比較]ショービニズム。

**しん-こう【申▼誥】** 訓戒を垂れること。

**しん-こう【侵攻・侵▼寇】**(名・サ変他) 敵地・外国へ攻め入ること。invasion

**しん-こう【信仰】**(名・サ変他) 神仏などを信じ、尊ぶこと。信心。religious faith

**しん-こう【神幸】** 神道で、祭礼や遷宮のさい、神体がみこしなどで渡御すること。

**しん-こう【振興】**(名・サ変自他) ふるいたつこと。さかんにすること。振起。promotion [用例]学術――会議。

**しん-こう【進行】**(名・サ変自他) 進むこと。はかどらせること。advance [用例]――中の列車。

**しん-こう【進攻】**(名・サ変他) 攻め進むこと。attack

**しん-こう【進貢】**(名・サ変自他) みつぎものを差し上げること。tribute

**しん-こう【進航】**(名・サ変自) 艦船が進むこと。航進。navigation

**しん-こう【進講】**(名・サ変他) 貴人に講義すること。lecture in the Imperial presence

**しん-こう【深更】** 夜ふけ。真夜中。深夜。midnight [用例]作業が――に及ぶ。

**しん-こう【深厚】**(名・形動) 徳性などが、深くて、厚いこと・さま。benevolence

**しん-こう【深耕】**(名・サ変他) 田畑を深くたがやすこと。deep plowing

**しん-こう【新考】** 新しい考え方・研究。new idea

**しん-こう【新興】**(名・サ変自他) 新しく起こること。new [用例]――階級。

**しん-こう【親交】** 親しいつきあい・交わり。intimacy [用例]――を結ぶ。

**しん-こう【親好】** 親しく仲のよいこと。よしみ。friendship

**しん-ごう【信号】**(名・サ変自) ①前もって約束した方法で合図すること。また、その合図。signal ②色・光・音・電気・電波などを利用したり、太鼓・旗・モールス符号などで、一定の符号を用いて、遠隔地に意思を伝える方法。また、その符号。signal ③交通信号機。ゴーストップ。シグナル。signal

**しん-ごう【神号】** ①神の称号。②別名として神格を示すよび名。皇大神・大神・大明神・天神・地祇・若宮・新宮・今宮など。

**しんごう【神郷】**〈町〉岡山県北西部、新見市北西隣の町。畜産・シャクナゲの苗木栽培・林業などがさかん。人口二九九七(一九八八)。

**しんごう【新郷】**〈村〉青森県南東部、十和田市南隣の村。酪農がさかん。茶・タバコなどの産地。人口四三五九(一九八八)。

**じん-こう【人工】** 人力を加えること。人力でつくり出すこと。人造。人為。artificial [対義]自然・天然・天工。

**じん-こう【人口】** ①一定の国や地域に生存し活動する人間の総数。population ②世間の人々のうわさ。common talk [用例]――に上る。

**人口に入る** 世間の人々のうわさになる。

**人口に膾炙する**《「膾」はなます、「炙」はあぶった肉。二つともだれの口にも合うというところから》広く世間の評判になる。知れ渡る。be on everybody's lips

**じん-こう【▽沈香】** ①ジンチョウゲ科の常緑高木。高さ約二〇m。葉は長楕円形。釣り鐘状白色の花。香木として知られる。インド・東南アジア原産。②①からとる天然香料。材を数年地中にうめ、外部をくさらせ、樹脂の多い部分で製する。東洋でもっとも高価な香の一つ。上質のものを伽羅という。

**沈香も焚かず屁も放らず** 役にも立たないが、害にもならない。毒にも薬にもならない。平凡だ。His faults are few, but so as his virtues.

**じんこう-あつ【人口圧】** 人口が、その生活を支えている経済活動に比較して過剰となっていること。population pressure

**じんこう-いどう【人口移動】** 居所変更をともなう人口の地域間移動。migration

**じんこう-えいせい【人工衛星】** 地球から打ち上げられ、地球の周りを公転する人工の物体。一九五七年、ソ連が打ち上げたスプートニク一号が世界初の人工衛星。artificial satellite

**じんこう-えいよう【人工栄養】** ①母乳の代わりに牛乳・粉ミルクなどで乳児を育てること。また、その栄養分。消化・吸収の点で母乳より劣る。artificial feeding ②病人に注射などで栄養を与えること。また、その栄養分。drip

**しんこう-おう【真興王】**(五三四～五七六) 朝鮮、新羅の第二四代の王(在位五四〇～五七六)。高句麗を破り、任那を併合。寺院造営につとめ、初めて唐に留学生を派遣した。

**しんこう-かい【振興会】** 公企業の一つ。国家が政策上の必要から間接的に運営する特殊法人。私立学校振興会・日本貿易振興会など八団体。

**じんこう-かんせつ【人工関節】** 本来の関節にかわる人工材料(合成樹脂・金属・セラミックなど)の関節。人体のすべての関節で使用可能だが、股・膝の関節が多い。artificial joint

**じんこう-かんみりょう【人工甘味料】** 甘味をつけるために化学的に合成した物質。サッカリン・ソルビットなど。蔗糖に比べ甘味が強い。合成甘味料。artificial sweetener

**しんごう-き【信号機】** 信号を送る装置。道路や鉄道で、交通の円滑と安全をはかるため、色灯などを用いる。シグナル。signal

**じんこうき【▼塵▼劫記】** 江戸初期の和算書。三巻。吉田光由著。中国の『算法統宗』に基づいて日常生活に関係した計算を平易に説明。じんごうき。

**じんこうききょう-りょうほう【人工気胸療法】** 人工的に胸腔内に空気を注入して肺を萎縮させる方法。現在は肺結核の病巣位置の診断として使われる。気胸。artificial pneumothorax

**じんこう-ぎょしょう【人工魚礁】** 魚類に好適なすみ場所を与えたり、魚群を滞留させて生産性の向上をはかったりするために人工的に設置した施設。岩石やブロック・廃船などを沈める。artificial fish reef

**しんこうげいじゅつ-は【新興芸術派】** 反プロレタリア文学と芸術の自律性を旗印とした昭和初頭の文学流派。昭和五年(一九三〇)に始まるが、確たる主張や理論はなく、まもなく解体。中村武羅夫・竜胆寺雄など。

**じんこう-けいりょうこつざい【人工軽量骨材】** コンクリートの重量を軽くするために用いられる人工の骨材。頁岩・粘土、微細な灰などを焼成してつくる。artificial lightweight aggregate

**じんこう-けつえき【人工血液】** おもに赤血球の働きを代行させる人工的な液体。現在、実用化されているものとしてフルオロカーボン乳剤があるが、検討すべき点が残されている。artificial blood

**じんこう-けっかん【人工血管】** 欠損のある血管に代わる人工の血管。材質はポリエステル(ダクロン)・ポリテトラフルオロエチレン(テフロン)など。artificial blood-vessel

**じんこう-けっしょう【人工結晶】** 実験室や工場で製造される結晶。ダイヤモンドなどのほかに、天然にはない良質の結晶も作られている。人造結晶・合成結晶。artificial crystal

**じんこう-ご【人工語】** 全人類の共通語とするために、合理的につくられた言語。エスペラントなど。人工言語。artificial language 対義 自然言語。

**じんこう-こうう【人工降雨】** 人工的に雨を降らせること。また、それによる雨。ドライアイスや沃化銀などを過冷却雲中に入れて、氷晶を作る方法など。artificial rainfall

**じんこう-こうとう【人工▼喉頭】** 喉頭全摘出手術などで、声帯をなくした患者に発声の機能を与えるための器具。artificial larynx

**じんこう-こうはい【人工交配】** 人の手で行われる受精または受粉。イネ・果樹・家畜の品種改良などに利用する。artificial crossing

**じんこう-こうぶつ【人工公物】** 道路・橋など人工的につくられた公共の施設。

**じんこう-こうもん【人工▼肛門】** 直腸や大腸に障害があり排便ができないとき、腸管の途中から腹壁上に糞便の排泄口を人工的に造設したもの。artificial anus

**じんこう-こきゅう【人工呼吸】** 自然の呼吸が止まり、仮死・人事不省などの状態になったときに、蘇生するまで、外部から人工的に肺に空気を出入させる操作。artificial respiration

**じんこうこきゅう-き【人工呼吸器】** 呼吸が止まったときや極度に弱ったときに、人工的に呼吸を行わせる器械。酸素または空気に圧力を加えて、間欠的に口から肺へ送り込む。respirator

**しんこう-こくはく【信仰告白】** キリスト教で、人々の前で神に向かって信仰を表明すること。イエスをキリスト(救主)と告白することを中心に、神賛美・罪の告白・恵みの感謝・信頼・服従の決断など。自発的な告白が重視され、受洗時には必ず行われる。幼児洗礼の受領者には、一定時期に堅信式(信仰告白式)が行われる。Confession of faith

**じんこう-こつ【人工骨】** 病気・外傷などによる骨の欠損を補塡するための人工的な骨。材質はセラミックなど。artificial bone

**じんこう-こまく【人工鼓膜】** 鼓膜に穿孔がある場合、穿孔部をふさいで鼓膜と耳小骨連鎖の作用を補うように人工的に作られた薄い膜。artificial eardrum

**しんこう-さい【神幸祭】** 御神体が神輿や舟に乗って、本宮からお旅所など他の場所に渡御する祭礼。

**しんこう-ざいばつ【新興財閥】** 三井・三菱などの古い財閥に対し、昭和六年(一九三一)の満州事変後の軍需生産拡大で台頭した重化学工業中心の財閥。日産・日窒・森・理研の各コンツェルン。

**じんこう-しこん【人工歯根】** 永久歯の欠けた顎骨に人工の歯根を埋め、その上に義歯をかぶせて元歯の機能を代行させるもの。材料には主としてアルミナ・ハイドロオキシアパタイトの二つのセラミックスが使われる。artificial crown

**じんこう-じしん【人工地震】** 人工的に起こした地震。地下構造を調べるなどの目的で行う。爆薬を爆発させて弾性波を発生させ、自然地震と同じ方法で観測する。artificial earthquake

**じんこう-しば【人工芝】** 合成ゴムなどの下地素材に、合成樹脂でできたパイルを芝のように植え込んだもの。芝にくらべ手がかからないため、野球場などに多用。artificial turf

**じんこうしば-きゅうじょう【人工芝球場】** 人工芝をしきつめた野球場。

**じんこう-じばん【人工地盤】** コンクリート盤と支柱によって、操車場・浄水場などの上に造った人工の土地。

**しんこう-しゅうきょう【新興宗教】** ↓しんしゅうきょう(新宗教)

**じんこう-じゅせい【人工授精・人工受精】** 人為的に精子を注入して卵子を受精させること。畜産・養魚業で品種改良などのために利用。近年、ヒトでも特定の不妊症に対して行われる。artificial insemination

**じんこう-じゅふん【人工受粉】** 風・昆虫などが媒介する自然状態の受粉ではなく、人工的に花粉を雌しべにつけること。artificial pollination

**じんこう-しんぞう【人工心臓】** 心臓の働きを代行する人工臓器の一種。心臓手術のさいの人工心肺とは区別し、体内に設置するもの。artificial heart →写

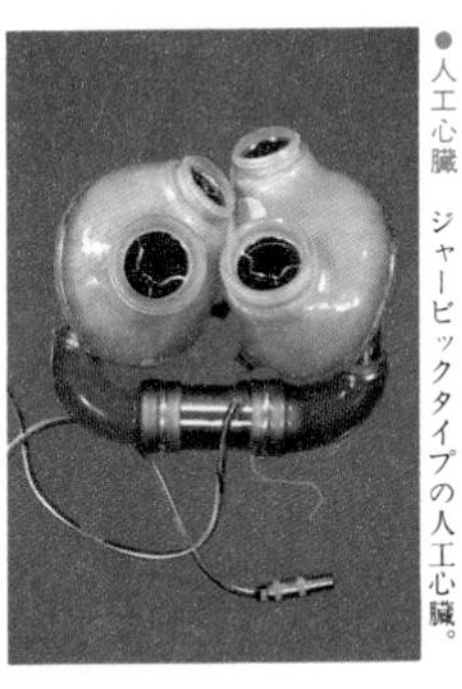

● 人工心臓 ジャービックタイプの人工心臓。

**じんこう-じんぞう【人工▼腎臓】** 腎不全などで正常な機能をもたない腎臓に代わり、血液中の老廃物を除去し、体外に排泄させる装置。artificial kidney

**じんこう-しんぱい【人工心肺】** 心臓および肺の機能を体外循環で代行する装置。この装置を使用して、心臓や大血管の手術を行う。pump-oxygenator

**じんこう-ずのう【人工頭脳】** ↓でんしずのう(電子頭脳)

**しんこうせい-きんいしゅくしょう【進行性筋▼萎縮症】** 体の筋肉が徐々にやせ衰えていく病気。主原因は筋肉の病気と神経系の障害で、脊髄性のもの、末梢神経性のもの、進行性筋ジストロフィー症、筋萎縮性側索硬化症の四つのタイプがある。progressive muscular atrophy

**しんこうせい-きんジストロフィーしょう【進行性筋ジストロフィー症】** 進行性筋萎縮症の一種。筋線維がしだいにこわれていく原因不明の遺伝性疾患。知能は正常。根本的治療法はなく、難病に指定。progressive muscular dystrophy

**じんこう-せいさく【人口政策】** 人口に関する諸問題を解決するための政策。人口の量的・質的調整、地域分散化、高齢化社会への対処など。population policy

**じんこう-せいたい【人口静態】** 一定の時点での人口の大きさ・地理的分布・構造(年齢別・職業別など)のこと。static of population 対義 人口動態。

**じんこう-ぞうき【人工臓器】** 病気や傷害などによって機能を失った臓器の代行をさせる装置。人工腎臓・人工心肺など。artificial organs

**じんこう-そざい【人工素材】** 生け花で、自然の花のままでなく、色をつけたり、変形させたりした花材。artificial material

**しんこう-たい【進行態】** 文法で、動作・作用の進行を示すときの表現。「ている」「つつある」、文語では「り」「たり」などの助動詞や補助動詞などを用いて表される。progressive form

**じんこう-ダイヤモンド【人工ダイヤモンド】** 人工的に合成したダイヤモンド。二〇〇〇℃以上で、黒鉛に数万気圧をかけて合成。一気圧以下で合成する気相合成法も開発されている。artificial diamond

**じんこう-ちのう【人工知能】** 体系的に知識を集積・学習し、推論によって問題を解決する、人間の知能の働きに近い機能をもつコンピューターシステム。自動翻訳機などが可能となる。略称AI。artificial intelligence

**しん-こうつうシステム【新交通システム】** 一九七二年アメリカの運輸省が提案したコンピューター制御の都市交通システム。実用化されたものもあるが、大半は実験に終わっている。new transportation system

**じんこう-てき【人工的】**(形動) 人力を加えてつくるさま。artificial

**じんこう-とうけい【人口統計】** 人口の状態や変動をしめす統計。人口動態統計は一定期間内での変動を、人口静態統計はある時点での状態をしめす。statistics of population

**じんこう-とうせき【人工透析】** 人工的な装置を用いて、腎不全などで体内に蓄積された有害代謝産物を除去する方法。現在はセロファン膜を介して血液を透析液に接触させる血液透析が主流。腹膜灌流・腸管灌流がある。透析。artificial dialysis

**じんこう-どうたい【人口動態】** 一定期間中の人口の変化、つまり出生・死亡・移動などの状態。movement of population 対義 人口静態。

**じんこう-とうはん【人工登▼攀】** 登山で、足場や手掛かりのない岩場にハーケンやボルトを埋め込み、あぶみなどの補助用具を用いて登ること。artificial climbing

**しんこう-どうぶつ【新口動物】** 後口動物の異名。

**じんこう-とうみん【人工冬眠】** 動物の冬眠に近い状態を人工的につくること。生体のむりな防御反応を防ぎ、ストレスに順応させて危機を脱する。artificial hibernation

**じんこう-とち【人工土地】** 埋め立てやコンクリート構造物などで、人工的につくられた土地。man-made land

**じんこう-とつぜんへんい【人工突然変異】** ↓じんいとつぜんへんい(人為突然変異)

**じんこう-にんしんちゅうぜつ【人工妊娠中絶】** 医学的処置により妊娠を中断し、胎児とその付属物を体外に排出させること。日本では優生保護法第一四条に基づき、資格のある医者が、遺伝性の病気その他、ある制約下で実施する。妊娠中絶。人工流産。abortion

**しんこう-は【進行波】** 波形あるいは波面が、時間とともに進んでいく波。progressive wave

**しんこう-はいく【新興俳句】** 昭和六～一五年(一九三一～四〇)の反伝統の俳句とその運動。水原秋桜子の反『ホトトギス』宣言に端を発し、山口誓子の方法に共鳴した俳誌『馬酔木』『天の川』『京大俳句』などが運動を展開。やがて無季俳句に移行。反戦的傾向を強め、弾圧を受けて運動は消滅。

**しんこうは-かん【進行波管】** マイクロ波電子管の一種。電子ビームを囲む回路に信号を送り、同じ方向に電子ビームを流すと相互にエネルギーの授受が行われ、マイクロ波を増幅する。



▼常用漢字表外。 ▽常用漢字表の音訓外。

traveling wave tube

**じんこう-ピラミッド【人口ピラミッド】** 人口の年齢別分布グラフ。低年齢層から高年齢層へ棒グラフを積み重ねたものがピラミッド形になることから。population pyramid

**じんこう-ふか【人工▼孵化】** ニワトリなどの家禽・カイコ・魚介類などの卵を、人為的に効率よく孵化させること。artificial hatching

**じんこう-ぶんべん【人工分▼娩】** 自然分娩が困難な場合に、帝王切開など人工的介助による出産。artificial birth

**じんこう-べん【人工弁】** 重症の心臓弁膜症の場合、変形した心臓の弁膜の代わりに使用する人工的な弁。artificial valve

**じんこう-ほうしゃせいげんそ【人工放射性元素】** 人工的に放射能をもつようにした元素。自然状態では安定で放射能のない元素に、陽子・中性子・γ線・電子・α線などを照射し、核反応を起こさせて生成。artificial radionuclide

**じんこう-ほうしゃのう【人工放射能】** 人工放射性元素の出す放射能。ネプツニウム・プルトニウムなどの超ウラン元素が放出するα線・β線・γ線など。artificial radioactivity 対義 天然放射能。

**じんこう-まひ【進行麻▼痺】** 梅毒による慢性髄膜炎。梅毒に感染してから一〇～二〇年後に発病。痴呆・性格変化を中心とする多様な精神症状・言語障害などが主症状。progressive paralysis

**じんこう-みつど【人口密度】** ある地域の人口の疎密の程度を示す数値。土地利用度や生産力をあらわす指標で、人口を平方キロメートル単位の面積で割って得られる。population density

**じんこう-もんだい【人口問題】** 人口の変動がもたらす、社会への重大な影響。発展途上国の人口の爆発的増加や先進国の出生率低下など。population problem

●新古典主義
ダビッド『ナポレオン一世の戴冠式』(部分)。一八〇五～〇七年、ルーブル美術館(フランス)。

アングル『グランド-オダリスク』。一八一四年、ルーブル美術館。

ウードン『少年アレクサンドル=ブロンニャールの胸像』。一七七七年ごろ、ルーブル美術館。

**じんこうもんだい-けんきゅうじょ【人口問題研究所】** 厚生省の付属機関。昭和一四年(一九三九)に創立。人口問題に関する基礎的・応用的研究を行う。

**じんこう-ゆき【人工雪】** ①0℃以下で水蒸気から成長させてつくる雪の結晶。中谷宇吉郎が実験室内で初めて成功。大気圏では、氷晶核として沃化銀などを使う。artificial snow ②スキー場などで、細孔から噴出させた水を凍らせるなどしてつくる雪。artificial snow

**じんこう-りゅうざん【人工流産】** ↓じんこうにんしんちゅうぜつ(人工妊娠中絶)

**じんこう-りん【人工林】** 人工造林または天然更新によりつくられた森林。前者だけをさすことが多い。artificial forest

**じんこうろん【人口論】** 《原題 An Essay on the Principle of Population》マルサスの主著。一七九八年刊。人口は幾何級数的に増加するが食糧は算術級数的にしか増加しないため貧困は必然であり、道徳的人口増加抑制策が必要と説く。

**じんこう-わくせい【人工惑星】** 地球から打ち上げられ、太陽の周りを公転する人工の物体。アメリカ・西ドイツなどが、太陽観測などのために打ち上げた。artificial planet

**しんこ-えんげきじっしゅ【新古演劇十種】** 尾上家の家の芸。五世菊五郎が制定した九種に六世が一種加えて完成。『土蜘』『茨木』など、妖怪変化が登場する舞踊劇がほとんど。

**しん-こきゅう【深呼吸】** (名・サ変自) 深く大きな呼吸。deep breathing

**しんこきんわかしゅう【新古今和歌集】** 鎌倉前期、第八番目の勅撰和歌集。二〇巻。後鳥羽上皇の院宣により元久二年(一二〇五)撰進。撰者は源通具・藤原有家・定家・家隆・雅経。その後も切り継ぎ(改訂)が続いた。歌数約一九八〇首。真名(=漢文)序・仮名序がある。おもな歌人は、西行・慈円・藤原良経・藤原俊成・式子内親王・藤原定家・藤原家隆・寂蓮・後鳥羽上皇ら。本歌取り・初句切れ・三句切れ・体言止めなどの表現技巧を駆使、優艶華麗な作品が多い。感覚的・絵画的で物語的・象徴的ともいわれる。「新古今風」とよばれ『万葉集』『古今和歌集』とともに歌風の三典型の一つ。新古今集。

**しん-こく【申告】** (名・サ変他) ①上級の役職のものに申し出ること。②国民が行政官庁に報告すること。report 用例 納税—。

**しん-こく【神国】** ①神がつくり、守る国。②日本国の美称。神州。

**しん-こく【深刻】** (形動) ①深く心をうつさま。切実。serious ②事態が重大であるさま。serious

**しん-こく【新穀】** 今年とれた穀物・米。新米。

**しん-こく【親告】** (名・サ変他) 本人みずから告げること。report in person

**しんこく-か【深刻化】** (名・サ変自) 深刻になること。worsen 用例 事態は—しつつある。

**じんこく-き【人国記】** 国別または都道府県別などに、その地域出身の著名な人物をとりあげ、業績などを記したもの。じんこっき。

**しん-こくげき【新国劇】** 沢田正二郎が新しい国民演劇の樹立をめざして結成した劇団。大正六年(一九一七)旗揚げ公演。剣劇を創始し、創作劇も上演するなど常に大衆とともに歩む姿勢を保ったが、昭和六二年(一九八七)解散。

**しんこく-ざい【親告罪】** 起訴するためには被害者などの告訴が必要な犯罪。強姦罪・器物損壊罪など。

**しん-こくさいけいざいちつじょ【新国際経済秩序】** (New International Economic Order) 先進国主導型の国際経済秩序にかわり開発途上国の利益を重視する新しい方向を示したもの。一九七四年の国連資源特別総会で宣言されたが、先進諸国の抵抗や途上国間の対立で具体化していない。NIEO。

**しん-こくさいラウンド【新国際ラウンド】** (New International Round) ケネディーラウンドに次ぐガットの多角的貿易交渉。一九七三年に採択された東京宣言に基づき、関税一括引き下げ・非関税障壁などを討議して一九七九年に妥結。東京ラウンド。

**しんこく-しそう【神国思想】** 神道を基礎として日本の特殊な優越性を強調する思想。神意の支配する国、神明の加護する国、万世一系の天皇が支配する国など多義的な内容を含んで用いられた。

**しんこく-しょうせつ【深刻小説】** 日清戦争後に流行した、社会の陰惨・暗黒を描いた小説群。広津柳浪『黒蜥蜴』など。悲惨小説。

**しんこく-のうぜい【申告納税】** 納税義務者が自分で課税標準と税額を確定して申告し納付すること。tax payment by self-assessment 比較 源泉徴収。

**しん-こくみんけいざいけいさんたいけい【新国民経済計算体系】** (New System of National Accounts) 国連が一九六八年各国に採用を呼びかけた新しい国民経済計算基準。日本を含む主要先進国で採用。新SNA。

**じんご-けいうん【神護景雲】** 奈良時代の年号。天平神護から改元。元年(七六七)八月一六日～四年(七七〇)一〇月一日。次に、宝亀に改元。

**しんこ-ざいく【▼糝粉細工】** 糝粉をこねて作った細工菓子。花・鳥・小動物などの形を作り彩色したもの。江戸末期から昭和の初めごろまで、大道で作りながら売られた。↓写

**じんご-じ【神護寺】** 京都市右京区梅ケ畑高雄町にある高野山真言宗の別格本山。山号は高雄山。和気清麻呂が河内に建立した神願寺を、子の真綱が高雄寺に移して神護国祚真言寺と改称。大同二年(八〇七)空海が入寺。一時衰微したが、文覚が再興。

**しん-こつ【心骨】** ①こころとからだ。からだ全体。②心の奥底。心中。

**心骨に刻す**(しんこつにこくす) 深く心に刻みつけて、忘れない。肝に銘じる。

**じん-こつ【人骨】** 人間の骨。human bone

**じんこっ-き【人国記】** ↓じんこくき(人国記)

**しん-こっちょう【真骨頂】** それの本来もっている真価を表している姿。show one's true worth 用例 —を示す。

**しん-こてんがくは【新古典学派】** 一八七〇年代から一九二〇年ごろまでの近代経済学の総称。neo-classical school

**しん-こてんしゅぎ【新古典主義】** 近代および現代ヨーロッパにおこった古典主義的芸術思潮。美術では一八〇〇年前後のダビッドら、音楽では一九二〇年代のストラビンスキーらの作品、文学では二〇世紀初めのドイツのエルンストなど。neo-classicism ↓写

**じんご-の-へん【▼壬午の変】** 一八八二年(壬午の年)朝鮮京城(=ソウル)で起きた政変。軍制改革に反対した軍隊が反乱、閔氏政府の要人を殺し、日本公使館を襲撃したが、清国軍により鎮圧。日本は朝鮮から一歩後退。第一次京城事変。

**シンコペーション【syncopation】** 音楽で、一般に同音高をタイで結んでリズムの規則的な流れを乱し、強拍と弱拍の位置をずらすこ

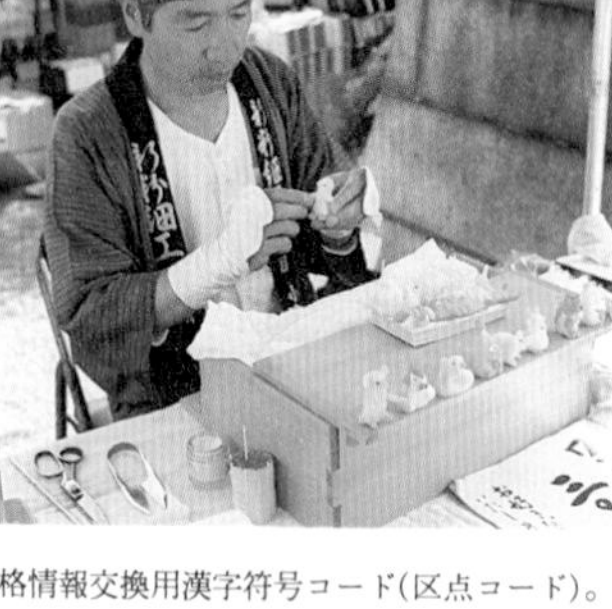

●糝粉細工

と。切分音。

**しん-こりつしゅぎ【新孤立主義】** 第二次大戦後のアメリカで、ヨーロッパへの干渉をさけて孤立を守ることを主張する政治的立場。ベトナム戦争以後は、過剰介入に批判的な立場をもさす。アジアへの干渉を認める点で孤立主義と異なる。neo-isolationism

**しん-こん【心根】** こころ。こころね。

**しん-こん【心魂・神魂】** 精神。たましい。one's soul

**心魂に徹す**(しんこんにてっす) 心に深く染み込む。go deep into one's heart

**しん-こん【身魂】** からだと心。全身全霊。body and soul 用例 —を傾ける。

**しん-こん【新婚】** 結婚したばかりであること。newlywed

**しん-ごん【真言】** ①《仏教語》悟りを象徴的に表現する文句。密教でとくに重んじられ、梵語のまま唱える。マントラ。呪。陀羅尼。②「真言宗」の略。

**しんごん-しゅう【真言宗】** 大乗仏教の一宗派。インドの密教が中国に伝わり、八〇五年入唐した空海がこれを学び、日本に伝えて独立の一宗となる。『大日経』『金剛頂経』などにより、大日如来を教主とし胎蔵・金剛界の二部を立て、真言呪法の加持力で即身成仏を期する宗旨。真言陀羅尼宗。真言密教。

**しんごん-だらに【真言▼陀羅尼】** 密教で用いる呪文。仏・菩薩の悟りを示す秘密のことばで、短いもの(真言)と長句のもの(陀羅尼)の併称。

**しんごん-みっきょう【真言密教】** ↓しんごんしゅう(真言宗)

**しんごん-りょうぶ【真言両部】** 真言密教における金剛界と胎蔵界の併称。

**しんこん-りょこう【新婚旅行】** 結婚した夫婦が記念に行う旅行。ふつうは結婚式直後に出発する。日本では明治時代から慣習化した。蜜月旅行。ハネムーン。honeymoon

**しん-さ【審査】**(名・サ変他) 詳しく調べ、審議して決めること。judgment 用例 —員。

**しん-さい【神祭】** 神道の方式で行う祭り。

**しん-さい【震災】** ①地震による災害。earthquake disaster ②大正一二年(一九二三)九月一日の関東大震災のこと。

**しん-さい【親祭】**(名・サ変自) 天皇みずからとり行う祭り。新嘗祭など。

**しん-さい【親裁】**(名・サ変他) 天皇みずから政務を裁決すること。

**しん-ざい【心材】** 樹幹の内部の材。樹皮に近い辺材にくらべて色が濃い。辺材より含水率が少なく耐久性がある。赤身。heartwood 対義 辺材。↓木材 図

**じん-さい【人災】** 人の不注意、政策の貧困などで起こるわざわい・災害。disaster caused by human neglect 対義 天災。

**じん-ざい【人材】** 才知のある、役に立つ人物。talent 用例 —登用の道を開く。

**しんさい-きねんび【震災記念日】** 毎年九月一日、大正一二年(一九二三)同日の関東大震災の犠牲者の霊を供養する日。

**じんざい-きよし【神西清】**(一九〇三〜五七) 小説家・評論家・翻訳家。東京生まれ。東京外語卒。評論・翻訳にすぐれる。評論集『詩と小説のあひだ』、翻訳『ワーニャ伯父さん』など。

**じんざい-ぎんこう【人材銀行】** 専門職・経験職・技術者など有能な人材を対象に職業紹介を行う制度。一九五〇年ごろアメリカで発足し、日本でも中高年者の職業紹介制度として全国主要都市に開設されている。人材バンク。job bank

**じんざいはけん-ぎょう【人材派遣業】** 企業などの求めに応じて、登録している要員を派遣する業務。manpower lease

**しんさいばし-すじ【心斎橋筋】** 大阪市中央区、心斎橋から南の戎橋までの通り。南北約六五〇m。デパートや専門店が連なる盛り場。

**しん-さく【振作】**(名・サ変他) 勢いなどを奮い起こすこと。振起。振興。

**しん-さく【新作】**(名・サ変他) 新しく作ること。新しい作品。new work 対義 旧作。用例 —発表会。

**しんさく-らくご【新作落語】** 主として明治後期以降に新しく作られた落語のうち、作者のはっきりしているもの。比較 古典落語。

**しんさ-せいきゅう【審査請求】** 行政庁の処分に対する不服の申し立て。

**しん-さつ【神札】** 神社で授ける護符の一種。一般家庭の神棚に祭られるお札。

**しん-さつ【診察】**(名・サ変他) 医師が患者の状態を知るために行う行為。問診・視診・触診・打診など。medical examination 比較 診断。

**しん-さよく【新左翼】** 既成の左翼を批判して、マルクス主義の現代的有効性の回復をはかろうとする思想や運動の総称。一九五六年のスターリン批判を契機に、国際的にその流れが形成された。new left

**しんさるがくき【新猿楽記】** もっとも古い猿楽に関する記録書。一巻。藤原明衡の著。康平三年(一〇六〇)ごろ成立。猿楽雑芸の演目名や見物人の風俗などを漢文により記述。

**しん-さん【心算】** 心の中の計画。心づもり。しんざん。intention

**しん-さん【辛酸】** つらく苦しいこと。hardships

**辛酸を嘗める**(しんさんをなめる) つらく苦しい経験をする。go through many hardships

**しん-さん【神算】** すばらしいはかりごと。ingenious stratagem

**しん-ざん【深山】** 奥深い山。みやま。用例 —幽谷。

**しん-ざん【新参】** 新しく仕える、また加わること・人。新任。新入り。新米。novice 対義 古参。用例 —者。

**しんさん-きぼう【神算鬼謀】** 「神算」を強めた語。ingenious stratagem

**しん-さんぎょうとし【新産業都市】** 昭和三七年(一九六二)の新産業都市建設促進法指定による工業開発計画都市。巨大都市地域に集中しがちな工業を地方に分散し、生産性の増大と所得水準の向上を図るのが目的。

**しん-さんべつ【新産別】** 全国産業別労働組合連合の通称。総評・同盟とならぶ労働組合の全国組織として知られた。昭和二四年(一九四九)結成。連合の発足にともない同六三年(一九八八)解散。

**しんし** 22画【▼簁】 部首[竹]和製漢字 ↓しんし[伸子・簁]

**しん-し【伸子・▼簁】** 和服地を染めたり洗い張りするとき、布を張るために使う、竹ひごの両端に針が付いたもの。布の耳に刺していく。しいし。

**しん-し【▽参▽差】**(形動トタル) ①長さ・高さのふぞろいなさま。②互いに入り交じるさま。

**しん-し【振子】** 重力の作用で左右にゆれる装置。ふりこ。さげふり。pendulum

**しん-し【真▼摯】**(形動) まじめで、熱心なさま。sincere 用例 —な態度。

**しん-し【進士】** 中国の科挙の及第者。唐代までは科挙の一科目で詩賦を専門とするものをいった。宋代以後は科挙は進士科に統一され、その通過者をさすようになった。

**しん-し【紳士】** =ジェントルマン。対義 淑女。①教養のある、礼儀正しい男子。gentleman ②男性をいう敬語。gentleman ③上流社会の男子。gentleman

**しん-じ【心地・▼芯地】** 衣服の裏打ちや芯に使う布地。表地に張りをもたせ、形をつくり、型くずれを防ぐために使用。interlining; padding

**しん-じ【心耳】** ①心で聞くこと。listening attentively ②心臓の一部で、左右心房の外側部がふくれ出て耳状となり、大動脈と肺動脈の基部をおおう部分。auricle

**しん-じ【心事】** ①思うこと。心中。mind ②思念と実際。

**しん-じ【臣事】**(名・サ変自) 臣下として仕えること。

**しん-じ【信士】** 《仏教語。upāsaka梵の音写「優婆塞」の訳語「清信士」の略》対義 信女。①在家のまま仏門に入った男。②男の戒名にそえる語。比較 居士。

**しん-じ【神事】** 神を祭ること。その儀式。祭祀。divine service

**しん-じ【神璽】** ①三種の神器の一つ。八尺瓊の曲玉の敬称。②天皇の印。玉璽。

**しん-じ【新字】** ①新しくつくった字。②教科書などで、初めて出てくる字。新出字。

**しんじ【▼宍▽道】**〈町〉 島根県北東部、宍道湖南岸の町。旧宿場町で、今も交通の要地。繊維工場が多い。人口九九四五(一九八八)。

**じん-し【人士】** ①教育・地位のある人。man of good breeding ②ひとびと。people

**じん-じ【人事】** ①世間の事柄。worldly affairs ②人の身分・能力・成績などに関する事柄。personal affairs 用例 —異動。③人間のすべき、また、しうる事柄。human business

**人事は棺を蓋うて定まる**(じんじはかんをおおうてさだまる) 人間のほんとうの価値は、その人の死後になってはじめて決まる。

**人事を尽くして天命を待つ**(じんじをつくしててんめいをまつ) できるだけのことをして、その上はあせることなく、運命にまかせる。do one's best and leave the rest to Providence

**じん-じ【仁慈】** 情け深いこと。いつくしみ。めぐみ。kind-hearted

**しんじ-いけ【心字池】** 日本庭園に見られる、草体の「心」の字の形に造った池。

**じんじ-いん【人事院】** 内閣のもとで国家公務員の採用・配置・給料・退職などの人事についての行政事務を担当する行政機関。三人の人事官からなり、人事院規則という形で行政立法を行う権限をもつ。National Personnel Authority

**じんじいん-かんこく【人事院勧告】** 人事院が国家公務員の労働条件の改善を内閣・国会に勧告すること。また、その勧告。国家公務員には団体交渉権・争議権が認められていないため、それに替わる労働条件の決定方式として法律で定められた。

**しんし-おん【唇歯音】** 音声学で、調音位置による音の分類の一つ。上歯と下唇を用いて作られる音。「さ」「た」「な」など。labiodental

**じんじ-かんり【人事管理】** 企業活動の担い手である従業員を採用から退職まで管理する活動。労務管理と同義に使うこともある。personnel management

**しん-しき【神式】** 神道の形式でする儀式。対義 仏式。

**しん-しき【新式】**(名・形動) 新しいやりかた・形式・しくみ。そのさま。new type 対義 旧式。

**しんし-きょうてい【紳士協定】** ①正式の取り決めを行うこと。国際条約の形をとらないで外交上の取り決めを行うこと。当事国間に法的効力は発生しないが、約束を履行する道義的責任が残る。紳士協約。gentleman's agreement ②互いに相手を信用して守る取り決め。gentleman's agreement

**しん-しぐん【新四軍】** 日中戦争中に、揚子江中下流域で活動した中国共産党の軍隊。一九三七年、紅軍のうち江西ソビエト区に残留した部隊が改編されたもの。

**シンジケート【syndicate】** ①共同販売機関を作って加盟企業の販売活動を一元的に行う組織。また、共同販売機関そのもの。参加各企業の独立性は強く制限される。もっとも発達したカルテル。共販カルテル。②公社債の引き受けや共同融資のために設立される、企業や銀行の連合体。③大規模な犯罪組織。

**シンジケート-ローン【syndicate loan】** 複数の銀行が協調融資団(=シンジケート)をつくって行う資金貸し付け。危険分散などの意味をもつ。

**しんじ-こ【▼宍▽道湖】** 島根県北東部の湖。面積七九・七$km^2$。最深六m。中国山地と島根半島にはさまれた低地にある。シジミなどの魚介類が特産。水郷風景も有名。

**じんじ-こうか【人事考課】** 従業員が業務遂行に発揮した能力を判定し、その人の処遇に反映する制度。能力評定。能力考課。勤務評定。personnel appraisal

**しんし-しゃ【新詩社】** 詩歌中心の文学結社。明治三二年(一八九九)与謝野鉄幹により創立。機関誌『明星』は、浪漫主義の展開に重要な役割を果たした。

**じんじ-そう【人字草】** ユキノシタ科の多年草。関東以西の山地にはえる。葉は根生し、円形で深裂。秋に白色五弁花を開く。五弁のうちの下の二弁が長く、「人」の字に似ている。モミジバダイモンジソウ。

**じんじ-そしょう【人事訴訟】** 婚姻、養子縁組み、親子関係など、人の身分にかかわる紛争を解決するための民事訴訟。personal suit

**しん-じたい【新字体】** 昭和二四年(一九四九)、当用漢字字体表で標準として採用した字体の俗称。「體」を「体」、「寫」を「写」とするなど。比較 旧字体。

**しんしちょう【新思潮】** 文芸同人雑誌。明治四〇年(一九〇七)小山内薫が創刊。以後十数次におよぶ。谷崎潤一郎らの第二次、芥川竜之介・久米正雄らの第三次・第四次が著名。

**しん-しつ【心室】** 心臓の心房から血液を受け入れ、動脈におし出す部分。心臓には四つの部屋があり、下半分が心室で、左心室・右心室がある。ventricle

**しん-しつ【寝室】** 睡眠をとるための部屋。ねま。bedroom

**しん-じつ【信実】** まじめで、いつわりのないこと。りちぎ。fidelity

**しん-じつ【真実】** ①ほんとうのこと。まこ

▼常用漢字表外。 ▽常用漢字表の音訓外。

と。truth ②《仏教語》絶対の真理。真如。

**しん-じつ【親▼昵】**(名・サ変自) 親しみ、なじむこと。親近。

**じん-じつ【人日】** 五節句の一つ。正月七日。陰陽道で人を一年で最初に占う日とされる。七種の節句。

**じん-じつ【尽日】** 一(名) ①月の末日。last day of the month 用例 五月―。②一年の最終日。大みそか。New Year's Eve 二(名・副) 一日中。終日。all day long 用例 ―雨降る。

**しんしつ-さいどう【心室細動】** 心室が全体で収縮せず、一部分ずつでしか収縮しないこと。心臓病のもっとも危険な状態。数分つづくと、血液の拍出がなされないので死亡する。ventricular fibrillation

**しんし-てき【紳士的】**(形動) 男性が上品で礼儀正しいさま。gentlemanlike

**シンシナティ【Cincinnati】** アメリカ中北部、オハイオ州南西部の商工業・河港都市。オハイオ川左岸にあり、石炭・木材の集散地。人口三八・五万(一九八〇)。

**しんしのつ【新▼篠津】**〈村〉 北海道石狩平野北部、石狩川に沿う村。泥炭地の開発が進み、稲作・畜産がさかん。人口四一〇七(一九八八)。

**しんし-ばり【伸子張(り)】** 洗い張り法の一つ。和服(主として絹物)をほどいて洗い、裁つ前の反物状に縫い合わせてのり付けし、伸子を布幅の両端にとめ、乾かす。

**じんじ-ふせい【人事不省】** 意識を失うこと。昏睡状態になること。unconsciousness

**しんし-ほしゃ【唇歯▼輔車】**《『春秋左氏伝』にある語句。「輔」はほお骨、「車」は歯の下骨》相助け合うもののたとえ。用例 ―の密接な関係。比較 唇滅びて歯寒し。

**しんじ-まい【神事舞】** 神社の神事として行われる舞踊の総称。神楽・倭舞・東遊び・舞楽・獅子舞・田楽・猿楽などがある。

**しん-しみずトンネル【新清水トンネル】** 群馬・新潟県境の湯檜曾と土樽間にある上越線のトンネル。長さ一万三五〇〇m。昭和四二年(一九六七)完成。

**しん-しゃ【▼辰砂】** ①水銀の硫化鉱物。水銀の主要鉱物。六方晶系。深紅色で透明の六角柱状結晶。ダイヤモンド状または金属光沢をもつ。顔料の朱や赤色絵の具として利用する。朱砂。丹砂。丹朱。cinnabar ②陶磁器で紅色に着彩したもの。

**しん-しゃ【深謝】**(名・サ変他) ①深く感謝すること。heartfelt thanks ②丁寧にわびること。sincere apology

**しん-しゃ【新車】** 新しい車。とくに、新しい自動車。new car 対義 中古車。

**しん-しゃ【親▼炙】**(名・サ変自) 親しく接して感化を受けること。

**しん-じゃ【信者】** その宗教を信仰する人。信徒。believer

**じん-しゃ【仁者】** 仁徳のある人。情け深い人。

**仁者は憂えず** 仁者は心が広く、運命に従うから、心配することが何もない。

**仁者は敵無し** 仁者は、いつも愛情深く人と接するので、人に憎まれることがなく、したがって、敵もいない。

**仁者は山を楽しむ** 仁者は、欲に動かされず心静かであるから、静かで動かない山を見て楽しむ。

**じん-じゃ【神社】** 神道で、神霊を祭り、礼拝の施設を備えた場所。神職を置いて祭祀を行い、氏子や信者の信仰組織をもつことが多い。おみや。やしろ。shrine 数え方 一社・一座。

**ジンジャー【ginger】** ①ショウガ科の多年草。高さ一〜二m。葉は細長く二列に並ぶ。夏に、白・紅・黄などの花を開く。園芸品種が多く、観賞用。インド原産。ハナシュクシャ。②ショウガのこと。↓写

●ジンジャー①

**ジンジャーエール【gingerale】** ショウガの風味のある炭酸含有飲料。エール(ビールの類)だがアルコール分はない。

**しん-しゃく【▼斟酌】**(名・サ変他) ①事情・気持ちを察して手加減すること。allowance ②照合して取捨選択すること。consideration ③控え目にすること。遠慮。modesty

**しん-しゃく【新釈】** 新しい解釈。new interpretation

**じん-しゃく【人爵】** 人間が定めた栄典。対義「天爵」。

**じんじゃ-けんちく【神社建築】** 日本の神を祭る施設の建築。本殿・拝殿・祝詞舎・鳥居などから成り、形式は住吉造り・春日造り・八幡造り・権現造り・大社造り・流れ造りなど多様。shrine building ↓図

**しんしゃ-ずほう【心射図法】** 地図投影法の一つ。地球儀の中心を視点として、地球儀に接した地図面に経緯線を投影する図法。二点間の最短経路(大圏コース)を知ることができる。gnomonic projection ↓地図図

**じんじゃ-ほんちょう【神社本庁】** 宗教法人。全国の神社八万社の包括団体。昭和二一年(一九四六)二月、神道指令による国家神道廃止にともない創設。

**しん-しゅ【身首】** からだとくび。

**身首、所を異にす** からだと首が別々になる。首を斬られることにいう。

**しん-しゅ【神酒】** 神に供える酒。おみき。

**しん-しゅ【進取】** 進んで物事をすること。enterprise 対義 退嬰。用例 ―の気性。

**しん-しゅ【新酒】** ことし新しく造った酒。対義 古酒。

**しん-しゅ【新種】** ①いままでになかった新しい種類。new species ②新しく改良されたり発見された生物の種。new species

**しん-じゅ【神授】** 神からさずかること。天授。divine gift

**しん-じゅ【神樹】** ①神木の別称。②ニワウルシの別名。

**しん-じゅ【真珠】** 宝石の一つ。シロチョウガイ・アコヤガイ・マベガイなどの貝類の体内に生じた炭酸カルシウムを主成分とする球状の物質。宝石として珍重され、天然と養殖のものがある。真円で、色はピンク系のものが最良とされる。酸に弱い。六月の誕生石。パール。pearl ↓誕生石写

**しん-じゅ【新樹】** 若葉のころの樹木。新緑の木。tree with young leaves

**しん-じゅ【親授】**(名・サ変他) 天皇・貴人が手ずからさずけること。personal investiture

**じん-しゅ【人種】** 主として遺伝的な身体の諸特徴によって区別されるヒトの集団。白色・黒色・黄色人種の三区分が代表的だが、基準は研究者によってまちまちであり、現在ではその分類自体、意味がなくなってきている。race

**じん-じゅ【人寿】** 人間の寿命。one's natural span of life

**しん-しゅう【神州】** 中国または日本で、自国の美称。

**しん-しゅう【真宗】** 浄土真宗の略称。

**しん-しゅう【新秋】** ①秋の初め。初秋。early autumn ②陰暦七月の異称。

**しん-しゅう【新修】**(名・サ変他) 書物を新しく編集すること。new edition

**しん-しゅう【信州】** 信濃国。

**しんしゅう【▼晋州】** 韓国、慶尚南道南西部の都市。鉄道交通の要地で、農産物の取り引きがさかん。人口二二・七万(一九八五)。チンジュ。

**しん-しゅう【▽沈周】**(一四二七〜一五〇九) 中国、明代中期の文人画家。呉派文人画の基礎をつくり、水墨花卉雑画を復興した。

**しん-じゅう【心中】**(名・サ変自)《「しんちゅう」は別語》①人に対して義理を立てること。②相愛の男女が胸中の真実を相手に示す証拠。入れ墨・断髪・切指など。③恋人・親子など複数の者がいっしょに自殺すること。

**しん-じゅう【臣従】**(名・サ変自) 臣下として、従うこと。vassalage

**しんしゅう-きょう【神習教】** 教派神道十三派の一つ。元津山藩士・竜田神社宮司の芳村正秉が明治一四年(一八八一)創始。

**しん-しゅうきょう【新宗教】** 幕末以降に成立した宗教。新興宗教。

**しんじゅう-きょう【神獣鏡】** 中国古代鏡の一種。神像と獣形の組み合わせ文様のある銅鏡で、後漢中葉から三国時代に製作された。縁の断面の形から平縁式と三角縁式とがあり、後者は日本の古墳から多く出土している。

**しん-じゆうしゅぎ【新自由主義】** 個人の能力を自由に発揮させるためには、国家がその条件を積極的に保障しなければならないとする政治思想。従来の自由主義が、国家の役割を制限することで個人の自由を保障しようとしたのを修正したもの。イギリス新理想主義学派の哲学者グリーンやブラドリーらが提唱。neo-liberalism

**しん-じゅうしょうしゅぎ【新重商主義】** 自国の貿易収入の増加をはかるため、保護貿易など国家の介入によって輸出を拡大しようとする政策。第二次大戦後の現象をいう場合が多いが、一九世紀にあらわれた保護貿易政策をさすこともある。neo-mercantilism 参照 重商主義。

**しんしゅうしん【信州新】**〈町〉 長野県北部、犀川に沿う町。農業中心で、養蚕や緬羊飼育を行う。人口七八三二(一九八八)。

**しんじゅう-だて【心中立て】**(名・サ変自) 人と約束した義理を守り通すこと。fidelity

**しんじゅうてんのあみじま【心中天の網島】** 人形浄瑠璃・歌舞伎世話物。近松門左衛門の心中物の傑作。享保五年(一七二〇)初演。現在は近松半二改作の『心中紙屋治兵衛』の上演が多い。遊女小春と心中の約束をした治兵衛が、周囲の配慮も及ばず死に至る。

**しん-じゅうぶん【▽沈従文】**(一九〇二〜八八) 中国の小説家。湖南省生まれ。野趣豊かな短編が多い。作品『辺城』など。

**しんしゅう-みそ【信州味▼噌】** 信州(長野県)地方で多くつくられる辛口の米みそ。大豆と米こうじがほぼ同量で、長い期間熟成させる。淡黄色。

**しんじゅう-もの【心中物】** 浄瑠璃・歌舞伎などで心中を題材とした作品。現実の情死事件を多く脚色。近松門左衛門の一連の秀作(一八世紀初め)を経て流行。

●神社建築 本殿の形式と各部名称

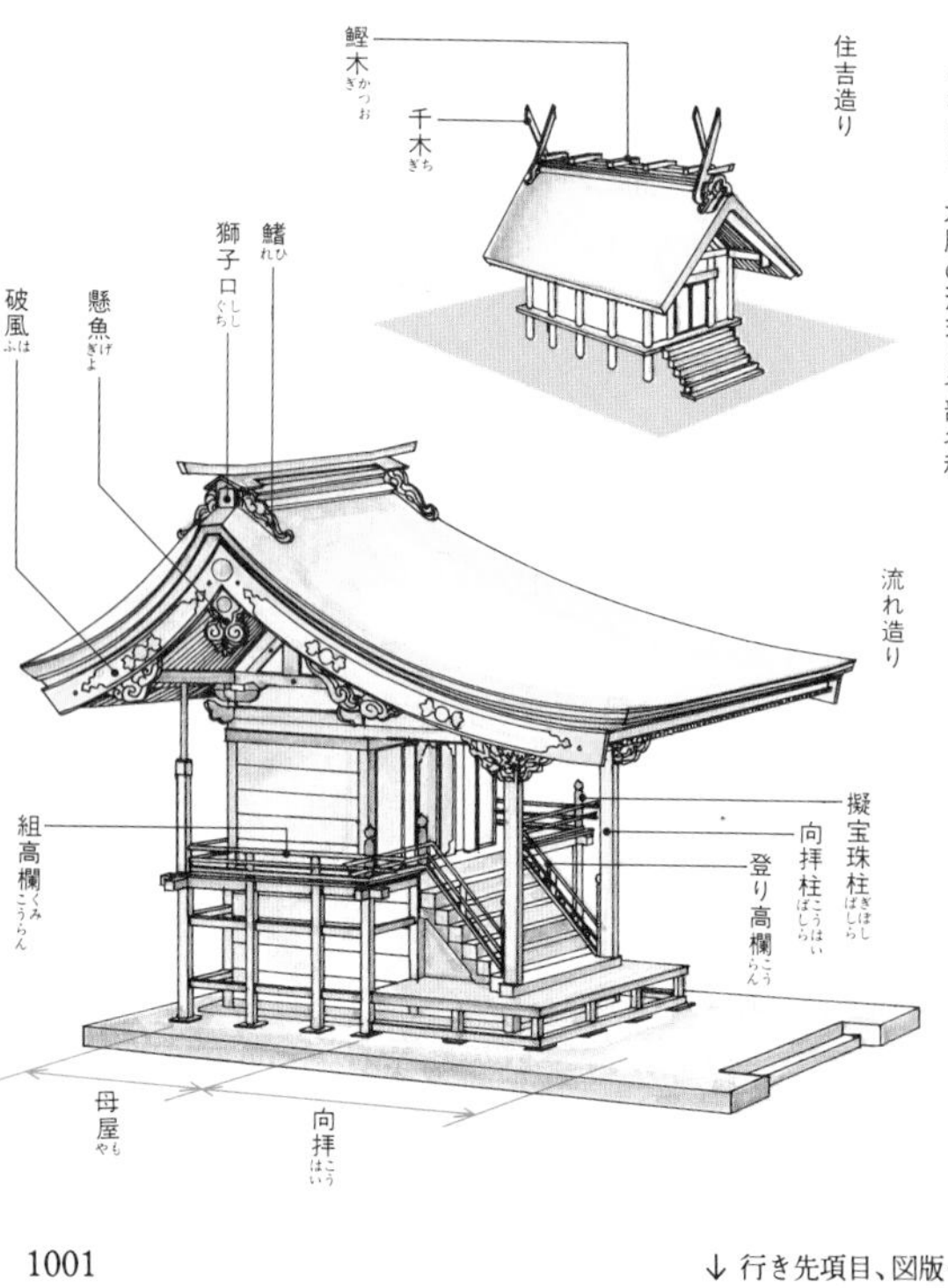



↓行き先項目、図版・写真参照印。 JIS 日本工業規格情報交換用漢字符号コード(区点コード)。

**しんじゅ-がい【真珠貝】** 真珠をつくる貝の総称。海水産のものにアコヤガイ・クロチョウガイ・シロチョウガイなど、淡水産としてはイケチョウガイなど。アコヤガイだけをさすこともある。pearl shell

**じんしゅかくり-せいさく【人種隔離政策】** →アパルトヘイト

**しん-しゅく【伸縮】**（名・サ変自他） のびちぢみすること。elasticity 用例 ―自在。

**しん-しゅく【▽参宿】** 二八宿のうち、西方第七宿。オリオン座の三つ星とその周辺。

**しん-じゅく【新宿】** 東京都、新宿区南西部の地区。新宿駅を中心に繁華街を形成。高層ビルが立ち並び副都心といわれる。元禄一一年（一六九八）甲州街道と青梅街道の分岐点に設けられた宿場が始まり。

**しんじゅく-ぎょえん【新宿御▼苑】** 東京都新宿区にある庭園。江戸時代は内藤氏の屋敷。明治以降宮内省、のち環境庁の所管となった。

**しんじゅ-ぐも【真珠雲】** 真珠貝のように美しく輝く雲。高緯度地方でおもに冬の日の出前や日没後、巻雲状で二一～三〇kmの高空に現れる。真珠母雲。nacreous cloud

**しんじゅこん-しき【真珠婚式】** 結婚記念式の一つ。結婚三〇周年に行う祝い事。

**じんしゅ-さべつ【人種差別】** 人種的偏見に基づいて特定の人種に社会的不平等を強いること。ナチスのユダヤ人迫害、白人の黄禍論による東洋人排斥、アメリカ・南アフリカなどの黒人差別など。racial discrimination

**じんしゅさべつてっぱい-じょうやく【人種差別撤廃条約】**（International Convention on the Elimination of All Forms of Racial Discrimination） 人種差別だけでなく、出身・家系などによる差別待遇一般を廃止するための国際条約。一九六五年の国連総会で成立。

**じんしゅさべつてっぱい-せんげん【人種差別撤廃宣言】**（Declaration on the Elimination of All Forms of Racial Discrimination） 一九六三年に国連総会で可決された、あらゆる人種差別を撤廃する宣言。

**しんじゅ-さん【神樹蚕】** ヤママユガ科の大形のガ。開張約一二cm。暗紫褐色の地に白帯と白斑がある。幼虫はシンジュ（ニワウルシ）などの葉を食べ、良質の繭をつくる。インド・熱帯アジア・日本などに分布。

**じんしゅ-しゅぎ【人種主義】** 人類を人種で基本的に区分し、その間に遺伝的優劣を想定する考え方。純血主義と人種差別を生む。近代ではゴビノーを先駆とし、ナチズムなどが知られる。racism

**しん-しゅつ【浸出】**（名・サ変他） ①ひたし出すこと。exudation ②抽出操作の一つ。固体を液体で処理して、目的成分を溶出する操作。冶金では、鉱石を溶媒で処理し、目的金属のみを溶出すること。leaching

**しん-しゅつ【▼滲出】**（名・サ変自） にじみ出ること。exudation

**しん-しゅつ【進出】**（名・サ変自） ①進み出ること。advance 用例 二回戦に―する。②新しい分野・領域に乗り出すこと。advance 用例 海外に―する。

**しん-しゅつ【新出】**（名・サ変自） はじめて出てくること。はじめて出すこと。用例 ―漢字。

**しん-じゅつ【心術】** ①気だて。心ばえ。②哲学で、行為の発するもと。

**しん-じゅつ【▼鍼術・針術】** 漢方で、細い金属のはりを患部に刺して、病気を治す方法。はり。acupuncture

**しん-じゅつ【▼賑▼恤】** 貧しい人や被災者に金品を与えること。用例 ―金。

**じん-じゅつ【仁術】** ①最高の道徳である仁を行う方法。benevolent art ②仁を施す方法・行為。病気を治すという恵みを施すところから、医術の美称。用例 医は―。

**しんしゅつ-えき【浸出液】** 薬物などを水・アルコールなどで浸出したもの。leach

**しんしゅつ-えき【▼滲出液】** ①内部からにじみ出る液。effusion ②炎症がおこったときに局所の血管から外にしみ出す液体。たんぱく質を多く含み、血液の液体成分がそのまま出ることもある。exudate

**しんしゅつ-きぼつ【神出鬼没】** 人が鬼神のように、自由自在に出没すること。

**しんしゅつせい-たいしつ【▼滲出性体質】** 乳幼児の体質の一つ。気候の変化やその他さまざまな刺激に対して皮膚や粘膜が過敏なこと。肥満型の子どもに多い。exudative diathesis

**しんしゅ-てき【進取的】**（形動） 新しい、よい物事に向かうさま。enterprising 対義 退嬰的。

**じんしゅ-とう【人種島】** 多くの人口をもつ種族の居住地域の中に、少ない人口の種族がひとかたまりとなって暮らす地域。

**しんじゅぼ-ぐも【真珠母雲】** →しんじゅぐも（真珠雲）

**しんしゅ-ほけん【新種保険】** 海上保険・火災保険をのぞく、新しい損害保険の総称。傷害・賠償責任・航空・信用・動物などの各保険。casualty and surety insurance

**じんしゅ-もんだい【人種問題】** 異なる人種間の対立や偏見から生じる諸問題。race problem

**しんじゅ-わん【真珠湾】**（Pearl Harbor） アメリカ、ハワイ州オアフ島南部の港に適した地形をなす湾。太平洋戦争発端の地。アメリカ太平洋軍司令部がある。

**しん-しゅん【新春】** 初春。正月。新年。the New Year

**しん-じゅん【浸潤】**（名・サ変自） ①しみ通ってぬれること。permeation ②思想・病気などが、しだいにしみ広がること。permeation

**浸潤の譖り**（しんじゅんのそしり） 《水が物に音もなく少しずつしみ込んでいくさまに似るところから》しだいに人を陥れていく、誰にも気づかれない、巧妙な悪口。

**しん-しょ【心緒】** 心の動くいとぐち。心持ち。しんちょ。emotion

**心緒、麻の如く乱る**（しんしょ、あさのごとくみだる） 気持ちが乱れに乱れる。be at a loss what to do

**しん-しょ【真書】** ①漢字の書体の一種。楷書。②ほんとうの歴史を書いた本。

**しん-しょ【新書】** ①新しく出版された書物。newly-published book ②判型として新書判（約一七三mm×約一〇六mm）を採用している書籍の総称。昭和一三年（一九三八）創刊の岩波新書が最初。

**しん-しょ【信書】** 個人間でやりとりする文書。手紙。letter

**しん-しょ【親書】** ①自筆の文書や手紙。②自分で書くこと。③一国の元首に送る自筆の手紙。正式な効力はないが、政権担当者個人の意見表明の手段として活用される。国書。autograph letter

**しん-しょ【親署】** 天皇や貴人が自分で自分の名を書くこと。その署名。Imperial signature

**しん-じょ【神助】** 神の助け。divine grace 用例 天佑―。

**しん-じょ【寝所】** ねま。寝室。bedroom

**しん-じょ【▼糝▼薯】** 練り物の一つ。白身の魚や鶏・エビなどのすり身に、卵白を加え、ゆでるか蒸すかした食品。吸い物の実などにする。

**じん-じょ【仁▼恕】** ①情け深く、思いやりのあること。②あわれみ深く、罪などを許す心。

**しん-しょう【心証】** ①心に受ける印象。impression ②裁判官が審理中に得た確信。conviction 用例 ―を害する。

**しん-しょう【心象】** 想像力によって心の中に描かれる、感覚的・具体的な姿や形。イメージ。image 比較 心像。用例 ―風景。

**しん-しょう【身上】** 《「しんじょう」は別語》財産。身代。property 用例 ―を潰す。

**身上が回る**（しんしょうがまわる） 暮らし向きが悪くなる。身上が傾く。

**身上済む**（しんしょうすむ） 仕官する。出仕する。身代済む。

**身上を叩く**（しんしょうをはたく） 財産を残らず使ってしまう。

**しん-しょう【辛勝】**（名・サ変自） やっとのことで勝つこと。対義 楽勝・惜敗。

**しん-しょう【真症】** 確実な検査の結果、疑う余地のない病気。genuineness 対義 疑似症。

**しん-しょう【紳商】** 教養があり、すぐれた人格の大商人。

**しん-じょう【身上】** 《「しんしょう」は別語》①一身に関すること。身の上。personal affairs 用例 ―調査。②取り柄。値打ち。one's merit 用例 料理じょうずが彼女の―だ。③からだの表面。one's body 用例 ―を覆う衣。

**しん-じょう【信条】** ①日ごろの信念。belief; principle 用例 生活の―。②キリスト教の教義内容を要約的に述べたもの。宗教改革以後、信仰告白・宣言に代わる。creed

**しん-じょう【心情】** 心。思い。胸中。one's heart

**しん-じょう【真情】** ①ほんとうの気持ち。まごころ。true heart 用例 ―を吐露する。②実際のようす。actual circumstances

**しん-じょう【進上】**（名・サ変他） 人に物を差し上げること。献上。進呈。presentation

**しんじょう【新▼庄】**〈市〉 山形県北部、新庄盆地の中心都市。旧城下町。盆地の交通・商業の中心。製材・木工などの工業もさかん。人口四万二九九一（一九八八）。

**しんじょう【新▼庄】**〈町〉 奈良県西部、奈良盆地南西縁の町。野菜栽培や酪農が中心。人口一万七六七五（一九八八）。

**しんじょう【新▼庄】**〈村〉 岡山県北西部、鳥取県に接する村。新庄牛の集散地。林業がさかん。山菜の産地。人口一二五八（一九八八）。

**じん-しょう【人証】** 「人的証拠」の略。

**じん-じょう【尋常】**（形動） ①とくに変わったところのないさま。ふつう。ordinary; common ②りっぱなさま。laudability 用例 ―に勝負。③おとなしく、すなおなさま。

**じんじょう-いちよう【尋常一様】**（形動） 他と変わりのないさま。並一通り。ordinary

**じんじょう-か【尋常科】** 旧制小学校の義務教育課程。尋常高等小学校（尋常小学校・高等小学校を併置）のうち、満六歳以上、修業年限六年の尋常小学校の課程のこと。昭和一六年（一九四一）国民学校初等科に改変。

**じんじょう-かいめん【尋常海綿】** 海綿の分類上の一群。珪酸質からなる骨片をもち、ふつう、海岸でみかける種はほとんどこれに属する。

**しんじょう-さい【新▼嘗祭】** →にいなめさい（新嘗祭）

**しんしょう-じ【新勝寺】** 千葉県成田市成田にある真言宗智山派の大本山。天慶二年（九三九）寛朝が平将門の乱平定を祈念して創建したとされる。成田山。成田不動。

**しんしょう-しゃ【心障者】** 「心身障害者」の略。

**しんしょう-しゃ【身障者】** 「身体障害者」の略。

**じんじょう-しょうがっこう【尋常小学校】** 旧制の義務教育の小学校。満六歳以上、修業年限は明治一九年（一八八六）に四年、同四〇年（一九〇七）以降六年とされた。昭和一六年（一九四一）、国民学校に改変。

**しんしょうせつ【新小説】** 文芸雑誌。春陽堂刊。第一期は明治二二～二三年（一八八九～九〇）、饗庭篁村らが編集。第二期は明治二九～大正一五年（一八九六～一九二六）、幸田露伴らが編集。

**じん-しょうたい【▼腎小体】** 細尿管に続くボウマン嚢が、小動脈からなる糸球体を包んだもの。腎臓の皮質にある。ここで、血球とたんぱく質以外は濾過されて原尿となる。マルピーギ小体。corpusculum renis

**しんしょう-ひつばつ【信賞必罰】** 功労のある者はかならず賞し、罪ある者はかならず罰すること。賞罰を厳正にすること。

**しんじょう-ぶし【新▼庄節】** 山形県新庄市を中心とする民謡。明治初年、新庄の遊郭でうたわれだしたといわれる。

**しんしょう-ぼうだい【針小棒大】** 《針のような小さなものを棒ほどに大きくいう、の意》物事をひどく大げさにいうこと。make a mountain of a molehill

**しんじょう-ぼんち【新▼庄盆地】** 山形県北部の盆地。木材・木工品の産地。最上盆地。

**しんしょう-もち【身上持（ち）】** ①金持ち。rich person ②家事のやりくり。housekeeping 用例 ―のいい主婦。

**しん-しょく【神色】** ①精神と顔色。②顔色。

**しん-しょく【神職】** かんぬし。神官。

**しん-しょく【侵食・侵▼蝕】**（名・サ変他） しだいにおかし、食い込むこと。erosion

**しん-しょく【浸食・浸▼蝕】**（名・サ変他） 水がしみこんで、物を徐々にこわしたり、土地をけずりとっていったりすること。erosion 参考「侵食」と書かれることも多い。

**しん-しょく【寝食】** 寝ることと、食べること。to eat and to sleep

**寝食を忘れる**（しんしょくをわすれる） 懸命に、また、熱心に努力する。devote oneself entirely to

**しんしょく-さよう【浸食作用】** 地表の風化物を移動させたり、岩石を直接破壊して運搬する作用。雨・流水・風・波・雪・氷河などの働きによる。erosion

**しんしょく-じじゃく【神色自若】**（形動ト・タル） 大事にあってもあわてず、ゆったりしているさま。with perfect composure

**しんしょく-へいや【浸食平野】** 河川などによる長年におよぶ浸食作用でできた大陸の広大な平野。構造平野。erosional plain

**しん-しょくみんちしゅぎ【新植民地主義】** 第二次大戦後の植民地支配の新しい形態。形式的独立は認めながら、経済的支配によ



▼常用漢字表外。 ▽常用漢字表の音訓外。

り新たな従属化をはかるもの。開発援助・経済協力の名目での資本輸出などを手段とする。neo-colonialism

**しんしょく-りんね【浸食輪▼廻】** 地形変化の概念の一つ。隆起した地盤が、幼年期・壮年期・老年期を経て、長期にわたる浸食によって、隆起前の低く平らな地表面にもどることをいう。erosion cycle

**しんしょ-ばん【新書判】** 本の判型の一つ。縦約一七三㎜、横約一〇六㎜の大きさで、親しみやすい教養書や気軽な読み物をおさめる。pocket edition ↓判型図

**しん・じる【信じる】**（上一他）＝信ずる・信ず。①まことと思う。疑わない。believe 用例 迷信を―。②信仰する。帰依する。believe in 用例 神仏を―。③信用・信頼する。rely on 用例 彼の腕を―。

**しんしろ【新城】**〈市〉愛知県東端、豊川の谷口にある市。江戸時代は豊川舟運の終点で、「山の港」として栄えた。今も地方商業の中心。人口三万五九一六(一九八八)。

**しんし-ろく【紳士録】** 社会的に重要な地位にある人々の氏名・住所・職業・経歴などを収録した本。Who's Who 比較 職員録。

**しん-しん【心身・身心】** 心とからだ。精神と身体。mind and body

**しん-しん【心神】** 心。魂。精神。

**しん-しん【新進】** 新しく現れること。その人。新人。coming 対義 中堅・大家。用例 ―作家。

**しん-しん【津津】**（形動トタル）さかんにわき出て、尽きないさま。full of 用例 興味―。

**しん-しん【深深】**（形動トタル）①夜が静かにふけていくさま。沈々。silent 用例 ―と夜がふける。②寒さが身にしむさま。biting 用例 風が―と身にしみる。③奥深いさま。deep

**しん-しん【森森】**（形動トタル）①樹木がよく茂っているさま。thick ②威厳があって、奥深いさま。

**しん-しん【▼蓁▼蓁】**（形動トタル）草木がさかんに茂るさま。

**しん-しん【▼駸▼駸】**（形動トタル）①馬がはやくかけてゆくさま。②物事がはやく進行するさま。

**しん-じん【信心】**（名・サ変他）神や仏を信仰すること。また、その心。信仰心。faith; piety

**信心過ぎて極楽を通り越す**（しんじんすぎてごくらくをとおりこす）信心に凝り固まりすぎて、まちがった道に陥り、かえってよくない結果となる。

**信心は徳の余り**（しんじんはとくのあまり）信心は、暮らしにゆとりがあってこそ起きるものであり、生活に追われていては、信心を起こすひまもないということ。

**しん-じん【神人】** ①神と人。God and man ②神のように気高い人。godlike person ③神通力を身につけた人。④神主。

**しん-じん【真人】** まことの道をさとった人。人格の完成した円満な人。

**しん-じん【深甚】**（形動）そこにこめられている気持ちなどが、非常に深いさま。profound 用例 ―な敬意を表する。

**しん-じん【新人】** 対義 旧人。①新しく世に出た人。新進。newcomer ②新しく仲間に加わった人。新入り。new member ③化石現生人類の総称。クロマニョン人など。新人類。Neanthropic

**しん-じん【審尋・審▼訊】** 裁判所が、ある事がらを明らかにするため、当事者・利害関係人などに問いただすこと。hearing

**しん-じん【▼岑▼参】**（七一五〜七七〇）中国、盛唐の詩人。江陵の人。西域に従軍し、悲壮な調べの辺塞詩に秀作が多い。詩集『岑嘉州集』。

**じん-しん【人心】** 人々の心。世間の人の心。public feelings 用例 ―の離反を見る。

**人心の同じからざるは其の面の如し**（じんしんのおなじからざるはそのおもてのごとし）人の心は、その顔がおのおの異なっているのと同様に、めいめい違っている。

**じん-しん【人臣】** けらい。臣下。

**じん-しん【人身】** ①人間のからだ。human body ②個人の身の上。one's status

**じん-しん【▼壬申】** 干支の九番目。暦に対応させ、壬申にあたる年または日のこと。みずのえさる。

**じん-じん【仁人】** 情け深い人。めぐみ深い人。仁者。

**しんじん-おう【新人王】** ①プロボクシング・競輪・競艇などのプロスポーツ新人王決定戦での優勝者。また、そのタイトル。②プロ野球で、シーズン中もっとも活躍した新人選手に与えられるタイトル。rookie king

**しんじん-かい【新人会】** 大正七年(一九一八)に創立された東大生中心の思想運動団体。民本主義を掲げ、「現代日本の合理的改造」を綱領に活動し、学生運動をリード。しだいに社会主義化し、昭和四年(一九二九)解散させられた。

**しんしん-きえい【新進気鋭】**（名・形動）新進で意気ごみがさかんなこと・さま。young and energetic

**じんしん-くぎ【人身供犠】** 祭式や儀式のとき人身を犠牲として捧げること。穀物の豊穣や集団の繁栄の祈願、または災厄回避のためなどに行われる。かつて農耕社会に多く存在。アステカ王国下のそれはとくに有名。じんしんきょうぎ。人身御供。human sacrifice

**しんじん-けつじょう【信心決定】**《仏教語》浄土教で、阿弥陀仏による救済を信じきってゆるがないこと。

**じんしん-こうげき【人身攻撃】** 他人の私生活上の行為を非難すること。personal abuse

**しんしん-こうじゃく【心神耗弱】** 精神が衰弱し、事の是非や善悪を区別する能力がとぼしい状態。民法上は準禁治産の原因となり、刑法上は減刑される。non compos mentis

**じんしん-こせき【▼壬申戸籍】** 明治政府による最初の全国統一戸籍。明治五年(一八七二)完成。族称・犯罪歴まで詳記。非公開。

**じんしん-じこ【人身事故】** 人が死んだり、けがをしたりする事故。accident resulting in injury or death

**しんしん-しょう【心身症】** 精神的な要因でおこる身体疾患。食欲不振・狭心症・性的機能障害など。psychosomatic disease

**しんしん-しょうがい【心身障害】** 身体上・精神上の障害の総称。

**しんしん-しょうがいしゃ【心身障害者】** 身体機能または精神の障害によって、日常生活に相当な制約を受ける者。mentally or physically handicapped person

**しんしんしょうがいしゃたいさく-きほんほう【心身障害者対策基本法】** 心身障害者の発生予防と福祉についての施策や公共の対策協議会の設置を定めた法律。昭和四五年(一九七〇)公布。

**しんしんしょうがいしゃ-ふくし【心身障害者福祉】** 精神薄弱者や身体障害者に対する各種の社会的福祉活動。

**しんしん-そうしつ【心神喪失】** 精神障害のため、事の是非や善悪をまったく識別できなくなった状態。民事上は禁治産の原因となり、刑法上は責任能力なしとして罰しない。non compos mentis

**じんしん-の-じゆう【人身の自由】** ↓しんたいのじゆう(身体の自由)

**じんしん-の-らん【▼壬申の乱】** 天智天皇の子大友皇子と天皇の弟大海人皇子の間に起こった内乱。壬申の年の天武元年(六七二)大友皇子は敗れて自殺。大海人皇子が即位、天武天皇となる。

**じんしん-ばいばい【人身売買】** 人間を物と同様に売買すること。法律で禁止されている。human traffic

**じんじん-ばしょり**（じんじんばしょり）《「じじいばしおり(爺端折り)」の転という》着物のうしろの裾をからげて帯のうしろの結び目の下にはさむこと。

**じんしんほご-ほう【人身保護法】** 法律上不当に身体を拘束されている者の自由を司法裁判によって回復させるための法律。昭和二三年(一九四八)イギリスにならって制定。

**しん-しんりしゅぎ【新心理主義】** 二〇世紀初めの文芸思潮の一つ。精神分析学を応用し、人間を意識下の深奥からとらえて描こうとする志向。ジョイス・ウルフ・プルーストらによって進められ、「意識の流れ」の手法に至った。日本では伊藤整らが代表的作家。

**しん-じんるい【新人類】** 一九六〇年代の高度経済成長期に生まれ、前世代よりも物質的に恵まれて育った世代。テレビ文化の発展の中で育った独特の感覚や行動を特性とする若い人々をさす。

**じんしん-わらん【▼壬▼辰▼倭乱】** 豊臣秀吉による朝鮮侵略、文禄の役の朝鮮側からの呼称。慶長の役は丁酉倭乱。

**しん-すい【心酔】**（名・サ変自）心から敬い信じること。傾倒し、熱中すること。fascination 用例 師に―する。西洋思想に―する。

**しん-すい【浸水】**（名・サ変自）水につかること。また、その水。水びたし。inundation; flooded 比較 冠水。用例 ―家屋。

**しん-すい【進水】**（名・サ変自）船台またはドックで建造された船体を、はじめて水に浮かべる作業。launch 用例 ―式。

**しん-すい【薪水】** ①たきぎと水。fuel and water ②たきぎを拾い、水を汲むこと。炊事。cooking

**薪水の労**（しんすいのろう）《召し使いのする、炊事などの仕事、の意》人に仕えること、また、人のために骨を折ること。doing menial services

**しん-ずい【心髄】** ①中心にある髄。pith ②物事の中心となる重要部分。中枢。essence ③心底。soul

**心髄、万境転**（しんずい、ばんきょうてん）心が、さまざまな境遇によって移り変わることにいう。

**しん-ずい【神髄・真髄】** その物事の根本。精髄。essence 用例 芸の―。

**じん-すい【尽▼瘁】**（名・サ変自）《「瘁」は、病み疲れる意》骨折ること。力をつくすこと。尽力。devotion

**じん-ずい【神水】** ①神に供える水。②霊験のある水。

**神水を飲む**（じんずいをのむ）神前で、供えた水を飲んで誓う。

**しんすい-けん【親水権】** 環境権の一つ。水に親しむことのできる権利。

**しんすい-こうえん【親水公園】** 川や水に親しむ目的の公園。護岸工事や汚染などで水辺から遠ざけられた、都市住民のためにつくられたもの。

**しんすい-コロイド【親水コロイド】** 水を分散媒とするコロイドのうち、水とコロイド粒子の親和力が強いもの。電解質を加えても凝集しにくい。でんぷんやたんぱく質などの高分子溶液はその一例。hydrophilic colloid

**しんすい-せい【親水性】** 油との相互作用が小さく、水との相互作用が大きい性質。hydrophilic 対義 親油性・疎水性。

**しん-すう【真数】** $a$ を底とする $x$ の対数 $y=\log_a x$ において、$x$ を対数 $y$ の真数という。anti-logarithm

**じん-ずう【神通】**《仏教語》修行によって得られる超人的で自由自在な能力。じんつう。

**じんずう-がわ【神通川】** 岐阜県北部に発し、富山県中部を北流し富山湾に注ぐ川。長さ一二〇㎞。流域は多雪地で発電所が多い。

**じんずう-りき【神通力】** 何事をも自在になしうる能力。神通。じんつうりき。supernatural power

**じん-すけ【甚助・▼腎助】**《俗語》多情で、しっと深い性質・男。用例 ―を起こす。

**しん-スコラてつがく【新スコラ哲学】** 一九世紀中ごろから始まった、中世スコラ哲学の復興をはかる哲学運動。トマス＝アクィナスの学説を中心に研究。新トマス主義。新トミズム。neo-scholasticism

**しん・ずる【信ずる】**（サ変他）↓しんじる(信じる)

**しん・ずる【進ずる】**（サ変他・補動）↓しんぜる(進ぜる)

**じん・する【陣する】** 文語的（サ変自）陣を構える。陣取る。陣す。

**しん-せい【心性】** ①精神のありかた。mind ②生まれつき。天性。nature 用例 日本人の―。

**しん-せい【申請】**（名・サ変他）国や公共団体に、許可・認可などを求めること。application 用例 パスポート交付の―。

**しん-せい【神性】** ①神の性格・属性。divinity 対義 人間性。②心。spirit

**しん-せい【神政】**《神託による政治、の意》神が最高の支配者で、為政者は神の代弁者として治世をする政治。theocracy

**しん-せい【神聖】**（名・形動）清らかで汚れのないこと・さま。尊く冒しがたいこと・さま。holy

**しん-せい【真正】**（名・形動）ほんとうに正しいこと・さま。いつわりなく本物であること・さま。genuineness

**しん-せい【真性】** ①天然のままの性質。one's inborn nature ②医学で、ほんもの。genuine 対義 仮性・疑似症。用例 ―赤痢。③純真な性質。purity

**しん-せい【新声】** ①新しい意見。new opinion ②新しい歌曲。new lied

**しん-せい【新制】** 新しいしくみ・制度。new system 対義 旧制。

**しん-せい【新政】** 新しい政治。new administration

**しん-せい【新星】** ①新しく発見された星。new star ②とつぜんに現れて強く輝き、のち、しだいに光度が暗くなっていく星。恒星が爆発して生じる現象で、爆発を繰り返す星も

ある。変光星に分類される。nova ③仕事が注目され、急に有名になった人。新しいスター。new star

**しん-せい【親政】**(名・サ変自) 天子みずから政治をとること。また、その政治。用例 天皇—。

**しんせい【真正】**〈町〉 岐阜県南西部、根尾川に沿う町。稲作を中心にナシ・柿・野菜栽培、養豚もさかん。人口九九五三(一九八八)。

**しん-せい【新生】** 一(名・サ変自) ①新しく生まれること。new birth 用例 —児。②生まれ変わった気持ちで、新しい生活を始めること。new life 二(名)《原題La Vita Nuova(イタリア)》ダンテの詩文集。一二九三年ごろ成立。清新体派の代表作。寓意の女性ベアトリーチェへの愛が語られている。

**しんぜい【信西】**(一一〇六〜五九) 平安末期の貴族。学者。本名は藤原通憲。後白河天皇の近臣として権勢を得たが、平治の乱で殺された。著書『本朝世紀』。

**じん-せい【人世】** 人間の世の中。世間。この世。this world

**じん-せい【人生】** ①人がこの世に生きていくこと。human life 用例 —の目的。②人が生きている間。人の一生。life 用例 —八〇年。

**人生、意気に感ず**(じんせい、いきにかんず) 人間は、金銭や名誉のためではなく、人から寄せられる思いやりや、自分を理解してくれる気持ちに感じ、こたえて仕事などをするものだ。Heart is won by heart.

**人生、行路難し**(じんせい、こうろかたし) 人生にはいろいろの苦労があって、楽なものではない。Life is not easy.

**人生七十、古来稀也**(じんせいしちじゅう、こらいまれなり) 《杜甫『曲江』にある詩句》昔から七〇歳まで長生きする人は、きわめてまれである。古稀。

**人生、朝露の如し**(じんせい、ちょうろのごとし) 人生のはかないことを、朝露にたとえていった語。

**人生の為の芸術**(じんせいのためのげいじゅつ) 《文芸用語》人の生き方に指針を与え、社会を向上させる芸術。また、人生に有益であってこそ芸術の存在意義があるとする、トルストイなどの主張。art for life's sake 対義 芸術の為の芸術。

**人生は短く芸術は長し**(じんせいはみじかくげいじゅつはながし) 「芸術は長く人生は短し」と同意。

**人生、僅か五十年**(じんせい、わずかごじゅうねん) 人の一生のきわめて短いことをいう。Life is short.

**じん-せい【仁政】** 国民に対して恵み深い政治。benevolent rule

**じん-せい【▼靭性】** 材料の粘り強さ。外力に抗して破壊しにくく、衝撃力にも耐える性質。tenacity

**じん-ぜい【人税】** 所得・財産などの帰属する人の、税金を納める能力に着目して課される税。所得税・住民税・相続税など。にんぜい。tax on earning 対義 行為税・物税。

**しんせい-かぞく【神聖家族】** ↓せいかぞく(聖家族)

**しんせいかつ-うんどう【新生活運動】** 一九三四年、中国で蒋介石が提唱した国民精神総動員運動。儒教的理念で国民生活を規律化・組織化し、民族の復興をはかった一種のファシズム運動。

**しんせい-がん【深成岩】** 火成岩のうち、粗粒で完晶質(全部結晶からなる)の岩石。マグマが、地下の深部で徐々に冷えて固まり、粗粒になったもの。花崗岩・閃緑岩・斑糲岩など。plutonic rock

**じんせい-かん【人生観】** 人生の価値・目的などに関する考え方。one's view of life 比較 世界観。

**じんせい-くん【人生訓】** どう生きていけばよいかの教え。motto for one's life

**じんせいげきじょう【人生劇場】** 尾崎士郎の小説。昭和八〜三五年(一九三三〜六〇)発表。青成瓢吉をめぐる多彩な人生模様を描く青春の物語。

**しんせい-こうこう【新制高校】** 新制中学校の卒業生に高等普通教育や専門教育を行う学校。昭和二二年(一九四七)施行の学校教育法に基づき、総合制・男女共学制・小学区制を原則として発足。新制高等学校。

**じんせい-こうろ【人生航路】** 人生を航路にたとえたことば。人の一生。path of one's life

**しんぜいこがくず【信西古楽図】** 日本古代の音楽・舞踊のさまを描いた画集。全一巻。信西入道古楽図。舞図。

**しんせい-じ【新生児】** 出産直後から、子宮外の独立生活に必要な生理機能をそなえるまでの期間の乳児。生後四週未満。初生児。newborns

**しんせいじ-おうだん【新生児黄▼疸】** 特別な原因なしに、生後二〜三日目ごろに現れ、数日から七日ぐらいの持続で自然に消失する黄疸。日本人では九〇％以上に出現する。neonatal jaundice

**じんせい-しじん【人生詩人】** 詩を人生と結びつけてうたう詩人。life poet 対義 自然詩人。

**しんせいじ-テタニー【新生児テタニー】** 新生児にみられる四肢の痙攣発作(テタニー症状)。出生後のカルシウムの低下が原因。人工栄養児に限ってみられるものを古典的新生児テタニーという。neonatal tetany

**しんせいじ-はいえん【新生児肺炎】** 新生児のかかる肺炎。重症のことが多い。母胎内で感染する先天性肺炎と出生後の感染に分かれ、呼吸数増加・チアノーゼ・呻吟などが現れる。pneumonia of a newborn

**しんせいじ-メレナ【新生児メレナ】** ビタミンK不足による新生児出血性疾患のうちの胃腸管出血。新鮮血の嘔血や下血がある。neonatal melena

**しん-せいしゅ【新清酒】** アルコールに清酒のような味・かおりをつけて造った酒。合成酒。

**しんせい-だい【新生代】** 地質時代の大区分のうち、約六四〇〇万年前から現在までの時代。第三紀と第四紀に細分される。哺乳類・鳥類・硬骨魚類・被子植物が繁栄。Cenozoic Era

**しんせい-だいがく【新制大学】** 昭和二二年(一九四七)施行の学校教育法に基づいて設置された、学術研究・教育の最高機関。学部のほか、大学院・研究所が設置される。

**しんせい-ちゅうがく【新制中学】** 小学校の卒業生に中等普通教育を行う学校。昭和二二年(一九四七)施行の学校教育法に基づき、修業年限三年の義務教育とされる。新制中学校。

**しんせい-ちゅうしんちゅう【真正中心柱】** 茎の横断面で、中央部分に維管束が環状に幾本も規則正しく並んでいる構造。双子葉植物・裸子植物にみられる。eustele 対義 不斉中心柱。

**しんせい-どうめい【神聖同盟】**(Heilige Allianz(ドイツ)) 一八一五年ウィーン会議の直後、アレクサンドル一世の提唱によって成立したロシア・オーストリア・プロイセンの同盟。のちにイギリス・トルコ・ローマ教皇以外の君主が加盟。キリスト教の正義と友愛の精神を強調。ウィーン体制維持のために利用された。

**しんせいねん【新青年】** ①日本の娯楽雑誌。推理小説の発展に貢献。大正九年(一九二〇)博文館発行。発行所を変えながら昭和二五年(一九五〇)まで刊行。初代編集長森下雨村以来、海外作品の紹介や新人発掘に努めた。②中国、近代の総合雑誌。初名は『青年雑誌』。五四新文化運動期の文化・思想界に指導的役割を果たす。陳独秀が主幹。のち中国共産党の機関誌。一九一五〜二六年刊行。

**しんせい-めん【新生面】** 新しい分野・方面。new phase 用例 研究に—を開く。

**しんせい-ローマていこく【神聖ローマ帝国】**(Heiliges Römisches Reich Deutscher Nation(ドイツ)) 中世から八世紀間続いたドイツ帝国の称号。九六二年オットー一世が教皇から加冠されて成立。以後歴代国王が皇帝を兼ね、俗界の最高支配者として、精神界における教皇に比せられた。一八〇六年フランツ二世は帝冠を辞し、帝国は消滅。

**じんせい-ろん【人生論】** 人生の意義や価値に関する考え方・評論。人生観。philosophy of life

**しん-せかい【新世界】** ①新大陸。the New World 対義 旧世界。②新しく生活・活動する場所。new field of activity

**しんせかい【新世界】** 大阪市南部、浪速区にある地区。通天閣を中心に、映画館・劇場・飲食店が軒を連ねる、庶民的な繁華街。

**しんせかいこうきょうきょく【新世界交響曲】**《副題Z nového světa(チェコ)》ドボルザーク作曲の交響曲第九番、ホ短調の通称。一八九二〜九三年アメリカ滞在中の作。第二楽章の旋律は、『家路』として有名。"From the New World" 「subject

**しん-せき【臣籍】** 臣民たる身分。status of a subject

**しん-せき【真跡・真▼蹟】** その人のほんとうの筆跡。真筆。autograph

**しん-せき【親▼戚】** 親族と縁者。親類。親族。身内。relative 比較 姻戚。

**親戚の泣き寄り**(しんせきのなきより) 親戚は、普段は疎遠でも不幸があったときには集まり、ともに悲しむ。親は泣き寄り。

**じん-せき【人跡】** 人の足あと。人の通ったあと。human traces 用例 —未踏のジャングル。

**じんせき【神石】**〈町〉 広島県北東部、山間の町。農林業主体。神石牛の産地。東端に帝釈峡がある。人口三六九九(一九八八)。

**しんせき-こうか【臣籍降下】** 明治憲法下、皇族が賜姓・他家相続・婚嫁・婚姻解消などによってその身分を離れて臣籍となること。

**シンセサイザー**[synthesizer] 多種多様な音を作り出せるように電子回路群を並べた電子機器。鍵盤をそなえたものが多く、おもに楽器として使われる。

**しんせだいコンピューターぎじゅつかいはつきこう【新世代コンピューター技術開発機構】** 昭和五七年(一九八二)に通産省が設立した、第五世代コンピューターの研究開発機関。通称ICOT(アイコット)。Institute for New Generation Computer Technology

**しん-せつ【臣節】** 臣下としての忠節。loyalty

**しん-せつ【深雪】** 深く積もった雪。みゆき。deep snow

**しん-せつ【新設】**(名・サ変他) 新しくもうけること。newly established 用例 —の図書館。

**しん-せつ【新雪】** 新しく降りつもった雪。降ったときの結晶の形をとどめており、密度〇・〇五〜〇・一五の軽い雪。fresh snow

**しん-せつ【新説】** ①新しい意見・学説。new theory ②新しく聞いた話。new story

**しん-せつ【親切】**(名・形動) ①情が厚く、丁寧なこと・さま。kindness 対義 不親切。②《「深切」とも》丁寧で行き届いていること・さま。kindness

**じん-せつ【▼腎節】** 脊椎動物の発生において中胚葉が体節と側板に分化し、そのあいだに形成される細胞塊。腎臓・輸尿管・生殖輸管などとなる。nephrotome

**しんせつ-ぎ【親切気】** 親切であろうとする気持ち。kindheartedness

**しんせっき-じだい【新石器時代】** 中石器時代に続く石器時代最後の時代。磨製石器・土器を用い、定住して農耕・牧畜を開始。Neolithic Period

**しんせつ-ごかし【親切ごかし】**(名・形動)《「ごかし」は接尾語》親切なふりをして、実は自分の利益をはかること・さま。

**しんせつ-ひょうそうなだれ【新雪表層雪崩】** 古い積雪の上に新雪が降り積もり、境界面を滑って起こす雪崩。

**しん-ぜる【進ぜる】** ＝進ず・進ずる。一(下一他) 人に物を差し上げる。present 二(補動)《「…て進ぜる」の形で》…してあげる。用例 書いて—。

**しん-せん【神仙】** 道教で、神秘的な力を身に付けた仙人。不老長寿を求め、深山に隠れて修行した。天仙・地仙・尸解仙の三種類があるとされる。

**しん-せん【神▼饌】** 神に供える飲食物の総称。酒・水・塩・穀物・果実・蔬菜・鳥獣魚介類など。みけ。offering

**しん-せん【振▼顫・震▼顫】** 身体の一部または全身にわたる不随意な震え。パーキンソン病・慢性アルコール中毒などによるものが代表的。tremor

**しん-せん【浸染】**(名・サ変自他) 染色法の一つ。染液のなかに布などを浸して染めること。無地染め・絞り染めなど。dye

**しん-せん【深浅】** ①深いことと浅いこと。depth ②色の濃いことと薄いこと。shade of color

**しん-せん【新選】**(名・サ変他) 新しくえらぶこと。newly-selected

**しん-せん【新▼撰】**(名・サ変他) 新しく編集し、著作すること。また、その著作。新修。newly-compiled

**しん-せん【新線】** 鉄道の新しい路線。new line

**しん-せん【新鮮】**(名・形動) ①新しく、生きのいいこと・さま。freshness 用例 —な魚。②汚れていなくて、気持ちのいいこと・さま。freshness 用例 —な空気。

**しんせん【深▼圳】** 中国、広東省南部宝安県、九竜半島との境界にある国境の都市。人口一九・一万(一九八四)。シェンチェン。

**しん-せん【▽沈▼銓】**(生没年未詳) 中国、清代中期の画家。号は南蘋。写実的な花鳥画をよくし、享保一六年(一七三一)長崎に渡来、江戸時代花鳥画に影響を残した。

**しん-ぜん【神前】** ①神の前。before God

用例 —結婚。②神社の前。

**しん-ぜん【親善】** 親しくて仲のよいこと。また、仲良くすること。amity; friendship 用例 国際—。

**じん-せん【人選】**(名・サ変自) 適当な人をえらぶこと。selection of a suitable person 用例 —に苦しむ。

**じんせん【仁川】** 韓国京畿道西部、京畿湾に臨む港湾都市。ソウルの外港。韓国有数の貿易港。潮の干満の差が著しい。人口一〇八・五万(一九八〇)。インチョン。

**じん-ぜん【荏苒】**(形動トタル) 物事がのびのびになるさま。用例 —として日を過ごす。

**しんせんいぬつくばしゅう【新撰犬筑波集】** 俳諧撰集『犬筑波集』の板本での書名。

**しん-せんき【沈佺期】**(六五六ごろ〜七一四) 中国、初唐の詩人。宋之問とともに律詩の韻律を大成。とくに七言律詩にすぐれた。

**しんせん-ぐみ【新撰組】** 幕末、幕府が京都市内警備のため組織した浪士隊。文久三年(一八六三)結成。京都守護職の下に、実権は近藤勇・土方歳三らが握り、尊攘派を弾圧。新選組。

**しん-ぜんこくそうごうかいはつけいかく【新全国総合開発計画】** 昭和四四年(一九六九)国土利用の抜本的再編成をめざして、閣議で決定された国土総合開発計画。同五二年の三全総により大きく軌道修正された。新全総。

**しんせんじきょう【新撰字鏡】** 和訓のある現存最古の漢和字書。醍醐天皇の昌泰年間(八九八〜九〇一)に完成。一二巻。昌住著。

**しんせん-しそう【神仙思想】** 中国神話に由来し、秦漢代に盛行した神秘的思想。不老不死である神仙となるための修行や服薬の法をめぐって道教と習合、複雑な内容のものとなった。葛洪の『抱朴子』はその代表的著作とされる。

**しんせんしょうじろく【新撰姓氏録】** 古代貴族の系譜を集成した書。三〇巻。弘仁六年(八一五)成立。神武天皇から弘仁年間までの京畿に住む貴族一一八二氏の系譜を神別・皇別・諸蕃に分類して集成。抄本だけ現存。姓氏録。

**しん-ぜんそう【新全総】**「新全国総合開発計画」の略。

**じん-せんつう【腎疝痛】** 背中の中央で背骨のわきの部分を中心として突然起こる激痛。尿管が急につまった場合に生じ、原因には尿管結石・腎結石・腎腫瘍・血塊などがある。renal colic

**しんせんつくばしゅう【新撰菟玖波集】** 室町後期の准勅撰連歌撰集。二〇巻。明応四年(一四九五)成立。大内政弘の発起により、飯尾宗祇を中心に編集。永享二年(一四三〇)ごろ以降約六〇年間の付句・発句二千余句を分類配列。『菟玖波集』以後の正統的連歌最盛期の秀作を集める。

**しん-ぜん-び【真善美】** 認識上の真と、道徳上の善と、審美上の美。人間の最高の理想を集約したもの。truth, good and beauty

**じん-せんぷう【塵旋風】** 砂やほこりが柱状に旋回しながら舞い上がる現象。日射で地面が熱せられたときに起こる。dust whirl

**しんせんまんようしゅう【新撰万葉集】** 平安前期の私撰集。二巻。上巻に寛平五年(八九三)、下巻に延喜一三年(九一三)の序。上巻は菅原道真の撰といわれ、下巻は未詳。総計二百余首。四季・恋の歌を万葉仮名で書き、歌ごとに七言絶句を付す。

**しんせんろうえいしゅう【新撰朗詠集】** 平安後期の歌謡集。二巻。藤原基俊撰。成立年未詳。鳥羽天皇のころか。『和漢朗詠集』にならい朗詠に適した詩五四〇句余、和歌二〇三首を収める。

**しん-そ【神祖】** ①偉大な功績のある先祖。②天照大神の敬称。③徳川家康の死後の敬称。神君。

**しん-そ【親疎】** 親しいことと、うといこと。親しい人とよく知らない人。

**しん-ぞ【新造】** ①二〇歳前後の若い女。しんぞう。young woman 対義 年増。②若妻または妻。しんぞう。wife ③《多く上に「御」を付けて、「ごしんぞ」と他人の妻をよぶ称》奥さん。しんぞう。④江戸時代、遊女の階級の一つ。姉女郎の付属遊女。

**しん-そう【神葬】** 神道の儀式で行う葬式。対義 仏葬。

**しん-そう【真相】** ほんとうの事情・内容。the truth 用例 事件の—。

**しん-そう【真槍】** けいこ用ではない、ほんもののやり。

**しん-そう【進奏】**(名・サ変他) 天子に申し上げること。奏上。

**しん-そう【深窓】** 奥のほうの居間。とくに、女子の部屋。closeted room 用例 —の令嬢。

**深窓に育つ**(しんそうにそだつ) 身分の高い女子などが、世間の風にあてられずに、大切に育てられる。be brought up with care in a good family

**深窓の佳人**(しんそうのかじん) 上流階級に生まれ、家の中で、世の中の汚れに接することもなくたいせつに育てられた、美しい女。a girl brought up with a tenderest care

**しん-そう【深層】** 奥深く隠れた所。物事の奥深い所。the depths 用例 —心理。

**しん-そう【新装】** 新しいよそおい・服装。refurbishment 用例 —なった球場。

**しん-そう【神宗】**(一〇四八〜八五) 中国、北宋第六代皇帝(在位一〇六七〜八五)。国政改革を図り、王安石を登用して新法を実施。西夏・交趾への進出を試みたが、いずれにも失敗。

**しん-ぞう【心像】**《imageの訳語》直接の知覚によって浮かぶのではなく、記憶に基づく再生によって意識に現れる、感覚的・具体的な像。表象。比較 心象。

**しん-ぞう【心臓】** ㊀(名) ①動物体内で血液またはリンパ液循環の原動力となる器官。ヒトでは左右の心室・心房からなり、洞房結節の興奮が心房筋・心室筋に伝わり、一定のリズムで収縮する。こぶし大の大きさで、二〇〇〜三〇〇g。心拍数毎分約七〇が成人の平均値。heart ②物事の中心部。heart; center ㊁(名・形動)《俗語。「心臓が強い」の略》あつかましいこと・さま。impudence 用例 強—。↓図

**心臓が強い**(しんぞうがつよい) 遠慮を知らず、他人がどう思おうと平気である。あつかましい。ずうずうしい。impudent 類似 心臓に毛が生えている。対義 心臓が弱い。

**心臓に毛が生えている**(しんぞうにけがはえている) 恥知らずであつかましい。鉄面皮だ。心臓が強い。brazen-faced

**しん-ぞう【神像】** 神の姿を彫刻や絵画に表したもの。エジプトやギリシアなどの古代宗教でさかんに作られた。

**しん-ぞう【新造】** ㊀(名・サ変他) 新しく造ること。また、そのもの。㊁(名) ↓しんぞ(新造)

**じん-ぞう【人造】** 人工を加えて自然物に似た物を造ること。造った物。artificial 用例 —湖。

**じん-ぞう【腎臓】** 脊椎動物の泌尿器系を構成する器官。ヒトではそらまめ形をしており、左右一対ある。血液から尿を濾過生成し、体外に排泄する作用をいとなむ。kidney ↓図

**しんぞう-いしょく【心臓移植】** 重度の心臓疾患があり、そのままでは生存できないときに行われる移植手術。ほかの人の心臓と交換する。heart transplant

**じんぞう-いしょく【腎臓移植】** 末期の慢性腎不全患者の腎臓をほかの人の腎臓と交換する治療法。両親など血縁関係者から提供を受ける生体腎移植と、死体腎移植とがある。kidney transplant

**じんぞう-えん【腎臓炎】** ↓じんえん(腎炎)

**しんぞうカテーテル-ほう【心臓カテーテル法】** 細い管を静脈や動脈から心臓に入れ、血液の成分・血圧などを測定して心臓病を診断する方法。cardiac catheterization

**しん-ぞうけいしゅぎ【新造形主義】** 抽象絵画運動。オランダの画家モンドリアンを中心に一九一七年結成された「デ-ステイル派」による運動。幾何学的な画面構成・形式の純粋性を主張。Neo-Platicism

**しんぞう-げか【心臓外科】** 心臓とそれに隣接する大血管も含めた病気の手術治療を目的とする外科の一分野。cardiac surgery

**じんぞう-けっせき【腎臓結石】** 尿の成分が原因で腎臓にできる結石。大きくなると横腹の激痛、血尿などをみる。腎石症。renal calculus

**じんぞう-けんし【人造絹糸】** ↓レーヨン

**しんぞう-ご【新造語】** 新しくつくり出したことば。newly-coined word

**しんそう-さい【神葬祭】** 神道方式による葬送儀礼。仏葬・儒葬に対する名称。

**しんぞう-し【心臓死】** 心臓の病気や一次的な心臓の機能低下が直接の原因となって起こる死亡。死因の直接原因が心臓による場合にいう。cardiac death

**しんぞう-しんけいしょう【心臓神経症】** 精神的原因により起こる心血管系の症候群。神経症の一種で、身体になにも異常がないのに動悸・胸痛など心臓病を思わせる症状を示す。cardiac neurosis

**しんそう-しんりがく【深層心理学】** 意識的には直接に達することができないような深い心的過程である無意識の領域を扱う心理学。フロイトの精神分析学、ユングの分析心理学がある。depth psychology

**しんそう-すい【深層水】** 深さ数千メートルの海中にある低温・高密度の巨大な水塊。流速毎秒数センチメートル程度で静かに循環して

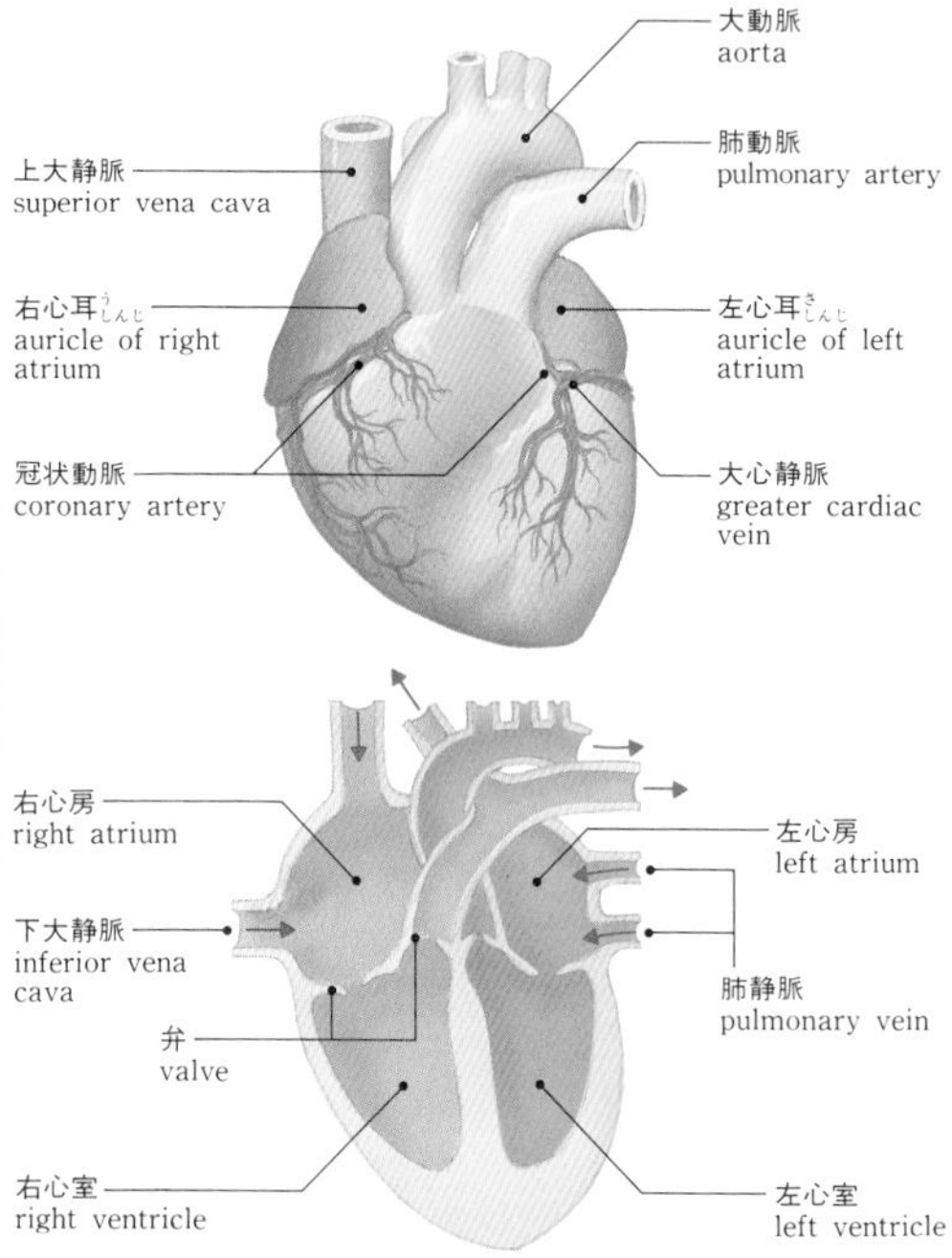

●心臓㊀① 人の心臓の各部名称

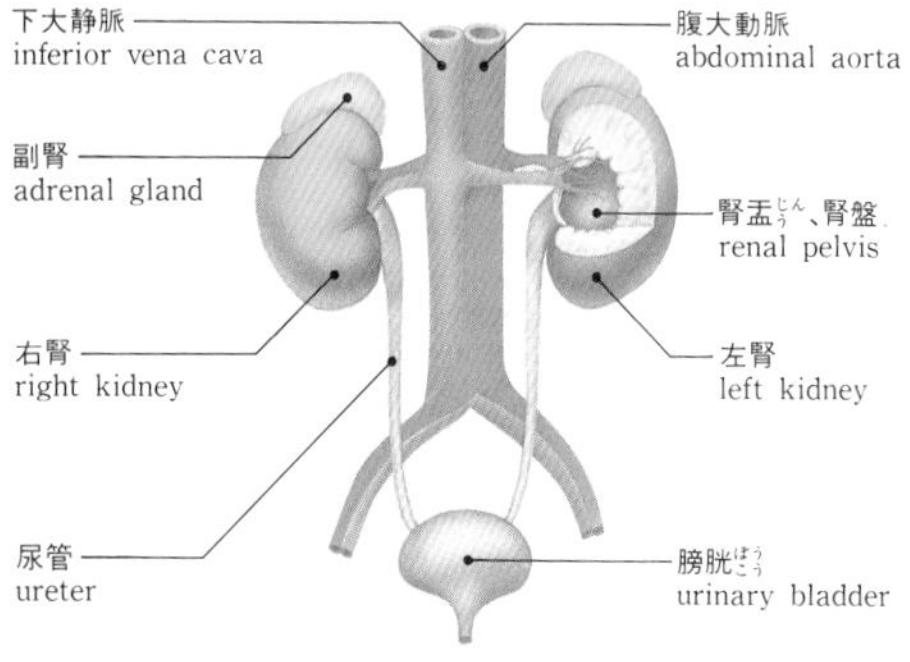

●腎臓 人の腎臓と関連器官



↓行き先項目、図版・写真参照印。 JIS 日本工業規格情報交換用漢字符号コード(区点コード)。

いる。deep sea water

**しんぞうせい-ぜんそく【心臓性▼喘息】** 心臓の働きが悪くなって、発作的に呼吸困難の現れる状態。発作性夜間呼吸困難。cardiac asthma

**じんぞう-せき【人造石】** ①セメントに大理石・花崗岩などの砕粒を混ぜて加工し、天然石のように仕上げたもの。テラゾ。artificial stone ②人工的につくった模造の宝石。

**じんぞう-せきゆ【人造石油】** 人工的に製造された石油。石炭を高温高圧下で分解する石炭液化法、オイルサンドの乾留などの方法がある。artificial petroleum

**じんぞう-せんい【人造繊維】** ↓かがくせんい(化学繊維)

**じんぞう-せんりょう【人造染料】** ↓ごうせいせんりょう(合成染料)

**しんぞう-ていし【心臓停止】** ↓しんていし(心停止)

**じんぞう-にんげん【人造人間】** ↓ロボット

**じんぞう-バター【人造バター】** ↓マーガリン①

**しんぞう-ひだい【心臓肥大】** 病気が原因で心臓の容積と重量とが増加した状態。右心肥大と左心肥大がある。ふつう高血圧や弁膜症による。cardiac hypertrophy

**じんぞう-ひりょう【人造肥料】** ↓かがくひりょう(化学肥料)

**しんそう-ひん【寝装品】** 寝間着・布団・夜具・マットレスなどの総称。bed and bedding

**しんぞう-べんまくしょう【心臓弁膜症】** 心臓の弁膜が徐々に肥厚・萎縮して、やがて弁口狭窄・弁閉鎖不全の機能障害を起こす病気。先天性弁膜疾患・リューマチ性心内膜炎・動脈硬化などが主要な原因。valvular disease of heart

**じんぞう-ほうせき【人造宝石】** 人工的につくられた宝石のこと。天然のものと同じ物質で製造された合成宝石と、ガラスなどで外観を似せてつくった模造宝石がある。artificial jewel

**じんぞう-まい【人造米】** 小麦粉に砕米・でんぷん類をまぜた合成米。米の代用品として考案された。artificial rice

**しんぞう-マッサージ【心臓マッサージ】** 心臓の拍動が停止したとき、人工的に拍動させる手段。心拍停止後ただちに、必ず人工呼吸をしながら行う。cardiac massage

**しんぞう-まひ【心臓麻▼痺】** 原因不明の急死あるいは急性心臓死。刺激生成停止・刺激伝達障害による心拍停止なども含む。heart attack

**しん-そく【神速】**(名・形動) 不思議なほど速いこと・さま。swiftness [用例] —果敢。

**しん-ぞく【真俗】**《仏教語》①僧と人。僧俗。②真諦と俗諦。

**しん-ぞく【親族】** ①血筋のつながる人。身内。親類。relative ②民法上、六親等内の血族と配偶者および三親等内の姻族。↓[図]

**親族は泣き寄り、他人は食い寄り**(しんぞくはなきより、たにんはくいより) 不幸があったとき、肉親は心からの哀悼の気持ちで集まってくるが、他人は葬儀に出される食べ物にありつこうとやってくる。肉親は苦しいときこそ助け合うものだが、他人の同情心はうわべだけのものであるということ。

●親族②

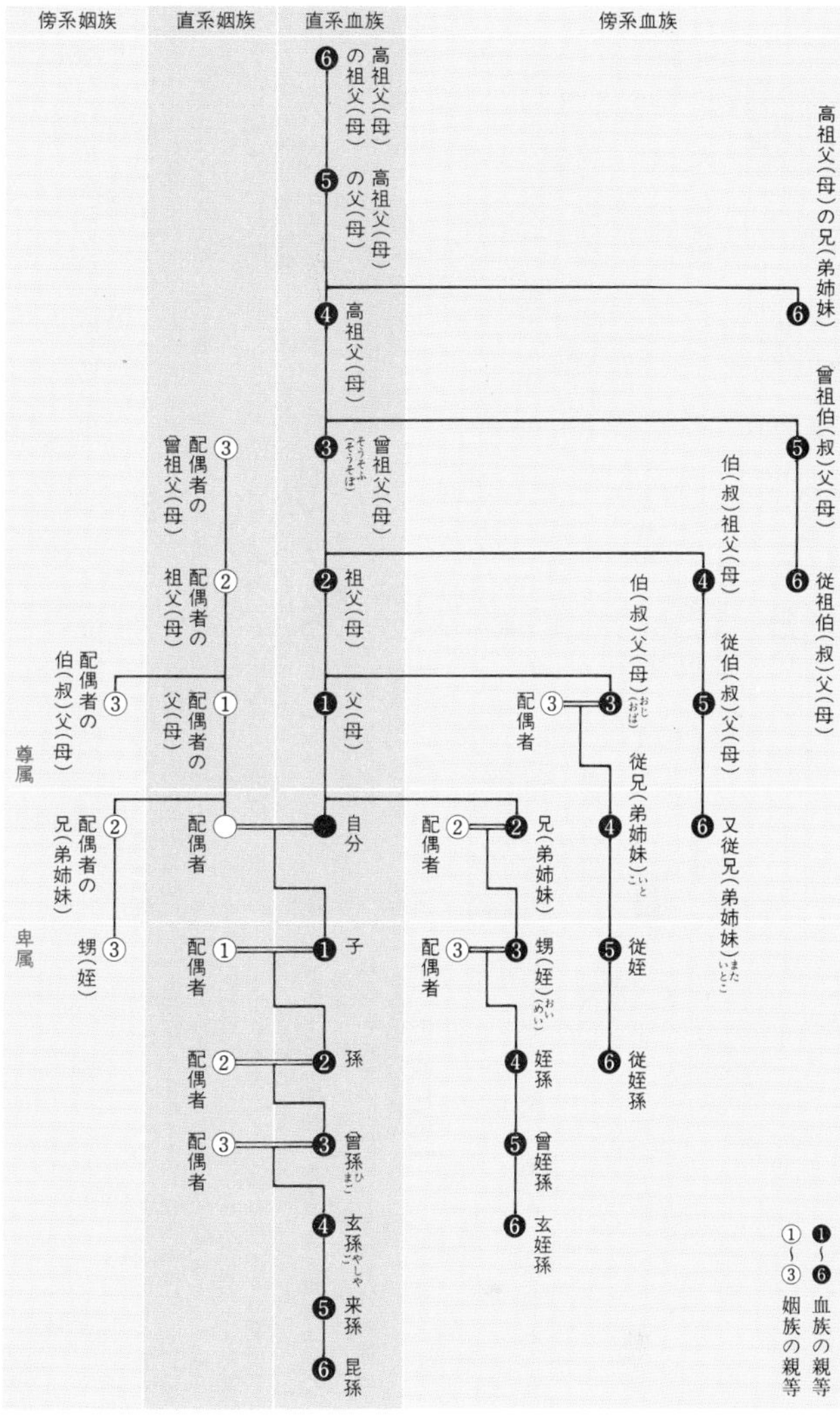


**じん-そく【迅速】**(名・形動) きわめて速いこと・さま。すみやか。敏速。quickness [用例] 出前—。

**しんぞく-そしき【親族組織】** 文化人類学の概念。出自または婚姻に基づく系譜的関係や、擬制関係により結ばれた人々からなる集団をいう。kinship organization

**しんぞく-にたい【真俗二▼諦】** 仏教でいう二種の真理。究極的立場での真理であり言語を離れた真諦(=勝義諦・第一義諦)と、言語と結びついた世俗での真理の俗諦(=世俗諦・世諦)をさす。

**しん-そくぶつしゅぎ【新即物主義】**《Neue Sachlichkeitドイの訳語》一九二〇年ごろドイツで起こった芸術思潮。表現主義への反動として、美術・文学などの領域で、細密描写、即物的な対象把握による実在感の回復をめざした。

**しん-そこ【心底・真底】** 一(名) 心の奥。しんてい。one's inmost thought [用例] —から望む。二(副) 心から。しんから。[用例] —喜ぶ。

**しん-そざい【新素材】** 金属やプラスチックなどの従来の材料にない、すぐれた特性をもつ素材の総称。ニューセラミックス・アモルファス金属など。new materials

**しん-そつ【真率】**(形動) 正直で率直なさま。ひたむきなさま。earnest

**しん-そつ【新卒】**「新卒業者」の略。

**シンソルロ**(sinsŏllo朝) 朝鮮料理の寄せなべ。また、それに用いるなべ。下ごしらえをした肉類・魚介類・野菜などを、牛肉のスープで煮る。

**ジンタ** 小編成の街頭吹奏楽団の俗称、およびその演奏する音楽。宣伝やサーカスの伴奏などに使われる。その擬声語「ジンタッタ」から名づけられた。

**しん-ダーウィンせつ【新ダーウィン説】** ダーウィン説のうち、生存競争の原理だけを強調し、獲得形質が遺伝するという考えを否定した説。ワイスマンが提唱し、命名した。ネオダーウィニズム。neo-Darwinism

**しん-たい【身体】** からだ。body

**しん-たい【神体】** 神道で、礼拝の対象となる、神霊ののりうつった神聖な物体。山・滝・鏡・玉石・剣など。御霊代。御霊形。御正体。[数え方] 一柱・一座・一体。

**しん-たい【真▼諦】** =しんてい。①《仏教語》真俗二諦のうちの一つ。仏の悟りにおいて、絶対とされる真理。勝義諦。第一義諦。真如。実相。[対義] 俗諦。②ことばなどでは表現できない、真にすぐれた、だいじなところ。

**しん-たい【進退】**(名・サ変自) ①進むことと、しりぞくこと。advance and retreat ②かけひき。tactics ③立ち居振る舞い。behavior ④役職の去就。one's course of action

**進退谷まる**(しんたいきわまる) 動きがとれない。どうしようもない。進退維谷まる。be driven to the wall

**しん-たい【新体】** 新しい体裁・形式。new style

**しん-だい【身代】** 個人の財産。身上。fortune [用例] —を潰す。

**身代明く**(しんだいあく) 財産を失う。

**身代有り付く**(しんだいありつく) 仕官する。出仕する。

**身代打つ**(しんだいうつ) 全財産を注ぎ込む。

**身代稼ぐ**(しんだいかせぐ) 身代を得るために働く。仕官・奉公する。

**身代済む**(しんだいすむ) 「身上済む」と同意。

**身代畳む**(しんだいたたむ) 全財産を始末する。破産する。go bankrupt

**身代取り組む**(しんだいとりくむ) 仕官する。

**身代を棒に振る**(しんだいをぼうにふる) 資産をつかい果たす。財産を全部なくしてしまう。lose one's fortune

**しん-だい【寝台】** ねるための台。ベッド。bed [用例] —車。[数え方] 一台。

**しんだい【真▼諦】**(四九九〜五六九) 中国、梁・陳代の僧。中国の四大訳経家の一人。インドのバラモン出身。中国に渡り、『摂大乗論』『倶舎釈論』などを漢訳。摂論宗の開祖とされる。パラマールタ。

**じん-たい【人体】** ①ヒトのからだ。他の動物と比較すると、直立の姿勢、大脳の進化、表情筋の発達、手足の機能分化などの特異性がある。human body ②人がら。人品。personal character

**じん-たい【▼靭帯】** 骨と骨とを連結する、強い線維性の結合組織。太い線維の密集した束か帯状をなす。ligament

**じん-だい【人台】** 洋服の陳列・製作のために用いる人体の模型。ボディー。

**じん-だい【甚大】**(形動) 非常に大きいさま。はなはだしいさま。多大。tremendous [用例] 被害—。

**じん-だい【神代】** 神武天皇即位以前の、神々が日本を支配していたという時代。かみよ。[対義] 人皇。

**しんたい-うかがい【進退伺(い)】** 過失の責任を負う人が、自分の去就について、上役の指示をあおぐこと・文書。informal resignation

**しんだい-かぎり【身代限り】** 江戸・明治時代、債務者が負債を支払うことができない場合、全財産を債権者に提供して債務にあてたこと。負債を全部支払うまで、種々の権利・資格を失う。現在の法律上の破産宣告・破産手続きにあたる。倒産。

**じんたい-きせいちゅう【人体寄生虫】** ヒトの体に寄生する虫。線虫類・吸虫類・条虫類・原虫類などの内部寄生虫と、吸血性昆虫・ハナ

ヒルなどの外部寄生虫とがある。human parasite

**しんたい-けんさ【身体検査】** ①人の発育・健康状態を調べること。physical examination ②法律で、人の身体について行われる検証。身体検査令状を必要とする。frisk

**じん-だいこ【陣太鼓】** 昔、戦陣で合図用に使用された大太鼓。

**しん-たいこう【真体▼腔】** 動物の体腔のうち、嚢胚期以後に、中胚葉に由来する組織に囲まれてできる体腔。deuterocoel

**しんたい-さん【神体山】** 神道で、神体として神聖視される山岳。

**しんたい-し【新体詩】** 明治三〇年代までの近代詩の呼称。同一五年(一八八二)、外山正一・土井晩翠らの『新体詩抄』に始まる。のち島崎藤村・土井晩翠らにより文学的に洗練され、同四〇年(一九〇七)ごろからは単に「詩」とよばれる。

**じんだい-じ【▽深大寺】** 東京都調布市深大寺町にある天台宗の寺。天平五年(七三三)満功の開創とされる。

**しんたいししょう【新体詩抄】** 訳詩集・詩集。外山正一・矢田部良吉・井上哲次郎編。明治一五年(一八八二)刊。訳詩一四編、創作詩五編を収録。西洋詩を模して日本の詩型を創造しようとした最初の試み。

**じんたい-じっけん【人体実験】** 種差などのために動物実験では解明できない事実を明らかにするため、人体に直接薬物投与や手術などを行い反応を調べる実験。厳しい医療倫理と同時に、被験者への十分な説明と同意が必要とされる。臨床実験。human experiment

**しんたい-しょうがい【身体障害】** 身体に損傷があるため、生活や労働に支障のある状態。handicap

**しんたいしょうがい-しゃ【身体障害者】** 傷病などでからだが不自由になった人。身体障害者福祉法では、一八歳以上で、視覚・聴覚・平衡・音声・言語・肢体・心臓・呼吸器の機能に障害があり、都道府県知事から身体障害者手帳を交付された者。身障者。physically handicapped person

**しんたいしょうがいしゃこようそくしん-ほう【身体障害者雇用促進法】** 身体に一定の障害をもつ者の職業の安定をはかるための法律。昭和三五年(一九六〇)公布。

**しんたいしょうがいしゃ-ふくし【身体障害者福祉】** 身体障害者の更生を援助し、社会福祉を促進すること。昭和二四年(一九四九)公布の身体障害者福祉法に基づく。

**しんたいしょうがいしゃふくし-ほう【身体障害者福祉法】** 昭和二四年(一九四九)に公布された日本最初の障害者福祉法。障害者の自力更生を援護することを目的とし、それに必要な範囲での保護を規定する。

**じんだい-しょくぶつこうえん【神代植物公園】** 東京都調布市にある都立植物園。面積三〇ha。造園的植物園。昭和三六年(一九六一)創設。

**じんだい-すぎ【神代杉】** 長年、土中や水中に埋もれていた杉材。材色が青黒く木目も美しい。工芸用・装飾用材。

**しん-たいせい【新体制】** ①一新された体制。用例 —で臨む。②「新体制運動」の略。

**しんたいせい-うんどう【新体制運動】** 昭和一五年(一九四〇)近衛文麿らが提唱した政治体制の再編運動。高度国防国家の建設、日中戦争の解決、政治新体制の確立を目標にした新党構想に始まり、大政翼賛会を成立させた。

**しん-たいそう【新体操】** ボール・リボン・輪などの手具を用い、音楽に合わせて演技する体操。個人・団体種目に分かれ、採点制で優雅さや表現力が重視される。オリンピックには、一九八四年のロサンゼルス大会から女子種目として採用される。rhythmic sports gymnastics 参照 手具。↓写

● 新体操　リボンの演技。

**しんたい-の-じゆう【身体の自由】** 憲法の保障する自由権の一つ。奴隷・強制労働・不当な逮捕・処罰などによって、身体を拘束されない権利。人身の自由。

**しんたい-はっぷ【身体髪膚】** 《からだと頭髪と皮膚》全身。一身。whole body

**じんたい-もけい【人体模型】** 人間の形・格好や体内臓器の場所・構造を似せてつくった模型。医学生の授業などに使う。manikin

**じんだい-もじ【神代文字】** 漢字渡来の前からあったとされる日本独自の文字。四七の字母からなるが、古代の音韻法則に合わないなどの理由で、後世の偽作といわれる。

**しん-たいよう【真太陽】** 光行差などを含まない実際の太陽。平均太陽に対して、実際の太陽の運動を扱う場合に使う。true sun

**しんたいよう-じ【真太陽時】** 地球上で見える太陽の南中を一二時(正午)とする時法による時刻。平均太陽時との光行差は一・三六秒。視太陽時。true solar time

**しんたいよう-じつ【真太陽日】** 真太陽に基づいて決めた時法による一日。true solar day

**しん-たいりく【新大陸】** 南・北アメリカ大陸。ヨーロッパ人は一四〜一五世紀にその存在を知った。広義にはオーストラリア大陸を含む。新世界。the New Continent; the New World 対義 旧大陸。

**しんだらみ【死んだ海】** 村山知義の戯曲。昭和二七年(一九五二)初演。房総の漁港を舞台に、米軍基地と自衛隊の問題、それを阻止する漁民の闘いを描く。

**しん-たく【神託】** 神の意志やことばが、夢・占い・自然現象・巫女などを介して示されること。神のおつげ。託宣。oracle

**しん-たく【新宅】** ①新しく建てた家。new house ②分家。branch family

**しん-たく【信託】**(名・サ変自他) ①信用して委託すること。trust ②金銭・有価証券・不動産などの財産について、他人にその権利を移転し、一定の目的で管理・処分させること。trust

**しんたく-がいしゃ【信託会社】** 信託業務を営む株式会社。昭和二三年(一九四八)に金融機関整備計画により信託銀行となったため、現在、専業の信託会社はない。trust company

**しんたく-ぎんこう【信託銀行】** 信託業と銀行業を兼ねる会社。金銭信託により集めた資金の長期貸し付けがおもな業務。従来の信託会社が昭和二三年(一九四八)改組。trust bank

**しんたく-ざいさん【信託財産】** 一定の目的にしたがって管理・処分するように委託された財産。trust property

**しんたく-とうち【信託統治】** 国際連合が特定国に一定の領土に対する施政をゆだね、これを監督する制度。trusteeship

**しんたくとうち-りじかい【信託統治理事会】**(Trusteeship Council) 信託統治地域を治める統治国の施政を監督するための国連機関。TC。

**しん-たつ【申達】**(名・サ変他) 上級官庁から下級官庁へ文書で指令を出すこと。notification

**しん-たつ【進達】**(名・サ変他) 上申などを上級官庁へ取り次ぐこと。transmission

**しん-だつ【侵奪】**(名・サ変他) おかしうばうこと。用例 不動産—罪。

**シンタックス【syntax】** 言語学で、文法論の一部門。単語を並べて文を作る(または記号を並べて式などを作る)ときの並べ方(語順)・結びつき方の規則、およびそれについての研究。構文論。統辞論。文章論。

**じんだ-つめり【▼糂▼粏つめり】** ゆでた枝豆をすりつぶしたもの(＝糂粏)で、つきたてのもち、または、ゆでた白玉団子をあえたもの。ずんだもち。じんだもち。

**じん-だて【陣立(て)】** 部隊の配置。陣備え。陣構え。battle formation

**しん-たん【心胆】** 心。きも。heart

**心胆を寒からしめる** はなはだしく驚き恐れさせる。ふるえあがらせる。make one's flesh creep

**しん-たん【▼滲炭・浸炭】** 柔軟性と靱性に富む低炭素鋼の表面のみを硬化させるため、炭素を拡散・浸透させる処理。木炭・コークスなどによる固体滲炭、シアン化物による液体滲炭、メタン・一酸化炭素によるガス滲炭がある。carburizing

**しん-たん【▼晨▼旦】** 《「晨」「旦」とも、朝の意》あさ。あした。

**しん-たん【深▼潭】** 深い淵。

**しん-たん【薪炭】** ①たきぎとすみ。②燃料。

**しんたん【震▼旦】** 古代中国の別称。古代インドの仏典で、中国をチーナスターナ(Cinasthāna)とよんだことに由来。

**しん-だん【診断】**(名・サ変他) ①医師が患者のもつ異常状態を正確につかみ、これに、より適切な処置を下すための根拠を得ること。diagnosis 比較 診察。②物事の問題をしらべて、判断すること。judgment

**しんたん-こう【▼滲炭鋼】** 炭素含有量〇・一二〜〇・二三％の低炭素鋼を滲炭処理して表面を硬化させ、内部に靱性をもたせた鋼。表面は耐摩耗性があり内部は粘り強いので、歯車・カムなど機械部品に使用。肌焼き鋼。blister steel

**しんだん-しょ【診断書】** 診断の結果を書いた証明書。medical certificate

**しん-たんなトンネル【新丹▼那トンネル】** 東海道新幹線にある複線型トンネル。東海道本線の熱海と函南間にある丹那トンネルの北側五〇mに隣接して作られた。長さ七七九五九m。昭和三九年(一九六四)開通。

**しんたん-りん【▼薪炭林】** 耕作者が昭和二七年(一九五二)ごろまで薪や木炭の採取に利用した広葉樹が主体の林。伐採までの期間が短い。現在ではパルプ原木・シイタケ原木などの林に利用している。coppice forest; fuel wood forest

**しん-ち【新地】** ①新しくひらいた土地。人家の建ち始めた土地。新開地。newly peopled land ②新開地にできた遊郭。③新しい領地。new territory

**しんち【新地】**〈町〉 福島県北東端、相馬市北隣、太平洋に臨む町。稲作・切り花栽培・酪農などが中心。人口八九四七(一九八八)。

**じん-ち【人知・人▼智】** 人間の知識・知恵。human knowledge 用例 —の限りを尽くす。

**じん-ち【陣地】** 攻撃・防備のために軍隊を配置してある地帯。陣構えした所。encampment

**しんち-がく【神▼智学】** 神秘的直観によって宇宙・自然の不思議や人間の本質にふれ、神の智にあずかろうと説く哲学的・宗教的立場。theosophy

**しん-ちく【新築】**(名・サ変他) 新しく家を建てること。新しく建てた家。new building

**じん-ちく【人畜】** ①人間と家畜。men and beasts 用例 —無害。②《不人情な人をののしっていう語》人でなし。

**じんちくきょうつう-でんせんびょう【人畜共通伝染病】** 人と他の脊椎動物のあいだで自然に感染する伝染病。狂犬病・ペストなど。zoonosis

**シンチグラム【scintigram】** 体内に投与され、病変部に沈着した放射性同位体(ラジオアイソトープ)を、体表面から撮影した画像。その分布状態から病気の診断が行われる。

**シンチスキャニング【scintiscanning】** 放射性同位体を体内に入れ、臓器内での分布状態から、その臓器の形態を体の外から知る方法。得られる撮像をシンチグラムという。

**しん-ちゃ【新茶】** その年に初めて摘んだ茶。用例 —のかおり。

**しん-ちゃく【新着】**(名・サ変自) 品物などが、着いたばかりであること。new arrival 用例 —図書。

**シンチャンウイグル-じちく【新疆ウイグル自治区・新▼疆ウイグル自治区】**(Xinjiang Uygur) ↓しんきょうウイグルじちく(新疆ウイグル自治区)

**しん-ちゅう【心中】** 《「しんじゅう」は別語》心のうち。内心。in one's heart 用例 —穏やかでない。—を察する。

**しん-ちゅう【身中】** からだの中。用例 獅子—の虫。

**しん-ちゅう【真▼鍮】** ↓おうどう(黄銅)

**しん-ちゅう【進駐】**(名・サ変自) 他国に軍隊が行ってとどまること。advance

**しん-ちゅう【新注・新▼註】** 対義 古注。①新しい注釈。new annotation ②宋代の学者による経書の注釈。

**しん-ぢゅう【心中】** ↓しんじゅう(心中)

**じん-ちゅう【人中】** ①人の中。②鼻と上唇の間にあるたてのみぞ。にんちゅう。↓頭図

**人中の獅子**(じんちゅうのしし) きわめてすぐれた人物。人中の竜。

**人中の竜**(じんちゅうのりゅう) 「人中の獅子」と同意。



↓ 行き先項目、図版・写真参照印。　JIS 日本工業規格情報交換用漢字符号コード(区点コード)。

●ジンチョウゲ

**じん-ちゅう【尽忠】** 忠義をつくすこと。loyalty
**じん-ちゅう【陣中】** ①陣地の中。in camp ②戦争中。at the front
**じん-ちゅう【▾腎虫】** 寄生虫の一つ。大形の線虫で、体長は雌二〇〜一〇〇cm、雄一四〜四五cm。イヌ・ブタ・ウマなどの家畜のほか、ヒトの腎臓に寄生。中間宿主は淡水魚とされる。
**しん-ちゅうかんそう【新中間層】** ホワイトカラーなど非現業部門の労働者。生産手段をもたない点では生産労働者と同じだが、職務内容が管理・企画など、使用者的な性格をもつ。new middle class
**しんちゅう-ぐん【進駐軍】** ①他国に進駐・駐留する軍隊。occupation forces ②第二次大戦後、敗戦国日本の各地に、降伏条項実施・日本統治のため駐留した連合国軍。
**じんちゅう-みまい【陣中見舞(い)】** ①陣地を回って、励まし、慰めること。②《俗語》激しい仕事をしている人を訪ねたり、物品を送ったりして、いたわること。
**しん-ちょ【心緒】** 「しんしょ」の慣用読み。
**しん-ちょ【新著】** 新しく書いた、または出版した本。newly published book
**しん-ちょう【伸長・伸▾暢】**（名・サ変自他）のびること。また、のばすこと。
**しん-ちょう【伸張】**（名・サ変自他）長さ・力などをのばし広げること、また、のび広がること。伸展。expansion
**しん-ちょう【身長】** 体全体の長さ。かかとをつけ、直立の姿勢ではかった床面から頭頂点までの垂直距離。せたけ。みのたけ。height
**しん-ちょう【深長】**（形動）意味にふくみが多いさま。profound 用例 意味——。
**しん-ちょう【慎重】**（名・形動）つつしんで大事をとること・さま。軽々しくないこと・さま。prudence 対義 軽率。用例 ——な行動。
**しん-ちょう【新調】**（名・サ変他）①新しく作ること。また、作った物。newly-made 用例 ——の洋服。②新しい調子。
**しん-ちょう【▿清朝】** 中国、清の王朝。その時代。
**しんちょう【新潮】** 文芸雑誌。新潮社から明治三七年（一九〇四）に創刊され、今日に至る。
**しんちょう-ぐみ【新徴組】** 幕末に、幕府が浪士を組織した警備隊。文久二年（一八六二）結成。庄内藩の指揮のもと、江戸の尊攘運動を弾圧した。
**じんちょう-げ【▿沈丁▿花】**《かおりは沈香に、花はチョウジに似ているところから》ジンチョウゲ科の常緑低木。高さ約一・五m。雌雄異株。葉は長楕円形。早春に、芳香のある花を多数つける。花弁のように見えるのは萼で、外面は紅紫色、内面は白い。白花もある。庭木とする。中国原産。daphne →写
**しんちょうこうき【信長公記】** 織田信長の伝記。一六巻。太田牛一著。慶長五年（一六〇〇）ごろ成立。のぶながこうき。
**しんちょう-しゃ【(株)新潮社】** 内外の文芸書を中心とする大手出版社。佐藤義亮により明治三七年（一九〇四）設立。
**しん-ちょく【神勅】** 神のお告げ。神託。
**しん-ちょく【進▾捗・進▾陟】**（名・サ変自）①物事がはかどること。進行。進展。progress ②官位が進むこと。promotion
**シンチレーション【scintillation】**《光点のまたたき、の意》①蛍光体に放射線が衝突するとき生じる現象。②星のまたたき・ゆらぎ。
**シンチレーション-カウンター【scintillation counter】** 蛍光体を利用して放射線を検出・測定する装置。高エネルギー粒子の入射で発する蛍光を光電子増倍管で電流に変え、入射粒子数やエネルギーを測定する。
**しん-ちん【深沈】**（形動タルト）①沈着なさま。②夜が静かにふけていくさま。深々。
**しんちん-たいしゃ【新陳代謝】**（名・サ変自）①新しいものが古いものにとってかわること。renewal ②生物体がつねに新しい栄養物質を取り入れ、消化した古い物質を排泄すること。代謝。物質代謝。metabolism
**しん-つう【心痛】**（名・サ変自）心をいためること。ひどく心配すること。mental agony
**じん-つう【陣痛】** ①出産のさいに起こる子宮の収縮にともなう周期的な痛み。labor pains ②《転じて》物事が完成するまでの苦難。throes 用例 ——の苦しみ。
**じんづう-がわ【神通川】** →じんずうがわ（神通川）
**じんつう-けい【陣痛計】** 陣痛の強さをはかる装置。子宮収縮による硬さの変化を記録する外測法と、子宮内圧の変化を記録する内測法がある。tocodynamometer
**じんつう-りき【神通力】** →じんずうりき（神通力）
**しん-づけ【新漬(け)】** 新しく漬けること。漬けてから日の浅い漬物。
**しん-て【新手】** 新しいやりかた。new method 比較 あらて。
**しん-てい【心底】** 心のおくで思っていること。内心。しんそこ。one's real intention 用例 ——が読めた。
**しん-てい【真▾諦】** →しんたい（真諦）
**しん-てい【進呈】**（名・サ変他）差し上げること。進上。presentation 用例 粗品——。
**しん-てい【新訂】**（名・サ変他）書物などの内容を訂正してあらたにすること。また、訂正したもの。new revision 用例 参考書を——する。
**しん-ていし【心停止】** 心臓が収縮せず、心臓からの血液の供給が完全に停止した状態。心停止後数分で脳死状態となる。心臓停止。cardiac standstill
**じんてい-しつもん【人定質問】** 刑事裁判で、出廷した者が被告人に相違ないことを確かめるために、裁判官が氏名・年齢などをたずねること。identity questioning
**じんてい-じんもん【人定尋問】** 法廷に出頭した証人・鑑定人が本人であることを確かめるため、裁判官がその氏名・年齢などをたずねること。identity questioning
**しんてい-ずく【心底▿尽く】** 相手の気持ちしだいで事をすること。
**ジンテーゼ【Synthese ドイツ】** 弁証法で、テーゼ（正）とアンチテーゼ（反）とを総合するテーゼ。総合。
**しん-てき【心的】**（形動）心に関するさま。精神に関するさま。mental 対義 物的。用例 ——状態。
**じん-てき【人的】**（形動）人に関するさま。人の。human 対義 物的。用例 ——資源に恵まれる。
**じんてきしげん-かいけい【人的資源会計】** 物的・財務的資源とならぶ人的資源を会計的に測定し、企業の業績評価や経営管理のための情報として提示するもの。企業の人を会計的数値としてとらえ、貸借対照表に人間資産として計上する。人間資産会計。human resource accounting
**じんてき-しょうこ【人的証拠】** 裁判で、事実認定のための資料とする証人・鑑定人と当事者本人。人証。witness testimony 対義 物的証拠。
**シンデレラ【Cinderella】** 民話の主人公の少女の名。継母に虐待されていたが、妖精の助けで舞踏会に行き、ガラスの靴が縁で王子の妃となる。ペローやグリムの童話が有名。
**シンデレラ-コンプレックス【Cinderella complex】** 男性に依存して生きたいという女性心理。自らは自立せず、童話のシンデレラのようにすてきな王子が現れるのを夢見る。
**しん-てん【伸展】**（名・サ変自他）国力などがのび広がること。のばし広げること。伸張。extension 用例 国威の——。
**しん-てん【進展】**（名・サ変自）進みはかどること。進歩・発展すること。advance; progress 用例 事件捜査の——。
**しん-てん【神典】** ①神のことを書いた書物。scripture ②神道の聖典。
**しん-てん【親展】**《あて名の人自身で開封してください、の意》手紙のわき付けに用いる語。直披。confidential
**しん-でん【神田】** 神社に付属している田地。
**しん-でん【神殿】** ①神を祭る建造物。神社の本殿。shrine ②宮中三殿の一つ。八神のほか、天神・地祇を祭る。
**しん-でん【寝殿】** ①昔、天皇が常の住まいとした殿舎。②寝殿造りで、まんなかのもっとも大きい建物。
**しん-でん【新田】** 新しく切り開いた田地。対義 本田。
**しん-でん【親電】** 元首の名で出す電報。
**しん-でん【▾櫬殿】** 天皇・太皇太后・皇太后・皇后の崩御後、殯宮に移すまでの間、遺体を安置する建物。
**しんてん-おう【信天翁】** アホウドリの異名。
**しんでん-かいはつ【新田開発】** 戦国時代以降江戸時代を通じて行われた、新しい耕地の開発。近世初頭に検地をうけた本田に対し、それ以後に開発された耕地をいう。

●震度　震度階級

| 階級 | 名称 | 状況 |
|---|---|---|
| 0 | 無感 | 人体に感じないが、地震計に記録される |
| Ⅰ | 微震 | 静止している人や、特に地震に注意深い人にだけ感じる |
| Ⅱ | 軽震 | おおぜいの人に感じる。戸・障子がわずかに動くのがわかる |
| Ⅲ | 弱震 | 家屋が揺れ、戸・障子がガタガタと鳴動し、電灯のようなつり下げ物は相当揺れ、器内の水面の動くのがわかる |
| Ⅳ | 中震 | 家屋の動揺が激しく、すわりの悪い花びんなどは倒れ、器内の水はあふれ出る。また、歩いている人にも感じられ、多くの人々は戸外に飛び出す |
| Ⅴ | 強震 | 壁に割れ目が入り、墓石や石どうろうが倒れたり、煙突や石垣などが破損する |
| Ⅵ | 烈震 | 家屋の倒壊は三〇%以下で、山崩れが起き、地割れを生じ、多くの人々が立っていることができない |
| Ⅶ | 激震 | 家屋の倒壊が三〇%以上におよび、山崩れ・地割れ・断層などを生じる |

『気象庁震度階級』による

**しんでん-けい【心電計】** 心臓に生じる活動電位を記録する装置。手足や胸部から電極を使って活動電位を誘導する。electrocardiograph
**しんでん-しゅうらく【新田集落】** 江戸時代に新田を開発するため設けられた集落。洪積台地や低湿地に多く、土地割りが規則的。
**しんでん-ず【心電図】** 心臓が拍動するときに生じる電位差を心電計で増幅して描いた波形。不整脈・心筋障害などの診断に用いられる。ECG。electrocardiogram 比較 心音図。
**しんてん-そう【伸展葬】** 死者の両脚を伸ばして埋葬する方法。屈葬から移行し、ヨーロッパでは新石器時代からみられ、現在も世界で一般的。
**しんでん-づくり【寝殿造(り)】** 平安から室町時代までの貴族の住宅形式。方一町（＝約一万二〇〇〇m²）の敷地に、寝殿を中心に、東・西・北に対の屋を建て、南側の東西に釣り殿を建て、それぞれを渡殿（廊下）で結んだ。敷地は築地（塀）で囲み、東・西・北に門を設けた。→図
**しんてん-どうち【震天動地】**《天地をゆり動かす、の意》異変や大事件などが起こって、世の中の人々を驚き恐れさせること。驚天動地。
**しん-と【信徒】** ある宗教を信じている者。信者。believer
**しん-と【神都】** ①神の国の都。holy town ②大神殿のある都。宗教上、重要な都。③伊勢神宮のある、三重県伊勢市の異称。
**しん-と【新都】** 新しくできた都。new capital 対義 旧都・古都。
**しん-と【新渡】** 新しく渡来したこと・物。new arrival 対義 古渡り。
**しん-と**（副）物音ひとつせず、ひっそりとしているさま。しいんと。quietly 用例 ——静まりかえる。
**しん-ど【心土】** 表土の下の、耕作に関係のない土。subsoil
**しん-ど【進度】** 進みぐあい。はかどりぐあい。progress 用例 ——表。
**しん-ど【深度】** 深さの度合い。深さ。depth
**しん-ど【震度】** ある場所における、地震による地面の振動の強さ。seismic intensity 参照 震度階・マグニチュード。→図
**シンド【Sind】** パキスタン南東部、インダス川下流域の州。州都カラチ。灌漑農業と牛・羊などの飼育がさかん。人口二一六八・二万（一九八一）。
**じん-と**（副）①深く感動して、涙があふれそうになるさま。じいんと。touched 用例 優しいことばに——なる。②しびれるさま。

numbly [用例]冷たい風に耳が―する。
**しんど・い**（形）《方言》関西などで、疲れて苦しい。大儀だ。
**しん-とう【心頭】** 心。心の働き。念頭。the heart
**怒り心頭に発する**（いかりしんとうにはっする） 猛烈に怒る。心底から怒る。fly into a rage
**心頭を滅却すれば火も亦涼し**（しんとうをめっきゃくすればひもまたすずし）《一六世紀末に、甲斐国の恵林寺の禅僧、快川紹喜が、焼死するにさいして唱えたと伝えられる》心中の雑念を払って無我の境地にはいれば、火中でもすずしさを感じられる。いかなる苦痛・困難でも、気持ちのもちようでそれらを超越してしまうことができれば、そのように感じないですむ。Clear your mind of all mundane thoughts, and you will find even fire cool.
**しん-とう【神灯】** ①《上に「御」を付けて》神に供える明かり。みあかし。②祭りにともす、ちょうちん。
**しん-とう【神道】** 日本固有の民族的信仰。自然崇拝や祖先崇拝、天皇を中心に営まれた国家的祭祀から民間の信仰行事まで、さまざまな信仰形態を含む。教義体系は外来の仏教や儒教の影響を受けつつ立てられた。随神の道。
**しん-とう【振▼盪・震▼盪・震▼蕩】**（名・サ変自他） ふるえ動くこと。揺り動かすこと。
**しん-とう【浸透・▼滲透】** ㊀（名・サ変自）①しみとおること。penetration ②《転じて》徹底すること。infiltration ㊁（名） 浸透現象のこと。
**しん-とう【新刀】** [対義]古刀。①新しく鍛えた刀。maiden sword ②慶長年間（一五九六～一六一五）以後につくられた刀。
**しん-とう【新党】** 新しく結成した政党・党派。new political party
**しん-とう【親等】** 親族関係の遠近をはかる尺度。直系は世数、傍系は共同の始祖にさかのぼってから下るまでの世数による。親子を一親等とし、兄弟は二親等、いとこは四親等など。degree of relationship ↓親族図

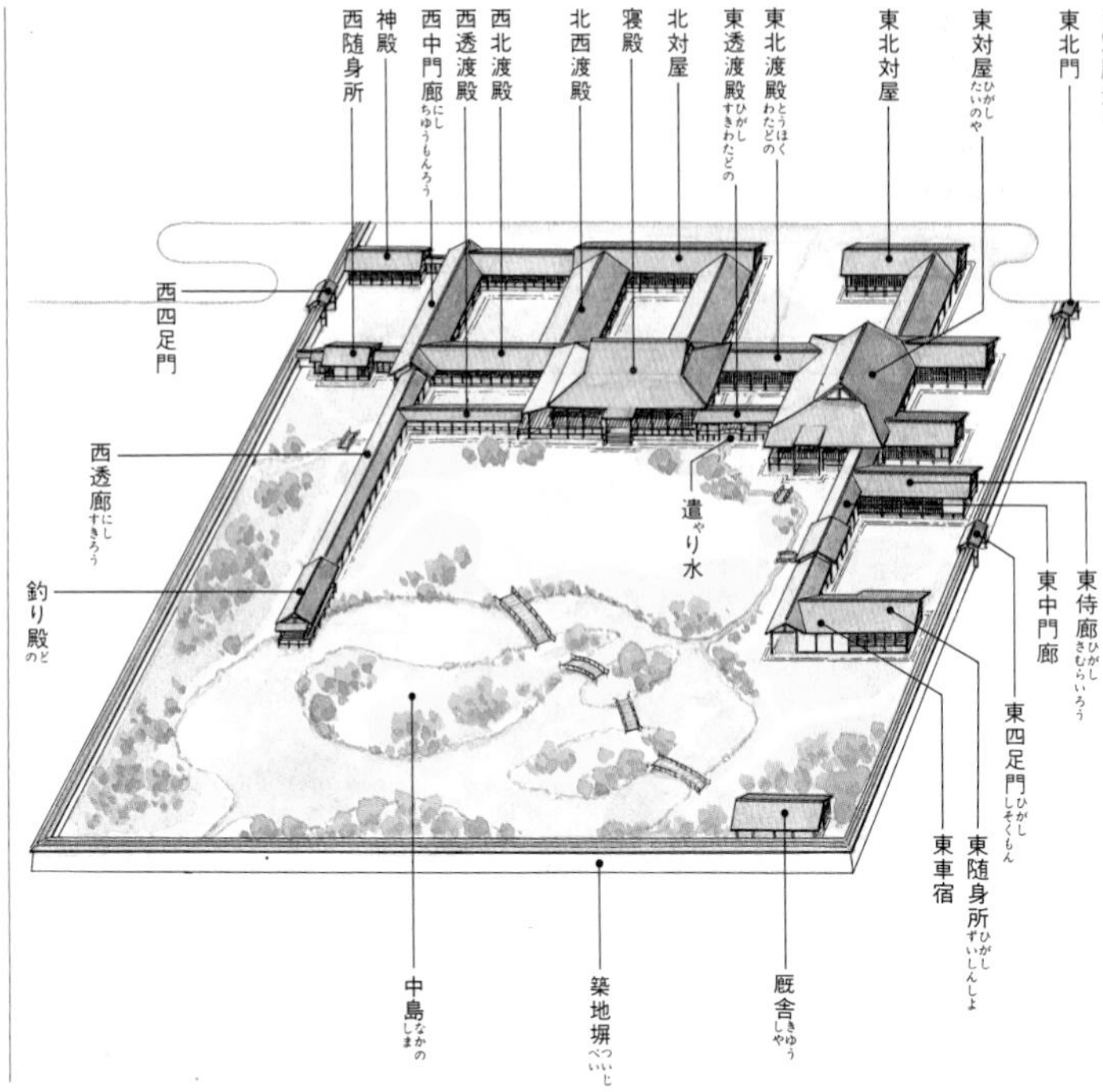

●寝殿造り

**しんとう【▼榛東】**〈村〉 群馬県中部、榛名山南東麓の村。養蚕・ブドウ栽培・畜産などが行われる。人口一万一八三（一九八八）。
**しん-どう【神道】**《「しんとう」は別語》墓所へ通ずる道。the way to graveyard [用例]―碑。
**しん-どう【神童】** 才知の非常にすぐれた子ども。child prodigy [比較]怪童。
**しん-どう【振動】**（名・サ変自他）①揺れ動くこと。揺れ動かすこと。vibration ②一点を中心として往復する運動。また、電磁場や電流の強さが、ある一定値を中心に時間的変化を繰り返すこと。中心からの最大距離を振幅、一往復に要する時間を周期、その逆数を振動数という。単振動が典型的な例。oscillation [用例]振り子の―。
**しん-どう【震動】**（名・サ変自） ふるえ動くこと。vibration [用例]大地の―。
**しん-どう【新道】** 新しく切りひらいた道。new road [対義]旧道。
**じん-とう【陣頭】** ①戦陣の先頭。the head of the army [用例]―指揮。②仕事・活動の第一線。the head
**じん-どう【人道】** ①人の踏み行うべき道。人間としてあるべき正しい道。humanity [用例]―にはずれた行い。②人が通行する道。歩道。sidewalk米; pavement英 [対義]車道。
**しんとう-あつ【浸透圧】** 半透膜を隔てて濃度の異なる二つの溶液をおくとき、半透膜を通って低濃度の溶液の溶媒が高濃度の溶液中に移ろうとする。このときの、溶媒が半透膜におよぼす圧力。osmotic pressure
**しんどう-エネルギー【振動エネルギー】** ①振り子の揺れ運動やつるまきばねの上下運動などで、運動エネルギーと復元力による位置エネルギーとの和（一定）をいう。②二つの原子からなる分子で、原子核間の振動運動として蓄えられているエネルギー。vibration energy
**しんどう-かいろ【振動回路】** 外部電源と共振現象を起こし、振動電流が流れる電気回路。コイルとコンデンサーを、直列あるいは並列にして得られる。oscillation circuit
**しんどう-かねと【新▼藤兼▽人】**（一九一二） 映画監督・脚本家。広島県生まれ。近代映画協会を主宰。作品『愛妻物語』『裸の島』など。
**しん-とうきょうこくさいくうこう【新東京国際空港】** 都心から約六六kmの千葉県成田市三里塚にある国際空港。面積一〇・六km²。昭和五三年（一九七八）開設。成田空港。
**しんとう-げんしょう【浸透現象】** 半透膜を隔てて両方の溶液に濃度差がある場合、溶媒が濃度の高い側に移る現象。細胞内の物質輸送などにみられる。浸透。osmosis
**しんとう-ごぶしょ【神道五部書】** 伊勢神宮の五つの基本教典。鎌倉時代、伊勢外宮の祠官度会氏によってつくられた神道書で、外宮の内宮に対する優位を論じる目的で両宮の由緒を述べたもの。
**しんとうしゅう【神道集】** 諸国の神社の縁起を記した説話集。一〇巻。南北朝時代に成立。作者は京都の安居院に居住した聖覚と伝えられる。
**しんとう-じゅうさんぱ【神道十三派】** 幕末から明治にかけて成立し、明治政府に宗教団体として認可された教派神道の一三派。神道大教・神理教・出雲大社教・神道修成派・神道大成教・実行教・扶桑教・御岳教・神習教・禊教・黒住教・金光教・天理教。
**しんとう-しゅうせいは【神道修成派】** 教派神道一三派の一つ。阿波出身の草莽の志士・新田邦光が創始し、明治九年（一八七六）に認可された。
**じんどう-しゅぎ【人道主義】** 人権・人格を平等にみとめ、同情・献身をもって愛し合うことを目標とする考え。人道の理想を人間愛によって実現しようとする立場。ヒューマニズム。humanitarianism
**しんとうじょ【新唐書】** 中国の唐の正史。二十四史の一つ。宋代に『旧唐書』補正のため欧陽修らが編纂。二二五巻。一〇六〇年完成。『旧唐書』に比べて記述が簡潔。
**しんとう-しょう【振▼盪症】** 激しい衝撃によって内臓の一過性機能障害を起こすこと。回復後に後遺症を残さないのが特徴。脳振盪など。concussion
**しんとう-しれい【神道指令】** 昭和二〇年（一九四五）一二月、連合軍総司令部（GHQ）が日本政府に国家神道の禁止と政教分離の徹底を命じた覚書の通称。
**しんどう-すう【振動数】** 連続的な周期現象で、単位時間当たりに何回の同一状態が反復されるかを表す量。単位はヘルツ。記号Hz frequency
**じんとう-ぜい【人頭税】** 個人に均等に課せられる前近代的租税形態。古代ギリシアでは外国人、ローマでは市民権のない者、中世では農奴に課した。市民社会の成立とともに廃止。にんとうぜい。poll tax
**しんとう-たいきょう【神道大教】** 教派神道十三派の一つ。神道布教のため、未独立教派の総括的機関として組織された神道局が、昭和一五年（一九四〇）改称。
**しんとう-たんしょうほう【浸透探傷法】** 材料表面の割れ目やピンホールを検出する非破壊試験法。着色溶液や蛍光物質溶液を塗って目に見えない傷や亀裂にしみ込ませる。liquid penetrant test
**じんどう-てき【人道的】**（形動）①人道にかなっているさま。道義的。人間的。humanitarian [用例]捕虜を―に遇する。②人道に関するさま。humane [用例]―諸問題。
**しんどう-でんりゅう【振動電流】** 電気振動により流れる、強さも向きも周期的に変わる電流。oscillating electric current
**しんどう-びょう【振動病】**「白ろう病」の新しい呼び名。
**しんどう-めん【振動面】** 波動の振動方向と進行方向とを含む面。
**じんどう-もんだい【人道問題】** 人道の立場からみて許せない事柄。questions affecting humanity
**しんど-かい【震度階】** 地震の震度を、人体に感ずる程度や被害の状況などで、いくつかの階級に区分したもの。気象庁の定める震度階は、震度0（無感）・Ⅰ（微震）・Ⅱ（軽震）・Ⅲ（弱震）・Ⅳ（中震）・Ⅴ（強震）・Ⅵ（烈震）・Ⅶ（激震）の八階級。earthquake intensity scale
**しん-とく【神徳】** 神の表す徳。
**しんとく【新得】**〈町〉 北海道、十勝平野西縁の町。農林業中心で、酪農・畑作・製材がさかん。人口八五七六（一九八八）。
**しん-どく【真読】**《仏教語》経典を終始、略さずに全部読むこと。[対義]転読。
**じん-とく【人徳】** その人に備わっている徳。にんとく。natural virtue
**じん-とく【仁徳】** 仁愛の徳。いつくしみの徳。にんとく。benevolence
**しん-とくせん【▽沈徳潜】**（一六七三～一七六九） 中国、清の詩人。号は帰愚。長洲の人。温雅を旨とした詩の形式的要素を重視した「格調説」を唱えた。『古詩源』『唐宋八家文読本』などを編み、『沈帰愚詩文全集』がある。
**しんとつかわ【新十津川】**〈町〉 北海道中部、石狩川中流の町。奈良県十津川村民が入植して開拓。稲作中心の町。人口八八九九（一九八八）。
**しんとね【新▽利根】**〈村〉 茨城県南部、新利根川に沿う村。稲作がさかん。工業化も進む。人口九〇四〇（一九八八）。
**シンドバッド【Sindbad】**『アラビアン-ナイト』中のバグダードの船乗り。七回の航海での冒険を語る。
**しん-トマスしゅぎ【新トマス主義】** 新スコラ哲学の別称。
**しんとみ【新富】**〈町〉 宮崎県中部、宮崎平野の町。野菜の促成栽培がさかん。自衛隊新田原航空基地がある。座論梅は梅の名所。人口一万八二四〇（一九八八）。
**しんとみ-ざ【新富座】** 明治期を代表する歌舞伎劇場。九世市川団十郎の演劇改良運動の拠点。明治五～大正一二年（一八七二～一九

二三)東京の新富町にあった。

**じん-とり【陣取(り)】** ①陣を取ること。battle array ②子どもの遊び。㋐二組みに分かれて、互いに相手の陣を取り合う。㋑地面を区分し、おはじきなどで争いながら自分の領地を拡大する。

**じん-ど・る【陣取る】**(五自) ①陣地を構える。encamp ②場所を占める。take up one's position

**シンドローム【syndrome】** ↓しょうこうぐん(症候群)

**シンナー【thinner】** 油性塗料を塗装に適した粘度に薄めるための希釈剤。トルエン・酢酸エチルなどの混合物。揮発性が大きく、引火性がある。これを吸うと人体に害がある。

**シンナー-あそび【シンナー遊び】** シンナーをビニール袋に入れて、その蒸気を吸うこと。酔ったような状態になり、幻覚症状が起こって人体に有害。

**しん-ない【新内】**「新内節」の略。用例 —語り。

**しんない-ぶし【新内節】** 浄瑠璃の流派名。源流は江戸で興った富士松節で、二世鶴賀新内以後のよび名。吉原を中心とする街頭芸能(新内流し)を確立。悲哀のこもった語り方が特色。新内。

**しん-ないまくえん【心内膜炎】** 心臓の内膜の炎症。僧帽弁にもっとも多い。発熱・心雑音・動悸・息切れなどの症状をともなう。endocarditis

**しんなし-けんさくばん【心無(し)研削盤】** 工作機械の一つ。センターのない円筒状の工作物を砥石車・調整車・支持刃の三点で保持し研削する。centerless grinder

**しんなり**(副・サ変自) しなやかなさま。flexible 用例 —とした紙。

**しん-なんぴん【▽沈南▼蘋】** ↓しんせん(沈銓)

**しんなんよう【新南陽】**〈市〉山口県、瀬戸内海に臨む市。徳山石油化学コンビナートの一環をなす工業都市。人口三万四二八一(一九八八)。

**しん-に【▼瞋▼恚・▼嗔▼恚】**《「しんい」の変》①怒り。怒り、にくむこと。indignation ②《仏教語》三毒の一つ。自分の心に添わないものを、怒り恨むこと。

**瞋恚の炎**(しんにのほむら) 燃えるような、激しい怒り。しんいのほのお。しんにのほのお。

**しん-に【真に】**(副) ほんとうに。まことに。really

**じん-にく【人肉】** 人間の肉。human flesh

**しん-にち【親日】** 日本に好意を持つこと。pro-Japanese 対義 抗日・排日。

**しんにち-か【親日家】** 日本に好意をもっている外国人。pro-Japanese 比較 知日家。

**しんにっぽん-せいてつ【新日本製▼鐵(株)】** 日本を代表する世界最大手の鉄鋼会社。昭和四五年(一九七〇)八幡製鉄と富士製鉄の合併により設立。

**しん-にほんおんがく【新日本音楽】** 大正時代に興った新しい音楽運動とその作品。宮城道雄が中心となり、西洋音楽の手法をとり入れて日本音楽の発展をめざした。

**しん-にほんがみ【新日本髪】** 短い髪でも結えるように考案された、日本髪の外形をもつ髪型。↓写

●新日本髪

**しんにほんぶんがく【新日本文学】** 新日本文学会の機関文芸雑誌。昭和二一年(一九四六)中野重治・宮本百合子らが創刊、今日に至る。

**しん-にゅう【▼之▼繞】** 漢字を組みたてている部分の名。しんにょう。「近・追・進・迄」などの「辶・辶」。

**之繞を掛ける**(しんにゅうをかける) 物事を大げさにする。類似 輪を掛ける。

**しん-にゅう【侵入】**(名・サ変自) ①不法にはいりこむこと。intrusion ②他国の領土内へはいりこむこと。invasion

**しん-にゅう【浸入】**(名・サ変自) 建物や土地に水がはいること。permeation

**しん-にゅう【進入】**(名・サ変自) 進みはいること。entry 用例 —路。

**しん-にゅう【新入】** あらたにはいること。はいった人。新参。しんいり。newcomer 用例 —生。

**しん-にょ【信女】**《仏教語。upāsikā梵の音写「優婆夷」の訳語》対義 信士。①在家のまま仏門に仕える女子。②女子の戒名に添える語。比較 大姉。

**しん-にょ【真如】**《仏教語》もののあるがままの真実の姿のこと。宇宙に遍在する根源的・永久不変の真理。如々。

**真如の月**(しんにょのつき) 明月の光が闇夜を明るく照らすように、永久不変の真理はすべての人々の迷いを取り除くことのたとえ。

**しん-にん【新任】** 新しく任命されること。任命された人。new appointment 対義 前任・先任。用例 —の先生。

**しん-にん【信任】**(名・サ変他) 信用して物事をまかせること。confidence

**しん-にん【親任】**(名・サ変他) 天皇がみずから任命すること。Emperor's personal appointment

**じん-にん【神人】** ↓じにん(神人)

**しんにん-かん【親任官】** 旧憲法下で、勅任官のうち、親任式をもって天皇が直接に叙任し、親署のある辞令を手渡した最高級の官吏。大臣・大将など。

**しんにん-じょう【信任状】** 外交使節の派遣国が接受国にその使節を信任する意思を表示する公文書。外交使節が携行する。credentials

**しんにん-とうひょう【信任投票】** ①国会が内閣を信任するかどうかを決める投票。衆議院に認められている。vote of confidence ②選出された役員または長に対する信任・不信任を問う投票。vote of confidence

**しんぬき【▼芯抜き】**(名・サ変他) リンゴなどの果物の芯を取り除くこと。また、その器具。corer

**しんぬき-はっぱ【心抜(き)発破】** 発破の効率を高めるための先行爆破。空気に触れる面を拡大するために行う。cut blasting

**しん-ねこ**《俗語》男女がさしむかいで仲よくしていること。

**しん-ねったいく【新熱帯区】** 動物の地理分布上の一区。南アメリカ・中央アメリカ・熱帯メキシコを含む。ナマケモノ・アルマジロなど動物相が多様。Neotropical region

**しんねったい-しょくぶつくけいかい【新熱帯植物区系界】** 世界の六つの植物区系界の一つ。メキシコ、中・南米全域を含み、旧熱帯と共通なものもあるが、特有な種類も多い。Neotropical floral kingdom

**ジンネマン【Fred Zinnemann】**(一九〇七〜) アメリカの映画監督。作品『真昼の決闘』『地上より永遠に』『わが命つきるとも』など。

**しんねり-むっつり**(副・サ変自)《俗語》はきはきせず、無口なさま。

**しん-ねん【信念】** かたく信じている考え。conviction 用例 強い—に生きる。

**しん-ねん【新年】** 新しい年の始め。古くは冬の満月の夜や、立春の日を新年とすることがあり、それが小正月・冬至・節分行事に残存している。the New Year

**しんねん-かい【新年会】**《「新年宴会」の略》一月に新しい年を祝って催す宴会。

**しん-のう【心▼嚢】** 心臓の外側全体を包む袋。この袋と心臓の間に液が満たされ、心臓のなめらかな運動を助け、不必要な拡張を防ぐ。pericardial membrane

**しんのう【神農】** 中国古代伝説における帝王。三皇の一人。五行の火徳によって王となったことから炎帝ともいう。本来は民間信仰の農耕神。のち医薬・鍛冶・商業・易などの神とされた。

**しん-のう【親王】**《「しんおう」の変》①昔、中国で、皇帝の兄弟・皇子の称号。②日本で、㋐大宝令では、天皇の兄弟および皇子の称号。㋑奈良末期以後は、親王宣下を受けた男子皇族。㋒昭和二二年(一九四七)以降は、嫡出の皇子および嫡男系嫡出の皇孫の男子の称号。

**じん-のう【人皇】**《「じんおう」の変》↓にんのう(人皇)

**しんのう-さい【神農祭】** 大阪市東区の少彦名神社で一一月二二・二三日に行われる祭礼。医薬の祖といわれる神農氏を祭る。

**じんのうしょうとうき【神皇正統記】** 南北朝時代の歴史書。六巻。北畠親房著。延元四年(一三三九)成立。南朝の正統性を主張するために書かれた、神武天皇から後村上天皇にいたる天皇記。

**しんのうとう【▼秦皇島】** 中国、河北省北東部、渤海に臨む港湾都市。漁業基地、石炭積み出し港。不凍港として重要。人口四二・五万(一九八四)。チンホワンタオ。

**しん-の-ておけ【真の手▼桶】** 茶道の水指の一種。黒漆で塗られ、割蓋で三つ足の手桶型。手を横にして、足一つを手前にして置き、蓋は手前側を取る。置き水指に用いる。

**しん-の-みはしら【心の▽御柱】** 伊勢神宮正殿の床下中央の柱。神霊のよりつく柱としてとくに神聖視され、遷宮にさいしての用材伐採や奉建は秘儀とされる。忌柱。

**しん-ぱ【新派】** ①新しい流派。new school ②《「新派劇」の略》日本演劇の一形態。明治中期に政治宣伝劇として発生し、歌舞伎とは別途に、のち新劇とも一線を画して大衆現代劇として発展した。

**シンパ**「シンパサイザー」の略。

**じん-ば【人馬】** 人と馬。man and horse 用例 —一体となる。

**しん-ぱい【心配】** ㊀(名・形動・サ変自他) 気にかけて思いわずらうこと・さま。気がかり。anxiety 用例 —ご無用。天気が—だ。—の種。㊁(名・サ変自他) 気を遣って世話すること。配慮。care 用例 きょうの宿の—をする。

**心配を掛ける**(しんぱいをかける) 自分のことで、人に心配させて、迷惑をおよぼす。人に、心を痛めさせる。人に、気遣いをさせる。trouble

**じん-ぱい【▼塵肺】** 各種の粉塵を長期間・多量に吸入することによって起こる肺疾患。職業病の一つ。肺に線維性増殖が認められ、呼吸機能が低下する。よろけ。pneumoconiosis

**しんぱい-いしょく【心肺移植】** 心臓と肺を同時に移植すること。肺高血圧症などで肺と心臓に疾患があり、移植手術以外に方法がないときに行われる。cardio-pulmonary transplant

**しんぱい-きのう【心肺機能】** 肺を中心とする呼吸系機能と、心臓を中心とする循環系機能のこと。cardio-pulmonary functioning

**しんぱい-けいすう【心肺係数】** 胸部X線写真の上で、心臓の陰影の大きさを表す数値。また、心肺の作業能力を示す係数。心指数。cardio-thoracic ratio

**しんぱい-しょう【心配性】** くよくよと考え悩む性質。worrywart 比較 苦労性。

**じん-ばおり【陣羽織】** 陣中で武将が鎧のうえに着た羽織。安土桃山時代ごろから着用。絹やビロード製。江戸時代には武士の野外での儀礼服ともなった。具足羽織。↓写

●陣羽織　上杉祭り(山形県)。

**しん-ぱく【心拍・心▼搏】** 心臓の鼓動。heartbeat 用例 —数。

**しん-ぱく【▼槙▼柏】** ヒノキ科の常緑針葉低木。高山の砂礫地にはえる。葉は針葉と鱗状葉の二種類。春に開花し、翌年、球状の果実が黒熟する。盆栽にする。ミヤマビャクシン。

**しんぱ-げき【新派劇】** ↓しんぱ(新派)②

**シンパサイザー【sympathizer】** 同情者。共鳴者。とくに、社会主義・共産主義運動を周辺で援助する人をさす。シンパ。

**しんばし【新橋】** 東京都、港区北東端の地区。汐留には日本最初の鉄道起点(旧新橋駅)がある。花街で知られた繁華街だが、現在はビジネス街としても発展。

**しんばし-えんぶじょう【新橋演舞場】** 東京銀座にある劇場。大正一四年(一九二五)開場。商業演劇の公演・舞踊会場として使用。

**しん-ばしら【心柱】** 塔などの中心になる柱。↓五重の塔 図

**しん-ばしら【真柱】** 天理教の首長。

**しん-ばつ【神罰】** 神から受ける罰。天罰。用例 —が下る。

**しん-ぱつ【進発】**(名・サ変自) 軍隊が出発すること。march off

**しんぱつ-じしん【深発地震】** 数十キロメートル以上の深さのところで起こる地震。深発地震の起こる地区はごく限られ、ほとんど環太平洋地震帯に属する。deep earthquake

**しんはなつみ【新花摘】** 与謝蕪村の句文

集。一巻。寛政九年(一七九七)刊。六二歳夏の句日記。発句一三五句と俳論・俳文からなる。

**しんぱ-ひげき【新派悲劇】** ①新派で演じる悲劇。『婦系図』『不如帰』など。②安っぽい人情で、人の涙をさそうような物事のたとえ。

**しん-バビロニア【新バビロニア】** カルデア人によるバビロニアの王国。アッシリアを滅ぼしたナボポラッサルが紀元前六二五年に建国。二代目ネブカドネザルはエジプトを征し、エルサレムを攻略、住民を首都バビロンに移住させ(バビロン捕囚)、最盛期を現出したが、前五三八年ペルシアにより滅亡。占星術・暦法・医学にすぐれ、カルデアの科学としてギリシアに伝わった。カルデア王国。Neo-Babylonian Empire

**ジンバブエ【Zimbabwe】**(Republic of Zimbabwe) アフリカ南東部の内陸にある共和国。旧称南ローデシア。首都ハラーレ。一九八〇年に黒人国家として成立。国土の半分以上は高原で乾燥地。クロム鉱・鉄鉱石・リチウム鉱などの鉱物資源が豊富。南アフリカ共和国からの干渉に苦しむ。面積三九・一万km²。人口八四一万(一九八六)。正称ジンバブエ共和国。

**シンハラ-じん【シンハラ人】** スリランカの大多数を占める民族。紀元前六世紀、北部インドから渡来したアーリア系民族が祖先。タミル人と対立。シンハラ語を使用。大多数は仏教徒。Simhala

**ジンバリスト【Efrem Zimbalist】**(一八八九～一九八五) アメリカのバイオリン奏者。ロシア生まれ。甘美な叙情的演奏で知られる。カーティス音楽院院長。

**しんばり-ぼう【心張(り)棒】** 戸じまり用のつっかい棒。bar 用例 —を支う。↓図

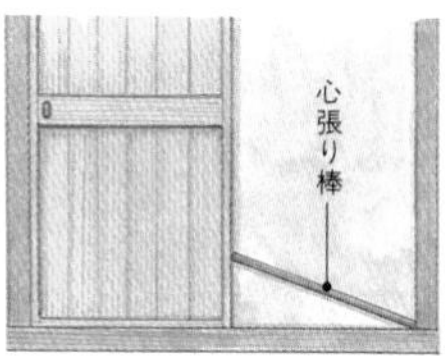

●心張り棒

**シンバル【cymbals】** 体鳴楽器の一つ。中央がへこんだ金属製円盤二枚一組みの打楽器。二枚を打ち合わせたり、一枚を桴などで打つ奏法がある。

**しん-ぱん【新盤】** 新しく売り出されたレコード。新譜。ニューディスク。new disk

**しん-ぱん【侵犯】**(名・サ変他) 他の領土・権利などをおかすこと。invasion 用例 領空—。

**しん-ぱん【信販】**「信用販売」の略。

**しん-ぱん【新版】** ①新しく出された本。new book ②もとの一部分を直して出した本。new edition 対義 旧版。

**しん-ぱん【審判】**(名・サ変他) ①事件などを審理し、判断・判決を下すこと。家庭裁判所が行う家事審判・少年審判、行政機関が行う特許審判・海難審判など。さばき。adjudgement ②競技で、勝敗・順位・反則などを判定すること。また、その人。審判員。referee

**しん-ぱん【親藩】** 徳川将軍家の一族で大名になったもの。尾張・紀伊・水戸の三家と、越前松平氏らの家門からなる。対義 譜代・外様。

**しんぱんうたざいもん【新版歌祭文】** 人形浄瑠璃・歌舞伎世話物。近松半二作。安永九年(一七八〇)初演。お染久松の情死を語る歌祭文(巷間芸能の一種)を劇化。上の巻「野崎村」がしばしば上演される。

**しんぱん-の-ひ【審判の日】**《キリスト教用語》聖書でこの世の終末の日。神またはメシアが万民を裁く最後の審判の日。とくに『新約聖書』では、キリストが王として再臨しこの務めを行う。the Day of Judgement

**しん-び【審美】** 美の本質を見きわめること。aesthetic appreciation

**しん-ぴ【心皮】** 花の萼・花びら・雄しべなどはいずれも葉の変形であるが、そのうち雌しべをつくる葉を心皮という。サクラは一枚、アブラナは二枚、ユリは三枚の心皮からなる。carpel

**しん-ぴ【神秘】**(名・形動) 人知でははかり知れない不思議なこと・さま。ふつうの理論や認識を超えた事柄。mystery

**しん-ぴ【真皮】** 皮膚の表皮のすぐ下の部分。おもに結合組織とよばれる組織構造からなる。血管やリンパ管が通り、毛髪や汗腺・脂腺などが根をおろしている。dermis

**しん-ぴ【真否】** ほんとうか、うそか。真偽。true or false 用例 —を問う。

**じん-ぴ【▼靭皮】** 植物の外皮の下にある、軟らかい内皮。あまかわ。bast

**しんび-がく【審美学】** 美学の旧称。

**しんび-がん【審美眼】** 美醜を見分ける能力。aesthetic sense 用例 —のすぐれた人。

**シンビジウム【Cymbidium】** ラン科の一属。園芸的には洋ランをさす。多くの交配種があり、高さや花径により大形・小形の二系統に区別。花色は豊富。開花期は四季にわたる。↓ラン写

**しん-ひしつ【新皮質】** 大脳皮質のうち、もっとも新しく分化したもの。高等動物ほど発達し、ヒトでは大脳半球の大部分を占める。感覚神経からの情報を処理し、運動を指令したり、学習・思考・創造・情操などの精神活動を行う。neocortex

**しんぴ-しゅぎ【神秘主義】** 直観または瞑想による神や絶対者との合一や宇宙との交感など特異な神秘体験のなかで、直接に神や宇宙の本体を認識し、究極の真理をとらえようとする立場。mysticism

**じんぴ-しょくぶつ【▼靭皮植物】** 靭皮繊維のよく発達している有用植物。糸や布、和紙などの原料となる。コウゾ・ミツマタ・アサ・アマなど。

**しんぴ-せい【神秘性】** 人知ではわからない性質。mysteriousness

**じんぴ-せんい【▼靭皮繊維】** 茎で形成層から外側に発達する繊維組織。おもに師部繊維をさすが、皮層繊維を含むこともある。bast fiber

**しん-ぴつ【真筆】** その人が書いた筆跡。じきひつ。真跡。autograph 対義 偽筆。

**しん-ぴつ【▼宸筆】** 天子の筆跡・自筆。

**しん-ぴつ【親筆】** 高貴の人の自筆。

**しんび-てき【審美的】**(形動) ①美か美でないかを問題にするさま。aesthetic ②すべてを、美をもととして見る態度。美的。aesthetic

**しんぴ-てき【神秘的】**(形動) 人知では律しきれない不思議なさま。mysterious 用例 モナリザの—なほほえみ。

**しん-びょう【神▽妙】** 古語 (形動ナリ) ↓しんみょう(神妙)

**しん-ぴょう【信▼憑】**(名・サ変自) 信じてよりどころとすること。確かさが信頼できること。reliance

**しんぴょう-せい【信▼憑性】** 信用してよい程度。信頼性。reliability 用例 この記事は—に乏しい。

**しん-ぴん【神品】** 非常にすぐれた品・作品。絶品。inspired work

**しん-ぴん【新品】** 新しい品物。new article 対義 中古・古物。用例 —同様。

**じん-ぴん【人品】** ①人柄。人格。personality ②ふうさい。ようす。personal appearance 用例 人体の—。

**しん-ぶ【深部】** 深い部分。奥の部分。depth

**しん-ぷ【神父】** カトリック教会で、信者が司祭をよぶ敬称。father

**しん-ぷ【神符】** 神社などが出す護符。お札。お守り。

**しん-ぷ【新婦】** 結婚したばかりの婦人。はなよめ。bride 対義 新郎。

**しん-ぷ【新譜】** ①新しい曲譜。newly made music ②新発売のレコード。新盤。newly released disc; new disk; new release

**ジン-フィズ【gin fizz】** カクテルの一つ。ジンにレモン果汁と砂糖を加え、炭酸水で割ったもの。一般に甘口。

**しん-ぷ【親父】** ちちおや。father

**しん-ぷう【新風】** 新しい傾向・作風。new phase 対義 古風・旧習。用例 学界に—を送る。

**じん-ぷう【陣風】** 寒冷前線などにともない急に激しく吹き出す風。にわか雨をともなうことがある。早手。疾風。gust

**じんぷうれん-の-らん【神風連の乱】** 明治初期、熊本の士族が起こした反乱。明治九年(一八七六)新政府の開明政策などに反対して、廃刀令を機に太田黒伴雄らの神風連(敬神党)が鎮台を襲ったが、鎮圧された。

**シンフェロポリ【Simferopol】** ソ連南西部、ウクライナ共和国南部の工業都市。クリム半島最大の都市。人口三三・三万(一九八六)。

**シンフォニー【symphony】** 交響曲。シンホニー。

**シンフォニック-ジャズ【symphonic jazz】** 一九三〇年代までの交響楽的編成のジャズ。代表的演奏者はポール＝ホワイトマン。

**しん-ふがい【申不害】**(？～BC三三七) 中国、戦国時代の法家。鄭の低い身分の出身。韓の昭侯の宰相となり、刑名を主とした法術策による統治をすすめ、富国強兵につとめた。主著『申子』。

**しん-ぷく【心腹】** ①むねとはら。chest and stomach ②心。heart

**心腹に落ちる**(しんぷくにおちる) 納得する。類似 腑に落ちる。

**心腹の友**(しんぷくのとも) 無二の親友。one's best friend

**心腹の疾**(しんぷくのやまい) 平らげにくい敵のたとえ。

**心腹を輸写す**(しんぷくをゆしやす) 心中に思うすべてを話す。真心を示す。

**しん-ぷく【心服】**(名・サ変自) 心から服従すること。admiration and devotion

**しん-ぷく【臣服】**(名・サ変自) 臣下として服従すること。vassalage

**しん-ぷく【信服】**(名・サ変自) 信じて服従すること。be convinced

**しん-ぷく【振幅】** 振動する物体の、静止の位置から振動の極点までの距離。amplitude 用例 振り子の—。

**しん-ぷく【震幅】** 地震計に感じた、震動のはば・大きさ。地震の振幅。seismic amplitude

**しんぷく-へんちょう【振幅変調】** 信号波の変化に応じて搬送波の振幅を変化させる変調方式。中・短波ラジオ放送、テレビの映像放送などに利用。AM。amplitude modulation 比較 周波数変調。

**しんふじん-きょうかい【新婦人協会】** 大正時代の婦人団体。大正九年(一九二〇)平塚らいてう・市川房枝らが結成。婦人の政治的活動の自主を主張し、母性主義の立場による婦人解放をめざした。同一一年(一九二二)解散。

**しん-ふぜん【心不全】** 心臓に異常があり、体内に送る血液量が不足したために起こる循環不全の状態。急性では、速効性強心剤を使用して敏速な対処が必要となる。cardiac insufficiency

**じん-ふぜん【▼腎不全】** 腎臓の生理機能がなんらかの原因で失われたときに起こる生体の異常に対する総称。体内に老廃物がたまり、水・電解質の調整ができなくなる。重症では尿毒症へすすむ。renal failure

**シンプソン【James Young Simpson】**(一八一一～一八七〇) イギリスの産婦人科医。産科領域に、エーテル吸入麻酔法を、さらにクロロホルム麻酔法を導入した。

**シンプソン-の-こうしき【シンプソンの公式】** 積分範囲の区間を小区間にわけ、各小区間で関数を二次関数で近似して定積分の近似値を求める公式。イギリスの数学者、トーマス＝シンプソンが提示。Simpson's rule

**しん-ぶつ【神仏】** ①神と仏。仏神。②神道と仏教。

**じん-ぶつ【人物】** ①人。person ②人がら。人品。personality 用例 —保証。③有能で役に立つ人。人材。able man 用例 かなりの—。④人の姿。human figure 用例 —画。

**じんぶつ-げったん【人物月▼旦】** 人物批評。月旦評。「月旦評」の別称。

**しんぶつ-こんこう【神仏混▼淆】** 神仏習合

**しんぶつ-しゅうごう【神仏習合】** 日本に興った神道と外来思想の仏教が融合混和したもの。仏・菩薩が衆生をすくうため、神の姿で現れると説く本地垂迹説など。神仏混淆。

**しんふつ-せんそう【▽清▽仏戦争】** 一八八四～八五年、ベトナムの植民地化を推進するフランスと清朝との戦争。イギリスの調停で天津条約が結ばれ講和。フランスのベトナム保護権を承認。

**しんぶつ-ぶんり【神仏分離】** 明治政府の宗教政策の一つ。明治元年(一八六八)祭政一致をはかって神仏習合を禁じ、神道と仏教の分離を推進。

**しんぶぶん-しゅうごう【真部分集合】** 部分集合のうち、全体に等しくない集合。AがBの真部分集合であることをA⊊Bなどで示す。proper subset

**しん-ぶよう【新舞踊】** 歌舞伎舞踊などの古典舞踊に対して明治以後に新しく興った日本舞踊。坪内逍遥が理論化し、運動は成長。第二次大戦後も創作舞踊として再興された。

**しん-プラトンしゅぎ【新プラトン主義】** プロティノスを祖とする、三～六世紀のギリシア最後の哲学学派の思想。プラトンの思想を基本に、神秘主義的な傾向の強い神学的・形而上学的な思想を体系化。Neoplatonism

**シンプル【simple】**(形動) 飾りのないさま。単純。簡単。用例 —なドレス。

**シンプル-ライフ【simple life】** 簡素であることを尊ぶ暮らし。簡易生活。

**しん-ブロック【心ブロック】** 心臓の刺激



↓行き先項目、図版・写真参照印。 JIS 日本工業規格情報交換用漢字符号コード(区点コード)。

伝達障害。不整脈の一種として現れる。突然、脈が止まり意識を失って急死する場合もある。heart block

**シンプロン-とうげ**【シンプロン峠】(Simplon Pass) スイス南部、アルプス山中の峠。標高二〇〇五m。ローヌ河谷と北イタリアを結ぶ要衝。一九〇六年、鉄道トンネル(長さ一九・八km)が開通。サンプロン峠。

**シンプロン-トンネル**【Simplon Tunnel】スイス・イタリア国境のシンプロン峠を貫く鉄道トンネル。長さ一九・八km。一九〇六年開通。サンプロントンネル。

**しん-ぶん**【新聞】 定期刊行物の一つ。社会的関心の高い内外の出来事や人々の意見などを、すばやく多数の人に伝達することを目的とする一般紙のほか、特定読者対象の業界・経済・スポーツ紙などがあり、日刊を中心に週刊・旬刊などの形をとる。newspaper 数え方 一部・一枚・一束。

**じん-ぶん**【人文】 =じんもん。①人間と文物。②人類の文化・文明。culture 用例 ―の発達をうながす発明。③人間社会の秩序。humanity

**じん-ぷん**【人▼糞】 人間の大便。くそ。human feces

**しんぶんか-うんどう**【新文化運動】 一九一九年の五・四運動前後の中国知識人による啓蒙運動。陳独秀・魯迅・胡適・郭沫若らが活躍。白話運動などを提唱し近代思想の普及につとめた。五・四文化革命。

**じんぶん-かがく**【人文科学】 ①人類の文化に関する学問。文化科学。cultural sciences ②哲学や倫理学など、人間の精神活動やその結果を対象とする学問。cultural sciences 対義 自然科学・社会科学。

**しんぶん-きしゃ**【新聞記者】 新聞の取材・編集に従事する人々。journalist

**じんぶん-げんしょう**【人文現象】 人間と文物とにおける現象。人口・村落・都市・経済・産業・交通など。phenomena on humanity

**しんぶん-ご**【新聞碁】 新聞社が主催し掲載する囲碁の対局。毎日の本因坊戦、朝日の名人戦、読売の棋聖戦、サンケイの十段戦、北海道・中日・西日本の三社連合の天元戦など。

**しんぶん-さいばん**【新聞裁判】 裁判所で審理中の事件について、新聞がセンセーショナルな記事によって判決前に世論を形成してしまうこと。裁判の公正と言論の自由とのかね合いが問題となる。

**しんぶんし-じょうれい**【新聞紙条例】 明治の新聞取締法。明治八年(一八七五)活発化した政府批判を抑えるために制定。同四二年(一九〇九)新聞紙法に継承。

**しんぶんし-ほう**【新聞紙法】 日刊新聞と定期刊行雑誌を対象とした言論取り締まりのための法律。明治四二年(一九〇九)公布。昭和二〇年(一九四五)失効。同二四年(一九四九)廃止。

**しんぶん-しゃ**【新聞社】 新聞の発行を事業の中心とする企業。ほかに各種の文化事業や雑誌・書籍の出版も手がけることが多い。newspaper publishing company

**じんぶん-しゅぎ**【人文主義】 ルネサンス期、中世の教会的世界観から人間性を解放し、ギリシア・ラテンの古典研究を通じて教養の新生を図ろうとする近代的思想運動。一四世紀イタリアの都市に興り、北方へ伝播。人本主義。ヒューマニズム。humanism

**しんぶん-しょうせつ**【新聞小説】 新聞に連載される小説。日本特有のもので、明治八年(一八七五)『東京絵入新聞』が採用したのが初め。

**しんぶん-じれい**【新聞辞令】 官庁や大企業の幹部の人事異動について正式の辞令が出る前に、新聞などが予想し報道すること。また、それがはずれた場合にいう。

**しん-ぶんすう**【真分数】 分子が分母より小さい分数。proper fraction 比較 仮分数。

**しんぶん-だね**【新聞種】 新聞、とくに社会面の記事の材料になるような事件や話題。news source

**じんぶん-ちりがく**【人文地理学】 地理学の一分野。人間社会における人口・集落・経済・交通・文化などの諸現象について、地域的な分布・構造、環境との関係などを研究する部門。じんもんちりがく。human geography 対義 自然地理学。

**しんぶんりんり-こうりょう**【新聞倫理綱領】 日本全国の有力な日刊新聞が自主的に制定した倫理基準。報道や論評上の制約を規定する。昭和二一年(一九四六)制定。

**しん-ぺい**【神幣】 出雲地方の正月飾りの一つ。歳徳神の掛け軸の前や家の出入り口に松を飾り、注連を張って、ユズリハ・稲穂・大根・するめ・昆布・餅花・飾り銭・御幣・炭などを飾りつける。蓑の飾り。蓑組。

**しん-ぺい**【新兵】 新しく入営した兵士。二等兵。recruit 対義 古兵。

**じんべい-ざめ**【甚平▼鮫・甚▽兵▽衛▼鮫】 ジンベイザメ科の卵生海水魚。全長約二〇mに達し、魚類中で最大。背側の緑灰色地に白線が格子状に走り、白点が散在。幅広くて丸い吻でプランクトン・小魚を食べ、性質はおとなしい。大洋の温・熱帯地域に分布。ジンベエザメ。whale shark ↓図

●ジンベイザメ

**しんぺいたい-じけん**【神兵隊事件】 昭和八年(一九三三)七月、右翼の天野辰夫らが企てたクーデター未遂事件。

**じんべえ**【甚▽兵▽衛・甚平】 =じんべい。①和服の一つ。男子の夏に着る室内着。筒袖の単で、内ひも・外ひもで結ぶひざ丈のもの。②袖なしの綿入れ羽織。

**しん-べつ**【神別】 古代の氏族の分類の一つ。天神地祇の子孫であるという家柄。藤原氏など。対義 皇別・蕃別。

**しん-ぺん**【身辺】 身の回り。one's private life 用例 ―多忙。

**しん-ぺん**【神変】 人の知恵でははかり知れない、不思議な変化。miracle

**しん-ぺん**【新編】 新しく編集・編成したもの。new edition

**しん-ぽ**【進歩】 (名・サ変自) 物事がしだいによくなること。望ましい変化。向上。improvement; progress 比較 発展。対義 退歩・退化。用例 長足の―をとげる。―が早い。

**しんぽ**【新浦】 北朝鮮(朝鮮民主主義人民共和国)東部、咸鏡南道中東部の港町。東海岸屈指の近海漁業基地。湾頭の馬養島では浅海養殖がさかん。シンポ。

**シンポ** ↓シンポジウム

**しん-ぼう**【心房】 心臓の上半部。血液を静脈から受け入れ、心室へ送るところ。左心房と右心房がある。動物学では、心耳という。atrium cardis

**しん-ぼう**【心棒】 ①車輪などの回転の軸になる棒。心木。axle ②活動の中心となるもの。center

**しん-ぼう**【辛抱】(名・サ変自) がまんすること。忍耐。patience 用例 ―のかいがない。

**しん-ぼう**【信望】 信用と人望。prestige 用例 世間の―を得る。

**しん-ぼう**【深謀】 深く考えめぐらした計略。deeply laid plan

**しん-ぽう**【信奉】(名・サ変他) 信じて、尊び従うこと。belief 用例 ―者。

**しん-ぽう**【新法】 ①新しい方法。new method ②新しい法令。new law

**しん-ぽう**【新報】 新しい知らせ。news

**しんぽう**【申報】 近代中国最初の中国語新聞。一八七二年イギリスのメージャーが上海で創刊。抗日的言論で弾圧を受け、一九四一年日本軍により停刊。第二次大戦後復刊したが、四九年共産党軍の上海接収で廃刊。

**じん-ぼう**【人望】 多くの人々がその人に寄せる尊敬・信頼。popularity 用例 ―がある。

**しんぼう-えんりょ**【深謀遠慮】 深く考えて計画し、将来のことまで思いめぐらすこと。そのはかりごと。far sight and deep design

**しんぼう-さいどう**【心房細動】 心臓の不整脈の一つ。心房の不規則な小収縮(一分間三〇〇～六〇〇の速さ)が連続し、その影響で心室も不調となり、脈のリズムが不規則となる。恒久性不整脈。atrial fibrillation

**しんぼう-そどう**【心房粗動】 心臓の不整脈の一つ。心房収縮の頻度は心房細動に比べて一分間二〇〇～四〇〇と少なく、脈のリズムも規則的である。atrial flutter

**しんぼうちゅうかく-けっそんしょう**【心房中隔欠損症】 心臓の心房に欠損孔をもつ先天性心疾患。学童期には無症状のことが多いが、成長とともに肺高血圧症などを呈する場合が多い。atrial septal defect

**しんぼう-づよ・い**【辛抱強い】(形) よくしんぼうする。がまん強い。patient

**しん-ぼく**【神木】 ①神社の境内にあって神が宿っているという木。神樹。②神社の境内の木。

**しん-ぼく**【親▼睦】(名・サ変自) 親しみ、仲よくすること。懇親。友好。friendship 用例 ―を図る。

**しん-ほくく**【新北区】 北界に属する動物の地理分布の一区。メキシコ以北の北アメリカ大陸で、北極周辺を除く部分。Nearctic region

**シンポジウム**【symposium】 複数の講演者が考えを述べ合い、司会者や聴衆と質疑応答も交わす討論会。シンポ。

**しんぽ-じとう**【新補地頭】 承久の乱後、鎌倉幕府が没収した朝廷方の土地に任ぜられた地頭。対義 本補地頭。

**しんぽ-しゅぎ**【進歩主義】 社会の漸進的改良を通じて変革をすすめる思想的立場。progressivism 対義 保守主義・急進主義。

**しん-ほしゅしゅぎ**【新保守主義】 保守反動に陥ることを避け、自由経済を尊重しながら漸進的路線をとる新タイプの保守主義。一九七〇年代後半のアメリカから始まった。neoconservatism

**しんほたか-おんせん**【新穂高温泉】 岐阜県北東部、穂高連峰西麓の温泉。西穂高岳へロープウエーが通じ、北アルプスの登山基地となっている。

**しん-ぼち**【新▽発▽意】《仏教語。「しんぼっい」の転》あらたに仏門に入ったこと・人。出家したての人。しぼち。しんぼっち。今道心。青道心。しょほっしん。

**じん-ぼつ**【陣没・陣▼歿】(名・サ変自) 戦地で死ぬこと。戦没。death in battle

**しんぽ-てき**【進歩的】(形動) ①常によりよいほうへと望む態度。進歩しているさま。進取的。progressive ②進歩した思想をもっているさま。progressive 比較 革命的。対義 保守的。

**しんぽ-とう**【進歩党】 明治の政党。明治二九年(一八九六)立憲改進党を中心に小政党が合同して結成。党首は大隈重信。のち憲政党・憲政本党をへて立憲国民党に合流。

**しん-ぼとけ**【新仏】 ①埋葬したばかりの死者。②死後はじめての盆に迎えられる死者の霊。あらぼとけ。

**シンホニー**【symphony】 ↓シンフォニー

**シンボリズム**【symbolism】 象徴主義。サンボリスム。

**シンボル**【symbol】 ①象徴。しるし。②慣習や社会的約束によって、ある事物を表示する記号。

**シンボル-そうさ**【シンボル操作】 旗・マスコット・デモなどの象徴(=シンボル)または象徴的行為によって、大衆の意見・態度・信念を意図する方向に誘導すること。manipulation of symbol

**しん-ぽん**【新本】 ①新しい本。new book ②新刊の本。新書。new publication 対義 古本。

**じんぽん-しゅぎ**【人本主義】 ①人文主義。人道主義。ヒューマニズム。humanism ②哲学で、一切の真理・認識は、人間の要求・目的・活動によって生まれたり制約されたりするという考え方。プラグマティズムの一形式。humanism

**しん-まい**【新米】 ①今年とれた米。new rice 対義 古米。②《「新前」のなまりから》新参。

**しん-まえ**【新前】《「しんまい」はなまり》新しく加わった人。未熟者。新参。greenhorn

**しん-まく**【心膜】 心臓および大血管基部を二重に包んでいる結合組織性の膜。心膜腔にある心膜液は、心膜と周囲の臓器との摩擦を減少させる働きをする。pericardium

**しん-まく**【慎▼莫】 ①身の回りの処置や物事の始末をきちんとすること。②実直なこと。まじめ。律儀。

**慎莫に負えぬ**(しんまくにおえぬ) どうしようもなくなる。始末に困る。

**じん-まく**【陣幕】 陣屋の回りに張りめぐらす幕。

**しんまく-えん**【心膜炎】 心臓の外側を包む心膜の炎症。リューマチ・結核・ウイルスなどにより起きる。前胸部痛・呼吸困難などの症状を呈する。pericarditis

**じんま-しん**【▼蕁麻▼疹】 急性皮膚病の一つ。赤いかゆみをもった発疹がみみずばれのように広がるが、数時間以内に消える。食物や薬品の中毒やアレルギーによることが多い。urticaria

**しんまち**【新町】 大阪市西区にある地名。江戸時代、大坂新地と称して、幕府公認の遊里が

▼常用漢字表外。 ▽常用漢字表の音訓外。

あったところ。

**しん-マルサスしゅぎ【新マルサス主義】** 一九世紀末に主張された、受胎調節によって労働者の貧困を防止できるという主張。neo-Malthusianism

**しん-み【新味】** 新しい感じ。新しさ。freshness 用例 ―を出す。

**しん-み【親身】** ㊀(名) 近い身内。近親。relative ㊁(名・形動) 肉親のような親切な気持ちで接すること・さま。kindness 用例 ―になる。―に世話をする。

**しん-みち【新道】** ①新しくできた道。しんどう。new road ②町家の間の細い道。小路。

**しん-みつ【親密】**(名・形動) 親しく仲のよいこと・さま。intimacy 用例 ―の度を加える。

**しんみなと【新湊】**〈市〉富山県、庄川河口の市。漁業と工業が二本柱。富山・高岡新産業都市の一角。人口四万二〇二(一九八八)。

**じん-みゃく【人脈】**《山脈・水脈などのもじり》団体・組織などの内部の人と人とのつながり。man with many contacts in financial or political interest

**しん-みょう【身命】**↓しんめい(身命)

**しん-みょう【神妙】**(形動) ①不思議なさま。霊妙。しんびょう。mysterious ②けなげで感心なさま。殊勝。laudable ③おとなしいさま。すなお。meek 用例 ―にいたせ。

**じんみょう-ちょう【神名帳】** 朝廷の崇敬する神社名を記載したもの。一般に「延喜式」巻九・一〇の「神名帳」をさし、これに記載された神社を式内社という。しんめいちょう。

**じん-みらい【尽未来】**(名・副)《仏教語》「尽未来際」の略。

**じんみらい-さい【尽未来際】**《仏教語》㊀(名) 未来の尽きるところ。未来永劫。㊁(副) 未来の果てまで。永遠に。eternally

**しんみり**(副・サ変自) ①もの静かで、落ち着いたさま。しみじみ。quietly 用例 ―と語る。②ものさびしく、しめやかなさま。pensively 用例 ―した話。

**しん-みん【臣民】** 君主国の臣下・国民。皇族以外の者。subject

**じん-みん【人民】** 社会を構成する人々。people 比較 国民・民衆・庶民。

**人民の人民に依る人民の為の政治**(じんみんのじんみんによるじんみんのためのせいじ)《アメリカ大統領リンカーンが、一八六三年一一月ゲティスバーグで述べた、南北戦争の戦没者に対する追悼演説の中のことば》政治の主権は人民にある。民主政治の原則を示すもの。government of the people, by the people, for the people

**じんみん-いいん【人民委員】**《narodnyi komissarの訳》一九四六年までソ連とその同盟国の行政執行機関で用いられていた職名。同年に閣僚と改称。

●人民服　太極拳をする男性。

**じんみん-かいほうぐん【人民解放軍】**「中国人民解放軍」の略。

**じんみん-けんしょう【人民憲章】** イギリスのチャーチスト運動が目標に掲げた綱領。一八三八年公表。成年男子普通選挙権、無記名投票など、議会民主化のための六項の要求からなる。the People's Charter

**じんみん-こうしゃ【人民公社】** 中国の行政・経済組織の基礎単位。一九五八年高級合作社を改組して設立。一九八二年の憲法改正により、行政面での活動は廃止。

**じんみん-しゅぎ【人民主義】**《narodnichestvoの訳》一九世紀後半のロシア知識人にみられた農本主義的な政治思想。共同体を基礎にただちに社会主義への移行を考え、人民の中へ入ることを主張した。信奉者をナロードニキという。populism

**しん-みんしゅしゅぎ【新民主主義】** 毛沢東が一九三九年以後提唱した中国革命のための理論。中国社会の半植民地・半封建的特質から、プロレタリア階級が指導する民族統一戦線による新しい型の民主主義革命をまず行い、それから社会主義に移行すべきだとした。

**じんみん-せいじきょうしょうかいぎ【人民政治協商会議】** 中国人民政治協商会議の略称。

**じんみん-せんせん【人民戦線】**(Front populaire)一九三〇年代後半、反ファシズムを共通綱領として組織された統一戦線。一九三五年のコミンテルン第七回大会で戦術として採択され、一九三六年フランスとスペインにおいて政権を獲得。中国では抗日統一戦線へ発展。

**じんみんせんせん-じけん【人民戦線事件】** 日中戦争下、近衛内閣による言論・思想弾圧事件。反ファッショの人民戦線を企図したとして昭和一二年(一九三七)一二月、山川均・向坂逸郎ら四〇〇名を検挙。翌年二月には大内兵衛ら労農派系の学者たちを検挙。

**じんみん-せんそう【人民戦争】** 毛沢東の唱えた戦争形態。革命戦争において、正規軍と武装人民ゲリラ部隊、また前線と後方を有機的に結合し、政治・経済・思想・文化面を含んだ総力戦で相手を圧倒しようとするもの。

**じんみん-だいかいどう【人民大会堂】** 北京の天安門広場にある中国人民代表大会の議場。一九五九年完成。

**じんみん-にっぽう【人民日報】** 中国共産党中央委員会の機関紙。一九四八年創刊。

**じんみん-ふく【人民服】** 中国の国民服的な服装。男女ともに着用。高めのステンカラーで両胸両脇にポケットのある上衣とズボンの組み合わせ。↓写

**じんみんぶんがく【人民文学】** 中国、現代の文芸雑誌。中国作家協会の機関誌。一九四九年創刊。初代主編者は茅盾。六六年休刊、七六年に復刊した。

**じんみんぶんこ【人民文庫】** 文芸雑誌。武田麟太郎主宰。昭和一一～一三年(一九三六～三八)刊。現実重視の散文精神を主張。高見順・田宮虎彦らが執筆。

**じんみん-みんしゅしゅぎ【人民民主主義】** 第二次大戦後生まれた、新しい型のプロレタリア独裁による政治体制。反ファシズム統一戦線の勢力を基盤に、議会制度を存続させ社会主義へと移行する方式をとる。中華人民共和国・朝鮮民主主義人民共和国など。people's democracy

**じんむ-けいき【神武景気】**《神武天皇以来最大の好景気の意》昭和三〇年(一九五五)から翌年にかけての好景気。好調な輸出、物価の安定、金融緩和などにより企業の収益が上昇し設備投資が急増。

**じんむ-てんのう【神武天皇】** 記紀で第一代天皇。名は神日本磐余彦尊。九州の日向から東征し大和を平定、紀元前六六〇年橿原宮で即位したとされる。

**しんむら-いずる【新村出】**(一八七六～一九六七) 言語学者・国語学者。山口県生まれ。東大卒。イギリス・ドイツ・フランスに留学後、京大教授。『広辞苑』の編者。著書『南蛮記』『日本吉利支丹研究史』など。

**しん-め【神馬】** 神社に奉納した馬。

**しん-め【新芽】** 春に新しく出た芽。若芽。sprout

**しん-めい【身命】** 身体と生命。一身。しんみょう。one's life 用例 ―をなげうつ。

**身命を賭する**(しんめいをとする) 命をかける。一身をなげうつ。sacrifice one's life

**しん-めい【神明】** ①神。god 用例 ―に誓って。②祭神としての天照大神。

**神明に横道無し**(しんめいにおうどうなし) 神が不正を行うことはない。

**じん-めい【人名】** 人の名。姓名。person's name

**じん-めい【人命】** 人の命。human life 用例 ―救助。

**じんめい-かんじょう【人名勘定】** 債権者・債務者の人名を冠した勘定科目。personal accounts

**しんめい-づくり【神明造(り)】** 神社建築の一様式。切り妻造り平入りで、屋根は茅葺きの反りがないもの。伊勢神宮の正殿は神明造りの粋という意味で「唯一神明造り」という。比較 大社造り・権現造り。↓写

**じんめい-ぼ【人名簿】** 氏名・住所などを書き並べた帳面。アドレスブック。name list

**じんめいよう-かんじ【人名用漢字】** 戸籍法とその施行規則で定める、名前として使える漢字。「常用漢字表」の一九四五字には含まれていない、法務省令「人名用漢字別表」に掲げてある一六六字。読み方の制限はない。↓

**シンメトリー【symmetry】** 左右が相対応していること。左右均整。左右対称。調和美。図

**ジンメル【Georg Simmel】**(一八五八～一九一八) ドイツの哲学者・社会学者。生の哲学の立場に立ち、形式社会学を創始。現代文化を鋭く省察した。著書『生の哲学』『社会分化論』など。

**じん-めん【人面】** 人の顔。人の顔に似たもの。human face

**じんめん-じゅうしん【人面獣心】**《顔は人間でも、心はけものと同じ、の意》恩義・恥などを知らない者をののしっていう語。人でなし。

●人名用漢字

仮名は本書に掲載の読みを示す

丑(チュウ) 丞(ジョウ) 乃(ダイ) 之(シ) 也(ヤ) 亘(コウ) 亥(ガイ) 亦(エキ) 亨(コウ) 亮(リョウ) 伊(イ) 伍(ゴ) 伶(レイ) 佑(ユウ) 侑(ユウ) 允(イン)
冴(ゴ) 匡(キョウ) 卯(ボウ) 只(シ) 吾(ゴ) 呂(リョ) 哉(サイ) 喬(キョウ) 嘉(カ) 圭(ケイ) 尭(ギョウ) 奈(ナ) 孟(モウ) 宏(コウ) 寅(イン) 峻(シュン)
嵩(スウ) 嶺(レイ) 巌(ガン) 巳(シ) 巴(ハ) 庄(ショウ) 弘(コウ) 弥(ビ) 彦(ゲン) 彬(ヒン) 怜(レイ) 悌(テイ) 惇(ジュン) 惟(イ) 惣(ソウ) 慧(ケイ)
敦(トン) 斐(ヒ) 旦(タン) 旭(キョク) 昂(コウ) 昌(ショウ) 晃(コウ) 晋(シン) 智(チ) 暢(チョウ) 朋(ホウ) 李(リ) 杏(キョウ) 栗(リツ) 桂(ケイ) 桐(トウ)
梓(シ) 梢(ショウ) 梨(リ) 楓(フウ) 楠(ナン) 槙(シン) 橘(キツ) 欣(キン) 欽(キン) 毅(キ) 汐(セキ) 沙(サ) 洵(ジュン) 洸(コウ) 浩(コウ) 淳(ジュン)
渚(ショ) 渥(アク) 熊(ユウ) 爾(ジ) 猪(チョ) 玲(レイ) 琢(タク) 瑛(エイ) 瑞(ズイ) 瑠(ル) 瑶(ヨウ) 璃(リ) 甫(ホ) 皓(コウ) 眸(ボウ) 睦(ボク)
瞳(ドウ) 矩(ク) 碧(ヘキ) 磯(キ) 祐(ユウ) 禄(ロク) 禎(テイ) 稔(ジン) 穣(ジョウ) 笹(ささ) 紗(サ) 紘(コウ) 絢(ケン) 綾(リョウ) 緋(ヒ) 翔(ショウ)
翠(スイ) 耶(ヤ) 聡(ソウ) 肇(チョウ) 胤(イン) 脩(シュウ) 艶(エン) 芙(フ) 苑(エン) 茉(マツ) 茜(セン) 莉(リ) 萌(ホウ) 萩(シュウ) 葵(キ) 蓉(ヨウ)
蔦(チョウ) 蕗(ロ) 藍(ラン) 藤(トウ) 蘭(ラン) 虎(コ) 虹(コウ) 蝶(チョウ) 諒(リョウ) 赳(キュウ) 輔(ホ) 辰(シン) 迪(テキ) 遥(ヨウ) 遼(リョウ) 那(ナ)
郁(イク) 酉(ユウ) 錦(キン) 鎌(レン) 阿(ア) 隼(ジュン) 霞(カ) 靖(セイ) 須(シュ) 頌(ショウ) 馨(ケイ) 駒(ク) 駿(シュン) 鮎(デン) 鯉(リ) 鯛(チョウ)
鳩(キュウ) 鶴(カク) 鷹(オウ) 鹿(ロク) 麿(まろ) 亀(キ)

●神明造り　三重県、伊勢神宮内宮。

**シンメンタール-しゅ【シンメンタール種】** スイス西部ジンメル渓谷原産の牛の一品種。毛色は黄色かまたはそれに赤色斑がある。乳肉兼用種。Simmental ↓牛写

**しん-めんもく【真面目】** ①真の姿。本来の性質。真価。true character ②まじめ。実直。seriousness

**しん-めんもく【新面目】** 今までにはない新しい姿・ありさま。しんめんぼく。

**しん-もつ【進物】** 人に差し上げるもの。贈り物。ギフト。gift

**しん-もって【神▽以て】**(副) 神に誓って。神かけて。

**しん-もん【審問】**(名・サ変他) ①くわしく問いたずねること。inquiry ②民事訴訟法上、裁判官が、口頭弁論の形式によらず、当事者などに個々に口頭または書面で陳述させること。

**じん-もん【人文】** ↓じんぶん(人文)

**じん-もん【陣門】** 陣屋の出入り口。

**陣門に降る** 降参する。

**じん-もん【尋問・▼訊問】**(名・サ変他) 口で問いたずねること。聞きただすこと。interrogation 用例 不審―。人定―。

**じんもん-ちょうしょ【尋問調書】** 尋問を受けた者の供述と尋問の経緯を記録した文書。interrogatory

**しん-や【深夜】** よふけ。まよなか。深更。midnight 用例 ―営業。

**じん-や【陣屋】** ①兵士の営所。軍営。②江戸時代に、城のない小藩の諸侯の館。③江戸時代、郡代・代官の任地における屋敷。

**しんや-ぎょう【深夜業】** 深夜の業務。労働基準法の規定では、午後一〇時から午前五時までに行われる労働。late-night work

**しん-やく【新約】** 『新約聖書』の略。

**しん-やく【新訳】** ㊀(名・サ変他) 新しく翻訳すること・したもの。new translation 対義 旧訳。㊁(名)《仏教語》漢訳経典のうち、玄奘以後の訳。対義 旧訳。

**しん-やく【新薬】** 新しく開発・改良され、売り出された薬。new medicine

**しん-やく【▽沈約】**(四四一～五一三) 中国、南北朝の宋・斉・梁に仕えた詩人。字は休文。諡は隠。武康の人。詩の音律を重視する「四声八病説」をたてた。詩文集『沈隠侯集』、史書『宋書』など。

**しん-やくしじ【新薬師寺】** 奈良市高畑町にある華厳宗の寺。天平一九年(七四七)光明皇后が創建、開山は行基。

**しんやく-せいしょ【新約聖書】** 『旧約聖書』と並ぶキリスト教の基本教典。全二七巻。イエス=キリストが神と人間のあいだに立てた「新しい契約の書」の意で、福音書・使徒行伝・書簡・黙示録からなる。the New Testament 対義 旧約聖書。

**しんや-そうしょ【深夜▼叢書】**(Les Éditions de Minuit(フランス)) 第二次大戦中、ドイツ占領下のフランスで地下出版され、レジスタンスを訴えた叢書。創始者ベルコール。

**シンヤン【信陽】**(Xinyáng) ↓しんよう(信陽)

**しん-ゆう【心友】** 互いに心から許しあっている友人。bosom friend

**しん-ゆう【親友】** 互いに信頼している、親しい友人。close friend 用例 無二の―。

**しん-ゆう【真勇】** ほんとうの勇気。大勇。

**しん-ゆう【深憂】** 深い悲しみ。大きな心配。

**しんゆ-せい【親油性】** 油とよくなじむ性質。水との相互作用が小さく、油との相互作用が大きい。oleophilic 対義 親水性。

**しん-よ【神▼輿】** 神霊を安置するみこし。

**しん-よう【信用】** ㊀(名・サ変他) ①信じてうたがわないこと。trust 用例 君を―する。②他からまちがいないと見込まれていること。評判。trust 用例 ―ある店。㊁(名) 商取引で、当事者間の信頼を前提に契約・取引から一定期間後の支払いを認めることによって債権・債務の関係を結ぶこと。信用取引。credit

**しんよう【信陽】** 中国、河南省南部の都市。一九五七年設立の大型農業生産協同組合は人民公社の先駆。人口一二・七万(一九八四)。シンヤン。

**しんよう【▼瀋陽】** 中国、遼寧省の省都。鞍山・撫順などの鉄・石炭の産地をひかえた中国最大の重化学工業都市。中国東北地区の交通の中心地。人口四〇二万(一九八四)。旧称奉天。シェンヤン。

**じん-よう【陣容】** ①戦闘の隊形。陣形。陣立て。battle formation 用例 ―を整える。②会社・団体などの構成員の顔触れ。formation 用例 ―を一新する。

**しんよう-がし【信用貸し】** 無担保・無保証で行われる貸し付け。貸し主が借り主または保証人を信用して貸し付けるもの。信用貸付。無担保貸付。クレジットローン。credit loan

**しんよう-かへい【信用貨幣】** 本位貨幣ではなく、信用に基づいて流通する貨幣。実質的な価値はないが、表示価格で通用する。補助貨幣・銀行券・政府紙幣など。現在ほとんどの国の貨幣はこれに属する。credit money

**しんよう-きょうこう【信用恐慌】** ↓きんゆうきょうこう(金融恐慌)

**しんよう-きょうどうくみあい【信用協同組合】** 中小企業者や勤労者などのための協同組合組織の金融機関。組合員の預金・定期積金の受け入れ、組合員に対する資金の貸し付けおよび手形割引などを業務とする。信用組合。credit cooperate

**しんよう-きんこ【信用金庫】** 会員出資による協同組織の非営利金融機関。地域・中小企業金融を目的とする。credit union

**しんよう-くみあい【信用組合】** 「信用協同組合」の略。

**しんよう-けいざい【信用経済】** 貨幣経済の発達により、小切手・為替手形・株式・社債など信用に基づく手段で取り引きが行われる経済。

**しんよう-じゅ【針葉樹】** 一般に針状の葉をもつ木本。裸子植物に多い。多くは常緑高木。マツ・スギなど。conifer; needle leaved tree 対義 広葉樹。

**しんようじゅ-ざい【針葉樹材】** 針葉樹の材木。樹形がよく、材質も均一なため、建築材・構造材に適する。広葉樹材に比べ軟らかいので軟材ともいう。conifer wood

**しんようじゅ-りん【針葉樹林】** 針葉樹の森林。温帯から亜寒帯に広く分布。北半球の温帯北部に発達。coniferous forest 比較 広葉樹林。

**しんよう-じょう【信用状】** 銀行が取引先の依頼に応じて依頼人の信用を保証するために発行する証書。発行銀行は、一定期間、一定金額に限り、依頼人の指定する者が依頼人あてに振り出した手形の支払い・引き受けを行う。LC。letter of credit

**しんよう-しょうけん【信用証券】** 後日に債務が履行される信用取引の機能をもった証券。為替手形・約束手形・債券など。credit instrument

**しんようじょうほう-こうりゅうネットワーク【信用情報交流ネットワーク】** 銀行・信販・サラ金の三業界でコンピューター利用により個人の信用事故情報を交換するシステム。貸付金の貸し倒れ・支払いの長期滞納などのトラブルを防ぐ目的で、昭和六二年(一九八七)三月に発足。

**しんよう-そうぞう【信用創造】** 一つ一つの銀行でなく全体としてみたとき、銀行がもとの預金を貸し出すことによってそれ以上の新しい預金を創出すること。その大きさは主として銀行の支払準備率に規定される。預金創造。credit creation

**しんよう-ちょうさ【信用調査】** 金銭の貸借など、取り引きのさいに行う、相手先の営業状態・資本関係などに関する調査。credit investigation

**しんよう-とりひき【信用取引】** ①顧客が一定の委託保証金を差し入れ、証券会社から資金または証券の貸し付けをうけて行う証券売買。マージン取引。margin transaction ②↓

● 親鸞 奈良国立博物館。

しんよう(信用)㊁

**しんよう-はんばい【信用販売】** 売り手が買い手を信用し、代金後払いで商品を販売すること。割賦販売や掛け売りなど。信販。credit sale

**しんよう-ほけん【信用保険】** ①雇い人の窃盗・横領などによる雇い主の損害を補う保険。credit insurance ②債権者が貸し倒れの損害を補うための保険。住宅資金貸付保険・個人ローン信用保険・割賦販売代金保険など。credit insurance

**しんよう-めいがら【信用銘柄】** 信用取引の対象となる株式。上場株の中でも証券金融会社が指定する一定の銘柄しか認められない。貸借銘柄。margin trading issue

**しんようわかしゅう【新葉和歌集】** 南北朝時代の准勅撰和歌集。撰者は宗良親王。二〇巻。弘和元年(一三八一)成立。南朝歌人の歌を集める。歌数一四二〇首。おもな歌人は後村上天皇・宗良親王など。南朝の境遇を反映し悲壮な歌が多い。

**しんよしとみ【新▽吉富】**〈村〉 福岡県東端、豊前市東隣の村。稲作を中心に、野菜栽培・養鶏もさかん。人口四二〇〇(一九八八)。

**しんら【新羅】** 「新羅」の別読み。

**しん-らい【信頼】**(名・サ変他) 信じて頼ること。trust; reliable 用例 ―すべき筋。

**しん-らい【新来】** あらたに来たこと・もの。newcoming

**じん-らい【迅雷】** 激しい雷鳴。thunderclap 用例 疾風―の勢い。

**迅雷、耳を掩うに暇有らず**(じんらい、みみをおおうにいとまあらず) 事態のあまりの急変に、対処する間もないたとえ。類似 疾雷、耳を掩うに及ばず。

**しんらい-ど【信頼度】** 統計などで、区間推定において、信頼区間が真の母数の値を含む確率。正しい推定を行う確率をパーセントで表す。confidence coefficient

**しん-らつ【辛▼辣】**(名・形動) ①味がきわめてからいこと・さま。bitterness ②手厳しいこと・さま。bitterness 用例 ―な批評。

**しんら-ばんしょう【森羅万象】** 宇宙に存在する、すべてのもの。万有。universe

**しん-ラマルクせつ【新ラマルク説】** ラマルクの考えを修正し、発展させた学説。獲得形質の遺伝を主張する。パッカードによる造語。ネオラマルキズム。neo-Lamarckism

**しんらん【親▼鸞】**(一一七三～一二六二) 鎌倉初期の僧。浄土真宗の開祖。日野有範の子といわれる。比叡山で堂僧をつとめ、二九歳のとき法然の門に入る。専修念仏停止に連座して越後に流罪。以後、常陸など関東各地で教化に努めた。在家生活を肯定し、自らも恵信尼と結婚。往生の正因としての信心、報恩行としての称名念仏をといた。著書『教行信証』『愚禿鈔』など。見真大師。↓写

**しん-り【心理】** ①心の動き。人間を客観的対象として観察したときの心の動き。精神の状態。mental state ②「心理学」の略。

**しん-り【心裏・心▼裡】** 心のうち。心底。one's mind

**しん-り【真理】** ①まことの道理。正しい道理。truth ②論理学で、論理の法則にかなった正しい推論・判断。truth ③哲学で、永遠に変わることのない、だれもが認めなければならない認識・価値・判断。truth

**しん-り【審理】**(名・サ変他) ①詳しく調べて明らかにすること。examination ②法律で、裁判所で行う訴訟事件に関する取り調べ。trial

**しんり-がく【心理学】** 人間の心理活動の研究を通して、個人または集団の行動理解をめざす学問。一九世紀以後、他分野から実験的手法を取り入れ、実証的な科学として発達。基礎心理学と応用心理学に大別される。サイコロジー。psychology

**じん-りき【人力】** ①人間の力。じんりょく。human power ②「人力車」の略。

**じんりき-しゃ【人力車】** 人を乗せて車夫が引く二輪車。明治二年(一八六九)、和泉要助らが発明。駕籠に代わって、明治・大正期に普及した。人力。腕車。数え方 一台・一丁。↓写

写 ● 人力車 歌川広重『東京品川海辺蒸気車鉄道之真景』より。

**じんりき-しゃふ【人力車夫】** 人力車を引くことを職業とする人。饅頭笠に法被姿が一般的。

**しんり-しゅぎ【心理主義】** 哲学で、論理・倫理・美学など、すべての哲学上の問題を、心理学の見地から解釈しようとする立場。とくに認識を心理学的な概念・法則で説明しようとする認識論上の立場。バークリー・ヒュームなど。psychologism 対義 論理主義。

**しんり-しょうせつ【心理小説】** 心理を緻

密に分析・描写し、作中人物を内面からとらえようとする小説。スタンダールの『赤と黒』など。二〇世紀に「意識の流れ」の手法にいたった。psychological novel

**しんり-せん【心理戦】** 計画的な宣伝や心理誘導などで相手を動揺させ、状況を自分の有利に導くこと。心理戦争。psychological warfare; psywar

**しんりつ-こうりょう【新律綱領】** 明治政府最初の刑法典。六巻。明治三年(一八七〇)制定。一九二条からなり、同一五年(一八八二)の旧刑法施行まで行われた。

**しんり-てき【心理的】**(形動) 心理に関するさま。mental 用例 かれの言行は—効果をねらっている。

**しんり-びょうしゃ【心理描写】** 小説や映画などで、人物の心理の変化・状態などを描きだすこと。内面描写。psychological description

**しん-りゃく【侵略・侵▼掠】**(名・サ変他) 正当な理由なく、一方的な武力攻撃または経済的手段などによって他国の領土・財物を奪いとること。aggression; invasion

**しん-りゅう【新柳】** 新芽の出た、春のヤナギ。

**しん-りょ【神慮】** 神の心。devine will 用例「—にかなう。」

**しん-りょ【深慮】** 深い考え・くふう。thoughtfulness 対義 浅慮。用例 —遠謀。

**しん-りょう【診療】**(名・サ変他) 診察して治療すること。medical examination and treatment

**しん-りょう【新涼】** 秋の初めころのすずしさ。その気候。秋涼。用例 —の候。

**しんりょう-くん【信陵君】** 戦国の四君の一人。中国、魏の政治家で、常に三〇〇〇人の食客を有したことで知られる。

**しんりょう-じょ【診療所】** 医師、または歯科医師がいて、患者の収容施設を持たないか、あるいは一九床以下の医療施設(病院は二〇床以上)。ふつう、医院・クリニックの名で開業している。clinic

**しんりょう-ないか【心療内科】** 心と身体の関係を重視する心身医学的な立場から、病気の治療に心理学的方法を取り入れた専門的な診療部門。内科系のあらゆる病気が対象となる。psycho-internal medicine

**しん-りょく【深緑】** 濃いみどり。ふかみどり。deep green 用例 —の山々。

**しん-りょく【新緑】** 初夏のころの若葉のみどり。fresh green 用例 —の候。

**じん-りょく【人力】** 人間の力・働き。human power 用例 —の限りを尽くす。

**じん-りょく【尽力】**(名・サ変自) 人のために力をつくすこと。make efforts for 用例 ご—を請う。

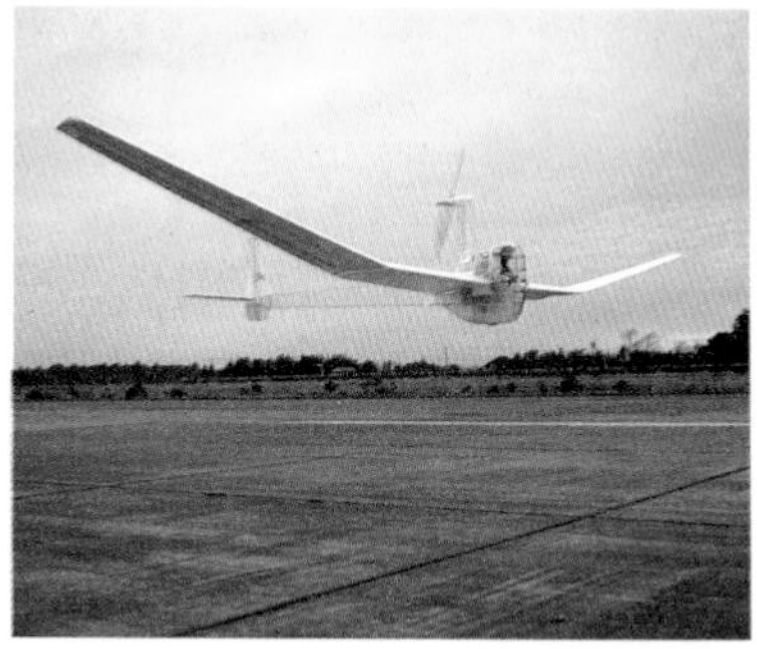

●人力飛行機 アイビス号、日大理工学部。昭和五三年三月、約一〇〇m飛んだ。

**じんりょく-ひこうき【人力飛行機】** 乗員がペダルを踏んでプロペラを回し、離陸し、飛行する飛行機。man-powered airplane ↓写

**しんり-りゅうほ【心▼裡留保】** 法律で、真意ではない意思表示を行うこと。相手が真意を知らない場合、その意思表示は有効となる。単独虚偽表示。

**しんり-りょうほう【心理療法】** ↓せいしんりょうほう(精神療法)

**しん-りん【深林】** 深い林。深く茂った林。

**しん-りん【森林】** ①樹木が密生した所。森。forest ②林学では、樹木の集団(林木)と樹木が立っている土地(林地)とで構成されるところ。forest

**しん-りん【親臨】**(名・サ変自) 天皇・貴人がその場へ出ることの尊敬語。

**じん-りん【人倫】** ①人と人との関係。君臣・父子・夫婦・友人などの秩序関係。human relations ②人間。人類。mankind ③人の守り行うべき道。morality

**しんりん-かいはつ【森林開発】** 林産物を生産供給するため森林の伐採を行い、同時に造林を進め、森林の環境保全や保健休養機能を維持してゆくこと。forest exploitation

**しんりん-けいかく【森林計画】** 森林法に基づいて、国が森林を管理・計画すること。自然災害・環境保護・開発などを考慮し、農林水産大臣および都道府県知事の定める全国森林計画と地域森林計画とがある。forestry planning

**しんりん-げんかい【森林限界】** 高緯度・高山など地域的な環境条件の悪化(低温・強風・乾燥・過湿など)から、森林が成立しなくなる限界線。forest limit

**しんりん-こうえん【森林公園】** 森林浴などを楽しむため、景観のよい森林にひらかれた公園。国が埼玉県に造営した武蔵丘陵森林公園など。

**しんりん-そっこうじょ【森林測候所】** 森林地帯の気象を観測する測候所。明治四三年(一九一〇)の第一期治水事業計画により、治山・治水および森林経営のため設置されたが、現在は廃止されている。

**しんりん-たい【森林帯】** 広範囲に森林を形成する所。森林はおもに気候によって樹種・林相を変える。緯度による森林帯としては熱帯雨林・亜熱帯雨林・照葉樹林・落葉広葉樹林・針葉樹林などがある。海抜高度による森林植生は、亜山地帯・山地帯・亜高山帯・高山帯に区別される。forest zone

**しんりん-てつどう【森林鉄道】** 木材運搬のため森林内に敷設した鉄道。現在では、トラック運搬に切り替えられた。

**しんりん-どじょう【森林土壌】** 森林下に生成した土壌。農耕地とは異なる生成と分布がみられる。forest soil

**しんりん-ほう【森林法】** 森林の保護・培養をはかり、その適正な管理を行うための基本的事項を定めた法律。昭和二六年(一九五一)公布。

**しんりん-ほうていがいちゅう【森林法定害虫】**「森林病害虫等を定める政令」で定められた、樹木や林業用種苗に損害を与える昆虫類・菌類・ウイルスなど。

**しんりん-めんせき【森林面積】** 森林の占める面積。世界の森林面積は、約四〇億haで、陸地の約三割に当たる。日本の森林は約二五〇〇万haで国土の約七割を占めるが、一人当たりの面積は少ない。

**しんりん-よく【森林浴】** 森林散策による健康療法。森林の放出するフィトンチッドの殺菌効果や、緑による精神的な解放効果など。green air bath

**しん-るい【進塁】**(名・サ変自) 野球で、次のベースに進むこと。advance

**しん-るい【親類】** 血族・姻族の総称。家族は除く。親族。親戚。縁者。relative

**じん-るい【人類】** 人間を他の動物・生物と区別していう語。生物学上は哺乳綱霊長目ヒト科の動物。大きな頭脳・巧妙な手をもち直立二足歩行。文化を創造し、社会生活を営む。human beings; mankind

**じんるい-あい【人類愛】** 人種・民族をこえた人類全体に対する愛。love for mankind 比較 人間愛。

**じんるい-いでんがく【人類遺伝学】** 人類を研究対象とする遺伝学の一分野。第二次大戦後、急速に発展。身近な問題から人類の将来にまでかかわる学問。human genetics

**しんるい-がき【親類書(き)】** 親類の関係・氏名などを書いた書類。

**じんるい-がく【人類学】** 人類を対象とする学問。自然的側面・文化的側面からの研究が行われ、それぞれ形質人類学・文化人類学とよばれる。anthropology

**しんるい-づきあい【親類付(き)合い】** ①親類間でするつきあい。companionship between relatives ②親類のように親しくするつきあい。

**しん-れい【心霊】** 魂。霊魂。spirit

**しん-れい【神霊】** ①神。神のみたま。devine spirit ②霊妙な徳。devine virtue

**しん-れい【振鈴】** すずをふって鳴らすこと。ringing a bell

**しん-れい【浸礼】** キリスト教で、洗礼の一種。全身を水にひたす儀式。バプテスマ。baptism by immersion

**しんれい-げんしょう【心霊現象】** 既知の自然法則では説明不可能と考えられる奇異な現象。psychic phenomena

**しんれい-さんみゃく【▼秦▼嶺山脈】** 中国、甘粛省南部から河南省にかけて連なる山脈。淮河とともに華北・華中の自然境界をつくる。主峰太白山は標高三七六七m。チンリン山脈。

**しん-れき【新暦】** 旧来の太陰太陽暦にかえて、明治六年(一八七三)から採用されたこよみ。同五年(一八七二)一二月三日を同六年(一八七三)一月一日とした。太陽暦。対義 旧暦。

**じん-れつ【陣列】** 軍隊の配置・配列。陣立て。

**しん-ろ【針路】** ①羅針盤のさす方向。②船・航空機の進む航路・コース。course 用例 —を北へとる。③めざす方向・みち。course 用例 人生の—を誤る。

**しん-ろ【進路】** ①進んで行く道・方向。route 対義 退路。②卒業後進む方面。course 用例 —指導。

**しん-ろう【心労】**(名・サ変自) ①あれこれと心遣いをすること。気苦労。care ②精神上の疲れ。mental exhaustion

**しん-ろう【辛労】**(名・サ変自) 苦労すること。骨折り。

**しん-ろう【新郎】** 結婚したばかりの男。花婿。bridegroom 対義 新婦。

**しんろう【真▼臘】** インドシナのメコン川中流域に栄えたクメール族の王国に対する中国名。六世紀に扶南国より独立して発展。

**じん-ろう【▼塵労】** ①俗世間のわずらわしい苦労。用例 —を避ける。②《仏教語》煩悩。

**じん-ろく【甚六】** 世間知らずの男。愚か者。とくに、長男を小ばかにしていう。②《仏教語》... 

あることが多いものだ、ということ。First born, least clever.

**しん-ロマンしゅぎ【新ロマン主義】** (Neuromantikドイ) 二〇世紀初めのドイツの文芸思潮。自然主義を克服するために試みられたさまざまな傾向をさし、人間の自由と心情の回復をめざした。ニーチェの思想の影響が大きい。デーメル・ホフマンスタール・ゲオルゲ・リルケら。

**しんろん【新論】** 水戸学の代表的著作。二巻。会沢正志斎著。文政八年(一八二五)成立。水戸藩主に献上され、幕末の尊王攘夷運動の思想的基盤となる。

**しん-わ【神話】** 人間をとりかこむ自然や文化を、超自然的存在(神)や英雄などと関連させて説いた説話。現在の諸事物、現象が侵しがたいものとして意義づけられる。myth

**しん-わ【親和】**(名・サ変自) 互いに親しみ、仲よくすること。friendship

**しんわ【新和】**〈町〉 熊本県、天草下島東岸の町。稲作・果樹栽培などの農業と、養殖漁業がさかん。人口四九三七(一八九)。

**しんわ-がく【神話学】** 神話のもつ意味・機能・構造の解明を目的とする学問。mythology

**しんわ-せい【親和性】** イオン・原子・分子などが互いに結びつく性質のこと。化学反応しやすい性質、水などに溶けやすいまたは混ざりやすい性質などをさす。affinity

**しんわ-りょく【親和力】** ㊀化学で、各種元素が結合するときの結合しやすさの程度。affinity ㊁《原題Die Wahlverwandtschaftenドイ》小説。ゲーテ作。一八〇九年成立。化学の親和力を恋愛に適用して、人間性の暗黒面を描く。



↓行き先項目、図版・写真参照印。 JIS 日本工業規格情報交換用漢字符号コード(区点コード)。

# す ス

**す【す・ス】** 五十音図さ行第三の仮名。平仮名「す」は「寸」の草体。片仮名「ス」は「須」の右の草体。濁音は「ず」「ズ」。

**ス** 3画【子】 部首[子] 教育小1 JIS 2750
音 シ・ス
訓 こ
筆順 ↓シ[子]
下に添えて用いる。小さい意を表したり、語調をととのえたりする。「金子・扇子・様子」↓シ[子]

**ス** 5画【主】 部首[丶] 教育小3 JIS 2871 ／ 5画【▼主】 旧字
音 シュ・ス・シュウ
訓 ぬし・おも
筆順 ↓シュ[主]
ぬし。あるじ。「座主・坊主・法主」↓シュ・シュウ[主]

**ス** 6画【守】 部首[宀] 教育小3 JIS 2873
音 シュ・ス・シュウ
訓 まもる・もり
筆順 ↓シュ[守]
まもる。ふせぐ。「留守」↓シュ[守]

**ス** 6画【▽州】 部首[巛・川] 教育小3 JIS 2903 ／ 16画【▼駲】 部首[馬] 異体字 JIS 8150
音 シュウ・ス
訓 す
筆順 ↓シュウ[州]
しま。す。流水で運ばれた土砂が堆積して、水面上に出たところ。「砂州・三角州・中州」用例(名)河口近くの—。参考『常用漢字表』では、訓扱い。↓シュウ[州]

**ス** 10画【素】 部首[糸] 教育小5 JIS 3339
音 ソ・ス
筆順 ↓ソ[素]
①きじのまま。そのまま。それだけ。「素足・素顔・素性・素通り・素焼き」用例《接頭的》—はだ。②ただの。見くだす意を添えるのに用いる。「素寒貧」用例《接頭的》—町人。—浪人。↓ソ[素]

**ス** 11画【▼笥】 部首[竹] JIS 3158
音 シ・ス
はこ。け。ものをいれる容器。また、食器。「簞笥」

**ス** 12画【▼須】 部首[頁] 人名用 JIS 3160
音 シュ・ス
①ひげ。あごひげ。②もとめる。もとめまつ。③もちいる。④すべからく…すべし。ぜひ…しなければならない。「必須」「須要」⑤しばらく。短時間。「須臾」↓シュ[須]

**ス** 13画【数】 部首[攵] 教育小2 JIS 3184 ／ 15画【▼數】 旧字 JIS 5843
音 スウ・ス・シュ・サク・ソク
訓 かず・かぞえる
筆順 ↓スウ[数]
かず。ものの多少。「員数・人数」↓スウ[数]

**す【巣・▼窠・▼栖】** ①動物が繁殖、休息などに使用する場所。自然物を利用したり、自らが植物体や羽毛などで構築したりする。nest ②《比喩的》人のすみか。house 用例 空き—。ねらい。③かくれが。ねじろ。たまり場。nest; hotbed 用例 悪の—。④クモのあみ。spider's web

**巣を食う**(すをくう) 巣をつくる。巣食う。

**す【酢・▼醋・▽酸】** 食用の酸味調味料。原料は米・麦・果実など。醸造酢・合成酢・加工酢に分類される。食欲を増し、疲労回復の働きがある。vinegar

**酢が過ぎる**(すがすぎる) 度をこすことのたとえ。度が過ぎる。

**酢で割いて飲む**(すでさいてのむ) 人をこき下ろしたり、欠点を暴き立てたりするたとえ。

**酢でも蒟蒻でも**(すでもこんにゃくでも) 手に負えない物事にいう。どうにもこうにも。

**酢に当て粉に当て**(すにあてこにあて) 何かにつけて。酢につけ粉につけ。

**酢にも味噌にも**(すにもみそにも) 何事につけても。あれやこれやと。

**酢の、蒟蒻の**(すの、こんにゃくの) 《「四の五の」のもじり》なんのかんのと文句をつけるさま。

**酢を買う**(すをかう) いらぬ手出し・口出しをする。あおる。刺激する。酢を乞う。

**酢を乞う**(すをこう) 「酢を買う」と同意。

**す【▼簀・▼簾】** ↓すだれ(簾)

**す【▼鬆・巣】** ①大根・ゴボウなどのしんに、細かい多数の穴ができたもの。pore ②豆腐などを煮すぎたときにできる多数の穴。pore ③鋳物をつくるさい、材料内部に含まれるガスのためにできる空洞。blowhole

**す【▽為】** 古語(サ変自他) ↓する(為る)

**為まじきものは宮仕え**(すまじきものはみやづかえ) 宮仕えは、何かと気苦労が多いから、できることならやりたくない。

**す** 古語 ㊀(助動 下二型)《四段・ナ変・ラ変の動詞の未然形に付く》①使役の意を表す。…させる。用例 この雪の山いみじうまぼりて、わらはべなどに踏みちらさせず(枕・職の御曹司におはします頃、西の廂にて)。②《多く「たまふ・おはす」などとともに用いて》尊敬の意を表す。用例 まどろませ給ふことかたし(源氏・桐壺)。③受け身のような意を表す。用例 旗差しを討たせ安からずや思ひけん(平家・九・一二之懸)。参照 さす。参考 現代語の「せる」に当たる。㊁(助動 四段型)《四段・サ変の動詞の未然形に付く》尊敬の意を表す。用例 この岳に菜摘ます児(万葉・一・一)。参考 平安時代以後には用いられず、「聞こす・おぼす」などに活用語尾として残る。

**ず【ず・ズ】** ↓す[す・ス]

**ズ** 7画【図】 部首[囗] 教育小2 JIS 3162 ／ 14画【▼圖】 旧字 JIS 5206
音 ズ・ト
訓 はかる
図 図 図 図 図 図
①え。点や線で形や位置を示したもの。「絵図・海図・構図・地図」「図案・図形・図表・図面」用例(名)—をかく。②ある場面での人の様子。用例(名)あまりいい—ではない。③はかる。はかりごと。計画。↓ト[図]

**図が無い**(ずがない) 法外である。常識では考えられない。

**図に当たる**(ずにあたる) 思うとおりになる。hit the mark

**図に乗る**(ずにのる) つけあがる。思うとおりになって調子に乗る。be puffed up

**ズ** 7画【豆】 部首[豆] 常用→教育小3 JIS 3806
音 トウ・ズ
訓 まめ
筆順 ↓トウ[豆]
①まめ。穀物の一種。「大豆」②伊豆国の こと。「駿豆」「豆州」↓トウ[豆]

**ズ** 8画【事】 部首[亅] 教育小3 JIS 2786 ／ 7画【▼亊】 異体字 JIS 4815
音 ジ・ズ・シ
訓 こと
筆順 ↓ジ[事]
こと。ものごと。「好事家」↓ジ[事]

**ズ** 10画【▽徒】 部首[彳] 教育小4 JIS 3744
音 ト・ズ
筆順 ↓ト[徒]
昔、一定年限、使役した刑。五刑の一つ。「徒刑」↓ト[徒]

**ズ** 15画【▼廚】 部首[广] JIS 5504 ／ 12画【▼厨】 部首[厂] 異体字 JIS 3163
音 チュ・チュウ・ズ
ひつ。はこ。「廚子」↓チュウ[廚]

**ズ** 16画【頭】 部首[頁] 教育小2 JIS 3812
音 トウ・ズ・ト
訓 あたま・かしら
筆順 ↓トウ[頭]
あたま。かしら。「牛頭馬頭」「頭巾・頭上・頭痛・頭脳」用例(名)—が高い。↓ト・トウ[頭]

**頭が高い**(ずがたかい) 生意気で、おうへいだ。腰が高い。対義 腰が低い。

**ず** 古語(助動 特殊型)《用言の未然形に付く》打ち消しの意を表す。…ない。用例 京には見えぬ鳥なれば、皆人見知らず(伊勢・九)。参考「ず」の活用には「ぬ」の系列、「ず」の系列、「ざり」の系列の三つがある。また、現代語の「飲まず食わず」の「ず」は、打ち消しの助動詞「ぬ」の連用形。

**す-あえ**(すあえ)【酢▽和え】 ↓すのもの(酢の物)

**す-あげ【素揚げ】** 材料に衣をつけないで揚げること。また、揚げたもの。

**す-あし【素足】** 靴下・足袋などをはいていない、むきだしの足。bare feet 比較 はだし。

**す-あま【素甘】** もち菓子。上しん粉と砂糖を水で練り、蒸してから、棒状にすだれで巻いたもの。
用例 —でサンダルをつっかける。

**す-あらい**(すあらい)【酢洗い】 料理で、材料の下ごしらえの一つ。生臭い物、水っぽい調理材料をさっと酢に浸すか、酢を振りかけて臭みや水っぽさをなくすこと。おもに酢の物やあえ物に行う。

**スアレス**【Francisco de Suárez】(一五四八—一六一七) スペインの神学者・法学者。新スコラ学派の祖で、国際法学の開拓者。著書『形而上学討論』。

**す-あわせ**(すあわせ)【素▼袷】 下に長じゅばんを着ないで、あわせを着ること。

**す-あを【素▼襖】** ↓すおう(素襖)

**スアン【遂安】**(Suan) ↓すいあん(遂安)

**ず-あん【図案】** 美術品・服飾品・工作物などを作るときに、色の配合・模様などを考えて図に表したもの。design 比較 意匠・デザイン。

**スイ** 3画【▼夊】 部首[夊] JIS 5274
音 スイ
①おそい。しずかにあるく。②部首の一つ。すいにょう。

**スイ** 4画【水】 部首[水] 教育小1 JIS 3169 ／ 3画【▼氵】 部首[氵] 異体字 ／ 5画【▼氺】 部首[氺] 異体字
音 スイ
訓 みず
水 水 水 水
①みず。液体。対義 火・陸・湯。「王水・黄水・海水・香水・出水・用水」「水泳・水害」用例《接尾的》地下—。蒸留—。②水素のこと。「炭水化物」「水爆」③水曜日のこと。④色のつかない氷みず。対義 種物。用例(名)—二つ。⑤易で、五行の第五。⑥仏教で、四大の一つ。⑦川の名に添えて用いる。用例《接尾的》易—。参考 漢字の偏になると氵が、脚になると氺が、用いられる。

**スイ** 5画【出】 部首[凵] 教育小1 JIS 2948
音 シュツ・スイ
訓 でる・だす
筆順 ↓シュツ[出]
でる。だす。いだす。対義 納。「出師・出納」↓シュツ[出]

**スイ** 7画【吹】 部首[口] 常用 JIS 3165
音 スイ
訓 ふく
①ふく。ふきならす。「吹奏・吹鳴」②宣伝する。「鼓吹」

**スイ** 8画【垂】 部首[土] 教育小6 JIS 3166 ／ 10画【▼埀】 異体字 JIS 5217
音 スイ
訓 たれる・たらす
垂 垂 垂 垂 垂 垂
①下にたれる。たらす。「胃下垂・懸垂」「垂線・垂直」②おしえる。しめす。「垂教・垂示・垂範」③《陲とも》国のはて。辺境。「辺垂」

**スイ** 8画【炊】 部首[火] 常用 JIS 3170
音 スイ
訓 たく
たく。かしぐ。御飯をたく。「一炊・自炊・雑炊」「炊事・炊飯器」

**スイ** 8画【▼隹】 部首[隹] JIS 8018
音 スイ・サイ
①とり。尾のみじかい鳥。②部首の一つ。ふるとり。

**スイ** 9画【帥】 部首[巾] 常用 JIS 3167
音 スイ・シュツ・ソツ・ソチ
軍をひきいる人。長官。将軍。「元帥・総帥・統帥」参考 帥は別の字。↓ソツ[帥]

**スイ** 10画【▼祟】 部首[示] JIS 6714
音 スイ
たたる。神仏などが災いをくだす。たたり。

▼常用漢字表外。 ▽常用漢字表の音訓外。

**スイ** 10画【粋】 部首[米] 常用 JIS 3172 ― 14画【▼粹】 旧字 JIS 6879
音 **スイ**
①まじりけのない。よいところ。エキス。「生粋・純粋・精粋」用例(名)―を集める。②いき。わけしり。人情をよくしっていること。江戸時代前期、上方の遊里を中心に発達した美意識の一つ。対義 やぼ。「無粋」用例(名)―をきかす。(形動)―な人。
**粋が身を食う**(すいがみをくう) 粋人ともてはやされ、粋がっていると、その道に深入りしすぎて、身を滅ぼすことになる。Playing the dandy ruins a man.
**粋が川へ陥る**(すいがかわへはまる) 老巧な者は、事情に通じているために、かえって失敗することがある。

**スイ** 10画【衰】 部首[衣] 常用 JIS 3174 ― 10画【▼衰】 旧字
音 **スイ**・サ・サイ 訓 **おとろ**える
おとろえる。よわる。対義 盛。「盛衰・老衰」「衰運・衰弱・衰退・衰微」

**スイ** 11画【▼彗】 部首[ヨ] JIS 5534
音 スイ・ケイ
①ほうき。ちり・ごみをはく道具。②はく。はらう。③ほうきぼし。「彗星」

**スイ** 11画【▼萃】 部首[艹] JIS 7236
音 スイ
あつまる。あつめる。あつまり。「抜萃」

**スイ** 11画【陲】 部首[阝] JIS 8004
音 スイ
ほとり。さかい。国のはて。辺境。「辺陲」

**スイ** 11画【▼悴】 部首[忄] JIS 5612 ― 7画【▼忰】 異体字 JIS 5613
音 スイ
①やつれる。おとろえる。つかれてやせる。「憔悴」②せがれ。自分のむすこをけんそんしていう。

**スイ** 11画【▼捶】 部首[扌] JIS 5757
音 スイ
むちうつ。むちでうつ。むち。「捶笞」

**スイ** 11画【推】 部首[扌] 教育小6 JIS 3168
音 **スイ**・タイ 訓 **お**す
推 推 推 推 推 推
①おす。おしすすめる。うつりゆく。「推移・推進」②おしはかる。「邪推・類推」③すすめる。すすめあげる。比較 賞。「推奨・推薦」

**スイ** 11画【酔】 部首[酉] 常用 JIS 3176 ― 15画【▼醉】 旧字 JIS 7845
音 **スイ** 訓 **よ**う
①酒によう。薬によう。「微酔・麻酔・乱酔」「酔漢・酔眼」②心をうばわれる。熱中する。「心酔・陶酔」③乗り物によう。人ごみで気分が悪くなる。

**スイ** 12画【遂】 部首[⻌] 常用 JIS 3175 ― 13画【▼遂】 旧字
音 **スイ** 訓 **と**げる
①とげる。やりとげる。「完遂・未遂」「遂行」②ついに。㋐かくて。しまいに。結局。㋑一度も。たえて。

**スイ** 12画【▼棰】 部首[木]
音 スイ
むち。つえ。むちうつ。むちでうつ。

**スイ** 12画【▼椎】 部首[木] JIS 3639
音 ツイ・スイ
シイ。ブナ科の常緑高木。↓ツイ【椎】

**スイ** 13画【▼瘁】 部首[疒] JIS 6565
音 スイ
①やむ。病気になる。②やつれる。おとろえる。つかれる。

**スイ** 13画【▼睟】 部首[目]
音 スイ
①きよい。目がきよくあきらかなさま。②つやつやしている。つや・うるおいのあるさま。③まじりけのない。純粋な。

**スイ** 13画【睡】 部首[目] 常用 JIS 3171
音 **スイ**
ねむる。ねむり。「仮睡・午睡・熟睡」「睡魔・睡眠」

**スイ** 13画【▼綏】 部首[糸] JIS 6923
音 スイ・タ
①車にのるときに、つかまるひも。②やすんずる。おちつかせる。「綏定」

**スイ** 14画【▼榱】 部首[木] ― 14画【▼榱】 異体字 JIS 6067
音 スイ
たるき。棟から軒にわたして、屋根板をささえる木。

**スイ** 14画【翠】 部首[羽] 人名用 JIS 3173 ― 14画【▼翠】 旧字 ― 10画【▼翆】 異体字 JIS 7035
音 スイ
①カワセミ。ブッポウソウ目に属する鳥。おすを翡、めすを翠という。「翡翠」②みどり。もえぎ色。「翡翠」「翠黛・翠帳紅閨・翠眉・翠嵐・翠巒・翠柳」

**スイ** 15画【▼膵】 部首[月] 和製漢字 JIS 7125
音 スイ
消化腺の一つ。胃の後方にあり、消化液を分泌する。「膵液・膵臓」

**スイ** 15画【穂】 部首[禾] 常用 JIS 4270 ― 17画【▼穗】 旧字 JIS 6747
音 **スイ** 訓 **ほ**
ほ。穀物などの茎の先についた花や実。「花穂」「穂状」

**スイ** 15画【▼誰】 部首[言] JIS 3515
音 スイ
だれ。たれ。不定・不明の人に対して用いる。「誰何」

**スイ** 16画【▼隧】 部首[阝] JIS 8011
音 スイ・ズイ
①はかみち。ななめに墓穴へはいっていく道。②地下道。地中をほってつくった道。トンネル。「隧道」

**スイ** 16画【▼錐】 部首[金] JIS 3177
音 スイ
①きり。小さな穴をあける工具。「立錐」②数学で、平面上の一つの曲線の各点と、この平面上にない一点とを通る直線全体のつくる曲面。また、この曲面に交わる平面で囲まれた立体。「円錐・角錐」

**スイ** 16画【錘】 部首[金] 常用 JIS 3178
音 **スイ**・ツイ 訓 **つむ**
①つむ。糸をまき、よりをかける紡織機の付属具。「紡錘」②紡錘を数えるのに用いる。用例(助数)一五万―。

**スイ** 17画【▼燧】 部首[火] JIS 6392
音 スイ
①ひうち。火をつけるための道具。②のろし。遠方への合図にもやす火。「燧烽」

**スイ** 17画【▼雖】 部首[隹] JIS 7413
音 スイ
いえども。たしかに…であるけれども。たとえ…だとしても。

**スイ** 17画【▼顇】 部首[頁]
音 スイ
やつれる。おとろえる。つかれてやせる。

**スイ** 18画【▼邃】 部首[⻌] JIS 6768
音 スイ
ふかい。おくふかい。とおくふかい。「幽邃」

**スイ** 18画【▼騅】 部首[馬] JIS 8155
音 スイ
あしげ。あしげうま。白い毛に黒や茶色の毛などがまじった馬。

**す・い**【酸い】(形) 酢のような味だ。酸っぱい。sour
**酸いも甘いも嚙み分ける**(すいもあまいもかみわける) 「酸いも甘いも知って居る」と同意。
**酸いも甘いも知って居る**(すいもあまいもしっている) 人情に通じていて、ものわかりがよい。酸いも甘いも嚙み分ける。

**ズイ** 12画【▼隋】 部首[阝] JIS 7101
音 タ・ダ・ズイ
中国の王朝の一つ。五八一～六一九年。北周の外戚楊堅(文帝)が建国。五八九年、南朝の陳をほろぼして全国を統一。都は大興(長安)。「遣隋使」

**ズイ** 12画【随】 部首[阝] 常用 JIS 3179 ― 16画【▼隨】 旧字 JIS 7814
音 **ズイ**・スイ
①したがう。ついていく。比較 従。「追随・付随」「随員・随行・随従」②…のままに。「気随」「随意・随時・随筆」

**ズイ** 12画【▼惴】 部首[忄] JIS 5624
音 スイ・ズイ
うれえる。また、おそれる。こわがる。

**ズイ** 13画【▼瑞】 部首[王] 人名用 JIS 3180
音 ズイ
①めでたいまえぶれ。縁起のよいこと。「奇瑞」「瑞雲・瑞祥・瑞相・瑞兆」②みず。みずみずしいこと。③「瑞西」は、スイス。④「瑞典」は、スウェーデン。

**ズイ** 14画【▼緌】 部首[糸]
音 ズイ
①かんむりのひも。かんむりのひものかざり。②おいかけ。ほおすけ。昔、武官がかんむりの両側につけて、顔面の左右におおいかけたもの。馬の尾の毛を扇の形にした。

**ズイ** 15画【▼蕊】 部首[艹] JIS 2841 ― 19画【▼蘂】 異体字 JIS 7302 ― 15画【▼蕋】 異体字 JIS 7303
音 ズイ
しべ。雄しべと雌しべの総称。用例(名)桜の花の―。

**ズイ** 16画【▼橤】 部首[木]
音 ズイ
しべ。雄しべと雌しべの総称。

**ズイ** 19画【髄】 部首[骨] 常用 JIS 3181 ― 23画【▼髓】 旧字 JIS 8182 ― 19画【▼髄】 異体字 ― 17画【▼膸】 部首[月] 異体字 JIS 7127
音 **ズイ**・スイ
①骨の内部にある脂肪状の組織。「骨髄・脊髄・脳髄」用例(名)骨の―まで寒さがとおる。②植物で、茎や根の中心にあるやわらかい部分。環状に配列している維管束に囲まれた内側。イネなどは空洞。用例(名)葦の―。③ものごとの中心。要点。急所。「心髄・神髄・精髄」↓維管束図

**すい-あ・げる**【吸(い)上げる】(下一他) ①吸って上に行かせる。suck ②人の利益を横取りする。

**すい-あじ**【吸(い)味】 吸い物程度の味かげん。塩分は〇・八～一％程度。味つけの基準。

**すい-あつ**【水圧】 水の圧力。水中の任意平面に両側から働く単位面積あたりの力。hydraulic pressure 用例―起重機。

**すいあつ-き**【水圧機】 水の圧力を利用して圧縮作業などをする機械。hydraulic machine

**すいあつ-しけん**【水圧試験】 密閉容器を高圧水で満たし、その耐圧力と漏れの有無を調べるための検査。hydraulic test

**すいあん**【遂安】 北朝鮮(朝鮮民主主義人民共和国)南西部、平壌の南東方、礼成江上流域の都市。一帯は金の産出地として有名。スアン。

**すい-い**【水位】 川や海、湖沼や貯水池などで、定められた基準点から水面までの高さ。water level 用例大水による―の増大。

**すい-い**【推移】(名・サ変自) うつり変わること。なりゆき。change 比較 変遷。用例事態の―を見守る。

**ずい-い**【随意】(名・形動) 思いのままであること・さま。束縛・制限を受けないこと・さま。voluntary 対義 不随意。用例ご―に。

**すい-いき**【水域】 水上の一定区域。waters

**ずいい-きん**【随意筋】 意志によって動かすことのできる筋肉。骨格筋・外眼筋・外肛門括約筋などの横紋筋がある。voluntary muscle 対義 不随意筋。

**すいい-けい**【水位計】 定められた基準点から水面までの高さを測る計器。water gauge

**ずい-いち**【随一】 多くの中の、第一。第一番。

the best

**スイート**【sweet】(形動) ①甘いさま。おいしいさま。②愛らしいさま。やさしいさま。③楽しいさま。

**スイート-オレンジ**【sweet orange】ミカン科のオレンジの一種。中国から一六世紀にヨーロッパに入り、一九世紀にアメリカで大規模に栽培されるようになった。ワシントンネーブル・バレンシアオレンジなど品種が多い。インド原産。

**スイート-コーン**【sweet corn】トウモロコシのなかの甘味種。熟すと、粒は収縮してしわがよる。糖分が多く甘い。未熟な穂で収穫し、食用とする。

**スイート-スポット**【sweet spot】ゴルフのクラブフェース、テニスのラケット、野球のバットなどで、ボールをもっとも効果的に打てるという点や面。

**スイート-ハート**【sweetheart】恋人。愛人。

**スイート-ピー**【sweet pea】マメ科のつる性一年草。高さ約三〇cm～二m。葉は羽状複葉。全草が粉白色を帯びる。春から夏に、桃色・白・紫などの蝶形花をつける。園芸品種が多く、観賞用として栽培。シチリア島原産。ジャコウレンリソウ。↓写

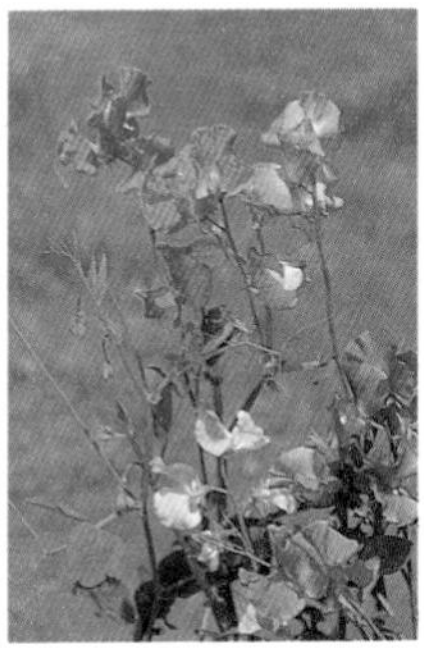

スイートピー

**スイート-ホーム**【sweet home】①なごやかな家庭。②新婚家庭。

**スイート-ポテト**【sweet potato】①サツマイモ。かんしょ。②サツマイモを用いた洋菓子。蒸したサツマイモを裏ごしし、バター・砂糖など入れてねって、天火で焼く。

**スイート-ルーム**《ひとつづきの室、の意》一般にホテルなどの特別室。浴室つきの寝室とパーラー(居間兼応接室)のある二つ以上の室の組み合わせが基本となる。suite

**すいい-ひょう**【水位標】水位を実測する器具。河床に垂直に立てた物指し、または河水に通じる井戸内に浮かべた浮標。staff gauge

**すいい-りつ**【推移律】数学で、数の相等や大小関係、集合の包合関係について成り立つ性質の一つ。$a=b$かつ$b=c$なら$a=c$あるいは$a>b$かつ$b>c$なら$a>c$などが成り立つ関係。推移の関係。transitive law

**ずい-いん**【随員】随行する人。とくに、外交使節に付き従って行く人。attendant

**すい-うん**【水運】海・河川・湖沼など水路を船などを利用して人や物資を運ぶこと。水上運送・水上運輸。water transportation 対義陸運。

**すい-うん**【衰運】おとろえていく運命。declining fortune 対義隆運・盛運。

**ずい-うん**【▼瑞雲】縁起のよい雲。めでたいことの起こるしるしとして現れる紫色の雲。瑞気。

**すい-えい**【水泳】水中または水面に浮いて行うスポーツの総称。みずおよぎ。水練。スイミング。swimming

**すい-えき**【▼膵液】膵臓から分泌される消化液。アルカリ性。糖質・たんぱく質・脂質分解酵素を含む。pancreatic juice

**ずい-えき**【髄液】脳内の脳室とクモ膜下腔にある透明な液体。脳細胞や脊髄を保護する。液を採取して、脳・脊髄の病気を調べることができる。脳脊髄液。cerebrospinal fluid

**すい-えん**【水煙・水▼烟】①水けむり・もやなど。spray; mist ②寺院の塔の相輪にある火炎状の装飾。火を忌むところから水煙とよんだ。↓五重の塔図

**すい-えん**【水鉛】モリブデンの古い日本名。

**すい-えん**【垂▼涎】(名・サ変自)「すいぜん」の慣用読み。

**すい-えん**【炊煙・炊▼烟】炊事のけむり。kitchen smoke

**すいえん**【▼綏遠】中国北部、オルドス地方にあった省。一九三六年、日本軍に支援された内モンゴル軍と中国軍とが衝突した綏遠事件の地。五四年内モンゴル自治区に編入。

**ずい-えん**【随縁】《仏教語》縁起の理法によって物が生成変化すること。

**すいえん-じけん**【▼綏遠事件】昭和一一年(一九三六)一一月、内モンゴルの徳王が日本の関東軍の指導で挙兵し、中国の綏遠省に侵攻した事件。国民政府軍により鎮圧された。

**すい-おん**【水温】水の温度。水のあたたかさ。water temperature

**すいおん-やくそう**【水温躍層】海中で、深さの増加に対する水温の低下の割合が急激に増す層。thermocline

**すい-か**【水化】↓すいわ(水和)

**すい-か**【水火】①水と火。fire and water ②水害と火災。flood and fire 用例―の難。③水に飛びこみ火をくぐり抜けるような、非常な困難・危険・苦痛のたとえ。terrible torture ④仲の悪いことのたとえ。氷炭。cats and dogs 用例―の仲。

**水火、器物を一つにせず**(すいか、うつわものをひとつにせず) 互いに反するものは、調和しないということのたとえ。

**水火も辞せず**(すいかもじせず) どんな困難・危険もいとわない。go through fire and water

**水火を踏む**(すいかをふむ) 非常に苦しい境涯に落ちる。また、危険を冒す。

スイカズラ

**すい-か**【水禍】①大水による災い。水害。flood disaster ②おぼれて死ぬこと。水死。溺死。be drowned

**すい-か**【▽西▼瓜・水▼瓜】ウリ科のつる性一年草。雌雄同株異花。夏に、黄色の花をつける。果実は球形または長楕円形。果皮は緑色無地、細縞など。果肉は紅・黄などで、多汁で甘い。果肉は生食し、種子も食用。熱帯アフリカ原産。watermelon ↓写

スイカ 花(上)と実(下)。

**すい-か**【▼誰何】(名・サ変他)「だれか」と声をかけて名を問いただすこと。

**すい-かい**【水塊】水温や塩分および溶けこんでいる酸素の量などがほぼ一様な海水の塊(ブロック)のこと。海洋における海水は、いくつかの大きな水塊に分けられる。water mass

**すい-がい**【水害】洪水により起こる災害。人命・家屋・田畑・農作物・交通・通信機関などが被害を受ける。flood damage 比較風害・雪害。

**すい-がい**【透▽垣】《「すきがき」の転》隙間のある垣根。板と板のあいだを透かして造ったもの。屋敷内の目隠し・仕切りなどに用いる。すいがき。

**すいかい-しひょう**【水塊指標】海水が同じ水塊に属するかどうかを判定するための目印。ヤムシ類・コペポーダなどのプランクトンを利用。water mass indicator

**すいか-しんとう**【垂加神道】山崎闇斎の唱えた神道説。吉田神道、吉川神道に朱子学や自己の創見を合わせて形成。しでます神道。山崎神道。

**すい-かずら**【▽忍▽冬】スイカズラ科のつる性低木。高さ二～三m。葉は楕円形。五～六月に白い花を開く。果実は黒熟。山野には え、観賞用として栽培。葉は薬用・茶の代用。ニンドウ。↓写

**すい-がら**【吸(い)殻】①主成分を吸い取ったのこり。lees ②タバコを吸ったあとに残るかす。cigarette end

**すいか-わり**【▽西▼瓜割(り)】数メートル先に置いたスイカに目隠しして歩み寄り、棒でたたき割る遊び。海水浴などの折に行われることが多い。

**すい-かん**【水干】①水につけて板に張って干したきぬ。②狩衣の一種。中古から江戸時代まで着用。↓図

水干② 鎌倉時代の水干

**すい-かん**【水管】生物で、水の流入・流出の一方、または両方を行う管で、軟体動物のものをさしていう場合が多い。siphon ↓貝図

**すい-かん**【吹管】吹管分析のさい、試料に炎を吹きつけるために用いる金属製の管。ブローパイプ。blowpipe

**すい-かん**【酔漢】酒に酔った男。酔っぱらい。drunken fellow

**すい-かん**【▼膵管】膵液を腸管に導くための管。pancreatic duct

**すい-がん**【酔眼】酒に酔った目。また、その目つき。drunken eyes 用例―朦朧。

**すい-がん**【酔顔】酒に酔った顔。drunken face 対義素面。

**ずい-かん**【随感】感じたまま。おりにふれて感じたこと。随想。occasional impressions 用例―録。

**すいかん-けい**【水管系】棘皮動物に特有の運動・呼吸・感覚に関与する器官。体内に放射状にのびた管に無数の細管が付属し、末端は管足に終わる。海水が出入りする。water-vascular system

**すいかん-こきゅう**【水管呼吸】ウニやナマコなど棘皮動物特有の細管である水管(管足)による呼吸。水管中には海水と体腔液が満ちている。water-vascular respiration

**ずいがん-じ**【▼瑞▼巌寺】宮城県宮城郡松島町にある臨済宗妙心寺派の寺。もと天台宗で承和五年(八三八)円仁が開基。北条時頼が禅刹円福寺とし、のち伊達政宗の保護をうけて瑞巌寺と改称。松島寺。

**すいかん-ぶんせき**【吹管分析】鉱物中の化学成分の簡易検出法の一つ。アルコールランプなどの炎を粉末試料に吹きつけ、生じる金属球の色・光沢・かたさなどから、原鉱物の化学成分を推定。blowpipe analysis

**すい-き**【水気】①みずけ。しめりけ。moisture ②水蒸気。vapor ③水腫。むくみ。dropsy

**すい-き**【水鬼】①水を支配するといわれる鬼。②船幽霊など、海上に出現するという妖怪の類。

**ずいき**【▽芋▽茎・▽芋▽苗】サトイモの茎。塩水でゆでて皮をむき、煮物・あえ物などにする。乾燥したものをいもがらという。

**ずい-き**【随喜】(名・サ変自) ①《仏教語》他人の善業に対し、ともに喜び従うこと。功徳を積むのを喜ぶこと。②《転じて》心からありがたく思うこと。deep gratitude

**随喜の涙**(ずいきのなみだ) 心からありがたくて、こぼす涙。喜びのあまり流す涙。tears of joy

**ずい-き**【▼瑞気】①めでたい雲。瑞雲。②めでたく神々しいようす。

**ずいき-まつり**【▽芋▽茎祭(り)・▼瑞▼饋祭(り)】京都市の北野天満宮で一〇月一～四日に行われる五穀豊穣を感謝する祭り。屋根を芋茎でふき、米・麦・豆・花などを飾った芋茎神輿をかついで練り歩く。

水球

**すい-きゅう**【水球】水泳競技の一つ。プールの中で両チーム各七人がボールを相手ゴール

に投げこみ、得点を競う。ウオーターポロ。water polo ↓写

**すい-ぎゅう【水牛】** ウシ科の動物。体高一～一・八m。大形の角があり、汗腺がなく水浴を好む。インドスイギュウとアフリカスイギュウがある。water buffalo ↓写

**すい-きょ【推挙・吹挙】**(名・サ変他) ある職務・地位にふさわしいとして、人を取り立ててすすめること。推薦。recommendation

**すい-ぎょ【水魚】** 水と魚。

**水魚の思い**(すいぎょのおもい) 「水魚の交わり」と同意。

**水魚の親**(すいぎょのしん) 「水魚の交わり」と同意。

**水魚の因み**(すいぎょのちなみ) 「水魚の交わり」と同意。

**水魚の交わり**(すいぎょのまじわり) きわめて親密な交際・友情のたとえ。水魚の思い。水魚の親。水魚の因み。an intimate friendship 比較 刎頸の交わり。

**すい-きょう【水郷】** ↓すいごう(水郷)

**すい-きょう【垂教】**(名・サ変他) 目下の者に教えをほどこすこと。また、その教え。垂訓。

**すい-きょう【酔狂・粋狂】**(名・形動) ①酒に酔い狂うこと。②物好きなこと・さま。whim 用例 ―にもほどがある。

**すい-ぎょく【翠玉】** ↓エメラルド①

**すい-きん【水禽】** ↓みずとり(水鳥)

**すい-ぎん【水銀】** 周期表第2B族の金属元素。元素記号Hg 原子番号八〇。原子量二〇一。銀白色の光沢をもち、常温で液体の唯一の金属。蒸気または化合物は一般に毒性をもつ。用途は広く、温度計・水銀灯・電池などに利用。mercury

**ずいきん【瑞金】** 中国、江西省南東部にある同名県の県都。一九三一年、中華ソビエト共和国臨時政府が樹立された地。ロイチン。

**すいぎん-おんどけい【水銀温度計】** 水銀の熱膨張を利用した温度測定器具。水銀をためる小球と膨張量を示す細管のガラス器具に水銀を密閉する。mercury-in-glass thermometer

**すいぎん-きあつけい【水銀気圧計】** 水銀槽に立てた水銀柱の高さから、気圧を測る器械。精度の高い気圧が測れる。mercury barometer

**すいぎん-ざい【水銀剤】** 水銀化合物を含む薬剤の総称。毛ジラミ駆除の水銀軟膏など。現在多くが使用を禁止されている。mercury compound

**すいぎん-せいりゅうき【水銀整流器】** 水銀蒸気の整流作用を利用した整流器。水銀を陰極に、石墨などを陽極とする。mercury-arc rectifier; mercury-vapor rectifier

**すいぎん-ちゅう【水銀柱】** 一端を閉じたガラス管に水銀を満たし、開口端を水銀槽の中に入れて倒立させたもの。管中の水銀の重さによる圧力と大気圧を釣り合わせて、気圧を測定するのに利用する。mercury column 参照 トリチェリの実験。

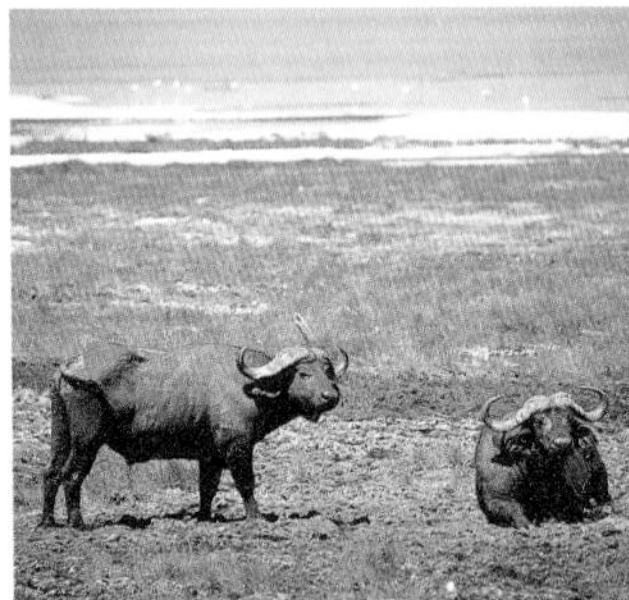

●スイギュウ　アフリカスイギュウ

**すいぎん-ちゅうどく【水銀中毒】** 水銀および水銀化合物による中毒。おもに産業現場での水銀蒸気の吸入、農薬の誤飲、有機水銀による環境汚染などで起こる。工場排水による水銀汚染の例としては、水俣病が知られている。mercury poisoning

**すいぎん-でんち【水銀電池】** 亜鉛を陽極に、酸化水銀(Ⅱ)を陰極とし、水酸化カリウムを電解液とする一次電池。小型で高性能。補聴器・カメラ・電子機器などに用いられる。mercury cell

**すいぎん-とう【水銀灯】** 水銀蒸気中のアーク放電による発光を利用した放電灯。紫外線を放ち、殺菌用の低圧水銀灯、照明用の高圧水銀灯、映写用の超高圧水銀灯などがある。mercury lamp; mercury-vapor lamp

**すい-くち【吸(い)口】** ①口にあてて吸う部分。mouthpiece 用例 キセルの―。②吸い物に入れる香りのある野菜や香辛料など。春なら木の芽、夏なら青ユズ。

**すい-くん【垂訓】** 教えを示すこと。その教訓。instruction 用例 山上の―。

**すい-ぐん【水軍】** 海上で武力を行使する集団。とくに中世、瀬戸内海・九州沿岸、熊野・紀伊沿岸の地方豪族が中心となり、通航船の警護、関税の取り立て、あるいは海賊行為を行った。

**すい-けい【水系】** 一つの河川の本流・支流の総称。広義の河系とほぼ同義。水系の主体は河川だが、湖沼を含む場合もある。drainage system 用例 琵琶湖―。

**すい-けい【推計】**(名・サ変他) 全標本の一部である数値などをもとに、計算によって全体を推定すること。estimation

**すいけい-がく【推計学】** 無作為に抽出された標本に基づいて母集団の特徴を推測する動的な統計学。フィッシャーが確立。推測統計学。stochastics

**すいけい-かぜい【推計課税】** 納税者の帳簿などから直接に所得金額などをとらえるのではなく、事業規模や生産量などの間接的な根拠によって推計し課税すること。

**すいけいちゅう【水経注】** 中国の地理書。北魏の酈道元著。四〇巻。三～四世紀ごろ成立の『水経』に注を施したもので、黄河をはじめ各水系、流域の地誌を記述。

**すいげき-さよう【水撃作用】** 水が充満して流れている管の出口を急に閉じた(開いた)とき、管内の水圧が出口の所で急に増し(減り)、そのため生じた弾性波が管内を伝わる現象。water hammer

**すいげき-ポンプ【水撃ポンプ】** 放水管の弁を急に開閉させるさいの水の勢いを利用して、流れ下る水の一部を押し上げるポンプ。hydraulic ram

**すい-げつ【水月】** ①水と月。moon and water ②水に映る月影。moon reflected on the water

**すい-けん【水圏】** 地球表面の、水によって占められている部分。大部分は海が占める。水界。hydrosphere 比較 気圏・岩圏。

**すいげん【水原】** 韓国、京畿道の道都。李朝末期の水原城の城下町。農業振興庁・農事試験場・農科大学などがあり、韓国の農業のモデル都市。人口四三・一万(一九八五)。スウォン。

**すい-げん【水源】** 川の流れ出るもと。みなもと。riverhead

**すいげん-かんようりん【水源▼涵養林】** 水源の枯渇を防いだり、河川の流量変動を調節したりして、良質の水を常時供給できるように配備する森林。降雨の多くは地下水として吸収される。水源林。forest for water conservation

**すいげん-ち【水源地】** 河川の水が流れ出すみなもととなるところ。山地の山頂付近や扇状地末端の湧水帯など。riverhead

**すいげん-ち【水源池】** 飲み水や水力発電のもとにするために、水を蓄える池。reservoir

**すいげん-りん【水源林】** ↓すいげんかんようりん(水源涵養林)

**すい-こ【出▽挙】** 古代の利息付き貸付制度。主として稲を春に貸し付け、秋に利息分を付けて返還させる。政府の公出挙と貴族・寺社の私出挙がある。

**すい-こう【水孔】** 葉の先端や植物の縁などにある微小孔。植物体内の余分な水を液体の形で出す排出口。気孔のように開閉しない。water pore

**すい-こう【推考】**(名・サ変他) おしはかって考えること。speculation

**すい-こう【推▼敲】**(名・サ変他) 《唐の詩人賈島が、「僧推月下門」の句について、推すか、敲くかと語の選定に苦心した故事から》詩文の字句や文章をなんども練り直すこと。polish 比較 添削。用例 ―を重ねる。

**すい-こう【遂行】**(名・サ変他) 《「ついこう」は誤り》なしとげること。accomplishment 用例 計画を―する。任務を―する。

**すい-ごう【水郷】** =すいきょう。①湖や川の水辺にある町や村。lakeside district; riverside district ②水辺の風景が美しい地。beautiful waterside location ③利根川下流の潮来を中心とする低湿地域。

**ずい-こう【随行】**(名・サ変自) 供としてつき従うこと・人。お供。attendance

**ずい-こう【▼瑞光】** めでたいことのきざしとして現れる光。

**すいこう-さいばい【水耕栽培】** 土壌ではなく、養分を含ませた培養液によって植物を栽培する方法。水耕法。水栽培。水中培養。water culture ↓写

●水耕栽培　トマトの水耕栽培。

**すいこう-ざん【水口山】** 中国、湖南省南部、衡陽の南にある中国最大の鉛・亜鉛・銀鉱山。ショイコウシャン。

**すいこう-しゃ【水交社】** 旧日本海軍の士官・高等文官・士官候補生などを会員とし、親睦と相互扶助を目的とする団体。明治九年(一八七六)創設。第二次大戦後解散。昭和二九年(一九五四)財団法人水交会として復活。比較 偕行社。

**すいこう-ほう【水耕法】** ↓すいこうさいばい(水耕栽培)

**すいこ-じだい【推古時代】** ↓あすかじだい(飛鳥時代)

**すいこでん【水▼滸伝】** 中国の長編小説。明代の施耐庵の作。中国四大奇書の一つ。北宋の末、宋江を首領に一〇八人の豪傑が梁山泊に集まり、活躍する話。宋代の著『大宋宣和遺事』に基づき史実などを脚色。一二〇回本と七〇回本などがある。

**すいこ-てんのう【推古天皇】**(五五四～六二八) 第三三代天皇(在位五九二～六二八)。敏達天皇の皇后。わが国最初の女帝であり、甥の聖徳太子を皇太子・摂政に任じて政治を行った。

**すいこ-ぶつ【推古仏】** 飛鳥時代、推古天皇の時代に作られた仏像の総称。法隆寺の救世観音像・百済観音像など。飛鳥仏。

**すい-こみ【吸(い)込み】** ①吸い込むこと・穴。intake ②下水を吸い込む穴。drainage hole

**すい-こ・む【吸(い)込む】**(五他) ①吸って中に入れる。inhale ②《比喩的に》引き入れる。swallow up 用例 闇の奥に―・まれる。谷底に―・まれる。

**すい-さい【水際】** 水のほとり。みずぎわ。

**すい-さい【水彩】** ①水で溶いた絵の具でかくこと。比較 油彩。②「水彩画」の略。

**すいさい-が【水彩画】** 水に溶いて用いる絵の具で描いた絵。ヨーロッパで発達。水絵。水彩。watercolor painting 比較 油絵。

**すい-さつ【推察】**(名・サ変他) 思いやること。おしはかること。推量。推知。conjecture 用例 胸中ご―申し上げます。

**すい-さん【水産】** ①海・河川・湖沼などの水中から魚介・海藻類などが産すること。比較 海産。対義 陸産。②水産物。marine products

**すい-さん【炊▼爨】**(名・サ変自) 飯をたくこと。炊事。cooking rice 用例 飯盒―。

**すい-さん【推参】** ㊀(名・サ変自) ①自分から押しかけていくこと。②自分が訪問することの謙譲語。用例 昨日は突然―いたし、失礼いたしました。㊁(名・形動) さしでがましいこと・さま。ぶしつけ。無礼。用例 ―しごくなやつ。

**すい-さん【推算】**(名・サ変他) ①おしはかって考えること。inference ②推定して算出すること。calculation

**すい-ざん【衰残】** おとろえ、損なわれること。用例 ―の身。

**すいさん-か【水酸化】** ある物質が水酸基(-OH)と化合すること。

**すいさんか-アルミニウム【水酸化アルミニウム】** 化学式$Al(OH)_3$ 白色のゲル状沈殿物または結晶。両性化合物で、制酸剤に利用される。酸化アルミニウムの水和物を含めていうこともある。aluminium hydroxide

**すいさんか-アンモニウム【水酸化アンモニウム】** 化学式$NH_4OH$ 水溶液としてのみ知られる弱塩基。アンモニア水中に存在し、弱電解質。ammonium hydroxide

**すいさんか-カリウム【水酸化カリウム】** 化学式KOH 潮解性の大きい白色の固体。水溶液は強塩基性で二酸化炭素を吸収する。分析試薬に用いる。腐食性が強く劇薬。苛性カリ。potassium hydroxide

**すいさんか-カルシウム【水酸化カルシウム】** 化学式$Ca(OH)_2$ 水溶液は石灰水といわれ、強塩基性。酸性土壌の中和に利用。しっくいの原料。消石灰。calcium hydroxide

**すいさん-がく【水産学】** 漁業・水産養殖・水産食品製造・水産養殖を中心に水産全般についての理論と応用について研究する学問。fisheries science

**すいさん-かこうぎょう【水産加工業】** 魚介・海藻類を食品・飼料・肥料・油脂などに加工する工業。marine products processing industry

**すいさん-かこうひん【水産加工品】** 魚介類・海藻類などの水産物を加工したものの総称。乾燥・塩蔵・発酵・缶詰・冷凍その他の加工法による。processed marine products

**すいさんか-てつ【水酸化鉄】** 赤褐色の水酸化鉄(Ⅲ)$Fe(OH)_3$および白色から淡緑色の水酸化鉄(Ⅱ)$Fe(OH)_2$がある。水酸化鉄(Ⅱ)は酸化されやすい。iron hydroxide

**すいさんか-ナトリウム【水酸化ナトリウム】** 化学式NaOH 白色のもろい固体。潮解性・腐食性が大きく、水溶液は強塩基性。せっけんの製造、製紙、石油・油脂精製、有機合成など用途は広い。苛性ソーダ。sodium hydroxide

**すいさんか-バリウム【水酸化バリウム】** 化学式$Ba(OH)_2$ 白色の粉末。水溶液は強塩基性で、バリタ水とよばれ、中和滴定の標準液に利用。barium hydroxide

**すいさんか-ぶつ【水酸化物】** 水酸化物イオンをもつ化合物。水溶液は塩基性を示す。水酸化ナトリウムNaOHや水酸化バリウム$Ba(OH)_2$など。hydroxide

**すいさんかぶつ-イオン【水酸化物イオン】** 水酸基のイオン。$OH^-$で表す。

**すいさんか-マグネシウム【水酸化マグネシウム】** 化学式$Mg(OH)_2$ 白色の粉末。天然にはブルース石として産出。医薬品などに利用。magnesium hydroxide

**すいさん-き【水酸基】** 水素と酸素からなる一価の基(-OH)。塩基性型(金属の水酸化物中にある)・酸性型(酸素酸・フェノールなどの中にある)・中性型(水・アルコールなどの中にある)に分類。ヒドロキシル基。hydroxyl group

**すいさん-ぎょう【水産業】** 水産の動植物の採取・捕獲・養殖・加工などに関する事業。大別すると、漁業と水産加工業に分けられる。fisheries industry

**すいさんぎょう-きょうどうくみあい【水産業協同組合】** 漁民・水産加工業者が水産業協同組合法に基づいて組織する法人。漁業協同組合・漁業生産組合など。Fisheries Co-operative Association

**すいさん-しげん【水産資源】** 海洋・河川・湖沼などで、漁業の対象となる動植物資源。漁業資源。aquatic resources

**すいさん-しけんじょう【水産試験場】** 水産に関する試験・調査・分析・指導などを目的とした研究機関。都道府県に設置。fisheries experiment station

●垂迹美術

観舜『春日宮曼荼羅』。正安二年(一三〇〇)、湯木美術館(大阪府)。

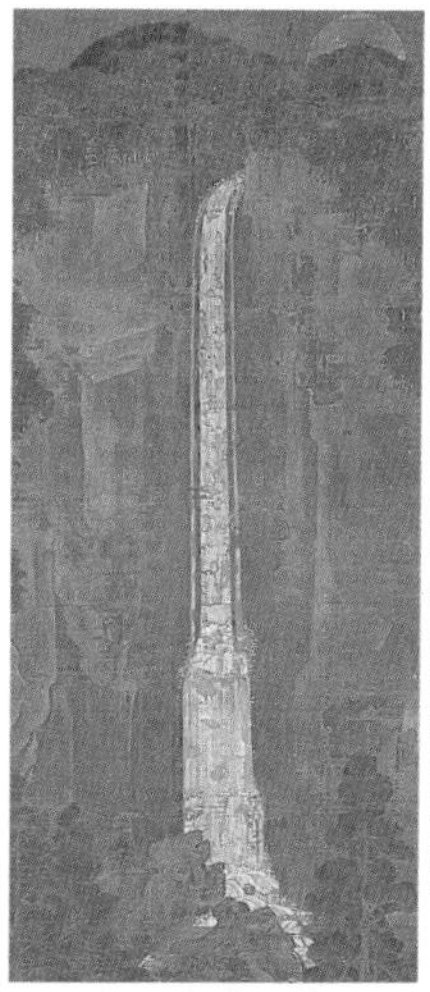

『那智滝図』(部分)。鎌倉時代(一三世紀末)、根津美術館(東京都)。

『八幡若宮画像』(部分)。栗棘庵(京都府)。

**すいさん-だいがっこう【水産大学校】** 農林水産省所管の大学校。第二次大戦後、農林省水産講習所下関分所として創設。昭和三八年(一九六三)現名称に改称。前身は釜山高等水産学校。下関市にある。

**すいさん-ちょう【水産庁】** 水産業に関する行政を担当する官庁。農林水産省の外局。Fisheries Agency

**すいさん-ぶつ【水産物】** 海・河川・湖沼などの水中から産する動植物。また、その加工品。fishery products 対義 陸産物。

**すい-し【水死】**(名・サ変自) おぼれて死ぬこと。溺死。be drowned

**すい-し【水師】** ①《「師」は軍隊の意》水上で戦う軍隊。水軍。海軍。②船頭・水手・水夫のこと。

**すい-し【出師】**《「師」は軍隊の意》戦争のため軍隊を出動させること。出兵。

**すい-し【垂示】**(名・サ変他) 教え示すこと。instruction

**すい-し【垂死】** 死にかけていること。dying

**すい-じ【炊事】**(名・サ変自) 食物のにたきをすること。クッキング。cooking 用例 ——場。

**ずい-じ【随時】**(副) ①その時その時。おりおり。on occasion 用例 ——解説を加える。②いつでも。at any time 用例 ——入学可。

**すいじ-がい【水字貝】** スイショウガイ科の巻き貝。殻に六本の角状突起があり、殻形が水の字に似る。殻高約二四cm。殻表は黄褐色で、黒褐色斑がある。火難除けのお守り。広く暖海に分布。

**すいし-かいどう【垂糸海▾棠】** カイドウの異名。花が垂れ下がって咲くことに由来する名。

**すい-しつ【水質】** 含まれる成分による、水の性質。water quality 用例 ——汚濁。

**ずい-しつ【髄質】** 副腎・腎臓・大脳などの器官を、構造や働きから内と外の二層に分ける場合の内層をいう。大脳では白質、副腎では副腎髄質。medulla 対義 皮質。

**すいしつ-おだく【水質汚濁】** 産業排水・家庭排水などが河川・湖沼・海へ流入し、その水質が変わり、人の生活や農・漁業に有害な影響をおよぼすこと。水質汚染。water pollution

**すいし-の-ひょう【出師表】** 中国、三国時代蜀の諸葛孔明が蜀の後主の劉禅に呈した二回の上奏文。蜀の将来、政治の根本を説いたもので、名文をもって知られる。

**すい-しゃ【水車】** ①水流のエネルギーを機械的エネルギーに変える装置。水流を羽根車の羽根にあて、その力で回転させる。米つき用の「みずぐるま」や発電用の水力タービンなど。みずぐるま。water turbine ②足踏み式で回転させ、水を送り出す装置。water mill

**すい-しゃ【水▾瀉】** 水のような激しい下痢をすること。explosive diarrhea

**すい-じゃく【垂▾迹】** 仏・菩薩が衆生を救うため、神・聖人などの仮の姿で、この世に現れること。対義 本地。

**すい-じゃく【衰弱】**(名・サ変自) おとろえ弱ること。weaken 比較 衰退。

**すいじゃく-が【垂▾迹画】** ↓すいじゃくびじゅつ(垂迹美術)

**すいじゃく-びじゅつ【垂▾迹美術】** 本地垂迹説に基づいた神仏習合思想を造形化した美術。平安末期から中世にかけて制作された。密教の曼荼羅を模した本地曼荼羅と、社殿・社景を浄土に見たてた宮曼荼羅、垂迹神を描いたものなどがある。↓写

**すい-しゅ【水手】** 水夫。かこ。船頭。

**すい-しゅ【水▾腫】** 血液中の液体成分が血管壁を通過して、身体組織内や組織と組織のあいだの体腔にたまった状態。皮下組織にたまったものを浮腫・むくみ、腹腔内にたまった状態を腹水症という。edema

**ずい-じゅう【随従】**(名・サ変自) ①つき従うこと・人。お供。follower ②いわれるままに従うこと。follow

**すい-じゅん【水準】** ①地形や建築などの水平・傾斜の度合いなどを計り定めること。みずもり。みずばかり。water level ②物事の価値や働きなどの基準。標準。レベル。standard 用例 ——が高い。——を上回る。学力——。

**ずい-じゅん【随順】**(名・サ変自) つき従って、逆らわないこと。

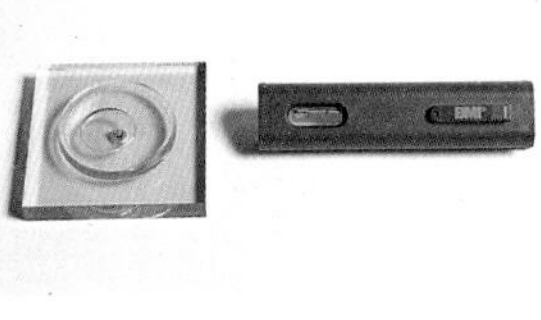

●水準器

**すいじゅん-き【水準器】** 地面などの水平度を測定する器械。少し湾曲したガラス管にアルコールと小気泡を封入し、気泡が中央にきたとき水平になるようにしたもの。level ↓写

**すいじゅん-ぎ【水準儀】** 測量器械の一つ。水準器に平行に望遠鏡をとりつけたもの。地形や建築などの上下・高低・水平などを測量する。レベル。leveling instrument

**すいじゅん-げんてん【水準原点】** 標高を測定する基準点。日本では東京都千代田区永田町にある。海抜二四・四一四〇mの高さ。datum point 参照 水準点。

**すいじゅん-そくりょう【水準測量】** 地表の高さを測定する測量。水準儀を用いる直接測量と三角法・光学法を用いる間接測量がある。高低測量。leveling

**すいじゅん-てん【水準点】** 水準測量により標高が正確に決められた地点。おもに国道・県道沿いにあり、石柱などの標識が設置されている。bench mark 参照 水準原点。

**すい-しょ【水書】**(名・サ変自他) 泳ぎながら扇の面などに文字・絵をかくこと。

**ずい-しょ【随所・随処】** いたるところ。あちこち。方々。everywhere 用例 ——で花見客に出くわす。

**ずいしょ【▾隋書】** 中国、隋の正史。二十四史の一つ。八五巻。唐の魏徴らによる奉勅撰。六三六年に帝紀五巻・列伝五〇巻、のち十志三〇巻が加えられる。志は南北朝時代後半の好資料とされる。

**すい-しょう【水晶・水精】** 石英の無色透明な結晶。とくに結晶形の明瞭なもの。飾り石や宝石として、また、窯業やガラス工業の原料、水晶振動板として使用する。六方晶系。rock crystal

**水晶は塵を受けず**(すいしょうはちりをうけず) 清廉潔白な人は、少しの不正も受けいれず、いささかの不義も許さない。

**すい-しょう【推奨】**(名・サ変他) 取り立てて人にすすめること。引き立て。recommendation 比較 推薦。用例 ——作品。

**すい-しょう【推賞・推称】**(名・サ変他) 人に向かってほめ、すすめること。admiration

**すい-じょう【水上】** ①水の上。水面。water surface 対義 陸上。②水のほとり。waterside

**すい-じょう【穂状】** 穂のような形。

**ずい-しょう【▾瑞祥・▾瑞象】** めでたいことを予告するような現象。吉兆。瑞兆。auspicious sign

**ずい-しょう【髄▾鞘】** 有髄神経線維を包む被膜の一つ。主体はシュワン細胞膜が軸索に何重にも巻きついたもので、魚類以上の動物でみられる。ミエリン鞘。marrow sheath

**すいじょう-かざん【▾錐状火山】**《「円錐状火山」の略》火山灰と溶岩が交互に重なる成層構造をもつ火山。富士山など。コニーデ。conical volcano

**すいじょう-かじょ【穂状花序】** 無限花序の一種。長い中軸に柄のない花が列をなしてつき、下から咲き上がるもの。ムギ・オオバコ・イノコズチなど。spike

**すいじょう-き【水上機】** 水上を滑走して発着する航空機。水上に浮くためのフロートをもつものと、胴体がボート状になっているもの(飛行艇)がある。hydroplane

**すい-じょうき【水蒸気】** 水が蒸発して気体となったもの。水が気体状態にある気相をいう。蒸気。ゆげ。スチーム。steam; water vapor

**すいじょうき-あつ【水蒸気圧】** 水面から蒸発が起こるとき、大気中の水蒸気分子が示す圧力。水蒸気量に関係する。vapor pressure

**すいじょうき-じょうりゅう【水蒸気蒸留】** 高沸点の物質に水蒸気を通じ、一〇〇℃より低い温度で留出させる方法。水と混和しない油類に適用。steam distillation

**すいじょう-きょうぎ【水上競技】** 水上で行われる競技の総称。競泳・飛び込み・シンクロナイズドスイミング・水球など。water sports 比較 陸上競技。

**すいじょう-けいさつ【水上警察】** 交通警察の一つ。河川・湖沼および港湾などの国内水路で、防犯・警備・救護活動・交通整理・危険防止などの任務につく。水路警察。marine police

**すいじょう-じゅうきょ【水上住居】** 水底に杭を打ち、その上に建てられた住居。タイ・マレーシアなどにみられる。aquatic dwelling

**すいしょう-しんどうし【水晶振動子】** 水晶板に電極をつけた発振素子。周波数の安定度が非常によい。quartz oscillator

**すいじょう-スキー【水上スキー】** スキー状の板をはき、引き綱でモーターボートに引かれて水面を滑るスポーツ。競技種目には、スラローム・ジャンプ・トリック(曲乗り)などがある。waterskiing ↓写

●水上スキー

**すいじょう-せいかつしゃ【水上生活者】** 港や都会の河川で艀に住んで水上で生活する人。person living on the water

**すいしょう-たい【水晶体】** 眼球内にあって、ひとみを通過した光を屈折して網膜上に結像させる透明な両凸レンズ。毛様体で支えられ、その収縮で厚さが変わる。crystalline lens ↓目図

**すいじょう-たい【▼錐状体】** 網膜の感覚細胞。中心部付近に多く、明るい場所での色彩感覚を受け持つ。円錐体。cone

**すいじょう-ちかん【水上置換】** 水を満たした捕集容器の口を下にして水に入れ、そこに、気体を導く捕集法。水に溶けにくい気体の捕集に適用。↓図

●水上置換　水素の捕集例

**すいしょう-とう【水晶島】** 北海道東部、歯舞諸島中の島。面積二〇km²。コンブ産地として有名。第二次大戦後は、ソ連統治となっている。

**すいしょう-どけい【水晶時計】** 水晶発振器の安定した周波数を利用した時計。誤差は一日に〇・五〜〇・〇〇〇一秒と、きわめて正確。標準時計として放送局の時報に、また小型のものは腕時計などに用いられる。quartz chronometer

**すいじょうのおんがく【水上の音楽】** 《原題Water Music》ヘンデル作曲の管弦楽組曲。一七一五・一七・三六年作と推定。明るくはなやかな曲で、原曲は二〇曲。

**すいしょう-はっしんき【水晶発振器】** 共振回路に水晶振動子を用いた発振器。周波数がきわめて安定し正確。水晶時計・送信機などに使用。quartz oscillator

**すい-しょく【水色】** ①水の色。color of water ②水辺のけしき。scenery of waterside ③海洋や湖沼を真上から見たときの水の色。懸濁物質やプランクトンなどによるさまざまな色があり、一一階級の水色標準液と比較して決める。④みずいろ。sky blue

**すい-しょく【水食・水▼蝕】**(名・サ変他) 流水や波および雨滴などが、土地や岩石などを浸食すること。erosion

**ずいしょわこくでん【▼隋書▼倭国伝】** 中国の歴史書『隋書』巻八一の「東夷伝倭国の条」の通称。『日本書紀』にない遣隋使、倭の風俗・制度などの記事を記載。

**すい-しん【水深】** 水面から水底までの深さ。海図ではほぼ最低潮面を、湖沼ではその平均水位を基準にしている。depth of water 数え方 一メートル・一尋。

**すい-しん【垂心】** 三角形の各頂点から対辺におろした垂線の交点。orthocentre ↓五心図

**すい-しん【推進】**(名・サ変他) おしすすめること。propulsion 比較 促進。

**すい-じん【水神】** 水にまつわる神の総称。飲用水・灌漑用水・火災を防護する神や川の神などさまざま。水伯。

**すい-じん【粋人】** ①風流を好む人。いきな人。man of refined tastes ②さばけた人。通人。man of the world

**すいじん【▼燧人】** 中国古代の伝説上の帝王。三皇の一人。火の使用を民に教えたとされる。

**ずい-しん【随身】**(名・サ変自) 仕え従うこと・人。ずいじん。attendant

**ずい-じん【随身】** 平安時代、上皇・摂関・大臣などの外出のとき、護衛のためにつき従った近衛府の官人。御随身。↓雛壇図

**すいしん-き【推進器】** 車両・船舶・航空機などにつけ、推力をつくる装置。プロペラ・スクリューなど。propeller

**すいじん-しょう【水▼腎症】** 尿管・膀胱・尿道など尿路の通過障害のため、尿がたまって腎盂・腎杯が拡張し、腎機能を低下させる病気。hydronephrosis

**ずいじん-もん【随身門】** 左右に武装した神像をもつ神社の門。寺院の仁王門にならったもので、二神は闇神と看督長(一般に矢大神と左大神)といわれる。

**すいしん-りょく【推進力】** おしすすめていく力・能力。driving force

**スイス**【Swiss・瑞西】(Swiss Confederation) 中央ヨーロッパ、アルプス山脈中の連邦共和国。永世中立国。首都ベルン。アルプス・ジュラ山脈に囲まれ、湖が多く、世界的な観光国。移牧によるバター・チーズ生産や精密機械工業がさかん。面積四・一万km²。人口六五〇万(八六)。正称スイス連邦。

**すい-すい**(副) 軽やかに気持ちよく進むさま。smoothly 用例 ― 読み進む。

**ずいずい-ずっころばし** 子どもの遊びの一つ。鬼が全員にこぶしを軽くにぎって出させ、「ずいずいずっころばし」と歌いながら、こぶしの中央の穴に人差し指を入れていく。歌が終わった時、指が止まった所の人が次の鬼となる。また、その歌。

**スイス-ぎんこう【スイス銀行】** ①(Swiss Bank Corporation)スイスの有力な商業銀行。一八七二年バーゼル銀行として設立。②スイスにある銀行の総称。口座開設が容易で法律による強い守秘義務をもつため、外国からの預金が多いことで知られる。Swiss bank

**スイス-こうくう【スイス航空】**(Swiss Air Transport Company Ltd.; Swiss Airline) スイスの航空会社。一九三一年設立。SR。

**スイス-こくりつぎんこう【スイス国立銀行】**(Swiss National Bank) スイスの中央銀行。銀行券発行額の四〇%を金で保有する。一九〇五年設立。

**スイス-りょうり【スイス料理】** スイス風の料理。酪農が発達しており、チーズフォンデュなどのチーズ料理が代表的。ほかに淡水魚の料理も有名。フランス・ドイツ・イタリアの料理の影響を受けている。

**すい・する【推する】** 文語的 (サ変他) おしはかる。推す。

**スイス-ロマンドかんげんがくだん【スイス-ロマンド管弦楽団】**(Suisse Romande Orchestre) スイスを代表するオーケストラ。一九一八年アンセルメにより組織化。色彩豊かではなやかな音色をもつ。

**すい-せい【水生・水▼棲】** 水中に生じること。また、水中にすむこと。aquatic 対義 陸生。 用例 ― 動物。

**すい-せい【水声】** 水・川の流れる音。

**すい-せい【水制】** 河川の水路や水深を維持し、河岸を保護するための構造物。groin

**すい-せい【水性】** 水に似た性質。水に溶ける性質。水溶性。aqueous 用例 ― インク。

**すい-せい【水星】** 太陽系の第一惑星。太陽からの平均距離は〇・三八七天文単位。質量は地球の約一八分の一で、太陽系の惑星中もっとも小さい。自転周期五八・六五日。公転周期八八日。大気はなく、表面にはクレーターが多数見られる。Mercury ↓写 ↓太陽系図

●水星　惑星探査機マリナー一〇号で撮影。

**すい-せい【水勢】** 水・川の流れる勢い。force of a current

**すい-せい【衰勢】** おとろえた勢い。おとろえた状態。退勢。declining tendency 用例 ― に向かう。

**すい-せい【▼彗星】** 太陽引力のもとに運動する輪郭のぼんやりしたガス状に見える小天体。本体は汚れた氷。太陽に近づくと長い尾をひくものもある。昔は不吉のきざしとして恐れられた。ほうきぼし。comet ↓写

**彗星の如し** 急に華やかに現れるさま。come into sudden prominence

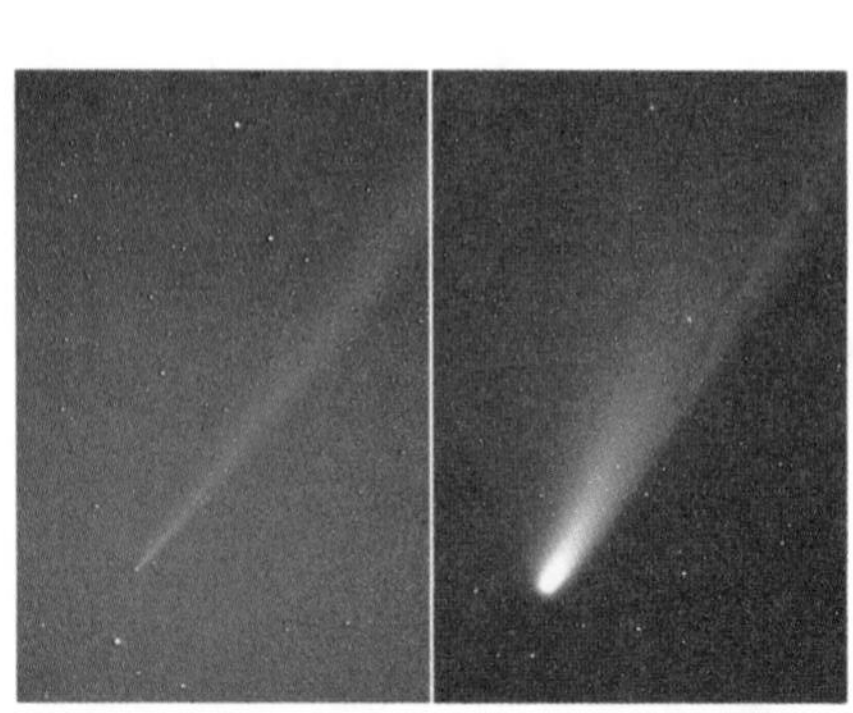

●彗星　ハレー彗星(右)、一九八六年、オーストラリアで撮影。イケヤ-セキ彗星(左)、一九六五年、福島県白河で撮影。

**すいせい-ガス【水性ガス】** 高温のコークスなどに水蒸気を送って得られるガス。水素と一酸化炭素がほぼ等量。燃料、水素・化学薬品の合成原料。water gas

**すいせい-がん【水成岩】** 岩石の破片などが水底に堆積してできる岩石。堆積岩。aqueous rock 参照 火成岩。

**すいせい-こんちゅう【水生昆虫】** 水中または水上で生活する昆虫の総称。トンボなどの幼虫・ゲンゴロウ・タガメ・ミズスマシなど。aquatic insect

**すいせい-しょくぶつ【水生植物】** 水域に生活し、体の全部または一部が水中にある植物の総称。抽水・浮葉・浮水・沈水・浮遊植物などに分ける。aquatic plant

**すいせい-せいぶつ【水生生物】** 海洋・湖沼・河川など広義の水域に生息する生物の総称。aquatic life

す



↓行き先項目、図版・写真参照印。 JIS 日本工業規格情報交換用漢字符号コード(区点コード)。

**すいぜい-てんのう【▼綏▼靖天皇】** 記紀で第二代天皇。神武天皇の第三皇子。名は神渟名川耳尊。欠史八代の天皇の一人。

**すいせい-どうぶつ【水生動物】** 水中で生活している動物。海水産と淡水産の二種類に分けられる。系統発生から、ずっと水中生活しているものを一次水生動物、一時期を陸上で生活し、また水中生活に戻ったもの(クジラ・水生昆虫など)を二次水生動物という。aquatic animal

**すいせい-とりょう【水性塗料】** 水を溶剤とする塗料。エマルジョン塗料・水溶性樹脂塗料などがある。室内に使用。水系塗料。water paint

**すいせい-の-ぐん【▼彗星の群】** ほとんど同じ軌道を、相前後して運動している彗星の集まり。クロイツ群など。group of comets

**すいせい-の-ぞく【▼彗星の族】** 短周期彗星で、遠日点付近の惑星の名前をつけてよぶ一種の分類法。木星族・土星族・海王星族など。family of comets

**すいせい-むし【酔生夢死】**《酒に酔い、夢を見て一生を送る、の意》生きがいのあることをせず、うかうかと一生を過ごすこと。dream one's life away

**すい-せき【水石】** ①水と石。②形や色のすぐれた自然のままの石。小さな自然石から山水の趣を味わおうとするもの。山水石。

**すいせき-しょう【▼膵石症】** 膵臓の膵管などに結石ができる病気。膵臓の機能障害と腹痛をともなう。pancreatolith

**すい-せん【水仙】** ヒガンバナ科の多年草。原産地は地中海沿岸・アジアで、一二〜四月に開花する。日本では暖地の海岸近くで、野生化したニホンスイセンなどがみられる。園芸品種が多い。narcissus ↓写

**すい-せん【水洗】** 水であらい流すこと。flushing

**すい-せん【水線】** 喫水線。

**すい-せん【垂線】** 直線や平面と垂直に交わる直線。垂直線。perpendicular

**すい-せん【推薦】**(名・サ変他) 優秀、適任であるとして、物や人を他人にすすめること。推挙。recommendation 比較 推奨。用例 —状。—入学。—品。

**すい-ぜん【垂▼涎】**(名・サ変自)《「すいえん」は慣用読み》①食べたくてよだれを流すこと。run saliva ②強く欲しがること。熱望。aspiration 用例 —の的。③うらやむこと。envy

●スイセン 自生地、越前岬

日本スイセン

ダッチマスター

ダブルファッション

**ずいせん-じ【▼瑞泉寺】** 鎌倉市二階堂にある臨済宗円覚寺派の寺。嘉暦二年(一三二七)夢窓疎石の開創。

**すいぜんじ-な【水前寺菜】** キク科の多年草。葉は柔らかく長楕円形で、裏面は紫色。夏に黄紅花を開く。葉や若菜を煮ると、ぬめりが出る。食用。熊本市水前寺で栽培され、この名がある。熱帯地方原産。ハルタマ。↓写

**すいぜんじ-のり【水前寺▽海▼苔】** 浮遊性の藍藻類の淡水藻。日本特産で、熊本市水前寺で産出。干して食用にする。

**すいせん-の-あし【垂線の足】** 垂線が直線、平面と交わる点。foot of perpendicular

**すい-せんのう【酔仙▽翁】** ナデシコ科の多年草。茎の高さ約七〇cm。葉は長卵形。全草に白い綿毛が密生。夏に、枝端に五弁花を単生する。花色は紅・白など。観賞用として栽培。フランネルソウ。

**すいせん-べんじょ【水洗便所】** 屎尿を水で水洗放流する便所。下水道に直接放流するものと、各家庭の浄化槽でいったん処理するものがある。flush toilet

**すい-そ【水素】** 元素記号H。原子番号一。原子量一・〇一。質量数一、二、三の三種類の同位体が存在する。単体$H_2$は気体。高温では多くの物質と反応し、強い還元性を示す。アンモニア・メタノールの合成、金属の還元などに利用。hydrogen

**すいそ-イオン【水素イオン】** 化学式$H^+$。水素原子から電子を取り去ったもの。陽子一個からなる水素の原子核そのもの。プロトン。hydrogen-ion

**すいそイオン-しすう【水素イオン指数】** 酸性・塩基性の程度を示す指数。水素イオン濃度の逆数の常用対数をとり、pHの記号で表す。水素指数。hydrogen-ion exponent

**すいそイオン-のうど【水素イオン濃度】** 溶液における水素イオンの濃度。通常水素イオン濃度指数pHで表し、酸性および塩基性の強さを表す尺度となる。hydrogen-ion concentration

**すい-そう【水草】** ①水と草。②水中で生育する草や藻類。みずくさ。water plant

**すい-そう【水葬】**(名・サ変他) 死体や火葬にした骨灰を、川や海に流す葬制。オセアニア・東南アジアにみられる。死を忌み避けたり、あるいは死体を自民族の源郷へ送還したり、海の彼方の世界へ送り届けたりするという思想による。water burial

**すい-そう【水槽】** 水を蓄える大きい入れ物。タンク。tank

**すい-そう【吹奏】**(名・サ変他) 管楽器をふいて演奏すること。blow 比較 弾奏。

**すい-ぞう【▼膵臓】** 胃の裏側にある、長さ約一五cmの三角柱状の細長い消化腺。外分泌としてトリプシンなどの消化酵素を十二指腸に送り、また内分泌としてランゲルハンス島からインシュリン・グルカゴンを出して、血液の糖量を調整する。pancreas

**ずい-そう【随想】** あれこれと浮かぶ考えや思い。思いつくまま。随感。偶感。所感。occasional thoughts

**ずい-そう【▼瑞相】** ①めでたいしるし。吉兆。auspicious sign ②きざし。前兆。omen ③福々しい人相。happy look

**すいそ-エネルギー【水素エネルギー】** 水素を燃焼させて得られるエネルギー。水素の熱量は石油の三倍で、水が原料となるので輸送・貯蔵が容易、石油を使うすべての分野で使用可能、しかも無公害などの特色がある。hydrogenous energy

**すいぞう-えん【▼膵臓炎】** 胆石症・寄生虫・肝炎・飲酒などの原因で、膵臓が炎症を起こすこと。急性では激痛と発熱をともなう。pancreatitis

**すいそう-がく【吹奏楽】** 管楽器を主体とし打楽器を含む合奏、あるいはそのための音楽。brass band music 比較 管弦楽。

**すいそう-がくだん【吹奏楽団】** 吹奏楽器と打楽器による合奏団。ブラスバンド。brass band

**すいそう-がっき【吹奏楽器】** ↓かんがっき(管楽器)

**すいそう-りゅう【吹送流】** 風が水面にあたる力によって生まれる流れ。湖の流れのほとんどは吹送流。海流にも見られる。drift current

**ずいそう-ろく【随想録】** ⊟随想を書きとめた本。随筆。エッセー。essays ⊟《原題Essais》モンテーニュの随想集。三巻本は一五八八年刊。フランス近代思想の源。「エッセー」の始まりでもある。

**すいそ-かごうぶつ【水素化合物】** 水素と他の元素との化合物の総称。非金属元素は水素化合物をつくりやすいが、金属元素はつくりにくく、できても不安定。hydride

**すいそきゅうぞう-ごうきん【水素吸蔵合金】** 高圧または低温で水素を吸収して金属水素化物となって発熱し、減圧または加熱によって水素を放出して吸熱する性質の合金。鉄-チタン系、希土類元素-ニッケル系など。水素の貯蔵・輸送、ヒートポンプなどへの応用が研究されている。hydrogen absorption alloy; hydrogen storage alloys

**すい-そく【推測】**(名・サ変他) すでにわかっている事柄を基に、おしはかること。推量。guess 用例 —の域を出ない。

**すいぞく-かん【水族館】** 水生動物、おもに魚類を飼育し、生態・習性を研究したり、一般に観察させたりする施設。aqualium

**すいそく-とうけいがく【推測統計学】** 推計学の正式名称。

**すいそ-けつごう【水素結合】** 水素原子をなかだちとした結合。電気陰性度の大きい酸素や窒素のような原子と水素原子の間の静電気力で形成される。hydrogen bond

**すいそねんしょう-はんのう【水素燃焼反応】** 四個の水素原子核が一つのヘリウム原子核に融合される反応。恒星のエネルギー源としてもっとも重要な核反応。水素ヘリウム反応。hydrogen burning process

**すいそ-ばくだん【水素爆弾】** 水素の核融合反応を利用する爆弾。小型の原子爆弾を起爆剤とし、重水素・三重水素・重水素化リチウムなどの核融合によって生じるエネルギーを殺傷破壊力に用いる。水爆。hydrogen bomb

**すいそヘリウム-はんのう【水素ヘリウム反応】** ↓すいそねんしょうはんのう(水素燃焼反応)

**すいそ-ほうでんかん【水素放電管】** 水素を封入した放電管。放電により水素のスペクトルを放射させる。紫外線を取り出すのに多く使われる。hydrogen discharge lamp

**すい-そん【水村】** 川や湖などのほとりにある村。江村。水郷。

**すい-そん【水損】** 水害による損失。

**すいた【吹田】**〈市〉 大阪市北隣の市。ビール醸造をはじめ、金属・製紙などの工業が活発。宅地化もさかんで千里ニュータウンがある。人口三四万一五九〇(一九八八)。

**すい-たい【衰退・衰▼頽】**(名・サ変自) 力・勢いなどが、おとろえ弱まること。衰微。decline 比較 衰弱。

**すい-たい【推▼戴】**(名・サ変他) ①おしいただくこと。receive reverently ②組織の代表者として迎えること。be presided by

**すい-たい【酔態】** 酒に酔ったありさま・態度。drunkenness

**すい-たい【▼翠▼黛】** ①みどりのまゆずみ。それで描いたまゆ。②みどりにかすむ山。

**すい-たい【▼錐体】** ①先のとがった三角帽のような形。円錐・角錐など。conical shape ②延

●スイゼンジナ

▼常用漢字表外。　▽常用漢字表の音訓外。

髄腹側面にある対をなすふくらみ。意志による運動(随意運動)の指令の伝わる主要経路(錐体路)が、左右の大脳半球を出てから、ここで左右に交差して脊髄を下る。錐状体。pyramid

**すいたい-ろ**【▾錐体路】 延髄の腹側を下行する神経線維の束。意識的運動をつかさどる刺激伝導路。高等動物になるほど束が大きい。pyramidal tract

**すい-たく**【水沢】 水がたまって草の生え茂った所。さわ。

**すいたく-しょくぶつ**【水沢植物】 ↓ちゅうすいしょくぶつ(抽水植物)

**すい-だし**【吸(い)出し】 ①吸って出すこと。sucking ②《「吸い出しこうやく」の略》はれものの うみを吸い出させる張り薬。

**すいたら-し・い**【好いたらしい】(形)《俗語》感じがよい。好ましい。用例 —人。

**すい-だん**【推断】(名・サ変他) おしはかって断定すること。推定。inference 用例 —を下す。

**すい-ち**【推知】(名・サ変他) おしはかって知ること。推察。conjecture

**すい-ち**【▾捶▾笞】 むち打つこと。

**すい-ちゅう**【水中】 水の中。underwater 対義 水上。用例 —眼鏡。

**すいちゅう-か**【水中花】 水中に入れると、ほぐれて草花の形になる、一種の造花。

**すいちゅう-カメラ**【水中カメラ】 防水機構をもつ水中撮影用のカメラ。underwater camera

**すいちゅう-こん**【水中根】 浮き草などの水生植物が水中に出す根。水根。

**すいちゅう-しょくぶつ**【水中植物】 体の大部分が水中にあって生活する植物。おもに、沈水植物をさすが、藻類を含めていうこともある。water plant

**すいちゅうたいすいじょう-ミサイル**【水中対水上ミサイル】 潜航中の潜水艦から水上または地上の目標に向けて発射する戦術ミサイル。USM。underwater-to-surface missile

**すいちゅうたいすいちゅう-ミサイル**【水中対水中ミサイル】 潜航中の潜水艦から発射する対潜ミサイル。UUM。underwater-to-underwater missile

**すいちゅう-ちょうおんき**【水中聴音機】 船の推進機音などを水中で受信し、音源までの距離・方角を知る装置。潜水艦探知用。パッシブソナー。hydrophone

**すいちゅう-よう**【水中葉】 水生植物で水面から下の茎についている葉。水上葉と形の違うときにいう。沈水葉。water leaf

**すいちゅうよく-せん**【水中翼船】 船体の喫水線下に翼をもつ船。走行中は水中翼のはたらきで船体が浮き上がり、水の抵抗が減って高速が得られる。ハイドロホイル。hydrofoil

**ずい-ちょう**【▾瑞兆】 めでたい前兆。吉兆。瑞祥。auspicious sign

**すいちょう-こうけい**【▾翠帳紅▾閨】《みどりのとばりと紅色のねや》貴婦人の寝室。

**すい-ちょく**【垂直】(名・形動) ①直線と直線、直線と平面、平面と平面が互いに直角に交わること・さま。perpendicularity ②まっすぐにたれていること・さま。鉛直。対義 水平。

**すいちょく-かんせん**【垂直感染】 ウイルスや細菌が妊娠した母親の胎盤を通して胎児に感染すること。母子感染。母子間感染。vertical transmission

**すいちょく-けん**【垂直圏】 天頂と天底を通るすべての大円。地球上の観測点の垂直(鉛直)線を含む平面が天球と交わってできる大円。vertical circle

**すいちょく-こうりょく**【垂直抗力】 面が物体におよぼす力で、面に垂直な成分。normal counter-force

**すいちょく-しこう**【垂直思考】 習慣や常識などの固定観念にとらわれた考え方。視点のせまい、硬直した考え方。narrow-mindedness 対義 水平思考。

**すいちょく-せん**【垂直線】 ↓すいせん(垂線)

**すいちょく-とうごう**【垂直統合】 一定分野の製品について異なる生産段階や流通段階をうけもつ企業どうしが結合して単一の企業体となること。垂直結合。vertical integration 比較 水平統合。

**すいちょく-とび**【垂直跳び】 助走をつけずに、その場で垂直に跳び上がること。また、そのときの跳躍した高さ。全身体力の測定にも用いられる。vertical jump

**すいちょく-にとうぶんせん**【垂直二等分線】 線分の中点を通り、その線分に垂直な直線。perpendicular at midpoint

**すいちょく-ぶんぎょう**【垂直分業】 国際分業の一つ。先進国の工業製品と発展途上国の一次産品の貿易を中心とする経済交流。vertical international specialization 対義 水平分業。

**すいちょく-ぶんぷ**【垂直分布】 標高のちがいにより、異なった生物の種が生育すること。緯度により標高と生物種との対応は大きく変化する。vertical distribution 対義 水平分布。

**すいちょく-めん**【垂直面】 一つの直線または平面と直角に交わる平面。vertical plane

**すいちょくりちゃくりくき**【垂直離着陸機】 ↓ブイトール(VTOL)

**すいじ-りょうほう**【水治療法】 温水・冷水・水蒸気など、水を使う治療法。肩・膝症などの治療にも利用される。広義には温泉療法も含む。hydrotherapy

**すい-つ・く**【吸(い)付く】(五自) ①吸ってくっつく。stick to ②ぴったり付く。密着する。stick to

**すい-つけ**【吸(い)付け】 吸い付けること。

**すいつけ-タバコ**【吸(い)付けタバコ】 火をつけて相手に差し出すタバコ。

**すい-つ・ける**【吸(い)付ける】(下一他) ①吸って付ける。密着させる。attract ②タバコをくわえて火をつける。light

**スイッチ**【switch】 ㊀(名) ①開閉器。回路をつないだり切ったりする器具。用例 —を入れる。②レールを切り換える装置。転てつ機。ポイント。㊁(名・サ変他) 他のもの・人に切り替えること。用例 視点を—してみる。左投手に—する。

**スイッチバック**【switchback】 山地の急勾配で、列車が運行しやすいように線路をジグザグに敷設し、折り返しを繰り返しながら運転する方式。また、その線路。

**スイッチ-ヒッター**【switch hitter】 野球で、左右どちらの打席でも打つことのできる打者。

**スイッチ-ぼうえき**【スイッチ貿易】 三角貿易の一つ。二国間の貿易収支が不均衡で為替制限がある場合などに、商品は直接移動するが代金決済は第三国の業者を介して行う貿易。switch trade

**すいっちょ**《鳴き声に由来》ウマオイの俗称。スイッチョン。

**すい-てい**【水底】 水の底。みなそこ。bottom of the water

**すい-てい**【推定】(名・サ変他) ①おしはかってきめること。推断。presume 用例 —人口。②法律で、反対の証拠または事実がないかぎり、それを正しいと仮定すること。presumption ③統計で、標本から母集団の母数(統計的特徴)を推測する方法。estimation

**すい-てい**【▾綏定】 政治・世情などを安定させること。

**すい-てき**【水滴】 ①水のしたたり。しずく。waterdrop ②すずりにつぐ、水つぎ。水入れ。

**すい-てつ**【▾膵▾蛭】 二腔吸虫科の扁形動物。木の葉状で、体長一〇〜一八㎜。ウシ・ヒツジ・ブタ・ヤギなどの膵臓に寄生する。スイキュウチュウ。

**すい-てん**【水天】 ①水と天。sky and water ②十二天の一つ。もとインドの天空の神が、水の神に転じたもの。密教で西天の守護神。羂索と剣を持って、亀の背または蓮華の上などに座る姿で表される。

**すい-でん**【水田】 周囲に畔をめぐらし、水を引き入れることができるようにした耕地。イネなどを栽培するのが目的。みずた。paddy field 対義 畑・陸田。

**すいてん-ぐう**【水天宮】 福岡県久留米市瀬下町にある旧県社。祭神は天御中主神・安徳天皇・建礼門院・二位尼。安産・水難よけの守護神とされる。全国水天宮の総本社。東京日本橋にある分社が有名。↓写

●水天宮 東京都日本橋。

**すいでん-どじょう**【水田土壌】 灌漑水や地下水の影響で形成された水田特有の化学的性質をもつ土壌。paddy soil

**すいてん-ほうふつ**【水天▾彷▾彿】 遠い海上などを見るとき、水と空の見分けがつかないこと。

**ずい-と**(副) そのまま、まっすぐ進むさま。威勢よく事を行うさま。無造作なさま。straightforwardly 用例 —進み出る。

**すい-とう**【水▾痘】 水痘ウイルスによる感染症。発熱をともない、全身に紅丘疹が生じる。子どもに多い。水ぼうそう。varicella

**すい-とう**【水筒】 携帯用の飲料水を入れる容器。canteen; water bottle

**すい-とう**【水稲】 水田に栽培するイネ。対義 陸稲。

**すい-とう**【出納】(名・サ変他)《「しゅつのう」は別語》金銭・物品の出し入れ。receipts and disbursements

**すい-とう**【▾膵島】 膵臓内に島状に点在する細胞群。糖の消費をうながし、肝臓内でのグリコーゲン生成を促進し、血糖量を低下させるインシュリンなどを分泌する。ランゲルハンス島。Langerhans islands

**すい-どう**【水道】 ①飲用など生活に用いる水を供給する設備や施設。上水道。water supply 用例 —工事。②水を流すための人工的な設備や施設。水路。③海や湖の、二つの陸地にはさまれてせまくなった水域。channel 用例 豊後—。

**すい-どう**【▾隧道】 トンネル。ずいどう。tunnel

**すいとう-しょう**【水頭症】 髄液が増加して脳内の空間に多量にたまった状態。乳幼児の先天性奇形がいちばん多い。頭囲の拡大・頭痛・嘔吐・痙攣などがみられる。余分な髄液を血液中に流し込む手術を行う。脳水腫。hydrocephalus

**すいとう-せきにんしゃ**【出納責任者】 選挙運動に関する収入・支出の責任者。立候補者が一名を選任して選挙管理委員会に届け出る。

**すいとう-ちょう**【出納長】 都道府県があつから金銭や物品の会計事務をつかさどる役職。また、その人。

**すいとう-ぼ**【出納簿】 金銭や物品の出し入れを日付順に記帳し、その現在高を明らかにする帳簿。cashbook 用例 金銭—。

**すいどう-ほうしき**【水道方式】 数学教育における計算指導体系の原理の一つ。計算問題を型分けし、「一般から特殊へ」の原則で系列化しようとするもの。昭和三三年(一九五八)ごろから遠山啓らが提唱。

**ずいとく-じ**【随徳寺】《「ずいと…する」を、寺の名にしゃれた語》あとをかまわず逃げ出すこと。用例 一目山—。

**すいとり-がみ**【吸(い)取り紙】 インクで書いた文字面にあてて余分なインクを吸い取らせる吸水性のよい紙。すいとりし。blotting paper

**すい-と・る**【吸(い)取る】(五他) ①吸って取る。absorb; suck ②集め取る。squeeze ③取り上げる。squeeze

**すい-とん**【水団】《「とん」は団の唐音》小麦粉を水で練った団子を、ネギや大根の汁に入れたもの。食糧不足の時代に代表的主食とされた。

**ずい-な**【ずい菜】 ユキノシタ科の落葉低木。近畿南部・四国に分布。葉は五㎝ほどの楕円形。五月に、枝先に白色五弁小花を、穂状に多数つける。若葉を食用。ヨメナノキ。

**すい-なん**【水難】 対義 火難。①出水による災難。水害。flood disaster ②水上での災難。難船・水死など。disaster by water

**すい-にょう**【▾文▾繞】 漢字を組み立てている部分の名。「夔」などの「夊」。

**すいにん-てんのう**【垂▿仁天皇】 記紀で第一一代天皇。名は活目入彦五十狭茅尊。崇神天皇の皇子。

**すい-のう**【水▾嚢】 ①ふるいの一種。網面に馬尾または針金をごく細かく張ったもの。食品の水分を切るのに用いる。水ぶるい。水こし。filter ②ズック製のバケツ。water bag

**すい-のみ**【吸(い)飲み・吸(い)▾呑み】

寝たままで水あるいはおも湯などの流動物を飲んだり食べたりするための、長い管状の口をつけた急須形の容器。多くはガラスやプラスチック製。病人に用いる。feeding cup

**すい-は【水波】** ①水の上にたつ波。waves ②水と波。water and wave ③水面波。水や液体の表面に、重力あるいは表面張力が復元力となって生じるもの。surface wave of water

**水波の隔て**(すいはのへだて)《水と波との違い、の意》呼び名は異なっていても本質・実体に相異ない、ということのたとえ。

**すい-ば【酸葉・酸▽模】** タデ科の多年草。高さ五〇～八〇cm。山野にはえる。雌雄異株。根出葉は長楕円形。五～八月に、帯赤色の小花を穂状につける。若い茎・葉は食用。スカンポ。↓写

●スイバ

**すい-はい【水肺】** ↓こきゅうじゅ(呼吸樹)

**すいばい-か【水媒花】** 水の媒介によって受粉が行われる花。水生の種子植物にみられる。水中媒花・水上媒花がある。hydrophilous flower 比較 風媒花。

**すい-はく【水伯】** 水神。

**すい-ばく【水爆】** 「水素爆弾」の略。

**すい-ばち【垂▼撥】** いけばなの掛け花入れを掛ける道具。掛け釘を直接打てない所に掛けるために工夫された。形が琵琶の撥に似るところからの名称。

**すい-はつ【垂髪】** 髪を結わずに自然にたらすこと。また、そのような髪型。平安期以降の女官の髪型で、江戸初期まで続いた。たれがみ。

**ずい-はっぴゃく【随八百】** 勝手ないいぐさを、あれこれと並べ立てること。

**すいばら【水原】**〈町〉新潟県北部、阿賀野川に沿う町。農業が主で米の集散地。瓢湖の白鳥が有名。人口二万三七八(一九八八)。

**すい-はん【水飯】** 冷水で洗って食べるめし。寺院や句会などに用いられる。みずめし。

**すい-はん【垂範】**(名・サ変自) 模範を示すこと。set an example 用例 率先――。

**すい-はん【炊飯】**(名・サ変自) ご飯をたくこと。cook rice 用例 ――器。

**すい-ばん【水盤】** 口が広く浅い器。陶製・銅製・木製など。盆景や盛り花の器。水盆。basin

**すい-ばん【推▼輓・推▼挽】**(名・サ変他) ①人を推薦すること。推挙。引き立て。recommendation ②あとおし。ひいき。backing

**ずい-はん【随伴】**(名・サ変自) ①つき従うこと。供をすること。attendance ②ある物事に付随して起こること。accompany

**すい-はんきゅう【水半球】** 地球上の海洋面積が最大になるように想定した半球。中心はニュージーランド南東の海上で、水陸の比は九対一。みずはんきゅう。water hemisphere 対義 陸半球。

**すい-ひ【水肥】** ↓えきひ(液肥)

**すい-ひ【水▼簸】** 細かい粒子を、さらに細かい粒子と粗い粒子に、水で分離する方法。細かい粒子は沈みがおそく、粗い粒子ははやい。この性質を利用して、混入物を取り除いたり、砂金を採取したりする。

**すい-び【衰微】**(名・サ変自) おとろえ弱ること。衰退。decline

**すい-び【▼翠▼眉】** ①みどりのまゆ。美人のまゆの形容。②ヤナギの葉の細長く青々としたさま。

**すい-ひつ【水筆】** 穂にしんを入れず、根元まで墨をふくませて書く筆。

**ずい-ひつ【随筆】** 筆に任せて思うままを書いた文章。随想録。エッセー。essay 用例 科学――。

**すい-ひん【水浜】** 水のほとり。水際。水辺。

**すい-ふ【水夫】**《卑語》船乗り。船員。かこ。とくに、船舶の甲板部で、雑役をする下級の船員。sailor

**すい-ふ【水府】** ①竜宮など、水神がいるといわれる伝説上の海底の都。②茨城県水戸市の異称。

**すい-ふ【炊夫】** 炊事に雇われた男。飯たき男。cook

**すい-ふ【炊婦】** 炊事に雇われた婦人。飯たき女。kitchen maid

**すいふ【水府】**〈村〉茨城県北部、常陸太田市北西隣の村。稲作・水府タバコ栽培などの農業と、林業を行う。人口七四五五(一九八八)。

**すい-ふく【推服】**(名・サ変自) うやまって服従すること。admiration 用例 心から主君に――する。

**スイフト**《swift ballから》野球で、投手の投げる速球。スピードボール。ファストボール。

**すいふ-ば【水府葉】** タバコの在来種。茨城県久慈郡に産する優良な品種。

**すい-ふろ【水風▼呂】**《「据え風呂」の転とも》桶に取り付けた竈で湯をわかす風呂。

**すい-ぶん【水分】** 中に含まれる水の量。みずけ。moisture

**ずい-ぶん【随分】** 一(副) ①程度がはなはだしいこと。かなり。すこぶる。fairly 用例 ――多い。――待たされた。――こみあっている。②じゅうぶん。extremely 用例 ――お大切に。③古語 身分にふさわしいさま。身分相応に。用例 しかども(平家・一一・逆櫓)。二(形動) たいへんひどい。用例 ――な仕打ちだ。東国北国の物どもも――重恩をかうむったり

**すい-へい【水平】**(名・形動) ①水面のように平らなこと・さま。重力に対して直角の方向。horizontality 対義 垂直。②上がり下がりのないこと・さま。普通。並み。average

**すい-へい【水兵】** 海軍の兵士。旧日本海軍では、艦船に乗り砲術・水雷・航海・通信などを担当する兵士をいった。二等・一等・上等水兵と水兵長の四階級。sailor; seaman

**すいへい-かんせん【水平感染】** 輸血や注射針などによって、人から人へと病気がうつる現象。エイズやB型肝炎などで深刻な問題となり、血液検査を厳しくし、注射針は使い捨てとなった。horizontal transmission

**すいへい-きょり【水平距離】** 水平面上の距離。二点間の実際の地形に影響されない最短の距離。地図上で計測される距離は水平距離である。horizontal distance

**すいへい-しこう【水平思考】**《lateral thinkingの訳語》習慣や常識などの固定観念にとらわれない考え方。新しいアイディアを生み出す、柔軟な物の考え方。対義 垂直思考。

**すいへい-しゃ【水平社】**《「全国水平社」の略》全国の被差別部落に対する差別の撤廃と部落解放をめざして結成された大衆組織。大正一一年(一九二二)京都で設立され、第二次大戦前まで存続。現在の部落解放同盟の前身。

**すいへいしゃ-うんどう【水平社運動】** 大正一一年(一九二二)京都での全国水平社結成を機に全国に波及した部落解放運動。第二次大戦後は部落解放同盟が運動を継承している。水平運動。

**すいへい-せん【水平線】** ①海と空とが接して見える線。horizon 比較 地平線。②水平面に平行な直線。horizontal line

**すいへい-どう【水平動】** 水平方向の動き。とくに、地震のときの複雑な地面の震動のうちの水平方向の動き。horizontal movement 対義 上下動。

**すいへい-とうごう【水平統合】** 同一の業種または同一の生産段階をうけもつ企業どうしが結合して単一の企業体となること。市場独占やスケールメリットなどを目的とする。水平結合。horizontal integration 比較 垂直統合。

**すいへい-ふく【水兵服】** 水兵の着る軍服。セーラー服。seaman's uniform

**すいへい-ぶんぎょう【水平分業】** 国際分業の一つ。工業製品と工業製品の交換を中心とする先進工業国どうしの経済交流。horizontal international specialization 対義 垂直分業。

**すいへい-ぶんぷ【水平分布】** 地球上での気候に対応した生物の分布。温度と降水量により分けられる寒帯・温帯・熱帯などの気候区と対応した、針葉樹木・落葉広葉樹木・常緑広葉樹木などの植生として区別される。horizontal distribution 対義 垂直分布。

**すいへい-ぶんりょく【水平分力】** 地磁気の磁場をその水平方向へ射影した成分。水平磁力。horizontal magnetic intensity

**すいへい-めん【水平面】** ①静止した水面に平行な面。surface of still water ②鉛直線と直角に交わる平面。水準器によって決められる。horizontal plane

**すい-へん【水辺】** 川・池・湖などのほとり。みずべ。waterside 比較 海辺。

**すい-ほ【酔歩】** ①酒に酔った足どり。千鳥足。reeling gait 用例 ――蹣跚。②↓ランダムウオーク

**すい-ほう【水泡】** ①水のあわ。bubble ②はかないこと、無駄になることのたとえ。nothing

**水泡に帰す**(すいほうにきす) せっかくの努力も無駄になる。be in vain

**すい-ほう【水▼疱】** やけどなどで表皮内や表皮下にリンパ液や血漿などがたまり、皮膚の表面に半球状の隆起を生じたもの。水ぶくれ。bulla

**すい-ほう【▼燧▼烽】** 警報・合図としてあげる煙・火。のろし。

**すい-ぼう【水防】** 水害をふせぐこと。defense against flood 比較 防水。

**すい-ぼう【衰亡】**(名・サ変自) おとろえ、ほろびること。衰滅。decline 対義 興隆。

**すいほう-しょう【水▼疱症】** 皮膚に漿液がたまった水疱の発疹を主とする皮膚症の総称。ウイルスの感染以外に種々の刺激によって起こる。bullosis

**ずいほう-しょう【▼瑞宝章】** 公共のために功労のある者に与えられる勲章。勲一等から八等まで。↓勲章図

**すいほう-ダム【水豊ダム】** 北朝鮮(朝鮮民主主義人民共和国)北西部、鴨緑江下流のダム。一九三七～四四年(昭和一二～一九)に日本が建設。最大出力は七〇万キロワットで北朝鮮第一。スープンダム。

**すいぼう-だん【水防団】** 水防法に基づき、市町村などが水害の防止を担当させるために設置した団体。

**すいぼく-が【水墨画】** 墨の濃淡などによって描く東洋独特の絵画形式。中国の唐代に始まり、宋・元代に頂点に達した。日本には鎌倉時代に伝来し、室町時代に盛行。墨絵。↓写

**すい-ぼつ【水没】**(名・サ変自) 水が増えたり、水に浸食されたりして、水面に出ていたものが水中に沈むこと。submergence

**すい-ま【水魔】** 水害を悪魔にたとえた語。

**すい-ま【睡魔】** 眠気を悪魔にたとえた語。sandman 用例 ――に襲われる。

**ずい-まく【髄膜】** 脳および脊髄を包む三重の膜。脳・脊髄の位置を固定し、保護する。外側から、硬膜・クモ膜・軟膜に分けられるが、クモ膜と軟膜を合わせて広義の軟膜といわれることが多い。meninx

**ずいまく-えん【髄膜炎】** 髄膜に起こる炎症。感染によるものが多く、原因菌により、種々のタイプに分かれる。主症状は、発熱・頭痛・項部強直・嘔吐など。脳脊髄膜炎。脳膜炎。meningitis

**すいみつ-とう【水▼蜜桃】** モモの品種の一つであったが、現在の品種では特定できない。現在では、果実が大きく多汁で、果肉は柔らかく甘味が多いものをいう。スイミツ。

**すい-みゃく【水脈】** ①航路。みお。sea route ②一定の幅をもって集中的に流れている地下水の川。water vein

**すい-みん【睡眠】**(名・サ変自) ①眠ること。眠り。動物が生命をいとなむための基本的リズム現象の一つで、覚醒状態と交代して生ずる。脳波でみた睡眠には徐波睡眠(=ノンレム睡眠)と逆説睡眠(=レム睡眠)がある。sleep ②活動しないことのたとえ。inactive

**スイミング【swimming】** 水泳。

**スイミング-クラブ【swimming club】** 企業や組織などが、自由に会員を集め水泳指導を行う団体。競技の低年齢化にともないジュニア選手層の強化を目的に各地につくられた。

**すいみんじむこきゅう-しょうこうぐん【睡眠時無呼吸症候群】** 睡眠中に、口と鼻の気流が同時に一〇秒間以上停止するような発作が、一晩に数十回も起こる病的症状。働き盛りの人が睡眠中に突然死する原因の一つとされる。

**すいみん-びょう【睡眠病】** トリパノソーマ症の別称。

**すいみん-やく【睡眠薬】** 中枢神経系の機能を抑制し睡眠を起こさせる薬物。プロバリン・ハイミナールなど。催眠薬。sleeping medicine

**ずい-むし【髄虫・▼螟虫】** ①植物体の髄に食い入る昆虫の幼虫の総称。②イネの大害虫であるニカメイガとサンカメイガの幼虫。メイチュウ。

**すい-めい【水明】** 清らかな水が日光に照り映えて輝いて見えること。clear water 用例 山紫――。

**すい-めい【吹鳴】**(名・サ変他) ふき鳴らすこと。

▼常用漢字表外。 ▽常用漢字表の音訓外。

**すい-めつ【衰滅】**(名・サ変自) おとろえ、ほろびること。衰微。衰亡。decline 対義 興隆。

**すい-めん【水面】** 水の表面。水のおもて。水上。surface of the water

**すいめん-は【水面波】** 水面を伝わる波。波長が水の深さよりずっと大きければ伝わる速さは深さの平方根に比例。水波。surface wave of water

**すい-もの【吸(い)物】** 日本料理の汁物の一種。鰹節・昆布などの煮だし汁を、塩・しょうゆで味つけし、具を入れた透明な汁。すまし汁。数え方 一膳・一椀。

**すいもの-わん【吸(い)物▼椀】** 吸い物に用いる椀。浅く広口のものが多い。

**すい-もん【水門】** 水をせき止めたり流量を調節したりするための構造物。海岸での潮の逆流防止、航行、ダムでの洪水調節、水力発電所での流量調節・点検などに利用。floodgate

**すいもん-がく【水文学】** 地球上の水の起源・分布・特性など、資源としての水を多角的に調査研究する学問。hydrology

**すい-やく【水薬】** 薬剤を水に溶かしこんだ薬。みずぐすり。liquid medicine 数え方 一瓶・一本。

**すい-よ【酔余】** 酒に酔ったあげく。drunken 用例 ―の失言。

**すい-ようえき【水溶液】** 物質を水に溶解させた液。水分子は大きな極性をもつため、いろいろな物質を溶かす。食塩水など。aqueous solution

**すいよう-えき【水様液】** ①水のように無色透明な液。②眼球内の無色透明な液。

**すいよう-せい【水溶性】** 物質が水に溶解する性質。イオン結合性の物質や有極性物質がもつ。water soluble

●水墨画

李迪『雪中帰牧図』。南宋時代、大和文華館(奈良県)。

伝明兆『渓陰小築図』(部分)。応永二〇年(一四一三)、金地院(京都府)。

雪舟『四季山水図(山水長巻)』(部分)。文明一八年(一四八六)、防府毛利報公会。

**すいよう-び【水曜日】** 週の四番目の日。火曜日の次の日。水曜。Wednesday

**すい-よく【水浴】** ①水をあびること。みずあび。bath; bathing ②物体を一定温度で均一に熱するための容器。金属製のなべと同心円の輪からなるふたでできており、水を満たして使用。湯浴。ウオーターバス。water bath

**すい-よ・せる【吸(い)寄せる】**(下一他) ①吸って、または吸うようにして、引き寄せる。吸いつける。draw in ②気持ちなどをひきつける。attract

**すい-らい【水雷】** 多量の爆薬をつめた強固な容器を水中で爆発させ、艦船を破壊する兵器。目標に向かって自走する魚雷(魚形水雷)と、水中で目標を待機する機雷(機械水雷)とがある。torpedo; mine

**すい-らん【▼翠▼嵐】** みどりに埋もれた感じのする山の雰囲気。

**すい-らん【▼翠▼巒】** みどりの連山。青山の姿。

**すい-り【水利】** ①水上運送の利便。water transportation 用例 ―の便。②飲用・耕作などに使う、水の利便。water supply

**すい-り【推理】**(名・サ変他) 筋道をたてて、おしはかること。既知の事柄をもとにして判断すること。推論。reasoning 比較 推測。

**す-いり【▼鬆入り】** ダイコン・ゴボウなどの根の中心部に空洞ができる現象。一種の過熟状態。pithiness

**すいり-がく【水理学】** 河川・水路・運河などの水流・圧力・波動などを研究する学問。hydraulics

**すいり-かんこう【水利慣行】** 水利用の秩序を保つために慣習として設けられる約束。用水をめぐる地域間対立の妥協として成立した。water-use adjustment

**すいり-きがく【水力学】** 水やその他の液体の力学的性質を研究する学問。工学上の応用を目的とする。hydraulics

**すい-りく【水陸】** 水と陸。水上と陸上。land and water

**すいり-くみあい【水利組合】** 旧水利組合法に基づき、水利土木に関する事業を行った公共団体。水利組合と水害予防組合があった。現在、前者は土地改良法による土地改良区と改称、また後者には水害予防組合法が適用されている。water utilization association

**すいりくりょうよう-き【水陸両用機】** 水上でも陸上でも発着できる飛行機。水上機に車輪がついている。amphibian

**すいり-けん【水利権】** 財産権の一つ。河川・湖沼の水や水面を独占的に継続使用する権利。水道・発電用水利権、通航・灌漑用水利権など。用水権。water rights

**すいり-しょうせつ【推理小説】** 犯人や犯罪についての謎などを、推理し解明する経過のおもしろさを主とする小説。「探偵小説」と同義で、第二次大戦後生まれた名称。ミステリー。mystery

**すいりちえき-ぜい【水利地益税】** 目的税の一つ。水利に関する事業、都市計画法に基づいて行う事業、林道に関する事業などの実施費用にあてるため、その事業によりとくに利益を受ける土地・家屋に対して課する地方税。

**すい-りゅう【水流】** 水が流れること。また、その流れ。stream

**すい-りゅう【▼翠柳】** 葉の青々したヤナギ。

**すいりゅう-ポンプ【水流ポンプ】** 細孔から水を勢いよく噴出させて周囲を低圧にし、気体や液体をまき込んで運び去る一種の真空ポンプ。water-jet pump

**すい-りょう【水量】** 水の多少の程度。水の分量。みずかさ。the quantity of water

**すい-りょう【推量】**(名・サ変他) 根拠があって、こうだろうとおしはかること。察し。推察。conjecture

**すいりょう-けい【水量計】** 管中を流れる水の容積を測る計器。量水器。water meter

**すい-りょく【水力】** 水のもつエネルギー。川の流れの運動エネルギーや落差のある水の位置エネルギー。waterpower; hydraulic power 対義 火力。

**すい-りょく【推力】** 物体をおし進める力。船舶のスクリューや航空機のプロペラのほかジェットエンジンやロケットエンジンなどによって得る推進力。driving force; thrust

**すいりょく-きかい【水力機械】** 水から機械的エネルギーを得る、また逆に、水に機械的エネルギーを与える機械の総称。水車・ポンプ・水圧機など。hydraulic machinery

**すいりょく-さいたん【水力採炭】** 三〇〜五〇気圧の高圧にした水をノズルから炭壁に噴射し、石炭を破砕する採炭法。hydraulic coal mining

**すいりょく-タービン【水力タービン】** 落下する水の力を利用した原動機。水を羽根車に衝突させて、その衝撃力を有用な機械的エネルギーにかえる。回転機械。水車。water turbine

**すいりょく-はつでん【水力発電】** 河川の流れを利用して水車を回し、その力で発電機を運転して電力を得る発電方式。ダム式・水路式・ダム水路式・揚水式などがある。hydroelectric generation 対義 火力発電。

**すい-れい【水冷】** シリンダーなどを水でひやすこと。water-cooling 対義 空冷。用例 ―式エンジン。

**すいれい-きかん【水冷機関】** 水を循環させてシリンダーを冷やす方式の内燃機関。water-cooled engine

**すい-れん【水練】** ①泳ぎ。その練習。用例 畳の上の―。②泳ぎがうまいこと・人。

**すい-れん【垂▼簾】**《臣下に会うさい、御座のすだれをおろしたことから》幼少の天子にかわって太皇太后・皇太后などが政事をとること。用例 ―の政。

**すい-れん【睡▼蓮】** スイレン科の水生多年草。池沼にはえ、七〜八月に、ハスに似た花を開く。耐寒性種の根茎は長く、熱帯性種の根茎は球茎。昼咲きと夜咲きがある。観賞用にも栽培。water lily →写

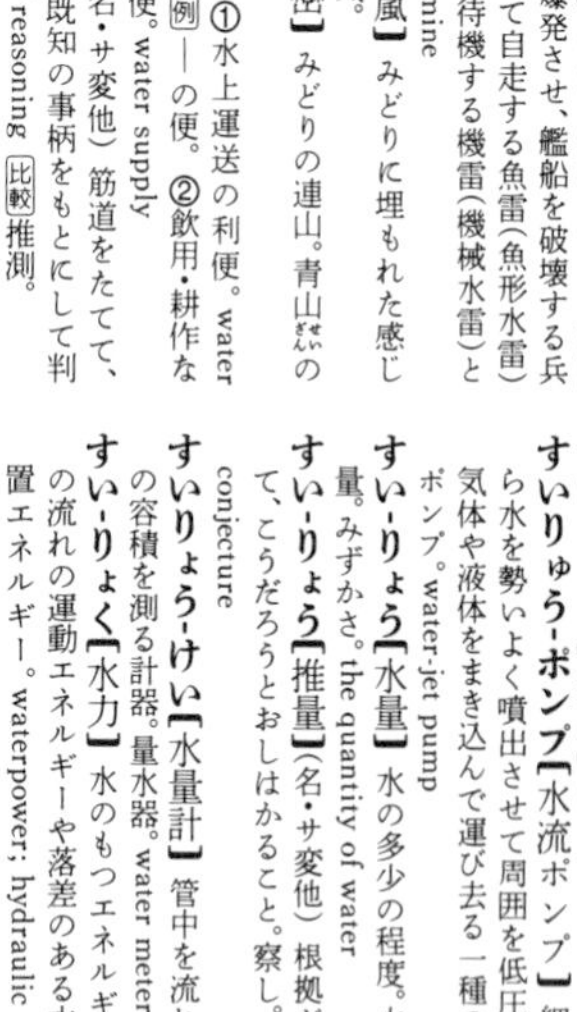

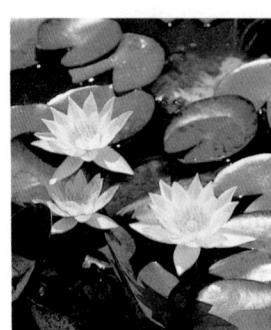

●スイレン　ヒメスイレン

**すい-ろ【水路】** ①水を送る道。送水路。放水路。waterway ②海・湖・河川・運河など船舶の航行できる水面。国内水路と国際水路がある。航路。waterway ③水泳競技で泳者に与えられたプールの区分。コース。lanes in a swimming pool

**すいろ-きょう【水路橋】** 水道や灌漑用水などの水路を、河川や道路などを横断させるときにかける橋。aqueduct

**すい-ろく【水▼鹿】** ↓サンバー

**すいろ-けいさつ【水路警察】** ↓すいじょうけいさつ(水上警察)

**すいろしき-はつでん【水路式発電】** 水力発電の一つ。河川上流で取水し、人工的水路で発電所まで運び、そこから急傾斜の水圧管を通して発電機を回す方式。conduit type power generation

**すいろ-しょし【水路書誌】** 航海に必要な情報を記載した水路誌・航海表・灯台表・潮汐表などの総称。ただし海図を除く。日本では、海図も含め、すべて海上保安庁水路部で編集・発行。pilot

**すいろ-つうほう【水路通報】** 航海保安に関する緊急事項の通報。

**すいろ-ぶ【水路部】** 海上保安庁に属する一部局。水路測量・海洋学的調査を行い、海図・水路書誌・天測暦・潮汐表などを作成。

**すい-ろん【水論】** 江戸時代、かんがい用水を

めぐる村落間の紛争。水争い。みずろん。
**すい-ろん【推論】**(名・サ変他) ある事柄を他にも及ぼして論じること。また考えること。推理。reasoning; inference
**すい-わ【水和】** 静電気力や水素結合などによって、溶質の分子・イオン・コロイド粒子が、水分子と結合または強い相互作用下にある現象。水化。hydration
**すいわ-ねつ【水和熱】** 一モルの物質が水和するとき、発生または吸収する熱量。heat of hydration
**スイング【swing】** 一(名・サ変他) バット・体・腕などをふること。ふり動かすこと。二(名) 聞いているうちに体がゆれてくるようなジャズのリズム。ジャズの別名。ベニー=グッドマンの全盛時代(一九三五～四五年)を「スイング時代」という。
**スイング-アウト【swing out】** 野球で、空振りの三振。また、それによるアウト。
**スイング-アカウント【swing account】** 国際収支決済方式の一つ。オープン勘定の一種で、より弾力的なもの。貸借尻内であれば現金決済を行わなくともよい。
**スイング-せんりゃく【スイング戦略】** 有事に他の地域から紛争地域へ必要な兵力を振り向けるアメリカの戦略。swing strategy
**スイングル-シンガーズ【Swingle Singers】** アメリカ生まれの歌手スイングルが一九六二年にパリで結成したボーカルグループ。七三年解散。

**スウ** 8画 **【枢】** 部首[木] 常用 JIS3185
15画 **【▼樞】** 旧字 JIS6068
音スウ・シュ
①くるる。とぼそ。②からくり。しかけ。③かなめ。大切な点。「中枢」「枢軸・枢密・枢要」

**スウ** 10画 **【▼芻】** 部首[艸] JIS7177
13画 **【▼蒭】** 部首[艹] 異体字 JIS7258
音ス・シュウ・スウ
①くさをかる。くさかり。かりくさ。②まぐさ。かいば。家畜のえさ。「反芻」③まぐさかう。かいばをあたえる。家畜をやしなう。

**スウ** 11画 **【崇】** 部首[山] 常用 JIS3182
音スウ・シュウ・ス
①たかい。けだかい。「崇高」②うやまう。あがめる。「尊崇」「崇敬・崇拝・崇仏」

**スウ** 11画 **【▼菘】** 部首[艹] JIS7237
音シュウ・スウ
トウナ。アブラナ科の一、二年草。しろな。

**スウ** 11画 **【▼陬】** 部首[阝] JIS8005
音ソウ・シュウ・スウ
すみ。かたすみ。かたいなか。「僻陬」

**スウ** 13画 **【▼嵩】** 部首[山] 人名用 JIS3183
音シュウ・スウ
①たかい。山がたかい。②中国の山の名。五岳の一つで、河南省登封県の北にある。嵩山。③かさ。容積。分量。④かさむ。かさばる。

**スウ** 13画 **【▼鄒】** 部首[阝] JIS7832
音シュウ・シュ・スウ
中国の戦国時代の国の一つ。孟子の生地。現在の山東省鄒県。

**スウ** 13画 **【数】** 部首[攵] 教育小2 JIS3184
15画 **【▼數】** 旧字 JIS5843
音スウ・ス・シュ・サク・ソク
訓かず・かぞえる

数 数 数 数 数

①かず。ものの多少。「奇数・多数・人数・無数」「数学・数字・数量」用例(名)―は問題でない。②算術。中国古代では、六芸の一つ。「理数科」③いくつかの。二、三ないし五、六の。「数件・数個・数日」④なりゆき。まわりあわせ。「数奇」用例(名)自然の―。⑤はかりごと。「権謀術数」↓ス【数】
**数が知れる**(すうがしれる)《打ち消しの表現を伴うことが多い》程度がわかる。推量することができる。

**スウ** 17画 **【▼趨】** 部首[走] JIS3186
音シュ・スウ・ショク・ソク
①はしる。小走りにいく。②おもむく。はせむかう。「帰趨・拝趨」「趨向・趨勢」

**スウ** 18画 **【▼雛】** 部首[隹] JIS3187
音ス・ジュ・スウ
ひな。ひよこ。こども。「鳳雛」

**スウ** 20画 **【▼騶】** 部首[馬]
音シュウ・スウ
うまかい。御者。馬に乗った従者。騎士。

**す・う【吸う】**(五他) ①気体や液体を口・鼻から体内に引き入れる。吸い込む。breathe in 対義 吐く。用例 汁を―。②水気をしみこます。吸収する。absorb 用例 湿気を―。
**す・う【据う】** 古語(ワ下二他) ↓すえる(据える)
**スー【sou】** フランスの貨幣の単位。五サンチームに当たる。一フランの二〇分の一。現在は使われていない。
**スヴァ【Suva】** ↓スバ
**スヴァールバール-しょとう【スヴァールバール諸島】** ↓スバールバールしょとう(スバールバール諸島)
**スーアンコー【四暗刻中】**(si an ke) 麻雀の手役「役満」の一つ。手牌の中に暗刻が四組できた上がり。暗槓が含まれてもよい。
**スウィージー【Paul Marlor Sweezy】**(一九一〇) アメリカのマルクス経済学者。『マンスリー-レビュー』編集者。独占と恐慌の研究で知られる。著書『資本主義発展の理論』など。
**スーイズム【sueism】** ↓そしょうしゅぎ(訴訟主義)
**スウィフト【SWIFT】**《Society for Worldwide Interbank Financial Telecommunication の略》国際銀行間通信協会。各国の主要銀行相互間の支払い・送金業務などのためのデータ通信を行うことを目的とする非営利法人。ヨーロッパと北米の主要銀行が加盟。一九七三年にベルギーで発足。
**スウィフト【Jonathan Swift】**(一六六七～一七四五) イギリスの小説家・ジャーナリスト。痛烈な人間罵倒が特色。作品『桶物語』『ガリバー旅行記』『奴婢訓』など。
**スウィンバーン【Algernon Charles Swinburne】**(一八三七～一九〇九) イギリスの詩人。卓抜な韻律による流麗な作品を書いた。詩劇『キャリドンのアタランタ』、『詩と歌謡』など。
**スウェーデン【Sweden・瑞典】**(Kingdom of Sweden) 北ヨーロッパ、スカンジナビア半島東半を占める立憲君主国。首都ストックホルム。西部にスカンジナビア山脈が走り、東部はボスニア湾に臨む。針葉樹林が多く、パルプ生産がさかん。キルナは鉄鉱石の主産地。鉄鋼・造船業も発達。面積四五万km²。人口八三七万(一九八六)。正称スウェーデン王国。
**スウェーデン-がくは【スウェーデン学派】** ↓ほくおうがくは(北欧学派)
**スウェーデン-かぶ【スウェーデン▼蕪】** アブラナ科の二年草。葉や茎はキャベツに似て、根は肥大してカブ状。近年、スウェーデンから飼料用として導入されたものが煮物用に利用されている。耐寒性があり、北海道・東北で栽培。ルタバガ。Swedish turnip; rutabaga
**スウェーデン-ししゅう【スウェーデン刺▼繡】** ①スウェーデン独特の刺繡。ダーニングステッチやクロスステッチなどを使う。Swedish embroidery ②布地の縦目だけをすくい、模様を表す刺繡。日本独自の呼称。
**スウェーデン-たいそう【スウェーデン体操】** スウェーデン人リングが創始した体操。解剖学・生理学を基礎とした合理的なもの。Swedish gymnastics
**スウェーデンボルグ【Emanuel Swedenborg】**(一六八八～一七七二) スウェーデンの神秘思想家。著書『天界の神秘』など。スウェーデンボリ。
**スヴェードベリ【Theodor Svedberg】** ↓スベードベリ
**スヴェルドロフスク【Sverdlovsk】** ↓スベルドロフスク
**すう-えん【▼騶▼衍・▼鄒▼衍】**(生没年未詳) 中国、戦国時代の思想家。陰陽家の一人。陰陽五行説の変化循環を基本に、五行相勝の原理による歴史を主張。
**スウェンソン【Jón Stefán Svensson】**(一八五七～一九四四) アイスランドの児童文学者。生涯の大半を外国で過ごす。少年時代の思い出を題材にドイツ語で書く。作品『ノンニ』など。
**スウォワツキ【Juliusz Słowacki】**(一八〇九～一八四九) ポーランドの詩人。ロマン主義文学の創始者で、近代戯曲の先駆者。史劇『バラディナ』、物語詩『ベニョフスキ』、詩『精霊王』など。
**スウォン【水原】**(Suwŏn) ↓すいげん(水原)
**スウォンジー【Swansea】** イギリス、ウェールズ南部の港湾・工業都市。人口一八・七万(一九八五)。
**すう-かい【数回】** 二、三または五、六回。数次。several times
**すう-がく【数学】** ①数・量・図形などを研究する学問の総称。mathematics ②中学や高校などの教科の一つ。mathematics
**すうがく-きそろん【数学基礎論】** 数学の基礎について論ずる数学の一分野。情報科学や計算機科学とも密接に関係するようになった。foundations of mathematics
**すうがくてき-きのうほう【数学的帰納法】** 自然数 $n$ を含む命題 $P(n)$ の証明法の一つ。まず、$P(1)$ が正しいことを示す。つぎに、$P(n)$ が正しいと仮定したときに $P(n+1)$ が正しいことを示す。この二つのことを示すことによって、すべての自然数 $n$ について $P(n)$ が正しいということができる。完全帰納法。mathematical induction
**すう-き【枢機】**《「枢」は戸のくるる、「機」は石弓の引き金》①物事の重要な部分。かなめ。important point ②国家の重要な政務。important political affairs
**すう-き【数奇】**(名・形動)《「数」は運命、「奇」は不遇、の意》①ふしあわせなこと。不運。さっき。adverse fortune ②運命が大きく変わること。用例 ―な運命。
**すうき-けい【枢機▼卿】** カトリック教会で教皇の最高顧問。教皇により全世界の司教の中から選任され、枢機卿会を構成。教皇の選挙権をもつ。すうききょう。カーディナル。cardinal
**すう-ぎょう【数行】**《「すうこう」は別語》文字の並びの二、三行または五、六行。some lines
**スーク【Josef Suk】**(一八七四～一九三五) チェコスロバキアのバイオリン奏者・作曲家。孫のヨゼフ(一九二九)も世界的バイオリン奏者。
**すう-けい【崇敬】**(名・サ変他) あがめ、うやまうこと。admiration 用例 ―の念。
**すう-こ【数個】** 二、三または五、六個。several; some
**すう-こう【崇高】**(名・形動) たっとく、けだかいこと・さま。sublime 用例 ―な精神。
**すう-こう【▽焼香】** 沖縄で死者を供養する祭り。死後七日目ごとに四十九日まで行われ、その後一三年忌までを若焼香、二五年忌と三三年忌を大焼香といい、とくに三三年忌を終わり焼香という。
**すう-こう【数行】**《「すうぎょう」は別語》二、三または五、六筋。用例 ―の涙。
**すう-こう【▼趨向】** 物事がある方向におもむき向かうこと。傾向。tendency
**すうこう-び【崇高美】** 美学で、驚異・畏敬・偉大・壮大などの感動をよびおこす美しさ。sublime beauty
**スーサ【Susa】** イラン南西部の古代オリエントの都市遺跡。エラムの首都、古代アケメネス朝ペルシアの首都として栄えた。
**スーザ【John Philip Sousa】**(一八五四～一九三二) アメリカの吹奏楽指揮者・作曲家。吹奏楽発展に尽くし、行進曲王といわれる。行進曲『星条旗よ永遠なれ』『士官候補生』など。
**スーザフォン【sousaphone】** 金管楽器。歩きながら演奏できるよう、管の巻き方を丸巻きにした低音楽器。行進曲王スーザがチューバを改良して考案。
**すう-し【数詞】** 名詞の一つ。数量や順序を表すことば。基数詞(一つ・二匹・三人・四本など)と順序数詞(第二・三つめ・四時など。「序数詞」とも)とに分けられる。不定または疑問の数を言うときの、「いくら・何枚・いくつめ」なども数詞にふくめられる。numeral 参考「つ・匹・人・本」などは助数詞という。
**すう-じ【数次】** たびたび。数回。several times 用例 ―にわたる会合。
**すう-じ【数字】** ①数を表す記号。現在もっとも一般的な数字は0～9の一〇個による位取り記数法で示される。これはインドが起源で、アラビアを経て西ヨーロッパに普及した。ほかに漢数字・ローマ数字・ギリシア数字など。numerals ②数字で表される事柄・知識。数量の扱い。数理。figures 用例 ―に明るい。③いくつかの文字。several letters
**すう-しき【数式】** 数や文字の間の関係を表したり、ある数値をとるようにつくられた式。mathematical expression
**すう-じく【枢軸】** 活動の中心となる重要な箇所。政治・権力の中心。center of politics and authority
**すうじく-こく【枢軸国】** 第二次大戦中の日本・ドイツ・イタリアの三国、およびその同盟国。the Axis powers
**すう-じつ【数日】** 二、三または五、六日。sev-

eral days

**スー・シティ**〔Sioux City〕アメリカ、アイオワ州西部の河港都市。ビッグスー川とミズーリ川の合流点にあり、交通の要地。穀物の集散、食肉の加工などの中心地。人口八・二万(一九八〇)。

**すうじ・りょけん**【数次旅券】海外渡航のための、数次往復用一般旅券のこと。有効期間は五年で、その間は何度でも渡航できる。multiple journey passport

**ずうずうし・い**【▽図▽図しい】(形) 人の迷惑などに平気である。あつかましい。impudent 派生ずうずうしさ(名)

**ずうずう・べん**【ずうずう弁】東北地方特有の発音のしかた。ジ・ジュがズと聞こえ、鼻音が多い。東北弁。

**すう・せい**【▼趨性】生物学で、向性・走性に同じ。taxis

**すう・せい**【▼趨勢】①なりゆき。形勢。動向。trend 用例時代の―。②統計学で時系列を構成している四つの変動要素のうち、全体的動向を定義づける要素。長期変動。傾向変動。trend

**スーゼイ**〔Gérard Souzay〕(一九一八) フランスの代表的バリトン歌手。流麗な歌唱が特徴。

**すう・せん**【数千】二、三千または五、六千。thousands of

**スー・セント・マリー**〔Sault Sainte Marie〕カナダ南部、オンタリオ州中南部の港湾都市。対岸にアメリカの同名の市がある。人口八・三万(一九八一)。

**スー・セント・マリー**〔Sault Sainte Marie〕アメリカ中北部、ミシガン州北部の港湾都市。カナダの同名市と運河の橋で結ぶ。人口一・四万(一九八〇)。

**スーセントマリー・うんが**【スーセントマリー運河】(Sault Sainte Marie Canals) アメリカとカナダの国境、スペリオル湖とヒューロン湖を結ぶ閘門式運河。アメリカ側の北運河(長さ二・六km)・南運河(長さ二・五km)とカナダ側の運河(長さ二・二km)の三つの運河をいう。

**ズーダーマン**〔Hermann Sudermann〕(一八五七〜一九二八) ドイツ自然主義の劇作家・小説家。小説『憂愁夫人』『猫橋』、戯曲『名誉』『故郷』など。

**す・うたい**【素謡】囃子・舞のない謡。謡だけを謡うこと。比較素語り。

**ずう・たい**【▽図体】からだ。なり。body 用例―が大きい。

**すう・だん**【数段】㊀(名) 階段などの二、三段または五、六段。㊁(副) 数等。かなり。ずっと。considerably 用例腕前が―上だ。

**スーダン**〔Sudan〕(Republic of the Sudan) アフリカ北東部、ナイル川の中・上流域を占める共和国。首都ハルツーム。一九五六年イギリスから独立。ゲジラ計画で灌漑地域が広がり、綿花の単一耕作と落花生栽培がさかん。面積二五〇・六万km²。人口二二一八万(一九八六)。正称スーダン共和国。

**スーダン・グラス**〔Sudan grass〕イネ科の一年草。五月に播種し、七〜九月に刈り、生草または乾草として家畜の飼料にする。種子は淡黄色で、紫色の穎に包まれる。一部は野生化。アフリカ原産。

**スーダン・ししゅう**【スーダン刺▼繍】太めの糸で、織り目を数えながら横糸だけをすくって刺していく刺繍。幾何学模様が主。Sudanee embroidery

**スーダン・ちほう**【スーダン地方】(Sudan) アフリカ、サハラ砂漠南方からコンゴ盆地北方にかけての地域の総称。セネガル・モーリタニア・マリ・ニジェール・チャド・スーダンなどの国々を含む。

**すう・ち**【数値】①実験や計算で得られた数。あたい。numerical value ②数式の中の文字に代入する数。numerical value

**すうち・けいさん**【数値計算】①数の計算を行うこと。calculation ②関数の値を求めるとき、近似計算の理論に基づき、数値を代入して近似値を計算すること。numerical calculation

**すうち・せいぎょ**【数値制御】主として、工作機械の自動制御に応用。加工に必要な工具の動きを、コード化した数値データとして、磁気テープなどに記録、それに基づいて工作機械を制御運転する。NC。numerical control

**すうちせいぎょ・こうさくきかい**【数値制御工作機械】数値制御によって自動的に工作を行う機械。NC工作機。numerically controlled machine tool

**すうち・せきぶん**【数値積分】定積分の近似値を数値計算で求める方法。台形公式やシンプソンの公式も、数値積分の方法の一つ。numerical integration

**すうち・ちけいず**【数値地形図】地形を三次元座標上の値で表現したもの。numerical topographic map

**スーチョウ**【蘇州】(Sūzhōu) ↓そしゅう(蘇州)

**すう・ちょくせん**【数直線】実数を目盛った直線。基本単位を決め、その整数倍を目盛りとする。ふつう、0を中心に右および上を正に、左および下を負にする。number line

**すうち・よほう**【数値予報】天気予報の一方法。気象現象を支配する大気の運動を力学方程式に表し、それを数量的に計算して将来の気圧配置、天気などを予想する。numerical weather forecasting

**スーチョワン**【四川】〈省〉(Sìchuān) ↓しせん(四川)

**スーツ**〔suit〕《一そろい、の意》同じ布でつくった一そろいの衣服。男子の三つぞろいや背広上下・夜会服、婦人用の上着とスカート・ズボンなど。

**スーツケース**〔suitcase〕スーツなど衣類を収納して持ち運ぶためのかばん。おもに旅行用で、キャスター(車)つきのものもある。

**スーティン**〔Chaïm Soutine〕(一八九四〜一九四三) フランスの画家。リトアニア生まれ。エコール・ド・パリの一員。強烈な色彩で主観的世界を熱狂的に表現。作品『皮を剝がれた牛』など。↓写

●スーティン『給仕』。一九二七年ごろ、パリ国立近代美術館。

**すうでん**【崇伝】(一五六九〜一六三三) 江戸初期の臨済宗の僧。京都南禅寺住持。金地院を創建。徳川家康の信任をえて僧録司となり、外交・内政に参与、重要文書の起草にあたった。著書『異国日記』など。

**すう・とう**【数等】(副) 程度・段階などの差のあるさま。数段階。数段。ずっと。by far 用例技術が―すぐれている。

**スードラ**〔śūdra梵・首陀羅〕インドのカーストで、最下位にある身分。奴隷の身分。シュドラ。

**スーパー**〔super〕①ふつうの程度をこえていること。たいへんすぐれていること。用例―マン。―ショット。②「スーパーマーケット」の略。③「スーパーインポーズ」の略。

**スーパーインポーズ**〔superimpose〕《載せる、重ね合わせる、の意》①映画の画面に文字を重ねて焼きつけること。字幕。②二つ以上の画面を組み合わせるコンピューター技術。

**スーパー・カー**《和製語》高性能スポーツカー。

**スーパー・コンピューター**〔super computer〕高性能・超大型の科学技術計算用コンピューター。一秒間に一億回以上の演算ができ、汎用コンピューターの一〇倍以上の計算速度をもつ。

**スーパー・じゅしんき**【スーパー受信機】「スーパーヘテロダイン受信機」の略。superheterodyne receiver

**スーパー・スコープ**《和製語》ワイドスクリーン映画の一種。縦横の比が一対二の画面。super size wide screen

**スーパースター**〔superstar〕スポーツ・芸能界などの超大物スター。

**スーパー・ストア**《和製語》スーパーマーケットのうち、とくに衣料品の占める割合が高い店。

**スーパーソニック**〔supersonic〕《接頭的》超音速の、の意を表す語。

**スーパータンカー**〔supertanker〕昭和三〇年(一九五五)ごろ建造された、原油を二万四〇〇〇tから四万五〇〇〇t積める大型油槽船。比較マンモスタンカー。

**スーパーチャージャー**〔supercharger〕↓かきゅうき(過給機)

**スーパーヘテロダイン**〔superheterodyne〕電波受信の方式の一つ。受信回路内で、高周波を発生させ、これに受信電波を加えてできる中間周波を増幅・検波する。安定で感度もよい。

**スーパー・ヘビーきゅう**【スーパーヘビー級】アマチュアボクシングの体重別階級の一つ。九一kg以上。super heavyweight

**スーパー・マーケット**〔supermarket〕セルフサービス方式の大規模な総合小売店。大量仕入れによる仕入れ費用低減、人件費節減、高回転、低マージンが特徴。

**スーパー・マウス**〔super mouse〕遺伝子操作によりラットの成長ホルモンを体内にもった大形のハツカネズミ。体重はふつうのマウスの二倍。

**スーパーマン**〔superman〕㊀とびぬけてすぐれた人。超人。㊁《Superman》アメリカの代表的コミックス。また、その主人公。一九三五年発表。映画化された。

**スーパー・りんどう**【スーパー林道】特定森林地域開発林道の通称。林業の経営や森林の管理に使う道路のうち、とくに規模の大きいもの。↓写

●スーパー林道 白山スーパー林道。

**すう・はい**【崇拝】(名・サ変他) あがめ、うやまうこと。worship 用例―する人物。偶像―。

**スープ**〔soup〕西洋料理の汁物、だし汁。肉・魚介類のだし汁を調味したもの。一般に澄んだものはコンソメ、濃厚なクリーム状のものはポタージュ。数え方一皿。

**スーフィズム**〔Sufism〕イスラム教の神秘主義運動。八世紀ごろイラクに発生。神への愛に基づき、禁欲的修行による神との合一をめざす。

**スープ・ストック**〔soup stock〕西洋料理で、おもにコンソメ・ポタージュなどの土台に使うだし汁。牛肉・鶏肉・魚やその骨などと種々の野菜とを材料に、じっくり煮出してつくる。ブロス。ブイヨン。

**すう・ぶつ**【崇仏】仏をあがめ尊ぶこと。

**スーブニール**〔souvenir〕＝スーベニア。①思い出。記念。②記念品。おみやげ。

**スープン・ダム**【▽水▽豊ダム】(Sup'ung) ↓すいほうダム(水豊ダム)

**スーベニア・ショップ**〔souvenir shop〕土産物店。スーブニールショップ。

**スーポー**〔Philippe Soupault〕(一八九七〜) フランスの詩人・小説家。ブルトンらとシュールレアリスム運動をおこす。ブルトンとの自動記述の合作『磁場』、詩集『水族館』など。

**すう・みつ**【枢密】だいじな機密。とくに、政治の機密。privy

**すうみつ・いん**【枢密院】大日本帝国憲法下の天皇の最高諮問機関。天皇自らの選出(勅選)による議長・副議長・顧問官により構成。明治二一年(一八八八)明治憲法草案審議のため設置され、昭和二二年(一九四七)新憲法施行により廃止。

**すうみつ・こもんかん**【枢密顧問官】枢密院の構成員。定員は大正二年(一九一三)以降二四名。天皇の諮問にこたえて重要国務を審議した親任官で、四〇歳以上の元勲が選ばれた。昭和二二年(一九四七)廃止。

**ズーム・レンズ**〔zoom lens〕ピントが合った状態で、焦点距離を連続的に変えることができるレンズ。像の大きさを連続して変えられる。写真・テレビ・映画用に常用される。ズーム。

**すうめい・とう**【崇明島】中国、江蘇省、揚子江河口にある大きな砂州の島。面積八〇〇km²。製塩・綿花栽培が行われる。チョンミン島。

**すう・よう**【枢要】(名・形動) 物事の肝心なところ。かなめであるさま。importance 用例―な地位。

**スーラ**〔Georges Pierre Seurat〕(一八五九〜九一) フランスの画家。新印象主義の代表者。印象派の技法を理論化して分割描法(点描法)を大成し

●スーラ『グランド-ジャット島の日曜日の午後』。一八八四〜八六年、シカゴ美術館。

た。作品『グランド-ジャット島の日曜日の午後』など。→写

**スーラージュ**【Pierre Soulages】(一九一九〜)フランスの画家。黒の幅広い線を交錯させたカリグラフィー風の抽象画を描く。作品『絵画』など。

**すう-り**【数理】①数学の理論。mathematical theory ②計算の方法。method of calculation 用例――に明るい。

**スーリオ**【Etienne Souriau】(一八九二〜一九七九)フランスの美学者。諸芸術相互の比較美学的考察を展開。著書『諸芸術の対応』など。

**すうり-けいざいがく**【数理経済学】①経済の均衡や発展を数学的方法で明らかにしようとする経済理論の総称。mathematical economics ②一般均衡理論の体系。mathematical economics

**すうり-げんごがく**【数理言語学】確率・統計学の方法、代数学を扱う方法など、数学の方法を用いた言語研究。mathematical linguistics

**すうり-てつがく**【数理哲学】哲学で、数の本質・数学的認識の特色などを研究するもの。一九世紀後半以降大きく発展。mathematical philosophy

**すうり-ぶつりがく**【数理物理学】物理学の一部門。とくに理論の数学的解析を重視する。mathematical physics

**すう-りょう**【数量】①数と量。物のかずとかさ。amount ②数で表された量。quantity

**すうりょう-けいき**【数量景気】物価が安定しているなかで、取引数量の増大が景気を刺激し、企業に増収をもたらす状態。quantitative boom 対義価格景気。

**すうりょう-てき**【数量的】(形動)数量について。数量に表れての。quantitative

**すうり-ろんりがく**【数理論理学】数学の一分野。数学の全分野に共通する論理的推論を、数学的記号法を用いて研究する。mathematical logic

**スールー-しょとう**【スールー諸島】(Sulu Archipelago)フィリピン南西部、ミンダナオ島とカリマンタン島との間に散在する諸島。

**ズールー-ぞく**【ズールー族】南アフリカ共和国東部に住むバンツー系の一種族。牧牛・トウモロコシ栽培に従事。一九世紀初め帝王シャカが出て王国を建設したが、一九世紀末にイギリス領となる。Zulu

**ズールーランド**【Zululand】南アフリカ東部、インド洋沿岸地域にあるズールー族の居住地域。一八九七年に南アフリカ共和国ナタール州に編入。

**スールダース**【Sūrdās】(一四八三ごろ〜一五六三ごろ)インドの盲目の詩人。ビシュヌ神の権化である牧童クリシュナと、牧女ラーダの恋愛などを中心とする賛歌集『スールサーガル(スールの海)』で有名。

**すう-れつ**【数列】①数をある規則に従ってならべたもの。自然数 $n$ に対して一つの数 $a_n$ を対応させてできた数の列 $a_1, a_2, \ldots, a_n, \ldots$ をいう。$\{a_n\}$ とも書く。等差数列・等比数列など。sequence; progression ②いくつかの列。some lines

**すう-ろん**【数論】→せいすうろん(整数論)

**すえ**【末】①はし。先。end 用例野の――。②はて。終わり。end 対義元。用例九月の――。③行く末。将来。future 用例――が思いやられる。④《仏教語》仏法の衰え、堕落した時代。末世。degenerate age 用例世も――だ。⑤《「季」とも》末っ子。the youngest child 用例五人兄弟の――です。⑥子孫。descendant 用例平家の――。⑦下流。⑧あげく。結果。after ... 用例さんざん考えた――に。⑨主要でないこと・もの。trifles 用例――の――。――の問題だ。⑩和歌で、下の句。対義本。

**末四十より今の三十**《「末四十」を「末始終」にかけて》将来多く得るよりも、少しでもいいから今手に入れたほうがよい。

**末通る** 物事を終わりまでやりとげる。成功する。

**末無し** 将来の見込みがない。

**末の露、本の雫**《草木の葉末のつゆと、根もとのしずく。遅い早いはあっても、いずれは消えてしまうところから》人の寿命に長短はあっても、やがて死ぬことにかわりはない、ということのたとえ。

**すえ**【▽陶】やきもの。陶器。

**すえ**【▼須恵】〈町〉福岡市東方にある町。旧炭鉱町。宅地化が進み、福岡市のベッドタウン。人口二万一一五七(一九八八)。

**すえ**【▼須恵】〈村〉熊本県南部、球磨川に沿う村。稲作中心。第二次大戦前、アメリカの社会学者エンブリーが農村調査をした土地として知られる。人口一六二八(一九八八)。

**ず-え**【図会】特定の図画を集めたもの。collection of pictures 比較図鑑。用例名所――。

**ず-え**【図絵】絵。ずが。picture

**スエード**【suède フランス】①ヤギ・シカ・子ウシの皮の裏を起毛させた柔らかい革。手袋・靴・コート類に使用。いわゆるバックスキンとは区別される。②①を模したスエード仕上げの織物。

**すえ-おき**【据(え)置き】①すえておくこと。to set ②手をつけず、そのままの状態にしておくこと。deferment 用例ガス料金を――にする。③預金・債権などを払い戻したり償還したりすることなく、一定期間手をつけずにおくこと。deferment

**すえ-お・く**【据(え)置く】(五他)①動かさずにおく。leave ②そのままにしておく。leave

**すえ-おそろし・い**【末恐ろしい】(形)将来どうなるかが心配だ。行く末が思いやられる。ominous 対義末頼もしい。派生すえおそろしげ(形動)すえおそろしさ(名)

**すえ-き**【▽陶器・▼須恵器】古墳時代後半期から奈良・平安時代に作られた陶質の土器。渡来人により朝鮮から技術がもたらされた。登り窯まで高温の還元炎で焼き、灰色・灰黒色を呈する。

**すえ-しじゅう**【末始終】(副)のちのちまで。末長く。「でも。末長く。

**スエズ**【Suez】エジプト、スエズ運河の南端に位置する港湾都市。カイロ・ポートサイドに鉄道が連絡。人口一九・四万(一九七六)。

**スエズ-うんが**【スエズ運河】(Suez Canal)アフリカ北東端のスエズ地峡を通り、地中海と紅海を結ぶ平水式運河。一八六九年レセップスにより完成。アジアとヨーロッパを結ぶ最短航路として、経済・軍事的に重要地点。長さ一六三km、水深一五m。

**すえ-ずえ**【末末】①のちのち。行く末。future ②子孫。descendant ③しもじも。庶民。the masses

**スエズ-どうらん**【スエズ動乱】一九五六年スエズ運河に対する主権をめぐり、エジプトとイギリス・フランス・イスラエルとが争った事件。国際世論の高まりによって運河の管理権はエジプトに帰した。スエズ戦争。Suez dispute

**すえ-ぜん**【据(え)▼膳】①すぐ食べられるように整えた膳を人の前に出すこと。その膳。②人に働かせて自分は利を得ようとすること。③すっかり用意して人が働けるようにすること。④女のほうから男に情事をしかけること。

**据え膳、上げ膳**「上げ膳、据え膳」と同意。

**据え膳食わぬは男の恥** 女の方から誘いをかけられて、それに応じないのは男として恥だ。女の誘いに乗るのは、男として当然のことである。When petticoats woo, breeks may come speed.

**すえ-たのもし・い**【末頼もしい】(形)将来に望みがある。将来が楽しみだ。promising 対義末恐ろしい。派生すえたのもしげ(形動)すえたのもしさ(名)

**すえ-つ-かた**【末つ方】文語的《「つ」は「の」の意の格助詞》①末の部分。last part ②終わりのころ。end 用例秋の――。

**すえつぐ-ぶね**【末次船】江戸初期、貿易商末次平蔵の朱印船の通称。ルソン・シャムなど南洋各地との交易で活躍。

**すえつぐ-へいぞう**【末次平蔵】(?〜一六三〇)江戸初期の貿易商。名は政直。長崎の人。長崎代官。朱印船貿易で巨利を獲得。

**すえ-つ・ける**【据(え)付ける】(下一他)動かないように置く。fix; install 用例モーターを――。

**すえっ-こ**【末っ子】きょうだいのいちばん末の子。まっし。ばっし。the youngest child

**スエット-シャツ**【sweat shirt】《「スエット」は汗の意》汗とりのために着るシャツ。本来は運動選手が汗による冷えを防ぐために着た、ゆったりしたプルオーバーの木綿のセーター。トレーナー。

**すえつむ-はな**【末摘花】①《末の方から花を摘みとって紅をつくることから》ベニバナの古名。②『誹風末摘花』の略。

**すえ-ながく**【末長く】(副)いつまでもずっと。遠い将来まで。行く末長く。for ever and ever 用例――お幸せでありますよう。

**すえなが-まさお**【末永▽雅雄】(一八九七〜)考古学者。大阪府生まれ。関西大学名誉教授。昭和一三年(一九三八)橿原考古学研究所を創設。所長として高松塚古墳などの調査研究を指揮。同六三年(一九八八)文化勲章受章。

**すえなし-がわ**【末無し川】下流部で水がなくなってしまう川。乾燥地では蒸発により、扇状地や砂丘では地下に浸透して消滅する。lost river

**すえ-の-よ**【末の世】①後世。future ages ②道義が衰えて、乱れた時代。末世。degenerate time

**すえ-ば**【末葉】①草木の先のほうにある葉。②子孫。descendant

**すえ-ひろ**【末広】=末広がり。①末が広がっていくこと。②祝いの進物にするときの扇子のよび名。fan ③しだいに栄えること。④中啓。

**すえひろ-いずたろう**【末▼弘▽厳太郎】(一八八八〜一九五一)民法・労働法学者。山口県生まれ。東大卒。東大教授。第二次大戦後、労働組合法などの立案・制定に参画。著書『日本労働組合運動史』など。

**すえ-ひろがり**【末広がり】㊀↓すえひろ(末広)。㊁①狂言の曲名。脇狂言。末広がりを扇と知らぬ太郎冠者は傘を買わされるが、売り手が教えた囃子物で主人の怒りをとく。②長唄、または常磐津による歌舞伎舞踊の曲名。狂言の舞踊化。

**すえひろ-てい**【末広亭】東京都新宿区新宿三丁目にある落語の定席。明治の末に堀江亭と称した場末の席を、浪曲師末広亭清風が買収したことにはじまる。

**すえひろ-てっちょう**【末広鉄腸】(一八四九〜一八九六)政治小説家。本名、重恭。伊予、宇和島生まれ。作品『雪中梅』『花間鶯』など。

**すえひろ-やすお**【末広▽恭雄】(一九〇四〜一九八八)魚類生理生態学者。東京生まれ。東大卒。魚博士として親しまれ、著書に『魚類学』『魚の履歴書』など。祖父は末広鉄腸。

**すえ-ふろ**【据(え)風▼呂】家庭用の風呂で、大きな水桶の下部にかまどを作りつけたもの。すいふろ。

**すえまつ-けんちょう**【末松謙澄】(一八五五〜一九二〇)明治の政治家。福岡県生まれ。逓信大臣・内務大臣・枢密顧問官を歴任。著書『演劇改良意見』『日本文章論』。

**すえ-もの**【▽陶物】焼き物。陶器。china

**すえ-もの**【据(え)物】①すえた物。用例――切り。②床の間などの飾り物。置物。ornament

**すえよし**【末▽吉】〈町〉鹿児島県、大隅半島北部の町。稲作、タバコ・サツマイモ栽培、畜産などがさかん。人口二万一五〇九(一九八八)。

**すえよし-ぶね**【末▽吉船】江戸初期、貿易商末吉孫左衛門の朱印船の通称。ルソン・アンナン・トンキン・シャムなどとの交易で活躍。

**すえよし-まござえもん**【末▽吉孫左▽衛門】(一五七〇〜一六一七)江戸初期の大坂の豪商・貿易商。河内平野の人。名は吉安。大坂の陣で功をたて河内の代官に任命。朱印状を受けルソン方面と交易。

**す・える**【▼饐える】(下一自)飲食物がくさって、すっぱくなる。turn sour

**す・える**【据える】(下一他)①ものを、一定の場所に動かないように置く。fix; install 用例工場に新しい機械を――。②人をある地位につかせる。すわ

らせる。place 用例 社長に―。上座に―。③動かないようにする。落ち着ける。settle 用例 腰を―。度胸を―。目を―。④印判を一定の場所におす。用例 印を―。判を―。⑤灸をする。用例 灸を―。

**すおう**【▽周▽防】↓すおうのくに(周防国)

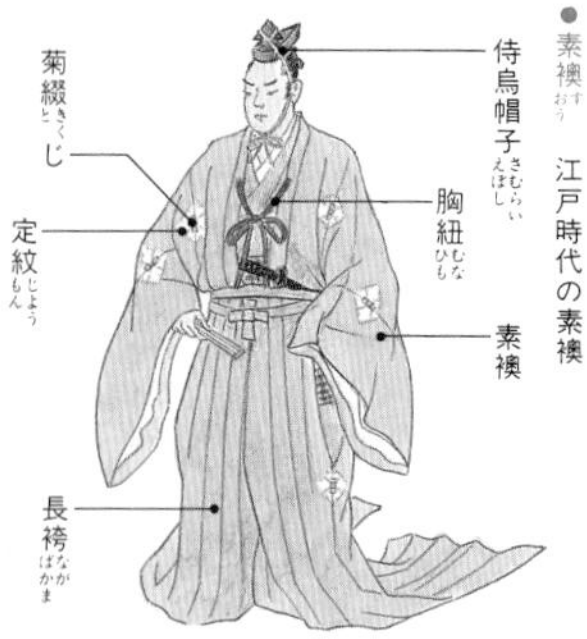


● 素襖　江戸時代の素襖

**す-おう**【素▼襖・素▼袍】直垂の一種。室町時代に始まり、江戸時代には武家の礼服として用いられた。布地は麻で、定紋をつけた。↓図

**す-おう**【▼蘇▽芳・▼蘇▽方・▼蘇▼枋】①マメ科の落葉小高木。高さ約五m。葉は羽状複葉。花は黄色で集まって咲く。花後、赤色のさやをつける。材・さやは上代から重要な赤色染料用。インド・マレー半島原産。②そめ色の名。③襲の色目の名。表は薄黒みを帯びた赤。茶色、裏は濃赤色。

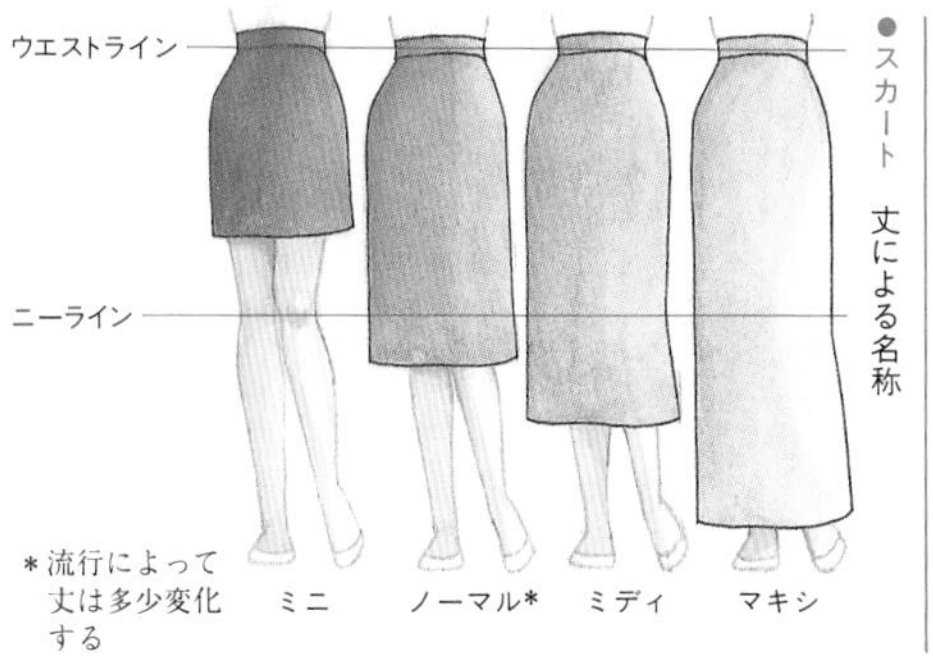


● スカート　丈による名称

**すおうおとし**【素▼襖落・素▼袍落】①狂言の曲名。酔った太郎冠者が、もらってきた素襖を主人に隠しているが、芸をさせられて落とし、拾われる。②《素襖落》歌舞伎舞踊。福地桜痴作。新歌舞伎十八番の一つ。狂言を舞踊化したもの。

**すおう-なだ**【▽周▽防▼灘】瀬戸内海最西部の海域。フグ・エビ・海苔の養殖がさかん。沿岸に工業都市が発達。

**すおう-の-くに**【▽周▽防国】旧国名。現在の山口県南東部。山陽道の一国。「延喜式」では上国、六郡。国府は現在の防府市国衙に、国分寺は同市国分寺町にあった。明治四年(一八七一)廃藩置県により山口県。防州。周防。

**すおう-の-ないし**【▽周▽防内▽侍】(?～一一一〇ごろ)平安後期の女流歌人。周防守平棟仲の娘。本名、仲子。後冷泉天皇から堀河天皇まで四代、約四〇年間、宮中に仕えた。家集『周防内侍集』。

**す-おどり**【素踊(り)】日本舞踊で、扮装なしで、紋服に袴、または着流しで屏風を背に踊ること。

**ず-おも**【頭重】(名・形動)①頭が重いこと・さま。②他人になかなか頭を下げようとしないこと・態度。③相場が上がり気味でいて、上がらない状態。

**すか**《俗語》あてがはずれること。用例 ―を食う。

**ず-が**【図画】①図と絵。drawing ②絵をかくこと。絵。drawing

**スカート**【skirt】下半身をおおう一般には筒状の衣服。コートやドレスのウエストから下の部分もいう。ギャザースカート・フレアスカート・タイトスカートなど。↓図

**スカーフ**【scarf】装飾・防寒用の薄い布。頭や首をおおう。絹・木綿・毛織物製などで、大きさや柄も種々ある。

**スカーレット**【scarlet】①黄色がかった赤色。緋色。②カイガラムシからとった赤色系の色素。

**スカイ**【sky】空。空中。天。

**す-がい**【▼酢貝】潮間帯の岩礁にすむリュウテンサザエ科の巻き貝。殻のふたを酢につけると、溶けながらくるくる回るので、この名がある。ほぼ球形で殻高約二・七cm。殻表は緑褐色。殻には藻がはえて石ころのように見える。本州以南に分布。

**ず-かい**【図解】(名・サ変他)図を使って説明すること・書物。illustration

**ず-がい**【頭▼蓋】脊椎動物の頭部を形成する骨格。脳髄などを保護する。頭骨。とうがい。cranium ↓図

**すがい-くみ**【▼菅井▼汲】(一九一九～)洋画家。神戸市生まれ。パリ在住。簡潔明快な形体と色彩による抽象画を描く。作品『赤と黒』『湖』など。

**ずがい-こつ**【頭▼蓋骨】頭のほねの総称。頭骨。とうがいこつ。skull

**スカイ-サイン**【sky sign】夜間、ビルの壁面などに電光で文字や絵を映し出す広告。空中広告。

**スカイジャック**【skyjack】飛行機の乗っ取り。ハイジャック。

**ずがい-すうはい**【頭▼蓋崇拝】人間や鳥獣の頭蓋を崇拝する風習。ほぼ世界各地に存在。豊穣や再生産あるいは死者の再生を願う思想に基づく。

**スカイスクレーパー**【skyscraper】摩天楼。

**スカイ-ダイビング**【sky diving】空中で行うスポーツの一つ。航空機で決められた高度から飛び降り、一定時間パラシュートを開かずに降下したのち、パラシュートを開いて目標地点への着地の正確さを競う。↓写

**スカイ-パーキング**《和製語》限られた土地に多くの自動車を収容するため、ビルの形式に高層化された駐車場。multistory parking garage

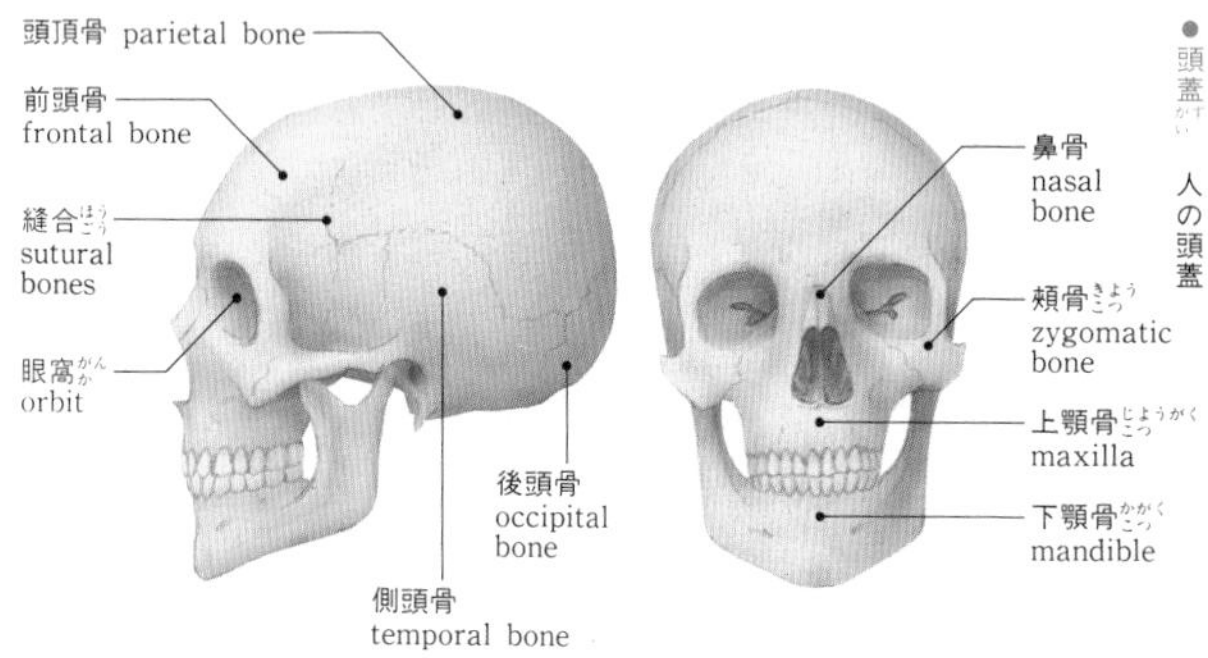


● 頭蓋　人の頭蓋

● スカイダイビング

**スカイ-ブルー**【sky blue】空色。明るい青。

**スカイ-メイト**《和製語》会員制の国内線航空運賃の割引制度。対象年齢は一二歳以上二二歳未満で、割引率は三五％だが、航空便に空席のある場合に限る。student discount air ticket

**スカイライン**【skyline】①地平線。②山や建物などが空を区切る輪郭線。③山岳地帯を走る観光自動車道の通称。

**スカイラブ**【Skylab】《空の実験室、の意の sky laboratory の略》アメリカが一九七三年に打ちあげた小型宇宙ステーション。生物・医学・農業など多くの実験が行われた。

**スカウト**【scout】㊀(名)「ボーイスカウト」「ガールスカウト」の略。㊁(名・サ変他)有望な人材を探しだしたり、他から引きぬいたりすること・人。用例 新人を―する。

**すがえ-ますみ**【▼菅江真澄】(一七五四～一八二九)江戸後期の民俗学者・紀行文作者。本名、白井秀雄。三河の人。東北各地の民俗を観察し、貴重な資料を残す。紀行『真澄遊覧記』など。

**す-がお**【素顔】①化粧をしない顔。no-make up ②しらふ。soberness ③ありのまま。true face 用例 日本の―。

**すが-がき**【▽清▼搔・▼菅垣】①和琴の基本的な奏法。②雅楽の箏の基本的な奏法。旋律型の部分名。③箏曲の純器楽曲。『六段菅垣』。④③を編曲した尺八の曲。⑤吉原の遊女が客寄せに弾いたといわれる三味線の旋律型『見世菅垣』が、遊里・遊女を暗示する音楽として劇場音楽にとり入れられた。⑥歌舞伎下座音楽の一種。遊女の出入りや遊里の幕開きに奏される。

**すが-がさ**【▼菅▼笠】↓すげがさ(菅笠)

**すかがわ**【▼須▽賀川】〈市〉福島県南部、阿武隈川流域の市。旧宿場町。商工業中心。牡丹園が有名。人口六万一四七(一九八八)。

**す-がき**【素▽描き】いろどりをしないで、線で絵をかくこと。線描。デッサン。そびょう。rough sketch

**す-がき**【酢▼牡▼蠣】カキの酢の物。カキは、大根おろしでもみ洗いをして、水気をよく切り、ポン酢じょうゆや二杯酢などをかける。

**す-が・く**【巣▼搔く】(五自)クモが巣をかける。

**ず-がく**【図学】幾何学の一分野で、立体を平面上に正確にかく方法。およびその図から立体の幾何学的性質などを研究する。設計図作成・地図作成などに応用される。画法幾何学。立体図学。graphics

**スカゲラク-かいきょう**【スカゲラク海峡】(Skagerrak)北海東部、デンマーク・ノルウェー間の海峡。幅一一〇～一五〇km。カテガット海峡を通じてバルト海に連絡。

**すかさ-ず**【透かさず】(副)時機をはずさず。すぐさま。at once 用例 ミスに乗じて、―攻める。

**すかし**【透かし】①透かすこと。②すきまをつくった部分。openwork ③透いて見える絵や字。watermark ④《俗語》音を立てない屁。すかしべ。

**すかし-あみ**【透かし編み】穴あき模様の編み物。また、その技法。fancy knitting

**すかし-たごぼう**【透田▽牛▼蒡】アブラナ科の二年草。湿地にはえる。高さ約三〇cm。春夏に、葉腋・茎頂に花茎を出し、黄色の小形十字花を総状につける。

**すかし-だわら**【透かし俵】《繭が網目状の長楕円形で、中の蛹が透視できることから》ガの一種クスサンの繭の俗名。

**すかし-べ**【透かし▼屁】《俗語》音がしないようにする屁。すかし。すかしっぺ。

**すかし-ぼり**【透かし彫り】金属・木材・石などを、表から裏までとおるように彫って文様をあらわす技法。fret work ↓写

● 透かし彫り　『灌頂幡』(部分)。白鳳時代(七世紀)、東京国立博物館。

**すかし-ゆり【透▽百▽合】** ①ユリ科の多年草。海岸にはえる。高さ約三〇cm。葉はやや密に互生。初夏、黄赤色の花が一〜三個上向きに咲く。イワトユリ。②①を母種として改良された園芸品種。品種は多く、花期は五〜六月、花色は豊富。↓写

●スカシユリ①

**すか・す**（五自）《俗語》気どる。すます。用例 いやに―・している。

**すか・す【▽空かす】**（五他）へらす。decrease; become hungry 用例 腹を―。

**すか・す【透かす】**（五自他）①（他）㋐すきまをつくる。leave an opening 用例 戸を―・して見る。㋑まばらにする。thin ㋒透き通らせる。make transparent 用例 お札を―・して見る。㋓油断させる。②（自）《俗語》音を立てずに屁をする。

**すか・す【▼賺す】**（五他）①機嫌をとる。なだめる。soothe 用例 なだめ―。②口先でごまかして、だます。coax

**すか-すか**（形動・サ変自）すきまが多いさま。すいているさま。thin 用例 ―の観客席。

**ずか-ずか**（副）荒々しく、無遠慮に進み出るさま。straightfowardly 用例 土足で―踏み込む。

**すがすが-し・い【▽清▽清しい】**（形）さわやかで気持ちがよい。さっぱりしている。refreshing 用例 ―朝の空気。派生 すがすがしげ（形動）すがすがしさ（名）

**すが-せんすけ【▼菅専助】**（生没年未詳）江戸後期の浄瑠璃作者。京都生まれ。安永（一七七二〜八一）のころ活躍。代表作は『摂州合邦辻』など。

**すがた【姿・▽相】** ①からだや物の全体の形・格好。からだつき。figure 用例 後ろ―。山の―。②みなり。one's appearance 用例 旅―。寝巻き―。③ありさま。ようす。condition 用例 移り変わる世の―。④和歌で、一首の歌としての形。または、おもむき。

**姿無し（すがたなし）** よい姿・格好をしていない。

**姿を消す（すがたをけす）** ①人が、その場からいなくなる。どこへ行ったのかわからなくなる。disappear ②今まであった事物がすっかり消えて、なくなってしまう。disappear

**すがだいら【▼菅平】** 長野県北東部、四阿山の西麓斜面。スキー場・ラグビーなどのスポーツ施設や、ホテル・宿舎がある。

**すがた-え【姿絵】** 肖像画。

**すがたさんしろう【姿三四郎】** 富田常雄の小説。昭和一七・一九年（一九四二・四四）刊。明治二〇年前後の世相を背景に、柔道一筋に生きる青年、姿三四郎の成長を描く。

**すがた-ずし【姿▼鮨】** 魚を、頭をつけたまま開き、骨・内臓を除いて酢でしめ、すし飯をつめてもとの形に作る料理。アユや小サバが代表的。

**すが-たたみ【▼菅畳】** スゲで編んだ敷物。スゲで編んだむしろの裏側にアワのわらを綴じたもの。

**すがた-み【姿見】** みなりをととのえるために、全身をうつすのに十分な大きさの鏡。壁掛け式と脚台がついて、傾斜を変えられるものがある。西洋では一八世紀、日本では明治末に普及。

**すがた-やき【姿焼（き）】** 尾頭つきの魚にくし打ちして、姿をくずさないように焼くこと。また、そのように焼いた塩焼きなどをいう。

**す-がたり【素語り】** 楽器の伴奏なしに平曲・浄瑠璃などを語ること。比較 素謡。

**スカッシュ【squash】** ①イギリスで生まれたテニスに似た室内スポーツ。壁に囲まれたコート内で二人で交互に、ラケットでボールを正面の壁に打ちつけ合う。②ソフトドリンクの一つ。レモン、オレンジなどの果汁に、甘味を加え、ソーダ水で割る。

**すかっ-と**（副）①さっぱりして気持ちのよいさま。feel refreshed 用例 胸が―する。②物をみごとに切るさま。用例 ―した切れ味。

**すがぬま-ていふう【▼菅沼貞風】**（一八六五〜八九）明治時代の経済史学者・南洋研究家。長崎県生まれ。東大卒。南進論の先駆者とされる。マニラでの調査中死亡。主著『大日本商業史』。

**すが-の-せん【▼須賀ノ▽山】** 兵庫・鳥取県境にある山。標高一五一〇m。峰つづきの一帯を氷ノ山とよび、スキー場などで有名。

**すがのね-の【▼菅の根の】**〔枕ことば〕《「ね」の音を重ねて、また、スガ（スゲ）の根が長く、乱れはびこることから》「ねもころ・長し・乱る・絶ゆ」などにかかる。用例 ―ねもころ君が結びてしわが紐の緒を解く人はあらじ（万葉・一一・二四七三）。

**スカビオサ【scabiosa】** セイヨウマツムシソウの別名。

**スカベンジャー【scavenger】** 生物の死体やその分解途上のものを栄養源とする動物の総称。蛆やマグソコガネ・シデムシなどを含めるが、一般には腐肉をあさるカラスやハゲワシ、ハイエナやジャッカルなどの動物をいう。

**す-がみこ【素紙子】** 紙で作った衣服。柿渋を引かずに作ったもの。軽くて温かいので、着物・羽織・頭巾・衾などに用いられた。白紙子。

**すが-むしろ【▼菅▼筵】** スゲで編んだむしろ。

**すが-め【▼眇】**《卑語》①片目。one eye ②斜視。squint

**すが・める【▼眇める】**（下一他）①片目をつぶってねらいをつける。close one eye ②片目を細めて見る。squint

**すが-やか【▽清やか】**（形動）すがすがしいさま。

**すかゆ-おんせん【酸ケ湯温泉】** 青森県八甲田山中にある温泉。スキーや登山の根拠地。湯治客も多い。

**すがら**（接尾）①終わりまで、ずっと通して。用例 夜も―。②途中。ついでに。用例 道―。③そのまま。用例 身―。

**ず-から**（接尾）《名詞に付いて》…によって。…をもって。…のまま。用例 手―。

**ず-がら【図柄】** 図案の模様。design

**スカラー【scalar】** 物理や数学で、大きさだけで方向をもたない量。長さ・質量・温度など。対義 ベクトル。

**スカラー-せき【スカラー積】** ↓ないせき（内積）

**スカラ-ざ【スカラ座】**（Teatro alla Scalaイタリア）イタリアのミラノにある歌劇場。数々の名作初演を誇り、劇場規模・上演内容ともヨーロッパ最高級。一七七八年開場。

**スカラシップ【scholarship】** 奨学資金。それを受ける資格。

**スカラップ【scallop】** ①ホタテガイ。また、その殻。その形のなべを使ってつくった西洋料理。②洋裁で、襟や袖などのふちをホタテガイのへりのような波形に裁つこと。また、そのように刺繍すること。その連続模様。

●スカラブ　エジプト博物館。

**スカラブ【scarab】** 古代エジプトの太陽神ケペルを象徴する聖甲虫の形の護符。貴石で作られ、装飾品・印章としても用いられた。長さ一〜五cm。墳墓や神殿跡から多数出土。↓写

**スカラベ【scarab】** ヨーロッパ・アフリカ・中国に分布する甲虫の一群。日本にはいない。体長三cm内外のコガネムシ類。獣糞を球にしてから転がして運び、地中に埋めて食料とする。古代エジプト人がこの虫を神聖視し、かたどってお守り（スカラブ）とした。タマオシコガネ。↓写

●スカラベ

**すがり【▼蜾▼蠃】** ハチ類の異名。クロスズメバチ・ジガバチなど、該当種は地方により異なる。ハチに限らず、アブやアリなどをさす地方もある。

**スカル【scull】** 左右一対の小型のオールで漕ぐボート競技。また、そのボート。シングル、ダブル、クォドルプル（四人漕ぎ）の三種目がある。

**すがる【▼蜾▼蠃】** ①ジガバチの古名。用例 ―追い。②シカの異名。

**すが・る【▽挿がる・▼箝がる】**（五自）すげられる。すげることができる。はめ込まれる。用例 やっと鼻緒が―・った。

**すが・る【▼縋る】**（五自）①頼って、しがみつく。とりつく。cling to 用例 肩に―。②頼る。rely on 用例 人の同情に―。

**スカルド【skald】** 北欧で九〜一一世紀ごろに活躍した宮廷詩人の総称。主人の功業を称える詩をつくり、平時は食卓の友、戦時は親衛兵として奮戦。

**スカルノ【Akhmed Sukarno】**（一九〇一〜七〇）インドネシアの政治家。一九二八年インドネシア国民党を創設し独立運動を指導。四五年独立を宣言し初代大統領に就任。六五年反軍部クーデターにより実権を失い、六八年引退。↓写

●スカルノ

**スカルラッティ【Alessandro Scarlatti】**（一六六〇〜一七二五）イタリアの作曲家。イタリア風序曲形式を確立。ダ-カーポ形式のアリアの導入などナポリ楽派のオペラ様式の基礎を築く。

**スカルラッティ【Domenico Scarlatti】**（一六八五〜一七五七）イタリアの作曲家・チェンバロ奏者。アレッサンドロ=スカルラッティの子。「近代ピアノ奏法の父」といわれる。多くのチェンバロのためのソナタを作曲した。

**すが・れる【▽尽れる・▽末枯れる・▼闌れる】**（下一自）草などが、さかりを過ぎておとろえる。用例 ―・れた晩秋の野山。

**スカロン【Paul Scarron】**（一六一〇〜六〇）フランスの小説家。「ビュルレスク（滑稽もの）」を得意とした。写実小説『滑稽物語』など。

**すかわ-おんせん【▼須川温泉】** 岩手県一関市西端、栗駒山中腹の温泉。湯治客が多く、野外のふかし湯は有名。国民保養温泉。

**すがわらでんじゅてならいかがみ【▼菅原伝授手習▽鑑】** 人形浄瑠璃・歌舞伎時代物。竹田出雲らの合作。菅原道真にまつわる伝説・民間伝承をもとに脚色。延享三年（一七四六）初演。『仮名手本忠臣蔵』『義経千本桜』と並ぶ三大傑作の一つ。菅丞相と藤原時平の対立による丞相の配流を背景に、三つ子の兄弟や武部源蔵夫婦の苦衷と活躍を描く。↓写

●菅原伝授手習鑑　松王丸を演じる一二世市川団十郎（中央）。

**すがわら-の-きよただ【▼菅原清▽公】**（七七〇〜八四二）平安前期の学者。「きよとも」とも。文章博士。『凌雲集』『文華秀麗集』『経国集』の編集に参与した。

**すがわら-の-これよし【▼菅原▽是▽善】**（八一二〜八八〇）平安前期の学者。清公の子、道真の父。参議。『日本文徳天皇実録』の編集に参与。著書『東宮切韻』など。

**すがわらのたかすえ-の-むすめ【▼菅原▽孝▽標▽女】**（一〇〇八〜?）平安中期の文学者。祐子内親王に仕え、橘俊通と結婚。『更級日記』のほか、物語『夜半の寝覚』『浜松中納言物語』の作者ともされる。

**すがわら-の-ふみとき【▼菅原文時】**（八九九〜九八一）平安中期の学者・漢詩人。道真の孫。文章博士。詩文は大江朝綱と並称された。菅三品。

**すがわら-の-みちざね【▼菅原道▽真】**（八四五〜九〇三）平安初期の学者・政治家。宇多天皇に重用され、醍醐天皇のとき右大臣になったが、左大臣藤原時平の讒言により大宰権帥に左遷され九州で没。のち学芸の神さまとして信仰される。編著『類聚国史』、

詩文集『菅家文草』など。

**ず-かん【図鑑】** 同類のものを集めて、写真や絵を中心に説明した本。picture book 比較 図会。用例 植物—。

**スカンク[skunk]** イタチ科の小形獣。体長約四〇cm。体は黒地に白帯。敵に会うと肛門腺から悪臭のある分泌物を放つ。北・中央アメリカに分布。↓写

●スカンク

**スカンジウム[scandium]** 希土類金属元素。記号Sc 原子番号二一。原子量四五・〇。白灰色で酸に可溶。

**スカンジナビア-こうくう【スカンジナビア航空】**(Scandinavian Airlines System) スウェーデン・デンマーク・ノルウェー三国出資の航空会社。一九四六年設立。SAS。

**スカンジナビア-さんみゃく【スカンジナビア山脈】**(Scandinavian Mountain Range) スカンジナビア半島西部に連なる高原状の山地。一部はノルウェーとスウェーデンの国境となる。急斜面の西側はフィヨルド、ゆるやかな東斜面には湖が多い。最高峰ガルへピゲン山は標高二四六九m。

●犂

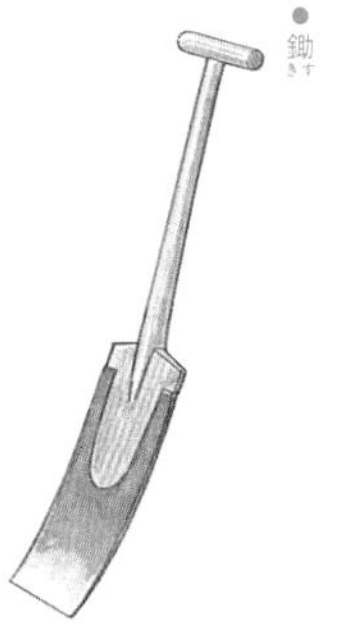
●鋤

**スカンジナビア-はんとう【スカンジナビア半島】**(Scandinavian Peninsula) ヨーロッパ北西部の大半島。ノルウェーとスウェーデン・フィンランドのラップランドを含む。木材と鉄鉱石などの鉱産資源が豊富で、漁業がさかん。面積七八万km²。

**ずかん-そくねつ【頭寒足熱】** 頭を冷やし、足を暖かくすること。漢方で健康によいとされる。

**す-かんぴん【素寒貧】**(名・形動) ひどくまずしいこと・人・さま。一文なし。penniless

**すかん-ぽ【酸模】** スイバの別名。

**すき【好き】**(名・形動) ①好くこと・さま。このみ。like 対義 嫌い・嫌い。用例 —な食べ物。②物好きであること・さま。faddish 用例 こんな日に出かけるとは、あいつも—だなあ。③思うままにすること。do just as one like 用例 —にしなさい。④好色。amorous 用例 —者。

**好きこそ物の上手なれ** 好きだと熱心に行い、それゆえ上達するものだ。What one likes, one will do well.

**好きにする** 自分のしたいようにする。勝手気ままにする。do as one likes

**すき【隙・透き】** ①あいだ。opening 用例 —見。②ひま。leisure 用例 手—。③つけいる機会。油断。unpreparedness 用例 —をうかがう。

**すき【犂】** 牛馬などに引かせ、人が押しながら土を掘り起こす農具。からすき。plow ↓図

**すき【鋤】** 土を掘り起こす農具。木製の柄に刃部がほぼ直線的にとりつけてある。くわより古くから使われていた。spade 数え方 一丁。↓図

**す-き【主基・須岐】** 大嘗祭で、神事のための新穀を、一番目の悠紀の国に続いて二番目に捧げる西方の一国。あるいはその斎場。主基殿。対義 悠紀。

**すき【数寄・数奇】**(「好き」の当て字) ①和歌・茶の湯などの風流・風雅の道。それをたしなむこと。②↓すうき(数奇)

**数寄を凝らす** すべてに風流な趣向を取り入れる。

**すき【須木】**〈村〉 宮崎県西部、小林市北東隣の村。綾北・綾南ダムがある。クリ・シイタケの栽培が主。人口三〇一一(九八)。

**すぎ** 12画 **【椙】** 部首[木]へん 和製漢字 JIS 3190

↓すぎ[杉・椙]

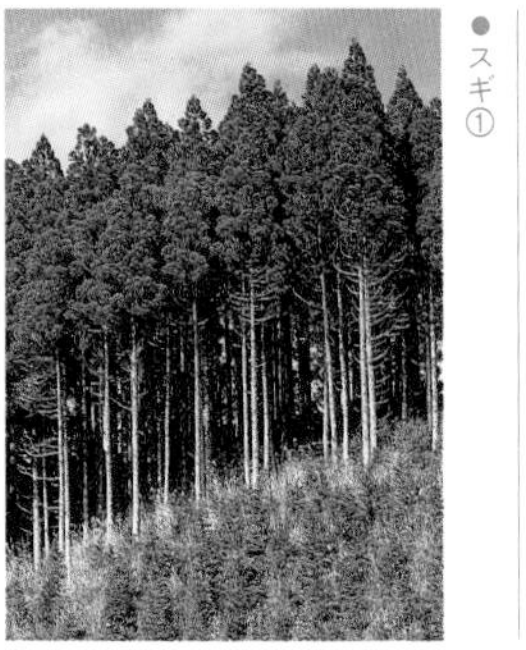
●スギ①

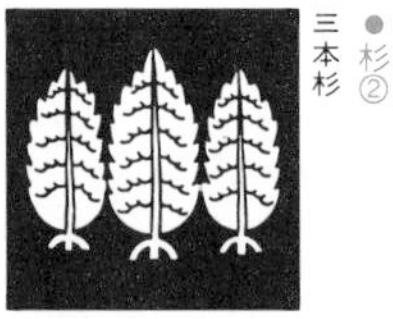
●杉② 三本杉

丸に一本杉

**すぎ【杉・椙】** ①スギ科の常緑針葉高木。高さ約四〇m、幹の直径約五mにもなる。日本特産。山地にはえ、また広く植林。早春に開花。球果は秋に褐色に熟す。材は軽くやわらかく、建築・家具の用材。樹皮は屋根ふき。葉は線香の原料。②紋所の名。杉の木の紋章化。神霊の降臨する木として家紋に使われた。一本杉・二本杉など。↓図

**杉折り掛く** 酒屋の目印に、杉の葉を球状に束ねて軒に懸ける。酒林を懸ける。

**すぎ【過ぎ】**(接尾) ①時間や年齢が過ぎたこと。用例 昼—。三〇—。②程度を通りこしていること。用例 食べ—。言い—。

**すぎ-あや【杉綾】** 綾織物の一種。杉の葉を並べたような山形の織り柄。また、その織物。ツイードが代表的。ヘリンボーン。herringbone twill ↓写

●杉綾

**スキー[ski]** ①雪上を歩き、または滑るため足につける一対の細長い板状の道具。数え方 一台。②①を使って雪上の滑りや自然を楽しむスポーツ。競技として、速さやジャンプ力などを競う。アルペン・ノルディック種目などがある。↓図

**すぎ-いた【杉板】** 杉材の板。板としてもっとも広く使われる。とくに屋久杉・秋田杉・吉野杉などの老齢大木の板は装飾用。

**スキー-ツアー[ski tour]** ①スキーで山林などを長距離走行すること。②スキーを目的にした団体旅行。

**スキート-しゃげき【スキート射撃】** クレー射撃競技の一種目。高低二か所から放出されるクレービジョンを、半円形に位置する八か所の射台から順に撃つ競技。skeet shooting 参照 クレー射撃競技。

**スキー-マラソン[ski marathon]** 長距離のクロスカントリースキーの大衆レース。北欧を中心に普及した。日本では、昭和五六年(一九八一)に始まった札幌国際スキーマラソンが代表的。

**スキーヤー[skier]** スキーをする人。

**すき-いれ【漉き入れ】** 紙をすかして見たとき現れる模様。模様が薄くすけて見える白漉き入れ、模様が厚く黒く見える黒漉き入れがある。紙幣・証券などの偽造防止に利用。すかし。watermark

**すき-うつし【透き写し】**(名・サ変他) 上に薄い紙を置いて、下の絵・図を写すこと。しきうつし。tracing

**すぎうら-こうへい【杉浦康平】**(一九三二) グラフィックデザイナー。東京生まれ。東京芸大卒。理知的で、緻密なデザインが特徴。著書『視覚の不確定原理』など。

**すぎうら-しげたけ【杉浦重剛】**(一八五五〜一九二四) 明治・大正期の思想家・教育家。東宮御学問所御用掛。近江の人。国粋的な教育思想・道徳論を唱えた。

**すぎうら-じょうい【杉浦乗意】**(一七〇一〜六一) 江戸中期の装剣金工師。信州松本の人。肉合彫りを創始。奈良三作の一人。

**すぎうら-ひすい【杉浦非水】**(一八七六〜一九六五) 日本画家・グラフィックデザイナー。愛媛県生まれ。商業デザインの開拓者。

**すき-おこ-す【鋤き起(こ)す・鋤起(こ)す】**(五他) すきで土を掘り起こす。dig up

**すき-おり【透(き)織り】** 絡み織りで生地が透けるように薄く織った織物。絽や紗など。すかしおり。openworked cloth

**すぎ-おり【杉折(り)】** 杉の薄い板で作った平たい箱。菓子・料理を入れる。

**すき-がえし【漉き返し】** ①供養のために故人の手紙をほぐして再製した紙。還魂紙。②和紙の故紙を再生した紙。宿紙。薄墨紙。

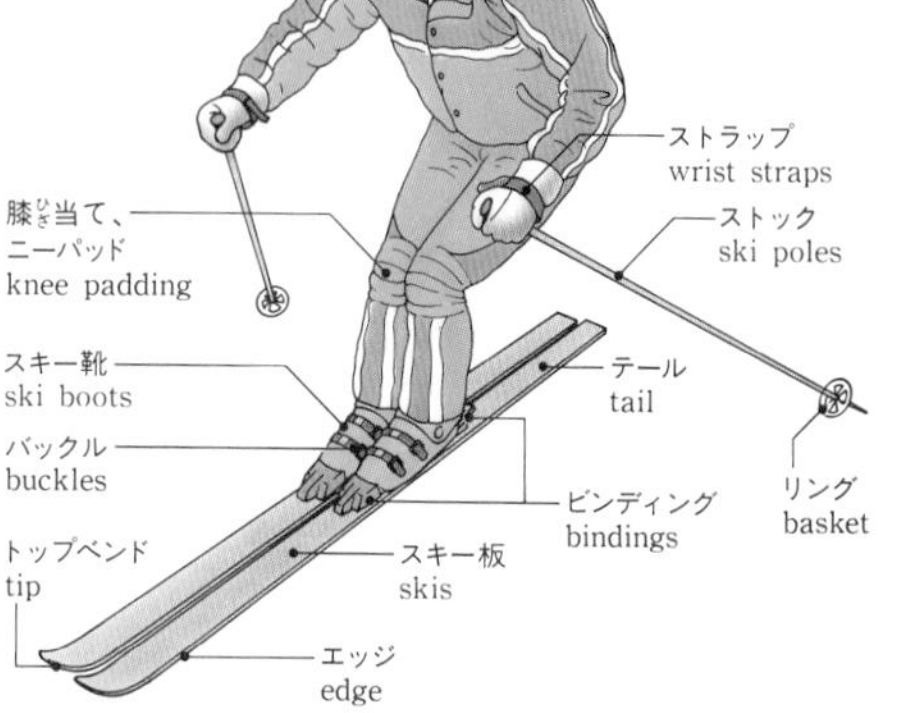

●スキー②

**すき-かえ-す【鋤(き)返す】**(五他) すき・くわで土を掘り返す。plow up

**すき-かげ【透き影】** ①すきまから見える姿・形。②すきや薄い物から漏れる光。③すきとおって見える姿・形。

**すき-かって【好き勝手】**(形動) 自分だけに都合のいいようにするさま。好き放題。just as one likes

**すぎ-かふんしょう【杉花粉症】** スギの花粉を吸入したり、それに接触しておこる過敏反応。アレルギー反応の一つ。くしゃみ・鼻汁の増加・流涙・熱感などをおこす。春から夏にかけて生じる。

**すぎ-かみきり【杉天牛】** 黒褐色のカミキリムシ科の昆虫。体長二cm内外。四個の黄白色紋がある。幼虫はスギ・ヒノキの樹皮直下の材を食害。本州・四国・九州に分布。

**すぎ-かわ【杉皮】** スギの幹の皮をはいだもの。屋根・塀・壁板などに用いる。

**すぎ-がんあみ【杉贋阿弥】**(一八七〇〜一九一七) 劇評家。岡山県生まれ。歌舞伎の実際に通じ、厳正な批評で知られた。著書『舞台観察手引草』など。

**すき-ぎ【透(き)木】** 茶道具の一種。釜を直接炉壇や風炉にかけるとき、通風をよくするために使う二枚一組みの拍子木形の木片。材質はキリ・ホオなど耐火性の強いもの。

**すき-きらい【好き嫌い】** ①好きと嫌い。likes and dislikes ②えりごのみ。よりごのみ。用例 —が激しい。

**すき-ぐし【梳(き)櫛】** 髪の汚れをとるための、歯の細かい日本髪用の櫛。比較 さしぐ



↓ 行き先項目、図版・写真参照印。 JIS 日本工業規格情報交換用漢字符号コード(区点コード)。

し。

**スキクダ**【Skikda】 北アフリカ、アルジェリア北東部の港湾都市。コンスタンティーヌの外港としてオリーブ油・鉄鉱石などを輸出。人口一四・一万(一九九八)。

**すき-げ**【▼梳(き)毛】 ①髪の毛の形を整えるために入れる、毛の束。②梳き櫛(ぐし)にはさんで髪を梳くための毛。

**すぎ-ごけ**【杉▼苔・杉▼蘚】 スギゴケ科のコケ。葉は線形で表面に多数のひだがある。雌雄異株。雄器・雌器ともに頂生。亜寒帯〜寒帯に分布し、日本には少ない。hair-cap moss →写

●スギゴケ　コスギゴケ

**すき-ごころ**【好き心】 ①ものずきな心。好奇心。curiosity ②好色の心。lust

**すき-ごころ**【数寄心・数奇心】 風流を好む心。

**すぎこし-かた**【過(ぎ)来し方】(連語) 過去。用例 ―をかえりみる。

**すぎこし-の-まつり**【過(ぎ)越しの祭】 ユダヤ教三大祭りの一つで、出エジプトを記念するもの。春分直後の満月にあたるユダヤ暦一月一四日夜、犠牲(いけにえ)の子羊を食べることに始まり、一週間続く。Passover

**すき-このみ**【好き好み】《同意を重ねて強めた語》好み。趣味。嗜好(しこう)。taste

**すき-この・む**【好き好む】(五他) 非常に好む。love

**すき-このんで**【好き好んで】(連語)《否定的な見方・方向で言う》自分の好きで。よりによって。willingly 用例 だれが―こんな苦労をするだろうか。

**すき-こ・む**【▼漉き込む・▽抄き込む】(五他) ①文字や模様があらわれるように紙をすく。②木の葉などを原料の中に入れて紙をすく。

**すぎ-さ・る**【過(ぎ)去る】(五自) ①通り過ぎる。pass 用例 車窓に―野山の風景。②終わる。時が過ぎ行く。pass away 用例 ―・ったできごと。

**すき-しゃ**【好き者】 →すきもの(好き者)①

**すき-しゃ**【数寄者・数奇者】 ①風流人。②茶の湯をたしなむ人。茶人。

**すぎ-じゅう**【杉重】 杉の木を薄くはいだ、片木板(へぎいた)で作った重箱。贈り物用の菓子を入れるときなどに用いる。

**すき-ずき**【好き好き】 人によって好みが違うこと。matter of taste 用例 どちらを選ぶかは―だ。

**ずき-ずき**(副・サ変自) 傷口・頭などが、脈打つように痛み続けるさま。throb with pain 用例 傷が―とうずく。

**すきずき・し**【好き好きし】古語(形シク) ①色好みらしい。好色である。用例 ―・しくひとり住みする人の、夜はいづくにかありつらむ(枕・すきずきしくて)。②風流を好む。用例 ―・しき心ある上達部(かんだちめ)・僧綱(そうごう)などは(枕・円融院の御はての年)。

**スキゾフレニア**【Schizophrenia ドイツ】 精神分裂病の原語。スキゾ。

**スキタイ**【Scythai】 紀元前六世紀から前三世紀まで南ロシアで活躍したイラン系の遊牧騎馬民族。黒海北岸に国家を建て、前四世紀に最盛となったが、前三世紀にはサルマート族に圧迫され衰退。

**スキタイ-ぶんか**【スキタイ文化】 スキタイによるユーラシア草原地帯における最初の遊牧文化。動物意匠を力強く透かし彫り風に表現した青銅器、動物や狩猟を描いた貴金属工芸品で知られる。

**すぎた-げんぱく**【杉田玄白】(一七三三〜一八一七) 江戸中期の蘭(らん)医。名は翼(たすく)。若狭小浜(わかさおばま)藩医の子として江戸に生まれる。安永(あんえい)三年(一七七四)前野良沢(まえのりょうたく)らと『ターヘルアナトミア』を翻訳し『解体新書』として刊行。著書『蘭学事始(らんがくことはじめ)』など。

**すぎた-せいけい**【杉田成▼卿】(一八一七〜五九) 江戸時代末期の蘭医学者。杉田玄白(げんぱく)の孫。父は立卿(りっけい)。蘭方医坪井信道に医学と蘭学を学ぶ。医の倫理書『医戒』や内科書『済生三方』、砲術書などの翻訳書がある。

**すぎた-ひさじょ**【杉田久女】(一八九〇〜一九四六) 俳人。鹿児島県生まれ。『ホトトギス』で活躍。強烈な個性を句に発揮した。句集『杉田久女句集』。

**すぎた-りっけい**【杉田立▼卿】(一七八六〜一八四五) 江戸時代後期の眼科医。若狭小浜(わかさおばま)藩医。父は玄白(げんぱく)。オーストリアのプレンクの眼科書を翻訳して、日本に初めて西洋眼科医学を紹介したのをはじめ、多くの医学書などを翻訳して西洋医学を日本に広めた。

**スキッド**【skid】 自動車が、高速でカーブを曲がるときなどの横すべり。

**すきっ-ぱら**【▽空きっ腹】 →すきはら(空き腹)

**スキップ**【skip】(名・サ変自) ①かわるがわる片足跳びをしながら進むこと。②飛び飛びに読むこと。比較 スキミング。

**スキップ-フロア** 段差のある床。斜面に建てた家や、個性的、経済的な室内空間を作り出すために設ける。

**すぎと**【杉戸】〈町〉 埼玉県東部、古利根(ふるとね)川沿いの町。旧宿場町。近郊野菜栽培が活発。宅地化も進む。人口三万八〇九〇(一九九八)。

**すぎ-ど**【杉戸】 柾目(まさめ)のスギの一枚板を鏡板にした戸。書院造りの住宅や客殿の回り縁の仕切りに用いる。板の表面に絵画が描かれることもある。

**すき-とお・る**【透き通る・透き▽徹る】(五自) ①透いて中や向こうが見える。be transparent ②声がよく澄んでいる。be clear ③物が澄んで見える。be clear 用例 ―・った水。

**すぎ-な**【杉菜】 トクサ科の多年生シダ。陽地のいたるところに生育。早春出る胞子茎(ほうしけい)は「ツクシ」とよばれ、食用。ツクシが枯れると、栄養茎が出る。これは緑色で、節部から小枝を輪生する。ツギマツ。field horsetail →図

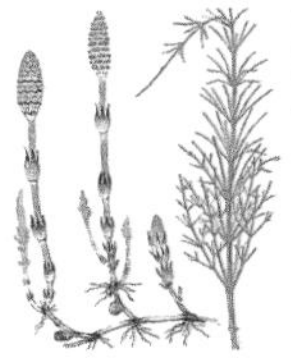

●スギナ

**すぎ-ない**【過ぎない】(連語) …以上のものではない。ただ…だけだ。nothing but 用例 それは言いわけに―。

**すき-なべ**【▼鋤▼鍋】 すきやき用のなべ。また、その料理。

**すぎな-も**【杉菜藻】 スギナモ科の多年生水草。池や小川にはえる。葉は線形で輪生。夏に花弁のない緑色の小花を葉腋(ようえき)につける。尾瀬以北に分布。→図

●スギナモ

**すぎ-なり**【杉▽形・杉▽状】 スギの木のように、下が広がった形。ピラミッド形。

**すぎのは-だに**【杉葉▼蜱】 スギに寄生するハダニの一種。体長約〇・四㎜で赤褐色。スギの葉から汁液を吸う。スギの大害虫。北海道南部以南に分布。

**すぎの-よしこ**【杉野▽芳子】(一八九二〜一九七八) 服飾デザイナー・教育家。千葉県生まれ。杉野女子大学・ドレスメーカー女学院を創立。

**すぎ-のり**【杉▽海▼苔】 紅藻植物スギノリ科の海藻。外海に面する潮間帯の岩礁に生育する。紅褐色で、高さ約一〇㎝。先端がとがった小枝に分岐。

**すぎ-ばし**【杉▼箸】 スギの木を削って作ったはし。おもに割りばしのこと。

**すき-はら**【▽空き腹】 腹が減っていること。すきばら。すきっぱら。くうふく。empty stomach; hunger 用例 ―を抱える。

**すぎ-はら**【杉原】 ①スギのはえている野原。②「杉原紙」の略。すぎわら。

**すぎはら-がみ**【杉原紙】 鎌倉(かまくら)時代に播磨(はりま)(兵庫県)の杉原谷から産出した和紙。コウゾを原料に米粉を入れてすく。薄く柔らかで奉書に似る。儀礼用・目録用・版画用に使う。すぎわら。すいばら。すぎわらがみ。すぎはら。

**スキピオ**〈小〉【Publius Cornelius Scipio Aemilianus Africanus Minor】(BC一八五〜BC一二九) 古代ローマの将軍・政治家。スキピオ(大)の長男の養子。紀元前一四六年、カルタゴを滅ぼしポエニ戦争を終結させ、アフリカヌスの尊称を得た。のちグラックスと対立し、暗殺されたともいう。小アフリカヌス。小スキピオ。

**スキピオ**〈大〉【Publius Cornelius Scipio Africanus Major】(BC二三六〜BC一八四) 古代ローマの将軍・政治家。第二ポエニ戦争では、ザマの戦いでハンニバルに大勝。アフリカヌスと尊称された。大アフリカヌス。大スキピオ。

**スキフィストマ**【scyphistoma】 ハチクラゲ類のプラヌラが変態した幼生。足盤・口・触手・漏斗(ろうと)などをもつ。スキフラ。

**すき-ぶすき**【好き不好き】 すききらい。likes and dislikes 用例 この名画も人によって―がある。

**すき-へん**【▼耒偏】 →らいすき(耒)

**すき-ほうだい**【好き放題】(名・形動) 気ままに好きなようにすること・さま。思い通りにすること・さま。好き勝手。just as one likes 用例 ―にふるまう。

**すき-ま**【▼隙間・透き間】 物と物とのすいている所。すき。opening; gap

**すきま-かぜ**【▼隙間風】 戸や障子などのすきまから吹きこむ風。すきかぜ。draft

**すきま-ぐも**【▼隙間雲】 雲塊の間にはっきりしたすきまのある雲。すきまから太陽や青空が見える。高積雲や層積雲の場合に現れる。perlucidus

**すきま-ゲージ**【▼隙間ゲージ】 微細なすきまを測定するための器具。厚さの異なる鋼の薄片を組み合わせてすきまにさし込んで測る。feeler gauge

**すき-み**【透き見】(名・サ変他) のぞき見すること。peeping

**スキミング**【skimming】 ①水面をかすめて、さっと飛ぶこと。②ざっと読んで、あらましをつかむこと。また、そういう読み方。比較 スキップ。

**スキム-ミルク**【skim milk】 牛乳中の脂肪を分離したもの。乳脂肪は〇・一%以下。脱脂粉乳。

**すぎむら-そじんかん**【杉村▼楚人冠】(一八七二〜一九四五) 新聞記者・随筆家。和歌山県生まれ。本名は広太郎。朝日新聞社に入社し調査部・記事審査部を創設。著書『最近新聞紙学』など。

**すぎむら-はるこ**【杉村春子】(一九〇九〜) 新劇女優。広島県生まれ。文学座の中心的存在。『女の一生』『欲望という名の電車』などで好演。

**すぎもと-えいいち**【杉本栄一】(一九〇一〜五二) 経済学者。東京生まれ。東京商大卒。同教授。マルクス経済学の完成に近代経済学の分析手法を適用できるとして学界に論争をひきおこした。著書『近代経済学の解明』など。

**すぎもと-そのこ**【杉本▼苑子】(一九二五〜) 小説家。東京生まれ。文化学院卒。吉川英治(よしかわえいじ)に師事。作品『孤愁の岸』『滝沢馬琴(たきざわばきん)』など。

**すき-もの**【好き者】 ①物好きな人。好事家(こうずか)。すきしゃ。dilettante ②好色家。lecherous fellow

**すぎ-もの**【過ぎ者】 その人にふつりあいに立派な者。用例 彼には―の女房だ。

**すき-や**【透(き)▼綾】《「すきあや」の約》絹織物の一種。薄くさらりとした夏向きのもの。江戸時代に現在の新潟県十日町市で始まった。

**すき-や**【数寄屋・数奇屋】 ①茶の湯を行うため茶席・勝手・水屋などを備えた小庵(あん)。茶室。②茶室風の建物。数寄屋造り。③障子に張る美濃(みの)紙。

**すき-やき**【▼鋤焼(き)】《肉をすきの上で焼いたからとも、肉をすき身(薄切り)にして焼いたからともいう》鳥・獣の肉を豆腐、長ネギなどと共に鉄なべで煮ながらたべる料理。世界的に知られている日本独自の料理。

**すぎ-やき**【杉焼(き)】 魚貝や野菜を香りのよい杉の板にのせて焼く料理。板焼き。

**すきや-づくり**【数寄屋造り】 草庵(そうあん)茶室の趣を取り入れた建築様式。自然の材料の美を生かし、装飾を排除する。代表例は、桂(かつら)離宮。

**スキャット**【scat】 ジャズ歌手が、意味のない音節を即興的に挿入して歌うこと。アメリカ黒人の歌にあったものが始まり。

**スキャッブ**【scab】 ストライキに参加しないもの。あるいは、スト破り。スキャットシンギング。スキャップ。

**スキャップ**【SCAP】《Supreme Commander for the Allied Powers の略》連合国最高司令官。

**すきや-ばし**【数寄屋橋】 東京都、中央区西部の外濠(そとぼり)にあった橋。菊田一夫(きくたかずお)の『君の名は』で有名となったが、高速道路の建設で消滅。

**すきや-ぼうず**【数寄屋坊主】 江戸幕府の茶会の万端をとりしきった役職。また、その小役人。御数寄屋坊主。

**すぎやま-さんぷう**【杉山▽杉風】(一六四七〜一七三二) 江戸前期の俳人。通称鯉屋市兵衛。江戸の人。魚

問屋。芭蕉の生活を援助。編著『常盤屋句合』、句集『杉風句集』など。

**すぎやま-やすし【杉山▽寧】**(一九〇九) 日本画家。東京生まれ。東京美術学校卒。厳しい写実から出発し、新しい日本画の表現を追求。昭和四九年(一九七四)文化勲章受章。作品『エウロペ』など。

**すぎやま-わいち【杉山和一】**(一六一〇〜九四) 江戸時代前期の鍼医。小さい時に失明、江戸で山瀬琢一に、京都で入江豊明に鍼術を習い、管鍼術を創案。五代将軍綱吉の病気をこの管鍼術で治し、関東総検校となる。のちに幕府医官となり、各国に講堂を造り、杉山流鍼術を広めた。

**スキャモン-の-せいちょうがた【スキャモンの成長型】** 人体各部の、年齢に対する成長の様相を示したもの。一般型(身長・体重など)・神経型・生殖型・リンパ型に分けられる。

**スキャンダル[scandal]** ①恥ずべき行為。とくに、男女間の醜聞。②不名誉。③不正事件。汚職。

**スキューバ[scuba]**《self-contained underwater breathing apparatusの略》タンクから空気が送られ自動的に呼吸のできる潜水用器具。自動水中呼吸器。水中肺。アクアラング。スクーバ。

**スキューバ-ダイビング[scuba diving]** 潜水具をつけ水中に潜るスポーツ。スキューバ(自動水中呼吸器)を用い、水中遊泳を行う。スクーバダイビング。↓図

**すぎ-ゆ・く【過(ぎ)行く】**(五自) ①場所を通りこして行く。pass ②時が移っていく。pass

**スキュデリー[Madeleine de Scudéry]**(一六〇七〜一七〇一) フランスの女流小説家。長編『クレリー』など。

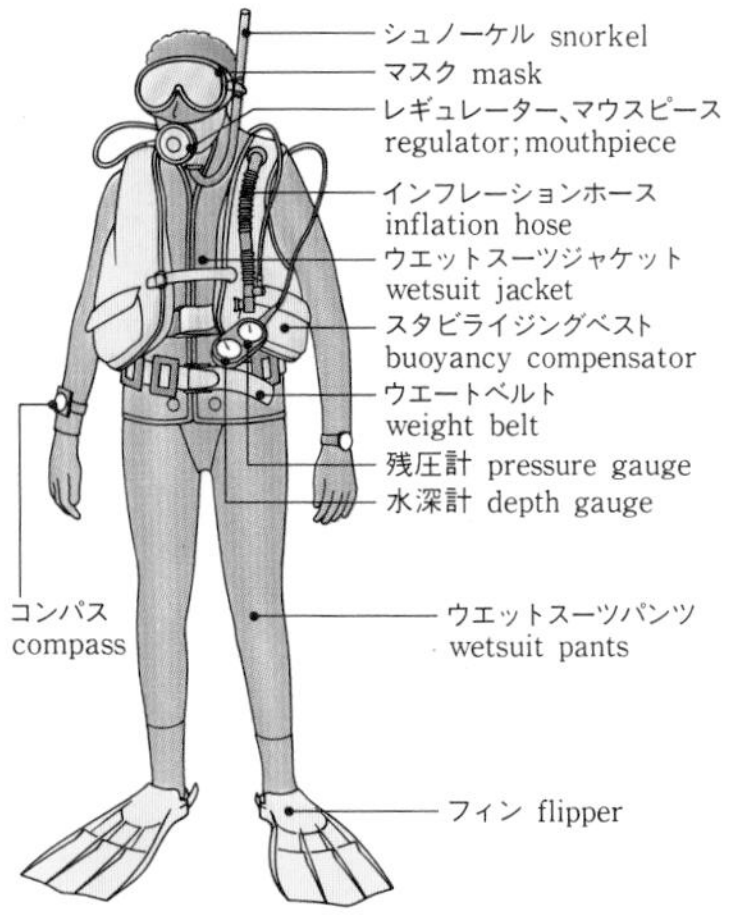

●スキューバダイビング

**スキュラ[Skylla ギリシア]** ギリシア神話の海の女怪獣。六つの頭・三重の歯・一二の足をもつ。カリュブディスの向かいに住む。

**ず-きょう【▼誦経】**(名・サ変自)《仏教語》声を出して経文を読むこと。また、経文をそらんじて読むこと。読経。じゅきょう。

**す・ぎる【過ぎる】**(上一自) ①こえて行く。通る。よぎる。pass 用例 門前を—。京都を—。②時がたつ。経過する。pass 用例 —・ぎたことは忘れよう。一時間—。③ある限度をこす。exceed 用例 さかりを—。四〇を—。わがままが—。④すぐれる。まさる。surpass 用例 親に—・ぎた子。これに—・ぎた光栄はありません。⑤《動詞の連用形に付いて》程度をこす意。用例 食べ—。知らな(さ)—。

**過ぎたるは猶及ばざるが如し** 物事は、度を超えてしまっては、足りないのと同じである。すべては、程々がよい。Too much is as bad as too little.

**すぎ-わい【▽生▽業】** 生きるための職業。生業。なりわい。

**生業は草の種** 生業は、いたるところに、いくらでもあるものだ。

**すき-わたどの【透(き)渡殿】** おもに寝殿造りで、中心をなす寝殿と回りの対の屋とをつなぐ吹き放しの廊下。

**すぎ-わら【杉原】**↓すぎはら(杉原)②

**スキン[skin]** ①はだ。皮膚。用例 —ローション。②コンドーム。

**ず-きん【頭▼巾】** 被り物の一種。布製で袋状のものと風呂敷状のものがあり、寒さやほこりを防ぐため、また人目を避けるために使われた。hood 数え方 一頭・一枚。

**頭巾と見せて頰被り** 表面は立派に見せかけているが、内実が伴っていないことに言う。

**ずきん-ぐも【頭▼巾雲】** 積雲状の雲の上に現れる帽子の形をした小さな雲。おもに積雲や積乱雲に付属して現れる。pileus

**スキン-シップ**《和製語》①肌の触れ合いによる親密な交流。body contact ②アメリカで唱えられた育児法。乳幼児の心身の安定のためには、母親の直接的な皮膚接触による愛情を必要とするというもの。touching

●スキンダイビング

**スキン-ダイビング[skin diving]** 軽装潜水具をつけて行うスポーツ。水中マスク・フィン(足ひれ)・シュノーケルなどを用い海中を遊泳する。↓写

**す・く【▽空く】**(五自) ①腹が減る。feel hungry 用例 おなかが—。②まばらになる。become sparse 用例 電車が—。③つかえがとれる。すっとする。feel relieved 用例 胸が—。

**す・く【透く】**(五自) ①すきまがある。すきができる。leave a gap 用例 歯の間が—。②すきとおる。be transparent 用例 中が—・いて見える。③暇になる。be free 用例 手が—。

**す・く【好く】**(五他) ①気に入って心をひかれる。よいと思う。like 対義 嫌う。②興味を持つ。好む。like 用例 甘いものを—。③風流を好む。たしなむ。have a taste for 用例 茶の湯を—。④好色である。be lecherous

**す・く【▼剝く】**(五他) 薄く切る。そぎ取る。slice 用例 —・き身。

**す・く【▼梳く】**(五他) 髪の毛を、くしなどの歯に通す。くしでとかす。comb

**す・く【▽結く】**(五他) 糸で網を編む。make a net

**す・く【▼漉く・▽抄く】**(五他) ①紙を作る。make paper ②紙のように薄く平たく作る。用例 海苔を—。

**す・く【▼鋤く】**(五他) すき・くわで土を掘り返す。plow米; plough英

**す・ぐ【過ぐ】** 古語 (上二自) ↓すぎる(過ぎる)

**すぐ【▽直ぐ】** ㊀(副) 時間や、距離の短いさま。ただちに。そのまま。immediately 用例 —行く。㊁(形動) ①まっすぐ。straight 用例 —な道。②正直。素直。honest 用例 —な人。

**ずく【▽銑】**《「銑鉄」の略》せんてつ。

**ずく【▽木▼菟】** ミミズク類の別名。

**ずく【▽尽く】**(接尾) もっぱらそれに頼ること。それしだい。比較 づく。用例 相談—。腕—。

**すくい【救い】** ①救うこと。助け。help ②心が休まるような事がら・状態。relief 用例 —がない。③神の救済。salvation

**救いの神** その場の困難な状況から脱却させてくれる援助や救援を、神にたとえた語。

**救いの手**《救うためにさしのべた手、の意から》援助すること・人。救援。加勢。a helping hand

**すくい-あみ【▼掬い網】** ①竹や木・針金で作った円形や三角形の枠に袋状の網地をつけ、魚をすくいとる網漁具。たも網・さで網など。scoop net ②捕虫網。insect net

**すくい-ごや【救い小屋】** 江戸時代、大火・飢饉など災害時の救済施設の一つ。明暦の大火、天保の飢饉などのさいに設けられ、被災した人々を収容し衣食などを給与。

**スクイズ-バント[squeeze bunt]** 野球で、犠牲バントの一種。無死または一死で、三塁走者の得点を目的に行うバント。投手の投球と同時に三塁走者がスタートするスーサイドスクイズと、打者のバントを確認してから走るセーフティスクイズの二つがある。

**スクイズ-プレー[squeeze play]** 野球で、スクイズバントで得点をはかる戦術。

**すぐ-いせき【▼須▼玖遺跡】** 福岡県春日市須玖岡本にある弥生時代の遺跡。台地上の中央部に支石墓があり、甕棺・鏡・璧・銅剣・銅矛などが出土。

**すくい-なげ【▼掬い投げ】** 相撲の決まり手の一つ。差した手で、回しは引かずに相手の腕を脇からすくい上げるようにして投げる技。

**すくい-ぬし【救い主】** ①救ってくれた人。rescuer ②キリスト教で、イエス=キリスト。救世主。Savior

**す-く・う【巣食う】**(五自) ①巣をつくってすむ。build a nest 用例 軒につばめが—。②このましくないものが集まって住む。たまりにする。haunt 用例 暴力団が—。③悪い考え、病気などが宿ることをたとえる。haunt

**すく・う【▼掬う】**(五他) ①液体や粉末などを手・さじなどで汲み取る。scoop; spoon up 用例 砂を—。水を—。②液体などの中から、何かを手や道具などで汲み取る。scoop up 用例 金魚を—。③下から急に持ち上げる。さらう。trip 用例 足を—。

**すく・う【救う・▽済う】**(五他) ①助けて危険・苦しみから逃れさせる。力を貸す。save; help 用例 味方を—。窮乏を—。②悪を直す。reform 用例 世を—。③神・仏が、苦しみ・悩みをのがれさせる。save 用例 衆生を—。

**スクーター[scooter]** ①小型の自動二輪車。車輪の直径が小さく、座席は腰掛け式。②遊び道具の一つ。前後に小さな車のついた細長い板で、前輪には棒ハンドルがついている。両手でハンドルを持ち、台の上に片足をのせ、他の片足で地面をけって転がして遊ぶ。

**スクーナー[schooner]** ①帆船の一つ。二〜六本のマストをもち、それに縦帆を張る帆船。スクーネル。②アメリカで、ビールなどを注ぐ、背の高いコップ。↓帆船図

**スクーバ[scuba]** ↓スキューバ

**スクープ[scoop]**(名・サ変他) 新聞・雑誌・放送などで、一社が他社を出し抜いて独占的に情報をつかむこと。また、その記事。特種。

**スクーリング[schooling]** 学校通信教育における講義や面接指導の課程。

**スクール[school]** 学校。

**スクール-カラー**《和製語》①校風。②学校の象徴とする色。

**スクール-バス[school bus]** 児童・生徒・学生の通園・通学のためのバス。

**スクール-フィギュア[school figure]** ↓コンパルソリーフィギュア

**スクエア-ショルダー[square shoulder]** 服飾で、角形につくられた肩線。内側に肩台(パッド)を入れたり、外側に肩章(エポーレット)をつけたりして四角に見えるようにする。

**スクエア-スタンス[square stance]** 野球やゴルフなどで、ボールを打つときのもっとも基本的な構え。打球方向と平行に、自然に両足をそろえて立つ。

**スクエア-ダンス[square dance]** アメリカの郷土的集団社交ダンスの一種。方形で、男女四組で踊ったり、二列に対面して踊る。

**スクエア-ネックライン[square neckline]** 襟ぐりの形の一種。角形に切った襟あきのこと。↓ネックライン図

**すく-がらす**《「すく」はアイゴの幼魚、「からす」は塩辛の意》沖縄名産の魚の塩辛。冷ややっこなどにのせて酒の肴とする。↓写

●すくがらす

**す-ぐき【酸茎】** カブの一種、スグキナの漬物。塩で下漬けしてから本漬けし、室で発酵させる。香りと酸味がある。京都名産。すぐきづけ。

**すぐき-な【酸茎菜】** アブラナ科のカブ。京都市上賀茂付近の特産。独特の風味をもつ。根は短い倒円錐形。根・葉を漬けて酸茎とする。スイグキナ。賀茂菜。↓カブ図

**すぐ-さま【▽直ぐ様】**(副) ただちに。すぐ。即刻。immediately

**ずくし【▽尽くし】**(接尾) ↓づくし(尽くし)

**すぐしき-どき【▼須▼玖式土器】** 土器の型式の一つ。弥生時代中期のもので、福岡県春日市須玖遺跡出土の土器を標式とする。一

般に文様がなく、回転台を使い多量に生産。
**すぐ・す**【過ぐす】古語（四他）→すごす（過ごす）
**すく-すく**（副）①順調なさま。すらすら。smoothly ②勢いよく育つさま。quickly 用例 子どもが―成長する。
**すく-せ**【▽宿世】《仏教語》①前世。②前世からの因縁。
**ずく-てつ**【▽銑鉄】→せんてつ（銑鉄）
**すぐ-と**【▽直と】（副）すぐ。すぐに。at once
**すくな・い**【少ない・▼尠い】（形）数量や程度がすこしだ。乏しい。few; little 対義 多い。用例 天気の日が―。多かれ―・かれ。実現の可能性は―。派生 すくなげ（形動）すくなさ（名）すくなめ（名・形動）
**すくなから・ず**【少なからず・▼尠からず】（副）多く。はなはだ。not a little 用例 ―迷惑した。
**すくなく-とも**【少なくとも・▼尠くとも】（副）＝すくなくも。①最小限であっても。控え目にみても。at least 用例 ―駅まで一〇分はかかる。②十分でなくても。せめて。at least 用例 ―あいさつぐらいあってもいい。
**すくな・し**【少なし】古語（形ク）→すくない（少ない）
**すくなびこな-の-かみ**【少名▼彦名神】日本神話の神。大国主命と協力して国造りにあたった。医薬や酒を造った神とされる。少名毘古那神。少彦名命。
**すくなひこ-の-くすね**【少名▼彦▽薬根】セッコクの古名。すくなびこのくすね。
**すくなめ**【少なめ】（名・形動）やや少ない程度・感じ。用例 塩分は―に。
**すぐ-に**【▽直に】（副）→すぐ（直ぐ）㊀
**ずく-にゅう**【▽木▼菟入】《「ミミズク入道」の略》①太って、憎たらしい坊主頭の人。②僧を悪く言う語。
**すく-ね**【▽宿▼禰】古代の姓の一つ。天武朝制定の八色の姓の第三。主として連姓の有力者に与えられた。
**すくま・る**【▼竦まる】（五自）身が縮まる。すくむ。用例 足が―。
**すくみ-あが・る**【▼竦み上がる】（五自）恐れて、すっかりすくむ。cower 用例 先生にどなられて―。
**すく・む**【▼竦む】（五自）①恐れや緊張などで、からだが動かない。shrink 用例 立ち―。②ちぢんで、小さくなる。cower 用例 身の―思い。
**ずくめ**【▽尽（く）め】（接尾）すべてそればかりであること。用例 黒―。結構―。
**すく・める**【▼竦める】（下一他）①縮ませる。shrug 用例 首を―。②押さえつける。用例 抱き―。

**すくも**【▼粭】12画 部首［米］和製漢字 JIS 6870 もみがら。もみぬか。すくぼ。地名にも用いられる。
**すくも**【▼糘】16画 部首［米］和製漢字 JIS 6884 もみがら。もみぬか。すくぼ。地名にも用いられる。
**すくも** ①糠あるいは籾殻とか、アシ・カヤなどの枯れたものとかいわれ、諸説がある。②泥炭。peat 用例 ―石。
**すくも**【▽宿▽毛】〈市〉高知県西端、愛媛県に接する市。旧城下町。農林・漁業の町で、イワシ漁や煮干しの産地で知られ、ハマチなどの養殖も盛ん。人口二万六〇六七（一九八八）。
**すくも-わん**【▽宿▽毛湾】愛媛・高知県境にある湾。ハマチ・真珠・カキの養殖がさかん。リアス式海岸の景勝地。
**すく-よう**【▽宿曜】占星術の一種。二十八宿・十二宮・七曜の運行に基づき、日時・方角の吉凶や人間の運命を占うもの。インドに発祥して中国から日本に伝わり、平安時代以降さかんとなった。
**すく-よか**【▽健よか】（形動）→すこやか（健やか）
**スクラップ**【scrap】①再使用できる金属材料のくずや金属製品の廃物。②新聞・雑誌などの記事を切り抜くこと。また、切り抜いたもの。③「スクラップブック」の略。
**スクラップ-アンド-ビルド**【scrap and build】古い設備を解体して、新しい優れた設備に置きかえること。
**スクラップブック**【scrapbook】切り抜き帳。
**スクラム**【scrum】①ラグビーで、反則があったとき、両チームのプレーヤーがボールを中にして密集し組み合う体勢。比較 モール・ラック。②数人、またはそれ以上で、肩や腕をがっちり組み合うこと。
**スクラム-トライ**【scrum try】ラグビーで、スクラムを組んだままボールをキープし、相手をゴールラインまで押し切ったトライ。
**スクランブル**【scramble】①緊急発進。不意の敵機侵入に対し、地上待機中の迎撃戦闘機が緊急出撃命令を受けて最短時間に離陸すること。②《「スクランブルエッグ」の略》いり卵。scrambled eggs ③「スクランブル交差点」の略。
**スクランブル-こうさてん**【スクランブル交差点】歩行者が横断するさい、車両用の信号をすべて停止の状態にして、左・右・斜めいずれの方向へも自由に渡れるようにした交差点。multiple intersection
**スクランブル-レース**【scramble race】凹凸や坂の多い山野の不整地を走るオートバイレース。モトクロス。

**すぐり**【▽村▽主】《古代朝鮮語のスキ（＝村）の転とも》天武朝の八姓以前からあった古代の姓の一つ。多く渡来人の集落の長に与えた。すくり。
**す-ぐり**【▼須具利・酸▽塊】ユキノシタ科スグリ属植物の総称。スグリ・フサスグリなど、多くの園芸品種がある。日本ではセイヨウスグリ（グーズベリー）をさすことが多い。gooseberry; currant →写

●スグリ

**スクリーニング**【screening】ふるい分けること。選抜。審査。適格審査。
**スクリーニング-テスト**【screening test】健康人と病気にかかっている人を選別すること。集団検診などの方法がとられる。
**スクリーブ**【Eugène Scribe】（一七九一〜一八六一）フランスの劇作家。巧みな筋立ての喜劇などを数多く書いた。戯曲『政略結婚』など。
**スクリーン**【screen】①映画などを写す幕。映写幕。銀幕。②映画・映画界のこと。③写真製版に用いるガラス板に黒い網目の線を引いたもの。④写真のフィルター。⑤謄写版で、枠に張った布。
**スクリーン-プリント**【screen print】捺染の一方法。謄写版のスクリーンに模様の形をつけ、それで捺染模様を現す。
**スクリーン-プロセス**【screen process】事前に撮影した背景用のフィルムを映写し、出演者はその前で演技して、背景の場で写しているように撮影する方法。
**スクリーン-ミュージック**【screen music】映画音楽。
**スクリバ**【Jurius Carl Scriba】（一八四八〜一九〇五）ドイツの外科医学者。明治一四年（一八八一）東大医学部教授として招かれて来日。主として日本の近代外科医学の基礎づくり、および、教育・診療に尽力した。
**スクリプター**【scripter】映画撮影現場の記録係。細かな撮影データを記録する。
**スクリプト**【script】①演劇・映画・放送の台本。②映画で、編集用にショットごとに記録される撮影データ。
**スクリメージ**【scrimmage】アメリカンフットボールの通常のプレー。両チームのプレーヤーが規定の位置につき、攻撃側がスナップして開始される。→アメリカンフットボール図

**スクリャービン**【Aleksandr Skryabin】（一八七二〜一九一五）ロシアの作曲家・ピアニスト。官能的で神秘主義的な作風。交響曲『法悦の詩』など。
**スクリュー**【screw】①ねじ。らせん。②→スクリュープロペラ
**スクリュー-プロペラ**【screw propeller】船舶の推進器の一つ。回転軸のまわりに二〜六枚のねじれた羽根をつけたもの。動力により水中で回転させて推進する。スクリュー。
**スクリュープロペラ-せん**【スクリュープロペラ船】スクリュープロペラで推進する船。screw ship
**スクリュー-ボール**【screw ball】野球の投手の投球で、変化球の一種。カーブと逆の回転により、右投手では右へ、左投手では左へ打者の手もとで曲がり落ちる。
**すぐ・る**【▽選る】（五他）えらび取る。より抜く。choose; select 用例 精鋭を―。
**すぐ・る**【▽勝る】古語（下二自）→すぐれる（優れる）
**スクレ**【Sucre】南アメリカ、ボリビア中南部の商業都市。アンデス山中標高二六〇〇mに位置。憲法上の首都。人口八万（一九八二）。
**スクレーパー**【scraper】①土砂の削り取りから運搬・排出までを一貫して行う土木機械。②機械仕上げした面をさらに精密にけずる手工具。きさげ。③石器の一種。獣皮・木・骨の表面をけずったり、かき取るのに使用。掻器。
**すぐれ-て**【優れて】（副）きわだって。とくに目立って。exceedingly 用例 味もさることながら、―盛り付けがよい。
**すぐ・れる**【優れる・▽勝れる・▽秀れる・▽傑れる】（下一自）①まさる。優秀だ。excel ②《多く下に打ち消しをともなって》健康・気分などがよい状態だ。be well 用例 顔色が―・れない。
**スクロール**【scroll】コンピューターなどの表示装置の画面が上下に動くこと。
**スクワット**【squat】①両足を左右に軽く開いて立ち、足裏を床に密着させたまま、背筋をのばして膝を屈伸させる運動。バーベルをかつぐなどして、ウエートトレーニングの方法の一つとしても行われる。②パワーリフティングの種目の一つ。スクワットの姿勢でしゃがんで、両肩にバーベルをかついで立ち上がり、その重量を競う。比較 デッドリフト・ベンチプレス。
**すけ**【助】㊀（名）①たすけ。手伝い。加勢。②寄席で、真打ちの補助をし、真打ち同様の資格がある人。㊁（接尾）他の語に付けて、人名めかして言う語。用例 飲み―。ちび―。

**すげ**【▼菅】カヤツリグサ科スゲ属の総称で、多くは多年草。高さ一〇〜一〇〇㎝。葉は細長く、ふちがざらつく。初夏に、花を穂状につける。日本には約二〇〇種ある。笠・蓑の材料。斑入りは観賞用。sedge →写

●スゲ カンスゲ

**ずけ**《すし屋の隠語》赤身のマグロ。また、それをのせた握りずし。比較 とろ。
**ず-けい**【図形】①物の形をかいたもの。その形。drawing ②数学で点・線・面・立体など、またはそれらの集合。figure ③図形グラフ。graph
**スケート**【skate】①氷上を滑るため、底に鉄製の刃をつけた靴。また、それをはいて滑るスポーツ。数え方 一足。②「ローラースケート」の略。
**スケート-ぐつ**【スケート靴】スケートをするための靴。アイススケートでは靴底に金属のブレード、ローラースケートでは小さな車を取りつける。skate →写

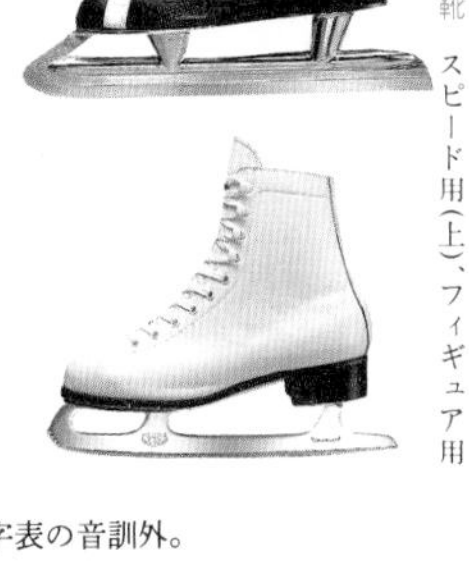
●スケート靴 スピード用（上）、フィギュア用（下）。

**スケートボード**【skateboard】サーフボードの形に似た、幅約二〇㎝、長さ約六〇㎝の合板の裏に車輪を取りつけたもの。サーフローラー。スケボー。→写
**スケート-リンク**《和製語。skating rinkから》スケートを行うための場所。アイススケートでは、天然または、人工の氷面のあるところ。リンク。
**スケープゴート**【scapegoat】《贖罪のヤギ、の意。聖書のことば》人々の憎悪や不平を直接の原因に向けさせないために立てられる身代わり。いけにえ。

●スケートボード

**スケール**【scale】①長さ・角度などをはかる器具。折尺・曲尺など。比例尺。縮尺。②大きさ。規模。[用例]—の大きい人。③寸法。尺度。④てんびんの皿。⑤階級。等級。⑥音楽で、音階。

**スケール-メリット**【scale merit】規模の拡大がもたらす利益。企業の規模を拡大すると、大量生産によるコスト減や分業化の有利性によって経済性が高まり利益率がよくなるということ。しかし過度の拡大は、管理費などが増大し、効果が相殺される。

**すげ-か・える**【▽挿げ替える・▽箝げ替える】(下一他) 代わりのものにつけ替える。replace [用例]鼻緒を—。閣僚の首を—。

**すげ-がさ**【▽菅▽笠】竹を骨組みにして、スゲの葉で編んだ笠。すがさ。[数え方]一蓋・一枚。

**すけ-ごう**【助郷】江戸幕府が宿駅制度を維持するため、応援の人馬役を課した宿駅周辺の郷村。また、その課役。

**スケジュール**【schedule】日程。日程表。予定。時間表。[用例]—を組む。

**ずけ-ずけ**(副) 遠慮せずに、ものを言ったり、行ったりするさま。つけつけ。straightforwardly [用例]—と批判する。

**すけそう-だら**【助▽惣▽鱈・助宗▽鱈】スケトウダラの異名。

**すけ-だち**【助太刀】(名・サ変自) ①果たし合いなどに、加勢すること・人。help [用例]—に入る。②《俗語》手伝い。help

**ず-けっしゅ**【頭血▽腫】新生児の頭によくみられる血腫。分娩時の摩擦による頭蓋骨と骨膜との間の出血。出生後、二〜三か月で自然に吸収される。cephalhematoma

**スケッチ**【sketch】(名・サ変他) ①写生すること。写生図・略図・下絵など。鉛筆・ペン・木炭などで対象を写しとる。②音楽や文学などで、描こうとする作品の粗描き。また、小品文・小曲。↓[写]

**スケッチブック**【sketchbook】□写生帳。□《The Sketch Book》ワシントン=アービングの短編小説・随筆集。一八二〇年刊。『リップ=バン=ウィンクル』など三四編を収録。

**スケッチ-ホン**《和製語》相手のディスプレー装置に絵や文字が送信でき、音声の交信もできる電話。

**すけっ-と**【助っ▽人】加勢する人。手助けをする人。supporter

**すけとう-だら**【▽介党▽鱈・▽鯳】タラ科の海水魚。全長約六〇cm。約二〇〇mの深さの海の中層にすむ。北太平洋と日本海に分布。マダラ同様、卵巣の塩づけを「たらこ」という。スケソウ。スケソウダラ。メンタイ。↓[図]

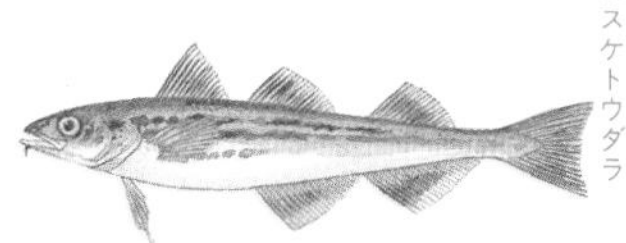

●スケトウダラ

**すげ-な・い**【素気無い】(形) 無愛想だ。つれない。cold [用例]—返事。

**すけ-ばしら**【助柱・▽楮柱】つっぱりにする支柱。壁・門・塀などが傾くのを防ぐために設ける。控え柱。shore

**すけ-べえ**【助平・助▽兵▽衛】(名・形動) 好色なこと・さま。色好みの人。すけべい。すけべ。lecher

**すけべえ-こんじょう**【助▽平根性・助▽兵▽衛根性】①色好みの心。lewdness ②いろいろの事に手を出したがる気持ち。気が多いこと。greediness [用例]—を出す。

●スケッチ① ドガ『馬上の騎手の習作』一八六六〜六七年ごろ、ルーブル美術館。

**スケボー**《skateboardから》↓スケートボード

**す・ける**【透ける】(下一自) 物をとおして、その先のものが見える。be transparent

**す・ける**【▽助ける】(下一他) たすける。手を貸す。help [用例]手のあいた人は—・けてくれないか。

**す・げる**【▽挿げる・▽箝げる】(下一他) ①はめこむ。さしこむ。put in ②さし通してそのものに結ぶ。fix [用例]鼻緒を—。

**スケルツォ**【scherzoイタ】一般にテンポが速く、気まぐれな性格の曲。ソナタなどの第三楽章や、独立したピアノ曲に用いられる。

**スケルトン**【skeleton】①脊椎動物の骨格。②物の骨組み。骨状のもの。あらすじ。

**すけろく**【助六】↓すけろくゆかりのえどざくら(助六由縁江戸桜)

**すけろくゆかりのえどざくら**【助六▽由▽縁江戸桜】歌舞伎十八番中唯一の世話物。一幕。江戸歌舞伎の代表作。正徳三年(一七一三)初演。侠客助六、実は曾我五郎が、名刀友切丸詮議のため吉原に出入りし、愛人揚巻をめぐって髭の意休と張り合う。助六。↓[写]

**スコア**【score】①スポーツ競技などの得点。また、その記録。②音楽で、総譜。指揮者用の大形のもの、鑑賞用の小形本がある。

**スコア-ブック**《和製語》スポーツ競技などで、試合経過や得点などを記録するノート。競技により特定の書式や記号がある。box score

**スコアボード**【scoreboard】スポーツ競技場で、得点や試合経過などを表示する掲示板。得点表示板。

**スコアラー**【scorer】①スポーツ競技で、得点や試合経過を記録する人。②競技の公式記録員。

**スコアリング-ポジション**【scoring position】野球で、一本の単打で得点が入る可能性のある塁。また、その塁に走者がいる状況。通常、二・三塁をさす。得点圏。

**すご・い**【▽凄い】(形) ①おそろしい。すさまじい。horrible [用例]—顔でにらむ。②ぞっとするようなもの寂しい状態や気分。dismal ③《俗語》㋐すばらしい。[用例]—出来。㋑はなはだしい。[用例]—汗。—・く苦しそうだ。[派生]すごげ(形動) すごさ(名) すごみ(名)

**ず-こう**【図工】《「図画・工作」の略》小学校教科の一つ。図工科。drawing and manual arts

**すご-うで**【▽凄腕】物事をてきぱきと処理する能力。らつわん。crackerjack

**すこう-てんのう**【▽崇光天皇】(一三三四〜九八) 北朝第三代天皇(在位一三四九〜五一)。名は初め益仁、のち興仁。光厳天皇の第一皇子。

●助六由縁江戸桜 意休の一七世市村羽左衛門(右)と助六の二世尾上松緑(左)。

**スコータイ**【Sukhothai】タイ北西部、メナム川支流ヨム川左岸の都市。一三〜一四世紀に栄えたスコータイ朝の王都。

**スコータイ-ちょう**【スコータイ朝】タイのスコータイを都としたタイ族の王朝。一二五七年に真臘の圧迫を駆逐して独立。ラマカムヘン王の治世にもっとも栄える。元とも接し周辺文化を摂取し、タイ文字を創案した。一四世紀半ばにアユタヤ朝に併合。Sukhothai dynasty

**スコート**《商標名》女子学生用のスポーツウエア。丈の短いプリーツスカートでキュロットのように二股に分かれたもの。また、テニス用のショートスカートの名称として一般化している。

**スコーネ**【Skåne】スウェーデン南部の地方。中心都市マルメ。土壌が肥沃で「スウェーデンの穀倉」といわれる。

**スコール**【squall】突然吹き出し、まもなくやむ強い風。早手はこの一種。熱帯地方に多く、ふつう雷や雨をともなう。

**す-ごかい**【巣▽沙蚕】海浜の砂地にすむイソメの一種。体長約四〇cm。背面は褐色、腹面は淡紅色で、環節数約三〇〇。砂中に海藻や砂粒などでおおわれた管状の巣をつくり、そのなかにすむ。釣り餌用。松島湾以南に分布。

**すご・く**【▽凄く】(副)《俗語》はなはだ。ひどく。

**すこし**【少し・▽寡し・▽些し】(副) 数量・程度が少ないようす。ちょっと。わずか。やや。a little [用例]もう—欲しい。—は手伝いなさい。

**すご・し**【▽凄し】[古語](形ク) ①恐ろしいほどもの寂しい。[用例]秋はつる気色の—・きに(源氏・総角)。②恐ろしいほどすぐれている。すばらしい。[用例]なまめかしく—・うおもしろく(源氏・若菜下)。

**すこしく**【少しく】(副) わずかに。少々。a little [用例]塔は—傾きてあり。

**すこし-も**【少しも】(副) ①《下に打ち消しをともなって》ちっとも。全然。not in the least [用例]—涼しくならない。②[古語]《肯定表現とともに用いて》少しでも。わずかながらでも。[用例]大臣殿はいま—日数ののぶるをうれしき事におもはれけり(平家・一一・大臣殿被斬)。

**すご・す**【過(ご)す】(五他) ①過ぎるにまかせる。spend; pass [用例]むなしく時を—。②暮らす。live [用例]どうにか—・しております。③度を越す。go too far [用例]酒を—。④《動詞の連用形に付いて》かまわないでおく。そのままにしておく。overlook [用例]まあ見—・しておこう。

**すご-すご**【▼悄▼悄】(副) がっかりしたさま。しおしお。dejectedly [用例]—とひきさがる。

**スコッチ**【Scotch】《スコットランド人、また、スコットランド語、の意》①「スコッチウイスキー」の略。②スコットランド産の羊毛、その羊毛を原料とした紡毛糸・毛織物などのこと。

**スコッチ-ウイスキー**【Scotch whisky】スコットランド特産のモルトウイスキーまたはブレンデッドウイスキー。泥炭(ピート)を使うので、特有の燻煙の香がある。

**スコッチ-エッグ**【Scotch egg】代表的なイギリス料理。ひき肉にタマネギを混ぜて、ゆで卵を包み、パン粉の衣をつけて油で揚げたもの。

**スコッチ-ツイード**【Scotch tweed】紡毛織物の一種。ざっくりした風合いの厚手のもの。白糸と黒または他の色糸で平織りや斜文織りに粗く織る。霜降り・縞・格子などが多い。主としてコート地などに使う。原産地はスコットランド。

**スコッチ-テリア**【Scottish terrier】長毛で四肢が短く、耳・尾が立つ小形イヌ。肩高約二七cm。愛玩用。スコットランド原産。

**スコッチ-ライト**《商標名》道路標識のうち、自動車のライトに照らされたとき光ってよくわかるように、蛍光塗装されたもの。road reflector

**スコット**【George C. Scott】(一九二七〜) アメリカの映画俳優。主演作『パットン大戦車軍団』『博士の異常な愛情』など。

**スコット**【Robert Falcon Scott】(一八六八〜一九一二) イギリスの探検家・海軍軍人。一九〇一年南極探検に出発、キングエドワード七世ランドを発見。一九一〇年からの探検ではアムンゼンにわずかに遅れて南極点に到達したが、帰途、遭難死した。

**スコット**【Walter Scott】（一七七一〜一八三二）スコットランドの詩人・小説家。ロマン派詩人から歴史小説へ転向。変化に富んだ筋や人物描写の巧みさが特徴。物語詩『湖上の美人』、小説『ウェーバリー』『アイバンホー』『ケニルワース』など。

**スコットランド**【Scotland・蘇格蘭】イギリス、グレートブリテン島最北部を占める地域。中心都市エディンバラ。一七〇七年イングランドと合併。牧畜・漁業がさかん。クライド川流域は鉱産資源が豊富で、重工業地帯。人口五〇三・五万（一九八二）。

**スコットランド-ヤード**【Scotland Yard】イギリスのロンドン警視庁、とくにその犯罪捜査部門の通称。もとの所在地であるロンドン中心部の通りの名称から。

**スコップ**【schop オランダ】①シャベルに似て小さく、先が平らなもの。土掘りや粉状・粒状の物をすくったり、混ぜたりするために使うさじ形の器具。scoop; shovel ②園芸用の移植ごて。

**スコティッシュ-フォールド**【Scottish fold】イエネコの一品種。耳の先端が前方に折れ曲がる。毛色などはさまざま。スコットランド原産。

**スコパス**【Skopas】（生没年未詳）ギリシアの彫刻家・建築家。紀元前四世紀ごろ活躍。アテネのアレア神殿再建時に破風の群像彫刻を制作した。

**スコピエ**【Skopje】ユーゴスラビア南東部、マケドニア共和国の首都。一九六三年に大地震が発生した。人口五〇・七万（一九八一）。

**すこぶる**【▼頗る】（副）非常に。extremely 用例 ― おもしろい。

**すこぶる-つき**【▼頗る付き】「すこぶる」という語がつくほど、とびぬけていること。rare 用例 ― の美人。

**スコポラミン**【scopolamine】ナス科植物から得られるアルカロイド。水溶性。中枢神経抑制作用があり、瞳孔散大などに使用。

**すご-み**【▼凄み】①ぞっとするほど恐ろしいようす・程度。grimness ②すごいことば。脅し文句。threatening remark

**凄みを利かす**（すごみをきかす）相手が怖がるような態度や言い方をして、脅かす。threaten; intimidate

**すご・む**【▼凄む】（五自）脅すような態度をする。threaten 用例 あの人が―と、とても怖い。

**す-ごもり**【巣▼籠り】①巣にこもっていること。②ジャガイモなどを油でカップ型に揚げ、この中に料理を盛りつけたもの。また、せん切りキャベツなどをいため、中央に卵を落としたもの。

**す-ごも・る**【巣▼籠る】（五自）①巣に入ったままでいる。nest ②虫が土中で冬ごもりをする。hibernate

**すこ-やか**【健やか】（形動）＝すくよか。①からだが達者なさま。健康。healthy ②心が強く正しいさま。健全。sound 用例 ― に成長する。

**スコラ-カントルム**【schola cantorum】①グレゴリオ聖歌を歌うための聖歌隊または聖歌学校。②一八九六年作曲家ダンディらがパリに設立した宗教音楽学校。

**スコラ-てつがく**【スコラ哲学】中世のキリスト教修道院・教会付属学校（スコラ）で学僧たちが説いた哲学・神学。教会公認の教義を擁護する細密な概念分析や形式的区別立てが特徴。一三世紀が全盛期。スコラ学。Scholasticism

**スコリア**【scoria】火山砕屑物の一種。多孔質で黒色または暗褐色の固結物。鉄分に富む。岩滓。

**すご-ろく**【▽双六】①盤上遊戯の一種。ふたりで交互に竹筒から振り出した二個のさいころの目数によって駒を進め、早く持ち駒を敵陣に入れたほうが勝ちとなる。②子どもの遊びの一つ。紙に描いた区画の上で、さいころをふって駒を動かして遊ぶ。絵双六。

**スコンク**【skunk】スポーツの試合で、まったく得点できない敗戦。とくに、球技の場合に用いられる。零敗。

**スゴンザック**【André-Dunoyer de Segonzac】（一八八四〜一九七四）フランスの画家。厚塗りの重厚な画面の裸婦・風景画が多い。作品『裸体』など。

**スゴンタンピール-しき**【スゴンタンピール式】ナポレオン三世（一八〇八〜七三）時代の建築様式。フランス固有のマンサード屋根（腰折れ屋根）と、豊富で華麗な彫刻装飾が特徴。

**すさ**【▼苆】7画 部首［艹］（くさかんむり） 和製漢字
↓すさ［苆・寸莎］

**すさ**【▼苆・▽寸▼莎】壁土にまぜて、ひび割れを防ぐ材料。わら・麻・紙などを細かく切ったもの。すた。つた。

**すさ**【▼須佐】〈町〉山口県北部、日本海に臨む町。近海漁業の基地。景勝地で、天然記念物の磁石石で知られる高山などがある。人口四七三九（一九八八）。

**すざか**【▼須坂】〈市〉長野県北東部、長野盆地の市。明治以降、製糸の町として栄え、第二次大戦後は近代工業が発展。リンゴ・ブドウの大産地。人口五万三五二六（一九八八）。

**すさき**【▼洲崎】東京都江東区にある地区。江戸時代、海を埋め立てた先端を洲崎とよんだことから地名となった。埋立地の拡大により内陸部の工場地帯となる。

**すさき**【▼須崎】〈市〉高知県中部、須崎湾に臨む市。柑橘類や野菜の栽培が行われる。漁業もさかん。セメント・石灰などの工場がある。人口三万一三四一（一九八八）。

**す-ざく**【▽朱▼雀】①四神の一つ。南方をつかさどり、鳳凰で現す。しゅじゃく。対義 青竜・白虎・玄武。②飛鳥時代、天武天皇の時代の私年号（逸年号）。弘文元年（六七二）ともいうが、諸説がある。

**すざく-おおじ**【▽朱▼雀大路】平城京・平安京の中央の南北の大通り。大内裏正門の朱雀門から南へ羅城門にいたる大路。この大路の東が左京、西が右京。平安京では「延喜式」によると広さ二八丈（約八三・二m）。

**すざく-てんのう**【▽朱▼雀天皇】（九二三〜九五二）第六一代天皇（在位九三〇〜九四六）。名は寛明。醍醐天皇の第一四皇子。治世中に平将門の乱・藤原純友の乱が起こった。

**すざく-もん**【▽朱▼雀門】平城京・平安京大内裏の南面中央の門。朱雀大路の起点。大伴門。↓大内裏図

**すさのお-の-みこと**【素▼戔▼嗚▽尊・▼須佐▼之▽男▽命】日本神話の神。伊奘諾尊の子。天照大神の弟。高天の原で乱暴を働き出雲へ追放された。八岐大蛇を退治し天の叢雲の剣を得、奇稲田姫を妃とする。

**すさび**【▽荒び・▽遊び】①心のおもむくままに物事をすること。なぐさみ。pastime 用例 筆の―。老いの―。②心がある方向へいよいよ進むこと。

**有りの遊び**（ありのすさび）↓あり（有り）

**すさび-のり**【すさび▽海▼苔】紅藻植物ウシケノリ科の海藻。潮間帯の岩上などに生育する。長さ一〇〜二〇cm、幅三〜一三cm。薄い膜状で、長卵形、色は暗紫色。アサクサノリと区別がつかないほどよく似ている。北海道西・南部、表日本北部に分布。

**すさ・ぶ**【▽荒ぶ】（五自）①あれる。rage 用例 風が―。②芸などがあれてひどくなる。また、生活や精神があれる。become rough 用例 心が―。

**すさま・じ**【▼凄まじ】古語（形シク）《熱中できない気分のとき使われる。現在の「すさまじい」の意と違い、「すごい」より「つめたい」意に近い》①興ざめである。殺風景だ。つまらない。気がのらない。用例 ―・じきもの、昼ほゆる犬（枕・すさまじきもの）。②寒々としている。もの寂しい。用例 風ふき、雨ふりて、―・じかりけるに（宇治拾遺・一一二）。

**すさまじ・い**【▼凄まじい】（形）①ものすごい。おそろしい。horrible 用例 ―形相。②とんでもない。あきれるほどひどい。terrible 派生 すさまじさ（名）

**すさまじ-げ**【▼凄まじげ】古語（形動ナリ）興ざめであるさま。わびしいさま。つまらないさま。用例 はしたなきここちして、―にて寄り伏したり（源氏・末摘花）。

**すさみ**〈町〉和歌山県南部、太平洋に臨む町。農林・漁業が行われる。景勝地枯木灘海岸がある。人口六八三三（一九八八）。

**すさ・む**【▽荒む】（五自）①あれ狂う。すさぶ。rage ②あれて、うるおいがなくなる。become desolate 用例 ―・んだ世の中。

**すさ・る**【▽退る】（五自）しりぞく。さがる。しさる。用例 うしろへ―。

**ず-さん**【▼杜▼撰】（名・形動）《中国の杜黙の詩が、多く律に合わなかった、という故事による》＝ずざん。①よりどころがあやふやなこと・さま。その著作。②まちがいが多く、いい加減なこと・さま。でたらめ。ぞんざい。粗雑。carelessness 用例 ― きわまる。

**すし**【▼鮨・▼鮓・▽寿司】《形容詞「酸し」から。「寿司」は当て字》①魚介類を塩蔵して自然発酵させたもの。②酢飯が主材となった、ちらしずし・にぎりずしなどの総称。数え方 一人前・一折・一個。

**す-し**【酸▽模】スイバの古名。

**す・し**【酸し】古語（形ク）↓すい（酸い）

**すじ**【筋】㊀（名）①細長くつづく線のようなもの。line 用例 細い―。②筋肉。また、筋肉を構成している線維。fiber ③血管。vein 用例 青―を立てて怒る。④道理。筋あい。reason 用例 ―の通った話。⑤手続き。順序。procedure 用例 そこへ話をもっていくのは―がちがう。⑥話の運び。脈絡。plot 比較 主題。用例 小説の―。⑦当局。方面。authorities 用例 その―の語るところによれば。⑧血筋。素性。lineage ⑨素質。makings 用例 ―がいい。⑩植物などに含まれる繊維質のもの。線状の組織。fiber ⑪「筋かまぼこ」の略。⑫一つづきの道路や川に沿った所。用例 街道―。⑬縦のしま。stripe ⑭取り引きで内情をよく知って売買する事情通。insider ⑮田の畔。うね。⑯碁や将棋でその局面に最適の手。手筋。㊁（助数）細長いものを数える語。用例 一―の道。手ぬぐい二―。

**筋が違う**（すじがちがう）①めざす相手・方向・目標などが違う。②道理に合わない。物事の判断が見当違いである。unreasonable

**筋が通る**（すじがとおる）①細長く、まっすぐである。straight ②道理にかなっている。物事が首尾一貫している。筋が立つ。make sense; logical

**筋が良い**（すじがよい）素質がある。have an aptitude 用例 踊りの―。

**筋を通す**（すじをとおす）道理を通す。理屈を首尾一貫させる。follow procedures

**ず-し**【図示】（名・サ変他）図で示すこと。図にかいて見せること。illustration 比較 表示。用例 場所を―する。

**ず-し**【▼厨子・▼廚子】①仏像や経巻などを安置する櫃。多くは方・円・長方形などで扉がある。法隆寺の玉虫厨子など。②調度や書画・食物などを置いたり入れたりする小型の家具。↓写

●厨子①　舎利厨子。東大寺（奈良県）。

**ずし**【▼逗子】〈市〉神奈川県三浦半島西岸、相模湾に臨む市。保養地・住宅地。徳冨蘆花の小説『不如帰』の舞台。人口五万八一四四（一九八八）。

**すじ-あい**【筋合（い）】理由のあること。わけ。道理。また、理由や根拠のある関係や間柄。reason 用例 今さら断れる―ではない。

**すじ-あおのり**【筋青▽海▼苔】緑藻植物アオサ科の海藻。管状、中空で分枝の多い形をとる。体長五〜五〇cm。食用とする。

**すじ-えび**【▽条▽海▽老・筋▽海▽老】テナガエビ科の淡水エビ。河川・湖沼などの砂泥地にすむエビ。体長約五cm。暗褐色の帯状斑がある。千島から九州・沖縄まで広く分布。

**ずしおう**【▼厨子王】伝説中の人物。「山椒太夫」の話（説経節・森鷗外の小説など）に登場する奥州の太守の子。安寿姫の弟。

**すじ-かい**【筋交い・筋▽違い】①斜めに交わった状態。はす交い。筋ちがい。用例 ―の家。②建築物の補強のため、柱と柱の間などに斜めに入れる材木。brace 用例 ―を入れる。

**すじ-がき**【筋書（き）】①事実の筋道を書いたもの。outline ②映画・演劇などの粗筋を書いたもの。synopsis ③もくろみ。計画。plan 用例 ―通りにはいかない。

**すじ-がね**【筋金】①槍の柄、板戸などを補強するためにはめた細長い金属。②江戸時代、歌舞伎で荒事師が衣装の下に着た筒袖のじゅばん。③小道具の一つ。荒事武者役がつける小手・脛当て。④石膏の型取りの型を丈夫にするための針金。

**すじがね-いり**【筋金入り】しっかりした者、強い者のたとえ。devoted 用例 ―の党員。

**すじ-かまぼこ**【筋▼蒲▼鉾】練り製品の製造時に除かれたすじ肉を集め、食塩・でんぷんなどを加えて形をととのえ、湯で煮たもの。おでんだね。すじ。

**ず-しき**【図式】①図取りのしかた・型。figure ②物事の関係を説明するために考案された図。グラフ。graph ③概念の関係を示す符号・図。diagram

**すじ-ぐも**【筋雲】繊維状に散らばった白雲。巻雲。cirrus

●スジグロシロチョウ

**すじぐろ-しろちょう**【▽条黒白▼蝶】シロチョウ科のチョウ。モンシロチョウに似るが、白い翅に黒いすじがある。開張約五・五cm。日陰に多い。日本全土に分布。↓写

**すじ-こ**【筋子】サケ・マスの卵巣の塩漬け。一腹ずつのものをいい、卵だけのものはイクラ。すずこ。

**すじ-だて**【筋立て】話の筋道の組み立て。その順序。plot 用例ドラマの—。

**すし-だね**【▼鮨種】江戸前のすしに用いる魚や貝などの具。すしねた。ねた。

**すじ-ちがい**【筋違い】㊀(名・形動)①ななめ。すじかい。oblique ②道理にはずれること。また、そのさま。misdirected 用例きみの考え方は—だ。③見当違いであること。また、そのさま。missing the point 用例—の返事。㊁(名)急に体を動かしたりしたときなどに、筋が無理にのばされておこる筋肉痛。traumatic muscle pain

**すし-づめ**【▼鮨詰(め)】多くの人・物がぎっしり入っていること。be jammed 用例—の電車。

**すじ-ば・る**【筋張る】(五自)①筋が固くつっぱって盛り上がる。become sinewy 用例—・った手。②堅苦しくふるまう。behave formally

**すじ-べい**【筋塀】↓ついじ(築地)

**すじぼそ-やまきちょう**【▽条細山黄▼蝶】シロチョウ科のチョウ。前翅の先端と後翅の外縁中央がとがる。開張約六cm。雄は濃黄色、雌は黄白色。前翅と後翅の中央に橙色の小円点がある。食草はクロウメモドキなど。本州・四国・九州に分布。

**すじ-ぼね**【筋骨】①筋肉と骨格。きんこつ。sinews and bones ②軟骨。cartilage

**筋骨を抜かれた様**(すじぼねをぬかれたよう)病気や疲労で気力がなくなり、ぐったりしたさま。

**すじ-まき**【筋▼播き・▼条▼播き】(名・サ変他)きめた筋にそって種をまくこと。条播。drill

**すじ-みち**【筋道】①道理。条理。reason 用例—の通った話。②手続き。順序。procedure 用例—を踏む。

**すじ-むかい**【筋向(か)い】斜めに向かい合うこと。筋向こう。diagonal opposition 用例—の家。

**すじ-むこう**【筋向(こ)う】筋向かい。

**すじ-め**【筋目】①布や紙などを折ったときにできる線。fold 用例ズボンの—。②はっきりした線状や、その文様。③家柄。血統。素性。lineage 用例—の正しい家柄。④筋道。条理。reason 用例—の立った意見。

**す-じめ**【酢締め】料理で、材料を酢に浸して時間をおき、身を締めること。すし種などによく用いる。

**すし-めし**【▼鮨飯】すしに使う酢の味をつけた飯。一般に、関東では塩を、関西では砂糖をきかせた味付けにする。

**すし-や**【▼鮨屋】すしを作って売る店。また、その人。

**ず-しゅう**【豆州】伊豆国。

**すじゆ-おんせん**【筋湯温泉】大分県西部、飯田高原にある温泉。高所から落ちる湯の滝に身体を打たせる「うたせ湯」が有名。

**スシュルタ**【Suśruta】(生没年未詳)二〜三世紀ごろのインドの医者。とくに外科治療にすぐれ、また人体解剖を行って基礎医学の体系を定めたといわれる。編著『スシュルタ・サンヒター』はインド二大古典医学書の一つ。

**すしゅん-てんのう**【▽崇▼峻天皇】(?〜五九二)第三二代天皇(在位五八八〜五九二)。欽明天皇の皇子。蘇我・物部両氏の争乱後に即位したが、蘇我馬子と対立し暗殺された。

**す-じょう**【素性・素姓・▽種姓】①血筋。家柄。lineage 用例氏—。②生まれ。育ち。parentage ③いわれ。由来。history ④本来の性質。nature

**ず-じょう**【頭上】対義脚下。①頭の上。overhead ②上のほう。high

**ずしょ-ひろさと**【▽調所広▽郷】(一七七六〜一八四八)江戸後期の薩摩藩家老。通称笑左衛門。藩財政の改革に活躍。清と密貿易を行い、幕府の嫌疑に対し責任をとって自殺。

**すじ・る**【▼捩る】(五自)からだをねじりまげる。

**すじん-てんのう**【▽崇神天皇】記紀で第一〇代天皇。名は御間城入彦五十瓊殖尊。「はつくにしらしみまきのすめらみこと」と称されるところから、大和政権を確立した最初の天皇と推測される。

**すす**【▼煤】①けむりの中の黒い粉末やけむりとほこりがまじって固化したもの。②炭素化合物の不完全燃焼で生じた炭素の粉末。カーボンブラックはその一種で、ゴム配合剤・印刷インキの原料に利用。soot

**すず**【鈴】体鳴楽器。日本の鈴は、細い裂け目のある中空の球の中に小さい球を入れたもので、つるして振り鳴らす。金属または土製。西洋では、日本と同形のものを枠に取りつけたジングルベルや、小形鐘形など。bell

**鈴を転がす様**(すずをころがすよう)女性の声の、澄んで美しいさま。tinkling

**鈴を張った様な目**(すずをはったようなめ)ぱっちりとした大きな目の形容。

**鈴を振る様な声**(すずをふるようなこえ)きれいに澄んだ声。鈴を転がすような声。

**すず**【▼錫】金属元素。記号Sn 原子番号五〇。原子量一一九。比重七・二八(白色錫)、五・七六(灰色錫)。古くから青銅に使用。めっき用のほか無害のため食品工業・食器などに、また砲金・はんだ・活字合金・可融合金などに利用。tin

**すず**【▼篶・▼篠】細いタケ。小竹。スズタケ。

**すず**【▽珠▼洲】〈市〉石川県、能登半島先端の市。中心は飯田。農・漁業のほか、珪藻土と加工品を産出。見付島・禄剛崎などの景勝がある。人口二万六四二九(一九八八)。

**ず-ず**【▽数▽珠】↓じゅず(数珠)

**ず・ず**【▼誦ず】古語(サ変他)声に出して読む。ずんず。用例親王、歌をかへすがへす—・じたまうて、返しえし給はず(伊勢・八二)。

**すず-いし**【▼錫石】錫の酸化物からなる鉱物。重要な原料鉱石。正方晶系。柱状または粒状で、ダイヤモンド光沢、脂肪光沢がある。無色・褐色・赤色など。cassiterite

**すす-いろ**【▼煤色】うす黒い色。すすのような色。soot; sooty black

**すずか**【鈴▼鹿】〈市〉三重県北部の市。輸送用機器を中心とする工業が発達。植木栽培もさかん。鈴鹿サーキットがある。人口一六万八二六四(一九八八)。

**すず-がえる**【鈴▼蛙】山間の渓流にすむ原始的なスズガエル科のカエル。体長四〜五cm。背面はいぼでおおわれ、黄緑色か緑褐色で、暗色の模様がある。腹面と四肢裏面には赤色斑がある。対馬・朝鮮半島・中国に分布。↓図

●スズガエル

**すずか-がわ**【鈴▼鹿川】三重県北部を東流する川。長さ三八km。鈴鹿山脈の南縁に発し、楠町で伊勢湾に入る。

**すず-かけ**【鈴懸・▼篠懸】①修験者が衣服の上に着る麻の衣。②「スズカケノキ」の略。

**すずかけ-の-き**【鈴懸の木・▼篠懸の木】スズカケノキ科の落葉高木。高さ約二五m。葉は掌状、雌雄同株。春に雄花と雌花が別々の柄につき、晩秋に、球状果が柄の先に下がる。プラタナス。ボタンノキ。スズカケ。plane tree ↓写

●スズカケノキ 花。

**すずか-サーキット**【鈴▼鹿サーキット】日本初のオートバイや自動車用ロードレーストラック。一周五八五九m。昭和三七年(一九六二)、三重県鈴鹿市に本田技研工業が建設。

**すずか-さんみゃく**【鈴▼鹿山脈】近畿地方東部を南北に走る山脈。三重・滋賀県境をなす。主峰は御在所山一二一〇m、最高峰は御池岳一二四一m。動植物の宝庫。

**すず-かぜ**【涼風】初秋の涼しい風。cool breeze 用例—が立つ。

**すずか-とうげ**【鈴▼鹿峠】三重・滋賀県境をなす鈴鹿山脈の峠。標高三五七m。古来、畿内と東国を結ぶ旧東海道の要所であり、また交通上の難所でもあった。

**すず-がも**【鈴▼鴨】海ガモの一種。翼長約二〇cm。雌は嘴の基部に白帯があるので、ハナジロハジロともいう。水草・藻のほか二枚貝を好んで食べる。シベリア東部で繁殖。日本では冬鳥。

**すずがもり**【鈴ケ森】東京都品川区南部にあった地名。江戸時代に処刑場があった。

**すすき**【▽薄・▼芒】イネ科の多年草。山野の陽地にはえる。高さ一〜二m。葉は線形で尖る。初秋、茎の先に長さ二〇〜三〇cmの花穂をつける。秋の七草の一つ。以前は屋根ふき・炭俵・すだれの材料。茎葉は家畜の飼料。ツユミグサ。カヤ。オバナ。↓写

**薄の穂にも怯ず**(すすきのほにもおず)わずかな動きや物音にも、おびえる。心が落ち着かず、ささいなことにも恐れおののく。

**すすぎ**【▽濯ぎ・▼滌ぎ】①すすぐこと。洗濯をしてせっけん分を落とすこと。rinse ②足を洗うための湯や水。water to wash feet

**すずき**【▼鱸】スズキ科の海水魚。近海の岩場にすむ。全長約九〇cm。背部は灰青色、腹部は銀白色。若魚は夏季に川をのぼる。食用で夏に美味。北海道以南、東・南シナ海に分布。出世魚で幼魚はセイゴ、やや成長したものはフッコ、成魚はスズキ。ロギョ。sea bass ↓図

●スズキ

**すずき-うめたろう**【鈴木梅太郎】(一八七四〜一九四三)生化学者。静岡県生まれ。東大教授。米ぬかからオリザニン(ビタミン$B_1$)を抽出。

**すずき-かんたろう**【鈴木貫太郎】(一八六七〜一九四八)海軍大将・政治家。千葉県生まれ。連合艦隊司令長官・軍令部長・侍従長・枢密顧問官を歴任。二・二六事件で襲撃され負傷。終戦内閣の首相。↓写

●鈴木貫太郎

**すずき-こそん**【鈴木鼓村】(一八七五〜一九三一)箏曲家。宮城県生まれ。新日本音楽の先駆として、北原白秋など当時の詩人たちの詩を中心に作曲活動を行い、京極流を興した。『厳島詣』などを作曲。

**すずき-しゅんざん**【鈴木春山】(一八〇一〜一八四六)江戸末期の医師で兵学者・医学者。三河出身。藩校成章館で学び、長崎で蘭方医術を研究、渡辺崋山と親交を深め、高野長英にオランダ兵術を学ぶ。『三兵活法』などを訳す。

●ススキ

**すずき-しょうさん**【鈴木正三】(一五七九〜一六五五) 江戸前期の僧・仮名草子作者。徳川家康・秀忠に仕え、出家。曹洞禅を修めて独自の仁王禅を唱えた。著作に仮名法語『盲安杖』、仮名草子『二人比丘尼』など。

**すずき-しょうてん**【鈴木商店】 明治・大正時代の神戸の商社。昭和二年(一九二七)倒産し、金融恐慌激化の一因となった。

**すずき-しんいち**【鈴木▽鎮一】(一八九八〜) バイオリン奏者・教育家。愛知県生まれ。「才能教育運動」で世界的に注目される。著書『人間と才能』など。

**すずき-しんたろう**【鈴木信太郎】(一八九五〜一九七〇) 仏文学者。東京生まれ。東大卒。東大教授。ビヨンやフランス象徴詩の研究と訳業で知られる。著書『フランス詩法』など。

**すずき-すいけん**【鈴木▼翠軒】(一八八九〜一九七六) 書家。本名、春視。愛知県生まれ。淡墨を用い、直感的な情趣の世界に書の美を追求。第二次大戦前の国定教科書の書き方手本の筆者。

**すずき-ぜんこう**【鈴木善幸】(一九一一〜) 政治家。岩手県生まれ。水産講習所卒。社会党衆議院議員からのち自由民主党に移る。昭和五五年(一九八〇)首相に就任。行政改革を最重要政策とし、同五七年(一九八二)まで在職。

**すずき-せんざぶろう**【鈴木泉▽三郎】(一八九三〜一九二四) 劇作家。東京生まれ。新歌舞伎の名作を残す。戯曲『次郎吉懺悔』『生きてゐる小平次』など。

**すずき-だいせつ**【鈴木大拙】(一八七〇〜一九六六) 仏教学者・思想家。金沢生まれ。名は貞太郎。禅を中心とする仏教思想の独自な研究を展開し、欧米に紹介した。昭和二四年(一九四九)文化勲章受章。著書『禅の研究』『禅と日本文化』など。↓写

●鈴木大拙

**すすきだ-きゅうきん**【▽薄田泣▼菫】(一八七七〜一九四五) 詩人・随筆家。本名、淳介。岡山県生まれ。典雅な高踏派的詩風により、明治三〇年代の代表的詩人として蒲原有明と並び称された。長編叙事詩『葛城の神』を最後に、随筆家として活躍。詩集『暮笛集』『白羊宮』、随筆『茶話』など。

**すすきだ-けんじ**【▽薄田研▽二】(一八九八〜一九七二) 新劇俳優。福岡県生まれ。第二次大戦後、中央芸術劇場・東京芸術座を結成。リアリズム演劇の代表的俳優。

**すずき-ただし**【鈴木▽忠志】(一九三九〜) 演出家。静岡県生まれ。早大卒。早稲田小劇場主宰。富山県に利賀山房を開く。演出作『劇的なるものをめぐって』『トロイアの女』など。

**すずき-ちょうきち**【鈴木長吉】(一八四八〜一九一九) 鋳金家。武蔵(埼玉県)の人。ろう型鋳造にすぐれ、動物を得意とした。作品『鷲』など。

**すずき-とらお**【鈴木▼虎雄】(一八七八〜一九六三) 中国文学者・漢詩人。新潟県生まれ。東大卒。京大教授。中国詩の研究に業績をあげる。昭和三六年(一九六一)文化勲章受章。著書『支那詩論史』『豹軒詩抄』など。

**すずき-はるのぶ**【鈴木春▽信】(一七二五〜一七七〇) 江戸中期の浮世絵師。通称、次兵衛。江戸の人。錦絵の創案に協力し華麗な多色刷り版画を創作。大和絵の典雅さを生かした美人画で有名。作品『座敷八景』『風流四季歌仙』など。↓写

●鈴木春信 『風流四季歌仙』「二月水辺梅」。江戸時代、個人蔵。

**すずき-ぶんじ**【鈴木文治】(一八八五〜一九四六) 労働組合運動の指導者。宮城県生まれ。東大卒。大正元年(一九一二)友愛会(のち日本労働総同盟と改称)を創立。社会民衆党・社会大衆党代議士。

**すずき-ぼくし**【鈴木牧▼之】(一七七〇〜一八四二) 江戸後期の文人。越後国塩沢の人。通称は儀三治。牧之は号。雪国の生活を記録した『北越雪譜』は民俗資料として評価が高い。

**すずき-みえきち**【鈴木三重吉】(一八八二〜一九三六) 小説家・児童文学者。広島県生まれ。東大卒。ネオーロマンティシズムの旗手。雑誌『赤い鳥』を創始。小説『千鳥』『桑の実』など。

**すずき-みちひこ**【鈴木道▼彦】(一七五七〜一八一九) 江戸後期の俳人。医者。仙台の人。加舎白雄門下。平明な句風で俳壇に地位を築いた。著書『道彦七部集』など。

**すずき-もさぶろう**【鈴木茂▽三郎】(一八九三〜一九七〇) 政治家。愛知県生まれ。早大卒。第二次大戦後、日本社会党の結成に参加し、昭和二六年(一九五一)党委員長。主流派形成の中心人物。

**すす・ぐ**【▼漱ぐ】(五他) 口の中をゆすぐ。うがいをする。gargle

**すす・ぐ**【▽濯ぐ・▼滌ぐ】(五他) ①あらい落とす。rinse ②《「雪ぐ」とも》不名誉をはらす。wipe out 用例 恥を―。

**すす・ける**【▼煤ける】(下一自) ①すすで黒くなる。become sooty ②よごれに染まる。become dirty ③古くなって、すす色になる。become black with age 用例 天井が―。

**すず-こ**【▽筋子】 ↓すじこ(筋子)

**ずず-ご**【▽数▽珠子】 ジュズダマの別名。

**すずこけ-むし**【鈴▼苔虫】 群体をつくる着生性の海産小動物。個虫は全長約四・五㎜。干潮線下の岩や海藻などに付着。

**すず-さいこ**【鈴▼柴▼胡】 ガガイモ科の多年草。日当たりのよい草地にはえる。高さ約八〇cm、葉は線状で披針形。夏、葉腋、茎頂に淡黄緑色の花をつける。ヒメカガミ。

**すずし**【▽生▽絹】 ①練らないままの生糸。②生絹の織物。紗に似て、薄くて軽い。対義 練り絹。

**すず・し**【涼し】 古語 (形シク) ↓すずしい(涼しい)

**涼しき方**(すずしきかた) 極楽浄土。

**涼しき道**(すずしきみち) 極楽への道。

**すずし・い**【涼しい】 (形) ①少し冷たくて気持ちよい。すがすがしい。cool 比較 寒い。用例 ―風。②さわやかだ。澄んでいる。clear 用例 ―声。―目。

派生 すずしげ(形動) すずしさ(名)

**涼しい顔**(すずしいかお) 知らん顔。平気な顔つき。unconcerned look; as cool as a cucumber

**すず-しろ**【▼蘿▼蔔・▽清白】 《「スズシロナ」の略》春の七草の一つ。ダイコンの別名。

**すずしろ-そう**【▼蘿▼蔔草】 アブラナ科の多年草。本州中部以西に分布。高さ約一五cm。匍匐枝を出し、根出葉は楕円状へら形。春に、白色十字花を開く。花がスズシロ(ダイコン)に似ることからの名。

**すす-たけ**【▼煤竹】 ①すすけて赤黒い色になったタケ。用例 ―色。②すす払いに使う、先に枝葉のある細い竹。すす竹。

**すず-たけ**【▼篠竹】 イネ科の小形のタケ。山地の木陰に密生する。稈の高さ一〜三m。稈の上方で各節から枝を出し、披針形の葉を二〜三枚つける。ミスズ。↓写

●スズタケ

**すすど・い**【▽鋭い】(形) ①動作がすばしこい。するどい。smart ②機を見ることに敏捷である。quick

**すすとり-ぜっく**【▼煤取(り)節供】 ↓すすはらい(煤払い)

**すず-な**【▼菘・鈴菜】 春の七草の一つ。カブの異称。

**すず-なり**【鈴▽生り】 ①実が神楽の鈴のように密集してなること。be in clusters ②人が入り口や窓からあふれること。満員。be packed with people 用例 ―の見物人。

**すず-の-こ**【▼篠の子】 スズタケのタケノコ。ササノコ。

**すず-の-や**【鈴屋】 江戸中期の国学者、本居宣長の書斎の名。宣長は鈴の音を愛し、部屋に多くの鈴がかけてあったことから名づけられた。

**すす-はき**【▼煤掃き】 ↓すすはらい(煤払い)

**すす-はらい**【▼煤払い】 正月を迎えるために、家の内外の塵埃を払い清める行事。古くは一二月一三日が一般的だった。煤はき。煤取り節供。煤掃き節句。

**すす-びょう**【▼煤病】 植物の病気。茎葉の表面についたカイガラムシやアブラムシの排泄物に煤病菌が繁殖したもの。すすがついたようになり、同化作用を妨げるため、勢いが衰える。sooty mold

**すず-ペスト**【▼錫ペスト】 錫には約一八℃を境に二種類の同素体(金属的な白色錫と、もろい灰色錫)があり、極寒地方で白色錫が灰色錫に変化して全体がもろくなる現象。tin pest

**すすみ**【進み】 ①進むこと・速さ。進度。advancement 用例 ―はどうだ。②進歩。上達。progress

**すずみ**【涼み】 涼むこと。納涼。cooling 用例 夕―。

**すず-みさき**【▽珠▼洲岬】 石川県、能登半島北東端の岬。禄剛崎・金剛崎・遭崎などからなる。海岸段丘・海食崖が発達。

**すずみ-だい**【涼み台】 暑さを避けて涼むための腰掛け。数人が掛けられ戸外で用いる。縁台。

**すすみ・でる**【進み出る】(下一自) ①前へ進んで出る。step forward ②自分から進んで出る。volunteer

**すす・む**【進む】 (五自) ①前へ出る。advance 対義 退く。用例 船が―。東へ―。②上へあがる。go on to 用例 決勝戦へ―。大学へ―。③進歩する。progress 用例 腕が―。世が―。④自分から積極的に行う。調子が出る。be willing to 用例 ―・んで勉強する。気が―・まない。⑤はかどる。progress 用例 計画が―。工事が―。⑥時計が、正しい時間より早く動く。gain 対義 遅れる。用例 時計が―。⑦食欲が出る。have a good appetite 用例 食が―。⑧病が重くなる。get worse 用例 病勢が―。⑨物事の程度が高い。advance 用例 ―・んだ技術。

**進まぬ顔**(すすまぬかお) 気乗りのしない顔つき。気の進まない顔つき。reluctant look

**すす・む**【勧む・薦む】 古語 (下二他) ↓すすめる(勧める) ↓すすめる(薦める)

**すず・む**【涼む】 (五自) 涼しい風にあたる。get cool

**すず-むし**【鈴虫】 秋に鳴くコオロギ科の虫。体長約二cm。頭と胴は小さく、後体部が広がる。雄はリーンリーンと鳴く。関東以西の本州・四国・九州に分布。古くはマツムシといった。↓写

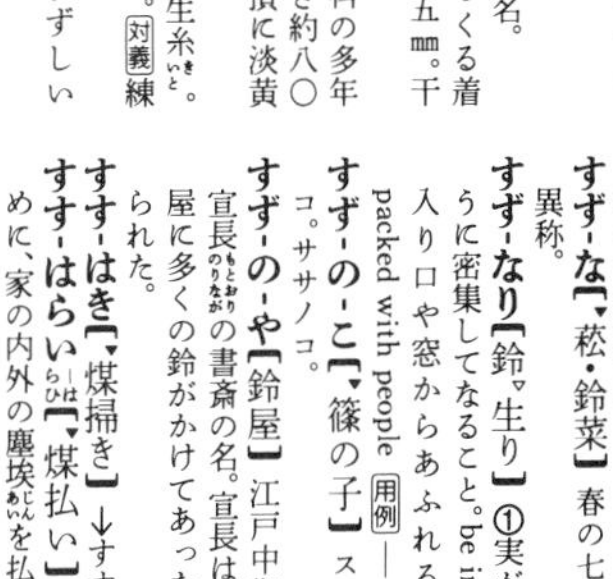
●スズムシ

**すずむし-そう**【鈴虫草】 ラン科の多年草。初夏に、暗紫褐色の花が一〇個ほど咲く。唇弁は幅が広く、スズムシが翅を広げたようにみえる。↓写

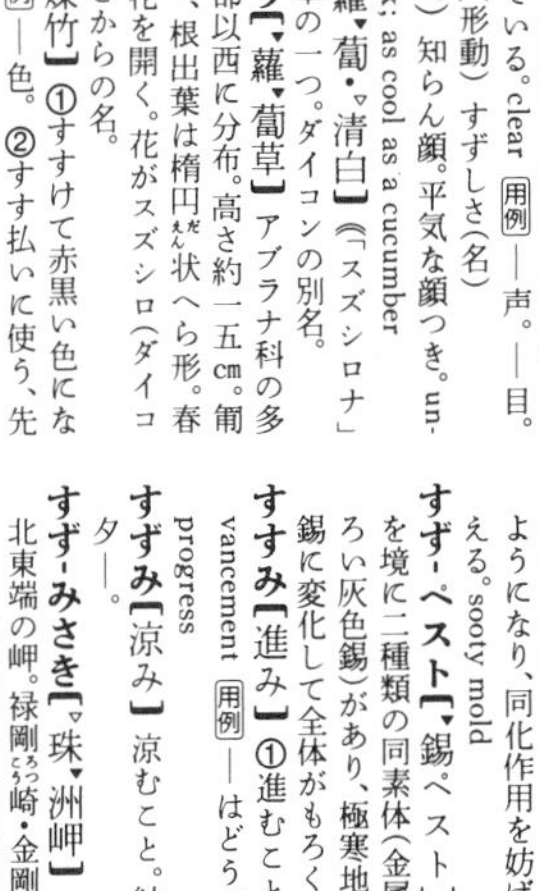
●スズムシソウ

**すすめ**【勧め・▽奨め】 ①助言。advice 用例 医者の―。②奨励。encouragement 用例 学問の―。③勧誘。invitation

**すすめ**【薦め】 すいせんすること。recommendation

**すずめ**【▼雀】 ①ハタオリドリ科の留鳥。翼長約七cm。人家付近に好んですむ。古来より害鳥の代表格だが、繁殖期には害虫を捕食し有益の面もある。sparrow ②おしゃべり。chatter ③よく出入りして事情にくわしい人。また、それをしゃべりまわる人。well-informed person 用例 楽屋―。↓写

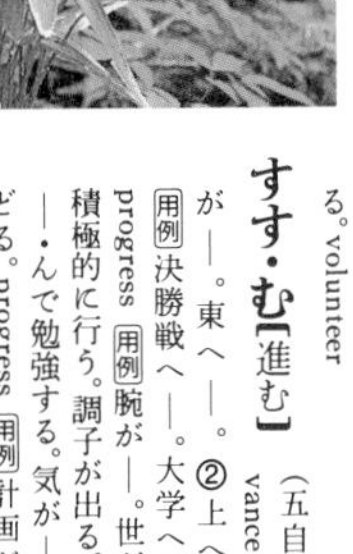
●スズメ①

**雀の囀る様**(すずめのさえずるよう) うるさくしゃべるさま。chatter like sparrows

**雀の巣も構うに溜まる**(すずめのすもくうにたまる) 《スズメ

▼常用漢字表外。 ▽常用漢字表の音訓外。

が、わずかなものをくわえて運んで、ついには巣をつくりあげるように》少しのものでも、努力して貯めれば、多くなる。**雀の千声、鶴の一声**(すずめのせんこえ、つるのひとこえ) つまらない者の千言よりも、すぐれた人物の一言のほうがまさっている。**雀の涙**(すずめのなみだ) 非常にわずかなもののたとえ。mere particle **雀百迄踊り忘れず**(すずめひゃくまでおどりわすれず) 子どものときの習慣は、年をとっても変わらないたとえ。What is learned in the cradle is carried to the tomb. 類似 三つ子の魂百まで。

**すずめ-いろ【▼雀色】** 赤みを帯びた茶褐色。

**すずめ-うり【▼雀▼瓜】** ウリ科のつる性一年草。野原や水辺にはえる。薄い卵円形の葉が、つると対生。夏に、葉腋に花冠の五深裂した白い花を開く。実は球形で灰白色の液果。

**すずめ-おどり【▼雀踊(り)】** 歌舞伎舞踊・民俗舞踊の一つ。雀のしぐさをまねて奴姿で踊る。江戸時代の祭礼から始まった。

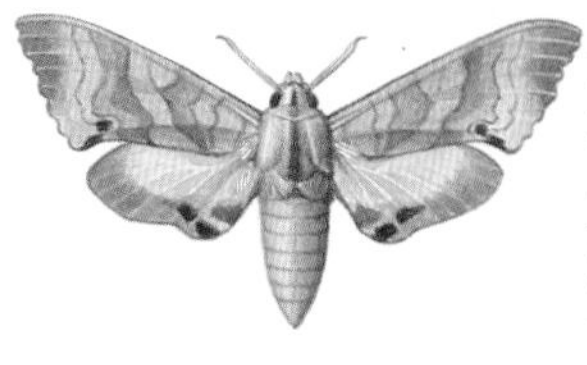
●スズメガ　モモスズメ

**すずめ-が【▼雀▼蛾・天▼蛾】** スズメガ科のガの総称。開張六～一五cm。飛翔力が強く、敏捷。幼虫をイモムシといい尾に角状突起が一本ある。日本全土に分布。↓図

**すずめ-がい【▼雀貝】** 笠形の堅い殻をもつ海産巻き貝。殻長・殻径とも約二cmで、褐色。潮間帯の岩礁にすむ。房総半島以南に分布。

**すずめ-ざかな【進め▼肴】** ↓しいざかな(強い肴)

**すずめ-ずし【▼雀▼鮨】**《ふくらすずめに似た形から》姿ずしの一種。小ダイ・フナなどを一枚に開いて、すしめしを抱かせる。関西でよく作られる。

**すずめ-だい【▼雀▼鯛】** 沿岸の岩礁地帯にすむスズメダイ科の海水魚。体長約一八cm。体色は紫黒色。本州中部以南に分布。福岡では塩乾品にする。↓図

●スズメダイ

**すずめ-のえんどう【▼雀野▼豌豆】** マメ科の二年草。高さ三〇～五〇cm。葉は複葉。春に、白紫色の小花をつける。山野に生じる。茶の代用にし、牧草になる。

●スズメノエンドウ

**すずめ-の-おごけ【▼雀の▼苧小▼笥】** ガガイモ科の多年草。海岸近くにはえる。高さ約六〇cm。葉は短柄、楕円形。初夏、葉腋に黄白花を散形状につける。果実は幅広で披針形。

**すずめ-の-かたびら【▼雀の▼帷▽子】** イネ科の一、二年草。高さ五～二五cm。道ばたに多い。葉は線形、緑色の花は春に咲く。

**すずめ-の-たご【▼雀の田子・▼雀の▼甕】** イラガの一種イラガの繭の俗称。長径約一・五cm。小鳥の卵状で白褐色に太い黒条紋がある。中の蛹(前蛹)はタナゴ釣りの餌。商品名タマムシ。

**すずめ-の-ちゃひき【▼雀の茶▼挽】** イネ科の一年草。荒れ地に群生。高さ五〇～六〇cm。葉は線形で、白毛がある。夏に、多数の緑色の小穂からなる穂をつける。小穂がカラスムギ(チャヒキグサ)に似るが小さいので、この名がある。

**すずめ-の-てっぽう【▼雀の鉄砲】** イネ科の二年草。高さ二〇～四〇cm。葉は線形で白緑色。春に、花穂をつけ黄褐色の葯が目立つ。水田や湿地にはえる。スズメノマクラ。↓図

●スズメノテッポウ

**すずめ-ばち【▼雀▼蜂・▼胡▼蜂】** スズメバチ科のハチ。体長三～四cmで日本最大。赤褐色の地に黒い縞模様が目立つ。樹洞などに球状の巣をつくる。毒性の強い針をもち、刺されると危険。本州・四国・九州に分布。近縁種にキイロスズメバチ・クロスズメバチがいる。オオスズメバチ。wasp; hornet ↓写

●スズメバチ

**すずめ-やき【▼雀焼(き)】** ①スズメを開いて照り焼きにしたもの。②小ブナや小ダイなどを、頭からまっすぐに背開きにし、くしを打って素焼きにしてから、照り焼きにしたもの。

**すす・める【進める】**(下一他) ①前へ出す。advance 対義 退ける。用例 馬を―。②上へあげる。promote 用例 位一級を―。③はかどらせる。speed up 用例 工事を―。④盛んにする。stimulate 用例 食欲を―。⑤時計の示している時刻をはやくする。put forward 対義 遅らせる。用例 時計を五分―。

**すす・める【勧める・▽奨める】**(下一他) ①そうするように説く。advise; recommend 用例 一読を―。転地を―。②さそう。しいる。offer 用例 保険を―。酒を―。

**すす・める【薦める】**(下一他) 人や物をすいせんする。recommend 用例 候補者として知人を―。新製品を―。

**すずもと-えんげいじょう【鈴本演芸場】** 東京都台東区上野二丁目にある落語の定席。安政四年(一八五七)の創業。

**すず-やか【涼やか】**(形動) 涼しそうなさま。涼しげ。cool 用例 ―な目元。

**すす-ゆ【▼煤湯】** 煤払いのあと、汚れた体を洗い、疲れをいやすために入浴すること。近世では、江戸城の年末の御煤納めにならって、一二月一三日に行うところが多かった。

**すず-らん【鈴▼蘭】** ①ユリ科の多年草。北部の山野に多い。高さ一五～三〇cm。葉は長楕円形。初夏に、芳香のある鐘状の白花を花茎につける。花は観賞用、根茎は薬用。栽培用にはヨーロッパ原産のドイツスズランが用いられる。キミカゲソウ。タニマノヒメユリ。lily of the valley ②カキランの別名。↓写

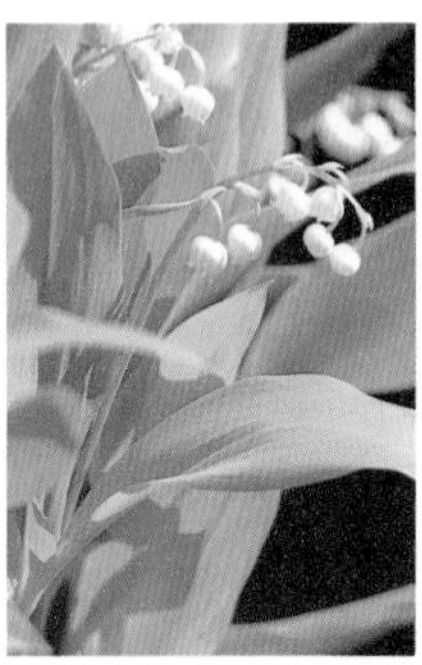
●スズラン①　ドイツスズラン

**すずらん-とう【鈴▼蘭灯】** スズランの花をかたどった装飾用の電灯。とくに、街灯に用いられた。主灯のほかに八個の小さな副灯がある。大正一三年(一九二四)京都の寺町付近に設置されたのが初め。

**すずり【▼硯】**《墨すり、の意》墨をする石・かわら製の文房具。数え方 一面・一個。

**すすり-あ・げる【▼啜り上げる】**(下一自他) ①(他)鼻汁をすする。sniffle ②(自)しゃくりあげて泣く。sob

**すすり-な・く【▼啜り泣く】**(五自) 鼻汁をすすり上げながら泣く。しゃくりあげて泣く。sob

**すずり-ばこ【▼硯箱】** 硯・筆・墨などを入れる箱。数え方 一箱・一合。

**すずり-ぶた【▼硯▼蓋】** ①硯箱の蓋。古くはこれに、花・果物・菓子などをのせた。②祝いの席で、昆布やかちぐりなどの口取りの肴を盛る盆状の器。また、その盛られた肴。組肴。

**すす・る【▼啜る】**(五他) ①汁などを口に吸い込む。sip 用例 かゆを―。②鼻汁を吸い込む。

**すずろ【▽漫ろ】** 古語 (形動ナリ) =そぞろ。①なんとなく心が引かれるさま。用例 むかし、をとこ、みちの国に―に行きいたりにけり(伊勢・一四)。②むやみやたら。用例 逃げんとするを捕へて、ひき止どめて、―に飲ませつれば(徒然・一七五)。③思いがけないさま。用例 物心細く―なる目を見ることと思ふに(伊勢・九)。

**すずろ-ごころ【▽漫ろ心】** 古語 そわそわした気持ち。うわついた心。用例 いとよしなかりける―にても(更級)。

**すずろ-ごと【▽漫ろ言】** 古語 くだらない話。つまらないことば。用例 ―をさへ言はせまほしう給ふを(源氏・柏木)。

**すずろ-ごと【▽漫ろ事】** 古語 くだらない事。用例 かかる―に心を移し(源氏・蛍)。

**すずろ-わ・し【▽漫ろわし】** 古語 (形シク) ①心がうきたつ。そわそわする。用例 聞く人ただならず―・しきまで愛敬づきて(源氏・若菜下)。②なんとなく気にそわない。しっくりしない。用例 待ちつけさせたまへる宮の御心地は、さりとも、少し―・しく思し召されけむかし(大鏡・師尹)。

**すすん-で【進んで】**(副) 自分から積極的に。willingly 用例 ―寄付を申し出る。

**ず-せつ【図説】**(名・サ変他) 図解や写真で説明すること。その書物。illustration

**すせり-びめ【▼須▽勢理▼毘▽売・▼須世理▼毘▽売】** 日本神話の女神。素戔嗚尊の娘で、大国主命の正妻。

**すそ【▼裾】** ①衣服の下の縁、また、その部分。bottom ②山のふもと。裾野。foot ③物の下部。しも。すえ。bottom ④川しも。下流。lower part of a river

**ずぞう-がく【図像学】** おもに宗教美術において、図像のもつ象徴的意味や教義上の約束などを解明する学問。イコノグラフィー。iconography

**ずぞう-しゅう【図像集】** 白描で描いた仏教図像を収集・編纂したもの。平安末期から鎌倉時代にかけてさかんに作成された。『図像抄』一〇巻など。

**すそ-がり【▼裾刈(り)】** 髪の毛の、えりくびに近い部分を刈ること。trim

**すそく-かん【数息観】**《仏教語》座禅修行などのとき、出入りの息を数えて心を統一し、心の散乱を鎮めること。

**すそ-ご【▼裾濃】** 染め色や甲冑の縅の配色で、上を淡く、下のほうへ濃くした、色あいのぼかし。対義 におい。

**すそ-さばき【▼裾▼捌き】** すその長い衣服のすそが、乱れたりしないような足のこなし。用例 美しい―。

**すそ-の【▼裾野】** 山のふもとの、ゆるやかに傾斜している原野。foot 用例 富士の―。

**すその【▼裾野】**〈市〉 静岡県東部、富士山南東麓の市。工業化・観光地化がめだつ。人口四万七一五〇(一九八八)。

**すそ-まわし【▼裾回し】** 和服の袷や長着の裾の回りに付ける裏布。色は表布と調和させる。八掛け。裾取り。↓着物図

**すそ-もよう【▼裾模様】** 衣服の模様配置の一種。婦人用和服の裾につけた模様、およびその着物。絵羽模様が多く、礼服・訪問着などに用いる。対義 総模様。

**すそ-よけ【▼裾▽除け】** 和装下着の一種。下半身に巻く腰巻き状の物。肌着用の腰巻きに重ねて巻く。蹴出し。

**すそ-わけ【▼裾分け】**(名・サ変他)《上に「お」を付けて》もらい物・利益の一部を人に分けること。おすそわけ。お福分け。share

**ずだ【頭▼陀】**《仏教語。dhūta梵の音写。欲望をふるいおとす、の意で、抖擻と訳す》衣食住に対する貪欲をはらいのけること。また、その修行。のち、乞食することにもいう。頭陀行。

**スター【star】** ①星。星じるし。②花形。人気俳優。用例 大―。

**スター-システム【star system】** 演劇・映画などを有名俳優中心に制作すること。俳優の人気による観客動員をめざす。比較 アンサンブルシステム。

**スターター【starter】** ①出発者。②出発合図係。発車係。③エンジンの起動装置。④畜産で、牛乳・クリームなどを発酵させる乳酸菌・酵母などを培養したもの。チーズ・発酵乳などの製造過程で用いる。

**スターダスト【Stardust】** アメリカのポピュラーソング。カーマイケルが一九二七年に作曲、パリッシュが二九年に歌詞をつけた。

**スターダム【stardom】** 人気スターの地位・身分。用例 ―にのしあがる。

**スターチス【statice】** イソマツ科リモニウム属の旧属名で、それに属する植物の総称。一年草または多年草で、高さ二〇～七〇cm。夏から

●スターチス

秋に、紫・青・黄などの小花が多数咲く。花は珪酸質に富みドライフラワーとなる。↓写

**スターティング-ブロック**[starting block] 陸上競技で、クラウチングスタートをするさいに、両足を置きスタートしやすくさせる足止め用の器具。

**スターティング-メンバー**[starting member] 試合開始時に出場する選手。先発メンバー。スタメン。

**スタート**[start]（名・サ変自）①出発すること。出発点。②競走や競泳の開始。

**スタートを切る** 出発する。転じて、物事を始めることにもいう。make a start

**スタート**【START】《Strategic Arms Reduction Talksの略》戦略兵器削減交渉。アメリカとソ連の間で一九八二年にはじまったICBM・SLBM・戦略爆撃機の削減についての協議。八三年一二月以後中断。

**スタート-ライン**[start line] ①競走の出発線。②物事などをはじめる時点。

**スター-プレーヤー**[star player] 花形選手。

**スター-プロ**《和製語》映画スターが主宰する映画製作のための独立プロダクション。

**スタープラニナ-さんみゃく**【スタープラニナ山脈】(Stara Planina) ブルガリア中央部を東西に連なる山脈。最高峰ボテフ山は標高二三七五m。バルカン山脈。

**スターリニスト**[Stalinist] スターリン主義者。スターリンの教説を信奉する人。スターリン批判により、転じて教条的・権威主義的な左翼党派主義者を批判することばとなった。

**スターリニズム**[Stalinism] スターリン主義。

**スターリン**[Iosif Vissarionovich Stalin]（一八七九〜一九五三）ソ連の政治家。チフリス(現トビリシ)の神学校卒業後革命運動に入り、一九二二年以来共産党書記長。一国社会主義路線を唱え、農業の集団化を強行。政敵やライバルを容赦なく粛清抹殺した。第二次大戦とその後の軍・政・外交を主導してソビエト連邦の基礎を築いたが、死後は批判の的となった。↓写

●スターリン

**スターリング**[sterling] イギリスの通貨「ポンドスターリング」の略。第一次大戦までの世界的通貨であった。

**スターリング**[Ernest Henry Starling]（一八六六〜一九二七）イギリスの生理学者。ベーリスとともに、小腸壁で分泌される消化管ホルモンのセクレチンを発見。「ホルモン」という語をつくった。

**スターリング-エンジン**[Stirling engine] 気体の加熱・冷却に伴う膨張・収縮によってピストンを動かす外燃機関。低公害エンジンとして注目。

**スターリングラード**[Stalingrad] ボルゴグラードの旧称。

**スターリングラード-の-たたかい**【スターリングラードの戦い】一九四二年八月〜四三年二月、ドイツ・ソ連軍の間に行われたスターリングラード(現ボルゴグラード)攻防戦。ドイツ軍三〇万が全滅し、以後の戦局は大きく転換。第二次大戦中最大の激戦とされた。the Battle of Stalingrad

**スターリン-けんぽう**【スターリン憲法】(Stalinskaya konstitutsiyaロシ) スターリンが共産党書記長だった一九三六年に制定されたソビエト連邦の憲法。スターリン批判後は、三六年憲法といわれている。

**スターリン-しゅぎ**【スターリン主義】スターリンが指導・遂行したソ連の社会主義建設路線。一国社会主義・生産力主義・個人崇拝・官僚主義・教条主義・大粛清などが特徴。Stalinism

**スターリン-ひはん**【スターリン批判】一九五六年のソビエト共産党第二〇回大会でフルシチョフが行った個人崇拝批判を契機として始められた、スターリンとその時代の社会主義理論・政策全般に対する批判。各国の社会主義運動に大きな影響を与えた。

**スタール-ふじん**【スタール夫人】(Germaine Necker, Mme de Staël)（一七六六〜一八一七）フランスの女流文学者。フランス-ロマン派の先駆者。ナポレオンに追放され、ヨーロッパ各地に亡命。論文『ドイツ論』、小説『デルフィーヌ』『コリンヌ』など。

**スターン**[Isaac Stern]（一九二〇〜）アメリカのバイオリン奏者。ロシア生まれ。的確な解釈と豊麗な演奏が特徴。

**スターン**[Laurence Sterne]（一七一三〜六八）イギリスの小説家。機知とユーモアと感傷、人間心理への鋭い洞察などが特徴。作品『トリストラム＝シャンディの生活と意見』、印象記『センチメンタル-ジャーニー』など。

**スタイケン**[Edward Steichen]（一八七九〜一九七三）アメリカの写真家。ルクセンブルク生まれ。商業写真・近代写真の発展に貢献。

**スタイナー**[Max Steiner]（一八八八〜一九七一）アメリカの映画音楽作曲家。ウィーン生まれ。作品『風と共に去りぬ』など。

**スタイリスト**[stylist] ①文章の表現にこる人。美文家。②服装・顔かたちに細かく気をくばる人。③服飾などのデザインコンサルタント。④コマーシャルや出版物の写真撮影用の小道具を集めたり、組み合わせを考えたりする人。

**スタイル**[style] ①すがた。かっこう。②美術・建築・音楽・文学などの形式や様式。③服装や髪の型。デザイン。④個人・社会などに固有のあり方。用例 生き方の—。⑤形式・様式。用例 フリー—。

**スタイルブック**[stylebook] ①洋服の型を図や写真で示す本。ファッションブック。②表記・レイアウトのしかたを示した本。

**スタイロン**[William Styron]（一九二五〜）アメリカの小説家。現代人の精神的荒廃の悲劇を描く。作品『闇の中に横たわりて』『ナット＝ターナーの告白』など。

**スタイン**[Gertrude Stein]（一八七四〜一九四六）アメリカの女流詩人・小説家。大胆な言語実験を試みて影響を与えた。「失われた世代」の命名者。短編集『三人の女』など。

**スタイン**[Mark Aurel Stein]（一八六二〜一九四三）イギリスの東洋学者・探険家。三度にわたり、敦煌・ホータン・カラホト・タリム盆地を調査。敦煌石窟での大量の文書の発見は有名。

**スタイン**[William Howard Stein]（一九一一〜八〇）アメリカの化学者。アンフィンゼンやムーアとともに、リボ核酸分解酵素のアミノ酸配列と立体構造関係を解明。一九七二年ノーベル化学賞受賞。

**スタインウエー**[Steinway & Sons] 世界有数のアメリカのピアノ製造会社。一八五三年ニューヨークに創立以来、高い技術水準を保持。

**スタインベック**[John Ernst Steinbeck]（一九〇二〜六八）アメリカの小説家。叙情性をまじえ貧民の生活を描いた。一九六二年ノーベル文学賞受賞。作品『二十日鼠と人間』『怒りのぶどう』『エデンの東』など。↓写

**スタインベルク**[Saul Steinberg]（一九一四〜）アメリカの漫画家。ルーマニア生まれ。単純な線描で奇知に富む風刺画を描く。デザイン全般で活躍。作品集『パスポート』など。スタインバーグ。

●スタインベック

**スタウト**[stout] 色が濃く味も濃厚な黒ビール。焦がした麦芽を用いる。アイルランド、ダブリンの名産。アルコール分六%。

**ずだ-ぎょう**【頭▼陀行】《仏教語》僧が乞食して修行に励むこと。乞食行。

**すだ・く**【▽集く】古語（四自）①あつまる。むらがる。用例 つぼの遣水に蛍の多く—を見て(十訓抄・一)。②《後世、誤用されて》虫などが集まり鳴く。用例 秋の叢に—ばかりの声もなし(雨月物語・吉備津の釜)。

**すだ-くにたろう**【▼須田国太郎】（一八九一〜一九六一）洋画家。京都生まれ。京大卒。明暗の対比の強い画面に精神性の高い画風を展開した。作品『法観寺塔婆』『歩む鷺』など。

**スタグフレーション**[stagflation]《沈滞を意味するstagnationと、物価上昇を意味するinflationとの合成語》景気が停滞しながら物価が上昇する状態。一九七〇年代以降先進国で一般化した経済現象。

**す-だこ**【酢▼蛸】ゆでたタコを薄切りにして、二杯酢・三杯酢などをかけたもの。大根おろしやせん切りしょうが・ゆず皮などを添える。

**すた-こら**（副）急ぎ足で歩み去るさま。helter-skelter 用例 —退散する。

**スタジアム**[stadium] 陸上競技場・野球場など、周囲に観覧席がある大競技場。円形や楕円形のものが多い。

**スタジアム-ジャンパー**《和製語》運動選手が着るジャンパーが一般化したもの。チームの名やマークが入り、チームカラーが使われている。スタジャン。↓写

●スタジアムジャンパー

**すだ-じい**【すだ▼椎】ブナ科の常緑高木。暖地に分布。葉は大形で薄く、広楕円形。裏面は淡褐色。夏に、淡黄白色の花穂を生じる。堅果は長楕円形で食用。材は建築・器具用。樹皮は染料。イタジイ。

**スタジオ**[studio] ①美術家・写真家などの仕事場。②映画やテレビの撮影所。③放送局で、録音・録画・演技・演奏し、または放送するための部屋。

**すた-すた**（副）足早に、わき目もふらずに歩いて行くさま。briskly 用例 —と歩き去る。

**ずた-ずた**【▽寸▽寸】（形動）細かく切り裂くさま。また、きれぎれになったさま。in shreds 用例 —に切り刻む。

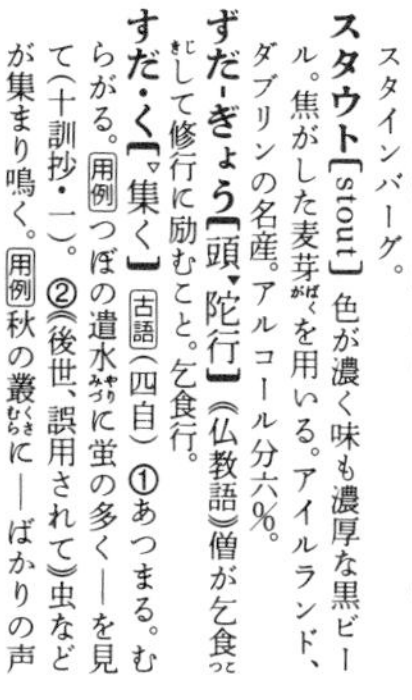
●スダチ

**す-だち**【酢▼橘】ミカン科の常緑低木。徳島県特産。枝葉は細小。紫色の花。果実は多汁でユズに似た風味がある。調理用。↓写

**すだ・つ**【巣立つ】（五自）①ひな鳥が成長して巣から飛び立つ。leave the nest ②学校を卒業したり、また、親元を離れて社会へ出ること。start in life

**スタッカート**[staccatoイタリア] 音楽で、一音ごとに短く切って、奏すること。また、歌うこと。

**スタッキング-チェア**[stacking chair] 積み重ねることができる椅子。小さなスペースに収納でき、運搬に便利。

**スタック-ヒール**[stack heel]《「スタック」は積み上げた山、の意》靴のかかとの一種。革を積み重ねて作るかかと。

**スタッコ**[stucco] れんが造り、木造などの建物の壁面に塗る左官材料。しっくい・モルタルの一種で化粧しっくいともいう。建物の防火・耐久性を増すとともに、スタッコ仕上げという各種の技法で建物を美しく見せる。

**スタッドレス-タイヤ**[studless tire] 積雪路・凍結路用の自動車タイヤ。低温下でも硬化しない特殊ゴムを用い、表面の溝の形状を工夫して、滑りにくくしてある。

**スタッフ**[staff] ①顔触れ。部員。職員。メンバー。②映画・演劇などで出演者以外の関係者。

**スタッフ**[stuff] 西洋の詰め物料理。くり抜いたトマトやゆで卵の白身などをケースとしてひき肉や魚のすり身を詰め、オーブンで焼いたり、煮たりする。

**す-だて**【▼簀立て】①簀を遠浅の海中に立て、干潮時に簀の中に滞留した魚をとるしかけ。春秋の大潮のときに好漁がある。brush weir; pound net ②丸い筒形の竹かご。もろみ・ぬかみその中へ入れ、液を集める。

**スタティウス**[Publius Papinius Statius]（四五ごろ〜九六ごろ）ローマの詩人。作品は誇張が目立つ。叙事詩『テーバイ物語』『アキレウス』など。

**スタティック**[static]（形動）静止的。静的。対義 ダイナミック。

**スタテン-とう**【スタテン島】(Staten Island) アメリカ北東部、ニューヨークのリッ

▼常用漢字表外。 ▽常用漢字表の音訓外。

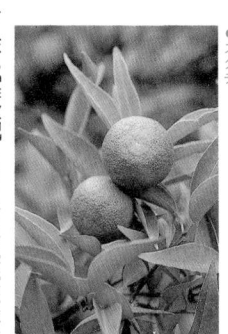

チモンド区を構成する島。面積一四八$km^2$。ベラザノナローズ橋がかかる。

**スタニスラフスキー**【Konstantin Sergeyevich Stanislavsky】(一八六三〜一九三八) ソ連の演劇人。一八九八年、ネミロビチ=ダンチェンコとモスクワ芸術座を創立。新しい演目と作劇術により近代劇史上に一時代を画した。著書『芸術におけるわが生活』など。

**スタニスラフスキー-システム**【Stanislavsky System】 スタニスラフスキーによる舞台芸術創造の原理。俳優の内面的体験を通して人間生活の真実を表現しようとするもの。演技・演出の普遍的な指針とされ、オペラ・バレエにも影響を及ぼした。

**スタニスラフスキー-ネミロビチ-ダンチエンコ-おんがくげきじょうバレエだん**【スタニスラフスキー=ネミロビチ-ダンチェンコ音楽劇場バレエ団】 ソ連のバレエ団。モスクワ芸術バレエ団を母体とする組織を一九三三年改称。通称モスクワ芸術劇場バレエ団。

**すだのはるげいしゃかたぎ**【▽隅田春▼妓▽女▽容▽性】 歌舞伎世話物。初世並木五瓶作。寛政八年(一七九六)初演。『梅の由兵衛』物の代表作で、江戸世話狂言の成立を促した。

**スタノボイ-さんみゃく**【スタノボイ山脈】(Stanovoi Khrebet) ソ連、東シベリア南部を東西に連なる山脈。最高地点は標高二四一二m。

**スタハノフ-うんどう**【スタハノフ運動】《めざましい増産作業を達成した炭坑夫スタハノフの名にちなむ》ソ連の労働生産性向上運動。一九三五年から全国的に展開。

**スタバンゲル**【Stavanger】 ノルウェー南西部、北海に臨む港湾都市で漁業の中心地。イギリスとの貿易港。人口九・三万(一九八四)。

**スタビスキー-じけん**【スタビスキー事件】 一九三三年に起きたフランス政界の疑獄事件。主犯スタビスキーの変死を機に事件が拡大、右翼はこれを利して急進党政府打倒を策したが失敗。かえって人民戦線成立の契機となった。Stavisky Affair

**スタビライザー**【stabilizer】 ①電圧・発振・出力・放電などを安定にするための安定器。②船舶や航空機のローリング(横ゆれ)を減少させる装置。安定びれ・ゆれどめタンクなど。③自動車の横ゆれを防ぐ装置。

**ずだ-ぶくろ**【頭▼陀袋】 ①《仏教語》修行僧が乞食などのさい、経文・布施などを入れて首にかける袋。②何でも入るようなだぶだぶの大きな袋。sack

**スタブローギン**【Stavlogin】 ドストエフスキーの小説『悪霊』の主人公の一人。近代的知性の行き詰まりを体現した人物。

**スタブロポリ**【Stavropol】 ソ連南西部、カフカス山脈北麓に広がる農業地帯の中心都市。碁盤目状の街路が美しい。人口二九・九万(一九八六)。

**す-だま**【▼魑▼魅】 ①山林・木石などの精。人面鬼身の妖怪とされる。ちみ。②人の霊魂。参照 魑魅魍魎

**すだま**【▼須玉】〈町〉 山梨県北西部、茅ケ岳山麓の町。農林業が中心。増富温泉がある。人口七六八三(一九八八)。

**スタミナ**【stamina】 知的・肉体的活動を持続しうる力。持久力。体力。精力。ねばり。

**スター-メン** 「スターティングメンバー」の略。

**すたり**【廃り】 廃れること。廃れ。go out of fashion 対義 はやり。用例 はやり—。

**スタリスキー**【Suleiman Stalsky】(一八六九〜一九三七) ソ連、ダゲスタンの詩人。叙事詩『ダゲスタン』『セルゴ=オルジョニキーゼの長詩』など。

**すた・る**【廃る】(五自) ↓すたれる(廃れる)

**すたれ**【廃れ】 廃れること。廃り。go out of fashion

**す-だれ**【▼簾】 細く切ったタケ・アシなどを糸で編んだもの。日除け・目隠し・仕切りなどのために軒・窓・戸口などにつり下げる。簀。数え方 一枚・一張り・一垂れ・一連。

**すだれ-がい**【▼簾貝】 浅海の細砂底にすむマルスダレガイ科の二枚貝。殻長約九cm。殻は楕円形で淡褐色。食用。北海道南部から九州、朝鮮半島に分布。

**すだれ-ごし**【▼簾越し】 すだれを隔てて見たり、話したりすること。

**すたれ-もの**【廃れ物】 ①いらないもの。useless thing ②相手にされないもの。はやらないもの。obsolete thing

**すた・れる**【廃れる】(下一自) =廃る。①不用になる。使われない。go out of use 用例 敬語が—。②はやらない。go out of fashion ③おとろえる。落ちる。decline

**スダン**【Sedan】 ↓セダン(Sedan)

**スタン-ガン**【stun gun】《stunは気絶させる、の意》①アメリカで開発された護身用の高電圧銃。五万ボルトの電流が流れ、相手を気絶させる。②砂の入った袋やゴム弾を発射する銃。おもに暴動鎮圧に使われる。

**スタンク**【Zaharia Stancu】(一九〇二〜七四) ルーマニアの詩人・小説家。農村の悲劇的な貧困を描く小説『はだし』で知られる。

**スタンザ**【stanza】 詩の行の一群。連。節。ふつう四〜八行で脚韻をもつ詩句からなる一単位。

**スタンス**【stance】 ①姿勢。構え。用例 政治への—。②野球・ゴルフなどで、ボールを打つさいの足の構え。

**スタンダード**【standard】(名・形動) 標準。「標準的。

**スタンダード-オイル**【Standard Oil Company】 かつてアメリカ石油市場を支配した石油会社。ロックフェラーが一八七〇年に設立。一九一一年反トラスト法により解体。現在のエクソン・シェブロン・モービルなどの母体。

**スタンダード-ナンバー**【standard number】 ジャズやポピュラー音楽で、流行に左右されないで演奏される生命の長い作品。

**スタンダール**【Stendhal】(一七八三〜一八四二) フランスの小説家。本名、マリー=アンリ=ベール。個人対社会の関係を明晰に描き、リアリズム小説の古典とされる。小説『赤と黒』『パルムの僧院』『イタリア年代記』、評論『恋愛論』、自伝『アンリ=ブリュラールの生涯』など。↓写

●スタンダール

**スタンディング-ウエーブ**【standing wave】 ↓ていじょうは(定常波)

**スタンディング-スタート**【standing start】 陸上競技のスタート方法の一つ。立った姿勢からのスタート。主に中距離走・長距離走に用いられる。

**スタント**【stunt】 はなれわざ。妙技。用例 —マン。—カー。

**スタンド**【stand】 ①物をのせる台。用例 インク—。②売り場。売店。用例 ガソリン—。③競技観覧席。用例 メーン—。④「電気スタンド」の略。⑤飲食店の、カウンターに向かう席。また、カウンターで飲食させる店。用例 —バー。

**スタンド-イン**【stand-in】 映画やテレビで、ある場面だけ主役の代役をする俳優。吹き替え。

**スタンド-オフ**【stand-off】 ラグビーの、ハーフバックのひとり。スクラムハーフの後ろに位置し、送球を受け、攻撃のきっかけをつくる役割のプレーヤー。

**スタント-カー**【stunt car】 自動車の曲乗り。また、そのショー。曲乗りや空中ダイビング、走行中の車に激突するなどの種目がある。

**スタンド-カラー**【stand collar】 襟型の一種。中国服の襟や男子学生服の詰め襟のように、首回りにそった立ち襟。スタンディングカラー。↓カラー図

**スタンド-バー**《和製語》カウンターと付属した椅子席だけの酒場。カウンターバー。bar

**スタンドバイ-クレジット**【stand-by credit】 ①債務保証の目的で日本の銀行が発行する信用状。日本の業者の海外支店が現地銀行から融資を受ける場合に必要となる。②国際通貨基金(IMF)が加盟国に包括的な信用供与を行い、実際の資金引き出しはその限度内でいつでも認める方式。

**スタンド-プレー**《和製語》スポーツ競技などで、観衆の目を引くために、わざと行う派手なプレー。grandstand play; grandstanding

**スタント-マン**【stunt man】 映画・テレビなどで、危険な場面の離れ技などを専門に演じる俳優。スターの代わりに吹き替えで演ずることが多い。

**スタンド-レスリング**【standing wrestling】 レスリングの立ち技の総称。タックルや首投げ、一本背負いなど。比較 グラウンドレスリング。

**スタンバーグ**【Joseh von Sternberg】(一八九四〜一九六九) アメリカの映画監督。オーストリア生まれ。作品『嘆きの天使』『モロッコ』など。

**スタンバイ**【standby】 ①待機。②出航用意。出動準備。

**スタンプ**【stamp】 ①刻印。印判。はん。②郵便物の消印。③観光地などの記念として押捺する印章。④切手。印紙。⑤商店会などが発行するサービス券の一種。切手形式で、集めると景品などがもらえる。

**スタンプ-インキ**【stamp ink】 ゴム印などに使う濃いインク。スタンプインク。

**スタンフォード-だいがく**【スタンフォード大学】(Stanford University) アメリカのカリフォルニア州パロアルトにある大学院を中心とする私立大学。一八八五年創立。

**スタンプ-はんばい**【スタンプ販売】 景品付き販売の一つ。商店が顧客へ一回の購買額に応じて証票を渡し、一定の枚数と引き換えに物品を提供することにより販売促進をはかる商法。stamp trading

**スタンリー**【Henry Morton Stanley】(一八四一〜一九〇四) アフリカ探検家。イギリス生まれ。一八七一年、消息を絶ったリビングストンの捜索にアフリカへ向かい、タンガニーカ湖付近で出会う。七四年アフリカを再訪、ビクトリア湖やナイル川源流などを発見。

**スタンリー**【Wendell Meredith Stanley】(一九〇四〜七一) アメリカの生化学者。タバコのモザイク病をおこすタバコモザイクウイルスを結晶として分離。ノースロップ・サムナーとともに有機化学と細胞との関係についての研究で、一九四六年ノーベル化学賞受賞。

**スタンリー-の-たき**【スタンリーの滝】(Stanley Falls) アフリカ中部、ザイール共和国のザイール川中流にある七つの滝の総称。落差合計六一m。最大幅七三〇m。ワゲニア滝。「の旧称。

**スタンリービル**【Stanleyville】 キサンガニ

**スチーブンズ**【Wallace Stevens】 ↓スティーブンズ

**スチーブンソン**【Robert Louis Stevenson】 ↓スティーブンソン

**スチーム**【steam】 ①蒸気。②蒸気を通す暖房装置。

**スチーム-アイロン**【steam iron】 蒸気アイロン。アイロン本体から蒸気を吹き出させるので、霧吹きをしないで、布地に適当な湿り気を与えることができる。

**スチール**【steal】(名・サ変他) 野球で、盗塁。用例 ホーム—。

**スチール**【steel】 はがね。鋼鉄。

**スチール**【still】 映画などの動画写真に対して静止した写真。また、宣伝などで使う、映画の中の特定場面の写真。用例 —写真。

**スチール-インゴット**【steel ingot】 ↓こうかい(鋼塊)

**スチール-かぐ**【スチール家具】 鋼製の家具の総称。じょうぶで精度がよく、おもに事務用として使われる。steel furniture

**スチール-ギター**【steel guitar】 ↓でんきギター(電気ギター)

**スチール-ビデオ-カメラ**《和製語》↓でんしスチールカメラ(電子スチールカメラ)

**スチムソン**【Henry Lewis Stimson】(一八六七〜一九五〇) アメリカの政治家。一九三一年満州事変にさいし、国務長官として日本の中国侵略不承認を主唱。第二次大戦中は陸軍長官として対日強硬策を推進。原爆政策にも関与。

**スチュアート**【James Denham Steuart】(一七一二〜一七八〇) イギリスの経済学者。重商主義理論を集大成し、商品流通の視点から経済学を体系化。著書『経済学原理』など。

**スチュアート**【James Stewart】(一九〇八〜) アメリカの映画俳優。主演作『スミス都へ行く』『翼よ！ あれが巴里の灯だ』など。

**スチュアート-ちょう**【スチュアート朝】 イギリスの王朝。一三七一年以降スコットランド、一六〇三年からイングランドをも支配。一六四九〜六〇年清教徒革命による共和制で中絶。一七一四年アン女王の死で断絶。the House of Stuart

**スチュアート-とう**【スチュアート島】(Stewart Island) ニュージーランド、南島の南方、フォーボー海峡でへだてられた火山島。同国第三の島。避暑・観光地。

**スチューデント-パワー**【student power】 社会・政治運動における学生の勢力。大学改革から体制変革へとその運動を展開した。一九六〇年代後半に欧米で定着したことば。

**スチュワーデス**【stewardess】 航空機内で旅客サービスにあたる女性客室乗務員。一九三〇年アメリカで誕生。日本では昭和二六年(一九五一)から。一九八〇年代には、性別にとらわれないキャビン-アテンダントなどの呼称に移行している。対義 スチュワード。

**スチュワード**【steward】旅客機や客船の乗客にサービスをする男子乗務員。対義 スチュワーデス。

**スチルブ**【stilb】輝度を表す単位。一㎠当たり一カンデラの光度をもつ光源の輝度。記号sb

**スチレル**【Mauritz Stiller】↓スティレル

**スチレン**【styrene】化学式 $C_6H_5CH{=}CH_2$ 引火性で特異臭をもつ無色の液体。重合によりポリスチレン（スチレン樹脂）となる。スチロール。

**スチレン-じゅし**【スチレン樹脂】スチレンを重合したポリマーを基本成分とする樹脂。無色透明の熱可塑性樹脂。高周波絶縁性・耐水性などに優れ、日用品・建材などに広く利用。スチロール樹脂。ポリスチレン。styrene resin

**スチレン-ブタジエン-ゴム** スチレンとブタジエンの共重合ゴム。合成ゴムのなかでも需要が多く、また安価。タイヤ・靴などに使用。SBR。styrene-butadiene rubber

**スチロール**【styrol】↓スチレン

**スチロール-じゅし**【スチロール樹脂】↓スチレンじゅし（スチレン樹脂）

**す・つ**【捨つ】古語（下二他）↓すてる（捨てる）

**ずつ**【▼宛】（副助）《おもに数量を表す名詞に付く》①決まった数量の繰り返しを表す語。用例 一日に一錠―服用する。②決まった数量の配当を表す語。用例 一〇枚―配る。

**ず-つう**【頭痛】①頭が痛むこと。頭の痛み。種々の原因で、頭蓋骨内に生じる。部位・程度・性質・合併症の有無など多種多様。臨床的には、血管性頭痛・筋緊張性頭痛・精神的頭痛・牽引性頭痛に大別される。headache 用例 ―がする。―もち。②なやみ。心配。worry

**頭痛の種**（ずつうのたね） 悩みや心配事の原因。source of worry

**スツール**【stool】背もたれ・ひじかけのない一人用腰かけ。短時間の休けい、作業に用いる。

**すっからかん**（形動）《俗語》何も残っていないさま。比較 すってんてん。用例 財布は―だ。

**すっかり**（副）①残すところなくみんな。全部。entirely 用例 ―食べ終わる。②程度のはなはだしいさま。まったく。quite 用例 ―忘れる。―酔っぱらってしまう。

**ず-つき**【頭突き】相撲やプロレスなどの格闘技で、自分の頭部から相手に突進して加撃し、体勢をくずしたり、ダメージを与えること。butting

**ズッキーニ**【zucchini イタリア】カボチャの一品種。ペポカボチャに属し、耐寒性が強く、極早生で、開花後四日の若い果実を食用とする。観賞用にもなる。ツルナシカボチャ。

**すっきり**（副・サ変自）きれいにかたづいて、快いさま。さっぱり。feel refreshed 用例 胸が―する。

**ズック**【doek オランダ】①厚地で丈夫な綿や麻の平織り布。帆布・テント・袋・衣類などに用いる。duck 用例 ―のかばん。②①でつくったゴム底の布靴。ズック靴。canvas shoes

**すっく-と**（副）勢いよく立ち上がるさま。まっすぐに立っているさま。upright 用例 ―立ち上がる。

**スックル**【Sukkur】パキスタン中南部、インダス川中流の商業都市。農産物の集散地。灌漑用の大ダムがある。人口一九・一万（一九八一）。サッカル。

**す-づけ**【酢漬（け）】野菜類や魚介類を塩蔵し、香辛料とともに酢に漬けたもの。らっきょう甘酢漬け・こはだ粟漬けなど。pickle in vinegar

**ずっ-こ・ける**（下一自）《俗語》①倒れる。ころぶ。fall down ②ずりおちる。slip down ③ふつうの状態からずれた行いをする。はめをはずす。whoop it up

**すっ-こ・む**（五自）《俗語》ひっこむ。

**ずっしり**（副）物が重いさま。重い手ごたえのあるさま。ずしり。heavily 用例 ―と重い。

**スッタニパータ**【Suttanipāta パーリ】《雑多な経の集まり、の意で、経集と訳す》最古の原始仏教経典の一つ。パーリ語の詩と散文からなり、釈迦の教えが平明に説かれている。

**すった-もんだ**【擦った▼揉んだ】（名・副・サ変自）《俗語》いざこざ。ごたごた。用例 ―のあげく。

**すっつ**【▽寿都】〈町〉北海道南西部、日本海に臨む町。漁港ではスケトウダラ・ホタテガイなどの水揚げが多い。人口五二二〇（一九八八）。

**すってん-ころり**（副）つまずいたり、すべったりして、勢いよく転ぶさま。すってんころりん。fall plump 用例 凍った道で―と転ぶ。

**すってんてん**（形動）《俗語》金品が全部なくなったさま。無一文。無一物。比較 すっからかん。用例 競馬で―になる。

**すっ-と**（副）①速やかに動いたり、事が滞りなく行われるさま。quickly 用例 ―席を立つ。②細長いものがまっすぐ伸びるさま。uprightly 用例 ―伸びた麦の穂。③心身がさわやかになるさま。feel refreshed 用例 胸が―する。

**ずっ-と**（副）①比較して非常に差があるさま。ぬきんでているさま。はるかに。much 用例 ―大きい。②時間的・空間的に離れているさま。far 用例 ―以前。―遠く。③ためらわないさま。さらに推し進めて行うさま。without hesitation 用例 ―奥へ通る。④引き続いているさま。始めから終わりまで。all the time 用例 ―待つ。

**すっ-とぼ・ける**【素っ▼惚ける】（下一自）《俗語》知っているのに、知らないふりをする。とぼける。pretend ignorance

**すっ-とんきょう**【素っ▼頓狂】（形動）《俗語》突然、その場の雰囲気に合わない、調子はずれの言動をするさま。ひどくとんきょうなさま。用例 ―な声を出す。

**すっ-ぱ**【素っ破・透っ波】①戦国時代、武士に仕えた忍びの者。間者。②盗賊。すり。ぺてん師。

**すっぱ・い**【酸っぱい】（形）酸い。梅干しやレモンのような味がする。sour 派生 すっぱが・る（五自）すっぱさ（名）

**口が酸っぱくなる程言う**（くちがすっぱくなるほどいう） 他人に注意するなどのために、同じ事を、嫌になるほど繰り返し言う。tell over and over again

**すっ-ぱだか**【素っ裸】①衣服をまったく着けていないこと。まるはだか。stark naked ②財産などの身の回りのものをまったく失って、身一つになること。penniless 用例 ―で出直す。

**すっぱ-ぬ・く**【素っ破抜く】（五他）他人の秘密などをあばく。disclose 用例 スキャンダルを―。

**すっぱり**（副）①みごとに断ち切るさま。用例 ―切り倒す。②物事を思い切りよく断つさま。きれいさっぱり。decidedly 用例 ―思い切る。

**ずっぷり**（副）①水などの中に全体を浸す、または、つかるさま。用例 ふろに―つかる。②ひどくぬれるさま。be drenched 用例 大雨に―ぬれる。

**スッペ**【Franz von Suppé】（一八一九〜九五）オーストリアの作曲家。明るく軽妙なオペレッタなどを多数作曲。『軽騎兵』『詩人と農夫』の序曲が有名。喜歌劇『ボッカッチョ』『美しいガラテア』など。

**すっ-ぽか・す**（五他）《俗語》①そのまま捨てておく。neglect ②約束を果たさずにほうっておく。用例 デートを―。

**すっぽ-ぬ・ける**【すっぽ抜ける】（下一自）《俗語》①すっぽりと抜ける。②すっかり忘れてしまう。③抜け出す。用例 会場から―・けて映画を見に行く。④野球で、投球がうまく指にひっかからずに、ボールが大きくねらいをはずれる。用例 カーブが―。

**すっぽり**（副）はまりこんだり、抜けたり、かぶさったりするさま。用例 歯が―抜ける。布団を―かぶる。

**すっぽん**【▼鼈】①中央は堅いが、周辺は柔らかい背甲のカメ。甲長約三〇cm。背甲は緑褐色で腹甲は黄白色。動作はすばやく、夜行性。あごの力が強い。食用で晩秋から冬にかけてが旬。血は強壮剤用。本州・四国・九州に分布。ドロガメ。ドンガメ。soft-shelled turtle ②歌舞伎で、花道の七三にあり、役者が奈落からせり上がる切りあな。↓図 ↓歌舞伎図

**鼈が時を作る**（すっぽんがときをつくる） この世にあるはずがないことのたとえ。

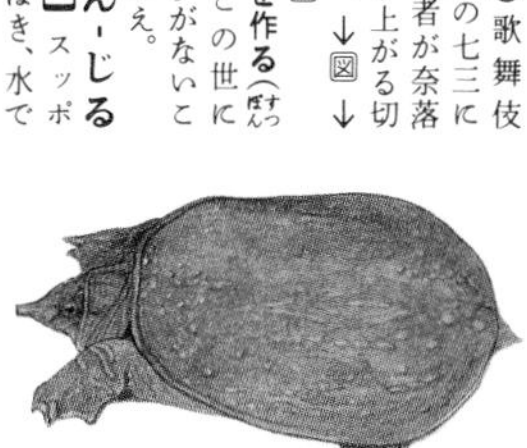

●スッポン①

**すっぽん-じる**【▼鼈汁】スッポンをさばき、水で煮てだし汁をとったものに酒・みりん・塩などを加え、しょうが汁とさらしねぎを添えた吸い物。

**すっぽん-たけ**【▼鼈▼茸】担子菌類スッポンタケ科のキノコ。林や庭に発生する。茎は白く海綿質で高さ約一五cm。初めは全体が袋に収まっているが、袋を破りキノコが伸びだすときの形が卵からかえるスッポンに似ている。無毒。

**すっぽんぽん**（名・形動）《俗語》まるはだかであること・さま。

**す-で**【素手】手に何も持っていないこと。からて。手ぶら。徒手。bare hand

**ず-て** 古語（連語）《打ち消しの助動詞「ず」に接続助詞「て」の付いたもの》…ないで。用例 玉島を見―やわれは（万葉・五・八六二）。

**ステアリング**《steering gearから》自動車の方向変換装置。

**ステアリング-ホイール**【steering wheel】①舟の舵輪。②自動車のハンドル。

**ステアリン-さん**【ステアリン酸】化学式 $C_{17}H_{35}COOH$ 脂肪酸の一種。白色の葉状結晶。天然油脂中にグリセリドとして存在。せっけん・界面活性剤・ろうそくなどの製造原料。stearic acid

**スティーグリッツ**【Alfred Stieglitz】（一八六四〜一九四六）アメリカの写真家。近代写真の先駆者。作品『冬―五番街』など。

**スティーブンズ**【Wallace Stevens】（一八七九〜一九五五）アメリカの詩人。隠喩を駆使した音楽的詩句により現実を美的価値に変容させる。詩集『ハーモニアム』、詩論集『必要な天使』など。

**スティーブンソン**【George Stephenson】（一七八一〜一八四八）イギリスの技術者。蒸気機関車の実用化に貢献。イギリス機械学会の初代会長。

**スティーブンソン**【Robert Louis Stevenson】（一八五〇〜九四）イギリスの小説家・詩人。正確・精妙な文章で異国情緒豊かな怪奇小説や冒険物語などを書いた。作品『宝島』『ジキル博士とハイド氏』など。

**スティール**【André Stil】（一九二一〜）フランスの小説家。社会主義リアリズムの左翼作家。作品『最初の衝突』『アンドレ』など。

**スティール**【Richard Steele】（一六七二〜一七二九）イギリスのエッセイスト・劇作家・政治家。親友アディソンと新聞を編集刊行、名エッセーを数多く書いた。喜劇『やさしい夫』など。

**すて-いし**【捨（て）石】①石垣・堤防などの工事で、地盤補強のために投入する石。riprap ②日本庭園で、おもむきを添えるために置く石。③囲碁で、他の手段を成功させるため、わざと相手に取らせる石。④すぐに効果はないが、あとの利益を考えて行う投資や予備的行為。sacrifice 用例 ―になる覚悟でのぞむ。

**スティック**【stick】①棒状のもの。用例 ―タイプ。②ホッケーなどで、ボールやパックを扱うための杖。③スキーの杖。ストック。④西洋料理の材料の切り方の一つ。細長い棒状に切ること。セロリやキュウリ・ニンジンなどに応用。

**ステイヤー**【stayer】競馬で、長距離レースを得意とする馬。一般に距離は二四〇〇m以上。

**スティレル**【Mauritz Stiller】（一八八三〜一九二八）スウェーデンの代表的映画監督。作品『吹雪の夜』『帝国ホテル』など。

**すて-いん**【捨（て）印】証書などで、訂正を予期して念のため別に欄外に押す印。extra impression of a seal

**スティンガー**【Stinger】アメリカの、一人で操作可能な携帯用対空ミサイル。赤外線ホーミング式で敵味方識別装置をそなえる。射高は二・七〜五km。

**すて-うり**【捨（て）売り】（名・サ変他）損失になることもかまわず、安い価格で売ること。投げ売り。sacrifice; dumping

**ステーキ**【steak】①獣肉や魚肉の厚い切り身。一般にはそれを焼いた料理。②「ビーフステーキ」の略。

**ステークス**【stakes】①競馬で、馬主同士が賞金とするため互いに出し合う賭け金のこと。②競馬で出馬登録料などを付加賞とする特別レース。

**ステージ**【stage】①舞台。演壇。また、そこで行われること。用例 ―に立つ。②段階。程度。③映画の撮影スタジオ。

**ステージ-ショー**【stage show】舞台を用いて客に見せる歌や踊りなどの興行。また、ホテル・クラブ・キャバレーなど、劇場ではない場所で企画される番組。実演。

**ステージ-ソサエティー**【Stage Society】イギリスの上演団体。一八九九年ロンドンに創立。自由劇場運動で劇界に新風を吹きこんだ。一九三九年解散。

**ステージ-ダンス**《和製語》舞台で踊って見

せるダンス。dance for stage 比較ソーシャルダンス。
**ステージ-ママ**《和製語》タレントとして活躍するわが子に常につきそい、周囲に対し強力な発言力をもつ母親。
**ステーション**[station] ①駅。停車場。②ある仕事をするための定められた場所。用例サービス——。
**ステーション-ワゴン**[station wagon] 室内後部に荷物を積むためのスペースを広く設けた乗用車。ワゴン。ワゴン車。↓自動車図
**ステータス**[status] 社会的地位。身分。
**ステータス-クオ**[status quo]《現状の意》国際政治上、現在の一定の勢力関係を維持しようとする政策。
**ステータス-シンボル**[status symbol] それを持っている人の地位や経済力を象徴的に示すもの。
**ズデーテン**[Sudeten] チェコスロバキア北西部、東ドイツと接する地方。スデーティ。
**ズデーテン-さんみゃく**【ズデーテン山脈】(Sudeten) チェコスロバキアとポーランド・東ドイツとの国境地帯を占める山脈・山塊の総称。最高峰スニェシュカ山は標高一六〇二m。
**ズデーテン-もんだい**【ズデーテン問題】チェコスロバキアのズデーテン地方に対するナチス-ドイツの侵略事件。一九三八年、チェコはミュンヘン協定によりナチスに割譲。
**ステート-アマ**《和製語》国家が生活費や訓練費用を大幅に援助し養成するアマチュアスポーツ選手。社会主義諸国がこの方法で好成績をあげていることが多い。state-amateur 比較企業アマ。
**ステートメント**[statement] ある問題や事件について政府当局が一定の見解・方針・措置などを公式に発表すること。また、そのもの。声明。声明書。陳述。
**ステープル-ファイバー**[staple fiber] ↓「スフ」
**ステーン**[Jan Steen](一六二六ごろ〜七九) オランダの画家。庶民の風俗・習慣を鋭くとらえ、ユーモアをまじえて表現。作品『村の祭』『飲食店の庭』など。
**すて-お・く**【捨(て)置く】(五他) そのままにしておく。leave alone 用例とがめずに——。
**すて-おぶね**【捨(て)小舟】①乗り捨てられた小さい舟。②頼るもののない身の上・境遇。
**すて-がな**【捨(て)仮名】①漢文で、送り仮名。②印刷で、促音「っ」、拗音「ゃ」などの小さい字。
**すて-がね**【捨(て)金】①むだに使う金銭。役に立たない金銭。wasted money ②利益や返済をあてにしない貸し金。loan without expecting to be returned

**すて-がね**【捨(て)鐘】江戸時代、時刻の鐘を鳴らすとき、注意をひくため、数に入れないでまず三つ突き鳴らした鐘。
**す-てき**【素敵】(形動)《当て字》とくにすぐれているさま。すばらしいさま。splendid 用例——な人。
**すてき-めっぽう**【素敵滅法】(副)「すてき」を強めた語。
**すて-ご**【捨(て)子・▽棄(て)子】親が幼児を道ばたなどに捨てること。その捨てられた幼児。abandoned child
**ステゴサウルス**[stegosaurus] 中生代のジュラ紀に栄え滅んだ恐竜の一群。四脚歩行性で草食。頭は小さく腰の脊髄は大脳より大きい。背に骨板やとげが並ぶ。北アメリカ産の代表種は、体長七m内外で、背の正中線にそって三角板が並ぶ。剣竜。↓恐竜図
**ステゴドン**[stegodon] 新生代の鮮新世から洪積世(五一〇万年前〜一万五〇〇〇年前)にかけて東アジアとアフリカにいた大形のゾウの一群。日本ではトウヨウゾウ・アカシゾウなどの化石を発掘。トウヨウゾウは日本だけでなく、中国南部・東南アジアにも分布。
**すて-ごま**【捨(て)▽駒】将棋で、自分の駒をただで相手に取らせること。また、その駒。意識的に駒を捨て、あとの戦いを有利に進めるための技。比較捨て石。
**ステシコロス**[Stēsichoros] 前六世紀前半に活躍したギリシアの叙情詩人。ヘレネの物語、オレステス物語など伝説を主題とした。
**すて-ぜりふ**【捨(て)▽台▽詞】①歌舞伎の舞台で、役者がとっさに言う、脚本にないことば。ad lib ②強がって立ち去るときに言い放って、返事を求めないことば。parting shot 用例——をはく。
**ステッカー**[sticker] 裏に粘着剤がついていて、好きな場所にはることができる紙片・ビラなど。広告・宣伝に使われる。
**ステッキ**[stick] ①歩行を助けるためなどに携行する洋風の杖。②印刷で、拾い出した活字を入れる金属製の箱。
**ステッキ-ガール**《和製語》ステッキのように男性の散歩に同伴し、報酬をもらう女性。昭和初期に銀座辺りで流行した。
**ステッセル**[Anatoly Mikhaylovitch Stessel](一八四八〜一九一五) 帝政ロシアの将軍。日露戦争時の旅順要塞司令官で、明治三八年(一九〇五)降伏・開城。戦後その責任を問われ、軍法会議により死刑宣告を受けたが、のちに禁錮刑に減刑のうえ特赦された。
**ステッチ**[stitch] 縫い物・刺繍・編み物・レース編みなどの針目。とくに、刺繍の刺し方や刺し目のことをいう。
**ステップ**[step] ①ダンスの足どり。足の運び方。②階段。③電車・バスなどの、乗降口の踏み段。④仕事の手順の一段一段。⑤三段跳びで、二つめの跳躍。用例ホップ——ジャンプ。
**ステップ**[steppe] 砂漠の周辺にみられる草原。半乾燥気候で、雨が少ないため、イネ科やキク科の草本がおもに生育する。
**ステップ-きこう**【ステップ気候】砂漠の周辺にみられる気候。年降水量二五〇〜五〇〇㎜で、降水も一時的であるため、ステップとよばれる草原が広がる。ソ連のウクライナ・カザフ地方、アメリカのグレートプレーンズなどにみられる。草原気候。steppe climate
**ステップ-モーター**[stepping motor] 電気パルス一回ごとに一定角度だけ回転する電動機。数値制御用電動機に使用。パルスモーター。
**すててこ** ①男性用下着の一種。日本独特のもので、汗除けとして考案された。綿のクレープやメリヤス地で、七分丈が一般的。②明治初期、寄席ではやった、滑稽なおどり。すててこおどり。↓写

●すててこ①

**すて-どころ**【捨(て)所・捨(て)▽処】捨ててよい場所・時期。dumping place 用例ここが命の——。
**すで-に**【既に・▽已に】(副) ①もう。ほとんど。はや。前に。以前から。already 用例——聞きおよぶ。②古語のこらず。まったく。用例天の下——覆ひて降る雪の(万葉・一七・三九二三)。
**すて-ね**【捨(て)値】捨て売りのさいの価格。採算を無視した値段。sacrifice price 用例——で売る。
**ステノグラフィー**[stenography] 欧文速記。ステノ。
**ステノタイプ**[stenotype] 速記用の欧文タイプライター。
**ステパーノフ**[Aleksandr Nikolayevich Stepanov](一八九二〜一九六五) ソ連の小説家。作品『旅順港』など。
**すて-ばち**【捨(て)鉢】(名・形動) やけになること・さま。自暴自棄。self-abandonment
**ステビア**[Stevia ラテン] キク科の多年草。パラグアイ原産で、パラグアイ茶の材料。葉に含まれる成分のステビオサイドは、砂糖の三〇〇倍の甘味がある。アマハステビア。↓写

●ステビア

**すて-ぶち**【捨(て)扶▽持】①江戸時代の扶持の一つ。武家の老幼・婦女・廃疾者などに恵与された、わずかな給米。ration ②《転じて》無用の人へ与えられるわずかな給与や生活費。allowance 用例——に甘んじる。
**すて-み**【捨(て)身】身の危険にかまわず全力で行うこと。act in desperation 用例——で立ち向かう。
**すて-ミシン**【捨てミシン】裁ち目がほつれないように、端を折らず、その少し内側にミシンをかけること。
**ステュアート**[James Stewart] ↓スチュアート
**ステュクス**[Styx] アルカディアの川。ギリシア神話では黄泉の国を七周する川。死者はカロンの船でこれを渡り死の国に入る。アキレウスはこの水に浸され、不死身になる。
**ステライト**[Stellite]《商標名》コバルト・クロム・タングステンを主体とする超硬合金。耐摩耗性・耐食性にすぐれ、工具などに使用。
**ステラジアン**[steradian] 国際補助単位の一つ。単位長さの半径をもつ球面上の単位面積を球の中心から仰ぎ見るときの立体角。記号sr
**ステリン**[Sterin ドイツ] ↓ステロール
**す・てる**【捨てる・▽棄てる】(下一他) ①不用なものの、価値のないものとしてほうり出す。throw away 対義拾う。用例ごみを——。②そのままにしておく。leave 用例その問題は——・ててはおけない。③見はなす。あきらめる。give up 用例勝負を——。④《動詞の連用形に付いて》その状態のまま、かまわないでおく。用例車を乗り——。
**捨てたものではない**(すてたものではない)《捨てるには早い、の意から》まだ使い道がある。まだ役に立ちそうだ。見込みがある。not completely useless
**捨てる神在れば拾う神在り**(すてるかみあればひろうかみあり) 捨てる神様がいるかと思えば、救ってくれる神様もいる。一方から相手にされなくなっても、他方からは助けてもらえるものだ。この世は広くさまざまなのだから、一時的な不運や不遇にがっかりしたり、くよくよしたりすることもない。When one door is shut, another is open.
**ステルス**[stealth]《こっそりすること・忍者、の意》兵器を作るのに、レーダー波を吸収する特殊な形状・材料・塗装などを使って、レーダーによる探知を困難にする技術。
**ステレオ**[stereo]《固い・立体的、の意》①立体音響のこと。②立体的な音の再生増幅装置。対義モノラル。③「ステレオレコード」の略。④「ステレオタイプ」の略。
**ステレオカメラ**[stereocamera] ステレオ(立体)写真を撮影するためのカメラ。左右に七〇㎜ほどはなれた二個のレンズがあり、同時に二こま撮影し、プリントを立体鏡で見る。立体写真機。
**ステレオ-しゃしん**【ステレオ写真】画像が立体的に見える写真。作画・写真測量・計測などに利用。立体写真。stereophotography
**ステレオスコープ**[stereoscope] ステレオ写真やスライドを立体的に見るための光学器械。ステレオカメラで撮った写真を左右の目で別々に見る。立体鏡。
**ステレオタイプ**[stereotype] ①↓えんばん(鉛版)。②心理学で、人間の行動・思考・性格などの反応が一様なこと。紋切り型。
**ステレオ-ほうそう**【ステレオ放送】二つ以上のチャンネルで、再生音が立体感・臨場感を得られる放送。FM(周波数変調)を利用し、たとえば周波数の異なった左右の信号を一つの搬送波にのせて送信。受信側は、これを左右のスピーカーに分け、左右の音が交叉するところで聞く。立体放送。ステレオフォニック放送。stereo broadcasting
**ステレオ-レコード**[stereo record] 二チャンネル、また、それ以上のチャンネルによって音響を録音し、立体的に音が再生できるようにしたレコード。ステレオ。
**ステロイド**[steroid] ステロイド核という複雑な構造をもつ種々の化合物群。性ホルモン・副腎皮質ホルモン・ビタミンD群などの成分。
**ステロール**[sterol] ステロイド核をもつアルコールの総称。生物界に広く存在する配糖体。コレステロール・エルゴステロールなど。ステリン。
**ステロタイプ**《ステレオタイプのなまり》↓えんばん(鉛版)
**ステン-カラー**《和製語》襟型の一つ。コンバーティブルカラーの一種。首の後ろで高

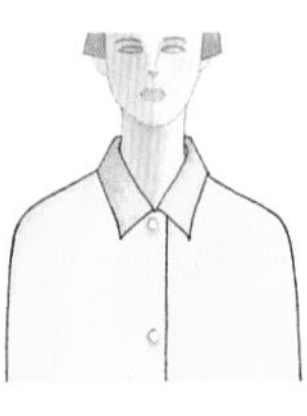
●ステンカラー

く、前では首にそって襟腰線から折り返った襟。スタンドフォールカラーのなまりと考えられる。↓図

**ステンカ-ラージン**【Stenka Razin】①(?～一六七一) ロシアのコサックの首領。一六六七年ボルガ川下流地方で農民反乱を指導。七〇年政府軍に敗れ、モスクワで処刑。その名は伝説・民謡に伝えられている。②ステンカ＝ラージンを謳ったロシア民謡。③グラズノフの交響詩。作品一三。一八八五年作曲。

**ステンド-グラス**【stained glass】《色を焼きつけたガラス、の意》色ガラス片をつなぎ合わせて文様や図像を表したもの。中世ヨーロッパの教会堂建築に広く用いられた。ガラス絵。絵(焼き絵)ガラス。↓写

●ステンドグラス　シャルトル大聖堂北正面のばら窓。一三世紀、(フランス)。

**ステンレス**【stainless】「ステンレス鋼」の略。

**ステンレス-こう**【ステンレス鋼】耐食性にすぐれた合金鋼。クロム一八%前後、ニッケル八%前後の一八-八ステンレスが代表的。不銹鋼。ステンレス。stainless steel

**スト**「ストライキ」の略。用例ゼネ―。

**ストア**【store】店。商店。日本では、セルフサービス式のスーパーマーケットのこともいう。用例チェーン―。

**ストア-がくは**【ストア学派】古代ギリシア哲学の一流派。前四世紀末にキプロスのゼノンが創始。アテネのストア-ポイキレ(彩色柱廊・壁画で有名な講堂)で教えたためこの名がある。感覚論を中心とする認識論、汎神論的唯物論中心の自然学、アパテイアを理想とする禁欲主義的な倫理学よりなる。弟子にクレアンテス・エピクテトスら。stoic school

**ストア-てつがく**【ストア哲学】ストア学派の哲学の総称。

**ストイシズム**【Stoicism】①哲学で、ストア学派の哲学。②ストア学派の倫理上の教説。③《stoicismで》謹厳、厳格な道徳的考え。厳粛主義。禁欲克己主義。

**ストイック**【stoic】㊀(名) ①《Stoicで》哲学で、ストア学派の哲学者。②禁欲主義を信奉する人。㊁(形動) 欲望を禁じ、抑えるさま。禁欲的。用例―な生き方。

**ストゥーパ**【stūpa梵】《頂・堆土の意で、卒塔婆と音写》仏舎利や遺髪などを安置・供養するために堆土・石・塼などで造られた築造物。塔。↓写

●ストゥーパ　インド、サーンチーの第一塔。

**すどう-さだのり**【▽角▼藤定▽憲】(一八六七～一九〇七) 俳優。岡山県生まれ。新派劇の先駆者。日本初の新演劇の一座「大日本壮士改良演劇」を結成。

**す-どうふ**【酢豆腐】①落語の題名。きざな若旦那が物知りぶって、すえた豆腐を酢豆腐と称し、珍味なのだといって食ってしまう滑稽噺。②《①の話から》知ったかぶり。半可通。

**ストー**【Harriet Elizabeth Beecher Stowe】(一八一一～九六) アメリカの女流小説家。代表作『アンクル-トムの小屋』で、黒人奴隷の悲惨なようすを描き社会的反響をよんだ。

**ストーカー**【stoker】ボイラーの燃焼装置などへ石炭の供給を自動的に行う装置。送炭スクリュー・回転ショベルなどで送入する。自動給炭機。石炭送入機。

**ストーク-オン-トレント**【Stoke-on-Trent】イギリス、イングランド中部、ペニン山脈南西麓のトレント川沿岸の都市。製陶業の中心地。人口二四・九万(一九八五)。

**ストークス**【stokes】動粘性率を表すCGS単位。一ストークスは一平方センチメートル毎秒に等しい。イギリスの物理学者ジョージ＝ストークスにちなむ命名。記号St

**ストークス-の-ほうそく**【ストークスの法則】①流体中を、一定の速度で動く球にはたらく抵抗力を示した法則。②蛍光の波長は、蛍光を誘起する刺激光の波長より長いという法則。Stokes' law

**す-どおし**【素通し】①邪魔物がなく、先まで見通せること。transparence ②度のない眼鏡。plain glasses ③透きとおったガラス。transparent glass

**ストーパー**【stoper】削岩機の一つ。上向きの坑道をあけるために、採掘場などで用いる。空気式と電気式がある。

**ストーブ**【stove】室内用の暖房具。空気を循環させ部屋全体を暖める対流型と、直接の放射で照射部を暖める反射型に大別される。

**ストーブ-リーグ**《和製語》プロ野球で、冬季のシーズンオフに行われる球団間の選手獲得合戦。トレード、新人の獲得・契約更新など、炉辺の話題を提供することから。

**ストーム**【storm】①あらし。暴風雨。②旧制高校などで、学生が、夜、寄宿舎などで集団で騒ぎ歩くこと。

**す-どおり**【素通り】(名・サ変自) 立ち寄らずに通り過ぎること。pass by 用例自宅の前を―する。

**ストーリー**【story】①物語。小説。②小説・映画・劇などの筋。

**ストーリービル**【Storyville】一八九七年から一九一七年まで、アメリカのニューオーリンズ市の一画にあった公娼許可地区。ジャズの形成に大きな役割を果たした。

**ストール**【STOL】《short take-off and landing aircraftの略》二〇〇～三〇〇mほどの滑走で離着陸できる航空機。短距離離着陸機。エストール。

**ストール**【stole】婦人の洋装用の肩掛け。長さ、幅は一定しないが、一般に和装用のショールよりも細長い。防寒・装飾用。

**ストーンウオッシュ**【stonewash】皮革やデニム地を石といっしょに洗い、部分的に色落ちさせて中古感覚を出す加工法。

**ストーン-サークル**【stone circle】巨石記念物の一つ。自然石を環状に並べたもので、新石器時代に多くみられる。太陽崇拝・墳墓に関連するものとされる。イギリスのストーンヘンジは有名。環状列石。環状石籬。

**ストーンヘンジ**【Stonehenge】イギリス南部ウィルトシャーにある巨石記念物。新石器時代のストーンサークルの代表的なもの。↓写

**スト-きせいほう**【スト規制法】《「スト」は「ストライキ」の略》電気事業と石炭鉱業での争議行為の方法を規制する法律。昭和二八年(一九五三)公布。

**すとく-てんのう**【▽崇徳天皇】(一一一九～一一六四) 第七五代天皇(在位一一二三～四二)。名は顕仁。鳥羽天皇の第一皇子。保元の乱を起こし、敗れて讃岐に流され、同地で没。讃岐院。

**ストケシア**【stokesia】キク科の多年草。高さ三〇～六〇㎝。根出葉は細長い。七～一〇月に青・淡紅・白色などの花をつける。観賞用として栽培。北アメリカ原産。ルリギク。↓写

●ストケシア

**スト-けん**【スト権】《「スト」は「ストライキ」の略》労働者がストライキをする権利。right to strike

**ストけん-スト**【スト権スト】《「スト」は「ストライキ」の略》公務員がストライキ権の回復を要求するストライキ。

**ストコフスキー**【Leopold Stokowski】(一八八二～一九七七) アメリカの指揮者。イギリス生まれ。指揮棒を使わない華麗な指揮で有名。フィラデルフィア管弦楽団常任指揮者。一九六二年アメリカ交響楽団創立。

**ストッキング**【stockings】長くつ下の総称。和装用・スポーツ用などもあるが、ふつう婦人用の薄い長くつ下をいう。対義ソックス。

**ストック**【Stockドイ】スキー用のつえ。

**ストック**【stock】㊀(名・サ変他) 資本や商品、または日用品などを蓄えること。また、その在庫。㊁(名) ①ある一時点に蓄えられた経済量。国富。対義フロー。②アブラナ科の半耐寒性、秋まきの越年草。高さ〇・三～一m。開花は一二～四月。花は一重または八重。花色は豊富。アラセイトウ。↓写

●ストーンヘンジ

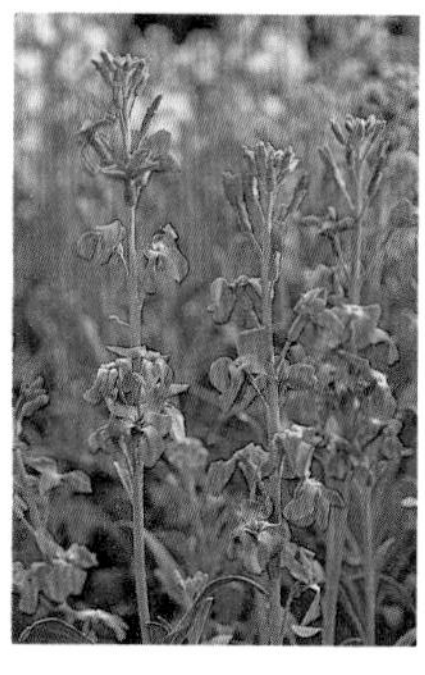

●ストック㊁②

**ストック-コントロール**【stock control】「在庫管理」。

**ストックホルム**【Stockholm】スウェーデンの首都。バルト海とメラレン湖に臨む文化・工業都市。北ヨーロッパの交通の要地。大学・博物館・音楽堂などの文化施設が多く、ノーベル賞の授与地としても有名。人口六五・九万(一九八五)。

**ストックホルム-アピール**【Stockholm Appeal】一九五〇年ストックホルムで開かれた世界平和擁護者大会常任委員会が、原子兵器の禁止に関して世界の民衆に訴えた声明文。

**ストックホルム-こくさいへいわけんきゅうじょ**【ストックホルム国際平和研究所】(Stockholm International Peace Research Institute) スウェーデンの世界的な軍備・軍縮問題を科学的に研究する機関。著名な年鑑を刊行。SIPRI。

**ストッパー**【stopper】①野球で、試合の重要場面で相手の攻撃を食い止めるために起用される抑えの投手。リリーフエース。リリーバー。②九人制のバレーボールで、相手の攻撃を防ぐ前衛のプレーヤー。

**ストップ**【stop】(名・サ変自他) 止まること。止めること。休止。停止。用例電車が―する。

**ストップウオッチ**【stopwatch】経過時間をはかるのに使う精密な時計。秒針や分針は任意に始動・停止またはもとに戻すことができる。運動競技・学術研究などに利用。

**スト-マイ**「ストレプトマイシン」の略。

**す-どまり**【素泊(ま)り】(名・サ変自) 食事の提供を受けないで、寝るためだけの宿泊。stay overnight without board

**スト-やぶり**【スト破り】《「スト」は「ストライキ」の略》ストライキの効果を失わせるため、使用者が、ストライキ中の労働者の一部や、外部から雇い入れた労働者を就労させること。また、その要員。ストライキ破り。スキャップ。strikebreaker; scab

**ストライカー**【striker】サッカーなどで、シ

ュート力にすぐれ、チームの得点源となるプレーヤー。

**ストライキ**[strike] =スト。①労働者が一定の要求を貫徹するため、いっせいに労務の提供を拒否すること。労働者の基本的権利の一つ。ただし、公務員・公共企業体職員については法律によって禁止されている。同盟罷業。比較サボタージュ。②学生が特定の要求を掲げ、団結して学校を休むこと。同盟休校。

**ストライク**[strike] ①野球で、ノーバウンドでストライクゾーンを通過した投手の投球。また、打者が空振りをしたりファウルした場合の判定。②ボウリングで、第一投で全部のピンを倒すこと。

**ストライク・ゾーン**[strike zone] 野球で、ホームベース上、打撃姿勢をとった打者のわきの下と膝(ひざ)からボール一個分下の高さで区切られる空間。

**ストライサンド** [Barbra Streisand](一九四二—) アメリカの映画女優・歌手。主演作『ファニー・ガール』『追憶』など。

**ストライド・そうほう**【ストライド走法】《「ストライド」は大股(おおまた)に歩く、の意》陸上競技などで、大股で歩幅を大きく伸ばす走り方。比較ピッチ走法。

**ストライプ**[stripe] 和服地の縞(しま)に対する洋服地の縞柄の総称。各種ある。日本の縞は格子を含むが、ストライプは格子を含まない。↓写

**ストラスバーグ**[Lee Strasberg](一九〇一—八二) アメリカの演出家。一九四七年アクターズ・スタジオに加わり、若手俳優を養成。

**ストラスブール**[Strasbourg] フランス北東部、ライン川の河港でアルザス地方の商工業都市。一三～一四世紀の建物が残る美しい古都。シュトラスブルク。人口二五・二万(一九八二)。

**ストラック・アウト**[strike-out] ↓さんしん(三振)

**ストラップ**[strap] 布または革で作られた細ひもや帯。服飾では、つりひものこと。肩つりひも(ショルダーストラップ)・靴のひも(シューストラップ)など。

**ストラディバリ**[Antonio Stradivari](一六四四ごろ—一七三七) イタリアのバイオリン製作の巨匠。現存する約六〇〇の楽器は最高の名器とされる。現在の標準型を創始。

**ストラディバリウス**[Stradivarius] ストラディバリ一族が製作したバイオリンのこと。

**ストラトフォード・オン・エーボン**[Stratford-on-Avon] イギリス南部、エーボン川右岸の都市。シェークスピアの生家・墓地がある。人口二・一万(一九八一)。

**ストラビンスキー**[Igor Fyodorovich Stravinsky](一八八二—一九七一) アメリカの作曲家。ロシア生まれ。二〇世紀最大の作曲家の一人。現代音楽の進展に大きな役割を果たした。バレエ音楽『火の鳥』『ペトルーシュカ』『春の祭典』、『詩編交響曲』など。↓写

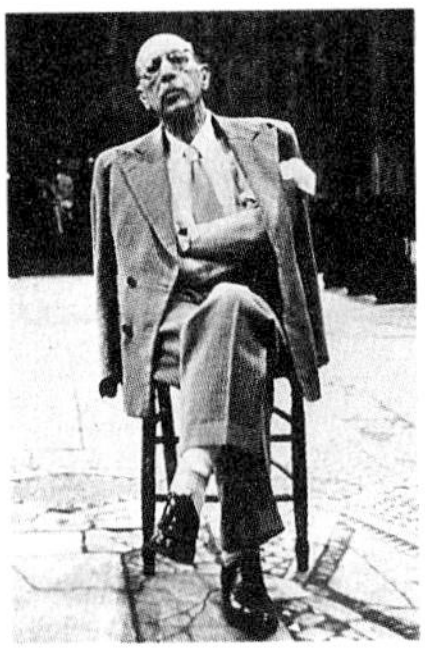
●ストラビンスキー

**ストラボン**[Strabōn](BC六四ごろ—AD二〇ごろ) 古代ギリシアの地理学者。当時の世界地誌『ゲオグラフィア』を著した。

**ストランド**[Paul Strand](一八九〇—一九七六) アメリカの写真家。写真界の長老的存在。

**ずーどり**【図取り】(名・サ変他) 物の形を図に写すこと。sketch

**ストリーキング**[streaking] 全裸で街や大学構内など、公共の場を駆け抜けること。

**ストリート**[street] 市街。通り。用例メーン—。

**ストリート・ガール** 《和製語》街頭に立って客を引く売春婦。街娼(がいしょう)。streetwalker

**ストリート・ファニチャー** 《和製語》街路の快適な環境づくりのための設備の総称。ベンチ・くず入れ・案内板・電話ボックスなど。

**ストリキニーネ**[strychnine(オランダ)] マチンの種子などに含まれるアルカロイド。きわめて苦く、猛毒。少量を神経興奮薬として使用。

**ストリッパー**[stripper] ストリップショーの踊り子。わが国では昭和二三年(一九四八)浅草に初めて登場したといわれる。

**ストリップ**[strip] ①同じ幅(はば)の細長い布や土地など。②衣服を脱ぐこと。裸になること。③「ストリップショー」の略。

**ストリップ・ショー** 《和製語》踊り子が音楽に合わせて踊りながら衣装を脱いでいく見世物。ストリップ。ストリップティーズ。striptease

**ストリップ・ミル**[strip mill] 製鉄所などで、圧延によって薄い帯状の金属板を連続生産する装置。

**ストリング**[string] ①糸。弦(げん)。②弦楽器の糸。③《「ストリングス(strings)」と書いて》弦楽器の演奏者・楽団。④一続きのもの。

**ストリンドベリ**[Johan August Strindberg](一八四九—一九一二) スウェーデンの劇作家・小説家。徹底したリアリズムで人間と社会への痛烈な風刺にみちた作品を書く。戯曲は自然主義劇の典型として、その後の近代劇に大きな影響を与えた。小説『赤い部屋』、戯曲『父』『令嬢ジュリー』『死の舞踏』など。

**すーど・る**【酢取る】(五他) 酢にちょっと漬ける。

**ストルイピン**[Pyotr Arkadyevich Stolypin](一八六二—一九一一) ロシアの政治家。一九〇六年首相。革命運動を弾圧。自作農創設など土地改革を断行したが、反政府派により暗殺。

**ストレーチー**[Evelyn John Strachey](一九〇一—六三) イギリス労働党の理論家。マルクス主義批判と現代資本主義変容論で知られる。著書『現代の資本主義』など。

**ストレーチー**[Giles Lytton Strachey](一八八〇—一九三二) イギリスの伝記作家。皮肉な文体と辛辣(しんらつ)な観察で伝記文学に新分野を開拓。作品『ビクトリア朝著名人列伝』など。

**ストレート**[straight] □一(形動) まっすぐなさま。また、文章や会話などの表現が率直なさま。用例—な言い方。□二(名) ①ボクシングの打法の一つ。拳(こぶし)をまっすぐに出し打ち抜く。②野球で、投手の投球のうち、まっすぐで変化しない球。直球。③テニスなどで、サイドラインに平行な打球。対義クロス。④続けざまなこと。用例—の四球。⑤飲みものなどで、混ぜものがないこと。生(き)。対義ブレンド。用例—で飲む。⑥大学の入学試験に現役で合格すること。

**ストレート・スカート**[straight skirt] 腰から裾(すそ)までまっすぐな線のスカート。

**ストレート・ステッチ**[straight stitch] 刺繡(ししゅう)の刺し方の一つ。直線に刺すステッチで、一針で図案の線どおりに糸をわたして刺す。

**ストレート・パーマ** 《和製語》毛髪をまっすぐに伸ばすパーマネント。縮毛を伸ばすためや、まっすぐな髪の流れをもつスタイルづくりに使われている。

**ストレート・フラッシュ**[straight flush] トランプゲームのポーカーの役の一つ。五枚のカードが同じ種類で数字も順番にそろった組み合わせ。

**ストレーラー**[Giorgio Strehler](一九二一—) イタリアの演出家。ミラノにピッコロ・テアトロを設立。社会問題を詩的リアリズムで演出。ブレヒト劇で有名。

**ストレーレル**[Giorgio Strehler] ↓ストレーラー

**ストレス**[stress] ①苦しみ・恐れなどの精神的な刺激が原因となって生体内に生じる生理的なひずみと、それに対する体内の反応。カナダのハンス=セリエの説で、脳下垂体・副腎(ふくじん)皮質系のホルモンとの関係を指摘。用例—がたまる。②語勢。強さのアクセント。

**ストレス・マネージメント**[stress management] 業務環境などによりストレスをうけている従業員を援助し回復させ、さらにその発生を予防するために企業などが行う組織的対応。ストレスコントロール。

**ストレッチ**[stretch] ①競技場などで、直線コース。用例ホーム—。②ボートの一こぎで進む距離。③伸縮性のある布地など。用例—ソックス。④筋肉などを伸ばすこと。ストレッチング。

**ストレッチ・おりもの**【ストレッチ織物】伸縮性や回復力が大きい織物。伸縮性の加工糸で織るものと、織物に特殊加工を施したものとがある。stretch fablic

**ストレッチ・ヤーン**[stretch yarn] 合成繊維糸の熱可塑性を利用し屈曲をつけ、伸縮性と弾力性をもたせた糸。高熱に弱い。

**ストレッチング**[stretching] 柔軟体操の一種。筋肉や関節を、反動をつけないでじっくり伸ばすもの。昭和五五年(一九八〇)ごろ日本に紹介された。ストレッチ体操。

**ストレプトカーパス**[Streptocarpus] イワタバコ科の多年草。葉は根生し、長楕円(だえん)形でしわがある。五月ごろ、青・紫・桃・白色の花をつける。温室栽培種。南アフリカ原産。↓写

**ストレプトマイシン**[streptomycin] 抗生物質の一つ。多くの細菌性疾患に有効で、とくに結核の治療薬として使用。尿路感染症にも有効。一九四四年、ワクスマンらが土中の放射菌の培養液から抽出。ストマイ。マイシン。

**ストレプトマイシン・なんちょう**【ストレプトマイシン難聴】ストレプトマイシンの投与が原因で起こる難聴。耳鳴りに始まり、高音域から聴力機能が冒される。投薬を止めても回復しない。streptomycin deafness

**ストレリチア**[Strelizia] バショウ科の多年草の属名。南アフリカ原産で五種あるが、日本ではレギーネ種などが普及。温室栽培で、花茎の先端に鳥の嘴(くちばし)状の仏炎苞(ぶつえんほう)をつけ、橙黄(とうこう)色の萼(がく)をもつ青紫色の美花を開く。↓写

●ストレリチア

**ストレンジネス**[strangeness] 素粒子の重粒子と中間子を特徴づける量子数の一つ。

**ストロー**[straw] ①麦わら。②冷たい飲み物を飲むときに使う細い管。現在では、紙製やビニール製。③細く切ったもの。パイユ。

**ストロー・きゅう**【ストロー級】プロボクシングWBCの体重別階級の一つ。四七・六kg以下の最軽量のクラス。一九八六年一〇月に新設。straw weight

**ストローク**[stroke] ①テニスやゴルフなどで、ボールを打つことや、そのための動作。また、ゴルフでの打数の単位。②水泳で、泳ぐときの腕の一かき。また、その動作。③ボートレースで、オールの一漕(こ)ぎ。また、船尾に一番近い漕ぎ手。整調。④タイプライターで打つ打数。

**ストローク・プレー**[stroke play] ゴルフの試合方法の一つ。ラウンドのストローク数(総打数)で勝負を競う。ふつうは総打数から

●ストレプトカーパス

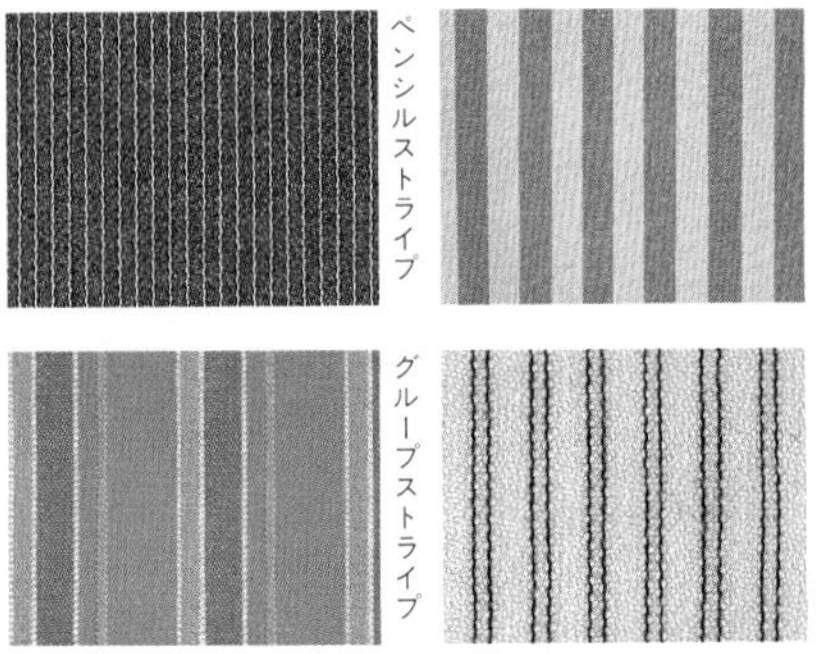

●ストライプ

ハンディを差し引いた数で順位を決める。[比較]マッチプレー。

**ストローハット【strawhat】** 麦わらで作った夏の日除よけに適する帽子。麦わら帽子。かんかん帽。

**ストロハイム【Erich von Stroheim】** →シュトロハイム

**ストロファンチン【strophanthin】** キョウチクトウ科の植物ストロファンツスから得た配糖体。速効性の強心剤。静脈から注射する。

**ストロフルス【strophulus ラテ】** 幼児期に特有な皮膚疾患。全身に丘疹きゅうしん性の紅斑こうはんができ、小さい水疱すいほうをみる場合もある。かゆみが激しい。

**ストロベリー【strawberry】** ①イチゴ(=オランダイチゴ)。②鮮やかな赤紫色。いちご色。

**ストロボ** 《stroboscopic lamp の略》光量が不足している写真撮影時に使用する閃光せんこう装置。キセノン放電管の気体放電を利用する。太陽光に近い色の光を発し、短時間で充電。

**ストロボ-しゃしん【ストロボ写真】** 周期的に発光を繰り返す装置のストロボで撮影した連続写真。動きの速い被写体の瞬間的な状態の撮影などに利用。

**ストロボスコープ【stroboscope】** 点滅する光源で回転や振動を調べる装置。ネオンやキセノンの放電管を光源とし、回転や振動の周期を測定し、また運動のようすを観測するのに使用。

**ストロマ【stroma】** 葉緑体中のラメラ構造のあいだにある無色の基質の部分。水・たんぱく質・酵素などを含み、光合成の暗反応を行う場となる。

**ストロマトライト【stromatolite】** おもに泥岩をおおう藻類が泥や砂をとりこみ、それがつくる層状(葉理状)構造。先カンブリア時代の石灰岩中に多い。

**ストロンチウム【strontium】** アルカリ土類金属の一つ。元素記号Sr 原子番号三八。原子量八七・六。銀白色の金属で、炎色反応は赤。合金に利用。

**ストロンチウム-きゅうじゅう【ストロンチウム九〇】** 質量数が九〇のストロンチウムの人工放射性同位体。半減期二八・八年。β線源として工業的に重要だが、体内に入ると骨に蓄積され有害。strontium 90

**ストロンボリしき-ふんか【ストロンボリ式噴火】** 短い周期で火山弾や溶岩を放出する噴火活動。流動性の大きい玄武岩質のマグマの活動にともなうことが多い。Strombolian eruption

**ストロンボリ-とう【ストロンボリ島】** (Isola Stromboli) イタリア南方、ティレニア海上リパリ諸島北東端の火山島。最高峰ストロンボリ山(九二六m)がたえず噴煙を上げている。

**ストンプ【stomp】** ジャズで、陽気に生き生きと踊れる曲調。『キング ポーター ストンプ』など、曲名にも使われた。一九二〇~三〇年代の流行語。

**すな【砂・▼沙】** 礫れきと泥の中間の大きさで、粒径一六分の一mmから二mmの岩片や鉱物片。一般に石英や白雲母うんもなど風化されにくい鉱物粒が多い。いさご。すなご。まさご。sand

**砂にする**(すなにする) ①無駄にする。また、無用にする。②だまし取る。ごまかして取る。

**砂を噛ます**(すなをかます) 相撲で、相手を投げ倒して土俵にはわせる。

**砂を噛む様**(すなをかむよう) 物のあじわいがないたとえ。無味乾燥で、おもしろくない。味気ない思いである。tasteless [類似]蠟ろうを嚙む様。

**すな-あらし【砂▼嵐】** 砂漠などに吹く、激しく砂を巻き上げる強風。sandstorm

**スナイドル【Snider】** スナイダー式後装銃。オランダ系アメリカ人スナイダーが一九世紀の中ごろに発明したライフル銃。幕末から明治初年に、日本に輸入された。Snider rifle

**すな-え【砂絵】** ①砂を手に握って、少しずつこぼして地面に描いた絵。江戸時代に始まった大道芸。sand picture ②接着剤を塗った画紙に、色つきの砂状のものをこぼして描く絵。sand picture

**す-なお【素直】**(形動) ①ありのままであるさま。飾らないさま。frank [用例]—な性格。②さからわないさま。従順。obedient [用例]—にうなずく。③癖がなく、ゆがんでいないさま。[用例]—な文字を書く。

**すな-がに【砂▼蟹】** スナガニ科のカニ。砂浜に穴を掘って群棲ぐんせいする。甲長約二・五cm、甲幅約三cm。甲はほぼ四角形。はさみは左右で大きさが違う。長い柄の先端に目があり、すばしこい。東北以南に分布。

**すな-かぶり【砂▽被り】** 相撲で、土俵のすぐ近くの見物席。

**すな-かべ【砂壁】** 色砂で仕上げた壁。つのまた・ふのりなどの糊のりで色砂を塗り付ける。sand coated wall

**すながわ【砂川】**〈市〉 北海道石狩平野北部、石狩川沿いの市。以前は炭鉱の町であったが、現在は化学肥料・合板製造などを中心とする工業都市。人口二万四七七七(一九八八)。

**すながわ-じけん【砂川事件】** 昭和三〇~三二年(一九五五~五七)、東京都北多摩郡砂川町(現立川市砂川町)にある米軍基地の拡張に反対する労働者や学生が基地内に侵入した事件。駐留米軍は憲法上存在を認められないとして一審は被告に無罪を言い渡したが、最高裁によって破棄、東京地裁に差し戻された。昭和三八年(一九六三)有罪確定。

**すな-ぎも【砂肝】** 鳥類の砂嚢さのうの俗称。

**すな-けむり【砂煙】** 砂が舞い上がって、煙のように見えるもの。cloud of dust [用例]—をあげる。

**すな-ご【砂子】** ①すな。sand ②金銀の箔はくを粉にして、蒔絵まきえ・色紙などに吹き付けたもの。gold or silver dust [用例]金—。

**すな-さいばい【砂栽培】** 培養液を砂に加えて野菜などを栽培する方法。砂耕法。sand culture

**すな-じ【砂地】** 砂の多い土地、または砂だけの土地。砂丘地帯に多い。sandy soil

**すな-せっちん【砂雪▽隠】** 茶の湯で内露地ないろじに設けられている便所。自然石と砂で作られ、露地景観に趣を添えるもの。現在では、実用にはしない。飾り雪隠。石雪隠。

**スナック【snack】** ①ポテトチップスのようなちょっとした腹ごしらえになる食品。スナック菓子。②「スナックバー」の略。

**スナック-えんどう【スナック▼豌豆】** →スナップえんどう(スナップ豌豆)

**スナック-バー【snack bar】** 軽い食事と飲み物を提供する店。日本では、昼は喫茶店形式で、夜は酒を出すバー形式となる店が多い。

**スナック-めん【スナック▼麺】** 容器に入れた即席麺。熱湯を注ぎ、数分たてば食べられるようになる。カップ麺。snack noodle

**スナッチ【snatch】** 重量挙げの競技種目の一つ。バーベルを一動作で一気に頭上まで引き上げて、挙げた重量を競う。また、その方法。[比較]ジャーク。

**スナップ【snap】** ①凸型の上の押さえと凹型の下の受けからなる留め具。ホック。②野球などの球技で、ボールを投げるときの手首の利かせかた。また、その力。③アメリカンフットボールで、攻撃側センターがスクリメージの最初に、ボールを後方のプレーヤーに股間を通して素早く送るプレー。

**スナップ-えんどう【スナップ▼豌豆】** エンドウマメの一品種。豆が肥大しても、さやはやわらかい。炒いためもの、サラダなどでさやごと味わうことができる。スナックエンドウ。↓エンドウ[図]

**スナップショット【snapshot】** 《速写の意》早撮どり写真。スナップ。

**スナップドラゴン【snapdragon】** キンギョソウ。

**すな-どけい【砂時計】** 砂の落下する量で時をはかる計器。ふつう、中央がくびれたガラス器の一方に砂を入れて、もう一方に落下させる。砂漏さろう。sandglass

**すな-どり【▽漁り】** ①すなどること。②漁を職業とする人。漁夫。漁師。

**すなどり-ねこ【▽漁猫】** ネコ科の動物。魚を好んで捕食する。体長約八〇cm。尾は短い。灰褐色の地に黒斑こくはんがある。水辺の森林や、やぶ地にすむ。ネコ類としては珍しく、頭を水中に突っ込んで魚を口で捕らえる。性質が荒く、ヤギなども襲う。東南アジアに分布。フィッシングキャット。fishing cat

**すな-ど-る【▽漁る】**(五他) 魚や貝をとる。漁をする。catch fish

**すなのおんな【砂の女】** 安部公房あべこうぼうの小説。昭和三七年(一九六二)刊。砂丘の穴の中の家で生活する男女の、砂との格闘を通して、人間の意味を追求する。

**すな-の-もの【砂の物】** 生け花の一様式。砂鉢に花を立て、水のかわりに砂を張るもの。のちに立花りっか様式に含まれ、草そうの花型とされる。株かぶ立て。

**すな-ば【砂場】** ①砂を入れた子どもの遊び場。ふつう、公園や校庭などの一画に設けられる。sandbox ②砂地。砂原。sandy place ③砂を採取する場所。sand pit

**すな-ばち【砂鉢】** 銅製の広口花器。「砂の物」の花器として用いられる。

**すな-はま【砂浜】** 砂におおわれた海岸。sands

**すな-はら【砂原】** 砂ばかりの広い平地。sandy plain; desert

**すな-ばらい【砂払い】** 《食べると体内の砂が出るという言い伝えから》コンニャクの異名。

**すなびき-そう【砂引草】** ムラサキ科の多年草。高さ約三〇cm。海岸の砂地にはえる。葉はへら形で厚い。夏に、芳香がある白色五弁花を開く。根茎が砂のなかを長く伸びるのでこの名がある。

**すな-ぶくろ【砂袋・砂▼嚢】** →さのう(砂嚢)

**すな-ぶろ【砂風▼呂】** 温泉熱などを利用して、蒸した砂に体を埋めて温まる設備。砂湯。sand bath

**すな-ぼこり【砂▼埃】** 砂がほこりのように舞い立つこと。砂塵さじん。cloud of dust

**すなみ【巣▽南】**〈町〉 岐阜県南西部、大垣おおがき市北東隣の町。柿かき・ナシなどの果樹栽培が中心。人口九四二二(一九八八)。

**すな-めり【砂▽滑】** ネズミイルカ科のハクジラ。鯨類中の最小種。全長約一・五m。体は青灰色で、頭が丸く背びれはない。単独か小群で沿岸にすむ。インド洋、東・南シナ海、太平洋に分布。black finless porpoise

**すな-やつめ【砂八目】** ヤツメウナギ科の淡水魚。全長一四~一八cm。河川にすむ。体は黒褐色、尾は淡色。ほぼ日本全土・朝鮮半島などに分布。

**すな-やま【砂山】** 砂の山。砂丘さきゅう。sand hill; dune

**すなわち【▽即ち・▽則ち・▼乃ち】** [一](接続) ①まさしく。言いかえると。namely [用例]外相—外務大臣。②そのときは。[用例]怯ひるめば—負けだ。③《多く、「乃ち」で》そこで。then [二][古語](名)《「即ち」「則ち」で》①即刻。その時。[用例]ほととぎす鳴きし—君が家に(万葉・八・一五〇五)。②当時。そのころ。[用例]—は、人みなあぢきなき事をのべて(方丈記)。[三][古語](副)《「即ち」「則ち」で》すぐ。ただちに。[用例]くちばみに螫さされたる人、かの草を揉もみてつけぬれば、—癒いゆとなん(徒然・九六)。

**スニーカー【sneakers】** 《足音がしないところから、忍び歩く人、の意》ゴム底でおもに編み上げ式・布製の運動靴。種類も多く、幅広い年齢層に用いられる。↓[写]

●スニーカー

**すぬい** 海草。酢の物・サラダなどに用いる。奄美あまみでは「すのり」。おきなわもずく。

**ずぬ-ける【図抜ける・頭抜ける】**(下一自) とびぬける。なみはずれる。ずばぬける。stand out [用例]成績は—・けてよい。

**すね【▼脛・▼臑】** ひざから足首までの部分。はぎ。shank ↓足[図]

**脛が流れる**(すねがながれる) 脛が弱っていて、踏みこたえる力がない。足もとがふらついて定まらない。

**脛から火を取る**(すねからひをとる) 火をつける道具もないほど、貧乏になる。

**脛に傷持つ**(すねにきずもつ) やましいことがある。have a guilty conscience

**脛を齧る**(すねをかじる) 独立できず、親の世話になっている。live on one's parents

**すね-あて【▼脛当て・▼臑当て】** 小具足ぐそくの一種。鎧直垂よろいひたたれの下、膝ひざから足くびまでを保護するための鉄・革製の武具。↓[図]

●脛当すねあて

**スネークウッド【snakewood】** ①クワ科の高木。材は硬く蛇紋じゃもんが見られる。ステッキ材。南アメリカ原産。②キョウチクトウ科の常緑低木。葉は披針形、花は淡紅色。インドではヘビのかみ傷の治療に用いる。インド・マレーシアに分布。

**スネーク-がわ【スネーク川】** (Snake

River) アメリカ西部、ロッキー山脈中のイエローストーン公園からアイダホ州・ワシントン州を経てコロンビア川に注ぐ川。長さ一六七〇km。中・下流部は、世界最大級の峡谷を形成。

**すね-かじり**【▼脛▼齧り】 親から学資や生活費をもらっていること・人。すねっかじり。live on one's parents

**すね-はぎ**【▼臑▼脛】《「すね」と「はぎ」は同意》すね。むこうずね。足。shin; shank

**臑脛の延びた奴**(すねはぎののびたやつ) 背丈ばかり高くて、何の役にも立たない者を悪く言う語。

**すね-もの**【▼拗ね者】 ①すねる人。つむじまがり。cross-grained person ②世をすねた人。misanthrope

**す・ねる**【▼拗ねる】(下一自) ①心がねじけて我意をはる。be peevish ②不満がましく、素直には従わない。sulk

**スネル**【George Davis Snell】(一九〇三) アメリカの遺伝免疫学者。マウスの細胞表面の免疫反応の研究から、組織移植に関与する遺伝子の特質を明らかにする。一九八〇年ノーベル生理学医学賞受賞。

**スネル-の-ほうそく**【スネルの法則】 異なる二つの媒質の境界面で光が屈折するさいの、入射角と屈折角の正弦の比は一定であるという法則。屈折の法則。Snell's law

**ず-のう**【図▼嚢】 地図などを入れて腰にさげるかばん。

**ず-のう**【頭脳】 ①脳。脳髄。あたま。brain ②能力。判断力。brain ③首領。長。head 用例わが社の―。

**ずのう-しゅうだん**【頭脳集団】 ↓シンクタンク

**ずのう-とし**【頭脳都市】 ↓インテリジェントシティー

**ずのう-りゅうしゅつ**【頭脳流出】 すぐれた頭脳の持ち主が、活躍の場を求めて国外へ出ていくこと。brain drain

**スノー**【snow】 雪。

**スノー**【Charles Percy Snow】(一九〇五～八〇) イギリスの小説家・物理学者。著書に、現代英国社会の記録ともいうべき連作『よそ者と兄弟たち』一一巻など。

**スノー**【Edgar Parks Snow】(一九〇五～七二) アメリカのジャーナリスト。中国通として知られ、一九三六年外国人で初めて中国共産党解放区に入り、すぐれたレポートを書いた。著書『中国の赤い星』など。

**スノーケル**【snorkel】 ↓シュノーケル

**スノー-タイヤ**【snow tire】 雪や氷ですべらないよう、深いみぞを彫った特殊なタイヤ。

**スノードロップ**【snowdrop】 ヒガンバナ科の秋植え球根草。代表的なのはニバリスで、根出葉は広線形。二～三月に、先端が緑色の三枚の内弁と、白色の三枚の外弁からなる花を一個下垂して開く。ヨーロッパ原産。マツユキソウ。ユキノハナ。 ↓写

**スノーフレーク**【snowflake】 ヒガンバナ科の多年草。高さ約四〇cm。葉は広線形。春、スズランに似た白色の小花を下垂。観賞用。ヨーロッパ中・南部原産。 ↓写

●スノードロップ

●スノーフレーク

**スノーボート**【snowboat】 雪の上を人や荷物を乗せて走る舟形の原動機付きそり。

**スノーモビル**【snowmobile】 小型雪上車。スキーとキャタピラーの部分に分かれ、時速四〇kmぐらいで走る。雪国の郵便配達や、医療、狩猟、レジャーなどに利用される。 ↓写

●スノーモビル

**す-の-こ**【▼簀の子】 ①竹や板などを透かして張ったものの総称。浴室の洗い場や台所の流し・濡れ縁などに使われる。drain board ②劇場の、舞台上部の吊り物を支える天井。fly loft

**スノッブ**【snob】 ①上流気取りの俗物。②教養などを鼻にかける人。

**スノッリ-ストゥルルソン**【Snorri Sturluson】(一一七八～一二四一) アイスランドの歴史家・詩人・政治家。北欧神話や詩の解説書『散文のエッダ』、ノルウェー王朝史『ヘイムスクリングラ』の著者として知られる。ノルウェー国王の命に反し、暗殺された。

**スノビズム**【snobbism】 地位の高い人をまね、気取って上品ぶること。俗物根性。

**すのまた**【▽墨▼俣】〈町〉 岐阜県南西部、長良川に沿う輪中地帯の町。旧宿場町。豊臣秀吉が築いた城跡がある。人口五一五一(一九八八)。

**す-の-もの**【酢の物】 酢を用いて魚貝・野菜・海藻などをあえたもの。二杯酢・三杯酢・甘酢・黄身酢・ごま酢などを用いる。酢あえ。

**スバ**【Suva】 太平洋中南部、フィジーの首都。同国の主島ビティレブー島南東岸の美しい港湾都市。人口七・一万(一九八二)。

**ず-は** 古語(連語)《打ち消しの助動詞「ず」に係助詞「は」の付いたもの》①…ないで。用例かくばかり恋ひつつあらずは高山の磐根し枕きて死なましものを(万葉・二・八六)。②…ないならば。用例しから―西国へ向かうて(平家・九・生ずきの沙汰)。参考②は、中世以降「ずんば」の形がみられるようになり、さらに「ずば」と転じた。

**ず-ば**(連語)《「ずは」②の「は」が濁った語》…ないならば。ずんば。

**スパーカー**【sparker】《商標名》音波探査機の一種で、音源に水中放電を利用するもの。海底の地質構造の調査に用いる。

**スパーク**【spark】(名・サ変自) 放電のさいに生じる火花。閃光。

**スパーク**【Charles Spaak】(一九〇三～七五) フランスの脚本家。ベルギー生まれ。作品『外人部隊』『どん底』など。

**スパーク**【Muriel Spark】(一九一八) イギリスの女流カトリック小説家。奔放な想像力、不気味な笑い、鋭い機知を示す。作品『死を忘れるな』『独身者』『ただ一つの問題』など。

**スパート**【spurt】(名・サ変自) 陸上のトラック競技やボート・競泳などで、全力を出しきって走り・漕ぎ・泳ぐこと。用例ラスト―。

**スパーリング**【sparring】 ボクシングの練習法の一つ。練習用の重いグローブとヘッドギアをつけて実戦に近い形で打ち合う。

**スバールバール-しょとう**【スバールバール諸島】(Svalbard) ノルウェー北方、北緯七四～八一度にある群島。ノルウェー領。主島スピッツベルゲン島。

**スパイ**【spy】(名・サ変他) 敵情などをこっそり探ること。密偵。間諜。

**スパイ-えいせい**【スパイ衛星】 軍事偵察衛星の通称。光学カメラや各種の電子装置などを搭載し、写真偵察・電子偵察・海洋監視などを行う。reconnaissance satellite

**スパイク**【spike】㊀(名) ①陸上競技や野球で、靴底につけるすべり止めの金具。②「スパイクシューズ」の略。㊁(名・サ変他) ①バレーボールで、ジャンプして相手側コートにボールを強打して打ちこむこと。また、その攻撃法。②野球などで、プレー中にスパイクシューズの金具で相手を傷つけること。

**スパイク-シューズ**《spikesから》裏にすべり止めの金具・硬質ゴムなどをつけたスポーツ用の靴。サッカー・野球・ゴルフ・陸上競技などで用いる。靴と、すべり止めの形は競技によってさまざまである。

**スパイ-ざい**【スパイ罪】 国家機密を不法に探知・収集し、または外国に通報することなどによって成立する犯罪の通称。crime of espionage

**スパイス**【spice】 食品に芳香あるいは辛味、色をつけるために用いるもの。胡椒・辛子など。薬味。香辛料。

**スパイラル**【spiral】 ①らせん形曲線。②らせん上昇。用例核兵器増強の―時代。

**スパイラルバンド-うん**【スパイラルバンド雲】 レーダーや気象衛星雲写真で見た、台風などの中心に巻きこむらせん形の帯状雲。spiral band

**スパイロメトリー**【spirometry】 肺機能検査の一つ。肺の換気の状態を紙の上に曲線で描き、肺活量・予備呼気量・残気量・全肺気量などを測定する。

**す-はう**【▼蘇芳】 ↓すおう(蘇芳)

**スパゲティ**【spaghetti イタリア】 パスタの一つ。小麦粉をこね、機械で押し出して乾燥しためん。穴がなく、細い棒状。比較マカロニ。

**す-ばこ**【巣箱】 動物に営巣させる目的で人工的に作った箱。野鳥用として適当な場所に設置されるもの、ミツバチ群を収容する容器など。birdhouse; hive 用例―をかける。 ↓写

●巣箱

**す-ばしこ・い**(形) ↓すばしっこい

**す-ばしっこ・い**(形) 動作がはやい。すばやい。すばしこい。quick 派生すばしっこげ(形動) すばしっこさ(名)

**すばしり** 18画【▼鯐】 部首[魚]うおへん 和製漢字

ボラの幼魚。体長五～一〇cmのころをいう。

**す-ばす**【酢▼蓮】 ハスを薄く切ってからさっとゆで、甘酢に漬けたもの。花形、手まり形など飾り切りにすることもある。焼き物やすしのあしらいに使う。酢れんこん。

**すぱ-すぱ**(副) ①タバコをさかんに吸うさま。puffingly 用例―吹かす。②物を軽やかに続けて切るさま。用例ナイフで―切る。③事をたやすげにするさま。smoothly 用例―答えを出す。

**ずば-ずば**(副) 遠慮せず、はっきりと言うさま。また、容赦なく事を行うさま。straightforwardly 用例―ものを言う。

**す-はだ**【素肌・素▽膚】 ①むきだしの肌。bare skin ②化粧をしない肌・顔。bare skin ③下着を着けていない状態。stark nakedness 用例―の上にワイシャツを着る。

**スパッタリング**【sputtering】 融点の高い金属や化合物を放電溶融し、物体面に薄膜として付着させる方法。溶射法。参照放電加工。

**スパッツ**【spats】 ①靴の上からつける短いゲートルの一種。足首や甲の保護と、ほこりよけ。②タイツの一種。伸縮性のある布で作られ、多くは足にかけるひもがついている。 ↓写

●スパッツ①

**すぱっ-と**(副) ①思い切りよく事をするさま。directly 用例―割り切る。②突然に事をするさま。unexpectedly ③切れ味の鋭いさま。sharply 用例―二つに切る。

**ずばっ-と**(副) =ずばりと。①矢などが物に突き刺さるさま。stab in ②遠慮しないで欠点の指摘などするさま。frankly 用例―言い放つ。

**スパナ**【spanner】 ボルトやナットをはさんで回す手工具。レンチ。↓図(次ページ)

**す-ばなし**【素話・素▼咄・素▼噺】 ①茶菓を出さずに話だけをすること。②鳴り物の入らない落語。

**す-ばなれ**【巣離れ】(名・サ変自) 鳥の巣立ち。leave the nest

**スパニエル**【spaniel】《スペイン犬、の意》イギリス・アメリカ・ドイツなどが原産とされる



↓ 行き先項目、図版・写真参照印。 JIS 日本工業規格情報交換用漢字符号コード(区点コード)。

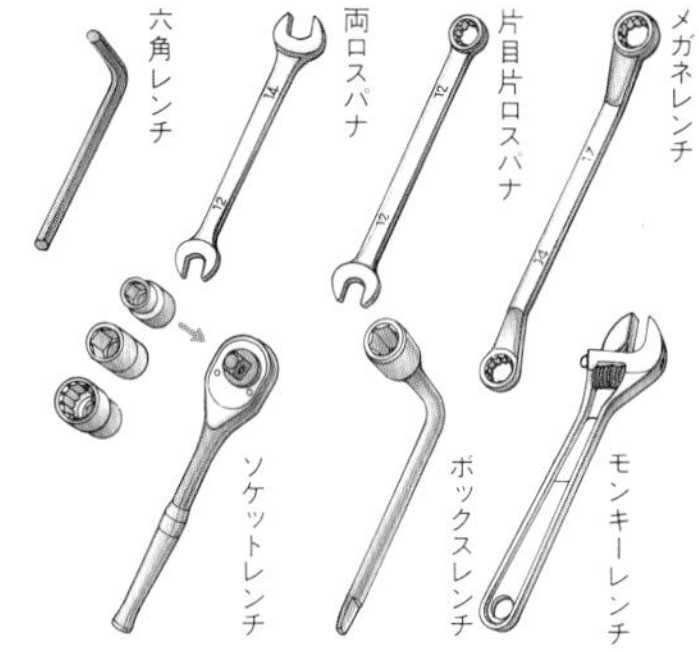

● スパナ　スパナ、レンチの種類と使い方

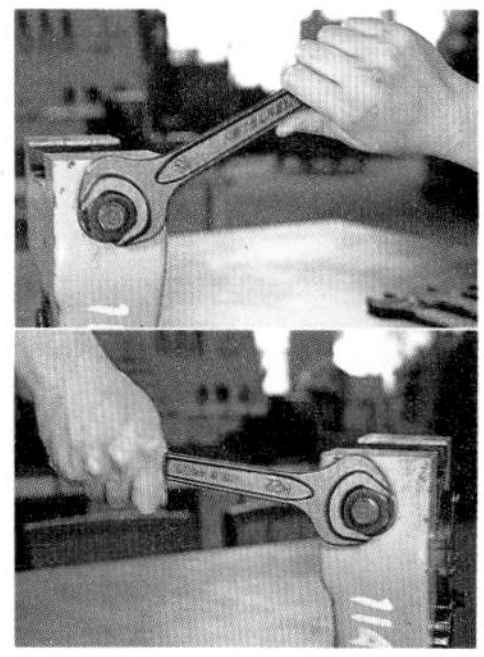
小あごを回転方向に向け締める(上)、緩める(下)。

小形の鳥猟犬。代表的な品種はコッカー・スプリンガー・クランバー・ウオーターなど。

**スパニッシュ**[Spanish] ①スペインの。スペイン風の。用例 ― オムレツ。②スペイン人。③スペイン語。

**ずば-ぬ・ける**【ずば抜ける】(下一自) ずぬける。outstand

**す-はま**【州浜・▼洲浜】①海中につき出た州のある浜。②「州浜台」の略。③半生菓子。水あめ・砂糖・大豆粉を練って州浜形に固めたもの。

**すはま-そう**【▼洲浜草】キンポウゲ科の多年草。山地の木陰にはえる。葉は根生し、心臓形で三浅裂。早春に、花茎の先に白色、または紅色の花を単生。葉が洲浜に似ていることからの名。ユキワリソウ。↓写

**すはま-だい**【▼洲浜台】海中につき出た州の形に似せて作った台に、蓬萊山や木石、花鳥などの景物をあしらったもの。もとは、宴席の飾り物としたが、のちに正月や、婚礼の肴を盛った。島台の古形。すはま。

**す-ばや・い**【素早い】(形) 物事をおこなうのがきわめてはやい。すばしこい。quick 派生 すばやさ(名)

**す-ばらし・い**【素晴らしい】(形) りっぱだ。すぐれている。驚くほどだ。splendid 派生 すばらしげ(形動) すばらしさ(名)

**スパランツァーニ**[Lazzaro Spallanzani] (一七二九～九九) イタリアの生物学者・僧侶。生物学に実験的方法を導入、自然発生説を否定した。

**ずばり**(副) ①刀で、勢いよく斬るさま。②直接に急所をついて言うさま。frankly 用例 ― そのもの。

**すばる**【▼昴】《集まって一つになる意の「統ばる」から》おうし座にある散開星団で、プレヤデスの和名。二十八宿の一つで、漢名は昴宿。すばるぼし。↓写

**すばる**【スバル】文芸雑誌。明治四二年(一九〇九)創刊、大正二年(一九一三)廃刊。反自然主義・耽美主義の中心となった。森鷗外や石川啄木・木下杢太郎らが活躍。

**スパルタ**[Sparta] ペロポネソス半島南部の古代ギリシアのポリス。紀元前八世紀ごろドーリア人により建設。厳格な軍事的教育によりギリシア第一の陸軍国に発展。前五世紀ペロポネソス戦争でアテネから覇権を奪取。前三七一年テーベに敗北し衰退。ラケダイモン。

**スパルタキアード**[spartakiada ロシア] ソ連の国民体育大会。四年に一回モスクワで行われる。第一回は一九五五年に開催。

**スパルタ-きょういく**【スパルタ教育】厳しい鍛練主義の教育。古代ギリシアのスパルタで戦士養成に行われたという勤倹・尚武の厳格な教育に由来する。Spartan training

**スパルタクス**[Spartacus] (?～BC七一) ローマ共和政末期のトラキア出身の剣奴(グラディアトル)。紀元前七三年南イタリアで反乱(スパルタクスの反乱)を起こしたが、前七一年クラッススと戦い敗死。

**スパルタクス-だん**【スパルタクス団】(Spartakusbund ドイツ) 一九一六年、ドイツ社会民主党左派のリープクネヒト・ローザ=ルクセンブルクらを中心に形成された団体。反戦と革命を標榜。一八年末に左翼諸団体とともにドイツ共産党を結成。

● スハマソウ

**スパン**[span] ①梁・アーチなどの支柱間の距離。梁間。②航空機の翼長。翼幅。

**ず-はん**【図版】書籍・雑誌などで、文字以外に挿入されている図。figure; illustration

**スパングル**[spangle] 装飾としてドレスなどの表面につける金属やプラスチック製の薄い円形などの小片。舞台衣装などにつける。スパンコール。

**スパンコール**《spangleから》↓スパングル

**スパン-レーヨン**[spun rayon] レーヨンステープルを紡績した糸。また、その織物。吸湿性・吸水性・染色性に富み安価。スフ。

**スピーカー**[speaker] ①話をする人。話し手。比較 スポークスマン。②電気信号を音声振動に変える装置。③《「ラウドスピーカー」の略》拡声器。

**スピーチ**[speech] 話。演説。用例 テーブル―。

**スピーディー**[speedy](形動) 速度の速いさま。

**スピード**[speed] ①速度。速さ。用例 フル―。②速いこと。用例 ― ボール。― 写真。

**スピード-アップ**[speed-up](名・サ変自) 速度を増すこと。

**スピードウエー**[speedway] ①モータースポーツで、高速走行が可能なようにカーブに傾斜をつけた周回トラック。②アメリカで高速道路のこと。

**スピード-ガン**[speed gun] 車やボールなどの速度を測定する装置。マイクロ波が反射する波長の変化によってスピードを測定する。

**スピード-スケート** スケート競技の一つ。氷上のトラック(標準は四〇〇m)を滑走し、タイムを競う。公式競技として五〇〇mから一万mまでの種目がある。speed skating ↓図

● 昴　白河天体観測所撮影。

**スピード-スプレーヤー**[speed sprayer] 果樹園で使用する大型の農薬散布機。液をポンプで加圧し、ノズルで霧状にし、送風機で散布する。

**スピードメーター**[speedometer] 乗り物の走行速度を示す計器。速度計。

**スピカ**[Spica]《ラテン語で、女神の持つ、ムギの穂、の意》おとめ座のα星。実視光度一等。距離約三五〇光年。観測好期は六月。和名、真珠星。

**す-びき**【素引き】(名・サ変他) 矢をつがえずに、弓のつるを試みに引いてみて、その張りぐあいなどをためすこと。

**素引きの精兵**(すびきのせいびょう) 素引きでは強弓の使い手のように見えるが、実戦には役に立たない者。

**す-びき**【巣引き】飼っている鳥が巣をつくって、ひなを育てること。

**す-びつ**【▽炭▼櫃】①床に切り込んだ小型の炉。中に灰を入れ炭火で暖をとる。いろり。②ひおけ。

**スピッツ**[spitz] 家畜イヌの一品種。北方系犬種に属するが起源は不明。大正末期に日本に輸入。純白長毛・立ち耳・巻き尾の美しい愛玩犬。体高約四〇cm。日本スピッツ。

**スピッツベルゲン-しょとう**【スピッツベルゲン諸島】(Spitsbergen) 北極海とノルウェー海との間に位置するスバールバール諸島の主要諸島。ノルウェー領。

**スピットボール**[spitball] 野球で、投手がボールに唾液をつけ不規則な変化を与える投球。ルール上は禁止。

**スピネット**[spinet] 鍵盤つき撥弦楽器。チェンバロ(=ハープシコード)の一種。現在は小型竪型ピアノをさす。

**スピネル**[spinel] マグネシウムとアルミニウム酸化物の鉱物。組成$MgAl_2O_4$。等軸晶系で、八面体または一二面体の結晶。硬度は八。色は赤・青・緑・黄・褐など。粒状石灰岩・蛇紋岩・カンラン岩などに含まれて産出。透明なものは宝石として加工される。尖晶石。

**スピノザ**[Baruch de Spinoza] (一六三二～七七) オランダの哲学者。無神論者としてユダヤ教団より破門される。デカルト哲学の強い影響を受け、神を唯一の実体とする一元論と、神はすなわち自然であるとする汎神論に立ち、最高の幸福は神の知的愛にあずかることとした。主著『エチカ』。

**ず-ひょう**【図表】①図と表。図だけをいうこともある。chart; diagram ②数量についての

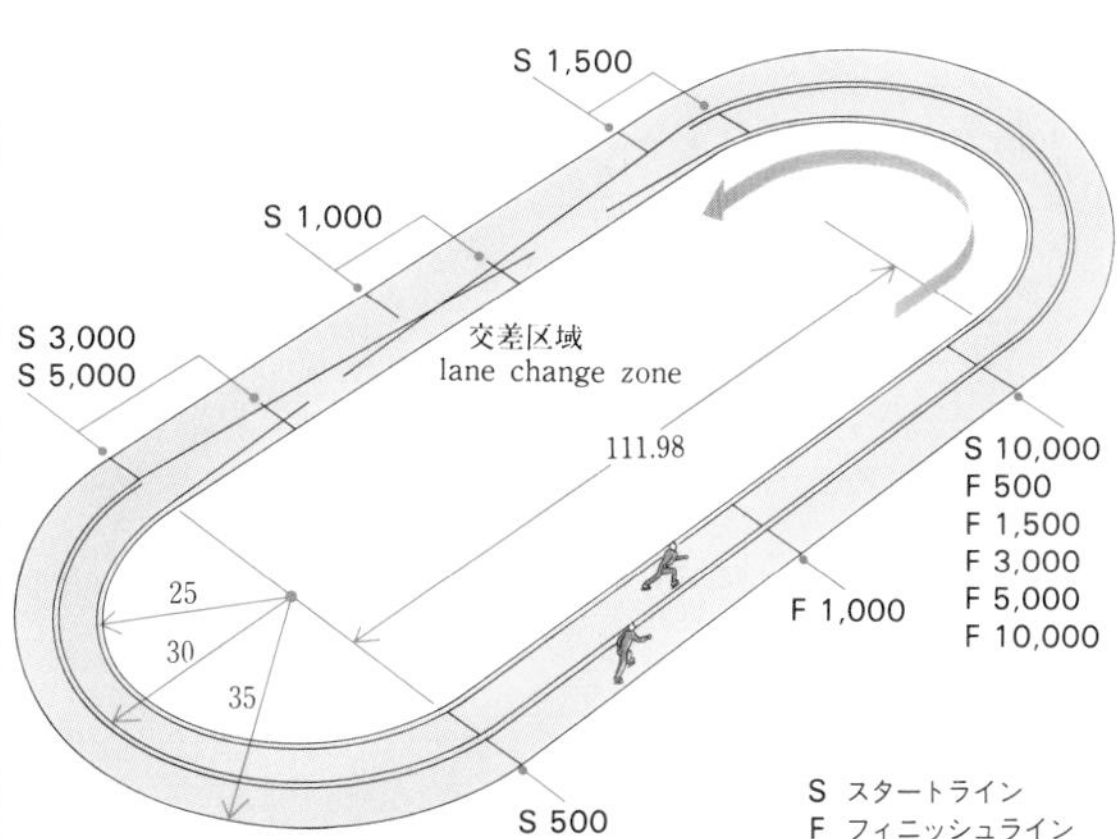

● スピードスケート　四〇〇m標準ダブルトラック

S スタートライン
F フィニッシュライン
単位 m

交差区域で内側のコースを滑ってきた人は外側へ、外側の人は内側へ入れかわる。交差区域で入れかわって滑走することで１周400mとなる。

法則・関係を線・図などで表したもの。graph

**スピリ**[Johanna Spyri](一八二七〜一九〇一) スイスの女流児童文学者。アルプスの自然描写と宗教色の強さに特色。作品『ハイジ』など。

**スピリット**[spirit] ①心。精神。用例 フロンティアー―。②気分。気質。意気。③アルコール度の高い酒。ジン・ウオッカなど。スピリッツ。

**スピルオーバー**[spillover]《あふれてこぼれる、意》放送衛星の電波が外国など目的外の地域にまで広がること。混信・著作権などの問題のほか、思想上から他国の電波の侵入に抗議する国々もある。

**スピルバーグ**[Steven Spielberg](一九四七〜) アメリカの映画監督。作品『激突！』『ジョーズ』『未知との遭遇』『E・T』など。

**スピルラ**[spirula] トグロコウイカ科のイカ。甲は管状でらせん形に巻いている。体長約七㎝。熱帯海域に分布。和名トグロコウイカ。

**スピレーン**[Mickey Spillane](一九一八〜) アメリカの推理小説家。性と暴力の描写を重視するハードボイルド派。作品『裁くのは俺だ』など。

**スピロノラクトン**[spironolactone] ステロイド化合物。副腎皮質ホルモンのアルドステロンに拮抗する。アルドステロン症治療薬。利尿作用もある。

**スピロヘータ**[spirochaeta(ラテン)] 原虫と細菌の中間の単細胞微生物。梅毒スピロヘータ・回帰熱ボレリアなど病原性のものもあるが、多くは非病原性。spirochete ↓細菌写

**スピン**[spin] ①つむぐこと。②飛行機のきりもみ降下。③スケートで、片足先で立って、こまのように、体を旋回させること。旋回。④テニスや卓球などで、ひねり球。⑤素粒子のもつ基本的物理量の一つ。素粒子の自転による固有の角運動量。

**スピン-オフ**[spin-off] ①企業が研究開発部門などを分離独立させること。スピンアウト。②自分で事業をはじめるために会社をやめること。

**スピンドル**[spindle] ①工作機械で、工作物あるいは刃物を回転させるための軸。回転軸。②紡績機の軸棒の一つ。紡錘スピンドル。

**スピンドル-ゆ**【スピンドル油】 織機のスピンドルの潤滑に用いる低粘度の油。精製鉱油の一つ。小型電動機などの軸受け潤滑油にも利用。spindle oil

**スフ**《staple fiberの略》レーヨンからつくられたビスコースレーヨンスフの短繊維。広義には、化学繊維からつくられた紡績用の短い繊維をさす。アセテートスフ・ナイロンスフなど。

**す・ぶ**【統ぶ】古語(下二他) ↓すべる(統べる)

**ず-ふ**【図譜】 図にかいたものをまとめた本。図鑑。pictorial book

**ずぶ**(接頭) はなはだ。ひどく。用例 ―ぬれ。

**スファックス**[Sfax] 北アフリカ、チュニジア中東部、ガベス湾北岸の港湾都市。古代からの商港。人口二三・二万(一九八四)。

**スフィンクス**[Sphinx] ①古代オリエントの神話上の怪物。ふつう身体は獅子で、頭は人。エジプトでは、太陽神ラーとしての王(＝ファラオ)を象徴。ギリシア神話では、女性化され翼をもつ。テーベ郊外で道行く人に謎をかけ、解けない者を食った。オイディプスに謎を解かれ、谷底に身を投じたという。②なぞの人。

**スフィンゴミエリン**[sphingomyelin] 燐脂質の一つ。とくに脳に多く、腎臓その他の組織中にも存在。

**スプートニク**[Sputnik(ロシア)] ソ連の初期の人工衛星の名称。一九五七年一〇月四日に第一号が打ち上げられ、世界初の人工衛星となった。

**スフーミ**[Sukhumi] ソ連南部、グルジヤ共和国西部、アブハーズ自治共和国の首都。黒海に臨む港湾都市。気候温暖で保養地として有名。人口一二・二万(一九八六)。

**スプーン**[spoon] 食べ物をすくったり、混ぜたりするさじ。スープ用・デザート用・紅茶用・コーヒー用・調理の計量用などがある。

**スプーン-レース**[spoon race] 運動会などの種目の一つ。さじ形のしゃくしの上に球(もとは卵)を乗せ、落とさないようにして走る競走。

**スフォルツァ-け**【スフォルツァ家】 一五世紀後半ミラノを支配した家系。一四五〇年、傭兵隊長フランチェスコがビスコンティ家のあとをうけて支配。文芸を奨励、ミラノを文化の中心たらしめた。九九年フランスに屈伏。Sforza family

**ずぶ-ずぶ**(副) ①水や泥の中に沈んでいくさま。用例 ―ひざまで沈む。②やわらかいものに突き刺さるさま。用例 ―ひざまで沈む。

**すぶた**【簀蓋】 トチカガミ科の一年草。水田にはえる。葉は根生し、線形。夏から秋に、花柄を伸ばし、三弁で子房が長く伸びた小白花を水面に開く。

**す-ぶた**【酢豚】 角切りの豚肉を油で揚げ、野菜と合わせて甘酢あんで調味した中国料理。広東式の咕咾肉と、上海式の糖醋肉があある。

**ず-ぶと・い**【図太い】(形) ①小さい事には動じない。大胆だ。bold ②ずうずうしい。横着だ。audacious 派生 ずぶとさ(名)

**ずぶ-ぬれ**【ずぶ濡れ】 体中が、びっしょりぬれること。びしょぬれ。be drenched to the skin

**ずぶ-の**(連体) まったくの。utter 用例 ―しろうと。

**スフラーフェンハーヘ**['s Gravenhage] ↓ハーグ

**スプライン-じく**【スプライン軸】 軸身に四〜二〇個の溝を等間隔に切って、キーと軸を一体にした形の軸。軸とともに回転する部品を軸に堅固に締結できる。溝付き軸。spline shaft

**す-ぶり**【素振り】(名・サ変他) ①剣・木刀などを大上段(＝頭の上)から中段(＝目先に構えたところ)まで上下に振ること。②練習のために、ボールを用いずにバットやゴルフのクラブなどを振ること。practice swinging

**スプリット**[split] ①重量挙げなどで、バーベルを引き上げる距離を短くするため、両足を前後に開いて体の位置を低くすること。また、その姿勢。②ボウリングの第一投で倒れなかったピンが、間隔を離して残っていること。

**スプリト**[Split] ユーゴスラビア西部、クロアチア共和国のアドリア海に臨む港湾都市。ダルマチア地方の中心。人口二三・六万(一九八一)。

**ずぶり-と**(副) ①水の中に物が沈むさま。用例 水に―顔をつける。②やわらかいものに突き刺さるさま。用例 刀を―突き立てる。

**スプリング**[spring] ①ばね。弾力。②はねること。跳躍。③春。④「スプリングコート」の略。

**スプリング-キャンプ**[spring camp] プロ野球で、公式戦が始まる前の春に各球団が行う合宿練習。

**スプリング-コート**《和製語》春秋に着る薄手の合いコート。ある程度の防寒と防塵、おしゃれをかねる。トップコート。

**スプリング-ヒール**《和製語》靴のかかとの一種。二〜三㎝の低いヒール。子どもの靴や、スポーティーな大人用の靴に用いる。

**スプリングフィールド**[Springfield] アメリカ北東部、マサチューセッツ州南部の都市。製造業がさかん。同国最古のスプリングフィールド兵器工場がある。人口一五・三万(一九八〇)。

**スプリングフィールド**[Springfield] アメリカ中北部、イリノイ州の州都。イリノイ炭田・農業地域の中心地。リンカーンの家・墓地などがある。人口一〇万(一九八〇)。

**スプリングボード**[springboard] ①体操競技の跳躍に使う跳び板。②水泳の飛込台についている板。または、飛び板飛び込み。③ある行動のきっかけとなるもの。

**スプリングボック**[springbok] ウシ科のレイヨウの一種。肩高約八〇㎝。雌雄とも角がある。体上面は赤褐色で、背中央から尻にかけて白い長毛がある。草原にすみ、驚くと高く跳ねる習性がある。南アフリカに分布。

**スプリンクラー**[sprinkler] ①導水管の末端につける回転式の散水機。芝生・花壇の散水や畑地灌漑に用いる。②火災の熱で栓が開いて自動的に散水するしくみの室内消火設備。↓写

●スプリンクラー① アメリカ、インディアナ州、ノートルダム大学。

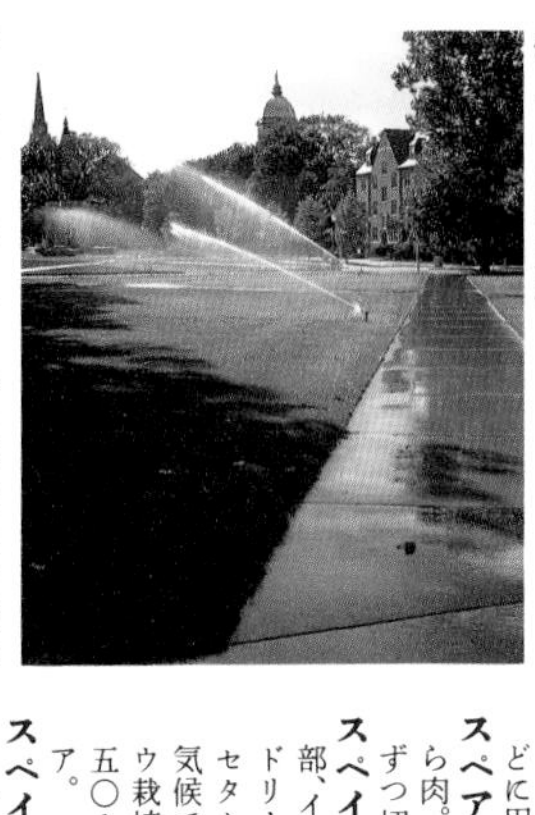

**スプリンター**[sprinter] ①陸上競技や競泳の短距離選手。②競馬で、一〇〇〇〜一四〇〇mの短距離レースが得意な馬。

**スプリント**[sprint] 短距離の競走や競泳、また、長距離でのゴール前の疾走などのように、全力で走ったり、泳いだりすること。また、その力。

**スフレ**[soufflé(フランス)] 泡立てた卵白を利用して、大きくふくらませた菓子や料理。泡立てた卵白にチーズやジャガイモなどを加え、型に入れ、オーブンで一気に焼き上げる。

**スプレー**[spray] 液体を霧状に噴射させる装置。噴霧器。香水吹き。

**スプレー-カーネーション**《和製語》温室カーネーションのうち、小輪で房咲きのもの。

**スプレー-ぎく**【スプレー菊】 キクの一品種。房咲きのキクの総称。一重咲き・デコラティブ(八重)・アネモネ咲き・スパイダー咲きがある。花期一〇〜一一月。切り花・花壇用。

**スプレッド**[spread] 食品を細かく刻み、マヨネーズやクリームなどと混ぜて、ペースト状に練ったもの。パンなどに塗る。

**スプロール**[sprawl] 不規則に広がり延びること。

**スプロール-げんしょう**【スプロール現象】 都市の急激な発展にともなって、近郊地域が市街・住宅地として飛び地状に開発され、無秩序にひろがること。sprawl 比較 ドーナツ現象。

**すべ**【術】 しかた。手段。方法。means 用例 なす―もない。

**ずべ**《俗語。「ずべら」の約》①なまけもの。②非行少女。用例 ―公。

**スペア**[spare] ①予備の品。②ボウリングで、第一投目に倒せなかったピンを第二投目で全部倒すこと。

**スペア-カラー**[spare collar] 取りはずしのできる襟。服とは別仕立て。

**スペアミント**[spearmint] シソ科の多年草。茎の高さ約六〇㎝。葉は長披針形で鋸歯あり。全草、濃緑色。夏から秋に、淡紫色の花穂をつける。香味料として料理・チューインガムなどに用いる。ヨーロッパ原産。ミドリハッカ。

**スペアリブ**[spareribs] 牛・豚の骨つきあばら肉。大きいままを焼いたり、あばら骨を一本ずつ切り離して煮たり揚げたりする。

**スペイン**[Spain・西班牙] ヨーロッパ南西部、イベリア半島の大半を占める王国。首都マドリード。北東部はピレネー山脈、中央部にメセタとよばれる高原がある。南部は地中海性気候で、コルクガシ・オリーブ・オレンジ・ブドウ栽培がさかん。ビルバオは鉄鉱石産地。面積五〇・五万㎢。人口三八六七万(一九八六)。イスパニア。

**スペイン-かぜ**【スペイン風邪】 一九一八〜一九年にかけてスペインに発生し、全世界を襲ったインフルエンザ。一五〇〇万〜二五〇〇万人が死亡したといわれる。中世のペストの流行と並んで、人類が経験した災難として記録されている。Spanish influenza

**スペイン-けいしょうせんそう**【スペイン継承戦争】 一七〇一〜一四年、スペイン王位継承権をめぐるフランス・スペイン対イギリス・オランダ・オーストリアの戦争。ユトレヒト条約・ラシュタット条約で終結。フランスの継承権は認められたが、イギリスは海上覇権を掌握し、経済的に優位に立つ結果となった。War of the Spanish Succession

**スペイン-ご**【スペイン語】 インド-ヨーロッパ語族イタリック語派の一つ。スペインのほか中南米諸国・フィリピンなどで用いられる。Spanish

**スペインこうきょうきょく**【スペイン交響曲】《原題Symphonie espagnole(フランス)》フランスの作曲家ラロがサラサーテにささげたバイオリン協奏曲。一八七五年初演。

**スペイン-ないせん**【スペイン内戦】 一九三六〜三九年、スペイン人民戦線政府と、フランコを中心とする右翼勢力との内戦。ドイツ・イタリアの援助を受けたフランコ派は、ソ連や外国民主勢力の義勇軍による支援だけに頼った政府軍を圧倒。三九年三月マドリード陥落。フランコ政権が確立。スペイン市民戦争。Spanish Civil War

**スペイン-りょうり**【スペイン料理】 気候的条件、素材などはイタリアと似ているが、料理法はイタリア料理よりも素朴。炊き込みご飯のパエリャ、肉と豆の煮込みのオリャポドリダなどが代表的。

**スペース**【space】①空間。用例 広く――をとる。②余白。用例 ホワイト――。③紙面。用例 ――を埋める。④行間。間隔。⑤宇宙。

**スペース-コロニー**【space colony】人間が宇宙に移住して長期間生活するための巨大人工衛星。

**スペース-シャトル**【space shuttle】アメリカの宇宙往復用有人宇宙船。再使用可能。軌道上を回る本体(=オービター)、オービターを推進する落下式の外部燃料タンク、補助推進装置(=ブースター)からなる。オービターは三角翼があり、任務終了後は滑空して帰還する。ブースターは海上で回収して再使用。宇宙連絡船。

**スペース-ステーション**【space station】宇宙ステーション。

**スペース-チェンバー**【space chamber】宇宙の環境条件(無重量状態・真空・宇宙線放射・太陽熱放射など)の一部を再現して、宇宙船などの開発試験を行う密閉容器。

**スペース-トラック**【space track】レーダーなどを利用した人工衛星の探知・追跡システム。

**スペース-プレーン**【space plane】打ち上げ時にはロケットエンジンで、帰還時にはジェット機のように着陸できる形式の宇宙ロケット。宇宙への往復に何回でも使える。日本でも二一世紀の実現をめざしている。宇宙往還機。

**スペース-ラブ**【space lab】スペースシャトルの本体(=オービター)に搭載される多目的の実験室。

**スペード**【spade】トランプのうち、黒色の剣を図案化したマークをつけた札。

**スベードベリ**【Theodor Svedberg】(一八八四～一九七一)スウェーデンの化学者。金属コロイド・高度分散コロイドを研究。超遠心分離機を製作。一九二六年ノーベル化学賞受賞。

**ズベーボ**【Italo Svevo】(一八六一～一九二八)イタリアの小説家。トリエステでジョイスと交わり、精神分析を援用した心理小説を自費出版。生前にはほとんど無名であった。作品『ゼーノの苦悶』など。

**すべからく**【▼須く・▽応く】文語的(副)《為すべくあること、の意。多く、下を「べし」で結ぶ》当然。ぜひとも。用例 ――努むべし。

**スペキュレーション**【speculation】①投機。から相場。おもわく。②思索。③トランプで、スペードのエース。

**すべ-くく・る**【統べ▽括る】(五他)個々のものを一つにまとめる。しめくくる。

**スペクタクル**【spectacle】①ありさま。光景。壮観。見せ物。②大がかりな場面構成の映画。

**スペクタクル-えいが**【スペクタクル映画】群衆シーンなど、規模の大きさと華やかさをねらった映画。spectacular film

**スペクトル**【spectrum】①分光器を通して光を波長で分解した成分、またはその全体。光はプリズムを通すと七色の色帯をなす。連続スペクトル・線スペクトル・帯スペクトルなどがある。②多数の成分からなるものを分解して、その成分を性質や量の大小などに基づいて順に並べたもの。

**スペクトル-がた**【スペクトル型】恒星の表面温度などの物理状態をスペクトルによって分類したもの。spectral class

**スペクトル-けいれつ**【スペクトル系列】波長が一定の関係を満たす一群のスペクトル線。原子状態の遷移によって得られる。ライマン系列・バルマー系列など。spectral series

**スペクトル-ぶんせき**【スペクトル分析】さまざまな分光計や分光器を使って、物質を分析する方法。分光分析。発光分析。spectrum analysis

**スペクトロヘリオグラフ**【spectroheliograph】分光器を用い、特定の波長の光で太陽を撮影する装置。分光写真太陽儀。

**ずべ-こう**【ずべ公】《俗語》非行少女。

**スペシャリスト**【specialist】専門家。

**スペシャル**【special】①特別。特別な人・物。特製。用例 ――ルーム。②専門。

**すべ-すべ**(形動・副・サ変自)つやがあって、滑るようになめらかなさま。smooth 用例 ――した肌。

**すべた**《espadaの転という。カルタの「剣」の意》①めくりカルタで、得点にならない、つまらない札。②《卑語》ぶきりょうな女。また、女をののしって言う語。

**スペックル-かんしょうけい**【スペックル干渉計】天体からの光を短時間に区切り、それを干渉させることによって高い分解能を得る装置。恒星などの視直径の測定などに用いる。speckle interferometer

**すべっ-こ・い**【滑っこい】(形)するする滑るような感じである。smooth 派生 すべっこさ(名)

**スペツナズ**【Spetsnaz】ソ連の特殊部隊。総兵力約三万。GRU(参謀本部諜報総局)に所属。戦時における相手国の後方攪乱を目的とし、要人暗殺、指揮組織の無力化、軍事施設の破壊などを行う。

**すべ-て**【▽総て・▽全て・▽凡て・▽都て】㊀(名)全体。全部。all 用例 これで――を失った。㊁(副)みな。ことごとく。all 用例 ――このようにやれ。

**総ての道はローマに通ず**(すべてのみちはローマにつうず)《ラ=フォンテーヌの『寓話』の中のことば。ローマ帝国の最盛期、世界中の道はすべてローマに通じていると言われた、ということから》物事が一つ所に向かっていること、手法は違っていても目的は同じであること、どのようなやり方によっても同一の目的地・目標に到達するということなどのたとえに言う。All roads lead to Rome.

**すべら-かし** ↓おすべらかし

**すべら-ぎ**【▽皇】「すめらぎ」の転。

**すべら・す**【滑らす】(五他)↓すべらせる(滑らせる)

**すべら・せる**【滑らせる】(下一他)=滑らす。①なめらかに進ませる。slide ②うっかりしゃべる。make a slip of the tongue 用例 口を――。

**すべり**【滑り・▼辷り】滑ること。滑りぐあい。sliding 用例 ――の悪い板戸。――をとめる。

**スペリー**【Roger Wolcott Sperry】(一九一三～ )アメリカの脳生理学者。シカゴ大教授。大脳の左右の半球が互いに協調しあって高度な精神活動を営むことを実験により究明、大脳生理学の発展に貢献した。一九八一年ノーベル生理学医学賞受賞。

**スペリオル-こ**【スペリオル湖】(Lake Superior)カナダとアメリカの国境にある五大湖の一つ。世界最大の淡水湖で、面積八・二万km²。北西岸と南岸は世界有数の鉄鉱石産地。シュピリアー湖。

**すべり-ぐるま**【滑り車】滑りをよくするため、引き戸・引き違い戸・雨戸などの底部に取り付ける車。戸車。sash roller

**すべり-こみ**【滑り込み】↓スライディング

**すべり-こ・む**【滑り込む】(五自)①滑ってはいる。slide into ②やっと間に合う。arrive at barely in time 用例 開演に――・んだ。

**すべり-だい**【滑り台】子どもが高い所から滑り下りて遊ぶための設備。児童福祉法により、保育所の屋外遊戯場に設置が義務づけられている。slide

**すべり-だし**【滑り出し】①滑り始め。start sliding ②物事の出だし。始め。start

**すべり-ていこうき**【滑り抵抗器】可変抵抗器の一種。可動部分の端子を滑るように移動させることにより、入力端子と出力端子の間の抵抗値を連続的に変えることができる。sliding resistor

**すべり-どめ**【滑り止め】①すべらないようにするためのもの。また、その装置。用例 階段に――を付ける。safeguard; skid ②《俗語》志望校に不合格の場合に備えて、確実に合格できそうな別の学校も受験すること。また、その学校。safety measure

**すべり-ひゆ**【滑▼莧】スベリヒユ科の一年草。田畑や道ばたにはえる。茎は紫赤色で地をはう。葉は長楕円形。夏に、黄色の小花を開く。若い茎葉は食用。↓図

**すべり-まさつ**【滑り摩擦】物体が他の物体の表面を転がらずに滑る場合に受ける抵抗。sliding friction

**すべり-め**【滑り目】棒針編みの編み目の一つ。右側の針から左側の針へ、あるいはその反対方向に、編まずに編み目を移動すること。slip stitch

**スベリン**【suberin】植物のコルク組織の細胞壁に堆積し、水分や空気の侵入を防ぐ物質。スベリン酸・フェロン酸などのオキシ酸の重合物。木栓質。

**スペリング**【spelling】欧米語のつづり。また、そのつづり方。スペル。

**すべる** 5画【▼辷】部首[辶]和製漢字 JIS 7772 ↓すべる[滑る・辷る]

**すべ・る**【滑る・▼辷る】㊀(五自)①ものの表面をなめらかに進む。glide 用例 スケートで――。②つるつるして踏みつけた足が止まらない。slide 用例 坂道で――・って、けがをする。③落第する。fail 用例 試験に――。④下がる。落ちる。fall 用例 大敗して首位を――。⑤うっかりしゃべる。make a slip of the tongue 用例 口が――。㊂古語(四自)①そっと退出する。用例 女も、夜更くるほどに――・りつつ(徒然・一九一)。②退位する。用例 中の院はあかで位を――・り給ひしより(増鏡・新島守)。

**滑ったの転んだの**(すべったのころんだの)つまらないことをいちいち取り上げて、騒ぎたてることに言う。make a fuss

**口が滑る**(くちがすべる)↓くち(口)

**す・べる**【統べる・▽総べる】(下一他)①一つにまとめる。unify ②国をおさめる。支配する。govern

**スペル**【spell】スペリング。

**ずべ・る**(五自)《俗語》なまける。ずるける。be idle

**スペルト-こむぎ**【スペルト小麦】野生種に近い普通系コムギ。紀元前二〇〇〇年ごろから栽培された。現在はスペイン・南フランスでわずかに栽培。穂は折れやすく、穎はかたく粒を包む。粉は菓子用。

**スベルドロフスク**【Sverdlovsk】ソ連中部、ウラル山脈東麓の重化学工業都市。ウラル地方の交通の中心で、シベリア開発の拠点。一八世紀半ばにシベリアへの交通の要地として発展。人口一二一・五万(一九八六)。

●スベリヒユ

**スペンサー**【Edmund Spenser】(一五五二ごろ～一五九九)イギリスの詩人。ルネサンス新思潮の影響をうけ、イギリス詩の技法と主題の革新に画期的な成果をあげた。詩集『羊飼いの暦』、寓意的叙事詩『妖精の女王』、オード『結婚祝歌』など。

**スペンサー**【Herbert Spencer】(一八二〇～一九〇三)イギリスの社会理論家。ダーウィンの概念を援用し、社会進化論の立場にたつ総合的な社会学の体系を主張した。著書『総合哲学体系』全一〇巻(『社会学原理』を含む)など。

**スペンダー**【Stephen Harold Spender】(一九〇九～ )イギリスの詩人・批評家。一九三〇年代詩人の一人。詩集『静かな中心』、評論『破滅的要素』『創造的要素』など。

**スホイ**【Sukhoy ロシア】タデル=スホイを中心とするソ連航空機設計局が開発した航空機の総称。

**スポイト**【spuit オランダ】先を細くしたガラス管またはプラスチック管の他端にゴム球を付けた器具。少量の溶液を採取したり、流し出すのに用いる。

**スポイル**【spoil】(名・サ変他)①きずつけること。損なうこと。②甘やかして、台無しにすること。

**スポイルズ-システム**【spoils system】公職の任免を党派的な情実で決定する政治慣行。イギリスやアメリカで発達。猟官制。比較 メリットシステム。

**ず-ほう**【図法】図の作り方。とくに、地図の作り方。直射図法・投影図法など。drawing

**ず-ほう**【▽修法】↓しゅほう(修法)

**スポーク**【spoke】自転車・オートバイなどの輪を支える、車軸からのびた細長い金属棒。車輪の輻。↓自転車図

**スポークスマン**【spokesman】代弁者。説明担当者。とくに、政府を代弁して意見や判断を発表する職務にある人。内閣官房長官や外務省情報文化局長など。

**スポーツ**【sport】運動競技。競技・レジャー・健康などを目的とする運動の総称。

**スポーツ-いがく**【スポーツ医学】スポーツによる心身の変化、身体発育、健康の維持・増進など、スポーツが身体におよぼす影響を研究する医学の分野。sports medicine

**スポーツウエア**【sportswear】運動をするときなどに着る衣服の総称。また、プレーユニホームをファッション化したスポーツルックをもいう。運動着。

**スポーツ-カー**【sports car】高速性・高加速性・軽快な操縦性に重点をおいた乗用車。

**スポーツ-がり**【スポーツ刈り】男性の髪型の一つ。前髪はやや長く四角い輪郭で、両側と後ろを刈り上げたスタイル。

**スポーツ-こうろうしゃ【スポーツ功労者】** 文部省が表彰する、国際的なスポーツ競技大会で活躍した人。世界選手権やオリンピック優勝者などが対象となる。

**スポーツ-シューズ** 《和製語》スポーツ用に作られた靴の総称。ジョギングシューズ・テニスシューズ・サッカーシューズなど。

**スポーツ-しょくひん【スポーツ食品】** スポーツによる疲労を回復するのに効果があるとされる食品。

**スポーツ-しんこうほう【スポーツ振興法】** 体育行政の基本法。国民の心身の発達と、国民生活への寄与のためのスポーツ振興を目的とする。昭和三六年(一九六一)公布。

**スポーツ-しんぞう【スポーツ心臓】** 機能がすぐれているため肥大している心臓。マラソン・水泳など持続性を要するスポーツの選手に多くみられる。athlete's heart

**スポーツ-センター【sports center】** 総合的な体育施設。各種のスポーツができる設備を備え、文化的な行事などにも利用できる。

**スポーツ-ドクター【sports doctor】** スポーツで生じた障害や外傷・疾病を診断し治療する医師。トレーニングや健康管理の指導も行う。

**スポーツ-ドリンク** 《和製語》清涼飲料の一つ。浸透圧を体液に近くしてあるため、運動時の水分補給によいといわれる。スポーツ飲料。

**スポーツマン【sportsman】** 運動選手。スポーツ愛好家。

**スポーツマンシップ【sportsmanship】** スポーツマンとしてふさわしい態度や精神。フェアプレーと相手を尊重し、自己の最善をつくすこと。スポーツマン精神。

**スポーティー【sporty】**(形動) スポーツ向き。軽快。

**スポケーン【Spokane】** アメリカ西部、ワシントン州東部の商工業都市。北部ロッキー山脈を越える鉄道の要地。人口一七・一万(一九八〇)。

**す-ぼし【素干し・素▽乾し】**(名・サ変他) かげぼし。

**ず-ぼし【図星】** ①的の中心の黒点。bull's eye ②急所。vital point ③予期した所。また、ぴったりと当たること。的中。right point 用例 —をさす。

**すぽっ-と**(副) 物が、勢いよくはまったり、抜けたりするさま。すっぽり。用例 ふたが—とれる。

**スポット【spot】** ①点。地点。②汚点。しみ。③「スポットライト」の略。④「スポットアナウンス」「スポットコマーシャル」「スポットニュース」などの略。

**スポット-アド【spot ad】** 映画館などで幕間(まくあい)に映写される広告。スライド広告。

**スポット-アナウンス** 《spot announcement の略》番組の切れ目や途中に流す短いニュースや広告。スポット。

**スポット-クイズ【spot quiz】** 簡単なクイズ。

**スポット-コマーシャル** 《spot commercial message の略》テレビやラジオで、番組と番組のあいだに流される短い広告。スポット。

**スポット-とうしん【スポット投信】** 経済・金融情勢、株式・債券市況などのタイミングを考慮して設定される、随時募集単位型の投資信託。

**スポット-とりひき【スポット取引】** 長期契約によらない、当用買いの原油取引。

**スポット-ニュース【spot news】** テレビやラジオで番組と番組の間に放送される短いニュース。

**スポットライト【spotlight】** 舞台などで、とくに部分を照らし出す照明。また、その器具。

**スホベイ【sukhovey ロシア】** 中央アジアの砂漠地帯から、カスピ海の北方・北西方にかけての地域に吹く乾燥した熱風。六～八月に多く、年に四〇～八〇回発生する。

**すぼま-る【▼窄まる】**(五自) ↓すぼむ(窄む)

**すぼ-む【▼窄む】**(五自) ＝窄まる。①ふくらんでいたものがだんだん小さくなる。つぼむ。become narrower 用例 風船が—。②しぼむ。おとろえる。wither ③先が細くなる。taper off

**すぼ-める【▼窄める】**(下一他) すぼむようにする。make narrower; shrug 用例 肩を—。

**ずぼら**(名・形動)《俗語》だらしのないこと・さま・人。loose

**す-ほん【素本】** ①訓点や注釈のない漢籍。無点本。②書き入れなどのない本。

**ズボン** 腰から下部につける、二またに分かれた衣服の総称。長さ・太さ・形などによって各種あるが、長ズボンと半ズボンに大別される。trousers

**スポンサー【sponsor】** ①保証人。発起人。出資者。後援者。②ラジオやテレビの商業放送番組を提供する広告主。日本では新聞・雑誌の広告主も含んでいう。

**スポンジ【sponge】** ①海綿動物(岩や海草などにくっついた下等動物)の総称。②海綿動物に属するモクヨクカイメンなどの繊維状の骨格。洗浄・化粧・医療などに使う。③プラスチック製の多孔質海綿状のもの。洗浄用・化粧用に用いる。④「スポンジボール」の略。

**スポンジ-ケーキ【sponge cake】** 焼き上がりがスポンジのようにふくらんだ、カステラ風の洋菓子。よく泡立てた卵と小麦粉・砂糖などを混ぜ、強火の天火で焼く。

**スポンジ-ゴム** 《和製語》クッション材・パッキング用の多孔性ゴム。生ゴムに炭酸水素ナトリウムなどを配合し、加熱加硫時にガスを発生させてつくる。sponge rubber

**ズボン-した【ズボン下】** ズボンの下にはく、おもに男性用の下着。保温やズボンのすべりをよくするためのもの。ももひき・すててこなど。

**スポンジ-ボール** 《和製語》①海綿状の合成樹脂やゴムで作られたボール。②《内部にスポンジ(＝海綿)のような部分があるための呼び名》軟式野球用のボール。硬いゴム製で、表面に凹凸がある。大正七年(一九一八)ごろ考案された。スポンジ。soft ball

**スポンジ-ラバー【sponge rubber】** 卓球のラケットに張る、スポンジゴム。また、それを表面に用いたラケット。一九五九年に競技会での使用が禁止された。

**ズボン-つり【ズボン▼吊り】** ズボンやスカートがすべり落ちないように、肩からつり下げるベルト。サスペンダー。suspender

**すま【▼須▽万】** カツオに似たサバ科の海水魚。全長約一m。胸びれの下方に灸(きゅう)のあとのような黒点が数個あるので、別名、ヤイト・キュウテン。食用。本州中部以南に分布。

**すま【▼須磨】** 兵庫県神戸(こうべ)市西端、大阪湾に臨む地区。住宅・保養地。景勝の須磨浦は歴史的にも有名で、『万葉集』『源氏物語』などの舞台。

**スマート【smart】**(形動) ①服装・形・動作などが、整って、あかぬけしているさま。いき。②体つきがすらりとして、形のよいさま。

**スマート-ばくだん【スマート爆弾】** 航空機からレーザーまたは内蔵テレビカメラによって目標に向け誘導される爆弾。smart bomb

**スマート-ボール** 《和製語》パチンコに似た遊び。少し傾いた台の中に玉を弾(はじ)いて入れ、当たり穴に入れるとたくさんの玉が出てくる仕組みのもの。

**すまい【住まい】** ①住むこと。②住んでいる所。住所。address 用例 お—はどちらですか。③住宅。住み家。house; residence

**すまい【▽相▽撲】** ↓すもう(相撲)

**すまい-の-せちえ【▽相▽撲の節会】** 毎年七月に天皇が宮中で相撲を観覧し、その後諸臣と宴を催した行事。節会に先立って諸国に相撲使(すまいのつかい)を派遣して、相撲人を召し出した。

**スマイル【smile】** ほほえみ。微笑。笑顔。

**スマイルズ【Samuel Smiles】**(一八一二～一九〇四) イギリスの著述家・社会改良家。著書『自助論』は、日本で『西国立志編』と訳された。

**すま-う【住まう】**(五自) ずっと住んでいる。live 用例 この町に—・ってから三〇年になる。

**す-まき【▼簀巻(き)】** ①簀で巻くこと。②人を簀で巻いて水中に投げ入れた私刑。

**すまし【澄まし・▽清まし】** ①澄ますこと。②杯洗(はいせん)の水。③「すまし汁」の略。用例 —仕立て。④きどること。put on airs 用例 —屋。

**すまし-じる【澄まし汁】** 《みそ汁などの濁り汁に対して言う語》だし汁に、塩・しょうゆ・酒などを加えて調味した汁物。実には旬(しゅん)のものを使う。吸い物。おすまし。

**すま-す【済ます】**(五他) ＝済ませる。①なしとげる。終える。処理する。finish 用例 方々へのあいさつを—。②借りを返す。pay back 用例 借金を—。③まにあわせる。その場はそれで収める。do without 用例 証文なしで—。④それでよいことにする。leave the matter as it is 用例 このままでは—・されない。

**すま-す【澄ます・▽清ます】**(五自他) ①(他) ㋐液体などの濁りがなくなるようにする。make clear 対義 濁す。㋑物事に精神を集中させる。strain 用例 耳を—。②(自)㋐きどって、おちつきはらったふうをする。put on airs ㋑《動詞の連用形に付いて》すっかりそのようになる。用例 刑事になり—。

**すま-せる【済ませる】**(下一他) ↓すます(済ます)

**す-また【素▼股】** ①あらわになっている股。②内もも。③内ももで行う交接。

**素股が切れ上がる**(すまたがきれあがる) 背が高く、すらりとしている。tall and slender

**すまた-きょう【▽寸又峡】** 静岡県北西部、大井川の支流寸又川の峡谷。紅葉と温泉で知られる景勝地。

**スマック【smack】** 《もと、舌つづみ・キスなどの音》チョコレートで外側をおおった円筒形のアイスクリーム。

**スマッシュ【smash】** 卓球・テニス・バドミントンなどで、ボールやシャトル(＝羽根)を、高い位置から相手コートめがけて急角度で強く打ちこむ攻撃法。

**スマトラ【sumatra】** 《原産地名からつけられた名》コイ科の淡水生の熱帯魚。全長六～七cm。体形はフナに似る。暗茶褐色の地に黒い横縞(じま)が四本ある。

**スマトラ-とう【スマトラ島】**(Sumatra) インドネシア西部、大スンダ列島の西端にある大島。面積四七・三万km²。北東部はタバコ・ゴムなどの農園地帯、南東部は油田地帯。島の最高峰クリンチ火山は標高三八〇五m。

**すま-な・い【済まない】**(形)《おわびのあいさつ語》申しわけがない。sorry 用例 ほんとうに—ことをした。

**スマラン【Semarang】** インドネシア、ジャワ島中部北岸、同島屈指の港湾都市。砂糖・ゴム・コプラなどの輸出港。中国系住民が多い。人口一〇二・七万(一九八〇)。

**スマローコフ【Aleksandr Petrovich Sumarokov】**(一七一七～一七七七) ロシアの劇作家・詩人。ロシア古典主義の代表者。悲劇『ホレーフ』、喜劇『夫婦げんか』など。

**ず-まわり【頭回り】** 頭部のいちばん大きいところを一周した寸法。額から耳の上、後頭の突出部を通って一周した長さ。crown measurement

**すみ【済み】** ①済むこと。finish ②すっかり返すこと。repay entirely

**すみ【炭】** ①木材を蒸し焼きにしてつくった炭化燃料。木炭。charcoal 数え方 一俵・一籠(かご)。②木のもえ残りの黒いもの。half-burned log ③石炭の別称。coal ↓写

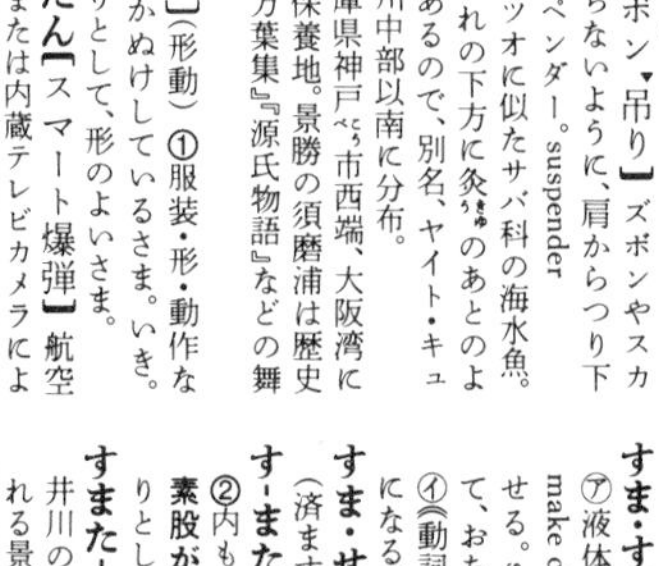

●炭① 茶道の炉に使われる炭は、形や大きさまで細かく定められている。

**すみ【隅・▽角】** 囲まれている所のかど。また、中央から離れた所。corner 用例 庭の—。四(よ)—。

**隅から隅迄**(すみからすみまで) 一方の隅から他方の隅まで。ある範囲内の全域。every detail

**隅に置けない**(すみにおけない) ばかにできない。相当なものだ。be a smart fellow

**すみ【墨】** ①文房具の一種。マツや菜種(なたね)油の煤煙(ばいえん)をにかわで練り固めたもの。硯(すずり)ですり、書画を書くのに使用。数え方 一丁。②黒い汁・物。用例 イカの—。③黒いすす。用例 なべの—。④墨糸。墨縄。

**墨と雪**(すみとゆき) まるで反対なもののたとえ。

**墨は餓鬼に磨らせ、筆は鬼に持たせよ**(すみはがきにすらせ、ふではおににもたせよ) 墨をするときは、静かに力を入れずすり、筆を執ったら力をこめて勢いよく書くのがよいというたとえ。

**墨を磨るは病夫の如くし筆を把るは壮士の如くす**(すみをするはびょうふのごとくし、ふでをとるはそうしのごとくす) 「墨は餓鬼に磨らせ、筆は鬼に持たせよ」と同意。

**墨を流した様**(すみをながしたよう) 真っ黒いことの形容。空が曇って、真っ黒な雲が広がるさまなどに言う。墨をすった様。as black as ink

**ずみ【▼桷・▽酸実】** バラ科の落葉小高木。山地



↓行き先項目、図版・写真参照印。 JIS 日本工業規格情報交換用漢字符号コード(区点コード)。

にはえる。庭木・盆栽にする。小枝の先がしばしばとげになる。葉は卵形。春に、白色五弁花を開く。果実は球形で赤熟。樹皮を染料とする。コリンゴ。ヒメカイドウ。ミツカイドウ。
**すみ-あら・す**【住み荒らす】(五他) 長く住んで、古くする。用例 —・したわが家。
**すみ-いか**【墨▼烏▽賊】コウイカ科に属するコウイカ・シリヤケイカの俗称。
**すみ-いと**【墨糸】墨壺の糸車に巻き込まれている糸。材木などに墨線をしるすのに使用。墨なわ。
**すみ-いれ**【墨入れ】①線を引くのに用いる大工道具の一つ。墨つぼ。ink-pot ②製図で、黒インクで描くこと。ink
**すみ-いろ**【墨色】書いたり、染めたりした墨の色合い。また、その黒い色。ぼくしょく。colortone of India ink
**すみ-うち**【墨打ち】(名・サ変自) 墨糸で線をしるすこと。
**すみ-え**【墨絵】①墨だけでかいた絵。水墨画。India-ink picture ②墨で輪郭だけをかいた絵。白描画。
**すみ-か**【住(み)▽処・▼栖】住む所。住まい。dwelling
**すみ-か・える**【住(み)替える】(下一他) ①奉公人などが、奉公先を替える。②住む場所を替える。
**すみ-かき**【炭▼掻き】炭をかき寄せたり、炭火をかき立てる用具。鉄製の細い棒で、先端がかぎ状に曲がっている。porker
**すみ-がき**【墨書(き)】(名・サ変他) 日本画で、墨だけで絵をかくこと。また、その絵。
**すみ-かご**【炭▼籠】↓すみとり(炭取り)
**すみ-がね**【墨金・墨▽曲▽尺】①↓かねじゃく(曲尺)。②日本の伝統的な製図法で、曲尺を使った作図法。規矩術。
**すみ-がま**【炭窯・炭▼竈】木炭をつくるために木材を蒸し焼きにするかま。土がまと石ががある。炭焼きがま。charcoal kiln ↓写

● 炭窯 石がま。

**すみ-き・る**【澄(み)切る】(五自) ①すっかり澄む。clear up 用例 空が—。②迷いがなく、はっきりする。become serene 用例 心が—。
**すみ-こみ**【住(み)込み】雇い主の家に住み込んで働くこと。また、その人。live-in 対義 通い。
**すみ-こ・む**【住(み)込む】(五自) やとわれて、会社や主人の家に住む。live in
**すみ-ごろも**【墨衣】黒く染めた衣服。僧衣。喪服。墨染めの衣。
**スミス**【Adam Smith】(一七二三〜九〇) イギリスの経済学者。古典派経済学の創始者。スコットランド生まれ。グラスゴー大学教授。富の源泉を生産的労働に求めて重商主義を批判し、自由放任主義を主張した。主著『国富論』。
**スミス**【Bessie Smith】(一八九四〜一九三七) アメリカの黒人女性ジャズ歌手。豊かな声量と古典的なブルース唱法で、「ブルースの皇后」といわれた。
**スミス**【Eugene Smith】(一九一八〜七八) アメリカの報道写真家。ヒューマニスティックな人間表現に特色。作品集『スペインの村』など。
**スミス**【Hamilton Othanel Smith】(一九三一〜) アメリカの微生物遺伝学者。ジョンズ-ホプキンズ大学教授。ある制限酵素の認識する二重鎖DNAの塩基配列を明らかにし、この研究から遺伝子操作の研究が急速にすすんだ。アルバー・ネイサンズとともに一九七八年ノーベル生理学医学賞受賞。
**すみず**【▽角水】水盛。水秤。水準器。
**角水を突く**(すみずをつく)《角水でわずかな高低をも調べるように》ちょっとしたことも詳しく調べて、確かめる。
**すみ-ずみ**【隅隅】あちこちのすみ。あらゆるすみ。すべての点。every nook and corner 用例 —まで気を配る。
**すみ-ずり**【墨▼摺(り)】版木をするとき、墨だけを用いること。また、そうしてすったもの。
**す-みそ**【酢味▼噌】合わせみその一種。みそに酢そのほかの調味料を加えてすったもの。野菜類や魚介類のあえ物に使う。ぬたみそ。
**すみそ-あえ**【酢味▼噌▽和え】酢みそで、魚介類・ワケギ・ワカメなどの材料をあえたもの。からしを入れることもある。ぬた。なます。
**スミソニアン-たいせい**【スミソニアン体制】一九七一年ワシントンのスミソニアン博物館で開かれた十か国蔵相会議での合意に基づき、ドルショック後の混乱収拾のために発足した国際通貨体制。円・マルクを切り上げ、ドルを切り下げた。一九七三年の変動為替相場制への移行で崩壊。Smithsonian monetary system
**すみ-ぞめ**【墨染(め)】①黒い色に染めること。dyeing black ②黒色の僧衣。緇衣。black robe ③黒またはねずみ色に染めた喪服。mourning dress
**すみぞめ-ざくら**【墨染桜】ヤマザクラの園芸品種。花は白色五弁。花期はおそい。奈良桜・白雪・紅玉錦などがある。
**すみぞめ-の**【墨染めの】[枕ことば]《墨染めの色の感じから》「夕べ・たそがれ」などにかかる。用例 いろにいでば人しりぬべみ—ゆふべになればひとりゐてあはれあはれとなげきあまり(古今・雑体)。
**すみた**【住田】〈町〉岩手県南部、気仙川上流にある町。林業と、姥石放牧地を中心とする酪農がさかん。人口八六三九(一九八八)。
**すみだ-がわ**【隅田川】㊀関東平野を流れる荒川の下流(東京都内)部。全長二三・五km。水質清浄化への努力がつづけられている。言問橋・勝鬨橋など有名な橋が多い。㊁①能の曲名。「角田川」とも書く。四番目物。狂女物。観世元雅作。さらわれた子を狂い求める母親が、隅田川でその死を知り悲しむ。②筑前琵琶・常磐津節・清元節などの曲名。
**すみ-たけ**【炭丈】炭鉱で、炭層の厚さ。
**すみ-だわら**【炭俵】㊀木炭を入れる俵。㊁俳諧撰集。志田野坡・池田利牛・小泉孤屋共編。二冊。元禄七年(一六九四)刊。芭蕉晩年の「かるみ」の境地を表した集。『俳諧七部集』の第六集。
**スミチオン**【Sumithion】低毒性の有機燐殺虫剤。パラチオンの製造禁止により、それに代わって広範な害虫に使用される。
**すみ-つき**【墨付(き)】①墨の付きぐあい。②筆跡。③幕府または大名が臣下に与えた公文書。また、それに押した黒印。おすみつき。
**すみ-つぎ**【墨継(ぎ)】㊀(名) 墨をはさむ具。㊁(名・サ変他) ①書の技法。文字揮毫のさい、途中で筆に墨を含ませてから、さらに書くこと。詩歌文章の字句を読み誤らぬように、また和歌で一・二・五句、俳句で一・三句での墨継ぎが規則とされた。②手紙などで、うやまうべき語を表す文字を書くとき、筆に改めて墨をつけ、筆跡を濃くして書くこと。
**すみ-つ・く**【住(み)着く】(五自) 居所と定めたところに住む。定住する。settle

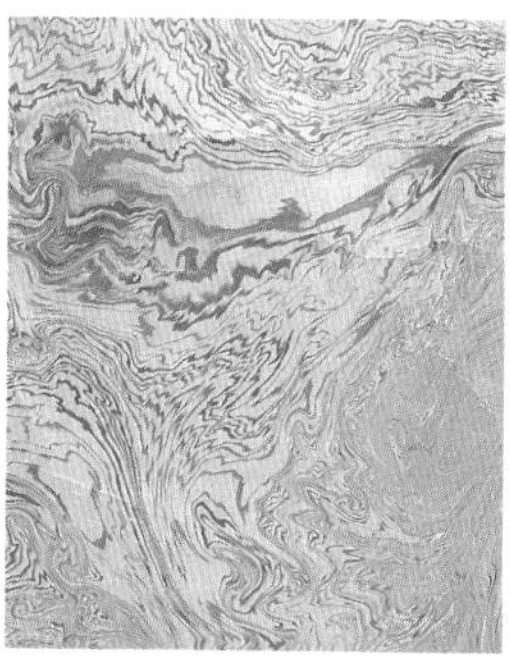
● 墨流し 越前紙を使った墨流し。紙の博物館(東京都)。

**すみつけ-しょうがつ**【墨付け正月】山陰地方の小正月行事の一つ。子どもたちが鍋墨をつけた大根などを隠し持ち、青年男女が鍋墨を顔につけて歩いたり、異性の頬に塗りつけ合う。墨塗り。
**すみっ-こ**【隅っこ】《俗語》すみ。corner
**すみ-つぼ**【炭▼壺】赤くおこっている炭火を入れ、ふたをして消すつぼ。火消しつぼ。
**すみ-つぼ**【墨▼壺】①大工・石工などが、加工する材料上に直線を引くのに使う道具。墨糸をはじいて直線をひく。②墨汁を入れておく携帯用の容器。ink-pot ↓写

● 墨壺① 墨汁を含ませた真綿を入れて使う。

**すみ-てまえ**【炭▽点前】茶道で、炉や風炉に炭を入れるときの作法。三炭といって、初炭点前、後炭点前と立炭または留炭点前がある。
**すみ-とお・る**【澄(み)▽透る】(五自) どこまでも澄んでいる。澄みきる。clear
**すみとも-かがくこうぎょう**【住友化学工業(株)】日本の代表的総合化学会社の一つ。大正一四年(一九二五)設立。
**すみとも-ぎんこう**【(株)住友銀行】日本有数の都市銀行の一つ。住友グループの中心。明治四五年(一九一二)設立。
**すみとも-きんぞくこうぎょう**【住友金属工業(株)】日本の大手製鉄会社の一つ。住友グループの重鎮。昭和二四年(一九四九)設立。
**すみとも-けいきんぞくこうぎょう**【住友軽金属工業(株)】アルミニウム圧延で業界最大手の企業。昭和二六年(一九五一)設立。
**すみとも-ざいばつ**【住友財閥】日本の代表的財閥の一つ。江戸時代、両替および銅山の経営で巨利を獲得。明治期、住友銀行を創立し、コンツェルンを形成。第二次大戦後、解体。
**すみとも-じゅうきかいこうぎょう**【住友重機械工業(株)】住友グループ系の総合機械メーカー。昭和九年(一九三四)設立。
**すみとも-しょうじ**【住友商事(株)】住友グループの中核をなす大手総合商社。大正八年(一九一九)設立。
**すみ-とり**【炭取(り)・炭▽斗】俵から取り出した炭を入れておく容器。木製または竹製が多い。炭かご。炭入れ。
**すみ-ながし**【墨流し】水面に墨汁や顔料を落としてできる模様を、紙や布に写しとる手法。また、写しとった模様。用途は色紙・短冊・扇面・襖紙など。↓写
**すみ-ながし**【墨流】翅に紺の薩摩絣のような模様がある、タテハチョウ科のチョウ。開張四・六〜五・五cm。食草はアワブキ。本州以南に分布。
**すみ-な・す**【住(み)成す】(五自) そのように住む。住みつく。
**すみ-な・れる**【住(み)慣れる】(下一自) 長く住んでいて、その土地・家に慣れる。get used to living in
**すみ-なわ**【墨縄】↓すみいと(墨糸)
**すみのえ**【住▽吉・墨江】大阪市住吉区住吉町のあたりの古名。平安初期以降「すみよし」と呼ばれるようになった。仁徳天皇が勧請した住吉神社がある。
**すみのえ-の-かみ**【住▽吉神・墨江神】日本神話の神。表筒男命・中筒男命・底筒男命の三神をいう。伊奘諾尊の禊により産まれた神で、航海の神として尊崇される。住吉三神。
**すみのくら-そあん**【▽角倉素▼庵】(一五七一〜一六三二) 江戸初期の京都の豪商・土木事業家。了以の子。南洋との朱印船貿易、河川開発などの土木事業に活躍。能書家としても知られ、嵯峨本を刊行。
**すみのくら-ぶね**【▽角倉船】桃山・江戸初期の貿易商角倉家の朱印船の通称。台湾・アンナン・ルソン・トンキンなどとの交易に活躍。
**すみのくら-ぼん**【▽角倉本】嵯峨本の別称。
**すみのくら-りょうい**【▽角倉了以】(一五五四〜一六一四) 安土桃山・江戸初期の豪商・土木事業家。京都の人。朱印船貿易に活躍し、また、大堰川・富士川・天竜川・高瀬川など国内の河川交通の開発に尽力。
**すみ-ばさみ**【墨挟み】短くなった墨をするとき、手を墨汁で汚さないように墨を挟む道具。竹などで作られる。墨柄。
**すみ-び**【炭火】火をおこした炭。用例 —の不始末。
**すみ-ぶくろ**【墨袋】墨汁嚢の俗称。イカ・タコ類の、嚢内に墨を蓄えた器官。危険が迫ると、肛門近くにある漏斗状の開口部から墨汁を噴出して逃げる。
**すみ-ぶと**【墨太】(形動) 墨で書いた文字の線が太いさま。ふでぶと。
**すみ-ませ-ん**【済みません】(連語)《「すまない」の丁寧な表現。おわび・お礼・依頼などに使う語》=すいません。①申しわけありません。Excuse me. 用例 どうも—。②ありがとうございます。用例 —。おかげさまで助かりました。③頼みます。用例 —がこれを預かってください。
**すみ-やか**【速やか】(形動) はやいさま。たちまち。quick; prompt

**すみ-やき【炭焼(き)】** ①木材を蒸し焼きにして木炭をつくること。また、それを生業とする人。charcoal burner ②炭火で肉などを焼くこと。その料理。charcoal grilled 用例 —ステーキ。

**すみよう【住用】**〈村〉鹿児島県、奄美大島東岸の村。パルプ材を生産、柑橘類・バナナなどを栽培。人口二〇五一(一九八八)。

**すみよし【住▽吉】** 大阪市南部、住吉大社・住吉公園を中心とする地区。住宅地区で帝塚山などの高級住宅地がある。住吉大社は摂津一の宮で、航海の神として崇敬された。

**すみよし-ぐけい【住▽吉具慶】**(一六三一 一七〇五) 江戸前期の画家。名は広澄。如慶の子。江戸に移り、幕府の奥絵師となる。作品『洛中洛外図巻』。

**すみよし-じょけい【住▽吉如慶】**(一五九九 一六七〇) 江戸前期の画家。名は広通。江戸に大和絵を広め、住吉派を開く。作品『堀河殿夜討絵巻』など。

**すみよし-たいしゃ【住▽吉大社】** 大阪市住吉区住吉にある旧官幣大社。祭神は住吉神の三神と息長帯姫命(=神功皇后)。海上守護・商売繁盛の神。摂津国の一の宮。

**すみよし-づくり【住▽吉造(り)】** 神社建築の一形式。切り妻造りの妻入りで直線的な構造をもつ。前半部分を外陣、後半部分を内陣とする。大阪の住吉大社本殿に代表される。↓写 ↓神社図

●住吉造り 大阪市、住吉大社本殿。

**すみよし-にんぎょう【住▽吉人形】** 大阪の住吉大社の縁起物人形。江戸時代に同神社前で小型の土人形がつくられ、それが信仰と結びついたもの。

**すみよし-は【住▽吉派】** 大和絵の一派。土佐光吉の門人の如慶が住吉家を創立。子の具慶が江戸に移り幕府御用絵師となる。優雅な画風で、狩野派の雄健さに対抗。

**すみよしものがたり【住▽吉物語】** 鎌倉初期の物語。二巻。作者・成立年代未詳。平安前期の古本(現存せず)を改作したもの。継子物の代表作。主人公の姫は継母のせいで家出する。思いを寄せる少将は姫が住吉の尼のところにいるのを知り、都につれ戻し幸福に暮らし、継母は罰を受ける。

**すみれ【▼菫】** ①スミレ科の多年草。高さ約一〇cm。山野にはえ、根出葉は長三角形状。春に濃紫色の五弁花を花茎端に一個開く。ヒトハグサ。スモウトリグサ。violet ②スミレ科スミレ属の植物の総称。日本には約五〇種がある。violet ③「すみれ色」の略。↓写

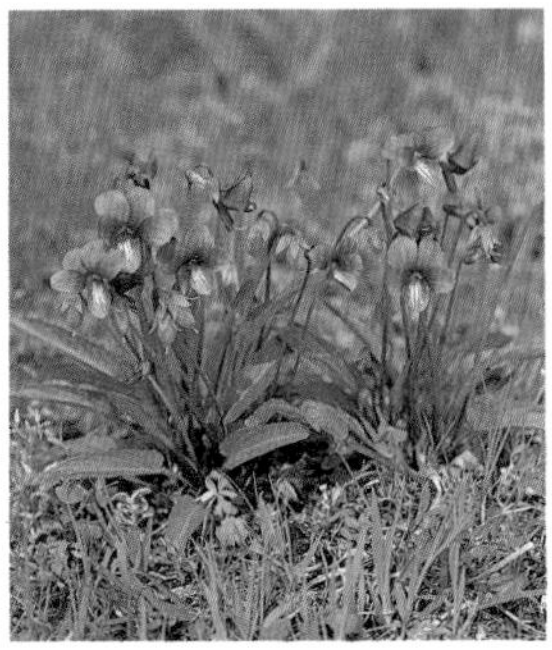

●スミレ①

**すみれ-いろ【▼菫色】** スミレの花のような濃い青紫色。パンジー。バイオレット。すみれ。violet

**スミロドン【Smilodon】** ↓サーベルタイガー

**すみ-わけ【▼棲(み)分け】**《今西錦司が提唱した語》互いに似た生活様式をもつ二種類以上の生物が、活動時間や住む場所をうまく分けあって共存している状態。habitat segregation

**すみ-わた・る【澄(み)渡る】**(五自) 一面に澄む。clear up 用例 —った大空。

**す・む【住む・▼棲む】** ㊀(五自) ①居所を定めて、暮らす。live 用例 東京に—。②《「棲む」で》動物が巣などを作って生活する。nestle 用例 水に—動物。㊁ 古語 (四自) 男が女のもとに通って夫婦となる。用例 をとこ—・まずなりにけり(伊勢・二三)。

**住めば都** 住みなれれば、そこがどんな所であっても住みよくなるものだ。Home is where you make it.

**す・む【済む】**(五自) ①終わる。かたがつく。be over 用例 無事に—。仕事が—。②それで足りる。間に合う。be settled 用例 助けがなくても—。気が—・まない。③申しわけがたつ。be settled 用例 それで—と思うか。

**す・む【澄む・▽清む】**(五自) 対義 濁る。①濁りがなくきよくなる。すきとおる。become clear 用例 川の水が—。②音色がさえる。become clear 用例 鐘の音が—。③雑念がなく落ち着いている。静かになる。become serene 用例 心が—。④清音である。

**スムーズ【smooth】**(形動) なめらかなさま。物事が、滞りなくすらすらいくようす。順調。スムース。用例 事が—に運んだ。

**す-むし【素蒸し】** おもに料理で、材料に、味をつけずに蒸すこと。から蒸し。

**すめ-がみ【▽皇神】** =すめかみ。①ある地域・国土を領する神。すべがみ。②皇祖神の別称。

**スメタナ【Bedřich Smetana】**(一八二四 一八八四) チェコスロバキアの作曲家。チェコ国民音楽の確立に努力。チェコ国民楽派の創始者。交響詩『わが祖国』、オペラ『売られた花嫁』など。

**スメタナ-げんがくしじゅうそうだん【スメタナ弦楽四重奏団】** チェコスロバキアの世界的弦楽四重奏団。四人の奏者が暗譜で演奏するみごとなアンサンブルが特徴。一九四三年結成。Smetana Quartet

**スメドレー【Agnes Smedley】**(一八九二 一九五〇) アメリカの婦人ジャーナリスト。中国に滞在して革命の実情を報道。著書『中国の歌ごえ』『偉大なる道』など。

**すめら【▽皇】**(接頭) 神または天皇に関する語に付けて、尊ぶ意を表す。すべら。用例 —御国。

**すめら-ぎ【▽天▽皇】** 天皇。すべらぎ。すべろぎ。すめろぎ。

**すめら-みこと【▽皇▽尊・▽天▽皇】** 天皇の敬称。

**スメリー【William Smellie】**(一六九七 一七六三) イギリスの産科医。正常骨盤測定法や正常分娩の機序を解明。胎児の取り出しを安全に行うため、スメリー鉗子などの産科器具を考案した。

**スメル-さん【スメル山】**(Gunung Semeru) インドネシア、ジャワ島東部にある活火山。同島の最高峰で、標高三六七六m。

**すめろ-ぎ【▽天▽皇】** ↓すめらぎ(天皇)

**す-めん【素面】** ①能・剣道で、面を着けないこと。②正気。しらふ。soberness 対義 酔顔。

**ず-めん【図面】** 建築・機械などの設計および製作上の詳細を図示したもの。設計図。絵図面。drawing; illustration

**すもう【相撲・▽角▽力】** 日本の伝統競技の一つ。土俵内でまわしを締めた二人の力士が取り組み、相手を倒すか、土俵の外に出すことで勝負を競う個人競技。相撲の記述は皇極元年(六四二)にみられ、江戸期からは興行も盛んとなった。すまい。数え方 一番。↓図

**相撲に勝って勝負に負ける** ①勝つべき体勢で相撲をとりながら、ちょっとしたはずみで負けてしまう。②順調に事を進めていながら、結果は失敗してしまう。fail in spite of the favorable process

**相撲にならない** 力量が違いすぎて問題にならない。be no match for

**相撲も立つ方**《自分が、見物している側から出た力士に勝たせたいと思う意》少しでも自分と関係のあるほうをひいきにすること。

**すもう-ぢゃや【相撲茶屋】** 日本相撲協会から割り当てを受けて、大相撲観戦の席を顧客に取り次ぎ、飲食物・土産物などいっさいの便宜を提供する所。昭和三二年(一九五七)制度が改革され、正式名称は相撲サービス会社となった。

**すもう-とり【相撲取(り)】** 相撲を取ることを職業とする人。力士。sumo wrestler

**すもうとり-ぐさ【相撲取草】** ①スミレの異名。②メヒシバの異名。

**すもう-べや【相撲部屋】** 力士をかかえ、その養成を行っているところ。日本相撲協会の年寄名跡を持った親方によって経営される。

**スモーカー【smoker】** タバコを吸う人。喫煙者。用例 ヘビー—。

**スモーガスボード【smorgasbord】** スカンジナビア式の料理。二〇種類以上の料理を一卓に並べる。日本でいうバイキング料理の原型。

**スモーキング【smoking】** タバコを吸うこと。用例 ノー—。

**スモーキング-ジャケット【smoking jacket】** 元来はくつろいでタバコを吸うときに男子が着たジャケットのこと。今日では、夜間の略礼装のタキシードのこと。

**スモーキング-ルーム【smoking room】** タバコを吸うため、とくに設けられている部屋。喫煙室。

**スモーク【smoke】** ①けむり。②《smokedから》けむりでいぶした、の意。用例 —ハム。

**スモーク-サーモン【smoked salmon】** サケの薫製。三枚におろし、塩漬けしてから薫煙でいぶす。西洋料理の前菜などに用いる。

**スモーク-チーズ【smoked cheese】** 薫煙香をつけたチーズ。原料に薫液を加えたり、チーズをいぶしたりする。

**スモール【small】** 小さいこと。小型。小形。用例 —ボール。

**スモールボア-ライフル【small-bore rifle】** ライフル射撃競技の一種目。口径五・六㎜の小口径ライフルを使用するもの。三姿勢で標的を撃ち、的中点で順位を競う。

**す-もぐり【素潜り】**(名・サ変自) 水中呼吸用の器具などを使用しないで、水中にもぐること。

**す-もじ【酢文字】**《女房ことば》すし。おすもじ。

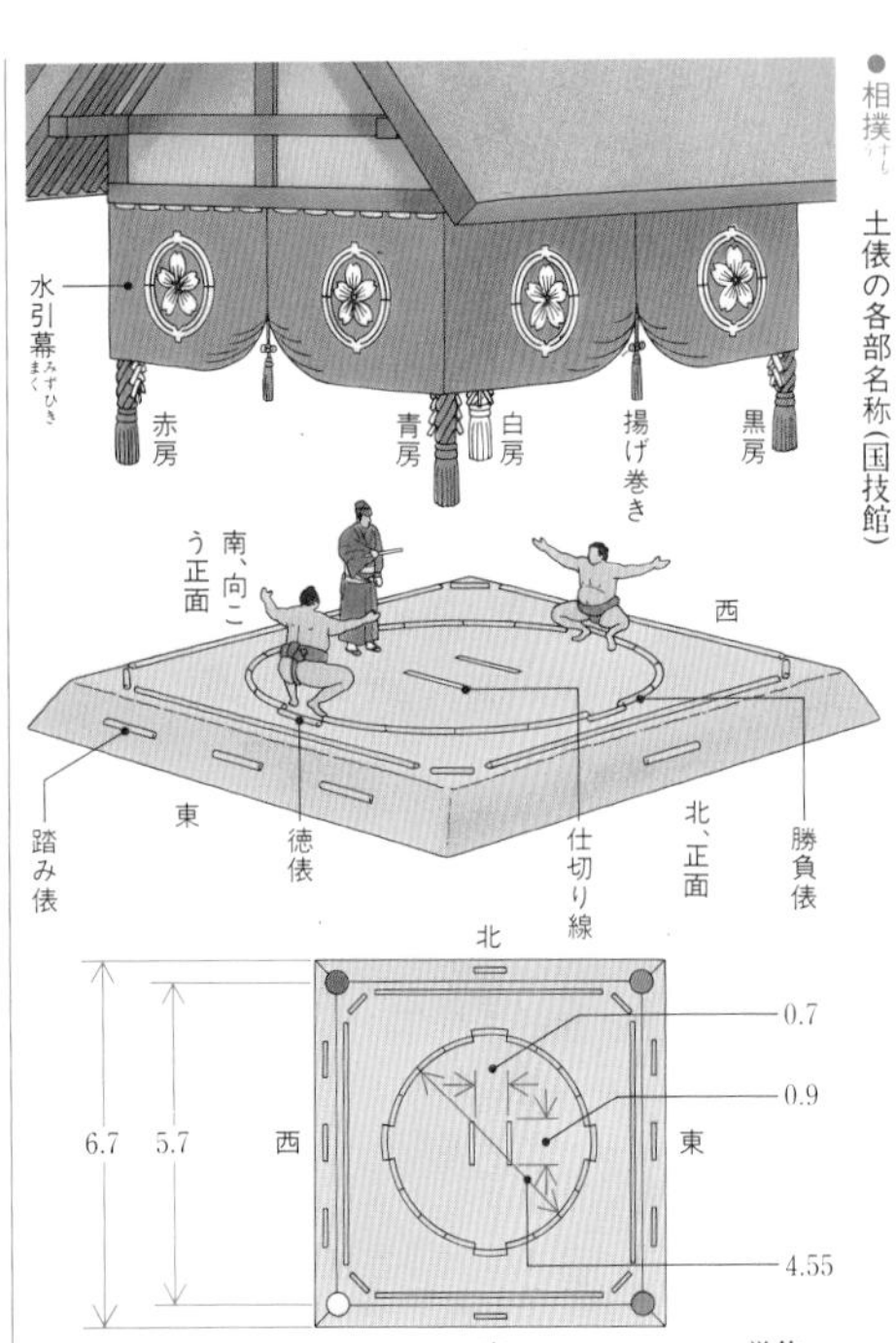


●相撲 土俵の各部名称(国技館)

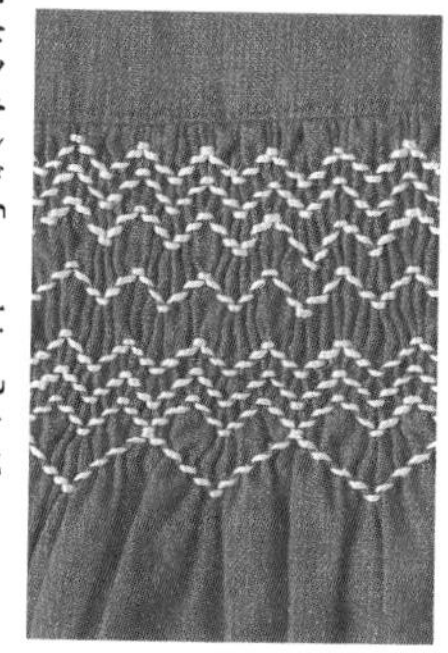

●スモッキング

**スモッキング**[smocking] 布地にたくさんの細かいひだを寄せ、その山を刺繍糸で連結して、ひだ飾りのある模様を出したもの。スモック。スモック刺繍。↓写

**スモック**[smock] ①衣服の汚れを防ぐため、衣服の上に着るゆったりした上っ張り。スモッキング刺繍をしたイギリス農夫の仕事着が原型。②スモッキング。↓写

●スモック①

**スモッグ**[smog]《smokeとfogの混交語》煤煙や細かいちりなどが大気中に浮遊して、見通しを悪くする現象。都市で出現する霧やもや、および有毒ガスの濃度が高くなったもの。煙霧。用例光化学——。

**すもと**【▼洲本】〈市〉兵庫県、淡路島東岸の市。旧城下町。島の経済・交通の中心で、紡績や電機などの工業がさかん。人口四万五〇二六(一九八八)。

**すもと**【▼栖本】〈町〉熊本県、天草上島西部の町。稲作、ミカン・タバコ栽培、肉牛飼育、林業などを行う。人口三二八五(一九八八)。

**すもと-へいや**【▼洲本平野】兵庫県、淡路島南部の平野。淡路島の穀倉地帯。タマネギ栽培と酪農が行われる。

**す-もも**【▼李】《酸桃の意》バラ科の落葉小高木で果樹。高さ四m内外。葉は長楕円形。白花が三月中旬に咲く。果実は球形ないし卵形で、黄色または赤紫色に熟す。甲州大巴旦杏・ソルダム・米桃などが代表的。生食のほか、干しスモモ・スモモジャムなどにする。中国原産。プラム。ハタンキョウ。plum ↓写

**スモレット**[Tobias George Smollett](一七二一〜一七七一) イギリスの小説家。ピカレスク小説の大家。作品『ロデリック=ランダム』『ハンフリー=クリンカー』など。

**スモレンスク**[Smolensk] ソ連西部、ドニエプル川上流の河港で工業都市。ナポレオン一世がロシア遠征したときの古戦場。人口三三・四万(一九八六)。

**すもん**【守門】〈村〉新潟県中部、栃尾市南隣の村。稲作・野菜栽培・林業が行われ、酒造・電機工場などもある。人口五九〇〇(一九八八)。

**すもん-だけ**【守門岳】新潟県東部の火山。標高一五三八m。頂上は袴岳など五峰に分かれる。山岳信仰の山。

**スモン-びょう**【スモン病】《「スモン」は、subacute(急性に近い症状)、myelo(脊髄)、optic(視神経)、neuropathy(神経症)の各頭文字をつなげたSMONから》脊髄の背側の神経が腐り、末梢神経や視神経が冒される。キノホルムの服用が原因といわれる。

**す-や**【素矢・▽徒矢】①目標をそれた矢。②あてがはずれること。徒労。むだ。

**素矢を食う** 目的がはずれて、徒労に終わる。すっぽかされる。

**す-やき**【素焼(き)】①釉薬をかけないで、低熱で焼くこと。また、その陶器。本焼きの前に、施釉に耐えられるように焼き固める。bisque ②料理で、魚や肉などを、調味料を使わないで直火で焼くこと。おもに下ごしらえとして行う方法。しらやき。

**すや-すや**(副) 静かに、よく寝入っているさま。soundly 用例——と眠る。

**す-ゆ**【▼須▼臾】↓しゅゆ(須臾)

**す-よう**【▼須要】↓しゅよう(須要)

**ず-よう**【図様】模様。図柄。design

**す-よみ**【素読み】(名・サ変他) ①書物を機械的に音読すること。そどく。②原稿と引き合わせないで、校正刷りだけを読んで校正すること。

**すら**(副助)《体言、活用語の連用形、その他種々の語に付く》一つを取り上げて、それ以上、それ以下の場合を推し量らせる意を表す。さえ。用例子どもで——できる。

**スラー**[slur] 音楽で、なめらかに演奏すること

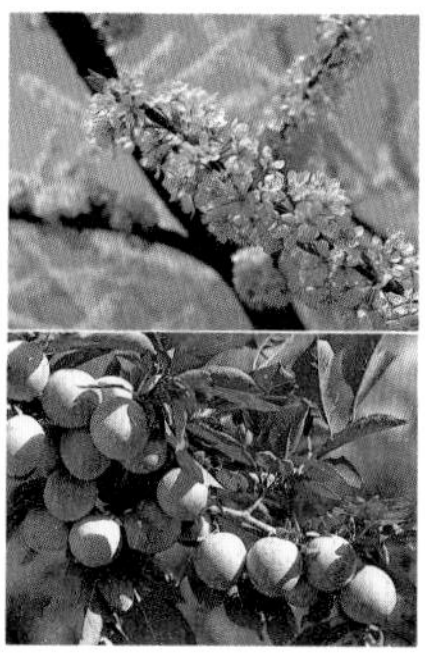

●スモモ 花(上)と実(下)。

を示すために、二つ以上の高さの違う音符の上につける弧線。比較タイ。

**スライス**[slice] ①うすく切ること。その切片。用例レモンの——。②ゴルフで、打球が右へ曲がって飛ぶこと。比較フック。③テニスで、球を切るように打って回転を与えること。

**スライダー**[slider] 野球の投手の投球で、変化球の一種。右投手では左へ、左投手では右へ水平に滑るように曲がる。球筋はカーブに似ているが落差はない。

**スライダック**[slidac] 電圧を広範囲に、かつ連続的に変えられる変圧器。摺動ブラシを動かすことによってコイルの巻き数比を簡単に変えられるような構造の、一種の単巻き変圧器。

**スライディング**[sliding] 野球で、走者がベースに向かって足または手を先にして、体を倒し滑り込む動作。タッチを避けたり確実に塁に触れるために行う。滑り込み。

**スライディング-システム**[sliding system] ↓スライドせい(スライド制)

**スライディング-スケール**[sliding scale] ↓スライドせい(スライド制)

**スライド**[slide] 一(名・サ変自) ①横にすべること。②ある数量・比率に対応して他の数量を変えること。用例物価に——して賃金アップを要求。二(名) ①《「スライドプロジェクター」の略》幻灯機。②写真や絵などの透明陽画フィルム。③「スライドグラス」の略。

**スライド-グラス**[slide glass] 顕微鏡観察で、試料をのせるガラス板。

**スライド-せい**【スライド制】賃金・年金などを物価変動や利潤・売り上げの変化などに応じて調整し決定する方式。物価スライド制・出来高スライド制など。スライディング-システム。スライディング-スケール。sliding scale system

**スライド-ちんぎん**【スライド賃金】賃金額を物価や生計費指数の変動に応じて調整する制度。賃金スライド制。

**スライマン-さんみゃく**【スライマン山脈】(Sulaiman Range) パキスタン中部、インダス川西部の山脈。最高峰タクティースライマン山は標高三三七四m。

**スラウェシ-とう**【スラウェシ島】(Sulawesi) インドネシア中部、カリマンタン島東方の島。面積一七・九万km²。四つの半島がK字状に突き出した山がちの島で、最高峰ランテコンボラ山は標高三四五五m。主要産物はコプラ・コーヒー・麻など。セレベス島。

**ずらか・る**(五自)《俗語》①サボって、逃げ出す。skip ②悪者が高飛びする。逃げ出す。run away

**スラカルタ**[Surakarta] インドネシア、ジャワ島中部の都市。ソロ王国の旧都で、歴史的遺産が多い。ジャワ更紗の産地。人口四七万(一九八〇)。ソロ。

**スラグ**[slag] 金属の製錬において、溶融金属の上に層をなす非金属生成物。非鉄金属の場合は、からみという。鉱滓。のろ。

**ずら・す**(五他) ①すべらすようにして、物を少し動かす。ずり動かす。すべらす。ずらせる。shift 用例簞笥を右へ——。②重ならないように動かす。用例予定を——。

**スラスト-じくうけ**【スラスト軸受(け)】回転軸の中心線方向の荷重を支える軸受け。すべり軸受けところがり軸受けがある。推力軸受け。thrust bearing

**すら-すら**(副) 物事・ことばなどが、滞りなく、なめらかに進むようす。smoothly 用例——答える。

**ずら・せる**(下一他) ↓ずらす

**スラッガー**[slugger] 野球などで、長打力のある強打者。

**スラックス**[slacks]《ゆったりした、の意》ズボン。多く、替えズボンのこと。かつて、婦人物についていったが、今は男子物にもいう。

**スラッジ**[sludge] 水底に堆積した泥で、有毒な産業廃棄物を含むもの。汚泥。

**スラッシュ-ポケット**[slash pocket]《「スラッシュ」は切れ目・切り込み、の意》口布を使わず、身頃を切りあけた感じのポケット。わきの縫い目や、細い縫い代などを利用して作る。

**すらっ-と**(副) ↓すらりと

**ずらっ-と**(副) ↓ずらりと

**スラト**[Surat] インド西部、グジャラート州の商業都市。ムガル帝国の港湾都市として発展。人口九一・三万(一九八一)。

**スラバヤ**[Surabaja] インドネシア、ジャワ島北東部の商工業都市。同国第一の貿易港。一八世紀中ごろからオランダ東インド会社の貿易港として発展。造船・機械・車両工業がさかん。インドネシア海軍の基地。人口二〇二・八万(一九八〇)。

**スラブ**[slab] ①床版のこと。ふつう、鉄筋コンクリート造りの床をいう。②圧延鋼材の半成品で、厚板用のもの。③《登山用語》なめらかな板のような一枚岩。

**スラブ-ごは**【スラブ語派】インド-ヨーロッパ語族の一つ。東スラブ語群(大ロシア語・ウクライナ語・白ロシア語)、西スラブ語群(ポーランド語・チェコ語など)、南スラブ語群(ブルガリア語など)の三群に分かれる。Slavic

**スラブ-じん**【スラブ人】インド-ヨーロッパ語族のスラブ語派に属する言語を有する諸民族の総称。ヨーロッパの東・中部に居住。原住地はカルパチア山脈北東部と推定。東スラブ人(ロシア人など)・西スラブ人(ポーランド人など)・南スラブ人(ブルガリア人など)に大別。Slavs

**スラプスティック-きげき**【スラプスティック喜劇】ドタバタ喜劇。こま落としなどの技法を用い、奇想天外なギャグや誇張した表現を連続させた映画。二〇世紀初頭のアメリカ映画界で全盛。slapstick

**スラム**[slum] 都市の貧民街、または貧民窟のこと。裏町。

**スラム**【SRAM】《short-range attack missileの略》↓エスアールエーエム(SRAM)

**スラリー**[slurry] 不溶性の固体微粒子を懸濁状態で含む、流動性をもった固体と液体の混合物。懸濁粒子の沈殿物をスラッジという。セメントなどが水に懸濁したものなど。

**すらり-と**(副) ＝すらっと。①背が高く、細身で、格好のよいさま。slender 用例——した美人。②滞りないさま。すらすら。easily 用例難問を——解く。③刀などを、すばやく抜くさま。in a flash 用例腰の刀を——抜く。

**ずらり-と**(副) 長く連なるさま。列になって並んでいるさま。ずらっと。in a row 用例——居並ぶ。

**スラローム**[slalom] ↓かいてんきょうぎ(回転競技)

**スラング**[slang] 仲間の通りことば。俗語。卑語。

**スランプ**[slump] 物ごとにある程度熟練した段階で、一時的に不振におちいること。また、その状態。過労や精神的な原因によることが多い。

**スランプフレーション**[slumpflation]《slumpとinflationの合成語》景気後退のもとでの物価上昇。スタグフレーションよりも厳しい状態をいう。イギリスの『エコノミスト』誌が初めて用いた。

**すり**【刷(り)・▼摺(り)】印刷すること、したもの。また、そのできばえ。printing

**すり**【▼掏▼摸・▼掏▽児】往来や人ごみの中で他人の所持する金品をかすめとること。また、その盗人。きんちゃくきり。pickpocket

**ずり** ①ずれること。slip ②山からきり出した木材を斜面を滑らせて落とし、運び出す道。log slide

**ずり**【▼砕・▼研・▼硐】鉱山や土木工事などで掘り出された土砂や岩石のかけら。muck

**ずり-あが・る**【ずり上がる】(五自) ①ずれながら上がる。slide up 用例スリップの裾が——。②少しずつ上がる。rise up little by little

**すり-あ・げる**【刷(り)上げる】(下一他) 印刷をし終える。印刷物を仕上げる。finish printing

**すり-あし**【▼摺(り)足】(名・サ変自) 足を地面にするようにして静かに歩くこと。また、その歩き方。shuffle along

▼常用漢字表外。 ▽常用漢字表の音訓外。

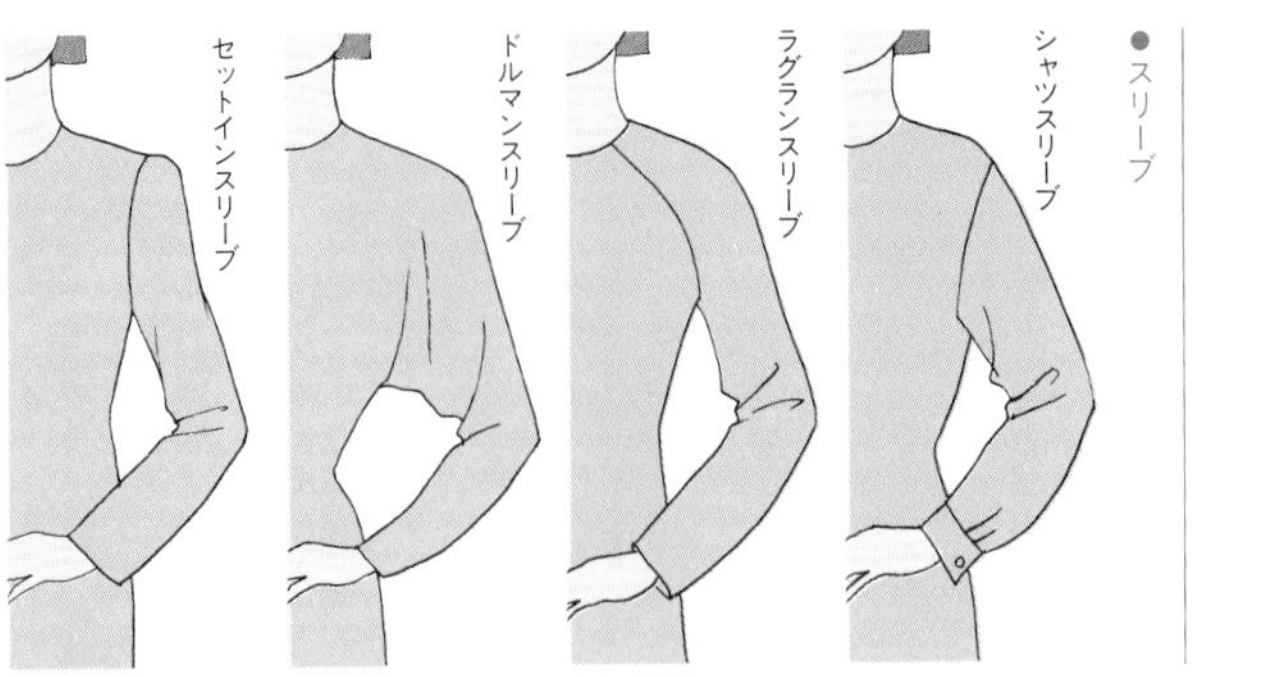

●スリーブ

**すり-あわせ**【擦り合(わ)せ・擦合(わ)せ】案文などで、各方面との調整を相談しながら練り上げること。用例徹夜で法案の——を行う。

**スリー-イン-ワン**《和製語》婦人用下着の一種。一つで三つの役割をするファンデーション(=基礎下着)。ブラジャー・コルセット・ガードルが続いて一枚になっている。

**スリー-エー**【3A】アメリカのプロ野球で、マイナーリーグの最上位レベル。アメリカンアソシエーション・インターナショナルリーグ・パシフィックコーストリーグ・メキシカンリーグの四リーグが含まれる。トリプルA。triple A league

**スリー-クオーター**《和製語》野球の投球動作の一つ。腕の位置がオーバースローとサイドスローの中間程度から投げるもの。

**スリー-ディー-えいが**【3D映画】↓りったいえいが(立体映画)

**スリー-バント**《和製語》野球で、打者がツーストライク後にバントを行うプレー。打球がファウルになれば打者はアウトとなる。bunting on two strikes

**スリー-ピース**【three-piece】三つの部分からなる衣服。男子では上着・チョッキ・ズボン。女子では上着・チョッキ・スカートなど。

**スリーピング-バッグ**【sleeping bag】↓シュラーフザック

**スリーブ**【sleeve】袖。洋服の腕をおおう部分の総称。↓図

**スリーマー**《和製語。体重減量中の人、の意のslimmerから》婦人用の、ぴったりした肌着。

**スリーマイル-とう**【スリーマイル島】(Three Mile Island) アメリカ、ペンシルベニア州南部にあるサスケハナ川の中州。一九七九年、島内の原子力発電所で大規模な放射能漏れ事故が発生した。

**スリーラン-ホーマー**【three-run homer】野球で、走者が二人いるときに打ったホームラン。スリーラン。

**すり-うす**【▽磨(り)▼臼】上下に二つ重ねたうすをすり合わせて、籾から籾殻を取り除くうす。からうす。

**すり-え**【▼擂(り)▼餌】小鳥用の人工飼料。煎って粉にした米ぬか・玄米・大豆などに、すりつぶした川魚と青菜を加えて水で練る。研ぎ餌。ground food for a bird

**ずり-お・ちる**【ずり落ちる】(上一自) ずれて下がる。すべり落ちる。slip down

**すり-か・える**【▼掏(り)替える】(下一他) ①ひそかに取り替える。change secretly ②ごまかして替える。substitute deceptively

**スリカタ**【suricata ラテ】↓ミーアキャット

**すり-がね**【▼摺(り)▼鉦】祭礼で笛・太鼓の囃子に合わせて使う小型の鉦。当鉦。ちゃんちき。

**すり-ガラス**【▽磨りガラス】表面のつやを消したガラス。研摩材などでガラス表面に細かい傷をつけるか、弗化水素酸を主成分とする溶液で処理してつくる。つやけしガラス。くもりガラス。frosted glass

**すり-きず**【擦(り)傷】皮膚の表面をすってできるきず。かすり傷。擦過傷。scratch

**すり-きり**【擦(り)切り】容器に粉状・粒状の物を入れ、ますかきなどで、ふちと同じ高さにならすこと。また、その状態。level off 対義山盛り。

**すり-き・る**【擦(り)切る】(五他) ①こすって切る。cut by rubbing ②金銭を使い果たす。use up

**すり-き・れる**【擦(り)切れる】(下一自) 物にこすられて切れる。worn-out 用例そで口が——。

**すり-こ-ぎ**【▼擂(り)粉木・▼摺(り)子木】擂り鉢で物をすりつぶすときに用いる棒。山椒の木や桐が用いられる。すりぎ。れんぎ。あたりぎ。

**擂り粉木で芋を盛る**「擂り粉木で腹を切る」と同意。

**擂り粉木で腹を切る**不可能なことのたとえ。

**スリコフ**【Vasily Ivanovich Surikov】(一八四八〜一九一六) ロシアの画家。移動派の一人。群衆を描き込んだ歴史画で支配階級の圧政を批判した。作品『近衛兵処刑の朝』など。

**すり-ごま**【▼擂(り)▼胡麻】煎ったゴマをすり鉢ですりつぶしたもの。あえ衣の材料などにする。あたりごま。

**すり-こみ**【刷(り)込み】動物の生後のごく早い時期に起こる特殊な学習。ある種の鳥は孵化後、最初に出会う動く物体に身をよせ、一生愛着を示すようになる。ローレンツが指摘。インプリンティング。imprinting

**すり-こ・む**【刷(り)込む】(五他) 印刷面に加えて刷る。insert

**すり-こ・む**【擦(り)込む】(五他) ①擦って、染み込ませる。rub into 用例クリームを——。②擦って、中に入れる。grind ... into 用例ごまを——。

**ずり-さが・る**【ずり下がる】(五自) ずれて下に下がる。slide down 用例靴下が——。

**すり-し**【▼摺(り)師】①布に模様を摺りつけるための摺り模様を作る職人。②木版を印刷する職人。↓図

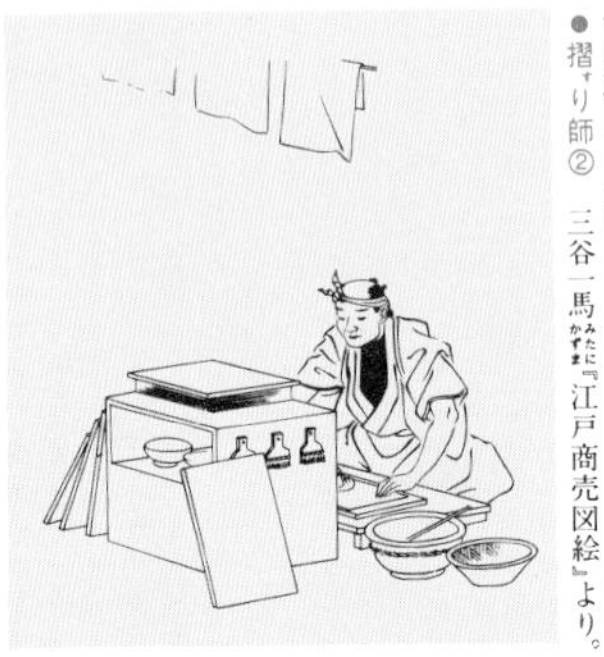
●摺り師② 三谷一馬『江戸商売図絵』より。

**スリ-ジャヤワルダナプラ-コッテ**【Sri Jayawardanepura Kotte】スリランカ南西部、旧首都コロンボの南東部に隣接する首都。ジャヤワルダナ大統領により国会議事堂が建設され、一九八三年より徐々に首都機能がコロンボより移された。人口一〇・二万(一九八一)。

**すり-だ・す**【▽磨(り)出す】(五他) みがいて、つやを出す。polish

**すりつけ-ぎ**【擦(り)付け木】マッチの別称。明治時代に用いられたことば。

**すり-つ・ける**【擦(り)付ける】(下一他) こすりつける。rub against

**スリット**【slit】①長い裂け目。②機械などで、光や粒子線を通す細いすき間。まっすぐな刃状の金属板二枚を向かいあわせてつくる。コリメーターなどに利用。細隙。③服飾で、袖口や裾などに施される切り込み。あき。

●スリットカメラ ゴールの瞬間を撮った写真。縦の線は百分の一秒ごとの目盛り。

**スリット-カメラ**【slit camera】競技の写真判定などに用いる特殊写真機。フィルム前面に設けたスリット(縦の間隙)をゴールラインに重ねて写真機を設置する。被写体の速度に応じてフィルムを移動してシャッターを断続的に開閉して撮影する。↓写

**スリット-スカート**【slit skirt】裾に長めの切り込みのあるスカート。

**スリッパ**【slipper】《すべる(slip)もの、の意から》足先を包み、かかとの部分は開放された、草履形の室内用履物。

**スリップ**【slip】㊀(名) 婦人用下着の一種。上着をすべりやすくして、着やすく、体になじませるために着るもの。ブラジャー兼用のもの、袖つきのものなどがある。㊁(名・サ変自) 滑ること。とくに、自動車のタイヤが雨などの路面で滑ること。

**すり-つぶ・す**【▽磨(り)▼潰す・▼擂(り)▼潰す】(五他) ①すって、形がなくなるほど細かく砕く。grind ②つまらないことに使って財産をなくす。run through

**スリップ-ダウン**《slippingから》ボクシングで、相手の有効なパンチによらず、滑ったりして倒れること。スリップ。

**スリップ-リング**【slip ring】電動機や発電機の回転子巻き線に電流を供給したり、電流を取り出すための金属環。素材は鍛鉄・青銅・黄銅など。

●スリッポン② タッセルスリッポン。

**スリッポン**【slip-on】《するりと着る、履く、の意》①頭からかぶって楽に着られる衣服の総称。②ひもなどを使わない、脱ぎ履きに手間どらない靴。↓写

**すりながし-じる**【▼擂(り)流し汁】魚貝・野菜などをすり鉢ですり、だし汁でのばして塩味をつけた汁物。みそ味にもする。すり流し。すり流し仕立て。

**スリナガル**【Srinagar】インド北部、ジャンムーカシミール州の州都。標高一六〇〇mにあり、風光明媚な保養地として有名。中世のイスラム寺院がある。人口五二万(一九八一)。

**スリナム**【Suriname】(Republic of Suriname) 南アメリカ北部、大西洋に臨む共和国。首都パラマリボ。一九七五年オランダから独立。世界的なボーキサイトの産地。面積一六・三万km²。人口三八万(一九八六)。正称スリナム共和国。

**すり-ぬか**【▽磨(り)▼糠】もみがら。

**すり-ぬ・ける**【擦(り)抜ける】(下一自) ①人ごみを通り抜ける。pass through ②つかまらないように、身をかわして、逃げる。slip through

**すり-はく**【▼摺(り)▼箔】①裂地に糊や膠で模様を描き、金銀箔をすりつけたもの。日本では室町から安土桃山時代に盛行。②能装束で、女役が着付けに用いる小袖。↓写

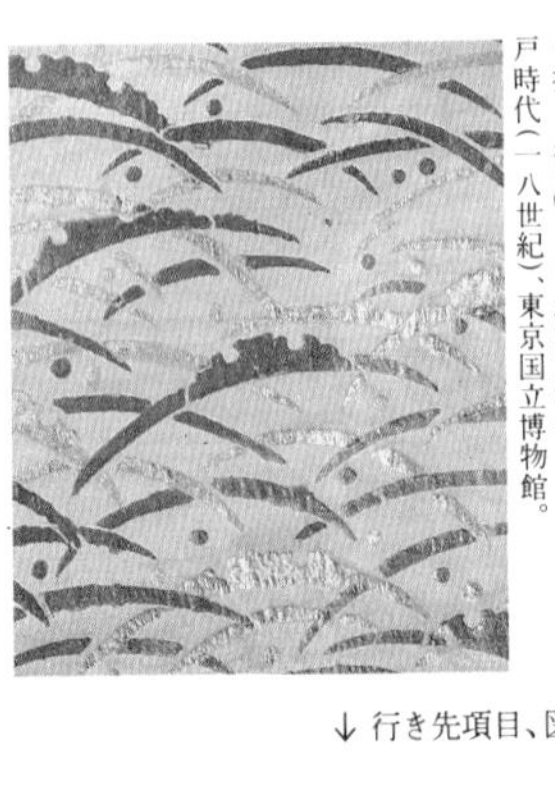
●摺り箔① 『白地露芝模様摺箔』。江戸時代(一八世紀)、東京国立博物館。

**すり-ばち**【▼擂(り)鉢・▼摺(り)鉢】食品を入れて、すりこぎですりつぶすのに用いる、日本独特の調理器具。漏斗状の重い土焼き製で内側にすじめがある。あたり鉢。

**すり-ばん**【擦(り)半】《「擦り半鐘」の略》近火のとき、続けざまに半鐘を鳴らすこと。その音。

**すり-ひざ**【擦(り)▼膝】(名・サ変自) ひざがしらで畳をすりながら進むこと。膝行。

**すり-へら・す**【▽摩(り)減らす】(五他) ①こすって減らす。wear away; wear down 用例靴を——。②ひどく使って弱める。fray 用例心配で神経を——。

**すり-へ・る【▽摩(り)減る】**(五自) ①こすれて減る。wear out 用例タイヤが—。②ひどく使って弱る。wear out 用例身も心も—。

**すり-ぼとけ【▼摺(り)仏】** 仏像の版木に紙・布をあててすったもの。一体の仏像や仏塔を陽刻して捺印したものを印仏という。インドに起こり、日本では古代・中世に、仏像体内に祈願のため納入されたものが多い。しゅうぶつ。

**すり-ほん【刷(り)本・▼摺(り)本】** ①版木ですった書籍。版本。②すりあがった印刷物。製本前のもの。printed sheet 参照摺本。

**すり-み【▼擂(り)身・▼摺(り)身】** 魚貝や鶏肉などをすり鉢ですったもの。しんじょ・つくね・蒲鉾・竹輪などの材料に使う。

**スリム【slim】**(形動) ほっそりしているさま。やせ形。

**すり-む・く【擦(り)▼剝く】**(五他) 物にこすって皮をむく。scrape

**スリム-スカート【slim skirt】** 体にぴったりした感じのスカート。裾のほうでやや細くなっている。

**すり-もの【刷(り)物】** 印刷したもの。印刷物。printed matter

**スリューテル【Claus Sluter】**(?〜一四〇五) オランダの彫刻家。ディジョンのブルゴーニュ公に仕えた。写実的な力強い構成を示す。シャンモール修道院の『モーセの井戸』など。

**ず-りょう【▽受領】** 国司の別称。一般に、任地に赴き、実際に行政にあたった国守や権守の介をさす。対義遥任。

**受領は倒るる所に土を摑め**(ずりょうはたおるるところにつちをつかめ) 《受領の生き方を示したことば》どんな場合でも空手で帰らず、利益を得るようにせよ。転んでもただでは起きない。

**すり-よ・る【擦(り)寄る】**(五自) ①擦れ合うほどに近くへ寄る。draw close to ②いざり寄る。edge up to

**スリラー【thriller】** スリルを感じさせることをねらった小説・映画など。

**スリラー-えいが【スリラー映画】** 観客に不安・恐怖感などを与える映画。thriller

**スリランカ【Sri Lanka】**(Democratic Socialist Republic of Sri Lanka) インド亜大陸の南東方、セイロン島を占める民主社会主義共和国。首都スリジャヤワルダナプラ-コッテ。一九四八年イギリスから独立しセイロンを国名としていたが、七二年改称。シンハリ、タミールの両民族の抗争に悩む。中南部は山地であるが、北部に平地が広い。茶・ゴム・ココナッツの産地。面積六・六万$km^2$。人口一六一二万(一九八六)。正称スリランカ民主社会主義共和国。漢名を獅子国。

**スリリング【thrilling】**(形動) スリルがあるさま。ぞっとするさま。ひやっとするさま。

**スリル【thrill】** ぞっとする恐ろしさ。身震い。

用例—満点の軽わざ。

**す・る【刷る・▼摺る】**(五他) ①こする。rub ②印刷する。print ③こすって、模様などを出す。

**す・る【▼剃る】**(五他)「そる」のなまり。shave

**す・る【▼掏る・▼掏▼摸る】**(五他) 身につけている金品をこっそり抜き取る。pick pocket

**す・る【▽摩る・▽磨る】**(五他) ①押しつけて、こすってへらす。用例墨を—。やすりで—。②《俗語》金をむだに使ってなくす。lose 用例財産を—。

**す・る【擦る・▼摺る・▼擂る】**(五他) ①強く触れ合わせる。こする。rub ②すりつぶして細かく砕く。grind

**胡麻を擂る**(ごまをする) 《語幹と語尾に分けられない》へつらう。apple-polish

**する【▽為る】** ㊀(サ変自他) ①(他)㋐行う。なす。do 用例勉強を—。㋑あるものにならせる。make 対義なる。用例息子を学者に—。㋒あるものにかえる。exchange 用例品物を金に—。㋓役をつとめる。work as 用例教師を—。㋔思う。見なす。用例必要と—。②(自)㋐ある動きや気配が起こる。感じがする。feel 用例音が—。寒けが—。㋑…という状態である。用例嬉しそうな顔を—。㋒時がたつ。経過する。pass 用例五年も—と。㋓値する。かかる。cost; be worth 用例一万円も—。㋔決める。選ぶ。take 用例ぼくはうどんに—。㋕《「…(よ)うとする」の形で》もう少しで…という状態になる。用例夜が明けようと—。㊂(補動)①《「お…する」の形で》謙譲の意を表す。用例かばんをお持ち—。②《「も」などをともなった形で》強めの気持ちを表す。用例考えもしなかった。③《「…とすれば」「…にしては」の形で》その立場に立つ意味を表す。用例私とすれば。

**ずる【▼狡】** ずるいこと・人。ずるけること。fox; tricky guy

**ず・る**(五自) ↓ずれる

**ずる・い【▼狡い】**(形) 他人をだましてでも、自分が得をしようとする性質である。悪賢い。こすい。sly 派生ずるさ(名)

**するが【▼駿河】** ↓するがのくに(駿河国)

**するがだい【▼駿河台】** 東京都千代田区北部の地区。江戸時代は旗本屋敷が多く、明治以降は学校が多く建ち、文教地区となった。

**するが-トラフ【▼駿河トラフ】** 駿河湾を走る海底の谷。フィリピン海プレートとユーラシアプレートの境界。南の延長は南海トラフ。東海大地震の震源断層存在が想定されている。

**するが-の-くに【▼駿河国】** 旧国名。現在の静岡県中東部。東海道の一国。「延喜式」では上国、七郡。国府・国分寺はともに静岡市安東。明治四年(一八七一)廃藩置県により静岡県。駿州。駿河。

**するが-らん【▼駿河▼蘭】** ラン科の多年草。東洋ラン系。葉は立ち葉で長さ約六〇㎝。夏に、約一mの花茎に淡黄色の香りの高い花を総状につける。中国福建省原産。オラン。

**するが-わん【▼駿河湾】** 静岡県中東部の湾入。東は伊豆の沈水岩石海岸、北・西は砂礫の平滑な浜を主とする。黒潮の一部が入り外洋性の好漁場。焼津など漁港が多い。

**ずる・ける**(下一自) なまける。横着をする。be idle

**することなすこと【▽為る事▽為す事】**(連語) 《似た表現を重ねて、「すること」を強調した語》する事すべて。何をやっても。anything one does 用例—うまくいかない。

**ずる・し【▼狡し】** 古語(形ク) ↓ずるい(狡い)

**するすみ【▽匹▽如身】** 古語家族も資産もなく、身一つであること。用例世をすてたる人の、万に—なるが(徒然・一四二)。

**する-する**(副) 速やかに動くさま。なめらかに滑るさま。事が滞りなく進むさま。swiftly 用例—と木に登る。

**ずる-ずる**(副) ①長く引きずっていくさま。trailingly ②ゆるんで、解けるさま。loosely ③きまりがつかないさま。draggingly ④液状のものをすするさま・音。sipping sound

**ずるずる-べったり**(形動) きまりがつかず、そのままでいるさま。stay on

**スルタン【sulṭān アラビア】** 《権威の意》イスラム世界諸地域の君主の称号。カリフ=マンスールが七七五年、自身を「神の地上におけるスルタン」と称したのが最初。一一世紀には世俗的君主をさすようになった。サルタン。

**ズルチン【Dulzin ドイツ】** 人工甘味料の一つ。蔗糖の約二五〇倍の甘さがある。安全性に問題があり、昭和四三年(一九六八)食品添加物としての使用を禁止。dulcin

**する-と**(接続) ①そうすると。then 用例—不思議なことに。②それでは。then 用例なるほど。—こういうことですか。

**するど・い【鋭い】**(形) 対義鈍い。①とがって細い。pointed 用例タカの—つめ。②よく切れる。sharp 用例—刃物。③いきおいがはげしい。きびしい。acute 用例—攻撃。—対立。—批判。—目つき。④すぐれている。さとい。keen 用例頭が—。観察が—。派生するどさ(名)

**スルバラン【Francisco de Zurbarán】**(一五九八〜一六六四) スペインの画家。僧侶の生活や聖者に取材し、荘厳感と神秘感を漂わす画風。作品『トマス=アクィナスの神化』など。

**スルピリン【sulpyrine】** 解熱鎮痛剤。アミノピリンの注射剤として合成されたもの。神経痛やリューマチに有効。

**スルファターゼ【sulfatase】** 有機硫酸エステルから無機硫酸を遊離する酵素の総称。

**スルファミン【sulfamine】** ↓サルファざい(サルファ剤)

**スルホ-き【スルホ基】** 化学式$-SO_3H$ 硫酸から水酸基のとれたもの。スルホン基。スルホン酸基。sulfo group

**スルホンアミド【sulfonamide】** ↓サルファざい(サルファ剤)

**スルホン-か【スルホン化】** 有機化合物分子中にスルホ基を導入すること。染料中間体・合成洗剤中間体などの合成に重要。sulfonation

**スルホン-き【スルホン基】** ↓スルホき(スルホ基)

**スルホン-さん【スルホン酸】** スルホ基をもつ酸の総称。硫酸と同程度の酸性を示す。吸湿性・不揮発性で、水などの極性溶媒にとける安定な化合物。sulfonic acid

**スルホンさん-き【スルホン酸基】** ↓スルホき(スルホ基)

**するめ【▼鯣】** イカを開き、内臓を除いてから日に干したもの。焼いて食べるほか、各種珍味などに加工される。数え方一枚・一把・一折り・一連・一台。

**するめ-いか【▼鯣▼烏▽賊】** アカイカ科のイカ。日本近海にもっともふつうにみられる。胴長約三〇㎝。ひれは菱形。食用。千島から日本・朝鮮半島に分布。↓イカ図

**ずる-やすみ【▼狡休み】**(名・サ変自) ずるけて仕事や学校を休むこと。truancy

**するり-と**(副) なめらかに滑ったり、抜けたりするさま。するっと。slippingly 用例—身をかわす。

**ずれ** ①位置や時間などのくいちがい。gap 用例年代の—。②固体の、平行な二面に互いに逆向きの力を加えたときに、その間に生じた変形。shear; gap

**ずれ【連れ】**(接尾) ↓づれ(連れ)

**すれ-あ・う【擦れ合う】**(五自) ①ふれ合う。rub against ②にくみ合う。互いに争う。be in discord

**スレイマン〈一世〉【Süleyman I】**(一四九四/五〜一五六六) オスマン帝国第一〇代スルタン(在位一五二〇〜六六)。法制・封建制を強化し学芸を保護育成するなど内政を整え、ヨーロッパへ一〇回、アジアへ三回の遠征を行い版図を拡大、帝国の最盛期を現出した。

**スレート【slate】** 屋根・天井・壁などに用いる板状の材料。粘板岩の天然スレートもあるが、一般にはセメントにアスベスト・砂などを混ぜて圧搾成型する。うす板。石盤。

**スレート-ぶき【スレート▼葺き】** 屋根をスレートで葺くこと。slate roof

**スレーン【serein フランス】** 空に雲が見えないのに降る微雨。清雨。天泣。きつねの嫁入り。

**スレオニン【threonine】** ↓トレオニン

**すれ-からし【擦れ枯(ら)し】** 世なれて、ずるくなること。なった人。すれっからし。become crafty

**スレキ【sleek】** 綿や化学繊維の綾織物。綿のスレキは表面が平滑で、光沢を出すシルケット加工を施す。洋服の裏地に利用。

**ずれ-こ・む【ずれ込む】**(五自) 時期がずれて、あとの期間のほうに入る。be behind schedule

**すれ-すれ【擦れ擦れ】**(名・形動) ①いまにもふれ合いそうであること・さま。close to ②やっと間に合うこと・さま。just in time ③危い限界にごく近いこと・さま。on the margin 用例選挙違反—の行為。

**ずれ-だんせいりつ【ずれ弾性率】** 固体の変形の一つであるずれが生じるとき、加えている力の大きさとずれの量とは比例するが、その比例定数のこと。shear modulus

**すれ-ちがい【擦れ違い】** ①ふれ合うほど近くを通り過ぎること。pass by each other ②すんでのところで会わずに行き違うこと。go past

**すれ-ちが・う【擦れ違う】**(五自) ①ふれ合うほど近くを通り過ぎる。pass by each other ②すんでのところで会わないで行き違う。miss each other

**すれ-ば**(接続) そうすれば。それなら。

**スレプツォフ【Vasily Alekseyevich Sleptsov】**(一八三六〜一八七八) ロシアの小説家。作品『困難な時代』など。

**す・れる【刷れる】**(下一自) 印刷ができあがる。be printed

**す・れる【▽摩れる・▽磨れる】**(下一自) ①こすれて切れたり減ったりする。wear 用例ロープが岩角で—・れた。②物と物とが摩擦しながら滑り動く。be rubbed 用例よく—硯。

**す・れる【擦れる】**(下一自) ①こすれる。rub ②世なれて、ずるくなる。become sophisticated

**ず・れる**(下一自) ①すべり移る。slip ②ピントがはずれる。be out of focus

**スレンダー【slender】** 《ほっそりした、やせ形の、の意》肥満体の人をほっそり見せるようなデザインをいう。スレンダーライン。

**ず-ろう【▼杜漏】**(名・形動) 《「杜撰脱漏」から》そまつで手ぬかりの多いこと・さま。ずさん。

**ず-ろう【▽受▽領】** ↓ずりょう(受領)

**す-ろうにん【素浪人】** ①まずしい浪人。②浪人をののしっていう語。

**スロー【slow】**(名・形動) のろいこと・さま。ゆるやか。対義クイック。

**スローイング【throwing】** ①投げること。

②陸上競技で、円盤投げ・やり投げ・砲丸投げ・ハンマー投げなどの投擲種目の総称。 ③野球で野手が送球すること。

**スロー-ウイルスかんせんしょう【スローウイルス感染症】** 数か月から数年の長い潜伏期のあと発病し、長期の経過をたどる特殊なウイルス感染症の総称。slow virus infection

**スローガン【slogan】** 団体・政党などのよびかけや宣伝のためのことば。その運動の中心となる主張を簡潔に要約する。標語。モットー。

**ズロース**《ドロワーズのなまり》婦人・子供用の腰のあたりがゆったりした下着。ショーツなどに比べ、股下が長い。drawers

**スロー-ダウン【slowdown】** ①速力を落とすこと。 ②労働用語で、仕事の能率を下げること。サボタージュ。

**スロー-ビデオ**《和製語》ビデオテープ再生の一手法。速い動きをゆっくりした動きに変えて、編集再生した一連の画面。スポーツ中継や技術分析などに利用される。slow-motion video

**スロープ【slope】** 斜面。勾配。

**スロー-ブイ-ティー-アール【スローVTR】** ある動きを実際よりゆっくりした動きに変えて再生できるようにビデオ録画すること。また、その装置。その再生画面をさすこともある。slow motion VTR

**スロー-ボール【slow ball】** 野球の投手の投球で、わざとスピードを落としたゆるいボール。

**スロー-モー**(名・形動)《「スローモーション」の略》動作がのろいこと・さま。また、反応がおそいこと・さま。

**スロー-モーション【slow-motion】** ①ゆっくりした動作。また、動作・反応がおそいこと。 ②映画で、高速度撮影によって映像の動きを遅くして見せる技法。

**ず-ろく【図録】** 図や絵を主にした本。illustrated book

**ズロチ【złoty ポーランド】** ポーランドの通貨単位。記号Zł

**スロット-マシン【slot machine】** ゲーム機械の一種。硬貨や代用のメダルを入れ、レバーを動かして絵模様や数字などを組み合わせる。その組み合わせによって、硬貨などの出かたが異なる。

**スロット-よく【スロット翼】** スロットとよばれる空気流路のついた翼。飛行機の主翼の前縁に設けられ、離着陸時の失速を防ぐ。slotted wing

**スロットル【throttle】** エンジンの絞り弁で、ガソリンや蒸気の量を調節するもの。

**スロバキア【Slovakia】** チェコスロバキア東半部を占め、チェコとともに連邦国家を構成する共和国。首都ブラティスラバ。人口五一四・三万(一九八五)。

**スロバキア-さんち【スロバキア山地】**(Slovakia Mountains) チェコスロバキア東部の山地の総称。最高峰ストリツァ山は標高一四八〇m。森林におおわれて美しく、鍾乳洞が多い。

**スロベニア【Slovenija】** ユーゴスラビア連邦の六構成共和国の一つ。首都リュブリャーナ。北西部の山がちな地域で住民はスロベニア人が多い。人口一八九・二万(一九八二)。

**すわ【▼諏▽訪】**〈市〉 長野県諏訪盆地の市。旧城下町・宿場町。製糸業で栄えたが、現在は時計などの精密機器工業、みそなどの食品工業が盛ん。人口五万二一一二(一九八八)。

**諏訪の御神渡り** 諏訪大社の祭神が渡った跡。諏訪湖が凍結した時できる氷堤のこと。[参照]御神渡り。

**すわ**(感)《急のことに驚いて発する声》そら。さあ。さては。Good Heavens!

**スワート【Swat】** パキスタン北西部、ヒンズークシ山脈南西部を占める地方。ガンダーラ文化の遺跡が多い。

**スワール-スカート【swirl skirt】**《「スワール」は渦巻き、の意》渦巻き状に接ぎ合わせたスカート。エスカルゴスカート。

**ずわい-がに【ずわい▼蟹】** クモガニ科の大形のカニ。甲は丸みのある三角形で、薄い赤銅色。脚が長い。雄の甲幅約一三cmで、雌はその半分の大きさ。食用。日本海・北太平洋などの寒流域に分布。マツバガニ。エチゼンガニ。↓図

● ズワイガニ

**スワガー-コート**《和製語。swaggerは、誇らしい、いきな、の意》七分丈ぐらいの婦人用コートで、肩からフレアが入り、裾開きのもの。

**すわ-こ【▼諏▽訪湖】** 長野県中部の湖。面積一四・一km²、最深七・六m。魚類豊富。冬季には結氷、スケート場となる。厳寒期、湖心を横切る氷堤「御神渡り」ができる。

**すわ-こそ**(感)「すわ」を強めた語。Good Heavens!

**スワジランド【Swaziland】**(Kingdom of Swaziland) アフリカ南東部、モザンビーク南の内陸にある王国。首都ムババネ。一九六八年イギリスから独立。石綿・鉄鉱石の鉱業がさかん。砂糖の生産も多い。面積一・七万km²。人口六七万(一九八六)。正称スワジランド王国。

**すわ-たいしゃ【▼諏▽訪大社】** 長野県諏訪市中洲にある上社と、諏訪郡下諏訪町にある下社からなる旧官幣大社。上社に本宮と前宮、下社に春宮と秋宮がある。祭神は上社が建御名方神、下社が八坂刀売神。武神・農業神として尊崇された。七年目ごとの御柱祭で知られる。信濃国の一の宮。諏訪神社。

**スワット【SWAT】** ソ連の対戦車誘導ミサイルの通称。一九六二年ごろから装備し射程約三五〇〇m。スワッター。

**スワッピング【swapping】** 二組み以上の夫婦・男女が、互いに合意の上、相手を交換して性的快楽を楽しむこと。夫婦交換。スウィンギング。

**スワップ【swap】** ①交換。 ②「スワップ取引」の略。

**スワップ-きょうてい【スワップ協定】** 外国為替相場の安定を目的に、各国の中央銀行が互いに自国通貨を預け合う協定。必要な場合、預かった外貨で自国通貨を買い支えて相場の安定をはかる。swap agreement

**スワップ-とりひき【スワップ取引】** 外国為替取引の一つ。同じ相手に対して現物を売って先物を買う、またはその逆を同時に同額ずつ行うこと。チェンジオーバー。swap transaction [対義]アウトライト取引。

**スワデシ【swadeshi ヒンディー】**《自国のもの、の意》一九〇六年インド国民会議派が提唱した独立運動の戦術の一つ。英貨排斥、国産品愛用を主張。

**スワトウ【汕頭】**(Swatow) ↓シャントウ(汕頭)

**スワトウ-ししゅう【▼汕頭刺▼繡】** 汕頭を主とする中国産の白糸刺繡製品の総称。ドロンワークを施したハンカチ・ブラウスなどが中心で、世界的に輸出される。Swatow embroidery ↓写

● 汕頭刺繡

**スワニー-がわ【スワニー川】**(Suwannee River) アメリカのジョージア州からフロリダ州を経てメキシコ湾に注ぐ川。長さ四〇〇km。フォスターの歌で有名。

**すわ-ねじこ【▼諏▽訪根自子】**(一九二〇) バイオリン奏者。東京生まれ。一二歳でデビュー。渡欧し帰国後も活躍。

**すわ-はちまん【▼諏▽訪八▼幡】** 諏訪神社の祭神の諏訪明神と、八幡宮の祭神の八幡神。いずれも武の神で、武士が神かけて誓うときに、誓って、必ず、の意で用いる語。[類似]弓矢八幡。

**諏訪八幡も照覧あれ**《武士が言った誓いのことば》絶対に偽らない、の意。

**スワヒリ-ご【スワヒリ語】**《「スワヒリ」はアラビア語で海岸の意》バンツー語族に属する言語。タンザニア・ケニアを中心に、東アフリカの広域で共通語として使用。アラビア語からの借用語を多く含む。Swahili

**すわ-ぼんち【▼諏▽訪盆地】** 長野県中部の盆地。フォッサマグナに沿う地溝盆地。諏訪湖があり、湖岸の都市では精密・食品工業などが発達。温泉が多い。

**すわ-や**(感)「すわ」を強めた語。

**すわやり【▼楚▽割・▽魚▽条】** サケ・サメ・タイなどの、魚肉を細く裂いて干したもの。削って食べる。もと神饌の一つ。そわり。すわり。

**スワラジ【swaraj ヒンディー】**《自治の意》近代インドで「民族の独立」を意味するスローガン。一九〇六年インド国民会議派が政治目標として採択。二九年にはプルーナスワラジ(完全独立)運動に発展。

**すわり【座り・▼坐り】** ①座ること。sitting ②物体の安定度。stability [用例]—がいい。

**すわり-ごこち【座り心地・▼坐り心地】** 座った気分・ぐあい。

**すわり-こみ【座り込み・▼坐り込み】** ①座り込んで動かないこと。stay at ②労働運動や社会的な抗議運動などで、一定の場所に目的を達成するまで集団で座り込む示威行動。シットイン。sit-in

**すわり-こ・む【座り込む・▼坐り込む】**(五自) ①人の家の中などに入って座る。sit down ②座ったまま、その場を動かずにいる。settle down [用例]通りの真ん中に—。

**すわり-だこ【座り▼胼▼胝・▼坐り▼胼▼胝】** いつも座っているために、足の甲・くるぶしなどにできるたこ。

**すわり-づくえ【座り机・▼坐り机】** 和室などで、座って使用する机。甲板だけの平机と袖箱のついた袖机がある。

**すわ・る【座る・▼坐る】**(五自) ①ひざを曲げて腰をおろす。sit [対義]立つ。[用例]畳に—。いすに—。 ②席につく。take a seat [用例]隣り合わせに—。 ③地位につく。be installed [用例]社長のいすに—。 ④船が水底にふれて動かなくなる。run aground [用例]舟が—。

**すわ・る【据わる】**(五自) ①しっかりと位置・場所を占める。be set [用例]赤んぼうの首が—。 ②おちつく。動じない。be stabilized [用例]腹が—。度胸が—。 ③印判がおされる。[用例]判が—。

**スワン【swan】** ハクチョウ。

**スワンメルダム【Jan Swammerdam】**(一六三七〜一六八〇) オランダの博物学者。動物、とくに昆虫の顕微鏡による研究で知られる。著書『自然の書』。

**スン** 3画 **【寸】** 部首[寸] 教育小6 JIS3203
音スン・ソン
寸　寸　寸
①ながさ。「寸法」[用例](名)—のたりないズボン。 ②尺貫法の長さの単位。一尺の一〇分の一。約三・〇三cm。[用例](名)五—釘。 ③ちょっと。すこし。「寸暇・寸志・寸前・寸評」

**寸が詰まる** 丈が短い。be short

**寸を詘げて尺を信ぶ**《一寸退いても一尺進む意から》小利を捨てて大利を取ることのたとえ。

**スン** 6画 **【▼吋】** 部首[口] JIS1705
音トウ・スン
インチ(inch)。ヤード-ポンド法の長さの単位。一フィートの一二分の一。約二・五四cm。

**すん-いん【寸陰】** わずかの時間。寸暇。[用例]—を惜しむ。

**すん-か【寸暇】** 少しのひま。spare time [用例]—をぬすんで働く。

**スンガリ-がわ【スンガリ川】**(Sungari River) ↓しょうかこう(松花江)

**すん-かん【寸感】** ふと感じたこと。簡単な感想。brief comment

**ずん-ぎり【▽寸切(り)・▽頭切(り)】** ①まっすぐに切断すること。真横に切断すること。輪切り。 ②茶入れや竹の花入れの、頭部を横に断ち切ったかたちのもの。寸胴切り。

**ずん-ぐり**(副) 背が低くて太っているさま。short and thick

**ずんぐり-むっくり**(副)「ずんぐり」を強めた言い方。dumpy

**すん-げき【寸▼隙】** ①少しのひま。短い時間。寸暇。spare time ②ごくわずかなすきま。

**すん-げき【寸劇】** 短い演劇。skit

**すん-げん【寸言】** ①短いことば。short remark ②短いながら深い意味のある語。wisecrack

**すん-ごう【寸▼毫】**《「毫」は細い毛》きわめてわずかなこと。寸分。a bit [用例]—も違わない。

**すん-こく【寸刻】** わずかの時間。寸時。a moment

**すんころく【▼宋▼胡録・寸古録】** タイの古陶。青磁と黒絵の文様を描いた二種がある。一三世紀末中国の陶工がスワンカロークなどで



↓行き先項目、図版・写真参照印。 JIS日本工業規格情報交換用漢字符号コード(区点コード)。

焼成。日本には安土桃山時代以降に伝来。茶器として使用。
**すん-し【寸志】**《自分の志や贈り物をけんそんして言う》①わずかの志。②心ばかりの贈り物。
**すん-じ【寸時】** ほんのわずかな時間。a moment 用例 ―を惜しむ。
**すん-しゃく【寸尺】** ①寸と尺。②長さ。たけ。length ③わずかな長さ。わずか。short length
**すん-しゃく【寸借】**(名・サ変他) 少しの間だけ借りること。わずかばかり借りること。borrow a small amount of money 用例 ―詐欺。
**すん-しゅう【▼駿州】** 駿河国の。
**すん-ず【▼駿豆】** 駿河国と伊豆国。
**ずん・ず【▼誦ず】** 古語(サ変他) ↓ずず(誦ず)
**スンスネーギ【Juan Antonio de Zunzunegui】**(一九〇一〜八二) スペインの小説家。内戦中とその後の庶民の生活を描く。作品『ああ、この子ら』など。
**ずん-ずん**(副) 物事が早くはかどるさま。どんどん。rapidly 用例 ―出来上がる。
**すん-ぜん【寸前】** ①わずか手前。すぐ目の前。just before ②時間的に少し前。直前。just before 用例 出発―。
**すんぜん-しゃくま【寸善尺魔】** 世の中には、よいことが少なく、悪いことが多いたとえ。
**スンダ-かいきょう【スンダ海峡】**(Selat Sunda) インドネシア西部、ジャワ島とスマトラ島間の海峡。最狭部二六km。クラカタウなどの火山島が散在。
**すん-たらず【寸足らず】**(名・形動) ①丈が少し短いこと・さま。too short ②ふつうより劣ること・さま。
**スンダ-れっとう【スンダ列島】**(Sunda Islands) 南シナ海とインド洋の間に並ぶ列島。大スンダ列島と小スンダ列島に分かれる。インドネシア領。
**すん-だん【寸断】**(名・サ変他) ずたずたに切ること。細かくきざむこと。cut into pieces 用例 ―された交通網。
**すん-ちょ【寸▼楮】** ①短い手紙。②自分の手紙をけんそんして言う語。
**すん-づまり【寸詰(ま)り】**(名・形動) 寸法が足りないこと・さま。short
**すん-てつ【寸鉄】** ①小さい刃物。small weapon 用例 身に―も帯びず。②短いが、深い意味があることば。警句。警語。epigram
**寸鉄、人を殺す** 「寸鉄、人を刺す」と同意。
**寸鉄、人を刺す** 警句で人の急所をつく。寸鉄、人を殺す。
**すんでーに【▽既に】**(副)《「すでに」の転》もうちょっとで。あぶなく。用例 ―命を落とすところだった。
**すんで-の-こと【▽既の事】**(連語)《多く「すんでのことに」「すんでのことで」の形で》もう少しのところで。すんでのところ。
**すんで-の-ところ【▽既の所】**(連語)《多く「すんでのところで」の形で》すんでのこと。すんでのとこ。
**すん-ど【寸土】** すこしの土地。寸地。an inch of land 用例 ―もゆずらず。
**ずん-と**(副) はなはだしいさま。ぐっと。much
**ずん-どう【▽寸胴】** ㊀(名) ①↓ずんぎり(寸切り)②。②《「寸胴なべ」の略》円筒形で深さがあり、スープを取ったり、洋風の煮込み料理に用いる厚手のアルミや銅製のなべ。㊁(名・形動) 太くて、ぶかっこうなこと・さま。また、その形。ずんど。stumpy
**ずんど-ぎり【▽寸▽胴切(り)】** ↓ずんぎり(寸切り)②
**すん-どめ【寸止め】** 空手・少林寺拳法などの組み手で、突き・蹴りを実際に当てず、急所の寸前で止めること。
**スンナ【Sunnaアラ】**《慣習の意》イスラム教の古くからの社会的・法的規範。
**スンナ-は【スンナ派】** イスラム教の二大宗派の一つ。スンナに従う人の意で、多数正統派をなす。スンニー派。Sunni
**すん-なり**(副・サ変自) ①細くて姿のよいさま。しなやかに美しいさま。slender ②すなおに。obediently ③そのままあっさりと。smoothly 用例 ―わかる。
**スンニー-は【スンニー派】** ↓スンナは(スンナ派)
**ずん-ば** 古語(連語)「ずば」を強めた語。…ないならば。…なくては。用例 父父たらずと云共、子もって子たら―有べからず(平家・二・烽火之沙汰)。
**スンバ-とう【スンバ島】**(Sumba) インドネシア、小スンダ列島中部の島。面積一・一万km²。小馬の産地として有名。
**スンバワ-とう【スンバワ島】**(Sumbawa) インドネシア、小スンダ列島西部の島。面積一・五万km²。一八一四年に大爆発を起こしたタンボラ火山(二八五〇m)がある。馬・水牛などの飼育がさかん。
**すん-びょう【寸秒】** ごくわずかな時間。a moment 用例 ―を争う。
**すん-びょう【寸描】** 短い描写。スケッチ。brief sketch 用例 人物―。
**すん-ぴょう【寸評】** 短い批評。短評。brief comment
**すんぷ【▼駿府】** 駿河国の国府所在地。現在の静岡市。今川氏の城下町として発達し、近世、徳川家康の隠居地となった。
**スンプ-ほう【スンプ法】** 顕微鏡観察用の標本をつくる方法の一つ。試料に、なかば溶けたセルロイド片を押しつけ、そこに刻印された試料の表面構造を観察する。sump method
**すん-ぶん【寸分】** ㊀(名) わずかなこと。a bit 用例 ―の狂いもなく。㊁(副)《下に打ち消しをともなって》少しも。いささかも。a bit 用例 ―違わない。
**寸分違わず** 少しの違いもない。まったく同じである。
**ずんべら-ぼう**《俗語》①のっぺらぼう。②行いにしまりのない人。
**すん-ぽう【寸法】** ①長さ。大きさ。尺度。measure ②手順。段取り。plan ③計画。plan ④ありさま。ぐあい。condition
**寸法を採る** 衣服を仕立てるさい、体の各部を測る。物をつくるさい、計測する。measure
**すん-よ【寸余】** 一寸あまり。三cm強。
**すん-わ【寸話】** 短い話。short story 用例 ―集。

# せ セ

**せ【せ・セ】** 五十音図さ行第四の仮名。平仮名、片仮名ともに「世」の草体。濁音は「ぜ」「ゼ」。

**セ** 5画 **【世】** 部首[一] 教育小3 JIS 3204 | 5画 **【▼丗】** 部首[十] 異体字 JIS 5034
音 セイ・セ
訓 よ

筆順 ↓セイ[世]

①よ。よのなか。「在世」「世界・世人・世相・世俗・世論」②人目にたつ地位。「出世」③いきているあいだ。よよ。代々。「一世一代」「世襲」④三〇年間。「世代」⑤仏教で、㋐過去・現在・未来のそれぞれ。「現世・後世・三世・前世・来世」㋑迷いのよ。「出世間」 ↓セイ[世]

**セ** 9画 **【施】** 部首[方] 常用 JIS 2760
音 シ・セ・イ
訓 ほどこす

ほどこす。あたえる。「布施」「施主・施肥・施療」 ↓シ[施]

**せ【背・▽兄・▽夫】** 古語 おもに女性が、兄や夫などを親しんで呼んだ語。対義 妹。用例 妹も―も若き児どもは(万葉一七・三九六二)。

**せ【背】** ①背面の肩から腰までの部分。前面では胸と腹に区別されるが、背では とくに区別がない。せなか。back 対義 腹。用例 ―に子を負う。②うら。うしろ。back side 用例 海を―にする。③山のおね。ridge 用例 山の―。④背たけ。身長。せい。height 用例 ―が高い。⑤書物の、のりで綴じてある所の外側の部分。書名・著者名などが書いてある。⑥包丁の背中。参考「脊」は別字。

**背に腹は替えられぬ** 大きな災難から逃れるためには、小さな苦しみはがまんしなければならない。大切なことのためには、ほかのことを考えるゆとりがない。have no other choice

**背を向ける** ①うしろ向きになる。②無関心な態度をとる。同意しない。turn one's back on

**せ【畝】** 尺貫法の土地面積の単位。一反の一〇分の一。一坪の三〇倍。約〇・九九一a。

**せ【瀬】** ①あさくて流れの急な所。shallows 対義 淵。用例 浅―。②海のせまくなっている所。用例 早―。―戸。③ばあい。時機。chance 用例 逢―を楽しむ。④立場。position; face 用例 わたしの立つ―がない。

**ぜ【ぜ・ゼ】** ↓せ[せ・セ]

**ゼ** 9画 **【是】** 部首[日] 教育小6 →常用 JIS 3207
音 ゼ・シ

①ただしい。よい。よし。対義 非。「是正・是認・是非曲直」用例 (名)これを―とする者三人。②方針。「国是・社是」③これ。この。「如是我聞」

**是が非でも** 是非や正邪・善悪に関係なく。どうあっても。どんなにしても。なんとしても。是非とも。是非。by all means

**ぜ**(終助)《終止形に付く》注意を促したり念を押したりするのに用いる。用例 もう一〇時だ―。

**せ-あき【背明き】** ①衣服の着脱用のあきを背部分にしたもの。dress which opens at the back ②衣服の背部分を装飾的に大きくカットしたもの。low back cut

**セアトー【SEATO】** ↓シアトー(SEATO)

**せ-あぶら【背脂】** 豚のロース肉の上側についている脂身。刻んで料理材料にするほか、肉を焼くときの脂として使う。

**ぜあみ【▽世▼阿▼弥】**(一三六三〜一四四三ごろ) 室町初期の能役者・能作者。大和猿楽観世座二代目の太夫。観阿弥の子。名は元清。足利義満の厚遇を得て、猿楽を幽玄な能(夢幻能)にまで高め大成した。作品『井筒』など多数。芸術論『花鏡』『風姿花伝』(『花伝書』)など。

**ぜあみじゅうろくぶしゅう【▽世▼阿▼弥十六部集】** 世阿弥の能楽論を明治四二年(一九〇九)吉田東伍が一冊にまとめたもの。『花伝書』『能作書』『花鏡』など一六種。のちに補追され二十三部集となる。

**セアラ【Ceará】** ブラジル北東部の州。海岸地方は不毛の砂丘地で、製塩・漁業が主。内陸は灌漑による綿花・サトウキビなどの栽培が行われる。人口五九九・六万(一九九六)。

**セイ** 4画 **【井】** 部首[二] 常用 JIS 1670
音 セイ・ショウ
訓 い

①い。いど。「油井」「井魚・井泉」②いげた。いげたの形。いげたのように、きちんと。「井然・井田法・井目」③まち。人や家の集まっているところ。「市井」 ↓ショウ[井]

**セイ** 5画 **【世】** 部首[一] 教育小3 JIS 3204 | 5画 **【▼丗】** 部首[十] 異体字 JIS 5034
音 セイ・セ
訓 よ

①よ。よのなか。「処世・渡世・乱世」②一生。一代。「隔世・二世」③何代めかを示すのに用いる。用例(助数)ルイ十四―。④時代。「近世・中世」⑤地質学の時代区分。用例《接尾的》洪積―。↓セ〔世〕

**セイ** 5画【正】 部首〔止〕 教育小1 JIS 3221

音 **セイ・ショウ**
訓 **ただしい・ただす・まさ**

①ただしい。ただす。対義 邪・反・誤。「改正・公正・修正・不正」「正確」用例(名)邪は―に勝たず。②おもてむきの。主となる。ほんもの。対義 外・副・続・権。「正使・正編」用例(名)―副二通。③かみ。長官。上の役。用例《接尾的》検事―。④数字・量が零より大きいこと。プラス。対義 負。用例(名)―の整数。⑤弁証法の論理的三重構造の一つ。定立。↓ショウ〔正〕

**セイ** 5画【生】 部首〔生〕 教育小1 JIS 3224

音 **セイ・ショウ**
訓 **いきる・いかす・いける・うまれる・うむ・おう・はえる・はやす・き・なま**

①いきる。いかす。いきている。比較 産。対義 死・没。「多年生植物・野生」「生花・生計・生死・生存」②なまの。用例(接頭)―石灰。③うまれる。うむ。つくる。「再生・胎生・派生・発生」「生産・生年月日」④いのち。「生命」用例(名)この世に―を受ける。⑤ひと。勉学中の若い人。「学生・書生」「生徒」用例《接尾的》一年―。研究―。下級―。⑥自分をへりくだっていうのに用いる。「小生」用例(代)じつはかく申す―も。(接尾)本田―。⑦いきている間。用例(名)―を楽しむ。↓ショウ〔生〕

**生有る者は必ず死有り**(せいあるものはかならずしあり) 生きているものには、必ず死ぬ時が来る。No mortal escapes death.

**生は難く死は易し**(せいはかたくしはやすし) 苦痛に堪えて生きていくことは困難であり、それに堪えられず死を選ぶことはたやすい。Life is difficult, while death is easy.

**生は寄也、死は帰也**(せいはきなり、しはきなり) 人は、天地の本源から生まれて、この仮の世に身を寄せているにすぎず、死は、生まれ出た本源に帰ることである。

**生は死の始め**(せいはしのはじめ) この世に生まれ出たときが、すでに死の始まりである。

**生を偸む**(せいをぬすむ) 死ぬべき時に命を惜しみ、恥を忍んで生き長らえる。命をむさぼる。

**生を視る事、死の如し**(せいをみること、しのごとし) 生死にこだわらず、運命に身を任す。

**セイ** 6画【成】 部首〔戈〕 教育小4 JIS 3214　7画【成】旧字

音 **セイ・ジョウ**
訓 **なる・なす**

①なす。なしとげる。なる。しあがる。できあがる。「完成・結成・速成・落成」「成果・成語・成功・成否・成分・成立」②そだつ。そだてる。一人前にする。「育成・大成・晩成・老成」「成育・成熟」↓ジョウ〔成〕

**セイ** 6画【西】 部首〔西〕 教育小2 JIS 3230

音 **セイ・サイ**
訓 **にし**

①にし。にしの方角。対義 東。「鎮西・北西」「西域・西郊」②ヨーロッパのこと。「泰西」「西紀・西洋・西暦」③スペイン(西班牙)のこと。「日西協会」↓サイ〔西〕

**セイ** 7画【声】 部首〔士〕 教育小2 JIS 3228　17画【聲】 部首〔耳〕 旧字 JIS 7065

音 **セイ・ショウ**
訓 **こえ・こわ**

①こえ。比較 音。「音声・嘆声・肉声・発声」「声量」②いう。のべる。こえをだす。「声援・声明・声優」③もてはやされること。「名声」「声価・声望」④中国語の調子。「四声」↓ショウ〔声〕

**セイ** 8画【制】 部首〔刂〕 教育小5 JIS 3209

音 **セイ**

①さだめる。きまり。「学制・法制」「制定・制度・制服」用例《接尾的》共和―。六三―。②とめる。おさえつける。「禁制・統制」「制圧・制約」③つくる。比較 製。「制作」

**制に応ず**(せいにおうず) 勅命に応じて詩などを作る。

**制を称す**(せいをしょうす) 天子に代わって政務をとる。

**制を矯む**(せいをためる) 天子の詔勅だと言って偽る。

**セイ** 8画【姓】 部首〔女〕 常用 JIS 3211

音 **セイ・ショウ**

かばね。うじ。名字。家系。比較 氏。対義 名。「旧姓・同姓同名」「姓名」用例(名)実家の―を名のる。―は福沢、名は諭吉。↓ショウ〔姓〕

**姓を冒す**(せいをおかす) 他の姓を名乗る。

**セイ** 8画【征】 部首〔彳〕 常用 JIS 3212

音 **セイ**

ゆく。いくさにいく。うつ。せめる。「遠征・出征・長征」「征衣・征討・征伐・征服」

**セイ** 8画【性】 部首〔忄〕 教育小5 JIS 3213

音 **セイ・ショウ**

①うまれつき。さが。こころ。「習性・天性・理性」「性格」用例(名)習い、―となる。②男と女の区別。生物の雄と雌。「異性・女性」「性別・性欲」用例(名)―を意識する。③性欲。用例(名)―のめざめ。④インド-ヨーロッパ語などの屈折語で、名詞・代名詞などの語形変化に現れる文法範疇の一つ。男性・女性・中性など文法上の区別。ジェンダー。⑤たち。ものごとの傾向。「急性・属性」「性能」用例《接尾的》安全―。公共―。↓ショウ〔性〕

**性相近く習い相遠し**(せいあいちかくならいあいとおし) 人の性質は生まれた時にはあまり差はないが、習慣の違いで大きく異なってくる。

**セイ** 8画【青】 部首〔青〕 教育小1 JIS 3236　8画【靑】旧字

音 **セイ・ショウ**
訓 **あお・あおい**

①あお。あおい。「丹青」「青果・青山・青松」②わかい。「青春・青年」↓ショウ〔青〕

**セイ** 8画【斉】 部首〔斉〕 常用 JIS 3238　14画【齊】 部首〔齊〕 旧字 JIS 8378

音 **セイ・サイ・シ**

①ひとしく。そろって。「一斉」「斉唱」②ととのえる。おさめる。「斉家」③中国の春秋時代の一国。?～前三七九年。始祖は太公望(呂尚)とされる。現在の山東省の一帯。都は臨淄。桓公の治世に富国強兵に成功。前六七九年、春秋最初の覇者となる。

**セイ** 9画【政】 部首〔攵〕 教育小5 JIS 3215　8画【政】旧字

音 **セイ・ショウ**
訓 **まつりごと**

まつりごと。おさめること。ととのえること。「家政・行政・国政・財政・司政官」「政界・政権・政治・政府」↓ショウ〔政〕

**セイ** 9画【星】 部首〔日〕 教育小2 JIS 3217

音 **セイ・ショウ**
訓 **ほし**

①ほし。天体。「火星・巨星・将星・遊星・流星」「星雲・星座」用例《接尾的》海王―。一等―。②としつき。「星霜」↓ショウ〔星〕

**セイ** 9画【牲】 部首〔牛〕 常用 JIS 3223

音 **セイ・ショウ**

いけにえ。まつりのとき神前にそなえる、牛やいきもの。「犠牲」

**セイ** 9画【省】 部首〔目〕 教育小4 JIS 3042

音 **セイ・ショウ**
訓 **かえりみる・はぶく**

①自分をかえりみる。「三省・自省・内省・反省」②無事かどうか、たずねる。「帰省」③はぶく。へらす。「省筆・省文」↓ショウ〔省〕

**セイ** 9画【砌】 部首〔石〕 JIS 6670

音 **セイ・サイ**

みぎり。①軒下やはしご段の下などの石だたみ。「苔砌」②おり。ころ。時節。

**セイ** 9画【穽】 部首〔穴〕 JIS 6755　7画【阱】 部首〔阝〕 異体字

音 **セイ**

おとしあな。けだものをおとしてとらえるための穴。「陥穽」

**セイ** 10画【凄】 部首〔冫〕 JIS 3208

音 **セイ**

①すごい。すさまじい。「凄惨」②さむい。ぞっとさむい。「凄然」

**セイ** 10画【凊】 部首〔冫〕

音 **セイ・ショウ**

すずしい。ひややか。さむい。

**セイ** 10画【逝】 部首〔辶〕 常用 JIS 3234　11画【逝】 部首〔辶〕 旧字

音 **セイ**
訓 **ゆく**

ゆく。いく。さる。人がしぬ。「永逝・急逝・長逝」「逝去」

**セイ** 10画【栖】 部首〔木〕 JIS 3220

音 **セイ・サイ**

すむ。①鳥などがすむ。②人間がすむ。また、すまい。

**セイ** 11画【圊】 部首〔囗〕

音 **セイ**

かわや。便所。

**セイ** 11画【菁】 部首〔艹〕 JIS 7239

音 **セイ・ショウ**

①カブ。アブラナ科の一、二年草。かぶら。かぶな。②にらばな。ニラの花。③「菁々」は、草木がさかんにしげるさま。

**セイ** 11画【萋】 部首〔艹〕 JIS 7238

音 **セイ・サイ**

①しげし。草木がさかんにしげるさま。②つつしみぶかいさま。

**セイ** 11画【悽】 部首〔忄〕 JIS 5614

音 **セイ**

いたむ。かなしむ。かなしい。「悽愴」

**セイ** 11画【情】 部首〔忄〕 教育小5 JIS 3080　11画【情】旧字

音 **ジョウ・セイ**
訓 **なさけ**
筆順 ↓ジョウ〔情〕

おもむき。あじわい。様子。「風情」↓ジョウ〔情〕

**セイ** 11画【旌】 部首〔方〕 JIS 5855

音 **セイ・ショウ**

①はた。㋐はたざおに飾りをつけたはた。㋑はたの総称。のぼり。「旌旗」②あらわす。表示する。表彰する。

**セイ** 11画【晟】 部首〔日〕 JIS 5880

音 **セイ・ジョウ**

あきらか。さかん。日の光がみちみちているさま。

**セイ** 11画【淒】 部首〔氵〕 JIS 6239

音 **セイ・サイ**

①さむい。ぞっとさむい。「淒然」②すごい。すさまじい。

**セイ** 11画【清】 部首〔氵〕 教育小4 JIS 3222　11画【淸】旧字

音 **セイ・ショウ・シン**
訓 **きよい・きよまる・きよめる**

①きよい。すがすがしい。対義 濁。「清潔・清新・清澄・清貧・清涼」②きよめる。さっぱりさせる。整理する。「粛清」「清算・清掃」↓ショウ・シン〔清〕

**セイ** 11画【盛】 部首〔皿〕 常用 →教育小6 JIS 3225　12画【盛】旧字

音 **セイ・ジョウ**
訓 **もる・さかる・さかん**

①もる。もり。もりあげたもの。②さかん。さかる。さかり。[対義]衰。「全盛」「盛夏・盛会・盛大」③さかりどき。発情期。↓ジョウ【盛】

**セイ** 12画【婿】 部首[女] 常用 [JIS]4427
12画【▼壻】 部首[士] 旧字 [JIS]5270
14画【▼聟】 部首[耳] 異体字 [JIS]7061
[音]**セイ**
[訓]**むこ**
むこ。むすめの夫。「女婿」

**セイ** 12画【▼惺】 部首[忄] [JIS]5625
[音]セイ
①さとる。真理をしる。②しずか。心しずかなさま。

**セイ** 12画【▼掣】 部首[手] [JIS]5758
[音]セイ
ひく。ひきとめる。おさえつける。「掣肘」

**セイ** 12画【晴】 部首[日] 教育小2 [JIS]3218
12画【▼晴】 旧字
[音]**セイ**
[訓]**はれる・はらす**
①はれる。はれ。はれの天気。[対義]雨・曇。「快晴」「晴耕雨読・晴朗」②はれ。はれがましいこと。おもてむき。正式なこと。③はれる。わだかまりがなくなる。④はらす。願いをはらす。

**セイ** 12画【▼棲】 部首[木] [JIS]3219
[音]セイ
すむ。①鳥などがすむ。「棲息」②人間がすむ。また、すまい。「同棲」

**セイ** 12画【▼甥】 部首[生] [JIS]1789
[音]セイ
①おい。兄弟姉妹がもうけた男の子。②むこ。むすめの夫。

**セイ** 12画【▼貰】 部首[貝] [JIS]4467
[音]セイ
①かけがい。現金をはらわないでかう。おきのる。②ゆるす。③もらう。ねがって、自分のものとする。

**セイ** 13画【勢】 部首[力] 教育小4→教育小5 [JIS]3210
[音]**セイ**・セ・ゼイ
[訓]**いきおい**
①いきおい。「威勢・気勢・権勢・水勢」「勢力」②なりゆき。ありさま。「形勢・姿勢・情勢・地勢」③人数。兵力。「軍勢・多勢・手勢」④伊勢国のこと。「勢州」[用例](名)その―三千余人。

**セイ** 13画【▼腥】 部首[月] [JIS]7109
[音]セイ・ショウ
①なまぐさい。なまの魚や肉・血のにおいがする。②なま。なまにく。なまの肉。

**セイ** 13画【歳】 部首[止] 常用 [JIS]2648
13画【▼歲】 旧字
[音]**サイ・セイ**
とし。一年。「歳暮」↓サイ【歳】

**セイ** 13画【▼睛】 部首[目] [JIS]6645
[音]セイ・ショウ
ひとみ。くろめ。瞳孔。「点睛」

**セイ** 13画【▼筬】 部首[竹]
12画【▼筬】 異体字 [JIS]6813
[音]セイ・ジョウ
おさ。機織りで、縦糸をそろえ、横糸をおさえて、織り目をととのえる道具。

**セイ** 13画【聖】 部首[耳] 教育小6 [JIS]3227
13画【▼聖】 旧字
[音]**セイ**・ショウ
①ひじり。儒教で、徳のもっともすぐれた人。「聖賢・聖人」②天子の敬称。また、天子に関することがらにつけて用いる。「列聖」「聖恩・聖上」③一つの道をきわめた人。「歌聖・楽聖・剣聖」④キリスト教で、宗教上、とうとい。「聖者・聖書・聖職・聖誕祭」⑤聖者の名につけて用いる。英語saintの音訳。セント。サン。[用例](接頭)―パウロ。⑥きよらか。「至聖・神聖」「聖火」⑦宗教の基本的概念の一つ。祈りや苦行などで体験される宗教の本質的価値。[対義]俗。

**セイ** 13画【誠】 部首[言] 教育小6 [JIS]3231
14画【▼誠】 旧字
[音]**セイ**・ジョウ
[訓]**まこと**
①まこと。まごころ。「至誠・赤誠・丹誠」「誠意・誠実」②まことに。本当に。実に。

**セイ** 13画【▼靖】 部首[青] 人名用 [JIS]4487
13画【▼靖】 旧字
[音]セイ・ジョウ
やすらか。やすんずる。おさまる。「靖国」

**セイ** 14画【精】 部首[米] 教育小5 [JIS]3226
14画【▼精】 旧字
[音]**セイ・ショウ**
①くわしい。こまかい。[対義]疎・粗。「精細・精通・精読・精密」②まじりけをなくす。「精製・精選・精米・精錬」③根気。はげむこと。「出精」「精勤・精力」[用例](名)―も根もつきはてる。④よりすぐった、一番よいもの。「精鋭・精華・精髄」⑤たましい。こころ。もののけ。不思議な力をもつもの。「妖精」「精神・精霊」⑥もと。生殖のもと。「精液・精子」[用例](名)山の―。↓ショウ【精】
**精が出る**(せいがでる) 一所懸命に励む。work hard
**精出せば凍る間も無し水車**(せいだせばこおるまもなしみずぐるま) なまけないで精いっぱい働く人は、貧乏して生活に困るようなことがないというたとえ。
**精を入れる**(せいをいれる) 一心に励む。work hard
**精を出す**(せいをだす) 元気を出して一所懸命に、また、根気強く行う。励み、努める。また、一心に働く。work hard
**精を励ます**(せいをはげます) 力を出して努め励む。

**セイ** 14画【▼蜻】 部首[虫] [JIS]7381
[音]セイ
①「蜻蛚」は、コオロギ。バッタ目に属する昆虫。②「蜻蛉・蜻蜓」は、トンボ。トンボ目に属する昆虫。あきつ。かげろう。

**セイ** 14画【製】 部首[衣] 教育小5 [JIS]3229
[音]**セイ**
①つくる。ものをつくる。こしらえる。「作製・調製・特製」「製作・製造」②つくったもの。「官製・和製」[用例]《接尾的》日本―。③たつ。したてる。

**セイ** 14画【誓】 部首[言] 常用 [JIS]3232
[音]**セイ**・ゼイ
[訓]**ちかう**
ちかう。約束する。ちかい。「祈誓・宣誓」「誓詞・誓約」

**セイ** 14画【静】 部首[青] 教育小4 [JIS]3237
16画【▼靜】 旧字 [JIS]8048
[音]**セイ・ジョウ**
[訓]**しず・しずか・しずまる・しずめる**
しずか。しずめる。しずまる。[対義]動。「安静・鎮静・動静・平静」「静観・静止・静粛・静物」[用例](名)―中、動あり。↓ジョウ【静】

**セイ** 15画【▼嘶】 部首[口] [JIS]5161
[音]セイ
いななく。馬が声たかくなく。「嘶馬」

**セイ** 15画【請】 部首[言] 常用 [JIS]3233
15画【▼請】 旧字
[音]**セイ・シン**・シヨウ
[訓]**こう・うける**
①こう。ねがいのぞむ。「懇請・申請」「請願・請求」②うける。ひきとる。ひきうける。↓シン【請】

**セイ** 16画【整】 部首[攵] 教育小3 [JIS]3216
[音]**セイ**
[訓]**ととのえる・ととのう**
①ととのえる。そろえる。ととのう。「調整」「整備・整理・整列」②きちんとした。「端整」「整然」

**セイ** 16画【▼醒】 部首[酉] [JIS]3235
[音]セイ
さめる。眠り・酔い・夢・迷いなどからさめる。また、さます。「覚醒」

**セイ** 16画【▼錆】 部首[金]
16画【▼錆】 異体字 [JIS]2712
[音]ショウ・セイ
①くわしい。こまかい。②さび。金属にできる黒・赤茶色などの酸化物。

**セイ** 16画【▼鮏】 部首[魚]
[音]セイ・ショウ
①なまぐさい。②サケ。サケ科の魚。

**セイ** 17画【▼薺】 部首[艹] [JIS]7321
[音]セイ・ザイ
ナズナ。アブラナ科の二年草。ぺんぺんぐさ。春の七草の一つ。

**セイ** 17画【▼隮】 部首[阝]
[音]セイ・サイ
のぼる。あがる。たちのぼる。のぼらせる。

**セイ** 17画【▼擠】 部首[扌] [JIS]5811
[音]セイ・サイ
①おす。おしひらく。おしのける。②おとす。おとしいれる。

**セイ** 18画【▼臍】 部首[月] [JIS]7133
[音]セイ・サイ
へそ。ほぞ。「臍下丹田・臍帯」

**セイ** 19画【▼瀞】 部首[氵]
17画【▼瀞】 異体字 [JIS]3852
[音]セイ・ジョウ
①きよい。きよらか。②とろ。川の流れが静かで深いところ。

**セイ** 19画【▼韲】 部首[韭]
23画【▼齏】 部首[齊] 異体字 [JIS]8077
19画【▼韮】 異体字 [JIS]8078
22画【▼虀】 部首[艹] 異体字
[音]セイ・サイ
なます。あえもの。野菜などを細かく切って、調味料であえたもの。

**セイ** 19画【▼鯖】 部首[魚]
19画【▼鯖】 異体字 [JIS]2710
[音]セイ・ショウ
サバ。スズキ目に属する海水魚。

**セイ** 19画【▼鶄】 部首[鳥]
[音]セイ・ショウ
「鵁鶄」は、ゴイサギ。サギ科の鳥。

**セイ** 20画【▼蠐】 部首[虫]
[音]セイ
「蠐螬」は、地虫。昆虫の幼虫で、地中で生活をするものの一部をいう。すくもむし。

**セイ** 21画【▼躋】 部首[足] [JIS]7719
[音]セイ・サイ
のぼる。あがる。のぼらせる。

**セイ** 21画【▼齎】 部首[齊] [JIS]7658
[音]セイ・サイ・シ
もたらす。もってくる。もっていく。

**セイ** 22画【▼霽】 部首[雨] [JIS]8041
[音]セイ・サイ
はれる。雨や雪がやむ。雲や霧がなくなる。「霽月」

**せい【背】** せたけ。せ。身長。stature; height

**せ-い【▽所為】** ①できごとの原因。ため。ゆえ。cause [用例]年の―。②すること。したこと。deed [用例]人の―にする。

**セイ[Jean Baptiste Say]** →セー

**ゼイ** 7画【▼汭】 部首[氵]
[音]ゼイ
①水のくま。川がまがって、はいりこんでいるところ。②川の合流点。

**ゼイ** 8画【▼枘】 部首[木]
[音]ゼイ

▼常用漢字表外。 ▽常用漢字表の音訓外。

ほぞ。木材などをつなぐとき、一方の材につくる出っぱり。これを他の材のほぞ穴にはめて、つなぎあわせる。

**ゼイ** 10画【▾脆】 部首[月]にくづき JIS3240
音セイ・ゼイ
もろい。こわれやすい。くだけやすい。「脆弱」

**ゼイ** 12画【▾毳】 部首[毛]け JIS6162
音セイ・ゼイ
むくげ。にこげ。けだものの軟らかい毛。

**ゼイ** 12画【税】 部首[禾]のぎへん 教育小5 JIS3239 12画【▾税】 旧字
音ゼイ・セイ・タツ・ダツ
税 税 税 税 税 税
①みつぎ。政府や都道府県や市区町村が、法律にもとづいて強制的にとりたてるお金。「課税・関税・減税・租税・脱税・納税」「税額・税関・税金」用例(名)—の取りたて。《接尾的》所得—。②手数料や使用料など。「印税・郵税」

**ゼイ** 13画【▾筮】 部首[竹]たけかんむり JIS6814
音セイ・ゼイ
①めどき。うらないにつかう五〇本の棒。もとメドハギの茎を用いたが、のち竹をつかうようになった。「筮竹」②うらなう。めどきをつかってうらなう。うらない。中国の周代に起源をもつ。「占筮・卜筮ぼくぜい」

**ゼイ** 13画【▾蛻】 部首[虫]むしへん JIS7372
音セイ・ゼイ
ぬけがら。セミ・ヘビなどの脱皮した殻。「蟬蛻せんぜい」

**ゼイ** 13画【▾蚋】 部首[虫]むしへん 10画【▾蚋】 異体字 JIS7350
音ゼイ
ブユ。ハエ目に属する昆虫。ぶよ。ぶと。

**ゼイ** 14画【説】 部首[言]ごんべん 教育小4 JIS3266 14画【▾說】 旧字
音セツ・ゼイ・エツ
訓とく
筆順↓セツ[説]
ときつける。うったえる。「遊説」↓セツ[説]

**ゼイ** 16画【▾噬】 部首[口]くちへん JIS5167
音セイ・ゼイ
かむ。くらう。ついばむ。「反噬」

**ゼイ** 16画【▾橇】 部首[木]きへん JIS6082
音セイ・ゼイ・キョウ
そり。雪や泥の上をすべらせて、ものをはこんだり乗ったりするもの。

**ゼイ** 18画【▾贅】 部首[貝]かい JIS7652
音セイ・ゼイ
①いぼ。こぶ。ふすべ。「贅疣ぜいゆう」②むだ。余計なもの。役にたたないもの。「贅言ぜいげん・贅語・贅沢・贅肉・贅疣」

**贅を尽くす**(ぜいをつくす) 贅沢ぜいたくをきわめる。物事に必要以上に金をかけて、贅沢にする。indulge in every possible luxury

**せい-あ【井▾蛙】**《井戸の中にすんでいるカエル、の意から》見聞・見識のせまい者をあざけっていう語。

**井蛙の見**(せいあのけん) 見聞・見識のせまいことのたとえ。

**せい-あい【性愛】** 性本能に基づく愛情。sexual love

**せいあく-せつ【性悪説】** 荀子じゅんしの性説。人間の本性は悪であるゆえに、これを礼によって整え、社会秩序を維持すべきことを説く。対義性善説。

**せい-あつ【制圧】**(名・サ変他) 相手の力・勢力をおさえつけること。suppression 用例西部を—する。

**せい-あつ【静圧】** 流れている流体の、流れに平行な面を押し合う圧力。static pressure

**せいあつ-じくうけ【静圧軸受(け)】** 回転軸と軸受けのすきまに一定圧力の潤滑油が供給される形の軸受け。精密軸受けとして使われる。hydrostatic bearing

**せい-あん【成案】** でき上がった考え・文案。definite plan 対義試案。

**せいあん【西安】** 中国、陝西せんせい省の省都。渭水いすい中流域の盆地に広がる。古代から北西地区の政治・経済・文化の中心地で、前漢から唐まで諸王朝の首都としてさかえた。今日では機械・車両・電子工業などの近代工業が発展。シルクロードの起点。人口二二七・六万(一九八四)。旧称長安・西京。シーアン。

**せいあん-じけん【西安事件】** 一九三六年、中国の西安で張学良ちょうがくりょうの東北軍と楊虎城ようこじょうの西北軍が、共産軍攻撃の継続を督励にきた蔣介石しょうかいせきを逮捕監禁した事件。張は内戦停止を要求、蔣も共産党の説得によりこれに応じ、一致抗日を認め、第二次国共合作の契機となった。

**せいあん-ひりん【西安碑林】** 中国、陝西せんせい省西安の文廟ぶんびょう(孔子廟)にある、碑石ひせき・墨拓類を収集保存してあるところ。

**せい-い【征▾夷】** ①賊・未開民族を討つこと。②蝦夷えぞを征伐すること。

**せい-い【征衣】** ①たびごろも。旅装。②戦いのときに着る衣服。軍服。

**せい-い【勢威】** 権勢と威力。威勢。authority and prestige

**せい-い【誠意】** まごころ。sincerity

**せい-いき【西域】** 中国人が、中国の西方諸国をさした呼称。狭義にはタリム盆地(東トルキスタン)をさし、東西交通の要地であった。さいいき。

**せい-いき【声域】** 声を出しうる、高低の範囲。range of voice 用例—の広い歌手。

**せい-いき【聖域】** 神聖な場所。sanctuary 用例—をけがす。

**せい-いく【生育】**(名・サ変自他) ①生まれ育つこと。また、育てること。②植物が生長すること。growth

**せい-いく【成育】**(名・サ変自) 人間・動物などが成長すること。growth

**せいい-たいしょうぐん【征▾夷大将軍】** ①平安初期、蝦夷えぞ征討につかわされた軍の指揮官の官職名。②源頼朝みなもとのよりとも以後、鎌倉かまくら・室町・江戸幕府の長として武士を統轄とうかつし、政治・軍事の権をにぎった者の職名。

**せい-いつ【斉一】**(名・形動) みな一様であること・さま。そろっていること・さま。uniform

**せい-いっぱい【精一杯】**(名・副) 力のかぎり。できるだけ。with all one's might

**せい-いん【正員】** 正式な資格のある人。regular member 対義客員。用例使節団の—。

**せい-いん【成因】** 物事ができ上がる原因。origin

**せい-いん【成員】** 団体を組織・構成する人員。メンバー。member

**せい-う【晴雨】** 晴天と雨天。rain or shine 用例—にかかわらず決行。

**せいう-けい【晴雨計】** 気象観測用の気圧計。気圧の高低は、天気の良し悪あしと関係が深い。barometer

**せいうち【▿海▿象】**《アシカの意のsivuchロシアから》セイウチ科の海獣。北氷洋に群居し、雄は体長約四m、体重約一・六t。雌は雄の三分の二ほどの大きさ。四足はひれ状で、巨大なきばがあり、それで砂を掘りおこし貝などの軟体動物を食べる。幼獣には褐色の粗毛があるが、成獣では灰色の皮膚が裸出している。walrus ↓写

**せい-うん【青雲】** ①青い空。②高い地位。高官。

**青雲の志**(せいうんのこころざし) 立身出世の望み。功名心。great ambition

**せい-うん【盛運】** さかんな運命。さかえる運命。prosperity 対義衰運。

**せい-うん【星雲】** 輪郭のぼんやりした雲状天体の総称。銀河系内にあるガス状星雲と銀河系外にある恒星などの大集団(=銀河)とに分けられる。nebula ↓写

**せいうん-せつ【星雲説】** 太陽系の成因説の一つ。原始の星雲が冷却しながら収縮・回転し、その力で太陽や地球が生まれたという考え。一七五五年にカントが考え、その後、ラプラスが修正した。nebular hypothesis

**せいうん-せん【星雲線】** きわめて低密度で高温のガスが出す輝線スペクトル。惑星状星雲で初めてみつかったことからの名。禁制線。nebular line

**せいうん-だん【星雲団】** 銀河系外星雲が約五〇個以上の規模の集団。数百個・数千個の集団もある。cluster of galaxies

**せい-えい【清栄】** ①清く栄えること。②手紙で、相手の健康や繁栄を祝う語。用例御一同益々御—の段。

**せい-えい【精鋭】** 一(名) えりぬきの強兵。the best pick 二(名・形動) 力や勢いなどがすぐれてするどいこと・さま。

**せい-えい【精衛】** 古代中国の、想像上の鳥。西山せいざんの木石をくわえ、東海とうかいを埋めようとしたが、徒労に終わったという。

**精衛、海を塡む**(せいえい、うみをうずむ) 出来もしないことを企て、無駄骨を折るたとえ。

**せいえい-じゅ【精英樹】** 林業で、ある種の樹木群のなかで、生長がよく病虫害に強いなど、とくにすぐれた性質をもったもの。優良な

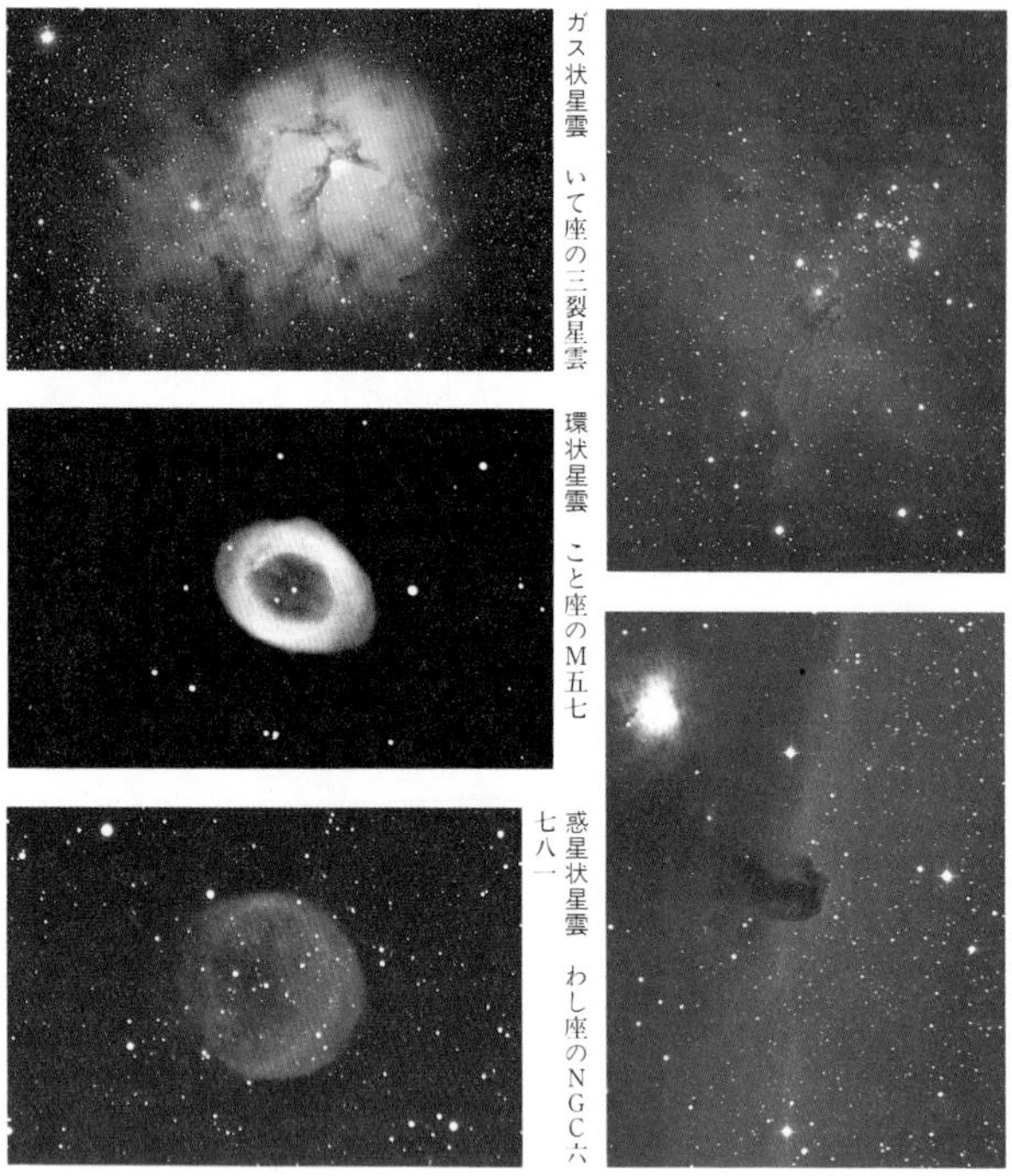

●星雲
散光星雲　へび座のM一六
暗黒星雲　オリオン座の馬頭ばとう星雲
ガス状星雲　いて座の三裂星雲
環状星雲　こと座のM五七
惑星状星雲　わし座のNGC六七八一

●セイウチ

品種をつくるために重要。

**せい-えき【精液】** ①純粋な液。②雄性生殖器官から分泌される精子を含んだ液。精水。淫水。ザーメン。sperm

**せい-えん【正塩】** 酸の水素イオン$H^+$と塩基の水酸化物イオン$OH^-$が完全に中和反応してできる塩。塩化ナトリウム$NaCl$や硫酸カリウム$K_2SO_4$など。normal salt

**せい-えん【声援】**(名・サ変他) 声をかけて、励ますこと。応援すること。encouraging cheer 用例 ―を送る。

**せい-えん【▼凄▼艶・▼凄▼婉】**(名・形動) 女性の、ぞくぞくするほど美しくなまめかしいこと・さま。alluring beauty

**せい-えん【清宴】** 高尚なおもむきのある宴。風流な宴会。

**せい-えん【盛宴】** 盛大な宴会・酒宴。grand banquet

**せい-えん【製塩】** 食塩を製造すること。海水を濃縮させる方法として、塩田法・直煮法・イオン交換樹脂膜を使う法・真空濃縮法などがある。salt manufacture

**ぜいえん【説▼苑】** 中国の逸話集。前漢末の劉向の撰。二〇巻。前賢先哲の逸話を「君道」から「反質」まで二〇編に分類収録。古人の言行を示して時局を批判する。

**せいえん-ぎょう【製塩業】** 食塩を製造する産業。古くは塩田で、現在ではイオン交換樹脂膜などを使って製造される。salt industry

**せい-おう【西欧】** ヨーロッパの西部地域の総称。西ドイツ・イタリア・フランス・スイス・オランダ・ベルギー・英国など。西ヨーロッパ。Western Europe 対義 東欧。

**せい-おう【成王】** ①紀元前一一世紀ごろの中国、周王朝第二代の王。殷を滅ぼした武王の子。東方を征し洛陽に都を営んで繁栄の源を築いた。②(?〜BC六二六) 中国、春秋時代の楚の国王(在位BC六七一〜BC六二六)。北方の宋・斉を攻め、一時は泰山以南を勢力下におくほどになったが、末年には太子の商臣にそむかれ自殺。

**せいおうぼ【西王母】** 中国の伝説上の仙女。災害と刑罰をつかさどると考えられた。漢の武帝が長命を願っていることを知り、三〇〇〇年に一度実がなるという仙桃を捧げたと伝えられる。

**せい-おん【正音】** ①正しい音声。right sound ②平安時代、呉音に対する漢音のこと。

**せい-おん【声音】** こえ。音声。vocal sound

**せい-おん【清音】** 濁点・半濁点を用いない仮名で表す音。「が」に対する「か」、「ば・ぱ」に対する「は」など。対義 濁音・半濁音。

**せい-おん【聖恩】** 天子の恩恵。天恩。

**せい-おん【静穏】**(名・形動) 静かで、おだやかなこと・さま。peacefulness

**せいおん-けん【静穏権】** 騒音のない静かな生活を営む権利。

**せいおん-ざい【静穏剤】** →せいしんあんていざい(精神安定剤)

**せい-か【世家】** ①中国で、諸侯など代々世禄を受ける家柄。②世家の記録。『史記』の三十世家はとくに有名。

**せい-か【正価】** かけねなしの値段。また、割引していない値段。net price

**せい-か【正貨】** 本位貨幣。その素材価値と額面価値が一致する金貨または銀貨。一般には金・銀地金や金為替も含む。specie

**せい-か【正課】** 正規の課目。必修の学課。regular curriculum

**せい-か【生花】** ①華道の一様式。古くは活け花といったもので、江戸中期の町人文化の一つの様式として発生。しょうか。floral arrangement 数え方 一対。②自然の生きた花。natural flower 対義 造花。→生け花 写

**せい-か【生家】** 自分の生まれた家。実家。the house where one was born; parents' house

**せい-か【成果】** なしとげた結果。できばえ。result

**せい-か【声価】** 人や物事に対するよい評判。きこえ。fame 用例 ―を獲得する。

**せい-か【青果】** 野菜とくだもの。fruits and vegetables 用例 ―市場。

**せい-か【斉家】** 家を治め整えること。比較 修身。

**せい-か【盛夏】** 夏の暑いさかり。まなつ。midsummer

**せい-か【聖化】** キリスト教の用語。罪ある人間が、神の愛によって聖なる生き方へ変化させられること。きよめ。sanctification

**せい-か【聖火】** ①神にささげる神聖な火。sacred fire ②オリンピック期間中、聖火台で燃え続ける祭典の火。一九二八年のアムステルダム大会以後、競技場で燃やされるようになった。the Olympic Torch

**せい-か【聖歌】** ①神をたたえる歌。②賛美歌。hymn

**せい-か【精華】** ①すぐれて、うるわしいこと。glory ②そのものの真価を表す、いちばんすぐれたところ。flower; essence

**せい-か【製菓】** 菓子を作ること。confectionery

**せい-か【製靴】** くつを作ること。shoemaking

**せい-か【請暇】** 休みを願い出ること。また、その休暇。ask for a vacation

**せい-か【▼臍下】** へその下。さいか。

**せい-か【西夏】** チベット系のタングート族が中国西北部寧夏地方に建てた国。唐末、黄巣の乱の討伐に功があった拓跋氏が李姓を与えられ、一〇三八年、李元昊が皇帝を称し、国号を大夏、国都を興慶府に定めた。宋・遼・金とは服属・抗争を繰り返したが、一二二七年チンギス=ハンに攻められ滅亡。中国や西方の文化を摂取。仏教が栄え、西夏文字を創案、漢籍・仏典が翻訳された。

**せいか【精華】**〈町〉 京都府南部、木津川に沿う町。近郊農業がさかんで、スイカ・イチゴの産地。住宅地としても発展。人口一万六七四一(一九八八)。

**せい-が【清華】** 摂関家に次ぐ公家の家柄。大臣と大将を兼ね、太政大臣になれる。久我・転法輪三条・西園寺・徳大寺・今出川(菊亭)・花山院・大炊御門の七家。のち広幡・醍醐家を加え九家。華族。

**せい-が【清雅】**(名・形動) きよらかで、上品なこと・さま。graceful

**せい-が【聖画】** キリスト教の事跡、伝説、人物などを描いた宗教画の一種。キリスト教絵画。religious painting

**せい-が【精雅】**(名・形動) 描写などが、くわしくて上品なこと・さま。

**せい-かい【正解】**(名・サ変他) 正しく解答、解釈すること。また、その解答・解釈。correct answer 比較 誤解・曲解。

**せい-かい【精解】**(名・サ変他) くわしく解釈すること。詳解。detailed interpretation 対義 略解。

**せい-かい【政界】** 政治の世界。政治家の社会。political world

**せい-かい【盛会】** 盛大な会。successful meeting

**せいかい【青海】**〈省〉 中国西部の省。標高二五〇〇〜三〇〇〇mの高原にあり、南は黄河・揚子江(長江)の水源地帯。人口三九〇万(一九八四)。チンハイ。

**せい-かいいん【正会員】** 正式の資格を持つ会員。full member 比較 正員。

**せいかい-けん【制海権】** おもに海軍力によって一定範囲の海域を制圧し、軍事・通商・航海などを支配できる状態。海上権。command of the sea 比較 制空権。

**せいかい-せいど【姓階制度】** 生まれながらにして所属する身分がきまっている制度。インドのカースト制度はその一例。身分制度。

**せいがいは【青海波】** 囗①雅楽の曲名。左方(唐楽)で盤渉調。二人で舞い、舞人の衣装に青海波の模様がある。②清元節の曲名。二世清元梅吉作曲。③都山流尺八の曲名。中尾都山作曲。囗雅楽「青海波」に用いる、衣服の波形の染め模様。また、それに似た波を図案化した模様。浅葱に藍で波形を並べたもの。→写

●青海波 囗

**せい-かがく【生化学】** 生命現象を化学的な側面から解明する学問。生物化学。biochemistry

**せい-かく【正格】** ①正しい規則。正しいとりきめ。②文法で、「正格活用」の略。③詩などをつくるとき、型に正しく合っていること。

**せい-かく【正確】**(名・形動) 正しく、たしかなこと・さま。correctness 用例 ―な時刻。―な知識。―に発音する。

**せい-かく【精確】**(名・形動) くわしく、たしかなこと・さま。accurate 用例 ―な報道。―な解釈。

**せい-かく【精核】** 雄性配偶子の核。動物では精子の頭部にある核をさす。被子植物では雄原核(生殖核)が二分してできた二個の核をいう。sperm nucleus

**せい-かく【性格】** ①その人の生まれつき持っている性質。気質。personality ②物事が持つ傾向・性質。character 用例 問題の―が違う。③倫理学で、個人の意欲・行為・態度をつらぬいている特質。品性。character ④心理学で、その人の精神生活のすべての面に現れる、全体としての素質。その人に特有な感情・意志・行動の状態・傾向。人格。personality

**せい-かく【政客】** 政治にたずさわる人。政治家。politician

**せい-かく【製革】** 生皮をなめし革にすること。tanning

**せい-がく【声楽】** 人間の声による音楽。独唱・重唱・斉唱・合唱に分けられる。vocal music 対義 器楽。→図

**せい-がく【星学】** 天文学の旧称。

**ぜい-がく【税額】** 税金の高。amount of a tax

**せいがく-か【声楽家】** 歌曲を歌う音楽家。vocalist

**せいかく-がく【性格学】** 心理学の研究領域の一つ。性格またはパーソナリティーの類型・特性発達・変化・測定などを研究する学問。人格心理学。性格心理学。パーソナリティー研究。characterology

**せいかく-かつよう【正格活用】** 動詞の活用のうち、現代語で五段・上一段・下一段、文語で四段・上二段・下二段・上一段・下一段の各活用のこと。

**せいがく-きょく【声楽曲】** 声楽のために作った曲。vocal music piece 対義 器楽曲。

**せいかく-げき【性格劇】** 特別な性格を持った人物を主役とし、その性格ゆえに起こるできごとを中心に展開する劇。character drama

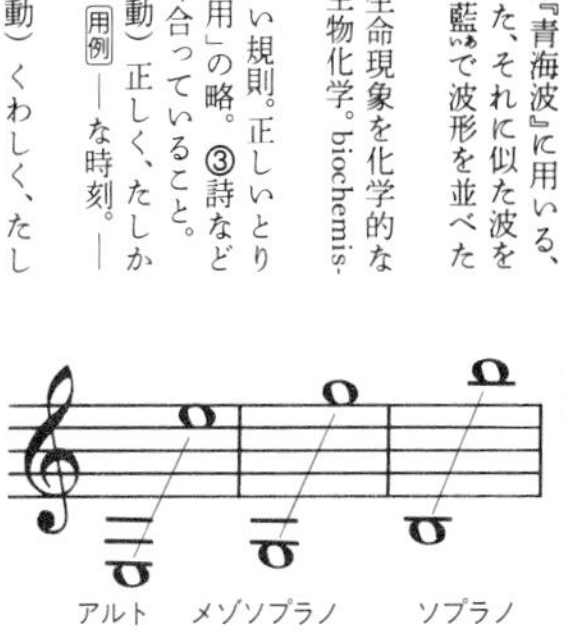


●声楽 男女の平均声域

**ぜいがく-こうじょ【税額控除】** 通常の算定方法で得られる所得税額から一定額を差し引いて徴収する制度。または、その金額。配当控除・外国税額控除など。tax credit

**せいかく-ずほう【正角図法】** →メルカトルずほう(メルカトル図法)

**せいかく-はいゆう【性格俳優】** 人物の性格をたくみに表現する演技を得意とする俳優。character actor

**せいかく-びょうしゃ【性格描写】** 小説・戯曲で、人物の個性を描き分けること。characterization

**せい-かげき【正歌劇】** オペラ-セリア。

**せいか-じゅんび【正貨準備】** 中央銀行が銀行券の兌換や国際決済などに備えて保有する正貨。金・ドル・SDR、その他の通貨からなる。specie reserve 比較 保証準備。

**せい-かぞく【聖家族】** キリスト教で、幼児のイエス・母マリア・父ヨセフの三人の家族。神聖家族。Holy Family →写

●聖家族 ミケランジェロ『聖家族』。ウフィッツィ美術館(イタリア)。

**せいか-たい【聖歌隊】** キリスト教会で聖歌を歌う合唱団。カトリック教会の公用語ではスコラ-カントルムという。choir

**せいが-だい【青▾瓦台】**《屋根に青い瓦を用いているところから》韓国の大統領官邸。

**せいか-たんでん【▾臍下丹田】** 臍の下の下腹のところ。力をここにこめると健康と気力を得るという。

**せい-かつ【正割】** 三角関数の一つ。余弦の逆数。セカント。secant

**せい-かつ【生活】**(名・サ変自) ①生きて活動すること。生物が生きていく日常の営み。life 用例アリの―。②くらしをたてること。living 比較 生存。用例―の糧を得る。

**せいかつかいりょうふきゅう-いん【生活改良普及員】** 農業改良普及事業の一環として、農家の生活技術指導にあたる都道府県職員。昭和二三年(一九四八)制定の農業改良助長法により設置。

**せいかつ-がっこう【生活学校】**「(財)あしたの日本を創る協会」が提唱する趣旨にそって、生活や環境の問題を互いに学びながら、住みよい地域づくりをめざす運動。生活学級。

**せいかつ-かん【生活感】** ①その人の実生活を感じさせるようす。②着実に、たくましく暮らしているようす。用例―みなぎる詩。

**せいかつ-かん【生活環】** 生殖細胞から始まり次の世代の生殖細胞ができるまでの生物の生活史を表現したもの。ライフサイクル。life cycle

**せいかつ-かんきょう【生活環境】** 日常生活を営む場をとりまく事物。人間や生物と相互作用をおよぼし合う。one's living environment

**せいかつかんれん-しゃかいしほん【生活関連社会資本】** 社会資本である公共諸施設のうち、学校その他の教育施設や公衆衛生施設など。狭義の社会資本。public assets

**せいかつ-きゅう【生活給】** 労働の質や量にかかわらず、年齢や扶養家族の別による最低生活費を基礎に算出される賃金。生活賃金。living wage

**せいかつ-きょうどうくみあい【生活協同組合】**「消費生活協同組合」の略。

**せいかつ-く【生活苦】** くらしの苦しさ。hardships of life

**せいかつ-くうかん【生活空間】** 人をとりまき、その人に影響を与える主観的・心理的な環境。人がその中で生活している私的な世界。life space

**せいかつ-けい【生活形】** 生物の形態や機能などから、生物の生活様式を類型化したもの。life form

**せいかつ-けん【生活圏】** 人間が生活している範囲。一定地域の居住者たちの行政区画と関係のない、日常的な生活行動のための領域。買い物・通勤・通学・出荷などの範囲。sphere of daily existence

**せい-かっこう【背格好・背▾恰好】** 背の高さやからだの形。からだつき。せかっこう。stature; physique

**せいかつ-し【生活史】** 動植物の個体が、発生してから次の世代の個体を生じ、死ぬまでの生活過程。生物群により生活史は決まっている。life history

**せいかつ-しどう【生活指導】** 児童・生徒に自分の日常生活の現実を認識させ、より価値あるものに高めていくことを目的とする指導。学校生活の中で学習指導とともに行われる。近年、病院・養護施設・老人ホームなどでも行われるようになってきた。counseling

**せいかつ-すいじゅん【生活水準】** ある国・地域・階層の標準的な生活の程度。所得水準と消費水準が指標となる。standard of living

**せいかつ-せっけい【生活設計】** 生活の計画を立てること。design of life

**せいかつつづりかた-うんどう【生活▾綴(り)方運動】** 作文(綴り方)を通して児童に現実を認識させ、自主的思考をうながす教育運動。昭和初年に全国の小学校でさかんになり、戦時下の弾圧を経て第二次大戦後復活した。

**せいかつ-とうそう【生活闘争】** 労働組合が社会生活の領域で展開する運動。社会保障制度の拡充要求などを中心とする。

**せいかつ-ねんれい【生活年齢】** ↓れきねんれい(暦年齢)

**せいかつ-のうりょく【生活能力】** くらしていける力・働き。生活力。earning power

**せいかつ-は【生活派】** 現実の生活や生き方を重くみる芸術の一派。

**せいかつ-はんのう【生活反応】** 生体が、生きているときにだけ示す反応。瞳孔反射などきわめて病状の重い患者の生死を確認するために利用する。または、死体の損傷などが生存中のものかどうかの判定にも有効。vital reaction

**せいかつ-ひ【生活費】** くらしていくのに必要な費用。生計費。living expenses

**せいかつ-ふじょ【生活扶助】** 生活保護制度のうち、最低生活費を保障するために行われる給付。livelihood assistance

**せいかつ-ほご【生活保護】** 生活に困窮する国民に対し、国が最低限の保障を行うこと。昭和二五年(一九五〇)に制定された生活保護法に基づく。livelihood protection

**せいかつほご-きじゅん【生活保護基準】** 生活保護法に基づく、生活困窮者に対する生活保障の基準。

**せいかつほご-ほう【生活保護法】** 国が生活に困っている国民に対して必要な保護を行い、最低生活を保障し、その自立を助長するための法律。昭和二五年(一九五〇)公布。

**せいかつ-ようしき【生活様式】** 時代や土地の違いによる、生活の型。mode of living

**せいかつ-りょうほう【生活療法】** 精神科治療法の一種。日常生活の全体を治療の場とし、生活指導・リクリエーション療法・作業療法からなる。living therapy

**せいかどう-ぶんこ【静▾嘉堂文庫】** 東京都世田谷区岡本にある和漢書中心の図書館。岩崎弥之助・小弥太の父子二代が明治二七年(一八九四)以来収集したものをもとに設立。昭和四五年(一九七〇)財団として独立。

**せいかぶつ-しじょう【青果物市場】** 野菜・くだもの類の集中的な取引機関。卸売人と仲買人で構成される。↓写

● 青果物市場　山形市中央卸売市場。

**せいか-ほう【青化法】** ①金・銀の製錬法の一つ。鉱石中の金・銀をシアン化ナトリウムなどの希薄水溶液に溶かし出し、亜鉛粉末で置換沈殿させて回収する。シアン化法。cyanidation ②鋼の表面硬化法の一つ。シアン化ナトリウムなどの溶液に浸して表面に薄い硬化層を形成する。液体浸炭法。cyaniding

**せいか-もじ【西夏文字】** 西夏の国定文字。景宗(李元昊)の命で漢字にならって作られ、西夏滅亡後も用いられた。西田竜雄の解読で知られる。

**せいか-リレー【聖火リレー】** オリンピック大会の聖火をかかげて走り継ぐリレー。一九三六年のベルリン大会以来、ギリシアのオリンピアで太陽光から点火し、開催地まで運ぶようになった。Olympic Torch relay

**せい-かん【生還】**(名・サ変自) ①死なずに帰ること。return alive ②野球で、走者が本塁に帰って得点となること。reach the home plate 用例二者―。

**せい-かん【清閑】**(名・形動) 清らかで、ものしずかなこと・さま。世のわずらわしさを離れて静かなこと・さま。quietness 用例―の地。

**せい-かん【盛観】** 盛大な見もの。さかんなようす。grand spectacle

**せい-かん【精管】** 精子を精巣から尿道まで輸送する管。輸精管。deferent duct ↓生殖器 図

**せい-かん【製缶】**(名・サ変他) 缶詰用の缶・ボイラーをつくること。can manufacturing 用例―業。

**せい-かん【静観】**(名・サ変他) 落ち着いて、事のなりゆきを見守ること。wait and see 用例事態を―する。

**せい-かん【西漢】** 前漢の別称。

**せい-かん【精▾悍】**(形動) 顔つき・目つき・動作などがするどく、あらあらしいさま。intrepid

**せい-がん【正眼】**《「青眼」「星眼」「清眼」とも》剣道で、刀のきっさきを相手の目に向けたかまえ。対義上段・下段。

**せい-がん【青眼】** ①正眼。②《中国、魏の阮籍は、人によって青眼と白眼を使い分けたという故事から》人を喜んでむかえるときの目つき。対義白眼。

**せい-がん【晴眼】** 物のはっきり見える目。盲目の側からいう語。keen observant eye 用例―者。

**せい-がん【誓願】**(名・サ変他) ①誓いを立てて神仏に祈ること。願かけ。②仏・菩薩の、衆生を救おうという誓い。

**せい-がん【請願】**(名・サ変他) ①願い出ること。②国民が国または地方公共団体に対し、法令の制定改廃、損害の救済、公務員の罷免などについて直接に希望を述べること。petition 比較陳情。

**ぜい-かん【税関】** 開港場・空港や国境で、関税・トン税などの賦課徴収、輸出入貨物・手荷物・船舶・航空機などの取り締まりおよび国内税の賦課徴収などの事務を行う大蔵省の地方部局。the customs

**せいかん-うん【星間雲】** 宇宙の星間物質が密に集中したもの。宇宙雲。interstellar cloud

**せいがんかいようせい-きこう【西岸海洋性気候】** 大陸西岸の緯度四〇~六〇度付近にみられる温暖湿潤気候。緯度のわりには温和で夏は涼しく冬は暖かい。西ヨーロッパや北アメリカ西海岸などにみられる。west coast oceanic climate

**せいがん-きこう【西岸気候】** ↓せいがんかいようせいきこう(西岸海洋性気候)

**せいかん-きゅうしゅう【星間吸収】** 天体の光が星間物質によって吸収されること。interstellar absorption

**せいがん-ざい【制▾癌剤】** 癌細胞の増殖を抑制する薬物。転移の防止・予防に有効。抗癌剤。carcinostatic agent

**せいがん-じゅんさ【請願巡査】** 旧警察制度で、請願により私的な施設・邸宅に警備のため派遣配置された巡査。町村協議、あるいは会社・個人でその費用を納めて請願したもの。

**せいかん-じん【星間▾塵】** 恒星間空間にある固体微粒子。interstellar dust

**せいがんと-じ【青岸渡寺】** 和歌山県東牟婁郡那智勝浦町にある天台宗の寺。西国三十三所の第一番札所。那智の観音。

**せいかん-トンネル【青▾函トンネル】** 青森県津軽半島と、北海道渡島半島を結ぶ海底トンネル。海底部は二三・三km、全長五三・九km。昭和六三年(一九八八)三月からJR海峡線が運行。青函海底トンネル。

**せいかん-ぶっしつ【星間物質】** 星と星のあいだの空間を満たす気体や微粒子(宇宙塵)の総称。大部分は水素。とくに濃い部分は星雲となる。interstellar matter

**せいかん-ぶんし【星間分子】** 星間雲のなかに発見されている分子。水素分子・一酸化炭素など。interstellar molecule

**せいかん-れんらくせん【青▾函連絡船】** 津軽海峡をはさみ、青森と函館を結んだ連絡船。明治四一年(一九〇八)に国営となり、本州と北海道の大動脈となったが、昭和六三年(一九八八)三月、青函トンネルを走るJR津軽海峡線の開業にともない廃止された。

**せいかん-ろん【征▾韓論】** 明治六年(一八七三)西郷隆盛・板垣退助らが唱えた朝鮮侵略論。大久保利通・岩倉具視・木戸孝允らの内治先行論に破れ、西郷らは野に下った。

**ぜいかん-わたし【税関渡し】** 税関で輸出入貨物を引き渡す条件の取引契約。

**せい-き【世紀】** ①西暦で、紀元元年を起点として一〇〇年を単位に数える時代区分。一年から一〇〇年までを一世紀とする。century ②《「世紀の」の形で》一世紀に一度というほどの、の意を表す。用例―の祭典。

**せい-き【正気】** 天地間に存在する根本の力。

**せい-き【正規】** 正式に決められていること。そのきまり。regular

**せい-き【生気】** いきいきした気力。活気。vitality 用例―がない。

**せい-き【生起】**(名・サ変自) 現れ起こること。occurrence

**せい-き【西紀】** 西洋の紀元。西暦。

**せい-き【性器】** ↓せいしょくき(生殖器)

**せい-き【▾旌旗】** はた。のぼり。

**せい-き【清規】** ①会則などの美称。②↓しんぎ(清規)

**せい-き【盛期】** 栄えて勢いのさかんな時期。



↓行き先項目、図版・写真参照印。 JIS 日本工業規格情報交換用漢字符号コード(区点コード)。

盛時。

**せい-き【精気】** ①万物をつくる元の気。spirit ②心身を保持する気力。spirit ③精神と気力。mind and spirit ④精霊。spirit

**せい-き【精機】** 「精密機械」の略。

**せい-ぎ【正義】** ①正しい道理。justice ②正しい意味。correct meaning

**せい-ぎ【盛儀】** 盛大な儀式。grand ceremony

**せい-ぎ【精義】** くわしい意義・講義。full commentary

**せい-ぎ【西▼魏】** 中国、北朝の王朝。五二三年以降内乱の続いた北魏が、五三四年に東西に分裂して成立。宇文泰が宗室を擁立して長安に都し、東魏と互いに正統を主張して抗争。五五六年宇文覚により滅亡させられる。

**せいき-きょくせん【正規曲線】** 正規分布の確率密度関数の表す曲線。正規分布曲線。normal curve

**せいき-せつ【生気説】** 生命現象には超自然的な力(生命力)が作用し、これがあるために無生物と生物とが異なるとした説。vitalism

**せいき-びょう【世紀病】** 《mal du siècle フランス訳語》一八世紀のフランス革命に続く世紀末的メランコリーと、ナポレオン失墜後の世情から生まれた病的な傾向。

**せいき-ぶんぷ【正規分布】** 統計の確率分布の一つ。ある条件にしたがう誤差の分布など。理論的にもっとも重要な分布。ガウス分布。normal distribution ↓図

●正規分布 平均値に対して対称になるグラフ

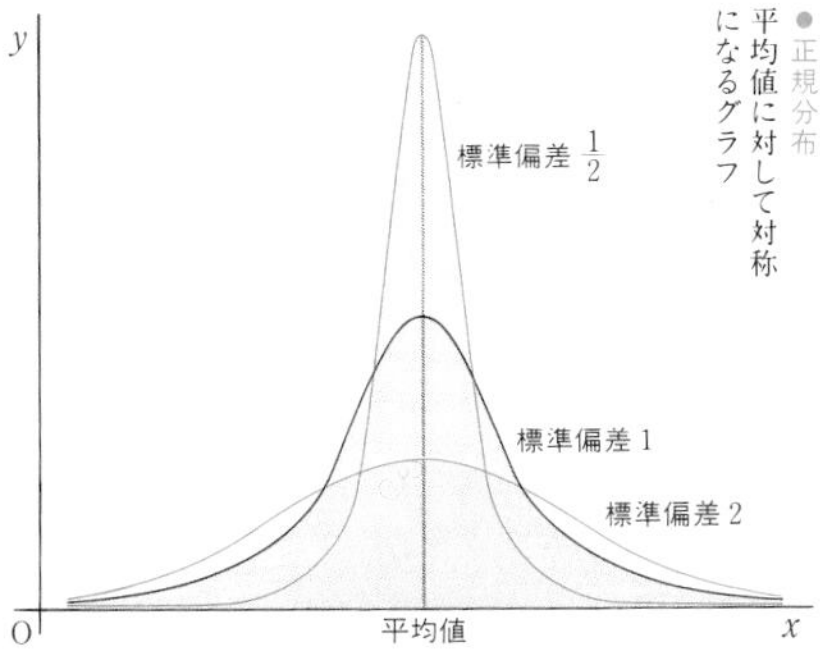


**せいきぶんぷ-きょくせん【正規分布曲線】** ↓せいききょくせん(正規曲線)

**せいき-まつ【世紀末】** 《fin de siècle フランス》一九世紀末期、フランスを中心とするヨーロッパで、それまでの権威が失墜して、懐疑・享楽の風潮がさかんにおこった時代。また、その傾向。

**せいきまつ-ぶんがく【世紀末文学】** 一九世紀末から二〇世紀初めにかけてヨーロッパにおこった耽美的傾向の文学。リアリズムに反抗し、幻想的・神秘的作品を残した。

**せい-きゅう【性急】**(名・形動) せっかち。気みじかなこと・さま。impatience

**せい-きゅう【制球】** 野球で、投手が思うコースに投球できること。コントロール。pitching control 用例 —力。

**せい-きゅう【請求】**(名・サ変他) 当然受け取るべき金品を、相手に求めること。demand 比較 要求。用例 —書。

**せいきゅう-けん【請求権】** 損害賠償など、他人に一定の行為を要求する権利。claim rights

**せい-きょ【逝去】**(名・サ変自) 他人が死ぬことの尊敬語。身内には「死去・永眠」を使う。

**せい-きょ【盛挙】** 盛大な事業・計画。large-scale enterprise 比較 壮挙。

**せい-ぎょ【井魚】** ①井戸の中の魚。②世間を知らない人のたとえ。

**せい-ぎょ【生魚】** ①生きている魚。活魚。live fish ②新鮮な魚。鮮魚。fresh fish

**せい-ぎょ【成魚】** 十分に育った魚。adult fish 対義 稚魚。

**せい-ぎょ【制御・制▼禦・制▼馭】**(名・サ変他) ①かってにさせないこと。思いどおりにあやつること。支配。control 用例 馬を—する。欲望を—する。②調節すること。control 用例 自動—。

**せい-きょう【正教】** 正しい教え。orthodoxy 対義 邪教。

**せい-きょう【生協】** 「消費生活協同組合」の略。

**せい-きょう【政教】** ①政治と宗教。religion and politics ②政治と教育。politics and education

**せい-きょう【盛況】** さかんなありさま。prosperity 用例 満員の—。

**せい-きょう【聖教】** ①聖人の教え。sacred teachings ②孔子の教え。儒教。③キリスト教。Christian religion

**せい-きょう【精強】**(名・形動) すぐれて強いこと・さま。精鋭。用例 —をほこる師団。

**せい-ぎょう【正業】** まじめな職業。かたぎの商売。honest business 用例 —につく。

**せい-ぎょう【生業】** 生活のための職業。なりわい。occupation

**せい-ぎょう【成業】**(名・サ変自) 学業・事業などを成しとげること。accomplishment

**せい-ぎょう【盛業】** さかえている事業。prosperous business 用例 ご—を祝す。

**せい-きょういく【性教育】** 性についての科学的知識を与え、男女の体の特質や心理の違いを正しく理解させるための教育。正しい価値観と態度の育成を目的とする。純潔教育。sex education

**せいきょう-いっち【政教一致】** 国家制度と宗教団体の一体化を唱える体制、または政党。unity of church and state

**せい-きょうかい【正教会】** 「東方正教会」の略。

**せいきょう-と【清教徒】** 一六世紀後半、カルバン主義に基づき、英国国教会内に宗教改革を徹底させようとした人々。教会および市民生活の純化を主張。ピューリタン。Puritan

**せいきょうと-かくめい【清教徒革命】** 一六四〇～六〇年の清教徒によるイギリスの市民革命。チャールズ一世の専制に反抗して一六四二年内乱が起こり、クロムウェルの率いる議会派が勝利を収めた四九年、王を処刑し共和制を樹立。ピューリタン革命。The Puritan Revolution

**せいきょう-ぶんり【政教分離】** 国家が宗教的中立性を保ち、政治権力と宗教を結びつけないという考え。separation of religion and politics

**せいきょうようろく【聖教要録】** 江戸前期の儒書。三巻。山鹿素行著。寛文五年(一六六五)刊。朱子学に対し、古学の重要性を主張。

**せい-ぎょき【盛漁期】** 魚がたくさんとれる時期。豊漁期。fishery season

**せい-きょく【世局】** 世の中のなりゆき。時勢。

**せい-きょく【正極】** ①陽極。直流回路においてプラスの極。電位の高い方の極。positive electrode ②磁石のN極。the north pole 対義 負極。

**せい-きょく【政局】** 政界・政治のなりゆき。political situation

**せい-きょく【静極】** 植物極の別称。

**せい-ぎょく【青玉】** ①サファイアの別名。②タケの別名。

**せいぎょ-そうち【制御装置】** 機械または装置の一部あるいは全体を制御する装置。コンピューターを使って統合的に行う場合は自動制御装置という。control unit

**せいぎょ-ぼう【制御棒】** 原子炉内の核分裂反応の調節に使用する棒。熱中性子をよく吸収する硼素・カドミウムなどをステンレス・アルミニウムで被覆したもの。粗調整棒・微調整棒のほか緊急停止用の安全棒がある。control rod

**せいきょほうい-ずほう【正距方位図法】** 地図投影法の一つ。方位図法のうち、地図の中心から各方向への距離と方位が正しく表されるようにしたもの。接点が極にあるときは、経線は各方向へ放射する直線、緯線は等間隔の同心円となる。参照 方位図法。azimuthal equidistant projection

**せい-きん【生菌】** 生きている細菌。living germ

**せい-きん【青襟・青▼衿】** 《昔、中国で、えりの青い服を着たことから》学生。

**せい-きん【精勤】**(名・サ変自) つとめにはげむこと。精励。diligence 用例 —賞。

**ぜい-きん【税金】** 租税。また、租税として納入する金銭。tax

**せいきん-は【星▼菫派】** 明治三〇年代、与謝野鉄幹・晶子をはじめとする明星派の浪漫詩人につけられた呼称。

**ぜいきん-ひなんち【税金避難地】** ↓タックスヘイブン

**せい-く【成句】** ①二語以上からなり、一つのまとまった意義をもつことば。「油を売る」など。慣用句。idiomatic phrase ②昔からいわれている文句・ことわざ。「李下の冠」など。set phrase

**せいくう-けん【制空権】** 航空戦力によって一定範囲の空域を支配できる状態。command of the air 比較 制海権。

**せい-くらべ【背比べ】**(名・サ変自) 身長を比べること。たけ比べ。compare heights

**せいくる** 大形の海獣セイウチの牙の俗名。水象牙。

**せい-くん【正訓】** 漢字を、本来の意味用法に従って訓読すること。正しい読み方。対義 義訓。

**せい-くん【請訓】**(名・サ変自) 外国駐在の大使・公使などが、本国政府に訓令を要請すること。対義 回訓。

**せい-けい【正系】** 正しい系統。まじりけのない血すじ。legitimate line 対義 傍系。

**せい-けい【生計】** 暮らしの方法・手段。livelihood 用例 —を立てる。

**せい-けい【成形】**(名・サ変自他) ①形をつくること。形ができること。form ②素材に一定の形づけをすること。また、その工程。form; make; shape; mold ③耕地に、種まき・植えつけのための形をつけること。shape; form ④外科で、胸郭成形術。thoracoplasty

**せい-けい【成型】**(名・サ変自他) 素材を型にはめて、一定の形状に形づくること。mold米; mould英

**せい-けい【西経】** 本初子午線から西へはかった経度。〇～一八〇度まである。west longitude 対義 東経。

**せい-けい【政経】** 政治と経済。politics and economics

**せい-けい【整形】**(名・サ変他) 《「成形」は別語》形を正しくととのえること。比較 整復。

**せいけい-げか【整形外科】** 筋肉や骨格などの運動器官の機能障害や形態異常の予防・治療・矯正を研究する臨床医学。労働災害や交通事故も含まれる。orthopedics 比較 形成外科。

**せいけい-ひ【生計費】** 生計のかかり。家計費。生活費。living expenses

**せいけいひ-しすう【生計費指数】** 各家庭の生計費に基づき、消費生活に必要な品々の値段と数量などについてつくられた物価指数。消費者物価指数の前身にあたる。CLI。cost of living index

**せい-けつ【清潔】**(名・形動) きよくて、よごれのないこと・さま。cleanliness 対義 不潔。

**せい-げつ【▼霽月】** 《「霽」は雨が止む、の意》雨のあがった空に照りわたる月。

**せい-けってい【性決定】** 雌雄異体の動物で、個体の性が雄または雌に決まることをいう。性染色体の受精時の組み合わせにより決まる。sex determination

**せい-けん【生検】** 病気の確定や治療経過を調べるために、腎臓・肝臓などの病変部組織を少量とり顕微鏡などで検査すること。組織片をとるには、針を用いるか外科的に切開するなどの方法がある。バイオプシー。組織診。biopsy

**せい-けん【生絹】** 練っていない絹。すずし。きぎぬ。

**せい-けん【政見】** 政治上の意見・主張。one's political view 用例 —発表。

**せい-けん【政権】** 政治機構を実質的に支配・運用する権力。political power

**せい-けん【聖賢】** 聖人と賢人。知徳のもっともすぐれた人。sages

**せい-げん【正弦】** ＝サイン。①三角関数の一つ。平面上で、原点を中心とする単位円の周上を動く点について、偏角に対する縦座標の関係。sine ②三角比の一つ。直角三角形で、斜辺の長さに対する高さの比。記号sin sine

**せい-げん【西▼諺】** 西洋のことわざ。

**せい-げん【制限】**(名・サ変他) 限界を定めること。その限界。limitation 用例 人数を—する。—速度。

**ぜい-げん【税源】** 租税の支払われる源泉。資本主義社会での税源は原則として所得であるが、例外的に相続税は財産を税源としているとされる。tax revenue source

**ぜい-げん【▼贅言】** むだ口。多言。贅語。prattle

**贅言を費やす迄も無い**(ぜいげんをついやすまでもない) いまさら言うまでもない。贅言を要しない。

**せいけんいげん【▼靖献遺言】** 江戸初期の思想書。浅見絅斎著。貞享四年(一六八七)成立。君国のために節義を守った八人の中国人の遺文を集めたもの。尊王論に大きな影響を与えた。

**せいげん-かんじ【制限漢字】** 「常用漢字表」に掲げられている範囲外の字。表外漢字。

**せいげん-かんすう【正弦関数】** 実数$x$に対し、その正弦の値$y$を対応させる関数。$y=\sin x$と書く。sine function

**せいげん-きょくせん【正弦曲線】** 正弦関数のグラフ。sine curve

**せいげん-くんしゅせい【制限君主制】** 立憲君主制の別称。

**せいげん-こうそ【制限酵素】** DNAのある特定の塩基配列をもつ部分を、選択的に切断する酵素。組換えDNAの実験や遺伝子の解析に不可欠。restriction enzyme

**せいげん-さくらひめ【清玄桜姫】** 桜姫の色香に迷って破戒ののち殺される、清水寺の清玄法師の話を題材とした歌舞伎・浄瑠璃の総称。近松門左衛門の『一心二河白道』、鶴屋南北の『桜姫東文章』など。

**せいげん-じかん【制限時間】** 限られた時間。とくに、大相撲で、力士が土俵に呼び出されてから立ち合うまでに、仕切り直しを許される時間。幕内四分、十両三分、幕下以下はすべて二分。time limit

**せいげん-しんりょう【制限診療】** 保険医療で、厚生省の基準に従った診断・医療行為。

**せいげん-せんきょ【制限選挙】** 身分・階級・財産・人種・信仰・教育・性別などによって選挙権の付与を制限する選挙方法。limited suffrage [対義]普通選挙。

**せいげん-せんそう【制限戦争】** ↓げんていせんそう(限定戦争)

**せい-げんそ【生元素】** 生物が生命を維持するために必要な元素。炭素・水素・酸素・窒素など多量に必要なものや、銅・銀・沃素などの微量でよいものとがある。bioelement

**せいげん-そくど【制限速度】** 場所や道路事情により、一定のスピードに制限された列車・自動車の速度。speed limit

**せいげん-ていり【正弦定理】** 初等幾何学の定理の一つ。三角形の外接円の半径を$r$とすると、$a/\sin A=b/\sin B=c/\sin C=2r$である。ただし、A、B、Cは三角形の頂角、$a$、$b$、$c$はその対辺の長さ。sine theorem

**せいげん-は【正弦波】** 時間的空間的に変動する波の形が正弦関数で表されるもの。sine wave

**せいけん-ほうそう【政見放送】** 公職選挙法に基づき、立候補者が自分の政治的主張を有権者に知らせるために行うラジオ・テレビ放送。費用は国庫負担。broadcast of political views

**せい-こ【西湖】** 中国、浙江省杭州市の西郊にある湖。三方を山に囲まれた景勝地。古来「西湖十景」とうたわれる。シーフー。

**せい-ご【正誤】** ①正しいことと誤っていること。right and wrong ②あやまりを正すこと。訂正。correction

**せい-ご【生後】** 生まれてから後。after one's birth [用例]―三か月。

**せい-ご【成語】** ①昔の人がつくり、長い間言い慣らわされてきた語句。「呉越同舟」など。set phrase [比較]成句。[用例]故事―。②熟語。idiomatic phrase

**せいご【勢語】** 『伊勢物語』の略称。

**せいご【▼鮬】** スズキの若魚のよび名。全長二〇〜三〇cmのもの。なお、スズキは成長によって呼び名が変わる出世魚で、五〇〜七〇cmのものをフッコ、それ以上をスズキという。

**ぜいご** アジの側面に腹から尾にかけてついているギザギザのうろこ。ぜんご。

**ぜい-ご【▼贅語】** ↓ぜいげん(贅言)

**せい-こう【正孔】** 絶縁体や半導体をつくっている結晶中で、電子が欠けてできた孔。負の電荷の電子がぬけたので、そこは正の電荷をもつと仮想される。ホール。positive hole

**せい-こう【正▼鵠】** (「せいこく」の慣用読み) ①まとの中心の黒点。bull's-eye ②めあて。要所。急所。the point ③物事が正しいこと。

**正鵠を射る**(せいこうをいる) ものごとの核心をつく。hit the mark

**正鵠を得る**(せいこうをえる) 「正鵠を射る」と同意。

**せい-こう【生硬】**(名・形動) [対義]洗練。①世なれないで、融通のきかないこと・さま。immaturity ②考えや作品などが、未熟で、ごつごつしていること・さま。crudeness

## せい-こう【成功】

(名・サ変自) ①事業や計画をなしとげること。目的を達すること。accomplishment [対義]失敗。[用例]実験に―する。②社会的地位や財産を得ること。立身出世。success [用例]―者。―して故郷に錦をかざる。

**せい-こう【性交】**(名・サ変自) 男女の性的な交わり。交接。交媾。intercourse; coitus

**せい-こう【性向】** 性質の傾向。気質。inclination

**せい-こう【性行】** 性質と品行。character and conduct

**せい-こう【政綱】** (「政党綱領」の略) 政党の立党の基本原則と政策の大綱。

**せい-こう【盛行】**(名・サ変自) さかんに行われること。しきりにもてはやされること。

**せい-こう【精巧】**(名・形動) 細工がこまかくてたくみなこと・さま。elaborateness [用例]―な機械。

**せい-こう【精鉱】** 選鉱によって有用成分の含有率を高めた鉱石。mineral concentrate

**せい-こう【精鋼】** 精錬した鉄鋼。refined steel

**せい-こう【製鋼】**(名・サ変自) 鋼鉄をつくること。銑鉄を精錬し、不純物を除去する間接法が主流。鉄鉱石から直接鋼鉄をつくる方法もある。steel manufacture

**せい-こう【西江】** 中国南部、珠江最大の支流。雲南省東部から広西壮族自治区を東流し、梧州を経て珠江に注ぐ。長さ一七九〇km。流域産物の重要な輸送路。シーチアン。

**せい-こう【斉▼璜】**(一八六三〜一九五七) 中国、現代の国画家。号は白石。花卉草虫にすぐれ、晩年は好んで海老を描く。詩・書・篆刻にも巧み。

**せい-ごう【正号】** 正数を表すしるし。プラス。記号「+」。positive sign [対義]負号。

**せい-ごう【整合】**(名・サ変自他) ①きちんと合うこと。一致させること。理論に矛盾のないこと。consistent ②著しい時間のへだたりがなく、地層が平行に連続的に堆積していること。conformity [対義]不整合。

**せいこうい-かんせんしょう【性行為感染症】** 新旧の性病を総称してよぶことば。旧性病の淋病・梅毒・軟性下疳・鼠径リンパ肉芽腫の四種のほか、性器ヘルペス症・非淋菌性尿道炎・エイズなど、新しいタイプの性病が発生している。sexually transmitted disease

**せいこう-うどく【晴耕雨読】** ①晴れた日には田畑をたがやし、雨の日には家で読書すること。②田園にしずかにくらすこと。

**せいこう-かい【聖公会】** ①儀式を重んじるイギリス国教会と、それを母胎とする世界各地のプロテスタント教会。Anglican Church ②「日本聖公会」の略。

**せいこう-さいばい【清耕栽培】** 果樹園の土壌管理法。中耕により除草し、地表面を清潔にしておく。除草剤を使うこともある。clean culture

**せいこう-ざん【井▼岡山・井▼崗山】** 中国、江西省西部、湖南省との省境の山地。標高一五〇〇〜一七〇〇m。一九二七年毛沢東が最初の革命根拠地とした。人口四・九万(一九八四)。チンカンシャン。

**せい-ごうせい【生合成】** 生物体内で、簡単な化合物から複雑な有機化合物を合成すること。biosynthesis

**せいこう-ちょう【青紅鳥】** カエデチョウ科の飼い鳥の一種。雄は背が緑、腹と尾が赤、顔が青い小鳥で、全長約一五cm。雌は地味で、顔が青くない。美しく飼いやすいので、日本にも多数輸入されている。東南アジアの山地に分布。

**せいこう-とうてい【西高東低】** ①気象用語で、日本付近に現れる典型的な冬型の気圧配置。西のシベリア大陸に高気圧、東の千島からアリューシャン列島にかけての海上に低気圧がみられる。強い北西風が吹き、日本海側は大雪、太平洋側は晴天となり乾燥した風が吹く。②社会事象などで、西日本が高く東日本が低いことを比喩的に言う。[用例]寿命の―。

**せいこう-の-へん【▼靖康の変】** 中国、北宋が金に滅された事件。一一二六年(靖康元)金は汴京(開封)を攻略。二七年徽宗・欽宗を捕囚として満州に連行し、北宋は覆滅。宋室は江南に移って南宋と称された。

**せいこう-ほう【正攻法】** 相手をだますような策略を用いないで、正々堂々と行う攻め方。standard tactics

**せい-こく【正▼鵠】** ↓せいこう(正鵠)

**せい-こく【▼靖国】** 国を安全な状態にすること。

**せい-こつ【整骨】** 骨が折れたり、くじいたりしたときに、骨をつないだり、関節のはずれを矯正して治すこと。接骨。俗に、骨つぎ。bone-setting

**せいご-ひょう【正誤表】** 印刷物の誤りの訂正を示した表。errata

**ぜい-こみ【税込(み)】** 税金を差し引いてない金額。before-tax; pre-tax

**せい-こん【成婚】**(名・サ変自) 結婚が成立すること。marriage [参考]もと、貴人に用いた。

**せい-こん【聖▼痕】** イエスが磔にされて受けたものと同じ傷がからだに現れること。カトリックで超自然的現象として認められている。impression

**せい-こん【精根】** 心身の活動する力。精力と根気。energy; vitality [用例]―つきて倒れる。

**せい-こん【精魂】** たましい。精神。soul

**精魂尽き果てる**(せいこんつきはてる) 気力や根気が、すっかりなくなる。力が尽きる。be exhausted

**精魂を傾ける**(せいこんをかたむける) 一つのことに、全精力を注ぎ込む。また、長い間専心、努力する。put one's heart and soul into; devote all one's energy

**せい-ごん【誓言】**(名・サ変自) 神仏などに誓って言うこと。その誓いのことば。

**せいこん-かせき【生▼痕化石】** 古生物の活動の跡が化石化したもの。足跡・巣穴・糞など。trace fossil

**せい-さ【性差】** 男女や雌雄の性によるちがい。differences between the sexes

**せい-さ【精査】**(名・サ変他) くわしく調べること。careful examination

**せい-ざ【正座・正▼坐】**(名・サ変自) 姿勢を正してすわること。端座。

**せい-ざ【静座・静▼坐】**(名・サ変自) 心身を安定させて、静かにすわること。sitting still [用例]―法。

**せい-ざ【星座】** 天球上の恒星群を神話の人物・動物・器物などの形にみたててつけた星空の区分け。現在はギリシアの星座を受け継いで、整理された八八星座が国際的に定められている。星宿。constellation

**せい-さい【正妻】** 法的手続きをとって正式に結婚している妻。本妻。lawful wife [対義]内妻・権妻。

**せい-さい【精彩・生彩】** ①いきいきとしたようす。liveliness [用例]―がない。②(「精彩」で)美しいいろどり・つや。vividness

**精彩を欠く**(せいさいをかく) ぱっとしない。生き生きしたところがない。lackluster

**精彩を放つ**(せいさいをはなつ) 目だって、生き生きしている。活気にあふれている。outshine; be lively

**せい-さい【精細】**(名・形動) くわしく細かいこと・さま。精密。minute

**せい-さい【制裁】**(名・サ変他) 集団の規範に背反・逸脱した場合に行使される圧力。嘲弄・侮辱といった心理的次元の制裁から、成員権の剥奪という政治的なもの、禁錮・労役などの物理的制裁、さらに経済的制裁など。こらしめ。しおき。sanction; punishment [用例]鉄拳―。

**せい-さい【聖祭】** カトリック教で、聖体と聖血を神にささげる祭儀。Eucharist

**せい-ざい【製材】**(名・サ変自) 木材素材、丸太などから一定寸法の建築用・家具用の角材や板をつくり出すこと。sawing

**せい-ざい【製剤】**(名・サ変自) 薬をつくること。製薬。drug manufacturing

**せいざいそうろく【聖済総録】** 中国の医学を集大成した二〇一巻よりなる全書。中国北宋の徽宗の勅撰による。

**せい-さいぼう【精細胞】** 将来、精子となる細胞。生物の雄の体内で精母細胞が成熟分裂と減数分裂ののち、精子に分化する。精原細胞。spermatid

**せい-さく【正▼朔】** (「正」は年の初め、「朔」は月の初め) ①正月朔日。元旦。②こよみ。

**正朔を奉ず**(せいさくをほうず) (古代中国で、王がかわるごとに暦を改めたことから) 王の統治に服する。

**せい-さく【制作】**(名・サ変他) (「製作」と区別する)芸術作品などを、作ること。また、その作品。production

**せい-さく【製作】**(名・サ変他) (「制作」と区別する)物品・道具などを、作ること。作ったもの。manufacture

**せい-さく【政策】** ①政府をはじめ政党などの政治集団が目標達成のためにとる方策。policy ②目的を実現するための方法・手段。policy

**ぜい-さく【▼枘▼鑿】** (四角いほぞと、丸いあな、の意) 互いに食い違って、ぴったり合わないもの。

**枘鑿相容れず**(ぜいさくあいいれず) 物事が、互いに食い違って合わない。

**せいさく-きょうてい【政策協定】** 政党と

政党が話し合い、ある範囲内で同一行動をとることを決めること。また、その決定事項。policy agreement

**せいさく-きんゆう【政策金融】** 政府や中央銀行が、中小企業の保護育成や農林漁業の構造改善など、特定の政策目的を達成するために行う金融。guidance policy finance

**せいさく-げんぜい【政策減税】** 特定の政策目標を達成するための減税措置。税率の引き下げ、各種控除額の引き上げ、機械・設備の特別償却などを手段として特定産業の輸出振興などをはかるもの。policy tax reduction

**せいさく-スタッフ【制作スタッフ】** 放送などの現場で番組制作に協力する人々。producing staff

**せい-さつ【制札】** 昔、禁制や布告などを箇条書きにした板札。道ばたや神社の境内などに立てた。立て札。下知札。

**せい-さつ【省察】**(名・サ変他) 自分で自分の生活・行為などを反省して、考えること。しょうさつ。reflection

**せい-さつ【精察】**(名・サ変他) くわしく観察し考えること。細かく視察すること。

**せいさつ-よだつ【生殺与奪】** 生かすことと殺すことと、与えることと奪うこと。the power of dealing life and death
**生殺与奪の権**(せいさつよだつのけん) 他人に対し、まったく思いのままにできる権力・権利。他に対して完全に優位にある立場・地位。make or break [用例] ―を握る。

**せい-さん【正▼餐】** 正式の献立による食事。和食で、本膳料理。洋食で、ディナー。dinner

# せい-さん【生産】
(名・サ変他) ①生活のもとをつくり出すわざ。なりわい。production ②人間が自然に働きかけ、なんらかの効用をもつ財・サービスをつくりだす活動。production [対義] 消費。

**せい-さん【成算】** 成功の見こみ。confidence in success

**せい-さん【青酸】** シアン化水素酸の別名。

**せい-さん【▼凄惨・▼悽惨】**(名・形動) 非常にいたましいさま。ひどくむごいさま。ghastly [用例] ―な事故現場。

**せい-さん【清算】**(名・サ変他) ①法人の解散後、財産を整理、処分すること。liquidation ②相互の債務・債権を差し引きすること。adjustment ③過去の関係を全部すてさること。bury the past [用例] 交友関係を―する。④精算。

**せい-さん【精算】**(名・サ変他) 最終的にこまかに計算し直すこと。accurate calculation [対義] 概算。[用例] 乗り越し料金を―する。

**せい-さん【聖▼餐】** キリスト教で、キリストの血と肉を象徴するぶどう酒とパンを信徒に分けあたえること。最後の晩餐を記念する礼典。Holy Communion

**せいざん【西山】** 中国、北京西郊の史跡地。「西山八大処」とよばれる寺院がある。市民の憩いの場で、紅葉の名所でもある。シーシャン。

**せい-ざん【青山】** ①立ち木が青々と茂っている山。green mountain ②死んで骨をうめる土地。grave
**人間、到る所青山有り**(じんかん、いたるところせいざんあり) 《どこでも自分の墓地となしうる。故郷の墓地にこだわることはない、の意から》郷里にこだわらず、広く世の中に出て大いに活躍すべきだ。人の活動できる場所は世間どこにでもある。にんげん、到る所青山有り。There's room for us all in the world.

**せいさん-かかく【生産価格】** 商品の生産にかかった費用に平均利潤を加えて設定された価格。price of production [比較] 生産者価格。

**せい-さんかくけい【正三角形】** 三つの辺の長さが等しい三角形。三つの頂角も等しい。等辺三角形。regular triangle

**せいさん-かじょう【生産過剰】** 支払能力をともなう需要の総量に対して、商品の生産が過剰となること。恐慌の原因の一つ。overproduction

**せいさん-カリ【青酸カリ】** シアン化カリウムの俗称。potassium prussiate

**せいさん-カルテル【生産カルテル】** 価格の維持を目的として生産量または販売量の最高限を協定するカルテル。生産制限カルテル。操短カルテル。production cartel

**せいさん-かんけい【生産関係】** ①生産において諸個人が形成する社会的関係。relation of production ②生産手段の所有関係。relation of production

**せいさん-かんり【生産管理】** ①生産工程の計画・統制・調整を行い、その適正化をはかること。工程管理。production control ②労働組合が経営者にかわって経営を管理すること。

**せいさん-ぎれい【生産儀礼】** 狩猟・採集・漁労・農耕・家畜飼育など生物を対象とする生産活動において、その増殖・豊穣を願う儀礼。rites of production

**せいさん-きんゆう【生産金融】** 企業の設備投資資金や在庫投資資金などを調達・供給する金融。[比較] 商業金融。

**せいさん-くみあい【生産組合】** 生産のための協同組合。単独では購入できない高価な生産設備を組合で購入して共同利用する。

**せいさんこく-どうめい【生産国同盟】** 鉱物資源や農産物などの一次産品を生産する諸国が、資源ナショナリズムを背景として、共通の利益を確保するために結成する国際的カルテル。石油輸出国機構(ＯＰＥＣ)などに代表される。生産国カルテル。資源カルテル。

**せいさん-こくみんしょとく【生産国民所得】** 生産面からとらえた国民所得。あらゆる分野で生産された生産物の付加価値の合計。一国の最終生産物の価値合計から資本減耗分と中間生産物を差し引いて得られる。支出国民所得・分配国民所得と同額。national income produced

**せいさん-ざい【生産財】** 生産手段として使われる財。労働・土地・資本設備・原料のほか中間生産物も含む。資本財。production goods [対義] 消費財。

**せいさん-ざい【制酸剤】** 胃酸を中和する薬剤。胃酸過多や消化性潰瘍などに用いる。大きく分けると中和剤と、胃酸分泌を抑制する自律神経剤がある。antacid

**せいさん-しき【聖▼餐式】** 洗礼と並ぶプロテスタントの二大礼典の一つ。キリストの体と血を表すパンとぶどう酒を人々に分けあたえる儀式。カトリックでは聖体拝領。Holy Communion

**せいさん-しほん【生産資本】** 生産過程にあるときの産業資本。労働力と生産手段の二つの形態をとる。productive capital

**せいさん-しゃ【生産者】** ①生産活動を行う人。種々の生産要素を投入して物を作り出す人。producer [対義] 消費者。②太陽エネルギーを吸収し、二酸化炭素と水から光合成によって有機物を生産する生物。大部分は緑色植物。producer

**せいさんしゃ-かかく【生産者価格】** 生産者が生産物につける販売価格。生産者米価の意味にも用いられる。ＰＰ。producer's price [比較] 生産価格。[対義] 消費者価格。

**せいさんしゃ-よじょう【生産者余剰】** 生産者が、ある商品の販売価格から、その商品を生産するために必要な費用を差し引いた金額。企業の利潤の基本となる。producer's surplus

**せいさん-しゅだん【生産手段】** 生産過程における労働の手段(機械・設備など)と、その対象(土地・鉱石など)。means of production

**せいさん-じんこう【生産人口】** 労働力として生産活動ができる年齢層。ふつう一五歳以上満六五歳未満だが、総務庁の労働力調査では満一五歳以上をいう。生産年齢人口。population of working ages [対義] 従属人口。

**せいさん-せい【生産性】** 生産の効率を示す指標。多くは労働生産性をさし、労働者一人当たりが産出する付加価値によって測定される。productivity

**せいさんせい-きじゅんげんり【生産性基準原理】** 賃金を決定するさいの考え方の一つ。名目賃金の上昇率は生産性の上昇の範囲内にとどめるべきだとするもの。productivity-based principle

**せいさんせい-こうじょううんどう【生産性向上運動】** 産業合理化や経営技術の導入などにより生産性の向上をはかろうとする運動。第二次大戦後アメリカによる対外援助の一環として資本主義各国に普及。productivity campaign

**せいさん-ちゅうどく【青酸中毒】** 青酸ガス・青酸化合物の吸入・摂取・皮膚吸収などによって起こる中毒。組織呼吸が障害されて死にいたる。cyanide poisoning

**せいさん-てき【生産的】**(形動) ①直接に生産につながるさま。productive ②物事に役立ち、意義のあるさま。productive

**せいさんてき-しこう【生産的思考】** 課題を与えられたときに、過去の経験の繰り返しではない、新しい解決を創造するような思考。productive thinking

**せいさんてき-しょうひ【生産的消費】** 製品を生産するために生産手段と労働力を消費すること。productive consumption

**せいさん-とし【生産都市】** 都市の分類の一つ。工業生産を経済的な基盤とする都市。工業都市。industorial city

**せいさん-とりひき【清算取引】** 商品取引所で行われる先物取引の方法の一つ。ある期限まで反対売買も行え、代金の差額だけを決済するもの。clearance contract

**せいさん-にん【清算人】** 解散した会社・公益社団法人その他の団体の財産を処分し、その後始末をする機関。liquidator

**せいさんねんれい-じんこう【生産年齢人口】** →せいさんじんこう(生産人口)

**せいざん-は【西山派】** 中国国民党右派の一派。孫文の死後一九二五年、戴天仇らを中心に北京郊外西山碧雲寺に会して反共を決議。二七年の国共分裂の一因となった。

**せいさん-ひ【生産費】** 生産のために費やされた生産要素の価格。原料費・労働費、固定資産の減価償却費などの総額。production cost

**せいさん-ようぐ【生産用具】** 財・サービスを生産するために用いる機械や道具。equipment used to produce services and goods

**せいさん-ようしき【生産様式】** ①生産の方法。mode of production ②ある社会での生産力と生産関係を統一する体制。歴史的には原始共同体・奴隷制・封建制・資本制・社会主義体制の五つ。mode of production

**せいさん-ようそ【生産要素】** 財・サービスを生産するために必要な要素。土地・労働・資本を生産の三要素という。factor of production

**せいさん-りょく【生産力】** 財を生産するために労働力・労働手段・労働対象が結合して生まれる力。productivity

**せい-し【世子・世嗣】** 貴人のあとつぎ。嫡子。しよつぎ。

**せい-し【正使】** 使者のうちの上席の者。chief delegate [対義] 副使。

**せい-し【正視】** ㊀(名・サ変他) ①まともに見ること。直視。look straight at [用例] ―するにしのびない光景。②正しく見ること。look at... squarely [用例] 事態を―せよ。㊁(名) 正常な視力。また、その眼。emmetropia

**せい-し【正史】** ①正確・正統な歴史。②中国歴代の正統とされる紀伝体の史書。勅命によって前王朝の歴史を編纂。宋では十七史、明では二十一史、清では二十四史。民国では『新元史』を加え二十五史となった。[対義] 外史。

**せい-し【青史】** 《昔、中国で、紙のないころ青竹を火にあぶって油をぬき、事柄をしるしたことから》歴史。記録。

**せい-し【生死】** ＝しょうじ。①生きているか死んだか。alive or dead [用例] ―不明。②生きるか死ぬか。life or death [用例] ―の境をさまよう。

**せい-し【生▼祠】** 生きている人を神に祭ったやしろ。

**せい-し【制止】**(名・サ変他) してはいけないと、おしとどめること。restraint

**せい-し【姓氏】** ①かばねと、うじ。氏姓。full name ②みょうじ。family name

**せい-し【勢至】** 「勢至菩薩」の略。

**せい-し【聖旨】** 天子のおぼしめし。みこころ。

**せい-し【精子】** 雌雄で配偶子の形がちがうとき、雄性配偶子をいう。運動性があり卵子と結合して新個体の出発点となる。シダ植物やコケ類などにもみられる。精虫。spermatozoon [対義] 卵子。

**せい-し【製糸】** ①糸をつくること。silk reeling ②カイコの繭を煮ほぐして生糸を取り出すこと。filature

**せい-し【製紙】** 紙をつくること。paper manufacture

**せい-し【誓紙】** ちかいの文句を書いた文書。誓約書。起請文。written oath

**せい-し【誓詞】** ちかいのことば。誓言。oath

**せい-し【静止】**(名・サ変自) [対義] 運動。①じっとして動かないこと。standstill ②物理で、物体が位置を変えないこと。static state

**せい-し【静思】**(名・サ変自) 静かに思うこと。meditation

**せい-し【整枝】** 不要な枝を剪定して、樹形を整えること。trim

**せいし【西施】** 中国、春秋時代の越の美女。会稽の屈辱の後、越王勾践が呉王夫差に献じ、夫差はこれを寵愛して政治を怠り、国を滅ぼしたとされる。
**西施の顰に倣う**(せいしのひそみにならう) 《西施が胸を病み



▼ 常用漢字表外。 ▽ 常用漢字表の音訓外。

その苦しさからしかめた顔がたいへん美しかったので、里の醜女たちがまねて顔をしかめた、という故事から》①いたずらに人のまねをして、世の物笑いになる。②人のしたことをまねて何かをする場合に、けんそんしていう。

**せい-じ【正字】** ①正しく用いられた文字。correct characters 対義 誤字・当て字。②点画の正しい文字。対義 略字・俗字。

**せい-じ【青磁・青▼瓷】** 胎土および釉薬に鉄分を含み、それが焼成時に還元されて表面が青系統の色になった磁器。中国の宋代に最高技術を完成。朝鮮では高麗時代に盛行し、日本では江戸初期に有田で初めて焼かれた。celadon porcelain 比較 白磁。↓写

●青磁 『青磁雕花牡丹唐草文注』耀州窯。北宋時代中期(一一世紀)、東京国立博物館。

**せい-じ【政治】** ①国や共同体を治めること。また、その仕組み。まつりごと。politics ②ひろく社会集団がその意思を決定しメンバーを拘束する手続きや仕組みと、それにともなう権力闘争などの現象。politics

**せい-じ【政事】** 政治上の事柄・事務。political affairs

**せい-じ【盛事】** さかんな行事・事業。prosperous enterprise

**せい-じ【盛時】** ①血気さかんな年ごろ。one's prime of life ②国運・勢力のさかんな時。age of national prosperity

**せいし-えいせい【静止衛星】** 地球の自転周期と同じ周期で、赤道上空約三万六〇〇〇㎞の円軌道を東向きに公転する人工衛星。見かけ上、地球上からは静止して見える。geostationary satellite

**セイシェル【Seychelles】**(Republic of Seychelles) アフリカ中東部、マダガスカル島北東部のアミランド諸島群からなる共和国。首都ビクトリア。一九七六年イギリスから独立。珊瑚礁の島が多く、コプラ・ニッケイなどが主産物。面積二三〇㎢。人口七万(一九八六)。正称セイシェル共和国。

**せいし-か【聖紫花・西施花】** ツツジ科の常緑低木ないし小高木。披針形の葉を枝端に束生。花は淡紅紫色で五弁。石垣島・西表島に分布。

**せいじ-か【政治家】** ①国の政治を行う人。為政者。politician ②物事のかけひきにたくみな人。strategist

**せいし-かく【静止核】** 細胞生活史において分裂期をのぞく時期の核。単に核というときは静止核をさす。中間期核。resting nucleus

**せいじ-がく【政治学】** ひろく政治現象の解明と分析を行う学問。古代ギリシアに起源するが、近代政治学はマキアベリやホッブスにはじまる。political science米; politics英

**せいじ-かくめい【政治革命】** 政権の移動にとどまらず、政治制度の根本的な変革をめざす革命。political revolution 比較 社会革命。

**せいしが-ほうそう【静止画放送】** 静止画面と音声で構成した番組よりなるテレビ放送。テレビ電波一チャンネル分で四〇～五〇種類の番組を同時に送ることができる。still picture broadcasting

**せい-しき【正式】**(名・形動) 正しいやり方。また、それに合うさま。本式。formality 対義 略式。

**せい-しき【制式】** きまった様式。きまり。

**せいし-き【静止期】** 細胞が細胞分裂をしていない時期。増殖中の体細胞ではそのサイクルを分裂期と静止期に分ける。中間期。休止期。resting stage

**せい-しき【整式】** 代数式のうち、ある文字について加法・減法・乗法以外の演算を含まない式。多項式。integral expression

**せいじ-きこう【政治機構】** 政治の構造と仕組み。政治のメカニズム。political mechanism

**せいし-ぎょう【製糸業】** 糸をつくる産業。とくに繭から生糸をつくりだす業種。silk reeling industry

**せいじ-きょく【政治局】**《Politburo ロシアの訳》共産党や左翼系政治組織などで中央執行委員会に直属し、政治活動や党活動全体を指導する機関。とくにソビエト共産党中央委員会政治局をさすこともある。比較 書記局。

**せいじ-けいざいがく【政治経済学】** ①政治・社会を分析し実践を重視する立場の経済学。古典学派など。political economy ②経済学の別称。economics

**せいじ-けいさつ【政治警察】** 反政府的な勢力の取り締まりを任務とする警察。ナチスのゲシュタポ、日本の戦前の特高警察など。political police

**せいじ-けっしゃ【政治結社】** 政権の獲得や維持拡大を目的に結成された団体。政党もその一つ。政治団体。政治集団。political organization

**せいじ-けんきん【政治献金】** 政党や政治家などに対し政治活動に必要な資金を提供すること。また、その資金。政治資金規正法の制約をうける。political donation

**せいじ-けんりょく【政治権力】** 人々を統治するための制度化された強制力。political power

**せいし-こうぎょう【製紙工業】** パルプを原料として紙をつくる産業。paper industry

**せいじ-ごろ【政治ごろ】**《「ごろ」は「ごろつき」の略》政治家の所に出入りし、なにがしかの代償を求めて活動したり、たかったりしている者。political racketeer

**せいじ-しきん【政治資金】** 政治活動のために調達される資金。具体的には政党・政治団体の運営や選挙のための資金をさす。党費と企業・個人からの政治献金があてられる。political funds

**せいじしきんきせい-ほう【政治資金規正法】** 政党や政治団体の活動および選挙資金の公明をはかり、民主政治の健全な発達に寄与するための法律。昭和二三年(一九四八)公布。同五〇年(一九七五)全面改正。

**せいじ-しそう【政治思想】** 広く政治現象にかかわる思想一般。体系化された政治理論・政治学説と、多くの人々に共通に抱かれている政治意識・政治的意見とに区別される。political thoughts

**せいし-しつりょう【静止質量】** 静止している状態で計った物体の質量。特殊相対性理論によれば、運動すると物体の質量は増大する。固有質量。rest mass

**せいじ-しゃかいがく【政治社会学】** 社会学的方法によって政治過程や政治参加などの政治現象を研究する学問。political sociology

**せいじ-しゅうだん【政治集団】** 政治的な目的で結成され、持続的な活動を行っている集団。政党・圧力団体・反体制組織など。政治団体。政治結社。political group

**せいじ-しょうこう【政治将校】** 社会主義国の軍隊で、政治教育のために共産党が各部隊に派遣する要員。隊長と同等の権限を持つ。

**せいじ-しょうせつ【政治小説】** 政治の問題や人物を主題とした小説。また政治思想の啓蒙普及を目的とした小説。日本ではとくに自由民権運動の一環として発表された作品をさす。矢野竜渓『経国美談』、東海散士『佳人之奇遇』など。

**せいし-じんこう【静止人口】** 人口の変動がおさまり、出生数と死亡数が同じぐらいになったときの人口。static population

**せいじ-スト【政治スト】** 一定の政治的要求をかかげて行われるストライキ。political strike

**せいじ-せい【政治性】** ①政治に関係のあること。②かけひきにたくみな働き。

**せいじ-せいど【政治制度】** 組織された権力としての国家の機構と、その構造や機能の総称。political institution

**せいじ-せきにん【政治責任】** 政治的責任。

**せいじそうさい-しょく【政事総裁職】** 幕末、幕府の要職の一つ。尊攘運動激化に対処し幕政刷新のために文久二年(一八六二)設置、松平慶永を任命。元治元年(一八六四)廃止。

**せいじ-そしき【政治組織】** 文化人類学の概念で、政治を運営する集団内の人々のつながりをいう。狩猟・採集民のように小地域社会で血縁関係が政治現象と重なり合うものから、政府をもち、富と地位が権力の形成に対応するものまでさまざま。political organization

**せいじ-だんたい【政治団体】** 政治集団。政治結社。

**せい-しつ【正室】** ①本妻。正妻。legitimate wife 対義 側室。②おもてざしき。

**せい-しつ【性質】** ①人が生まれつきもっている感情・意志の現れ方を、型にわけたもの。たち。天性。nature; disposition 用例 だまされやすい―。②そのものに固有の特色・性状。特性。特質。characteristics

**せい-じつ【聖日】** キリスト教で、日曜日のこと。holy day

**せい-じつ【誠実】**(名・形動) まじめで正直なこと・さま。まごころをもって事にあたること・さま。sincerity

**せいしつ-ちょう【星室庁】**(Court of Star Chamber) イギリス絶対王朝時代の刑事特別裁判所。普通裁判所の扱い得ない重要刑事事件を処理。一四七一年ヘンリー七世により設置。王の政治的反対者抑圧に利用されたため、一六四一年廃止。ウエストミンスター宮殿の星の間で裁判が行われたことに由来。星法院。

**せいじ-てき【政治的】**(形動) ①政治に関するさま。political ②理論だけにたよらず、実情に即して処理するさま。political 用例 ―解決。③物事に対して、じょうずにふるまうさま。また、功利的に立ちまわるさまも言う。

用例 彼は―に動いている。

**せいじてき-せきにん【政治的責任】** 政治家が自分の行為の結果に対して、心情や動機にかかわりなく、たとえ法的に責任を免れてもなお問われるべき責任。政治責任。political responsibility

**せいじてき-むかんしん【政治的無関心】** 政治事象一般に関心をもたなかったり、冷淡な態度を示すこと。political apathy

**せいし-でんい【静止電位】** 平静時に、筋肉・神経などの細胞膜の内外で生じている電位差。正常部と損傷部とでは電位差が異なる。resting potential

**せいじ-とうそう【政治闘争】** 労働組合などが賃金・労働時間などの経済的条件だけでなく、政治のあり方についての要求をかかげて行う闘争。political struggle 比較 経済闘争。

**せいじ-はん【政治犯】** 国家の政治的秩序を侵害する犯罪。また、政治的動機による犯罪。それによって逮捕・拘禁されている者。国事犯。political offense

**せいし-ほう【製紙法】** 紙を製造する方法。手すき法と機械製紙法がある。いずれも原理は、水に分散された繊維を網ですくい上げて乾燥させることにある。

**せいじ-ほう【正字法】** ↓せいしょほう(正書法)

**せいじ-ぼうめい【政治亡命】** 政治上の理由で自国を脱出し、他国にのがれ住むこと。political defection

**せいし-ぼさつ【勢至▼菩▼薩】** 阿弥陀仏の右の脇士。知恵の象徴。知恵の光で一切を照らし、衆生に無上の力を得させるという。大勢至菩薩。

**せいし-まさつ【静止摩擦】** ある面上に静止している物体に力を加え、滑らせたり、ころがそうとするとき、物体を静止させておこうとする摩擦力。static friction

**せいしまさつ-けいすう【静止摩擦係数】** 静止している物体に働く最大摩擦力は、物体どうしがおよぼし合う垂直抗力に比例する。その比例定数をいい、面の状態により定まる。coefficient of static friction

**せいし-まさつりょく【静止摩擦力】** 二つの物体が接触したまま相対運動しようとするときに、接触面の接線方向に働く抵抗力。static friction

**せいし-めんたい【正四面体】** 四つの合同な正三角形によって囲まれた立体。五種類ある正多面体の一つ。regular tetrahedron ↓正多面体 図

**せい-しゃ【生者】** 生きている人。命のある人。せいじゃ。しょうじゃ。living person 対義 死者。

**せい-じゃ【正邪】** 正しいことと、よこしまなこと。right and wrong

**せい-じゃ【聖者】** ①聖人。saint ②キリスト教で、偉大な信徒・殉教者。martyr

**せいじ-や【政治屋】** 政治家をいやしめていう語。politician

**せい-しゃえい【正射影】** 一つの図形の各点からある直線または平面へおろした垂線の足の集まり。orthogonal projection

**せい-じゃく【静寂】**(名・形動) 静かで、ひっそりしていること・さま。silence

**ぜい-じゃく【▼脆弱】**(名・形動) もろくて弱いこと・さま。frailty

**ぜいじゃく-せい【▼脆弱性】** 弱さ。もろさ。

vulnerability

**せい-しゃ-ずほう【正射図法】** 地図投影法の一つ。視点を無限大の遠距離において地球に接した平面に地表面を投影させる図法。正方位図法の一つで、立体感に富む。orthographic projection ↓地図[図]

**せいじゃ-のこうしん【聖者の行進】**《原題 When the Saints Go Marching In》アメリカ南部の黒人霊歌。ディキシーランドジャズの曲としても有名。

**せいじゃ-ひっすい【盛者必衰】** ↓じょうしゃひっすい(盛者必衰)

**せい-しゅ【清酒】** ①米からつくる日本の代表的な醸造酒。アルコール分は一五〜一六%。②澄んだ酒。純良な酒。[対義]濁酒。

**せい-じゅ【聖寿】** 天子の寿命。天皇の年齢。⌊聖算。

**せい-しゅう【勢州】** 伊勢国。

**せい-しゅう【西周】** 中国、周王朝の前半期。建国から紀元前七七〇年に犬戎の侵入により、都を鎬京から成周(洛陽付近)へ東遷するまでの時代。

**せいしゅう【清州】** 韓国、忠清北道の道都。大学や高校のある文化都市。米・麦・果実などの集散地。人口三五万(一九八五)。チョンジュ。

**せい-じゅう【製▼絨】** 毛織物をつくること。

**せい-じゅう【西▼戎】** 古代中国における西方異民族の呼称。青海・甘粛地方のトルコ族・チベット族など。[対義]東夷。

**ぜい-しゅう【税収】** 税金による収入。tax revenue

**せい-しゅうき【性周期】** 発情する周期と月経の周期のこと。繁殖季節の明らかな動物では、その時期にだけ現れる。sexual cycle

**せい-じゅうにめんたい【正十二面体】** 一二個の合同な正五角形によって囲まれた立体。五種類ある正多面体の一つ。regular dodecahedron ↓正多面体[図]

**せい-しゅく【星宿】** ①中国の星座。黄道にそって二八の小さな星座を設け、太陽・月・惑星の運行の座標として利用した。②二十八宿の一つ。

**せい-しゅく【静粛】**(名・形動) かしこまって静かにしていること・さま。ひっそり静かなこと・さま。quiet [用例]ご—にねがいます。

**せい-じゅく【成熟】**(名・サ変自) ①よく熟すこと。ripeness [対義]未熟。②十分に成長すること。maturity ③適当な時期に達すること。full growth

**せいじゅく-しゃかい【成熟社会】** 人口増加や経済成長が終わり、安定と均衡のなかで質的な充実や精神的価値を重視する社会。イギリスの物理学者ガボールの著書から普及したことば。mature society

**せいじゅく-ぶんれつ【成熟分裂】** ↓げんすうぶんれつ(減数分裂)

**せい-しゅつ【正出】** 正式に婚姻している両親から生まれること。また、その子。正嫡。

**せい-しゅん【青春】** ①《五行説で「青」は春を表すところから》春。spring ②若い時代。青年時代。youth

**せい-じゅん【正▼閏】** ①平年とうるう年。normal and leap year ②皇室の正統と正統でない系統。正位と閏位。

**せい-じゅん【清純】**(名・形動) きよらかで純粋なこと・さま。世俗に汚れていないこと・さま。purity [用例]—な乙女。

**せいしゅん-き【青春期】** 青春の時代。少年期と壮年期の間。adolescence

**せいじゅん-ろん【正▼閏論】** 天子が正統かどうかの論争。

**せい-しょ【正書】** 楷書。

**せい-しょ【青書】**《表紙が青いことから》イギリス議会や枢密院が出す報告書。blue book [比較]白書。

**せい-しょ【清書】**(名・サ変他) きれいに書き直すこと。きよ書き。浄書。fair copy

**せい-しょ【盛暑】** 夏の暑いさかり。酷暑。height of summer

**せい-しょ【誓書】** ちかいの文書。誓紙。written oath

**せい-しょ【聖書】** キリスト教の経典。『旧約聖書』と『新約聖書』の二部からなる。バイブル。the Bible

**せい-じょ【青女】** ①雪や霜を降らす女神。②霜の別称。③年わかい女性。

**せい-じょ【清女】** 清少納言のこと。

**せい-じょ【聖女】** ①宗教上ですぐれた修行をした、りっぱな女性。saint ②みさお正しいけがれのない女性。virgin

**せい-じょ【整除】**(名・サ変他) 整数 $a$ が整数 $b$ によって割り切れるとき、$a$ は $b$ によって整除されるという。整式に対しても用いる。divisible

**せい-しょう【制勝】**(名・サ変自) 相手をおさえて、勝ちをえること。制覇。victory

**せい-しょう【青松】** 青々と茂った松。緑の松。[用例]白砂—。

**せい-しょう【斉唱】**(名・サ変他) ①いっせいに唱えること。chorus ②多数の歌い手が同じ旋律を、同度またはオクターブで歌うこと。ユニゾン。unison [比較]合唱・重唱。[対義]独唱。

**せい-しょう【政商】** 政治権力と密接な関係を結び、特権的な保護のもとに巨富を蓄積した商人。

**せい-しょう【盛▼昌】**(名・形動) 勢いのさかんなこと・さま。

**盛昌、我意に任す**(せいしょう、がいにまかす) 権勢があるのをいいことに、自分の意のままにふるまう。

**せい-しょう【清祥】** 手紙で、相手が元気で幸せに暮らしていることを祝う語。

**せい-しょう【清勝】** 手紙で、相手が健康で無事に暮らしていることを祝う語。

**せい-じょう【正常】**(名・形動) ふつうであること・さま。他のものと変わったところがないこと・さま。並外れていないこと・さま。ノーマル。normality [対義]異常・奇異。

**せい-じょう【性状】** 性質と行状・状態。nature and conduct

**せい-じょう【性情】** 性質と心情。気だて。nature

**せい-じょう【政情】** 政治のありさま。政界のようす。political situation [用例]不安定な—。

**せい-じょう【清浄】**(名・形動) きよくて、けがれのないこと・さま。しょうじょう。purity [対義]不浄。

**せい-じょう【聖上】** 天皇の敬称。

**せいじょう-うえ【正条植え】** 田植えで、うね間と株間をそれぞれ一定の間隔にし、植え込むこと。

**せいじょう-かかく【正常価格】** 需要と供給の関係によって変動する市場価格が、それに向かって収束し、一度成立すれば長期間その水準にとどまると想定される価格。自然価格。normal price [対義]市場価格。

**せいじょう-き【星条旗】** アメリカの国旗。独立当初の一三州を表す一三本の赤白横線に加え、左上の長方形の青地に現在の州の数をしめす白い星を描く。一七七七年制定。Star-Spangled Banner; Stars and Stripes

**せいじょうきよえいえんなれ【星条旗よ永遠なれ】**《原題 The Stars and Stripes Forever》スーザ作曲の軍楽隊用の行進曲。一八九七年作。

**せいじょう-たい【星状体】** 細胞分裂のとき、二つの中心体の周囲にできる放射状の構造。高等植物では一般にみられない。aster

**せい-しょうなごん【清少納言】**(九六六ごろ〜?) 平安中期の女流随筆家・歌人。本名未詳。清原元輔の娘。橘則光と結婚し離婚、一条天皇の中宮定子に出仕し重んじられた。明敏な才知と機知、漢詩文の素養により宮廷で特異な才華を発揮した。その著『枕草子』は、紫式部の『源氏物語』と並んで平安朝女流文学の代表的名作とされる。家集『清少納言集』。↓[写]

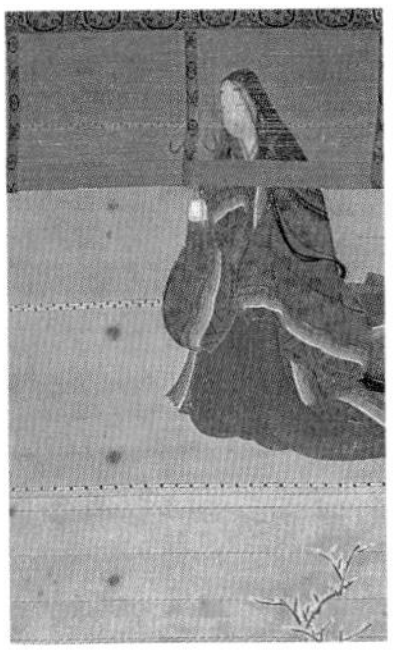

● 清少納言 土佐光起筆。東京国立博物館。

**せい-しょうねん【青少年】** 青年と少年。young people

**せいしょうねん-せきじゅうじ【青少年赤十字】**(Junior Red Cross) 幼稚園・小中高校内に設置され、青少年に赤十字精神の教育を行う組織。JRC。

**せい-しょく【生色】** いきいきとした元気な顔色・ようす。lively look

**生色を失う**(せいしょくをうしなう) 驚きなどのために、青ざめ、元気がなくなる。loose color

**せい-しょく【生食】**(名・サ変他) なまでたべること。eat raw [用例]—野菜。

**せい-しょく【生殖】**(名・サ変他) 生物が自分と同種の個体を新しくつくりだしていくこと。生物を無生物と区別する重要な特徴の一つ。無性生殖と有性生殖がある。reproduction

**せい-しょく【声色】** ①音声と顔色。voice and countenance [用例]—をやわらげる。②音曲と女色。songs and women [用例]—を近づけず。

**せい-しょく【星食】** 月の軌道上にある恒星または惑星が、月の通過によってかくされる現象。occultation

**せい-しょく【聖職】** ①神聖な職務。sacred profession ②キリスト教で、司祭職。holy orders

**せい-しょく【製織】** 織り機で縦糸・横糸を組み合わせて織物を織ること。はたおり。weave

**せいしょく-きかん【生殖器官】** 生物が新しい個体をつくり出すために有性生殖を行う器官。雄では精巣、雌では卵巣が主体となる。植物では、雄しべと雌しべ、また造精器と造卵器など。生殖器。性器。sexual organ ↓[図]

**せいしょくき-すうはい【生殖器崇拝】** 男女の生殖器をかたどったものを豊作などの祈願対象にする信仰。世界的に広くみられる。

**せいしょく-さいぼう【生殖細胞】** 生殖のために特別につくられる細胞。有性生殖では配偶子をさし、無性生殖では胞子などをさす。reproductive cell

**せいしょくせん-しげきホルモン【生殖▼腺刺激ホルモン】** 脳下垂体前葉から分泌されるホルモン。生殖腺に働き、その発達をうながし性ホルモンの分泌を高める。gonadotropic hormone

**せいしょくてき-かくり【生殖的隔離】** 種が分化してゆく一つの要因として提示された考え。生物の生殖器官の構造や生殖時期など

● 生殖器官 人の生殖器官

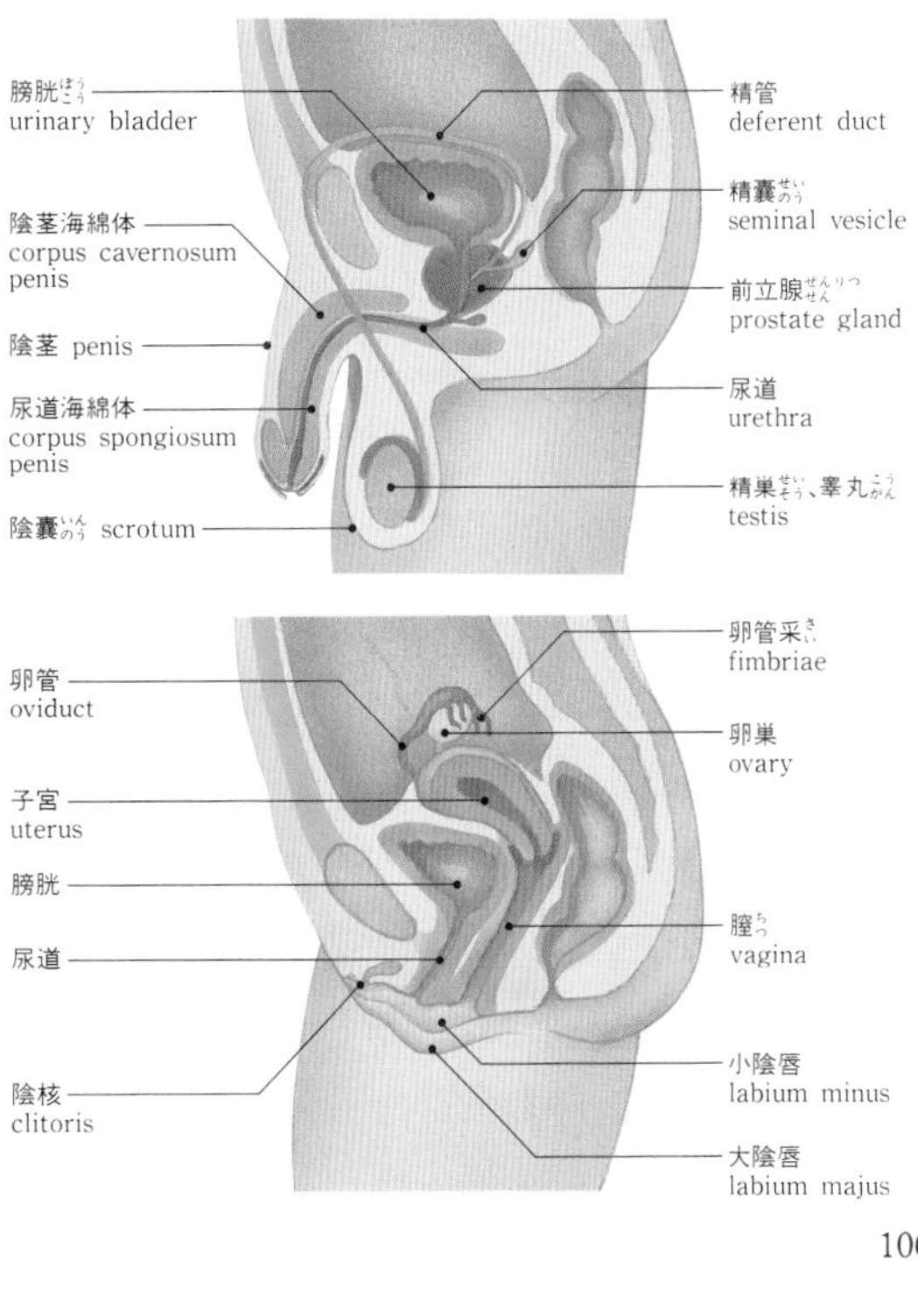


▼常用漢字表外。 ▽常用漢字表の音訓外。

の相違が原因となり、ある個体群から別の個体群が分離・独立していったとする。reproductive isolation [比較]地理的隔離。

**せい-しょくばい【正触媒】** 触媒で、化学反応の速度を増大させるために用いるもの。positive catalyst [対義]負触媒。

**せいしょ-ほう【正書法】** ある国語について標準的に決まっている表記法。欧米では主としてつづり字法をいい、日本語では仮名遣いやローマ字のつづり方および、ある語を漢字で書くか仮名で書くかの基準などをいう。正字法。orthography

**せいじ-りょく【政治力】** 政治的な手腕や力量。political influence

**せい-しん【成心】** ある考えにとらわれている心。先入観。[対義]虚心。[用例]—を去る。

**せい-しん【西進】**(名・サ変自) 西のほうへ進むこと。go westward [対義]東進。

**せい-しん【星▼辰】** ①星の総称。②星座。

**せい-しん【誠心】** まごころ。sincerity [用例]—誠意。

**せい-しん【精神】** ①こころ。たましい。soul [対義]肉体。②気力。意気。根気。will [用例]向上の—にもえる。③物事の根本となる、大切な意義・思想・目的。spirit [比較]生命。[用例]禅の—。教育の—。④哲学で、知性や理性の働きをもととした、目的を意識している能力。mind [対義]物質。

**精神一到、何事か成らざらん**(せいしんいっとう、なにごとかならざらん) 精神をこめて努力すれば、どんなにむずかしいことでもできる。Where there is a will, there is a way.

**せいしん【清津】** 北朝鮮(朝鮮民主主義人民共和国)、咸鏡北道東部の政府直轄都市。日本海に臨む港湾都市。製鉄・機械・造船・化学などの重化学工業が発達。チョンジン。

**せい-しん【西▼晋】** 中国の王朝の一つ。三国時代の魏にかわって二六五年司馬炎が建国。都は洛陽。二八〇年呉を滅ぼし、天下を統一したが、匈奴のために三一六年滅亡。翌年司馬睿が建康で即位し東晋が成立。晋。

**せい-しん【生新】**(形動) 新しくて、いきいきとしているさま。

**せい-しん【清新】**(形動) 新しくて、すがすがしいさま。fresh [用例]—な気分。

**せい-じん【成人】** ㊀(名) 一人前になった人。二〇歳以上。おとな。adult ㊁(名・サ変自) 幼い者が成長し、おとなになること。grown up

**せい-じん【聖人】** ①知識・徳望のすぐれた理想的人物。とくに儒教で、堯・舜・周公・孔子などをいう。聖者。[比較]賢人。②カトリックの聖徒。③《からかいぎみにいう》かたぶつ。④《にごり酒を賢人というのに対して》清酒の異称。

**聖人に夢無し**(せいじんにゆめなし) 聖人は、正しい心をもっているので、つまらない夢に迷わされることなく、安眠する。

**聖人は物に凝滞せず**(せいじんはものにぎょうたいせず) 聖人は時代の流れに自然に身を任せ、物事にこだわって、いたずらに苦しむことはない。

**せいしんあんてい-ざい【精神安定剤】** 大脳の機能を低下させることなく、興奮を静め精神を安定させる薬物。静穏剤。トランキライザー。tranquilizer

**せいしん-いがく【精神医学】** 人間の精神現象、とくに、その異常について、原因・症状・治療・予防などを研究する医学の一分野。psychiatry

**せいじん-えいが【成人映画】** 「映画倫理規定」が、一八歳未満の青少年の鑑賞は好ましくないとした映画。また、性描写中心の映画の俗称。adult film

**せいしん-えいせい【精神衛生】** 精神の健康の保持増進、精神病・欲求不満など不健康の予防を目的とする学問。また、その実践。mental hygiene

**せいしん-かがく【精神科学】** 人間の精神的所産である芸術・宗教・法律などを対象とする学問。ディルタイが自然科学と対立する概念として提唱。mental science

**せいじん-がっこう【成人学校】** 一般成人を対象とする社会教育のための講座。成人講座。成人学級。adult school

**せいしん-かんてい【精神鑑定】** 訴訟事件において、専門家が裁判官の命令により、訴訟関係者の精神障害の有無などを医学的に判断すること。鑑定所見は、裁判官の法的判断の基礎資料となる。psychiatric testimony

**せいじん-きょういく【成人教育】** 成人を対象に行う教育。社会教育の中心を占める。adult education

**せいじん-くんし【聖人君子】** ①知識・人徳・地位・品格すべてを兼ねそなえた、理想的な人。②《とてもそんな人にはなれっこないという気持ちをこめて》とくに倫理的に高潔な人。完璧な人間。

**せいしんげんしょうがく【精神現象学】** 哲学書。ヘーゲルの主著。一八〇七年刊。感覚的意識から絶対知へと達する人間の意識の段階的発展を説き、絶対的観念論を確立。弁証法を駆使した論述で知られる。

**せいしん-し【精神史】** ①歴史の流れを、個々の事実の因果関係をこえた精神力や理念の働きによって証明しようとする歴史観。②個人の思想の変遷をたどる記録物。

**せいじん-しき【成人式】** ①社会的に一人前の成人になることを公的に認める儀式。成年式。②成人の日に国・地方自治体や企業などが中心になって新しく成人になった人を祝う儀式。

**せいしん-しゅぎ【精神主義】** ①精神を重んずる立場。spiritualism [対義]物質主義。②精神力を根本的なものとする考え。idealism

**せいしん-しょうがい【精神障害】** 広く精神医学の対象となる精神機能の病的現象の総称。先天性・外因性・内因性・心因性の精神障害などがある。精神病。mental disorder

**せいしんしんたい-いがく【精神身体医学】** 精神の動揺、たとえば興奮と抑鬱などのように身体の変化として現れるかなどを研究し、治療する学問。心身医学。サイコソマティクス。psychosomatic medicine

**せいしん-すうはい【星▼辰崇拝】** 星を崇拝対象とする自然信仰の一つ。また、その儀式。星の動きに関係の深い農耕・漁業・航海者の間に多くみられる。日本では七夕・妙見信仰など。

**せいしんたい-は【清新体派】**(dolce stil nuovo イタリア) 一三世紀イタリアのボローニャを中心におこった俗語詩の運動。グイニツェッリが創始者で、愛の理想と魂の浄化とをうたった。ダンテの『新生』はその頂点にある。

**せいじんティーさいぼう-はっけつびょう【成人T細胞白血病】** 血液癌の一種。昭和五一年(一九七六)にはじめて報告された。リンパ球のうちヘルパーT細胞が、ウイルスによって癌化し、異常に増殖するもの。輸血や母乳などを通じて感染するが、発病率は高くない。急性型・亜急性型・慢性型がある。西南日本とカリブ海沿岸に患者が多い。ATL。adult T cell leukemia

**せいしん-てき【精神的】**(形動) ①精神に関するさま。mental [用例]—問題。②物質より精神を重んずるさま。spiritual

**せいしんてき-じゆうけん【精神的自由権】** 憲法が保障する自由権の一つ。思想・良心の自由、信教・表現・学問の自由など、精神の活動をさまたげられない権利。[比較]経済的自由権。

**せいしん-ねんれい【精神年齢】** 精神の発達程度が、正常に発達したものの何歳に相当するかを、知能検査によって測定したもの。知能年齢。mental age

**せいじん-の-ひ【成人の日】** 国民の祝日の一つ。一月一五日。満二〇歳になった青年男女を祝う日。

**せいしん-はくじゃく【精神薄弱】** 脳障害のため知能の発達が遅れ、感情・意志面にも欠陥が認められる状態。また、その人。身体発育も一般に遅れる。mental retardation

**せいしんはくじゃくしゃ-ふくし【精神薄弱者福祉】** 一八歳以上の精神薄弱者の厚生を援助し、その福祉をはかること。昭和三五年(一九六〇)公布の精神薄弱者福祉法に基づく。

**せいしん-びょう【精神病】** ↓せいしんしょうがい(精神障害)

**せいじん-びょう【成人病】** ふつう四〇歳以上の成年期から老年期にみられる病気。癌・脳卒中・心臓病が主体で、そのほか糖尿病・気管支炎・神経症など。昭和三一年(一九五六)に厚生省がはじめて使用。adult disease

**せいしん-びょういん【精神病院】** 精神障害者を収容し治療する病院。各都道府県に設置が義務づけられている。mental hospital

**せいしん-ぶんか【精神文化】** 学問・芸術・宗教など、精神の領域にかかわる文化。時代を超えた普遍性をもつ。spiritual culture [対義]物質文化。

**せいしん-ぶんせき【精神分析】** フロイトが創始した精神療法とその理論。抑圧された無意識の心的内容を、自由連想・遊戯療法などにより意識化する精神療法。フロイトはメタサイコロジーにおいて、意識と前意識と無意識の局在論、自我・エス・超自我の構造論、心的葛藤の無意識的動機とその防衛機制に関する力動論などを展開した。アドラーの個人心理学、ユングの分析心理学が分派として生まれた。psychoanalysis

**せいしんぶんれつ-びょう【精神分裂病】** 内因性の精神障害の一つ。思考・意志・感情などに異常がみられ、治療せずに放置すると人格荒廃にいたる。schizophrenia

**せいしん-りょうほう【精神療法】** 人間の精神的側面を通じて、心身の病的状態の治療をする方法。催眠法・暗示療法などがある。心理療法。サイコセラピー。psychotherapy

**せいしん-りょく【精神力】** 精神の働き・強さ。spiritual strength [対義]体力。

**せいしん-ろうどう【精神労働】** おもに頭脳を使う労働。事務・研究・教育などの労働。brainwork [対義]筋肉労働。

**せい-ず【星図】** 恒星・星団・星雲・銀河などの天体の位置や明るさを表した図。恒星図。star atlas

**せい-ず【製図】**(名・サ変他) 機械・建築物・工作物などの図面を、器具を用いて描くこと。draft

**せい-すい【清水】** 清くすんだ水。しみず。

**清水に魚棲まず**(せいすいにうおすまず) あまり清い水には魚がすまないように、高潔すぎると、人はかえって親しまない。

**せい-すい【盛衰】** さかんになることと、おとろえること。rise and fall [用例]栄枯—。

**せい-すい【精粋】** ①まじりけのないこと。②選び抜かれた、いちばんよいところ。

**せい-ずい【精髄】** ①物事のもっとも大切なところ。pith ②もっともすぐれたところ。神髄。essence

**せいすい-あつ【静水圧】** 静止した水中に働く圧力。密度・重力加速度・深さの積に大気圧を加えたもの。hydrostatic pressure

**せいすいしょう【▼醒睡笑】** 江戸初期の咄本。安楽庵策伝著。八巻の笑話集。元和九年(一六二三)ごろ成立。先行説話集中の話、著者の見聞した話など千余編を収録。世相をよく映し、後代の落語などに影響を与えた。

**せい-すう【正数】** 0より大きい実数。プラスの数。正の数。positive number [対義]負数。

**せい-すう【整数】** 1・2・3…の自然数およびこれに対応する負の数、および0の総称。integer [対義]分数・小数。

**せいすう-かい【整数解】** 方程式の解で整数であるもの。integer root

**せいすう-ろん【整数論】** 整数について、一般の実数にない独自の性質(約数・倍数・素数など)を研究する数学の一分野。数論。theory of numbers

**せい・する【制する】**(サ変他) =制す。①さだめる。制定する。enact ②とどめる。おさえる。制止する。restrain ③支配する。[用例]先んずれば人を—。④ほどよくする。節制する。control

**せい・する【征する】**(サ変他) 従わないものを攻めうつ。征す。conquer

**せい・する【製する】**(サ変他) こしらえる。つくる。製す。make

**ぜい・する【▼贅する】**(サ変他) =贅す。①よけいな物をつける。②くどく繰り返す。[用例]他にゆずって、ここでは—・しない。

**せい-せい【生成】**(名・サ変自他) ①物ができること。物を生じさせること。formation ②物が、ある状態から他の状態へと変わること。generation

**せい-せい【整斉・斉整】**(名・形動トタル) ととのっていること・さま。

**せい-せい【精製】**(名・サ変他) ①物質をできるだけ純粋にすること。不純物をとり除いたり混合物を分離したりする。purification ②ていねいにつくること。elaboration [対義]粗製。③粗製品をよりよいものにするために手を加えること。refinement

**せい-せい【正正】**(形動トタル) 正しく整っているさま。

**正正の旗、堂堂の陣**(せいせいのはた、どうどうのじん) 軍旗が整って、意気盛んに進む軍隊のさま。

**せい-せい【生生】**(形動トタル) ①いきいきとしているさま。lively ②生まれ、生い育つさま。しょうじょう。grow up

**せい-せい【▽済▽済】**(形動トタル) ①多くてさかんなさま。さいさい。galaxy [用例]多士—。②美しいさま。beautiful ③威風堂々としたさま。majestic

**せい-せい【清清・晴晴】**(副・サ変自) 気分の

さわやかなさま。はればれすること。refresh

**せい-ぜい【精精】**(副) ①できるだけ。つとめはげむさま。できるだけ。to the utmost ②多く見つもって。たかだか。at most

**ぜい-せい【▼脆性】** もろさ。材料が外力によってあまり変形しないうちに破壊する性質。brittleness

**ぜい-せい【税制】** 税のきまり・しくみ。taxation system

**せいせい-えん【精製塩】** ①原塩を溶解し、不純物を除いて再結晶させた食塩。refined salt ②食塩の品質に対する規格の一つ。

**せい-せいかつ【性生活】** 生活のうちの、性の営みにかかわる側面。昭和三五年(一九六〇)、謝国権著の『性生活の知恵』がベストセラーとなり、このことばが一般的になった。sex life

**せいせい-たいしょうぐん【征西大将軍】** 古代・中世、西国の乱を鎮定するために派遣された臨時の将軍。

**ぜいせい-ちょうさかい【税制調査会】** ①政府の諮問に応じ、税制問題についての基本的事項を審議する総理府の付属機関。昭和三七年(一九六二)発足。政府税調。②毎年度の税制改正を検討する自由民主党の機関。自民税調。

**せいせい-とう【精製糖】** 原糖を溶解・精製して再結晶させたもの。精製度および結晶法の違いで各種の製品がある。refined sugar

**せいせい-どうどう【正正堂堂】**(形動トタル) ①勢いのさかんなさま。vigorous ②態度が正しくて、りっぱなさま。fair and square

**せいせい-ねつ【生成熱】** 化合物一モルが、その構成単体からできるときの反応熱。その値は分解熱と絶対値が等しい。heat of formation 対義分解熱。

**ぜいせい-はかい【▼脆性破壊】** 外力を加えても見かけ上の変形は起こらないのに、限度を超えるとすぐさま破壊してしまう現象。鋳鉄などに顕著。brittle fracture

**せいせい-ぶんぽう【生成文法】**「変形生成文法」の略。

**せいせい-るてん【生生流転】** 万物が形を変えて生きつづけること。しょうじょうるてん。vicissitudes

**せい-せき【成績】** 事業・学業の、でき上がった結果。できぐあい。result 用例よい――を修める。――が上がる。

**せい-せき【聖跡・聖▼蹟】** ①神聖な遺跡・史跡。②かつて、天皇の行幸した場所や都の跡など。

**せいせき-ずほう【正積図法】** 地図投影法の一つ。面積が正しく表される図法の総称。分布図に適する。サンソン図法・モルワイデ図法・グード図法など。equal-area projection

**せい-せつ【正接・正切】** ＝タンジェント。①三角関数の一つ。平面上で、原点を中心とする単位円周上を動く点について、偏角に対する、縦座標と横座標の比の関係。tangent ②三角比の一つ。直角三角形の底角に対する、高さと底辺の長さの比。記号tan　tangent

**せい-せつ【性説】** 中国思想における、人の本性に関する論説。孟子の性善説、荀子の性悪説、揚雄の善悪混合説など。

**せい-ぜつ【▼凄絶・▼悽絶】**(名・形動) すさまじく、ものすごいこと。また、そのさま。extremely 用例――をきわめた死闘。

**せい-せっかい【生石灰】** 工業用の酸化カルシウムの慣用的名称。quick lime

**せい-せん【井泉】** 井戸。また、井戸水。

**せい-せん【生鮮】**(名・形動) 新しく、いきがいいこと・さま。fresh 用例――食料品。

**せい-せん【征戦】** 出かけて行って敵を攻めうつこと。expedition 用例――万里。

**せい-せん【性▼腺】** 男性(雄性)では精巣(睾丸)、女性(雌性)では卵巣。精子または卵子をつくると同時に、第二次性徴を形成する。生殖腺。sexual gland

**せい-せん【聖戦】** 神聖な目的のためにする戦い。正義の戦争。holy war

**せい-せん【精選】**(名・サ変他) 念を入れてえらぶこと。careful selection

**せい-せん【製銑】** →せいてつ(製鉄)

**せい-ぜん【生前】** 生きているうち。lifetime 対義死後。

**せい-ぜん【西漸】**(名・サ変自) しだいに西の方へ移っていくこと。westward advance 対義東漸。

**せい-ぜん【▼凄然・▼悽然】**(形動トタル) ①寒々としたさま。寒くきびしいさま。②ものさびしいさま。③いたましいさま。

**せい-ぜん【井然】**(形動トタル) 区画がきちんとしているさま。

**せい-ぜん【整然】**(形動トタル) 正しくととのっているさま。well-ordered

**せいせん-しげきホルモン【性▼腺刺激ホルモン】** →せいしょくせんしげきホルモン(生殖腺刺激ホルモン)

**せい-せんしょくたい【性染色体】** 雌雄の性別を決定する染色体。ヒトの場合X染色体とY染色体で分かれる。sex chromosome

**せいせん-しょくりょうひん【生鮮食料品】** 生の新鮮な状態で市場に流通する食品の総称。野菜・果実・畜肉・魚類など。perishables

**せいぜん-しょぶん【生前処分】** 行為者の生前に効力を生じる法律行為。生前行為。disposal before death 対義死後処分。

**せいぜん-せつ【性善説】** 孟子の性説。人間の本性は善であるとする説。人には生来、四端(徳に向かう素因)が備わり、これを拡充すれば社会を平安にすることができると説く。対義性悪説。

**せい-そ【世祖】** 中国で、太祖・高祖・太宗についで王朝の基礎を固めた天子の尊号。それぞれ諡号に冠する。後漢の劉秀(光武帝)、元のフビライ、清の順治帝など。

**せい-そ【清▼楚】**(形動) きよらかでさっぱりしているさま。neat and clean 用例――な服装。

**せい-そ【精粗・精疎】** ①こまかいことと、あらいこと。fine and coarse ②くわしいことと、大ざっぱなこと。minute and rough

**せい-そ【成祖】** 永楽帝の廟号。

**せい-そう【正装】**(名・サ変自) あらたまった席などに着る正式の服装。また、それを身につけること。full uniform 対義略装。

**せい-そう【盛装】**(名・サ変自) 美しくはなやかに着かざること。また、その衣装。full dress

**せい-そう【青草】** 草食動物の飼料にする野草や牧草の青く新鮮なもの。green pasturage

**せい-そう【成層】** 段になって重なること。stratification 用例――岩。

**せい-そう【政争】** ①政治上の主義・主張の争い。political dispute ②政権の取り合い。political strife 用例――の具とする。

**せい-そう【星霜】** 年月。歳月。years 用例幾――。

**せい-そう【▼悽▼愴・▼凄▼愴】**(名・形動) きわめていたましいこと・さま。miserable

**せい-そう【清掃】**(名・サ変他) きれいに掃除をすること。cleaning

**せい-そう【清▼爽】**(名・形動) すがすがしく、さわやかなこと・さま。refreshing

**せい-そう【精巣】** 雄性の生殖器内にあって精子をつくり、雄性ホルモンを分泌する器官。動物の種類により、起源・構造はさまざま。睾丸。testis →生殖器図

**せい-そう【世宗】**《中国、朝鮮の皇帝・王の称号》①五代の後周の世宗(九二一～九五九)。第二代皇帝(在位九五四～九五九)。軍隊を強化し揚子江以北をほぼ統一。五代の歴代のうちもっとも傑出した帝王とされる。②金の世宗(一一二三～一一八九)。第五代皇帝(在位一一六一～一一八九)。南宋と和し、官吏の粛正、財政の緊縮など内治に専念。その治世は金の黄金時代とされた。③李朝の世宗(一三九七～一四五〇)。第四代の王(在位一四一八～一四五〇)。北は豆満江まで領土を拡大。官制・田制・税制を整備、農業技術の改良を促進。儒教を国教とし『治平要覧』などを編纂させ、一四四六年には「訓民正音」としてハングルを制定し、文化普及につとめた。その治世に国力は増強し李朝の基礎が確立、海東の尭舜と称された。

**せい-ぞう【聖像】** ①天子の肖像。②聖人、とくに孔子の像。③キリスト・聖母マリアなどの像。icon

**せい-ぞう【製造】**(名・サ変他) 品物・商品をつくること。manufacture

**せいそう-かざん【成層火山】** 同一火口から噴出した溶岩と火砕物が交互に層となって形成した円錐形の複成火山。世界の陸上火山の約六割を占める。富士山や鳥海山など日本の大型火山の多くはこの種類。層状火山。コニーデ。stratovolcano

**せいそう-き【西▼廂記】** 中国、元代の戯曲。王実甫作。唐代の元稹の伝奇小説『鶯鶯伝(会真記)』を題材に五編二一幕で構成。元曲最高の傑作。第五編は関漢卿作とされる。元曲才子張君瑞と佳人崔鶯鶯が多くの障害を乗り越えてめでたく結ばれる話。

**せいぞう-ぎょう【製造業】** 各種原料を加工して製品をつくる工業の総称。産業分類では鉱業・建設業とともに第二次産業に分類され、重工業と軽工業に区分される。manufacturing industry

**せいそう-けん【成層圏】** 対流圏の上限から中間圏までの大気層。高度は、下限六～一八kmから上限五〇～五五kmまで。二〇～三〇kmにオゾン層を含む。上部では気温が高さとともに上昇。stratosphere

**せいそう-じぎょう【清掃事業】** 経済社会活動から必然的に排出される廃棄物を収集し、衛生的に処分する事業。

**せい-そうじゅくしょう【性早熟症】** 青春期発現の限界(九歳)以前に、性的発達が早くおこるもの。precocious puberty

**せいぞう-もと【製造元】** その製品を製造している企業・家。maker

**せい-そく【正則】** 一(名) ①正しい法則や規則。regularity 対義変則。②数学で、㋐複素関数が微分可能なこと。regular function ㋑行列が逆行列をもつこと。regular matrix ㋒曲線がいたるところ接線をもち、かつそれが連続的に変化すること。二(形動) 規則にかなっているさま。正規。regular 対義変則。

**せい-そく【生息・▼棲息】**(名・サ変自) ①生きて生活すること。subsistence ②鳥・けものなどがすんでいること。inhabitation

**せい-ぞく【正続】** 一つの書物の正編と続編。principal part and its sequel

**せいそく-かんすう【正則関数】** 複素平面のある範囲$D$で定義された複素関数$f(z)$が、$D$で微分可能なとき、$f(z)$を$D$における正則関数という。regular function

**せいそく-きょくせん【正則曲線】** 連続曲線の一つ。曲線上の点を$x=f(t)$, $y=g(t)$と表したとき、$f(t)$, $g(t)$が微分可能で、かつ$f'(t)$, $g'(t)$が連続で同時に0にならないものをいう。regular curve

**せいソフィア-だいせいどう【聖ソフィア

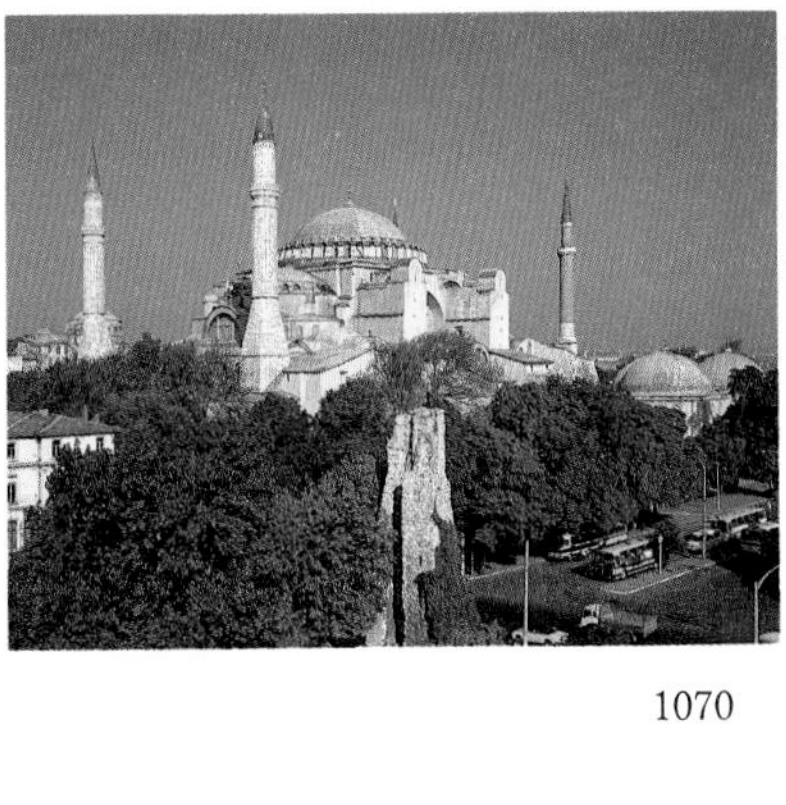

●聖ソフィア大聖堂

大聖堂】** イスタンブールにある聖堂。ビザンチン様式の代表的建築の一つ。現在は、国立博物館。St. Sophia's Cathedral →写 →ビザンチン美術写

**せい-ぞろい【勢▼揃い】**(名・サ変自) ①軍勢がそろうこと。array ②一同の者が集まること。assemble

**せい-ぞん【生存】**(名・サ変自) 生きながらえること。生き残ること。せいそん。existence 比較生活。

**せいぞん-きょうそう【生存競争】** ダーウィンの自然選択説に基づく概念。生物の自然条件に対する闘争・同種個体間の競争などをいう。生存闘争。struggle for existence 比較適者生存。

**せいぞん-けん【生存権】** 人間らしく健康で文化的な生活を営むための国民の基本的権利。憲法二五条で規定される。right to live

**せいぞん-ほけん【生存保険】** 生命保険の一つ。被保険者が一定の年齢に達したとき保険金が支払われる方式のもの。pure endowment insurance

**せい-たい【正体】** 標準的なものとして決められた字体。対義略体・異体。

**せい-たい【正対】**(名・サ変自) 対象に対して真正面に向くこと。まともに向かい合うこと。

**せい-たい【生体】** ①生きているもの。生物。living body ②生きているからだ。living body 対義死体。用例――反応。

**せい-たい【生態】** ①生物が自然界に生活している状態。ecology 用例――系。②人間を生物類と同じように観察した、ありのままの実態。mode of life ③物事のありのままの実態。actual condition

▼常用漢字表外。　▿常用漢字表の音訓外。

**せい-たい【成体】** 成育して生殖が可能になった生物個体。おや。adult 比較 成虫。

**せい-たい【青▼苔】** 緑色のコケ。

**せい-たい【青▼黛】** ①こい青色。②青いまゆずみ。

**せい-たい【政体】** ①国家の政治形態。君主制・民主制など。forms of government ②統治権の行使の方法によって区別される政治形態。立憲制と専制。比較 国体。

**せい-たい【声帯】** 喉頭の中央部にある発声器官。左右両壁に一対の粘膜におおわれた水平のひだがあり、その中に弾力性に富む靭帯をもつ。vocal cord

**せい-たい【聖体】** ①天子の身体。玉体。②カトリック教会で、キリストの体を意味するパン。

**せい-たい【静態】** 静止している状態。being still 対義 動態。

**せい-たい【▼臍帯】** へそのお。さいたい。navel string

**せい-だい【盛代】** さかんな時代。盛世。「世。

**せい-だい【聖代】** りっぱな天皇の時代。聖

**せい-だい【正大】**(形動) 正しく雄大であるさま。かたよらず堂々としたさま。fairness 用例 公明 —。

**せい-だい【盛大】**(形動) 非常にさかんなさま。grandeur

**せいたい-がく【生体学】** 生体を対象とした形態学。人体解剖学の一部門。体表からの観察または計測によって人体の形態・構造を研究する。somatology

**せいたい-がく【生態学】** 生物と環境との関係を研究する学問。種を対象とした種生態学、群集を対象とした群集生態学などに細分される。ecology

**せいたい-きこう【生態気候】** ある生物について、その生育地域内に特有な気象。ecoclimate

**せいたい-けい【生態系】**《ecosystem の訳語》ある地域にすむ全生物と環境をひとまとめにして、主として食物連鎖を含めた物質循環やエネルギーの流れのこと。ecosystem

**せいたい-けい【生態型】** ある生物が異なる環境に適応するために形を変え、その性質が遺伝的に固定したもの。ecotype

**せい-たいこう【西太后】**(一八三五〜一九〇八) 中国、清朝の咸豊帝の妃。同治帝の生母。同治帝と光緒帝の摂政として四〇年間実権を掌握。保守的な政策をとり、革新を要求する戊戌の政変を弾圧、ために義和団事件を招来。敗北ののち新政を実施したが、革命派の台頭する中で没。

**せいたい-こうがく【生体工学】**《bionics の訳語》生物のもつすぐれた機能を人工的に実現して活用しようとする学問。人間工学もふくむ。生物工学とも。バイオニクス。

制吒迦 金剛峰寺(和歌山県)。

**せいたい-こうぶんし【生体高分子】** 生体に含まれる高分子物質。核酸・たんぱく質・でんぷんなど。biopolymer

**せいたい-しょ【政体書】** 明治政府の政策綱領。慶応四年(一八六八)閏四月発布。冒頭に五箇条の誓文を掲げ、続く綱領で中央集権・三権分立などを制定。

**せいたい-せいぎょ【生体制御】** 生物が恒常性を保つために、変化に応じて行動や体内の生体機能などを調節すること。vital control

**せいたい-せんしょく【生体染色】** 生きている細胞や組織を染色すること。ヤヌスグリーン・中性赤・ナイルブルーなどの色素を用いる。vital staining

**せいたいてき-ちい【生態的地位】** 生物群集の中で個々の種が占める位置。食物連鎖・生物相互の関係から決まる。ニッチ。niche

**せいたい-とうけい【静態統計】** 集団についての統計的調査法の一つ。人口数のように常に変動しているものを一定の時点でとらえて記述する統計。static statistics 対義 動態統計。

**せいたい-はいりょう【聖体拝領】** カトリック教会の秘跡の一つ。キリストの体と血を表すパンとぶどう酒を、ミサ聖祭中に奉献し拝領すること。プロテスタントでは聖餐式。Eucharist

**せいたい-ぶんぷ【生態分布】** 気候などの環境要因により、生物が特定の場所に生育・分布すること。水平分布と垂直分布がある。ecological distribution

**せいたい-ポリープ【声帯ポリープ】** 声帯に発生する炎症性の腫瘤。かれ声・喉頭の異常感などの症状がある。歌手によくみられるので謡人結節ともいわれる。vocal cord polyp

**せいたい-まく【生体膜】** 細胞中にみられる膜構造。物質の移動など、生体機能に重要な役割を果たす。核膜・ミトコンドリア膜・葉緑体膜など。biomembrane

**せいたい-もしゃ【声帯模写】** 寄席演芸の一つ。声色の一種だが、俳優・テレビタレントなど人気者の声、または動物の鳴き声をまねる芸。大正期、古川緑波の造語といわれる。歌謡模写、浪曲のまねなどもある。imitate one's voice 参照 声色・物真似。

**せいたか【制▼吒▼迦・勢多▼迦】**《仏教語。Cetaka 梵 の音写。召使い、の意》八大童子の一つで、不動明王の右に侍立する。頭に天衣をまとい、右手に金剛棒、左手に三鈷を持つ。制吒迦童子。参照 矜羯羅。↓写

**せいたか-あわだちそう【背高泡立草】** キク科の多年草。アキノキリンソウに似るが大形。秋に、黄色の小花を茎頂に穂状につける。明治時代に渡来した帰化植物で、繁殖力が強い。北アメリカ原産。goldenrod ↓写

セイタカアワダチソウ

**せい-たかくけい【正多角形】** 平面上の凸多角形で、すべての辺の長さ、すべての頂角の大きさがそれぞれ等しいもの。正多辺形。regular polygon

**せいたか-しぎ【背高▼鷸】** 脚がきわめて長いセイタカシギ科の鳥。翼長約二四cm。背面は緑黒色、腹面は白い。淡水域を好み、小昆虫やゴカイ類を捕食。全世界の温帯・熱帯に分布するが、日本では迷鳥。stilt

**せい-たく【請託】**(名・サ変自) 情実によって内々にたのむこと。

**せい-だく【清濁】** ①すんだものと、にごったもの。purity and impurity ②正と邪。good and evil ③君子と小人。④清音と濁音。

**清濁併せ呑む**(せいだくあわせのむ) 善も悪も分けへだてなく受け入れる。度量の広いたとえ。possess a capacious mind

**ぜい-たく【▼贅沢】**(名・形動) ①その人の分にふさわしくないおごり。extravagance 用例 — な暮らし。②お金を多くかけること・さま。luxury 用例 — 品。

**ぜいたく-ざんまい【▼贅沢三▼昧】** したい放題に贅沢をすること。贅沢のかぎりを尽すこと。

**せい-だ・す【精出す】**(五自) 根気よくはげむ。exert oneself

**せい-たへんけい【正多辺形】** ↓せいたかくけい(正多角形)

**せい-ためんたい【正多面体】** 多面体で、面がすべて合同な正多角形であり、頂点に集まる面の数が等しく、どの頂点における多面角も等しいもの。正多面体は、正四面体・正六面体・正八面体・正十二面体・正二十面体の五種類だけ。regular polyhedron ↓図

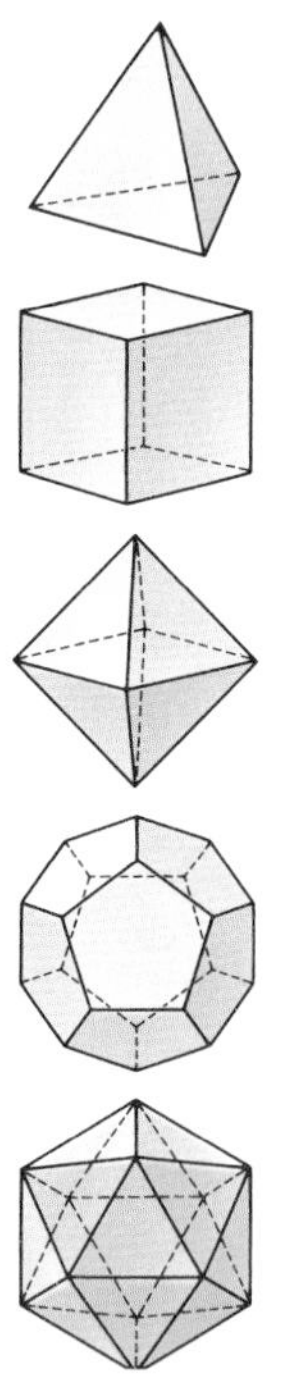

正多面体

正四面体

正六面体

正八面体

正十二面体

正二十面体

**せい-たん【生誕】**(名・サ変自) 生まれること。誕生。birth

**せい-たん【製炭】**(名・サ変自) 木炭をつくること。

**せい-だん【政談】** ①その時どきの政治・政局についての論評。political talk ②政治・裁判事件などをあつかった講談。用例 大岡 —。

**せい-だん【星団】** 恒星の集団。散開星団と球状星団がある。散開星団は、銀河面に集中して比較的若い。球状星団は、星の密度が高く、古い星の集団。star cluster ↓写

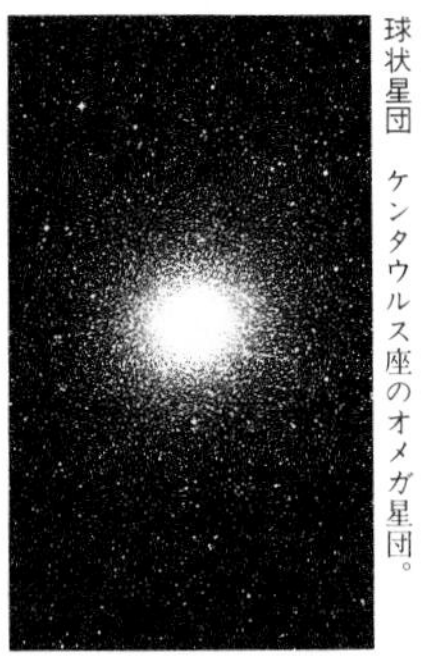

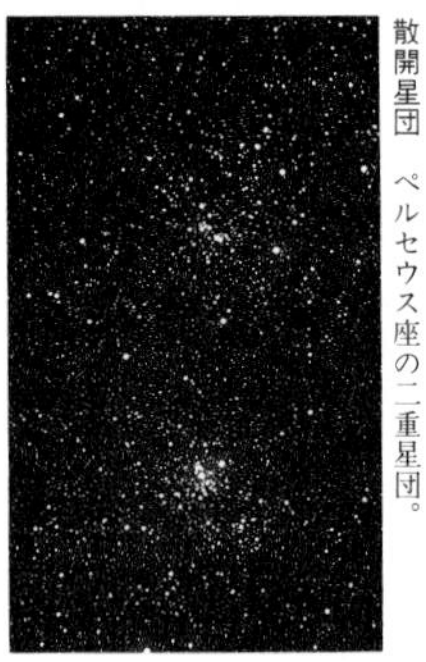

星団

球状星団 ケンタウルス座のオメガ星団。

散開星団 ペルセウス座の二重星団。

**せい-だん【清談】**(名・サ変自) ①名利や雑事をこえた高潔な談論。趣味・芸術・学問などの話。②中国、魏・晋・南北朝時代の知識階級に流行した談論の風潮。老荘思想や人物を論じ、礼節を排した論理的哲学的談論をこととした。魏の何晏・王弼・竹林の七賢はその代表。清言。

**せい-だん【聖断】** 天子の裁断。用例 — を仰ぐ。

**せい-だん【聖壇】** 神を祭る神聖な壇。altar

**せいだん【西淡】**〈町〉 兵庫県淡路島南西端の町。野菜・草花栽培、酪農・養殖漁業などがさかん。人口一万四三二四(一九八八)。

**せいたん-きょく【聖▼譚曲】** ↓オラトリオ

**せいたん-さい【聖誕祭】** ↓クリスマス

**せい-だんそう【正断層】** 傾斜した断層面に沿って、断層面より上の地盤が下の地盤に対して相対的にずり落ちた断層。normal fault 対義 逆断層。

**せい-ち【生地】** ①生まれた土地。出生地。birthplace ②生きて帰れる地。対義 死地。

**せい-ち【聖地】** ①神聖な土地。霊地。霊場。sacred place ②キリスト教の発祥地、パレスチナ。Holy Land 用例 — 巡拝。

**せい-ち【静置】** ①静かに放置しておくこと。settle ②化学操作で、濁った溶液または不溶性物質生成後の溶液を放置して、不溶性物質が沈殿するのを待つこと。settle

**せい-ち【精▼緻】**(名・形動) 非常に細かくくわしいこと・さま。精密。fine

**せい-ち【整地】**(名・サ変他) ①建築のため、土地をならすこと。地ならし。level of land ②作物の栽培の前に、耕地を生育に適する状態に整えること。soil preparation

**ぜい-ちく【▼筮竹】** 易に基づく占いの用具。長さ約三〇cmの細く削った竹の棒。ふつう五〇本を使用する。めどき。↓写

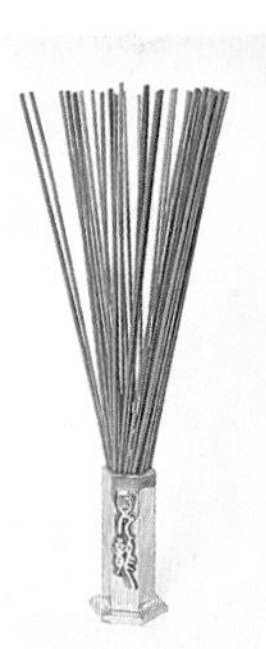

筮竹



↓ 行き先項目、図版・写真参照印。 JIS 日本工業規格情報交換用漢字符号コード(区点コード)。

**せい-ちゃ【製茶】** 茶の葉に手を加え、飲用の葉茶をつくること。tea manufacturing

**せい-ちゃく【正着】** 囲碁で、一見手ぬるいように見えても、その局面ではもっとも正しい着手。本手。正解手。

**せい-ちゃく【正嫡】** 正妻の子。嫡子。正出。legitimate child

**せい-ちゅう【正中】** ①物の真ん中。②天体が真南または真北にくる現象。子午線経過。比較南中。

**せい-ちゅう【成虫】** 節足動物のうち、昆虫の成体。幼虫から変態・成長し、生殖能力をもつ。幼虫よりも寿命が短く、摂食量もはるかに少ない。imago; adult

**せい-ちゅう【誠忠】** まごころから出た忠義。

**せい-ちゅう【精虫】** ↓せいし(精子)

**せい-ちゅう【▼掣▼肘】**(名・サ変他)《ひじをおさえてとめる、の意》口出しをして、自由に行動させないこと。牽制。restriction 用例—を加える。

**せいちゅう-せん【正中線】** 生体学で、人体を前後の方向から見たとき、頭および胴部中央の位置に仮定し、人体を左右等しく半分に分ける線。median line

**せい-ちょう【正調】** 正しい調子。orthodox tune

**せい-ちょう【生長】**(名・サ変自)①育って大きくなること。growth ②草木などがのびること。growth

**せい-ちょう【成長】**(名・サ変自)①生物体の重量が増加し、からだが大きくなること。重量・容量の増加にともなって、種々の形態や機能が分化する。growth ②規模が大きくなること。growth 用例経済—。

**せい-ちょう【成鳥】** 成長して、生殖能力をもつようになった鳥。adult bird 対義ひな。

**せい-ちょう【声調】** ①ことばや声の調子。高低のアクセント。イントネーションを含むこともある。tone of voice ②音楽で、音調。ふしまわし。tune ③詩歌で、しらべ。用例万葉と古今の—の違い。

**せい-ちょう【性徴】** 個体の性を判別する基準となる形質。第一次性徴は生殖腺に、第二次性徴は生殖腺付属器と外性器にあらわれ、性ホルモンの働きに支配される。性形質。sexual character

**せい-ちょう【政庁】** 政治に関する事務を扱う役所。government office

**せい-ちょう【清澄】**(名・形動)きよくすんでいるさま。lucid

**せい-ちょう【清聴】**(名・サ変他)相手が自分の話を聞いてくれることの敬語。用例ご—を感謝します。

**せい-ちょう【静聴】**(名・サ変他)静かに聞くこと。listen quietly 比較謹聴。

**せい-ちょう【整腸】** 腸の調子をととのえること。用例—剤。

**せい-ちょう【整調】** ㊀(名・サ変他)調子・条件をととのえること。tune up ㊁(名)ボートレースで、船尾にいちばん近いこぎ手。他のこぎ手のオールさばきの規範となる役目をもつ。ストローク。strokeman

**せいちょう-うんどう【生長運動】** 植物が生長するさいに起きる独特の動き。つるが巻きつく運動・花弁の開閉など、外界からの刺激による運動のこと。growth movement

**せいちょう-かぶ【成長株】** 経済で、将来大きく発展する見込みのある事業・会社の株式。人物にも言う。growth stock

**せいちょう-きょくせん【成長曲線】** 動植物の成長のようすを、長さ・重さなどの変化として図表に表したもの。growth curve

**せいちょう-ざい【整腸剤】** 下痢や腸内の異常発酵などのとき、腸の機能を整える薬。消化薬・緩下薬・止瀉薬など。

**せいちょう-じ【清澄寺】** ①千葉県安房郡天津小湊町にある日蓮宗の大本山。天福元年(一二三三)日蓮が得度し、のち立教開宗を宣言した霊跡。天台宗・真言宗をへて、昭和二四年(一九四九)から日蓮宗となる。きよすみでら。②兵庫県宝塚市米谷にある真言三宝宗の本山。寛平五年(八九三)に宇多天皇の勅命により創建。本尊は大日如来。寺内には、木造大日如来座像、絹本着色千手千眼観世音像などの重要文化財が、また中国の廬山を模したといわれる庭園や富岡鉄斎美術館がある。

**せいちょう-せん【成長線】** 貝殻の成長の跡を示す殻表の微細な線。二枚貝では殻頂を中心として同心円状に現れる。成長の遅い時期には間隔が狭くなり、樹木や魚鱗の年輪と同じ様相となる。growth line ↓貝図

**せいちょう-そ【生長素】** 植物ホルモン。

**せいちょう-たい【清朝体】** 漢字・仮名活字の書体の一つ。毛筆書きに似た楷書風の書体で、名刺・招待状などに利用。比較宋朝体・明朝体。

**せいちょう-てん【生長点】** 根や茎の先端にある、細胞分裂の盛んな組織。未分化の細胞の集まりで、分裂組織の一種。growing point ↓写

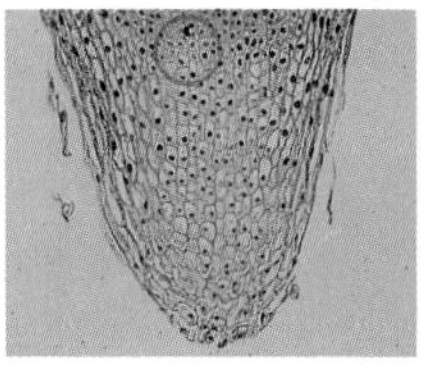

●生長点　ソラマメの根。○印が生長点。

**せいちょう-の-いえ【生長の家】** 神道系の新宗教。昭和四年(一九二九)谷口雅春が、仏教やキリスト教、観念論哲学などを取り入れて創始。万教帰一論、天皇中心主義を特色とする。

**せいちょう-ホルモン【成長ホルモン】** 脳下垂体前葉から分泌され、骨・筋肉・内臓などの成長を促進するホルモン。growth hormone

**せい-つう【精通】**(名・サ変自)①くわしく知っていること。通暁。have a thorough knowledge ②初めておこる射精のこと。

**せい-てい【井底】** いどの底。

**井底の蛙**(せいていのかわず)《井戸の底にいるカエル、の意から》識見のせまい者。井の中のかわず。井蛙。井底のかえる。

**せい-てい【正丁】** 律令制下、調・庸・雑徭などの課役を負担した二一〜六〇歳までの健康な男子。しょうてい。

**せい-てい【制定】**(名・サ変他)法律・規則などを、つくり定めること。enactment

**せい-でい【青泥】** 海底堆積物の一種で青色の泥。おもに陸上の物質よりなる。大陸斜面上に広く分布する。粘土・石英・小生物の遺体などが主構成物質。blue mud

**せいてい-ほう【制定法】** 法を制定する権限をもつ機関が、一定の手続きにしたがって定めた法。成文法。statute

**せい-てき【政敵】** 政治上の意見や立場が対立している相手。political opponent

**せい-てき【清適】** 心身がすがすがしく安らかなこと。手紙で、人の無事・健康を言う敬語。

**せい-てき【性的】**(形動)①両性に関するさま。sexual ②性欲に関するさま。sexual

**せい-てき【静的】**(形動)動きのないさま。static 対義動的。

**せいてき-しょうどう【性的衝動】** 性欲の満足を急にはげしく求める気持ち。sex urge

**せい-てつ【西哲】** 西洋の哲学者・賢人。

**せい-てつ【聖哲】** 知徳にすぐれ、物事の道理に通じた人。聖人や哲人。賢人。

**せい-てつ【製鉄】** 鉄鉱石から銑鉄をつくること。広義には、製鋼さらに圧延過程まで含めることもある。製銑。iron manufacture

**せい-てん【正典】** 聖書の別称。イスラエルおよびキリスト教に現れた多数の宗教文書中、教義の基準と信仰生活の規範になる書物として選ばれたもので、選にもれたものは外典または偽典という。プロテスタント教会は旧新約聖書六六巻を正典とするが、カトリック教会は旧約聖書に第二正典として、トビト記、ユディト記、マカバイ記一・二、知恵の書、シラ書(集会の書)、バルク書を加える。Canon

**せい-てん【成典】** ①成文法。②定まった儀式。

**せい-てん【青天】** よくはれた空。the blue

**青天の霹靂**(せいてんのへきれき)《青天に急におこる雷、の意から》思いがけない事件・変動。a bolt out of the blue

**せい-てん【晴天】** はれた空。はれ。fine weather 対義雨天・曇天。

**せい-てん【盛典】** 盛大な儀式。盛儀。grand ceremony

**せい-てん【聖典】** ①聖人の書き残した書物。また聖人の言行記録。book written by a sage ②教理・戒律などが記され、教団によって権威づけられた書物。神聖な書物。仏教の経典・キリスト教の聖書・イスラム教のコーランなど。sacred book

**せい-でん【正伝】** 正式の伝記。対義外伝。

**せい-でん【正殿】** ①宮殿の中心をなす建物。表御殿。presence chamber ②神社の本殿。main temple ③紫宸殿。

**せい-でん【静電】** ↓せいでんき(静電気)

**せいてん-いき【晴天域】** 晴れている地域。対義雨域。

**せいてん-かん【性転換】** 雄または雌の性が発生の途中で逆になること。性は受精のさいの性染色体の組み合わせで決まるが、さまざまな原因で性の変わることがある。sex reversal

**せい-でんき【正電気】** 水素の原子核と同符号の電気。陽電気。positive electricity 対義負電気。

**せい-でんき【静電気】** 摩擦電気などのように分布が時間的に変化しない電荷、また、その電荷によっておこる電気現象。static electricity ↓写

●静電気　バンドグラフ起電機による静電現象。

**せい-てんし【聖天子】** 徳の高い天子。

**せいでん-しゃへい【静電遮▼蔽】** 外部からの電界の影響を断つこと。まわりを導体で囲まれた空間の外側と内側が電気的に影響しあわなくなることを利用。electrostatic shielding

**せいでん-せんこう【静電選鉱】** 異種鉱物粒子の電気伝導度または誘電率の差を利用した選鉱法。electrostatic separation

**せいでん-たんい【静電単位】** 電気量の単位。クーロンの法則をもとに、真空中で一㎝はなしておいた同じ電気量をもつ物体に、一ダインの力がはたらく場合の電気量を一CGS静電単位とする。記号esu　electrostatic unit

**せいでん-とそう【静電塗装】** 塗料に高電圧と回転を加え、霧状の帯電した粒子にして塗る方法。自動車・電気機器などの塗装に利用。electrostatic coating

**せいでん-ば【静電場】** 時間的に変化しない電場。静電界。electrostatic field

**せいてん-はくじつ【青天白日】**《青空に太陽がかがやいている意》①潔白で、うしろ暗いところがないこと。innocence ②無罪であることが明らかになること。be cleared of the charge 用例—の身となる。

**せいてんはくじつ-き【青天白日旗】** 中華民国国民党の党旗。藍地中央に三角の白光一二条を放つ白色の太陽をおいたもの。北伐終了後に決定。

**せいてんはくじつまんちこう-き【青天白日満地紅旗】** 中華民国の国旗。紅地の左上四分の一に、青天白日旗と同じ模様を配したもの。

**せいでん-ほう【井田法】** 古代中国の土地制度。一里平方の田を井形に九等分し、中央の公田を共同耕作して租を納めさせ、他を八家に分けた。後世、儒家によって理想的な土地制度として説かれた。

**せいでん-ゆうどう【静電誘導】** 帯電した物体を導体または誘電体に近づけたとき、それらの物質内の電荷分布が変化する現象。誘電体に起こる静電誘導を誘電分極という。electrostatic induction

**せいでん-ようりょう【静電容量】** コンデンサーの電気を蓄える能力を示す量。コンデンサーにかかる電圧と蓄電量との比。単位はファラド。記号F。electrostatic capacity

**せいてん-らんきりゅう【晴天乱気流】** まったく雲のないところで起こる乱気流。ジェット気流の付近で起こるものが多い。clear-air turbulence

**せい-と【生徒】** ①学校などで教えを受ける人。student ②とくに中学・高校で教えを受ける人。student 比較学生・児童。

**せい-と【征途】** ①戦いに出かける道。military expedition 用例—につく。②旅路。expedition

**せい-と【星斗】** ほし。星辰。star

**せい-と【聖徒】** ①キリスト教で、教会員である信者。②カトリックでは徳のある信者。adherent

**せい-と【成都】** 中国、四川省中部にある省都。西南地区の交通・産業・文化の中心地。鉄鋼・電機・紡織などの重工業が発達。人口二五四

●政党 戦後のおもな政党の流れ

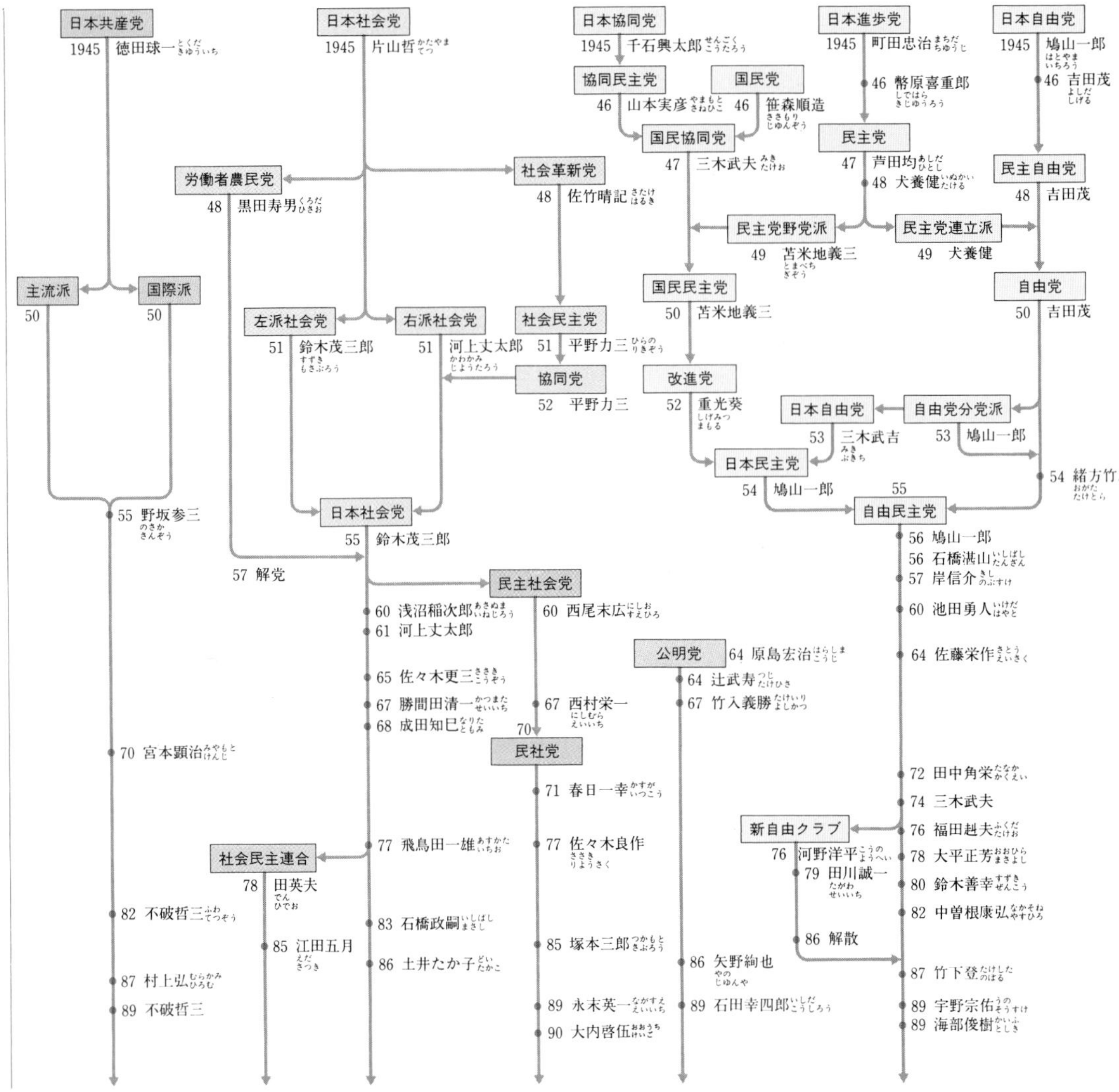


人名は党首あるいは代表。平成二年(一九九〇)五月現在

万(一八四)。チョンツー。

**せい-ど【西土】**《西方の国、の意》①西洋。the West ②インド。

**せい-ど【制度】** 社会的行動様式・社会規範などが一定の組織的形態をとったもの。慣習・伝統・因習・規則・法律やさまざまの社会的仕組みなど。社会の秩序を維持する機能をはたす。institution 用例封建―。学校―。

**せい-ど【精度】** 正確さ・精密さの程度。degree of precision

**せい-とう【正当】**(名・形動) 道理にかなっていること・さま。justice

**せい-とう【正答】**(名・サ変自) 正しい答え。correct answer 対義誤答。

**せい-とう【正統】** ①正しい系統・血統。legitimacy 用例―の天子。②始祖からの学説・思想・宗教などを、受けついでいること。orthodoxy 対義異端。用例―派。

**せい-とう【征討】**(名・サ変他) 服従しないものを、兵を出して攻めること。征伐。subjugation

**せい-とう【政党】** 共通の理念や政策をもち、その実現のために政権を担当したり、政権獲得を目的とした政治活動を行う団体。political party ↓図

**せい-とう【盛唐】** 中国の唐代を四区分したその第二期。一般に八世紀前半から中ごろ、玄宗の治世下をいう。文学史上、唐詩の最盛期にあたり、王維・李白・杜甫などを輩出。

**せい-とう【精糖】** 粗糖を骨炭で脱色し、精製した白砂糖。refined sugar 対義粗糖。

**せい-とう【製糖】** サトウキビ・テンサイなど、糖分の多い植物のしぼり汁を煮詰め、砂糖を製造すること。sugar manufacture

**せい-とう【製陶】** 焼き物をつくること。porcelain manufacture

**せい-とう【青▼鞜】** 一 一八世紀中期、ロンドンのモンタギュー夫人らを中心とする文学サロンの女性たち。グループの中に青い毛糸の靴下をはいた男性がいたことからの名称。転じて、文学趣味をもつ女性。後に、婦人解放を主張するインテリ女性。bluestocking 二 女流文芸雑誌の名称。明治四四年(一九一一)平塚らいてうを中心とする青鞜社の機関誌として創刊、大正五年(一九一六)廃刊。婦人の言論・思想の自由を主張、しだいに啓蒙的色彩を強め、婦人解放へと発展した。参照青鞜派。

**せい-どう【生動】**(名・サ変自) ①生きて動くこと。②いきいきとしていること。用例気韻―。

**せい-どう【正道】** 正しい道理・生き方・あり方。right track 対義奇道・邪道。

**せい-どう【制動】**(名・サ変他) 運動をおさえとどめること。ブレーキ。brake

**せい-どう【青銅】** 錫を二～三五%含む銅の合金。広義には、燐青銅などの錫以外の銅合金をも含む。工業用のほか貨幣・工芸用として古くから使用。唐金。ブロンズ。bronze

**せい-どう【政道】** =せいとう。①政治のやりかた。その正しい筋道。policy ②仕置き。処罰。punishment ③禁止。prohibition

**せい-どう【聖堂】** ①孔子を祭った廟。聖廟。孔子廟。②キリスト教の教会堂。church ③湯島にある聖堂。東京都文京区湯島にある聖堂。

**せい-どう【精銅】** 九九・九%以上の銅を含む精製した銅。転炉から出る粗銅を電解により精錬したもの。

**せいどう-き【制動機】** ↓ブレーキ

**せいどう-き【青銅器】** 青銅で作った容器・道具など。bronze ware

**せいどうき-じだい【青銅器時代】** 考古学上の時代区分で、石器時代と鉄器時代の中間にあたる、青銅器を使用した時代。中国では紀元前一〇〇〇年ごろの殷・周時代にさかんに使われ、日本では弥生時代に青銅器と鉄器がほぼ同時に伝来。the Bronze Age

**せいどうき-ぶんか【青銅器文化】** 新石器時代に次いで現れた青銅器時代の文化。青銅製の武器や容器・楽器などが発達した。また、文字が発明され、都市文明が出現した。culture in the Bronze Age

**せいとう-ぎょうむこうい【正当業務行為】** 正当な業務の一環としてなした行為。刑罰法規に触れても違法とはならない。

**せいとう-しゃ【青▼鞜社】** 日本初の婦人だけの文学結社。明治四四年(一九一一)平塚らいてうを中心に創立。文芸雑誌『青鞜』を刊行。大正五年(一九一六)解散。

**せいとう-しゅぎ【正統主義】** 一八一四～一五年のウィーン会議で、フランスのタレーランが主張した理念。フランス革命、ナポレオン戦争以前の王位・王国を正統のものとし、復活させようとしたもの。ウィーン体制の原理とされた。復古主義。

**せいとう-せい【正統性】** 被治者に権力支配を承認させ許容させる、論理的・心理的な根拠。マックス=ウェーバーのカリスマ的・伝統的・合法的の三類型が有名。legitimacy

**せいとう-せいじ【政党政治】** 議会内で、多数派になっている一つまたは二つ以上の政党が政権を担当し運営していく政治。一つなら単独政権、二つ以上なら連立政権が形成される。選挙による政権の交代の可能性があるものをいい、一党独裁にはあてはまらない。party government

**せいとう-たいしょうぐん【征東大将軍】** 古代・中世、東国地方平定のために派遣された臨時の将軍。


↓行き先項目、図版・写真参照印。 JIS 日本工業規格情報交換用漢字符号コード(区点コード)。

**せいとう-ないかく【政党内閣】** 立憲政体下、議会、とくに下院の多数党を基礎とする内閣。

**せいとう-は【青▾鞜派】** ①イギリスの婦人解放運動の一派。一八世紀のロンドン社交界から名が出て、文芸や学識をてらう女性のことをさすようになり、さらに婦人解放運動団体の名称となった。Bluestocking society ②『青鞜』を刊行した青鞜社の人々。参照青鞜。

**せいとう-ぼうえい【正当防衛】** 目前に迫った他人による不正な侵害から自分や他人の権利を防衛するため、やむをえずする加害行為。違法性は問われない。legitimate self-defense

**せいど-がくは【制度学派】** アメリカの経済学派。一八八〇年代から一九三〇年代にかけ、社会制度の変化に重点をおいて経済現象を動態的に分析した。ベブレン・コモンズ・ミッチェルらが代表者。institutional economics

**せい-とく【生得】** ↓しょうとく(生得)

**せい-とく【盛徳】** ゆたかな徳。りっぱな徳。splendid virture

**せい-とく【聖徳】** ①天子の徳。②きわめてすぐれた徳。the best virtue

**せい-どく【精読】**(名・サ変他) 細かい点にまで注意して読むこと。熟読。intensive reading 対義多読・乱読・通読。

**せいどく【西独】**《「西独逸」の略》ドイツ連邦共和国の通称。West Germany

**せいとく-かん【精得館】** 江戸末期、幕府の医官松本良順が長崎に設立した医学校。万延元年(一八六〇)医療を行う養生所として開設。翌年、精得館と改め幕府・諸藩の医生を指導。明治以降、長崎医学校。

**せいどてき-ぶんか【制度的文化】** 社会制度や行動様式など、人間の社会生活の規範となる文化。institutional culture 比較物質文化・精神文化。

**せいどとりしらべ-きょく【制度取調局】** 明治一七年(一八八四)憲法問題をはじめ、華族令・国会規則などの創案、起草のため宮中に設置された調査機関。

**せい-とん【整▾頓】**(名・サ変他) きちんと、とのえること。かたづけること。整理。整備。put in order

**せいないじ【清内路】**〈村〉 長野県南部、木曽山脈の山間の村。タバコ栽培などが中心。木工工芸もさかん。人口九〇八(一九八八)。

**せい-なる【聖なる】**(連体) ①キリスト教で、宗教的におかしがたい。sacred 用例—教え。②清らかな。chaste 用例—おとめ。

**せい-なん【西南】** 西と南の中間の方角。南西。the southwest

**せいなん【▿済南】** ↓さいなん(済南)

**せいなん-アジア【西南アジア】**(South-west Asia) アジア南西部の総称。イラク・シリア・クウェート・サウジアラビア・アフガニスタン・イラン・トルコ・イスラエルなどの国がある。砂漠が広がる高原台地で、石油資源が集中する地域。

**せい-なんせい【西南西】** 西と南西の中間の方向。the west-southwest 対義東北東。

**せいなん-せんそう【西南戦争】** 征韓論に敗れて下野した西郷隆盛を中心とする鹿児島士族の反乱。西郷は自らが設立した私学校の生徒らに擁されて明治一〇年(一八七七)挙兵したが敗れ自刃した。西南の役。

**せいなんドイツ-がくは【西南ドイツ学派】** バーデン学派の別称。

**せいなん-にほん【西南日本】** 日本を中部の大断層線(フォッサマグナ)で二分したときの、中部地方西半部から近畿地方以西に至る地域の総称。

**せい-にく【生肉】** なまの肉。fresh meat

**せい-にく【精肉】** よく選ばれた、新鮮で、品質の上等な肉。good quality meat

**ぜい-にく【▾贅肉】** ①よけいな肉のかたまり。こぶなど。lump ②栄養過多・運動不足などで、からだについた余分な肉。flab

**せい-にじゅうめんたい【正二十面体】** 二〇個の合同な正三角形によって囲まれた立体。五種類ある正多面体の一つ。regular icosahedron ↓正多面体図

**せい-にゅう【生乳】** 搾乳したままで、何も手を加えていない乳。raw milk

**せいねい【西寧】** 中国、青海省東部の省都。黄河支流湟水の沿岸にあり、交通・商業の要地。古来漢民族の西方進出の拠点であった。人口五八・四万(一九八四)。シーニン。

**せいねい-てんのう【清寧天皇】** 記紀で第二二代天皇。白髪武広国押稚日本根子天皇ともいう。雄略天皇の皇子。

**せい-ねん【生年】** ①生まれた年。the year of birth 用例—月日。②生まれてからの年月。年齢。しょうねん。lifetime

**せい-ねん【成年】** 人が親権や後見の保護から脱し、独立して法律行為を行える年齢。民法では満二〇歳。未成年者でも、結婚によって成年とみなされる。legal age 対義未成年。

**せい-ねん【青年】** 一二〇歳前後の若者。二〇代後半から三〇歳までをいうこともある。youth 対義少年・壮年。用例—団。二森鷗外の小説。明治四三〜四四年(一九一〇〜一一)発表。上京した作家志望の青年が、都会での経験を通して、内面的に成長していく過程を描く。

**せい-ねん【盛年】** 若くて心身の働きがさかんな年ごろ。血気さかんな年齢。the prime of life

**盛年重ねて来たらず**(せいねんかさねてきたらず) 盛年は二度とやってこない。時をむだに過ごしてはならないといういましめ。Time and tide wait for no man.

**せいねん-かいがいきょうりょくたい【青年海外協力隊】** 技術・技能をもつ二〇歳から三五歳ぐらいまでの青年を開発途上国へ派遣し、国づくりに協力する制度。国際協力の一環として国際協力事業団が運営。昭和四〇年(一九六五)発足。JOCV。Japan Overseas Cooperation Volunteers

**せいねん-がっこう【青年学校】** 旧制下、勤労青年に普通教育・産業実務・軍事教育などを行った定時制の中等教育機関。昭和一〇年(一九三五)設置。同二二年(一九四七)廃止。

**せいねん-き【青年期】** 発達心理学で一四、五歳から二四、五歳ごろまでの時期。児童から成人への過渡期として位置づけられる。身体的・性的成熟に伴って自我の発見、反抗、親からの精神的独立、社会的生活空間の拡大、自我同一性の確立、などの特質をもつ。adolescence

**せいねん-きょういく【青年教育】** 青年に対して行う教育。学校教育と社会教育の双方を含む。education of young people

**せいねん-だん【青年団】** 一定地域の青年で構成される自主的な組織集団。明治中期以降、各地に結成。地域文化の高揚、親睦、社会奉仕などを目的に活動を行い、若者組・若衆組の伝統を継承。

**せいねんドイツ-は【青年ドイツ派】**(Junges Deutschland ドイ) 一八三〇年代ドイツの文学流派。人生・政治のための文学を主張し、古典主義やロマン主義文学を論難。反動勢力の弾圧により崩壊した。ベルネ・ハイネ・ウィーンバルク・グッコー・ラウベら。

**せいねんトルコ-とう【青年トルコ党】**(Jöntürkler トルコ) オスマン帝国末期の政治結社。一八八九年ごろ結成。アブドゥラ=ハミト二世の専制打倒と立憲制樹立を目標とした。一九〇八年サロニカ(テッサロニキ)で革命に成功し政権を掌握。第一次大戦後解体。正称は統一進歩委員会。

**せいねん-の-ふね【青年の船】** 国際親善と外国見学のため、毎年政府の援助により青年男女をのせて外国に派遣される船。

**せいねん-ヘーゲルがくは【青年ヘーゲル学派】**(Junghegelianer ドイ) 一九世紀後半のヘーゲル学派の一つ。ヘーゲル哲学の観念論的体系を解体することにより、それを歴史的推進力たらしめた現実派の総称。フォイエルバッハ・マルクス・シュティルナーらの哲学。ヘーゲル学派左派。

**せい-のう【性能】** ①人にそなわる精神的・身体的な能力。②物の性質と能力。機械などの働き・能力。efficiency 用例高—の機械。

**せい-のう【精農】** 熱心に研究し努力して、農事にはげむ農民。篤農。

**せい-のう【精▾囊】** 男子の生殖器の一部。膀胱の後方にある袋。精子の運動を活発にする粘液を分泌する。seminal vesicle ↓生殖器図

**せい-の-てつがく【生の哲学】** 現代哲学の一潮流。理性よりも意志的・情動的なものとしての全体的な「生」に、より根源的なものをみようとする非合理主義の哲学。ディルタイ・ニーチェ・ベルグソンら。philosophy of life

**せい-は【制覇】**(名・サ変自) ①相手をおさえて、権力をにぎること。制勝。domination ②競技・試合などに優勝すること。win a championship

**せい-ば【征馬】** ①旅をするとき乗る馬。用例行人—。②従軍する馬。

**せい-ば【▾嘶馬】** いななく馬。

**せい-はい【成敗】**(《「せいばい」は別語》)成功と失敗。

**せい-はい【聖杯】** ①最後の晩餐にイエスが用いた杯。chalice ②キリスト教会で聖餐のさいにぶどう酒を入れる祭器。chalice ↓写

●聖杯② ザゴルスク歴史美術館(ソ連)。

**せい-ばい【成敗】**(名・サ変他)(《「せいはい」は別語》) ①さばくこと。しおきすること。処罰。裁決。裁断。judgment ②打ち首に処すこと。斬罪。beheading

**せいはい-でんせつ【聖杯伝説】** 中世ヨーロッパに流行した伝説物語。「聖杯」は、最後の晩餐に用いられ、アリマタヤのヨセフに与えられた酒杯で、アーサー王の騎士たちなどがこれを捜し求めるもの。マロリーの『アーサー王の死』など多くのロマンスで扱われ、二〇世紀に至るまでのヨーロッパ文学の大きな主題の一つとなる。Legend of the Holy Grail

**せい-はく【精白】**(名・サ変他) 穀物をついて、白くすること。polish

**せい-はく【精薄】**《卑語》「精神薄弱」の略。mentally handicapped

**せい-ばく【精麦】**(名・サ変他) 麦をついて、白くすること。また、その麦。polished barley

**せい-はくせき【斉白石】** ↓せいこう(斉璜)

**せいはく-まい【精白米】** 玄米から、外側のぬかの層および胚芽を除いた米。でんぷんが主な成分で、ビタミン$B_1$は少ない。polished rice

**せい-はちめんたい【正八面体】** 八個の合同な正三角形によって囲まれた立体。五種類ある正多面体の一つ。regular octahedron ↓正多面体図

**せい-はつ【整髪】**(名・サ変自) 髪型を整えること。カット・パーマネント・セットなどの方法がある。理髪。hairdressing

**せい-ばつ【征伐】**(名・サ変他) 罪のある者や、反逆者を攻めうつこと。征討。退治。subjugation

**せいはつ-りょう【整髪料】** 髪を整えるための化粧品類。ヘアリキッド・セットローション・ヘアオイル・ヘアスプレーなど。hairdressing material

**せい-はん【正犯】** 犯罪を自ら実行した者。単独正犯・被教唆者または被幇助者たる正犯・間接正犯・共同正犯の四種類。主犯。principal 対義従犯・共犯。

**せい-はん【製版】**(名・サ変自) 印刷用の版面をつくること。また、その版面。写真製版・転写製版(石版・銅版)・電子製版などがある。plate-making

**せい-はん【整版】** ①木版・瓦版の版木など印刷面が一枚になっている版。対義活版。②↓せいはん(製版)

**せい-はん-ごう【正反合】** ヘーゲル弁証法で、思考・論理などの発展過程を表す語。大前提となる最初の命題「正」(定立)が発展すると、自ら矛盾をきたして「反」(反定立)が生まれ、さらに高度の新しい「合」(総合)へと導かれると説く。この発展過程を、止揚、または揚棄という。参照弁証法・止揚。

**せい-はんざい【性犯罪】** 性的秩序を破壊する犯罪の総称。sex crime

**せい-はんたい【正反対】**(名・形動) まったくあべこべなこと・さま。exact opposite

**せい-はんのう【正反応】** 可逆反応において、原系から生成系に向かう反応。positive reaction 対義逆反応。

**せい-ひ【正比】** 通常の比。対義反比。

**せい-ひ【正否】** 正しいことと、そうでないこと。right or wrong 用例—をよく考える。

**せい-ひ【成否】** できるか、できないかと成功と失敗。success or failure 用例—のかぎをにぎる。

**せい-ひ【性比】** 同じ種のなかでの雌と雄の個体数の比。性決定が性染色体によるときには一対一になるが、現実には雌雄の死亡率の差、精子の運動力の差などで片寄ることも多い。sex ratio

**せいひ【西彼】**〈町〉 長崎県西彼杵半島、大村湾に臨む町。サツマイモ・ミカン栽培と真珠

養殖がさかん。西海橋・オランダ村がある。人口九九五六(一九八八)。

**せい-び【整備】**(名・サ変他) ととのえ、そなえること。equip with 用例 機械を―する。

**ぜい-びき【税引(き)】** 収入金額から税金を差し引くこと。税金が控除された後の所得を「税引き所得」という。income after tax 対義 税込み。

**せい-ひつ【静▼謐】**(名・形動) 静かであること・さま。世の中が、おだやかなこと・さま。太平。peacefulness

**せい-ひょう【青票】** 国会などで、採決のとき反対の意思表示に使う青い票。blue ballot 対義 白票。

**せい-ひょう【星表】** 恒星の表。星の位置表示を主とする位置星表と、等級・色指数などの諸特性を示した特性星表とがある。star catalogue

**せい-ひょう【製氷】**(名・サ変自) 水を氷点下まで人工的に冷やし、氷をつくること。ice making

**せい-びょう【性病】** ↓せいこういかんせんしょう(性行為感染症)

**せい-びょう【聖▼廟】** 孔子の廟。聖堂。

**せい-びょう【精兵】** ①弓を引く力の強いこと・人。対義 小兵。②えりぬきの強い兵士。せいへい。picked troop

**せいひょう-き【製氷機】** 水を冷却させて氷を製造する機械。ice maker

**せいびょう-ほう【青苗法】** 中国、宋の王安石が実施した新法の一つ。植え付け期に農民に低利で資金を融通し、高利の借金から救済しようとしたもの。新法中もっとも強い反対をうけた。

**せい-ひれい【正比例】**(名・サ変自) ①二つの量が互いに一定の比で、ふえたりへったりすること。proportionment ②ともなって変わる変数$x$、$y$について、$x$が二倍、三倍、…となるとき、$y$も二倍、三倍、…となるような関係。$y=ax$ $(a \neq 0)$で表される。direct proportion 対義 反比例。

**せい-ひん【正賓】** 正座にすわる客。正客。guest of honor

**せい-ひん【清貧】** 富貴であることより潔白であることをのぞんで、貧乏に安んじていること。honest poverty

**せい-ひん【製品】** つくった品物。product

**せいひん-げんか【製品原価】** 物品の製造に要した費用。原材料費・労務費・経費からなる。manufacturing cost

**せいひん-さべつか【製品差別化】** 販売戦略の一つ。製品の機能やデザインを工夫したり、CMなどによって他の類似製品との差を強調し、購買意欲を刺激すること。product differentiation

●西部劇

『黄色いリボン』 監督ジョン=フォード、主演ジョン=ウェイン。

『真昼の決闘』 監督フレッド=ジンネマン、主演ゲーリー=クーパー。

『シェーン』 監督ジョージ=スティーブンス、主演アラン=ラッド。

**せいひん-ライフサイクル【製品ライフサイクル】** 製品が市場に登場してから、姿を消すまでの経済的様相。導入・成長・成熟・衰退の四期に区分される。product life cycle

**せい-ふ【政府】** ①立法・行政・司法のすべてにわたる国家の統治機構の総称。②統治構造のうち、執行機関である内閣および行政機関のこと。government

**せい-ぶ【西部】** ①西の部分。the west ②とくに、アメリカ合衆国の西部。用例 ―魂。

**せい-ぶ【声部】** 楽曲を構成するそれぞれの旋律部。バッハのフーガは二・三・四声部からなる。四声部楽曲は上からソプラノ・アルト・テノール・バスとよぶ。パート。part; voice

**セイファート-ぎんが【セイファート銀河】** 非常に青い連続スペクトルと、極度に明るい中心核をもつ銀河。輝線の幅が広い、赤外線が強いなどクエーサーと共通の特性も示す。渦状銀河が大部分。Seyfert galaxy

**せいふ-いいん【政府委員】** 国会で、法案などの説明に国務大臣を補佐する委員。国会の会期ごとに、各省などの官吏のなかから内閣によって任命される。government delegate

**せい-ふう【西風】** ①西から吹く風。west wind 対義 東風。②秋風。金風。

**せい-ふう【清風】** きよらかな風。すずしい風。refreshing breeze 用例 一陣の―。

**せい-ふう【整風】**(zhěng fēng 中)《「三風整頓」から》中国共産党が党員の仕事のやり方やものの考え方を改めるためにとった自己点検の路線・運動。毛沢東らの文献の学習と自己批判をおもな手段とし、一九四二年以来、数次にわたって展開された。整風運動。

**せい-フェロモン【性フェロモン】** 雌雄のあいだの交尾行動を誘発する物質。動物の種類によりさまざまな物質がある。sex pheromone

**せいふ-かいはつえんじょ【政府開発援助】** 先進国政府による発展途上国または途上国向け国際機関への資金・技術援助。ODA。official development assistance

**せいふかん-かいじきょうぎきかん【政府間海事協議機関】**(Inter-Governmental Maritime Consultative Organization) 国際海事機関(IMO)の旧称。一九五八年設立。八二年改称。IMCO。

**せいふかんしょう-ほけん【政府管掌保険】** 政府が保険の引受人(保険者)となって行う保険。組合管掌以外の健康保険で、中小企業の被雇用者とその被扶養者とを対象とする。ひろくは厚生年金保険なども含む。

**せいふ-きんゆうきかん【政府金融機関】** 特定の事業を目的とする特殊法人で、政府資金による融資活動を行う機関。日本開発銀行・国民金融公庫など。government financial institution

**せい-ふく【正副】** 正と副。principal and assistant 用例 ―会長。

**せい-ふく【制服】** 学校・会社・団体などで、それを着るように定められた服装。ユニホーム。uniform 対義 私服。

**せい-ふく【征服】**(名・サ変他) ①攻めて服従させること。conquest ②困難に打ち勝って物事をなしとげること。overcome 用例 自然を―する。エベレストを―する。

**せい-ふく【清福】** ①けがれのない幸福。happiness ②手紙などで、他人の幸福を言う敬語。清栄。清祥。用例 ご―を祈る。

**せい-ふく【整復】**(名・サ変他) 骨折や脱臼でずれてしまった骨をもとへもどす操作。手技・手術・持続的牽引などの方法がある。reposition 比較 整形。

**せいふく-おうちょう【征服王朝】** 中国を征服支配した、北方民族の建てた王朝の総称。ウィットフォーゲルが、遼・金・元・清の四王朝をこうよんだことに由来。

**せいぶ-げき【西部劇】** アメリカ西部の開拓時代を題材とした映画。western; cowboy picture ↓写

**せいふ-すじ【政府筋】** ニュース報道などで、取材源を公表できないときの情報源の示し方の一つ。情報の出所が政府内部の高官などの場合に使う。government source

**せいぶ-せんせん【西部戦線】** 第一次大戦の主戦場であった、ドイツ西部(フランス東北部)国境地帯。ドイツ軍と連合軍が対峙した。the Western Front

**せいふ-たんきしょうけん【政府短期証券】** 政府が一時的な資金不足を補うために発行する、償還期間が一年未満の国債。短期国債。短期公債。TB。short-term government securities

**せい-ぶつ【生物】** 生殖(自己再生産)・物質代謝(呼吸)・遺伝など生命現象を行うすべてのもの。動物と植物に大別される。生きもの。organism 対義 無生物。

**せい-ぶつ【静物】** 花・くだもの・器物などの動かない事物。still life

**せいぶつ-が【静物画】** 静物を独立の主題として描いた絵画。一七世紀のオランダで確立。still life ↓写

**せいぶつかがく-へいき【生物化学兵器】** 生物兵器と化学兵器の総称。BC兵器。BCW。biological and chemical weapons

**せいぶつ-がく【生物学】** 生物を対象とし生命現象を研究する学問。形態学・生理学・生化学・発生学・遺伝学などに分けられる。biology

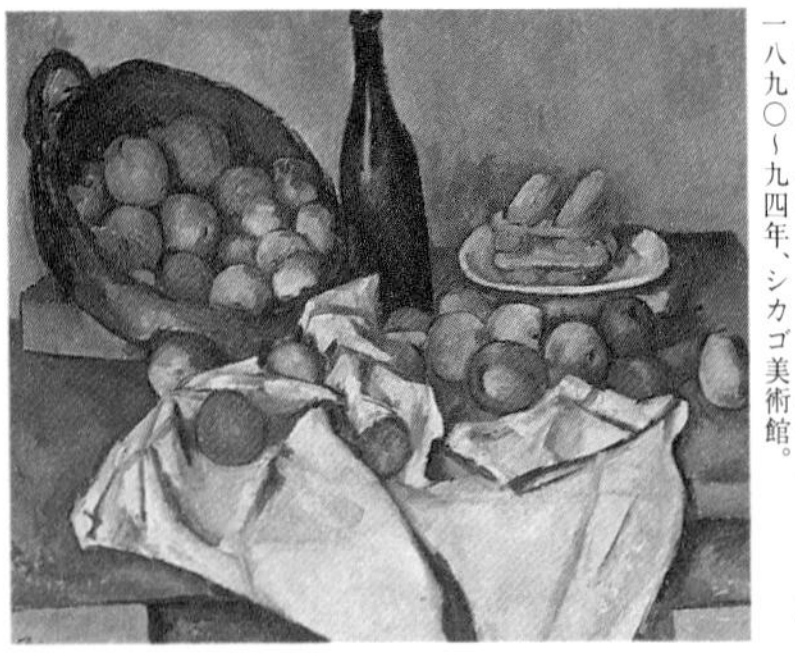

●静物画 セザンヌ『りんごの籠のある静物』。一八九〇～九四年、シカゴ美術館。

**せいぶつがくてき-さんそようきゅうりょう【生物学的酸素要求量】** 水質汚濁の指標の一つ。増殖する好気性微生物の呼吸量によって消費される水中の酸素量のことで、水中の有機物汚染度を示す指標に用いる。一万分の一パーセント(ppm)で表す。河川に魚がすめるのは五ppm以下である。BOD。biological oxygen demand

**せいぶつ-がん【生物岩】** おもに生物の遺体や生理作用の結果からなる堆積岩の総称。石灰岩・チャート・珪藻土・石炭など。有機岩。genetic rock

**せいぶつ-きせつ【生物季節】** 生物が季節に対応して示す行動や現象。これを観察することによって、地域的な気候の違いや年による季節の遅速がわかる。原型は農事暦や花暦。

**せいぶつ-ぐんしゅう【生物群集】** ある地域のなかで互いに関係しつつ生活しているすべての個体群の集まり。植物群落と動物群集がある。群集。biotic community

**せいぶつ-けん【生物圏】** 地球上で生物が生育している場所。水中・土中・空中など地表面のごく薄い部分に限定されている。biosphere

**せいぶつ-けんてい【生物検定】** 生物の生存に不可欠な、あるいはそれを阻害する物質の量を知るために、直接的に生体に物質を作用させ、そこに生じた反応を測定すること。生物学的定量。bioassay

**せいぶつ-こうがく【生物工学】** 生物のもっている機能を機械的な側面から研究する学問。生物学・医学および工学の境界に位置する分野。人間工学もこれに含まれる。biotechnology

**せいぶつ-しげん【生物資源】** 人間が生活していくうえに、必要かつ有用な動物や植物。

**せいぶつ-しひょう【生物指標】** ある地域の大気や水質の汚染度を、その地域の生物種によって判定すること。また、その生物種のこと。指標動物にサワガニ・フナ・カエル・トンボなど、指標植物にツユクサ・アサガオ・コケなどがある。biological indicator

**せいぶつ-ぜんせん【生物前線】** ある生物が一年のなかで、はじめて活動を始める全国各地の時期と場所を線でつないで表したもの。また、その前線。サクラ前線・モンシロチョウの初見前線・ハギ開花前線など。front line of animate nature

**せいぶつ-そう【生物相】** 特定の環境や区域内で生育する生物の全種類。ふつう、植物相と動物相を合わせたものをいう。biota

**せいぶつ-ちりがく【生物地理学】** 動植物の分布・歴史・環境適応などを研究する学問。biogeography

**せいぶつてき-かんきょうじょうけん【生物的環境条件】** 環境を構成するもので、生

物が他の生物に対してつくる環境のこと。たとえば、森の動物にとっての森の植物。biotic environment

**せいぶつ-でんき【生物電気】** 生物体内に生じる電気。シビレウナギやオジギソウなどにみられ、生理現象と関連がある。生体電気。bioelectricity 参照 活動電流。

**せいぶつ-とうけいがく【生物統計学】** 数理統計学の方法を用いて生物現象を究明する、生物学の一分野。biostatistics

**せいぶつ-どけい【生物時計】** 生物体にみられる周期性のある生理現象。生物の行動の生理的な二四時間時計をさすことが多い。体内時計。biological clock

**せいぶつ-のうしゅく【生物濃縮】** 有害な化学物質が、食物連鎖をへて生体に高濃度に蓄積されること。biological concentration

**せいぶつ-のうやく【生物農薬】** 農薬の代わりに、害虫・病原菌の天敵を利用した害虫の防除と駆除。天敵農薬。biotic pesticide

**せいぶつ-はつおん【生物発音】** 動物が筋肉の働きにより音を発すること。誘引・警戒・威嚇などの通信手段として役だつ。哺乳類の声帯、鳥の鳴管、セミの振動器など。phonation

**せいぶつ-はっこう【生物発光】** 生物体が光を発する現象。ウミホタルの自力による発光の他に、寄生や共生生物によるマツカサウオなどの二次発光がある。bioluminescence

**せいぶつ-ぶつりがく【生物物理学】** 物理学的な考え方や方法で、生物の生命現象を研究する分野。biophysics

**せいぶつ-ぶんるい【生物分類】** 生物の分類法。ふつう、系統分類と人為分類があるが、現在は系統分類がその主流をなしている。

**せいぶつ-へいき【生物兵器】** 各種の細菌・ウイルス・生物毒素などによって、人間や動植物を殺したり病気にすることをはかる兵器。国際法で禁止されている。biological weapon

**せいぶつへいきどくそへいき-きんしじょうやく【生物兵器毒素兵器禁止条約】** (BW Convention) 生物兵器と毒素兵器の開発・生産・貯蔵・取得および保有を禁止し、またそのために必要な国内的禁止措置をとることを定めた条約。一九七五年に発効。日本は昭和五七年(一九八二)批准。

**せいぶ-てつどう【西武鉄道(株)】** 東京都と埼玉県に路線をもつ鉄道会社。西武池袋・西武新宿・西武秩父線・西武拝島線など。営業キロ一七八・六km(一九八七)。明治四五年(一九一二)武蔵野鉄道として設立。

**せいぶ-ひゃっかてん【(株)西武百貨店】** 東京の代表的デパートの一つ。西武セゾングループの中心。昭和二四年(一九四九)設立。

**せいふほしょう-さい【政府保証債】** 政府が元金の返済と利子の支払いを保証している債券。公団・公庫などが発行し、国債に準ずる性格をもつ。政保債。government-guaranteed bond

**せいふ-まい【政府米】** 食糧管理法に基づいて、米価調節を目的に政府が買い上げる米。政府操作米。対義 自主流通米。

**せい-ふん【製粉】**(名・サ変他) 小麦など穀類から粉を製造すること。milling 用例 ―業。

**せい-ぶん【正文】** ①正式の文章・文書。official text ②文書の本文。注釈・理由書などに対していう。text 対義 副文。③条約が数か国語で書かれるとき、条文解釈上のよりどころとされるもの。国連憲章では中国語・フランス語・ロシア語・英語・スペイン語の本文。

**せい-ぶん【成文】** 文章・法文に書き表すこと。また、その文。codify 対義 不文。用例 ―化。

**せい-ぶん【成分】** ①化合物を構成している各元素、または混合物の中の各物質。ingredient; component ②物理学・数学で、一つのベクトルをそれぞれの座標軸に分解したときの各ベクトル。component ③文を構成する要素。主語・述語など。constituent

**せい-ぶん【省文】** ①文章の文字・文句を省略すること。また、その文章。②漢字の字画を省くこと。略字。

**せいぶん-けんぽう【成文憲法】** 成文法として制定されている憲法。written constitution 対義 不文憲法。

**せいぶん-ひょうじ【成分表示】** 数学で、Oを原点とする平面上の任意のベクトル$\vec{a}$に対し$\vec{a}=\vec{OP}$となる点Pをとり、Pの座標が$(x, y)$であれば、$\vec{a}=(x, y)$と書き表し、この表し方を$\vec{a}$の成分表示という。

**せいぶん-ほう【成文法】** 文書の形で書き表された法律。制定法。成文律。written law 対義 不文法。

**せいぶん-りつ【成文律】** ↓せいぶんほう(成文法)

**せい-へい【精兵】** よりぬきの兵。強い兵士。picked soldiers

**せいへいさんどうわほん【清平山堂話本】** 中国の口語短編小説集。明代中期の洪楩が宋元以来の「話本」を編集。もと六集六〇編、現存二九編。史伝・怪談・武勇伝など多様。

**せい-へき【性癖】** 性質のかたより。くせ。habit

**せい-べつ【生別】**(名・サ変自) 生き別れ。life-long separation 対義 死別。

**せい-べつ【性別】** 男性と女性の別。雄と雌の別。sex distinction

**せい-べつ【聖別】**(名・サ変他)《キリスト教用語》あるものを神聖なもとして、世俗の用途から区別し、神の用にあてること。consecration

**せいペテロ-だいじいん【聖ペテロ大寺院】** ↓サンピエトロだいせいどう(サンピエトロ大聖堂)

**せい-へん【正編・正▼篇】** 書物の主要部分として編集されたもの。また、続編に対し、最初に編集されたもの。本編。the main part

**せい-へん【政変】** ①政権が変わること。また、それにともなう騒乱。比較 革命。②内閣が変わること。change of government

**せい-ほ【生保】** ①「生命保険」の略。②「生活保護」の略。

**せい-ぼ【生母】** 生みの母。実母。real mother

**せい-ぼ【歳暮】** ①年の暮れ。年末。歳末。②年末の贈答および贈答品。一年間の報恩謝礼などの意味で行う。

**せい-ぼ【聖母】** ①聖人の生みの母。②イエス=キリストの母マリア。the Holy Mother

**せい-ほう【正方】** ①ましかく。正方形。square ②正しいこと。方正。right ③まっすぐ。straight

**せい-ほう【正法】** ①正しい法則。正しい方法。②法の理念に合った、客観的正当性のある実定法。正当法。

**せい-ほう【製法】** 品物のつくりかた。製造法。manufacturing method

**せい-ぼう【声望】** 名声と人望。よい評判。reputation 用例 ―が高い。

**せい-ぼう【制帽】** 学生・警官・自衛官などのかぶるように決められた帽子。regulation cap 用例 制服―。

**せい-ぼう【青▼蜂】** 体が紡錘形で緑藍色に輝くセイボウ科のハチ。体長一・六cm内外。寄生性で、トックリバチの巣内に産卵。世界に一五〇〇種以上、日本では本州以南に三十余種が分布。オオセイボウ。

**せい-ぼう【製帽】** 帽子をつくること。manufacture of caps

**ぜい-ほう【税法】** 税の賦課・徴収、その他の事項を定めた法規の総称。租税法。tax law

**せいほう-きょうかい【西方教会】** ①キリスト教で、ギリシア系の東方教会に対するラテン系の教会の総称。Western Church ②東方正教会に対するローマ-カトリック教会。Western Church

**せいほう-ぎょうれつ【正方行列】** 数学で、行と列の数が等しい行列。square matrix

**せい-ほうけい【正方形】** 四つの頂角が直角で、四つの辺の長さが等しい四角形。正四角形。square 比較 長方形。

**せいぼう-けい【星▼芒形】** ↓アステロイド①

**せい-ほうご【成▼仿▼吾】**(一八九七〜一九八四) 中国の評論家・教育者。湖南省生まれ。創造社の設立に参加、革命文学を主張。のち教育界で活躍。評論集『使命』など。

**せいほう-さいだいりかく【西方最大離角】** 地球から見て、内惑星が太陽からもっとも西に離れた状態にある時刻。また、そのときの角度。greatest western elongation

**せいほう-しょうけい【正方晶系】** 三つの結晶軸が互いに直交し、そのうちの二軸の長さが等しく、もう一軸は異なる結晶系。tetragonal system

**せい-ほく【西北】** 西と北の中間の方角。北西。the northwest

**せい-ほくせい【西北西】** 西と北西の中間の方角。the west-northwest 対義 東南東。

**せいほ-さい【政保債】**「政府保証債」の略。

**せいぼ-じゅたい【聖母受胎】** カトリック教会の教義の一つ。聖母マリアは、受胎の瞬間から神の特別な恵みとキリストの功徳により、原罪のすべてのけがれから解き放たれたというもの。無原罪のおん宿り。Immaculate Conception

**せいぼ-しょうてん【聖母昇天】** カトリック教会の教義の一つ。聖母マリアが生きながらにして昇天したというもの。被昇天。Assumption

**せい-ホルモン【性ホルモン】** 脊椎動物の雌雄の性腺から分泌されるホルモンの総称。生殖器関係の発達、二次性徴の発現などに関係。睾丸から分泌される男性ホルモン、卵巣から分泌される女性ホルモンに大別される。sex hormone

**せい-ほん【正本】** ①公文書の謄本で、原本と同一の効力をもつもの。exemplification 対義 副本。②複写または書き写したものの原本。original

**せい-ほん【製本】**(名・サ変他) 原稿・印刷物などを順序に従ってまとめ、糸・針金などで綴じ、表紙をつけ、本の形にすること。大別すると、和装本と洋装本がある。book binding 比較 造本。

**せい-まい【精米】**(名・サ変他) 玄米から消化や味が悪いぬか層や胚芽を除き、白米にすること。また、その米。rice polishing 比較 七分づき。

**セイミ【chemie オランダ・舎密】** 化学の旧称。幕末から明治初期に用いられた。

**セイミかいそう【▽舎▽密開宗】** 宇田川榕庵の訳編による日本最初の本格的化学書。天保八年(一八三七)刊行。初めて化学が体系的にとらえられた。

**セイミ-きょく【▽舎▽密局】** 幕末・明治初期、幕府や有力諸藩が西欧の科学技術採用のための研究を目的に設置した、自然科学研究所兼学校。慶応二年(一八六六)長州藩が設置したのが最初。

**せい-みつ【精密】**(名・形動) 細かく、くわしいこと・さま。精細。precision 対義 粗雑・粗笨。用例 ―検査。―機器。

**せいみつ-かがく【精密科学】** 量的関係を厳密に測定し、その認識に基づいて成立する科学の総称。数学・物理学・化学など。exact sciences

**せいみつ-きかい【精密機械】** 高い精度を必要とする機械や器具の総称。光学器機・計測器機・特殊工作機械・電子計算機など。precision machine

**せいみつきかい-こうぎょう【精密機械工業】** 計測・光学機器や時計など高度の精密さが要求される機械を製造する産業。precision machinery industry

**せいみつ-ちゅうぞう【精密鋳造】** 特殊な鋳型を用いて寸法精度の高い鋳物をつくること。シェルモールド法・ダイカスト法など種々の方法がある。複雑な形状のものもでき、鋳肌もきれいで機械加工を省略できる。precision casting

**せいみつ-ゆうどうへいき【精密誘導兵器】** レーザーや電波で目標へ誘導し、命中精度を高めた砲弾・ミサイル・魚雷などの総称。PGM。precision-guided munition

**せい-みょう【精妙】**(名・形動) すぐれて、たくみなこと・さま。わざが細かくて、すぐれていること・さま。subtlety

**せいみんようじゅつ【斉民要術】** 中国の現存最古の農書。北魏の賈思勰の撰。一〇巻。六世紀半ばころ成立。耕作栽培・牧畜・醸造などの方法を解説、旱地農法の理論を確立。

**せい-む【政務】** 政治上の事務。行政事務。government affairs 用例 ―をとる。

**ぜい-む【税務】** 税の割り当て・取り立てなどをする行政事務。taxation

**ぜいむ-かいけい【税務会計】** 企業が法人税・所得税などの税額を算出するために、税法の規定にしたがって行う会計。tax accounting

**せいむ-かん【政務官】** 国務大臣を助けて政策に関与し、国会との連絡・交渉にあたる官職。ふつう国会議員の中から選任される。政務次官など。

**せいむ-じかん【政務次官】** 各省および国務大臣を長とする各庁に一人または二人おかれ、大臣を補佐し、国会・政府との交渉にあたり、大臣不在のときはその職務を代行する特別職の国家公務員。parliamentary vice-minister 比較 事務次官。

**ぜいむ-しょ【税務署】** 関税などを除いた国税の賦課・徴収を行う国の機関。管内の納税者に対する直接の窓口。国税庁の国税局に属する。tax office

**せいむ-てんのう【成務天皇】** 記紀で第一

▼常用漢字表外。 ▽常用漢字表の音訓外。

二代天皇。名は稚足彦。景行天皇の皇子。

**セイムリア**【seymouria】二畳紀前期の北アメリカにいた肉食動物。一応原始的な爬虫類とされるが、体の構造に両生類と爬虫類の特徴を合わせもつ中間的な動物。頭の大きなずんぐりしたトカゲ形で、全長約五〇cm。名は、化石が発見された米国テキサス州のシーモアという町名に由来。シームリア。

**せい-めい**【生命】①生物が生物として存在するための根本の力。生物の発育・運動・繁殖などの生活現象から抽象される概念。いのち。life ②物事のなりたつ力。③たいせつなところ。life 比較 精神。

**せい-めい**【声名】よい評判。ほまれ。名声。fame

**せい-めい**【声明】(名・サ変自他) おおやけに発表すること・ことば・文章。statement

**せい-めい**【姓名】姓と名。姓・氏と苗字はやや異なるが、現在では混同されている。姓・氏・苗字は一族や家の名で、名は個人の名を表す。氏名。full name

**せい-めい**【清明】㊀(名・形動) 清く明らかなこと・さま。㊁(名) 二十四節気の一つ。四月五日ごろ。萌えだした草木の芽が、はっきりとしてくるころ。

**せい-めい**【盛名】りっぱな評判。名声。fame 用例 ―をはせる。

**せいめい-おう**【聖明王】(?〜五五四) 百済の第二六代の王(在位五二三〜五五四)。欽明一三年(五五二)日本へ仏像・経論などを伝えたという。

**せいめい-かがく**【生命科学】↓ライフサイエンス

**せいめい-けん**【生命権】人格権の一つ。他から不法に生命を侵害されない権利。right to life

**せいめい-さい**【清明祭】沖縄本島中・南部で、春分後一五日目の清明の日に行う、先祖の霊をとむらう行事。一族がそろって墓に参り、墓前に供物などを供える。

**せいめい-しょ**【声明書】政府・政党・団体やその責任者が、一般に向けて発表する意見書。ステートメント。statement

**せいめい-せん**【生命線】①生死の分かれめとなる一線。生存のため防ぎ守らなければならないもっとも重要な限界。life line ②手相術における、てのひらの筋の一つ。寿命の長短を表すとされる。

**せいめい-の-きげん**【生命の起源】㊀原始地球において、有機物をへて生命が出現した過程。origin of life ㊁《原題 Vozniknovenie zhizni na zemle(ロシア)》一九二四年刊の、ソ連の生物学者オパーリンの著書。地球上の生命はコアセルベートより生まれ進化したと最初に唱えた。

**せいめい-はんだん**【姓名判断】姓名の字画数や発音の組み合わせによる、運勢や吉凶の判断。

**せいめい-ひょう**【生命表】ある集団の年齢別・男女別の生存率や死亡率・平均余命などを年度ごとに示した表。life table

**せいめい-ほけん**【生命保険】人の死亡または一定年齢までの生存に対し、あらかじめ契約した金額の保険金を支払う保険。死亡保険・生存保険・混合保険などに分類する。生保。life insurance

**せいめい-りんり**【生命倫理】《bioethicsの訳語》遺伝子組み替え・細胞融合・人工授精などの技術の登場にさいし、生命と科学のかかわりについて、倫理的・道徳的に冷静に分析していこうとする学問。バイオエシックス。

**せい-めつ**【生滅】(名・サ変自) 生まれることと、ほろびること。発生と消滅。しょうめつ。

**せい-めん**【生面】新しい方面。用例 新―をひらく。

**せい-めん**【製▼麺】めん類を作ること。noodle-making

**せいもう-たい**【生毛体】鞭毛や繊毛のつけねにある、球形か棒状の小体。鞭毛を回転させる部分。基底小体。毛基体。basal body

**せい-もく**【井目・聖目・星目】①囲碁で、碁盤の目の上にしるした九つの黒点。また、その位置。②囲碁で、棋力に大差のある下手が井目にあらかじめ黒石を置くこと。九子の置き碁。

**井目を置く**(せいもくをおく) 囲碁の対局で、下手の者が井目に九子を置くこと。また、実力にたいへんな違いがあることに言う。比較 一目置く。

**ぜい-もく**【税目】租税の種目。国税では所得税・法人税・相続税・酒税など、地方税では住民税・固定資産税などの区別を言う。tax items

**せいもく-ふうりんつき**【井目風鈴付(き)】①囲碁で、井目九子に加えて、四隅の三々にも石を置く一三子の置碁。風鈴。②《転じて》極めて棋力が低い者。

**せい-もっこう**【青木香】生薬の一つ。ウマノスズクサの根。解毒薬となる。

**せい-もん**【正門】正面の門。表門。main gate

**せい-もん**【声門】左右一対の声帯のあいだにできる狭い空気の通路。平常呼吸する時は三角形に開いているが、発声時には狭くなる。glottis

**せい-もん**【声紋】音声を周波数分析器などにより図表化したもの。人によって違うため犯罪の捜査などに用いられる。voiceprint 比較 指紋。

**せい-もん**【誓文】誓いの文書。誓約文。誓紙。written oath 用例 ―を立てる。

**せいもん-おん**【声門音】声門をせばめたり、閉じたりしてつくる音。喉頭音。glottal

**せいもん-けいれん**【声門▼痙▼攣】声門が痙攣して呼吸困難になる状態。低カルシウム血症・アルカローシスなどでおこる。喉頭痙攣。laryngospasm

**せいもん-ばらい**【誓文払(い)】京都の商人や花街の人が、陰暦の一〇月二〇日に祇園の冠者殿の社に参詣して、商売上ついた嘘の罪をはらう風習。

**せい-や**【星夜】星の明るい夜。ほしづきよ。starlight night

**せい-や**【清夜】さわやかな夜。clear night

**せい-や**【晴夜】晴れわたった夜。clear night

**せい-や**【聖夜】クリスマスの前夜。クリスマス・イブ。Christmas Eve; Holy Night

**せい-や**【静夜】静かな夜。quiet night

**せい-やく**【成約】(名・サ変自) 契約が成り立つこと。conclusion of contract

**せい-やく**【制約】(名・サ変他) ①条件にしばられること。そくばく。limitation 用例 時間に―される。社会に―される。②哲学で、物事の成立に欠くことのできない条件・規定。conditions

**せい-やく**【製薬】くすりをつくること。つくったくすり。製剤。pharmacy

**せい-やく**【誓約】(名・サ変他) かたく約束すること。また、その約束。vow

**せい-ゆ**【声▼喩】声・音を、ことばにしてまねること。まねた語。「ドシン・バタン・カンカン・ザワザワ」など。擬音語。

**せい-ゆ**【聖油】カトリックで、洗礼などの儀式に使う神聖な香油。holy oil

**せい-ゆ**【精油】㊀(名) 植物の花・葉・材・種子・果実などから得られる、芳香・揮発性のある油。水に不溶、アルコール・エーテルに溶ける。essential oil ㊁(名・サ変他) 石油を精製すること。refine oil; refined oil 対義 原油。

**せい-ゆ**【製油】(名・サ変他) 原油を精製・加工処理し、ガソリンなどの石油製品を製造すること。また、動植物体から食用油などの油を製造すること。oil manufacture

**せい-ゆう**【西遊】(名・サ変自) 西方、とくに西洋へ旅行すること。さいゆう。

**せい-ゆう**【声優】ラジオドラマ・アニメーションや外国映画の吹きかえに出演する俳優。radio actor; radio actress

**せい-ゆう**【清遊】(名・サ変自) ①風流な遊び。pleasure excursion ②旅行・遊びの美称。

**せいゆう**【(株)西友】西武百貨店とともに西武セゾングループの中心となるスーパーマーケット。昭和二一年(一九四六)設立。

**ぜい-ゆう**【▼贅▼疣】《「贅」はこぶ、「疣」はいぼ》むだなもの。無用の長物。

**せいゆう-かい**【政友会】「立憲政友会」の略。

**せいゆう-ほんとう**【政友本党】大正一三年(一九二四)立憲政友会から分裂した政党。総裁床次竹二郎。昭和二年(一九二七)憲政会と合同して立憲民政党を結党。

**せいゆ-じょ**【製油所】原油を精製して各種石油を生産する施設。oil refinery

**せい-よう**【西洋】日本から欧米諸国をさしていう語。the West 対義 東洋。

**せい-よう**【静養】(名・サ変自) 心身を静かにして病気・疲れをいやすこと。rest 比較 休養。

**せいよう-あぶらな**【西洋油菜】アブラナ科の二年草。北ヨーロッパ原産。明治以後に導入。現在、栽培されているものはほとんどが本種。菜種油を採る。rape

**せいよう-うすゆきそう**【西洋薄雪草】エーデルワイスの和名。

**せいよう-おんがく**【西洋音楽】↓ようがく(洋楽)

**せいよう-が**【西洋画】ヨーロッパに発達した絵画。油絵・水彩画・パステル画など。western painting

**せいよう-カボチャ**【西洋▽南▼瓜】カボチャの一品種。文久三年(一八六三)に渡来。葉は浅裂し淡緑色。果実は大形で平滑。果肉はやや粉質。クリカボチャ・デリシャス・ウツギなどが代表的。pumpkin

**せいよう-きげん**【西洋紀元】↓せいき(西紀)

**せいようきぶん**【西洋紀聞】江戸中期の世界地誌。三巻。新井白石著。正徳五年(一七一五)ごろ成立。屋久島へ潜入したイタリア人宣教師シドッチの尋問内容に白石が論評を加えたもので、世界地理・天文・キリスト教教義・歴史などを広く記述。

**せいよう-ぐり**【西洋▼栗】ブナ科の落葉高木。果実は日本グリよりも小形で、甘味は強くない。マロングラッセに適する。南ヨーロッパ・北アフリカ原産。sweet chestnut

**せいよう-ごぼう**【西洋▽牛▼蒡】サルシファイー・キクゴボウなど、根を食用とするキク科の植物の別称。

**せいよう-し**【西洋紙】木材パルプを原料とした機械製造の紙。明治時代以後、製造技術が輸入された。新聞用紙・印刷用紙・筆記用紙・図画用紙・包装用紙・薄葉紙・雑種紙などに分けられる。洋紙。

**せいよう-しば**【西洋芝】地被植物として用いられるイネ科植物のうち、日本原産の日本シバに対するもの。北欧原産の牧草の仲間が多い。夏に弱いが、美しい芝生を作る。

**せいよう-しょうぎ**【西洋将棋】↓チェス

**せいよう-しょうろ**【西洋松露】子嚢菌類セイヨウショウロ科の地下生のキノコ。径二〜一二cm、塊状。西洋料理に用いられる。フランス・北イタリアなどに分布。トリュッフ。truffle

**せいよう-すぐり**【西洋酸▽塊】ユキノシタ科の落葉小低木。ヨーロッパでは一六世紀から栽培、日本には明治初年に渡来し、北海道で栽培。果実は大形で、芳香があり甘い。生食・ジャム用。マルスグリ。グーズベリー。gooseberry

**せいよう-すもも**【西洋酸桃】バラ科の落葉中高木。春、葉と同時に緑白色の五弁小花をつける。果実は青黒色で小さな斑点がある。果肉は黄色で硬く、芳香がある。生食・乾果用。シュガープルーンが代表的。prune

**せいよう-たんぽぽ**【西洋▼蒲▽公▽英】キク科の多年草。葉は羽状深裂。頭花は大きく、総苞の外側がそり返る。ヨーロッパ原産の帰化植物。dandelion

**せいよう-なし**【西洋▼梨】バラ科の落葉果樹。明治初年に導入。果実は凹凸が多く、不整形。収穫後、追熟して生食または加工。バートレットなど。日本では、あまり栽培されていない。ヨーロッパ原産。pear

**せいよう-はこやなぎ**【西洋箱柳】ヤナギ科の落葉高木。高さ二〇m以上。枝が直立し、竹ぼうきを立てたような特異な形になる。雌雄異株。葉は広三角形で互生。街路樹・庭木とし、材は器具・建築に用いる。日本では、本種のことをふつうポプラという。Lombardy poplar

**せいよう-はしばみ**【西洋▼榛】カバノキ科の落葉低木。ドングリに似た果実は九月に成熟し、自然に落下。種子の仁は白色で、一般にいって食用。ヨーロッパ原産。ヘーゼルナッツ。hazelnut

**せいよう-はっか**【西洋薄荷】ペパーミントの和名。

**せいよう-ひるがお**【西洋昼顔】ヒルガオ科のつる性多年草。野生化しているものも多い。花はヒルガオより小形、白色で甘い香りがする。観賞用として栽培。ヨーロッパ原産。

**せいよう-ふう**【西洋風】(名・形動) 西洋に似せていること・さま。西洋に似ていること・さま。洋風。西洋式。Western-style

**せいよう-ふうちょうそう**【西洋風▼蝶草】クレオメの別名。

**せいよう-ま**【西洋間】西洋風の部屋。床は板張り、または、じゅうたんなどを敷くことが多い。洋間。洋室。Western-style room

**せいよう-まつむしそう**【西洋松虫草】マツムシソウ科の二年草。高さ約六〇cm。夏、球状の頭状花をつける。花色は藤・桃・白。南ヨーロッパ原産。クロバナマツムシソウ。

**せいよう-みざくら**【西洋実桜】バラ科の落葉高木。果肉は甘く、酸味が少なく美味。ナポレオン・シャブレー・黄玉などの品種。山形県と北海道が主産地。西南アジア原産。オウトウ。

**せいよう-やさい**【西洋野菜】欧米から導

入された野菜類の総称。アーティチョーク・チコリ・エンダイブ・ラディッシュなど。

**せいよう-りょうり【西洋料理】** ヨーロッパ・アメリカ諸国の料理。また、日本人の嗜好に合うようにアレンジした洋風料理。Western cooking

**せいよう-わさび【西洋▽山▼葵】** ワサビダイコンの別名。

**せい-よく【制欲・制▼慾】**(名・サ変自) 欲望をおさえ、こらえること。desire abstinence

**せい-よく【性欲・性▼慾】** 性的行動をかりたてる本能的欲望。食欲とともに生物の二大本能欲。発情ホルモンによって刺激され、大脳辺縁系の性的行動中枢が興奮して起こると考えられる。肉体的欲望。肉欲。sexual appetite

**せい-らい【生来】**(名・副) =しょうらい。①《「性来」とも》生まれつき。by nature ②生まれて以来。from one's birth

**せい-らん【青▼嵐】** ①青葉を吹き渡る風。薫風。あおあらし。②青葉のころ、緑でむせかえる感じの山の空気。山気。

**せい-らん【青▼鸞】** クジャクに似たキジ科の鳥。翼長約五〇cm。全体に地味な灰褐色であるが、翼には目のような斑紋が並ぶ。尾羽の中央二枚は長い。東南アジアの森林にすむ。argus pheasant

**せい-らん【清覧】** 手紙で、相手が見ることをいう敬語。

**せい-らん【晴▼嵐】** 晴れた日の山気・かすみ。

**せい-り【生理】** ①生物の生存活動における諸現象。physiology ②月経。menstruation

**せい-り【整理】**(名・サ変他) ①乱れたものをととのえて正しくすること。かたづけること。control; tidying 用例 交通—。部屋を—する。②不要なものを除くこと。disposal 用例 売れ残りの商品を—する。人員—。

**ぜい-り【税吏】** 税務を扱う役人。税務署などの役人。tax collector

**せいり-がく【生理学】** 生きている細胞や個体に特有な現象を研究対象とする学問。とくに、もっとも基本的な生命現象を対象とする。人体生理学・動物生理学・植物生理学・細胞生理学など。physiology

**せいり-がく【性理学】** 宋学の別称。

**せい-りきがく【静力学】** 物体に作用する力の釣り合いの条件を研究する力学。statics 対義 動力学。

**せいり-きゅうか【生理休暇】** 労働基準法に基づいて、女子労働者が月経期間中に要求できる休暇。menstrual leave

**ぜいり-し【税理士】** 税理士法に基づいて税務代理・税務書類作成・税務相談などを職業とする人。tax accountant

**せいり-たい【生理帯】** 月経による出血が、外部にもれないように、腰部に着装するもの。sanitary band

**せいりたいぜん【性理大全】** 宋学諸家の説を集録した書。明の永楽帝の勅命で、一四一五年胡広らが編纂。七〇巻。理気・鬼神・性理など一三に分類。

**せいり-だんす【整理▼箪▼笥】** 引き出し式で高さの低い洋箪笥の一種。シャツ・下着・小物などの整理収納に用いられる。chest of drawers

**せい-りつ【成立】**(名・サ変自) 物事が成り立つこと。取り決めや話がまとまること。conclusion 用例 交渉—。会議が—する。商談が—する。

**ぜい-りつ【税率】** 税額を算定するため、課税標準に適用する一定の比率。比例税率と累進税率がある。課税率。tax rate

**せいり-てき【生理的】**(形動) ①身体の組織・機能に関するさま。肉体的。physiological ②理屈ではなく、感覚的・本能的に感じられるさま。instinctive 用例 —にきらう。

**せいりてきえんるい-ようえき【生理的塩類溶液】** 動物の体液に似た塩類濃度をもつ溶液。リンゲル液やロック液など。physiological saline

**せいりてき-しょくえんすい【生理的食塩水】** 血液と等張の食塩水。恒温動物用は〇・九%食塩水。摘出した器官や組織を生かしておくための媒液として、あるいは出血時などの水分補給に使用。physiological sodium chloride solution

**せいりてき-しんせいじおうだん【生理的新生児黄▼疸】** 新生児の九割以上にみられる黄疸。生後二〜三日で発生、四〜五日目をすぎて消退に向かう。多くは治療不要。physiological neonatal jaundice

**せいりてき-そうざん【生理的早産】** 高等哺乳動物が成体なみに発達した状態で生まれてくるのに対して、人間の新生児が未熟な状態で生まれてくることを早産にたとえたもの。スイスの生物学者アドルフ=ポルトマンのことば。physiological premature birth

**せいり-び【生理日】** 月経に当たる日。menstrual periods

**せい-りゃく【政略】** 政治上の策略・かけひき。political tactics

**せいりゃく-けっこん【政略結婚】** 政治上の利益のために、当事者の意志と関係なく子女を結婚させること。また、そういう結婚。marriage of convenience

**せい-りゅう【星流】** 太陽付近の恒星に認められる系統的な星の流れ。star stream

**せい-りゅう【清流】** きよらかな流れ・川。clear stream

**せい-りゅう【整流】**(名・サ変他) ①水・空気などの液体の流れをととのえること。straighten ②交流を直流に変えること。rectification

**せいりゅう-かいろ【整流回路】** 交流を直流に変換する回路。半導体ダイオードなど、一方向に電流を流す素子が用いられる。rectification circuit

**せいりゅう-かん【整流管】** 整流回路において一方向に電流を流すための真空管。通常二極管で、電流が陽極から陰極に向かってだけ流れることを利用する。rectifier tube

**せいりゅう-き【整流器】** 交流を直流に変換する装置。シリコンダイオードのような半導体整流器・水銀整流器など。rectifier

**せいりゅう-し【整流子】** 直流の電動機・発電機で、回転子の一部分。ブラシに接触し電流の向きを変える。commutator

**せいりゅう-とう【青竜刀】** 中国の、柄に青い竜のかざりのある、刃の形がなぎなた状の刀。

**せい-りょ【征旅】** ①戦いながら進むこと。②征伐の軍勢。遠征軍。

**せい-りょう【声量】** 声の力・強さ・深さなどの量。volume of voice 比較 音量。用例 豊かな—。

**せい-りょう【青▽竜】** ①四神の一つ。青は五行説で東方にあたるため、東方の守護神とされる。対義 白虎・朱雀・玄武。②中国の天文学で、二十八宿のうち、東方七宿とされる角・亢・氐・房・心・尾・箕の総称。しょうりゅう。

**せい-りょう【清涼】**(名・形動) さわやかで、涼しいこと・さま。すがすがしいこと・さま。cool and refreshing

**せい-りょう【西涼】** 中国、五胡十六国の一国。四〇〇年漢人李暠が甘粛省西北部に建国。都は敦煌、のち酒泉。四二一年北涼によって滅亡。

**せい-りょう【西▼遼】** カラキタイの中国名。

**せいりょう-いんりょう【清涼飲料】** 一般に炭酸ガスを含む清涼爽快味のある飲料の総称。法的にはアルコール分一%未満の飲料。ラムネ・サイダーなど。soft drinks

**せいりょうき【清良記】** 江戸前期の軍記物。三〇巻。著者・成立年不詳。伊予宇和島の土豪土居清良の生涯を編年体で記述。第七巻の「農事答中書」は日本最古の農書。

**せいりょう-ざい【清涼剤】** ①気分をさわやかにする薬。refrigerant ②《比喩的に》すがすがしい気分にさせる行為など。refreshment 用例 一服の—。

**せいりょう-でん【清涼殿】** 平安京内裏の宮殿の一つ。古くは天皇の日常の居所。四方拝などの公事も行った。近世には儀式にのみ使用。

**せい-りょく【勢力】** ①他をおさえたり、自分が思うとおりに行動したりする力。勢い。威勢。威力。power 用例 隠然たる—を持つ。②あることのために使える人員や器財。用例 現有—。③エネルギー。energy 用例 台風の—が衰える。

**せい-りょく【精力】** ①心身の活動力。仕事をなしとげていく力。vitality ②馬力。エネルギー。energy

**せいりょく-きんこう【勢力均衡】** 互いの勢力がつりあっている状態。とくに多数の主権国家間の力のつりあい、また、それを通じて安定を維持しようとする考えや政策。バランスオブパワー。balance of power

**せいりょく-けん【勢力圏】** 勢力のおよぶ範囲。sphere of influence

**せいりょく-ぜつりん【精力絶倫】** 精力が並外れて強いこと。疲れを知らないこと。untiring energy

**せいりょく-てき【精力的】**(形動) 元気があって力強いさま。飽きず疲れず働きつづけるさま。energetic 用例 —な仕事ぶり。

**せいり-らっか【生理落果】** 冷害などのため果実がいっせいに落ちる現象。

**せいりん-し【制輪子】** 鉄道車両などの制動装置の一部。これを車輪に押しつけ、その摩擦でブレーキをかける。ブレーキシュー。brake shoe

**せい-るい【生類】** 生き物。生物。しょうるい。living thing

**せい-るい【声涙】** 声となみだ。voice and tears

**声涙倶に下る** 深く感じて泣きながら語るさまにいう。speak with tears

**せい-れい【政令】** 内閣が制定する命令。効力は法律に劣り、省令や府令にまさる。法律の委任がなければ罰を課することはできない。government ordinance

**せい-れい【聖霊】** キリスト教で、三位一体のうち第三の位格(ペルソナ)。人に神の意志を伝え、精神的活動へと導く霊。Holy Spirit

**せい-れい【精励】**(名・サ変自) 仕事につとめ、はげむこと。diligence 用例 —恪勤。

**せい-れい【精霊】** ①万物のもとをなすふしぎな気。精気。spirit ②山川・草木・無生物などにやどると信じられるたましい。spirit ③《仏教語》死者の霊魂。しょうりょう。

**せいれいこうりん-び【聖霊降臨日】** キリスト教の三大祝祭日の一つ。イエス=キリストの復活から五〇日目に聖霊が降臨し、教会が生まれたことを記念する日。復活祭後七週目の日曜日に行う。五旬節。ペンテコステ。聖霊降臨祭。Pentecost

**せいれいしてい-とし【政令指定都市】** 地方自治法の規定により政令で指定された人口五〇万人以上の市。大都市行政の特殊性から都道府県に準じる行政単位としてあつかわれ、府県の業務の一部をひきうける。平成元年(一九八九)現在、大阪・名古屋・京都・横浜・神戸・北九州・札幌・川崎・福岡・広島・仙台の一一都市。指定都市。特別市。

**せいれい-すうはい【精霊崇拝】** 原始宗教の一形態。アニミズムのうち、精霊すなわち動植物や自然物の霊魂を認める信仰。spiritism

**せいれい-せつ【性霊説】** 中国、清代の袁枚が唱えた詩説。詩人の性情や霊感を重視し、沈徳潜の「格調説」、王士禎の「神韻説」とともに清の三詩説といわれる。

**せい-れき【西暦】** イエス=キリストが誕生したとされる年(実際は生後四年目)を元年として数える暦。キリスト紀元。A.D.。Christian Era

**せい-れつ【▼凄烈】**(名・形動) すさまじく、はげしいこと・さま。fierce 用例 —な戦い。

**せい-れつ【清▼冽・清▼洌】**(名・形動) 水が澄んで冷たいこと・さま。cool and clear 用例 —な流れ。

**せい-れつ【整列】**(名・サ変自) きちんと列をつくること。line up

**せい-れん【清廉】**(名・形動) 心がきよらかで私欲がないこと・さま。integrity 用例 —な人がら。

**せい-れん【精練】**(名・サ変他) ①染色の前に、動植物の繊維のよごれを取り除くこと。scour ②よく練りきたえること。

**せい-れん【精錬】**(名・サ変他) ①よく錬りきたえること。②製錬された金属を、さらに純度の高い金属にすること。蒸留や電気分解などの方法による。refine

**せい-れん【製錬】**(名・サ変他) 鉱石から不純物を除いて金属を取り出し、鋳造・圧延・鍛造などの加工用の地金をつくる工程。湿式製錬と乾式製錬とがある。smelt

**セイレン【Seiren ギリシア】** ギリシア神話の怪物。上半身は女、下半身は鳥。美しい歌声で船人を魅惑し、引き寄せては殺害する。オデュッセウスは身体を帆柱に縛ってその歌声を聞いたという。英語サイレンの語源。

**せいれん-けっぱく【清廉潔白】**(名・形動) 心・行いが清く正しく、身に少しもやましいところがないこと・さま。用例 —の人。

**せい-ろ【世路】** =せろ。①世渡り。②生きていく世の中。

**せい-ろ【▽蒸▼籠】** ↓せいろう(蒸籠)

**せい-ろう【青楼】** ①美人のいるところ。②遊女屋。江戸時代、公認された遊廓の吉原をいうことが多かった。揚屋。

**せい-ろう【▽蒸▼籠】** 湯をわかしたなべやかまの上にのせ、中に入れたもち米・饅頭などをあつい蒸気によって蒸す道具。底には竹・木・わらなどの簀を敷く。せいろ。数え方 一組

●蒸籠

み。↓写

**せいろう【聖▾籠】**〈町〉新潟市北東隣、日本海に臨む町。ブドウなどの果樹栽培がさかん。新潟東港開発に関連して工業化。人口一万二六五三(一九八八)。

**せい-ろう【晴朗】**(形動)空がはれて、うららかなさま。clear

**せいろう-だな【▾城楼棚・▾栖楼棚】**茶道に用いる棚物の一種。唐物の飾り棚を利用したもの。中国の楼閣に似た形からの名。津田宗及の好みから宗及棚とも。じょうろうだな。

**ぜい-ろく【▾贅六】**江戸っ子などが上方の人をあざけっていう語。才六(丁稚)の江戸風ななまり。ぜえろく。比較 江戸っ子。

**せい-ろくめんたい【正六面体】**六個の合同な正方形によって囲まれた立体。五種類ある正多面体の一つ。立方体。regular hexahedron ↓正多面体図

**せい-ろん【正論】**正しい論議・意見。sound opinion 対義 曲論。用例 —を吐く。

**せい-ろん【世論】**世間の論議。一般の意見。せろん。public opinion

**せい-ろん【政論】**政治についての議論・意見。political argument

**セイロン[Ceylon]**スリランカの旧称。

**せいわ【清和】**〈村〉熊本県東部、宮崎県に接する村。林業のほか、牧牛・高冷地野菜栽培などがある。人口四二〇八(一九八八)。

**せいわ【勢和】**〈村〉三重県松阪市の南西隣の村。米・茶・肉牛・乾燥シイタケなどを産する。人口五八〇四(一九八八)。

**せいわ-げんじ【清和源氏】**清和天皇の孫源経基に始まる源氏。経基の孫頼信以来東国に地盤を築き、のちに頼朝が征夷大将軍となって鎌倉幕府を開く。

**せいわ-てんのう【清和天皇】**(八五〇～八八〇)第五六代天皇(在位八五八～八七六)。文徳天皇の第四皇子。九歳で即位。外祖父藤原良房が人臣で最初の摂政。

**セヴァストポリ[Sevastopol]**↓セバストポリ

**セヴィリア[Sevilla]**↓セビリア

**ゼウクシス[Zeuxis]**(生没年未詳)古代ギリシアの画家。紀元前五世紀末ごろアテネで活躍。作品『美女ヘレナ』(現存せず)。

**ゼウス[Zeusギリシア]**ギリシア神話の主神。天界に君臨し、神々の長として絶大な支配権をもつ。クロノスとレアの子。ワシを聖鳥とし、手に王笏・雷霆をもつ。アテナ・アポロンなどの神々、およびヘラクレス・アルゴスら英雄たちの父。ローマ神話ではユピテル(英語でジュピター)。↓写

**セウタ[Ceuta]**北アフリカ、モロッコ北部、ジブラルタル海峡に臨む港湾都市。スペイン領。古来異民族の占拠があいつぎ、一五八〇年以来スペイン領。人口七・一万(一九七〇)。

**セー[Jean Baptiste Say]**(一七六七～一八三二)フランスの古典派経済学者。経済学を政治学から分離して体系化し、アダム＝スミスの理論をフランスで普及させた。セーの法則が有名。著書『経済学概論』など。

**ゼーガース[Anna Seghers]**(一九〇〇～八三)東ドイツの女流小説家。作品『聖バルバラの漁民一揆』『第七の十字架』『決断』など。

**ゼークト[Hans von Seeckt]**(一八六六～一九三六)ドイツの軍人。第一次大戦に参謀長として活躍。戦後は国防軍再建に努力。退官後、中国で蔣介石の軍事顧問となった。

**セーケシュフェヘルバール[Székesfehérvár]**ハンガリー中部の都市。ブダペストの南西に位置する鉄道の要地。ローマ時代からの古都。人口一一・二万(一九八五)。

**ゼーゲル-コーン[Seger cone]**《発明者のドイツ人化学者ヘルマン＝ゼーゲルの名から》耐火物や陶磁器の焼成の度合いを知るための温度計の一つ。六〇〇～二〇〇〇℃間で異なった軟化点をもつ三角錐形の材料を並べ、それらの軟化の程度により温度を知る。

**セージ[sage]**シソ科の多年草。高さ約七〇cm。初夏に、青・白の唇形花が咲く。葉に芳香があり、乾燥して香味料に用いるほか、薬用の「サルビア葉」となる。薬用サルビア。ヨーロッパ南部原産。↓写

●セージ

●ゼウス『ガニュメデスを奪うゼウス』。ギリシア国立美術館。

**セージ[SAGE]**《semiautomatic ground environment の略》半自動式防空警戒管制組織。コンピューターと早期警戒レーダー網を組み合わせた北米大陸の防空システム。日本のBADGEバッジ、NATOナトー諸国のNADGEナッジの原型。

**セーシェル[Seychelles]**↓セイシェル

**ゼータ[Ζ・ζ]**ギリシア字母の第六字。ジータ。zeta

**セーター[sweater]**毛糸編みの上着の総称。広義には編み物、編み地の衣類をさす。日本ではおもにセーターブラウスをいう。頭からかぶって着る形式のプルオーバーと、前あき形式のカーディガンに大別される。

**セーター-ブラウス**《和製語》ブラウス風にデザインされたセーター。

**セーデルブロム[Nathan Söderblom]**(一八六六～一九三一)スウェーデンの神学者・宗教学者。教会合同に貢献して一九三〇年ノーベル平和賞受賞。著書『神信仰の生成』。ゼーデルブルーム。

**セーヌ-がわ【セーヌ川】**(La Seine)フランス北部、パリ市内を流れる川。ラングル高原から北西に流れ、パリ盆地を経てイギリス海峡のセーヌ湾に注ぐ。流域は農業地帯。長さ七七六km。

**セー-の-ほうそく【セーの法則】**《提唱者の、フランスの経済学者の名から》財貨の供給はそれに対する需要をつくりだすという命題。物々交換経済では正しいが貨幣経済には適用されにくい。ケインズはこれを批判して有効需要の原理を確立した。Say's law

**セーフ[safe]**《安全、の意》①野球で、走者が塁に生きること。対義 アウト。②テニスなどで、球が規定線内にはいること。

**セーブ[save]**(名・サ変他)①助けること。②おさえ、たくわえること。節約すること。用例 ②力を—する。③野球で、チームの勝利を確保するために登板し、その責を果たしたが勝利投手の記録を得られなかった最終救援投手に与えられる記録。

**セーブ[Maurice Scève]**(一五〇〇ごろ～六〇ごろ)フランスの詩人。リヨン詩派の中心。象徴的・暗示的詩境をひらく。作品『デリー』『柳叢曲』『小宇宙』など。

**セーフウェー-ストアーズ[Safeway Stores, Inc.]**アメリカ最大手のスーパーマーケットチェーン。一九二六年設立。

**セーフガード-クローズ[safeguard clause]**緊急輸入制限条項。ガットの特例条項。特定品目の輸入が増大して自国産業が重大な損害を受ける恐れがある場合、その品目に輸入制限を課す権利を認める。

**セーフティー[safety]**安全。

**セーフティー-ゾーン[safety zone]**路面電車の乗降客の安全をはかるため、停留所の軌道沿いの道路部分に、歩道と同じ高さでつくられる島状の地帯。安全地帯。

**セーフティー-バント**《和製語》野球で、バッターが一塁に生きることを目的としてするバント。

**セーフティー-ベルト[safety belt]**①自動車・飛行機などの座席にある安全ベルト。シートベルト。②高所などでの作業用の安全ベルト。

**セーブ-ポイント[save point]**プロ野球で、救援投手の実績を記録するための数字。セーブ数と救援勝利数を加えたもの。

**セーフライト[safelight]**写真感光材料を扱う暗室内で用いる照明光。感光材料に感じにくく視覚上明るいことが必要。

**セーブル[sable]**↓くろてん(黒貂)

**セーブル[Sèvres]**パリ南西方、セーヌ川沿いの小都市。伝統をもつ国立の製陶工場や陶器博物館などがある。人口二万(一九八二)。

**セーブル-アンテロープ[sable antelope]**ウシ科の動物。美しいレイヨウの一種。肩高約一・四m。雌雄とも三日月形の長い角がある。雄は全身黒色。アフリカの森林や草原にすむ。

**セーブル-やき【セーブル焼き】**パリ郊外セーブルの国立工場で作られた磁器。美しい多彩色の装飾画によりフランス＝ロココの代表的工芸品とされる。Sèvres ↓写

●セーブル焼き　ボワゾーとトミール『大きな壺』。一七八三年、ルーブル美術館(フランス)。

**ゼーベック-こうか【ゼーベック効果】**二種類の金属を二か所で接触させて回路を作り、接点に温度差を与えると回路に起電力が生じる現象。ドイツの物理学者ゼーベックが発見。Seebeck effect

**セーベルナヤゼムリャ-しょとう[セーベルナヤゼムリャ諸島]**(Severnaya Zemlya)ソ連、タイミル半島北部、北極海のカラ海とラプテフ海の間にある四主島と付属島からなる島群。

**ゼーマン[Pieter Zeeman]**(一八六五～一九四三)オランダの物理学者。ゼーマン効果を発見、電子の存在の実験的根拠を与えた。一九〇二年ノーベル物理学賞受賞。

**ゼーマン-こうか【ゼーマン効果】**光源に磁場をかけると、光のスペクトル線が分裂する現象。Zeeman effect

**セーラー[sailor]**水兵。船員。

**セーラー[Max Theiler]**(一八九九～一九七二)アメリカの医学者。南アフリカ共和国生まれ。ロックフェラー財団実験所長兼医学・公衆衛生部長。黄熱ワクチンを開発した業績により、一九五一年ノーベル生理学医学賞受賞。

**セーラー-カラー[sailor collar]**襟型の一つ。水兵服に見られる、後ろは四角、前はV形の襟。日本では女学生の制服に多く用いられる。↓図

●セーラーカラー

**セーラー-ハット[sailor hat]**①低く平らなクラウン(山部)と水平でまっすぐなブリム(縁)の婦人向き麦わら帽。かんかん帽。②水兵帽・船員帽。また、それに似た帽子。

**セーラー-ふく【セーラー服】**水兵服をまねて作った服。セーラーカラーのゆったりした上着に、スカートまたはズボンを組み合わせた子どもや女子学生の服。sailor suit

**セーラム[Salem]**アメリカ西部、オレゴン州中西部の州都。ウィラメット川中流域に位置する商業都市。人口八・九万(一九九〇)。

**セール[sale]**《売ること、の意》売り出し。用例 バーゲン—。

**セールス[sales]**販売。とくに、買い手をたずねて売り込むことを言う。用例 —活動。

**セールス-エンジニア[sales engineer]**製品についての技術的知識を生かして販売活動にたずさわる技術者。

**セールス-キャンペーン[sales campaign]**特定の期間と目的を設定して行われる販売促進のための運動。

**セールス-プロモーション[sales promotion]**販売促進。



↓行き先項目、図版・写真参照印。 JIS 日本工業規格情報交換用漢字符号コード(区点コード)。

**セールスマン**[salesman] 消費者に商品・サービスの購入を勧めて説得する販売員。企業の営業部員・訪問販売員など。販売外交員。
**セールスマンのし**【セールスマンの死】《原題Death of a Salesman》アーサー＝ミラーの戯曲。一九四九年初演。過去の夢と現実の絶望とのはざまで次第に狂気へと傾く老セールスマンの悲劇。
**セーレンセン**[Søren Peter Lauritz Sørensen](一八六八〜一九三九) デンマークの生化学者。pHの概念を提案。また、アミノ酸のフォルモール滴定法を考案。
**せおい-なげ**【背負(い)投げ】＝しょいなげ。①柔道の投げ技の一つ。相手の体の下に入って背負うように肩越しに投げる技。②いよいよというところで、そむくこと。また、そむかれること。用例 ―をくう。
**せ-お・う**【背負う】(五他)＝しょう。①背に乗せる。carry on back ②引き受ける。be burdened with 用例 責任を―。
**セオドライト**[theodolite] 経緯儀。
**せ-およぎ**【背泳ぎ】→はいえい(背泳)
**ゼオライト**[zeolite] →ふっせき(沸石)
**セオリー**[theory] ①理論。学説。用例 ―どおりにやる。②仮説。hypothesis
**せ-かい**【世界】㊀①《仏教語》須弥山を中心とする四大陸で、衆生の住むところ。娑婆世界。②無限の空間。宇宙。universe 用例 ―は無限大だ。③地球上のすべての国。万国。world ④世の中。世間。社会。world 用例 住む―が違う。新しい―が開ける。⑤同類の一群。なかま。circles 用例 芸能人の―。⑥哲学で、精神的事象もふくむ森羅万象の一切。world 用例 物語の―。芸術の―。㊁岩波書店発行の月刊総合雑誌。昭和二一年(一九四六)創刊。
**せかい-かがくしゃれんめい**【世界科学者連盟】(World Federation of Scientific Workers) 十数か国の進歩的な科学者の団体が集まって、社会における科学のあるべき姿を追求することを目的とした世界的組織。一九四六年ロンドンで結成。
**せかい-かくめい**【世界革命】マルクス主義革命理論の一つ。資本主義的生産様式は全世界を市場としてゆくため、プロレタリア革命も全世界的規模で展開しなければならないとする。マルクス・エンゲルス・トロツキーらが提唱。world revolution 参照 永久革命論。
**せかい-かへい**【世界貨幣】国際取引の決済手段となる貨幣。金または金為替。universal currency
**せかい-かん**【世界観】世界・宇宙およびその中にある人間の本質・意義に関する原理的・全体的な考え方。view of the world 比較 人生観。
**せかい-きぎょう**【世界企業】国際的に大規模な事業展開を行っている企業。多国籍企業の形をとるものが多い。world enterprise
**せかい-きしょうきかん**【世界気象機関】(World Meteorological Organization) 国際連合の下部専門機構の一つ。世界の気象業務の調整や改善および各国間の気象情報の交換の奨励をおもな目的とする。本部はジュネーブ。WMO。
**せかい-きゅうせいきょう**【世界救世教】神道系の新宗教。昭和一〇年(一九三五)岡田茂吉が大日本観音会として創始。同二五年(一九五〇)宗教法人となり、メシア教を経て現称。信仰治療や自然農法を行う。
**せかい-きょうこう**【世界恐慌】世界的規模での資本主義経済の危機。ふつうは一九二九年ニューヨークの株式恐慌に始まったものをさす。world crisis
**せかい-きろく**【世界記録】世界中で最高の記録。世界最高記録。world record
**せかい-ぎんこう**【世界銀行】国際復興開発銀行の通称。世銀。
**せかいけいざい-モデル**【世界経済モデル】計量経済モデルの一つ。資源・エネルギー価格の高騰や貿易摩擦・南北問題など、現代の複雑化した国際経済の相互依存関係の仕組みを数量的に解明するためのもの。日本では経済企画庁が開発。world econometric model
**せかい-ご**【世界語】①→こくさいご(国際語)。②言語の異なる人種や国民間で共通して思想・意志・感情などが伝えられるもの。universal language 用例 音楽は―だ。
**せかい-こっか**【世界国家】強制力をもった世界法で各国の主権を制限し、国連を強化することにより世界を一つの連邦国家として平和を実現しようとする思想。世界連邦。世界政府。world state
**せかい-さいこうきろく**【世界最高記録】①スポーツ競技などで、世界で一番の記録。world record ②マラソン競走などのロードレースで、世界で一番速いタイムで走った記録。走路などの条件が一定ではないので、国際競技連盟の世界記録として公認されるものとは区別されている。world best record
**せかい-さんぎょうろうどうしゃどうめい**【世界産業労働者同盟】→アイダブリューダブリュー(IWW)
**せかい-し**【世界史】世界の諸民族・諸国民・諸文明圏の歴史を総合的にとらえた歴史。日本史・東洋史・西洋史などと対比されることば。world history
**せかい-じ**【世界時】グリニッジ平均太陽時。グリニッジ子午線を基準として、夜中の零時を一日の初めとする。日本標準時より九時間遅れている。天文学では一九二五年一月一日より世界時という。U.T.universal time
**せかい-しゅうきょう**【世界宗教】人種や民族、身分などをこえて全世界的に広がっている宗教。仏教・キリスト教・イスラム教など。普遍宗教。world religion 対義 民族宗教。
**せかい-しゅぎ**【世界主義】国家や民族などを超え、直接に個人を単位として全人類を同胞とみる思想。コスモポリタニズム。世界市民主義。cosmopolitanism 対義 国家主義。
**せかい-しょくりょうけいかく**【世界食糧計画】(World Food Program) 国連が中心になり、とくに人口増加率の高い開発途上国への食糧供給確保・維持を定めた長期計画。事務局をローマに置き、一九六三年から事業を展開している。WFP。
**せかい-しんきろく**【世界新記録】陸上・水泳などの競技で従来の世界記録を破り、国際競技連盟から公認された記録。new world record
**せかい-じんけんせんげん**【世界人権宣言】(Universal Declaration of Human Rights) 一九四八年一二月の国連総会で採択された国際的な人権宣言。市民的・政治的自由のほか経済的・社会的な権利について、各国が達成すべき基準を定める。人権に関する世界宣言。
**せかい-じんけんデー**【世界人権デー】一九四八年の国連総会で成立した世界人権宣言を記念する日。一二月一〇日。
**せかい-せいさく**【世界政策】世界的規模にわたる対外政策。とくに一九世紀以降、列強が世界制覇を目標に採った積極的対外政策をいう。world policy
**せかい-せいふ**【世界政府】世界が一つの連邦になったときの中央政府。世界国家。world government
**せかい-せきじゅうじきねんび**【世界赤十字記念日】赤十字の創設者デュナンの誕生日を記念して、赤十字の精神をうったえる行事を行う日。五月八日。Red Cross Day
**せかい-ぞう**【世界像】世界観によってえがかれる世界のすがた。picture of the world
**ぜがい-そう**【▽善界草】《花が、能楽「善界」で大天狗善界のかぶる赤熊に似ることから》オキナグサの別名。
**せかい-だいきょうこう**【世界大恐慌】一九二九年一〇月二四日、アメリカの金融恐慌に始まった大恐慌。ニューヨーク株式市場の大暴落に端を発し、世界的な規模で進行した。世界恐慌。Great Depression
**せかい-ちてきしょゆうけんきかん**【世界知的所有権機関】(World Intellectual Property Organization) 国連専門機関の一つ。発明・商標などに関する工業所有権と音楽・文学などの著作権保護を目的とする国際協力機構。一九六七年設立。WIPO。
**せかい-てき**【世界的】(形動) ①世界に関係のあるさま。international 用例 ―事件。②世界ですぐれたさま。世界に有名なさま。国際的。world-famous 用例 ―科学者。
**せかい-でんわばんごう**【世界電話番号】全世界を結ぶ国際自動電話網を作るために、国際電信電話諮問委員会が決めた電話番号の割り当て。日本は八一番。international telephone number
**せかい-へいわひょうぎかい**【世界平和評議会】(World Congress of Peace) 軍備拡張や核兵器に反対し、平和運動を推進するための民間人による国際組織。ラッセルやアインシュタインらによる平和擁護会議から発展し一九五〇年に設立。事務局はプラハ。WCP。
**せかい-ほけんきかん**【世界保健機関】(World Health Organization) →ダブリューエイチオー(WHO)
**せかい-やせいせいぶつききん**【世界野生生物基金】(World Wildlife Fund) 自然環境の保護と野生動物の保護・繁殖などのために、寄付金を集める国際機関。一九六八年設立。本部はスイス。WWF。
**せかい-れき**【世界暦】一九三〇年以来アメリカで提唱されている改良暦。各月の日数を規則的にし、毎年の日付と曜日を固定しようとするもの。world calendar
**せかい-れんぽう**【世界連邦】→せかいこっか(世界国家)
**せかい-ろうれん**【世界労連】《「世界労働組合連盟」の略》(World Federation of Trade Unions) 一九四五年パリで結成された労働組合の国際的連合体。共産主義を認める立場をとり、国際自由労連と対立。WFTU。
**せ-がき**【施餓鬼】《仏教語》悪道におちて苦しんでいる亡者(餓鬼)に飲食物を施すという法会。真言・浄土・禅宗などで随時催されたが、今は一般に盂蘭盆会に、真宗以外の宗派で無縁仏や先祖の供養のために行われる。
**せか・す**【▽急かす】㊀(五他) 急がせる。せきたてる。用例 そんなに―・さないで。㊁(下一他)→せかせる(急かせる)
**せか-せか**(副・サ変自) 動作が気ぜわしく、落ち着かないさま。hurriedly 用例 ―と動き回る。
**せか・せる**【▽急かせる】(下一他) 急がせる。せきたてる。せかす。hurry up
**せ-かっこう**【背格好・背▼恰好】背の高さや、からだつき。せいかっこう。stature
**ぜが-ひでも**【是が非でも】(連語)「ぜひ」を強めていう語。どんなにしても。at all cost
**せが・む**(五他) 無理に頼む。ねだる。tease for 用例 ―承知させる。
**せがれ**【▼倅・▼伜・▼悴】①自分の息子をけんそんしていう語。my son ②若い者をいやしめていう語。用例 小―。
**せ-がわ**【背革・背皮】洋装本の表紙の背に用いる革。また、本の背に革を張った製本様式。その本。leather bound
**せがわ-きくのじょう**【瀬川菊▼之▼丞】歌舞伎俳優。屋号浜村屋。江戸劇壇の女形の名門。六世まで。初世(一六九三?〜一七四九)は享保期の名女形で、三都随一の称を得た。二世(一七四一〜一七七三)は通称王子路考、一代の人気役者。三世(一七五一〜一八一〇)は通称仙女路考、寛政期の名女形。六世(一九〇七〜一九七六)は前進座に加入、名跡を復活。
**せがわ-じょこう**【瀬川如▼皐】歌舞伎作者名。五世まで。初世(一七三九〜一七九四)は天明・寛政期に活躍。俳優から転じた。三世(一八〇六〜一八八一)は幕末の中村座の立作者で、代表作に『与話情浮名横櫛』などがある。
**セガンティーニ**[Giovanni Segantini](一八五八〜一八九九) イタリア系スイスの画家。スイスの田園・山岳風景を主題とし、独自の分割描法(点描法)に到達。作品『アルプスの真昼』『自然・生・死』など。
**セカント**[secant] →せいかつ(正割)
**セカンド**[second] ①第二。二番め。②野球で、二塁。二塁手。③→セコンド
**セカンド-ハウス**[second house] 生活の本拠となる住宅とは別な住宅。余暇・休養のための小住宅など。別荘。別宅。
**セカンド-バッグ**《和製語》補助的な役目の小型のバッグ。化粧道具など必要最小限のものを入れ、ハンドバッグなどに納めて、入り用のときだけ取り出して使う。
**セカンドハンド**[secondhand] 中古もの。おふる。セコハン。
**セカンド-ラン**[second run] 映画を封切り館に次ぎ、二番館で上映すること。

**セキ** 3画【▽勺】 部首[勹] 常用 JIS 2859 ｜3画【▼勺】旧字
音 シャク・セキ
尺貫法の土地の面積の単位。一坪の一〇〇分の一。一分の一〇分の一。約〇・〇三三㎡。→シャク[勺]

**セキ** 3画【夕】 部首[夕] 教育小1 JIS 4528
音 セキ
訓 ゆう
ノ ク 夕
ゆう。ゆうべ。ゆうがた。ひぐれがた。対義 朝。「一夕・一朝一夕」「夕陽」

**セキ** 5画【斥】 部首[斤] 常用 JIS 3245
音 セキ
①しりぞける。おしのける。「排斥」②うかが

う。様子をうかがう。ものみ。「斥候」

**セキ** 5画 **【石】** 部首[石] 教育小1 JIS 3248
音 **セキ・シャク・コク**・ジャク
訓 **いし**

石 石 石 石 石

①いし。いわ。「化石・岩石・宝石」「石像・石碑」②時計の軸受けの宝石などを数えるのに用いる。用例(助数)十七—。③石見国のこと。「石州」④碁いし。「布石」↓コク・シャク【石】

**セキ** 6画 **【汐】** 部首[氵] 人名用 JIS 2814
音 セキ
しお。うしお。ゆうしお。夕方のしおのみちひき。「潮汐」

**セキ** 7画 **【呎】** 部首[口] 和製漢字 JIS 5072
音 セキ・シャク
フィート(feet)。フート(foot)。ヤード-ポンド法の長さの基本単位。一二インチ。三分の一ヤード。約三〇・四八cm。

**セキ** 7画 **【赤】** 部首[赤] 教育小1 JIS 3254
音 **セキ・シャク**
訓 **あか・あか**い・**あか**らむ・**あか**らめる

赤 赤 赤 赤 赤 赤 赤

①あか。あかい。「赤血球・赤十字・赤飯・赤面」②はだか。ありのまま。「赤裸々」③まごころ。真実。「赤心・赤誠」④むなしい。もののない。「赤貧」⑤赤十字社のこと。「日赤」⑥五色で、あかは、火・南・夏の色。「赤道・赤道祭」⑦共産主義のこと。「赤化」⑧あからむ。あからめる。↓シャク【赤】

**セキ** 8画 **【昔】** 部首[日] 常用 →教育小3 JIS 3246
音 **セキ・シャク**
訓 **むかし**

昔 昔 昔 昔 昔 昔

むかし。いにしえ。対義 今。「往昔・古昔」「昔日・昔年」↓シャク【昔】

**セキ** 8画 **【析】** 部首[木] 常用 JIS 3247
音 **セキ**
さく。わける。「解析・分析」「析出」参考 柝は別の字。

**セキ** 10画 **【席】** 部首[巾] 教育小4 JIS 3242
音 **セキ**

席 席 席 席 席 席

①すわる場所。「議席・座席・上席・末席」「席料」用例(名)—にすわる。《接尾的》指定—。特別—。②おこなわれる場所。「宴席・会席・欠席・酒席・出席」「席上」用例(名)式典の—に行く。③むしろ。茣蓙。しきもの。「席巻」④地位。「主席」「席次」用例《接尾的》優等第一—。⑤寄席。「席亭」

**席の暖まる暇も無い**(せきのあたたまるひまもない) 忙しくて、落ち着いていられない。席暖まるに暇有らず。too busy to stay long

**席を汚す**(せきをけがす) その地位にいること、そこに出席していることのけんそんした言い方。用例 会長の—。

**席を蹴る**(せきをける) 怒って、その場から去る。fling out of one's seat

**席を進める**(せきをすすめる) 対談中、話に興味を感じて、前に身を乗り出す。

**席を勧める**(せきをすすめる) 客に、席につくよう促す。offer a seat to

**席を外す**(せきをはずす) 中座する。他の人のために遠慮して、一時その場を去る。leave one's seat

**席を譲る**(せきをゆずる) 席をあけて、他人に座らせる。また、自分のいた地位に他人をつかせる。offer one's seat

**セキ** 10画 **【脊】** 部首[月] JIS 3252
音 セキ
せ。せぼね。「脊髄・脊柱・脊椎動物」参考 背は別の字。

**セキ** 10画 **【隻】** 部首[隹] 常用 JIS 3241
音 **セキ**
①二つあるものの、一つ。かたわれ。対義 双。「隻眼・隻脚」②ほんのすこし。「片言隻句」③船などを数えるのに用いる。用例(助数)コンテナ船三—。

**セキ** 11画 **【寂】** 部首[宀] 常用 JIS 2868
音 **ジャク・セキ**
訓 **さび・さび**しい・**さび**れる
さびしい。しずか。「寂然・寂漠・寂寞」用例(形動トタル)—として声なし。↓ジャク【寂】

**寂として声無し**(せきとしてこえなし) しんとして、物音ひとつしない。人が大勢いるのに声ひとつ立てない。be as silent as the grave

**セキ** 11画 **【惜】** 部首[忄] 常用 JIS 3243
音 **セキ**・シャク
訓 **おし**い・**おし**む
おしむ。いとおしむ。おしい。「哀惜・愛惜・痛惜」「惜敗・惜別」

**セキ** 11画 **【戚】** 部首[戈] JIS 3244
音 セキ
①みうち。親類。「外戚・親戚」②いたむ。かなしむ。「休戚」

**セキ** 11画 **【淅】** 部首[氵] JIS 6240
音 セキ
①よなげる。米をとぐ。②かしよね。あらいよね。といだ米。

**セキ** 11画 **【責】** 部首[貝] 教育小5 JIS 3253
音 **セキ**・サク・シャク・サイ
訓 **せ**める

責 責 責 責 責 責

①あやまちなどを、せめる。とがめる。「叱責・問責」②自分がしなければならないこと。せめ。任務。「重責・職責・文責」「責任・責務」

**セキ** 12画 **【晢】** 部首[日] 12画 **【晣】** 異体字 JIS 5882
音 セキ
あきらか。はっきりしているさま。「明晢」

**セキ** 12画 **【腊】** 部首[月]
音 セキ・シャク
①ほじし。ほしにく。ひからびたもの。②きびしい。きわまる。

**セキ** 12画 **【跖】** 部首[足] JIS 7674 18画 **【蹠】** 異体字 JIS 7708
音 セキ
あしうら。あなうら。あしのうら。

**セキ** 13画 **【勣】** 部首[力] JIS 5010
音 セキ
いさおし。いさお。てがら。功績。

**セキ** 13画 **【蓆】** 部首[艹] JIS 7278
音 セキ
むしろ。茣蓙。しきもの。

**セキ** 13画 **【晳】** 部首[白] JIS 6612
音 セキ
しろい。皮膚の色がしろい。「白晳」

**セキ** 13画 **【裼】** 部首[衤] JIS 7473
音 セキ・テイ
はだぬぐ。かたぬぐ。上衣をぬいで、からだをみせる。

**セキ** 13画 **【跡】** 部首[足] 常用 JIS 3255 10画 **【迹】** 部首[辶] 異体字 JIS 7781 18画 **【蹟】** 異体字 JIS 3256
音 **セキ**・シャク
訓 **あと**
①あと。あしあと。あとをつける。「軌跡・手跡・人跡・足跡・追跡・筆跡」②ものごとのおこなわれたあと。あとかた。「遺跡・旧跡・形跡」

**セキ** 13画 **【鉐】** 部首[金] JIS 7881
音 セキ
「鍮鉐」は、真鍮。銅と亜鉛の合金。

**セキ** 14画 **【摭】** 部首[扌]
音 セキ
ひろう。とる。ひろいあげる。

**セキ** 14画 **【碩】** 部首[石] JIS 3257 14画 **【磧】** 異体字 JIS 6683
音 セキ
おおきい。立派な。充実している。「碩学」

**セキ** 14画 **【蜥】** 部首[虫] JIS 7382
音 セキ
「蜥蜴」は、トカゲ。トカゲ目に属する爬虫類。

**セキ** 15画 **【慼】** 部首[心]
音 セキ
うれえる。いたむ。かなしむ。

**セキ** 15画 **【槭】** 部首[木] JIS 6069
音 シュク・セキ
カエデ。カエデ科の落葉高木の総称。もみじ。

**セキ** 15画 **【潟】** 部首[氵] 常用 JIS 1967
音 セキ
訓 **かた**
かた。①砂丘などで外海からはなされてできた湖や沼。②ひがた。遠浅で潮がひくとでるところ。③うら。いりえ。

**セキ** 15画 **【瘠】** 部首[疒] JIS 6575
音 セキ
やせる。①やせほそる。病んで、からだがほそくなる。「瘠痩」②地味がやせている。

**セキ** 16画 **【磧】** 部首[石] JIS 6701
音 セキ
①かわら。水辺の砂や石の多い平地。②すなはら。砂漠。

**セキ** 16画 **【積】** 部首[禾] 教育小4 JIS 3249
音 **セキ**・シャク・シ
訓 **つ**む・**つ**もる

積 積 積 積 積 積

①つむ。つもる。「山積・蓄積・累積」「積載・積雪・積年」②プラスのがわ。対義 消。「積極」③地面などの広さ・量。「体積・地積・面積」④数学で、かけ算の結果。対義 商。「相乗積」用例(名)次の式の—を言え。

**セキ** 17画 **【藉】** 部首[艹] JIS 7320
音 シャ・セキ・ジャク
①ふむ。ふみにじる。②みだれる。乱雑なさま。「狼藉」参考 籍は別の字。↓シャ【藉】

**セキ** 17画 **【績】** 部首[糸] 教育小5 JIS 3251
音 **セキ**

績 績 績 績 績 績

①糸をつむぐ。うむ。「紡績」②いさおし。いさお。てがら。「業績・功績・事績・成績・治績」

**セキ** 17画 **【螫】** 部首[虫] JIS 7414
音 セキ
①さす。毒虫がさす。②どく。虫の毒。

**セキ** 17画 **【蹐】** 部首[足] JIS 7704
音 セキ
ぬきあしさしあし。足音をたてないように、そっとあるく。

**セキ** 20画 **【籍】** 部首[竹] 常用 JIS 3250 20画 **【籍】** 旧字
音 **セキ**・ジャク・シャ
①本人の名や家族関係などをかきつけた帳面・公文書。「原籍・戸籍・国籍・除籍・入籍」用例(名)—を入れる。—をぬく。②ふみ。文書。書物。本。「史籍・書籍」参考 藉は別の字。

**セキ** 20画 **【鯽】** 部首[魚]
音 セキ・ショク・ソク
フナ。コイ科の淡水魚。

**セキ** 20画 **【齣】** 部首[齒] JIS 8381
音 セキ・シュツ
①まく。中国の劇の一幕。②きり。江戸時代の小説などの一区ぎり。一節。③こま。映画フィルムの一画面。また、ある場面や局面。

**セキ** 21画 **【鶺】** 部首[鳥] JIS 8321
音 セキ
「鶺鴒」は、スズメ目に属する鳥。いしたたき。

**せき**《俗語》余地。よゆう。用例 考える—はない。

**せき【咳】** のどに刺激をうけておこるはげしい息。主として喉頭や気管などの異物や分泌物を除くための防御反射。しわぶき。cough

**せき【堰】** 湖沼・河川・水路などの水位をせきあげるための水利施設。用水の取り入れ・分水・水量調節に使う。いせき。ダム。dam

**堰を切る**(せきをきる) 一度にどっとあふれ出る。burst out

●赤外線写真 赤外線フィルムを使った写真(上)、普通の白黒写真(下)。

**せき【関】** ①せきしょ。用例箱根の——。②さえぎり止めること・もの。しきり。へだて。用例人目の——。③射芸で、最後の射手。④《「持」とも》碁で、どちらか一方が先に石を置くと、置いた方が取られるため、お互いに石を打たないでおく状態。また、そのような形。

**せき【関】**〈市〉岐阜県南部、長良川沿いの市。安全かみそりの刃・ポケットナイフ・はさみなど、刃物で知られる工業都市。人口六万六四〇六(一九八八)。

**せき【関】**〈町〉三重県北部、鈴鹿峠東麓の町。古く鈴鹿の関が置かれ、江戸時代は宿場町。茶の産地。人口七三九五(一九八八)。

**ぜき【関】**(接尾)《十両以上の力士のしこ名のあとに付ける》関取。用例双葉山——。

**せき-あ・う【▼塞き合う】** 古語(四自)道につめかけておしあう。動きがとれないほどこみあう。用例馬・車の立て処もなく——・ひたるに(平治)。

**せき-あ・う【▼塞き▽敢う】** 古語(下二他)おさえて我慢する。たえしのぶ。こらえる。用例御涙——・へさせ給はず(平家・灌頂・大原御幸)。

**せき-あきこ【関▽鑑子】**(一八九九〜一九七三)ソプラノ歌手・音楽運動指導者。東京生まれ。第二次大戦後「日本のうたごえ運動」を組織。

**せき-あく【積悪】** 積み重なった悪事。対義積善。

**積悪の門に余殃止まる**(せきあくのもんによおうとどまる) 悪事を重ねた家には、その報いとしての災いがかならずおとずれる。

**積悪の余殃**(せきあくのよおう) 積悪の結果としての、悪いむくい。とくに、そのために子孫にまでおよんで災いがくること。

**せき-あ・げる【▼咳(き)上げる】**(下一自)①せきこむ。have a coughing fit ②しゃくりあげて泣く。sob

**せき-あ・げる【▼塞(き)上げる】**(下一他)水流をせきとめて水かさをます。

**せき-い【赤緯】** 地球の極や赤道を天球上に投影して天の極・天の赤道とした場合の、天の赤道から極のほうへの離角。declination ↓赤道座標図

**せき-いり【席入り】** ↓ざいり(座入り)

**せき-い・る【▼咳(き)入る】**(五自)せきこむ。have a fit of coughing

**せき-いん【石印】** ①石に彫刻した印。stone seal ②《「石版印刷」の略》↓せきばん(石版)

**せき-いん【惜陰】** ①時間が無駄に過ぎるのをおしむこと。②わずかの時間をもおしんで励むこと。

**せき-う【積羽】** 積み重ねた鳥の羽。

**積羽、舟を沈む**(せきう、ふねをしずむ) 《羽のような軽い物でも、多く積もれば舟を沈めるまでになる、の意から》小さいことも、重なれば大事となることのたとえ。

**せき-うん【積雲】** 十種雲形の一つ。塔状で厚く、はっきりした輪郭の雲。雲の上部は白く輝き、底部は暗くほぼ水平。わたぐも。つみ雲。雲の峰。cumulus

**せき-えい【石英】** 珪素の酸化鉱物。もっとも一般的に産出する造岩鉱物。低温石英(三方晶系)と高温石英(六方晶系)がある。錐状または柱状結晶。ガラス光沢や樹脂状光沢がある。純粋で無色のものは水晶。ときに黄・赤・緑・青色。ガラス原料・陶磁器原料・光学レンズ・水晶発振器・装飾用などに使用。quartz

**せき-えい【隻影】** 一つのものかげ。一つのもののすがた。比較片影。

**せきえい-ガラス【石英ガラス】** 二酸化珪素だけからなるガラス。珪砂または石英を溶融してつくる。耐熱性が大きく、急熱急冷に強い。quartz glass

**せきえい-そめんがん【石英粗面岩】** 流紋岩の別称。

**せきえい-はんがん【石英▼斑岩】** 火成岩の一種。石英とアルカリ長石などの斑晶がある。岩脈や岩株または花崗岩の周辺などに産出する。quartz porphyry

**せき-えん【石▼燕】**《殻の形が翼を広げたツバメに似ることに由来》シルル紀から二畳紀、とくにデボン紀に栄えた海生動物。絶滅腕足類。スピリファー。Spiriferidina

**せき-おう【石黄】** 砒素の硫化物を主成分とする鉱物。単斜晶系。黄色で樹脂状光沢があり、有毒。雄黄。雌黄。orpiment

**せき-おんせん【関温泉】** 新潟県南西部、妙高村の温泉。妙高山麓にある古い温泉で、スキー場がある。

**せき-か【石果】** ↓かくか(核果)

**せき-が【席画】** 集会の席上で即興的に絵をかくこと。また、その絵。席書き。

**せきがい-せん【赤外線】** 波長が可視光線の赤色よりも長く、マイクロ波よりは短い電磁波。目には見えないが、熱作用が強いので熱線ともいう。透過性が強く、赤外線写真や医療などに利用。熱線。infrared rays

**せきがいせん-きゅうしゅうガラス【赤外線吸収ガラス】** ↓ねっせんきゅうしゅうガラス(熱線吸収ガラス)

**せきがいせん-げん【赤外線源】** 赤外線を強く放射する天体。原始星・巨星など。infrared source

**せきがいせん-しゃしん【赤外線写真】** 赤外線に感光するフィルムを使って撮影する写真。遠景が明瞭に写る。一般写真のほか科学写真に利用。infrared camera ↓写

**せきがいせん-てんもんえいせい【赤外線天文衛星】** 赤外線による天体観測を行うために打ち上げられる衛星。地上からでは大気による吸収などで、限られた波長域しか観測できないので、宇宙空間で赤外線放射を観測する。infrared astronomical satellite

**せきがいせん-てんもんがく【赤外線天文学】** 天体から放射される赤外線をとらえて宇宙を研究する天文学の分野。infrared astronomy

**せきがいせん-フィルム【赤外線フィルム】** 赤外線に感光するフィルム。infrared film

**せきがいせん-ホーミング【赤外線ホーミング】** 目標の熱源から放出される赤外線を感知し追尾する誘導方式。IRホーミング。infrared rays homing

**せき-がき【席書(き)】** 集会の席で即興的に画や書をかくこと。

**せきがきゅう-しょう【赤芽球症】** 免疫反応による一種の溶血性貧血。Rh型陰性の女性と陽性の男性との間で受胎したとき、妊娠中に起こる胎児の特殊疾患。新生児に貧血・重症黄疸などが出現する。erythroblastosis

**せき-かく【石▼恪】**(生没年未詳)中国、五代〜宋初の画家。字は子専。水墨人物画が得意。

**せき-がく【▼碩学】** 学問が広く深いこと・人。大家。大学者。博学。great scholar

**せき-がし【席貸し】**(名・サ変自)会合などのために、料金をとって部屋を貸すこと。貸席。let a room on hire

**せきがね【関金】**〈町〉鳥取県中部、倉吉市南隣の町。旧宿場町。養老年間発見の白金ノ湯で有名な温泉町。人口四九四一(一九八八)。

**せき-が-はら【関ケ原】** ①岐阜県不破郡にある盆地。慶長五年(一六〇〇)に石田三成らが徳川家康らに敗れた合戦の地。②《転じて》勝敗・運命のきまる重大な場合。比較天王山。

**せきがはら【関ケ原】**〈町〉岐阜県南西部、滋賀県との境にある町。旧宿場町で不破関跡がある。関ケ原の古戦場も有名。人口九七九八(一九八八)。

**せきがはら-の-たたかい【関ケ原の戦い】** 慶長五年(一六〇〇)九月一五日、美濃国関ケ原(現岐阜県不破郡関ケ原町)で行われた徳川家康を中心とする東軍と石田三成を中心とする西軍との天下を分けた合戦。東軍の勝利により家康の覇権が確立。

**せきかわ【関川】**〈村〉新潟県北東部、山形県に接する村。農林業を行う。荒川温泉郷・豪農渡辺邸がある。人口八四九〇(一九八八)。

**せき-がん【隻眼】** ①片目。独眼。one eye 対義双眼。②ひとかどのすぐれた見識。discerning eyes 用例一——を持つ。

**せき-かんとう【石敢当】**《向かう所敵無し、の意といい、中国伝来のもの》九州南部から沖縄地方に分布する魔よけの石造物。T字路や辻・橋・門などに建てられる。「石敢当」の三文字が刻んである。いしがんとう。

**せき-ぐん【赤軍】** 一九一八〜四六年のソ連陸軍の呼称。ロシア革命期の労働者赤衛隊を中核に創設。正称は労農赤軍。the Red Army

**せき-けい【赤経】** 天の赤道を基準とする天球座標で、春分点を起点として赤道上を東にはかった弧長。単位は時・分・秒で表す。一時間は一五度の角度に相当する。right ascension ↓赤道座標図

**せき-けいとう【石敬▼瑭】**(八九二〜九四二)中国、五代後晋の建国者(在位九三六〜九四二)。廟号は高祖。後唐の明宗の没後、燕雲一六州の割譲を条件に、契丹の助力を得て後唐を滅ぼし建国。彼の死後、後晋は契丹により滅亡。

**せき-こ【▽潟湖】** 浅海の一部が砂州・砂丘・三角州などにより外海から隔てられてできた浅い湖沼。かたこ。ラグーン。lagoon ↓写

**せき-ご【隻語】** ごくわずかのことば。用例片言——。

**せき-こ・む【▼咳(き)込む】**(五自)はげしくせきをする。せき入る。cough violently

**せき-こ・む【▽急(き)込む】**(五自)せいて、いらだつ。あせる。be impatient

**せき-さい【積載】**(名・サ変他)車・船・飛行機などに荷物・貨物を積みこむこと。load 用例——量。

**せき-ざい【石材】** 建築・土木・墓碑・造園・彫刻などに用いる天然の石。砂利や砕石は除く。stone 数え方一個・一石。

**せき-さいぼう【石細胞】** いちじるしく肥厚した多面体の細胞壁をもつ植物細胞。細胞壁にリグニンが沈着して固くなる。ナシ・カリンなどの果肉中にある。stone cell

**せき-さく【▼脊索】** 神経管の直下を縦走する弾力のある棒状の支持器官。原索動物・脊椎動物で、終生または幼生期の一定期間、背側正中部にある。notochord

**せきさく-どうぶつ【▼脊索動物】** 動物界の一門。終生または発生初期に脊索をもつ動物群。循環系の主要部は脊索の腹側に、中枢神経は背側にある。一般には脊索動物という門を設けないで原索動物門と脊椎動物門に分ける。chordate

**せき-さん【積算】**(名・サ変他)次々に加えて計算すること。累計。integration

**せきさん-おんど【積算温度】** 日平均気温と設定した基準温度との差を、ある期間にわたって加算したもの。融雪量や植物の生育度のめやすとする。accumulated temperature

**せきさん-でんりょくけい【積算電力計】** ある期間に使用された電気エネルギー(電力量)を測定する装置。watt-hour meter

**せきざん-みょうじん【赤山明神】** 京都市左京区修学院にある赤山禅院の祭神。比

●潟湖 能取湖(北海道)。

叡山延暦寺の守護神で、日吉大社と反対に西麓を守護するという。

**せき-し【赤子】** ①ちのみご。あかご。②天皇に対する国民。対義 天子。

**赤子の心** 赤ん坊のように無垢な心。

**せき-じ【席次】** 座席・成績の順位。seating order; standing

**せき-じ【関路】** 関所のある道路。関所に通じる道路。

**せきじしょう【積事象】** 事象A、Bに対して、その両方が起こるという事象。product event

**せき-しつ【石室】** ①石で造った室、または岩をうがって造った室。いわむろ。いわや。②古墳内部の遺体を納める石造りの室。竪穴式と横穴式がある。③蔵骨器や経筒を納めた小さな石の室。

**せき-じつ【赤日】** ↓しゃっこうにち(赤口日)

**せき-じつ【昔日】** むかし。以前。昔時。old days 用例 ―の面影がない。

**せきしつ-いんせき【石質隕石】** おもに斜長石など珪酸塩鉱物からなる隕石。地表に落下する隕石の約九〇%を占める。stone meteorite

**せき-しゅ【赤手】** 手に何も持たないこと。からて。すで。徒手。

**せき-しゅ【隻手】** かたて。one hand 対義 双手。

**隻手の音声** 禅宗で、両手で打ち鳴らした音は誰にでも聞けるけれども、片手でもって鳴らす音は、心で聞かなければ聞こえてこないということ。

**せき-しゅう【石州】** 石見国。

**せき-しゅうごう【積集合】** ①集合A、Bに対して、A、Bの両方に属する要素全体からなる集合。A∩B で表す。共通集合。product set ②集合A、Bに対して、A、Bの任意の要素の組を要素とする集合。product set

**せき-じゅうじ【赤十字】** ①白地に赤い十の字のしるし。衛生班また赤十字社のしるし。②「赤十字社」の略。

**せきじゅうじ-こくさいいいんかい【赤十字国際委員会】**(International Committee of the Red Cross) 戦時における傷病者の救護を目的とする民間団体。スイス人だけで構成。国際赤十字活動の本部的役割をはたす。一八六三年設立。本部はジュネーブ。ICRC。

**せきじゅうじ-しゃ【赤十字社】**(Red Cross Society) 戦争による傷病者の看護・治療を目的として、ジュネーブ条約(赤十字条約)の各加盟国に一社ずつ設置された機関。平時にも一般の医療や伝染病の予防などを行っている。

**せきじゅうじしゃ-れんめい【赤十字社連盟】**(League of Red Cross) 一九一九年にイギリス・アメリカ・フランス・イタリア・日本の赤十字社が平時活動のために設立した連盟。本部はジュネーブ。LRCS。

**せきじゅうじ-じょうやく【赤十字条約】** ↓ジュネーブじょうやく(ジュネーブ条約)

**せきじゅうじ-せん【赤十字船】** 戦時に傷病者だけを運ぶ船舶。攻撃してはならない船。Red Cross ship

**せきしゅう-りゅう【石州流】** 茶道流派の一つ。片桐石州を祖とする。千家の茶風に石州が独自の創意を加えたもので、石州が徳川四代将軍家綱の茶道師範をつとめたため、諸大名・旗本などの間に普及した。分派が多い。

**せき-しゅつ【析出】**(名・サ変自他) 液体から固体を生じる現象。純粋な液体を融点以下に冷却したり、溶液に第三の成分を溶解したときに起こる。separation

**せき-しゅん【惜春】** 春の過ぎていくのをおしむこと。

**せき-じゅん【石筍】** 鍾乳洞内の床に滴下する地下水中の炭酸カルシウムが沈殿し、タケノコ状に成長したもの。つらら状に下がる鍾乳石とは逆向き。stalagmite ↓鍾乳洞 図

**せき-じゅん【席順】** すわる席の順序。席次。用例 披露宴の―を決める。

**せき-じゅんき【石潤基】**(一九二九) 北朝鮮(朝鮮民主主義人民共和国)の小説家。戦争を主題とする小説を発表。中編『戦士たち』、長編『時代の誕生』など。

**せき-しょ【関所】** 交通の要地、国境などで、通行者を検察した施設。大化の改新で制度化。中世には関銭を徴収するために朝廷・幕府・社寺などによって設けられた。江戸時代には軍事・検察のため幕府が五四か所に設置。明治二年(一八六九)全面的に廃止。

**せき-しょう【夕照】** 夕日の光。夕焼け。夕日。ゆうばえ。

**せき-しょう【石菖】** サトイモ科の常緑多年草。高さ約四〇cm。川岸に群生し、観賞用にも栽植。葉は剣状。春に、淡黄色の細長い花序をつける。根茎は鎮痛・健胃薬。↓図

●セキショウ

**せき-じょう【赤縄】**《中国唐代、夫婦の縁をつなぐ、赤いなわを持った老人がいたという『続幽怪録』の故事から》夫婦の縁。

**赤縄を結ぶ** 夫婦の縁を結ぶ。

**せき-じょう【席上】** ①座席の上。on the seat ②集会の席。at the meeting ③その場。on the occasion

**せきじょう【関城】**〈町〉 茨城県西部、下館市南隣の町。稲作、野菜・ナシの栽培や養蚕を行う。人口一万六九〇八(一九八八)。

**せきしょう-せん【石勝線】** JR北海道の鉄道幹線の一つ。千歳線千歳空港~根室本線新得間一三二・四km、ほかに途中駅の新夕張と夕張間一六・九kmを結ぶ。昭和五六年(一九八一)開通。

**せきしょう-も【石菖藻】** トチカガミ科の多年生水草。池沼に群生。葉は長い線形。雌雄異株。夏から秋に開花。雄花は植物体から離れて浮上、水面に浮かぶ雌花が受粉。↓写

●セキショウモ

**せき-しょく【赤色】** ①あかいろ。red ②共産主義や革命を表す色。Red

**せきしょく-かくめい【赤色革命】** 社会主義や共産主義をめざす革命の総称。Red revolution

**せきしょく-きょせい【赤色巨星】** 絶対光度が明るい晩期型の赤色の星。直径は太陽の一〇倍から数百倍のものもあり、平均密度は太陽の数分の一と小さい。脈動による変光をする星もある。red giant star

**せきしょく-くみあい【赤色組合】** 革命政党の綱領にしたがって活動する労働組合。赤色労働組合。red union

**せきしょく-テロル【赤色テロル】** 共産主義者が革命のために行う暴力行為。赤色テロ。Red Terror 対義 白色テロル。

**せきしょく-デンマークしゅ【赤色デンマーク種】** デンマーク原産のウシの一品種。中形強健で毛色は暗赤褐色。肥育性もあり、肉質もよい。Red Danish

**せきしょく-ど【赤色土】** 湿潤な暖帯から熱帯に広く分布する強酸性土壌。残存する鉄のため赤みが強い。日本では、四国・九州などにみられる。red soil

**せきしょく-やけい【赤色野鶏】** キジ科の鳥。野鶏の一種。全長約四五cm。体が赤褐色で、ニワトリの原種とみなされている鳥。インドから東南アジアの森林に分布。

**せきしょ-てがた【関所手形】** 関所を通るための身分証明書。

**せきしょ-やぶり【関所破り】** ごまかして関所を通過したり、間道を通って関所をさけたりしたこと・人・罪。

**せき-しん【赤心】** まごころ。誠意。丹心。

**赤心を推して人の腹中に置く** 人と接するにさいし、真心をもち、いささかの隔てももうけない。

**せき-じん【石刃】** 剝片石器の一種。一般的に長さと幅の比が二対一より大きいものをいう。ブレイド。blade

**せきじん-せきじゅう【石人石獣】** 中国で墳墓や祠堂の前庭に並置された石製の人物・動物像。漢代から始まり、明・清代まで行われた。

**せき-ずい【脊髄】** 脳と末梢器官の連絡・反射機能をつかさどる神経中枢。脊柱管内にあり、小指ほどの太さで延髄の下方に細長くつづく。神経細胞を主体とする灰白質と神経線維の密集した白質からなる。spinal cord ↓脳 図

**せきずい-えん【脊髄炎】** 脊髄の炎症性疾患の総称。急性・慢性があり、症状として運動麻痺・知覚障害・膀胱および直腸障害などがある。myelitis

**せきずい-しんけい【脊髄神経】** 脊髄から出る三一対の末梢神経。人では、頸神経八対、胸神経一二対、腰神経五対、仙骨神経五対、尾骨神経一対からなる。spinal nerve

**せきずい-そんしょう【脊髄損傷】** 脊柱の骨折・脱臼などで、脊髄が挫滅・圧迫などを受けるもの。損傷部位から下の麻痺・知覚障害・膀胱および直腸障害などがおこる。spinal cord injury

**せきずい-はんしゃ【脊髄反射】** 反射中枢が脊髄にある反射。腱反射・屈曲反射(=防御反射)・ひっかき反射など。spinal reflex

**せきずい-ろう【脊髄癆】** 脊髄梅毒。脊髄がおかされるため、下肢の電撃痛・膝反射消失・瞳孔硬直などがおこる。現在ではまれな病気。tabes dorsalis

**せき-せい【赤誠】** いつわりのない心。赤心。sincerity

**せきせい-いんこ【背黄青鸚哥】** オウム科の鳥。翼長約九・五cm。野生種の体色は緑色であるが、飼育種は白・黄・青・紫など。オーストラリア南部原産。budgerigar ↓写

●セキセイインコ

**せきせい-もぞうひん【石製模造品】** 軟質の石(滑石・緑石凝灰岩など)で剣・鏡・袋入り刀子・曲玉などを模造したもの。碧玉製石製品、埴輪形石製品と区別して使用。古墳時代、とくに中期に多く、祭りなどに使用した。

**せき-せつ【赤雪】** 雪の表面に赤色の藻類が繁殖して雪が赤色に見えるもの。

**せき-せつ【積雪】** 降雪の結果、地上に積もった雪。新雪・しまり雪・ざらめ雪に分類される。snow cover

**せきせつ-りょう【積雪量】** 雪が地面に積もった量。積雪の深さを、雪尺や超音波積雪深計で測ってセンチメートルで表す。amount of snow cover

**せき-せん【関銭】** 中世、関所で徴収した通過税。

**せき-ぜん【積善】** 善行を長年積み重ねること。その善行。対義 積悪。

**積善の家に余慶有り** 積善をした家には、自然に幸福が来る。

**せきぜん【関前】**〈村〉 愛媛県北部、芸予諸島の岡村島などからなる村。ミカン栽培がさかん。人口一三六五(一九八八)。

**せき-ぜん【寂然】**(形動トタル) ものさびしいさま。じゃくねん。

**せき-そう【石槍】** 打製石器の一種。やや長い木の葉形で、槍の先端部に形が似ているが、槍として使用したものかどうかは不明。

**せき-そう【瘠瘦】** やせていること。

**せき-ぞう【石造】** 石を材料にした物・建築。stone building

**せき-ぞう【石像】** 石で造った像。stone statue

**せきそう-かんでんち【積層乾電池】** 扁平な構造にしたマンガン乾電池などの一次電池を、多数積み重ねて一つの電池としたもの。容量は小さいが高電圧が得られる。layer built cell

**せきぞう-けんちく【石造建築】** 主要な構造を石で構成した建築。現在では、耐震性の問題から高さ一三m、軒高九m以下に制限されている。stone masonry building

**せきそう-こうほう【積層工法】** 工場で生産した部材を、現場で一階ずつ組み立てていくビル建築の工法。工期の短縮、安全性にすぐれている。

**せきそう-もくざい【積層木材】** 単板を繊維方向と平行に多数積み重ね、接着剤によって接着したもの。普通積層材と硬化積層材がある。梁材・機械部材などに使用。laminated wood

**せきそおうらい【尺素往来】** 室町中期の往来物。一巻。一条兼良著と伝えられる。年中行事など日常生活に必要な事物・用語を短句・短文の形で配列。

**せき-ぞく【石▼鏃】** 石製の矢じり。新石器時代を中心に、世界中で製作使用された。石材は黒曜石・火打石など。打製が通例だが磨製もある。flint arrowhead
**せき-たい【石帯】** 束帯の袍の上にしめる腰帯。革製で玉や石の飾りがつき、官位や儀式により石の種類や形に区別がある。いしのおび。
**せき-だい【席代】** 座敷・会場の借料。席料。charge for a room
**せき-だい【席題】** 俳句や短歌の会で、その場で出す題。即題。対義 兼題。
**せき-たかかず【関▽孝▽和】**(?〜一七〇八) 江戸初期の数学者。関流和算の創始者。筆算式の代数学・方程式論研究・行列式の方法など、西洋数学の水準に匹敵した。著書『発微算法』『括要算法』など。
**せき-た・てる【▽急(き)立てる】**(下一他) 急がせる。hurry up
**せき-たん【石炭】** 太古の植物が水底や土砂に埋まり、自然の炭化作用で生じた可燃性の堆積岩。炭化の程度によって泥炭・亜炭・褐炭・瀝青炭・無煙炭に分け、ふつう瀝青炭を石炭という。炭素・酸素・水素を主成分とし、燃料・化学工業に使用。coal
**せきたん-えきか【石炭液化】** 石炭から石油に似た液化炭化水素を得ること。石炭を高温・高圧で分解し水素を加える。化学工業原料にする。liquefaction of coal
**せきたん-かがく【石炭化学】** ①石炭の構造・性状・成因、酸化剤や還元剤に対する反応を研究する化学・技術の総称。coal chemistry ②石炭を主原料とする化学工業。
**せきたん-ガス【石炭ガス】** 石炭を高温で乾留してつくるガス。成分の半量は水素。その他はメタン・一酸化炭素・エチレンなどからなる。工業用・家庭用の燃料など。coal gas
**せきたん-がら【石炭殻】** 石炭のもえ殻。coal cinders
**せきたん-かんりゅう【石炭乾留】** 石炭を空気を絶って加熱分解し、石炭ガス・タール・コークスなどに分ける操作。製鉄・ガス・化学など各種の工業で広く行われる。coal carbonization
**せきたん-き【石炭紀】**《ヨーロッパでは、この時代の地層に石炭を多く含むことから》古生代を細分した場合の五番目の時代。約三億六〇〇〇万年前から二億八〇〇〇万年前。シダ植物が繁栄。爬虫類や昆虫類が多数出現。Carboniferous Period
**せきたん-さん【石炭酸】** ↓フェノール
**せきたん-さんぎょう【石炭産業】** 石炭の採掘・加工を行う産業。coal mining industry
**せきたんさん-じゅし【石炭酸樹脂】** ↓フェノールじゅし(フェノール樹脂)

**せき-ち【▽尺地】** わずかな、せまい土地。寸土。small strip of land
**せき-ちく【石竹】** ナデシコ科の耐寒性多年草。高さ一五〜四〇㎝。葉は細長く先端がとがった形で、茎節に対生する。茎頂に一、二個の白・ピンク・赤などの花が咲く。花弁は五枚で先端に切れこみがある。中国原産。カラナデシコ。
**せきちく-いろ【石竹色】** うすい紅色。
**せき-ちゅう【▼脊柱】** 脊椎動物の体の中軸となる骨格。ヒトでは上下に連結する三二〜三四個の椎骨からなり、頸椎・胸椎・腰椎・仙椎・尾椎に区分される。せぼね。脊椎。vertebral column
**せき-ちん【赤沈】** ↓けっちん(血沈)
**せき-つい【石▼槌】** 原始時代に作られた、石のつち。stone hammer
**せき-つい【▼脊▼椎】** ↓せきちゅう(脊柱)
**せきつい-カリエス【▼脊▼椎カリエス】** 脊椎の結核。おもに肺結核病巣からの菌が骨を破壊して、疼痛・脊柱変形・姿勢の異常などをおこす。spinal caries
**せきついこつ-そしょうしょう【▼脊▼椎骨粗▼鬆症】** 代謝の活発な海綿骨に変化を生じ、脊椎が弱化して変形や骨折をおこす病気。老年期・閉経後に多い。spinal osteoporosis
**せきつい-すべりしょう【▼脊▼椎▼辷り症】** 脊椎分離症で欠けた脊椎骨の前半分が前方に移動したもの。このため近くを走る脊髄神経を圧迫して腰痛がおこる。spondylolisthesis
**せきつい-そくわんしょう【▼脊▼椎側▼彎症・▼脊▼椎側湾症】** 脊椎が右または左に湾曲する状態。近年、小・中学生に多くみられる。背部痛などを伴うこともあるが、普通は無症状。矯正治療が必要。scoliosis
**せきつい-どうぶつ【▼脊▼椎動物】** 脊柱を中軸とする動物界の一門。もっとも進化し、系統上、原索動物に類縁が深いと考えられる。世界各地に約三万五〇〇〇種が現存。円口・軟骨魚・硬骨魚・両生・爬虫・鳥・哺乳類の七綱に大別される。vertebrate 対義 無脊椎動物。
**せきつい-ぶんりしょう【▼脊▼椎分離症】** 椎骨の上下の関節突起の部分の骨が分離した状態。最下位の腰椎に多く、腰痛の原因ともなる。spondylolysis
**せき-てい【石庭】** 石と砂だけで造った庭。rock garden 用例 竜安寺の―。
**せき-てい【席亭】** ①演芸を行う常設の興行場。寄席。②寄席の持ち主・経営者。
**せき-でい【赤泥】** 海底堆積物の一種で、赤褐色の泥。大河の流入する付近の海底に分布する。赤褐色を示すのは酸化鉄を含むため。red mud
**せき-てっこう【赤鉄鉱】** 鉄の酸化鉱物の一つ。もっとも重要な鉄鉱石鉱物。六方晶系。板状結晶・雲母状結晶。塊状・繊維状・ぶどう状・葉片状・粒状で、もろい。金属光沢があり、灰黒色。堆積岩中にふつうに産出する。hematite
**せき-てん【▽釈▼奠】** 中国で孔子や周公、その弟子をまつること。儒教が官学となった漢代以降に盛行。もとは四季を定期としたが、魏の時代より二月・八月の上丁の日とされた。しゃくてん。さくてん。丁祭。上丁祭。
**せき-とう【石塔】** ①石造りの塔。五輪の塔など多層塔が多い。②墓石。数え方 一基。
**せきとう【石▼濤】**(一六四二〜一七〇七) 中国、清初の画家・禅僧。石濤は字。号は大滌子。僧名は原済。山水画を得意とし、南宋画をふまえた主観的個性的表現にすぐれる。
**せき-どう【赤道】** 地球の中心を通り、自転軸に垂直な面が地球表面と交わってなす線。緯度の基準となり、緯度零度にあたる。equator
**せきどう-かいりゅう【赤道海流】** 赤道の南北を、東から西へ流れる暖流。北赤道海流と南赤道海流の総称。equatorial current
**せきどう-ぎ【赤道儀】** 天体望遠鏡の架台の一つ。地軸に平行な極軸と、それに直角な赤緯軸をもち、それぞれが回転し、天体の追尾が容易。equatorial mounting
**せきどう-きだん【赤道気団】** 赤道付近で発生する気団。高温多湿で貿易風を吹き出す。equatorial air mass
**せきどう-ギニア【赤道ギニア】**(Republic of Equatorial Guinea) アフリカ中西部、ギニア湾東岸の島々からなる共和国。首都マラボ。一九六八年スペインから独立。熱帯雨林気候の地で、カカオ・コーヒーの産地。面積二・八万km²。人口四〇万(一九八六)。正称赤道ギニア共和国。
**せき-どうこう【赤銅鉱】** 酸化銅(I)からなる銅の鉱石。濃赤色で金属光沢があり、等軸晶系。銅鉱床の酸化帯に産し、ふつう塊状だが繊維状のものもある。cuprite
**せきどう-さい【赤道祭】** 船舶が赤道を通過するとき行う祭り。一七世紀ごろから、フランスやオランダで航海安全の祈願として始まった。Neptune's revel
**せきどう-ざひょう【赤道座標】** 天の赤道と春分点・天の南北両極を通る大円をもとにして、赤経と赤緯を決め、星の位置を表す天球座標。equatorial coordinates ↓図
**せきどう-ぜんせん【赤道前線】** 北半球の北東貿易風と南半球の南東貿易風の境界。太平洋西部では夏季に北上し、台風の発生源になる。equatorial front
**せきどう-はんけい【赤道半径】** 地球の中心を通り、地軸(自転軸)に直交する赤道面の半径。極半径より約二一㎞長い。equatorial radius ↓地球図
**せきどう-はんりゅう【赤道反流】** 北緯三〜一〇度、南赤道海流と北赤道海流の間を、西から東に向かって流れる暖流。Equatorial Countercurrent
**せきどう-むふうたい【赤道無風帯】** 赤道付近で北東貿易風と南東貿易風にはさまれた風の弱い地域。赤道低圧帯。the doldrums; equatorial calms
**せき-とく【▽尺▼牘】** 手紙。書簡。
**せき-と-して【寂として】**(副) しいんとして、静まっているさま。be still 用例 ―声なし。
**せきとめ-こ【▼堰(き)止め湖】** 川が、せきとめられて生ずる湖。火山活動や山くずれ、地すべりなどによる、岩石や土砂の流下が原因。dammed lake
**せき-と・める【▼塞(き)止める・▼堰(き)止める】**(下一他) さえぎり止める。dam up 用例 川を―。
**せき-とり【関取】** 大相撲で十両以上の力士の敬称。本来は、大関の異称。

● 赤道座標

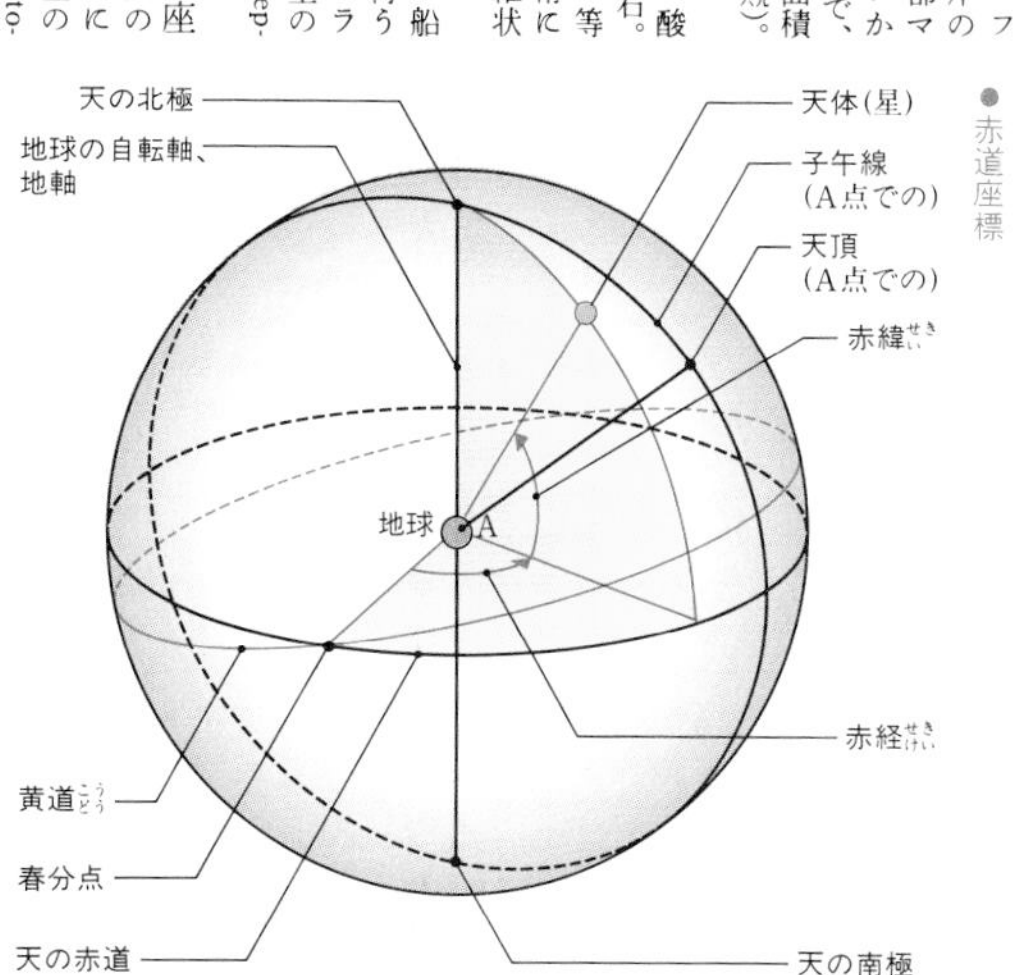


**せき-にん【責任】** ①引き受けて果たさなければならない義務。responsibility 比較 背任。用例 重い―。②自分のしたことからおこる損失や制裁を自分で引き受けること。responsibility ③法律上の不利益や制裁を負わされること。民事・刑事責任。responsibility
**責任を取る**(せきにんをとる) ①責任をもって事にあたる。②自分のかかわったことに何か問題が起きたとき、何らかの処置をとることにより、その解決を請けあう。take the blame for
**責任を持つ**(せきにんをもつ) 自分のかかわったことに、将来何か問題が起きたとき、何らかの対処をする義務を引き受ける。be responsible for
**せきにん-かん【責任感】** 責任を重んずる気持ち。sense of responsibility
**せきにん-しゃ【責任者】** ある事について責任をとる人。person in charge
**せきにん-じゅんびきん【責任準備金】** 保険金の支払いのために保険会社が積み立てを義務づけられている準備金。生命保険の責任準備金、損害保険の払い戻し積立金など。policy reserve; underwriting reserve
**せきにん-ないかく【責任内閣】** 国会を通じ国民に対して責任を負う内閣。進退は国会の信任・不信任による。responsible cabinet 対義 超然内閣。
**せきにんないかく-せい【責任内閣制】** ↓ぎいんないかくせい(議院内閣制)
**せきにん-ねんれい【責任年齢】** 刑事責任を負うことのできる年齢。刑法では満一四歳。
**せきにん-のうりょく【責任能力】** ①民法上、自分の行為が違法かどうかを識別できる能力。②刑法上、刑事責任を負担しうる能力。
**せきにん-ほけん【責任保険】**「賠償責任保険」の略。
**せきね-きんじろう【関根金次郎】**(一八六八〜一九四六) 将棋棋士。千葉県生まれ。一三世名人。昭和一〇年(一九三五)名人世襲制を廃し、実力名人制を実施した。
**せきね-しょうじ【関根正▽二】**(一八九九〜一九一九) 洋画家。福島県生まれ。幻覚の世界をフォービスム風の色彩で描いた。作品『信仰の悲しみ』『子供』など。↓写
**せき-ねつ【赤熱】**(名・サ変自他) まっかに熱すること。しゃくねつ。red heat
**せきね-まさなお【関根正直】**(一八六〇〜一九三二) 国文学者。江戸生まれ。東大卒。有職故実に精通。著書『装束甲冑図解』『大鏡新註』など。
**せき-ねん【昔年】** むかし。いにしえ。往年。old times
**せき-ねん【積年】** 積もり重なった長い年月。多年。many years 用例 ―の恨み。
**せきのごほんまつ【関の五本松】** 島根県の

▼ 常用漢字表外。 ▽ 常用漢字表の音訓外。

●関根正二『信仰の悲しみ』。大正七年（一九一八）、大原美術館（岡山県）。

民謡。作業唄から美保関の花街の騒ぎ唄になった。

**せきのと【関の▽扉】** 歌舞伎舞踊。常磐津。本名題『積恋雪関扉』。天明四年（一七八四）初演。

**せき-の-まごろく【関孫六】** 美濃国の関の刀工孫六、およびその後継者が鍛えた刀剣。

**せきのみや【関宮】**〈町〉兵庫県北西部、中国山地の町。農林業中心。観光地氷ノ山・鉢伏高原がある。人口五二九〇（一九八八）。

**せき-の-やま【関の山】** 精いっぱい。限度。the best you can expect 用例 次点程度が——だ。

**せき-はい【惜敗】**（名・サ変自）おしくも負けること。おしい負け。defeat by a narrow margin 対義 辛勝。

**せき-ばく【寂▼寞・寂漠】**（名・形動トタル）

●石版画　ロートレック『ムーラン-ルージュ』（部分）。一八九一年、ロートレック美術館（フランス）。

ものさびしいこと・さま。さびしさ。じゃくまく。loneliness

**せき-ばらい【▼咳払い】**（名・サ変自）注意をひくため、わざとせきをすること。clear one's throat

**せき-はん【赤飯】** もち米に小豆、またはささげを入れて蒸した染め飯の一種。祝儀用に広く用いられる。おこわ。あかのごはん。

**せき-ばん【石版】** 石灰石や大理石の石版を用いる印刷法。一七九八年、ドイツのアロイズ＝ゼネフェルダーが発明。油性物質で絵を描き、石版表面を水で湿らせ油を吸収する部分と反発する部分を作り、油性インキで印刷する。石版印刷。リトグラフ。lithography

**せき-ばん【石盤・石板】** ①スレート。②粘板岩のうす板。石筆で文字や絵をかく。slate ↓写

●石盤②

**せきばん-が【石版画】** 石版で刷った版画。版材は本来は石版石だが、一般に亜鉛板などを使う。リトグラフ。リト。lithograph ↓写

**せき-ひ【石碑】** ①石に文字を刻んで建てたもの。stone monument ②墓石。石塔。tombstone 数え方 一基。

**せき-ひつ【石筆】** ①黒色または赤色の粘土を筆状にかためてホルダーに挟んで書画をかく用具。slate pencil ②筆状にした蠟石。石盤に文字や図画をかくのに用いる。pagodite pencil

**せき-ひつ【石▼櫃】** 納骨に使う石製の櫃。火葬が行われるようになったのち、石棺に代わって使用。

**せきび-の-らん【赤▼眉の乱】** 中国、新代に起きた農民反乱。王莽の新政策失敗による社会不安を背景に、一八年山東の樊崇らが挙兵。新の滅亡後も勢威を保ったが、二七年劉秀（光武帝）により鎮定。

**せき-ひん【赤貧】** なに一つない貧しさ。extreme poverty

**赤貧洗うが如し**（せきひんあらうがごとし）洗い流したように何一つない、たいへん貧乏なさま。be as poor as a church mouse

**せき-ふ【石▼斧】** 石器時代に使われた石製の斧状道具。武器・工具・農耕などに使用。磨製と打製がある。stone ax

**せき-ふだ【席札】** 会場などで、その人のすわる席を示す名札。

**せき-ぶつ【石仏】** 岩壁などに彫刻した仏像。または、石を材料とした仏像。中国の雲崗石窟寺院石仏、奈良の頭塔石仏群など。↓写

**せき-ぶん【積分】**（名・サ変他）①定積分のこと。また、それを求めること。integral ②原始関数。また、それを求めること。integral 対義 微分。

**せきぶん-がく【積分学】** 定積分・不定積分の理論と、その応用を研究する、解析学の基礎をなす一分野。integral calculus

**せきぶん-きごう【積分記号】** 定積分や不定積分に用いられる記号∫。インテグラル。integral symbol

**せきぶん-ていすう【積分定数】** ある関数の原始関数の一つを $F(x)$ とすると、他の原始関数は、$F(x)$ に定数を加えた関数となる。この定数を積分定数という。integration constant

**せきぶん-ふとうしき【積分不等式】** 積分を含む不等式の総称。integral inequality

**せきぶん-ほうていしき【積分方程式】** 未知関数の積分を含む関数方程式。積分方程式を解くとは、その未知関数を求めること。integral equation

**せき-へい【積弊】** 長年積もり重なった害悪。deep-rooted evil

**せきへき【赤壁】** 中国、湖北省南東部、揚子江左岸の古戦場。二〇八年、孫権・劉備の連合軍と曹操軍の「赤壁の戦い」で有名。なお、北宋の蘇軾の『赤壁賦』の赤壁は、下流の漢水河口にある。チーピー。

**せきへき-の-たたかい【赤壁の戦い】** 中国、後漢末の二〇八年、湖北省嘉魚県西方の赤壁付近の揚子江上で行われた蜀・呉連合軍と魏軍との会戦。魏の水軍は呉の周瑜の火攻作戦により大敗。

**せきへきのふ【赤壁賦】** 中国、北宋の詩人

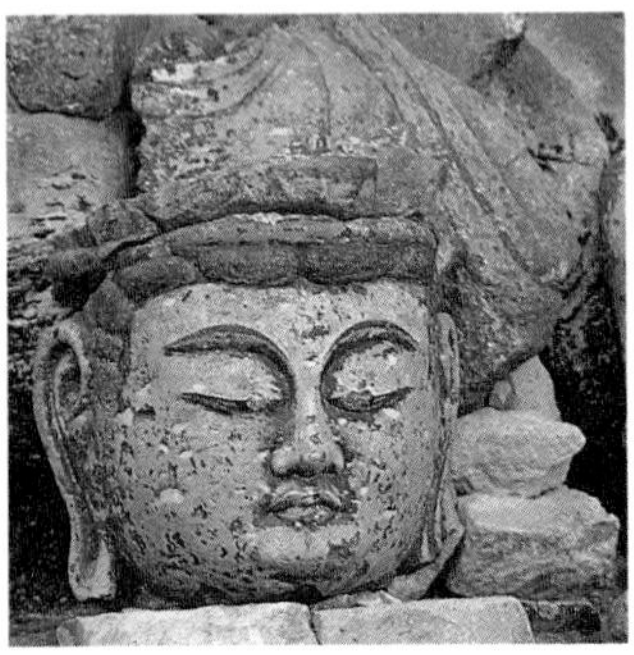

●石仏『臼杵摩崖仏大日如来像』。藤原時代、（大分県）。

蘇軾の文章。前後二編。一〇八二年、三国時代の赤壁の戦いをしのんで作る。

**せき-べつ【惜別】** 別れ・なごりをおしむこと。regret at parting 用例 ——の情にたえない。

**せきほう【赤峰】** 中国、内モンゴル自治区東部の都市。新石器時代の彩陶文化の遺跡がある。小麦・ソバ・羊毛などを生産。人口八六・五万（一九八四）。チーフォン。

**せき-ぼう【石棒】** 縄文時代の遺物の一つ。一端または両端がふくらんだ棒状の石製品で、断面は円形ないし楕円形。縄文中期以降に多く出現。信仰的呪術的遺物と推測される。

**せきほう-たい【赤報隊】** 戊辰戦争開始直後、新政府の東征軍先鋒隊を称した在野の一隊。相楽総三を隊長とする隊は年貢半減をかざして東山道を江戸へ向かったが、新政府に偽官軍とされ、信州で壊滅。

**せきほう-へんい【赤方偏移】** スペクトル線が波長の長いほうにずれて観測されること。遠ざかりつつある恒星や星雲のスペクトル線などに現れる。red-shift

**せき-ぼく【石墨】** 黒鉛。グラファイト。

**せき-まつ【席末】** 席次・序列などが末位であること。末席。末座。下座。

**席末を汚す**（せきまつをけがす）「末席を汚す」と同意。

**せき-む【責務】** ①責任と義務。duty and responsibility ②責任としてなすべきつとめ。duty 用例 ——を果たす。

**せき-めん【石綿】** ↓アスベスト

**せき-めん【赤面】**（名・サ変自）顔をあからめ、はじ入ること。blush 用例 ——の至り。

**せきめん-きょうふしょう【赤面恐怖症】** 神経症の一つ。顔が赤くなるのを恐れるために、人前に出たがらないこと。内省的で完全癖の性格の人に多い。erythrophobia

**せき-もり【関守】** 関所を守る役人。

**せきもり-いし【関守石】** 茶庭の飛び石の分かれ目に、蕨縄で十文字に結んだ石。通り抜けできない意を示す。とめ石。

**せき-もん【責問】**（名・サ変他）①責め問うこと。詰問。②江戸時代、入牢者の取り調べ中、白状を強要すること。また、その手段。牢問いと称された笞打ち・石抱き・海老責めと、拷問と称されたつるし責めの四種の総称。

**せきもん-しんがく【石門心学】**「心学」の正称。

**せき-や【関屋】** 関守りのいた番小屋。

**せきやど【関宿】**〈町〉千葉県北西端の町。農業が中心。利根川水運の要地で関所が置かれた。人口二万八五〇三（一九八九）。

**せきやま-とうげ【関山峠】** 宮城・山形県境、奥羽山脈を横断する峠。標高五九四m。国道のトンネルが峠の下を貫いている。

**せき-ゆ【石油】** 天然に産する可燃性の鉱物油。原油は各種炭化水素を主成分とし、蒸留でガソリン・灯油・軽油・重油、および残留物のアスファルト・ピッチなどに分別される。petroleum 数え方 一ガロン・一バレル・一缶。

**セギュール【Sophie, Comtesse de Ségur】**（一七九九～一八七四）フランスの女流童話作家。作品『ソフィーの不幸』『ドラキン将軍』など。

**せきゆ-エーテル【石油エーテル】** 沸点が約三〇～七〇℃の石油留分。ジエチルエーテルのように低沸点であるためにこの名があるが、主成分はペンタンとヘキサン。溶剤として利用。petroleum ether

**せきゆかいはつ-こうだん【石油開発公団】** 石油資源の開発のため全額政府出資で設立された公団。民間の開発会社が行う石油の探査・開発への資金融資がおもな業務。昭和四二年（一九六七）設立。

**せきゆ-かがく【石油化学】** 石油あるいは天然ガスから、燃料・潤滑油以外の化学製品を製造する化学・技術の総称。petrochemistry

**せきゆかがく-こうぎょう【石油化学工業】** 石油や天然ガスを原料として、各種の化学製品を製造する工業。ガソリンなどの燃料や潤滑油の製造は含まない。合成繊維・合成樹脂・合成ゴム・洗剤・肥料などの製造。petrochemical industry ↓図（次ページ）

**せきゆガス-ぜい【石油ガス税】** 間接消費税の一つ。自動車用の石油ガス（LPG）に課される国税。LPG tax

**せきゆ-きき【石油危機】** ↓オイルショック

**せきゆぎょう-ほう【石油業法】** 石油精製事業などの調整と安定をはかることを目的とした法律。昭和三七年（一九六二）公布。

**せきゆ-こんろ【石油▼焜炉】** 燃料に灯油を用いるこんろ。主として、煮たきをする道具。kerosine stove

**せきゆ-さんぎょう【石油産業】** 石油の探査・採掘・輸送・精製および販売を行う産業。petroleum industry

**せきゆ-ショック【石油ショック】** ↓オイルショック

**せきゆ-ストーブ【石油ストーブ】** 燃料として灯油を使用するストーブ。燃焼室に灯油を噴霧する加圧式、芯にしみ込ませた灯油を燃焼させる落差式・上下式などがある。kerosine stove

**せきゆ-ダラー【石油ダラー】** ↓オイルダラー

**せきゆ-タンク【石油タンク】** 原油・石油製品を貯蔵するタンク。ふつうは平底直立円筒形。固定屋根式（重質油用）・浮き屋根式（原油・軽質油用）などがある。oil storage tank

**せきゆ-たんぱくしつ【石油▼蛋白質】** 石

●石油化学工業　ナフサから得られるおもな石油化学製品と用途

- 原油→ナフサ
  - (分解)
    - エチレン—ポリエチレン……フィルム、パイプ
      - エチレンオキサイド……界面活性剤
        - エチレングリコール……ポリエステル繊維、不凍液
        - ポリエチレングリコール……界面活性剤
      - スチレンモノマー……ポリエステル樹脂
        - ポリスチレン……発泡スチロール、容器
        - AS樹脂、ABS樹脂……電気・自動車部品、雑貨
        - スチレンブタジエンゴム……タイヤ、ゴム引き布
      - アセトアルデヒド—酢酸……アセテート、染色助剤、医薬
        - 酢酸ビニル……塗料、接着剤
          - ポバール……ビニロン
        - グルタミン酸ソーダ……化学調味料
      - 二塩化エチレン—塩化ビニルモノマー—塩化ビニル樹脂……人造皮革、パイプ
      - パークロルエチレン……溶剤、ドライクリーニング用
      - エタノール……溶剤、消毒用
      - アルファーオレフィン—高級アルコール……合成洗剤
      - エチレンプロピレンゴム……ホース、コンベヤベルト
    - プロピレン—ポリプロピレン……浴槽、合成繊維
      - アクリロニトリル……アクリル繊維
        - AS樹脂、ABS樹脂……電気・自動車部品
        - アクリロニトリルブタジエンゴム……耐油ホース、耐油性パッキン
        - アクリル酸エステル……アクリル繊維、塗料、接着剤
      - プロピレンオキサイド……安定剤
        - プロピレングリコール……ポリエステル樹脂、化粧品
        - ポリプロピレングリコール……ポリウレタン
        - アリルアルコール—グリセリン……アルキド樹脂塗料、化粧品
      - イソプロピルアルコール……医薬、溶剤
        - アセトン……メタクリル樹脂、アセテート
      - アルキルベンゼン……合成洗剤
      - クメン—アセトン……メタクリル樹脂、アセテート
        - フェノール……フェノール樹脂
          - ビスフェノール……ポリカーボネート
            - エポキシ樹脂……接着剤、塗料
      - 塩化アリル—アリルアルコール……防腐剤
    - ブタン、ブチレン—ブタジエン
      - ブタジエンゴム……タイヤ、ホース
      - クロロプレンゴム……ゴム引き布、接着剤
      - ブタジエン樹脂……フィルム、履物
      - 無水マレイン酸……不飽和ポリエステル樹脂
      - イソブチレン—ブチルゴム……チューブ、電線被覆
        - メタアクリル酸エステル……メタクリル樹脂
    - 分解油
      - イソプレン—イソプレンゴム……タイヤ、ゴム手袋
      - (改質、抽出)
        - ベンゼン……工業薬品
          - スチレンモノマー……ポリスチレン
          - シクロヘキサン—カプロラクタム……ナイロン繊維
          - フェノール……フェノール樹脂、医薬品
          - アルキルベンゼン……合成洗剤
        - トルエン……溶剤
          - トリレンジイソシアネート……ポリウレタン
          - クレゾール……フェノール樹脂
        - キシレン……溶剤
          - エチルベンゼン—スチレンモノマー……ポリスチレン
          - メタキシレン—イソフタル酸……ポリエステル繊維
    - 分解重油—カーボンブラック……ゴム補強剤
  - (酸化)—酢酸……ビニロン、アセテート
  - (改質)—アンモニア—硫安、尿素……肥料

石油化学工業協会調べ

油中の炭化水素などを栄養分として培養した酵母や細菌が作り出すたんぱく質。菌体はビタミン・アミノ酸を多く含み家畜の飼料に利用。精製したものは食品添加物などに利用。petroprotein

**せきゆ-にゅうざい【石油乳剤】** 柑橘(かんきつ)類につくカイガラムシやダニの駆除剤。石油にせっけんなどの乳化剤を加えて乳剤とし、殺虫剤を加えたもの。petroleum emulsion

**せきゆぶんかい-きん【石油分解菌】** 石油中の炭化水素化合物を栄養分として発育する微生物の総称。酵母菌・細菌が主体。

**せきゆ-ベンジン【石油ベンジン】** 原油を精製したときに得られる無色揮発性の液。工業・医療用。petroleum benzine

**せきゆゆしゅつこく-きこう【石油輸出国機構】** ↓オペック(OPEC)

**せきゆ-ランプ【石油ランプ】** 光源に灯油を用いた照明器具。油容器・口金・ほや・笠(かさ)からなり、芯(しん)の先端に灯油を浸(し)み込ませて着火し発光させる。kerosine lamp

**セキュリティ-システム[security system]** オフィスや住宅に対して設置される高度の防災・防犯・電源制御・空調などの集中管理システム。住宅用はとくにホームセキュリティシステムという。

**セキュリティ-ポリス[security police]** 要人警護にあたる警察の一部署。また、その任務についている警官。SP。

**せき-よう【夕陽】** 入り日。ゆうひ。setting sun 対義 朝陽(ちょうよう)。

**せ-ぎょう【施行】**(名・サ変他)《仏教語。「しこう」は別語》修道の一つとして僧や貧民などに物をほどこし与えること。布施(ふせ)。

**せき-らら【赤裸裸】**(形動)《「赤裸」を強めた言い方》①まるはだか。むきだし。naked ②つつみかくしのないさま。ありのまま。frank 用例 —な告白。

**せきらん-うん【積乱雲】** 十種雲形の一つ。積雲が上方に発達し、巻雲(けんうん)層に達して大きく横に開いたもの。一般に雷雨をともない、ひょうが降ることもある。夕立雲。入道雲。雷雲。cumulonimbus

**せきらん-かい【赤▼瀾会】** 大正一〇年(一九二一)創立の女性だけの社会主義団体。山川菊栄(やまかわきくえ)・堺真柄(さかいまがら)・伊藤野枝(いとうのえ)らを中心に四十余名で組織、労働婦人の教育と社会主義の宣伝を行った。翌年、八日会に改組。

**せき-り【赤痢】** 赤痢菌の経口感染により発症する法定伝染病。発熱・腹痛とはげしい下痢(膿粘血便)を特徴とする。細菌性とアメーバ性がある。潜伏期間は二〜七日。隔離入院が必要。dysentery

**せきり-アメーバ【赤痢アメーバ】** アメーバ赤痢の病原体。原生動物の一種で、大きさ二〇〜三〇ミクロン。人の大腸に寄生し、発病させる。熱帯に多い。amebic dysentery

**せきり-きん【赤痢菌】** 人間に経口感染して細菌性赤痢・疫痢(えきり)を起こす桿菌(かんきん)の一群。明治三一年(一八九八)志賀潔(しがきよし)によって初めて発見された。dysentery bacillus

**せき-りょう【席料】** 席代。cover charge

**せき-りょう【▼脊▼梁】** ①せぼね。せすじ。backbone ②長くつらなる高地。用例 —山脈。

**せき-りょう【寂▼寥】**(名・形動トタル) ものさびしい感じのこと・さま。loneliness

**せき-りょう【責了】**《「責任校了」の略》必要な訂正を印刷所に責任を持たせて校了とすること。O.K. with corrections

**せき-りょく【斥力】** 物体が互いに反発するように働く力。同符号の電荷や同種の磁気を帯びた物体間に働くクーロン力など。反発力。repulsive force 対義 引力。

**せき-りん【石▼痳・石▼淋】** 腎臓(じんぞう)や膀胱(ぼうこう)に結石の生じる疾患。また、その結石。

**石痳の味を嘗めて会稽の恥を雪ぐ**(せきりんのあじをなめてかいけいのはじをすすぐ)《越王勾践(こうせん)が敗れ捕らわれて、呉王夫差(ふさ)の石痳をなめてその病状を察するという屈辱に耐え、のち呉を滅ぼして恥をすすいだという故事から》屈辱に耐えて志をとげることのたとえ。

**せき-りん【赤▼燐】** 燐の同素体の一つ。赤褐色の無定形固体。摩擦で発火する。水に溶けない。無臭で無害。マッチなどの原料。red phosphorus

**せき-れい【▼鶺▼鴒】** セキレイ科の鳥の総称。翼長八〜九・五cm。水辺で長い尾を上下に振りながら小昆虫をあさる。世界に約一〇種が分布。日本でみられるのはキセキレイ・セグロセキレイなど。イシタタキ。カワラスズメ。wagtail ↓写

●セキレイ　セグロセキレイ

**せきれい-だい【▼鶺▼鴒台】** 婚礼の折に飾る床飾り。州浜形(すはまがた)の式台に一つがいのセキレイを飾ったもの。セキレイが男女交合の道を教えたという故事から。

**せき-ろう【石▼蠟】** ↓パラフィン②

**せき-ろく【石▼勒】**(二七四〜三三三) 中国、五胡(ごこ)十六国の後趙(こうちょう)の創建者(在位三一九〜三三三)。廟号(びょうごう)は高祖。羯(けつ)族出身。群盗の首領から前趙の劉淵(りゅうえん)の部将となり、三一九年自立。三二九年前趙を滅ぼし、皇帝を称した。漢族との融和に努め、漢文化を尊重した。

**せき-わけ【関▼脇】**《大関の脇(わき)、の意から》大相撲力士の地位の一つ。大関に次ぎ、三役の中位。また、その地位の力士。せきわき。junior champion

**せき-わん【隻腕】** ①片方のうで。one arm ②かたうでしかないこと。one arm

**せ-ぎん【世銀】**「世界銀行」の略。

**セク 22画【▼齪】** 部首[齒]は JIS 8388
音 サク・セク・シュク
「齷齪(あくせく・あくさく)」は、こせこせしておちつきのないさま。

**せ・く【▽急く】**(五自他) ①(自)急ぐ。はやる。hurry 用例 気が—。②(他)はげしくなる。急になる。become violent 用例 息を—・いてやって来る。

**急いては事を仕損ずる**(せいてはことをしそんずる) 物事は、あまり急ぐとかえって失敗する。Haste makes waste.

**せ・く【▼咳く】**(五自) せきをする。しわぶく。

**せ・く【▼塞く・▼堰く】**(五他) 流れなどを、さえぎり止める。dam up

**せ-ぐくま・る【▼跼る】**(五自) 背をまるめて、小さくなる。こごむ。

**セクシー[sexy]**(形動)《俗語》①性的魅力のあるさま。用例 彼女の声は—だ。②性的に興奮させるさま。

**セクシズム[sexism]** 性差別主義。女性を差別し蔑視(べっし)する考え方や態度。

**セクシュアル[sexual]**(形動) 性的な。性の。

**セクショナリズム[sectionalism]** 集団内部で自分の属する部門にこもって排他的となる傾向。縄張り根性。派閥主義。セクト主義。

**セクション[section]** ①分けた部分。部。課。②新聞などの、面・欄。

**セクス[sex]** ↓セックス

**セクト[sect]** 分派。党派。宗派。

**セク-トーレ[Sèkou Touré]** ↓トゥーレ

**セクト-しゅぎ【セクト主義】** ↓セクショナリズム

**せ-くらべ【背比べ】** 身長をくらべること。せいくらべ。

**背比べなら横で来い**(せくらべならよこでこい) 背が低く、太ったさまにいう。

**せぐり-あ・げる**(下一自) しゃくりあげる。

**セグレ[Emilio Gino Segrè]**(一九〇五〜八九) アメリ

カの物理学者。イタリア生まれ。高エネルギー加速器ベバトロンを利用して反陽子を発見。一九五九年ノーベル物理学賞受賞。

**セクレタリー**［secretary］秘書。

**セクレチン**［secretin］胃の内容が十二指腸に移動するとき腸壁から分泌されるホルモン。膵液の分泌を促す。

**せぐろ-あじさし**【背黒▼鰺刺】背が黒く、腹が白いカモメ科の海鳥。全長約六〇cm。インド洋・太平洋の亜熱帯海域に分布するアジサシで、日本では、琉球・小笠原諸島などの孤島の岩礁で集団繁殖する。sooty tern

**せぐろ-かもめ**【背黒▼鷗】ウミネコに似るがはるかに大きいカモメ科の海鳥。翼長約四五cm。背が灰色で尾羽が白い(ウミネコの尾羽には幅広い黒帯がある)。シベリア北東部で繁殖し、冬は南下して越冬。日本では冬鳥として各地の港湾・河口に群棲。herring gull

**せぐろ-せきれい**【背黒▼鶺▼鴒】長い尾を振りながら水辺を歩く背の黒いスマートなセキレイ科の鳥。全長約二一cm。腹面は白い。日本全土の河川流域や沼地・水田付近にすみ、昆虫などを捕食。渡りをしない。

**セゲド**［Szeged］ハンガリー中南部の商工業都市。ティサ川に臨み、大学などの文化施設が多い。パプリカ(香辛料)の産地。人口一八・三万(一九八五)。

**セゲルス**［Pierre Seghers］(一九〇六〜八七)フランスの詩人。詩集『希望』『対話』など。

**せ-けん**【世間】①《仏教語》人間が集まって生活する煩悩の世界。対義 出世間。②世の中。社会。世の人々。the world 用例 ——が承知しない。③つきあい・交際の範囲。society

**世間が狭い**(せけんがせまい) ①交際の範囲が狭い。have a small circle of acquaintance ②世間のことをよく知らない。③肩身が狭い。can't hold one's head high

**世間が立つ**(せけんがたつ) 世間に対し、申し訳が立つ。世間に対する義理が済む。

**世間が詰まる**(せけんがつまる) 不景気で、金のやりくりがつかなくなる。

**世間が張る**(せけんがはる) 交際の範囲が広くなり、出費がかさむ。

**世間が広い**(せけんがひろい) ①交際の範囲が広い。have a wide acquaintance ②世の中のことをよく知っている。

**世間虚仮、唯仏是真**(せけんこけ、ゆいぶつぜしん) 《聖徳太子の語とされる》現象世界は仮のもので、仏の世界のみが真実のものである。

**世間に鬼は無い**(せけんにおにはない) 世の中は悪い人ばかりではない。The devil is not so black as he is painted. 用例 渡る——。

**世間になる**(せけんになる) 僧侶・尼僧が俗人になる。還俗する。

**世間の口に戸は立てられぬ**(せけんのくちにとはたてられぬ) 世間の人がとやかくいうのは、防ぎようがない。People will talk.

**世間は張り物**(せけんははりもの) 世間とつき合っていくうえでは、見えを張るのはふつうのことなのである。

**世間は広い様で狭い**(せけんはひろいようでせまい) 世の中は広いようで案外狭い。思いがけない所に知った人がいる場合などにいう。It's a small world after all.

**世間晴れて**(せけんはれて) 世間に気兼ねなく。おおっぴらに。用例 ——夫婦になる。

**世間を狭くする**(せけんをせまくする) 世人の信用を失って交際の範囲を狭くする。make the society narrower

**世間を張る**(せけんをはる) 見えを張る。世間体をつくろう。また、広く世間とつきあう。show off

**ぜ-げん**【▽女▼衒】江戸時代、女を遊女屋に周旋することを業とした者。判人。

**せけん-ぐち**【世間口】世間のうわさ。gossip 用例 ——がうるさい。

**せけん-し**【世間師】世渡りのじょうずな人。

**せけん-しらず**【世間知らず】(名・形動) 経験が少なく世間の事情にくらいこと・人・さま。世間見ず。be inexperienced

**せけん-ずれ**【世間擦れ】(名・サ変自) 実社会で苦労して、悪がしこくなること。sophistication

**せけん-てい**【世間体】人に対する体面・体裁。appearances

**せけん-なみ**【世間並(み)】(名・形動) ふつうであること・さま。平凡。commonness

**せけん-ばなし**【世間話】世の中のできごとについての、ざっくばらんな話。small talk

**せけんむすこかたぎ**【世間▽子▽息▽気▽質】江島其磧作の浮世草子。五巻。正徳五年(一七一五)刊。町家の息子の性癖を滑稽と教訓を交えて描く一五話の短編集。気質物の初作。

**せけんむねさんよう**【世間胸算用】井原西鶴の浮世草子。五巻。元禄五年(一六九二)刊。西鶴晩年の町人物の代表作。大みそかに起こる町人の経済生活の悲喜劇を描く二〇話の短編集。

**せこ** 酒席で、大勢の客が気ままに飲めるように、杯や銚子をいくつも出すこと。また、その杯や銚子。

**せこを入れる**(せこをいれる) ①酒宴のとき、席次の上下にこだわらず杯を勧める。②隅々にまで気を配る。細かなことに気をつける。精を出す。

**せ-こ**【世故】世間の習慣・俗事。worldly affairs

**世故に長ける**(せこにたける) 世故によく通じている。世渡りがうまい。know much of the world

**せ-こ**【▽兄子・▽夫子・背子】古語 おもに女性が、夫や恋人・兄などを親しんでよんだ語。せ。用例 わが——を大和へ遣るとさ夜深けて(万葉・二・一〇五)。

**せ-こ**【▽勢子・▽列▽卒】集団猟で、射手の方向へ獲物を追い立てる役を務める者。狩り子。巻き子。beater

**せこ・い**(形)《俗語》①悪い。へただ。はえない。用例 芸が——。②けちくさい。

**セコイア**［sequoia］スギ科の常緑高木。北アメリカ太平洋岸にはえる世界最大の木。樹高五〇〜一〇〇mになる。日本では観賞用にまれに栽植される。新第三紀の鮮新世から多く産し、化石として広く分布。現生種はセコイアスギ・セコイアオスギの二種。↓写

●セコイア

**せ-こう**【施工】(名・サ変他)《「施行」と混同されないように、こういう》工事を実施すること。execution

**せ-こう**【施行】(名・サ変他)↓しこう(施行)②

**せ-ごし**【瀬越し】①川の急流を越すこと。②困難な場面にあうこと。

**瀬越しを掛ける**(せごしをかける) 困難な目にあわせる。過ちなどを非難して、苦しめる。

**せごし-ぎり**【背越(し)切り】魚の切り方の一つ。アユ・フナなどの小魚の頭・ひれ・内臓を取り除き、骨ごと薄くぶつ切りにするもの。せごし。↓図

●背越し切り

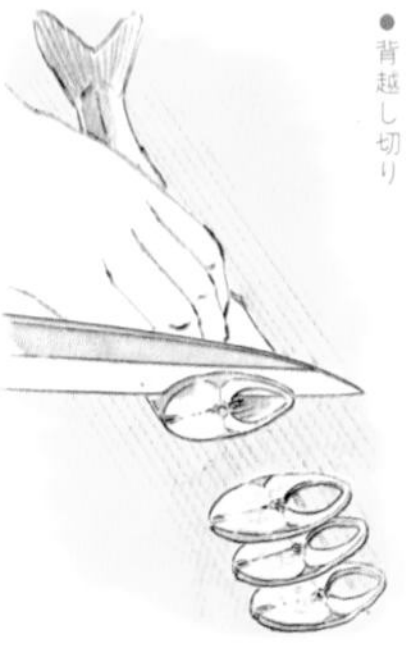

**せごし-なます**【背越(し)▼膾】アユの背越し切りを、酢みそであえた料理。

**セコ-ハン**《secondhandの略》中古品。

**セゴビア**［Andrés Segovia］(一八九三〜一九八七)スペインのギター奏者。バッハなど古典音楽をギター用に編曲し、ギター音楽に高い芸術性を与えた。

**セゴビア**［Segovia］スペイン中部、マドリード北西六五km、メセタ高原上の都市。ローマ時代の水道橋や城塞などの遺跡が残る。人口五・三万(一九八一)。

**せこ-ぶね**【▽勢子船】明治前期まで、網捕鯨に用いた和船。あらかじめ張られた網に鯨を追い込む役目をする。

**せごんこう-こふん**【▽千金甲古墳】熊本市小島下町にある六世紀初めの古墳群。一号墳の石室内に、彩色された線彫りの文様が描かれている。

**セコンディ-タコラディ**［Sekondi-Takoradi］西アフリカ、ガーナ南西部のギニア湾に臨む港湾都市。ココア・マンガン・ボーキサイトなどの積み出し港。人口九万(一九七〇)。

**セコンド**［second］①秒。②ボクシングの試合で、選手に作戦を与えたり、負傷の手当てなどの介添えをする人。アマチュアでは二人、プロでは三人まで許され、資格に特別な制約はない。

**せ-さい**【世才】世間の事に通じている才能。世知。俗才。用例 ——にたけた男。

**セザンヌ**［Paul Cézanne］(一八三九〜一九〇六)フランスの画家。印象派の感覚性を超えて、厳しい画面構成と充実した色彩表現で、二〇世紀絵画に大きな影響を与えた。近代絵画の父といわれる。作品『サント-ビクトワール山』『大水浴図』など。↓写

**せ・し**【▽狭し】《多く「所狭し」の形で用いる》古語(形ク) せまい。窮屈だ。用例 さすがに所——・き心ちして(宇津保・内侍督)。

●セザンヌ『サント-ビクトワール山』。一九〇四〜〇六年、フィラデルフィア美術館。

**せ-し**【セ氏】↓せっし(摂氏)

**せ-じ**【世事】①世間のこと。俗事。worldly affairs ②《仏教語》昔、僧が定時以外にとる食事。非時。

**世事に疎い**(せじにうとい) 世間のことをよく知らない。世渡りがへたである。be ignorant of the world

**せ-じ**【世辞】人に対する愛想のよいことば。compliment 用例 ——がうまい。

**世辞で丸めて浮気で捏ねる**(せじでまるめてうわきでこねる) 世辞をいってだまし、浮気に応じてもよいという素振りをしながら人を自分のいいなりにする。人をだまそうといろいろ試みることをいう。

**世辞に賢い**(せじにかしこい) 世辞が上手で、世渡りがうまい。

**セシール-カット** 髪型の一つ。ショートヘアの代表的なもの。髪全体を数センチメートルに短くする。映画『悲しみよ今日は』(一九五八年)の主演女優ジーン=セバーグの髪型から流行。↓図

●セシールカット

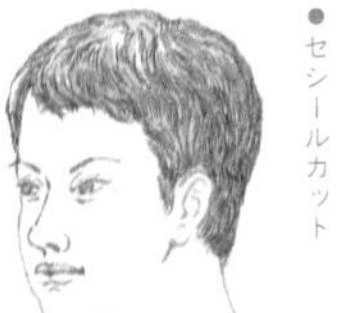

**セシウム**［cesium］アルカリ金属の一つ。元素記号Cs 原子番号五五。原子量一三三。銀白色でやわらかく、反応性に富む。炎色反応は青紫。光電管に利用。

**セシウム-ひゃくさんじゅうしち**【セシウム一三七】元素記号$^{137}Cs$ 核分裂で生じる放射性同位体の一種。半減期約三〇年。β線を出して崩壊し、続いて放出されるγ線は、放射線源として工業・医療などに利用される。cesium 137

**せじけんぶんろく**【世事見聞録】江戸後期の世相を記録し論評を加えた書。七巻。武陽隠士(本名不詳)著。文化一三年(一八一六)成立と推定。

**セ-シ-ボン**［c'est si bon フランス］(感) これはすてきだ。

**せし・める**(下一他) ①うばう。不当に自分のものにする。swindle ②うまくもうける。make easy money

**せじ-もの**【世辞者】せじのうまい人。flatterer

**せ-しゅ**【施主】①《仏教語》㋐寺や僧に物を布施する人。donor ㋑とむらい・法事・供養などをするときの主人役。chief mourner ②建築・土木工事の依頼者。

**せ-しゅう**【世襲】(名・サ変他) 財産・身分・地位などを、親子代々受けついで伝えること。hereditary



↓行き先項目、図版・写真参照印。 JIS 日本工業規格情報交換用漢字符号コード(区点コード)。

**せ‐じょう【世上】** 世の中。世間。in the world 用例 ―のうわさ。
**せ‐じょう【世情】** ①世の中の事情。世態。the way of the world 用例 ―にうとい。②世間の人情。human nature
**せ‐じょう【施錠】**(名・サ変自) 錠をおろすこと。locking
**ぜ‐じょう【▽軟障】** 寝殿造りの建物で、間仕切りに用いる幔幕の一種。壁代の類。ぜぞう。
**せじろ‐うんか【背白▽浮▼塵▽子】** ウンカ科の昆虫。イネの害虫。成虫は体長約四㎜、胸部背側に白いすじがある。真夏に大発生。日本・台湾・東南アジアに分布。ナツウンカ。
**せしん【世親】**(生没年未詳) 五世紀ごろのインドの僧。初め小乗仏教に属し『倶舎論』を著した。のち兄の無着の教えで大乗仏教に帰依。唯識説を発展させ、瑜伽行派の基礎を築いた。著書『唯識三十論頌』『無量寿経優波提舎願生偈(浄土論)』など。バスバンドゥ。婆藪槃豆。天親。
**せ‐じん【世人】** 世の中の人々。people
**せ‐じん【世▼塵】** 世間の雑事。世の中のわずらわしい事柄。俗塵。用例 ―にまみれる。
**ゼスイット‐かい【ゼスイット会】** イエズス会の別称。
**せ‐すじ【背筋】** ①背ぼねの外を縦にとおっている筋。muscles along the spine ②衣服で、背ぼねに当たる部分の縦のぬい目。back seam of a dress
**背筋が寒くなる**(せすじがさむくなる) 恐ろしさでぞっとする。a chill runs down one's spine.
**せすじ‐つゆむし【背▽条露虫】** 緑色の体の背面に、雄では茶褐色の、雌では黄色のすじがあるキリギリス科の昆虫。体長二㎝余。八月ごろ現れ、草丈の高い高原で「チチチギィギィ」と鳴く。本州以南・東南アジアに分布。
**セスチャー[gesture]** ↓ジェスチャー
**セスナ[Cessna]** アメリカの小型飛行機製造会社の名。また、その小型飛行機。
**ぜぜ【▼膳▽所】** 滋賀県大津市の地区。旧城下町。琵琶湖の産物を大津の宮の食膳に供したことに由来するという。
**ぜ‐せい【是正】**(名・サ変他) 正し直すこと。correction
**セゼール[Aimé Césaire]**(一九一三〜) フランスの黒人詩人。マルティニーク島生まれ。長詩『故国への帰還のノート』など。
**せせく・る**(五他) ↓せせる(挵る)
**せせ‐こまし・い**(形) せまく、ゆとりがない。こせこせしている。narrow 派生 せせこましげ(形動) せせこましさ(名)
**セセッション[Secession]** ↓ゼツェッション
**せせつしんご【世説新語】** 中国の逸話集。六朝時代の南朝宋の劉義慶著。現行本三巻。後漢末から東晋までの人物の言行を三六項目に分け、一一三〇編を収める。
**ぜぜ‐ひひ【是是非非】** よいことはよい、悪いことは悪いとして、公平無私にはっきりさせる、また、態度をきめること。
**せせらぎ【▽細▽流】** 浅瀬の水の流れる所・音。murmur
**せせら‐わらい【▼嘲ら笑い】** 見下げてする笑い。冷笑。sneer
**せせら‐わら・う【▼嘲ら笑う】**(五他) 見下げて笑う。あざけり笑う。sneer
**せせり‐ちょう【▼挵▼蝶】** セセリチョウ科のチョウの総称。開張三〜四㎝。ガにもっとも近いチョウで、地味な色のものが多い。長い口吻でせせりながら花蜜を吸うので、この名がある。世界に約三〇〇〇種があり、日本産三三種。skipper
**せせり‐ばし【▼挵り▼箸】** 料理を、はしでつつきちらすこと。
**せせ・る【▼挵る】**(五他) ①つつき掘る。用例 歯を―。②いじりもてあそぶ。③なぶる。④ノミ・カなどがとりついて、うるさくせめる。
**せ‐そう【世相】** 世間のありさま。世態。social conditions
**せ‐ぞく【世俗】** ①世の中のならわし。風俗。worldly customs ②世の中。世間。宗教的世界に対比して使われる。the world ③世間ふつうの人。people
**せぞく‐か【世俗化】**(名・サ変自他) 宗教のもつ影響力や特権が失われていく現象。宗教的思考にかわる科学的思考、政治・教育・芸術と宗教の分離などをさすことが多い。secularization
**せぞく‐が【世俗画】** 宗教画に対して世俗的な題材の絵。とくに日本の古代・中世絵画の場合に用いる。屏風・障子絵、物語・説話絵巻、似絵などこの時代の大和絵は、ほとんど世俗画にはいる。
**せぞく‐てき【世俗的】**(形動) ①ありふれたさま。ordinary ②俗っぽいさま。worldly
**せ‐そん【世尊】**《仏教語》釈迦牟尼の敬称。
**せた【瀬田】** 滋賀県大津市東部にある地区。瀬田川に臨み、瀬田の唐橋が有名。「瀬田の夕照」は近江八景の一つ。
**せ‐たい【世帯】** 住居・生計をともにする単位。household 比較 所帯。用例 ―主。
**世帯仏法、腹念仏**(せたいぶっぽう、はらねんぶつ) 仏法を説くのも、念仏を唱えるのも、衣食を満たすためにするものにほかならないということ。
**世帯を破る**(せたいをやぶる) 夫婦別れをする。
**せ‐たい【世態】** 世の中のありさま。世情。世相。social conditions 用例 ―人情。
**せ‐だい【世代】** ①生物が母体を離れてから成熟して生殖機能を終えるまでの期間。generation ②親・子・孫とつづく各代。generation ③人間の子が親となるまでのほぼ三〇年を一区切りとする年齢層。④歴史的体験を共有することで共通の心理構造や社会的行動様式をもつ一群の同年齢層の人々。generation
**せだい‐こうたい【世代交代】** ①新しい世代に代わること。generation change ②有性世代と無性世代が交互にくりかえされること。植物では、有性世代の前葉体とふつうに見られる無性世代の胞子体とが交代する。世代交番。alternation of generations
**せだい‐こうばん【世代交番】** ↓せだいこうたい(世代交代)②
**せたい‐ぬし【世帯主】** 住居・生計を同じくする集団(世帯)の中心となる人。所帯主。householder
**せたか【瀬高】**〈町〉 福岡県南部、矢部川沿いの町。旧宿場町。稲作・野菜栽培のほか酒造業が有名。人口二万七三七八(一九八八)。
**せた‐がわ【瀬田川】** 滋賀県南西部の川。長さ一五㎞。琵琶湖南端に発し、中・下流は宇治川・淀川となり大阪湾に注ぐ。
**せ‐たけ【背丈】** ①身長。身の丈。stature ②着物の丈の長さ。
**せたな【瀬棚】**〈町〉 北海道南西部、日本海に臨む町。イカなどの漁業の町で、古くはニシン漁で栄えた。人口三五一〇(一九八八)。
**せた‐の‐からはし【瀬田の唐橋】** 滋賀県琵琶湖の南、瀬田川にかかる橋。古くは交通・軍事上の要衝。「瀬田の夕照」は近江八景の一つ。
**せ‐たま・う【せ▽給う】** 古語 (連語)《助動詞「す」の連用形に尊敬の補助動詞「たまう」の付いたもの》①《「す」が尊敬の場合》お…になる。お…あそばす。用例 いつしかと心もとながら―・ひて、急ぎ参らせて御覧ずるに(源氏・桐壺)。②《「す」が使役の場合》…おさせになる。…させなさる。用例 かごとも聞こえつべくなむと言は―(源氏・桐壺)。
**セダム[sedum ラテン]** ベンケイソウ科の観葉・多肉植物。葉の色と形の多様性が特徴。葉色は赤・緑・白など。葉形は球形や楕円形。鉢植え・花壇用。
**セタン[cetane]** 化学式$C_{16}H_{34}$ 炭素の数が一六個の飽和炭化水素。ディーゼル燃料のセタン価の標準物質。
**セダン[sedan]**《箱型のかご、の意》乗用車の車体の型式の一つ。屋根付きで、前後二列の席を備えた箱型乗用車。定員は四〜六人。二ドアと四ドアがある。↓自動車図
**セダン[Sedan]** フランス北東部、ベルギー国境に近いムーズ川上流の工業都市。金属・精密工業が行われる。人口二・四万(一九八二)。スダン。
**セタン‐か【セタン価】** ディーゼル燃料の着火性を示す値。着火性の良いセタンと悪いメチルナフタレンのセタン価をそれぞれ一〇〇と0に定め、両者を混合した標準燃料と比較して決定する。cetane number

**セチ** 13画 **【節】** 部首[竹]たけかんむり 教育小4 JIS 3265 ／ 15画 **【▼節】** 旧字
音 セツ・セチ 訓 ふし 筆順 ↓セツ[節]
いわい。うたげ。いわう日。「お節料理」「節会・節日」 ↓セツ[節]
**せ‐ち【世知・世▼智】** 世渡りのちえ。俗才。worldly wisdom
**せち‐え【節会】** 宮中で節日や公事のある日などに行われた宴会。
**せち‐がら・い【世知辛い】**(形) ①世渡りが、むずかしい。hard to live ②金銭的にこせこせしている。けちだ。stingy ③ずるくて、ぬけめがない。shrewd
**せち‐な【▼刹▼那】** ↓せつな(刹那)
**せち‐に【▽切に】**(副) ↓せつに(切に)
**せち‐にち【節日】** 季節の変わり目などの祝い事を行う日。元旦・白馬・踏歌・端午・相撲・重陽・豊明などの節会が行われる日。せつじつ。せち。
**せちばる【世知▽原】**〈町〉 長崎県北部、北松浦半島の町。炭鉱町として栄えたが、現在は茶栽培などが行われる。人口四六八五(一九八八)。
**せち‐ぶん【節分】** ↓せつぶん(節分)

**セツ** 2画 **【▼卩】** 部首[卩]ふしづくり JIS 5039
音 セツ
①わり符。てがた。②部首の一つ。ふしづくり。

**セツ** 4画 **【切】** 部首[刀]かたな 教育小2 JIS 3258
音 セツ・サイ 訓 きる・きれる

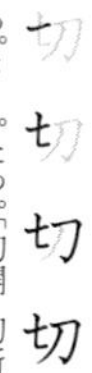

①きる。さく。たつ。「切開・切断」②さしせまる。おしつまる。「切実・切迫」③しきりに。ねんごろに。たって。「懇切・親切」「切望」用例 (形動)望むこと―である。④きびしい。「痛切」⑤ぴったりである。「適切」⑥きれる。⑦きれ。きれはし。織物。⑧きり。区ぎり。はて。↓サイ[切]

**セツ** 7画 **【折】** 部首[扌]てへん 教育小4 JIS 3262
音 セツ・シャク 訓 おる・おり・おれる

①おる。おれる。「曲折・屈折・骨折」②くじく。くじける。「挫折」③わける。「折衷・折半」④いじめる。せめる。「折檻」⑤しぬ。命がなくなる。「夭折」⑥おり。そのとき。季節。機会。

**セツ** 8画 **【▼刹】** 部首[刂]りっとう JIS 4975
音 サツ・セチ・セツ
①「刹那」は、梵語kṣaṇaの音訳。非常に短い時間。瞬間。②「羅刹」は、梵語rākṣasaの音訳。人を食う悪鬼。↓サツ[刹]

**セツ** 8画 **【拙】** 部首[扌]てへん 常用 JIS 3259
音 セツ
①へたな。つたない。対義 巧。「稚拙」「拙速・拙劣」②自分を謙遜していうのに用いる。「拙作・拙者・拙宅」用例 (代)―にお任せを。

**セツ** 8画 **【▼泄】** 部首[氵]さんずい JIS 6185
音 セツ・エイ
もれる。もらす。でる。だす。「排泄」

**セツ** 9画 **【▼洩】** 部首[氵]さんずい JIS 1744
音 セツ・エイ
もれる。もらす。「漏洩」

**セツ** 9画 **【窃】** 部首[穴]あなかんむり 常用 JIS 3264 ／ 22画 **【▼竊】** 旧字 JIS 6770
音 セツ
①ぬすむ。こっそりぬすむ。「剽窃」「窃取・窃盗」②ひそかに。こっそりと。

**セツ** 10画 **【▼屑】** 部首[尸]しかばね JIS 2293
音 セツ
①くず。きれはし。用をなさないもの。②いさぎよい。けがれのない。いさぎよしとする。

**セツ** 10画 **【殺】** 部首[殳]るまた 教育小4 JIS 2706 ／ 11画 **【▼殺】** 旧字
音 サツ・サイ・セツ 訓 ころす 筆順 ↓サツ[殺]
ころす。しなせる。「殺生」 ↓サイ・サツ[殺]
**殺の報、殺の縁**(せつのほう、せつのえん) 人を殺すと、自分が殺される縁につながるという報いをうけること。

**セツ** 10画 **【▼浙】** 部首[氵]さんずい JIS 6222
音 セツ
「浙江」は、中国の川の名。浙江省をながれる大河。銭塘江ともよばれて、杭州湾にそそぐ。

**セツ** 11画 **【▼啜】** 部首[口]くちへん JIS 5121
音 セツ・テツ
①すする。汁などをすいこむ。②くう。なめ

る。少しずつたべる。

**セツ** 11画【接】部首[扌]てへん 教育小5 JIS 3260 ― 11画【接】旧字
音**セツ**・ショウ 訓**つぐ**
①つぐ。つなぐ。「接合・接続」②うける。「接収」③ちかよる。ふれる。「間接・直接・隣接」「接近・接触・接戦」④あう。もてなす。「応接」「接客・接見」

**セツ** 11画【晢】部首[日]ひ JIS 5881
音セツ・セイ
①あきらか。あかるい。②さとい。かしこい。

**セツ** 11画【梲】部首[木]きへん
音セツ・タツ
うだつ。うだち。うつばりの上にたてて、棟木をささえる短い柱。

**セツ** 11画【紲】部首[糸]いとへん JIS 6908
音セツ
①きずな。牛馬などをつなぎ、ひっぱるつな。②つなぐ。しばる。とらえる。

**セツ** 11画【設】部首[言]ごんべん 教育小5 JIS 3263
音**セツ**・セチ 訓**もうける**
もうける。しつらえる。そなえる。つくる。「架設・開設・建設・私設」「設計・設備」

**セツ** 11画【雪】部首[雨]あめかんむり 教育小2 JIS 3267 ― 11画【雪】旧字
音**セツ** 訓**ゆき**
①ゆき。「積雪」「雪渓」②すすぐ。そそぐ。ぬぐう。「雪辱」

**セツ** 12画【媟】部首[女]おんなへん
音セツ
①なれる。なれなれしくする。②けがす。けがれる。

**セツ** 12画【楔】部首[木]きへん JIS 6006
音ショウ・セツ
つぐ。つぎ木をする。つぎ木。

**セツ** 12画【渫】部首[氵]さんずい JIS 6256
音セツ・チョウ
①さらう。水底の泥やごみをとりのぞく。「浚渫しゅんせつ」②もれる。もらす。

**セツ** 12画【絏】部首[糸]いとへん JIS 6918
音セツ
①きずな。牛馬などをつなぎ、ひっぱるつな。②つなぐ。しばる。とらえる。

**セツ** 13画【摂】部首[扌]てへん 常用 JIS 3261 ― 21画【攝】旧字 JIS 5780
音**セツ**・ショウ
①とる。とりいれる。もつ。「包摂」②かわってする。かねる。「兼摂」「摂政せっしょう・摂理」③おさめる。やしなう。「摂取・摂生」④摂津国せっつのくにのこと。「摂河泉・摂州」

**セツ** 13画【楔】部首[木]きへん JIS 6024
音セツ・ケツ
①くさび。木や石をわったり、また、つなぎめを固定させたりするために、うちこむもの。「楔形文字せっけいもじ・くさびがたもじ」②ほうだて。ほこだち。門の両側にある小柱。扉のおさまりをよくするもの。

**セツ** 13画【節】部首[竹]たけかんむり 教育小4 JIS 3265 ― 15画【節】旧字
音**セツ**・セチ 訓**ふし**
①みさお。こころざしをまもる。「変節」「節操」用例(名)―をまげる。②ほどよい。ひかえめにする。「節減・節制・節度・節米せつまい・節約」③気候のかわりめ。「季節」「節分せつぶん」④とき。ころ。「時節」用例(名)その―は失礼しました。⑤骨や竹などのふし。「関節」「節足動物せっそくどうぶつ」⑥歌曲のふし。ふしまわし。「曲節」⑦文章や歌曲の段落・区ぎり。「小節・章節」用例(名)この曲は四つの―から成る。⑧主語・述語の関係をふくむ連文節。対義句く・章しょう。用例《接尾的》従属―。⑨祝日。「佳節」「節句・節日せつじつ・せちにち」用例《接尾的》紀元―。⑩わり符。また、昔、君主の使者のしるしのはた。「使節・符節」⑪ノット(knot)。船などの速さの単位。一ノットは、一時間に一海里(一八五二m)すすむ速さ。⑫プロ野球・競輪などの開催日程の一単位。↓セチ[節]
**節を折る**(せつをおる) 節操を曲げて人に従う。compromise one's principles
**節を曲げる**(せつをまげる) 信念を守り通そうとする心を、変える。節を折る。節を屈する。give up one's principles
**節を全うする**(せつをまっとうする) 節操を守り通す。hold on to one's principles

**セツ** 14画【截】部首[戈]ほこづくり JIS 5703
音セツ
たつ。きる。たちきる。「直截・半截」「截然・截断」参考「サイ」は、慣用読み。

**セツ** 14画【説】部首[言]ごんべん 教育小4 JIS 3266 ― 14画【說】旧字
音**セツ**・**ゼイ**・エツ 訓**とく**
①とく。わけをさとす。「演説えんぜつ・解説」「説教・説得・説明」②意見をのべた文章。また、考え方。「異説・学説・社説」用例(名)―をなす。《接尾的》地動―。言語過程―。③はなし。うわさ。「伝説・風説」用例《接尾的》五月解散―。↓ゼイ[説]

**セツ** 15画【膤】部首[月]にくづき 和製漢字 JIS 7119
音セツ
①「たら」とも。②月きと雪ゆきの合字で、「つきゆき」とも。姓氏に用いられる。

**セツ** 15画【緤】部首[糸]いとへん JIS 6942
音セツ
①きずな。牛馬などをつなぎ、ひっぱるつな。②つなぐ。しばる。とらえる。

**セツ** 16画【薛】部首[艹]くさかんむり JIS 7313
音セツ
①ヨモギ。キク科の多年草。もちぐさ。さしもぐさ。②ハマスゲ。カヤツリグサ科の多年草。

**セツ** 17画【褻】部首[衣]ころも JIS 7488
音セツ
①はだぎ。ふだんぎ。私服。②けがれる。けがす。「猥褻わいせつ」③なれる。なれなれしくする。「褻言せつげん」④け。ふだん。日常。

**セツ** 19画【歠】部首[欠]あくび
音セツ
すする。すいこむ。のむ。のみこむ。

**セツ** 20画【癤】部首[疒]やまいだれ
音セツ・セチ
ねぶと。おもに黄色ブドウ球菌が、けあなや汗腺かんせんから侵入し、毛包を中心としておこす、化膿かのう性炎症。

**セツ** 22画【鱈】部首[魚]うおへん 和製漢字 JIS 3513
音セツ
タラ。タラ目に属する魚。

**ゼツ** 6画【舌】部首[舌]した 教育小5 JIS 3269
音**ゼツ**・セツ 訓**した**
①した。べろ。「舌端・舌頭」②いう。しゃべる。ことば。「毒舌・筆舌・弁舌」「舌禍・舌戦・舌代」

**ゼツ** 12画【絶】部首[糸]いとへん 教育小5 JIS 3268 ― 12画【絕】旧字
音**ゼツ**・セツ・ゼチ 訓**たえる・たやす・たつ**
①つづかなくなる。たえる。うちきる。たやす。たつ。「気絶・根絶・断絶・中絶」「絶縁・絶食・絶筆ぜっぴつ・絶望」②こばむ。ことわる。「拒絶・謝絶」③はなはだ。この上もなく。きわめていい。「卓絶」「絶景・絶好」④へだたる。遠くはなれる。「隔絶」「絶海・絶島」⑤漢詩の絶句のこと。

**せつ-あく**【拙悪】(名・形動) へたで、そまつなこと・さま。対義巧妙。
用例《接尾的》懐旧―。

**ぜつ-いき**【絶域】 遠くへだたった所。辺地。remote district

**せついっさい-うぶ**【説一切有部】 部派仏教の小乗二十部の一つ。上座部より分派し、過去・未来・現在の一切の存在の実有じつうを説いた。有部。

**せついん**【切韻】 中国隋ずい代の韻書。六〇一年成立。主編者は陸法言。詩文押韻おういんの規範として漢字音の分類がなされている。六朝りくちょう時代の韻書の集大成。

**せつ-いん**【雪隠】 便所。元来は禅宗寺院における便所をいう。せっちん。

**ぜついん-しんけい**【舌咽神経】 脊椎せきつい動物の第九脳神経。延髄より出て舌と咽頭いんとうに分布し、知覚・運動・分泌をつかさどる。

**せつ-えい**【拙詠】 ①まずい詩や歌。②自分の詩歌をけんそんしていう語。

**せつ-えい**【設営】(名・サ変他) 活動のための諸施設をつくること。construction

**ゼツェッション**【Sezessionドイツ】 一九世紀末ウィーンを中心に起こった新芸術運動。直線を主体とし、細部に曲線装飾を残す。建築・工芸に顕著。分離派。セセッション。secession

**せつ-えん**【雪冤】(名・サ変自) 《「雪」は、すすぐ、の意》無実の罪であることを明らかにすること。exculpating

**せつ-えん**【節煙】(名・サ変自) 吸うタバコの量をへらすこと。reduce smoking

**ぜつ-えん**【舌炎】 舌の尖端せんたんやふちなどが赤くなり、潰瘍かいようなどをともなう炎症。貧血・感染症・栄養障害などによる。更年期の女子に多い。glossitis

**ぜつ-えん**【絶縁】(名・サ変自) ①縁を切ること。関係をたつこと。disconnection ②電圧が加わっている導体間に電流が流れないようにすること。insulation

**ぜつえん-ざいりょう**【絶縁材料】 電気の絶縁に使用される材料。空気・絶縁油・磁器・ガラスなど。絶縁物。insulating material

**せつえんだ**【薛延陀】 六～七世紀、モンゴル高原に興ったトルコ系遊牧民族。その名は中国の史書に伝えられるが原語は不明。六二七年以降二〇年間、突厥とっけつにかわりモンゴル高原を支配。

**ぜつえん-たい**【絶縁体】 ①電気を伝えない物質。ゴムやエボナイトなど。誘電分極を起こし、誘電体ともいう。導線の被覆や碍子がいしなどに利用。insulator ②熱伝導率が非常に小さく、熱を伝えにくい物質。コルクやガラス繊維など。insulator

**ぜつえん-ていこう**【絶縁抵抗】 絶縁体の抵抗または絶縁されている二点間の抵抗。絶縁体の効果の良否を示す。insulation resistance

**ぜつえん-ていこうけい**【絶縁抵抗計】 絶縁物などのきわめて高い抵抗値を測定する装置。高電圧を絶縁物に加え、微小電流を測定し抵抗値に換算する。種類として、メガーや超絶縁計などがある。insulation tester

**ぜつえん-とりょう**【絶縁塗料】 電気絶縁性の皮膜を与える塗料。油性ワニス・フェノール樹脂・ポリウレタン・珪素けいそ樹脂など。電線・電気器具などに利用。insulating varnish

**ぜつ-おん**【舌音】 舌先を歯・歯ぐきにつけて発する音。タ行・ナ行・ラ行などの音。lingual sound

**せっ-か**【石火】 ①火打ち石を打って出す火。②《火打ち石を打って出す火が一瞬のものであることから》㋐きわめて短い時間。㋑すばやい動作。用例電光―。

**せっ-か**【石化】(名・サ変自) 《「せきか」の変》①化石になること。②↓たいか(帯化)

**せっ-か**【赤化】(名・サ変自他) 《「せきか」の変》①赤くなること。赤くすること。turn red ②社会主義化あるいは共産主義化すること。赤旗が革命旗に使われることから、俗に共産主義や共産主義者を赤ということによる。左翼化。become communistic 用例―防止。

**せっ-か**【赤禍】 《「せきか」の変》社会主義・共産主義によって社会に禍わざわいがもたらされるとする考え。資本主義を守ろうとする立場からいう。red peril

**せっ-か**【雪加・雪下】 ウグイス科の小鳥。翼長約五・五cm。背は黒い縦

●セッカ

斑の入った黄褐色で、腹は白い。飛びたつとき「ヒッヒッ」、下降するとき「ジャッジャッ」と鳴く。暖地の草原に多い。本州・四国・九州に分布。↓[図]

**せっ-か【雪花・雪華】** ①雪を花にみたてていう語。②雪の結晶。結晶の多くは六角や六片の花のような形をしている。雪の華。冬の華。

**せっ-か【説過】**《仏教語》十戒の一つ。仏法を説き誤ること。

**ぜっ-か【舌禍】** ①演説・講演などの内容が法律にふれたり、他人を怒らせたりして受ける災難。trouble caused by careless remarks [比較]筆禍。②他人の中傷や誹謗によって受ける災難。trouble caused by slander by others

**ぜっ-か【絶佳】**(名・形動) すぐれてよいこと・さま。すばらしく美しいこと・さま。superb view [用例]眺望—。

**ぜっ-か【絶家】**(名・サ変自) ↓ぜっけ(絶家)

**せっ-かい【切▼匙・▽狭▼匙】** 飯杓子を縦半分にした形のもので、すりばちについたものをかき落とす道具。

**切匙で腹を切る**(せっかいではらをきる) 不可能なことのたとえ。すりこ木で腹を切る。

**せっ-かい【切開】**(名・サ変他) 患部をメス・はさみなどで切り開くこと。incision [用例]—手術。

**せっ-かい【石灰】**《「せきかい」の変》「生石灰(酸化カルシウム)」または「消石灰(水酸化カルシウム)」の略。

**せっ-かい【節介】**(名・形動) ↓おせっかい(御節介)

**せつ-がい【殺害】**(名・サ変他) ↓さつがい「(殺害)」

**せつ-がい【雪害】** 積雪・豪雪・雪崩などによりこうむる災害。農作物・森林・家屋・鉄道などに障害が生じる。snow damage [比較]風害・水害。

**ぜっ-かい【絶海】** 陸地から遠くはなれた海。the farthest seas [用例]—の孤島。

**せっかいいおう-ごうざい【石灰硫黄合剤】** 農薬の一つで殺菌剤。散布された微粒子の硫黄が殺菌力を示すもの。うどんこ病・さび病などに使う。lime sulfur

**せっかい-か【石灰華】** 炭酸カルシウムを主成分とする温泉沈殿物。赤褐色、黄褐色などをしており、沈殿様式も多様。珪素・鉄などを含む。calcareous sinter

**せっかい-かいめん【石灰海綿】** 炭酸カルシウムの骨片をもつ海綿類の総称。小形のカイメンで、体長一〇cm以下の種類が多い。弾性に乏しく、もろい。世界各地の浅海に分布。calcareous sponge

**せっかい-がん【石灰岩】** ↓せっかいせき(石灰石)

**せっかい-すい【石灰水】** 酸化カルシウムまたは水酸化カルシウムの水溶液。二酸化炭素を通じると白濁し、次に透明になるので、検出に用いる。lime water

**せっかい-せき【石灰石】** 石灰岩を地下資源として扱う場合の通称。おもに方解石からなる。生物の遺体(化石)が集積したものと化学的沈殿によるものがある。セメント原料、生石灰、ガラスの副原料、建築用材など用途が広い。limestone

**せっかい-そう【石灰藻】** 緑藻植物ミル科、紅藻植物サンゴモ科など、石灰質を藻体表面に沈着する藻類の総称。淡水・海水中にすみ、サンゴ礁を形成するものもある。熱帯・亜熱帯に多い。calcareous algae

**せっかい-ちっそ【石灰窒素】** 炭化カルシウム(カーバイド)と窒素ガスを電気炉中で反応させた灰白色の粉末。日本で、もっとも歴史の古い窒素化学肥料。殺菌効果もある。火薬の原料ともなる。calcium cyanamide

**ぜっかい-ちゅうしん【絶海中津】**(一三三六〜一四〇五) 南北朝・室町時代の臨済宗の僧。土佐の人。五山文学の代表者の一人で最高の詩僧。夢窓疎石に師事。明に留学。相国寺などに住す。詩文集『蕉堅稿』。

**せっかい-どう【石灰洞】** ↓しょうにゅうどう(鍾乳洞)

**せっかい-にゅう【石灰乳】** 溶解度の小さい水酸化カルシウムを一定量の水に多く含ませるため、微粒子状にして水中に分散させた懸濁液。消毒・殺菌剤に利用。milk of lime

**せっかい-ひりょう【石灰肥料】** 植物の必須成分であるカルシウムを主成分とした肥料。土壌の酸性中和などの効果もある。calcium fertilizer

**せっ-かく【石核】**《「せきかく」の変》考古学の用語で、剥片を取り去った残りの石。しばしば加工して石核石器として使用される。コア。core [参照]石核石器。

**せっ-かく【石▼槨】**《「せきかく」の変》棺を入れる石造りの室。

**せっ-かく【▽刺客】** ↓しかく(刺客)

**せっ-かく【折角】** 一(副) ①ほねおるさま。とくに苦労するさま。make efforts [用例]—の努力がむだになる。②つとめて。せいぜい。as much as possible [用例]—おだいじに。③わざわざ。kindly [用例]—おいでくださったのに留守で失礼しました。二[古語](名) 力を尽くすこと。ほねをおること。[用例]中にも—の合戦二十余箇度なり(保元)。

**せつがく-さん【雪岳山】** 韓国、江原道北部、太白山脈中の名山。標高一七〇八m。山岳美を集めた観光地としても知られ、山麓に神興寺、海辺に洛山寺などの名刹がある。ソラクサン。

**せっかく-せっき【石核石器】** 石器の一種。原材から剥片を剥がした残りの石(石核)を加工した打製石器。代表的なものは礫石器と握斧。

**ぜつがく-むゆう【絶学無憂】** 老子のことば。学問をやめれば思いわずらうこともなくなる、ということ。

**せっか-けい【石▼霞渓】** 鳥取県南西部、日南町にある渓谷。天狗岩・獅子岩など奇岩巨石が多い。

**せっか-さよう【石化作用】** 動植物の死体に炭酸カルシウムなどが付着・沈着して硬くなること。化石化作用。fossilization

**ぜっか-じょう【舌下錠】** ↓バッカル

**ぜっか-しんけい【舌下神経】** 脊椎動物の第一二脳神経。延髄および脊髄前部より出て、舌・あごを動かす舌筋に分布する神経。

**せっか-せん【摂河泉】** 摂津・河内・和泉の三か国。

**ぜっか-せん【舌下▼腺】** 唾液腺の一つ。左右一対で下顎骨の奥にある。唾液と唾液腺ホルモンのパロチンを分泌する。sublingual glands

**せっかそう【石家荘】** 中国、河北省の省都。鉄道交通の要地。鉄鋼・機械・紡織などの工業が発達。人口一一二・八万(一九八四)。シーチャチョワン。

**せっ-かち**(名・形動) 先へ先へと急いで、落ち着かないこと・さま・人。気みじか。性急。hastiness

**せっ-かん【石棺】**《「せきかん」の変》死体をおさめる石製の棺。弥生時代に北九州を中心に発達。板石組み合わせのものがふつう。古墳時代には、箱式石棺・長持形石棺・家形石棺などの組み合わせ式のほか、刳り抜き式もある。stone coffin

**せっ-かん【折▼檻】**(名・サ変他) ①きびしくしかること。scolding severely ②肉体を苦しめて、こらすこと。chastisement

**せっ-かん【摂関】** 摂政と関白。

**せつ-がん【切願】**(名・サ変他) 心から願うこと。entreaty

**せつ-がん【接岸】**(名・サ変自) 船が岸壁や陸地に横づけになること。come alongside the pier

**ぜつ-がん【舌▼癌】** 舌にできる癌。舌の側縁の刺激により好発し、潰瘍を形成。四〇歳以上の男性に多い。cancer of the tongue

**せつがん-えん【雪眼炎】** 摂政・関白に任↓せつもう(雪盲)

**せっかん-け【摂関家】** 摂政・関白に任ぜられる公家の家柄。古代・中世を通じて藤原北家が任ぜられ、鎌倉時代に、九条・近衛・一条・二条・鷹司の五家に分かれた。摂家。

**せっかん-せいじ【摂関政治】** 摂政・関白が天皇の後見として政務の実際を動かす政治形態。平安中期、藤原氏によって行われたものが代表的。

**せっかん-ちたい【積寒地帯】** 農業で、雪と寒さのため、ほとんど単作しかできない地方。

**せつがん-レンズ【接眼レンズ】** 顕微鏡や望遠鏡で、目に接する側にあるレンズ。対物レンズでできた像をさらに拡大する。eyepiece; ocular [対義]対物レンズ。

**せっ-き【石基】**《「せきき」の変》火成岩の斑状組織を構成する部分。斑晶(大型の結晶)の間を埋める細粒の結晶集合体やガラス質が集まった部分。マグマが急冷したためにできたもの。groundmass

**せっ-き【石器】**《「せきき」の変》石製の道具。旧石器から新石器時代にかけて製作・使用された利器など。加工法により、打製石器・磨製石器に大別。stone tool

**せっ-き【節気】** 陰暦で、黄道上の太陽の位置によって一年を二四等分し、季節の変わりめを示すのに用いる語。立春・春分など。二十四節気。

**せっ-き【節季】** ①陰暦一二月の末。年末。②盆と年末。または各節句前の収支・貸借の勘定を行う時期。

**せっ-き【積▼毀】**《「せきき」の変》非難・悪口が多く重なること。

**積毀、骨を銷す**(せっき、ほねをしょうす) そしりが積み重なると、罪もない人の骨をも溶かす。衆人の口の恐ろしさのたとえ。

**せつ-ぎ【拙技】** へたなうでまえ。つたない技術。poor skill [対義]巧技。

**せつ-ぎ【節義】** 個人および社会の一員として行うべき正しい道。節操と道義。fidelity

**ぜつ-ぎ【絶技】** この上なくすぐれた技術や演技。はなれわざ。stunt

**せっき-じだい【石器時代】** 人類文化の最初の段階で、石器が道具として使われた時代。青銅器時代の前の時代。旧石器・中石器・新石器時代に三区分。the Stone Age

**せっき-じまい【節季仕舞(い)】**(名・サ変自) 盆と年末に方々の支払いをすますこと。

**せつぎ-ほう【設疑法】** 修辞法の一つ。故意に判断を示さず、疑問形の表現で内容を強調する方法。interrogation

**せっ-きゃく【隻脚】**《「せききゃく」の変》①片足。一本足。one leg ②片足しかないこと。one-legged

**せっ-きゃく【接客】**(名・サ変自) 客を接待すること。wait on customers

**せっきゃく-ぎょう【接客業】** 客を接待する商売。旅館・飲食店・理髪店など。service industry

**せっきゃく-ふ【接客婦】** 酒の席で客をもてなす職業の婦人。芸者・ホステスなど。hostess

**せっ-きょう【説教】**(名・サ変自他) ①宗教で、教えを説き聞かせ人を導くこと。キリスト教では礼拝における主要素の一つ。聖職者が聖書の内容を現実の問題に照らして解きあかし、神の導きを悟らせる行為。sermon ②堅苦しい態度で忠告・教訓をすること。caution

**せっ-きょう【説経】**(名・サ変自) ①《仏教語》僧が経文の意味を説き聞かせること。説法。唱導。②「説経節」の略。

**ぜっ-きょう【絶叫】**(名・サ変自他) 声をかぎりにさけぶこと。shout

**ぜっ-きょう【絶境】** 人間社会を遠くはなれた土地・場所。remote place

**せっきょう-さいもん【説経祭文】** 江戸中期以降、門説経と祭文をあわせた俗謡の一種。

**せっきょう-じょうるり【説経浄▼瑠▼璃】** ↓せっきょうぶし(説経節)

**せっきょう-ぶし【説経節】** 三味線音楽の語り物。仏教の説経が平俗化・民衆芸能化し、音楽的色彩が強くなったもの。江戸時代には三味線を伴奏に、あやつり人形を使うものも一時栄えた。説経浄瑠璃。説経。[参照]説経祭文

**せっ-きょく【積極】**《「せききょく」の変》前向きで行動的なこと。positiveness [対義]消極。[用例]—策。

**せっきょく-ざいせい【積極財政】** 予算収支のバランスをくずし、財政支出を積極的に増やして経済を活気づけようとする財政政策。逆に支出を切りつめるやり方を緊縮財政という。positive fiscal policy

**せっきょく-せい【積極性】** 物事をすすんでする傾向。positiveness [対義]消極性。

**せっきょく-てき【積極的】**(形動) 物事を自分のほうからすすんでするさま。positive [対義]消極的。

**せっ-きん【接近】**(名・サ変自) 近よること。approach [用例]台風が—。実力が—する。

**せっ-く【隻句】**《「せきく」の変》一つの句。わずかなことば。隻語。[用例]片言—。

**せっ-く【節句・節供】** ①季節の折り目である節の日に厄を払い無病息災を祈って神に供した食物。②《転じて》季節の折り目となる日。五節句など。

**せ-つ・く**(五他) ↓せっつく

**ぜっ-く【絶句】** 一(名) 中国古典詩体の一つ。五言または七言、四句で成立。各句を起・承・転・結とよぶ。唐代に近体詩の一分野として完成。[比較]律詩。二(名・サ変自) ことばにつまって話を中絶すること。

**セックス【sex】** ＝セクス。①性。男女の別。性別。②性交。

**セックス-アピール【sex appeal】** 性的な魅力。

**セックス-さんぎょう【セックス産業】** 性

を対象とする業種の総称。昭和五六年(一九八一)ごろから多様化し、デートクラブ・個室マッサージなどが続々と現れた。sex industry

**セックス-チェック**【sex check】↓フェミニティコントロール

**せっ-くつ**【石▾窟】《「せきくつ」の変》いわや。いわあな。stone cave

**せっくつ-あん**【石▾窟▾庵】韓国、慶州東南の吐含山中にある石窟寺院。新羅統一時代の景徳王(在位七四二―七六四)創建。内部の石像は、唐の影響を受けた朝鮮美術史上の最高傑作。

**せっくつ-じいん**【石▾窟寺院】岩壁を掘ってつくった寺院で、内部に石刻の尊像や壁画のあるものが多い。インドから中央アジア・中国に伝わった。アジャンター・エローラ・敦煌・竜門など。

**せっく-はじめ**【節句始(め)・節供始(め)】①新生児の初節句。②遊女が廓で初めて迎える節句。③正月七日の称。五節句の最初。七日正月。

**せっく-ばたらき**【節句働き】人が休業する節句に、わざと忙しそうに働くこと。用例怠け者の―。

**せっ-け**【摂家】↓せっかんけ(摂関家)

**ぜっ-け**【絶家】(名・サ変自) 相続者がなくなって絶えた家。ぜっか。

**せっ-けい**【赤経】《「せきけい」の変》天球上の星の位置を示す座標の一つ。南北両極と春分点とを結ぶ大円と、南北両極と星を結ぶ大円とのなす角。東まわりに、0度から三六〇度、または0時から二四時までとする。right ascension 参照天球座標。

**せっ-けい**【設計】(名・サ変他) 土木工事・建築工事・機械製作などにあたって、必要な材料・構造・費用などの見積もり・計画をたて、図面その他の方式で示すこと。plan

**せっ-けい**【雪渓】山地の谷沿いなどで、冬の積雪が夏も残るところ。雪の再結晶が進み、表面はかなりかたい。snowy valley

**ぜっ-けい**【絶景】すばらしいながめ。superb view

**せっけい-かわげら**【雪渓川▾螻▾蛄・雪渓▾積▾翅】夏、高山の雪渓でみられるクロカワゲラ科の小昆虫。体長一cm内外。体は黒色で細長く、雌雄とも無翅。成虫は渓流のそばにすみ雑食性であるが、生活史はわかっていない。北海道と本州に分布。セッケイムシ。

**せっけい-ず**【設計図】建築・土木・機械などの設計内容を、一定の決まりに従って表現した図面。design; drawing

**ぜっけい-どうぶつ**【舌形動物】舌に似た形からシタムシといわれる寄生虫の一群。節足動物の仲間とされる。すべて脊椎動物の体内に寄生する。イヌの鼻腔に寄生するイヌシタムシなど。舌虫類。

**せっけい-もじ**【▾楔形文字】↓くさびがたもじ(楔形文字)

**せっけ-しょうぐん**【摂家将軍】鎌倉幕府の摂関家出身の四代・五代将軍のこと。源氏将軍が三代で断絶したため、摂関家の九条頼経・頼嗣が後任に迎えられた。

**せっけつ-えん**【赤血塩】ヘキサシアノ鉄(Ⅲ)酸カリウムの俗称。

**せつ-げつ-か**【雪月花】=せつげっか。①雪と月と花。四季のながめ。②茶道の奥手前の一つ。

**せっ-けっきゅう**【赤血球】血球の有形成分の一つ。脊椎動物などにみられる。赤色色素のヘモグロビンを含み、酸素や二酸化炭素を運搬する。red blood cell 対義白血球。

**せっけっきゅう-ちんこうそくど**【赤血球沈降速度】↓けっちん(血沈)

**せっけつ-びょう**【赤血病】赤血球系の細胞が骨髄中で無制限に増殖する病気。白血病に対応するものだが、実際には白血球の異常もみられ、赤白血病に近い。erythremia

**せっ-けん**【石▾鹸】《「せきけん」の変》よごれやあかを落とすのに用いる洗剤。化学的には、高級脂肪酸のアルカリ金属塩。一般には常温で固体の硬せっけん(ナトリウム塩)をさし、ほかに、のり状の軟せっけん(カリウム塩)、粉せっけんなどがある。いずれも水溶液は塩基性を示し、表面張力を低下させ、起泡力が強い。soap 参照洗剤。

**せっ-けん**【席▿巻・席▾捲】(名・サ変他)《むしろを巻く、の意から》片っぱしから征服すること。sweep

**せっ-けん**【接見】(名・サ変他) 目上の人が、公式に人に面会すること。引見。reception

**せっ-けん**【節倹】(名・サ変自他) むだな費用をはぶくこと。倹約。save

**せつ-げん**【切言】(名・サ変他) ①ことばをつくして熱心に説得すること。persuasion ②ずばりと忠告すること。direct advice

**せつ-げん**【雪原】①雪が積もった広い野原。snowfield ②両極地方や高山地帯で、積もった雪が凍って、いつまでも残っている、広い平らな地域。frozen snowfield

**せつ-げん**【節減】(名・サ変他) 節約してへらすこと。reduction 用例電力の―。

**ゼッケン**《Decken ドイツ(おおい)のなまりからとも、また zecchino イタリア(古金貨)からとも》スポーツ選手や競走馬が、試合や競走のときに、識別のために身につける番号を書いた布。また、その番号。racing number

**せっけんこうつう-けん**【接見交通権】身体を拘束されている被告人・被疑者が、外部の者と面会したり物の受け渡しをする権利。

**ぜつ-ご**【絶後】①これ以後同じ例が求められないと思われること。no more 対義空前。②息がたえたあと。after one's death

**せっ-こう**【斥候】《「せきこう」の変》地上戦闘で、敵情や地形などの偵察・監視のため本隊から派遣される少数の将兵。scout 用例―隊。

**せっ-こう**【石▾膏】硫酸カルシウムの二水和物$CaSO_4 \cdot 2H_2O$の鉱物名。単斜晶系の柱状または板状結晶。加熱により焼き石膏となる。ポルトランドセメントの凝集遅緩剤、製紙の充塡剤、彫刻・模型の材料などに利用。gypsum

**せっ-こう**【拙稿】自分の原稿をけんそんしていう語。

**せっこう**【▾浙江】〈省〉中国南東部、東シナ海沿岸の省。省都杭州。北部は平野、中・南部は丘陵地帯。米・小麦・トウモロコシなどの農業と鉄鋼・機械などの工業が発達。人口三八八八万(一九八四)。チョーチアン。

**せつ-ごう**【接合】(名・サ変他) ①つぎあわせること。joining ②原生動物にみられる有性生殖。二個体が相接し遺伝子を交換したのち再び二個体になる。conjugation ③藻類や菌類などにみられる有性生殖。同型もしくは多少型の異なった生殖細胞(遊走子)が合体すること。zygosis

**ぜっ-こう**【絶交】(名・サ変自) つきあいをやめること。break off friendship 比較断交。

**ぜっ-こう**【絶好】(名・形動) 非常によいこと・ありさま。excellent 用例―のチャンス。用例―状。

**せっこう-ざいばつ**【▾浙江財閥】近代中国で上海を中心として全国を経済的に支配した、おもに浙江省出身の金融資本家・商人グループ。蔣介石と結んで国民政府を成立させた。

**せつごう-し**【接合子】藻類や菌類などにみられる生殖細胞が、合体して生じた細胞。また、有性生殖で生じた動植物の受精卵。接合体。zygote

**せつごう-そうるい**【接合藻類】緑藻植物の一群。淡水にすみ、体は単細胞または単列の糸状で、有性生殖で相接した二つの個体が融合して接合子をつくるのが特徴。アオミドロ・チリモなど。Conjugatae

**せっこう-ボード**【石▾膏ボード】焼き石膏に木くずと水を加え板状に加圧成形したもの。断熱・耐火・防音にすぐれ、壁材などに使用。plasterboard

**せっ-こく**【石刻】《「せきこく」の変》石に彫りきざむこと。また、その彫刻。

**せっ-こく**【石▾斛】《「せきこく」の変》ラン科の常緑多年草。高さ約二〇cm。山地の樹上や岩上にはえ、観賞用に栽培もされる。茎に多数の節があり、葉は革質で細長く互生する。初夏に白色または淡紅色の花を開く。イワグスリ。スクナヒコノクスネ。↓図

●セッコク

**せつご-せん**【摂▾護▾腺】↓ぜんりつせん(前立腺)

**せつ-こち**【節▿東▿風】陰暦一二月ごろに吹く東風。屋代島(山口県)でいう、節分の前の東風。雨をともなうことが多い。立春後は雲雀東風といい、晴れることが多い。

**せっ-こつ**【接骨】(名・サ変自) 折れたり、くじいたりした骨・関節をつぎ合わせて治すこと。ほねつぎ。bonesetting

**せっこつ-し**【接骨師】骨折・脱臼・捻挫などの治療をする者。ほねつぎ。bone setter

**せっこつ-ぼく**【接骨木】ニワトコの異名。葉の煎液を骨折・打撲の治療に用いることからの名。

**ぜっ-こん**【舌根】①舌のつけ根。②《仏教語》五根または六根の一つ。味覚を感じるもの。

**せっ-さ**【切▾磋・切▾瑳】(名・サ変自)《玉や石などを切ったり、みがいたりするように》知徳・学問に励むこと。

**せっ-さく**【切削】(名・サ変他) 金属を、切ってけずること。cutting 用例―工具。

**せっ-さく**【拙作】①まずい作品。poor work ②自分の作品をけんそんしていう語。

**せっ-さく**【拙策】①まずい策略。poor policy ②自分の策略をけんそんしていう語。対義上策。

**せっさ-たくま**【切▾磋▾琢磨】(名・サ変自) 知徳・学問に励むこと。互いに励まし合い、努力すること。working hard together

**せつ-ざん**【雪山】①雪の積もった山。snow-covered mountain ②年じゅう雪の消えない山。snow-covered mountain ③ヒマラヤ山脈の異称。せっせん。

**せつ-ざん**【雪山】台湾北部、台中北東、雪山山脈の主峰。標高三八八四m。台湾第二位の高峰。旧称碧山。シュエシャン。

**ぜっ-さん**【絶賛・絶▾讃】(名・サ変他) このうえなくほめること。great admiration 用例―を博する。

**せっ-し**【切歯】㊀(名・サ変自) ①はぎしりをすること。grind ②強く残念がること。mortification ㊁(名) 門歯。

**せっ-し**【摂氏】《考案者のスウェーデン人セルシウスの中国音訳「摂爾修」の略》温度計の目盛りの一つ。一気圧のもとで、水の氷点を0度、沸点を一〇〇度として、その間を一〇〇等分したもの。摂氏温度。セ氏。記号℃。centigrade 対義華氏。

**せつ-じ**【接辞】接頭語・接尾語の総称。affix

**せっし-おんど**【摂氏温度】↓せっし(摂氏)

**せつ-じつ**【節日】↓せちにち(節日)

**せつ-じつ**【切実】(形動) ①まことのこもったさま。ねんごろ。earnest 用例―な願い。②痛切で身に直接およぶさま。keen 用例―な問題。

**せっ-しゃ**【接写】(名・サ変他) 被写体にレンズを近接させて行う写真撮影。レンズと写真機本体のあいだに中間リングやベローズ装置を付けたり、レンズの前に凸レンズを取り付けたりして撮る。close shot

**せっ-しゃ**【摂社】本社に付属し、本社に縁の深い神を祭ってある神社。本社と末社の間に位する。境内摂社と境外摂社とがある。

**せっ-しゃ**【拙者】(代)《武士用語で、目下や同輩に対して使った》わたくし。自分。比較それがし。

**せっし-やくわん**【切歯▾扼腕】(名・サ変自)《歯ぎしりをし、腕を握りしめる意》非常にくやしがること。grind one's teeth with vexation

**せっ-しゅ**【拙守】(名・サ変自) 競技や試合で、へたな守備をすること。poor defense 対義巧守。

**せっ-しゅ**【窃取】(名・サ変他) 人に知られないように盗み取ること。steal

**せっ-しゅ**【接種】(名・サ変他) 病気の予防・診断のため、ワクチンなどを人体・動物体に移植すること。inoculation 用例予防―。

**せっ-しゅ**【摂取】(名・サ変他) ①養分を体内に取り入れること。in take ②思想・文化を取り入れること。assimilate ③《仏教語》仏が、慈悲によって衆生を救うこと。

**せっ-しゅ**【節酒】(名・サ変自) 飲む酒の量をへらすこと。temperance

**せっ-しゅう**【接収】(名・サ変他) ①受けおさめること。receive ②国家などが強制的に国民の所有地を取り上げること。commandeer

**せっ-しゅう**【摂州】摂津国の。

**せっしゅう**【雪舟】(一四二〇―一五〇六) 室町後期の画僧。備中赤浜の人。相国寺に入り、周文に水墨画を学ぶ。明に渡り帰国後、豊後大分に…

●雪舟『秋冬山水図』「冬」。東京国立博物館。



↓行き先項目、図版・写真参照印。 JIS 日本工業規格情報交換用漢字符号コード(区点コード)。

分や周防山口の雲谷庵を中心に全国を旅する。宋・元画を研究し、激しい筆致と構成のリアリティーにより中世水墨画を大成。作品『山水長巻』『秋冬山水図』『破墨山水図』など。↓写

**せっしゅうがっぽうがつじ【摂州合邦▼辻】** 人形浄瑠璃・歌舞伎時代物。通称『合邦』。菅専助・若竹笛躬合作。安永二年（一七七三）初演。お家騒動にからませて、玉手御前が継子（俊徳丸）に恋をしかけ、死をもって目的を果たす。いつわりの恋をしかけ、

**せっしゅ-ふしゃ【摂取不捨】**《仏教語》仏が慈悲の光を放って、念仏する衆生を残らず救うこと。

**せっ-しょ【切所】** 山道などの難所。

**せつ-じょ【切除】**（名・サ変他） 外科で、悪い部分を切り取ること。cut off

**せっ-しょう【折衝】**（名・サ変自）《衝っいてくるほこ先を折る、の意》外交上のかけ引きをすること。かけ引きのある交渉。negotiation

**せっ-しょう【殺生】** ㊀（名・サ変他）《仏教語》五戒の一つ。生き物を殺すこと。killing ㊁（形動） むごいさま。残酷。brutal

**せっ-しょう【摂政】** 君主にかわって政務をとること。また、その職や人。聖徳太子以来皇族が任ぜられたが、清和天皇のとき、外戚の藤原良房が任命されてのち藤原氏が就任。皇室典範には天皇の未成年・病気・事故のさいに、成年の皇族をおくことが定められている。阿衡。

**せつ-じょう【雪上】** 雪の上。on snow

**雪上、霜を加う（せつじょう、しもをくわう）**《いい意味にも悪い意味にも使う》物が多くある上に、他の同種の物を加える。

**ぜっ-しょう【絶唱】** 非常にすぐれた詩歌。superb song 用例 古今の―。

**ぜっ-しょう【絶勝】** ①この上なくすぐれていること。splendor ②景色が非常によいこと・土地。superb view

**ぜつじょう-か【舌状花】** 合弁花の一つ。下部は筒形で花冠の上部が舌状に伸び広がる。タンポポ・ヒマワリの周縁の花など。ligulate flower

**せっしょう-きんだん【殺生禁断】** 鳥・けもの・魚介などをとるのを禁じること。

**せつじょう-しゃ【雪上車】** 接地圧を極力少なくするため、幅の広いキャタピラーを付け、氷や雪の上を走る乗用兼牽引用の自動車。ウィーゼル。weasel

**せっしょう-せき【殺生石】** ①栃木県の那須岳の麓にある石。周辺に噴き出す火山性の有毒ガス（二硫化炭素）によって、近づいた生物が死ぬことからの名。②那須の殺生石にまつわる伝説。昔、鳥羽天皇の寵愛を受けた女性、玉藻前に化けた白狐が天皇に近づこうとしたが、安倍泰成に見破られ、この石になったという。③能の一つ。殺生石の伝説によったもの。

**せっ-しょく【接触】**（名・サ変自他） ①近づきふれること。さわること。touch ②交渉・関係を持つこと。contact 用例 ―をたもつ。

**せっ-しょく【節食】**（名・サ変自） 食事の量をほどよくへらすこと。be on diet

**せつ-じょく【雪辱】**（名・サ変自）《「雪」は、すすぐ、の意》はじをすすぐこと。vindicate one's honor

**ぜっ-しょく【絶食】**（名・サ変自） 食物をまったく食べないこと。断食。fast

**せっしょく-かく【接触角】** 液体の表面が鉛直な固体壁に接触するとき、液面と固体面のなす角。液体の内部で測り、液体が固体面をぬらすときは鋭角、ぬらさないときは鈍角。angle of contact

**せっしょく-かんせん【接触感染】** 病原体と接触することにより起こる感染の総称。直接感染・間接感染・飛沫感染がある。性病・トラコーマ・結核など。contact infection

**せつじょく-せん【雪辱戦】** 競技などで、前に負けた汚名をすすぐための戦い・試合。return match

**せっしょく-ていこう【接触抵抗】** 二つの導体を接触させたとき、接触面に生じる電気抵抗。contact resistance

**せっしょく-でんいさ【接触電位差】** 異種類の金属片を接触させたとき、金属片間に生じる電位差。接触面の大きさや形状によらず、一定温度では金属対に固有な値をもつ。contact potential difference

**せっしょく-でんき【接触電気】** 異種類の金属または絶縁物を接触させたとき、その接触表面に生じる電荷。contact electricity

**せっしょくぶんかい-ほう【接触分解法】** 石油の精製工程の一つ。触媒を用いて高温常圧下で重質石油を分解して、おもにガソリンを製造する方法。クラッキング。catalytic cracking

**せっしょく-へんせいがん【接触変成岩】** 地殻中に貫入したマグマに接しておもにその熱によって組織や構造が変化し、鉱物組成が変わった岩石。ホルンフェルスという緻密な硬い変成岩になる。熱変成岩。contact metamorphic rock

**せっしょく-へんせいさよう【接触変成作用】** 地殻中に貫入したマグマが周辺の岩石を熱して変成させる作用。熱変成作用。contact metamorphism

**せっしょく-ほう【接触法】** 触媒を使う合成法。硫酸の製造では、白金などを触媒にし二酸化硫黄と酸素を反応させ、三酸化硫黄にする方法をいう。contact process

**せっしょく-れんせい【接触連星】** 二つの星の間で質量の交換が行われている連星。contact binary star

**せっ-しん【接心・摂心】**《仏教語》①心を一つの対象に集中させること。②禅宗で、一定期間を定め、昼夜の別なく集中的に座禅修行すること。接心会。

**せっ-すい【節水】**（名・サ変自） 水を節約して使うこと。save water 用例 ―を呼びかける。

**せっ・する【接する】**（サ変自他）＝接す。①（自）㋐ふれる。となりである。続いている。面している。touch 比較 交わる。㋑会う。応接する。attend to 用例 客に―。㋒事柄にふれる。受け取る。receive 用例 急報に―。②（他）㋐つなげる。connect 用例 両端を―。㋑近づける。ふれあわせる。draw near 用例 ひざを―。

**せっ・する【摂する】**（サ変他）＝摂す。①代わって行う。後見する。②兼務する。③もてなす。

**せっ・する【節する】**（サ変他）＝節す。①ひかえめにする。keep from 用例 酒を―。②節約する。save 用例 費用を―。

**ぜっ・する【絶する】**（サ変自他）＝絶す。①（自）㋐絶える。つきる。come to the end 用例 音信が―。㋑並ぶものがない状態である。beyond 用例 古今に―。②（他）㋐たちきる。絶つ。cut off ㋑こえる。かけはなれる。用例 想像を―。

**言語に絶する（げんごにぜっする）** ↓げんご（言語）

**せっ-せい【摂生】**（名・サ変自） 健康に注意すること。養生。care of one's health

**せっ-せい【節制】**（名・サ変他） 度をこえないようにおさえること。ひかえめにすること。temperance 用例 ―につとめる。

**ぜっ-せい【絶世】** 比べるものがないほどすぐれていること。be matchless 用例 ―の美人。

**せつ-せつ【切切】**（形動トタル） 思いがせまり、押さえることのできないさま。deep 用例 ―たる訴え。

**せっせ-と**（副） 休まず物事に励むさま。diligently 用例 ―働く。

**せっ-せん【拙戦】** へたな試合や戦いをすること。また、たいくつな試合や戦い。凡戦。boring game

**せっ-せん【接戦】**（名・サ変自） ①近づいて戦うこと。close fight ②勝敗がなかなか決まらないような戦い。close game 用例 ―の末に勝つ。

**せっ-せん【接線・切線】** 曲線または曲面上の一点で、その曲線またはその曲面と接する直線。tangent

**せっ-せん【雪▽山】** ヒマラヤ山脈の異称。せつざん。

**せっ-せん【雪線】** 雪として残る部分と、解ける部分の境界線。斜面の方向・傾斜や風向きなどによって個々に高度が異なり、高緯度になるほど低下する。赤道付近で五〇〇〇m前後以上、南極大陸では海面以下。snow line

**せっ-せん【節線】** 膜などが定常波形の振動をするとき、振動しない点（節）をつないでつくった線。ふしせん。nodal line

**せつ-ぜん【▼截然】**（形動トタル）《「さいぜん」は慣用読み》①きりたつさま。②区別がはっきりしているさま。判然。用例 ―たる差。

**ぜっ-せん【舌戦】** ①ことば・論で争うこと。口論。quarrel 用例 ―をくりひろげる。②討論。論戦。debate

**せっせん-げ【雪▽山▼偈】**《仏教語》『涅槃経』中の偈。雪山童子が修行中に聞いたとされる偈文で、「諸行無常・是生滅法・生滅滅已・寂滅為楽」の四句。無常偈ともいい、いろは歌の元歌とされる。

**せっ-そう【節奏】** 音の強弱・長短が周期的にくり返されること。リズム。比較 旋律。

**せっ-そう【節操】** 主義・道徳をかたく守って変えないこと。みさお。constancy

**せっそう【雪窓】**（生没年未詳） 中国、元代の禅僧画家。姓は曹、法名は普明。蘭の水墨画で有名。作品『蘭竹図』など。

**せっ-そう【拙僧】**（代） 僧が自分をけんそんしていう語。愚僧。

**せっ-そく【拙速】** まずいが、でき上がりの速いこと。rough and ready 対義 巧遅。用例 ―主義。

**せつ-ぞく【接続】**（名・サ変自他） つづくこと。つなぐこと。つながること。connection

**ぜっ-そく【絶息】**（名・サ変自） 息がたえること。死ぬこと。絶命。breathe one's last

**せつぞく-ご【接続語】** 文の成分の一種。語と語、句と句、文と文とを結び合わせる働きをする文節。「しかし、雨が降ったので、中止することになった」の「しかし・降ったので」など。

**せつぞく-し【接続詞】** 品詞の一つ。活用のない自立語で、前後をつづけ、その関係を示す。「だから」「それで」のように順接の関係を示すもの、「しかし」「だが」のように逆接の関係を示すもの、「つまり」「すなわち」のように同列の関係を示すものなど、さまざまな場合がある。conjunction

**せつぞく-じょし【接続助詞】** 助詞の一種。用言や助動詞に付いて、前後をつづける役目をする。はたらきや意味の上で接続詞と対比される。「雨が降るので（から）中止した」「話せばわかる」「呼んだが、答えない」の「ので・から・ば・が」など。その他「て・ても・し・のに・けれど（も）」など。

**せつぞく-すいいき【接続水域】** 領海に接する二四海里の公海で、沿岸国が密輸・密入国などを取り締まるための権限を認められている水域。contiguous zone

**せっそく-どうぶつ【節足動物】** 動物界の一門。現在地球上でもっとも数が多い。現存種一〇〇万以上。体はキチン質の外骨格でおおわれ、多数の体節からなる。蛛形綱・甲殻綱・昆虫綱などに大別される。arthropod

**せつぞく-ほう【接続法】** 西欧文法の法（＝ムード）の一つ。叙述内容が願望、仮定など話し手の主観によることを表す動詞の形式。仮定法。subjunctive

**せっそん【雪村】**（一五〇四ごろ～?） 室町末～桃山時代の画僧。常陸太田の人。諱は周継。雪舟に私淑。道釈人物やタカが主題の山水花鳥図にすぐれる。作品『風濤図』『松鷹図』など。

**せっ-た【雪▽駄・雪▽踏】** 履物の一種。草履の裏底に皮革などをはり、後部に金具をつけたもの。金具はかかとの破損を防ぐためにつける。↓写

**雪駄の裏に灸（せったのうらにきゅう）** 長居の客を帰らせようとするまじない。

**雪駄の土用干し（せったのどようぼし）** いばって反り身になって歩く人を、あざけっていう語。

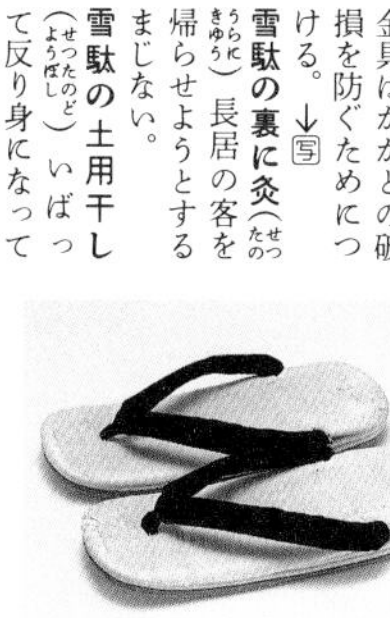
●雪駄

**セッター【setter】** ①《獲物をみつけると腹ばい（set）になって主人に知らせることから》イヌの一品種。イギリス原産の猟犬。泳ぎが巧み。代表種イングリッシュセッターは肩高六〇～七〇cm、猟犬中でももっとも優美。②バレーボールで、スパイクするプレーヤーのためにトスを上げる役割のプレーヤー。

**せっ-たい【接待・摂待】**（名・サ変他） ①客をもてなすこと。reception 用例 ―係。②湯茶・食事などをふるまうこと。serve 用例 ―費。

**せつ-だい【設題】**（名・サ変自） 問題・課題を作ること。作った問題。設問。

**ぜっ-たい【舌▼苔】** 舌の表面にできるコケ状の付着物。熱性の疾患・消化器病などで生じる。coat of tongue

**ぜっ-たい【絶対】** ㊀（名）①ならぶものがなく、なにものにも比べられないこと。absolute 対義 相対。用例 隊長の命令は―だ。②なんの制限・制約も受けないこと。unconditional 用例 ―の真理。③すべての条件をつけられることなく、存在理由があること。absoluteness 用例 ―条件だから、譲歩はできない。④人間の精神が求

める終極の状態。ultimateness 用例 ―境地。⑤哲学で、相対関係を超えて、唯一・無条件・完全・全能であること。absolute principle 用例 神は―である。三(副) ①どうしても。きっと。用例 なんと言われようと、―行きます。②《下に打ち消しをともなって》決して。断じて。never 用例 今後―にしません。

**ぜつ-だい【舌代】** 口上に代わる、簡単なあいさつの書き付け。しただい。

**ぜつ-だい【絶大】**(名・形動)《精神的なものについていう》この上なく大きいこと・さま。the greatest 用例 ―な支援。

**ぜつ-だい【絶待】**《仏教語》差別・相対などの対立を超越していること。対義 相待。

**ぜったい-アドレス【絶対アドレス】** 個々のコンピューターに備わる特有の方式で、その記憶装置の中の場所に割り付けられた番地。absolute address 対義 相対アドレス。

**ぜったい-おんがく【絶対音楽】** 純粋な音の構築をめざして作られた音楽。標題音楽に対することばで、一定のプログラムによらない、多くの交響曲・ソナタなど。absolute music

**ぜったい-おんかん【絶対音感】** 楽音の高さを他の音との相対的な音程的関係なしに、知覚する能力。absolute hearing

**ぜったい-おんど【絶対温度】** 物理学的に考えられる最低温度(零下二七三・一五℃)を0度とし、一度をセ氏と同じに目盛った温度。単位ケルビン。記号K。absolute temperature

**ぜったい-くっせつりつ【絶対屈折率】** 光が真空中から媒質中へ入射するときの屈折率。空気の絶対屈折率は波長〇・四五マイクロメートルで一・〇〇〇二八。absolute refractive index

**ぜったい-けん【絶対権】** 法律で、私権の一つ。だれでもそれを尊重する義務があり、けっして侵してはならない権利。所有権や人格権など。absolute authority

**ぜったい-ごさ【絶対誤差】** ある物理量の真の値と実際の測定値との差、すなわち誤差の絶対値。absolute error

**ぜったい-しつど【絶対湿度】** 大気中の水蒸気量の尺度。単位体積(一$m^3$)内の湿った空気に含まれる水蒸気量をグラムで表したもの。absolute humidity 参照 相対湿度。

**ぜったい-しゃ【絶対者】** ①他者から独立し他者の制約をうけず、現実の世界を超えて存在するただ一つの存在者。全知全能の神。有神論の立場。the Absolute ②現実世界のすべてのものをふくんだ宇宙の本体。汎神論の立場。the Absolute

**ぜったい-しゅぎ【絶対主義】** ①君主が無制限の権力を持っている政治形態。一六~一八世紀ヨーロッパで、封建社会から近代資本主義社会への移行期に現れた。absolutism 比較 全体主義。②哲学で、客観的、絶対的な真理・法則などのあることを正しいとする考え。対義 相対主義。

**ぜったい-ぜつめい【絶体絶命】**《「絶対絶命」は誤り》どうしても逃れられない困難な立場・場合。desperate situation 用例 ―の場面。

**ぜったい-たすう【絶対多数】** 議決などで、全体のほとんど全部をしめる数。absolute majority

**ぜったい-たんいけい【絶対単位系】** 長さ・質量・時間の基本単位、および基本単位から厳密な物理方程式で導かれた誘導単位からなる単位系。CGS絶対単位系やMKS絶対単位系など。absolute system of units

**ぜったい-ち【絶対値】** ①実数$a$の場合、数直線上で原点からの距離を$a$の絶対値といい、$|a|$で表す。absolute value ②複素数$u=a+bi$の場合、複素平面で、原点から$u$が対応する点までの距離を$u$の絶対値といい、$|u|$で表す。$|u|=\sqrt{a^2+b^2}$ absolute value ③ベクトルの場合、ベクトル $u=(x_1,\cdots,x_n)$ に対し、$|u|=\sqrt{x_1^2+\cdots x_n^2}$ を$u$の絶対値という。absolute value

**ぜったい-てき【絶対的】**(形動) 何物にも比較できない状態・存在であるさま。absolute 対義 相対的。用例 ―な信念。

**ぜったいてき-じょうよかち【絶対的剰余価値】** 労働時間の延長によって新たに生みだされる剰余価値。absolute surplus value 対義 相対的剰余価値。

**ぜったいてき-ひんこん【絶対的貧困】** 人間の生存に最低限必要な物資さえ不足するような極度の貧困。absolute poverty

**ぜったい-とうきゅう【絶対等級】** 天体を一〇パーセクの距離から見たときの等級。天体の実際の光度の大小を比較するのに使用する。absolute magnitude

**ぜったい-ひょうか【絶対評価】** 学習評価方式の一つ。設定された教育目標・社会的期待水準を基準に、個々の到達度を評価する方法。absolute evaluation 対義 相対評価。

**ぜったい-りょう【絶対量】** ①なんの条件にも関係のない、そのもの固有の量。absolute quantity ②どうしても必要な量。absolute quantity 用例 食糧の―。

**ぜったい-れいど【絶対零度】** 絶対温度の0度。零下二七三・一五℃。分子の熱運動が静止したと仮定したときの温度。統計力学では物体が最低エネルギーの状態にある。absolute zero point

**せっ-たく【拙宅】** 自分の家をけんそんしていう語。

**せつ-だん【切断・▼截断】**(名・サ変他) 物をたち切ること。cut

**ぜっ-たん【舌端】** ①舌の先。tip of the tongue ②弁舌。eloquence

**舌端、火を吐く**(ぜったん、ひをはく) ことばするどく説きたてる。make a fiery speech

**せつたん-き【節炭器】** ボイラーに送る水を燃焼ガスの余熱を利用してあらかじめ加熱する形式の熱交換器。燃料の節約に有効。エコノマイザー。economizer

**せっ-ち【接地】** 一(名) ↓アース。二(名・サ変自) 地面に接触すること。飛行機などが着陸すること。landing 用例 車輪が―。

**せっ-ち【設置】**(名・サ変他) 物や設備をそなえること。設けること。establishment

**せっち-ぎゃくてん【接地逆転】** 夜間に熱の地面からの放射で地面に近いほど気温が下がり、上空ほど気温が高くなる状態。surface inversion

**せっ-ちゃく【接着】**(名・サ変他) くっつくこと。また、くっつけること。つぎあわせること。adhere

**せっちゃく-ざい【接着剤】** ガラス・陶器・金属・皮・ゴムなどをくっつけるための強力なのり。古くは膠などの天然接着剤を用いたが、現在ではプラスチック系の強力な合成接着剤が多数ある。adhesive ↓図

**せっちゃく-テープ【接着テープ】** 封をしたり包装に使うテープ。材質はセロハン・紙・布・ビニールなどで、片面に粘着材が塗布してある。粘着テープ。adhesive tape

**せっ-ちゅう【折衷・折中】**(名・サ変他) 二つ以上の違ったものからよいところを抜き出して、調和をはかり、別のものにまとめること。compromise 用例 両案を―する。

**せっ-ちゅう【雪中】** ふり積もった雪の中。雪のふる中。in the snow

**せっちゅう-がくは【折衷学派】** 江戸中期の儒学の一派。朱子学・陽明学・古学の各特色を折衷し、中庸の道を求めようとした。片山兼山・細井平洲らが提唱。

**せっちゅう-しゅぎ【折衷主義】** 種々の異なった理論・思想体系から、都合のよい部分を選択、総合して真理を導こうとする態度・理論。eclecticism

**せっちゅうよう-けんちく【折衷様建築】** 鎌倉時代末から室町時代に行われた寺院の建築様式。和様建築を主として、中国伝来の大仏様建築と禅宗様建築を折衷。

**せっ-ちょ【拙著】** 自分の著作をけんそんしていう語。対義 貴著。

**ぜっ-ちょう【絶頂】** ①山の頂上。top ②物事の最高。極点。peak 対義 どん底。用例 得意の―。人気の―。

**せっ-ちん【雪隠】**《「せついん」の変》便所。

**雪隠で饅頭**(せっちんでまんじゅう) こっそり、うまいことをしようとすること。

**雪隠の火事**(せっちんのかじ) 「やけくそ」を、しゃれていったことば。

**雪隠虫も所贔屓**(せっちんむしもところびいき)《便所をすみかにしている虫さえ、いま自分のいる場所をいちばんいいと思う、の意》どんな所でも、住み慣れた所をよいと思うことのたとえ。類似 住めば都。

**せっちん-づめ【雪隠詰(め)】** ①将棋で、王将を盤のすみに追いこんでつめること。②逃げ場のない所へ追いつめること。drive into a corner

**せっちん-まいり【雪隠参り】** 生後三日目ないしは七日目に、赤子を連れて便所の神に参る風習。赤子におむつや箕をかぶせ、糞を食べさせるまねなどをする。

**せっつ【摂津】** ↓せっつのくに(摂津国)

**せっつ【摂津】**〈市〉 大阪市北東隣の市。工場・住宅のほか、新幹線基地など交通関係施設の進出が多い。人口八万五八一七(一九八八)。

**せっ-つ・く【▽責付く】**(五他)《「責付く」の転》急がせる。催促する。せつく。hasten

**せっつ-の-くに【摂津国】** 旧国名。現在の大阪府北部と兵庫県南東部。五畿の一国。「延喜式」では上国、一三郡。国府は大阪市中央区北国分町、国分寺は同市天王寺区国分町。明治四年(一八七一)廃藩置県により大阪府・兵庫県。摂州。摂津。

**せっ-てい【設定】**(名・サ変他) もとになるものを、もうけ定めること。establish 用例 規則を―する。本部を―する。

**せっ-てい【雪堤】** 鉄道線路沿いにブロック状の雪塊を積み上げた垣。雪国で斜面からすべり落ちてくる雪から線路を防護するために作られる。

**せつ-でい【雪泥】** 雪どけのぬかるみ。

**雪泥の鴻爪**(せつでいのこうそう)《雪泥の上のヒシクイの爪跡の意で、すぐ消えてなくなるところから》跡形が残らないこと。また、行方知れずになること。

**せってい-り【▼刹帝利】** ↓クシャトリヤ

**せっ-てん【接点・切点】** ①曲線または曲面の接線または接平面が、その曲線または曲面に接する点。point of contact 比較 接線。②異なる事柄が接触したり、一致したりする点。point of contact 用例 東西文化の―。③電流の導線や電気器材が相互に接続する箇所。

●接着剤 おもな接着剤の種類と用途

| 分類 | | 接着剤名 | 耐熱性 | 耐水性 | 硬化時間(分) | 適するもの | 製品、用途 |
|---|---|---|---|---|---|---|---|
| 天然接着剤 | | にかわ | × | × | 0~5 | 木材、皮革、紙 | 弦楽器製造、日本画画材 |
| 天然接着剤 | | でんぷん | × | × | 5~30 | 布、紙 | 事務用のり、織物の仕上げ |
| 合成接着剤 | 樹脂系 | 尿素樹脂 | △ | ○ | 0~20 | 木材 | 合板の製造 |
| 合成接着剤 | 樹脂系 | フェノール樹脂 | ○ | ○ | 0~20 | 金属、木材 | 耐水性合板の製造 |
| 合成接着剤 | 樹脂系 | エポキシ樹脂 | ○ | ○ | 5~30 | プラスチック、金属、コンクリート、陶磁器、ガラス | 建物のタイル仕上げ、スピーカーなどの音響製品の製造 |
| 合成接着剤 | 樹脂系 | ポリウレタン | ○ | ○ | 0~20 | 金属、木材、皮革、ガラス、紙 | 靴の製造、アルミはくつき包装紙の製造 |
| 合成接着剤 | 樹脂系 | ホットメルト | △ | ○ | 0~5 | 木材、紙、布 | 包装、製本、接着しん、ワッペン |
| 合成接着剤 | 樹脂系 | 酢酸ビニルエマルジョン | △ | × | 10~15 | 木材、紙、皮革、布 | 写真用・手工芸用・木工用の接着剤 |
| 合成接着剤 | 樹脂系 | アクリルエマルジョン | △ | ○ | 0~15 | 布、紙 | 粘着テープ、植毛用 |
| 合成接着剤 | 樹脂系 | シアノアクリレート | △ | × | 0~3 | 金属、木材、ゴム、プラスチック | 瞬間接着剤、電気製品 |
| 合成接着剤 | 合成ゴム系 | クロロプレンゴム | △ | ○ | 10~30 | 金属、木材、ゴム、皮革 | 化粧板の接着、靴の製造、自動車の内装 |
| 合成接着剤 | 合成ゴム系 | ニトリルゴム | △ | ○ | 5~20 | 金属、木材、ビニール | 建物・自動車の内装、電気音響製品 |
| 合成接着剤 | 合成ゴム系 | SBRラテックス | △ | △ | 10~15 | 紙、布、ゴム、プラスチック | 建築床材・じゅうたんの接着 |

日本接着剤工業会調べ

○良い △やや劣る ×悪い

junction

**せっ-てん【節点】** ①光学系で、光軸に対し斜めに入射する光線が入射方向に平行に出ていくとき、入射光および出ていく光の延長線と光軸とが交わる一対の点。nodal point ②弦の振動などで、定常波の振幅がいつでも0である点。node 比較 節線。③構造物を構成する部材の結合点。joint

**せつ-でん【節電】**(名・サ変自) 電力の使用を節約すること。save energy

**ぜっ-てん【絶▼巓】** 山のいただき。

**セット【set】** ㊀(名) ①道具・家具などの組み合わせの一そろい。一組。一式。②テニス・バレーボールなどで、試合中の一区切りの勝負。③映画で、撮影用に組まれる設備・装置。用例 オープン—。㊁(名・サ変他) ①目的の髪型に仕上げること。②機械・道具などを組み立て、調整すること。用例 ステレオを—する。

**せつ-ど【節度】** ①きまり。定め。法度。rule ②ほど。ほどあい。moderation 用例 —を守る。③さしず。指揮。order

**ゼット【Z・z】** ＝ズィー。①アルファベットの第二六、最後の文字。②《大文字で》缶詰の製造年月日の記号で十二月を示す。

**セット-イン-スリーブ【set-in sleeve】** もっとも基本的な袖のつけ方。正常な袖ぐり(アームホール)の位置につけられた袖のこと。普通袖。↓スリーブ図

**せっ-とう【窃盗】**(名・サ変他) 財物をひそかにぬすむこと・者。theft 比較 強盗。用例 —を働く。

**せっ-とう【雪▽洞】** ①茶道で、助炭の一つ。木・竹の箱形の枠に白い和紙を張って一部に窓をあけ、風炉を覆う。②ぼんぼり。

**せっ-とう【▼薛▼濤】**(七六八ごろ～八三二ごろ) 中国、中唐の女流詩人。長安の人。歌妓となり、名士と交流した。「薛濤箋」とよばれる詩箋を作る。

**せつ-どう【雪洞】** 雪を掘り固めた穴。倉庫用、積雪期登山中の露営用、子どもの遊びのためなど。雪の穴。snow cave

**せつ-どう【摂動】** 互いに相互作用をおよぼしあう二つの天体の運動に、他の天体が作用して生じる乱れ。ケプラー運動からのずれとして現れる。perturbation

**ぜっ-とう【舌頭】** ①舌の先。舌端。tip of the tongue ②弁舌。ことば。speech

**ぜっ-とう【絶倒】**(名・サ変自) ①感情が極度に達して、倒れんばかりになること。extremely excited ②笑いくずれること。sidesplitting laughter 用例 抱腹—。

**ぜっ-とう【絶島】** 陸地から遠くはなれている島。孤島。isolated island

**せっとう-ご【接頭語】** 自立語の上に付けて意味をそえたり、調子をととのえたりする語。単独では用いられない。「お庭・ま正面・か弱い」の「お・ま・か」など。prefix 対義 接尾語。

**せっとう-ざい【窃盗罪】** 他人の財物を盗みとる罪。

**せつどう-ろん【摂動論】** 複雑な力学系の問題で、全体の系の近似の解を求める方法。正確に解ける項に、それ以外の項を補正して近似として加えること。perturbation theory

**セット-オール** 《和製語》テニス・卓球・バレーボールなどで、両者の一試合中のセットの取得数が同じになること。

**ゼット-き【Z旗】** ①万国船舶信号旗で、ローマ字Zを示す旗。Z signal flag ②旧日本海軍で、「皇国の興廃此の一戦にあり、各員一層奮励努力せよ」の意味を付した信号旗。明治三八年(一九〇五)五月の日本海海戦で使われたのが最初。

**Z旗を掲げる**(ゼットきをかかげる) 全員に、それぞれが全力を投入し、一丸となって奮闘することを、要求する。Z旗を揚げる。

**せっ-とく【説得】**(名・サ変他) よく話して納得させること。説きふせること。persuasion

**せっとく-りょく【説得力】** 説得する能力。persuasive 用例 —のない弁論。

**ゼット-こう【Z項】** 自転軸の変化による緯度変化のうち、地球の内部に流体の核があることで生じると思われる変動部分。明治三五年(一九〇二)木村栄が発見。Z-term

**せつど-し【節度使】** 中国、唐・五代の軍職。辺境要地の軍団の長をいう。七一〇年河西節度使の設置が最初。玄宗の治世には一〇節度使となり、付近諸州の民政・財政をも管掌したため私兵(牙兵)を養い、強大となった。宋代初めに廃止された。藩鎮。

**ゼット-ディー-うんどう【ZD運動】** 《ZDはzero defectsの略》無欠点運動。従業員の注意と工夫によって作業ミスをなくし、良質の製品を生産するためのもの。ゼロディフェクト運動。

**セット-バック-ヒール** 《和製語》婦人靴のかかとの一種。後部が垂直で、前部が後方に傾斜した小さめのヒール。

**ゼット-ビー-ビー【ZBB】** 《zero-based budgetingの略》予算決定方式の一つ。予算項目について、既設部門も新設部門も同等に毎年ゼロから出発し、過去の実績や効果を勘案して分析・査定することにより予算を編成する方式。ゼロベース予算。

**セット-ポイント【set point】** テニス・卓球・バレーボールなどで、一試合中でそのセットの勝敗を決める最後の一点。

**セット-ポジション【set position】** 野球で、投手の投球姿勢の一つ。軸足を投手板上か前縁につけて置き、他の足を投手板の前に置いて、ボールを両手で体の前面に保持静止する姿勢。走者がいる場合によく用いられる。

**セット-ローション** 《setting lotionから》髪型を整えやすくし、また長もちさせるためのローション。液状・ゼリー状・泡状のものなどがある。

**せつ-な【▼刹▼那】** 《仏教語。kṣaṇa梵の音写。一つの心をおこす瞬間、の意》一瞬。

**せつ-な・い【切ない】**(形) ①悲しみなどで、胸がしめつけられるようだ。distressful ②体が苦しい。つらい。painful 派生 せつなが・る(五自) せつなげ(形動) せつなさ(名)

**ぜつ-ない-おん【舌内音】** 悉曇学また漢字音の研究で、音の作られる位置を三つに分類したもの(三内音)のうち、[t][d][n]など。

**せつ-な・し【切なし】** 古語 (形ク) ↓せつない(切ない)

**せつな-しゅぎ【▼刹▼那主義】** 過去・将来を考えないで、今の瞬間を充実させて生きようとする考えかた。impulsiveness

**せつな-てき【▼刹▼那的】**(形動) ①ほんの短い時間に関するさま。momentary ②目の前の快楽を求めるさま。impulsive

**せつ-なる【切なる】**(連体) つよい。痛切な。ねんごろな。deep 用例 哀悼の情—ものがある。—願い。

**せつ-に【切に】**(副) ①丁寧に。ねんごろに。心から。cordially ②しきりに。ぜひ。たって。earnestly ③急いで。急に。

**ぜつ-にゅうとう【舌乳頭】** 舌の表面に密生する細かい突起。糸状乳頭・茸状乳頭・有郭乳頭・葉状乳頭があり、あとの二つには味覚をつかさどる味蕾がある。papillae of the tongue

**せつ-の-にしかぜ【節の西風】** 田植えのころの西風。地方によっては雨をもたらす前ぶれ。

**せっ-ぱ【切羽】** ①刀のつかに接する所と、さやに接する所とにそえる、うすい長円形の金物。②どたん場。↓日本刀図

**せっ-ぱ【▼浙派】** 中国、明代山水画の流派名。南宋院体山水画に粗放な水墨画法を加味。戴進が創始、呉偉により完成、張路・蔣嵩に継承された。明末に衰退。

**せっ-ぱ【説破】**(名・サ変他) ①説きふせること。説得。persuasion ②相手の論を言い負かすこと。論破。refute

**せっ-ぱく【切迫】**(名・サ変自) ①さしせまること。おしつまること。be imminent 用例 しめきりが—する。事態が—する。②重大な事態になること。pressing 用例 —した空気。

**せっぱく-りゅうざん【切迫流産】** 流産がはじまりかけている状態。軽度の腹部痛や腰痛がある。安静と子宮筋弛緩剤の投与により妊娠の継続が可能。threatening abortion

**せっぱ-つま・る【切羽詰(ま)る】**(五自) 物事がさしせまって、どたん場になる。be brought to bay

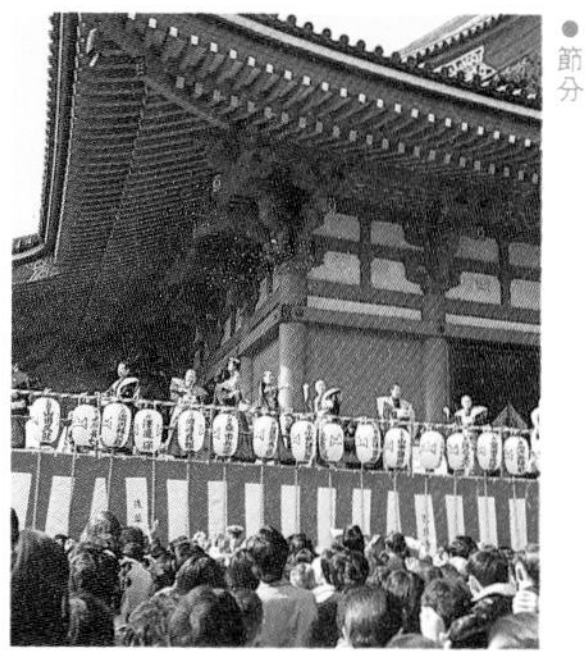

●節分

**せっ-ぱん【折半】**(名・サ変他) 半分に分けること。二等分。halve 用例 利益を—する。費用を—する。

**せっ-ぱん【接伴】**(名・サ変他) 客をもてなすこと。接待。

**ぜっ-ぱん【絶版】** 一度刊行した書物をひきつづき刊行することをやめること。be out of print 比較 発禁。

**せつ-び【設備】**(名・サ変他) ①つくりそなえること・もの。用意。equipment ②建築物に付帯する器具・器械類。equipment 用例 —をととのえる。

**せっ-ぴ【雪▼庇】** 尾根の風下に、ひさしのようにつきだした積雪。cornice

**せつび-ご【接尾語】** 自立語の下に付けて意味をそえたり、文法的性質をかえたりする語。単独では用いられない。「寒さ・山田さん」の「さ・さん」など、名詞や代名詞をつくるもの、「春めく・うれしがる」の「めく・がる」など、動詞をつくるもの、「さし出がましい・おこりっぽい」の「がましい・ぽい」など、形容詞をつくるものなどがある。suffix 対義 接頭語。

**せっ-ぴつ【折筆】** 書くのをやめること。絶筆。

**せっ-ぴつ【拙筆】** ①へたな字。②自分の書いた字をけんそんしていう語。

**ぜっ-ぴつ【絶筆】** ①生前、最後に書いた文字・文章・絵画。one's last writing ②書くのをやめること。折筆。

**せつび-とうし【設備投資】** 企業が建物・機械・設備などの固定資本に対して行う投資。capital investment

**ぜっ-ぴん【絶品】** 非常にすぐれた品物・作品。逸品。most excellent article

**せっ-ぷ【節婦】** みさおのかたい女性。貞節な婦人。用例 —孝子。

**セップ【CEP】** 《circular error probableの略》半数必中界。命中精度を表す指標で、発射されたミサイルなどの半数が落下すると予想される円の半径。

**せっ-ぷく【切腹】**(名・サ変自) みずから刀で腹を切って死ぬこと。平安末期以降、武士が自殺するときの方法。江戸時代には武士に科す死刑の一つともなり、刃を腹に当てると同時に介錯人が首を斬り落とした。割腹。屠腹。はらきり。

**せっ-ぷく【説伏・説服】**(名・サ変他) 相手を説きふせること。説得。persuasion

**せつ-ぶん【拙文】** ①まずい文章。poor writing 比較 悪文。②自分の文章をけんそんしていう語。

**せつ-ぶん【節分】** 《季節の分かれめ、の意》立春・立夏・立秋・立冬の前日の称。とくに、立春の前日の称。古くは立春を一年の始まりとしたため、大晦日としての性格をもつ。鬼打ち豆をまいて鬼を追い払うなど、邪神や災厄を防ぐための行事が多い。↓写

**せっ-ぷん【接▼吻】**(名・サ変自) 相手の唇・手・ほおなど体の一部や物品などに自分の唇をふれ、愛情または尊敬の意を表す行為。くちづけ。キス。kiss

**せつぶん-おん【切分音】** ↓シンコペーション

**せつぶん-そう【節分草】** キンポウゲ科の多年草。石灰岩地の林下にはえる。地下深くに塊茎がある。根出葉は長柄五角形で三裂。春に白色五弁花を開く。↓写

●セツブンソウ

**せつぶん-ほう【切分法】** ↓シンコペーション

**せつ-へいめん【接平面】** 曲面上の一点で、その曲面と接する平面。tangent plane

**ぜっ-ぺき【絶壁】** 切り立ったがけ。断崖。precipice

**せっ-ぺん【雪片】** 雪の結晶が落下の途中でくっつき合ったもの。気温が0℃に近いときのぼたん雪では、数千個からできていることがある。雪の一ひら。snow flake

**せつ-ぼう【切望】**(名・サ変他) しきりに望むこと。心から願うこと。earnest desire

**せっ-ぽう【説法】**(名・サ変自他) ①仏法を説き聞かせること。説経。用例 釈迦に—。②言い聞かせること。意見。lecture 用例 きつく—される。

**ぜつ-ぼう【絶望】**(名・サ変自) 対義 希望。①望みをまったく失うこと。despair ②心理学で、自分の存在の意義を見失うときの不安定なはげしい感情。despair

**ぜっ-ぽう【舌▼鋒】** 論じ方。弁舌。eloquence 用例 するどい—。

▼常用漢字表外。 ▽常用漢字表の音訓外。

**ぜつぼう-てき【絶望的】**(形動) ①望みがまったくもてないさま。hopeless 用例 助かるかどうか、まったく―だ。②望みをすっかり失って、なげやりになるさま。desperate 用例 ―な生活。

**せつ-まい【節米】**(名・サ変自) 米の消費を節約すること。

**せつ-まつり【節祭(り)】** 八重山列島で陰暦の七~九月に行われる、来る年の豊作を願う世乞いの行事。この日を年の折り目とするのでこの名がある。節。

**ぜつ-みょう【絶妙】**(名・形動) この上なくすぐれてたくみなこと・さま。exquisite 用例 ―なプレー。

**ぜつ-む【絶無】**(名・形動) まったくないこと・さま。皆無。nothing

**せつ-めい【説明】**(名・サ変他) 内容・理由・事情などをわかりやすく言うこと。ときあかすこと。explanation 比較 解説。用例 内容を―する。―書。

**ぜつ-めい【絶命】**(名・サ変自) 命がたえること。死ぬこと。落命。絶息。death

**せつめい-ぶん【説明文】** ものごとを説明する文章。

**せつめい-ぶんぽう【説明文法】** 文法現象について、その発生・変化・消滅などの理由や法則性を解き明かそうとするもの。比較 記述文法。

**ぜつ-めつ【絶滅】**(名・サ変自他) ほろびてなくなること。根だやしにすること。extinction

**せつ-もう【雪盲】** 強い紫外線の作用で起こる眼の障害。長時間雪山スキーなどをしたあとなどに起こる結膜の充血、角膜の混濁、痛み、涙など。雪眼。雪眼炎。snow blindness

**せつ-もん【設問】**(名・サ変自) 問題を作ること。作った問題。設題。question

**せつもんかいじ【説文解字】** 中国の最古の字書。後漢の許慎の著。約一万の漢字を部首によって分類し、六書によって文字の構造・用法を説明する。

**せつ-やく【節約】**(名・サ変他) むだな費用をはぶくこと。使用量をへらすこと。倹約。節減。economy

**せつ-ゆ【説諭】**(名・サ変他) 行いを改めるよう、言い聞かせること。さとすこと。admonish

**せつ-よう【切要】**(名・形動) さしせまって大切なこと・さま。緊要。用例 ―な対策。

**せつ-よう【節用】** ①費用を節約すること。②「節用集」の略。

**せつよう-か【節用禍】**《柳田国男の用語》和語に、むやみに漢字を当てたことから、和語を洗練することをおこたったこと。

**せつようしゅう【節用集】** 室町中期に作られた国語辞典。編者未詳。いろは引きの簡単な実用辞典。せっちょうしゅう。

**せつ-り【摂理】** ①全体を処理し、支配すること。②自然や世の中を支配している理法。用例 自然の―を知る。③キリスト教神学用語。創造者である神が世界と人間の歴史を支配し導くこと。providence

**せつ-り【節理】** ①すじみち。logic ②割れ目。きめ。fissure ③岩石中の割れ目。見かけ上、割れ目の面に沿う相対的変位がないもの。変位のある断層とは区別する。規則的に発達するものに、柱状節理や板状節理がある。joint

**せつ-りつ【設立】**(名・サ変他) 法人などを新しく作ること。また、その手続き。establishment; foundation

**ぜつ-りん【絶倫】**(名・形動) 群をぬいてすぐれていること・さま。抜群。preeminence 用例 精力―。

**セツルメント【settlement】** 宗教家や学生などが、スラムに住む貧しい人々と生活をともにし、生活環境の改良や教育文化の向上をはかる社会事業。また、そのための施設。隣保事業。

**せつ-れつ【拙劣】**(名・形動) まずくて、おとっていること・さま。unskillfulness 対義 優秀。

**せつ-ろん【切論】**(名・サ変自) きつく論じること。きっぱり論じること。用例 主張を―する。

**せつ-ろん【拙論】** ①へたな議論。poor argument ②自分の議論をけんそんしていう語。

**せつ-わ【説話】** ①はなし。物語。tale ②神話・伝説・昔話など、語り伝えられたものの総称。legend

**せつわ-が【説話画】** 宗教説話・民間説話に題材をとった絵。物語の筋が画面を追って展開する。絵巻形式と掛幅・壁画など大画面形式がある。日本では中世に流行。『絵因果経』『信貴山縁起絵巻』など。

**せつわ-ぶんがく【説話文学】** 神話・伝説・昔話・世間話などの説話や説話集のうち、文学性をもつもの。『日本霊異記』『今昔物語集』など。

**せ-と【瀬戸】** ①せまい海峡。strait ②勝敗の分かれるところ。せとぎわ。critical moment ③「瀬戸物」の略。

**せと【瀬戸】**〈市〉 愛知県北部、名古屋市の北東に位置する市。「瀬戸物」で知られる窯業都市で、陶器製造は千余年の歴史がある。人口一二万二五三六(一九八八)。

**せと【瀬戸】**〈町〉 岡山県南部の町。酒造米の産地。モモ・ブドウの栽培もさかんで、加工工場もある。人口一万四二四〇(一九八八)。

**せと【瀬戸】**〈町〉 愛媛県南西部、佐田岬半島の町。農・漁業の町で、牧牛がさかん。人口三四八六(一九八八)。

**セト【Seth】** エジプト神話でオシリスの弟。砂漠の神、のち暗黒の神。兄を殺しナイル川に流す。

**せ-ど【背戸】** うら門。うら口。用例 ―口。

**せ-どう【世道】** 生きていく上の道徳。

**せどう-か【▽旋頭歌】** 五・七・七、五・七・七の六句の歌。民謡的性格が強い。上代歌謡、『万葉集』に多く、平安時代以後は衰えた。

**せとう-しょうじ【瀬▼藤象▽二】**(一八九一～一九七七) 電気工学者。和歌山県生まれ。東大卒。理化学研究所においてアルマイトや電子顕微鏡を研究。昭和四八年(一九七三)文化勲章受章。

**せどう-じんしん【世道人心】** 生きていく上の道徳と、人々の心。

**せとうち【瀬戸内】**〈町〉 鹿児島県、奄美大島南部と付近の島を含む町。畜産がさかん。大島紬の産地。人口一万三〇六一(一九八八)。

**せとうち-こうぎょうちいき【瀬戸内工業地域】** 瀬戸内海沿岸に連なる臨海工業地域。古くから繊維・造船工業が発達。石油化学・製鉄・車両工業もこれに加わって重化学工業の比重が増している。

**せとうちしき-きこう【瀬戸内式気候】** 瀬戸内海沿岸地方で特徴的にみられる気候。温暖少雨で晴天日数が多い。なかには一年で五割をこえるところもある。climatic type of Setouchi

**せとうち-ちほう【瀬戸内地方】** 本州・四国などの瀬戸内海沿岸地方の呼称。温暖で雨量の少ない瀬戸内式気候で、農業・工業が発達。

**せとうち-はるみ【瀬戸内▽晴▽美】**(一九二二) 小説家。法名、寂聴。徳島県生まれ。東京女子大卒。女性の愛と性や伝記などを描く。作品『夏の終り』『かの子撩乱』『比叡』など。

**せと-おおはし【瀬戸大橋】** 本四架橋の三ルートの一つ、児島～坂出ルート(九・四km)にかかる道路・鉄道併用の吊り橋。岡山県倉敷市鷲羽山から、備讃瀬戸に浮かぶ五つの島を、六つの橋で香川県坂出市まで結ぶ。最長の南備讃大橋は一六四八m。昭和六三年(一九八八)完成。

**せと-ぎわ【瀬戸際】**《瀬戸と外洋とのさかいめの意》勝負・成否などの大事な分かれめ。危機。critical moment

**せとだ【瀬戸田】**〈町〉 広島県南部、生口島の大半と高根島からなる町。古来、瀬戸内海航行の要地。柑橘類栽培がさかん。西の日光とよばれる耕三寺がある。人口一万一五〇七(一九八八)。

**せと-ないかい【瀬戸内海】** 西日本にある内海。本州・四国・九州に囲まれ、鳴門海峡・紀伊水道、豊予海峡・豊後水道、関門海峡によって外海と通じる。島数約二〇〇〇。古来海上交通・製塩などで繁栄。風光明媚な多島海で、大半が瀬戸内海国立公園地域。

**せとないかい-こくりつこうえん【瀬戸内海国立公園】** 瀬戸内海の島々と沿岸の景勝地からなる海の国立公園。昭和九年(一九三四)指定。のち追加指定で拡大。

**せと-びき【瀬戸引(き)】** 鉄製の器物の表面にほうろうをぬったもの。ほうろう鉄器。

**せと-もの【瀬戸物】** ①瀬戸焼の通称。②日常使用する陶磁器の総称。porcelain

**せと-やき【瀬戸焼】** 愛知県瀬戸市を中心に焼かれる日本の代表的な陶磁器。平安中期に始まり、鎌倉時代に宋代陶磁器の影響をうけ、古瀬戸という陶器を作り、室町時代には天目茶碗などを焼いて発展。一時衰えたが、文化元年(一八〇四)ごろ染め付け磁器を焼成して再び活況を呈した。せともの。↓写

●瀬戸焼 『黄瀬戸草花文大皿』。桃山時代(一六～一七世紀)、東京国立博物館。

**せ-な【▽背】** せ。背中。back

**せ-なか【背中】** ①背。背骨のあるあたり。back ②後ろ。背後。背面。back

**せなか-あわせ【背中合(わ)せ】** ①互いに背中と背中とを合わせること。back to back ②仲が悪いこと。on bad terms

**せなみ-おんせん【瀬波温泉】** 新潟県北部、村上市の海岸にある温泉。石油の掘削にともなって噴出。付近は海水浴場。

**セナンクール【Étienne Pivert de Sénancour】**(一七七〇～一八四六) フランスの小説家。憂愁の魂を描く自伝的小説『オーベルマン』で有名。

**せ-に【▽狭に】** 古語 (連語)《形容詞「狭し」の語幹に助詞「に」の付いたもの》いっぱいになるほどに。狭いほどに。用例 高松のこの峰も―笠立てて(万葉・一〇・二二三三)。

**セニ【Antonio Segni】**(一八九一～一九七二) イタリアの政治家。一九四三年キリスト教民主党の再建に加わり、農相・首相を経て六二～六四年大統領。

**ぜに【銭】**《「せん」の転》①貨幣の俗称。お金。money ②円形で金属製の貨幣。coin ③紋所の名。昔の銭の紋章化。無字紋と有字紋があり、無字紋には裏銭・三文銭・六連銭(真田銭)など、有字紋には寛永通宝・永楽通宝など。↓図

●銭③ 地抜き寛永銭

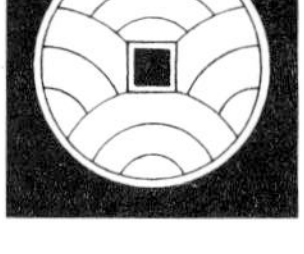

裏浪銭

**銭を買う**(ぜにをかう) 金貨・銀貨を銭に両替する。

**銭を突く**(ぜにをつく) 銭を数えながら出す。銭を支払う。

**ぜに-あおい【銭▼葵】** アオイ科の二年草。庭園で栽培される。茎は直立し、葉は円形で浅裂。初夏に、淡紫色の五弁花をつける。↓アオイ図

**ぜに-うら【銭▽占】** 数個の硬貨を投げ、その表裏の数で、八卦説に準じて吉凶を占うもの。表は陽、裏は陰を表す。

**ぜに-がた【銭形】** ①ぜにの形。②神前に供える、ぜにの形に切った紙。

**ぜにがたへいじとりものひかえ【銭形平次捕物控】** 野村胡堂の時代小説シリーズ。昭和六～三二年(一九三一～五七)発表。神田明神下の平次がつぎつぎと難事件を解決していく。

**ぜに-かね【銭金】** ①ぜにとかね。金銭。貨幣。money ②もうけ。損得。profit 用例 ―の問題ではない。

**ぜにかね-ずく【銭金▽尽く】** なんでも金銭で解決しようとすること。金銭ずく。all for money

**ぜに-がめ【銭▼亀】** ヌマガメ科のイシガメの子ガメの俗称。甲が丸く、銭(貨幣)に似ているのでこの名がある。近年は、クサガメの子もゼニガメと称して市販される。

**ぜに-ごけ【銭▼苔・▽地▽銭】** ゼニゴケ科のコケ。日陰の湿地にはえる。葉状体は二またずつ

●ゼニゴケ

に分岐して伸び、表は濃緑色、裏は緑白色。表面に六角形の区画をもつ。胞子または無性芽で繁殖。→写

**ぜに-ざ【銭座】** 江戸時代、銭貨を鋳造・発行した機関。寛永一三年(一六三六)幕府が江戸と近江に設置、のち各地に民間請負の銭座を設置。

**ぜに-さし【銭差(し)・銭▼緡】** 穴あき銭の穴にさし通してくくる、細いなわ・ひも。さし。

**ぜに-だいこ【銭太鼓】** 日本各地にある民俗楽器の一つ。竹筒に銅銭などを入れて打ち鳴らす、太鼓を打つばちの両端に古銭をつける、曲げ物の輪にタンバリンのように銭をつけて鳴らす、などの種類がある。

**ぜに-たなご【銭▼鱮】** コイ科の淡水魚。全長約九cm。背側は緑褐色、腹側は黄色がかった銀白色。水草の茂る湖沼や河川にすむ。秋に産卵管を伸ばしてドブガイ・カラスガイなどの鰓に産卵。観賞用。関東以北の本州に分布。

**ぜに-や【銭屋】** 両替屋。

**ぜにや-ごへえ【銭屋五▽兵▽衛】**(一七七三〜一八五二) 江戸後期の豪商。加賀の人。北前船による海運業に成功し、巨利を獲得。晩年、河北潟干拓に失敗し、獄死。

**セニョーラ【señoraスペイン】** 既婚の女性。また、その名の前に付けることば。Mrs.

**セニョール【señorスペイン】** 成人の男性。また、その名の前に付けることば。Mr.

**セニョリータ【señoritaスペイン】** 未婚の女性。また、その名の前に付けることば。Miss

**ぜ-にん【是認】**(名・サ変他) よい、また、そのとおりだ、と認めること。ゆるすこと。approval 比較 肯定。対義 否認。

**せ-ぬい【背縫い】**(名・サ変自) 衣服の後ろ身頃の中央・背中心を縫い合わせること。また、その縫い目。center seam on the back of a coat

**せ-ぬき【背抜き】** 上着類の裏布の仕立て方の一つ。前身頃には裏が付いているが、後ろ身頃は肩の部分だけで背中の部分を省いてあるもの。主として夏物・合い物に用いる。not lined at the back

**セネカ【Lūcius Annaeus Seneca】**(BC四ごろ〜AD六五) ローマのストア学派の哲学者・宮廷人。皇帝ネロの訓育係。のちネロに自殺を強制された。雄弁家で、修辞的技巧的文体にすぐれるが、思想は統一を欠く。著書『対話集』『幸福論』など。

**セネガ【senega】** ヒメハギ科の多年草。高さ約三〇cm。葉は長楕円形。夏に、白色の十字花を穂状につける。根(セネガ根)を薬用(去痰・利尿)にするために栽培。北アメリカ原産。

**セネガル【Senegal】**(Republic of Senegal) アフリカ西端、大西洋に臨む共和国。首都ダカール。一九六〇年フランスからマリ共和国とともにマリ連邦として独立、同年分離。砂漠・ステップ・サバナ気候で、落花生が特産。面積一九・六万km²。人口六六一万(一九八六)。正称セネガル共和国。

**セネガル-がわ【セネガル川】**(Le Sénégal) アフリカ西部の川。ギニア高地からマリを経てセネガルとモーリタニアを西に流れ、大西洋に注ぐ。長さ一七〇〇km。流域は落花生の産地。

**ゼネコン**《general contractorから》大手の総合建設会社。

**ゼネ-スト**「ゼネラルストライキ」の略。

**セネット【Mack Sennett】**(一八八〇〜一九六〇) アメリカの映画監督・製作者。「キーストン喜劇」とよばれるスラプスティック喜劇の創始者。作品『成功争い』など。

**ゼネラリスト【generalist】** あらゆる分野にわたる知識・能力をもち、物事を広い視野から判断できる人。

**ゼネラル【general】** ①将軍。総督。司令官。②《接頭的》全体に通じること。一般の。総体の。用例 ——ストライキ。

**ゼネラル-エレクトリック【General Electric Company】** アメリカの代表的電気機械メーカー。一八九二年設立。GE。

**ゼネラル-スタッフ【general staff】** ①企業内で経営者の活動を補佐する人たち。企画室・社長室などに所属する。②軍隊で指揮官を補佐する一般幕僚。

**ゼネラル-ストライキ【general strike】** 総罷業。全産業の労働者が全国一斉にストライキを行うこと。特定産業・特定地域での全面ストライキをいう場合もある。ゼネスト。

**ゼネラル-ダイナミックス【General Dynamics Corporation】** アメリカの大手防衛関連メーカー。軍用機・潜水艦・ミサイル・戦車などを生産。一九五二年設立。

**ゼネラル-デレクトリシテ【Cie. Générale d'Electricité】** フランス最大の総合電機メーカー。一八九八年設立。CGE。

**ゼネラル-フーヅ【General Foods Corporation】** アメリカの代表的総合食品会社。一八九五年設立。インスタント食品で有名。

**ゼネラル-モーゲージ【general mortgage】** 一般担保付き社債。特別の法律で規定された企業の総財産を担保とする社債。電力・放送・航空債や、公団などの政府保証債に多い。

**ゼネラル-モーターズ【General Motors Corporation】** アメリカの世界的自動車メーカー。一九一六年設立。GM。

**ゼネレーション【generation】** →ジェネレーション

**ゼノア【Genoa】** ジェノバの別称。

**セノイ-ぞく【セノイ族】** マレー半島やスマトラの山林に住む先住民族の一つ。皮膚は淡褐色で黒髪。主として採集・狩猟に従事。一部は簡単な農耕を行う。サカイ族。Senoi

**せ-の-うみ【▽石▽花海】** 静岡県駿河湾南部の海域。バンク(浅堆)があり、アジ・サバなどの好漁場。

**ゼノカレンシー【xenocurrency】**《「ゼノ」はギリシア語で、自国外の、の意》ユーロダラーやユーロマネーなど、本国以外でも流通する貨幣に対する呼称。本国外流通通貨。

**せ-の-きみ【背の君・▽兄の君・▽夫の君】** ①女性が夫や恋人を親しんで、また、敬っていった語。あなた。②他人の夫をいう敬語。御主人。

**せ-のび【背伸び】**(名・サ変自) ①つま立ちをし、首を伸ばして背たけを高くすること。stand on tiptoe 用例 ——しても届かない。②実力以上のことをしようとすること。try to do something beyond one's ability 用例 ——してつきあう。

**ゼノン〈エレアの〉【Zēnōn ho Eleatēs】**(BC四九〇ごろ〜BC四三〇ごろ) 古代ギリシアのエレア学派の哲学者。「ゼノンの逆説」(アキレウスは亀を追い抜けない、など)で知られ、弁証法の祖とされる。

**せ-ば** 古語(連語)《過去の助動詞「き」の未然形に接続助詞「ば」の付いたもの》かりに…としたら。用例 世の中にたえてさくらのなかりせば春の心はのどけからまし(古今・春上)。

**セパード【shepherd】** →シェパード

**セバストポリ【Sevastopol'】** ソ連南西部、ウクライナ共和国、クリム半島西岸の黒海に臨む港湾都市。軍港で造船業が盛ん。観光・保養地。人口三四・五万(一九八六)。

**せば・まる【狭まる】**(五自) せまくなる。become narrower

**せば・める【狭める】**(下一他) せまくする。narrow

**セパレーツ【separates】** 異なった材質・色・柄などの服で上下を組み合わせた洋服。他のものとも自由に組み合わせできる。

**セパレート-コース【separate course】** 陸上競技のレースで、各競技者の走路が区別されているコース。主として短距離競走に用いられる。コースの幅は一・二五m。比較 オープンコース。

**せ-ばんごう【背番号】** スポーツ競技で、選手を見分けやすくするため、ユニホームの背部につける番号。uniform number

**せ-ひ【施肥】**(名・サ変自) 植物に肥料をやること。fertilization

**ぜ-ひ【是非】** 一(名) 是と非。よしあし。right or wrong 用例 ——にかかわらず。——を問う。二(副) 要望する気持ちを表す。かならず。きっと。by all means 用例 ——引き受けてくれたまえ。

**是非に及ばず**(ぜひにおよばず) しかたない。やむをえない。unavoidable

**是非も知らず**(ぜひもしらず) 我を忘れて。夢中になって。

**是非も無い**(ぜひもない) しかたない。やむを得ない。have no choice

**セピア【sepia】** 暗い茶色。イカの墨から作る絵の具の色で、古代から知られている。

**ぜひ-ぜひ【是非是非】**(副)《「ぜひ」を強めて》かならず。きっと。by all means

**ぜひ-とも【是非共】**(副)《「ぜひ」を強めて》かならず。きっと。by all means 用例 ——ご出席ください。

**ぜひ-な・し【是非無し】** 古語(形ク) ①よしあしを考えない。何もかまわず。ひたすら。用例 ——・く御坪のうちへやぶりいり(平家・五・勧進帳)。②やむをえない。しかたがない。用例 いづれも——・く里の月日を重ねぬ(日本永代蔵)。③言うまでもない。当然だ。用例 物狂ひの出立、似合ひたるやうに出で立つべき事、——(風姿花伝)。

**ぜひ-に【是非に】**(副) ぜひとも。ぜひ。by all means

**セビニェ【Marie de Rabutin-Chantal, Marquise de Sévigné】**(一六二六〜一六九六) フランスの女流作家。侯爵夫人。嫁いだ娘にあてた「書簡」で有名。

**ゼビュー【zebu】** →こぶうし(瘤牛)

**せ-ひょう【世評】** 世間の評判。うわさ。public opinion 用例 ——が高い。——を気にする。

**せ-びらき【背開き】** 魚を背側から切り開く方法。頭は割らないで片身につけておくもの(片そで開き)と、頭を落として胴だけを開くものとがある。せわり。

**セビリア【Sevilla】** スペイン南西部、グアダルキビル川左岸の港湾都市。ぶどう酒・オレンジの積み出し港。サラセン文化の遺跡が多い。新大陸発見後はスペイン植民地貿易の中心地であった。人口六五・四万(一九八一)。

**セビリアのりはつし【セビリアの理髪師】**《原題 Il barbiere di Sivigliaイタリア》ロッシーニ作曲のオペラ。ボーマルシェ原作、ステルビーニ台本。二幕。一八一六年初演。オペラ-ブッファ(喜歌劇)の代表作の一つ。

**せび・る**(五他) 無理にたのむ。せがむ。ねだる。tease 用例 小遣いを——。

**せ-びれ【背▼鰭】** 魚類や鯨類などの背の正中線上にあるひれ。遊泳時の体の横揺れを防ぐと考えられる。dorsal fin →魚図

**せ-びろ【背広】** 現在の一般男子の通常服。上衣・チョッキ・ズボンの三つぞろいが原則。チョッキは略されることが多い。上衣は折り襟付きで前ボタン止め。シングルとダブルの二種類がある。business suit米; lounge suit英 →図

**セフ【SEV】**《Sovet Ekonomicheskoy Vzaimopomoshchiロシアの略》→コメコン(COMECON)

**セブ【Cebu】** フィリピン中南部、セブ島中東岸の港湾都市で、サトウキビ・コプラ・鉄鉱石の積み出し港。人口四九万(一九八〇)。

**ゼファー【zephyr】** 薄く織られた夏向き布地の総称。綿織物は糸染めの平織りの織物。梳毛織物では強撚糸の杢糸の平織り・綾織物。

**セファロスポリン-シー【cephalosporin C】** 抗生物質の一つ。ペニシリンよりも広範囲に有効で、グラム陽性菌・陰性菌、スピロヘータに作用し、ペニシリン耐性菌にも有効。

**ゼフィランサス【Zephyranthesラテン】** ヒガンバナ科の球根植物タマスダレ属の属名。園芸上はタマスダレとサフランモドキをいう。ゼフィランテス。

**ゼフィルス【zephyrs】** シジミチョウ科ミドリシジミ類の総称。幼虫はブナ科などの植物を食草とする。群飛をするものが多い。

**ゼフィレッリ【Franco Zeffirelli】**(一九二三〜) イタリアの演出家・映画監督。映画『じゃじゃ馬ならし』『ロミオとジュリエット』など。

**セフェリス【Giorgos Seferis】**(一九〇〇〜一九七一) ギリシアの詩人・外交官。古代の理想への郷愁の念をうたう。一九六三年ノーベル文学賞受賞。詩集『分岐点』『つぐみ』など。

**せ-ぶせ【背伏せ】** 和裁で、単長着の背縫い始末の一方法。三・五cm前後の幅で、身丈と同じ長さの布(背伏せ布)を、背縫いのとき一緒に縫い、その布で縫い代をかぶせてくけるか、包んで玉縁のようにくけること。

**セブ-とう【セブ島】**(Cebu) フィリピン中南部、ビサヤ諸島の中央にある島。中心都市セブ。面積四四〇〇km²。フィリピンでもっとも人口密度が高い。

**せ-ぶみ【瀬踏み】**(名・サ変自) ①川などの深さをはかること。②前もってためして、ようすをみること。try in advance

**ゼブラ【zebra】** シマウマ。

**ゼブラ-ゾーン**《和製語》横断歩道の別称。zebra crossing

**せふり【▼脊振】**〈村〉 佐賀県北東部、脊振山地の村。高原野菜・茶・柿などの栽培、杉中心の林業がある。人口二二九二(一九八八)。

**せふり-さんち【▼脊振山地・背振山地】** 九州北部、福岡・佐賀県境を東西に走る山地。最高峰は脊振山一〇五五m。筑紫山地に属する。

**セベリーニ【Gino Severini】**(一八八三〜一九六六) イタリアの画家。未来派に参加、キュビスムの影響を受け、のち抽象的作風に移る。作品『旅の回想』など。

**セポイ-の-はんらん【セポイの反乱】** 一

▼ 常用漢字表外。 ▽ 常用漢字表の音訓外。

●背広　各部名称

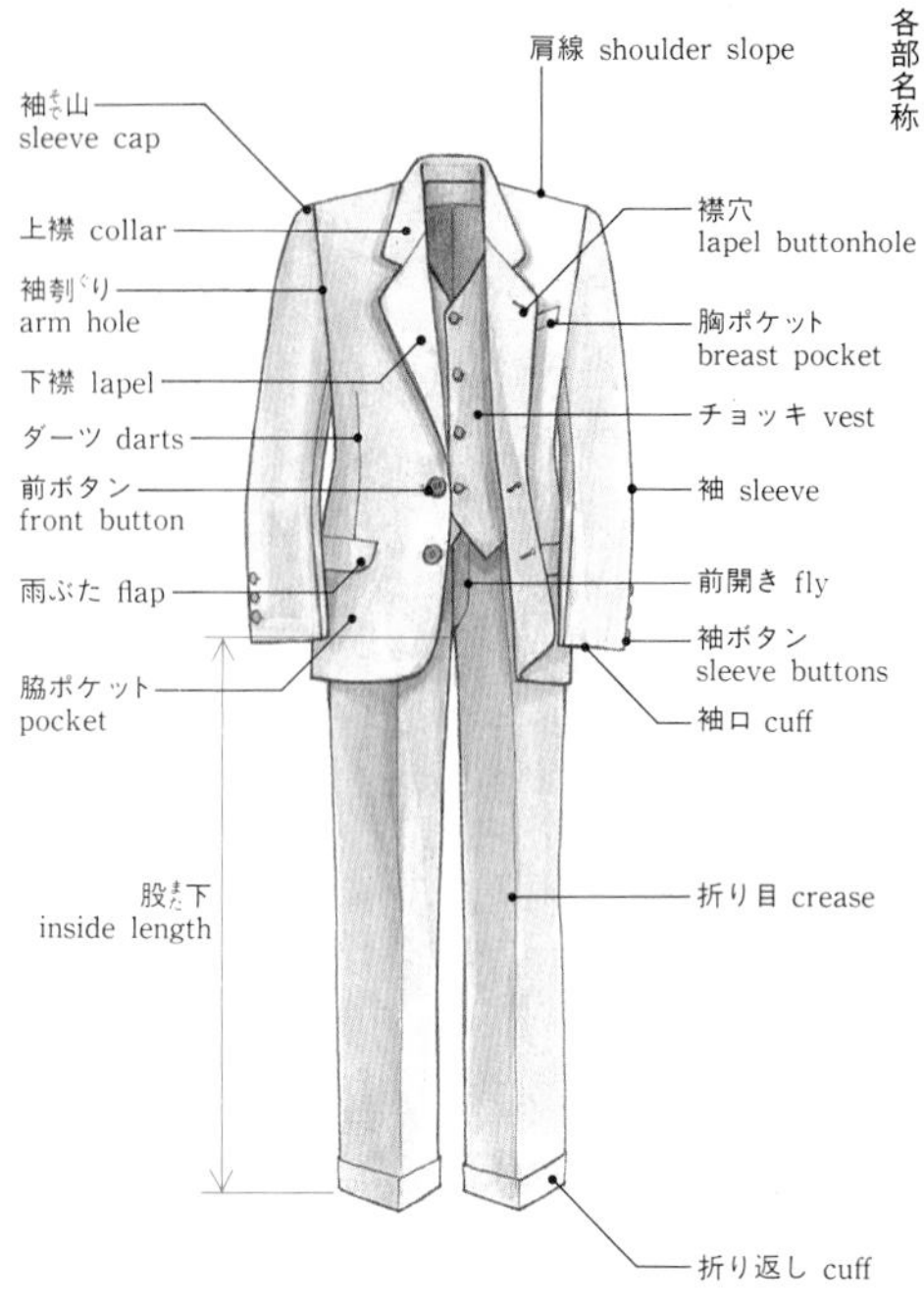


ベントの種類

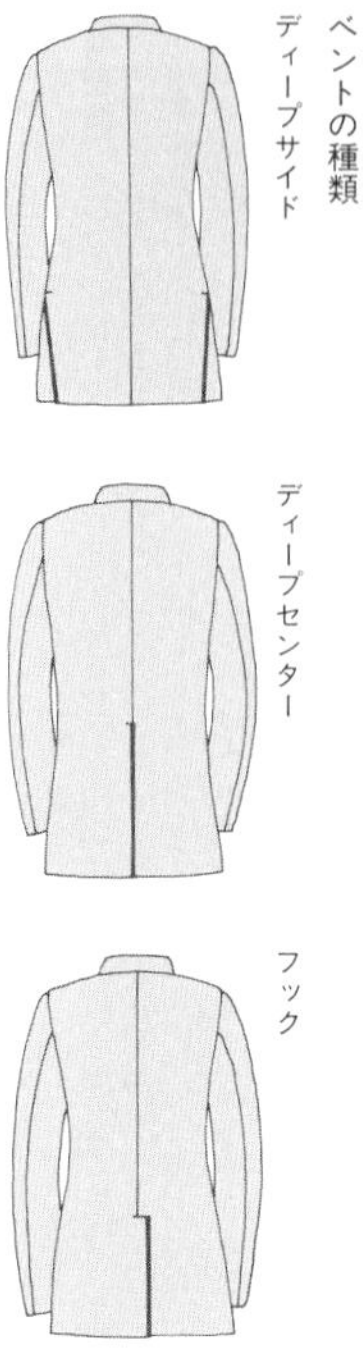


八五七～五九年に起きた近代インド最大の反英反乱。インド人の信仰・習慣を無視したことからセポイ(東インド会社のインド人傭兵)がデリー近郊で蜂起。農民・市民も参加、デリーを占拠したが、五九年七月鎮圧された。Sepoy Mutiny

**せ-ぼね【背骨】**①脊柱。backbone ②すじがね。バックボーン。backbone

**せ-まい【施米】**(名・サ変自) 貧民などに飯米をほどこすこと。また、その飯米。

**せま・い【狭い】**(形)[対義]広い。①面積・幅が小さい。narrow; small [用例]道が―。②範囲が制限されている。limited [用例]視野が―。③心・考え方に、ゆとりがない。narrow-minded [用例]度量が―。[派生]せまさ(名)

**肩身が狭い**(かたみがせまい) ↓かたみ(肩身)

**セマウル-うんどう【セマウル運動】**《「セマウル」はsae-maul朝で、新しい村、の意》韓国の新しい村づくり運動。一九六九年ベトナム帰還兵たちの動きから始まり、七〇年以降政府の支援で農村改革運動として展開、都市へも波及した。

**せま-えり【狭襟】** 着物の襟の一種。襟幅を背中から襟先まで同寸法で仕立てたもので、男物や子ども物の長着などに用いる。棒襟。

**せまき-もん【狭き門】**㊀①《新約聖書『マタイによる福音書』から》天国に行き着くまでの道の困難なことのたとえ。the strait gate to Heaven ②はいりにくい、むずかしいことのたとえ。難関。difficulty [用例]入試の―。㊁《原題La Porte étroite仏》ジッドの小説。一九〇九年発表。神に身をささげ、現世の愛を捨てるアリサの悲劇を描く。

**狭き門より入れ**(せまきもんよりいれ)《新約聖書『マタイによる福音書』にあることばで、天国へ至る門は狭いが、その狭い門を入れ、の意から》神の救いを得るためには、苦難の道を耐えて歩め。Enter ye in at the strait gate.

**せま-くるし・い【狭苦しい】**(形) 狭くて不自由だ。narrow and close [派生]せまくるしげ(形動) せまくるしさ(名)

**せま・し【狭し】**[古語](形ク) ↓せまい(狭い)

**せま・る【迫る・逼る】**(五自他) ①(自)㋐せまくなる。近よる。become narrower [用例]間隔が―。㋑ようす・状態が近くなる。draw near [用例]真に―。㋒切迫する。be imminent [用例]死期が―。㋓息がつまるような感じだ。choking [用例]胸が―・って物が言えない。②(他)しいる。強く求める。urge [用例]約束の実行を―。交際を―。

**せまる-はこがめ【背丸箱亀】** ヌマガメ科のハコガメの一種。甲長一五cm内外。背甲は黒褐色で、各鱗の中央に褐色斑がある。背甲はよく隆起する。背甲と腹甲とが靭帯で結合し、腹甲の前半部と後半部とがちょうつがい的に連結しているので、甲を完全に閉じることができる。森林の下ばえ中にすむ。八重山列島の石垣・西表両島に分布。[参照]箱亀。↓カメ[図]

**セマン-ぞく【セマン族】** マレーシア北部とタイ南端に住む狩猟採集民。人種的にはネグリート、言語的にはアウストラロアジア語族に属す。吹き矢を使用することで有名。Semang

**せみ【蟬】** ①セミ科の昆虫の総称。体長一～八cm。雄は発音板を振動させ、腹腔で共鳴させて鳴く。幼虫期は数年から十数年。成虫は初夏から初秋に出現。樹液を吸う。不完全変態。世界に約一六〇〇種、日本に三二種が分布。cicada ②高所に物を引き上げるさいに使う小さい滑車。↓[図]

**セミ【semi】**(接頭) 半分・準、などの意。

**ゼミ** 「ゼミナール」の略。

**せみ-えび【蟬海老】** セミエビ科の大形の海産エビ。体長約三五cm。殻は厚くて堅く、紅褐色で、粒状の突起と粗毛がある。背面から見て全体が長方形で、頭胸部は正方形に近く、第二触角は変形して板状。房総以南に分布。

**せみ-おんせん【瀬見温泉】** 山形県北部最上町、小国川に沿う温泉。源義経の子が平泉に落ちのびるさい、弁慶が発見したと伝えられる。

**せみ-くじら【背美鯨】** セミクジラ科のヒゲクジラ。全長約一五m。頭部が大きい。背びれはなく、全身黒色だが腹に白斑がある。南北両半球の温暖海域に分布。right whale ↓クジラ[図]

**セミケミカル-パルプ【semichemical pulp】** 広葉樹のチップなどを化学的処理で軟化させ、リファイナー(精製機)などで機械的にほぐして製造したパルプ。

**セミコロン【semicolon】** 欧文のくぎり符号の一つ。「;」。

**せみ-しぐれ【蟬時雨】** しきりに鳴きたてる多くのセミの声を時雨の音にたとえた語。

**セミ-タイト**《和製語。「セミタイトスカート」の略》ウエストからヒップまで身体にそい、裾までやや広がったスカート。タイトスカートより少し余裕がある。

**せみ-たけ【蟬茸】** 子囊菌類ニクザキン科のキノコ。冬虫夏草の一つ。地中にあるセミのさなぎの頭部から発生。紡錘形の頭部と円柱形の茎からなる。

**セミダブル-ベッド**《和製語》シングルベッドとダブルベッドの中間のサイズの寝台。幅一二〇cmが平均的サイズ。

**セミドキュメンタリー【semidocumentary】** 映画・テレビ・小説などで、ドキュメンタリーの手法で作られた作品。事実に虚構を交じえて描き、作品効果をあげる。

**ゼミナール【Seminar独】** 教授の指導下に大学生がグループで研究、討論すること。演習。セミナー。ゼミ。

**セミナリヨ【seminarioポルトガル】** キリシタン用語で神学校。イエズス会宣教師バリニャーニが天正八年(一五八〇)有馬に、翌年安土に伝道師・日本人聖職者養成のため設立。迫害を受けて転々とし、慶長一九年(一六一四)まで存続。

**せみね【瀬峰】**〈町〉宮城県北部、仙台平野北部の町。水稲単作地。人口六二四七(一九八八)。

**セミパラチンスク【Semipalatinsk】** ソ連中南部、カザフ共和国北東部の都市。東カザフスタンの交通の要地で食品工業がさかん。人口三三・四万(一九八六)。

**セミ-ばん【セミ判】** 写真フィルムのブローニー判の半分の大きさ。四・五×六cm。semi-brownie size

**セミ-プロ**《semiprofessionalの略》半職業選手。準専門家。

**せみ-ほうぼう【蟬魴鮄】** ホウボウに似るが胸びれが翼状にさらに拡大したセミホウボウ科の海水魚。全長約三五cm。赤黄色で、頭の後方に長いとげがある。東京湾以南に分布。

**せみまる【蟬丸】** ①(生没年未詳)平安初期の伝説的歌人。盲目で琵琶をよくしたと伝えられる。『小倉百人一首』中の作品が有名。②能の曲名。四番目物。世阿弥作とされる。蟬丸説話に基づき、盲目の皇子蟬丸と、髪が逆立ち狂人となった皇女逆髪の姉弟の再会と二人の悲運を描く。

**セミョーノフ【Grigory Mikhaylovich Semyonov】**(一八九〇～一九四六) ロシアの軍人。十月革命後、日本軍の支援で、一九一八年ザバイカル反革命政権を樹立したが、二〇年満州へ亡命。第二次大戦後、ソ連軍に処刑された。

**セミョーノフ【Nikolay Nikolayevich Semyonov】**(一八九六～一九八六) ソ連の化学者。爆発反応・連鎖反応の機構を研究。一九五六年ノーベル化学賞受賞。

**セミ-ロング**《和製語》髪型の一つ。肩ぐらいまでの長さの髪。shoulder length hair

**せ・む【攻む】**[古語](下二他) ↓せめる(攻める)

**せ・む【責む】**[古語](下二他) ↓せめる(責める)

**セム【Shem】** 旧約聖書『創世記』中の人物。ノアの長男。洪水後、泥酔した父をやさしく介護する話は有名。セム族の祖とされる。

**せ-むい【施無畏】**《仏教語》①仏・菩薩が衆生のさまざまな恐怖心をとりはらって救済すること。無畏を施すこと。②観世音菩薩の別称。

**ゼム-クリップ【Gem clip】**《商標名》針金を長楕円形に曲げたもので、書類を傷めず手軽にまとめる文房具。

**セムけい-しょぞく【セム系諸族】** セム語族に属する言語(ヘブライ語・アラビア語・アラム語・エチオピア語など)を使用する諸民族。中東を中心に分布。Semite

**セム-ごぞく【セム語族】** アラビア半島・北アフリカに居住するセム族系の民族の用いる言語の総称。アッカド語・アラム語・ヘブライ語・アラビア語・エチオピア語などからなり、共通祖語から分化したと認められる。Semitic languages

**せ-むし【傴僂】**《卑語》背骨が曲がって、前かがみになる病気。また、その病気の人。くる病。humpback

**せむしのこうま【せむしの小馬】**《原題Konyok gorbunokロシ》ロシアの詩人エルショ

●セミ①

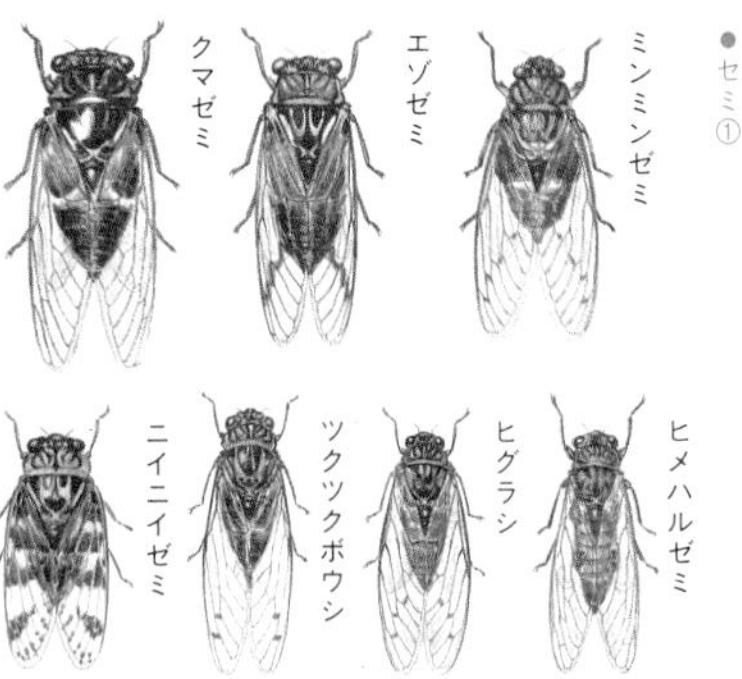

フの童話詩。一八三四年発表。民話を素材に民衆の願望と風刺をこめた。農民の子イワンが、せむしの小馬の助けで幸福と王女を手にする話。

**セム-ハム-ごぞく【セム‐ハム語族】** ヘブライ語・アラビア語・エチオピア語などが属するセム語族と、古代エジプト語・ベルベル語などが属するハム語族との総称。ハム‐セム語族。Hamito-Semitic languages

**ゼムリャフランツァヨシファ-ぐんとう【ゼムリャフランツァヨシファ群島】** (Zemlya Frantsa Iosifa) ソ連、ロシア共和国西部、北極海とバレンツ海の間にある群島。大氷河におおわれている。フランツヨゼフランド。

**せめ【攻め】** 対義守り。①攻めること。攻撃。attack 用例―に移る。②攻撃のしかた。攻め方。tactics 用例―に失敗する。

**せめ【責め】** ①とがめて苦しめること。責めること。blame ②責任。responsibility

**責め一人に帰す**(せめいちにんにきす) 責任は、結局最高の主権者にある。

**責めを負う**(せめをおう) 責任を取る。hold oneself responsible; take the blame for

**責めを塞ぐ**(せめをふさぐ) 一応の責任を負う。なんとか責任を果たす。

**せめ-あぐ・む【攻め▼倦む】**(五自) 攻めきれないで、もてあます。

**せめ-い・る【攻(め)入る】**(五自) 攻めていって敵地に侵入する。せめこむ。invade

**せめ-うま【責め馬】** 馬を乗りならすこと。乗りならした馬。

**せめ-おと・す【攻め落(と)す・攻落(と)す】**(五他) 攻めて敵の城を取る。assault

**せめ-おと・す【責め落(と)す・責落(と)す】**(五他) ①責めて承知させる。くどきおとす。induce to do ②責めて白状させる。torture into confession

**せめ-く【責め苦】** 責めさいなまれる苦しみ。せっかん。torture 用例地獄の―。

**せめ・ぐ【▼鬩ぐ】**(五自) 互いに争う。

**せめ-くち【攻め口】** 攻め方。means of attack

**せめ-ぐち【攻め口】** 攻めかかる場所。

**せめ-こ・む【攻(め)込む】**(五自) 攻め入る。attack

**せめ-さいな・む【責(め)▼苛む】**(五他) いじめ苦しめる。むごく責める。torture

**せめ-だいこ【攻め太鼓】** 昔の戦いで、攻撃の合図に鳴らした太鼓。

**セメダイン【Cemedyne】**《商標名》合成接着剤の一つ。

**せめ-た・てる【攻(め)立てる】**(下一他) 続けて激しく攻める。しきりに攻撃する。attack incessantly

**せめ-た・てる【責(め)立てる】**(下一他) ①しきりに責める。責めつける。torture severely ②しきりに催促する。

**せめ-つ・ける【責(め)付ける】**(下一他) きびしく責める。blame severely

**せめ-て【攻め手】** ①攻める人。攻撃するほうのがわ。offense ②攻める方法。means of attack 用例それはいい―だ。

**せめ-て**(副) ①やむをえなければ。…だけでも。せめては。at least ②古語㋐しいて。むりに。あまりに。非常に。用例―聞かせ奉らむの心あれば(源氏・横笛)。㋑しきりに。続けて。用例人やあるとも思ほしたらで、―弾きたまふを(大鏡・道長下)。㋒きわめて。痛切に。用例―おそろしきもの、夜鳴る神(枕・せめておそろしきもの)。

**せめての事**(せめてのこと) やむを得なければ、これだけでも。at least

**せめて-は**(副) ↓せめて①

**せめ-どうぐ【攻め道具】** 攻撃用の道具。offensive weapon

**せめ-どうぐ【責め道具】** 拷問する道具。instruments of torture

**せめ-ぬ・く【攻(め)抜く】**(五他) ①最後まで攻める。attack persistently ②攻めて破る。用例城を―。

**せめ-のぼ・る【攻(め)上る】**(五自) 都へ攻めて行く。march on a capital

**せめ-よ・せる【攻(め)寄せる】**(下一自) 攻めて近くまでおし寄せる。close in

**せ・める【攻める】**(下一他) ①おし寄せて敵を討つ。攻撃する。しかける。attack 対義守る・防ぐ。用例城を―。②スポーツやゲームなどで相手を攻撃する。対義守る。用例さあ、―番だ。

**せ・める【責める】**(下一他) ①落ち度があると言ってとがめる。なじる。blame 用例過失を―。自らを―。②せきたてる。せがむ。urge 用例早くしてくれと―。③苦しめる。なやます。torture 用例―・めさいなむ。④馬を乗りならす。

**セメン-シナ【semen cinae(ラテン)】** キク科の多年草。茎は木質化し、半低木状。高さ約五〇cm。秋に黄灰色の小花をつける。薬用にソ連で栽培され、つぼみから駆虫薬サントニンを得る。

**セメンタイト【cementite】** 化学式$Fe_3C$ 鉄と炭素を高温に熱すると生じる鉄の炭化物。セメンタイトを含む鉄を鋼といい、含有量によりかたさが決まる。

**セメント【cement】** 無機質の接着剤。石灰石や石膏を焼いてつくる土木建築用のポルトランドセメントなど。セメン。洋灰。水泥。

**セメント-こうぎょう【セメント工業】** 石灰岩・粘土・石膏などを原料としてセメントを製造する産業。cement industry

**セメント-しつ【セメント質】** 歯根の象牙質の表層を包む薄く硬い組織。歯の硬い組織中もっとも硬度が低い。cement ↓歯図

**せ-もじ【背文字】** 書籍などの背に印刷・箔押ししてある、標題や著者名などの文字。↓本図

**せ-もたれ【背▼凭れ】** 椅子の背に当たる部分。backrest

**せ-もつ【施物】** 僧や貧しい人たちにほどこす品物。

**せ-もん【背紋】** 和服の背の上部につける家紋。背紋一つは一つ紋の略礼装。

**せ-やく【施薬】**(名・サ変自) 無料で薬を与えること。また、その薬。

**せやく-いん【施薬院】** 貧しい病人に施薬・治療した救済施設。光明皇后が天平二年(七三〇)奈良に設置。平安時代には京都に置かれた。中世には衰えたが豊臣秀吉が再興し、江戸幕府が継承。

**せ-よ【施与】**(名・サ変他) 金品をほどこすこと。また、そのもの。用例―を受ける。

**せら【世羅】**〈町〉 広島県東部、芦田川源流部の町。稲作のほか、ナシの栽培で知られる。牧牛もさかん。人口九八一五(一九八八)。

**セラ【Camilo José Cela】**(一九一六) スペインの小説家。リアリズムに象徴性をまじえた作風。作品『パスクアル＝ドゥアルテの家』『蜂の巣』など。一九八九年ノーベル文学賞受賞。

**セラーオ【Matilde Serao】**(一八五六〜一九二七) イタリアの女流小説家・ジャーナリスト。ベリズモ風の手法で庶民の生活を写した。小説『宝の国』など。

**ゼラチン【gelatin】** 誘導たんぱく質の一種。硬たんぱく質のコラーゲン(骨・皮膚などの構成部分)を熱湯で処理して得られる。不純物を含むものを「にかわ」という。食品・培養基・写真乳剤などに利用。

**セラド【cerrado(ポルトガル)】** ブラジル中央部にみられる植物の生育状況。草原に一〇m以下の木がまばらに分布する。カンポセラド。セハド。セラード。

**セラドン【celadon】** ①青がかったくすんだ緑。②インド・ペルシア・東欧などでいう青磁。

**ゼラニウム【geranium】** フウロソウ科テンジクアオイ属(＝ペラルゴニウム)の総称。一般にはモンテンジクアオイを中心に改良したものをいい、鉢物とする。花は四季咲き性、一重または八重で白・桃・赤色など。↓写

**せらにし【世羅西】**〈町〉 広島県中部、三次市南隣の町。稲作・牛などの畜産がさかん。人口四九四一(一九八八)。

**セラピオン-きょうだい【セラピオン兄弟】**(Serapionovy Bratya(ロシア)) ソ連の文学団体。一九二一年結成。ゾーシチェンコ・ザミャーチン・ルンツなどが参加。

**セラフィモビチ【Aleksandr Serafimovich】**(一八六三〜一九四九) ロシア・ソ連の小説家。作品『砂地』『広野の町』『鉄の流れ』など。

**セラミック-エンジン【ceramic engine】** セラミックスで作られたエンジン。耐熱性が大きく、燃焼効率が高い。

**セラミックス【ceramics】** 窯業製品の総称。高温処理で製造される無機質の非金属製品をさすが、金属化合物・混合物の焼結体も含む。陶磁器・セメント・ガラスなど。

**せり【▽迫り】** ↓せりだし(迫り出し)

**せり【競り・▼糶】** ①互いに競り合うこと。competition ②競り売り。競売。auction 用例―にかける。③行商。

**せり【▼芹】** セリ科の多年草。水田・湿地に群生する。高さ約四〇cm。葉は羽状複葉。夏に、白い小花をかさ状に密につける。若葉は香りがよく食用。春の七草の一つ。↓図

**芹摘む**(せりつむ) 《身分の貴い女が芹を食べるのを見た身分の低い男が、その女に恋し芹を届けたが、徒労に終わったということから》かなわぬ恋慕のこと。また、思いどおりにならないこと、むだなことのたとえ。

●セリ

**せり-あ・う【競(り)合う】**(五自) はげしく競争し合う。compete

**せり-あ・げる【▽迫(り)上げる】**(下一他) 下からおし上げる。push up 用例舞台に大道具を―。

**せり-あ・げる【競(り)上げる】**(下一他) 競り合って、値段を高くする。bid up

**ゼリー【jelly】** ①果汁を煮つめて半固体にした菓子。②ゼラチンをとかして固めた寒天状の菓子。③肉汁などを煮つめ、冷やした煮こごり。

**セリー-おんがく【セリー音楽】**《musique sérielle(フランス)の訳》現代音楽の一分野。セリー(音列)に基づいて作られた音楽。

●ゼラニウム

**せり-いち【競(り)市】** 競り売りの市。auction market

**セリーヌ【Louis-Ferdinand Céline】**(一八九四〜一九六一) フランスの小説家。現代社会を憎悪と呪咀にみちた筆で描く。作品『夜の果ての旅』など。

**セリウム【cerium】** 希土類元素の一つ。元素記号Ce 原子番号五八。原子量一四〇。鉄灰色の金属で、錫よりかたく、亜鉛よりやわらかい。合金に利用。

**せり-うり【競(り)売り・▼糶売り】**(名・サ変他) ①多数の買い手に価格を競争させ、最高値の人に売ること。auction ②売り手が高値を呼び上げ、買い手がしだいにそれを低落させて売買すること。auction ③行商。せりあきんど。

**セリエ【Hans Selye】**(一九〇七〜一九八二) カナダの実験医学者。副腎皮質反応を指標にした適応症候群の発表以来、生体防衛反応や成人病の成因に関するストレス学説で有名。

**せり-おと・す【競り落(と)す・競落(と)す】**(五他) 買い値を競り合って品物を手に入れる。knock down

**セリカ【Serica】** 古代のギリシア人・ローマ人による中国の呼称。

**せり-がい【競(り)買い】**(名・サ変他) 競り市で買うこと。競って買うこと。

**せり-か・つ【競(り)勝つ】**(五自) はげしく競争して勝つ。競り合って勝つ。win in competition

**セリグマン【Edwin Robert Anderson Seligman】**(一八六一〜一九三九) アメリカの経済学者・財政学者。コロンビア大教授。アメリカ経済学会の創設者の一人。財政学を中心に幅広い業績を残した。著書『租税転嫁論』など。

**せりざわ-かも【▼芹沢▼鴨】**(?〜一八六三) 幕末の水戸藩浪士。近藤勇らと新撰組を組織し、隊長となって反幕派の志士を弾圧した。のち、近藤勇に謀殺された。

**せりざわ-けいすけ【▼芹沢▼銈▽介】**(一八九五〜一九八四) 染色工芸家。静岡市生まれ。型絵染めの重要無形文化財保持者。

**せりざわ-こうじろう【▼芹沢光治▽良】**(一八九七〜) 小説家。静岡県生まれ。東大卒。国際的にも知られるヒューマニズムの作家。作品『巴里に死す』『人間の運命』など。

**セリシン【sericin】** カイコが合成するたんぱく質。繭の繊維を包む。熱湯に溶ける。

**せり-だし【▽迫(り)出し】** 舞台あるいは花道の床の一部分を切って、その部分を上下に動かして奈落から俳優や大道具をおし上げる装置。迫り。push out trap

**せり-だ・す【▽迫(り)出す】**(五自他) ①(自)おし出る。つき出る。②(他)㋐おし上げて出す。push out ㋑劇場で、せり出しで舞台へおし上げて出す。come up to the stage

▼常用漢字表外。　▽常用漢字表の音訓外。

**せり-な【▼芹菜】** セリ科の多年草。東洋在来種のセルリー。草丈約七〇cm。葉柄が細く肥厚しない。密植して軟化させ、香菜として用いる。キンサイ。

**せり-ばいばい【競(り)売買】** 競り売りと競り買い。取引所で行われる売買の一つ。一人の売り手・買い手に複数の買い手・売り手が対し、競争で価格を決めるやり方。競売買。auction 比較 相対売買。

**せりふ【▽台▽詞・▽科▽白・▽白】** ①俳優が演技中に述べることば。one's lines ②きまり文句。set phrase ③言ったことば。言いぐさ。words 用例 そのときの―が気にくわない。

**台詞を付ける**(せりふをつける) 俳優の所作にせりふをつける。演出する。prompt

**せりふ-げき【▽台▽詞劇】** しぐさとせりふとを中心にした、一般の劇。科白劇。対義 黙劇・無言劇。

**せり-ふね【競(り)舟】** 舟の速さを競う伝統競技。祭礼の催しや年中行事として残り、和船で櫓をこぐ形式とペーロンのように櫂を使う形式がある。

**せりふ-まわし【▽台▽詞回し】** せりふの言い回し。theatrical elocution

**セリム〈一世〉[Selim I]**(一四六七〜一五二〇) オスマン帝国第九代スルタン(在位一五一二〜二〇)。一五一四年イランのサファビー朝に遠征。一七年エジプトのマムルーク朝を滅ぼし、スルタン-カリフ制を施行。冷酷王。

**せり-もち【▽迫(り)持ち】** ↓アーチ

**セリュジエ[Paul Sérusier]**(一八六三〜一九二七) フランスの画家。モーリス=ドニらとナビ派を結成。単純化した装飾的画風。著書『絵画のABC』、作品『寡婦』など。

**せ-りょう【施療】**(名・サ変自) 無料で病気を治療すること。free medical treatment

**セリン[serine]** アミノ酸の一つ。大部分のたんぱく質に含まれ、水に溶けやすい。とくに繭の繊維を包むセリシンに多い。

**せ・る【競る・▼糶る】**(五他) ①争う。compete ②きそって値段を高くする。bid for

**せる**(助動 下一型)《五段・サ変の動詞の未然形に付く》①使役の意を表す。用例 使いに行か―。勉強さ―。②許容・放任の意を表す。比較 させる。用例 かきたいだけ絵をかか―。③《「せられる」の形で》高い尊敬の意を表す。用例 国王が足を運ばせられる。

**セル[cell]**《仕切られた小さな室、の意》①生物学で、細胞。②植物学で、花粉室・子房室。③電池。電解槽。

**セル**《sergeオランダの転》やや細い梳毛双糸で織った和服用毛織物。おもに平織りだが、綾織りもある。縞・格子・霜降りの柄が多い。

**セル[George Szell]**(一八九七〜一九七〇) アメリカの指揮者。ブダペスト生まれ。クリーブランド管弦楽団を育成。緻密な構成と豊かな叙情性が特徴。

**セルカリア[cercaria]** 寄生虫ジストマの幼虫。体は楕円形で、尾があるため尾虫ともいう。幼虫の一つの型で、この状態で中間宿主を出るが、そのまますぐ終宿主に侵入せずに別の型の幼虫に変態。

**ゼルキン[Rudolf Serkin]**(一九〇三) アメリカのピアニスト。オーストリア生まれ。ドイツ音楽を得意とする。

**セルゲーエフ[Konstantin Mikhaylovich Sergeyev]**(一九一〇) ソ連の舞踊家。一九四〇年ウラーノワの相手役で成功。

**セルゲーエフ-ツェンスキー[Sergey Nikolayevich Sergeyev-Tsensky]**(一八七五〜一九五八) ロシア・ソ連の小説家。作品『野の悲しみ』『セバストポリの苦闘』など。

**セルジ[Giuseppe Sergi]**(一八四一〜一九三六) イタリアの人類学者。ローマ大学初代人類学教授。人類博物館・実験心理学研究所を設立。有史前から現代までの地中海人類を研究。遺伝の研究で著名。

**セルシウス[Anders Celsius]**(一七〇一〜四四) スウェーデンの天文学者。オーロラの観測、子午線の測定、セ氏温度目盛りの創案など。

**セルジューク-トルコ[Seljuk Turks]** 中央アジアのトルコ系遊牧民族の一派によるイスラム王朝。一〇三七年トゥグリル=ベクにより創始。小アジア・シリアを征し、一一世紀末にはパミール地方まで領域を拡大、最盛となり、イラン・サラセン文化を摂取。以後内紛により分裂。一一五七年滅亡。

**ゼルチュルナー[Friedrich Wilhelm Adam Sertürner]**(一七八三〜一八四一) ドイツの薬剤師。アヘンの成分研究を行い、塩基性の主有効成分を純粋に分離、モルヒネと命名。

**ゼルニケ[Frits Zernike]**(一八八八〜一九六六) オランダの物理学者。位相差顕微鏡の発明と改良により、一九五三年ノーベル物理学賞受賞。

**セルバ[Selvasポルトガル]** 南米のアマゾン平原に分布する熱帯雨林地帯。ギアナから中米の熱帯雨林までを含めていう場合もある。

**セルバンテス[Miguel de Cervantes Saavedra]**(一五四七〜一六一六) スペインの小説家。不朽の傑作『ドン=キホーテ』によって近代小説への道を開いた。他に『模範小説集』など。

**セルビア[Serbia]** ユーゴスラビアを構成する六共和国の一つ。首都ベオグラード。小麦・トウモロコシの産地で、「ユーゴの穀倉」といわれる。面積八八〇〇〇km²。人口九四六・四万(一九八三)。

**セルフ[self]** 自分、みずから、の意。

**セルフ-ケア[self-care]** 患者も健康者も含め、健康管理を自分自身で行うこと。医師にかかる前に、売薬などで治療するセルフメディケーションもある。

**セルフ-コッキング[self-cocking]** 写真機のフィルム巻き上げに連動してシャッターがセットされる機構。二重撮影を防止する。

**セルフ-コントロール[self-control]** ①注意集中や自己暗示などの訓練によって、心身の状態を自分で調整し、統制すること。自制。克己。②自動制御。

**セルフ-サービス[self-service]** 商店や飲食店で、商品を客自身に選びとらせる方式。

**セルフ-タイマー[self-timer]** 写真機の時限式自動シャッター装置。

**セル-モーター[cell motor]** 直流電動機の一つ。電池で動かし自動車エンジンなどの始動に用いる。

**セルラーゼ[cellulase]** 草食動物の消化液中にあって、セルロースを加水分解する酵素。カビ、土壌細菌、カタツムリの消化液などに含まれる。

**セルリアン-ブルー[cerulean blue]** 明るい青。コバルトと錫から作られる顔料の名。アジュールブルー。

**セルリー[celery]** セリ科の一、二年草。直立した茎に羽状複葉をつけ、太い葉柄には芳香があり、栄養価が高く、生食する。明治初年に渡来。オランダミツバ。セロリー。↓写

●セルリー

**セルロイド[celluloid]** 硝酸セルロースに可塑剤として樟脳を加えた半透明のプラスチック。引火性が大きいため、現在は酢酸セルロースを原料とする不燃性セルロイドが多く用いられる。おもちゃ・フィルム用。

**セルロース[cellulose]** 植物の細胞膜・繊維の主成分で、ブドウ糖の重合体。純セルロースは白色の繊維状。紡織繊維・紙などの原料とする。繊維素。セルローズ。

**セルン[CERN]**《Centre Européen pour la Recherche Nucléaireフランスの略》ヨーロッパ合同原子核研究機関。本部はスイスのジュネーブにあり、その郊外に大規模な研究所がある。現在はOERNと改称。

**セレウコス〈一世〉[Seleucus I]**(BC三五八ごろ〜BC二八〇) シリア王国初代の王(在位BC三一二〜BC二八〇)。セレウコス朝の始祖。アレクサンドロス大王の遺将の一人で、バビロニアを領して王国を創建。イッソスの戦いで勝ち、西アジアを支配。

**セレウコス-ちょう【セレウコス朝】** 紀元前三一二年から前六三年にわたるシリア王国の王朝。セレウコスが始祖。その子アンチオコス一世の時に最盛。前六三年ローマによって滅亡。Seleucid dynasty

**セレス[Ceres]** ↓ケレス

**セレスティーナ[La Celestina]** スペインの戯曲体の小説。正式題名『カリストとメリベアの悲喜劇』。一四九九年版が現存する最古の版。大部分はローハスの作といわれる。

**セレナーデ[Serenadeドイツ]** ↓セレナード

**セレナード[serenade]** 小夜曲。①夜、恋人の家の窓の下で歌い奏でる楽曲。また、これに由来する一九世紀の演奏会用の歌曲・器楽曲。②一八世紀以後の組曲に似た多楽章形式の合奏曲。

**セレネ[Selēnēギリシア]** ギリシア神話の月の女神。若い王子エンデュミオンを愛し、彼に永遠の眠りを与えて夜をともにした。アルテミス神としばしば混同される。ローマ神話のルナ。Selene

**セレベス-かい【セレベス海】**(Celebes Sea) 太平洋西部・ミンダナオ島・カリマンタン島・スラウェシ島などに囲まれた海域。内部に島はない。東西八三〇km、南北六七〇km。

**セレベス-とう【セレベス島】**(Celebes) スラウェシ島の別称。

**セレモニー[ceremony]** 儀式。式典。

**セレン[Selenドイツ]** 周期表第6族元素の一つ。元素記号Se 原子番号三四。原子量七九・〇。同素体が三種類ある。整流器・光電池・合金・顔料などに利用。selenium

**ゼレンチュクスカヤ-てんもんだい【ゼレンチュクスカヤ天文台】** ソ連ゼレンチュクスカヤにある特別天体物理学天文台。口径六mの単一鏡としては世界最大の反射望遠鏡がある。Zelenchukskaya Observatory

**せ-ろ【世路】** ①世渡りの道。②渡っていく世の中。

**セロ[cello]** ↓チェロ

**ゼロ[zero]** ①↓れい(零)。②まったくないこと。③無価値。④零点。

**ゼロクーポン-さい【ゼロクーポン債】**《クーポン(利札)がついていないことから》アメリカなどで発行されている長期の外貨建て割引債。割引率が極端に高く、ふつうは途中で売却しても課税されない。zero-coupon bond

**ゼログラフィー[xerography]**《乾いた、の意のxērosギリシアに由来する連結詞》↓でんししゃしんほう(電子写真法)

**ゼロ-サム[zero-sum]**《「ゲームの理論」の一つのケースで、プレーヤー間の得失点を合計するとゼロになる場合(例えば勝ちと負けしかないなど)を意味するzero-sum gameから》あるシステムや社会全体の利益が一定で拡大せず、一方が得をすれば必ず他方が損をする状態。

**ゼロサム-しゃかい【ゼロサム社会】** 経済成長がとまって利用可能な資源や社会的な富の総量が一定となり、一つの問題を解決しようとすれば必ず他の利害と衝突するようなことが起こる社会。サローの用語。zero-sum society

**ゼロ-せん【▽零戦】** 旧日本海軍の単座戦闘機。太平洋戦争の初期に活躍。昭和一四年(一九三九)初飛行。生産機数約一万五〇〇〇、最大時速五六五km。正称は零式艦上戦闘機。↓写

●零戦

**ゼロックス[Xerox]** ①《商標名》感光材料にセレンを使用した乾式電子複写機。②(Xerox Corp.)アメリカの複写機・事務機器メーカー。一九〇六年設立。日本に合弁会社富士ゼロックスがある。

**ゼロディフェクト-うんどう【ゼロディフェクト運動】** ↓ゼットディーうんどう(ZD運動)

**セロテープ**《商標名》透明粘着テープ。セロハン紙をテープ状に切り、粘着剤をつけたもの。セロハンテープ。cellophane tape

**セロトニン[serotonin]** 広く動植物に分布し、中枢神経系の機能と関係の深い物質。各種の平滑筋組織や神経を興奮させ、循環系・消化器系の反応をひきおこす。5ヒドロキシトリプトアミン。5HT。

**セロハン[cellophane]** 透明で印刷性のよい

再生セルロースのフィルム。ビスコースを細かいスリットから硫酸と硫酸ナトリウムの水溶液中に押し出し、脱硫・漂白してつくる。包装などに利用。

**セロハン-テープ**【cellophane tape】透明粘着テープ。

**ゼロメートル-ちたい**【ゼロメートル地帯】地盤沈下によって生じた海抜0m以下の低地帯。東京では、江東地区を中心とする荒川放水路沿いの地域など。

**セロリー**【celery】→セルリー

**せ-ろん**【世論】《「輿論」に代用されたことから「よろん」とも読む》政治・経済・社会問題などに対する世間一般の見解、または標準的な意見。public opinion

**せろん-ちょうさ**【世論調査】社会的・政治的争点や話題に関する国民の意見や考え方を正しく把握するために行われる、個別面接やアンケート形式の意識調査。よろんちょうさ。public opinion poll

**せ-わ**【世話】㊀(名)①世間のうわさ・評判。rumor 用例 下げ—。②手数がかかること。やっかい。trouble 用例 —がやける。③庶民的・日常的・現代的なこと。be common 用例 —物。㊁(名・サ変他)①力をそえて、めんどうをみること。尽力。care 用例 —女房。②なかだちをすること。go-between 用例 よめを—する。

**大きにお世話だ**(おおきにおせわだ)→おおきに(大きに)

**世話が無い**(せわがない)①手数がかからない。②あきれてどうしようもない。用例 横綱が負けちゃあ—。

**世話が焼ける**(せわがやける)①気がもめる。②手数がかかる。

**世話に砕ける**(せわにくだける)ことばや態度がやわらかく、庶民的なことをいう。

**世話になる**(せわになる)①めんどうをかける。世話をかける。be under the care of ②他人の援助を受ける。助けてもらう。receive assistance

**世話をかける**(せわをかける)めんどうをかける。bother

**世話を焼く**(せわをやく)いろいろと人のめんどうを見る。

**世話を病む**(せわをやむ)深く心にかけて、めんどうをみる。

**せわ-きょうげん**【世話狂言】世話物。

**せわ・し**【▽忙し】古語(形シク)→せわしい(忙しい)

**せわし・い**【▽忙しい】(形)①いそがしい。busy ②心がせく。irritated ③はげしい。vigorous 派生 せわしが・る(五自) せわしげ(形動) せわしさ(名)

**せわし-な・い**【▽忙しない】(形)心が落ち着かない。いそがしい。busy; restless 派生 せわしなげ(形動) せわしなさ(名)

**せわ-ずき**【世話好き】(名・形動)人のめんどうをみるのが好きなこと・さま・人。obliging person

**せ-わた**【背▽腸】エビの背に、透いて見える黒い腸管のこと。砂を含んでいるので、竹ぐしなどで引き抜いてから調理する。みなわた。

**せわ-にょうぼう**【世話女房】なにくれとなく夫のめんどうをみる妻。devoted wife

**せわ-にん**【世話人】→せわやく(世話役)②

**せわ-ば**【世話場】歌舞伎での愁嘆場。肉親との別れ・病苦・貧窮の悲しみなどを表す場面。

**せわ-もの**【世話物】人形浄瑠璃・歌舞伎で、名高いうわさ話、市井の事件などを脚色した作品およびその上演様式。写実性が特徴。世話狂言。対義 時代物。→写

●世話物 『与話情浮名横櫛』。十二世市川団十郎(中央)と坂東玉三郎(右)。

**せわ-やき**【世話焼(き)】①人の世話をすること。また、それの好きな人。busybody ②世話役。manager

**せわ-やく**【世話役】①世話をする人。mediator ②事務を処理する人。幹事。世話人。manager

**せ-わり**【背割(り)】①衣服の背の下のほうを縫わない仕立て方。また、「背割り羽織」の略。vent ②魚を背から切り開くこと。slit back open ③柱などの割れ防止のため、目につかない側にあらかじめ割れ目を入れておくこと。

**セン** 3画【千】部首[十] 教育小1 JIS 3273

音 **セン** 訓 **ち**

千 千 千

①ち。百の一〇倍。「数千」「千里」用例(名)—の位でコンマを打つ。②沢山。数のおおいこと。「一日千秋・一騎当千」「千客万来・千金・千万言」

**千も万も要らぬ**(せんもまんもいらぬ)あれこれ言う必要はない。

**セン** 3画【川】部首[巛・川] 教育小1 JIS 3278 ／ 3画【▼巛】部首[巛] 異体字 JIS 5463

音 **セン** 訓 **かわ**

川 川 川

かわ。地表の水があつまって、ながれる道。対義 山。「河川・山川・大川」

**セン** 5画【仙】部首[人・亻] 常用 JIS 3271

音 **セン**

①せんにん。やまびと。「神仙・登仙」「仙界・仙客・仙境・仙術・仙女・仙丹・仙人・仙薬」②俗っぽさがない人。「酒仙」「仙骨」③そのことにすぐれた人。「歌仙・詩仙」

**セン** 5画【▼仟】部首[人・亻] JIS 4834

音 セン

①かしら。千人をひきいる長。②証文などで、千を表す字。「金弐仟円也」

**セン** 5画【▼刋】部首[刂] JIS 4968

音 セン

けずる。きる。

**セン** 5画【占】部首[卜] 常用 JIS 3274

音 **セン** 訓 **しめる・うらなう**

①しめる。ひとりじめする。「独占」「占拠・占有・占領」②うらなう。うらない。「占星術」

**セン** 6画【▼亘】部首[二] 人名用 JIS 4743

音 セン・ゼン・カン・ガン・コウ

①めぐる。ぐるぐるまわる。②のべる。のべらせる。→コウ[亘]

**セン** 6画【先】部首[儿] 教育小1 JIS 3272

音 **セン** 訓 **さき**

先 先 先 先 先 先

①さきんずる。さき。まえの方。対義 後。「機先・率先・優先」「先手・先着・先頭・先方」用例(名)—をとる。②まえかた。むかし。むかしの人。「祖先」「先賢・先日・先住民族」用例(名)—からわかっていた。③このまえ。このまえの。対義 来。「先月・先週」用例《接頭的》—場所。④まず。㋐まっさきに。㋑大体。㋒ともあれ。㋓かりに。

**先を越す**(せんをこす)相手に先んじる。さきをこす。get ahead of

**セン** 6画【▼尖】部首[小] JIS 3277

音 セン

とがる。するどい。とがり。さき。「尖鋭・尖兵」

**セン** 6画【▼阡】部首[阝] JIS 7984

音 セン

①あぜみち。田畑のなかを南北にとおる道。②さかん。草木のさかんにしげるさま。「阡々」③証文などで、千を表す字。「弐阡円」

**セン** 6画【▼舛】部首[舛] JIS 3304 ／ 7画【▼舛】異体字

音 セン

①そむく。たがう。②みだれる。いりみだれる。③部首の一つ。まいあし。

**セン** 7画【▼串】部首[丨] JIS 2290

音 セン・カン

①つらぬく。つらぬきとおす。②くし。さしぐし。ものをつきさすもの。→カン[串]

**セン** 7画【▼吮】部首[口] JIS 5068

音 セン・シュン

すう。すする。すいこむ。

**セン** 8画【▼苫】部首[艹] JIS 3849

音 セン

とま。スゲ・カヤなどを編んでつくったむしろ。

**セン** 8画【▼戔】部首[戈] JIS 5693

音 サン・セン

すくない。すこし。わずか。

**セン** 8画【▼疝】部首[疒] JIS 6545

音 サン・セン

腰や腹などがいたむ病気。「疝気」

**セン** 9画【宣】部首[宀] 教育小6 JIS 3275

音 **セン**

宣 宣 宣 宣 宣 宣

①のべる。のべしらせる。「託宣」「宣言・宣告・宣伝」②みことのり。「院宣・勅宣」「宣旨」③のたまう。おっしゃる。

**セン** 9画【専】部首[寸] 教育小6 JIS 3276 ／ 11画【▼專】旧字 JIS 5383

音 **セン** 訓 **もっぱら**

専 専 専 専 専 専

①もっぱら。そのことだけ。「専属・専門・専用」②気まま。ひとりじめ。「独断専行」「専横・専決・専断・専売」③専門学校のこと。「高専・女専」

**セン** 9画【▼茜】部首[艹] 人名用 JIS 1611

音 セン

アカネ。アカネ科の多年草。あかねぐさ。

**セン** 9画【▼荃】部首[艹]

音 セン

①かおりぐさ。香草。②うえ。うけ。魚をさそいいれるしかけ。竹・木などで、かご・つつの形につくったもの。

**セン** 9画【▼荐】部首[艹] JIS 7208

音 セン・ゼン

①しきむしろ。ものの下にしくむしろ。②しきりに。かさねて。ふたたび。

**セン** 9画【染】部首[木] 教育小6 JIS 3287

音 **セン**・ゼン 訓 **そめる・そまる・しみる・しみ**

染 染 染 染 染 染

①そめる。そまる。しみる。「染色・染料」②うつる。「汚染・感染・伝染」

**セン** 9画【泉】部首[水] 教育小6 JIS 3284 ／ 12画【▼湶】部首[氵] 異体字 JIS 6257

音 **セン** 訓 **いずみ**

泉 泉 泉 泉 泉 泉

①いずみ。「温泉・鉱泉」「泉水」用例《接尾的》アルカリ—。②あのよ。よみ。冥土。「黄泉・泉下」③和泉国のこと。「摂河泉」「泉州」

**セン** 9画【洗】部首[氵] 教育小6 JIS 3286

音 **セン**・セイ 訓 **あらう**

洗 洗 洗 洗 洗 洗

①あらう。きれいにする。「筆洗」「洗眼・洗面」②すっきりする。「洗練」③そそぐ。「洗礼」

**セン** 9画【浅】部首[氵] 教育小4 JIS 3285 ／ 11画【▼淺】旧字 JIS 6241

音 **セン** 訓 **あさい**

浅 浅 浅 浅 浅 浅

①あさい。対義 深。「浅学非才・浅才」②あさはか。「浅見・浅薄」③すこしばかり。「浅酌」

**セン** 9画【▼穿】部首[穴] ／ 10画【▼穿】異体字 JIS 3292

音 セン

セン 10画【倩】部首［人・亻］ JIS 4874
音セン・セイ
①うるわしい。愛らしい。②つらつら。つくづく。よくよく。

セン 10画【陝】部首［阝］ JIS 8001
音セン
①中国の河南省にある県名。②中国の陝西省のこと。

セン 10画【扇】部首［戸］ 常用 JIS 3280 10画【扇】旧字
音セン 訓おうぎ
①おうぎ。うちわ。「軍扇・鉄扇・白扇」「扇子」②あおぐ。「扇風機」③《煽とも》そそのかす。あおる。「扇情・扇動」

セン 10画【旃】部首［方］ JIS 5851
音セン
①はた。赤いはた。まがった柄にたれさげる。②けむしろ。毛で織った敷物。

セン 10画【栓】部首［木］ 常用 JIS 3282 10画【栓】旧字
音セン
①あなにさしこんで、ものがうごかないようにするもの。②中身がでないように、器物の口をふさぐもの。「活栓・消火栓・元栓」「栓塞」用例(名)ガスの―。

セン 10画【栴】部首［木］ JIS 3283
音セン
「栴檀」は、①センダン科の落葉高木。おうち。②ビャクダン科の小高木。ビャクダンの異名。

セン 10画【涎】部首［氵］ JIS 6223
音セン・ゼン・エン
よだれ。口からながれでるつばき。「垂涎」

セン 10画【訕】部首［言］
音サン・セン
そしる。けなす。くさす。

セン 10画【閃】部首［門］ JIS 3314
音セン
ひらめく。いなずま。「電光一閃」「閃光」

セン 11画【剪】部首［刀］ JIS 4982
音セン
きる。はさみきる。「剪除・剪定」

セン 11画【旋】部首［方］ 常用 JIS 3291
音セン
①めぐる。ぐるぐるまわる。「旋回・旋盤・旋律」②かえる。「凱旋」③あるきまわって世話をする。「斡旋・周旋」

セン 11画【痊】部首［疒］ JIS 6557
音セン
①いえる。病気がなおる。②いやす。病気をなおす。

セン 11画【笘】部首［竹］ JIS 6788
音セン・チョウ
①むち。竹のむち。②ふだ。文字をかく竹のふだ。

セン 11画【船】部首［舟］ 教育小2 JIS 3305 11画【船】異体字 10画【舩】異体字 JIS 7153
音セン 訓ふね・ふな 
舩 舟 舟 舟 船 船
ふね。ふな。木材・鉄などでつくり、人や貨物をのせて水上を運搬するもの。比較舟・艇・艦。「汽船・客船・乗船・便船」「船員」用例《接尾的》難破―。参考昔、中国で函谷関から西の地方で、この字を用いた。東では舟。

セン 11画【釧】部首［金］ JIS 2292
音セン
くしろ。ひじにまきつける腕輪。ひじまき。うでわ。

セン 12画【孱】部首［子］ JIS 5403
音セン
よわい。よわよわしい。おとる。

セン 12画【揃】部首［扌］ JIS 3423
音セン
①そろう。そろえる。そろい。②きる。はさみきる。

セン 12画【筅】部首［竹］ JIS 6806
音セン
①ささら。竹の先を細かくわってたばね、おけなどをあらうのに用いる道具。②「茶筅」は、抹茶をたてるとき、かきまわして泡をたてるささら。

セン 12画【筌】部首［竹］ JIS 6805
音セン
うえ。うけ。魚をさそいいれるしかけ。竹・木などで、かご・つつの形につくったもの。「筌蹄」

セン 13画【亶】部首［亠］ JIS 4825
音タン・セン
ほしいまま。気まま。ひとりじめ。↓タン【亶】

セン 13画【僉】部首［人・𠆢］ JIS 4901
音セン
みな。みんな。ことごとく。すべて。「僉議」

セン 13画【僊】部首［人・亻］ 14画【僊】異体字 JIS 4902
音セン
やまびと。仙人。山にすむ、仙術をおさめた人。

セン 13画【尠】部首［小］ JIS 5386 13画【尟】異体字
音セン
すくない。すこし。まれ。「尠少」

セン 13画【戦】部首［戈］ 教育小4 JIS 3279 16画【戰】旧字 JIS 5705
音セン 訓いくさ・たたかう 
戰 單 單 単 戦 戦
①たたかう。たたかい。いくさ。あらそい。競争。試合。比較闘。対義和。「海戦・合戦・義戦・接戦・対戦・冷戦」「戦火・戦果・戦場・戦陣・戦争・戦闘」用例《接尾的》持久―。思想―。選挙―。オープン―。リーグ―。②おそろしくて、ふるえる。おののく。「戦々恐々・戦慄」

セン 13画【腺】部首［月］ 和製漢字 JIS 3303
音セン
生物体内にあって、特定の物質を生産し、分泌する器官。「甲状腺・乳腺・涙腺」

セン 13画【煎】部首［灬］ JIS 3289
音セン
①にる。につめる。「煎茶」②いる。こがす。やく。「煎餅」

セン 13画【羨】部首［羊］ JIS 3302
音セン・エン
①うらやむ。ほしがる。「羨望」②あまる。余分な。

セン 13画【詮】部首［言］ JIS 3307
音セン
①くわしくしらべる。ときあかす。「詮議・詮索」②すべ。なすべき手段・方法。③ききめ。かい。用例(名)―ないこと。④つまるところ。結局。「所詮」

セン 13画【跣】部首［足］ JIS 7681
音セン
はだし。すあし。「跣行」

セン 13画【践】部首［足］ 常用 JIS 3309 15画【踐】旧字 JIS 7688
音セン
①おこなう。ふみおこなう。「実践」②位につく。ふむ。「践祚」

セン 14画【僭】部首［人・亻］ JIS 4908 14画【僣】異体字 JIS 4909
音セン
おごる。身分をこえる。身分不相応におもいあがる。「僭越・僭主・僭称・僭上」

セン 14画【塼】部首［土］
音セン・タン
かわら。しきがわら。煉瓦の一種。中国では、周代から家屋や墓などに使用されている。

セン 14画【煽】部首［火］ JIS 3290
音セン
あおる。そそのかす。「煽情・煽動」

セン 14画【箋】部首［竹］ JIS 6821 12画【牋】部首［片］ 異体字 JIS 6416
音セン
①ふだ。目じるし・注記などをかくのに用いる。「付箋・附箋」②注解。注釈。「箋註」③詩文や手紙をかく紙。「画箋紙」「便箋・用箋」④かきもの。文書。「処方箋」

セン 14画【銑】部首［金］ 常用 JIS 3313
音セン
ずく。ずく鉄。鋳鉄。「銑鉄」

セン 14画【銓】部首［金］ JIS 7884
音セン
①はかる。はかり。ものの重さをはかる器具。「銓衡」②えらぶ。よる。人材をえらぶ。「銓衡」

セン 14画【銛】部首［金］ JIS 7885
音セン
①すき。田畑をたがやす農具。②もり。魚をつきさしてとる漁具。③するどい。鋭利な。

セン 14画【銭】部首［金］ 教育小5 JIS 3312 16画【錢】旧字 JIS 7902
音セン 訓ぜに 
錢 銭 銭 銭 銭 銭
①ぜに。かね。「悪銭・金銭・口銭・賃銭」「銭湯」②おかねの単位。㋐一円の一〇〇分の一。㋑昔、一貫の一〇〇〇分の一。

セン 15画【嬋】部首［女］ JIS 5341
音セン・ゼン
うつくしい。うるわしい。たおやか。「嬋娟」

セン 15画【遷】部首［辶］ 常用 JIS 3311 16画【遷】部首［辶］ 旧字
音セン
①うつる。うつりかわる。ところをかえる。うつす。「変遷」「遷都」②しりぞける。役目を格さげする。「左遷」

セン 15画【選】部首［辶］ 教育小4 JIS 3310 16画【選】部首［辶］ 旧字
音セン 訓えらぶ 
選 選 選 選 選 選
①えらぶ。よる。える。比較撰。「改選・公選・予選」「選挙・選出・選択・選任・選抜」用例(名)歌の―をする。②えらばれる。「当選・落選」「選手」
**選に洩れる**(せんにもれる) 選ばれる際に、選ばれない、除外される。抽選に外れる。落選する。入選しない。人選に洩れる。be not selected

セン 15画【撰】部首［扌］ JIS 3281
音セン・サン
えらぶ。詩歌・文章をえらび、序などを書きくわえて、書物をつくること。編集し、著作すること。比較選。「私撰・勅撰」「撰者・撰進」用例(名)紀貫之らの―に成る。

セン 15画【潜】部首［氵］ 常用 JIS 3288 15画【潛】旧字 JIS 6310 19画【濳】異体字 JIS 6311
音セン 訓ひそむ・もぐる
①ひそむ。もぐる。かくれる。「潜行・潜在・潜水・潜入・潜伏」②ひそめる。心をひそめる。「沈潜」③潜水艦のこと。「原潜」

セン 15画【潺】部首［氵］ JIS 6305
音セン・サン
水がさらさらとながれるさま。また、その音。「潺湲」

セン 15画【箭】部首［竹］ JIS 3293
音セン
①や。弓の矢。「弓箭」②ヤダケ。イネ科のタケササ類の植物。

セン 15画【線】部首［糸］ 教育小3 →教育小2 JIS 3294 14画【綫】異体字 JIS 6932
音セン

線 線 線 線 線

①すじ。ほそながいもの。「光線・電線・無線」「線香」用例(名)——のように細い。《接尾的》動力——。電話——。②電車やバスなどのとおるみちすじ。「幹線・支線・複線」用例(名)この——の通勤者。《接尾的》東海道——。③数学で、位置と長さだけで、幅も厚さもないもの。「曲線・直線」「線分」用例(名)補助の——を引く。《接尾的》対角——。④さかいめ。接するところ。《接尾的》「戦線・前線」用例《接尾的》非常——。⑤神経。感じ。用例(名)——の細い人。⑥方向。方針。考えや行動のすじみち。用例(名)この——で行こう。いい——行ってる。

**セン** 15画【▼翦】部首[羽] JIS 7040
音セン
きる。はさみきる。

**セン** 15画【▼賤】部首[貝] JIS 7645 ——13画【▼賎】異体字 JIS 3308
音セン・ゼン
いやしい。身分や地位などがひくい。しず。対義貴。「貴賤・下賤・卑賤・貧賤」「賤業」

**セン** 15画【▼鋋】部首[金]
音セン・エン
①てぼこ。小さいほこ。②さす。ほこでさす。

**セン** 16画【▼噡】部首[口]
音セン
かたる。しゃべる。べらべらいう。

**セン** 16画【薦】常用 部首[艹] JIS 3306
音セン
訓すすめる
よいとして、すすめる。とりたてる。「自薦・推薦」

**セン** 16画【▼擅】部首[扌] JIS 5803
音セン・ゼン
ほしいまま。気まま。ひとりじめ。ほしいままにする。「独擅場」「擅断」

**セン** 16画【▼暹】部首[日] JIS 5891
音セン
日がのぼる。日の出。

**セン** 16画【▼甎】部首[瓦] JIS 6515 ——16画【▼磚】部首[石] 異体字 JIS 6702
音セン
かわら。しきがわら。地面や土間にしくかわら。

**セン** 17画【▼膻】部首[月]
音タン・セン
くさい。なまぐさい。生々しくて臭い。

**セン** 17画【▼氈】部首[毛] JIS 6165
音セン
けむしろ。毛で織った敷物。フェルト。「毛氈」

**セン** 17画【▼簓】部首[竹] 和製漢字 JIS 6841
音セン
ささら。①竹の先を細かくわってたばね、おけなどをあらうのに用いる道具。②田楽などの楽器。③すりへらすこと。

**セン** 17画【繊】常用 部首[糸] JIS 3301 ——23画【▼纖】旧字 JIS 6989 ——21画【▼纎】異体字 JIS 6990
音セン
①ほそい。かよわい。「繊細・繊手」②ほそい糸。「化繊」「繊維」

**セン** 17画【▼餞】部首[食] JIS 8120
音セン
はなむけ。①旅だつ人を送る宴会。送別会。②旅だつ人への贈り物。「餞別」

**セン** 17画【鮮】常用 部首[魚] JIS 3315
音セン
訓あざやか
①あざやか。「鮮紅・鮮明」②あたらしい。なま。「新鮮・生鮮」「鮮魚・鮮度」③すくない。まれ。「鮮少」④朝鮮のこと。

**セン** 18画【▼擶】部首[扌] JIS 5817
音セン
なおす。ただす。矢のまがりをなおす。

**セン** 18画【▼濺】部首[氵] JIS 6337
音セン
①そそぐ。水をふりかける。②はねる。水をはねかす。③「濺々」は、水がはやくながれるさま。

**セン** 18画【▼燹】部首[火] JIS 6401
音セン
①のび。野山をやく火。②戦火。いくさによっておこる火災。

**セン** 18画【▼瞻】部首[目] JIS 6661
音セン
みる。あおぎみる。みあげる。「瞻望」

**セン** 18画【▼蟬】部首[虫] ——15画【▼蝉】異体字 JIS 3270
音セン・ゼン
セミ。カメムシ目に属する昆虫。「蟬蛻・蟬噪・蛙鳴蟬脱」

**セン** 18画【▼顓】部首[頁]
音セン
①うやうやしい。つつしむ。②もっぱら。ほしいまま。ひとりじめ。③おろか。無知。

**セン** 19画【▼簽】部首[竹] JIS 6853
音セン
①かご。竹でつくったかご。②ふだ。文字をかくふだ。つけがみ。「題簽」③署名をする。「簽名」

**セン** 19画【▼羶】部首[羊] JIS 7031
音セン
くさい。なまぐさい。羊の肉のなまぐさいにおい。なまぐさい肉。

**セン** 19画【▼蟾】部首[虫] JIS 7425
音セン
①ヒキガエル。カエル目に属する両生類。がま。②月の別称。ヒキガエルが月にすんでいるという伝説から。

**セン** 20画【▼孅】部首[女] JIS 5349
音セン
ほそい。かよわい。ほっそりしていて、かよわい。

**セン** 20画【▼蘚】部首[艹] JIS 7337
音セン
こけ。湿地・古木・岩石などにはえる隠花植物。「蘚苔・蘚苔植物」

**セン** 20画【▼懺】部首[忄] JIS 5682 ——18画【▼懴】異体字 JIS 5683
音サン・セン・ザン
くいる。罪やあやまちをくいあらためる。「懺法」↓ザン[懺]

**セン** 20画【▼譫】部首[言] JIS 7594
音セン
たわごと。うわごと。とりとめもなくでることば。

**セン** 20画【▼贍】部首[貝] JIS 7656
音セン
①たりる。充分ある。②ゆたか。とむ。「富贍」③すくう。たすける。たりないものをたす。

**セン** 20画【▼闡】部首[門] JIS 7981
音セン
①ひらく。あく。あける。②あきらかにする。あらわす。あらわれる。「闡明」

**セン** 21画【▼殲】部首[歹] JIS 6151 ——19画【▼殱】異体字 JIS 6152
音セン
つくす。ほろぼす。ひとりのこらずころす。みなごろしにする。「殲滅」

**セン** 21画【▼鐫】部首[金] JIS 7935
音セン
①のみ。木や石にあなをあける工具。②うがつ。ほる。あなをあける。

**セン** 21画【▼饌】部首[食] JIS 8134
音サン・セン
①そなえる。酒食をそなえてたべさせる。②そなえもの。そなえた酒食。「御饌・神饌」

**セン** 22画【▼癬】部首[疒] JIS 6593
音セン
①たむし。皮膚病の名。「白癬」②ひぜん。皮膚病の名。「疥癬」

**セン** 22画【▼顫】部首[頁] JIS 8092
音セン
ふるえる。おののく。こまかくゆれる。「顫音・顫動」

**セン** 22画【▼饘】部首[食]
音セン
かゆ。かたがゆ。濃いかゆ。

**セン** 23画【▼籤】部首[竹] JIS 6862 ——21画【▼籖】異体字 JIS 6863
音セン
①くじ。吉凶・当落・順序などをきめるしくみ。それに用いる札。「抽籤・当籤」②かずとり。ものを数えるのに用いる竹片。

**セン** 23画【▼躚】部首[足] ——19画【▼蹮】異体字
音セン
①まう。たかくあがる。②よろめく。ふらふらといく。

**セン** 23画【▼鱓】部首[魚]
音セン・ゼン・タ・ダ
①ごまめ。たづくり。カタクチイワシの幼魚をほしたもの。②ウツボ。ウナギ目に属する魚。

**セン** 24画【▼韆】部首[革] JIS 8072
音セン
「鞦韆」は、ぶらんこ。

**セン** 24画【▼鱣】部首[魚]
音テン・タン・セン
タウナギ。タウナギ目に属する淡水魚。かわへび。↓テン[鱣]

**ゼン** 5画【▼冄】部首[冂] JIS 4939 ——5画【▼冉】異体字
音ゼン・ネン
①しなやか。やわらかい。よわい。②すすむ。ゆく。

**ゼン** 6画【全】教育小3 部首[人・𠆢] JIS 3320 ——6画【▼仝】部首[入] 旧字
音ゼン・セン
訓まったく

全 全 全 全 全 全

①すっかり。みんな。まったく。対義半。「全員・全国・全滅」用例《接頭的》——国民。——日本。②まったい。まったし。かけたところがない。「完全・保全」「全一」

**ゼン** 8画【▼苒】部首[艹] JIS 7182
音ゼン
①草がしげるさま。②ものごとがはかどらないさま。のびのびになるさま。「荏苒」

**ゼン** 9画【前】教育小2 部首[刂] JIS 3316 ——9画【▼䒰】旧字
音ゼン・セン
訓まえ

前 前 前 前 前 前

①さきだつ方。対義後。「前者・前半・前部」用例(名)——に申したとおり。②場所のまえ。対義後。「馬前・門前」「前進・前方後円墳・前面」③時のまえ。むかし。来しかた。対義現・後。「以前・空前絶後・食前・戦前・直前」「前期・前人・前歴」用例《接尾的》入学——。戦争——。④紀元前。用例《接頭的》——五世紀。⑤このまえの。比較元。対義新・現。「前回・前項」用例《接頭的》——会長。——代議士。⑥さきだつ。「前奏・前兆」用例《接頭的》——近代的。

**ゼン** 9画【▼耎】部首[而]
音ゼン・ネン
よわい。よわよわしい。やわらかい。

**ゼン** 12画【善】教育小5 →教育小6 部首[口] JIS 3317 ——20画【▼譱】部首[言] 異体字 JIS 7033
音ゼン
訓よい

善 善 善 善 善 善

①よい。よいこと。類似良。比較真・美。対義悪。「最善・次善・慈善・独善」「善意・善良」用例(名)——は急げ。②なかよくする。「親善」

▼常用漢字表外。 ▽常用漢字表の音訓外。

「善隣外交」③よく。てあつく。十分に。「善感・善処・善戦」

**善に従う事、流るるが如し**(ぜんにしたがうこと、ながるるがごとし) 善いことと知って、水が流れるように速やかにそれに従うようす。

**善に強い者は悪にも強い**(ぜんにつよいものはあくにもつよい) 善に熱中する者は、悪に走れば悪にも熱中する。

**善の裏は悪**(ぜんのうらはあく) 善いことがあれば、必ず悪いことがついて回る。

**善は急げ**(ぜんはいそげ) 善いことは、ためらわずに急いで行え。What is worth doing is worth doing promptly.

**善を責むるは朋友の道也**(ぜんをせむるはほうゆうのみちなり) 善行を強く勧めるのは、友人として当然しなければならないことである。

**ゼン** 12画【▼喘】 部首[口]くちへん JIS 5135

音セン・ゼン

①あえぐ。せわしく呼吸をする。息をきらす。「余喘」②せく。せきこむ。せき。「喘息」

**ゼン** 12画【然】 部首[灬]れっか 教育小4 JIS 3319

音ゼン・ネン

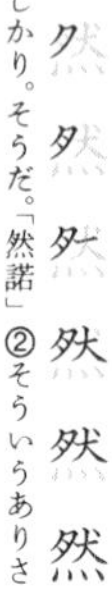

①しかり。そうだ。「然諾」②そういうありさま。それらしい様子。「偶然・雑然・超然」用例(接尾)学者―。↓ネン[然]

**ゼン** 13画【禅】 部首[ネ]しめすへん 常用 JIS 3321

17画【▼禪】 部首[示]しめすへん 旧字 JIS 6724

音ゼン・セン

①ゆずる。天子が位をゆずる。「禅譲」②仏教で、㋐《梵語dhyānaの音訳「禅那」の略》しずか。静かにかんがえること。身心を統一し、瞑想する修行法。悟りにいたるための実践徳目として重んじられる。定。静慮。「座禅・参禅」「禅宗・禅定・禅味」用例(名)―の境地。㋑禅宗のこと。「禅僧」㋒仏教のこと。「禅師・禅門」

**ゼン** 14画【漸】 部首[氵]さんずい 常用 JIS 3318

音ゼン

①ようやく。だんだんと。「漸減・漸次・漸進・漸増」用例(名)―を追って。②すすむ。ゆく。次第にその方向へすすむ。「東漸」

**漸を追って**(ぜんをおって) だんだんと。少しずつ。

**ゼン** 14画【▼髯】 部首[髟]かみかんむり

15画【▼髥】 異体字 JIS 8189

音ゼン

ひげ。ほおひげ。「美髯」

**ゼン** 16画【▼膳】 部首[月]にくづき JIS 3323

21画【▼饍】 部首[食]しょくへん 異体字

音セン・ゼン

①食器をのせてだす台。食卓。「食膳・配膳」②めし。料理。「膳部」用例(助数)一―の飯。③食器にもった食物を数えるのに用いる。用例(助数)一―の飯。④箸二本を一そろいとして数えるのに用いる。用例(助数)箸五―。

**ゼン** 18画【繕】 部首[糸]いとへん 常用 JIS 3322

音ゼン・セン

訓つくろう

なおす。つくろう。修理をする。「営繕・修繕」

**ゼン** 20画【▼蠕】 部首[虫]むしへん JIS 7432

15画【▼蝡】 異体字

音ゼン・ジュ

うごめく。うごく。虫がうごく。「蠕動」

**せん-あいせん【先相先】** 囲碁で、三戦するうち下手が二局先番で打つ対戦形式。最初に先番、次に後番、最後に再び先番で打つ。

**せんあえん-こう【▼閃亜鉛鉱】** 亜鉛の硫化鉱物で、重要な鉱石鉱物。等軸晶系。通常は四面体結晶。塊状や粒状を呈する。透明、または樹脂状光沢があり、黄・赤・黒色など。熱水鉱床などで産出する。sphalerite

**ぜん-あく【善悪】** よいことと悪いこと。善人と悪人。ぜんなく。ぜんまく。good and evil 用例是非―。

**善悪の生を引く**(ぜんあくのしょうをひく) 善悪の行為によって、来世における善悪の生を受ける。

**善悪の報は影の形に随うが如し**(ぜんあくのほうはかげのかたちにしたがうがごとし) 行為の善悪には、必ず禍福の報いがついて回るものだ。

**ぜん-あつ【全圧】** 二種以上の気体が混合しているときの混合気体全体の圧力。成分気体のもつ分圧の和が全圧になる。total pressure

**せん-い【船医】** 船に乗り組んでつとめる医者。ship doctor

**せん-い【戦意】** 戦おうとする意気ごみ。士気。fighting spirit 用例―喪失。

**せん-い【遷移】**(名・サ変自) ①ある状態から別の状態に移ること。転移。transition ②植物群落が環境に適合していく生態的な変形。植物のまったくない場所から始まる一次遷移、伐採や山火事などの跡から始まる二次遷移などがある。succession 参照群落遷移。

**せん-い【繊維】** ①動植物の組織の一部で、細長い物質。その長さに対して幅が肉眼で測れないほど細い。②動植物からとれる、細くしなやかで、凝集性のある物質。織物や紙などの原材料とする。天然繊維のほかに、人造繊維(化学繊維・合成繊維)がある。fiber 参考医学では「線維」とも。

**ぜん-い【善意】** ①善良な心。good will ②好意。good will 対義悪意。③よい意味。good will 対義悪意。用例―に解釈する。④法律上、ある事実に関して何も知らないこと。good faith 用例―の第三者。

**せんい-かべ【繊維壁】** 合成繊維・真綿くず・糸くずなどの繊維を、ふのりなどで練って塗った壁仕上げ。fibered wall

**せん-いき【戦域】** 戦闘の区域。theater of operations 用例―拡大。

**ぜん-いき【全域】** ①地域の全体。all the area 比較全土。用例領土の―。②分野の全体。whole field 用例文学の―。

**せんい-げんそ【遷移元素】** 原子の電子配置で分類した元素のグループ。原子番号二一から二九、三九から四七、五七から七九、八九以上の元素。単体はすべて金属で、有色の化合物が多いなどの共通した性質をもつ。遷移金属。transition element 比較典型元素。

**せんい-こうぎょう【繊維工業】** 繊維・布・衣料などを製造する産業の総称。textile industry

**せんい-さんぎょう【繊維産業】** 糸・織物などを作る産業。textile industry

**ぜん-いしき【前意識】**《フロイトの精神分析用語》意識の外にあるが、容易に意識となりうる、思い出そうとすれば思い出せるもの。preconsciousness

**せんい-しょくぶつ【繊維植物】** 樹皮・木部・葉身などから繊維をとり、衣料・紙・綱などの原料とすることができる植物。綿・麻(ともに衣料用)・楮(和紙用)・マニラ麻(綱用)など。fibrous plant

**せんい-そ【繊維素】** セルロース。フィブリン。

**せんいちや-ものがたり【千一夜物語】**『アラビアン-ナイト』の訳語。

**せん-いつ【専一】**(名・形動) 一つのことだけに力を入れて、他をかえりみないこと・さま。せんいち。exclusively 用例ご自愛―のほど。

**ぜん-いつ【全一】**(名・形動) まとまりがあって完全なこと・さま。一体。

**せんい-にじせいひん【繊維二次製品】** すぐに使える最終生産物としての繊維製品。糸・織物・編み物を一次製品とし、これらを形にした消費財。end use textile product

**せんい-ばん【繊維板】** ↓ファイバーボード

**せん-いん【船員】** 船舶に乗り組み、業務にあたる者。船員法で労働条件などを定める。船乗り。sailor

**ぜん-いん【全員】** ある集団に属する、すべての人。総員。all the members

**ぜんいん-いいんかい【全員委員会】** 議会内の委員会で、全議員がメンバーとなるもの。イギリスで発達。日本の帝国議会には存在したが、現在は廃止。commitee of the whole house

**ぜんいん-ぜんか【善因善果】**《仏教語》よい行為にはかならずよい報いがあるということ。対義悪因悪果。

**せんいん-ほう【船員法】** 船員の労働条件、船長の職務権限、船内での規律などを定めた法律。昭和二二年(一九四七)公布。

**せんいん-ほけん【船員保険】** 社会保険の一つ。船員やその被扶養者の病気・負傷・出産・死亡・失業などに対する総合的な保険。seamen's insurance

**ぜん-う【▽単▼于】** 匈奴国家の君主の称号。匈奴国家の崩壊後、それに代わった鮮卑・氐・羌などでも用いられた。五世紀以降はカガン(可汗)号にとって代わられた。

**せん-うき【鮮▼于▼煇】**(一九二二～八六) 韓国の小説家。作品『火花』『黙示』など。

**せんウラン-こう【▼閃ウラン鉱】** ウランの酸化鉱物の一つ。鉛・トリウム・ラジウムなども含む。ウランの代表的な鉱石。等軸晶系。八面体や立方体の結晶。塊状・ぶどう状・粒状などを呈する。脂肪状または瀝青状光沢があり灰黒・緑黒・褐黒色など。世界各地で産出する。uraninite

**せん-うん【戦雲】** 戦争が起こりそうな気配。また、戦争。war cloud 比較戦機。用例―低くたれこめる。

**せん-えい【先鋭・▼尖鋭】**(名・形動) ①とがって、するどいこと・さま。pointedness ②思想・意見・行動などがはげしすぎること・さま。急進的。radicalness 用例―分子。

**せん-えい【船影】** 船のかげ・すがた。sign of ship

**せん-えい【鮮鋭】**(名・形動) 微妙なところまであざやかに表現すること・さま。sharp 用例―な写真レンズ。

**ぜん-えい【前衛】** ①前方の護衛・部隊。advance guard 対義後衛。②階級闘争や新芸術運動の第一線に立つ人。men in active service ③バレーボール・テニスなどで、前方に位置する競技者。その位置。forward player 対義後衛。④アバンギャルド。

**ぜんえい-えいが【前衛映画】** 表現上、もっとも先端的な課題と取り組み、未知の世界を開拓しようとする映画。avant-garde film

**ぜんえい-オープン【全英オープン】** ①全英オープンテニス選手権の略称。一八七七年創始され、一九六八年からオープン化。世界四大選手権の一つ。開催地の名からウィンブルドン選手権大会という。Wimbledon Open Championship ②イギリスで開催されるゴルフのオープントーナメント。一八六〇年創始された、世界四大競技会の一つ。全英オープンゴルフ。The Open

**せんえい-か【先鋭化】**(名・サ変自) 急進的になること。radicalize

**ぜんえい-かどう【前衛華道】** 伝統を否定した革新運動によるいけばな。床の間からの解放を旗印に昭和二〇年代よりはじまり、美術界の超現実主義や抽象芸術の考えを取り入れ、金属や石などの異質素材も用いる。

**ぜんえい-しょどう【前衛書道】** 第二次大戦後、日本の書道界に芽ばえた新しい芸術運動。文字という束縛から離れ、非具象的・抽象的に表現し、造形美や筆触の美を強調する造形芸術に進展。

**ぜんえい-てき【前衛的】**(形動) ①思想・芸術で、急進的であるさま。radical ②階級闘争の前衛にふさわしいさま。

**せん-えき【戦役】** たたかい。戦争。war 用例日清―。

**せん-えき【▼腺疫】** 腺疫菌によるウマの急性伝染病。離乳後二～三か月の子ウマに多く、晩秋から冬に多発。発熱、鼻粘膜の炎症などの症状を呈す。strangles

**せん-えつ【▼僭越】**(名・形動) 身分をこえて、さし出ること・さま。思い上がり。出しゃばり。audacity

**せんえつ-ながら【▼僭越▼乍(ら)】**(連語)《あいさつ語》出しゃばりのようですが。with your permission 比較失礼ながら。

**せん-えん【遷延】**(名・サ変自) のびのびになって、はかどらないこと。長びくこと。用例成立の―。

**ぜん-えん【全縁】** 植物の葉のふちが、ぎざぎざでなく、なめらかなこと。ハコベやスベリヒユなど。全辺。

**ぜん-えん【前▼燕】** 中国、五胡十六国の一国。三三七年、鮮卑族の慕容皝が建国。華北に勢力を伸長したが、三七〇年前秦により滅亡。

**せんえんせい-おうだん【遷延性黄▼疸】** 生後三週間をへても黄疸が消えないこと。母乳栄養児に多くみられる。治療は不要。persistent jaundice

**せん-おう【先王】** ↓せんのう(先王)

**せん-おう【専横】**(名・形動) わがままなこと・さま。かって気まま。横暴。despotism

**ぜんおう-あんぜんほしょうかいぎ【全欧安全保障会議】**(European Conference for Security and Cooperation) 東西ヨーロッパ諸国およびアメリカ・カナダが参加した、東西間の緊張緩和と交流促進のための会議。一九七五年、ヘルシンキに三五か国の首脳が集まって開催された。

**せん-おん【▼顫音】** ↓トリル

**ぜん-おん【全音】** 音程の単位の一つ。十二平均律では音程の最小単位は半音(短二度)で、その半音二個の単位を全音(長二度)という。whole tone

**ぜん-おんかい【全音階】** 音楽で、一オクタ

せ

ーブの中に、五つの全音と二つの半音とを含む音階。diatonic scale ［対義］半音階。

**せん-おんそく【遷音速】** 物体または気体の流れがマッハ数〇・八〜一・二の速度。物理学では、全体の流れは亜音速で、物体の近くなど局部的に超音速の部分が存在する場合をいう。transonic speed

**せん-か【泉下】** 死んでから行く所。あの世。めいど。黄泉。

**せん-か【専科】** ①専門に研究する学科。special subject ②本科を終えて専門科目を研究する課程。専攻科。special course ［対義］本科。

**せん-か【戦火】** ①戦争による火災。兵火。war fire ［用例］—による被害。②戦争。war ［用例］—を交える。

**せん-か【戦果】** 戦闘であげた成果。war results ［用例］—をあげる。

**せん-か【戦禍】** 戦争で受ける災害。戦災。war damage ［用例］—をこうむる。

**せん-か【選果】**(名・サ変自) 果実をえらび分けること。

**せん-か【選科】** 規定の学科中、一部を選択して修める課程。elective course

**せん-か【選歌】**(名・サ変自) 歌をえらぶこと。また、そのえらばれた歌。selected poem

**せん-が【線画】** 線だけでかく絵。デッサン。line drawing

**ぜん-か【前科】** 以前に、罪を犯して刑罰を受けていること。previous conviction

**せん-かい【仙界】** 俗界を離れた清らかな所。仙境。

**せん-かい【浅海】** 浅い海。地理学では海岸から二〇〇mの等深線にいたるまでの海。shallow sea ［対義］深海。

**せん-かい【旋回】**(名・サ変自) ①ぐるぐる回ること。revolution ②航空機などが、回ってその進路を変えること。circling

**せん-がい【選外】** 入選しないこと。be rejected ［用例］—佳作。

**せんがい【仙▼厓】**(一七五〇〜一八三七) 江戸後期の画僧。名は義梵。美濃の人。白隠とともに近世禅画の双璧。布袋や観音、山水などを題材に、禅味に富んだ俳画的な墨絵を描いた。↓［写］

**ぜん-かい【全会】** 集まったすべての人。会員全体。whole assembly ［用例］—一致で可決。

**ぜん-かい【全快】**(名・サ変自) 病気がすっかり治ること。全治。complete recovery

**ぜん-かい【全開】**(名・サ変自他) 弁や栓などが全部開くこと。全部を開くこと。full open ［対義］半開。

**ぜん-かい【全階】** 一つの建物の、すべての階。また、一つの階全部。all the floors

**ぜん-かい【全壊・全▼潰】**(名・サ変自) 全部つぶれること。完全にこわれること。complete destruction ［対義］半壊。［用例］—家屋。

**ぜん-かい【前回】** この前の回。last time

**ぜんかいいっち-せい【全会一致制】** 会議に出席している全員の意見の一致を、採択の条件とする制度。common consent system

**せんがいきょう【▽山海経】** 中国の地理書。古い部分は漢初以前の成立と考えられる。現存一八巻。名山・物産、山に住む鬼神・鳥獣などを記した「五蔵山経」、遠国とその住民・神話・伝説などを載せる「海外経」「海内経」「大荒経」からなる。

**せん-がき【線▽描き】** 物の形を線で表す日本画の技法。［対義］没骨。

**せん-かく【仙客】** ①仙人。②ツルの異名。

**せん-かく【先覚】** ①学識のある先輩。先進。senior ②世人に先だって道をさとり、世をみちびく人。precursor ③昔の大学者。great scholar in old times

**せん-がく【先学】** 学問上の先輩。academic predecessor ［対義］後学。

**せんがく【仙覚】**(一二〇三〜七二ごろ) 鎌倉中期の天台宗の僧・万葉学者。常陸の人。『万葉集』を多くの伝本により校訂、また全巻に付訓、さらに詳細な注釈をほどこし、万葉研究を飛躍的に前進させた。著書『万葉集註釈』。

**ぜん-がく【全学】** 大学全体。all-campus ［用例］—教授会。

**ぜん-がく【全額】** ある金額の全体。総額。sum total ［対義］半額。［用例］—払い込み。

**ぜん-がく【前額】** ひたい。forehead ［用例］—部。

**ぜん-がく【禅学】** 禅宗の教義を研究する学問と修行。

●仙厓『秋月図』。出光美術館(東京都)。

**せんがく-じ【泉岳寺】** 東京都港区高輪にある曹洞宗の寺。慶長一七年(一六一二)門庵宗関が徳川家康の帰依を得て外桜田に建立。のち現在地に移転。浅野長矩と赤穂義士の墓所。

**せんかく-しょとう【▼尖閣諸島】** 沖縄県、八重山列島の北約一六〇kmにある島々。魚釣島・久場島・大正島などの小島からなる。石垣市所属。

**せんがく-ひさい【浅学非才・浅学▼菲才】**《自分について、けんそんしていう語》学がなく才能にとぼしいこと・人。

**ぜん-がく-れん【全学連】** 全日本学生自治会総連合の略称。昭和二三年(一九四八)結成。レッドパージ反対闘争・六〇年安保闘争などを主導。六〇年安保闘争以降分裂し、一九六〇年代後半の全共闘運動につながる流れとなった。

**せんかく-わん【▼尖閣湾】** 新潟県、佐渡島北西部にある景勝地。海岸は、流紋岩からなる海食崖。海上からの眺めに人気がある。

**せんか-し【泉貨紙・仙花紙】** ①コウゾを原料とする厚い手すき和紙。戦国時代に伊予で泉貨和尚が創製。②くず紙をすき返して作る再生紙。

**ぜんか-しき【漸化式】** 数列の項の間になりたつ関係式。recurrence formula

**せん-かた【▽為ん方・▼詮方】**《「詮」は当て字》なすべき手段・方法。処置。せんすべ。

**せんかた-な・い【▽為ん方無い】**(形) しかたない。する方法・手段がない。

**せん-かち【先勝】** ↓せんしょう(先勝)［二］

**ぜん-かつ【全割】** 動物卵の卵割様式の一つ。卵割が卵全体におよび、完全に割球に分けられる。ウニやカエルの卵などにみられる。holoblastic cleavage ［対義］部分割。

**せんか-てんのう【宣化天皇】** 記紀で第二八代天皇。名は武小広国押盾。継体天皇の皇子。

**ぜんかむか-の-ほうそく【全か無かの法則】** 生体のもつ反応で、ある強さの刺激以下では反応がなく、その強さに達すると最大の反応が起こり、それ以上になると反応に強弱の差がないという法則。心臓・骨格筋線維・神経線維の興奮などにあてはまる。all-or-none law; all or nothing

**ぜんか-もの【前科者】** 前科をもつ者。ex-convict米; old lag英

**せん-かん【専管】**(名・サ変他) 一手に管理すること。

**せん-かん【戦艦】** 軍艦の艦種の一つ。攻撃力・防御力・排水量が大きく、艦隊の主力とされたが、第二次大戦以降その座を空母にゆずった。現在は、海上発射巡航ミサイル(SLCM)などを搭載したものが、新戦力としてわずかに残っている。battleship

**せん-かん【選管】**「選挙管理委員会」の略。

**せん-かん【潜▼函】** 水中または軟弱地盤での土木建築の基礎工事で、浸水を防ぎながら、圧縮空気を送って中で作業するための箱形のもの。ケーソン。caisson

**せん-かん【潜艦】** 潜水艦。submarine

**せん-かん【▼潺▼湲】**(形動トタル) ①水の清く流れるさま・音。②涙がしきりに流れるさま。

**せん-がん【千貫】** 重さや貨幣の単位である一貫の一〇〇〇倍。転じて、たいそう重いこと、また、非常に高価なこと。

**千貫の形に編み笠一蓋** 損害の大きいのに対し利益が小さく、引き合わないことのたとえ。

**せん-がん【洗眼】**(名・サ変自) 水・薬液で目を洗うこと。eye-washing

**せん-がん【洗顔】**(名・サ変自) 顔を洗うこと。washing one's face

**ぜん-かん【全巻】** ①一組みになっている書物やフィルムのすべて。complete set ②一冊の本全体。whole volume

**ぜん-かん【全館】** ①すべての館。all the buildings ②一つの建物全部。whole building ［用例］—冷房。

**ぜん-かん【前官】** ①前についていた官職。②その官職の前任者。

**ぜん-かん【善感】**(名・サ変自) 種痘などが、免疫を得た状態を示すこと。［対義］不善感。

**ぜん-かん【前漢】** 中国、秦滅亡後の統一王朝。項羽を倒して紀元前二〇二年漢王劉邦(高祖)が建国。中央集権体制を確立。後八年王莽が王位を奪い、滅亡。西漢。

**せんかん-こうほう【潜▼函工法】** 構造物の基礎を地中に築造するための工法。底のない箱形または筒形の函体(＝ケーソン)に圧縮空気を送ってわき水を抑えながら、底部を掘削して自重で地中に沈めていく。ケーソン工法。caisson method

**せんかん-すいいき【専管水域】**《「漁業専管水域」の略》漁業資源保存・開発などのため、外国漁船の漁獲を規制する水域。現状では、沿岸から二〇〇海里の海域から領海を除いた範囲。fishery zone

**せんかん-びょう【潜▼函病】** ↓ケーソンびょう(ケーソン病)

**ぜんがん-びょうへん【前▼癌病変】** 広義には将来、癌が高頻度に発生するような組織の病変・状態。狭義には癌化の中間段階にある細胞が増殖し構成する組織。前癌状態。precancerous lesion; preneoplastic lesion

**せんカンブリア-じだい【先カンブリア時代】** 地球誕生から、古生代が始まる約五億六〇〇〇万年前まで約四〇億年の時代。盾状地を形成。数回の造山運動があった。細菌や藻類の化石が産出する。先カンブリア紀。Pre-Cambrian time

**ぜんかん-れいぐう【前官礼遇】** 退官後も、退官時と同じ待遇を受けること。とくに、国務大臣・枢密院議長・宮内大臣・内大臣などが、退官後も在官当時と同じ礼遇を与えられた制度。

**せん-き【▼疝気】** 漢方で、腰・腹のいたむ病気。

**他人の疝気を頭痛に病む** 自分に関係のないことを心配し、くよくよする。人の疝気を頭痛に病む。

**せん-き【戦記】** 戦争や戦闘の経過を書き記した文学作品。戦争を題材とするすべての小説・実録を含む。軍記。account of war

**せん-き【戦旗】** ［一］戦争のときに軍隊が用いる旗。battle flag ［二］全日本無産者芸術連盟(ナップ)の機関誌。昭和初期のプロレタリア文学運動の主流。昭和三年(一九二八)創刊。同六年廃刊。小林多喜二・蔵原惟人らが活躍。

**せん-き【戦機】** ①両軍ともに準備を整えて戦闘を始めようとする気配。the time for battle ［比較］戦雲。［用例］—が熟する。②戦闘上の計略。軍事上の機密。軍機。strategy; military secrets

**せん-き【銭起】**(?〜七八〇ごろ) 中国、中唐の詩人。字は仲文。呉興の人。叙景詩に秀作が多い。大暦十才子の一人。詩集『銭考功集』。

**せん-ぎ【先議】**(名・サ変他) ①ほかの問題より先に相談すること。prior consideration ②国会両院のうちの一方が、一つの法案を先に審議すること。prior deliberation ［用例］—権。

**せん-ぎ【▼僉議】**(名・サ変他) 多人数でする討議。衆議。

**せん-ぎ【▼詮議】**(名・サ変他) ①討議して物事を明らかにすること。審議。評定。discussion ②犯罪を取り調べること。吟味。inquiry ③犯人をさがすこと。search

**ぜん-き【全期】** ①すべての期間。all the period ②その期間の全体。whole term

**ぜん-き【前記】** 前にしるしたこと。その箇所。前述。aforementioned ［対義］後記。［用例］—のごとく。

**ぜん-き【前期】** ある期間をいくつかに分けたうち、前の期間。the first term ［対義］後期。

**せんき-すじ【▼疝気筋】** ①疝気の起こる筋肉。②正しくない系統。傍系。③筋道を取り違えること。見当違い。

**せんき-もの【戦記物】** ①↓ぐんきものがたり(軍記物語)。②戦闘の模様を記録風に書いたもの。

**せん-きゃく【先客】** 先に来ている客。preceding visitor

**せん-きゃく【船客】** 船の乗客。passenger

**せんきゃく-ばんらい【千客万来】** 次から次へと多くの客が来ること。have a great number of visitors

**せん-きゅう【川▼芎】** セリ科の多年草。高さ約五〇㎝。葉は羽状複葉。秋に白色の小花をかさ状に密生。地下茎を薬用にするために栽培。この根茎を湯通しして乾燥し、鎮静・鎮痛剤に用いる。オンナグサ。↓写

●センキュウ

**せん-きゅう【船級】** 外国航路に就航する船舶に与えられる国際的等級。船舶の性能・構造・設備などに応じて船級協会が認定。ship's classification

**せん-きゅう【選球】**(名・サ変自) 野球で、打者が投手の投球をストライクかボールか見分けること。用例 —眼。

**ぜん-きゅう【全休】**(名・サ変自) ①まる一日、また、ある期間を全部休むこと。absense during the whole period ②交通機関で、運行がすべて休みになること。suspension of transportation service

**ぜん-きゅう【▼冉求】**(生没年未詳) 中国、春秋時代の儒者。孔門の十哲の一人。字は子有。政事に秀でた。

**せんきゅう-きょうかい【船級協会】** 船舶検査をして船舶の性能を保証する業務を行う民間の非営利団体。日本では日本海事協会がこれにあたる。classification society

**ぜん-きゅうし【前▼臼歯】** ↓しょうきゅうし(小臼歯)

**せん-きょ【占居】**(名・サ変自他) その場所を自分のものとして、占領すること。

**せん-きょ【占拠】**(名・サ変他) 一定の場所に立てこもり、他人の入るのを許さないこと。占領。occupation

**せん-きょ【船▼渠】** ↓ドック

**せん-きょ【選挙】**(名・サ変他) 集団の構成員のうちの有資格者が、役職者や代表者を投票などによって選出すること。また、その手続き。election

**せん-ぎょ【鮮魚】** 食用とする新しいなまの魚。生きのよい魚。fresh fish

**せんきょ-いはん【選挙違反】** 公職選挙のさいの法律に違反した行為。公職選挙法では買収・選挙妨害・事前運動・戸別訪問などが違反行為となる。violate election law

**せん-きょう【仙境・仙郷】** ①仙人の住む土地。仙界。②俗界をはなれた、静かで清らかな、景色のすぐれた地。別天地。another world

**仙境に入る**(せんきょうにいる) 俗界を離れて仙人の住む所のような清らかな世界にはいる。

**せん-きょう【船橋】** ①船の上甲板にあって、船長が指図をする場所。ブリッジ。bridge ②並べた船の上に板を渡してつくった船。ふなばし。

**せん-きょう【戦況】** 戦いの状況。war situation 比較 戦局。

**せん-ぎょう【専業】** ①専門の事業・職業。special occupation ②一つのことだけを業とすること。用例 —主婦。③法律がみとめた独占事業。独占業。monopoly

**せん-ぎょう【▼賤業】** いやしいとされる職業。

**ぜん-きょう【全協】**《「日本労働組合全国協議会」の略》昭和三年(一九二八)に日本共産党の指導下で結成され、同一二年(一九三七)まで存続した労働組合の全国組織。プロフィンテルンに参加し、地下鉄ストなどを組織した。

**せんきょう-し【宣教師】** ①宗教を広める人。②キリスト教を広めるため、異教の地に派遣される司祭や牧師。伝道師。missionary

**ぜんきょう-せん【前胸▼腺】** 昆虫の前胸にある一対の内分泌腺。脱皮や変態を誘導するホルモンを分泌する。prothoracic gland

**ぜんきょうせん-ホルモン【前胸▼腺ホルモン】** 脱皮ごとに分泌され、脱皮や蛹化・成虫化などの変態をうながすホルモン。昆虫の前胸腺などから分泌される。エクジソン。prothoracic gland hormone

**せん-きょうそん【銭▼杏▼邨】**(一九〇〇—七七) 中国の文芸評論家・文学史家。筆名は阿英など。安徽省生まれ。著書『晩清小説史』など。

**ぜん-きょうとう【全共闘】**《「全学共闘会議」の略》昭和四三～四四年(一九六八～六九)の全国的な大学闘争の主体となった学生の運動組織。

**せんぎょう-のうか【専業農家】** 世帯人員に、自家の農業以外の職業に従事する者がいない農家。full-time farmer 対義 兼業農家。

**ぜん-きょうふう【全強風】** 風力階級で一〇の風(毎秒二四・五～二八・四m)。樹木が根こそぎになり、人家に大損害が出る。storm

**ぜんぎょう-ほうべん【善▽巧方便】**《仏教語》仏・菩薩が衆生の能力・素質に応じ、適切な方法を用いて教導すること。

**ぜん-きょうれん【全共連】**《「全国共済農業協同組合連合会」の略》農協共済の全国組織。農業協同組合法に基づき昭和二六年(一九五一)に設立。

**せんきょ-うんどう【選挙運動】** 選挙において当選をはかるために行う演説・広告・勧誘などの活動。事前運動の禁止、選挙費用・選挙方法の制限などが公職選挙法で規定されている。election campaign

**せんきょ-かんしょう【選挙干渉】** 公的権力が与党候補を支援し、反対党候補の選挙活動を妨害・弾圧すること。明治二五年(一八九二)の第一次松方内閣、大正三年(一九一四)の第二次大隈内閣、昭和三年(一九二八)の田中内閣の選挙干渉が有名。

**せんきょかんり-いいんかい【選挙管理委員会】** 選挙に関する事務を管理する合議制の執行機関。中央選挙管理委員会と、都道府県市区町村に設けられる地方選挙管理委員会がある。選管。Election Administration Committee

**せん-きょく【戦局】** 戦争・勝負のなりゆき。戦争の局面。war situation 比較 戦況。

**せん-きょく【選曲】**(名・サ変他) 多くの音楽の曲の中からえらび出すこと。selection of music

**せん-きょく【選局】**(名・サ変他) 受信機や受像機で、視聴する放送局を選ぶこと。tuning

**せんきょ-く【選挙区】** 選挙のさいに、選出される議員の数を定め有権者を区分する地域的基準。小・中・大選挙区がある。constituency

**せん-ぎょく【▼顓▼頊】** 中国古伝説の五帝の一人。黄帝の孫で、子は鯀、孫は禹王とされる。

**ぜん-きょく【全曲】** ①すべての曲。all music ②その曲全部。complete piece

**ぜん-きょく【全局】** ①物事の全体。全局面。whole aspect 用例 —を見渡す。②碁・将棋で、定められた全部の対局。

**せんきょ-けん【選挙権】** 対義 被選挙権。①一般に、選挙で投票する権利。suffrage ②国会議員や、その他公職につく者の選挙で、投票する権利。suffrage

**せんきょ-こう【選挙侯】** 選帝侯の別称。

**せんきょ-こうえい【選挙公営】** 費用のかからない公正な選挙を行うため、候補者の支出費用を公費で一部負担する制度。public management of election

**せんきょ-こうほう【選挙公報】** 公職選挙のさい、選挙管理委員会が有権者に候補者の経歴・政見などを知らせるために発行する文書。official gazette for election

**せんきょ-せいど【選挙制度】** 首長・議員や代表者・役員などを一定の有資格者の投票によって選任する制度。election system

**せんきょせいど-しんぎかい【選挙制度審議会】** 選挙区や議員定数、資金規制などを検討するため昭和三六年(一九六一)に設置された内閣総理大臣の諮問機関。

**せんきょ-そしょう【選挙訴訟】** 選挙の手続きに欠陥があるとして、その選挙の全部または一部の無効を求める訴訟。suit against an election

**せんきょ-にん【選挙人】** 選挙をする資格をもつ人。qualified voter

**せんきょにん-めいぼ【選挙人名簿】** 選挙権のある者を登録した名簿。選挙人の資格を公証するもので、市町村などの選挙管理委員会が作成、永久に保管する。永久選挙人名簿。pollbook

**せんきょ-はんざい【選挙犯罪】** 公職選挙法に違反する犯罪。とくに事前運動や買収など、選挙運動に関するものをさす。

**せん-ぎり【千切(り)・繊切(り)】** 野菜などを線のように細く切る切り方。また、切ったもの。

**せん-きん【千金】**《一〇〇〇両の意》①多額の金銭・財貨。large sum of money ②価値の大きいこと。priceless value 用例 一字—。一刻—。

**千金の裘は一狐の腋に非ず**(せんきんのきゅうはいっこのえきにあらず)《キツネのわきの下の皮でつくる高価な皮衣は、一匹のキツネの皮ではつくれない意から》国を治めるには衆知を集める必要があるというたとえ。

**千金の子は市に死せず**(せんきんのこはいちにしせず)《『史記』越世家にある語》金持ちの子は自重し軽はずみなことはしないというたとえ。また、金の力で危険を逃れることができるというたとえ。

**せん-きん【千▼鈞】** ①尺貫法での目方三万斤に当たる重さ。一鈞は三〇斤、一斤はほぼ六〇〇g。②非常に重いこと。great weight

**千鈞の重み**(せんきんのおもみ) 非常に重要なこと。不動の価値。very important

**ぜん-きん【前金】** 品物を受け取る前に、また、仕事の仕上がる前に代金を払うこと。その代金。まえばらい。まえきん。payment in advance

**ぜんきん-せん【漸近線】** 曲線に無限に近づいていく直線。座標上の曲線が、原点から遠ざかるにつれて限りなく近づいていく一定の直線。asymptote

**ぜん-きんだいしゃかい【前近代社会】** 近代社会以前の諸社会の総称。生産力の未発達、自給自足性、身分的固定性、共同体による規制などを共通の特徴とする。premodern society

**ぜん-きんだいてき【前近代的】**(形動) 古めかしくて、合理性にかけたさま。premodern 対義 近代社会。

**せん-く【先駆】**(名・サ変自) ①さきがけ。前駆。outrider ②人よりも先に行うこと。advancement

**せん-く【選句】**(名・サ変自) 俳句をえらぶこと。また、そのえらんだ俳句。用例 —集。

**せん-ぐ【船具】** 船舶の運航に必要な道具。舵・碇・帆装具・索具・櫓櫂など。ふなぐ。ふなどうぐ。ship's fittings

**ぜん-く【前駆】**(名・サ変自) 馬などに乗って行列などの先に立ってみちびくこと・人。先乗り。先駆。outrider

**せん-ぐう【遷宮】**(名・サ変他) 神社で神殿を新造、修理するとき神座を移すこと。また、その儀式。本殿から仮殿へ移すのが仮殿遷宮(=外遷宮)、仮殿から本殿へ移すのが本殿遷宮(=正遷宮)。遷座。みやうつし。

**せんく-しゃ【先駆者】** ①さきがけする人。outrider ②ふつうの人より早く事をし、また予見した人。パイオニア。pioneer

**ぜんく-しょうじょう【前駆症状】** 伝染病や癌・脳出血・てんかんなどの病気が本格化する前に起こる頭痛・食欲不振などの症状。prodromal symptom

**せん-くち【先口】** はじめの順番。先に申し込んだり約束した者。先約。前口。previous engagement 対義 後口。用例 —の約束がある。

**ぜん-くつ【前屈】**(名・サ変自他) 前へ曲がっていること。前へ曲げること。bend forward 対義 後屈。

**ぜんくねん-の-えき【前九年の役】** 平安後期、奥州の安倍頼時・貞任・宗任父子が起こした反乱。永承六～康平五年(一〇五一～六二)の一二年間。源頼義・義家が平定し、後三年の役とともに源氏が東国に勢力を張る契機となった。

**ぜんく-ほうでん【前駆放電】** 落雷のさい、はじめに雲から地面に向かう放電。このあと、地面から雲へ主放電が起こる。leader stroke

**せん-くん【先君】** ①先代の君主。late lord ②死んだ父。亡父。先考。one's late father ③祖先。ancestor

**ぜん-ぐん【全軍】** 軍隊の全部。総軍。whole army

**せんぐん-ばんば【千軍万馬】** ①多くの兵士と軍馬。大軍。large army ②多くの戦い。many battles 用例 —の古つわもの。

**せん-け【千家】** 千利休を祖とする茶道三家の総称。表千家・裏千家・武者小路千家のこと。三千家。

**せん-げ【宣下】**(名・サ変他) 天皇がことばを述べること。宣旨を下すこと。

**せん-げ【遷化】**(名・サ変自)《仏教語。他の世にうつる意》高僧が死ぬこと。

**ぜん-け【禅家】** ①禅宗。②禅寺。③禅僧。

**せん-けい【扇形】** =おうぎがた。①扇を開いた形。sector ②中心角一八〇度以下の、円の二つの半径と円弧で囲まれた図形。sector ↓円図

**せん-けい【船形・船型】** 船の形。主として、水面下の船体形状をいう。また、外形によって



↓ 行き先項目、図版・写真参照印。 JIS 日本工業規格情報交換用漢字符号コード(区点コード)。

区別される船のタイプをいう。ship form

**せん-けい【▼箭形】** 植物の葉脚の形の一つ。基部が左右に張り、柄のところがへこんだ形。やじり形。sagittate

**せん-けい【線形】** ①線のように細長い形。line shape ②葉形の一つ。狭い薄い葉で、両側のふちの線が平行している形。

**ぜん-けい【全形】** ①全部の形。whole shape ②完全な形。complete form

**ぜん-けい【全景】** ①全体の景色。complete view ②建物・山などの全部の姿を一つの画面にあらわしたもの。panoramic

**ぜん-けい【前掲】**(名・サ変他) 前にかかげ、述べたこと。above-mentioned 用例 ―論文を参照のこと。

**ぜん-けい【前景】** 対義 後景・背景。①手前のほうの景色。また、眼前に見える景色。②絵や写真などで、人物の前にある、ちょっとした風物。foreground ③舞台の手前のほうにしつらえる舞台装置。foreground

**ぜん-けい【前傾】**(名・サ変自) からだが前にかたむくこと。forward-bent 用例 ―姿勢をとる。

**せんけい-か【線形化】** 自然科学や経済学において、複雑な現象を単純な要素の和に帰着させ、ある傾向や性質などを導きだす数学的処理法の一つ。linearization

**せんけい-かそくき【線形加速器】** 荷電粒子加速器の一つ。加速のため電極を直列に並べ、高周波電場によって荷電粒子を加速する装置。linear accelerator

**せんけい-くうかん【線形空間】** ↓ベクトルくうかん(ベクトル空間)

**せんけい-けいかくほう【線形計画法】** ↓リニアプログラミング

**せんけい-だいすう【線形代数】** ベクトル空間の理論を研究する数学の一分野。行列が重要な役割を果たす。linear algebra

**せんけい-どうぶつ【線形動物】** 線虫類と線形虫類(ハリガネムシ類など)の総称。袋形動物門の大部分を占める。鉤頭虫類を含めることもある。体は細長く、長さ数ミリメートル～一m。横断面がまるく、円形動物ともよばれる。nemathelminth

**ぜんけい-どうぶつ【▼蠕形動物】** 体が細長く、左右対称で足をもたない下等動物の総称。ミミズのように蠕動して行動する。環形動物・扁形動物・線虫など。蠕虫類。

**せん-けつ【先決】**(名・サ変他) 先に決めること。prior decision 用例 ―問題。

**せん-けつ【専決】**(名・サ変他) ひとりで決めること。勝手にはからうこと。用例 独断―。

**せん-けつ【潜血】** ↓せんしゅっけつ(潜出血)

**せん-けつ【鮮血】** 体から流れ出たばかりの新しい血。生き血。fresh blood 用例 ―がほとばしる。

**せん-げつ【先月】** 今月の前の月。あとげつ。去月。客月。前月。last month

**ぜん-げつ【前月】** ①先月。last month ②前の月。former month

**せんけつ-しょぶん【専決処分】** 地方公共団体の長が、議会が議決すべき事項を特定の場合に代わって処理すること。

**せんけつ-はんのう【潜血反応】** 糞便中のごく微量の出血を化学的に検出する方法。消化管出血の診断に用いる。occult blood reaction

**せんげ-もとまろ【千家元▼麿】**(一八八八～一九四八) 詩人。東京生まれ。『白樺』同人。日常生活を人道主義的な目でみつめた簡素な口語詩を書いた。詩集『自分は見た』など。

**せんけ-りゅう【千家流】** 茶道流派の一つ。千利休を祖とする三千家の流儀の総称。

**せん-けん【先見】** 事の起こる前に、それを見抜くこと。foresight

**先見の明**(せんけんのめい) 事の起こる前に見抜く見識。foresightedness

**せん-けん【先遣】**(名・サ変他) 先につかわすこと。send forward

**せん-けん【先賢】** 昔の賢人。前賢。先哲。ancient sage

**せん-けん【専権・▼擅権】** 自分の思うままに権力をふるうこと。arbitrary power 用例 ―を振るう。

**せん-けん【浅見】** あさはかな見識。shallow view 用例 ―を恥じる。

**せん-けん【繊▼妍】**(形動トタル) 姿が、ほっそりとして美しいさま。

**せん-けん【▼嬋▼娟】**(形動トタル) あでやかに美しいさま。

**せん-げん【千言】** 多くのことば。many words

**せん-げん【宣言】**(名・サ変他) 団体・個人・国家などが、意見・態度・方針を公表すること。declaration

**ぜん-けん【全県】** ①県下全部。②すべての県。

**ぜん-けん【全権】** ①すべての権限。full power ②「全権委員」の略。

**ぜん-けん【前件】** ①前に述べたこと・物件。aforementioned ②以前の事件。previous case ③哲学で、仮言的な文中での、条件を示す部分。antecedent

**ぜん-げん【前言】** ①前に述べたことば。one's previous remarks 用例 ―を取り消す。②昔の人の言ったことば。remarks of predecessors

**ぜん-げん【漸減】**(名・サ変自他) だんだんにへること。へらすこと。逓減。gradual decrease 対義 漸増。

**ぜんけん-いいん【全権委員】** 条約の締結などのため国家を代表して派遣され、交渉の全権を委任された委員。日本では外務公務員法の規定にしたがって任命される。plenipotentiary

**ぜんけん-いにんじょう【全権委任状】** 外国との交渉や国際会議などに派遣される委員に、交渉の全権を与える旨を記して元首が与える公文書。commission of full power

**せん-けんえき【銭謙益】**(一五八二～一六六四) 中国、明末清初の文人。字は受之。号は牧斎。常熟の人。艶麗な詩風で呉偉業と並び称された。詩文集『初学集』『有学集』など。

**ぜんけん-こうし【全権公使】** 外交使節団のなかで大使に次ぐ地位にあり、条約締結の権限を与えられた者。特命全権公使。envoy extraordinary and minister plenipotentiary

**せんげん-しんこう【浅間信仰】** 富士山の神霊を祭った浅間神社に対する信仰。近世に富士講、浅間講の形で盛行し、全国に広まった。

**せんげん-じんじゃ【浅間神社】** 静岡県富士宮市宮町にある旧官幣大社。祭神は木花開耶姫命ほか二神。駿河国一の宮。あさまじんじゃ。富士山本宮浅間大社。

**せんけん-たい【先遣隊】** 本隊より先に行かせる小さな部隊。advance troop

**ぜんけん-たいし【全権大使】** 外交使節中最高の地位にある外務公務員。条約締結の権限を与えられ治外法権をもつ。特命全権大使。ambassador extraordinary and plenipotentiary

**せんけん-てき【先験的】**(形動) 哲学で、認識能力や判断力などが経験に先だち、先天的に備わっているさま。アプリオリ。transcendental 対義 後天的。

**せん-げんどう【銭玄同】**(一八八七～一九三九) 中国の学者・評論家。浙江省生まれ。急進的な文字改革論を唱え、歴史資料の再検討を力説。文学革命期の指導者の一人。

**せんげん-ばんご【千言万語】** 「千言」を強めた語。用例 ―を費やす。

**せん-こ【千古】** ①大昔。太古。ancient times ②永遠。万古。eternity

**せん-ご【先後】** さきとあと。前後。before and after

**せん-ご【戦後】** 戦争のあと。とくに、第二次大戦のあと。postwar 対義 戦前。

**ぜん-こ【全戸】** ①家じゅうの者みな。whole family ②全部の家。all the houses 用例 村の―。

**ぜん-こ【前古】** むかし。いにしえ。

**ぜん-ご【前後】** 一(名) ①前とうしろ。before and behind 対義 左右。②それくらい。about 用例 一〇〇〇円―。二(名・サ変自) ①引き続くこと。one after another 用例 ―して出発する。②順序が逆になること。be reversed 用例 話が―する。

**前後に暮れる**(ぜんごにくれる) 途方に暮れる。

**前後も知らず**(ぜんごもしらず) 正体がないさま。前後不覚。be unconscious

**前後を失す**(ぜんごをしっす) 順序を誤る。前後を失う。

**前後を忘ず**(ぜんごをぼうず) ①方角を失う。②処置に苦しむ。

**ぜん-ご【善後】** あとがよいように図ること。あとしまつをよくすること。用例 ―処置。

**ぜん-ご【漸悟】**《仏教語》順を追って、しだいにさとること。対義 頓悟。

**せん-こう【先行】** 一(名・サ変自) ①先に進むこと。precede 用例 二点を―する。②先に行われていること。用例 ―文献。二(名) 以前の行い。前行。previous action

**せん-こう【先考】** 死んだ父。亡父。先君。対義 先妣。

**せん-こう【先攻】**(名・サ変自) スポーツの試合などで、先に攻める側に立つこと。さきぜめ。attack first 対義 後攻。

**せん-こう【専行】**(名・サ変他) ①自分だけの考えで行うこと。arbitrary 用例 独断―。②気ままに行うこと。selfishness

**せん-こう【専攻】**(名・サ変他) 専門に研究すること。その範囲。major米; speciality英 比較 専門。用例 世界史を―する。

**せん-こう【▼穿孔】**(名・サ変自) ①穴をあけること。あけた穴。鑽孔。boring; hole ②消化管などの臓器の一部に、潰瘍や外傷などによって孔があいてしまった状態。胃穿孔など。perforation ③電子計算機で、情報を記録するために紙テープに穴をあけること。punch

**せん-こう【▼閃光】** 瞬間的にひらめく光。flash

**せん-こう【戦功】** いくさで立てた、てがら。軍功。military merit

**せん-こう【▼跣行】** はだしで歩くこと。

**せん-こう【遷幸】**(名・サ変自) ①天皇が常住の御所から他に移ること。②上皇が他の場所に行くこと。

**せん-こう【選考・▼銓衡・▼詮衡】**(名・サ変他) 調べて、適任者や、すぐれた作品をえらぶこと。審査。人選。selection

**せん-こう【選鉱】**(名・サ変自) 採掘した鉱石から有用鉱物を選別して、精錬に適するように鉱石の品位を高める作業。比重選鉱・磁力選鉱・静電選鉱・浮遊選鉱・放射能選鉱など。ore dressing

**せん-こう【潜行】**(名・サ変自) ①水中をもぐって行くこと。under water navigation ②人目をしのんで行くこと。微行。travel incognito ③社会の表面から姿を消して、ひそかに活動すること。go underground 用例 地下に―する。

**せん-こう【潜航】**(名・サ変自) ①潜水艦が水中にもぐって進航すること。submarine voyage ②ひそかに航海すること。secret voyage

**せん-こう【線香】** 香料の粉を線状に固めたもの。一端から火を点じて仏前に供える。数え方 一本・一束・一箱。

**せん-こう【繊巧】**(名・形動) 細かくて、たくみなこと・さま。delicacy 用例 ―をきわめる。

**せん-こう【鮮紅】** あざやかなくれない色。scarlet

**ぜん-こう【全校】** ①一つの学校全体。whole school 用例 ―生徒。②すべての学校。all schools 用例 県下の―。

**ぜん-こう【前項】** 対義 後項。①前の項目。preceding item ②数学で、二つまたは多くの項のうち、前のもの。antecedent

**ぜん-こう【善行】** よい行い。good conduct 対義 悪行。

**ぜん-ごう【前号】** ①前の番号。②新聞・雑誌など定期刊行物で、その前の号。last issue

**ぜん-ごう【善業】**《仏教語》よいむくいを受ける行い。五戒・十善などの行い。善根。対義 悪業。

**せんこう-カード【▼穿孔カード】** ↓パンチカード

**せんこう-き【▼穿孔機】** ①工作物に穴をあける機械。ボール盤。drill ②パンチカードに穴をあける機械。puncher

**せんこう-けい【旋光計】** 光学活性な物質の旋光度を測定する光度計。polarimeter

**ぜんこう-じ【善光寺】** 長野市元善町にある寺。単立寺院で天台宗の大勧進と浄土宗の大本願とで共同管理される。本尊の善光寺式阿弥陀三尊は、百済を経て渡来したわが国最古の仏像と伝えられる。

**せんこう-スペクトル【▼閃光スペクトル】** 日食のとき太陽の光球が月に隠された瞬間、また光球が月の縁から現れた瞬間に、スペクトル中の、通常は吸収線が現れる場所に見られる輝線スペクトル。flash spectrum

**せんこう-せい【▼閃光星】** 突然に明るくなる星。変光星の一種。低温度の赤色矮星。flare star

**せんこう-せい【旋光性】** ↓こうがくかっせい(光学活性)

**せんこう-だい【線香代】** 芸者などをあげたとき、時間によって払うお金。玉代。上方では、花代。

**せんこう-てい【潜航艇】** ①小型の潜水艦や、深海観測用の潜水艇。submarine boat ②潜水艦の旧称。



▼ 常用漢字表外。　▽ 常用漢字表の音訓外。

**せんこう-でんきゅう【▼閃光電球】** 夜間・室内などでの写真撮影のさい、光量不足を補うために用いる特殊電球。点火剤とアルミニウム・ジルコニウム線の発光剤、少量の酸素が封入してあり、電流を通じると瞬間的に閃光を発する。フラッシュランプ。flash lamp; flash bulb

**せんこう-ば【先行馬】** 競馬で、スタートから馬群の前方に位置してレースを進める馬。また、その脚質の馬。front-runner 比較 逃げ馬・差し馬・追い込み馬。

**せんこう-はなび【線香花火】** ①花火の一種。紙縒の先に黒色火薬をひねり込んだ小さなもの。火をつけると先端が小火球となり、火花を放散する。toy fireworks ②一時的にははなばなしいが、すぐに勢いがなくなること。flicker out

**せんこう-ふう【旋衡風】** 気圧傾度力と、旋回による遠心力とが釣りあって吹くと考えられる仮想の風。台風や竜巻の中心付近であてはまる。cyclostrophic wind

**せんこう-ぶんせき【旋光分析】** 物質の旋光性を利用した分析法。蔗糖など、旋光性をもつ物質の定量に用いる。polarimetric analysis

**ぜんこう-れん【全購連】**《「全国購買農業協同組合連合会」の略》農業協同組合員に生活や生産に必要な物資を供給することを目的とした中央機関。大正一二年(一九二三)設立。昭和二三年(一九四八)農業協同組合法に基づいて再発足。同四七年(一九七二)全販連と合併して全農となる。

**せんご-かいかく【戦後改革】** 第二次大戦後アメリカを中心とする連合軍の占領統治下で行われた、日本の政治・経済・社会の全面にわたる旧体制の改変と民主化のための一連の改革の総称。

**せんご-きょうこう【戦後恐慌】** 第一次大戦後の大正九年(一九二〇)、大戦中の好景気の反動として日本に起こった経済恐慌。

**せん-こく【先刻】**(名・副) ①さきほど。さっき。今しがた。a little while ago 用例 —お出かけになりました。②とっくに。前から。already 対義 後刻。用例 —ご承知のはず。

**せん-こく【宣告】**(名・サ変他) ①言い渡すこと。pronouncement ②刑事訴訟法上、公判廷で裁判長が判決を告げること。sentence

**せん-ごく【戦国】** ①豪族が各地にいて、互いに戦っている状態・時代。②戦いによって乱れた世の中。

**ぜん-こく【全国】** 国じゅう残らず。国全体。whole country

**ぜんこく-く【全国区】** 全国をまとめて一区とする選挙区。参議院選挙に適用されていたが昭和五八年(一九八三)廃止。対義 地方区。

**ぜんこく-こうこうサッカー【全国高校サッカー】** 高校日本一を決めるサッカートーナメント。各都道府県を代表する高校チームによって争われ、毎年一月、東京の国立競技場で決勝戦が行われる。

**ぜんこく-こうこうラグビー【全国高校ラグビー】** 高校日本一を決めるラグビートーナメント。各都道府県を代表する高校チームによって争われ、毎年一月、大阪の花園ラグビー場で決勝戦が行われる。

**ぜんこく-こうとうがっこうやきゅうせんしゅけんたいかい【全国高等学校野球選手権大会】** 高校野球二大大会の一つ。予選に勝ち残った全国各地区の代表が毎年夏に甲子園球場で優勝を争う。第一回大会は大正四年(一九一五)。

**せんごくさく【戦国策】** 中国の雑史。戦国時代の縦横家のたてた策略を集め、一二の国別に編纂した書。三三巻。前漢の劉向の編。

**ぜんこく-し【全国紙】** 全国的に刊行されている新聞。昭和一七年(一九四二)政府が新聞統合にあたって、日刊紙を全国紙・ブロック紙・地方紙(県紙など)に区別したことに由来する。現在は、朝日・読売・毎日・日経・サンケイの五紙。national newspaper

**せんごく-じだい【戦国時代】** ①中国で、春秋時代のあと(紀元前四〇三年)から、秦の始皇帝による統一(前二二一年)までの時代。②日本で、室町幕府がその実体を失い、各地の有力大名が覇を争った時代。応仁の乱から織田信長が天下統一の基礎を固めるまでの間。

**せんごく-しちゆう【戦国七雄】** 中国、戦国時代の七大強国。秦・楚・燕・韓・魏・趙・斉をいう。のち秦が強大となり中国を統一。

**ぜんこく-じんみんだいひょうたいかい【全国人民代表大会】** 中国全国人民代表大会の略称。

**ぜんこく-すいへいしゃ【全国水平社】** 水平社の正称。

**ぜんこく-そうごうかいはつけいかく【全国総合開発計画】** 国土総合開発法に基づき、国が作成する全国的な国土開発の基本的な計画。これまで、昭和三七年(一九六二)以来三次にわたり計画が作成され、第四次計画は策定中。

**せんごく-そうどう【仙石騒動】** 江戸後期、出石藩主仙石家に起きた後継藩主をめぐる御家騒動。藩主政美の死後、家老仙石左京が主家横領を企てたが幕府に知られ、天保六年(一八三五)左京らは断罪。

**ぜんこく-だいがくせんしゅけんラグビー【全国大学選手権ラグビー】** 大学日本一を決めるラグビートーナメント。関東(四校)・関西・中京(三校)・九州(一校)の各地区代表によって争われる。

**せんごく-だいみょう【戦国大名】** 戦国時代、守護大名にかわって台頭し、領域支配秩序を確立した領主。

**ぜんこく-てき【全国的】**(形動) ①全国に関するさま。nationwide ②全国に知られているさま。throughout the land

**せんごく-どおし**(ーどほし)**【千石通(し)・千石▼簁】** ふるいの一種。もみすりした米をふるって、米ともみがらとを選別する農具。万石通し。↓図

● 千石通し

**せんごく-はら【仙石原】** 神奈川県南西部、箱根の芦ノ湖から北に広がる高原。箱根火山による火口原湖が陸化したもの。湿原植物が残る。

**せんごく-ぶね【千石船】** 米一〇〇〇石程度を積める大型の和船。江戸時代には菱垣廻船や樽廻船などに用いられた。千石積み。

**せんごく-まめ【千石豆】** フジマメの別名。

**ぜんこく-モーターボートきょうそうかいれんごうかい【全国モーターボート競走会連合会】** 競艇競技の公正な運営のために、選手や審判員、検査員の養成・認定や登録などの業務を行う社団法人。モーターボート競走法により設立。

**せんこく-ゆうよ【宣告猶予】** イギリスやアメリカで発達した、犯人に対し一定期間刑の宣告を猶予する制度。犯人の自発的な改善更生を期待するもの。conditional release

**ぜんご-さく【善後策】**《「前後策」は誤り》あとしまつのくふう。remedial measures 用例 —を講ずる。

**せん-こつ【仙骨・薦骨】** ①脊柱の下端、骨盤の後壁をなす骨。五個の仙椎として発生するが、出生までに融合して一個の骨となる。sacrum ②《「仙骨」で》仙人のように世俗を超越した非凡の人相・姿。

**せんこつ-そう【洗骨葬】** 葬制の一種。仮埋葬した遺体を取り出し、骨を洗って容器に収め、本葬にする。現在も中国・台湾・沖縄の一部に存在。複葬。

**せんご-は【戦後派】** ①日本で、第二次大戦の敗戦後の変革期に、青年期を迎えた人々。現実主義や刹那主義などが特徴。アプレゲール。postwar generation 対義 戦前派・戦中派。②↓せんごはぶんがく(戦後派文学)

**せんごは-ぶんがく【戦後派文学】** 第二次大戦後から昭和二五年(一九五〇)ごろまでに登場した、野間宏らの新人作家たちの文学をいう。

**せんごひゃくばんうたあわせ**(ーあはせ)**【千五百番歌合】** 鎌倉初期の歌合。建仁元年(一二〇一)後鳥羽院が三〇人に詠進させた百首歌を歌合としたもの。判者は藤原俊成ら一〇人。

**せんこ-ふえき【千古不易】** 永久に変わらないこと。eternal

**ぜんご-ふかく【前後不覚】** 正体を失って前後の区別もつかないこと。loss of consciousness 用例 —にねむりこける。

**ぜんこ-みぞう【前古未▼曾有】** ↓ここんみぞう(古今未曾有)

**ぜん-こん【前根】** 脊髄からのびる末梢神経で、脊髄の前側面から出た運動性の神経。腹根。ventral root 対義 後根。

**ぜん-ごん【善根】**《仏教語》よい果報を受けるもととなる行い。また、よい果報を招くであろう善の業因を言う。徳本。功徳。善業。ぜんこん。用例 —を積む。

**せん-ざ【遷座】**(名・サ変他) 神体・仏像、天皇の御座所を他に移すこと。

**ぜん-ざ【前座】** ①落語家・講談師などの芸人の階級の最下位。寄席などで初めのほうに出演したり、楽屋内の雑事を行う。また、その芸人。対義 二つ目・真打ち。②歌謡ショーなどで、スターの前に出演する歌手。minor performer

**センサー【sensor】** 温度・圧力・音・光などの物理量を検知・検出・計測する装置。または、それを利用した計測器。

**せん-さい【先妻】** 前の妻。もとの妻。one's former wife 対義 後妻・先夫。

**せん-さい【浅才】**《けんそんしていう語》おとった才能。

**せん-さい【戦災】** 戦争による災害。war damage

**せん-さい【繊細】**(名・形動) ①細くて小さいこと・さま。かよわいこと・さま。fineness ②感情などがこまやかなこと・さま。デリケート。delicacy

**せん-ざい【千載】** 一〇〇〇年。長い年月。a thousand years 用例 悔いを—に残す。

**せん-ざい【▽前栽】**《「ぜんさい」とは読まない》庭に植えた草木。草木を植えこんだ庭先。

**せん-ざい【洗剤】** 衣服・食器などの表面に付着した汚れを除くために用いる物質。せっけん・合成洗剤などの界面活性剤をいう。洗浄剤。detergent

**せん-ざい【▼煎剤】** 生薬の有効成分を、水で煮沸抽出した薬液。煮沸しないで、生薬を水または温水中に浸して有効成分を抽出する冷浸煎剤と温浸煎剤がある。煎じ薬。decoction 比較 エキス剤。

**せん-ざい【潜在】**(名・サ変自) 対義 顕在。①ひそみかくれたままで、表面に現れないこと。latency ②心の中にかくれていること。subconsciousness

**ぜん-さい【前菜】** 食事の最初に出される軽い食物。通し・つきだし。オードブル。

**ぜん-ざい【善▼哉】** ①《よいかな、の意》他人の言行をほめる語。②関西で、田舎汁粉。関東で、餅・白玉団子などに濃いあんをかけた食べ物。

**せんざい-いしき【潜在意識】** ①《subconsciousness の訳語》精神病理学で、二重人格の場合、分離して意識されない意識。②無意識の別称。③前意識の通称。

**せんざい-いちぐう【千載一遇】**《一〇〇〇年に一度だけ会う意》めったにないよい機会。golden opportunity 用例 —の好機。

**せんさい-こじ【戦災孤児】** 戦災で両親を失った子ども。war orphan

**せんざい-しつぎょう【潜在失業】** 統計上は就業しているが労働能力と対応しない低位の雇用状態にあり、実質的には失業と見られる状態。potential unemployment 比較 不完全就業。対義 顕在失業。

**せんざい-しゅう【千載集】**『千載和歌集』の略称。

**せんざい-しゅけん【潜在主権】** 外国の支配下にある地域に残っている主権。かつてのアメリカ軍政下の沖縄に対する日本の主権など。residual sovereignty

**ぜんざい-どうじ【善財童子】**『華厳経』「入法界品」に登場する菩薩。法を求めて五三人、あるいは五五人の善知識を歴訪し、最後に普賢菩薩に会って法界に入ることを願うというもの。

**せんさい-の-せいしん【繊細の精神】**《パスカルの用語。esprit de finesse(フランス)》人間世界の複雑さを直観的、全体的に了解するしなやかな精神。対義 幾何学的精神。

**せんざい-ひこう【潜在非行】**《心理学用語》人が非行犯罪を犯す前に示す、非行の前兆となるような状況・行動・性格特性。前非行性。potential delinquency

**せんざい-もの【▽前栽物】** あおもの。野菜。

**ぜんさい-るい【前▼鰓類】** 鰓が心臓の前方に位置する巻き貝の仲間。巻き貝の大半を占める。すなわち後鰓類(アメフラシ・ウミウシなど)と有肺類(カタツムリ・ナメクジなど)以外の巻き貝。

**せんざいわかしゅう【千載和歌集】** 平安末期の第七番目の勅撰和歌集。二〇巻。後白河法皇の命により文治三年（一一八七）藤原俊成が撰進。翌年実質的な奏覧。幽玄の歌境を中心とし、その歌風は新古今調の基盤となった。総歌数一二八八首。平安中期から成立時までが選歌範囲。おもな歌人は源俊頼・藤原俊成・藤原基俊・崇徳院・俊恵・和泉式部・藤原清輔など。千載集。

**せんざき【仙崎】** 山口県北部、長門市の漁港地区。青海島と対し、橋で結ばれる。仙崎かまぼこが特産。

**せん-さく【▾穿▾鑿】**（名・サ変他）①掘り、うがつこと。excavation ②細かい点まで立ち入って調べること。inquiry into 用例 ―ずき。③小さいことまでとやかく言うこと。prying

**せん-さく【▾詮索】**（名・サ変他）さがすこと。さぐりもとめること。search

**ぜん-さく【前作】** ①前に作ったもの・作品。previous work ②前人の制作。先人の作品。③→おもてさく（表作）

**せんざ-さい【遷座祭】** 神殿の改築や改修にあたって、神霊を移すための祭り。遷宮祭。

**センサス【census】** ①人口調査。国勢調査。②さまざまの社会事象に対して国が行う統計調査全般。実態調査。用例 農林業―。

**ぜん-さつ【禅▾刹】** ①禅宗の寺。②寺院。

**せんさ-ばんべつ【千差万別】**（名・形動）きわめて多くの差異があること・さま。さまざまに変わっていること・さま。infinite variety

**ぜん-ざん【全山】** ①すべての山。all mountains ②山全体。満山。whole mountain 用例 ―の紅葉。③大きな寺院の全体。

**せんざん-こう【▾穿山甲】** センザンコウ科の動物の総称。顔と腹以外は全身うろこでおおわれる。体長七五～一五〇cm。夜行性。歯はなくシロアリなどをなめとる。南・東南アジアに三種、アフリカに四種が分布。pangolin →図

●センザンコウ

**ぜん-さんそようきゅうりょう【全酸素要求量】** 水質汚濁の指標の一つ。試料を燃焼させたとき、試料中の有機物によって消費される酸素量。TOD。total oxygen demand

**せん-し【先史】** 歴史以前。prehistory 比較 前史。

**せん-し【先師】** ①死んだ師匠。late instructor ②前代の賢人。先賢。ancient sage

**せん-し【▾穿刺】** 治療や検査のため体内に針を刺し、体液や組織を採取すること。診断の決定的根拠になることが多い。骨髄穿刺・腹腔穿刺など。puncture

**せん-し【戦士】** ①戦場に出る兵士。soldier ②ある事業や運動に参加して奮闘する人・選手。fighter

**せん-し【戦史】** 戦争の歴史。war history

**せん-し【戦死】**（名・サ変自）戦場で戦って死ぬこと。戦没。death in battle 比較 戦病死。

**せんじ【▾煎じ】** せんじ出すこと。infusing

**せん-じ【宣旨】** 天皇の命（＝勅旨）を下達するための公文書の形式の一つ。詔勅とくらべて簡単な手続きが特色。

**せん-じ【戦時】** 戦争中。wartime 対義 平時。

**ぜん-し【全姿】** 全体のすがた。全貌。全容。

**ぜん-し【全紙】** ①一つの紙面全部。full-page ②全部の新聞。all newspapers ③製紙工場でき上がってA判・B判などの大きさに断裁したままの紙。uncut paper ④写真の焼きつけ用紙の最大の大きさ。普通サイズで四五七mm×五六〇mm。

**ぜん-し【前史】** ①ある歴史の成因を説明するための、それ以前の歴史。history of the preceding time ②昔の歴史。history of old time 比較 先史。③ある時代の前半の歴史。history of preceding age

**ぜん-し【前肢】** 脊椎動物の四肢のうちの前方の一対。昆虫では、三対のあしのうち、いちばん前方の一対。まえあし。foreleg 対義 後肢。

**ぜん-し【前▾翅】** 昆虫類で、二対の翅のうち、まえの一対。→昆虫図

**ぜん-じ【全治】**（名・サ変自）→ぜんち（全治）

**ぜん-じ【前事】** 以前にあった事柄。

**前事の忘れざるは後事の師也**（ぜんじのわすれざるはこうじのしなり）前事を心にとめておけば、後事を行う参考となるということのたとえ。

**ぜん-じ【善事】** ①よいこと。good 対義 悪事。②めでたいこと。吉事。happy event

**ぜん-じ【禅師】** ①すぐれた法師。②知徳の高い禅僧に朝廷がおくった称号。用例 一休―。

**ぜん-じ【漸次】**（副）だんだん。しだいに。gradually

**せんじ-インフレ【戦時インフレ】** 戦争が始まって軍需産業への投資が活発化するのにともない、他の物品価格が高騰して起こるインフレーション。軍需インフレ。wartime inflation

**せんじ-きんせいひん【戦時禁制品】** 戦時国際法で、交戦国の一方が、中立国から他方の交戦国への供給を禁止できる物品。contraband of war

**せんじ-ぐすり【▾煎じ薬】** 成分を煮出して、その汁を飲む薬。infusion

**せんじ-けいざい【戦時経済】** 戦争時に、政府が戦争を遂行する上で都合がよいように統制する経済。wartime economy

**せんじ-こうさい【戦時公債】** →ぐんじこうさい（軍事公債）

**せんじ-こくさいほう【戦時国際法】** 戦時に適用される国際法の総称。交戦国との関係を規律する交戦法規と、中立国との関係を規律する中立法規に分けられる。international law in time of war

**せんし-じだい【先史時代】** 文献史料のまったく登場しない時代。日本では縄文時代以前をいう。prehistoric age

**せんじ-たいせい【戦時体制】** 戦争時に、戦争の遂行という目的に対応してしかれる国内体制。war regime

**せんじ-ちゃ【▾煎じ茶】** せんじて飲む茶。

**せん-しつ【船室】** 船の乗客のための部屋。キャビン。cabin

**せん-じつ【先日】**（名・副）先の日。このあいだ。過日。the other day

**せん-じつ【選日】** 暦注の中で、主として、日の吉凶を判断する種類のもの。また、暦注によって吉日を選ぶこと。

**ぜん-しつ【禅室】** ①禅を修行するへや。②禅僧の居間。転じて、禅宗の住持。③仏門に入った貴人の敬称。

**ぜん-じつ【全日】** ①まる一日。all day long ②毎日。everyday

**ぜん-じつ【前日】** 前の日。the day before 対義 翌日。

**ぜんじつ-せい【全日制】** →ぜんにちせい（全日制）

**せんじ-つ・める【▾煎じ詰める】**（下一他）①極度までせんじる。boil down ②とことんまで論じつくす。boil down

**せんじつ-らい【先日来】**（副）数日前から今までの間。for the last few days

**センシティビティー-トレーニング【sensitivity training】** →エスティほう（ST法）

**センシティブ-アイテム【sensitive item】** 輸入自由化で外国品と競争した場合、国内生産者が明らかに影響を受けて重大な損害をこうむるおそれのある国産品目。

**ぜん-じどう【全自動】** 全部が自動的に作用すること。automatic 用例 ―洗濯機。

**せんし-ないしんのう【選子内親王】**（九六四～一〇三五）平安中期の女流歌人。村上天皇の皇女。天皇五代にわたり賀茂神社の斎院となり、大斎院と称された。家集『発心和歌集』など。

**せんし-ばんこう【千思万考】** さまざまに思い考えること。千思万慮。

**せんし-ばんこう【千紫万紅】** 種々さまざまのいろどり。色とりどりの花が咲き乱れること。

**せんし-ばんたい【千姿万態】** さまざまの、違ったすがた・形。

**センシビリティー【sensibility】** 感受性。敏感。

**センシブル【sensible】**（形動）感受性の強いさま。敏感であるさま。

**せんじ-もん【千字文】** 漢字一〇〇〇字からなる四字句の詩文。中国、梁の周興嗣撰。習字の手本などに用いられた。

**せん-しゃ【洗車】**（名・サ変自）自動車などを洗うこと。wash a car

**せん-しゃ【戦車】** ①火砲・機関銃などを搭載し、機動力を備えたキャタピラー式装甲戦闘車両。地上戦闘の主力兵器。tank ②馬で引く、兵士の戦闘用の車。兵車。

**せん-じゃ【選者】** 作品などをえらぶ人。selector

**せん-じゃ【▾撰者】** ①詩文の作者。author ②詩文などをえらび、序を書くなど、編集して書物にまとめる人。編者。editor

**ぜん-しゃ【全社】** ①すべての会社。all the companies ②その会社全体。whole company 用例 ―一丸となる。

**ぜん-しゃ【前車】** 前を行く車。preceeding vehicle

**前車の覆るは後車の戒め**（ぜんしゃのくつがえるはこうしゃのいましめ）前人の失敗は後人の戒めとなる。Learn wisdom from the follies of others.

**前車の轍を踏む**（ぜんしゃのてつをふむ）前人の失敗を、そのまま繰り返す。前轍を踏む。repeat one's predecessor's mistakes

**ぜん-しゃ【前者】** 前にあげた二つのうちの、先のほうのもの・こと。the former 対義 後者。

**せん-しゃく【浅酌】**（名・サ変自）ほどよく酒を飲むこと。あっさりとした酒もり。

**せん-じゃく【繊弱】**（名・形動）か弱いこと・さま。きゃしゃ。delicate

**ぜん-しゃく【前借】**（名・サ変他）まえがり。さきがり。advance

**ぜんしゃく-きん【前借金】** 将来得る賃金を返済にあてることを約束して、使用者から借りる金銭。労働基準法はこれを禁止している。advance on salary

**せんしゃく-ていしょう【浅酌低唱】**（名・サ変自）酒を静かに飲み、小声でうたい興じること。また、そのような小酒宴。

**せんじゃ-ふだ【千社札】** 千社参りのさい、その証として社殿などに張りつける紙札。氏名・生国などを図案化し、印刷したもの。→写

●千社札

**せんじゃ-もうで【千社▾詣（で）】** 一〇〇〇の神社を巡拝すること。参拝の証として千社札を社殿に張りつける。千社参り。

**せんしゃ-ようりくかん【戦車揚陸艦】** 上陸作戦用の輸送艦。上陸地点の海岸に乗りあげて船首の扉を開き、戦車や自走砲などが自力で上陸する。LST。landing ship tank

**せん-しゅ【先取】**（名・サ変他）他の者より先に取ること。さきどり。take first 用例 ―点。

**せん-しゅ【船主】** 船の持ち主。ふなぬし。shipowner

**せん-しゅ【船首】** 船の前部。へ。みよし。へさき。bow 対義 船尾。

**せん-しゅ【▾腺▾腫】** 分泌腺の上皮細胞にできる良性の腫瘍。卵巣・乳腺・胃腸などにできやすい。アデノーマ。adenoma

**せん-しゅ【▾僭主】** ①かってに帝王を名のる人。②古代ギリシアで、非合法に主権を得た独裁的支配者。貴族政から民主政への過渡期に輩出。tyrant

**せん-しゅ【選手】** ①よりすぐった人。②えらび出されて試合に出る資格をもつ、競技者。representative player ③職業としてある競技をする人。professional player

**せん-しゅ【繊手】** 女性の、しなやかな手。用例 ―柳腰の佳人。

**せん-じゅ【千手】**「千手観音」の略。

**せんじゅ【千住】** 東京都、足立区南部の地区。旧宿場町。隅田川と荒川にはさまれた商工業地区。隅田川以南の荒川区南千住を含めていうこともある。

**せん-しゅう【千秋】** ①一〇〇〇年。千載。a thousand years 用例 一日―の思い。②永遠。eternity

**せん-しゅう【先週】** 今週の前の週。last week 対義 来週。

**せん-しゅう【専修】**（名・サ変他）もっぱら一部門だけをおさめること。major米; speciality英 用例 語学を―する。

**せん-しゅう【選集】** 代表的な作品をえらび集めた書。selection 比較 撰集・全集。

**せん-しゅう【▾撰修】**（名・サ変他）書物・文書を著すこと。また、編集すること。用例 国史の―。

**せん-しゅう【泉州】** 和泉国の。

**せんしゅう【泉州】** 中国、福建省南東部、晋江河口の都市。農林産物の集散地。宋・元代は中国最大の貿易港であった。人口四二・七万（一九八四）。チュワンチョウ。

**せん-じゅう【先住】** ㊀（名・サ変自）以前からその地に住んでいること。用例 ―民族。㊁（名）《仏教語》先代の住職。対義 後住・当住。

▾常用漢字表外。　常用漢字表の音訓外。

**せん-じゅう【専従】**(名・サ変自) その仕事だけに従事すること。full-time 比較専任。用例組合の—者。

**せん-じゅう【▼撰集】**(名・サ変他) 詩歌・文章をえらび、序を書いたりして編集すること。また、その書物。selection 比較選集。対義家集。

**ぜん-しゅう【全集】** 個人または同時代・同種類のすべての作品を集めた書物。complete works 対義単行本。

**ぜん-しゅう【前週】** ①この前の週。先週。last week 対義来週。②その週の前の週。the week before

**ぜん-しゅう【禅宗】** 座禅を教義・行法の中心とする仏教の宗派の一つ。インドの達磨が中国に伝えたとされる。中国では六祖慧能・神秀にいたって宗風が確立。以後、臨済宗・曹洞宗など五家七宗と称される諸宗派がおこり、鎌倉時代、栄西・道元によって日本に伝えられた。江戸時代には隠元が、臨済禅の一派の黄檗宗の禅風を伝えた。

**ぜんしゅう【全州】** 韓国、全羅北道の道都。李氏発祥の地で、慶基殿・寒碧楼などの名勝・古跡が多い。人口四二・六万(一九八五)。チョンジュ。

**せんしゅう-がっこう【専修学校】** 職業や生活に必要な能力を育成し、教養の向上を図ることを目的とする学校。修業年限一年以上。専門学校。vocational college

**せんじゅうしょう【▼撰集抄】** 鎌倉前期の仏教説話集。九巻。西行作といわれたが、著者・成立時は未詳。霊験談・遁世談・高僧の逸話など約一〇〇話を収める。感傷的な美文調で、批評的・随想的傾向が目立つ。

**せんしゅう-ばんぜい【千秋万▽歳】** 人の長命を祝うことば。せんじゅばんぜい。

**ぜんしゅう-よう【禅宗様】** 鎌倉時代、中国から禅宗とともに伝来した寺院建築様式。木割りが細く、軒の反りが強い。屋根勾配は急で、細部装飾が多い。円覚寺の舎利殿などが代表例。唐様。↓写

●禅宗様 鎌倉市、円覚寺舎利殿。

**せんしゅうらく【千秋楽】** ①雅楽の曲名。左方の楽で、調子は盤渉調。舞はない。②《雅楽の『千秋楽』が最後に演奏されるためとも、演能の最後に能『高砂』の「千秋楽には…」をうたうところからともいう》演劇や相撲などの興行の最終日。らく。closing day 対義初日。③物事の最後。end

**せんじゅ-かんのん【千手観音】** 六観音の一つ。一〇〇〇の手をもち、てのひらに一〇〇〇の眼のあるという観世音菩薩。観音の大慈大悲が無量であることを表す。一般に一面三目または一一面を戴き、四二手の姿で表されることが多い。千手千眼観自在菩薩。千手。↓写

**せんしゅ-けん【選手権】** 運動競技や技芸などで、優勝した選手・チームに与えられる資格。championship 用例世界—。

**せんじゅ-じ【専修寺】** 三重県津市一身田にある真宗高田派の本山。親鸞が下野(現在の栃木県)の高田に創建した一寺に始まるとされる。第一〇世真慧が文明年間(一四六九〜八七)現在地に無量寿寺を建立、のち改称した。

**せん-しゅつ【選出】**(名・サ変他) えらび出すこと。選挙で人を決めること。election

**せん-じゅつ【仙術】** 仙人の行うわざ。

**せん-じゅつ【戦術】** 比較戦略。①作戦と戦闘をもっとも効果的にするための方策。戦略に対して、個々の戦闘の方策を言う。tactics ②ある目的を達するための手段や対策。a counter plan

**せん-じゅつ【▼撰述】**(名・サ変他) 詩歌・文章をえらび、また書き加えたりすること。

**ぜん-しゅつ【前出】** 文章などで、そこより前に出たこと、出したこと。above-mentioned

**ぜん-じゅつ【前述】**(名・サ変自) 前に述べたこと、述べた内容。aforementioned 対義後述。

**せんじゅつ-かくへいき【戦術核兵器】** 戦場で部隊・施設などの戦術的目標を破壊するための核兵器。近距離核ミサイル・核魚雷・核地雷など。戦術核。tactical nuclear weapon

**せんじゅつ-くうぐん【戦術空軍】** ①戦術爆撃を主任務とする航空部隊の一般的な呼称。警戒・偵察・迎撃なども行う。tactical air force ②(Tactical Air Command)アメリカ戦術空軍。所要部隊の組織、練成訓練、海外展開用予備戦力の維持を任務とする。TAC。

**せん-しゅっけつ【潜出血】** 糞便中に認められる胃腸からの微量の出血。肉眼ではわからず、化学的検査により証明される。潜血。occult blood

**せんじゅつ-ばくげき【戦術爆撃】** 軍用機によって相手の軍隊や兵器・資材・施設などの戦術的目標を爆撃すること。比較戦略爆撃。

●千手観音 唐招提寺(奈良県)。

**せんしゅ-とっけん【先取特権】** ↓さきどりとっけん(先取特権)

**せんじゅ-ねんぶつ【専修念仏】**《仏教語》ただひたすら念仏のみを唱えて、他の修行をしないこと。

**せんしゅ-ぼうえい【専守防衛】** 外敵の急で不正な直接的侵害に対する防衛のためだけに軍事力を行使すること。

**せん-しゅん【浅春】** 春の初め。早春。対義晩春・暮春。

**せん-しょ【選書】** 多くの書物の中からえらぶこと。えらんで発行した本。selected book

**せん-じょ【仙女】** =せんにょ。①女の仙人。②西洋の民話に出てくる、妖精。fairy

**せん-じょ【▼剪除】**(名・サ変他) 切って取り除くこと。cut off

**せん-じょ【▼蟾▼蜍】** ①ヒキガエル。toad ②《ヒキガエルが月にすむという中国の故事から》月の異称。

**ぜん-しょ【全書】** ある方面に関する文献や著述などを残らず収めた文書。complete collection 用例六法—。農業—。

**ぜん-しょ【善処】**(名・サ変自) 物事をうまく処理すること。act with prudence

**ぜん-しょ【善書】** ①文字を上手に書くこと・人。能書。能筆。達筆。良筆。②よい本。良書。

**善書、紙筆を択ばず**(ぜんしょ、しひつをえらばず) 「能書、筆を択ばず」と同意。

**せん-しょう【先勝】** 一(名・サ変自) 最初の試合・対局などで勝つこと。win the first match 二(名)《「先勝日」の略》六曜の一つ。急用・裁判などによいとする日。せんかち。

**せん-しょう【先▼蹤】** 前人のしたこと。先例。前例。

対義先負。

**せん-しょう【船▼檣】** 船のほばしら。また、船で無電アンテナの展張、船旗、航海灯などを取り付ける柱。マスト。mast

**せん-しょう【戦勝・戦▼捷】**(名・サ変自) 戦争に勝つこと。勝ちいくさ。victory 対義戦敗。

**せん-しょう【戦傷】** 戦争で負傷すること。戦争で受けた傷。war wound

**せん-しょう【▼僭称】**(名・サ変他) かってに上位の称号をとなえること。その称号。

**せん-しょう【選奨】**(名・サ変他) よいものをえらんで他にすすめること。recommendation 用例図書の—。

**せん-しょう【鮮少・▼尠少】**(形動)《「鮮」も「尠」も、すくない、の意》きわめて少ないさま。quite few

**せん-じょう【千丈】** ①一丈の一〇〇〇倍。②きわめて長いこと。being quite long

**千丈の堤も蟻の一穴より**(せんじょうのつつみもありのいっけつより) どんなに小さなことでもゆだんすると、たいへんなことになるたとえ。千里の堤も蟻の一穴より。A little leak will sink a great ship.

**せん-じょう【千乗】**《昔中国で、一〇〇〇台の兵車、の意》大大名。その領国。比較万乗。

**せん-じょう【洗浄】**(名・サ変他) 身心を洗い清めること。

**せん-じょう【洗▼滌・洗浄】**(名・サ変他)《「せんでき(洗滌)」の誤読が慣用化して》水をかけて、洗いすすぐこと。

**せん-じょう【扇情・▼煽情】**(名・サ変自他) 情欲・色情をあおること。sexual instigation

**せん-じょう【戦場】** 戦闘をしている場所。した場所。いくさのにわ。battlefield

**せん-じょう【▼僭上】**(名・形動) 長上をしのぐこと・さま。思い上がること・さま。せんしょう。用例—の沙汰。

**せん-じょう【線条】** すじ。線。line

**ぜん-しょう【全勝】**(名・サ変自) 競技・試合の全部に勝つこと。win all the games 対義全敗。用例—優勝。

**ぜん-しょう【全焼】**(名・サ変自他) 全部焼けること。まるやけ。be burned down 対義半焼。

**ぜん-しょう【前生】**《仏教語》生まれかわる前の世。前世。対義後生。

**ぜん-しょう【前▼哨】** 前方を警戒する部隊。outpost

**ぜん-じょう【禅定】**《仏教語。「禅」は dhyāna 梵の音写「禅那」の略、「定」はその漢訳》①心を一つに集中して、安定した状態にすること。②修験者が高山に登って修行すること。

**ぜん-じょう【禅譲】** 中国で、天子が位を世襲せず徳のある人にゆずったこと。

**せんじょう-が-たけ【仙丈ケ岳】** 長野・山梨県境、赤石山脈北部にある山。標高三〇三三m。斜面にカール地形を残す。

**せんじょう-が-はら【戦場ケ原】** 栃木県、男体山の西麓にある乾燥湿原。標高一四〇〇m。豊富な植物景観と湯川のマス釣りで知られる。

**せんじょう-けい【千丈渓・千畳渓】** 島根県中部にある渓谷。江の川の支流日和川が石英粗面岩を浸食してつくったもの。

**せんしょう-せき【▼尖晶石】** ①↓スピネル。②$AB_2O_4$の型の組成をもつ酸化鉱物族。AとBにあたる金属の組み合わせにより、スピネル系列・磁鉄鉱系列・クロム鉄鉱系列に分類される。

**ぜんしょう-せん【前▼哨戦】** ①前哨で行われる、小規模の戦闘。preliminary skirmish ②本格的な活動にはいる前に行われる、予備的な活動。小手調べ。warm-up

●扇状地 山梨県勝沼町。

**せんじょう-ち【扇状地】** 川が山中から平野や盆地に出るところにつくる扇形の堆積地形。その頂点を扇頂、中央を扇央、末端を扇端という。砂礫質であるため河川水の多くは伏流し、扇端で湧出する。alluvial fan ↓写

**せんじょう-てき【扇情的】**(形動) 情欲を強く刺激するさま。sensational 比較扇動的。

**ぜんしょう-とう【前照灯】** 自動車や電車などの前部にある照明灯。ヘッドライト。headlight

**せんじょう-びん【洗浄瓶】** 濾紙上の沈殿物を洗ったりするのに用い

●洗浄瓶

る細いノズルのついた容器。ガラス製もあったが、いまはプラスチック。洗瓶。washing bottle ↓写

**ぜんじょう-ほうばつ【禅譲放伐】** 中国の王朝革命に関する政治的観念。帝位を世襲によらず天命を受けた有徳者に譲渡するのが禅譲。徳のない帝王を武力で放逐するのが放伐。

**せんじょうもん-ぶんか【先縄文文化】** 先土器文化の別称。

**せん-しょく【染色】**(名・サ変他) 染料・顔料を用いて各種の材料や製品を着色すること。また、その色。繊維類の染色は、先染めと後染めに大別される。そめいろ。dyeing

**せん-しょく【染織】** 染め物・織物をつくる技術を総称する語。古くからの慣用語で、近代工業以前の手工芸的な技法をさす場合も多い。dyeing and weaving

**ぜん-しょく【前職】** 前についていた職業や職務。previous job

**ぜん-しょく【前▼蜀】** 中国、五代十国の一国。唐の節度使王建が蜀(四川)に入り、唐の滅亡後九〇七年に建国。九二五年後唐の李存勗により二代一八年で滅ぼされた。

**せんしょく-かがく【染色化学】** 染色の現象を有機化学・物理化学・高分子化学などの立場から研究する学問分野。chemistry of dyeing

**せんしょく-し【染色糸】** 細胞核内にある糸状構造。細胞分裂期の染色体で、これが幾重にも折りたたまれて染色体になる。螺旋糸。核糸。chromonema

**せんしょく-しつ【染色質】** 細胞の核内にある、DNAと核たんぱく質の複合体。真核細胞の有糸分裂間期の染色体をさしていう。chromatin

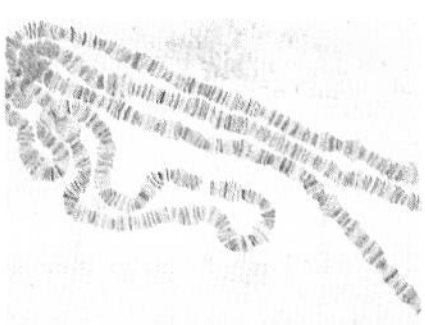
●染色体　クロショウジョウバエの唾腺染色体。

**せんしょく-たい【染色体】** 細胞内にあり塩基性色素で濃く染まるひも状の構造。多数の遺伝子(本体はDNA)が配列している。数と形は生物種により一定。ヒトでは、男女とも四六本ある。細胞が分裂するときに観察される。chromosome ↓写

**せんしょくたい-いじょう【染色体異常】** 生物のもつ染色体の数や形が突然変異により変化すること。これに伴い生物体の形質変化が起きる。染色体突然変異。chromosomal aberration

**せんしょくたい-ちず【染色体地図】** 染色体上の遺伝子の配列とその距離を図示したもの。連鎖地図・細胞学的地図など。chromosome map

**せんしょくたい-とつぜんへんい【染色体突然変異】** ↓せんしょくたいいじょう(染色体異常)

**せんしょく-ほう【染色法】** 生物体を観察しやすいように着色する方法。おもに、顕微鏡観察を目的に特定部分だけを染色する。たとえば、染色体には酢酸カーミンを使用。staining method

**せん・じる【▼煎じる】**(上一他) 茶・薬などを煮て、成分を出す。decoct

**せん-しん【先進】** 年齢・学芸・文化・地位などが、先に進んでいること・人。先輩。advanced 対義 後進。

**せん-しん【専心】**(名・サ変自) 一つのことに心をそそぐこと。専念。devote oneself to 用例 一意―。

**せん-しん【▼撰進】**(名・サ変他) 詩歌・文章・書物をつくったり、よりすぐったりしてたてまつること。

**せん-しん【線審】** テニス・サッカーなどで、競技場の内外などを区画する線の近くに位置して、ボールや選手の身体がその線を越えたか否かなどを判定する審判員。ラインズマン。linesman

**せん-しん【先▼秦】** 中国史上、紀元前二二一年の秦の始皇帝による中国統一以前の時代。一般に春秋戦国時代までをさす。

**せん-じん【千尋・千▼仞】**(「尋」は長さの単位、「仞」は深さ・高さの単位)非常に高く、または深いこと。fathomlessness 用例 ―の谷。

**せん-じん【先人】** ①昔の人。前人。predecessor 対義 後人・今人。②先祖。ancestor ③亡父。one's dead father

**せん-じん【先陣】** ①本陣の前にある陣。さきぞなえ。battlefront 対義 後陣。②一番乗り。さきがけ。the van 用例 ―争い。

**せん-じん【戦陣】** ①戦いの陣立て。battle array ②戦いのために陣をはった場所。戦場。battlefield

**せん-じん【戦▼塵】** ①戦場に立ちのぼるちり・すなぼこり。dust of the battlefield ②戦争のさわぎ。war tumult 用例 ―をさける。

**ぜん-しん【全身】** からだ全体。whole body 用例 ―麻酔。

**ぜん-しん【前身】** 対義 後身。①《仏教語》現世に生まれる前の身の上。②以前の身分・職業・状態。前歴。また、団体などの以前の形態。past 用例 ―を洗う。

**ぜん-しん【前信】** この前の通信。先便。

**ぜん-しん【前進】**(名・サ変自) 前へ進むこと。advance 対義 後退。

**ぜん-しん【前震】** 本震の前ぶれとしての小規模の地震。回数は余震より少ない。preliminary shake

**ぜん-しん【善心】** ①善良な心。対義 悪心。②《仏教語》仏の道を求める気持ち。菩提心。

**ぜん-しん【漸進】**(名・サ変自) 対義 急進。①ゆっくり進むこと。gradual progress ②時代・思想などが、順を追ってゆっくり進むこと。gradual progress

**ぜん-しん【前▼秦】** 中国、五胡十六国の一国。三五一年氐族の苻健が建国。都は長安。第三代苻堅は華北を統一し勢力を西域まで及ぼしたが、三九四年後秦によって滅亡。

**ぜん-じん【全人】** 知・情・意、肉体がバランスよくそなわった円満な人格者。全人格者。well-balanced person

**ぜん-じん【前人】** 昔の人。これ以前の人。先人。対義 後人。

**ぜん-じん【前▼腎】** 脊椎動物の個体発生で、最初に現れる腎。ヤツメウナギなど円口類では排出器官として、それ以外ではそれがやがて退化し、中腎さらに後腎にとって代わられる。pronephros

**せんしん-きょう【先▼秦鏡】** 中国、漢代以前の銅鏡の総称。ほとんどが戦国時代のもの。文様は饕餮怪獣・羽状・四葉などがある。

**ぜんしん-きょう【全真教】** 中国金代、華北に成立した道教の一派。開祖は王重陽。禅の影響を強く受け、坐禅などの修行を重んじた。

**ぜんじん-きょういく【全人教育】** 知育だけでなく、知・情・意の調和、身体・精神の統一的発達を目的とする全人格的な教育。all-round education

**せんじん-くん【戦陣訓】** 昭和一六年(一九四一)一月、陸相東条英機が全陸軍に布達した戦場での心得要綱。

**せんしん-こく【先進国】** 高度の経済的・文化的発展をとげた国。国民一人当たりの所得、工業水準などを目安とする。developed countries 対義 後進国。

**せんしんこくしゅのう-かいぎ【先進国首脳会議】** ↓サミット

**ぜんしん-ざ【前進座】** 劇団。歌舞伎俳優の河原崎長十郎・中村翫右衛門らが、歌舞伎界の封建性と独占的な興行資本に抵抗して昭和六年(一九三一)に結成。

**せんしん-せい【鮮新世】** 新生代第三紀を細分した場合の最後の時代。約五〇〇万年前~一七〇万年前。哺乳類の分化・大形化・特殊化が進んだ。Pliocene Epoch

**ぜんしん-せい【漸新世】** 新生代第三紀を細分した場合の三番目の時代。約三七〇〇万年前~約二四〇〇万年前。常磐や北九州の炭田地方にこの時代の地層が分布する。Oligocene Epoch

**ぜんしんせい-エリテマトーデス【全身性エリテマトーデス】** 代表的膠原病の一つであるエリテマトーデスのうち、全身の臓器が冒される重症のものをいう。原因は不明とされ、顔面紅斑・関節痛・発熱などの症状がある。汎発性紅斑性狼瘡。SLE。systemic lupus erythematodes

**ぜんしん-ぜんれい【全身全霊】** 身も心もすべて。all one's power 用例 ―を仕事にうちこむ。

**ぜん-じんだい【全人代】** 中国全国人民代表大会の略称。

**ぜんしん-てき【漸進的】**(形動) ゆっくり着実に進むさま。gradual 対義 急進的。

**せんしんどうさっき【洗心洞▼箚記】** 江戸末期の儒書。大塩平八郎著。天保四年(一八三三)成立。宋儒の語録の体裁で道学・理学の原理を論じ、陽明学を説いた。

**せんしん-ばんく【千辛万苦】**(名・サ変自) さまざまの難儀をすること。また、その苦労。hardships

**ぜんしん-びよう【全身美容】** 体全体の皮膚や筋肉を美しくすると同時に、均整のとれた体形づくりを目的とする美容法。beauty treatment

**ぜんしん-ますい【全身麻酔】** 外科手術などのとき、麻酔剤を中枢神経に作用させて全身の痛覚を喪失させる方法。general anesthesia 対義 局所麻酔。

**ぜんじん-みとう【前人未到】** まだだれも、その域・境地・水準などに達していないこと。unprecedented 用例 ―の業績。

**ぜんじん-みとう【前人未踏】** これまでだれも、その地点に足跡を残していないこと。untrodden 用例 ―のジャングル。

**せん-す【扇子】** おうぎ。すえひろ。fan 数え方 一本・一対。↓茶道具図

**センス【sense】** ①微妙な感覚。勘。用例 ユーモアの―。②分別。常識。用例 コモン―。

**せん-ず【線図】** ①直線や曲線で表した図の総称。diagram ②器物・機械・家屋などの形状を表す図面。正面・側面・平面図ほか、断面図などがある。sheer draft ③②をもとにして描かれた実物そっくりの線図。lines

**せん-すい【泉水】** ①庭につくった池。garden pond ②わき水。いずみ。fountain; spring

**せん-すい【潜水】**(名・サ変自) 水中にもぐること。ダイビング。diving; submerging

**せんすい-えいほう【潜水泳法】** 泳法の一種。水中にもぐったまま、平泳ぎなどの動作で進む。underwater swimming

**せんすい-かん【潜水艦】** おもに海中を潜航して、魚雷やミサイルによる攻撃を行う軍艦。近年は原子力潜水艦が主流。submarine

**せんすいかんはっしゃ-だんどうミサイル【潜水艦発射弾道ミサイル】** 海中の潜水艦から発射される長距離射程の弾道ミサイル。戦略核兵器の三本柱の一つ。SLBM。submarine-launched ballistic missile

**せんすい-き【潜水器】** 水中にもぐるときに使用する器具。水上から空気を送る兜式、圧搾空気を入れたタンクを背負うアクアラング式などがある。潜水具。diving apparatus 参照 スキューバダイビング。

**せんすい-じま【仙酔島】** 広島県南東部、福山市鞆ノ浦の前面にある島。面積〇・九km²。島の美しさに仙人も酔うとの意から命名。

**せんすい-てい【潜水艇】** 潜水して、海洋・海底の調査を行う船。submarine

**せんすい-びょう【潜水病】** ↓ケーソンびょう(ケーソン病)

**せんずい-びょうぶ【▽山水▼屛風】** とくに密教で、灌頂の儀式に用いる、山水を描いた屛風。

**せんすい-ふく【潜水服】** 潜水時に体の保温と外傷を防ぐために用いる服。体のぬれないドライスーツ(おもに冬期用)と、体のぬれるウエットスーツがある。diving suit

**ぜん-すう【全数】** すべての数量。全部の数。

**ぜんすう-ちょうさ【全数調査】** 統計調査の方法の一つ。集団の状態をみるために、すべての調査対象にあたって調査すること。対義 標本調査。

**せん-すじ【千筋】** 縞柄の一つ。細かい縦縞。さらに細かいものを万筋という。

**せん-すべ【▽為ん▽術】** なすべき方法・手段。しかた。せんかた。用例 ―なし。

**せん-スペクトル【線スペクトル】** 原子が放射または吸収する不連続なスペクトル。各単色光はエネルギー準位間の遷移による。放射の場合を輝線スペクトルという。line spectrum

**せん-ずり【千▼摺り】**《俗語》男性の自慰。

**せん・する【宣する】**(サ変他) 述べ、つげる。宣す。declare 用例 開会を―。

**せん・する【選する】**(サ変他) 多くのものの中から選ぶ。選び出す。選す。

**せん・する【▼撰する】**(サ変他) =撰す。①資料を取捨して書物を編纂する。詩歌・文章などを選ぶ。edit ②書物を書き著す。write a book

**せん・する【▼僭する】**(サ変他) 身分をわきまえず、目上の人をかろんじる。僭越なふるまいをする。僭す。

**せんずる-ところ【▼詮ずる所】**(副) 結局。要するに。in short

**せんずる-に【▼詮ずるに】**(副) 突き詰めて考えてみると。結局。after all

**ぜん-せ【前世】**《仏教語》三世の一つ。現世に生まれる前の世。先の世。宿世。ぜんせい。previous life 対義 現世・来世。

**前世の約束事**(ぜんせのやくそくごと) 先の世の善因・悪因

▼常用漢字表外。　▽常用漢字表の音訓外。

がもとになって、それに見合ったこの世における運命が決まっているということ。

**せん-せい【先生】** ㊀(名) 学芸等にすぐれている、その道の専門家。また、指導的立場にある人を言う敬語。teacher [用例]学校の―。お花の―。[参考]教師・医師のほか、芸術家、芸道の師匠、政治家などにも使う。㊁(代) 親愛・からかいの意をこめたよび方。やっこさん。chap; fellow

**先生と言われる程の馬鹿でなし**(せんせいといわれるほどのばかでなし)《川柳》おべんちゃらを言ったりからかったりする相手に対して、自分はそう簡単にのせられはしない、ばかにはされない、という気持ちで言う語。また、先生と呼ばれて得意顔になっている人などを軽蔑しても言う。

**せん-せい【先制】**(名・サ変他) 先手をとること。機先を制すること。forestall [用例]―攻撃。

**せん-せい【宣誓】**(名・サ変他) ①誓いを述べること。pledge [用例]選手―。②裁判で、証人・当事者が供述の真実を誓うこと。oath

**せん-せい【専制】** 個人の独断で思うままに決定・処理すること。despotism

**せんせい【陝西】**〈省〉 中国、西北地区東部の省。黄土高原から黄河中流域、渭水平野を占める。省都西安。米・小麦・綿花などの灌漑農業が盛んで、石炭・石油などの鉱産資源も豊か。人口二九三〇万(一九八四)。シャンシー。

**せん-ぜい【占筮】**(名・サ変他) 筮竹を用いて卦を立て、易の理に基づき吉凶を判断すること。

**せん-ぜい【蟬蛻】** ㊀(名) セミのぬけがら。㊁(名・サ変自) 俗事にかまけないこと。古い習慣や束縛からのがれること。

**ぜん-せい【全盛】** ①もっともさかんであること。the height ②栄華をきわめること。the height ③よくはやること。popularity [用例]いま都会では―だ。

**ぜん-せい【前世】** ①↓ぜんせ(前世)。②昔。old days

**ぜん-せい【善政】** 国民に幸福をもたらす政治。good government [対義]悪政。

**ぜん-せいおん【全清音】** 中国音韻学における声母(頭子音)の発音の分類の一つ。音声学で無声音の無気音にあたる。

**せんせい-くんしゅ【専制君主】** 思いのままに国政を動かす君主。autocrat

**ぜんせい-じだい【全盛時代】** もっとも栄えた時期。全盛期。the golden age

**せんせい-じゅつ【占星術】** 惑星の運行と星座の位置によって吉凶を占い、個人や国家の運命を予知する術。古代バビロニアおよび中国に起源をもつ二系統に大別される。星占い。astrology

**せんせい-せいじ【専制政治】** 政治権力が特定の個人や階級・集団などに集中された形で行われる、絶対的で恣意的な政治。大衆の政治参加を前提とする独裁とは区別される。デスポチズム。despotism

**ぜんせい-せつ【前成説】** 成体を構成する器官が、すでに卵・精子中に存在しているという説。preformation theory [対義]後成説。

**せん-せいほう【千世鳳】**(一九一五) 北朝鮮(朝鮮民主主義人民共和国)の小説家。土地改革後の農村の諸相を描く。大河小説『石渓の新春』など。

**せん-せいりょく【潜勢力】** 表面に現れないが、有力に働く勢力。potential power

**センセーショナル【sensational】**(形動) ①すばらしく人気のあるさま。大評判であるさま。②人の心をあおりたてるさま。

**センセーション【sensation】** ①大評判。②世人のはりつめた興奮状態。[用例]―を巻き起こす。

**せん-せき【仙籍】** 出仕する殿上人の名をしるした札。日給の簡。

**仙籍を許す**(せんせきをゆるす) 昇殿を許す。

**せん-せき【泉石】** 泉水と庭石。いずみと岩石。

**せん-せき【船籍】** 船舶の所属地を示す籍。船舶原簿に登録されている船舶の本籍。ship's registry

**せん-せき【戦跡】** 戦闘のあったあと。old battlefield

**せん-せき【戦績】** 戦闘・試合・対局などの成績・結果。results [用例]赫々たる―。

**せん-せき【煽石】** 火成岩の熱のためコークス化した石炭。

**せんせき-こう【船籍港】** その船舶の船籍のある港。port of registry

**ぜん-せつ【前節】** [対義]後節。①文章・楽章などの、ある節の前の節。previous paragraph ②プロ野球・競輪などの開催日程で、ある節の前半。また、その節の前の節もさす。

**ぜん-せつ【前説】** ①前人の説。②前に述べた説。

**せん-せん【先占】**(名・サ変他) ①民法上、魚や鳥など所有者のない物を、先んじて自分の所有とする意思をもって占有すること。②国際法上、国家がどの国にも属していない土地を先んじて領土とすること。prior occupation

**せん-せん【宣戦】**(名・サ変自) 敵国に対して戦闘開始を告げること・ことば。declaration of war

**せん-せん【戦線】** ①部隊が向かい合って戦闘を交えている最前線。front ②社会・政治運動における闘争の形態・場面。front [用例]労働―。

**せん-せん【銭選】**(一二三五ごろ―一三〇一ごろ) 中国、宋末元初の画家。字は舜挙、号は玉潭など。元朝に仕えず、宋代を回顧する画風で人物・山水・花卉を描く。

**せん-せん【阡阡】**(形動トタル) 草木の生い茂るさま。

**せん-せん【濺濺】**(形動トタル) 水の流れのはやいさま。

**せん-せん【潺潺】**(形動トタル) 浅い水がさらさらとよどみなく流れるようす。また、その音。murmur [用例]―たる小川。

**せん-せん【先先】**(接頭) 前の前。前々。[用例]―月。

**せん-ぜん【戦前】** ①戦争の前。開戦以前。とくに第二次大戦以前。prewar [対義]戦後。②試合の前。before the game

**ぜん-せん【全線】** ①ある交通機関のすべての路線。the whole line [用例]―開通。②すべての戦線。all war fronts

**ぜん-せん【前線】** ①前方の線。front line ②戦場。the front [対義]銃後。③敵と向かいあっている所。第一線。the front ④寒・暖二つの気団が進行していく場合の境界面と地表とが交わる曲線。付近は一般に天気が悪い。寒冷前線・温暖前線・停滞前線など。front

**ぜん-せん【善戦】**(名・サ変自) 強敵に対してよく戦うこと。fight well [比較]悪戦。[用例]―健闘。

**ぜんぜん【鄯善】** 中国、漢・魏時代にタリム盆地南東部を中心とした西域の一国。ミーラン・ニヤ・チャルクリクなどを支配。西域南道をホータンと二分、東西交易の要路を占め繁栄。五世紀に吐谷渾に滅ぼされた。

**ぜん-ぜん【全然】**(副) ①《下に打ち消しの語をともなって》まるで。まったく。not at all [用例]―勝ち目がない。②《俗語》とても。すっかり。[用例]―いい。

**ぜん-ぜん【前前】**(接頭) ①今の前の、その前。先先。[用例]―週。②そのときの前の、その前。

**せんせん-きょうきょう【戦戦恐恐・戦戦兢兢】**(形動トタル) おそれおののくさま。びくびく。trembling with fear

**ぜんせんせい-の-あめ【前線性の雨】**(連語) 前線に沿って気流が上昇するときに降る雨。

**ぜんせん-どうめい【ゼンセン同盟】** 繊維産業の各業種を網羅した労働組合。昭和二一年(一九四六)全国繊維産業労働組合として発足、同四九年(一九七四)改称。

**せんぜん-は【戦前派】** 第二次大戦以前の思想・道徳・生活態度などによろうとする傾向・人々。アバンゲール。prewar generation [対義]戦後派・戦中派。

**せんせん-ふこく【宣戦布告】**(名・サ変自) 国家が他国に対し戦争開始の意思を宣言すること。開戦宣言。declaration of war

**ぜんせん-らい【前線雷】** 前線にともなう雷。多くは寒冷前線にともなうが、温暖前線や閉塞前線付近でも発生する。界雷。frontal thunderstorm

**せん-そ【践祚】**(名・サ変自) 天皇の崩御、あるいは譲位によって皇嗣がただちに皇位を受けつぐこと。皇位継承。

**せん-そ【蟾酥】** 生薬の一つ。ヒキガエルの耳腺や皮脂腺からの分泌液を小麦粉で練り乾燥させる。強心・利尿作用がある。

**せん-ぞ【先祖】** ①家系の初代の人。②家系の初代以後、現存以前の人々。祖先。ancestor

**せん-そう【船倉・船艙】** 船舶の上甲板の下の貨物を置く場所。ふなぐら。hold

**せん-そう【船窓】** 船のまど。porthole

**せん-そう【船装】**(名・サ変自他) 船の、船体・船具をととのえること。艤装。equipment of a ship

**せん-そう【戦争】**(名・サ変自) ①二国またはニグループがたがいに敵対行為をとる状態。war [比較]戦闘。②国内の武装勢力どうしが敵対行為をとる状態。civil war ③《比喩的》①を思わせるような競争・混乱など。[用例]受験―。

**せん-ぞう【潜像】** 露光した感光材料の乳剤層の内部に形成される目に見えない像。現像するとハロゲン化銀が還元・除去されて、目に見える画像が現れる。latent image

**ぜん-そう【前奏】** ①音楽で、曲の初めの導入とされる伴奏の部分。②事件などの、始まり。introduction; prologue

**ぜん-そう【禅僧】** 禅宗の僧。

**ぜん-ぞう【漸増】**(名・サ変自他) だんだんにふやすこと。ふえること。gradual increase [対義]漸減。

**せんそう-あめい【蟬噪・蛙鳴】**《セミやカエルのやかましい声》多くの者が、無意味なことをさわがしく言い立てているようす。蛙鳴蟬噪。

**せんそう-えいが【戦争映画】** 戦争を素材とした劇映画。

**せん-そうえき【千宗易】** 千利休の法名。

**せんそう-が【戦争画】** 戦闘そのもの、あるいは戦場の情景を描いた絵。

**ぜんそう-きょく【前奏曲】**《preludeの訳》本来は前奏として作曲された楽曲。形式・様式ともに多様で、概して短く即興的。プレリュード。①一五〜一六世紀以来の単一楽曲のことで、コラール・モテット・舞曲などを導入するための曲。②一七〜一八世紀の組曲の、冒頭、またはフーガと結合して導入的役割をもつもの。バッハの『平均律クラビア曲集』などに含まれる。③一九〜二〇世紀の短い音型や動機で構成される独立のピアノ小曲。ショパンの『二四の前奏曲』など。

**せんそうけんげん-ほう【戦争権限法】**(War Powers Act) アメリカで一九七三年に制定された法律。議会の宣戦布告か特別の承認がない限り、大統領は六〇日間しか軍隊を投入できないとする。

**せん-そうさ【千宗左】**(一六一九―七二) 茶人。表千家の祖。号は江岑。千宗旦の第三子。不審庵に住み、紀州侯徳川頼宣に仕えた。

**せんそう-じ【浅草寺】** 浅草観音の正称。

**せん-そうしつ【千宗室】**(一六二二―九七) 茶人。裏千家の祖。号は仙叟。千宗旦の第四子。京都の屋敷の後庭に宗旦が隠居用としてつくった茶室を継承、裏千家となった。加賀前田侯に仕えた。

**せんそう-しんけいしょう【戦争神経症】** 激しい戦闘や軍隊生活がもたらす絶え間ない緊張や不安・恐怖・疲労など、極度のストレス状況によりひき起こされる神経症。知覚運動障害・自律神経失調などの症状を示す。war neurosis

**せん-そうたん【千宗旦】**(一五七八―一六五八) 江戸前期の茶道家。千家三代目。利休の孫。号は元叔・元伯・咄々斎。一四歳の時、祖父利休が自刃。紫野大徳寺で修行中であったが、家の再興とともに還俗。晩年、屋敷の後庭に今日庵を営んだ。表・裏・武者小路の三千家の基礎を築いた。

**せんそうとへいわ【戦争と平和】**《原題 Voyna i Mir ロシア》レフ=トルストイの長編小説。一八六九年刊。一二年のナポレオン戦争を舞台に、ロシアの社会と民衆を描き、歴史の意味を問う大作。

**ぜんそう-なだれ【全層雪崩】** 地面を滑り面として積雪の全体が斜面を落下する雪崩。春先に多く、大規模な雪崩になりやすい。

**せんそう-の-ほうき【戦争の放棄】** 戦争の合法性を否認し、国家の交戦権を放棄すること。日本国憲法が第九条で採用している。renunciation of war

**せんそう-はんざい【戦争犯罪】** 戦争に関する国際条約や慣習法に違反する行為。第二次大戦後、平和に対する罪と人道に対する罪も加えられた。war crime

**せんそうはんざい-にん【戦争犯罪人】** 第二次大戦後、その戦争に対する責任と罪を問われた人。戦犯。war criminal

**せんそう-ぶんがく【戦争文学】** 戦争を題材とした文学。ふつう、近代・現代の作品をさす。レマルクの『西部戦線異状なし』、メーラーの『裸者と死者』、大岡昇平の『レイテ戦記』など。war literature [参照]戦記。

**ぜんそう-ほう【漸層法】** 修辞法の一つ。似通った語句を積み重ね、たたみかけて文意を強める方法。climax

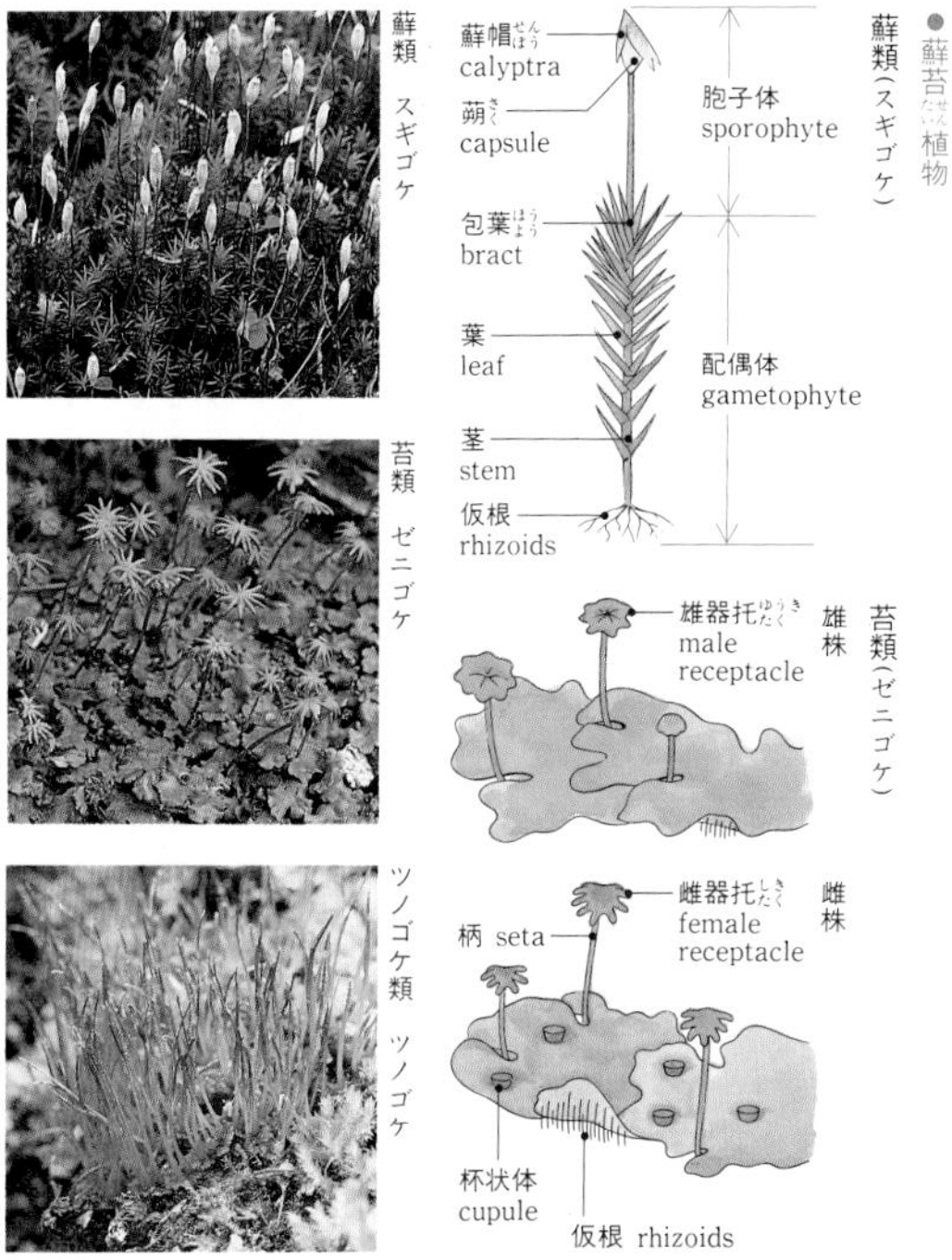

●蘚苔植物

**せんそうろん【戦争論】**《原題Vom Kriege ドイ》プロイセンの軍事理論家クラウゼビッツの著書。一八三二年刊。戦略論を哲学的水準にまで高めた戦争理論の古典。

**せんぞ-がえり(ーがへり)【先祖返り】** ある生物系統の祖先がかってもっていて失ったとみられていた形質が、ある個体に突然現れること。atavism; reversion 参照 隔世遺伝。

**せん-そく【▼尖足】** 足先が下がった状態になり、自由に上がらないもの。小児麻痺や末梢神経麻痺などによっておこり、先天性のものは少ない。下垂足。drop foot

**せん-そく【洗足】** 足を洗うこと。また、その湯・水。washing feet

**せん-そく【栓▼塞】** 血管がふさがること。thrombosis 用例 動脈―。

**せん-そく【船側】** ①船の左右の側面。舷側。side of a ship ②船のそば。side of a ship

**せん-ぞく【専属】**(名・サ変自) 会社・団体などの一つだけに属すること。belong exclusively 用例 ―歌手。

**ぜん-そく【▼喘息】** ゼーゼーという喘鳴をともなう呼吸困難の発作が特徴の病気。気道が過敏になっていて発作が誘発されやすい。多くの場合、アレルギー・感染・精神的原因などが重なり、病因は複雑。bronchial asthma

**ぜんそくせい-きかんしえん【▼喘息性気管支炎】** 乳幼児にみられる喘息に似た気管支炎。感冒にかかると、気管支内腔が狭いため容易に喘鳴がきかれるもの。自然に治ることが多い。asthmatic bronchitis

**ぜんそく-もち【▼喘息持ち】** ぜんそくを持病とする人。asthmatic

**ぜん-そくりょく【全速力】** 出せるかぎりの最高の速さ。フルスピード。full speed

**せんそく-わたし【船側渡し】** ↓エフエーエス(FAS)

**せんそご-ちょうけん【践▼祚後朝見】** 天皇が践祚後初めて三権、つまり政界・官界・司法界の代表と顔を会わせる儀式。即位後朝見。

**せんぞ-しょうがつ【先祖正月】** 正月一六日に先祖の墓前で行う酒盛り行事。鹿児島県の奄美大島地方などで行われる。先祖祭り。

**せんぞ-すうはい【先祖崇拝】** ↓そせんすうはい(祖先崇拝)

**ぜん-そん【全損】** 損害保険の対象物がすべて滅失した場合の損害。家屋の全焼、船舶の沈没など。total loss 対義 分損。

**センター【center】** ①中央。中心。②球技で、中央の位置。そこをしめる者。とくに、野球で、中堅手。また、その守備領域。③中心地。一か所にいろいろの設備のある所。中心施設。用例 交通情報―。

**センター-ピラー【center pillar】** 乗用車の車体の中ほどにある柱。

**センター-ベンツ【center vent】** ジャケットやコートなど、洋服の背側の裾の中央にあき(スリット)があること。参照 サイドベンツ。

**センター-ポール【center pole】** 競技場・広場などの中央にある、旗をあげるための柱。

**せん-たい【先体・▼尖体】** 動物の精子頭部先端にみられる構造。精子が卵へ接着するのに重要なはたらきをする。acrosome

**せん-たい【浅▼堆】** ↓バンク

**せん-たい【船体】** ①船の形体。body of a ship ②船の積載物・エンジン・付属物などを取り除いた、主要な部分。hull

**せん-たい【船隊】** ①水軍。艦隊。naval forces ②船の一隊。fleet 「から成る。squadron

**せん-たい【戦隊】** 艦隊の一部。軍艦二隻以上

**せん-たい【▼蟬退】** 生薬の一つ。アブラゼミ・クマゼミ・ミンミンゼミなどの抜け殻が。たんぱく質・キチン質・アミノ酸を含む。解熱・消炎・鎮痙に用いる。蟬蛻。蟬殻。

**せん-たい【▼蘚▼苔】** コケ。

**せん-だい【先代】** ①現代より前の代。previous generation ②芸能人などで、前の代。用例 ―市川団十郎。③前の代の主人。the predecessor 対義 当主。

**せん-だい【船台】** 船体を建造・修理するための台。

**せんだい【川内】**〈市〉鹿児島県、薩摩半島北西部の市。旧城下町。稲作中心。製紙工業がさかん。人口七万一二〇五(一九八八)。

**せんだい【仙台】**〈市〉宮城県中部の市。県庁所在地。政令指定都市。東北地方の政治・経済・文化・交通の中心。伊達氏の城下町で、青葉城跡がある。第三次産業のほか工業も発達。七夕祭りは有名。人口八六万五六三〇(一九八八)。

**ぜん-たい【全体】** ㊀(名)①からだ全部。全身。用例 からだ―を動かす。②すべて。ひとまとまりのもの全部。the whole 対義 部分。用例 ―会議。㊁(副)①もともと。元来。from the first 用例 かれは―ひっこみ思案だ。②いったい。そもそも。on earth 用例 いったい―。

**ぜん-だい【前代】** 前の時代。former generation 「tion

**ぜんたい-えんげき【全体演劇】** フランスの演出家バローが一九五九年以来提唱した演劇理念。古代からの伝統を摂取し、舞台要素のすべてを統合して、演劇の根源性と全体性を回復させようとする試み。

**せんだい-がわ(ーがは)【川内川】** 鹿児島県北部を西流する川。長さ一三七㎞。宮崎県の西部に発し、川内市で東シナ海に注ぐ。

**せんだい-がわ(ーがは)【千代川】** 鳥取県東部を北流する川。長さ五二㎞。那岐山付近に発して、鳥取市で日本海に注ぐ。小発電所が多い。

**せんたい-ぎそう【船体▼艤装】** 船体が完成してから、推進機関・電気関係を除いて、竣工までに行う一切の装備工事。船装。equipment

**せんたい-きょうど【船体強度】** 船体をつくっている甲板・外板・梁・肋骨・隔壁などの強度。航行中の船体が受ける種々の外力に耐える強さが必要。hull strength

**せんだい-くじほんぎ【先代▽旧事本紀】** 旧事本紀の別称。

**ぜんたい-しゅうごう【全体集合】** 考察の対象とする要素全体の集合。部分集合・補集合などはその中に含まれる。universal set

**ぜんたい-しゅぎ【全体主義】** ①部分に対して、全体の優先を主張する態度。②個人の自由や権利よりも国家や民族の利益を優先し、諸個人を全体の目標に総動員する思想および体制。ファシズムやナチズムなど。totalitarianism 比較 個人主義・民主主義。

**せん-たいしょう【線対称】** 二つの図形F・F′が、ある直線$l$を折り目として折りかえしたとき、まったく重なり合うならば、F・F′は$l$について線対称であるという。axial symmetry ↓対称図

**ぜんたい-しょうせつ【全体小説】** 人間社会を全体として描きだそうとする一種の総合小説。バルザックの『人間喜劇』、トルストイの『戦争と平和』など。

**せんたい-しょくぶつ【▼蘚▼苔植物】** 植物界の一門。苔類・蘚類・ツノゴケ類を含めた植物群。陸上植物だが、組織や器官が分化していないため大形になれず、多くは湿ったところに生活。胞子でふえる。苔植物。bryophyte ↓図

**せんだい-たなばたまつり【仙台七夕祭(り)】** 宮城県仙台市で八月六〜八日に行われる七夕行事。盆始めの祭事が観光行事化し、大規模になったもの。東北の代表的な祭り。

**ぜんたい-てき【全体的】**(形動) 対義 部分的。①全体に関するさま。whole ②全部にわたるさま。general 用例 今度の仕事は―に見て困難だ。

**せんだい-はぎ【千代▼萩】** マメ科の多年草。高さ約一m。海辺にはえ、観賞用にも栽培される。五月ごろ黄色の蝶形の花を開く。↓写

●センダイハギ

**せんだいはぎ【先代▼萩】** 歌舞伎や浄瑠璃の『伽羅先代萩』の通称。

**せんだい-はん【仙台藩】** 江戸時代、陸奥の南半を占めた大藩。藩祖伊達政宗以来、六二万石を領有。外様大名の雄。

**せんだい-ひら【仙台平】** 平織り、または平織りと斜文織りとのまざりで密に織った絹織物。男子正式礼装の袴地として用いる。

**せんたい-ぶつ【千体仏】** 光背・壁面の同じ面に多数の仏座像を碁盤縞状に並列し一〇〇〇体の仏を表現したもの。堂内に安置する場合もある。敦煌石窟千仏洞・玉虫厨子押出し仏・三十三間堂など。

**せんだい-へいや【仙台平野】** 宮城県中部の沖積平野。東北地方第一の平野。狭義には松島丘陵以南をさす。穀倉地帯。海岸沿いに大規模な工業化が進む。

**せんだい-みそ【仙台味▼噌】** 仙台周辺で作られる辛みそ。長期に熟成するため赤褐色になる。塩がなじんでうま味が強い。

**ぜんだい-みもん【前代未聞】** これまで聞いたことがないほど、まれなこと。空前。unprecedented

**せんだい-むしくい(ーむしくひ)【仙台虫▼喰】** ウグイスに似たヒタキ科の小鳥。翼長約六㎝。背面は緑色、腹面は白い。おもに低山の森林にすみ、森林害虫を捕食。夏鳥として日本に渡来し、全土で繁殖、東南アジアで越冬。↓図

●センダイムシクイ

**せんだい-わん【仙台湾】** 宮城県、牡鹿半島以南の湾入。南限は福島県北端の松川浦。一部を除き砂浜海岸。沿岸は工業化が顕著。

**せん-たく【洗濯】**(名・サ変他) 衣服や寝具などを洗い清めること。水と洗剤を用いる湿式洗濯と溶剤を用いる乾式洗濯(ドライクリーニング)に大別される。せんだく。washing; laundry 用例 ―機。

**せん-たく【選択・▼撰択】**(名・サ変他) ①よいと思ったものを取り、わるいものを捨てること。choice 用例 ―に苦しむ。取捨―する。②生物学で、淘汰のこと。selection

**ぜん-だく【然諾】**(名・サ変他) 引き受けること。承知。承諾。

**然諾を重んず**(ぜんだくをおもんず) 一度承知したことは、あくまでつらぬく。

**せんたく-いた【洗濯板】** 洗濯のとき使用す

▼常用漢字表外。 ▽常用漢字表の音訓外。

る板。板の上に衣類をひろげてブラシなどでこすったり、刻み目のある面の上でこすり合わせるなどして汚れを除く。washboard

**ぜん-だくおん**【全濁音】中国音韻学における声母(頭子音)の発音の分類の一つ。有声音の破裂音・破擦音・摩擦音を含む。

**せんたく-かもく**【選択課目】えらんで履修できる課目。必修でない課目。elective subject米; optional subject英

**せんたく-きゅうしゅう**【選択吸収】①植物が培地中の養分を一様に吸収しないで、イオンの種類によって吸収する量を増減する現象。selective absorption ②ある波長の電磁波が、ほかの波長のものより強く吸収される現象。selective absorption

**せんたく-し**【選択肢】答えとして出した、いくつかの項目のなかから、正しい答えをえらぶ場合、それらの項目のそれぞれ。choices

**せんたく-ソーダ**【洗濯ソーダ】結晶水をもった炭酸ナトリウム、結晶ソーダの俗称。すぐ水に溶けて弱アルカリ性を呈し、洗濯に用いられる。

**せんたく-ていねんせい**【選択定年制】従業員が定年退職の時期を選べるように年齢の幅を設けたり、定年の一定期間前に退職する者を退職金増額などの形で優遇する制度。早期退職を促進する意味がある。selective retirement system

**せんたく-とうかせい**【選択透過性】物質によって生体膜の通りやすさがそれぞれ異なること。selective permeability

**せんたく-ばさみ**【洗濯挟み】洗濯物をはさんで止めるもの。clothespin

**せんだ-これや**【千田▽是▼也】(一九〇四〜) 演出家・俳優。神奈川県生まれ。ブレヒトの紹介・上演など戦後の新劇運動の指導者。俳優座を創立。

**センダスト**【Sendust】《商標名》高透磁率の合金。アルミニウム四〜八%、珪素六〜一一%、残部が鉄の組成をもつ。仙台の東北大学で開発され、粉末状(ダスト)になりやすいのでこの名がある。圧粉磁心・磁気ヘッド材などに使用。

**せん-だつ**【先達】＝せんだち。①修行・学問などで、その道の先輩。superior ②峰入りのときなどに指導に当たる修験者。③先導者。案内者。ガイド。guide

**せん-だつ**【▼蟬脱】(名・サ変自)「蟬蛻」の誤り。

**せん-だって**【先達て】(副) さきごろ。このあいだ。the other day

**ぜん-だて**【▼膳立て】①食ぜんに食器や食物を並べること。食事の準備。setting the table ②いつでも取りかかれるように用意をととのえること。preparation 用例 お——をする。

**ぜん-だま**【善玉】《江戸時代、草双紙などの絵で、人の顔の丸に「善」の字を入れて善人を表したことから》善人。また、たちの良いこと。good man 対義 悪玉。

**せんだら**【▼旃▼陀羅・▼栴▼荼羅】《caṇḍāla梵の音写》古代インドの四種姓以外の最下級の身分。狩猟・畜殺などに従事した。

**センタリング**【centering】サッカーなどで、攻撃側がタッチラインの近くから相手ゴール前の味方にパスを送ること。受け手は得点をねらってシュートする。

**せん-たん**【仙丹】飲むと不老不死の仙人になるという薬。仙薬。elixir

**せん-たん**【先端・▼尖端】①物の、いちばん先。②時代や流行の先頭。先駆。ultramodernity 用例 流行の——を行く。③とがった先。tip

**せん-たん**【戦端】戦いのいとぐち。opening of hostilities 用例 ——を開く。

**せん-たん**【選炭】(名・サ変自) 採掘した原炭から岩石などの不純物(ぼた)を取り除き、粒度を調製し商品化する作業。coal dressing

**せん-だん**【専断・▼擅断】(名・形動・サ変他) 自分だけの意見で勝手に決定、処理すること・さま。独断。arbitrary decision

**せん-だん**【▼栴▼檀・▼楝】①センダン科の落葉高木。暖地にはえるが、栽培もする。葉は羽状複葉。初夏に、淡紫色の五弁花を多数つける。果実は楕円形で黄熟。樹皮は虫くだし、果実は鎮痛・整腸に用いられる。オウチ。②ビャクダンの異名。↓写

**栴檀は双葉より芳し**(せんだんはふたばよりかんばし)《栴檀②は、発芽したころから芳香を放つことから》すぐれた人物は、幼いときから他と違ってすぐれている。Genius displays itself even in childhood.

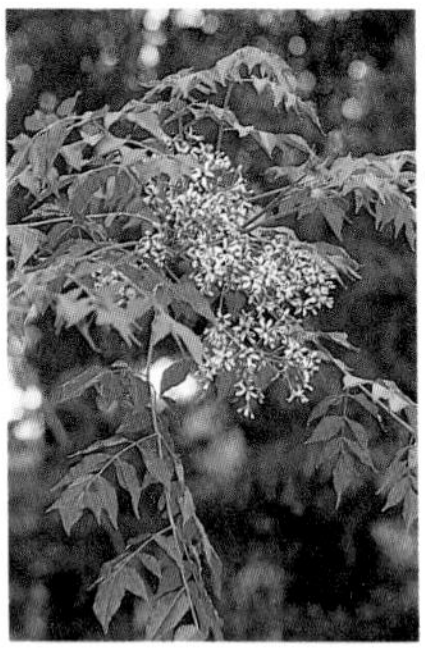
●センダン①

**せん-だん**【船団】統一行動をとる船の集まり。fleet

**せん-だん**【▼剪断・▼翦断】(名・サ変他) ①はさみきること。cut ②力の加わる方向と変位する面が平行であるようなずれ。shear

**ぜん-だん**【全段】すべての段。また、すべての段落。whole page 用例 ——抜きの新聞広告。

**ぜん-だん**【前段】前のひとくぎり。ある部分の前の部分。previous part 対義 後段。

**せんだん-おうりょく**【▼剪断応力】ずれに抗して、物体の中にずれと反対向きに生じる応力。shear stress

**せんだん-かこう**【▼剪断加工】材料に剪断応力を生じさせて、必要な形・寸法に切断すること。ポンチとダイスの一対の工具で板金の打ち抜き・穴あけなどを行う。shearing

**せんたんぎじゅつ-さんぎょう**【先端技術産業】エレクトロニクス・バイオテクノロジー・航空宇宙など、高度な技術水準と研究開発力が必要な産業。high-technology industries

**せんだん-ぐさ**【▼栴▼檀草】キク科の一年草。高さ約一m。葉は一、二回羽状に裂け、裂片は卵形で、センダンに似る。夏秋に頭花をつける。約二cmの瘦果の先に芒があり、よく人につく。

**せんたん-さんぎょう**【先端産業】↓せんたんぎじゅつさんぎょう(先端技術産業)

**せんたん-てき**【先端的】(形動) 流行・時代・技術などの先頭に立つさま。leading

**せんたんひだい-しょう**【先端肥大症】下あご・唇・鼻や手足の末端が肥大する病気。成長ホルモンの分泌過剰によりおこる。成長期にかかると巨人症を伴う。末端肥大症。acromegaly

**せんだん-まき**【千段巻(き)】弓の両端付近の籐を巻いた部分。または、槍の柄の先端部分を麻糸で巻き、上から漆を塗った部分。それぞれの弱い部分を補強する。

**ぜんだんめん-くっさく**【全断面掘削】導坑を用いないでトンネルの全断面を同時に掘削していく方式。地質の良好な場合に能率がよい。full face cutting

**せん-ち**【戦地】戦争の行われている土地。the front

**センチ**(形動)《「センチメンタル」の略》感傷的。用例 ——になる。

**センチ**【centi】㊀(接頭) 国際単位で一〇〇分の一を表す。メートル法の各単位につけて用いる。記号c。㊁(名)「センチメートル」の略。

**ぜん-ち**【全治】(名・サ変自) 病気やけがが、すっかり治ること。全快。ぜんじ。complete recovery 用例 ——一〇日間。

**ぜんちく-やごろう**【善竹▼弥五郎】(一八八三〜一九六五) 狂言師。大蔵流。京都生まれ。上方の味わいをもつ写実的芸風。重要無形文化財保持者。

**センチグラム** 14画【▼瓸】部首[瓦] 和製漢字 JIS 6513

《centigramme仏にあてる》メートル法の重さで、一gの一〇〇分の一。〇・〇一g。

**せんち-こうこう**【先知後行】《朱子の説》広く知識を窮めてから行動に移るべきである、とする考え。比較 知行合一。

**せんち-こがね**【▽雪▽隠黄金▽虫】センチコガネ科の甲虫。体長一四〜二〇mm。動物のふんに集まり、その下に深い穴を掘る。日本産は五種。

**ぜんち-し**【前置詞】西欧語の品詞の一つ。おもに名詞・代名詞の前にあって、それらと他の語との関係を示す。日本語の格助詞に当たる。preposition

**ぜん-ちしき**【善知識・善▼智識】《仏教語》正しい教えを説いて、人を仏教に導き入れる人の称。高徳の僧など。

**ぜんち-ぜんのう**【全知全能】あらゆることによく通じ、よく行えること。その能力。almighty 用例 ——の神。

**ぜんち-たいばん**【前置胎盤】胎盤の一部、または全部が子宮下部に付着して産道をふさいでいる状態。性器出血がみられ、とくに妊娠末期に多量となる。痛みはない。placenta previa

**センチメートル** 15画【▼糎】部首[米] 和製漢字 JIS 3324

↓センチメートル[centimètre・糎]

**センチメートル**【centimètre仏・▼糎】メートル法の長さで一mの一〇〇分の一。センチ。センチメーター。記号cm。centimeter

**センチメートル-は**【センチメートル波】マイクロ波のうち、周波数三〜三〇ギガヘルツ(波長一〜一〇cm)の電磁波。レーダーや衛星放送などに利用。SHF。centimetric wave

**センチメンタリスト**【sentimentalist】感傷的になりやすい人。悲しみにひたりやすい人。感傷家。

**センチメンタリズム**【sentimentalism】感傷主義。

**センチメンタル**【sentimental】(形動) 感じやすく、涙もろいさま。感傷的。多感。センチ。

**センチメント**【sentiment】情操。

**せん-ちゃ**【▼煎茶】緑茶の代表的なもの。茶葉を蒸気で蒸して作る。日本茶のほとんどをしめる。

**せん-ちゃく**【先着】(名・サ変自) 先に到着すること。first arrival 用例 ——順。

**せんちゃくほんがんねんぶつしゅう**【選▽択本願念仏集】法然の著。建久九年(一一九八)ごろ成立。浄土宗の根本聖典で、念仏が極楽浄土への往生の道であると説く。選択集。せんじゃくしゅう。

**せん-ちゅう**【▼箋注・▼箋▼註】《「箋」は注などを書いて貼っておく小さな紙片》注釈。注解。

**せん-ちゅう**【線虫】線虫綱に属する動物の総称。体は円筒状や糸状で、長さ数ミリメートルから三〇cm。体節構造をもたない。寄生性のものが多い。動物にはカイチュウ・フィラリアなど、植物にはネコブセンチュウなどが寄生。eelworm

**ぜん-ちゅう**【▼蠕虫】ミミズなどのように、体が細長く蠕動して行動する動物。worm

**せんちゅう-は**【戦中派】大正末期から昭和初期に生まれ、青年期を第二次大戦中に過ごした世代。war generation 対義 戦前派・戦後派。

**ぜん-ちょ**【前著】前に書きあらわした本。previously published book 用例 ——の誤りを正す。

**せん-ちょう**【船長】①その船の最高責任者として航行を指揮し、乗組員を監督する者。キャプテン。captain ②船体の長さ。length of hull 対義 船幅。

**せんちょう**【千丁】〈町〉熊本県、八代市北隣の町。イグサの栽培と加工がさかん。人口七二〇四(一九九八)。

**ぜん-ちょう**【全長】全体の長さ。full length

**ぜん-ちょう**【前兆・前徴】事が起ころうとするきざし。omen 用例 地震の——。

**ぜん-ちょう**【前▼趙】中国、五胡十六国の一国。三〇四年匈奴の劉淵が建国。三一六年西晋を滅ぼし、華北の主要部分を制圧。平陽から長安に遷都。三二九年、家臣の石勒に攻められて滅亡。

**せんちょう-がん**【▼閃長岩】アルカリ長石を主成分とし、斜長石を含む深成岩。角閃石・黒雲母などの有色鉱物を含む。完晶質で粗粒。syenite

**センチリットル** 14画【▼竰】部首[立] 和製漢字 JIS 6782

《centilitre仏にあてる》メートル法の容積で、一ℓの一〇〇分の一。〇・〇一ℓ。

**せん-つう**【▼疝痛】発作的、またはある間隔をおいて波状的に繰り返される針を刺すような激しい腹痛。胆石症・腎臓結石などの場合に典型的に起こる。colic

**ぜん-つう**【全通】(名・サ変自) 全線が開通すること。opening of the whole line

**せんつう-ざん**【船通山】鳥取・島根県境にある山。標高一一四三m。『古事記』『出雲風土記』記載の伝説が多い。

**ぜんつう-じ**【善通寺】香川県善通寺市善通寺町にある真言宗善通寺派の大本山。空海が出生地に建立し父の法名をつけた寺で、高野山・東寺と並ぶ真言宗の三大聖地。四国八十八か所第七五番の札所。

**ぜんつうじ**【善通寺】〈市〉香川県、讃岐平野西部の市。空海が建立した善通寺の門前町。明治から第二次大戦までは軍都として有名。人口三万七三〇一(一九九八)。



↓行き先項目、図版・写真参照印。 JIS 日本工業規格情報交換用漢字符号コード(区点コード)。

**せん-て【先手】** [対義]後手。①他人より先に行うこと。the first move [用例]―を承る。②機先を制すること。forestalling ③碁・将棋で、先に打ち(指し)始めること・人。先番。

**先手を打つ**(せんてをうつ) 機先を制する。先手を取る。forestall

**先手を取る**(せんてをとる) ①碁・将棋などで、相手より先に打ち(指し)始める。②相手の機先を制する。take the initiative

**せん-てい【先帝】** 先代の帝王。the late Emperor

**せん-てい【船底】** 船体の底の部分。ship's bottom

**せん-てい【▼剪定】**(名・サ変他) 枝を切りつめること。樹形をととのえること。樹冠に日光がよく当たり、開花・結実を一様にすること、薬剤散布をしやすくすること、病虫害の防除などが目的。整枝。pruning ↓[図]

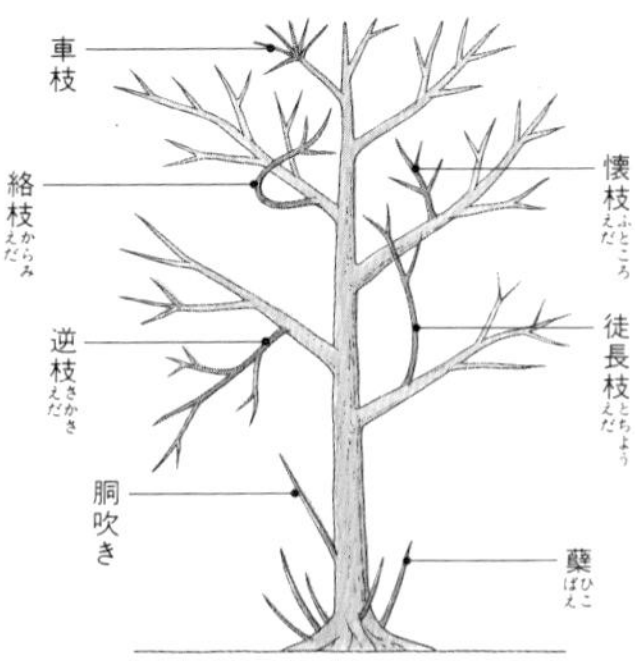


● 剪定 切り取りたい枝

**せん-てい【▼筌▼蹄】**《「筌」は魚をとる道具、「蹄」は獣をとるわなの意》①物をとらえるために使う道具。目的を達する方法・手段。②手引き。案内。

**せん-てい【選定】**(名・サ変他) えらんできめること。selection [用例]教科書の―。

**せん-てい【▼撰定】**(名・サ変他) 書物や文章をつくりさだめること。

**ぜん-てい【全逓】**《「全逓信労働組合」の略》昭和二一年(一九四六)に結成された郵政省職員の労働組合。

**ぜん-てい【前庭】** ①建物の正面の庭。front yard ②内耳の一部を構成し、身体の平衡をつかさどる器官。内部に耳石をもち、加速度や重力などを感知。vestibule

**ぜん-てい【前提】** ①話を進めるための仮のとりきめ。あることが起こるために必要な条件。まえおき。prior condition ②論理学で、推理するときに、結論の基礎となる既知または仮定の判断・命題。premise [用例]―条件。

**ぜん-てい【前程】** 行く先。前途。

**ぜんてい-か【禅庭花】** ニッコウキスゲの別名。

**ぜんていきのう-けんさ【前庭機能検査】** 内耳をはじめ小脳や脳幹までを含む前庭系の機能を検査する方法。一般にはめまいや平衡障害の検査。vestibular function test

**せんてい-こう【選帝侯】**(Kurfürstドイ) 中世ドイツで、神聖ローマ皇帝を選挙し、帝国の重要事項を決定する特権をもつ諸侯。一三五六年の金印勅書により七選帝侯制が確立。選挙侯。

**せんてい-どき【▼尖底土器】** 底が円錐形にとがった土器。日本では縄文式土器の早期に見られる形態。↓[写]

**せん-でき【洗▼滌】**(名・サ変他) ↓せんじょう(洗滌)

**ぜん-てき【全的】**(形動) 全部そうであるさま。全部であるさま。全面的。complete [用例]―に賛成する。

**せん-てつ【先哲】** 昔のすぐれた思想家。前哲。ancient sage

**せん-てつ【銑鉄】** 炭素を三～四・五%含む鉄。靭性・可鍛性は低いが、鋳造性が良い。製鋼原料と鋳物用。ずく鉄。ずく。pig iron

**ぜん-てつ【前哲】** ↓せんてつ(先哲)

**ぜん-てつ【前▼轍】** 前を行く車のわだち。ruts of a preceding cart

**前轍を踏む**(ぜんてつをふむ) 前人と同じ失敗をする。前車の轍を踏む。repeat the some error

**センテッド-ティー【scented tea】** 紅茶に、花や果物などのフレーバー(香り)をつけたもの。オレンジティー・アップルティーなど。フレーバーティー。

**せんて-ひっしょう【先手必勝】** 相手より先に攻撃すると、それだけ優位に立つことができるということ。また、ぜったいに勝とうと心に決めて、相手の機先を制して攻撃に出ること。

**ぜん-でら【禅寺】** 禅宗の寺。禅林。

**センデル【Ramón Sender】**(一九〇一～八二) スペインの小説家。内戦の体験を自然主義的な手法で描く。作品『反撃』など。

**せん-てん【先天】** ①生まれる前から身にそなわっているもの。inherence [対義]後天。②生得観念。innateness

**せん-てん【旋転】**(名・サ変自) くるくる回ること。revolution

**せん-でん【宣伝】**(名・サ変他) ①言いふらすこと。publicity ②ある事柄をひろく知らせて、多数の人々の理解と共鳴を求めること。送り手の意図する方向へ人々を誘導することを目的とする。宗教宣伝・政治宣伝・商業宣伝など。advertisement;propaganda

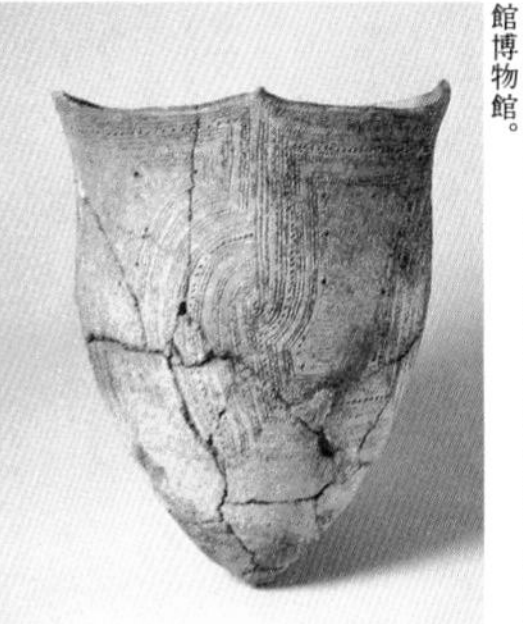

● 尖底土器 函館空港中野遺跡出土、市立函館博物館。

**ぜん-てん【全天】** 空全体。天球の全体。the whole sky

**せん-でん【▼閃電】** ひらめくいなずま。電光。また、すばやいことのたとえ。

**ぜん-てん【全店】** ①すべての店。all the stores ②その店全体。whole store [用例]―大安売り。

**ぜん-てん【全点】** すべての品物。[用例]―三割引き。

**せんてん-いじょう【先天異常】** 出生以前の原因でおこる疾患の総称。奇形をさす形態異常と、先天性代謝異常や精神薄弱などの機能異常とを含む。congenital abnormality

**ぜんてん-カメラ【全天カメラ】** 地平線を含めて空全体を一度に撮影できるカメラ。魚眼レンズまたは球面鏡を用いる。whole-sky camera

**ぜん-てんこう【全天候】** あらゆる天候に対応できること。all-weather [用例]―走路。

**ぜんてんこう-き【全天候機】** 悪天候や視界不良の場合にも飛行できるように、レーダーなどの電子機器を装備した航空機。all-weather airplane

**ぜんてんこう-トラック【全天候トラック】** 雨・霜・雪など天候の影響の少ない陸上競技用走路。タータンなどの化学合成品を敷いたもので、弾力性があり好記録が望める。オールウエザートラック。all-weather track

**センテンス【sentence】** 文。

**せんてん-せい【先天性】** 生まれつき身にそなわった性質。apriority

**せんてんせい-こうじょうせんきのうていかしょう【先天性甲状▼腺機能低下症】** 先天的に甲状腺の働きが弱いため甲状腺ホルモンが不足し、知能低下・成長障害などを起こす疾患。治療が遅れると知能の回復は不可能。クレチン病。

**せんてんせい-こかんせつだっきゅう【先天性▼股関節脱▼臼】** 生まれつき股関節の片側または両側が脱臼しているもの。原因不明。女児に多い。congenital dislocation of hip joint

**せんてんせい-しんしっかん【先天性心疾患】** 胎生期の発育障害による心臓の奇形。原因は遺伝や妊娠中の感染などが考えられている。congenital heart disease

**せんてんせい-たいしゃいじょう【先天性代謝異常】** 生体内の物質代謝に先天的な障害があって起こる病気の総称。フェニールケトン尿症・ウィルソン病その他の病気があるが、いずれも早期発見による対処が必要。inborn errors of metabolism

**せんてんせい-ばいどく【先天性梅毒】** 胎児が母胎内で胎盤感染を受けて起こる梅毒。骨軟骨炎・梅毒性発疹などの症状がある。congenital syphilis

**せんてんせい-はくないしょう【先天性白内障】** 先天的に水晶体が白濁しているもの。母親の妊娠初期の風疹などが原因といわれる。病状は進行しないことが多いが、視力障害が強いときは手術をする。congenital cataract

**ぜん-でんつう【全電通】**《「全国電気通信労働組合」の略》日本電信電話会社(NTT)の労働組合。昭和二五年(一九五〇)全逓から分離して設立。

**せんてん-てき【先天的】**(形動) ①生まれつきであるさま。経験しないでも身にそなわっているさま。inherent [対義]後天的。[用例]―な能力。②先験的。アプリオリ。transcendental

**せんでん-ほう【占田法】** 中国、西晋の武帝が二八〇年に制定した土地法。個人の土地所有額を規定。

**せんてん-めんえき【先天免疫】** 動物が先天的にもつ、ある種の病原体に対する抵抗力。人は犬のジステンバーにかからないなど。congenital immunity

**ぜんてん-レンズ【全天レンズ】** ↓ぎょがんレンズ(魚眼レンズ)

**せん-と【遷都】**(名・サ変自) 都を他へ移すこと。the transfer of the capital [比較]奠都。

**セント【cent・仙】** アメリカ・カナダなどの補助通貨単位。一セントは一〇〇分の一ドル。

**セント【Saint；St.；S.・聖】**(接頭) キリスト教の聖人の名に冠する語。

**せん-ど【先途】** ①行きつく先。前途。destination ②勝敗などの決まる大事な場合。the critical moment [用例]ここを―と戦う。

**せん-ど【繊度】** 繊維および糸の太さを表す語。デニール・番手の語以外に、どの繊維の糸にも共通するテックス繊度法が制定された。

**せん-ど【鮮度】** 食品の、新鮮さの程度。いき。freshness [用例]―が落ちる。

**せん-ど【先度】**(副) 先ごろ。このあいだ。the other day

**ぜん-と【前途】** ①行く先。行く手。destination [用例]―遼遠。②将来。the future [用例]―洋洋。

**ぜん-ど【全土】** 国土全体。全国。the whole country [比較]全域。

**せん-とう【先登】** 一番乗り。さきがけ。先陣。

**せん-とう【先頭】** まっ先。先端。トップ。the lead [用例]―を切る。

**せん-とう【▼尖塔】** とがって突出した屋根をもつ建物。先のとがった塔。pinnacle

**せん-とう【船灯】** ①船にともす灯火。ship light ②海上衝突予防法によって船が航行中または停船中に点灯することを義務づけられている灯火。マスト灯・船尾灯・停泊灯(いずれも白色)・舷灯(右舷は緑、左舷は赤)など。ship light

**せん-とう【戦闘】**(名・サ変自) ①武力で戦うこと。戦い。battle [比較]戦争。②わりあい小規模の交戦。fighting [比較]会戦。

**せん-とう【銭湯・洗湯】** 料金を取って入浴させる浴場。江戸時代以降、都市の庶民の入浴と娯楽・交流の場所として繁盛してきたが、昭和四〇年代ごろから、めだって少なくなった。風呂屋。公衆浴場。

**せん-どう【先導】**(名・サ変他) 先に立って案内すること。さきだち。guidance

**せん-どう【扇動・▼煽動】**(名・サ変他) あおって事を起こすようにしむけること。人をそそのかすこと。おだてること。アジテーション。agitation [比較]教唆。

**せん-どう【船頭】** ①和船をあやつる人。船夫。かこ。boatman ②和船の船長。ふなおさ。

**船頭馬方御乳の人**(せんどううまかたおちのひと) 人の弱みにつけこんで、無理を言う人のたとえ。

**船頭多くして船山に上る**(せんどうおおくしてふねやまにのぼる) 命令する者が多くて統一がとれず、ことが方向違いに進んでしまう。Too many cooks spoil the broth.

**せん-どう【▼羨道】** 横穴式石室・横穴墓で、遺体を納める室(玄室)に通じる通路。日本では天井部のある部分を呼ぶ。↓横穴式石室[図]

**せん-どう【▼顫動】**(名・サ変自) 細かくふるえ動くこと。vibration

**ぜん-とう【漸騰】**(名・サ変自) 相場や物価がしだいに高くなること。gradual rise [対義]漸落。

**ぜん-どう【善導】**(名・サ変他) よいほうにみちびき教えること。[用例]思想―。

**ぜんどう【善導】**(六一三～六八一) 中国、唐代の僧。中国浄土教の大成者。その著『観無量寿経疏』は法然・親鸞に大きな影響を与えた。

**ぜん-どう【禅堂】** 座禅をする堂。禅宗の僧堂。

**ぜん-どう【▼蠕動】**(名・サ変自) ①ミミズなどにみられる、身をくねらすような動き。うごめくこと。wriggle ②腸管などのような動物体内の中空器官でみられる独特の運動形式。

この運動では、収縮してくびれた部分が時間とともに前から後ろへ移動していく。蠕動運動。peristalsis

**せんとう‐え【千灯会】** 仏教法会の一つ。多くの灯をつけて仏を供養するもの。

**せんどう‐おん【▾顫動音】** 音声学で調音位置による音の分類の一つ。舌先や口蓋垂などを、ふるえるように動かして作る音。ロシア語の[r](舌先)、ドイツ語の[R](口蓋垂)など。trill

**せんとう‐き【戦闘機】** 敵機を攻撃したり、味方の爆撃機の護衛などにあたったりする軍用航空機。今日では大部分が超音速ジェット機。制空戦闘機・迎撃戦闘機・戦闘爆撃機などに大別される。fighter

**せんとう‐こう【銭▾塘江】** 中国、浙江省の北西部の川。多くの支流を集めて、杭州湾に注ぐ。長さ四一〇km。流域は米・麦・綿花などの農産物に富む。河口の海嘯は有名。チエンタンチアン。

**ぜんとうし【全唐詩】** 中国、清代の康熙帝の勅命により、彭定求らが編纂した唐詩の総集。九〇〇巻。一七〇七年刊。二千八百余人の作品四万九千余首を収める。唐・五代の詩を網羅するが、遺漏・重複・誤収などがある。

**せんとうしんわ【▾剪灯新話】** 中国の怪異短編小説集。明代の瞿佑作。四巻。唐代伝奇の流れをくむ怪談。夢幻的で文体も散文に詩を交えて艶麗。江戸小説への影響が大きく円朝の『怪談牡丹灯籠』はその一つ。

**せんとう‐てい【宣統帝】** 中国、清朝の皇帝溥儀の廟号。

**せんとう‐てき【戦闘的】**（形動） 戦おうと、はりきるさま。aggressive 比較 好戦的。

**せんどう‐てき【扇動的】**（形動） そそのかしがちなさま。seditious 比較 扇情的。

**せんとう‐ばくげきき【戦闘爆撃機】** 機関砲・ロケット弾・ミサイル・通常爆弾などによる戦術目標の攻撃を主任務とする戦闘機。fighter-bomber

**せんとう‐ぼう【戦闘帽】** 第二次大戦中、日本軍で用いられた略式の帽子。

**ぜんとう‐よう【前頭葉】** 大脳半球の一部で、中心溝より前方にある部分。哺乳動物の高等なものほどこれがよく発達。運動の統合・言語・感情・意志・思考などの精神作用の中枢部。frontal lobe ↓脳 図

**セントエルモ‐の‐ひ【セントエルモの火】**《船乗りの守護聖人の聖エルモの名から》塔やマストの先端付近に青白い火が見える現象。雷雲のような電気を帯びた雲の影響で起こる。昔、地中海の船乗りが名付けたもの。Saint Elmo's fire

**セントー【ＣＥＮＴＯ】**《Central Treaty Organizationの略》中央条約機構。

**ぜん‐とかん【全斗▾煥】** ↓チョン＝ドファン

**せんどき‐じだい【先土器時代】** 日本で、縄文土器が使用される以前の時代。ヨーロッパの文化区分の旧石器・中石器時代に相当。多種の石器が発見されている。無土器時代。先縄文時代。

**せんどき‐ぶんか【先土器文化】** 日本で縄文土器が使用される以前の時代の文化。多種の石器が用いられていた。無土器文化。先縄文文化。

**せんとく‐どうき【宣徳銅器】** 中国、明の宣徳帝の勅命により製作された銅器。一四二七年に鋳台局を設置、古形にのっとり鼎などを製作させた。「大明宣徳年製」の銘を記す。

**セント‐クリストファー‐ネイビス【Saint Christopher and Nevis】** 中央アメリカ、小アンティル諸島中部のリーワード諸島にあるイギリス連邦の一国。首都バセテール。サトウキビ栽培を中心とする農業国。面積二六〇km²。人口五万（一九八六）。

**セント‐ジェルジ【Albert von Szent-Györgyi】**（一八九三〜一九八六） ハンガリー生まれのアメリカの生化学者。呼吸系路の解明、ビタミンCおよび筋中のアクトミオシンの発見者。一九三七年ノーベル生理学医学賞受賞。

**セント‐ジョージズ【Saint George's】** 中央アメリカ、西インド諸島南東部、グレナダ島南西岸の港湾都市。グレナダの首都。人口三・一万（一九七八）。

**セントジョージズ‐かいきょう【セントジョージズ海峡】**（Saint George's Channel） イギリス、ウェールズ南西端とアイルランド南東端の間の海峡。大西洋とアイリッシュ海を結ぶ。幅八〇〜一五〇km。

**セント‐ジョン【Saint John】** カナダ南東部、ファンジー湾口のニューブランズウィック州最大の港湾都市。人口八・一万（一九八一）。

**セント‐ジョンズ【Saint John's】** カナダの東部、ニューファンドランド島南東部の港湾都市。漁港・貿易港として知られ、造船・鉄鋼などの工業もさかん。人口八・四万（一九八一）。

**セント‐ジョンズ【Saint John's】** 東カリブ海、小アンティル諸島中の島国アンチグア－バーブーダの首都。同国の主島アンチグア島の北西部に位置し経済の中心地。人口三万（一九八二）。

**セント‐デニス【Ruth St. Denis】**（一八七七〜一九六八） アメリカの女流舞踊家。創作舞踊の開拓者。夫ショーンとデニショーン舞踊団を組織。

**セントトーマス‐とう【セントトーマス島】**（Saint Thomas Island） 西インド諸島東部、バージン諸島中部の火山島。面積七三km²。アメリカ領。サトウキビ栽培が盛んな観光基地。

**セント‐バーナード【Saint Bernard】** イヌの一品種。マスチフ系の大形犬で、体高約七〇cm、体重約八〇kg。スイス原産。アルプスのグランサンベルナール峠の修道院で飼われていたことからの名で、救助犬として知られる。

**セント‐ピーターズバーグ【Saint Petersburg】** アメリカ南部、フロリダ州、フロリダ半島西岸の観光保養都市。人口二三・九万（一九八〇）。

**セントビンセントおよびグレナディーン‐しょとう【セントビンセントおよびグレナディーン諸島】**（Saint Vincent and the Grenadines） 中央アメリカ、カリブ海東部、小アンティル諸島の国。首都キングスタウン。一九七九年イギリスから独立。トウモロコシ・ココヤシなどの農業と観光産業が中心。面積三九〇km²。人口一〇万（一九八六）。

**セントヘレナ‐とう【セントヘレナ島】**（Saint Helena） 南大西洋、アフリカ大陸の西一九〇〇kmにある火山島。中心都市ジェームスタウン。面積一二二km²。イギリス領。ナポレオン一世最期の流刑地。

**セントポーリア【saint paulia】** イワタバコ科の多年草。葉は肉厚の長卵形で、株元から四方に出る。花は径約三cm、二〜八輪が中心から立ち上がる。現在、栽培されているものの大部分は園芸種で、花色は多様。アフリカ原産。アフリカスミレ。↓写

● セントポーリア

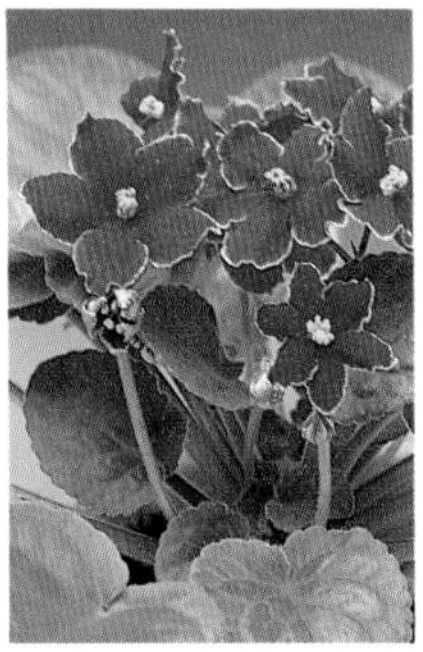

**セント‐ポール【Saint Paul】** アメリカ中北部、ミネソタ州の州都。ミシシッピ川上流域にあり、対岸のミネアポリスと双子都市を形成。農畜産物の集散地。人口二七万（一九八〇）。

**セントラル【central】**《中心にある、中心となる、の意》①中心。中央。②主要。

**セントラル‐クリーナー【central cleaner】** 集中電気掃除機システム。建物の各所に大型の集塵機に集まるパイプを配管し、そこに掃除用ホースの接続口を設けて集塵する。

**セントラル‐パーク【Central Park】** アメリカ北東部、ニューヨーク市の中央公園。ビルが林立するマンハッタン島の中心部にある。

**セントラル‐ヒーティング【central heating】** 中央暖房方式。専用ボイラーで発生させた蒸気・温水・温風を各室に送ってあたためる。

**セントラル‐リーグ**《和製語》日本のプロ野球連盟の一つ。昭和二四年（一九四九）、日本野球連盟の分裂で結成。現在、巨人・阪神・中日・大洋・広島・ヤクルトの六球団が所属。セリーグ。

**セント‐ルイス【Saint Louis】** アメリカ中北部、ミズーリ州東部の商工業都市。ミシシッピ川とミズーリ川の合流点に発達した河港。人口四五・三万（一九八〇）。

**セントルイス‐ブルース【St. Louis Blues】** ブルースの名曲。ウィリアム＝ハンディ作詞・作曲。一九一四年作。

**セント‐ルシア【Saint Lucia】** 中央アメリカ、小アンティル諸島中の島国。首都カストリーズ。一九七九年イギリスから独立。火山島で、バナナが主要輸出品。面積六二〇km²。人口一三万（一九八六）。

**ゼントルマン【gentleman】** ↓ジェントルマン

**セントローレンス‐がわ【セントローレンス川】**（Saint Lawrence River） 北アメリカ東部、オンタリオ湖から北東に流れ、セントローレンス湾に注ぐ川。長さ一一九八km。上、中流はカナダとアメリカの国境をなす。

**セントローレンス‐すいろ【セントローレンス水路】** 北アメリカのセントローレンス川上流部を開削した水路。七つの閘門が設けられ、大西洋と五大湖を結ぶ。結氷期を除き二万トン級の外洋船が航行可能。長さ約三四〇km。一九五九年開通。Saint Lawrence Seaway

**セントローレンス‐わん【セントローレンス湾】**（Gulf of Saint Lawrence） カナダ南東部、ラブラドル半島とノバスコシア半島の間に深く入りこんだ湾。

**センナ【senna・旃那】** マメ科の低木。高さ約一m。葉は羽状複葉。夏に、黄色の蝶形花を開く。葉を下剤とする。薬用・観賞用に栽培。

**ぜん‐な【▿染▿汚】**《仏教語》煩悩などで本来の清浄な心をけがすこと。

**ぜんな【善▾阿】**（生没年未詳） 鎌倉後期の連歌師。地下連歌の指導者。連歌式目の制定に寄与した。門人に救済らがいる。

**せん‐な・い【▾詮無い】**（形） しかたがない。無益だ。派生 せんなげ（形動） せんなさ（名）

**ぜん‐なく【善悪】** ↓ぜんあく（善悪）

**せん‐な・し【▾詮無し】** 古語（形ク） ↓せんない（詮無い）

**せん‐なり【千成り・千▿生り】** たくさんの実がむらがってなること・もの。cluster; bunch

**せんなり‐びょうたん【千成▾瓢▾箪】** ウリ科ヒョウタンの一種。小形で多数の果実をつける。センナリヒサゴ。

**せんなり‐ほおずき【千成▿酸▾漿】** ナス科の多年草。ホオズキの一種。小形で緑色の果実を多数つける。熱帯アメリカ原産。

**せんなん【仙南】**〈村〉 秋田県南部、大曲市と横手市の間にある村。稲作中心の農業を行う。人口九一九六（一九八八）。

**せんなん【泉南】**〈市〉 大阪府南西部、大阪湾に臨む市。和泉木綿の伝統を引く繊維工業と、泉州タマネギの代表的産地として有名。人口六万二六八（一九八八）。

**ぜん‐なん【善男】**《仏教語》仏教に帰依した在家の男性信者。善男子。対義 善女。

**ぜんなん‐ぜんにょ【善男善女】**《仏教語》仏法に帰依した男女。信心深い人々。

**せん‐に【先に】**（副） 以前に。some time ago

**ぜん‐に【禅尼】** 在家のままで仏門にはいった婦人。禅定尼。対義 禅門。

**せん‐にく【鮮肉】** 食用の新鮮な肉。なま肉。fresh meat

**ぜん‐にち【全日】** 一日じゅう。まる一日。ぜんじつ。all day long

**せんにち‐こう【千日紅】** ヒユ科の一年草。高さ五〇cm内外。葉は対生し、長楕円形。夏から秋に、多数の小花からなる球状頭花をつける。色は紅色が普通。観賞用として栽培。長い期間色があせない。熱帯アメリカ原産。センニチソウ。globe amaranth ↓写

● センニチコウ

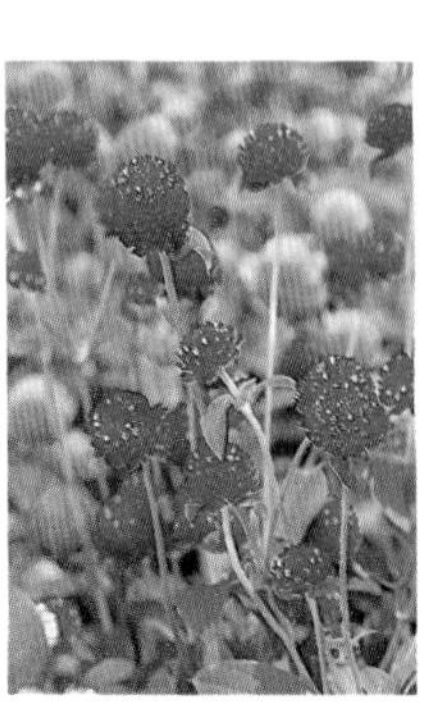

**ぜんにち‐せい【全日制】** 高等学校の授業時間が昼間におかれる通常の課程をいう。対義 定時制。

**せんにち‐そう【千日草】** センニチコウの別名。

**せんにち‐て【千日手】** 将棋で、別の手を指すと不利になるので、互いに同じ手を繰り返して、勝負がつかなくなること。日本将棋連盟では「同じ局面を四回繰り返す」と、千日手成立で指し直しとしている。

**ぜん‐にち‐のう【全日農】**《「全日本農民組合連合会」の略》農民組合の全国組織。昭和三三年（一九五八）全国農民組合と日本農民組合全国連合会が合同して、農民の社会経済的要求を実現するために結成された。

**せんにち‐まいり【千日参り】** ①神社・仏閣に一〇〇〇日間参詣・祈願すること。②



↓ 行き先項目、図版・写真参照印。 JIS 日本工業規格情報交換用漢字符号コード（区点コード）。

江戸時代、特定社寺に特定日（一般に陰暦の七月一〇日に、観音に参詣すること。一〇〇〇日間参詣したのと同等の御利益があるとされた。千日詣で。

**せんにちまえ**（ーまへ）【千日前】 大阪市中央区、道頓堀から難波までの一帯。繁華街「ミナミ」の一角で、水かけ不動で知られる法善寺がある。

**ぜん-にっ-くう**【全日空】 全日本空輸（株）の通称。

**ぜんにほん-くうゆ**【全日本空輸（株）】（All Nippon Airways） 国内線を主とした日本の航空会社。昭和二七年（一九五二）設立。国際定期便は同六一年（一九八六）に開設。全日空。ANA。

**ぜんにほん-だいがくやきゅうせんしゅけんたいかい**【全日本大学野球選手権大会】 全国各地区を代表する一六の大学により争われる野球選手権大会。毎年各地区の春期リーグ終了後、おもに神宮球場で開催される。

**ぜんにほん-ろうどうそうどうめい**【全日本労働総同盟】 ↓どうめい（同盟）

**せん-にゅう**【仙入】 ヒタキ科ウグイス亜科の一属の総称。全体に地味な褐色で、翼長五・二～八・六cm。空中でさえずるものが多い。やぶや草原にすみ、おもに昆虫類を食べる。種によって鳴き声が異なる。ユーラシアに七種が分布。日本でもみられる四種のうち三種は夏鳥。↓図

●センニュウ　エゾセンニュウ

**せん-にゅう**【潜入】（名・サ変自） こっそりもぐりこむこと。sneak into 用例 敵陣に——する。

**ぜん-にゅう**【全乳】 脂肪分を抜き取らない牛乳。the whole milk 対義 脱脂乳。

**せんにゅう-かん**【先入観】《自由な思考の妨げとなる場合に言う》あらかじめつくり上げられている固定観念。先入主。先入見。preconception 用例 ——にとらわれる。

**せんにゅう-じ**【泉▼涌寺】 京都市東山区泉涌寺山内町にある真言宗泉涌寺派の大本山。空海草創の法輪寺が天台宗の仙遊寺となり、建保六年（一二一八）俊芿が再興して改称。台・密・禅・浄・律兼学の道場とした。皇室の菩提寺。御寺。

**せん-にょ**【仙女】 ↓せんじょ（仙女）

**ぜん-にょ**【善女】《仏教語》仏教に帰依した在家の女性信者。善女人。対義 善男。

**せん-にん**【仙人】 ①山中に住み、不老不死の法を得て、不思議な術を使うという人。②道教の、理想人。③無欲で世間ばなれのした人。

**せん-にん**【先任】 先にその職務についていたこと・人。前任。senior 対義 新任・後任。

**せん-にん**【専任】 その任務だけに従うこと・人。full-time service 比較 専従。対義 兼任。

**せん-にん**【選任】（名・サ変他） えらんで任命すること。election

**ぜん-にん**【前任】 以前の任務。前にその任務についていた人。predecessor 対義 現任・新任・後任。用例 ——者。

**ぜん-にん**【善人】 ①正しくてよい人。good man 対義 悪人。②お人よし。好人物。good man

**せんにん-ぎり**【千人▼斬り・千人切り】 ①むかし、なんらかの願いを成就させるために、一〇〇〇人を斬り殺したこと。②《俗語。多く男に言う》多数の異性と性交渉をもつこと。

**せんにん-そう**【仙人草】 キンポウゲ科のつる性多年草。林のまわりや荒地などに多い。茎は長く伸びて他物にからむ。葉は奇数羽状複葉。夏に、白花が茎の上部に密生。有毒。

**せんにん-とうげ**（ーたうげ）【仙人峠】 岩手県南東部、釜石市と遠野市の境にある峠。標高八八七m。難所であったが、トンネル開通で改良。

**せんにん-ばり**【千人針】 一枚のさらし布に、赤糸で一〇〇〇人の女性が一針ずつ縫い玉を縫いつけたもの。弾丸よけになるとされ、出征将兵の武運長久・安泰祈願に贈る風習が生まれた。日清・日露戦争のころに始まり、第二次大戦中さかんに行われた。↓写

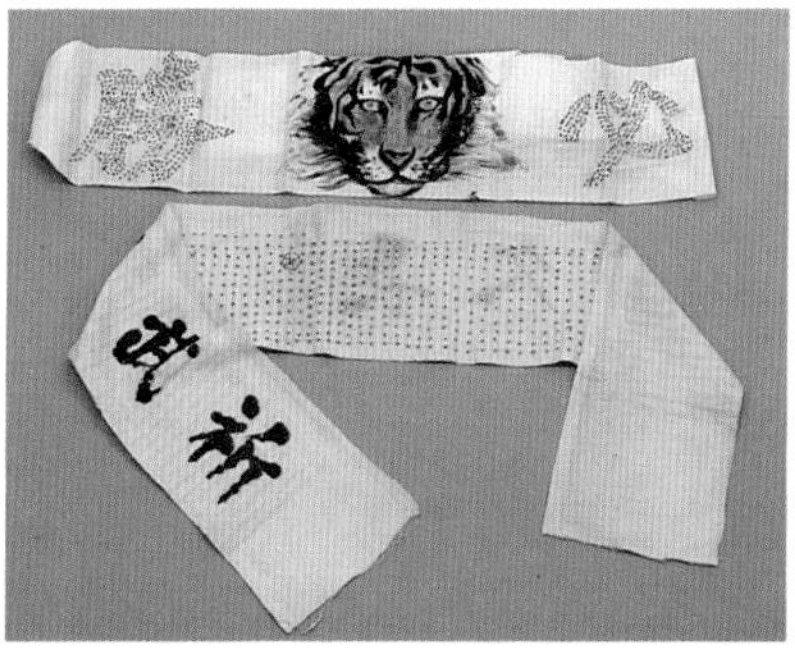
●千人針　台東区立下町風俗資料館（東京都）。

**せんにん-りき**【千人力】 ①力が強いこと。herculean strength ②助力を得て心強いこと。very helpful 用例 彼が加われば——だ。③一〇〇〇人の男子に力の字を書いてもらった布。

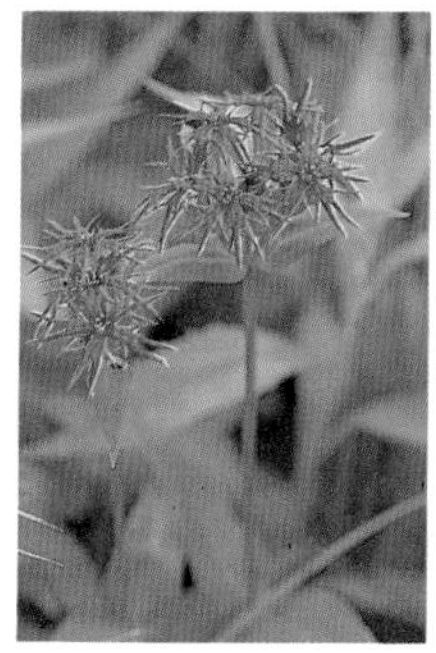
●センノウ　エンビセンノウ

**せん-ぬき**【栓抜き】 びんの栓や口金を抜くために使う器具。bottle opener; corkscrew

**せん-ねつ**【▼腺熱】 伝染病の一種。発熱・リンパ球の腫れ、血液中の単核細胞の増加などの症状がある。伝染性単核球症。glandular fever

**せん-ねつ**【潜熱】 ①内部にあって外に現れない熱。latent heat ②物体の状態の変化にともなって、吸収または放出される熱。たとえば、水が水蒸気になるときに吸収される熱など。latent heat

**せん-ねん**【先年】（名・副） 過ぎ去った年。以前。往年。former years

**せん-ねん**【専念】（名・サ変自） 熱心に一つのことだけをすること。没頭。専心。absorption

**ぜん-ねん**【前年】 ①前の年。昨年。last year ②過ぎ去った年。先年。former years

**せんねん-おうこく**【千年王国】 キリスト教神学用語。新約聖書『ヨハネの黙示録』二〇章を典拠に、キリストの二回にわたる来臨の中間期の一千年間、キリストと信仰者が地上を支配するという説。千年説。至福千年。the millennium

**せんねんおうこく-うんどう**【千年王国運動】 本来は、キリストが再臨して平和の王国が建設され、信仰者に千年の至福の時期が与えられると説く運動。現在ではカリスマ的人物が指導する宗教的、政治的な秩序改変の運動一般をさす。the millennium movement

**せんねん-せつ**【千年説】 ↓せんねんおうこく（千年王国）

**せんねん-だい**（ーだひ）【千年▼鯛】 赤い地色の体側に三本の濃赤色帯がはしるフエダイ科の海水魚。体長約七〇cm。吻がやや突出し、とがる。食用。南日本以南に分布。

**せんねん-ぼく**【千年木】 リュウゼツラン科の常緑低木。中国原産の観葉植物。幹はまれに分枝、上部に披針形の葉を密生。葉面は濃緑色に赤紫色の斑ょ入り。夏、白・赤色の花をつける。

**せん-のう**【仙翁】 ナデシコ科の多年草。葉は楕円形で先がとがる。夏に、ナデシコに似た深紅色の五弁花を開く。観賞用として栽培。↓写

**せん-のう**【先王】 ①先代の君主。the late king ②昔の聖王。

**せん-のう**【先皇】 前代の天皇。先帝。

**せん-のう**【洗脳】（名・サ変他） 特異な環境下での徹底教育で、従来の思想・信念を改造し、新しい思想・信念を植えつけること。brainwash

**ぜん-のう**【全納】（名・サ変他） 全額を納めること。完納。payment in full 対義 分納。

**ぜん-のう**【全能】 すべて完全にできること。なんでもできる能力。omnipotence 用例 全知——。

**ぜん-のう**【全農】 ①ある地域などで、職業が農業だけであること。対義 半農。②《「全国農業協同組合連合会」の略》販売事業の全販連と購買事業の全購連とが合併して昭和四七年（一九七二）発足。③《「全国農民組合」の略》昭和三年（一九二八）結成され、第二次大戦前の日本農民運動の主流であったが同一三年（一九三八）解体。

**ぜん-のう**【前納】（名・サ変他） 代金などを前もって納めること。payment in advance

**せん-の-き**【栓の木・繊の木】 ハリギリの別名。

**せん-の-そうえき**【千宗易】 ↓せんのりきゅう（千利休）

**せん-の-そうたん**【千宗▼旦】 ↓せんそうたん（千宗旦）

**せん-の-りきゅう**【千利休】（一五二二～九一） 安土桃山時代の茶人。千家流茶道の開祖。堺の人。号は宗易。のち不審庵。北向道陳・武野紹鷗に師事。草庵風の茶室を完成、茶道を大成した。織田信長・豊臣秀吉に仕え重用され、天正一三年（一五八五）正親町天皇より利休号を与えられ、天下一の地位を占めたが、のちに秀吉の怒りにふれ切腹。↓写

**せんば**【船場】 大阪市中央区の一地域。問屋街・ビジネス街で、北浜・道修町・本町・丼池などが含まれる。

**ぜん-ば**【前場】 証券取引所の午前（九時から一一時まで）の立ち会い。morning session 対義 後場。

**ぜん-ぱ**【全波】 ↓オールウエーブ

**ぜん-ぱ**【善派】 鎌倉時代、奈良で活躍した仏師の一派。作者・作例に善円『愛染明王』、善慶『釈迦如来』、善春『叡尊』など。

**ゼンパー**【Gottfried Semper】（一八〇三～七九） ドイツの建築家・古代建築研究者。作品にドレスデン歌劇場など。

**せん-ばい**【専売】（名・サ変他） ①一手に販売すること。monopoly ②国が特定の商品についての生産や販売を独占すること。生産と販売の独占を完全専売、販売だけの独占を不完全専売という。state monopoly ③《俗語》特技とすること・芸。おはこ。one's forte 用例 宴会での物まねは彼の——。

**せん-ぱい**【先輩】 ①年齢・学芸・地位などが、上の人。senior ②同じ学校・職場などに先にはいった人。older graduate of the same school 対義 後輩・後進。

**せん-ぱい**【戦敗】 戦争に負けること。敗戦。defeat 対義 戦勝。

**ぜん-ぱい**【全敗】（名・サ変自） 戦いのすべてに負けること。complete defeat 比較 完敗。対義 全勝。

**ぜん-ぱい**【全廃】（名・サ変他） すっかりやめること。abolition

**せんばい-きょく**【専売局】 「大蔵省専売局」の略。「日本専売公社」の前身。現在では、「日本たばこ産業株式会社」となっている。

**せんばい-こうしゃ**【専売公社】 「日本専売公社」の略。昭和六〇年（一九八五）に民営化、「日本たばこ産業株式会社」となる。

**せんばい-とっきょ**【専売特許】 ①特許の旧称。官許によって発明品などの製作・販売を独占する権利。patent ②《俗語》特技とすること・芸。専売。おはこ。one's forte

**せん-ぱく**【浅薄】（名・形動） あさはかなこと・さま。superficiality

**せん-ぱく**【船舶】《「舶」は、大船の意》①船の総称。一般に大型の船をいう。ship ②商法で、商行為のために航行する櫓櫂船以外の船。ship

**ぜん-ぱく**【前▼膊】 ひじと手首との間。forearm

**せんぱくあんぜん-ほう**【船舶安全法】 船舶について人命や財貨の安全を確保するための施設の基準や取り締まりの規定などを定めた法律。昭和八年（一九三三）公布。

●千利休　不審庵（京都府）。

**ぜん-はくぎゅう【▼冉伯牛】** 中国、春秋時代の儒者。孔門の十哲の一人。名は耕。徳行にすぐれた。

**せんぱく-けんさ【船舶検査】** 船舶の船体や機関・諸設備などが安全航行のための一定基準に適合しているかどうかを定期的に調べる検査。国・自治体・船級協会などが行う。ship inspection

**せんぱく-こうがく【船舶工学】** 船舶を設計・建造する技術を研究する工学の一分野。造船工学。

**せんぱく-しんごう【船舶信号】** 船と船、船と陸の間で行う通信の方法。手旗信号・無線電信・発火信号などで行う。signal

**せんぱく-とうき【船舶登記】** 船舶の所有権・抵当権・船舶の管理人などについて、船籍港を管轄する法務局の船舶登記簿に記載すること。総トン数二〇トン以上の船舶について行い、登記によって船舶は不動産に近い取り扱いを受ける。registration of a ship

**せんぱく-とうろく【船舶登録】** 船籍港の船籍原簿に、船名・所有者などきめられた事項を記載すること。登録によってはじめて船舶国籍証書が交付され、航行権などが公認される。registry of a ship

**せんぱく-トンすう【船舶トン数】** 船舶の大きさを表す量。総容積で示す「総トン数」、重量で示す「排水量」などの表し方がある。ship tonnage

**せんぱく-ほけん【船舶保険】** 海上保険の一つ。沈没・座礁・火災・衝突などによって受けた船体およびその付属物の損害を補う保険。hull insurance

**せんば-じる【船場汁】** 塩さばと大根を水から煮出した汁物。サバのあらや中骨を利用する。船場煮。

**せんはた【千畑】**〈町〉秋田県、大曲市の東の町。酪農先進地で、農協の製酪工場でバターやチーズを生産。人口九四九二(一九八八)。

**せん-ばつ【選抜】**(名・サ変他) 多数の中からすぐれたものを選び出すこと。よりぬき。selection [用例] ―メンバー。

**せん-ぱつ【先発】**(名・サ変自) さきに出発すること・人。最初に出ること・人。starting in advance [対義]後発。[用例] ―隊。―投手。

**せん-ぱつ【染髪】**(名・サ変自) 髪の毛を染めること。毛染め。hair dyeing

**せん-ぱつ【洗髪】**(名・サ変自) 髪を洗うこと。髪洗い。シャンプー。shampoo

**せんばつ-こうとうがっこうやきゅうたいかい【選抜高等学校野球大会】** 高校野球二大大会の一つ。秋の地区大会成績を資料に選抜された全国各地区代表が、翌年春に、甲子園球場で優勝を争う。第一回大会は大正一三年(一九二四)。選抜。[比較]全国高等学校野球選手権大会。

**せんばつ-しけん【選抜試験】** 選抜するために行う試験。selective examination

**せんぱつ-じしん【浅発地震】** 震源の深さが数十キロメートルまでの地震。shallow earthquake

**せんばつ-チーム【選抜チーム】** 各チームのすぐれた選手をよりすぐってつくったチーム。picked team

**せんぱつ-はってんとじょうこく【先発発展途上国】** 発展途上国のなかで、比較的工業化の進んでいる国。インドやアラブ連合など。[対義]後発発展途上国。

**せんば-づる【千羽▼鶴】** ①折り鶴を糸に通し、数多く連ねたもの。数多くの鶴を折るという累積祈願が、悲願を成就させると考えられ、贈り物にもされる。②鶴を多数染め出した模様の名。

**せんぱ-ばんぱ【千波万波】** 次々と打ち寄せる波。多くの波紋。

**ぜん-ばらい【全払い】**(名・サ変他) 全部のお金を払うこと。payment in full

**ぜん-ばらい【前払い】**(名・サ変他) ↓まえばらい(前払い)

**せん-ばん【千番】** ①一〇〇〇回。a thousand times ②番号の一〇〇〇番。number one thousand

**千番に一番の兼ね合い**(せんばんにいちばんのかねあい) 一〇〇〇回やってみても一回成功するかどうか、というほどむずかしいこと。one chance of success to a thousand

**せん-ばん【先晩】** 先日の晩。先夜。the other night

**せん-ばん【先番】** ①物事をする順が先のこと。先の番。the preceding turn ②碁・将棋で、先手。

**せん-ばん【旋盤】** 工作機械の一つ。主軸台に取りつけた工作物を回転させ、それに当てる刃物を左右前後に動かしながら切削・あなあけ・ねじ切り・研磨などを行う。lathe [比較]フライス盤。↓[写]

**せん-ばん【線番】** 針金などの太さを示す番号。

**せん-ばん【千万】**(副) ①数量の大きいさま。great quantity ②いろいろ。さまざま。various things [用例] ―かたじけない。③この上ないさま。はなはだしいこと。extremely [用例]迷惑―。

**せん-ぱん【先般】**(名・副) さきごろ。このあいだ。過日。the other day [対義]今般。

**せん-ぱん【戦犯】**「戦争犯罪人」の略。

**ぜん-はん【前半】** 前の半分。ぜんぱん。the first half [対義]後半。

**ぜん-ぱん【全判】** ↓ぜんし(全紙)

**ぜん-ぱん【全般】** すべてにわたること。残らず。全体。the whole

**ぜん-はんしゃ【全反射】** 屈折率の大きい物質から小さい物質に光が入射するとき、入射角がある一定の値より大きくなると、全部の光が反射される現象。光ファイバーはこの現象を応用。total reflection

**ぜん-はんせい【前半生】** 人の一生の、前の半分。the first half of one's life [対義]後半生。

**ぜんはん-せん【前半戦】** 戦闘や試合などの前の半分。the first half [対義]後半戦。

**ぜんぱん-てき【全般的】**(形動) すべてにわたるさま。全体的。general

**せん-び【船尾】** 船の後ろの部分。とも。stern [対義]船首。

**せん-び【戦備】** 戦争の準備・設備。preparation for war [用例] ―を整える。

**せん-ぴ【先▼妣】** 死んだ母。[対義]先考。

**せん-ぴ【先非】** 過去におかしたあやまち。前非。[用例] ―を悔いる。

**せん-ぴ【戦費】** 戦争にかかる費用。war expenditure

●旋盤　全体(右)、刃の部分(左)。

**せんぴ【鮮卑】** 古代、中国モンゴル東部にあった遊牧民族の一つ。トルコ系といわれる。はじめ匈奴に属したが、二世紀ごろからモンゴル高原を支配。四世紀、五胡の一つとして華北に南下、燕(慕容氏)、涼(禿髪氏)、秦(乞伏氏)などを建国。さらに拓跋氏は華北に北魏統一王朝を建設。

**ぜん-び【善美】** ㊀(名) 善と美。good and beauty ㊁(名・形動) 美しくりっぱなこと・さま。gorgeousness with beauty [用例] ―をつくす。

**ぜん-ぴ【前非】** 過去におかしたあやまち。先非。one's past misdeeds

**せん-びき【線引(き)】**(名・サ変自他) ①線を引くこと。②ある基準に従って区分けすること。③都市計画法などに基づいて、ある区域・地区を地図上で区分けすること。④仕事の進行予定などを、線を引いて書き表すこと。⑤電線・針金などの線材を、細長く伸ばし加工すること。wire drawing

**せんびき-こぎって【線引小切手】** ↓おうせんこぎって(横線小切手)

**せん-ぴつ【染筆】**(名・サ変自) 筆で書画をかくこと。潤筆。

**せん-ひめ【千姫】**(一五九七〜一六六六) 江戸幕府二代将軍徳川秀忠の娘。母は淀君の妹。七歳で豊臣秀頼に嫁す。大坂城落城のさい脱出し、のち本多忠刻に再嫁。忠刻の死後落飾して天樹院と称した。

**せん-びゃく【千百】** 数が多いこと。あまた。hundreds and thousands [用例] ―の観衆。

**せん-ぴょう【選評】**(名・サ変他) ①作品・論文などをえらびだし、批評すること。その批評。selection and criticism ②選をしたあとの批評。選後評。comment after a selection

**ぜん-ぴょう【全▼豹】**《ヒョウの皮全体の模様、の意》全体のありさま。全容。[対義]一斑。

**一斑を見て全豹をトす**(いっぱんをみてぜんぴょうをぼくす) ↓いっぱん(一斑)

**ぜん-ぴょう【前表】** ①前に示した表。foregoing table [対義]次表。②前兆。omen

**せんびょう-が【線描画】** 線だけでかいた絵。線画。line drawing

**せん-びょうし【戦病死】**(名・サ変自) 軍人・軍属が、出征中に病気のため死ぬこと。[比較]戦死。

**せんびょう-しつ【▼腺病質】** 幼児期の、虚弱で神経質な体質。皮膚・粘膜の炎症や細菌感染をおこしやすく、頸部リンパ腺がはれたり、貧血などをおこす。scrofulosis

**せん-びん【先便】** 前回のたより。前便。先信。one's last letter [対義]後便。

**せん-びん【船便】** ↓ふなびん(船便)

**ぜん-びん【前便】** 前のたより。先便。one's last letter [対義]後便。

**せん-ぶ【先負】**《「先負日」の略》六曜の一つ。何をするにもひかえめを良しとし、また午前は凶、午後は吉とする日。せんまけ。

**せん-ぶ【宣▼撫】**(名・サ変他) 占領地などで、人心を安定させようとして宣伝すること。placation

**せん-ぷ【先夫】** 前の夫。前夫。one's former husband [対義]先妻。

**せん-ぷ【宣布】**(名・サ変他) ①広く知らせること。公布。proclamation ②広く行きわたらせること。流布。dissemination

**せん-ぷ【泉布】**《「泉」は貨幣、「布」は流布すること》金銭。貨幣。

**ぜん-ぶ【全部】**(名・副) ①すべての部分。すべてのもの。すべて。みんな。the whole [対義]一部。[用例] ―終わる。②一そろいの書物全部。全巻。complete set of books

**ぜん-ぶ【前部】** 前の部分。front part [対義]後部。

**ぜん-ぶ【▼膳部】** ①ぜんにそなえる食物。料理。食ぜん。table ②料理を担当する人。料理人。

**せん-ぷう【旋風】** ①ほぼ鉛直に立つ細長い風の渦巻きのうち、じょうご状の雲がないもの。雲がある場合は竜巻という。地表が熱せられてできる上昇気流が原因。街角の小さいつむじ風など。whirlwind ②突発的に社会に起こる急激な変動。センセーション。sensation [用例] ―をまきおこす。

**せんぷう-き【扇風機】** 電動機の軸に取りつけた羽根を回転させて風を送る機械。electric fan [数え方]一台。

**せん-ぷく【船幅】** もっとも広いところで測った船体の内側の幅。beam [対義]船長。

**せん-ぷく【船腹】** ①船の胴の部分。side of a ship; bottom ②船の内部の貨物を積み込む場所。また、その積載量。space; tonnage ③船舶の隻数を表すよび方。

**せん-ぷく【潜伏】**(名・サ変自) ①ひそみかくれること。hide ②感染はしているが、症状の現れていないこと。incubation

**ぜん-ぷく【全幅】** ①はばいっぱい。full width ②できるかぎり。あるものすべて。満身。utmost [用例] ―の信頼をよせる。

**せんぷく-き【潜伏期】** 病原体が宿主に侵入してから、症状を現すまでの期間。incubation period

**せんぶ-しゅう【▼瞻部▼洲】** ↓えんぶだい(閻浮提)

**せん-ぶつ【千仏】** 過去・現在・未来の各劫に出現するとされる一〇〇〇の仏たち。とくに現在劫の一〇〇〇の仏たちを言う。釈迦は現在劫の第四番目の仏とされる。

**せん-ぶつ【▼塼仏】** 仏像その他を粘土に型押しして素焼きにしたもの。日本では隋・唐の影響を受け、七世紀後半に阿弥陀三尊や小



↓行き先項目、図版・写真参照印。　[JIS]日本工業規格情報交換用漢字符号コード(区点コード)。

型の塼仏像が多く作られた。

**せんぶつ-くよう【千仏供養】** 千仏に供養する法会。千仏会。

**せんぶつ-どう【千仏洞】** 岩壁に石窟を掘って持仏堂としたもの。中国敦煌一帯のものがとくに有名。

**ぜんぶ-ほけん【全部保険】** 損害保険で、保険契約時に設定した保険評価額と、保険事故発生時に保険金受取人に支払われる損害額の最高額とが等しい保険。full-insurance 対義 一部保険。

**せん-ぶり【千振】** ①《千度振り出してもなお苦い、の意》山野にはえるリンドウ科の一、二年草。高さ約二〇cm。葉は線形。秋に白花を多数つける。全草に苦味があり、干して健胃薬とする。トウヤク。②センブリ科の昆虫。体は黒色、翅は半透明で暗色。初夏、水辺にとぶ。ヤマトセンブリ。↓写

●センブリ①

**せんぷろん【潜夫論】** 中国の儒書。後漢の王符著。支配階級の堕落と社会の腐敗を批判、有徳者を起用することの必要を説く。

**せん-ぶん【線分】** 直線上の二点によって限られた、その直線の部分。有限直線。segment

**ぜん-ぶん【全文】** 文または文章の全体。the whole passage

**ぜん-ぶん【前文】** ①手紙の、時候・安否などのあいさつの部分。②主文の前にしるす文。preamble 対義 本文。③前の手紙。前便。the last letter ④以前に書いた文。former writing

**せんぶん-ひ【千分比】** ↓せんぶんりつ(千分率)

**せんぶん-りつ【千分率】** 全量の一〇〇〇分の一を単位として表した割合または歩合。千分比。パーミル。permillage

**せん-べい【▼煎▼餅】** 代表的な干菓子。小麦粉・砂糖・卵で作る本来のせんべい、米粉・しょうゆを材料とする塩せんべいに分けられる。おせん。比較 あられ。参考 関西では、かわらせんべい・かきもちを含んで言う。

**せん-ぺい【▼尖兵・先兵】** ①前進中の部隊の前方を警戒する兵・小部隊。vanguard ②《転じて》先んじて新しい事にあたる人・組織など。vanguard 用例 ニューメディアの—。

**ぜんべい-オープン【全米オープン】** ①全米オープンテニス選手権。一八八一年創始され一九六八年からオープン化。世界四大選手権の一つ。Open Tournament ②全米オープンゴルフ。アメリカで開催されるゴルフのオープントーナメント。一八九五年創始され世界四大競技会の一つ。U.S. National Open Championship

**ぜんべい-じどうしゃろうどうくみあい【全米自動車労働組合】**(United Automobile Workers) 自動車をはじめ航空機・農業機械産業の労働者で組織されるアメリカの労働組合。一九三五年結成。本部はデトロイト。UAW。

**ぜんべい-てっこうろうどうくみあい【全米鉄鋼労働組合】**(United Steelworkers of America) アメリカの鉄鋼産業の産業別労働組合。USWA。

**ぜんべい-としょしょう【全米図書賞】**(National Book Awards) アメリカの文学賞。全米出版協会によって、毎年すぐれた小説・ノンフィクション・詩などの作品に贈られた。一九七九年廃止。

**せんべい-ぶとん【▼煎▼餅布団・▼煎▼餅▼蒲団】** わたが少なくて、薄くて固い、そまつな布団。

**せん-べつ【選別】**(名・サ変他) えらびわけること。よりわけ。classification

**せん-べつ【▼餞別】** 旅行や移転をする人に、別れをおしんで金品をおくること。その贈物。はなむけ。farewell gift

**せん-べん【先▼鞭】** 《人より先に馬に鞭を打つ、の意から》他に先んじて着手すること。先手。the initiative

**先鞭をつける**(せんべんをつける) ある事を、人より先に始める。get a start on

**ぜん-ぺん【全編・全▼篇】** 一つの詩文・劇・映画などの全体。the whole of the work 用例 —を通じて流れる詩情。

**ぜん-ぺん【前編・前▼篇】** 書物の前半の編。the first part 対義 後編。

**せんぺん-いちりつ【千編一律・千▼篇一律】**(名・形動) 多くのものがみな同じ調子で変化のないこと・さま。一本調子。単調。monotony

**せんぺん-ばんか【千変万化】**(名・サ変自) さまざまに変化すること。たびたび変わること。innumerable changes

**せん-ぼう【▼羨望】**(名・サ変他) うらやむこと。envy 用例 —のまと。

**せん-ぼう【▼瞻望】**(名・サ変他) 遠くを見渡すこと。あおぎ見ること。

**せん-ぼう【▼懺法】** 《仏教語》①おかした罪・過ちをざんげし、それを消滅するための法会。②ざんげの作法を記した書。

**せん-ぼう【▼蘚帽】** 蘚類の蒴(胞子嚢)の頭をおおう付属物。calyptra ↓蘚苔植物 図

**せん-ぽう【先方】** 相手のほう・人。さきかた。むこう。the other party 対義 当方。

**せん-ぽう【先▼鋒】** 先頭に立って進むもの・部隊。さきて。the van 対義 殿軍。

**せん-ぽう【旋法】** 《modesの訳》音楽で、もとになる音列の音組織は同じでも、主音の位置によってオクターブ(完全八度の音程)の区切り方の異なるもの。代表例は中世ヨーロッパの教会旋法。

**せん-ぽう【戦法】** 戦闘や競技などの方法。strategy

**ぜん-ぼう【全▼貌】** 全体の姿・ようす。全容。the whole aspect

**ぜん-ぼう【禅房】** ①禅宗の寺。禅寺。禅刹。②座禅をする室。禅堂。

**ぜん-ぽう【前方】** ①前のほう。前面。the front 対義 後方。②前が四角であること。

**ぜん-ほうい【全方位】** すべての方角。to be omnidirectional

**ぜんほうい-がいこう【全方位外交】** 体制の違いなどを問わず、世界のどの国とも友好関係を結ぼうとする外交。omnidirectional diplomacy

**せんぼう-きょう【潜望鏡】** 潜水艦に装備され、潜行中海面上に出して外部の状況を見る望遠鏡。ペリスコープ。periscope

**ぜんぽうこうえん-ふん【前方後円墳】** 日本独特の古墳外形。中心となる円(円段)に方形を合体させたもの。三世紀から七世紀ごろまで築造。蒲生君平『山陵志』以来の呼称。車塚。瓢塚。

**せん-ぼうちょう【線膨張】** 物体が熱せられて、膨張するときの、長さの変化。linear expansion 比較 体膨張。

**せん-ぼうちょうりつ【線膨張率】** 線膨張において、物質の温度を一度上げたときの長さの増加の割合。coefficient of linear expansion

**せん-ぼく【占▼卜】** うらない。divination

**せんぼく【仙北】**〈町〉 秋田県南部、大曲市東隣の町。水稲単作地帯の純農村。人口八五四〇(一九八八)。

**ぜんほく-く【全北区】** 動物の地理分布上の一区。サハラ砂漠以北のアフリカ大陸・東南アジアを除くユーラシア大陸・北米大陸を含む。これらの大陸は昔、陸続きであったため共通種が多い。Holarctic region

**ぜんほく-しょくぶつくけいかい【全北植物区系界】** 植物区系界の一つ。熱帯を除くアジア・ヨーロッパ・北アフリカ・北米を含む。新旧大陸の差は少なく共通種が多い。Holarctic floral kingdom

**ぜんぼく-るい【全▼蹼類】** ペリカン類の異名。四本の足指がみずかきで完全につながっているのが特徴で、みな魚類を常食とする大形の海鳥または水鳥である。鳥類中の一目を構成し、ペリカン・ウ・カツオドリなどが属する。

**せん-ぼつ【戦没・戦▼歿】**(名・サ変自) 戦争で死ぬこと。戦死や戦病死。death in battle

**ぜん-ぽん【善本】** ①内容や校訂がすぐれている本。②保存がよく、本文の系統の正しい本。③《仏教語》よいむくいを受ける根本。

**せんぼん-しめじ【千本占地】** ①担子菌類キシメジ科のキノコ。シャカシメジの別名。②シメジの別称。

**せんぼん-まつばら【千本松原】** 静岡県沼津市、狩野川河口西方の景勝地。大防風・防潮林帯がある。

**せんぼん-やり【千本▼槍】** キク科の多年草。山地にはえる。春型の葉は卵形で、夏型は大形の羽状。春に、花茎の先に白い小頭花をつける。↓写

●センボンヤリ

**せん-まい【洗米】** あらった米。かしよね。とくに、神に供える洗った米。washed rice

**せん-まい【▼饌米】** 神に供える米。供米。

**ぜんまい【▽発▽条・▼撥▽条】** 金属の帯状薄板を渦巻き状に巻いた動力用のばね。巻き締めたとき蓄えられる反発力を利用する。power spring 参照 ばね。

**ぜんまい【▼薇・▽紫▼萁】** ゼンマイ科の多年生シダ。山野にはえる。早春に、胞子葉が伸び、ついで栄養葉が出る。栄養葉は二回羽状複葉。若葉は渦巻状で、干して食用とする。osmund ↓写

**せんまい-がん【千枚岩】** 変成岩の一つ。薄く片状にはげやすい堆積岩。絹に似た光沢があり、灰緑・灰褐色。白雲母・緑泥石・石英などを含む。phyllite

**ぜんまい-しのぶ【▼薇▽信夫】** リョウメンシダの別名。

**せんまい-づけ【千枚漬(け)】** 京都名産の漬物。聖護院かぶを薄く切り、食塩で下漬けした後、砂糖・こんぶ・唐がらしなどと漬け込む。

**せんまい-どおし【千枚通し】** 重ねた紙を刺しとおして穴をあけるための錐。bodkin

**ぜんまい-ばかり【▽発▽条▼秤】** ↓ばねばかり(発条秤)

**せんまい-ばり【千枚張(り)】** ①たくさん張り重ねたこと・もの。②《面の皮が千枚張り、の意》ひどくあつかましいこと。

**せん-まけ【先負】** ↓せんぶ(先負)

**せんまや【千▼厩】**〈町〉 岩手県南部、丘陵地帯の町。馬の産地で知られ、酪農がさかん。人口一万四九二七(一九八八)。

**せん-まん【千万】** ①一万の一〇〇〇倍。ten million ②数えきれない大きな数。countless number

**千万人と雖も吾往かん**(せんまんにんといえどもわれゆかん) 省みて正しいと思ったら、千万人もの反対があっても恐れずに我が道を進もう。正しいことを貫く心意気を示すことば。

**せんまん-げん【千万言】** 数えきれぬほどの多くのことば。millions of words

**せんまん-むりょう【千万無量】**(名・形動) 非常に多いこと・さま。はかり知れないこと・さま。用例 —の思い。

**ぜん-み【禅味】** 禅の特色。禅の味わい。とらわれない風格。

**せん-みつ【千三つ】** ①《一〇〇〇のうち三つぐらいしか話がまとまらない、の意》土地・家屋の売買などの仲介を業とする人。千三つ屋。②《一〇〇〇のうち三つぐらいしか本当のことを言わない、の意》うそつき。ほらふき。

**せん-みょう【宣命】** 天皇の命令を伝える文書の一つ。詔勅が漢文体で書かれているのに対して、国文体で書かれた。

**宣命を含める**(せんみょうをふくめる) 事情を説いて納得させる。因果を含める。

**せんみょう-がき【宣命書(き)】** 宣命・祝詞に用いられる文章の表記方法。文章中の助動詞・助詞・用語の語尾などを、万葉仮名で他より小さく右寄せ、または二行にして書くもの。

**せんみょう-れき【宣明暦】** 平安前期から江戸前期まで使用された太陰暦。中国、唐の徐昂が八二二年作成した暦で、日本では貞観

●ゼンマイ

三年（八六一）以来、貞享二年（一六八五）に貞享暦に改められるまで使用。

**せん-みん【選民】**《神に選ばれた民族、の意》『旧約聖書』で、イスラエル民族の呼称。the Elect

**せん-みん【▼賤民】** 支配される階級の中でもとくに低い身分として、歴史上の制度で区別された人々。古代の陵戸・官戸・家人・奴婢、中世の所従・下人、江戸時代の穢多・非人。

**せんみん-しそう【選民思想】** ①自らを特別に神から選ばれた民とする思想。イスラエル民族の中から起こり、キリスト教に引きつがれた。elitism ②自分はすぐれた人間だという考え。elitism

**ぜんみん-ろうきょう【全民労協】**《「全日本民間労働組合協議会」の略》昭和五七年（一九八二）労働戦線統一の動きの中で結成された労働組合の全国協議体。同六二年（一九八七）連合の発足により目的をはたして解散。

**ぜんみん-ろうれん【全民労連】**《「全日本民間労働組合連合会」の略》↓れんごう（連合）

**せん-む【専務】** ①主として、その事務に当たること。special duty 用例 —車掌。②「専務取締役」の略。

**ぜんむい【善無▼畏】**（六三七〜七三五）真言宗八祖の第五祖。中インド、マガダ国の王族。七一六年中国に渡り、『大日経』などを漢訳、中国密教の基礎を築いた。

**せんむ-とりしまりやく【専務取締役】** 社長を補佐し、会社の日常の業務全般にわたる責任者として勤める役・人。専務。senior managing director

**せんむ-は【戦無派】** 戦争体験のない世代。昭和二一年（一九四六）以降に生まれ、第二次大戦後の経済成長期に思春期を過ごした世代。

**せん-めい【鮮明】**（名・形動）あざやかで、はっきりしていること・さま。vividness

**せん-めい【▼簽名】**（名・サ変自）署名。

**せん-めい【▼闡明】**（名・サ変他）意義・真理などを、明らかにすること。

**ぜん-めい【▼喘鳴】** 上気道に痰などがひっかかって、呼吸するときにのどがぜいぜいと鳴ること。また、その音。

**せん-めつ【▼殲滅】**（名・サ変他）みなごろしにすること。全滅。掃滅。annihilation

**ぜん-めつ【全滅】**（名・サ変自他）残らずほろびること。ほろぼすこと。total destruction

**ゼンメルワイス【Ignaz Philipp Semmelweis】**（一八一八〜六五）ハンガリーの産婦人科医。産褥熱の原因が細菌感染であることをつきとめ、消毒による予防法を明らかにした。

**せん-めん【洗面】**（名・サ変自）顔をあらうこと。wash one's face

**せん-めん【扇面】** ①おうぎ。扇子。②扇子の地紙。③書画用の、おうぎ形の鳥の子紙。

**ぜん-めん【全面】** すべての面・方面・部門。全体。全般。all aspects 比較 多面。対義 一面。

**ぜん-めん【前面】** ①前の方面。表のほう。front 対義 背面。②寒気と暖気の接触面。気象で、前線面。front surface

**せんめん-き【洗面器】** 洗顔用で広口の浅い器。washbowl

**せんめん-けしょうだい【洗面化粧台】** システム化された洗面所設備。洗面器・収納棚・照明器具などを一体化してデザインしたもの。washstand

**ぜんめん-こうわ【全面講和】** 交戦国すべての合意によって講和条約を結ぶこと。overall peace treaty 対義 単独講和。

**せんめん-じょ【洗面所】** 洗面・化粧・手洗い・ひげそりなどを行う場所。住宅では浴室に隣接して設けられることが多い。washroom

**ぜんめん-スト【全面スト】** 全組合員が参加するストライキ。all-out strike 対義 部分スト。

**ぜんめん-せんそう【全面戦争】** 戦争の手段について制限せず、戦略核兵器をも使用する戦争。general war; all-out war

**ぜんめん-てき【全面的】**（形動）全体にわたるさま。overall 対義 一面的。

**せん-もう【旋毛】** うずまき状になった毛。つむじ。the whirl of the hair on head

**せん-もう【▼腺毛】** 植物の葉や茎の表面にみられる毛状の付属物。粘液や水を分泌。glandular hair

**せん-もう【繊毛】** ①細かく短い毛。fine and short hair ②ゾウリムシなどの繊毛虫や繊毛上皮細胞の表面から突出する運動性の細長い細胞器官。長さは五〜三〇マイクロメートル。cilium

**せん-もう【▼譫妄】** 意識障害の一つ。幻覚・うわごと、何らかの動作の繰り返しを伴い、自己の世界に没入する。せんぼう。delirium

**せんもう-ちゅう【旋毛虫】** 線虫に属する寄生虫の一つ。体長は雄約一・五㎜、雌三〜四㎜。成虫は哺乳類の小腸にすむが、子虫は同じ宿主の筋肉中にひそむ。ブタの生肉を摂取することにより人に感染し、子虫が心筋などに寄生すると危険。tricina

**せんもう-ちゅう【繊毛虫】** 原生動物門の一綱。繊毛や剛毛がある。食胞や収縮胞など細胞器官が発達。淡・海水中にすむが、寄生性のものもある。ゾウリムシ・ラッパムシなど。滴虫。ciliate

**せん-もん【専門】**《「専問」は誤り》一つの事柄・学科にもっぱら従事すること。その事柄・職業・学問。specialty 米; speciality 英 比較 専攻。

**せん-もん【泉門】** 新生児の頭蓋に見られる膜状の部分。骨化が未完成なため、骨間にできたすきまを結合組織の膜がふさいだもの。ひよめき。fontanel

**せん-もん【▼羨門】** 横穴式石室などの、玄室へ向かう道の入り口の部分。

**ぜん-もん【前門】** 正門。表門。front gate 対義 後門。

**前門の虎、後門の狼**（ぜんもんのとら、こうもんのおおかみ）一難をのがれて、すぐまた、別の災難にあうたとえ。between the devil and the deep blue sea 類似 一難去ってまた一難。

**ぜん-もん【禅門】** ①禅宗。②在家のままで仏門にはいった男子。対義 禅尼。

**せんもん-い【専門医】** 特定の臓器・疾患だけを診療する医師。medical specialist

**せんもん-か【専門家】** ある特定の学問や領域を研究し、精通している人。スペシャリスト。エキスパート。specialist; expert

**せんもんか-システム【専門家システム】** ↓エキスパートシステム

**せんもん-がっこう【専門学校】** ①旧制の高等教育機関の一種。工業・医学・薬学などがあり、修業年限三年以上、旧制中学校卒業者が対象。vocational college ②専修学校の別称。

**せんもん-きょういく【専門教育】** 特定の専門職業人養成のための教育。professional education

**せんもん-しょうしゃ【専門商社】** 特定の商品を取り扱う商社。specialized trading firm 対義 総合商社。

**せんもんしょく-せいど【専門職制度】** 企業内で専門的知識・技術・経験のある人に管理職に相当する身分や地位を与える制度。

**せんもん-てき【専門的】**（形動）①一つの事に集中するさま。specializing; exclusive ②専門別であるさま。professional

**せんもん-てん【専門店】** 比較的高価な品物を中心に、特定の分野の商品を販売する小売店。specialty store

**ぜん-もんどう【禅問答】** ①禅の修行法の一つ。修行者が疑問をたずね、師の僧が答えるもの。②何を言っているのか、分かりにくい問答。

**せん-や【先夜】** 先日の夜。先晩。the other night

**ぜん-や【前夜】** 昨日の夜。昨夜。last night

**せんやいちや-ものがたり【千夜一夜物語】**『アラビアン-ナイト』の訳語。

**せん-やく【仙薬】** ①飲むと仙人になるという薬。不老不死の薬。仙丹。②効きめのすぐれた薬。

**せん-やく【先約】** ①かねての約束。用例 —を実現する。②何かの申し出のあったさい、その時以前にとりきめてある約束。前約。previous engagement 用例 —があって行けません。

**せん-やく【▼煎薬】** 煮だして飲む薬。せんじ薬。decoction

**ぜん-やく【全訳】**（名・サ変他）原文を省かずに全部翻訳すること。その訳文。complete translation 対義 抄訳。

**ぜん-やく【前約】** 前からの約束。先約。previous engagement 用例 —にそむく。

**ぜんや-さい【前夜祭】** ある行事の前夜にする行事。イブ。eve 比較 宵祭り。

**ぜん-ゆ【全癒】**（名・サ変自）病気がすっかりなおること。全快。全治。complete recovery

**せん-ゆう【占有】**（名・サ変他）①自分のものにすること。possession ②民法で、自己の利益とする意思をもって物を所持すること。刑法では単なる所持をさす。possession

**せん-ゆう【専有】**（名・サ変他）ひとり占めにすること。exclusive possession 対義 共有。

**せん-ゆう【戦友】** 軍隊・戦場で、起居をともにする、また、した仲間。war comrade

**ぜん-ゆう【善友】** よい友。ためになる友。good friend 対義 悪友。

**せんゆう-けん【占有権】** 占有という事実から発生する物権。法的に保護された占有者の地位。right of possession

**せんゆう-こうらく【先憂後楽】** 国士は、世人にさきだって憂い、世人に後れて楽しむ、ということ。自己一身のことは後まわしにして、まず天下国家のことを考えるということ。

**せん-よう【占用】**（名・サ変他）独占して使うこと。exclusive use 比較 専用。

**せん-よう【専用】**（名・サ変他）対義 兼用。①特定の人だけが使うこと。exclusive use 比較 占用。用例 社長の—車。②それだけに使うこと。exclusive use 用例 自動車—道路。

**せん-よう【宣揚】**（名・サ変他）広く世界に示して、さかんにすること。enhancement 用例 国威を—する。

**ぜん-よう【全容】** 全体のありさま・内容。全貌。the whole aspect 用例 事件の—を明らかにする。

**ぜん-よう【善用】**（名・サ変他）①うまく使うこと。utilization ②よいほうに使うこと。good use 対義 悪用。

**ぜん-よう【▼冉▼雍】** 仲弓の本名。

**せんよう-かいせん【専用回線】** 特定の加入者がオンラインシステムの通信に用いる回線。private circuit

**せんよう-すいどう【専用水道】** 水道法による上水道の分類で、自家用またはこれに準ずる社宅などの水道。給水人口一〇一人以上の施設をいう。private water supply

**ぜんよう-たい【前葉体】** シダ植物の配偶体。胞子が発芽して生じる。ふつう長さ数ミリメートルの平たい心臓形。仮根と造精器・造卵器ができ、受精が行われてシダの幼植物となる。prothallium

**ぜんよく-き【全翼機】** 尾翼のない航空機のうち、三角翼または後退翼をもち、翼内に乗員を収容する設備を設けたため、翼だけで胴体がないようにみえる航空機。

**ぜん-ら【全裸】** まるはだか。すっぱだか。stark naked

**ぜん-らく【漸落】**（名・サ変自）相場や物価がしだいに下がること。gradual fall 対義 漸騰。

**ぜんら-なんどう【全羅南道】** 韓国南西端、済州海峡に臨む道。道都光州。栄山江流域の羅州平野を占め、東に小白山脈が走る。チョルラナムド。

**ぜんら-ほくどう【全羅北道】** 韓国南西部、黄海に臨む道。道都全州。錦江流域の湖南平野を占める。チョルラプクド。

**せん-らん【戦乱】** 戦争が起こって国がみだれること。兵乱。戦争。

**せん-り【千里】** ①一里の一〇〇〇倍。約三九三〇㎞。②遠い所。はるかな道のり。great distance

**千里跡を絶つ**（せんりあとをたつ）《一〇〇〇里行っても比べるものがないことから、また、後方一〇〇〇里には誰もいないことからとも》他に比べ、際立ってすぐれている。

**千里の馬**（せんりのうま）《一日に一〇〇〇里も走る名馬の意から》すぐれた才能の人物。千里の駒。a man of talent

**千里の行も足下に始まる**（せんりのこうもそっかにはじまる）「千里の道も一歩より起こる」と同意。

**千里の堤も蟻の一穴より**（せんりのつつみもありのいっけつより）「千丈の堤も蟻の一穴より」と同意。

**千里の野に虎を放つ**（せんりののにとらをはなつ）危険なものを野放しにしておいて、後に災いを残すたとえ。

**千里の道も一歩より起こる**（せんりのみちもいっぽよりおこる）遠い旅路も足もとの第一歩を踏み出すことから始まる。転じて、遠大な仕事・事業も、初めは手近なことから始まる。千里の行も足下に始まる。

**千里も一里**（せんりもいちり）いとしい人のもとへ行くのであれば、どんなに遠い道のりも長くは感じられず、苦にもならない。Love despises distance.

**せんり-がん【千里眼】** 遠方のできごとを感知する能力。それを有する人。天眼通。clairvoyance

**せんり-きゅうりょう【千里丘陵】** 大阪府北部、吹田・茨木・箕面・豊中の四市にまたがる台地。千里ニュータウンがある。

**せん-りつ【旋律】** さまざまな音を連ねたときの、音の高低・長短とリズムが組み合わされた音楽的まとまり。メロディー。節。melody

**せん-りつ【戦▼慄】**（名・サ変自）恐ろしさに

ふるえること。おののくこと。shudder

**ぜんりつ-せん【前立▼腺】** 男子の生殖器の一部。尿道の始部と射精管を囲むクリの実大の腺。膀胱の下、直腸の前にあり、分泌液は精子の運動を促進させる。摂護腺。prostate gland →生殖器図

**ぜんりつせん-えん【前立▼腺炎】** 前立腺の炎症。急性の場合は発熱や激しい排尿・排便痛または会陰部の痛みなどの症状がある。prostatitis

**ぜんりつせん-がん【前立▼腺▼癌】** 前立腺にできる悪性の腫瘍。前立腺内に限られている場合はほとんど無症状。骨盤や腰椎に転移しやすく痛みが強い。prostatic cancer

**ぜんりつせん-ひだいしょう【前立▼腺肥大症】** 前立腺の一部から腫瘍状の増殖が始まり、前立腺全体がはれて大きくなる病気。放置すると尿路の細菌感染や腎臓の機能障害をおこす。prostatic hypertrophy

**せんりつ-てき【旋律的】**(形動) メロディーの美しいさま。音楽的。melodious

**せんり-どうふう【千里同風】**《遠く離れた地方にも同じ風が吹く意から》①よく治まっている世。天下泰平の世。②天下が乱れに乱れている世。

**せんり-ひん【戦利品】** 戦争で、敵からうばい取った物。booty

**せん-りゃく【戦略】** 比較戦術。①戦争における総合的で全局面にわたる兵力運用の方策。strategy ②政治・労働運動などで、最終的な闘争目標を実現するための長期的な策略。

**ぜん-りゃく【前略】** ①前文を省くこと。対義後略。②手紙で、あいさつ語を省く意。

**せんりゃく-かくへいき【戦略核兵器】** 相手国の都市・軍事施設などを直接攻撃できる能力をもつ射程距離六四〇〇km以上の遠距離核兵器の総称。ICBM・SLBM・戦略爆撃機を三本柱とする。SNW。戦略核。strategic nuclear weapon

**せんりゃく-くうぐん【戦略空軍】** ①戦略爆撃をおもな任務とする航空部隊の一般的ないい方。相手国の政治的・経済的・軍事的拠点を攻撃する。strategic air force ②(Strategic Air Command)アメリカ戦略空軍。核戦争の抑止がおもな任務。SAC。

**せんりゃく-ばくげき【戦略爆撃】** 相手国の政治・経済・軍事などの中枢部を攻撃し、戦争遂行の能力と意志を奪う戦略的意図にもとづく爆撃。strategic bombing 比較戦術爆撃。

**せんりゃく-ぶっし【戦略物資】** 国家の安全保障や軍事にとって決定的に重要な物資。資源・燃料など。stragegic material

**せんりゃく-へいき【戦略兵器】** 一般に、戦争遂行に不可欠な基盤となる軍事基地・都市・産業施設などを攻撃する兵器。狭義には、核弾

●センリョウ③ 花(上)と実(下)。

頭・核爆弾を装備できる大陸間弾道ミサイル・原子力潜水艦搭載ミサイル・戦略爆撃機をいう。strategic arms

**せんりゃくへいき-さくげんこうしょう【戦略兵器削減交渉】** ↓スタート(START)

**せんりゃくへいき-せいげんこうしょう【戦略兵器制限交渉】** ↓ソルト(SALT)

**せんりゃくぼうえい-こうそう【戦略防衛構想】** 宇宙空間に大陸間弾道ミサイル防衛網を築くアメリカの構想。レーザー・X線・中性子などのエネルギービーム技術を利用する。SDI。Strategic Defense Initiative

**せんりゃく-ほうふくぶたい【戦略報復部隊】** 核攻撃に対してただちに報復できる態勢にある戦略核戦力部隊。

**せんりゃく-ロケットぐん【戦略ロケット軍】** ソ連の軍隊の一つ。一九六〇年創設。射程一〇〇〇km以上の地上発射弾道ミサイルを装備する六個のロケット軍からなり兵力約三〇万。

**せん-りゅう【川柳】** 雑俳の一種。五・七・五の一七字からなり、機知によって人情の機微をうがち、風刺と滑稽を主とする江戸庶民文芸。世相・人情などを扱い、季語・切れ字を必

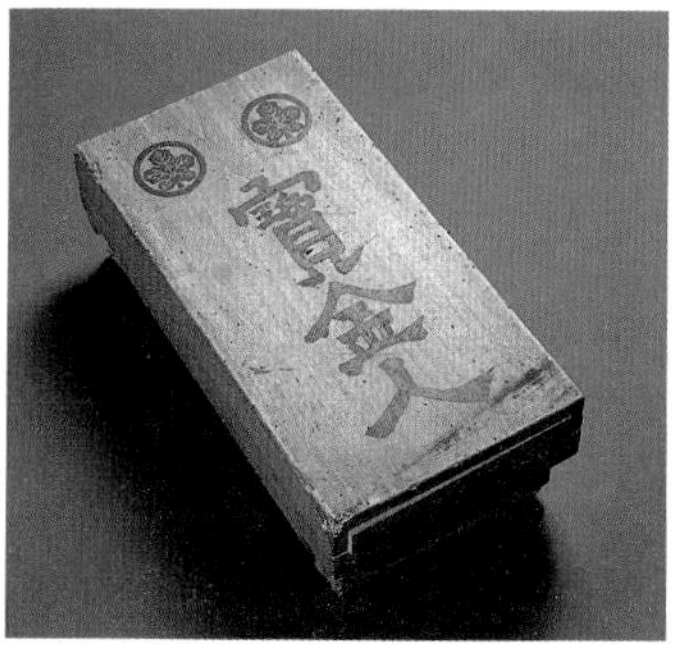

●千両箱

要とせず、口語・俗語をも用いる。俳諧の前句付けの付句が独立したもの。狂句とも。数え方一句。

**せん-りょ【千慮】** いろいろに考えること。prudence

**千慮の一失(せんりょのいっしつ)** すぐれた知者でも、ときには失敗があること。また、思わぬ失敗。a slip of a prudent person; slip

**千慮の一得(せんりょのいっとく)** 愚者でも、ときには良い考えをすること。

**せん-りょ【浅慮】** あさはかな考え。浅見。imprudence 対義深慮。

**せん-りょう【千両】** ①一両の一〇〇〇倍。②金額の多いこと。価値の高いこと。③センリョウ科の常緑小低木。高さ約七〇cm。山地の樹下にはえる。葉は長楕円形。夏に小花をつけ、冬に、赤や黄色の実を結ぶ。庭木や正月の切り花用。↓写

**せん-りょう【占領】**(名・サ変他) ①一定の場所を占有すること。占拠。occupation 用例一室を——する。②他国の領土を地上兵力により自国の支配下におくこと。occupation 用例——政策。

**せん-りょう【染料】** 繊維・皮革などの着色に用いられる物質の総称。天然染料と合成染料がある。合成染料では、染め方に直接染料・酸性染料・塩基性染料・硫化染料などがある。dye

**せん-りょう【選良】** ①えらび出された、すぐれた人物。エリート。the choice ②代議士の美称。

**せん-りょう【線量】** 生物や物質が、ある強さで、ある時間にわたって受けた放射線の総量。照射線量(単位クーロン毎キログラム)と吸収線量(単位グレイ)がある。dose

**ぜん-りょう【全量】** 全体の重量や容積。whole quantity

**ぜん-りょう【前涼】** 中国、五胡十六国の一国。三〇一年、姑蔵(甘粛省武威県)を根拠地に漢人の張軌が建国。三七六年前秦の苻堅によって滅亡。

**ぜん-りょう【善良】**(名・形動) 正直で性質のすなおなこと・さま。goodness

**せんりょう-いしき【選良意識】** 他の者よりは、すぐれているのだという特権意識。elitism

**せんりょう-さくもつ【染料作物】** 天然色素を染料として利用する植物。アカネ・ベニバナ・スオウなどから赤色染料を、ウコン・サフランなどから黄色染料を、アイなどから青藍染料を採取する。dyer's-weed

**せんりょう-ばこ【千両箱】** 江戸時代の一〇〇〇両を収めるための箱。マツ・ケヤキ・ヒノキの材で作られ、角を隅鉄で補強。通常小判二五両包みを四〇個収納。↓写

**せんりょう-やくしゃ【千両役者】** ①格式が高く、芸のすぐれた役者。leading actor ②はなばなしく活躍し、注目を集める人。star

**せん-りょく【浅緑】** うすいみどり色。あさみどり。light green

**せん-りょく【戦力】** ①戦争を遂行できる総合的・組織的な軍事力。war potential ②ある事を達成するための要員。

**せん-りょく【潜力】** 表面に現れていない力。

**ぜん-りょく【全力】** あるだけのすべての力。all one's power 用例——をあげて戦う。

**せんりょく-がん【▼閃緑岩】** 角閃石・輝石・黒雲母を主成分とする完晶質で粗粒の火成岩。石英が多い石英閃緑岩が一般的である。石英やカリ長石が多いものは花崗閃緑岩。diorite

**ぜん-りん【前輪】** 自転車・自動車などの前部についている車輪。front wheel

**ぜん-りん【善隣】** 隣国・隣家。隣国・隣家と親しくすること。仲のよい隣国・隣家。neighborly friendship 用例——のよしみを結ぶ。

**ぜん-りん【禅林】** 禅宗の寺。

**ぜんりん-がいこう【善隣外交】** アメリカのルーズベルト大統領が積極的に推進した外交政策。ラテンアメリカに対する内政不干渉、共同安全保障などを主張。good-neighbor diplomacy

**ぜんりんこくほうき【善隣国宝記】** 室町時代前期を中心とする外交文書集。三巻。瑞渓周鳳編。文明二年(一四七〇)成立。日本と中国・朝鮮との外交関係を記録。

**ぜんりん-ゆうこう【善隣友好】** 近所の人・家・国と仲よくし、親しくつき合うこと。

**せん-るい【▼蘚類】** 蘚苔植物の一部門。茎と葉の区別があり、仮根は多細胞でできている。ミズゴケ・スギゴケなど。moss ↓蘚苔植物図

**せん-れい【先例】** ①前にあった同様の例。②前からのしきたり。前例。precedent 用例——にならう。③基準となる最初の例。precedent 用例——をひらく。

**せん-れい【洗礼】** ①キリスト教会の信者になるための儀式。全身を水にひたす浸礼と、頭に数滴注ぐ滴礼がある。baptism ②はじめて

●千六本

の、特殊な経験をすること。用例豪雪の——を受ける。戦火の——を受ける。

**せん-れい【船齢】** 船が進水してから後の経過年数。age of a vessel

**せん-れい【鮮麗】**(名・形動) 色があざやかで、きれいなこと・さま。resplendent beauty

**ぜん-れい【全霊】** 精神力のすべて。the whole soul 用例全身——。

**ぜん-れい【前例】** 前にあった同種の例。先例。precedent 用例——のない事件。

**せんれいしゃ-ヨハネ【洗礼者ヨハネ】** ↓ヨハネ②

**せん-れき【戦歴】** 戦闘に加わった経歴。war experience

**ぜん-れき【前歴】** これまでの経歴。前身。one's past record

**せん-れつ【戦列】** 戦闘中の部隊の列。戦闘体形。line of battle 用例——に加わる。

**せん-れつ【鮮烈】**(名・形動) あざやかで、はっきりしていること・さま。vividness 用例——な印象。

**ぜん-れつ【全裂】** 葉の切れこみ方で、中央脈まで達するほどの深いもの。dissected

**ぜん-れつ【前列】** 前の列。the front row

**せん-れん【洗練・洗錬・洗▼煉】**(名・サ変他) ①詩文や考えをねって、よくすること。polish ②人がらや趣味を高尚にすること。refinement 対義粗野。対義生硬。

**せん-ろ【線路】** ①列車・車両などの通路。軌道。レール。railway line ②軌道・路盤・橋梁・トンネルなど、通路として必要な構造物の総称。③送電線や電信線などの電線の回路。transmission line

**ぜん-ろう【全労】** ①《「全国労働組合同盟」の略》昭和五年(一九三〇)に結成された労働組合の全国中央組織。同一一年(一九三六)総同盟と合体して全日本労働総同盟を結成。②↓ぜんろうかいぎ(全労会議)

**ぜんろう-かいぎ【全労会議】**《「全日本労働組合会議」の略》昭和二九年(一九五四)総評から分離して結成され、同三九年(一九六四)同盟結成のため解散。全労。

**ぜんろう-れん【全労連】**《「全国労働組合連絡協議会」の略》昭和二二年(一九四七)に産別会議・総同盟などの統一組織として発足。同二五年(一九五〇)占領軍の命令により解散。

**せん-ろく【選録】**(名・サ変他) 多くの文章などの中からえらんで、それを書き記すこと。

**せん-ろく【▼撰録】**(名・サ変他) 作品をえらび集め、序・あとがきなどを加えて書物を作ること。編集した記録。selection

**せん-ろっぽん【千六本・繊六本】**《中国の「繊蘿蔔」からの転》大根などをせん切りにすること。また、切ったもの。↓図

**ぜん-わ【禅話】** 禅についての話。

# そ ソ

**そ**【そ・ソ】五十音図さ行第五の仮名。平仮名「そ」は「曾」の草体。片仮名「ソ」は「曾」の上部。濁音は「ぞ」「ゾ」。

**ソ** 8画【咀】部首[口] JIS 5082
音ショ・ソ
かむ。くらう。あじわう。かみわける。「咀嚼」

**ソ** 8画【岨】部首[山] JIS 3327
音ショ・ソ
①いしやま。上に土をかぶった岩石の山。②そばだつ。けわしい。けわしいところ。「嶮岨」

**ソ** 8画【徂】部首[彳] JIS 5541
音ソ
ゆく。いく。①おもむく。「徂徠」②さる。すぎる。③しぬ。みまかる。

**ソ** 8画【阻】部首[阝] 常用 JIS 3343
音ソ・ショ 訓はばむ
①はばむ。邪魔をする。「阻害・阻止」②そばだつ。けわしい。けわしいところ。「険阻」

**ソ** 8画【沮】部首[氵] JIS 6192
音ショ・ソ
①はばむ。邪魔をする。②くじける。ひるむ。勢いがなくなる。「沮喪」

**ソ** 8画【泝】部首[氵] JIS 6191
音ソ
さかのぼる。流れにさからって、のぼる。もとにむかう。

**ソ** 8画【狙】部首[犭] JIS 3332
音ショ・ソ
ねらう。うかがう。「狙撃」

**ソ** 9画【俎】部首[人] JIS 4857
9画【爼】部首[爻] 異体字 JIS 6412
音ショ・ソ
①つくえ。祭りのとき、いけにえをのせる台。②まないた。料理台。「俎上」

**ソ** 9画【胙】部首[月] JIS 7082
音ソ・サク
ひもろぎ。ひぼろぎ。神にたてまつる肉。

**ソ** 9画【殂】部首[歹]
音ソ
ゆく。しぬ。みまかる。

**ソ** 9画【祖】部首[ネ] 教育小5 JIS 3336
10画【祖】部首[示] 旧字
音ソ
①父母のおや。せんぞ。「先祖・父祖」「祖国・祖先」②もと。はじめ。はじめた人。「開祖・元祖・始祖」用例(名)数学の—。③もとづく。のっとる。「祖述」④さえのかみ。道中の安全をまもる神。「道祖神」

**ソ** 10画【梳】部首[木]
11画【梳】異体字 JIS 5964
音ソ
①くしけずる。すく。くしで髪をとかす。「梳毛」②くし。髪をすいたり、髪にかざったりする用具。

**ソ** 10画【疽】部首[疒] JIS 6552
音ショ・ソ
かさ。できもの。はれもの。「疽腫」

**ソ** 10画【砠】部首[石] JIS 6673
音ショ・ソ
いしやま。上に土をかぶった岩石の山。

**ソ** 10画【祚】部首[示] JIS 6715
音ソ
①さいわい。しあわせ。幸福。②くらい。天子の位。皇位。「皇祚・践祚」③とし。年齢。

**ソ** 10画【租】部首[禾] 常用 JIS 3337
音ソ
①みつぎ。税金。年貢。「地租・免租」「租税」②律令制度の課税の一つ。物納で、田のとりいれのほぼ三分を政府におさめた。「田租」比較庸・調。③かりる。他国の領土をかりる。「租界・租借」

**ソ** 10画【素】部首[糸] 教育小5 JIS 3339
音ソ・ス
①つね。ふだん。「平素」「素行」②かざりけのない。生地。「簡素・質素」「素地・素朴」③もと。原質。「元素・水素・要素」「素材・素質」↓ス【素】

**ソ** 11画【措】部首[扌] 常用 JIS 3328
音ソ・サク
①おく。おき場所におく。「措辞・措置」②おこない。ふるまい。ふるまう。「挙措」

**ソ** 11画【疏】部首[疋]
12画【疏】異体字 JIS 3333
音ショ・ソ
①とおる。とおす。通じる。「疏水」②うとい。うとむ。とおざける。「疏遠」③あらい。まばら。「疏放」④注の注釈。注をさらにくわしく解釈したもの。「注疏」参考疎の正字。

**ソ** 11画【粗】部首[米] 常用 JIS 3338
音ソ 訓あらい
①あらい。まばら。くわしくない。対義密・精。「精粗」「粗密」②おろそか。ぞんざい。がさつ。「粗雑・粗食・粗製・粗暴・粗野」③おくりものなどを謙遜していうのに用いる。用例《接頭的》—品。—茶。

**ソ** 11画【組】部首[糸] 教育小2 JIS 3340
音ソ 訓くむ・くみ
①くむ。くみたてたもの。「改組・解組」「組閣・組織・組成」②《組合の組の音読み》組合のこと。「職組・日教組・労組」③くみ。㋐団体の単位集団。㋑クラス。学級。㋒そろい。

**ソ** 12画【甦】部首[生] JIS 6520
音ソ
よみがえる。いきかえる。

**ソ** 12画【疎】部首[疋] 常用 JIS 3334
14画【踈】部首[足] 異体字 JIS 7683
音ソ・ショ 訓うとい・うとむ
①うとい。うとむ。とおざける。対義親。「親疎」「疎遠・疎外」②まばら。対義密。「空疎」「疎開」③おろそか。対義精。「疎略・疎漏」④とおる。とおす。通じる。「疎水・疎通」参考疏の俗字。

**ソ** 12画【訴】部首[言] 常用 JIS 3342
音ソ 訓うったえる
①うったえる。うったえでる。うったえ。「告訴・直訴・上訴」「訴願・訴訟・訴状」②もうしたてる。感覚や心にはたらきかける。「哀訴・泣訴」

**ソ** 12画【詛】部首[言] JIS 7539
音ソ・ショ
①のろう。のろい。「呪詛」②ちかう。誓約する。ちかい。

**ソ** 12画【酥】部首[酉] JIS 7840
音ソ
牛や羊などの乳をにつめてつくった食品。

**ソ** 13画【嗉】部首[口]
音ソ
「嗉嚢」は、食道の下部にある、食物を一時的にためておく袋状の器官。鳥や昆虫などにある。

**ソ** 13画【塑】部首[土] 常用 JIS 3326
13画【塐】旧字
音ソ
土でつくった形。土の人形。でく。「彫塑」「塑像」

**ソ** 13画【想】部首[心] 教育小4 →教育小3 JIS 3359
音ソウ・ソ 筆順↓ソウ【想】
《「ソウ」の転》「愛想」は、①人あしらいのよいこと。②したしみ。好意。③もてなし。応対。④料理屋などでの会計。↓ソウ【想】

**ソ** 13画【楚】部首[木] JIS 3331
音ソ
①さっぱりしている。「清楚」②中国の国名。㋐春秋戦国時代の一国。?~前二二三年。揚子江の中流域にあった。秦にほろぼされた。春秋五覇の一つ。戦国七雄の一つ。㋑五代十国の一つ。九〇七~九五一年。馬殷が湖南に建国。南唐にほろぼされた。

**ソ** 13画【溯】部首[氵] JIS 6274
音ソ
さかのぼる。流れにさからって、のぼる。もとにむかう。「溯源」

**ソ** 13画【鉏】部首[金]
音ショ・ソ
①すき。さい。土をほりおこす農具。②すく。田畑をたがやす。

**ソ** 13画【鼠】部首[鼠] JIS 3345
8画【鼡】異体字 JIS 8375
音ショ・ソ
①ネズミ。ネズミ目に属する哺乳動物。「殺鼠剤」②こそこそする。小悪人のたとえ。「鼠賊」

**ソ** 14画【蔬】部首[艹]
15画【蔬】異体字 JIS 7286
音ソ
あおもの。な。食用になる野菜類の総称。「蔬菜」

**ソ** 14画【遡】部首[⻌]
13画【遡】部首[⻍] 異体字 JIS 3344
音ソ
さかのぼる。流れにさからって、のぼる。もとにむかう。「遡源」

**ソ** 14画【愬】部首[心] JIS 5639
音ソ・サク
うったえる。うったえでる。うったえ。↓サク【愬】

**ソ** 18画【礎】部首[石] 常用 JIS 3335
音ソ・ショ 訓いしずえ
いしずえ。土台石。「基礎・国礎」「礎業・礎石」

**ソ** 19画【蘇】部首[艹] JIS 3341
19画【蕪】異体字 JIS 7331
音ソ・ス
①よみがえる。いきかえる。「蘇生」②シソ。シソ科の一年草。「紫蘇」③ソビエト連邦のこと。「蘇聯」

**ソ** 20画【齟】部首[齒] JIS 8382
音ショ・ソ
①かむ。くらう。あじわう。かみわける。②くいちがう。かみあわない。「齟齬」

**ソ** 22画【囎】部首[口] 和製漢字 JIS 5185
音ソ・ショウ
姓氏に用いられる。

**ソ** 33画【麤】部首[鹿]
13画【麁】異体字 JIS 8338
音ソ
あらい。まばら。くわしくない。

**そ**【十】《単独では用いない》とお。じゅう。用例三—一文字。

**そ**【其・夫】古語(代)それ。そこ。その場・人。用例—が言ひけらく(土佐)。対義こ・か。

**そ** 古語(終助)《動詞の連用形(カ変・サ変動詞は未然形)に付く。「な…そ」の形で、あるいは単独で》禁止の意を表す。…するな。…してはいけない。用例早くな散り—雪は消ぬとも(万葉・五・八四九)。

**ぞ**【ぞ・ゾ】↓そ【そ・ソ】

**ぞ** ㊀(副助)①ある物事を強調する意を表す。



↓行き先項目、図版・写真参照印。 JIS 日本工業規格情報交換用漢字符号コード(区点コード)。

用例 ついー聞いたことがない。よくー聞いてくれた。②《疑問を表す語に付いて》物事を特定しないで指し示すことを表す。用例 何ーいいものはないか。㊁古語(係助)《種々の語に付く。文末の活用語は連体形をとる。参照 係り結び》上にある語をとりたてて強調する意を表す。用例 花なき里も花ー散りける(古今・春上)。㊂(終助)①言いきかせたり強めて言い切ったりするのに用いる。おもに男性語。そろそろ出かけるー。②反語を表す。用例 だれが非難できようー。③古語 ㋐疑問文の末尾に付いて、疑問の意を強める。用例 いかにかく言ふー(徒然・一〇九)。㋑文末に付いて強く指示する意を表す。用例 それは老いて侍ればみにくきー(源氏・賢木)。参考 奈良時代には「そ」と清音であった。

**そ-あく【粗悪】**(名・形動) そまつで質の悪いこと・さま。crudeness

**ソアラー【soarer】** 上級者用の高性能グライダー。長時間・長距離飛行が可能。

**そ-あん【素案】** 原案にするための、もとの案。draft

**そ-い【素衣】** 白い着物。白無地の衣服。plain dress

**そい-そしょく【粗衣粗食】** そまつな着物と、そまつな食事。simple life

**そ-いつ【▼其▽奴】**(代)《「そやつ」の転》①「かれ」を見下げた言い方。そのやつ。②「それ」のぞんざいな言い方。

**ゾイデル-かい【ゾイデル海】**(Zuiderzee) オランダ北西部にあった湾状の海。一九三二年に、入り口が長さ三〇㎞の締め切り堤で締め切られ、アイセル湖となった。参照 アイセル湖。

**そい-と・げる【添(い)遂げる】**(下一自) ①思いがかなって夫婦となる。marry ②夫婦として一生を過ごす。be faithful to each other until death

**そい-ね【添(い)寝】**(名・サ変自) そばにいっしょに寝ること。添いぶし。lie with

**そい-ぶし【添(い)▼臥し】**(名・サ変自) ↓そいね(添い寝)

**ソイル-セメント【soil cement】** 天然地盤の強度その他の性質を改善するため土に混入させるセメント。

**そ-いん【素因】** ①根本的な原因。もっとも重要な原因。basic factor ②医学で、その病気にかかりやすい素質。predisposition

**そ-いん【疎音】** ひさしく便りをしないこと。long silence

**そ-いん【訴因】** 検察官が起訴状に記載する、犯罪事実を刑法の規定にあてはめて明示した条項。

**そ-いんすう【素因数】** 因数のうち素数であるもの。たとえば、二と五は二〇の素因数。prime factor

**そいんすう-ぶんかい【素因数分解】** 整数を素数の積の形にすること。たとえば $60=2^2\times3\times5$ となる。積の順序を問わなければ、分解は一通り。factorization in prime factors

**ソウ** 4画 **【▼卅】** 部首[十] JIS 5033
音 ソウ
さんじゅう。三十。みそ。

**ソウ** 4画 **【双】** 部首[又] 常用 JIS 3348 ／ 18画 【▼雙】 部首[隹] 旧字 JIS 5054
音 ソウ 訓 ふた
①ふたつ。ふたつそろっていること。対。対義 隻。「双眼・双肩・双手・双生児・双方」用例(名)ーのかいな。②対のものを数えるのに用いる。用例(助数)屛風一ー。③ならぶ。ならび。「無双」

**ソウ** 4画 **【▼帀】** 部首[巾] ／ 5画 【▼匝】 部首[匚] 異体字 JIS 3357
音 ソウ
めぐる。めぐらす。めぐり。ひとまわり。

**ソウ** 4画 **【▼爪】** 部首[爪] JIS 3662 ／ 4画 【▼爫】 部首[爫] 異体字
音 ソウ
①つめ。手足のつめ。つめ形のもの。「爪牙」②部首の一つ。㋐つめ。そうにょう。㋑爫は、爪が漢字の冠となるときの形。つめかんむり。つめがしら。

**ソウ** 5画 **【▼匆】** 部首[勹] JIS 5018
音 ソウ
にわか。あわただしい。いそがしい。いそぐ。「匆々」

**ソウ** 6画 **【争】** 部首[亅] 教育小4 JIS 3372 ／ 8画 【▼爭】 部首[爫] 旧字 JIS 6407
音 ソウ 訓 あらそう
①あらそう。あらそい。「競争・戦争・闘争・紛争・力争・論争」「争議・争奪・争論」②いさめる。つよくいさめる。「争臣」

**ソウ** 6画 **【壮】** 部首[士] 常用 JIS 3352 ／ 7画 【▼壯】 旧字 JIS 5267
音 ソウ
①さかん。さかり。さかんな年。年ざかり。三、四十代。「少壮」「壮者・壮年」用例(形動ナリ)ーにして一家をなす。ーなる年齢。②いさましい。立派な。「悲壮・雄壮」「壮快・壮観・壮烈」用例(形動タルト)その気概をーとする。(形動ナリ)ーなる決意。その決意やー。
**壮とする** 元気があって、勇ましいと認める。admire one's courage 用例 その意気をー。

**ソウ** 6画 **【▽扱】** 部首[扌] 常用 JIS 1623 ／ 7画 【▼扱】 旧字
音 ソウ・キュウ 訓 あつかう
①おさめる。とる。とりこむ。②あつかう。あつかい。③こく。しごく。④こぐ。根のついたままひきぬく。

**ソウ** 6画 **【早】** 部首[日] 教育小1 JIS 3365
音 ソウ・サッ 訓 はやい・はやまる・はやめる
①はやい。時期がはやい。比較 速。対義 晩。「尚早」「早急・早熟・早春・早退・早朝」②はやまる。「早計」③さ。㋐新鮮な。㋑田植えごろの。↓サッ[早]

**ソウ** 6画 **【▼艸】** 部首[艸] JIS 7171 ／ 4画 【▼艹】 部首[艹] 異体字 ／ 3画 【▼艹】 部首[艹] 異体字
音 ソウ
①くさ。草類の総称。②部首の一つ。㋐くさ。㋑漢字の冠となるときは艹。常用漢字や、また、俗には省略形の艹。くさかんむり。そうこう。

**ソウ** 7画 **【▼妝】** 部首[女] JIS 5303
音 ソウ・ショウ
よそおう。かざる。身支度をする。よそおい。

**ソウ** 7画 **【▼宋】** 部首[宀] JIS 3355
音 ソウ
①中国の国名。周王朝の一国。?～前二八六年。②中国の王朝名。㋐南北朝時代の南朝の一つ。四二〇～四七九年。劉裕が建てた。都は建康(現在の南京市)。劉宋。㋑五代十国を統一した王朝。九六〇～一二七九年。趙匡胤(太祖)が建てた。一一二七年の靖康の変以前を北宋(都は開封)、以後を南宋(都は杭州)という。

**ソウ** 7画 **【▼找】** 部首[扌] JIS 5718
音 カ・ソウ
①たす。おぎなう。不足をおぎなう。②たずねる。人・わからないことをさがしもとめる。

**ソウ** 7画 **【▼抓】** 部首[扌] JIS 5720
音 ソウ
①つまむ。指先ではさむ。②つねる。つめる。つめや指先で皮膚をひねる。

**ソウ** 7画 **【▼皁】** 部首[白] ／ 7画 【▼皂】 異体字
音 ソウ
①くろ。くろい。②しもべ。こもの。家来。③うまや。かいばおけ。

**ソウ** 7画 **【走】** 部首[走] 教育小2 JIS 3386 ／ 6画 【▼赱】 異体字 JIS 7665
音 ソウ 訓 はしる
はしる。かける。はしらす。「滑走・競走・逃走」「走者・走路」

**ソウ** 8画 **【▼刱】** 部首[刀] ／ 9画 【▼剏】 異体字 JIS 4976 ／ 10画 【▼剙】 異体字
音 ソウ・ショウ
はじめる。はじめてつくる。はじめ。

**ソウ** 8画 **【宗】** 部首[宀] 教育小6 JIS 2901
音 シュウ・ソウ
筆順 ↓シュウ[宗]
①先祖。一族。本家。「祖宗」「宗家・宗廟」②おおもと。本源。「大宗」↓シュウ[宗]

**ソウ** 8画 **【▼帚】** 部首[巾] JIS 5468 ／ 11画 【▼菷】 部首[艹] 異体字 JIS 7240
音 シュウ・ソウ
①ほうき。ははき。塵などをはく道具。②はく。はらう。掃除をする。

**ソウ** 8画 **【▼炒】** 部首[火] JIS 6354
音 ソウ・ショウ
①いる。火であぶる。②いためる。油でいりつける。

**ソウ** 9画 **【奏】** 部首[大] 教育小6 JIS 3353
音 ソウ 訓 かなでる
①もうす。天子にもうしあげる。また、その文書。「上奏」「奏上・奏請」②なしとげる。あらわれる。「奏効」③かなでる。楽器をならす。「演奏・弾奏・伴奏」「奏楽」

**ソウ** 9画 **【荘】** 部首[艹] 常用 JIS 3381 ／ 10画 【▼莊】 旧字 JIS 7223
音 ソウ・ショウ
①さかん。草がさかんにしげるさま。②おごそか。いかめしい。「荘厳・荘重」③しもやしき。別宅。いなかの家。「山荘・別荘」④別荘・旅館・アパートなどの名に添えて用いる。用例(接尾)若葉ー。⑤方々に通じる道路。広い交通路。⑥荘子のこと。荘周。中国の戦国時代の思想家。「老荘」↓ショウ[荘]

**ソウ** 9画 **【草】** 部首[艹] 教育小2 →教育小1 JIS 3380
音 ソウ・ゾウ 訓 くさ
①くさ。対義 木。「雑草・除草・牧草・薬草」「草本」用例《接尾的》福寿ー。桜ー。②あわただしい。「草々」③くさぶき。粗末な。「草屋」④はじめる。はじめ。「草創」⑤したがき。「起草」「草案・草稿」⑥漢字の書体の一つ。くずした書き方。対義 楷・行。「章草」「草書」用例(名)ーで書く。

**ソウ** 9画 **【送】** 部首[辶] 教育小3 JIS 3387 ／ 10画 【▼送】 部首[辶] 旧字
音 ソウ 訓 おくる
おくる。つかわす。対義 迎・受。「運送・回送・転送・放送・輸送・郵送」「送還・送迎・送信・送電・送付・送別・送料」

**ソウ** 9画 **【▼怱】** 部首[心] JIS 5568 ／ 11画 【▼悤】 異体字 ／ 8画 【▼忩】 異体字
音 ソウ
にわか。あわただしい。いそがしい。いそぐ。「怱々・怱卒・怱忙」

**ソウ** 9画 **【相】** 部首[目] 教育小4 →教育小3 JIS 3374
音 ソウ・ショウ 訓 あい
①あらわれたすがた。かたち。ありさま。対義 体。「家相・骨相・実相・真相・人相・能相」「相好」用例(名)英雄のーがある。同じーにある物質。②アスペクト(aspect)。動きや作用の全過程の、どの部分であるかを示す文法的な形式。③あいともに。たがいに。「相応・相互・相似・相談」④相模国のこと。「相州」↓ショウ[相]

**ソウ** 10画 **【倉】** 部首[人・𠆢] 教育小4 JIS 3350

音ソウ 訓くら

倉 倉 倉 倉 倉 倉

①くら。ものをたくわえ、いれておく建物。比較庫・蔵。「営倉・穀倉・正倉・船倉」「倉庫」②にわか。あわてる。「倉皇・倉卒」

**ソウ 10画【叟】** 部首〔又〕 ｜ 9画【叟】異体字 JIS 5055
音ソウ
おきな。老人。翁。「八十叟」

**ソウ 10画【奘】** 部首〔大〕 JIS 5289 ｜ 10画【弉】異体字 部首〔廾〕 JIS 5518
音ソウ・ゾウ・ジョウ
さかん。さかり。また、おおきい。壮大。

**ソウ 10画【挿】** 部首〔扌〕 常用 JIS 3362 ｜ 12画【插】旧字 JIS 5771
音ソウ 訓さす
さす。さしはさむ。「挿花・挿画・挿図・挿入・挿話」

**ソウ 10画【捜】** 部首〔扌〕 常用 JIS 3360 ｜ 13画【搜】旧字 ｜ 12画【捜】異体字 JIS 5751
音ソウ・シュウ 訓さがす
さがす。さがしもとめる。さぐる。比較探。「捜査・捜索」

**ソウ 10画【桑】** 部首〔木〕 常用 JIS 2312 ｜ 10画【桒】異体字
音ソウ 訓くわ
①クワ。クワ科の落葉樹。「扶桑」「桑園・桑田」②僧。寺。「桑門」③アメリカのサンフランシスコ（桑方西斯哥）のこと。「桑港」

**ソウ 10画【牂】** 部首〔爿〕
音ソウ・ショウ
①めひつじ。雌の羊。②さかん。葉がさかんにしげるさま。

**ソウ 10画【笊】** 部首〔竹〕 JIS 6785
音ソウ
①ざる。いかき。竹で編んだかご。②す。鳥のすみか。

**ソウ 10画【蚤】** 部首〔虫〕 JIS 3934
音ソウ
①ノミ。ノミ目に属する昆虫。②はやい。つとに。

**ソウ 11画【偬】** 部首〔人・亻〕 JIS 4888
音ソウ
あわただしい。いそがしい。「倥偬」

**ソウ 11画【娵】** 部首〔女〕 JIS 5323
音シュ・ソウ
うつくしい女。美人。↓シュ〔娵〕

**ソウ 11画【崢】** 部首〔山〕 JIS 5436
音ソウ
たかい。けわしい。たかい山。

**ソウ 11画【掃】** 部首〔扌〕 常用 JIS 3361 ｜ 11画【掃】旧字
音ソウ 訓はく
はく。はらう。きれいにする。「一掃・清掃」

**ソウ 11画【掫】** 部首〔扌〕 JIS 5756
音ソウ・シュウ
夜まわり。夜番。拍子木をうってまわって、夜警をすること。

**ソウ 11画【曹】** 部首〔曰〕 常用 JIS 3366
音ソウ・ゾウ
①つかさ。役人。下役人。「軍曹・侍曹・法曹・陸曹」②へや。つぼね。「曹司」

**ソウ 11画【梍】** 部首〔木〕 JIS 5984
音ソウ・ゾウ
①サイカチ。マメ科の落葉高木。②どんぐり。つるばみ。クヌギの実。

**ソウ 11画【巣】** 部首〔木〕 常用 →教育小4 JIS 3367 ｜ 11画【巢】旧字 部首〔巛〕
音ソウ 訓す

巣 巣 巣 巣 巣 巣

す。すくう。すをつくる。「帰巣性・賊巣・病巣・卵巣」「巣居・巣窟」

**ソウ 11画【淙】** 部首〔氵〕 JIS 6242
音ソウ
水のながれるさま。また、水のながれる音。「淙々」

**ソウ 11画【爽】** 部首〔爻〕 JIS 3354
音ソウ
①さわやか。すがすがしい。「颯爽」「爽快」②あきらか。あかるい。「昧爽」

**ソウ 11画【窓】** 部首〔穴〕 教育小6 JIS 3375 ｜ 12画【窗】異体字 ｜ 15画【牕】異体字 部首〔片〕 JIS 6757
音ソウ 訓まど

窓 窓 窓 窓 窓 窓

①まど。あかりとり。けむりだし。「車窓」「窓外」②たてもの。「学窓・深窓・同窓」

**ソウ 12画【傖】** 部首〔人・亻〕
音ソウ
いなかもの。いやしいもの。礼儀をしらないもの。

**ソウ 12画【滄】** 部首〔冫〕
音ソウ
ひややか。つめたい。さむい。

**ソウ 12画【創】** 部首〔刂〕 教育小6 JIS 3347 ｜ 14画【戧】異体字 部首〔戈〕
音ソウ

創 創 創 創 創 創

①はじめる。はじめてつくる。はじめ。対義模。「独創」「創意・創業・創作・創立」②きず。きりきず。「銃創・刀創」

**ソウ 12画【喪】** 部首〔口〕 常用 JIS 3351
音ソウ 訓も
①うしなう。なくす。「阻喪」「喪家・喪失・喪神」②も。ものいみ。対義祭。「大喪」「喪祭」③ほろびる。ほろぼす。

**ソウ 12画【葬】** 部首〔艹〕 常用 JIS 3382
音ソウ 訓ほうむる
ほうむる。とむらい。死者をおくる儀式。対義祭。「火葬・会葬・国葬・水葬・大葬・土葬・埋葬」「葬式・葬礼」用例《接尾的》合同—。

**ソウ 12画【葱】** 部首〔艹〕 JIS 3912
音ソウ
ネギ。ユリ科の多年草。ねぶか。ひともじ。

**ソウ 12画【惣】** 部首〔心〕 人名用 JIS 3358
音ソウ
①いそがしい。②すべて。一般に。比較総。③はじめ。長男。「惣領」④室町時代に、公領・荘園内にできた農民の自治組織。

**ソウ 12画【曾】** 部首〔曰〕 JIS 3329 ｜ 11画【曽】異体字 JIS 3330
音ソウ・ゾウ・ソ
①直系の三親等。「曾祖父・曾孫」②かつて。過去に。「曾遊」

**ソウ 12画【棗】** 部首〔木〕 JIS 6007
音ソウ
①ナツメ。クロウメモドキ科の落葉樹。②なつめ。抹茶をいれる器。

**ソウ 12画【湊】** 部首〔氵〕 JIS 4411
音ソウ
①みなと。船があつまってとまるところ。②あつまる。ものごとが一か所にあつまる。「輻湊」

**ソウ 12画【装】** 部首〔衣〕 常用 →教育小6 JIS 3385 ｜ 13画【裝】旧字 JIS 7470
音ソウ・ショウ 訓よそおう

装 装 装 装 装 装

①よそおう。かざる。身支度をする。よそおい。「仮装・盛装・服装・洋装」「装飾」用例（名）—を改める。②書物を綴じて表紙をつけること。「革装・和装」「装丁」用例《接尾的》クロス—。↓ショウ〔装〕

**ソウ 13画【僧】** 部首〔人・亻〕 常用 JIS 3346 ｜ 14画【僧】旧字
音ソウ
《梵語 saṃgha の音訳「僧伽」の略。和合、和合衆の意》受戒して仏の道にはいった人。坊さん。対義俗。俗人・尼・尼僧。「高僧・老僧」「僧衣・僧堂」用例（名）—の身で。《接尾的》破戒—。

**ソウ 13画【勦】** 部首〔力〕 JIS 5011
音ソウ
①つかれる。つかれさせる。②ころす。たつ。ほろぼす。「勦滅」③とる。かすめとる。

**ソウ 13画【嫂】** 部首〔女〕 ｜ 12画【嫂】異体字 JIS 5331
音ソウ
あによめ。兄の妻。

**ソウ 13画【廋】** 部首〔广〕
音ソウ・シュウ
①かくす。かくれる。②さがす。さがしもとめる。さぐる。

**ソウ 13画【蒼】** 部首〔艹〕 JIS 3383
音ソウ
あお。あおい。あおくさ色。「蒼茫」

**ソウ 13画【想】** 部首〔心〕 教育小4 →教育小3 JIS 3359
音ソウ・ソ

想 想 想 想 想 想

①おもう。おもい。かんがえ。「回想・感想・観想・幻想・空想・構想・思想・理想・連想」「想起・想像」用例（名）論文の—をねる。②仏教で、認識対象を心におもいうかべること。五蘊の一つ。↓ソ〔想〕

**ソウ 13画【愴】** 部首〔忄〕 JIS 5640
音ソウ
いたむ。かなしむ。「悽愴・悲愴」

**ソウ 13画【搔】** 部首〔扌〕 ｜ 11画【掻】異体字 JIS 3363
音ソウ
①かく。ひっかく。つめをたてて、こする。「搔爬・搔痒」②さわぐ。さわがしい。

**ソウ 13画【搶】** 部首〔扌〕 JIS 5779
音ショウ・ソウ
①つく。つきあたる。②とる。うばう。うばいとる。③あつまる。

**ソウ 13画【楤】** 部首〔木〕
音ソウ
タラノキ。ウコギ科の落葉低木。たら。

**ソウ 13画【歃】** 部首〔欠〕 JIS 6129
音ソウ
すする。口にすいこむ。

**ソウ 13画【滄】** 部首〔氵〕 JIS 6275
音ソウ
①ひややか。さむい。②あお。あおい。③うみ。おおうなばら。「滄海・滄桑の変・滄溟」

**ソウ 13画【煠】** 部首〔火〕
音ヨウ・ソウ
①ゆでる。うでる。熱湯でにる。②油であげる。

**ソウ 14画【嗽】** 部首〔口〕 JIS 5154
音ソク・ソウ
①せき。しわぶき。せく。せきをする。「咳嗽」②すすぐ。口をすすぐ。うがいをする。「含嗽」↓ソク〔嗽〕

**ソウ 14画【嗾】** 部首〔口〕 JIS 5153
音ソウ
そそのかす。けしかける。扇動する。「使嗾」

**ソウ 14画【層】** 部首〔尸〕 教育小6 JIS 3356 ｜ 15画【層】旧字
音ソウ

層 層 層 層 層 層

①かさなる。かさなり。「下層・階層・上層・断層・地層」「層雲」②たてものの階。「高層・三層」「層楼」③地層のこと。「炭層」用例《接尾的》古生—。沖積—。④社会集団。なかま。範囲。「層化抽出法」用例（名）—が厚い。《接尾

的》中堅―。読者―。⑤かさなりを数えるのに用いる。用例（助数）三―の楼。

**ソウ** 14画【遭】 部首［辶］ 常用 JIS 3388 ｜15画【▼遭】 部首［辶］ 旧字
音**ソウ** 訓**あう**
あう。ばったりであう。「遭遇・遭難」

**ソウ** 14画【▼愡】 部首［忄］ ｜12画【▼惚】 異体字 JIS 5627
音ソウ
「倥愡」は、思いどおりにならないさま。

**ソウ** 14画【▼槍】 部首［木］ JIS 3368
音ソウ
やり。細長い刃に長い柄をつけ、相手をつきさす武器。「刀槍」「槍術」

**ソウ** 14画【▼漕】 部首［氵］ JIS 3370
音ソウ
①こぐ。櫓や櫂で船をすすめる。「漕艇」②はこぶ。船で荷をはこぶ。「回漕」

**ソウ** 14画【▼漱】 部首［氵］ JIS 6291
音ソウ
①すすぐ。口をすすぐ。うがいをする。「漱石枕流」②あらう。すすぎきよめる。

**ソウ** 14画【▼箏】 部首［竹］ JIS 6823 ｜12画【▼筝】 異体字 JIS 6824
音ソウ
こと。弦楽器の一つ。一三弦（古くは五または一二弦）のもの。「箏曲」

**ソウ** 14画【▼箒】 部首［竹］ JIS 6822
音シュウ・ソウ
ほうき。ははき。塵などをはく道具。「箕箒」

**ソウ** 14画【▼粽】 部首［米］ JIS 6880 ｜15画【▼糉】 異体字
音ソウ
ちまき。もち米を茅（チガヤ）やササなどの葉でまいて、むした食べ物。

**ソウ** 14画【▼綜】 部首［糸］ JIS 3378
音ソウ
①すべる。一つにまとめる。「綜合」②へ。織機の付属具。たて糸をひきのばして、かけておくもの。

**ソウ** 14画【総】 部首［糸］ 教育小5 JIS 3377 ｜17画【▼總】 旧字 JIS 6933 ｜14画【▼摠】 部首［扌］ 異体字
音**ソウ**
総 総 総 総 総 総 総
①《綜とも》すべる。一つにまとめる。「総合・総理」②すべて。全部。「総意・総会・総額・総括・総計」用例《接頭的》―選挙。―指揮官。③ふさ。たばねた糸の先の、ふさふさとたれているもの。④上総国・下総国のこと。「房総」「総武線」

**ソウ** 14画【▼聡】 部首［耳］ 人名用 JIS 3379 ｜17画【▼聰】 旧字 JIS 7066 ｜15画【▼聦】 異体字
音ソウ
かしこい。さとい。「聡明」

**ソウ** 14画【▼臧】 部首［臣］ JIS 7141
音ソウ・ゾウ
よい。よし。善。

**ソウ** 15画【▼噌】 部首［口］ ｜14画【▼噌】 異体字 JIS 3325
音ソウ・ソ
①かまびすしい。やかましい。さわがしい。②「味噌」は、大豆を原料とする調味料。

**ソウ** 15画【槽】 部首［木］ 常用 JIS 3369
音**ソウ**
おけ。また、おけの形のもの。「歯槽・浄化槽・水槽・浴槽」

**ソウ** 15画【▼樔】 部首［木］ JIS 6070
音ソウ
①す。木の上のすみか。②すくう。巣をつくる。③すくいあみ。魚をすくう網。また、魚をすくいとる。

**ソウ** 15画【▼瘡】 部首［疒］ JIS 6576
音ソウ・ショウ
①きず。きりきず。「瘡痍」②できもの。かさ。「凍瘡・痘瘡・疱瘡」

**ソウ** 15画【▼瘦】 部首［疒］ ｜12画【▼痩】 異体字 JIS 3373
音シュウ・ソウ
やせる。ほそる。からだの肉がおちる。また、土に農作物などをそだてる力がない。対義 肥。「瘦軀・瘦身」

**ソウ** 15画【▽箱】 部首［竹］ 常用→教育小3 JIS 4002
音ショウ・ソウ 訓**はこ**
箱 箱 箱 箱 箱 箱
はこ。ものをいれておくはこ。「箱筥」

**ソウ** 15画【▼諍】 部首［言］ JIS 7558
音ソウ・ショウ
①いさめる。つよくいさめる。「諍臣」②うったえる。うったえ。③あらそう。いさかう。いいあらそう。

**ソウ** 15画【▼踪】 部首［足］ JIS 7709
音ショウ・ソウ
あと。あしあと。また、あとかた。事跡。「失踪」「踪跡」

**ソウ** 16画【▼噪】 部首［口］ JIS 5168
音ソウ
さわぐ。さわがしい。やかましい。「喧噪・蟬噪蛙鳴」「噪音」

**ソウ** 16画【▼懆】 部首［忄］ JIS 5674
音ソウ
うれえる。不安で心がやすまらない。

**ソウ** 16画【操】 部首［扌］ 教育小6 JIS 3364
音**ソウ** 訓**みさお・あやつる**
操 操 操 操 操 操 操
①あやつる。あやつって、しごとをする。「体操」「操業・操作・操縦」②志をまもる。みさお。おこない。「志操・節操・貞操」「操行」③おもむき。「情操」

**ソウ** 16画【▼澡】 部首［氵］ JIS 6322
音ソウ
あらう。すすぐ。きよめる。「澡沐」

**ソウ** 16画【▼艘】 部首［舟］ ｜15画【▼艘】 異体字 JIS 7159
音ソウ
①ふね。②ふねを数えるのに用いる。比較 隻。用例（助数）一―の小舟。

**ソウ** 16画【▼艙】 部首［舟］ JIS 7158
音ソウ
ふなぐら。船倉。船の中で、荷物をつむ場所。「船艙」「艙口」

**ソウ** 16画【▼輳】 部首［車］ JIS 7752
音ソウ
あつまる。車輪の輻が轂にあつまる。転じて、ものごとが一か所にあつまる。「輻輳」

**ソウ** 16画【▼錚】 部首［金］ JIS 7903
音ソウ
①かね。たたきがね。②「錚々」は、金属のひびきのさえたさま。転じて、多くのなかで、特にすぐれたさま。

**ソウ** 17画【燥】 部首［火］ 常用 JIS 3371
音**ソウ**
①かわく。かわかす。「乾燥・高燥地帯・枯燥」②いらいらする。「焦燥」

**ソウ** 17画【▼甑】 部首［瓦］ ｜16画【▼甑】 異体字 JIS 2589
音ショウ・ソウ
こしき。せいろう。米などをむす道具。

**ソウ** 17画【▼矰】 部首［矢］ ｜15画【▼弋曽】 部首［弋］ 異体字
音ソウ
いぐるみ。いとゆみ。矢に糸をつけ、獲物をいたとき、まきくるんでにげられないようにしかけたもの。

**ソウ** 17画【▼簇】 部首［竹］ JIS 6840
音ソウ・ソク・ゾク
むらがる。あつまる。よりあつまる。「簇出」↓ゾク［簇］

**ソウ** 17画【▼糟】 部首［米］ JIS 3376
音ソウ
①かす。さけかす。「糟糠・糟粕」②もろみ。にごりざけ。どぶろく。

**ソウ** 17画【▼艚】 部首［舟］ JIS 7161
音ソウ
ふね。こぶね。小さい船。

**ソウ** 17画【▼螬】 部首［虫］
音ソウ
「蠐螬」は、地虫。昆虫の幼虫で、地中で生活するものの一部をいう。すくもむし。

**ソウ** 17画【▼蹌】 部首［足］ JIS 7703
音ショウ・ソウ
①うごく。はしる。②よろめく。ふらつく。よろよろする。「蹌踉」

**ソウ** 17画【▼鍤】 部首［金］
音ソウ
①はり。布をはりひろげるときに用いる針。②すき。土を掘りおこすのに用いる農具。

**ソウ** 17画【霜】 部首［雨］ 常用 JIS 3390
音**ソウ** 訓**しも**
①しも。空気中や地中の水分が、地表で白くこおったもの。「秋霜・晩霜」「霜害・霜雪」②しものように白い。「霜髪」③としつき。「幾星霜」

**ソウ** 18画【▼叢】 部首［又］ JIS 3349 ｜16画【▼菆】 部首［木］ 異体字
音ソウ
①くさむら。しげみ。やぶ。「叢林」②むらがる。あつまる。「叢生」③あつめたもの。「叢書」

**ソウ** 18画【▼藪】 部首［艹］ JIS 7314 ｜16画【▼薮】 異体字 JIS 4489
音ソウ
①さわ。水があり草木がはえ、鳥獣のあつまるところ。②やぶ。㋐くさむら。しげみ。㋑たけやぶ。たけばやし。③ものごとのあつまるところ。「淵藪」

**ソウ** 18画【▼擻】 部首［扌］
音ソウ
①ふるえる。②ふるう。ふるわす。③すてる。【はらう。

**ソウ** 18画【▼繒】 部首［糸］
音ショウ・ソウ
①きぬ。絹織物。②いぐるみ。いとゆみ。矢に糸をつけ、獲物をいたとき、まきくるんでにげられないようにしかけたもの。

**ソウ** 18画【贈】 部首［貝］ 常用 JIS 3403 ｜19画【▼贈】 旧字
音**ゾウ・ソウ** 訓**おくる**
おくる。さしあげる。対義 答。「寄贈」「贈呈・贈答」↓ゾウ［贈］

**ソウ** 18画【▼鎗】 部首［金］ JIS 3389
音ショウ・ソウ
①やり。細長い刃に長い柄をつけ、相手をつきさす武器。②なべ。かなえ。三本足のなべ。

**ソウ** 18画【騒】 部首［馬］ 常用 JIS 3391 ｜20画【▼騷】 旧字 JIS 8159
音**ソウ** 訓**さわぐ**
①さわぐ。さわがしい。「騒音・騒然・騒動」②詩歌。風流。「風騒」「騒客」③うれい。うれえる。「離騒」④漢詩の古い一つの体裁。「離騒」

**ソウ** 19画【藻】 部首［艹］ 常用 JIS 3384
音**ソウ** 訓**も**
①も。みずも。「海藻・褐藻・珪藻・紅藻・緑藻」「藻類」②立派な作品。「才藻・詞藻・文藻」

**ソウ** 19画【▽繰】 部首［糸］ 常用 JIS 2311
音ソウ 訓**くる**
くる。①たぐる。繭から糸をたぐりだす。②つむぐ。綿くり車で、ワタの種をとりさる。③順々にひきだす・おくる・かぞえる・めくる。

▼常用漢字表外。 ▽常用漢字表の音訓外。

**ソウ** 19画【顙】 部首〔頁〕 
音ソウ
ひたい。おでこ。あたま。

**ソウ** 19画【鰺】 部首〔魚〕
音ソウ・シュ・シュウ
①ニゴイ。コイ科の淡水魚。みごい。②こざかな。雑魚。③ちいさい。いやしい。

**ソウ** 20画【孀】 部首〔女〕 JIS 5350
音ソウ
やもめ。夫と死別した女性。

**ソウ** 20画【譟】 部首〔言〕 JIS 7601
音ソウ
さわぐ。さわがしい。やかましい。

**ソウ** 20画【躁】 部首〔足〕 JIS 7715
音ソウ
さわぐ。さわがしい。やかましい。「狂躁」「躁鬱病」

**ソウ** 21画【囃】 部首〔口〕 JIS 5182
音ソウ
①はやし。歌や舞をたすけるためのかけ声や音楽。②はやす。㋐かけ声をだして調子をとる。㋑はやしを奏する。㋒ほめそやす。㋓声をそろえて、ばかにする。

**ソウ** 21画【竈】 部首〔穴〕 JIS 6762 ― 17画【竃】 異体字 JIS 1986
音ソウ
かまど。へっつい。土や煉瓦などでつくった、ものをにたきするしかけ。「竈突」

**ソウ** 21画【籔】 部首〔竹〕 JIS 6856
音ソウ・ス
ざる。こめあげざる。といだ米の水をきるためのざる。

**ソウ** 21画【鐺】 部首〔金〕 JIS 7938
音トウ・ソウ
なべ。かなえ。三本足のなべ。↓トウ〔鐺〕

**ソウ** 21画【驄】 部首〔馬〕 ― 18画【騘】 異体字
音ソウ
あしげ。あおうま。青と白の毛がまじった馬。

**ソウ** 21画【鶬】 部首〔鳥〕
音ソウ・ショウ
マナヅル。ツル科の鳥。

**ソウ** 22画【鰺】 部首〔魚〕 JIS 8245 ― 19画【鯵】 異体字 JIS 1619
音ソウ
アジ。スズキ目に属する魚。

**ソウ** 23画【髞】 部首〔高〕 JIS 8184
音ソウ
「髝髞」は、①いそぐ。②高いさま。

**そ-う**【左右】①左と右。さゆう。right and left ②ありさま。容体。起居。state ③知らせ。たより。report 用例 吉―。④指示。命令。order ⑤とやかく言い立てること。be particular about

**そ・う**【沿う】(五自) ①長く続いているものからはなれないで進む。そのものからはなれない状態が続く。follow 用例 川に―・って歩く。②《「添う」「副う」とも》ある方針・基準に従う。follow 用例 決議に―・って行動する。

**そ・う**【添う・副う】(五自) ①そばにいる。つき従う。go with 用例 影の形に―ように。②夫婦になる。marry 用例 連れ―。③加わる。accompany 用例 身に―悩み。④かなうようにする。meet; suit 用例 意向に―よう努める。

**そう**【然う】㊀(副) そのように。そんなに。so 用例 ―する。―思う。㊁(感) ①そうだ。そのとおり。so 用例 うん、―。②そうですか。Is that so? 用例 えっ、―。③突然思い出したり、思いついたときに発する語。yes 用例 ―、あれはきのうのことだ。
**然うは烏賊の金玉**《「いかない」を「イカ」にかけて言う》そううまくいかせてなるものか。類似 然うは問屋が卸さない。
**然うは問屋が卸さない**《相手や第三者の思いどおりには応じられない場合などに言う》そう簡単には、思いどおりにならない。Things seldom go as one wishes.

**ゾウ** 10画【造】 部首〔辶〕 教育小5 JIS 3404 ― 11画【造】 旧字 部首〔辶〕
音ゾウ・ソウ
訓つくる
造 造 造 造 造 造 造
①つくる。こしらえる。建物・酒・醤油などをつくる。「改造・建造・醸造・製造・木造」「造成・造幣・造本」②いたる。いたりつく。きわめる。「造詣」③にわか。短時間。「造次顚沛」④みやつこ。古代の姓の一つ。

**ゾウ** 11画【族】 部首〔方〕 教育小3 JIS 3418
音ゾク・ゾウ・ソウ
筆順↓ゾク〔族〕
《「ゾク」の転》一門。やから。↓ゾク〔族〕

**ゾウ** 12画【象】 部首〔豕〕 教育小4 JIS 3061
音ショウ・ゾウ
筆順↓ショウ〔象〕
①ゾウ目に属する哺乳動物。現生種では最大の陸上動物。鼻は上唇とともに円筒状に長い。上顎の門歯は牙となる。熱帯にすみ、草食性。「巨象」「象牙」数え方 一頭。②かたち。模様。かたどる。「有象無象」「象眼」↓ショウ〔象〕

**ゾウ** 14画【像】 部首〔人・亻〕 教育小5 JIS 3392
音ゾウ・ショウ
像 像 像 像 像 像 像
①かたち。かたどったもの。似せすがた。「画像・胸像・現像・肖像・彫像・仏像」用例(名)孔子の―をまつる。数え方 一体・一台。②物理で、光学系による光の反射・屈折などによって、つくりだされる物体のすがた。「映像・虚像・現像・実像」用例(名)―をむすぶ。

**ゾウ** 14画【増】 部首〔土〕 教育小5 JIS 3393 ― 15画【增】 旧字
音ゾウ・ソウ
訓ます・ふえる・ふやす
増 増 増 増 増 増 増
①ます。ふえる。ふやす。対義 減。「激増・漸増」「増員・増加・増減・増産・増大」用例(名)累計所得は一割―。②つけあがる。いばる。「増長」

**ゾウ** 14画【慥】 部首〔忄〕 JIS 5652
音ソウ・ゾウ
①あわただしい。せわしい。②たしか。たしかに。

**ゾウ** 14画【憎】 部首〔忄〕 常用 JIS 3394 ― 15画【憎】 旧字
音ゾウ
訓にくむ・にくい・にくらしい・にくしみ
①にくむ。にくしみ。対義 愛。「愛憎」「憎悪」②にくい。にくらしい。

**ゾウ** 14画【雑】 部首〔隹〕 教育小5 JIS 2708 ― 18画【雜】 旧字 JIS 8024 ― 17画【襍】 異体字 部首〔衤〕 JIS 8023
音ザツ・ゾウ・ソウ
筆順↓ザツ〔雑〕
①まじる。いろいろまじる。まじえる。「雑木・雑言・雑炊・雑煮」②歌集で、四季・恋など、どの部立てにもはいらないものをあつめた部類。用例(名)―の歌。↓ザツ〔雑〕

**ゾウ** 15画【蔵】 部首〔艹〕 教育小6 JIS 3402 ― 17画【藏】 旧字 JIS 7322
音ゾウ・ソウ
訓くら
蔵 蔵 蔵 蔵 蔵 蔵 蔵
①くら。ものをたくわえて、いれておく建物。「経蔵・土蔵・宝蔵」②おさめる。しまっておく。うちにもつ。「旧蔵・所蔵・退蔵・内蔵・腹蔵」「蔵書」用例(名)正倉院の―。③大蔵省のこと。「蔵相」④仏教の経典の総称で、大蔵経のこと。一切経。「三蔵・大蔵」「蔵経」⑤仏教で、一切をつつみこむもの。「虚空蔵・地蔵」

**ゾウ** 17画【糙】 部首〔米〕
音ソウ・ゾウ
①くろごめ。あらごめ。まだ、ついてない米。玄米。②あらい。きめがあらい。

**ゾウ** 18画【贈】 部首〔貝〕 常用 JIS 3403 ― 19画【贈】 旧字
音ゾウ・ソウ
訓おくる
①おくる。さしあげる。対義 答。「寄贈・贈呈」②死後に官位などをおくる。「追贈」「贈位」用例(名)―正三位。↓ソウ〔贈〕

**ゾウ** 19画【臓】 部首〔月〕 教育小6 JIS 3401 ― 21画【臟】 旧字 JIS 7139
音ゾウ・ソウ
臓 臓 臓 臓 臓 臓 臓
はらわた。胸や腹の中にある、いろいろな器官。「肝臓・五臓・心臓・肺臓」「臓器・臓物」

**ゾウ** 21画【贓】 部首〔貝〕 JIS 7659 ― 13画【賍】 異体字 JIS 7660
音ソウ・ゾウ
①不正な手段で得たものを、自分のものにする。また、そのもの。「贓品・贓物」②賄賂をうけとる。

**そう-あい**【相愛】互いに愛し合っていること。mutual love 用例 相思―。

**ぞう-あく**【増悪】(名・サ変自) 医学で、病状がますます悪くなること。ingravescence 比較 憎悪。

**そう-あげ**【総揚げ】(名・サ変他) 芸者などを全員よんで遊ぶこと。

**ぞう-あざらし**【象▽海▾豹】アザラシ科の動物。雄は体長五～六・五m、体重三～三・六t。雌は雄より小さい。成雄は長くのびた鼻袋がある。北米西岸にすむキタゾウアザラシと、南氷洋の島々にすむミナミゾウアザラシの二種。elephant seal ↓写

**そう-あたり**【総当(た)り】(名・サ変自) 各チーム・選手らが他の全部と試合すること。round robin

**そう-あみ**【相▾阿▾弥】(?～一五二五) 室町時代、足利義政に仕えた同朋衆。名は真相、号は鑑岳。芸阿弥の子。阿弥流の画家。華道・香道、また装飾法にも秀でた。

**そうあみ-りゅう**【相▾阿▾弥流】華道流派の一つ。相阿弥真相を祖とし、花の心と礼を重んずる。また、香道の一派もいう。

**そう-あん**【草案】下書き。その文案。草稿。draft

**そう-あん**【草▾庵】草ぶきの小さな家。くさのいおり。

**そう-あん**【創案】(名・サ変他) はじめて考え出すこと。新しい工夫。original idea 用例 かれの―になる機械。

**そう-あん**【僧▾庵】僧の住むいおり。

**そう-い**【相違】(名・サ変自) あれとこれとが違うこと。差異。difference 用例 案に―する。

**そう-い**【創▾痍・▾瘡▾痍】①きず。切りきず。wound 用例 満身―。②受けた損害。loss

**そう-い**【創意】新しい思いつき・くふう。originality 比較 創見。用例 ―工夫。

**そう-い**【僧衣】僧の着る衣服。ころも。法衣。そうえ。priest's robe

**そう-い**【僧位】朝廷が有徳の僧や学識のすぐれた僧に授けた位階。法印・法眼・法橋など。僧階。

**ぞう-い**【贈位】(名・サ変自) 生前の功労によって、死者に位階をおくること。また、その位階。比較 贈官。

**そう-いう**【▽然ういう】(連体) そんな。そんなふうな。such

**ソヴィエト**【sovetロシ】↓ソビエト

**そうい-がく**【層位学】地質学の一分野。地層の分布や産状および層相、また化石の有無

●ゾウアザラシ キタゾウアザラシ



↓行き先項目、図版・写真参照印。 JIS 日本工業規格情報交換用漢字符号コード(区点コード)。

や形成順序などを総合的に研究し、地層の新旧を基準として、地層の区分や対比を行う。層序学。stratigraphy

**そうい-くふう【創意工夫】**(名・サ変他) 新しい独自の着想を得ようと、あれこれ考えをめぐらすこと。ingenity 用例 —を重ねる。

**そう-いっそう【層一層】**(副)《「いっそう」を強めて言う語》いよいよ。ますます。still more

**そうい-てん【相違点】** 違っているところ。difference

**そうい-な・い【相違無い】**(形) ちがいない。確実である。sure; certain

**そういん【宗因】**↓にしやまそういん(西山宗因)

**そう-いん【僧院】** ①てら。寺院。②修道院。monastery

**そう-いん【総員】** すべての人員。全員。all the members

**ぞう-いん【増員】**(名・サ変自他) 人員・定員をふやすこと。人員・定員がふえること。increase of the staff 対義 減員。

**そううつ-しつ【▼躁▼鬱質】** クレッチマーによる気質分類の一つ。気分が高揚している躁状態と、沈鬱で抑制的な鬱状態が交互に現れる。循環気質。cyclothymia

**そううつ-びょう【▼躁▼鬱病】** 精神病の一つ。躁状態と鬱状態が交互に現れる、あるいは一方(ふつうは鬱状態)が周期的に現れる。manic-depressive psychosis

**そう-うら【総裏】** 衣服の裏の仕立て方の一つ。身頃全体や袖全体に裏布を付ける方法で、主として冬物に用いられる。lining

**そう-うん【層雲】** ㊀十種雲形の一つ。平らに広がり、地表にもっとも近い所にできる灰色の雲。霧と混同されやすい。stratus ㊁俳句雑誌。明治四四年(一九一一)荻原井泉水により創刊。新傾向俳句、のち自由律俳句編集により創刊。新傾向俳句、のち自由律俳句運動の拠点となった。

**そううん【▼宋雲】**(生没年未詳) 中国、北魏の僧。五一八年北インドを訪れ、中国に経典一七〇部をもち帰った。その旅行記は『洛陽伽藍記』に収められ、西域に関する重要史料。

**そううん-きょう【層雲峡】** 北海道中部、石狩川上流の峡谷。高さ二〇〇mの柱状節理の絶壁がみごとで、温泉もある。

**そううんじどの-にじゅういっかじょう【早雲寺殿二十一箇条】** 戦国家法の一つ。北条早雲の制定といわれる。武士の奉公および日常生活における心得を詳細に規定。

**ぞう-えい【造営】**(名・サ変他) 御殿・社寺などを建築すること。build

**ぞうえい-ざい【造影剤】** 生体のX線撮影のとき、X線の透過度に差をつけ、臓器や病変部を鮮明にするために用いる薬剤。バリウム製剤など。contrast medium

**ぞうえい-さつえい【造影撮影】** X線撮影法の一種。体内に造影剤を入れて撮影すること。消化器・呼吸器・循環器・泌尿器など各部疾患の検査に適用。contrast medium roentgenography

**ぞう-えき【増益】**(名・サ変自他) ①利益がふえること。increase in profit 対義 減益。用例 —を期する。②まし加えること。まし加わること。

**そう-えん【荘園】**↓しょうえん(荘園)

**そう-えん【桑園】** くわばたけ。mulberry farm

**そう-えん【▼蒼鉛】** ビスマスの日本名。

**ぞう-えん【造園】**(名・サ変自) ①庭園・公園を造ること。gardening ②戸外の生活空間を人間のやすらぎの場や運動の場などにするための景観構成の技術。landscape gardening

**ぞう-えん【増援】**(名・サ変他) 人数を増して応援・加勢すること。reinforcement

**そうえんぷん【双円墳】** 円墳を二つ連結した形の古墳。日本ではめずらしい墳形。大阪府の金山古墳など。

**ぞう-お【憎悪】**(名・サ変他) にくむこと。にくしみ。hatered 比較 増悪。

**そう-おう【相応】**(名・形動・サ変自) つり合うこと・さま。ふさわしいこと・さま。相当。suitability 対義 不相応。用例 身分—。

**そう-おく【草屋】** ①くさぶきの家。わらや。そまつな家。②自分の家をけんそんしていう語。

**そう-おん【▼宋音】**↓とうおん(唐音)①

**そう-おん【相恩】** 代々受けた恩義。用例 重代—の主君。

**そう-おん【騒音・▼噪音】** ①好ましくない音の総称。非常に大きい音、不快な音、工場・交通・建設作業などの都市公害としての騒音など。noise 用例 —の巷。②《「噪音」で》高さ・調子が明瞭でない音。振動が短時間であるために判別不明瞭となる。非楽音。対義 楽音。

**そうおんきせい-ほう【騒音規制法】** 工場や建設工事現場および自動車から発生する騒音の許容限度を定める法律。昭和四三年(一九六八)公布。

**そう-か【宗家】**↓そうけ(宗家)

**そう-か【挿花】** ①花や木を、神仏や人にささげたり部屋を飾ったりながめ楽しむために、器に挿し入れたもの。いけばな。さしばな。フラワーアレンジメント。flower arrangement ②花を髪などに挿すこと。stick flowers

**そう-か【喪家】** ①喪に服している家。②宿なし。

**喪家の狗**(そうかのいぬ)《喪中の家の犬。一説に、家や飼い主を喪った犬。ともに十分に世話をしてもらえないことから》やせて元気のない犬。

**そう-か【▼痩果】** 果実の一種。一個の種子を含み、果肉はほとんどない。果皮は薄くて硬いため、熟しても裂けない。一見、全体が種子のように見える。タンポポ、キツネノボタンなど。achene

**そうか【草加】**〈市〉 埼玉県南東部、東京都に隣接する市。旧宿場町。住宅団地・工業団地の建設などにより都市化が進む。草加せんべいが名産。人口一九万六八五八(一九八八)。

**そう-が【▼爪▼牙】** ①つめときば。claws and tusks ②たちの悪いやりくち。魔手。crafty design 用例 —にかかる。③手足となって働く臣。right hand man

**そう-が【早歌】** 鎌倉時代に生まれたリズミカルな中世歌謡。室町中期に流行し、後期に衰微。謡曲に影響を与えた。そうか。宴曲。

**そう-が【草画】** 略筆の水墨画。

**そう-が【挿画】** さしえ。イラスト。illustration

**そう-が【装画】** 書物などの装丁の絵。

**ぞう-か【造化】** ①宇宙・万物を創造する神。造物主。the Creator ②宇宙。天地。自然。the Universe 用例 —の妙。

**ぞう-か【造花】** 自然の花に似せて人工的に紙や布などで作られた花。つくりばな。また、そのような花を作ること。artificial flower 対義 生花。

**ぞう-か【増加】**(名・サ変自他) まし加わること。まし加えること。increase 対義 減少。

**ぞう-か【増価】**(名・サ変自他) ①土地その他のものの値打ちが高くなること。②値段を高くすること。

**ぞう-か【雑歌】** 和歌集の歌の部立の一つ。春・夏・秋・冬・恋以外のもの。また、以上のほか、賀・離別・羇旅・物名・哀傷などにも入らないもの。それを集めた部類。参考『万葉集』では他の和歌集と異なり、相聞・挽歌に属さない歌のすべてをいう。

**そう-かい【壮快】**(名・形動) いさましくて気持ちのよいこと・さま。exciting

**そう-かい【桑海】**「桑田変じて滄海と成る」の略。

**桑海の変**(そうかいのへん)《桑畑が変じて青海原になる意》世の中のはげしい変わり方のたとえ。滄桑の変。

**そう-かい【▼爽快】**(名・形動) さわやかで気持ちのよいこと・さま。refreshing

**そう-かい【掃海】**(名・サ変他) 敵がしかけた海中の機雷その他の障害物を探知し除去すること。

**そう-かい【▼滄海・▼蒼海】** 青海原。

**滄海変じて桑田と成る**(そうかいへんじてそうでんとなる)《青海原が桑畑に変わる意》世の中のうつりかわりの激しいようすをいう。桑田変じて滄海と成る。

**そう-かい【総会】** 団体の全構成員が参加する会合。その団体の最高意思決定機関。社員総会・株主総会など。general meeting

**そう-がい【窓外】** 窓の外。outside the window 用例 —の景色。

**そう-がい【霜害】** 春や秋に、急激な気温の低下によって受ける農作物の被害。霜がおりなくても、細胞に凍結死が起こるものも含む。frost damage

**ぞう-かいちく【増改築】** 増築と改築のこと。既存の住まいの改善を目的に建物の面積を増やすことや、間取りなどを変えること。extension and rebuild

**そうかい-てい【掃海艇】** 掃海を行う小型の軍用艦艇。船体が非磁性で、機雷を処理する装置・器具を装備する専用艇。mine sweeper

**そうかい-や【総会屋】** 株主総会の議事の進行を助けたり、または逆に妨害することによって会社から利益を得る者。昭和五六年(一九八一)の商法改正で規制された。

**そうか-がっかい【創価学会】** 日蓮正宗の信者組織。富士宮市の大石寺を本山とする。昭和五年(一九三〇)牧口常三郎が創価教育学会として設立。同二一年(一九四六)改称、戸田城聖の指導の下に急激に発展した。

**そう-がかり【総掛(か)り】** ①全員協同して事に当たること。all together ②総攻撃。general attack ③要した費用の総計。the total cost

**ぞうか-かんすう【増加関数】** 独立変数が増加するとき、その関数値も増加する関数。増大関数。increasing function

**そう-かく【総画】** 漢字の一字の総画数。

**そう-かく【騒客】** 風流人。文人墨客。騒人。

**そう-がく【▼宋学】** 中国、宋代におこった儒学。従来の訓詁学に対し、道教・仏教の哲理をとり入れ、哲学的・思弁的な思考を重んじた。理を説き、自律的・合理主義的な思想体系に立脚する。周敦頤に始まり、張載・程顥・程頤らにより発展し、朱子によって大成した。性理学。理学。道学。

**そう-がく【奏楽】**(名・サ変自他) 音楽を奏すること。また、その楽曲。musical performance

**そう-がく【総額】** すべての額。全額。the total amount

**ぞう-がく【増額】**(名・サ変自他) 金額・数量などをふやすこと。increase 対義 減額。

**そうかく-さくいん【総画索引】** 漢和辞典などで漢字を総画数順に配列した索引。比較 音訓索引・部首索引。

**そうか-せい【走化性】** 走性の一つ。生物が化学物質の刺激に反応して運動する性質。シダ類の胞子がリンゴ酸の刺激源にむかって発芽するなど。chemotaxis

**そうか-ちゅうしゅつほう【層化抽出法】** 標本調査で、集団内部を特性によっていくつかの層に分け、各層から標本をぬき出すこと。

**そう-かつ【総括・▼綜括】**(名・サ変他) 全体をまとめること。すべくくること。generalization 比較 一括。

**そう-かつ【総轄】**(名・サ変他) 全体を取り締まり支配すること。general control 用例 事務を—する。

**そうかつ-あんぜんえいせいかんりしゃ【総括安全衛生管理者】** 衛生管理者を監督する任務を負う者。屋外労働業務では規模一〇〇人以上、製造業では三〇〇人以上、非工業的業種では一〇〇〇人以上の事業場に必ず選任される。

**そうかつ-しつもん【総括質問】** 国会で、委員会の審議案件全般についてなされる質問。general interpellation

**そうかつ-しゅさいしゃ【総括主宰者】** 特定の公職選挙立候補者のための選挙運動を、全体的に指揮し推進する者。通常は選挙事務長。連座制の適用をうける。campaign manager

**そう-がな【草仮名】** 万葉仮名を草書にくずしたもの。

**そう-がな【総仮名】** 仮名ばかりで書くこと。

**ぞうか-の-さんしん【造化の三神】** 日本神話の根元神。天地が開かれたとき高天の原に現れて万物を経営したとされる三神。天御中主神・高皇産霊神・神皇産霊神をいう。

**そうか-へいきん【相加平均】** $n$ 個の数の総和をその個数 $n$ で割った値。相加平均は相乗平均より小さくはない。算術平均。arithmetical mean

**ぞう-がめ【象▼亀】** 現存するリクガメ科の最大のカメ。甲長約一・二m、体重約二〇〇kg。草食性。食用に乱獲され、絶滅寸前。ガラパゴス諸島とアルダブラ・セーシェル諸島に各一種が生息。elephant tortoise ↓図

●ゾウガメ

**そう-がら【総柄】** 服地などの全体に模様がついていること・もの。総模様。

**そうか-れん【▼葱花▼輦】** 天皇の輿の一つ。屋根の中央にねぎの花(ねぎ坊主)状の金色の玉を据えたもので、肩の上にかつぎ上げて行



▼常用漢字表外。 ▽常用漢字表の音訓外。

●葱華輦　昭和天皇、大喪の礼。

進。天皇行幸などのさいに使われた。↓写

**そう-がわ**【総皮・総革】全部が皮で作ってあること。full leather

**そう-かん**【壮観】(名・形動) 雄大で、みごとなながめ。また、そのさま。grand sight

**そう-かん**【送還】(名・サ変他) 送りかえすこと。還送。send back 用例 捕虜の―。

**そう-かん**【相▼姦】(名・サ変自) 男女が社会通念に反する肉体関係を結ぶこと。adultery

**そう-かん**【相関】(名・サ変自) ①互いにかかわり合うこと。二つのものが互いに切っても切れない関係にあること。correlation 比較 相対。②二つの変量の間の結びつき。相互関係。correlation

**そう-かん**【相観】植物群落の見かけのこと。群落を形成する植物の種類・密度・高さ・季節変化などで決定される。physiognomy

**そう-かん**【創刊】(名・サ変他) 新聞・雑誌をはじめて刊行すること。foundation 比較 廃刊。用例 ―号。

**そう-かん**【僧官】僧の官名。僧正・僧都・律師など。比較 僧位。

**そう-かん**【総監】全体の事務・人員を取り締まり、監督すること・官職。inspector general

**そうかん**【宗鑑】(生没年未詳) 室町後期の連歌師・俳諧作者。姓は山崎か。出自・経歴とも諸説。出家して摂津山崎に住んだとも。俳諧撰集『犬筑波集』を編み、俳諧の祖。

**そう-がん**【双眼】左右二つの目。両眼。both eyes 対義 隻眼。用例 ―鏡。

**ぞう-かん**【増刊】(名・サ変他) 雑誌などを定期以外に刊行すること。また、その刊行物。extra issue 用例 ―号。

**ぞう-かん**【増感】写真感光材料の感光度を増加させること。より長波長の光に感光するようにする分光増感と全体的に感光度を増加させる化学増感とがある。sensitization

**ぞう-かん**【贈官】(名・サ変自) 生前功労のあった人に、死後、官職をおくること。その官職。比較 贈位。

**ぞう-がん**【象眼・象▼嵌】(名・サ変他) ①工芸装飾の技法。金属・陶磁・木材などの材質の表面に他の材質(同種もある)をはめ、文様や銘をあらわすこと。inlay ②印刷で、鉛版の修正箇所を切り取り、別の活字を入れて訂正すること。inlay

**そうかん-かんけい**【相関関係】一方が変われば、他も変わる関係。correlation

**そうがん-きょう**【双眼鏡】倍率の等しい二個の望遠鏡を、光軸を平行にして一体化した地上用望遠鏡。立体感にすぐれる。binocular

**そうかん-けいすう**【相関係数】対応する二つの変量の間の結びつきの度合いを数量的に示す指標。correlation coefficient

**ぞうがん-こうぶつ**【造岩鉱物】岩石を構成する主要な鉱物。珪酸塩のほか、酸化物や炭酸塩などがある。石英・長石・雲母・角閃石・輝石など。rock forming mineral

**そうかんじょう-もとちょう**【総勘定元帳】複式簿記で、すべての勘定を収めた帳簿。この帳簿に基づいて損益・財政状態が計算・表示される。general ledger

**そうかん-ぶんせき**【相関分析】二つの変量間の結びつきを見いだし、一方から他方の値を予測する統計学的分析。analysis of correlation 用例 ―診断。

**そう-き**【早期】早い時期。はやめ。early stage

**そう-き**【想起】(名・サ変他) 過去のことを思い起こすこと。回想。remembrance 用例 二・二六事件を―する。

**そう-き**【▼掻器】↓スクレーパー③

**そう-き**【総記】①全体をまとめた記事。summary ②図書の十進分類法での最初の類。特定の分野でなく全体にわたる部門で記号は0(ゼロ)。百科事典・一般雑誌・叢書・新聞など多くの主題を含む分野。general description

**そう-ぎ**【争議】①互いに意見を主張して議論すること。dispute ②「労働争議」「小作争議」の略。

**そう-ぎ**【葬儀】死者をほうむる儀式。葬式。「funeral

**そう-ぎ**【僧▼祇】↓そうぎゃ(僧伽)

**そうぎ**【宗▼祇】(一四二一〜一五〇二) 室町後期の連歌師・古典学者。姓は飯尾氏という。号は自然斎・種玉庵など。近江か紀伊の人。和歌は飛鳥井雅親、連歌は宗砌・心敬らに、古典を一条兼良に学ぶ。東常縁から古今伝授をうけた。連歌最高の名誉職宗匠に任ぜられ、兼載らと『新撰菟玖波集』を撰進。文芸・古典を全国的に広めた。句集『老葉』『下草』など。

**ぞう-き**【造機】機械・機関の設計と製造。machinery design and production

**ぞう-き**【雑木】①良材とならない木。たきぎ・炭などにする木。miscellaneous woods ②種々まじってはえている立ち木。miscellaneous woods

**ぞう-き**【臓器】内臓の諸器官。内臓。internal organs

**ぞうき-いしょく**【臓器移植】ある臓器に決定的障害があるとき、それに代わる他の正常な臓器を移植すること。腎移植など。organ transplant

**そうき-けいかいき**【早期警戒機】超低空で侵入してくる航空機の早期発見のため、レーダーを搭載して警戒任務を行う航空機。AEW。airborne early warning

**そうぎ-けん**【争議権】憲法第二八条で保障された労働基本権の一つ。労働者が団結して争議行為をする権利。right to strike

**そうぎ-こうい**【争議行為】労働者と使用者の双方が自分の主張を貫徹するために行う、業務の正常な運営を阻害する行為。ストライキやロックアウトなど。acts of dispute

**そうき-じる**【そうき汁】沖縄料理の汁物。大ぶりに切った豚の骨つきバラ肉(そうき)と大根・昆布を煮たもの。調味料は塩・しょうゆ。

**そうき-せい**【早期星】表面温度が高く、青白く光る若い星。早期型星。early-type star

**そうき-せい**【走気性】生物が酸素に敏感に反応する性質。酸素がある所に向かうか遠ざかるかする。aerotaxis

**そうき-とう**【送気筒】空気を送る筒。「airpipe

**ぞうき-ばやし**【雑木林】良材とならない木、また種々の木からなる林。copse

**ぞうき-バンク**【臓器バンク】体の一部(臓器)を自分自身または他人のために役立てるシステム。アイ-バンク、死体腎提供の登録をする腎バンクなど。organ bank

**そう-ぎゃ**【僧▼伽】《仏教語。saṃgha梵の音写。和合、の意》仏教教団を構成する修行僧の集団。三宝の一つ。僧祇。僧。サンガ。

**そうぎ-や**【葬儀屋】葬儀に必要な器物をあつかい、葬儀一切をとりしきる職業。undertaker米; mortician英

**そう-きゅう**【早急】(名・形動) 非常に急ぐこと・さま。さっきゅう。immediateness 用例 ―に手配する。

**そう-きゅう**【送球】(名・サ変自) ①球技で、たまを送ること。throw ②ハンドボール。handball

**そう-きゅう**【▼蒼▼穹】青空。大空。

**ぞう-きゅう**【増給】(名・サ変自) 給料をふやすこと。また、ふえること。raise of salary 対義 減給。

**そう-きゅうきん**【双球菌】球菌の中で、菌体二個が対になっているもの。肺炎双球菌・りん菌など。diplococcus

**そう-きょ**【壮挙】勇ましいくわだて。grand 「scheme 比較 盛挙。

**そう-きょ**【巣居】鳥の巣のように木の上にすみかを作って住むこと。

**そう-きょ**【▼箱▼筥】はこ。

**そう-ぎょ**【草魚】平野部の河川や湖沼にすむコイ科の魚。全長一〜二m。アシやマコモの茎や葉を好んで食べる。食用。アジア大陸東部原産で、日本その他へも移殖されている。クサクイ。ソーヒー。↓図

●ソウギョ

**そう-きょう**【▼躁狂】①くるおしくさわぐこと。frenzy ②精神病の一つ。注意が散漫で、いばった態度を示す。mania

**そう-きょう**【▼曾▼鞏】(一〇一九〜一〇八三) 中国、北宋の文人。字は子固。南豊の人。欧陽修の門下。古文に長じ、唐宋八大家の一人。詩文集『元豊類藁』。

**そう-ぎょう**【早暁】夜明け。明けがた。早朝。「dawn

**そう-ぎょう**【創業】(名・サ変自) 事業を新しくはじめること。foundation 対義 守成。

**創業は易く守成は難し**(そうぎょうはやすくしゅせいはかたし) 事業を始めるのはたやすいが、それを長く維持していくのは難しい。It is easy to start an enterprise but difficult to maintain it.

**そう-ぎょう**【操業】(名・サ変自) 作業すること。operation 用例 ―短縮。

**そう-ぎょう**【僧形】僧の姿・身なり。

**ぞう-きょう**【増強】(名・サ変他) ふやして強くすること。reinforce 用例 兵力の―。

**ぞう-きょう**【蔵経】「大蔵経」の略。

**そう-きょういく**【早教育】学齢に達する以前から行われる教育やその方式。早期教育。early education

**そうぎょうしゃ-りとく**【創業者利得】《創業者が収得することから》株式会社の設立時・増資時の株式払い込み額と売り出し価格や時価との差額。founder's profits

**そうぎょう-しゅせい**【創業守成】新しく事業を始めることと、そのあとをしっかりと守り固めること。

**そうぎょう-たんしゅく**【操業短縮】過剰生産を回避するため、労働時間や労働日数を削減したり、設備の一部を休止したりすること。操短。reduction of operation

**そうぎょう-ど**【操業度】企業がもっている生産能力の利用の度合い。生産可能な量に対する実際の生産高。操業率。operating ratio

**そうぎょう-りつ**【操業率】操業度。

**そう-きょく**【▼箏曲】日本伝統音楽の一つ。箏をともなう声楽曲が主だが、箏だけの独奏曲・二重奏曲などの器楽作品もある。安土桃山時代に九州の僧賢順が筑紫流箏曲を大成、箏曲のおこりとなった。江戸時代に八橋検校が八橋流をおこし、今日の生田・山田二大流派の源となった。八橋流・生田流・山田流の各箏曲を「俗箏」という。

**そう-ぎょく**【▼宋玉】(BC二九〇ごろ〜BC二二二ごろ) 中国、戦国末期の楚の詩人。屈原の弟子。『楚辞』中の一編、師の追放を悲しんだ「九弁」が代表作。

**そう-きょくし**【双極子】大きさの等しい正負の電荷や磁荷が、短い距離を隔てて対置しているもの。それぞれ電気双極子・磁気双極子という。dipole

**そう-きょくせん**【双曲線】平面上で、二定点への距離の差が一定な点の軌跡。二定点を焦点という。hyperbola ↓図

●双曲線

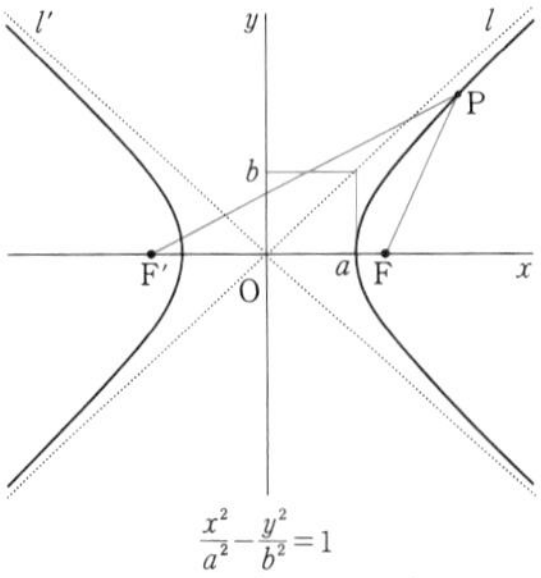


$$\frac{x^2}{a^2}-\frac{y^2}{b^2}=1$$
FP−F'Pの絶対値が一定
F、F' 焦点　l、l' 漸近線

**そうきょくせん-こうほう**【双曲線航法】船舶や航空機の航法。二点からの距離の差が一定である点の軌跡が、その二点を焦点とする双曲線になることを利用。二つの地上局から発信された超長波の電波によって、自分の位置を知り航行する。hyperbolic navigation

**そうきょく-めん**【双曲面】方程式 $x^2/a^2+y^2/b^2-z^2/c^2=1$ をみたす曲面。hyperboloid

**そう-ぎり**【総▼桐】全体が桐材でできているもの。用例 ―のたんす。

**そうき-るい**【総▼鰭類】古生代のデボン紀中期に現れた硬骨魚類の一群。魚類と両生類との中間の性質を備え、二つの背びれと一つの尻びれをもつ。現生種としてシーラカンスがある。

**そう-きん**【送金】(名・サ変自) お金を送ること。また、そのお金。remittance

**ぞう-きん**【雑▼巾】布でできたふき掃除の道

具。duster

**そうきん-かわせ【送金為替】** 為替決済方式の一つ。隔地者間の決済で、債務者が銀行を経由して債権者へ送金すること。並為替。remittance bill 対義 逆為替。

**そうきん-こぎって【送金小切手】** 隔地者間の現金決済に代用される小切手。債務者が取引銀行に送金額と手数料を払って債権者の取引銀行を支払人とする小切手の交付を受け、これを債権者に送る。remittance check

**そうきん-るい【走▼禽類】** ↓そうちょうるい(走鳥類)

**そうきん-るい【藻菌類】** 真菌植物門の一綱。下等な菌類で、体制や生態が藻類に似ていることから、この名がある。単細胞から糸状のものまであり、一般に菌糸は隔壁をもたず多核体。胞子の運動によって分類し、約二六五属一四〇〇種が知られる。ワタカビ・ミズカビ・ケカビ・クモノスカビなど。algal fungi

**そう-く【走▼狗】** ①狩りなどに追い使われる犬。hound 用例 狡兎死して―煮らる。②他人の手先となって働く人を軽蔑したいい方。cat's-paw

**そう-く【▼痩▼軀】** やせたからだ。痩身。lean figure 用例 長身―。

**そう-ぐ【葬具】** 葬式に用いる器具。

**そう-ぐ【装具】** ①身につける道具。equipment 用例 登山の―。②化粧道具。toiletry set ③武装のときの道具。equipment

**そう-ぐう【遭遇】**(名・サ変自) 不意に出あうこと。come across

**そう-ぐう【曹▼禺】**(一九一〇) 中国の劇作家。本名は万家宝。天津生まれ。中国近代劇の創始者。戯曲『雷雨』『日の出』など。

**そうぐう-せん【遭遇戦】** ばったり出あった両軍の戦い。encounter 対義 会戦。

**ぞう-くじ【雑▽公事】** 荘園における年貢以外の雑税。荘園領主が徴収した、糸・布・むしろなどの自家消費物資をいう。

**そう-くずれ【総崩れ】** 軍隊や戦力などの全体がくずれること。また、すっかり負けること。完敗。壊滅。rout 用例 敵軍は―になる。

**そう-くつ【巣▼窟】** 悪者などのすみか。ねじろ。かくれが。den

**そう-ぐるみ【総▽包み】** 全員が一体になること。all in a body

**そう-け【宗家】** 伝統的芸能の世界で、流派の開祖、最高責任者である家元の別称。または、家元を統括する家。そうか。

**ぞう-げ【象▼牙】** ゾウの牙。上顎にある一対の門歯が発達、伸びたもの。硬くて淡黄白色で、年輪状のすじがある。各種の細工物に利用。アイボリー。ivory

**象牙の塔**(ぞうげのとう) 現実とは関係しない別天地。多く、大学の研究室などをいう。ivory tower

**そう-けい【早計】** はやまった考え・行動。rash

**そう-けい【総計】**(名・サ変他) 全部の数を合わせること。また、その数。the total 比較 累計。対義 小計。

**そう-げい【送迎】**(名・サ変他) 送ることと迎えること。おくりむかえ。welcome and send-off 用例 車で―する。

**ぞう-けい【造形・造型】**(名・サ変他) 形のあるものにつくり上げること。また、その形。modeling 比較 形象。

**ぞう-けい【造▼詣】** 学問・技芸などに深く達すること。それについてのすぐれた見識。学識。たしなみ。蘊蓄。attainments 用例 音楽に関して―が深い。

**ぞう-げい【雑芸】** 平安後期から鎌倉時代にかけて盛行した新興の歌謡の総称。由来の古い貴族的な神楽歌などに対し、民間から起こった新しい今様などの類。

**ぞうけい-げいじゅつ【造形芸術】** 物的な材料により、主として視覚を伝達の媒介としながら、空間的形象を展開する芸術。絵画・彫刻・建築・工芸など、一般に美術といわれるものをさす。plastic art

**そうけい-せん【早慶戦】** 早稲田・慶応両大学のスポーツ対抗戦。ラグビー・ボート・水泳など多くの種目がある。

**ぞうけい-びじゅつ【造形美術】** 絵画・彫刻・建築・工芸などの総称。空間芸術。plastic art

**そう-けいれい【▼宋慶齢】**(一八九〇～一九八一) 中華民国の政治家。孫文の妻。宋子文・宋美齢の姉。アメリカ留学。国民党左派として中央執行委員・婦人部長を歴任。解放後、国家副主席。

**ぞうげ-かいがん【象▼牙海岸】** ↓コートジボアール

**ぞうげ-しつ【象▼牙質】** 歯の主体となる淡黄色の硬い組織。内部に歯髄腔があり、外側は、歯冠ではエナメル質、歯根ではセメント質でおおわれる。dentin ↓歯図

**そう-け-だ・つ【総毛立つ】**(五自) ぞっとして全身の毛が逆だつ。身の毛がよだつ。そうげだつ。shudder

**ぞうげ-ちょうこく【象▼牙彫刻】** 象牙あるいはそれに類似の素材に彫刻したもの。↓写

●象牙彫刻『飾りびん』。一八世紀後半、エルミタージュ美術館(ソ連)。

**そう-けつ【▼蒼▼頡・倉▼頡】** 中国の伝説上の人物。黄帝の史官で、鳥獣の足跡を見て漢字を作ったといわれる。そうきつ。

**ぞう-けつ【造血】**(名・サ変自) 体内で血をつくりだすこと。hematopoiesis

**ぞう-けつ【増結】**(名・サ変他) 一定編成の列車にさらに車両をつなぐこと。adding cars

**ぞうけつ-きかん【造血器官】** 血液の血球を生産する器官。骨髄・脾臓・リンパ節などがあり、とくに骨髄は胎生期から生涯にわたる恒久造血組織。hematopoietic organ

**ぞうけつ-ざい【造血剤】** 血液とくに血球の生成を促進させる薬剤。貧血・白血球減少のさいに投与。硫酸鉄・葉酸・ビタミン$B_{12}$など。hematopoietics

**そう-けっさん【総決算】** ①収入・支出の全部の決算。settlement of accounts ②物事の始末をつけること。settlement 用例 これまでの生活の―をする。

**そうげつ-りゅう【草月流】** 華道流派の一つ。関東を本拠に活動する現代華の代表的流派。勅使河原蒼風が昭和二年(一九二七)に創始。

**そう-けん【双肩】** ①両方のかた。one's shoulders ②責任や任務をになっている身。one's shoulders

**双肩に掛かる**(そうけんにかかる) 期待や責任・任務などを、一身に負う。fall on one's shoulders

**そう-けん【壮健】**(名・形動) 元気なこと・さま。たっしゃ。healthiness

**そう-けん【送検】**(名・サ変他) 起訴手続きのために犯罪者・容疑者の身柄や調書を司法警察から検察庁へ送ること。

**そう-けん【創見】** 新しい見解・考え。新味のある独自の考え。original view 比較 創意。用例 ―に富む。

**そう-けん【創建】**(名・サ変他) はじめて建てること。foundation

**そう-けん【総見】**(名・サ変他) 芝居・相撲などを一団体がそろって見物すること。

**そう-げん【草原】** 草でおおわれた大地。陸生草原・水生(湿地)草原・高層湿原などに分けられる。森林が形成できない環境をもつ地域に発達。くさはら。原っぱ。grassland

**ぞう-げん【造言】** つくりごと。うそ。falsehood

**ぞう-げん【増減】**(名・サ変自他) ふやすことと、へらすこと。ふえることと、へること。increase and decrease

**そうけん-か【双懸果】** 果実の形態の一つ。熟した果実が二個に分かれ、果軸の先に垂れ下がるもの。セリ・ヤブジラミなどにみられる。

**そうげん-が【▼宋元画】** 中国の宋代(九六〇～一二七九年)と元代(一二七九～一三六八年)の絵画。とくに禅僧による水墨画は、鎌倉後期から室町時代の日本絵画に大きく影響した。

**そうげんぎきょくし【▼宋元戯曲史】** 中国演劇についての芸能史論。王国維著。一九一二年刊。とくに宋・元代の散楽・傀儡戯の項は日本演劇史との関連で重要。

**そうげん-きこう【草原気候】** ↓ステップきこう(ステップ気候)

**ぞうげん-ひご【造言飛語・造言▼蜚語】** 根拠のないうわさ。デマ。

**そう-こ【倉庫】** 物品を保管するための設備・建造物。商品を一定期間保管する貯蔵倉庫と、商品の移動・組み合わせの場所としての流通倉庫がある。warehouse 数え方 一棟・一戸前。

**そう-こ【操▼觚】**《「操」は、手にとる、「觚」は、昔中国で文字をしるした四角な木札》文を書くこと。

**そう-ご【壮語】**(名・サ変自) 意気さかんなことば。えらそうないいぐさ。壮言。boastness 用例 大言―。

**そう-ご【相互】** ①お互い。mutual ②かわるがわる。交互。alternate

**ぞう-こ【雑戸】** ↓ざっこ(雑戸)

**ぞう-ご【造語】**(名・サ変自) ①新しくことばをつくること。また、その語。coinage 比較 新語。②既成の語を組み合わせて複合語・派生語をつくること。coinage

**そうごあんぜんほしょう-ほう【相互安全保障法】** ↓エムエスエー(MSA)

**そうご-いぞん【相互依存】** ①互いに寄り掛かりあうこと。②国々が安全保障・経済など多方面にわたって依存しあっていること。interdependence

**そうご-インダクタンス【相互インダクタンス】** 二つの近接したコイルの電磁的結合の大きさを示す係数。一方のコイルの電流の変化速度で他方のコイルに生じた起電力を割った値。単位はヘンリー。記号H。mutual inductance

**そう-こう【壮行】** 人の旅立ちを盛大に祝い、励ますこと。send off 用例 ―会。

**そう-こう【走向】** 傾いた地層や断層がのびている方向。地層面または断層面と水平面との交線の方向で示す。走向と傾斜はクリノメーターで測ることが多い。strike

**そう-こう【走行】** 車が走ること。running 用例 ―距離。

**そう-こう【草▽冠】**《「そうかん」の転》↓くさかんむり(草冠)

**そう-こう【草稿】** 下書き。原稿。draft

**そう-こう【送稿】**(名・サ変自他) 原稿を送ること。send a manuscript

**そう-こう【奏功】**(名・サ変自) ①仕事に成功すること。success ②てがらを立てること。achievement

**そう-こう【奏効】**(名・サ変自) 効き目が現れること。efficacy

**そう-こう【装甲】** ①武装すること。armor ②船体・車体に鋼鉄板を張ること。armor 用例 ―車。

**そう-こう【桑港】** サンフランシスコのこと。

**そう-こう【▼艙口】** ↓ハッチ

**そう-こう【操行】** 行い。身持ち。品行。行状。conduct 用例 ―が悪い。

**そう-こう【▼糟▼糠】**《かすとぬか》そまつな食事。貧乏ぐらし。

**糟糠の妻**(そうこうのつま) 貧乏なときから苦労をともにしてきた妻。one's devoted wife

**糟糠の妻は堂より下さず**(そうこうのつまはどうよりくださず) 自分が立身出世しても糟糠の妻を家からおい出すようなことをしてはいけない。

**そう-こう【霜降】** 二十四節気の一つ。一〇月二三日ごろ。晩秋の晴天がつづき霜の降りる時期。

**そう-こう【倉皇・▼蒼▼惶】**(形動トタル) あわただしいさま。あわてるさま。

**そう-こう【▽然う▼斯う】**(副) あれやこれや。とやかく。in the meantime 用例 ―しているうちに。

**そう-ごう【相好】** ①《仏教語》仏の身体的特徴である三十二相八十種好を略したことば。②顔かたち。features; looks

**相好を崩す**(そうごうをくずす) 大いに喜んで、笑い顔になる。beam with joy

**そう-ごう【僧綱】** 全国の僧尼を統轄する僧の官職。古くは僧正・僧都・律師の三つの僧官。推古三二年(六二四)百済の僧観勒の僧正任官が最初。のち法印・法眼・法橋の三つの僧位を加えた総称。

**そう-ごう【総合・▼綜合】**(名・サ変他) ①個々別々のものを一つにまとめること。総括。generalization 対義 分析。用例 それぞれの意見を―して新しい着想を生み出す。②ヘーゲル哲学で、矛盾対立する定立と反定立とを止揚すること。正反合の合に対応。ジンテーゼ。synthesis

**ぞう-ごう【贈号】**(名・サ変自) 死後に名をおくること。また、おくった名。

**そうこう-かい【総工会】** 中華全国総工会の略称。

**そうごう-かいはつ【総合開発】** ある地域について、政策上の整合性を保ちながら、総合的、計画的に開発すること。integrated development

**そうごう-かぜい【総合課税】** 納税義務者に対し、各種の所得を総合して課税する方式。taxation on aggregate income

**そうごう-かんぼうざい【総合感冒剤】** ↓

かぜぐすり(風邪薬)

**そうごう-げいじゅつ【総合芸術】** 音楽・詩・絵画・演劇などの、諸芸術を総合統一した芸術。ワーグナーの楽劇など。composite art

**そう-こうげき【総攻撃】**(名・サ変他) 全軍がそろって、いっせいに攻めること。そうがかり。all-out attack

**そうごうけってい-きゅう【総合決定給】** 賃金の基本給算定方式の一つ。職務に対する評価と、経歴・年齢など個人の属性に対する評価とを総合して基準とする。

**そうごうけんきゅうかいはつ-きこう【総合研究開発機構】** 政府・地方公共団体・民間の協力によって総合的な政策研究・調査を行う機関。昭和四九年(一九七四)設立。政府シンクタンク。

**そうごうけんこうしんだん-システム【総合健康診断システム】** システム工学の考え方を導入した健康診断の方法。短時間で多項目の検診が可能。自動化健診システム。comprehensive health examination system

**そうごう-こうざ【総合口座】** 普通預金と定期預金を一冊の通帳にまとめ、これに自動融資(当座貸し越し)をセットにした預金口座。

**そうごう-ざっし【総合雑誌】** 政治・経済・社会・文芸・科学など、文化一般に関する評論・創作・随筆などを総合的に掲載する雑誌。

**そうこう-しゃ【装甲車】** 軽装甲をほどこした軍用車両。機関銃や小口径砲を装備し、指揮連絡・偵察・兵員輸送などに用いる。armored vehicle

**そうごう-しゅうし【総合収支】** 国際収支の項目の一つ。経常収支と資本収支を総合したもの。一国の国際収支のバランスを判断する基準となる。total balance 比較 基礎収支。

**そうごう-しゅぎ【総合主義】** 一八八六年から数年間、ゴーガンを中心とする画家たちによって主張された画法。新印象主義の点描画法(分割主義)に反対し、形態の単純化と色面による画面構成によって象徴的表現をめざした。Synthetism

**そうごう-しょうしゃ【総合商社】** 国の内外で多様な商品の仕入れ・販売活動を行う大規模な商事会社。商業のほか金融・開発など多角的に活動するものが多い。general trading company 対義 専門商社。

**そうこう-せい【走光性】** 走性の一つ。生物が光の刺激に反応して運動をする性質。phototaxis

**そうごう-だいがく【総合大学】** いくつかの学部や研究・教育組織などで構成された大学。university 対義 単科大学。

**そうこう-ちゅう【層孔虫】** オルドビス紀からジュラ紀に栄えた海生腔腸動物。石灰質の薄い殻がパイ状に重なった化石。日本ではジュラ紀の鳥ノ巣石灰岩にこの化石が豊富にみつかる。

**そうごう-つうちょう【総合通帳】** 銀行の総合口座にあたる郵便局の通帳。通常貯金と定額貯金を組み合わせ、定額貯金を担保として自動的に貸し付けも行う。

**そうごう-てき【総合的】**(形動) ①物事をまとめ、しめくくるさま。synthetic ②全体の統一がとれているさま。unified ③行きわたっているさま。all-around

**そうごうてき-ひんしつかんり【総合的品質管理】** 企業内の全業務部門が参加して体系的に実施される品質管理。全社的品質管理。TQC。total quality control

**そうこう-てんぼく【双▼鉤▼塡墨】** 書の模写法の一つ。筆跡を敷き写し、輪郭をとって籠字をかき(双鉤)、その中に墨をぬる(塡墨)。中国、唐代に発達。模写したものを搨本という。作例に王羲之の『喪乱帖』など。

**そうごう-ばじゅつ【総合馬術】** 馬術競技で、馬の総合能力を審査するもの。耐久・障害・馬場馬術の三競技を、同一の人馬で三日間連続して行う。三日競技。three-day event

**そうごう-はんだん【総合判断】** 哲学で、主語の示す概念と述語の示す概念とを結びつけて全体をおしはかる判断。カントの用語。synthetic judgement 対義 分析判断。

**そうこ-かい【操▼觚界】** ジャーナリズムの世界。

**そうご-がいしゃ【相互会社】** 社員どうしの保険を目的に設立される社団法人。保険契約者である社員が支払う保険料によって運営される。相互保険会社。mutual insurance company

**そうご-ぎんこう【相互銀行】** 株式会社組織の中小企業専門の金融機関。昭和二六年(一九五一)の相互銀行法に基づいて無尽会社から転換。平成元年(一九八九)に合併転換法により普通銀行に転換。

**そう-こく【相克・相▼剋】**(名・サ変自) ①互いに相手にうちかとうとして争うこと。conflict 用例 両家の宿命的な—。②中国の五行説で、木は土に、土は水に、水は火に、火は金に、金は木にかつこと。比較 相生。

**ぞう-こく【造石】** 経済で、酒・しょうゆなどの生産高。用例 —税。

**そう-こくはん【▼曾国藩】**(一八一一〜七二) 中国、清末の政治家・学者。太平天国の乱の鎮圧に郷土の義勇軍(湘軍)を率いて活躍。漢人文官として異例の出世をし、洋務運動を推進した。

**そう-こくぶんじ【総国分寺】** 東大寺の別称。

**そうご-さよう【相互作用】** 物体あるいは電場・磁場などの場の間で相互に力などの影響をおよぼしあうこと。interaction

**そうご-しゅぎ【相互主義】** ①ある国が外国に対して同等の権利を要求する外交上の立場。principle of reciprocity ②日ソ漁業交渉で、両国が同量ずつ漁獲する方法。等量主義。

**そうこ-しょうけん【倉庫証券】** 倉庫業者が貨物の寄託者に保管の受け入れを証明し返還を約束して発行する有価証券。預かり証券と質入れ証券、およびその両方をかねる倉荷証券がある。warehouse receipt

**ぞうご-せいぶん【造語成分】** ①単語を形づくる成分。語素。the components of a compound ②複合語・派生語などを構成する要素。the components of a compound

**ぞうこつ-さいぼう【造骨細胞】** 骨(硬骨)の形成にあずかる細胞。のちに硬い骨基質中に埋まった骨細胞となる。骨芽細胞。osteoblast

**そうご-ふじょ【相互扶助】** 互いに助け合うこと。互助。mutual aid

**そうごぼうえい-じょうやく【相互防衛条約】** 二か国または二か国以上の間で、外国から侵略を受けた場合、相互に援助する軍事的義務を定めた条約。

**そうご-ほけん【相互保険】** 保険加入者を構成員とする団体が保険者となって、その構成員のために行う保険。会社組織(相互会社)の場合と組合組織(漁船保険・船主責任相互保険など)の場合がある。mutual insurance

**そうご-ゆうどう【相互誘導】** 二つの電流回路の一方の電流を変化させると、他方の回路に、電磁誘導による誘導起電力が発生する現象。変圧器に応用。mutual induction

**そう-こん【▼爪▼痕】** つめあと。nail mark

**そう-こん【早婚】** 普通よりも年の若いうちの結婚。early marriage 対義 晩婚。

**そう-こん【草根】** 草の根。roots of grass

**そう-こん【創▼痕・▼瘡▼痕】** きずあと。scar

**そう-ごん【荘厳】**(名・形動) たっとくおごそかなこと・さま。magnificence 用例 —な儀式。—な音楽。

**ぞう-ごん【雑言】**(名・サ変自) 種々の悪口。abuse 用例 悪口—のかぎりをつくす。

**そうごん-ミサきょく【荘厳ミサ曲】** 盛儀ミサ(ミサ-ソレムニス)のためのミサ曲。とくにベートーベンの『ミサ-ソレムニス』(Missa Solemnis)ニ長調が有名。High Mass

**そうこん-もくひ【草根木皮】** 漢方医が薬として使う、草根や木の皮。

**そう-さ【走査】**(名・サ変他) テレビジョンやファクシミリで画面を順次電気信号に変える操作、および電気信号から逆に画面を再生する操作。scanning 用例 —線。

**そう-さ【捜査】**(名・サ変他) ①さがし調べること。inquiry ②犯人や容疑者をさがし、犯罪事実に関する証拠を集めること。

**そう-さ【操作】**(名・サ変他) ①仕事や機械などを、手順よく処理すること。operation ②資金のやりくり。management

**ぞう-さ【造作・雑作】**(「ぞうさく」は別語) ①手間。手数。めんどう。trouble ②もてなし。entertainment 用例 ご—にあずかる。

**そう-さい【相殺】**(名・サ変他) =そうさつ。①互いにさし引いて損得なしにすること。帳消し。offset ②法律で、お互いに貸し借りがあるとき、どちらか一方の意思表示によって、互いの債務を対等の額だけ消滅させること。offset ③相反・競合する要素のために、互いに持ち味や特色をそこなうこと。

**そう-さい【葬祭・喪祭】** 死者を葬ること。また、その霊をなぐさめる祭り。funeral

**そう-さい【総裁】** ①全体の事務を統括し裁決すること。またその職・人。president ②王政復古のさい、議定・参与とともに置かれた最高官。慶応三年一二月九日(西暦では一八六八年一月三日)設置。有栖川宮熾仁親王が任命された。約半年後に廃止。

**そう-ざい【早材】**↓しゅんざい(春材)

**そう-ざい【総菜・▼惣菜】** おもに家庭料理でのおかず、副食。平安時代、副食を菜とよび、菜の総称として総菜となった。

**そうさい-かんぜい【相殺関税】** 輸入国が、相手国から、政府補助金によって価格を低くおさえられた品物を輸入することで自国の産業が打撃をこうむるとき、その補助金の効果をなくして損害を防ぐために課する関税。compensation duties

**そうさい-せいふ【総裁政府】** フランス革命期の共和政府。一七九五年、共和三年憲法で成立。総裁五人と二院制議会で構成。経済不安を克服できず弱体であったため、九九年ナポレオンのクーデターで解体。都督政府。

**そうさ-きかん【捜査機関】** 犯罪捜査の権限を持っている国家機関。警察官や検察官などからなる。police detective

**そう-さく【捜索】**(名・サ変他) ①さがし求めること。search ②捜査機関または裁判所が、犯人や差し押さえるべき物を発見するために行う強制処分。search

**そう-さく【創作】**(名・サ変他) ①独創的につくること。その作品。work 比較 創造。②小説。novel ③つくりごと。fiction

**ぞう-さく【造作】**(名・サ変他) ①つくること。つくり。製作。構造。construction; structure ②家を建てること。③建物内部の仕上げ材、つくりつけ家具・建具などの総称。fittings ④《比喩的に》顔つき。目鼻立ちなど。features

**ぞう-さく【増作】** 作物をふやすこと。取り入れがふえること。increased yield 対義 減作。

**そう-さくいん【総索引】** 作品・全集などにある語句・事柄などを拾い上げ、五十音順に配列して、その巻・ページなどを示したもの。general index

**ぞうさくかいとり-せいきゅうけん【造作買取請求権】** 借家契約が終了したとき、借家人が取り付けた建具など(=造作)を家主に買い取らせる権利。

**そうさく-げき【創作劇】** 新劇界の用語。明治以後、翻訳劇・翻案劇に対して、とくに日本の作家の戯曲をさして用いられる。

**そうさ-せん【走査線】** テレビやファクシミリなどで、画像を電気信号に変換するために、画素を順次走らせる水平な線。日本のテレビでは一画面五二五本。scanning line

**そう-さつ【相殺】**(名・サ変他) ↓そうさい(相殺)

**そう-さつ【想察】**(名・サ変他) こうもあろうかと、おしはかること。

**ぞう-さつ【増刷】**(名・サ変他) あとから追加して印刷すること。ましずり。additional printing

**ぞうさ-な・い【造作無い】**(形) たやすい。容易だ。easy

**そう-ざらい【総▼浚い】**(名・サ変他) ①全部いっしょに取り上げ、批評すること。general review ②演劇などで、開場の前日に、全出演者が集まり、衣装をつけずにけいこすること。総げいこ。dress rehearsal

**そう-ざん【早産】**(名・サ変他) 妊娠二九〜三八週におきる出産。多くの場合未熟児であり、新生児は適切な処置管理が必要。premature labor

**ぞう-さん【増産】**(名・サ変他) 生産をますこと。production increase 対義 減産。用例 —にはげむ。

**ぞうざん-うんどう【造山運動】** 山脈をつくる地殻運動。とくに褶曲運動や断層運動などによる。orogenics

**ぞうざん-たい【造山帯】** 造山運動によって生じた地帯。複雑な地質構造と変成岩や火成岩の広範な分布などで特徴づけられる。orogenic belt

**そう-し【壮士】** ①血気さかんな若者。壮年の男子。②定職がなく、人にたのまれて腕力でおどし・談判などをする者。③明治時代、自由民権運動の青年活動家。

**そう-し【草紙・草子・双紙・▽冊子】** ①とじて作った書物。対義 巻物。②仮名書きの書物。物語・日記・歌書など。③挿絵入りの小説本。用例 絵—。④草稿。⑤練習に使われる用紙類の総称。用例 手習い—。

**そう-し【相思】** 男女が互いにしたっていること。mutual love 用例 —相愛。

**そう-し【創始】**(名・サ変他) 始めること。物

事の始まり。foundation

**そう-し【宗氏】** 対馬の豪族。一五世紀中ごろ朝鮮貿易を始め、江戸時代には対馬藩主として対朝鮮関係の外交・貿易に活躍。

**そうし【荘子】**(生没年未詳) 中国、戦国時代の思想家。名は周。その著書とされる『荘子』(『南華真教』)三三編は、道家思想の論説集で、巧みな寓言で鋭い文明批評を行い、無為自然への復帰を主張した。

**そう-し【▼曾子】**(BC五〇五?) 中国、春秋時代の魯の儒者。名は参。字は子輿。孔子の弟子。三省の教え、孝行で知られる。曾参。

**そう-じ【相似】** [一](名・サ変自) 互いに性質・形状がよく似ていること。resemblance [二](名) ①一つの図形を一様に拡大または縮小して他の図形に完全に重ね合わせることができるとき、両者は互いに相似であるという。similar ②生物で、異種のものの器官の形態・機能が似ていても、発生の起源が異なること。鳥の翼と昆虫の翅。analogy [対義]相同。→[図]

●相似[二]①

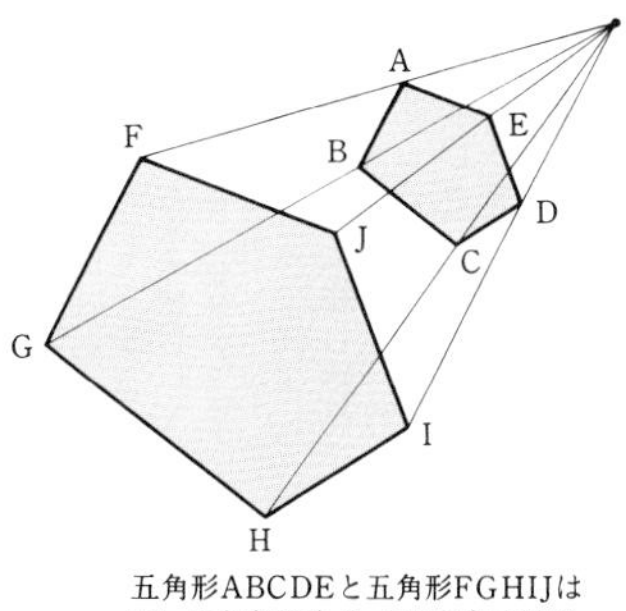


五角形ABCDEと五角形FGHIJは
互いに相似である。Oは相似の中心

**そう-じ【草字】** 草書体の文字。

**そう-じ【送辞】** 送別のあいさつ。とくに、卒業式で在校生が卒業生を送ることば。はなむけのことば。farewell address [対義]答辞。

**そう-じ【掃除】**(名・サ変他) きたない物を取り去って、きれいにすること。ごみ・よごれを払い除くこと。cleaning

**ぞう-し【▽曹司】** ①昔、宮中などの、役人や女官などの部屋。つぼね。②貴族や武士のまだ独立していない子が与えられる部屋。また、その子。[参照]御曹司。

**ぞう-し【増資】**(名・サ変自) 株式会社や有限会社が資本金額を増加すること。ふつうは新株発行をさす。capital increase [対義]減資。

**ぞう-し【雑仕】** ①昔、雑役に従い、行幸・行啓の供などをした役。②宮中などで雑用をした女官。雑仕女。

**ぞうし【蔵志】** 江戸時代の医書。山脇東洋著。日本最初の人体解剖観察の記録。宝暦九年(一七五九)刊。二巻。

**そうし-かいめい【創氏改名】** 日中戦争勃発後、朝鮮で行われた朝鮮民族の皇国臣民化政策の一つ。昭和一四年(一九三九)半強制的に日本風の姓(苗字)にかえさせた。

**ぞうし-かん【造士館】** 薩摩藩の藩校。安永二年(一七七三)藩主島津重豪が創設。幕末には洋学を取り入れて人材を養成。のち第七高等学校造士館となる。

**そう-しき【相識】** 知り合い。近づき。知人。

**そう-しき【葬式】** 死者を葬るための儀式。民族・習慣・宗教・宗派により異なり、地域差も大きい。葬儀。葬礼。葬送。弔い。funeral

**そう-しき【総指揮】** 全体を指図すること。the supreme command

**そうじ-き【掃除機・掃除器】** ①ごみ・ほこりなどを取り除く清掃用具。業務用・家庭用がある。電動真空掃除機。vacuum cleaner ②箱に長柄をとりつけ、箱の下部には回転ブラシをセットしてあるもの。ブラシをころがしてごみを箱の中にすくい取る。cleaner

**ぞう-しき【雑色】** 律令制下、諸官庁で雑役に従事した下級職員。のち院宮・公家・武家の家の従者。さらに幕府などにも踏襲され、さまざまな役の下級役人をさした。

**そうしき-ぐみ【葬式組】** 葬儀の互助組織。一村単位と念仏講などの信仰集団単位のものがある。必要な諸道具の整備・炊事の手伝い・穴掘りなど、一般に裏方の役割を分担した。

**そうじく-けっしょう【双軸結晶】** 光軸を二つもつ結晶。斜方晶系・単斜晶系・三斜晶系など。二軸結晶。biaxial crystal

**そうじ-けい【相似形】** 相似の関係にある図形。similar figures

**そうじ-じ【総持寺】** ①横浜市鶴見区鶴見にある曹洞宗の大本山。もとは能登(石川県)の真言宗の寺であったが、元亨元年(一三二一)瑩山紹瑾によって曹洞宗の道場となった。明治三一年(一八九八)焼失し、同四四年(一九一一)現在地に移転。②大阪府茨木市総持寺にある真言宗の寺。西国三三所第二二番札所。仁和二年(八八六)創建。本尊は千手十一面観音菩薩で、火除け観音として信仰される。③和歌山市梶取町にある浄土宗の寺。宝徳二年(一四五〇)創建。本尊は阿弥陀如来。

**ぞうじ-し【造寺司】** 飛鳥・奈良時代、官寺造営のために設けられた臨時の令外の官。造東大寺司はその代表的なもの。

**そうし-しばい【壮士芝居】** 明治二一年(一八八八)自由党壮士角藤定憲が、自由民権思想の宣伝などのために始めた劇。のちに新派劇となる。書生芝居。

**そうし-じゅ【相思樹】** マメ科の常緑高木。熱帯で街路樹とする。高さ約一五m。葉のように見えるのは葉柄だけの仮葉。夏、美しい黄色の五弁花を球状に密につける。台湾アカシア。

**そう-じしょく【総辞職】**(名・サ変自) 全員が辞職すること。とくに、内閣総理大臣以下の国務大臣全員が辞職する内閣総辞職をさす。

**そうし-そうあい【相思相愛】** 男女が、互いに思い合い、愛し合うこと。mutual love [用例]——の仲。

**そう-した【▽然うした】**(連体) そのような。そんな。such

**そうし-ちょう【相思鳥】** ヒタキ科の小鳥。翼長約七cm。背が暗緑色、胸と嘴は赤い。雑食性。中国南部からヒマラヤに分布。

**そう-しつ【喪失】**(名・サ変他) うしなうこと。なくすこと。loss [用例]自信の——。記憶の——。

**そうじつ-はい【桑実▼胚】** 多細胞動物の発生初期の胚。卵割期に多数の割球ができて、ちょうどクワの実のようになったもの。この時期を桑実期という。morula

**そう-して【▽然うして】** [一](接続) ①それから。そして。and [用例]思わずどなりつけた。——反省した。②それとともに。そして。[用例]あの果実はみずみずしく、——甘かった。[二](副) そういうふうにして。like that [用例]——ください。

**そう-じて【総じて・▼惣じて】**(副) ①すべて。all ②一体に。がんらい。generally

**ぞうじ-てんぱい【造次▼顛▼沛】** 《「造次」はいそがしい、「顛沛」はつまずいて倒れるわずかのあいだ、の意から》ちょっとの間。

**そうし-は【走資派】** 中国共産党副主席鄧小平への批判に、江青ら、いわゆる四人組が用いた語句。資本主義復活をめざす一派の意。一九七六年二月六日「人民日報」に初見。

**そうじ-ひ【相似比】** 相似の関係にある二つの図形において、対応する二線分の長さの比。ratio of similitude

**そう-しぶん【▼宋子文】**(一八九四—一九七一) 中華民国の財閥・政治家。宋美齢の兄。宋慶齢の弟。アメリカ留学。国民政府財政部長・外交部長・行政院長・中国銀行理事長を歴任。一九四九年アメリカに亡命。

**そう-しぼり【総絞り】** 布いちめんに絞り染めをほどこしたもの。総鹿の子や養老(筋絞り)などがある。

**そう-じまい【総仕舞(い)】**(名・サ変他) ①全部すますこと。[用例]年末の業務の——。②すっかり売り切ること。また、買い切ること。

**そう-じめ【総締め・総▼〆】** 総計。合計。total

**そう-しもん【▼宋▼之問】**(六五六?—七一二) 中国、初唐の詩人。汾州の人。五言詩にすぐれ、沈佺期とともに律詩の形式を完成させた。

**そう-しゃ【壮者】** 働きざかりの人。壮年者。man in his prime

**そう-しゃ【走者】** ①走る人。runner ②陸上競技・競走種目の選手。また、野球などの出塁した選手。ランナー。runner

**そう-しゃ【宗社】** ①宗廟と社稷。②《転じて》国家。

**そう-しゃ【奏者】** ①天皇に事を奏上する人。②武家で、将軍・大名などに事を取り次ぐ役職。③演奏者。player

**そう-しゃ【相者】** 人相見。

**そう-しゃ【掃射】**(名・サ変他) 機関銃で、なぎはらうように続けざまに射撃すること。strafe [用例]機銃——。

**そう-しゃ【操車】**(名・サ変自) 列車・バスの編成・入れ替えなどの作業をすること。[用例]——場。

**そう-じゃ【総社・▼惣社】** 参拝の便のため、数社の祭神を一か所に合祀した神社。

**そうじゃ【総社】**〈市〉岡山県南部の市。農業と繊維工業が発達。吉備文化発祥の地で、作山古墳・備中国分寺、雪舟ゆかりの宝福寺などがある。人口五万二四四二(一九八八)。

**ぞう-しゃ【増車】**(名・サ変自他) 車両の台数、運転回数などをふやすこと。ふえること。increase in the number of trains [対義]減車。

**そうしゃ-じょう【操車場】** 停車場の一種。列車の編成や入れ替えを行う。switchyard

**そう-しゅ【双手】** 両手。もろて。both hands [対義]隻手。

**そう-しゅ【宗主】** 中国封建制社会において、諸侯を支配する権利をもつ盟主。

**そう-しゅ【▼漕手】** 船やボートをこぐ人。こぎて。rower

**そう-しゅ【操守】** 一度心に決めたことはかたく守り通すこと。節操。

**そう-じゅ【▼宋儒】** 中国、宋代の儒者の総称。とくに周敦頤・張載・程顥・程頤・朱子など宋学の徒をいう。

**そう-じゅ【送受】**(名・サ変他) 送ることと受けること。送信と受信。transmission and reception

**ぞう-しゅ【造酒】**(名・サ変自) 酒を醸造すること。酒造。brewing

**そう-しゅう【早秋】** 秋の初め。秋口。新秋。early autumn [対義]晩秋。

**そう-しゅう【▼爽秋】** さわやかな秋。

**そう-しゅう【相州】** 相模国。

**そう-しゅう【総州】** 上総国・下総国。

**そう-しゅう【荘周】** 荘子の本名。

**そう-じゅう【操縦】**(名・サ変他) ①人を思いのままに動かすこと。あやつること。management ②自動車・飛行機などの機械をあやつること。運転。operation

**ぞう-しゅう【増収】**(名・サ変自) ふえた収入・取り入れ。収入・取り入れがふえること。increase of income [対義]減収。

**そうじゅう-かん【操縦▼桿】** 飛行機や土木機械などを操縦するための棒形装置。手動や足踏みの棒で、飛行機などの姿勢を制御しつつ操縦する。control column

**そうじゅう-し【操縦士】** 航空機を操縦する技能をもち、国家試験でその資格を認定された者。定期運送用・上級事業用・事業用・自家用の四種の資格がある。パイロット。pilot

**そうじゅう-しゃ【操重車】** 重量物の引き上げなどに用いる、クレーンを備えた特殊車両。鉄道事故の復旧作業などに使用。tow truck

**そうじゅうせい-しけん【操縦性試験】** 航空機や船舶の操縦性能を確認する目的で実施される試験。maneuverability test

**そうじゅう-せつ【双十節】** 中華民国の建国記念日。一〇月一〇日。一九一一年の辛亥革命の発端となった武昌蜂起を記念する。

**そうしゅう-もの【相州物】** 相模国で作られた刀剣の総称。代表的な刀工に新藤五国光と岡崎正宗など。

**そうじゅうろう-ずきん【宗十郎頭▼巾】** 江戸中期以降、武士の間で流行した頭巾の一種。歌舞伎役者沢村宗十郎が初めて用いたとされる。黒縮緬の袷製。錣頭巾。

**そう-じゅく【早熟】**(名・形動) [対義]晩熟。①植物が早く熟すること・さま。わせ。early ripen ②年齢のわりに心身の発達が早いこと・さま。ませ。precocity

**そうしゅ-けん【宗主権】** 他の国家の内政・外交を支配・管理する権力。suzerainty

**そうしゅ-こく【宗主国】** 他国に対して宗主権をもつ国。[対義]従属国。

**そう-しゅつ【創出】**(名・サ変他) はじめてつくり出すこと。[用例]新文化の——。

**そう-しゅつ【▼簇出】**(名・サ変自) むらがり出ること。ぞくしゅつ。

**そう-じゅつ【▼蒼▼朮】** 漢方薬の一つ。ホソバオケラの根茎で、健胃・利尿剤。

**そう-じゅつ【▼槍術・▼鎗術】** 古武道の一つ。槍を用いて行う武技。弓・馬・刀術とともに武士の修得すべき技芸とされた。

**ぞう-しゅつ【造出】**(名・サ変他) つくり出すこと。making

**そうじゅようよくせい-せいさく【総需要抑制政策】** 国の経済全体の需要を抑えるための政策。公定歩合の引き上げ、日銀から市中銀行への貸し出し規制など、金融政策と財政政策を組み合わせて行う。demand management policy

**そう-しゅん【早春】** 春のはじめ。early spring [対義]晩春。

**そう-しょ【草書】** 漢字の書体の一つ。篆書

・隷書の簡略体で、もっともくずし書きにしたもの。草。比較楷書・行書。↓書体図

**そう-しょ【▼叢書・双書】**①同一方面の種々の書物・論文をまとめたもの。series; library ②継続的に同一の装丁で出す図書・文庫。シリーズ。series 対義単行本。

**そう-じょ【層序】** ある地域における地層の新旧の序列。stratigraphy

**ぞう-しょ【蔵書】** 所蔵する書物。蔵本。one's library

**そう-しょう【双晶】** 同種の物質からなる二つ以上の結晶が一定の対称関係に従って一つに結合したもの。twin

**そう-しょう【宗匠】** 和歌・俳諧・茶の湯・生け花などの師匠。

**そう-しょう【相生】** 中国の古代思想で、五行の運用によって、互いに他を生じること。木から火、火から土、土から金、金から水、水から木を生じること。比較相克。

**そう-しょう【相承】**(名・サ変他) 次々に受けついで伝えること。そうじょう。inheritance 用例父子―。師資―。

**そう-しょう【相称】** ①つりあいがとれていること。symmetry ②左右または上下の形が、互いに対応していること。対称。シンメトリー。symmetry

**そう-しょう【創傷】** 身体のきず。身体の皮膚や臓器などの組織が損傷を受けて離断した状態。てきず。けが。wound

**そう-しょう【総称】**(名・サ変他) 全体をひとまとめにしてよぶこと。また、そのよび名。general term

**そう-じょう【奏上】**(名・サ変他) 天子に申し上げること。

**そう-じょう【相乗】**(名・サ変他) ①二つ以上の数を掛けること。また、その結果。multiplication ②二つのことが互いに影響しあって、強めあうこと。synergism

**そう-じょう【葬場】** 葬式をする場所。葬儀場。funeral hall

**そう-じょう【僧正】** 僧官の一つ。僧綱の最高位。推古三二年(六二四)初めてもうけられ、のち、大僧正・僧正・権僧正に分かれた。現代、各宗派の僧階の一つ。

**そう-じょう【層状】** 重なって幾段にもなっている形・状態。stratified

**そう-じょう【総状】** ふさのようになっている形・状態。cluster

**そう-じょう【騒▼擾】**(名・サ変自) 大ぜいでさわいで秩序が乱れること。騒乱。騒動。riot

**そうじょう【僧▼肇】**(三八四〜四一四) 中国、後秦の僧。鳩摩羅什の門下。その著『肇論』は仏教と老荘・儒教の関係を知るうえで重要とされる。

**ぞう-しょう【蔵相】** 大蔵大臣。

**そうじょう-うん【層状雲】** 空の広い範囲をおおい水平にひろがっている雲。高層雲・巻層雲に現れ、巻積雲もある。strati formis

**そうじょう-かじょ【総状花序】** 無限花序の一種。長い中軸に柄のある花が列をなしてつき、下から咲き上がるもの。クズ・ギボウシなど。raceme ↓花序図

**そうじょう-こうか【相乗効果】** ①二つのことが互いに影響しあって、強められた効果。synergy ②薬学で、二種類以上の薬物を併用したとき、それらの単独の効果の和よりも強い効果が現れること。potentiation

**そうじょう-ざい【騒▼擾罪】** 多数の者が集まって暴行または脅迫し、公共の平穏を乱す罪。騒乱罪。騒動罪。charge of rioting

**ぞうしょう-さんご【造礁▼珊▼瑚】** サンゴ礁をつくりあげるサンゴの総称。イシサンゴ類に属する腔腸動物の一群で、イソギンチャクに似たサンゴ虫が多数連なって塊状・枝状・葉状などの群体をつくって固着生活する。暖海域に分布。

**ぞうじょう-じ【増上寺】** 東京都港区芝公園にある浄土宗の大本山。もと真言宗。明徳四年(一三九三)聖聡が浄土宗に改宗し、光明寺から改名。徳川家康が菩提寺として、慶長三年(一五九八)千代田区紀尾井町から現地に移した。以後、上野の寛永寺と並ぶ江戸の大寺として発展。

**そうしよう-しょくぶつ【双子葉植物】** 種子植物のうち子葉が二枚のもの。単子葉植物とともに種子植物を二分する。dicotyledon 対義単子葉植物。

**そうしょうせい-いえん【創傷性胃炎】** ウシの飲み込んだくぎや針金などが第二胃に達し、胃壁に損傷を与え炎症を起こしたもの。traumatic gastritis

**そうじょう-せき【相乗積】** 二つ以上の変数を掛け合わせた積。product

**そうじょう-でん【喪場殿】** 天皇崩御のさい、葬儀場に設けられる仮殿。そうばどの。

**ぞうじょう-てん【増長天】**《仏教語。Virūdhaka梵の訳語》四天王の一つ。須弥山にいる南方の守護神。甲冑を着けて、右手に矛を持ち、左手は腰にあてる。ぞうちょうてん。↓四天王写

**そうじょう-の-じん【▼宋▼襄の仁】**(連語)《宋の襄公が、無用の正義感のために負けた故事から》無用のあわれみ。見当はずれの人情。

**そうじょう-へいきん【相乗平均】** n個の正の数の積のn乗根。相乗平均は相加平均より小さい。幾何平均。geometric mean

**ぞうじょう-まん【増上慢】** ①《仏教語》さとりを得ないのに、得たといばること。②うぬぼれてつけあがること。

**そうしよう-るい【双子葉類】** ↓そうしようしょくぶつ(双子葉植物)

**ぞうしょ-か【蔵書家】** 本をたくさん持っている人。book collector

**そうじょ-がく【層序学】** ↓そういがく(層位学)

**そう-しょき【総書記】** 中国共産党中央委員会において、党の実務全体を総括し書記局の活動を主宰する役職。一九五六年設置。六九年に廃止されたが八〇年復活。八二年党主席廃止にともない、党の最高ポストとなった。

**そう-しょく【草食】**(名・サ変自) 植物を食物とすること。植食。herbivorous 対義肉食。

**そう-しょく【装飾】**(名・サ変他) かざること。また、それに用いるかざり。ふつうはそれ自身では内容をもたず、美的効果を増すために他の表現や事物につけ加えられる形式的要素または機能をいう。decoration 用例室内―。

**そう-しょく【僧職】** ①寺の経営・法会などをする僧の職務。②一宗の住職。

**そう-しょく【曹植】**(一九二〜二三二) 中国、三国時代の魏の詩人。字は子建。陳思王ともいう。魏の武帝曹操の子。父と兄の文帝曹丕とともに三曹と称される。五言詩にすぐれ、建安文学の代表者。作品『洛神の賦』、『曹子建集』。

**ぞう-しょく【増殖】**(名・サ変自他) ①ふえること。ふやすこと。increase ②病理学で、細胞・組織および細胞間物質が量的に増加すること。病的増殖に炎症性と腫瘍性がある。propagation

**そうしょく-おん【装飾音】** ある音を装飾するためにその音の代わりに奏したり、その音に付け加えたりする音、または音型。トリル・ターン・モルデント・前打音・後打音など。ornament; grace

**そうしょく-ぎょう【装飾経】** 料紙に金銀箔や文様を散らし、表紙・見返しに文様や図様を描いて、全体に装飾を施した経巻。『法華経』関係経典で、平安中期から鎌倉時代まで盛行。『平家納経』『久能寺経』など。↓写

**そうしょく-こふん【装飾古墳】** 横穴式石室の内壁や石棺外壁などを彩色壁画や線刻の文様で装飾した古墳。五世紀中ごろから七世紀初めの九州北部に多く、日本以外では壁画古墳とよばれる。

**そうしょく-じゅう【草食獣】** ↓そうしょくどうぶつ(草食動物)

**そうしょく-せい【走触性】** 走性の一つ。生物が接触の刺激に反応して運動する性質。イトミミズが密集して団塊をつくるなど。thigmotaxis

**そうしょく-どうぶつ【草食動物】** おもに植物質を食べる動物。ウシ・ウマ・ゾウなどの哺乳類をいう。草食獣。herbivore 対義肉食動物。

**そうしょく-びじゅつ【装飾美術】** 建物・会場・器具などをかざるための美術。図案・染織・象眼・蒔絵など。decorative art

**そうしょく-ひん【装飾品】** 室内や身のまわりを美しく整えるのに用いる品。インテリア用品・アクセサリーなど。ornament; decoration

**ぞうしょく-ろ【増殖炉】** 消費される核燃料よりも多量の核分裂性物質を生産できる仕組みの原子炉。ウラン二三八をプルトニウム二三九に転換する高速増殖炉と、トリウム二三二をウラン二三三に転換する熱中性子増殖炉がある。breeder reactor

**ぞうしょ-ひょう【蔵書票】** 本の表紙裏や見返しなどに張りつけ、その本の所有者を示す小さな紙片。書票。蔵票。エクス・リブリス。bookplate

**そうじょ-わこくでん【▼宋書▼倭国伝】** 中国の南朝、宋の歴史書『宋書』の中に見られる、倭国に関する記述。巻九七「夷蛮伝」に四二一〜四七八年にかけての倭の五王の記事がある。

**そうし-るい【双▼翅類】** 後翅が退化して小さな平均棍となったために、翅が二枚しかないようにみえる昆虫の一群。約八万五〇〇〇種。完全変態で、さなぎから羽化する際、背中がT字形か縦に割れる直縫群と、横に環状に割れる環縫群に二分される。前者にガガンボ・カ・ブユなどが、後者にハエなどが属する。Diptera

●装飾経 『扇面法華経冊子』。平安時代(一二世紀後半)、東京国立博物館。

**そう-しん【争臣・▼諍臣】** 主君を強くいさめる家臣。

**そう-しん【送信】**(名・サ変他) 電信やラジオで、通信を送ること。transmission 対義受信。用例―機。

**そう-しん【喪心・喪神】**(名・サ変自) ①気を失うこと。失神。swoon ②がっかりすること。気ぬけ。disheartenment

**そう-しん【総身】** からだじゅう。そうみ。the whole body

**そう-しん【▼痩身】** やせた身体。lean figure

**そう-しん【▼曾▽参】** 曾子の本名。

**そう-じん【騒人】** ↓そうかく(騒客)

**ぞう-しん【増進】**(名・サ変自他) ふえていくこと。ふやすこと。promotion 対義減退。用例学力の―。社会福祉の―。

**そうしん-かん【送信管】** 出力が一〇ワットから数百キロワットにおよぶ大電力発生用の真空管。陽極の発熱を外部に逃がすため水冷式・強制空冷式・蒸発冷却式などがある。放送用送信出力管・高周波加熱用などに用いる。transmitting tube

**そうしん-き【送信機】** 放送や無線通信で、高周波電波に情報信号を重ねて変調し、アンテナから発射する装置。transmitter 対義受信機。

**そうじんき【捜神記】** 中国の怪異小説。晋代の干宝作。二〇巻。幽鬼妖怪物語・因果応報の話・占術の話など。六朝の志怪小説の代表作。

**そうしん-ぐ【装身具】** 身体や衣服につけて、洋服または和服の着装姿をひきたたせる飾り物。ネックレス・イヤリング・コサージュなど。アクセサリー。accessories

**そうしん-じょ【送信所】** 通信のための電気信号を増幅し、電波としてアンテナから、あるいは光信号として光ファイバーを通して、遠方に送るところ。transmitting station

**そう-ず【挿図】** 本文にはさんだ図面。さしえ。illustration

**そうず【▽添▽水】** 竹筒や水車などで水を引き入れる仕掛け。ししおどし。参考歴史的仮名遣いは「そふづ」とも。

**そう-ず【僧都】** 僧官の一つ。僧綱の第二位で、僧正の下で僧尼を統率。現代では、各宗派の僧階の一つ。

**そう-すい【送水】**(名・サ変自) 水を送ること。water supply 用例―管。

**そう-すい【総帥】** 全軍をひきいる人。総大将。leader

**ぞう-すい【増水】**(名・サ変自) 水かさがふえること。rise of water 対義減水。用例豪雨でダムが―する。

**ぞう-すい【雑炊】** 野菜・魚介類をきざみ入れ、みそやしょうゆ・塩で味をつけたかゆ。米

以外の雑穀やそば粉を使うこともある。おじや。

**そうすい-かじょ【総穂花序】** 一本の花軸をもとにしてできた花序の総称。総状花序や穂状花序のほか、頭状花序・散形花序などもこの一種とされる。↓花序図

**そうすい-せい【走水性】** 走性の一つ。生物が水分や湿度の刺激に反応して運動する性質。hydrotaxis

**そう-すう【双数】** 言語学で、二つまたは一対のものに対し与えられる特別な数の表現形式。インドのムンダー語、南アジアのモンークメール語などにみられる。dual

**そう-すう【総数】** すべての数。全体の数。total number

**そう-すかん【総好かん】**《俗語》まわりのみんなから嫌われること。用例 ―を食う。

**ぞうず-さん【象頭山】** 琴平山の別称。

**そう・する【奏する】**(サ変他) ＝奏す。①天子に申し上げる。奏上する。report to the Emperor ②音楽をかなでる。play ③なしとげる。はたす。accomplish 用例 功を―。

**そう・する【相する】**(サ変他) 人相・家相・地相などを見て、吉凶・是非の判断をする。うらなう。相す。tell fortunes

**そう・する【草する】**(サ変他) 草稿を書く。文をつくる。草す。draft

**ぞう・する【蔵する】**(サ変他) ＝蔵す。①おさめもつ。have 用例 ゆたかな人間性を―・した作品。②たくわえる。しまっておく。keep

**そう-せい【早世】**(名・サ変自) 若死にすること。早死に。early death

**そう-せい【早生】**(名・サ変自) ①普通より早く生まれること。早産。premature birth ②わせ。early ripening 対義 晩生。

**そう-せい【走性】** 単細胞生物やシダ・コケの精子などの、自由に移動できるものが、外界の刺激に反応する運動。刺激の源に向かう運動を「正の走性」、逆の運動を「負の走性」という。刺激の種類によって、走化性・走光性・走水性・走触性・走熱性などに分けられる。趨性。taxis

**そう-せい【奏請】**(名・サ変他) 天子に許可をねがうこと。petition to the Emperor

**そう-せい【創世】** 世界の創造。世界のはじめ。the Creation

**そう-せい【創製】**(名・サ変他) 品物などをはじめてつくり出すこと。最初の製作。invention

**そう-せい【葬制】** 人間の死に関する儀礼・制度・慣行などの総体。葬送儀礼・死体の葬法・墓制などを含む。それぞれの民族・文化のもつ人間観・霊魂観・他界観が表出される。mortuary practice

**そう-せい【▼蒼生】** 人民。あおひとぐさ。たみくさ。

**そう-せい【▼叢生・▼簇生】**(名・サ変自) ①草や木が群がってはえること。dense ②一本の植物が根ぎわから束のように枝を出し、株立ち状になること。束生。caespitosa

**そう-ぜい【総勢】** 全体の人数・軍勢。総員。all members

**そうぜい【宗▼砌】**(?～一四五五) 室町中期の連歌師。姓は高山。但馬の人。和歌を正徹に、連歌を梵灯庵に学ぶ。連歌中興に尽力。連歌論『花能万賀喜』など。

**ぞう-せい【造成】**(名・サ変他) つくりあげること。make 用例 宅地の―。山林の―。

**ぞう-ぜい【増税】**(名・サ変自) 税額をふやすこと。tax increase 対義 減税。

**そうせい-き【創世記】** 『旧約聖書』巻頭第一の書。モーセ五書の一つ。天地創造に始まり、ヤコブとヨセフの死に至るまでの物語。Genesis

**ぞうせい-き【造精器・蔵精器】** 植物で、精子をつくる器官。シダ植物・コケ植物の配偶体にできるもの。藻類では、車軸藻類に発達している。雄器。antheridium 対義 造卵器。

**そうせい-じ【双生児】** 一回の妊娠により得た二児。一卵性双生児と二卵性双生児がある。ふたご。双胎。双胎児。twin

**そうせい-じ【早生児】** 早産の子。prematurely-born baby

**そうせい-しんわ【創世神話】** 宇宙・世界のはじまりを語る神話。天地万物は創造神が創造したとする創造説と、動物の卵などの原初的物質から生まれ進化したとする進化説の二類型がある。cosmogonic myth

**そう-せき【送籍】**(名・サ変自) 結婚・養子縁組みなどで、籍を他家に移すこと。

**そう-せき【僧籍】** 僧として登録されている身分。

**そう-せき【▼踪跡】** ①足あと。あとかた。②行くえ。用例 ―をくらます。

**そうせき-うん【層積雲】** 十種雲形の一つ。小さな積雲状の雲が集まりながら、全体としては広がりをもった雲。暗色で全天をおおうことが多い。雨天の前後に多い。くもりぐも。stratocumulus

**そうせき-ちんりゅう【▼漱石▼枕流】**《「枕石漱流」というべきところを誤ったうえ、石にくちすすぎ、流れにまくらをするのだと強弁し、こじつけていったことから》負け惜しみの強い、また、こじつけでうまく逃げることのたとえ。

**そう-せつ【創設】**(名・サ変他) はじめてもうけること。創立。foundation 用例 会社の―。

**そう-せつ【総説】**(名・サ変他) 全体をまとめて説くこと・文章。総論。general statement

**そう-せつ【霜雪】** ①霜と雪。frost and snow ②髪の毛などの白いたとえ。gray米; grey英 用例 かしらに―をおく。

**そう-ぜつ【壮絶】**(名・形動) 非常に壮烈なこと・さま。heroic

**ぞう-せつ【増設】**(名・サ変他) 施設などを、ふやしもうけること。increase of facilities 用例 託児所の―。

**そう-せつきん【曹雪▼芹】**(一七一五ごろ～六三ごろ) 中国、清代の小説家。本名は霑。大貴族の家庭の盛衰を描いた長編『紅楼夢』で知られる。

**そう-せん【▼宋銭】** 中国宋代に鋳造された銅銭。平安末期以降日宋貿易の隆盛にともない、日本に多く輸入され流通。日本の貨幣経済の進展に貢献。

**そう-ぜん【▼蒼然】**(形動トタル) ①色の青々したさま。bluish ②夕がたのうすぐらいさま。dim 用例 ―と暮れゆく大平原。③古びたさま。antiquated 用例 古色―。

**そう-ぜん【騒然】**(形動トタル) さわがしいさま。noisy 用例 ―とする場内。―たる世情。

**ぞう-せん【造船】**(名・サ変自) 船舶を設計・建造すること。shipbuilding

**ぞうせん-ぎごく【造船疑獄】** 昭和二九年(一九五四)に表面化した、与党自由党に対する造船業界の贈収賄事件。海運助成関係法の成立、計画造船の割り当てをめぐっての疑獄。法相の指揮権発動で捜査は打ち切りとなったが、第五次吉田内閣崩壊の一因となった。

**そう-せんきょ【総選挙】** ①議員・委員などの全員をえらぶための選挙。general election ②任期満了または解散にともない、衆議院の全議員を新しく選出する選挙。general election

**ぞうせん-ぎょう【造船業】** 船体を造り、関連産業の供給する機関や艤装品を組み立てて取りつけ、船舶を完成する総合組み立て産業。shipbuilding industry

**ぞうせん-じょ【造船所】** 船舶の建造・修理などを行う工場。shipyard

**そう-そう【▼怱▼怱】**(名・形動) あわただしいこと。また、そのさま。hurry

**そう-そう【早早】**(名・副) ①急ぐさま。はやばや。immediately 用例 ―に退散する。②すぐさま。as soon as 用例 新年―。帰る―。

**そう-そう【草草】** ①簡略なこと。brevity ②丁寧でないこと。そまつ。roughness ③《「匆匆」とも》㋐手紙の終わりに用いるあいさつ語。取り急ぎの意。㋑すみやかであること。rapid 用例 烏兎―。

**そう-そう【草創】** ①事業などのはじめ。草分け。創始。beginning ②神社・寺をはじめて建てること。

**そう-そう【葬送・送葬】**(名・サ変他) 死者を墓地まで送ること。のべの送り。attendance at a funeral

**そう-そう【▼滄桑】** 「滄海変じて桑田と成る」の略。

**滄桑の変**(そうそうのへん) 世の中のはげしい変わり方のたとえ。桑海の変。

**そう-そう【層相】** 地層の堆積した環境を示すいろいろの性質。大別すると堆積物の岩相(堆積岩の示す諸性質)と、化石相(含まれている化石の特徴)とがある。facies

**そう-そう【曹操】**(一五五～二二〇) 中国、三国時代の魏の創始者。字は孟徳。後漢末の混乱をおさえ、実権を掌握。袁紹を破り華北を統一。赤壁に敗れ、呉・蜀とともに天下を三分。軍備・内政を整え魏王となった。廟号は太祖。武帝を追尊。

**そう-そう【▼淙▼淙】**(形動トタル) 水の流れる音の形容。

**そう-そう【▼蒼▼蒼】**(形動トタル) 青々としたさま。用例 ―たる夏山。

**そう-そう【層層】**(形動トタル) 重なり合うさま。

**そう-そう【▼錚▼錚】**(形動トタル) ①多くのなかでとくにすぐれたさま。りっぱ。一流。用例 ―たる顔触れ。②鉄または音楽のひびきのさえたさま。

**そう-そう【▽然う▽然う】** ㊀(副) そんなに。それほど多く。so much 用例 ―は食べられない。㊁(感) ①うなずくときの語。そのとおり。Oh, yes. ②思い出したときの語。Oh, yes. 用例 あ、―。

**そう-ぞう【送像】**(名・サ変他) テレビの画面を電波で送ること。transmission 対義 受像。

**そう-ぞう【創造】**(名・サ変他) ①はじめてつくること。新しくつくり出すこと。creation 比較 創作。対義 模倣。②神が宇宙をつくること。Creation 用例 天地―。

**そう-ぞう【想像】**(名・サ変他) ①たぶんこうであろうと頭の中で考えること。何かをきっかけとして、頭の中で、ほんとうにありうることとして考えること。夢想。fancy; imagination 比較 空想。用例 ―上の動物。②心理学で、既知の事実・観念を材料に、新しい事実・観念をつくる働き。imagination

**そうそう-こうしんきょく【葬送行進曲】** 葬儀を描写したり、葬儀に用いられるゆっくりとした行進曲。funeral march

**そうぞう・し** 古語(形シク)《「さくさくし」の転》ものたりない。心がみたされず、さびしい。用例 この酒をひとりたうべんが―・しければ(徒然・二一五)。

**そうぞう-し・い【騒騒しい】**(形) さわがしい。noisy 派生 そうぞうしげ(形動) そうぞうしさ(名)

**そうぞう-しゃ【創造社】** 一九二一年郭沫若らが在日中国人留学生が東京で結成した文学団体。芸術至上主義から革命的色彩を強め、二九年解散。

**そうぞう-しん【創造神】** 宇宙を創造したと信じられている神。『旧約聖書』のヤハウェ、イスラム教のアラーなど。the Creator

**そうぞう-てき【創造的】**(形動) 新しいものをつくり出していく力をもつさま。creative 用例 ―な論文。―な作品。

**そうぞうてき-しんか【創造的進化】**(évolution créatrice フランス) ベルグソン哲学の重要概念。生命は内からの躍動・生成によって進化・持続するという考え。同名の著作(一九〇七年刊)がある。

**そうぞう-にんしん【想像妊娠】** 妊娠を強く望むか、逆に妊娠を嫌悪する神経質な婦人が、妊娠したと誤信して起こる心身状態。無月経・乳房増大などがしばしばみられる。spurious pregnancy

**そうぞう-りょく【想像力】** 想像をのばすことのできる能力。imagination

**そう-そく【相即】**《仏教語》二つの事象が一つに融合し、無差別一体となっていること。

**そう-そく【総則】** 全体に共通した法則。general rules 対義 細則。

**そう-ぞく【宗族】** ①本家と分家を合わせた血族の集団。②中国で父系による同族集団のこと。同祖・同姓で祭祀を同じくし、同姓不婚が原則。

**そう-ぞく【草賊】** ①おいはぎ。②こそどろ。③百姓一揆。

**そう-ぞく【相続】**(名・サ変他) ①受け継ぐこと。succession ②死亡した人の財産を一定の親族関係にある者がまとめて受け継ぐこと。inheritance

**そう-ぞく【装束】** ↓しょうぞく(装束)

**そう-ぞく【僧俗】** 僧とふつうの人。

**そうぞく-ざいさん【相続財産】** 相続によって相続人が承継する財産。債務なども含む。heritage 比較 遺産。

**そうぞく-ぜい【相続税】** 相続・遺贈による取得財産に課される国税。inheritance tax

**そうぞく-にん【相続人】** 法律で、人が死亡したとき、その人の財産を継承する人。heir 対義 被相続人。

**そうそく-ふり【相即不離】** 一つにとけあっていて、離すことができないこと。用例 ―の関係。

**そう-そつ【倉卒・▼怱卒】**(名・形動トタル) ①あわただしいこと・さま。②忙しいこと・さま。③突然なこと・さま。

**そう-そふ【▼曾祖父】** 祖父母の父。ひいじいさん。great-grandfather

**そう-そぼ【▼曾祖母】** 祖父母の母。ひいばあさん。great-grandmother

▼常用漢字表外。　▽常用漢字表の音訓外。

**そう-そん【▼曾孫】** 孫の子。ひいまご。ひまご。ひこ。great-grandchild

**そう-だ【操▼舵】**(名・サ変自) 船のかじを取ること。steer

**そう-だ**(助動 形動型) ①《動詞および助動詞「せる・させる・れる・られる」の連用形、形容詞・形容動詞・助動詞「たい・ない」の語幹に付く》外から見た、また今起ころうとするようす・状態(=様態)を表す。用例降り—。行きた—。参考形容詞「よい・ない」に付くときは、その語幹と「そうだ」との間に「さ」をはさんで「よさそうだ」のように言う。丁寧に言う場合は、語幹の「そう」に助動詞「です」を付けて「行きそうです」のように言う。②《用言および助動詞「せる・させる・れる・られる・ない・ぬ・たい・だ・た」の終止形に付く》他から伝え聞くこと(=伝聞)の意を表す。用例行く—。話した—。参考丁寧に言う場合は語幹に「です」を付けて「あの人は行くそうです」のように言う。

**そう-たい【双胎】** 子宮内に、同時に二つの胎児を妊娠していること。生まれた児は双生児、または、ふたごという。一卵性双胎・二卵性双胎がある。twin pregnancy

**そう-たい【早退】**(名・サ変自) 学校や会社などをきまった時刻より早く退出すること。はやびけ。leave early

**そう-たい【草体】** 草書の書体。

**そう-たい【相対】** ①向き合っていること。opposition ②他のものとの関係で成り立つこと。唯一独立でなく、他のものとの関係によって存在すること。relativity 比較相関。対義絶対。

**そう-たい【掃▼苔】** ①こけを取り去ること。②墓参り。

**そう-たい【僧体】** 僧の姿。僧形。法体。対義俗体。

**そう-たい【総体】** □一(名) 全体。すべて。のこらず。all □二(副) ①一般に。generally ②もともと。元来。originally

**そう-だい【壮大】**(形動) 大きくて、りっぱなさま。magnificent

**そう-だい【相待】**《仏教語》事象が、互いに他とのかかわりにおいて存在すること。対義絶待。

**そう-だい【総代】** 仲間全部を代表する人。総名代。representative

**ぞう-だい【増大】**(名・サ変自他) 増して大きくなること。大きくすること。increase 対義減少。用例危険の—。需要の—。

**そうたい-アドレス【相対アドレス】** コンピューターで、基準になるアドレスに加えることによって、絶対アドレスを指定する数。命令語のアドレス部で使用される。relative address 対義絶対アドレス。

**そうたい-うんどう【相対運動】** ある基準の座標系に対する物体の運動。また、とくに二つの物体を考えたとき、一方の物体に対する他方の物体の運動。relative motion

**そうたい-ごさ【相対誤差】** 誤差を真の値で割ったもの。真の値の代わりに測定値や計算値の平均を用いることもある。relative error

**そうたい-しつど【相対湿度】** 大気中の水蒸気量を示す尺度。現在の水蒸気量とその温度における飽和水蒸気量との比を百分率で表す。湿度。relative humidity 参照絶対湿度。

**そうたい-しゅぎ【相対主義】** 哲学で、一切を相対的なものとみる学説。真理・価値・認識などの絶対性、普遍妥当性を認めないもの。relativism 対義絶対主義。

**そう-だいしょう【総大将】** 全軍を指揮する大将。supreme commander

**そうたいせい-げんり【相対性原理】** 光速度は、座標系によらず一定であることから、物理法則は、どの座標系にいる観測者にも同じ形で成り立つという原理。principle of relativity

**そうたいせい-りろん【相対性理論】** 二〇世紀初めに、アインシュタインによって提唱された物理学の基礎理論。相対性原理に基づき、特殊相対性理論と、一般相対性理論がある。theory of relativity

**そうたい-そくど【相対速度】** 一つの物体を基準にした他の物体の速度。relative velocity

**そうたい-てき【相対的】**(形動) 対義絶対的。①比べるものが他にあるさま。relative 用例—な関係。②ほかが変化すれば、それに影響をうけて変わるさま。relative

**そうたいてき-じょうよかち【相対的剰余価値】** 労働日数は変わらないが、新しい生産方法の導入などにより必要労働時間が短縮されて剰余労働時間が増大した結果生産された価値。relative surplus-value 対義絶対的剰余価値。

**そうたい-どすう【相対度数】** 統計で、各階級ごとの度数の全資料の個数に対する割合。relative frequency

**そうたい-ねんだい【相対年代】** 地質年代を、生物の変遷を基準にして区分した年代。大きい区分から順に、代・紀・世・期という単位が用いられる。relative age

**そうたい-ひょうか【相対評価】** 個人の学力や能力を、ある集団内での相対的位置関係によって評価すること。relative evaluation 対義絶対評価。

**そうたいろんてき-うちゅうろん【相対論的宇宙論】** 一般相対性理論と宇宙原理に基づく宇宙論。relativistic cosmology

**そう-だか【総高】** すべてを合わせた数量や金額。総量。総額。total amount 用例売り上げ—。

**そうだ-がつお【宗太▼鰹】** サバ科の海水魚。マルソウダとヒラソウダの二種がある。ともに全長約四〇cm。マルソウダのほうが体の断面がまるく、血合い肉が多いので、削り節に加工。ヒラソウダは刺身などにする。北海道から台湾に分布するが、本州中部以南に多い。↓図

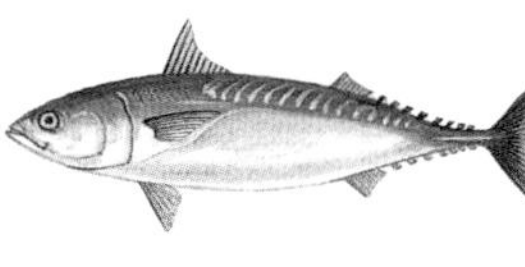

●ソウダガツオ　ヒラソウダ

**そうだ-きいちろう【▽左右田喜一郎】**(一八八一～一九二七) 経済哲学者・銀行家。神奈川県生まれ。左右田銀行頭取。横浜社会問題研究所長。新カント派の理論を取り入れ、独自の経済哲学を展開した。著書『経済哲学の諸問題』など。

**そうだ-しゅ【操▼舵手】** 船のかじを取る人。steersman

**そう-だち【総立ち】** その場にいる全部の人がいっせいに立ち上がること。stand up all at once

**そう-たつ【送達】**(名・サ変他) ①送りとどけること。delivery ②訴訟に関する書類の内容を当事者や訴訟関係人に知らせること。notification

**そうたつ【宗達】** ↓たわらやそうたつ(俵屋宗達)

**そう-だつ【争奪】**(名・サ変他) 争ってうばい合うこと。scramble 用例デビスカップ—戦。

**そう-たん【操短】**(名・サ変自)「操業短縮」の略。

**そうたん【宗▼湛】**(一四一三～一四八一) 室町中期の画僧。俗姓は小栗。幕府の御用絵師となり、障屛画を描いたが、作品はほとんど現存しない。

**そう-だん【相談】**(名・サ変他) 何かを決めたり、解決するために話し合うこと。談合。協議。consultation 用例身の上—。

**相談に乗る** 相談をもちかけられて、それに応じる。give... some advice

**相談を持ち掛ける** 自分だけでは解決できそうにもない事柄を、他の人にも考えてもらうようにする。consult with...

**そう-だん【装弾】**(名・サ変自他) 銃砲に弾丸を装塡すること。load

**ぞう-たん【増反・増▽段】**(名・サ変自) 作付け面積をふやすこと。increase cultivated field 対義減反。

**そうだん-やく【相談役】** ①相談相手になる人。adviser ②企業で、おもに最高機関の意思決定に対して助言や調整を行う人。また、その役職。consultant

**そう-ち【草地】** 主として草木植物の密生する農用地。農業上の利用目的をもつ人工草地で、植物学的な草原と区別される。牧野。grassland

**そう-ち【送致】**(名・サ変他) ①送りとどけること。②法律で、書類・被告人などを他の相当官署に送ること。

**そう-ち【装置】**(名・サ変他) ①しかけ。こしらえ。設備。device 用例自動記録—。②「舞台装置」の略。

**ぞう-ちく【増築】**(名・サ変他) 建物の面積を増やすため、建築すること。また、その工事。extension work 比較改築。

**そうち-さんぎょう【装置産業】** 生産工程の中心に大型装置を必要とする産業。鉄鋼・アルミ精錬・石油精製・合成繊維・紙パルプなどの諸工業をいう。equipment industry

**そうち-せい【走地性】** 走性の一つ。生物が、温度・明暗の変化などによって、重力の方向、またはその逆方向に向かう性質。海中のプランクトンの垂直移動など。geotaxis

**そう-ちゃく【早着】**(名・サ変自) 列車などが予定時刻より早くつくこと。arrive earlier than schedule

**そう-ちゃく【装着】**(名・サ変他) 身に着けること。また、器具などをとりつけること。put on 用例ヘルメットを—する。

**そう-ちょう【早朝】** 朝の早いうち。early morning 用例—割引。

**そう-ちょう【荘重】**(名・形動) おごそかで、おもおもしいこと・さま。solemnity 用例—な口調。—な音楽。

**そう-ちょう【曹長】** 陸軍下士官の階級の一つ。旧日本軍では、軍曹の上、准尉の下。

**そう-ちょう【総長】** ①全体の事務を管理する長官・人。secretary-general 用例国連事務—。②総合大学の長。学長。president

**そう-ちょう【▼宋朝】** 中国、宋の王朝。その時代。

**そうちょう【宗長】**(一四四八～一五三二) 室町後期の連歌師。駿河の人。宗祇門の第一人者。『新撰菟玖波集』編集に参加。日記『宗祇終焉記』、句集『壁草』など。

**ぞう-ちょう【増長】**(名・サ変自) ①しだいにはなはだしくなること。expand gradually ②つけあがること。puff up

**そうちょう-たい【▼宋朝体】** 漢字・仮名活字の書体の一つ。細く、右上がり、たて長の楷書体。比較清朝体・明朝体。↓書体図

**ぞうちょう-てん【増長天】** ↓ぞうじょうてん(増長天)

**そうちょう-るい【走鳥類】** 地上で生活し、まったく飛ぶことのできない鳥の総称。竜骨突起がなく胸骨が平らなので、平胸類ともいう。ダチョウ・レア・エミュー・ヒクイドリ・キウイが属する。飛べないかわりに走力は鳥類中随一(ダチョウは時速約七〇㎞)。走禽類。ratite

**ぞうちょ-ぎょくはい【象▼箸玉杯】** 象牙でつくった箸と美しいさかずき。

**そう-ついぶし【総追▽捕使】** ①平安時代、治安維持のため諸国に設置された職。平安末期以降は荘園にも置かれた。②源頼朝が国ごとに置いた、のちの守護のこと。

**そう-つう【相通】** 言語学で、語源的に関係があるとみとめられる二語の間で、対応する音節が入れ替えできるとして説明するときの古い用語。「アメ(雨)とアマ」「キ(木)とコ」など。悉曇の影響を受けて、五十音図の同じ行の五音と同じ段の一〇音は互いに通用すると考えられた。

**そう-で【総出】** 全部の人がそろって出ること。all together 用例一家—で歓迎する。

**そう-てい【壮丁】** ①成年に達した男子。血気さかんな男。young man who has reached his majority ②もと徴兵適齢者の称。③夫役・軍役に当たった者。

**そう-てい【送呈】**(名・サ変他)人に物を送ってあげること。進呈。presentation

**そう-てい【装丁・装▼幀・装▼釘】**(名・サ変他) ①書物を綴じて表紙をつけること。binding; getup ②本の体裁を整えるために行われるすべての装飾的な仕上げの工程。装本。binding; getup

**そう-てい【想定】**(名・サ変他) 状況・条件などを、考えて仮定すること。supposition

**そう-てい【▼漕艇】** ボートをこぐこと。rowing

**ぞう-てい【増訂】**(名・サ変他) 書物の内容を、増補し訂正すること。用例—版。

**ぞう-てい【贈呈】**(名・サ変他) 人に物品をあげること。そうてい。presentation 用例記念品の—。

**そう-です**(助動 特殊型) ↓そうだ

**そう-てん【早天】** ①早朝。early morning ②夜明けの空。dawn

**そう-てん【争点】** 争い・論争の中心点。point of issue

**そう-てん【装▼塡】**(名・サ変他) 必要な物をこめること。とくに、カメラにフィルムをつめたり、銃砲に弾をこめたりすることにいう。load 用例弾丸を—する。

**そう-てん【総点】** 得点の総計。総得点。one's total score

**そう-てん【操典】** もと、日本陸軍で戦闘の教則などを規定した本。用例歩兵—。

**そう-でん【相伝】**(名・サ変他) 次々に受け伝えること。用例—の名刀。一子—。

**そう-でん【送電】**(名・サ変他) 発電所で発生した電力を送電線によって需要地の変電所に送ること。送電電圧はふつう数千ボルト以上。power transmission 用例 ―線。
**そう-でん【桑田】** 桑畑。
**桑田変じて滄海と成る**(そうでんへんじてそうかいとなる) 《桑畑が海に変わる意から》世の中の変遷が激しいことのたとえ。滄海変じて桑田となる。
**そう-てんい【相転移】** 温度や圧力を変化させたとき、ある点で急に物質の性質や相が変化する現象。氷の融解や、常磁性から強磁性への転移など。phase transition
**そうでん-せい【走電性】** 電流が刺激源となる走性。陽極に向かうときを正の走性とする。ゾウリムシ(原生動物)は、負の走電性を示す。electrotaxis
**そうてんせい-ひょう【掃天星表】** 星の国勢調査ともいえる星表。Sky Survey Catalogue
**そうでん-せん【送電線】** 電力を送るための電線。発電所相互間、発電所と変電所の間などに使われる。power transmission line
**そう-と【壮図】** 壮大な計画。さかんな事業。heroic attempt 用例 宇宙旅行の―。
**そう-と【壮途】** いさましい門出。大事業をなしとげるための出発。embark on the ambitious enterprise 用例 ―につく。

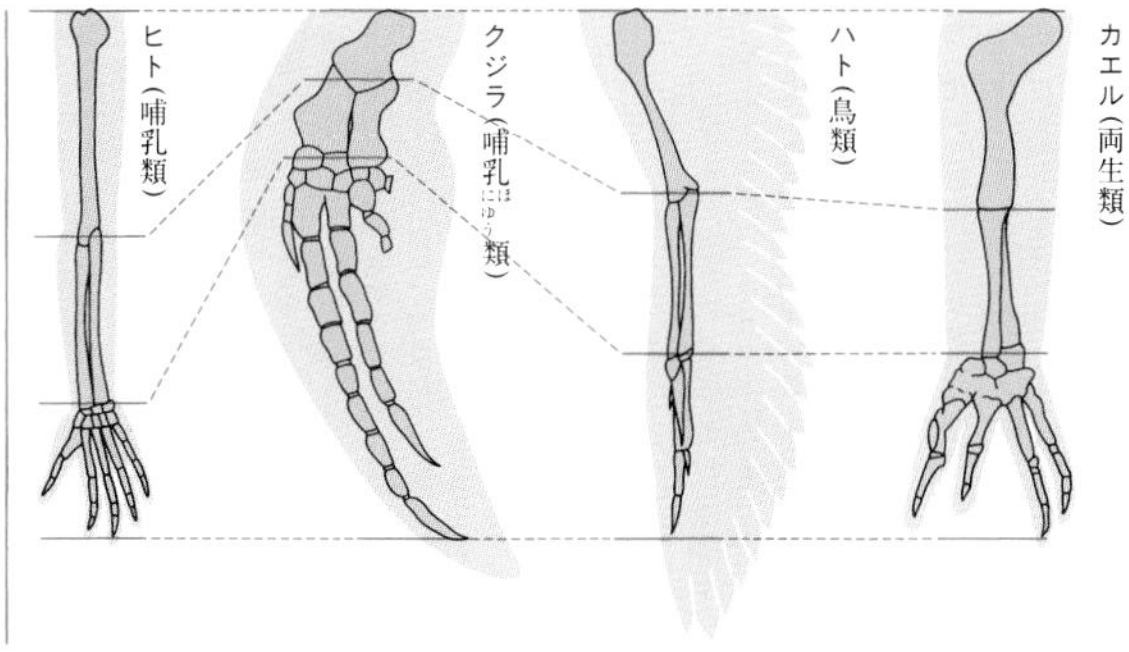

●相同器官 脊椎動物の前肢の例

**そう-と【僧徒】** ①修行・修学中の僧。②僧。
**そう-とう【双頭】** 二つのならんだ頭。両頭。two-headed
**そう-とう【争闘】**(名・サ変自) 争い、戦うこと。闘争。struggle
**そう-とう【相当】** ㊀(名・サ変自) ①あてはまること。該当。correspondence ②つりあうこと。ひとしいこと。be proportionate to 用例 一〇〇〇円―のお礼。㊁(副・形動) 程度がかなりのものであるさま。かなり。considerably 用例 ―いたんでいる。
**そう-とう【掃討・掃▼蕩】**(名・サ変他) 敵をすっかり追い払うこと。たいらげること。sweep 用例 残敵の―。
**そう-とう【想到】**(名・サ変自) 考えがそこまでいくこと。そこまで思いいたること。think of
**そう-とう【総統】** ①全体をすべくくること。また、その職・人。president ②《Führer ドイツの訳》ナチス-ドイツの最高官職。ヒトラーがこの地位を占めて独裁権をふるった。③中華民国の国家元首。Generalissimo
**そう-どう【草堂】** ①くさぶきの家。わらや。いおり。hermitage ②寺。③自分の家をけんそんしていう語。
**そう-どう【相同】** 生物で、異種のものの器官の形態・機能が異なっていても、発生の起源が同じであること。人の手とクジラの胸びれなど。homology 対義 相似。
**そう-どう【僧堂】** ①禅宗の七堂伽藍の一つ。僧が座禅を行い、また起居や食事をする建物。②僧院。
**そう-どう【騒動】** ㊀(名・サ変自) ①大さわぎをすること。disturbance 用例 上を下への大―。②大ぜいで社会の秩序を乱すこと。事変。riot 用例 米―。㊁(名) 争い。もめごと。strife 用例 お家―。
**ぞう-とう【贈答】**(名・サ変他) 贈り物をしたり贈り返しをすること。exchange of present 用例 ―品。
**そう-どういん【総動員】**(名・サ変他) みんなをかり出すこと。general mobilization
**そうどう-きかん【相同器官】** 外形や機能は異なっているが、共通の祖先の同一部分に由来し、基本的な構造が同じである器官。ヒトの手と鳥の翼など。homologous organ →図
**そうとう-しゅう【曹▽洞宗】** 禅宗の一派。中国で洞山良价とその弟子曹山本寂によって開かれ、鎌倉時代、入宋して天童如浄に師事した道元が日本に伝えた。修証不二・只管打坐を説く。永平寺と総持寺を大本山とする。
**そうとう-ぜん【曹▽洞禅】** 曹洞宗に伝わる独自の禅風。修証一如の立場から、公案を用いず、ひたすら坐禅に徹する只管打坐を特色とする。黙照禅。比較 臨済禅。
**そうどう-せん【双胴船】** 二つの船体を上甲板の位置で結合した船。甲板面積が広く、安定性がよい。静かな水域で、客船・特殊船に用いる。カタマラン船。catamaran →写

●双胴船 神戸、高松間を走る生駒丸。

**そうどう-せんしょくたい【相同染色体】** 二倍体の細胞内で対になる同形同大の染色体。homologous chromosome
**そうとう-の-わし【双頭の▼鷲】** 紋章用に図案化した頭が二つついた鷲。古くはヒッタイトにみられ、神聖ローマ・オーストリア・ロシアの皇帝などの紋章に用いられた。double-headed eagle
**そう-どうめい【総同盟】** ①日本労働総同盟の略称。②日本労働組合総同盟の略称。
**そう-とく【総督】** ①軍隊をひきいる最高官。②植民地などで、政務や軍務を統轄する官職。
**ぞう-とく【蔵匿】**(名・サ変他) 物や人を他人に知られないように隠すこと。隠匿。用例 盗品を―する。
**そうとく-ふ【総督府】** 植民地など本国の支配下にある地域で、政務・軍務などを監督・施行する役所。第二次大戦終結前日本も朝鮮と台湾に設置していた。Government General
**そう-とつ【▼竈突】** かまどの煙出し。煙突。
**そう-とも**(感) まったくだ。そのとおりだ。Exactly!
**そう-トン【総トン】** ①トン数の総計。total tonnage ②《「総トン数」の略》船舶の容積の総計。gross tonnage
**そう-な・し【双無し】** 古語(形ク) たぐいない。比べるものがない。実にすばらしい。用例 泰盛は―・き馬乗りなりけり(徒然・一八五)。
**そう-なめ【総▼嘗め】** ①次々に全部に及ぼすこと。clean sweep 用例 火は町を―にした。②全部の相手に勝つこと。clean sweep
**そう-なん【遭難】**(名・サ変自) 災難にあうこと。meet with disaster 用例 冬山で―する。
**そう-に【僧尼】** 僧と尼。比丘と比丘尼。
**ぞう-に【雑煮】** 正月料理の一つ。肉・野菜などを入れた汁に餅を加えたもの。日本各地で特徴のあるものが作られる。用例 ―を祝う。
**ぞうに-ばし【雑煮▼箸】** 雑煮を食べるときに用いる白木の柳箸。両端を削り全体を丸く仕上げる。
**そう-にゅう【挿入】**(名・サ変他) 間にさし入れること。insertion
**そうにゅう-く【挿入句】** 文の中にはさまれた、詠嘆・注釈などの句。parenthesis
**そう-にょう【▼爪▼繞】** 漢字を組み立てている部分の名。「爬」などの「爪」。比較 つめかんむり。
**そう-にょう【走▼繞】** 漢字を組み立てている部分の名。「起・趣」などの「走」。
**ぞう-にん【雑人】** ①古代・中世、荘園領主などの隷属民。下人。②社会的身分の低い者。lowly person
**そうにん-かん【奏任官】** 旧制の官吏の身分の一つ。高等官のうち三等以下の役人。
**そうねつ-せい【走熱性】** 走性の一つ。生物が温度差の刺激に反応して運動すること。鞭毛藻類・珪藻類が、多く低温部へ移動するなど。thermotaxis
**そう-ねん【壮年】** 働きざかりの年ごろ。また、その年ごろの人。おもに四〇代から五〇代をさしていう。壮齢。prime of life 対義 少年・青年。
**そう-ねん【想念】** 考え思うこと。notion 用例 とりとめのない―がうかぶ。
**ぞう-の-おり【象の▼檻】** 《円形に配置したアンテナ柱が檻に似ていることから》アメリカの国家安全保障局が、青森県三沢や沖縄県楚辺など世界中に設置し、軍事通信の傍受をしている巨大アンテナの通称。極微弱な電波でも全方向から受信可能。elephant cage
**そう-の-こと【▼箏の琴】** →そう(箏)
**そう-は【争覇】**(名・サ変自) ①優勝をきそうこと。contend for championship ②支配者になろうとして争うこと。fight for rulership
**そう-は【走破】**(名・サ変自) 目的のコースを全部走りきること。running the whole distance
**そう-は【▼搔▼爬】**(名・サ変他) 手術的に組織をかき取ること。転じて、人工妊娠中絶の俗称。curettage
**そう-ば【相場】** ①品物の市価・時価を意味する市場用語。market price ②為替相場。exchange rate ③値鞘目的の投機売買。speculation 用例 ―師。④世間の評価・ねうち。estimation 用例 通り―。
**相場が決まって居る**(そうばがきまっている) ある事柄についての世間一般の評価・判断や通念によれば、そのようなものであるとされている。be taken for granted
**ぞう-は【増派】**(名・サ変他) 人数をふやして派遣すること。用例 救援隊を―する。
**そう-ばい【層倍】**(助数) 倍の意を強めていう語。times 用例 薬九―。
**ぞう-はい【増配】**(名・サ変他) 配給量・配当をますこと。increase of dividend 対義 減配。
**そう-はく【▼糟▼粕】** ①酒のかす。②滋味をとった残り。かす。
**糟粕を嘗める**(そうはくをなめる) まねをするだけで、進歩がないことのたとえ。古人の糟粕を嘗める。imitate the styles of old masters
**そう-はく【▼蒼白】**(形動) ①青白いさま。pale ②顔色が青ざめているさま。pale
**そうはく-ひ【桑白皮】** 生薬の一つ。クワ科のヤマグワ(日本産)、また、カラグワ・マグワ(中国産)などの乾燥根皮。消炎性利尿・緩下・去痰・鎮咳などの効果がある。
**そうば-し【相場師】** 投機的な売買をして相場の変動から生じる差益を得ようとする人。speculator
**そう-はち【宗八】** カレイの一種。上方の目が体の右側に完全に移っていないで正中線上にある。側線はまっすぐに走る。全長約四五㎝。目のある側は暗褐色。食用。サハリン以南・本州中部・日本海に分布。
**そう-はつ【双発】** 二個の発動機。また、それを備えた飛行機。bimotored 対義 単発。
**そう-はつ【総髪・▼惣髪】** 男性の髪型の一つ。月代を剃らず、全体の髪をのばし、後頭部で束ねて後ろに垂らすか、後ろへなでつけそのまま垂らす髪型。江戸時代の学者・医師・山伏などの髪型。そうがみ。→図

●総髪

**そう-はつ【霜髪】** しものように白い頭髪。白髪。
**ぞう-はつ【増発】**(名・サ変他) ①発車本数をふやすこと。operation of an extra train ②紙幣の発行をふやすこと。increase issue

**そうはつ‐き【双発機】** エンジンを二基装備した飛行機。ふつう、主翼の左右に一基ずつ装備する。双発。twin-engine plane

**そうはつせい‐ちほう【早発性痴▼呆】** 精神分裂病の旧称。

**そう‐ばな【総花】** ①花柳界などで、客がその店の一同に与える祝儀。②関係者一同に利益を与えること。all-round policy 用例 ―式。―的。

**そうば‐ひょう【相場表】** ①相場の変動を記録した表。②業者が顧客のために取扱品目の価格を記録した表。price quotation

**そう‐はん【▼宋版・▼宋板】** 中国、宋代に印刷された書籍。歴代刊行物の中でも印刷・造本技術にすぐれる。その内容は史書・医書・経書など多方面にわたる。一一世紀ごろから日本にも輸入され、大きな影響を与えた。宋本。宋刊。

**そう‐ばん【早晩】** ㊀(名) 早いことと遅いこと。朝と晩。㊁(副) おそかれはやかれ。そのうち、いつかは。sooner or later

**ぞう‐はん【造反】**(名・サ変自)《中国語から》①そむくこと。謀反を起こすこと。rebolt ②子どもの、反抗。insubordination

**ぞう‐はん【蔵版】** 板木・紙型を所有していること。所蔵の版木。possession of the blocks

**そうはんそく‐ふき【相反則不軌】** 写真感光材料で、明るさと時間とで決まる露光量が等しくても、露光照度の違いで、現像した画像の濃度が異なる現象。reciprocity failure

**そうはん‐ていり【相反定理】** 二つの物理量を関係づける係数が対称性をもつという定理。たとえば、$x$方向の電場により$y$方向に生じる電流は、$y$方向の電場により$x$方向に生じる電流と等しくなる。reciprocity theorem

**ぞうはん‐ゆうり【造反有理】**《毛沢東が言った語》一九六六年に始まった文化大革命のスローガン。反逆には道理があること。

**そう‐ひ【曹▼丕】**(一八七〜二二六) 中国、三国時代の魏の初代皇帝(在位二二〇〜二二六)。廟号は文帝。曹操の長子。後漢の献帝から譲位され即位。国号を魏、都を洛陽とした。文人としても知られ、『典論』『詩賦』などを残した。

**そう‐び【壮美】** 壮大できれいなこと。sublime beauty

**そう‐び【装備】**(名・サ変他) ①付属品・備品などをとりつけること。準備。用意。equipment ②登山・探検・戦闘のための服装・物品・設備など。equipment

**そう‐び【▼薔▼薇】** バラ。しょうび。

**ぞうひ‐びょう【象皮病】** リンパ液の鬱滞によって皮膚が象皮様になる皮膚病。フィラリア症の慢性化によるものと、慢性潰瘍・再発性丹毒などによる続発性のものがある。おもに熱帯地方に多い。くさふるい。

**そう‐びゃくしょう【▼惣百姓】** ①南北朝・室町時代、郷村の百姓一般の総称。農村の自治組織である惣を構成した中小農民のこと。②江戸時代、本百姓の総称。

**そう‐ひょう【総評】** ①全体にわたる批評。general comment ②《「日本労働組合総評議会」の略》昭和二五年(一九五〇)に産別会議民主化同盟と総同盟などが合流し、GHQの支持を受けて発足。日本最大のナショナルセンターとして、第二次大戦後の労働運動の中軸となった。同六二年(一九八七)に発足した全日本民間労働組合連合会(連合)に合流するため、平成元年(一九八九)一一月解散。

**そう‐びょう【宗▼廟】** 祖先の霊を祭る霊屋。とくに、天子の祖霊を祭る場所。

**そう‐びょう【▼躁病】** 精神障害の一つで、精神が高揚し、気分爽快で多弁、落ちつきのない状態が続く。mania 参照 躁鬱病。

**ぞう‐ひょう【雑兵】** ①身分の低い兵卒。歩卒。②地位の低い者。じんがさ。small fry

**そうび‐るい【総尾類】** 原始的な昆虫の一群。シミやイシノミの仲間で、総尾目またはシミ目として昆虫類の一目を構成。体は細長く、翅がなく変態しない。約七〇〇種。

**そう‐びれい【▼宋美齢】**(一九〇一) 中華民国の政治家。宋子文・宋慶齢の妹。アメリカ留学後一九二七年、蔣介石と結婚。西安事件では蔣の救出に尽力。対米交渉にも活躍。

**ぞう‐ひん【▼贓品】** ↓ぞうぶつ(贓物)

**ぞう‐びん【増便】**(名・サ変他) 船・航空機・自動車などの、定期便の回数をふやすこと。increase in the number of flights

**そう‐ふ【送付】**(名・サ変他) ①送りとどけること。send 対義 返付。②国会で、先に可決した議院が他の議院の審議のために法案を送ること。refer

**そう‐ふ【総譜】** 合奏・重唱などの各声部の楽譜を上下にそろえて、同時に響く音が一目でわかるようにした楽譜。スコア。score

**そう‐ふ【巣父】** 中国の伝説上の高士。樹上を巣として住んだといわれる。そうほ。

**ぞう‐ふ【臓▼腑】** 五臓六腑の総称。はらわた。

**そう‐ふう【送風】**(名・サ変自) 風を起こして、送ること。ventilation

**そうふう‐き【送風機】** 気体を圧縮し送り出す機械で、風圧が一〇分の一気圧以下のファンと一〇分の一〜一気圧のブロワーの総称。室内・溶鉱炉・坑内などへ空気を送る。blower

**そう‐ふく【双幅】** 一対のかけもの。対幅。

**そう‐ふく【僧服】** 僧の着る衣服。僧衣。ころも。priest's robe

**ぞう‐ふく【増幅】**(名・サ変自他) 入力信号の電力または電圧を拡大して出力側に取り出すこと。amplification

**ぞうふく‐き【増幅器】** 無線通信・ラジオなどで、電波の振幅を強めて、感度をよくする装置。アンプリファイアー。アンプ。amplifier

**そうふく‐じ【▼崇福寺】** ①福岡市博多区千代にある臨済宗大徳寺派の寺。仁治二年(一二四一)湛慧が開創。藩主黒田家の菩提寺。②長崎市鍛冶屋町にある黄檗宗の寺。寛永六年(一六二九)渡来中国僧の超然が開基。福州寺。赤寺。

**ぞう‐ぶつ【▼贓物】** 窃盗や詐欺などの犯罪行為によって不法に手に入れた品物。盗品。ぞうひん。stolen goods

**ぞうぶつ‐ざい【▼贓物罪】** 窃盗などの犯罪によって得た物をもらい受けたり、買い取ったり、取り引きの周旋などをする罪。charge of stolen goods

**ぞうぶつ‐しゅ【造物主】** 天地宇宙間の万物を創造し、支配する者。造物者。The Creator

**ぞうぶつ‐しょ【造仏所】** 仏像制作の一機関。奈良時代、造仏司のもとにあった。本来は寺院の境内などに設けられ、仏像完成とともに解体される作業場をさす。

**そうぶ‐ほんせん【総武本線】** JR東日本の鉄道幹線の一つ。東京(御茶の水)と千葉県銚子を結ぶ。長さ一二〇・五㎞。明治三〇年(一八九七)開通。総武線。

**そうふれん【相府▼蓮・想夫恋・想夫▼憐】**《中国、晋の大臣、王倹がハスを植えて愛するさまを表した音楽》雅楽の曲名。唐楽。平調。

**ぞう‐ぶん【増分】** 数学で、関数$y=f(x)$において、$x$が$x_1$から$x_2$まで変化したとき、$h=x_2-x_1$, $k=y_2-y_1=f(x_2)-f(x_1)$を、それぞれ$x$、$y$の増分という。$\Delta x$, $\Delta y$で表すこともある。increment

**そう‐へい【僧兵】** 仏法保護の名目で戦闘に従事する僧侶。平安中期以降、有力寺院は勢力保持のためこれらの私兵を多数抱えた。延暦寺の山法師、興福寺の奈良法師など。法師武者。悪僧。

**ぞう‐へい【造兵】** 兵器をつくること。arms manufacture 用例 ―廠。

**ぞう‐へい【造幣】** 貨幣をつくること。coinage

**ぞうへい‐きょく【造幣局】** 貨幣の製造を行う大蔵省の付属機関。勲章・記念メダルなども製造する。

**そう‐へき【双▼璧】** ①一対の玉。a pair of jewels ②二つ並んで、ともに優劣のないもの。好一対。両雄。the two greatest authorities

**そう‐べつ【送別】**(名・サ変他) 別れていく人を見送ること。send-off 対義 留別。

**そう‐べつ【総別】**(副) およそ。すべて。全体。総じて。generally

**そうべつ【壮▼瞥】**〈町〉 北海道南西部、洞爺湖南東岸の町。農業のほか、昭和新山や温泉のある観光の町。人口三八三〇(一九八八)。

**そう‐へんたい【相変態】** 原子や分子の集合状態である「相」が変化すること。この現象を利用して金属や合金の強度を変えることができる。phase transformation

**そうべんもう‐そうるい【双▼鞭毛藻類】** ↓うずべんもうしょくぶつ(渦鞭毛植物)

**そうへん‐りゅう【宗▼偏流】** 茶道流派の一つ。山田宗偏が祖。宗偏は千宗旦の高弟、三河の大名小笠原家の茶頭を務め、晩年江戸で茶道を広めた。現在は一〇世宗偏。

**そう‐ほ【相補】**(名・サ変他) 足りないところを、互いにおぎない合うこと。助け合うこと。complement 用例 ―関係。

**ぞう‐ほ【増補】**(名・サ変他) 新しく加え、また、補うこと。enlargement

**そう‐ほう【双方】** 両方。both sides

**そう‐ほう【走法】** 陸上競技などで、走り方。form of running

**そう‐ほう【宗法】** 中国、周の封建制下の同族家族統属制度。嫡長子相続制と同宗不婚を前提とし、大宗・小宗の関係を明確化。祖先の祭祀・相互扶助・服喪などを規定。

**そう‐ほう【奏法】** 楽器を奏する方法。style of rendition

**そう‐ほう【葬法】** 死体を葬る方法。火葬・土葬・風葬・水葬など。burial

**そう‐ほう【総包・総▼苞】** 花序の基部に多数ついている包。その一枚を総包片という。タンポポ・アザミ・クリなど。involucre ↓果実図

**そう‐ほう【操法】** 操作・操縦の方法。handling

**そう‐ぼう【双▼眸】** 両方のひとみ。両眼。both eyes

**そう‐ぼう【▼怱忙】** 忙しいこと。せわしいこと。倉卒。用例 ―の間。

**そう‐ぼう【相▼貌】** 顔つき。人相。ようす。looks

**そう‐ぼう【僧坊・僧房】** ①寺院に付属した、僧の起居する建物。②戒律を専門としている寺院。

**そう‐ぼう【▼蒼▼氓】**《「氓」は移民・流民、の意》①外国へ流れるたみ。流浪の人民。②多くのたみ。蒼生。

**そう‐ぼう【想望】**(名・サ変他) ①思いしたうこと。思慕。②待ちのぞむこと。期待。

**そう‐ぼう【▼蒼▼茫】**(形動トタル) 見渡すかぎり青々として広いさま。vast and blue 用例 ―たる大海原。

**ぞう‐ほう【像法】**《仏教語》三時の一つ。釈迦入滅後を三期に分けた第二期。信仰・修行が形式的になり、悟りが得られない一〇〇〇年間。対義 正法・末法。

**ぞう‐ほう【増俸】**(名・サ変自) 俸給がますこと。対義 減俸。

**ぞう‐ほう【蔵▼鋒】** 書道で、筆の穂先を線の外側に現さずに、点画の中に包み込んで書く筆法。落ちついた深みのある線となる。対義 露鋒。

**そうぼう‐きん【僧帽筋】** 上背部の左右にある三角形をした背筋の一つ。肩を上げたり、腕を横に上げるとき肩甲骨を回して運動の範囲を大きくする筋。trapezius muscle ↓筋肉図

**そうほうこう‐シーエーティーブイ【双方向CATV】** 視聴者が端末装置で番組のリクエスト、システムセンターとの対話などができる有線テレビ。two way CATV

**そうぼうてき‐ちかく【相▼貌的知覚】**《心理学用語》事物を人格化し、人間と同じような表情・運動・欲望があるかのように感じること。幼児に多くみられる知覚。physiognomic perception

**そうぼう‐べん【僧帽弁】** 心臓の左心房と左心室の間にある二枚の弁膜。心室の収縮時に血液の逆流を完全に防ぐ。先端を心室に向けた形が司教の冠に似ているためこうよぶ。二尖弁。mitral valve

**そうぼうべん‐きょうさくしょう【僧帽弁狭▼窄症】** 僧帽弁が癒着して狭くなる心臓病。動悸・息切れ・肺鬱血などの症状を示す。おもに、リューマチ性心内膜炎により起こるが先天性のこともある。mitral stenosis

**そうぼうべん‐へいさふぜんしょう【僧帽弁閉鎖不全症】** 僧帽弁が閉鎖不完全となり、血液が逆流する心臓病。おもに心内膜炎により起こり、動悸・息切れなどの症状を示す。mitral insufficiency

**そうほ‐せい【相補性】** 量子力学で、不確定性を示す現象を説明するために導入された概念。補完の関係にある二つの性質の一方を確定すると、他方が不確定になる。粒子性と波動性、位置と運動量など。complementarity

**そうほせい‐げんり【相補性原理】** 微視的世界の現象の記述には、波と粒子のような相反する概念の組を同時に用いる必要があるという原理。量子力学の解決にさいしてボーアが主張した。complementarity

**そう‐ほん【草本】** 草をさす植物形態学上の用語。茎の形成層が一年で働きをやめるため、木部が二次的に肥大することはない。一年草・越年草(二年草)・多年草にわけられる。herb 対義 木本。

**ぞう‐ほん【造本】**(名・サ変他) 本にしたてること・技術・作業。わりつけ・装丁・製本などをふくむ。bookmaking

**ぞう‐ほん【蔵本】** もっている本。蔵書。one's collection of books

**そう‐ほんけ【総本家】** たくさんの分家の大もとの本家。the head family

**そう‐ほんざん【総本山】** ①大本山の上にあって、一宗一派をしめくくる寺。②組織・流派などの中心となるところ。

**そうま【相馬】**〈市〉福島県北東部、太平洋に臨む市。相馬米の集散地。中心の中村は旧城下町。人口三万九六三〇(一九八八)。

**そうま【相馬】**〈村〉青森県、弘前市南西隣の村。稲作・リンゴ栽培などの農業と林業を行う。人口四〇六九(一九八八)。

**そう-まい【草▼昧】** 世の中が開けず、人知の進んでいないこと。未開。

**そう-まい【▼爽▼昧】** 夜明けがた。あかつき。

**そうま-ぎょふう【相馬御風】**(一八八三〜一九五〇) 歌人・詩人・評論家。本名、昌治。新潟県生まれ。早大卒。自然主義評論家として活躍。口語自由詩の先駆をなす。早大校歌を作詞。評論『黎明期の文学』『大愚良寛』など。

**そう-まくり【総▼捲り】**(名・サ変他) ①全部をまくること。②残らず論評すること。general review

**そうま-だいさく【相馬大作】**(一七八九〜一八二二) 江戸後期の武士。南部藩士。本名、下斗米秀之進。津軽藩主暗殺を謀るが発覚し処刑。

**そうま-とう【走馬灯】** 灯籠と影絵を組み合わせた玩具。紙や布を張った枠の中に、紙の切り絵を張り上部を風車式にした筒を入れたもの。灯を入れると空気の対流で筒が回転し、外枠に影絵が回りながら映る。回り灯籠。revolving lantern →写

●走馬灯

**そうま-のまおい【相馬野馬追(い)】**→のまおい(野馬追い)

**そうま-みんよう【相馬民謡】** 福島県相馬地方に伝わる民謡。相馬氏がこの地方を治め、民心の安定を得たため、民謡も豊富になった。『相馬流山』『相馬盆踊り唄』など。

**そう-み【総身】** からだ全体。全身。そうしん。the whole body 用例 大男、—に知恵が回りかね。

**そう-みん【僧▼旻】**(?〜六五三) 大化の改新期の学僧。推古一六年(六〇八)遣隋使小野妹子らとともに隋に渡る。帰国後、大化の改新で国博士となり、八省百官の制度・法の立案に尽力。そうびん。

**そう-む【総務】** 全般的な事務を扱う職・人。general affairs; manager

**そうむ-けいやく【双務契約】** 売り主が物を引き渡し、買い主が代金を支払うというように、当事者双方が互いに対価的な債務を負担する契約。売買・賃貸借・雇用など。bilateral contract 対義 片務契約。

**ぞう-むし【象虫】** ゾウムシ科の甲虫の総称。頭の先が前方に突き出す。体長一㎜前後から四㎝ぐらい。成虫・幼虫ともに植物質を食べ、農林業上害をなすものが多い。種類が非常に多く、世界に約六万種、日本に約六〇〇種が分布。weevil →図

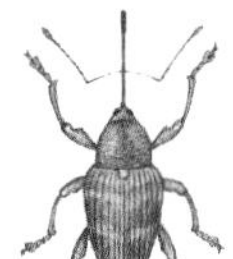

●ゾウムシ　クリシギゾウムシ

**そうむ-ちょう【総務庁】** 総理府の外局の一つ。政府の行政機能を総合的に調整するための中央官庁。行政管理庁の全部と総理府の大半の機能・組織を統合して昭和五九年(一九八四)設置。長は国務大臣。Management and Coordination Agency

**そう-めい【▼滄▼溟】** 青々とした大海。

**そう-めい【▼聡明】**(名・形動)《耳がよく聞こえ、目がよく見える意》賢いこと・さま。英明。賢明。wisdom

**そうめい-きょく【奏鳴曲】**→ソナタ

**そう-めつ【掃滅・▼勦滅】**(名・サ変他) 残らずほろぼすこと。用例 山賊の—。

**そう-めん【▽素▼麺・▽索▼麺】** 和風のもっとも細いめん。小麦粉に塩と水を加えてこね、ひも状にして綿実油をぬり、のばして糸状にして干して作る。比較 うどん。数え方 一把。

**そうめん-のり【▽索▼麺▽海▼苔】** フトモズクの別名。

**そう-もう【草▼莽】** ①草の生え茂った所。くさむら。bush ②民間。在野。the people

**草莽の臣**(そうもうのしん)《草むらにいる臣下、の意から》官に仕えず民間にある人。在野の人。obscure subject

**そう-もく【草木】** 草と木。植物。trees and plants 用例 山川—。

**草木国土悉皆成仏**(そうもくこくどしっかいじょうぶつ)《「国土」は無心のものすべて、の意》草木や国土でも、すべて成仏することができるということ。

**そう-もく【▼澡▼沐】** 髪を洗うこと。

**ぞう-もつ【臓物】** はらわた。とくに、鳥・けもの・魚などのはらわた。もつ。entrails

**そう-もよう【総模様】** ①和服の模様配置の一種。衣服全面に模様のあるもの。②桃山期から江戸初期にかけて登場した小袖。肩裾模様に代わる華やかなもの。対義 裾模様。

**そう-もん【奏聞】**(名・サ変他) 天子に申し上げること。奏上。

**そう-もん【相聞】** 雑歌や挽歌と並ぶ『万葉集』の三大分類の一つ。親しい人々が私的に交わす歌が基本。恋の歌が圧倒的に多く、のちに恋の歌をさすにいたる。

**そう-もん【桑門】** 僧。出家。沙門。

**そう-もん【僧門】** 僧籍にあること。仏門。

**僧門に入る**(そうもんにはいる) 僧となる。僧門にいる。

**そう-もん【総門】** ①外がまえの正門。main gate ②禅宗の寺の表門。

**そうや-かいがん【宗▽谷海岸】**(Soya Coast) 南極のリュツォホルム湾東岸、オングル島の昭和基地対岸にある大陸氷縁。観測船宗谷の名に由来。

**そうや-かいきょう【宗▽谷海峡】** 北海道北端、宗谷岬と樺太との間の海峡。動物分布上の境界「八田線」がある。

**そう-やく【装薬】** 弾丸をうち出すために、こめてある火薬。

**そうや-ほんせん【宗▽谷本線】** JR北海道の鉄道幹線の一つ。旭川と稚内を結ぶ。長さ二五九・四㎞。昭和三年(一九二八)開通。

**そうや-みさき【宗▽谷岬】** 北海道稚内市にある、宗谷海峡に臨む日本最北端の岬。江戸時代以来、北方警備上の要地。

**そう-ゆ【桑▼楡】** ①クワとニレのこと。また樹木一般をいう。②《中国の『初学記』『漢書』などで、夕日が樹木の上にかかる情景の表現に用いたことから》夕暮れのたとえ。③老年。晩年。死期。

**桑楡、且に迫らんとす**(そうゆ、まさにせまらんとす) 死期が近くに迫る。

**そう-ゆう【争友】** 忠告してくれる友人。friend who gives advices

**そう-ゆう【▼曾遊】**(名・サ変自) 前に行ったことのあること。用例 —の地。

**そう-ゆう【総有】** 共同所有の一形態。管理の権能は共同体に、収益の権能は各共同所有者に帰属するが、共同体の構成員としての資格を離れた共同所有者はその財産権を失う。入会権など。比較 共有・合有。

**そうゆ-かん【送油管】**→パイプライン

**ぞう-よ【贈与】**(名・サ変他) ①おくり与えること。gift 比較 譲渡。②財産を無償で他人に与える契約。gift

**ぞうよ【増誉】**(一〇三二〜一一一六) 平安後期の天台宗の僧。四天王寺・広隆寺・園城寺などを歴住し、長治二年(一一〇五)天台座主。京都の聖護院の開基として知られる。

**そう-よう【▼蒼▼蠅】** あおばえ。

**蒼蠅、驥尾に付して千里を致す**(そうよう、きびにふしてせんりをいたす) 凡人が、賢人の後ろにつき従って功名をなすたとえ。

**そう-よう【▼搔▼痒】** かゆい所をかくこと。用例 隔靴—。

**そう-よう【霜葉】** しもにあたって色づいた葉。もみじ。紅葉。

**ぞう-よう【雑▼徭】** 律令制下、公民に課せられた労役の一つ。一年のうち六〇日を限度とし、諸国で池堤・道路の修築、官舎の建築などに無償で従事させられた。

**そう-よく【双翼】** ①左右のつばさ。both wings ②左右の隊列・陣。both wings

**ぞうよ-ぜい【贈与税】** 死亡による贈与以外で個人から個人に贈与された財産に課される国税。donation tax

**そう-らい【草▼萊】** ①草むら。②荒れ地。

**草萊を開く**(そうらいをひらく) 荒れ地を開拓する。転じて、新しい分野を開く。

**そう-らい【▼爽▼籟】** 秋風のさわやかなひびき。籟は三つ穴のある笛、あるいは簫のこと。

**そう-らん【争乱】** 争い、乱れること。conflict 用例 —の時代。

**そう-らん【奏覧】**(名・サ変他) 天子にみせること。

**そう-らん【総覧・▼綜覧】** ㊀(名・サ変他) すべてを見ること。general survey ㊁(名) いろいろのことをまとめたもの・表。comprehensive bibliography

**そう-らん【総▼攬】**(名・サ変他) 政治を一手ににぎること。用例 国務を—する。

**そう-らん【▼叢▼蘭】** 群生しているラン。

**叢蘭茂からんとすれども秋風之を敗る**(そうらんしげからんとすれどもしゅうふうこれをやぶる)《ランが花開こうとしても、秋風がこれを傷つけてしまうの意で》君主が善政を敷こうとしても悪臣がこれを妨げることをいう。

**そう-らん【騒乱】** さわぎのために社会の秩序が乱れること。騒動。disturbance

**ぞうらん-き【造卵器】** コケ植物・シダ植物などに生ずる雌性の生殖器。腹部の中に一個の卵があり、精子は頸部の先端から入って受精する。雌器。archegonium 対義 造精器。

**そうらん-ざい【騒乱罪】**→そうじょうざい(騒擾罪)

**そうらん-ぶし【そうらん節】**《ふつう「ソーラン節」と表記する》北海道の民謡。ニシン漁のさいに歌われる作業唄。曲名は掛け声に由来。

**そう-り【層理】** 堆積岩中に堆積物や堆積条件が変化し、地層の内部に生じる成層構造。縞状を示す。層理のつくる面を層理面といい、堆積時の面を示す。bedding

**そう-り【総理】** ①すべての部門を管理すること。general control ②《「内閣総理大臣」の略》首相。

**ぞう-り【草履】** はきものの一種。稲わら・イグサ・竹皮などを編んだり、皮やゴムなどで作ったものに、鼻緒をつけたもの。数え方 一足。→写

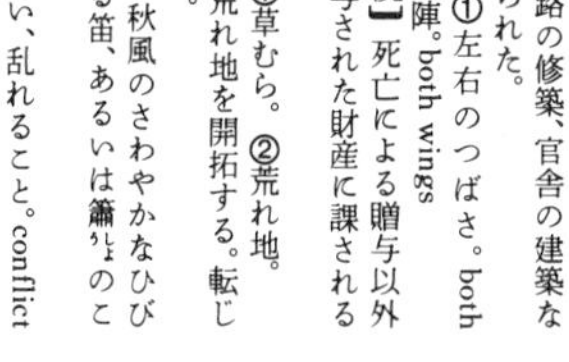

●草履

**そうり-がもん【総理▼衙門】** 中国、清末の外交管轄官庁。総理各国事務衙門の略称。天津条約で認めた外国公使との折衝に対応するため一八六一年創設。

**そうり-きょうせい【相利共生】** 共生の一形態。共生生活により、生物が互いになんらかの利益を得ているもの。クマノミとイソギンチャクなど。mutualism

**ぞうりく-うんどう【造陸運動】** 大陸や海洋などの大きな地域が、全体として上昇や沈降を起こす運動。造山運動のような褶曲などの変形や、変成作用をともなわない。epeirogeny

**そうり-だいじん【総理大臣】**「内閣総理大臣」の略。

**そう-りつ【相律】** 不均一な相が平衡状態のときの自由度を決める法則。$n$種類の物質からなる系で$r$個の相が共存しているとき、状態を決める自由度は$n+2-r$であるという法則。ギブスの相律。phase rule

**そう-りつ【創立】**(名・サ変他) はじめて設立すること。創設。establishment 用例 —一〇周年。学校の—記念日。

**ぞうり-とり【草履取(り)】** 武家に仕え、おもに主君のはきものの世話をした下僕。

**そうり-ふ【総理府】** 栄典・恩給などに関する事務、他の行政機関の施策の総合調整および他の機関の管轄外の事務を行う中央行政機関。長は内閣総理大臣。Prime Minister's Office

**ぞうり-むし【草履虫】** 池やたまり水の中に見られる原生動物。体長一五〇〜三〇〇マイクロメートル。紡錘形で体表は繊毛におおわれる。体を回転させながら泳ぐ。生理学・遺伝学などの研究材料。パラメシウム。paramecium →写

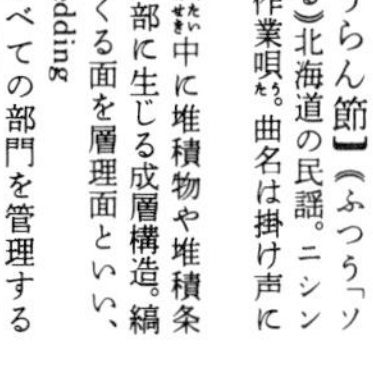

●ゾウリムシ

**そうり-めん【層理面】** それぞれの地層形成のときの堆積面。地層面。bedding plane

**そう-りゅう【層流】** 流体の各部分が、不規則でない流れ。レイノルズ数が小さいときは流れは安定に保たれる。laminar flow

**そうりゅう-せい【走流性】** 空気または水の流れが刺激源となる走性。流れに逆らうのを

正の走流性とする。メダカなどの魚類は正の走流性を示す。rheotaxis 参照 走性。

**そう-りょ【僧侶】** 僧。ぼうさん。出家。

**そう-りょう【送料】** 物を送るのにかかるお金。送り賃。postage; carriage

**そう-りょう【爽涼】**(名・形動) さわやかですずしいこと・さま。清涼。cool and refreshing 用例 —の秋。

**そう-りょう【総量】** 全体の重さ・大きさ・分量。gross weight

**そう-りょう【総領・惣領】**《本来は、すべてを治める、の意》①長男。嫡子。the eldest son ②いちばん上の子。the eldest child 用例 —娘。

**総領の甚六**(そうりょうのじんろく) ①《ばかにしていう語》大事に育てられているために、弟妹に比べて、おっとりして世間知らずな長男。②長子は愚鈍であることが多いものだ、ということ。First born, least clever.

**そうりょう【総領】**〈町〉広島県北東部、庄原市南東隣の町。稲作・野菜栽培と、ヒノキ中心の林業が行われる。人口二二九五(一九八八)。

**ぞう-りょう【増量】**(名・サ変自他) 目方・分量などがふえること。また、ふやすこと。ふやした分量。increase in quantity 対義 減量。

**そうりょう-きせい【総量規制】** 大気汚染や水質汚濁の防止を、各汚染源ごとの規制ではなく、その地域全体での汚染物質排出総量の規制で行うこと。amount regulation

**そうりょう-じ【総領事】** 駐在国内で最上級の領事。consul general

**そうりょう-せい【惣領制】** 主として鎌倉時代の武士の結合体。惣領が長として一族・家来を率い、農耕・軍事・貢納に当たった。

**そう-りょく【総力】** すべての方面の力。全力。all one's power 用例 —をあげて支援する。—を結集する。

**そうりょく-せん【総力戦】** 国力のすべてをかけて戦争すること。また、その戦い。軍事力だけでなく、あらゆる分野で全国民を戦争に参加させる体制。第一次大戦に成立し第二次大戦で徹底。

**そう-りん【相輪】** 仏塔の屋根から上の金属製の尖塔部分。上に向かって露盤・伏鉢・請け花・九輪・水煙・竜車・宝珠からなる。↓五重の塔 図

**そう-りん【倉廩】** 米ぐら。くら。

**倉廩実ちて礼節を知る**(そうりんみちてれいせつをしる) 人は、財産が豊かになってはじめて、礼儀・節度をわきまえることの大切さを知る。類似 衣食足りて礼節を知る。

**そう-りん【僧林】** 僧の多く住む大きな寺。叢林。

**そう-りん【叢林】** ①樹木の群がりはえている林。forest ②《仏教語》修行僧が集まって修行する場所。とくに、禅宗の座禅道場をさす。檀林。

**ぞう-りん【造林】** 林地に有用樹種を播種・植樹すること。また、天然更新により林を仕立てること。広義には、枝打ち・間伐など林木の保育や林地の保護を含み、狭義には、植樹造林をさす。afforestation

**そうりん-かんけい【相隣関係】** 隣接する不動産の所有者の間で互いの利用を調節するための法律関係。民法第二〇九条以下に規定されている。

**ソウル【Seoul】** 韓国の首都。漢江下流に位置。漢城とよばれた李朝五〇〇年の王都。同国の政治・経済・文化の中心で、外港仁川の間があり、京仁工業地帯を形成。日本支配の間は、朝鮮総督府が置かれ、京城とよばれた。人口九九七・四万(一九八七)。

**そう-るい【走塁】** 野球で、走者が次の塁にむかって走ること。base running 比較 盗塁。

**そう-るい【藻類】** 葉緑素をもち、独立栄養を行う水中や湿地帯の下等植物の総称。生態的な共通性に対する呼称で、海藻と淡水藻がある。光合成を行い、体分裂か胞子生殖で増える。緑藻植物・褐藻植物・紅藻植物・珪藻植物など。algae

**そうるい-ぼうがい【走塁妨害】** 野球で、守備側選手がボールを処理中、あるいはボールを保持しているとき以外に、走者の走塁を妨害する行為。オブストラクション。obstruction

**ソウル-だいがく【ソウル大学】** 一九四六年に創立された、韓国を代表する国立総合大学。Seoul National University

**ソウル-ミュージック【soul music】** アメリカの黒人音楽の一種。一九六〇年代半ばからリズム-アンド-ブルースの新しい傾向のものをいう。

**そう-れい【壮齢】** ↓そうねん(壮年)

**そう-れい【壮麗】**(名・形動) 壮大で美しいこと・さま。splendor 比較 壮美。

**そう-れい【葬礼】** ↓そうしき(葬式)

**そう-れつ【壮烈】**(名・形動) 勇ましく、りっぱなこと・さま。heroic 用例 —な戦い。

**そう-れつ【葬列】** 葬式の行列。funeral procession

**そう-ろ【走路】** 競走などで、走る道。コース。track

**そう-ろ【草廬】** ①草ぶきの小屋。そまつな小屋。②自分の家をけんそんしていう語。

**そう-ろう【早老】** ふつうよりも早く、心身がふけ、おとろえること。premature old age

**そう-ろう【早漏】** 性交に先だち、またはその途中で早期に射精してしまうこと。性器神経症・性交中絶・過度の興奮・尿道炎などによる。premature ejaculation

**そう-ろう【層楼】** 何階もある高い建物。tower

**そうろ・う【候う】** 古語《「さぶらう」の転》㊀(四自) ①「あり・居り」の謙譲語。お仕えする。用例 —女房をつくりたてていだし給ひて(徒然・二三八)。②「あり・居り」の丁寧語。ございます。用例 まったく当国のうちには—・はず(平家・二・阿古屋之松)。㊁(補動 四)《活用語の連用形、また、それに「て」の付いた形に付いて》…ます。…ございます。用例「平氏たはれ—・ひぬ」とぞ申されける(平家・一・鹿谷)。

**そう-ろう【蹌踉】**(形動トタル) 足もとがよろよろしているさま。

**そうろう-あいだ【候間】**(連語) …ますから。…ますので。

**そうろう-しわ【滄浪詩話】** 中国の詩論書。南宋の厳羽の著。一巻。李白・杜甫らの盛唐詩を高く評価。盛唐詩尊重はこの書に始まる。

**そうろう-ところ【候所】**(連語) …ますが。…ましたが。

**そうろう-に-つき【候に就き】**(連語) …ますので。…ましたから。

**そうろう-ぶん【候文】** 文語文の一種。変体漢文から出て、「候」を特徴的に使った中世以来の手紙の文体。「大慶至極に奉存候」など。

**そうろう-や【候哉】**(連語) …ますか。…でしょうか。

**そうろう-よし【候由】**(連語) …ますそうで。…とのことで。…ございましたそうで。

**そう-ろく【僧録】** 室町中期から江戸時代の禅宗寺院を統轄した機関。僧録司。

**ぞう-ろく【蔵六】** カメの異名。

**そう-ろん【争論】**(名・サ変自) 言い争うこと。口論。いさかい。dispute 比較 論争。

**そう-ろん【総論】** 全体の大要を述べた論。general remarks 対義 各論。

**そう-わ【送話】** 電話などで話し声を送ること。

**そう-わ【挿話】** ①文章・談話の間にはさむ程度のちょっとした話。episode ②逸話。エピソード。episode

**そう-わ【総和】**(名・サ変他) 全部を合計したもの。the sum total

**そう-わ【叢話】** 多くの話を集めたもの。collection of talks

**そうわ【総和】**〈町〉茨城県南西部、古河市東隣の町。工業団地が造成され、工業化が進む。人口四万二五七九(一九八八)。

**ぞう-わい【贈賄】**(名・サ変自) わいろをおくること。bribery 対義 収賄。

**ぞうわい-ざい【贈賄罪】** 公務員にわいろを与えたり、その約束や申し込みをする罪。bribery

**そうわ-き【送話器】** 音声を電気信号に変える装置。ふつう電話機のものをいい、ラジオ・テレビジョンなどではマイクロホンという。transmitter 対義 受話器。

**そうわ-ぜん【宗和膳】** 茶会席用の四本脚の膳。黒または朱の漆塗り。茶人金森宗和が好んだための名。江戸時代から一般でも本膳として普及。

**そえ【添え・副え】** ①添えること。affix ②付き従わせること・もの。accompaniment ③生け花で、おもな枝に添えてさす枝。④飯のおかず。side dish

**ゾエア【zoea】** エビ・カニ・ヤドカリでみられる幼生段階の一つ。また、その幼生。体は透明で、頭胸部に一対の大きな複眼と枝分かれした顎脚があり、顎脚と腹部を用いて遊泳。

**そえ-うた【諷歌】**《よそえ歌、の意》物に仮託して、思う心をよんだ歌。『古今和歌集』序にいう和歌の六義の一つ。風喩の歌。

**そえ-がき【添(え)書き・添書】**(名・サ変自) ①文書に添えて書く文。添え状。accompanying letter ②手紙の終わったあとに足す文。追って書き。postscript

**そえ-ぎ【添(え)木・副(え)木】**(名・サ変自他) ①支えに木を添えること。また、その添えた木。splice piece ②骨折の治療に用いる、患部を固定するための木。splint

**そえ-じ【添(え)字】** いくつかの変数を同じ文字を使って表す場合、それらを区別するための小文字。文字の左右の上下につける。たとえば$X_i$, $X_{ij}^{k}$など。インデックス。index

**そえじま-たねおみ【副島種臣】**(一八二八〜一九〇五) 明治の政治家。肥前藩出身。参議・外務卿として活躍したが、征韓論で退く。のち枢密顧問官・内相を歴任。

**そえ-じょう【添(え)状】** 人を紹介したり物を贈るときなどに、その趣旨を書いた書状。その人・物に添えて先方に送る。accompanying letter

**そえだ【添田】**〈町〉福岡県東部、大分県に接する町。農林業中心で、木材・シイタケなどを産する。人口一万五六八二(一九八八)。

**そえだ-あぜんぼう【添田唖蝉坊】**(一八七二〜一九四四) 演歌師。本名、平吉。神奈川県生まれ。人夫から演歌師となり、自由民権運動や社会主義運動にも共鳴、時事的・社会風刺的演歌で活躍した。「ラッパ節」などが有名。

**そえ-ぢ【添(え)乳】**(名・サ変自) 母親が子どもに添い寝して、ちちを飲ませること。suckle a child in bed

**そえ-もの【添(え)物】** ①付け加えた物。addition ②景品。premium ③おかず。さかな。side dish

**そ・える【添える・副える】**(下一他) ①付け加える。add 用例 花を—。口を—。肉料理に野菜を—。②つきそわせる。accompany 用例 老母の外出に次男を—。③なぞらえる。compare to

**そ-えん【疎遠・疏遠】**(名・形動) ①長い間会わず、また文通も絶えていること・さま。ぶさた。long absence ②うとんじ、遠ざけること・さま。estrangement

**ソーイング【sewing】** 裁縫・縫い物・縫い糸などを広くさすことば。

**ソーク【Jonas Edward Salk】**(一九一四〜) アメリカのウイルス学者・細菌学者。ポリオホルマリン不活化ワクチン(ソークワクチン)の開発者として知られる。

**ソーク-ワクチン【salk vaccine】** アメリカの細菌学者ソークが開発した小児麻痺(=急性灰白髄炎)予防のためのワクチン。ポリオウイルスをホルマリンで不活化したもの。

**ソーサス【SOSUS】**《Sound Surveillance System の略》アメリカの対潜水艦音響監視システム。海底に常設した水中聴音器で音波を探知し敵潜水艦の位置を確認する。

**ゾーシチェンコ【Mikhail Mikhaylovich Zoshchenko】**(一八九五〜一九五八) ソ連の小説家。小市民性・俗物性を風刺した。作品『シネブリューホフ物語』『夜明け前』『猿の冒険』など。

**ソーシャリスト【socialist】** 社会主義者。

**ソーシャリズム【socialism】** 社会主義。

**ソーシャル【social】**(形動) ①社会的。②社交的。ソシアル。

**ソーシャル-アクション【social action】** 社会的行為。

**ソーシャル-インディケーター【social indicator】** 社会指標。

**ソーシャル-エンジニアリング【social engineering】** 社会工学。

**ソーシャル-ケースワーカー【social caseworker】** ↓ケースワーカー

**ソーシャル-ケースワーク【social casework】** ↓ケースワーク

**ソーシャル-コスト【social cost】** 社会原価。

**ソーシャル-ダンス**《social dancingから》社交ダンス。対義 ステージダンス。

**ソーシャル-ダンピング【social dumping】** 低賃金・長時間労働や為替の下落などの社会的犠牲に基づいて不当に生産コストを引き下げ、他国に安値で輸出すること。参照 ダンピング。

**ソーシャル-テンション【social tention】** 社会的緊張。

**ソーシャル-ワーカー【social worker】** ↓ケースワーカー

**ソース【sauce】** 西洋料理で味や色どりをひきたてる液体調味料。種類は数百種にも及ぶ。日本ではとくに、野菜・果実・香辛料などを煮つめたものに酢・食塩またはしょうゆを加えて作ったウスターソースをさす。

**ソース**[source] 出どころ。用例ニュース——。

**ソーズ**[索子中](suǒ-zi) 麻雀牌のうち表面に竹の模様が彫られた一から九までの数牌。一索だけは例外的に鳳凰が描かれている。条子。

**ソース-パン**[saucepan] 柄のついた深なべ。ソースを煮込むためのなべ。

**ソーセージ**[sausage] 魚肉・畜肉などをひき肉状にし、調味料・香辛料で味つけして腸やプラスチックの袋などにつめ、湯煮・乾燥・くん煙した加工食品。種類は多様で長期保存用に水分を少なくしたものもある。腸詰。↓写

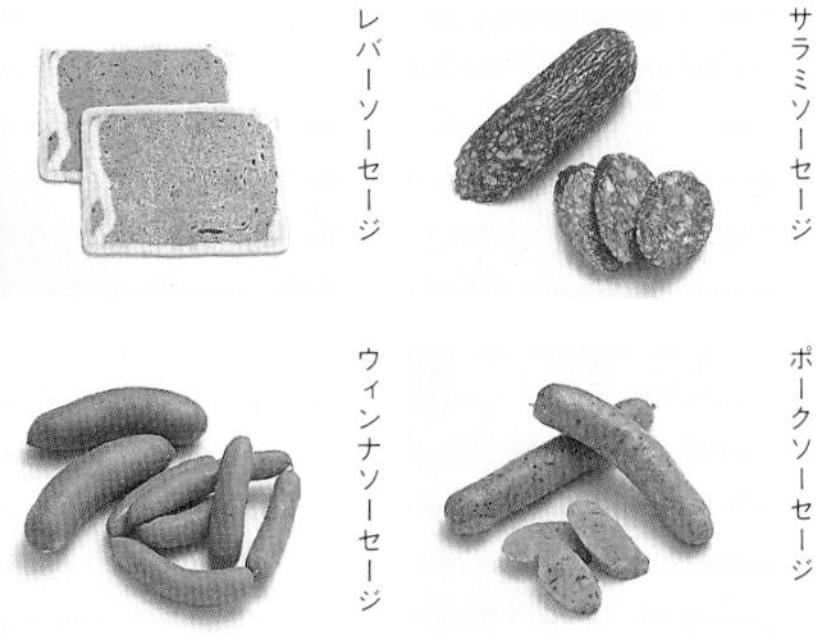

●ソーセージ

サラミソーセージ　ポークソーセージ

レバーソーセージ　ウィンナソーセージ

**ソーダ**[soda・曹達]《頭痛の薬を意味するsudāアラビアに由来》①炭酸ナトリウムの俗称。sodium carbonate ②物質名としてのナトリウムをソーダということもある。soda 用例重炭酸——。③「ソーダ水」の略。

**ソーダ-ガラス**《「ソーダ石灰ガラス」の略》瓶・窓ガラスなどに用いるふつうのガラス。主成分は酸化ナトリウム・酸化カルシウム・二酸化珪素。軟質ガラス。soda-lime glass

**ソーダ-クラッカー**[soda cracker] 重曹を加えて焼いたビスケットの一種。

**ソーダ-こうぎょう**[ソーダ工業] 工業塩を主原料とし、化学工業の基礎原料である苛性ソーダ・ソーダ灰およびその誘導品をつくる工業。alkali industry

**ソーダ-すい**[ソーダ水] 清涼飲料水の一つ。水に無機塩類・炭酸ガスなどを混ぜた飲み物。多くシロップ・香料を加える。炭酸水。soda water

**ソーダ-せっかい**[ソーダ石灰] 生石灰を水酸化ナトリウムの濃溶液に浸し、熱して作った粒状の固体。二酸化炭素の吸収剤。soda lime

**ソーダ-ばい**[ソーダ灰] 無水炭酸ナトリウムの工業用薬品名。アンモニアソーダ法の炭酸化工程でできた粗炭酸水素ナトリウムの焙焼により得られる。ガラス・農薬・染料など各種の工業の原料として広く利用。soda ash

**ソーダ-パルプ**[soda pulp] 化学パルプの一種。おもに草本原料を苛性ソーダ(水酸化ナトリウム)の溶液で加圧加熱して製造したパルプ。

**ソーデルグラン**[Edith Södergran](一八九二〜一九二三) フィンランドの女流詩人。ロシア生まれ。モダニズムの天才詩人。予言的・独断的な力強い詩を残す。作品『九月の琴』『バラの祭壇』など。

**ソーテルヌ**[Sauternesフランス] フランス、ボルドー地方のソーテルヌ地区産の白ワイン。甘口。

**ソート**[sort] 分類。データを特定の規則に基づいて並べ替えること。

**ソードテール**[swordtail] 代表的な淡水産熱帯魚の一つ。雄の尾びれ下端は剣状に伸びる。全長約一〇cm。体色や斑紋は変化に富む。卵胎生で繁殖しやすい。雌が性転換して雄になる。メキシコ原産。

**ソーヌ-がわ**[ソーヌ川](La Saône) フランス東部、ジュラ山地とパリ盆地の間を南に流れる川。リヨンでローヌ川に合流。長さ四八〇km。

**そお-ぶね**[▼赭船]《「赭」は、塗料に使う赤色のねん土。また、その色》赤土をぬって色をつけた、奈良時代の官船。

**ソープ-ランド**《和製語》個室で女性が入浴サービスなどをする特殊浴場。旧称トルコ風呂。昭和二六年(一九五一)初めて東京にできた。同五九年(一九八四)トルコ青年からの抗議が契機となって名称が変更された。

**ソープレス-ソープ**[soapless soap]《せっけん分のないせっけん、の意》油脂を原料としない合成洗剤。硬水にも使える。合成洗剤。

**ソーマ**[Soma梵・蘇摩] 古代インドの神酒。植物の樹液から作り、神々の飲料として供えられ、のちに神格化された。

**ソーラー**[solar]《他の語の上に付けて用いられる》太陽の、太陽の光・熱などのエネルギーを利用した、の意。

**ソーラー-ハウス**[solar house] 太陽エネルギーを利用して発電・給湯・暖房・冷房などができる設備をもつ建築物。屋根の上などに太陽電池や水を入れた集熱器などを置き、その電力・熱を利用する。

**ソーラン-ぶし**[ソーラン節] ↓そうらんぶし(そうらん節)

**ゾーリンゲン**[Solingen] 西ドイツ中西部、ルール地方南部の工業都市。刃物工業の中心地。人口一五・八万(一九八五)。

**ソールズベリー**[Salisbury] イギリス南部、ウィルトシャー州の都市。一二二〇年に建てられたゴシック様式の聖堂がある。人口一〇・三万(一九八五)。

**ソールズベリー**[Salisbury] ハラーレの旧称。

**ソールズベリー**[Robert Arthur, 3rd Marquis of Salisbury](一八三〇〜一九〇三) イギリスの政治家。保守党党首。一八八五年以後三度首相。ファショダ事件・南ア戦争に対処。一九〇二年日英同盟を締結、「光栄ある孤立」に終止符をうった。

**ソールズベリー-へいげん**[ソールズベリー平原](Salisbury Plain) イギリス、イングランド南部ソールズベリーの北方に広がるゆるやかな台地の平原。先史時代の石柱群などの遺跡が多い。

**ゾーン**[zone] 地帯。地域。用例セーフティー——。

**ソーンダイク**[Edward Lee Thorndike](一八七四〜一九四九) アメリカの心理学者。動物の試行錯誤学習を研究。教育心理学に統計法や検査法を導入し、数量化を試みた。著書『教育心理学』など。

**ゾーン-ディフェンス**[zone defense] バスケットボールやサッカーなどで、各プレーヤーがコート内の防御領域(ゾーン)を決めて分担し、ゾーン中心に守備する方法。比較マンツーマンディフェンス。

**ゾーン-メルティング**[zone melting] 金属・半導体などの純度を高める方法の一つ。棒状の固体を端から順次、局部的に加熱溶融していくと、不純物も溶融部位とともに移動して他端に集まる。帯域融解法。帯溶融法。

**そ-か**[粗菓] ①そまつな菓子。poor refreshments ②人にすすめる菓子をけんそんしていう語。

**そ-か**[▼楚歌] 中国の楚の国の歌。参照四面楚歌。

**そ-が**[疎画] ざっとかいた絵。rough sketch

**そ-かい**[租界] 一九〜二〇世紀の中国で、自国の行政権が失われた地域。阿片戦争後の一八四五年、イギリスが上海に設置したのが最初。八か国二八か所に及び、列国の中国侵略の根拠地となった。

**そ-かい**[素懐] 日ごろの願い。素志。宿志。one's cherished hope

**そ-かい**[疎開・▼疏開](名・サ変自他) ①ばらばらにすること。dispersion ②戦争時に、被害を軽減するため、都市の密集した人口を地方に分散したり、建物を取り壊したりすること。evacuation 用例強制——。

**そ-がい**[阻害・阻▼礙・阻▼碍](名・サ変他) じゃまをすること。obstruction

**そ-がい**[疎外](名・サ変他) ①のけものにすること。estrangement; neglect ②人間がみずから産み出した生産物・制度・貨幣・機械・社会関係などに逆に支配され、その中で人間性を喪失させられてゆく状況。フォイエルバッハやマルクスらが深めた概念。alienation

**そか-ぎょ**[▼遡河魚] 海から河へのぼってくる魚類。おもに、産卵を目的とする。サケ・アユなど。昇流魚。

**そが-きょうだい**[▼曾我兄弟] 鎌倉初期の武士。十郎祐成(兄)と、五郎時致(弟)。伊豆の人。建久四年(一一九三)父の敵工藤祐経を源頼朝の行った富士の巻き狩りで討つ。『曾我物語』の主人公として有名。

**そ-かく**[阻隔](名・サ変自他) じゃまして間をへだてること。estrangement

**そ-かく**[組閣](名・サ変自) 内閣を組織すること。formation of a Cabinet

**そ-かく**[疎隔](名・サ変自他) 近づかず、よそよそしくすること。疎遠。estrangement

**そが-し**[▼蘇我氏] 古代の中央豪族。武内宿禰の子蘇我石川宿禰をその祖と伝え、大和国高市郡蘇我を本拠とした。姓は臣。大和朝廷の国政・財務などを掌握し権勢をふるったが、大化の改新で滅亡。

**ぞ-かし** 古語(連語)《終助詞「ぞ」に終助詞「かし」の付いたもの》強い断定の意を表す。…だぞ。…なのだ。用例これは知りたること——(枕・清涼殿の丑寅のすみの)。

**そが-じゃそく**[▼曾我蛇足] ↓そがだそく(曾我蛇足)

**そが-しょうはく**[▼曾我▼蕭白](一七三〇〜一七八一) 江戸中期の画家。本姓は三浦、名は暉雄など。伊勢の人。曾我蛇足一〇世を自称。奇行と怪奇な絵により知られる。作品『群仙図』屏風『寒山拾得図』など。

**そが-だそく**[▼曾我蛇足](生没年・経歴とも未詳) 室町後期の画家。「じゃそく」とも読む。京都大徳寺真珠庵の襖絵の作者とされるが明らかでない。

**そが-ちょくあん**[▼曾我直▼庵](生没年未詳) 桃山時代の画家。漢画風で力強い描線に特色をみせ、花鳥画が多い。

**そが-の-いなめ**[▼蘇我稲目](?〜五七〇) 古代の中央豪族。宣化・欽明両朝の大臣。娘を欽明・用明両天皇の妃として勢力を得た。仏教受容を主張して排仏派の物部氏と対立。

**そが-の-いるか**[▼蘇我入▼鹿](?〜六四五) 古代の中央豪族。蝦夷の子。権力を握り対立する山背大兄王を殺したが、大化元年(六四五)中大兄皇子らにより暗殺。

**そが-の-うまこ**[▼蘇我馬子](?〜六二六) 古代の中央豪族。敏達天皇以下四代の大臣。稲目の子。物部氏を滅ぼし、崇峻天皇を立てて朝廷の実権を握るが、のち同天皇を暗殺。仏教興隆に尽力。

**そが-の-えみし**[▼蘇我▼蝦▼夷](?〜六四五) 古代の中央豪族。推古天皇以下三代の大臣。馬子の子。父と同様国政を動かす。大化元年(六四五)子の入鹿が殺されたとき、自邸に火を放って自殺。

**そが-の-くらやまだいしかわまろ**[▼蘇我倉山田石川麻▼呂](?〜六四九) 古代の中央豪族。馬子の孫。大化の改新では入鹿殺害に参加、新政府の右大臣となる。のちに中傷されて自殺。

**そがのや-ごろう**[▼曾我▼廼家五郎](一八七七〜一九四八) 俳優・台本作者。曾我廼家喜劇の創始者。本名、和田久一。筆名、一堺漁人。堺市生まれ。上方喜劇という新分野を確立。

**そが-は**[▼曾我派] 安土桃山時代に活躍した曾我直庵に始まる漢画系画派。花鳥画を得意とし、タカの絵はお家芸とされた。

**そが-もの**[▼曾我物] 曾我兄弟を主題にした歌舞伎・能・浄瑠璃などの総称。とくに江戸時代の浄瑠璃・歌舞伎では、享保以後江戸各座の正月狂言は必ず曾我物の新作が上演された。代表作品『元服曾我』『小袖曾我』『いきほひ』『草摺引』『五郎』『対面』など。

**そがものがたり**[▼曾我物語] 準軍記物語。原作は箱根山僧の手になるか。一〇巻または一二巻。内容の異なる諸異本がある。原本は南北朝初期には成立。語り物であった。曾我十郎・五郎兄弟の敵討ちと、その後日談を記す。後世の「曾我物」に大きな影響を与えた。

**そが・れる**[▽削がれる・▽殺がれる](下一自) ①けずって少なくされる。be chipped ②物事が弱くされる。be diminished 用例気勢を——。

**そ-がん**[訴願](名・サ変他) ①うったえ願うこと。petition ②旧訴願法で、行政機関に対し違法・不当な行政処分の取り消しや変更を求める手続き。とくに処分行政庁の上級行政庁に対して求める手続き。

**そぎ-いた**[▽削ぎ板] 木を薄くそいだ板。屋根ふき用。

**そぎ-ぎり**[▽削ぎ切り] 料理で、包丁を少し寝かせて肉や魚などを薄くそぎとるように切る方法。刺身の場合はそぎ作り。そぎきり。

**そぎ-だけ**[▽削ぎ竹] 先がとがるようにそいだ竹。pointed bamboo pole

**そぎ-と・る**[▽削ぎ取る・▽殺ぎ取る](五他) 薄くけずり取る。そいで取る。scrape

**そぎ-み**[▽削ぎ身] そぎ切りにした魚や肉。

**そ-きゅう**[訴求](名・サ変他) 広告や宣伝・販売などで、買い手の関心や欲求に働きかけ

▼常用漢字表外。▽常用漢字表の音訓外。

ること。appeal

**そ-きゅう【▼遡及・▼溯及】**(名・サ変自) 過去にさかのぼること。さっきゅう。retroaction

**そ-きゅう【▼遡求・▼溯求】**(名・サ変自) 手形や小切手の支払いがない場合などに、その所持人が振出人・裏書人・保証人などに代償として一定の金額の支払いを要求すること。償還請求。redemption

**そ-ぎょう【礎業】** 基礎となる事業。

**ソク** 4画【▼仄】 部首[人] JIS 4828
音ショク・シキ・ソク
①かたむく。かたぶく。②ほのか。ほのかに。それとなく。「仄聞」③中国語の四声のうち、上声・去声・入声のこと。対義平。「平仄」

**ソク** 7画【即】 部首[卩] 常用 JIS 3408 ／ 9画【▼卽】 旧字
音ソク・ショク
①つく。位につく。接する。「不即不離」「即位・即物的」②すぐに。そのばで。「即応・即座・即死・即時」③そのままで。すなわち。「色即是空・相即」「即身成仏」

**ソク** 7画【束】 部首[木] 常用 →教育小4 JIS 3411
音ソク 訓たば
束束束束束
①たば。たばねる。つかねる。しばる。「結束・検束・拘束・約束」「束帯・束縛・束髪」②たばねたものを数えるのに用いる。用例(助数)薪一—。③稲一〇把。④半紙一〇帖(二〇〇枚)。⑤矢の長さの単位。にぎったときの指四本のはば。⑥数学で、二つの演算をもち、それらが結合法則・交換法則・吸収法則をみたす集合の代数系。

**ソク** 7画【足】 部首[足] 教育小1 JIS 3413
音ソク・ショク・シュ・スウ 訓あし・たりる・たる・たす
足足足足足足
①あし。比較脚。対義手。「一足飛び・義足・土足」②あしにつけるものを数えるのに用いる。用例(助数)靴下二—。③あるく。ゆく。「遠足・禁足」「足跡」④たりる。たる。充分である。「具足・充足・不足・満足」⑤弟子。門弟。「逸足・高足」⑥たす。ます。みたす。

**ソク** 8画【▼昃】 部首[日] JIS 5864
音ショク・ソク
かたむく。かたぶく。太陽が西にかたむく。

**ソク** 9画【促】 部首[人・亻] 常用 JIS 3405
音ソク 訓うながす
①うながす。せきたてる。「催促・督促」「促進・促成」②つまる。「促音」

**ソク** 9画【則】 部首[刂] 教育小5 JIS 3407
音ソク
則則則則則則
①きまり。のり。「規則・原則・反則・法則」②項目・箇条を数えるのに用いる。用例(助数)第五—。③のっとる。したがう。「則天去私」④すなわち。

**ソク** 10画【速】 部首[辶] 教育小4 →教育小3 JIS 3414 ／ 11画【▼速】 部首[辶] 旧字
音ソク 訓はやい・はやめる・すみやか
速速速速速
はやい。スピードがはやい。すみやか。はやさ。比較早。対義遅。「加速度・急速・等速・風速」「速成・速達・速力」

**ソク** 10画【息】 部首[心] 教育小3 JIS 3409
音ソク 訓いき
息息息息息息
①いき。いきをつく。「大息・嘆息・長息」②やすむ。無事。「安息・休息」③こども。むすこ。「子息・令息」「息女」用例(名)A氏の—。④いきる。生存する。「消息・生息」⑤ふえるもの。利子。「利息」

**ソク** 10画【▼捉】 部首[扌] JIS 3410
音サク・ソク
とらえる。つかまえる。にぎる。「捕捉」

**ソク** 11画【側】 部首[人・亻] 教育小4 JIS 3406
音ソク・ショク 訓かわ
側側側側側側
①そば。かたわら。「君側」「側近・側面」②ものの一方のがわ。「右側・左側」③《仄とも》ほのか。ほのかに。それとなく。「側聞」

**ソク** 12画【▼惻】 部首[忄] JIS 5628
音ショク・ソク
いたむ。かなしむ。かわいそうにおもう。「惻隠・惻々」

**ソク** 12画【測】 部首[氵] 教育小5 JIS 3412
音ソク・ショク 訓はかる
測測測測測測
①はかる。長さ・深さ・高さなどをはかる。「観測」「測候所・測定・測量」②おしはかる。推量する。「憶測・推測・不測・予測」

**ソク** 13画【▼塞】 部首[土] JIS 2641
音ソク・サイ
①ふさぐ。みたす。とざす。「閉塞」②ふさがる。みちる。とじる。↓サイ【塞】

**ソク** 13画【▼媳】 部首[女]
音ショク・ソク
よめ。むすこの妻。

**ソク** 13画【▽触】 部首[角] 常用 JIS 3108 ／ 20画【▼觸】 旧字 JIS 7529
音ショク・ソク 訓ふれる・さわる
仏教で、①外界の事物にふれること。感覚器官と対象と認識作用の三和合。十二因縁の一つ。②皮膚感覚の対象。六境の一つ。③不浄。↓ショク【触】

**ソク** 14画【▼嗽】 部首[口] JIS 5154
音ソク・ソウ
すう。すする。すいこむ。↓ソウ【嗽】

**ソク** 14画【▼熄】 部首[火] JIS 6379
音ショク・ソク
①きえる。火がきえる。②やむ。おわる。ほろびる。なくなる。「終熄」

**ソク** 16画【▼䃚】 部首[石]
音ソク・サク
やじり。やさき。矢の先のとがった部分。矢の根。

**そ・ぐ【▽削ぐ・▽殺ぐ】**(五他) ①先がとがるように切る。とがらす。sharpen ②うすく切る。slice off ③くじく。へらす。弱める。spoil 用例興味を—。④末を切り落とす。trim 用例髪を—。

**ゾク** 9画【俗】 部首[人・亻] 教育小6 →常用 JIS 3415
音ゾク
俗俗俗俗俗俗
①ならわし。ならい。「習俗・風俗・民俗」用例(名)東国の—。②世間。普通。「世俗」「俗語・俗称」用例(名)—にそういうね。③出家していないもの。その人たちがすむ世界。対義僧。「在俗・僧俗」「俗人・俗名」④いやしい。品がない。対義雅。「卑俗」「俗悪・俗物」用例(形動)—なやつだ。

**ゾク** 11画【族】 部首[方] 教育小3 JIS 3418
音ゾク・ゾウ・ソウ
族族族族族
①先祖が同じであるなかま。一門。「遺族・一族・家族・語族・種族」「族制」用例《接尾的》ツングース—。②身分。「貴族」「族称・族籍」③ともがら。同類。「水族館」用例《接尾的》マイカー—。窓際—。④昔、中国で、罪を身内の者にまでおよぼした刑罰。↓ゾウ【族】

**ゾク** 12画【属】 部首[尸] 教育小5 JIS 3416 ／ 21画【▼屬】 旧字 JIS 5404
音ゾク・ショク
属属属属属
①つく。したがう。「配属・付属・附属」「属国・属性」②てした。部下。「属官」③さかん。律令制で、職・寮の第四位。④官庁で、もとの判任文官。用例《接尾的》文部—。⑤やから。みうち。なかま。「金属・尊属・卑属」⑥生物で、分類上の一つの段階。科と種の中間。

**ゾク** 12画【▼粟】 部首[米] JIS 1632
音ショク・ソク・ゾク
①アワ。イネ科の一年草。穀物の一つ。②もみ。もみごめ。③食べ物。用例(名)敵の—をはむ。

**ゾク** 13画【続】 部首[糸] 教育小4 JIS 3419 ／ 21画【▼續】 旧字 JIS 6984
音ゾク・ショク 訓つづく・つづける
続続続続続
①つづく。つづける。対義断。「継続・連続」「続行・続出」②つづき。対義正。「続編」用例(名)正と—。(接頭)『—古事談』。

**ゾク** 13画【賊】 部首[貝] 常用 JIS 3417 ／ 13画【▼賊】 旧字
音ゾク
①ぬすびと。わるもの。「山賊・盗賊」用例(名)山中の—。②謀反人。「逆賊」「賊軍・賊徒」用例(名)天下の—。③そこなう。きずつける。「賊害」

**ゾク** 14画【▼蔟】 部首[艹] JIS 7287
音ソク・ゾク・ソウ
まぶし。蚕に繭をつくらせるための藁製の床。

**ゾク** 17画【▼簇】 部首[竹] JIS 6840
音ソウ・ソク・ゾク
やじり。やさき。矢の先のとがった部分。矢の根。↓ソウ【簇】

**ゾク** 19画【▼鏃】 部首[金] JIS 7923
音ソク・ゾク
やじり。やさき。矢の先のとがった部分。矢の根。「石鏃」

**ぞく-あく【俗悪】**(名・形動) 品がなく、ものが悪いこと・さま。vulgarity

**ぞくあけがらす【続明▼烏】** 高井几董編の俳諧撰集。安永五年(一七七六)刊。与謝蕪村と一門の連句・発句を集めた代表的撰集。『蕪村七部集』の第六集。

**そく-あつ【側圧】** 流体が容器側面におよぼす圧力。lateral pressure

**そく-い【即位】**(名・サ変自) 君主の位につくこと。また、その儀式。日本では、古代は践祚と同義だったが、平安時代以後両者は分離して用いられるようになった。enthronement

**そく-い【▽続▽飯】** めしつぶをねって作ったのり。そっくい。そくいい。

**そく-いん【▼惻隠】** 人のこまっているのを、かわいそうに思うこと。pity 用例—の情。

**そぐ・う**(五自) よくつりあう。にあう。be suitable

**ぞく-うけ【俗受け】**(名・サ変自) 大衆の気に入られること。popularity 用例—をねらう。

**そく-えい【即詠】**(名・サ変他) その場で詩歌をよむこと。また、その詩歌。即吟。improvisation

**ぞく-えい【続映】**(名・サ変他) ①映画などを日延べして上映すること。continued run of a film 用例好評につき次週まで—します。②続き物を上映すること。run a series 用例後編は次週—。

**そく-えん【測鉛】** 水深をはかる道具。縄の先に鉛をつけ、水中に投げ入れて測定する。sounding lead

**ぞく-えん【俗縁】** ①出家する前の、親子・兄弟・親類などの縁者。②ふつうの人どうしの縁。

**ぞく-えん【続演】**(名・サ変他) ①演劇などが好評のため、予定の期日を延長して上演すること。continuation of a show ②前の出し物につづけて上演すること。following show

**そく-おう【即応】**(名・サ変自) その場のなりゆき・状態にぴったり合うこと。adaptation 用例時勢に—する。要望に—する。

**そく-おん【促音】** つまる音。語中の、「か・さ・た・ぱ」各行の音の前でつまる。「しっかり」「勝った」「さっさと」「カップ」のように「っ」「ッ」で表す。double consonant

**ぞく-おん【属音】** 音楽で、主音から完全五度上の音。ハ長調のト音など。ドミナント。dominant →主音図

**ぞくおん-がな【促音仮名】** 促音を表す仮名。「っ」「ッ」のこと。

**そくおん-き【足温器】** おだやかな電熱を用いて足元を暖める器具。foot warmer

**そくおん-びん【促音便】** 音便の一つ。「立ちて」が「立って」、「帰りて」が「帰って」となる類。[参照]音便。

**そく-が【側芽】** 茎の途中から出る芽。ふつうは葉のつけ根から出るので腋芽ともいう。lateral bud

**そく-が【側▼臥】**(名・サ変自) ①そばに寝ること。そいね。②からだを横にして寝ること。

**ぞく-が【俗画】** 通俗的な絵。popular picture

**ぞく-かい【俗解】** 通俗的な解釈。ぞっかい。popular interpretation

**ぞく-がい【賊害】** 一(名・サ変他) 人をきずつけ殺すこと。harm and kill 二(名) 賊から受けた害。damage by a robber

**ぞく-がく【俗学】** ①民間に行われる学問。private scholarship ②俗受けするが、浅薄な学問。popular learning

**ぞく-がく【俗楽】** 民間に行われる音楽。長唄・浄瑠璃・俗謡・流行歌など。

**そく-かざん【側火山】** 大型火山の山腹にできる小型火山。火道内の圧力増加による放射状の割れめが、山腹に達した地点にできると考えられる。lateral volcano

**ぞく-がら【続柄】** 「つづきがら」の慣用読み。

**そく-かん【足環】** 鳥の生態や行動範囲などを調べるため、幼鳥の足にはめるプラスチック製の目印。[用例]―調査。

**そく-ぎん【即吟】**(名・サ変他) その場で詩歌をつくること。その詩歌。即詠。improvisation

**ぞく-ぐん【賊軍】** 賊の軍勢。rebel army [対義]官軍。

**ぞく-け【俗気】** 俗っぽい気風・気分。名誉・利益を求める心。俗臭。vulgarity

**そく-げん【▼塞源】** もとをふさぐこと。[用例]抜本―。

**ぞく-げん【俗言】** ①会話などに用いるくだけたことば。俗語。colloquial language [対義]雅言。②世間の取りざた。rumor

**ぞく-げん【俗▼諺】** 世間で言うことわざ。俚諺。popular saying

**ぞく-ご【俗語】** ①下品なことば。くだけたことば。slang ②日常会話で用いられていることば。口語。colloquial language [対義]雅語。

**ぞくこうそうでん【続高僧伝】** 中国、唐の道宣の撰書。全三〇巻。梁の慧皎の『高僧伝』のあとをうけ、梁初から唐初までの高僧三四〇人の事跡を記録。

**そく-こん【側根】** 主根の側方に出る細い根。支根。lateral root

**そく-さ【側鎖】** 炭素化合物において、鎖式化合物の主鎖から枝分かれしている炭素鎖、または環式化合物の環についている炭素鎖。side chain

**そく-ざ【即座】** すぐその場。即席。immediately [用例]―に手を打つ。

**そく-さい【息災】**(名・形動) ①ぶじでいること・さま。たっしゃ。[用例]無病―。②《仏教語》仏力で身のわざわいをとめること。

**ぞく-さい【俗才】** 世渡りや金もうけのうまい才能。世俗の才。世才。

**そくさい-にち【息災日】** 暦注の一つ。何をするにも吉とされる日。春は巳の日、夏は申の日、秋は辰の日、冬は酉の日がこれにあたる。

**ぞくさるみの【続猿▼蓑】** 俳諧撰集。服部沾圃ら編。二冊。元禄一一年(一六九八)刊。蕉門の連句と発句を収める。『俳諧七部集』の第七集。

**そく-さん【速算】**(名・サ変他) そろばんや暗算で、速く計算すること。quick calculation

**そく-し【足▼趾】**《「趾」はくるぶしから下》あし。

**そく-し【即死】**(名・サ変自) ただちに死に至ること。事故などにあった、その場ですぐ死ぬこと。death on the spot

**そく-し【側枝】** 側芽がのびてできた枝。lateral shoot

**そく-じ【即自】**《an sich ドイツの訳語》ヘーゲル弁証法の根本概念の一つ。「正反合」の三重構造の第一段階で、正に対応。他との媒介関係が現れていない、それ自身の存在に即した未発展のもの・段階。アンジヒ。

**そく-じ【即時】**(名・副) すぐ、そのとき。すぐさま。即座。immediately [用例]―払い。

**ぞく-し【賊子】** ①不孝の子。②反逆者。[用例]乱臣―。

**ぞく-じ【俗字】** 正字ではないが、世間で通用している字。また、字画の正しくない漢字。「拘」の「拘」、「刈」の「苅」など。[対義]正字。

**ぞく-じ【俗耳】** 世間の人々の耳。profane ears

**俗耳に入る(ぞくじにいる)** 《多く「俗耳に入りやすい」の形で》ふつうの人に受け入れられる。わかりやすい。やさしい。easy for common people to understand

**ぞく-じ【俗事】** 世間の雑事。つまらない、わずらわしいことがら。worldly affairs

**そくじ-かつ-たいじ【即自かつ対自】**↓アンウントフューアジヒ

**そくじ-こうこく【即時抗告】** 訴訟法上、提起する期間が限られた抗告。民事は一週間、刑事は三日間。

**そくじ-しゅとく【即時取得】** 処分権のない動産の占有者を権利者と信じ、取り引きによってその動産を取得した者が、完全な権利を得ること。

**そく-しつ【側室】** ①正妻(正室)でない女性から生まれた男子。庶子。②《転じて》庶子の母。とくに身分ある人の妾。側女。[対義]正室。

**そく-じつ【即日】**(名・副) すぐ、その日。当日。the same day [用例]―開票。―解散。

**そく-しゃ【速写】**(名・サ変他) 写真などをすばやく写すこと。snapshot

**そくしゃ-ほう【速射砲】** すばやく続けざまに撃てる中小口径の火砲。現在はレーダーと電子機器による照準射撃管制装置をそなえ、艦艇の対空防御などに使用。rapid fire

**ぞく-じゅ【俗儒】** 見識がせまく俗っぽい学者。

**そく-しゅう【束▼脩】**《束ねた干し肉、の意》①古代中国で、入門するとき、持っていった礼の品。②《転じて》入会金・入門料など。

**ぞく-しゅう【俗臭】** 俗っぽい、下品な感じがすること。vulgar taste [用例]―ふんぷん。

**ぞく-しゅう【俗習】** 世間ふつうの、ならわし。custom

**ぞく-しゅつ【続出】**(名・サ変自) 次々に出ること。successive occurrence [用例]故障者の―。問題点が―する。

**ぞく-しゅつ【▼簇出】**(名・サ変自) ↓そうしゅつ(簇出)

**そく-じょ【息女】** むすめ。daughter

**ぞく-しょ【俗書】** ①仏典に対して、それ以外の書物。②つまらない本・筆跡。

**ぞく-しょう【俗称】** ①世間で言いならわしている名。通称。common name ②僧の出家前の名。俗名。

**ぞく-しょう【族称】** もと、国民の身分上の呼び名。華族・士族・平民など。

**ぞく-じょうもんぶんか【続縄文文化】** 北海道において、東北地方の弥生・古墳文化の影響を受けながら、縄文文化の伝統を継承した原始共同社会の文化。八世紀までつづき、オホーツク文化・擦文文化に移行。

**そく-しょく【測色】** 色を物理的に測定し、数値で表すこと。色相・明度・彩度で示すマンセル表色系と、三原色に対応する数値をX・Y・Zで表すXYZ表色系などとがある。colorimetrics

**そくしょく-けい【測色計】** 色が表示する各種数量値を測定する装置。色彩計。colorimeter

**そく-しん【促進】**(名・サ変他) うながし進めること。はかどらせること。promotion [比較]推進。[用例]販売を―する。

**そく-しん【測深】** 深さをはかること。sounding [用例]―器。

**ぞく-しん【俗信】** 民間で信じられている呪術・占い・禁忌・妖怪・霊異などのこと。社会や生活に害をおよぼす俗信は迷信として区別することもある。folk belief

**ぞく-しん【賊心】** ①害を加えようとする心。害心。malicious intent ②ぬすみ心。impulse to steal ③そむく心。rebellious spirit

**ぞく-じん【俗人】** ①出家していない世間ふつうの人。[対義]僧。②風流を解しない人。不粋な人。inelegant man ③趣味のいやしい人。俗物。worldling

**ぞく-じん【俗▼塵】** 世間のわずらわしさ。earthly affairs [用例]―をさける。

**そくしん-き【測深器・測深機】** 水深を測る機械。索におもりをつけて繰り出し、海底に到達したときの索の長さで測る。現在は、索に代わり、超音波による音響測深が多い。測深儀。sounding machine

**ぞくじん-きゅう【属人給】** 賃金の基本給算定方式の一つ。学歴・年齢・勤続年数など、職務以外の個人的属性を基準とする。wage based on personal qualifications

**ぞくじん-しゅぎ【属人主義】** 国際私法上、人のおもむいた場所が国外であったとしても、その人の国の法律を適用すべきであるとする考え方。nationality principle [対義]属地主義。

**そくしん-じょうぶつ【即身成仏】**《仏教語》現世での、なま身の体そのままで仏となれるという考え方。とくに真言宗で重視する思想。

**そくしん-ぜぶつ【即心是仏】**《仏教語》衆生の迷いの心がそのまま仏であるということ。浄土宗では阿弥陀仏を心で思うとき、自己と弥陀が合一することを説く。即心即仏。是心即仏。

**そくしん-たい【側心体】** 昆虫のアラタ体の前方にある器官。おもに脳の神経分泌細胞でつくられるホルモンを蓄えて体液中に放出する。また、代謝や心筋に働くホルモンも分泌。corpus cardiacum

**ぞくじん-ほう【属人法】** 国際私法上、人がどこへ行っても適用される、その人の属する国または地域の法律。personal statutes [対義]属地法。

**そく-ず【▼蒴▼藋】** スイカズラ科の多年草。茎は緑褐色で太く直立。葉は奇数羽状複葉。八月に、茎の先に密に白色小花を開く。クサニワトコ。

**そく-すい【測錘】** 測量のとき、鉛直の方向を知るために使うおもり。

**そく・する【即する】**(サ変自) ぴったりする。適応する。よく合う。即す。conform [用例]実情に―。

**そく・する【則する】**(サ変自) のっとる。従う。則す。conform [用例]規則に―。

**ぞく・する【属する】**(サ変自) =属す。①従う。つく。be subject to ②その種類・範囲の中にある。belong to

**ぞく・する【賊する】**(サ変他) =賊す。①そこなう。害する。harm ②殺す。kill ③いじめる。しいたげる。oppress

**そく-せい【束生】** 植物で、茎・枝・葉・花などが多数近接してはえ、たばのようになっていること。fasciation

**そく-せい【即製】**(名・サ変他) すぐその場で作ること。まにあわせに、その場で作ること。make on the spot

**そく-せい【促成】**(名・サ変他) 人工的に手を加えて、早く生長させること。forcing

**そく-せい【速成】**(名・サ変自他) ①急いで仕上げること。rapid completion ②短期間に養成すること。intensive training

**ぞく-せい【俗姓】** 出家する前の姓。[比較]俗名。

**ぞく-せい【族生・▼簇生】**(名・サ変自) むらがりはえること。群生。gregarious grow

**ぞく-せい【族制】** 家族・氏族などのような、血縁関係に基づく社会組織のしくみ。the patriarchal system

**ぞく-せい【属性】** ①そのものにそなわっている性質。そのものに属する性質。attribute [用例]花は形・色・においなどと、多くの―を持っている。②哲学で、そのものの本質をなす性質。それがなかったら、そのものでなくなるような固有の性質。attribute

**ぞく-せい【続生】**(名・サ変自) 次々と続いて生じること。successive occurrence

**そくせい-さいばい【促成栽培】** 温室などの人工的な加温により普通栽培よりも早く収穫する栽培法。forcing culture

**ぞくせい-さよう【続成作用】** 柔らかい堆積物が、固い堆積岩に変化するまでの物理的・化学的変化の過程。diagenesis

**そくせい-どうぶつ【側生動物】** 系統発生的にみた場合の海綿動物の異名。海綿動物は形態・発生などが特異で、他のすべての後生動物とは異なるので、系統的にそれらと無縁の袋小路に入った側枝という意味で言う。

**そく-せき【足跡】** ①あしあと。footprint [用例]―を印する。②たどってきたあと。course ③なしとげた事業。achievement

**そく-せき【即席】** ①その場ですぐ行うこと。on the spot [用例]―でかいた絵。②すぐできること。まにあわせ。makeshift [用例]―料理。

**ぞく-せき【族籍】** 華族・士族・平民などの身分。族称を戸籍簿に記入したことから言う語。

**そくせき-づけ【即席漬(け)】** 一～二時間から一晩くらい、味をしみ込ませた漬物。塩分が少なくてすみ、サラダ代わりにもなる。

**ぞく-せけん【俗世間】** 俗人の世。この世。う



▼常用漢字表外。 ▽常用漢字表の音訓外。

き世。the world

**ぞく-せつ【俗説】** 学問的根拠もなく世間一般にいわれている説。common saying

**そく-せん【即戦】** 訓練をしなくても、すぐ戦えること。用例 —力。

**そく-せん【側線】** ①文字のわきに引いた線。sideline ②列車の本線以外の線路。操車・引き込みなどの線路。sidetrack ③魚類・両生類などの体側中央を縦走する線状構造。側線の直下には感覚細胞の集団が一定の間隔で配列し、水流や水圧などを感受する。lateral line ↓魚図

**そくせん-しょう【塞栓症】** 血管やリンパ管中に血栓の脱落や異物の移入があり、それが脈管の細い部分にひっかかって、管の一部または全部をふさぐ現象。embolism

**そくせん-そっけつ【速戦即決】**(名・サ変自)《「即戦」は誤り》一気に勝敗を決めること。blitz tactics

**ぞく-そう【俗僧】** 俗っぽく、心のいやしい僧。

**ぞく-そう【賊巣】** 盗賊のすみか。

**そく-そく【惻惻】**(形動トタル) 悲しみいたむさま。身にしみて感じるさま。sympathy

**ぞく-ぞく**(副・サ変自) ①期待・うれしさで心のおどるさま。thrill ②寒気がする。feel chilly ③恐ろしさのために身ぶるいするさま。

**ぞく-ぞく【続続】**(副) 次々と続いて絶えないさま。successively 比較 脈脈。

**そく-たい【束帯】** ①儀式などに着る正式の服装をすること。②平安時代以降、天皇や文武百官の朝廷での正装。冠をかぶり、袍を着用し、文官は笏を、武官は太刀・弓矢を持つ。比較 衣冠。↓図

**そく-だい【即題】** ①その場で答えさせる問題。question for immediate answer 対義 宿題。②作曲しながら、その場で演奏すること。improvisation ③題を出し、その場で詩歌・文章を作らせること。その題。impromptu composition 対義 兼題。

**ぞく-たい【俗体】** ①僧でないふつうの人の姿。対義 法体・僧体。②無風流なようす。inelegance

**ぞく-たい【俗諦】**《仏教語》真俗二諦の一つ。世間一般で認められている真理。世俗の道理。世俗諦。対義 真諦。

**そく-だく【即諾】**(名・サ変他) その場ですぐ承諾すること。immediate acceptance

**そく-たつ【速達】** 一(名・サ変自他) すみやかにとどく、また、とどけること。express delivery 二(名)「速達郵便」の略。

**そくたつ-ゆうびん【速達郵便】** 郵便物の特殊取扱の一つ。特別の料金によって他の郵便物に優先して運び、配達局から宛先に即時配達する制度。また、その郵便物。special delivery mail米; express delivery post英

**そく-だん【即断】**(名・サ変他) その場ですぐ決めること。即決。immediate decision

**そく-だん【速断】**(名・サ変他) ①急いで決めること。prompt decision ②早まって判断すること。hasty conclusion 用例 —にすぎる。

**ぞく-だん【俗談】** ①世間話。gossip ②無風流な話。unrefined talking

**そく-ち【測地】**(名・サ変自他) 土地の広さ・形状などをはかること。land surveying

**そくち-えいせい【測地衛星】** 地球上の地点を正確に計測するために用いる人工衛星。表面についている反射器で地上から送ったレーザーを反射させ、それを地上で受信し、その往復時間から、二点間の距離を求める。geodetic satellite

**ぞくち-しゅぎ【属地主義】** 法の効力がおよぶ範囲を、その法が制定された領域内だけに限定しようとする考え方。territorial principal 対義 属人主義。

**そくち-せん【測地線】** 曲面上の曲線で、二点間の長さが最短になる曲線。たとえば、球面上では大円の弧が測地線である。geodesic

**ぞくち-ほう【属地法】** 国際私法上、物件が所在するか行為が発生した国の法律。対義 属人法。

**ぞく-ちゅう【簇虫】** 胞子虫類中の一群。グレガリナ類の総称。すべて顕微鏡的な微生物で、無脊椎動物の消化管や体腔に寄生する。グレガリナ。gregarine

**ぞく-ちょう【族長】** ①一族の長。patriarch ②家長。the head of a family

**ぞくっ-ぽ・い【俗っぽい】**(形) 通俗的である。品がない。vulgar 派生 ぞくっぽさ(名)

**そく-づみ【即詰(み)】** 将棋で、王手の連続で詰みになること。

**そく-てい【測定】**(名・サ変他) 器械などを用いて、物理量を数値で表す操作。物差しで長さを測るような直接測定と、移動距離と時間から速度を算出するような間接測定がある。measurement 用例 体力—。

**ソグディアナ【Sogdiana】** ソ連、ウズベク共和国のサマルカンドを中心とするオアシス地域の古名。イラン系のソグド人が住み、古くから中国との通商活動に従事した。ソグド。

**そくてい-き【測程器】** 船の走行距離(航程)や速度を測定する機器の総称。古くは測程儀。ログ。log

**ぞく-でん【俗伝】** 世間で通用している、言い伝え。俗説。vulgar idea

**そくてん-きょし【則天去私】**《夏目漱石のことば》小さい自分の心を超越して、宇宙の大きな道に従うこと。

**そくてん-ぶこう【則天武后】**(六二四〜七〇五) 中国、唐の高宗の皇后。病身の帝に代わり国政を専断。中宗・睿宗を廃し六九〇年即位。国号を周とし聖神皇帝と称した。七〇五年退位して中宗が復位、唐朝が復活した。武后。

**そく-ど【速度】** ①進行する速さ。スピード。speed 用例 制限—。②ある物体について、その質点の単位時間に移動する距離(速さ)と、向きとを同時に示す物理量。進行方向を向き、速さを大きさとするベクトルで表す。velocity

**そく-ど【測度】** ①ある量をはかること。また、ある単位で、ある量をはかったときの数値。measure ②数学で、長さ・面積・体積などを拡張した概念として、一般の集合に対して定義された量。measure

**ソグド【Soghd・粟特】** ソグディアナの別称。

**ぞく-と【賊徒】** 悪者・反逆者の仲間。賊党。rebels

**そく-とう【即答】**(名・サ変自) その場ですぐに答えること。また、その答え。immediate answer 用例 —を求める。

**ぞく-とう【属島】** その国または本島に属する島。

**ぞく-とう【続投】**(名・サ変自) 野球で、投手が引き続いて投球すること。continue to pitch

**ぞく-とう【続騰】**(名・サ変自) 物価・相場などが、引き続いて上がること。continued advance 対義 続落。用例 株価—。

**そくとう-よう【側頭葉】** 大脳半球の一部で、外側溝の下方にある部分。聴覚・言語・記憶などの中枢部。temporal lobe ↓脳図

**そくど-きごう【速度記号】** 楽曲を演奏する速さを示す記号。ふつう一分間に演奏する四分音符の数で表す。tempo mark

**そくどきょり-かんけい【速度距離関係】** スペクトルの赤方偏移から導かれる後退速度と、銀河の距離が比例関係にあるという法則。ハッブルの法則。velocity-distance relation

**そく-どく【速読】**(名・サ変他) 本などをはやく読むこと。

**そくど-けい【速度計】** 自動車・航空機などにとりつけ、その速度を測定・表示する装置の総称。speedometer

**ソグド-じん【ソグド人】** ソグディアナに拠ったイラン系住民。五〜九世紀に中国・インド・ビザンチンにかけて通商を行い、中国では商胡または賈胡とよばれた。マニ教・ゾロアスター教・ソグド文字などの宗教や文化の伝播に貢献。Sogdian

**そくど-せいぶん【速度成分】** 速度ベクトルを座標系の成分である各座標軸への射影で表したもの。component of velocity

**そくど-ひょうご【速度標語】** 音楽で、楽曲の速度を指示する語。アレグロ・アンダンテなど。

**そくど-ベクトル【速度ベクトル】** 運動する物体の速さと向きとをいっしょにしてベクトルで表したもの。velocity vector

**ぞく-に【俗に】**(副) 世間で。ふつうに。一般に。commonly

**ソクニ-サン【俗離山】**(Sokni San) ↓ぞくりさん(俗離山)

**ソグネフィヨルド【Sognefjord】** ノルウェー南西部の同国最大のフィヨルド(＝峡湾)。全長一八〇km、水深一二五〇m。

**ぞく-ねん【俗念】** 世俗的な利益・名誉・快楽をよろこぶ心。earthly desires 用例 —を去る。

**そく-のう【即納】**(名・サ変他) その場ですぐに納めること。immediate payment

**そく-ばい【即売】**(名・サ変他) その場で売ること。sell on the spot 用例 展示—会。

**ぞく-はい【俗輩】** 見識や上品さのない者ども。くだらないやつら。俗人ども。

**そく-ばく【若干】**(副) ↓そこばく(若干)

**そく-ばく【束縛】**(名・サ変他) ①たばね、しばること。bind ②自由を奪うこと。拘束。restraint 対義 解放。用例 —をのがれる。

**そくばく-でんし【束縛電子】** 原子や分子内のきまった軌道にあって、そこから自由に飛び出せない電子。bound electron 対義 自由電子。

**そく-はたい【側波帯】** 搬送波が変調されるとき生じる、搬送波に近い周波数成分。変調波に含まれる情報は、側波帯中に含まれており、これの伝送は通信上重要。side band

**そく-はつ【束髪】** ①髪を束ねて結ぶこと。②明治以後の女性の髪型の一つ。ひさし髪・耳隠しなど。↓図

●束髪②

**そく-はつ【即発】**(名・サ変自) 即座に爆発すること。すぐさま起こること。simmer 用例 一触—。

**ぞく-はつ【続発】**(名・サ変自) 引き続いて起こること。successive occurrence 用例 事件の—。難問の—。

**ぞく-ばなれ【俗離れ】**(名・サ変自) 行いや考えがふつうの人と違っていること。世間離れ。unworldliness

**そ-くび【素首】** 人の首をいやしめていう語。そっくび。

**そくび-けい【測微計】** ↓マイクロメーター

**そく-ひつ【速筆】** 書くのが速いこと。quick

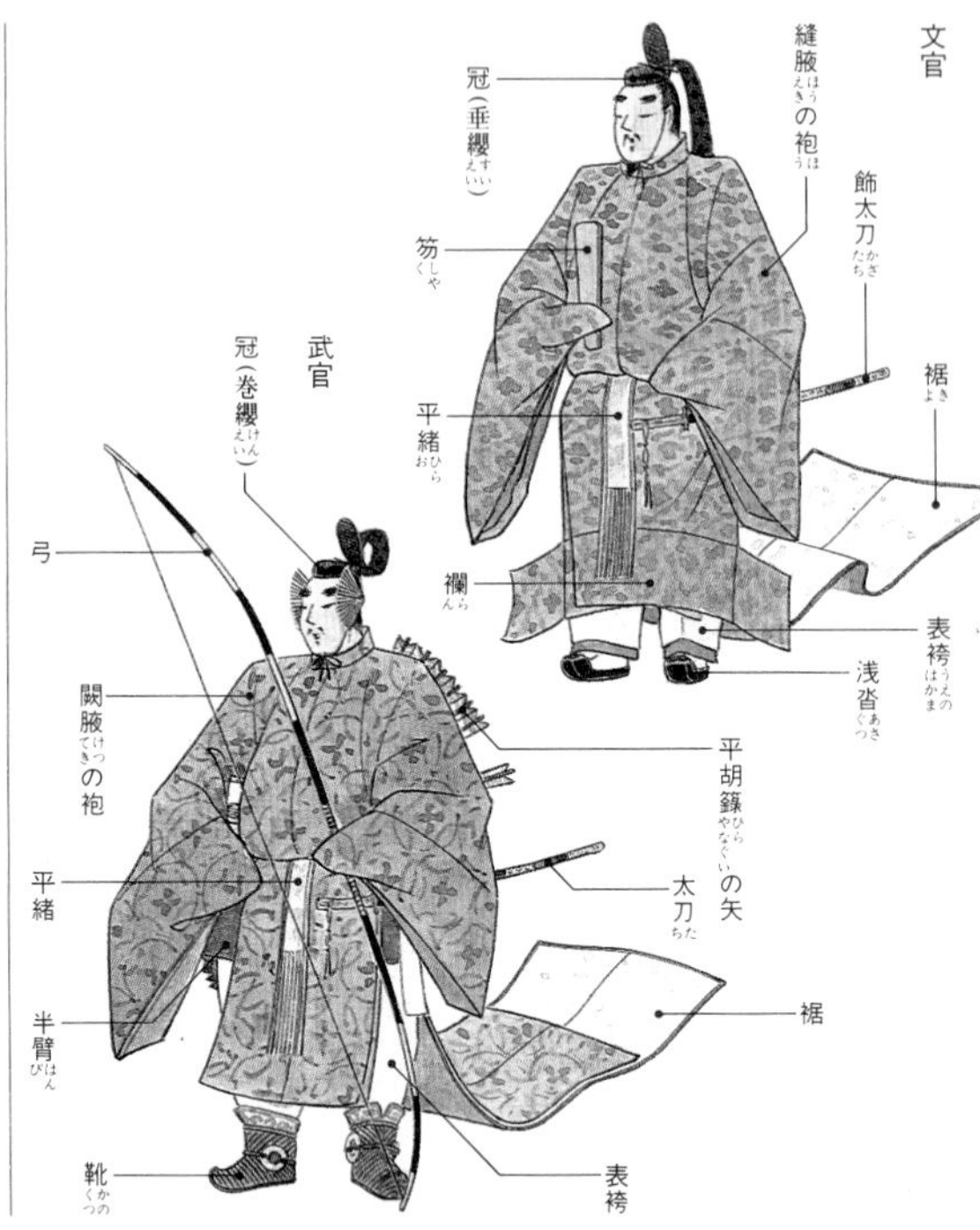

●束帯② 鎌倉時代の束帯

writing 対義 遅筆。

**ぞく-ふ【族譜】** 中国で、一族に関する記録。六朝時代、家の系譜・格式が官吏任用の重要な要素とされたため譜学(系譜の学)が発達。唐代には勅撰による氏族譜『貞観氏族志』がつくられた。宋代以降、同族の結束をはかるための作成が流行。宗譜。家譜。

**そくふう-ききゅう【測風気球】** 高層気象観測用の気球。観測用の器械と無線機をつけて飛ばす。pilot balloon

**そくふう-とう【測風塔】** 風向計や風速計を設置する塔。高さ一〇m以上。anemometer tower

**ぞく-ぶつ【俗物】** ①世俗的な名誉や利益にとりつかれている人。snob 用例 —根性。②無教養な人。くだらないやつ。俗人。worldling

**そくぶつ-てき【即物的】**(形動) ①表現・認識などで、現実のままに客観的に観察し、忠実に研究するさま。realistic 用例 —な描写。②理論・理想に乏しく、現実肯定的であるさま。realistic ③物欲的な利害関係ばかり考えているさま。utilitarian

**ぞく-ぶん【▼仄聞・側聞】**(名・サ変他) もれ聞くこと。うわさに聞くこと。happen to know

**ぞく-ぶん【俗文】** 俗語を使った文章。日常的、一般的な文章。colloquial style 対義 雅文。

**そく-へき【側壁】** 側面のかべ。側面のしきり。side wall

**ぞく-へん【続編・続▼篇】** 書物や映画などで、正編や本編に続いて書かれたり、作られたりするもの。sequel 対義 正編。

**そく-ほ【速歩】** 速く歩くこと。はやあし。trot

**そく-ほう【速報】**(名・サ変他) すばやく知らせること。また、その知らせ。prompt report 用例 選挙—。

**ぞく-ほう【続報】**(名・サ変他) 続けて知らせること。また、その知らせ。further news

**そく-みょう【即妙】** 即座に働く才知。機転。とんち。ready wit 用例 当意—。

**ぞく-みょう【俗名】** ＝ぞくめい。①世間での通り名。通称。common name ②《仏教語》僧の出家前、または死者の生前の名まえ。対義 戒名・法名。

**ぞく-む【俗務】** 世間のわずらわしい仕事。俗用。俗事。

**ぞく-めい【俗名】** ①→ぞくみょう(俗名)。②俗世間的な名声。vulgar reputation

**ぞく-めい【賊名】** 賊徒としての名。用例 —をこうむる。

**そく-めん【側面】** ①物の左右の面。横の側。side ②はた。わき。flank 用例 —から援助する。③多くの中の一面。aspect 用例 文学的な—。④数学で、立体図形の上面・底面以外の面。side

**そくめん-ず【側面図】** 物体を側面から見た状態を平面的に示す投影図。side view; side elevation

**そく-もん【足紋】** 足指の裏にある皮膚の紋様。ヒトでは親指球部に渦状紋または蹄状紋がある。各指間に紋がないことも多い。sole pattern

**そく-や【即夜】** すぐその夜。当夜。on the very night

**ぞく-よう【俗用】** 世間的な、わずらわしい用事。俗事。

**ぞく-よう【俗謡】** ①民謡・流行歌・俗曲などを含めた通俗的な歌。②民謡が都会に伝わり、歌い手により技巧化され、座敷歌、舞台用の歌などに変質したもの。

**ぞく-よう【族葉】** 一族の人々。

**そくら** おだてること。けしかけること。

**そくらをかう** けしかける。おだてる。

**ぞく-らく【続落】**(名・サ変自) 物価・相場などが、引き続いて下がること。continued fall 対義 続騰。

**ソクラテス【Sōkratēs】**(BC四六九/BC三九九) 古代ギリシアの哲学者。アテネで独特の対話術により人々に無知を自覚させ、道徳意識の改革に努めたが、青年を惑わすものとして自決させられた。フィロソフィア(＝愛知)としての哲学の祖とされ、弟子プラトンがその教説を叙述。

**ぞく-り【俗吏】** ①見識のない、いやしい役人。vulgar official ②官吏・役人を見下げていう語。

**ぞく-り【属吏】** 下級役人。属僚。subordinate

**ぞくり-さん【俗離山】** 韓国中央部、小白山脈中の奇勝に富む名山。標高一〇五七m。山麓に名刹法住寺がある。ソクニサン。

**ぞく-りゅう【俗流】** 俗物の仲間。俗人たち。

**ぞく-りゅう【▼粟粒】** ①あわのつぶ。②あわつぶほどに小さいもの。非常に小さいもの。

**ぞくりゅう-けっかく【▼粟粒結核】** 結核菌による一種の敗血症。もっとも急性の結核。高熱・呼吸困難・頻脈などが顕著で、全身状態も急速に悪化する。現在、多くは化学療法で治る。miliary tuberculosis

**そく-りょう【測量】**(名・サ変他) ①測定器械を用いて物の高さ・長さ・深さ・広さ・距離などを知ること。measurement ②地上のある部分の位置・形状・面積を測定すること。また、地図などに図示すること。survey

**ぞく-りょう【属僚】** 下級役人。属吏。subordinate

**ぞく-りょう【属領】** その国に付属した領地。植民地。colony

**そくりょう-せん【測量船】** 一海図作成のため、洋上で測量に従事する船。水深・潮流や海底・海岸の形状などを測量する。surveying ship 二三好達治の処女詩集。昭和五年(一九三〇)刊。伝統的な「もののあはれ」に連なる情感を、口語自由詩・散文詩など多様な形式でみずみずしく表現。

**そく-りょく【速力】** 速さ。速度。スピード。speed 用例 —を落とす。

**そく-ろう【足労】**《上に「ご」を付けて、相手に出向いてもらう意の敬語に用いる》足を運ぶこと。用例 ご—をわずらわします。

**ぞく-ろん【俗論】** ありふれた論。俗受けのする、見識のない議論。conventional view 対義 卓見。

**そぐわ-し・い**(形) ふさわしい。似つかわしい。

**そぐわ-ない**(連語) 似つかわしくない。ふさわしくない。unsuitable

**そ-けい【素▼馨】** モクセイ科の常緑低木。ジャスミンの一種。葉は奇数羽状複葉。夏から秋に、先が四裂する芳香のある白い花を開く。香油の材料。インド原産。

**そ-けい【粗景】** そまつな景品。出すほうで、景品をけんそんしていう語。

**そけい-かん【▼鼠径管・▼鼠▼蹊管】** 腹筋の下縁の鼠径靭帯に平行し、そのすぐ上にある長さ四、五cmの管。男子では精索、女子では子宮円索が通っている。inguinal canal

**そけい-ぶ【▼鼠径部・▼鼠▼蹊部】** もものつけ根の内側。腹筋下縁の鼠径靭帯の内下方を下肢へ分布する血管が通り、男子では精索がこの靭帯を斜めに貫き陰嚢へとつづく。inguinal portion

**そけい-リンパせつ【▼鼠径リンパ節】** ものつけ根の内側にあり、下肢に分布する深・浅リンパ管を受けるリンパ節。inguinal lymph node

**そけいリンパにくがしゅ-しょう【▼鼠径リンパ肉芽▼腫症】** クラミジア感染による性病の一種。男女の外陰部に小丘疹・小水疱を生じたのち、鼠径リンパ節が硬く腫脹し団塊から膿汁を出す。第四性病。

**そ-げき【▼狙撃】**(名・サ変他) ねらいうつこと。snipe 用例 —兵。

**ソケット【socket】** 配電用コードなどの端末にとりつけ、電球などを保持し通電するための器具。

**そ・げる【▽削げる・▽殺げる】**(下一自) けずられる。そいだようになる。split; become lean 用例 ほおの肉が—。

**そ-けん【素絹】** ①練ってない粗末な絹。綾紋のない生絹。coarse silk ②《「素絹の衣」の略》僧の略服。そで口が広く、たけが長い。

**そ-けん【訴権】** 民事訴訟上、裁判所の裁判を要求しうる権利。right of action

**そ-げん【▼遡源・▼溯源】**(名・サ変自)《「さくげん」は慣用読み》みなもとにさかのぼること。

**そげん-は【素元波】** 波が進んでいくとき、波面上のおのおのの点から発生すると考えられる球面波。ホイヘンスが光の波動説を説明するのに導入。波の反射や屈折の現象が説明できる。elementary wave

**そこ【底】** ①くぼんだものの最下部。the bottom 用例 池の—。箱の—。②表面から離れたずっと下の所。用例 地の—。③物事のきわまる所。はて。the bottom 用例 —が知れない。④奥にあるほんとうのもの。用例 —力。⑤心の奥。本心。心底。the bottom of one's heart 用例 —をわって話す。⑥もっとも安い値段。the bottom price 用例 —値。

**底が浅い(そこがあさい)** 内容に深みがない。shallow

**底が知れない(そこがしれない)** ①容量がどれだけあるのかわからない。際限がない。immeasurable ②心の中をうかがうことができない。mysterious

**底が見える(そこがみえる)** ①物事の究極の状態が現れる。正体がはっきりする。②心の奥底が見えてしまう。何を考えているかがわかる。下ごころが知れる。be seen through

**底が割れる(そこがわれる)** 相手の隠していたことがわかってしまう。be seen through

**底知れない(そこしれない)** 「底が知れない」と同意。

**底を入れる(そこをいれる)** ①相場の下落が止まる。底値になる。②宴会などの前にあらかじめ酒を飲む。

**底を押す(そこをおす)** 念をおす。

**底を極める(そこをきわめる)** もっとも奥深いところを知る。極意・奥義を極める。master the essence of

**底を突く(そこをつく)** ①相場が最低になる。reach the bottom ②たくわえがなくなる。限度までくる。exhaust one's savings

**底を叩く(そこをはたく)** 中身を出しきる。

**底を払う(そこをはらう)** 「底を叩く」と同意。

**底を割る(そこをわる)** ①心中を打ち明ける。open one's heart 用例 底を割って相談する。②底値と見られたところよりなお下がる。go below the bottom

**そ-こ【▼其▽処・▼其▽所】**(代) ①相手に近い所、また話し手から少し離れた場所をさす語。there 対義 こ・あそこ・かしこ。用例 —からここまで。すぐ—にいる。②いま話に出た事柄をさしていう語。そのこと。それ。that 用例 —が知りたい。—があいつのいいところだ。③古語 おまえ。そこもと。用例 —をのみなむ、かかるほどより明け暮れ見し(源氏・紅葉賀)。

**其処は其れ(そこはそれ)** 互いに理解しあった事柄を確認した上で、さらに説明を進めるときのことば。用例 —彼のことだから。

**其処へ行くと(そこへいくと)** そういう点から考えると。from that point of view 用例 —おれは心配ない。

**其処へ持って来て(そこへもってきて)** そのうえ、さらに。

**そ-ご【祖語】** 同系の諸言語のもととされる言語。イタリア語・フランス語・スペイン語などロマンス諸語に対する俗ラテン語の類。共通基語。parent language 参照 母語。

**そ-ご【▼齟▼齬】**(名・サ変自)《歯が合わない意から》食い違うこと。行き違い。手違い。discordance 用例 —をきたす。

**そこ-あげ【底上げ】**(名・サ変自他) 低い水準を引き上げること。raise 用例 生活水準の—。

**そこ-い【底意】** ①心の奥底。下心。secret intention 用例 —を見ぬく。②心の中のわだかまり。reserve 用例 —のない話。

**そこ-いじ【底意地】** 心の奥底に含んでもっている意地。hidden nature

**そこいじ-わる・い【底意地悪い】**(形) ひどく意地が悪い。malicious

**そこ-いら【▼其▽処いら】**(代) →そこら(其処ら)

**そこ-いれ【底入れ】** ①景気がこれ以上悪くならないという状態。bottom out of economy ②下がり続けた相場が底をつき、上向きになりかける寸前の状態。touch the bottom

**そ-こう【素行】** 平素の行い。品行。conduct

**そ-こう【粗▼肴】** そまつなさかな。客にすすめる料理をけんそんしていう語。用例 粗酒—。

**そ-こう【粗鉱】** 採掘したままの鉱石。選鉱によって、有用鉱物含有量を高める。crude ore

**そ-こう【粗鋼】** 製鋼炉で製造されたままで、圧延・鍛造などの加工を施されていない鋼。crude steel

**そ-こう【▼遡行・▼溯江】**(名・サ変自) 川をさかのぼって行くこと。sail against a stream

**そ-こう【▼鼠口】** ネズミの口。

**鼠口、終に象牙無し(そこう、ついにぞうげなし)**《ネズミの口に象牙のはえることはないことから》凡人にりっぱなことが言えるはずがないというたとえ。

**そこ-うお【底魚】** 海底付近、または海底の砂泥中にすむ魚類。カレイ・ヒラメ・アンコウ・タラなど。bottom fish 対義 浮き魚。

**そこう-けん【租鉱権】** 採掘権者との契約により、一定の鉱区で鉱物を採掘取得する権利。

**そこう-しょう【▼鼠▼咬症】** おもにネズミに咬まれて起こる病気。ネズミのかみ傷が治ってから、皮膚に発疹ができ、リンパ節がはれて高熱を発する。鼠咬症スピロヘータによる。ペニシリンなどが有効。rat-bite fever

**そこ-かしこ【▼其▽処▼彼▽処】**(代) あちらこちら。ほうぼう。here and there 用例 —で声がする。

**そこ-がた・い【底堅い】**(形) 相場が下がりそうで下がらない。

**そこきみ-わる・い【底気味悪い】**(形) なんとなく気味が悪い。ominous 用例 ― いんぎんさ。

**そ-こく【祖国】** ①先祖以来住んできた国。生まれた国。one's homeland ②民族の分かれて出た、もとの国。本国。the mother country

**そこくのきろく【祖国の記録】**(Otechestvennye zapiski(ロシ)) ロシアの文芸評論誌。一八三九～四六年、ベリンスキーの編集で進歩派の雑誌として名声を獲得。一八八四年まで継続。

**そこ-そこ** 一(副) 急いでいるさま。落ち着かないさま。hurriedly 用例 あいさつも ― に帰る。 二(接尾) だいたいそれくらい。ばかり。about 用例 一〇〇〇円 ― の品。

**そこ-ち【底地】** 借地権が設定されている土地。また、その土地の所有権。用例 ― 買い。

**そこ-ぢから【底力】** いざとなると出る実力。potentiality 用例 ― を発揮する。

**そ-こつ【粗▾忽】**(名・形動) ①そそっかしいこと・さま。軽はずみ。careless 用例 ― 者。②あやまち。失敗。fault 用例 ― をおわびします。③失礼。rudeness

**そこ-つち【底土】** 下層の土。対義 上土。

**そこつのししゃ【粗▾忽の使者】** 落語の題名。そそっかしい侍が、使者としての口上を忘れ、出入りの大工に釘ぬきで尻をつねってもらい、聞かずに出てきたのを思い出す滑稽噺。

**そこ-づみ【底積み】** 他の物のいちばん下に積むこと・荷物。下積み。底荷。goods stowed in the bottom

**そこ-で【▾其▿処で】**(接続) ①そういうわけで。それで。だから。so 用例 ― お願いしたいのだが。②さて。ところで。now

**ソコトラ-とう【ソコトラ島】**(Socotra) アフリカ大陸東端、ソマリアのアシール岬東方にある島。主産業は漁業や牧畜。面積三一〇八$km^2$。南イエメン領。

**そこ-とり【底取(り)】** 茶道で用いる灰匙の一種。銅製で平たい椀型。柄を竹の皮で巻き、さらに糸で巻き上げる。下取り杓子。

**そこ-な【▾其▿処な】** 古語 (連体) ((「そこなる」の転))そこにいる。そこの。用例 やい、― 女め(狂言・法師物狂)。

**そこな・う【損なう】**(五他) ①物をこわす。②((「害う」とも))正常な状態を失わせる。hurt; injure 用例 機嫌を ― 。健康を ― 。③((「害う」とも))殺傷する。hurt 用例 多くの人を ― 。④((動詞の連用形に付いて))…しまちがえる。うっかり…しないでしまう。機会をのがす。fail to 用例 聞き ― 。見 ― 。死に ― 。

**そこ-なし【底無し】** ①そこぬけ。bottomless 用例 ― の箱。②はてがないこと。insatiable 用例 ― の飲んべえ。

**そこ・ぬ【損ぬ】** 古語 (下二他) ↓そこねる(損ねる)

**そこ-ぬけ【底抜け】** 一(名) ①底がないこと・物。bottomless ②しまりがないこと・人。loose 二(名・形動) とめどがなく、はなはだしいこと・さま。extremely 用例 ― の善人。

**そこ-ね【底値】** 相場が下がりきった時点での値段。floor price; bottom price 対義 天井値。

**そこ・ねる【損ねる】**(下一他) 損なう。hurt 用例 ― をつく。

(用例 気分を ― 。)

**そこ-のけ【▾其▿処▿退け】** ((名詞の下に付いて))それ以上にすぐれていることを表す語。…はだし。用例 本職 ― のうでまえ。

**そこはか-と** 古語 (副) ①((多く下に打ち消しの語をともなって))あきらかに。はっきりと。確かに。用例 なやみ給ふさま ― 見えず(源氏・若菜下)。②なんとなく。とりとめもなく。そこはかとなく。用例 ― 思ひ続けてきてみれば(新古今・哀傷)。

**そこはかと-なく**(副) なんということなく。ただわけもなく。vaguely

**そこ-ばく【▿若▿干】**(副) いくらか。いくつか。多少。じゃっかん。そくばく。そこば。そこばこ。some

**そこ-ひ【底▿方】** 古語 きわみ。はて。用例 さをさせど ― もしらぬわたつみの(土佐)。

**そこ-ひ【底▾翳・▿内▿障】** 眼球内の病気。白そこひ(白内障)・青そこひ(緑内障)・黒そこひ(黒内障)がある。cataract 対義 上翳。

**そこ-びえ【底冷え】**(名・サ変自) 体のしんまで冷えること。be chilled to the bone

**そこ-びかり【底光り】**(名・サ変自) ①表面ではなく、奥底から光る光。profound luster ②実力や価値を奥深い所にもっていること。profound 用例 ― のする作品。

**そこびき-あみ【底引(き)網・底▾曳(き)網】** 水底の魚をとるために用いる網。手繰網・打瀬網・地引き網・トロール網・機船底引き網など。trawl ↓図

**そこびきあみ-ぎょぎょう【底引(き)網漁業】** 一、二隻の船で網を底につけて引いて漁獲する漁業。トロール漁業が代表的。trawling

**そこ-ほん【底本】** ((「底本」を「定本」と区別するためのよび方))↓ていほん(底本)

**そこ-まめ【底豆・底▿肉▿刺】** 足の裏にできる豆のような形の水ぶくれ。corn

**そこ-もと【▾其▿処▿許】**(代) ①その所。そのへん。そこ。there ②古語 そなた。あなた。そのもと。用例 ― 呼びに参ったは(浄瑠璃・博多小女郎波枕)。

**そこ-ら【▾其▿処ら】** ＝そこいら。一(代) ①少し離れた場所を漠然とさす語。そのへん。そのあたり。there 用例 ― にあるはずだ。②今、話題になっていること・点を漠然とさす語。that 用例 ― が妥当な線だ。二(名) ((数を表す語などの下に付いて))その程度。そのくらい。about 用例 一〇人か ― の子どもたち。

**そこ-ら** 古語 (副) ①そんなにたくさん。多く。用例 ― の年頃、― の金たまひて(竹取)。②ひじょうに。はなはだ。用例 こなたかなたの御送りの人ども、寺々の念仏僧など、― 広き野に所もなし(源氏・葵)。

**そ-さい【▾蔬菜】** おもに副食物にする野菜。青物。vegetables

**そ-ざい【素材】** ①物のできている、もとの材料。material 比較 原料・材料。用例 ― を生かす。②芸術作品の材料。material 比較 題材。用例 民話を ― にした小説。

**そざい-かんづめ【素材缶詰(め)】** 料理材料として野菜や魚介類などを、水煮か油漬けにした缶詰め。

**ソサエティー【society】** ①社会。②協会。学会。団体。③社交界。

**そ-ざつ【粗雑・疎雑】**(形動) 大ざっぱで、いいかげんなさま。そまつ。雑。coarse 対義 精密・綿密。用例 ― な出来。

**そ-さん【素▾餐】** てがらも実力もないのに高給を取っていること。禄盗人。用例 尸位 ― 。

**そ-さん【粗▾餐】** そまつな食事。人にすすめる食事をけんそんしていう語。

**そ-し【阻止・▾沮止】**(名・サ変他) さえぎり止めること。obstruction 用例 暴力を ― 。

● 底引き網 機船底引き網

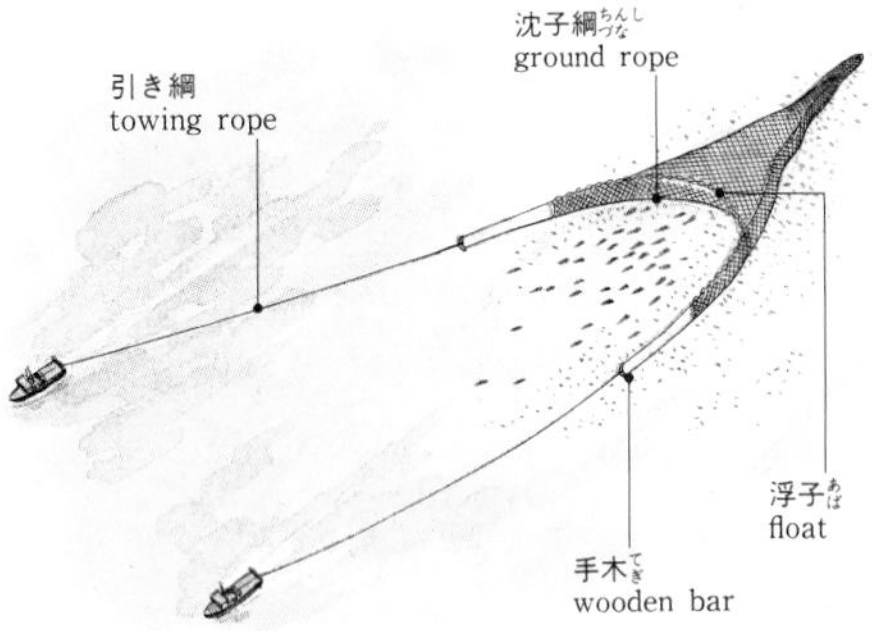


**そ-し【祖師】** 一宗一派の開祖。とくに、日蓮をさす。用例 お ― 様。

**そ-し【素子】** 一定の電気特性をもち、電気回路を構成する要素。抵抗・コイル・コンデンサー・電池・トランジスターなど。elemental device

**そ-し【素志】** かねてからの願い。平生からの志。素懐。宿志。one's heart's desire

**そ-じ【素地】** ①きじ。下地。inclination 用例 文才の ― がある。②土台。きそ。groundwork 用例 交渉の ― を固める。

**そ-じ【措辞】** ①ことばの使い方。言い回し。wording ②詩文の字句の使い方。wording in poetry

**そじ【▾楚辞】** 中国、戦国末期の楚地方の歌謡。屈原の作品を中心とし、後継者宋玉らの作品を含む詩集、また漢代にこの形式に模してつくられた韻文の総称。漢代の劉向・王逸らが編集し、王逸編の一七巻だけが現存する。うち屈原の作は「離騒」「天問」「九歌」など。

**そ-じ【▿十路】**(接尾) 数えるとき、一〇を単位としていう語で、年齢に用いる。用例 六 ― 。七 ― 。

**ソシアル【social】**(形動) ↓ソーシャル

**ソシエテ-ジェネラル【Société Générale】** ((Société Générale pour Favoriser le Dévelopment du Commerce et de l'Industrie en Franceの略))フランスの四大預金銀行の一つ。一八六四年パリに創設。一九四五年フランス銀行などとともに国有化。

**ソシエテ-しょとう【ソシエテ諸島】**(Îles de la Société) 南太平洋、フランス領ポリネシアの島群。コプラ・コーヒー栽培が中心。主島はタヒチ島。

**ソシオ-エコノミックス【socio-economics】** 社会経済学。政治・文化などの社会的側面から経済問題をとらえる研究分野。

**ソシオメトリー【sociometry】** 集団内の対人関係や構造を、数量的に測定する理論と方法。アメリカのモレノの創始。

**そ-しき【組織】**(名・サ変他) ①きちんと組み立てること。組み立て。formation ②同じような機能や構造をもつ細胞が集まったもの。それがいくつかで生物の器官をつくる。tissue 用例 筋肉 ― 。③特定の目的を達成するために編成された、個人や集団のまとまり。目標の達成とならんで、メンバーの欲求充足が重要な意味をもつ。organization

**そしき-えき【組織液】** 動物の組織の細胞間にある液。毛細血管から血漿が浸出したもので、大部分はリンパ管に入ってリンパ液となり血管へもどる。細胞に養分を与え、細胞からの老廃物を受け取る。tissue fluid

**そしき-か【組織化】**(名・サ変他) 秩序ある一体に構成すること。systematization

**そしき-かいはつ【組織開発】** 職場全体の人間関係を改善し、組織を活性化するための教育訓練法。管理者と部下が一体となり、自主的に変革することをめざす。OD。organizational development

**そしき-しゅうだん【組織集団】** 一定の目的と持続性をもった集団。organized group 対義 未組織集団。

**そしき-しん【組織診】** ↓せいけん(生検)

**そしき-しんがく【組織神学】** キリスト教神学のうち、理論的・体系的な側面を受けもつ部門。dogmatic theology

**そしき-てき【組織的】**(形動) 個々のものが一定の系統にしたがっているさま。有機的。systematic

**そしき-ばいよう【組織培養】** 生物の個体から組織片や細胞群を取り出し、生存・増殖させること。最初、ニンジンやタバコなどで行われた。tissue culture

**そしき-りょく【組織力】** 組織する能力。また、組織としてのまとまった力。capacity of organization

**そしき-りろん【組織理論】** 組織の構造・機能やそのなかの集団・個人の行動について研究する学問分野。古典的組織理論・人間関係論・近代組織論など。organization theory

**そしき-ろうどうしゃ【組織労働者】** 労働組合に加入している労働者。organized worker 対義 未組織労働者。

**そし-せいらい【祖師西来】** 禅宗で、達磨大師がインドから中国に渡来し、弟子慧可に禅の本質を伝えたこと。

**そ-したら**(接続) ((俗語))そうしたら。すると。then

**そ-しつ【素質】** ①本来備わっている性質。たち。きじ。nature; talent ②発展するもとになる性質・能力。the makings

**そ-して【▿然して】**(接続) ↓そうして(然うして)一

**そ-しな【粗品】** そまつな品。相手におくる物をけんそんしていう語。そひん。用例 ― 贈呈。

**そ-しゃく【▾咀▾嚼】**(名・サ変他) ①かみくだくこと。こなすこと。消化。mastication ②考えて、その意味をよく理解すること。comprehension

**そ-しゃく【租借】**(名・サ変他) ある国が他国の領土の一部を借りて一定期間統治すること。lease

**そしゃく-い【▾咀▾嚼胃】** 食物をかみくだく働きをもつ特殊な胃。鳥類や昆虫の砂嚢など。またエビやカニなどの甲殻類では胃の中に胃歯という食物をくだく突起がいくつかある。masticatory stomach

**そしゃく-うんどう【▼咀▼嚼運動】** 食物を口腔内でかみくだき、その表面積を大きくする機械的な消化作用。唾液とまざるので、消化しやすくなる。mastication

**そしゃく-きん【▼咀▼嚼筋】** 物をかみくだくための筋肉。頭部の筋肉のうちの側頭筋・咬筋・内側翼突筋・外側翼突筋の四つ。muscle of mastication

**そしゃく-ち【租借地】** 協定に基づき、一定期間他国に貸与される領域。現在は中国の九竜半島をイギリスが租借するのみ。leased territory

**そ-しゅ【粗酒】** そまつな酒。人にすすめる酒をけんそんしていう語。用例 ―粗肴。

**そ-じゅ【▼詛▼呪】** のろうこと。また、そのことば。のろい。呪詛。curse

**そ-しゅう【▼楚囚】**《古代中国の楚の鍾子愛が、晋にとらわれていたとき、楚の冠をつけて故国を忘れなかったとの故事から》他国にとらわれている人。また、とらわれの身となっても故国をわすれない人。

**そしゅう【▼蘇州】** 中国、江蘇省南部、太湖東岸の都市。「水の都」といわれる。大運河により古くから開けた都市で、鉄鋼・機械などの重工業が発達。人口六九・六万(一九八四)。スーチョウ。

**ソシュール【Ferdinand de Saussure】**(一八五七～一九一三) スイスの言語学者。ジュネーブ大学教授。死後、その講義をもとに弟子らの手で編集・出版された著書『一般言語学講義』(一九一六年刊)は、近代言語学の方法を明らかにし、現代の構造主義理論の原点ともされる。

**そ-じゅつ【祖述】**(名・サ変他) 先人の説を受けつぎ、それを発展させて述べること。exposition of master's doctrines

**そ-じゅん【▼蘇▼洵】**(一〇〇九～一〇六六) 中国、北宋の文人。字は明允、号は老泉。眉山の人。古文に長じ、子の軾・轍とともに三蘇といわれ、ともに唐宋八家に数えられる。老蘇。詩文集『嘉祐集』など。

**そしゅんきん【▼蘇▼舜▼欽】**(一〇〇八～一〇四八) 中国、北宋の詩人。字は子美。梓州銅山の人。梅尭臣と北宋中期の政治・文学の革新に活躍。宋詩風の確立に功績がある。詩文集『蘇学士文集』。

**そ-しょう【▼疽▼腫】** ふきでもの。

**そ-しょう【訴訟】**(名・サ変自) ①うったえること。うったえ。litigation ②紛争や利害の衝突を解決または調整するため、裁判をもとめる手続き。litigation 用例 ―を起こす。

**そ-じょう【▼俎上】** まないたの上。

**俎上に上せる**(そじょうにのぼせる) 人・作品・話題などを論議したり、批判したりするために、取り上げる。take up ... for discussion 類似 俎上に載せる。用例 最近作を―。

**俎上の魚**(そじょうのうお) 相手の思うままになるより仕方のない運命のたとえ。

**俎上の魚、江海に移る**(そじょうのうお、こうかいにうつる) 危険を免れて、安全なところに移る。

**そ-じょう【訴状】** 民事上、原告が被告を相手どって裁判所に審判を求めるために提出する書面。petition

**そしょう-きゅうじょ【訴訟救助】** 法律扶助の一つ。民事訴訟で、勝訴の見込みはあるが資力のとぼしい当事者に対し、裁判費用などの支払いを免除する制度。

**そしょう-けいぞく【訴訟係属・訴訟▼繋属】** 民事・刑事訴訟で、事件が裁判所で処理されている状態。pendancy of action

**そしょう-さんか【訴訟参加】** 係属中の訴訟に第三者が加わること。補助参加と当事者参加がある。intervention

**そしょう-しゅぎ【訴訟主義】** ほんのささいな出来事でも当事者間で解決せず、すぐに訴訟を起こす傾向。スーイズム。sueism

**そしょう-だいりにん【訴訟代理人】** 訴訟当事者の意思に基づき、代わって訴訟を行う者。原則として弁護士があたる。attorney

**そしょう-ひよう【訴訟費用】** 訴訟に要した費用で、法律が定める範囲のもの。costs of a lawsuit

**そしょう-ほう【訴訟法】** どんな方法で裁判を行うかの準則を定めた法律の総称。民事訴訟法・刑事訴訟法など。手続法。code of legal procedure

**そ-しょく【粗食】** そまつな食事。poor meal 対義 美食。用例 粗衣―。

**そ-しょく【▼蘇▼軾】**(一〇三六～一一〇一) 中国、北宋の文学者。字は子瞻。号は東坡居士。眉山の人。宋代第一の詩人。詞(詩余)も書も一流の古今まれにみる天才。文章家としては闊達な古文をよくし、父の蘇洵・弟の蘇轍とともに三蘇といわれ、ともに唐宋八家の一人。有韻の散文『赤壁賦』が名高い。詩文集『東坡全集』。

**そ-しらぬ【素知らぬ】**(連体) 知っているのに、なにも知らないような。さりげない。pretend not to know 用例 ―顔。―ふり。

**そしり【▼謗り・▼誹り・▼譏り】** 他人を悪くいうこと。また、そのことば。calumny; blame 用例 ―を受ける。

**そし・る【▼謗る・▼誹る・▼譏る】**(五他) 他人を悪く言う。けなす。くさす。speak ill of

**そ-しん【▼蘇▼秦】**(?～BC三一七) 中国、戦国時代の縦横家。秦に対する合従策を説き、六国の宰相を兼ねた。策士として、連衡策の張儀と併称される。

**そ-すい【疎水・▼疏水】** ①水を流すこと。②給水・灌漑・水運などのため、新しく土地を開いて造った水路。canal

**そすい-コロイド【疎水コロイド】** 水を分散媒とするコロイドのうち、水とコロイド粒子の親和力が弱いもの。不安定で、少量の電解質を加えると凝結する。金属硫化物のコロイドなど。hydrophobic colloid

**そ-すう【素数】** 一より大きい整数で、一とその数自身以外に約数をもたない数。たとえば二・三・五など。prime number

**ソスノビエツ【Sosnowiec】** ポーランド南部の鉱工業都市。シロンスク(シュレジェン)炭田地帯の中心。人口二五・五万(一九八五)。

**そ-せい【粗製】** 粗雑につくること。crude manufacture 対義 精製。用例 ―品。

**そ-せい【組成】**(名・サ変他) 種々の成分・要素から組み立てること。また、その組み立て。composition 用例 空気の―。

**そ-せい【塑性】** 物体に外力を加えて変形を生じさせ、次に外力を除いたとき、物体がもとの形にもどらない性質。可塑性。脆性・延性・展性などがある。plasticity

**そ-せい【▼蘇生・▼甦生】**(名・サ変自) 生き返ること。生気をとりもどすこと。回生。revival 用例 ―の思いがする。

**そせい【素性】**(生没年未詳) 平安前期の歌人。三十六歌仙の一人。俗名、良峯玄利。遍照の子。出家し権律師。家集『素性集』。

**そ-ぜい【租税】** ①租と税。上納するものとされたもの。年貢。taxation; land tax ②国家・地方公共団体が経費にあてるため、国民・住民から強制的にとりたてる金銭。国税と地方税。税金。税。tax; duty

**そせい-かこう【塑性加工】** 固体に力を加えて材料を永久変形させ、目的の形状に加工すること。主として金属材料に行われる。plastic working

**そぜい-げんそく【租税原則】** 徴税にあたって尊重されなければならない原則。賦課・徴収などに関する原則で、アダム＝スミスとワーグナーのものが有名。canon of taxation

**そせい-しき【組成式】** 物質を構成する原子をもっとも簡単な整数比で表した式。実験式。composition formula

**そぜい-じょうやく【租税条約】** 二か国以上で経済活動を行う者が、二重課税などの不利を受けないように結ばれる二国間条約。tax treaty

**そぜい-せいさく【租税政策】** 経済政策の一つとして税制の基本的方向を決める政策。財源確保と経済の安定・成長が目的。tax policy

**そぜい-てんか【租税転嫁】** 納税者の租税負担が市場取引を通じて他人の負担になること。酒税などでは売り手から買い手に負担が移る。shifting of tax

**そぜい-とくべつそち【租税特別措置】** 持ち家の取得促進や産業育成など、特定の政策目的を達成するためにとられる税法上の優遇措置。Special Taxation Measures

**そぜい-ふたんりつ【租税負担率】** 国民所得に対する租税収入の比率。目的に応じて所得階層別や所得種類別のものも算出される。tax burden ratio

**そせい-へんけい【塑性変形】** 外力によって材料に生じる変形のうち、外力を取り去ってももとにもどらない変形。鍛造・圧延などの加工に応用。plastic deformation

**そせい-ほう【▼蘇生法】** 仮死状態にある人をよみがえらせる方法。とくに、脳への血行が数分間停止すると危険なので、人工呼吸・心臓マッサージなどによるすばやい処置が必要。resuscitation method

**そぜい-ほう【租税法】** ↓ぜいほう(税法)

**そせい-らんぞう【粗製濫造・粗製乱造】** あらっぽいつくり方で、ものをやたらにつくること。mass production of coarse articles

**そ-せき【礎石】** ①建物の柱の下に据えて土台とする石。いしずえ。foundation stone 用例 ―を据える。②物事の基礎となるもの。foundation; cornerstone 用例 事業の―となる。

**そせきぞう-けんちく【組積造建築】** 主要構造を石・れんが・ブロックなど小単位の材料を積み重ねて構成した建築。masonry building

**そ-せん【祖先】** その家の初代。また、先代以前の人々。先祖。ancestor

**そせん-すうはい【祖先崇拝】** 家族・同族・民族などの祖先の霊を信仰対象として崇拝すること。先祖崇拝。ancestor worship

**そせん-でんらい【祖先伝来】** 代々伝えられてきたこと。hereditary 用例 ―の地。

**そ-そ【▼楚▼楚】**(形動トタル) ①清らかで愛らしいさま。graceful 用例 ―とした美しさ。②さっぱりしておもむきのあるさま。neat 用例 ―とした風情。

**そ-そう【阻喪・▼沮喪】**(名・サ変自) 気力がくじけて弱ること。気落ち。dejection 用例 士気が―する。

**そ-そう【祖宗】** ①始祖と中興の祖。②歴代の君主の総称。

**そ-そう【粗相・▼麁相】**(名・サ変自) ①ちょっとした不注意などで、あやまりをおかすこと。しくじり。そこつ。carelessness 用例 ―のないように。②うっかり大小便をもらすこと。

**そ-ぞう【塑像】** ①粘土を盛り上げて制作した像。簡単な心木にわらを巻き、厚く土をつけたものと、ある程度彫刻した木心に薄く土をつけたものがある。肉付けが終わると彩色して仕上げる。奈良時代にさかんだった。東大寺三月堂の月光菩薩など。clay figure ②原型となる像。model ③石膏の像。plaster figure →写

●塑像① 『執金剛神像』。天平時代(八世紀前半)、東大寺三月堂(奈良県)。

**そそぎ-かいがん【▼曾々木海岸】** 石川県能登半島北部の海岸。垂水滝や窓岩の奇勝がある。

**そ-そく【阻▼塞】**(名・サ変他) はばみ、さまたげること。じゃまをすること。block

**そそ・ぐ【注ぐ・▼灌ぐ】**(五自他)《古くは「そそく」》①(他)㋐液体を流しこむ。つぎこむ。用例 湯を―。㋑液体を上からかける。pour 用例 火に油を―。㋒田に水を引き入れる。pour ㋓そのほうへ向ける。集中する。turn 用例 目を―。力を―。②(自)㋐流れこむ。flow into 用例 海に―川。㋑雨などがひどく降る。pour 用例 降り―。

**そそ・ぐ【▽濯ぐ・▽雪ぐ】**(五他) ↓すすぐ(濯ぐ)

**そ-ぞく【▼鼠賊】** こそどろ。

**そそ-くさ**(副) 落ち着かず、せわしいさま。hastily 用例 ―と立ち去る。

**そそけ-だ・つ【そそけ立つ】**(五自) ①けばだつ。be nappy ②髪の毛がみだれる。be disheveled ③身の毛がよだつ。be hair-raising

**そそ・ける**(下一自) けばだつ。みだれ、ほつれる。be nappy

**そそっかし・い**(形) ①落ち着きがない。失敗ばかりする。careless ②早のみこみである。hasty 派生 そそっかしさ(名)

**そそのか・す【▼唆す】**(五他) おだてて悪いことをさせる。allure 用例 悪事を―。

**そそり-た・つ【そそり立つ】**(五自) 高くそびえ立つ。tower 用例 ―雪山。

**そそ・る**(五他) 感情などを起こさせる。もよおさせる。さそう。incite; excite 用例 好奇心を―。食欲を―。

**そぞろ【▽漫ろ】** ㊀(形動) ①そわそわして落ち着かないさま。uneasy 用例 気も―だ。②自然にそうなるさま。naturaly 用例 昔のことが―にしのばれる。㊁(副) これという理由もなく。何となく。vaguely 用例 ―悲しい。

**そぞろ-あるき【▽漫ろ歩き】**(名・サ変自) あ

てもなくゆっくりと歩くこと。散歩すること。stroll

**そぞろ-に【▽漫ろに】**(副) なんということもなく。わけもなく。involuntarily

**そ-だ【粗▼朶】** きり取った樹木の枝や細い幹。薪などの燃料や山地での土木用、海苔の栽培用などにつかわれた。stick; twing

**そ-だい【粗大】**(名・形動) 粗末で大きいこと・さま。大ざっぱ。大まか。coarse and big 用例 ―な仕上げ方。

**そだい-ごみ【粗大▼塵】** 家具や電気製品のような大型の廃棄物。

**そだち【育ち】** ①育つこと。成長。成育。growth 用例 苗の―がいい。②家庭のしつけによる性質。breeding 用例 氏より―。③《接尾的》その場所・環境に育つこと。育てられた人。用例 温室―。

**そだ・つ【育つ】**(五自) ①生物がしだいに大きくなり、成熟する。成長する。grow 用例 子どもが―。②能力・実力がついて、一人前になる。become full-fledged 用例 研究者が―。③物事が大きくなり、発展する。develop 用例 事業が―。

**そだて【育て】** ①育てること。養育。breeding 用例 子―。②しつけ。教育。discipline

**育ての親** ①育ててくれた親。foster parent 用例 生みの親より―。②事業などを世話して、りっぱにした人。foster parent 用例 高校野球の―。

**そだて-あ・げる【育て上げる】**(下一他) 育てて、または教育して一人前にする。bring up

**そだ・てる【育てる】**(下一他) ①生物を大きくなるように世話をする。成長させる。養育する。bring up 用例 花を―。②しつける。しこむ。bring up 用例 後継者を―。③物事を成長させる。develop 用例 郷土芸能を―。

**そ-ち【措置】**(名・サ変他) とりはからうこと。処置。取り扱い。measure 用例 臨機応変の―を講ずる。

**そ-ち【▼其▽方】**(代) ①《方向を示す》そっち。対義 あち・こち。②古語《目下の者に》おまえ。なんじ。用例 ―は珍しい芸を覚えてゐるなあ(狂言・人馬)。

**ソチ【Sochi】** ソ連、ロシア共和国西部、黒海沿岸にある港湾都市。温暖な気候と鉱泉に恵まれた保養地。人口三一・三万(一九八六)。

**そち-こち【▼其▽方▼此▽方】** ㊀(代) あちらこちら。ほうぼう。here and there 用例 土手の―にツクシが顔を出す。㊁(副) かれこれ。おおよそ。用例 ―するうちに時間がたつ。

**そ-ちゃ【粗茶】** ①品質の悪い茶。そまつな茶。poor quality tea ②人にすすめる茶をけんそんしていう語。

**そち-ら【▼其▽方】**(代) 対義 こちら・あちら。①相手に近いところをさす語。そち。そっち。there 用例 ―に参ります。②相手や相手がわの人をさす語。you 用例 ―のご意見は。―様。

**ソツ** 8画 **【卒】** 部首[十] 教育小4 JIS 3420
4画 **【▼卆】** 異体字 JIS 5032
音 ソツ・シュツ

卒 卒 卒 卒 卒 卒

①もっとも下級の兵士。「弱卒・従卒・兵卒」②にわか。突然。「倉卒」「卒然・卒中・卒倒」③おわる。おえる。「中卒」「卒業」用例 (名)一九三七年―。高校―。④しぬ。四位・五位の人の死。比較 薨。「卒去」用例 (名)明治元年―。

**ソツ** 9画 **【▽帥】** 部首[巾] 常用 JIS 3167
音 スイ・シュツ・ソツ・ソチ
①ひきいる。したがえる。「統帥」②大宰府の長官。正と権とがあった。用例 (名)権の―。↓スイ[帥]

**ソツ** 11画 **【▼猝】** 部首[犭] JIS 6444
音 ソツ
にわか。突然。急に。

**ソツ** 11画 **【率】** 部首[玄] 教育小5 JIS 4608
11画 **【▼率】** 旧字
音 ソツ・リツ・シュツ・スイ
訓 ひきいる

率 率 率 率 率 率

①ひきいる。したがえる。「引率・統率」②あわただしい。「軽率」③ありのまま。「真率」「率直」↓リツ[率]

**そつ** むだ。無益。また、手落ち。useless; mistake 用例 ―がない。

**そ-つい【訴追】**(名・サ変他) ①検察官が刑事事件について公訴を起こすこと。indictment ②裁判官や人事官などの弾劾の申し立てをし、罷免を求めること。impeachment

**そつい-いいんかい【訴追委員会】** ↓だんがいさいばんしょ(弾劾裁判所)

**そ-つう【疎通・▼疏通】**(名・サ変自) ①よく通じること。②じゅうぶん理解されること。good understanding 用例 意思の―をはかる。

**そつ-えん【卒園】** 幼稚園や保育園を卒業すること。finish kindergarten; finish nursery school

**そっ-か【足下】**《「そくか」の変》㊀(名) ①足の下。足もと。under one's feet ②《あなたの足もとに、の意》手紙のわき付けに用いる語。㊁(代)《同等の相手を敬って》きみ。貴下。貴殿。

**ぞっ-か【俗化】**(名・サ変自)《「ぞくか」の変》俗っぽくなること。vulgarize 用例 ―した古都。

**ぞっ-かい【俗界】**《「ぞくかい」の変》俗世間。俗人の世界。world

**ぞっ-かい【続開】**(名・サ変他)《「ぞくかい」の変》引き続いて開くこと。用例 会議を―する。

**ぞっ-かく【属格】**《「ぞくかく」の変》西欧文法の格の一つ。所有・所属などの関係を示す。日本語の「の」に近い。英文法では所有格。genitive

**そっかく-き【測角器】**《「そくかくき」の変》結晶の隣り合っている二面のなす角を測定する装置。接触測角器や反射測角器など。goniometer

**ぞっ-かん【俗間】**《「ぞくかん」の変》世間。world

**ぞっ-かん【属官】**《「ぞくかん」の変》①下級役人。lower-class official ②もと、各官庁の下級の文官。

**ぞっ-かん【続刊】**(名・サ変他)《「ぞくかん」の変》本・雑誌などを引き続いて発行すること。発行されたもの。continuing publication

**そっ-き【速記】**《「そくき」の変》㊀(名・サ変他) ①速く書くこと。write fast ②速記術を用いて書くこと。shorthand ㊁(名)「速記術」の略。

**そっ-き【測▼揆】**《「そくき」の変》①測る。②おしはかること。はかり考えること。

**ぞっ-き【俗気】**《「ぞくき」の変》名誉や利益にとらわれた心。ぞくけ。worldly ambition

**そっき-じゅつ【速記術】** 特定の略号で談話をそのままに書き取り、あとでふつうの文字に直す方法。shorthand

**ぞっき-ぼん【ぞっき本】** 特別の安価で投げ売りされる書籍や月遅れ雑誌。倒産した出版社の書籍が中心で、専門の流通市場をもつ。ぞっき。

**ぞっき-や【ぞっき屋】** 新品でありながら見切りをつけられた本や雑誌を安く売る店。または、その商人。

**そっ-きゅう【速急】**(形動)《「そくきゅう」の変》大いそぎ。至急。早急。urgent

**そっ-きゅう【速球】**《「そくきゅう」の変》野球で、投手の投球のうち、スピードのある直球。fastball

**そっ-きょ【卒去】**(名・サ変自) 律令制下で、四位・五位の人が死ぬこと。その死去。しゅっきょ。

**そっ-きょう【即興】**《「そくきょう」の変》①その場の興味。②その場ですぐ詩歌などをつくること。improvisation 用例 ―の句。

**そつ-ぎょう【卒業】**(名・サ変他) ①学校の教育課程を終えること。graduation 対義 入学。用例 ―論文。②一定の段階を通りこすこと。outgrow 用例 そろそろかけごとは―だ。

**そっきょう-えんそう【即興演奏】** 創作しながら即座に演奏すること。ジャズのアドリブなど。improvisation

**そつぎょう-えんそう【卒業演奏】** 音楽教育の学校で、卒業論文にかわるものとして、学生が行う演奏。

**そっきょう-きょく【即興曲】**(impromptuフランス) 自由な楽想の展開を特色とする器楽小品。ロマン派時代が最盛期。アンプロンプチュ。

**そっきょう-し【即興詩】** その場で興に乗じてつくる詩。impromptu poem

**そつぎょう-しき【卒業式】** 児童・生徒・学生の卒業を祝って、各学校で行われる式典。graduation ceremony英; commencement米

**そっきょう-しじん【即興詩人】** ㊀即興詩を売り物にして放浪する詩人。improviser ㊁《原題Improvisatorenデンマーク》アンデルセンの小説。一八三五年作。イタリアを舞台に詩人の遍歴と愛を描く。森鷗外の名訳で知られる。

**そつぎょう-せいさく【卒業制作】** 卒業をするときに、記念に絵画などの作品をつくること。芸術系大学では、卒業論文にかわるものとして提出する。

**そっきょう-てき【即興的】**(形動) ①その場に合って、おもしろいさま。用例 ―なやりとり。ad-lib ②その場ですぐつくるさま。impromptu 用例 ―に書き上げる。

**そつぎょう-ろんぶん【卒業論文】** 大学を卒業しようとする学生が提出して、審査を受ける論文。卒論。graduation thesis

**そっきょ-ぎ【測距儀】**《「そくきょぎ」の変》固定位置からある目標までの距離測定装置。左右に離れた二個の鏡で得た像を測距プリズムで一致させ距離をはかる。二個の接眼レンズを用いたステレオ式もある。range finder

**ぞっ-きょく【俗曲】**《「ぞくきょく」の変》①ふつうは都々逸・二上がり新内・さのさなどの酒宴の座興唄をさす。②雅楽に対して箏曲・三味線音楽全体をさす。③都会化した民謡の三味線伴奏の歌曲。『黒田節』『さんさ時雨』など。④三味線を伴奏とする短い通俗歌曲。端唄・うた沢・小唄なども含める。

**そっき-ろく【速記録】** 速記に基づいた文書。shorthand report

**そっ-きん【即金】**《「そくきん」の変》すぐその場で現金を支払うこと。immediate payment

**そっ-きん【側近】**《「そくきん」の変》貴人や権勢のある人のそば近く仕えること・人。close attendant

**そっきん-せいじ【側近政治】** 政府の正式の大臣などによってではなく、側近が政治を左右すること。brain truster's government

**ソックス【socks】** 足首を包む程度の靴下。ひざ下までのものもある。対義 ストッキング。

**そっ-くび【素っ首】** ↓そくび(素首)

**そっくり** ㊀(副) のこらず。全部。いっさい。wholly 用例 おかずを―残す。㊁(形動) よく似ているさま。just like 用例 親に―だ。

**そっくり其の儘** ①そのまま全部。残らずいっさい。all ②すっかり同じ、または、非常によく似ているさま。exactly like

**そっくり-かえ・る【反っくり返る】**(五自) ①ひどく反り返る。warp 用例 床板が―。②ひどくいばって、反り返る。swagger 用例 偉そうに―。

**そっ-け【素っ気】** おもしろみ。あいそ。affability 用例 ―ないあいさつ。

**味も素っ気も無い** うるおいや、おもむきが少しもない。blunt

**そっ-けつ【即決】**(名・サ変他)《「そくけつ」の変》その場ですぐきめること。また、その決定。prompt decision 用例 即断―。

**そっ-けつ【速決】**(名・サ変他)《「そくけつ」の変》すばやく決めること。また、その決定。prompt decision

**そっけつ-さいばん【即決裁判】** ①公開の法廷で弁論終了後、即時に判決が言いわたされる裁判。②交通事件即決裁判手続法で定められた簡便・迅速な手続きで刑を科する裁判。

**そっけ-な・い【素っ気無い】**(形) 態度やことば遣いに、相手への思いやりがない。すげない。あいそがない。cold; blunt 用例 ―返事。

**そっ-こう【即行】**(名・サ変他)《「そくこう」の変》①すぐ行くこと。go immediately ②すぐ行うこと。execute promptly

**そっ-こう【即効】**《「そくこう」の変》すぐに効きめが現れること。immediate effect 用例 ―薬。

**そっ-こう【速攻】**(名・サ変他)《「そくこう」の変》すばやく攻め立てること。swift attack

**そっ-こう【速効】**《「そくこう」の変》効きめが速いこと。immediate effect

**そっ-こう【側溝】**《「そくこう」の変》道路などにそって造られた排水用のみぞ。ditch

**そっ-こう【測光】**《「そくこう」の変》発光体の出す光の強さを測定すること。光度・輝度・照度・反射率などの明るさに関係した量を測る。photometry

**ぞっ-こう【続行】**(名・サ変他)《「ぞくこう」の変》続けて行うこと。continuation 用例 審議―。

**ぞっ-こう【続稿】**《「ぞくこう」の変》続きの内容を書いた原稿。sequel

**そっこう-じょ【測候所】**《「そくこうじょ」の変》気象庁の地方機関。地方気象台の下部組織。気象や水象および地象の観測通報と報告などを行い、天気予報や警報などを出す。weather station

**そっこうせい-ひりょう【速効性肥料】** 比

較的短時間で効果が現れる肥料。無機質肥料に多い。quick-acting fertilizer 対義 遅効性肥料。

**そっ-こく【即刻】**(副)《「そくこく」の変》すぐに。ただちに。immediately 対義 後刻。用例 —参上します。

**ぞっ-こく【属国】**《「ぞくこく」の変》他の国に従属し、一定の政治的支配を受けている国。dependency

**そっ-こん【即今】**《「そくこん」の変》ただいま。いま。目下。right now

**ぞっ-こん**《俗語》㊀(副) 心底から。deeply 用例 —ほれこむ。㊁(形動) 心底ほれこむさま。用例 彼女に—だ。

**そつ-じ【卒・爾・率・爾】**(名・形動) にわかなこと・さま。だしぬけ。突然。

**そつじ-ながら【卒・爾・乍(ら)】**(連語) 突然で失礼ですが。

**そつ-じゅ【卒寿】**《「卒」の異体字「卆」が九十と読めることから》数え年九〇歳。また、九〇歳の年祝い。参照 賀の祝い。

**そっ-せん【率先・帥先】**(名・サ変自) 人の先に立つこと。さきがけること。take the initiative

**そっせん-すいはん【率先垂範】**(名・サ変自) 率先して実行し、みんなに手本を示すこと。take the initiative to be a good example

**そつ-ぜん(と)【卒然(と)・率然(と)】**(副) ①にわかなさま。だしぬけ。突然。suddenly 用例 —逝く。②軽はずみなさま。rashly

**そつ-ぞく【卒族】** 版籍奉還後、下級の武士に与えられた族称。明治五年(一八七二)卒族のうち禄高世襲者を士族、新規一代抱えの者を平民に再編。卒。

**そったく-どうじ【啐・啄同時】** 禅宗で、今まさに悟りを得ようとしている弟子と、それを導く師家の教えが絶妙に呼応すること。

**そっ-ち【其方】** (代)「そちら」のくだけた言い方。

**そっち-のけ【其方退け】** ①ほうったままにしておくこと。ほかのものに熱中して、かえりみないこと。neglect 用例 勉強—で遊ぶ。②そこのけ。almost outdo… 用例 本職—の腕前。

**そっ-ちゅう【卒中】** 血管障害により急激に症状をおこした状態。ふつうは脳卒中をさすが、他の臓器について、腎卒中・肺卒中などと呼ばれたこともある。apoplexy

**そっ-ちょく【率直】**(形動) かざりけがなく、ありのままなさま。すなお。frank 用例 —に感想を言う。

**そっ-と【率土・卒土】** 国のはて。辺土。

**率土の浜**(そっとのひん) 陸地のはて。陸地のはての海辺。

**そっ-と**(副) ①静かに。ひそかに。quietly 用例 —しのびこむ。—しておく。—のぞく。②わずか。少し。slightly 用例 ちっとや—のことでは驚かない。

**そっと申せばぎゃっと申す**(そっともうせばぎゃっともうす) 小声で言えばとんでもない大声で返事をする。気づかぬふりをして、あてつけがましいことをすることをいう。

**ぞっ-と**(副・サ変自) ①身の毛がよだつさま。shudder ②身にしみて感じるさま。shiver

**ぞっとしない**《俗語》感心しない。

**そっ-とう【卒倒】**(名・サ変自) とつぜん意識を失ってたおれること。faint

**そつ-どく【卒読】**(名・サ変他) ざっと読み終えること。読了。

**そっ-ぱ【反っ歯】**《「そりは」の転》出っ歯。buckteeth

**ソップ【sop オランダ】** ①↓スープ。②やせ型で筋肉質の力士の体型。用例 —型。

**そっ-ぽ【外方】**《「そっぽう」の転》そとのほう。わき。よそ。そっぽう。the other way

**外方を向く**(そっぽをむく) ①横を向いて相手にしない。turn away ②言うとおりにしない。応じない。ignore

**そつ-ろん【卒論】**「卒業論文」の略。

**そで【袖】** ①衣服の両腕をおおう部分。スリーブ。sleeve ②和服のたもと。③よろいの肩から腕の部分。④ものの左右についている部分。用例 —机。舞台の—。↓図

**袖打ち合わす**(そでうちあわす) 敬意を表すため、袖をかき合わせる。

**袖掻き合わす**(そでかきあわす)「袖打ち合わす」と同意。

**袖に食らう**(そでにくらう) 袖に隠し持つ。

**袖に時雨る**(そでにしぐる) 袖に時雨が降りかかる。悲しみの涙で袖がぬれることのたとえ。

**袖に縋る**(そでにすがる) 哀願する。哀れみを請う。entreat… for mercy

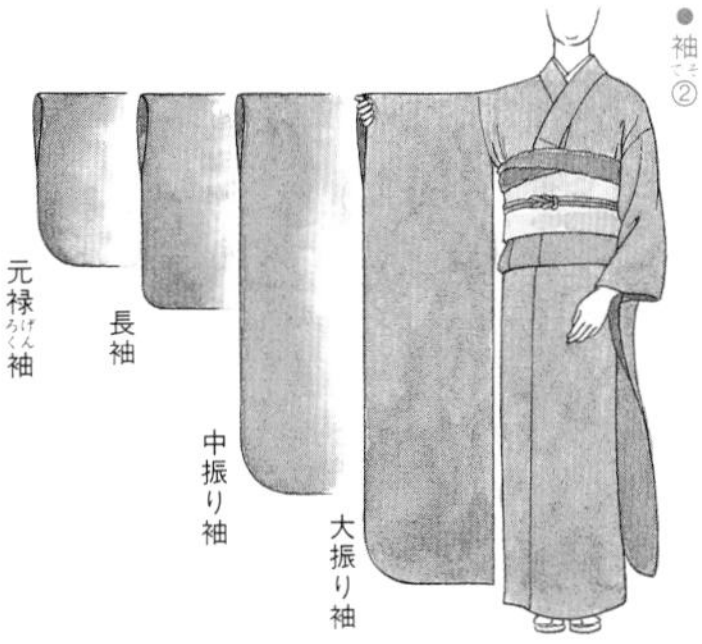

● 袖②

**袖に墨付く**(そでにすみつく)《人に思われると袖に墨がつく、という俗信から》人に恋い慕われる兆しが現れる。

**袖にする**(そでにする) おろそかにする。じゃまもの扱いにする。袖になす。give the cold shoulder to

**袖になる**(そでになる)《袖にするようになる、の意》おろそかになる。冷淡になる。

**袖に湊の騒ぐ**(そでにみなとのさわぐ) 涙が、袖にふりかかる。

**袖の滴**(そでのしずく) 袖にかかる涙。

**袖の下**(そでのした) わいろ。用例 —を使う。

**袖の露**(そでのつゆ) 涙に袖がぬれるたとえ。

**袖振り合うも多生の縁**(そでふりあうもたしょうのえん) 知らない人とふとした交渉をもつのも、前世からの因縁があってのことだ。《「多生」は「他生」とも》A meeting by chance is preordained. 参照 多生・他生。

**袖振る**(そでふる) ①別れを惜しんで袖を振る。②袖を振って舞う。

**袖を反す**(そでをかえす) ①《夢の中で恋人に会えるという俗説から》寝るときに袖を裏返しにする。②袖を翻す。

**袖を片敷く**(そでをかたしく) 衣の片方の袖を敷いて、独り寝する。

**袖を絞る**(そでをしぼる) 涙をたくさん流す。泣く。wet one's sleeves with tears

**袖を連ねる**(そでをつらねる) つれだつ。

**袖を通す**(そでをとおす) 衣服を着る。とくに、新しい衣服を初めて着る。

**袖を引く**(そでをひく) ①人をさそう。pull… by the sleeve ②そっと注意をする。give warning quietly

**袖を広ぐ**(そでをひろぐ)《物乞いをする者が、衣の袖を広げてその上に受けるところから》物乞いをする。

**そ-てい【措定】**(名・サ変他) ある命題を、自明なもの、または任意の仮定と肯定して、主張すること。推論の前提とする、証明されていない命題。supposition

**ソディ【Frederick Soddy】**(一八七七〜一九五六) イギリスの化学者。放射崩壊理論を提唱し実験的に証明。アイソトープの概念を樹立。一九二一年ノーベル化学賞受賞。

**ソテー【sauté フランス】** 肉・魚などを油で軽くいためたもの。また、いためること。用例 ポーク—。

**そで-がい【袖貝】** スイショウガイ科の巻き貝類の総称。殻口の外唇が外の方に張りだす。本州中部以南に分布。日本近海には殻高約八cmのマイノソデガイ、殻高約六cmのシドロガイなど約四〇種を産する。

**そでがうら【袖ケ浦】**〈町〉千葉県西部、東京湾に臨む町。アサリ・海苔の産地から臨海工業地帯に一変。人口四万九七五二(一九八九)。

**そで-がき【袖垣】** 門や建物から突き出した短い垣根。目隠し・庭の美観などに使う。

**そで-かべ【袖壁】** 建物から突き出た化粧用・目隠し用の幅の狭い壁。茶室建築に多く用いられる。wing wall

**そで-がらみ【袖搦(み)】** 江戸時代に犯罪人を捕らえるのに用いた武器。長い柄の先にとげのある鉄叉をつけ、袖にからませて引き倒す。突棒、刺股とともに三つ道具とよばれた。

**そで-ぐち【袖口】** 衣服の袖先の腕や手首の出る部分。cuff ↓着物図 ↓背広図

**そで-ぐり【袖刳り】** 洋服の身頃の袖をつける部分。アームホール。armhole ↓背広図

**そでぐろ-づる【袖黒鶴】** ツル科の鳥。翼長約六〇cm。顔と頭上が赤く裸出し、全身が白く、風切り羽が黒い。シベリアで繁殖し、冬は南下して越冬。日本へはあまり渡来しない。図

**そで-ごい【袖乞い】**(名・サ変自) 物乞いをすること・人。物もらい。beggar

**そで-たけ【袖丈】** 袖の長さ。sleeve length ↓採寸図

**そで-だたみ【袖畳み】** 着物の略式の畳み方。背を内にして両袖と両わき縫いを合わせてそろえ、袖付けの辺りで折り畳む方法。

**そ-てつ【蘇鉄】** ソテツ科の常緑低木。高さ一〜四m。暖地の海岸などにはえる。茎の表面にうろこ状の葉の落ちた跡がある。葉は羽状で頂生。夏に開花。雌雄異株。一八九六年、池野成一郎が精子を発見。観賞用として栽培。種子は薬用。テッショウ。ホウビショウ。cycad ↓写

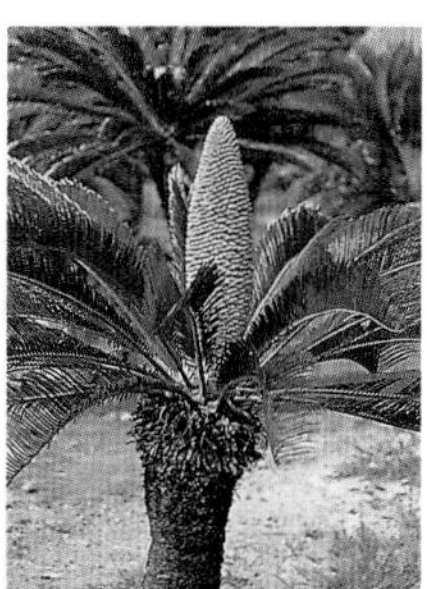
● ソテツ　雄花。

**そ-てつ【蘇轍】**(一〇三九〜一一一二) 中国、北宋の詩人・文章家。字は子由。蘇軾の弟。文章は兄に迫ると評され唐宋八家の一人。詩文集『欒城集』。

**そで-つけ【袖付け】** 袖と身頃の縫いつけ目。また、袖と身頃を縫いつけること。armhole ↓着物図 ↓羽織図

**そてつ-しじみ【蘇鉄小灰蝶】** シジミチョウ科のチョウ。開張約三cm。幼虫の食草はソテツ。フィリピン・ボルネオに生息。キャムラシジミ。

**そで-とめ【袖留(め)】** ①江戸時代、元服のとき、振り袖を縮めて、八つ口をふさぐこと。②吉原の女郎が振り袖をやめ、留め袖を着て一人前になること。

**そで-なし【袖無し】** ①袖のない衣服。ノースリーブ。sleeveless ②《「袖なし羽織」の略》ちゃんちゃんこ。

**そで-はん【袖判】** 公文書の右端(袖)に書かれた花押。平安後期から室町時代にかけ、国司・荘園領主・武将らが部下に出す文書の認証に使用。

**そで-びょうぶ【袖屏風】** 袖で顔をかくすのを、びょうぶにたとえた語。

**そで-やま【袖山】** ①洋服では、㋐付け袖のパターン上で、山形の袖付け線全体。shoulder line ㋑また、その頂点・頂点部分。shoulder point ②和服では、肩の折り山から袖に続いている部分。

**ソテロ【Luis Sotelo】**(一五七四〜一六二四) スペインのフランシスコ会士。慶長八年(一六〇三)来日。京坂(京都・大坂)・江戸・奥州各地で布教。遣欧使節支倉常長を案内したが、元和八年(一六二二)再度来日し、捕らえられる。二年後火刑。

**そ-でんか【素電荷】** ↓でんきそりょう(電気素量)

**そと【外】** ①囲いおおわれているものの外部。outside 対義 中。②建物の外部。おもて。屋外。outdoors 対義 内。③表がわの部分。外面。exterior 用例 怒りを—に出す。④自分の家や現在自分のいる所以外の所。よそ。out 用例 —で食べる。

**外が内**(そとがうち) 外出ばかりしていて、ほとんど家にいないことにいう語。外を内。

**外を家にする**(そとをいえにする) 外出がちにする。

**そ-とう【粗糖】** サトウキビ・サトウダイコンのしぼり汁から結晶させたままの砂糖。精製して不純物を除き、上白糖やざらめ糖をつくる。raw sugar 対義 精糖。

**そ-どう【粗銅】** 銅鉱石を溶融して鈹をつくり、それを酸化・精錬したもの。銅含有率は九九%程度。さらに、これを陽極として電解精製する。black copper

**そとうば【卒塔婆】** ↓そとば(卒塔婆)

**そ-とうば【蘇東坡】** 蘇軾の別名。

**そと-うみ【外海】** 湾や入り江ではない、陸地の外周りを囲んでいる大海。外洋。open sea 対義 内海。

**そとおり-ひめ【衣通姫】** 記紀にみえる女性。美しさが衣を通して輝いたという。『日本書紀』では允恭天皇の皇后忍坂大中姫の妹の弟姫、『古事記』では同皇后の子の軽大郎女の名とされる。



▼常用漢字表外。　▽常用漢字表の音訓外。

**そとかいふ-かいがん【外海府海岸】** 新潟県佐渡島北部の海岸。海食崖・洞窟・懸瀑などの景観が雄大。

**そと-がけ【外掛(け)】** 相撲の決まり手の一つ。回しを引いて胸を合わせ、相手の足の外がわに足をかけて倒す技。比較 内掛け。

**そと-がこい【外囲い】** 外がわの囲い。家や庭の周りの囲い。

**そと-がま【外▽缶・外▼罐】** ふろのかまが、浴室の外にあるもの。また、そのようなふろ。対義 内缶。

**そと-がまえ【外構え】** 門・へい・かきねなど。その配置や造り。exterior

**そと-がわ【外側】** あるもの、またはある区切りの外に面している側。外面。外部。outside 対義 内側。

**そ-どく【素読】**(名・サ変他) 漢籍などを、意味を考えず、文字だけを追って、声を出して読むこと。read without comprehending its meaning

**そと-ゲバ【外ゲバ】**《俗語。「ゲバ」は「ゲバルト」の略》学生運動で、学生と出動した機動隊との間に起こる暴力さわぎ。対義 内ゲバ。

**そと-づら【外面】** ①外がわの面。表面。exterior ②他人に対するときの顔つきや態度。応対。one's public face 対義 内面。用例 ―がいい。

**そと-で【外出】**(名・サ変自) 出歩くこと。がいしゅつ。go out

**そと-のり【外▽法】** 厚みのある箱・ますなどの、外がわの縦・横・高さの寸法。outside measurements 対義 内法。

**そとば【▽卒▽塔婆・▽卒都婆・▽率▽塔婆】**《仏教語。stūpa梵 の音写。頂・堆土、の意》①↓ストゥーパ。②墓の後ろに追善の供養のために立てる、塔にかたどった細長い板。梵字・経文などを記す。そとうば。塔婆。板塔婆。数え方 一本・一基・一層。

**そとばこまち【▽卒都婆小町】** ①能の曲名。四番目物、老女物。観阿弥作。前半は女乞食(小野小町)と旅僧の卒都婆問答、後半は小町が深草の少将の怨霊に憑っかれ百夜通いのさまをみせる。②平泉毛越寺の延年の曲名。↓写

●卒都婆小町①

**そと-ぶろ【外風▼呂】** 屋外にすえつけたふろ。また、銭湯や他家でのもらい湯のこと。対義 内風呂。

**そと-べり【外減り・外▽耗り】** 穀物をついたとき、減量の残量に対する比率。玄米一〇kgをついて白米八kgを得たときは、減量二kgで残量八kgだから外減りは二・五割となる。対義 内減り。

**そと-ぼり【外堀・外▼濠】** 城の周りにほった堀。二重になっている堀の外がわの堀。outer moat 対義 内堀。

**外堀を埋める** 目的を達成するため、まず周りの障害を取り除く。

**ソドマ【Il Sodoma】**(一四七七―一五四九) イタリア盛期ルネサンスの画家。本名ジョバンニ＝アントニオ＝バッツィ。シエナ派の中心として活躍した。

**そと-まご【外孫】** 嫁にいった娘にできた子。がいそん。対義 内孫。

**そと-また【外▼股】** 足の先を外に向ける歩き方。そとわ。対義 内股。

**そと-まわり【外回り】** ①幾重かになってめぐっているものの外がわ。また、それを回ること。outer tracks 対義 内回り。用例 ―環状線。②外がこい。外周。outer fence 対義 内回り。③外勤。外務。outside duty

**そと-み【外見】** 外から見たありさま。がいけん。outer appearance

**ソドム【Sodom】** 死海南部のヨルダン低地にあった古代の都市。旧約聖書『創世記』によれば、住民の退廃と罪のため、神にほろぼされたという。

**そとめ【外▽海】**〈町〉長崎県、西彼杵半島南西部の町。急傾斜地の畑作が主。隠れキリシタンが多い。人口一万五七九(一九八八)。

**そと-ゆ【外湯】** 旅館などで、建物の外部に設けた浴場。外風呂。

**そと-わ【外輪】** ①外側にある輪。がいりん。②両足のつま先が外がわに向く歩き方。外また。

**そと-わく【外枠】** 対義 内枠。①外がわの枠。outer frame ②定められた範囲・数量外のもの。beyond the limit

**ソナー【SONAR】**《sound navigation rangingの略》超音波を発信し、その反射波を受信するまでの時間・方向から、他の船舶・魚群などとの距離とその方向を知る機器。魚群探知機・潜水艦探知機など。水中音響探知機。超音波水中探信儀。

**そない**(形動・副)《関西の方言》そのよう。そんな。用例 ―なこと。

**そな・う【供う】** 古語(下二他) ↓そなえる「(供える)」

**そな・う【備う】** 古語(下二他) ↓そなえる(供える)

**そなえ【供え】** 神仏にささげること。供え物。供物。offering 用例 ―もち。

**そなえ【備え】** ①非常事態や、起きる可能性のある事態に対して手配すること。準備。用意。preparation 用例 老後の―。万全の―。②外敵に対する防御体勢。defense 用例 ―を固める。③隊列。rank 用例 あと―。

**備え有れば憂え無し** 用意が十分にしてあれば、万一の事態が生じても心配することはない。Providing is preventing.

**そなえ-つ・ける【備え付ける】**(下一他) 取り付けて使用に供する。provide

**そなえ-もの【供え物】** 神仏などに供える物。供物。offering

**そな・える【供える】**(下一他) ①神仏などに物をささげる。たむける。offer 用例 花を―。②人の前に差し出す。提供する。offer

**そな・える【備える】**(下一他) ①非常事態や起きる可能性のある事態に対して、したくする。準備する。prepare 用例 地震に―。入試に―。②そろえととのえる。用意する。equip 用例 図書館にビデオを―。③《「具える」とも》生まれつきもっている。be endowed with 用例 気品が―。身についている。be endowed with 用例 気品が―。

**ソナグラフ【sonograph】** 音声を分析記録する装置の一種。音声の波をマイクロホンで電気の波に変え、記録紙の上にフィルターの出力に応じた濃淡を記録させる。発音の矯正などに利用。

**そなた【▼其▽方】** 古語(代) ①そちらのほう。そっち。対義 こなた・かなた。用例 ―に向きてをがみ聞こえて(源氏・澪標)。②《同輩や目下に》おまえ。なんじ。用例 ―の判なら銀貸さうとおっしゃる(浄瑠璃・心中重井筒)。

**ソナタ【sonataイタリア】** 音楽で、ソナタ形式で書かれた楽章をふくむ、三ないし四楽章からなる多楽章形式の器楽曲。原則的には、第一楽章は速いソナタ形式、第二楽章はゆるやかなリート形式、第三楽章はやや速いメヌエット、のちにはスケルツォ、第四楽章は速いロンド形式またはロンド－ソナタ形式。奏鳴曲。

**ソナタ-けいしき【ソナタ形式】** 器楽形式の一つ。ソナタ・室内楽・交響曲などの第一楽章に用いられ、提示部・展開部・再現部の三つからなる。古典音楽期に完成。sonata form

**ソナチネ【sonatineイタリア】**《小さなソナタの意》ソナタより内容・形式ともに小規模な器楽曲。

**そ-なれ【▼磯▼馴】** ヒノキ科の常緑低木。海浜にはえ、枝は地面をはう。葉はスギに似る。庭植えにする。海風に堪えるよう丈の低いさまからの名。ハイビャクシン。

**そなれ-まつ【▼磯▼馴松】** 海岸にあって、風のために枝・幹が低く傾いた松。

**そなわ・る【備わる】**(五自) ①そろえられている。用意ができている。be furnished with 用例 必要な品が―・っている。車内に電話機が―・っている。②《「具わる」とも》生まれつきもっている。身についている。be endowed with 用例 気品が―。

**そに【▼曾▼爾】**〈村〉奈良県東部、三重県に接する村。林業のほか高原野菜の栽培などが行われる。人口二九一一(一九八八)。

**ソニー【ソニー】**(株) 音響製品などで世界的に知られる電子機器製造販売会社。昭和二一年(一九四六)設立。

**ソニック-チェンバー【sonic chamber】** 放射線の通過位置を知る装置。放電のさいに発生する音を二か所以上で測定し、音がとどく時間の差から放電の位置を求める。

**ソニック-ブーム【sonic boom】** 超音速飛行機のつくる圧縮波が重なり衝撃波となって地上にとどく爆発音。

**そにどり-の【▼鴗鳥の】**[枕ことば]《「そにどり」は、カワセミの古名。羽毛が青いことから》「青」にかかる。用例 ―青き御衣をま具さに取り装ひ(古事記・上)。

**そ-にん【訴人】** ①訴え出た人。告訴人。accuser ②鎌倉・室町時代に、訴訟の原告。

**そ-ね** 古語(連語)《禁止の終助詞「そ」に願望の終助詞「ね」が付いたもの。「な…そね」の形で用いる》…しないでほしい。…するなよ。用例 難波潟潮干なあり―(万葉・二・二二九)。

**そねざき【▼曾根崎】** 大阪市北区、梅田新道の北西側の地区。遊郭のあった繁華街。近松門左衛門の『曾根崎心中』で有名。

**そねざきしんじゅう【▼曾根崎心中】** 人形浄瑠璃・歌舞伎世話物。近松門左衛門作。大坂の心中事件を劇化。心中物の先駆をなした画期的な作品。元禄一六年(一七〇三)初演。天満屋の遊女お初と平野屋手代徳兵衛が、恋と男の面目を立て心中する。↓写

●曾根崎心中 人形浄瑠璃。

**そねざき-てんじん【▼曾根崎天神】** 大阪市北区曾根崎にある旧郷社。正称は露天神社。『曾根崎心中』で知られる。露天神。お初天神。

**ソネット【sonettイタリア】** 一四行詩。一三世紀にイタリアで発生し、ペトラルカにより完成された最も厳密な定型詩。ルネサンス叙情詩の花形。

**そね-の-よしただ【▼曾▼禰▽好▽忠】**(生没年未詳) 平安中期の歌人。丹後掾となり、曾丹ともよばれる。古語や俗語、新奇な表現を用いた歌が多く、清新な歌風。百首歌は創始期のものとして貴重。家集『曾丹集』。

**そね・む【▼嫉む】**(五他) うらやみ、にくむ。ねたむ。envy 用例 人の出世を―。

**その【園・▼苑】** ①草木を栽培する一区画の土地。庭園。園生。garden ②場所。place 用例 学びの―。

**そ-の【▼其の】**(連体) 対義 あの・この・かの。①相手のがわにあるもの、それに関係あるものなどをさす語。用例 ―人。②すぐ前の話に出た物事をさす語。that 用例 ―話。―こと。―問題。

**其の足で** 来た、または行った所で止まらないで、すぐにまた行くさま、そのまま続けて進むさま。

**其の親を知らんとせば其の子を見よ** その子の親の人柄は、その子を見ればわかる。子は親の人柄に似て成長する。其の子を知らずんば其の親を見よ。

**其の気になる** そうしようという気持ちになる。get serious

**其の時は其の時** そうなったら、その時に考えればよく、今から心配する必要はない。We'll worry about that when the time comes.

**其の葡萄は酸っぱい**《『イソップ物語』にあることば。欲しいものを手に入れられないときに、負け惜しみで言う》欲を起こし、手を出してはいけない。

**その**(感) 話していて、適当なことばが出てこなかったり、ためらったりしたときの語。そのう。

**その-あやこ【▼曾野▼綾子】**(一九三一― ) 小説家。東京生まれ。聖心女子大卒。倫理的で格調高い作風。作品『遠来の客たち』『神の汚れた手』など。

**その-う【園▽生】** ↓その(園)①

**そ-のう【▼嗉▼嚢】** 貧毛類・昆虫類・軟体動物・鳥類などにみられる消化管の一部。ハトではひなを育てる時期に嗉嚢乳がつくられる。食物の一時的貯蔵所。crop

**その-うえ【▼其の上】**(接続) それに加えて。かつ。さらに。moreover

**その-うち【▼其の内】**(副) ①近いうち。近日中に。soon 用例 ―会いましょう。②やがて。まもなく。おっつけ。soon 用例 ―来るさ。

**その-かた【▼其の方】**(代)《「そのほう」は別語》話題にのぼった人をさす敬称。対義 あのかた・このかた。

**その-かみ【▼其の上】** 古語 ①そのころ。その時。用例 ―塗籠にいりにけり(大和・一〇



↓行き先項目、図版・写真参照印。 JIS 日本工業規格情報交換用漢字符号コード(区点コード)。

三)。②昔。以前。用例 ―この御山を二荒山と書きしを(奥の細道)。

**その-ぎ【▼其の儀】** そのこと。そんなわけ。用例 ―、申し伝えます。

**その-くせ【▼其の癖】**(接続) それにもかかわらず。それなのに。and yet

**その-ご【▼其の後】** それから。以来。after that

**ソノシート【sonosheet】** ビニール製のレコード盤の商標名。ビニール盤。フォノシート。

**その-じつ【▼其の実】**(副) ほんとうは。実際は。in fact

**その-すじ【▼其の筋】** ①その方面。そのみち。the field ②それに関係ある役所。とくに、警察署。the authorities

**その-せつ【▼其の節】** そのとき。そのおり。on that occasion 用例 ―はお世話になりました。

**その-た【▼其の他】** そのほか。and others 用例 ―大ぜい。

**そのだ-たかひろ【園田高▼弘】**(一九二八― ) ピアニスト。東京生まれ。東京音楽学校卒。ヨーロッパなどでも活躍。

**その-ため【▼其の▽為】**(副) そういうわけで。そのおかげで。for that reason

**その-だん【▼其の段】** そのこと。その儀。対義 この段。

**その-て【▼其の手】** その手段。その計略。that trick

**其の手には乗らない**(そのてにはのらない) 「其の手は食わない」と同意。

**其の手は食わない**(そのてはくわない) そのような策略にははめられない。そんなごまかしには乗らない。その手には乗らない。do not fall into that kind of trap

**其の手は桑名の焼き蛤**(そのてはくわなのやきはまぐり) 《焼きはまぐりが名産の「桑名」と、「食わぬ」とをかけたもの》「其の手は食わない」のだじゃれ。

**その-でん【▼其の伝】** そのやり方。that way 用例 ―でいくと。

**その-ば【▼其の場】** ①その場所・場面。そこ。the spot 用例 ―しのぎ。②すぐ。即座。on the spot

**そのば-かぎり【▼其の場限り】** そこだけで、あとは関係がないこと。temporary

**その-はず【▼其の▼筈】** そうあるのが当然なこと。もっともなこと。用例 それも―。

**そのはち-ぶし【▼薗八節】** ↓みやぞのぶし(宮薗節)

**そのば-のがれ【▼其の場逃れ】** その場だけごまかして、責任をとらないこと。いちじのがれ。そのばしのぎ。makeshift

**その-ひ【▼其の日】** その当日。当日一日。that day

**そのひ-かせぎ【▼其の日稼ぎ】** 定職がなく、その日その日の働きで収入を得ること。living from hand to mouth

**そのひ-ぐらし【▼其の日暮(ら)し】** ①その日の稼ぎで一日を過ごすこと。hand to mouth life 用例 ―のしがなさ。②その日だけを楽しく過ごし、将来を考えないこと。hand to mouth life

**ソノ-ブイ【sono-buoy】** 水中集音機などの音響探知機器と送信機を備えた浮標。海面に設置し、潜水艦や魚群の鳴音などの海中音を受信し、遠隔地に伝送する。

**そのべ【園▽部】**〈町〉 京都府中部、亀岡市北西隣、兵庫県に接する町。旧城下町。学園都市化が推進されている。人口一万四六七二(一九八八)。

**その-へん【▼其の辺】** ①そのあたり。around there 用例 ―の人。②それくらい。about that 用例 ―でよかろう。③そういったこと。such a matter 用例 ―の事情。

**その-ほう【▼其の方】**(代) 《「そのかた」は別語。目下に対して》おまえ。そなた。対義 このほう。

**その-ほか【▼其の外】** それ以外。the rest

**その-まま【▼其の▼儘】** =そのまんま。①ひきつづき。もとからのとおり。be exactly as it was 用例 ―にしておく。②《接尾的》㋐よく似ている。そっくり。be just like 用例 おかあさん―だ。㋑変わっていない。もとのとおり。be exactly as it was 用例 明治時代―のたたずまい。

**その-みち【▼其の道】** ①その方面。専門のすじ。the field 用例 ―の大家。②色好みの方面。

**その-むかし【▼其の昔】** 昔。昔々。long time ago

**その-むき【▼其の向き】** ①その方向。その方面。in that field ②それに関係のある官庁・警察署。authorities concerned 用例 ―にとどけ出る。

**そのめ【園女】** ↓しばそのめ(斯波園女)

**ソノメーター【sonometer】** 音の高低測定器。

**その-もと【▼其の▽許】** 古語 (代) ↓そこもと(其処許)②

**その-もの【▼其の物】** ①その本体。それ自身。the very thing 用例 美―。―ずばり。②そのようなもの。とくに取り立てるほどのもの。the thing in itself 用例 者―にあらざれども。③《接尾的》上にくる語を強める。itself 用例 誠実―。

**ソノラマ【sonorama フランス】** 《もと商標名》フランスで発明された音の出る雑誌。本の中のソノシートをレコードプレーヤーにかけて聞くもの。

**そ-は【粗葉】** 《刻みタバコについていう》①そまつなタバコ。②人にすすめるタバコをけんそんしていう語。

**そば【▼岨】** 《近世以前は「そわ」》切り立ったがけ。断崖。そわ。cliff

**そば【▽側・▽傍】** ①近い所。近く。付近。neighborhood 用例 家の―には銀行がない。②すぐ横。わき。かたわら。side 用例 ―に寄る。③直後。soon after 用例 かたづける―からちらかす。

**そば【▼稜】** ①物のかど。corner ②はかま・指貫の、ももだち。

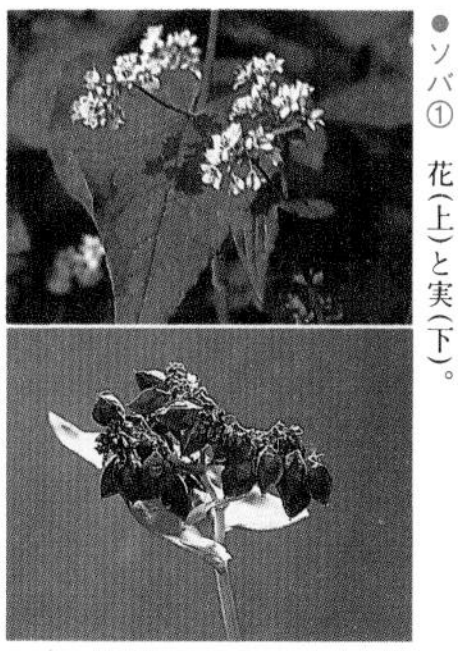

●ソバ① 花(上)と実(下)。

**そば【▼蕎▽麦】** ①タデ科の一年草。茎は高さ約一mで、帯紅色。葉は三角形。夏と秋に小さく白い花を多数つける。黒色三角錐形の痩果は、そば粉にして食用、酒の原料などに。そば殻はまくらの詰め物とされる。ソバムギ。クロムギ。buckwheat ②そば粉をねってひも状にし、ゆでて食べるもの。そばきり。比較 うどん。用例 手打ち―。↓写

**ソバージュ【sauvage フランス】** 一九七六～七七年秋冬のモードとして、フランスのジャン=ルイ=ダビッドが発表した髪型。パーマをかけた髪に、自然に乱れた感じを出したのが特徴。↓図

●ソバージュ

**そ-はい【▼鼠▼輩】** つまらないやつ。

**そば-がき【▼蕎▽麦▼掻(き)】** そば粉を熱湯で練ったもの。そばつゆ・しょうゆなどをつけて食べる。蕎麦練り。

**そば-かす【▼雀▼斑】** おもに顔面に現れるアワ粒大の茶褐色の斑点。五～六歳から始まって思春期に著しく、直射日光により助長される。手足・肩などにもできる。じゃくはん。雀卵斑。夏日斑。freckles

**そば-かす【▼蕎▽麦▼滓・▼蕎▽麦▼糟】** そばがら。

**そば-がら【▼蕎▽麦殻】** ソバの実をとったあとの殻。まくらなどに入れて使う。

**そばきり-ぼうちょう【▼蕎▽麦切(り)包丁】** 打ったそばを細く切るための包丁。菜切り包丁を大きくしたような形で、押し切るようにして使う。

**そば-しゅう【▽側衆】** 江戸幕府の職名。老中の支配のもと、将軍の側近にあり、夜間、老中にかわって城中の事務を処理。お側衆。

**そばそば-し【▼稜▼稜し】** 古語 (形シク) ①かどばっている。ごつごつしている。用例 優婆塞が行ふ山の椎が本あな―とこにしあらねば(宇津保・菊の宴)。②よそよそしい。しっくりしない。仲がよくない。用例 この宮とも御仲―・しき故(源氏・桐壺)。

**そば-だ・つ【▼峙つ】**(五自) ひときわ高くそびえ立つ。tower 用例 ―岩。

**そば-だ・つ【▼欹つ】** 古語 (下二他) ↓そばだてる(欹てる)

**そば-だ・てる【▼欹てる】**(下一他) ①物の一方を持ち上げる。傾ける。tilt ②注意を集中する。strain

**耳を欹てる**(みみをそばだてる) よく注意して聞く。prick up one's ears

**そば-づえ【▽側▼杖・▽傍▼杖】** 近くにいたため、思いがけない災いに遭うこと。まきぞえ。by-blow

**側杖を食う**(そばづえをくう) 争いなどのとばっちりを受ける。自分と関係ない災いなどの影響を受ける。get a by-blow

**そば-づかえ【▽側仕え】** 貴人などの側近として仕えること・人。そばづとめ。近侍。attendant

**そば-な【▼蕎▽麦菜】** キキョウ科の多年草。山地の林下にはえる。高さ四〇～一〇〇cm。葉は有柄で卵形。夏に、紫色の鐘形花を円錐状につける。

**そば-はら【▽側腹】** ①よこばら。わきばら。one's side ②めかけばら。illegitimate

**そば-むぎ【▼蕎麦】** ソバの古名。

**そば-め【▽側女・▽側▽妻】** 正妻でない妻。めかけ。

**そば-め【▽側目】** 横から見ること。その見えるすがた。

**側目にかく**(そばめにかく) ①横目で見る。②冷たい目で見る。軽視する。

**そば・める【▽側める】**(下一他) ①横に向ける。視線をそらす。そむける。cast aside 用例 目を―。②見向きもしない。わきに押しやる。take no notice of

**そば-やく【▽側役】** そば近く仕える役・人。personal attendant

**そば-ゆ【▼蕎▽麦湯】** そばをゆでた湯。また、そば粉を湯でとかしたもの。そば屋で湯桶に入れて出す。

**そば-ようにん【▽側用人】** 江戸幕府の職名。老中の下であったが、将軍と老中の間にあって取り次いだので、権勢は老中をしのぐことがあった。

**そ-はん【粗飯】** ①そまつな食事。poor meal ②人にすすめる食事をけんそんしていう語。

**そ-び【▼鼠尾】** 筆の別称。

**鼠尾を支う**(そびをかう) 訴訟などで、納得いくように申し開きする。

**ソビエト【sovet ロシア】** 《会議・評議会の意》①ソ連で、労働者・農民・兵士の代表者が構成する評議会。村ソビエトから連邦レベルの最高ソビエトまであり、ソ連の政治的な基盤をなす権力機関。労農兵評議会。②ソビエト社会主義共和国連邦の略称。

**ソビエト-きょうさんとう【ソビエト共産党】**(Kommunisticheskaya partiya Sovetskogo Soyuza ロシア) ソビエト社会主義共和国連邦唯一の政党。一九一七年の革命以後政権を掌握。最高機関は五年に一回以上開催される党大会。

**ソビエト-きょくとうぐん【ソビエト極東軍】** ソ連の極東地方の地上軍の総称。極東・ザバイカル各軍管区の地上軍をいう。

**ソビエト-さいこうかいぎ【ソビエト最高会議】**(Verkhovny Sovet SSSR ロシア) ソ連邦の国家権力の最高機関。立法権のほかに、ソ連邦に関するすべての問題を解決する権限をもつ。それぞれが対等の権利をもつ連邦会議と民族会議の二院からなる。最高ソビエト。

**ソビエトさいこうかいぎ-かんぶかい【ソビエト最高会議幹部会】** ソビエト連邦の実質的な最高統治機関。メンバーは、最高国家権力機関であるソビエト最高会議によって選任され、本来は最高会議閉会中にその機能を代行するのが任務。

**ソビエト-しゃかいしゅぎきょうわこくれんぽう【ソビエト社会主義共和国連邦】**(Sojuz Sovetskich Socialisticeskich Respublika ロシア) ユーラシア大陸北部、東ヨーロッパから中央アジア・東アジア北部までを占める広大な国。首都モスクワ。一五共和国・八自治区・二〇自治共和国・一〇民族管区からなる。農業国であったが、計画経済を推進し、近代的な重化学工業を発達させ、社会主義諸国間に指導的地位をもつ。面積二二四〇・二万km²。人口二億八〇一四万(一九八六)。ソビエト連邦。ソビエト。ソ連。USSR。

**ソビエト-せい【ソビエト制】** ソビエト(労農兵評議会)を基礎とする、ソビエト連邦の政治制度。

**ソビエト-たいへいようかんたい【ソビエト太平洋艦隊】** おもに太平洋・インド洋で行動するソ連の艦隊。司令部・根拠地はウラジオストク。北洋・バルチック・黒海の各艦隊とともに、ソ連四大艦隊の一つ。

**ソビエト-ぼうくうぐん【ソビエト防空軍】**(Protivovozdushnaya oborona stoyany ロシア) ソ連の軍隊の一つ。戦略核兵器を含む空か

らの攻撃に対する国土防衛部隊。PVO。

**ソビエト-れんぽう【ソビエト連邦】** ソビエト社会主義共和国連邦の略称。ソ連。

**ソビエトれんぽう-こくゆうてつどう【ソビエト連邦国有鉄道】** ソ連の国有鉄道。アジアやヨーロッパとも連絡。一八三七年創設。

**ソビエトろうどうくみあい-ちゅうおうひょうぎかい【ソビエト労働組合中央評議会】**(Vsesoyuzny Tsentralny Sovet Professionalnykh Soyuza ロシア) ソ連の労働組合の全国中央組織。ロシア革命直後の一九一八年に設立され、国内の労働組合運動全体を指導している。

**そび・える【▼聳える】**(下一自) 高く立つ。そばだつ。tower [用例]雲に―峰。

**そびやか・す【▼聳やかす】**(五他) そびえるようにする。高く立てる。raise [用例]肩を―。

**そび・ゆ【▼聳ゆ】** [古語](下二自) ↓そびえる(聳える)

**そ-ひょう【粗氷】** 霧氷の一種。過冷却された霧のつぶが樹木などに衝突してできる、透明に近い氷の固まり。気温が零度に近いときによくできる。hard rime [比較]樹氷。

**そ-びょう【祖▼廟】** 祖先の霊をまつった所。祖先のみたまや。

**そ-びょう【素描】**(名・サ変他) ①デッサン。すがき。sketch ②ざっと要点のみを大ざっぱに書いた文章。sketch [用例]人物―。

**そ-びょう【粗描】**(名・サ変他) ざっと描写すること。その描写。デッサン。rough sketch

**そ-びら【▽背】** [古語]《「背平」の意》せ。せなか。[用例]その―を取りて、剣を尻より刺し通したまひき(古事記・中)。

**そび・れる**(接尾)《動詞の連用形に付いて動詞をつくる。下一段型》機会を逃がしてしとげない、の意を表す。[用例]言い―。寝―。

**そ-ひん【粗品】** ①そまつな品物。poor article ②贈り物をけんそんしていう語。そしな。

**そ-ふ【祖父】** 父母の父親。おおじ。じい。grandfather [対義]祖母。

**そ-ふ【粗布】** 粗く織った平織りの布地。縦・横に二〇番手以下の太糸を使う。カーテン地や手芸用キャンバスなどに用いる。

**そ-ぶ【▼蘇武】**(BC一四〇ごろ〜BC六〇) 中国、前漢の武将。武帝の命により匈奴に使いして捕らえられ、一九年間抑留されたが、節を守って降伏しなかった。雁の脚に書状を結んで故国に届けたという故事で有名。

**ソファー【sofa】** 布・革などを張った背もたれのある長椅子。居間などでほかの椅子や卓とセットで置くこともある。

**ソファー-ベッド【sofa bed】** ソファーとベッドを兼用できる家具。

**ソフィア【Sofiya】** ブルガリアの首都。同国西部、ソフィア盆地にあるヨーロッパ最古の町の一つ。政治・経済・文化の中心地で、機械・化学・食品工業が発達。古代ローマ名はセルディカ。人口一一八・三万(一九八四)。

**ソフィスティケーション【sophistication】** ①詭弁をもてあそぶこと。へりくつ。②都会的で洗練されていること。

**ソフィスティケート【sophisticate】**(名・サ変自) 都会的で洗練されていること。

**ソフィスト【sophistēs ギリシア】**《賢い人・達人の意》①紀元前五世紀ごろ、古代ギリシアのポリスで、弁論術をはじめとする諸知識を教授することを職業とした人々。プロタゴラス・ゴルギアス・ヒッピアスなど。②人をだます目的で、もっともらしいが誤った推論で話を進めるのを得意とする人。詭弁家。

**そ-ふう【素風】**《「素」は染めていない白絹、または、白のこと》秋風。五行説で、秋には白があてられていることに由来する。

**そぶえ【祖父江】**〈町〉愛知県北西部、木曽川に沿う町。稲作、野菜・花卉栽培、庭木園芸のほか、機業がさかん。ぎんなんが特産。人口二万二九〇七(一九八八)。

**ソフォクレス【Sophoclēs】**(BC四九六ごろ〜BC四〇六) ギリシアの古典悲劇三大詩人の一人。緻密な対話構成で人物の性格を浮き彫りにし、筋と伏線との巧妙な組み合わせが特色。『アンティゴネ』『オイディプス王』『エレクトラ』など七篇が現存。

**そ-ふく【素服】** ①白地の着物。white clothes ②白地の喪服。

**そ-ふく【粗服】** そまつな着物。plain clothes

**ソフト【soft】** ㊀(名・形動) ①柔らかいこと・さま。[用例]―な感じ。②アルコール分がないこと。[用例]―ドリンク。㊁(名) ①「ソフト帽」の略。soft hat米; felt hat英 ②「ソフトウエア」の略。③「ソフトボール」の略。④「ソフトクリーム」の略。

**ソフトウエア【software】** コンピューターに演算などを実行させるプログラムなどの技術の総称。広義には、コンピューターを含め、その利用技術全般をさす。[対義]ハードウエア。

**ソフト-クリーム**《和製語》軟らかでなめらかなアイスクリーム。ハードアイスクリームはマイナス二五℃で保存するのに対し、ソフトクリームはマイナス四〜八℃で保存する。ソフト。

**ソフト-コーン【soft corn】** トウモロコシの軟粒種。粒は角質がないので軟らかく、粉状質。北アメリカで栽培され、コーンスターチの原料にされる。

**ソフト-コピー【soft copy】** コンピューターなどからブラウン管に表示される出力情報。[対義]ハードコピー。

**ソフト-サイエンス【soft science】** 現代社会がかかえている問題に対し、自然科学や社会科学などの分野の枠を超え、学際的な分析と研究を行う総合的な科学技術の手法。

**ソフト-テクノロジー【soft technology】** 社会・経済現象を分析・解明するための科学的手法の一つ。システム工学や社会生態学などを総合的に駆使し、現代技術社会の自己矛盾や硬直性の是正をめざす。

**ソフト-トーン【soft tone】** ラジオなどの音の低くやわらかい調子。

**ソフト-ドリンクス【soft drinks】** 非アルコール性飲料全般のこと。ジュース・炭酸飲料など。

**ソフトノミックス【softnomics】** 経済のソフト化(脱工業化)に対応する社会・経済政策のあり方。

**ソフト-フォーカス【soft focus】** 写真・映画の画面にやわらかい感じを与えるため、焦点をぼかして撮影すること。軟焦点。

**ソフト-フォーカス-レンズ【soft-focus lens】** 収差を利用して像の周りをぼかし、軟らかな感じの画像表現をするためのレンズ。軟焦点レンズ。

**ソフト-ぼう【ソフト帽】** フェルト製の中折れ帽子。felt hat

**ソフトボール【softball】** 少年や女子にもできるように考案された、野球に似た球技。軟らかく、大きなボールを使用する。投球方法により、スローピッチとファストピッチの二種類がある。

**ソフトラバー-ラケット【soft-rubber racket】** 卓球のラケットの一種。木に、スポンジで裏打ちされたゴムを貼ったもの。ふつうのラバーに比べ、球に回転やスピードを加えやすい。

**ソフト-ローン【soft loan】** ①貸し出し条件のゆるやかな借款。②国際開発協会(IDA)の借款方式。長期・無利息で、交換性のない現地通貨での返済を認める。

**そ-ふぼ【祖父母】** 祖父と祖母。grandparents

**ソフホーズ【sovkhoz ロシア】**《sovemskoe khozyaystbo ロシアの略》ソ連の国営農場。もとは革命時に没収した地主の土地に建設された。コルホーズより機械化され、また働き手が農民ではなく労働者である点で異なる。ソホーズ。[比較]コルホーズ。

**ソプラノ【soprano イタリア】** ①女声の最高音域。また、その歌手。②①とほぼ同音域のボーイソプラノ。③四声合唱の第一声部。④最高音域の各種楽器。↓声楽[図]

**そ-ぶり【素振り】**《「すぶり」は別語》顔色・動作に表れたようす・気配。manner [用例]―にも出さない。

**ぞべ-いと【ぞべ糸】** 絹のしつけ糸。和裁で、きせや折り山がくずれないように、縫いじつけをするときに使う。

**ソベク-さんみゃく【ソベク山脈・▽小▽白山脈】**(Sobaek) ↓しょうはくさんみゃく(小白山脈)

**そ-ぼ【祖母】** 父母の母親。おおば。ばあ。grandmother [対義]祖父。

**そ-ほう【粗放・疎放】**(名・形動) 大ざっぱで、しまりのないこと・さま。やりっぱなし。[対義]巧緻。

**そ-ぼう【粗暴】**(名・形動) 動作・性質のあらっぽいこと・さま。roughness

**そほう-か【素封家】**《「素」はなにもない、「封」は封禄・封土。身分や領土はないが、財産はそれらをもつ人と同じぐらいある人、の意》金持ち。財産家。wealthy man

**そほう-のうぎょう【粗放農業】** 一定面積に対して資本や労働力の投入が少なく、単位面積当たりの収量も少ない農業。extensive agriculture [対義]集約農業。

**ソホーズ【sovkhoz ロシア】** ↓ソフホーズ

**そぼく【阻▼卜・阻▼轐・阻▼蹼】** 中国、遼・金の時代(一〇〜一三世紀)に、蒙古にいた部族。北阻卜・西阻卜などに分かれていた。その種族については定説はないが、韃靼(タタール)部族をさしたとされている。

**そ-ぼく【素朴・素▼樸】**(名・形動) ①自然のままであること・さま。ありのままで、かざりけのないこと・さま。すなお。実直。naivety [用例]―な人柄。②単純で、内容があまり深くないこと・さま。simplicity [用例]―な疑問。

**ソポクレス【Sophoclēs】** ↓ソフォクレス

**そぼ-さん【祖母山】** 大分・宮崎県境にそびえる山。標高一七五七m。九州山地の主峰。全山、原生林におおわれ、カモシカが生息。

**そぼ-た・れる**(下一自) 雨にぐっしょりぬれる。get dripping wet

**そぼ・つ【▼濡つ】**(五自) ①ぐっしょりぬれる。be wet [用例]涙に―。②雨などが静かに降る。drizzle

**そぼ-ぬ・れる【そぼ▼濡れる】**(下一自) びっしょりとぬれる。get wet

**そほ-ぶね【▼赭船】** ↓そおぶね(赭船)

**そぼ-ふ・る【そぼ降る】**(五自) 雨がしとしとと降る。drizzle

**そぼろ** ㊀(名)《粗おぼろ、の意》魚・鶏などの肉を細かくほぐし、調味していりあげた食品。㊁(形動) ①乱れ、からまっているさま。②みすぼらしいさま。こんがらかっているさま。

**そ-ほん【粗▼笨】**(名・形動) あらくて雑なこと・さま。粗雑。[対義]精密。

**そま【▼杣】** 7画 部首[木] 和製漢字 [JIS]5928 ①「そまやま」の略。②「そまぎ」の略。③「そまびと」の略。

**そま-ぎ【▼杣木】** 材木にするために、杣山に植えた木。杣山から切り出した木。

**そま-ごや【▼杣小屋】** きこりの小屋。

**そ-まつ【粗末・▼麁末】**(名・形動) ①品質・つくりがおとっていること・さま。粗悪。coarse [用例]―な衣服。②おろそかに扱うさま。疎略。handle carelessly [用例]食べ物を―にする。

**そま-びと【▼杣人】** きこり。

**そま-やま【▼杣山】** 材木用の木を植えた山。杣木の山。

**ソマリア【Somalia】**(Somalia Democratic Republic) アフリカ北東端、インド洋とバベルマンデル海峡に臨む民主共和国。首都モガディシオ。地形上「アフリカの角」とよばれる。一九六〇年イギリス・イタリアから独立して合併。牧畜が主産業。面積六三・八万km²。人口四七六万(一九八六)。正称、ソマリア民主共和国。

**ソマリ-ぞく【ソマリ族】** アフリカ、ソマリア民主共和国の中核をなし、エチオピアやケニアに住む民族。長身・縮れ毛、皮膚は褐色か黒褐色。イスラム教徒で一夫多妻制。ウシ・ヒツジ・ラクダなどの遊牧に従事。Somali

**ソマリランド【Somaliland】** アフリカ東端、赤道からアデン湾に至る地域。一九世紀末にイギリス・フランス・イタリアが分割領有。のち独立してソマリア・ジブチとなり、一部はエチオピアに編入。

**そま・る【染まる】**(五自) ①色がつく。ある色になる。be dyed [用例]ハンカチが血で赤く―。きれいな紫色に―。②感化される。be imbued [用例]悪に―。

**そ-まんじゅ【▼蘇▼曼殊】**(一八八四〜一九一八) 中国、清末の詩人・翻訳家。本名は玄瑛。日中の混血。横浜生まれ。一時僧籍に入る。悽艶な詩文で知られる。詩文集『蘇曼殊全集』。

**そ-みつ【疎密・粗密】** あらいことと、細かいこと。roughness and fineness

**そみつ-は【疎密波】** 波の進行方向が媒質の振動方向と同じ波。媒質の密度や圧力の変化が伝わってゆく。縦波。圧縮波。compression wave

**そみん-しょうらい【▼蘇民将来】** ①『備後風土記』の説話に出てくる人物名。貧しいが神に宿を貸し、子孫が疫病を免れることを保証されたといわれる。②《転じて》疫病よけの護符。「蘇民将来子孫の宿」などと書いて門口に貼る。

**そ・む【染む】** ㊀(五自) ①↓そまる(染まる)。②深く感じる。be impressed [用例]肝に―。③気にいる。be pleased [用例]気に―・まない。㊁[古語](下二他) ↓そめる(染める)

**そ・む【初む】** [古語](下二他) ↓そめる(初める)

**そ-む・く【背く・▽反く・▼叛く】**(五自) ①背を向ける。turn one's back ②違反する。violate [用例]法律に―。教えに―。③はむか

う。反逆する。rebel against 用例親に―。

**世に背く**(よにそむく) →よ(世)

**そ-む・ける【背ける】**(下一他) ①後ろへ向かせる。そらせる。turn away 用例顔を―。目を―。②心をよそへ向ける。estrange

**ソムリエ**[sommelier(フランス)] レストランで、ワインに関して豊富な知識をもち、客の相談などにのる専門家。

**そめ【染め】** 染めること。染めた色。dyeing

**そめ【初め】**(接尾) はじまり。はじめて。用例会い―。なれ―。

**ぞめ【初め】**(接尾) はじめてその動作をすること。用例書き―。わたり―。

**ぞめ【染め】**(接尾) 染めること。染めた色。用例しぼり―。紅―。

**そめ-あがり【染(め)上がり】** 染めが仕上がること。そのできばえ。being dyed

**そめ-あが・る【染(め)上がる】**(五自) 染めが仕上がる。finish dyeing

**そめ-あ・げる【染(め)上げる】**(下一他) 染めて、その色に仕上げる。finish dyeing

**そ-めい【疎明・▼疏明】** ①いいわけをすること。弁明。②法律で、係争の事柄に関して、裁判官に幾分かは確かと考えさせる心証を与えること。

**そめ-いと【染(め)糸】** 染めた糸。色糸。dyed thread

**そめい-よしの【染井▽吉野】** サクラの園芸品種。オオシマザクラとエドヒガンの交雑種とされ、江戸時代末期につくり出された。もっとも広く植栽されている。エドザクラ。↓写 ↓サクラ図

●染井吉野

**そめ-いろ【染め色】** 染める色。染めた色。dyed color 対義織り色。

**そめ-か・う【染め替う】** 古語(下二他) ↓そめかえる(染め替える)

**そめ-かえ・す【染(め)返す】**(五他) =染め直す。①色のさめたものを、もう一度もとのように染める。redye ②違った色に染め替える。redye

**そめ-か・える【染(め)替える】**(下一他) 一度染めたものを、改めて別の色に染める。redye

**そめ-がた【染(め)型】** ①染め出す模様。dyed pattern ②布に模様を付ける型紙。染型紙。dyeing stencil

**そめ-がみ【染(め)紙】** ①色を染めた紙。いろがみ。②《斎宮の忌みことば。黄色などの色紙に経文を書いたことから》仏教の経文。

**ぞめ・く【▽騒く】**(五自) うかれさわぐ。frolic

**そめ-こ【染(め)粉】** こなにした染料。dye

**そめ-こ・む【染(め)込む】**(五他) 紋や模様などを入れて、染める。染めつける。dye

**そめ-だ・す【染(め)出す】**(五他) 染めて、色・模様を出す。dye 用例家紋を―。

**そめ-つけ【染(め)付け】** ①染めて色・模様を付けること。また、その色・模様のぐあい。②藍染めの布。藍色の模様を染めつけた布など。③白磁の釉下にコバルトを主成分とする釉薬(呉須)で絵や文様を描き、焼成によって青く発色させ、着画させる技法。また、この技法による陶磁器。中国では青花という。

**そめ-なお・す【染(め)直す】**(五他) ↓そめかえす(染め返す)

**そめぬき-もん【染(め)抜き紋】** 染め抜いた紋。対義描き紋・縫い紋。

**そめ-ぬ・く【染(め)抜く】**(五他) ①よく染める。dye fast ②模様の部分を地色のまま残して染める。leave... undyed

**そめ-もの【染(め)物】** 糸・布を染料を使って染めること。また、染めたもの。浸染と捺染の方法がある。dyeing; dyed goods 数え方 一入(染汁にひたす数)。

**そめ-もよう【染(め)模様】** 染め出した模様。dyed pattern 対義書き模様・織り模様。

**そ・める【染める】**(下一他) ①色を付ける。その色にする。dye 用例夕日が西の空を赤く―。②墨や絵の具などを塗ってほかの色にする。paint 用例つめを赤く―。③始める。着手する。set about 用例実験に手を―。④顔やほおを赤くする。flush 用例ほおを―。⑤筆で字や絵を書く。書き始める。用例筆を―。

**手を染める**(てをそめる) 着手する。start 【―。

**そ・める【初める】**(接尾)《動詞の連用形に付いて動詞をつくる。下一段型》…はじめる。用例明け―。

**そめ-わけ【染(め)分け】** ①染め分けること。dyeing in different colors ②一つの花の花びらが二色以上の違った色を現すこと。アサガオなどにみられる。motley

**そめわけ-べら【染分▽倍▽良】** ベラ科の海水魚。全長約一二cm。体の前半が青みを帯びた黒色、後半が黄色で尾びれが青いなど、染め分けられたような彩り。高知以南に分布。

**そめ-わ・ける【染(め)分ける】**(下一他) 種々の色に色分けして染め出す。dye in different colors

**そめん-がん【粗面岩】** アルカリ長石と少量の有色鉱物を主成分とする細粒、またはガラス質の火山岩。白・灰・黒色。trachyte

**そ-も【▽抑】** 古語(接続)《文の始めに置く。事物の由来を説き始める語》そもそも。それはそうと。用例―、参りたる人ごとに山へ登りしは、何事かありけん(徒然・五二)。

**そ-もう【▼梳毛】** 羊毛など獣毛繊維を鋼鉄製の針でくしけずり、短い繊維を除いて長い繊維だけを平行にそろえること。また、その長い繊維。worsted

**そもう-おりもの【▼梳毛織物】** 梳毛糸で織った布の総称。モスリン・サージ・毛繻子など。worsted

**そもう-し【▼梳毛糸】** 梳毛で紡いだ糸。worsted yarn

**そも-さん【▽作▼麼▽生・▼什▼麼▽生】**(副)《中国の宋代の俗語》禅宗の問答のことば。いかに。さあ、どうじゃ。

**そ-もじ【▼其文字】** 古語(代)《女房ことば》あなた。そなた。用例―も又力弥殿の顔も見たかろ(浄瑠璃・仮名手本忠臣蔵)。

**そも-そも【▽抑】** 一(接続)《「そも」を重ねて強調した語》いったい。それにしても。to begin with 用例―宇宙とは…。二(名) 事の起こり。最初。もともと。the beginning

**抑の初め**(そもそものはじめ) 事の始まり。事の起こり。用例―の始まりは…。the beginning

**そ-や【▽征矢・▽征▼箭】** 戦場で使った矢。

**そ-や【粗野】**(名・形動) ことば・行いがあらあらしく不作法なこと・さま。ぶこつ。coarseness 対義洗練・典雅・優雅。

**ぞ-や** 古語(連語) 一《係助詞「ぞ」に間投助詞「や」の付いたもの》…なのだよ。用例み谷ふた渡らすあぢしきたかひこねの神―(古事記・上)。二《係助詞「ぞ」に係助詞「や」の付いたもの。疑問の語に付いて》自問したり質問する意を表す。…であろうか。用例かかる事のいつ―ありしかと覚えて(徒然・七一)。

**そや・す**(五他) おだてる。はやす。

**そ-やつ【▼其▽奴】**(代)《人をののしっていう語》そいつ。きゃつ。

**そよ**(副) 風がかすかに吹くさま。かすかに物の動くさま。gently 用例―吹く風。―ともしない。

**ぞ-よ** 古語(連語)《係助詞「ぞ」に終助詞「よ」の付いたもの》さらに念をおす。…だよ。用例さは大殿籠るまじき―(源氏・若紫)。

**そ-よう【素養】** ①平素の教養。たしなみ。knowledge ②学力・技芸の下地。grounding

**そ-よう【▼蘇葉】** 生薬の一つ。シソの葉。香蘇散・半夏厚朴湯などに配合され、発汗・解熱・鎮咳・健胃に用いる。魚介類による中毒の解毒薬。

**そよう【▼蘇陽】**〈町〉 熊本県東端、宮崎県に接する町。稲作を中心に、畜産なども行う。茶・シイタケが特産。人口五八一八(一九八八)。

**そ-よう-ちょう【租庸調】** ①中国の唐代に完成された均田制下の税法の総称。②日本の律令制における基本租税の総称。租は口分田などに賦課され、稲で徴収。庸は成年男子に賦課され、本来は毎年一〇日間の労役だが、その代わりに麻布などで徴収。調も成年男子に賦課され、諸国の産物を徴収。

**そよが・す【▽戦がす】**(五他) そよぐようにする。そよそよと動かす。rustle 用例風が竹を―。

**そよ-かぜ【▽微風】** そよそよと吹く風。びふう。breeze

**そよぎ【▽戦ぎ】** そよぐこと、また、その音。rustle

**そよ・ぐ【▽戦ぐ】**(五自) 風などで木の葉などがそよそよと音を立てる。rustle

**そよご【▽冬▽青】** モチノキ科の常緑低木。高さ二～五m。山地にはえる。葉は楕円形。雌雄異株。夏に、白色の小花を葉腋につけ、果実は秋に赤熟。名は、風にそよいで葉が音をたてることから。↓写

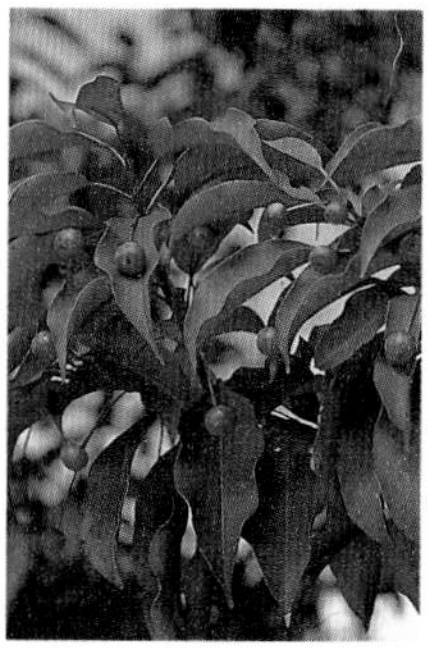

●ソヨゴ

**そよ-そよ**(副) 風が快く吹くさま。さやさや。gently 用例―と春風が吹く。

**そよ-ふ・く【そよ吹く】**(五自) 風が軽やかに吹く。そよそよと風が吹く。blow softly

**そよ-め・く【▽戦めく】**(五自) そよそよと動く音がする。rustle

**そら【空】** 一(名) ①《「虚」とも》地上に高くひろがる空間。天。天空。the sky 用例―を飛ぶ。②空のようす。天候。weather 用例―が晴れる。③方角。direction 用例故郷の―。④心の状態。absent-minded 用例うわの―。生きた―もない。⑤途中にいる状態。on the way 用例旅の―。⑥記憶でいい、また書くこと。by heart 用例百人一首を―でいう。⑦うそ。いつわり。falsehood 二(接頭) ①なんとなく。用例―恥ずかしい。②かいがない。用例―頼み。③ふりをする。用例―寝。④真実はそうでない。用例他人の―似。

**空聞かず**(そらきかず) 聞こえないふりをすること。

**空知らず**(そらしらず) 知らないふりをすること。

**空知らぬ雨**(そらしらぬあめ) 涙。

**空飛ぶ鳥も落とす**(そらとぶとりもおとす) 威勢のさかんなたとえ。be at the summit of one's power

**空に標結う**(そらにしめゆう) 《「空に標縄を結い渡す」の意》むなしくかなわぬことのたとえ。

**空に知られぬ雪**(そらにしられぬゆき) 散るサクラのたとえ。

**空に三つ廊下**(そらにみつろうか) 《「照ろうか・降ろうか・曇ろうか」の三つの「ろうか」のしゃれ》天候の定まらないことをいう。

**空吹く風と聞き流す**(そらふくかぜとききながす) 何を聞いても、耳にとめないふりをする。馬耳東風。

**空を歩む**(そらをあゆむ) 心が落ち着かないさまのたとえ。

**空を使う**(そらをつかう) 知らないふりをする。とぼける。

**そら【▼曾▽良】** ↓かわいそら(河合曾良)

**そら**(感) 注意・誘いなどに発する語。それ。Look! 用例―みろ。

**そら** 古語(副助)《「すら」の転》程度の軽いものを示して、重いものを類推させる。…でさえ。…すら。用例蜂―ものの恩は知りけり(今昔・二九)。

**ゾラ**[Emile Zola](一八四〇～一九〇二) フランスの小説家。リアリズム小説の伝統をふまえて、自然主義の理論をうち立て、自然派作家の領袖となった。ドレフュス事件で被告を弁護。作品には「ルーゴン=マカール叢書」に収められた『居酒屋』『ナナ』『ジェルミナール』など。↓写

●ゾラ

**そら-あい【空合(い)】** ①空模様。weather ②事のなりゆき。course of events

**そ-らい【▼徂来・▼徂▼徠】**(名・サ変自) 行ったり来たりすること。往来すること。

**そら-いびき【空▼鼾】** 寝たふりをして、かくいびき。

**そら-いろ【空色】** ①晴れた空の色。薄青色。sky blue ②天気の状態。空模様。look of the sky

**そら-うそぶ・く【空▼嘯く】**(五自) ①横柄な態度をとる。②知らぬふりをしてとぼける。

**そら-おそろし・い【空恐ろしい】**(形) ①なんとなく恐ろしい。have a vague fear ②悲観的なことばかり想像されて、ひどく恐ろしい。

▼常用漢字表外。 ▽常用漢字表の音訓外。

dreadful 派生 そらおそろしげ(形動) そらおそろしさ(名)

**そら-おぼえ【空覚え】** ①暗記。暗唱。learning by heart ②うろ覚え。faint memory

**そら-かぞう【▽天数う】** [枕ことば]《おおよそ数える意などとするが、かかりかたとも未詳》「おほ(大)」にかかる。用例 ―大津の子が逢ひし日におぼに見しかば今ぞ悔しき(万葉・二・二一九)。

**そら-ぎき【空聞き】**(名・サ変他) ①いいかげんに聞くこと。②聞いていないふりをして聞くこと。

**ソラク-サン【雪岳山】**(Sŏrak San) ↓せつがくさん(雪岳山)

**そら-ごと【空言・▽虚言】** うそ。いつわり。lie

**そら-ごと【空事・▽虚事】** 真実でない事柄。うそ。falsehood 用例 絵―。

**そら・す【反らす】**(五他) ①物を弓形に曲げる。bend 用例 竹を―。②体の一部を後ろの方へ曲げる。lean back; bend backward 用例 胸を―・して、いばり返る。

**そら・す【▽逸らす】**(五他) ①はずしてわきへ向ける。turn away 用例 顔を―。目を―。②それとなく話題を変える。change 用例 話を―。③《ふつう、打ち消しの形で》機嫌をそこなう。offend 用例 客を―・さない。④逃がす。miss 用例 打球を―。

**ソラス-じょうやく【ソラス条約】**《「ソラス」はSOLASで、safety of life at sea(海上における人命の安全)の略》船舶の構造・救命設備、無線電信などの設備の基準、航海の安全のための援助などを取り決めた国際条約。

**そらぞら-し・い【空空しい】**(形) ①知っていて知らないふりをする。feigned 用例 ―顔。②見えすいている。わざとらしい。feigned 用例 ―おせじ。③形だけのさま。empty 用例 ―儀式。派生 そらぞらしげ(形動) そらぞらしさ(名)

**そら-だき【空▽薫き・空▼炷き】** 香を日常生活の中でたくこと。前もって香をたき、室内に香気を漂わして、客をもてなすなど。

**そら-だのみ【空頼み】**(名・サ変他) あてにならないことを頼みにすること。vain hope

**そらち-がわ【空知川】** 北海道中部、石狩川の支流。長さ一九五km。十勝岳付近に発し、富良野盆地を経て滝川市で石狩川に合流。

**そら-どけ【空解け】** 帯・ひもなどの結び目が、しぜんにほどけること。

**そらとぶ-えんばん【空飛ぶ円盤】** 未確認飛行物体(UFO)の通称。

**そら-とぼ・ける【空▼惚ける】**(下一自) わざととぼける。知っていて知らないふりをする。feign ignorance

**そら-なき【空泣き】**(名・サ変自) 泣くまねをすること。うそ泣き。pretending to weep

**そら-なみだ【空涙】** 悲しくもないのに、悲しいふりをして流す涙。うその涙。crocodile tears

**そら-に【空似】** 血縁がないのに、顔かたちなどがよく似ていること。accidental resemblance 用例 他人の―。

**そら-に-みつ** [枕ことば]《古くからの枕ことば「そらみつ」の五音化したものともいうが、かかりかたとも未詳》「やまと」にかかる。用例 ―大和を置きてあをによし奈良山を越え(万葉・一・二九)。

**ソラニン【solanine】** ジャガイモの幼芽などに多く含まれる有毒物質。

**そら-ね【空音】** ①まねた鳴き声。②うそ。そらごと。

**そら-ね【空寝】**(名・サ変自) 寝たふりをすること。たぬき寝入り。play possum

**そら-ねんぶつ【空念仏】** 信心もないのに口でだけ念仏をとなえること。からねんぶつ。

**そら-のみこみ【空▼呑(み)込み】**(名・サ変他) よく確かめないで、早がてんすること。早のみこみ。hasty conclusion

**そら-はずかし・い【空恥ずかしい】**(形) なんとなく恥ずかしい。派生 そらはずかしげ(形動) そらはずかしさ(名)

**そら-まめ【空豆・▽蚕豆】**《さやが空に向かって付くことから》マメ科の一、二年草の野菜。高さ約一m。四月ごろ、白または淡紫色の花をつける。種子はゆでて食べるほか煮豆・餡用。ノラマメ。ユキワリマメ。ナツマメ。broad bean ↓図

●ソラマメ

**そら-みつ** [枕ことば]《語義・かかりかたとも未詳》「やまと」にかかる。用例 ―大和の国はおしなべてわれこそ居れしきなべてわれこそ座せ(万葉・一・一)。

**そら-みみ【空耳】** ①聞いたように感じること。幻聴。mishearing ②聞いて聞かないふりをすること。feigned deafness 用例 ―を使う。

**そら-め【空目】** ①見まちがうこと。誤認。②上目。用例 ―づかい。③見て見ないふりをすること。用例 ―を使う。

**そら-もよう【空模様】** ①空・天気のようす。天候のぐあい。weather ②物事のなりゆき。course of events

**そら-ゆめ【空夢】** ①実際にそうならなかった夢。対義 正夢。②見もしないものを見たように話す夢。

**そら-よろこび【空喜び】**(名・サ変自他) ↓ぬかよろこび(糠喜び)

**ソラリゼーション【solarization】** 写真フィルムや印画紙の画像濃度が、きわめて過度の露光量のために低下する現象。

**そら-わらい【空笑い】**(名・サ変自) おかしくないのに笑うこと。つくり笑い。feigned laugh

**そらん・じる【▼諳んじる】**(上一他) そらでおぼえる。暗記する。暗唱する。そらんずる。learn by heart

**そらん・ずる【▼諳んずる】**(サ変他) ↓そらんじる(諳んじる)

**そり** 17画 **【▼艝】** 部首[舟] 和製漢字 JIS 7160
↓そり[橇・艝・轌]

**そり** 18画 **【▼轌】** 部首[車] 和製漢字 JIS 7758
↓そり[橇・艝・轌]

**そり【反り】** 反り返ること。反り返っている部分。curve 用例 刀の―。

**反りが合わない**(そりがあわない) 《刀の反りがさやに合わないの意から》気が合わない。cannot get along

**反りを打つ**(そりをうつ) ①刀などが反っている。be curved ②腰に差した刀の反りの向きを変え、抜刀の身構えをする。反りを返す。

**反りを返す**(そりをかえす) 刀を抜きやすいように、反りを裏返して身構える。

**そり【▼剃り】** ①そること。shaving ②「かみそり」の略。

**そり【▼橇・▼艝・▼轌】** 雪や氷の上を通行したり物を運搬するための乗り物。sled; sleigh ↓写

**ソリーリャ【José Zorrilla】**(一八一七―一八九三) スペイン―ロマン主義の代表的な詩人・劇作家。戯曲『ドン＝フアン＝テノリオ』など。

**そり-かえ・る【反(り)返る】**(五自) ①後ろにぐっと曲がる。warp backward ②いばって、体を反らす。ふんぞり返る。swagger

**ソリスト【soliste フランス】** ①独唱者。独奏者。solist ②バレエで、第一舞踊手。群舞以外の踊り手。prima ballerina

**ソリッド-ステート【solid-state】**《固体の状態の、の意》電子工学の分野で、半導体化した素子・回路。熱電子を利用した真空管に代わり、半導体中の電子の特性を利用して電流の制御を行うもの。

**ソリッド-ていこうき【ソリッド抵抗器】** 電子回路用抵抗器。炭素粉末・無機充塡剤・フェノール樹脂を混合し、棒状に焼結する。solid resistor

**そり-とび【反(り)跳び】** 走り幅跳びの跳び方の一つ。踏み切り後、空中で体を反らせ両脚をそろえて、両腕を後ろから前方に回して伸ばしながら、両脚も前に振り出して着地する。hang jump

**ソリトン【soliton】** 空間的に孤立し、波形がくずれることなく、安定して伝播する波。衝突しても波形が変わらない。比較 孤立波。

**そり-はし【反(り)橋】** 中ほどが高く反った橋。arched bridge

**そりはし-しぎ【反▼嘴▼鷸】** シギ科の鳥。細長い嘴が著しく上方へ反り返る。全長約二三cm。背は灰色、下面は白い。ユーラシア北部で繁殖し、アフリカ・東南アジア・オーストラリアなどで越冬。日本には春秋二回立ち寄る旅鳥。terek sandpiper

**そりはし-せいたかしぎ【反▼嘴背高▼鷸】** セイタカシギ科の鳥。細長い嘴が上方に反り返り、体つきはほっそりし、脚がきわめて長い。全長四〇cm内外。長い脚を利用して、他のシギ・チドリの行けないような深所で採食する。塩分のある水域を好み、甲殻類・小魚を捕食。世界に四種が分布。avocet

**そり-み【反(り)身】** 体を後ろに反らした姿勢。throwing back one's head 用例 ―になる。

**そ-りゃく【粗略・疎略】**(名・形動) おろそかにすること・さま。なげやり。そまつ。carelessness 対義 丁重・丁寧・入念。用例 ―に扱う。

**そ-りゅうし【素粒子】** 物質を構成するもっとも基本的な粒子。現在の理論では、クォーク・レプトン・ゲージ粒子の三種類に大別される。クォークから構成される陽子や中性子などのハドロン族を素粒子とよぶこともある。elementary particle

**そりゅうし-ろん【素粒子論】** 素粒子の性質や相互作用など、またそれから構成される物質構造を説明する理論。theory of elementary particles

●橇

**そ-りん【疎林】** 木がまばらにはえた林。sparse wood 対義 密林。

**そ・る【反る】**(五自) 弓なりになる。しなって曲がる。warp 用例 本の表紙が―。乾燥して板が―。指が―。

**そ・る【▼剃る】**(五他) 髪の毛・ひげなどを、かみそりで根もとから切る。する。shave 用例 ひげを―。

**ソル【Fernando Sor】**(一七七八―一八三九) スペインのギター奏者・作曲家。多数のギター独奏曲・練習曲を残した。

**ゾル【Sol ドイツ】** 固体のコロイド粒子が、液体中に分散した典型的なコロイド。流動性がある。コロイド溶液。sol

**ゾルゲ-じけん【ゾルゲ事件】** 昭和一六年(一九四一)発覚した国際スパイ事件。日本の最高機密を探りソ連に通報した疑いで、駐日ドイツ大使顧問のゾルゲや満鉄嘱託の尾崎秀実らが逮捕され、処刑された。

**ソルゴー【sorgo; sorgho】** ↓さとうもろこし(砂糖蜀黍)

**ソルジェニーツィン【Aleksandr Isayevich Solzhenitsyn】**(一九一八―) ソ連の作家。『イワン＝デニーソビチの一日』で国際的反響をよぶ。一九七四年に国外追放。一九七〇年ノーベル文学賞受賞。小説『ガン病棟』『煉獄のなかで』『収容所群島』『赤い車輪』、戯曲『鹿とラーゲリの女』など。↓写

●ソルジェニーツィン

**ソルダーティ【Mario Soldati】**(一九〇六―) イタリアの小説家・映画監督。小説『カプリからの手紙』、映画『河の女』など。

**ソルト【SALT】**《Strategic Arms Limitation Talksの略》戦略兵器制限交渉。アメリカとソ連の間で一九六九年から開始された戦略兵器の制限についての交渉と、これに基づく二国間協定。第一次交渉は七二年調印、批准。第二次交渉は七九年調印、アメリカは批准を凍結。

**ソルト-レーク-シティ【Salt Lake City】** アメリカ西部、ユタ州の州都。同州最大の都市。グレートソルト湖南東にあり、商工業・文化・観光の中心。農・畜産物の集散地で、交通上の要地。モルモン教の総本山がある。人口一六・三万(一九八〇)。

**ソルビン-さん【ソルビン酸】** 食品の保存に用いる化学物質。カビ・腐敗菌などに広い抗菌作用をもつ。保存料としてはもっとも毒性が低く、世界的に使用されている。sorbic acid



↓ 行き先項目、図版・写真参照印。 JIS 日本工業規格情報交換用漢字符号コード(区点コード)。

**ソルフェージュ**[solfège フランス] 音楽で、基礎教育全般をいう。読譜・視唱・音感の養成など。

**ソルフォード**[Salford] イギリス中部、アーウェル川に沿う商工業都市。一四世紀以来の繊維工業地。人口二四万(一九八五)。

**ソルベ**[sorbet フランス] 酒や果汁に、砂糖を加えて作る氷菓。シャーベット。

**ソルベイ**[Solvay & Cie S. A.] ベルギーの世界的総合化学メーカー。一八六三年設立。

**ソルベー‐ほう**【ソルベー法】↓アンモニアソーダほう(アンモニアソーダ法)

**ソルボンヌ‐だいがく**【ソルボンヌ大学】(Université de Sorbonne フランス) フランスの旧学制による、パリ大学文・理二学部の通称。一二五七年にパリ大学の神学を中心とする学寮のひとつとして創設。

**ゾルレン**[Sollen ドイツ] 哲学で、道徳的な義務・理想から、なすべきこと、あるべきこととして、意志や行為に強制・拘束を与えるもの。当為。ゾレン。対義 ザイン。

**それ**【▼其れ】(代) ①《聞き手に近く、話し手からすこし離れた事物をさす語》その物。it 対義 あれ・これ。用例 ―をください。②《今、話題になった事物をさす語》そのこと。そのもの。it 用例 ―はいつの話だ。③《ぼんやりと事柄をさし示す語》そのこと。it 用例 ―は一昨年のことだった。

**其れかあらぬか**(それかあらぬか) それか、それともそれでないか。たしかではないが。

**其れに付けても**(それにつけても) 《前の事柄に関連してあとの事柄が思い起こされるものであることを表す》そのことと関連して。それが原因で。用例 ―しゃくにさわる。

**其れにとりて**(それにとりて) それについて。その場合。

**其れに引き替え**(それにひきかえ) 《前の事柄にくらべると対照的であることに、の意》それとは違って。in contrast to

**其れは其れとして**(それはそれとして) それはよいとして。それは別として。apart from that

**其れは其れは**(それはそれは) 大変。はなはだしく。非常に。very 用例 ―ご苦労でした。

**其れはもう**(それはもう) ある事柄を強調して言う語。いうまでもなく。very 用例 ―りっぱな人物です。

**其れや此れや**(それやこれや) そのことやこのこと。いろいろ。あれやこれや。this and that 用例 ―で手一杯。

**それ**【▽夫れ】文語的 (接続) 《文章の書き始めに用いる》いったい。そもそも。

**それ**(感) 《注意・さそいなどに発する語》そら。there

**それ来た**(それきた) 《ほうら、来た、の意》待ち受けていたものが来たときの満足感を表す語。物の受け渡しのさいなどの掛け声としても用いる。

**それ見た事か**(それみたことか) 自分の忠告を聞きいれずに失敗した相手などに対していう語。それ見ろ。I told you so.

**それい‐しゃ**【祖霊社】 祖先累代の霊を祭る社殿。墓所、邸内、氏神の境内などに設けられる。

**それ‐がし**【▽某】(代) ①《名のはっきりしない人や物をさす語》なにがし。だれだれ。②わたし。

**それ‐から** ㊀(接続) ①《前の事柄に続く事柄を示す語》その次に。また。そして。then 対義 しかし。用例 京都へ行って、―大阪へ行った。②《相手の話を先へ促すときの語》それで。Well, then? 用例 ―、どうなった。㊁夏目漱石(なつめそうせき)の小説。明治四二年(一九〇九)『朝日新聞』に連載。『三四郎』に始まり、『門』に続く三部作の第二編。当時の知識人の生活と愛の姿を描く。

**それから‐して**(接続) それから始めて。そこから。続いて。

**それ‐きり**【▼其れ▽限り】(副) =それっきり。①そのときかぎり。since then 用例 ―顔を見せない。②それで終わり。no more than that 用例 ―の話。

**それ‐しき**【▼其れ式】 それくらい。その程度。such 用例 ―のことに驚くものか。

**それ‐しゃ**【▼其れ者】《俗語》①その道によく通じている人。くろうと。expert ②芸者。遊女。

**それ‐じゃ**(それぢゃ) ㊀(接続) 「それでは」のくだけた言い方。それじゃあ。㊁(感) 別れのときに親しい間柄で使うあいさつ。それでは、さようなら。

**それ‐そうおう**【▼其れ相応】(名・形動) それに釣り合うこと・さま。ふさわしいこと・さま。proper 用例 ―のお礼をする。

**それ‐それ**【▼其れ▼其れ】(感) ①人の注意を促したりするときに使う語。そらそら。用例 ―足元に気をつけて。②人の意見に同意するときに使う語。そうそう。③それであると気づいたときに使う語。

**それ‐ぞれ**【▼其れ▼其れ・▽夫れ▽夫れ】(名・副) めいめい。おのおの。each

**それ‐だから**(接続) 《条件の帰結を示す語》そういうわけだから。そうであるから。therefore 対義 それでも。

**それ‐だけ**【▼其れ丈】(名・副) ①そのぐらい。that much 用例 ―あれば安心だ。②それきり。no more than that 用例 残りは―だ。③それに応じて。そのぶん。to that extent 用例 ―のことはある。

**それ‐だのに**(接続) 《俗語》↓それなのに

**それ‐だま**【▽逸れ弾】 流れ弾。流弾。stray bullet

**それっ‐きり**【▼其れっ▽限り】(副) ↓それきり(其れ限り)

**それ‐で**(接続) ①《条件の帰結を示す語》だから。そこで。and then 用例 ―、行けなくなってしまった。②《前に述べてきた事柄を受けて、新しく発展させる文の最初に使う語》それゆえに。and 用例 ―、きょうは少し御相談があって来ました。③《相手の話を先へ促すときの語》それから。そして。Well, then? 用例 ―、どうしました。

**それ‐では** ㊀(接続) ①《物事の切りめをつけるときの語》では。じゃあ。well 用例 ―、またお目にかかりましょう。②《条件の帰結を示す語》それなら。then 用例 ―、わたしも賛成する。㊁(連語) そういうことになっては。in that case 用例 ―あんまりかわいそうです。

**それ‐でも**(接続) 《前後が釣り合わないことを示す語》そうであっても。にもかかわらず。still 対義 それだから。用例 ―私は行きます。

**それどころ‐か**【▼其れ▽処か】(接続) 《前に述べた事柄と、反対の関係にあることを示す語。多く打ち消しの語をともなって》とてもその程度ではすまない。on the contrary 用例 ―、もっとひどい。

**それと‐なしに**【▼其れと無しに】(連語) はっきりいわないで、遠まわしに。なんとなしに。それとはなしに。indirectly

**それ‐とも**【▼其れ共】(接続) 《どちらであるかを示す語》あるいは。もしかすると。or 用例 洋食がいいか、―和食にするか。

**それ‐なのに**(接続) 《前のことに相応しないことを説き起こすのに用いる語》そうであるのに。それにもかかわらず。nevertheless 用例 ―、帰ってしまうのか。

**それ‐なら**(接続) 《条件の発展を示す語》そういうわけなら。そんなら。then 用例 ―引き受けよう。

**それ‐なり**(副) ①そのまま。それきり。since then 用例 ―音信が途絶えた。②それ相応。proper 用例 ―の値打ちがある。

**それなり‐に**(副) ①それ相応に。それの持ち味で。in its own way 用例 ―おもしろい。②そのまま。それきり。as it is 用例 ―なる。

**それ‐なる**(連体) そこにいる。用例 ―町人。

**それなれば‐こそ**(接続) 《条件の発展を示す語》そうであるからこそ。for that very reason 用例 ―、やらねばならない。

**それ‐に**(接続) ①《釣り合わないことを示す語》そうであるのに。nevertheless ②《積み重ねる関係を示す語》そのうえ。moreover 用例 雨が降り、―風も吹き出した。

**それに‐しても**(接続) それはそれでいいとしても。それはそれとしても。それではあるが。nevertheless 用例 ―、ひどい話だ。

**ソレノイド**[solenoid] 導線を密に一様に巻いた円筒状のコイル。電流を流すと内部に一様な磁場を生じる。

**ソレノドン**[solenodon] ソレノドン科の動物。食虫類。体長約三〇cm、尾長約二〇cm。ドブネズミに似た体形で、口吻(こうふん)が細長く突出する。森林にすみ、夜行性。昆虫が主食。雄は腹部から緑色の液を分泌する。西インド諸島産。

**それは‐さておき**【▼其れは▼扠置き】(接続) 《まったく別の話題に転ずることを示す語》それはともあれ。ところで。閑話休題。by the way

**それは‐そうと**(それはさうと)【▼其れは▽然うと】(連語) 《話題を転じるときにいう》それはそれとして。それはさておき。

**それは‐ともあれ**【▼其れは▼兎も有れ】(連語) それはさておき。ともかく。by the way

**それ‐ほど**【▼其れ程】(副) その程度。そんなに。so much 用例 ―困っているのか。

**それ‐や**【▽逸れ矢】 ねらいのそれた矢。流れ矢。stray arrow

**それ‐ゆえ**(それゆゑ)【▼其れ故】(接続) 《条件の帰結を示す語》それだから。therefore

**そ・れる**【▽逸れる・▽外れる】(下一自) ①ほかのほうへ行く。go astray 用例 話が―。脇道(わきみち)へ―。②ねらいがはずれる。miss the mark 用例 弾が―。

**ソレル**[Georges Sorel](一八四七〜一九二二) フランスの代表的な革命的サンジカリスト。ブルジョアジーの暴力に対抗するものとしてプロレタリアートのゼネストを主張し、左翼だけでなくムッソリーニなどにも強い影響を与えた。主著『暴力論』。

**ソレルス**[Philippe Sollers](一九三六〜) フランスの小説家。ヌーボー-ロマンの作家たちに次ぐ世代の代表的存在。作品『奇妙な孤独』『公園』『ドラマ』など。

**ソ‐れん**【ソ連】 ソビエト社会主義共和国連邦の略称。

**ゾレン**[Sollen ドイツ] ↓ゾルレン

**ソれん‐さっかどうめい**【ソ連作家同盟】(Soyuz Sovetskikh Pisateley ロシア) ソ連の全作家を統合する文学者団体。一九三四年成立。初代議長ゴーリキー。社会主義リアリズムを基本的創作方法と定めた規約をもつ。

**そろ**【▽候】(四自・補助) 「そうろう」の約。

**ソロ**[solo イタリア] ①音楽の独唱。独奏。②バレエやスケート競技のフィギュアなど、芸能やスポーツで一人でする演技。③野球で、走者がいないとき打ったホームラン。

**ゾロアスター‐きょう**【ゾロアスター教】 前七〜前六世紀ごろ、ペルシアのゾロアスターが創始した宗教。アフラ-マズダとアーリマン(アングラ-マイニュ)善悪二神の二元論を特色とし、善神の象徴として火や星や太陽を崇拝する。ササン朝時代(三〜七世紀)には国教としてさかえた。聖典は『アベスタ』。中国では祆教(けんきょう)。拝火教。Zoroastrianism

**そろい**(そろひ)【▼揃い】㊀(名) そろうこと。そろったもの。uniform 用例 ―のゆかた。㊁(助数) 《そろったものを数える語》セット。set; suit; suite 用例 文房具一―。

**ぞろい**(ぞろひ)【▼揃い】(接尾) すべてがそれであること。用例 美人―。傑作―。

**そ‐ろう**【疎漏・粗漏】(名・形動) ぞんざいで手落ちのあること・さま。carelessness 対義 丁寧。

**そろ・う**(そろふ)【▼揃う】(五自) ①必要なものが集まる。become complete 用例 商売道具が―。②全員が集まる。be all present 用例 顔ぶれが―。③行動や物事の状態などが同じである。整う。conform 用例 つぶが―。足並みが―。④必要なものが全部ととのう。用例 商品が―。

**揃いも揃って**(そろいもそろって) 《同じような程度の者がそろってしまったことに、多く、非難したり、なげいたりして言う》みな、おしなべて。だれもこれも。どいつもこいつも。every one of ... 用例 ―一文無しとは。

**そろえ‐みつば**(そろへみつば)【▼揃え三つ葉】 ミツバを何本かそろえて結んだもの。汁のあしらいなどに使う。結び三つ葉。

**そろ・える**(そろへる)【▼揃える】(下一他) ①必要なものを集める。complete 用例 新家庭の家具を―。②全員を集める。gather all members 用例 一家が顔を―。③行動や物事の状態を同じにする。ある基準に合わせる。make uniform 用例 声を―・えて歌う。④必要なものを全部ととのえる。用例 商品を―。⑤一つに集めてきちんとする。arrange properly 用例 ぬぎすての靴を―。

**ソロー**[Henry David Thoreau](一八一七〜一八六二) アメリカの随筆家・思想家。師エマソンの超絶主義を実践。自然との合一を至福とし、自然への復帰を説いたロマン主義的思想家。エッセー『ウォールデン―森の生活』『日記』など。

**ソロ‐がわ**(ソロがは)【ソロ川】(Solo Sungei) インドネシア、ジャワ島中東部の川。スラカルタ南西から北東に流れ、ジャワ海に注ぐ。長さ五四〇km。

**そろく**【▼疏▼勒】 中国の史書にみえる西域の一国。タリム盆地西北部のカシュガルにあたる。漢代から天山南路の要衝として繁栄。唐代には安西四鎮(あんせいしちん)の一つとして重視された。

**ソログープ**[Fyodor Kuzmich Sologub](一八六三〜一九二七) ロシア象徴主義の詩人・小説家。死を賛美する悪魔主義が特徴。小説『小悪魔』など。

**そろ‐そろ**(副) ①ゆっくり。しずかに。slowly 用例 ―歩く。②だんだん。ぼつぼつ。gradu-

ally 〔用例〕—心配になってきた。③もうじき。まもなく。soon 〔用例〕—彼も来るころだ。

**ぞろ-ぞろ**(副) たくさんのものが、無秩序に続いて行くさま。successionally 〔用例〕人が—押しかける。

**ぞろっ-ぺ(え)**(名・形動)《俗語》いいかげんなこと・さま・人。だらしないこと・さま・人。sloven 〔用例〕—を決めこむ。

**そろ-ばん【算盤・十露盤】** ①珠を使って加減乗除などの計算を行う簡便な器具。長方形の枠の長辺に平行な梁を一本渡し、それを垂直に貫く五〜六個の珠を通した軸を十進法の一桁に対応させたもの。日本には室町時代に明から伝来。abacus 〔数え方〕一丁・一面。②計算。勘定。count 〔用例〕—が合わない。③利害の打算。calculation 〔用例〕—に合わない。

**算盤が合う**(そろばんがあう) 計算が合う。また、採算がとれる。pay

**算盤が持てぬ**(そろばんがもてぬ) 採算がとれない。商売にならない。

**算盤の玉外れ**(そろばんのたまはずれ) 算盤で計算した以外のお金。表向きにできない余分のお金。

**算盤を置く**(そろばんをおく) 「算盤を弾く」と同意。

**算盤を弾く**(そろばんをはじく) ＝算盤を置く。①算盤で、計算する。calculate ②損得・利不利を考える。estimate losses and gains

**そろばん-ずく【算盤尽く】** すべて損得から割り出すこと。勘定高いこと。mercenary

**そろばん-ぜめ【算盤責め】** 江戸時代の刑罰の一つ。容疑者を数本の三角柱状の木の上にすわらせて膝の上に石材を積み、自白を強要したもの。石抱き。

**そろばん-だか・い【算盤高い】**(形) 損得をまっさきに考える。mercenary

**ソロビヨフ【Vladimir Sergeyevich Solovyov】**(一八五三〜一九〇〇) ロシアの思想家・詩人。著書『神人論』『善の立証』など。

**ぞろ-め【ぞろ目】**《俗語。「そろい目」の転》①二つのさいころをふって、同じ数がでること。②連勝式馬券などで、同じ枠の馬が一、二着になること。

**ソロモン【Solomon】**(BC九二八ごろ〜?) イスラエル王国三代目の王(在位BC九六一〜BC九二二)。ダビデの子。ソロモンの栄華時代を築いたが、民に重税を課したため、死後、王国の分裂を招いた。

**ソロモン-かいせん【ソロモン海戦】** 昭和一七年(一九四二)西南太平洋ソロモン諸島のガダルカナル島攻防をめぐっての三次にわたる日米の海戦。この戦いにより日本海軍は大きく戦力を消耗した。

**ソロモン-しょとう【ソロモン諸島】**(Solomon Islands) ニューギニア島東方、ガダルカナル島などのソロモン諸島からなる国。首都ホニアラ。一九七八年イギリスから独立。コプラ生産と漁業が中心。第二次大戦中の激戦地。面積二・八万$km^2$。人口二八万(一九八六)。

**ソロモンしょとう-みん【ソロモン諸島民】** メラネシアのソロモン諸島の原住民。ほとんどが黒色人種群のメラネシア人。漁労と焼き畑耕作に従事。中部ソロモンでは、かつて首狩りの風習が存在。

**そろり**(副) ①静かにゆっくりと事を行うさま。そろそろと。slowly and quietly 〔用例〕—と足を一歩踏み出す。②なめらかに滑るさま。するり。smoothly 〔用例〕刀を鞘に—とおさめる。

**ぞろり**(副) ①多くのものが連なっているさま。in a row 〔用例〕一同が—と並ぶ。②衣服を、崩れた感じに着流したり、目立つほど華美に装うさま。〔用例〕浴衣を—とひっかける。

**そろり-しんざえもん【曾呂利新左衛門】**(生没年未詳) 豊臣秀吉のお伽衆。堺の人。本業は鞘師。とんちがあり、和歌・茶の湯にもすぐれた。製作した鞘に刀がそろりとよく合ったところからの名という。

**ソロン【Solon】**(BC六四〇ごろ〜BC五五九ごろ) 古代アテネの立法者。七賢人の一人。紀元前五九四年執政官に選ばれ、貧・富者間の調停をはじめ、いわゆる「ソロンの改革」を行った。

**ソロン-の-かいかく【ソロンの改革】** 古代アテネの政治家ソロンが紀元前五九四年に行った改革。農民の借財を解消、土地生産物の大小で市民を四等級に分け、各級に応じた参政権と義務を規定した。Solon's reforms

**そわ【岨】**→そば(岨)

**そわ・せる【添わせる】**(下一他) ①添うようにする。mate ②夫婦にする。mate

**そわ-そわ**(副・サ変自) 気持ちや態度が落ち着かないさま。restlessly 〔用例〕—と歩き回る。

**そわ-つ・く**(五自) そわそわする。be restless

**そわ・る【添わる】**(五自) 付け加わる。多くなる。ふえる。increase

**ソン【存】**6画 部首[子] 教育小6 JIS 3424
〔音〕ソン・ゾン
ある。ものがある。いる。ながらえる。〔対義〕廃・亡。「現存・残存」「存在・存続・存否・存亡」↓ゾン[存]

**ソン【忖】**6画 部首[忄] JIS 5554
〔音〕ソン
はかる。おしはかる。推量する。「忖度」

**ソン【邨】**7画 部首[阝] JIS 7823
〔音〕ソン・トン
むら。いなか。〔参考〕村の正字。

**ソン【村】**7画 部首[木] 教育小1 JIS 3428
〔音〕ソン 〔訓〕むら
①《邨とも》むら。いなか。「寒村・漁村・農村」「村落」②むら。地方公共団体の一つ。〔対義〕市・町。「村会・村長・村民・村立」〔用例〕(名)三つの—を合併する。市町—。③村の名の下に添えて用いる。「むら」ともいう。〔用例〕(接尾)千代田—。

**ソン【拵】**9画 部首[扌] JIS 5747
〔音〕ソン
こしらえる。つくる。こしらえ。でき。

**ソン【孫】**10画 部首[子] 教育小4 JIS 3425
〔音〕ソン 〔訓〕まご
まご。血すじの後の者。「愛孫・皇孫・子孫」〔用例〕(名)五世の—。

**ソン【栫】**10画 部首[木] JIS 5965
〔音〕ソン・セン
①たてしば。流れの中に柴でかこいをつくり、魚をつかまえるしかけ。②かこむ。かこい。

**ソン【尊】**12画 部首[寸] 教育小6 JIS 3426
〔音〕ソン 〔訓〕たっとい・とうとい・たっとぶ・とうとぶ
【尊】12画 旧字
①たっとい。とうとい。〔比較〕貴。〔対義〕卑。「尊厳・尊像」②たっとぶ。とうとぶ。〔比較〕貴。〔対義〕卑。「自尊・独尊」「尊敬・尊称・尊重」③いばる。横柄な。〔対義〕卑。「尊大」④たっとい神仏や人。「三尊・至尊・本尊」〔用例〕《接尾的》不動—。地蔵—。⑤敬称として付けて用いる。〔用例〕《接頭的》—顔。—父。⑥みこと。神・貴人の名の下に付ける敬称。

**ソン【巽】**12画 部首[己] JIS 3507
〔音〕ソン
たつみ。南東の方角。

**ソン【損】**13画 部首[扌] 教育小5 JIS 3427
〔音〕ソン 〔訓〕そこなう・そこねる
①うしなう。利益をうしなう。〔対義〕得・益・もうけ。「欠損」「損益・損失」〔用例〕(名)—が大きい。そんなことしたら—になる。(形動)どちらにしても—な話だ。②こわす。そこなう。そこねる。「破損」「損害」

**損して得取る**(そんしてとくとる) 今、損をしても、先々の大きな利益をはかる。損して得を取る。You must lose a fly to catch a trout.

**ソン【遜】**14画 部首[辶] JIS 3429
【遜】13画 部首[辶] 異体字
〔音〕ソン
①ゆずる。自分はしりぞいて、人を先にする。②へりくだる。自分を卑下する。「謙遜・不遜」③したがう。のっとる。④おとる。みおとりする。「遜色」⑤のがれる。にげる。

**ソン【噂】**15画 部首[口] JIS 1729
〔音〕ソン
①かたる。しゃべる。②うわさ。㋐たしかでないことを、あれこれいうこと・話。㋑ある人についての話。

**ソン【樽】**16画 部首[木] JIS 3514
〔音〕ソン
たる。酒などをいれておく、蓋のある木製の容器。

**ソン【罇】**18画 部首[缶]
〔音〕ソン
たる。酒などをいれておく、つぼ。

**ソン【蹲】**19画 部首[足] JIS 7713
〔音〕ソン・シュン
うずくまる。しゃがむ。つくばう。「蹲踞」

**ソン【鱒】**23画 部首[魚] JIS 4380
〔音〕ソン
マス。サケ科の魚。

**ソン【son スペイン】**《音の意》①おもにメキシコの地方音楽をさす。②キューバのダンスおよび舞曲。ルンバの前身。

**ゾン【存】**6画 部首[子] 教育小6 JIS 3424
〔音〕ソン・ゾン 〔筆順〕↓ソン[存]
①たもつ。いきている。のこしておく。「温存・保存」「存命」②おもう。かんがえる。「異存・一存」「存外・存分」↓ソン[存]

**ぞん-い【存意】** 自分の考え・意向・意見。

**そん-いっせん【孫逸仙】** 孫文の別名。

**そん-えい【尊影】** 相手・貴人の写真・肖像などをいう敬語。

**そん-えき【損益】** 損失と利益。損得。profit and loss

**そんえき-けいさんしょ【損益計算書】** 財務諸表の一つ。期間総収益と総費用を対応させて一会計期間中の当期純損益を表示し、企業の経営成績を明らかにするもの。損益表。profit and loss statement

**そんえき-とりひき【損益取引】** 企業の収益と費用・損失をもたらす、経常的または非経常的な営業活動による取り引き。profit and loss transaction 〔対義〕資本取引。

**そんえき-ぶんきてん【損益分岐点】** 一定期間についての収益と費用の関係で、両者が等しくなるときの売上高。この額を超えると利益が発生する。break-even point

**そん-えん【尊円】**(一二九八〜一三五六) 青蓮院門主。天台座主。伏見天皇第六皇子。書の尊円(青蓮院)流を開いた。

**そん-おう【村翁】** いなかの老人。

**そん-か【尊家】** 相手の家をいう敬語。お宅。尊宅。

**そん-かい【村会】**《「村議会」の略、また、旧称》村のことを決める議会。village assembly

**そん-かい【損壊】**(名・サ変自他) くずしこわすこと。害を受けて、こわれること。collapse 〔用例〕家屋の—。

**そん-がい【損害】** ①きずつけてだめにすること。damage 〔用例〕台風による—。②不利益。損失。loss 〔用例〕—賠償。

**ぞん-がい【存外】**(副・形動) 思いのほか。意外。案外。unexpectedly 〔用例〕—おもしろい本だ。

**そんがい-ばいしょう【損害賠償】** 他人に与えた損害を塡補して損害発生前と同じ状態にすること。compensation for damage

**そんがいばいしょう-せいきゅうけん【損害賠償請求権】** 民法上、債務不履行・不法行為の被害者が、こうむった不利益の補償を求める権利。claim for damage

**そんがい-ほけん【損害保険】** 生命保険以外の保険の総称。傷害保険のように、人を対象とするものもあるが、おもに偶然の事故による財産の損害を補う。海上保険・火災保険など。損保。non-life insurance

**そん-かてい【孫過庭】**(六四八ごろ〜七〇三ごろ) 中国、唐代の書家・書論家。『書譜』は草書の妙跡として知られ、自撰自書のすぐれた書論。

**そん-がん【尊顔】** 相手・貴人の顔をいう敬語。おかお。〔用例〕ご—を拝す。

**そん-き【損気】**《「短気」に語呂を合わせた語》損。disadvantage 〔用例〕短気は—。

**そん-ぎかい【村議会】** 村民によって選ばれた村議会議員で構成され、村の自治行政についての意思を決定する議決機関。village assembly

**そん-きょ【蹲踞・蹲居】** ①しりをつけず

にかがむこと。うずくまること。そんこ。②昔、貴人の通行にさいして、両ひざを折ってうずくまり、頭を下げてした礼。③相撲や剣道で、つま先立ちでひざを開いて深く腰を下ろし、上体をまっすぐにした姿勢。

**そん-きん【損金】** 損失した金額。法人税法上、収入を得るためにかかる売上原価・販売費・一般管理費などの損失をいう。financial loss 対義 益金。

**そんきん-ぶくろ【損金袋】** 宴会などで、祝儀(しゅうぎ)を入れて与えるための袋。祝儀袋。

**ソング【song】** 歌。用例 ヒット―。

**そん-くんたく【孫君沢】**(生没年未詳) 中国、元代の画家。山水画にすぐれる。中国よりも日本で有名。

**そん-けい【尊敬】**(名・サ変他) たっとび、うやまうこと。respect 用例 ―の念をいだく。西郷隆盛を―する。

**そん-けい【尊兄】** 一(代)《同輩に対する敬語》あなた。貴兄。二(名) 人の兄をいう敬語。令兄。

**そんけいかく-ぶんこ【尊経閣文庫】** 東京都目黒区駒場(こまば)にある図書館。加賀藩主前田家の蔵書を収め、貴重な和漢書が多い。

**そんけい-ご【尊敬語】** 敬語の一種。相手あるいは話題にのぼっている人やそれにかかわること、また、その動作・存在・性質・状態などに対して敬意をもっていう語。「あなた」「おかあさま」などの名詞、「いらっしゃる」「おっしゃる」などの動詞、助動詞「れる・られる」の付いた「帰られる」、接頭語「お」「ご」の付いた「お美しい」「ご立派に」など。honorific 比較 丁寧語・謙譲語。

**そん-けん【孫権】**(一八二―二五二) 中国、三国時代の呉(ご)の初代皇帝(在位二二九―二五二)。父孫堅(そんけん)、兄孫策のあとを継ぎ、周瑜(しゅうゆ)らの補佐で江南を平定。蜀(しょく)と結んで赤壁に魏(ぎ)を撃破して地位を確立。二二九年帝位につき、都を建業(南京(なんきん))においた。

**そん-げん【尊厳】**(名・形動) たっとくて、おごそかなこと・さま。おかしがたいこと・さま。dignity 用例 法の―。

**そんげん-し【尊厳死】** 不治の病気や障害によって意識不明やひどい苦痛の状態にある患者に対し、延命だけを目的とする治療をやめ、人間としての名誉をたもちながら死ねるようにすべきだとする考え方。また、そのような死。アメリカのカレン=アン=クインランの治療中断を求めた両親の主張が認められた裁判から生まれた語。

**ソンコイ-がわ【ソンコイ川】**(Sonkoi) ↓ホンがわ(ホン川)

**そん-こう【損耗】**(名・サ変自他) ↓そんもう(損耗)

**そん-こう【孫康】** 中国、晋(しん)の学者。雪の明かりで勉強し、御史大夫(ぎょしたいふ)に出世。ホタルの光で勉学した車胤(しゃいん)とともに、「蛍雪(けいせつ)の功」の故事で名高い。

**そん-こう【尊公】**(代)《武士用語》相手の人をいう敬語。貴公。尊君。

**そん-ごう【尊号】** たっとんでよぶ称号。天皇・皇后・皇太后などの称。

**そんごう-じけん【尊号事件】** 寛政(かんせい)元年(一七八九)光格(こうかく)天皇が父典仁(すけひと)親王に太上(だいじょう)天皇の尊号を贈ろうとして、老中(ろうじゅう)松平定信(まつだいらさだのぶ)に反対された事件。朝廷と幕府の関係悪化の原因となる。

**そん-ごくう【孫悟空】** 中国の長編小説『西遊記(さいゆうき)』の主人公である猿。石から生まれて仙術を会得、天界を騒がせて如来(にょらい)におさえられる。のち、玄奘三蔵(げんじょうさんぞう)の天竺(てんじく)取経の旅に従い、途中の困難を術を駆使してのりこえた。武器は如意棒(にょいぼう)、乗り物は筋斗雲(きんとうん)。兄弟弟子は猪八戒(ちょはっかい)と沙悟浄(さごじょう)。

**そん-ざい【存在】**(名・サ変自) ①あること。あるもの。existence 用例 ―価値。②客観的に独立して実在するもの。自然。物質。existence 用例 人間は社会的―である。③現象の根底にある実在・本体。ザイン。existence 対義 当為。用例 ―理由。

**ぞん-ざい**(形動) なげやり。おろそか。rude 対義 丁寧。用例 ―に扱う。

**そんざい-ろん【存在論】** 哲学で、あれこれの特殊な存在物ではなく、存在するものが基本的にもつ根本的・普遍的な問題を、原理的に研究する学問。存在哲学。存在学。オントロギー。ontology

**そん-し【尊師】** 師匠をいう敬語。

**そんし【孫子】** ①中国古代の兵書。春秋(しゅんじゅう)時代の呉(ご)の孫武の著という。始計・兵勢・行軍・地形・火攻など一三編からなる。『呉子(ごし)』とともに兵法の古典として広く信奉された。②孫武・孫臏(そんぴん)の敬称。

**そん-じ【損じ】** 一(名) 損じること。その箇所。damage 二(接尾)《動詞の連用形について》損じたもの。用例 書き―。

**ぞん-じ【存じ】** 知っていること。承知。用例 ご―の方。

**ぞんじ-あ・げる【存じ上げる】**(下一他) 「知る・思う」の謙譲語。用例 よく―・げている方です。

**そん-しつ【損失】**(名・サ変自他) ①きずつけられて使えなくなること。damage ②利益を失うこと。損害。loss

**そんしつ-かく【損失角】** コイルやコンデンサーの電力消費の大きさを表す量。電圧と電流の位相差を(90−δ)としたときのδ(デルタ)。δが0に近いほど電力の損失が少ない。loss angle

**そん-しゃ【村社】** ①村の鎮守のやしろ。②旧社格の一つ。郷社(ごうしゃ)の下、無格社の上に位置する。

**そん-じゃ【尊者】** ①身分のたっとい人。目上の人。②高僧の敬称。

**そんしゃ-さんゆう【損者三友】**《『論語』にある語》損になる三種の友人。おべっかを使う人、誠実さのない人、口先のうまい人。対義 益者三友。

**そん-しょう【尊称】** 尊敬の気持ちを表すためのよび方・名称。title of honor

**そん-しょう【損傷】**(名・サ変自他) ①そこない、いたむこと。傷つけること。きそん。damage ②身体が障害を受けること。主として外力により正常組織がきずを受けること。injury

**そん-じょう【尊▼攘】** 「尊皇攘夷(そんのうじょうい)」の略。

**ぞん-じょう【存生】**(名・サ変自) 生きていること。用例 ―の間。

**そん-しょく【▼遜色】** おとっていること。見おとり。inferiority 用例 ―がない。

**そんじょ-そこら**《「そこら」を強めた俗語》そこいら。そこらあたり。anywhere 用例 ―では売ってない物。

**ぞんじ-より【存じ寄り】** ①《思いつき、の意の謙譲語》思いつき。考え。見込み。opinion 用例 ―を述べる。②《知り合い、の意の謙譲語》知り合い。知り合いの者。acquaintance 用例 ―の者が伺います。

**ぞんじ-よ・る【存じ寄る】**(五自) 「考えおよぶ・思いつく」などの意の謙譲語。

**そん・じる【損じる】**(上一自他) =損ずる。①(自)いたむ。こわれる。damage; be damaged ②(他)㋐悪くする。そこなう。spoil 用例 気分を―。㋑《動詞の連用形に付いて》…しそこなう。誤る。fail to 用例 書き―。

**ぞん・じる【存じる】**(上一他) ↓ぞんずる(存ずる)

**そん-しん【尊信】**(名・サ変他) たっとび信じること。尊敬と信頼。

**ぞん・ず【存ず】** 古語 (サ変自) 生存する。生きながらえる。用例 はからざるに牛は死し、はからざるに主(ぬし)は―・ぜり(徒然・九三)。

**そん-すう【尊崇】**(名・サ変他) たっとびあがめること。尊敬。reverence

**そん・する【存する】**(サ変自他) =存す。①(自)㋐そのままある。exist ㋑生きながらえる。live on ㋒残る。remain ②(他)㋐たもつ。keep ㋑残しとどめる。retain

**そん・する【損する】**(サ変自) 利益を失う。損をする。lose 対義 得する。

**そん・ずる【損ずる】**(サ変自他) ↓そんじる(損じる)

**ぞん・ずる【存ずる】**(サ変他) =存じる・存ず。①「思う・考える」の謙譲語・丁寧語。用例 それがよいと―・じます。②「知る・心得る・覚える」などの謙譲語・丁寧語。用例 いっこうに―・じません。

**そん-せいえん【孫星▼衍】**(一七五三―一八一八) 中国、清(しん)代中期の学者。字(あざな)は伯淵(はくえん)・淵如(えんじょ)。陽湖の人。考証・注釈の著述のほか、『岱南閣(たいなんかく)叢書(そうしょ)』などの叢書を編纂(へんさん)した。

**そん-そ【▼樽▼俎】**《「樽」は酒器、「俎」は肴(さかな)を載せる台》①酒盛りの席。②酒盛りの席での会見。とくに宴席で外国の代表や使節と会うこと。また、外交上の談判・交渉。

**そん-ぞう【尊像】** ①神仏など尊い姿をうつした像。sacred image 用例 薬師仏の―。②他人の像をいう敬語。

**そん-ぞく【存続】**(名・サ変自他) 引き続きあること。そのまま続けること。continuation

**そん-ぞく【尊属】** 血族のうち、当人より先の世代にあたる人。祖父母・父母などの直系尊属とおじ・おばなどの傍系尊属に分けられる。用例 旧制度の―。ascendant 対義 卑属。

**そんぞく-さつじん【尊属殺人】** 自分または配偶者の父母や祖父母など直系尊属を殺すこと。ふつうの殺人より罪が重く、死刑または無期懲役に処せられる。昭和四八年(一九七三)最高裁判所は、これを規定した刑法第二〇〇条を、憲法にうたわれた法の下の平等の原則に違反するとした。尊属殺。parricide

**そん-たい【尊体】** ①他人の身体・肖像をいう敬語。おからだ。②仏像を敬っていう語。

**そん-だい【尊大】**(名・形動) 横柄で、いばり返っていること・さま。傲慢(ごうまん)。haughty 対義 謙虚。

**そん-だい【尊台】**(代) 目上の人をいう敬語。あなた。貴台。

**そんだい-ご【尊大語】** 敬語の一種。自分が自分に対して使う敬語やえらぶったことばづかい。「おれさま」「ほめてつかわす」など。対義 敬語・尊敬語・謙譲語・卑罵(ひば)語。

**そん-たく【▼忖度】**(名・サ変他) 他人の気持ちをおしはかること。推察。guess

**そん-たく【尊宅】** 他人の家をいう敬語。お宅。貴家。尊堂。

**そん-ち【存置】**(名・サ変他) そのまま残しておくこと。対義 廃止。

**ぞん-ち【存知】**(名・サ変他) 知っていること。承知。be aware

**そん-ちょう【村長】** 地方公共団体の村の長。village mayor

**そん-ちょう【尊重】**(名・サ変他) そのもの・ことの価値や意義を認めてたいせつにし、重んじること。respect 用例 少数意見を―。伝統を―。

**ソンツェン-ガンポ【Sron-btsan sgampo】**(五六九―六五〇) チベット最初の統一王朝の創始者。幼にして父のあとを受けチベットを統一。ラサに都してポタラ宮を造営。唐とネパールの王室から妃(きさき)を迎え、仏教に帰依(きえ)。文字の制定など文物制度を整備し、内治の基礎を固めた。スロンツァン=ガンポ。

**ゾンデ【Sonde ドイツ】** ①外科用の医療器具。細い屈曲可能な金属棒で、診断・治療のため胃や十二指腸に挿入する。②気象観測用の気球。ラジオゾンデ。

**そん-どう【村童】** 村の子ども。village child

**そん-どう【村道】** ①村を通る道。village road ②公道の一つ。村でつくり、維持する道。village road

**そん-どう【尊堂】** 一(代) 相手の人をいう敬語。二(名) 他人の家をいう敬語。

**そん-とく【損得】** 損失と、もうけ。損害と利益。損か得か。loss and gain; loss or gain 用例 ―ずく。―抜きで。

**そんな** 対義 あんな・こんな。一(連体) そのような。such 用例 ―ものは知らない。二(形動)《連体形「そんなな」は接続助詞「ので」「のに」に続く場合だけに使われる。体言には語幹「そんな」から続くが、この場合は連体詞として扱う》そのようであるさま。like that 用例 ―に多くは要らない。

**そんな-こんな**(連語) あれやこれや。いろいろの事情。this and that

**ソンニム【松林】**(Songnim) ↓しょうりん(松林)

**ぞん-ねん【存念】** ①常に心にあって忘れないこと。所存。one's opinion ②考え。存じより。one's opinion

**そん-のう【尊皇・尊王】** 皇室をたっとぶこと。勤王。reverence for the Emperor 対義 佐幕(さばく)。

**そんのう-じょうい【尊皇▼攘▼夷・尊王▼攘▼夷】** 天皇の権威の絶対化をめざす尊皇論と、排外主義である攘夷論が結合した政治思想。江戸末期、幕藩(ばくはん)体制の矛盾の中で、水戸(みと)学によって提唱され、反幕運動へと発展。尊攘。対義 佐幕開国。

**ゾンバ【Zomba】** アフリカ南東部、マラウイの中心都市。標高九〇〇mの高原にあり、タバコ栽培がさかん。一九七四年まで同国の首都。人口五・三万(一九八五)。

**そん-ぱい【存廃】** 存続と廃止。残しておくか、なくすか。

**ゾンバルト【Werner Sombart】**(一八六三―一九四一) ドイツの経済学者。ベルリン大教授。新歴史学派の代表者。はじめマルクスの影響を受けたが、のちに批判しナチスを支持。著書『近世資本主義』など。

**そん-ぴ【存否】** ①存在するか、しないか。exist or not ②無事かどうか。安否。safety

**そん-ぴ【尊卑】** たっとい身分と、いやしい身分。たっとい身分のものと、いやしい身分のもの。用例 上下―。

**そんぴぶんみゃく【尊卑分脈】** 南北朝時代



▼常用漢字表外。 ▽常用漢字表の音訓外。

末の系図集。洞院公定編。源・平・藤原・橘など主要諸氏の系図を集大成。室町時代以降多数の加除訂正を経たものが現存。

**そん-ぴん【孫▼臏】**(生没年未詳) 中国、戦国時代の斉の兵法家。『孫臏兵法』の著者。威王の師として名をあげた。足切りの刑(臏)に処されたための称といわれる。孫子。

**そん-ぶ【孫武】**(生没年未詳) 中国、春秋時代の呉の兵法家。呉王闔閭に仕え、その功業を助けた。『孫子』の著者。呉起とともに兵法の祖といわれる。孫子。

**そん-ぷ【尊父】** 人の父をいう敬語。

**そん-ぷうし【村夫子】** ①いなかの学者。rural scholar ②見識のせまい、地方の物知りを見下していう語。rural pedagogue

**そんぷうし-ぜん【村夫子然】**(形動トタル) いかにも村夫子らしいさま。

**ソンブレロ【sombreroスペイン】** フェルトや麦わらで作った、山が高く、つばが全体が広くそり上がっている帽子。スペイン・メキシコ・南米で多く用いられる。↓図

●ソンブレロ

**そん-ぶん【孫文】**(一八六六～一九二五) 中国革命の指導者。名は逸仙、号は中山。広東省出身。医学生時代から革命運動に参加。一九〇五年中国革命同盟会を結成。三民主義を綱領に革命運動を推進。辛亥革命の結果、一二年革命政府臨時大統領に就任したが、袁世凱に政権を譲った。第二革命に敗れ日本に亡命。一九年中国革命党を改組、中国国民党として軍閥に抗し、三たび広州に臨時政府を組織。二四年に連ソ・容共・農工扶助の三政策を掲げ国民党を改組、国民革命・国共合作実現に努めたが、北京で病死。国父と称された。著書『三民主義』など。↓写

●孫文

**ぞん-ぶん【存分】**(副・形動) 思うまま。じゅうぶん。to one's heart's content 用例 ―に暴れる。

**そん-ぼう【存亡】** 存在と滅亡。残るか、滅びるか。興廃。life or death 用例 危急―のとき。

**ソンホワ-チアン【松花江】**(Sōnghuā Jiāng) ↓しょうかこう(松花江)

**ソンホン-がわ【ソンホン川】**(Song Hong) ホン川の別称。

**そん-みん【村民】** 村の住民。むらびと。villager

**そん-めい【尊名】** ①とうとい称号。title of honor ②他人の氏名をいう敬語。お名前。

**そん-めい【尊命】** 人の命令を言う敬語。おおせ。

**ぞん-めい【存命】**(名・サ変自) 生きていること。存生。be alive

**そん-もう【損耗】**(名・サ変自他)《「そんこう」の慣用読み》減ること。使って減らすこと。

**そん-ゆう【村有】** 村の所有であること。belong to a village 用例 ―林。

**そん-ゆう【損友】**《『論語』にある語》つきあって、ためにならない友人。対義 益友。参照 損者三友。

**そん-よう【尊容】** 相手・貴人の容姿を言う敬語。お顔。お姿。

**そん-らく【村落】** むら。むらざと。village 対義 都市。

**そんらく-きょうどうたい【村落共同体】** 土地の共有を基礎とする閉鎖的・自給自足的な共同体。緊密な相互扶助と規制を特色とする。village community

**そん-らん【尊覧】** 相手が見ることを言う敬語。ご高覧。用例 ―に供します。

**そん-りつ【存立】**(名・サ変自) 滅びないで成り立っていくこと。existence 用例 国家の―が危ぶまれる。

**そん-りつ【村立】** 地方公共団体の村が費用を出して設立すること。また、その施設。

**そん-りょ【尊慮】** 相手の考えを言う敬語。おぼしめし。

**そん-りょう【損料】** 物を借りるとき、支払うお金。借り賃。rent米; hire英

**そんりょう-がし【損料貸し】**(名・サ変他) 損料を取って貸すこと。賃貸し。lend out米; hire out英

**そん-れい【尊霊】** 霊魂を言う敬語。みたま。そんりょう。

# た タ

**た【た・タ】** 五十音図た行第一の仮名。平仮名「た」は「太」の草体。仮名「タ」は「多」の上半。濁音は「だ」「ダ」。

**タ 4画【太】** 部首[大] 教育小2 JIS 3432
音 タイ・タ・ダ
訓 ふとい・ふとる
筆順 ↓タイ[太]
①はじめ。一番め。「太郎」②ふとい。おおきい。対義 細い。「丸太」↓タイ[太]

**タ 5画【他】** 部首[人・亻] 教育小3 JIS 3430
音 タ
他 他 他 他 他
①自分でない。自分以外。対義 自。「排他・利他」「他人」用例 (名)―のためにつくす。②ほか。よその。別の。「他言・他山・他日・他面」用例 (名)―はどうでもよい。その―。《接頭的》―方面。③かれ。第三者。

**タ 5画【▼它】** 部首[宀] JIS 5364
音 タ
①へビ。トカゲ目ヘビ亜目に属する爬虫類。くちなわ。②ほか。よその。別の。

**タ 6画【多】** 部首[夕] 教育小2 JIS 3431
6画【▼夛】 異体字 JIS 5276
音 タ
訓 おおい
多 多 多 多 多 多
おおい。おおくの。沢山の。おおいこと・もの。対義 少・寡。「過多・雑多」「多数・多大・多忙」用例 (名)―をたのんで乱暴する。(接頭)―人数。―方面。
**労を多とする** 骨折りをありがたいと思う。感謝している。appreciate one's services

**タ 7画【▼侘】** 部首[人・亻] JIS 4841
音 タ
①ほか。よその。別の。②かれ。第三者。③わび。わびる。おもいなやむ。さびしくおもう。
参考 ③は、侘の誤用。

**タ 7画【▼岔】** 部首[山] JIS 5411
音 タ
山と山とが分かれるところ。また、道が分かれるところ。

**タ 7画【▼汰】** 部首[氵] JIS 3433
音 タイ・タ
①よなげる。水中で、ゆすりわける。よりわけて、悪いものをすてる。「淘汰」②おごる。贅沢をする。

**タ 8画【▼侘】** 部首[人・亻] JIS 4846
音 タ
①ほこる。おごる。②わび。わびる。おもいなやむ。さびしくおもう。また、閑寂なおもむき。③わびしい。さびしい。

**タ 9画【▼咤】** 部首[口] JIS 5103
音 タ
いかる。しかる。したうちをする。「叱咤」

**タ 9画【▼陏】** 部首[阝] JIS 7990
音 タ・ダ
ウリ。キュウリ・スイカ・マクワウリなど、ウリ科の植物の果実。

**タ 12画【▼詑】** 部首[言] JIS 3434
音 タ・イ
あざむく。いつわる。だます。

**タ 12画【▼跎】** 部首[足]
音 タ・ダ
「蹉跎」は、①つまずいて、すすまない。②思いどおりにいかない。③志を得ない。不遇。

**タ 13画【▼詫】** 部首[言] JIS 4745
音 タ
①ほこる。おごる。②あざむく。だます。③かこつ。かこつける。なげいてこぼす。④わび。わびる。あやまる。謝罪する。

**タ 13画【▼躱】** 部首[身] JIS 7730
音 タ
かわす。はずす。よける。

**た【田】** イネを植えるために耕して、仕切りを設けた土地。水田と陸田があるが、一般に水をはった水田のほうをいう。たんぼ。paddy 対義 畑。用例 ―に水を引く。―を耕す。数え方 一面・一枚。
**田にも畦にも腥物付けて**《「腥物」は、魚貝や肉の料理のこと。昔、農家では腥物は高級なものであり、その料理まで田や畦に添えて与える意から》溺愛のあまり、考えなしにやたらに物を与えようとする態度の形容。類似 田も遣ろう畦も遣ろう。
**田を打つ** 田を打ち返す。田を耕す。plow a rice field

**た【▼誰】** 古語 (代) だれ。たれ。用例 防人に行くは―が背と問ふ人を(万葉・二〇・四四二五)。

**た** (助動 特殊型)《用言および、「そうだ(=伝聞)・ぬ・う・よう・まい」を除いた助動詞の連用形に付く》①過去を表す。用例 きのう行っ―。②完了または、その結果が今も引き続いていることを表す。…ている。…てある。用例 壁に書い―文字。③動作・作用などが、ある状態として存続している意を表す。用例 左に曲がっ―所にポストがある。④強い確認・決心などを表す。用例 よし、買っ―。⑤軽い命令を表す。用例 さあ、始め―始め―。

**た** 古語 (係助) 係助詞「は」が入声音「チ・ツ」の下に付くとき、「タ」と発音されるもの。能・狂言に多くみられ、表記上は「は」。用例 こんにった(今日は)さる方へ参る(狂言・附子)。

**た**(接頭)《動詞・形容詞に付けて》ことばの調子を強める語。用例 ―ばかる。―やすい。

**だ【だ・ダ】** ↓た【た・タ】

**ダ 5画【打】** 部首[扌] 教育小3 JIS 3439
音 ダ・テイ・チョウ
訓 うつ
打 打 打 打 打
①うつ。たたく。「乱打」「打開・打撃・打診・打倒」②野球で、うつこと。うったたま。対義 投。「安打・一打・投打」「打球・打数・打率」用例 (名)―の第一人者。③ダース(dozen)。一二個。一二個で一組みのもの。

**ダ 6画【▼朶】** 部首[木] JIS 5920
音 タ・ダ
①たれる。たれさがるもの。「耳朶」②えだ。花の枝。花のかたまり。用例 (接尾)千―万―圧して枝を低からしむ。

**ダ 7画【▼兌】** 部首[儿] JIS 4928
音 タイ・ダ・エイ・エツ
①よろこぶ。たのしむ。②ひきかえる。とりかえる。「兌換」

**ダ 7画【妥】** 部首[女] 常用 JIS 3437
7画【▼妥】 旧字
音 ダ・タ
①おだやか。やすらか。「妥当」②おれあう。「妥協・妥結」

**ダ 8画【▼陀】** 部首[阝] JIS 3443
音 タ・ダ
①けわしい。かたむく。②梵語 da・dha・dhā・tāなどの音訳字。「阿弥陀・仏陀・曼陀羅・弥陀」「陀羅尼」



↓ 行き先項目、図版・写真参照印。 JIS 日本工業規格情報交換用漢字符号コード(区点コード)。

**ダ** 8画 【▼沱】 部首[氵]さんずい JIS 6193
音タ・ダ
①中国の川の名。四川省をながれる揚子江の支流の一つ。沱江。②「滂沱」は、なみだがとめどなくながれでるさま。

**ダ** 9画 【▼垜】 部首[土]つちへん
音タ・ダ
あずち。的弓の施設。土をもって、的をかけるところ。

**ダ** 9画 【▼拏】 部首[手]て JIS 5728
10画 【▼拿】 異体字 JIS 5729
音ダ・ナ
①ひく。ひっぱる。②つかむ。とらえる。つかまえる。「拿捕」

**ダ** 9画 【▼柁】 部首[木]きへん JIS 3440
音タ・ダ
かじ。船尾にとりつけて、船のすすむ方向をきめるもの。

**ダ** 10画 【▼娜】 部首[女]おんなへん JIS 5317
音ダ・ナ
「婀娜」は、女性がなまめかしく、うつくしいさま。いろっぽいさま。

**ダ** 10画 【▼荼】 部首[艹]くさかんむり JIS 7224
音ト・タ・ダ
梵語jhā・daなどの音訳字。「曼荼羅」「荼毘」→ト[荼]

**ダ** 11画 【▼唾】 部首[口]くちへん JIS 3435
音タ・ダ
つば。つばき。つばをはく。「咳唾」「唾液・唾棄・唾腺」

**ダ** 11画 【▼舵】 部首[舟]ふねへん JIS 3441
11画 【▼柂】 異体字
音タ・ダ
かじ。船尾にとりつけて、船のすすむ方向をきめるもの。「操舵」「舵手」

**ダ** 11画 【▼蛇】 部首[虫]むしへん 常用 JIS 2856
音ジャ・ダ・タ・イ
訓へび
ヘビ。トカゲ目ヘビ亜目に属する爬虫類。くちなわ。また、ヘビのように。「長蛇」「蛇蝎・蛇行・蛇足」→ジャ[蛇]

**ダ** 11画 【▼雫】 部首[雨]あめかんむり JIS 2822
音ダ
しずく。水のしたたり。水滴。

**ダ** 12画 【堕】 部首[土]つち 常用 JIS 3436
15画 【▼墮】 旧字 JIS 5256
15画 【▼墯】 異体字
音ダ
おちる。おとす。くずれる。くずす。「堕胎・堕落」

**ダ** 12画 【惰】 部首[忄]りっしんべん 常用 JIS 3438
音ダ・タ
①おこたる。なまける。対義勤。「怠惰・遊惰」「惰気・惰弱・惰眠」②いままでの習慣をあらためない。「惰性」

**ダ** 14画 【駄】 部首[馬]うまへん 常用 JIS 3444
音ダ・タ
①のせる。馬や牛などに荷をおわせる。その荷物。「一駄・無駄」「駄賃・駄馬」②くだらない。やすい。「駄菓子・駄句・駄犬・駄作・駄洒落・駄馬・駄文・駄弁・駄目」③はきもの。「足駄」④わがまま。「駄々」

**ダ** 15画 【▼駝】 部首[馬]うまへん JIS 8144
音タ・ダ
①ラクダ。ウシ目に属する哺乳動物。「駱駝」②のせる。馬や牛などに荷をおわせる。③「駝鳥」は、ダチョウ目に属する鳥。

**ダ** 16画 【▼橢】 部首[木]きへん JIS 6083
13画 【▼楕】 異体字 JIS 3442
音タ・ダ
①こばんがた。長円形。また、長円形の容器。「楕円」②ほそながい。

**ダ** 16画 【▼鴕】 部首[鳥]とりへん JIS 8288
音タ・ダ
ダチョウ。ダチョウ目に属する鳥。

**ダ** 17画 【▼懦】 部首[忄]りっしんべん JIS 5679
音ダ・ジュ
よわい。気がよわい。気力がない。「怯懦」「懦弱・懦夫」

**ダ** 20画 【▼糯】 部首[米]こめへん JIS 6889
音ダ・ナ
もちごめ。ねばりけがつよく、もちなどをつくるのに適した米。

**ダ** 22画 【▼驒】 部首[馬]うまへん
19画 【▼騨】 異体字 JIS 3445
音タン・ダン・タ・ダ・テン
連銭あしげ。銭形の灰白色のまだらのある、黒または濃い褐色の馬。

**だ**(助動 特殊型) ①《体言と、助詞(から・くらい・だけ・など・の・ばかり・ほど・まで、など)に付く。ただし、未然形「だろ」、仮定形「なら」は動詞・形容詞および、ある種の助動詞の終止形または連体形にも付く》肯定的に断定する意を表す。比較です。用例春—。行くの—。②間投助詞的に用いる。「だな」「だね」の形をとることもある。用例それは—な。まず君が相手に会って—、向こうの話をよく聞いて—ね。

**だあ**(感) やられた、まいった、という気持ちを表す語。用例—となる。

**ダーイエ**【大冶】(Dàyě) →だいや(大冶)

**たあい-な・い**【他愛無い】(形) →たわいない(他愛無い)

**ダーウィニズム**【Darwinism】 イギリスのチャールズ=ダーウィンが提唱した進化の学説。自然選択説の立場をとる。

**ダーウィン**【Darwin】 オーストラリア中北部、ノーザンテリトリー州の州都で港湾都市。同国の北の玄関口。人口六・四万(一九八四)。

**ダーウィン**【Charles Robert Darwin】(一八〇九〜一八八二) イギリスの動物学者。科学的な進化論を初めて発表した。ビーグル号での見聞、化石の発掘、ガラパゴスの生物分布のようすなどから進化論の根拠を得た。主著『種の起原』。

**ダーウィン**【Erasmus Darwin】(一七三一〜一八〇二) イギリスの医師・哲学者・博物学者・詩人。チャールズ=ダーウィンの祖父。進化論の先駆者の一人。「生物の進化は外界の直接の影響によって変化するのではなく、生物内にある外界の変化に反応する力による」とした。

**ターカン-ゆでん**【ターカン油田・▽大▽港油田】(Dàgǎng) →たいこうゆでん(大港油田)

**ターキー**【turkey】 ①シチメンチョウ。②ボウリングで、ストライクを連続して三回出すこと。トリプル。

**ターキン**【takin】 ヤギに似たウシ科の偶蹄類。肩高一・一〜一・三m。ブータン・ビルマ北部など三〇〇〇m以上の山岳地帯にすむ。

**ターキントン**【Newton Booth Tarkington】(一八六九〜一九四六) アメリカの小説家。地方小説で知られた。作品『インディアナ出の紳士』など。

**ダーク**【dark】 ㊀(形動) 暗い。黒ずんだ。㊁(名・形動) 暗黒。

**ダーク-エイジ**【Dark Ages】 西洋史で、西ローマ帝国滅亡からルネサンスが始まるまでの時代。暗黒時代。

**ダーク-サイド**【dark side】 暗黒面。社会・人生の暗黒面。

**ダーク-スーツ**【dark suit】 黒っぽい色調の男性用スーツ。

**ダーク-チェンジ**《和製語》映画・演劇で、暗転。fade-out

**ダークホース**【dark horse】 ①競馬で、予想外の活躍をしそうな馬。穴馬。②一般に、未知数だが有力と思われる選手・候補者・競争相手など。

**ターゲット**【target】 ①的。目標。②売り込む対象。用例若年層に—を絞る。

**ダーゲルマン**【Stig Dagerman】(一九二三〜一九五四) スウェーデンの小説家。実存的心理的手法で新文体を作る。小説『蛇』、戯曲『マルトの影』など。

**ターコイズ-ブルー**【turquoise blue】 トルコ石のような、緑がかった明るい青。青と緑の中間の色。

**ターザン**【Tarzan】 アメリカの小説家バローズの冒険小説『類人猿ターザン』の主人公。アフリカの密林で成長した白人青年の物語。一九一八年映画化され、娯楽映画のヒーローとなった。ワイズミューラー主演のものが有名。

**タージ**【Tāzī ペルシア】 ペルシア人の用いた、アラビア人に対する呼称。中国では唐・宋代にアラビア人を「大食・大石」と称した。

**タージ-マハル**【Tāj Mahal】 インドのアーグラにある、ムガール帝国のシャー=ジャハーン皇帝の愛妃の墓廟。一六三二〜四三年建造。インド-イスラム建築の傑作。

**ダージリン**【Darjeeling】 インド北東部、ヒマラヤ山麓の保養都市。茶の栽培で有名。人口四・三万(一九七一)。

**ターシンアン-リン**【大興安嶺】(Dà Hinggan Lǐng) →だいこうあんれい(大興安嶺)

**ダース**【dozen・打】 ①一二個。②一二個で一組みのもの。それを数える語。

**た-あそび**【田遊び】 豊作を祈願して初春に行う神事芸能。耕作から収穫までのようすを歌としぐさで演じる。東京都板橋区の北野天神社、静岡県志太郡大井川町の大井八幡、新潟県佐渡郡畑野町の白山神社のものなどが有名。春田打ち。御田。春くわ。→写

●田遊び 静岡県志太郡、大井八幡宮。

**ターター-ざいばつ**【ターター財閥】 →タタざいばつ(タタ財閥)

**ダーダネルス-かいきょう**【ダーダネルス海峡】(Dardanelles) トルコ北西部、エーゲ海とマルマラ海を結ぶ海峡。ボスポラス海峡とともに古来黒海と地中海を結ぶ要地で、近代には航行権をめぐり国際問題が起きた。幅一〜六㎞。チャナッカレ海峡。

**タータン**【tartan】 色格子柄の毛織物。スコットランドの領主たちが家紋とした、特定の色格子柄に始まる。タータンプレード。タータンチェック。→チェック写

**タータン-トラック**【tartan track】 アスファルトの上に合成樹脂を流して舗装した陸上競技用走路。全天候トラックの一種。参照全天候トラック。

**ターチャイ**【大寨】(Dàzhài) →だいさい(大寨)

**ターチン-ゆでん**【ターチン油田・▽大▽慶油田】(Dàqìng) →たいけいゆでん(大慶油田)

**ダーツ**【darts】 ①《「ダーツゲーム」の略。投げ槍・投げ矢、の意》円形の標的に矢を投げて得点を争う室内ゲーム。②洋服を立体的に仕上げるためにとった、細長い三角形の縫い込みや切り込み。ウエスト・肩などに入れる。→背広図

**ダート**【Reymond Arthur Dart】(一八九三〜一九八八) オーストラリアの解剖学者・人類学者。南アフリカ、ウィトワーテルスラント大学教授。アウストラロピテクスの発見・命名者。

**ダート-アンド-クラフト**【Dart & Kraft, Inc.】 アメリカ最大手の乳製品・加工食品会社。一九八〇年設立。クラフト。

**ダートゥー-ホー**【大渡河】(Dàdù Hé) →だいとが(大渡河)

**ダート-コース**【dirt course】 競馬用の走路で、地表面が土や砂で造成されているコース。ダート。比較ターフコース。

**タートル**【turtle】 カメ一般のこと。とくに海ガメをさす場合には、陸ガメのほうはトータスといって区別する。

**タートルネック**【turtleneck】 カメの首のような筒型の襟。とっくり襟。用例—のセーター。→図

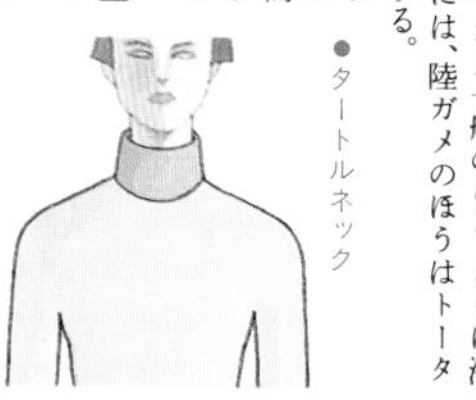
●タートルネック

**タートン**【大同】(Dàtóng) →だいどう(大同)

**ターナー**【Cyril

Tourneur】(一五七五ごろ～一六二六) イギリスの劇作家。グロテスクな復讐劇の典型を創造。戯曲『無神論者の悲劇』など。

**ターナー**【Joseph Mallord William Turner】(一七七五～一八五一) イギリスの風景画家。輝く色彩の光で構成された風景画を描く。作品『雨・蒸気・速度』『ベネチア風景』など。↓写

●J＝ターナー 『雨・蒸気・速度』。一八四四年、ロンドン＝ナショナル＝ギャラリー。

**ターナー-しょうこうぐん**【ターナー症候群】 女性にみられる性腺発育異常。外見上は女性だが、X染色体が一個しかなく、二次性徴が現れず、身体発育も不全。Turner's syndrome

**ターニング**【turning】 ①回ること。回転。転換。②ターン。

**ダーニング-ステッチ**【darning stitch】 刺繡や繕い物の刺し方の一つ。①基布の織り目に沿って行う並縫い。ネット地・キャンバス地などに刺す。②ドロンワークの一技法。ぞうりかがり。

**ターニング-ポイント**【turning point】 重大な転換点。分岐点。転機。用例人生の―。

**ターバン**【turban】 ①イスラム教徒および近東諸国の男子の頭に巻く布。②ターバン型の婦人帽。↓写

●ターバン①

**ダーバン**【Durban】 南アフリカ共和国、ナタール州南東部のインド洋に臨む港湾都市。造船・機械・製糖・製粉工業などが発達。人口五〇・六万(一九八〇)。

**ダービー**【Derby】 イギリス、イングランド中部、ダーウェント川中流域の工業都市。古くからの織物業地だが、機械工業も発達。人口二一・五万(一九八五)。

**ダービー**【Derby】《創始者の名から》 ①英国競馬界最高の行事。四歳のサラブレッドの牡・牝の混合レース。一七八〇年ダービー伯爵の提唱によって始まった。Derby Stakes ②中央競馬の「日本ダービー」の略。③タイトルをかけた争い。用例ホームラン―。

**ダービー-タイ**《和製語》もっとも一般的な、男子用の長いネクタイ。フォアインハンド。フォリンハンド。necktie; tie

**ターピエ-さんみゃく**【ターピエ山脈・大別山脈】(Dàbiê) ↓たいべつさんみゃく(大別山脈)

**タービン**【turbine】 流体を羽根車の羽根に当てて軸を回転させる装置。流体のもつエネルギーを回転運動のエネルギーに変える。利用する流体の種類によって、蒸気タービン・ガスタービン・水車などがある。

**ターフ-コース**【turf course】 競馬用の走路で、地表面が芝生で造成されているコース。比較ダートコース。

**ターブル-ドート**【table d'hôte フランス】 レストランの主人(あるいはその店)がすすめる献立。定食。

**ターヘルアナトミア**《原題Ontleedkundige Tafelen オランダ》ドイツ人、ヨハン＝クルムスの著書『解体図譜』(Anatomische Tabellen ドイツ)のオランダ訳書の日本におけるよび名。『解体新書』の原著名。

**ターボジェット**【turbojet】 航空機用ジェットエンジンの一種。圧縮器で圧縮した空気に燃料を噴射して燃焼させ、発生した燃焼ガスで圧縮器を駆動したのち、そのガスをノズルから大気中に噴射して、その反動で推力を得る。超音速の航空機などに用いられる。

**ターボチャージャー**【turbocharger】 排気タービン過給機。自動車エンジンなどに装着し、出力向上のために大量の圧縮空気を燃焼室に送るもの。ターボ。

**ターボファン**【turbofan】 航空機用ジェットエンジンの一種。噴出するジェットの速度を低くするため、ターボジェットの前方に大きなファンをつけたエンジン。流入した圧縮空気は、一部は燃焼室へ、残りは直接ノズルにいく。亜音速飛行に向き、多くのジェット旅客機に使用されている。

**ターボプロップ**【turboprop】 航空機用エンジンの一種。ターボジェットと同様の機構でタービンを回転させ、タービンの軸につけたプロペラを回して推力を得ると同時に圧縮機を駆動する。マッハ〇・七以下の航空機に用いられる。

**ターポン**【tarpon】 大きな銀色の鱗のある大形の海水魚。全長約二m。食用。大西洋の暖海域に分布。

**ターマン**【Lewis Madison Terman】(一八七七～一九五六) アメリカの心理学者。スタンフォード-ビネー知能検査、天才児の研究、性度の測定、結婚の幸福度の研究などで知られる。著書『知能測定』など。

**ターミナル**【terminal】《末端の意》 ①鉄道・バス路線などの終点。また、多くの交通路線が集まっている駅。②種々の必要な施設をもうけた、空港の機能の中心となる建物。③電気回路の端子。電極。④コンピューターの端末装置。

**ターミナル-ケア**【terminal care】 現代医学では手の施しようがなく、死を待つしかない患者を対象とする看護。その人の残された日々を有意義に過ごさせることを目的とする。

**ターミナル-デパート**《和製語》ターミナル駅にある百貨店。

**ターム-ローン**【term loan】 企業金融の形式の一つ。返済期間一～一〇年の中・長期貸し付け。おもに中小企業の設備投資資金に利用される。

**ターメリック**【turmeric】 ウコンの根茎を煮沸し、干したもの。染料・香料・健胃薬用。↓写

●ターメリック

**ターラ**【tāla 梵】 インド音楽の理論用語の一つ。リズムの基になる拍節的周期。三から一二八までの周期があり、いろいろの拍子を生じる。拍節法。参照ラーガ。

**ターラント-わん**【ターラント湾】(Golfo di Táranto) イタリア南東部、カラブリア半島とサンタマリア-ディ-レウカ岬との間にある、イオニア海に面した湾。奥行き、幅とも一二〇km。

**ダーリ**【Vladimir Ivanovich Dal】(一八〇一～一八七二) ロシアの民俗学者・小説家。著書『ロシア民話集』『現代大ロシア語詳解辞典』など。

**ターリー**【大理】(Dàlǐ) ↓だいり(大理)

**ターリエン**【大連】(Dàlián) ↓だいれん(大連)

**ダーリン**【darling】《最愛の人、の意。夫婦・恋人などの間で用いる》あなた。おまえ。

**ダーリング-がわ**【ダーリング川】(Darling) オーストラリア南東部、中央低地東部の川。マレー川の支流で、半乾燥地域を流れ、季節で流量の変化が著しい。長さ二七四〇km。

**ダーリングトニア**【Daringtonia ラテン】 サラセニア科の多年生食虫植物。短い根茎の先から長い筒状の捕虫葉を数枚出す。葉の先端の帽子状の部分に多数の蜜腺があり、昆虫を誘う。↓写

●ダーリングトニア

**ダーリントン**【Darlington】 イギリス、イングランド北部の重工業都市。鉄鋼業と機関車・車両製造業が活発。一八二五年ストックトンとの間に同国最初の鉄道が開通。人口一〇万(一九八五)。

**タール**【tahr】 ウシ科タール属の動物の総称。ヤギとヒツジの中間の野生種で三種ある。その一種、ヒマラヤタールは肩高九〇～一〇〇cm。雌雄ともに角があり、首・胸・肩に長毛がある。ヒマラヤ地方の急峻な森林に生息。ヒマラヤヤギ。

**タール**【tar】 有機物を熱分解したときに生じる、黒色あるいは褐色の粘性のある油状の瀝青物質の総称。狭義には石炭からのコールタールをいう。ほかに木タール・オイルガスタールなど。

**タール-さばく**【タール砂漠】(Thar Desert) インド北西部からパキスタンにかけて広がる砂漠。グレート-インディアン砂漠。

**タール-サンド**【tar sand】 タール状または重質の原油を含む砂や砂岩。熱水処理などで原油を抽出する。ベネズエラ・カナダ・アメリカに多く埋蔵される。油砂。オイルサンド。

**タール-しきそ**【タール色素】 コールタールを原料とする色素。広く染料として利用されているが、人体に有毒なものもある。酸性・塩基性・直接染料に分類される。防腐剤にも使われる。tar dye

**ターン**【turn】(名・サ変自) ①回転すること。②進路をかえること。③水泳で、折り返すこと。

**ターンキー-ほうしき-ゆしゅつ**【ターンキー方式輸出】 プラント輸出の契約方式の一つ。かぎ(key)を回し(turn)さえすればすべての設備が稼働し、生産が始まるという完成状態で引き渡すもの。発展途上国向けの輸出のほとんどがこの方式。turnkey export

**ターンテーブル**【turntable】 ①レコードプレーヤーの、レコードをのせて回す円い盤。②駐車場で、車の向きを変えるための回転装置。

**ダーンバード**【Dhanbad】 インド東部、ダモダル川中流の鉱工業都市。付近の炭鉱とダモダル川ダムの電力とによって急速に発展中。人口六七・七万(一九八一)。

**ターンパイク**【turnpike】 有料道路、とくに有料高速道路。

**タイ** 3画【大】 部首[大] 教育小1 JIS 3471

音ダイ・タイ・タ・ダ

訓おお・おおきい・おおいに

筆順↓ダイ[大]

①おおきい。立派な。対義小。「大過・大海・大国・大作・大樹・大声・大戦・大著・大敵・大任・大杯・大望」②おおいに。さかんに。非常に。「大雨・大笑・大酔・大破・大敗・大病」③おおよそ。おおまか。「大意・大概・大略」④三つのうちの一番め。対義中・少・小。「大尉・大佐・大将」↓ダイ[大]

**タイ** 4画【太】 部首[大] 教育小2 JIS 3432

音タイ・タ・ダ

訓ふとい・ふとる

①はじめ。一番め。おおもと。「太子・太初・太祖・太陽」②長上への尊称。「太君・太后」③はなはだ。おおいに。おおきい。「太虚・太古・太鼓・太白・太平」④ふとい。ふとる。↓タ[太]

**タイ** 4画【歹】 部首[歹] JIS 6138 | 5画【歺】 異体字

音ガツ・タイ

わるい。よくない。↓ガツ[歹]

**タイ** 5画【代】 部首[人・亻] 教育小3 JIS 3469

音ダイ・タイ

訓かわる・かえる・よ・しろ

筆順↓ダイ[代]

かわる。いれかわる。「交代」「新陳代謝」↓ダイ[代]

**タイ** 5画【台】 部首[口] 教育小2 JIS 3470 | 14画【臺】 部首[至] 旧字 JIS 7142

音ダイ・タイ・イ

筆順↓ダイ[台]

①貴人の行為を示すのに添えて用る。「台覧・台臨」②うてな。高くした場所。「舞台」③台湾のこと。④《擡とも》もたげる。あげる。あげる。「台頭」⑤《颱とも》南太平洋上に発生し、夏から秋にかけて、アジア大陸や日本など

をおそう、暴風雨をともなった強大な熱帯低気圧。「台風」↓ダイ【台】

**タイ** 7画【体】部首［人・亻］ 教育小2 JIS 3446
旧字 23画【▼體】部首［骨］ JIS 8183
異体字 12画【▼躰】部首［身］ JIS 7728
異体字 20画【▼軆】 JIS 7729
音タイ・テイ・ホン
訓からだ
①からだ。「遺体・死体」「体育」用例(名)—をかわす。②かたち。すがた。「字体・政体・文体」「体形・体積・体面」用例(名)—をなさない。③はたらきのもとになる存在。本質。対義用・相。「実体・主体・本体」「体言」用例(名)名は—を表す。④神仏の像や死体を数えるのに用いる。用例(助数)数—の仏像。⑤数学で、代数系の一つ。一般に、環であって、零以外の元が乗法により群をなすもの。参考体は、「ホン」で、もとは、體とは別の字。↓テイ【体】
**体も無い**(たいもない) たわいない。たいしたこともない。くだらない。trifling
**体を預ける**(たいをあずける) 相撲で、からだを相手のからだにより掛ける。
**体を躱す**(たいをかわす) からだの向きをかえて、避ける。また、抵抗しないで、たくみに切り抜ける。体を交わす。dodge
**体を成す**(たいをなす) まとまりのあるものになる。形がととのう。take shape
**体を引く**(たいをひく) うしろへさがる。身をひく。

**タイ** 7画【対】部首［寸］ 教育小3 JIS 3448
旧字 14画【▼對】 JIS 5384
音タイ・ツイ
①むかう。二つのものがむかいあう。はりあう。「反対」「対応・対抗・対策・対戦」用例(名)日本—アメリカ。五—三。(接頭)—インド接近をはかる。②こたえる。返事をする。「応対」③あいて。そろい。「対称・対象」用例(名)月は日の—。④対馬国のこと。「対州」↓ツイ【対】

**タイ** 8画【▼岱】部首［山］ JIS 3450
音タイ
中国の山の名。泰山のこと。五岳の一つで、山東省にある名山。

**タイ** 8画【▼苔】部首［艹］ JIS 3461
音タイ
こけ。コケ植物・地衣類・藻類・小さな顕花植物・シダ植物など、小形の植物の総称。湿地・古木・岩石などにはえる。「蘚苔植物」

**タイ** 8画【▼隶】部首［隶］ JIS 8016
音タイ・ダイ
①およぶ。おいつく。②部首の一つ。れいづくり。

**タイ** 9画【待】部首［彳］ 教育小3 JIS 3452
音タイ
訓まつ
①まつ。まちうける。「期待」「待機・待命」②もてなす。あしらう。「歓待・招待・接待・優待」「待遇」

**タイ** 9画【退】部首［辶］ 教育小5 JIS 3464
旧字 10画【▼退】部首［辶］
音タイ・トン
訓しりぞく・しりぞける
①しりぞく。しりぞける。対義進。「撃退・後退」「退却・退避」②やめる。職務・地位からはなれる。対義入・登。「引退・早退・脱退」「退学・退職」③おとろえる。すくなくなる。「減退・衰退」④ゆずる。遠慮する。「辞退」⑤《頽とも》くずれる。「退勢・退廃」⑥《褪とも》あせる。色がさめる。「退紅・退色」

**タイ** 9画【▼迨】部首［辶］
音タイ
およぶ。おいつく。

**タイ** 9画【怠】部首［心］ 常用 JIS 3453
音タイ
訓おこたる・なまける
①おこたる。なまける。対義勤。「過怠・勤怠」「怠業・怠惰・怠慢」②わびる。「怠状」

**タイ** 9画【胎】部首［月］ 常用 JIS 3459
音タイ
①はら。母のおなか。おなかの子。「懐胎・受胎・母胎」「胎教・胎児・胎生」②はらむこと。きざし。「胚胎」

**タイ** 9画【▼殆】部首［歹］ JIS 4356
音タイ
①あやうい。危険。「危殆」②ほとんど。おおかた。もうすこしで。

**タイ** 9画【耐】部首［而］ 常用 JIS 3449
音タイ・ダイ・ナイ・ドウ・ノウ
訓たえる
たえる。こらえる。もちこたえる。「忍耐」「耐寒・耐久・耐震・耐水・耐乏」用例(接頭)—アルカリ性。

**タイ** 10画【帯】部首［巾］ 教育小4 JIS 3451
旧字 11画【▼帶】 JIS 5472
音タイ
訓おびる・おび
①おび。まきつけるもの。「着帯・包帯」用例《接尾的》健康—。②あたり。おびのような地域。「一帯・温帯・地帯」用例(接尾)ツンドラ—。火山—。③おびる。もつ。「携帯・連帯」「帯電・帯同」用例(接頭)—分数。

**タイ** 10画【泰】部首［氺］ 常用 JIS 3457
音タイ
①やすい。おおらか。やすらか。「安泰」「泰然・泰平」②おおきい。立派な。「泰山・泰斗」③はなはだ。おおいに。「泰西」④タイ(Thai)の音訳。タイ王国のこと。

**タイ** 11画【▼堆】部首［土］ JIS 3447
音タイ・ツイ
①うずたかい。うずたかくつむ。うずたかいところ。「堆石・堆積・堆肥」②地学で、大洋中の海底にある円錐台状の海山のこと。頂上の水深が数十〜数百メートル程度。

**タイ** 11画【逮】部首［辶］ 常用 JIS 3465
旧字 12画【▼逮】部首［辶］
音タイ・テイ
①およぶ。おいつく。「逮捕」②その日になる直前の。「逮夜」

**タイ** 11画【▼紿】部首［糸］ JIS 6909
音タイ
あざむく。いつわる。うそをいう。

**タイ** 11画【袋】部首［衣］ 常用 JIS 3462
異体字 8画【▼帒】部首［巾］
音タイ・テイ
訓ふくろ
①ふくろ。「風袋」②ふくろにはいったものを数えるのに用いる。用例(助数)セメント五—。

**タイ** 12画【隊】部首［阝］ 教育小4 JIS 3466
旧字 12画【▼隊】
音タイ・ツイ
①組織・編制された将校・下士官・兵士の集団。「軍隊・入隊・兵隊・連隊」用例(名)—の生活。②あつまり。くみ。集団。「楽隊・編隊」「隊商」用例(名)—を組む。(接尾)合唱—。探検—。

**タイ** 12画【替】部首［曰］ 常用 JIS 3456
音タイ・テイ
訓かえる・かわる
①かえる。かわる。かわり。「交替・代替」②うつりかわる。すたれる。「隆替」

**タイ** 12画【▼瑇】部首［王］
異体字 9画【▼玳】 JIS 6462
音タイ
「瑇瑁」は、ウミガメ科の爬虫類。甲羅は、鼈甲細工の材料になる。

**タイ** 12画【▼詒】部首［言］ JIS 7540
音タイ・イ
あざむく。いつわる。うそをいう。↓イ【詒】

**タイ** 12画【貸】部首［貝］ 教育小5 JIS 3463
音タイ・トク
訓かす
かす。かえしてもらう約束で、金品をわたす。対義借。「賃貸料」「貸費・貸与」

**タイ** 13画【滞】部首［氵］ 常用 JIS 3458
旧字 14画【▼滯】 JIS 6292
音タイ・テイ
訓とどこおる
とどこおる。とどまる。「延滞・遅滞・沈滞・停滞」「滞貨・滞在・滞納」

**タイ** 13画【▼碓】部首［石］ JIS 1716
音タイ
うす。からうす。きねで穀物をつく道具。

**タイ** 14画【態】部首［心］ 教育小5 JIS 3454
音タイ
①さま。すがた。ありさま。様子。「形態・状態・生態・容態」「態勢・態度」②ボイス(voice)。動詞の表す動作・作用が、主体・客体のいずれにおよぶかを表す文法形式。「受動態・能動態」

**タイ** 14画【▼腿】部首［月］
異体字 13画【▼腿】 JIS 3460
音タイ
もも。足の上腿(腰からひざまで)と下腿(ひざから足首まで)との総称。

**タイ** 14画【▼颱】部首［風］ JIS 8106
音タイ
台風。南太平洋上に発生し、夏から秋にかけて、アジア大陸や日本などをおそう、暴風雨をともなった強大な熱帯低気圧。「颱風」

**タイ** 15画【▼褪】部首［衤］ JIS 7484
音トン・タイ
あせる。色がさめる。「褪紅色・褪色」

**タイ** 15画【▼駘】部首［馬］ JIS 8145
音タイ
①にぶいうま。にぶいもの。②にぶい。のろい。おろか。③はずれる。馬のくつわがおちる。④ひろい。のびやか。「駘蕩」

**タイ** 16画【▼頽】部首［頁］ JIS 8088
音タイ
くずれる。おとろえる。「衰頽・廃頽」「頽勢・頽唐・頽廃・頽齢」

**タイ** 16画【▼鮐】部首［魚］
音タイ・イ
①フグ。フグ目に属する魚。②としより。老人。

**タイ** 17画【▼薹】部首［艹］ JIS 7323
音タイ・ダイ
①アブラナ。アブラナ科の一年草。なたね。②とう。菜・フキ・ケシなどの花軸。

**タイ** 17画【▼擡】部首［扌］ JIS 5812
異体字 8画【▼抬】 JIS 5813
音タイ・ダイ
もたげる。あげる。もちあげる。「擡頭」

**タイ** 17画【▼黛】部首［黒］
異体字 16画【▼黛】部首［黒］ JIS 3467
音タイ
①まゆずみ。まゆがき。まゆをひくための墨。「青黛・粉黛」②まゆずみいろ。青黒色。

**タイ** 18画【▼戴】部首［戈］
異体字 17画【▼戴】 JIS 3455
音タイ
いただく。上にのせる。長としてつかえる。おしいただく。「推戴・奉戴」「戴冠式」

**タイ** 18画【▼蠆】部首［虫］
音タイ
サソリ。サソリ目に属する節足動物。

**タイ** 20画【▼鐓】部首［金］ JIS 7930
音タイ
①つち。大きなつち。ものをたたくのに用いる道具。②いしづき。やり・ほこなどの柄の下端

にかぶせる金具。

**タイ**【靆】24画 部首[雨] JIS 8044
音タイ
「靉靆」は、雲のたなびくさま。雲のさかんなさま。

**たい**【鯛】①タイ科の海水魚の総称。体は扁平で体高が高い。温帯から熱帯の沿岸や大陸棚の底層にすむ。肉食性。代表種マダイのほかキダイ・クロダイなど。美味なものが多い。祝賀によく用いられる。タイ科以外の魚でもタイと名のつくものは多い。オヒラ。porgy 数え方 一尾・一匹・一枚・一台・一折り(七尾以上)。②マダイの通称。③よいもののたとえ。supreme thing 用例 くさっても―。↓図
**鯛の尾より鰯の頭**(たいのおよりいわしのかしら) 大きくりっぱな団体の中で人の下にいるよりは、小さな組織にあって、その長となるほうがよい。Better be the head of a dog than the tail of a lion.

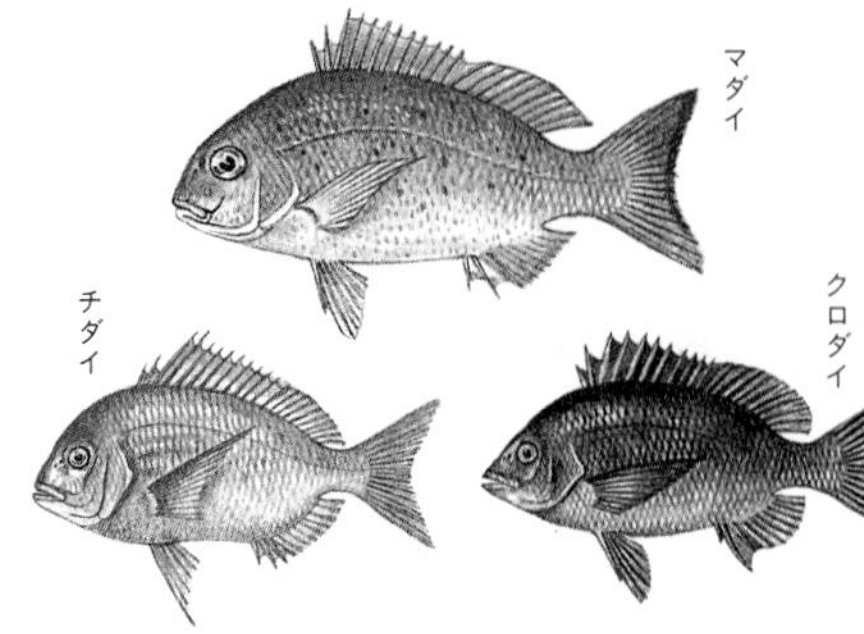

●タイ①

**た-い**【他意】①別の考え。other intention 用例 ―はない。②ふたごころ。duplicity 用例 ―を抱く。

**たい**【度い】(助動 形型)《動詞および助動詞「せる・させる・れる・られる」の連用形に付く》①話し手、また相手や第三者の希望の意を表す。用例 私は行き―。この本を読み―なら貸してあげるよ。②相手に対する要望、あるいは丁寧に要求する意を表す。用例 参集され―。参考 音便形は「行きとうございます」のように「とう」となる。派生 たが・る(接尾) たげ(接尾)

**タイ**[tie] ①ネクタイ。②競技で同点のこと。引き分け。③音楽で、切らずに続けて演奏するということを示すために、二個の同じ高さの音符間にかけた弧線。比較 スラー。

**タイ**[Thai・泰](Kingdom of Thailand) 東南アジア、インドシナ半島中央部の立憲君主国。首都バンコク。一三世紀以来の独立国。北西部に山地が広がり、中央部を貫流するメナム川流域に平野が広がる。米・ゴム・パイナップルや錫の生産が多い。面積五一・四万km²。人口五二〇九万(一九八六)。正称タイ王国。

**ダイ**【乃】2画 部首[丿] 人名用 JIS 3921
音ダイ・ナイ
①なんじ。おまえ。「乃公」②すなわち。そこで。なんと。③の。…の…。

**ダイ**【大】3画 部首[大] 教育小1 JIS 3471
音ダイ・タイ・タ・ダ
訓おお・おおきい・おおいに
大 大 大
①おおきい。おおい。立派な。対義 小。「巨大・広大・多大・莫大・雄大」「大地・大仏・大名・大明」用例(名)―の男。―の月。(形動)その功―なるものがある。(接頭)―都市。―学者。―人物。②おおきさ。…ぐらいのおおきさ。用例(接尾)小石―。③おおいに。非常に。用例(接頭)―賛成。―暴落。④おおよそ。おおまか。対義 細。「大同小異」用例(形動)―なり小なり似たようなものだ。⑤二つ、また、三つのうちの一番め。対義 少・中。「大納言・大弐」⑥大学のこと。「私大・女子大・短大」⑦同じ名前の親子のうち、親の方。用例《接頭的》―デュマ。⑧仏教で、万物のもと。元素。「四大」↓タイ[大]
**大なり小なり**(だいなりしょうなり) 大きい小さいのちがいはあっても。多かれ少なかれ。大なれ小なれ。more or less
**大の字になる**(だいのじになる)《「大」の字の形になることから》両手両足をのばして、あおむけに寝る。lie sprawled out
**大は小を兼ねる**(だいはしょうをかねる) 大きいものだと、小さいものの代わりにもなる。The greater serves for the lesser.
**大を生かして小を殺せ**(だいをいかしてしょうをころせ) とるべき手だてがほかにないときには、大きくたいせつなものを救うために、小さく軽いものを犠牲にすることがあってもしかたがない。大の虫を生かして小の虫を殺す。

**ダイ**【内】4画 部首[入] 教育小2 JIS 3866
音ナイ・ダイ・ド
ウ・ノウ
4画【内】部首[入] 旧字
教育小3
訓うち
筆順↓ナイ[内]
①うち。なか。対義 外。「宇内・海内・境内・内裏・内裏雛」↓ナイ[内] ②皇居。宮中。「参内」

**ダイ**【代】5画 部首[人・亻] 教育小3 JIS 3469
音ダイ・タイ
訓かわる・かえる・よ・しろ
代 代 代 代 代
①家や位をうけもっている間。生きている間。「初代・歴代」用例(名)親の―から子の―へ。②よ。時世。「近代・現代・古代」③年の範囲。時期の範囲。用例(接尾)二十―の若者。一九六〇年―。古生―。④かわる。かわり。「名代・代案・代印・代筆・代表・代理」⑤しろ。㋐あたい。しはらう金。「足代・地代・代価・代償」用例(名)本の―。(接尾)洋服―。洗濯―。㋑材料。㋒かわりとなるもの。㋓田。田地。↓タイ[代]

**ダイ**【台】5画 部首[口] 教育小2 JIS 3470
14画【臺】部首[至] 旧字 JIS 7142
音ダイ・タイ・イ
台 台 台 台 台
①ものをのせるもの。「縁台・鏡台・寝台・土台」「台座・台紙」用例(接尾)手術―。②もとになるもの。「台帳・台本」③小高い平地。「高台・台地」用例(接尾)音羽―。④うてな。高い建物。役所。「灯台・楼台」用例(接尾)気象―。天文―。⑤相手への敬称。「貴台・尊台・老台」⑥数学で、平面・立体の図形から、平行な二平面できりとってえられる図形。「円錐台・角錐台」「台形」⑦車・機械などを数えるのに用いる。用例(助数)三―の自動車。⑧印刷・製本で、一六ページ分などの一まとまり。用例(助数)五―分刷りあがった。⑨数量の範囲。用例(助数)二万円―。参考 台は、もとは、臺とは別の字。↓タイ[台]

**ダイ**【弟】7画 部首[弓] 教育小2 JIS 3679
音テイ・ダイ・デ
訓おとうと
筆順↓テイ[弟]
おとうと。「兄弟」↓デ・テイ[弟]

**ダイ**【迺】10画 部首[辶] JIS 7782
9画【廼】部首[廴] 異体字 JIS 3922
音ダイ・ナイ
①すなわち。つまり。そこで。なんと。②なんじ。おまえ。③の。…の…。

**ダイ**【第】11画 部首[竹] 教育小3 JIS 3472
音ダイ・テイ
第 第 第 第 第 第
①試験。しなさだめをすること。「及第・落第」②ついで。順序。順番。「次第」用例(接頭)―一。―三者。③やしき。屋敷の名に付けて用いる。用例《接尾的》聚落―。

**ダイ**【醍】16画 部首[酉] JIS 3473
音テイ・ダイ
「醍醐」は、滋味のある乳製品。「醍醐味」

**ダイ**【餒】16画 部首[食] JIS 8115
音ダイ
①うえる。食物がなくて腹がすく。②あざる。魚や肉がくさる。

**ダイ**【餧】17画 部首[食]
音イ・ダイ
①うえる。食物がなくて腹がすく。②あざる。魚や肉がくさる。

**ダイ**【題】18画 部首[頁] 教育小3 JIS 3474
音ダイ・テイ
題 題 題 題 題 題
①みだし。内容をしめすなまえ。「外題・表題」「題名・題目」用例(名)―をつける。②とい。解答を要求する問い。研究事項。「課題・宿題・問題」用例(助数)数学は五―出た。

**ダイア** ↓ダイヤ

**ダイアゴナル**[diagonal] ①対角線。②綾織りの斜めの畝が明瞭にみえる織り柄。③綾織りの、厚手の紡毛織物。ダイアゴナルクロス。

**だいアジア-しゅぎ**【大アジア主義】日本を中心にアジア諸民族が団結し、欧米列強に対抗することを主張した思想。初期の自由民権論にみられ、のちにアジア侵略の理論的根拠となる。

**たい-あたり**【体当(た)り】(名・サ変自)①自分のからだを相手にぶつけること。dash oneself against ②全力で物事に取り組むこと。face squarely

**たい-あつ**【耐圧】圧力にたえること。pressure-resistant 用例 ―力。

**タイ-アップ**[tie-up](名・サ変自) 協力すること。提携。

**タイアップ-ばんぐみ**【タイアップ番組】企業と組んだ放送番組。クイズなどの賞品に企業が提供する商品を用いたりする。tie-up program

**ダイアナ**[Diana] ①ローマ神話で、月の女神。ゼウスの子、アポロの妹。貞操と狩猟の守護神。ギリシア神話のアルテミスにあたる。ディアナ。②女の狩猟家。

**ダイアリー**[diary] 日記。日記帳。

**ダイアル**[dial] ↓ダイヤル

**ダイアローグ**[dialogue] ①対話。②演劇・映画での俳優のせりふのやりとり。対義 モノローグ。

**たい-あん**【大安】㊀(名・形動) きわめて平安なこと・さま。㊁(名)《「大安日」の略》六曜の一つ。何事にも吉とされる日。現在では多く結婚式の日取りなどに好まれる。大安吉日。だいあん。

**たい-あん**【対案】ある提案に対する別の案。counterproposal

**たい-あん**【待▼庵】京都山崎の妙喜庵にある名茶室。豊臣秀吉の命で千利休が造ったもの。昭和二六年(一九五一)国宝建造物に指定。

**だい-あん**【代案】代わりの案。alternative plan

**だいあん**【大安】〈町〉三重県北部、鈴鹿山脈東麓の町。稲作・酪農・茶栽培・漬物生産などを行う。人口一万四〇五七(一九八八)。

**たいあん-きちにち**【大安吉日】何をするのにもよい日。よい日がら。大安。たいあんきちじつ。

**ダイアンサス**[dianthus] ナデシコ科ナデシコ属の総称。高さ一五~九〇cm。観賞用の多年草だが、一年草としても栽培。ヨーロッパ・アフリカ北部・アメリカ・アジアに分布、約一〇〇種が知られていて、花の色は多彩。日本にはナデシコ、ハマナデシコなど数種が分布。

**だい-アンティルしょとう**【大アンティル諸島】(Greater Antilles) 西インド諸島のうち北部のバハマ諸島を除くアンティル諸島の西半分の島群。キューバ・ジャマイカ・ヒスパニオラ島のハイチとドミニカなどの独立国およびアメリカ領プエルトリコからなる。

**たい-い**【大尉】①昔、中国で、中央の武官の長。②軍隊の階級の一つ。尉官の最上級。少佐の下。参考 旧日本海軍では「だいい」。

**たい-い**【大意】どう言っているか、または書いてあるかの、およその意味・内容。outline 比較 梗概・要旨。

**たい-い**【体位】①体格・健康・運動能力の点からみた身体の強さ。physical standard ②からだの位置・姿勢。posture

**たい-い**【退位】(名・サ変自) 帝王が位をしりぞくこと。abdication 比較 退官。対義 即位。

**だい-い**【代位】(名・サ変自) ①他の者に代わって、その地位につくこと。②ほかの者が肩代わりして、法律上の行為をすること。

**だい-い**【題意】表題・問題の意味するもの。point of a question

た



↓ 行き先項目、図版・写真参照印。 JIS 日本工業規格情報交換用漢字符号コード(区点コード)。

**たいいき-はば【帯域幅】** 多数の周波数成分からなる電気信号を、ひずまないように伝送するために必要な一定の周波数幅。band width

**たいいき-ゆうかいほう【帯域融解法】** ↓ゾーンメルティング

**たい-いく【体育】** ①健康なからだをつくるための教育。physical education 対義知育・徳育。②体操。gymnastics

**たいいく-かん【体育館】** 各種球技や体操などのスポーツが行えるように設計された建物。集会や催し物にも利用されることが多い。室内運動場。gymnasium

**たいいく-の-ひ【体育の日】** 国民の祝日の一つ。一〇月一〇日。昭和四一年(一九六六)制定。参考同三九年(一九六四)オリンピック東京大会の開会式の日にちなむ。

**たいい-ご【対意語】** 対義語。antonym 対義同意語。

**だい-いち【第一】** ㊀(名) ①いちばん初め。最初。the first ②もっとも大切なこと。the most important matter ③もっともすぐれたこと。the best ㊁(副) いちばんに。まず。first of all

**だいいち-アルコール【第一アルコール】** 水酸基のついている炭素原子に水素原子が二個以上ついているアルコール。酸化されるとアルデヒドをへてカルボン酸になる。primary alcohol

**だいいち-いんしょう【第一印象】** 最初に受けた印象。first impression

**だいいち-インターナショナル【第一インターナショナル】**(the First International) 国際労働者協会の別称。

**だいいち-うちゅうそくど【第一宇宙速度】** 人工衛星となって地表のごく近くの円軌道を回るために必要な速度。秒速約七・九㎞。円速度。first astronautical velocity 参照宇宙速度。

**だいいち-かざきりばね【第一風切(り)羽】** 鳥類の翼羽の部分。ふつう、翼の後縁に並ぶ大羽のうち、もっとも外側にある一〇枚の羽をいう。初列風切り羽。primaries

**だいいちかんぎょう-ぎんこう【(株)第一勧業銀行】** 日本有数の都市銀行。昭和四六年(一九七一)第一銀行と勧業銀行が合併して成立。

**だい-いちぎ【第一義】** もっとも基本的なこと。もっとも大切で価値のあること。the first principle 比較第二義。

**だいいちぎ-てき【第一義的】**(形動) 根本的。基本的。basic

**だいいち-くみあい【第一組合】** 第二組合ができた場合の、従来からある組合。

**だいいちじ-さんぎょう【第一次産業】** おもに自然の状態を利用することで成り立っている産業。農業・牧畜業・水産業・林業など。経済発展により産業に占める割合は一般に低下する。primary industry 比較第二次産業・第三次産業。

**だいいちじ-しゅうだん【第一次集団】** メンバーが互いに直接の知り合いで親密な共同関係にある集団。家族・近隣集団・遊戯集団などをさす。アメリカのクーリーが示した概念。primary group

**だいいちじ-せいちょう【第一次性徴】** 動物で、性別に基づく形態上の違いを性徴と総称し、そのうちの生殖腺・生殖腺付属器官・外部生殖器の違いを第一次性徴という。primary sex character

**だいいちじ-せかいたいせん【第一次世界大戦】** 一九一四年七月～一八年一一月、ヨーロッパを中心に世界的規模で行われた戦争。三国同盟と三国協商の対立が、バルカンの民族運動をめぐって表面化する。オーストリアの対セルビア宣戦布告によって列強が参戦。ヨーロッパを主戦場に長期化・総力戦化した。一七年四月アメリカも参戦。十月革命で一八年ロシアが脱落。ドイツにも革命が起き、一八年一一月に休戦。一九年ベルサイユ条約で正式講和。World War I

**だいいち-せいしつ【第一性質】** ロックの用語。認識論で、物体に不可分の本源的性質。固体性・延長・形態・運動・静止・数など、対象そのものに属する客観的性質をいう。primary qualities

**だいいち-せいめいほけん【第一生命保険】** 業界有数の生命保険会社。日本初の相互会社として明治三五年(一九〇二)設立。

**だいいち-せかい【第一世界】** ①先進資本主義諸国。the First World ②中国の「三つの世界論」で、アメリカとソ連。the First World 比較第二世界・第三世界。

**だいいちにん-しゃ【第一人者】** ある方面・社会で、もっともすぐれた実力を持っている人。leading person 用例東洋史研究の―。

**だいいち-にんしょう【第一人称】** ↓いちにんしょう(一人称)

**だいいち-りゅう【第一流】** ある方面・社会でもっともすぐれていること・人。first-class

**たい-いつ【太一・泰一・太▽乙】** ①中国古代の思想で万物の根源。宇宙の原初の姿。天帝。②道教で天の主宰神の名。

**だいいっしゅ-けんぎょうのうか【第一種兼業農家】** 兼業農家のうち、農業収入を他の収入より主とする農家。

**だいいっ-せい【第一声】** 事に当たって、まず発することば。the first speech 用例候補者応援の―を発する。

**だいいっ-せん【第一線】** ①いちばん前の陣地。最前線。the front ②直接、事に当たって働く立場。in the vanguard

**だいいっ-ぽ【第一歩】** ①歩きだすときの、最初の歩み。the first step ②物事が始まる、または始める最初の段階。第一段階。the first step 用例改革の―。

**だいいとく-みょうおう【大威徳明王】** 五大明王の一尊。西方を守り、衆生を害する毒蛇悪竜を退治するという。異像が多いが、六面六臂六足、忿怒の相で表されることが多い。

**たいい-の-むすめ【大尉の娘】**《原題Kapitanskaya dochka》プーシキンの小説。一八三六年発表。プガチョフの乱のさなか、要塞司令官の娘と士官が結ばれるまでを描く。

**たいい-ほう【対位法】** 音楽で、二つ以上の独立した旋律線(声部)を組み合わせて曲を作る多声音楽(ポリフォニー)の作曲技術。線的対位法と和声的対位法の二種類に大別できる。counterpoint

**タイーロフ【Aleksandr Tairov】**(一八八五～一九五〇) ソ連の演出家。舞台の立体的構成、俳優の律動的演技などに新生面を開く。

**たい-いん【大隠】** ほんとうに悟りきった世捨て人。

**大隠は市に隠る**(たいいんはいちにかくる) 大隠は山などにこもらず、かえって、市中でひっそりと生活している。

**たい-いん【太陰】** 月。対義太陽。

**たい-いん【退院】**(名・サ変自) ①病気がよくなって病院を出ること。leave hospital 対義入院。②議員が衆議院・参議院から退出すること。対義登院。

**たい-いん【隊員】** 隊を構成する人。member

**だい-いん【代印】**(名・サ変自) 他人が本人の代わりに自分の印を押すこと。また、その印。signing by proxy

**ダイ-イン【die in】** 市民運動などの抗議行動の一つ。核兵器などに反対して地上に横たわり、死んだポーズをとって犠牲者のようすを表す。比較シットイン。

**たいいん-くん【大院君】**(一八二〇～九八) 朝鮮、李朝末の王族。名は是応。子の高宗の摂政として実権を掌握。強硬な鎖国政策とキリスト教弾圧を行い、閔妃一派と対立。一八八二年の壬午の変には一時政権を奪回したが、清の干渉で失敗。九四年の東学党の乱には日本と結んで復帰したが、短期で失脚。九五年の乙未事変で閔妃を殺害、再び政権を握ったが、まもなく失脚。

**たいいん-たいようれき【太陰太陽暦】** 月の満ち欠けの周期をもとにし、これに太陽の運行も考慮した暦法。lunisolar calendar

**たいいん-ちょう【太陰潮】** 潮汐のうち月の作用に起因する部分。月による起潮力は太陽の約二倍で、これが潮汐の最大原因と考えられる。lunar tide

**たいいん-れき【太陰暦】** 月の満ち欠けの周期を基準とした暦。一か月の長さを朔望月(約二九・五三日)に近くなるようにした。イスラム暦がこれにあたる。陰暦。the lunar calendar 対義太陽暦。

**たい-う【大雨】** ひどく降る雨。おおあめ。heavy rain

**だい-ういきょう【大▼茴香】** モクレン科の常緑低木。透明な小点のある葉の付け根に黄白色の花をつける。油の原料。実は香辛料の「八角」として用いる。中国南部とインドシナ原産。スターアニス。star anise

**だい-うちゅう【大宇宙】**《人間を小宇宙とみなすのに対して》宇宙。the macrocosm 対義小宇宙。

**だい-うんが【大運河】** 中国東部、天津から杭州に至る運河。一部は戦国時代に開かれたが、隋の文帝、煬帝により完成。大土木事業として「万里の長城」造築と並称される。南北の交通・運輸の大動脈として重要な役割をはたした。

**だいうん-じ【大雲寺】** 中国、唐の則天武后の勅願により、六九〇年各州に建立された寺院。日本の国分寺はこれを模したとされる。

**たいえい【大永】** 室町末期の年号。永正から改元。元年(一五二一)八月二三日～八年(一五二八)八月二〇日。次に、享禄に改元。だいえい。

**たい-えい【退▼嬰】** 古いものを守って、新しいものを取り入れる意気込みがないこと。conservatism 対義進取。

**たいえい【大栄】**〈町〉千葉県北部、成田市北東隣の町。畑作地帯でダイコンやサツマイモの栽培がさかん。人口一万一二七五(一九八八)。

**だいえい【大永】** ↓たいえい(大永)

**だい-えい【題詠】** 与えられた歌題をよむ作歌方法。また、その作品。比較雑詠。

**だいえい【大栄】**〈町〉鳥取県中部、日本海に臨む町。稲作のほか、砂丘ナガイモ・スイカなどの栽培がさかん。人口九七二二(一九八八)。

**たいえい-てき【退▼嬰的】**(形動) 何かにつけ、しりごみするさま。ためらうさま。消極的。conservative 対義進取的。

**だいえい-はくぶつかん【大英博物館】**(British Museum) ロンドンにある世界的な総合博物館。一七五九年収集家ハンス=スローンのコレクションを中心に開館。その後世界の美術品・図書・資料類を拡充。現在の建物は一八四七年設計。イギリス大憲章、ロゼッターストーンなどはとくに有名。↓写

**ダイエー【(株)ダイエー】** 業界最大手のスーパーマーケット。流通革命の旗手となった。昭和三二年(一九五七)設立。

**たい-えき【退役】**(名・サ変自) ①将校・準士官が、兵役をしりぞくこと。retirement from service 用例―少将。②軍用の航空機・艦船などが、第一線配備から退くこと。

**たい-えき【体液】** 身体内の液体成分。大部分は水で、体重の六〇%を占める。細胞内液・間質液・血漿・リンパ液など。body fluid

**たいえきせい-めんえき【体液性免疫】** 抗原が侵入すると、体液(血液)中に抗体が生じることで起こる免疫反応。humoral immunity 対義細胞性免疫。

**だいえ-そうこう【大▼慧宗▼杲】**(一〇八九～一一六三) 中国、南宋の臨済宗の僧。公案を重視し、その禅風は看話禅と称された。法語を録したものに『大慧正法眼蔵』六巻がある。

**ダイエタリー-ファイバー【dietary fiber】** ↓しょくもつせんい(食物繊維)

**ダイエット【diet】** 病人の治療や体重調節のため栄養やカロリーを適正に考慮すること。また、その食事・食品。食養生。食餌療法。

**だいえつ【大越】** ベトナム旧王朝の国号。①李朝の国号。一〇五四年に大越とした。②黎朝の国号。一四二八年に建国。③阮朝の旧国号。越南と号する前に、一時大越を号した。

**だい-えり【台襟】** 上襟と身ごろの間につける襟。襟を高く立たせるための土台となるもので、ワイシャツ・シャツブラウスなどに使われている。neckband ↓ワイシャツ図

**だい-えん【大円】** ①大きい円。large circle ②球を球の中心を通る平面で切ったとき、その切り口にできる円。great circle ↓球図

**だいえん【大▼宛】** 中国、漢代の西域の一国。中央アジア、シルダリヤ川流域のフェルガナ盆地にあり、東西交通の要衝。汗血馬で知られる名馬の産地で、武帝はこれを得るために遠征を行った。

**だいえん-きょうち【大円鏡▼智】**《仏教語》すべてのものをありのままに照らし出す仏の

●大英博物館

智慧。唯識説の四智の一つ。密教の五智の一つ。

**たいえん-れき【大▼衍暦】** 唐時代の中国の暦法。八世紀中ごろ日本に伝えられ約一〇〇年にわたって使われた。

**たい-おう【対応】**(名・サ変自) ①向き合うこと。opposition ②つりあうこと。match ③状況に応じて行うこと。counter-move 用例 ―策。

**たい-おう【滞欧】**(名・サ変自) ヨーロッパにとどまること。stay in Europe 用例 ―日数。

**だい-おう【大黄】** ①タデ科の多年草。高さ約二m。薬用として栽培される。葉は心臓形で掌状。初夏に黄白色の小花を穂状につける。中国原産。rhubarb ②①の根を乾燥した生薬。健胃剤・下剤用。↓図

●ダイオウ① カラダイオウ

**だい-おう【大王】** 王をいう敬語。偉大な王。great king

**だいおう【大王】**〈町〉三重県、志摩半島南東端の町。英虞湾の真珠養殖と、外海の沿岸漁業を主とする水産業の町。中心は波切。人口九九四二(一九八八)。

**だい-おう【▼乃翁】**(代)《「乃」は汝の意》男の老人の自称。わし。自分の子や目下に対していう。

**だいおう-いか【大王▼烏▼賊】** ダイオウイカ科のイカ。胴長約一・九m、触腕を伸ばすと六・五m余。北太平洋・北大西洋に分布。世界に約一〇種あり、最大種は触腕を含めると一五m以上。giant squid

**たいおう-げんり【対応原理】** 微視的現象の法則と巨視的現象の法則は適当な極限で対応するという原理。量子力学をつくり上げていく発見的方法としてボーアが提唱(一九一八年)。correspondence principle

**だいおう-こくし【大応国師】** 南浦紹明の諡。

**だいおう-ざき【大王崎】** 三重県、志摩半島南東端の岬。海食崖が発達、岬上に平坦面を残す。灯台があり、観光客が多い。

**だい-おうじょう【大往生】**(名・サ変自)《仏教語》心の乱れなどなく、安らかに死ぬこと。りっぱな死に方。用例 ―を遂げる。

**だいおう-まつ【大王松】** マツ科の常緑針葉樹。高さ約三〇m。葉は三葉で三〇cmほどもある。材は建築・船舶などに利用。北アメリカ東部原産。ダイオウショウ。longleaf pine ↓写

**だいおう-やし【大王▼椰子】** ヤシ科ダイオウヤシ属の常緑高木の総称。高さ約四〇m。単一で円柱状の幹の頂に長い羽状葉が群生。熱帯では街路樹にする。南アメリカ原産。royal palm

**ダイオード【diode】** 本来は、陽極と陰極をもつ二極管。一般に、二端子半導体素子の総称。半導体に金属を融着したpn接合ダイオードなどがあり、整流機能を利用して検波・整流・スイッチなど、用途は広い。

**ダイオキシン【dioxin】** 二個のベンゼン核を酸素で化合結合させた有機化合物。ベトナム戦争で使われた枯れ葉剤に含まれていて問題化した。きわめて有毒な物質で、催奇形性・発癌性がある。

**だい-おしょう【大和尚】** ①《仏教語》「法印大和尚位」の略。僧の最高位。②才徳のすぐれた僧。③体格のよい僧。

**たい-おとし【体落(と)し】** 柔道の投げ技の一つ。相手の体勢をなめ前にくずしながら、片方の足で出足を止め、両手で投げる技。body drop

**たい-おん【体温】** 動物の体の温度。変温動物では外界の要因に応じて変動し、恒温動物では体温調節により種ごとにほぼ一定に保たれる。日本人の平均値は三六・五℃ぐらい。temperature

**だい-おん【大恩】** 大きなめぐみ。厚恩。great obligation

**大恩は報ぜず**(だいおんはほうぜず) ふつうの恩に対しては、それが意識されるので、ありがたく思うものだが、あまり大きすぎる恩だと、それと気づかずにすごしてしまう。

**だいおん-きょうしゅ【大恩教主】** 釈迦の尊称。

**たいおん-けい【体温計】** 体温の測定に用いる器具。水銀温度計・サーミスター温度計(電子温度計)・熱電対温度計などの種類がある。用法は、腋下検温法・口腔検温法など。clinical thermometer

**だい-おんじょう【大音声】** 大きな声。おおごえ。loud voice 用例 ―に呼ばわる。

**だい-おんせん【台温泉】** 岩手県中部、花巻市北西部の温泉。台八景の景勝地がある。花巻温泉郷の一つ。

●ダイオウマツ

**たいか【大化】** 日本ではじめての年号とされているもの。元年(六四五)六月一九日～六年(六五〇)二月一五日。次に、白雉に改元。

**たい-か【大火】** 大きな火事。big fire

**たい-か【大家】** ①大きな家。②富貴の家柄。③専門にすぐれた人。巨匠。authority 対義 新進・中堅。

**たい-か【大過】** 大きなあやまち。大失敗。serious error 対義 小過。用例 ―なく職務を遂行する。

**たい-か【大▼廈】** 大きな建物。大建築。用例 ―高楼。

**一木、大廈の崩るるを支うる能わず**(いちぼく、たいかのくずるるをささうるあたわず) 「大廈は能く一木の支うる所に非ず」と同意。

**大廈の材は一丘の木に非ず**(たいかのざいはいっきゅうのきにあらず) 《大建築物に使われる材木は、一つの丘だけからとれるものではない、の意》大事業は一人の力だけで成しとげられるものではなく、かならず、多くの人々の力によって成就されるものである。

**大廈の顚れんとするは一木の支うる所に非ず**(たいかのたおれんとするはいちぼくのささうるところにあらず) 「大廈は能く一木の支うる所に非ず」と同意。

**大廈は能く一木の支うる所に非ず**(たいかはよくいちぼくのささうるところにあらず) 大勢が傾きかけているときには、一人の力ではどうすることもできないことのたとえ。一木、大廈の崩るるを支うる能わず。

**たい-か【対価】** 他人に与えた利益に対して受ける報酬。家賃・賃金など。compensation

**たい-か【耐火】** 火や熱にもちこたえること。燃えにくいこと。fireproof 用例 ―れんが。

**たい-か【退化】**(名・サ変自) ①未開のほうへあともどりすること。退行。degradation 対義 進歩。②生物の器官や部分が、不要になり小さくなったり、構造が簡単になったり、なくなったりすること。degeneration 対義 進化。

**たい-か【帯化】** 植物の茎が異常に肥大し扁平化する奇形。ヤマユリ・マサキなどの茎や枝によく見られ、エニシダ・ヤナギなどの帯化は鑑賞品。石化。fasciation

**たい-か【袋果】** 一個の心皮からなる子房が熟してできた果実。心皮の合わせ目から裂けて種子を散らす。オダマキ・トリカブト・ガガイモなど。follicle

**たい-か【滞貨】**(名・サ変自) 貨物・商品が送れないで、または、売れないでたまっていること。その貨物・商品。ストック。piles of dead stock

**たいか【大夏】** 中国、漢代における西域の一地方。嬀水(アムダリヤ)の南方にあり、藍子城(バルフ)を中心とし、大月氏の支配をうけた。アフガニスタン北部のトハレスタン地方にあたる。トハラ。

**たい-が【大河】** ①水量の豊かな広い川。large river ②黄河。

**たいが【大雅】** 中国最古の詩集『詩経』の分類「雅」(宮廷でうたわれた儀礼歌)の一つ。周の歴史や建国伝説を叙事的にうたうもの。

**タイガ【taiga】** 北ヨーロッパ・シベリア・北アメリカの北緯五〇～七〇度に位置する亜寒帯北部に分布する針葉樹林。エゾマツ・トドマツ・トウヒ・ツガが多い大森林。冬は乾燥し、夏は短く、平均気温マイナス三〇℃からマイナス四〇℃。大地は永久凍土層でおおわれている。

**だい-か【代価】** ①品物の値段。代金。price ②あることをするために払う損害・犠牲。sacrifice

**だい-か【台下】** ①台の下。楼の下。②貴人の敬称。比較 閣下。③手紙のわき付けの一つ。あて名の左下に付けて敬意を示す語。

**だい-が【大我】** 対義 小我。①《仏教語》個人的見地を離れた自由な境地。②哲学で、宇宙の本体としての、絶対的な我。

**だい-が【題画】** 絵に詩文を書き添えること。その絵。

**タイガー【tiger】** トラ。

**ダイカー【duiker】** ウシ科の小形のレイヨウ。肩高三五～五五cm。雌雄とも短い角をもつ。アフリカのやぶ地から森林に十数種が生息。

**タイガー-シャーク【tiger shark】** イタチザメ。

**たい-かい【大会】** ①多くの人が集まったさかんな会。great meeting ②会員の全部または多くの代表が集まる会合。general meeting 用例 組合―。

**たい-かい【大海】** =だいかい。①おおうみ。大洋。ocean ②口の大きな茶の入れ物。

**大海の一粟**(たいかいのいちぞく) 広大なところに、非常に小さなものがあること。大海の一滴。

**大海の一滴**(たいかいのいってき) 「大海の一粟」と同意。

**大海は芥を択ばず**(たいかいはあくたをえらばず) 大人物は度量が広く、差別なしによく人を受けいれる。大海は塵を択ばず。類似 河海は細流を択ばず。泰山は土壌を譲らず。

**大海を手で塞く**(たいかいをてでせく) できそうもないことを、しようとする。Try to empty the sea with a nutshell.

**たい-かい【退会】**(名・サ変自) 会員であることをやめること。withdrawal 対義 入会。

**たい-がい【大概】** ㊀(名) だいたいのこと。あらまし。概略。outline ㊁(副) ①たいてい。おおよそ。generally ②たぶん。probably

**大概にする**(たいがいにする) ほどほどにする。適当なところでとどめる。

**たい-がい【対外】** 組織の外部や外国に関すること。external; foreign 対義 対内。用例 ―折衝。

**たい-がい【体外】** 身体の外。outside the body 対義 体内。

**たいがい-じゅせい【体外受精】** ①母体外で行われる受精。水生動物に多い。external fertilization ②医学で、卵管異常による女性不妊症の治療法として利用される方法。成熟した卵子を採りだして試験管の中で受精させ、培養ののちふたたび子宮に戻す。external fertilization 対義 体内受精。参考 試験管ベビー。

**たいがい-じゅんかん【体外循環】** 体外に血液の回路をつくり、それを通して血液を体外に導いたのち、ポンプの力でふたたび血液を体内に戻すこと。人工心肺・人工腎臓などがある。extracorporeal circulation

**だい-かいてん【大回転】** スキーのアルペン競技の一つ。滑降と回転の中間的なもので、回転よりも大きなカーブを高速で滑る。リーゼンスラローム。giant slalom ↓図(次ページ)

**だい-がえ【代替え】** ↓だいたい(代替)

**たいか-きかん【退化器官】** しだいに消失していく器官。また、消失した器官。モグラの目やウマの足指など。痕跡器官は退化の途中で、萎縮してしまった器官と考えられている。rudimentary organ

**たいか-きんゆう【滞貨金融】** ある企業の商品が適正在庫を超えて滞貨を生じたとき、それを担保にこの在庫品を維持する費用を貸し出すこと。滞貨融資。stockpile financing

**たい-かく【台閣】** =だいかく。①高く立派な建物。楼閣。tall building ②内閣。cabinet 用例 ―に列する。

**たい-かく【体格】** 体の形やつくり(形態)の状態。主として外見的な表現。身体計測値、骨格・筋・皮下脂肪の発育状態、姿勢などを指標として評価する。からだつき。physique

**たい-がく【退学】**(名・サ変自) 卒業前に学校をやめること。また、やめさせられること。退校。leave school; expulsion from school 比較 停学。用例 ―処分。

**だい-かく【大核】** ゾウリムシなどの原生動物繊毛虫類がもつ二個の核のうち、形態上大きい方。機能的には栄養核である。macronucleus 対義 小核。

**だい-かく【大覚】**《仏教語》①仏の悟り。正しい悟りを得ること。②悟りを得た人。仏。如来。

**だい-がく【大学】** ①教育制度の最高段階を占める機関。学術の研究と学生の教育を行う。学部と大学院を置くことができる。学生の修業年限は四年が原則。ほかに短期大学もある。university; college ②「大学寮」の略。dormitory ③儒教の経典、四書の一つ。もと『礼記』の一編。教育の理想と課程を示す。朱子が全文を経と伝に整理し、三綱領、八条目の体系をたてた。

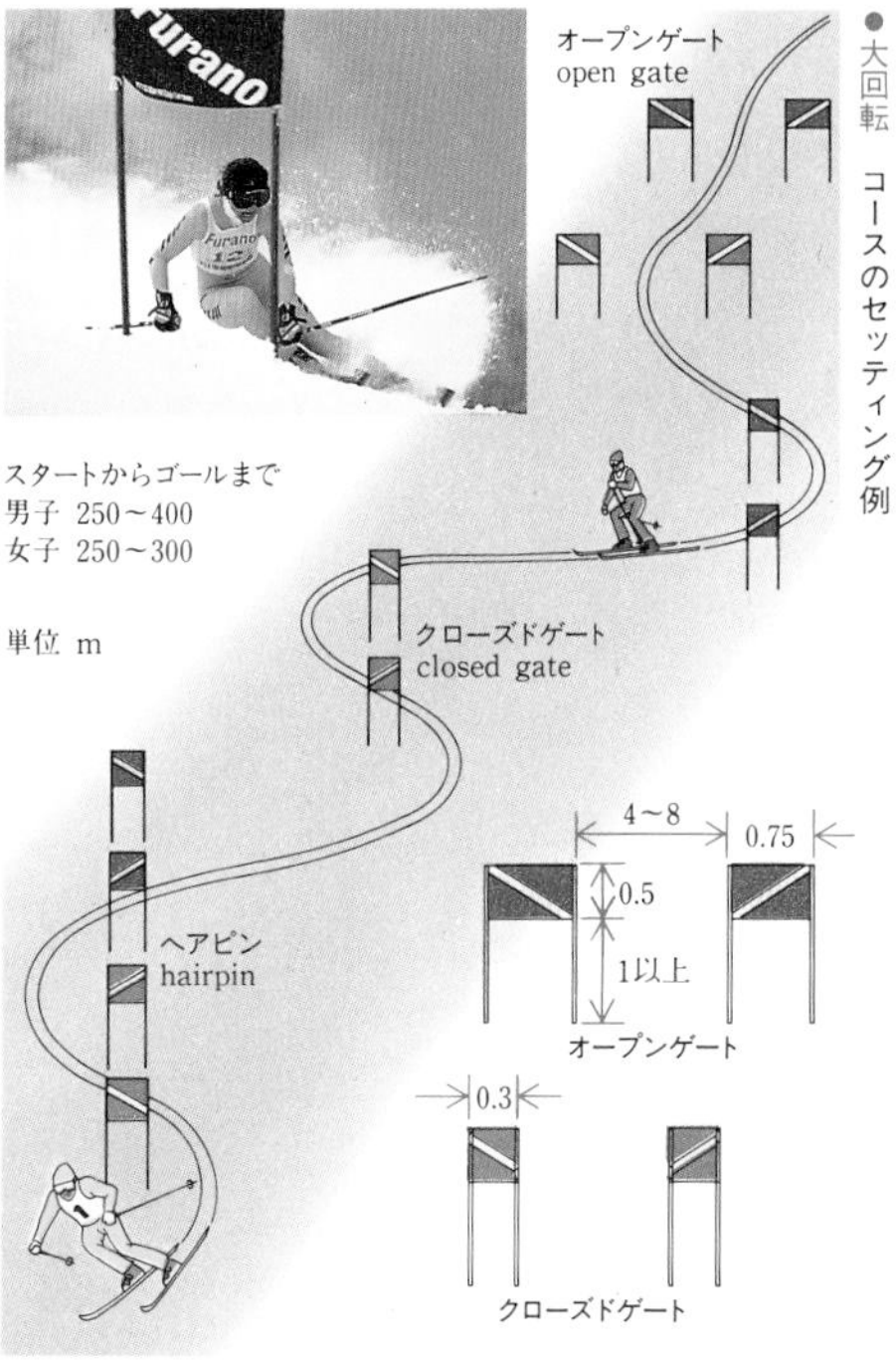

●大回転 コースのセッティング例

**だいがく-いん【大学院】** 大学の学部教育の基礎の上に、高度の専門教育と研究能力の育成を行う研究・教育機関。修士課程二年と、その上に博士課程三年が標準。graduate school

**だいかく-じ【大覚寺】** 京都市右京区嵯峨大沢町にある真言宗大覚寺派の大本山。もとは嵯峨上皇離宮で、貞観一八年(八七六)淳和天皇の皇后が寺とした。嵯峨御所。

**だいかくじ-とう【大覚寺統】** 鎌倉・南北朝時代、持明院統(北朝)と対立した亀山天皇の皇統。持明院統と交互に皇位につき、建武新政後は南朝を形成。

**だいがくしゅくてんじょきょく【大学祝典序曲】**《原題Akademische Festouvertüre(ドイツ)》ブラームス作曲の管弦楽のための序曲。一八八〇年作。

**たいかく-せん【対角線】** 多角形において頂点と頂点を結ぶ線分のうち、辺以外のもの。多面体に対しても用いる。diagonal

**たいかくせん-こうしょう【対角線交渉】** 企業別組合が会社側と団体交渉を行うさい、その場に上部の産業別組合の中央本部が参加する日本特有の方式。

**だいがくにゅうがくしかく-けんてい【大学入学資格検定】** 高校やそれと同程度の学校教育を終了していない者に対して、文部省が行う学力検定試験。合格すれば大学受験資格が得られる。大検。senior high school leaving certificate based on examination

**だいがく-の-じち【大学の自治】** 大学が政治権力など学外の勢力の干渉から独立して運営されること。学問の自由を制度的に保障するもの。university autonomy

**だいがく-ふんそう【大学紛争】** 一九六〇年代後半に日本・アメリカ・フランス・西ドイツなど世界的広がりをもって展開した、大学を舞台とする学生と大学当局・国家権力との紛争。日本では学生処分や学園民主化をめぐり昭和四三年(一九六八)を最盛期として全国的に発生。campus disturbance

**だいがく-やきゅう【大学野球】** 大学の対校試合を主目的とする野球。全日本大学野球連盟が統轄。全日本大学野球選手権・日米大学野球選手権などの大会を毎年開催。

**だい-かぐら【▽太神楽・代神楽】** ①伊勢神宮で一般人が奉納する神楽。参照 だいだいかぐら。②大衆演芸の一つ。伊勢・尾張の神楽が江戸に出て定着したもの。獅子舞い・品玉・曲まり・皿回しなどを演じる。↓写

**だいがく-りょう【大学寮】** 日本古代、律令制下の官吏養成機関。大学。対義 国学。

**だいがく-るい【大▼顎類】** 節足動物門の一亜門。頭部に一対の触角と一対の大顎をもつ動物群。甲殻類・唇脚類・倍脚類・少脚類・結合類・昆虫類の六綱よりなる。大腮類。

**たいか-けんちく【耐火建築】** 燃えにくい材料や構造で、延焼を防止するための防火設備のある建築物。fire resisting building 比較 防火建築。

**たいか-ざいりょう【耐火材料】** 建築物・高熱炉などに使用する高温に耐える材料。れんが・粘土など。fireproof material

**たいが-しょうせつ【大河小説】**《roman-fleuve(フランス)の訳語》大河の流れのように展開する長編連作小説。家族の歴史を中心に、時代や社会の様相を描くものが多い。ロマン=ロランの『ジャン=クリストフ』など。

**ダイカスト【die-casting】** 精密鋳造法の一種。精密な鋼製金型に、溶融した金属を圧入する。亜鉛・アルミニウム・スズ・銅などの合金の鋳造に適し、自動車・写真部品など大量生産に広く利用。

**たいか-セメント【耐火セメント】** 高温でも強度の低下しないセメントの総称。ボーキサイトを入れたアルミナセメント、珪酸エチルエステルを使用したエチルシリケートセメント、燐酸セメントなどがある。耐火構造物に使用。耐熱セメント。refractory cement

**たい-がため【体固め】** レスリングの決め技の一つ。相手の体の上になり、自分の重量で相手を抑えこみフォールする。body press

**だい-かつ【大喝】**(名・サ変自) 大声でしかりとばすこと。たいかつ。thunders

**だい-がっこう【大学校】** 各種学校の一つ。学校教育法によらず大学程度の高等教育を行う学校。行政官庁所管の教育機関が多い。institute of college level

**タイ-カップ【Ty Cobb】** ↓カップ

**たいか-にじゅういっかじょうようきゅう【対華二十一か条要求】** 第一次大戦中、日本が中国に強要した権益拡大のための諸要求。大正四年(一九一五)のこの要求で、日本は山東省・南満州(現在の中国東北部の南部)・東部内蒙古(現在の中国北部、内モンゴル自治区)などの利権を獲得。

**たいか-ねんど【耐火粘土】** 高温に耐える粘土の総称。カオリン鉱物を主成分とする。陶磁器・耐火れんがなどのほか、アルミナなどの製造原料として利用。fire clay

●太神楽①

**たいか-の-かいしん【大化の改新】** 大化元年(六四五)に始まった古代の政治改革。中大兄皇子・中臣鎌足らが蘇我氏を倒して孝徳天皇を立て、律令に基づく中央集権国家樹立をはかったもの。翌年の改新の詔で私有地・私有民の廃止、地方行政権の朝廷集中、班田収授の実施、税制統一の四項目を公布。

**たいか-ぶつ【耐火物】** 炉やるつぼなどに用いる溶融点の高い非金属物質。refractory

**タイ-カラー**《和製語。「タイ」はネクタイの意》襟型の一つ。ネクタイのように前に長くたれた襟。蝶形・リボン形などに結ぶ。four-in-hand ↓図

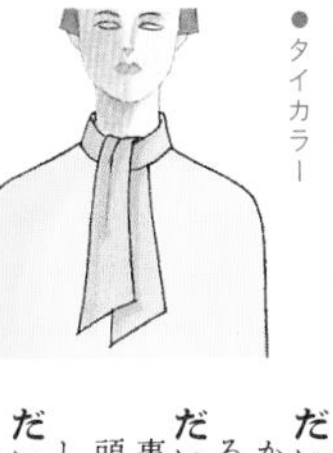
●タイカラー

**たいか-れんが【耐火▼煉▼瓦】** 高温に強いれんがの総称。ふつう用いられるシャモットれんがのほか、アルミナれんが・珪石れんがなど。耐火構造物・窯炉などの構築材料。firebrick

**だい-がわり【代替(わ)り】**(名・サ変自) 帝王・世帯主・経営者などが次の代になること。change of headship

**だい-がわり【台替(わ)り】** 相場の上昇による単位(=台)の変動。たとえば二〇円台から三〇円台に移行することをいう。対義 台割れ。

**たい-かん【大▼姦・大▼奸】** ひじょうに悪いこと・人。

**大姦は忠に似たり** 大悪人は、容易に本性をあらわさず、主君の気に入るようにつくすから、あたかも忠臣のようにみえる。

**たい-かん【大▼旱】** 激しいひでり。かんばつ。serious drought

**大旱の雲霓**(「雲霓」は、雨の前ぶれの雲とにじ。ひでりに雨を待つ意から)ある物事を待ちこがれるたとえ。

**たい-かん【大患】** ①大きな心配。great troubles ②大病。重病。serious illness

**たい-かん【大観】**(名・サ変他) ①広く全体を見通すこと。general survey ②広々とした大きなながめ。wide prospect ③大鑑。encyclopedia

**たい-かん【大鑑】** その一冊だけで、ある部門全体の知識が得られる本。大全。encyclopedia 用例 将棋―。

**たい-かん【体感】** ①身体に受ける感じ。bodily sensation ②内臓の刺激による感覚。飢え・渇きなど。

**たい-かん【退官】**(名・サ変自) 官職を辞めること。retirement from office 比較 退位。対義 任官。

**たい-かん【耐寒】** 寒さにたえること。endure cold

**たい-かん【▼諦観】**《仏教語》ものごとの真の姿を明らかに見きわめること。

**たい-がん【対岸】** むこうぎし。opposite bank

**対岸の火事** 自分とは無関係なことのたとえ。indifference

**たい-がん【対顔】**(名・サ変自) 人と顔を合わせること。対面。meeting 比較 拝顔。

**だい-かん【大寒】** 二十四節気の一つ。小寒から一五日目。一月二〇、二一日ごろ。このころが一年でもっとも寒い。対義 大暑。

**だい-かん【代官】** ①中世、主君の代理として事に当たった人。目代・預所・守護代・地頭代など。②江戸時代、幕府の直轄地を支配し、租税の徴収をつかさどった役人。

**だい-がん【大願】** =たいがん。①大きな望み。ambition ②《仏教語》仏が衆生を救おうとする願い。本願。

**だい-がん【代願】**(名・サ変自) 本人に代わって神仏に祈願すること・人。代参。

**たいかん-おんど【体感温度】** 人間が感じる温度の度合い。実際の気温だけではなく、湿度や風および日射の有無などを考慮したもの。不快指数はこの一種。sensible temperature

**だいかん-こうくう【大▼韓航空】** 韓国の航空会社。一九六二年、国営大韓航空公社として創業。六九年、民営となる。KAL。Korean Air Lines

**たいかん-しき【▼戴冠式】** 帝王が、即位を公表するために伝来の宝冠をいただく儀式。coronation

**たいかん-しょう【体感症】** 脳が腐敗している、腹の中に虫が動いている、などの体感異常を訴えることを主症状とする精神疾患。精神分裂病・鬱病などで出現する。セネストパチー。cenesthopathy

**だいがん-じょうじゅ【大願成就】**(名・サ変自) 大願がかなうこと。realization of one's ambition

**たいかん-せい【耐寒性】** 低温に耐えうる性質。氷点下にあっても細胞液などが凍結せずに長期間耐えうる性質のこと。cold resistance

**だいかん-ていこく【大▼韓帝国】** 李朝末期の国号。対清追随の形式を払拭するため、一八九七年に国王を皇帝とし、国号を改称した。

**だいかん-ぼう【大観峰】** 熊本県、阿蘇谷北方の外輪山にある峰。標高九三六m。阿蘇五岳・阿蘇谷の展望台。徳富蘇峰の命名。

**だいかんみんこく【大▼韓民国】**(Republic of Korea) 朝鮮半島南半部を占める共和国。通称は「韓国」。首都ソウル。一九四八年に独立。東部に太白山脈が南北に走る。海岸線は日本海側が単調で、西海岸は複雑。多島海を形成。米作がさかんで、鉱物資源に恵まれない



▼常用漢字表外。 ▽常用漢字表の音訓外。

が、近年、鉄鋼・機械工業が発達。面積九・八万km²。人口四二〇一万(一九八七)。

**だいかんわじてん【大漢和辞典】** 漢和字典。一二巻と索引一巻。諸橋轍次編集。昭和一八年(一九四三)第一巻刊行。戦災のため中絶したが同三〇年(一九五五)から再刊、同三五年(一九六〇)完成。収録の親字は四万八九〇二字。同六一年(一九八六)修訂版完成。

**たい-き【大気】** ㊀(名) 地球をとりかこむ気体の総称。温度分布の特徴により、下層から対流圏・成層圏・中間圏・熱圏に分けられる。大気の地球表面に近い部分は空気とよばれて密度が高く、上空にいくほど大気は薄くなる。atmosphere ㊁(形動)度量が大きいさま。broad-minded 用例 ―な人。

**たい-き【大器】** ①大きなうつわ。②すぐれた器量。その人。great talent 対義 小器。

**たい-き【待機】**(名・サ変自) 機会・命令を待っていること。wait for a chance

**たいき【大樹】**〈町〉北海道十勝平野南部、太平洋に臨む町。豆類・テンサイ・ジャガイモなどを栽培。酪農もさかんで、大きなチーズ工場がある。人口七八六五(一九八八)。

**たいき【台記】** 平安末期の漢文の日記。藤原頼長の著。一二巻。保延二〜久寿二年(一一三六〜五五)の記録。摂関政治史研究の根本史料。槐記。

**たい-ぎ【大義】** ①人がなすべき道。とくに、国家・主君に対して、臣民が踏み行うべき道。great cause ②おおよその意味。outline

**大義、親を滅す**(たいぎ、しんをめっす) 君国の大事のためには肉親さえも顧みない。

**たい-ぎ【大儀】** ㊀(名) 重大な儀式。大典。㊁(名・形動) ①疲れてだるいさま。tired 用例 起きるのも―だ。②骨の折れるさま。troublesome ③労をねぎらう語。ご苦労。thank you

**たい-ぎ【大疑】** 大いに疑うこと。

**大疑は大悟の基**(たいぎはたいごのもと) 大いにうたがうことは、大いにさとることのもといとなる。

**たい-ぎ【体技】** 相撲・柔道・レスリングなど、二人が直接組み合って体力を競う競技。参照 格闘技。

**たいぎ【太▾祇】** ↓たんたいぎ(炭太祇)

**だい-ぎ【代議】**(名・サ変他) ①人々に代わって論議すること。②国民を代表する議員が国民に代わって政治を論じること。representative system 用例 ―制。

**だい-ぎ【台木】** ①接ぎ木の台にする木。親木。stock ②物の台にする木。block

**たいき-あつ【大気圧】** 大気の圧力。地上での値はほぼ一気圧。地上から上昇していくにつれて、ほぼ指数関数的に減少する。atmospheric pressure

**たいき-イオン【大気イオン】** 大気中に存在する、正または負に帯電した微粒子。気体状の分子や原子が宇宙線の放射を受けたりして発生する。atmospheric ions

**だいぎ-いん【代議員】** 政党や労働組合などで、地域・職場から選出された代表者。総会・大会などの最高意思決定機関に参加できる。delegate

**たいき-おせん【大気汚染】** 人工的に排出される煤煙・二酸化炭素・窒素酸化物・放射性物質やオキシダントなどによる空気の汚染。人体・動植物・気象などに悪い影響を及ぼす。近年、とくに二酸化炭素の増加による地球の温暖化や、フロンガスによるオゾン層の破壊などが問題視されている。air pollution 参照 温室効果。

**たいきおせん-ぼうしほう【大気汚染防止法】** 工場の排煙や車の排気ガスによる大気の汚染を防止するために必要な規制措置を定めた法律。昭和四三年(一九六八)公布。

**たいき-かんりゅう【大気環流】** ↓たいきだいじゅんかん(大気大循環)

**だい-きぎょう【大企業】** 資本金・従業員数が多く、社会的影響力が大きい会社。large enterprise 対義 中小企業。

**たいき-けん【大気圏】** 地球全体を岩石圏・水圏・大気圏の三圏に分けたときの一つ。地球のまわりの大気のある範囲。気圏。atmosphere ↓図

**たいぎ-ご【対義語】** 意味が反対または、並べると対になる語。「生」と「死」、「男」と「女」、「ある」と「ない」、「上旬」と「中旬」または「下旬」など。反対語。反意語。対意語。対語。antonym 対義 同義語。

**たいき-こう【大気光】** 地球の超高層大気中の原子や分子が発する非熱的な放射。太陽の紫外光をエネルギー源とする。観測される時刻により、夜間大気光・昼間大気光・薄明大気光に分類される。airglow

**だい-きこう【大気候】** 地球上の広い地域についての気候。気候帯・季節風気候・大陸気候など。マクロ気候。macro-climate

**たいき-さ【大気差】** 大気の影響で、星の位置が実際よりもずれて見えるときの、見かけの位置と実際の位置の差。地平近くを通って届く光ほど大気で大きく屈折するため、天体はさらに浮き上がって見える。地平線近い太陽や月は平らにつぶれた形に見える。気差。atmospheric refraction

**だいぎ-し【代議士】** 国会議員。とくに衆議院議員。member of the Diet

**だいぎ-せい【代議制】** 国民が代表を選んで議会に送ることを通じて自分たちの政治的な意思表示を行う政治形態。間接民主制。representative system

**たいき-せっぽう【対機説法】**《仏教語》相手の能力・状況などに応じて仏法を説くこと。応病与薬。

**たいき-だいじゅんかん【大気大循環】** 地球のまわりの大気全体の循環。大気の大小さまざまな循環を地球的規模でとらえたもの。大気環流。general circulation of atmosphere

**だい-きち【大吉】** すべてよいことが起こるはずであること・運。この上なくよいこと。excellent luck 対義 大凶。

**大吉は凶に還る**(だいきちはきょうにかえる) 吉が過ぎると、かえって凶に近くなる。

**たいき-ちょうせき【大気潮▾汐】** 月や太陽の作用によって大気全体が起こす振動現象。大気が受ける太陽エネルギーが、一日周期で変化するために起こる。atmospheric tide

**たい-きとう【▾戴季陶】**(一八九一〜一九四九) 中国、国民党の理論家。名は伝賢。号は天仇。清末、日本に留学。孫文の革命活動を支え、のち蒋介石の思想的支柱となった。一九四九年自殺。

**たいき-ばんせい【大器晩成】** 大人物は急には大成しないこと。Great talents mature late.

**だい-きぼ【大規模】**(名・形動) 仕組みが大きいこと・さま。大がかり。large-scale 対義 小規模。

**たいき-ほうしゃ【大気放射】** 大気中の水蒸気・二酸化炭素・オゾンなどから、赤外線が放射される現象。atmospheric radiation

**だいきぼ-しゅうせきかいろ【大規模集積回路】** ↓エルエスアイ(LSI)

**たいぎ-めいぶん【大義名分】** ①人として、また、臣下が君国に対して守るべき忠義と分限。one's first duty to sovereign ②正しい、りっぱな理由。cause of justice

**たい-きゃく【退却】**(名・サ変自) 負けて、あとへ引くこと。後退。retreat 比較 転進。対義 進撃。

**たい-ぎゃく【大逆】** 主君や親を殺すような、人の道にそむいた行為。だいぎゃく。

**たいぎゃく-ざい【大逆罪】** ①主君や親を殺すような人の道にそむいた罪。parricide; regicide ②天皇・皇后・皇太子・皇太孫・皇太后・太皇太后に危害を加えるか、または加えようとすることで成立した罪。昭和二二年(一九四七)、刑法改正により廃止。high treason

**たいぎゃく-じけん【大逆事件】** 明治末の社会主義者・無政府主義者に対する弾圧事件。明治四三年(一九一〇)幸徳秋水らは天皇暗殺を企てたとして逮捕され、一二名が死刑。証拠がない暗黒裁判として批判された。

**たいきゃく-しんけいしょう【退却神経症】** 神経症の一つ。元来怠け者でなく、むしろ平均以上に努力型で能力も高かった学生や若い社会人が、特別な理由なしに学業や仕事への意欲を失い、休みがちになるという無気力症の一型。withdrawal neurosis

**たい-きゅう【耐久】** 長くこらえること。長持ちすること。durablity 用例 ―力に富む。

**たいきゅう【大▾邱】** 韓国南東部、慶尚北道の道都。洛東江中流域にある同国有数の都市で、リンゴと米の集散地。繊維工業が発達。人口二〇三・一万(一九八五)。テーグ。

**だい-きゅう【大弓】** ①《半弓などに対して》ふつうの弓。対義 半弓・楊弓。②大きい弓。

**だい-きゅう【代休】** 休日に勤めに出た代わりの休み。代替休日。compensatory day off 用例 ―をとる。

**だい-きゅうし【大▾臼歯】** 小臼歯の後ろに続く上下両側三本ずつの歯。永久歯化した乳歯。molar ↓歯図

**たいきゅう-しょうひざい【耐久消費財】** 消費財のうち長期の使用に耐えるもの。家具・家庭電器・乗用車・ピアノなど。consumer durables

**たい-きょ【大挙】**(名・サ変自) 大勢がこぞって事にあたること。in great forces 用例 ―しておしかける。

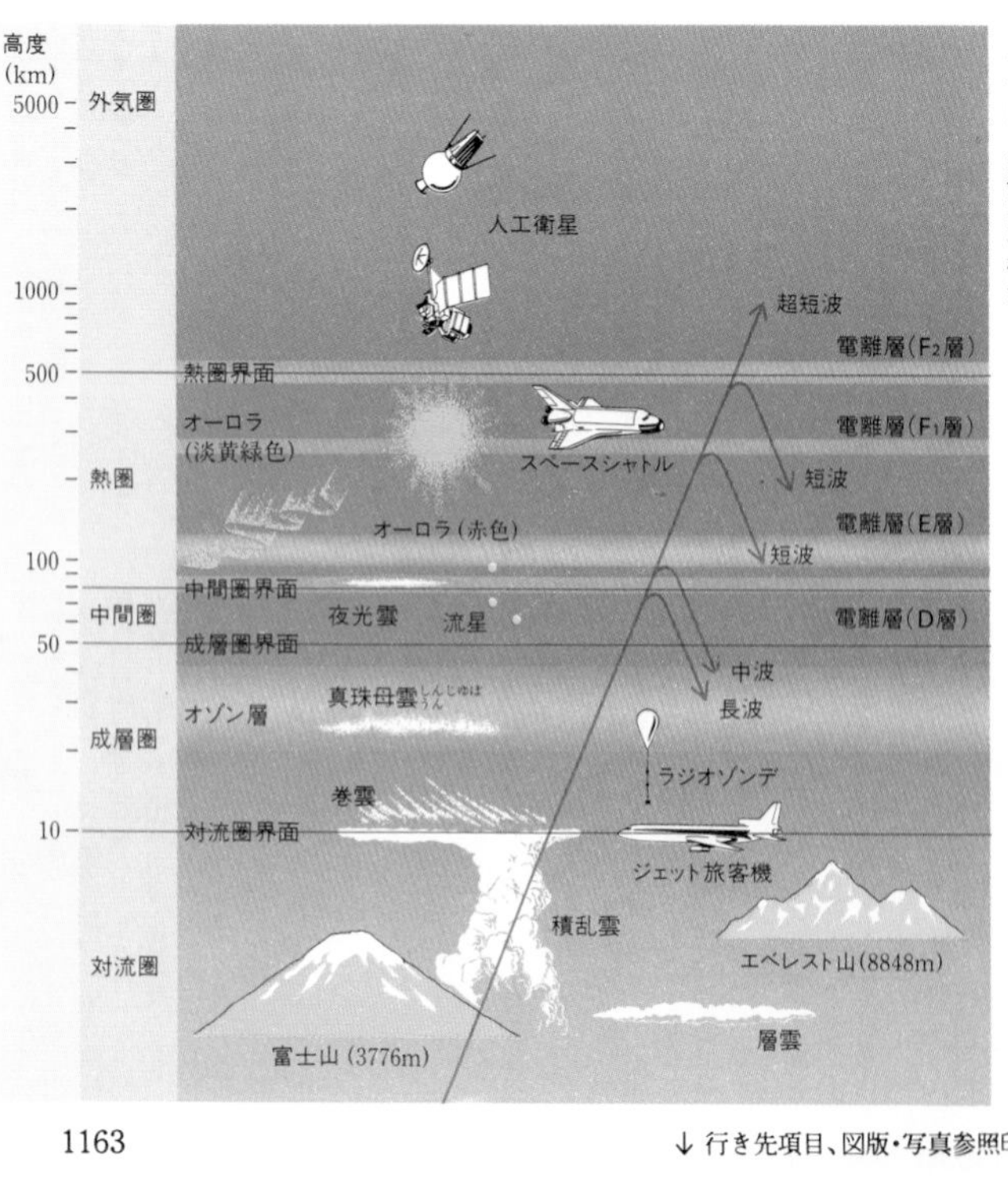


●大気圏 大気圏の構造

**たい-きょ【太虚】** ①大空。②宇宙万物の根元。

**たい-きょ【退去】**(名・サ変自) 立ちのくこと。go away 用例 ―を命じる。

**たい-ぎょ【大魚】** 大きなさかな。big fish

**大魚を逸す**(たいぎょをいっす) 大事をしそこなう。利益・功名を仕留めそこなう。miss a great chance

**たい-きょう【体協】**「日本体育協会」の略。

**たい-きょう【退京】**(名・サ変自) 都、また、東京を立ち去ること。対義 入京。

**たい-きょう【胎教】** 妊婦が精神的に安定し内面的に充実することで、胎児の機能や情操の発達によい影響を与えようとすること。prenatal training

**たい-きょう【滞京】**(名・サ変自) 都、また、東京にとどまっていること。

**たい-ぎょう【大業】** ①大きな事業。great enterprise ②天下を治める君主の事業。venture of kings

**たい-ぎょう【怠業】**(名・サ変自) サボタージュ。

**だい-きょう【大凶】** ①非常に悪いことが起

た

ところ。また、運勢でもっとも悪い相。この上なく悪いこと。worst luck 対義 大吉。②《「大兇」とも》この上もない罪悪・悪人。atrocity

だい-きょう【大▼饗】天皇の即位礼、大嘗祭の後に内外の各界代表を招いてひらかれる宴会。その間、中庭では舞楽が奏される。

だいきょうかん-じごく【大叫喚地獄】《仏教語》八大地獄の一つ。五戒を破った者の落ちる所。

だい-きょうきん【大胸筋】前胸部の表層にあり、胸のふくらみをつくる広い筋肉。小胸筋をおおい扇形に集まって上腕骨につき、上腕を体に引きつける主力筋の一つ。greater pectoral muscle →筋肉図

だいきょうこく【大峡谷】《原題Grand Canyon》アメリカの作曲家グロフェ作曲の管弦楽組曲。一九三一年作。

だい-きょうじ【大経師】表具師。経師屋。

だいきょうじむかしごよみ【大経師昔暦】人形浄瑠璃、歌舞伎世話物。通称『おさん茂兵衛』。近松門左衛門作。正徳五年(一七一五)初演。姦通事件を脚色。京都の大経師の妻おさんは、手代の茂兵衛と思わぬ不義におちいる。駆け落ちした二人は捕らえられるが、処刑寸前に和尚の情けで助かる。

たいきょう-せんぷ【大教宣布】維新政府の思想統一政策。明治三年(一八七〇)以降政府は神道による祭政一致、国民思想統一のための諸政策を施行したが、仏教側の反対で失敗。

だい-きょうふう【大強風】風力階級で九の風(毎秒二〇・八～二四・四m)。煙突が倒れ、かわらが落ちる程度の風。strong gale

たい-きょく【大局】全体の情勢。大勢。general situation

たい-きょく【太極・大極】中国思想における宇宙構成の根本原理。易で陰陽二元に先行するとされるもの。宋の周敦頤は、これを陰陽・五行と組み合わせて万物生成論を唱えた。

たい-きょく【対曲】二つの弧状山脈や島弧の端が、急に鋭く曲がって接すること。ヘアピン状にカーブしている場合がある。syntaxis

たい-きょく【対局】(名・サ変自) 相対して囲碁・将棋をすること。数え方 一局・一番。

たい-きょく【対極】反対の極。opposite pole

たいきょく-けん【太極▼拳】ゆるやかな動作を主体とする中国の拳法の一つ。宋代に護身用の拳法として発達し、中華人民共和国となってからは、健康増進のための国民的な医療運動としてさかん。↓写

たいきょく-てき【大局的】(形動) 大局に立つさま。with a broad perspective

だい-きらい【大嫌い】(形動) たいへんきらいなさま。hate

たいき-りょうほう【大気療法】化学療法が登場する前の肺結核治療法の一つ。新鮮な空気を吸わせて治療するもの。現在でも小児喘息児などに行われる。atmospheric therapy

タイ-きろく【タイ記録】スポーツ競技などで、すでに樹立されている記録と同じ記録。同記録。equal record

たい-きん【大金】多額の金銭。a large sum of money

たい-きん【退勤】(名・サ変自) 勤め先を退出すること。leave one's office

だい-きん【代金】代価のお金。支払う金銭。price

だいきん-ひきかえ【代金引換】代金を受け取ると同時に品物などを渡すこと。collect on delivery

だいきんひきかえ-ゆうびん【代金引換郵便】郵便物の特殊取り扱いの一つ。差出人の依頼で、到着郵便局で代金と引き換えに郵便物を受取人に渡し、代金を差出人に送付する。

たい-く【体▼軀】からだ。身体。体格。body

たい-ぐ【大愚】①きわめておろかなこと・人。great fool 対義 大賢。②自分をけんそんしていう語。用例 ―良寛。

だい-く【大工】①材木を使って家屋を建築・修理する職人。carpenter ②平安時代から室町時代に、家屋・船・車などを作る職人の長。棟領。家屋建築は大工が左官・屋根職・鳶などを統括する形で請け負った。

だい-く【第九】①九番目。九回目。the ninth ②ベートーベンの「第九交響曲」の略。

たい-くう【対空】地上から空中に対すること。antiaircraft 対義 対地。用例 ―ミサイル。

たい-くう【滞空】(名・サ変自) 飛行機が飛び続けること。気球などが空中に浮かび続けること。stay in the air 用例 ―記録。

●太極拳

たい-ぐう【対偶】①二つそろったもの。つい。ペア。pair ②対句。antithesis ③夫婦。married couple ④論理学で、「AならばBである」という命題に対し、「BでないならばAでない」という命題。もとの命題と対偶命題の真偽は一致する。対偶命題。contraposition ↓図

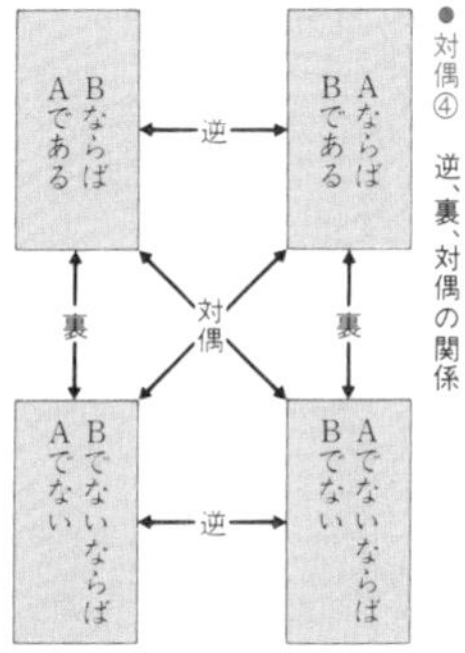


●対偶④ 逆、裏、対偶の関係

たい-ぐう【待遇】(名・サ変他) ①人をもてなすこと。取り扱い。treatment ②ある地位・官職と同等の資格。rank 用例 課長―。

だい-くうい-じだい【大空位時代】中世ドイツで神聖ローマ皇帝が実質的に不在であった時代。一二五四年ホーエンシュタウヘン朝の断絶から、七三年ハプスブルク家のルドルフ一世が選出されるまで。Great Interregnum

だい-ぐうじ【大宮司】①神職の官名。伊勢神宮ほか、熱田・宇佐・宗像・香椎などの神宮・神社の神官の長。②伊勢神宮神宮司庁の職員。

たいぐう-ひょうげん【待遇表現】①言語表現で、話し手・聞き手・話題にしている人などの間の、尊卑・親疎などの位置づけによってあらわれる変化。②↓けいご(敬語)①

たいぐう-ほう【対偶法】二つのものを対立させて表す修辞法。

たいぐう-ほう【待遇法】↓たいぐうひょうげん(待遇表現)

だいく-げいじゅつ【第九芸術】《無声映画を「第八芸術」ということから》音声をともなう、現在のふつうの映画。トーキー。talking picture

だいくこうきょうきょく【第九交響曲】ふつう、ベートーベンの交響曲、ニ短調、作品一二五をさす。四楽章。一八二二～二四年作曲。終楽章はシラーの頌歌『歓喜に寄す』による独唱と大合唱をともなう。第九。

たい-くつ【退屈】(名・形動・サ変自) ①物事に飽きて、いやになること・さま。boredom 用例 ―な話。②することがなくて、時間をもてあますこと・さま。tiresome 用例 ―しのぎ。

たい-くん【大君】①君主の尊称。liege lord ②江戸時代、外国に対して用いた徳川将軍の呼称。

たい-くん【太君】中国で、他人の母の尊称。

たい-ぐん【大軍】大勢の軍勢。large army 対義 寡兵。

大軍に関所無し 大軍は防ぎようがない。

たい-ぐん【大群】大きなむれ。large crowd 用例 ニシンの―。

だい-くんい【大勲位】日本最高の勲位。大勲位菊花章頸飾と大勲位菊花大綬章がある。↓勲章図

たい-け【大家】①金持ちの家。rich family 用例 御―。②尊い家柄。distinguished family

たい-げ【帯下】↓こしけ(腰気)

たい-けい【大兄】同年配・年長の友人をいう敬語。対義 小弟。

たい-けい【大計】目先のことにとらわれない遠大な計画。long-range plan 用例 百年の―。

たい-けい【大慶】この上もない喜び。great joy 用例 ―至極に存じあげます。

たい-けい【大系】同種類の著作をあらまし集めたもの。series 用例 日本文学―。

たい-けい【体系】①一つ一つの部分を統一的にまとめたもの。筋道をつけてまとめられた全体。system 用例 給与―。―づける。②なんらかの原理によって組織された知識の統一的な全体。システム。system 用例 音韻―。理論―がしっかりした学説。

たい-けい【体刑】①直接身体に加える刑罰。むち打ち・焼き印など。corporal punishment 対義 自由刑。②からだの自由を束縛する自由刑。禁錮・拘留など。対義 罰金刑。

たい-けい【体形・体型】①かたち。formation ②からだの形やつくりの特徴。からだつき。figure ③《「体型」で》体格の分類型。クレッチマーの肥満型・細長型・闘士型、シゴーの呼吸型・消化型・筋型など。habit

たい-けい【隊形】隊の組まれたかたち。formation 用例 ―をみだす。

だい-けい【台形】一組みの向かいあっている辺が平行な四角形。梯形。trapezoid

たいけい-か【体系化】(名・サ変他) 一つの原理によってまとめ統一していくこと。systematize

だいけい-こうしき【台形公式】積分範囲の区間を等分し、各小区間で関数を一次関数で近似して定積分の近似値を求める公式。trapezoidal formula

タイけい-しょぞく【タイ系諸族】タイ系の諸言語を話す諸民族の総称。中国南部からビルマ・タイ・ラオスにかけて居住。チワン・タイ・ラオ・シャン族など。水稲耕作に従事。古くから王国や首長国を形成。Thai

たいけい-てき【体系的】(形動) さまざまな関係が一つの原理によってしめくくられているさま。systematic

たいけい-どうぶつ【袋形動物】無脊椎動物の一門。輪虫・線虫・ハリガネムシの仲間。体は左右対称で円筒形または細長い糸状。動植物に寄生する種類が多い。扁形動物と環形動物との中間に位置するとされる。

たいけい-ゆでん【大慶油田】中国東北地区、黒竜江省南部の油田。一九五九年に発見された中国最大の油田で、パイプラインにより、北京などへ送油。ターチン油田。

タイ-ゲーム【tie game】スポーツなどで、引き分け試合。

たい-けつ【対決】(名・サ変自) 両者相対して是非を決すること。また、難しいことや問題の解決に立ち向かうこと。confrontation 比較 対質。対義 逃避。

だい-けつ【代決】代理でする決裁。

だい-げっし【大月氏】中国、戦国時代から漢代にかけ中央アジアで活躍した、イラン系またはトルコ系民族。前三世紀末、西蒙古から黄河上流域に勢力をはったが、匈奴に追われて西走。アムダリヤ川北岸に中心をおき、南方の大夏(トハラ)を支配した。

たい-けん【大圏】地球の中心を通る平面と地球表面とが交わってなす円。great circle

たい-けん【大権】旧憲法で、天皇の有する統治権。議会の協賛なしに行えた権限。

たい-けん【大賢】すばらしくかしこいこと・人。great sage 対義 大愚。

大賢は愚なるが如し 賢い人は、知識をひけらかしたりしないから、一見、愚かな人のようにみえる。大智は愚の如し。

たい-けん【体験】(名・サ変他) ①自分で経験すること。また、その経験。experience 比較 経験。②哲学で、主観と客観とが未分化である純粋な直接の経験。experience

たい-けん【帯剣】(名・サ変自) 剣を腰におびること。その剣。wear a sword

たい-げん【大言】(名・サ変自) 大げさなことばを吐くこと。bombast

たい-げん【体言】活用のない自立語。主語になることができる。名詞・代名詞。substantive 対義 用言。

たい-げん【体現】(名・サ変他) 具体的な形に現すこと。embodiment 用例 真理を―する。

たいげん【太原】中国、山西省の省都。黄河の支流汾河上流に位置し、北辺と河南・河北を結ぶ交通の要地。農産物の集散地。人口一三六万(一九八六)。タイユワン。

だい-けん【大検】「大学入学資格検定」の略。

だい-げん【代言】㊀(名・サ変自) 依頼人に代わって弁論すること。pleading by proxy

▼常用漢字表外。 ▽常用漢字表の音訓外。

㊁(名) 弁護士の旧称。代言人。用例三百—。

**だい-げん【題言】** 書物の巻頭などに書くことば。題辞。

**だいげんかい【大言海】** 国語辞書。昭和七～一二年(一九三二～三七)刊。大槻文彦著。『言海』を増補改訂したもの。

**たいげんきょう【太玄経】** 中国、漢の揚雄の著。『易』にならって「玄」を宇宙万物の総原理とし、象徴的な符号と難解な辞句で解説。

**たいけん-こうろ【大圏航路】** 地球の大圏に沿った船舶や航空機の航路。出発点から目的地へ達する最短距離となる。大圏コース。great circle sailing route

**だい-けんしょう【大憲章】** ↓マグナカルタ

**だい-げんすい【大元帥】** ①全軍の総大将。②旧憲法による陸海軍の最高統帥者としての天皇の称。

**たいげん-そうご【大言壮語】**(名・サ変自) 大いばりでできそうもないことを言うこと。また、そのことば。bombast

**だいけんちゅう-とう【大建中湯】** 漢方薬の一つ。山椒・乾姜・人参を煎じ、膠飴を加えて煮たもの。体力が低下し胃腸の働きが弱っているときに用いる。

**たいげん-どめ【体言止め】** 和歌・俳句・文章で、最後の句を体言で終わらせること。

**たいげん-みょうおう【大元▽帥明王】**《「帥」の字は読まないのが慣例》密教の明王で、十六夜叉大将・八大夜叉の一尊。四天王・二十八部衆などの統括者で、国土を守護する。六面八臂・四面八臂などの忿怒相で表される。たいげんすいみょうおう。

**たい-こ【大呼】**(名・サ変自) 大声で叫ぶこと。

**たい-こ【太古】**《「太」はおおいに、の意》大昔。ancient times

**たい-こ【太鼓】** 膜鳴楽器。打楽器で、木・金属・瓢などでできた胴に革を張り、撥や手で打つ楽器の総称。drum 数え方 一張り・一柄。

**太鼓の様な判を捺す**(たいこのようなはんをおす) 絶対にまちがいないことを保証する。太鼓判を捺す。

**太鼓も撥の当たり様**(たいこもばちのあたりよう) やり方によって、相手の応じ方も違うことのたとえ。

**太鼓を叩く**(たいこをたたく) 「太鼓を持つ」と同意。

**太鼓を持つ**(たいこをもつ) 相手や他人の話に調子を合わせる。あいづちをうち、へつらって人の機嫌をとる。迎合する。太鼓をたたく。太鼓を打つ。

**たい-こ【太湖】** 中国、江蘇省南部、浙江省との境にある湖。面積二二一三km²。古来景勝地として知られる。湖岸は豊かな稲作地域。タイフー。

**たい-ご【大悟】**(名・サ変自)《仏教語》さとりを開くこと。たいご。

**たい-ご【対語】** ㊀(名) 対義語。antonym ㊁(名・サ変自) 向かい合って話すこと。conversation

**たい-ご【隊▽伍】** 隊列。隊列の組み。ranks

**タイ-ご【タイ語】** タイ国の公用語。旧称はシャム語。シナ-チベット語族のシナ-タイ語派に属す。単音節語で、孤立語。文字はクメール文字から作られたタイ文字。Thai; Siamese

**だい-ご【第五】** ①五番目。五回目。the fifth ②《ベートーベンの「第五交響曲」の略称》↓うんめいこうきょうきょく(運命交響曲)

**だい-ご【▼醍▼醐】**《仏教語》牛乳を精製して仕上げた濃厚で甘味のある液。この世で最高の美味とされ、薬用などにする。また、仏の尊い教え・涅槃・仏性などのたとえにも用いる。

**だいご【大子】**〈町〉 茨城県北部、久慈川中流の町。こんにゃく・茶の産地。袋田ノ滝・袋田温泉がある。人口二万七九〇二(一九八)。

**だいご【▼醍▼醐】** 京都市南東端、山科盆地南部の地区。醍醐寺で知られる。今は宅地化が進んでいる。

**たい-こう【大公】** ①ドイツ・ロシアなどで、皇帝の家族の男子。prince ②大公国・公国の君主。grand duke 用例モナコ—。③皇帝・君主・諸侯の通称。

**たい-こう【大功】** 大きなてがら。distinguished services 用例—を立てる。

**たい-こう【大巧】** ひじょうに巧みなこと。

**大巧は拙なるが如し**(たいこうはせっなるがごとし) すぐれてたくみな人は、その技芸を自慢したりしないから、見かけは下手な人のようにみえる。

**たい-こう【大行】** ①大事業。great enterprise ②「大行天皇」の略。

**大行は細瑾を顧みず**(たいこうはさいきんをかえりみず) 大事業を行おうとするほどの者は、ささいな欠点を気にかけない。

**たい-こう【大江】** ①大きな川。②中国の揚子江。

**たい-こう【大効】** 大きなききめ。

**たい-こう【大綱】** ①大きいつな。large rope ②おおもと。fundamental principles ③物事のおもな項目。大要。outline 対義細目。

**たい-こう【太后】** 太皇太后または皇太后の称。

**たい-こう【太▼閤・大▼閤】** ①摂政・太政大臣の敬称。のちには関白職をその子に譲った人や、関白職を辞した後も内覧の宣旨をうけた人の称。②豊臣秀吉の異称。

**たい-こう【体▼腔】** 動物の体壁と内臓との間の空所。body-cavity

**たい-こう【対向】**(名・サ変自) 互いに向かい合うこと。対面。face; opposite 用例—車。

**たい-こう【対抗】**(名・サ変自) 張り合うこと。rivalry

**たい-こう【対校】** ㊀(名) 学校と学校が相対して行うこと。interschool 用例—試合。㊁(名・サ変他) ①二つ以上の写本を校合すること。collation ②校正刷りと原稿を照合して校正すること。collation

**たい-こう【退行】**(名・サ変自) ①あとにさがること。逆戻り。退化。retrogression ②惑星が天球上を西へ運行すること。逆行。regression ③心理学で、精神の発達段階において、行動や感情表現が未成熟な状態にもどること。とくに幼児期に現れる。退行現象。regression

**たい-こう【退校】**(名・サ変自) ①学校を去ること。leave school ②学校をやめさせられること。退学。expulsion from school 用例—処分。

**たい-こう【帯▼鉤】** 中国古代の帯留め金具。大部分は青銅製。北方遊牧民から伝えられ、戦国期から漢代にさかんに作られた。

**たい-ごう【大剛・大豪】** すぐれて強いこと・人。a man of exceptional strength

**たい-ごう【対合】** 生殖細胞形成のさいの減数分裂の第一回分裂の前期に、二本ずつの相同染色体が対をなして合体する現象。シナプシス。synapsis

**だい-こう【代行】**(名・サ変他) 他人の職務などを代わって行うこと。acting for another

**だい-こう【代講】**(名・サ変自) 本来する人に代わって講義・講演すること・人。vicarious lecture

**だい-こう【▼乃公】**(代)《漢の高祖の自称で、なんじの君主、の意から、いばって、また目下の人に対して、男子が自分をさす語》おれさま。わがはい。ないこう。

**乃公出でずんば**(だいこういでずんば)《下に「蒼生(=人民)を如何せん」と続く。「他の者になにができるものか」の気持ちで》おれが出なければ。

**だい-ごう【題号】** 書物などの見出し。表題。title

**だいこうあん-れい【大興安▼嶺】** 中国、黒竜江(アムール川)南岸から、内モンゴル自治区東部を経て陰山山脈に連なる山脈。最高峰黄崗梁は二〇二九m。ターシンアンリン。

**だいこうかい-じだい【大航海時代】** 一五～一六世紀、ポルトガル・スペインが地球規模の大洋航海を実現した時代。ディアス・ガマ・コロンブス・マゼランらが活躍。

**たいこうき【太▼閤記】** ①豊臣秀吉の生涯を題材とした作品の総称。②小瀬甫庵の『甫庵太閤記』。二二巻。江戸初期成立。寛永二年(一六二五)自序。同一〇年ごろ刊。秀吉の素性に始まり一代の事績を追う。秀次や戦国諸将の逸事・伝記などを付載。

**たいこう-ぎり【太▼閤▼桐】** 紋所の名。太閤秀吉が用いた特殊な桐紋。両側の花梗が左右に傾いて広がり、葉も切り込みが浅く葉脈は少なく太い。↓図

● 太閤桐

**たいこう-けんち【太▼閤検地】** 天正一〇年(一五八二)以降、豊臣秀吉が全国的に行った検地。これにより農民を土地に縛り、米の収穫高を把握して新たな年貢収取を体系づけ、封建的支配の基礎を確立。

**たいこう-さんみゃく【太行山脈】** 中国華北地区、山西省と河北省の境をほぼ南北に走る山脈。最高峰小五台山は二八八二m。タイハン山脈。

**たいこう-しゃ【対向車】** 主として、道路上で自分の車に向かって逆方向から走ってくる車。oncoming car

**たいこう-しょく【退紅色・▼褪紅色】** 淡いべに色。うすもも色。light pink

**たいこうせい-じてんしゅうき【対恒星自転周期】** 地球が、恒星に対して、正しく一自転する時間。sidereal period

**たいこうせい-びょうへん【退行性病変】** 体組織が、何かの原因によって、機能の減退・停止・新陳代謝障害をおこしたことで現れる病的変化。regressive change

**たいこうせん-グループ【対抗戦グループ】** 大学ラグビーの関東地区で、各校独自に対戦相手を決めて対抗戦形式の試合を行っている大学のグループ。早稲田・慶応・明治・東大などが加盟している。

**たい-こうたいごう【太皇太后】** 三后の一つ。先々代の天皇の皇后。

**たいこ-うち【太鼓打】** タイコウチ科の水生昆虫の総称。また、その一種。体長約三cm。暗褐色。体は扁平で腹端に長い呼吸管をもつ。捕まえると、太鼓をたたいているように前脚を交互に動かす。池沼・水田などにすみ、昆虫などを捕食。本州以南に分布。↓図

● タイコウチ

**たいこう-てんのう【大行天皇】** ①天皇の死後、追号を贈られない間の呼称。大行。②先帝。

**たいこう-どうぶつ【体▼腔動物】** 体腔(体壁と諸内臓との間の空所)をもつ多細胞動物。海綿動物と腔腸動物を除いた全動物群。coelomate

**たいこう-ば【対抗馬】** 競馬で本命馬に続いて有力視される馬。競輪や競艇では単に対抗という。rival horse

**たいこう-ぼう【太公望】** ①(生没年未詳)中国、周王朝の創業の功臣。名は呂尚。文王に登用され、武王を補佐して殷を滅ぼし、斉に封ぜられた。釣りをしていて文王に見いだされたという故事は有名。兵書『六韜』の著者といわれる。②釣り好きの人。釣りをする人。

**だいこうほう【大公報】** 中国の日刊紙。中華人民共和国成立後も存続した数少ない民営紙。一九〇二年創刊。六七年休刊。

**たいこう-ゆでん【大港油田】** 中国北部、天津の南、渤海沿岸の油田。一九六七年より生産開始。油層は地下二八〇〇m。ターカン油田。

**たいこ-おどり【太鼓踊(り)】** 太鼓を打ちながら踊る民俗芸能の総称。臼太鼓踊り・ざんざか踊り・鹿踊り・念仏踊りなど各地に分布する。

**だいご-きょうわせい【第五共和政】**(la Vᵉ République Française フランス) 一九五八年以来フランスに存続する政治体制。第三共和政以来の議会優位の体制をくつがえし、大統領が強大な権限をもつ。ドゴールによって築かれた。

**たい-こく【大国】** =だいこく。①大きな国。強国。big power 対義小国。②律令制で、諸国の位付けを大・上・中・下としたもののうちの一つ。大和・河内・伊勢など一三か国。

**たい-ごく【大獄】** 重大な犯罪事件で、多数の人々が捕らえられること。用例安政の—。

**だい-こく【大黒】** ①「大黒天」の略。②僧の妻の俗称。

**だいご-くうぐん【第五空軍】** 「アメリカ第五空軍」の略。

**だいこく-こう【大黒講】** 大黒天を福神として信仰し、共同で祭る講。銭を少しずつ積み立て、多くは甲子の日に宿に集まって飲食や談合をする。

**だいこく-こがね【大黒黄金▽虫】** コガネムシ科の甲虫。体長二五mm内外。体は黒色で、雄には角がある。ウシ・ウマのふんを食べ、ふん球をつくり、その中に産卵。日本産は五種。↓写

● ダイコクコガネ

**たいこく-しゅぎ【大国主義】** 軍事力・経済力の優越した大国がその

た

要求や見解を小国に押しつけること。major power principle

**だいこく-ずきん【大黒頭▼巾】** 男性のかぶり物の一つ。円形で側辺がふくれ出て、高さのない頭巾。七福神の中の大黒天がかぶっている頭巾に似る。おもに年寄りが使用し、後に僧侶用ともなった。hood

**だいこく-てん【大黒天】** ①古代インドの神。密教で、仏法を守り、飲食を司る神として尊崇され、厨房に祭る。②七福神の一人。福徳の神として民間に信仰される。右手に小槌、左肩に袋を背負い、米俵の上に立つ姿で表される。↓七福神[写]

**だいごく-でん【大極殿】** 大内裏朝堂院の北部中央にあった正殿。ここで天皇は政務をとり、即位・参賀などの重要儀礼を執行。だいぎょくでん。

**だいこく-ねずみ【大黒▼鼠】** ドブネズミの畜用種、ラットの異名。シロネズミ。ラッテ。

**だいこく-ばしら【大黒柱】** ①家屋の中心となるもっとも太い柱。central pillar ②国・団体・家などの中心人物。mainstay

**だいこく-まい【大黒舞(い)】** 新春を祝う門付け芸の一つ。大黒天に扮した芸人が手に宝の小槌を持って、数え歌風の祝言を唱えながら舞う。室町時代に発生し、東北地方など各地の民俗芸能としても普及した。

**だいこくや-こうだゆう【大黒屋光太▽夫・大黒屋幸太▽夫】**(一七五一〜一八二八) 江戸後期の船頭。伊勢の人。天明二年(一七八二)難破しロシア領に漂着。一〇年後、遣日使節ラックスマンとともに根室に帰着。

**だいご-じ【▼醍▼醐寺】** 京都市伏見区醍醐伽藍町にある真言宗醍醐派の総本山。貞観年間(八五九〜八七七)聖宝が開創。上醍醐・下醍醐の諸堂の総称で、主院は三宝院。↓[写]

● 醍醐寺　五重塔。

**だいごせだい-コンピューター【第五世代コンピューター】** 人間のことばを理解し、自分で思考することのできる次世代のコンピューター。日本では、新世代コンピューター技術開発機構が中心となり、研究開発が進行中。the fifth generation computer

**たいこ-だい【太古代】** 地質時代の一つ。先カンブリア時代を二分した区分のうちの古期。始生代。Archaean era

**たいご-てってい【大悟徹底】**(名・サ変自) 大悟して少しも迷いや疑いを残さないこと。

**だいご-てんのう【▼醍▼醐天皇】**(八八五〜九三〇) 第六〇代天皇(在位八九七〜九三〇)。宇多天皇の第一皇子。天皇親政を行い延喜の治と称された。『三代実録』『延喜格式』を編纂させ『古今和歌集』を勅撰。

**だいご-の-ちから【第五の力】** 重力・電磁力・弱い力・強い力の四つにつづく力。二つの物体が、数百メートル以下の距離にあるときのみ作用していると推定される、ニュートンの万有引力以外の力。地下深くでの重力測定実験も行われている。the fifth force

**たいこ-ばし【太鼓橋】** まん中が丸く高くなった橋。arched bridge

**たいこ-ばら【太鼓腹】** 大きくふくらんだ腹。potbelly

**たいこ-ばん【太鼓判】** 大きなはんこ。転じて、間違いないとの保証。assurance

**太鼓判を押す**(たいこばんをおす) 絶対に確実なものとして保証する。guarantee

**だいごふくりゅうまる-じけん【第五福竜丸事件】** 昭和二九年(一九五四)アメリカのビキニ水爆実験によって日本の漁船第五福竜丸が死の灰をかぶり、帰国後、乗組員一名が死亡した事件。原水爆禁止運動興隆の契機となった。

**だいご-み【▼醍▼醐味】**《「醍醐」は牛乳からつくる、濃くて甘い味の液》①物事のほんとうのよさ。妙味。true charm ②《仏教語》最上の教え。

**たいこ-もち【太鼓持(ち)・▼幇▽間】** ①酒宴の席をおもしろくすることを業とする男子。ほうかん。②へつらって、人のきげんをとる者。sycophant

**たいこ-やき【太鼓焼(き)】** 巴形の焼き印を押した今川焼き。巴形が太鼓の皮によく描かれることからの名。

**だいご-れつ【第五列】** 敵の勢力下で、諜報活動や攪乱工作を行う部隊や人。スペイン内戦のさい、四個部隊を率いてマドリードを攻めたフランコ幕下のモラ将軍が「市内には呼応する第五部隊がいる」といったことに由来。第五部隊。fifth column

**タイゴン【tigon】** 飼育下の雄トラと雌ライオンの間で作られた雑種。両種の中間的な特徴を示し、ときに繁殖力をもつことがある。[比較]レオポン。

**だい-こん【大根】** ①アブラナ科の一年草または二年草。蔬菜として広く栽培。葉は根出葉で大形。茎先に白色か淡紫色の十字花を多数つける。多肉質の長大な直根は食用。おもな

● ダイコン①

花

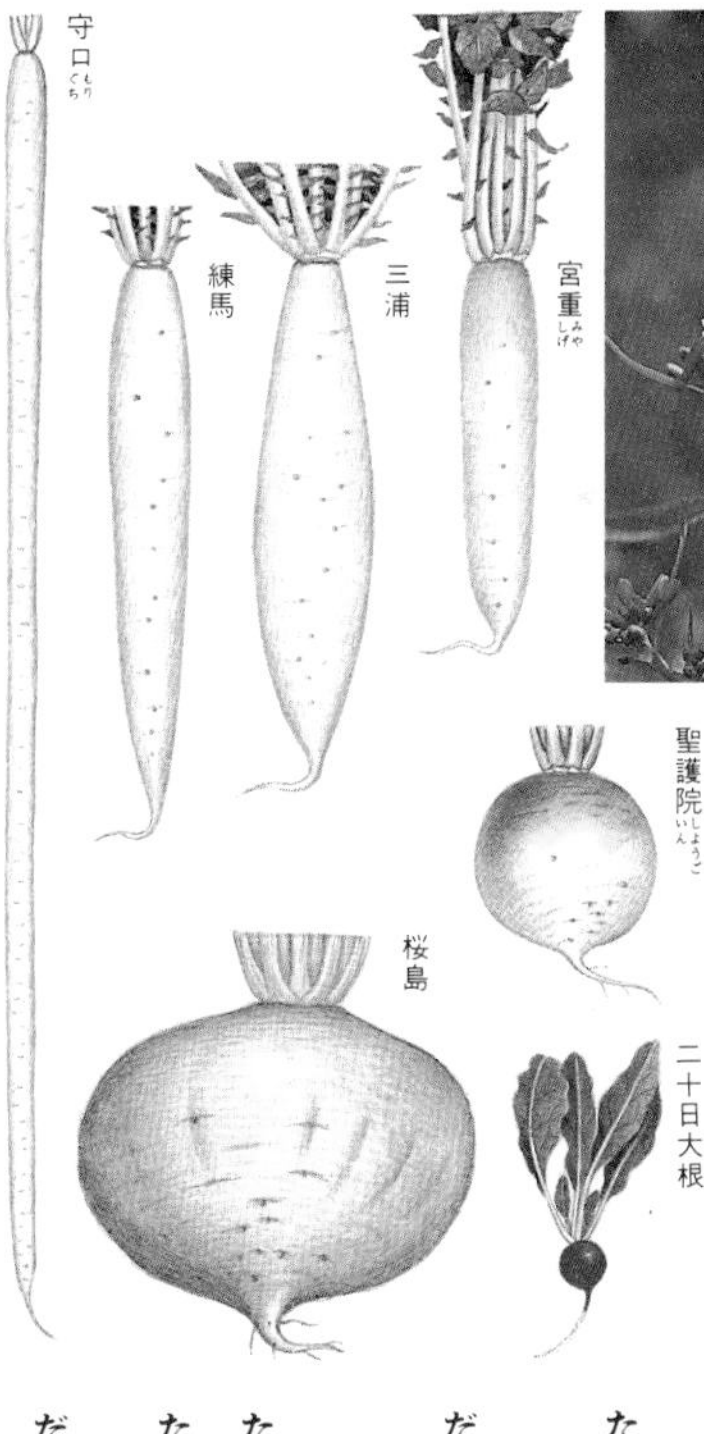

● 大根④

違い大根

割り大根

品種は宮重・三浦・桜島など。春の七草の一つ。中央アジア原産。スズシロ。オオネ。ラフク(蘿蔔)。ツチオオネ。radish [数え方]一本。②《「大根足」の略》女の太い足。beer barrel legs ③「大根役者」の略。④紋所の名。大根を紋章化したもの。一つ大根と二つ大根など。↓[図]

**だいこん-おろし【大根卸(し)】** ①生の大根をおろし金ですりおろしたもの。おろしだいこん。②おろしを作る道具。おろし金。

**だいこん-そう【大根草】** バラ科の多年草。高さ約七〇cm。山野にはえる。葉は根生し、羽状複葉でダイコンに似る。夏に、黄色五弁花が長い柄の先に一個つく。日本全土に分布。

**だいこん-やくしゃ【大根役者】** へたな役者。lousy actor

**たい-さ【大佐】** 軍隊の階級の一つ。佐官の最上級。少将の下。

**たい-さ【大差】** 大きな違い。great difference [対義]小差。

**たい-ざ【対座・対▼坐】**(名・サ変自) 向かい合ってすわること。sit opposite [比較]鼎坐。

**たい-ざ【退座】**(名・サ変自) ①座席を去ること。退席。leave one's seat ②劇団をやめること。退団。

**だい-ざ【台座】** ①物をのせる台。②像を安置するための台。蓮華座・須弥座など。pedestal

**台座、後光を仕舞う**(だいざ、ごこうをしまう)《仏像が台座と後光を失う意から》面目を失わせる。生命を失わせる。

**台座の別れ**(だいざのわかれ) 首と胴とが斬られて別々になること。首を斬られること。笠の台の生き別れ。

**台座を離す**(だいざをはなす) 首を斬る。

**たい-さい【大祭】** ①戦前の祭祀令、戦後は神社本庁の祭祀規定で定められた神社の重要な祭祀。祈年祭・新嘗祭・例祭・遷座祭など。②天皇が自ら行う皇室の祭祀。

**たい-さい【体菜】** アブラナ科の一、二年草で、つけ物用などに栽培。葉は肉厚で光沢のある杓子状。中国原産で、寒さに強い。シャクシナ。ホテイナ。

**たい-ざい【滞在】**(名・サ変自) よそに長くとどまること。逗留。stay [用例]京都に―中。

**だいさい【大▼寨】** 中国、山西省東部、太行山脈北西部の山村。旧人民公社生産大隊の所在地。毛沢東が農業経営の模範としたところ。ターチャイ。

**だい-ざい【大罪】** 大きな罪。たいざい。serious crime [用例]―を犯す。

**だい-ざい【題材】** 作品の主題・内容となる材料。theme; material [比較]素材・主題。

**だいさいこ-とう【大▼柴▼胡湯】** 漢方薬の一つ。柴胡・黄芩・大黄など八種類の生薬よりなる。胃炎・肩こり・頭痛などで便秘の傾向のあるものに用いる。

**たいさい-じん【太歳神】** 陰陽道で八将神の一つ。方角をつかさどる吉神で、木星の精。その年の干支と同じ方位に遊行するとされる。太歳。

**たいさい-ぼう【体細胞】** 生物のからだを構成している細胞のうち、生殖細胞を除いたもの。somatic cell [対義]生殖細胞。

**たいさいぼう-ぶんれつ【体細胞分裂】** 体細胞、すなわち生殖細胞が形成されるとき以外の細胞の分裂。減数分裂に対比される。somatic segregation

**だい-さぎ【大▼鷺】** サギ科の鳥。シラサギ類中の最大種。全長約九五cmで純白。ユーラシアに分布するが、日本に渡来するのはまれ。日本でふつうに見られる大形のシラサギは本種の亜種チュウダイサギ。great white egret

**たい-さく【大作】** ①大がかりな作品。great work ②すぐれている作品。傑作。masterpiece

**たい-さく【対策】** 相手に対する、また事を処理する策・手段。counterplan [用例]―を講ずる。

**だい-さく【代作】**(名・サ変他) 本人に代わって作ること。その作品。ghostwriting

**たい-さつ【大冊】** 大きな、または厚い本。thick book [対義]小冊。

**たい-さつ【大▼刹】** 大きな寺。巨刹。たいせつ。

**たい-さん【耐酸】** 酸性物質で変質しないこと。acidproof

**たい-さん【退散】**(名・サ変自) ①逃げ去ること。run away [用例]怨敵―。②ちりぢりに去ること。dispersion

**たい-ざん【大山・太山】** 大きな高い山。great mountain

**大山鳴動して鼠一匹**(たいざんめいどうしてねずみいっぴき) 大騒ぎをしたわりに、結果が小さいことのたとえ。Much ado about nothing.

**たい-ざん【泰山・▼岱山・太山】** ①中国山東省西北部、山東山脈の主峰。標高一五二四m。古来、道教・仏教の信仰対象で、古跡が多い。タイシャン。②《転じて》高く大きい山。

**泰山の安きに置く**(たいざんのやすきにおく) びくともせず、ゆるぎのない、安定した状態とする。

**泰山は土壌を譲らず**(たいざんはどじょうをゆずらず) 度量の広い人は、他人の小さな意見もよくとりいれて、大成する。[類似]大海は芥を択ばず。河海は細流を択ばず。

**太山を挟みて北海を超ゆ**(たいざんをわきばさみてほっかいをこゆ)《「太山」は泰山、「北海」は渤海湾のこと》人力

ではとうていできない、また、できなくて当然なことのたとえ。

**だい-さん【代参】**〈名・サ変自〉本人に代わって参拝すること・人。visiting a temple as a proxy

**だい-さん【第三】**①三番目。三回目。the third ②相対する二つ以外のもの。the third 用例 ―の道。

**だいさん-アルコール【第三アルコール】** 水酸基のついている炭素原子に水素原子がついていないアルコール。酸化されにくいが、無理に酸化すると炭素数の少ないケトンまたはカルボン酸になる。tertiary alcohol

**だいさん-インターナショナル【第三インターナショナル】**(the Third International) 共産主義インターナショナル。一九一九年レーニンを中心に結成され、国際共産主義運動を指導した組織。各国共産党をその支部とする国際共産党として機能した。四三年解散。コミンテルン。

**だいさん-うちゅうそくど【第三宇宙速度】** ロケットなどが太陽系を脱出し得る最小速度。毎秒約一六・七㎞。the third astronautical velocity 比較 宇宙速度。

**だいさん-かいきゅう【第三階級】** 西洋の封建社会で、ブルジョア(=市民)・職人・農民などの称。the third class 参考 第一階級は僧侶、第二階級は貴族。

**だいさん-き【第三紀】** 新生代の大部分を占める期間。約六四〇〇万年前から約一七〇万年前まで。哺乳類・鳥類・被子植物などが繁栄し、アルプス造山運動が起き、また現在の日本列島の形ができた。Tertiary Era

**だいさん-きょうわせい【第三共和政】**(la III^e République Française) 一八七〇年、普仏戦争後に成立したフランスの共和政。七五年憲法を制定し、共和派支配が確立した。右派の反政府運動も克服、第一次大戦も戦いぬいた。一九四〇年ドイツに敗れて崩壊。

**だいさん-けいひんどうろ【第三京浜道路】** 東京都世田谷区と横浜市保土ケ谷区を結ぶ有料道路。長さ一六・六㎞。昭和四〇年(一九六五)開通。

**だいさん-げん【大三元】** 麻雀の手役「役満」の一つ。白・発・中の三元牌各種の刻子がそろった組み合わせでの上がり。槓が入っていてもよい。

**だいさん-こう【代参講】** 信仰を同じくする者が集まって、遠隔地の寺社に順ぐりに代表者を参詣させる講。

**だいさん-ごく【第三国】** 当事国以外の国。the third power

**だいさんじ-さんぎょう【第三次産業】** 第一次・第二次産業以外の産業。商業・金融業・不動産業・運輸通信業・サービス業・公務・自由業など。経済成長とともに全産業に占める割合が高くなる。tertiary industry

**だいさんじ-ぜんこくそうごうかいはつけいかく【第三次全国総合開発計画】** 昭和五二年(一九七七)、新全総に代わって閣議で決定された国土の総合開発計画。調和のとれた生活環境の創造を目標に、人口の大都市集中の抑制、地方振興型の人口定住構想をうち出した。三全総。

**だいさん-しゃ【第三者】** 当事者以外の人。公平な立場にある人。the third party

**だいさんしゅ-ゆうびんぶつ【第三種郵便物】** 内国通常郵便物の一つ。郵政大臣が認可した定期刊行物を内容とする。差し出しのさいに開封し、第三種郵便物など所定の表示をする。

**だいさんせい-ぼんち【大▼鑽井盆地】**(Great Artesian Basin) オーストラリア中東部に広がる大内陸盆地。世界最大の自噴井盆地で、掘り抜き井戸により被圧地下水が噴出、これにより大牧羊地域を形成。

**だいさん-せいりょく【第三勢力】** 国際政治で、東西のどの陣営にも属さず中立主義を掲げる諸国。the third force

**だいさん-せかい【第三世界】** ①資本主義圏(第一世界)にも社会主義圏(第二世界)にも属さない諸国。the Third world ②アメリカ・ソ連(第一世界)と日本・西ヨーロッパ(第二世界)以外の諸国。一九七四年に中国が「三つの世界論」として唱えたもの。the Third world

**だいさん-セクター【第三セクター】**《「第三」は第一(=公的)・第二(=民間)に対する》地域開発や都市形成を目的として設立される官民共同出資の開発機構。

**だいさん-ちく【台山竹・▽泰山竹】** イネ科のタケ。暖地で栽培される。高さ約二〇mで鮮緑色。枝は束生し、葉は長楕円状披針形で約三〇㎝。アジアの熱帯地方の原産。

**だいさん-ていこく【第三帝国】**(Drittes Reich) 一九三三〜四五年、ナチス政権成立から崩壊までのドイツの呼称。神聖ローマ帝国、ドイツ帝国を継ぐ帝国の意。

**だいさん-にんしょう【第三人称】** ↓さんにんしょう(三人称)

**だいさん-の-しんじん【第三の新人】** 昭和二七〜三二年(一九五二〜五七)ごろに芥川賞を受賞した安岡章太郎・吉行淳之介らをいう。

**だいさん-の-なみ【第三の波】**《the Third Waveの訳》米国の文明評論家トフラーが自著『第三の波』で用いた用語。人類史上の大変革である農業革命を第一の波とし、産業革命を第二の波とすれば、近い将来、エレクトロニクスなどの高度科学技術による第三の波が起こり、それは人間性にあふれた文明の波であるとするもの。

**だいさん-の-ひ【第三の火】** 原子力。atomic energy 参考 第一の火はふつうの火で第二の火は蒸気機関またはダイナマイトとする説や、第一の火は石炭・石油によるもので第二の火は電気によるものとする説がある。

**たいざん-ふくん【泰山府君】** ①中国の霊山とされる泰山の神。道教・仏教の信仰と結びついて古くから民間に広まり、日本にも伝わった。②サトザクラの一品種。

**たいさん-ぼく【泰山木・大山木】** モクレン科の常緑高木。高さ約一五m。葉は長楕円形で光沢がある。初夏に芳香のある大形の白花を開く。花弁は六〜九枚。観賞用。北米原産。

**たいざん-ほくと【泰山北斗】**《泰山も北斗星も衆人の仰ぎ見るものであることから》その道で仰ぎ尊ばれている人。大学者。権威。泰斗。

**だいさん-みぶん【第三身分】**(Tiers-État) フランスのアンシャン-レジーム下で、第一(聖職者)・第二(貴族)身分を除く市民・農民の階層。三部会の構成身分の一つ。第三階級。

**たい-し【大志】** 大きな望み。大望。ambition

**たい-し【大使】** 外交使節の最高の階級の名称。かつては大国のあいだにだけ交換されたが、いまは国の大小を問わず外交使節団の長は大使がふつう。ambassador

**たい-し【太子】** ①皇太子。東宮。Crown Prince ②聖徳太子の特称。

**たいし【太子】**〈町〉大阪府南東部、金剛山地西麓の町。ブドウ・ミカン栽培がさかん。聖徳太子陵墓がある。人口一万三四八(一九八八)。

**たいし【太子】**〈町〉兵庫県姫路市西隣の町。中心の斑鳩は、聖徳太子建立の斑鳩寺の門前町。人口二万九七七七(一九八八)。

**たい-じ【対自】**《für sich の訳語》ヘーゲル弁証法の根本概念の一つ。「正反合」の三重構造の第二段階で、「反」に対応。ものごとが即自の段階を脱して、他とのかかわりの中で内にもつ矛盾を自覚する段階。向自。

**たい-じ【対▼峙】**〈名・サ変自〉①山などが相対してそびえ立つこと。confrontation ②にらみあっていること。対立。opposition

**たい-じ【退治・対治】** 一〈名・サ変他〉討ち平らげること。征伐。subjugation 二〈名〉《仏教語》様々な煩悩に対応し、その煩悩を消滅させること。

**たい-じ【胎児】** 哺乳類の、母胎内で成育中の新しい生命体。fetus

**たいじ【太地】**〈町〉和歌山県南部、太平洋に臨む町。江戸時代以来、熊野灘の捕鯨の中心であった。「くじらの博物館」がある。人口四三九七(一九八八)。

**だい-し【大士】**《mahāsattva梵 の訳語》＝だいじ。①菩薩の異称。②道心堅固な人。

**だい-し【大姉】** 女子の戒名に添える称号。対義 居士。

**だい-し【大師】**《仏教語》①仏や高僧の尊称。②高僧に朝廷が贈った謚号。③空海(弘法大師)の特称。

**だい-し【台紙】** 物を張りつける土台とする紙。pasteboard

**だい-し【台詞】** せりふ。台辞。lines

**だい-し【題詞】** 題辞。epigraph

**だい-し【題詩】** ①決められた題に基づいて詩を作ること。その詩。②書物の巻頭に掲げる詩。

**だい-じ【大字】** ①大きな文字。large character ②漢字の一・二・三・十などの代わりに書く、壱・弐・参・拾など。証書などで、まちがいを防ぐために使う。比較 大文字。

**だい-じ【大事】** 一〈名〉①大きな仕事。重大な事柄。important thing 用例 ―をなしとげる。②容易ならぬこと。一大事。crisis 用例 ―を招く。―にならなくてよかった。③《仏教語》出家してさとりの道に入ること。二〈形動〉扱いを丁寧にするさま。たいせつ。polite; important 用例 ―にする。―に扱う。おからだお―に。

**大事に懸ける**(だいじにかける) 大切にする。注意深くとりあつかう。handle carefully

**大事の中に小事無し**(だいじのなかにしょうじなし) 大事をなすときには、小事にかかわっていられない。大事の中の小事無し。

**大事の前の小事**(だいじのまえのしょうじ) ①大事を控えて、つまらないことにこだわるな。Lose a fly to catch a trout. ②大事も小事から破れることがあるから、小事にも注意せよ。small sacrifice in a great cause

**大事を取る**(だいじをとる) 軽々しく事を行わない。act with prudence

**だいじ【大治】** 平安末期の年号。天治から改元。元年(一一二六)一月二二日〜六年(一一三一)一月二九日。次に、天承に改元。

**だい-じ【題字】** 書物の巻頭や石碑・画幅などに記す文字。title letters

**だい-じ【題辞】** 本の巻頭に書く文章。題詞。題言。epigraph

**だいし-いちばん【大死一番】** ①さまざまな思慮分別を捨て、心を空にして仏道修行に徹すること。②一般に、死んだつもりではげむこと。

**ダイジェスト**[digest]〈名・サ変他〉《消化する、の意》要約すること。要約したもの。

**だい-じおんじ【大慈恩寺】** ↓じおんじ(慈恩寺)

**たいし-かん【大使館】** 特命全権大使が駐在国内で執務する公館。国際法上、治外法権が認められている。embassy

**たいじ-き【胎児期】** 受精から出産するまでの約二八〇日間。厳密には妊娠第八週ぐらいまでは胎芽期という。胎内期。fetal period

**だい-しきょう【大司教】** ローマ-カトリック教会の聖職者中、司教の上位にあって、最高位の職名。archbishop

**だいし-こう【大師講】** ①陰暦一一月二三日夜から二四日にかけての民俗行事。この夜は大師(弘法大師、聖徳太子など地方により不特定)が姿を変えて訪れるとされ、小豆粥を供える。②天台宗で、開祖である中国の智者大師や、伝教大師の忌日に行われる仏事。③真言宗で、弘法大師の信者たちが作る講。

**だいしこう-ふぶき【大師講吹雪】** 大師講のころ、東北地方でしばしば起こる風雪。大師を一本足の神とする地方が多く、その足跡をかくすために降る雪という。あとかくし。

**だい-じざいてん【大自在天】** 仏法の守護神。ヒンズー教のシバ神が仏教化したもの。三目八臂で天冠をかぶり、三叉戟を持ち、白牛に乗る姿で表される。密教では伊舎那天に同じ。

**たいじ-しんだん【胎児診断】** 妊娠前半期(八〜一二週)に、羊水や絨毛組織などのDNAを調べることで、胎児の主として先天異常を診断する方法。diagnosis of fetus

**だい-しぜん【大自然】** はかり知れない神秘な自然。Mother Nature

**たい-した【大した】**〈連体〉①数多くの。lots of ②えらい。非常な。great 用例 ―やつだ。③重大な。important ④《下に打ち消しをともなって》それほどの。not very 用例 ―ことはない。

**だいじ-だいひ【大慈大悲】**《仏教語》観世音の、広く大きな慈悲。

**たい-しつ【対質】**〈名・サ変自〉証拠調べの方法の一つ。訴訟で、証人どうし、当事者どうし、または当事者と証人をつき合わせて尋問すること。confrontation 比較 対決。

**たい-しつ【退室】**〈名・サ変自〉へやから出ること。leave a room

**たい-しつ【耐湿】** 湿気によって変化しにくいこと。wet-proof

**たい-しつ【体質】** ①からだの性質・たち。人の精神的・肉体的なすべての特徴をあわせた表現。constitution 用例 ひ弱い―。②個体のもつ生まれながらの性向。遺伝的特徴。character ③《転じて》組織・機構などのもつ性質。constitution

**たいしつ-いじょう【体質異常】** 各種の代謝異常に基づいておこる系統的な精神的・身体的形質のひずみ。アレルギー体質など。abnormal constitution

**たいしつ-かいぜん【体質改善】** ①ひ弱い

からだのたちを食事・運動などで改善すること。improve one's physical condition ②団体・組織などが、それまでの性格を根本的に変えること。reform

**だい-しっこう【代執行】** 行政上の強制執行の手段の一つ。違反建築物の除去など、命ぜられた行為を履行しない義務者に代わり、行政庁がみずから、または第三者に、義務者の費用で行わせるもの。execution by proxy

**たい-して【大して】**(副)《下に打ち消しをともなって》とくにいうほどに。さほど。not so much 用例 —気にしない。

**たいし-どう【太子堂】** 聖徳太子の像を祭る堂。

**だいじ-な・い【大事ない】**(形) ①心配ない。no care ②さしつかえない。no matter

**だいじ-ほう【大字報】** 中国の壁新聞。抗日戦中に誕生し、反右派闘争や文化大革命では学生・労働者の意見発表の手段となった。一九八〇年禁止。

**だい-しみずトンネル【大清水トンネル】** 群馬・新潟県境の三国山脈の下を貫く上越新幹線の鉄道トンネル。長さ二万二二二一m。昭和五四年(一九七九)開通。

**たい-しゃ【大社】** ①格式の高い大きい神社。用例 春日—。②出雲大社の特称。

**たいしゃ【大社】**〈町〉島根県北部、島根半島西端の町。出雲大社の門前町。ブドウの栽培がさかん。景勝地、日御碕がある。人口一万七八七〇(一九八八)。

**たい-しゃ【大赦】** 恩赦の一つ。政令で定めた罪について、有罪の言い渡しをうけた者については、その言い渡しの効力を、まだその言い渡しをうけていない者については公訴権を消滅させるもの。amnesty 比較 特赦。

**たい-しゃ【代▼赭】** ①《「代」は中国山西省代州、「赭」は赤の意》黄土を焼いたり、赤鉄鉱をくだいたりしてつくる、赤い顔料。代州で良質のものを産する。②「代赭色」の略。

**たい-しゃ【代謝】**(名・サ変自) ①新しいものが、古いものと入れかわること。regeneration 用例 新陳—。②生体内に取り込まれた物質が、酵素などで変化し、アミノ酸などの生体物質やエネルギーを生じること。同化作用と異化作用がある。metabolism

**たい-しゃ【退社】**(名・サ変自) ①会社を退出すること。leave the office 対義 出社。用例 —時間。②会社を辞めること。退職。retirement from a company 対義 入社。

**だい-しゃ【台車】** ①車軸を二本以上取り付けた鋼製の枠。鉄道車両などの車体を支えてレール上を走行する。truck ②荷物を運ぶための手押し車。carriage

**だい-じゃ【大蛇】** 大きなヘビ。おろち。うわばみ。big snake

**大蛇を見るとも女を見るな** 女は、心をまどわし修行をさまたげるので、大蛇よりおそろしいものである。

**たいしゃ-いじょう【代謝異常】** 身体の新陳代謝の過程におこる異常。先天性のフェニルケトン尿症などのほかに、後天的なものとして糖の代謝異常症である糖尿病などがある。metabolic disorder

**たいしゃ-いろ【代▼赭色】** 代赭のような茶色をおびた橙色。代赭。burnt sienna

**たいしゃ-きょう【大社教】** 出雲大社教の旧称。

**たい-しゃく【貸借】**(名・サ変他) 貸すことと借りること。loan

**たいしゃく-きょう【▽帝釈峡】** 広島県北東部、高梁川支流帝釈川にある峡谷。石灰岩をきざんだ奇岩・洞穴が連なり、人造湖の神竜湖もある。

**だいしゃく-しぎ【大▼杓▼鷸】** シギ科で最大の鳥。全長約六〇cm。嘴は極めて長く、下方に湾曲。シベリアで繁殖し、南・東南アジアで越冬するが、春秋の渡りのさい、日本各地の干潟や浅瀬に立ち寄る。curlew

**たいしゃく-たいしょうひょう【貸借対照表】** 一定時点における企業の全資産・負債・資本を一覧的に表示した書類。企業の財政状態を示す。バランスシート。balance sheet

**たいしゃく-てん【▽帝釈天】** 仏教の守護神。梵天と対をなすことが多い。もとはインド神話のインドラ。須弥山の頂上の忉利天に住む。十二天の一つで、東方を守る。↓写

●帝釈天　東大寺三月堂(奈良県)。

**たいしゃく-めいがら【貸借銘柄】** 株式市場第一部に上場された銘柄のうち、貸借取引(＝信用取引)ができる銘柄。specified stock

**たいしゃ-ちょうせつ【代謝調節】** 体内での物質代謝の反応の速度の調節、あるいは代謝回路の切り替えなどを行う機構。metabolic regulation

**たいしゃ-づくり【大社造(り)】** 出雲大社の本殿に代表される神社建築の最古の様式。切り妻造り、妻入りで、桁行・梁間ともに二間。入り口は正面に向かって右側にある。比較 神明造り・権現造り。↓写

●大社造り　島根県、出雲大社本殿。

**だい-しゃりん【大車輪】** ①器械体操の鉄棒の技の一つ。両手で鉄棒を握り、それを中心にして、体をまっすぐ伸ばしたまま回転する。順手車輪の俗称。giant swing ②全力を尽くし、夢中になって行うこと。working at feverish speed 用例 —の活躍。

**タイ-シャン【泰山】**(Tài Shān) ↓たいざん(泰山)

**たい-しゅ【太守】** ①親王の任国と定められていた常陸・上野・上総の国の守の称。②国主大名。③中国で、漢代の郡の長官。

**たい-じゅ【大儒】** すぐれた儒者。大学者。たいしゅ。

**たい-じゅ【大樹】** ＝だいじゅ。①大きな木。巨樹。big tree 用例 寄らば—の陰。②征夷大将軍。

**だい-しゅ【大衆】**《仏教語》多くの僧。だいしゅう。比較 大衆。

**たい-しゅう【大衆】** ①特定しない多くの人人の集合。はっきりした価値体系や組織がなく、メンバーどうしの交流もないなどの特徴がある。the masses 比較 民衆・公衆・群衆。②社会の大多数をしめる一般の人々。the masses

**たい-しゅう【体臭】** ①からだから発散するにおい。body odor ②特有な味わいを強く感じさせるもの。personality 用例 特異な—の文章。

**たい-しゅう【対州】** 対馬国の。

**たい-じゅう【体重】** からだ全体の重さ。からだの栄養状態・健康状態の指標として重要。weight 数え方 一グラム・一キログラム。

**だい-しゅう【大衆】** ↓だいしゅ(大衆)

**たいしゅう-うんどう【大衆運動】** 一般大衆が主体となって展開する政治・社会運動。労働運動・住民運動・消費者運動など。mass movement

**たいしゅう-えんげき【大衆演劇】** 庶民を対象とした娯楽本位の演劇。剣劇・軽喜劇・レビュー・ミュージカル・現代劇など。entertainment for the masses

**たいしゅう-か【大衆化】**(名・サ変自他) 一般の人々のものとすること。popularization 用例 政治の—。

**たいしゅう-かぜい【大衆課税】** たばこ消費税・酒税などの消費税のように、国民の大多数である低所得層に相対的に重い負担のかかる税。taxation of the general

**たいじゅう-けい【体重計】** からだの重さを測るはかり。scales

**たいしゅう-こっか【大衆国家】** 二〇世紀初頭以来、普通平等選挙の実施などによる大衆の政治参加で大規模化・複雑化した現代国家。mass state

**たいしゅう-し【大衆紙】** 一般大衆向けのやや通俗的な新聞。popular newspaper

**たいしゅう-しゃかい【大衆社会】** 労働者階級の増大と大衆の政治参加を基礎とする現代社会。都市化の進展、大量生産、共同体の崩壊、マスコミの発達などを特質とする。mass society 比較 市民社会。

**たいしゅう-せい【大衆性】** 広く一般の人々に向く性質。popularity

**たいじゅう-せい【体重制】** 格闘技や重量挙げなどで、体格の違いによる不平等をなくすために、体重によっていくつかの階級に分けて行う試合方法。重量制。weight category

**たいしゅう-せいとう【大衆政党】** 大衆の支持を基礎にして組織された全国的な政党。mass party

**たいしゅう-そうさ【大衆操作】** 大衆をなんらかの方法で誘導・操作し支配者の望む方向に導くこと。マスメディアを用いたシンボル操作がその主要な手段。mass manipulation

**だいしゅう-そうぞく【代襲相続】** 相続人となるはずの子や兄弟姉妹が相続の開始前に死亡などによって相続権を失ったとき、その者の子が代わってする相続。

**たいしゅう-だんこう【大衆団交】** 労働組合が正規の代表でない組合員を動員して行う団体交渉。転じて、大勢で押しかける交渉方式一般をさす。mass bargaining

**たいしゅう-てき【大衆的】**(形動) 広く一般の人々に向くさま。popular 対義 高踏的。用例 —な興味。

**たいしゅう-デモクラシー【大衆デモクラシー】** 資本主義の高度化・独占化にともなって成立した大衆社会状況における民主主義。それまでの名望家政治に代わって政治的に平等化された大衆が躍進するが、一方、平均化された大衆は容易に操作されやすく、ともすれば政治について無関心になりやすい。マスデモクラシー。mass democracy

**たいしゅう-でんたつ【大衆伝達】** ↓マスコミュニケーション

**たいしゅう-とうそう【大衆闘争】** 大衆を動員して行われる政治・経済・社会闘争。mass struggle

**だいじゅうはち-がん【第十八願】**《仏教語》『無量寿経』の所説で、阿弥陀仏のたてた四八の誓願のうち、念仏する人を救うことを誓った第一八番目の願。弥陀の本願。念仏往生の願。

**たいしゅう-ぶんか【大衆文化】** 大衆社会に特徴的な文化の形態。大量生産とマスメディアの発達による画一化・没個性化・商品化・低俗化などが特徴。mass culture

**たいしゅう-ぶんがく【大衆文学】** ①日本の近代文学で、広義にはマスメディアの発達により生まれた娯楽小説、狭義には時代小説をさす。②一般に、純文学に対して、大衆性をもつ娯楽的な文学。時代小説・推理小説・恋愛小説・ユーモア小説など。popular literature 対義 純文学。

**たいしゅう-ろせん【大衆路線】** 大衆の要求や意思を重視する政治指導の方針。mass policy

**だい-しゅくしゃく【大縮尺】** 地図の縮尺で、分母数が小さく分数値が大きくなる場合。一万分の一、二万五千分の一、五万分の一の地図をいう。reduced-scale 対義 小縮尺。

**だい-しゅくせい【大粛清】** ソ連の反スターリン派処分事件。一九三四年のキーロフ暗殺事件を契機に、三六～三八年に多数の党員が処刑・拘禁された。

**たい-しゅつ【退出】**(名・サ変自) その場を引き下がること。leave 用例 議場を—する。宮中を—する。

**たい-じゅつ【体術】** おもに素手で攻撃・防御を行う術。柔術・拳法など。

**だいしゅ-ぶ【大衆部】** 部派仏教初期の一派。釈迦の死後約一〇〇年、原始仏教教団が、新しい戒律を承認するか否かで二派に分裂したさいの、進歩的な派の呼称。のちの大乗仏教にも影響を与えた。摩訶僧祇。対義 上座部。

**たい-じゅんかん【体循環】** ↓だいじゅんかん(大循環)

**だい-じゅんかん【大循環】** 血液の循環経路の一種。肺循環以外の、血液が心臓の左心室から大動脈、身体各部の毛細血管、大静脈を巡って右心房に戻る経路。名は肺循環(小循環)に比べて規模が大きいのに由来。体循環。systemic circulation

**たい-しょ【大所】** ①大きな寺や神社。②大きな立場。広い視野。用例 —高所。

**たい-しょ【大書】**(名・サ変他) 文字などを大きく書くこと。また、ことさら文意を強調して

▼常用漢字表外。　▽常用漢字表の音訓外。

書くこと。print in large letters 用例特筆―する。

**たい-しょ【大暑】** ①きびしい暑さ。酷暑。severe heat ②二十四節気の一つ。七月二三日ごろ。暑さがもっともきびしい時期。対義大寒。

**たい-しょ【太初】** 天地の開けた初め。

**たい-しょ【対処】**(名・サ変自) 事件にあたって、うまくさばくこと。きりぬけること。処理。disposition 用例難局に―する。

**たい-しょ【対▼蹠】**《「たいせき」の慣用読み》正反対の位置にあること。

**だい-しょ【代書】**(名・サ変他) 本人に代わって文書などを書くこと・職業・人。代筆。scribe

**だい-しょ【代署】**(名・サ変自) 本人に代わって署名すること。その署名。sign for another

**だい-じょ【大序】** ①歌舞伎で、最初に演じる狂言。②浄瑠璃の第一段。

**だい-じょ【大▼薯】** ヤムイモの栽培品種。

**たいしょう【大正】** 大正天皇時代の年号。明治から改元。元年(一九一二)七月三〇日～一五年(一九二六)一二月二五日。次に、昭和に改元。

**たいしょう【大正】**〈町〉高知県南西部、四万十川上流の町。シイタケ・茶・クリなどを産する。人口三九六七(一九八八)。

**たい-しょう【大将】** ㊀(名) ①《古くは「だいしょう」》律令制で近衛府の長官。②全軍の指揮者。commander ③かしら。頭領。leader ④軍隊の階級の一つ。将官の最上級。㊁(代)《人を親しみ、また、ひやかしていう語》①あいつ。guy ②おめえ。old chap

**たい-しょう【大笑】**(名・サ変自) 大いにわらうこと。おおわらい。loud laughter 用例からからと―する。

**たい-しょう【大勝・大▼捷】**(名・サ変自) 大いに勝つこと。非常な勝利。大勝利。great victory 比較楽勝。対義大敗。用例―を博す。

**たい-しょう【大詔】** 詔勅の美称。

**たい-しょう【大賞】** コンクール・催し物などで与えられる賞のうちの最高のもの。グランプリ。grand prize

**たい-しょう【対称】** ①つりあうこと。symmetry ②代名詞のうちの二人称。the second person ③一つの点・直線・面を中心とし、その両側にある図形上の各点が互いに向き合う等距離の位置にあること。点対称・線対称・面対称など。symmetry ↓図

●対称③

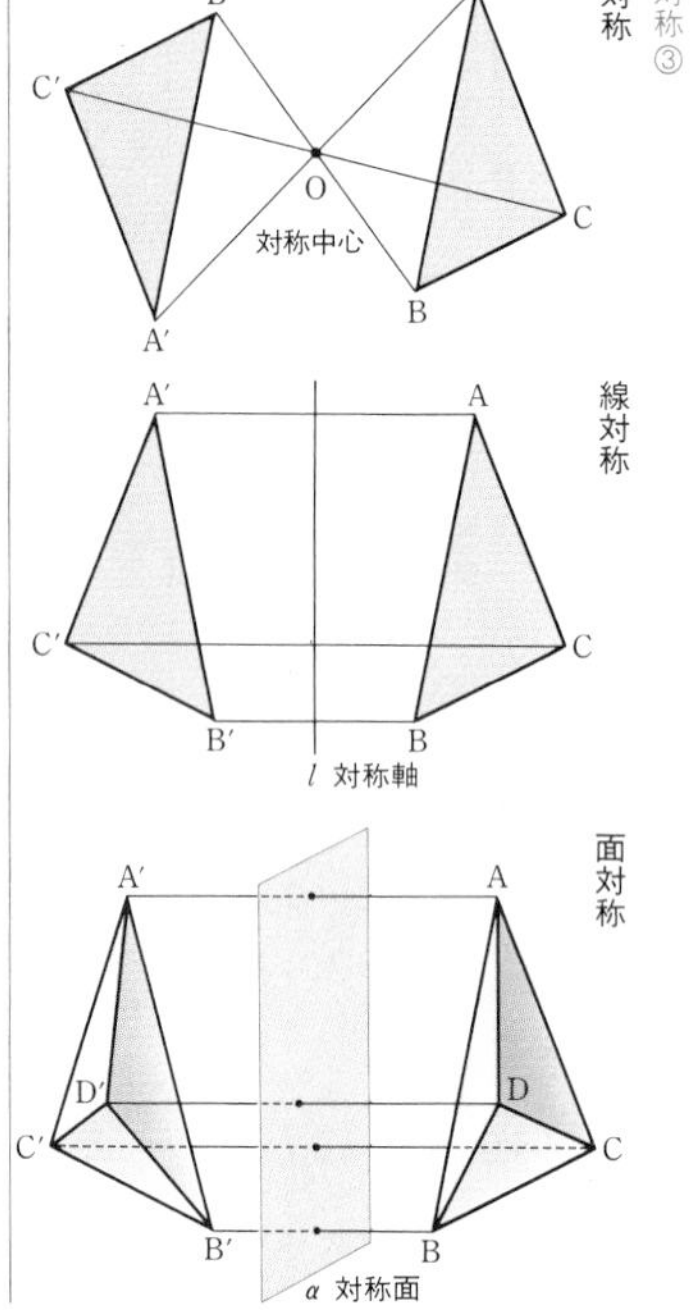


**たい-しょう【対象】** ①目標となるもの。めあて。あいて。用例年少者―の雑誌。②哲学で、認識作用の目的となるもの。意識の働きによってとらえられる客体。客観。object 用例批評は―を正しく見ることによって成立する。

**たい-しょう【対照】** ㊀(名) 二つの違いがめだつこと。コントラスト。contrast ㊁(名・サ変他) 比べ合わせること。対比。comparison

**たい-しょう【隊商】** 隊を組んで旅行する商人。キャラバン。caravan 用例砂漠を行く―。

**たい-じょう【退場】**(名・サ変自) その場所から立ち去ること。leave 対義入場・登場。

**たい-じょう【怠状】** ①平安時代後期から鎌倉時代に行われた、罪人の差し出した謝罪状。②自分の過失をわびた送りぶみ。わび状。③わびること。あやまること。

**だい-しょう【大小】** ①大と小。big and small ②刀とわきざし。③大鼓と小鼓。

**大小は武士の魂** 大小の二本の刀には、武士の精神が宿っている。刀は、武士にとって非常に大切なものである。

**だい-しょう【代将】** 米国などの軍人の階級の一つ。将官の最下位。准将。

**だい-しょう【代償】** ①代わって埋め合わせること。compensation ②損害の代価を払うこと。その代価。reparation ③心理学で、ある欲求が満たされない場合、それを何か他のもので埋め合わせようとすること。substitution

**だい-しょう【大証】**「大阪証券取引所」の略。

**だい-じょう【大乗】**《仏教語》大きい乗り物の意で、自己の解脱だけでなく、広く他者の救済・成仏を目標とする仏教の教法。対義小乗。

**だい-じょう【台状】** 台のようになっている形。trapezoid

**たいしょう-いけ【大正池】** 長野県西部、梓川上流の湖。大正四年(一九一五)の焼岳噴火による堰止め湖。泥流などで埋まり消滅の危機にある。

**だいじょう-え【大▼嘗会】** 大嘗祭の別称。

**たいしょう-えび【大正▽海▽老】** クルマエビ科のエビ。体長は雌約二七㎝、雄約二〇㎝。体は半透明の淡灰色で、尾扇は赤褐色。クルマエビの代用としててんぷらの材料などに使う。中国の黄海の特産種。コウライエビ。↓エビ図

**たいしょう-かぶ【大将株】** その仲間で中心の人たち。頭株。head

**だいじょう-かん【▽太政官】** ①律令官制で、行政の最高機関。太政大臣・左右大臣・大納言が置かれ、八省以下を統轄。だじょうかん。②↓だじょうかん(太政官)②

**だいじょうかん-ぷ【▽太政官符】** 律令制下、太政官が所管官庁に下した公文書。官符。だじょうかんぷ。

**だい-しょうぎ【大将棋】** 古将棋の大型のものの総称。盤上の枡目や駒の数は時代によって異なるが、現在行われているものはない。

**だいじょう-きょう【大乗経】** 大乗を説く経典。華厳経・法華経・般若経など。

**だい-しょうぐん【大将軍】** ①律令の軍制で、三軍を統率する指揮官。②昔、征討につかわされた官軍の総大将。とくに、征夷大将軍。③全軍をひきいて、指図する人。commander in chief ④首領。leader

**たいしょう-ご【対象語】**「水が飲みたい」「食べ物が欲しい」の「水・食べ物」のように、述語の対象になる事柄を示す語・成分。

**たいしょう-ごと【大正琴】** 日本の撥弦楽器。木製胴に、二本の金属弦と鍵がある。単旋律だけを奏する。大正初期に森田伍郎が発明。近年、五弦のものなども工夫されている。↓写

●大正琴

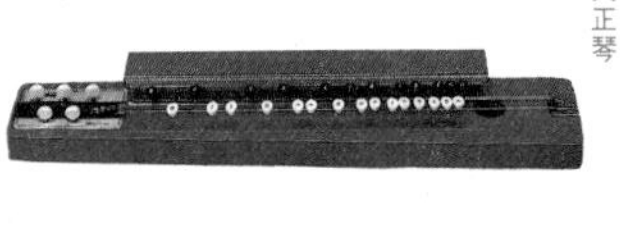

**だいじょう-さい【大▼嘗祭】** 天皇即位後の初めての新嘗祭。その年の新穀を天皇が自ら神にささげる一世一度の大祭。おおにえのまつり。おおなめまつり。大嘗会。

**たいしょう-しき【対称式】** 二つ以上の文字を含む整式または分数式で、どの二つの文字を交換しても、もとの式と変わらない式。$xy+yz+zx$など。symmetric expression

**たいしょう-じく【対称軸】** ある図形が直線$l$について線対称であるとき、直線$l$をその図形の対称軸という。対称の軸。axis of symmetry ↓対称図

**たいしょうしんしゅう-だいぞうきょう【大正新▼脩大蔵経】** 現在の日本で通行しているもっとも基本的な大蔵経。高楠順次郎・渡辺海旭・小野玄妙らによって大正一三年(一九二四)から昭和九年(一九三四)にかけて刊行。全一〇〇巻。

**だいしょうせい-ひだい【代償性肥大】** ある器官の一部が失われると、残った部分が発達し、その働きをおぎなう現象。甲状腺などにみられる。compensatory hypertrophy

**たいしょう-せいへん【大正政変】** 大正二年(一九一三)第三次桂内閣が憲政擁護運動で倒された政変。

**たいしょう-たい【対掌体】** 互いに鏡像の関係になっている化合物分子や結晶形の一対。対掌異性体。鏡像異性体。enantiomarph

**だいじょう-だいじん【▽太政大臣】** ①律令制下、太政官の長官。最高の官。適任者がなければ欠員とされた。だじょうだいじん。②↓だじょうだいじん(太政大臣)②

**だい-じょうだん【大上段】** ①剣を頭の上に振りかぶるかまえ。比較上段。②相手を威圧してかかること。highhanded attitude

**たいしょう-ちゅうしん【対称中心】** ある図形がある点について点対称であるとき、その点をその図形の対称中心という。center of symmetry ↓対称図

**たいしょう-てき【対症的】**(形動) ①医学で、症状の現れに応じて処理するさま。symptomatic ②根本的な処置ではないさま。expedient

**たいしょう-てき【対照的】**(形動) 比べてみると、違いがはっきりするさま。contrastive

**だいじょう-てき【大乗的】**(形動) ①《仏教語》大乗の教えにかなうさま。②広く全体を見渡して物事に対処する立場をとるさま。look from a broader viewpoint

**たいしょう-デモクラシー【大正デモクラシー】** 大正時代における民主主義的改革の要求運動およびそれらを生み出した風潮。政治面では普通選挙獲得運動が代表的で、吉野作造の民本主義などが指導理念。社会的・文化的な分野でもさまざまな運動が展開された。

**たいしょう-てんのう【大正天皇】**(一八七九～一九二六) 第一二三代天皇(在位一九一二～二六)。名は嘉仁。明治天皇の第三皇子。病弱のため、大正一〇年(一九二一)一一月、皇太子裕仁を摂政とした。↓写

●大正天皇

**だいじょう-てんのう【▽太上天皇】** ↓だじょうてんのう(太上天皇)

**だいしょうねつ-じごく【大焦熱地獄】**《仏教語》八大地獄の一つ。炎に焼かれる所。

**だい-じょうふ【大丈夫】** りっぱな男。ますらお。

**だい-じょうぶ【大丈夫】**(副・形動) あぶなげのないさま。たしか。safe; sure

**だいじょう-ぶっきょう【大乗仏教】** 西暦紀元前後ごろインドにおこった仏教運動やその教理。「大乗」は大きな乗り物、の意で、出家・在家をとわずすべての人を救う広大な教えをいう。衆生救済を願いとする菩薩を理想とし、利他行の実践を説く。中国・日本・チベットなどの北伝仏教はこの大乗の流れをくむ。マハーヤーナ。摩訶衍。Mahāyāna Buddhism 対義小乗仏教。

**たいしょう-ほう【対照法】** 修辞法の一つ。対応する極端に異なるものをつき合わせて、いっそう目立たせる表現。antithesis

**たいじょう-ほうしん【帯状▼疱▼疹】** 帯状疱疹ウイルスの感染によっておこる水疱性の疾患。胸部から背部にかけて末梢知覚神経に沿って帯状に水疱ができ、激しい痛み、神経痛などの症状を示す。herpes zoster

**たいしょう-ほうたいび【大詔奉▼戴日】** 第二次大戦中、戦意昂揚を目的とした記念日。昭和一六年(一九四一)一二月八日の開戦の詔勅発布にちなみ、毎月八日を指定。

**だい-じょうみゃく【大静脈】** 体内を循環してきた血液が心臓にもどってくるための静脈。右心房に注ぐ上下二本の静脈の本管で、上大静脈は上半身、下大静脈は下半身の血液を集めて心臓に送り込む。vena cava

**たいしょう-りつ【対称律】** 数学で、互いが同値関係にあることを規定する性質の一つ。$a$の$b$に対する関係が、$b$の$a$に対する関係に等しいとき、この$a$と$b$の関係を対称律をみたすという。law of symmetry

**たいしょう-りょうほう【対症療法】** ①病気の症状の軽減を目的として行う治療法。

symptomatic therapy 対義 病因療法。②《比喩的に》根本の解決でなく、表面的状況に応じて行う処置。measure taken depending on a situation

**たいじょう-ろうくん【太上老君】** 老子の尊称。

**たい-しょく【大食】**(名・サ変自) たくさん食べること。おおぐい。gluttony 対義 小食。用例 ―漢。

**大食は命の取り越し**(たいしょくはいのちのとりこし) 大食する人は、早死にする。

**大食腹に満つれば学問腹に入らず**(たいしょくはらにみつればがくもんはらにいらず) 満腹すると、頭の働きがにぶくなる。

**たい-しょく【体色】** 動物の体表面の色彩。皮膚内に色素胞をもつものでは、体色変化をする場合が多い。body color

**たい-しょく【退色・▼褪色】**(名・サ変自) 色があせること。あせた色。fade

**たい-しょく【退職】**(名・サ変自) 職をやめること。retirement 対義 就職。

**たい-しょく【耐食・耐▼蝕】** 腐食に対して強いこと。corrosion resistance 用例 ―性。

**たいしょく-いろうきん【退職慰労金】** 会社役員の退職にさいし、在職中の労をねぎらうために支払われる金銭。

**たいしょく-きん【退職金】** 一定年数以上勤続した労働者が退職するさいに企業が支給する金銭。退職時の地位・賃金・勤続年数などにより算定される。retirement allowance

**たいしょく-さいぼう【大食細胞】** →マクロファージ

**たいしょくしゃ-いりょうせいど【退職者医療制度】** 定年退職後のサラリーマンとその家族への健康保険給付制度。本人の医療費の八割、家族の入院時八割・外来七割が給付される。昭和五九年(一九八四)実施。

**たいしょく-ねんきん【退職年金】** 従業員の退職後の生活保障を目的とする年金。retirement pension

**たいしょく-へんか【体色変化】** 動物の体色が変わる現象。色素胞の収縮・拡張またはその中の色素粒の凝集・拡散による生理的体色変化、色素粒の量の増減による形態的体色変化がある。color change

**たいしょ-こうしょ【大所高所】** こまごました個々のことにとらわれず、広く、大きい視野に立つこと。from a broad perspective 用例 ―から判断する。

**たいしょっ-かん【大織冠】**《「たいしょくかん」の変》①飛鳥時代、冠位の最高位。②藤原鎌足の特称。

**たいしょ-てき【対▼蹠的】**(形動) 正反対であるさま。exactly opposite

**だい-しらず【題知らず・題▽不▽知】** 和歌の詞書の一つ。和歌の題や詠作事情が不明なこと。また、その和歌。

**だい-じり【台▼尻】** 小銃の銃床の下部の、肩に当たる幅の広い部分。床尾。butt

**だいし-りゅう【大師流】** 弘法大師空海の書流。後世その真髄から離れた装飾性の強い書風をさしている。細川幽斎が甥の飯河秋共を継がせて以来、安土桃山～江戸時代に盛行。

**たい・じる【退治る】**(上一他)《「退治」の動詞化》退治する。滅ぼす。destroy

**タイ-シルク【Thai silk】** タイに産する伝統手工芸絹織物。横糸に紬を用いた先染め織物。明るい青や黄褐色の東洋的色彩が特徴。

**たい-しん【大身】** 身分・俸禄の高い人。対義 小身。

**たい-しん【対審】**(名・サ変他) 訴訟手続きにおいて、原告と被告を法廷で立ち会わせて主張や立証の機会を与え審理すること。民事訴訟では口頭弁論、刑事訴訟では公判手続きをさす。confrontation

**たい-しん【耐震】** 地震の振動に対して強いこと。earthquake-proof 用例 ―家屋。

**たい-しん【▼戴進】**(一三八八〜一四六二) 中国、明代前期の画家。南宋院体山水画をもとに浙江様式を加えて、浙派山水画を開いた。

**たい-しん【▼戴震】**(一七二三〜七七) 中国、清代の考証学者。四庫全書纂修官。宋儒の理気哲学に反対し、訓詁学により義理をきわめることを重んじた。著書『孟子字義疏証』など。

**たいしん【大▼秦】** 中国、後漢代から宋代にかけて中国人が称した西方の国名。該当する地方についてはローマ帝国説、アラビア半島説、ローマの東方領土説などがある。宋代にはバグダードをさした。

**たいしん【大信】**〈村〉 福島県南部、白河市北隣の村。稲作、トマトなどの野菜栽培がさかん。人口四八七五(一九八八)。

**たい-じん【大人】** ①おとな。adult 対義 小人。②からだの大きな人。big man ③官位の高い人。dignitary ④高徳の人。心の広い人。man of virtue 対義 小人。⑤師・学者・父などの敬称。

**大人は大耳**(たいじんはおおみみ) 高徳の人は、細かいことをいちいち耳にとめない。類似 大名は大耳。

**大人は赤子の心を失わず**(たいじんはせきしのこころをうしなわず) ①高徳の人は、赤子の純真な心を失わない。②君主たるものは、民心をないがしろにはしない。

**たい-じん【対陣】**(名・サ変自) 敵と向かい合って陣取ること。confrontation of armies

**たい-じん【退陣】**(名・サ変自) ①軍隊を後退させること。退却。retreat ②地位・職務などからしりぞくこと。引退。retirement

**たい-じん【滞陣】**(名・サ変自) 軍隊が一か所にとどまっていること。

**たい-じん【対人】**(連体) 人に対しての。他人との間の。personal 用例 ―関係。

**だい-しん【代診】**(名・サ変他) 主たる医師に代わって診察すること・人。examination on behalf of another doctor

**だい-じん【大尽】** ①金持ち。富豪。millionaire ②お金を多く使う遊客。debauchee

**大尽風を吹かす**(だいじんかぜをふかす) 金持ちぶる。play the millionaire

**だい-じん【大臣】** ①大宝令の制で、政治にあたった最上級の役職。また、その人。太政大臣・左大臣・右大臣・内大臣。丞相。おとど。おおおみ。おおいもうちぎみ。②内閣を構成する閣僚。ふつうは総理大臣以外をいう。国務大臣。minister

**だいしん-いん【大審院】** 明治八年(一八七五)から日本国憲法が施行される昭和二二年(一九四七)まで存在した最高の裁判所。司法行政権は与えられていなかった。

**だい-しんか【大進化】** 地質年代の規模で起こる進化。種の段階で用いられる小進化に対し、種以上の系統群での進化をさす。macroevolution

**たいじん-きょうふしょう【対人恐怖症】** 周囲の人や特定の人の行動や身振りをすべて自分に関係づけ、強い不安をもつ神経症。正視恐怖・赤面恐怖・異性恐怖・社交恐怖など。anthropophobia

**だい-じんぐう【大神宮・▽太神宮】** 伊勢の皇大神宮(内宮)。また、皇大神宮と豊受大神宮(外宮)の総称。伊勢神宮。

**だい-しんさい【大震災】** 大地震による大きな災害。とくに、大正一二年(一九二三)九月一日の関東大震災をさすことが多い。

**たいしん-じ【大▼秦寺】** 中国、唐代における景教の教会の呼称。初め波斯寺とよばれたが、その起源が大秦(＝ローマ)にあるとして改称。

**だいじん-ばしら【大臣柱】** 能舞台の向かって右手前の柱で、多く大臣に扮するワキが座る場所。歌舞伎劇場でも同じ位置の右側の柱を上手大臣柱とよぶ。脇柱。

**だい-じんぶつ【大人物】** ①すぐれた人。great person ②度量の広い人。broad-minded man

**たいしんりっぽう-こうぞう【体心立方構造】** 結晶構造の一種。立方体の八つの頂点と中央に原子が配列している構造。body-centered cubic structure

**だい-す【台子】** 茶道具の一つ。天板と地板を四本柱または二本柱でつないだ棚物。茶器を飾るのに用いる。

**ダイス【dice】** ①さいころ。②さいころを用いた遊戯・賭博。いろいろな遊び方があるが、通常は五個のさいころをダイスカップから振り出し、出た目の合計点を競う。

**ダイス【dies】** ①雄ねじを切る工具。雌ねじを切った工具のみぞに切り刃がついている。雄ねじ切り。対義 タップ。②鍛造・プレス加工用の金型。

**だい-ず【大豆】** マメ科の一年草。広く食用原料に供される。葉は三つの小葉の複葉。短日植物で葉腋に白色または紫色の蝶形花をつける。種子はたんぱく質に富み、枝豆としてゆでて食用にするほか、みそ・しょうゆ・油などの原料。かすは飼料。ナツマメ。アキマメ。soy bean →写

●ダイズ　花(右)と実(左)。

**たい-すい【大水】** ①おおみず。洪水。flood ②大きな川・湖・海など。

**たい-すい【大酔】**(名・サ変自) 酒にひどくようこと。be dead drunk

**たい-すい【耐水】** ①水分を通さないこと。waterproof ②水につかっても変質しないこと。water-resistance

**たい-すう【大数】** ①数の大きなこと。その数。多数。対義 小数。②おおよその数。③あらまし。

**たい-すう【対数】** $a$を1でない正の数とするとき、正の数$x$に対して$x=a^y$となる実数$y$が一つ存在する。この$y$を$a$を底とする$x$の対数といい、$y=\log_a x$と表す。logarithm

**だい-すう【代数】** ①世代の数。the number of generations ②「代数学」の略。algebra

**だいすう-がく【代数学】** 数のかわりに文字を用いて、数の性質や数の計算法則などを研究する数学の一分野。algebra

**たいすう-かんすう【対数関数】** 指数関数の逆関数。$a$を底とする対数関数は、$y=\log_a x$ $(a>0,\ a\neq1,\ x>0)$で表される。logarithmic function

**だいすう-かんすう【代数関数】** $x$の多項式$P_0(x), P_1(x), \ldots\ldots, P_n(x)$を用いて$P_0(x)y^n+P_1(x)y^{n-1}+\cdots+P_{n-1}(x)y+P_n(x)=0$によって定まる$x$の関数$y$。algebraic function

**だいすう-きかがく【代数幾何学】** 幾何学の一分野。図形の幾何学的性質に代数学の方法を適用する。algebraic geometry

**だいすう-きょくせん【代数曲線】** $x$、$y$の多項式$F(x,y)=0$で表される曲線。algebraic curve

**だいすう-けい【代数系】** 集合$A$の要素の間に、いくつかの条件をみたす結合法が与えられているとき、$A$は、その結合法と条件によって、代数系であるという。群・環・体・束はその例。algebraic system

**だいすう-しき【代数式】** 加・減・乗・除・根の五記号を有限個用いて、有限個の数と文字を結んでつくった式。algebraic expression

**だいすうてき-すう【代数的数】** 有理数を係数とする$n$次代数方程式の解になりうる数。algebraic number 対義 超越数。

**たいすう-の-ほうそく【大数の法則】** 確率論における基本的定理の一つ。一回の試行で$A$の起こる確率が$p$であるとき、この試行を独立に$n$回くり返した場合に$A$の起こる相対度数が、$n$が大きくなればなるほど$p$に近似していくという定理。law of large numbers

**たいすう-ひょう【対数表】** 常用対数$\log_{10}x$の仮数の近似値を表にしたもの。table of logarithms

**だいすう-ほうていしき【代数方程式】** 未知数に関する代数式だけからできている方程式。algebraic equation

**だいすう-わ【代数和】** 式または数を加法・減法の記号で結んだ式。algebraic sum

**だいず-かす【大豆▼粕】** ダイズから大豆油をとった残りかす。多量のたんぱく質を含み、飼料・しょうゆ・豆腐などの食品材料・化学工業材料として広く利用される。豆かす・脱脂大豆。soybean meal

**だい-すき【大好き】**(形動) たいへん好き。favorite

**タイ-スコア【tied score】** スポーツ競技などで、対戦者、あるいは対戦チームどうしの得点数が同じこと。タイ。同点。

**たい-スペクトル【帯スペクトル】** 分光器で帯状に見えるスペクトル。分子状気体のスペクトルに見られ、狭いエネルギー領域に多数の線スペクトルが集中したもの。band spectrum

**だいず-ゆ【大豆油】** 大豆を圧搾あるいは溶剤抽出して得られる淡黄色の半乾性油。食用油・硬化油・焼き入れ油・ボイル油などに利用。soybean oil

**たい・する【体する】**(サ変他) 心にとどめて

▼常用漢字表外。　▽常用漢字表の音訓外。

た

行う。体す。bear in mind 用例 君命を—・して。

**たい・する【対する】**(サ変自) ＝対す。①向かい合う。向き合う。face; confront 用例 —二辺は等しい。②相手にする。応対する。接する。receive 用例 客に—。③対抗する。敵対する。oppose 用例 難敵に—。④かかわる。関する。concerning 用例 質問に—答え。地震に—そなえ。⑤対(つい)になる。対照する。make a pair 用例 真に—偽。

**たい・する【帯する】**(サ変他) 身につける。おびる。帯す。wear 用例 太刀を—。

**だい・する【題する】**(サ変自他) ＝題す。①題をつける。entitle ②題字・題辞を書く。

**だい-スンダれっとう【大スンダ列島】**(Greater Sunda Islands) インドネシア西部、スマトラ・ジャワ・カリマンタン・スラウェシ島などを含む列島。

**たい-せい【大成】**(名・サ変自他) ①学問・人物などがりっぱになること。mature 対義 小成。②多くのものを集めて組織立てること。集大成。compilation

**たい-せい【大声】** 大きい声。おおごえ。loud voice

**大声、里耳に入らず**(たいせい、りじにいらず) 《「大声」は、高尚な道理、高遠な論、の意》高遠な道理を説いても、俗人にはなかなか理解できない。

**たい-せい【大青】** アブラナ科の二年草。高さ約七〇cm。中国原産で江戸時代に日本に渡来。五、六月ごろ、黄色の小さい十文字花を総状につける。葉は藍(あい)の原料。

**たい-せい【大政】** 天下の政治。

**たい-せい【大勢】**《「たいぜい」は別語》①おおよその形勢。general situation ②世のなりゆき。general tendency 用例 —は和平にかたむく。

**たい-せい【体制】** ①政治・経済・法律・宗教・文化などのちがいによって示される、社会組織の様式。system; social structure 用例 自由主義—。資本主義—。②権力をにぎる特定の個人ないしは一定の意図・原理のもとに統一された、社会や集団の秩序。régime 用例 スターリン—。日米安保—。③社会を支配する既存の秩序。また、その秩序を維持する勢力。establishment 用例 反—。④生物体がもつ基本の構造。おもに器官の配置の仕方、分化状態およびそれらの相互関係をいう。organism

**たい-せい【体勢】** からだの構え。姿勢。posture 用例 —が崩れて寄り切られる。

**たい-せい【態勢】** 状態。態度。身構え。posture 用例 即応—をとる。受け入れ—。

**たい-せい【対生】**(名・サ変自) 葉のつき方(＝葉序(ようじょ))の一つ。茎の節に二枚の葉が向かい合ってつく。opposite leaves 対義 互生・輪生。

**たい-せい【退勢・▼頽勢】** 物事が傾き、崩れていく状態。下り坂。落ち目。衰勢。decline

**たい-せい【胎生】** ①胚(はい)が、母体の子宮内で胎盤と組織的に連絡し、生まれ出るまで栄養の補給を受けて発育すること。カモノハシ・ハリモグラを除く哺乳(ほにゅう)類にみられる。viviparity 対義 卵生。②種子が結実後に植物体内にとどまって発芽する現象。マングローブ類にみられる。viviparity

**たい-せい【▼苔▼砌】** こけの生えた石だたみ。

**たい-せい【耐性】** 病原菌などが、薬物などに対して抵抗すること。tolerance

**たい-せい【泰西】**《「泰」は、はなはだ、の意》西洋の美称。対義 泰東。用例 —名画全集。

**たいせい【大成】**〈町〉 北海道南部、日本海に臨む町。漁業中心でマス・イカ・アワビ漁などがさかん。人口三五九〇(一九八八)。

**たい-ぜい【大勢】**《「たいせい」は別語》たくさんの人。おおぜい。

**たいせい-きん【耐性菌】** 抗菌剤に感受性のある菌が、突然変異などで抵抗力を獲得したもの。

**たいせい-けんせつ【大成建設(株)】** 大手建設会社の一つ。大正六年(一九一七)設立。

**たいせい-しっこ【大声疾呼】**(名・サ変自) 大声であわただしくよぶこと。thunder

**たいせい-どうぶつ【胎生動物】** 胎生する動物。単孔類以外の哺乳(ほにゅう)類。

**たいせい-ほうかん【大政奉還】** 江戸幕府から朝廷へ政権を返上したこと。慶応(けいおう)三年(一八六七)一〇月一四日、一五代将軍徳川慶喜(とくがわよしのぶ)は政権返上を朝廷に申し入れ、翌日これを許されて鎌倉(かまくら)幕府以来の武家政治が終結した。

**たいせい-よう【大西洋】**(Atlantic Ocean) 太平洋・インド洋とともに世界三大洋の一つ。東はヨーロッパ・アフリカ両大陸、西はアメリカ大陸、南は南極大陸に囲まれる。総面積八二四四万km²。水深三九二六m。最大水深はプエルトリコ海溝の八三八五m。

**たいせいよう-けんしょう【大西洋憲章】**(Atlantic Charter) 一九四一年八月一四日、イギリス・アメリカの首脳間で行われた共同宣言。第二次大戦と戦後世界の指導原則を明示した。

**たいせいよう-ちゅうおうかいれい【大西洋中央海▼嶺】** 大西洋の中央を南北に連なるS字型の海嶺。中心部には深い谷があり、海底火山や地震活動がある。Mid-Atlantic ridge

**たいせいよう-まぐろじょうやく【大西洋▼鮪条約】** 大西洋のマグロ資源の保護に関する国際条約。昭和四一年(一九六六)、日本・アメリカなど一七か国で締結。International Convention for the Conservation of Atlantic Tunas; ICCAT

**たいせいよくさん-かい【大政翼賛会】** 第二次大戦中の国民統制組織。昭和一五年(一九四〇)第二次近衛(このえ)内閣の下で新体制運動を推進するために結成。既存政党は解散してこれに応じた。同二〇年(一九四五年)解散。

**たい-せき【体積】** 立体が空間でしめる大きさを表す量。容器内部の体積は容積という。volume

**たい-せき【対▼蹠】** ↓たいしょ(対蹠)

**たい-せき【退席】**(名・サ変自) 自分の席からしりぞくこと。退座。leave one's seat 対義 出席。

**たい-せき【滞積】**(名・サ変自) ①とどこおってたまること。ひとところにとどまりたくわえられること。②思いが胸につかえて心が晴れないこと。

**たい-せき【▼堆石】** ①うず高く積まれた石。②↓モレーン

**たい-せき【▼堆積】**(名・サ変自他) ①積み重なること。積み重ねること。accumulation; pile ②水流や風などによって運ばれた物質が、ある場所に積み重なること。堆積作用。accumulation

**たいせき-がく【▼堆積学】** 地質学の一分野。堆積物ないし堆積岩の形成過程、すなわち起源・運搬・岩質・続成作用などを研究する。堆積環境や古地理の解明では層序学とも関係する。sedimentology

**たいせき-がん【▼堆積岩】** 岩石の破片や生物の遺骸(いがい)などの堆積物が沈積し、固まってできた岩石。既存岩石の破片からなる砕屑(さいせつ)岩(砂岩・泥岩など)、化学的沈殿物の非砕屑岩(岩塩・ドロマイトなど)、生物の遺骸からなる生物岩(石灰岩・チャートなど)がある。水成岩。成層岩。sedimentary rock 対義 火成岩。

**たいせき-さよう【▼堆積作用】** さまざまな岩石の破片や生物遺骸(いがい)などが水底や陸上に沈殿または沈積するはたらき。一般には流水のはたらきによる物理的作用であることが多い。sedimentation

**だいせき-じ【大石寺】** 静岡県富士宮(ふじのみや)市上条(かみじょう)にある日蓮正宗(にちれんしょうしゅう)の総本山。正応(しょうおう)三年(一二九〇)日蓮六老僧の一人、日興(にっこう)の開基。明治三三年(一九〇〇)興門派から富士派として独立、同四五年(一九一二)日蓮正宗と改称。創価学会はこの寺を本山と仰ぐ講の一つ。

**たいせき-だんせい【体積弾性】** 物体の体積を変化させたときに現れる、もとにもどろうとする性質。volume elasticity

**たいせき-ぶつ【▼堆積物】** 岩石の破片、生物の遺骸(いがい)、火山噴出物などが、水・氷河・大気などによって運ばれて堆積し、まだ固まっていないもの。固まったものが堆積岩。sediment

**たいせき-へいや【▼堆積平野】** 粘土や砂が流水によって運ばれ、三角州などを形成しながらできた平野。沖積平野。sedimentary plain

**たいせき-りんね【▼堆積輪▼廻】** いくつかの種類の堆積物が、一定の順序でくり返し重なる堆積現象。季節や気候など短周期の変動に起因するものと海進・海退・造山運動など長周期の変動に起因するものがある。cycle of sedimentation

**たい-せつ【大切】**(形動) ①重要で貴重なさま。ぜひ必要なさま。important; necessary 用例 —な人物。—な条件。②注意して扱うさま。だいじにするさま。careful 用例 お体を—に。—に取っておきます。

**たい-せつ【大▼刹】** ↓たいさつ(大刹)

**たい-せつ【大雪】** ①激しく降る雪。たくさん積もった雪。おおゆき。heavy snow ②二十四節気(せっき)の一つ。一二月七、八日ごろ。平地にも雪が降るようになる。

**たい-せつ【体節】** 動物体の前後の方向に連なる多数の分節。原生動物・海綿動物・腔腸(こうちょう)動物を除く動物の基本の体制。脊椎(せきつい)動物も発生初期に体節構造をもつ。segment

**たいせつ-き【体節器】** 環形動物の排出器官。各体節に一対ずつある。複雑に屈曲した細管で、体腔(たいこう)に開く腎口(じんこう)に始まり、末端は体壁の小孔で外界に開く。segmental organ

**たいせつ-ざん【大雪山】** 北海道中央部にそびえる火山群の総称。最高峰は旭岳(あさひだけ)二二九〇m。ほかに一〇座を超える火山が連なる。山頂からの展望と夏のお花畑が壮観。山麓(さんろく)には層雲峡(そううんきょう)温泉など温泉も多い。だいせつざん。

**だいせつざん-こくりつこうえん【大雪山国立公園】** 北海道中央部にある国立公園。昭和九年(一九三四)指定。大雪山・十勝(とかち)岳・石狩岳など二〇〇〇m級の山が連なり、原始景観をよく残す。

**たいせつ-どうぶつ【体節動物】** 体が体節をつなげていった形の動物。環形動物と節足動物。arthromere

**たい-せん【大川】** 大きな川。大河。

**たい-せん【大戦】** ①大がかりな戦争。great war ②第一次・第二次大戦。World War

**たい-せん【対戦】**(名・サ変自) ①敵と向かい合って戦うこと。fight ②競技・試合などをすること。play 用例 —成績。

**たい-せん【▼苔▼蘚】** 蘚苔(せんたい)植物のこと。

**たい-せん【▼苔▼癬】** あずき大の小さい丘疹(きゅうしん)が疎または密に多数生じ、比較的長くその状態がつづく皮膚の病変。lichen

**たい-ぜん【大全】** ①すべて備わること。十全。②ある事に関して、もれなく集めた書物。大鑑。

**たい-ぜん【泰然】**(形動トタル) 落ち着いて動じないさま。calm

**だい-せん【題▼簽】** 書名を書いて表紙に張る紙片や布片。

**だい-せん【大▽山】** 鳥取県西部にそびえる火山。標高一七二九m、中国地方の最高峰。二重式鐘状(しょうじょう)成層火山。信仰の山で大山寺がある。大山隠岐(おき)国立公園の中心。伯耆(ほうき)富士。

**だいせん【大▽山】**〈町〉 鳥取県西部、大山北麓(ほくろく)の町。大山観光と、酪農などの農業の町。人口七八七四(一九八八)。

**だい-ぜん【大▼膳】** 長距離の渡りをするチドリ科の鳥。全長約三〇cm。夏羽は顔から胸までが黒く、冬羽は全体が淡灰褐色。ユーラシア・北アメリカの北部で繁殖し、アフリカ・オーストラリア・南アメリカなどで越冬。日本へは旅鳥として春秋二回立ち寄る。black-bellied plover

**だいせんおき-こくりつこうえん【大▽山▽隠岐国立公園】** 鳥取県大山を中心に、蒜山(ひるぜん)・隠岐島(おきのしま)・島根半島・三瓶(さんべ)山にまたがる国立公園。昭和一一年(一九三六)大山地区が指定され、同三八年(一九六三)他地区編入。

**だいせんきょく-せい【大選挙区制】** 一選挙区から二人以上を選出する制度。major constituency system 比較 中選挙区制。対義 小選挙区制。

**たいせん-ざん【大船山】** 大分県南西部、九重(くじゅう)火山群中の一峰。標高一七八七mで、九州本土では中岳についで二位。成層火山。ミヤマキリシマの群落で知られる。

**たいぜん-じじゃく【泰然自若】**(形動トタル) 泰然を強めた語。self-possessed

**たいせんしゃ-ミサイル【対戦車ミサイル】** 戦車・装甲車などを破壊するための小型ミサイル。半自動誘導のものは最大射程距離三〜四km。ATM。anti-tank missile

**たいせんすいかん-さくせん【対潜水艦作戦】** 相手側の潜水艦を捜索・発見・撃破または牽制(けんせい)する作戦。ASW。anti-submarine warfare

**だい-せんせかい【大千世界】** 「三千大千世界」の略。

**だい-ぜんてい【大前提】** ①論理学で、三段論法の第一に出る前提。the major premise ②根本の条件。principle

**たいせん-へいき【対潜兵器】** 潜水艦の捜索・探知・撃破を目的とする兵器。探知装置と攻撃兵器に分けられる。ASW。anti-submarine weapon

**ダイゼンホーファー【Johann Deisenhofer】**(一九四三) 西ドイツの生化学者。光合成をする細菌の、その反応の中心的役割をになう膜たんぱく質の構造を明らかにし、光による人工的な有機合成の道を開く。光合成反応中心の三次元構造の決定で、フーバー・ミヘル

とともに、一九八八年ノーベル化学賞受賞。

**だい-せんもん【大泉門】** 泉門のうち、最大のもの。前頭骨と左右の頭頂骨の間にある。ひよめき。おどりこ。fontanel

**たい-そ【太祖】** 中国・朝鮮で各王朝の始祖に贈る諡号。金の阿骨打、高麗の王建、明の朱元璋、後梁の朱全忠、宋の趙匡胤、元のチンギス-ハン、清のヌルハチ、遼の耶律阿保機、李朝の李成桂など。

**たい-そう【大宗】** ①学芸などで、当代の大家。②おおもと。

**たい-そう【大喪】** 天皇・太皇太后・皇太后・皇后の喪に服すること。また、その葬儀。

**たい-そう【大葬】** 天皇・皇后などの葬儀。Imperial funeral

**たい-そう【大▼棗】** ナツメの実の干したもの。利尿剤。

**たい-そう【大層】** ㊀(副) はなはだ。たいへん。非常に。very ㊁(形動) 大げさであるさま。exaggerated

**大層も無い**(たいそうもない) とんでもない。とてつもない。ばかばかしい。

**たい-そう【太宗】** 中国の王朝で、太祖に次いで業績のあった皇帝に贈られた諡号。唐の李世民、元のオゴタイ、清のホンタイジなど。

**たい-そう【体操】** ①目的に合わせて、いくつかの動作を組み合わせて行う身体運動。保健体操・体力づくりの体操・スポーツとしての体操競技など。gymnastics ②学校の教科の一つ。体育の旧称。physical education

**たい-ぞう【退蔵】**(名・サ変他) 使わずにしまっておくこと。隠しまっておくこと。hoard 用例 — 物資。

**たいぞう-かい【胎蔵界】**《仏教語》密教で、大日如来の菩提心を象徴するもの。母胎の中で子を育てるように、万物を包容・含蔵することをいう。『金剛頂経』で説かれ、胎蔵界曼荼羅によって図に示される。対義 金剛界。

**だい-そう【代走】**(名・サ変自) 野球で、塁に出た走者に代わって走ること・人。ピンチランナー。pinch runner

**だい-そう【代僧】** 代理の僧。用例 —をつとめる。

**たいぞうかい-まんだら【胎蔵界▼曼▼荼羅】**《仏教語》両界曼荼羅の一つ。『大日経』に基づいて、仏の菩提心が衆生を救うことを象徴的に描く。胎蔵曼荼羅。↓写

**だい-ぞうきょう【大蔵経】** 仏教の経典や論書の総称。経・律・論の三蔵を中心とする。パーリ語・漢語・チベット語などの典籍が現存。一切経。蔵経。三蔵。

**たいそう-きょうぎ【体操競技】** 競技として行われる体操。男子六種目(鉄棒・平行棒・つり輪・あん馬・跳馬・床運動)、女子四種目(段違い平行棒・平均台・跳馬・床運動)があり、それぞれ規定と自由が行われる。各種目について、個人・総合・団体に分けて採点し、順位を決める。gymnastics competition

**だい-そうじょう【大僧正】** 僧綱の一つ。僧侶の最高の階位。

**たい-そう-ゆう【体相▽用】**《仏教語》本体と、状態・姿と、作用・働き。

**たいそうらし・い【大層らしい】**(形) 大げさだ。ことごとしい。exaggerated

**だい-そえい【大▼祚栄】**(?〜七一九) 中国、渤海国開国の祖(在位六九八〜七一九)。高句麗の遺民。唐に捕らえられたが、東満州に逃れて勢力を伸長。六九八年自立して震国王を称した。七一三年唐から渤海郡王に封ぜられ、国名を渤海とした。

**たい-そく【大息】**(名・サ変自) ためいきをつくこと。deep sigh

**たい-そく【体側】** からだの側面。side

**タイ-ぞく【タイ族】** タイ語を話し、タイ文化を共有する人々の総称。一般に姓をもたない。水稲耕作に従事。大部分が仏教徒。東南アジア大陸部を中心に中国南部・マレー半島・ベトナム・アッサムなどに分布。Thai

**たいそ-よしとし【大▼蘇▽芳年】**(一八三九〜一八九二) 日本画家。江戸の人。姓は月岡。明治浮世絵界の巨匠。時局版画を制作。新聞挿絵・歴史画なども描く。作品『月百姿』『美勇水滸伝』など。

**だい-それた【大それた】**(連体) とんでもない。道にはずれた。おおそれた。extremely wrong 用例 —ことをする。

**たい-だ【怠惰】**(名・形動) なまけること・さま。怠慢。idleness 対義 勤勉。

**だい-だ【代打】** 野球で、他の選手の打順のとき、その代わりに打席に立つ打者。それまで出場していなかった者が起用される。ピンチヒッター。pinch hitter

**だい-たい【大体】** ㊀(名) あらましのこと。おおよそのこと。大略。almost 用例 準備の—ができた。—の説明を聞く。㊁(副) ①大部分。総じて。たいがい。generally 用例 —書き終えた。②おおよそ。ほぼ。約。about 用例 —いつごろまでかかるか。③もともと。そもそも。first of all 用例 —頼み方がよくない。

●胎蔵界曼荼羅 部分。教王護国寺(京都府)。

**だい-たい【大隊】** 軍隊の編制単位の一つ。連隊の下、中隊の上。旧日本陸軍では歩兵四個中隊と機関銃一個中隊で構成。battalion

**だい-たい【大▼腿】** 足のつけ根からひざまでの部分。大腿骨・大腿四頭筋・大腿二頭筋などからなる。もも。太もも。thigh 用例 —骨折。↓足図

**だい-たい【代替】**(名・サ変他) 他の物で代えて、まにあわせること。代用。だいがえ。substitution

**だい-だい【▼橙】** ミカン科の常緑小高木。柑橘類の一種。果皮は濃橙色で、果肉は酸味が強く苦味がある。花と葉を香料に、果実を食酢やジャムなどに利用。サワーオレンジ。bitter orange ↓写

●ダイダイ 花(上)と実(下)。

**だい-だい【代代】**(名・副) 何代も続くこと・さま。よよ。歴代。for generations

**だいだい-いろ【▼橙色】** 赤みをおびた黄色。

**だいたい-エネルギー【代替エネルギー】** 石油エネルギーに代わるエネルギー。昭和五五年(一九八〇)公布の代替エネルギー法では、石炭・原子力・天然ガス・地熱などをいう。substitutional energy

**だいだい-かぐら【▽太▽太神楽・大大神楽】** 伊勢神宮で一般人が奉納して行われる神楽。太神楽。

**だいたい-こうか【代替効果】** 同じ用途をもつ二つの商品の価格が変化したとき、相対的に高くなった商品から相対的に安くなった商品に消費者の需要が移ること。substitution effect

**だいたい-こつ【大▼腿骨】** 大腿にある人体中最大の長骨。femur

**だいたい-ざい【代替財】** 米とパン、バターとマーガリンなど、同じような使われ方をし、競合する財。substitutional goods 対義 補完財。

**だいたい-しとうきん【大▼腿四頭筋】** 大腿の前面にある筋肉。ひざを伸ばし、ももを持ち上げるための筋肉で、直立や歩行に重要。quadriceps ↓筋肉図

**だいたいしとうきん-こうしゅくしょう【大▼腿四頭筋拘縮症】** 大腿四頭筋の一部がひきつれて筋肉の伸び縮みが悪くなり、歩行障害をまねく病気。おもに、筋肉注射が原因。quadriceps contracture

**だいだい-ず【▼橙酢】** ダイダイの絞り汁。酸味が強い。ポン酢。

**だいだい-てき【大大的】**(形動) 大がかりなさま。大げさ。on a large scale 用例 —に宣伝する。

**だい-だいり【大内裏】** 古代の京の北端中央部を占め、内裏と諸官庁があった地域。平安京では東西約一km、南北約一・二五kmの長方形。築地(大垣)で囲み、朱雀門などの諸門があった。↓図

**だい-たすう【大多数】** ①非常に数の多いこと。②大部分。large majority

**タイタニック-ごう【タイタニック号】**(The Titanic) 一九一一年に建造されたイギリスの豪華客船。総トン数四万六三二八トン。翌年の処女航海で、ニューファンドランド沖で氷山に衝突沈没し、一五一三人が死亡する最大級の海難事故となった。↓写

**だいだ-ぼうし【大太法師】** ↓だいだらぼうし(大太法師)

**だいだら-ぼうし【大▽太法師】** 伝説上の巨人。また、その伝説。一晩にして富士山や琵琶湖を作ったという。だいだぼうし。だいだらぼっち。だいだらぼう。だいだぼっち。

**ダイダロス【Daidalos ギリシア】** ギリシア神話の工匠・発明家。クレタ島の迷宮を作った。ミノス王の怒りにふれ投獄されたが、人工翼を作って息子とともに脱出した。

**タイタン【Titan】** ↓ティタン

**たい-だん【対談】**(名・サ変自) 二人で向かい合ってある主題を中心に話し合うこと。対話。dialog 比較 鼎談。

**たい-だん【退団】**(名・サ変自) 団体の成員であることをやめること。leave the troupe 対義 入団。

**だい-たん【大胆】**(名・形動) 対義 小胆。①度胸のあること・さま。boldness ②ずぶといこと・さま。impudence

**だい-だんえん【大団円】** 小説・劇・事件などで、すべてがまるくおさまる最後の場面。大尾。grand finale 用例 —を告げる。

**だいたん-ふてき【大胆不敵】**(名・形動) 少しも恐れないこと・さま。fearlessness

**たい-ち【対地】** 空中から地上に対すること。against the ground 対義 対空。

**たい-ち【対置】**(名・サ変他) 向き合うように置くこと。用例 反論を—する。

●タイタニック号

**だい-ち【大知・大▼智】** すぐれた知恵。賢い人。たいち。対義 小知。

**大智は愚の如し**(たいちはぐのごとし) 賢明な人は、自らをひけらかさないから、一見したところ愚者のようにみえる。大賢は愚なるが如し。Still waters run deep.

**だい-ち【代地】** 代わりの土地。かえ地。substitute land 用例 —の提供。

**だい-ち【代置】**(名・サ変他) 代わりに他の物を置くこと。substitution

**だい-ち【台地】** 低地より一段高く、表面が平坦で、少なくとも一方の縁が急斜面で低地に臨んでいる地形。起伏が大きければ丘陵とよび、海抜高度の大きいばあいは高原という。日本では、洪積世の堆積物や火山灰などからなる。plateau; tableland

**だい-ち【大地】** ㊀①地面。the earth ②広々とした土地。だいじ。land ㊁《原題The Good Earth》パール＝バックの小説。一九三一年発表。三部作『大地の家』(The House of Earth)の第一部。中国農民の年代記。

**大地に槌**(だいちにつち) 確実で少しもはずれることがないたとえ。

**大地を見抜く**(だいちをみぬく) すぐれた眼識で、物事を見ぬく。

**だい-ちこうたい【大地溝帯】** ①平行な正断層にはさまれた沈降地帯。東アフリカやライン地方などにある。great rift valley ②↓

●大内裏　平安京大内裏

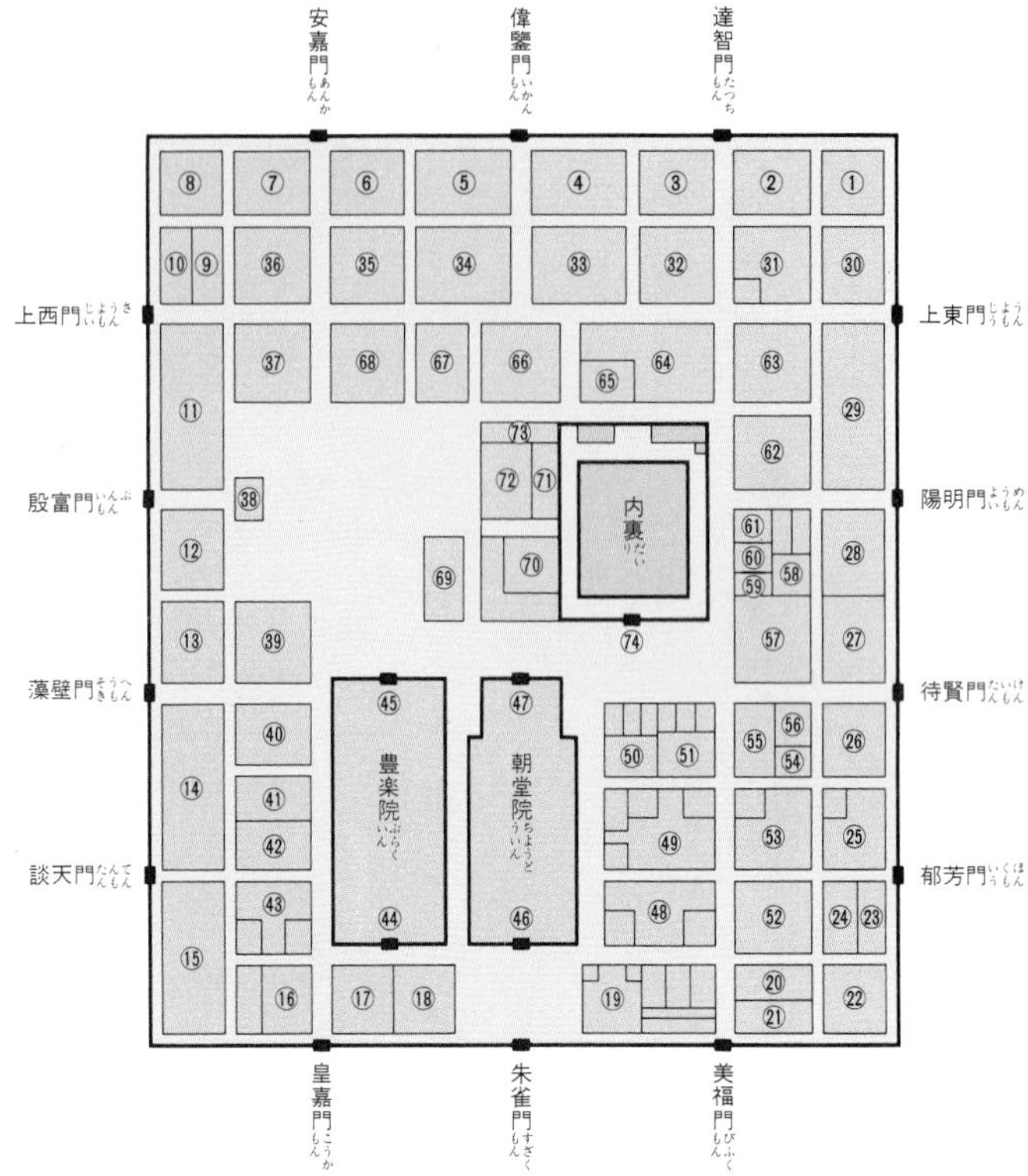


①茶園
②主殿寮
③④⑤⑥大蔵
⑦兵庫寮
⑧漆室
⑨采女司
⑩正親司
⑪右近衛府
⑫右兵衛府
⑬内匠寮
⑭左馬寮
⑮右馬寮
⑯刑部省
⑰弾正台
⑱兵部省
⑲式部省
⑳大舎人寮
㉑侍従厨
㉒雅楽寮
㉓東院
㉔神祇官
㉕大炊寮
㉖大膳職
㉗東雅院
㉘左兵衛府
㉙左近衛府
㉚内教坊
㉛大宿直
㉜率分蔵
㉝長殿
㉞㉟大蔵
㊱大蔵省
㊲図書寮
㊳武徳殿
㊴造酒司
㊵典薬寮
㊶御井
㊷中務厨
㊸治部省
㊹豊楽門
㊺不老門
㊻応天門
㊼昭慶門
㊽民部省
㊾太政官
㊿中務省
51 陰陽寮
52 廩院
53 宮内省
54 主水司
55 西院
56 醤院
57 西雅院
58 内竪所
59 一本御書所
60 南所
61 外記庁
62 職御曹司
63 梨本
64 縫殿寮
65 南院
66 内蔵寮
67 掃部寮
68 大歌所
69 真言院
70 中和院
71 采女町
72 内膳司
73 糸所
74 建礼門

読み方は『古事類苑』などによる

フォッサマグナ

**だいちどろん【大▼智度論】**『大品般若経』の注釈書。竜樹の著とされていて、鳩摩羅什の漢訳で知られる。一〇〇巻。多くの経典を引用し、大乗仏教を詳説、仏教の百科事典にもなっている。

**だいちのうた【大地の歌】**《原題Das Lied von der Erde ドイツ》マーラー作曲の交響曲。一九〇九年作。六楽章。歌詞はベートゲ翻訳・編集の詩集『シナの笛』中の李白らの漢詩による。独唱と管弦楽が一体化している。

**たい-ちゃ【▼鯛茶】**「たいちゃづけ」の略。

**たい-ちゃ-づけ【▼鯛茶漬(け)】**タイの刺身をのせたお茶漬け。すりおろしたごまにしょうゆなどで調味したごまじょうゆを添える。

**たいちゅう【台中】**中国、台湾中西部、台中盆地の都市。米・サトウキビ・果実などの集散地。人口六一万(一九八六)。タイチュン。

**タイチュン【台中】**(Táizhōng) →たいちゅう(台中)

**たい-ちょ【大著】**①すぐれた著述。great work ②分量の多い著書。voluminous work ③他人の著述をいう敬語。

**たい-ちょう【体長】**動物などのからだの長さ。length

**たい-ちょう【体調】**身体の調子。からだのぐあい。condition 用例 ―が悪い。

**たい-ちょう【退庁】**(名・サ変自) 仕事が終わって役所を出ること。leave one's office 対義 登庁。

**たい-ちょう【退潮】**①ひきしお。干潮。ebb tide ②勢いが衰えること。decline

**たい-ちょう【隊長】**一隊の指揮者。leader 用例 登山隊の―。

**だい-ちょう【台帳】**①商家で使う、日々の勘定の元帳。②土台となる帳簿。原簿。original register 用例 土地―。③芝居で、脚本。台本。script

**だい-ちょう【大腸】**消化管の最終部分。長さ約一・六m。おもに水分を吸収し、糞便を形成する。脊椎動物では、盲腸・結腸・直腸に分かれる。large intestine →腸図

**だいちょう-えん【大腸炎】**寄生虫や細菌によっておこる大腸の炎症。病状は病原体により多彩だが、急性では腸の疝痛・下痢が特徴。colitis

**たいちょう-かく【対頂角】**二つの直線が交わるところにできる四つの角のうち、たがいに向かいあった二つの角。vertically opposite angle →図

●対頂角

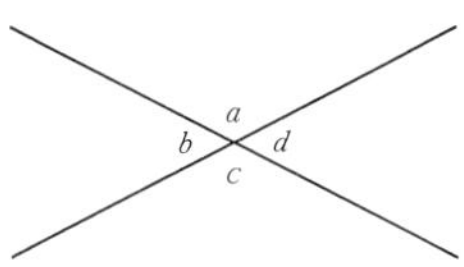


$\angle a=\angle c$　$\angle b=\angle d$

**だいちょう-きん【大腸菌】**ヒトを含めて哺乳類などの結腸をおもな寄生場所とする細菌。乳糖を分解しガスを産生。病原性は非常に低い。colon bacterium

**タイツ【tights】**伸縮性のある生地でつくられ、からだに密着する衣服。おもに下半身用で、バレエや運動のさい、また防寒用として着用。参照 レオタード。

**だい-つう【大通】**人情や遊びの道に詳しいこと・人。man of the world

**たい-てい【大帝】**すぐれた帝王。great emperor 用例 ピョートル―。

**たい-てい【退廷】**(名・サ変自) 法廷などから退出すること。leave the court 対義 出廷・入廷。

**たい-てい【大抵】**㊀(名) ①おおよそ。おおかた。たいがい。mostly 用例 ―の人々。②《下に打ち消しをともなって》ひととおり。なみなみ。ふつう。ordinary 用例 ―のことでは負けない。㊁(副) ①たぶん。おそらく。probably 用例 ―だいじょうぶだろう。②ほどほど。用例 うそも―にしろ。

**たい-てき【大敵】**対義 小敵。①多人数の敵。great number of enemies ②強い相手。powerful enemy 用例 油断―。

**たい-てき【対敵】**㊀(名・サ変自) 敵に向かうこと。hostilities ㊁(名) 相対している敵。antagonist

**たい-てん【大典】**①重大な儀式。盛典。②重大な法典。用例 不磨の―。③《上に「御」を付けて》天皇の即位の大礼。

**たい-てん【退転・怠転】**(名・サ変自) ①《仏教語》修行などを怠って、もとの下位に戻ってしまうこと。対義 不退転。②うつり変わって悪くなること。③なまけること。idleness; laziness

**たい-でん【帯電】**(名・サ変自) 物体が電気を帯びること。電荷がなかった物体に電荷を与えることを、帯電させるという。electrification

**たいでん【大田】**韓国、忠清南道の道都。鉄道の分岐する交通の要地。農畜産物の集散地。近郊に儒城温泉がある。人口八六・六万(一九八五)。テジョン。

**だい-てん【大▼篆】**漢字の書体の一つ。中国の周の時代にできたといわれる。小篆の前身となったもの。籀文。

**たい-でんあつ【耐電圧】**誘電体に電圧を加えたとき、ちょうど絶縁破壊が起こる電圧の値。spark voltage

**だいでん-きん【大殿筋・大▼臀筋】**臀部のふくらみをつくる大きい筋肉。大腿を後方に引く主力筋で、歩行や直立に重要。gluteus maximus muscle →筋肉図

**たいでん-たい【帯電体】**正または負の電気を保持している物体。摩擦されたエボナイト板やガラス棒など。charged body

**たいでんぼうし-かこう【帯電防止加工】**静電気を帯びてほこりを吸い、火花を出しやすい合成繊維などの帯電を防ぐための加工。antistatic finish

**だい-てんもく【台天目】**高坏のような足付き台にのせた天目茶碗。また、貴人に対する儀礼的な茶の湯で、茶碗を畳の上に直接置かないで、台に載せて扱う作法。

**たい-と【泰斗】**《「泰山北斗」の略》その道であおぎたっとばれている人。権威。用例 国文学界の―。

**タイト【tight】**㊀(名・形動) ぴったりしていること・さま。ひきしまっていること・さま。㊁(名)「タイトスカート」の略。

**たい-ど【大度】**心の広いこと。対義 狭量。用例 寛仁―。

**たい-ど【▼堆土】**高く積み上げた土。また、高くなった土。

**たい-ど【態度】**①考えたことや感じたことのあらわれとしての表情・動作・言葉つき。身ぶり。そぶり。manner; air 用例 ―で示す。反抗的な―。従順な―。②事に応ずる身がまえ・心がまえ。posture; attitude 用例 試験にのぞむ―。―をきめる。

**態度が大きい**(たいどがおおきい) 態度がなまいきである。横柄である。impudent

**だいと【大都】**中国、元朝の首都。現在の北京北半部から北郊の地。金代に中都と称されていたが、一二六四年フビライがこの地に新城を造営、七二年に改称。

**だい-ドイツしゅぎ【大ドイツ主義】**(Großdeutschtum ドイツ) 一九世紀なかば、オーストリアを中心にドイツ統一を実現しようとした主張。普墺戦争でのオーストリアの敗北、北ドイツ連邦の成立により挫折。

**たい-とう【大盗】**大泥棒。だいとう。

**たい-とう【▼擡頭・台頭】**(名・サ変自) ①姿を現すこと。登場。appear ②群を抜いてのしあがること。勢力をもつようになること。進出。gain power ③上奏文などで、高貴な人に関する語が出た場合に、そこで改行し、ふつうより一、二字高く出して書くこと。

**たい-とう【対当】**(名・サ変自) ①相対すること。対立。opposition ②つり合うこと。相当。equivalence

**たい-とう【対等】**(名・形動) 等しいこと・さま。優劣のないこと・さま。同等。equality

**たい-とう【帯刀】**(名・サ変自) 刀を腰につけること。また、その刀。佩刀。

**たい-とう【泰東】**東の果て。東洋の美称。対義 泰西。

**たい-とう【▼駘▼蕩】**(形動トタル) 春のけし

●大道芸
猿回し

蝦蟇の油売り

きの、のどかなさま。用例 春風—。
**たい-とう【▼頽唐】**(名・形動トタル) ①崩れ落ちること・さま。②道徳が乱れること・さま。退廃。
**たい-どう【胎動】**(名・サ変自) ①胎児が母胎内で動くこと。quicken ②内部で着々と活動し始めていること。signs of activities
**たい-どう【帯同】**(名・サ変他) 連れて行くこと。同行。同伴。accompany
**だい-とう【大刀】** 長い刀。対義 小刀。
**だいとう【大東】**〈市〉 大阪市東隣の市。紡績・電機・金属などの工業が活発。「野崎まいり」で知られる野崎観音(=慈眼寺)がある。人口一二万三四〇七(一九八八)。
**だいとう【大東】**〈町〉 岩手県南部、北上高地の町。タバコの栽培や畜産が行われる。人口二万四二二九(一九八八)。
**だいとう【大東】**〈町〉 静岡県南西部、遠州灘に臨む町。茶の栽培を中心に、温室メロン・イチゴ・レタスなどの栽培が行われる。人口一万九二八二(一九八八)。
**だいとう【大東】**〈町〉 島根県東部山間の町。養鶏がさかん。出雲神代神楽で知られる。人口一万六七七四(一九八八)。
**だい-どう【大同】** 一(名) ①だいたい同じであること。nearly the same ②平安初期の年号。延暦から改元。元年(八〇六)五月一八日～五年(八一〇)九月一九日。次に、弘仁に改元。二(名・サ変自) 少しの違いを問題にしないで合同すること。unite 用例 —団結。
**だい-どう【大道】** ①広い道。main street 用例 —商人。②人の行うべき道義。great principle ③道家で、時間・空間を超越し、天地より前に存在して永遠に滅びず、万物を育てる根源的・絶対的な道。
**大道廃れて仁義有り**(だいどうすたれてじんぎあり)《『老子』にある語》大道がすたれたから、仁義を言う必要がおこってきた。
**だいどう【大同】** 中国、山西省北部の鉱工業都市。古来は北方遊牧民族に対する防御の拠点。南西に大同炭田、西方に雲崗石窟がある。人口六九万(一九八六)。タートン。
**だいとうあ-きょうえいけん【大東亜共栄圏】** 第二次大戦中、日本のアジア支配正当化のために唱えられたスローガン。欧米の植民地支配に代わって日本を中心に、満州(現在の中国東北部)・中国・東南アジア諸民族の共存共栄の新秩序を樹立するという構想。
**だいとうあ-しょう【大東亜省】** 昭和一七年(一九四二)設置された官庁。大東亜共栄圏各地の出先機関を統轄するため東条内閣が設置。敗戦にともない廃止。
**だいとうあ-せんそう【大東亜戦争】** 太平洋戦争の日本側の呼称。昭和一六年(一九四一)一二月一二日、対米英戦を支那事変を含めてこうよぶことに決定した。
**だいとういつ-りろん【大統一理論】** 素粒子にはたらく電磁相互作用・弱い相互作用・強い相互作用を統一して扱おうとする理論。grand unified theory
**たいとう-かんけい【対当関係】** 論理学で、同じ主語と述語をもつ四種類の判断、全称肯定・全称否定・特称肯定・特称否定のうち、量と質が異なる判断の間に成り立つ真偽関係。矛盾対当・反対対当・小反対対当・大小対当の四種類がある。opposition
**たいとう-きんしれい【帯刀禁止令】** 明治九年(一八七六)とくに定める者のほかは帯刀を禁じた太政官布告。廃刀令。



**だいどう-げい【大道芸】** 町かどや盛り場で演じる芸。中国伝来の芸能が、中世以後通俗化し、放浪芸人によって大道芸へと変身をとげた。street performance ↓写
**だいどう-こう【大同江】** 北朝鮮(朝鮮民主主義人民共和国)西部、狼林山脈から南西に流れ、平壌を貫流して黄海に注ぐ川。長さ四三〇km。テードンガン。
**だいとう-こくし【大灯国師】** 宗峰妙超の諡。
**たいとう-ごめん【帯刀御免】** 江戸時代、家柄や功労によって武士以外の者に、とくに帯刀を許したこと。
**だいとうさいいき【大唐西域記】** 玄奘の西域・インドの旅行記録。弟子の弁機の編。六四六年成立。当時の各地の仏教事情や地理・風俗などを記した貴重な史料とされる。西域記。西域伝。
**たいとう-ざき【太東崎】** 千葉県、九十九里浜の南端にある岬。ヤブツバキ・ハマエンドウなどの海浜植物群落がある。
**だいどうじ-ゆうざん【大道寺友山】** (一六三九～一七三〇) 江戸中期の軍学者。名は重祐。山城の人。甲州流・山鹿流軍学を学び、会津藩などで教授。著書『武道初心集』など。
**だいどうしょ【大同書】** 中国、清の康有為の著。一九〇二年作。公羊学説により大同世を孔子の理想社会とし、それをヨーロッパ的近代思想で再解釈して一種のユートピア思想を構築、その実現法を説く。
**だいどう-しょうい【大同小異】** 少しの違いがあるのみで、ほぼ同じであること。似かよっていること。似たりよったり。nearly alike
**だいどう-だんけつ【大同団結】** ①主義主張の異なる多くの団体・党派が、意見の違いを超えて一つの目的のもとに団結すること。②明治二〇～二二年(一八八七～八九)、自由民権諸派の反政府の統一運動。旧自由党系・改進党系の政治家が結集し一致合同して藩閥政府攻撃を行った。
**だいとう-の-みや【大塔宮】** 護良親王の別称。おおとうのみや。
**だい-どうみゃく【大動脈】** 血液を心臓から体全体に送る体循環の大もとの動脈。心臓の左心室からおこり、上行大動脈・動脈弓・下行大動脈の三部に分かれ、それぞれ分枝をもつ。aorta ↓心臓図
**だいどうみゃくべん-きょうさくしょう【大動脈弁狭▼窄症】** 心臓弁膜症の一つ。先天性と後天性があり、いずれも左心室の活動量の増加と、冠状動脈血流の低下で心不全を起こし突然死の原因にもなる。aortic stenosis
**だいどうみゃくべん-へいさふぜんしょう【大動脈弁閉鎖不全症】** 大動脈弁の閉鎖が不完全となり、血液が心臓内に逆流する心臓病。原因はリューマチ・梅毒によるものが多く、動悸・息切れがあり、重症では心不全になる。aortic insufficiency
**だいどうみゃく-りゅう【大動脈▼瘤】** 大動脈壁の一部が弱くなり、血液の圧力により袋状または紡錘状に拡張したもの。胸部大動脈瘤・腹部大動脈瘤などがあり、破裂すると危険。aortic aneurysm
**だい-とうりょう【大統領】** ①共和国での元首の呼び名。直接選挙または間接選挙で選出され、行政権を統轄し、国を代表する人。行政権の最高首長として権限を行使する場合と、単に形式的権限にとどまる場合がある。president ②芝居などで、演技者をほめるときのかけ声。
**だいとうりょう-せい【大統領制】** 大統領を公選で決める共和制の政府形態。狭義には議院内閣制を採用しないアメリカ型をさし、この場合、大統領は元首の地位と行政府の首長を統合した強大な権力をもつ。presidential system
**だいとうりょう-ほさかん【大統領補佐官】** アメリカで、大統領が行う政治をホワイトハウスで直接補佐する役職。大統領のブレーンとして、その権限は強い。assistant to the President
**だいと-が【大渡河】** 中国、四川省西部の川。標高一五〇〇m以上の峡谷を流れる急流で、岷江に合流して揚子江に注ぐ。長さ一〇〇〇km。一九三五年紅軍長征時の渡河作戦は有名。タートゥーホー。
**たい-とく【体得】**(名・サ変他) ①よく理解して自分のものにすること。master ②体験してみてわかること。learn through experience
**たい-どく【胎毒】**《かつては母の胎内で受けた毒によるとされたことから》幼児の頭・顔などにできる種々の皮膚病の俗称。congenital-syphilis
**だい-とく【大徳】** ①大きな徳。偉大な徳性。高徳。②高徳の僧。転じて、僧。だいとこ。③金持ち。有徳。
**大徳は小怨を滅す**(だいとくはしょうえんをめっす) 大きな恩徳をほどこしていれば、その人に対する小さなうらみごとなどは、しぜんと消えてしまうものである。
**だい-どく【代読】**(名・サ変他) 祝辞などを、本人に代わって読むこと・人。read by proxy
**だいとく-じ【大徳寺】** 京都市北区紫野大徳寺町にある臨済宗大徳寺派の大本山。山号は竜宝山。正中元年(一三二四)宗峰妙超の開山。五山の筆頭だったが、永享三年(一四三一)五山派を離れた。応仁の乱の被災後、堺の豪商の援助をうけて一休宗純が堂宇を再建。村田珠光が一休に参禅したことから、以後、茶道との縁の深いことで知られる。
**たいと-ごめ【大▽唐米】** ベンケイソウ科の多年草。高さ約七cm。茎は海岸の岩上をはい、先端に米粒状の葉をつける。五～七月に黄色の小花が咲く。
**だい-どころ【台所】**《「台盤所」の略》①住宅内で炊事をする場所。厨房。勝手。くりや。kitchen ②家計のやりくり。household economy 用例 —は火の車。
**タイト-スカート【tight skirt】** ヒップから裾にかけて、からだにぴったりした形のスカート。↓図

●タイトスカート

**タイト-スクラム【tight scrum】** ラグビーで、スクラム(セットスクラム)の旧称。比較 ルーススクラム。
**タイトル【title】** ①題。題目。表題。②称号。かたがき。③字幕。④ボクシングなどの選手権。
**タイトル-バック**《和製語。title background から》映画やテレビなどで、字幕の背景として構成される場面。
**タイトル-マッチ【title match】** 選手権を争う試合。
**タイド-ローン【tied loan】** 資金借り入れの見返りとして、貸付国から特定の資材を輸入することが条件とされている借款。貸付国の輸出振興策の一つ。ひも付き融資。対義 アンタイドローン。
**たい-ない【体内】** からだの内部。inside the body 対義 体外。
**たい-ない【対内】** 組織の内部や国内に関すること。domestic 対義 対外。
**たい-ない【胎内】** 母の腹の中。inside the womb 用例 —に宿る。
**たいない-じゅせい【体内受精】** 受精が雌の体内で行われること。一般に陸生の動物で見られ、交尾によって精子が雌の体内に送りこまれる。internal fertilization
**たいない-どけい【体内時計】** ↓せいぶつどけい(生物時計)
**だい-なごん【大納言】** ①律令制下、太政官の次官。政務の審議に加わり、大臣不在のときはこれを代行。②明治時代、太政官制における官職。明治二年(一八六九)設置され、同四年廃止。
**だいなごん-あずき【大納言小豆】** アズキの一種。大粒で色が濃く、味もよい。尾張が原産なので、尾州家尾張大納言にかけたしゃれでこの名があるという。オワリアズキ。

▼常用漢字表外。 ▽常用漢字表の音訓外。

**だい-なし【台無し】**(名・形動) 役に立たなくなること・さま。spoil

**ダイナマイト【dynamite】** 吸収剤にニトログリセリンを吸収・安定させた爆破薬。ノーベルが発明。日本ではニトログリセリンを七%以上含むものをいう。現在は、吸収剤として硝酸セルロースが用いられる。酸化剤や可燃物を加えたもの、粉末のものなどがある。

**ダイナミック【dynamic】**(形動) 力強いさま。動的。対義 スタティック。

**ダイナミック-スピーカー**《和製語。electrodynamic loudspeakerから》磁場中にコイルや金属箔の振動板を置き、電流が流れると導体に駆動力が生ずる現象を利用したスピーカー。もっともすぐれたスピーカーで、広く用いられている。

**ダイナミック-プログラミング【dynamic programming】** 動的計画法。相次いでなされる意思決定の最適解または近似解を得るための数学的な手法。DP。

**ダイナモ【dynamo】**↓はつでんき(発電機)

**ダイナモ-りろん【ダイナモ理論】** 地磁気の原因を、発電機の起電の原理と同様の作用で説明する理論。おもに溶融状態の鉄やニッケルからなる核の中で、自転などにより対流が起きて電流が流れ、磁場が発生すると考える。dynamo theory

**たいなん【台南】** 台湾南西部の都市。台湾最古の都市で、一六六一年鄭成功により台湾府が設けられて以来、繁栄。人口五八万(一九九六)。タイナン。

**だい-なん【大難】** ①大きな災難。terrible disaster 対義 小難。用例 ―を逃れる。②非常な困難。great difficulty

**だい-に【大弐】** 大宰府の首席次官。少弐の上。

**だいに-アルコール【第二アルコール】** 水酸基のついている炭素原子に水素原子が一個ついているアルコール。酸化されるとケトンになる。secondary alcohol

**だいに-インターナショナル【第二インターナショナル】**(the Second International) 第一インターナショナルの後を受けて一八八九年パリで設立された、社会主義政党・労働組合の国際組織。第一次大戦で解体したが一九二〇年再建され、第三インターナショナルと対立。第二次大戦によって消滅。五一年の社会主義インターナショナルに受け継がれた。

**だいに-うちゅうそくど【第二宇宙速度】** ロケットなどが地球の引力をふりきって宇宙空間に飛び出すための最小の速度。秒速約一一・二キロメートル。second astronautical velocity

**だいに-ぎ【第二義】** 根本的でない意義。secondary 比較 第一義。

**だいに-きょうわせい【第二共和政】**(la IIe République Française) 一八四八年の二月革命で成立したフランスの共和政。経済危機・六月事件、王党派の増大などに直面する中で憲法を制定。大統領に就任したルイ=ナポレオンが五一年クーデターを敢行、憲法を改正。五二年第二帝政成立で崩壊。

**だいに-くみあい【第二組合】** すでにある労働組合(=第一組合)に対抗して、新たに同一企業内に結成される組合。

**だいにじ-さんぎょう【第二次産業】** 製造・加工業を中心とした産業。鉱工業・製造・建設・土木など。secondary industry 比較 第一次産業・第三次産業。

**だいにじ-せいちょう【第二次性徴】** 性的に成熟した動物(ヒトの場合は青春期以降)にみられる、生殖腺や生殖器以外の外観上の差異をいう。なお心理・行動面での雌雄差を第三次性徴という。secondary sex character

**だいにじ-せかいたいせん【第二次世界大戦】** 一九三九～四五年、日本・ドイツ・イタリアの枢軸国とイギリス・アメリカ・ソ連・中国などの連合国の間に行われた世界的規模の戦争。三九年九月ドイツのポーランド侵攻、イギリス・フランスの対独宣戦で開戦。ドイツはパリを占領するなど優位に立ち、四一年には対ソ戦争も開始。また、対中国戦争を行っていた日本も同年(昭和一六)一二月アメリカ・イギリスと開戦(=太平洋戦争)、西太平洋域を制圧し戦火は全世界に波及した。四二年以降、連合軍はヨーロッパ・太平洋で反撃に転じ、ノルマンディー上陸作戦に成功。四三年にイタリア、四五年五月にはベルリン陥落によりドイツが降伏。同年(昭和二〇)八月、日本も降伏して終戦。World War II

**だいにじ-ひゃくねんせんそう【第二次百年戦争】** 一七世紀末から一九世紀初め、イギリス-フランス間で、海上権や商権、植民地支配をめぐる覇権争奪のため繰り返し行われた戦争。中世末の百年戦争にちなんだ呼称。the Second Hundred Year's War

**だいに-シベリアてつどう【第二シベリア鉄道】**↓バムてつどう(バム鉄道)

**だいにしゅ-けんぎょうのうか【第二種兼業農家】** 兼業農家のうち、農業収入が従であるもの。

**だいにしゅ-ゆうびんぶつ【第二種郵便物】** 内国通常郵便物の一つ。郵便はがき。

**だいに-せいしつ【第二性質】** ジョン=ロックの認識論の用語。物体が備えている、心に観念を生起させる二つの性質のうち、色・音・香・味などの感覚を生じさせる力。secondary qualities

**だいに-せかい【第二世界】** ①ソ連と東ヨーロッパ社会主義諸国。the Second World ②中国の「三つの世界論」で、日本とヨーロッパ諸国。the Second World 比較 第一世界・第三世界。

**だいに-せかいぎんこう【第二世界銀行】** 国際開発協会の通称。第二世銀。

**だいに-せんせん【第二戦線】** 敵の兵力を分散させるために、主要戦線から離れた地域に設ける戦線。

**たい-にち【滞日】**(名・サ変自) 日本に滞在すること。留日。stay in Japan

**たい-にち【対日】** 日本に向かってのこと。日本に対すること。toward Japan; against Japan 用例 ―請求権。

**だい-にち【代日】** ①代わりの日。②休日に働いた代わりの休日。代休。だいじつ。

**だいにち-きょう【大日経】**『大毘盧遮那成仏神変加持経』の通称。密教の基本経典。真言三部経の一つで胎蔵の教理を説く。七巻。七世紀ごろインドで成立。唐の善無畏・一行の共訳。毘盧遮那経。

**たいにち-こうわじょうやく【対日講和条約】**(Treaty of Peace with Japan) 昭和二六年(一九五一)のサンフランシスコ講和会議で連合国と日本との間に調印された講和条約。日米安全保障条約が同時に結ばれたこともあって、全交戦国との講和は実現しなかった。サンフランシスコ講和条約。

**たいにち-しょう【対日照】** よく空が澄んでいる夜半前後、黄道上の太陽と反対の点を中心として見られる淡い光。たいじつしょう。counter glow

**たいにち-せんりょうせいさく【対日占領政策】** 第二次大戦後、対日講和条約の発効までの間、アメリカを主体とする連合国軍が日本に対して行った占領統治の諸施策。Allied Occupation policy over Japan

**だいにち-だけ【大日岳】** 富山県東部、飛驒山脈中の山。標高二五〇一m。奥大日岳へ通じる大日尾根は立山修験道の行者ルートで知られる。

**だいにち-にょらい【大日如来】**《Mahāvairocana梵、摩訶毘盧遮那と音写される。日輪の意》真言密教の教主。宇宙の本体であり、あらゆる仏・菩薩もこの如来より生まれるとされる法身仏。大光明。遍照。↓写

**たいにち-りじかい【対日理事会】**(Allied Council for Japan) 昭和二〇年(一九四五)第二次大戦後の日本を管理するために連合国が東京に設置した、連合国最高司令官の諮問機関。同二七年(一九五二)消滅。

**だいにっぽん-いんさつ【大日本印刷(株)】** 印刷業界の最大手企業。明治二七年(一八九四)設立。

**だいにっぽん-ていこく【大日本帝国】** 明治憲法下での日本の正式な国号。だいにほんていこく。

**だいにっぽんていこく-けんぽう【大日本帝国憲法】** 天皇主権を基本原則とした日本最初の近代的成文憲法。明治二二年(一八八九)二月一一日発布、翌年施行。昭和二二年(一九四七)廃止。明治憲法。

**だいに-ていせい【第二帝政】** 一八五二～七〇年、ナポレオン三世治下のフランスの政体。行政・軍事・外交・立法などの全権を皇帝が掌握。対外的には進出したが、普仏戦争に大敗、崩壊。

**だいに-にんしょう【第二人称】**↓ににんしょう(二人称)

**だいに-の-さんみ【大弐三位】**(一〇〇〇?～八二?) 平安中期の女流歌人。名は賢子。紫式部の娘。後冷泉天皇の乳母となる。大宰大弐高階成章の妻。家集『大弐三位集』。

**だいに-バクーゆでん【第二バクー油田】**(Vtoroy Baku Neftyanoy Rayon)↓ボルガウラルゆでん(ボルガ-ウラル油田)

**だいに-バチカンこうかいぎ【第二バチカン公会議】** ローマ-カトリック教会が「現代化」を目標に行った公会議。会期は一九六二年から六五年。教会の改革、典礼・制度の刷新、現代社会への対応などを打ち出した。バチカン公会議。Second Vatican Council

**だいにほんえんかいよちぜんず【大日本沿海輿地全図】** 江戸後期に作製された日本最初の実測地図。伊能忠敬が寛政一二年(一八〇〇)から一七年間かけて日本全国を測量し、忠敬の死後、文政四年(一八二一)門弟の高橋景保が完成。伊能図。

**だいにほんこきろく【大日本古記録】** 日本史各時代の代表的な古記録を、最良の底本によって翻刻したもの。東京大学史料編纂所編。昭和二七年(一九五二)以来刊行中。

**だいにほん-こくぼうふじんかい【大日本国防婦人会】**↓こくぼうふじんかい(国防婦人会)

**だいにほんこもんじょ【大日本古文書】** 東京大学史料編纂所編の古文書集。明治三四年(一九〇一)より刊行中。正倉院文書の「編年文書」(完結)、寺社・大名家別の「家わけ文書」、嘉永六年(一八四九)以降の「幕末外国関係文書」(続刊中)の三種類がある。

●大日如来 『金剛界大日如来坐像』金剛峯寺(和歌山県)。

**だいにほん-さんぎょうほうこくかい【大日本産業報国会】** 第二次大戦下の労働者の統制組織。昭和一三年(一九三八)結成された産業報国連盟を、同一五年(一九四〇)解消発展させて成立。労働者のストライキ禁止、戦時動員体制を確立した。

**だいにほんし【大日本史】** 神武～後小松天皇の歴史を紀伝体で記した歴史書。三九七巻。水戸徳川家編纂。明暦三年(一六五七)徳川光圀の命により着手、明治三九年(一九〇六)完成。幕末の尊王思想に大きく影響。

**だいにほんしりょう【大日本史料】** 日本史史料集。東京大学史料編纂所編。『六国史』に続く平安時代から明治維新までの史料を年月日順に編集したもので、明治三四年(一九〇一)以来、刊行中。

**だいにほんちめいじしょ【大日本地名辞書】** 国郡の区分により地名の由来・変遷・史跡などを説いた地誌。吉田東伍編。明治三三～四〇年(一九〇〇～〇七)、冨山房刊。

**だいにほん-ちゃどうがっかい【大日本茶道学会】** 流派や家元制度を廃止するなど、茶事万般の改革につとめる茶道研究の学会。明治三一年(一八九八)に田中仙樵が創立。現在は三代目仙翁。

**だいにほん-ふじんかい【大日本婦人会】** 第二次大戦中、二〇歳未満の未婚者をのぞく日本人女性全員を組織するために設立された婦人団体。昭和一七年(一九四二)国防婦人会・愛国婦人会などを統合して結成。大政翼賛会加盟。同二〇年(一九四五)解散。

**だいにほん-ぶとくかい【大日本武徳会】** 武道の保護・奨励と国民の尚武精神の興起を目的とした全国的団体。明治二八年(一八九五)創立、昭和二一年(一九四六)解散。

**だいに-みなまたびょう【第二水俣病】** 昭和三九年(一九六四)から同四〇年にかけて新潟県阿賀野川流域に発生した有機水銀中毒症。工場廃液中のメチル水銀によるもので、毛髪や血中の水銀濃度が高く、症状も水俣病と似ていることから名づけられた。

**だいに-むろとたいふう【第二室戸台風】** 昭和三六年(一九六一)九月、関西地方をおそった台風。死者と行方不明者二〇二名。参照 室戸台風。

**だい-にゅう【代入】**(名・サ変他) 変数に、特定の数値または他の変数を与えること。substitution

**だいにゅう-ほう【代入法】** 連立方程式の解法の一つ。たとえば未知数 $x$、$y$ の連立方程式



↓行き先項目、図版・写真参照印。 JIS 日本工業規格情報交換用漢字符号コード(区点コード)。

において、一つの式を$x$について解いて、それを他の式の$x$に代入し、$y$のみの方程式を導いて解く方法。method of substitution

**たい-にん【大任】** だいじな役目。大きな任務。great task

**たい-にん【体認】**(名・サ変他) 体験を通して認識すること。

**たい-にん【退任】**(名・サ変自) 任務をやめること。retirement 対義 就任。

**だい-にん【大人】** おとな。adult 対義 小人。

**だい-にん【代人】** 代わりの人。代理人。proxy 用例 ―をたてる。

**ダイニン【dynein】** 鞭毛や繊毛の微小管の周辺にあるたんぱく質。ATPアーゼの一種で運動に関与するといわれる。

**ダイニング-キッチン**《和製語》一室で台所と食堂の機能を備えた部屋。DK。

**ダイニング-セット【dining set】** 食卓と、数脚の肘無し椅子を一組みにしたもの。

**ダイニング-ルーム【dining room】** 食事をする部屋。食堂。

**たい-ねつ【耐熱】** ①高温での使用にも変質しないで耐えられること。heat resistance ②急熱急冷に耐えられること。

**だい-ねつ【大熱】** ①ひどく高い体温。高熱。high fever ②文語的 大変な暑さ。大暑。炎暑。

**たいねつ-ガラス【耐熱ガラス】** 熱で軟化しにくく、急熱急冷に強いガラス。硼珪酸塩ガラス・石英ガラスなど。直火で使用する理化学器具・調理器具などに利用。heat-resisting glass

**たいねつ-こう【耐熱鋼】** 高温でも機械的強度を保ち、耐食性にすぐれた鋼。クロム一五～二〇%、ニッケル一〇～二五%、モリブデン少量のオーステナイト系耐熱鋼は七五〇℃程度まで耐える。ジェットエンジン材料などに用いる。heat-resisting steel

**たいねつ-ごうきん【耐熱合金】** 高温での機械的強度・耐食性にすぐれた合金の総称。耐熱鋼が代表的。より高温の場合は、ニッケルやコバルトの合金を使用。high temperature alloy

**だい-ねんぶつ【大念仏】** 多人数が集まって、大声で念仏を唱えること。

**だいねんぶつ-じ【大念仏寺】** 大阪市平野区平野上町にある融通念仏宗の総本山。大治二年(一一二七)良忍の開創。

**だい-の【大の】**(連体) ①大きな。big 用例 ―男。②非常な。very; great 用例 ―仲よし。

**たい-のう【滞納・怠納】**(名・サ変他) 租税などを期間内に納めないこと。arrearages 比較 延納。

**だい-のう【大脳】** 脳のうち、中脳・大脳半球・間脳の総称。高等動物ほど発達している。大脳半球は大脳皮質と大脳髄質からなるが、これだけを大脳という場合もある。cerebrum ↓脳図

**だい-のう【大農】** ①機械力などを用いる大規模な農業。対義 小農。②資産のある農家。豪農。

**だい-のう【代納】**(名・サ変他) ①本人に代わって納めること。payment by proxy ②税などを金銭の代わりに物で納めること。pay in kind

**だいのう-かい【大納会】** 取引所で行われる一年の最後の立ち会い。例年、一二月二八日。対義 大発会。

**たいのう-しょぶん【滞納処分】** 税金の納入が遅れている者が督促に応じない場合、その財産を差し押さえたり、処分したりする行政上の強制執行。disposition for default

**だいのう-ずいしつ【大脳髄質】** 大脳半球の内部にある神経線維のあつまった白色の部分。視床や視床下部、大脳核がある。ヒトは他の動物とくらべ、この大脳髄質が発達している。cerebral medullary center

**だいのう-せいりがく【大脳生理学】** 大脳を中心とする動物の中枢神経系生理の高次の機能を、自然科学的手法で解明しようとする学問。cerebrophysiology

**だいのう-ひしつ【大脳皮質】** 大脳半球の表面にある薄い灰白質の神経細胞の層。新・古・旧の三つの皮質からなり、高等動物ほど新皮質が発達している。cerebral cortex

**だいのう-へんえんけい【大脳辺縁系】** 大脳皮質の発達でできた新脳と旧脳の移行部分と、旧皮質・古皮質を合わせた部分。嗅覚や味覚などの原始感覚、また食欲・性欲と情動の中枢。limbic system

**たい-の-うら【▼鯛ノ浦】** 千葉県南部、天津小湊町の小湾。船端をたたくと浮上する鯛の見物で有名。日蓮聖人ゆかりの地。妙ノ浦。

**たい-の-え【▼鯛の▼餌】** タイ類の口腔に寄生する、小判形のウオノエ科の甲殻類。体長は雄約一・五cm、雌約五cm。胸脚にあるかぎ状の指節で固着。日本全土に分布。

**ダイノソア【dinosaur】**《ギリシア語のdeinos(恐ろしい)とsauros(トカゲ)を合成してつくった英語》恐竜。ダイノサウルス。

**だい-の-つき【大の月】** 一か月の日数が、陽暦で三一日ある月。一、三、五、七、八、一〇、一二月のこと。陰暦では三〇日ある月。対義 小の月。

**だい-の-むし【大の虫】** 大きな虫。対義 小の虫。

**大の虫を生かして小の虫を殺す** やむをえないときは、大事のために小事を犠牲にする。Lose a leg rather than a life.

**たい-の-や【対の屋】** 寝殿造りで基本的には寝殿の東・西・北に置かれた別棟の建物。寝殿とは渡殿という廊下で結ばれていた。家族などが住んだ。

**たい-は【大破】**(名・サ変自他) ①ひどく壊れること。serious damage 対義 小破。②相手をこっぴどく負かすこと。beat severely

**だい-ば【台場】** 江戸時代につくられた砲台。とくに、ペリー来航のとき東京品川沖につくられたものは「御台場」とよばれて有名。

**ダイバー【diver】** ①潜水する人。用例 スキン―。②水泳競技の飛び込みの選手。③パラシュートを背にして空中を遊泳する人。用例 スカイ―。

**ダイバーシティー-ほうしき【ダイバーシティー方式】** 信号電波の受信に二種類以上のアンテナと受信機を用い、受信信号を合成する方式。雑音の多い短波などに使用。diversity receiving system

**たい-はい【大杯・大▼盃】** 大きなさかずき。大白。large cup

**たい-はい【大▼旆】** ①大きな旗・旗印。②昔、中国で、天子・将軍用の旗。

**たい-はい【大敗】**(名・サ変自) さんざんに負けること。crush defeat 対義 大勝。用例 ―を喫する。

**たい-はい【帯▼佩】** ①刀などを身におびること。その姿。用例 容儀―。②舞楽・能・武術などの技芸の型・作法。

**たい-はい【退廃・▼頽廃】**(名・サ変自) ①崩れすたれること。ruin ②不健全になること。デカダンス。decadence

**たいはい-てき【退廃的】**(形動) 退廃しているさま。decadent

**だい-ばかり【台▼秤】** 秤の一つ。台上にのせた物の重さは、てこによってさおばかりに伝えられ、分銅の重さと目盛りさおに沿って移動する送りおもりで釣り合わせ、目盛りを読む。platform balance

**たい-はく【大白】** 大杯。

**たい-はく【太白】** ①純白の砂糖。②ふとい絹糸。③《「太白あめ」の略》白くてかたいあめ。④サツマイモの一品種。⑤《「太白星」の略》金星。

**たいはく-さんみゃく【太白山脈】** 北朝鮮(朝鮮民主主義人民共和国)南東部から韓国東部に連なる山脈。主峰太白山は標高一五四六m。雪岳山・王台山などの名峰がある。テベク山脈。

**だいば-だった【▽提婆達多】**《Devadatta梵の音写》釈迦のいとこ。釈迦の弟子となったが、のちに背いて教団に敵対した。釈迦を殺そうとしたりした大悪人とされるが異説もある。提婆。デーバダッタ。

**だいはち-ぐるま【大八車】**《もと八人分の働きの代わりの意で「代八車」とも書いた。また、車体の長さ八尺(二・四二m)の意、発明者の名からとも》二～四人で引いた大きな木製、二輪の荷車。↓図

●大八車 葛飾北斎『北斎漫画』より。

**だいはち-げいじゅつ【第八芸術】**《文学・音楽・絵画・演劇・建築・彫刻・舞踊に次ぐ八番目の芸術、の意》無声映画。比較 第九芸術。

**たい-ばつ【体罰】** からだに苦痛を加えるばつ。体刑。corporal punishment

**だい-はつ【大発】**《「大型発動機艇」の略》大きなモーターボート。

**だい-ばつ【題▼跋】** ①題辞と跋文。②あと書き。

**だい-はっかい【大発会】** 取引所で行われる一年の最初の立ち会い。例年は一月四日。対義 大納会。

**だい-はっせい【大発生】** ある種の生物、とくに動物の数が通常の何倍にも増加すること。突然大発生と漸進大発生がある。異常発生。outbreak

**だいはつねはん-ぎょう【大▽般▼涅▼槃経】**『涅槃経』の正称。

**たい-はん【大半】** 半分以上。あらかた。大部分。過半。the greater part

**たい-ばん【胎盤】** 妊娠したとき子宮壁にでき、胎児と母体の連絡を行う器官。胎児の栄養供給・呼吸などに役立つ。placenta

**だい-ばん【台盤】** 昔、宮中・貴人の家で、食器・食物をのせた四脚の台。

**タイハン-さんみゃく【タイハン山脈・太▽行山脈】**(Tàiháng)→たいこうさんみゃく(太行山脈)

**だい-ばんじゃく【大盤石・大▼磐石】** ①大きな岩。②物事が、堅固でゆるぎないこと。as firm as a rock

**だいばん-どころ【台盤所】** ①宮中・貴人の家で、台盤をおいた所。②大臣・大将の妻の称。みだいどころ。

**だいはんにゃ-きょう【大般▽若経】** 正称は『大般若波羅蜜多経』。大乗仏教初期の経典を集大成した六〇〇巻の経典。唐の玄奘によって漢訳された。存在するものの本質は空であることを説いたもの。

**たい-ひ【対比】**(名・サ変他) ①くらべること。comparison ②くらべて、違いをはっきりさせること。対照。contrast

**たい-ひ【待避】**(名・サ変他) 難をさけて、それが過ぎるのを待つこと。take shelter

**たい-ひ【退避】**(名・サ変自) しりぞいて危険をよけること。take refuge

**たい-ひ【▼堆肥】** わら・雑草・落ち葉などを積み上げ腐食させた肥料。つみごえ。compost

**たい-ひ【貸費】**(名・サ変自他)《学費などの》費用を貸すこと。また、その金。

**たい-び【大尾】** 終わり。終局。結末。大団円。

**だい-ひ【大悲】**《仏教語》衆生の苦しみを救う仏の大きな慈悲。用例 大慈―。

**だいひ-しゅ【大悲▼呪】**『千手経』に説かれている八四句の陀羅尼。犯した罪を除く呪文。

**タイピスト【typist】** タイプライターを打つ職業の人。

**たいひ-せい【貸費生】** 在学中、学費を貸し与えられる学生。

**だい-ひつ【代筆】**(名・サ変他) 本人に代わって書くこと・人。write for another

**だいびばしゃろん【大▼毘婆▼沙論】** 仏教の小乗論書の一つ。説一切有部の根本論書『発智論』の注釈書を集めて小乗仏教教理を集大成したもの。阿毘達磨大毘婆沙論。

**たい-びょう【大病】** 重い病気。重病。serious illness

**大病に薬無し** 物事は、極度に悪化してしまっては、ほどこすすべがない。

**たい-びょう【大▼廟】** ①君主の祖先の墓。②伊勢神宮の尊称。

**だい-ひょう【大兵】**《「たいへい」は別語》からだの大きいこと・人。big stature 対義 小兵。用例 ―肥満。

**だい-ひょう【代表】**(名・サ変他) 団体・法人や多数者または一個人に代わって、その意思を表すこと。また、その人。representation 用例 ―者。

**だいひょう-さく【代表作】** その人の特色を示す、いちばんすぐれた作品。one's masterpiece

**だいひょう-しゃいん【代表社員】** 合名会社・合資会社で代表権をもつ社員に対する呼称。会社の営業行為について会社を代表する。representative

**だいひょう-そしょう【代表訴訟】** 株主または有限会社の社員が、会社のために、取締役などの会社に対する責任を追及して起こす訴訟。representative suit

**だいひょう-ち【代表値】** 集団の特徴を表す統計値。ひろい意味での平均値と同義で、メジアンやモードなどの総称。representative

**だいひょう-てき【代表的】**(形動) 全体を代表するさま。representative

**だいひょう-とりしまりやく【代表取締**

役】株式会社を代表する権限をもつ取締役。representative director

**だいひょう-みんしゅせい【代表民主制】** 国民によって選挙された議員が国民を代表して政治を行う制度。間接民主制。representative democracy

**タイピン[tiepin]** ネクタイピン。

**ダイビング[diving]**(名・サ変自) ①水上競技の一つ。跳び込み。②水にもぐること。用例スキン—。③飛行機の急降下。④パラシュートで降下すること。用例スカイ—。

**たい-ふ【大夫・太夫】**《「だいぶ」は別語》①中国、周の職名。卿の下、士の上。②大名の家老。③律令制下で、五位以上の称。後世はもっぱら五位の通称。たゆう。④神主。たゆう。⑤《秦の始皇帝が雨宿りをした松に大夫の位を与えたという故事から》松の異名。たゆう。

**たい-ぶ【大部】** ①本のページ数や、全集などの書物の冊数の多いこと。大冊。voluminous; bulky 用例—の著述。②大部分。

**タイプ[type]** 一(名) ①かた。典型。②共通の特性。類型。③様式。④「タイプライター」の略。二(名・サ変他) タイプライターでうつこと。

**だい-ふ【▼乃父】**《なんじの父、の意》①他人の父。②父親の自称。③自分の父。おやじ。

**だい-ふ【内府】** 内大臣の唐名。

**だい-ぶ【大夫】**《「たいふ」は別語》律令制下で、職および坊の長官。用例右京—。

**だい-ぶ【大分】**(副) よほど。相当に。だいぶん。fairly; quite 用例—寒くなった。—なれてきた。

**たい-ふう【台風・▼颱風】** 北西太平洋の低緯度域に発生する熱帯低気圧のうち、中心付近の最大風速が毎秒一七m以上に達したもの。日本には八〜九月に多く襲来し、大きな被害をもたらす。タイフーン。typhoon 比較ハリケーン・サイクロン。

**タイ-フー【太湖】**(Tài Hú) ↓たいこ(太湖)

**たいふう-こうぞう【耐風構造】** 風圧力に耐えるように設計・施工された建築の構造。鉄塔などに適用。wind resisting construction

**だいふう-し【大風子】**《大風は中国語でハンセン病、の意》イイギリ科の高木。葉は長披針形で互生。果実は約七cmの球状。種子からハンセン病の治療薬大風子油を採る。インドシナ・ビルマ原産。

**たいふう-の-め【台風の目】** ①台風の中心部にあって、ほぼ円形の風の弱い区域。直径二〇〜五〇km程度。eye of typhoon ②ある事件や事態を引き起こす原因となっている人やもの。cause of trouble

**だい-ぶきん【台布▼巾】** 食卓・机などを拭くためのふきん。だいふきん。

**だい-ふく【大福】** ①大きな福運。great fortune ②金持ちで福の多いこと。③「大福もち」の略。

**だい-ふくちゅう【大腹中】** 度量の大きいこと。ふとっぱら。用例—の人物。

**だいふく-ちょう【大福帳】** 江戸時代から明治にかけて用いられた商業帳簿。各顧客の口座に、仕入れ・販売・商品名・数量・価格などを記入した元帳。↓写

●大福帳

**だいふく-もち【大福▼餅】** 小豆あんを餅で包んだ菓子。だいふく。

**たい-ぶつ【対物】** 物に対すること。

**だい-ぶつ【大仏】** 丈六(=一丈六尺)仏以上の大きな仏像。奈良東大寺、鎌倉高徳院のものがとくに有名。

**だいぶつ-かいげん【大仏開眼】** 大仏ができ上がったとき、魂を入れる供養の式。参考奈良東大寺のそれは天平勝宝四年(七五二)四月九日。

**たいふつ-だいどうめい【対仏大同盟】** フランス革命期とナポレオン時代に、フランスに対抗してヨーロッパ諸国が結んだ同盟。一七九三〜一八一五年に七回結成。ヨーロッパ大同盟。

**だいぶつ-でん【大仏殿】** ①大仏を安置する建物。②東大寺の大仏殿のこと。天平勝宝四年(七五二)完成。その後二度にわたって焼け、現在の建物は宝永五年(一七〇八)の再建。世界最大の木造建築として知られる。

**だいぶつ-べんさい【代物弁済】** 債務の本来の給付に代えて他の給付をすることにより、債務を消滅させること。借金の返済の代わりに自動車を引き渡すなど。accord and satisfaction

**だいぶつ-よう【大仏様】** 鎌倉初期、東大寺再建のとき、僧の重源が宋代中国の南方地方からとり入れた建築様式。天竺様。↓写

●大仏様 奈良市、東大寺南大門。

**たいぶつ-レンズ【対物レンズ】** 光学器械で、観察・観測の対象となる物体に面するレンズ。対物レンズがつくる物体の実像を接眼レンズで拡大して見る。object lens 対義接眼レンズ。

**だい-ふひょう【大譜表】** ト音譜表とへ音譜表を縦線で結び、大かっこでくくった譜表。ピアノ・オルガン・ハープ・混声合唱などに用いられる。great staff

**だい-ぶぶん【大部分】** 一(名) ほとんど全部。大半。the greater part 二(副) おおよそ。おおかた。most of

**タイプライター[typewriter]** 指でキーをたたいて文字を紙に印字する機械。欧文と和文に大別。印字機。タイプ。

**だい-ぶん【大分】**(副) ↓だいぶ(大分)

**だいぶんすいれい-さんみゃく【大分水▼嶺山脈】** ↓グレートディバイディング山脈(グレートディバイディングさんみゃく)

**たい-ぶんすう【帯分数】** 整数と真分数の和で表されている分数。たとえば2⅚ mixed fraction

**たい-へい【大兵】**《「だいひょう」は別語》多くの兵士。強大な兵力。大軍。

**たい-へい【太平・泰平】**(名・形動) 世の中がおだやかなこと・さま。peace

**たい-へい【大平】**〈村〉福岡県東端、豊前市南東隣の村。稲作中心の農業と、林業が行われる。人口四八一七(一九八八)。

**タイペイ【台北】**(Táibĕi) ↓たいほく(台北)

**たいへいき【太平記】** 軍記物語。四〇巻。作者に小島法師などの名を伝える。応安六年(一三七三)ごろの成立か。南北朝の抗争など、文保二(一三一八)〜正平二二年(一三六七)の五〇年間の争乱期の種々相を簡潔な和漢混交文で描く。物語僧によって語られ、いわゆる「太平記読み」を生んだ。

**たいへいき-よみ【太平記読み】** 江戸時代に、大道で『太平記』など軍記物を講釈した芸人。寄席演芸や講談の元祖。戦国大名の御伽衆が、『太平記』や『源平盛衰記』を読んで聞かせたのがはじまり。

**たいへい-ぎょらん【太平御覧】** 中国の代表的な類書。一〇〇〇巻。約一七〇〇種の書籍から古今の事項を抜粋し五五部門に分類したもの。宋の太宗の命により李昉らが編集、九八三年(太平興国八年)完成。御覧。

**たいへい-こうき【太平広記】** 中国、宋代に編集された説話物語集。五〇〇巻。九七七年(太平興国二年)勅命により、李昉らが漢以来の正史に載らない記録・小説の類を九二類に分類し収集。

**たいへい-ざん【太平山】** 秋田県北西部、太平山地の主峰。標高一一七一m。役ノ行者の開山といわれる信仰の山。

**たいへい-さんち【太平山地】** 秋田県、八郎潟東方の山地。出羽山地中部に位置。主峰は白子森山一一七九m、太平山一一七一m。

**たいへい-てんごく【太平天国】** 中国、清末の一八五一年、秘密結社上帝会の首領洪秀全が反清を掲げて建てた国。広西省で挙兵、やがて南京を占領、天京と改め都とした。原始キリスト教思想をとり入れ、滅満興漢、平等社会実現を理想にかかげ、軍を進めたが、指導層の腐敗・内紛に加え、曾国藩・李鴻章らの義勇軍、ゴードンの常勝軍に敗れ、一八六四年滅亡。弁髪を禁じ長髪にしたので、清側では長髪賊と称した。

**たいへい-どう【太平道】** 中国、後漢末、于吉が創始、張角が発展させた民間宗教およびその教団。呪術による施療をもって数十万の信徒を得た。五斗米道とともに道教成立の一要素となった。参照黄巾の乱。

**たいへい-よう【太平洋】**(Pacific Ocean) 大西洋・インド洋とともに世界三大洋の一つ。東はアメリカ大陸、西はアジア・オーストラリア両大陸、南は南極大陸に囲まれた世界最大の海洋。面積一億六五二五万km²。最大水深はビチアス海溝一万一〇三四m。平均水深四二八二m。

**たいへいようあんぜんほしょう-じょうやく【太平洋安全保障条約】**(Pacific Security Pact) アンザス条約の別称。

**たいへいよう-がかい【太平洋画会】** 美術団体。明治三四年(一九〇一)吉田博・満谷国四郎らが創立。明治美術会の後身で白馬会とともに明治時代の二大団体。昭和四年(一九二九)太平洋美術学校と改称。一時閉校したが、同三二年(一九五七)再び開校。

**たいへいようがんしき-きこう【太平洋岸式気候】** 日本の太平洋側に特有の気候。冬に、中央の山脈を越えて乾燥した北西季節風が吹き、晴天がつづき、日照時間が多い。表日本式気候。参照日本海岸式気候。

**たいへいよう-せんそう【太平洋戦争】**《Pacific Warの訳語》第二次大戦中、日本と連合国との間で、おもに西太平洋を中心に展開された戦争のアメリカ側の呼称。昭和一六年(一九四一)一二月八日の日本の真珠湾攻撃により開戦、同二〇年(一九四五)九月二日の無条件降伏文書の調印で終結。

**たいへいよう-プレート【太平洋プレート】** 地球表面を構成するプレートのうち、東太平洋の海嶺から北西にひろがり、日本列島に達するプレート。Pacific Ocean plate

**たいへいよう-ベルト【太平洋ベルト】** 関東南部から東海・近畿・瀬戸内・北九州にかけて、日本の主要な工業や都市が集中する地域。太平洋ベルト地帯。

**たいへいようもんだい-ちょうさかい【太平洋問題調査会】**(Institute of Pacific Relations) 一九二五年太平洋沿岸諸国間の諸問題を政治・経済・文化の面から調査するために設立された国際的民間研究機関。IPR。

**たいへい-らく【太平楽】** 一のんきに構えていること。好き放題。happy-go-lucky 用例—をきめこむ。二雅楽の曲名。唐楽で太食調。『朝小子』『武昌楽』『合歓塩』の三曲からなる。四人の舞人が鉾や太刀を持って舞う。

**たい-べつ【大別】**(名・サ変他) 大まかに分けること。その大まかな区別。broad classification 対義細別・細分。

**たいべつ-さんみゃく【大別山脈】** 中国東部、河南・安徽・湖北三省の境にある山脈。揚子江と淮河の分水界をなす。最高峰白馬尖は標高一七七四m。ターピエ山脈。

**たい-へん【大変】** 一(名) 重大な変事。重大なこと。一大事。serious affair 用例国家の—。二(形動) ①ことが重大であるさま。捨てておけないさま。terrible 用例それは—だ。—な間違いをした。②程度がはなはだしいさま。great 用例—な人出。三(副) 程度がはなはだしいさま。大いに。ひどく。たいそう。very 用例—小さい。

**たい-へん【対辺】** ①三角形において頂点または頂角にむかいあった辺。②四角形や六角形などにおいて、一つの辺にむかいあった辺。opposite side

**たい-べん【大弁・大▼辯】** すぐれた弁説。雄弁。

**大弁は訥なるが如し**(たいべんはとつなるがごとし) 弁舌にたけた人は、軽口をたたかないものだから、むしろ訥弁のように見える。

**たい-べん【胎便】** 生後排泄する暗緑色〜黒褐色の便。母胎内で蓄えられた胆汁色素や脂肪などからなる。かにばば。meconium

**だい-へん【代返】**(名・サ変自)《俗語》学校で、出欠を点呼するとき、欠席者の代わりに返事をすること。また、その返事。

**だい-べん【大便】** 肛門から排泄される

食物のかす。小腸・大腸で栄養分・水分を吸収された残りの固形物。糞便。くそ。ふん。stool 対義 小便。

**だい-べん【代弁】**(名・サ変他) ①《「代辨」とも》本人に代わって弁償すること。payment by proxy ②《「代辯」とも》本人に代わって説明すること。speak for another 用例 —者。③《「代辦」とも》本人に代わって事務処理をすること。agency

**たいべんきゅういん-しょうこうぐん【胎便吸引症候群】** 分娩時に、胎便のまじった羊水を胎児が吸引して起こる肺疾患。胎児が子宮内で便を出し、羊水が汚れてしまうことによるもので、胎児が悪い状態にあることを示す。meconium aspiration syndrome

**たい-ほ【退歩】**(名・サ変自) 前より悪くなること。retrogression 対義 進歩。

**たい-ほ【逮捕】**(名・サ変他) ①捕らえること。めしとること。人の身体の自由を継続的に拘束すること。arrest ②刑事訴訟法上、被疑者の行動の自由を直接拘束する行為、および引き続き一定時間抑留すること。現行犯逮捕・通常逮捕・緊急逮捕がある。arrest 用例 —状。

**たい-ほう【大方】** ①大部分。おおかた。②度量の大きい人。③学識の豊かな人。

**たいほう【大宝】** 文武朝の年号。元年(七〇一)三月二一日～四年(七〇四)五月一〇日。次に、慶雲に改元。

**たい-ほう【大法】** だいじな法律。the basic law 用例 国家の—。

**たい-ほう【大砲】** 大きな弾丸を火薬の力で発射する兵器。旧日本陸軍では口径一一mm以上を砲としたが、ふつうは五〇～六〇mm以上のものをいう。性能別にカノン砲・榴弾砲・臼砲に、用途などから野砲・高射砲・艦砲などに分ける。火砲。おおづつ。artillery 数え方 一門。

**たい-ぼう【大望】** →たいもう(大望)

**たい-ぼう【耐乏】** 物のとぼしいのを我慢すること。austerity 用例 —予算。—生活。

**たい-ぼう【待望】**(名・サ変他) 待ち望むこと。look forward to

**だいぼう-あみ【大謀網】** 定置網の一種。袋網と垣網からなる。数隻の漁船で設置し、口が小さくなっている袋網にブリ・マグロ・イワシなどを追い込む。

**たいほう-ぐん【帯方郡】** 古代、朝鮮半島に置かれた中国の郡名。三世紀初頭、後漢が現在のソウル付近に設置。三一三年ごろ滅亡。

**たいほう-こうき【大▼鵬幸喜】**(一九四〇) 元大相撲力士。樺太生まれ。本名、納谷幸喜。第四八代横綱。優勝三二回。引退後、日本相撲協会初の一代年寄を贈られる。

**だい-ほうし【大胞子】** シダ植物のなかでデンジソウ・クラマゴケ・ミズニラなどの二種類の胞子のうち大きいほうの胞子をいう。発芽すると雌の前葉体となり、受精をへて植物体となる。

**たい-ぼうちょう【体膨張】** 熱膨張の一つ。物体の体積が温度の上昇や下降によって増減する現象。cubical expansion 比較 線膨張。

**たいぼうちょう-りつ【体膨張率】** 一定圧力のもとで物体を膨張させるとき、物体の温度が一℃上昇したときの体積の増加量のもとの体積に対する比。体膨張係数。coefficient of cubical expansion

**だい-ほうてい【大法廷】** 最高裁判所の裁判官全員による合議体。最高裁長官が裁判長となり、憲法違反や判例違反が問題となるケースをとりあつかう。grand bench 対義 小法廷。

**たいほう-りつりょう【大宝律▽令】** 大宝元年(七〇一)に完成された法典。律六巻、令一一巻。大宝二年(七〇二)から天平宝字元年(七五七)の養老律令施行までの間、国政の基本となった。藤原不比等らが編纂。

**たいほく【台北】** 台湾北部の台北盆地にある都市。台湾の政治・経済・文化の中心地。食品・化学・機械工業が発達。一九五九年、蔣介石の国民党政府により首都と定められた。人口二六二七万(一九八六)。タイペイ。

**たい-ぼく【大木】** 大きな木。大樹。big tree

**大木に蟬の留まった様** 相互に接する二つのものの間の、大きさの差異が甚だしいことの形容。

**大木の下に小木育つ** 大きな勢力のある人のもとに、多くの人が保護される。

**大木は風に折られる** 高位につくと、他人からねたみを受けやすい。喬木、風に折らる。The highest tree has the greatest fall.

**タイポグラフィ【typography】** 文字の書体や行間、印刷方式など、いろいろな要素を組み合わせ、広告などを視覚的にデザインすること。

**だいぼさつ-とうげ【大▼菩▼薩峠】** ㊀山梨県塩山市東部、甲州裏街道の峠。標高一八九七m。小説『大菩薩峠』で有名。㊁中里介山の長編小説。大正二年(一九一三)から昭和一六年(一九四一)発表。未完。全四一巻。幕末を背景に、虚無無頼の剣士机竜之助の流浪の旅にからまる剣と性と死の挿話を描く。

**たいほ-じょう【逮捕状】** 検察官などの請求によって裁判官が発する、捜査機関に容疑者の逮捕権を与える旨を記した書面。warrant of arrest

**だい-ほしょう【大▼堡▼礁】** →グレートバリアリーフ

**たい-ほん【大本】** おおもと。もとい。用例 国政の—。

**だい-ほん【台本】**《台詞の本、の意》演劇・映画などの脚本。シナリオ。script; scenario 数え方 一冊・一本。

**だい-ほんえい【大本営】** 戦時または事変のさいに設けられた日本の最高軍事統帥機関。明治二六年(一八九三)法制化。日清・日露・日中戦争のさい設置され、第二次大戦まで存続。

**だい-ほんざん【大本山】** 総本山の下で、末寺を統轄する寺。

**だいぼん-さんかじょう【大▽犯三箇条】** 鎌倉時代、諸国の守護に命ぜられた基本的な職務内容。大番催促と謀反人・殺害人の検断の三項。

**たい-ま【大麻】** ①神社、とくに伊勢神宮から授けられる神符。おはらい。②幣をいう敬語。おおぬさ。③クワ科の一年草。高さは三m内外。葉は掌状複葉。雌雄異株。雄花は総状、雌花は穂状につく。種子に油脂を含む。アサ。インドタイマはハシッシュやマリファナの原料。hemp ④アサからとれる繊維。→写

●タイマ③ 雌花。

**たいま【▼當麻】**〈町〉 奈良県西部の町。もと当麻寺の寺領。キク栽培・メリヤス工業などが行われる。人口一万四四〇九(一九八八)。

**タイマー【timer】** ①ストップ-ウオッチ。②競技で時間を計る人。③時間を計って、スイッチを入れたり切ったりする器械。タイム-スイッチ。④写真機などのセルフ-タイマー。

**たい-まい【大枚】** 多額の金銭。だいまい。

**たい-まい【▼玳▼瑁・▼瑇▼瑁】** ウミガメ科のカメ。甲長約九〇cm。盾形の背甲は黄褐色の地に黒褐色斑があり、腹甲は黄色。吻端はかぎ状で先がとがる。性質は荒く、雑食性。甲が鼈甲細工の材料。世界の熱帯・亜熱帯海域に分布。乱獲され、絶滅の危機にある。hawksbill →図

●タイマイ

**だい-マゼランうん【大マゼラン雲】**《発見者マゼランにちなむ》天の南極近くにある棒渦巻き状の銀河。明るさ〇・五等、距離一八万光年。われわれの銀河系などの局部銀河群の一員で、小マゼラン雲とともに三重系をつくる。一九八七年二月に出現した超新星は約三〇〇年ぶりに発見され、大きな話題になった。Large Magellanic Cloud 参照 小マゼラン雲。

**たい-まつ【▽松▽明・▼炬▽火】**《「たきまつ」の転》灯火の一種。松の木の脂の多い部分を割ったものや、タケ・アシなどを束ね、先端に火をつけて照明とする。しょうめい。打ち松。続松。torch 用例 —をかざす。

**たいまつ-ばな【▽松▽明花】** シソ科の耐寒性多年草。北アメリカ原産。葉は十字に対生し、卵状披針形で先がとがる。花は唇形、朱色、長さ四～五cmで茎上部に数個が集まってつく。花期は初夏。葉や花弁を乾燥したものをベルガモットといい、ハーブとして用いる。モナルダ。monarda →写

**たい-まつ・る【▽奉る】** 古語《「たてまつる」の転。よりくだけた言い方》㊀(四他) さし上げる。献上する。用例 ただひとつある鏡を—(土佐)。㊁(補動 四) 謙譲の意を表す。…申し上げる。用例 宰相をば見—・りしかど(大鏡・道長下)。

●当麻曼茶羅 『当麻曼荼羅図』(部分)。正安四年(一三〇二)、禅林寺(京都府)。

**たいま-でら【▽当麻寺】** 奈良県北葛城郡當麻町にある真言・浄土両宗兼帯の寺。河内の万法蔵院を天武一〇年(六八一)現在地に移転して禅林寺と称し、のち改称したとされる。二上山禅林寺。

**たいま-まんだら【▽当麻▼曼▼荼羅】** 奈良の当麻寺に伝わる浄土曼荼羅。『観無量寿経』により、説法の阿弥陀を中心に極楽浄土を描く。原本は奈良時代。鎌倉時代以降に模本が多い。→写

**だいまる【(株)大丸】** 大阪に本拠をおく百貨店。享保二年(一七一七)創業。大正九年(一九二〇)設立。

**たい-まん【怠慢】**(名・形動) なまけること・さま。おろそかにすること・さま。怠惰。negligence 対義 勤勉。

**たい-みつ【台密】** 日本天台宗に伝わる密教。最澄・円仁・円珍らが中国より伝えたもので、一三の流派からなる。

**だい-みゃく【代脈】** 担当の医師にかわって脈をとる(診察する)こと。またその医師。代診。

**だい-みょう【大名】** ①名田を多く所有した名主。対義 小名。②守護大名。③戦国大名。領地の一部を家臣に与え、領内を統一的に支配する独立の領主。④江戸時代、直接将軍に仕えた一万石以上の領主。対義 小名。

**だいみょう-おろし【大名下ろし】** 魚の切り方の一つ。三枚おろしとほぼ同じ。頭や中骨に身をたくさんつけておろすぜいたくな方法。

**だいみょう-がし【大名貸し】** 江戸時代、商人が大名へ金を貸したこと。また、それをした人。蔵元・掛屋などの富裕商人が多く、藩財政を掌握して巨利を得るものもいた。

**だいみょう-ぎょうれつ【大名行列】** ①江戸時代、大名が参勤交代で江戸と国もとを往復する行列。その道筋や人数は幕府が規定。②議員・高級官僚・大学病院の教授・会社役員などが供を多数従えて歩くことを皮肉ったことば。

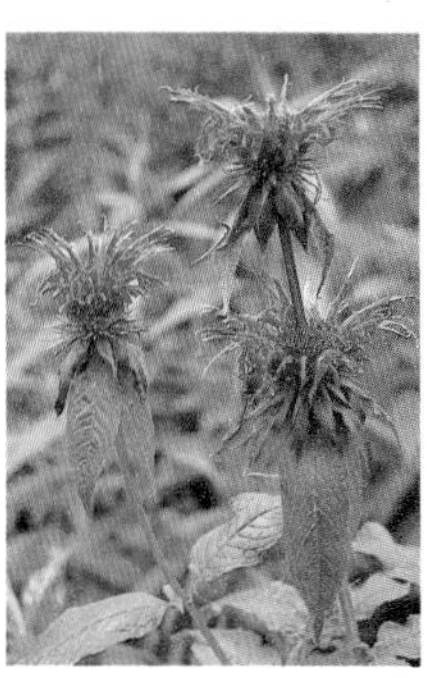

●タイマツバナ

**だい-みょうじん【大明神】**「明神」を敬って言う語。

**だい-みょう-せせり【大名▼挵▼蝶】** 林やその周辺に多いセセリチョウ科のチョウ。開張約三・五cm。黒色で、前翅に白斑がある。幼虫の食草はヤマノイモなど。北海道南部から九州に分布。↓図

●ダイミョウセセリ

**だいみょう-ばった【大名▼蝗▼虫】** ↓とのさまばった(殿様蝗虫)

**だいみょう-ひきゃく【大名飛脚】** 江戸時代、大名が領国と江戸藩邸との間の連絡のために設けた藩営の飛脚。

**だいみょう-ひけし【大名火消(し)】** 江戸時代、江戸の消防組織の一つ。町火消しに対するもの。明暦三年(一六五七)の大火により整備。出火にさいし、大名はその石高に応じて江戸の藩邸から火消し人足を出すことを義務づけられた。

**だいみょう-やしき【大名屋敷】** 江戸時代、参勤する大名に与えられた江戸の宅地。

**だいみょう-りょうごくせい【大名領国制】** 戦国時代、数郡または一国・数国を領国化した戦国大名の領国支配体制。荘園制を否定し、土地・人民を大名の完全支配下に置き、分国法を定めるなどして領国支配を展開。江戸時代に幕藩体制で確立。

**タイミル-はんとう【タイミル半島】**(Poluostrov Taymyr) ソ連、シベリア中北部から北極海に突出した半島。ユーラシア大陸の最北部。

**だいみんえてん【大▽明会典】** 中国、明代の行政法典。はじめ徐溥らが勅命で撰したが未刊行。一五一一年(正徳六年)李東陽らの編纂で刊行、『正徳会典』(一八〇巻)と俗称。さらに一五八七年(万暦一五年)申時行らの重修の『重修大明会典』(俗称『万暦会典』)二二八巻が成立。明会典。

**タイミング【timing】** ちょうどよい瞬間を見はからうこと。時機に動作などをぴたりと合わせること。用例 みごとに――を合わせる。

**たいみん-ちく【大▽明竹】** イネ科のタケ。葉が細く観賞用に栽培される。高さ二～五m。沖縄諸島原産であるが、中国から渡来したと信じられてこの名がある。ダイミョウチク。

**タイム【thyme】** シソ科の多年草。夏に開花。葉や茎を生のまま か乾燥し香辛料として用いる。薬用にもなる。タチジャコウソウ。↓写

**タイム【time】** ㊀①とき。時間。②時刻。③所要時間。④競技で、一時休止。㊁《TIME》アメリカのタイム社発行のニュース週刊誌。一九二三年創刊。世界中で購読されている。

**タイム【Time Inc.】** アメリカ最大の出版社。雑誌『タイム』『スポーツ-イラストレイテッド』などのほか、書籍出版、紙・パルプ生産、テレビ局経営などを行う。一九二二年設立。八九年映画製作会社のワーナーと合併。

**タイム-アウト【time-out】**《中休み、の意》バレーボールなどの試合で、作戦タイムや選手の交替・休息のための試合休止状態。

**タイム-アップ**《和製語。time is upから》競技で、規定の時間が終わること。

**タイム-カプセル【time capsule】** 後世に伝えるため、現在の人類からのメッセージや記録・写真・道具などを納め、地中に埋めるための容器。一九三八～三九年のニューヨーク万国博覧会で埋めたのが最初。

**タイムキーパー【timekeeper】** 計時係。時間記録員。

**タイムシェアリング-システム【time-sharing system】** コンピューターの処理時間を細かい単位に分割し、複数の端末使用者が中央の計算機を同時に使用できるシステム。時分割システム。TSS。

**タイムズ【The Times】** イギリスの有力朝刊紙。やや保守的で、イギリスの世論に強い影響を与えている。通称ロンドンタイムズ。一七八五年創刊。

**タイム-スイッチ【time switch】** 時計とスイッチを組み合わせ、一定時刻に電流を自動的に切ったり流したりする装置。タイマー。

**タイムズ-スクエア【Times Square】** アメリカ、ニューヨークのマンハッタン区中部の交差点広場。ホテル・劇場などが集中する繁華街。

**タイム-スタディ【time study】** ↓じかんけんきゅう(時間研究)

**タイムズぶんげいふろく【タイムズ文芸付録】**(The Times Literary Supplement) イギリスの書評専門週刊誌。一九〇二年創刊。

**タイムズ-ミラー【The Times Mirror Co.】** 新聞発行を中心とするアメリカの総合マスコミ企業。『ロサンゼルスタイムズ』が有名。一八八四年設立。

●タイム

**タイムテーブル【timetable】** ①行事予定表。②列車・航空機などの発着時刻表。

**タイム-トライアル【time trial】** 自転車の競技種目の一つ。完走タイムで順位を競う。国際大会では男子個人一〇〇〇mのみ、国内大会では女子個人一〇〇〇m、チームタイムトライアルレースもある。

**タイム-マシン【time machine】** ㊀過去や未来を訪れることのできる想像上の機械。航時機。㊁《原題The Time Machine》ウェルズの小説。一八五九年刊。タイムマシンに乗った探検家が未来世界を探訪する、空想科学小説(SF)の古典。

**ダイムラー【Gottlieb Daimler】**(一八三四～一九〇〇) ドイツの技術者。点火方式を考案し、小型で高出力のガソリンエンジンを開発。ダイムラー自動車会社を設立。後の、ダイムラー-ベンツ社。

**ダイムラー-ベンツ【Daimler-Benz AG】** 西ドイツの自動車メーカー。ダイムラー社とベンツ社の合併により、一九二六年設立。

**タイム-ラグ【time-lag】** 時間的なずれ、遅れ。

**タイムリー【timely】**(形動) 時機のよいさま。適時。用例 ――な発言。

**タイムリー-ヒット**《和製語》野球で、塁上の走者を本塁へ迎え入れるような、好機に出た安打。適時打。clutch hit

**タイム-リミット【time limit】** 許された、ぎりぎりの時間。制限時間。

**だいむりょうじゅ-きょう【大無量寿経】**『無量寿経』の別称。

**タイム-レコーダー【time recorder】** 出勤・退出の時刻をカードに記録する器械。時間登録器。

**タイム-ワーナー【Time Warner, Inc.】** 出版から映画・テレビ番組製作まで行うアメリカの複合企業。一九八九年、出版社のタイムと映画製作会社のワーナーとが合併して設立。

**だい-め【台目・大目】** 茶室用の畳で、台子を置くために、畳の四分の一を切りとったもの。台目畳。

**たい-めい【大命】** 天子の命令。勅命。

**たい-めい【待命】**(名・サ変自) ①命令を待つこと。await an order ②公務員を、その身分のままで一時的に職務からはずすこと。temporary removal from an official post

**たいめい【▼岱明】**〈町〉熊本県北西部、有明海に臨む町。稲作などの農業と海苔・アサリ中心の漁業が行われる。人口一万四八六七(一九八八)。

**だい-めい【題名】** 作品などの名まえ。標題。title

**たいめい-こうか【大命降下】** 天皇の大権をもって出された命令。とくに明治憲法下で、天皇が内閣総理大臣を人選し、勅令により組閣を命じたこと。

**だい-めいし【代名詞】** ①品詞の一つ。活用のない自立語で、人や物や方角などを、名称を用いずにそれとさし示すことば。「わたし」「あなた」などの人称代名詞と、「これ」「そこ」「あっち」「どれ」などの指示代名詞とがある。pronoun 参照 名詞。②そのものをよく表しているもの。synonym 用例 あいつは無責任の――だ。

**たい-めし【▼鯛飯】** ①タイのそぼろをのせた飯。飯に塩・しょうゆ・酒などで薄味をつけることもある。②うろこ・内臓をとって素焼きしたタイを米にのせて炊いた飯。炊きあがったらタイの骨を抜き、身をほぐして飯に混ぜる。

**たい-めん【体面】** ①みえ。体裁。appearances 用例 ――をとりつくろう。②名誉。面目。honor 用例 ――を重んじる。

**体面を疵付ける**(たいめんをきずつける) 名誉をそこなう。面目を失わせる。disgrace oneself

**体面を汚す**(たいめんをけがす) 「体面を疵付ける」と同意。

**たい-めん【対面】**(名・サ変自) ①面会。meeting ②向かい合うこと。face each other 用例 ――交通。

**たい-めん【▼鯛▼麺】**《「たいぞうめん」の略》大皿に、煮つけたままのタイ、ゆでたそうめん、具を盛り合わせた料理。つけ汁で食べる。広島・愛媛の祝事料理。

**たい-も【大喪】** ↓たいそう(大喪)

**た-いも【田芋】**《田に作るイモの意》サトイモのこと。畑芋。

**たい-もう【大望】** 大きな望み。たいぼう。ambition

**たいもう-ひつ【胎毛筆】** 毛筆の一種。毛先を一度も切っていない胎児期のままの頭髪を使って作った筆。誕生記念が多い。

**だい-もく【題目】** ①書物や作品の表題。題名。title ②問題点。主題。箇条。subject; theme ③《仏教語》日蓮宗で、「南無妙法蓮華経」の七字のこと。また、それを声を出して唱えること。

**だいもく-おどり【題目踊(り)】** 陰暦七月一六日の夜、南無妙法蓮華経の題目を唱えながら踊る集団舞踊。京都市左京区松ケ崎の湧泉寺や京都府向日市などに伝わる。松ケ崎では、男女が盆に寺に集まり、団扇を手に太鼓を伴奏にして踊る。

**だい-もつ【代物】** ①代価。代金。charge ②ぜに。money

**だいもつのうら【大物浦】** 古く、猪名川の河口港として栄え、文治元年(一一八五)平家追討のため源義経が船出した地として有名。現在の尼ケ崎市大物町。

**ダイモニオン【daimonion ギリシア】** ソクラテスによって体験されたという、心内に聞こえる神霊(＝ダイモン)の声のようなもの。

**だい-もん【大門】** 大きな門。外構えの大きな正門。

**だい-もん【大紋】** ①大きな紋。②《「大紋の直垂」の略》大きな家紋を五か所に染めぬいたもの。いっしょに着用する袴にも五か所に紋をつけた。

**だい-もん【代紋】** やくざの一家を象徴する紋章。血のつながっていない者が代々受け継ぐことから出た呼称。

**だいもん【大門】**〈町〉富山県北西部、高岡市東隣の町。旧宿場町。紡績・瓦工場、マス養殖場がある。人口一万二七二〇(一九八八)。

**だい-もんじ【大文字】** ①大きな文字。②すぐれた文章。③↓だいもんじのひ(大文字の火)

●ダイモンジソウ

**だいもんじ-そう【大文字草】** ユキノシタ科の多年草。谷間の湿った岩上などにはえる。葉は根生し、円形で七～一二裂。秋に、白色の五弁花を咲かせる。花の形が大の字に似る。↓写

**だいもんじ-の-ひ【大文字の火】** 盂蘭盆の行事の一つ。盆の送り火の変化したもので、京都市東山の如意ケ岳の中腹に大の字形に篝火を焚く行事。大文字の送り火。↓写

●大文字の火

**だいもんじ-やま【大文字山】** 京都市東端にある如意ケ岳の一部。標高四六六m。毎年八月一六日の大文字の送り火で有名。

**たい-や【逮夜】** 忌日・葬儀の前夜。

**タイヤ【tire; tyre】** 車輪の外側につける輪。

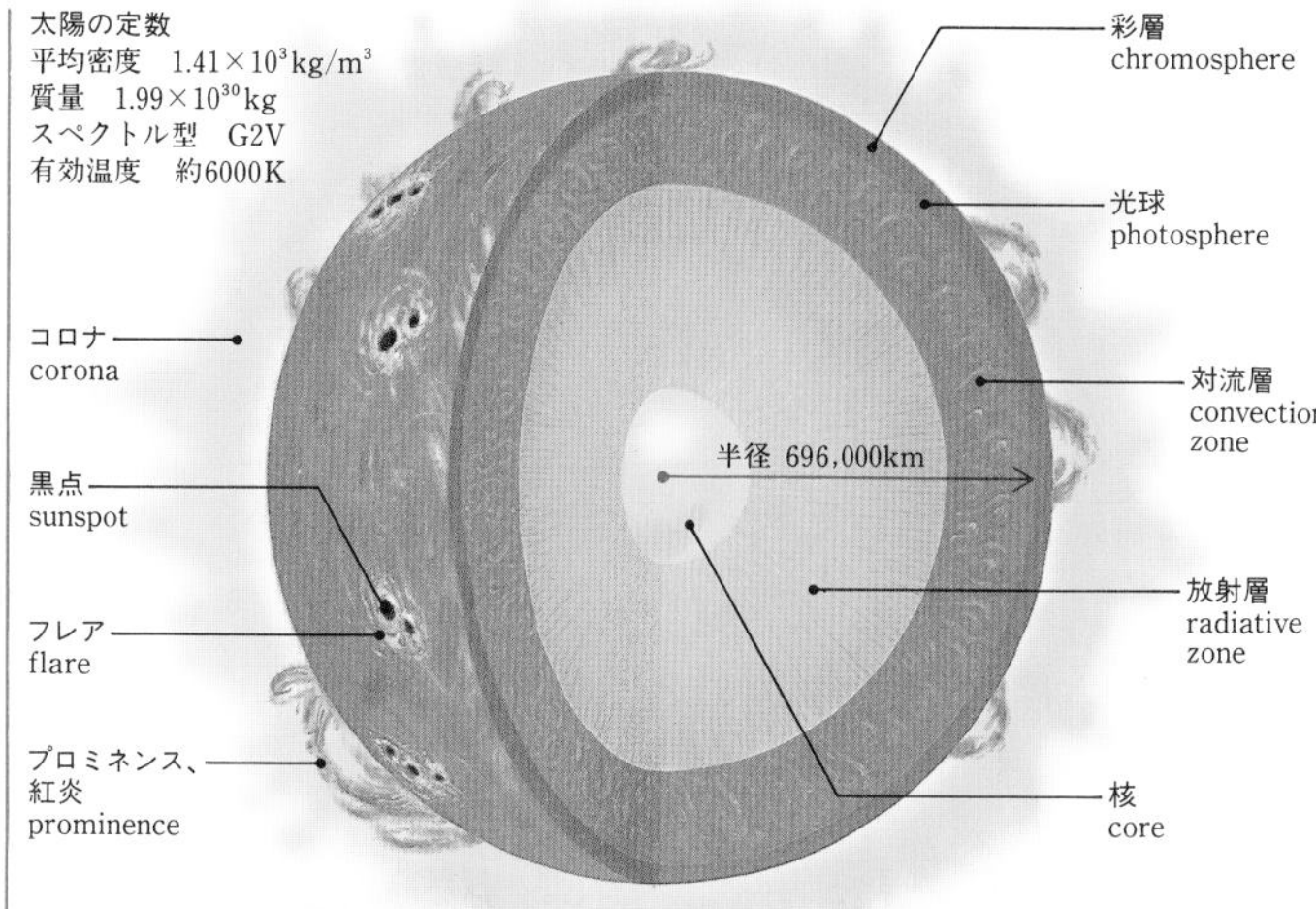

●太陽㊀　内部構造と光球面の現象

コロナ(皆既日食時)

プロミネンス、紅炎

ふつうはゴム製で、振動を吸収する。↓自転車図

**だい-や【大▼冶】** 中国、湖北省東部、武漢の南東八〇kmにある鉄山。清代に開発され、一時日本の支配下にあったが、現在は武漢の鉄鋼業を支える同国有数の鉄鉱石産出地。ターイエ。

**ダイヤ** ＝ダイア。①「ダイヤモンド」の略。②「ダイヤグラム」の略。③トランプの札の一種。赤いひし形の模様のあるもの。

**だいや-がわ【大▽谷川】** 栃木県日光・今市両市を貫流する川。長さ三〇km。華厳滝に発し、今市市東部で鬼怒川に合流。

**たい-やき【▼鯛焼(き)】** 焼き菓子の一つ。金属製のたいの焼き型に、小麦粉・砂糖を水でといて流し、小豆あんをはさんで両面を焼いたもの。

**たい-やく【大厄】** ①大きな災難。great calamity ②いちばん重い厄年。数え年で、男は四二歳、女は三三歳。

**たい-やく【大役】** 責任の重い役目。大任。important task

**たい-やく【大約】**(名・副) おおよそ。あらまし。

**たい-やく【対訳】**(名・サ変他) 原文に並べて訳文を記すこと。その訳文。translation printed side by side with the original

**だい-やく【代役】** 他人に代わってその役をすること・人。substitute 用例——をつとめる。

**ダイヤグラム[diagram]** 図表。予定表。鉄道では列車の運行表をさす。ダイアグラム。ダイヤ。

**ダイヤフラム-あつりょくけい【ダイヤフラム圧力計】** 金属などの薄膜が圧力変化に応じて変形することを利用した圧力計。機械的・電気的な信号として表示する。比較的低圧用。diaphragm gauge

**ダイヤモンド[diamond]** ①炭素だけからなる正八面体結晶の鉱物。無色透明できわめてよく輝く。最高の硬度をもち、研摩・切削などの工具としても利用。宝石としてもっとも珍重される。四月の誕生石。金剛石。ダイヤ。②トランプの札の一種。ダイヤ。③野球で内野。とくに、本塁・一塁・二塁・三塁を結ぶ線の内側。↓誕生石写

**ダイヤモンド[Neil Diamond]**(一九四五～) アメリカのポピュラー歌手・作曲家。

**ダイヤモンド-ゲーム** 盤上遊戯の一種。六角形の盤を使い、ふつう三人で行うゲーム。駒を一つずつ進め、対向する自陣に早く全部の駒を入れた者が勝ちとなる。chinese checkers

**ダイヤモンド-ヘッド[Diamond Head]** アメリカ、ハワイ州ホノルル東部の山。標高二三二m。火口をもつ円錐形の噴石丘で、隣接するワイキキビーチとともに風光にすぐれる。山頂は軍事基地。

**ダイヤモンド-リング[diamond ring]** 皆既日食の終わった瞬間、または始まる直前に、太陽の強烈な光が、指輪についたダイヤモンドの輝きのように見える現象。↓日食図

**ダイヤル[dial]** ＝ダイアル。㊀(名) ①時計・計器などの指針面。②電話・ラジオなどの文字盤。㊁(名・サ変自) ダイヤルを回すこと。とくに、電話をかけること。

**ダイヤル-ゲージ[dial gauge]** 長さや変位を精密にはかるための計器。測定端子の変位量を目盛り円盤上の指針の回転角から読む。機械工場用。ダイヤルインジケーター。↓写

●ダイヤルゲージ　スピンドル式のもの。

**タイヤル-ぞく【タイヤル族】** 台湾北部山地に住む高砂族の一部族。地縁的結合が強い。かつては首狩りの慣行が存在。

**たい-ゆう【大勇】** 真の勇気。対義小勇。

**大勇は怯なるが如し**(たいゆうはきょうなるがごとし) 真の勇者は、みだりに人と争わないから、一見、臆病者のようにみえる。

**大勇は闘わず**(たいゆうはたたかわず) 真の勇者は、沈着でみだりに人と争わない。

**たい-ゆう【体▽用】** ↓たいよう(体用)①

**たいゆう【大雄】**〈村〉秋田県南部、雄物川に沿う町。稲作を中心とする水田単作地域。人口六五四四(一九八八)。

**タイユワン【太原】**(Tàiyuán) ↓たいげん(太原)

**たい-よ【貸与】**(名・サ変他) 返す約束で使わせること。lend 用例学費の——。

**たい-よう【大要】** ①大体の要領。あらまし。概要。gist; outline ②とくに肝心な部分。essence

**たい-よう【大洋】** 海洋のうち、広くて深い海。太平洋・大西洋など。ocean

**たい-よう【太陽】** ㊀太陽系の中心をなす恒星。地球からの平均距離一億四九六〇万km。半径六九万六〇〇〇kmで地球の一〇九倍。電離ガスの集まり。約二七日で自転。日輪。お日様。天道。sun 対義太陰・月。↓図 ㊁日本最初の総合雑誌。博文館発行。明治二八年(一八九五)創刊され、高山樗牛らを中心として大正初期まで論壇に大きな影響力をもった。昭和三年(一九二八)廃刊。

**太陽が暈を被ると雨**(たいようがかさをかぶるとあめ) 太陽や月をうすい雲がおおうと、その回りに光の輪が現れることがあって、それが見えると雨になる。

**たい-よう【体用】** ①本体とその作用。実体と応用。たいゆう。参照体相用。②文法で、体言と用言。

**たい-よう【耐用】** 機械などが、使用にたえられること。durability 用例——年数。

**たいよう【大洋】**〈村〉茨城県南東部、鹿島灘に臨む町。プリンスメロン・野菜などの近郊農業地帯。別荘地化・工業化も進む。人口一万六三九(一九八八)。

**だい-よう【代用】**(名・サ変他) 代わりに使うこと・もの。代わり。substitution 用例——品。

**たいよう-エネルギー【太陽エネルギー】** 太陽の中心部で水素の核融合によって発生し、太陽表面から電磁波として放射されるエネルギー。総放射量は$3.85\times10^{26}$ワット。solar energy

**たいようかつどう-しゅうき【太陽活動周期】** 太陽黒点の観測から求めた活動周期。周期は約一一年。period of solar activity

**だいよう-かんごく【代用監獄】** 監獄法の規定に基づき、捜査機関である警察の留置場を監獄に代用する制度。これによって警察は、取り調べ中の被疑者の身柄を直接管理できる。

**だいよう-きょういん【代用教員】** 旧制小学校で、免許状を持たずに勤務した教員。現在、助教諭。

**たいよう-ぎょぎょう【大洋漁業(株)】** 最大手の総合水産会社。昭和一八年(一九四三)設立。

**たいよう-けい【太陽系】** 太陽の引力に支配されて運動する天体と、それらを包む空間。九個の惑星、惑星の衛星のほか、小惑星・彗星・惑星間物質などがある。質量の九九・八七%は太陽が占める。solar system ↓図

**たいよう-こうど【太陽高度】** 天球座標上で観測地点と天頂と太陽を結ぶ垂直面内において、地平面から太陽までの高度角。altitude of sun

**たいようこうべ-ぎんこう【(株)太陽神▽戸銀行】** 都市銀行の一つ。昭和四八年(一九七三)太陽銀行と神戸銀行が合併して成立。

**たいよう-こくてん【太陽黒点】** 太陽光球にしみのように暗く見える点。周囲より温度が低く、通常、暗部と半暗部がある。約一一年周期で増減している。sunspot

**たいようコンパス-ていい【太陽コンパス定位】** 動物が、天空上の太陽の位置と自身の生物時計による時刻感覚とから、方向を確認すること。sun compass orientation

**たいよう-じ【太陽時】** 太陽を目標として地球の自転角を測って決める時刻系。視太陽時と平均太陽時がある。solar time

**たいよう-しさ【太陽視差】** 太陽から地球の赤道半径を見たときの角度。solar parallax

**たいよう-じつ【太陽日】** 太陽の南中から次の南中までの周期。ふつうは平均太陽日(二四時間)のことをいう。solar day

**たいよう-しゅう【大洋州】** ↓オセアニアしゅう(オセアニア州)

**だいよう-しょうけん【代用証券】** 信用取引のとき、取り引きの委託保証金の代わりにする政府保証債・地方債などの証券。代用有価証券。collateral securities

**だいよう-しょく【代用食】** 米・麦などの主食の代わりに食べる食料品。いも類など。

**たいよう-すうはい【太陽崇拝】** 太陽を神格化し、信仰の対象とする自然崇拝の一つ。エジプトのアモン＝ラー、ギリシアのアポロン、日本の天照大神など古代宗教に多い。sun worship

**たいよう-スペクトル【太陽スペクトル】** 太陽光のスペクトル。約六〇〇〇ケルビンの黒体放射に近い連続スペクトルの中に、数万本にもおよぶ吸収線(フラウンホーファー線)を含む。solar spectrum

**たいよう-ぞく【太陽族】** 既成の秩序や道徳にとらわれない、戦後派と呼ばれた青年たち。昭和三一年(一九五六)芥川賞を受賞した石原慎太郎の小説『太陽の季節』から生まれたことば。

**たいよう-ちゅう【太陽虫】** タイヨウチュウ目に属する原生動物の総称。放射状に有軸仮足を出す。本体は球形で、径約五〇マイクロメートル。池沼や湿地にすむが海水種もある。heriozoan

**たいよう-ちょう【太陽鳥】** タイヨウチョウ科に属する鳥の総称。ハチドリに似るが大きく、翼長一〇～一五cm。雄は色彩に富み美麗。

▼常用漢字表外。　▽常用漢字表の音訓外。

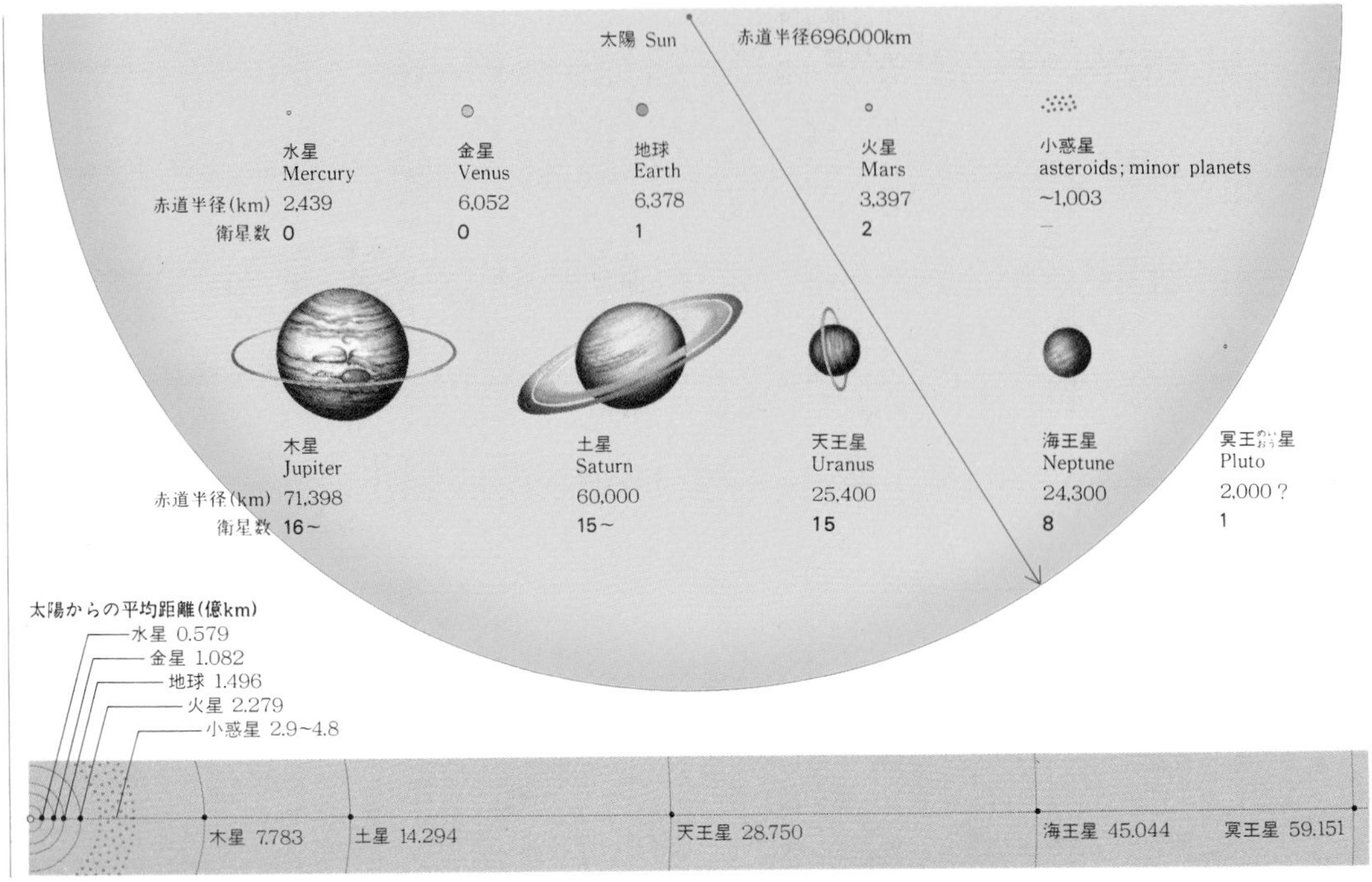


●太陽系 惑星の大きさと距離

アフリカ・アジア・オーストラリアの熱帯に分布。sun-bird →図

**たいよう-てい【大洋底】** 海洋のうち、大洋(太平洋・大西洋・インド洋)とよばれる部分の深海底。水深四～六km。陸上の地形にくらべて平坦。海洋底。ocean floor

●タイヨウチョウ アビシニアタイヨウチョウ

**たいよう-ていすう【太陽定数】** 地球と太陽との平均距離にある地表で、太陽光線に垂直な断面一cm²に毎分入射する太陽エネルギー。大気の吸収がないとした場合の値。約二カロリー。solar constant

**たいよう-でんち【太陽電池】** 光電池の一種。太陽の光エネルギーを電気エネルギーに変換する装置。半導体の光起電力を利用するシリコン太陽電池が一般的で、人工衛星・無人灯台の電源に使用。ほかに、アモルファスシリコン太陽電池は電卓・腕時計の電源として使われ、光電変換効率の高いガリウム-砒素太陽電池もある。solar battery

**たいよう-でんぱ【太陽電波】** 太陽から放射される種々の波長の電波の総称。solar radio

**たいよう-とう【大洋島】** 大洋底からそびえたつ島。大陸棚の外にあり火山性の島と珊瑚礁の島に大別される。oceanic island

**たいよう-とう【太陽灯】** 太陽光線のもつ紫外線を人工的につくる水銀ランプの一種。殺菌力が大きく医療に利用。sunlamp

**たいよう-どうろ【太陽道路】**(Autostrada del Sole(イタリア)) イタリアのミラノとナポリを結ぶ高速道路。南北を結ぶ観光道路としても有名。長さ七六三・三km。一九六四年開通。

**たいよう-ねつ【太陽熱】** 太陽から地球に届く熱エネルギー。大気や雲による吸収・散乱などがあって、地表に届くのは平均一m²当たり〇・九キロワット。太陽電池・太陽熱発電など、環境汚染のないエネルギーの活用が種々計画されている。solar heat

**たいようねつ-おんすいき【太陽熱温水器】** 水を日射熱によって温水にする装置。solar hot-water heater

**たいようねつ-はつでん【太陽熱発電】** 太陽光を集めて熱にかえ、その熱で発生させた蒸気で発電機を回す発電方式。solar power generation →写

**たいよう-ねん【太陽年】** 太陽が春分点を出発して、再び春分点にもどるまでの時間を一年とする年。一太陽年は約三六五・二四二二日。回帰年。solar year

**たいよう-ねんすう【耐用年数】** 機械・設備などの使用可能な年数。durable period

**たいようのきせつ【太陽の季節】** 石原慎太郎の小説。昭和三〇年(一九五五)発表。戦後の新世代の青春を描き話題となる。

**たいようのないまち【太陽のない街】** 徳永直の小説。昭和四年(一九二九)発表。共同印刷争議を題材に労働者の人間像を描く。

**たいよう-ふう【太陽風】** 太陽から放出される電離ガスの流れ。おもに陽子と電子からなる。平均速度は毎秒五〇〇km。solar wind

**たいよう-ほうしゃ【太陽放射】** 太陽が放射する電磁波および粒子(電子・陽子など)のエネルギー。可視光線がもっとも多い。solar radiation

**たいよう-れき【太陽暦】** 地球が太陽をひとまわりする時間(約三六五・二四二二日)を一年とする暦。一年を三六五日とし、端数を四年に一度三六六日(閏年)として調整する。現行のグレゴリオ暦では、四〇〇年ごとに三回閏年をやめ、さらに精密に調整している。日本では、明治六年(一八七三)から使用。solar calendar; Gregorian calendar 対義 太陰暦。

**たいよう-ろ【太陽炉】** レンズまたは放物面鏡で太陽光線を焦点に集め、高温を得る装置。三〇〇〇～五〇〇〇℃の温度が得られる。solar furnace

**たい-よく【大欲・大▼慾】** 欲が深いこと・人。大きな欲。avarice 対義 無欲。

**大欲は無欲に似たり** ①大きな欲望を持つ人は、少しの利益には目もくれないから、無欲のように見える。②ひどく欲ばると、かえって損をする。

●太陽熱発電 香川県、仁尾町の太陽熱発電プラント。

**だいよん-かいきゅう【第四階級】** ①フランスで一八四八年の二月革命の中心となった労働者や急進的市民層。第三階級(市民)の下の身分。転じて、プロレタリアートのこと。the fourth estate ②新聞・マスコミなどのジャーナリズム、またはジャーナリスト。the fourth estate

**だいよん-き【第四紀】** 新生代第三紀に続く最新の時代。約一七〇万年前から現在まで。更新世(＝洪積世)と完新世(＝沖積世)からなり、洪積台地や沖積平野が形成された。氷河の発達や人類の出現で特徴づけられる。だいしき。Quaternary Period

**だいよん-きょうわせい【第四共和政】**(la IVᵉ République Française) フランスで、一九四六年公布の憲法のもとで五八年まで続いた政治体制。二院制だが下院が絶対優位を占め、大統領の権限は極度に制限されていた。

**だいよんじ-ぜんこくそうごうかいはつけいかく【第四次全国総合開発計画】** 三全総に代わる目的で策定されている、国土の総合開発計画。東京への過度の都市機能集中の是正などが目標。四全総。

**だいよんしゅ-ゆうびんぶつ【第四種郵便物】** 内国通常郵便物の一つ。通信教育用刊行物・学術刊行物・盲人用点字刊行物、および農産種苗を内容とするもの。

**だいよん-せいびょう【第四性病】** 鼠径リンパ肉芽腫症の別名。

**だいよん-せかい【第四世界】** 発展途上諸国のうち、資源にとぼしく工業化のための資本も技術もない諸国。後発発展途上国。the Fourth World

**たいら【平ら】** 一(形動) ①表面にでこぼこのないさま。flat 用例 ―な道。②傾いていないさま。水平。level 用例 板を―におく。③(「お平らに」の形で)足を崩した楽な姿勢で座ること。sit in a easy posture 用例 どうぞお―に。二(名)(「平」で地名の下につけて。「だいら」とも)山間の平地。用例 日本―。

**たいら【平】** 福島県南東部、いわき市の中心地区。旧城下町。明治以後常磐炭田の中心として発展した。昭和四一年(一九六六)まで平市。

**たいら【平】**〈村〉 富山県南西部、庄川に沿う村。林業中心。五箇山の合掌造りや、民謡『こきりこ節』で名高い。人口一七四九(一九八八)。

**タイラー【Edward Burnett Tylor】**(一八三二～一九一七) イギリスの人類学者。文化人類学の父とよばれ、文化進化論を説く。宗教の起源と本質をアニミズムに求めた。著書『原始文化』。

**たいら-か【平らか】**(形動) ①でこぼこや傾きのないさま。平ら。flat ②世の中が穏やかなさま。peaceful 用例 ―な世の中。③満足して心が安らかなさま。calm 用例 心中―でない。

**たいら-がい**【平貝】 タイラギの異名。

**たいらぎ**【▽玉▼珧】 ハボウキガイ科に属する二枚貝。殻長約二〇cm、殻高約一〇cm、殻幅約四cm。殻は直角三角形で、薄くてもろい。殻の色は淡緑色からオリーブ色。貝柱は大きくタイラガイとよばれ、食用。東京湾から四国・九州沿岸に分布。pen shell →図

●タイラギ

**たいら・ぐ**【平らぐ】 ㊀文語的(五自) 戦乱などがおさまる。㊁古語(四自)①平らになる。用例山の頂のすこし―・ぎたるより(更級)。②治まる。穏やかになる。用例世の過差は―・ぎたりしか(大鏡・時平)。㊂古語(下二他)→たいらげる(平らげる)

**たいら・げる**【平らげる】(下一他) ①敵や乱をおさえる。suppress ②出された飲食物を全部食べる。eat up

**たいら-し**【平氏】 平安時代に始まる皇族の臣籍降下のさいの賜姓の一つ。へいし。

**たいらだて**【平▼舘】〈村〉 青森県北西部、津軽半島北東端の村。ホタテガイ・ウニ・アワビ養殖などを行う。人口三〇〇五(一九八八)。

**ダイラタンシー-りろん**【ダイラタンシー理論】→ショルツりろん(ショルツ理論)

**たいら-の-あつもり**【平▼敦盛】(一一六九～八四) 平安末期の武将。経盛の子。一ノ谷の戦いで海にのがれる途中、熊谷直実に討たれた話は謡曲などで有名。

**たいら-の-かげきよ**【平▽景清】(?～一一九六) 平安末期の武将。忠清の子。叔父大日坊を殺して悪七兵衛とよばれた。屋島の戦いでの奮戦で有名。のち源頼朝に降ったが絶食して死んだとされる。後世、謡曲・歌舞伎などに脚色された。

**たいら-の-かねもり**【平兼盛】(?～九九〇) 平安中期の歌人。三十六歌仙の一人。赤染衛門の実父という。家集『兼盛集』。

**たいら-の-きよもり**【平清盛】(一一一八～八一) 平安末期の武将。忠盛の長子。保元・平治の乱で源氏に壊滅的打撃を与えて地位を確立、太政大臣となる。高倉天皇に娘徳子を嫁がせ外戚となり全盛を極めた。

**たいら-の-くにか**【平国香】(?～九三五) 平安中期の武将。高望王の子。常陸大掾から鎮守府将軍となったが、甥の将門に殺され、将門の乱の発端となる。

**たいら-の-これもり**【平▽維盛】(一一五七～八四ごろ) 平安末期の武将。重盛の長子。治承四年(一一八〇)源頼朝と富士川で対陣して敗走。寿永二年(一一八三)には木曽義仲に北陸で敗北。のち出家したという。

**たいら-の-さだもり**【平▽貞盛】(生没年未詳) 平安中期の武将。国香の子。天慶三年(九四〇)下総国猿島で平将門を討滅。その功により鎮守府将軍、陸奥守などを歴任。

**たいら-の-しげこ**【平▽滋子】(一一四二～七六) 後白河天皇の女御。平時信の娘。平清盛の妻時子の妹。高倉天皇を産み皇太后となる。建春門院。

**たいら-の-しげひら**【平▽重▽衡】(一一五七～八五) 平安末期の武将。清盛の五男。富士川の戦いで源頼朝に敗れたのち、反平家勢力の東大寺・興福寺を焼き払う。一ノ谷の戦いで捕らえられ、のち斬首。

**たいら-の-しげもり**【平▽重盛】(一一三八～七九) 平安末期の武将。清盛の長子。保元・平治の乱に功をあげ、内大臣・左近衛大将となる。性質温厚で父と後白河法皇との対立の和解に努力。父に先立ち病死。

**たいら-の-たかもち**【平高▽望】(生没年未詳) 桓武天皇の曾孫。寛平二年(八九〇)平姓を賜って臣籍に下り、上総介として上総国に赴任。関東八平氏(千葉・上総・三浦・土肥・秩父・大庭・梶原・長尾)の祖となった。高望王。

**たいら-の-ただのり**【平▽忠▽度】(一一四四～八四) 平安末期の武将。忠盛の子。清盛の弟。一ノ谷の戦いで戦死。和歌にすぐれ、家集『平忠度朝臣集』がある。

**たいら-の-ただもり**【平▽忠盛】(一〇九六～一一五三) 平安末期の武将。正盛の長子。清盛の父。山陽・南海道の海賊追討に功をあげ、宋との貿易に力を注ぎ平家繁栄の基礎をつくった。

**たいら-の-ときただ**【平時▽忠】(一一三〇～八九) 平安末期の公卿。時信の子。妹滋子が後白河天皇の女御、時子が平清盛の妻となったため権勢をふるう。のち源頼朝により能登に配流。

**たいら-の-とくこ**【平徳子】(一一五五～一二一三) 高倉天皇の中宮。清盛の次女。安徳天皇の母。壇ノ浦の戦いで安徳天皇とともに海に身を投じるが救われ、のち京都大原の寂光院で尼として一生を終える。建礼門院。

**たいら-の-とももり**【平▽知盛】(一一五二～八五) 平安末期の武将。清盛の四男。源頼政の挙兵以来、源氏と連戦。壇ノ浦の戦いに敗れて自殺。

**たいら-の-まさかど**【平▽将門】(?～九四〇) 平安中期の武将。所領紛争から伯父国香を殺し内乱に発展。自ら新皇と称し勢力をふるうが、平貞盛・藤原秀郷らに下総国猿島で討たれる。

**たいら-の-まさもり**【平正盛】(生没年未詳) 平安末期の武将。清盛の祖父。諸国の賊を討った功績などにより白河法皇に信任され、平家繁栄の道を開いた。

**たいら-の-むねもり**【平▽宗盛】(一一四七～八五) 平安末期の武将。清盛の二男。清盛の死後、一門を統率して源氏と戦ったが、壇ノ浦の戦いで捕らえられ近江で斬首。

**たい-らん**【大乱】 内乱などで世の中が非常にみだれること。serious disturbance

**たい-らん**【台覧】 貴人が見ることをいう敬語。三公(太政大臣、左・右大臣、内大臣)、三后(太皇太后、皇太后、皇后)、また皇族の場合に用いられる語。用例―の栄に浴する。

**たいらん-ちょう**【太▼蘭鳥】 タイランチョウ科の小鳥の総称。全長七～四〇cm。縄張りへの侵入者と激しく争う習性がある。南・北米に分布。tyrant flycatcher →図

●タイランチョウ

**タイラント**【tyrant】 暴君。圧制者。

**タイランド-わん**【タイランド湾】(Gulf of Thailand) マレー半島北部とインドシナ半島の間の湾。湾奥にバンコクが位置する。シャム湾。

**たい-り**【大利】 ①大きな利益。②大勝利。

**大利は利ならず**(たいりはりならず) あまりに大きな利益は、一見したところでは、利益のようには見えない。

**だい-り**【内裏】 ①天皇の居住する御殿。御所。禁裏。禁中。転じて、天皇のこと。②「内裏雛」の略。→図

**だい-り**【代理】(名・サ変他) ①代わって物事を処理すること。また、その人。agency 用例―大使。②法律で、ある人が本人に代わって第三者に意思表示をし、または第三者から意思表示を受けたとき、その意思表示によって生まれる法律効果がすべて本人に生じる制度。また、それを行う人。agency

**だいり**【大理】 ①中国南西部、雲南省西北部の都市。付近は大理石(結晶質石灰岩)の産地。人口三八・九万(一九八四)。ターリー。②一〇世紀中ごろ建てられた、タイ族の国。現在の中国雲南省の大理を首都とし、約三世紀の間続いたが一三世紀にフビライに滅ぼされた。

**だい-リーグ**【大リーグ】→メジャーリーグ②

**だい-りき**【大力】 たいへん強い力。その人。man of great strength 用例―無双。

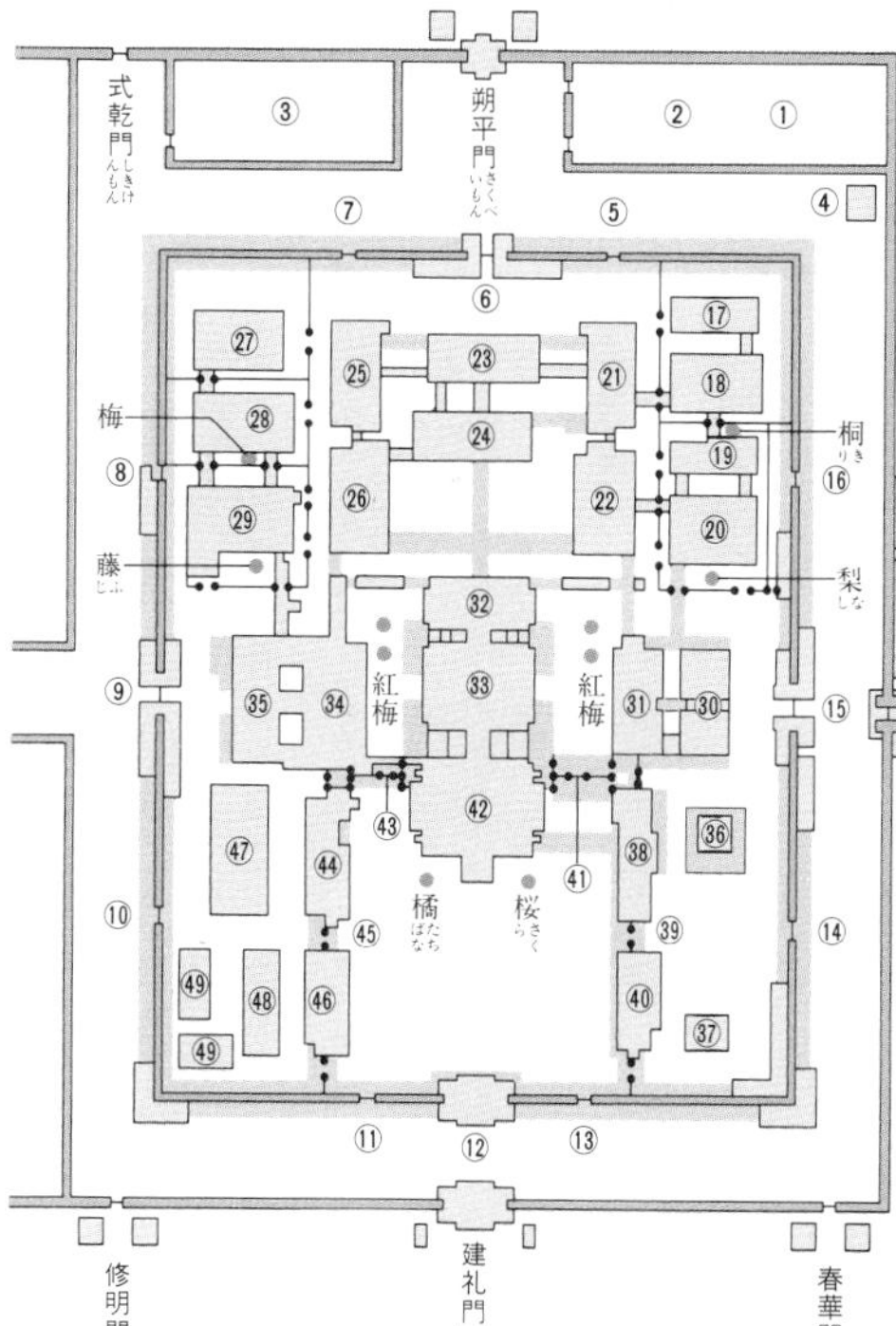

●内裏① 平安京内裏

①華芳坊 ②桂芳坊 ③蘭林坊 ④御樋殿 ⑤安喜門 ⑥玄輝門 ⑦徽安門 ⑧遊義門 ⑨陰明門 ⑩武徳門 ⑪永安門 ⑫承明門 ⑬長楽門 ⑭延政門 ⑮宣陽門 ⑯嘉陽門 ⑰淑景北舎 ⑱淑景舎(桐壺) ⑲昭陽北舎 ⑳昭陽舎(梨壺) ㉑宣耀殿 ㉒麗景殿 ㉓貞観殿 ㉔常寧殿 ㉕登華殿 ㉖弘徽殿 ㉗襲芳舎(雷鳴壺) ㉘凝花舎(梅壺) ㉙飛香舎(藤壺) ㉚温明殿 ㉛綾綺殿 ㉜承香殿 ㉝仁寿殿 ㉞清涼殿 ㉟後涼殿 ㊱御輿宿 ㊲朱器殿 ㊳宜陽殿 ㊴日華門 ㊵春興殿 ㊶崇明門 ㊷紫宸殿 ㊸崇仁門 ㊹校書殿 ㊺月華門 ㊻安福殿 ㊼蔵人町屋 ㊽進物所 ㊾作物所

読み方は『古事類苑』などによる

**たい-りく**【大陸】 ①地理学で、陸地の大きなもの。continent 用例新―。②地質学や地球物理学で、花崗岩質層のある地殻、すなわち、大陸地殻の地域。大陸棚も含める。continent ③日本から中国本土をさす語。the Continental China ④イギリスからヨーロッパ大陸をさす語。the Continental Europe

**たいりく-いどうせつ**【大陸移動説】 大陸は昔から現在の場所にあったのではなく、互いに位置を変えて動いているとする説。二〇世紀初頭に、ドイツの気象学者ウェーゲナーが提唱。theory of continental drift →図

**たいりくおうだん-てつどう**【大陸横断鉄道】 一般に北アメリカ大陸の中東部と太平洋岸を結ぶ鉄道をさす。transcontinental railroad

**たいりく-かいぎ**【大陸会議】 北アメリカの一三植民地がイギリス本国の政策に対抗するため組織した合議体。第一回会議は一七七四年、第二回は七五年開催し、独立戦争の方針を決定。七六年に独立宣言を採択。八九年連邦制成立まで臨時政府としての機能を果たした。the Continental Congress

**たいりくかん-だんどうミサイル**【大陸間弾道ミサイル】 射程六四〇〇km以上の超長距離を二五～三〇分で飛行する地上発射ミサイル。戦略核戦力の三本柱の一つ。大陸間弾

道弾。ＩＣＢＭ。intercontinental ballistic missile

**たいりく-しゃめん【大陸斜面】** 大陸棚の外縁から沖の深海底へと下降する斜面。continental slope →海底地形 図

**たいりくせい-きこう【大陸性気候】** 海岸から隔たった大陸内部特有の気候。気温の日変化や月変化が大きく、冬は高気圧が発達して晴天が多く、夏は逆に雨が集中することが多い。湿度は一般に低い。continental climate 対義 海洋性気候。

**たいりくせい-きだん【大陸性気団】** 大陸上にできる気団。シベリア気団はその代表で、乾燥した寒冷な空気。continental air mass

**たいりく-だな【大陸棚】** 大陸の周縁に広がる平坦な浅海底。大陸地殻の縁が海面下に没した部分で、水深は二〇〇ｍぐらい。全海洋の底面積の一七％を占める。陸棚。continental shelf →海底図形 図

**たいりくだな-じょうやく【大陸棚条約】** (Convention on the Continental Shelf) 一九五八年の国際海洋法会議で採択された、大陸棚の利用に関する条約。日本は不参加だがアメリカ・ソ連など主要国が参加。

**たいりく-ちかく【大陸地殻】** 大陸の地殻。厚さ約四〇㎞。上層部は花崗岩質、下層部は玄武岩質。continental crust

**たいりく-てき【大陸的】**（形動） 性質や動作が、ゆったりしているさま。large-minded

**たいりく-とう【大陸島】** 大陸の一部が分離してできた島。また、大陸付近の海底が隆起したもの。陸島。continental island 対義 島国的。

**たいりく-ひょうが【大陸氷河】** 大陸の地形に関係なく、大陸全体を広くおおう氷河。グリーンランドや南極大陸に存在。氷床。内陸氷河。continental glacier

**たいりく-ふうさ【大陸封鎖】**（Blocus continental(フランス)） ナポレオン一世の対イギリス経済封鎖政策。一八〇六年のベルリン勅令、一八〇七年のミラノ勅令により諸国の対イギリス貿易を禁止。イギリス商港に寄港した船舶の大陸入港禁止などを規定。

**たいりく-プレート【大陸プレート】** 地球の表面を構成する巨大な十数枚の岩板（＝プレート）のうち、陸地に分布するもの。北米プレートなど。continental plate 対義 海洋プレート。参照 プレート-テクトニクス。

**たいりく-ほう【大陸法】** ドイツ・フランスを中心とする西ヨーロッパ諸国の法。制定法を中心とする点が特徴で、日本の近代法はその影響下に発展した。civil law 比較 英米法。

**だいり-けん【代理権】** 代理人の法律上の地位。本人に代わって第三者に意思表示を行うことにより、その意思表示の法律効果を本人に生じさせることのできる資格。procuration

**だいり-こうし【代理公使】** 外交使節の一つ。全権をもつ大使・公使の一時的な代理を務める公使。

**だいり-さま【内裏様】** ①内裏雛。②内裏に住む人々の称。とくに、天皇。とくに、男雛。

**だいり-しょう【代理商】** 特定の製造業者や卸商の取り引きの代理や仲介を行う業者。代理店。commission merchant

**だいり-せき【大理石】**《中国雲南省大理県に産することから》石灰岩が熱変成作用を受けてできた変成岩。粒状の結晶質石灰岩。おもに方解石からなる。白色や白地に緑色のしま模様など。建築用および装飾用（室内用）、石材に使用。イタリアが代表的な産地。marble ↓ 写

**だいりせきよう-ひふ【大理石様皮膚】** 末梢循環障害が原因で起こる皮膚の変化。網目状の紅斑がみられる。長い時間たつにあたっていたりすると、足や腹部に多く起こる。marbled skin

**だいり-せんそう【代理戦争】** 大国がみずから戦争の当事国とはならず、他の国や集団を身代わりに戦わせる戦争。proxy war

**たい-りつ【対立】**（名・サ変自） 性質・立場などの違うものが互いに張り合うこと。opposition

**たいりつ-いでんし【対立遺伝子】** 対立形質に関係のある一対の遺伝子。相同染色体上の対応する位置に存在する。アサガオの花色には赤色と白色を発現させる対立遺伝子がある。allele

**たいりつ-せつ【対立節】** 文節の一種。互いに対等の関係で並列するもの。対立節からなる文を、とくに重文とよぶ。対義 従属節。

**だいり-びな【内裏▼雛】** 内裏（＝御所）の貴人男女になぞらえてつくった一対の雛人形。男雛は束帯、女雛は十二単を着用。三月の節句には雛壇の最上位に飾る。親王雛。だいりさま。↓雛壇 図

**たい-りゃく【大略】** 一（名） ①すぐれた知略。excellent scheme ②あらまし。大要。outline 二（副） おおよそ。approximately

**たい-りゅう【対流】**（名・サ変自） 熱の伝わり方の一種。気体や液体の一部を熱したとき、その部分が熱膨張して軽くなり、浮力により上昇し、反対に他の冷たい部分が下方に向かって流れる循環の運動。流体の中の熱の伝導は、おもに対流によって起こる。convection

**たい-りゅう【滞留】**（名・サ変自） ①とどこおること。停滞。stagnation ②旅先で長くとどまること。滞在。stay

**たいりゅう-うん【対流雲】** 寒冷前線などで、対流による強い上昇気流が起こっているところにできる団塊状の雲。積雲・積乱雲など。convective cloud

**たいりゅう-けん【対流圏】** 大気の最下層。地表から一〇～二〇㎞の大気圏。対流による雲の発生や降雨などふつうの気象現象の起こる部分。気温は一〇〇ｍにつき約〇・六℃の割合で低くなる。troposphere 参照 成層圏。

**たい-りょう【大猟】** 狩りで、獲物が多いこと。big bag

**たい-りょう【大量】** ①心が広いこと。②分量が多いこと。large quantity 用例 ビタミン剤の―投与。

**たい-りょう【大漁】** 漁業で、漁獲が多いこと。good catch 対義 不漁。

**たいりょう-いわい【大漁祝（い）】** 漁民が大漁を祝う行事。親方の家で酒宴を張り、赤い手ぬぐいや法被などを配るところが多い。

**たいりょう-せいさん【大量生産】** 規格化・標準化された一種類の製品を、専用生産設備で継続・反復して製造すること。mass production

**たいりょう-ぶし【大漁節】** 大漁を祝う民謡。千葉県銚子地方のものが有名。

**たい-りょく【体力】** 人間の活動の基礎となる身体的能力。体格、筋力や瞬発力などの行動力、環境の変化に耐える抵抗力が含まれる。physical strength

**たいりょく-テスト【体力テスト】** 体力の状態や、その変化の状態などを各種のテストを通じて測定すること。身体測定や、反復横跳び・垂直跳び・ボール投げ・握力・肺活量などで測定する。

**たい-りん【大輪】** 花などの大きいもの。large flower

**たい-りん【台臨】**（名・サ変自） 皇族がその場所へ来ることの敬語。

**タイル【tile】** 陶磁器製の小さな薄板。耐水・耐火・耐摩耗性にすぐれ、風呂場などの壁・床などに用いる。ほかにプラスチックなどの製品もある。

**たい-るい【▼苔類】** コケ植物の一綱。植物体は葉状体または茎葉体で、細胞内に多数の葉緑体がある。ゼニゴケ・ジャゴケ・ウロコゴケなど。liverworts

**たい-れい【大礼】** 天皇の即位に関する典礼。即位礼と大嘗祭と大饗からなる。

**たい-れい【▼頽齢】** 老い衰えた年齢。老齢。

**ダイレクト【direct】**（形動） 直接にするさま。用例 ―に交渉する。

**ダイレクト-アクセス【direct-access】** コンピューターで、記憶データを呼び出す方法の一つ。記憶されているデータを順次読み取ったりしないで、直接必要なデータを取り出したり、新しく加えたりできること。

**ダイレクト-メール【direct mail】** 商品・サービスを購入する見込みのある人に直接郵便で届ける広告。あて名広告。ＤＭ。

**タイ-レコード** おもに競技で、これまでの最高記録と同じ記録。タイ記録。equal-record

**たい-れつ【隊列】** 秩序正しくならんだ人々の列。file; rank 用例 ―を組む。

**だいれん【大連】** 中国遼寧省、遼東半島南部の黄海に臨む港湾都市で、重工業都市。一九世紀末ロシアが租借し、日露戦争後は租借権が日本へ移り、大陸進出への拠点となった。第二次大戦後中国に復帰。人口一五八・八万（一九八四）。旧称旅大。ターリエン。

**たい-ろ【退路】** 逃げ道。the path of retreat

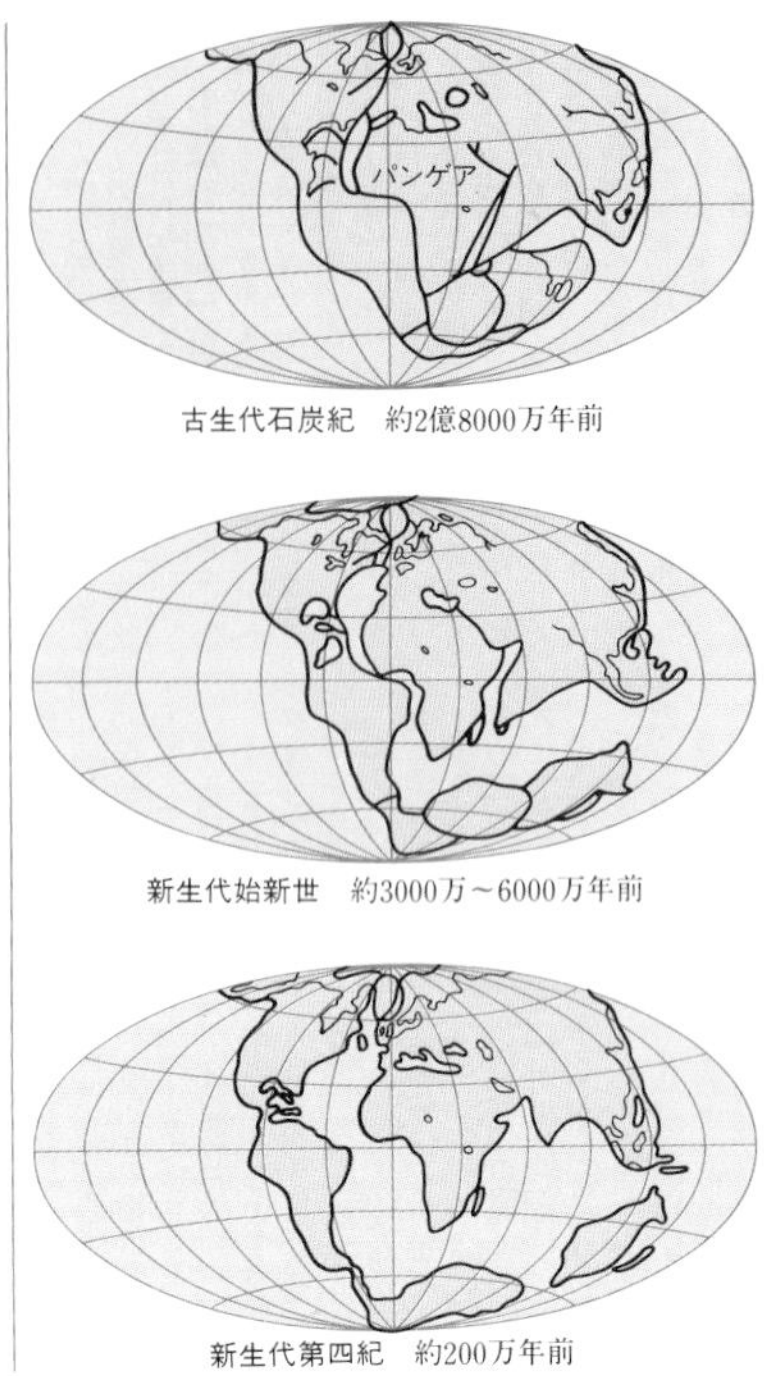


●大陸移動説　ウェーゲナーによる大陸移動の図

古生代石炭紀　約2億8000万年前

新生代始新世　約3000万～6000万年前

新生代第四紀　約200万年前

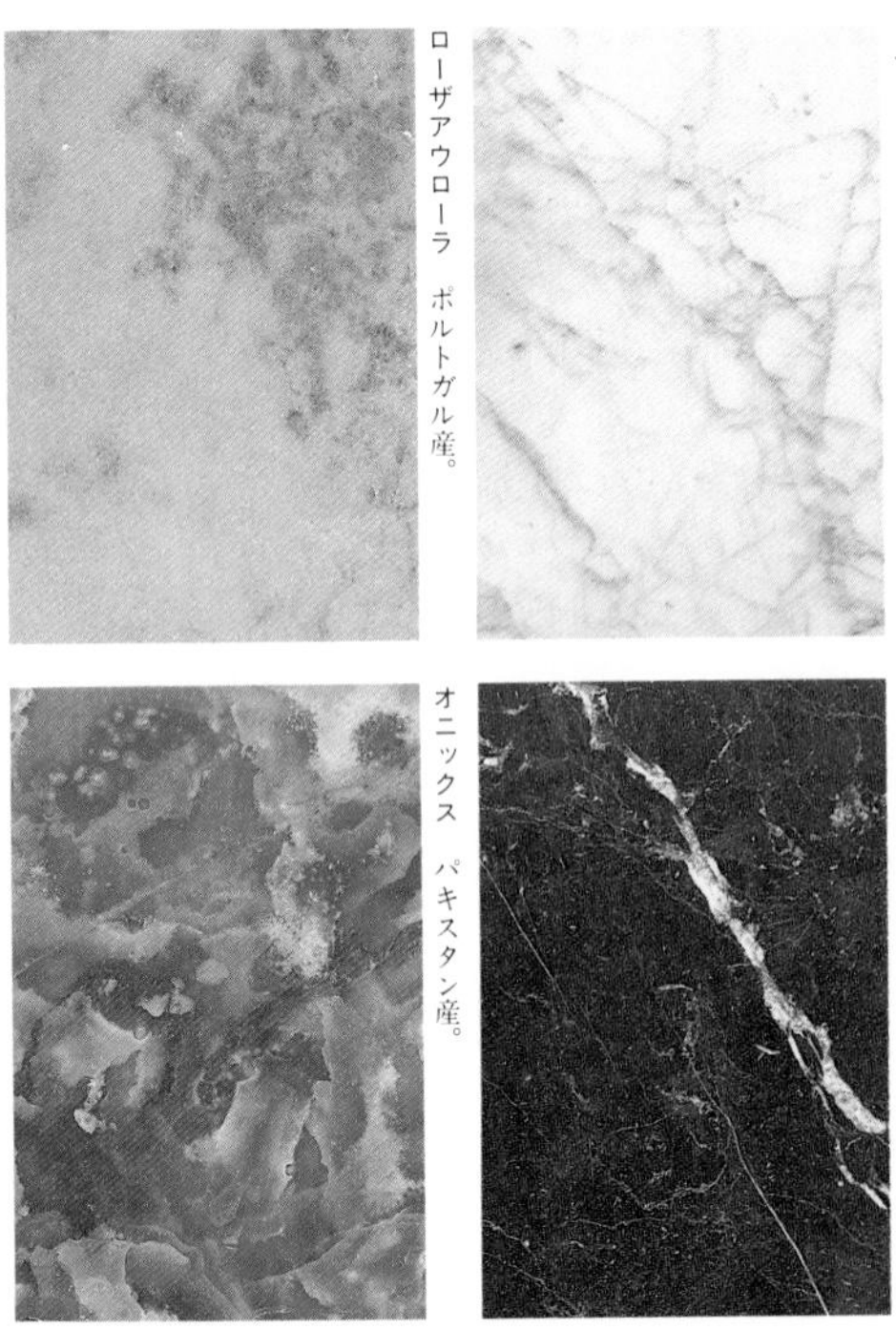

●大理石

ビアンコカラーラ　イタリア産。

ローザアウローラ　ポルトガル産。

ネグロマルキーナ　スペイン産。

オニックス　パキスタン産。

[対義]進路。[用例]―を断つ。

**たい-ろう【大老】** ①豊臣秀吉の定めた豊臣家最高の五名の執政官。五大老。②江戸幕府の職名の一つ。将軍を補佐して政治を行う幕府最高の官職で、常置ではなく必要時に老中の上に一名が置かれた。

**たい-ろう【大▼牢・太▼牢】** ①中国で、天子が神にそなえた牛・羊・豚。②りっぱな料理。[用例]―の美味。③江戸時代、一般の罪人のためのろうや。

**だいろっ-かん【第六感】** 五感以外の直観的な感覚。勘。霊感。the sixth sense [比較]五感。

**たい-ろん【対論】**(名・サ変自) 双方が向かい合って、ふたりで議論すること。また、ある事柄について対抗して論ずること。その議論。

**たい-わ【対話】**(名・サ変自) 向かい合って、さまざまな事柄について話をすること。その話。対談。ダイアローグ。conversation [比較]会話・座談・鼎談。[用例]親子の―がない。

**たいわ【大和】**〈町〉宮城県中部、吉田川に沿う町。中心の吉岡は旧城下町・宿場町。稲作中心の農林業地帯。人口一万八五三六(一九八八)。

**だいわ【大和】**〈町〉広島県中部、沼田川上流の町。稲作・畜産の農業が主体。桃が特産。人口八四二三(一九八八)。

**だいわ【大和】**〈村〉島根県中部、江の川に沿う村。農林業の村で、シイタケ・ワサビ栽培がさかん。人口二四四七(一九八八)。

**だいわ-ぎんこう【(株)大和銀行】** 大阪に拠点をもつ都市銀行の一つ。大正七年(一九一八)設立。

**だいわ-しょうけん【大和▼證券(株)】** 日本の四大証券会社の一つ。昭和一八年(一九四三)藤本証券と日本信託銀行の合併で設立。

**たいわ-たい【対話体】** 対話を主とする文章のスタイル。会話文。dialogues

**たいわ-へん【対話▼篇】** ソクラテスを主要な話者とする対話形式で書かれたプラトンの諸著作。『饗宴』『国家』など。

**だい-われ【台割れ】** 相場の下落による一〇円単位(=台)の変動。たとえば三〇円台から二〇円台に移行することを言う。fall below the level [対義]台替わり。

**たいわん【台湾】** 中国大陸南東方に位置する大島。北は東シナ海、東は太平洋、南はバシー海峡、西は台湾海峡に臨む。面積三・六万km²。日清戦争後日本領となり、第二次大戦後中国に返還されたが、一九四九年、国共内戦に敗れた国民党政府が移った。しかし国連からは独立国として認められていない。人口一八九〇万(一九八四)。近年経済の近代化が著しい。島都は台北。タイワン。Taiwan

**たいわん-アカシア【台湾アカシア】** マメ科の常緑高木。葉身はなく、葉柄の変形した披針形の仮葉を互生。黄金色の花が葉腋につく。街路樹、または観賞用。相思樹。

**たいわん-かいきょう【台湾海峡】** 中国大陸部と台湾の間の海峡。東シナ海と南シナ海を結ぶ。海峡南部に澎湖列島がある。

**たいわん-ぎんこう【台湾銀行】** 日本統治下の台湾に日本政府が設立した中央銀行。明治三二年(一八九九)開業。台湾の産業開発と統制のため設立され、金融を通じて台湾の産業を支配。第二次大戦後閉鎖。

**たいわん-しゅっぺい【台湾出兵】** 明治七年(一八七四)の台湾への出兵事件。明治政府の最初の海外派兵。台湾に漂着した琉球島民の殺害を理由に出兵し占領したが、償金を得て解決。日本の琉球領有の布石となる。

**たいわん-そうとくふ【台湾総督府】** 日本の台湾統治のための機関。明治二八年(一八九五)台北市に創設。島民の議会設置請願を無視し、同化政策を推進。昭和二〇年(一九四五)敗戦により廃止。

**たいわん-つなそ【台湾綱▽麻】** モロヘイヤの別名。

**たいわん-どじょう【台湾▽泥▼鰌】** タイワンドジョウ科の淡水魚。日本で雷魚と俗称される二種のうちの一つ(他方はカムルチー)。太い円筒形で全長約六〇cm。黄灰色地に暗褐色の斑紋が三列並ぶ(カムルチーは二列)。空気呼吸ができ、ほかの魚類を襲う。中国南部・インドシナ・フィリピンに分布。日本へも移入し、繁殖している。snakehead

**たいわん-ひのき【台湾▼檜】** ヒノキ科の常緑高木。台湾の山地にはえる。高さ約六〇m。樹脂が多く、心材は淡紅色。建築・器具用材。

**たいわん-ぼうず【台湾坊主】** ①禿頭病。②東シナ海低気圧の俗称。春先に多く、雨や雪を降らせる低気圧。台湾付近に出現し、本州南部ぞいに進行する。

**たいわん-りす【台湾▼栗▼鼠】** 台湾産のリス科の動物。体長約二〇cm、尾は体長よりやや短い。背面は暗黄褐色、下面は灰褐色。東南アジアに広く分布する。ハイガシラリスの亜種で、森林にすむ。日本では、伊豆大島・江ノ島などに移入したものが野生化している。

**ダイン【dyne】** 力の大きさの単位。質量一グラムの物体に1cm/sec²の加速度を生じさせる力。一ダインは$10^{-5}$ニュートン。記号dyn

**た・う【耐う・堪う】**[古語](下二自)↓たえる(耐える)

**ダウ【Dow】**「ダウ式平均株価」の略。

**た-うえ【田植(え)】** 苗代で育てたイネの苗を、水田に移植すること。うえつけ。rice transplanting

**たうえ-うた【田植(え)歌・田植(え)▼唄】** 日本民謡の一種。田植えのときにうたわれる歌。

**たうえ-ばな【田植(え)花】** 田植えのころに咲く花。地方によって異なり、ウツギ(青森地方)、ハコネウツギ(富山地方)、タニウツギ(新潟・長野地方)などをいう。

**ダウ-ケミカル【The Dow Chemical Company】** アメリカの大手化学工業会社。一九四七年設立。

**た-うこぎ【田▽五▽加】** キク科の一年草。暖かい湿地に多い。高さ五〇〜一〇〇cm。葉は対生で有柄。三〜五裂。秋に黄色花をつける。

**ダウしき-へいきんかぶか【ダウ式平均株価】** アメリカのダウ-ジョーンズ社が開発した計算法による平均株価。同社はニューヨーク証券取引所について毎日これを発表している。日本では東京証券取引所で採用されていたが昭和四六年(一九七一)廃止。ダウ。ダウ平均。Dow-Jones averages

**タウシッグ【Frank William Taussig】**(一八五九〜一九四〇) アメリカの経済学者。ハーバード大学教授。関税論・国際貿易論などアメリカ関税史研究の第一人者。著書『米国関税史』など。

**ダウソン【Ernest Christopher Dowson】**(一八六七〜一九〇〇) イギリスの詩人。世紀末詩人の一人で繊細な叙情詩を残した。詩『シナラ』など。

**た-うた【田歌】** 昔、田舞にうたわれた歌。それをとり入れた雑芸の一つ。

**たう-たしつ【多雨多湿】** 雨量が多く湿度の高いこと。日本や東南アジアの気候は一般に多雨多湿である。

**た-うち【田打ち】** 春、耕作に先立って田の土を打ち返すこと。

**たうち-ざくら【田打桜】** その地方の苗代をつくる時期に咲く花。コブシやヤマザクラなどをいい、地方によって異なる。

**ダウテンダイ【Max Dauthendey】**(一八六七〜一九一八) ドイツの詩人・小説家。旅行を好み、日本に取材した短編『琵琶湖八景』などがある。

**タウト【Bruno Taut】**(一八八〇〜一九三八) ドイツの建築家。表現主義の指導者。来日し日本の建築文化を高く評価した。建築作品にガラスの家、著書に『日本美の再発見』など。

●タウナギ

**ダウト【doubt】**《疑い、の意》トランプゲームの一種。手札の数を言いながら伏せて、順番に場に出し、にせの札を見破ったらダウトと声をかけ、見破られた者が場札をとる。誤りのときは発声者に場札がいく。手札が早くなくなったものが勝ち。

**た-うなぎ【田▼鰻】** 田や湖沼にすむタウナギ科の淡水魚。胸びれと腹びれがない。空気呼吸をし、うろこがない。全長約八〇cm。黄褐色で暗褐色斑が散在する。日本でも各地でしばしば発見。↓[図]

**ダウニング-がい【ダウニング街】**(Downing Street) イギリス、ロンドン中部の街区。首相官邸をはじめ多くの官邸がある。

**タウビー【Henry Taube】**(一九一五〜) アメリカの化学者。金属の錯体において電子の遷移反応の機構に関する分野の基礎を確立。一九八三年ノーベル化学賞受賞。

**たう・ぶ【▽賜ぶ・▽給ぶ】**[古語](四他)↓とうぶ(賜ぶ)

**ダウ-へいきん【ダウ平均】**「ダウ式平均株価」の略。

**タウポ-こ【タウポ湖】**(Lake Taupo) ニュージーランド北島中部にある同国最大の湖。面積六一〇km²。付近に火山や温泉がある観光地。ニジマス釣りの名所。

**ダウラギリ-さん【ダウラギリ山】**(Dhaulagiri) ネパール中西部、ヒマラヤ山脈にある世界有数の高峰。標高八一七二m。

**ダウランド【John Dowland】**(一五六三〜一六二六) イギリスの作曲家・リュート奏者。リュート曲『涙のパバーヌ』や、マドリガルなど。

**タウリン【taurine】** 動物の胆汁のなかにタウロコール酸として存在し、胆汁の分泌、脂肪の吸収をよくする物質。熱水に溶けやすく、アミノ酸と同様の両性電解質。アミノエチルスルホン酸。

**タウン【town】** 町。都市。[用例]ベッド―。

**ダウン【down】** 一(名・サ変自他) ①下げること。下がること。[対義]アップ。[用例]コスト―。②ボクシングで、倒れること。倒すこと。ノックダウン。③体をこわす、病気になること。

二(名) 水鳥のむく毛。

**タウンウエア**《和製語》街着。買い物・散歩・観劇・集会など外出時に着る衣服の総称。

**タウン-し【タウン誌】** 都市や大都市の一定地域で発行される地域情報誌。一般には買い物・飲食などの記事が中心で、地域の商店をスポンサーとした無料配布のものが多い。タウン情報誌。city magazine

**ダウン-ジャケット【down jacket】** 水鳥の羽毛を入れた防寒用の上着。軽くて保温性に富むので、スキー・登山用のほか、街着にもされる。

**ダウン-しょうこうぐん【ダウン症候群】** 染色体異常症の一つ。知能障害・筋緊張低下などの症状がある。高齢出産になるほど発生率が上昇する。Down's syndrome

**タウンズ【Charles Hard Townes】**(一九一五〜) アメリカの物理学者。マイクロ波・原子核・分子構造の研究を行う。メーザー・レーザーの発明で、一九六四年ノーベル物理学賞受賞。

**ダウンスイング【downswing】** ①ゴルフのスイングの振り下ろし動作。バックスイングのトップからインパクトまで。②《和製語》野球で、レベルスイングのこと。バットをすくい上げずに、たたきつけるように振る打法。level swing

**タウンズビル【Townsville】** オーストラリア北東部、クイーンズランド州中東岸の港湾都市。内陸部の畜産・鉱産物の積み出し港。人口一〇・二万(一九八五)。

**ダウンタウン【downtown】** 主としてアメリカの大都市中心部の商業地区をいう。下町。

**タウン-ハウス【town house】**↓テラスハウス

**ダウンヒル【downhill】**↓かっこうきょうぎ(滑降競技)

**ダウンライト【downlight】** 天井から下方を照らす照明器具。光源が高いのでまぶしさが少ない。

**たえ【▼栲】** ①カジノキの繊維で織った布。②布。

**たえ【▽妙】**(形動) ①なんともいえないほどすぐれている。霊妙だ。exquisite [用例]―なる楽の音。②じょうずなさま。fine

**たえ-い・る【絶(え)入る】**(五自) 息が絶えて死ぬ。expire [用例]―ように泣き沈む。

**たえ-がた・い【耐(え)難い・堪(え)難い】**(形) がまんできない。ひどくつらい。unbearable; intolerance [用例]―侮辱。―労働。[派生]たえがたげ(形動) たえがたさ(名)

**たえ-か・ねる【耐(え)兼ねる・堪(え)兼ねる】**(下一他) がまんできない。こらえきれない。unbearable

**だ-えき【▼唾液】** 口腔内の味覚などの刺激により、諸種の唾液腺から反射的に分泌される混合液。酵素などを含み食物の消化を助ける。つば。つばき。saliva

**だえき-アミラーゼ【▼唾液アミラーゼ】** 唾液に含まれている消化酵素。でんぷんを加水分解して麦芽糖やデキストリンにかえる。プチアリン。salivary amylase

**だえき-せん【▼唾液▼腺】** 口腔内に唾液を分泌する腺。耳下腺・顎下腺・舌下腺などの大唾液腺と小唾液腺がある。口腔腺。salivary gland

**だえきせん-せんしょくたい【▼唾液▼腺染色体】** 双翅類(ハエやカの仲間)の幼虫の唾液腺細胞核の染色体。普通の染色体の一五〇倍、長さ四〇〇マイクロメートルに達する巨大染色体。実験遺伝学の好材料として遺伝学の発達に貢献。唾腺染色体。salivary chromosome

**たえ-ざる【絶えざる】**(連体) 絶えることのない。中途でやめることのない。constant [用例]―努力。

**たえ-しの・ぶ【耐(え)忍ぶ・堪(え)忍ぶ】**(五他) つらいのをがまんする。endure

▼常用漢字表外。 ▽常用漢字表の音訓外。

**たえ-ず【絶えず】**(副) いつも。ふだん。つづけて。always

**たえ-だえ【絶え絶え】**(形動) ①今にも絶えそうなさま。faintly 用例息も―。②とぎれとぎれ。intermittently 用例―に聞こえる。

**たえ-て【絶えて】**(副)《下に打ち消しをともなって》①その後、ずっと。すっかり。用例あれ以来―音信はない。②古語㋐すこしも。さらに。まったく。never once 用例世の中に―桜のなかりせば(古今・春上)。㋑とくに。用例玉の緒の―短き命もて(後撰・恋二)。

**たえ-の-うら【▽妙ノ浦】** 鯛ノ浦の別称。

**たえ-は・てる【絶(え)果てる】**(下一自) ①すっかり絶える。be extinguished ②死んでしまう。die

**たえ-ま【絶(え)間】** 切れ間。interval 用例―なく降る雨。

**た・える【耐える・堪える】**(下一自) ①こらえる。がまんする。endure 用例悲しみに―。②応じられる。することができる。be able to 用例重任に―。使用に―。③するだけの値打ちがある。価する。be worth 用例読むに―・えない。

**た・える【絶える】**(下一自) ①なくなる。やむ。続かなくなる。discontinue 用例食糧が―。人通りが―。消息が―。②へだたる。be apart 用例仲が―。③滅びる。be extinguished 用例家が―。

**息が絶える** 死ぬ。die

**だ-えん【▼楕円・▼橢円】** 平面上で、二定点への距離の和が一定な点の軌跡。二定点を焦点という。長円。ellipse ↓図

● 楕円

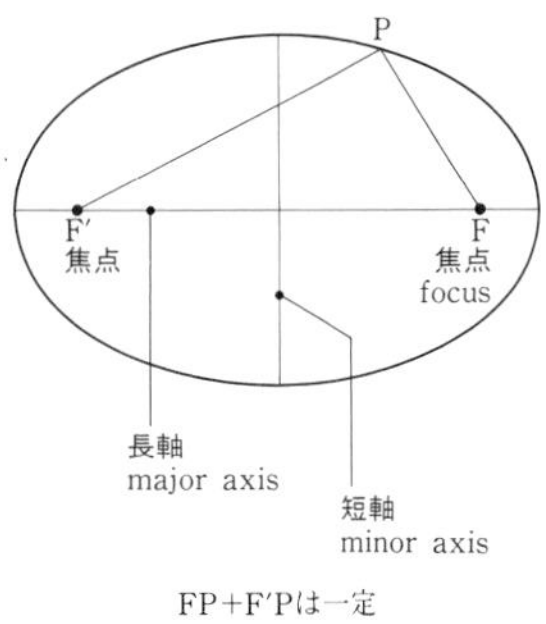


**だえん-うんどう【▼楕円運動】** 長円形に動くこと。地球が太陽を回る運動など。elliptic motion

**だえん-かんすう【▼楕円関数】** 楕円積分の逆関数。二重の周期をもつ。elliptic function

**だえん-きどう【▼楕円軌道】** 運動する物体が描く楕円の軌跡。太陽の惑星の軌動など。elliptical orbit

**だえん-ぎんが【▼楕円銀河】** みかけの形が楕円形をした銀河。種族Ⅱの星でできている。星間ガスは存在しない。elliptical galaxy

**たえんすい-ずほう【多円▼錐図法】** 地図投影法の一つ。緯線ごとに多くの円錐を地球にかぶせ、標準緯線とその周辺の地域を円錐に投影し、平面に展開する方法。中央経線付近は形のひずみが小さい。南北に細長い地域の地方図に用いられる。polyconic projection

**だえん-せきぶん【▼楕円積分】** 楕円の弧長を求めるときに使われる積分。初等関数では表せない。elliptic integral

**たお** 9画 **【▼垰】** 部首[土] 和製漢字 JIS 5227 地名や姓氏に用いられる。「たわ」「とう」「とうげ」なども。

**たおか-れいうん【田▼岡▼嶺雲】**(一八七〇―一九一二) 文芸・社会評論家。名は佐代治。高知県生まれ。雑誌『青年文』を創刊、社会文学を提唱。『万朝報』などの記者となり、明治社会を批判した。著書『壺中観』『数奇伝』など。

**た-おさ【田▼長】** ①田を作る者のかしら。田の主。②《「田長鳥」の略》ホトトギスの異名。

**たお・す【倒す】**(五他) ①横にねかす。bring down 対義起こす。用例大木を―。②滅ぼす。くつがえす。overthrow 用例政府を―。③勝負ごとで負かす。beat 用例横綱を―。④借りを返さない。損をかける。bilk 用例一〇〇〇円―・された。ふみ―。⑤《「斃す」とも》殺す。kill 用例原爆は多くの人々を―・した。

**たお-やか【▼嫋やか】**(形動) ①しなやかで美しいさま。willowy ②しとやかなさま。graceful

**たおや-め【手▽弱女】** しなやかで、やさしい女。対義ますらお。

**たおやめ-ぶり【手▽弱女振り】** 温雅優麗で女性的・技巧的な歌風。『万葉集』の男性的な「ますらおぶり」に対し、『古今集』以降の勅撰集にみられる。

**た-お・る【手折る】**(五他) ①手で折る。手で折って取る。pluck ②わがものにする。

**たお・る【倒る・▼斃る】** 古語(下二自) ↓たおれる(倒れる)

**タオル【towel】** ①パイル織物の一種。輪奈が両面または片面にでている織物。素材は綿が主で平織り・紋織りなどがあり、吸水性がよい。浴用・寝具用など。テリークロス。②タオル地の手拭い。

**タオルを投げる** ①《ボクシングの試合中に、負傷したり、負けがはっきりしてきた選手のセコンドが、リング内に向けてする合図》負けを認めて、試合を打ち切る。②《転じて、一般に》へこたれる。戦意を喪失する。降参する。give up

**タオルケット**《和製語。タオルとブランケットから》おもに綿タオル地で作った毛布状の寝具。

**たお・れる【倒れる】**(下一自) ①横になる。ころぶ。fall 用例木が―。②負けて崩れる。くつがえる。be overthrown 用例政府が―。③破産・倒産する。go bankrupt 用例会社が―。④《「斃れる」「仆れる」「殪れる」とも》病気になる。死ぬ。give way; die 用例過労で―。

**倒れて後已む** 死んではじめてことが終わる。倒れるまで、やめずに励む。

**倒れても土を掴む** どんなときにもなにか利益を得ようとするように、ひどく欲が深い、ということのたとえ。

**たか【高】** ①高いこと。be high 用例―げた。②かさ。量。quantity 用例収穫―。③かねだか。額。sum 用例売り上げ―。④ほど。程度。degree

**高が知れる** どのくらいの程度かがわかる。たいしたことはない。be of no importance 比較高が。

**高を括る** たいしたことはないと、あなどる。みくびる。make light of

**たか【▼鷹】** ワシタカ目の鳥のうちの中・小形の種。いわゆる猛禽類の仲間で、生きた鳥獣をはじめ各種の動物を捕食。世界に約二九〇種が分布。日本にはハイタカ・ミサゴ・トビ・ハヤブサなど約二〇種いる。hawk

**鷹は飢えても穂を摘まず** りっぱな人は、どんなに困っても、不正な金品は手にしない。節を曲げないたとえ。

**鷹を合わす** タカをはなって、鳥をとらせる。

**能ある鷹は爪を隠す** ↓のう(能)

**た-か【多寡】** 多いか少ないか。多少。quantity; amount

**た-が【他我】** 自我に対して、他人にあっても同じように存在すると考えられる我。other self

**たが【▼箍】** おけ・たるなどにはめる竹や金属製の輪。hoop

**箍が緩む** しまりがなくなる。緊張がなくなる。気が弱る。鈍くなる。lose one's spirits

**たが【多賀】**〈町〉 滋賀県東部の町。多賀大社の門前町として発達。石灰岩地域でセメント工業がさかん。人口九三六八(一九八八)。

**だ-が**(接続) しかし。けれども。but

**たか-あがり【高上がり】** ①高い所・地位に座ること。②費用が高くつくこと。

**たか-あし【高足】** ①足を高く上げて歩くこと。②歯の高いげた。高足駄。③膳などの足の高いもの。④竹馬。⑤歯の高いげたをはいてする田楽。

**たかあし-がに【高足▼蟹】** はさみ脚を広げると約三mを超す世界最大のクモガニ科のカニ。甲長約三八cm。淡赤褐色。水深二〇〇〜三〇〇mの砂泥底にすむ。食用。日本近海特産で、岩手県以南から九州沿岸までの太平洋側に分布。↓カニ図

**ダ-カーポ【da capo イタリア】**《初めから、の意》音楽で、楽曲を初めから終わりまで、または初めから「fine」のところまで繰り返し奏すること。略号DC。

**ダカール【Dakar】** アフリカ大陸の中西部、セネガルの首都。ベルデ岬に位置し、ヨーロッパと南米との中継港。落花生の集散地。人口九七・九万(一九七九)。

**たか-アルコール【多価アルコール】** アルコールのうち、水酸基を二個以上もつものの総称。グリセリンは三価アルコール。polyhydric alcohol

**た-かい【他界】** ㊀(名) 死後の世界。神霊や死霊の住んでいると信じられている世界。来世。the next world ㊁(名・サ変自) 死ぬこと。death

**たか・い【高い】**(形) ①下端から上端までのへだたりが大きい。high 対義低い。用例背が―。②地位・身分が上位である。high 対義低い。③能力・程度などがすぐれている。high 対義低い。用例見識が―。④数値が大きい。high 対義低い。用例血圧が―。⑤音の振動数が多い。high 対義低い。⑥金額が大きい。expensive米; dear英 対義安い。用例値段が―。⑦広く知られている。well-known 用例評判が―。派生たかさ(名) たかみ(名) たかめ(名・形動)

**高く買う** 人物などを、よりよく評価し、重んじる。value highly

**高くつく** 安く買いもとめる、また、簡単にすませるつもりが、かえって、逆の結果になってしまう。turn out to be expensive

**目が高い** ↓め(目)

**たがい【互い】** ①関係あるものの両方。both sides 用例―の利益。②代わり合うこと。alternate

**だ-かい【打開】**(名・サ変他) ①行きづまりを切りひらくこと。breakthrough ②解決の方法を見いだすこと。solution

**たかい-きとう【高井▼几▼董】**(一七四一―一七八九) 江戸中期の俳人。京都の人。蕪村門下の中心的存在で俳諧中興に尽力。句風は繊細。夜半亭三世を継ぐ。自撰句集『井華集』など。

**たかいし【高石】**〈市〉 大阪府南部、大阪湾に臨む市。大阪南郊の高級住宅地、景勝の行楽地・海水浴場であったが、今は埋立地を中心に工業化が顕著。人口六万五四五五(一九八八)。

**たがい-せん【互い先】** 囲碁・将棋で、実力の同等の者がかわるがわる先手となること。

**たがい-ちがい【互い違い】** かわるがわる。交互。alternation 用例―の模様。

**たかいど【高井戸】** 東京都杉並区南部の地域。旧神田上水に沿う住宅地。かつて甲州街道の宿場があったが、内藤新宿ができて繁栄を奪われた。

**たがい-に【互いに】**(副) ①かわるがわる。alternately 用例―ボールを投げる。②両方がそれぞれ他方に。両方がともに。each other 用例―仲良くしよう。

**たか-いびき【高▼鼾】** ①大きないびき。loud snore ②よく眠ること。sound sleep

**たがい-め【▽違い目】** ちがっている点。point of difference

**たかい-ゆういち【高井有一】**(一九三二― ) 小説家。東京生まれ。早大卒。作品『北の河』『虫たちの棲家』『この国の空』など。

**たが・う【▽違う】**(五自) ①ちがう。はずれる。differ ②そむく。act against

**たが・える【▽違える】**(下一他) ①ちがえる。alter ②約束などにそむく。break

**たかお【高尾・高雄】** 京都市の北西、右京区梅ケ畑の一地域。神護寺があり栂尾・槇尾とともに三尾と呼ばれ、紅葉の名所として知られる。

**たかお【高雄】** 台湾南部、南シナ海に臨む屈指の港湾都市。古くから遠洋漁業の基地で、加工貿易のさかんな工業都市でもある。人口一二二万(一九八六)。カオシュン。

**たかおか【高▼岡】**〈市〉 富山県北西部、砺波平野北部の市。旧城下町。銅器など伝統的鋳物業にはじまる金属加工や化学・紙パルプなどの近代工業が発達。人口一七万七二五五(一九八八)。

**たかおか【高▼岡】**〈町〉 宮崎県中部、宮崎市西隣の町。旧城下町。農林業中心。月知梅は梅の名所。人口一万二九〇九(一九八八)。

**たかおか-しんのう【高▽岳親王】**(七九九―八六五) 平城天皇の第三皇子。薬子の変で皇太子を廃され出家。空海の弟子となり、貞観三年(八六一)入唐。さらにインドに赴く途中、シンガポール近辺で虎に襲われて死んだといわれる。法名真如。

**たか-おかみ【高▼龗】** 尊い竜神。雨乞いなどの祈願の対象となり、水をつかさどる。龗は竜神。

**たかお-さん【高尾山】** 東京都八王子市、関東山地南東端の山。標高六〇〇m。頂上近くに薬王院があり、ケーブルカーが通じる。

**たかおの【高尾野】**〈町〉 鹿児島県北西部、出水平野の町。稲作・タバコ栽培が発達。ツル渡来地。人口一万三三四二(一九八八)。

**たかお-もみじ【高雄紅葉】** カエデの別名。京都の高雄に多いことからこの名がある。

**たか-が【高が】**(副) いくら高く見つもっても。せいぜい。たかだか。at most 用例 ——一万円ぐらいの品。

**たかがかり-もの【高掛(か)り物】** 江戸時代、石高を基準に課した雑税。労力・現物を上納したが、しだいに米や貨幣に移行。

**たか-がり【▼鷹狩(り)】** 狩猟の方法の一つ。訓練したタカに鳥獣を捕らえさせるもの。古来、公家・武家の間で盛ん。明治以降は宮内省が存続させていたが、現在は官・民ともほとんど行われていない。falconry

**たかがわ-かく【高川格】**(一九一五〜八六) 囲碁棋士。九段。和歌山県生まれ。名誉本因坊。号は秀格。第七〜一五期の本因坊戦九連覇を記録。

**たか-かんすう【多価関数】** 独立変数の一つの値に対して、従属変数の値が二つ以上定まる関数。many-valued function 比較 一価関数。

**たか-き【高き】** 文語的《「たかし」の連体形》高い所。また、身分の高い人。対義 低き。用例 必ずしも——を望まず。

**たかき【高来】**〈町〉長崎県東部、多良岳南麓の町。中心は湯江。ミカン・野菜栽培、海苔の養殖が主体。人口一万九九五(一九八八)。

**たかぎ【▼喬木】**〈村〉長野県南部、天竜川に沿う村。稲作、リンゴ・柿などの果樹栽培がさかん。人口七三五五(一九八八)。

**たかぎ-あきみつ【高木▼彬▽光】**(一九二〇) 小説家。本名、誠一。青森県生まれ。京大卒。本格推理小説を中心に活躍。作品『刺青殺人事件』など。

**たかぎ-いちのすけ【高木市▼之助】**(一八八八〜一九七四) 国文学者。名古屋生まれ。東大卒。名大教授。古代・中世文学専攻。著書『古文芸の論』など。

**たかぎ-かねひろ【高木兼▽寛】**(一八四九〜一九二〇) 海軍軍医総監。かっけ病調査委員となり、治療に効果をあげた。慈恵医大の前身の成医会講習所をつくり、民間での医師養成に寄与した。

**たかぎ-ていじ【高木貞治】**(一八七五〜一九六〇) 数学者。岐阜県生まれ。東大教授。類体論を完成し、日本数学界で指導的役割を果たした。昭和一五年(一九四〇)文化勲章受章。著書『解析概論』など。

**たか-きび【高▼黍】** →もろこし(唐黍)

**た-かく【多角】** ①角が多いこと。many angles ②多方面。diversified

**た-がく【多額】** 多くの金額。large sum of money 対義 少額。

**たかく-けい【多角形】** 平面上で、相続くどの三点も一直線上にはない $n$ 個($n \geqq 3$)の点を線分で順に結んでつくられる図形。辺の数が $n$ 個のものを $n$ 角形という。たかっけい。polygon

**たかく-けいえい【多角経営】** 企業が従来の業種以外の業種をいくつか、同時に運営すること。diversification

**たかく-さいぼう【多核細胞】** 二個以上の核をもつ細胞。apocyte

**たかくす-じゅんじろう【高▼楠順次郎】**(一八六六〜一九四五) 仏教学者。広島県の人。東大教授。『大正新脩大蔵経』『南伝大蔵教』を刊行。昭和一九年(一九四四)文化勲章受章。

**たかく-てき【多角的】**(形動) いろいろなことを同時にするさま。many-sided

**たかくてき-ぼうえきこうしょう【多角的貿易交渉】** 多国間で貿易をするために行われる、関税や非関税障壁の撤廃などをめぐる交渉。一九七九年の東京ラウンドはその代表例。MTN。multilateral trade negotiation

**たかく-のうぎょう【多角農業】** 土地と労働力の有効な配分や、多種類の作物栽培による危険分散などで、安定した収穫・収益をめざす農業経営。multiple agriculture

**たがくのうぜいしゃ-ぎいん【多額納税者議員】** 明治憲法下、貴族院の勅任議員の一つ。満三〇歳以上の男子で直接国税を多額納入する者の中から、府県ごとに互選により一、二名選出。任期は七年。

**たかく-ぼうえき【多角貿易】** 三国以上の国間で行われる貿易。二国間だけの貿易よりも国際分業の利点を十分に生かすことができる。MT。multilateral trade

**たか-ぐもり【高曇(り)】** 空の高い所に雲があって、曇っていること。overcast with high clouds

**たかくら-けん【高倉健】**(一九三一) 映画俳優。東京生まれ。主演作『網走番外地』シリーズ、『居酒屋兆治』など。

**たかくら-てんのう【高倉天皇】**(一一六一〜八一) 第八〇代天皇(在位一一六八〜八〇)。後白河天皇の第七皇子。平清盛の娘徳子を中宮とし、その間に安徳天皇をもうけた。

**たかくわ-らんこう【高桑▼闌更】**(一七二六〜九八) 江戸中期の俳人。名は正保、忠保。金沢の人。天明期中興俳壇の有力者の一人。遊歴後、京都に定住、「花の本宗匠」の号を許される。編著『蓬莱島』、句集『半化房発句集』など。

**たか-げた【高下▽駄】** あしだ。とくに、歯の高いあしだ。たかあし。→下駄図

**たか-ごし【高腰】** 腰を高くして、かがめないこと。傲慢なようす。

**高腰を掛く** いばって腰かける。

**たか-さ【高さ】** 高いこと・程度。height

**たかさき【高崎】**〈市〉群馬県南部の市。旧城下町・宿場町。商工業都市で、卸売の商圏が広い。北関東の交通の中心で、上越新幹線などの鉄道や幹線道路が集中。人口二三万四一〇八(一九八八)。

**たかさき【高崎】**〈町〉宮崎県南西部、都城盆地にある町。農林業中心で、タバコ栽培などがさかん。人口一万三三三一(一九八八)。

**たかさき-せん【高崎線】** JR東日本の鉄道幹線の一つ。埼玉県大宮と群馬県高崎を結ぶ。上越線・信越本線と連絡。長さ七四・七km。明治一七年(一八八四)開通。

**たかさき-まさかぜ【高崎正風】**(一八三六〜一九一二) 歌人。薩摩生まれ。桂園派の代表歌人。御歌所の初代所長。歌集『たづがね集』など。

**たかさき-やま【高崎山】** 大分県別府湾に臨む山。標高六二八m。溶岩円頂丘(鐘状火山)。野猿の餌づけに成功、名所となる。

**たかさご【高▽砂】**〈市〉兵庫県南部、加古川河口の市。旧城下町。繊維・化学・電機・鉄鋼などの各種工業が発達。人口九万二二〇七(一九八八)。

**たか-さご【高▽砂】** ㊀フエダイ科の海水魚。紫赤色の体側を二本の黄色縦帯が走る。体長約二五cm。美味。八丈島・鹿児島以南に分布。㊁①能の曲名。脇能物。世阿弥作。祝言曲、祝儀の小謡に用いられる。前段老夫婦(高砂、住吉の相生の松の精)が長命和合を語り、後段住吉明神が御代を祝福し神舞を舞う。②能をもとにした長唄・箏曲などの曲名。

**たかさご-そう【高▽砂草】** 野原にはえるキク科の多年草。高さ約三〇cm。羽状の細長い葉が基部につく。初夏に紫にふちどられた白い頭状花をつける。

**たかさご-ぞく【高▽砂族】** 台湾原住民、高山族の総称。清朝時代は漢化の度合いに応じて、熟蕃と生蕃に区別されていたが、日本統治期後半に高砂族という総称でまとめられた。言語はマレー-ポリネシア語族のインドネシア語派に属する。生業は種族により異なるが、焼き畑農耕・水田耕作・漁労などを行う。

**たかさご-の【高▽砂の】**[枕ことば]《高砂の地は、高砂神社境内に有名な高砂の松(=相生の松)があることで知られることから》「待つ・尾の上」にかかる。用例 ——まつといひつつ年を経て変はらぬ色と聞かば頼まむ(後撰・恋四)。

**たかさご-ゆり【高▽砂▽百▽合】** 台湾にはえるユリ科の大形ユリ。テッポウユリに似た白色または黄褐色の花をつける。観賞用に栽培。

**たかさと【高▽郷】**〈村〉福島県北西部、阿賀野川上流域にある村。稲作、タバコ・野菜栽培、林業が中心。人口二九七七(一九八八)。

**たかさぶろう** キク科の一年草。世界の暖地に広く分布し、田のあぜ道などに多い。高さ約三〇cm。夏に白い花をつける。

**たか・し【高し】** 古語(形ク) →たかい(高い)

**だ-がし【駄菓子】** 大衆的な菓子。かつては麦・ヒエ・アワなどの安い材料にあめや黒砂糖などを加えて作ったもの。雑菓子。

**タカ-ジアスターゼ【Taka-Diastase】**《商標名》明治二七年(一八九四)に高峰譲吉がコウジカビから得たでんぷん分解酵素。でんぷんをβ-麦芽糖にする。消化酵素剤。参照 ジアスターゼ。

**たか-しお【高潮】** 気象災害の一つ。台風や低気圧の接近にともなう海岸での水位上昇。低気圧による水面の吸い上げと、強風による吹き寄せの効果が重なって起こる。海水が陸上に押し寄せ、災害を引き起こす。風津波。暴風津波。こうちょう。high tide 比較 津波。

**たかしな-たかかね【高▽階▽隆兼】**(生没年未詳) 鎌倉後期の宮廷画家。大和絵様式を完成、綿密な描写が得意。作品『春日権現験記絵巻』二〇巻など。

**たかしま【高島】**〈町〉滋賀県西部、琵琶湖に臨む町。旧城下町。農業中心。白鬚神社がある。人口六六八四(一九八八)。

**たかしま【高島】**〈町〉長崎県、長崎港外の高島・端島などからなる町。明治元年(一八六八)以来の高島炭鉱は、昭和六一年(一九八六)閉山。人口一七五四(一九八八)。

**たかしま【▼鷹島】**〈町〉長崎県北部、伊万里湾内の鷹島と黒島からなる町。タイ・ハマチの養殖がさかん。人口三五二五(一九八八)。

**たかしま-かえもん【高島▼嘉▽右▽衛門】**(一八三二〜一九一四) 明治の実業家・易学者。茨城県出身。号は呑象。ガス・鉄道などの事業に活躍する一方、高島易断を創始。

**たかしま-しゅうはん【高島秋帆】**(一七九八〜一八六六) 幕末の砲術家。長崎の人。オランダ人に砲術を習い、幕府に洋式砲術の採用を進言。一時投獄されたが、のち講武所砲術指南役。

**たか-しまだ【高島田】** 日本髪の一つ。未婚の女性の髪型。島田髷のなかでもっとも髷の位置が高いもの。花嫁の髪として多く用いられる。文金高島田。

**たかしまだいら-だんち【高島平団地】** 東京都板橋区北部の高層住宅を中心とする住宅団地。東西約三km、南北約一km。

**たかしま-や【(株)高島屋】** 代表的な百貨店の一つ。天保二年(一八三一)創業。

**たかしみず【高清水】**〈町〉宮城県北部、古川市北東隣の町。旧宿場町。農業が中心で工場も進出。人口五〇七二(一九八八)。

**たか-じゅせい【他家受精】** 異なる個体間の受精。植物では異株間または同一株内の異なる花のあいだでの受精をさす。cross-fertilization

**たか-じゅふん【他家受粉】** 雄しべの花粉が他の株の花の雌しべに受粉すること。異花受粉。cross pollination 対義 自家受粉。

**たか-じょう【▼鷹匠】** ①タカの飼育・訓練を行い、鷹狩りに従事する者。江戸時代は将軍や大名に仕えた。鷹飼い。鷹使い。鷹師。鷹居。falconer ②明治時代以後、宮内省式部職猟場係に属した職名。

**たかじょう【高城】**〈町〉宮崎県南西部、都城盆地北部の町。稲作、茶・タバコ栽培などがさかん。人口一万三九一六(一九八八)。

**たが-じょう【多賀城】** 現在の宮城県多賀城市に築かれた古代の城。八世紀、朝廷の蝦夷地経営の拠点として築かれ、奈良時代には陸奥国府がおかれた。城址は国の特別史跡。

**たがじょう【多賀城】**〈市〉宮城県中部、仙台市北東隣の市。内陸型工業が発達、宅地化もさかん。人口五万四七五二(一九八八)。

**たがじょう-ひ【多賀城碑】** 日本三古碑の一つ。宮城県多賀城址にのこる石碑で、多賀城設置の由来などを記す。天平宝字六年(七六二)の日付を刻しているが、後世の偽作ともいう。壺の碑。→写

● 多賀城碑

**たかす【高▼鷲】**〈村〉岐阜県北西部、長良川上流にある村。稲作・大根栽培などがさかん。蛭ケ野高原がある。人口三五四八(一九八八)。

**たかす【▼鷹▼栖】**〈町〉北海道中部、旭川市北隣の町。稲作・野菜栽培などの農業が行われる。台地部は住宅地として発展。人口七二〇二(一九八八)。

**たかすえ-の-むすめ【▽孝▽標▽女】** →すがわらのたかすえのむすめ(菅原孝標女)

**たかすぎ-しんさく【高杉▼晋作】**(一八三九〜六七) 幕末の尊攘派の志士。長州藩士。吉田松陰の松下村塾に学ぶ。文久三年(一八六三)の外国船に対する砲撃にさいして奇兵隊を組織、翌年四国連合艦隊との講和

● 高杉晋作

にあたる。さらに長州藩の軍事体制をつくり幕府軍を撃破。↓写

**たか-せ【高瀬】** ①浅瀬。shoal ②「高瀬舟」㊀の略。

**たかせ【高瀬】**〈町〉香川県西部、高瀬川上流の町。稲作、茶・タバコ・ミカン栽培などがさかん。人口一万七三八五(一九八八)。

**たかせ-がわ【高瀬川】** 京都市東部、鴨川に沿い南流する運河。長さ一〇km。江戸時代角倉了以により開かれ、舟運に利用。

**たかせ-ダム【高瀬ダム】** 長野県西部、信濃川支流の高瀬川にあるダム。有効貯水量一六二〇万$m^3$。発電用のロックフィルダムで、日本で最大級の出力をもつ新高瀬川発電所がある。

**たかせ-ぶね【高瀬舟・高瀬船】** ㊀主として川で使われた船。古代・中世には小型で船底が深く、近世では大型となり底が浅くなった。川の状況により形は多少異なる。㊁《高瀬舟》森鷗外の歴史小説。大正五年(一九一六)発表。弟殺しの罪に問われた男の身の上を描き、安楽死の是非を問う。

**たかた【高田】**〈町〉福岡県大牟田市北隣の町。干拓地が広い。稲作・ミカン栽培・海苔の養殖が中心。人口一万七七二八(一九八八)。

**たかだ【高田】** 新潟県上越市の中心地区。旧高田市で、城下町・軍都として繁栄。豪雪地として有名。日本スキー発祥の地。

**たか-だい【高台】** 高く平たい台状の土地。台地。hill

**たか-だか【高高】**(副) 多く見て。せいぜい。たかが。at most

**たかだか-と【高高と】**(副) めだって高く。aloft

**たかたか-ゆび【高高指】**《「丈高指」の転》中指。

**たかだ-けんぞう【高田賢▽三】**(一九四〇) 服飾デザイナー。兵庫県生まれ。パリの服飾界で活躍。日本の伝統的な着物の感覚を独創的に生かして注目される。

**たかだ-せいこ【高田せいこ】**(一九〇〇〜一九七〇) 舞踊家。金沢生まれ。舞踊家高田雅夫と結婚。舞踊団・研究所を主宰。

**たかだのばば【高田馬場】** 東京都新宿区北西部の地名。江戸時代に馬場があり、堀部安兵衛の仇討ちで有名。

**たかだ-ひろあつ【高田▽博厚】**(一九〇〇〜一九八七) 彫刻家。石川県生まれ。高村光太郎に師事。作品『アランの肖像』など。

**たかだ-へいや【高田平野】** 新潟県南西部、荒川流域の沖積平野。稲作地帯。北部に頸城油田がある。頸城平野。

**たかた-みのる【高田実】**(一八七一〜一九一六) 新派俳優。東京生まれ。川上音二郎一座で初舞台。大阪で成美団結成、帰京して本郷座時代を樹立、「新派の団十郎」とよばれた。

**たかだや-かへえ【高田屋▼嘉▽兵▽衛】**(一七六九〜一八二七) 江戸後期の回船業者。淡路の人。蝦夷地交易で活躍し、のち幕府の御用船頭。文化九年(一八一二)ロシアに捕らえられ翌年帰国。日露間の紛争解決に尽力。

**たかた-やすま【高田▽保馬】**(一八八三〜一九七二) 社会学者・経済学者。佐賀県生まれ。京大卒。京大・阪大教授。近代経済学導入の先駆者の一人。社会学の体系を研究し、人口史観を主張した。著書『社会学原理』など。

**たかちほ【高千穂】**〈町〉宮崎県北西部、五ケ瀬川上流の町。日本建国の神話伝説の地。「夜神楽」と高千穂峡が有名。人口一万八八二六(一九八八)。

**たかちほ-きょう【高千穂峡】** 宮崎県北西部、五ケ瀬川上流の峡谷。柱状節理の美しい峡谷で、絶壁から真名井滝が落ちる。高天の原・天の岩戸など神話の舞台でもある。

**たかちほ-の-みね【高千穂峰】** 宮崎・鹿児島県境の山。標高一五七四m。霧島火山の一つ。頂上に天孫降臨伝説の天の逆鉾がある。

**たかちほ-よかぐら【高千穂夜神楽】** 宮崎県西臼杵郡高千穂町に伝わる神楽。一一月二二日から二月上旬にかけて集落ごとに行われる。農民が主体となり、順に神楽宿を決め夜を徹して神楽を演じ、五穀豊穣を祈る。

**だ-かつ【蛇▼蝎・蛇▼蠍】** ①ヘビとサソリ。serpent and scorpion ②恐れ嫌われるもの。be detested 用例 —のごとく忌み嫌う。

**たかつかさ-け【▼鷹▽司家】** 中・近世の五摂家の一つ。藤原北家近衛家実の四男兼平が祖。兼平邸が鷹司室町にあったところからつけた家名。

**たかつ-がわ【高津川】** 島根県西部を北流する川。長さ八一km。冠山山地に発し、益田市で日本海に注ぐ。アユで知られる。

**たか-つき【高▼坏】** 飲食物をもる、脚つきの台。漆を塗ったもの、蒔絵を施したもの、紫檀製のものなどがある。角高坏が正式、丸高坏は略式とされる。

**たかつき【高月】**〈町〉滋賀県北部、琵琶湖北岸の町。稲作中心の農業の町。特産に高月スイカがある。人口一万四八一(一九八八)。

**たかつき【高▼槻】**〈市〉大阪府北東部の市。旧城下町・宿場町。化学・電機・食品の大工場が工業地域を形成し、宅地化もさかん。人口三五万三九四〇(一九八八)。

**だ-がっき【打楽器】** 打ったり、振ったり、こすったりして音を出す楽器の総称。マラカスなどの体鳴(自鳴)楽器と太鼓などの膜鳴楽器に分けられる。percussion instrument 比較 管楽器・弦楽器。

**たか-づの【高角】** かぶとの前立てで、シカの角を高く立てたもの。

**たかて-こて【高手小手】**《「高手」は、ひじから肩まで》後ろ手に厳重にしばること。

**たか-てらす【高照らす】**[枕ことば]「日」にかかる。用例 やすみしし わご大王 — 日の皇子 神ながら 神さびせすと(万葉・一・四五)。

**たか-とうだい【高灯台】** トウダイグサ科の多年草。山野にはえる。高さ約五〇cm。葉は長楕円形で互生し、茎の先に五枚の葉を輪生する。有毒植物。↓図

●タカトウダイ

**たかとお【高遠】**〈町〉長野県、伊那市東隣の町。旧城下町。城跡の桜が有名。江戸時代、大奥の女性絵島の配流の地。人口八四六九(一九八八)。

**たか-どの【高殿】** 高いごてん。高楼。

**たか-とび【高飛び】**(名・サ変自) 犯人などが遠くへ逃げること。running away

**たか-とび【高跳び】** ①高く跳ぶことを競う競技。立ち高跳び・走り高跳びなど。②「走り高跳び」の略。比較 幅跳び。

**たか-とびこみ【高飛(び)込み】** 水泳競技の飛び込み種目の一つ。高さ五m、七・五m、または一〇mの飛び込み台から飛び込む。制限選択飛びと自由選択飛びがあり、フォームの美しさと正確さを競う。high-board diving 比較 飛び板飛び込み。↓写

●高飛び込み

**たか-どま【高土間】** 昔の歌舞伎劇場で、桟敷の前に平土間よりも一段高く設けられた席。

**たかとみ【高富】**〈町〉岐阜県南西部、岐阜市北隣の町。農業・繊維関係工業・商業がさかん。人口一万七九四六(一九八八)。

**たかとり【高取】**〈町〉奈良県、奈良盆地南縁の町。中心の土佐は旧城下町。高取城趾がある。農業が中心で売薬業も多い。人口八九七一(一九八八)。

**たか-な【高菜】** カラシナの変種。葉は楕円形で大きく、しわがある。辛味が少なく漬物用。

**たかなべ【高▼鍋】**〈町〉宮崎県中部、日向灘に臨む町。旧城下町。商業が活発で工業化も進む。人口二万二五七七(一九八八)。

**たか-なみ【高波】** 高く立つ波。大波。high waves

**たか-な・る【高鳴る】**(五自) ①高く鳴り響く。ring high ②期待・喜びなどでどきどきする。beat fast 用例 胸が—。

**たかなわ【高▽輪】** 東京都港区南端の地区。江戸時代は大名屋敷があり、明治以降も高級住宅地。赤穂義士の墓で知られる泉岳寺がある。

**たかなわ-はんとう【高縄半島】** 愛媛県北部、瀬戸内海に張り出した半島。今治平野・松山平野があり、中央部の山地は高縄山九八六m、東三方ケ森一二三三mなどからなる。

**たか-にし【高西】** 西日本でいう、晩秋から初冬にかけての北寄りの西風。地域によっては南西風のこともある。

**たか-ね【高音】** 高い鳴き声。high-pitched singing 用例 モズの—。

**たか-ね【高値】** 値段の高いこと。high price 対義 安値。用例 —を呼ぶ。

**たか-ね【高▼嶺・高根】** 高いみね。high peak

**高嶺の花** 見るだけで、手にすることのできないもの。beyond one's reach

**たかね【高根】**〈町〉山梨県北西部、八ケ岳山麓の町。農業中心だが、清里高原があり観光地化が進む。人口八五六〇(一九八八)。

**たかね【高根】**〈村〉岐阜県北東部、飛驒川の最上流にある村。稲作を中心とする農業と林業を行う。人口九三一(一九八八)。

**たがね【▼鏨・▼鑽】** 先端のとがった鋼鉄製の手工具。金属彫刻用ののみ、穴あけ用のポンチから切断用の刃物まで多種。チズル。chisel

**たかね-おろし【高▼嶺▼颪・高根▼颪】** 高い山から吹きおろす風。

**たかね-きまだらせせり【高▼嶺黄▼斑▼挵▼蝶】** セセリチョウ科のチョウ。北・南アルプスの標高二〇〇〇mの高山帯にだけすむ。褐色の地に黄斑があり、開張三cm。卵から成虫になるまで三年かかる。年一回、夏に発生。

**たかね-ざくら【高▼嶺桜】** ミネザクラの別名。

**たかねざわ【高根沢】**〈町〉栃木県中部の町。稲作などの農業のほか、製薬・機械・ビール工業がある。人口二万五一二八(一九八八)。

**たかね-しおがま【高▼嶺塩▼竈】** 高山にはえるゴマノハグサ科の一年草。高さ一〇〜二〇cm。葉は四枚ずつ輪生し、羽状に深裂。八月に紅紫色の花を茎頂に多数つける。↓写

**たかね-すみれ【高▼嶺▼菫】** スミレ科の多年草。高山の砂礫地にはえる。高さ約一〇cm。葉は心臓形で、厚く光沢がある。夏、濃黄色の五弁花をつける。

**たかね-なでしこ【高▼嶺▼撫子】** ナデシコ科の多年草。本州中部以北の高山帯砂礫地にはえる。茎が細く、夏に濃紅色の花を開き、花弁は濃紅色で、切りこみは深くて細い。

**たかね-ばら【高▼嶺▼薔▼薇】** バラ科の落葉低木。高さ一〜二m。亜高山から高山帯にはえる。茎に紅褐色の細いとげがあり、葉は羽状複葉。花は五弁で淡紅色。初夏に咲く。タカネイバラ。

**たかね-ひかげ【高▼嶺日陰▼蝶】** 日本アルプスの高山帯にすむジャノメチョウ科のチョウ。淡褐色で、開張約四・五cm。幼虫の食草はヒメスゲなど。

**たが・ねる【▼綰ねる】**(下一他) 集めて一つにまとめる。つかねる。

**たかの【高野】**〈町〉広島県北部、神野瀬川上流にある町。米・野菜・肉牛のほか、大根の産地。人口三〇二一(一九八八)。

**たかの-いわさぶろう【高野岩▽三郎】**(一八七一〜一九四九) 統計学者・社会思想家。長崎県生まれ。東大卒。東大教授。社会統計学を日本へ導入して労働問題に応用。著書『統計学研究』など。

**たかのす【▼鷹巣】**〈町〉秋田県北部、米代川中流の町。木材・農産物の集散地で、製材・木工業がさかん。人口二万四四七七(一九八八)。

**たかの-すじゅう【高野素十】**(一八九三〜一九七六) 俳人。本名、与巳。茨城県生まれ。東大卒。高浜虚子に師事。写生に徹した簡素で明るい句風。句集『初鴉』など。

**たかのす-ぼんち【▼鷹巣盆地】** 秋田県北部、米代川中流域の断層盆地。秋田杉の美林に囲まれる。稲作や林業がさかん。

**たか-のぞみ【高望み】**(名・サ変自他) 思い上がった望みを持つこと。また、その望み。hope too much

**たかの-たつゆき【高野▼辰▼之】**(一八七六〜一九四七) 演劇学者。長野県生まれ。長野師範卒。東京音楽学校教授。著書『日本歌謡史』『日本演劇史』など。

●タカネシオガマ



↓行き先項目、図版・写真参照印。 JIS 日本工業規格情報交換用漢字符号コード(区点コード)。

**たかの-ちょうえい【高野長英】**（一八〇四〜五〇）幕末の医師・蘭学者。陸奥国水沢の人。長崎でシーボルトに蘭学を学ぶ。渡辺崋山らと尚歯会を結成。『夢物語』を著して幕府の対外処置を批判し、投獄されたが脱走。のち幕吏に襲われ自殺。↓写

●高野長英

**たか-の-つめ【▼鷹の▼爪】**①赤唐辛子の乾燥したもの。形がタカの爪に似るのでこの名がある。cone pepper ②↓つめくさ(爪草)

**たか-の-は【▼鷹の羽】**①タカの羽で、矢に用いる尾の羽をいう。②紋所の名。鷹の羽を紋章化したもの。並び鷹の羽、違い鷹の羽など。阿蘇神社の神紋。九州の菊池氏の代表紋。↓図

●鷹の羽②
丸に違い鷹の羽

中輪に並び鷹の羽

**たかのは-だい【▼鷹▼之羽▼鯛】** タカノハダイ科の海水魚。暗灰色の体に九条の赤褐色帯が斜走し、尾びれには白い円斑が散在する。全長約四〇cm。えらの部分でもっとも体高が高い。本州中部以南の沿岸の岩礁帯に多い。食用ともなる。シマダイ。

**たかの-ふさたろう【高野房太郎】**（一八六八〜一九〇四）労働運動の先駆者。長崎県生まれ。渡米中に労働問題を研究。帰国後、明治三〇年（一八九七）労働組合期成会を結成。

**たかの-みのる【高野実】**（一九〇一〜七四）労働運動の指導者。東京生まれ。早大中退。第二次大戦前から労農派系労働運動家として活動し、昭和二五年（一九五〇）総評を結成、翌年事務局長に就任。総評内左派として知られる。

**たか-は【▼鷹派】** 相手と妥協せず、自分の理念・主張だけを強硬に貫こうとする立場に立つ人々。とくに外交政策などで武力解決をも辞さないとする人々。強硬派。hawk 対義 鳩派。

**たか-ば【高歯】** げたの歯を高く作ったもの。高下駄。

**たかはぎ【高▼萩】**〈市〉茨城県北部、太平洋に臨む市。旧宿場町。紙パルプ工業・製材が発達。人口三万五四七四（一九八八）。

**たかはし【高▼梁】**〈市〉岡山県西部の市。旧城下町。タバコ栽培、製材、経木・モールなどの木工業が発達。備中松山城・頼久寺庭園が有名。人口二万六一〇一（一九八八）。

**たかはし-かげやす【高橋▽景▽保】**（一七八五〜一八二九）江戸後期の天文学者・蘭学者。至時の子。父のあとを継ぎ幕府天文方となる。シーボルト事件で捕らえられ獄死。

**たかはし-かずみ【高橋▽和▼巳】**（一九三一〜七一）小説家・中国文学者。大阪生まれ。京大卒。重厚な作風で現代社会における知識人の生き方を探る。作品『悲の器』『邪宗門』など。

**たかはし-がわ【高▼梁川】** 岡山県西部を南流する川。長さ一一一km。新見市に発し、倉敷市で瀬戸内海に注ぐ。農・工業用水に利用。

**たかはし-これきよ【高橋▽是清】**（一八五四〜一九三六）政治家。東京生まれ。原敬が暗殺された後、一時首相・政友会総裁。蔵相に再三就任し、昭和初期の財政を担当。二・二六事件で暗殺。↓写

●高橋是清

**たかはし-しんきち【高橋新吉】**（一九〇一〜八七）詩人。愛媛県生まれ。ダダイズムにより日本の前衛詩運動の先駆をなす。詩誌『歴程』同人。詩集『ダダイスト新吉の詩』など。

**たかはし-そうへい【高橋草▽坪】**（一八〇二〜三三）江戸後期の南画家。豊後の人。繊細な感覚の花鳥画に佳作が多い。作品『牡丹図』など。

**たかはし-たかこ【高橋たか子】**（一九三二〜）小説家。京都生まれ。京大卒。高橋和巳の妻。作品『誘惑者』『装いせよ、わが魂よ』など。

**たかはし-ちくざん【高橋竹山】**（一九一〇〜）津軽三味線演奏家。青森県東津軽郡生まれ。

**たかはし-でいしゅう【高橋泥舟】**（一八三五〜一九〇三）幕末の幕臣。名は政晃。槍術の名人で講武所教授。戊辰戦争開戦後、一五代将軍徳川慶喜の護衛役。勝海舟・山岡鉄舟と並び幕末の三舟と称された。

**たかはし-どうはち【高橋道八】** 京都の陶芸家。現在八世まで。初世（一七四〇〜一八〇四）が京都の粟田に築窯。二世（一七八三〜一八五五）は仁阿弥と号し、茶陶で知られ、名工と称された。

**たかはし-の-うじぶみ【高橋氏文】** 平安初期、宮内省内膳司高橋氏が朝廷に提出した文書。氏の経歴・功績などを記して由緒を主張したもの。

**たかはし-の-むしまろ【高橋虫麻▼呂】**（生没年未詳）奈良初・中期の歌人。下級官吏で常陸へ行き『常陸風土記』編集に関係したらしい。伝説に取材した歌や旅の歌が多く、事件や人物の精細な叙述を得意とした異色歌人。

**たかはし-ゆいち【高橋由一】**（一八二八〜九四）洋画家。江戸生まれ。川上冬崖・ワーグマンに学ぶ。画塾天絵楼を設立。明治初期の代表的存在。作品『花魁』『鮭』など。↓写

●高橋由一『鮭』。明治一〇年（一八七七）ごろ、東京芸術大学。

**たかはし-よしたか【高橋▽義▽孝】**（一九一三〜）独文学者・評論家。東京生まれ。東大卒。九大教授。ドイツ文芸学を研究。評論『森鷗外』『近代芸術観の成立』など。

**たかはし-よしとき【高橋▽至時】**（一七六四〜一八〇四）江戸後期の天文学者。大坂の人。麻田剛立に天文・暦学を学び幕府天文方となる。寛政暦を完成。

**たか-はた【高機】** 手織り機の一つ。従来のものより背が高く、腰掛けて踏み木をふむ形式で、機能も一段と向上したもの。

**たかはた【高▼畠】**〈町〉山形県南部、米沢盆地にある町。旧城下町。酪農・ブドウ栽培・製材などがさかん。人口二万七七六〇（一九八八）。

**たかばたけ-かしょう【高▼畠華宵】**（一八八八〜一九六六）挿絵画家。愛媛県生まれ。『少年俱楽部』などの叙情的挿絵で知られた。

**たかばたけ-たつしろう【高▼畠達四郎】**（一八九五〜一九七六）洋画家。東京生まれ。慶大中退。作品『暮色』など。

**たかばたけ-もとゆき【高▼畠▽素▼之】**（一八八六〜一九二八）社会思想家。群馬県生まれ。堺利彦らの売文社に加わり社会主義を主張するが、のち国家社会主義に転向。『資本論』を日本で初めて全訳。

**たか-ばなし【高話】** 大声で話すこと。その話。loud talk

**たかはま【高浜】**〈市〉愛知県中部、知多湾の湾奥にある市。工業都市だが宅地化も進む。三州瓦が特産。人口三万二三六七（一九八八）。

**たかはま【高浜】**〈町〉福井県西端、若狭湾に臨む町。農林・漁業中心。原子力発電所がある。海岸は景勝地が多く、海水浴場としても有名。人口一万二四〇一（一九八八）。

**たかはま-きょし【高浜虚子】**（一八七四〜一九五九）俳人・小説家。本名、清。正岡子規以後の俳壇最大の指導者。松山市生まれ。二高中退。子規に師事。俳誌『ホトトギス』を継承し主宰。客観写生を重んじ、俳句は花鳥諷詠の詩と提唱。昭和二九年（一九五四）文化勲章受章。句集『虚子句集』、小説『俳諧師』など。

**たかはら-やま【高原山】** 栃木県北部、鬼怒川と箒川の間にある双子火山。前黒山一六七八m、釈迦ケ岳一七九五mなどの山からなる。

**たか-はり【高張(り)】**「高張り提灯」の略。

**たかはり-ぢょうちん【高張(り)▽提▽灯】** 地上に立てた柱の上に小さい屋根をつけ、その下に提灯をつるもの。神社の社頭や、儀式のときの門前に立てた。高張り。高提灯。↓写

●高張り提灯

**たかはる【高▽原】**〈町〉宮崎県南西部、霧島山麓の町。酪農がさかん。神武天皇降誕地の伝説がある。人口一万二二二四（一九八八）。

**たか-ひかる【高光る】**［枕ことば］「日」にかかる。用例 やすみししわご王―日の皇子（万葉・二・二〇四）。

**たか-ひく【高低】**①高い所と低い所。high and low ②でこぼこしていること。高下。unevenness

**たか-びしゃ【高飛車】**（形動）頭ごなし。高圧的。high-handed 用例 ―に出る。

**たかぶ-しぎ【▼鷹▼斑▼鷸】** 背面は黒褐色、下面は白いが、背や頭・頸などの斑の入り方がタカに似たシギ科の鳥。全長約二二cm。ユーラシア北部で繁殖し、アジア南部・オーストラリアなどで越冬。日本には春秋二回、渡りの途中、各地の水辺に旅鳥として立ち寄る。

**たか-ぶ・る【高ぶる・▼昂ぶる】**（五自）①高まる。強まる。激しくなる。用例 神経が―。get excited ②自慢する。尊大になる。用例 ―・った態度。be arrogant

**たかべ【▼鰖】** 沿岸の岩礁底にすむタカベ科の魚。全長約二五cm。青緑色で、背側を黄色帯が一本縦に走る。

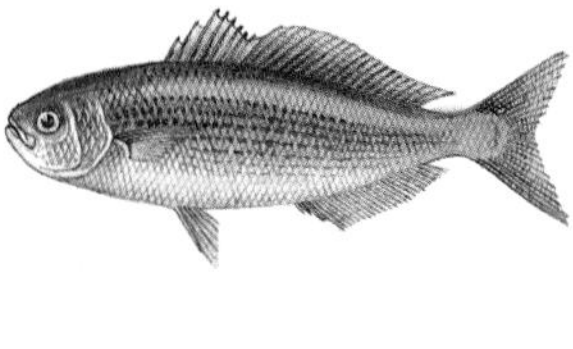

●タカベ

食用。本州中部以南の太平洋側に分布。シャカ。ベント。シマウオ。↓図

**たかま-が-はら【高▽天が原】**↓たかまのはら(高天の原)

**たか-まきえ【高▼蒔絵】** 砥の粉などを混ぜた漆で盛り上げて、画面・文様を仕上げた蒔絵。

**たか-まくら【高▼枕】**①高い枕。high pillow ②安心して眠ること。sleep in peace

**たかまつ【高松】**〈市〉香川県中部、瀬戸内海に臨む市。香川県庁所在地。旧城下町。高松港は四国の表玄関。商業都市で、諸工業も発達。栗林公園・屋島などの観光地がある。人口三二万七五三八（一九八八）。

**たかまつ【高松】**〈町〉石川県中部、日本海に臨む町。繊維工業、窯業、スイカ・ブドウの栽培がさかん。人口一万一六八五（一九八八）。

**たかまつづか-こふん【高松塚古墳】** 奈良県高市郡明日香村にある八世紀初頭の円墳。昭和四七年（一九七二）発掘され、石槨の彩色壁画が注目を集める。大陸の壁画古墳との深い関係が推定され、考古・歴史・美術史学界に大きな影響を与えた。↓写

●高松塚古墳 西壁面の女子像。

**たかまつ-の-みや【高松宮】** 皇族の一家。後陽成天皇の皇子好仁親王に始まる。のち一時断絶したが、大正天皇の第三皇子宣仁親王により再興。

**たかま-の-はら【高▽天の原】**①日本神話で神々の住む天上の国。人の住む葦原中国、死者のいく黄泉の国に対していう。天照大神が主宰。あまつくに。たかまがはら。②《転じて》大空。

**たか-ま・る【高まる】**（五自）高くなる。盛り上がる。rise

**たか-み【高み】** 高い所。height 対義 低み。

**高みの見物**（たかみのけんぶつ）①高所で見物すること。②かかわることなく、そばで見ていること。remain as a bystander

**たがみ【田上】**〈町〉新潟県中部、信濃川に沿う町。稲作・モモ栽培のほか、瓦の生産で知

られる。人口一万二五六八(一九八八)。

**たか-みくら【高ᐁ御ᐁ座】** ①即位・朝賀などのときの天皇の玉座。②天皇の位を言う敬語。

**たかみ-じゅん【高見順】**(一九〇七〜六五) 小説家。本名、高間芳雄。福井県生まれ。東大卒。左翼運動に参加、のち転向。時代の空白と絶望を饒舌体で描いた『故旧忘れ得べき』で登場。作品『いやな感じ』、詩集『死の淵より』など。

**たかみ-せんせき【▼鷹見泉石】**(一七八五〜一八五八) 江戸後期の蘭学者。下総古河藩家老。シーボルト・渡辺崋山らと交わり、海外地理の研究で知られる。

**たかみね-こうげん【高峰高原】** 群馬・長野県境、高峰山周辺の高原。カラマツの美しい避暑地。冬はスキー場となる。

**たかみね-ひでこ【高峰ᐁ秀子】**(一九二四〜) 映画女優。北海道生まれ。脚本家松山善三夫人。主演作『綴方教室』『二十四の瞳』『浮雲』など。

**たかみむすび-の-かみ【高ᐁ皇ᐁ産ᐁ霊神・高ᐁ御ᐁ産巣日神】** 造化の三神の一柱。天地が開かれたとき、天御中主神に続いて高天の原に現れたとされる。

**たかみや【高宮】**〈町〉広島県北部、三次市西隣の町。稲作、酪農、野菜・ナシ栽培などがさかん。人口五一六六(一九八八)。

**たかむこ-の-くろまろ【高ᐁ向ᐁ玄ᐁ理】**(?〜六五四) 大化の改新の功労者。渡来人の子孫。推古一六年(六〇八)遣隋使小野妹子に従って留学。帰国後大化の改新のさい、国博士として国政の最高顧問。遣唐使となり長安で没。

**たかむら-こううん【高村光雲】**(一八五二〜一九三四) 彫刻家。江戸生まれ。旧姓、中島。本名、幸吉。光太郎の父。東京美術学校教授。西洋彫刻の写実性をとり入れ、伝統木彫を近代木彫に脱皮させた。作品『老猿』『楠木正成像』など。↓写

● 高村光雲『老猿』。明治二六年(一八九三)、東京国立博物館。

**たかむら-こうたろう【高村光太郎】**(一八八三〜一九五六) 詩人・彫刻家。東京生まれ。光雲の子。東京美術学校卒。欧米に留学、ロダンの影響をうける。詩は男性的で倫理観と思想性に貫かれている。詩集『道程』『智恵子抄』『典型』など。彫刻作品『手』、十和田湖畔の裸婦像など。↓写

● 高村光太郎

**たかむら-とよちか【高村ᐁ豊ᐁ周】**(一八九〇〜一九七二) 鋳金家。東京生まれ。光雲の子、光太郎の弟。東京美術学校卒。重要無形文化財保持者。

**たかむれ-いつえ【高群逸ᐁ枝】**(一八九四〜一九六四) 女性史研究家。熊本県生まれ。女性解放運動で活躍し、橋本憲三と結婚ののち、その協力により『母系制の研究』などを完成、日本の女性史研究の先駆者となる。ほかに『招婿婚の研究』『女性の歴史』など。↓写

● 高群逸枝

**たか-め【高め】**(名・形動) ①位置が少し高いこと・所・さま。a little higher 対義 低め。用例 —のストライク。②値段が、わりに高いこと・さま。rather expensive 対義 安め。

**た-がめ【田▼亀】** 大形のタガメ科の水生昆虫。体長約六・五cm。体は楕円形で暗褐色、前脚は太く頑丈。池沼や水田にすみ、魚やカエルなどを捕食。本州以南・台湾・中国に分布。giant water bug ↓図

● タガメ

**たか-める【高める】**(下一他) 高くする。盛んにする。raise 対義 低める。

**たかもち-びゃくしょう【高持(ち)百姓】** 本百姓の別称。

**たか-もも【高▼股】** ももの上のほうの部分。大腿上部。upper part of a thigh

**たかもり【高森】**〈町〉長野県南部、飯田市北隣の町。リンゴなどの果樹栽培がさかん。干し柿が特産。天竜川舟下りの乗船場がある。人口一万二三三二(一九八八)。

**たかもり【高森】**〈町〉熊本県東部、阿蘇南郷谷の町。旧宿場町。稲作・畜産・高冷地野菜の栽培などがさかん。人口八八一九(一九八八)。

**たがや【▼箍屋】** 落語の題名。両国の川開きの人ごみのなかで、理不尽な武士のために首を斬られそうになった箍屋の職人が、逆に武士の首をはねてしまうはなし。

**たがやさん【▼鉄ᐁ刀ᐁ木】** インド・東南アジアに分布するマメ科の高木。高さ約一五m。葉は偶数羽状複葉。花は鮮黄色で枝の先端に大形の円錐花序。心材は硬く、耐久力がある。↓写

● タガヤサン

**た-がや-す【耕す】**(五他)《「田返す」の転》作物を植えるために田畑を掘り返して土を細かくする。cultivate

**たかやす-げっこう【高安月郊】**(一八六九〜一九四四) 詩人・劇作家。本名、三郎。大阪生まれ。新歌舞伎の確立や関西の演劇改良に貢献。戯曲『江戸城明渡』など。

**たかやなぎ【高柳】**〈町〉新潟県南西部、柏崎市南隣の町。稲作中心の農業と、林業が行われる。人口三二九〇(一九八八)。

**たかやなぎ-けんじろう【高柳健次郎】**(一八九九〜) 電子工学者。静岡県生まれ。大正一五年(一九二六)日本初のテレビジョンの実験に成功。昭和五六年(一九八一)文化勲章受章。

**たかやま【高山】**〈市〉岐阜県北部、飛騨地方の市。旧城下町。町並みが昔の面影をとどめ、「小京都」とよばれる。一位一刀彫・春慶塗などの工芸品が特産。人口六万四〇四八(一九八八)。

**たかやま【高山】**〈村〉群馬県中部、沼田市西隣の村。酪農、タバコ・コンニャク栽培、林業などが行われる。人口四二二二(一九八八)。

**たかやま【高山】**〈村〉長野県北東部、須坂市東隣の村。リンゴ・ブドウ・エノキダケの栽培がさかん。人口七五四九(一九八八)。

**たかやま-うこん【高山右ᐁ近】**(一五五二〜一六一四) 安土桃山時代の武将。キリシタン大名。摂津高槻城主から播磨明石城主。キリシタン禁教令により所領没収。のち追放されてマニラで没。

**たかやま-そうぜい【高山宗▼砌】** ↓そうぜい(宗砌)

**たかやま-たつお【高山▼辰雄】**(一九一二〜) 日本画家。大分県生まれ。東京美術学校卒。色面構成によって自然を幻想の風景としてとらえる。昭和五七年(一九八二)文化勲章受章。作品『砂丘』『樹下』など。

**たかやま-ちょぎゅう【高山▼樗牛】**(一八七一〜一九〇二) 文芸評論家。本名、林次郎。山形県生まれ。東大卒。情熱的な美文で「日本主義」を主張し、また大胆な本能の満足・天才崇拝を説いて活躍。小説『滝口入道』、評論『美的生活を論ず』など。

**たかやま-ひこくろう【高山▼彦九郎】**(一七四七〜九三) 江戸中期の尊皇論者。上野の人。寛政の三奇人の一人。勤皇・海防を説いて諸国を遊歴、時勢を憂憤して自刃。

**たかやま-ぼんち【高山盆地】** 岐阜県北部、神通川上流の宮川流域にある盆地。古来飛騨地方の政治・経済・文化の中心。

**たかやま-まつり【高山祭(り)】** 岐阜県高山市の春と秋の祭り。春は四月一四、一五日で日枝神社の山王祭り、秋は一〇月九、一〇日で八幡神社の八幡祭り。神輿渡御のあと、一〇台余の機巧人形山車が、鉦を打つ闘鶏楽、雅楽、獅子舞などが練り歩く。

**たかゆ-おんせん【高湯温泉】** 福島市西部、吾妻山中腹の温泉。眺望よく、冬はスキーでにぎわう。吾妻高湯温泉。信夫高湯温泉。

**たかゆかしき-じゅうきょ【高床式住居】** 地上より床を高くした建物。典型的なものは東南アジアの平野地帯にみられ、日本の弥生時代の倉庫もこれに類する。

**たかゆく-や【高行くや】**〔枕ことば〕《空高く飛ぶことから》「はやぶさ」にかかる。用例 —速総別の御襲料(古事記・下)。

**たか-ようじ【高▼楊枝】** 食後にゆうゆうと楊枝を使うこと。用例 武士は食わねど—。

**たから【宝】** ①金・銀など貴重な宝物。財宝。treasure 用例 —探し。②なにものにもかえがたい、たいせつな物・人。treasure 用例 子は—。③《上に「お」を付けて》お金。用例 お—を大切に使う。

**宝、悖って入る時は悖って出る**(たから、さかってはいるときはさかってでる) 悪事で得た財貨は、身につかずに出ていく。

**宝の持ち腐れ**(たからのもちぐされ) 大切なものや才能を持っていても、役立てようとしないこと。unused treasure or talent

**宝の山に入り乍ら手を空しくして帰る**(たからのやまにいりながらてをむなしくしてかえる) よい機会を得ながら、望みを果たすことができない。大きな利益をあげる機会にめぐまれながら、それを見逃してしまう。

**宝は身の差し合わせ**(たからはみのさしあわせ) 宝はもっていれば、いざというときに、身を救う。

**宝は湧き物**(たからはわきもの) 財宝は、わいて出るように、しぜんに手に入ることもあるということ。

**だ-から**(接続) であるから。それゆえ。so

**たからい-きかく【宝井▼其角】** ↓えのもときかく(榎本其角)

**たからい-ばきん【宝井馬琴】** 講談師。現在六代まで。江戸後期に活躍した初代(生没年未詳)は滝沢馬琴を尊敬し、東流斎馬琴と称した。

**たか-らか【高らか】**(形動) いかにも高いさま。声や音が大きいさま。loud

**たから-がい【宝貝】** タカラガイ科の海水生巻き貝の総称。殻高二〜一五cm。殻は卵円形で、色彩と模様が美しいので観賞用・細工用。古くは貨幣として用いられた。「貝」の字はタカラガイの象形文字。本州中部以南の暖海域に約八〇種、世界に約一九〇種が分布。コヤスガイ。cowrie; cowry ↓図

● タカラガイ　ホシダカラ

**たから-くじ【宝▼籤】** 地方公共団体が発行する当籤金品付き抽選券。第一勧業銀行が事務を代行。昭和二〇年(一九四五)創設。正称は当籤券付証票。public lottery

**たからくじ-よやくけん【宝くじ予約券】** ジャンボ宝くじの購入を予約する券。昭和五二年(一九七七)から始まった制度で、往復はがきで予約するか、予約券を売り場でもらい、発売時に引き換える。

**たから-さがし【宝探し・宝捜し】** 子どもの遊びの一種。宝と決めたものを隠し、それを探し当てるもの。treasure hunt

**た-がらし【田▼芥】** ①キンポウゲ科の二年草。湿地にはえ、黄色の五弁花をつける。高さ約六〇cm。辛味があることから名付けられた。有毒植物。タゼリ。②タネツケバナの別名。

**たからじま【宝島】**《原題Treasure Island》スティーブンソンの小説。一八八三年刊。宝島のありかをめぐって、ジム少年と海賊シルバーがくりひろげる冒険物語。

**たから-だに【宝▼蜱】** タカラダニ科のダニの総称。幼虫は〇・三〜〇・六mmの朱色の球状で、セミ・バッタ・アブラムシなどの体や足に付着。名は、これが宝物に見えることに由来。

**たからづか【宝塚】**〈市〉兵庫県南東部、武庫川に沿う市。宝塚歌劇団と温泉の観光都市。大阪や神戸の衛星都市。苗木の産地としても名高い。人口一九万八三〇四(一九八八)。

**たからづか-かげきだん【宝塚歌劇団】** 兵庫県宝塚市にあるわが国最初の女性歌劇団。

大正二年(一九一三)発足。昭和二年(一九二七)の『モン・パリ』が初の本格的レビューとされる。

**たから-づくし【宝尽(く)し】** ①さまざまの宝を並べあげたもの。②さまざまの宝の形を集めてかいた絵・模様。

**たから-ぶね【宝船】** 縁起物の一つ。宝をつみ、七福神を乗せた船。正月の初夢のために、紙にかいた宝船の絵を枕の下に入れて寝るとよいといわれる。

**たからべ【▽財▽部】**〈町〉鹿児島県東部、宮崎県との境にある町。稲作・畑作・畜産・林業の町。人口一万一九八四(一九八八)。

**たから-もの【宝物】** 宝とする貴重な物。ほうもつ。treasure

**たかり【▽集り】**《俗語》①道路などで人をおどしてお金や品物を奪うこと・者。②他人に酒・食事などをおごらせること。

**たか・る【▽集る】**(五自) ①一か所に集まる。gather ②アリやハエがつく。swarm ③《俗語》㋐金品をゆすり取る。㋑人におごらせる。

**た-がる**(接尾)《助動詞「たい」の語幹「た」に接尾語「がる」の付いたもの。動詞および助動詞「せる・させる・れる・られる」の連用形に付いて動詞をつくる。五段型》事柄の実現を第三者が希望する意を表す語。用例 知らせ―。

**タガログ-ご【タガログ語】** フィリピンの公用語。アウストロネシア語族インドネシア語派に属す。ピリピノ語。Tagalog

**タガログ-ぞく【タガログ族】** フィリピンのもっとも有力な民族。ルソン島、首都マニラ付近に居住。フィリピン社会の指導階層を構成し、大部分はカトリック教徒。Tagalog

**たがわ【田川】**〈市〉福岡県中北部の市。筑豊最大の炭鉱都市であったが、昭和四四年(一九六九)までに全山閉山、工業の町に転換。人口五万八七五八(一九八八)。

**たがわ-すいほう【田河水泡】**(一八九九-一九八九) 漫画家。本名、高見沢仲太郎。東京生まれ。『のらくろ』で児童漫画界に一時代を画す。

**たか-わらい【高笑い】**(名・サ変自) 高い声で笑うこと。遠慮のない笑い。loud laugh

**た-かん【多感】**(名・形動) ①感じやすいこと・さま。感傷的。sensitive 用例 ―な青春。②情にもろいこと・さま。sentimental

**だ-かん【▼兌換】**(名・サ変他) ①ひきかえること。②紙幣を正貨とかえること。

**だかん-ぎんこう【▼兌換銀行】** 兌換銀行券を発行できる銀行。bank of issue

**だかん-ぎんこうけん【▼兌換銀行券】** 正貨(金貨・金地金・金為替)との自由交換が約束されている銀行券。金本位制停止以降どの国にも存在しない。兌換券。convertible bank note 対義 不換銀行券。

**だかん-けん【▼兌換券】**「兌換銀行券」の略。

**たかん-さよう【他感作用】** ある植物が分泌する化学物質で、他の植物の発芽や生長が影響を受けること。アレロパシー。allelopathy

**だかん-しへい【▼兌換紙幣】** 発行者である政府や中央銀行によって、正貨との自由交換を約束された紙幣。convertible note 対義 不換紙幣。

**たかん-しょう【多汗症】** 汗を多量に分泌する症状。多くは精神的なものだが、内分泌障害によるものもある。hyperhidrosis

**タガンログ【Taganrog】** ソ連、ロシア共和国西部、アゾフ海北東部のタガンログ湾奥にある港湾都市。作家チェーホフの出生地。人口二九・二万(一九八八)。

**たき【滝】** ①川の流れが断崖を落下するもの。また、その場所。河床の軟岩が急激に浸食されたり、断層によるくいちがい、溶岩流の堰止めなどによって生じる。瀑布。water-fall ②斜面を急激に流れ下る水。torrent

**た-き【多岐】**(名・形動) ①道がいくつにも分かれていること・さま。many branches of a road ②多方面。many quarters

**多岐亡羊** 《わかれ道が多いと、逃げた羊を見失ってしまう、の意》学問の道は、根本の理を求めないと真理に達し得ないということ。転じて、方針が多くてどうしていいかわからないこと。

**たき【多▼伎】**〈町〉島根県北部、日本海に臨む町。沿海漁業と農業が主。ブドウ・イチジクの栽培がさかん。人口四五七一(一九八八)。

**たき【多気】**〈町〉三重県の伊勢平野南部にある町。ミカン・カキなど果樹栽培がさかん。人口一万三八二一(一九八八)。

**た-ぎ【多義】** 一つの語句に多くの意味があること。diverse meanings

**だ-き【▼唾棄】**(名・サ変他) ①つばをはくこと。spit ②さげすみ嫌うこと。排斥。contempt

**だ-き【惰気】** だらけた気分。inactivity 用例 ―満々。

**ダキア【Dacia】** ドナウ川下流の北部地域の古称。ほぼ現在のルーマニア。紀元前三世紀ごろからギリシアと交流。二世紀初めトラヤヌス帝が征服、ローマの属州となった。

**だき-あ・う【抱(き)合う】**(五自) 互いに抱く。embrace each other

**たき-あが・る【炊(き)上がる】**(五自) 炊いてでき上がる。用例 ごはんが―。

**だき-あ・げる【抱(き)上げる】**(下一他) かかえて持ち上げる。hold up in one's arms

**たき-あわせ【炊き合(わ)せ・炊合(わ)せ】** 料理材料を別々に煮て、一つの器に盛り合わせた煮物。

**だき-あわせ【抱き合(わ)せ・抱合(わ)せ】** ①抱き合わせること。combination ②よく売れる物と売れない物とを、組み合わせて売ること。tie-in sale

**だきあわせ-ぞうし【抱き合(わ)せ増資】** 会社が増資するために新株を発行するさい、額面の一部を無償交付し、残り分の金額だけを払い込ませる形をとること。有償分と無償分とを抱き合わせることからの呼称。combination capital increase

**だき-あわ・せる【抱き合(わ)せる・抱合(わ)せる】**(下一他) 互いに抱き合うようにする。make embrace each other

**たきい-こうさく【滝井孝作】**(一八九四-一九八四) 小説家・俳人。俳号は折柴。岐阜県生まれ。強靭でリアルな文体による私小説を書く。作品『無限抱擁』『俳人仲間』など。

**たき-おとし【▼焚き落(と)し・▼焚落(と)し】** たきぎのおき火。おき。

**だき-おや【抱(き)親】** 仮親の一つ。①赤子の初出のとき、初めて抱いてもらう人。その人と仮の親子関係を結ぶ習俗。②赤子を初めて天主堂(=教会)に連れていく人。長崎地方のカトリック教徒の間にみられる風習。

**タキオン【tachyon】** 光速度より早い速度をもつと仮定される粒子。

**だき-かか・える【抱き抱える】**(下一他) 胸に抱いてしっかり持つ。hold in one's arms

**たきかわ【滝川】**〈市〉北海道中部、石狩川中流の市。交通の要地。稲作やリンゴ栽培などがさかん。人口五万一三三一(一九八八)。

**たき-がわ【滝川】** 谷間などを流れる急流。はやせ。rapids

**たきがわ-かずます【滝川▽一▽益】**(一五二五-一五八六) 安土桃山時代の武将。近江の人。織田信長に仕え、伊勢長島城主をへて上野厩橋城主。のち豊臣秀吉と争って敗北し、越前に引退。

**たきがわ-じけん【滝川事件】** 昭和八年(一九三三)におきた、京都大学法学部教授滝川幸辰の罷免事件。文部省は同教授の思想を共産主義的であるとして辞職を要求。京大法学部教授会はこれに反対して全教官が辞表を提出して闘ったが敗北。京大事件。

**たき-ぎ【薪・▼焚(き)木】** 燃料にする木。たきもの。まき。firewood 数え方 一本・一把・一束

**薪尽く** ①《『法華経』にある語》釈迦が入滅する。②人が死ぬ。

**薪に油を添える** さらに勢いを加える。火に油を注ぐ。

**薪に花** 粗野ななかにも、やさしさのあるたとえ。

**薪の行道** 《仏教語。法華経の、釈迦が阿私仙人のもとで、たきぎを切り、水をくんで修行して法華経を得たという説話に基づく》法華八講会の第三日に、行基の作といわれる「法華経をわが得しことは薪こり菜摘み水汲み仕へてぞ得し(拾遺・哀傷)」の歌を歌い、薪を負い、水おけをかつぐ人を列に加えて行道すること。

**薪を抱きて火を救う** わざわいを除こうとして、かえって大きくしてしまう。愚かなことのたとえ。類似 薪を負うて火事場に赴く。

**たきぎ-こ・る【薪▼樵る】** 古語 ①(四他)「薪の行道」を行う。用例 きたなげなき六位・衛府など―・り、水など持たる、をかし(栄花・初花)。②[枕ことば]《薪を切る鎌の意から》「鎌」にかかる。用例 ―鎌倉山の木垂る木をまつと汝が言はば恋ひつつやあらむ(万葉・一四・三四三三)。

**たきぎ-のう【薪能】** 神事能の一つ。毎年陰暦二月、奈良興福寺の修二会で演じられ、室町時代には大和四座が勤めた。明治維新で廃絶したが、第二次大戦後復活。近年は、夏の夜、篝火をたいて行う各地の野外能もこうよばれる。↓写

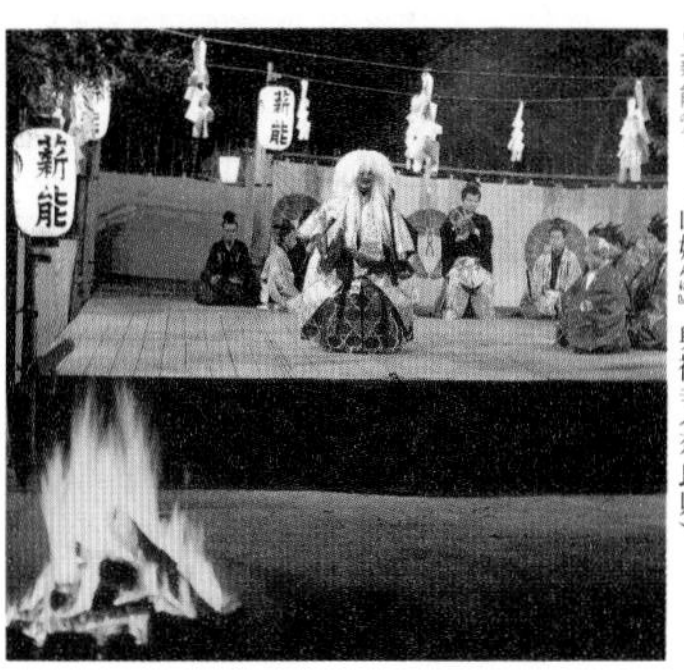

●薪能『山姥』。興福寺(奈良県)。

**だき-ぐせ【抱(き)癖】** 乳児の習癖の一つ。抱かれていれば機嫌がよく、寝かせられると機嫌が悪くなる。生後二〜三か月から起こりやすい。

**たき-ぐち【▼焚(き)口】** 火のたきつけ口。fuel hole

**たき-ぐち【滝口】** ①滝の落ち口。②清涼殿の東北、宮中を流れる溝の水の落ち口。③中世以降、蔵人所に属し、滝口に詰めて、御所の警衛・雑役に当たった武士。

**たきぐち-にゅうどう【滝口入道】** ①(生没年未詳)平安末期の僧。清涼殿北東の滝口の武士。本名、斎藤時頼。建礼門院の雑仕の横笛を愛して父の怒りをかい、剃髪。のち高野山に上り「高野の聖」と称されたという。②高山樗牛の小説。明治二七年(一八九四)発表。

**たき-ぐも【滝雲】** 山の稜線から滝のようにたれ下がった雲。稜線の風下側は下降気流で雲は消える。層雲や層積雲に多い。

**たきこみ-ごはん【炊(き)込み御飯】** 魚貝・肉・野菜などの具と米を、だしと調味料で炊いたご飯。まぜご飯。

**たき-こ・む【炊(き)込む】**(五他) 飯の中に野菜・魚・肉などを入れて炊くこと。

**だき-こ・む【抱(き)込む】**(五他) ①かかえ込む。hold in one's arms ②味方に引き入れる。bring over a person to one's side ③まきぞえにする。involve

**たきさわ【滝沢】**〈村〉岩手県北西部、盛岡市の北西隣の村。稲作と畜産が中心。ベッドタウン化が進む。「ちゃぐちゃぐ馬こ」の行事が有名。人口三万三九六二(一九八八)。

**たきざわ-おさむ【滝沢修】**(一九〇六-) 俳優。東京生まれ。ドラマティックな演技でリアリズム演劇の第一人者。劇団民芸を結成。主演作『炎の人』『セールスマンの死』など。

**たきざわ-ばきん【滝沢馬琴】**(一七六七-一八四八) 江戸後期の戯作者。本名、滝沢興邦。号は曲亭など多数。江戸の人。山東京伝の門下。読本の第一人者。勧善懲悪と因果応報の思想を基調に、雄大な構想と流麗な文章で、浪漫的・伝奇的な独自の理想世界を樹立した。読本『椿説弓張月』『南総里見八犬伝』など。↓写

●滝沢馬琴

**タキシード【tuxedo】** 男子の夜間用略式礼服。上着は襟に拝絹がついた黒の背広型、ズボンは共布で両脇に側章があるものもある。

**たき-し・める【▽薫(き)染める】**(下一他) 香をたいて、においをしみこませる。incense

**だき-し・める【抱(き)締める】**(下一他) 強く抱く。hold tight

**だき-すく・める【抱(き)▼竦める】**(下一他) 抱いて相手が動けないようにする。hug fast

**たき-せいいち【滝精一】**(一八七三-一九四五) 美術史家。東京生まれ。東大卒。美術雑誌『国華』を主宰。著書『滝拙庵美術論集』など。

**たき-せん【滝線】** 山地が切り立った崖となり、その線上に河川が滝となって並ぶような地形。瀑布線。fall-line

**たきせん-とし【滝線都市】** 滝線上に発達した都市。アメリカのアパラチア山脈東麓の諸都市など。かつて水車を動力とする製粉・紡績などの工業が興隆した時代に、滝の水力利用の中心となり、河川の可航水路の終点ともなったことから発達した。fall line cities

▼常用漢字表外。 ▽常用漢字表の音訓外。

**たき-だし**【炊(き)出し】(名・サ変自) 非常の場合、人々に飯を炊いて配ること。food distribution in emergency

**たきた-ちょいん**【滝田樗陰】(一八八二〜一九二五) 雑誌編集者。秋田県生まれ。東大中退。本名、哲太郎。『中央公論』主幹として総合雑誌の近代的スタイルを確立した。

**たぎ・つ**【滾つ・激つ】 古語 (四自) =たきつ。①水が激しく流れる。用例 吉野川―河内に(万葉・一・三八)。②心が高ぶる。用例 山川の―心を塞きあへてあり(万葉・一一・二四三二)。

**だき-つ・く**【抱(き)付く】(五自) 抱くように相手にとりつく。cling to

**たき-つけ**【焚(き)付け】 薪や炭などを燃やしつける材料。kindling

**たき-つ・ける**【焚(き)付ける】(下一他) ①火をつけて燃えるようにする。make a fire ②けしかける。おだてる。stir up

**たきつ-せ**【滝つ瀬】 急な流れ。激流。

**たきつせ-の**【滝つ瀬の】 [枕ことば]「速し」にかかる。用例 ―はやき心をなにしかも人めつつみのせきとどむらむ(古今・恋三)。

**たきつひめ-の-みこと**【湍津姫命・多岐都比売命】 日本神話の女神。天照大神と素戔嗚尊の誓約により産まれた女神で、大国主命の妻。宗像三神の一つ。

**たき-つぼ**【滝壺】 滝の落ちこむ所。basin of a waterfall

**タキトゥス**【Publius Cornelius Tacitus】(五五ごろ〜一二〇ごろ) ローマ帝政期の歴史家。政治家としてはコンスルや地方総督などを歴任。著書『ゲルマニア』『歴史』『年代記』など。

**だき-と・める**【抱(き)留める】(下一他) ①抱くようにして受け留める。かかえ取る。catch in one's arms ②抱きついて引き留める。抱いて押さえとどめる。hold back

**だき-と・る**【抱(き)取る】(五他) 抱いて受け取る。catch in one's arms

**だきに-てん**【荼枳尼天・荼吉尼天】 密教で説く、自在の通力をもつ女性夜叉神。日本では、稲荷の神や飯縄権現と同一視される。

**たきね**【滝根】〈町〉 福島県東部、大滝根山西麓の町。タバコ・イネの栽培・酪農のほか、石灰石の加工もさかん。入水鍾乳洞や、あぶくま洞がある。人口五八二七(一九八八)。

**だき-ね**【抱(き)寝】(名・サ変他) 抱いて寝ること。用例 母の―をねだる子。

**たきの**【滝野】〈町〉 兵庫県南部、加古川中流にある町。機械・繊維などの工場があり、工業化が進む。人口九四三二(一九八八)。

**たきのうえ**【滝上】〈町〉 北海道北部、紋別市西隣の町。ジャガイモなどの畑作、林業・製材などを行う。人口四八九九(一九八八)。

**たきのしらいと**【滝の白糸】 戯曲。原作は泉鏡花の小説『義血侠血』。明治二八年(一八九五)川上音二郎一座の初演以来、新派十八番の一つとなる。検事代理に出世した苦学生とその恩人の女水芸人との悲劇。

**だき-はば**【抱(き)幅】 ①和服の身八つ口止まりの高さでの幅寸法。②洋裁の製図で、背幅や胸幅などに入れるゆとり。

**たき-び**【焚(き)火】 ①屋外で落ち葉・木などをたくこと・火。fire ②かがり火。bonfire

**たきまつり-の-かみ**【滝祭(り)の神】 水を司る神。神殿を設けずに祭られる神で、伊勢の五十鈴川のほとりに鎮座すると伝えられる。

**たき-もの**【焚(き)物】 たきぎ。まき。fire wood

**たき-もの**【薫(き)物・炷(き)物】 多数の香材を調合して作った練り香。合わせ香。

**たきもの-あわせ**【薫き物合(わ)せ・薫物合(わ)せ】 合わせ香の処方によって薫き物を作ること。また、その薫き物の匂いの優劣を、たき合わせて競うこと。

**だ-きゅう**【打球】 野球などで、たまを打つこと。また、打ったたま。batted ball 用例 ―がのびる。

**た-きょう**【他郷】 よその土地。他国。異郷。foreign country

**た-ぎょう**【他行】 文語的 (名・サ変自) よそへ出かけること。たこう。外出。

**だ-きょう**【妥協】(名・サ変自) 当事者が、折れ合って話をまとめること。compromise 比較 折衷。

**たぎょう-しょう**【多行松】 アカマツの園芸品種の一つ。高さ約四m。根元から多数の枝に分かれてのび、丸みのある樹冠となる。

**だぎょ-さっか**【打魚殺家】 中国京劇の演目。『水滸伝』の一部を脚色した名作。梁山泊が、役人らの悪逆非道に再び剣をとって起つ。

**たきりびめ-の-みこと**【多紀理毘売命】 日本神話の女神。『日本書紀』では、田心姫命。

**たぎ・る**【滾る・沸る】(五自) ①煮え立つ。boil 用例 湯が―。②わき上がる。さかまく。seethe ③感情が、激しく胸の中でわきあがる。用例 血が―。

**たき-れんたろう**【滝廉太郎】(一八七九〜一九〇三) 作曲家。東京生まれ。東京音楽学校卒。日本の初期洋楽界を代表する作曲家の一人。歌曲集『四季』、『荒城の月』など。

**タク** 6画【宅】 部首[宀] 教育小6 JIS 3480

宅 宅 宅 宅 宅

音 タク

①すまい。うち。いえ。「自宅・社宅・住宅」「宅地」用例 (名)お―。②おっと。妻が他人に対して、夫をよぶのに用いる。用例 (名)―は、留守でございます。

**タク** 6画【托】 部首[扌] JIS 3481

音 タク

①よる。たのむ。まかせる。「委托」②ものをのせる台。「茶托」③のせる。ものをのせる。「托鉢」

**タク** 7画【択】 部首[扌] 常用 JIS 3482 ― 16画【擇】 旧字 JIS 5804

音 タク

えらぶ。よりとる。「採択・選択」「二者択一」

**タク** 7画【沢】 部首[氵] 常用 JIS 3484 ― 16画【澤】 旧字 JIS 6323

音 タク　訓 さわ

①さわ。「沼沢」②めぐみ。なさけ。「恩沢・恵沢」③つや。うるわしさ。「光沢」④うるおい。十分。「潤沢」

**タク** 8画【卓】 部首[十] 常用 JIS 3478

音 タク・ショク

①つくえ。テーブル。「円卓・食卓」「卓球・卓上」用例 (名)―をたたいて論ずる。②すぐれている。ぬきんでている。「卓越・卓見・卓効・卓絶・卓抜」↓ショク【卓】

**卓を囲む** ①同じテーブルで食事をする。sit around a table ②麻雀をする。

**タク** 8画【坼】 部首[土]

音 タク

①さく。さける。われる。ひらく。②ひびわれ。さけめ。われめ。

**タク** 8画【拆】 部首[扌] JIS 5730

音 タク

①ひらく。ひろげる。②さく。さける。われる。

**タク** 8画【拓】 部首[扌] 常用 JIS 3483

音 タク・セキ

①ひらく。ひろげる。土地をひらく。「開拓・干拓」「拓殖」②石刷りにする。「魚拓」「拓本」

**タク** 9画【度】 部首[广] 教育小3 JIS 3757

音 ド・ト・タク　訓 たび　筆順 ↓ド【度】

はかる。みつもる。おしはかる。用意する。「支度・忖度」↓ト・ド【度】

**タク** 9画【柝】 部首[木] JIS 5949

音 タク

①ひらく。さく。②ひょうしぎ。夜まわりなどがうってならす、二本の長方形の木。「撃柝」

**タク** 10画【倬】 部首[人・亻] JIS 4875

音 タク

①おおきい。②すぐれている。ぬきんでている。

**タク** 10画【託】 部首[言] 常用 JIS 3487

音 タク

①《托とも》㋐よる。たのむ。まかせる。「委託・仮託・信託」「託児所・託送」㋑ものをのせる台。「茶託」②かこつける。ことよせる。「神託」「託宣」

**タク** 11画【啄】 部首[口] ― 10画【啄】 異体字 JIS 3479

音 タク

つつく。ついばむ。「啄木」

**タク** 11画【啅】 部首[口] JIS 5122

音 タク・トウ

①かまびすしい。さわがしい。②つつく。ついばむ。

**タク** 11画【琢】 部首[王] 人名用 JIS 3486 ― 12画【琢】 旧字

音 タク

みがく。玉をみがく。「彫琢」「琢磨」

**タク** 15画【磔】 部首[石] ― 16画【磔】 異体字 JIS 6689

音 タク

①さく。ひらく。車ざきなど、からだをひきさいた刑罰。「磔刑」②はりつけ。からだを柱などにくくりつけて、槍でついた刑罰。「磔刑」

**タク** 16画【橐】 部首[木] ― 14画【槖】 異体字

音 タク

①ふくろ。小さなふくろ。②ふいご。ふいご。炉などで火をおこすときに、空気をおくりこむ装置。

**タク** 17画【濯】 部首[氵] 常用 JIS 3485 ― 17画【濯】 旧字

音 タク

あらう。すすぐ。きよめる。「洗濯」

**タク** 18画【戳】 部首[戈] JIS 5707

音 タク

さす。つく。つきさす。

**タク** 18画【謫】 部首[言] JIS 7583 ― 22画【讁】 異体字

音 タク・チャク

①せめる。とがめる。罪や過失をせめとがめる。②つみする。罪によって官位を下げ、辺地にながす。「流謫」「謫居・謫所」

**タク** 21画【鐸】 部首[金] JIS 3488 ― 12画【釸】 異体字 JIS 7869

音 タク

①すず。大きなすず。つりがね形のすず。ぬりて。ぬて。「銅鐸」②風鈴。軒下につるすすず。

**タク** 22画【籜】 部首[竹]

音 タク

たけのかわ。竹の子の皮。

**たく**【栲】 コウゾの古名。栲で作った布を栲布という。

**たく**【多久】〈市〉 佐賀県中部、多久盆地の市。ミカンの産地。工業化も進む。孔子などの像を祭った多久聖廟が有名。人口二万六〇七三(一九八八)。

**た・く**【炊く】(五他) 食べ物、とくに、ごはんを煮る。かしぐ。boil

**た・く**【焚く】(五他) ①燃料をもやす。burn 用例 石炭を―。ふろを―。ストーブを―。②写真で、ストロボやフラッシュを光らせる。light 用例 フラッシュを―。

**た・く**【薫く・炷く】(五他) 練り香をくゆらせる。incense

**ダク** 5画【疒】 部首[疒]

音 ダク・ソウ

①やむ。やまい。病気。②部首の一つ。やまいだれ。

**ダク** 15画【諾】 部首[言] 常用 JIS 3490

音 ダク

うべなう。ききいれる。「快諾・承諾」「諾否」

**ダク** 16画【濁】 部首[氵] 常用 JIS 3489

音 ダク・タク・ジョク　訓 にごる・にごす

①にごる。にごった。対義 清。「汚濁・混濁」「濁音・濁酒・濁水・濁流」②濁音のこと。にごり。「連濁」「濁点」③にごす。曖昧にする。

**だく**【跑】 馬の少し急な歩き方。だくあし。trot 用例 ―を踏む。

**だ-く**【駄句】 へたな俳句。対義 秀句・名句。用例 ―をひねる。

**だ・く**【抱く】(五他) =いだく。①手で胸にかかえる。embrace 用例 赤ん坊を―。②心に持つ。cherish 用例 希望を胸に―。③男の方から女と肉体関係をもつ。④鳥が卵をあたためる。

**ダグアウト**【dugout】《待避壕、の意》野球場で、試合中に監督・コーチや控えの選手な



↓行き先項目、図版・写真参照印。 JIS 日本工業規格情報交換用漢字符号コード(区点コード)。

どが入っている場所。グラウンドより低く設けてある。

**だく‐あし**【▼跑足】 馬の少し急な歩き方。だく。trot

**たく‐あつかい**【宅扱い】 鉄道で、小荷物を名あて人の家まで届けること・処置。

**たく‐あん**【沢▼庵】 ①(一五七三～一六四五)江戸初期の臨済宗の僧。名は宗彭。但馬の人。大徳寺住職。寛永六年(一六二九)紫衣事件で幕府に抗議し、出羽に流刑。のち許されて家光の信任をうけ、江戸品川に東海寺を開く。著に『不動智神妙録』など。②「たくあん漬け」の略。

**沢庵の重しに茶袋** 《たくあんを漬ける重しにするのに、茶袋では用をなさないことから》まったく効果のないたとえ。

**たくあん‐づけ**【沢▼庵漬(け)】 《「たくわえづけ」の転とも沢庵和尚の創始によるためともいう》漬物の一種。干した大根をぬかと塩で漬けたもの。たくあん。たくわん。

**たぐい**【▽類・▽比・▽匹】 ①同程度のもの。match ②同じ種類。同類。class

**だく‐い**【諾意】 承諾の意志。用例 ―を示す。

**たく‐いつ**【択一】(名・サ変自) 二つ以上のものの中から、一つをえらぶこと。alternative 用例 二者―。

**たぐい‐な・い**【▽類無い】(形) 他に同類を見ないほど、すぐれている。matchless

**たぐい‐な・し**【▽類無し】 古語(形ク) ならぶものがない。きわめてすぐれている。用例 ―・くめでたくおぼえさせ給ひて(竹取)。

**たぐい‐まれ**【▽類▼稀・▽比▼稀】(形動) めったに同類の見られないほど、すぐれたさま。unique

**たぐ・う**【▽類う・▽比う】 古語 ㊀(四自) ①並ぶ。連れ添う。用例 鴨すらも妻と―・ひて(万葉・一五・三六二五)。②いっしょに行く。連れだつ。用例 風に―・ひて此処に散り来ね(万葉・一〇・二二二五)。③つりあう。匹敵する。用例 蛍は―べきものもなく、景物の最上なるべし(鶉衣)。㊁(下二他) ①並ばせる。添わせる。用例 花のかを風のたよりに―・へてぞ(古今・春上)。②↓たぐえる(類える)

**たく‐えつ**【卓越】(名・サ変自) 他よりもはるかにすぐれていること。卓出。卓絶。卓抜。excellence

**たくえつ‐ふう**【卓越風】 ある時期や季節により、特定の方向からよく吹く風。prevailing wind

**たぐ・える**【▽類える・▽比える】(下一他) 並べてくらべる。比較する。また、なぞらえる。compare 用例 この絵のすばらしさは―もののもない。

**だく‐おん**【濁音】 仮名に濁点を付けて表す音。日本語で、「が・ざ・だ・ば」各行およびこれに応ずる拗音の音節。比較 清音・半濁音。

**だくおん‐ぷ**【濁音符】 ↓だくてん(濁点)

**たく‐けん**【卓見】 ↓たっけん(卓見)

**たく‐さん**【沢山】(副・形動)《当て字》①数量の多いさま。多く。あまた。abundant 用例 ―ある。―の人々。②これ以上はいらない、十分なさま。sufficient 用例 もう―。

**たく‐し**【卓子】 つくえ。テーブル。食卓。

**たくし‐あ・げる**【たくし上げる】(下一他) 手でまくり上げる。tuck up 用例 そでを―。

**タクシー**[taxi] 《taxicabの略。料金表示器をつけた自動車の意》客を乗せて指定された場所に輸送する営業用自動車。法人と個人があり、営業には運輸省陸運局による認可が必要。比較 ハイヤー。

**たく‐しき**【卓識】 すぐれた見識。clear sightedness

**たくし‐こ・む**【たくし込む】(五他) ①たぐりよせる。haul in ②金銭を手元に集める。gather ③着物をはしょって、はさむ。tuck in

**たくじ‐しょ**【託児所】 親が外出したり働きに出ている間、子供を預かって保育する施設。day nursery 比較 保育所。

**だく‐しゅ**【濁酒】 日本酒の一種で、白く濁ったもの。どぶろく。にごりざけ。対義 清酒。

**たく‐しゅつ**【卓出】(名・サ変自) 才能・見識などが、他よりすぐれていること。exceed 比較 傑出。

**たく‐しょ**【▼謫所】 刑を受けて流された所。配所。

**たく‐しょう**【▼托生・託生】 生命を預けること。他の者にたよって生きること。用例 一蓮―。

**たく‐じょう**【卓上】 机・食卓などの上。on a table

**たくじょう‐えんぜつ**【卓上演説】 宴会などで、自分の席でする短い演説。テーブルスピーチ。after-dinner speech

**たくじょう‐ち**【卓状地】 周辺が急な崖になっているテーブル状の地形。安定陸塊に分布する。アフリカ卓状地・ロシア卓状地など。tableland; plateau

**たく‐しょく**【拓殖】(名・サ変自) 土地をひらいて人を送りこむこと。開拓と殖民。colonization

**たく‐しん**【宅診】(名・サ変他) 医師が自分の医院で診察すること。office consultation 対義 往診。

**たく・す**【託す・▼托す】(五他) ＝たくする。①自分には直接できないことを、代わりにしてもらう。㋐たのむ。あずける。entrust 用例 将来を―。㋑まかせる。trust with 用例 財産の運用を―。㋒ことづける。用例 伝言を友人に―。②口実にする。make an excuse of 用例 病気に―・して休む。③直接には表現しにくいことを、他の形で表す。indirectly convey 用例 思いを歌に―。

**たく・す**【▼磔す】 文語的(サ変他) はりつけの刑にする。

**たく・す**【▼謫す】 文語的(サ変他) 罪によって地方に流す。

**だく‐すい**【濁水】 にごった水。muddy water

**だくすい‐けい**【濁水渓】 台湾島中部を西流する川。長さ一七〇㎞で台湾第一の長流。上流が粘板岩層のため、河水は常に黒く濁る。チューシュイシー。

**たくずの‐の**【▼栲▽綱の】 [枕ことば]《「たくずの(コウゾなどの繊維で作った綱)」の色が白いことから》「白・新羅」にかかる。用例 ちちの実の父の命は―白鬚の上ゆ涙垂り嘆き宣賜ばく(万葉・二〇・四四〇八)。

**たく・する**【託する・▼托する】(サ変他) ↓たくす(託す)

**だく・する**【諾する】 文語的(サ変他) 承知する。consent to

**だく‐せ**【濁世】 ①にごった世の中。けがれた世。②《仏教語》現世。しゃば。じょくせ。

**だく‐せい**【濁声】 にごった音声。だみごえ。thick voice

**だくせい‐けいやく**【諾成契約】 当事者どうしの合意のみで成立する契約。consensual contract 比較 要物契約。

**たく‐せつ**【卓説】 すぐれた説。remarkable opinion 用例 名論―。

**たく‐ぜつ**【卓絶】(名・サ変自) 他よりも非常にすぐれていること。卓越。卓出。excellence

**たく‐せん**【託宣】 神のお告げ。神託。oracle

**たく‐ぜん**【卓然】(形動トタル) 高く抜け出てすぐれているさま。

**たく‐そう**【託送】(名・サ変他) 運送屋などに頼んで送ること。consignment

**たく‐ぞう**【宅造】 「宅地造成」の略。

**だく‐だく**(副) 血や汗などが、はげしく流れ出るさま。tricklingly 用例 汗が―流れる。

**だく‐だく(と)**【諾諾(と)】(副) 人の言うままに従うようす。obediently 用例 唯々―従う。

**たく‐ち**【宅地】 ①住宅・建物用の土地。building lot ②地目の一つ。建築物の敷地に供せられるものとして登録・登記された土地。curtilage 比較 耕地・農地。

**たぐち‐うきち**【田口▼卯吉】(一八五五～一九〇五) 明治の文明史家・経済学者。号は鼎軒。東京生まれ。『東京経済雑誌』を発刊し、自由貿易論を提唱。『国史大系』『群書類従』を編集刊行。著書『日本開化小史』など。

**たくち‐ぞうせい**【宅地造成】 農地や丘陵地などを、改造工事によって、住宅建設用地に変更すること。turning the land into housing lots

**だく‐てん**【濁点】 濁音であることを示す、仮名の右肩に添える「゛」。「か・さ・た・は」各行の仮名に添える。濁音符。比較 半濁点。

**タクト**[Taktドイ] ①拍子または節。②指揮棒。用例 ―を振る。

**ダクト**[duct] 送排気用の風道。亜鉛鉄板などで作る長方形や円形の管。

**タクト‐システム** 《和製語》流れ作業の形式の一つ。加工対象が一定の拍節(タクト)にしたがって各工程間を移動する。節動作業方式。比較 コンベヤシステム。

**たくなわ‐の**【▼栲縄の】 [枕ことば]《「たくなわ(コウゾなどの繊維で作った縄)」の長いことから》「長し・千尋」にかかる。用例 水沫なす微き命も―千尋にもがと願ひ暮らしつ(万葉・五・九〇二)。

**たく‐はい**【宅配】(名・サ変他) 新聞・荷物などを家まで配達すること。door-to-door courier service

**たくはい‐びん**【宅配便】 一般路線貨物自動車運送事業の一つ。迅速性と手ごろな料金とを売り物に、一般消費者を対象に行う小口貨物の運送業で、昭和五〇年代半ばから急速に成長。その内容も多様化している。door to door delivery; parcel delivery

**たく‐はつ**【▼托鉢】(名・サ変自)《仏教語》僧がはちを持って、家ごとに米・銭の布施を受けて歩くこと。こつじき。用例 ―僧。

**たく‐ばつ**【択伐】 森林の伐採法の一つ。樹木の成長に合わせて適度に伐採し、林の状態を大きく変えないようにすること。selection cutting

**たく‐ばつ**【卓抜】(名・形動・サ変自) 他よりもぬきんでていること・さま。卓越。卓絶。卓出。excellence

**たくばつ‐けい**【拓▼跋▼珪】(三七一～四〇九) 中国、北魏の初代皇帝(在位三八六～四〇九)。諡号は道武帝(太祖)。鮮卑拓跋族出身。前秦の衰退に乗じ内蒙古で自立。三九七年後燕を滅して中原に進出、平城(大同)に都して北魏王朝を興した。鮮卑の部族組織を廃し、中国的官僚機構を整備、統治の基礎とした。

**だく‐ひ**【諾否】 承知と不承知。承知か否か。yes or no 用例 ―を問う。

**たくひれ‐の**【▼栲▽領▼巾の】 [枕ことば]《「たくひれ(コウゾなどの繊維で作った、女性が首から肩にかける布)」の白いことから》「白・鷺」などにかかる。用例 ―鷺坂山の白躑躅われににほはね妹に示さむ(万葉・九・一六九四)。

**たく‐ぶすま**【▼栲▼衾】 [枕ことば]《コウゾなどの繊維で作った夜具。その色の白いことから》「白・新羅」などにかかる。用例 ―新羅へいます君が目を今日か明日かと斎ひて待たむ(万葉・一五・三五八七)。

**たく‐ぶんくん**【卓文君】(生没年未詳) 中国、漢代の女流文人。司馬相如の妻。夫の変心を嘆いて賦した『白頭吟』で知られる。

**タグボート**[tugboat] 船や筏などを引いて走る小型船。大型船の離接岸を助けるなど、船体の割に強力なエンジンを搭載。引き船。

**たく‐ぼく**【▼啄木】 ①キツツキの異名。②↓いしかわたくぼく(石川啄木)

**たくぼ‐ひでお**【田久保▽英▽夫】(一九二八～) 小説家。東京生まれ。慶大卒。作品『深い河』『髪の環』『触媒』など。

**たく‐ほん**【拓本】 石碑・瓦・器物などに刻まれた文字や文様を紙に写しとったもの。吸湿性のある紙に水を刷いてのせ、乾いてから、たんぽに墨汁または油墨をつけて叩く湿拓と、吸湿性のない薄紙を用い、拓本用の軟らかい釣鐘墨で紙の上から擦る乾拓がある。石ずり。

**たく‐ま**【▼琢磨】(名・サ変他) ①玉や石を、とぎみがくこと。polish ②学問・道徳などを修め励むこと。cultivation 用例 切磋―。

**たくま**【▼詫間】〈町〉 香川県西端、瀬戸内海に臨む町。農・漁業のほか、工業も発達。トウガラシが特産。人口一万七八三八(九八)。

**たくまし・い**【▼逞しい】(形) ①からだつきががっしりしていて、強い。stout ②意志が堅く、物事に屈しない。strong-minded; bold 派生 たくましげ(形動) たくましさ(名)

**たくましく・する**【▼逞しくする】(サ変他) ＝逞しゅうする。①勢いをほしいままにする。②思う存分にする。give rein to 用例 想像を―。

**たくましゅう・する**【▼逞しゅうする】(サ変他) 「たくましくする」の転。

**タグ‐マッチ**[tag match] ↓タッグマッチ

**たくま‐は**【宅磨派・詫磨派】 平安末期から鎌倉時代にかけて活躍した画派。宅磨為遠を始祖とし、長男勝賀の開いた京都絵仏師の系統と、三男為久を祖とする鎌倉絵仏師の系統がある。古典的な仏画に中国画の様式を取り入れて新様式をうちだした。

**たくみ**【巧み】 ㊀(名) もくろみ。たくらみ。plan ㊁(形動) じょうずなさま。巧者。skillfull

**たくみ**【▽工・▽匠】 ①職人。大工。こだくみ。②仕事。

**たくみ‐へん**【▽工偏】 漢字を組み立てている部分の名。「左・巧」などの「エ・ェ」。

**たく・む**【▽工む・▽巧む】(五他) ①工夫・技巧をこらす。devise ②くわだてる。たくらむ。plan

**たく‐よう**【▼托葉】 葉柄の基部にある、一対の葉に似た付属体。エンドウでは大きい葉の形、タデ科では茎を巻く葉鞘、ニセアカシアではとげ状と、形はさまざま。stipule →葉図

**ダグラス**【Kirk Douglas】(一九一六―) アメリカの映画俳優。主演作『チャンピオン』『OK牧場の決闘』など。

**タクラマカン-さばく**【タクラマカン砂漠】(Taklimakan Shamo) 中国新疆(しんきょう)ウイグル自治区南部、タリム盆地の大部分を占める砂漠。周辺に多数のオアシスがある。

**たくら・む**【▽企む】(五他) 悪事をくわだてる。plot

**たく-らん**【▼托卵】 鳥が自分では営巣・育雛(いくすう)しないで、他種の巣に産卵し、抱卵・育雛させること。カッコウ・ホトトギスなどに、この習性がある。brood parasitism

**たくり-あ・げる**【手繰(り)上げる】(下一他) まくり上げる。たくし上げる。tuck up 用例そでを—。

**たぐり-こ・む**【手繰(り)込む】(五他) 手繰って手元に寄せる。haul in

**たく-りつ**【卓立】(名・サ変自) きわだって目立つこと。卓出。

**だく-りゅう**【濁流】 にごった流れ。muddy stream 用例—が田畑を洗う。

**たく・る**(五他) ①奪い取る。ひったくる。ふんだくる。snatch ②まくる。tuck

**た-ぐ・る**【手繰る】(五他) ①手を交互に動かして手元へ引き寄せる。haul in 用例糸を—。②一つ一つたどる。trace 用例記憶を—。

●タケ①
モウソウチク
マダケ
クロチク
ナリヒラダケ

**たく・れる**(下一自)《俗語》まくれてしわがよる。用例さかまく—。

**だく-ろう**【濁浪】 にごった波。muddy waves

**たく-ろん**【卓論】 すぐれた議論・論説。卓説。excellent argument

**たくわ・う**(たくはふ)【蓄う】 古語(四・下二他) ↓たくわえる(蓄える)

**たくわえ**(たくはへ)【蓄え・▽貯え】 ①ためておくこと・もの。store ②貯金。savings

**たくわ・える**(たくはへる)【蓄える・▽貯える】(下一他) ①ためる。store; save 用例かねを—。実力を—。②ひげを生やす。grow

**たく-わん**【沢▼庵】 ↓たくあんづけ(沢庵漬け)

**たけ**【丈】 ①物の高さ。身長。height 用例身の—。②物の長さ。用例布の—。③衣服を着た状態で、垂直方向の長さ。上着丈・スカート丈など。length 対義ゆき。用例着物の—。④あるだけ。全部。all 用例思いの—を述べる。

**たけ**【竹】 ①イネ科タケ亜科植物のうち、稈(かん)が太く丈の長いものの総称。稈は中空で木化し、葉鞘(ようしょう)との間に節がある。地下茎は長く横にはって初夏に竹の子を出す。観賞用とするほか、容器・生活用具など種々に加工利用される。世界に約六〇〇種あり、東洋諸国に豊富。このきみ。bamboo ②竹製の管楽器。笙(しょう)・笛・尺八の類。竹管。③紋章名。↓写

**竹に油を塗る**(たけにあぶらをぬる)《もともと表面のすべりがよい竹に、油を塗ってさらになめらかにすることから》言い方・論じ方のたくみなようすに言う。

**竹八月に木六月**(たけはちがつにきろくがつ) 竹は陰暦の八月に、木は六月に切るのがよい。

**竹を割った様**(たけをわったよう) 気持ちに、屈折・わだかまり・包みかくし・ずるがしこさなどがないことの形容。気性に陰湿なところがなく、さっぱりしているようす。うじうじしないさま。frank

**たけ**【岳・▼嶽】 高く大きい山。high mountain 用例明神—。

**たけ**【▼茸・▼蕈・▽菌】 ↓きのこ(茸)

**た-け**【他家】 よその家。他人の家。another family 対義自宅。

**た-げ**(接尾)《助動詞「たい」の「た」に接尾語「げ」の付いたもの》…したい様子である。用例笑い—な顔つき。

**だけ**【▽丈】(副助)《体言、用言の連体形、および一部の格助詞などに付く》①程度を示す。用例それ—読めればいい。好きな—あげる。これ—言ってもまだわからないのか。②それと限る意を表す。用例きみに—教えよう。③…につれて、…するほど、の意を表す。用例書けば書く—、うまくなる。④《「だけに」「だけあって」などの形で》…だから。なおさら。用例予想しなかった—に驚いた。高い—あって見晴らしがきく。

**た-けい**【多形】 同じ化学組成でありながら、二種類以上の結晶構造を示すもの。色・硬度・劈開(へきかい)などの物理的性質も異なるものが多い。炭素からなるダイヤモンドと石墨(せきぼく)など。polymorphism

**た-げい**【多芸】(名・形動) 多くの芸能に通じていること・さま。また、いろいろなことができる才能をもっていること・さま。versatility

**多芸は無芸**(たげいはむげい) 多芸である人は、かえって、とりたててすぐれた芸をもたない、ということ。Jack of all trades, and master of none.

**たけい-しんしゅつせい-こうはん**【多形▼滲出性紅▼斑】 手や足の甲などに紅斑が多発する皮膚疾患。かゆみがあり、発熱や関節痛をともなうこともある。おもに春と秋に、若い男女に多くみられ、数週間で治る。erythema exsudativum multiforme

**たけい-たけお**(たけゐたけを)【▽武井▽武雄】(一八九四―一九八三) 童画家。長野県生まれ。東京美術学校卒。童画という名称の創始者。作品『日本郷土玩具』『十二支絵本』など。

**たけい-なおや**(たけゐなほや)【▽武井直▼也】(一八九三―一九四〇) 彫刻家。長野県生まれ。東京美術学校卒。作品『髪』など。

**たけうち-きゅういち**【竹内久一】(一八五七―一九一六) 彫刻家。江戸生まれ。木彫により奈良古美術などの模作をつくる。作品『伎芸天(ぎげいてん)像』など。

**たけうち-せいほう**【竹内▼栖▼鳳】(一八六四―一九四二) 日本画家。京都生まれ。本名、恒吉。近代京都画壇の巨匠。四条派の写生に西洋画法を融合して日本画の旧態を脱皮、新日本画の先達となる。昭和一二年(一九三七)文化勲章受章。作品『雨霽(うせい)』『斑猫(はんびょう)』など。↓写

●竹内栖鳳(たけうちせいほう)『斑猫(はんびょう)』。大正一三年(一九二四)、山種美術館(東京都)。

**たけうち-よしみ**【竹内▽好】(一九一〇―七七) 中国文学者・評論家。長野県生まれ。東大卒。魯迅(ろじん)研究家として著名。著書『魯迅』『国民文学論』など。

**たけ-うま**【竹馬】 ①遊び道具の一つ。足をかけるところをつけた二本の竹に乗り、竹の上部を手で握って歩く。高足。bamboo stilts ②遊びの道具。葉のついた竹を馬に見立て、またがって走り回る。

**ダゲール**【Louis Jacques Mandé Daguerre】(一七八七―一八五一) フランスの画家・発明家。写真術の祖。ニエプスと写真術を共同研究。一八二二年ジオラマを発明、三九年銀板写真(ダゲレオタイプ)を発表。

**たけ-えん**【竹縁】 竹を並べて張った縁がわ。

**たけお**(たけを)【▽武雄】〈市〉 佐賀県西部の市。『肥前国風土記(ひぜんのくにふどき)』にも記される、歴史の古い温泉の町。人口三万五三六一(一九八八)。

**だけ-おんせん**【▽岳温泉】 青森県西部、岩木山南麓(なんろく)の温泉。藩政時代からの湯治場(とうじば)で、岩木登山の休息地。

**だけ-おんせん**【▽岳温泉】 福島県、安達太良山(あだたらやま)東麓(とうろく)の温泉。安達太良山への登山基地。

**たけ-がき**【竹垣】 竹で作った垣根。竹穂垣・四つ目垣・金閣寺垣・建仁寺(けんにんじ)垣など。bamboo fence

**たけ-がり**【▼茸狩(り)】 きのこがり。mushroom gathering

**だけ-かんば**【▽岳▼樺】 カバノキ科の落葉高木。高さ約一四m。高山の森林限界付近に多い。シラカバに似るが樹皮は淡褐色。葉は三角状広卵形。雌雄同株(どうしゅ)。五月ごろ開花。

**たけ-かんむり**【竹冠】 漢字を組み立てている部分の名。「笑・答・第」などの上にある「⺮」。

**だ-げき**【打撃】 ①たたくこと。うつこと。blow ②損害。damage ③精神的衝撃。ショック。shock ④野球で、打者が投手の投球をうつこと。batting

**だげき-すう**【打撃数】 ↓だすう(打数)

**だげき-ぼうがい**【打撃妨害】 野球で、捕手が打者の打撃を妨害する行為。罰則は、原則として打者に一塁が与えられる。

**たけきり-えしき**【竹▽伐(り)会式】 京都市左京区の鞍馬(くらま)寺で、六月二〇日に行われる儀式。法師が東西に分かれ、雌雄の蛇に見立てた青竹を山刀(やまがたな)で切り、速さを競う。豊凶を占い、天下泰平を祈るもの。竹伐会。↓写

●竹伐(たけき)り会式

**だげき-りつ**【打撃率】 ↓だりつ(打率)

**たけ-くぎ**【竹▼釘】 細工物などに使う、竹製のくぎ。bamboo nail

**たけ-ぐし**【竹▼串】 調理用の竹製のくし。田楽(でんがく)・おでん・焼き鳥などに用いる。

**たけ-くらべ**【丈比べ】 ㊀背丈・高さを比べること。せいくらべ。㊁《たけくらべ》樋口一葉(ひぐちいちよう)の小説。明治二八年(一八九五)発表。吉原(よしわら)の遊女となるべき運命の少女美登利(みどり)と幼友だちの信如(しんにょ)の思春期の哀歓を雅俗折衷(がぞくせっちゅう)文で描く。

**たけごし-よさぶろう**【竹越与▽三郎】(一八六五―一九五〇) 政治家・歴史家。埼玉県生まれ。号は三叉(さんさ)。新聞記者を経て、政友会代議士・枢密(すうみつ)顧問官などを歴任。著書『二千五百年史』など。

**たけ-ざいく**【竹細工】 竹を用いた工芸品や日用生活用具。bamboo work

**たけ-ざお**(—ざを)【竹▼竿】 竹のさお。bamboo pole

**たけざき-すえなが**(—すゑなが)【竹崎▽季長】(生没年未詳) 鎌倉(かまくら)時代の武士。肥後(ひご)の人。御家

人として文永・弘安の役に活躍。自らの戦功を伝えるために絵巻物『蒙古襲来絵詞』を描かせた。

**たけざわ-やしち【竹沢▼弥七】** 義太夫節三味線方の芸名。十世(一九一〇—七〇)は情感ある演奏と勘所の正確さに定評。重要無形文化財保持者。

**たけし【▽武▽石】**〈村〉 長野県中部、松本市東隣の村。トマト栽培がさかん。美ケ原が有名。人口四三二一(一九八八)。

**たけ・し【▼赳し】** 古語(形ク) 強い。

**たけ・し【▽猛し】** 古語(形ク) ①強い。いさましい。荒々しい。用例 —きもののふの心をもなぐさむるは歌なり(古今・仮名序)。②勢いがさかんだ。はげしい。用例 —き河のみなぎり流るるが如し(徒然・一五五)。③強気である。用例 人は—くおもふらんかし、そら寝して知らぬ顔なるさまよ(枕・むとくなるもの)。④えらい。すぐれている。用例 みだりにただ数多く集まれるを—きことにする(玉勝間)。

**たけした-のぼる【竹下登】**(一九二四) 政治家。島根県生まれ。早大卒。内閣官房長官・建設相・蔵相・自民党幹事長などを歴任し、昭和六二年(一九八七)に党総裁・首相に就任。平成元年(一九八九)辞任。

**たけ-しま【竹島】** 島根県に属し、隠岐諸島の北西約一六〇kmにある島。明治三八年(一九〇五)日本が領土宣言。無人島で、面積〇・二km²。周辺は魚類の宝庫。

**たけしま-はごろも【▽武島羽衣】**(一八七二—一九六七) 歌人・詩人・国文学者。本名又次郎。東京生まれ。東大卒。古典主義的な詩人・美文家として知られる。共著『美文韻文花紅葉』など。

**たけしま-ゆり【竹島▽百▽合】** ユリ科の多年草。観賞用として栽培。葉は数層に輪生。初夏、黄色の花が四〜一二個つく。朝鮮半島原産。

**たけしま-らん【竹島▼蘭】** ユリ科の多年草。高さ二〇cm内外。高山帯の針葉樹林にはえる。葉に三本の脈が縦走。七月ごろ葉腋に淡赤褐色の細花をつける。

**たけ-す【竹▼簀】** 竹製のすのこ。

**ダゲスタン-じちきょうわこく【ダゲスタン自治共和国】**(Dagestanskaya ASSR) ソビエト連邦を構成する自治共和国の一つ。首都マハチカラ。ソ連南西部、カスピ海西岸にある。農・水産物加工業、牧畜などが中心。面積五万km²。人口一七〇万(一九八四)。正称ダゲスタンソビエト社会主義共和国。

**たけた【竹田】**〈市〉 大分県南西部、大野川上流にある市。旧城下町。稲作、シイタケ・カボス栽培と酪農がさかん。人口二万一五〇六(一九八八)。

**た-げた【田下▽駄】** 深田や泥田で、足が沈まないようにはく大形のはきもの。長方形の板に鼻緒の穴を三つ〜四つあけた形が多いが、大足という梯子状のものに縄をつけたものもある。↓写

●田下駄

**たけだ-いずも【竹田▽出▽雲】** 興行師・浄瑠璃作者・竹本座座元。三世まで。初世(?—一七四七)は人形浄瑠璃の隆盛に功があった。千前軒と号し作者も兼ねた。二世(一六九一—一七五六)は劇作・経営・演出にすぐれ、人形浄瑠璃全盛時代を築いた。『菅原伝授手習鑑』『義経千本桜』『仮名手本忠臣蔵』などを合作。

**たけだ-かつより【▽武田勝▽頼】**(一五四六—八二) 戦国・安土時代の武将。父信玄の跡を継ぎ、西進を図るが、長篠の戦いで織田・徳川軍に敗れ衰退。のち天目山の戦いで織田信長軍に敗れ自刃。

**たけだ-からくり【竹田からくり】** からくり座の名称。ぜんまい仕掛けの人形を見せるからくり興行の代表的な一座。寛文二年(一六六二)初世竹田近江が大坂に竹田芝居を創設。一八世紀初めまで栄えた。

**たけだけ-し・い【▽猛▽猛しい】**(形) ①いさましく強い。ferocious ②ずぶとい。ずうずうしい。audacious 用例 盗人—。

**たけだ-こううんさい【▽武田耕雲斎】**(一八〇三—六五) 幕末の尊攘派の志士。水戸藩士。名は正生。藩の執政となるが、安政の大獄で退く。元治元年(一八六四)筑波山に挙兵、天狗党を率いて西上の途中、加賀藩に降伏、斬首された。

●武田信玄 高野山成慶院(和歌山県)。

**たけだ-しんげん【▽武田信玄】**(一五二一—七三) 戦国時代の武将。名は晴信。信玄は法号。信虎の長男。天文一〇年(一五四一)父を追放して武田家を継ぎ、甲斐国の守護。上杉謙信と川中島に戦うこと五回。のち、三方ケ原に徳川家康を破り、さらに西上の途中に病死。↓写

**たけだ-たいじゅん【▽武田泰▼淳】**(一九一二—七六) 小説家。東京生まれ。東大中退。危機的状況での人間の実存に深い関心をもつ。作品『蝮のすゑ』『風媒花』『ひかりごけ』『富士』、評伝『司馬遷』など。

**たけだ-にんぎょう【竹田人形】** 江戸時代、からくり人形芝居に用いた人形。名称は大坂で竹田座を興して、見世物興行をした製作者竹田近江の名による。

**たけだ-びし【▽武田▼菱】** 紋所の名。菱紋の一種。清和源氏の武田一族が多用した割り菱紋をいう。↓図

●武田菱

**たけだ-やくひんこうぎょう【▽武田薬品工業(株)】** 大手の医薬品メーカー。天明元年(一七八一)創業。大正一四年(一九二五)株式会社組織に改組。

**たけだ-ゆうきち【▽武田▼祐吉】**(一八八六—一九五八) 国文学者。東京生まれ。国学院大教授。『万葉集』研究の大家。著書『上代国文学の研究』『万葉集全註釈』など。

**たけだ-りんたろう【▽武田▼麟太郎】**(一九〇四—四六) 小説家。大阪生まれ。東大中退。プロレタリア作家として出発。のち市井描写に新生面を開く。作品『日本三文オペラ』『銀座八丁』など。

**たけち-ずいざん【▽武▽市▼瑞山】** ↓たけちはんぺいた(武市半平太)

**たけち-の-くろひと【▽高▽市黒人】**(生没年未詳) 奈良前期の歌人。『万葉集』に短歌一八首を残す。旅の歌が多く叙景的表現にすぐれ、山部赤人の先駆ともされる。

**たけち-の-みこ【▽高▽市▽皇子】**(六五四—九六) 天武天皇の第一皇子。天武元年(六七二)壬申の乱で父大海人皇子(天武天皇)に代わって軍事を統帥。

**たけち-はんぺいた【▽武▽市半平太】**(一八二九—六五) 幕末の尊攘派志士。土佐藩郷士。名は小楯。号は瑞山。土佐勤王党を組織し藩論を尊攘論に導いたが、政変で弾圧され、自刃を命ぜられた。

**だ-けつ【妥結】**(名・サ変自) 譲り合って話をまとめること。agreement 用例 交渉—。

**たけつ-しつ【多血質】** 気質の類型の一つ。快活で楽観的、気が移りやすいという特徴がある。sanguine temperament

**た-けっしょう【多結晶】** 多数の単結晶が、さまざまな向きに集合した結晶状態。ふつうの結晶質や金属に多い。polycrystal

●タケニグサ

**たけ-づつ【竹筒】** 竹で作った筒。bamboo tube

**たけ-でっぽう【竹鉄砲】** おもちゃの鉄砲の一種。篠竹で作った筒に、紙や草の実の弾丸を詰め、棒で押して、その空気圧でたまを飛ばす。

**だ-けど**(接続)「だけれども」の略。

**たけとみ【竹富】**〈町〉 沖縄県の南部、西表島・竹富島など大小一二島からなる町。農業主体。町役場は石垣市にある。人口三四六六(一九八八)。

**たけとみ-じま【竹富島】** 沖縄県八重山列島の島。面積六・三km²。隆起珊瑚礁からなる平坦な島で、海浜に星砂とよばれる有孔虫の遺骸が堆積する。

**たけとも-そうふう【竹友藻風】**(一八九一—一九五四) 詩人・英文学者。本名乕雄。大阪生まれ。京大選科修了。上田敏に師事。典雅な詩風で知られる。詩集『祈禱』、翻訳『神曲』など。

**たけとよ【▽武▽豊】**〈町〉 愛知県、知多半島東岸の町。名古屋港開港以前の貿易港。各種工業が発達。人口三万六八八七(一九八八)。

**たけとり-ものがたり【竹取物語】** 平安前期の現存最古の伝奇物語。作者未詳。物語文学の祖とされる。竹の中から生まれて竹取りの翁に育てられたかぐや姫は、五人の貴公子の求婚を難題を出して退け、帝の求めにも応ぜず、十五夜の晩に月の都へ帰る。

**たけ-とんぼ【竹▼蜻▼蛉】** 玩具の一種。竹のプロペラの、重心部につけた軸を両手でひねり、回転させて飛ばす。平賀源内の創案ともいう。

**たけ-なが【丈長】** 一(形動) たけが長いさま。用例 —の着物。二(名) ①和紙の一つ。奉書紙の一種で、厚い紙質で縦五五cm、横七〇cmのもの。②①を細長く切って平元結にしたもの。

**たけなか-いく【竹中▼郁】**(一九〇四—八二) 詩人。神戸市生まれ。関西学院卒。温和な詩風のモダニズム詩人。詩集『象牙海岸』『動物磁気』など。

**たけなか-こうむてん【(株)竹中工務店】** 代表的建設会社の一つ。昭和一二年(一九三七)設立。

**たけなか-はんべえ【竹中半▽兵▽衛】**(一五四四—七九) 戦国時代の武将。名は重治。美濃の人。はじめ斎藤竜興の家臣であったが、のち織田信長に従い、さらに豊臣秀吉に軍師として仕え、知将として知られた。

**たけ-なす【丈なす】**(連体) 背たけくらいの長さ・高さの。tall; long 用例 —黒髪。

**たけなわ【▼闌・▼酣】**(名・形動) 物事がもっとも盛んに行われている時。最中。まっさかり。at its height 用例 春—。

**たけに-ぐさ【竹似草】** ケシ科の多年草。高さ一〜二m。山野の荒地に多い。葉は互生し、掌状に裂ける。夏に白色の小花を開花。茎葉を傷つけるとアルカロイドを含む黄色い汁が出る。かつて害虫駆除に用いられた。↓写

**たけ-に-すずめ【竹に▼雀】** 紋所の名。竹に雀を配したもの。二つ合わせて家門の繁栄・存続を表すめでたい紋。竹の代わりに笹を用いることも多い。米沢笹・仙台笹など。↓図

●竹に雀 仙台笹 米沢笹

**たけの【竹野】**〈町〉 兵庫県北部、日本海に臨む町。肉牛の飼育・野菜栽培がさかん。山陰海岸国立公園の一角。人口六三五三(一九八八)。

**たけのうち-しきぶ【竹内式部】**(一七一二—六七) 江戸中期の神道家・尊皇家。越後の人。宝暦事件で京都から追放され、さらに明和事件に連座、八丈島へ配流の途中病死。

**たけのうち-の-すくね【▽武内▽宿▼禰】** 大和朝廷の初期に活躍したという伝説上の人。記紀によれば景行・成務・仲哀・応神・仁徳の五朝に仕え、新羅にも遠征。紀・蘇我・葛城・平群・巨勢氏の祖という。

**たけ-の-こ【▼筍・竹の子・▼笋】** ①竹の地下茎から出る幼芽。円錐形で暗褐色の皮に包まれる。食用種はモウソウチクが主で、ハチク・マダケなどもある。bamboo shoots ②「筍医者」の略。↓写

**筍の親勝り**(たけのこのおやまさり) 子が親よりすぐれていることに言う。竹は親に勝る。

**筍の育つ様**(たけのこのそだつよう) すくすく育つようす。育ちの早いたとえ。

**たけのこ-いしゃ【▼筍医者】**《卑語。まだ、やぶにもなっていない、の意》やぶ医者よりも、もっとへたな医者。

**たけのこ-がい【▼筍貝】** 細長い塔形をし

● 筍① モウソウチク

た海産のタケノコガイ科の巻き貝。筍に似た形の殻の長さ約一五㎝。淡黄色の地に四角の黒褐色斑が多数あって美しい。浅海の砂地にすむ。紀伊半島以南に分布。

**たけのこ-せいかつ【▼筍生活】** 筍が皮を一枚一枚はぐように、家計困難のため衣類・家財などを次々に売って、食いつないでいく生活。用例 敗戦当時の―。

**たけのこ-はくさい【▼筍白菜】** ハクサイの一種。葉は濃緑で長く、筍のように細長く結球する。昭和一四年(一九三九)に導入。中国原産。ショウサイ。

**たけのこ-めし【筍飯】** 筍を炊き込んだご飯。筍をゆで、薄味で煮たものを米に加え、しょうゆ味で炊きあげる。

**たけのさとうた【竹の里歌】** 正岡子規の遺稿歌集。明治三七年(一九〇四)刊。透徹した写生の境地を示し、アララギ派の基調となる。

**たけの-じょうおう【▽武野▽紹▼鷗】**(一五〇二―一五五五) 室町時代の茶人。堺の人。一閑居士・大黒庵と号す。村田珠光の門人十四屋宗陳・宗悟に学び、茶道を簡素な民衆生活に近づけることに努め、草庵の侘び茶事を考案し、その精神を千利休に伝えた。

**たけ-の-そのう【竹の園▽生】** ①竹を植えた園。竹林。②《前漢の文帝の皇子、梁の孝王の庭園に竹を植えた故事から》皇族。

**たけ-の-み【竹の実】** メダケやクマザサなどの竹・ササ類のつける果実。食用。ササノミ。ササムギ。竹米。

**たけばし-じけん【竹橋事件】** 明治前期、近衛の兵が起こした暴動事件。明治一一年(一八七八)竹橋内に駐屯する近衛砲兵大隊の兵士が西南戦争の論功行賞の遅延などを理由に決起。政府はただちに鎮圧し、首謀者五三名を死刑、三九四名を処罰。

**たけはら【竹原】**〈市〉広島県南部、瀬戸内海に臨む市。頼山陽など多くの学者を輩出。各種工業がさかんで、れんが・酒が特産。人口三万六四六四(一九八八)。

**たけはら-こふん【竹原古墳】** 福岡県鞍手郡若宮町にある六世紀ごろの装飾古墳。直径約二〇mの円墳。横穴式石室に馬をひく人、船、翳等の赤黒二色で描かれた壁画がある。馬具、圭頭の大刀、銀製丸玉などを出土。↓写

● 竹原古墳 石室。

**たけはら-はん【▽武原はん】**(一九〇三― ) 日本舞踊家。上方舞の名手。本名幸子。徳島県生まれ。東京で活躍。代表作『雪』。

**たけひき-のこぎり【竹▼挽(き)▼鋸】** 竹の横挽きに使用するのこぎり。薄く細い帯状の刃が弓形の金具に張ってある。往復とも切れる。bamboo saw

**たけ-ひご【竹▼籤】** 竹を細く割り、削った棒。籤。

**たけひさ-ゆめじ【竹久夢▽二】**(一八八四―一九三四) 画家・詩人。本名茂次郎。岡山県生まれ。美人画と感傷的な詩文で一世を風靡。作品『長崎十二景』『女十題』、詩作『宵待草』など。↓写

● 竹久夢二 『黒船屋』。大正八年(一九一九)、個人蔵。

**たけふ【▽武▽生】**〈市〉福井県中部、福井平野南端の市。旧城下町。織物と越前打ち刃物で名高い。近代工業も発達、スポーツ用品製造も有名。人口六万八六八六(一九八八)。

**たけ・ぶ【▽建ぶ・▽猛ぶ】** 古語(四自) 恐ろしい声でほえる。大声でさけぶ。おらぶ。用例 叫びおらび足ずりし牙喫み―・びて(万葉・九・一八〇九)。

**たけ-ぶえ【竹笛】** ↓しのぶえ(篠笛)

**たけべ【▽建▽部】**〈町〉岡山県中部の町。農業と織物工業がさかん。福渡は旭川舟運の要所であった。人口八一〇九(一九八八)。

**たけべ-あやたり【▽建▽部▼綾足】**(一七一九―一七七四) 江戸中期の俳人・歌人・読本作者・国学者・画家。本姓喜多村。俳号涼袋。画号寒葉斎など。江戸生まれ、弘前で育つ。伊勢風俳諧で一家をなし、賀茂真淵に国学を学び万葉片歌を唱導。雅文体小説『西山物語』、中国小説の翻案『本朝水滸伝』を書き、読本の先駆者となる。

**たけべ-かたひろ【▽建▽部▽賢▼弘】**(一六六四―一七三九) 江戸時代の数学者。関孝和に師事、天文暦学をもって徳川吉宗に仕えた。

**たけべ-たいしゃ【▽建▽部大社】** 滋賀県大津市神領にある旧官幣大社。祭神は日本武尊。近江国一の宮。

**たけ-べら【竹▽篦】** 竹でつくったへら。

**たけみかずち-の-みこと【▽武▼甕▼槌▽命・▽建▽御▽雷▽命】** 日本神話の神。天照大神の命で出雲へ下り、大国主命に国譲りをさせた神。武神として尊崇される。

**たけ-みつ【竹▽光】** ①竹をけずったものを刀身とした、見せかけの刀。②なまくらの刀をあざけっていう語。

**たけみつ-とおる【▽武満▽徹】**(一九三〇― ) 作曲家。東京生まれ。邦楽器を取り入れた『ノベンバー・ステップス』などで国際的にも知られている日本の代表的作曲家の一人。ほかに作品『テクスチュアズ』『環礁』など。

**たけみなかた-の-かみ【▽建▽御名方神】** 日本神話の神。大国主命の次子。国譲りにさいし抵抗し、追われて信濃国の諏訪に逃れたとされる。諏訪大社の祭神。

**たけむきがき【竹むきが記】** 南北朝時代の女流日記。二巻。貞和五年(一三四九)ごろ成立。作者は日野資名の娘。宮廷生活をはじめ、元弘・建武の動乱、子の養育などを綴る。

**たけもと-ぎだゆう【竹本義太▽夫】** 義太夫節の太夫名。二世まで。初世(一六五一―一七一四)は義太夫節の始祖。大坂の人。人形浄瑠璃の竹本座を開設して義太夫を名のる。近松門左衛門と組み、『出世景清』『曾根崎心中』などを演じ、語り物としての浄瑠璃を飛躍的に発展させた。竹本筑後掾。

**たけもと-こしじだゆう【竹本越路太▽夫】** 文楽の太夫の芸名。現在四世まで。四世(一九一三― )は世話物の情調の表現にすぐれ、人物の語り分けが巧み。重要無形文化財保持者。

**たけもと-ざ【竹本座】** 大坂道頓堀の人形浄瑠璃劇場。貞享二年(一六八五)初世竹本義太夫が創設。東の豊竹座とともに人形浄瑠璃の拠点。明和四年(一七六七)廃座。

**たけもと-せっつのだいじょう【竹本摂津大▼掾】**(一八三六―一九一七) 義太夫節の語り手。二世越路太夫。明治三六年(一九〇三)摂津大掾を受領。明治時代の名人。

**たけもと-ちくごのじょう【竹本▼筑後▼掾】** ↓たけもとぎだゆう(竹本義太夫)

**たけもと-つなたゆう【竹本綱太▽夫】** 文楽の太夫の芸名。八世(一九〇四―一九六九)は近松物を得意とした重要無形文化財保持者。現在の豊竹咲太夫の父。

**だけ-もみ【▽岳▼樅】** ウラジロモミの別名。

**たけ-や【竹屋】** ①竹を売る店・人。②竹でつくられた家・小屋。

**竹屋の火事**(たけやのかじ) 《竹が燃えるときのはじける音から》怒ってぽんぽん言うさま。ずけずけ言うようす。

**たけ-やぶ【竹▼藪】** 竹がたくさんはえている所。bamboo grove

**竹藪に矢を射る様**(たけやぶにやをいるよう) 無益なこと、むだなことの形容。

**たけ-やま【▽茸山】** キノコの生える山。

**たけ-やらい【竹矢来】** 竹を粗く組んで作った囲い。

**たけ-やり【竹▼槍】** 竹の先を斜めにそいで作ったやり。bamboo spear

**た-げり【田▽計里】** チドリ科の鳥。翼長約二二㎝。頭は黒く、長い冠羽をもつ。水田・沼沢地などにすむ。雑食性。ユーラシア大陸中・北部で繁殖、冬鳥として日本全土に渡来。Eurasian lapwing ↓図

● タゲリ

**たけり-た・つ【▼哮り立つ】**(五自) さかんにほえさけぶ。howl

**たけり-た・つ【▽猛り立つ】**(五自) いきりたつ。殺気だつ。rage

**た・ける【▽長ける・▼闌ける】**(下一自) ①深まる。さかりになる。十分になる。be at its height 用例 春―・けて。②さかりを過ぎる。be on the wane ③ある方面にすぐれる。be good at 用例 剣技に―。

**た・ける【炊ける】**(下一自) ①炊くことができる。be able to cook ②炊きあがる。火が通って食べられるようになる。be cooked 用例「御飯が―。」

**たけ・る【▼哮る】**(五自) 鋭く叫ぶ。ほえたてる。rage

**たけ・る【▽猛る】**(五自) ①勇み立つ。be encouraged 用例 心が―。②荒れ狂う。あばれる。rage

**ダゲレオタイプ**[daguerreotype] ↓ぎんばんしゃしん(銀板写真)

**だ-けれど**(接続)「だけれども」の略。

**だ-けれども**(接続)《前に述べたことと逆のことを言い出すときの語》そうではあるが。だが。but

**た-けん【他見】** 他人が見ること。他人に見せること。用例 ―をはばかる文書。

**た-げん【他言】**(名・サ変他) ↓たごん(他言)

**た-げん【多元】** ①事物の根源的原理がいくつもあること。be plural 対義 一元・二元。②数学で、未知数がいくつもあること。

**た-げん【多言】**(名・サ変自) ①口数の多いこと。多弁。garrulity ②多くのことばを費やすこと。talk too much 用例 ―を弄するまでもない。

**だ-けん【駄犬】** ありきたりの犬。雑犬。

**たげんし-ぶんし【多原子分子】** 二個以上の原子より構成される分子。polyatomic molecule

**たげん-せい【多元性】** 原因・要素などが、いくつもあること。pluralistic

**たげん-てき【多元的】**(形動) 多元であるさま。plural 対義 一元的・二元的。

**たげんてき-こっかろん【多元的国家論】** 国家も経済上・文化上または宗教上の諸団体と同様に、特定の目的をもつ集団の一つにすぎないとみなす理論。国家権力の絶対化を拒否し、自由主義を重視するもの。ラスキらが提唱。pluralistic theory of the state

**たげん-びょうしゃ【多元描写】** 小説で、多くの視点から人・物事などを描写する手法。

**たげん-ほうそう【多元放送】** 二つ以上の放送局が送る内容をもとに、一つの番組を構成し放送すること。宇宙中継による国際多元放送もある。broadcast originating from multiple locations

**たげん-ほうていしき【多元方程式】** 未知数が二つ以上ある方程式。hypercomplex equation

**たげん-ろん【多元論】** 哲学で、二つ以上の根本原理または基本要素によって世界を説明しようとする学説・立場。pluralism 対義 一元論・二元論。

**たこ** 5画 **【▼凧】** 部首[几・八] 和製漢字 JIS 3492

↓たこ[凧・紙凧]

**たこ【▼凧・▽紙▼凧】** 遊具の一種。竹・木などの骨に紙を張り糸をつけ、風力を利用して空高くあげる。平安時代以前に紙鳶として中国から渡来。いかのぼり。kite

**糸の切れた凧の様**(いとのきれたたこのよう) 周囲を無視したように、本来あるべき場所から勝手に別のほうに行ってしまうようす。また、遠くへ行ったままで、音信のないさま。like a kite flying away with its string cut

●タコ① マダコ

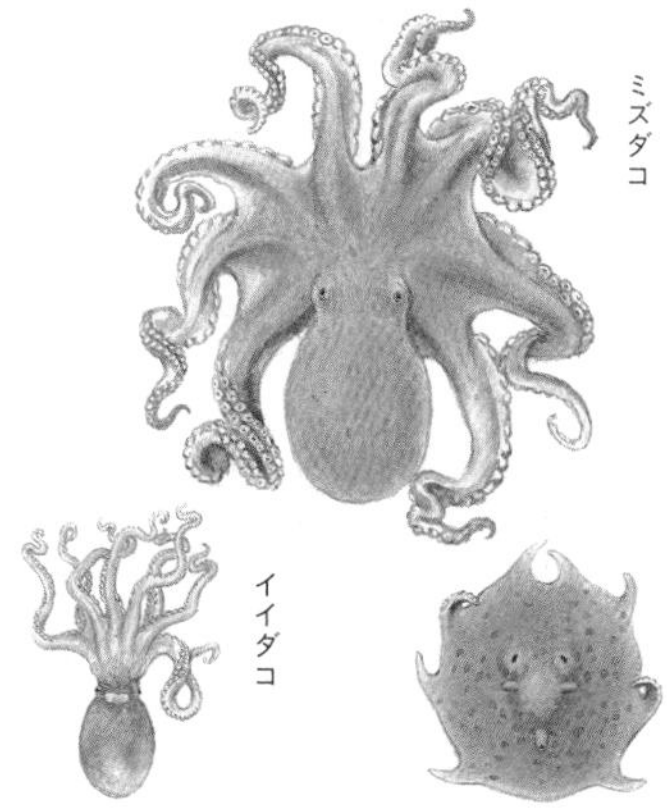


**たこ【▼蛸・▼鮹・▽章▽魚】** ①頭足綱八腕形目に属する軟体動物の総称。体は胴・頭・腕の三部からなり、腕には吸盤が並ぶ。全長はミズダコで約三m。肉食性。墨を吐いて身を守る。食用。日本近海にはマダコ(全長約六〇cm)・イイダコ・ミズダコなど約五〇種が分布。octopus 数え方 一枚・一匹。②地ならし・くい打ち用の木製のつち。どうづき。hammer ↓図

**蛸の糞で頭に上がる**(たこのくそであたまにあがる)《タコのくそは頭にあるという俗信から、いやしいものが上の方にある、の意で》自分だけは得意顔でいるが、他人からはさげすまれている。

**蛸の共食い**(たこのともぐい) 同類のものが、互いに食い合うこと。

**たこ【▼胼・▼胝・▼胝】** 刺激が不断に加わる部分の皮膚が角質化し、厚くかたくなったもの。胼胝腫。callous 用例 すわり—。筆—。

**たこ【多古】**〈町〉千葉県北東部、成田市東隣の町。稲作・苗木生産・酪農・畜産などがさかん。人口一万七九二六(一九八八)。

**た-ご【▽担▼桶】** 水・肥料などを入れてかつぐおけ。

**たこ-あげ【▼凧揚げ】** 凧を上げて遊ぶこと。主として正月の遊び。地方によっては、正月以外に、年中行事の一つになっている所もある。fly a kite

**たこ-あし【▼蛸足】** ①器物などの足で、タコの足に似た形をしたもの。②タコの足のように、いくつかに分かれていること。

**たこあし-はいせん【▼蛸足配線】** タコの足のように一か所のコンセントから多くの電気器具を使用すること。過熱や漏電の危険がある。overload an electrical outlet

**た-こう【多幸】** 数多い幸福にめぐまれること。great happiness 用例 ご—を祈る。

**だ-こう【蛇行】**(名・サ変自) ①蛇がはうようにまがりくねって行くこと。meander ②河川の流路がS字を連ねたような形にまがりくねること。峡谷をなして流れる穿入蛇行と、低地上を流れる自由蛇行がある。曲流。meander

**たこう-しき【多項式】** 単項式の和で表される式。polynomial

**たこう-しょう【多幸症】** 感情が病的にたかまった状態。上機嫌で、なにごとも心配せず無頓着。深刻さがなくなる。しばしば痴呆にともなって現れる。euphoria

**タゴール【Rabīndranāth Tagore】**(一八六一-一九四一) インドの詩人・小説家・哲学者。宗教的・象徴的な叙情詩をベンガル語で書き、多くの分野で活躍。一九一三年ノーベル文学賞受賞。詩集『ギーターンジャリ』、小説『ゴーラー』など。

**た-こく【他国】** ①自分の生まれた国以外の国。外国。foreign country 対義 自国。②生まれ故郷以外の地方。他郷。another province

**他国する**(たこくする) 生まれ故郷を出て、よその土地へ行く。他国へわたる。他国をする。

**た-こくせき【多国籍】** 多くの国に籍を持つこと。to be multinational

**たこくせき-きぎょう【多国籍企業】** 外国に支配下の現地国籍法人をもち、事業を国際的に展開している巨大企業。世界企業。MNC。multi-national enterprise

**たこ-くらげ【▼蛸▽水▽母】** タコクラゲ科の海産動物。濃褐色のかさは半球形で、径約二〇cm。口部から垂れ下がる口腕は八本。本州中部以南の太平洋沿岸に分布。

**たごくら-ダム【田子倉ダム】** 福島県南西部、只見川上流のダム。有効貯水量三億七〇〇〇万$m^3$。発電用。

**タコグラフ【tachograph】**《tachoはギリシア語で、速度の意》自動車の運行記録計。ある時間内の走行状況を自動的に記録する装置。営業用自動車などで使用される。

**たご-さく【田▼吾作・田子作】**《田子(農民)を人名になぞらえて、見下げていう語》農民。田舎者。

**た-ごし【手▼輿・▽腰▼輿】** 輿の一種。台に二本の轅をつけ、手で腰のあたりまで持ち上げて運ぶ。腰輿。

**タコス【tacos】** 代表的なメキシコ料理の一つ。トルティーヤという、トウモロコシの粉を練って薄く焼いたパンに、野菜や肉を包んで食べる。

**ダコタ-ぞく【ダコタ族】** 北米の平原インディアンの一部族。かつてはスーの名で知られる。大平原地帯に居住。野牛の狩猟に従事した。勇猛で知られ、一八七六年シャイアンとの同盟軍がカスター将軍の第七騎兵隊を全滅させた戦いは西部開拓史上有名。Dakota

**たこ-つぼ【▼蛸▼壺】** ①タコをとるための漁具。陶製のつぼなどを夕方に沈めておき、朝、引き揚げる。octopus pot ②戦闘で、砲爆撃から身を守るための一人用の塹壕。indivisual foxhole

**たごと-の-つき【田▽毎の月】** 長野県冠着山で、棚田ごとに映る月。

**たこ-にゅうどう【▼蛸入道】** ①《タコの頭が坊主(入道)頭に似ることに由来》タコの俗称。②坊主頭の人をののしる語。たこ坊主。

**たこ-の-あし【▼蛸の足】** ベンケイソウ科の多年草。高さ約七〇cm。湿地にはえ、細い披針形の葉を多数互生。八〜九月に小花を多数、片側につけ、タコの足のように見える。↓図

●タコノアシ

**たご-の-うら【田子ノ浦】** 静岡県、富士川河口付近の海岸。富士山展望の名所。山部赤人の歌で有名。田子ノ浦港がある。

**たこ-の-き【▼蛸の木】** 暖地の海岸に見られる常緑高木。高さ約一〇m。多数の気根を下に垂らすのを、タコの足に見立てた。線形の葉は幹の先端部に密生。雌雄異株。夏に黄花を開花。人頭大の集合果を結ぶ。観賞用として栽培。葉はかご・むしろの製造用。小笠原島特産。↓写

●タコノキ

**たこ-の-まくら【▼蛸の▼枕】** 棘皮動物。浅海の礫底にすむタコノマクラ科のウニ。卵円形で殻長約一二cm。褐色の短いとげを密生。房総半島から九州に分布。↓図

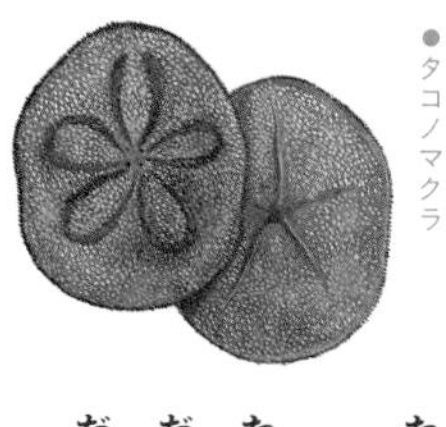

●タコノマクラ

**たこ-はいとう【▼蛸配当】** 配当するだけの利益がないのに配当する違法行為。タコが自分の足を食べるように身を削っていくことからいわれる。たこはい。unearned dividend; bogus dividend

**たこひき-ぼうちょう【▼蛸引(き)包丁】** 先の角ばった刺身包丁。関東で使われる。関西では先のとがった柳刃包丁。↓包丁図

**たこ-ぶね【▼蛸船】** アオイガイ科のタコ。雌は巻き貝状の貝殻をつくる。雌は全長約一二cm。殻は長さ約一〇cm、幅約四cmで薄い。雄は小さく全長一cm余りで、浮遊生活をする。世界の熱帯・亜熱帯海域に分布。フネダコ。

**たこ-べや【▼蛸部屋】** かつて、炭鉱などで労働者を監禁同様の状態で、強制的に働かせた飯場。labor camp

**たこ-ぼうず【▼蛸坊主】** ①タコの異称。②坊主頭の者をあざけって言う語。たこにゅうどう。

**タコマ【Tacoma】** アメリカ合衆国西北部、ワシントン州西部、シアトルの南にある港湾都市。交通の要地で、木材・穀物・銅などの積み出し港。人口一五・八万(一九八〇)。

**タコメーター【tachometer】**《tachoはギリシア語で速度の意》自動車に取り付けて、走行距離と時間の関係を記録する計器。回転速度計。

**たこ-やき【▼蛸焼(き)】** 半球形のくぼみのある鉄板に水・卵でといた小麦粉を流し、タコ・サクラエビ・ネギなどの小片を入れて丸く焼いた食べ物。大阪が本場。

**たごりひめ-の-みこと【田▽心姫▽命】** 日本神話の女神。天照大神と素戔嗚尊の誓約により産まれた女神で、宗像三神の一つ。多紀理毘売命。奥津島比売命。

**た-こん【多恨】**(名・形動) うらみ・悲しみ・悔やみなどの気持ちが多く、深いこと・さま。用例 多情—。

**た-ごん【他言】**(名・サ変他) 他人に話すこと。たげん。tell to others

**た-さい【多才】**(名・形動) 多方面の才能があること・さま。versatility 用例 多芸—。

**た-さい【多妻】** 二人以上の妻を持つこと。possession of more than one wife; polygamy 用例 一夫—。

**た-さい【多彩】**(名・形動) ①いろどりの多いこと・さま。美しいこと・さま。colorfulness ②種類が多くて、にぎやかなこと・さま。be variegated

**た-ざい【多罪】** ①罪の多いこと。much guilty ②無礼をわびる語。多謝。用例 妄言—。

**ださ・い**(形)《俗語》洗練されていないこと。田舎っぽいこと。用例 —服装。

**だざい-おさむ【▽太宰▽治】**(一九〇九-一九四八) 小説家。本名、津島修治。青森県生まれ。東大中退。第二次大戦後の新戯作派(無頼派)の一人。作品はたえず生の破滅に隣接して生まれた。玉川上水で入水自殺。作品『ヴィヨンの妻』『斜陽』『人間失格』など。↓写

●太宰治

**だざい-しゅんだい【▽太宰春台】**(一六八〇-一七四七) 江戸中期の儒者。信濃の人。出石藩へ出仕。辞して荻生徂徠に学ぶ。服部南郭とともに古文辞学派の双璧。著書『経済録』『弁道書』など。

**だざい-ふ【▽大宰府】** 律令制下、筑前国筑紫郡におかれた地方官庁。九州の九国二島の行政管理、外国使節の接待、沿岸防備、大

陸との商船貿易の管理などを掌管。福岡県太宰府市に遺跡がある。遠の朝廷。

**だざいふ【▽太宰府】**〈市〉福岡市南東の市。古く大宰府がおかれ、菅原道真を祭った天満宮や飛梅などの名所・旧跡が多い。人口五万八六九三(一九八八)。

**だざいふ-てんまんぐう【▽太宰府天満宮】** 福岡県太宰府市にある旧官幣中社。祭神は菅原道真。学芸、とくに書道の神として尊崇される。京都の北野天満宮とともに、全国の天満宮の総本社。

**たさいぼう-せいぶつ【多細胞生物】** 個体が多数の細胞で構成されている生物の総称。原生動物以外の動物およびコケ植物以上の生物で、細胞の間に形や働きの差があらわれ、組織が分化している。multicellular organism 対義 単細胞生物。

**たさか-ともたか【田坂▽具▽隆】**(一九〇二～七四) 映画監督。広島県生まれ。作品『真実一路』『五番町夕霧楼』など。

**たざき-そううん【田崎草雲】**(一八一五～九八) 南画家。江戸の人。覇気に富む文人画を描いた。最初の帝室技芸員。作品『蓬莱仙宮』など。

**た-さく【多作】**(名・サ変他) たくさん作ること。とくに、作家や芸術家が作品を多く作ること。prolificalness 比較 乱作。対義 寡作。

**だ-さく【駄作】** つまらない作品。凡作。愚作。poor work 対義 名作。

**た-さつ【他殺】** 人に殺されること。murder 対義 自殺。

**たざわ-こ【田沢湖】** 秋田県東部にある湖。面積二五・五㎢。田沢火山の陥没でできたカルデラ湖。最深四二三・四mは日本一。

**たざわこ【田沢湖】**〈町〉秋田県東部、田沢湖の東の町。林業・酪農がさかん。電源地帯であるとともに、田沢湖のほか乳頭温泉郷などのある観光の町。人口一万四五四一(一九八八)。

**た-さん【多産】** 子・卵を多く産むこと。fecundity

**た-ざん【他山】** ①ほかの山。②ほかの寺。

**他山の石** 「他山の石、以って玉を攻むべし」と同意。

**他山の石、以て玉を攻む可し** 《よその山から出た粗悪な石でも、自分の宝石をみがくのに役立てることができる、の意から》他人の、誤った、また、つまらぬ言行も、自分の修養の助けとしたり戒めとしたりすることができる。object lesson

**だ-さん【打算】**(名・サ変他) 損得を数えること。利得を見つもること。calculation

**たさん-けい【多産系】** 子を多く産む血筋。

**ださん-てき【打算的】**(形動) 損得を考えてするさま。勘定高いさま。calculating

**たし【足し】** 補うもの。付け加えるもの。supplement 用例 研究費の—にする。

**た-し【他紙】** ほかの新聞。another paper

**た-し【他誌】** ほかの雑誌。another magazine

**たし** 古語 (助動 形ク型)《動詞および助動詞「る」「らる」「す」「さす」「しむ」などの連用形に付く》①動作をする人の希望を表す。…たい。用例 ただおもふとては出家でしたき(平家・一〇・千手前)。②他への希望を表す。…してほしい。用例 家にありたきは、松・桜(徒然・一三九)。参考 鎌倉時代になって広く行われた。

**タシ【TASI】**《time assignment speech interpolation(時間割り当て音声挿入)の略》電話回線は、ふつう送信側から受信側へ音声信号が流れ、逆方向は空き回線となる。この空き回線を高速切り換え装置を使い、伝送路の有効利用をはかる方式。

**た-じ【他事】** よそごと。other person's affairs

**た-じ【多事】** ①仕事が多くて忙しいこと。be eventful 用例 —多端。②事件が多く世間の騒がしいこと。be eventful 用例 —多難。

**だし** 陸地から海に、山から平地に吹き出す風。清川だしなど地名のあとに付く。晩春から夏の日本海沿岸ではフェーンとなる。

**だし【出し】** ①出すこと。hold out 用例 手—。②つごうよく利用するもの。方便。手段。tool 用例 —にする。③「出し汁」の略。

**出しに使う** 自分のために、他のものを手段または口実にして、利用する。use as a tool

**だし【山車】** 祭礼に引く飾り車。やたい。やま。鉾。檀尻。

**だし-いれ【出し入れ】**(名・サ変他) 品物やお金を出すことと入れること。take in and out

**だし-おく・れる【出し遅れる】**(下一他) 出すのによい機会をのがす。be too late for

**出し遅れの証文** 機を失って、もはや効力のなくなった物事のたとえ。

**だし-おし・む【出し惜しむ】**(五他) 金品、労力などを出すことをいやがる。grudge

**たしか【確か・▼慥か】** 一(形動) ①しっかりして動かないさま。firm 用例 —な証拠。②信用できるさま。まちがいないさま。sure 用例 彼の語学力は—だ。—な人。③はっきりしているさま。clear 用例 気は—だ。二(副) かなり確実性を持った推量を表す。おそらく。たぶん。probably 用例 —約束は明日のはず。対義 不確か。

**たしか・める【確かめる】**(下一他) 念を押して見届ける。不明なところをはっきりさせる。confirm; make sure 用例 意向を—。

**だし-がら【出し殻】** ①出し汁をとったあとのかす。②茶を出したかす。茶殻。used tea leaves

**たじかん-りろん【多時間理論】** 量子力学における多粒子系の波動関数を相対論的に扱うために、粒子ごとに固有の時間を与えた理論。ディラックの説。のちに、朝永振一郎が、この考えを場の理論に拡張し、超多時間理論へ発展させた。many-time theory

**た-しぎ【田▼鴫】** シギ科の鳥。翼長約一三㎝。嘴がまっすぐで長い。日本全土の沼沢地・水田などにすみ、人が近づくと「ジェッ」と鳴いて飛び去る。ユーラシア北部で繁殖し、日本へは冬鳥として渡来。common snipe ↓図

●タシギ

**だし-き・る【出し切る】**(五他) 全部出す。do one's best; use up 用例 実力を—。

**タジク-きょうわこく【タジク共和国】**(Tadzhikskaya SSR) ソ連邦を構成する共和国の一つ。首都ドゥシャンベ。ソ連南部、中央アジアのパミール高原にある。綿花栽培と畜産が主産業。面積一四・三万㎢。人口四六四・八万(一九八六)。正称タジク-ソビエト社会主義共和国。

**タシケント【Tashkent】** ソ連南部、ウズベク共和国の首都。オアシスに発達したシルクロードの要地で、中央アジアの交易地として知られる。綿工業と果実栽培がさかん。人口一九八・六万(一九八四)。

**たし-さい【多士済済】**(名・形動) ↓たしせいせい(多士済済)

**たし-ざん【足し算】** 二つ、または二つ以上の数や数式を加え合わせる計算。加え算。寄せ算。加算。加法。addition 対義 引き算。

**だし-しぶ・る【出し渋る】**(五他) 金品などを出さなければならないときに、なかなか出さず、出し惜しみする。grudge

**だし-じゃこ【出し▽雑▽魚】** 小イワシなどの雑魚を煮つめて乾燥したもの。煮出して出し汁をとるのに用いる。煮干し。いりこ。

**だし-じる【出し汁】** 日本料理で、鰹節・昆布・だしじゃこ・シイタケなどからうま味を煮出した汁。煮物・汁物などに幅広く使われる。だし。

**たし-せいせい【多士▽済▽済】**(名・形動) すぐれた人材が多いこと・さま。たしさいさい。

**たし-だか【足(し)高】** 江戸幕府の職俸制。八代将軍徳川吉宗による享保の改革の一つ。従来、禄高によって役職がきめられていたのを、家禄の低い者には在任中に限り不足額を支給することによって人材登用をはかった。

**たじ-たじ**(副・サ変自) ①足がよろめくさま。よろよろ。staggeringly ②相手に押されてたじろぐさま。flinchingly ③受け答えに苦しむさま。staggeringly

**た-しつ【多湿】**(名・形動) 湿度が高いこと・さま。しめりけが多いこと・さま。high humidity 用例 高温—。

**た-じつ【他日】**(名・副) ①前の日。以前。the other day ②それよりのちの日。ほかの日。some day ③いずれまた。そのうち。some day 用例 —を期す。

**たじ-ながら【他事▼乍(ら)】**(連語)《手紙で、自分の消息を述べるときに卑下して用いる語》あなたには関係ないことですが。よそごとながら。

**だし-なげ【出し投げ】** 相撲の決まり手の一つ。回しを引き、体を開きながら肘を締めて、相手を引き倒すように投げる技。

**たしなみ【▼嗜み】** ①たしなむこと。心得。accomplishments 用例 茶道の—がある。②つつしみ。modesty 用例 —のないふるまい。

**たしな・む【▼嗜む】**(五他) ①好きでやる。好んで、親しむ。like 用例 和歌を—。②見苦しくないように心がける。つつしむ。be discreet 用例 ちと、—め。

**たしな・める【▼窘める】**(下一他) ①苦しめる。trouble ②注意して反省を求める。reprove 用例 無礼を—。

**だし-ぬ・く【出し抜く】**(五他) すきを見て、または、だまして自分だけ先にする。forestall

**だし-ぬけ【出し抜け】**(形動) 思いもかけないさま。にわか。急。不意。sudden

**たじま【▽但馬】** ↓たじまのくに(但馬国)

**たじま【田島】**〈町〉福島県南西部、大川上流の町。旧宿場町。製材・木工業が発達。人口一万四六四八(一九八八)。

**たじま-うし【▽但馬牛】** 和牛の一品種。体毛は黒色で、強健。おもに食肉用で美味。但馬(現兵庫県北部)原産。神戸牛。

**たし-まえ【足し前】** 補う分。足し高。supplement; addition 用例 —を出す。

**だしまき-たまご【出し巻き卵】** 卵焼きの一種。溶いた卵にだし汁を合わせたものを鍋に少しずつ入れて、巻き込みながら焼く。

**たじま-の-くに【▽但馬国】** 旧国名。現在の兵庫県北部。山陰道の一国。「延喜式」では上国、八郡。国府・国分寺はともに城崎郡日高町。明治四年(一八七一)廃藩置県により豊岡県。同九年(一八七六)兵庫県に編入される。但州。但馬。

**たじまもり【田▽道間守】** 記紀に登場する伝説上の人物。垂仁天皇のために常世の国に非時香菓を求め一〇年後に持ち帰ったが、すでに天皇は崩御したあとで、悲しんで陵前で殉死したと伝えられる。

**たじみ【多治見】**〈市〉岐阜県南東部の市。古くから美濃焼の産地。陶磁器の製造・集散地。人口八万七八四九(一九八八)。

**だし-もの【出し物・▽演物】** 芝居などで、上演する演目。program 用例 今月の—。

**た-しゃ【他者】** 自分以外の者。他人。別人。others

**た-しゃ【多謝】**(名・サ変自) ①深く感謝すること。many thanks ②深くわびること。多罪。sincere and apology 用例 妄評—。

**だ-しゃ【打者】** 野球などで、打席に立って投球を打つ人。バッター。batter

**だ-じゃく【惰弱・▼懦弱】**(名・形動) ①いくじのないこと・さま。柔弱。effeminacy ②からだの弱いこと・さま。weakness

**だ-じゃれ【駄▼洒▽落】** つまらないしゃれ。pun 用例 —を飛ばす。

**だ-しゅ【▼舵手】** 船のかじをとる人。steersman

**た-しゅ【多種】** 種類が多いこと。たくさんの種類。many kinds

**た-しゅう【他宗】** ほかの宗旨・宗派。other-sects

**た-じゅう【多重】** いくつも重なること。multiplex

**たじゅうつうしん-ほうしき【多重通信方式】** 一つの伝送路で、同時に数百回線から千数百回線の通信を伝送する方式。multiplex communication system

**たじゅう-ほうそう【多重放送】** ラジオ放送・テレビ放送の一チャンネル分の周波数帯域の範囲内で、複数チャンネル、あるいは別音声などを送信すること。音声・文字多重による二か国語同時放送やステレオ放送などのほか、静止画放送・ファクシミリ放送などがある。multichannel broadcasting

**たしゅ-たよう【多種多様】**(名・形動) いろいろさまざまなこと・さま。great variety

**た-しゅつ【他出】**(名・サ変自) 外へ出かけること。外出。他行。

**た-しゅみ【多趣味】**(名・形動) 趣味が多いこと・さま。diverse interest 対義 無趣味・没趣味。

**だ-じゅん【打順】** 野球やソフトボールで、チーム内で打者となる順序。試合前に両チームが自由に決め、この順序を記して主審に提出する。打撃順。バッティングオーダー。ラインアップ。batting order

**た-しょう【他称】** ↓さんにんしょう(三人称)

**た-しょう【他生】**《仏教語》過去および未来の生。対義 今生。

**他生の縁** 「多生の縁」の誤り。

**た-しょう【多生】** ①《仏教語》何度も生まれ変わること。②多数を生かすこと。[用例]一殺(いっせつ)—。

**多生の縁**(たしょうのえん) 過去に、いくたびも生まれ変わり死に代わりしてきた間に結ばれた因縁。[用例]袖(そで)振り合うも—。

**た-しょう【多少】** ㊀(名) 多いことと少ないこと。数量の程度。many or few [用例]量の—は問題でない。㊁(副) ①いくらか。すこしは。a little [用例]—感じるはずだ。②《漢文で、疑問詞》どれくらいか。[用例]花落つること知りぬ—ぞ(孟浩然(もうこうぜん))。

**た-しょう【多祥】** 幸いの多いこと。多幸。[用例]ご—を祈る。

**た-じょう【多情】**(名・形動) ①愛情が深いこと・さま。passionateness ②気が多いこと・さま。浮気。fickleness

**たじょう-いっぺん【▿打成一片】**《仏教語》すべてのとらわれを離れて、座禅に専念すること。

**だじょう-かん【▿太政官】** ①↓だいじょうかん(太政官)①。②明治政府の最高官庁。明治一八年(一八八五)内閣制度成立で廃止。

**だじょうかん-ぷ【▿太政官符】** ↓だいじょうかんぷ(太政官符)

**だじょうかん-ふこく【▿太政官布告】** 明治初年、太政官によって公布された法令。

**だじょう-だいじん【▿太政大臣】** ①↓だいじょうだいじん(太政大臣)①。②明治時代、太政官制の最高官職。明治四年(一八七一)正院の長として設置。

**たじょう-たこん【多情多恨】** ㊀(名・形動) 感じやすく、なやみが多いこと・さま。㊁尾崎紅葉(おざきこうよう)の小説。明治二九年(一八九六)発表。親友の妻にしだいに惹(ひ)かれてゆく男の心理を、言文一致体で描く。

**だじょう-てんのう【▿太上天皇】** 位を譲ったのちの天皇の尊称。上皇(じょうこう)。だいじょうてんのう。

**たじょう-ぶっしん【多情仏心】** ㊀うつり気ではあるが、薄情なことのできない性質。㊁里見弴(さとみとん)の小説。大正一一～一二年(一九二二～一二三)発表。主人公の女性遍歴を描き、「まごころ哲学」を説く。

**た-しょく【多色】** 多くの色。さまざまの色。many colors [用例]—刷り。

**たじり【田▾尻】**〈町〉宮城県北部、迫(はさま)川に沿う町。稲作・畜産などが行われる。人口一万四九三一(一九八八)。

**たじり【田▾尻】**〈町〉大阪府南西部、泉佐野(いずみさの)市の西隣の町。泉州(せんしゅう)紡織工業地帯の一角。タマネギの産地。人口七一四二(一九八八)。

**たしろ【田代】**〈町〉秋田県北部、米代(よねしろ)川中流の町。杉の美林が広がる。人口九一〇五(一九八八)。

**たしろ【田代】**〈町〉鹿児島県、大隅(おおすみ)半島南部の町。林業のほか稲作、サツマイモ・タバコ・茶の栽培も行う。人口四〇四三(一九八八)。

**たしろ-いも【田代芋・田代▾薯】** タシロイモ科の多年草。熱帯アジアの海岸地域で栽培。地下の球茎は径約一五cmで、軟らかく、でんぷんを多量に含む。そのままでは食用にならず、水にさらしてでんぷんをとる。

**たじろ・ぐ**(たぢろぐ)(五自) ①圧倒されてしりごみする。shrink back ②ぐらつく。totter

**たしろ-しょうい【田代松意】**(生没年未詳) 江戸前期の俳人。延宝(えんぽう)元年(一六七三)ごろから江戸で談林派として活躍。新奇な俳風は飛体(とびてい)とよばれた。編著『談林十百韻(とっぴゃくいん)』など。

**た-しん【他心】** ①他人の考え。another idea ②二心。他意。double-heartedness

**だ-しん【打診】**(名・サ変他) ①指頭や打診槌(つち)で身体のある部分をたたき、音や振動からその部分の性状を判断しようという診察法。percussion ②相手に軽く問い合わせるなどして、相手の考えや態度をさぐること。sound out

**たしん-きょう【多神教】** 複数の神々や精霊(せいれい)などをあがめ信じる宗教。諸神は個体的性格をもち、おのおの役割を分担している。エジプトやギリシアの古代宗教、日本の神道などにみられる。polytheism [対義]一神教。

**た・す【足す】**(五他) ①不足を埋める。おぎなう。make up for [用例]塩を—。言い—。②増す。加える。add [対義]引く。[用例]二に三を—。③《「達す」とも》済ます。終える。finish [用例]用を—。

**タス【TASS】**《Telegrafnoe Agentstvo Sovetskogo Soyuzaロシの略》ソビエト閣僚会議直属の国営通信社。一九一八年「ロスタ」として設立、二五年改組。

**た-ずⅠ【田▾鶴・▾鶴】** ツルの古名。歌語。

**だ・す【出す】**(五他) ①内から外にやる。let out [対義]入れる。[用例]煙を外に—。②内にあるものを外に表す。put forth [用例]ことばを口に—。芽を—。③送る。send [用例]手紙を—。使いを—。④人の目につくようにする。put forth [用例]アイディアを—。新作ものを—。⑤提供する。提出する。与える。present [用例]書類を—。賞を—。⑥新たに開く。open [用例]店を—。⑦生じさせる。put forth [用例]火事を—。スピードを—。⑧はっきり示す。show [用例]証拠を—。結論を—。⑨産出する。produce [用例]良質の石炭を—。⑩《動詞の連用形に付いて》…しはじめる。begin [用例]泣き—。

**出す事は舌を出すも嫌い**(だすことはしたをだすもきらい) たいへんけちなこと、極端に出し惜しみをすることのたとえ。stingy

**ダス【Petter Dass】**(一六四七～一七〇七) ノルウェーの詩人・牧師。北極圏の美しい風土と住民の生活をうたう。詩集『ノルウェーの谷の調べ』など。

**た-すう【多数】** 数が多いこと。majority [対義]少数。[用例]—派。

**だ-すう【打数】** ①球などを打った回数。②野球などで、打席数から、四死球・犠打や打撃妨害・走塁妨害による出塁の回数を引いた数字。打撃数。アットバット。at bat

**たすう-けつ【多数決】** 比較して数の多いほうの意見に従って決めること。decision by a majority

**たすうけつ-げんり【多数決原理】** 集団の意思を統合する方法の一つ。集団の意思決定が全員一致で得られないとき、多数派の意思を集団の意思とし、少数派はそれに従う方法。principle of majority rule

**たすうだいひょう-せい【多数代表制】** 国民の多数派の意思がよく反映されるように工夫された選挙制度。小選挙区単記投票制など。majority representation [対義]少数代表制。

**たすか・る【助かる】**(五自) ①危険・死を逃れる。escape [用例]命が—。②労力・費用・苦痛が省かれて、楽になる。be relieved [用例]手伝いがあって—。

**た-すき 22画【▾襷】** 部首[衤](ころもへん) 和製漢字 [JIS]7507

①活動しやすいように、和服の袖(そで)をからげてとめるひも。肩から背中に斜め十文字にかける。②一方の肩にかけ、他方の腰へ斜めにたらす、環状の布。③線などが斜めに交差した形・模様。↓[写]

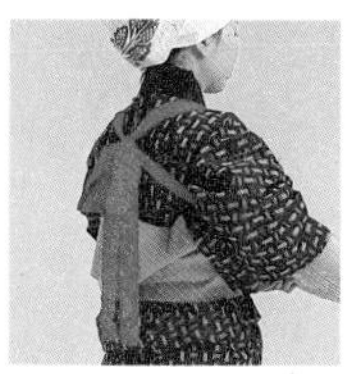

●襷(たすき)①

**たずき**(たづき)**【▿方▿便・▿活▿計】** 暮らしの手段。たつき。

**たずき-な・し**(たづきなし)**【▿方▿便無し】** [古語](形ク) 方法がない。たよるものがない。よるべがない。[用例]わづかに築地(ついひぢ)を築っけりといへども、門(かど)を建(た)つる—(方丈記)。

**たす・く【助く】** [古語](下二他) ↓たすける(助ける)

**タスク-フォース【task force】** ①機動部隊。②経営組織の機動性を高め、開発・合理化・工場建設など、特定の目的を達成するために編成される臨時の組織。

**たすけ-ぶね【助け船】** ①水上での遭難の救助にあたる船。lifeboat ②助勢。助力者。help [用例]—を出す。

**たす・ける【助ける】**(下一他) ①《「輔ける」「扶ける」「佐ける」「左ける」「相ける」「賛ける」とも》力を添えて補ってやる。手伝う。help [用例]課長を—。②《「救ける」とも》危機からのがれさせる。save; relieve [用例]負傷者を—。③援助する。support [用例]家計を—。

**たずさ・う**(たづさふ)**【携ふ】** [古語] ①(四自)連れ立つ。たずさわる。[用例]吾妹子(わぎもこ)と—・ひ行きて副(たぐ)ひてをらむ(万葉・四・七二八)。②(下二他) ↓たずさえる(携える)

**たずさ・える**(たづさへる)**【携える】**(下一他) ①手に持つ。さげる。carry ②互いに手をとる。連れ立つ。go with ③従えて行く。take [用例]従者を—。

**たずさわ・る**(たづさはる)**【携わる】** ㊀(五自) ①従事する。participate in [用例]教育関係の仕事に—。②かかわり合う。be concerned in ㊁[古語]いっしょに連れ立つ。互いに手をとる。[用例]夕星(ゆふづつ)の夕(ゆふべ)になればいざ寝よと手を—・り(万葉・五・九〇四)。

**ダスター【duster】** ①ぞうきん・はたきの類。②「ダスターコート」の略。

**ダスター-コート**《和製語》ちりよけの薄手のコート。自動車が実用化されたとき、衣類を砂ぼこりから守るために着られたのが始まり。ダスター。duster; dust-coat ↓[図]

●ダスターコート

**ダスト【dust】** ちり。ほこり。

**ダスト-シュート【dust chute】** ビルやアパートなどで、各階からごみを集積場に集めるための設備。投下筒。

**たず・ぬ**(たづぬ)**【尋ぬ】** [古語](下二他) ↓たずねる(尋ねる)

**たずね-あ・てる**(たづねあてる)**【尋ね当てる】**(下一他) あちこちたずね回ってさがし出す。苦心してさがし出す。find out

**たずね-あわ・せる**(たづねあはせる)**【尋ね合(わ)せる】**(下一他) 問い合わせる。inquire

**たずね-びと**(たづねびと)**【尋ね人】** 自分が捜している人。また、捜されている人。missing person

**たずね-もの**(たづねもの)**【尋ね物】** さがし求めている品物。missing article

**たず・ねる**(たづねる)**【訪ねる】**(下一他) おとずれる。訪問する。visit [用例]史跡を—。友人の家を—。

**たず・ねる**(たづねる)**【尋ねる・▾訊ねる】**(下一他) ①さがし求める。look for [用例]行方を—。②質問する。ask [用例]道を—。名前を—。③事の理非を明らかにする。trace [用例]理(ことわり)を—。

**タスマニア-おおかみ**(―おほかみ)**【タスマニア▾狼】** オオカミに似るが、体に縞(しま)のあるフクロネコ科の肉食有袋類。体長約一m、尾長約五〇cm。体は淡褐色で、肩から腰にかけて一六～一九条の黒色の縞がある。雌は育児嚢(のう)をもち、その中で三か月間子を育てる。一八〇〇年代にはタスマニア島でふつうに見られたが、一九六一年以後消息不明。フクロオオカミ。Tasmanian wolf

**タスマニア-じん【タスマニア人】** オーストラリア、タスマニア島原住民のタスマニアーアボリジニ。白人の入植により一八七六年に種族は消滅。旧石器時代同様の石器を使用した採集・狩猟に従事。Tasmanian

**タスマニア-デビル【Tasmanian devil】** タスマニア島にすむフクロネコ科の有袋類。体長約六〇cm。黒褐色で、胸に三日月状の白斑(はくはん)がある。外観はアナグマに似て肉食性。フクログマ。↓[写]

**タスマニア-とう【タスマニア島】**(Tasmania) オーストラリアの南東にある島。面積六・八万$km^2$。付属島を含み同国最小の州。州都ホバート。一六四二年、オランダの探検家タスマンが発見。

**タスマン【Abel Janszoon Tasman】**(一六〇三～一六五九) オランダの探検家。東インド会社に勤務し、彼の名にちなむタスマニアやニュージーランドなど多くの島々を発見した。

**タスマン-かい【タスマン海】**(Tasman Sea) 太平洋南部、オーストラリア南東岸とニュージーランド間の海域。オランダの探検家タスマンにちなむ名称。

**だ・する【堕する】**(サ変自) 悪いほうに変わる。堕落する。堕す。degenerate

**た-せい【他姓】** 他人の姓。another surname

**他姓を冒す**(たせいをおかす) 他姓を名乗る。bear another surname

**た-ぜい【多勢】** 多くの人。大ぜい。a great

●タスマニアデビル

number 対義 無勢・小勢。
**多勢に無勢**(たぜいにぶぜい) 小人数では、大人数に対抗できない。とても勝てない。be outnumbered
**だ-せい【惰性】** ①今までの習慣。習慣のままに、だらだらと物事を続けること。force of habit 用例 ―でタバコが止められない。②物理で、慣性。inertia
**たせい-ざっしゅ【多性雑種】** 幾組みかの異なる対立遺伝子をもつ両親からできる雑種。遺伝子はヘテロ型であるが、表現型は均一。二つの対立遺伝子の場合、遺伝子型AABBとaabbとの間の雑種AaBbのこと。polyhybrid
**だせい-せっき【打製石器】** 打撃によって形成されたままの、研摩が施されていない石器の総称。
**たせいぶ-おんがく【多声部音楽】** ↓ポリフォニー
**だ-せき【打席】** 野球のバッターボックス。また、打者がバッターボックスに立つこと。batter's box
**だせき-すう【打席数】** 野球で、打席に入り打者になった回数。times at bat 比較 打数。
**た-ぜり【田▼芹】** ①タガラシの別名。②セリの異名。
**た-せん【他薦】**(名・サ変他) 他人が推薦すること。recommendation 対義 自薦。
**た-せん【多占】** 市場の独占形態の一つ。寡占よりやや競争的だが、新規企業の参入は困難な状態。polypoly
**だ-せん【打線】** 野球で、打者の顔触れ。batting lineup 用例 強力―。
**だ-せん【▼唾▼腺】** つばきを出す腺。唾液腺。
**た-そ【▼誰そ】** 古語 (連語)《代名詞「た」に係助詞「そ」の付いたもの》だれだ。用例 ―彼とわれをな問ひそ九月の(万葉・一〇・二二四〇)。
**たそ-がれ【▽黄▼昏】**《あれはだれか、見分けにくくて、「誰そ彼」とたずねる、の意》夕ぐれ。暮れ方。たそがれ時。dusk
**たそがれ-ぐさ【▽黄▼昏草】** ユウガオの異名。
**たそがれ-どき【▽黄▼昏時】** 夕方。くれがた。dusk 比較 彼者誰時。
**たそがれ-は【▽黄▼昏派】**(Crepuscolariイタリア) 二〇世紀初頭のイタリア詩の一流派。修辞的表現を排して平易な語法で内省的に愛と死と憂愁とを詠った。コラッツィーニ・ゴッツァーノなどが代表的存在。
**たそが・れる【▽黄▼昏れる】**(下一自)《「たそがれ」の動詞化》夕方になる。get dark
**だ-そく【蛇足】**《ヘビの絵に足をかき添えた故事から》よけいなもの。無用のもの。むだ。useless thing
**たそく-るい【多足類】** 節足動物のうち、陸生で足の多いものの総称。倍脚類(ヤスデなど)・唇脚類(ムカデ・ゲジなど)など。myriapod
**たそや-あんどん【▼誰▼哉行▽灯】** ①江戸時代、吉原の遊女屋の店先に街灯として設けられた木製の屋根形の灯籠。たそあんどん。たそやあんどう。②芝居の舞台装置として作った木製の灯籠。たそがれあんどう。
**た-た【多多】**(副) 数の多いこと。あまた。many
**多多益益弁ず**(たたますますべんず)《多ければ多いほど、りっぱにやりとげるということから》①多ければ多いほどよい。The more, the better. ②力量がすぐれて、ゆとりのあるたとえ。
**ただ【▼只】** ①代金や報酬のないこと。無料。ロハ。free 用例 ―乗り。―働き。②とくに言うほどの事もないこと。用例 ―では済まない。③《「徒」とも》ふつう。並。平凡。用例 ―の人。
**只の鼠でない**(ただのねずみでない) ふつうの人間ではない。ゆだんのならない人だ。くわせものだ。
**只より高いものは無い**(ただよりたかいものはない) ただで物をもらうと、お返しに金がかかったり、無理なたのまれごとも聞かなければならなくなったりして、かえって高くつく。Nothing costs so much as what is given us.
**ただ【▽直】** 古語 ㊀(副) ①まっすぐに。用例 之乎路から―越え来れば(万葉・一七・四〇二五)。②すぐに。ただちに。用例 ―今日も君には逢はめど(万葉・一一・二九二三)。③直接。じかに。用例 ―いふ言葉も、口をしうこそなりもてゆくなれ(徒然・二二)。④まさしく。あたかも。用例 ―絵にかきたる物の(源氏・若紫)。㊁(形動ナリ) ①平凡だ。ふつうだ。用例 后の―におはしける時とや(伊勢・六)。②《「徒」とも》むだである。むなしい。用例 ―に病み死ぬるよりも(竹取)。
**ただ【▽徒】**(副) 意味もなく。無駄に。purposelessly 用例 ―遊んできただけだ。
**ただ【▽唯】** ㊀(副) ①わずか。単に。たった。only 用例 ―一度。②もっぱら。ひたすら。nothing but 用例 ―一心に励む。㊁(接続)《「但」とも》もっとも。ただし。though 用例 これはとても質がいいよ、―ちょっと高くつくがね。
**だ-だ【駄駄】** 甘えて、わがままを言うこと。むずかること。be unreasonable 用例 ―をこねる。
**ダダ**[dada; Dadaフランス] 「ダダイスム・ダダイスト」の略。
**タタール**[Tatar] ↓だったん(韃靼)
**タタール-かいきょう【タタール海峡】**(Tatarskiy Proliv) ソ連極東、サハリンとシベリア東岸との間の海峡。最狭部の幅七・三km。一八〇八年、間宮林蔵が発見。間宮海峡。韃靼海峡。
**タタール-じちきょうわこく【タタール自治共和国】**(Tatarskaya ASSR) ソビエト連邦を構成する自治共和国の一つ。首都カザン。ソビエト連邦中西部、ボルガ川とカマ川の合流点周辺を占める。ボルガ-ウラル油田の一部を占め、石油・化学・機械工業が発達。面積六・八万$km^2$。人口三四九・四万(一九八四)。正称タタール自治ソビエト社会主義共和国。
**た-たい【多胎】** 二人以上の胎児を同時にみごもること。multiple pregnancy
**た-だい【多大】**(名・形動) 非常に多いこと・さま。a great deal 用例 ―な収穫。
**だ-たい【だ体】** 終わりを「だ」で止める文体。比較 ですます体・である体。
**だ-たい【堕胎】**(名・サ変自) 胎児を自然の出産に先立って人工的に母体外に取り出すこと。優生保護法に基づく人工妊娠中絶や、子宮外妊娠の手術などもこれに入る。abortion
**だ-だいこ【▽大太鼓】** 雅楽・舞楽の伴奏用締め太鼓。火焔の彫刻で飾った木枠でつるすので火焔太鼓ともいう。胴の両側に直径約二mの革を張ってあり、二本の桴で打つ。
**だたい-ざい【堕胎罪】** 自然の分娩期に先立って胎児を母体外に排出、または母体内で殺害する罪。優生保護法指定医が行う人工妊娠中絶の場合はのぞかれる。illegal abortion
**ダダイスト**[dadaïsteフランス] ダダイスムの芸術家たち。ダダ。
**ダダイスム**[dadaïsmeフランス] 既成の価値体系を否定し、いっさいの秩序破壊をめざす芸術運動。第一次大戦中に欧米に生まれ、戦後広がった。ダダ。ダダイズム。Dadaism ↓写

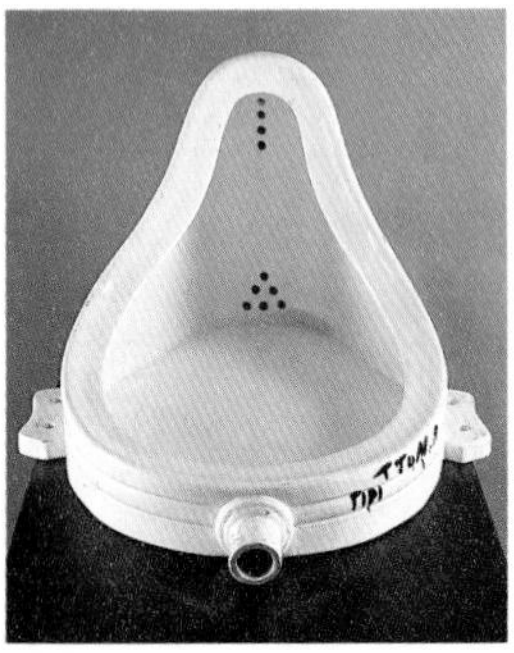

●ダダイスム デュシャン『泉』(レプリカ)。一九六四年(原作一九一七)、シュバルツ画廊(ミラノ)。

**ただ-いま【▼只今・▽唯今】** ㊀(名・副) ①現在。今。now 用例 ―正午です。②今すぐ。ただちに。right now 用例 ―参ります。③たった今。ほんの少し前。just a minute ago 用例 ―出かけました。㊁(感)《「ただいま帰りました」の下略》帰ってきたときのあいさつ語。
**ただ-いも【▽唯芋】**《方言》西日本で、サトイモ。
**たたい-もんだい【多体問題】** 互いに作用をおよぼしあう多数個の質点の運動を論じる問題。many-body problem
**たた・う【▼湛う】** 古語 (下二他) ↓たたえる(湛える)
**たた・う【▽称う】** 古語 (下二他) ↓たたえる(称える)
**たた・える【▽称える・▼讃える】**(下一他) ほめる。praise
**たた・える【▼湛える】**(下一他) みたす。いっぱいにする。fill 用例 水を―。えみを―。
**ただおか【▽忠▼岡】**〈町〉 大阪府、岸和田市北隣の町。泉州紡織工業地帯に属し、繊維関係の工場が多い。人口一万六六一〇(一九八八)。
**たたかい【戦い】** ①戦闘。fight 用例 ―を挑む。②戦争。war 用例 源平の―。
**たたかい【闘い】** ①たたかうこと。闘争。strife 用例 労使の―。病気との―。②試合。勝負。struggle
**たたかい-がまえ【闘構え】** ↓とうがまえ(闘構え)
**たたか・う【戦う】**(五自) ①戦闘を行う。fight ②戦争をする。make war
**たたか・う【闘う】**(五自) ①相手を負かそうと争う。闘争する。strive 用例 賃上げのために―。②試合をする。have a match 用例 強豪チームと―。③困難な状況を乗り越えようとする。overcome 用例 貧しさと―。④誘いなどをはらいのけようとする。shake off 用例 欲望と―。
**たたき【▼叩き・▼敲き】** ①たたくこと。to beat; to hit ②調理法の一種。包丁の刃で魚や肉を、包丁の腹で野菜をたたく。アジのたたきなます、たたきごぼうなど。③罪人のからだを、むち・つえで打った刑。whipping 用例 百―。
**たたき【▽三▽和▽土】** 玄関・台所・風呂場などの、セメント・土などで固めた土間。
**たたき-あ・げる【▼叩き上げる・▼敲き上げる】**(下一自) ①たたいて作り上げる。②下積み生活や苦労を重ねて、立派な地位や一人前の腕前を自分のものにする。work one's way up
**たたき-うり【▼叩き売り】** 大道商人がバナナ・衣類・雑貨などを台に載せ、棒で台を叩きながら威勢よく売りさばくこと。叩くほどに値引きが進む。大安売り。投げ売り。sacrifice sale
**たたき-おこ・す【▼叩き起(こ)す】**(五他) ①戸などをたたいて眠っている人を起こす。wake up ②眠っている人を無理に起こす。rouse out of bed
**たたき-ごぼう【▼叩き▽牛▼蒡】** ゆでたゴボウを包丁の腹でたたいたもの。また、これをごま酢につけたり、煮つけにした料理。
**たたき-だい【▼叩き台】** 意見を出し合うための、もとにする案。springboard for discussion 用例 企画案の―にする。
**たたき-だいく【▼叩き大工】** へたな大工。
**たたき-だ・す【▼叩き出す】**(五他) ①たたき始める。begin to strike ②たたいて出す。用例 埃を―。③乱暴に追い出す。kick out
**たたき-つ・ける【▼叩き付ける】**(下一他) ①激しくたたく。強く打ちつける。strike 用例 ―ような雨。②激しい勢いで手渡す。投げつける。throw 用例 辞表を―。
**たたき-なお・す【▼叩き直す】**(五他) たたいて曲がっているものを直す。また、性行や心をきたえて正しくする。correct by discipline 用例 根性を―。
**たたき-のめ・す【▼叩きのめす】**(五他) ①激しくたたいて、起き上がれないようにする。knock down ②とことんやっつけて、気力を失わせる。knock down
**たた・く【▼叩く・▼敲く】**(五他) ①《多く、繰り返して》手などで音がするほどに打つ。strike 用例 戸を―。肩を―。②《「殴く」とも》なぐる。slap 用例 顔を平手で―。③非難、攻撃する。attack 用例 新聞で―。④値切る。beat down the price 用例 買い―。⑤聞く。尋ねる。ask 用例 意見を―。⑥述べたてる。boast 用例 大口を―。⑦肉などの食品を包丁の背で打って、細かく軟らかくする。pound 用例 ―・き納豆。
**叩けば埃が出る**(たたけばほこりがでる) せんさくすれば、弱点や汚点、醜いところなどが見つかる。
**叩けよ然らば開かれん**(たたけよさらばひらかれん)《新約聖書『マタイによる福音書』第七章から》なにごとも、積極的にこころみれば、おのずから道は開かれることだろう。Knock, and it shall be opened unto you.
**ただ-ごと【▼只事・▽徒事】** ふつうの、平凡なできごと。ordinary things 対義 変事。用例 ―ではない物音。
**ただごと-うた【▽徒言歌】** 和歌の六義の一つ。比喩などを借りずに平明に詠んだ歌。
**タタ-ざいばつ【タタ財閥】** インドの代表的財閥。紡績工場を興したタタが一九〇七年タタ鉄鋼を創立。化学・電力などに支配的地位を占め、インド独立後は銀行・航空にも進出。ターター財閥。
**ただ-さえ【▽唯さえ】**(副) そうでなくても。ただでさえ。
**ただ・し【正し】** 古語 (形シク) ↓ただしい


↓行き先項目、図版・写真参照印。 JIS 日本工業規格情報交換用漢字符号コード(区点コード)。

(正しい)

**ただ-し【但し】**(接続) 前の文に対して、補足的に例外や条件などを示すのに使う語。but 用例 あすは行く。―、雨ならばやめ。

**ただし・い【正しい】**(形) ①道理・道徳にかなっている。right 用例 ―行い。②真理・事実にかなっている。just 用例 ―申告。―答え。③誤りがない。正式である。correct 用例 ―ことばづかい。④整っている。きちんとしている。proper 用例 ―姿勢。派生 ただしさ(名)

**ただし-がき【但(し)書き・但書】**本文に付けた、例外・条件などを記した条項。proviso

**ただし-は【但しは】**(接続) または。or

**ただ・す【正す】**(五他) ①きちんと整ったものにする。correct 用例 姿勢を―。②まちがっているものを改め直す。correct 用例 誤りを―。③良いか悪いかをはっきりさせる。是非を問う。query 用例 理非を―。

**ただ・す【▽糾す・▼糺す】**(五他) 罪などをきびしく問い調べる。query 用例 罪を―。

**ただ・す【▽質す】**(五他) 是非・正誤などを問い尋ねる。ask 用例 疑問を―。

**たたずまい【▼佇まい】**(たたずまひ) ①立っているようす。stand still ②自然に雰囲気となってあらわれる、物のようす、ありさま。appearance

**たたず・む【▼佇む】**(五自) しばらく、立ち止まる。stand still

**ただ-ただ【▽唯▽唯】**(副) 《「ただ」を強めていう》もっぱら。ひたすらに。solely

**ただち-に【直ちに】**(副) ①時間をおかずに。すぐに。at once 用例 ―出発。②場所を隔てずに。直接に。directly 用例 航空機事故は―死につながる。

**だだっ-こ【駄駄っ子】**駄々をこねる子。unmanageable child

**だだっ-ぴろ・い【▽徒っ広い】**(形) むやみに広い。much too large

**ただで-さえ【▽唯でさえ】**(副) そうでなくても。

**ただとりやま-の-ほととぎす【▼只鳥山の▽時▽鳥】**(連語) 苦労もせずに手に入れること。

**ただ-なか【▽直中】**①まん中。the midst ②さいちゅう。in the middle of

**たたなず・く【▽畳ずく】**(たたなづく) 古語 (四自) ①山がいくえにも重なる。重なり合う。用例 ―青垣山の隔(へな)りなばしばしば君を言問(ことと)はじかも(万葉・一二・三一八七)。②衣が重なるように、和らぎなびく。用例 玉藻なすか寄りかく寄り靡(なび)かひし嬬(つま)の命(みこと)の―柔膚(にきはだ)すらを(万葉・二・一九四)。参考「柔肌」「青垣」「青垣山」などにかかる枕ことばとする説もある。

**たた-なめ-て【▼楯▽並めて】**[枕ことば]《楯(たて)を並べて弓を射る意から、同音の》「い」にかかる。用例 ―泉の川の水脈(みを)絶えず仕へまつらむ大宮処(万葉・一七・三九〇八)。

**ただなら-ぬ【▼啻ならぬ】**文語的 (連体) 《形容動詞「ただなり」の未然形に打ち消しの助動詞「ず」の連体形「ぬ」の付いたもの》ふつうの状態ではない。unusual 用例 ―あわてぶり。

**たた-なわ・る【▽畳なわる】**(たたなはる) 古語 (四自) 幾重にもかさなる。用例 国見をせせば―青垣山(あをかきやま)(万葉・一・三八)。

**ただ-なんれい【多田南▼嶺】**(一六九八〜一七五〇) 江戸中期の国学者。姓は源(みなもと)、名は義俊(よしとし)。大坂の人。神道・故実などの著作が多い。著書『旧事記(くじき)偽書明証考』、浮世草子『鎌倉(かまくら)諸芸袖(そで)日記』など。

**ただ-に【▼啻に】**文語的 (副) 《下に「のみならず」などをともなって》単に。用例 ―学業のみならず運動にも長じ。

**ただ-のり【▼只乗り】**(名・サ変自) 乗り物に料金を払わないで乗ること。さつまのかみ。free ride

**ただ-ばたらき【▼只働き】**(名・サ変自) 報酬をもらわずに働くこと。むだばたらき。徒労。work for nothing

**たたま・る【畳まる】**(五自) たたんだようになる。重なる。積もる。

**たたみ【畳】**①古くは、むしろ・ござ・こもなど敷物の総称。②わらで編んだ床(とこ)に、イグサで織った畳表を取り付けたもの。日本間のゆかの上に敷く。tatami mat 数え方 一枚・一畳(じょう)。③イグサやタケの皮などを編んで、ぞうりやげたなどの表につけるもの。

**畳と女房は新しい程好い**(たたみとにょうぼうはあたらしいほどよい) 女房は、たたみと同じで、新しいほうがよい。

**畳の上で死ぬ**(たたみのうえでしぬ) 出先で事故死や変死をするのではなく、自分の家で自然に、安らかに死ぬ。die a natural death

**畳の上の水練**(たたみのうえのすいれん) 理屈や方法がわかっていても、実際の役に立たないことのたとえ。畳水練。Knowledge without practice makes but half an artist. 類似 畳の上の陣立て。机上の空論。

**畳の塵を毟る**(たたみのちりをむしる) 類似 畳の目を読む。①ひまのため手持ちぶさたでいるさま、また、つまらなくて退屈そうにしているさまを言う。②うつむいてはずかしそうにしているさまに言う。

**畳の目を読む**(たたみのめをよむ) することがなく、退屈で、こまっているさま。また、はずかしがっているさま。

**ただみ【▼只見】**〈町〉 福島県南西部、只見川上流にある町。山岳・深雪地帯で山菜の宝庫。田子倉(たごくら)ダムがある。人口六五四五(一九八八)。

**たたみ-いわし【畳▼鰯】**カタクチイワシの稚魚を真水で洗い、薄板状に枠型に入れ、日に干したもの。

**たたみ-おもて【畳表】**畳の表に使うイグサで編んだむしろ。乾燥させたイグサの茎を横糸に、麻糸などを縦糸にして織る。表(おもて)。

**たたみ-がえ【畳替え】**(たたみがへ) 畳表を新しいものと替えること。

**たたみ-か・ける【畳みかける】**(下一自) 相手にひまをあたえず、続けざまにものを言ったり、物事をしたりする。follow up

**ただみ-がわ【▼只見川】**(ただみがは) 福島県南西部を流れる川。長さ一三七㎞。尾瀬沼に発し、会津盆地北西隅で日橋(にっぱし)川と合して阿賀(あが)川となり、新潟県に入って阿賀野川となる。

**たたみ-こ・む【畳み込む】**(五他) ①畳んで入れる。fold in ②心に深く秘しておく。bear deep in mind

**たたみ-こも【畳▽薦】**[枕ことば]《マコモで編んだ敷物、または敷物にするマコモを幾重にも重ねる、の意。また、「へ(重)」と同音を含むことから》「へ・隔つ」などにかかる。用例 ―へだて編む数通(かよ)はさば道のしば草生(お)ひざらましを(万葉・一一・二七七七)。

**たたみ-すいれん【畳水練】**=畳の上の水練。①畳の上でする泳ぎの練習。②実地に役立たない理屈や知識。Knowledge without practice makes but half an artist.

**たたみ-ずり【畳▼摺(り)】**膳(ぜん)や机のような脚のついた家具で、脚の下に渡され床面に接している横木。

**たた・む【畳む】**(五他) ①広げてあるものを折り返してまとめる。fold 用例 着物を―。ふとんを―。②広げてあるものを閉じる。close 用例 傘を―。③営業や生活をやめる。close 用例 店を―。④表へ出さないで、しまっておく。納める。keep to oneself 用例 胸に―。⑤《俗語》殺す。用例 邪魔するやつは、―・んでしまえ。

**ただ-もの【▼只者・▽徒者】**ふつうの人。並の人。ordinary person 用例 ―でない。

**ただよ・う【漂う】**(ただよふ) (五自) ①浮かんで、ゆれ動く。drift about ②たちこめる。満ちる。hang ③さまよう。さすらう。wander

**ただよわ・す【漂わす】**(ただよはす) (五他) →ただよわせる(漂わせる)

**ただよわ・せる【漂わせる】**(ただよはせる) (下一他) 漂うようにする。漂わす。make it drift

**たたら【▼蹈▼鞴・▽踏▼鞴】**足踏(あしぶ)み式の大型の鞴(ふいご)。

**蹈鞴を踏む**(たたらをふむ) 勢い込んでやったのに、ねらいが外れて力が余り、よろける。

**たたら-ぶき【▼蹈▼鞴吹き】**日本古来の製鉄法。砂鉄と木炭を交互に方形の炉へ入れ、鞴(ふいご)で風を送り、木炭を燃焼させて砂鉄を還元。鉧押(けらおし)炉で和鋼を、銑押(ずくおし)炉で和銑(ずく)を製造。

**たたら-まつり【▼蹈▼鞴祭(り)】**鞴(ふいご)祭りの別称。

**たたり【▼祟り】**たたること。curse

**たたり-め【▼祟り目】**たたりにあう時。misfortune; hardship 用例 弱りめに―。

**たた・る【▼祟る】**(五自) ①神仏や人の恨みなどが災いする。bring a curse on ②害になる。悪い結果をもたらす。affect badly 用例 無理が―。

**ただれ【▼爛れ】**ただれること。その部分。sore

**ただれ-め【▼爛れ目】**→がんけんえんえん(眼瞼縁炎)

**ただ・れる【▼爛れる】**(下一自) ①皮膚が破れ崩れる。be sore ②自堕落になる。be dissipated 用例 ―・れた生活。

**た-たん【多端】**(名・形動) 仕事・用件などが多いこと・さま。忙しいこと・さま。press of work 用例 多事―。

**ただん-ロケット【多段ロケット】**機体が何段かに分かれ、各部分に噴射装置があって、下段から順次噴射して、噴射を終わると切り離していく構造のロケット。multi-stage rocket

**たち【▽質】**①生まれつき。資質。nature ②品質。quality

**たち【▽館】**①貴人の宿舎・屋敷。やかた。②小規模な城。たて。

**たち【太刀】**《断つもの、の意》もと、刀剣の総称。のち、長く大きな刀。比較 大刀(だいとう)。数え方 一振り・一口(ふり)。

**たち【立ち】**㊀(名) ①出発すること。旅立つこと。departure 用例 お―。②時が経過すること。passing 用例 月日の―。③燃えつきること。burn out 用例 ―の早いろうそく。㊁(接頭)《動詞について》意味を強める語。用例 ―至る。

**たち【▽達】**(接尾)《古くは、神・貴人にだけ用い、現在も、「ども」よりは丁寧な言い方》人や動物を表す語に付いて複数を示す語。比較 ら。用例 きみ―。虫―。

**タチ【Jacques Tati】**(一九〇八〜八二) フランスの映画監督。作品『肉体の悪魔』『ぼくの伯父(おじ)さん』など。

**たち-あい【立(ち)合い】**(たちあひ) 相撲で、仕切りの姿勢から立ち上がること。また、立ち上がった瞬間。

**たち-あい【立(ち)会い・立会】**(たちあひ) ①立ち会うこと。また、その人。presence ②取引所会員またはその代表者が一定の時間に取引所に集まり、上場証券や商品の売買をすること。session

**たちあい-えんぜつ【立会演説】**(たちあひ-) 意見の違う者が同一場所で順次に行って人々に訴える演説。campaign speech

**たちあい-にん【立会人】**(たちあひ-) 立ち会って、証人となってもらう人。witness

**たち-あ・う【立(ち)会う】**(たちあふ) (五自) 証人・参考人などとして、その場にいる。witness

**たち-あ・う【立(ち)合う】**(たちあふ) (五自) 勝負を争う。be matched against

**たち-あおい【立▼葵】**(たちあふひ) ①アオイ科の多年草。高さ一・五〜三m。葉は互生し、丸く浅裂。六〜八月に白・赤・紫などの花を開く。観賞用に栽培される。ハナアオイ。ツユアオイ。ホリホック。カラアオイ。②紋所の名。葵紋の一種。↓図

●タチアオイ①

●立葵(たちあおい)②

本多立葵

立葵菱(びし)

**たち-あがり【立(ち)上がり】**①立ち上がること。stand up ②物事の始まり。start 用例 ―から好調だ。

**たち-あがり【裁(ち)上がり】**布地を裁ち終えること。また、そのできばえ。cut cloth

**たち-あが・る【立(ち)上がる】**(五自) ①起きて立つ。stand up ②立ちのぼる。rise up ③動きはじめる。start action ④打ちのめされていたり、苦しい状態にあった者が、活力をとりもどす。⑤相撲で、力士が仕切りから体を起す。

**たちあらい【▽大▽刀洗】**(たちあらひ)〈町〉 福岡県中部、筑後(ちくご)川中流にある町。かつて陸軍の飛行場があった。稲作中心。人口一万四一二五(一九八八)。

**たち-あらわ・れる【立(ち)現れる】**(たちあらはれる) (下一自) 目の前にはっきり姿が現れる。come into view

**たち-い【立(ち)居・▽起(ち)居】**(たちゐ) 立つことと、座ること。動作。坐作(ざさ)。action

**たち-い・ず【立ち▽出ず】**(たちいづ) 古語 (下二自) ①立ち去る。用例 つぎさまの人は、あからさまに―・でても、今日ありつる事とて息もつきあへず語り興ずるぞかし(徒然・五六)。②出

かけて来る。[用例]かの小柴垣のもとに—・で給ふ(源氏・若紫)。③生じる。表に現れる。[用例]人しれず思ふ心は春がすみ—・でて君が目にも見えなむ(古今・雑下)。

**たち-いた**【裁(ち)板】布地を裁断をするとき、台として用いる板。裁ち台。

**たち-いた・る**【立(ち)至る】(五自) 重大な状態や見捨てておけない情況になる。とうとう、そういう状態になる。come to

**たち-いぬのふぐり**【立犬の▽陰▼囊】ゴマノハグサ科の二年草。高さ約三〇cm。葉は長柄で長楕円形。五～七月に、青紫色の小花を穂状につける。

**たちい-ふるまい**【立(ち)居振(る)舞い・立(ち)居振舞】いちいちの動作。身のこなし。movements; carriage

**たちいり-きんし**【立(ち)入り禁止・立入禁止】①中に入ることを禁ずること。prohibition from entrance; off limits ②もと法律で、地主が小作人に対して耕作地に入ることを禁じた処分。

**たちいり-けんさ**【立(ち)入り検査・立入検査】公務員が私人の営業所などに立ち入って、質問や帳簿書類の調査などにより違法な状態の有無を検査すること。on-the-spot inspection

**たち-い・る**【立(ち)入る】(五自) ①《「入る」を強めていう語》ある場所に、入っていく。enter ②核心に、深く入る。intrude [用例]—・って言うならば。③他人の私生活などを、干渉する。interfere ④事件などに、関係する。concern oneself in

**たち-うお**【太刀魚】タチウオ科の海水魚。全長約一・五m。銀白色で、刀のように見える。体は平たくて細長く、背びれは尾部まで続く。夏に浅海で産卵。食用。体表の銀粉は模造真珠の材料。本州中部以南の暖海に分布。タチ。cutlass fish ↓[図]

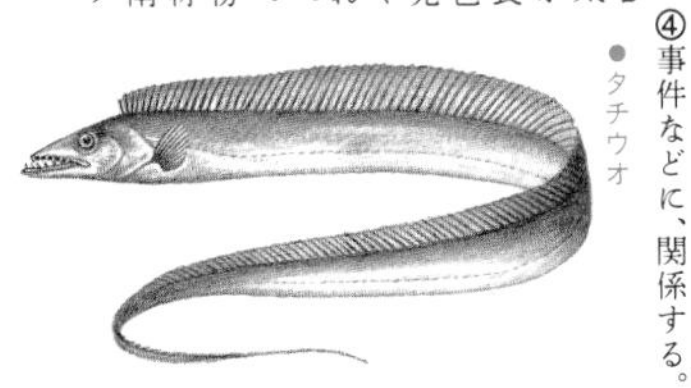

●タチウオ

**たち-うす**【立(ち)▼臼】①餅をついたりするための、うす。②背が低く、太っている女のたとえ。

**立ち臼に菰**(たちうすにこも)《そのさまが似ていることから》背が低く、太った女が帯をしめたときのようすをいう。ぶかっこうなこと。

**立ち臼も二階へ登る**(たちうすもにかいへのぼる) あるはずがないことのたとえ。

**たち-うち**【立(ち)撃ち】立ったままで、小銃などを撃つこと。fire in a standing posture [対義]寝撃ち・ひざ撃ち。

**たち-うち**【太刀打ち】(名・サ変自) ①刀で切り合うこと。②張り合って競争すること。be a match for

**太刀打ち出来ない**(たちうちできない) とてもかなわない。勝負にならない。be no match for

**たち-うり**【立(ち)売り】道端などで、立って物を売ること。street peddling

**たち-うり**【裁(ち)売り】(名・サ変他) 布などを、客の欲しい分だけ切って売ること。切り売り。

**たち-おうじょう**【立(ち)往生】(名・サ変自) ①立ったまま死ぬこと。stand death [用例]弁慶の—。②行き詰まって処置できないこと。standstill

**たち-おく・れる**【立(ち)遅れる・立(ち)後れる】(下一自) ①立つのが遅れる。be slow in rising ②時機を失う。後手になる。fall behind ③劣る。be inferior

**たち-おとし**【裁ち落(と)し・裁落(と)し】①仕立て物の裁断で、余分な部分を切って捨てること。また、その捨てたもの。端切れ。②食品の四囲などの切り落とした部分。[用例]ハムの—。

**たち-おどり**【太刀踊(り)】高知県および愛媛県の一部に伝わる民俗芸能。多数の若者が二人一組になり、刀の柄に紙花をつけ太刀を打ち合わせながら踊る。花取り踊り。

**たち-およぎ**【立(ち)泳ぎ】泳法の一種。体を直立にし、頭、顔を水面に出し、手足をいろいろに動かして泳ぐ。treading water

**たち-かえり**【立ち返り】[古語](副) ①折り返して。すぐに。[用例]いにしへの事も—恋しう思ひいでらるる(徒然・一九)。②繰り返して。ふたたび。[用例]—又もきてみむ松島や(新古今・羇旅)。

**たち-かえ・る**【立(ち)返る】(五自) 返る。戻る。引き返す。turn back

**たち-かぜ**【太刀風】太刀を振ったときに起こる風。太刀をふるう勢い。

**たち-かた**【立(ち)方】能楽・日本舞踊で、舞台で演技し舞い踊る者。舞台上の伴奏者(=地方)に対する。

**たぢからお-の-みこと**【手力▽男▽命】「天手力男命」の略。

**たち-がれ**【立(ち)枯れ】(名・サ変自) 草木が生えたままの状態で枯れること。また、その草木。blight; wither

**たちがれ-びょう**【立(ち)枯れ病】野菜やイネの幼苗や樹木の苗木が、土壌中の菌類や細菌類により立ち枯れを起こす植物病。damping-off

**たちかわ**【立川】〈市〉東京都西部の市。大正時代に陸軍の飛行場ができ、空の軍都として発展。第二次大戦後は米軍・自衛隊基地。商工業が活発。人口一五万六〇一(一九八八)。

**たちかわ**【立川】〈町〉山形県北西部、最上川に沿う町。稲作を中心とする農林業の町。人口八二〇一(一九八八)。

**たちかわ-ぶんこ**【立川文庫】明治末期から関東大震災前後まで広く少年層に読まれた講談の豆本。大阪の立川文明堂が刊行。『猿飛佐助』などが有名。

**たち-かわり**【立ち替(わ)り・立替(わ)り】他のものと替わること。take turns [用例]入れ替わり—。

**たちかわ-りゅう**【立川流】真言密教から派生した一流派。平安末期の仁寛を流祖とし、弘真を大成者とする。仁寛に影響を与えたという武蔵国の立川の陰陽師からきた呼称。男女の交わりをもって即身成仏を説き、慶長以後、邪教とされて消滅。

**たち-き**【立(ち)木】地面に生えている木。樹木。growing tree [数え方]一本・一株・一樹。

**たち-ぎえ**【立(ち)消え】①燃えきらずに中途で消えること。go out ②物事が中絶すること。come to nothing

**たち-ぎき**【立(ち)聞き】(名・サ変他) 立ち止まって人の話を盗み聞きすること。eavesdrop

**たち-きり**【裁(ち)切り】①たちきること。cut off ②雑誌などで、製本して仕上げたとき、写真などが紙面いっぱいで、まわりに余白がないように構成すること。bleed

**たち-き・る**【断(ち)切る】(五他) ①切り離す。cut off ②仕切る。限る。partition off

**たち-き・る**【裁(ち)切る】(五他) 衣服にするため、布などを切る。cut

**たち-ぎれ**【裁(ち)切れ・裁(ち)▽布】裁ち切った布。cut cloth

**たち-ぐい**【立(ち)食い】(名・サ変他) 立ったままで食べること。eat standing [比較]立食。[用例]そばの—。

**たちくえ-きょう**【立久恵峡】島根県東部、神戸川中流の渓谷。両岸約二kmにわたり一〇〇mから一五〇mの断崖が続き、集塊岩が独特の節理をつくる。

**たち-ぐされ**【立(ち)腐れ】①建物などが手入れをしないため、建ったまま腐ること。dilapidation ②木が害虫などのためにはえたまま腐ること。fall into decay

**たち-くず**【裁(ち)▼屑】裁ち切ったときのくず。cuttings

**たち-くらみ**【立(ち)▼眩み・立(ち)暗み】(名・サ変自) 立ち上がったとき、また長く立っていて起こるめまい。たちぐらみ。giddiness

**たち-げ**【立(ち)毛】田畑で生育中の作物。

**たち-げいこ**【立(ち)▼稽古】芝居で、せりふだけでなく、しぐさ・表情まで入れてする練習。rehearsal

**たち-ごけ**【立▼苔】スギゴケ科のコケ。日陰の湿った場所に群生する。葉は淡緑色で細長く、横じわがある。胞子体は長柄をもつ。苔庭に使用する。日本全土に分布。

**たち-こ・める**【立(ち)込める・立(ち)▼籠める】(下一自) 霧・煙などが、あたり一面にこもる。hang over

**たち-さき**【太刀先】①太刀のきっさき。②切りかかる勢い。③討論でのことばの勢い。

**たち-さばき**【太刀▼捌き】太刀の扱いぶり。

**たち-ざま**【立(ち)様】立ったとたん。the minute one stands up

**たち-さ・る**【立(ち)去る】(五自) 立ちのく。去る。leave

**たち-さわ・ぐ**【立(ち)騒ぐ】(五自) ①立って騒ぐ。give a shout while standing ②がやがや騒ぐ。make a noise

**たち-じゃこうそう**【立▼麝香草】シソ科多年草のタイムの和名。

**たち-しゅう**【立(ち)衆】能や狂言で、ツレ・アドが同じ役目で数人並んで登場するもの。

**たち-しょうべん**【立(ち)小便】多く、男子が道ばたなど、便所以外の所でする排尿。立ちしょんべん。pass urine on the street

**たち-すがた**【立(ち)姿】①立っている姿。standing figure ②舞の姿。dancing pose

**たち-すく・む**【立(ち)▼竦む】(五自)恐ろしさなどで、立ったまま動けなくなる。be petrified

**たち-すじ**【太刀筋】太刀を使う素質。

**たち-すべりひゆ**【立滑▼莧】スベリヒユ科の一年草。高さ約二五cm。スベリヒユの栽培種で、質は柔らか。ゆでて食べる。オオスベリヒユ。

**たち-ずみ**【立(ち)炭】茶事における三炭の一つ。茶事が終わり、客が席を立とうとするとき、亭主が客を引き止める意味で行う炭点前。止炭。

**たち-だい**【裁(ち)台】布地を裁断するのに用いる台。裁ち板。

**たち-たかとび**【立(ち)高跳び】助走をしないで、その場跳びによってバーを越える高跳び。standing high jump

**たち-ぢしゃ**【立▼萵▼苣】↓コスレタス

**たち-つく・す**【立ち尽(く)す・立尽(く)す】(五自) 最後まで立っている。いつまでも立っている。remain standing

**たち-つぼすみれ**【立▼壺▼菫】スミレ科の多年草。高さ約二〇cm。山野にふつうに見られる。葉は心臓形で、淡紫色の花がつく。↓[写]

**たち-づめ**【立(ち)詰め】ずっと立ったまま。keep standing long

**たち-てんもんどう**【立天門冬】ユリ科の多年草。高さ約二〇cm。根は肥厚した紡錘形。茎の下部に鱗状の葉が密生。線形の葉状枝が束生する。観賞用として栽培。

**たち-どおし**【立(ち)通し】ある時間ずっと立ち続けること。立ちづめ。stand all the time

**たちどころ-に**【立(ち)所に】(副) ただちに。すぐに。at once [用例]—解決する。

**たち-どま・る**【立ち止(ま)る・立止(ま)る】(五自) 歩くのをやめて止まる。stop [用例]ぎょっとして—。

**たち-とり**【太刀取(り)】①昔、切腹の介錯をした人。②罪人の首を切る人。③相撲で、太刀持ち。

**たち-なお・る**【立(ち)直る】(五自) もとのよい状態に戻る。回復する。recover oneself

**たち-なら・ぶ**【立(ち)並ぶ】(五自) ①立って並ぶ。stand in a row ②同じ程度になる。肩を並べる。匹敵する。be equal to

**たち-ぬい**【裁(ち)縫い】(名・サ変自) 布を裁断することと縫うこと。裁縫。針仕事。cut and sew

**たち-の・く**【立(ち)▽退く】(五自) そこを去って他へ移る。leave [用例]生まれ故郷を—。

**たち-の-しり**【太刀の▽後】[枕ことば]《刀の先端、または、刀のさやの末端の意。さやに玉を巻いて飾りとしたことから》「さや・玉」にかかる。[用例]—玉纏田井に何時までか妹を相見ず家恋ひ居らむ(万葉・一〇・二二四五)。

**たち-のぼ・る**【立(ち)上る】(五自) 煙などが、上のほうへ上がる。rise

**たち-のみ**【立(ち)飲み】(名・サ変他) 立ったままで飲むこと。drink while standing

**たち-ば**【立場】①立っている場所。footing [用例]—もないほど混む。②おかれた地位・境遇。それによる面目。standing [用例]—がなくなる。苦しい—。③考えのよりどころ。見地。観点。standpoint [用例]責任者の—で事に当たる。

**たち-はき**【▽帯▽刀】平安時代、兵杖を帯びて皇太子の侍衛にあたった東宮舎人。帯刀舎人。たてはき。たてわき。

●タチツボスミレ



↓行き先項目、図版・写真参照印。 [JIS]日本工業規格情報交換用漢字符号コード(区点コード)。

**たち-ばさみ【裁(ち)▾鋏】** 布地を裁断するのに用いるはさみ。scissors

**たち-はだか・る【立ちはだかる】**(五自) ①足を広げて立ちふさがる。block one's way ②じゃまをする。用例難問が―。

**たち-はたら・く【立(ち)働く】**(五自) 精を出して働く。work diligently

**たちばな【▾橘】** ①高さ約四mの常緑小高木。六月に白色の五弁花が咲き、果実は冬に黄熟する。酸味が強く食べられない。紀伊半島以西の太平洋側に分布。日本原産の柑橘類。ニホンタチバナ。②紋所の名。橘の葉と実を組み合わせて図案化。↓図

●タチバナ① 花(右)と実(左)。

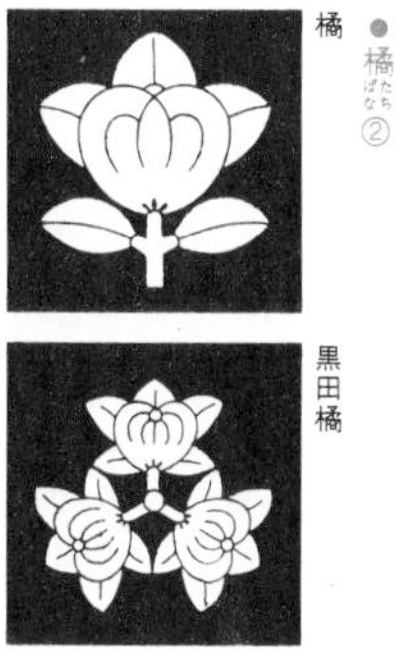

●橘②
橘
黒田橘

**たちばな【立花】**〈町〉福岡県南部、矢部川沿いの町。茶をはじめ、ミカン・キク・竹の子栽培がさかん。人口一万四七六七(一九八八)。

**たちばな【▾橘】**〈町〉山口県南東部、屋代島中部の町。ミカン栽培がさかん。安下庄などの漁港がある。人口七五八六(一九八八)。

**たちばな-あきこ【▾橘秋子】**(一九〇七―七一) 舞踊家。栃木県生まれ。橘バレエ学校を創設。娘の牧阿佐美も舞踊家。

**たちばな-あけみ【▾橘▾曙▿覧】**(一八一二―六八) 江戸末期の歌人。姓は井出、号は志濃夫廼舎など。福井の人。歌は万葉の精神を受け、題材も変化に富む。家集『志濃夫廼舎歌集』、歌論『囲炉裡譚』など。

**たちばな-こうざぶろう【▾橘孝▿三郎】**(一八九三―一九七四) 超国家主義者。茨城県生まれ。農本主義を唱え、昭和六年(一九三一)愛郷塾を開く。翌年塾生を率いて五・一五事件に参加、無期懲役となり、のち恩赦で出獄。

**たち-ばなし【立(ち)話】**(名・サ変自) 立ったまま話すこと。また、その話。chat while standing

**たちばな-そとお【▾橘外▿男】**(一八九四―一九五九) 小説家。石川県生まれ。独特の耽美的奇譚を発表。作品『ナリン殿下への回想』『陰獣トリステサ』など。

**たちばな-ちかげ【▾橘千▾蔭】** ↓かとうちかげ(加藤千蔭)

**たちばな-の-ならまろ【▾橘▾奈▿良麻▾呂】**(?―七五七) 奈良時代の官人。諸兄の子。藤原仲麻呂の打倒を計画したが露見し、獄死。

**たちばな-の-なりすえ【▾橘成▿季】**(生没年未詳) 鎌倉初期の文学者。建長六年(一二五四)説話集『古今著聞集』を著す。

**たちばな-の-はやなり【▾橘▿逸▿勢】**(?―八四二) 平安前期の官人。書家。三筆の一人。延暦二三年(八〇四)遣唐使に従って入唐。承和の変で捕らえられ、伊豆に流される途中、遠江で病没。

**たちばな-の-もろえ【▾橘▿諸▿兄】**(六八四―七五七) 奈良時代の官人。光明皇后の異父兄。はじめ葛城王と称す。藤原四卿(武智麻呂・房前・宇合・麻呂)の死後、左大臣にのぼったが、藤原仲麻呂の台頭により失脚。

**たちばな-ひめ【▾橘▾媛】** 弟橘媛命の略称。

**たちばな-ほくし【立花北枝】**(?―一七一八) 江戸中期の俳人。通称、研屋源四郎。加賀の人。金沢で刀研ぎを業とした。金沢蕉門の第一人者。編著『山中問答』『卯辰集』など。

**たちばな-ぼくどう【立花牧童】**(一六六〇ごろ―一七一六ごろ) 江戸中期の俳人。通称、彦三郎。加賀の人。北枝の兄。談林派、のち芭蕉に入門。

**たちばな-もどき【▾橘▿擬】** ↓ピラカンサ

**たちばな-もりべ【▾橘守▿部】**(一七八一―一八四九) 江戸後期の国学者・歌人。本姓、飯田。伊勢の人。江戸に出て独学で研究。本居宣長に対抗意識をもった。著書『稜威言別』など。

**たちばなや-えんたろう【▾橘家円太郎】**(?―一八九八) 四代(?―一八九八)は本名音曲師。現在七代まで。四代(?―一八九八)は本名は石井菊松。滑稽音曲噺に異才を発揮、鉄道馬車をまねて高座でらっぱを吹く。このため乗合馬車が「円太郎」とよばれるほどであった。

**たちばな-わん【▾橘湾】** 徳島県東部、阿南市にある湾。阿波松島とよばれる景勝地。工業用地造成が計画されている。

**たちばな-わん【▾橘湾】** 長崎県の島原半島と長崎半島との間の海域。アワビ・エビなどの漁獲が多い。千々石湾。

**たち-はばとび【立(ち)幅跳び】** 助走をしないで、立ったまま前方に跳躍して、とんだ距離を争う競技。standing broad jump

**たちはら-きょうしょ【立原、▾杏所】**(一七八五―一八四〇) 江戸後期の文人画家。水戸の人。谷文晁に学び、山水・花鳥を描く。作品『鴛鴦図』など。

**たちはら-すいけん【立原、▾翠軒】**(一七四四―一八二三) 江戸後期の儒者。水戸藩士。彰考館総裁となり、『大日本史』の校訂に尽力。

**たちはら-まさあき【立原正秋】**(一九二六―八〇) 小説家。本姓、米本。韓国大邱生まれ。早大中退。作品『白い罌粟』『春のいそぎ』など。

**たちはら-みちぞう【立原道造】**(一九一四―三九) 詩人。東京生まれ。東大卒。『四季』同人。ソネット形式の音楽性を重視した優雅な叙情詩を残す。詩集『萱草に寄す』『暁と夕の詩』など。

**たち-ばん【立(ち)番】**(名・サ変自) 立って見張りをすること・人。watch

**だち-びん【▿抱▾瓶】**《方言》沖縄独特の酒瓶の一種。三日月形で、外側の二つの耳に紐を通して肩からつるし、内側を手前にして携帯する。↓写

●抱瓶

**たち-ふさが・る【立(ち)▾塞がる】**(五自) 前に立ってさえぎる。stand in one's way

**たち-ぶるまい【立ち振る舞い・立(ち)振舞】** ①立ち居振る舞い。②旅立ちのときの宴会。farewell dinner

**たち-まさ・る【立(ち)勝る】**(五自) 目立ってすぐれる。まさる。be superior to

**たち-まじ・る【立ち交(じ)る・立交(じ)る】**(五自) 入り交じる。その仲間に加わる。

**たち-まち【立(ち)待ち】** ①眠らないで、事の成るのを待つこと。②「立ち待ちの月」の略。比較居待ち・寝待ち。

**立ち待ちの月**(たちまちのつき) 陰暦一七日の月。立ち待ち月。比較居待ちの月。寝待ちの月。

**たちまち【▾忽ち】**(副) にわかに。すぐに。急に。right away 用例―売り切れ。

**たち-まよ・う【立(ち)迷う】**(五自) 霧・煙などが、漂う。drift about

**たち-まわり【立(ち)回り】** ①立ち回ること。walk about ②刀などで乱闘すること。ちゃんばら。殺陣。fighting scene ③つかみ合ってするけんか。scuffle

**たち-まわ・る【立(ち)回る】**(五自) ①あちこち歩き回る。奔走する。walk about ②犯人が立ち寄る。turn up ③立ち回りを演じる。enact a fighting scene

**たち-み【立(ち)見】** ①立ったまま見ること。watch while standing ②「立ち見席」の略。

**たちみ-せき【立(ち)見席】** 立ったまま見る見物席。standing seat

**たち-むか・う【立ち向(か)う・立向(か)う】**(五自) ①向かう。めざしていく。face ②手向かう。反抗する。confront ③困難に臆せず対処する。confront

**たち-もち【太刀持(ち)】** ①主君の太刀を持って、そば近く仕える少年。②相撲で、横綱の土俵入りに、太刀を持って従う力士。太刀取り。比較露払い。

**たち-もど・る【立(ち)戻る】**(五自) 立ち返る。戻る。return

**たち-もの【断(ち)物】** 神仏に願をかけ、一定期間、または願いが成就するまで好みの飲食物をとらないこと。また、その飲食物。茶断ち・塩断ちなど。

**たち-もの【裁(ち)物】** 衣服にするために裁つこと・もの。裁断。cutting

**たち-やく【立(ち)役】** 歌舞伎の役柄の一つ。敵役・道化役・老け役・若衆方などを除いた善良な壮年の男の役。初め囃子方に対して演技者を総称し、のち女方に対する男役の意からさらに限定されてきた。比較立て役。

**たち-やなぎ【立柳】** 水辺にはえるヤナギ科の落葉小高木。春に直立した長さ約四cmの尾状の花穂がつく。雄穂は黄色、雌穂は淡緑色。

**たち-ゆ・く【立(ち)行く】**(五自) ①商売が成り立っていく。採算がとれる。keep going ②暮らしていける。can make a living

**だ-ちょう【▾駝鳥】** ダチョウ科の大形鳥。頭高約二・五m。現存する鳥類中最大。雄は翼と尾が白く、他は黒色。雌は灰褐色。頭・頸・脚は皮膚が裸出する。翼は退化して飛べないが、脚が発達して走力は抜群。足指は二本。乾燥地にすみ、雑食性。一雄多雌で、一つの巣に数羽が産卵。卵の長径約一五cm。抱卵はおもに雄。羽毛や皮革用に飼養される。アフリカに分布。ostrich ↓写

●ダチョウ 雄(右)、雌(左)、幼鳥(中央)。

**たち-よみ【立(ち)読み】**(名・サ変他) 書店などで、買わずに本や雑誌を読むこと。browse through ... in a bookstore

**たち-よ・る【立(ち)寄る】**(五自) ①そばに寄る。get near ②ついでに訪問する。drop in

**たち-わざ【立(ち)技】** 柔道・レスリングで、立った姿勢でする技の総称。standing throw 対義寝技。

**たち-わ・る【断(ち)割る】**(五他) 切って割る。cut apart

**だ-ちん【駄賃】** ①品物の運賃。carriage ②子どもにやるお使い賃。reward

**行き掛けの駄賃**(ゆきがけのだちん) ↓ゆきがけ(行き掛け)

**だちん-うま【駄賃馬】** 江戸時代、宿場の馬を、料金を払って私用に使ったこと。また、その馬。比較伝馬。

**たちん-ぼう【立ちん坊】** ①立ったままでいること。keep standing ②《卑語》港湾や街角に立って臨時の仕事をもらう日雇い労働者。明治時代、坂の下などに立って車がくると後押しをし、わずかな金をもらった者をさしたことばから。

**タツ** 12画 **【達】** 部首[⻌] 教育小4 JIS 3503
音タツ・ダチ・タチ

13画 **【▾達】** 部首[⻌] 旧字

12画 **【▾逹】** 部首[⻌] 異体字 JIS 7793

達 達 達 達 達 達

①とどける。しらせる。「送達・速達・配達」②つたえる。「上意下達・進達・伝達」③とどく。いたる。およぶ。「熟達・上達」「達成」④さとる。立派な識見をもつ。「練達」「達観・達見・達人」⑤とおる。通じる。「四通八達」

**タツ** 16画 **【▾撻】** 部首[扌] JIS 5805
音タツ
むちうつ。しばく。むち・つえなどでつよくうつ。「鞭撻」

**タツ** 17画 **【▾燵】** 部首[火] 和製漢字 JIS 6393
音タツ
「火燵・炬燵」は、暖房具の一つ。

**タツ** 21画 **【▾闥】** 部首[門] JIS 7982

音タツ
①門。また、門内。にわ。②宮中の小門。また、宮中。

**たつ【▼辰】** ①十二支の第五。②昔の時刻の名。今の午前八時、およびその前後の二時間。③方角で、東南東。east-southeast

**たつ【竜】** 伝説上の動物で、大へびや大トカゲの体に、翼や角、猛獣・猛禽の頭などを組み合わせた怪物。口から火を吐く。一般に西洋の竜は悪の象徴、東洋の竜は吉兆。竜。ドラゴン。dragon

**た・つ【立つ・▽起つ】** (五自) ①まっすぐ縦になる。stand 対義座る・居る。用例いすから―。②立ちのぼる。go up 用例ゆげが―。③《「発つ」とも》場所を離れる。出発する。leave 用例郷里を―。京都へ向けて―。④起こる。生じる。rise 用例風波が―。⑤位置にいる。be in such a situation as 用例人の上に―。苦境に―。優位に―。保証人に―。⑥はっきり現れる。よく見える。be noticeable 用例目に―人。⑦保たれる。give the credit for 用例義理が―。面目が―。男が―。⑧行動に出る。rise 用例一致団結して―。⑨筋が、通る。make sense 用例理屈が―。⑩生きる。establish oneself 用例文筆の道で世に―。⑪戸・障子が、閉まる。be shut 用例戸が―・っている。⑫激する。excite 用例気が―。神経が―。⑬広まる。spread 用例うわさが―。⑭志や計画が、決まる。settle 用例計画が―。⑮よくできる。be good at 用例筆が―。⑯開かれる。open 用例市が―。⑰その時が来る。come 用例春―日。⑱割り算の商が出る。make 用例六を二で割れば三が―。⑲いかる。おこる。get angry 用例腹が―。⑳突き刺さった状態になる。prick 用例とげが―。矢が―。㉑ある状態に身を置く。place 用例矢面に―。㉒《動詞の連用形に付いて》意味を強める語。さかんに…する。用例湯がわき―。

**立って居る者は親でも使え**(たっているものはおやでもつかえ) 急な用事のあるときは、そばに立っている者にたのんだほうがはやい。

**立って半畳、寝て一畳**(たってはんじょう、ねていちじょう) 「起きて半畳、寝て一畳」と同意。

**立つより返事**(たつよりへんじ) 人から呼びかけられたら、まず何よりも返事をさきにして、それから立ちあがるなどせよ。

**立てば歩めの親心**(たてばあゆめのおやごころ) 子の成長を願う親の心をいう。

**立てば芍薬、座れば牡丹、歩く姿は百合の花**(たてばしゃくやく、すわればぼたん、あるくすがたはゆりのはな) 美人の姿を形容することば。

**た・つ【建つ】** (五自) 建物・碑などができ上がる。be built 用例家が―。記念碑が―。

**た・つ【断つ】**(五他) ①物をいくつかに切り離す。cut off 用例紙を―。②やめる。縁を切る。break off 用例交際を―。③続けていたものをやめる。abstain 用例茶を―。④さえぎる。intercept 用例退路を―。

**た・つ【▽経つ】**(五自) 時が過ぎる。pass 用例五分―。

**た・つ【裁つ】**(五他) 布や紙を目的に合うように切る。cut 用例生地を―。

**た・つ【絶つ】**(五他) ①つながりをなくす。cut off 用例望みを―。連絡を―。②終わらす。なくする。be extinguished 用例あとを―。命を―。

**ダツ** 8画 **【▼妲】** 部首[女](おんなへん) JIS 5307
音ダツ
「妲己」は、中国の殷の紂王のきさき。淫乱・残忍であったといわれ、悪女の代表。

**ダツ** 8画 **【▼怛】** 部首[忄](りっしんべん) JIS 5569
音タツ・ダツ
①かなしむ。いたむ。②おどろく。おどろかす。

**ダツ** 11画 **【脱】** 部首[月](にくづき) 常用 JIS 3506 旧字 11画【▼脫】
音ダツ・タツ・タイ
訓ぬぐ・ぬげる
①ぬぐ。ぬげる。ぬがす。対義着。「脱衣・脱皮・脱帽」②ぬける。ぬく。ぬかす。もらす。「脱穀・脱字・脱色・脱毛・脱落」③にげる。にがす。「脱獄・脱出・脱走」④自由になる。「解脱」「脱俗」⑤はなれる。はずれる。「逸脱・虚脱」「脱線」⑥手からはなす。「脱稿」

**ダツ** 14画 **【奪】** 部首[大](だい) 常用 JIS 3505
音ダツ
訓うばう
うばう。とる。無理にとる。とりあげる。対義与。「強奪・争奪・略奪」「奪回・奪還・奪取」

**ダツ** 19画 **【▼獺】** 部首[犭](けものへん) JIS 6460
音タツ・ダツ
カワウソ。イタチ科の哺乳動物。かわおそ。「獺祭」

**ダツ** 22画 **【▼韃】** 部首[革] JIS 8071
音タツ・ダツ
①むちうつ。しばく。むちでつよくうつ。②「韃靼」は、中国の蒙古系の民族の名。タタール(Tatar)の音訳。

**だ・つ【駄津】** 上下両あごが嘴状に伸びたダツ科の海水魚。体は細長く、全長約一m。背は青緑色、体側と腹側は銀白色。鋭い歯をもつ。食用。日本沿岸各地・朝鮮半島沿岸などに分布。↓図

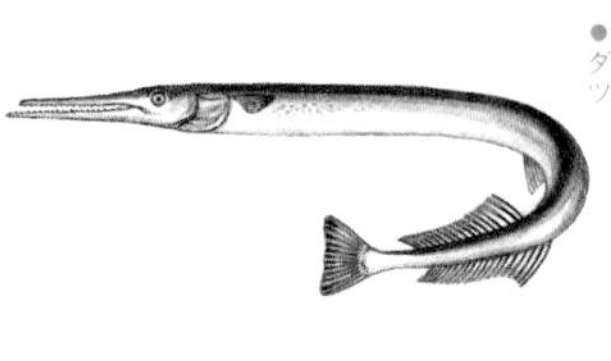
●ダツ

**だ・つ**(接尾)《名詞に付いて動詞をつくる。五段型》…のようになる。…がかる。…めく。用例殺気―。

**だつアミノ-はんのう【脱アミノ反応】** アミノ酸からアミノ基がとれてアンモニアと有機酸とが生じる反応。deamination

**たつ-い【達意】** 伝えようとすることが、よく通じること。intelligibility 用例―の文。

**だつ-い【脱衣】**(名・サ変自) 着物をぬぐこと。take off one's clothes 対義着衣。用例―場。

**だつ-えい【脱営】**(名・サ変自) 兵営を抜け出すこと。

**だっ-か【脱化】**(名・サ変自) ①昆虫などが、からを抜けて形を変えること。②新しい形式に変わること。

**ダッカ【Dacca】** バングラデシュの首都。ガンジス川支流ブリーガンガ川沿いの都市。東ベンガル地方の中心地。モスクなど古い建造物が多く、ジュート工業がさかん。人口三四四万(一九八一)。

**だっ-かい【脱会】**(名・サ変自) 会・結社を抜けること。withdrawal from membership 対義入会。

**だっ-かい【奪回】**(名・サ変他) うばい返すこと。recapture 用例首位―。

**たつ-がしら【竜頭】** ①竜の頭の形のもの。りゅうず。②かぶとの前立ての一つ。③↓たつのくち(竜の口)

**だつカルボキシル-はんのう【脱カルボキシル反応】** 有機酸のカルボキシル基から二酸化炭素を遊離させる反応。脱炭酸反応。decarboxylation

**たっ-かん【達観】**(名・サ変他) ①なりゆきなどの全体を広く見渡すこと。take a long view 用例形勢を―する。②真理をさとること。take a philosophical view 用例人生を―する。

**だっ-かん【奪還】**(名・サ変他) うばい返すこと。取り返すこと。recapture

**だつかんさ-りょうほう【脱感作療法】** アレルギー疾患に対する免疫療法の一つ。アレルギーを誘導する物質(アレルゲン)を少量ずつ体内に入れながら過敏性を減らしていく。desensitization therapy

**た-つき【▽方▽便・▽活▽計】** ↓たずき(方便)

**だっ-き【▼妲己・▼妲▽妃】** ①(生没年未詳)中国、殷の紂王の愛妃。残虐で亡国の悪女とされる。②《転じて》毒婦。

**だっ-きゃく【脱却】**(名・サ変自他) ①ぬぎ捨てること。捨て去ること。get rid of 用例旧態を―する。②抜け出すこと。escape 用例危機を―する。

**たっ-きゅう【卓球】** 《「たくきゅう」の変》球技の一つ。木製の台の中央にネットを張り、ラケットでセルロイド製のボールを打ち合い勝敗を競う。男女のシングルス・ダブルスと混合ダブルスの五種目がある。テーブルテニス。ピンポン。table tennis; ping-pong ↓図

**だっ-きゅう【脱▼臼】**(名・サ変自) 骨の関節がはずれること。先天性脱臼・外傷性脱臼・病的脱臼などや、肩関節に多い習慣性脱臼がある。luxation

**たっきゅう-びん【宅急便】** 《商標名》↓たくはいびん(宅配便)

**たっ-きょ【▼謫居】** 《「たくきょ」の変》流刑の身であること。

**ダッキング【ducking】** ボクシングの防御技術の一つ。頭などへの相手の攻撃を、上体を前かがみに上下させながら、くぐり抜けるようにかわす。

**タック【tuck】** ドレスの装飾、また、布幅や丈をつめるためにつくる、縫いひだやつまみ。

**タッグ【tag】** ①「タッグマッチ」の略。②糸などで付けられた下げ札。値札。

**ダック【DAC】** 《Development Assistance Committeeの略》開発援助委員会。

●卓球

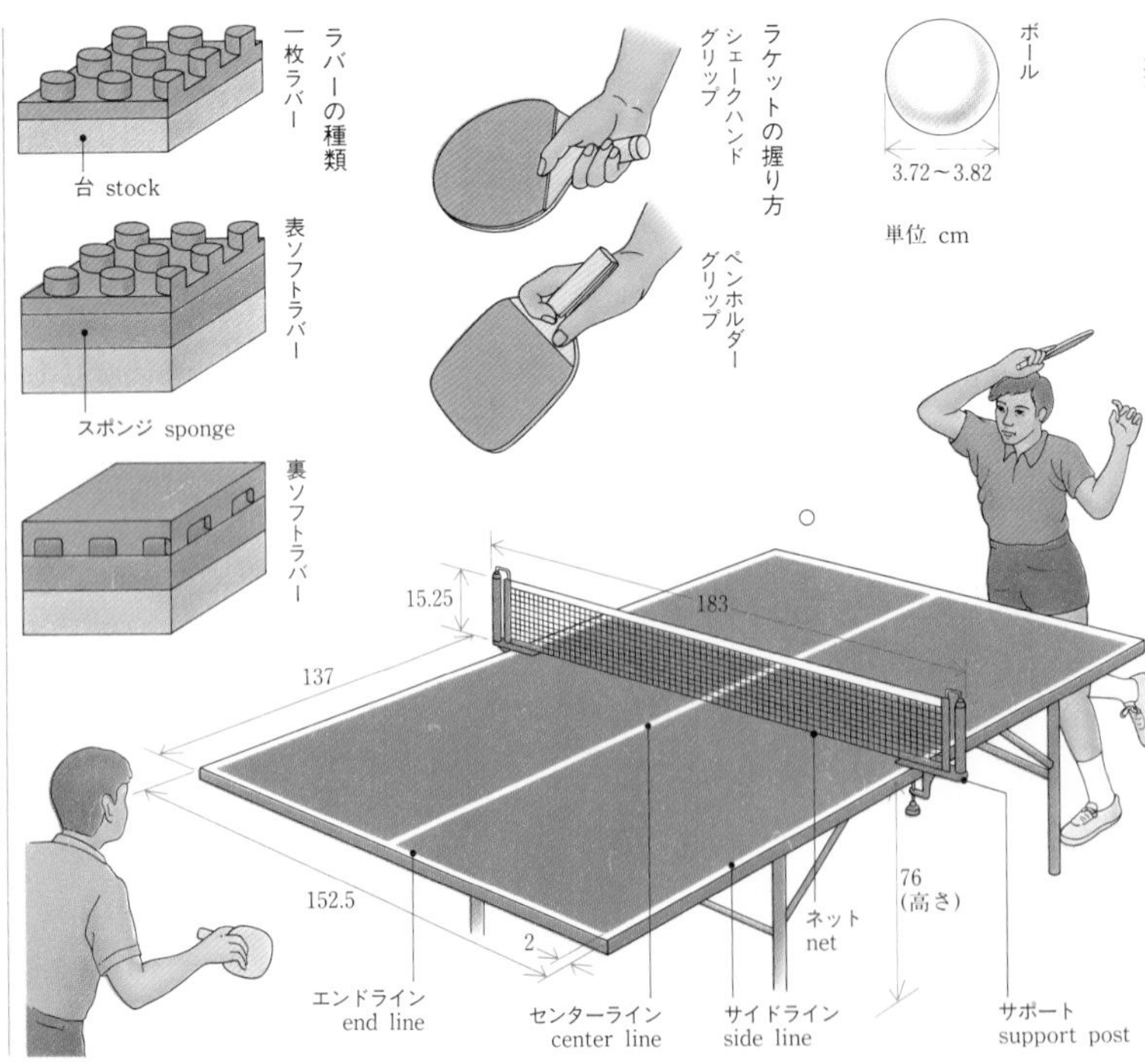

**ダック**[duck] アヒル。

**たつくし**【竜▾串】 高知県南西部、土佐清水市にある隆起海食台地。第三紀の砂岩・泥岩の互層が漣痕を形づくる。

**ダックスフント**[Dachshund ドイツ] イヌの品種の一つ。体高二〇～二五cm。ドイツ原産で、脚が短く胴が長いのが特徴。体重約一〇kg。アナグマ狩りの猟犬に使われた。愛玩犬・番犬用。↓犬 写

**タックス-ヘイブン**[tax haven] 海外から進出して現地に設立される会社に対して、税金が課されないか、きわめて低いなどの税制上の優遇措置を与えている国。カリブ海のバハマやケイマン諸島が有名。税金避難地。税金逃避地

**タッグ-マッチ**[tag match] プロレスで、レスラーがチームを組んで戦う試合形式。リング内では必ず一対一で戦い、選手交代は手でタッチして行う。タグマッチ。

**た-づくり**【手作り・▿調▿布】 手織りの布。昔、租税として朝廷に納めた。

**た-づくり**【田作り】 ①田を作ること。また、その人。耕作者。②カタクチイワシの幼魚を乾燥したもの。ごまめ。③②を煎り、しょうゆ・みりん・砂糖を煮つめてからめたもの。正月のおせち料理の一つ。ごまめ。

**タックル**[tackle](名・サ変自) ①ラグビーやアメリカンフットボールで、ボールを持った相手に組みついて、その行動を妨げること。②サッカーで、相手のキープするボールを、すべりこむなどして奪い取ること。③レスリングで、相手の下半身にとびついて倒す技。

**たっ-け**(終助)《助動詞「た」に終助詞「け」の付いたもの。連用形に付く》動作・ありさまを思い出したときに使う。用例書い―。

**だっ-け**(終助)《助動詞「だ」に終助詞「け」の付いたもの。種々の語に付く》事実・ありさまを思い出したときに使う語。用例あのときは雨―。

**たっ-けい**【▾磔刑】《「たくけい」の変》罪人のからだをひきさいて殺す刑。また、はりつけの刑。crucifixion

**たっ-けん**【卓見】《「たくけん」の変》すぐれた意見・見識。excellent view 対義俗論。

**たっ-けん**【達見】 物事を広く見渡して得た、すぐれた意見。penetrating view

**たっ-こ**【田子】〈町〉 青森県南端、馬淵川流域の町。稲作・ニンニク栽培・肉牛飼育などがさかん。人口八九四五(一九八八)。

**だっ-こ**【抱っこ】(名・サ変他)《幼児語》抱くこと。また、抱かれること。

**たっ-こう**【卓効】《「たくこう」の変》すぐれたききめ。用例―がある。

**たつごう**【▾龍郷】〈町〉 鹿児島県奄美大島東部の町。大島紬「竜郷柄」の発祥地。パルプ材などを産する。人口六二二〇(一九八八)。

**だっ-こう**【脱▾肛】(名・サ変自) 肛門管または直腸の粘膜が肛門の外に脱出する状態。ひどくなるともとへ納まりにくくなり、ただれや循環障害をひきおこす。anal prolapse

**だっ-こう**【脱稿】(名・サ変他) 原稿を書き終わること。completion of the manuscript 対義起稿。

**だつこうぎょうか-しゃかい**【脱工業化社会】 技術革新、都市化現象、知識・情報産業などが急速に進んだ社会。一九五〇年代以降、重化学工業中心から転換した先進工業国の状況をさす。情報化社会。ポストインダストリアルソサエティー。post industrial society

**だつ-コード**【脱コード】 記号論で、既成のコードから逸脱すること。

**だっ-こく**【脱穀】(名・サ変自) 穀類などの実を茎葉から分離する作業。threshing

**だつ-ごく**【脱獄】(名・サ変自) 囚人が刑務所から逃げ出すこと。脱牢。prison breaking 比較出獄。用例―囚。

**だっこ-ちゃん** 黒人の子どもをかたどったビニール製の人形。腕などに抱きつくように作ってあり、目は角度によってウインクしているように見える。アメリカでの商標名はウインキー。昭和三五年(一九六〇)に大流行。Winkie

**タッサー**[tussah] ①ポプリンの一種。横糸はとくに太めで横畝が大きく現れた厚地織物。綿が主で、布に張りがある。夏の婦人服地。②インド産の柞蚕糸で織った黄褐色の絹織物。

**だっ-さい**【▾獺祭】《カワウソが捕った魚を岸に並べる習性が、祭るように見えるのになぞらえて》詩文をつくるとき、数多くの参考書を並べ広げること。また、詩文中に故事・金言を多用すること。

**だつ-サラ**【脱サラ】《「脱サラリーマン」の略》俸給に縛られる生活から脱出し、独立すること・人。

**たっ-し**【達し・達示】 ①官公庁から国民に通達すること。また、その文書。ふれ。official notice 用例そのすじのお―により。②明治一九年(一八八六)以前に、行政官庁が、その官庁内または管轄下の官庁へ下した命令。現在の訓令にあたる。

**だっ-し**【脱脂】(名・サ変自) 脂肪を取り去ること。removal of fat

**だつ-じ**【脱字】 文から抜け落ちた字。抜け字。omitted letter

**たっ-しき**【達識】 広い学識に基づいた見解。達見。

**だっし-にゅう**【脱脂乳】 牛乳から脂肪分を分離した残りの部分。バター製造の副産物として得られ、乳酸飲料などの原料となる。skim milk 対義全乳。

**だっし-ふんにゅう**【脱脂粉乳】 脱脂乳を乾燥した粉末。保存性にすぐれ、製菓用などに広く利用される。スキムミルク。skim milk

**だっし-めん**【脱脂綿】 脱脂・漂白・消毒した、きわめて吸湿性のある綿。おもに医療用・衛生用。精製綿。消毒綿。absorbent cotton

**たっ-しゃ**【達者】 ㊀(名) 物事に通じた人。達人。skillful person ㊁(形動) ①からだの丈夫なさま。healthy ②歩行の速いさま。fast walking ③《俗語》抜け目のないさま。smart 用例―なやつ。

**達者、趣を嫌わず**(たっしゃ、おもむきをきらわず) 達人は、何事にも趣を感じる。

**だっ-しゅ**【奪取】(名・サ変他) うばい取ること。capture

**ダッシュ**[dash] ㊀(名・サ変自) 短距離競走などで、全力疾走すること。用例スタート―。㊁(名) ①句と句との間の接続記号「―」。②ローマ字などの右肩につける記号「′」。

**だっ-しゅう**【脱臭】(名・サ変自) くさみを抜くこと。deodorization

**だっしゅう-ざい**【脱臭剤】 臭気を化学的に分解または中和して取り去る作用をもつ薬剤。活性炭・クロロフィルなど。消臭剤。deodorizer

**だっ-しゅつ**【脱出】(名・サ変自) 抜け出ること。逃げ出すこと。escape 用例国外に―する。

**だっしゅつ-そくど**【脱出速度】 物体が引力に抗して、天体の引力圏外へ脱出するのに必要な最小限の速さ。escape velocity

**ダッシュボード**[dashboard] 自動車・航空機の計器盤。インストルメントパネル。

**だっ-しょく**【脱色】(名・サ変自他) 着色している物質から色を除くこと。また、その操作。decolorization

**だっしょく-ざい**【脱色剤】 繊維や溶液の不純物による着色を消すのに用いる薬剤。繊維には、さらし粉や次亜塩素酸ナトリウムなどの漂白剤が、溶液には活性炭などの吸着剤が使われる。decolorant

**タッシリ-ナジェール**[Tassili-n-Ajjer] 北アフリカ、サハラ砂漠の中央部を占める地域。先史時代の壁画が多く残るタッシリ遺跡がある。

**たっ・しる**【達しる】(上一自他) ↓たっする(達する)

**たつ-じん**【達人】 ①学問・技芸に通じた人。expert ②人生を達観した人。さとりをひらいた人。philosopher

**達人は大観す**(たつじんはたいかんす) 達人は、物事の全体をよく見きわめ、判断をあやまることがない。

**ダッシン**[Jules Dassin](一九一一) アメリカの映画監督。作品『裸の町』『日曜はダメよ』『トプカピ』など。

**だっ-すい**【脱水】(名・サ変自) ①物質中に含有されている水分を除去する操作。desiccation ②有機化合物中の分子内または分子間から水素と酸素が水の形で脱離する反応。脱水反応。dehydration

**だっすい-き**【脱水機】 遠心力を利用して水分を離脱させる機械。家庭では洗濯機に組み込まれている。dryer

**だっすい-しょうじょう**【脱水症状】 体内の水分が過度に失われている状態。体内の水分と同時に電解質も欠乏する。水分が多く失われる高張性脱水と、電解質が多く失われる低張性脱水に分けられる。嘔吐が頻繁なときは要注意。dehydration

**だっすいそ-こうそ**【脱水素酵素】 ↓デヒドロゲナーゼ

**だっすいそ-はんのう**【脱水素反応】 水素を含む有機化合物から、水素が脱離する反応。酸化反応の一つ。dehydrogenation

**たっ・する**【達する】(サ変自他) ＝達しる・達す。①(自)㋐行き着く。reach 用例目的地に―。㋑及ぶ。届く。attain 用例名人の域に―。㋒深く通ずる。master 用例奥義に―。②(他)㋐とおす。なしとげる。つらぬく。accomplish 用例目的を―。㋑広く知らせる。達しをする。notify

**だっ・する**【脱する】(サ変自他) ＝脱す。①のがれ出る。ぬけ出す。escape 用例窮地を―。②それまで属していた集団などから離れる。withdraw 用例会を―。③もれる。ぬかす。omit ④ぬぐ。ぬがせる。take off

**たつ-せ**【立つ瀬】 おかれた地位・境遇など。立ち場。position 用例そんなことをされると私の―がなくなります。

**たっ-せい**【達成】(名・サ変他) なしとげること。achievement 用例目的―。

**だつ-ぜい**【脱税】(名・サ変自) 納税義務のある人が虚偽の申告によって税を逃れたり還付を受けたりすること。tax evasion

**タッセル**[tassel] 糸などを組んだ紐の端を束ねて、その先を房状にした飾り。衣服・家具・インテリア・袋物などの装飾に用いる。

**だっ-せん**【脱線】(名・サ変自) ①列車などの車輪が線路からはずれること。derailment ②話が横道にそれること。digression ③常識的な行いからはずれること。deviation

**タッソ**[Torquato Tasso](一五四四～九五) イタリア、バロック期最大の詩人。エステ家の宮廷に仕えたが、狂気により地下牢に閉じこめられ、脱走、放浪するなど、波瀾に富む生活を送った。牧歌劇『アミンタ』、叙事詩『エルサレム解放』など。

**だっ-そ**【脱▾疽】 血行障害・感染などによってからだの組織の一部分が死ぬこと。壊疽。gangrene

**だっ-そう**【脱走】(名・サ変自) 抜け出して逃げること。escape 用例―兵。

**だつ-ぞく**【脱俗】(名・サ変自) 世間並みの習わしを離れること。俗事から超越すること。unworldliness

**たった**(副)《「ただ」の転》ただ。わずか。only

**たつた**【立田】〈村〉 愛知県西端、木曽川に沿う輪中村。れんこんの栽培で知られる農村。人口八〇八四(一九八八)。

**たつた-あげ**【竜田揚(げ)】 みりん・しょうゆなどで下味をつけた魚や肉にかたくり粉をまぶし、油で揚げた料理。赤い色をしていることから、紅葉の名所竜田川にちなんだ名。

**だっ-たい**【脱退】(名・サ変自) 団体・会などから、抜け出ること。secession 対義加盟・加入。

**だっ-たい**【奪胎】(名・サ変他) ↓かんこつだったい(換骨奪胎)

**たった-いま**【たった今】(副) ほんの少し前。今しがた。just now

**たつた-がわ**【竜田川】 奈良県北西部、生駒山地東側を南流する川。長さ一五km。大和川の支流。紅葉の名所。

**たつた-そう**【竜田草】 メギ科の多年草。高さ約一〇cm。葉は根茎より叢生し、長柄をもち心臓形。早春、六～八弁の淡紫色の花を一個つける。↓写

●タツタソウ

**たつた-たいしゃ**【竜田大社】 奈良県生駒郡三郷町立野にある旧官幣大社。祭神は天御柱命と国御柱命。五穀豊穣の神、風の神として尊崇される。

**たつた-ひめ**【竜田姫・立田姫】 ①竜田彦とともに風を司る神。式内社の竜田比古竜田比売神社の祭神。②《竜田山は奈良の西にあり、西は四季でいうと秋に当たることから》奈良県生駒郡の竜田山を女神に神格化して、秋を司る神。対義佐保姫。

**だっ-たん**【▾韃▾靼】 蒙古系のタタール族に対する中国人による呼称。のちには北方の遊牧民族の総称となった。明代には元の遺民に対する称。

**タッチ**[touch] ㊀(名・サ変自) ①さわるこ

と。②関係すること。〔二〕(名)①絵画・彫刻の筆づかいやのみの使い方。②ピアノ・オルガンなどのキーの押しかた。

**ダッチ-アイリス**【Dutch iris】アヤメ科の球根草。線形の光った葉で、春に花茎を伸ばし開花。二〇〇種ほどある。オランダアヤメ。

**タッチ-アウト**《和製語》野球で、野手が塁を離れている走者の身体へボールを触れてアウトにする場合。tag out

**タッチ-アップ**【touch up】野球で、飛球が捕球された後、走者がただちに次塁へ進むことができるような体勢で、塁に触れていること。

**ダッチ-コーヒー**【Dutch coffee】オランダの植民地ジャバで、コーヒー粉に水を注いでゆっくり時間をかけて、純良なエキスを抽出したもの。日本では、水で抽出したコーヒーのこと。

**タッチダウン**【touchdown】①アメリカンフットボールで、ボールを持って相手ゴールラインを越えること。また、その得点。②ラグビーで、相手側のけり込んだボールを、味方の選手が自陣のゴール内で押さえること。

**だっちつ-げんしょう**【脱窒現象】水田に硫安などのアンモニア性肥料をまくと、亜硝酸菌や硝酸菌の働きにより、表層で亜硝酸および硝酸に変化し、さらに、下層の還元層で窒素ガスまたは亜酸化窒素として放出されること。denitrification 参照 硝化作用。

**ダッチ-ハーバー**【Dutch Harbor】アメリカ、アラスカ州南西部、アリューシャン列島のウナラスカ島北部の港。太平洋からベーリング海への交通の要地。海軍基地がある。

**タッチ-フットボール**【touch football】ラグビーやアメリカンフットボールを、少年向きに簡易化し危険を除いたスポーツ。タックルをタッチにかえ、防具なども簡単なものを使用する。

**たっ-ちゅう**【▽塔▽頭・▽塔中】《「ちゅう」は「頭」の唐音》①祖師や高徳の僧の死後、弟子が師徳を慕って、塔の頭(墓所の近く)に建てた小院。②本山の寺域内にある末寺の寺院。わき寺。

**だっ-ちょう**【脱腸】↓ヘルニア

**タッチライン**【touchline】サッカーやラグビーなどの競技場の区画線の長辺。ゴールラインに対して直角で、競技場の横の限界を示す。サイドライン。

**タッチング**【touching】身体接触によって子どもの情緒安定を促す養育法。乳幼児期にはとくに必要とされている。スキンシップ。

**タッチング-レース**【tatting lace】一本のシャトル(舟形の器具)を使う。しん糸に、結び目を編み連ねて作ったレース。

**たっ-つけ**【▽裁っ着け・▽裁▽衣・立っ付け】山袴の一種。ひざの部分をひもでくくり、下部は脚絆仕立てにしたもの。相撲の呼び出しなどがはいている。↓袴図

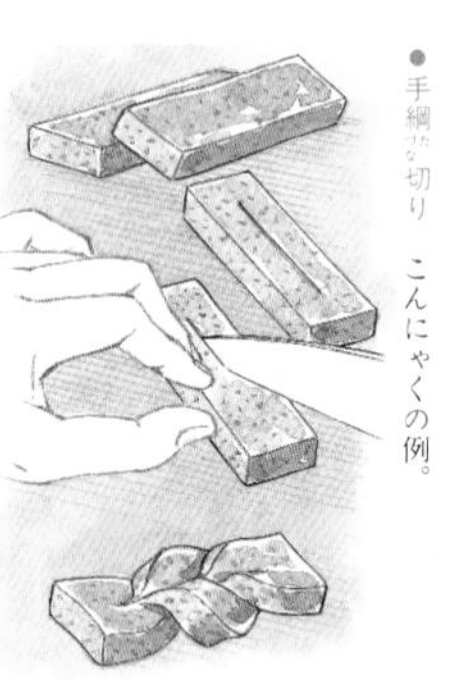

●手綱切り こんにゃくの例。

**たっ-て**【達て】(副)《「達」は当て字》ぜひに。むりに。しいて。urgently 用例 —の願い。

**たって**(接助)《「たとて」の転。連用形に付く》不相応・無益のことを仮定したときに使う語。…ても。用例 そんなことを言っ—、ぼくは知らないよ。

**だって** 〔一〕(接続)①そうはいっても。でも。but 用例 —、眠いんだよ。②なぜなら。because 用例 —、夜ふかししたんだもの。〔二〕(副助)《種々の語に付く》①例外でないことを示す。too 用例 きみに—、できるよ。②…ということだ。I hear 用例 会社を辞めるん—。

**だっ-と**【脱▼兎】《逃げるウサギ、の意》速いもののたとえ。with lightning speed 用例 —の勢いで逃げる。

**脱兎の如く**(だっとのごとく) 非常にすばやいさま。速く、勢いのよいさま。with lightning speed 用例 —かけ出す。

**たっ-と・い**【尊い・貴い】(形)《「たふとい」の転》↓とうとい(尊い)

**だっ-とう**【脱党】(名・サ変自)党員が所属している党からぬけること。secession 対義 入党。

**たっ-と・し**【尊し】古語(形ク)↓とうとい「(尊い)」

**たっ-と・ぶ**【尊ぶ・貴ぶ・▽尚ぶ】(五他)《「たふとぶ」の転》=とうとぶ。①うやまって大切な扱いをする。respect 用例 拙速を—。②価値を認めて、それをよいとする。参考「尊」は、目上の人などを、とうといものとして重んじ、うやまう。「貴」は、価値のある、また高いものとして重んずる。

**たつ-とり**【立つ鳥】飛び立つ鳥。

**立つ鳥、跡を濁さず**(たつとり、あとをにごさず) 去るときは、あとをきれいにして行くべきだ。また、退き際がすがすがしく、さっぱりしている。It is an ill bird that defiles its own nest. 比較 旅の恥は掻き捨て。

**た-づな**【手綱】手に持って馬を操る綱。reins 用例 —さばき。数え方 一筋。↓馬具図

**手綱を締める**(たづなをしめる) 気をぬいたり、綱紀が緩んだり、また、言動が行きすぎてしまったりしないように、戒める。また、そのように注意をはらって厳しく見張る。tighten the reins

**たづな-ぎり**【手綱切(り)】日本料理の飾り切りの一つ。切り目を入れてひとひねりした形が手綱のように見えるもの。こんにゃくなどを切る方法。↓図

**たづな-まき**【手綱巻(き)】配色・味合わせのよい材料を二つ三つ、手綱のように並べ、巻き簀などで巻き上げた料理。前菜・口代わりに用いる。

**たつなみ-そう**【立▽浪草】シソ科の多年草。高さ約三〇cm。山野にはえる。茎は直立し白毛が密生。葉は心臓形で対生。五～六月に紫色の唇形花を開く。↓写

●タツナミソウ

**たつなみ-の**【立つ波の】[枕ことば]《波の音、また波が寄る、の意から》「音・夜・しくしく」などにかかる。用例 君は来ずわれは故無く—しくしくわびし断くて来じとや(万葉)

**たつの**【▼辰野】〈町〉長野県中部、伊那盆地北端の町。木材・カメラ・レンズ・機械工業が主産業。人口二万四一七八(一九八八)。

**たつの**【▼龍野】〈市〉兵庫県南西部、播磨平野北西隅の市。旧城下町で、今もその面影を残す。淡口しょうゆ・そうめんなど伝統産業がさかん。人口四万一七〇二(一九八八)。

**たつ-の-おとしご**【竜の落子】ヨウジウオ科の海水魚。全長約八cmで、褐色。体全体が骨板で覆われ、細長い尾はゼンマイ状に巻く。直立して泳ぐ。雄は腹面に育児嚢をもち、卵をそこに入れて孵化後まで保護。日本全土・朝鮮半島に分布。ウミウマ。sea horse ↓図

●タツノオトシゴ

**たつの-きんご**【▼辰野金▼吾】(一八五四～一九一九)明治・大正の建築家。肥前国(佐賀県)唐津生まれ。隆の父。工部大学校(現東京大学工学部)卒。英国留学後、帝国大学工科大学長。作品に日本銀行本店・東京駅・東京の日本橋など。

**たつ-の-くち**【竜の口】①=たつがしら。①竜の頭をかたどり、その口から水が出るように作られたもの。②樋から水が出る口の部分。↓写

**たつのくち**【▼辰口】〈町〉石川県南部、手取川に沿う町。小松市中心の機業地の一部。辰ノ口温泉がある。人口一万一一九七(一九八八)。

**たつの-ゆたか**【▼辰野▽隆】(一八八八～一九六四)仏文学者・随筆家。東京生まれ。金吾の長男。東大教授。日本のフランス文学研究の基礎を築く。著書『ボオドレエル研究序説』『忘れ得ぬ人々』など。

**たっ-ぱ**【立っ端】建物の高さ。背の高さ。また、一般に物の高さ。用例 軒の—。

**だっ-ぱん**【脱藩】(名・サ変自)江戸時代、藩籍をぬけて、浪人になること。

**だっ-ぴ**【脱皮】(名・サ変自)①動物が成長しながら、古い表皮またはクチクラ層を脱ぎ捨てること。線形動物・節足動物に典型的で、爬虫類にもみられる。脱皮ホルモンによって起こされる。ecdysis ②古さから抜け出して進歩・向上すること。break from the convention

**たっぴ-ざき**【竜飛崎】青森県、津軽半島北端の岬。海食崖をなす。津軽海峡をへだてて北海道の白神岬と対し、青函トンネルで結ばれている。

**たっ-ぴつ**【達筆】(名・形動)①字をじょうずに書くこと・さま。また、その字。能筆。skillful hand 対義 悪筆。②字をすらすらと、渋滞することなく書くこと・さま。また、その字。良筆。speedy writing ③文章をすらすら書くこと・さま。facile writer

**タップ**【tap】①雌ねじを作るのに使う雄ねじ形工具。棒状で雄ねじと同じ山形のピッチをもつ切り刃をもつ。②蛇口。給水栓。③抵抗器や変圧器の中間から適当な電圧などを取り出す端子。④「タップ-ダンス」の略。用例 —をふむ。

●竜の口①

**タップ-ダンス**【tap dance】底にすべり止め、または錫の金具の付いた靴のつま先やかかとで床を踏み鳴らし、音をリズミカルに出しながら踊るダンス。タップ。

**タップミノー**【topminnow】淡水魚カダヤシの英名。

**たっぷり** 〔一〕(副)十分なさま。たくさん。plentiful 用例 まだ—時間がある。〔二〕(副・サ変自)ゆとりのあるさま。roomy 用例 —した服。

**ダッフル-コート**【duffel coat】丈の短いコート。フード付きで、トッグルという木のボタンを飾りひもで止めて着るのが特徴。↓図

●ダッフルコート

**たつ-ぶん**【達文】伝えようとすることがよく通ずる文章。clear sentence 比較 名文・能文。対義 悪文。

**だつ-ぶん**【脱文】抜けた語句・文。missing passage 用例 —があるらしく、意味がよくわからない。

**だっ-ぷん**【脱▼糞】(名・サ変自)大便をすること。排便。evacuation

**だつ-ぶんか**【脱分化】すでに分化した細胞や組織が、特徴を失って未分化の状態にもどる現象。退分化。dedifferentiation

**たつ-へん**【立偏】漢字を組み立てている部分の名。「端・靖」などの左にある「立」。

**たつ-べん**【達弁・達▼辯】よどみのない弁舌。能弁。eloquence

**だつ-ぼう**【脱帽】(名・サ変自)①《敬意を表して》帽子をぬぐこと。take off one's hat ②降参すること。take off one's hat 用例 君の誠意に—する。

**だっ-ぽう**【脱法】法の裏をかくこと。evasion of law

**たつ-まき**【竜巻】猛烈な風の渦巻。積乱雲の雲底から柱状または漏斗状の雲がたれ下がり、海面では海水を吸い上げ、陸上では建物・樹木などを巻き上げる。毎秒一〇～一五mの速度で移動し、一〇～三〇分程度で止む。内部の風速は秒速一〇〇m以上になる。tornado ↓写(次ページ)

**たつまつ-はちろべえ**【▼辰松八▽郎▽兵▽衛】人形遣い。江戸の人形芝居辰松座が消えるとともに二世で終わる。初世(?～一七三四)は竹本座・豊竹座などで活躍。

**たつ-み**【▼辰▼巳・▼巽】①南東の方角。②江



↓行き先項目、図版・写真参照印。 JIS 日本工業規格情報交換用漢字符号コード(区点コード)。

た

●竜巻

戸時代、深川の遊里。用例——芸者。

**たつみ-あがり**【▼辰▼巳上がり・▼巽上がり】気性・言動が荒く激しいこと。また、声が大きくかん高いこと。

**たつみ-りゅうたろう**【▼辰▼巳柳太郎】(一九〇五〜八九) 俳優。兵庫県生まれ。島田正吾とともに新国劇の中心として活躍。主演作『国定忠治』『王将』など。

**たつむら-へいぞう**【竜村平蔵】(一八七六〜一九六二) 染織工芸家。大阪生まれ。正倉院裂など古代織物の研究、復元・制作を行った。

**だつ-もう**【脱毛】(名・サ変自他) 毛を抜くこと。毛が抜け落ちること。loss of hair

**だつもう-ざい**【脱毛剤】毛の角質を溶解させてむだ毛を取り除く薬剤。硫化ストロンチウム・チオグリコール酸カルシウムなどが主成分。depilatory

**だつもう-しょう**【脱毛症】種々の原因によって、毛髪が少なくなったり、抜け落ちる状態。先天性と後天性とがあり、後天性では、老人性脱毛症・円形脱毛症が代表的。はげ。alopecia

**だつもう-ほう**【脱毛法】むだ毛を取り除く方法。脱毛ワックス塗布・そる・抜く・電気を用いるなどの方法がある。depilating method

**たつやま**【▼龍山】〈村〉静岡県西部、天竜川に沿う村。スギ・ヒノキなどの林業が中心。秋葉ダムがある。人口一七八六(一九八八)。

**ダツラ**【datura】ナス科チョウセンアサガオ属の総称。草本性と木本性がある。アトロピンのようなアルカロイドを含み、薬用としても栽培。

**だつ-らく**【脱落】(名・サ変自) 抜け落ちること。drop out

**だつらく-しゃ**【脱落者】仲間についていけず、抜け落ちた人。dropout

**だつらく-しょうじょう**【脱落症状】医学で、組織や器官などの一部もしくはすべてが除去されたとき、それらの機能が欠如したことで現れる症状。deficiency phenomenon

**だつり-こうそ**【脱離酵素】↓リアーゼ

**だつ-りゃく**【奪略・奪▼掠】(名・サ変他) うばい取ること。略奪。pillage

**だつ-りゅう**【脱硫】(名・サ変他) 石油やガスから有害な硫黄分を除去すること。触媒を用い加圧水素と反応させ、硫化水素に変える水素化脱硫法などがある。desulfurization

**だつりょく-かん**【脱力感】からだの力が抜けた感じ。ennui; languish

**だつ-りん**【脱輪】(名・サ変自他) ①飛行機や自動車などの、車輪がはずれること。②自動車の車輪を路肩などから踏みはずすこと。

**たつるはま**【田▼鶴浜】〈町〉石川県能登半島、七尾市西隣の町。建具製造・織物・カキ養殖がさかん。人口六五七八(一九八八)。

**だつ-ろう**【脱▼牢】(名・サ変自) ↓だつごく(脱獄)

**だつ-ろう**【脱漏】(名・サ変自) もれ落ちること。もれ。

**たて**【立て】㊀(名) 主役。leading actor ㊁(接頭) 主となる。筆頭の。用例——行司。——三味線。——役者。㊂(接尾) ①《動詞の連用形に付いて》…したばかり。用例ペンキ塗り——。②立て続けの負けの回数をかぞえるのに用いる語。用例三——を食う。

**たて**【盾・▼楯】敵の矢・やりなどを防ぐ武具。shield 対義矛。

**盾に突く**(たてにつく) 防護とする。頼りにする。楯にとる。

**盾に取る**(たてにとる) ①自分を防ぐものとして利用する。use as a shield ②言いわけ・言いがかりとする。use as an excuse

**盾の半面**(たてのはんめん) 物事の一面だけを見たのでは、正しい観察ができないたとえ。the other side of the coin

**盾の両面を見よ**(たてのりょうめんをみよ) 物事は、表裏全体をよく見て、正しい判断をせよ。Look at both sides of the thing.

**盾を突く**(たてをつく) 反抗する。敵対する。はむかう。楯突く。oppose

**たて**【縦・▼竪・▽経】①ものの上下の方向や長さ。height 対義横。用例——に書く。②人間関係で、上下のつながり。用例——社会。③前後の方向や長さ。length 用例——に並ぶ。④織物で、縦糸。対義ぬき。用例——もなく緯も定めず少女らが織れる黄葉に霜な降りそね(万葉・八・一五一二)。

**縦の物を横にもしない**(たてのものをよこにもしない) めんどうがって何もしない。ものぐさである。

**たて**【▽館】↓たち(館)②

**たて**【▽殺▽陣】歌舞伎の舞台で闘争を表す演技。また、演劇や映画での乱闘場面や演技のこと。立ち回り。さつじん。

**たで**【▼蓼】タデ科タデ属の一年草の総称。狭義には、ヤナギタデをさす。川原や水田には え、高さ約五〇cm。葉は長楕円形でヤナギの葉に似る。秋に紅色の小花を穂状につける。幼苗を香辛料などに利用。polygonum ↓写

**蓼食う虫も好き好き**(たでくうむしもすきずき) 辛いタデを食う虫もあるということから、好みは人によってまちまちであるたとえ。There is no accounting for tastes.

●タデ

**だて**【▼伊▽達】(名・形動) ①意気を見せびらかすこと・さま。dandyism ②派手なふるまいをすること・さま。gallantry ③ことさらに見栄をはること・さま。show

**伊達の薄着**(だてのうすぎ) 見栄をはり、寒いのに着ぶくれを嫌って、薄着をすること。A dandy does not wear heavy clothes even in cold weather.

**だて**【▼伊▽達】〈市〉北海道南西部、内浦湾に臨む市。旧仙台藩士の移住開拓地。野菜栽培・酪農がさかん。養殖漁業や工業もある。人口三万四九八五(一九八八)。

**だて**【▼伊▽達】〈町〉福島県北部、福島市北東隣の町。モモなど、県北の果樹栽培の中心地。人口一万四三二一(一九八八)。

**だて**【立て】(接尾) ①とくに強調する場合に使う語。用例隠し——。とがめ——。②舟の櫓や車につける牛馬の数につけて、それだけの数で引いていることを表す語。用例四頭——。③上映・上演する作品を数える語。用例二本——。

**だて**【建(て)】(接尾) 建物の建て方の様式を示す語。用例一戸——。二階——。

**たで-あい**【▼蓼▼藍】アイの別名。

**たて-あな**【▼竪穴・縦穴】①縦に掘った穴。pit 対義横穴。②「竪穴住居」の略。

**たてあなしき-せきしつ**【▼竪穴式石室】古墳の埋葬主体部。頂上部に竪穴の石室を設け、木棺あるいは石棺に納めた遺体などを入れ、天井石を横架している。↓図

**たてあな-じゅうきょ**【▼竪穴住居】地表を掘り、掘っ立て柱を立てて、屋根を床面の外側に張り出させてふいた住居。原始時代の一般的な住居形式で、日本では縄文から古墳時代にかけて広く作られた。pit dwelling

**たて-あみ**【立(て)網・建(て)網】魚群の通路に網を置き、魚を導き入れて捕らえるもの。set net

**たて-いし**【立(て)石】①庭に据えてある石。garden stone ②道しるべの石。milestone ③石器時代に立てられた大石の崇拝物。メンヒル。menhir

**たていし-みさき**【立石岬】福井県敦賀半島北端の岬。灯台があり、付近に原子力発電所がある。

**たて-いた**【立(て)板】立てかけてある板。

**立て板に水**(たていたにみず) よどみなくしゃべりたてるさま。flowing eloquence

**たて-いと**【縦糸・▽経糸】織物の縦方向の糸。warp 対義横糸・緯糸。

**たていわ**【▼舘岩】〈村〉福島県南西部、帝釈山の北東にある村。稲作、畜産、タバコ・花卉栽培がさかん。人口二六六〇(一九八八)。

**たていわ-いせき**【立岩遺跡】福岡県飯塚市立岩で発掘された弥生時代の遺跡群。石庖丁などの石器製作跡や立岩十号甕棺の前漢鏡などの副葬品から、弥生時代の社会を知る上で重要な遺跡。

**たて-うり**【建(て)売り・建売】家などを建てて売ること。sale for ready-built house 用例——住宅。

●竪穴式石室

茶臼山古墳石室　香川県高松市。内部が見えるように上部の石を一部とりはずしている。

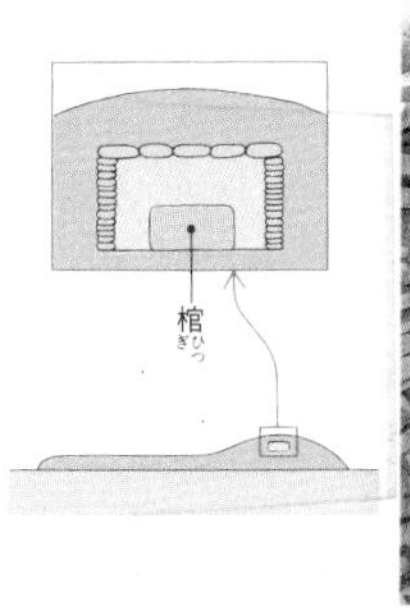



**たて-えぼし**【立(て)▼烏▽帽子】ふつうの烏帽子。対義折り烏帽子。↓狩衣図 ↓水干図 ↓直衣図

**たて-えり**【▼竪襟】①道行きや被布コートの前立ての部分。打ち合わせ分として縫いつけた縦に長い布のこと。②和服の襟の襟下部分。

**だて-えり**【▼伊▽達襟】長着の襟の下にもう一枚重ね、襟元を重ね着に見せかけるもの。無地や小紋の綸子などを使う。替え襟。

**だて-おとこ**【▼伊▽達男】①だてな男。fop ②男だて。gallantry

**たて-おやま**【立(て)▽女▽形】一座の女形の最上位の役者。

**たて-かえ**【立(て)替え】立て替えること。また、そのお金。payment for another

**たて-か・える**【立(て)替える】(下一他) 一時他人に代わって代金を支払う。pay for another

**たて-か・える**【建(て)替える】(下一他) 家などを建て直す。改築する。rebuild

**たて-がき**【縦書(き)】一字一字を上から下へ、行はふつう右から左へ進む文章の書き方。writing in vertical lines 対義横書き。

**たて-かけ**【建てかけ】建築の中途。under construction

**たて-か・ける**【立(て)掛ける】(下一他) 他の物に寄せかけて立てる。lean against

**たて-がみ**【▼鬣】ライオンやウマなどで、雄の頭部から首にかけて背側にはえている比較的長い毛。mane ↓馬図

**たて-がみ**【▼竪紙】《横紙に対する語》和紙をすく横長のすき桁をそのまま用いて造った、すき目が竪になった紙。

**たてがみ-おおかみ**【▼鬣▼狼】オオカミに似るが足が著しく長い食肉類。体長約一m。顔はキツネに似る。頸の回りに独特の房毛がある。草原にすみ、ネズミ・果実などを食べる。南アメリカに分布。maned wolf

**たてがみ-とかげ**【▼鬣▼蜥▼蜴】体の背中線に、頸から尾まで、柔らかいとげがたてがみ状に並んでいるトカゲ。中南米に分布。

**たてかわ-えんば**【立川▼焉馬】↓うていえんば(烏亭焉馬)

**たてかわ-だんし**【立川談志】落語家。初代は烏亭(立川)焉馬門下の談笑の弟子。現在七代まで。四代(?〜一八八九)は、本名、中森定吉。「郭巨の釜掘り」の踊りで、明治落語界珍芸四天王の一人。七代(一九三六〜)は本名、松岡克由。柳家小さんに入門。立川流家元。参議院議員をつとめたことがある。

**たて-かんばん**【立(て)看板】作りつけでなく、立てたり立てかけたりして使う看板。billboard

**たて-ぎょうじ**【立(て)行司】大相撲の行司

▼常用漢字表外。▽常用漢字表の音訓外。

の最高の地位。木村庄之助が筆頭で次位が式守伊之助、ともに襲名制。横綱・大関の取組を裁き、服装などにも特別の格式がある。

**たて-き・る【立(て)切る・▽閉(て)切る】**(五他) ①戸をぴったりしめる。とざす。lock up ②しきりをする。くぎる。part

**たて-ぐ【建具】** 建物や室の開口部を仕切る窓・戸・障子・襖などの総称。fittings 数え方 一本・一枚・一面。

**たて-ぐみ【縦組(み)】** 書籍などで、活字を縦に並べて組むこと。その組み方。対義 横組み。

**たてけずり-ばん【立(て)削り盤】** 工作物を固定し、刃物の上下運動で加工する工作機械。主として溝削りに使用。スロッター。ステッキ盤。slotting machine

**たて-ご【▼竪子・縦子・立(て)子・建(て)子】** ①障子や格子の縦の桟に使われる細い木材。muntin ②垣根を作るとき、柱間に縦に並べて組む材料の総称。割り竹や萩など。muntin

**たて-こう【▼竪坑・立(て)坑・縦坑】** ほぼ垂直に掘削された坑道。巻き上げ機で鉱石・石炭・人員・資材を運搬。通気坑を兼ねる。vertical shaft 対義 横坑・斜坑。

**たて-ごと【▼竪琴】** ハープ。

**たて-こ・む【立(て)込む】**(五自) ①用事や人などが込み合う。be crowded ②家が密集している。be crowded

**たて-こ・める【立(て)込める・▽閉(て)込める】**(下一他) 戸・障子などをしめきる。shut up 用例 —・めたへや。

**たて-こも・る【立(て)▼籠る】**(五自) ①戸などをしめきって室内にとじこもる。shut oneself up ②城などに入って守る。籠城する。entrench oneself

**たて-ざ【▼楯座】** 天の赤道のすぐ南で、夏の天の川の中にある小星座。この付近の天の川は見事。八月二五日ごろの午後八時ごろに南中。面積一〇九平方度。Scutum

**たて-し【▼殺▽陣師】** 役者に立ち回りの型を教える人。

**たて-じお【立(て)塩】** 海水よりもやや濃度が薄い塩水。魚介類の下洗いなどに用いる。

**たて-じく【縦軸】** 対義 横軸。①縦に長い軸物。②数学で、直交座標のもとになる縦線。Y軸。

**たてしな【立▽科】**〈町〉長野県東部、蓼科山北麓の町。畜産が主体。稲作、リンゴ・薬用人参栽培もさかん。人口八五九七(一九八八)。

**たてしな-こうげん【▼蓼▽科高原】** 長野県中部、蓼科山南麓・西麓の高原。レジャー・スポーツ施設に富み、温泉にも恵まれる。

**たてしな-やま【▼蓼▽科山】** 長野県諏訪盆地東方にある山。標高二五三〇m。北八ケ岳北端の火山。山麓一帯は観光保養地。

**たて-じま【縦▼縞】** 縦筋のしま。vertical stripes 対義 横縞。

**だて-じめ【▼伊▽達締(め)】** 和装小物の一つ。着物の帯を締める前に、着くずれを防ぐため使用する幅の狭い帯。昭和初期の発案。伊達巻きを改良して、前にゴム芯などを入れて結べるようにしてある。

**だて-しゃ【▼伊▽達者】** はでな身なりをする人。dandy

**たて-しゃかい【縦社会】** 身分や上下の関係を重視する社会。vertical society 対義 横社会。

**たてじょう-かざん【▼楯状火山】** 主として粘性の極めて小さい玄武岩質溶岩流からなる、傾斜がゆるく楯をふせたような形の火山。火砕物はきわめて少量。アスピーテ。shield volcano ↓火山図

**たてじょう-ち【▼楯状地】** 大陸の中核部にあって、先カンブリア時代の岩石からなる安定地塊。花崗岩や変成岩などが主要な構成岩石。地形が西洋の楯をふせたような形であることから名付けられた。shield

**たで-ず【▼蓼酢】** タデの葉をすりつぶし、酢・だしと合わせた調味料。アユの塩焼きに添える。

**だて-そうどう【▼伊▽達騒動】** 江戸前期の仙台藩伊達家の御家騒動。幼少の伊達綱村をめぐっての、伊達宗勝・原田甲斐一派と伊達宗重との間の実権争いとされる。

**たてつき-ふんきゅうぼ【▼楯築墳丘墓】** 岡山県倉敷市にある弥生時代末期の大形墳墓。径四〇mの円丘と前後に突出部がある。内部主体は排水設備をそなえ、木棺内から多量の朱を出土。弥生時代終末期の社会を知る上で重要な遺跡。

**たて-つ・く【盾突く】**(五自) さからう。はむかう。反抗する。oppose

**たて-つけ【立(て)付け】** ①《「建て付け」とも》戸・障子のあけたてのぐあい。fitting ②続けざまに行うこと。立て続け。succession 用例 三杯—に飲む。

**たて-つづけ【立て続け】** 続けざま。succession

**たて-つぼ【立(て)坪】** 土砂などを量る単位。六尺立方。約一・八$m^3$。

**たて-つぼ【建(て)坪】** 建物の一階が占めている面積。建築面積。floor area; building area 比較 延べ坪。対義 地坪。

**たて-とお・す【立て通す】**(五他) ①終わりまで立てておく。②押し通す。stick to 用例 自説を—。義理を—。

**たて-なお・す【立(て)直す】**(五他) ①もとの状態に直す。rearrange 用例 態勢を—。②やり直す。do over again

**たて-なお・す【建(て)直す】**(五他) ①建物をつくり直す。改築する。rebuild ②再建する。reconstruct

**たて-なが【縦長】**(形動) 縦に長いさま。oblong

**たて-なみ【縦波】** 媒質の振動の方向と波の伝わる方向が同じ波。音波、地震のP波など。疎密波。longitudinal wave

**たて-ぬき【▽経▽緯】** ①機の縦糸と横糸。warp and woof ②たてよこ。

**たて-ね【建値】** ①相場変動の激しい産業財の生産者が卸売業者に対して事前に設定する販売価格。鉄鋼・非鉄金属・セメント・パルプ・木材などの業界にみられる。quotation ②清算取引において売買約定後に示される、受け渡しの標準値段。建値段。③銀行の公表する標準的為替相場。exchange rates

**たて-ば【立(て)場・建(て)場】** ①江戸時代、かごをかつぐ人夫などが、つえを立てて休んだ道端の場所。②廃品回収業者などが、その日買い集めた品を売り渡す市場。

**たてはた-たいむ【建▼畠大夢】**(一八八〇-一九四二) 彫刻家。和歌山県生まれ。東京美術学校卒。作品『ながれ』など。

**たては-ちょう【立羽▼蝶・▼蛺▼蝶】**《多くの種類が翅を閉じ直立させて止まることに由来》タテハチョウ科に属するチョウの総称。中形で飛び方は活発。世界に約四〇〇〇種、日本に約五〇種が分布。国蝶のオオムラサキもこの仲間。four-footed butterfly

**たては-もどき【立羽▽擬▼蝶】** 中形のタテハチョウ。開張約六cm。茶色に縁どられた赤橙色の地に、大きく鮮やかな眼状紋がある。幼虫の食草はオギノツメ・イワダレソウなど。南九州以南、熱帯・亜熱帯に分布。

**たてばやし【▽館林】**〈市〉群馬県南東部、利根川と渡良瀬川の間の平野にある市。旧城下町。農業・商工業が発達。つつじケ岡公園や文福茶釜で有名な茂林寺がある。人口七万六一二二(一九八八)。

**たてばやし-かげい【立林何▼帠】**(生没年未詳) 江戸中期の画家。名は立徳。加賀の人。尾形乾山に学び光琳派を継承。たらしこみ技法を多用した装飾性の濃い画風。作品『春秋花卉図』など。

**たて-ひき【立(て)引き・▽達引き】** 意地を張って争うこと。用例 恋の—。

**たて-ひざ【立(て)▼膝】** 片ひざを立てて座ること。one's knee drawn up

**たて-ぶえ【縦笛・▼竪笛】** 縦に持って吹く笛の総称。尺八・クラリネットなど。recorder

**たて-ふだ【立(て)札】** 規則・禁令などを書いて立てる板。高札。notice

**たて-ぼう【縦棒】** 縦にまっすぐな線。vertical line 対義 横棒。

**たて-まえ【建(て)前・立(て)前】** 一応の方針。表面的な原則。principle 対義 本音。

**たて-まえ【建(て)前】** むねあげ。

**たて-まえ【▽点前】** 茶道で、抹茶をたてる作法。てまえ。

**だて-まき【▼伊▽達巻(き)】** ①婦人が帯の下にしめる幅のせまい帯。②とき卵にすりつぶした魚肉を加え、砂糖・塩・酒などで調味して厚焼きにし、すだれでうず巻き状に巻く。口取り用。

**だて-まさむね【▼伊▽達▽政▽宗】**(一五六七-一六三六) 安土桃山・江戸初期の武将。輝宗の長子。仙台藩主。隻眼のため独眼竜と称された。豊臣秀吉に服属したが、関ケ原の戦い、大坂の陣では徳川方に属し、仙台藩六二万石を開いた。↓写

馬上少年過
世平白髪多
残躯天所赦
不楽是如何

●伊達政宗　仙台市博物館。

**たて-まし【建(て)増し】**(名・サ変他) 前の建物に加えて、増やすこと。また、その建物。増築。extension

**たてまつ・る【奉る】** ㊀(五他) ①《「献る」とも》人に物を差し上げる。②祭り上げる。用例 会長に—。㊁古語(四自他) ①(他)㋐「遣る」の謙譲語。参上させる。うかがわせる。用例 なにがしらを選びて—・りたまへるは(源氏・藤袴)。㋑「飲む」「食ふ」の尊敬語。召しあがる。お飲みになる。用例 壺なる御薬—・れ(竹取)。㋒「着る」の尊敬語。お召しになる。用例 御直衣など—(源氏・須磨)。②(自)「乗る」の尊敬語。お乗りになる。用例 舟より御車に—・り移るほどに(源氏・明石)。㊂古語(下二他) ①差し上げる。用例 またの日御文—・れ給へり(源氏・若紫)。②参上させる。用例 惟光を—・れ給へり(源氏・若紫)。㊃古語(補動 四)《動詞型活用語の連用形に付いて》…申し上げる。用例 出家をせさせ—・る(平家・若宮出家)。

**たて-むすび【縦結び】** 横の方向で結んだひもの両端が、縦向きになるような、結び方。granny knot

**だてむすめこいのひがのこ【▼伊▽達娘恋▼緋▼鹿子】** 人形浄瑠璃・歌舞伎世話物。菅専助・松田和吉・若竹笛躬合作。安永二年(一七七三)初演。放火の罪で刑死したお七の物語。本作では、お七が恋人の寺小姓吉三郎の宝刀探索を助けるために、火事と偽り火の見の半鐘(のちに太鼓)を打って町々の木戸を開かせる趣向。

**だて-むねなり【▼伊▽達▽宗▽城】**(一八一八-九二) 幕末の伊予宇和島藩主。公武合体・雄藩連合を唱え活躍。維新後は新政府の要職を歴任。明治四年(一八七一)中国に渡り、日清修好条規を締結。

**たて-もの【立(て)物】** ①埴輪。②かぶとに飾る金物。

**たて-もの【立(て)者】** 立て役者。

**たて-もの【建物】** 人が住んだり、作業をしたり、物を入れたり、商売をしたりする目的のために造ったもの。建造物。建築物。building

**たて-やく【立(て)役】** 芝居で、おもだった役。主役。それを演じる役者。leading actor 比較 立ち役。

**たて-やくしゃ【立(て)役者】** ①一座の中心になる役者。立て者。leading actor 比較 花形。②中心人物。leader

**たて-やま【立(て)山】** ①狩猟や伐木を禁止されている山。江戸時代の藩有林などにみられる。とめ山。②木材を立ち木のまま売買すること。

**たて-やま【立山】** 富山県東部、飛驒山脈北部の山。標高三〇一五m。大汝山・雄山・浄土山の総称で別山を加えることもある。カールが発達。平安時代以来信仰の山。

**たてやま【立山】**〈町〉富山県東部の町。立山信仰の基地として発達。雄山神社・芦峅寺がある。人口二万七六六六(一九八八)。

**たてやま【▽館山】**〈市〉千葉県、房総半島南西部の市。暖地野菜や草花の栽培、酪農がさかん。フラワーラインや海水浴場などを訪れる観光客が多い。かつては海軍の基地。人口五万五六三七(一九八八)。

**たてやま-ぎく【立山菊】** キク科の多年草。神奈川・静岡・四国の山の林の中にはえる。地下のつる枝で繁殖。高さ三〇~五〇cm。晩夏、白い頭花が咲く。

**たてやま-きんばい【立山金梅】** バラ科の常緑多年草。高山にはえる。木質の茎は地をはい、葉は茎頂に密生。夏に淡緑黄色の小花が咲く。立山で発見された。

**たてやまくろべ-アルペンルート【立山黒▽部アルペンルート】** 富山県立山町と長野県大町市を結ぶ山岳観光ルート。北アルプスの立山と黒部渓谷を地下ケーブルカーやロープウエー、トンネルなどで縦貫。昭和四六年(一九七一)完成。

**たて-ゆれ【縦揺れ】**(名・サ変自) 対義 横揺れ。①地震で、上下にゆれること。vertical shake ②船・飛行機などが上下にゆれること。

ピッチング。pitch

**だて-ら**(接尾) 身分や立場を表す名詞に付き、似つかわしくない意を表す。用例 女―に。

**た・てる【立てる・▿起てる・▿樹てる】**(下一他) ①まっすぐに起こす。stand 用例 棒を―。旗を―。②起こす。生じさせる。make 用例 波風を―。③位置につける。appoint 用例 証人に―。候補に―。④たもつ。give the credit for 用例 義理を―。男を―。⑤重んじる。pay due respect to 用例 兄として―。⑥つきささった状態にする。stab 用例 とげを―。⑦とがらす。sharpen 用例 のこぎりの目を―。⑧強くはたらかせる。strain 用例 神経を―。⑨評判を広める。spread 用例 うわさを―。⑩音や声を出す。make 用例 声を―。⑪志・計画・議論などをさだめる。make 用例 計画を―。⑫いかる。おこる。get angry 用例 腹を―。⑬《「沸てる」とも》ふろをわかす。prepare 用例 ふろを―。⑭はっきり示す。make 用例 誓いを―。⑮人に知られるようにする。be famous 用例 名を―。⑯りっぱに生きる。set up 用例 身を―。⑰《動詞の連用形について》しきりにする。用例 騒ぎ―。

**た・てる【建てる】**(下一他) 建物・碑などをつくる。build 用例 銅像を―。記念碑を―。

**た・てる【▿点てる】**(下一他)《「立てる」とも》茶の湯で、てまえをする。make

**た・てる【▿閉てる】**(下一他) 戸・障子を、しめる。shut 対義 あける。

**た・でる**(下一他) ①薬湯で患部などを蒸す。温湿布する。②木造船の船底をあぶって、乾かす。船虫害を防ぎ、湿気を除く。

**たて-わき【▿帯▿刀】**→たちはき(帯刀)

**たてわき-もよう【立(て)▾涌き模様】** 古典模様の一つ。波形の縦曲線で構成。雲や鳥・花などあしらう場合も多い。着尺地や帯地に使用。たてわく。たちわき。→写

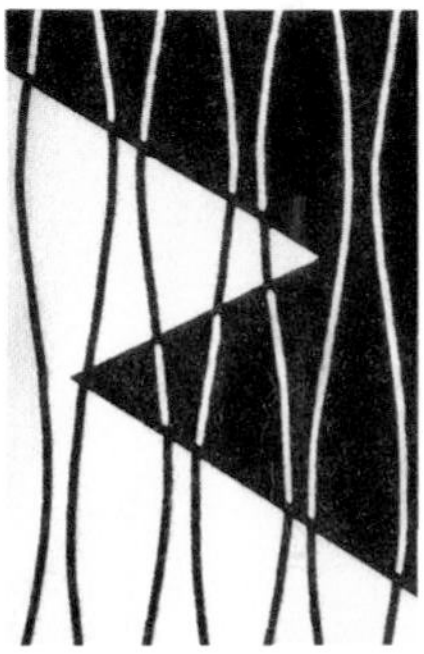
●立て涌き模様

**たてわり-ぎょうせい【縦割(り)行政】** 横の関係がうすく、上下の監督・命令系統だけで行われる集権的な行政。

**だ-てん【打点】** ①バレーボールのような球技で、ボールなどを打つ位置。用例 高い―のスパイク。②野球の得点打。打者が安打や犠打・四死球などにより走者を生還させるか、本塁打により自分で得点した場合に与えられる。打撃点。runs batted in

**だ-でん【打電】**(名・サ変自) 電報を打つこと。無電を打つこと。send a telegram

**た-と【田▾堵・田▿刀】** 平安時代の荘園の請作者で、荘田を耕作して年貢・公事を納めた農民。毎年請文(=契約書)を提出、請作者としては地位が低かったが、身分的には自由で、しだいに土地に対する権利を拡大、名主に発展。

**たど【多度】**〈町〉三重県北部、養老山地沿いの町。果樹栽培がさかん。「上げ馬神事」で知られる多度神社がある。人口一万一三二七(一九八八)。

**たとい【▿仮▿令・▿縦・▿縦▿令】**(副)《あとに「とも・ても」をともなって》もし。まんいち。たとえ。even if

**た-とう【多糖】** 加水分解により、数分子以上の単糖を生じる炭水化物。でんぷん・セルロースなど、植物体では乾燥重量の四分の三を占める。polysaccharide

**た-どう【他動】** 対義 自動。①他から働きかけること。passive action ②文法で、「他動詞」の略。

**だ-とう【打倒】**(名・サ変他) うちたおすこと。負かすこと。overthrow

**だ-とう【妥当】**(名・形動・サ変自) ①うまくあてはまること・さま。条件や場合に適当であると認められること・さま。proper 用例 ―な経営方針。②よしとして通用すること・さま。正当なこと。right 対義 極端。用例 ―な意見。

**たとう-かい【多島海】** 土地の沈降により、平地は水没し、高地が島として点在する地形。松島や瀬戸内海など。islands sea

**たとう-がみ【▿畳紙・▾帖紙】**《「たたみ紙」の転》①衣冠・束帯のとき、たたんでふところに入れた紙。懐紙。②害虫や湿気よけのため渋を塗った和紙で作った、和服や髪結い道具の収納紙。→女房装束図

**たどう-し【他動詞】** 他のものや人に影響をおよぼす動作・作用を表す動詞。「水を流す」の「流す」など。transitive verb 対義 自動詞。

**だとう-せい【妥当性】** ①条件・場合に適当と認められる性質。propriety ②論理学で、論理・法則などにかなっていること。形式にまちがいないこと。validity

**たとうは-しいく【多頭羽飼育】** 農家が多数の家畜、または家禽を専門的に飼養すること。労働生産性が高まり収益率が向上する。large-scale rasing

**たとえ【例え・▾譬(え)・▾喩(え)】** たとえること。その話。例に引かれた物事・話。parable

**たとえ【▿仮▿令・▿縦・▿縦▿令】**(副)《下に「とも・ても」をともなって》もし。まんいち。たとい。even if 用例 ―雨でも決行しよう。

**仮令火の中水の中**(たとえひのなかみずのなか)《多く愛情をたしかめ合うときにいう語》どんなひどいめにあってもかまわないことのたとえ。no matter what may happen 用例 あなたのためなら―。

**たとえ-うた【▾譬(え)歌】** 和歌の六義の一つ。比喩を借りて所感を述べる歌。

**たとえ-ば【例えば】**(副) ①たとえて言うと。例をあげると。for example ②古語《下に「とも・ども」をともなって》たとい。よしや。よしんば。even if 用例 ―ひとりながらへて過ぎにしばかり過ぐすとも(千載・雑下)。

**たとえ-ばなし【▾譬(え)話】** 事にたとえて道理を説く話。アレゴリー。寓話。allegory

**たと・える【例える・▾譬える・▾喩える】**(下一他) 仮に別の例にあてはめて言う。compare to 用例 ウサギとカメの話に―・えて説明する。

**た-どく【多読】**(名・サ変他) 本を数多く読むこと。extensive reading 比較 乱読。対義 精読。用例 とにかく英文を―することだ。

**た-どころ【田▿荘・田所】** 大化の改新以前の豪族の私有地および倉庫。世襲的に受け継がれたが、大化の改新で廃止。対義 屯倉。

**たど-じんじゃ【多度神社】** 三重県桑名郡多度町多度にある旧国幣大社。祭神は天津彦根命。祈雨や水火の災い・海難を除く神として尊崇される。「上げ馬神事」が有名。

**た-と-する【多とする】** 文語的(連語) 働きが大きいことを認める。働きを心から感謝する。用例 援助を―。

**たどたど・し** 古語(形シク) ①はっきりしない。ぼんやりしている。用例 しのびたる郭公の、遠くそらねかとおぼゆるばかり、―・しきをききつけたらんは(枕・四月、祭の頃)。②→たどたどしい。

**たどたどし・い**(形) ①あぶなっかしい。unsteady ②ことばや技芸などが滑らかでない。用例 ―話し方。派生 たどたどしげ(形動) たどたどしさ(名)

**たどつ【多度津】**〈町〉香川県西部、瀬戸内海に臨む町。交通の要地で、かつては金刀比羅宮・善通寺参詣の船の発着港として栄えた。人口二万四一一六(一九八八)。

**たとみ【田富】**〈町〉山梨県、甲府盆地南部の町。稲作、キュウリ・トマトのハウス栽培がさかん。人口一万三一三〇(一九八八)。

**タトラ-さんち【タトラ山地】**(Tatra Mountains) チェコスロバキア北東部とポーランド南東部国境付近を東西に走る山地。標高一二〇〇〜二五〇〇m。最高峰ゲルラホフカ山は標高二六六三m。登山・ウインタースポーツの中心地で、保養地。ビソケータトリ山地。

**たどり-たどり【▾辿り▾辿り】**(副) たどりながら。やっと。in a tracing manner

**たどり-つ・く【▾辿り着く】**(五自) やっと着く。grope one's way to

**タトリン【Vladimir Yevgrapovich Tatlin】**(一八八五 一九五三) ソ連の画家・彫刻家。鉄・ガラスなどによる抽象構成(構成主義)で活動。→構成主義写

**たど・る【▾辿る】**(五他) ①道を尋ねて行く。手がかりを求めては、やっと進む。trace ②探し求める。research ③ある方向へ進む。pursue 用例 隆盛の一途を―。

**た-どん【▿炭団】** 木炭の粉にふのりなどをまぜて丸く固めた燃料。火鉢・こたつなどに埋めて使うと長持ちする。元禄年間(一六八八〜一七〇四)より使用。→写

●炭団

**炭団に目鼻**(たどんにめはな) 不美人の形容。対義 玉子に目鼻。

**たな【▿店】** ①みせ。商家。②貸し家。借家。

**たな【棚】** ①板などを横に渡して、物をのせられるようにしたもの。壁などに取り付けたり、移動できる家具として作ったものなど多種。戸がついたものは戸棚という。違い棚・飾り棚・本棚など。shelf 数え方 一段。②棚の形に似た地形。shelf

**棚から牡丹餅**(たなからぼたもち) 思いがけない幸運に恵まれるたとえ。棚牡丹。windfall

**棚に上げる**(たなにあげる) そのままほうっておく。わざと触れない。shelve

**棚の物を取って来る様**(たなのものをとってくるよう) 物がたやすく得られることのたとえ。

**た-な【田菜】** タンポポの古名。

**たな-あげ【棚上げ】**(名・サ変他) ①商品をしまっておいて、市場に出さないこと。take stock ②一時保留して解決・処理を伸ばすこと。shelve

**ダナウェイ【Faye Dunaway】**(一九四一) アメリカの映画女優。主演作『俺たちに明日はない』『ネットワーク』など。

**たな-うけ【▿店請け】**(名・サ変自) 借家人の身元を保証すること・人。

**ダナエ【Danaē】** ギリシア神話のアルゴスの王女。予言を恐れた父アクリシオスにより岩窟に閉じこめられるが、黄金の雨に身を変じたゼウスと交わり、ペルセウスを産んだ。

**たな-おろし【棚卸(し)・▿店卸(し)】**(名・サ変自他) ①決算のとき、在庫品の数量や価格を調べること。stocktaking ②他人の過失・欠点を並べ上げること。faultfinding

**たなおろし-しさん【棚卸(し)資産】** 棚卸しを義務づけられた販売のために所有されている資産。商品・製品・仕掛かり品・原材料など。在庫品。inventory

**たなか-いっこう【田中一光】**(一九三〇) グラフィックデザイナー。奈良県生まれ。日本の伝統芸術のイメージをとらえ、構成を単純化した作風。

**たなか-かくえい【田中角栄】**(一九一八) 政治家。新潟県生まれ。昭和四七年(一九七二)自民党総裁・首相。日本列島改造論を唱え、高度経済成長路線の継続をはかった。同四九年(一九七四)金権政治的体質を批判されて首相を辞任。同五一年(一九七六)ロッキード事件で逮捕。

**たなか-ぎいち【田中義一】**(一八六四 一九二九) 陸軍大将・政治家。山口県生まれ。政友会総裁。昭和二年(一九二七)組閣、山東出兵など中国侵略政策を遂行。張作霖爆殺事件の処理をめぐって天皇の信任を失い総辞職。

**たなか-きぬよ【田中絹代】**(一九〇九 一九七七) 映画女優。山口県生まれ。主演作『伊豆の踊子』『愛染かつら』『雨月物語』など。

**たなか-けいじ【田中啓▾爾】**(一八八五 一九七五) 地理学者。東京生まれ。東京高師・東京文理大・立正大教授を歴任。地誌学・地理教育などの論著が多い。

**たなか-こうたろう【田中耕太郎】**(一八九〇 一九七四) 法学者。鹿児島県生まれ。東大卒。東大教授。商法学と法哲学に業績をあげ、第二次大戦後、文相・最高裁判所長官・国際司法裁判所判事などを歴任。著書『世界法の理論』など。

**たなか-しょうすけ【田中勝助】**(生没年未詳) 江戸初期の貿易商。京都の人。太平洋を横断した最初の日本人。慶長一五年(一六一〇)徳川家康の命でメキシコに渡り、翌年帰国。

**たなか-しょうぞう【田中正造】**(一八四一 一九一三) 明治の政治家・社会運動家。栃木県生まれ。衆議院議員として議会で足尾鉱毒問題を追及したが効なく、明治三四年(一九〇一)、辞職して天皇に直訴。以後、生涯にわたって、鉱毒・治水問題に献身した。→写

●田中正造

**たなか-しょうへい【田中正平】**(一八六二 一九四五) 音

▾ 常用漢字表外。 ▿ 常用漢字表の音訓外。

響学者・物理学者。兵庫県生まれ。東大卒。日本音楽を研究採譜。ドイツで純正調オルガンを創作。

**たなかだて-あいきつ**【田中▽館愛▼橘】(一八五六-一九五二) 物理学者。岩手県生まれ。東大教授。日本の地球物理学の基礎を築く。航空事業の発展に尽力したほか、明治一八年(一八八五)日本式ローマ字綴り方を発案し、多年にわたりローマ字国字論でも活躍した。昭和一九年(一九四四)文化勲章受章。

**たなか-ちかお**【田中千▼禾▽夫】(一九〇五) 劇作家。長崎県生まれ。慶大卒。人間の原罪、実存を追究。戯曲『おふくろ』『雲の涯』『マリアの首』など。

**たなか-ちがく**【田中▼智学】(一八六一-一九三九) 国柱会の創立者。江戸の人。日蓮宗僧侶として宗門改革運動に携わり、明治一八年(一八八五)立正安国会を創立。大正三年(一九一四)国柱会を組織し、国体と『法華経』の一体化をとく日本国体学を提唱。主著『宗門之維新』。

**たなか-ちよ**【田中千代】(一九〇六) 服飾デザイナー。東京生まれ。田中千代学園短期大学を創立。

**たなか-とつげん**【田中▼訥言】(一七六七-一八二三) 江戸後期の画家。名古屋の人。復古大和絵派の先駆。白描と着色に独自の画風を示す。作品『四季草花図』『柿本人麿像』など。

**たなか-とよぞう**【田中▽豊蔵】(一八八一-一九四八) 美術史家。京都生まれ。東大卒。文部省美術研究所所長。著書『日本美術の研究』。

**たなか-ひでみつ**【田中▽英▽光】(一九一三-一九四九) 小説家。東京生まれ。早大卒。師事した太宰治の墓前で自殺。作品『オリンポスの果実』など。

**たなか-ふじまろ**【田中不▽二麿】(一八四五-一九〇九) 明治の政治家。尾張藩出身。文部大輔となり教育令を制定。司法卿、駐伊・駐仏公使、司法大臣を歴任。

**たなか-ふゆじ**【田中冬▽二】(一八九四-一九八〇) 詩人。本名、吉之助。福島県生まれ。澄明な郷愁をたたえた詩を書く。『四季』同人。詩集『青い夜道』『山鴫』『晩春の日に』など。

**たなか-みつあき**【田中▽光▽顕】(一八四三-一九三九) 政治家。土佐藩出身。尊攘派の志士として活躍。維新後、警視総監・宮中顧問官・学習院院長などを歴任。宮内大臣として宮中に権勢をふるった。

**たな-がり**【▽店借り】店子の別称。

**たなか-りょう**【田中良】(一八八四-一九七四) 舞台美術家。東京生まれ。東京美術学校卒。演劇・舞踊の舞台美術の分野を開拓。著書『歌舞伎定式舞台図集』など。

**たな-ぎょう**【棚経】盂蘭盆会に、菩提寺の僧が檀家の仏壇・精霊棚の前で経を読むこと。

**たな-ぐも**【棚雲】たなびく雲。

**たな-ぐも**【棚▼蜘▼蛛・▽店▼蜘▼蛛】屋内の隅などに、かやを伏せたような緻密な棚網をはるクモ。体長一cm内外。体は灰白色に青黒色の斑紋がある。日本全土に分布。

**たなぐら**【棚倉】〈町〉福島県南部、久慈川上流の町。旧城下町。農産物の集散地。人口一万六六五三(一九八八)。

**タナグラ-にんぎょう**【タナグラ人形】ギリシアの都市タナグラの墳墓から発掘された〈レニズム時代のテラコッタの彩色小彫像。優雅な婦人像が知られる。Tanagra statuette

**たな-こ**【▽店子】家を借りて住む人。江戸時代は町の自治に対する発言権を認められず、大家に家賃を納めながら日常その支配下におかれた。借家人。tenant 対義 大家。

**店子と言えば子も同然**(たなこといえばこもどうぜん) 大家からしてみれば、店子は子どもと同じようなものである。大家と言えば親も同然、店子と言えば子も同然。

**タナ-こ**【タナ湖】(Lake Tana) アフリカ北東部、エチオピアのアビシニア高原にある湖。面積三六〇〇km²。同国最大の湖で、青ナイルの水源。サナ湖。

**たなご**【▼鱮】雌が長い産卵管で二枚貝のえらに産卵するコイ科の淡水魚の総称。フナに似るが小形で全長五～一〇cm。平野部の河川・湖沼にすむ。日本産はタナゴ・ヤリタナゴ・ゼニタナゴなど一四種余。なおウミタナゴとは別物。↓写

●タナゴ　タイリクバラタナゴ

**た-な-ごころ**【▽掌】《「手の心」の意》てのひら。たなぞこ。palm

**掌の内**(たなごころのうち)《物が自分のてのひらの中にあることから》自分の自由になること。また、自分の自由にすること。

**掌を返す**(たなごころをかえす) ①物事の非常にたやすくできるたとえ。be as easy as pie ②うって変わった態度のたとえ。like a weathercock in the wind 用例 —ような返事。

**掌を指す**(たなごころをさす)《自分の掌中にある物を指し示すことのように、の意から》①いっていることなどが、極めてはっきりとしていて、内容も正しいことのたとえ。be as clear as day ②いともたやすいことであるたとえ。用例 その地の出身者にとっては、—ようなものだ。

**たな-ざらえ**【棚▼浚え】整理のため、在庫品を全部出して安く売ること。たなざらい。clearance sale

**たな-ざらし**【▽店▼晒し】商品が売れず、いつまでも店先にあること。その商品。shop-worn goods

**たなし**【田無】〈市〉東京都中部、武蔵野台地上の市。地名は灌漑水にとぼしかったことに由来する。現在は宅地化が進み、ひばりが丘団地がある。人口七万二四五九(一九八八)。

**たな-だ**【棚田】山腹や、丘の斜面に、階段状に造った田・水田。比較 段々畑。

**たな-ちん**【▽店賃】家の借り賃。家賃。rent

**たな-つ-もの**【▽穀】《田から生じる物の意》イネ。また、穀物の総称。対義 畑つ物。

**たな-ばた**【七夕・棚機】①織機。また、それで布を織ること。織る人。loom; weaving; weaver ②はたを織る女性。棚機津女。woman weaver ③織女星。Vega ④五節句の一つ。七月七日。また、その日の行事。年に一度会うという牽牛星・織女星に婦女子が技芸の上達を祈願する、中国の乞巧奠が日本に伝来したもの。七夕の節句。七夕祭り。しちせき。the Star Festival ↓写

**たなばた-おどり**【七夕踊(り)】江戸初期から中期にかけて、京都で流行した七夕の踊り。少女たちが美しい衣装を着て市中を踊り回る。小町踊り。

**たなばた-つ-め**【七夕津女】＝たなばたひめ。①はたを織る女性。woman weaver ②織女星。Vega

**たなばた-まつり**【七夕祭(り)】↓たなばた(七夕)④

**たな-び・く**【棚引く】(五自) 雲・かすみなどが、横に長くかかる。hang

**たなべ**【田▽辺】〈市〉和歌山県南部、田辺湾に臨む市。旧城下町。ミカン・梅の栽培、製材・漁業がさかん。貝ボタンが特産。人口七万一八五四(一九八八)。

**たなべ**【田▽辺】〈町〉京都府南部、大阪府・奈良県に接する町。京都・大阪の衛星都市化が進む。人口四万五五三一(一九八八)。

**たなべ-せいこ**【田▽辺聖子】(一九二八) 小説家。大阪生まれ。樟蔭女専卒。人間のやさしさをあたたかい目で描く。作品『感傷旅行』など。

**たなべ-の-さきまろ**【田▽辺▽福麻▼呂】(生没年未詳) 奈良初期の歌人。『万葉集』最後の宮廷歌人。家集『田辺福麻呂歌集』。

**たなべ-はじめ**【田▽辺▽元】(一八八五-一九六二) 哲学者。東京生まれ。京大教授。西田幾多郎の影響下で絶対弁証法を、のち「種の論理」を唱える。主著『哲学通論』など。

**たなべ-ひさお**【田▽辺▽尚雄】(一八八三-一九八四) 音楽学者。東京生まれ。東大卒。日本および東洋音楽の科学的研究の開拓者。著書『日本音楽講話』『東洋音楽史』『日本の楽器』など。

**たな-ぼた**【棚▼牡▽丹】《俗語。「棚から牡丹餅」の略》↓たな(棚)

●七夕④　仙台市。月遅れの八月七日に行う。

**たな-もの**【▽店者】商家の番頭・手代・丁稚など。店員。おたなもの。

**た-なり** 古語 (連語)《完了の助動詞「たり」の連体形「たる」に、伝聞・推定の助動詞「なり」の付いた「たるなり」の音便形「たんなり」の「ん」を、表記しない形》①推定を表す。…ているようだ。…たようだ。用例 聞きあきらめ、恨みとけたまひに—(源氏・真木柱)。②伝聞を表す。…たということだ。用例 この寺にありし源氏の君こそおはしたなれ(源氏・若紫)。参考 中古では「たなり」と表記して、「たんなり」と読んだ。

**た-なん**【多難】(名・形動) 災難や苦労が多いこと・さま。full of troubles 用例 多事—。前途—。

**ダナン**【Danang】ベトナム南部の港湾都市。一六～一七世紀、日本人町があった。人口四九・二万(一九七三)。旧称ツーラン(Tourane)。

**たに**【谷・▽渓・▼谿】①地表面の細長く凹んだ地形。河川の浸食による河谷が多いが、氷河の浸食による氷食谷や断層運動などに起因する構造谷もある。valley 比較 沢。対義 山。②くぼんだ所。depression ③波形の波と波のあいだの低い所。trough

**だに**【▼蜱・▽壁▼蝨】①ダニ目に属する微小な節足動物の総称。昆虫ではなく、クモやサソリに近縁。体は楕円形で体長一mm以下。頭・胸・腹部が一体となって胴部をつくる。脚は四対。世界で一万種以上が知られる。動植物に寄生し、衛生上や農林畜産上の害虫もある。mite ②《転じて》きらわれ者。disliked person 用例 街の—。↓図

●ダニ①　イエダニ

**だに** 古語 (副助) ①《命令・願望・仮定などの語をともなって》せめて…だけでも。用例 香をだに残せ梅の花(古今・春上)。②あることをとりあげて他を類推させる。…でさえ。用例 蛍ばかりの光—なし(竹取)。③事態をさらに強めていう。…までも。用例 諸共に召しおかれんも心憂うさぶらふべきに(平家・一・祇王)。

**たに-あい**【谷▽間】山と山との間。谷のなか。たにま。峡間。valley

**ダニーデン**【Dunedin】ニュージーランド南島南東部の港湾都市。羊毛・酪製品の輸出港。人口一一・四万(一九八六)。

**たに-うつぎ**【谷▽空木】スイカズラ科の落葉低木。日本海側の山地にはえる。高さ二～三m。晩春、紅色の花をつける。観賞用として栽培。

**ダニエル-しょ**【ダニエル書】(The Book of Daniel)『旧約聖書』中の預言書の一つ。紀元前六世紀の預言者ダニエルのバビロニア捕囚期の活躍を述べたもの。

**ダニエル-でんち**【ダニエル電池】硫酸亜鉛溶液中に亜鉛板、硫酸銅溶液中に銅板を入れ、亜鉛板と銅板をつないだ一次電池。一八三六年ダニエルが考案。Daniell cell

**ダニエル-ロプス**【Daniel-Rops】(一九〇一-一九六五) フランスの小説家・キリスト教史家。評論『われらの不安』、小説『炎の剣』、『キリスト教会史』など。

**たに-かぜ**【谷風】晴れた日、山の斜面に接した空気が熱せられて、日中、斜面をはい上がるように山頂に向かって吹く風。valley wind 対義 山風。

**たにかぜ-かじのすけ**【谷風▼梶▼之助】(一七五〇-一七九五) 江戸中期の名力士。仙台生まれ。第四代横綱。二五八勝一四敗三七引き分け(入幕後)。六三連勝の記録を残す。

**たに-がわ**【谷川】谷間を流れる川。渓流。mountain stream

**たにかわ-ことすが**【谷川▽士▽清】(一七〇九-一七七六) 江戸中期の国学者。伊勢の人。垂加流神道を修め、『日本書紀』を重んじて古典古語の研究に功績をあげた。著書『日本書紀通証』など。

**たにかわ-しゅんたろう**【谷川俊太郎】(一九三一) 詩人。東京生まれ。清新な叙情詩で登場し多角的に活躍。詩集『二十億光年の孤独』『六十二のソネット』など。

**たにがわ-だけ**【谷川岳】群馬・新潟県境にある山。標高一九六三m。上信越高原国立公園の一角で、登山者が多いが、地形や天候がきびしく遭難も多い。

**たに-ぎきょう**【谷▼桔▼梗】キキョウ科の多年草。山地の木陰にはえる。原産地は北イン

●多肉植物
千代田錦 ユリ科アロエ属。

十二の巻 ユリ科ハオルチア属。

魁偉玉 トウダイグサ科ユーホルビア属。

桜貝 ツルナ科コノフィタム属。

玉扇 ユリ科ハオルチア属。

曲玉 ツルナ科リトープス属。

ド。高さ一〇cm内外。夏、五深裂の白い鐘形の小花をつける。

**た-にく**【多肉】植物で、肉が多く、厚みのあること。fleshiness

**たにく-か**【多肉果】果皮の中に、汁の多い肉の部分があり、熟しても、乾かない果実。ウメ・モモなど。液果。湿果。fleshy fruit

**たにく-しつ**【多肉質】植物の茎・葉に厚みがあり水分が多いもの。サボテンなど。fleshy

**たにく-しょくぶつ**【多肉植物】茎や葉が肥厚し、水分を蓄える組織の発達した植物。乾燥地・岩場・塩湿地などに生育する。水の蒸発を防ぎ、耐乾性が強い。サボテン・ベンケイソウ・アッケシソウなど。succulent plants →写

**たにぐち-しゅうらく**【谷口集落】河川が山地から平地に流れ出す谷口に発達した集落。山地と平地の物資の交換の場として発達したものが多い。渓口集落。

**たにぐち-まさはる**【谷口▽雅春】(一八九三〜一九八五) 生長の家教祖。兵庫県生まれ。大本教に入信後クリスチャン-サイエンスやニュー-ソート運動の影響を受け、『生命の実相』で光明思想を展開した。

**たにぐち-よしろう**【谷口▽吉郎】(一九〇四〜一九七九) 建築家。金沢生まれ。東工大教授。伝統文化の上に新しい素材を生かした作品を得意とする。昭和四八年(一九七三)文化勲章受章。代表作に藤村記念館・東宮御所など。

**たにぐみ**【谷▼汲】〈村〉岐阜県南西部、濃尾平野北端の村。シイタケが特産。谷汲踊りが有名。人口四三八一(一九八八)。

**たにぐみ-おどり**【谷▼汲踊(り)】岐阜県揖斐郡谷汲村大洞の天神社で行われる太鼓踊り。男たちが胸に太鼓を掛け、竹を三六本に割り五色の紙で飾った「しない」を背負って群舞する。豊穣祈願の華麗な踊り。

**たに-ぐわ**【谷桑】フサザクラの異名。

**たに-こう**【谷行】修験道の掟の一つ。峰入りの際、病気となって脱落する同行者は谷に突き落として行を続けるというもの。

**たにざき-じゅんいちろう**【谷崎潤一郎】(一八八六〜一九六五) 小説家。東京生まれ。東大中退。第二次『新思潮』に参加。耽美的・悪魔主義的な作風を示す。関西移住後は、伝統的な日本文化と古典文学を源泉とし、物語性豊かな世界を築いた。昭和二四年(一九四九)文化勲章受章。作品『刺青』『痴人の愛』『春琴抄』『細雪』『少将滋幹の母』『鍵』『瘋癲老人日記』、随筆『陰翳礼讃』、『源氏物語』現代語訳など。→写

●谷崎潤一郎

**た-にし**【田▼螺】タニシ科の淡水性巻き貝の総称。殻は卵円錐形で殻口は丸い。卵胎生で、雄の右触角は陰茎の役をする。食用。肥料用。日本の川や湖にはオオタニシ・マルタニシ(水田に多い)など四種を産し、殻高三・五〜六cm。river snail →写

●タニシ マルタニシ

**たに-じちゅう**【谷時中】(一五九八〜一六四九) 江戸初期の儒者。名は素有。土佐の人。僧籍にあったが、南村梅軒に儒学を学び、還俗して南学を確立。著書『素有文集』。

**たに-そこ**【谷底】谷のもっとも低い所。たにぞこ。bottom of a valley

**たに-たてき**【谷▽干▽城】(一八三七〜一九一一) 明治の軍人・政治家。土佐藩出身。西南戦争時、熊本鎮台司令官として活躍。第一次伊藤博文内閣で農商務大臣となったが、井上馨の条約改正案に反対して辞職。

**たに-ぶところ**【谷懐】山に囲まれた谷あい。

**たに-ぶんちょう**【谷文▼晁】(一七六三〜一八四一) 江戸後期の文人画家。名は正安。江戸の人。南画に大和絵・西洋画の画法もとり入れた折衷的画風。松平定信の『集古十種』に挿絵を描く。作品『公余探勝図巻』『木村蒹葭堂像』、著書『日本名山図会』など。→写

●谷文晁『公余探勝図巻』「下田」。寛政五年(一七九三)、東京国立博物館。

**たに-ま**【谷間】①谷。谷あい。valley ②比喩的に、日の当たらない所。また、不調なこと。shadow; slump 用例 暗い青春の—。景気の—。

**たに-まち**【谷町】大相撲力士の後援者。特定の贔屓力士を経済的に援助する者。大坂谷町の医者が相撲好きで、力士の世話をしたことからという。

**たにま-の-ひめゆり**【谷間の姫▽百▽合】スズランの異名。

**たにまのゆり**【谷間の▽百▽合】《原題Le Lys dans la vallée フランス》バルザックの小説。一八三六年刊。田舎の青年が、伯爵夫人の支援で出世の道を開く。

**たに-ももこ**【谷桃子】(一九二一〜) 舞踊家。姫路生まれ。谷桃子バレエ団を主宰。

**ダニューブ-がわ**【ダニューブ川】(Danube) →ドナウがわ(ドナウ川)

**たにょう-しょう**【多尿症】尿量の異常に増加した状態が続く症状。一日の尿量が三〇〇〇mℓ以上。脳下垂体性および腎性尿崩症・糖尿病などにより起こる。polyuria

**ダニロワ**【Alexandra Danilova】(一九〇四〜) アメリカのバレリーナ。ロシア生まれ。ディアギレフのロシア-バレエ団などで活躍。

**たに-わたし**【谷渡】ナンテンハギの異名。

**たに-わたり**【谷渡り】①谷から谷へ渡ること。②ウグイスなどが谷から谷へ渡ること。そのときの鳴き声。③《「谷渡」で》オオタニワタリの別名。

**たにわたり-の-き**【谷渡の木】アカネ科の常緑小高木。暖地に分布。高さ約五m。晩夏、淡黄色の小花の集まった一見球形の花をつける。

**た-にん**【他人】①自分以外の人。another person ②血のつながらない人。親族でない人。unrelated person 用例 兄弟は—の始まり。赤の—。③まったくかかわりのない人。outsider 用例 —の出る幕ではない。

**他人の食い寄り**(たにんのくいより)「他人は食い寄り」と同意。

**他人の疝気を気に病む**(たにんのせんきをきにやむ) 関係のないことにくよくよするたとえ。類似 他人の疝気を頭痛に病む。

**他人の空似**(たにんのそらに) 血すじがつながっていないのに、また、まったくの別人なのに、外見が実によく似ていること。accidental resemblance

**他人の飯は白い**(たにんのめしはしろい) 他人のものは、なにかにつけてよくみえるものである。類似 隣の芝生は青い。隣の花は赤い。

**他人の飯を食う**(たにんのめしをくう) 親元をはなれて、奉公などに出る。人中でもまれて、経験を積む。寄食する。experience hardship

**他人の別れ、棒の端**(たにんのわかれ、ぼうのはし) 夫婦別れしたあとは、木のくずのように互いにかえりみない。

**他人は食い寄り**(たにんはくいより) 《「親は泣き寄り他人は食い寄り」の略》人の不幸があると、他人はごちそうめあてに集まるものだ。対義 親は泣き寄り。

**他人は時の花**(たにんはときのはな) 他人は、一時の花のようなもので、常に頼りになるものではないということ。

**たにん-あつかい**【他人扱い】親しい人を他人のように、よそよそしくあしらうこと。make a stranger of

**たにん-ぎょうぎ**【他人行儀】(名・形動) よそよそしくふるまうこと・さま。ceremonious

**たにん-しほん**【他人資本】企業が外部からの借り入れで調達した、自己資本以外の資本。借入資本。borrowed capital 対義 自己資本。

**た-にんずう**【多人数】多くの人々。大勢。たにんず。a large number of people

**たぬき**【▼狸・▼貍】①イヌ科の獣。アナグマ(イタチ科)とともにムジナともよばれる。体長約六〇cm、尾長約一五cm。黄褐色で、肩・腹・四肢などは黒褐色。ずんぐりとした体で、尾も太い。夜行性で雑食性。日本全土・東アジアに分布。民話や伝説で親しまれている。raccoon dog ②ずるがしこい人。sly person →写

●タヌキ①

**狸の腹鼓**(たぬきのはらつづみ) タヌキが、月夜に腹をたたいて楽しむということ。類似 狸囃子。

**捕らぬ狸の皮算用**(とらぬたぬきのかわざんよう) 実際に手に入れないうちから、あれこれとあてにする愚かしさのたとえ。Don't count one's chickens before they are hatched.

**たぬき-じじい**【▼狸▼爺】ずるい老人。たぬきおやじ。foxy old man

**たぬき-じる**【▼狸汁】①タヌキの肉を入れたみそ汁。②こんにゃく・小豆・豆腐を入れた

みそ汁。

**たぬき-ねいり**【▼狸寝入り】(名・サ変自) 眠ったふりをすること。そらね。pretend to be asleep

**たぬき-の-しょくだい**【▼狸の▼燭台】ヒナノシャクジョウ科の腐生植物。常緑林の落葉の下にはえる。高さ約四cm。葉緑体をもたず白色。燭台を思わせる花が夏に開く。

**たぬき-ばやし**【▼狸▼囃子】伝説で、夜中にタヌキが祭りばやしをまねて打つという腹鼓。

**たぬき-ぼり**【▼狸掘り】鉱床中の高品位の鉱石だけを選んで採掘する方法。昔の採掘技術で、掘り跡がタヌキ穴のようになることからの名。

**たぬき-まめ**【▼狸豆】マメ科の一年草。本州以南の原野にはえる。夏から秋に紫色の蝶形花を開く。萼に褐色の長毛を密生するので、この名がある。↓図

●タヌキマメ

**たぬき-も**【▼狸藻】池沼に浮かぶタヌキモ科の多年生食虫植物。葉は羽状に細裂し捕虫嚢をもつ。夏、水面上に花茎を出し、黄花を数個つける。↓写

●タヌキモ

**たぬしまる**【田主丸】〈町〉福岡県、久留米市東隣の町。柿・ブドウ・苗木の栽培がさかん。人口二万二六六五(一九八八)。

**たぬま**【田沼】〈町〉栃木県南西部、足尾山地の南の町。農林業のほか縫製・木材工業、かわら製造がさかん。人口三万六四〇(一九八八)。

**たぬま-おきつぐ**【田沼▽意次】(一七一九〜一七八八) 江戸中期の幕府の重臣。遠江国相良城主。将軍徳川家重・家治の側衆・側用人となり、安永元年(一七七二)老中。若年寄となった子の意知とともに政権を独占し積極政策を断行。賄賂を横行させるなど、いわゆる田沼時代を現出。天明六年(一七八六)失脚。

**たぬま-おきとも**【田沼▽意▽知】(一七四九〜一七八四) 江戸中期の若年寄。意次の子。父とともに政権をほしいままにしたが、旗本佐野善左衛門に江戸城中で斬殺された。

**たぬま-じだい**【田沼時代】徳川一〇代将軍家治のとき、田沼意次が側用人・老中として政治の実権を握っていた明和四〜天明六年(一七六七〜八六)の時期をさす。下総国印旛沼などの開拓、蝦夷地開発など積極政策を図り、幕政の立て直しに努力したが、賄賂横行の批判、天明の飢饉や家治の病などにより田沼が失脚し終息。

**たね**【種】①動植物の子孫をふやすもと。seed 用例 ── まき。②果実の核。さね。stone ③物事が生じるもと。材料。原因。cause; source 用例 話の──。④料理の材料や材料を下ごしらえしたもの。すしだね・わんだね・おでんだねなど。ingredients ⑤手品のしかけ。trick ⑥《「胤」とも》父方の血すじ。子ども。lineage 用例 おとし──。

**種を明かす**(たねをあかす) ①手品などのしかけをときあかす。種明かし。reveal the trick ②かくされていた事実を明らかに示す。reveal the secret

**種を蒔く**(たねをまく) 原因をつくる。sow the seeds

**種を宿す**(たねをやどす) 妊娠する。子を身ごもる。become pregnant

**たね-あかし**【種明(か)し】(名・サ変自) 手品などの、しかけを説明すること。reveal the trick

**たね-あぶら**【種油】アブラナの種からとった油。食用・照明用。rape oil

**たね-いた**【種板】写真の原板。乾板の旧称。negative

**たねいち**【種市】〈町〉岩手県北端の町。ウニの養殖、農林業主体。南部もぐり(潜水夫)の発祥地。人口一万七一六一(一九八八)。

**たね-いも**【種芋】種にする芋。種として取っておく芋。seed potato

**たねいれぬパン-の-まつり**【種入れぬパンの祭(り)】ユダヤ教の祝祭。過ぎ越しの祭りに続く一週間、酵母を入れないパンを食べるもの。除酵祭。Feast of Unleavened Bread

**たね-うし**【種牛】種付けするために飼う、雄の牛。bull

**たね-うま**【種馬】種付けするために飼う、雄の馬。しゅば。stallion

**たね-おろし**【種下ろし】種まき。sowing

**たね-が-しま**【種▽子島】①鹿児島県、大隅半島の南四〇kmにある島。面積四四六km²。平らな台地状をなす。畑作・酪農・畜産中心。鉄砲伝来の地として著名。種子島宇宙センターがある。②日本に伝来、普及した火縄銃の通称。天文一二年(一五四三)種子島に漂着したポルトガル人から、領主種子島時尭が二挺の小銃を購入、家臣に製作させたのが最初。種子島銃。

**たねがしま-うちゅうセンター**【種子島宇宙センター】宇宙開発事業団に所属するロケット発射場。鹿児島県種子島竹崎海岸にある。昭和四四年(一九六九)打ち上げ開始。

**たねがしま-ときたか**【種▽子島時▼尭】(一五二八〜一五七九) 戦国時代の武将。種子島の領主。天文一二年(一五四三)漂着したポルトガル人から小銃二挺を購入。家臣に製法を研究させて火縄銃を製作、普及させた。

**たね-がみ**【種紙】蚕卵紙。egg card

**たね-がわり**【種変(わ)り・▼胤変(わ)り】種違い。

**たね-ぎれ**【種切れ】材料がすっかりなくなること。be exhausted 用例 話は──だ。

**たねさし-かいがん**【種差海岸】青森県、八戸市の太平洋に臨む海岸。蕪島から南へ約八kmにかけてつづく、変化に富んだ景勝地。

**たね-じ**【種字】活字鋳造の母型を作るときの原型となる活字。鉛合金やツゲの木に彫刻して作る。

**たねだ-さんとうか**【種田山頭火】(一八八二〜一九四〇) 俳人。本名、正一。山口県生まれ。早大中退。荻原井泉水門下で自由律俳句の異才。出家して放浪行乞の生活を送る。句集『草木塔』など。

**たね-ちがい**【種違い・▼胤違い】兄弟姉妹で父が違うこと。種変わり。half brother; half sister 対義 腹違い。

**たね-つけ**【種付け】(名・サ変自) すぐれた子を生ませるため、良種の雄を雌に交配させること。mating

**たねつけ-ばな**【種漬花】アブラナ科の一、二年草。水田・湿地にはえる。高さ約三〇cm。葉は不同の羽状複葉。春に、白色四弁の小花を多数つける。日本全土に分布。タガラシ。

**たね-とり**【種取り】①植物の種子をとること。また、そのために植物を作ること。seed-raising ②子を生ませるために動物を飼うこと。breeding ③記事の材料を探し歩くこと・人。news gathering

**たねなし-かじつ**【種無(し)果実】結実にあたって、種が生じない果実。温州ミカン・バナナなど。seedless fruit

**たねなし-すいか**【種無(し)▽西▼瓜】染色体の三倍体の植物は種子ができないことを利用したスイカ。二倍体(ふつうのスイカ)からコルヒチン処理で四倍体を作り、四倍体に二倍体を交配してつくる。

**たね-ばえ**【種▼蠅】幼虫の蛆が作物の種子の発芽時に種子や幼根・幼芽を食害するハエ。体長五mm内外。雄は黄褐色か暗褐色、雌は灰色、翅は透明。年数回発生。日本全土に分布。

**たね-び**【種火】火をおこしたり、点火のために用意しておく、小さな火。火だね。

**たね-ほん**【種本】著作・講義などのもとにする他人の書物。source

**たね-まき**【種▼蒔き】(名・サ変自) ①栽培を目的として植物の種子をまくこと。seeding ②とくに、八十八夜ごろのイネのもみまき。

**たねまき-ざくら**【種▼蒔桜】コブシの異名。東北地方では開花と田植えの時期が一致することからの名。

**たねまくひと**【種▼蒔く人】文芸雑誌。大正一〇年(一九二一)小牧近江らが創刊。同一二年廃刊。プロレタリア文学運動の先駆。

**たね-もの**【種物】①草木の種子。seed ②てんぷら・肉・卵などの具を入れ、汁をかけたそば・うどん。③シロップ・小豆などを入れた氷水。対義 水。

**たね-もみ**【種▼籾】種としてまくための、もみ。seed rice

**た-ねん**【他年】ほかの年。将来。後年。in future

**た-ねん**【他念】ほかのことを思う心。余念。

**た-ねん**【多年】長い年月。many years

**たねんせい-しょくぶつ**【多年生植物】↓たねんそう(多年草)

**たねんせい-そうほん**【多年生草本】↓たねんそう(多年草)

**たねん-そう**【多年草】地上部が枯れても地下部が残り、毎年新しく芽を出して生長する草本。葉が残るものもある。多年生草本。多年生植物。perennial plant 対義 一年草。

**たねん-なく**【他念なく】(副) 一筋に。ひたすら。

**たの**【田野】〈町〉高知県東部、奈半利川河口の町。林産物集散とイワシなどの漁業が行われる。人口三八六九(一九八八)。

**たの**【田野】〈町〉宮崎県南部、清武川に沿う町。ダイコン栽培と漬物加工、スギの苗木育成がさかん。人口一万一七〇九(一九八八)。

**だ-の**(副助)《体言・終止形などに付く》いくつもの事柄の一、二の例を並べあげる意を表す。用例 鉛筆──ペン──を並べる。参考 並立助詞とする説もある。

**たの-いせき**【田▽能遺跡】兵庫県尼崎市田能で発掘された弥生時代の大集落遺跡。弥生時代墓制の研究に重要な墳墓を多数発掘。

**た-のう**【多能】(名・形動) 多くの技能や、芸能を身につけていること・さま。versatility 用例 多芸──の人。

**たのうら**【田浦】〈町〉熊本県南西部、八代市南隣の町。アマナツミカン中心の柑橘類栽培がさかん。人口六五七一(一九八八)。

**た-の-かみ**【田の神】イネの豊作を祈って祭られる神。祭時に訪れる神とされ、山の神が春に里に降り田の神になるといわれる。農神。作神。

**たの・し**【楽し】古語 (形シク) ①↓たのしい(楽しい)。②裕福である。用例 堀川相国は、美男の──・しき人にて(徒然・九九)。

**たのし・い**【楽しい】(形) 心が明るく、浮き浮きする気分だ。愉快だ。喜ばしい。pleasant 対義 苦しい・悲しい。用例 ──・く過ごす。派生 たのしが・る(五自) たのしげ(形動) たのしさ(名)

**たのしみ**【楽しみ】①楽しむこと。pleasure 用例 お帰りを──にしています。②楽しむいろいろな物事。amusement 用例 都会には──が多い。③趣味。hobby 用例 わたしの──はゴルフだ。

**楽しみ極まりて哀情多し**(たのしみきわまりてあいじょうおおし)「楽しみ尽きて哀しみ来る」と同意。

**楽しみ尽きて哀しみ来る**(たのしみつきてかなしみきたる) 楽しみが極点に達すると、かえって悲しみが涌いてくる。楽しみのあとへは苦しみ来る。

**たのし・む**【楽しむ】(五他) ①愉快に思う。enjoy oneself 用例 大いに──。②好む。好み喜ぶ。delight in 用例 スキーを──。③待ち望む。look forward to 用例 成長を──。④楽しいと感じることによって心が満足する。enjoy 用例 人生を──。

**たのし・める**【楽しめる】(下一自) 楽しむことができる。can enjoy 用例 けっこう──。半日──。

**だ-のに**(接続) それなのに。nevertheless 用例 ──あの人は行ってしまった。

**たのはた**【田野畑】〈村〉岩手県三陸海岸の村。ワカメ・コンブ養殖と畜産が中心。北山崎などの景勝がある。人口五二七四(一九八八)。

**たのみ**【頼み】①たのむこと。願うものごと。request 用例 ──を聞く。②たよりにすること。あて。reliance 用例 ──になる人。

**頼みの綱**(たのみのつな) あてにして、よりすがるもの。最後まで、たよりにする人や物事をたとえていう。one's only hope

**た-の-み**【田の実】熟したイネの実。和歌では、「頼み」にかけて用いられた。

**たのみ-い・る**【頼み入る】(五他) 頼みこむ。entreat

**たのみ-がい**【頼み▽甲▼斐・頼み▽効】頼むはりあい。reliability

**たのみ-こ・む**【頼み込む】(五他) ひたすら頼む。entreat

**たのみ-すくな・い**【頼み少ない】(形) 心細い。おぼつかない。helpless

**たのみ-の-せっく**【田の実の節句】《「田の実」はイネのこと》陰暦八月朔日の行事。五穀の神を祭ったり、物品の贈答をする。八朔の節句。田の実の祝い。たのむのせっく。たのむ。

**たの・む**【頼む】㊀(五他) ①こちらの希望にかなうようお願いす

る。request 用例 他言しないでくれと—。②《「恃む」とも》たよりにする。あてにする。rely on 用例 一家の柱と—父親。多勢を—・んでおそってくる。③何かをしてもらうために呼ぶ。call 用例 助けを—。タクシーを—。㊁ 古語 (四他) 頼みにする。用例 —・みたる方の事は違ひて(徒然・一八九)。㊂ 古語 (下二他) 頼みに思わせる。期待させる。用例 さしむかひたる程は、うちすかして思はぬことをもいひ—・むるこそ、はづかしきわざなれ(枕・はづかしきもの)。

**頼む木の下に雨漏る**(たのむきのもとにあめもる) せっかくたのみにしていたのに、あてがはずれる。類似 頼む蔵から火が出た。

**たのむら-ちくでん【田▽能村竹田】**(一七七七〜一八三五) 江戸後期の文人画家。名は孝憲。豊後の人。明清画を翻案し新画風を樹立。作品『亦復一楽帖』、画論『山中人饒舌』など。

**たの-も【田の▽面】** 田の表面。

**たのも-う【頼もう】**(感)《「頼まん」の転》昔、武士が案内を請うたときの語。たのむ。

**たのもし【頼▽母子・▼憑子】** 「頼母子講」の略。

**たのも・し【頼もし】** 古語 (形シク) →たのもしい(頼もしい)

**たのもし・い【頼もしい】**(形) たよりになりそうに見える。信頼できる。reliable 派生 たのもしが・る(五自) たのもしげ(形動) たのもしさ(名)

**たのもし-こう【頼▽母子講】** 相互救済のための庶民の金融制度。講の仲間が金や米を持ち寄り、抽選や入札で合計額を順番に使う。鎌倉時代に始まり現代まで存続。無尽。

**たば【束・▽把】** ㊀(名) 束ねたもの。bundle ㊁(助数) 束ねたものを数える語。用例 薪七—。

**束になって掛かる**(たばになってかかる) 大勢一緒に、攻めかかる。all attack at one time

**だ-は【打破】**(名・サ変他) うちやぶること。break 用例 旧習を—する。現状—。

**だ-ば【駄馬】** ①荷物を運ぶ馬。荷馬。pack-horse ②下等な馬。hack

**た-ばい【多売】**(名・サ変自) 商品をたくさん売ること。sell a large quantity 用例 薄利—。

**ダバオ【Davao】** フィリピン、ミンダナオ島南東部の港湾都市。二〇世紀初め日本人の入植によりマニラ麻の産地として発展。人口六一万(一九八〇)。

**たば-かぜ** 福井県以北の日本海沿岸地方でいう冬の北西の季節風。強風でしけるので恐れられている。たまかぜ。

**たばか・る【▽謀る】**(五他) ①くふうする。相談する。contrive ②計画してだます。cheat

**タバコ【tabacoポルトガル・煙草・莨】** ①ナス科の一年草。葉は大形で楕円形。夏に、淡紅色の花をつける。品種改良により種類は豊富。成熟した葉を乾燥加工し、喫煙用とする。南アメリカ原産。tobacco ②タバコの葉の喫煙用の加工品。アイオモイグサ。オモイグサ。ワスレグサ。tobacco 数え方 一本・一箱・一袋・一カートン。

**タバコ-が【▽煙草▼蛾】** ヤガ科のガ。開張約三・五cm。黄褐色。幼虫がタバコの葉・ナス・トマトなどを食害。本州・四国・九州に分布。→図

●タバコガ

**タバコ-しょうひぜい【たばこ消費税】** 製造タバコの消費に対して課する間接消費税。たばこ専売制度の廃止にともない、昭和六〇年(一九八五)専売納付金制度に代えて創設。

**タバコ-せん【タバコ銭】** ①タバコを買うお金。②小遣い銭。pocket money ③わずかな礼金。tip

**タバコ-ぼん【タバコ盆】** きざみタバコ用の喫煙道具。当初、盆の上に火入れ・灰吹き・タバコ入れなどをのせたが、のちに、それらを一まとめにした用具もできた。吐月峰。

**タバコモザイク-びょう【タバコモザイク病】** タバコモザイクウイルスによるタバコの苗の病気。葉にモザイク状の斑紋ができて奇形的によじれ、全株が萎縮する。一九三五年にスタンレーがウイルスを単離。tobacco mosaic

**た-ばさ・む【手挟む】**(五他) ①手にはさんで持つ。carry in one's hands ②わきにはさむ。carry under one's arm

**た-ばし・る【た走る・▼迸る】**(五自)《「た」は接頭語》勢い激しく走り飛ぶ。ほとばしる。用例 血潮—。

**タバスコ【tabasco】** ①《メキシコの地名にちなむ》トウガラシの一種。高さ約五〇cm。葉は披針形。花は小さく五裂。上向きの果実は約六cmで、極めて辛い。②《アメリカのタバスコ社の商標名「タバスコソース」の略》①の果実を発酵・熟成させ、食酢を加えた辛いソース。

**た-はた【田畑・田▼畠】** 田と畑。fields

**たはた-えいたいばいばいきんしれい【田畑永代売買禁止令】** 江戸幕府が出した田畑の売買禁止令。土地移動による農民の貧富の差の発生と、それによる年貢滞納、離村を防ぐため、寛永二〇年(一六四三)発令。

**た-はつ【多発】** ㊀(名・サ変自) 多く発生すること。frequent occurrence 用例 事故—地帯。㊁(名) 発動機の数の多いこと。multiengine 対義 単発。用例 —機。

**たはつ-せい【多発性】** あちこちに多く発生すること。multiple; poly- 用例 —神経痛。

**たはつせい-きんえん【多発性筋炎】** 筋力の低下をはじめ種々の症状をともなう筋肉疾患。筋肉痛のあることが多く、膠原病の一症状として現れたり、悪性腫瘍のときに併発したりする。polymyositis

**たはつせい-こうかしょう【多発性硬化症】** 脳と脊髄に、島のように散らばった病巣のできる脱髄性疾患の一種。視力障害・運動失調などの多彩な神経症状があり、軽快と悪化を繰り返ししだいに悪化する。欧米人に多い難病。multiple sclerosis

**たはつせい-しんけいえん【多発性神経炎】** 多数の末梢神経が同時に、系統的に冒される病気。四肢の運動麻痺・知覚障害などの症状が出る。アレルギー、代謝障害、各種の中毒、また他の種々の原因によりおこる。polyneuritis

**たば・ぬ【束ぬ】** 古語 (下二他) →たばねる「(束ねる)」

**たばね【束ね】** ①束ねたもの。bundle ②大勢を取り締まること・人。management 用例 町の—。

**たば・ねる【束ねる】**(下一他) ①束にする。しばる。bundle ②組織・集団をまとめて取り締まる。unify

**たばやま【▽丹波山】**〈村〉 山梨県北東部、多摩川上流の村。コンニャク・ワサビの栽培がさかん。人口一一四六(一九八八)。

**たはら【田原】**〈町〉 愛知県、渥美半島基部の町。旧城下町。園芸農業・畜産などのほか、自動車工場の進出で工業化が進む。人口三万三二一三(一九八八)。

**たばる-ざか【田▽原坂】** 熊本県北西部、植木町と玉名市を結ぶ旧街道にある坂。明治一〇年(一八七七)の西南の役の古戦場。

**たび【度】** ㊀(名) とき。おり。time 用例 この—。㊁(助数) 度数・回数を数える語。用例 戦うこと三—。

**たび【旅】** 家を離れて、しばらくよそへ行くこと。その道中。旅行。trip; travel; tour 用例 —に出る。

**旅の恥は掻き捨て**(たびのはじはかきすて) 旅先では、知っている人がいないから、なにをしてもかまわないということ。Once over the border, one may do anything. 比較 立つ鳥、跡を濁さず。

**旅は憂いもの辛いもの**(たびはういものつらいもの) 旅行では、知った人や頼る人もなく、心配やつらいことが多い。

**旅は心、世は情け**(たびはこころ、よはなさけ) 旅では道連れどうしが助けあい、世わたりでは、情けをもって仲よくするのがよい。In traveling, companionship; in life, kindness. 類似 旅は道連れ世は情け。

**旅は情け人は心**(たびはなさけひとはこころ) 旅では、人の情けが何よりもうれしく、人では、心のもち方が何より大切である。

**旅は道連れ世は情け**(たびはみちづれよはなさけ) 旅は同行者があってこそ楽しく、世間には人情があってこそ、うまく成り立っていく。A merry companion is a waggon in the way.

**たび【足袋・▽単皮】** 親指の分かれた、足を包む布製の履物。和装のとき防寒や儀礼のため用いる。表地は木綿・繻子・綾絹など。用例 —をはく。数え方 一足。→図

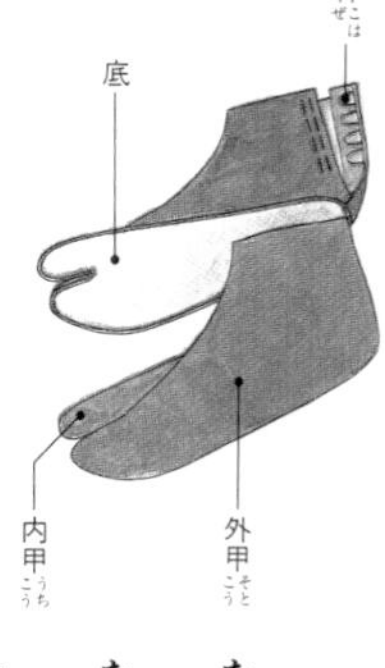


●足袋

**だび【▼荼▼毘・▼荼▼毗】**《仏教語。jhāpetaパーリの音写で、焼身・焚焼の意》死体を火葬にすること。用例 —に付す。

**ダビ【Eugène Dabit】**(一八九八〜一九三六) フランス‐ポピュリスムの代表的小説家。貧民の実態を同情をもって描いた。作品『北ホテル』など。

**たび-あきない【旅商い】** 旅をしながら商売をすること・人。行商。peddler

**たび-あきんど【旅▽商▽人】** 旅あきないをする人。旅商人。peddler

**タビー【tabby】** ①→ひらおり(平織り)。②ペルシアネコの一種。体側に輪状または渦巻き状の幅広い黒帯模様があり、背すじには三本の鮮明な縦縞がある。欧米ではふつうに飼育されるが、日本ではまれ。

**タピエス【Antonio Tàpies】**(一九二三〜) スペインの画家。石膏や砂を用い、彩色した重厚なマチエールにより、悲劇的表情をもつ抽象作品をつくる。作品『大きな絵画』など。

**タピオカ【tapioka】** キャッサバの地下茎からとるでんぷん。

**たび-かさな・る【度重なる】**(五自) 同じことが何度も起こる。be repeated

**たび-かせぎ【旅稼ぎ】** よその土地へ行って働くこと。出稼ぎ。itinerant work

**たび-がらす【旅▼烏】** ①旅から旅へ渡り歩く人。wanderer ②他郷からの移住者。stranger

**たび-げいにん【旅芸人】** 諸国を渡り歩いて生計をたてる芸人。古代から神仏の霊験を説いたり、祈禱などを行う目的のものが多く、近世には、歌舞伎役者の中から旅回り専門の者もでてきた。itinerant entertainer

**たび-こうぎょう【旅興行】** 地方を回って、芝居・相撲・サーカスなどをすること。show on tour

**たび-ごころ【旅心】** ①旅行中の気持ち。旅情。traveler's sentiment ②旅に出たいと思う気持ち。desire to travel

**たび-ごろも【旅衣】** 旅行中に着ている着物。traveling outfit

**たび-さき【旅先】** 旅行中の場所。旅をして一時とどまっている所。one's staying place on a journey 用例 —から出したたより。

**たび-じ【旅路】** ①旅をする道すじ。journey course ②旅の途中。on a journey ③旅。journey ④長い間にわたる、いろいろな経験。various experiences over a long period 用例 心の—。

**たび-じたく【旅支度・旅仕度】** ①旅に出る用意。preparations for a journey ②旅行中の身なり。旅ごしらえ。traveling outfit

**たび-しょ【旅所】** 祭りのとき、みこしを本宮から移しかえて、しばらくとどめておく所。お旅所。

**たび-しょうぞく【旅装束】** 旅をするときの身なり。たびごろも。traveling outfit

**たび-ずまい【旅住(ま)い】** 旅先の住まい。

**たび-そう【旅僧】** 行脚している僧。

**たび-だ・つ【旅立つ】**(五自) 旅に出る。go on a journey

**たび-たび【度度】**(副) 何回も繰り返すようす。しばしば。幾度も。often 用例 —お邪魔してすみません。

**タヒチ-とう【タヒチ島】**(Tahiti Island) 南太平洋中央部、フランス領ポリネシアのソシエテ諸島中最大の火山島。面積一〇四二km²。観光地、フランスの軍事基地。ゴーガンの絵画でも有名。

**たび-づかれ【旅疲れ】**(名・サ変自) 旅をしたことで疲れること。travel-worn

**ダビット【Gerard David】**(一四六〇ごろ〜一五二三) オランダの画家。宗教画・肖像画を制作。作品『天使にかこまれた聖母子』など。

**ダビッド【Jacques Louis David】**(一七四八〜一八二五) フランスの画家。新古典主義の創始者。ナポレオンの御用画家となり、勢威をふるう。作品『サビニの女たち』『戴冠式』など。→新古典主義 写

**ダビデ【David】** 古代イスラエル王国第二代の王(在位BC一〇〇〇ごろ〜BC九七〇ごろ)。ソロモンの父。エルサレムに都を定め、近隣を併合して王国の最盛期を築いた。

**ダビデ-の-ほし【ダビデの星】** イスラエル国旗の呼称。

▼常用漢字表外。 ▽常用漢字表の音訓外。

**たび-どり【旅鳥】** 日本より北の地域で繁殖し、日本より南の地域で越冬するため、渡りの途中で日本に立ち寄る鳥。春・秋によく見られる。シギ類・チドリ類・ムギマキなど。migratory bird

**たび-にっき【旅日記】** 旅行中の日記。紀行。travel note

**たび-にん【旅人】**《「たびびと」は別語》旅から旅へ渡り歩くやくざ。

**たび-ね【旅寝】**(名・サ変自) 旅先で寝ること。旅の宿り。たびまくら。

**たび-ねずみ【旅▾鼠】** レミングの別名。

**たび-の-そら【旅の空】** ①旅行先。旅の道中。away from home ②旅先の心細い気持ち・境遇。loneliness and helplessness away from home

**たび-はだし【足袋▾跣】** 履物を履かず、足袋のまま屋外を歩くこと。

**た-ひばり【田▿雲▾雀】** ヒバリに似たセキレイ科の小鳥。翼長約九cm。河原や水田などにすみ、尾を上下に振りながらえさを探し歩く。シベリア東部で繁殖し、日本各地には冬鳥として渡来。water pipit ↓図

●タヒバリ

**たび-びと【旅人】**《「たびにん」は別語》旅行している人。旅客。traveler

**たびびと-なかせ【旅人泣】** ツノゴマの別名。

**たびびと-の-き【旅人の木】** バショウ科の常緑高木。熱帯地方で庭木、街路樹として栽培。高さ一〇〜二〇m。葉はバショウに似て大きく扇形に展開し、基部が肥大して水がたまるのでこの名がある。マダガスカル原産。オウギバショウ。traveller's tree ↓写

●タビビトノキ

**たび-まくら【旅▾枕】** たびね。

**たび-まわり【旅回り】** 旅をしてあちらこちらを回ること。traveling 用例 ―の芸人。

**たび-もの【旅物】** ①遠方から送ってきた魚・野菜類。②生け花で、その土地のものでない花。

**たび-やくしゃ【旅役者】** 地方を興行して歩く役者。itinerant entertainer

**たび-やつれ【旅▾窶れ】**(名・サ変自) 旅行の疲れのために、やつれること。travel-worn

**た-びょう【多病】**(名・形動) 病気がちなこと・さま。delicate health 用例 才子―。

**たびら【田平】**〈町〉 長崎県、北松浦半島北西端の町。白菜栽培・畜産・漁業がさかん。瀬戸山天主堂がある。人口八四七二(一九八八)。

**た-びらこ【田平子】** 水田の畔に生えるキク科の二年草。高さ一〇〜二五cm。葉は羽状に切れこんで根生。春に黄色の頭花を花茎につける。春の七草のホトケノザのこと。カワラケナ。コオニタビラコ。↓図

●タビラコ

**ダビング[dubbing]**(名・サ変他) ①録音・録画ずみのテープに新しい音やせりふを加えて再構成し、録音・録画を完成すること。②一度録音・録画したものを別のテープに再録すること。

**たひんしゅ-しょうりょうせいさん【多品種少量生産】** 同じ生産施設を使って類似性の低い多種の製品を少量ずつ生産すること。注文生産方式などがその例。対義 少品種大量生産。

**ダ-ビンチ[da Vinci]** ↓レオナルド=ダ=ビンチ

**た-ふ【多夫】** ひとりの女がふたり以上の夫を持つこと。polyandry 用例 一妻―制。

**タフ[tough]**(形動) 粘り強いさま。頑丈。不死身。用例 ―な男。

**たぶ** 12画 **【▾椨】** 部首[木]へん 和製漢字 JIS 6013
①タブノキ。クスノキ科の常緑高木。いぬぐす。②地名や姓氏に用いられる。「たふ」「とう」などとも。

**た・ぶ【▿賜ぶ・▿給ぶ】** 古語 ㊀(四他)「与ふ」「授く」の尊敬語。くださる。お与えになる。用例「娘をわれに―・べ」と、伏し拝み(竹取)。㊁(補動 四)《動詞の連用形に付いて》尊敬の意をそえる。お…になる。…なさる。…てくださる。用例 みふねよりおふせ―なり(土佐)。

**た・ぶ【食ぶ】** 古語 (下二他) ↓たべる(食べる)

**タブ[tab]**《引っ張ったり、つるしたりする小さな垂れやつり輪、の意》①服飾で、レーンコートなどの袖口やヨークに見られる、締め具や飾りとしてつけられた帯状の垂れ。②帽子の耳おおい。③靴ひもの先の金具。

**だ-ふ【▾懦夫】** いくじなし。

**タブー[taboo]**《ポリネシア語で、特別なもの、の意》①宗教的禁止。禁忌。超自然的な制裁を避けるため、冒してはならない神聖な、または、触れてはならない不浄なもの・場所・ことば・行為。②《転じて》してはならない言動。

**タフ-ガイ[tough guy]** 腕っぷしの強い男。たくましいやつ。

**タブ-カラー[tab collar]**《「タブ」は垂れ、の意》襟型の一つ。ワイシャツなどに見られる。左右の襟先の裏側からホックなどのついた小さいつまみ状の持ち出しのついた襟。

**た-ぶさ【▾髻】** 髪の毛を上でたばねたもの。もとどり。

**た-ふさぎ【▾犢▿鼻▾褌】** 古く股の所をおおった、短い下着。下ばかま。ふんどし。とくびこん。とうさぎ。

**たぶせ【田布施】**〈町〉 山口県、柳井市西隣の町。ナガイモ・イチゴ・モモ・ゴボウなどを産する農業の町。人口一万六九四三(一九八八)。

**タフタ[taffeta]** 絹織物の一種。縦・横糸とも練り糸を用い、縦糸の密度を横糸の二倍以上で平織りにした薄地の横畝のある織物。婦人服・リボン用。薄琥珀。

**だぶ-だぶ**(副・サ変自) ①中に入れた液体が揺れ動くさま。slosh 用例 腹が―する。②大きすぎて、からだに合わないさま。loose 用例 ―のシャツ。③太りすぎているさま。fatty 用例 ―の下腹。

**だぶ-つ・く**(五自) ①洋服などが大きすぎてぴったり合わない。be baggy ②物や金銭があり余る。be in excess ③液体がいっぱい入ってゆれ動く。tumble

**タフト[Robert Alphonso Taft]**(一八八九〜一九五三) アメリカの政治家。二七代大統領ウィリアム=ハワード=タフトの子。孤立主義を代表した共和党上院議員。一九四七年タフト-ハートレー法を提案。

**タフト[William Howard Taft]**(一八五七〜一九三〇) アメリカの政治家。第二七代大統領(在任一九〇九〜一三)。共和党員。トラスト規制など進歩的政策を行い、対外的にはドル外交を推進。

**タフト-ハートレー-ほう【タフト-ハートレー法】**(Taft-Hartley Act) 第二次大戦後の大ストライキを機に一九四七年アメリカで制定された、労働組合を制限する法律。

**ダフニスとクロエ** ①《原題 Daphnis kai Khloē ギリシア》三世紀ごろのギリシアの作家ロンゴスの牧歌小説。②《原題 Daphnis et Chloé フランス》三場のバレエ作品。①をもとにラベルが作曲、振り付けフォーキンで一九一二年パリで初演。

**ダフネ[Daphnē ギリシア]** ギリシア神話のニンフ。アポロンの愛を拒んで父のラドンに助けを求め、月桂樹に変身した。以後、月桂樹がアポロン神の樹となった。Daphne ↓写

●タフネ 『アポロンとダフネ』より。ロンドン・ナショナル・ギャラリー。

**たぶ-の-き【▾椨】** クスノキ科の常緑高木。暖地の海岸近くに多い。高さ約一五m。葉は長楕円形。春に黄緑色の小花を密生。果実は黒紫色に熟する。イヌグス。タブ。

**だふ-や【だふ屋】**《俗語。「だふ」は「札」の倒語》乗車券・入場券などをいち早く買い占めて、高く売りつける者。

**たぶらか・す【▾誑かす】**(五他) だます。まよわす。cheat

**タブラ-バヤ[tablā-baya]** 北インドの一対の打楽器。乾いた高音をだすタブラを右手で、湿った低音をだすバヤを左手で打つ。指先やてのひらなどでさまざまな音をだす。

**タブラ-ラサ[tabula rasa ラテン]**《なにも書いてない石板、の意》外界からの影響を何も受けていない心の状態。デカルトの生得観念説を否定するロックの用語。

**タブリーズ[Tabrīz]** イラン北西部、アゼルバイジャン地方の中心的商業都市。中世のイルハン国の首都で遺跡が多い。ペルシアじゅうたんの産地。人口五九・八万(一九九六)。

**ダブリュー【W・w】** ①アルファベットの第二三文字。ダブル。②《大文字で》西・西経(west)を表す記号。③《大文字で》タングステン(Wolfram ドイツ)の元素記号。④《大文字で》胴まわり(waist)の記号。ウエスト。ダブル。

**ダブリュー-アイ-ピー-オー【WIPO】**《World Intellectual Property Organization の略》世界知的所有権機関。

**ダブリュー-イー-ユー【WEU】**《Western European Union の略》西ヨーロッパ連合。

**ダブリュー-エイチ-オー【WHO】**《World Health Organization の略》世界保健機関。「各国の国民の健康は世界平和と安全の基礎である」との信条により、保健衛生向上のために一九四八年国際連合の専門機関として発足。本部はジュネーブ。

**ダブリュー-エフ-ティー-ユー【WFTU】**《World Federation of Trade Unions の略》世界労働組合連盟。

**ダブリュー-エフ-ピー【WFP】**《World Food Program の略》世界食糧計画。

**ダブリュー-シー【WC】**《water closet の略》便所。

**ダブリュー-シー-エル【WCL】**《World Confederation of Labor の略》国際労働組合連合。

**ダブリュー-シー-シー【WCC】**《World Council of Churches の略》世界教会協議会。

**ダブリュー-シー-ピー【WCP】**《World Congress of Peace の略》世界平和評議会。

**ダブリュー-ティー-オー【WTO】**《Warsaw Treaty Organization の略》ワルシャワ条約機構。

**ダブリュー-ピー-アイ【WPI】**《wholesale price index の略》卸売物価指数。

**ダブリュー-ビー-エー【WBA】**《World Boxing Association の略》世界ボクシング協会。全米ボクシング協会(NBA)を母体として一九六二年に設立された、世界最初のプロボクシング統轄機構。

**ダブリュー-ビー-シー【WBC】**《World Boxing Council の略》世界ボクシング評議会。中南米諸国を中心に一九六三年にWBAの諮問機関として発足、六六年に分離独立し、独自の世界チャンピオンを認定するプロボクシングの統轄団体となった。

**ダブリン[Dublin]** アイルランドの首都。アイリッシュ海に臨む港湾都市。古くはバイキングの根拠地。世界的なウイスキーの生産地。人口五〇・二万(一九八六)。

**ダブ・る**(五自)《俗語。doubleをもじった語》①重なる。二重になる。②落第する。③テニスなどで、サーブを二度とも失敗する。

**ダブル[double]** ㊀(名) 対義 シングル。①二重。二倍。②「ダブルブレスト」の略。③「ダブル幅」の略。④ウイスキーなどの量の単位の一つ。約六〇mℓ。㊁(接頭) かさなる、の意。

**ダブル-カフス**《和製語》折り返して二重にした袖口(=カフス)。ふつう、カフスボタンでとめる。男子のワイシャツなどに多く見られる。French cuffs 対義 シングルカフス。

**ダブル-シンク[double sink]** 二つの水槽をもつ流し台の様式。

**ダブルス[doubles]** テニス・卓球・バドミントンなどで、二人一組みとなって対戦する試合。複。ダブル。対義 シングルス。

**ダブル-スクール**《和製語》正規の学校教育のほかに校外の学習機関に通学すること。主として大学・短大生が外国語の習得、会計士・税理士・プログラマーなどの資格取得を目的に専門学校へ通学することを言う。
**ダブル-スチール**［double steal］野球で、二人の走者が同時に盗塁をすること。重盗。
**ダブル-ドリブル**［double dribble］バスケットボールやハンドボールなどの反則の一つ。両手で同時にドリブルしたり、ドリブルからいったんボールを保持したのちに、再びドリブルすること。
**ダブル-バインド**［double bind］アメリカの文化人類学者グレゴリー＝ベートソンの用語。互いに矛盾するメッセージを同時に与えられた者が、ジレンマに陥っている状態。二重拘束。
**ダブル-はば**【ダブル幅】洋服地の幅の一種。シングル幅の二倍の幅で、ふつう約一四五cm前後。対義シングル幅。
**ダブル-パンチ**《和製語》①二重の打撃。用例地震と火事の―を受ける。②ボクシングで、一方の手で続けて二度打つパンチ。
**ダブル-フェースド**［double-faced］裏表、両面を表として使用可能の織物や衣服。リバーシブル。ツーフェースド。
**ダブル-ブッキング**［double booking］飛行機や劇場などの座席の切符を、誤って二重に売ること。また、ホテルの部屋などの予約を二重に受けること。
**ダブル-プレー**［double play］野球で、二人の走者、あるいは一人の走者および打者を、連続したプレーによって合わせてアウトにすること。重殺。併殺。ゲッツー。
**ダブル-ブレスト**《和製語》洋服の前身頃の打ち合わせ方の一つ。重ね合わせを深くして、ボタンを二列とりつけたもの。両前。ダブル。対義シングルブレスト。
**ダブルヘッダー**［doubleheader］野球で、一つのチームが一日に二試合を行うこと。
**ダブル-ベッド**［double bed］二人用の寝台。JIS規格では、幅一三〇cm、一五〇cm、長さ一九五cm、二〇〇cm、二〇五cm。比較シングルベッド。
**ダブル-ボギー**［double bogey］ゴルフで、そのホールの基準打数（パー）よりも二打多い打数でボールをホールに入れること。
**タブレット**［tablet］①錠剤。②単線鉄道の列車通行票。通票。
**タブロイド**［tabloid］ふつうの新聞紙一ページを二つに折った大きさ。その判の新聞・雑誌。
**タブロー**［tableau フランス］絵画作品。習作的なものと区別し、画家の構想が完全に具現された作品。元来は、移動できる板絵・カンバス絵など額縁形式のものをいう。
**た-ぶん**【他聞】他人が聞くこと。他人に聞こえること。reach other's ears
**他聞を憚る**（たぶんをはばかる）人に聞かれては困る。confidential
**た-ぶん**【多分】㊀(名)①多いこと。たくさん。相当。a lot of 用例―の寄付をいただく。②その中の大部分。多くの例。the most part ㊁(副) おそらく。たいてい。おおかた。probably 用例―駄目でしょう。
**だ-ぶん**【駄文】①つまらない文章。poor writing ②自分の文章をけんそんして言う語。
**た-べ**【田▽部】大化の改新前、屯倉（＝朝廷の直轄領）で働いた耕作民。
**たべ-あるき**【食べ歩き】おいしいものや名物料理を、あちこちと食べて回ること。
**たべ-かけ**【食べ掛け】食べて途中でやめること。中途まで食べたもの。food half-eaten
**たべ-かす**【食べ▼滓】①おもなところを食べてしまった残り。食べ残り。leavings of a meal ②食後、口中に残った食物の小さなくず。bits of food stuck to one's teeth
**たべ-ごろ**【食べ▼頃】食べるのにいちばんおいしい時分。be in seasen
**たべ-ざかり**【食べ盛り】子どもの成長期で、食欲のさかんな時期。growing child
**たべ-すぎ**【食べ過ぎ】ほどよい分量をこえて食べること。食い過ぎ。overeating
**たべず-ぎらい**【食べず嫌い】↓くわずぎらい（食わず嫌い）
**タペストリー**［tapestry］＝タピスリー。①絵画的な模様を織り出したつづれ織り、または壁掛け。②キャンバス地の織り目を拾い、全布面を刺した色糸刺繍。
**たべ-つ・ける**【食べ付ける】（下一他）食べ慣れている。しばしば食べている。be used to eating
**ダベナント**［William D'Avenant］（一六〇六〜六八）イギリスの詩人・劇作家。イギリス演劇の発展に貢献。シェークスピアの私生児と自称。
**たべ-のこ・す**【食べ残す】（五他）食べきらないで残す。leave half eaten
**たべ-もの**【食べ物】食品になる物。しょくもつ。food 対義飲み物。
**たべ-よご・す**【食べ汚す】（五他）食べて、あたりをきたなくする。食いちらす。
**た・べる**【食べる】（下一他）①食べ物をかんでのみこむ。食する。「食う」のふつうの言い方。eat 用例ごはんを―。②生活する。live 用例何をして―・べているのか。
**食べて直ぐ寝ると牛になる**（たべてすぐねるとうしになる）食後すぐに横になる、行儀の悪さを戒めたことば。御飯を食べて直ぐ寝ると牛になる。
**だべ・る**【駄▽弁る】（五自）《俗語。「駄弁」の動詞化》無駄話をする。
**た-へん**【田偏】漢字を組み立てている部分の名。「町・畔・略」などの左にある「田」。
**た-べん**【多弁・多▼辯】（名・形動）口数が多いこと・さま。おしゃべり。talkative 対義寡黙・無口。
**だ-べん**【駄弁・駄▼辯】無駄なおしゃべり。idle talk 用例―を弄する。
**たへんりょう-かいせき**【多変量解析】二つ以上の変量の同時分布で記述される系の構造を、統計的に明らかにする理論・方法の総称。相関分析・回帰分析・因子分析・主成分分析など。multivariate analysis
**たぼ**【▼髱】①日本髪の襟足の、ふくらみをもたせた部分。つと。②《俗語》婦人。
**だ-ほ**【▼拿捕・▼拏捕】（名・サ変他）①つかまえること。捕獲。capture ②国際法上、交戦国の軍艦が、正当な捕獲の理由ありと認めた敵国や中立国の船舶を捕らえる行為。平時に外国船舶を捕らえる場合もいう。capture
**た-ほう**【他方】㊀(名) ほかの方面・方向。other sides 対義一方。㊁(副) 一方から見ると。on the other hand
**た-ぼう**【多忙】（名・形動）たいへんいそがしいこと・さま。be very busy 用例―をきわめる。
**た-ぼう**【多望】（名・形動）将来有望なこと・さま。great promise
**だ-ほう**【打法】野球やゴルフなどで、たまの打ち方。way of batting
**だ-ぼう**【打棒】①野球で、バット。bat ②バットで投球を打つこと。打撃。batting 用例―大いにふるう。
**たほう-とう**【多宝塔】元来は釈迦・多宝の二仏をまつる塔のこと。『法華経』に基づいて造られた。一般には屋根と下層が方形で、その間が円形になっている二重の塔をいう。上に相輪を立てる。↓写

●多宝塔　長保寺（和歌山県）。

**たほう-にょらい**【多宝如来】『法華経』による東方宝浄世界の教主。釈迦によって『法華経』が説かれたとき、地中から多宝塔を出現させ、『法華経』の真実なることを証明したという。多宝仏。
**た-ほうめん**【多方面】いろいろな方面・分野。many-sided
**タホ-がわ**【タホ川】（Rio Tajo）スペイン中部の川。マドリード東方の山地から西に流れ、ポルトガルのリスボンで入り江をつくり大西洋に注ぐ。長さ一〇〇〇km。テージョ川。
**だ-ぼく**【打撲】（名・サ変他）打つこと。たたくこと。blow
**だぼく-しょう**【打撲傷】鈍い外力を受けたさいの、身体が裂傷しない非開放性の損傷。直下に骨のある部位では組織の皮下損傷がひどく、皮下出血・はれ・痛みが著しい。打ち身。contusion; bruise
**だぼ-はぜ**【だぼ▼鯊】とくに東京近辺でいう小形のハゼ類の呼称。一般にチチブをさすが、アゴハゼやドロメをこのようによぶこともある。↓ハゼ図
**だ-ぼら**【駄▽法▼螺】くだらない大言。big talk 用例―をふく。
**だ-ほん**【駄本】くだらない本。比較悪書。
**たま**【玉・▽珠】㊀(名)①丸い形をした美しい石の総称。宝石。美しい石。真珠。jewel 用例―をみがく。数え方一顆。②玉のように美しいものをほめて言う語。用例―の杯。③球形をしたもの。用例―の汗。④そろばんの、計算のときに動かすもの。用例そろばんの―。⑤うどんなどの一かたまり。用例そばの―。⑥レンズ。用例めがねの―。⑦手段としてちょうどいいもの。tool 用例娘を―にして悪事を働く。⑧《俗語》美しい女。beauty 用例上―。㊁(接頭) 物をほめて言うときに、それに冠する語。用例―がき。
**玉敷く**（たましく）美しい玉を敷き並べる。露が玉のように散る。
**玉散る**（たまちる）①玉が飛び散る。露や水しぶきが玉のように散る。②刀の刃が光りきらめくさまを言う。
**玉と欺く**（たまとあざむく）玉のように見せかける。露などの形容に言う。
**玉となって砕くとも瓦となって全からじ**（たまとなってくだくともかわらとなってまったからじ）義のため名のために死ぬことはあっても、いたずらに生きながらえて恥はさらしたくないものだ。
**玉なす**（たまなす）①玉のように見える。②玉のようにりっぱである。
**玉に瑕**（たまにきず）りっぱなものに、わずかな欠点のあるたとえ。fly in the ointment
**玉の盃、底無きが如し**（たまのさかずき、そこなきがごとし）外見がりっぱでも、大事な部分が欠けている。
**玉琢かざれば器を成さず**（たまみがかざればうつわをなさず）「玉磨かざれば光無し」と同意。
**玉磨かざれば光無し**（たまみがかざればひかりなし）素質があっても、修養をつまなければ、すぐれた人間にはなれない。
**玉を転がす**（たまをころがす）美しい声や、澄んだ音のたとえに言う。
**たま**【▽偶・▽適】（名・形動）めったにないこと・さま。まれ。rare 用例―にはいいことを言うね。―の休み。
**たま**【球】①丸いもの。球形のもの。玉突きの球・ボールなど。ball ②電球。bulb 用例電気の―。
**たま**【弾】①銃で撃つ弾丸。bullet 用例ピストルの―。②《俗語》紙とじ器具の、針。
**たま**【▽魂・霊・▼魄】たましい。古代では事物の内部に宿り、ときに遊離する人格的・霊力的な存在と考えられた。
**魂合う**（たまあう）《たましいがぴったり合って一つになる、の意》互いの、思う気持ちが一致する。
**たま**【多摩】〈市〉東京都南部、多摩川の南にある台地の市。多摩ニュータウン建設で大住宅都市となった。人口一三万三五一一（一九八八）。
**たま**【多磨】短歌雑誌。昭和一〇年（一九三五）北原白秋が主宰する多磨短歌会の機関誌として創刊。浪漫主義の復興を目ざした。同二七年（一九五二）終刊。木俣修・宮柊二らを出した。
**だま** 小麦粉を水で溶いたり練ったりしたとき、粉が溶けないで、ぶつぶつに固まったもの。継粉。lump
**だま** 凧揚げのとき、高く揚げるために糸を繰り出すこと。
**だまを食わす**（だまをくわす）人を自分の思い通りにする。だます。約束をやぶる。deceive
**だまを出す**（だまをだす）《凧の糸を出しきる、の意から》心の底までさらけ出す。
**だまを遣る**（だまをやる）《凧をより上昇させるため、糸が張ったときに手元の糸を少し伸ばして、あやつることから》だます。類似だまを食わす。
**たま-あじさい**【玉▽紫▽陽▽花】ユキノシタ科の落葉低木。山地の木陰にはえる。葉は大きな楕円形で、裏に毛がある。夏に密生した淡紫色の細花を開く。日本特産。
**ダマール**［dammar］天然樹脂の一つ。フタバガキ科の植物などから採取、または地中から発掘。塗料原料。マレーシア・インドネシアが主産地。ダンマル。
**た-まい**【田舞（い）・田▼儛（い）】日本古代の儀式的歌舞。五穀の豊穣を祈る民間の田行事の歌舞が、宮廷に取り入れられ儀式化したもの。大嘗会に奏された。
**たま-いし**【玉石】①径二〇〜三〇cmほどの丸形の石の総称。石垣用。boulder ②炭層中の珪化した石炭の塊。
**たま-いと**【玉糸】玉まゆからとった太糸。
**たま-いれ**【玉入れ】運動会などで、二手に分

▼常用漢字表外。　▽常用漢字表の音訓外。

かれて、柱の先につけたかごに、一定時間に投げ入れた球の数を争う競技。紅白玉入れ。

**たま・う**【▽賜う・▽給う】㊀(五他) 目上の人が物をくださる。用例勲章を—。㊁古語(四他) ①与える意の尊敬語。お与えになる。用例針そ—・へる縫はむ物もが(万葉・一八・四一二八)。②動作をうながす。さあ…してください。用例君はいざ—・へ。もろともに見むよ(源氏・葵)。㊂古語(下二他)「飲む・食う・受ける」の謙譲語。いただく。用例水を—・へな妹が直手よ(万葉・一四・三三九)。㊃(補動)《多く命令形で用いられる。おもに男性が使う》同輩以下の者に対して、軽い命令や親しみの意を表す。用例遊びに来—・え。㊄古語(補動 四) 他者の動作にそえて尊敬の意を表す。…なさる。用例かぐや姫の家に入り—・うて見—・ふに(竹取)。㊅古語(補動 下二)《「見る・聞く・思ふ」の連用形に付いて》…させていただく。用例昨日の夕ぐれまで侍りしは、いとかしこしとなん思う—・ふる(枕・職の御曹司におはします頃、西の廂にて)。

**たま-おくり**【▽魂送り・霊送り】盂蘭盆の終わりに、祖先の霊を送りかえす行事。対義霊迎え。

**たまおし-こがね**【球押黄金・球押▽金▼亀▽子】↓スカラベ

**たま-おち**【玉落ち】江戸時代、一〇〇〇石以下の旗本に蔵米を払い渡すときの順序を決める方法。氏名と石高を記し丸めた紙片を箱に入れ、中から落ちた順に交付した。

**たま-がい**【玉貝・▽珠貝】①タマガイ科に属する海産巻き貝の総称。殻が球形または卵形で、殻径二〜八cm。ツメタガイ・マンジュウガイ・エゾタマガイなど。熱帯に分布。②↓あこやがい(阿古屋貝)

**たま-がき**【玉垣】神社や聖地の回りにめぐらした垣根。斎垣。瑞垣。

**たまがき-の**【玉垣の】[枕ことば]《美しい垣根をめぐらしたように、まわりが山で囲まれていることから》「内つ国(=大和)」などにかかる。用例また大己貴大神の、目づけて曰はく、—内つ国とのたまひき(日本書紀・神武)。

**たま-かぎる**【玉かぎる】[枕ことば]《玉がほのかに光り輝く意から》「ほのか・日・夕」などにかかる。用例うつせみと思ひし妹が—ほのかにだにも見えぬ思へば(万葉・二・二一〇)。

**たまかじ-ぞうこく**【玉▼楮象谷】(一八〇七〜六九) 幕末の漆芸家。名は為造。高松の人。象谷塗(讃岐彫)の祖。作品『蒟醤料紙箱、硯箱』など。

**だまか・す**【▼騙かす】(五他)《俗語》だます。用例人を—。

**たま-かずら**【玉▼葛】[枕ことば]《「たま」は、美称。「かずら」は、つる草の総称。かずらの花・実の意で、また、茎が長く伸びることから》「花・実・長し・這ふ・絶ゆ」などにかかる。用例—はふ木あまたになりぬればたえぬ心のうれしげもなし(古今・恋四)。

**たま-かずら**【玉▼鬘】①多くの玉をひもにつらね、髪かざりにしたもの。②[枕ことば]《頭に掛けるものであることから》「掛く」「かげ」などにかかる。用例—懸けぬ時無く恋ふれども何しか妹に逢ふ時も無き(万葉・一二・二九九四)。

**たま-かぜ**【玉風】北日本の日本海沿岸地方でいう冬の北西風。たばかぜ。

**たま-かつま**【玉勝間】㊀①目のこまかい竹かごの美称。②[枕ことば]《かごのふたと身を合わせることから》「会ふ」などにかかる。用例—逢はむといふは誰なるか逢へる時さへ面隠しする(万葉・一二・二九一六)。㊁本居宣長の随筆。一五巻。寛政七〜文化九年(一七九五〜一八一二)刊。「もののあはれ」論をはじめ、国学・民俗・有職故実に関する意見を平明な雅文で述べる。宣長の学問と人生観を知る好資料。

**たまかわ**【玉川】〈村〉福島県南東部、阿武隈高地西麓の町。稲作、タバコ・野菜栽培などを行う。人口七六二八(一九八八)。

**たま-がわ**【玉川】秋田県、横手盆地北部を南流する川。長さ九五km。岩手・秋田県境に発し、大曲市で雄物川に合流。酸性河川。

**たまがわ**【玉川】〈町〉愛媛県北部、高縄半島の町。ミカン・クリなどの農林業中心。鈍川温泉がある。人口六一九〇(一九八八)。

**たまがわ**【玉川】〈村〉埼玉県中部、秩父山地東縁の村。稲作中心の農業のほか、工場の進出も進む。人口五〇四四(一九八八)。

**たまがわ**【田▽万川】〈町〉山口県北東部、日本海に臨む町。稲作・漁業のほか、果樹栽培がさかん。人口四九三三(一九八八)。

● 玉串

**たま-がわ**【多摩川】東京都と神奈川県の境を東流する川。長さ一三八km。山梨県東部に発し、東京湾に注ぐ。河口付近は六郷川とよばれる。

**たまがわ-おんせん**【玉川温泉】秋田県、田沢湖町北部の温泉。焼山西麓に位置する。

**たまがわ-じょうすい**【玉川上水】東京都を貫流する用水路。江戸初期、多摩川の水を飲用・農業用水として利用するために計画し、承応三年(一六五四)完成。長さは都西部の羽村から四谷大木戸まで約五〇km。

**たまがわ-ほととぎす**【玉川▼杜▼鵑】ユリ科の多年草。深山の湿地にはえる。高さ三〇〜五〇cm。葉は楕円形。鮮やかな黄色で、内面に紫褐色の細点のある花をつける。

**た-まき**【▽環】①中に丸い穴のある玉。②玉・貝などにひもを通し、腕飾りとしたもの。

**環の端無きが如し**(たまきのはしなきがごとし) めぐりめぐって終わりがないことを言う。

**たまき**【玉▽城】〈町〉三重県、伊勢平野南部の町。中心の田丸は旧城下町。ダイコンの栽培とたくあん加工・果樹栽培・酪農がさかん。人口一万二四三二(一九八八)。

**たまぎく-どうろう**【玉菊灯▼籠】名妓といわれた吉原の太夫玉菊の冥福を祈るため、吉原の茶屋で毎年の盂蘭盆会に軒につるした灯籠。

**たま-きび**【玉▼黍】トウモロコシの異名。

**たまきび-がい**【玉▼黍貝】潮間帯の岩はだに群れて付着するほぼ球形の巻き貝。殻高約二cm、殻径約一・五cm。灰黒色の地に黄白斑がある。乾燥に強い。日本全土に分布。

**たま-きゅうりょう**【多摩丘陵】東京都南部から横浜市北部にかけて広がる丘陵。

**たま-きわる**【▽魂きわる】[枕ことば]《語義、かかりかたとも未詳》「命・世」などにかかる。用例わが背子がその名告らじと—命は棄てつ忘れたまふな(万葉・一一・二五三一)。

**たま-ぐし**【玉▼串】榊の枝に、木綿または紙垂をつけたもの。神道で神を拝するとき、神前にささげる。↓写

**たま-くしげ**【玉▼櫛▼笥】①女の化粧道具を入れた箱の美称。②[枕ことば]《「くしげ」をひらく、ふたをする、などの意から》「ひらく・明く・開く・覆ふ」などにかかる。用例わが思ひを人に知るれや—開き明けつと夢にし見ゆる(万葉・四・五九一)。

**たま-くしろ**【玉▼釧】[枕ことば]《玉をつないで作った腕輪、の意で》「巻く・手に取り持つ」にかかる。用例—纏き寝る妹もあらばこそ夜の長きも嬉しかるべき(万葉・一二・二八六五)。

**たまぐすく**【玉▽城】〈村〉沖縄県、沖縄島南部の村。第二次大戦の激戦地。サトウキビ栽培が中心。鍾乳石で知られる玉泉洞がある。人口九九三四(一九八八)。

**た-まくら**【手▼枕】腕をまくらにすること。てまくら。

**だまくら-か・す**【▼騙くらかす】(五他)《俗語》だます。だまかす。

**たま・げる**【▽魂▽消る】(下一自)《俗語》①びっくりする。ぎょっとする。②あきれる。

**たま-こ**【多摩湖】東京都北部の狭山丘陵にある人造湖。有効貯水量一四八〇万$m^3$。上水道用貯水池で、多摩川の羽村から引水。村山貯水池。

**たま-ご**【卵・玉子】①動物卵の総称。egg ②鶏の卵。料理や菓子の材料として広く用いられる。egg 数え方 一個・一折り・一箱・一籠・一束(一〇〇個)。③まだ一人前にならない人。apprentice 用例学者の—。④まだ本格的にならないもの。potential 用例台風の—。↓図

**卵に目鼻**(たまごにめはな) かわいらしい顔かたちを言う。sweet oval face 対義炭団に目鼻。

**卵の四角**(たまごのしかく) ありえないことのたとえ。

**卵を見て時夜を求む**(たまごをみてじやをもとむ)《ニワトリが卵であるときから、時を告げることを期待する意から》あまりにも早計なこと、順序を考えないで結果を早く求めすぎることのたとえ。

**卵を渡る**(たまごをわたる) 危険なことのたとえ。

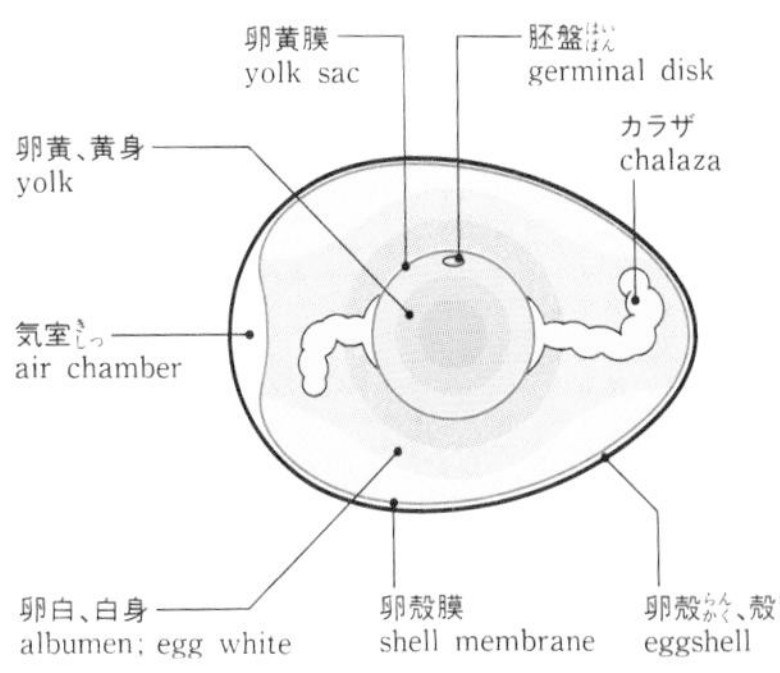


● 卵② 卵の構造

**たまご-いろ**【卵色】①鶏卵の黄身のような、薄い黄色。yellowish color ②鶏卵のからのような、白っぽい茶色。

**たまごくい-へび**【卵食蛇】おもに卵を餌にする無毒のヘビ。のみ込んだ卵を脊椎骨の下突起で押し割り、割った卵殻を口から吐き出す。歯は著しく退化し、年一、二回の鳥の繁殖期に卵を食い溜めすると、あとは断食する。サハラ以南にアフリカタマゴクイヘビ、インドにインドタマゴクイヘビがいる。egg-eating snake

**たまご-ざけ**【卵酒】清酒を温めながら少量の砂糖と卵黄を混ぜた飲み物。かぜの初期に効くとされる。

**たまご-たけ**【卵▼茸】担子菌類テングタケ科のキノコ。高さ一〇〜二〇cm。かさは径六〜二〇cm、鮮紅色。ひだと茎は黄色。食用。↓キノコ写

**たまご-てんぐたけ**【卵天▼狗▼茸】担子菌類テングタケ科の毒キノコ。夏から秋に、林の中に発生。高さ一〇〜二〇cm。かさが淡黄色から灰緑色で、表面がねばねばしている。

**たまご-どうふ**【卵豆腐】卵に同量のだし汁を加え、豆腐状に蒸しあげたもの。薄味。あんかけ・わんだね・冷やし物などにする。

**たまご-とじ**【卵▼綴(じ)】肉・野菜など、煮上がった煮物の実を、溶いた卵でまとめるように煮た料理。egg soup

**たまご-やき**【卵焼(き)】卵を溶いて、調味料やだしと合わせて焼いた料理。野菜や魚貝のすり身・ひき肉などを混ぜることもある。厚焼き卵・薄焼き卵・だし巻き卵など。

**たま-ごりょう**【多摩御陵】大正天皇の陵墓。東京都八王子市の武蔵陵墓地にある上円下方墳。

**たまご-りょうり**【卵料理】おもに鶏の卵を使った料理。卵焼き・茶わん蒸し・卵豆腐・オムレツ・ポーチドエッグなど。ほかにウズラなどの卵がよく使われる。

**たま-さか**【▽偶さか・▽適さか】(副) ①思いがけなく会うさま。まれ。accidentally ②たまたま。時たま。occasionally

**たまざき-つづらふじ**【玉咲▼葛▼藤】ツヅラフジ科の落葉つる性植物。塊茎より細い枝を伸ばす。葉は長柄をもち、三角状円形。春、淡黄色の小花を多数つける。

**たま-ざん**【玉算・▽珠算】↓しゅざん(珠算)

**たましい**【魂・▽霊】①肉体に宿って心の働きをつかさどると考えられるもの。霊魂。soul ②精神。気力。spirit 用例—をこめて働く。

**魂尽く**(たましいつく) 命が絶える。死ぬ。

**魂を入れ替える**(たましいをいれかえる) 性根を入れかえる。心をあらためる。mend one's way

**魂を奪う**(たましいをうばう) 心をうばう。ふぬけにする。夢中にさせる。魂を抜く。fascinate

**魂を冷やす**(たましいをひやす) 非常に驚き恐れる。類似肝を冷やす。

**だまし-うち**【▼騙し討ち】相手を油断させておいて、ふいに襲うこと。surprise attack

**ダマ-じか**【ダマ▼鹿】↓ファローじか(ファロー鹿)

**たま-しぎ**【玉▼鴫】雌のほうが雄より美しい

タマシギ科の鳥。翼長約一三cm。一雌多雄で、抱卵・育雛を行うのも雄。日本全土の水田・湿原にすむ。アジア中部・アフリカで繁殖し、冬は東南アジアなどに渡る。本州以南では留鳥。painted snipe →図

●タマシギ　雄。

**たましき-の【玉敷の】**［枕ことば］《玉を敷いたように美しいところから》「都」にかかる。用例―都の中に棟をならべ(方丈記)。

**たま-じくうけ【玉軸受(け)】** 回転軸と軸受けのあいだに入れた数個の鋼球のころがり接触によって軸を支える形の軸受け。摩擦は少ないが、高荷重には不向き。ボールベアリング。ball bearing

**だまし-こ・む【▼騙し込む】**(五他) すっかりだます。上手にだます。deceive neatly

**たましずめ-の-まつり【▽鎮▽魂の祭(り)】** 霊魂を鎮める儀式。とくに新嘗祭の前日に天皇の御魂を鎮め、更新するために御霊振りを行う祭りをいう。御魂鎮め。霊振り。

**たま-しだ【玉▽羊▽歯】** シノブ科のシダ。暖地の海岸に群生する。一回羽状複葉で、葉縁・葉脈の末端部に胞子嚢の群がつく。根に球形の貯水器官があり、乾燥に耐える。→写 →観葉植物写

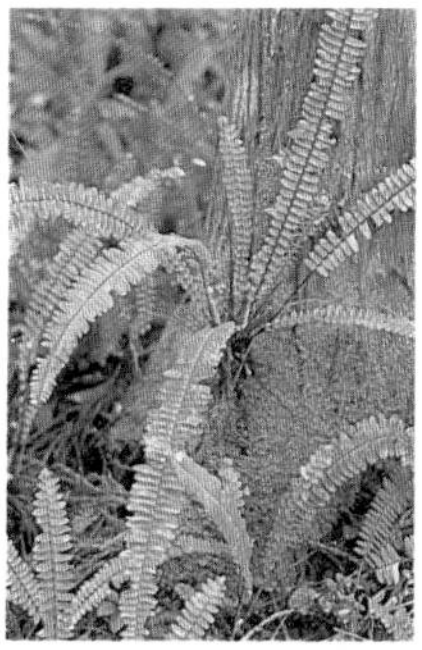

●タマシダ

**たましま【玉島】** 岡山県倉敷市西部の地区。近世の瀬戸内海海上交通の中心地。現在は各種工業が発達。旧玉島市。

**たま-じゃり【玉砂利】** つぶの大きい砂利の美称。用例参道の―。

**だま・す【▼騙す】**(五他) ①うそをほんとうだと思わせる。あざむく。cheat 用例あまいことばに―・される。②すかしなだめる。coax 用例泣く子を―。③相手の反応を見ながら、こちらの思うようにする。用例中古車を―・し―・し動かす。

**騙すに手無し**(だますにてなし) ①相手がだます気になっているのを防ぐ手段がない。②だますよりほかに、方法がない。

**ダマスカス【Damascus】** シリア-アラブ共和国の首都。シリア砂漠西端のオアシスに位置。毛織物・穀物などの貿易がさかん。『旧約聖書』の時代からのオアシス都市で、メソポタミア・地中海・エジプトを結ぶ交通の要地。人口一一一・二万(一九八二)。

**ダマスク【damask】** 紋織物の一種。地を横繻子、紋模様を縦繻子で織り、繻子地に大柄な紋を表す。テーブルクロス・ナプキンなど。

**たま-ずさ【玉▼梓・玉▽章】** ①手紙。消息。②カラスウリの種子。

**たまずさ-の【玉▼梓の】**［枕ことば］《「たまずさ」は、使者。また、手紙。使者は、しるしとしてアズサの木で作った杖を持っていたことからという》「使ひ」などにかかる。用例黄葉の散りゆくなへに―使を見れば逢ひし日思ほゆ(万葉・二・二〇九)。

**たま-すだれ【玉▼簾・▽珠▼簾】** ヒガンバナ科の観賞用多年草。明治初年に渡来。高さ約二〇cm。葉は線形で地下鱗茎より叢生し深緑色。晩夏、径約三cmの六弁の白い花をつける。南アメリカ原産。ゼフィランサス。→写

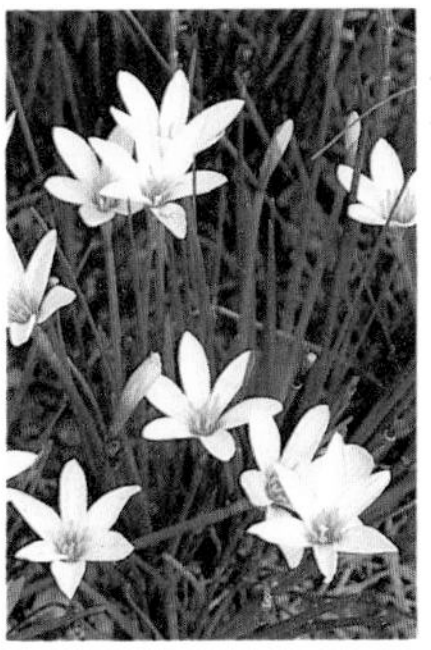

●タマスダレ

**たま-せせり【玉▼拵り】** 福岡県福岡市筥崎八幡宮で正月三日に行われる神事。男玉、女玉とよぶ雌雄の木製の玉を、身を清めた裸の競子たちが奪い合って豊年を占う。玉取祭り。

**たま-だすき【玉▼襷】**［枕ことば］《「たすき」の美称。たすきをうなじにかける、の意で》「掛く・うね」などにかかる。用例―かけぬ時なしわが恋は時雨し降らば濡れつつも行かむ(万葉・一〇・二二三六)。

**タマタブ【Tamatave】** アフリカ大陸東部、マダガスカル東岸のインド洋に臨む港湾都市。米・砂糖などの輸出港。人口五・六万(一九七八)。

**たま-たま【▽偶・▽偶▽偶・▽適・▽適▽適】**(副) ①まれに。たまに。occasionally ②ふと。偶然。accidentally

**たま-ぢしゃ【球▼萵▼苣】** チサ(=チシャ)の変種。多少皺のある円形の広い葉が、茎を抱くように、数多くつき、葉を食用とする。レタス。head lettuce; cabbage lettuce

**たま-つき【玉突き】** ①撞球。ビリヤード。billiards ②追突された車が、玉突きの球のように、つぎつぎと前の車に追突すること。用例―事故。

**たま-つくり【玉造(り)】** 玉をみがいて細工すること・職人。

**たまつくり【玉造】**〈町〉 茨城県南部、霞ケ浦に臨む町。稲作・野菜栽培・コイ養殖などがさかん。人口一万四三三〇(一九八八)。

**たまつくり-おんせん【玉造温泉】** 島根県松江市の西隣、玉湯町にある温泉。古代から知られた山陰有数の名湯。瑪瑙細工が特産。

**たま-つばき【玉▼椿】** ①ツバキの美称。②ネズミモチの別名。

**たま-てばこ【玉手箱】** ①浦島伝説で、浦島が竜宮から持ち帰ったという箱。②人に見せられない、大切な物が入っている箱。

**たま-どうぶつこうえん【多摩動物公園】** 東京都日野市の多摩丘陵にある都営の動物公園。動物は堀の内側で放し飼いの方式。昭和三三年(一九五八)開園。

**たま-どめ【玉留め】** 和裁の縫い終わりの留め方。縫い終わりに針を当て、これに糸を数回巻いてから引き抜いて玉を作り、留めにする。

**たま-な【玉菜・球菜】** ①《結球した葉の状態から》キャベツの別名。②ハボタン。

**たまな【玉名】**〈市〉 熊本県北西部、菊池川に沿い、有明海に臨む市。かつて菊池川の河港として繁栄。果樹栽培・養殖漁業のほか、各種工業も行われる。人口四万六一二七(一九八八)。

**たま-なし【玉無し】** すっかりなくなってしまうこと。だいなし。

**たまな-へいや【玉名平野】** 熊本県北西部、菊池川河口の三角州平野。古くから干拓が進められている稲作地帯。

**たま-に【▽偶に・▽適に】**(副) まれに。ときどき。occasionally

**たま-ニュータウン【多摩ニュータウン】** 東京都八王子・町田・多摩・稲城の四市にまたがる多摩丘陵上の住宅都市。

**たま-ねぎ【玉▼葱・▼葱▽頭】** ユリ科の二年草。食用野菜。葉は円筒形中空で濃緑色。葉の基部が肥大して地下で球状の鱗茎になる。葉が成熟したころに収穫。onion →図

**たまの【玉野】**〈市〉 岡山県児島半島にある市。港の宇野と、造船業の玉地区が中心。人口七万五九五七(一九八八)。

**たま-の【玉の】**(連体) ①つぶ状の。beads of 用例―あせ。②玉で作った。made of precious stone 用例―杯。③きれいな。beautiful 用例―かんばせ。

**たま-の-あせ【玉の汗】** 大つぶの汗。beads of sweat

●タマネギ　花

黄タマネギ　白タマネギ　赤タマネギ

**たまのい【玉ノ井】** 東京都墨田区北部、向島地区東部の旧称。売春防止法が施行されるまで歓楽街。小説『濹東綺譚』の舞台となった。

**たまのうら【玉▼之浦】**〈町〉 長崎県五島列島、福江島の町。真珠・イセエビ・タイの養殖などが行われる。人口二九五〇(一九八八)。

**たま-の-お【玉の緒】** ①玉を連ね通したひも。②《「魂の緒」とも》いのち。比較息の緒。

**たまのお-の【玉の緒の】**［枕ことば］《「玉の緒」①の状態から》「絶ゆ・乱る・長し」などにかかる。用例―長き命の惜しけくもなし(万葉・一二・三〇八二)。

**たま-の-かんざし【玉の▼簪・玉▼簪▽花】** ユリ科の多年草。葉は黄緑色で長楕円形。夏の夜、純白の大輪の花を開き、翌朝しぼむ。中国原産。

**たま-の-こし【玉の▼輿】** ①貴人の乗り物の美称。②女が結婚して、富貴な身分になること。また、その身分。用例―に乗る。

**たま-の-よう【玉の様】**(連語) ①大粒で、美しく輝くもののたとえ。gemlike 用例―な汗。②美しいもの、大切なもののたとえ。とくに、男の新生児をほめて言う。gem 用例―な赤ちゃん。

**たま-のり【玉乗り・球乗り】** 大きなたまに乗ってする曲芸。balance on a ball

**たま-のれん【玉▽暖▼簾】** 球や管の形の玉を糸に通して作った、のれん。

**たま-ばえ【▼癭▼蠅】** 幼虫が植物組織中で虫こぶをつくる微小なハエ類。成虫はカに似る。スギタマバエ・マツバノタマバエなどの害虫が多い。gall midge

**たま-ばち【▼癭▼蜂】** タマバチ科の微小なハチの総称。体長一〜五mm。ブナ科などの植物体に産卵。産卵部分に虫こぶができ、幼虫はその中で成長。農林業上の害虫が多いが、モッショクシバチは益虫。世界に九〇〇種以上、日本に数十種が分布。gall wasp

**たま-はき【玉▼帚・玉▼箒】** =たまばはき。①正月初子の日に蚕室を掃いたほうき。②はらいのけるものの美称。③《「酒は憂いの玉帚」から》酒。

**ダマバンド-さん【ダマバンド山】**(Qolleh-ye Damāvand) イラン北部、テヘラン北東エルブールズ山脈中の円錐火山。標高五六七〇m。

**たま-ひかげ【玉日▼蔭・玉▼蘿】** 「ズラの美称。

**たま-ぶき【▽珠▼蕗】** ヒカゲノカズラの美称。

**たま-ぶき【▽珠▼蕗】** 山地の林の中にはえるキク科の多年草。高さ約一m。大形のフキに似た葉をつけ、葉腋に球形のむかごをつくる。

**たま-ぶさ【玉▽総】** 先端を玉のように丸くしたふさ。たまふさ。

**たま-ぶち【玉縁】** 布端を共布や別布のパイアステープで細くくるんだ縁。襟ぐり・袖ぐりの外回りなどの始末のほか、玉縁ボケット・玉縁ボタン穴などにも使われる。piping

**たま-ふり【▽鎮▽魂・霊振(り)】** 神道で、日本古来の遊離魂信仰を前提とし、霊魂を活性化したり、逆に鎮静化する呪術・儀礼。たましずめ。

**たま-へん【玉偏】** 漢字を組み立てている部分の名。「球・理」などの左にある「𤣩」。

**たまほ【玉穂】**〈町〉 山梨県中部、甲府市南隣の町。農業のほか、電機・鉄鋼工業が進出。宅地化も進む。人口七四七七(一九八八)。

**たま-ぼうき【玉▼箒】** タムラソウの別名。

**たま-ぼこ【玉▼鉾】** 玉で飾ったほこ。

**たまぼこ-の【玉▼鉾の】**［枕ことば］《語義・かかりかたとも未詳》「道・里人」にかかる。たまほこの。用例―道に出で立ち別れなば見ぬ日さまねみ恋しけむかも(万葉・一七・三九九五)。

**たまほこり-かび【玉▼埃▼黴】** 細胞粘菌類タマホコリカビ属の菌類。単細胞体(=粘菌アメーバ)は細菌を捕食し、分裂する。

**たま-まつ【玉松】** マツの美称。

**たま-まつり【▽魂祭(り)・霊祭(り)】** 祖先の霊を祭ること。昔は一二月末、今は七月または八月半ば。うらぼん。

**たま-まゆ【玉繭】** ①二匹のカイコが作った一つの大形の繭。二つ繭。②繭の美称。

**たま-みず【玉水】** ①清らかな水。②雨だれ。

**たま-みずき【玉水木】** 山地にはえるモチノキ科の落葉高木。生長が早く、高さ一〇〜一五m。雌雄異株。初夏に、小さい白花を密につける。秋に赤い三mmほどの果実がつく。

**たま-むかえ【▽魂迎え・霊迎え】** 盂蘭盆

の一三日に、祖先の霊を家に迎える行事。対義 霊送り。

**たま-むし【玉虫】** ①金緑色の美しいタマムシ科の甲虫。体長約四cm。幼虫はサクラやモモなどの材を食害。前翅をちりばめた玉虫厨子は有名。本州以南に分布。ヤマトタマ。②タマムシ科の甲虫の総称。世界に約六〇〇〇種、日本に約一〇〇種が分布。jewel beetle ↓写

●タマムシ①

**たまむし-いろ【玉虫色】** ①玉虫の色。iridescent ②《光のぐあいで色が変化することから》どちらにも有利に解釈できるさま。ambivalent 用例 ―の政府答弁。

**たまむし-おり【玉虫織(り)】** 縦糸と横糸を異なった色に染め、光線のぐあいでタマムシの翅のように見える平織り・綾織りの絹織物。化繊糸のものもある。iridescent silk fabric

**たまむし-の-ずし【玉虫▼厨子】** 法隆寺に伝わる飛鳥時代の厨子。装飾金具の下にタマムシの翅を置く。国宝。須弥座上に宮殿型の厨子をすえ、扉・須弥座の四面に釈迦の物語を描く。高さ二・三三m。↓写

●玉虫厨子『玉虫厨子』。飛鳥時代(七世紀中ごろ)、法隆寺(奈良県)。

**たま-むすび【玉結び】** ①ひもなどの両端を結び合わせること。本結び。真結び。こま結び。knot ②後ろ背に垂らした髪の末端を折り返して輪に結んだもの。French knot

**たまむら【玉村】**〈町〉群馬県南部、利根川に沿う町。旧宿場町。稲作・畜産などの農業が中心。すみつけ祭りが有名。人口二万二〇八六(一九八八)。

**たま-も【玉藻】** 藻、とくに海藻、なかでもホンダワラにたいして用いられた古い美称。

**たまも-かる【玉藻刈る】**〔枕ことば〕《「玉藻」は、藻の美称。藻を刈る場所の意から》「沖・敏馬・海人・舟・処女」などにかかる。用例 ―沖へは漕がじ敷栲の枕辺の人忘れかねつも(万葉・一・七二)。

**たま-もく【玉目】** 渦のような細かい木目。

**たまも-なす【玉藻なす】**〔枕ことば〕《「玉藻」は、藻の美称。玉藻のように、の意》「浮かぶ・寄る・なびく」にかかる。用例 浪の共か寄りかく寄る―寄り寝し妹を露霜の置きてし来れば(万葉・二・一三一)。

**たま-もの【▽賜物・▽賜・▼賚】** ①賜ったもの。gift ②結果として得たもの。おかげ。fruits 用例 努力の―。

**たまも-の-まえ【玉藻の前】** 平安時代末期、鳥羽上皇の時に現れたといわれる金毛九尾の妖狐の化身の美女。下野国の那須野原で殺生石となる。謡曲『殺生石』、浄瑠璃『玉藻前曦袂』などの題材になった。

**たまも-よし【玉藻よし】**〔枕ことば〕《「玉藻」は、藻の美称。よい海藻がとれる土地であることから》「讃岐」にかかる。用例 ―讃岐国は国柄か見れども飽かぬ神柄かここだ貴き(万葉・二・二二〇)。

**たま-や【玉屋】** ①琥珀・水晶・真珠などの玉を磨いて装飾品を作って売る店。また、その職人。②花火屋の屋号。鍵屋と並んで江戸両国の川開き花火で人気をよんだ。転じて、花火を打ち上げるときの観衆の掛け声。

**たま-や【霊屋・▼廟】** ①死者の霊をまつる建物。霊廟。②埋葬ののち墓上に置く小さな上屋。雨覆い。野屋。③遺体を埋葬前にしばらく納めておく所。玉殿。みたまや。

**たまや-かぎや【玉屋▼鍵屋】**(連語)《「玉屋」「鍵屋」は、ともに花火屋の屋号。江戸時代、両国の川開きの花火で競った》花火の揚がるときのほめことば。

**たま-やなぎ【玉柳】** 柳の歌語。

**たまやま【玉山】**〈村〉岩手県盛岡市北隣の村。ダム建設により工業化。渋民は石川啄木の生地。人口一万四五七八(一九八八)。

**たまゆ【玉湯】**〈町〉島根県東部、宍道湖に臨む町。玉造温泉で知られる。青瑪瑙が特産。人口六二三四(一九八八)。

**たま-ゆら【玉▽響】** 古語(副)①しばらく。しばし。用例 しばしもこの身を宿し、―も心を休むべき(方丈記)。②かすか。用例 ―に昨日の夕見しものを(万葉・一一・二三九一)。

**タマヨ【Rufino Tamayo】**(一八九九) メキシコの画家。民族性と現代の前衛様式を総合し、野性的で独特な画風を展開。作品『可憐な少女』『赤いソンブレロの男』など。

**たま-よけ【弾▽除け】** 鉄砲などの弾を防ぐもの。bulletproof

**たまより-ひめ【玉▽依姫】** 日本神話の女神。記紀によれば、大綿津見神の娘。鸕鷀草葺不合尊の妃で、神武天皇の母。たまよりびめ。玉依毘売。

**たま-らしゃ【玉羅▼紗】** 玉状になったけばのある厚手のウール地。おもにコート用。

**たまら-ない【▽堪らない】**(連語)①我慢ができない。unbearable 用例 おなかがすいて―。②何ともいえないほどすばらしい。out of this world; irresistible 用例 仕事のあとの一杯の酒は―。③困る。やりきれない。cannot stand 用例 これ以上のつきあいは―。

**たまり【▼溜(ま)り】** ①水がよどんでいる所。puddle 用例 水―。②人が集まって待っている所。haunt 用例 力士の―。③しょうゆの一種。大豆を発酵させ、にじみ出た汁を集めたもの。愛知・三重・岐阜などが産地。たまりじょうゆ。

**たまり【玉里】**〈村〉茨城県南部、石岡市南東隣の村。稲作、レンコンや柿などの栽培と畜産がさかん。人口七五三八(一九八八)。

**たまり-か・ねる【▽堪り兼ねる】**(下一自) 我慢できなくなる。たえられなくなる。cannot bear 用例 ―・ねて、口を出す。

**だまり-こく・る【黙りこくる】**(五自) いつまでも黙っている。keep silent

**だまり-こ・む【黙り込む】**(五自) じっと、黙っている。keep silent

**タマリクス【Tamarix】** ↓ぎょりゅう(御柳)

**たまり-の-ま【▼溜(ま)りの間】** ①江戸城内の黒書院にあった部屋。親藩・譜代大名が詰めて、老中と政務について討議した場所。②一般に多くの人が集まってひかえている部屋。

**たまり-ば【▼溜(ま)り場】** いつも仲間が集まっている場所。gathering place; haunt

**タマリン【tamarin】** キヌザル科の小形のサルの一群。外見はマーモセットに似るが、切歯は長くない。代表種は、雄にライオンのようなたてがみのあるライオンタマリンで、体長・尾長とも三〇cm余り。森林に小群ですむ。南米に生息。

**タマリンド【tamarindo】** マメ科の常緑高木。高さ約二五m。葉は二〇〜四〇枚の小葉からなる偶数羽状複葉。春から夏に、淡黄色に赤い線が入る五弁花(うち二弁は退化)をつける。果肉はやわらかく甘ずっぱい。熱帯アフリカ・インド原産。

**たま・る【▽堪る】**(五自) こらえる。我慢する。bear

**たま・る【▼溜(ま)る・▽貯(ま)る】**(五自) ①積み重なってふえる。ふえて減らない。be saved 用例 お金が―。②水などがつもり集まる。be pooled 用例 水が―。ごみが―。③処理せずに残る。left unfinished 用例 仕事が―。

**だま・る【黙る】**(五自) ①ものを言わずにいる。become silent ②言うのをやめる。stop talking

**たまわ・る【賜る・賜わる・▽給わる】**(五他) ①《「もらう」の謙譲語》ちょうだいする。いただく。拝領する。用例 位を―。②《「くれる」の尊敬語》くださる。

**ダマンフール【Damanhūr】** エジプト北部、ナイル川デルタ西部の都市。交通の要地で農産物の集散地。人口一八・九万(一九七六)。

**たみ【民】** ①国民。人々。people 用例 ―の声。②君主国で、臣民。とくに、臣に対する民。subjects

**民の竈** 民衆が飯をたくかまど。庶民の生活を言う。life of the people

**民の草葉** 民衆を草にたとえて言った語。民草。

**民の口を防ぐは水を防ぐよりも甚だし** 民衆の言論を封じることは、水をせき止めて治水にあたるよりも困難であり、危険である。

**民の煙** 民衆のかまどから立ちのぼるけむり。

**民は依らしむ可し、知らしむ可からず** 《『論語』にあることば》①人民は指導によって従わせることはできるが、道理を理解させることはできない。②《転じて》人民は命令して従わせればよく、道理や方針を説く必要はない。

**ダミア【Damia】**(一八九二〜一九七八) フランスの女性シャンソン歌手。しわがれ声で人生の悲しみをリアルに歌った。ヒット曲『暗い日曜日』など。

**ダミー【dummy】**《替え玉・人形、の意》①別の会社のようで、実は一つの企業が便宜的に別の名で設立している会社。②映画で、危険な撮影のときの身代わり役。スタンドマン。③ショーウインドーの客引きの人形。④ラグビーなどで、ボールをパスすると見せかけて相手をだますこと・技術。

**だみ-え【▽濃絵・▽彩絵】** 色どりをした絵。とくに、原色の濃い絵。

**たみ-くさ【民草】** 人民を草にたとえた語。

**だみ-ごえ【▽濁声】** ①にごった声。gruff voice ②なまりのある声。gravelly voice

**たみや-たけお【田宮▽猛雄】**(一八八九〜一九六三) 公衆衛生学者。東大医学部長・伝染病研究所長・日本医師会会長・国立がんセンター総長などを歴任。ツツガムシ病・発疹チフスの研究者として有名。

**たみや-とらひこ【田宮▼虎▼彦】**(一九一一〜一九八八) 小説家。東京生まれ。東大卒。庶民の哀歓を多く描く。作品『足摺岬』『絵本』『落城』など。

**タミル-ご【タミル語】** 南インド・スリランカ北部のタミル族の言語。ドラビダ語族に属する。東南アジア諸国、アフリカ中・南部、マダガスカル島などでも移民の子孫たちによって用いられる。Tamil

**タミル-じん【タミル人】** ドラビダ諸族のうちタミル語を話す人々の総称。南インドとスリランカの一部に居住。皮膚は褐色か黒色。おもに稲作に従事。多くがヒンズー教徒。Tamil

**タミル-ナードゥ【Tamil Nadu】** インド南東部の州。州都マドラス。海岸部は稲作地帯、南部では綿花、西部では茶の栽培がさかん。人口四八三〇万(一九八一)。

**だ-みん【惰眠】** ①なまけてねむること。idle slumber ②のらくら暮らすこと。lazy living

**惰眠を貪る** なまけて、寝てばかりいる。また、のらくらと、無益に日々を過ごす。live in idleness

**タム【Igor Yevgenyevich Tamm】**(一八九五〜一九七一) ソ連の物理学者。核構造の理論的研究やソ連の水爆製造の指導を行う。チェレンコフ効果の理論的研究で、一九五八年ノーベル物理学賞受賞。

**ダム【dam】** 河川の水をせき止めるための構造物。水力発電・水道・灌漑などの目的。取水ダム・調節ダム・砂防ダム・多目的ダムなど。堰堤。比較 貯水池。

**ダム【Carl Peter Henrik Dam】**(一八九五〜一九七六) デンマークの生化学者。ビタミンKを発見し、その化学的性質を明らかにした。一九四三年ノーベル生理学医学賞受賞。

**タムガディ【Thamugadi】** 北アフリカ、ヌミディアのローマ植民市。現在のティムガド。トラヤヌス帝により一世紀ごろ建設。ローマ都市遺構をよく伝える例としてポンペイと並称される。

**た-む・く【手向く】** 古語(下二他) ↓たむける(手向ける)

**た-むけ【手向け】** ①神仏に供え物をささげること。②はなむけ。せんべつ。

**たむけ-ぐさ【手向(け)草】** 神仏にたむける物。

**たむけ-の-かみ【手向(け)の神】** 旅人の道中安全の神。峠などにあり、幣や青柴、着物の袖などをたむけて祈った。柴神様や袖もぎ様・道祖神など。

**たむけ-やま【手向(け)山】** ①旅人が手向けの神に幣などを手向ける場所と決められていたところ。また、その場所がある山。②奈良市にある若草山西部の別称。

**た-む・ける【手向ける】**(下一他) ①神仏にささげる。offer ②別れの贈り物をする。give a parting present

**ダムサイト【damsite】** ダムの建設用地。

**た-むし【田虫・▽頑▼癬】** 顔面・四肢などの皮膚に、赤い円形の小斑が生じる病変の俗称。白癬菌などによる。銭田虫・陰金田虫など。tinea corporis

**ダムしき-はつでん【ダム式発電】** ダムで

せき止めた水の落下力を利用する発電。dam type power generation

**たむしば** 山地にはえるモクレン科の落葉小高木。高さ約四m。葉は互生し楕円形。早春に径約一五cmの白花を葉に先だって開き、秋に赤色の種子を下垂。↓写

●タムシバ

**タム-タム【tom-tom】** ①金属打楽器の一種。青銅などでできた大きな丸い盤をつるして、フェルトや皮をかぶせた棒でたたく。②胴の長い、手でたたく太鼓。

**ダムダム-だん【ダムダム弾】**《イギリスが植民地内乱鎮圧用にインドのダムダム工場で製造したことから》銃弾の一種。弾丸の先端の加工などによって、命中したときの傷が大きくなるようにした特殊弾。一九〇七年ハーグ会議で使用禁止。dumdum

**たむら-あきこ【田村秋子】**(一九〇五〜八三) 新劇女優。東京生まれ。左翼演劇全盛時代、夫の友田恭助とともに活躍。

**たむら-そう【田村草】** キク科の多年草。山地の草原にはえる。高さ約一m。葉は互生し羽状に深裂。夏、茎頂に紅紫色のアザミに似た頭花をつける。タマボウキ。↓写

●タムラソウ

**たむら-たいじろう【田村泰次郎】**(一九一一〜八三) 小説家。三重県生まれ。早大卒。「肉体文学」作家と称された。作品『肉体の門』など。

**たむら-としこ【田村▽俊子】**(一八八四〜一九四五) 小説家。東京生まれ。男女の相克を官能的に描いた。作品『あきらめ』『木乃伊の口紅』など。

**たむら-なりよし【田村成▽義】**(一八五一〜一九二〇) 興行師。東京生まれ。市村座座主。六世尾上菊五郎・初世中村吉右衛門を育成。

**たむら-りゅういち【田村隆一】**(一九二三〜) 詩人。東京生まれ。明大卒。現代の精神の病弊を告発し、戦後詩壇に一衝撃を与えた。詩集『四千の日と夜』『言葉のない世界』など。

**たむろ【▽屯】**(名・サ変自) ①人が群れ集まること・場所。②陣営。

**タムワース-しゅ【タムワース種】** ブタの一品種。体重は雌約二〇〇kg、雄約二七〇kg。体がひきしまり、脂肪が少なく赤肉の多い典型的なベーコン用品種。イギリスのスタッフォード州原産。欧米・オーストラリアなどで飼育。Tamworth

**ため【▽為】** ㊀(名) ①目的。purpose 用例念の—に言う。②原因。理由。because of 用例病気の—に休む。③利益。役に立つこと。benefit 用例つつしむのが身の—だ。④《「ためには」の形で》…に関しては。…にとっては。as for 用例病人の—にはよくない。㊁(接助) ので。ゆえ。から。だから。because of 用例雨が降った—中止した。

**為にする**(ためにする) 自分の利益をはかる。have an ulterior motive 用例かれの好意は—ところがあるようだ。

**ため【▼溜(め)】** ①ためること。ためておく所。②肥だめ。③江戸時代、病気の囚人などを入れた牢屋。

**だ-め【駄目】** ㊀(名) ①碁で、どちらの目にもならない所。②演劇などの、演出上の注意。direction 用例—を出す。㊁(名・形動) ①むだ。無益。futile 用例言いわけをしても—だ。②よくないこと・さま。いけないこと・さま。no good 用例廊下で走っては—だ。③役に立たないこと・さま。useless 用例かさが—になる。④悪い状態であること・さま。のぞみがないこと・さま。no use 用例まだ—だ。もう—だ。

**駄目を押す**(だめをおす) ①碁で、駄目をふさぐ。②念のために、確かめておく。make sure

**ため-いき【▼溜(め)息】** 心配などのためにつく息。大息。sigh

**ため-いけ【▼溜(め)池】** 灌漑や消火などの目的で水を溜めておく人工池。用水池。reservoir; irrigation pond

**ダメージ【damage】** ①損害。被害。②ボクシングで、選手の受けた痛手。

**ため-おけ【▼溜(め)▼桶】** ①肥料にする大小便を入れておくおけ。また、それを運ぶおけ。②防火用の雨水をためておくおけ。③醸造場で、酒・しょうゆなどを入れておくおけ。

**だめ-おし【駄目押し】** ①念を入れて確かめること。make sure ②勝利を確実にするために、さらに得点などを加えること。ensure run

**ため-がき【▽為書(き)】** 書画をだれのために書いたかを示す語句。作品の揮毫に際して、書きそえられる。

**ため-こ・む【▼溜(め)込む】**(五他) さかんに蓄える。save up

**ためし【▽例】** ①先例。前例。引例。precedent ②手本。example

**ためし【試し・▽験し】** 試すこと。try 用例ものは—。—算。

**ためし-に【試しに】**(副) こころみに。as a trial 用例—やってみる。

**ため・す【試す・▽験す】**(五他) 真偽・良否・程度を実際に調べてみる。確かめのためにやってみる。test 用例真価を—。学力を—。

**ため-すじ【▽為筋】** ①ためになる方法。②利益になる客・方面。

**ためつ-すがめつ【矯めつ▼眇めつ】**(連語)《「矯めつ」は「矯める」の文語形」に接助詞の「つ」の付いた語、「眇めつ」は「眇む(「眇める」の文語形)」に接助詞の「つ」の付いた語》あちこちから念入りに見るさま。よくよく見るさま。take a good look

**ため-なお・す【矯め直す】**(五他) ①曲げて形を正す。bend into shape ②もう一度正す。correct

**ためなが-しゅんすい【▽為永春水】**(一七九〇〜一八四三) 江戸後期の戯作者。本名は鵜飼貞高。別号、金竜山人など。江戸の人。式亭三馬に入門。人情本の祖。天保の改革でとがめを受け、失意のうちに病没。人情本『春色梅児誉美』『春告鳥』など。

**ため-に【▽為に】**(接続) 前文が原因となって起こることに続けるとき使う語。そのため。それだから。so that

**ため-ぬり【▼溜(め)塗り】** 漆塗りで、中塗りの朱漆を木炭でみがき、透明な漆や、梨地漆で仕上げる塗り方。赤黒い色に仕上がる。

**ためら・う【▼躊▼躇う】**(五自他) ぐずぐずして決心がつかない。ちゅうちょする。hesitate

**た-めり** 古語(連語)《完了の助動詞「たり」の連体形「たる」に、推量の助動詞「めり」の付いた「たるめり」の音便形「たんめり」の「ん」を、表記しない形》推量する意。…ているようだ。…ているらしい。用例おとなび給ひためれど(源氏・朝顔)。参考中古では、「ためり」と表記して、「たんめり」と読んだ。

**た・める【▼溜める・▽貯める】**(下一他) ①金銭などを、蓄える。貯蓄する。save 用例金を—。②水などを、集めて蓄えておく。store 用例非常用に水を—・めておく。③処理せずに残す。leave undone 用例宿題を—。

**た・める【矯める】**(下一他) ①曲げて形を直す。bend into shape ②改め正す。correct ③片目をつむって、ねらう。④こじつける。いつわる。feign

**た-めん【他面】** ㊀(名) ほかの方面。他方。一面。another side ㊁(副) 他方からすれば。on the other hand

**た-めん【多面】** 多くの方面・平面。many sides 比較全面。対義一面。用例—的。

**ためん-かく【多面角】** 同一平面上にはないいくつかの角が頂点を共有し、隣接する角と辺を共有しながら連なっている立体。polyhedral angle

**ためん-たい【多面体】** 平面多角形の面で囲まれた立体。polyhedron

**たも【▽給】** 古語《「たまる」の命令形である「たもれ」の略》ください。たもれ。たまわれ。用例かい首切ってきて—(浄瑠璃・用明天王職人鑑)。

**だ-も** 古語(副助)《副助詞「だに」に係助詞「も」が付いた「だにも」からきた形》…でさえも。…でも。用例夢に—逢ふと見ることそうれしけれ(和泉式部集)。参考係助詞とする説もある。

**たも-あみ【▼攩網】** 竹・木・はりがねなどを骨組みにした、小型のすくい網。たも。↓図

●攩網

**た-もう【多毛】** 毛深いこと。hypertrichosis 用例—質。

**たも・う【▽賜う】** 古語(四他・下二他) ↓たまう(賜う)

**たもう-うん【多毛雲】** 積乱雲のかなとこ状の頂部が、毛状あるいは筋状になっている雲。capillatus

**たもう-さく【多毛作】** 同一の耕地で、年に三回以上作物を収穫すること。multiple cropping 比較一毛作・二毛作。

**たもう-るい【多毛類】** 環形動物門の一綱を構成するゴカイの仲間。体は細長く、横断面は円形か扁平。胴部の体節には剛毛のはえたいぼ足がある。雌雄異体。polychaete

**たもぎ-たけ【▼楡木▼茸】** 担子菌類キシメジ科のキノコ。かさは径四〜一二cm、淡黄色か淡褐色。ひだは白色。食用。栽培もされる。

**た-もくてき【多目的】**(形動) 一つでいろいろな目的に利用できるさま。multi-purpose

**たもくてき-かぐ【多目的家具】** 複数の目的に使用できる家具。ソファーとベッドを兼用できるソファーベッド、テーブルと椅子を兼用できるボックス家具など。

**たもくてき-ダム【多目的ダム】** 洪水防止・発電・灌漑・工業用水・上水道・舟運など多くの目的を兼ねるダム。multi-purpose dam

**ダモダル-がわ【ダモダル川】**(Damodar) インド東部の川。チョタナグプール高原から東南に流れ、カルカッタの南西でフーグリー川に注ぐ。長さ五九〇km。

**た-も・つ【保つ】**(五自他) ①(自)長く続く。もつ。keep 用例三日と—まい。②(他)㋐その状態を変えないで続ける。keep 用例安静を—。㋑長く持ちこたえる。maintain 用例節度を—。

**たもと【▼袂】**《「手本」の意》①和服の袖の下の袋のようになった部分。bag of a sleeve ②袖。sleeve ③ふもと。foot ④そば。edge ↓着物図 ↓羽織図

**袂を連ねる**(たもとをつらねる) 大勢そろって、一つの、また、同じ目的のための行動をする。in a body

**袂を分かつ**(たもとをわかつ) 別れる。part with

**だ-もの【駄物】** くだらない物。trash

**たも・る【▽賜る・▽給る】** 古語《「たまはる↓たまうる↓たもる」と転じた語》㊀(四自) くださる。㊁(補助 四)《動詞の連用形に助詞「て」の付いたものに付いて》…てくださる。

**たもれ【▽給れ】** 古語 ↓たも(給)

**た-もん【他門】** ①他の一門。ほかの一族。②他の宗派。他の宗門。

**たもん-てん【多聞天】** 毘沙門天の別称。↓四天王写

**ダヤク-ぞく【ダヤク族】** ボルネオ島内陸部に住むプロトマレー系民族の総称。言語はアウストロネシア語族インドネシア語系。農耕・狩猟採集に従事。かつて、部族間の交戦のさいに首狩りの風習が存在。Dayak

**たや・す【絶やす】**(五他) ①絶えるようにする。すっかりなくす。exterminate 用例雑草を—。②なくなったまま、補給しない。きらす。run out of 用例火を—・さないようにする。

**た-やす・い【▽容▽易い】**(形) 物事をするのが、やさしい。ぞうさない。easy 派生たやすげ(形動) たやすさ(名)

**たやす-むねたけ【田安▽宗▽武】**(一七一五〜七一) 江戸中期の国学者・歌人。徳川八代将軍吉宗の二男。田安家の始祖。荷田在満・賀茂真淵に国学・和歌を学び、歌は万葉調の秀作が多い。家集『天降言』、『楽典考』など。

**たやま-かたい【田山花袋】**(一八七一〜一九三〇) 小説家。本名、録弥。群馬県生まれ。自然主義文学を主唱、推進した。作品『蒲団』『田舎教師』『時は過ぎ行く』、随筆『東京の三十年』など。

**ダヤン-ハン【Dayan Khan】**(生没年未詳) 中国、明代の蒙古のカガン。一四八二年即位。内蒙古を統一。各地に子弟を分封し、支配体制を確立。中興の英主とされ、「小王子」と称された。

**た・ゆ【絶ゆ】** 古語(下二自) ↓たえる(絶える)

**た-ゆう【太▽夫・▽大▽夫】** ①昔の官位、五位の通称。たいふ。②大膳職・東宮職などの



▼常用漢字表外。 ▽常用漢字表の音訓外。

官職の長官の呼称。だいぶ。③神主・禰宜・御師などの称号。④能・浄瑠璃・歌舞伎などの芸人の上位の者の称号。⑤江戸時代、官許の遊女のうち最上級の者。⑥マツの異名。

**たゆう-もと【太▽夫元】** 演芸の興行をする人。座元。

**たゆたい【▽揺▼蕩・▽猶▽予】** ①ゆれること。②ためらうこと。ちゅうちょ。

**たゆた・う【▽揺▼蕩う・▽猶▽予う】**(五自)=たゆとう。①ゆらゆら動いて、定まらない。用例—小舟。②ためらう。

**たゆ・む【▼弛む】**(五自)①気がゆるむ。なまける。用例—・まず、はげむ。②疲れる。

**た-よう【他用】** ①ほかの用事。another business ②ほかの用途に使うこと。他人に使わせること。some other use

**た-よう【多用】**(名・形動)用事が多くて、いそがしいこと・さま。多事。多忙。busyness 用例御—中を恐縮です。

**た-よう【多様】**(名・形動)いろいろであること・さま。種々。variety 対義一様・一律。用例多種—。

**たより【便り】** ①音信。手紙。letter 用例旅の—。②ついで。機会。occasion ③おとずれ。the advent 用例風の—。

**便りの無いのは良い便り**(たよりのないのはよいたより) 手紙などが来ないのは、悪いことがないという知らせだ。No news is good news.

**たより【頼り】** ①あてにする物・人。たのみ。reliance ②てづる。つて。connection

**たより-な・い【頼り無い】**(形)あてにならない。不安だ。unreliable 派生たよりなげ(形動) たよりなさ(名)

**たよ・る【頼る】**(五自他)力になってくれるものとして、たのみにする。よりすがる。rely on 用例辞書に—・って原書を読む。

**たら【▼鱈・▽大▽口▽魚】** ①タラ科の海水魚マダラのこと。体長は大きいもので約一m。背側は褐色で腹側は白い。頭が大きく、下あごにひげがある。背びれが三基、尻びれが二基。食用。肝臓からは肝油をとる。北太平洋と日本海に分布。マダラ。アカハダ。codfish 数え方一尾・一本。②北海道・北陸での、スケトウダラ。↓図

●タラ①

**た-ら【多羅】** ①「タラジュ」の略。②「タラヨウ」の略。

**たら【▼楤▽木・▼桜】** ↓たらのき(楤の木)

**たら【太▽良】**〈町〉佐賀県南部、多良岳南東麓の町。ミカン栽培・海苔の養殖が活発。カニが特産。人口一万二七七五(一九八八)。

**たら**《助動詞「た」の仮定形の転》㊀(副助)《体言に付く》話題として出し、とがめる気持ちを表す。…てば。用例まあ、おまえっ—、なんてことを言うの。㊁(接助)《終止形に付く》じれったい気持ち、とがめる気持ちを表す。…と言っているではないか。…てば。用例いやだっ—、いやだ。㊂(終助)《命令・呼びかけなどの文末に付く》命じる、また、誘う気持ちを表す。…しろ。…しなさい。…してはいかが。用例早く行けっ—。もうお休みになっ—。

**ダラー【dollar・弗】** ↓ドル

**たらい【▼盥】**《「手あらい」の転》湯水を入れ、洗濯などに用いる、丸く平たい容器。washtub; washbowl

**たらい-まわし【▼盥回し】**(名・サ変他)①足でたらいを回す芸。②政権・容疑者などを次々と送り回すこと。rotation; hand over ... from ... to

**ダライ-ラマ【Dalai Lama・達頼喇嘛】** チベットで、政治上の実権をも備えていた、チベット仏教(=ラマ教)の教主の称。観音菩薩の化身とされ、活仏として尊崇される。

**だら-かん【だら幹】**《「堕落幹部」の略》組合・政党などの、節操のない幹部。

**タラカン-とう【タラカン島】**(Tarakan)インドネシア、カリマンタン島北東岸の島。面積三〇〇km²。良質の原油を生産するタラカン油田がある。

**たらぎ【多▽良木】**〈町〉熊本県南部、人吉盆地東部の町。近世、水路を掘って開田、稲作地帯となる。人口一万四一二一(一九八八)。

**だ-らく【堕落】**(名・サ変自)①《仏教語》道心をなくすこと。②身を持ち崩し、品行が悪くなること。corruption

**だらけ**(接尾)①まみれ、汚れること。用例泥—。②たくさんあること。用例借金—。

**だら・ける**(下一自)①なまける。be lazy ②だらしなくなる。しまりがなくなる。be loose

**たら-こ【▼鱈子】** タラの腹子(腹中の成熟卵)。また、おもにスケトウダラの腹子を塩漬けにしたもの。

**タラゴン【tarragon】** キク科の多年草。香草で甘い芳香があり、匂い消しとして野鳥獣料理によく使う。酢に浸したタラゴンビネガーは有名。エストラゴン。↓写

●タラゴン 乾燥した葉。

**たらし【▼誑し】** うまくだますこと。cajolement 用例女—。

**だらし**《「しだら」の倒語》しまり。用例—がない。

**たらし・い**(接尾)《体言、形容詞・形容動詞の語幹に付いて形容詞をつくる。おもに、よくない場合に言う》…のような感じがする。用例長—演説。いやみ—。

**たらし-こ・む【▼誑し込む】**(五自) うまくだましこむ。coax

**だらし-な・い**(形)しまりがない。だらけている。slovenly 派生だらしなさ(名)

**たら-しめる** 文語的(連語)何かであるように、または、何かになるように、させる。用例将来なす所ある者—。

**たら-じゅ【多羅樹】** ヤシ科の常緑高木。インド・マレーに産する。高さ約二〇m。材は建築、樹液は棕櫚酒、葉は筵やかごの材料用。「貝多羅葉」と称して、針で葉に経文を刻むのに用いた。

**たら・す【垂らす】**(五他)①ぶら下げる。hang down 用例ひもを—。②液体をしたたらす。drip 用例水を—。鼻水を—。しょうゆを二、三滴—。

**たら・す【▼誑す】**(五他)《俗語》うまく言いくるめて、だます。欺く。

**たら-ず【足らず】**(接尾)①数詞に付いて、少し数がたりない程度を表す。用例一時間—。②名詞に付いて、十分な量や程度にないことを表す。用例舌—。

**ダラス【Dallas】** アメリカ、テキサス州北東部の工業都市。中部内陸油田の中心地。電子・石油化学工業がさかん。一九六三年のケネディ大統領の暗殺の地。人口九〇・四万(一九八〇)。

**タラスがわ-の-たたかい【タラス川の戦い】** 七五一年、天山山脈北西麓のタラス河畔における、唐とアッバース朝との戦い。唐軍が大敗し、唐の西方における支配力は後退。このとき、唐の捕虜が製紙技術を伝えた。

**だら-すけ【▼陀羅助】**《「陀羅尼助」の略》陀羅尼を唱えるとき、睡魔におそわれないように口にふくんだ苦味薬。キハダの生皮やセンブリの根などでつくる。健胃・整腸などの薬。

**タラス-ブーリバ【Taras Bulba】** ゴーゴリの歴史小説。一八三五年発表。コサック隊長タラスが、侵略軍ポーランドと戦う英雄物語。

**ダラス-フォートワース-くうこう【ダラス-フォートワース空港】**(Dallas-Fort Worth International Airport)アメリカのテキサス州ダラスとフォートワースとの中間にある世界最大の国際空港。面積七二km²。一九七四年開設。

**たら-たら** ㊀(副)しずくがしたたり落ちるさま。in drops ㊁(接尾)続けていうさま。用例文句—。

**だら-だら**(副)①ゆるやかな傾斜が続くさま。gentle slope 用例—坂。②液体が流れ出るさま。drip ③物事が長々と続いて、終わらないさま。drag on

**たらち-し【垂乳し】**[枕ことば]《語義、かかりかたとも未詳》「母」にかかる。用例緑子の若子が身には—母に懐かえ(万葉・一六・三七九一)。

**たらちし-の【垂乳しの】**[枕ことば]《語義、かかりかたとも未詳》「母」にかかる。用例—母が目見ずて鬱しく何方向きてか吾が別るらむ(万葉・五・八八七)。

**たらち-ね【垂乳根】** ㊀①《乳をたらす女、の意》母。母親。mother ②両親。父母。parents ㊁落語の題名。家主のすすめで嫁をもらったはいいが、この嫁のことばがていねいすぎるため困惑する八五郎のはなし。前座噺の代表的なもの。

**たらちね-の【垂乳根の】**[枕ことば]《語義、かかりかたとも未詳》「母・親」にかかる。用例—母の命の言にあれば年の緒長く憑み過ぐさむ(万葉・九・一七七四)。

**たら-ちり【▼鱈ちり】** タラの切り身・わた・しらこを、豆腐・しらたき・白菜などと煮て、ポン酢で食べるなべ料理。

**タラップ【trap オランダ】** 船舶・飛行機の乗り降りに使うはしご。ramp; gangplank

**ダラディエ【Édouard Daladier】**(一八八四〜一九七〇)フランスの政治家。急進社会党党首。一九三八年首相。ドイツに屈しミュンヘン協定に調印。四〇年辞職。第二次大戦中はビシー政府により逮捕され、ドイツに監禁。

**だらに【▼陀羅尼】**《dhāraṇī 梵の音写で、保持する、の意。「総持」などと訳す》教えを保持して忘れさせない力をもつという経文。梵文の呪文を訳さずそのまま唱えるもので、唱えれば災いを除き利益を得るとして、とくに密教で重んじられる。呪。密呪。明王。

**たら-の-き【▼楤の木】** 山野にはえるウコギ科の落葉低木。高さ約三m。葉や幹にとげがある。葉は互生し、羽状複葉。夏、白い小花が穂状に咲く。若芽は香気があり、食用。タラ。↓写

●タラノキ

**たらば-がに【▼鱈場▼蟹】** カニに似るがヤドカリに近縁の甲殻類。甲は丸形で紫褐色。甲幅約二五cm。脚を広げると約一・五m。水深三〇〜三六〇mの海底にすむ。肉は、おもに缶詰にされる。美味。日本海・北太平洋に分布。king crab ↓図

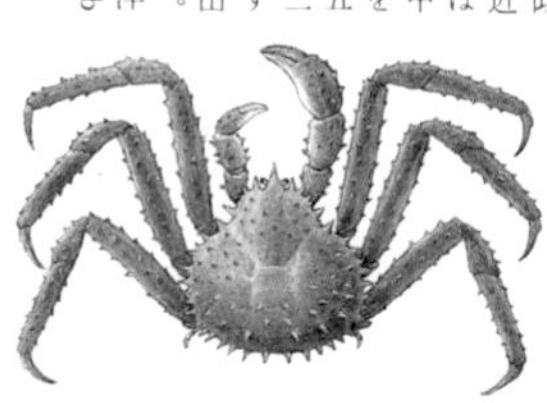
●タラバガニ

**タラハッシー【Tallahassee】** アメリカ南部、フロリダ州の州都。一八二三年スペイン領植民地の首都として建設。木材加工業が中心。人口八・二万(一九八〇)。

**ダラピッコラ【Luigi Dallapiccola】**(一九〇四〜一九七五)現代イタリアの代表的作曲家。イタリアで初めて十二音音楽をとり入れた。オペラ『夜間飛行』、合唱曲『とらわれ人の歌』など。

**たら-ふく【▼鱈腹】**(副)《俗語。当て字》はらいっぱい。

**たらま【多▽良間】**〈村〉沖縄県、宮古列島の多良間島・水納島からなる村。サトウキビ・タバコなどの農業が主。多くの民俗芸能がある。人口一七〇七(一九八八)。

**たらみ【多▽良見】**〈町〉長崎市北東隣の町。伊木力ミカンで知られるミカンの産地。宅地化が進む。人口一万五二三七(一九八八)。

**たら-む** 古語(連語)《完了の助動詞「たり」の未然形「たら」に推量の助動詞「む」の付いたもの》①推量の意。…ているだろう。…ただろう。用例月の出—夜は見おこせたまへ(竹取)。②ある動作や作用が、継続していると仮定して、婉曲的に言う意を表す。…ているとしたら。…ているような。用例おほかた物の心を知らず、言ふかひなき者にならひ—も(源氏・夕霧)。

**たら-よう【多羅葉】** モチノキ科の常緑高木。暖地の山地にはえ、庭木としても栽培される。

●タラヨウ



↓行き先項目、図版・写真参照印。 JIS 日本工業規格情報交換用漢字符号コード(区点コード)。

高さ約一〇m。雌雄異株。五月ごろ緑黄色の小花を開く。果実は赤色。葉は楕円形で傷をつけると黒くなり、文字を書けることから、経文を書くタラジュにたとえたもの。材は細工用、樹皮から黐をとる。↓写

**だらり** ㊀(副) 力なく、また、だらしなく垂れ下がっているさま。danglingly ㊁(名)《「だらり結び」の略》女の帯の結び方の一種。結び目の両端を下げる。だらりの帯。今日、京都祇園の舞妓に見られる。

**タラワ-とう【タラワ島】**(Tarawa Island) 太平洋中西部、キリバス共和国のギルバート諸島の主島。面積二〇km²。キリバスの首都タラワがある。第二次大戦の激戦地。

**タランチュラ**[tarantula] ①コモリグモ科に属する大形のクモ。ブトウグモともいわれ、中世にはこのクモにかまれると舞踏病にかかるといわれたが、実際の毒性は弱い。イタリアなど南ヨーロッパに分布する。②オオツチグモ科ほか二科の総称。世界最大種も含まれる。恐ろしげに見え、かまれると痛いが、たいした毒はない。アメリカ中南部・アフリカに分布する。

**タランテラ**[tarantellaイタリア] イタリアの民俗舞踊・舞曲。八分の三または八分の六拍子で、踊りがだんだん速く激しくなる。跳躍と足踏みで快活に踊る。

**ダランベール-の-パラドックス** 静止した完全流体中を等速運動する物体は抵抗を受けないという定理。日常の経験と矛盾するためパラドックスとよばれる。実在の流体は粘性をもつので抵抗がはたらく。d'Alembert's paradox

**たり** ㊀古語(助動 ラ変型)《「てあり」の約。動詞・助動詞の連用形に付く》①完了または過去の意を表す。…た。…てしまった。用例 花咲きたらばわれに告げこそ(万葉・七・一二四八)。②存在や継続の意を表す。…ている。…てある。用例 むらさきだちたる雲のほそくたなびきたる(枕・春はあけぼの)。㊁古語(助動 形動型)《「とあり」の約。体言に付く》断定の意を表す。…だ。…である。用例 君君たらずと云ふとも、臣もって臣たらずんば有べからず(平家・二・烽火之沙汰)。㊂(接助)《用言の連用形に付く。ガ行イ音便・撥音便の動詞には「だり」の形で付く》①「あるいは…し、あるいは…する」という意を表す。用例 行っ—来—する。参考 並立助詞とする説もある。②例示する意味を表す。用例 怠け—するな。③命令する意味を表す。用例 さあ、どい—、どい—。

**たり【▽人】**(助数) 人を数える語。用例 四っ—。

**だり**(接助) →たり㊂

**ダリ**[Salvador Dalí](一九〇四〜八九) スペインの画家。特異な幻想性と緻密な描写により、シュールレアリスムの代表的画家の一人。「偏執狂的批判的方法」による奇想に満ちた表現は、異彩を放った。作品『記憶の固執』『ポルトリガトの聖母』など。↓シュールレアリスム写

**ダリア**[dahliaラテン] キク科の球根多年草。球根は淡褐色でサツマイモ状。花径は二〇〜三〇cm。花色は青を除き多彩。改良が進み、観賞用に栽培され、園芸種は多い。メキシコ原産。テンジクボタン。↓写

●ダリア

**タリアビーニ**[Ferruccio Tagliavini](一九一三〜) イタリアのテノール歌手。叙情的な美声をもつ。

**ダリーオ**[Rubén Darío](一八六七〜一九一六) ニカラグアの詩人。スペイン語圏における近代派運動の中心的存在。作品『俗なる続唱』『生と希望の歌』など。

**ダリウス**[Darius] →ダレイオス

**タリウム**[thallium] 金属元素。記号Tl 原子番号八一。原子量二〇四。白色で軟らかい。有毒。低融点合金・光学ガラス・光電池などに用い、硫酸塩は殺鼠剤・殺虫剤に使用。

**タリオーニ**[Maria Taglioni](一八〇四〜八四) イタリアのバレリーナ。一九世紀ロマンティックバレエの代表。初めてトウ(つま先)で踊る。

**たり-かつよう【タリ活用】** 文語の形容動詞活用の一つ。たとえば、「堂々たり」は、「たら・たり(と)・たり・たる・たれ・たれ」と活用する。比較 ナリ活用。

**た-りき【他力】** 対義 自力。①他からの力添え。help from outside ②《仏教語》他力教で、阿弥陀仏の本願の力。

**たり-き** 古語(連語)《完了の助動詞「たり」の連用形に過去の助動詞「き」の付いたもの》…ていた。…だった。用例 雪のおもしろう降りたりし朝(徒然・三一)。

**たりき-きょう【他力教】**《仏教語》浄土宗・浄土真宗などで、阿弥陀仏の本願の力によって極楽往生することを説く教え。対義 自力教。

**たりき-ほんがん【他力本願】** ①《仏教語》浄土教で、阿弥陀仏の本願によって衆生が救済されること。本願他力。②《転じて》自分で努力しないで、ひたすら他人の力をあてにすること。

**たり-けり** 古語(連語)《完了の助動詞「たり」の連用形に過去の助動詞「けり」の付いたもの》…ていた。…てあった。用例 昔の契りありけるによりなむ、この世界にはまうで来たりける(竹取)。

**タリス**[Thomas Tallis](一五〇五ごろ〜八五) イギリスの作曲家・オルガン奏者。初期イギリス国教会音楽の確立に功績を残し、対位法の大家としても知られる。

**た-りつ【他律】** ㊀(名・サ変自) 自分の意志ではなく、他からの支配・束縛に服して行動すること。be heteronomous ㊁(名) 倫理学で、感性による欲求に意志が規定されること。自律に対して言う。カントの用語。heteronomy

**だ-りつ【打率】** おもに野球で、安打数を打数で割った値。平均の安打率。打撃率。batting average

**たり-とも**(接助)《断定の助動詞「たり」の終止形に接続助詞「とも」の付いたもの》…であっても。用例 一刻—怠けるな。

**たり-ない【足りない】**(連語)《不足である意から》頭が悪い。薄のろである。stupid

**タリフ-エスカレーション**[tariff escalation] 傾斜関税。自国の製造業保護のため、原材料に対する関税を低くし、加工度の高い製品について関税率を高める制度。

**たり-ほ【垂り穂】** 実って垂れ下がっているイネなどの穂。

**タリム-がわ【タリム河・▽塔▽里▽木河】** 中国新疆ウイグル自治区の河。タリム盆地、タクラマカン砂漠の北を東に流れ、ロプノールに注ぐ。長さ二一〇〇km。

**タリム-ぼんち【タリム盆地・▽塔▽里▽木盆地】** 中国新疆ウイグル自治区南部、パミール高原・天山山脈・崑崙山脈に囲まれた乾燥盆地。

**ダリュー**[Danielle Darrieux](一九一七〜) フランスの映画女優。主演作『うたかたの恋』『赤と黒』など。

**たりゅう-じあい【他流試合】** 武芸などで、他の流派の者との試合。

**た-りょう【多量】**(名・形動) 分量の多いこと・さま。多い分量。a large quantity 対義 少量。用例 出血—。

**だ-りょく【打力】** おもに野球で、打撃の実力・能力。batting power

**だ-りょく【惰力】** ①今までの習慣。habit ②惰性の勢い。inertia

**た・りる【足りる】**(上一自) ①十分だ。間に合う。be enough 用例 用が—。②満足する。be satisfied 用例 満ち—・りた生活。③価値がある。be worthy 用例 信頼するに—。とるに—・りない。

**タリン**[Tallin] ソ連北西部、エストニア共和国の首都。フィンランド湾南岸の港湾都市。交通の要地。パルプ・製紙工業が発達。人口四五・八万(一九八四)。

**たる【▼樽】** 酒・しょうゆなどを運搬・貯蔵するための木製容器。桶にふた板を固着したもの。barrel

**た・る【足る】** 文語的(五自) ①十分である。be enough 用例 衣食—・りて礼節を知る。②満足する。be satisfied 用例 —ことを知る者は幸せだ。③価値がある。be enough 用例 会社をまかせるに—人物。

**足るを知る** 分相応に満足することを知る。learn to content oneself

**た・る【垂る】** 古語 ①(四自)たれる。したたる。用例 白髭の上ゆ涙—・り(万葉・二〇・四四〇八)。②(下二他)↓たれる(垂れる)

**たる** 文語的(助動)《「たり」の連体形》とある。である。用例 ゆうゆう—天地。師—者。

**ダル**[dull](形動) ①鈍いさま。さえない。②退屈なさま。用例 —ゲーム。③だるいさま。

**たるい【垂井】**〈町〉岐阜県南西部、大垣市西隣の町。旧宿場町。紡績・機械などの工業がさかん。人口二万八一一三(一九八八)。

**だる・い【▽怠い・▼懈い】**(形) からだに力がない。気持ちがものうい。dull 用例 病み上がりで体が—。

**たるい-とうきち【▼樽井▼藤吉】**(一八五〇〜一九二二) 明治・大正の政治家。奈良県生まれ。自由民権運動に活躍。明治一五年(一八八二)東洋社会党を結成。大阪事件に連座して逮捕される。のち衆議院議員。

**ダルース**[Duluth] アメリカ、ミネソタ州北東部、スペリオル湖西端の港湾都市。メサビ鉄山の鉄鉱石や小麦の輸出港。人口九・三万(一九八〇)。

**ダル-エス-サラーム**[Dar es Salaam] 東アフリカ、タンザニアの首都。同国東部、インド洋に臨む港湾都市。商工業の中心地。人口一三九・四万(一九八五)。

**たる-かいせん【▼樽▼廻船】** 江戸時代、大坂・江戸間の定期便船。積み荷の主体が酒樽だったことからの称。菱垣廻船とともに江戸時代の廻船の双璧。樽船。

**たる-がき【▼樽▼柿】** 空いた酒だるに詰め、たるの酒気で渋を抜いた柿。

**タルカム-パウダー**[talcum powder] 汗を吸収し皮膚を滑らかな感触にする化粧品。主成分はタルク(=滑石)の粉末。襟足やひげをそったあとに使う。

**たる-き【垂木・▼棰・▼椽】** 木造建築などで、棟から軒に渡して屋根下地をささえる細長い木材。rafter ↓五重の塔図 ↓和風住宅図

**ダルクローズ**[Dalcroze] ↓ジャック=ダルクローズ

**タルサ**[Tulsa] アメリカ、オクラホマ州北東部の工業都市。内陸油田の中心地で大精油所が集中している。交通の要地。人口三六・一万(一九八〇)。

**ダルシー-の-ほうそく【ダルシーの法則】** 砂のような多孔性媒質の中を流れる流体の流速と圧力の関係を述べた法則。管内の流速は圧力勾配に比例するというもので、地下水流に関する基本法則。Darcy's law

**ダルシマー**[dulcimer] チター属の打弦楽器。台形の箱に金属弦が張ってあり、二本の棒で打弦する。中近東から中世ヨーロッパに伝わり、クラビコードの前身となる。

**タルタリア**[Nicolò Tartaglia](?〜一五五七) イタリアの数学者。Tartagliaは「どもり」の意で、本名フォンタナFontana。ミラノでカルダーノに三次方程式の解法を伝えたとされる。タルターリャ。

**タルタル-ステーキ**[tartar steak] 細かくたたいたなまの牛肉に卵黄をのせたドイツ料理。ピクルス・アンチョビーなどを添え、塩・こしょうなどで調味して食べる。

**タルタル-ソース**[tartar sauce] マヨネーズにピクルス・タマネギ・パセリのみじん切り、ゆで卵を合わせたソース。魚・フライ料理などに用いる。

**タルチュフ**[Le Tartuffeフランス] モリエールの五幕韻文喜劇。別名『ぺてん師』。一六六四年初演。偽りの信心家タルチュフが金持ちの商人にとりいって、その妻と財産をねらう。

**タルティーニ**[Giuseppe Tartini](一六九二〜一七七〇) イタリアの作曲家・バイオリン奏者。バイオリン-ソナタ『悪魔のトリル』、論文『和声論』など。

**タルト**[tarteフランス] パイの一種。小麦粉を主とした生地をタルト皿に薄く敷いて焼く。甘く煮た果物や生の果物をのせたり、塩味の詰め物をして、料理にも用いる。

**タルド**[Jean Gabriel de Tarde](一八四三〜一九〇四) フランスの社会学者・犯罪学者。社会心理学的立場で模倣を研究し、公衆の概念を確立した。著書『模倣の法則』など。

**タルトレット**[tarteletteフランス] タルトをより小形にしたパイ。舟形や円形が一般的。果物やクリームをのせる。

**タルバガン**[tarbagan] 乾燥した草原に群れて生息するリス科の小獣。毛皮は優良。モンゴル・中国東北地方に分布。マーモットの仲間で、別名モンゴルマーモット。タルバハン。

**タルパン**[tarpan] 飼いウマの原種といわれる野生ウマ。肩高約一・三m。中央アジアに分布したが一八八〇年ごろ絶滅。ターパン。

**ダルハン**[Darchan] モンゴルのウランバートルの北西約一九〇km。中ソ連絡鉄道沿線の工業都市。人口六・四万(一九八九)。

**たる-ひ【垂氷】** つらら。

▼常用漢字表外。 ▽常用漢字表の音訓外。

**たるひと-しんのう【▼熾▽仁親王】**(一八三五〜九五) 幕末・明治維新期の皇族。有栖川宮の。同幟仁親王の第一王子。王政復古とともに総裁職に就任。戊辰戦争時、東征大総督。維新後、元老院議長・左大臣。西南戦争で征討総督。のち陸軍大将・参謀総長。

**たる-ひろい【▼樽拾い】** 昔、得意先を回って、空きだるを集めた、酒屋のでっち。

**ダルベッコ【Renato Dulbecco】**(一九一四〜) アメリカのウイルス学者。動物ウイルスの定量法を考案、ウイルス癌の実験にも成功。テミンやボルチモアとともに一九七五年ノーベル生理学医学賞受賞。

**たるほ-こむぎ【タルホ小麦】** イネ科コムギ属のパンコムギの祖先。

**タルボット【William Fox Talbot】**(一八〇〇〜七七) イギリスの科学者。写真術発明者の一人で、ニネベの楔形文字解読者の一人でもある。

**タルマ【François-Joseph Talma】**(一七六三〜一八二六) フランスの悲劇俳優。ナポレオン一世に寵愛され、史実に忠実な史劇をめざし、多くの改革を行う。

**だるま【▽達磨】** ［一］①《仏教語。Dharma梵の音写。法の意》規範・真理・教説・事物などの意。②達磨大師の姿に模した張り子の起き上がり小法師。商売繁盛・開運出世などの縁起物とされる。［二］(生没年未詳)《Bodhidarma梵の音写「菩提達磨」の略》禅宗の始祖。伝承では、インドに生まれて中国に渡り、嵩山の少林寺で九年間の座禅によって大悟、法を慧可に伝えたという。ボーディダルマ。達磨大師。↓［写］

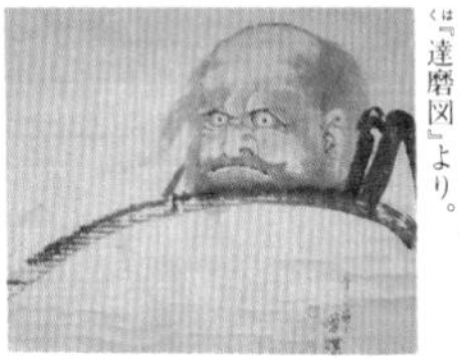

● 達磨［二］ 曾我蕭白『達磨図』より。

**たるまい-そう【▼樽▽前草】** イワブクロの別名。

**だるま-いち【▽達磨市】** 正月の縁起物の張り子の達磨を売る市。歳末や年初めの社寺の縁日に立つ。↓［写］

● 達磨市 深大寺(東京都)。

**たるまえ-ざん【▼樽前山】** 北海道南西部、支笏湖南東の山。標高一〇三八m。三重式火山で、中心の火口内に溶岩円頂丘がある。

**だるま-がえる【▽達磨▼蛙】** カエルの一種。体長五〜六cm。トノサマガエルに似るが、後肢が短く、体がずんぐりしている。背中の黒褐色の斑紋が丸く、数が少ない。小川や水田にすむ。本州・四国に分布。↓［図］

● ダルマガエル

**だるま-き【▽達磨忌】** 禅宗で、一〇月五日に行う法会。

**だるま-ぎく【▽達磨菊】** キク科の多年草。日本・朝鮮半島の海岸にはえる。高さ約三〇cm。茎は木質化し、下部からよく枝分かれする。秋、青紫色の頭花をつける。

**ダルマシアン【Dalmatian】** イヌの一品種。短毛で白地に多数の黒または黒褐色の斑点が散在する。肩高五〇〜六〇cm。丈夫で足が速く、訓練が容易。番犬用。ユーゴスラビアのダルマチア地方原産。

**だるま-せん【▽達磨船】** 港湾や河川などで貨物の運送に用いられる幅の広い木造艀。引き船で曳航される。だるまぶね。

**ダルマチア【Dalmacija】** ユーゴスラビア中部、アドリア海沿岸の地域名。ダルマチア諸島を含み、クロアチア共和国に属する。細長い入り江と多くの島々で景観に富み、気候の温和な保養地。

**たるみず【垂水】**〈市〉 鹿児島県、大隅半島西岸の市。野菜の促成栽培や果樹栽培などのほか、漁業を行う。人口二万三四四五(一九八八)。

**たる・む【▼弛む】**(五自) ①しまりがなくなる。ゆるむ。slacken ②たわむ。しなう。get flabby

**タルムード【talmūdヘブライ】** 《教訓・教義・研究の意》ユダヤ教の口伝の集大成。ラビたちが伝えた市民生活百般に関する律法を集めたもので、ミシュナとゲマラの二部からなる。

**ダルムシュタット【Darmstadt】** 西ドイツ中西部、ライン地溝帯北東部の工業都市。南部地方の商業・交通の中心地。人口一三・八万(一九八八)。

**ダルムシュタット-げんだいおんがくさい【ダルムシュタット現代音楽祭】** 西ドイツのダルムシュタット国際現代音楽夏期講習会。一九四六年開始。戦後の現代音楽の発展の基盤となる。Darmstadt festivals

**たれ【垂れ】** ［一］(名) ①垂れること。垂れているもの。hanging ②しょうゆにみりん・砂糖などを加えて煮つめた調味液。肉や魚のかば焼き・つけ焼きに用いる。sauce ③漢字の字形の部分の名。厂(がんだれ)、疒(やまいだれ)など。④帯を締めるとき、帯端の長いほう。⑤束帯の平緒につけ、たらすもの。⑥剣道などの防具で腰のまわりを保護するもの。［二］(接尾) 人をののしる語の下について、強める語。［用例］ばか―。↓剣道［図］

**たれ【▼誰】** ［文語的］(代) 不特定・疑問の人をさす語。だれ。

**誰かある**《目下の者を呼ぶときに用いることば》だれかいないか。

**誰か烏の雌雄を知らん** カラスの雌雄の区別をつけにくいように、人の心や、物事の是非が判定しにくいことを言う。

**だれ** だれること。

**だれ【▼誰】** (代) ＝たれ。①さす人が決まっていない場合に使う語。any-one ［用例］―かいないか。―でもいい。②すべての人。みんな。［用例］―も知らない。③知らない人を問う場合に使う語。who ［用例］来たのは―。

**誰が猫の首に鈴を付けるのか** 「猫の首に鈴を付ける」と同意。

**ダレイオス〈一世〉【Dareios Ⅰ】**(BC五五八ごろ〜BC四八六) アケメネス朝ペルシアの第三代の王(在位BC五二二〜BC四八六)。大反乱を鎮圧して全オリエントを再統一。ペルセポリスに国都を造営。州制をしき、兵制・財政を整備し中央集権制を確立。二度にわたりギリシアに遠征したが、マラトンの戦いでアテネに敗れた。ダリウス一世。

**ダレイオス〈三世〉【Dareios Ⅲ】**(BC三八〇ごろ〜BC三三〇) アケメネス朝ペルシア最後の王(在位BC三三六〜BC三三〇)。即位後内政を整えたがアレクサンドロスに侵攻され、イッソス・ガウガメラの二度の戦いに敗北。バクトリアに逃れたが殺され、帝国は滅亡。ダリウス三世。

**タレーラン【Charles-Maurice de Talleyrand-Périgord】**(一七五四〜一八三八) フランスの政治家・外交官。フランス革命前は司教。革命期には国民議会議員。総裁政府時から第一帝政時に外相となったが、のち王政復古に暗躍。ウィーン会議ではフランス代表となり、巧みな外交術で正統主義を承認させた。

**タレガ【Francisco Tárrega】**(一八五二〜一九〇九) スペインのギター奏者・作曲家。近代ギター奏法の創始者。作品『アルハンブラの思い出』など。

**たれ-がし【▼誰▽某】**(代)《特定の人をささずに言う語》だれそれ。だれだれ。

**だれ-かれ【▼誰彼】**(代) あの人この人。any-body

**だれかれなし-に【▼誰彼無しに】**(連語) だれということなしに。だれにでも。一般に。

**たれ-ぎぬ【垂れ絹・垂れ▽衣】** 昔、下げて室内をしきった布。とばり。

**だれ-ぎみ【だれ気味】**(名・形動) ①緊張を欠いていること・さま。slackness ②相場で、下がる気配であること・さま。fall tendency

**たれ-こみ【垂れ込み】**《俗語》ひそかに通報すること。密告。squeal

**たれ-こ・む【垂れ込む】**(五他)《俗語》こっそり情報を提供する。密告する。squeal

**たれ-こ・める【垂れ込める・垂れ▼籠める】**(下一自) ①低く広がってあたりをおおう。hang over ［用例］雲が―。②すだれ・とばりなどをたれて、その中にとじこもる。

**だれ-しも【▼誰しも】**(副)《「だれも」を強めた語》だれでも。たれしも。whoever

**だれ-しらぬ【▼誰知らぬ】**(連体)《下に打ち消しの語をともなって》だれも知らない。no-body knows ［用例］―者もない。

**タレス【Thalēs】** 紀元前六世紀前半に活躍したギリシアの哲学者。ミレトス学派の創始者で、哲学の祖とされる。七賢人の一人。万物の根源・始原(アルケー)は水であると説いた。

**ダレス【John Foster Dulles】**(一八八八〜一九五九) アメリカの政治家。一九五一年国務省顧問として対日平和条約締結に努力。アイゼンハワー政権の国務長官として反共強硬路線を主張。

**ダレス-くうこう【ダレス空港】**(Dulles International Airport) アメリカのバージニア州北東、ワシントンの西にある国際空港。面積四〇km²。一九六二年開設。

**だれ-それ【▼誰▽某】**(代)《名をはっきりさせない語》ある人。なにがし。someone

**だれ-だれ【▼誰▼誰】**(代) ①だれとだれ。who ［用例］―が来たか。②だれそれ。someone ［用例］―の住まいのあと。

**たれ-ながし【垂れ流し】** ①大小便などを無意識に出すこと。出したままにしておくこと。soiling one's pants ②工場や家庭から廃液や汚水を浄化しないまま川や湖に流し出すこと。公害源にあげられている。discharge

**だれ-ひとり【▼誰一人】**(連語)《下に打ち消しの語をともなって》だれも。nobody ［用例］―いない。

**たれ-まく【垂れ幕】** 垂れ下げた幕。curtain; banner

**たれ-め【垂れ目】** 目じりが下がっていること。その目。下がり目。drooping eyes

**たれゆえ-そう【▼誰故草】** アヤメ科の多年草。瀬戸内海沿岸、低山地にはえる。数本の線形の葉を根茎より出す。春、紫色の花を一個つける。観賞用。エヒメアヤメ。

**たれ-り【足れり】** ［文語的］(連語) 足りている。じゅうぶんだ。［用例］これをもって―としない。

**た・れる【垂れる】**(下一) ①(自)㋐下がる。hang ［用例］幕が―。雲が―。㋑したたる。drip ［用例］水が―。②(他)㋐下げる。hang ［用例］頭を―。㋑したたらす。drip ［用例］よだれが―。㋒手本などを、表し示す。teach ［用例］教えを―。㋓後世に残す。leave ［用例］名を―。㋔大小便や屁をする。discharge

**だ・れる**(下一自) ①だらける。flag ②あきる。get tired

**ダレル【Lawrence Durrell】**(一九一二〜) イギリスの小説家。『黒い本』『トゥンク』『ヌンクアム』や、実験的な四部作『アレクサンドリア四重奏』、五部作『クィンカンクス』など。

**タレント【talent】** ①才能。技量。②マスコミに出る俳優・歌手・司会者など。

**タレント-アナ**《和製語》タレントアナウンサー。多方面でタレント的な活躍をしている、売れっ子アナウンサー。

**タレント-こうほ【タレント候補】** 政治以外での名声・人気を選挙運動に利用する立候補者。

**タロ-いも【タロ芋】**《「タロ」はtaroポリネシア》テンナンショウ科の多年草。サトイモの一品種で、熱帯地方の湿地や畑地・水田などで栽培。主産地のオセアニア諸島では主食とする。

**た-ろう【太郎】**《「太」は最初、「郎」は男子、の意》①長男。［対義］二郎・三郎。②第一のもの。もっとも大きいもの。［用例］坂東―(＝利根川)。

**たろう【田老】**〈町〉 岩手県三陸海岸の町。昭和八年(一九三三)に大津波で全滅の被害を受けたが、現在は大防波堤が完成。人口五六四〇(一九八八)。

**だろ-う**(連語)《断定の助動詞「だ」の未然形「だろ」に推量の助動詞「う」の付いたもの》①推量の意を表す。［用例］明日は雨―。②《「のだろう」の形で》原因・理由を推量する意を表す。［用例］急いだので、書き間違えたの―。［参考］「だろう」を「だ」の一活用形とする考え方もある。

**たろう-かじゃ【太郎▽冠者】** ①室町時代、武家などの召使のうちいちばん古参の者。②狂言で、大名の従者などとして登場し、主人をやりこめたりする者。

**たろう-の-ついたち【太郎の▼朔▽日】** 中国・四国・九州地方でいう、二月一日の異称。次郎の朔日。初朔日。一日正月。二月年。

**タロー-きょうだい【タロー兄弟】** フランスの小説家兄弟。兄ジェローム Jérôme Tharaud(一八七四〜一九五三)、弟ジャン Jean Tharaud(一八七七〜一九五二)。『著名作家ディングリー』『女中妻』などを合作。

**タロット【tarot】** トランプの前身といわれるカード。一組七八枚で、二二枚の切り札(大ア



↓ 行き先項目、図版・写真参照印。 ［JIS］ 日本工業規格情報交換用漢字符号コード(区点コード)。

ルカナ)と五六枚の点札(小アルカナ)よりなる。現在も占いやゲームに使用する。タロー。

**たわ** 13画【▼㟢】 部首[山] 和製漢字 JIS 5446
山がゆるやかに湾曲している地点。地名にも用いられる。「たお」とも。

**タワー**【tower】 塔。高い建物。用例 東京―。

**タワー-ビル**《和製語》高層ビル。大都市の地価高騰と建築技術の向上によって出現した数十階建ての塔状建築物。

**タワー-ブリッジ**【Tower Bridge】 イギリスのロンドンにあるテムズ川下流の道路橋。二つの塔があり、中央部下段は船舶通過時に上方に開く。長さ二七七m。一八九四年完成。

**たわい-な・い**【他▽愛無い】(形)《「他愛」は当て字》=たあいない。①とりとめがない。trifling 用例 ―おしゃべり。②はりあいがない。もろい。very easy 用例 ―・く負ける。③正体がない。だらしない。nonsensical 用例 ―・く眠る。④分別がない。幼稚だ。childish 用例 ―いいぐさ。派生 たわいなさ(名)

**たわけ**【▽戯け】 ①たわけること。ふざけること。②ばか者。

**戯けを尽くす**(たわけをつくす) ひどくばかげた言動をする。

**たわ・ける**【▽戯ける】(下一自) ①ふざける。②おろかなことをする。③みだらなことをする。

**たわ-ごと**【▽戯言・▼譫言】 ①ばかげたことば。silly talk ②とりとめのないことば。でたらめ。nonsense

**たわし**【▽束子】 清掃用具の一種。シュロ・わらをたばねて器物を洗いみがく道具。最近は、ビスコーススポンジ・ナイロン・金属細片などで作る新型たわしも多い。

**たわ・む**【▼撓む】(五自) ①しなう。曲がる。bend ②心がくじける。lose heart

**たわ・る**【戯る】 古語 (下二自) ↓たわむれる(戯れる)

**たわむれ**【戯れ】 ①遊びごと。play ②男女のふざけあい。flirtation ③おどけ。joke

**たわむ・れる**【戯れる】(下一自) ①遊ぶ。play ②おどける。ふざける。joke ③いたずらする。do mischief

**たわ・める**【▼撓める】(下一他) 押して弓形にする。bend

**たわら**【俵】 ①米穀・海産物・炭などの貯蔵・運搬用の袋。稲わらなどで作られる。俵こもと桟俵からなる。②相撲で、土俵。用例 ―を割る。

**たわら-くにいち**【俵国一】(一八七二〜一九五八) 冶金学者。島根県生まれ。金属組織学を開拓。日本刀・砂鉄の研究で著名。昭和二一年(一九四六)文化勲章受章。

**たわら-とうだ**【俵▼藤太】 藤原秀郷の異称。

**たわらもと**【田原本】〈町〉 奈良県、奈良盆地中部の町。旧城下町。イチゴや花の栽培がさかん。縫製工場が多い。人口三万九四四(一九八八)。

**たわら-もの**【俵物】 江戸時代、長崎貿易で輸出された海産物。最初、いりナマコと干しアワビ、のち、フカのひれを加えた三品。正貨に代わる中国向けの重要輸出品。ひょうもつ。

**たわらや-そうたつ**【俵屋宗達】(生没年未詳) 江戸初期の画家。慶長〜寛永年間(一五九六〜一六四四)に活躍。斬新な着想・大胆な構図・豊麗な色彩などを駆使して、大和絵の伝統に立つ新しい装飾的絵画を創造。水墨画も新様式を確立。作品『風神雷神図』屏風、『蓮池水禽図』など。↓写

● 俵屋宗達『風神雷神図』(部分)。建仁寺(京都府)。

**たわら-よしずみ**【田原▽良▽純】(一八五五〜一九三五) 薬学者。佐賀県生まれ。明治四二年(一九〇九)フグ毒テトロドトキシンの抽出に成功。

**タワリシチ**【tovarishch ロシア】 仲間。同志。

**たわれ-め**【▽戯れ女・▽遊れ女】 遊女。うかれめ。

**たわ-わ**(形動) しないたわむほどであるさま。heavily 用例 枝も―になった柿。

**タン** 4画【丹】 部首[丶] 常用 JIS 3516
音 タン
①に。あか。あけ。あかい色。比較 朱。「牡丹」「丹青・丹頂」②まごころ。赤心。「丹心・丹精・丹誠・丹念」③したはら。「丹田」④くすり。練り薬。「仙丹・煉丹」「丹毒」⑤丹波国・丹後国のこと。「丹州」⑥「丹前」は、江戸時代初期、堀丹後守の邸前にあった町屋風呂の風俗から、いわれる。

**タン** 4画【反】 部首[又] 教育小3 JIS 4031
音 ハン・ホン・タン・ヘン
訓 そる・そらす
筆順 ↓ハン[反]
①布類の長さの単位。鯨尺で、長さ二丈七尺前後で、幅九寸。約一二ヤール。和服地一反は一着分。②尺貫法の土地の面積の単位。三〇〇坪。一町の一〇分の一。約九・九二a。用例(名)―当たり。③距離の単位。六間。約一一m。④帆の幅を数える単位。約一m。参考「タン」と読むときは、段の草書体からの字。↓ハン・ホン[反]

**タン** 5画【▼丼】 部首[丶] JIS 4807
音 セイ・ショウ・タン・トン
①井戸の中にものがおちる音。どんぶり。どぶり。どぶん。②どんぶり。㋐深みのある小鉢。どんぶり鉢。どん。㋑腹がけの前にあるものいれ。

**タン** 5画【▽旦】 部首[日] 人名用 JIS 3522
音 タン
①あした。あさ。よあけ。早朝。「一旦・元旦」・月旦・歳旦」「旦夕」②おやま。中国の演劇の役の一種。女方の総称。③「震旦」は、中国のこと。昔、インドでそうよんだ。④「旦那」は梵語 dāna の音訳。

**タン** 7画【▽但】 部首[人・イ] 常用 JIS 3502
音 タン・ダン
訓 ただし
①ただ。それだけ。もっぱら。②ただし。しかし。あるいは。

**タン** 8画【▼坦】 部首[土] JIS 3519
音 タン
たいら。たいらか。なだらか。「平坦」

**タン** 8画【担】 部首[扌] 教育小6 JIS 3520 ／ 16画【▼擔】 旧字 JIS 5731
音 タン・ケツ
訓 かつぐ・になう

担担担担担

①かつぐ。になう。「担架」②うけもつ。ひきうける。たすける。「荷担・負担・分担」「担当・担任・担保」参考 担と擔とは、もとは別の字。

**タン** 9画【単】 部首[十] 教育小4 JIS 3517 ／ 12画【▼單】 部首[口] 旧字 JIS 5137
音 タン・セン・ゼン

単単単単単

①ひとつ。ひとり。対義 複。「単位・単価・単語・単行本・単身・単数・単独」②ひとえ。ひとえもの。裏のない衣服。③テニス・卓球などで、シングルス。対義 複。④一様で変化がない。「簡単」「単純」

**タン** 9画【▼彖】 部首[彑] JIS 5533
音 タン
「彖辞」は、易の卦のあらわす意味を説いたもの。周の文王の作といわれる。「彖辞」を解釈したものが「彖伝」で、孔子の作といわれる。

**タン** 9画【胆】 部首[月] 常用 JIS 3532 ／ 17画【▼膽】 旧字 JIS 7128
音 タン・ダン
①きも。「胆石」②きもったま。きもち。こころ。「肝胆・心胆・大胆・落胆」用例(名)―を練る。参考 胆と膽とは、もとは別の字。

**胆が据わる**(たんがすわる) 物事に動揺しないようになる。大胆になる。きもが据わる。have nerves of steel

**胆、斗の如し**(たん、とのごとし) 非常に大胆である。

**胆は大ならん事を欲し、心は小ならん事を欲す**(たんはだいならんことをほっし、こころはしょうならんことをほっす) 度胸を大きく持ちながら、細心でありたいものである。胆大心小。

**胆を奪う**(たんをうばう) たいそう、びっくりさせる。きもをつぶす思いをさせる。astonish

**胆を練る**(たんをねる) 物事に動揺しないように、胆力をやしなう。

**タン** 9画【▽段】 部首[殳] 教育小6 JIS 3542
音 ダン・タン
筆順 ↓ダン[段]
①布類の長さの単位。鯨尺で、長さ二丈七尺前後で、幅九寸。約一二ヤール。②尺貫法の土地の面積の単位。三〇〇坪。約九・九二a。③距離の単位。六間。約一一m。④帆の幅を数える単位。約一m。↓ダン[段]

**タン** 9画【炭】 部首[火] 教育小3 JIS 3526 ／ 9画【▼炭】 旧字
音 タン
訓 すみ

炭炭炭炭炭炭

①すみ。木のもえのこり。木をむしやきにした燃料。「薪炭・木炭」②石炭のこと。「黒炭・無煙炭」「炭坑・炭鉱・炭田」③炭素のこと。「炭酸・炭水化物」

**タン** 9画【▼眈】 部首[目] JIS 6630
音 タン
みおろす。ねらう。うかがう。「眈々」

**タン** 10画【▼疸】 部首[疒] JIS 6553
音 タン
肝臓障害などにより、胆液の色素が血液にながれこんで、皮膚などが黄色になる病気。「黄疸」

**タン** 10画【▼站】 部首[立] JIS 6775
音 タン
①たつ。たちどまる。②宿場。宿駅。停車場。駅。「兵站」

**タン** 10画【▼耽】 部首[耳] JIS 3531
音 タン
ふける。おぼれる。夢中になる。「耽美主義」

**タン** 10画【▼袒】 部首[衤] JIS 7456
音 タン
かたぬぐ。はだぬぐ。はだぬぎになる。「左袒」

**タン** 11画【▼啖】 部首[口] JIS 5123
音 タン
①くらう。たべる。はむ。かむ。「健啖」②くらわす。たべさせる。また、ほしいものをあたえて、さそう。

**タン** 11画【▼啗】 部首[口] JIS 5124
音 タン
①くらう。たべる。はむ。かむ。②くらわす。たべさせる。また、ほしいものをあたえて、さそう。

**タン** 11画【▼郯】 部首[阝]
音 タン
中国の春秋時代にあった国の一つ。現在の山東省郯城県あたり。

**タン** 11画【探】 部首[扌] 教育小6 JIS 3521
音 タン
訓 さぐる・さがす

探探探探探探

しらべる。さぐる。さがす。比較 捜。「電探」「探求・探検・探索・探偵」

**タン** 11画【淡】 部首[氵] 常用 JIS 3524
音 タン
訓 あわい
①あわい。あっさりとした。「枯淡・平淡・冷淡」「淡泊」②うすい。味・色などがうすい。対義 濃。「淡彩」③塩分をふくまない。「淡水」④淡路国のこと。「淡州」

**タン** 11画【▼蛋】 部首[虫] JIS 3533
音 タン
①中国南部の海岸地方にすむ少数民族。多くは、水上生活をする。「蛋民」②たまご。鳥のたまご。「蛋白」

**タン** 11画【▼酖】 部首[酉] JIS 7837
音 タン・チン

ふける。おぼれる。夢中になる。↓チン［酖］

**タン** 12画【毯】 部首［毛］ JIS 6163
音タン
けむしろ。毛で織った敷物。「絨毯」

**タン** 12画【湍】 部首［氵］ JIS 6258
音タン
①はやせ。せ。急流。「急湍・激湍・奔湍」②はやい。水の勢いがはげしい。「湍激」

**タン** 12画【湛】 部首［氵］ JIS 3525
音タン・チン
①たたえる。水が深くみちている。②しずむ。しずめる。③ふける。おぼれる。夢中になる。

**タン** 12画【猯】 部首［犭］ JIS 6446
音タン
イノシシ。ウシ目に属する哺乳動物。

**タン** 12画【短】 部首［矢］ 教育小3 JIS 3527
音タン
訓みじかい

短 短 短 短 短 短

対義長。①みじかい。「短気・短期・短文・短編・短命」用例《接頭的》―距離。―日月。②たりない。欠点。「一長一短」「短所」用例（名）長をのばし、―をおぎなう。
**短を捨て長を取る**（たんをすてちょうをとる） 他のものの短所・欠点を除き、長所・美点だけをわがものにする。

**タン** 12画【覃】 部首［西］ JIS 7509
音タン・エン
①のびる。およぶ。②ふかい。奥ふかい。

**タン** 12画【赧】 部首［赤］ JIS 7663
音ダン・タン
あからめる。はじらう。はじて顔をあかくする。「赧然」

**タン** 13画【亶】 部首［亠］ JIS 4825
音タン・セン
①あつい。沢山ある。②まこと。まことに。↓セン［亶］

**タン** 13画【嘆】 部首［口］ 常用 JIS 3518 ｜14画【嘆】旧字
音タン
訓なげく・なげかわしい
①なげく。ためいきをつく。かなしむ。なげき。「慨嘆・悲嘆」「嘆願・嘆息」②ほめる。感心する。「感嘆・驚嘆・賛嘆」「嘆賞・嘆美」

**タン** 13画【痰】 部首［疒］ JIS 6566
音タン
気管からでる、ねばっこい分泌物。「喀痰」用例（名）―がからむ。―を切る。

**タン** 13画【蜑】 部首［虫］ JIS 7373
音タン
①中国南部の海岸地方にすむ少数民族。多くは、水上生活をする。②あま。漁師。漁夫。

**タン** 14画【慱】 部首［忄］ JIS 5653
音タン
①うれえる。うれいわずらう。②まるい。まどか。

**タン** 14画【摶】 部首［扌］ JIS 5786
音タン・セン
まるい。まるめる。あつめる。

**タン** 14画【端】 部首［立］ 常用 JIS 3528
音タン
訓はし・は・はた
①はし。はた。は。はじめ。「一端・極端・先端・発端・末端」「端子」用例（名）戦いの―を開く。②ことがら。こぐち。くち。「多端・万端」③ただしい。きちんと。「端座・端正・端然・端麗」④まさに。たしかに。「端的」
**端を発する**（たんをはっする） その物事が原因でことが始まる。あることのスタートとなる。originate in
**端を開く**（たんをひらく） あることをきっかけとして、「何かが始まる。start

**タン** 14画【綻】 部首［糸］ JIS 3530
音タン
ほころびる。①ほどける。やぶける。「破綻」②つぼみが少しひらく。

**タン** 14画【靼】 部首［革］ JIS 8058
音タン・タツ
①なめしがわ。レザー。②「韃靼」は、中国の蒙古系の民族の名。タタール（Tatar）の音訳。

**タン** 15画【儋】 部首［人・亻］ JIS 4834
音タン
①かつぐ。になう。おう。②かめ。もたい。

**タン** 15画【噉】 部首［口］
音タン
くらう。たべる。はむ。かむ。

**タン** 15画【鄲】 部首［阝］ JIS 7834
音タン
「邯鄲」は、中国の都市名。戦国時代の趙の都。河北省南部にある。

**タン** 15画【憚】 部首［忄］ JIS 5663
音タン
①はばかる。㋐おそれる。いみきらう。さける。㋑遠慮する。「忌憚」②はばかり。遠慮。また、便所。

**タン** 15画【椽】 部首［木］ JIS 6071
音タン・セン
①ひつぎぐるま。ひつぎをのせる車。②まるい。まどか。

**タン** 15画【歎】 部首［欠］ ｜14画【歎】異体字 JIS 3523
音タン
①なげく。ためいきをつく。かなしむ。なげき。「慨歎・嗟歎・愁歎・長歎・悲歎」「歎声・歎息」②「歎願」は、事情をうったえて、一心にたのむ。哀願。③ほめる。感心する。「詠歎・感歎・驚歎・嗟歎・讃歎」「歎賞・歎称・歎声」④歌声を長くのばす。「詠歎」

**タン** 15画【潭】 部首［氵］ JIS 6312
音タン
①ふち。水をふかくたたえ、よどんでいるところ。「深潭」②ふかい。奥ふかい。

**タン** 15画【誕】 部首［言］ 常用 →教育小6 JIS 3534 ｜14画【誕】旧字
音タン

誕 誕 誕 誕 誕 誕

①うまれる。「降誕・生誕」「誕生」②ほしいまま。おもうまま。「放誕」③うそ。でたらめ。「荒誕」

**タン** 16画【壇】 部首［土］ 常用 JIS 3537
音ダン・タン
ば。ところ。まわりより高くつくったところ。「土壇場」↓ダン［壇］

**タン** 16画【憺】 部首［忄］ JIS 5675
音タン
①しずか。おだやか。やすらか。②うごく。うごかす。また、おそれて動揺する。「惨憺」

**タン** 16画【殫】 部首［歹］ JIS 6149
音タン
つきる。つくす。なくなる。なくする。

**タン** 16画【澹】 部首［氵］ JIS 6324
音タン
①しずか。おだやか。やすらか。②あわい。うすい。あっさりとした。「恬澹」③うごく。うごかす。また、おそれて動揺する。「暗澹・惨澹」

**タン** 17画【禪】 部首［衤］ JIS 7491 ｜14画【襌】異体字 JIS 7492
音タン
ひとえ。ひとえもの。かたびら。裏のない衣服。

**タン** 17画【賺】 部首［貝］ JIS 7649 ｜20画【賺】異体字
音タン
すかす。①あざむく。だます。②あやす。機嫌をとる。

**タン** 17画【鍛】 部首［金］ 常用 JIS 3535
音タン
訓きたえる
きたえる。うつ。ねる。「鍛鋼・鍛造・鍛鉄・鍛練」
参考 鍜は別の字。

**タン** 17画【餤】 部首［食］ JIS 8121
音タン
①すすむ。進行する。②くらう。たべる。③くらわす。たべさせる。また、ほしいものをあたえて、さそう。

**タン** 18画【簞】 部首［竹］ ｜15画【箪】異体字 JIS 3529
音タン
①はこ。かたみ。竹を編んでつくったはこ。「簞食壺漿」②「簞笥」は、衣類などをしまっておく家具。③「瓢簞」は、ウリ科の一年生つる草。また、その果実の中身をくりぬいたもの。酒などの容器とした。ひさご。ふくべ。

**タン** 18画【蟫】 部首［虫］
音イン・タン・シン
シミ。シミ目に属する昆虫。

**タン** 19画【譚】 部首［言］ JIS 7593
音タン・ダン
はなし。ものがたり。はなす。かたる。「譚歌・譚詩」

**タン** 20画【鐔】 部首［金］ JIS 7929
音シン・タン
つば。刀のつば。刀剣の柄と刀身の間にはさむ鉄の板。

**タン** 22画【攤】 部首［扌］ JIS 5826
音タン・ダン
①ひらく。ひろげる。②均分する。分担する。

**タン**［tongue］ 牛や豚の舌。塩漬け、あるいはその後薫製してからとろ火で煮、冷まして皮をむいて調理する。生の舌肉の蒸し煮もある。
↓牛肉図 ↓豚肉図

**ダン** 6画【団】 部首［囗］ 教育小5 JIS 3536 ｜14画【團】旧字 JIS 5205
音ダン・トン・ドン

団 団 団 団 団 団

①まるい。まどか。②あつまり。まるいかたまり。「気団・集団」「団結・団体・団地」③なかま。くみ。「楽団・劇団・公団・兵団」「団員」用例《接尾的》使節―。↓トン［団］

**ダン** 7画【男】 部首［田］ 教育小1 JIS 3543
音ダン・ナン
訓おとこ

男 男 男 男 男 男

①おとこ。おのこ。お。比較 雄。対義 女。「男子・男女・男性・男装」②むすこ。おとこの子。せがれ。対義 女。用例（名）A氏の―。③男爵のこと。用例（名）公侯伯子―。↓ナン［男］

**ダン** 9画【段】 部首［殳］ 教育小6 JIS 3542
音ダン・タン

段 段 段 段 段 段

①きざはし。順序。「石段・階段・上段」「段階・段丘・段々」②だんを数えるのに用いる。用例（助数）六百―の石段。③区ぎり。わかち。「章段」「段落」用例（名）文章を三つの―に分ける。一力茶屋の―。④等級。「三段」「段位」用例（接尾）柔道五―。⑤場合。次第。用例（名）いよいよという―になって。⑥はなし。こと。件。用例（名）失礼の―、おゆるしください。⑦程度。用例（名）寒いどころの―ではない。↓タン［段］

**ダン** 10画【萓】 部首［艹］
音ダン・ナン
「萱萓」は、わすれぐさ。カンゾウ。ユリ科の多年草。

**ダン** 11画【断】 部首［斤］ 教育小5 JIS 3539 ｜18画【斷】旧字 JIS 5850
音ダン
訓たつ・ことわる

断 断 断 断 断 断

①たつ。たちきる。対義 続く。「切断・中断」「断裁・断水・断絶」②さだめる。きっぱりときめる。「果断・決断・診断・判断」「断言・断固・断然・断定」用例（名）―を下す。③ことわる。ことわり。

**ダン** 12画【弾】 部首［弓］ 常用 JIS 3538 ｜15画【彈】旧字 JIS 5528
音ダン・タン
訓ひく・はずむ・たま
①たま。はじきだま。「爆弾・砲弾」「弾道・弾薬」



↓行き先項目、図版・写真参照印。 JIS 日本工業規格情報交換用漢字符号コード（区点コード）。

②はじく。はずむ。「弾性・弾力」③ただす。罪をなじる。「糾弾・指弾」④ひく。楽器をかきならす。「連弾」「弾奏」

**ダン** 12画【▼葮】 部首[艹]くさかんむり JIS 7259
音タン・ダン
ムクゲ。アオイ科の落葉低木。もくげ。きはちす。

**ダン** 13画【暖】 部首[日]ひへん 教育小6 JIS 3540　13画【▼暖】旧字
音ダン・ノン・ケン
訓あたたか・あたたかい・あたたまる・あたためる
①日ざし・空気・気候があたたかい。あたたかみ。類似温。対義寒・冷。「温暖・春暖」「暖国・暖流」用例(名)—をとる。②《煖とも》あたためる。あたたまる。「暖房・暖炉」
**暖を取る**(だんをとる) 体をあたためる。warm oneself

**ダン** 13画【▼椴】 部首[木]きへん JIS 3846
音タン・ダン
①ムクゲ。アオイ科の落葉低木。もくげ。きはちす。②トドマツ。マツ科の常緑高木。

**ダン** 13画【▼煖】 部首[火]ひへん JIS 6375
音ダン・ナン・ケン・カン
あたたか。あたためる。あたたまる。「煖房・煖炉」

**ダン** 13画【▼煗】 部首[火]ひへん
音ダン・ナン
あたたか。あたためる。あたたまる。

**ダン** 14画【▼緂】 部首[糸]いとへん
音タン・セン・ダン
①あざやか。衣服の色があざやか。②だんだらぞめ。③種々の色糸で刺繡をしたもの。

**ダン** 15画【談】 部首[言]ごんべん 教育小4→教育小3 JIS 3544
音ダン・タン
かたる。はなす。ものがたり。はなし。「相談・対談・美談・面談」「談笑・談話」用例(名)B氏の—によれば。《接尾的》車中—。

**ダン** 16画【壇】 部首[土]つちへん 常用 JIS 3537
音ダン・タン
①まわりより高くつくったところ。「演壇・教壇・仏壇」用例(名)静かに—に登った。②あるなかま。「歌壇・文壇」③《擅の誤読、または、似た形から》ほしいまま。おもうままにする。「独壇場」→タン【壇】

**ダン** 17画【▼檀】 部首[木]きへん JIS 3541
音タン・ダン
①マユミ。ニシキギ科の落葉低木。②「紫檀・白檀」など香木のこと。③《梵語 dāna の音訳「檀那」の略》布施。施主。「檀家」

**ダン** 22画【▼灘】 部首[氵]さんずい　21画【▼灘】異体字 JIS 3871
音タン・ダン
①せ。浅くて流れの急なところ。また、海の狭くなっているところ。②なだ。波があらくて、航海に困難な海。

**ダン**【John Donne】(一五七二～一六三一) イギリスの詩人。形而上詩人の第一人者。奇想で斬新な語法、イメージ操作による恋愛詩・宗教詩を書いた。恋愛詩『唄とソネット』、『エレジー』のほか説教集など。

**だん-あく**【断悪】《仏教語》悪業をやめること。用例—修善。

**たん-あたり**【反当(た)り・▽段当(た)り】田畑一反(＝約九九〇m²)からの収穫量などについていう。用例—八俵の収穫。

**だん-あつ**【弾圧】(名・サ変他) 国家権力を掌握する支配階級が、反対派の勢力拡張を阻止または絶滅するために軍事力・警察力を発動し、集会・言論の妨害や団体の解散、個人の追放などを行うこと。oppression

**だん-あん**【断案】①案を判断すること。その案。decision ②論理学で、結論。conclusion

**たん-い**【単位】①ものをはかるとき基準となる量。長さ・質量・時間・電流など異なる量に対し、それぞれ別の単位が必要。unit ②高校や大学で、学習の時間数によって定めた学習量。用例—が足りない。③全体を形づくるもとになるもの。用例クラス—。

**だん-い**【段位】碁・将棋や柔道・剣道などで、技能の程度を表す位。級の上にあたる位。

**だん-い**【暖衣】衣服をじゅうぶん着て、あたたかくすること。また、あたたかい衣服。being warm with clothes

**たんい-えん**【単位円】半径が1の円。unit circle

**たんい-かぶ**【単位株】額面金額の合計が五万円となる株式。昭和五六年(一九八一)の商法改正により、これを一単位として完全な株主権を認めることになった。

**だん-いき**【暖域】温帯低気圧で、温暖前線と寒冷前線にかこまれ、暖かい空気が流れこむ区域。warm sector

**たんい-ぎょうれつ**【単位行列】対角要素が1で、他はすべて0である正方行列。$E$などで表す。任意の行列$A$に対し、$AE=EA=A$がなりたつ。unit matrix

**だん-いくま**【▼團▼伊▼玖磨】(一九二四～) 作曲家。東京生まれ。琢磨の孫。東京音楽学校卒。交響作品から映画音楽まで幅広く活躍。オペラ『夕鶴』『聴耳頭巾』『ひかりごけ』など。

**たんい-くみあい**【単位組合】産業別連合体を構成する、企業別または事業所別に組織された労働組合。単組。independent union

**たんい-けい**【単位系】いくつかの基本単位、およびそこから導かれた誘導単位からなる全体系。基本単位に何を用いるかによって、さまざまな単位系がある。CGS単位系・MKS単位系・MTS単位系など。system of units

**たんい-けっか**【単為結果】→たんいけつじつ(単為結実)

**たんい-けつじつ**【単為結実】被子植物が受精することなく、雌しべの子房だけが発達して種なし果実をつくること。単為結果。parthenocarpy

**たんい-こうし**【単位格子】結晶構造で、結晶をつくっている空間格子の最小の単位。単位胞。unit cell

**たんい-ごかん**【単位互換】学生が他の大学で取得した単位を、在学中の大学が認めること。

**たんい-じかん**【単位時間】時間当たりの量を問題にするとき、基準とする時間。秒速・時速などの場合の一秒・一時間など。unit time

**たんい-せい**【単位制】教科の修得を単位で表し、その集積で進級・卒業などを認定する制度。大学・高校で採用。credit system

**たんい-せいしょく**【単為生殖】生殖様式のうち、配偶子(卵子と精子)の受精によらないで個体を生じる現象。広義には、雌だけで単為発生する場合も含む。ミツバチ・ミジンコなど。処女生殖。parthenogenesis 対義両性生殖。

**たん-いつ**【単一】(名・形動) ①ひとつであること。single ②複雑でないこと。simple ③純粋なこと。simplicity

**たんいつ-きかい**【単一機械】力の向きや大きさなどを変えるための簡単な機械。てこ・滑車・歯車など。複雑な機械はこれらの組み合わせでできている。simple and elementary unit of machine

**たんいつ-こうさく**【単一耕作】ある地域において、一種類の作物だけを作ること。キューバのサトウキビ、ブラジルのコーヒーなど。monoculture

**たんいつしん-きょう**【単一神教】《henotheismの訳語》宗教形態の一つ。複数神の存在を認めるが、そのうちの一神を選んで最高神として崇拝するもの。ギリシア・ローマ・バビロニア・アステカの古代宗教など。

**たんいつぜい-せいど**【単一税制度】租税収入を一種類の税金だけでまかなおうとする制度。単税制度。single tax system 対義複税制度。

**たんい-てん**【単位点】数直線上で1を表す点。unit point

**たんい-ベクトル**【単位ベクトル】大きさ(長さ)が1のベクトル。unit vector

**だんい-ほうしょく**【暖衣飽食】衣服も食事も十分な、ぜいたくな暮らし。well-fed and well-dressed

**たんい-まく**【単位膜】細胞膜をはじめ、細胞内の各種構造を保持構成している薄膜。厚さ一〇ナノメートル(一〇万分の一ミリメートル)。脂質とたんぱく質からなり、細胞の代謝反応の面で重要な働きをする。unit membrane

**たんい-めんせき**【単位面積】面積当たりの量を問題にするとき、基準とする面積。unit area

**だん-いん**【団員】その団体に属する人。団体の構成員。member

**だん-うん**【断雲】ちぎれ雲。

**たん-えき**【胆液】肝臓から出る消化液。脂肪の消化を助ける。もと、胆汁。bile

**たんおう-らん**【端黄卵】卵黄が一方の側に偏在する動物卵。卵割が等分に行われない。魚類・爬虫類・鳥類の卵。telolecithal egg

**だん-おつ**【▼檀▽越】《仏教語。dānapati 梵の俗語形の音写で、贈り主の意》僧に布施する信者。施主。だんおち。だんのつ。だんな。

**たん-おん**【単音】①音声学で、母音・子音など、音節を構成する音声の最小の単位。monosyllable ②音楽で、一つだけの音部・声部でできている音・旋律。monotone 対義複音。

**たん-おん**【短音】短く響く音。short sound 対義長音。

**たん-おんかい**【短音階】音楽で第二音と第三音、第五音と第六音の間が半音で、その他は全音からなる音階(自然的短音階)。他に和声的短音階・旋律的短音階がある。minor scale 対義長音階。

**たんおん-もじ**【単音文字】一字が単音を表す文字。ローマ字など。

**たん-か**【担架】けが人・病人などをのせて、人が手で運ぶ用具。stretcher

**たん-か**【単価】商品などの一単位当たりの価格。unit price

**たん-か**【単果】一個の花が一個の果実をつくるもの。ウメ・カキ・リンゴなど。simple fruit 比較複合果。集合果。

**たん-か**【炭化】(名・サ変自) ①有機物が加熱されて炭素に富む物質に変わること。木材から木炭、石炭からコークスをつくるなど。carbonize ②物質が炭素と化合すること。carbonic

**たん-か**【▼啖▼呵】①勢いよく、歯切れのよいことば。②浪花節の中の会話、はなしことばの部分。
**啖呵を切る**(たんかをきる) 勢いよくまくしたてる。bluff

**たん-か**【短歌】①和歌の一形式。長歌に対して、五・七・五・七・七の五句、三一音からなる歌。七世紀ごろに成立し定着。三十一文字。比較長歌。数え方一首。②和歌のこと。

**たん-か**【▼譚歌】神話・伝説・歴史などを材料とした物語風の叙事詩。譚詩。バラード。ballard

**タンガ**【Tanga】東アフリカ、タンザニア北東部、インド洋岸の港湾都市。周辺はサイザル麻の主産地。人口一〇・三万(一九七八)。

**だん-か**【▼檀家】《仏教語》特定の寺院に所属して仏事に与り、その運営・維持に加わる在俗の信徒の家の称。檀徒。信徒。

**タンカー**【tanker】原油・液化ガス・化学薬品などの液体を大量に輸送するため船体を液槽にした貨物船。あぶら運送船。油槽船。↓写

●タンカー　日精丸、載貨重量四八万四千トン。

**たん-かい**【▼坦懐】物事にこだわらない、さっぱりした気持ち。用例虚心—。

**たんかい**【▼湛海】(一六二九～一七一六) 江戸前・中期の高僧。律師宝山湛海。伊勢の人。大和の宝山寺の開祖。仏像彫刻をよくし、不動明王像に長じた名匠。作品は法隆寺・唐招提寺・宝山寺などにある。

**だん-かい**【団塊】①かたまり。mass; lump ②堆積岩中に化学的成分が部分的に濃集して、二次的にできた硬い塊。球や楕円体および不規則な塊状を呈し、ときに径数メートルの大きさになる。化石などを核とする。ノジュール。nodule

**だん-かい**【段階】①階段。steps ②物事の順

▼常用漢字表外。　▽常用漢字表の音訓外。

序。order ③等級。くぎり。class

**だん-がい【断▾崖】** きりたった、けわしいがけ。絶壁。きりぎし。precipice

**だん-がい【弾劾】**（名・サ変他）①罪を調べて責任を追及すること。accusation ②大統領・大臣・裁判官など、身分を保障された者の非行を議会が訴追し、これを罷免する手続き。日本では、裁判官だけが対象になる。impeachment

**だんがい-さいばんしょ【弾劾裁判所】** 職務違反や非行などで罷免の訴追をうけた裁判官を裁判するため、国会に設けられる裁判所。衆参両院議員から、各七名の裁判員が選ばれる。Court of Impeachment

**たんかい-とう【探海灯】** 海面を遠くまで照らす装置。探照灯。サーチライト。searchlight

**だんかい-の-せだい【団塊の世代】** 昭和二二～二四年（一九四七～四九）のベビーブーム時代に生まれた世代。人口ピラミッドでみると、同年代の人の数がとくに多く、かたまりのような形になっているところからつけられた。

**たんか-カルシウム【炭化カルシウム】** 化学式$CaC_2$ 純粋なものは無色でかたい正方晶系の結晶。水と反応してアセチレンを発生する。アセチレン・石灰窒素の原料。カルシウムカーバイド。カーバイド。カルシウムアセチリド。calcium carbide

**たんか-けいそ【炭化▾珪素】** 化学式SiC ふつうは黒色から褐色、純物質は無色透明の結晶。ダイヤモンド型構造の巨大分子で、きわめてかたい。研磨材・特殊耐火物などに利用。silicon carbide

**たんか-すいそ【炭化水素】** 炭素と水素の化合物。鎖式炭化水素・環式炭化水素、飽和炭化水素・不飽和炭化水素がある。hydrocarbon

**だん-かずら【段▾葛】** 葛石で一段高くつくった道。鎌倉の鶴岡八幡宮の参道にみられる。

**たんか-だいがく【単科大学】** 一学部だけの大学。カレッジ。college 対義 総合大学。

**だん-カット【段カット】** 髪に段差をつけてカットする方法。また、そのようにカットした髪。

**タンガニーカ**[Tanganyika] アフリカ南東部、タンザニアの大部分を占める地域。ドイツ領とイギリスの信託統治を経て一九六一年独立。一九六四年ザンジバルと統合しタンザニアとなる。

**タンガニーカ-こ【タンガニーカ湖】**（Lake Tanganyika）アフリカ中東部、長さ六八〇kmにおよぶ世界一細長い湖。面積三・三万km²。深度一四三五m（世界第二位）。タンザニアとザイールの国境をなし、南はザンビア、北はブルンジにおよぶ。

**たん-がら【炭殻】** 石炭の燃えかす。石炭がら。

**たん-がん【単眼】** ①一つの目。片方の目。one eye ②節足動物に、複眼とは別に存在する簡単なレンズ眼。複眼と併存する単眼ではレンズの焦点は視細胞の位置より深く、光の刺激による信号を強化して中枢へ送る。ocellus; simple eye 対義 複眼。

**たん-がん【嘆願・▾歎願】**（名・サ変他）事情を訴えて一心に頼むこと。哀願。petition

**だん-かん【断簡】** 文書や手紙などの断片になったもの。fragment 用例 —零墨。

**ダンカン**[Isadora Duncan]（一八七八～一九二七）アメリカの女流舞踊家。モダンダンスの先駆者。ギリシア風の衣装をまとい、はだしで踊る。著書に自伝『我が生涯』がある。

**だん-がん【弾丸】** ①銃砲のたまの総称。bullet 数え方 一発。②弾丸のように速いこと。bullet-like rapidity 用例 —ライナー。

**弾丸黒子の地**（だんがんこくしのち）《「弾丸」ははじきだま、「黒子」はほくろ》非常に小さく、狭い土地・地域。

**だんがん-どうろ【弾丸道路】** 高速で走る自動車専用道路の俗称。

**だんかん-れいぼく【断簡零墨】** 手紙や文書の切れはし。

**たん-き【単記】**（名・サ変他）一枚の紙に、ひとりの名前だけ書くこと。single entry 対義 連記。用例 —投票。

**たん-き【単機】** 一機の飛行機。single plane

**たん-き【単騎】** ①ひとりで馬に乗って行くこと。②騎馬一騎。

**たん-き【短気】**（名・形動）せっかちであること・さま。気みじか。短慮。quick temper

**短気は損気**（たんきはそんき）《「損気」の「気」は、「短気」の「気」に語呂合わせしたもの》短気は損だ。

**短気は未練の元**（たんきはみれんのもと）短気を起こすと、後悔して、未練が残る。短気は未練の相。Haste makes waste.

**短気は身を亡ぼす腹切り刀**（たんきはみをほろぼすはらきりがたな）短気は、自滅のもとになる。

**たん-き【短期】** 短い期間。short term 対義 長期。

**だん-き【断機】** 織りかけているはたの糸を切ること。

**断機の戒め**（だんきのいましめ）修業の中途で帰ってきた孟子に、母が織りかけのはたを裁って、「修業を途中でやめることは、このように、今までの苦労をすっかり無駄にするのと同じだ」と諭して、師の所へ戻したこと。断機の教え。

**だん-き【暖気】** あたたかい空気や気温。あたたかみ。warmth

**だん-ぎ【談義】**（名・サ変自）①《仏教語》仏法の意味を説くこと。説教。②ものの道理を説くこと。講釈。用例 へたの長—。

**だん-ぎ【談議】**（名・サ変自）相談し、論じ合うこと。

**タンギー**[Yves Tanguy]（一九〇〇～一九五五）フランスの画家。のちアメリカに帰化。シュールレアリスムの有力作家で、深海を思わせる幻想の世界を表現。作品『夏の四時、希望』など。

**たんき-かしつけ【短期貸付】** 返済期限が通常一年未満の短期の資金貸し付け。また、その貸付金。当座貸越・手形貸付・手形割引などによる。short-term loan

**たん-きかん【短期間】** わずかな期間。短期。short period

**たんき-きんり【短期金利】** 回収期間が通常一年未満の短期資金の金利。short-term rate of interest 対義 長期金利。

**だん-ぎく【段菊】** クマツヅラ科の多年草。高さ約六〇cm。葉は卵形。夏、青紫色の花を葉腋ごとに密生して、全体として段状をなす。九州・朝鮮半島・中国などに分布。

**たんき-こうさい【短期公債】** 元本の償還年限を通常一年以内に定めて発行される公債。流動公債。short-term public bond

**たんき-こくさい【短期国債】** 償還期限が一年以内の国債。発行はふつう公募の方法をとり、金利は市場の実勢で決まる。政府短期証券。流動国債。short-term national bond 対義 中期国債・長期国債。

**だん-きずい【段▾祺▾瑞】**（一八六五～一九三六）中国の軍閥政治家。袁世凱のもとで辛亥革命に活躍。陸軍総長・国務総理を歴任。袁の死後は日本の支援を受け、安徽派の巨頭として政権を掌握。安直戦争に敗れ、一九二六年引退。

**たんき-だいがく【短期大学】** 二年または三年制の大学。職業的・実際的な能力の育成を目標とする。昭和二五年（一九五〇）発足。短大。junior college

**だん-きだん【暖気団】** 気団より低温度の地表面を流れる気団。warm air mass

**たんきち-ばり【丹吉▾鉤】** 江戸時代、土佐の広瀬丹吉という人が作った鉄製の釣り針。その弟子が天保年間（一八三〇～四四）に播磨国で本格的に製造し、有名となった。

**たんき-てがた【短期手形】** 一覧払い、または振出日から一年以内に満期日がくる手形。short-term bill 対義 長期手形。

**たんき-てつどう【単軌鉄道】** ↓モノレール

**たんき-とうひょう【単記投票】** 投票用紙に候補者名を一人だけ書いて行う投票。single vote 対義 連記投票。

**だんぎ-ぼん【談義本】** 読物の一種。宝暦期（一七五一～六四）に江戸で流行した江戸小説の元祖。仏教の教義を面白おかしく説く談義僧の手法で、滑稽の中にわかりやすく庶民への教訓を説く。静観房好阿の『当世下手談義』に始まる。談義物。

**だんぎ-もの【談義物】** ↓だんぎぼん（談義本）

**たん-きゅう【単級】** 辺地などの小学校で全校の生徒を一学級に編成したもの。

**たん-きゅう【探求】**（名・サ変他）たずねもとめること。search 用例 真実の—。遺跡の—。

**たん-きゅう【探究】**（名・サ変他）深く調べきわめること。研究。research 用例 真理の—。本質の—。

**だん-きゅう【段丘】** 川岸・海岸などに沿った階段状の地形。平坦面を段丘面、急崖を段丘崖という。段丘面は、過去の形成過程により河岸段丘・海岸段丘・湖岸段丘に、また、構成物により砂礫段丘・岩石段丘に分けられる。terrace

**だん-ぎょくさい【段玉裁】**（一七三五～一八一五）中国、清代の考証学者。訓詁・音韻の研究にすぐれ、著書に『説文解字注』『周礼漢読考』など。

**だんぎょ-けい【断魚渓】** 島根県中部、江の川支流濁川中流の渓谷。流紋岩の岩脈をうがって、四kmにわたる淵瀬になっている。

**たん-きょり【短距離】** 対義 長距離。①距離がみじかいこと。short distance ②《「短距離競走・短距離競泳」の略》陸上の一〇〇～四〇〇mの距離の競走。水泳では五〇～二〇〇m。short-distance race

**たんきょり-だんどうミサイル【短距離弾道ミサイル】** 射程八〇〇km以下の地対地弾道ミサイル。システム全体の移動が可能で、発射後、反撃を避け別の場所から発射できる。SRBM。short-range ballistic missile

**たんきょり-はんそう【短距離搬送】** 日本では一〇〇km以内の電話回線に用いられる搬送通信方式。short haul carrier system

**たんきょり-りちゃくりくき【短距離離着陸機】** ↓エストール（STOL）

**たんきり-まめ【▾痰切豆】** マメ科のつる性多年草。葉は三小葉をもつ複葉。夏に黄色の蝶形花をつける。赤熟したさや中の黒い種子は鎮咳去痰剤。↓図

●タンキリマメ

**たん-きん【鍛金】** 金属工芸の技法の一つ。金属をたたいて板状・線状、さらに立体的にのばして器物を作る技法。押し出し。鎚出し。打ち物。

**だん-きん【断金】**《『易経』にある語》金属をも切るほどの固い友情。深いつきあい。用例 —のちぎり。

**断金の交わり**（だんきんのまじわり）金属をも断ち切るほどに強く、固い友情。

**だん-きん【断琴】** 琴の絃を切断すること。

**断琴の交わり**（だんきんのまじわり）ひじょうに親密な友情・交際。参照 知音。

**だん-きん【弾琴】** 琴をひくこと。用例 —の図。

**たん-く【短▾軀】** 身長の低いこと。short stature 対義 長軀。

**タンク**[tank] ①水・ガス・石油などを入れる大きな容器。②戦車。

**タングート**[Tangut・党項] 中国北西部で六～一四世紀に活躍したチベット系民族。羌族の一部族。八世紀ごろ吐蕃の圧迫を受け、四川・青海地方から陝西・甘粛地方に東遷。唐末の黄巣の乱に功をたてた拓跋思恭は李姓を与えられ、その子孫李元昊が西夏を建国。

**タンク-かいろ【タンク回路】** ↓きょうしんかいろ（共振回路）

**タンク-しゃ【タンク車】** 液体や気体を輸送するための、タンクを備えた鉄道貨車、またはトラック。tank car; tank truck ↓貨車図

**タングステン**[tungsten] 金属元素。元素記号W。原子番号七四。原子量一八四。光沢ある灰色。電球・真空管のフィラメント・電極などに利用され、合金として高速度鋼・永久磁石鋼などに使用。

**タングステン-こう【タングステン鋼】** タングステンを含む特殊鋼。耐熱・耐摩耗性があり、高温でも硬く、工具鋼・高速度鋼として用いられる。tungsten steel

**たん-ぐつ【短靴】** 足のくるぶしのあたりまでの靴。たんか。shoes 対義 編み上げ靴・長靴。

**タンク-トップ**[tank top] ランニングシャツの形をしたニットの衣類。また、これに似て首や腕が露出するデザインの服。ジャケットの下にも着る。↓写

●タンクトップ

**タンク-ローリー**[tank lorry] 主に液状貨物を積む筒形タンクを、運転室後方に取りつけた貨物自動車。石油・液化石油ガス・化学薬品などを運ぶ。タンク車。tank truck

**だん-くん【▾檀君】** 朝鮮の伝説上の始祖。治

政一五〇〇年におよんだとされる。一九世紀末には民族の祖神として崇拝された。大韓民国では独立を記念して檀君紀年を採用。檀紀元年は紀元前二三三三年と制定。

**ダンケ**【danke ドイ】(感) ありがとう。サンキュー。

**たん-けい**【短径】↓たんじく(短軸)

**たん-けい**【短▼檠】低い灯火台。

**たんけい**【▼湛慶】(一一七三〜一二五六) 鎌倉中期の仏師。運慶の子。父の死後七条仏所を主宰。洗練された温和な作風。作品に蓮華王院『千手観音坐像』など。

**たん-けい**【端渓】①中国、広東省西部、徳慶県の旧地名。硯石の産地。②「端渓硯」の略。

**たん-げい**【端▼倪】㊀文語的(名)《山上と水辺の意》物事の始めと終わり。本末。㊁(名・サ変他) 推し測ること。推測。conjecture 用例 ——すべからざる言動。

**だん-けい**【男系】男の血筋。male line 対義 女系。

**たんけい-けん**【端渓▼硯】中国、広東省徳慶(=端渓)産の石で作られた硯。石質にすぐれ、墨のおりがよく、斑紋や眼とよばれる石の模様が好まれて、古くから珍重されている。端渓の硯。

**たんけい-しゅつじ**【単系出自】文化人類学の概念で、男女(父母)いずれか一方の系譜関係に限定してたどられ、決定される出自のあり方。出生と同時に自動的に定まる。unilineal descent

**たんけい-の-すずり**【端渓の▼硯】↓たんけいけん(端渓硯)

**たん-げき**【▼湍激】水の流れが速くて激しいこと。

**たんげ-けんぞう**【丹下健▽三】(一九一三) 建築家・都市計画家。大阪府生まれ。東大卒。第二次大戦後の日本の建築史を代表する一人。代表作に広島平和記念館・香川県庁舎など。昭和五五年(一九八〇)文化勲章受章。

**たんげさぜん**【丹下左▼膳】林不忘の時代小説。昭和二〜九年(一九二七〜三四)発表。隻眼隻手のニヒルな剣士が活躍する物語。

**だん-けつ**【団結】(名・サ変自) 団体としてかたくまとまること。unity 用例 一致——。

**だんけつ-けん**【団結権】労働基本権の一つ。労働者が労働条件の維持・改善のため、組合を結成して活動する権利。わが国では、自衛隊・警察・消防などの職員には認められていない。right to organize

**たん-けっしょう**【単結晶】結晶格子が全体にわたってそろっている結晶。微小な結晶が不規則に集まっている多結晶体と区別していう。single crystal

**ダンケルク**【Dunkerque】フランス北西部、ドーバー海峡に臨む港湾都市。第二次大戦の激戦地であるが、現在は近代的な工業都市で、鉄鋼を中心とするコンビナートが形成されている。人口七・四万(一九八二)。

**たん-けん**【探検・探険】(名・サ変他) 危険を冒して実地にさぐること。exploration

**たん-けん**【短見】あさはかな考え。浅見。

**たん-けん**【短剣】対義 長剣。①短い剣。短刀。dagger ②時計の、短い針。短針。short hand

**たん-げん**【単元】一つのテーマのもとにまとめられ、複数の教材を含む学習単位。教材単元・作業単元・問題単元などがある。unit

**たん-げん**【端厳】(名・形動) 正しく、おごそかなこと・さま。

**だん-けん**【断見】《仏教語》存在するすべてのものは無に帰するものであるという考え。因果応報・輪廻転生を認めない立場。対義 常見。

**だん-げん**【断言】(名・サ変他) はっきりいい切ること。明言。affirmation

**たんげん-がくしゅう**【単元学習】単元ごとに行うひとまとまりの学習。教科の系統・論理に基づく教科単元学習と、実生活上の問題に即した総合的な生活単元学習とがある。unit study

**たん-こ**【淡湖】淡水湖。fresh water lake

**たん-こ**【短▼袴】たけの短いはかま。

**たん-ご**【単語】①一つのことば。②文法で、文節または文を構成する単位としての個々の語。単一の造語成分からなる単純語と、造語成分の複合からなる複合語とがある。a word

**たん-ご**【端午・端五】《「端」は初、「午」は五の意》五節句の一つ。五月五日。月の最初の午の日の意。菖蒲や蓬で邪気をはらい、柏餅や粽を食べる。端午の節句。菖蒲の節句。五月節句。

**たんご**【丹後】↓たんごのくに(丹後国)

**たんご**【丹後】〈町〉京都府北端、丹後半島北岸の町。中心は漁港の間人。機業が中心で、丹後縮緬の産地。人口八五二九(一九八八)。

**タンゴ**【tango スペ】アルゼンチンのブエノスアイレスに興った、四分の二拍子の舞曲、そのダンス。一九世紀のキューバ舞曲ハバネラを起源とし、一八七五年ごろ発生した。

**だん-こ**【断固・断▼乎】(副・形動トタル) きっぱり。断然。resolutely 用例 ——拒絶する。——たる決意。

**だん-ご**【団子】①もち米・うるち・麦・キビなどの粉をこねて丸め、蒸したり、ゆでたり、焼いたりしたもの。数え方 一個・一串・一皿。②①に似た形のもの。一団。用例 ひもがからまって——になっている。——っ鼻。③①を、竹などのくしに刺したもの。また、それに似た形のもの、状態をいう。用例 仕事がたまって——になる。

**花より団子** ↓はな(花)

**たん-こう**【単行】(名・サ変自) ①ひとりで行くこと。go alone ②単独で行うこと。do alone

**たん-こう**【炭坑】①石炭を掘り出す穴。②炭鉱。coal mine

**たん-こう**【炭鉱・炭▼礦】石炭を採掘する場所。露天掘りもあるが、一般には、立て坑あるいは斜坑を掘り、炭層に沿って坑道を拓きながら採掘する。coal mine

**たん-こう**【探鉱】有用な鉱脈をさがすこと。各種鉱石・石炭・石油などの鉱床を探査し、位置・形態・品位・埋蔵量などを明らかにする。地質学的調査ののち、物理探鉱・化学探鉱で地域を限定し、ボーリングなどで鉱床を確認する。exploration

**たん-こう**【鍛鋼】鍛造した鋼材。

**だん-こう**【団交】「団体交渉」の略。

**だん-こう**【男工】男の工員。対義 女工。

**だん-こう**【断交】(名・サ変自) 国家間の交際をたつこと。break off relations 比較 絶交。

**だん-こう**【断行】(名・サ変他) 押し切って行うこと。decisive action 用例 熟慮——。

**だん-こう**【断郊】(名・サ変自) 郊外や野原を横切ること。

**だん-こう**【▼檀香】ビャクダンの香材としてのよび名。

**だん-ごう**【談合】(名・サ変自) ①話し合うこと。相談。conference ②《「談合行為」の略》競争入札で、複数の業者が前もって入札価格などを話し合いで決めておくこと。

**だんこう-きょうそう**【断郊競走】↓クロスカントリーレース

**たんこう-しき**【単項式】数といくつかの文字との積の形になっている式。$3a^2$や$4xy$など。monomial

**たんこう-しゅうらく**【炭鉱集落】石炭採掘の従事者が居住する集団居住地。炭鉱(坑)町。coal mining settlement

**たんこう-しょく**【淡紅色】薄いべに色。pink

**たんこう-しょく**【淡黄色】薄い黄色。light yellow

**だんごう-ずく**【談合▽尽く】話し合いの上で行うこと。相談ずく。by mutual agreement

**だんこう-ばい**【▼檀香梅】①ロウバイの別名。②ウコンバナの別名。

**たんこう-ばくはつ**【炭鉱爆発】炭鉱の坑内において、突出したメタンまたは浮遊炭塵に引火して起こる爆発。きわめて被害の大きい鉱山災害。mine explosion

**たんこう-ぶし**【炭坑節】民謡の一種。炭坑でうたわれる仕事歌。現在では座敷歌。『常磐炭坑節』や『北九州炭坑節』などが有名。

**たんこう-ほう**【単行法】特定の事項に関して特別に制定される法律。少年法・薬事法・建築基準法・借家法など。particular law

**たんこう-ぼん**【単行本】単独に一冊として出版した本。a book 対義 全集・叢書。

**たんこう-るい**【単孔類】哺乳類の一目。原始的で肛門・尿道・生殖孔が一つの総排泄腔に開く。卵生だが、子は乳で育てる。カモノハシ・ハリモグラなど。オーストラリア・タスマニア・ニューギニアに分布。monotreme

**タンゴール**【tangor】《ミカン類(tangerine)とオレンジ(orange)との合成語》ミカン類とオレンジ類の雑種。タンカン・テンプル・イヨカンなど多くの品種がある。

**だんご-ぎく**【団子菊】ヘレニウムの園芸品種。

**だん-こく**【暖国】気候のあたたかな国・地方。日本では四国・九州・沖縄など。

**だん-ごく**【断獄】①罪人を裁くこと。②斬罪にすること。

**たんご-ちりめん**【丹後▽縮▼緬】京都府丹後地方で産するしぼのある絹織物。他の地方の縮緬と比べしぼが細かい。友禅染、小紋染の生地に最適。丹後。

**たんご-の-くに**【丹後国】旧国名。現在の京都府北部。山陰道の一国。「延喜式」では中国、五郡。国府は与謝郡岩滝町男山、国分寺は宮津市府中。明治四年(一八七一)廃藩置県により豊岡県。同九年(一八七六)京都府に編入。丹州。丹後。

**たんご-の-せっく**【端午の節句】↓たんご(端午)

**たんご-はんとう**【丹後半島】京都府北部、若狭湾の西縁にある半島。海岸は断崖が多く、耕地が少ない。伊根町を中心にブリの定置網がさかん。与謝半島。

**たん-こぶ**【たん▼瘤】《俗語》こぶ。こぶたん。

**だんご-むし**【団子虫】オカダンゴムシ科の陸生の甲殻類。刺激を受けると体を球状に丸める。体長一〜一・五㎝。体は灰色から暗褐色の小判形で、数本の淡黄色の条が縦に走る。枯れ葉や石の下などにすむ。全世界に分布。オカダンゴムシ。pill bug ↓図

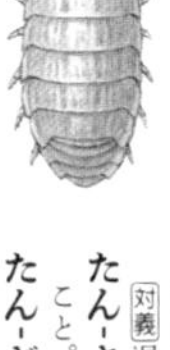

●ダンゴムシ

**だん-こん**【弾▼痕】弾丸の当たったあと。bullet mark

**だん-こん**【男根】男子の生殖器。陰茎。ペニス。penis

**だんこん-き**【男根期】精神分析学で、性心理の発展段階の一つ。三歳から六歳くらいの時期をいう。男の子は父親を敵視し、母親の愛情を求めようとする性的願望をもち、その報復として去勢されるという恐怖感を抱く。女の子は男根羨望から母親を敵視し、父親を独占したいという性的願望を抱く。エディプス期。phallic phase

**たん-さ**【探査】(名・サ変他) さぐり調べること。inquiry

**たん-ざ**【単座】座席が一つのこと。ひとり乗り。その飛行機。対義 複座。用例 ——機。

**たん-ざ**【端座・端▼坐】(名・サ変自) きちっとすわること。正座。sit upright

**だん-さ**【段差】①碁・将棋などで、段位による力の差。②道路や平らな地面などで、段のように上下になった所。difference in level

**ダンサー**【dancer】①西洋舞踊の舞踊家。②客のダンスの相手をする職業の女性。

**たん-さい**【淡彩】あっさりとした、いろどり。light coloring

**たん-さい**【淡菜】イガイを乾燥した食品。

**だん-さい**【断裁】(名・サ変他) 紙をたち切ること。断截。cutting

**だん-ざい**【断罪】(名・サ変自) ①罪の判決を下すこと。conviction ②打ち首。

**たんさい-が**【淡彩画】うすいインク・墨・絵の具などで、あっさりと彩色した絵画作品。wash drawing

**だんさい-き**【断裁機】紙の縁を寸法にあわせて切りそろえる機械。cutting machine

**たん-さいぼう**【単細胞】①ただ一つの細胞。single cell ②考えの単純なことをあざけっていう語。simple-minded 用例 あいつは——だ。

**たんさいぼう-せいぶつ**【単細胞生物】全生活史を通じて単一細胞ですごす生物。動物では原生動物、植物では珪藻類など。unicellular organism

**だんざえもん**【弾左▽衛門】江戸時代、関八州とその周辺のえた・非人の総取締役。歴代この名を継いだ。

**たん-さく**【単作】耕地に一種類の作物だけを栽培すること。一毛作。single cropping 対義 混作。

**たん-さく**【探索】(名・サ変他) さがし求めること。search 用例 犯人の——。史料の——。

**たん-ざく**【短冊・短▽尺】=たんじゃく。①和歌・俳句を書く、細長い厚紙。比較 色紙。数え方 一枚・一葉。②①のような長い形。

**たんざく-あき**【短冊明き】短冊形の細長い布をつけた衣服のあき。シャツの前明きや袖口明きなどにみられる。

**たんざく-ぎり**【短冊切(り)】野菜などを短冊のように、長方形に薄く切る方法。

**たんさく-りろん**【探索理論】目標物を効率的に発見する方策を求めるための理論モデ



▼常用漢字表外。 ▽常用漢字表の音訓外。

ルの体系。第二次大戦中アメリカ海軍により体系化され、市場の動向などを探索する方法に適用されている。

**タンザニア【Tanzania】**(United Republic of Tanzania) アフリカ東部、インド洋に臨むタンガニーカとザンジバルとが合併した連合共和国。首都ダルエスサラーム。タンガニーカは一九六一年、ザンジバルは一九六三年、ともにイギリスから独立し六四年に両者合併。高原が大部分で、北部にキリマンジャロ山やビクトリア湖がある。サイザル麻・綿花・コーヒー栽培が中心。面積九四・五万$km^2$。人口二二四六万(一九八六)。正称タンザニア連合共和国。

**たんざわ-さんち【丹沢山地】** 神奈川県北西部の山地。蛭ケ岳一六七三m、丹沢山一五六七m、大山一二五二mなどの山がある。谷が深く、各所に滝がかかる。

**たん-さん【単産】**《「単位産業別労働組合」の略》本来は産業ごとに組織された労働組合を意味するが、日本では企業単位の労働組合の産業別連合体をいう。鉄鋼労連・出版労連など。産業別単一組合。

**たん-さん【炭酸】** 化学式$H_2CO_3$ 二酸化炭素が水に溶けたもので、水溶液中にしか存在しない。carbonic acid

**たんさん-アンヒドラーゼ【炭酸アンヒドラーゼ】**↓たんさんだっすいこうそ(炭酸脱水酵素)

**たんさん-アンモニウム【炭酸アンモニウム】** 化学式$(NH_4)_2CO_3$ 無色の結晶。医薬品・カゼインの製造などに利用。炭安。ammonium carbonate

**たんさん-いんりょう【炭酸飲料】** 炭酸ガスの水溶液から作る発泡性のある清涼飲料水。ソーダ水。carbonated drinks

**たんさん-えん【炭酸塩】** 炭酸$H_2CO_3$の水素イオンが金属の陽イオンで置換された形の塩。自然界に多く、水に溶けにくいものが多い。石灰石(炭酸カルシウム)など。carbonate

**たんさん-ガス【炭酸ガス】** 気体状態の二酸化炭素。carbonic acid gas

**たんさん-カリウム【炭酸カリウム】** 化学式$K_2CO_3$ 無水物は無色の粉末で、潮解性をもつ。硬質ガラスの原料、染色・漂白などに使用。potassium carbonate

**たんさん-カルシウム【炭酸カルシウム】** 化学式$CaCO_3$ 水に溶けにくい白色の固体。酸と反応して二酸化炭素を発生する。天然には、石灰石・大理石などとして存在。ポルトランドセメント・白色顔料・塗料などに利用。calcium carbonate

**たんさん-し【炭酸紙】** 複写紙。カーボンペーパー。carbon paper

**だんざん-じんじゃ【談山神社】** 奈良県桜井市多武峰にある旧別格官幣社。祭神は藤原鎌足。多武峰の社。たんざんじんじゃ。

**たんさん-すい【炭酸水】** 二酸化炭素を加圧下で水に溶かした水溶液。清涼味をもち、清涼飲料や医薬品に使う。ソーダ水。carbonated water

**たんさんすいそ-アンモニウム【炭酸水素アンモニウム】** 化学式$NH_4HCO_3$ 無色の結晶。医薬品原料・消火薬・中和剤などに利用。ammonium hydrogencarbonate

**たんさんすいそ-カルシウム【炭酸水素カルシウム】** 化学式$Ca(HCO_3)_2$ 水溶液としてのみ存在し、加熱で分解する。一時硬水の成分。calcium hydrogencarbonate

**たんさんすいそ-ナトリウム【炭酸水素ナトリウム】** 化学式$NaHCO_3$ 白色の粉末。医薬品・せっけん・消火剤・清涼飲料に利用。重曹。重炭酸ソーダ。sodium hydrogencarbonate

**たんさん-せん【炭酸泉】** 鉱水中に炭酸を多量に含む温泉。兵庫県の有馬温泉など。carbonate springs

**たんさん-ソーダ【炭酸ソーダ】** 炭酸ナトリウムの俗称。sodium carbonate

**たんさん-だっすいこうそ【炭酸脱水酵素】** 二酸化炭素が水と反応して炭酸になる反応、またその反応を触媒する酵素。赤血球中に多く、血液の酸性度を調節するのに重要。炭酸アンヒドラーゼ。carbonic anhydrase

**タンザン-てつどう【タンザン鉄道】**(Tanzam Railway) タンザニアのダルエスサラームとザンビアのカピリムポシを結ぶ鉄道。長さ一八七〇km。中国の援助で一九七六年開通。

**たんさんどうか-さよう【炭酸同化作用】** 生物が二酸化炭素を吸収して、有機化合物を合成する作用。葉緑素をもつ植物による光合成、細菌類による化学合成などがある。炭酸固定作用。炭素同化作用。carbon dioxide assimilation [参照]光合成。

**たんさん-ナトリウム【炭酸ナトリウム】** 化学式$Na_2CO_3$ 白色粉末で水に溶けて強塩基性を示す。せっけん、ガラスの原料。無水物はソーダ灰、十水和物は洗濯ソーダともいう。炭酸ソーダ。sodium carbonate

**たんさん-バリウム【炭酸バリウム】** 化学式$BaCO_3$ 水に溶けにくい白色の固体。釉・光学ガラスの原料などに利用。天然のものは毒重石という。barium carbonate

**たんさん-マグネシウム【炭酸マグネシウム】** 化学式$MgCO_3$ 無色の結晶。耐火物の原料、医薬品に利用。magnesium carbonate

**たん-し【単糸】** 一本の紡績糸。これを何本かより合わせて撚糸をつくる。

**たん-し【短詩】** 短い形式の詩。俳句や短歌をもいうことがある。short poem [対義]長詩。

**たん-し【短資】**《「短期資金」の略》=コール。①《貸し手から》コールマネー。②《借り手から》コールローン。

**たん-し【端子】** 電気回路・電気機器の電流の出入り口や、つなぐ所に取り付けた金具。ターミナル。terminal

**たん-し【譚詩】**↓バラード①

**たん-じ【単字】** 一つ一つの字。

**だん-し【男子】** ①男の子。boy [対義]女子。②男。man [対義]女子。③りっぱな男。ますらお。manly person

**男子家を出ずれば七人の敵有り**(だんしいえをいずればしちにんのてきあり) 世間に出ると、男にはたくさんの敵が待ち受けている。

**だん-し【弾糸】** コケ類の胞子を飛ばすための糸状器官。吸湿性に富み、乾燥による急な伸張で胞子を飛ばす。また、トクサ類の胞子についている四本のひもも弾糸といい、同様の働きをする。elater

**だん-し【弾指】** 一(名・サ変他) つまはじきすること。二(名)《仏教語》ごく短い時間。たんじ。

**だん-し【檀紙】** コウゾを原料とした上質の手すき和紙。表面にしわを付けて目録用・儀礼用に使われる。みちのくがみ。

**だん-じ【男児】** 男の子。boy [対義]女児。

**たん-しあい【単試合】**↓シングルス

**タンジー【tansy】** ヨモギギク属の植物の総称。

**タンジール【Tangier】** 北アフリカ、モロッコ最北端、ジブラルタル海峡に臨む港湾・工業都市。観光・避寒地。人口四三・六万(一九八二)。

**タンジェント【tangent】**↓せいせつ(正接)

**たんじかん-さっきん【短時間殺菌】** 牛乳などの食品を高温で短時間加熱する殺菌法。short-time pasteurization

**たんし-き【担子器】** 担子菌類の胞子(担子胞子という)をつくる菌糸末端の細胞。basidium

**たん-しき【単式】** 単純な形式。simple method; single form [対義]複式。

**だん-じき【断食】**(名・サ変自) 一定の期間、食を断つこと。修行・祈願などの宗教的行為として、あるいは医療・抗議手段として行われる。fast

**たんしき-かざん【単式火山】** 一つの火道からできた、地形的に単純でととのった形態をもつ火山。simple volcano [対義]複式火山。

**たんしき-ぼき【単式簿記】** 家計簿や現金出納帳など、現金の収支や、残高を記録するためだけの簿記。single entry bookkeeping [対義]複式簿記。

**たんしきん-るい【担子菌類】** 真菌植物の一群。有性生殖を行い、担子胞子を生ずる菌類の総称。菌類中でももっとも高等。シイタケ・マツタケなど。basidiomycete

**たん-じく【短軸】** 楕円の二つの対称軸のうち、短いほう。短径。minor axis

**たんじく-けっしょう【単軸結晶】** 光軸が一つだけの結晶。正方晶系・三方晶系・六方晶系が属する。一軸結晶。uniaxial crystal

**たんし-こしょう【簞食壺漿】**《竹の器に入れた飯と、つぼに入れた飲み物、の意》①持ち歩く飲食物。②飲食物を用意して軍隊を歓迎すること。

**だんじ-こ・む【談じ込む】**(五自) ①談判に行く。have a talk with ②苦情を持ち込む。protest against

**たん-じじつ【短時日】** 短い日数。短日月。short time [対義]長年月。

**タン-シチュー**《stewed tongueから》牛の舌(=タン)を使った煮込み料理。タンをゆで、タマネギ・ニンジン・セロリなどとブラウンソースで煮込む。

**たん-しつ【炭質】** 木炭・石炭などの品質。

**たん-じつ【短日】** 昼の短い日。冬、日が短いこと。short daytime

**たん-じつげつ【短日月】** 短時日。short period of time

**たんじつ-しょくぶつ【短日植物】** 日照時間が一定の長さ以下になると、開花する植物。キク・コスモス・アサガオなど。short-day plant [対義]長日植物。

**たんじつ-しょり【短日処理】** 人為的に日照時間を短くして、短日植物の開花期を早めたり、長日植物の開花期を遅らせること。short-day treatment [対義]長日処理。

**だんじ-て【断じて】**(副) ①どうしても。必ず。absolutely [用例]— 勝つ。②決して。never [用例]— 許さない。③決然として。decidedly

**断じて行えば鬼神も之を避く**(だんじておこなえばきじんもこれをさく) 決然として行えば、どんな障害でも突破できる。Where there's a will, there's a way.

**たんし-でんあつ【端子電圧】** 電池や発電機および負荷などの正負の端子のあいだに実際に現れる電圧。terminal voltage

**たん-しどう【譚嗣同】**(一八六五〜九八) 中国、清末の思想家。公羊学を修め、新学を主唱。日清戦争の敗戦に発憤、康有為らの変法運動に同調、湖南で活躍。一八九八年の戊戌の変法で中心的存在となったが、捕らえられて刑死。

**たん-しゃ【単車】** エンジン付きの二輪車。オートバイなど。motorcycle

**たん-しゃ【炭車】** 石炭を運搬する車。鉱車。

**たん-じゃく【短尺】**↓たんざく(短冊)

**だん-しゃく【男爵】** 五等爵の第五位の爵位。baron

**だんしゃく-いも【男爵薯】** ジャガイモの一品種。明治後期に川田男爵がアメリカから導入して名がついた。早生で、肉は白色で味がよい。全国的に栽培されている。↓ジャガイモ[図]

**たんしゃ-しょうけい【単斜晶系】** 長さの異なった三つの結晶軸をもち、二つが斜交し、残りがその二軸に直交する結晶系。monoclinic system

**たん-シャリベツ【単舎利別】**《「舎利別」はsiroopの音写》白砂糖を蒸留水にとかした溶液。薬剤の甘味料。単舎。単シロップ。[参照]舎利別。

**タンシャン【唐山】**(Tángshān) ↓とうざん(唐山)

**だん-しゅ【断種】**(名・サ変自) 手術によって生殖能力をなくすこと。sterilization

**たん-しゅう【反収・段収】** 田畑一反(=約九九〇$m^2$)あたりの収穫高。

**たん-しゅう【丹州】** ①丹波国。②丹後国。

**たん-しゅう【但州】** 但馬国。

**たん-しゅう【淡州】** 淡路国。

**たん-じゅう【胆汁】** 肝臓から分泌され、十二指腸に排出される消化液。胆囊に蓄えられ、濃縮される。胆液。bile

**たん-じゅう【短銃】** ピストル。

**だん-しゅう【男囚】** 男の囚人。male convict [対義]女囚。

**たんじゅう-さん【胆汁酸】** 胆汁の主成分の一つ。ヒトではコール酸など四種類あり、タウリン・グリシンと結合。脂肪・脂質などを乳化して腸壁からの吸収を容易にする。bile acid

**たんじゅう-しきそ【胆汁色素】** 胆汁の主成分の一つ。ヘモグロビンの分解産物。ビリルビンとビリベルジンがある。腸管内でステルコビリンとなり、大便を着色。黄疸のとき血中に増加。bile pigment

**たんじゅう-しつ【胆汁質】** ヒポクラテスの体液説による気質分類の一つ。短気で怒りっぽく、意志が強い気質。choleric temperament

**だんしゅうろう-えんし【談洲楼燕枝】**(一八三八〜一九〇〇) 落語家。本名、長島伝次郎。人情噺の名人として三遊亭円朝と並び称された。

**たん-しゅく【短縮】**(名・サ変自他) ちぢめること。ちぢまること。shorten [対義]延長。[用例]— 授業。

**たん-じゅん【単純】**(名・形動) ①混じりけのないこと・さま。purity [用例]— な色調。②入り組んでいないこと・さま。simplicity [対義]複雑。[用例]— な考え方。③条件・制限のないこと・さま。unconditionality [用例]— 承認。④思慮の足りないこと・さま。一面的で浅いこと・さま。[用例]— な人間。

**たんじゅん-か【単純化】**(名・サ変他) 単純にすること。単純にしたもの。simplification

**たんじゅん-きょりひれいせい【単純距離比例制】** 運賃の決め方の一つ。距離に比例して運賃を増していくもの。対義 遠距離逓減制・均一制。

**たんじゅん-ご【単純語】** 複合していない単一の造語成分からなる語。花・山・川など。対義 複合語。

**たんじゅん-さいせいさん【単純再生産】** 生産規模が拡大も縮小もせず、毎回同じ状態で繰り返される再生産。simple reproduction 対義 拡大再生産・縮小再生産。

**たんじゅん-ししつ【単純脂質】** 脂肪酸とアルコールとのエステル。中性脂肪(=グリセリド)と、蠟に分類される。simple lipid 参照 中性脂肪。

**たんじゅん-せん【単純泉】** 温度が常に二五℃以上で、炭酸および溶存物質の総量が鉱水一kg中一gに満たない温泉。低温の温泉であることが多い。箱根湯本温泉など。simple spring

**たんじゅん-たんぱくしつ【単純▼蛋白質】** 加水分解するとα-アミノ酸だけを生じるたんぱく質。コラーゲン・ケラチン・卵アルブミンなど。simple protein 対義 複合たんぱく質。

**タンジュン-プリオク【Tanjung Priok】** インドネシアのジャワ島西部、ジャワ海に臨むジャカルタの外港。東南アジアの海上交通の中心地で同国最大の貿易港。

**たんじゅん-へいきんかぶか【単純平均株価】** その日の終わり値の株価合計を銘柄数で割って算出した平均株価。市場第一部は全上場銘柄を、第二部は三〇〇種を選択して算定。simple arthmetical stock price average 参照 ダウ式平均株価。

**たんじゅん-りっぽうこうぞう【単純立方構造】** 結晶構造の一つ。単位格子は立方体で、各頂点にのみ格子点がある。塩化セシウムなど。primitive cubic structure

**たんじゅん-りん【単純林】** ある一樹種だけからなる林。自然林はふつう混交林となり、単純林となることはきわめて少ない。pure forest

**たん-しょ【探書】** 書物をさがし求めること。

**たん-しょ【短所】** 劣っている点。欠点。fault 対義 長所。

**たん-しょ【端緒】** いとぐち。てがかり。たんちょ。clue 用例 —をひらく。

**だん-じょ【男女】** 男と女。なんにょ。men and women

**男女、七歳にして席を同じゅうせず**(だんじょ、しちさいにしてせきをおなじゅうせず)《「席」はむしろ、の意。中国古代には同じむしろに座ることは夫婦を意味した》男女は七歳になったら、交際を慎重にしなければならない。

**たん-しょう【単勝】** 《「単勝式」の略》競馬・競輪などで、一着だけを当てる方式。単。単式。win 対義 複勝・連勝。

**たん-しょう【探勝】**(名・サ変自) けしきのよい所をたずね歩くこと。sightseeing

**たん-しょう【短小】**(名・形動) 短くて小さいこと・さま。littleness 対義 長大。

**たん-しょう【短章】** 短い詩・文章。

**たん-しょう【嘆賞・嘆称・▼歎賞・▼歎称】**(名・サ変他) 感心して褒めること。admiration

**たん-じょう【誕生】**(名・サ変自) ①人が生まれること。出生。birth 用例 —日。②物事が始まったりできたりすること。origin 用例 新内閣の—。

**だん-しょう【男▼妾】** 男めかけ。

**だん-しょう【男▼娼】** 男色の相手をすることを職業とする者。陰間。male prostitute

**だん-しょう【断章】** ①詩文の断片。literary fragment ②《「断章取義」の略》人の詩文の一節だけを切り取って、都合よく使うこと。

**だん-しょう【弾唱】**(名・サ変自) 楽器をひきながらうたうこと。

**だん-しょう【談笑】**(名・サ変自) 笑いを交えて、うちとけて話し合うこと。chat 用例 —の間に交渉する。

**だん-じょう【弾正】** 律令制における弾正台の役人の総称。

**たんじょう-いわい【誕生祝(い)】** 誕生日の祝い。毎年、誕生日に贈り物やパーティーなどを行って祝う習慣。古くは、正月ごとに年齢が増したので誕生日の観念はなく、初誕生だけを祝った。birthday celebration

**たんじょう-え【誕生会】** 灌仏会。

**たんしよう-しょくぶつ【単子葉植物】** 種子植物のうち、子葉が一枚の植物。イネ科、ユリ科などの草本類に多い。単子葉類。monocotyledon 対義 双子葉植物。

**たんじょう-せき【誕生石】** 一月から一二月まで生まれ月に割り当てられた宝石。生まれ月に当たる宝石を身につけると幸福をよぶというい伝えに基づく。国によって諸説ある。birthstone →写

**だんじょう-だい【弾正台】** ①律令制下、京内外の風俗の粛正、官民の不正を糾弾する監察機関。②明治初頭の警察機関。明治二年(一八六九)設置され、同四年、司法省に合併。

**たんしょう-とう【探照灯】** 遠距離の物体を照らすための大形照明器。光源には炭素アーク灯や白熱電球を用いる。照空灯。サーチライト。searchlight

**たんじょう-ぶつ【誕生仏】** 仏像の形式の一つ。釈迦が摩耶夫人の右脇から生まれたとき、七歩進んで右手で天、左手で地をさし、「天上天下唯我独尊」と唱えたと伝えられる姿を表したもの。

**だんじょ-きょうがく【男女共学】** 男女の生徒・学生が同じ学校・クラスで教育を受けること。coeducation

**たん-しょく【単色】** ①一色であること。single hue ②光の七色の一つ一つの色。原色。primary color

**だん-しょく【男色】** 男の同性愛。なんしょく。衆道。homosexual

**だん-しょく【暖色】** 暖かい感じを与える色。赤を中心に赤紫・だいだいなど。温色。warm color 対義 寒色。

**たんしょく-こう【単色光】** 単一の波長の光。ナトリウム灯の黄色い光、レーザーの光など。monochromatic light

**たんしょく-やさい【淡色野菜】** 野菜の食べられる部分一〇〇gについてカロチン六〇〇㎍以下の野菜。淡い色の野菜が多い。ダイコン、白菜など。light-colored vegetables

**だんじょ-ぐんとう【男女群島】** 長崎県、五島列島の南西海上にある孤島群。定置網漁業・珊瑚採取などを行う。

**だんじょこようきかいきんとう-ほう【男女雇用機会均等法】** 雇用にかかわる男女の平等を定めた法律。勤労婦人福祉法を改正して昭和六〇年(一九八五)制定。

**だんじょ-どうけん【男女同権】** 法律上の権利、道徳上の待遇その他に、男女の差別がないこと。equal rights for both sexes

**だんじょ-ほう【断叙法】** 修辞法の一つ。接続語を省略し、文を羅列する表現。文にリズム感を与え、意味を強める方法。anacoluthia

**だん-じり【▼檀▼尻・▽車・▽楽・▽山▽車】** 祭礼にくりだす曳き物。屋台を設け歌舞伎を演じたり、種々の題材にしたがって飾り、囃子とともに行列する。関東では山車・屋台、関西では山という。

**たん・じる【嘆じる・▼歎じる】**(上一自他) →たんずる(嘆ずる)

**だん・じる【断じる】**(上一他) →だんずる(断ずる)

**だん・じる【弾じる】**(上一他) →だんずる(弾ずる)

**だん・じる【談じる】**(上一自他) →だんずる(談ずる)

**たんし-ろん【単子論】** モナド論の別称。

**たん-しん【丹心】** まごころ。赤心。sincerity

**たん-しん【単身】** ひとり。からだ一つ。single; alone

**たん-しん【短身】** 背の低いこと・人。short stature 対義 長身。

●誕生石

ガーネット 一月。 アメジスト 二月。 アクアマリン 三月。 ダイヤモンド 四月。 エメラルド 五月。 真珠 六月。 ルビー 七月。 ペリドット 八月。 サファイア 九月。 オパール 一〇月。 トパーズ 一一月。 トルコ石 一二月。

**たん-しん【短信】** ①手短な知らせ。簡単な手紙。short letter ②新聞・放送などの短いニュース。short news item

**たん-しん【短針】** 時計の短いほうの針。short hand 対義 長針。

**たん-しん【誕▼辰】** 生まれた日。誕生日。

**たん-じん【炭▼塵】** 石炭の細かな粉。coal dust

**ダンシング【dancing】** 踊ること。舞踊。ダンス。用例 —チーム。

**たん-しんし【単振子】** →たんふりこ(単振り子)

**たん-しんどう【単振動】** ①時計の振り子のように、物体がある定点のまわりで行う往復運動。力の大きさは、物体の平衡点からの変位の大きさに比例し、つねに平衡点に向かう。②一様な速さで円運動している点を、任意の直径上に投影したときみられる往復運動。半径を振幅、一往復の時間を周期という。調和振動。simple harmonic oscillation

**たんじん-ばくはつ【炭▼塵爆発】** 炭鉱の坑内に堆積・浮遊する一〇〇分の一ミリメートル程度以下の炭塵に、坑内火災やガス爆発で引火して起きる爆発。しばしば大被害を及ぼす。coal dust explosion

**たんしん-ふにん【単身赴任】** 労働者が自宅から離れた任地に勤務するため、家族と別れ、独りで赴任して生活すること。

**たん-す【▼簞▼笥】** 引き出しや戸棚のついた木製の収納家具の総称。衣類・小道具などを整理保管する。和簞笥・洋簞笥・茶簞笥など。chest of drawers 数え方 一本・一棹。

**ダンス【dance】** 西洋風の舞踊。民族舞踊、民俗舞踊、ショーやレビューなどの娯楽的なもの、バレエやモダンダンスなどの芸術的なもの、また社交ダンスやスポーツ的なものなど多種がある。数え方 一曲。

**たん-すい【淡水】** 塩分を含まない水。fresh water 対義 鹹水。

**だん-すい【断水】**(名・サ変自他) ①水道の水が一時出なくなること。suspension of water supply ②水の流れを止めること。stop of a flow

**たんすい-かいめん【淡水海綿】** 淡水産の海綿類の総称。形は変化に富む。共生する藻類のため緑色を呈するものが多い。世界各地の湖沼・河川などの岩や杭に着生。fresh-water sponge

**たんすい-かぶつ【炭水化物】** 炭素・水素・酸素からなり、糖の性質をもつ有機物あるいは糖と構造や反応性の類似した有機物の総称。地球上にもっとも多い有機物で、動物の必要栄養素の一つ。砂糖・でんぷん・セルロースなど。含水炭素。carbohydrate

▼常用漢字表外。 ▽常用漢字表の音訓外。

**たんすいかぶつ-たいしゃ【炭水化物代謝】** 炭水化物がブドウ糖や果糖などの単糖類に分解されたり、逆に単糖類から炭水化物が合成されていく過程。carbohydrate metabolism

**たんすい-ぎょ【淡水魚】** 湖沼・河川などの淡水域にすむ魚類。海水魚に比べて一般に小形で、浸透圧調節機能が発達する。コイ科・メダカ科など。日本に約一八〇種が自然繁殖。fresh-water fish 対義 海水魚。

**たんすい-ぎょぎょう【淡水漁業】** 湖沼・河川などで行われている漁業。fresh-water fishery

**たんすい-くらげ【淡水▽水▽母】** 淡水に産するクラゲの総称。マミズクラゲがその代表。マミズクラゲはかさが半球形で、径約二cm。揚子江流域が原産とされるが、現在は日本各地をはじめ、世界の温帯水域に広く分布。fresh-water jellyfish

**たんすい-こ【淡水湖】** 塩分の薄い湖。一ℓ中の塩分が〇・五g以下の湖。大部分の湖はこれに属する。fresh-water lake 対義 塩湖。

**たんすい-しゃ【炭水車】** 石炭と水とを積んだ車。蒸気機関車の後部につく。テンダー。tender

**たんすい-しんじゅ【淡水真珠】** 淡水産二枚貝を母貝としてできる真珠。湖・池で養殖され、光沢が鈍いが、大量生産が可能。

**たんすい-そう【淡水藻】** 淡水に生活する藻類の総称。緑藻・珪藻・藍藻類などに多く、紅藻、褐藻類には少ない。fresh-water algae

**たん-すいろ【短水路】** 水泳競技用のプールで、水路の長さが二五mのもの。short course 対義 長水路。

**たん-すう【単数】** 対義 複数。①物の数が一つであること。single ②文法で、一人の人、または一つの事物を表す語や語形。singular

**ダンス-パーティー【dance party】** おもにダンスを楽しむパーティー。舞踏会。

**ダンス-ホール【dance hall】** ①ダンスをするへや。②料金を取ってダンスをさせる所。

**たん-ずる【嘆ずる・▼歎ずる】**(サ変自他) =嘆じる・嘆ず。①なげく。悲しむ。grieve ②褒める。感心する。admire ③いきどおる。resent

**だん-ずる【断ずる】**(サ変他) =断じる・断ず。①決める。断定する。determine ②裁く。judge ③思い切ってする。carry out resolutely

**だん-ずる【弾ずる】**(サ変他) 弦楽器をひき鳴らす。弾じる。弾ず。play

**だん-ずる【談ずる】**(サ変自他) =談じる・談ず。①話す。talk ②相談する。かけあう。negotiate ③なじる。とがめる。rebuke

**たん-せい【丹青】** ①赤と青。②絵の具。③絵。また、絵を画くこと。用例 —の道。

**たん-せい【丹誠】** まこと。まごころ。赤誠。

**たん-せい【丹精】**(名・サ変自) まごころをこめてすること。苦心。exertion

**丹精を込める(たんせいをこめる)** 真心をこめて、一つの事を行う。一心に精を出す。put one's heart and soul into

**たん-せい【単性】** 生物が、雌・雄のうち一方だけの生殖器官を備えること。unisexuality

**たん-せい【嘆声・▼歎声】** ①なげきの声。sigh 用例 —を漏らす。②感心して褒める声。sigh of admiration 用例 —を発する。

**たん-せい【端正】**(名・形動) きちんとしていること・さま。行儀正しいこと・さま。decency

**たん-せい【端整】**(名・形動) 行状や容姿が正しくととのっていること・さま。ととのっていて美しいこと・さま。graceful; noble 用例 —な顔だち。

**たん-ぜい【担税】** 租税を負担すること。用例「—力」。

**だん-せい【男声】** 男の声。対義 女声。

**だん-せい【男性】** 対義 女性。①男。男子。男の人。man ②男としての生まれつき。男の気質。manhood

**だん-せい【弾性】** 力を加えて変形した物体が、その力を取り除くともとの状態に戻る性質。elasticity 対義 剛性。

**だんせい-エネルギー【弾性エネルギー】** 弾性的に変形している物体が、たくわえているエネルギー。変形が復元するときに、外部に放出される。elastic energy

**たんせい-か【単性花】** 一つの花に雄しべ、または雌しべだけしかない花。それぞれ、雄花・雌花といい、両者が同一個体上にある雌雄同株と別の個体に生ずる雌雄異株がある。雌雄異花。unisexual flower 対義 両性花。

**だんせい-げんかい【弾性限界】** 物体に力を加えて変形させたとき、物体が弾性を保つ応力の限界。物体に加えた力がその限度を超えると、力を取り除いても歪みが残り、もとに戻らなくなる。elastic limit

**だんせい-し【弾性糸】** 弾性力に富む糸。ゴム・ゴム状弾性をもつ特殊な合成繊維を細い綿糸・化繊糸で被覆する。elastic yarn

**だん-せいしき【段成式】**(?〜八六三) 中国、晩唐の文人。字は柯古。臨淄の人。博覧強記で知られる。随筆集『酉陽雑俎』。

**だんせい-しょうとつ【弾性衝突】** 二つの物体が衝突するさいに、衝突の前後で運動エネルギーの和が変わらないような衝突。完全弾性衝突。elastic collision

**たんせい-せいしょく【単性生殖】** 雌雄交配なしで新しい個体が発生すること。一部の植物は卵細胞が単独に発育して種子となる。monogenetic reproduction

**たんせい-せつ【単性説】**「キリスト単性説」の略。

**だんせい-せんい【弾性線維】** 弾力性に富んだ線維で、結合組織の成分の一つ。弾性線維が豊富なのは肺などの呼吸器、大動脈などの血管の壁、靭帯など。皮膚の真皮や皮下組織にも分布し、皮膚に弾力性をもたせる。elastic fiber

**だんせい-てき【男性的】**(形動) 対義 女性的。①男性にふさわしいさま。男らしいさま。manly ②男のようであるさま。manly 用例 —な女性。

**だんせい-は【弾性波】** 弾性体中を伝わる波。地震波や音波はその例。一様な弾性体中には、体積変化をともなう縦波と、体積変化をともなわない横波がある。elastic wave

**だんせいはんぱつ-せつ【弾性反発説】** 地震成因論の一つ。地殻にたくわえられた歪みが岩石の耐え得る強度を超えると断層ができてはね返り、歪みを開放すると考え、この反発を地震の原因とする。elastic rebound theory

**たんせいぶ-おんがく【単声部音楽】** ↓ホモフォニー

**だんせい-へんけい【弾性変形】** ばねなどのように、外からの力によって変形し、その力が取り除かれるともとの形に戻るような変形。elastic deformation

**だんせい-ホルモン【男性ホルモン】** 主に、精巣の間質細胞から分泌されるホルモンの総称。アンドロステロン・テストステロンなど。アンドロゲン。androgenic hormone

**だんせい-りつ【弾性率】** 弾性体の応力は発生した歪みに比例するというフックの法則に現れる比例定数。ヤング率・剛性率・体積弾性率など。modulus of elasticity

**だんせい-りょく【弾性力】** 弾性的に変形している物体が、もとの状態に戻ろうとする力。バネの力など。elastic force

**ダンセーニ【Lord Dunsany】**(一八七八〜一九五七) アイルランドの劇作家。幻想と現実が交錯する一幕物を書く。戯曲『光の門』など。

**たん-せき【▼旦夕】** ①朝晩。morning and evening ②常々。始終。day and night ③時機の迫ること。危急。on the brink of 用例 命—に迫る。

**たん-せき【担石】**《中国の量目の単位》わずかな量。わずかなこと。

**担石の貯え(たんせきのたくわえ)** ①わずかな穀物のたくわえ。②少しばかりの貯蓄。

**担石の禄(たんせきのろく)** わずかな給与・扶持。

**たんせき-しょう【胆石症】** 胆嚢や胆管内に結石を生ずる病気。発熱・黄疸・痛みなどの症状がある。結石にはコレステロール系・ビリルビン系などがある。cholelithiasis

**たん-せつ【鍛接】** 錬鉄・軟鋼・銅などの接合部位を半溶融状態まで加熱し、槌打ち、プレス、ロールなどで圧力を加えて接合する方法。forge welding

**だん-ぜつ【断絶】**(名・サ変自他) ①絶えること。切れること。extinction 対義 連続。用例 家系の—。②たち切ること。severance 用例 国交—。

**タンゼリン【tangerine】** ミカンの一種。果実は扁円形で濃紅色。皮は薄くむきやすい。種子が多い。インド原産。

**タンゼロ【tangelo】** ミカンの一種。芳香があり、美味。皮もむきやすい。タンゼリン・ウンシュウミカンなどとグレープフルーツとの交配種。

**たん-せん【単線】** 対義 複線。①一本の線。single line ②「単線軌道」の略。

**たん-せん【▽段銭・反銭】** 中世の租税の一つ。田地の段別の臨時課税で、内裏修理・社寺造営などの費用を得るために課したもの。戦国大名はこれを恒常化して領国経営の財源とした。

**たんせん【端川】** 北朝鮮(朝鮮民主主義人民共和国)咸鏡南道北東部の都市。付近はマグネサイト・コバルト・ニッケルなどの鉱産地。タンチョン。

**たん-ぜん【丹前】** 和服の一種。くつろぐときの防寒用綿入れ長着。本来は広袖だが現在はたもと袖が多く、厚手ウールの単仕立てもある。参照 どてら。↓写

●丹前『絹裂織丹前』。日本民芸館(東京都)。

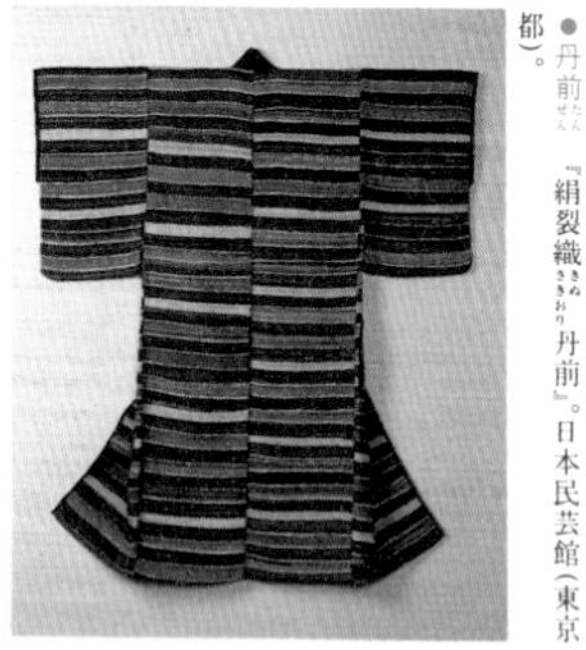

**たん-ぜん【▼赧然】**(形動トタル) 恥じて顔をあからめるさま。

**たん-ぜん【端然】**(形動トタル) 姿勢・身なりなどが、きちんとしているさま。整っているさま。upright

**だん-せん【断線】**(名・サ変自) ①電線が切れること。disconnection ②電話・線路などが不通になること。interruption

**だん-ぜん【断然】**(副・形動トタル) ①はっきりした態度をとるさま。decisively 用例 —反対。②押し切ってするさま。positively 用例 —決行する。③他とひどく違うさま。はっきり。far and away 用例 —優秀である。

**たんせん-きどう【単線軌道】** 一つの線路を上り下りで共用する軌道。単線。single-track 対義 複線軌道。

**たんぜん-すがた【丹前姿】** 江戸時代初期、遊び人や侠客などの間で流行した、派手でぜいたくな服装。丹前風呂の湯女勝山の格好をまねたことに始まるという。

**たんぜん-ぶろ【丹前風▼呂】** 江戸初期、神田にあった風呂屋。堀丹後守の屋敷前にあったので「丹前」といわれ、美しい湯女を多く置いて繁盛したが、明暦三年(一六五七)に禁止された。

**たんぜん-もの【丹前物】** 日本音楽・歌舞伎舞踊の一系統。丹前風呂に通う人々の風俗やようすを舞踊化。常磐津節『戻駕』、荻江節『金谷丹前』など。

**たん-そ【炭▼疽】** ↓たんそびょう(炭疽病)①

**たん-そ【炭素】** 元素記号C。原子番号六。原子量一二・〇。有機化合物の主な構成成分。同位体のうち炭素一二は原子量の基準とされる。融解しにくく、水その他の溶媒に溶けない。天然には黒鉛・ダイヤモンド・石炭など単体として存在。化合物としてたんぱく質などすべての有機化合物に含まれる。carbon

**たん-そ【単組】**「単位組合」の略。

**たん-そう【担送】**(名・サ変他) 病人を、担架に載せて運ぶこと。

**たん-そう【単相】** ①単相交流のこと。②核の染色体数が半数のもの。$n$で表す。精子や卵細胞などにみられる。haplophase 対義 複相。

**たん-そう【炭層】** 地中の岩石のあいだにある石炭の層。炭層を含む地層を夾炭層という。また、炭層の厚さを炭丈という。石炭層。炭床。coal bed

**たん-ぞう【鍛造】**(名・サ変他) 塑性加工法の一種。金属材料を加熱し、高温でハンマー・プレスなどで打ち延ばし、必要な形状と靭性を与える。forging

**だん-そう【男装】**(名・サ変自) 女子が男子の身なりをすること。male attire 対義 女装。用例 —の麗人。

**だん-そう【断層】** ①岩石の破壊でできた割れ目の面に沿って、両側の岩盤がずれ動いたもの。ずれた面(断層面)の両側の岩盤の移動方向により、正断層・逆断層・横ずれ断層などに分類。fault ②認識などの、ずれ。gap 用例 若い者とのあいだに—がある。

**だん-そう【弾奏】**(名・サ変他) 弦楽器をひくこと。かなでること。performance 比較 吹奏。

**だん-そう【弾倉】** 小銃などで、弾丸をこめておく部分。magazine

**だん-ぞう【▼檀像】** 木目が細かく香気のあるビャクダンなどの檀木を刻んだ彫像。彩色はなく、小像が多い。法隆寺蔵九面観音像など。

**だんそう-がい【断層▼崖】** 断層運動によって生じた急斜面。また、断崖。岩盤に力が加わると、割れ目が生じ、これに沿って両側の地塊がずれ動く運動によるもの。fault

**だんそう-かいがん【断層海岸】** 断層崖(がい)が、直接海に接している海岸。崖下(がけした)に砂浜がないこと、沿岸の水深が著しく深いことなどの特徴がある。seashore with bluffs

**だんそう-かくれきがん【断層角▼礫岩】** 断層ができるとき、断層面のすきまにできた角礫を中心とする礫岩。粘土質ないし砂質の粉砕物をともなう。fault breccia

**だんそう-こ【断層湖】** 断層によって陥没したところにできた湖。fault lake

**たんそう-こうりゅう【単相交流】** 一種類の起電力であらわされる交流。家庭で使われる交流。single-phase current 比較 三相交流。

**だんそう-さつえい【断層撮影】** 特殊なX線撮影の一つ。人体のある断面だけを明瞭(めいりょう)に写しだす。胸部・頭部・骨などの診断に有用。tomography

**たんそう-しょくぶつ【単相植物】** 生活環の中で、核相が単相(半数体)の世代だけのもの。ふつう、有性生殖のみを行う。アオミドロ・シャジクモなど。haploid plant 対義 複相植物・単複相植物。

**だんそう-せん【断層線】** 断層による地盤の変位が地形面に現れた線。崖(がけ)を形成する場合が多い。fault line

**だんそう-たい【断層帯】** ほぼ同じ方向の小断層の集まり。断層地帯。fault zone

**だんそう-ちけい【断層地形】** 断層運動によって形成された地形。一般に谷・急斜面などが直線状を示す。断層崖(がい)・地塁、傾動地塊・断層谷・断層盆地などがある。fault topography

**たんそう-ゆうどうでんどうき【単相誘導電動機】** 単相交流で動作する誘導電動機。始動の方式にコンデンサーを用いるものと、くま取りコイルを用いるものがある。single-phase induction motor

**たんそ-かごうぶつ【炭素化合物】** 炭素を含む化合物の総称。有機化合物のほか、二酸化炭素などの無機分子、炭化カルシウムなどのイオン性炭化物、セメンタイトなどの巨大分子など。carbon compound

**たん-そく【嘆息・▼歎息】**(名・サ変自) なげいてためいきをつくこと。sigh

**だん-ぞく【断続】**(名・サ変自) とぎれたり続いたりすること。intermittence

**たんそく-ききゅう【探測気球】** 高層の気象観測に使う気球。測風気球・測雲気球など。pilot balloon

**だんぞく-てき【断続的】**(形動) 切れ切れであるさま。intermittent 対義 持続的。用例 ——な砲声。

**たんそ-こう【炭素鋼】** 炭素以外の元素を添加していない鋼。炭素量の少ないものを軟鋼、多いものを硬鋼という。carbon steel 対義 合金鋼。

**たんそ-じゅうよん【炭素一四】** 質量数が一四の炭素の放射性同位体。記号$^{14}C$ 半減期五七三〇年。考古遺跡・遺物の年代測定や、トレーサーとして実験・研究に利用。carbon-14

**たんそじゅうよん-ねんだいそくていほう【炭素一四年代測定法】** 現在も残留する半減期五七三〇年の放射性炭素一四の量を、現在の理想的な大気中の量と比較して、生物の年代を測定する方法。carbon-14 dating

**たんそ-じゅんかん【炭素循環】** 生物圏において有機や無機の炭素が、互いに関係をもちながら移り変わること。光合成や呼吸のはたらきにみられる。carbon cycle

**たんそ-せい【炭素星】** スペクトルに、炭素化合物($C_2$・CH・CN)の吸収帯がとくに強く現れる低温度の巨星または超巨星。carbon star

**たんそ-せんい【炭素繊維】** 成分の大部分が炭素である繊維。セルロースやアクリル繊維などを、不活性気体中で高温で分解してつくる。弾性率・耐熱性が高い。断熱材・吸着材などに利用。カーボン繊維。carbon fiber

**たんそせんいきょうか-プラスチック【炭素繊維強化プラスチック】** 炭素繊維で強化したプラスチック。エポキシ樹脂やフェノール樹脂製品がある。ゴルフクラブなどに使用。carbon fiber reinforced plastics

**たんそちっそ-はんのう【炭素窒素反応】** 恒星のエネルギー源として炭素と窒素が触媒となり、水素原子八個からヘリウム原子二個が生まれる反応。主に主系列の恒星のエネルギー源。carbon cycle

**たんそどうか-さよう【炭素同化作用】** →たんさんどうかさよう(炭酸同化作用)

**たんそ-びょう【炭▼疽病】** ①《褐色の水疱(すいほう)に変じて潰瘍(かいよう)を生じることから》家畜法定伝染病の一つ。ウシ・ウマ・ヒツジ・ブタなどに起こる急性敗血症性伝染病。ヒトに感染することもある。炭疽熱。炭疽。anthrax ②不完全菌や子嚢(しのう)菌によって、ウリ類・ジャガイモ・モモなどに起こる病気。茎葉や果実、塊茎に黒褐色の病斑(はん)をつくる。anthracnose

**だんそん-じょひ【男尊女卑】** 男をたっとび、女をいやしめる風習。predominance of man over woman 対義 女尊男卑。

**タンタ【Tanta】** エジプト北東部、ナイル川デルタ農業地帯のほぼ中央に位置する商工業都市。綿花の集散地で鉄道・道路交通の要地。人口一八・五万(一九七六)。

**たん-だ【単打】** 野球で、一つの塁を奪うだけの安打。シングルヒット。single hit

**たん-だ【短打】** 野球で、長打をねらわない打法。また、単打。対義 長打。用例 長——を連ねる。

**たんだ【▽唯】**(副)《「ただ」の転》①たった。②ただ。

**たん-たい【単体】** ただ一種類の元素からなる物質。酸素ではオゾン、炭素では黒鉛・ダイヤモンドなど。simple substance 比較 同素体。

**たん-だい【探題】** 鎌倉(かまくら)・室町幕府の職名。地方の要地におかれ、政治・軍事・裁判などを管掌。六波羅(ろくはら)探題・鎮西(ちんぜい)探題・奥州(おうしゅう)探題など。

**たん-だい【短大】**「短期大学」の略。

**だん-たい【団体】** 目的を共通にする者の組織的な集まり。組。仲間。organization; group 比較 集団。用例 ——を結成する。宗教——。

**だん-たい【暖帯】** 亜熱帯と温帯の中間の気候帯。年平均気温一三〜二〇℃。日本では四国・九州など。暖温帯。warm zone

**たん-たいぎ【炭太▼祇】**(一七〇九〜七一) 江戸中期の俳人。江戸の人。中興俳諧(はいかい)の先駆的存在で、とくに人事句にすぐれた。仏門に入り、のち島原遊郭に移る。蕪村(ぶそん)一派と深い交渉をもつ。句集『太祇句選』。

**だんたい-きょうぎ【団体競技】** チームを組み、チーム同士で行う競技。team sports 対義 個人競技。

**だんたい-きょうやく【団体協約】** 個人と団体、または団体相互間で結ばれる特別な契約。会社と労働組合が締結する労働協約など。collective agreement

**だんたい-こうしょう【団体交渉】** 労働組合が、賃金・就労時間など広く労働条件に関して使用者またはその団体と交渉すること。団交。collective bargaining

**だんたいこうしょう-けん【団体交渉権】** 労働者が労働組合を通じて使用者と労働条件の交渉を行う権利。憲法第二八条で保障されている。right of collective bargaining

**たんだい-しんしょう【胆大心小】** 大胆でかつ細心の注意をはらう必要があること。

**だんたいとう-きせいれい【団体等規正令】** 昭和二四年(一九四九)に制定されたポツダム政令の一つ。極端な国家主義・暴力主義などを掲げる反民主主義的な団体の結成や活動などを禁じた法律。同二七年(一九五二)破壊活動防止法の制定により廃止。

**だんたい-ほけん【団体保険】** 企業・団体などの代表者が保険契約者となり、その構成員をまとめて加入させる生命保険。group insurance

**だんたい-りょこう【団体旅行】** 団体で行動をともにする旅行。group tour

**だんたい-りん【暖帯林】** 暖帯に発達する森林。クスノキ・スダジイ・カシ類などの照葉樹からなる。

**だん-たくま【団▼琢磨】**(一八五八〜一九三二) 実業家。男爵。福岡県生まれ。伊玖磨(いくま)の祖父。アメリカで鉱山学を学び、三池炭鉱に入社。三井合名会社理事長となり、三井財閥の最高指導者として活躍。血盟団員により暗殺。

**だん-だら【段だら】** 段状に幅広くしま模様になっていること。用例 ——染め。

**タンタル【Tantal ドイツ】** 金属元素。記号Ta 原子番号七三。原子量一八一。黒灰色で展延性に富む。水素吸蔵力をもつ。耐熱性・耐食性にすぐれ、耐振電灯フィラメント、医療用器具材料などに用いられる。タンタラム。tantalum

**タンタロス【Tantalos ギリシア】** ギリシア神話のシピュロスの王。ゼウスの子。わが子ペロプスを料理して神々に供したため神々の怒りにふれ、奈落(ならく)に落とされ、飢えと渇きにあえぐ罰を受けた。Tantalus

**たん-たん【▼坦▼坦】**(形動トタル) ①広く平らなさま。level 用例 ——たる道路。②波乱(はらん)なく平穏に過ぎるさま。peaceful

**たん-たん【▼眈▼眈】**(形動トタル) 野心をもって機会をうかがうさま。watch for an opportunity vigilantly 用例 虎視(こし)——。

**たん-たん【淡淡】**(形動トタル) あっさりしたさま。cool 用例 ——とした態度。

**だん-だん【段段】** 一(名) ①階段。stairs ②箇条箇条。条々。each 二(副) 順を追って。次第に。gradually 用例 ——近くなる。——うまくなる。

**段段よく鳴る法華の太鼓**(だんだんよくなるほっけのたいこ)《日蓮(にちれん)宗の門徒の打ち鳴らすうちわ太鼓の音が、時とともに大きくなることから》物事が調子づいて、だんだんよくなっていくことを、ことば遊びのようにいったもの。

**だん-だん【団団】**(形動トタル) ①丸いさま。round ②露が多く集まっているさま。string of drops

**だんだん-こ【断断固・断断▼乎】**(形動トタル)《「断固」を強めていう語》絶対に。断然。断固。

**だんだん-ばたけ【段段畑】** 山や丘の斜面に階段の形につくった畑。terraced fields 比較 棚田。

**たん-ち【探知】**(名・サ変他) さぐって知ること。detection 用例 鉱脈を——する。

**だん-ち【団地】** 一定の用途をもつ建物や施設を計画的に集団化した区域。住宅団地・工場団地など。housing development; industrial development

**だん-ち【段ち】**(形動)《俗語》「段違い」二の略。

**だん-ち【暖地】** あたたかい地方。warm district 対義 寒地。

**だん-ちがい【段違い】** 一(名) 高低があること。different levels 用例 ——平行棒。二(形動) たいへんかけはなれているさま。格段の差。段ち。be far apart 用例 ——の実力。

**だんちがい-へいこうぼう【段違い平行棒】** 体操競技、女子種目の一つ。また、その器械。高さのちがう二本の平行棒上で、静止することなく振動、回転などを行う。uneven parallel bars →写

●段違い平行棒

**だん-ちく【暖竹・▼葮竹】** イネ科の多年草。暖地の海辺・川岸に群生する。稈(かん)は太く、高さ約三m。葉は長線形で白緑色、長さ約七〇cm。大形の円錐(えんすい)花序をつける。ヨシタケ。

**だんち-ぞく【団地族】** 団地に住む人々。

**ダンチヒ【Danzig】** グダニスクのドイツ語名。

**たん-ちゃ【▼磚茶】** 紅茶・緑茶の屑を固めて、薄板のようにした粗悪(そあく)な茶。シベリア・モンゴル地方で多く用いられる。けずって煮出して飲む。だんちゃ。

**だん-ちゃく【弾着】** 銃砲のたまが届くこと・所。用例 ——距離。

**たんちゃめ-ぶし【▽谷茶▽前節】** 沖縄本島の民謡。踊り唄(うた)。恩納村(おんなそん)谷茶の浜に魚が押し寄せてきた情景をうたう。男は櫂(かい)を、女はざるをもって踊る。

**たん-ちょ【端緒】**「たんしょ」の慣用読み。

**たん-ちょう【丹頂】** ツル科の大形の鳥。翼長約六五cm。羽色は白が基調で、顔からくびすじと翼の一部が黒い。頭頂は皮膚が裸出して赤色。湿原にすみ、雑食性。シベリア北東部で繁殖し、東部で越冬。日本では釧路(くしろ)地方に三〇

●タンチョウ



▼常用漢字表外。 ▽常用漢字表の音訓外。

○羽以上が定着。特別天然記念物。タンチョウヅル。Manchurian crane ↓写 ↓ツル 図

**たん-ちょう【単調】**(名・形動) 単純で変化の少ないこと・さま。一本調子。monotony

**たん-ちょう【探鳥】** 山野で野鳥を観察したり、鳴き声を聞いたりすること。バードウオッチング。bird-watching 用例 —会。

**たん-ちょう【短調】** 音楽で、短音階による調子。minor key 対義 長調。

**だん-ちょう【団長】** 団体の長・代表者。head

**だん-ちょう【断腸】**《はらわたがちぎれる意》非常な悲しみ。heartbreaking 用例 —の思い。

**たんちょう-づる【丹頂▼鶴】** タンチョウの別名。

**タンチョン【端川】**(Tanch'ŏn) ↓たんせん(端川)

**だんつう【段通・▼緞通】**《中国語「毯子」の当て字》織り込み糸を用いて模様をつけた厚い敷物用織物。原産は中国・インド・ペルシア。日本には毛氈とともに中国から輸入された。rug

**だん-つく【▼旦つく】**《俗語》「だんな」を卑しめていう語。

**たん-つぼ【▼痰▼壺】** たんをはくつぼ。cuspidor米; spittoon英

**ダンテ【Dante Alighieri】**(一二六五〜一三二一) イタリアの詩人。フィレンツェ市国の政治に参与したが、政変で追放され、生涯を流浪の生活に過ごした。長編叙事詩『神曲』で中世神学の精髄を文学的に統合し、宗教的理想を呈示した。ラテン語に対して俗語(イタリア語)を使用し、イタリア文学の祖ともなった。詩集『新生』、詩論『俗語論』、『帝政論』など。↓写

●ダンテ ラファエロ『聖体論議』より。バチカン宮殿署名の間、右壁画。

**たん-てい【探偵】**(名・サ変他) こっそり事情や犯罪をさぐり調べること・人。detective

**たん-てい【端艇・短艇】** ボート・小舟。boat

**だん-てい【断定】**(名・サ変他) はっきりした判定を下すこと。conclusion

**ダンディ【Vincent d'Indy】**(一八五一〜一九三一) フランスの作曲家・教育家。交響曲『フランス山人の歌による交響曲』、劇音楽『鐘の歌』など。

**ダンディー【dandy】**㊀(名) だて男。しゃれ者。㊁(形動) 洗練されたさま。

**ダンディー【Dundee】** イギリス、スコットランド東岸、テー川河口の港湾都市。ジュート・石油化学工業がさかん。人口一七・八万(一九八五)。

**たんてい-しょうせつ【探偵小説】** 犯人を探し求める探偵を主人公とした小説。推理小説。detective story

**ダンディン【Daṇḍin】** 七世紀ごろのインドの作家。古典サンスクリットの散文作品『ダシャクマーラチャリタ(十王子物語)』の作者。

**たん-てき【端的】**(形動)《「単的」は誤り》①ぴしりと急所にあたるさま。direct ②てっとりばやいさま。rough and ready 用例 —にいうと。

**たん-でき【▼耽▼溺】**㊀(名・サ変自) ふけり、おぼれること。indulgence 用例 酒色に—する。㊁(名) 岩野泡鳴の小説。明治四二年(一九〇九)発表。一作家が芸者に耽溺し、やがて彼女を捨てるまでを描く。

**たん-てつ【鍛鉄】** ①鉄をきたえること。forge steel ②炭素を〇・〇二〜〇・二%程度含む軟鉄。半溶融状態にした銑鉄をきたえてつくる。釘・鉄線などの原料。錬鉄。wrought iron

**タンデム-スプリント**《tandem bicycle sprintから》自転車の競技種目の一つ。二人乗り(=タンデム)自転車でスプリントを競う。通常、トラック四周。旧称タンデム-スクラッチ-レース。

**たん-でん【丹田】** へその下あたり。精気の集まる所という。用例 臍下—。

**たん-でん【炭田】** 地層中に石炭が埋蔵され、経済的・技術的に採掘できる炭層が一定規模の広がりで存在する地域。coal field 比較 油田。

**たん-と**(副)《俗語》たくさん。どっさり。

**だん-と【▼檀徒】** 檀家の人々。

**たん-とう【反当】** 反当たり。

**たん-とう【担当】**(名・サ変他) 仕事を受け持つこと・人。担任。charge

**たん-とう【単糖】** 一般式$C_n(H_2O)_n$。加水分解でそれ以上簡単な分子に分解できない炭水化物の一種。糖の基本的な化合物で一本の炭素鎖からなる。水に溶けやすく甘味がある。一般に異性体をもつ。monosaccharide

**たん-とう【短刀】** 短い刀。あいくち。dagger 対義 長刀。

**たんとう【丹東】** 中国遼寧省南東部、鴨緑江下流の工業都市。対岸は北朝鮮(朝鮮民主主義人民共和国)の新義州で、交通の要地。人口五六万(一九八四)。タントン。

**たんとう【▽但東】**〈町〉 兵庫県北東部、京都府に接する町。日本標準時子午線が通る。但馬縮緬が特産。人口六六一九(一九八八)。

**たん-どう【丹銅】** 亜鉛を三〜二〇%含む銅の合金。黄金色で装飾金具に、また金粉・金箔の代用品として用いる。

**だん-とう【弾頭】** 砲弾の先の、爆発する所。warhead 用例 核—。

**だん-とう【暖冬】** いつもの年よりあたたかい冬。mild winter

**だん-どう【弾道】** 大砲などのたまが飛んで行く道筋。trajectory

**だんとう-いへん【暖冬異変】** 寒いはずの冬が、あたたかいという気象の異常。abnormally warm winter

**だんどう-がく【弾道学】** 発射された弾丸の通る道筋を研究する学問。重力の影響だけでなく、空気抵抗・弾丸の旋回・風力・地球の自転などの影響を考慮する。膨大な数値計算を必要とし、初期のコンピューター開発の要因となった。ballistics

**だんとう-だい【断頭台】** ↓ギロチン

**たんとう-ちょくにゅう【単刀直入】**(名・形動)《「短刀直入」は誤り》すぐに本題に触れること・さま。straightforwardness 用例 —に尋ねる。

**だんどう-ミサイル【弾道ミサイル】** ロケットによる初期加速力のみで上昇し、推力がなくなった時点で地球の重力により弾道軌道を描いて飛ぶミサイル。ballistic missile

**たん-どく【丹毒】** おもに溶血性連鎖球菌によって起こる皮膚粘膜の化膿性の炎症。急性伝染病で、悪寒・発熱・痛みがあり、顔・手・足が赤くはれる。erysipelas

**たん-どく【単独】** ①ただ一つ。singleness ②ひとり。alone 対義 共同。用例 —行動。③それだけ。alone 用例 —では用いられない。

**たん-どく【▼耽読】**(名・サ変他) 夢中で読みふけること。be absorbed in reading

**だん-どく【▼檀特】** カンナ科の多年草。江戸時代に観賞用として渡来したが、現在はほとんど栽培されない。芭蕉に似た大形の葉。夏、茎の先端に真紅色の花を総状につける。インド原産。

**たんどく-こうわ【単独講和】** 同盟して交戦中の国の一つが、同盟を離脱して一方的に敵国と講和を結ぶこと。separate peace 対義 全面講和。

**たんどく-ないかく【単独内閣】** 閣僚のすべてを一党だけで独占している内閣。single-party cabinet 対義 連立内閣。

**だん-トツ【断トツ】**《「断然トップ」の意》断然先頭を切ること。はっきり抜きん出ていること。

**だんど-ぼろぎく【段戸▼襤菊】** キク科の一年草。高さ約一m。日当たりのよい斜面にはえる。帰化植物で、愛知県の段戸山で発見された。葉は披針形。黄褐色の頭花をつける。

**タントラ-ぶっきょう【タントラ仏教】**《「タントラ」は、縦糸の意。横糸の意の「スートラ」に対して言う》八世紀以降のヒンズー教の秘儀的聖典、「タントラ」を所依とするインド密教の呼称。シバ神信仰の影響をうけたもので、性的要素を肯定するところに特徴がある。左道密教。

**だん-どり【段取(り)】** 手段・順序を決めること。手順。arrangements

**タントン【丹東】**(Dāndōng) ↓たんとう(丹東)

**ダントン【Georges-Jacques Danton】**(一七五九〜一七九四) フランス革命の指導者。ジャコバン右派の代表。公安委員としてジロンド派を弾圧。のちロベスピエールと対立、反革命派として処刑された。

**だんな【▼檀▼那・▼旦▼那】**《dāna梵の音写で、ほどこしの意》①《仏教語》六波羅蜜の一つ。布施。また、布施をする人。②《「檀那波底」の略》布施をする信者を僧がよぶ語。檀越。施主。③商人が男客をよぶ語。sir ④妻・雇い人などが主人をよぶ語。master

**旦那を取る** 芸者などが、自分をひいきにして、面倒をみてくれる客を持つ。

**だんな-げい【▼旦▼那芸】** 金持ちなどが道楽に覚えた芸。

**だんな-しゅう【▼旦▼那衆】** 金持ちで、勢力がある人。

**だんな-でら【▼檀▼那寺】** その家が帰依し、檀家となっている寺。家の過去帳をあずけ、仏事をたのむ。菩提寺。

**たんな-トンネル【丹▼那トンネル】** 静岡県熱海と函南を結ぶJR東海道本線のトンネル。長さ七八四一m。昭和九年(一九三四)開通。

**たん-なり** 古語(連語) ↓たなり

**たん-なる【単なる】**(連体) ただの。ただそれだけの。mere

**たんなん【丹南】**〈町〉 兵庫県東部、三田市北隣の町。近郊農業地帯。茶やヤマノイモの産地。人口一万一八六五(一九八八)。

**たん-に【単に】**(副)《下に「だけ」「のみ」などの助詞などをともなって》ただ。merely 用例 —そういっただけさ。

**たんにしょう【▼歎異抄】** 親鸞の教説を集めた書。弟子の唯円が親鸞の死後発生した異義を歎き、師の言を引いて他力信仰の真意を説いたもの。成立年代は未詳。

**だん-にゅう【断乳】** 母乳を与えるのをやめること。母乳以外の飲食物から栄養がとれるようになる生後八〜一二か月がよいとされている。to stop breast-feeding

**たん-にん【担任】**(名・サ変他) 任務として受け持つこと・人。charge 用例 クラス—。

**タンニン【tannin】** 多くのフェノール性水酸基をもつ芳香族化合物の総称。高等植物のほとんどに分布し、淡黄色から淡褐色の粉末で渋味がある。水に溶けやすい。皮のなめしに使用。インキ・染料・医薬品などの原料。渋。タンニン酸。

**ダンヌンツィオ【Gabriele D'Annunzio】**(一八六三〜一九三八) イタリアの詩人・小説家・劇作家。愛欲を主題にして耽美的・官能的な作品を数多く書いた。詩集『早春』、小説『死の勝利』、戯曲『イオリオの娘』など。

**だん-ねつ【断熱】**(名・サ変自) 熱の移動を遮断すること。heat insulation

**ダンネッカー【Johann Heinrich von Dannecker】**(一七五八〜一八四一) ドイツの古典主義彫刻家。シラー・ゲーテと交友。作品『シラー胸像』など。

**だんねつ-ざい【断熱材】** 熱の移動を少なくするための材料。heat insulating material

**だんねつ-しょうじ【断熱消磁】** 一ケルビン以下の超低温を得る方法。強磁場で常磁性イオンを含む物質を液体ヘリウムで冷却し、急に磁場を取り除いて温度をさらに下げる。

**だんねつ-せい【断熱性】** 熱の出入りを断つ性質。insulating

**だんねつ-へんか【断熱変化】** 物体が外部と熱を交換しないで起こす変化。熱を通さないピストン内に入れた気体を圧縮または膨張させるときの変化など。adiabatic change

**だんねつ-ぼうちょう【断熱膨張】** 物質が熱の出入りなしに体積を増すこと。このとき物質の温度は低下する。自然界では、水蒸気が大気の上昇にともなって凝結する現象にみられる。adiabatic expansion

**だんねつ-れいきゃく【断熱冷却】** 物体を断熱変化させながら、物体の温度を下げること。adiabatic cooling

**たん-ねん【丹念】**(形動) 念入りにするさま。丁寧。入念。assiduous; careful

**たんねん【▼湛然】**(七一一〜七八二) 中国、唐代の僧。天台第六祖。天台智顗の教学を研究、多くの著作によって天台宗の教えを広め、中興の祖とされる。荊渓尊者。妙楽大師。

**だん-ねん【断念】**(名・サ変他) あきらめること。思い切ること。abandon; give up

**タンネンベルク-の-たたかい【タンネンベルクの戦い】** 第一次大戦初期の一九一四年八月、東プロイセンのタンネンベルク付近で行われたドイツとロシアの会戦。ヒンデンブルク指揮のドイツ軍が、サムソノフ率いるロシア軍を包囲、全滅させた。包囲戦術の典型とされる。Battle of Tannenberg

**たんの【端野】**〈町〉 北海道東部、北見市北東隣の町。稲作のほか、ジャガイモ・テンサイ栽培などがさかん。人口五四五八(一九八八)。

**たん-のう【▽堪能】**《「足りぬ」の音便「足んぬ」の転。当て字》㊀(名・サ変自) 満足すること。気が済むこと。satisfaction ㊁(形動)《「かんのう」と混同して》学芸がすぐれたさま。上達するさま。skillful

**たん-のう【胆▼嚢】** 肝臓の下面やや右寄りにあり、胆汁を貯蔵する袋状の器官。胆汁を濃縮して脂肪の消化を助ける。gallbladder

**たんのう-えん【胆▾嚢炎】** 胆嚢に起こる炎症。発熱・右上腹部痛・黄疸などの症状がある。胆石症から起こることが多く、中年女性に多い。cholecystitis

**だん-の-うら【壇ノ浦】** ①山口県下関市、関門海峡の早鞆ノ瀬戸に臨む地区。源平合戦最後の古戦場。②《転じて》悲劇的な大詰め。

**だん-の-うら【壇ノ浦・▾檀ノ浦】** 香川県高松市屋島と五剣山との間にあった入り海。源平の屋島合戦の古戦場として有名。のち、沖積地となり、塩田などに利用されたが、現在は干拓され住宅地。

**だんのうらかぶとぐんき【壇浦▾兜軍記】** 人形浄瑠璃・歌舞伎時代物。近松門左衛門『出世景清』による。文耕堂・長谷川千四合作。享保一七年(一七三二)初演。通称、阿古屋の琴責。

**だんのうら-の-たたかい【壇ノ浦の戦い】** 壇ノ浦で行われた源平最後の合戦。寿永四年(一一八五)平氏軍は源義経の率いる源氏軍に決定的敗北を喫し、安徳天皇は入水、平氏は滅亡。

**たんば【丹波】** ↓たんばのくに(丹波国)

**たんば【丹波】**〈町〉京都府の中部、丹波高地の町。畜産がさかん。丹波グリ・丹波マツタケが特産。人口八七四七(一九八八)。

**たん-ぱ【短波】** 周波数三〜三〇メガヘルツ(波長一〇〇〜一〇m)の電磁波。電離層で反射され、減衰も少なく遠距離通信に向く。国内外放送、通信業務などに利用されている。ショートウエーブ。SW。short wave 対義 長波。

**タンパ【Tampa】** アメリカ、フロリダ州中西部の港湾都市。温暖な避寒地。葉巻きタバコの特産地。人口二七・二万(一九八〇)。

**ダンパー【damper】** ①物体の振動や衝撃を減衰・緩和するための装置。②ピアノなどの弦の振動を止める止音器。

**たん-はい【炭肺】** 炭塵の吸入によって起こる慢性の呼吸器病。炭坑労働者に多い。よろけ。炭粉症。anthracosis; black lung

**たん-ばい【探梅】**(名・サ変自) ウメの花見に出歩くこと。比較 観梅。

**たん-ぱく【淡泊・淡白】**(名・形動) あっさりしていること・さま。light 用例 ——な味。

**たん-ぱく【▾蛋白】** ①卵の白身。卵白。white of an egg ②「たんぱく質」の略。protein

**たんぱく-こうがく【▾蛋白工学】** たんぱく質の構造と機能に関する知識を基に、遺伝子組換えを利用して、新しい機能をもつたんぱく質およびその代替高分子をつくり出すことをめざす工学の一分野。protein engineering

**たんぱく-しつ【▾蛋白質】** アミノ酸で構成された高分子化合物。動植物の主要な構成要素で、生命現象に重要な役割を果たす。protein

**たんぱくしつ-ごうせい【▾蛋白質合成】** たんぱく質を合成すること。人為的に合成する化学合成と生体内での生合成がある。protein synthesis

**たんぱくしつ-たいしゃ【▾蛋白質代謝】** たんぱく質がアミノ酸に分解されたり、逆に、アミノ酸からたんぱく質が合成されていく過程。protein metabolism

**たんぱくしつ-ぶんかいこうそ【▾蛋白質分解酵素】** たんぽく質やペプチドなどに作用し、ペプチド結合を加水分解する酵素の総称。生物界に広く分布し、たんぱく質の消化・代謝などに重要な役割を果たす。プロテアーゼ。protease

**たんぱく-せき【▾蛋白石】** ↓オパール

**たんぱく-せんい【▾蛋白繊維】** たんぱく質からなる繊維。羊毛・絹などの天然繊維と、牛乳などを原料としたカゼイン繊維などの人造たんぱく繊維がある。protein fiber

**たんぱくどうか-ホルモン【▾蛋白同化ホルモン】** たんぱく質の合成を促進し、男性ホルモンの作用を少なくさせたホルモン。治療に使われるが、異常体重・月経異常などの副作用もある。protein anabolic hormone

**たんぱく-にょう【▾蛋白尿】** たんぱく質(おもにアルブミン)を多く含む尿。腎臓病にかかっている兆候。一〇〇mℓ中に三〇mg以上のたんぱく質を含む場合を陽性とし、精密検査の必要がある。proteinuria

**たんば-こうち【丹波高地】** 京都府の中部から兵庫県の東部にまたがる山地。最高点は三国岳九五九m。

**だん-ばしご【段▾梯子】** ①段の一つ一つが広い板状の階段。②はしご。ladder

**たん-ぱつ【単発】** ①発動機を一つもっていること。single engine 対義 双発・多発。②弾を一発ずつ発射すること。single-loader 対義 連発。用例 ——銃。

**だん-ぱつ【断髪】**(名・サ変自) 髪の毛を短く切ること。また、その髪型。bobbed hair

**だんぱつ-しき【断髪式】** 大相撲で、引退した力士が、まげを切り落とす儀式。

**だんぱつ-れい【断髪令】** 明治四年(一八七一)、ちょんまげを切ることを自由とした太政官布告。断髪脱刀勝手令。散髪脱刀令。

**たんば-の-くに【丹波国】** 旧国名。現在の京都府の中部と兵庫県の一部。山陰道の一国。「延喜式」では上国、六郡。国府は亀岡市千代川、国分寺は同市国分府。明治四年(一八七一)廃藩置県により京都府・豊岡県。同九年(一八七六)豊岡県は京都府・兵庫県に分割編入。丹州。丹波。

**たんば-ほおずき【丹波▿酸▾漿】** ナス科の多年草。ホオズキの一栽培種。果実が大きく、果実を包む萼が卵形で幅広い。

**たんば-やき【丹波焼】** 丹波(兵庫県多紀郡今田町)で焼成される陶器。鎌倉時代に始まり、桃山時代後期には茶器も制作。

**たんば-やすより【丹波▿康▿頼】**(九一二〜九九五) 平安時代の医師。現存する日本最古の医書『医心方』の編者として名高い。

**たんばら【丹原】**〈町〉愛媛県、東予市西隣の町。稲作と野菜・電照菊・果樹などの栽培がさかん。人口一万五一九九(一九八八)。

**タンバリン【tambourine】** ↓タンブリン

**たん-パン【短パン】** 運動するときなどにはく、短いパンツ。ショートパンツ。trunks

**だん-ぱん【談判】**(名・サ変自) ①解決のために話し合うこと。かけあい。交渉。negotiation ②責めなじること。談じこむこと。rebuke

**たんばん-るい【単板類】** 軟体動物に属するもっとも原始的な貝類。一九五二年、パナマ沖の深海から発見され、現在一〇種が知られる。殻は笠形で、長径四㎝以下。体の構造から、軟体動物を環形動物に結びつける生きた化石といわれる。単殻類。ネオピリナ。neopilina

**たん-び【嘆美・▾歎美】**(名・サ変他) 感心して褒めること。嘆賞。admiration

**たん-ぴ【単比】** 二つの数の比。simple ratio

**だん-び【断尾】** ヒツジ・イヌ・ウマなどの家畜の尾を切断すること。尾の病気の治療や外観をよくするため、またヒツジでは体後部の被毛の汚れを防ぐために行う。dock

**だん-ぴ【断碑】** 欠けてそこなわれた石碑。

**タンピコ【Tampico】** メキシコ中東部、メキシコ湾のパヌコ川河口に近い港湾都市。油田地帯の中心。人口二六・八万(一九八〇)。

**たんび-しゅぎ【▾耽美主義】** 美の創造と享受以外に価値を認めない世界観および芸術思潮。ヨーロッパでは一九世紀後半のボードレール・ワイルドらに代表される。日本では雑誌『スバル』創刊が契機となった。唯美主義。aestheticism

**たんび-は【▾耽美派】** 耽美主義の芸術家たち。唯美派とも。

**たん-ぴょう【短評】** 短い批評。寸評。brief comment

**だん-びら【段平】** 刀身の幅の広い刀。

**ダンピング【dumping】**(名・サ変他) ①採算を無視した価格で商品を投げ売りすること。不当廉売。②国際競争で優位に立つために、国内販売価格より安い値段で商品を輸出すること。

**ダンピング-かんぜい【ダンピング関税】** ダンピングして輸出された商品のために自国の産業が損害を受けることを防止するために課される関税。ダンピング防止税。不当廉売関税。anti-dumping duties

**たん-ぶ【反歩・▿段歩】** 田畑の面積を数える単位。反。用例 三——。

**タンブール【tambourフランス】** 太鼓。ドラム。

**タンブール【tambūrペルシア・アラビア】** イスラム音楽圏のリュート属の撥弦楽器。胴に対し棹が長い。

**ダンプ-カー** 《dumpcart から》積み荷を一気におろすために、荷台を後方または側方に傾ける装置をもつ車。土砂などを運ぶ。ダンプ。

**たん-ぷく【単複】** ①簡単と複雑。simplicity and complexity ②単数と複数。singular and plural ③単式試合と複式試合。singles and doubles ④花などの単弁と重弁。single-and-double petaled ⑤競馬・競輪などで、単勝と複勝。

**たんぷくそう-しょくぶつ【単複相植物】** 生活環の中で、核相が単相(半数体)の配偶体と複相(二倍体)の胞子体の両方をもつ植物。配偶体と胞子体が同形のものや、そのいずれかが発達したものがある。diplohaplont

**だん-ぶくろ【段袋・▿駄袋】** ①《「だにぶくろ(駄荷袋)」の転》布団などを入れる布製の大きな袋。荷物袋。②広くゆったりとした股引き。③近世後期、上方で用いた一二〜一二四㎝四方の日用品を入れた携帯用の布袋。

**タンブラー【tumbler】** グラスの一種。底が平らで筒形の飲み物容器。コップ。

**タンブラン【tambourinフランス】** ①フランスのプロバンス地方起源の長い太鼓。②プロバンス地方起源の、四分の二拍子で急速活発な舞踏で、①で伴奏される。

**たん-ふりこ【単振り子】** 糸におもりをつるしただけの簡単な振り子。周期は糸の長さのみで決まり、ふれが小さいときは、おもりの質量や振幅によらない。たんしんし。simple pendulum

**タンブリン【tambourine】** リズム楽器の一種。片面が革膜の円形わくに数個の小シンバルがついた小形の太鼓。舞踊・バレエなどで使用。タンバリン。

**タンブリング【tumbling】** 手や足を使って跳躍・回転する運動の総称。主としてマットを用い、宙返り・倒立回転などを行う。

**ダンプリング【dumpling】** 小麦粉・卵・バターなどを混ぜ合わせて練り、団子状にしてゆでたもの。シチューに浮かせたり、料理のつけ合わせにしたりする。

**たん-ぶん【単文】** 構造の上から見た文の一種。主語・述語の関係が一回だけ成立するもの。「夏が来た」「この花はたいへん美しい」など。simple sentence 対義 複文・重文。

**たん-ぶん【探聞】**(名・サ変他) さぐりを入れて聞き出すこと。用例 ——したところ。

**たん-ぶん【短文】** 短い文・文章。short sentence 対義 長文。

**たんぶんし-まく【単分子膜】** 分子が界面に一層だけ並んでできた膜。分子構造と界面現象との関係の研究に重要。monomolecular film

**たんぺい-きゅう【短兵急】**(形動) 《「短兵」は短い武器》にわか。だしぬけ。abrupt

**だんぺい-ぶね【団平船】** ①江戸時代、大坂周辺で石を運んだ川船の総称。②港湾や河川で雑貨物や肥料などの運送に用いられる幅の広い平底の和船。↓写

●団平船② 隅田川。

**たん-べつ【反別・▿段別】** ①田畑を一反(=約九九〇$m^2$)ごとに分けること。②町・反・畝・歩の単位で計られる田畑の広さ。

**たんべつ-わり【反別割(り)】** 旧制で、田畑の反別をもとに割り当てた租税・供出米。

**ダンベル【dumbbell】** 運動器具の一種。鉄製または木製などの球が付いたもの。亜鈴。筋力強化用で、短い棒の両端におもりの球が付いたもの。亜鈴。

**タンペレ【Tampere】** フィンランド南西部の工業都市。機械・製紙・繊維工業がさかん。付近に氷河湖が多い。人口一六・九万(一九八五)。

**たん-べん【単弁・単▾瓣】** 一重の花弁。single-petaled 対義 重弁。

**たん-ぺん【短編・短▾篇】** 短い小説・映画。short story; short film 対義 長編。

**だん-ぺん【断編・断▾篇】** 文章の、きれぎれになったもの。きれぎれの文章。fragment

**だん-ぺん【断片】** 細かいかけら。きれはし。fragment

**だんぺん-うん【断片雲】** 不規則にひきちぎられた形や、ほつれた形をした雲。層雲や積雲に現れる。fractus

**たんぺん-えいが【短編映画】** 上映時間の短い映画。ふつう、上映時間一時間以内の映画



▾常用漢字表外。 ▿常用漢字表の音訓外。

をいう。short film

**たんぺん-しょうせつ【短編小説】** 長さの短い小説。short story

**だんぺん-てき【断片的】**(形動) まとまりのないさま。きれぎれ。fragmentary

**たんぼ【田▼圃】** 田。rice field

**たんぽ** 布・皮で綿を丸く包んだもの。拓本をとるときに墨をつけるのに用いる。また、稽古用の槍の先につけて使う。dabber

**たん-ぽ【担保】** 債務不履行にそなえて、債権の弁済を確保する手段となるもの。人的担保と物的担保の別がある。しちぐさ。抵当。mortgage; security 用例 土地を—にとる。

**たん-ぽ【▽湯▽婆】**《「たん」も「ぽ」も唐音》ゆたんぽ。

**タンホイザー【Tannhäuser ドイツ】** ワーグナー作曲・台本のオペラ。全三幕。一八四五年初演。騎士タンホイザーの愛する女性による、宗教的救済が主題。序曲、『夕星の歌』などが有名。

**たん-ぼう【探訪】**(名・サ変他) 現場を訪ねて社会の実際面や真相をさぐること。inquiry 用例 夜の東京を—する。

**だん-ぼう【暖房・▼煖房】**(名・サ変他) 一定空間の気温を人為的に適度に暖めること。また、その装置。heating 対義 冷房。

**だん-ボール【段ボール】** 板紙に波形の段つけ加工を施した中心紙に、平らな表板紙(ライナー)をはり合わせたもの。箱・包装用に多く使われる。corrugated paper; cardboard

**たんぽつき-しゃさい【担保付社債】** 物的担保の裏付けがある社債。起債会社と社債権者の間に信託会社が入り、担保権の保存と実行を請け負う。secured bond 対義 無担保社債。

**タンボフ【Tambov】** ソ連中西部、モスクワ南東四二〇㎞の工業都市。タンボフ州の州都。機械工業や食品加工業がさかん。鉄道交通の要地。人口三〇万(一九八六)。

**たんぽ-ぶっけん【担保物権】** ある物を債権の担保として提供することを目的とする物権。民法では留置権・先取り特権・質権・抵当権の四つ。物的担保。対物担保。物上担保。real rights granted by way of security

**たんぽぽ【▼蒲▽公▽英】** キク科の多年草。山野にはえる。葉は根生し羽状に切れこむ。春に、舌状花冠の黄または白色の頭花をつけ、果実には白い冠毛がある。変異が多く、カントウタンポポなど日本全土に二〇種以上が分布。セイヨウタンポポが帰化している。薬用にする。dandelion ↓写

**たんぼ-みち【田▼圃道】** 田んぼの中にある道。あぜ道。path between rice fields

**タンポン【Tampon ドイツ】** ①消毒したガーゼ・綿などを、棒状または球状にしたもの。鼻腔・膣などに挿入して、止血や分泌物の吸収を行う。②染色用のたたきばけ。

**たん-ほんい【単本位】** 金や銀などの金属を一種類だけ本位貨幣とした通貨制度。single standard 対義 複本位。

**たんま** 子どもの遊びの途中で、一時休みたいときにつかうことば。タイム。

**たん-まい【▽段米・反米】** 中世、田畑の段に応じて課せられた臨時の税米。天皇の即位、内裏造営、寺社建立などの費用捻出を名目として賦課。のちの段銭。

**だん-まく【段幕】** 横にかわるがわる紅白・黒白などの布を縫い合わせた幕。

**だん-まく【弾幕】** 弾丸を一度にたくさん、続けざまに撃つさまを、幕を張ることにたとえた語。

**たん-まつ【端末】** ①事物のはし。おわり。end ②「端末装置」の略。

**たんまつ-そうち【端末装置】** 一般に、コンピューター本体と離れた場所に設置される入出力装置。端末。ターミナル。terminal; terminal unit

**だん-まつま【断末魔・断末摩】** ①《仏教語》体の中に特殊な急所があり、傷つけられると激しい苦しみを起こして死ぬとされること。②《転じて》死にぎわ。また、最期の苦しみ。death agony

**ダンマパダ【Dhammapada パーリ】** ↓ほっくぎょう(法句経)

**たん-まひ【単麻▼痺】** 四肢のうち一肢のみの運動障害。大脳の運動神経細胞や末梢神経系の一部が障害されて起きる。monoplegia

**たんまり**(副)《俗語》たくさん。じゅうぶん。どっさり。用例 —もうける。

**だんまり【▽黙り】**《「だまり」の転》①だまっていること・人。silence ②無断。without giving notice ③歌舞伎で、登場人物が無言で行う、暗中の探りあい。

●タンポポ　カントウタンポポ(右)、セイヨウタンポポ(左)。

**たん-みん【▼蜑民・▼蛋民】** 中国南部の水上生活者の総称。船や筏などに住み、漁労・荷役業・渡船業に従事。かつて蔑称として用いられ、経済的・社会的に差別された。

**たん-めい【短命】** 対義 長命。①短い命。short life ②若死に。早世。early death

**たんめい-てがた【単名手形】** 手形債務者が一人の約束手形または為替手形。ふつうは企業が営業資金を調達するために銀行に振り出す約束手形をいう。単名。one-name paper 対義 複名手形。

**たん-めり** 古語(連語) ↓ためり

**タンメン【湯麺 中】**(tāngmiàn) 中華そばの一種。タン(スープ)を使った汁そば。具は、豚肉・野菜類など。

**だん-めん【断面】** ①切り口の面。section ②普段は表れていないが、とくにある視点によって明らかにされる状態。用例 社会の一—。

**だんめん-ず【断面図】** 内部のしくみを示した図。cross section 用例 建物の—。

**だんめん-せき【断面積】** ①立体物のある切り口の面積。②粒子の衝突や散乱が起こる確率を表す量。散乱断面積・衝突断面積など。effective cross section

**たん-もう【短毛】** 動物に生えている短い毛。short hair 用例 —種。

**たん-もの【反物・▽段物】** ①一反という、一定の幅と長さの布に織りあげた織物。長着用は着尺地、羽織用は羽尺地ともいう。太物。②和服用の織物の総称。呉服。数え方 一反・一疋。

**だん-もの【段物】** ①歌のつかない段構造の箏の独奏曲の名称。調べ物。『六段』など。②三味線声曲で、叙情的な端物に対し、劇的な内容の曲。③能で、謡いどころ・仕舞いどころの名称の一つ。

**たん-や【鍛▼冶】**(名・サ変他) 金属をきたえること・人。かじ。

**だん-やく【弾薬】** 銃砲などに使う弾丸と火薬。ammunition

**だん-ゆう【男優】** 男の俳優。actor 対義 女優。

**たん-よう【単葉】** 対義 複葉。①一枚の葉が小葉に分かれない形。サクラ・ケヤキ・ヤツデ・ヨモギなど。simple leaf ②《「単葉機」の略》主翼が一枚の飛行機。monoplane

**たんよう-せつ【端陽節】** 中国や日本などで五月五日に行われる行事。菖蒲と蓬を軒にさすことは共通している。端午。

**たん-らく【短絡】**(名・サ変自他) ①電気がショートすること。ショートサーキット。short circuit ②物事の本質を無視して、あっさり関係づけること。relate things quickly and carelessly 用例 —した行動。

**だん-らく【段落】** ①文章中の大きな切れ目。考えが展開されているひとまとまり、話が展開する一つの場面など。その中をさらに分けることもできる。paragraph ②物事の区切り。settlement 用例 一—つく。

**だん-らん【団▼欒】**(名・サ変自) ①車座に座ること。sit together in a circle ②楽しい集まり。まどい。happy circle 用例 一家—。

**たん-り【単利】** 元金だけに対する利息。途中で利息を元金に加えることなく、当初の元金に対してだけ利息をつける。simple interest 対義 複利。

**たん-りゃく【胆略】** きもが太く、計略がすぐれていること。courage and resourcefulness

**だん-りゅう【暖流】** 流域外より水温の高い海流。厳密な定義はない。熱帯や亜熱帯に源を発する。日本近海では、黒潮や対馬海流など。warm current 対義 寒流。

**たんりゅう-こうぞう【単粒構造】** 土壌の微粒子が団粒構造をもたないもの。粘りのある土や砂状の土。single grained structure

**だんりゅう-こうぞう【団粒構造】** 土壌の微細粒子が集合して塊状になっているもの。すきまが多く、通気・通水・保水性にすぐれて植物の生育に適する。crumbled structure

**たん-りょ【短慮】** ①あさはかな考え。rashness ②短気。quick temper

**たんりょう-たい【単量体】** ↓モノマー

**たん-りょく【胆力】** びくともしない気力。pluck

**だん-りょく【弾力】** ①物体が外力に抗して、もとに戻ろうとする力。elastic force ②融通性に富んでいること。flexibility

**だんりょく-せい【弾力性】** ①物体がもっている弾力の性質。②条件や力関係に応じて、それに合わせる性質。flexibility 用例 —に富む。

**だん-りん【▼檀林・談林】**《仏教語》①《「栴檀林」の略》僧侶が集まって学問をする場所。また、寺院。②文芸で、「談林風」「談林派」の略。

**だんりん-こうごう【▼檀林皇后】**(七八六〜八五〇) 嵯峨天皇の皇后。本名、橘嘉智子。仏教への信仰が深く、京都嵯峨に檀林寺を建立したことからこの名がある。子弟教育のため学館院も建てた。

**たんりん-し【担輪子】** 環形動物や軟体動物の浮遊性の幼生。ほぼ球形で、腹面中央に口、体の後端に肛門がある。体を取り巻いて繊毛環があり、その繊毛の運動で水中を泳ぐ。トロコフォラ。trochophora

**だんりん-ふう【談林風・▼檀林風】** 西山宗因を中心に延宝・天和期(一六七三〜八四)に流行した俳諧の流派。貞門風の保守的傾向に対して、現実への関心と手法の自由奔放を特色としたが、奇警にすぎ、蕉風が興るとともに崩壊した。江戸の田代松意、大坂の井原西鶴らがある。談林俳諧。談林派。

**たん-れい【端麗】**(名・形動) 形や姿が整って美しいこと・さま。gracefulness 用例 容姿—。

**だんれつ-ずほう【断裂図法】** 世界全図などで、縁辺部の形のひずみを小さくするために、部分ごとに作図したものを赤道に沿って接続させる方法。このため、一部の経線のところで裂け目を生ずる。interrupted projection

**たん-れん【鍛錬・鍛練】**(名・サ変他) ①金属をきたえること。temper ②心身・技能をねりきたえること。training

**たん-れんが【短連歌】** 短歌の上の句(長句)と下の句(短句)をよみあい、二句で完了する一句連歌。

**だん-ろ【暖炉・▼煖炉】** 壁に設置し、火をたいて室内を暖める装置。stove

**ダンロップ【Dunlop Holdings PLC】** イギリスの世界的総合ゴムメーカー。自動車用タイヤが中心。一九〇〇年設立。一九八一年から現社名。

**だん-ろん【談論】**(名・サ変自) 話や議論をすること。discourse

**だんろん-ふうはつ【談論風発】** 議論が活発に行われること。spirited discourse

**だん-わ【談話】**(名・サ変自) ①話をすること。話。talk 対義 文章。②ある事柄についての、非公式な意見。informal comment 用例 内閣官房長官の—。

**だんわ-ご【談話語】** 口で話される場合のことば。対義 文章語。

# ちチ

**ち【ち・チ】** 五十音図た行第二の仮名。平仮名「ち」は「知」の草体。片仮名「チ」は「千」。濁音は「ぢ」「ヂ」。

**チ** 3画 **【▼夂】** 部首[夂] JIS 5273
音 チ
①おくれる。あとからくる。②部首の一つ。のまたかんむり。ちかんむり。

**チ** 6画 **【地】** 部首[土] 教育小2 JIS 3547
音 チ・ジ
①つち。のびひろがる、つちの上。対義 天・空。「大地・土地」「地球・地上・地図・地勢」用例 (名) ― の果て。②ところ。場所。「各地・戦地・宅地・当地・内地・農地・辺地・余地」「地区・地点・地方」用例 (名) ― の利。その ― の産物。《接尾的》震源 ―。根拠 ―。③たちば。身分。「窮地」「地位・地歩」④地方のこと。「地検(=地方検察庁)・地教委(=地方教育委員会)」⑤地球のこと。「地核・地磁気・地軸」⑥した。下方。対義 天。「天地無用」⑦仏教で、四大の一つ。万物を構成する四元素の一つ。用例 (名) ― 水火風。⑧三つのうちの第二。用例 (名) 天 ― 人。↓ジ【地】
**一敗、地に塗れる**(いっぱい、ちにまみれる) ↓いっぱい(一敗)
**地に堕ちる**(ちにおちる) 権威・名声・勢力などを、すっかり失くす。すっかりすたれる。decline completely
**地に塗れる**(ちにまみれる) 戦いに大敗する。また、事業などで、二度と立ちあがれないような失敗をする。suffer a crushing defeat
**地を易うれば皆然り**(ちをかうればみなしかり) 人それぞれめぐり合わせによる言行の違いはあるが、立場を入れ替えてみると、やることはみな同じになる。
**地を払う**(ちをはらう) すっかりなくなってしまう。

**チ** 6画 **【池】** 部首[氵] 教育小2 JIS 3551
音 チ
訓 いけ
いけ。ほり。大きな水たまり。「沼池・城池」「池堤・池頭」用例 《接尾的》浄水 ―。貯水 ―。

**チ** 7画 **【▼豸】** 部首[豸] JIS 7624
音 チ・タイ
①ながむし。はいむし。あしのない虫。②部首の一つ。むじなへん。

**チ** 8画 **【治】** 部首[氵] 教育小4 JIS 2803
音 ジ・チ
訓 おさめる・おさまる・なおる・なおす
筆順 ↓ジ【治】
①おさめる。おさまる。対義 乱。「自治・統治・徳治・文治・法治」「治安・治水・治世・治乱」用例 (名) ― にいて乱を忘れず。②まつりごと。「治下・治績」③病気をなおす。なおる。「根治・全治」「治療」↓ジ【治】
**治に居て乱を忘れず**(ちにいてらんをわすれず) 戦時のことを考えて、武芸や軍備をたくわえておく。平穏なときにも、非常のさいに対する心構えをしておく。Forewarn is forearmed.

**チ** 8画 **【知】** 部首[矢] 教育小2 JIS 3546
音 チ
訓 しる
①しる。さとる。しらせる。しらせ。「告知・承知・通知・未知」「知覚・知人」②《智とも》心のすぐれたはたらき。かしこいこと・人。「英知・人知・良知」「知育・知恵・知識・知能」用例 (名) ― なき者は、木石に等し。③哲学で、理知。対義 情・意。用例 (名) ― に働けば、かどが立つ。④つかさどる。おさめる。「知行・知事」

**チ** 9画 **【▼胝】** 部首[月] JIS 7083
音 チ
①たこ。皮膚の一部分が角質化して、あつくかたくなったもの。②あかぎれ。あかがり。さむい時季に、手足の皮膚にできるひびわれ。

**チ** 10画 **【値】** 部首[人・亻] 教育小6 JIS 3545
音 チ・チョク
訓 ね・あたい
①ね。あたい。比較 価。「価値」②数の大きさ。「数値・絶対値」③あう。であう。「値遇」

**チ** 10画 **【恥】** 部首[心] 常用 JIS 3549
音 チ
訓 はじる・はじ・はじらう・はずかしい
10画 **【▼耻】** 部首[耳] 異体字 JIS 7055
①はじる。はじ。「破廉恥・無恥」「恥辱」②はずかしい。かくしどころ。「恥骨・恥部」

**チ** 10画 **【致】** 部首[至] 常用 JIS 3555
9画 **【▼致】** 旧字
音 チ
訓 いたす
①いたす。つかわす。こさせる。いたらせる。「引致・招致・送致・誘致」「致死・致命傷」②おもむき。むね。すじみち。「一致・雅致・合致・極致・風致」③官職をやめる。「致仕」

**チ** 11画 **【▼笞】** 部首[竹] JIS 6790
音 チ
①むち。しもと。むちうつ。むちでたたく。「笞刑」②五刑の一つ。むちでうった刑罰。

**チ** 12画 **【遅】** 部首[⻌] 常用 JIS 3557
16画 **【▼遲】** 部首[⻎] 旧字 JIS 7815
音 チ
訓 おくれる・おくらす・おそい
①おくれる。おくらす。おくらせる。比較 晩。対義 速。「遅延・遅刻・遅参」②おそい。のろい。「巧遅」「遅々・遅鈍」

**チ** 12画 **【▼智】** 部首[日] 人名用 JIS 3550
音 チ
心のすぐれたはたらき。かしこいこと・人。「才智」「智慧・智能・智謀」用例 (名) ― は万代の宝。

**チ** 12画 **【▼黹】** 部首[黹] JIS 8367
音 チ
①ぬう。さす。②ぬいとり。刺繡。③部首の一つ。ぬいとり。ふつへん。

**チ** 13画 **【痴】** 部首[疒] 常用 JIS 3552
19画 **【▼癡】** 旧字 JIS 6587
音 チ
①ばか。おろか。しれもの。「白痴」「痴人・痴鈍」②そのことにうとい。「音痴」③いろにおぼれる。「情痴」「痴漢・痴話」④仏教で、まよい。真実の智慧がなく、正しい道理を洞察できないこと。三毒または根本煩悩の一つ。

**チ** 13画 **【稚】** 部首[禾] 常用 JIS 3553
15画 **【▼穉】** 異体字
17画 **【▼穉】** 異体字 JIS 6748
音 チ
おさない。いとけない。うまれたばかり。「幼稚」「稚気・稚魚・稚拙」用例 (接頭) ― 鮎。

**チ** 13画 **【置】** 部首[罒] 教育小4 JIS 3554
音 チ
訓 おく
①おく。すえる。とどめる。「安置・位置・設置・配置・留置」②やめる。すてる。「放置」

**チ** 13画 **【▼輊】** 部首[車] JIS 7741
音 チ
前部が重くて、低くなっている車。

**チ** 13画 **【▼雉】** 部首[隹] JIS 8021
音 チ・ジ
①キジ。キジ目に属する鳥。きぎす。きぎし。②かき。城壁。

**チ** 13画 **【▼馳】** 部首[馬] JIS 3558
音 チ・ジ
①はせる。はしる。むかう。「背馳」「馳駆・馳走」②「馳走」は、もてなすこと。また、おいしい料理。

**チ** 14画 **【▼蜘】** 部首[虫] JIS 3556
音 チ
「蜘蛛」は、クモ。クモ綱に属する節足動物。ささがに。

**チ** 15画 **【▼墀】** 部首[土]
音 チ
にわ。階段の上にある、石をしいたり、また、色のぬってあるところ。

**チ** 15画 **【▼緻】** 部首[糸]
16画 **【▼緻】** 異体字 JIS 6944
音 チ
こまかい。きめがこまかい。精密な。「巧緻・細緻・精緻」「緻密」

**チ** 15画 **【▼褫】** 部首[衤] JIS 7485
音 チ
うばう。はぐ。衣服・官職などをとりあげる。「褫奪」

**チ** 15画 **【質】** 部首[貝] 教育小5 JIS 2833
11画 **【▼貭】** 異体字 JIS 7636
音 シツ・シチ・チ
筆順 ↓シツ【質】
かた。抵当。「言質」↓シチ・シツ【質】

**チ** 15画 **【▼踟】** 部首[足] JIS 7689
音 チ
「踟躕」は、たちもとおる。ためらう。いきつもどりつする。

**チ** 17画 **【▼螭】** 部首[虫]
音 チ
みずち。想像上の動物。竜の一種。

**チ** 21画 **【▼魑】** 部首[鬼] JIS 8221
音 チ
すだま。山林や木石から生じる精霊。「魑魅魍魎」

**チ** 22画 **【▼躓】** 部首[足] JIS 7721
音 チ
つまずく。つまずいてたおれる。けつまずく。しくじる。

**チ** 23画 **【▼黐】** 部首[黍] JIS 8355
音 チ・リ
もち。とりもち。小鳥や昆虫などをとらえるのに用いる、ねばねばしたもの。

**ち【千】** ①一〇〇の一〇倍。せん。thousand ②数の多いこと。thousands 用例 ― よろず。― ひろ。

**ち【血】** ①動物の体内を循環する赤い液体。栄養分や老廃分を運ぶ。血液。blood 用例 ― のにじむような苦心。②血筋。血統。blood relation 用例 ― は争えない。
**血が通う**(ちがかよう) ①体内を血が流れる。生きている。be made of flesh and blood ②事務的でなく、人間的なあたたかい感情がある。humane
**血が騒ぐ**(ちがさわぐ) 感情がたかぶり、じっとしていられない。心がおどる。tingle with excitement
**血が沸く**(ちがわく) 興奮する。get excited
**血で血を洗う**(ちでちをあらう) ①親兄弟どうしなどで争い合う。have a quarrel with blood relation ②悪事の上にさらに悪事を重ねる。commit one crime after another
**血と汗**(ちとあせ) ひじょうに努力し、耐えることをたとえていう語。blood and sweat; painful efforts
**血と汗の結晶**(ちとあせのけっしょう) 大変な苦心と努力の結果。result obtained from blood, sweat and tears
**血に飢えた**(ちにうえた) 殺傷して血を流させたいという、肉食動物のような、獰猛な欲望を強くもったもの・さま。bloodthirsty
**血の雨が降る**(ちのあめがふる) 斬り合いで死傷者が出る。はげしい戦闘になる。刃傷ざたになる。
**血の凍る様**(ちのこおるよう) あまりの恐怖にすくみあがり、体が冷たく感じられるさま。bloodcurdling
**血の出る様**(ちのでるよう) 非常に苦しい思いをするさま。strenuous 用例 ― な金。
**血の涙**(ちのなみだ) この上もない悲しみから流す涙。血涙。bitter tears
**血の滲む様**(ちのにじむよう) 大変な苦心・努力をかさねるさま。血の出る様。desperate
**血は争えない**(ちはあらそえない) 子にあらわれた性格・性質が、親や先祖のそれによく似ている。Like



▾常用漢字表外。 ▿常用漢字表の音訓外。

father, like son.
**血は水よりも濃い**(ちはみずよりもこい) 血縁は、他人とのつながりよりも強い。血筋は争えない。Blood is thicker than water.
**血も涙も無い**(ちもなみだもない) 人情のひとかけらもない。むごい。cold-blooded
**血湧き肉躍る**(ちわきにくおどる) 小説・活劇・スポーツなどを読んだり見たりしていて、心がたかぶり、全身が躍動するように感じられるさま。thrilling
**血を承ける**(ちをうける) 「血を引く」と同意。
**血を通わす**(ちをかよわす) 生き生きとさせる。make lively
**血を啜る**(ちをすする) 《昔の中国で、誓いをたてるとき、いけにえを殺し、その血をすすり合ったことから》心からちかう。固く約束する。
**血を流す**(ちをながす) たたかいや争いで、死傷者を出す。bleed
**血を吐く思い**(ちをはくおもい) 非常につらい思い。深く悲しい思い。with a bleeding heart
**血を吐く様な叫び**(ちをはくようなさけび) この上もない悲痛な叫び。bloodcurdling cry
**血を引く**(ちをひく) 親からの血のつながりを受けつぐ。また、親の特質を受けつぐ。be descended from 比較 血は争えない。
**血を見る**(ちをみる) 争って、けが人や死人がでる。come to bloodshed
**血を分ける**(ちをわける) 親子・兄弟などの間柄にある。blood-related
**ち【乳】** ①乳汁。milk ②ちぶさ。ちくび。breast; nipple ③羽織の襟、旗、幕、わらじなどの縁につけて、ひもを通す小さな輪。④釣り鐘の表面のいぼ。↓帙図 ↓羽織図
**ち【▾茅】** チガヤのこと。
**ぢ【ぢ・ヂ】** ↓ち【ち・チ】
**ち-あい【血合(い)】** 魚の背肉と腹肉の境にある暗赤色の肉。血液を多く含み、鉄やビタミンA・$B_2$が多い。血合い肉。fish meat of bloody color
**チアウレリ【Mikhail Chiaureli】**(一八九四〜一九七四) ソ連の映画監督。「芸術記録映画」のジャンルを創始。作品『ベルリン陥落』など。
**チア-ガール**《和製語》試合をはなやかにもりあげる女子応援団。女性のチアリーダー。cheer leader
**チアゾスルフォン【thiazosulfone】** ハンセン病の化学療法剤。経口剤として使用。商標名プロミゾール。
**ち-あつ【地圧】** 重力によって地層内に生まれた力。岩石や地質条件によって異なるが、鉛直方向の力が最大で、水平方向はその二〇〜三〇%がふつうである。rock pressure
**チアノ【Galeazzo Ciano】**(一九〇三〜一九四四) イタリアの政治家。ムッソリーニの女婿。日独伊三国同盟締結時の外相。一九四三年ムッソリーニ追放の陰謀に加担、四四年銃殺。
**チアノーゼ【Zyanose ドイ】** 酸素欠乏で皮膚・粘膜が暗青色になること。肺や心臓の病気で起こることが多く、くちびるや爪床によく出る。cyanosis
**ち-あゆ【稚▾鮎】** 孵化してまもない、アユ。アユの稚魚。
**チア-リーダー【cheer leader】** アメリカンフットボールやバスケットボールなどの試合で、応援の指揮をとる人。日本では、おもに女性についていう。
**ち-あん【治安】** 国家・社会がよくおさまっていること。public peace
**ちあんいじ-ほう【治安維持法】** 大正一四年(一九二五)加藤高明内閣の立案により主として共産主義活動弾圧のため制定された治安立法。国体の変革・私有財産制度の否認を目的とする結社と運動を禁止。のち刑罰に死刑を加え、また昭和一六年(一九四一)には予防拘禁制を採用。昭和二〇年(一九四五)一〇月、廃止。
**ちあんけいさつ-ほう【治安警察法】** 明治三三年(一九〇〇)山県内閣が公布した治安立法。これにより集会・結社・言論の自由を抑圧。
**チアンシー【江西】**〈省〉(Jiāngxī) ↓こうせい(江西)
**ちあん-しゅつどう【治安出動】** 自衛隊法に基づき、内閣総理大臣の命令で暴動鎮圧など治安維持のために自衛隊を出動させること。比較 防衛出動。
**チアンスウ【江蘇】**〈省〉(Jiāngsū) ↓こうそ(江蘇)
**チアンナン【江南】**(Jiāngnán) ↓こうなん(江南)
**ちあん-りっぽう【治安立法】** 政治結社を特別の監視と規制の対象とし、公共の治安を維持することを目的とした法令の総称。
**ち-い【地衣】** 「地衣類」の略。
**ち-い【地位】** ①いどころ。場所。位置。site ②身分。くらい。rank
**ち-い【地異】** 地上の異変。地震・山崩れなど。用例 天変――。
**チー【吃中】**(chī) 麻雀で、自分のすぐ上手の対戦者の捨て牌をもらって順子をつくること。また、そのときに発する声。
**ち-いお【千▿五▿百】** 古語 せんごひゃく。また、数の多いこと。用例 吾一日に――の産屋立てむ(古事記・上)。
**ちいお-あき【千▿五▿百秋】** 古語 長い年月。千歳。用例 葦原の――の瑞穂の国の(古事記・上)。
**ち-いき【値域】** 関数$y=f(x)$において、$x$が定義域内のすべての値をとりながら変化するとき、$y$のとる値の範囲。$y$の変域。range
**ち-いき【地域】** くぎられた土地。area
**ちいき-いりょう【地域医療】** 医療行政上の概念。それぞれの地域の特性にあわせて包括的に行われる医療。community medicine
**ちいき-かいはつ【地域開発】** 経済機能の拡大や福祉の増大のため、特定地域を総合的に開発すること。鉄道・道路の敷設、学校・公民館の建設などによる。regional development
**ちいき-けいざいきょうどうたい【地域経済共同体】** ある地域内の各国が、域内関税の撤廃や資本・労働の自由移動など、経済政策の協調を行うために結成する経済的統合体。EECやEFTAなど。regional economic community
**ちいき-しゃかい【地域社会】** 一定の地域に住む人々が形づくり、他と区別される生産様式・文化・意識などがみられる社会。community
**ちいき-だいひょうせい【地域代表制】** 地域を単位として議会の代表者を選出する制度。regional representation 比較 職能代表制。
**ちいき-てあて【地域手当】** 勤務地域の事情に対応して支給される付加的な手当。国や全国に事業所をもつ大企業などが採用している。area allowance
**ちいきてき-けいざいとうごう【地域的経済統合】** ある地域内の各国が、経済発展を促進するために、国境を越えた一つの経済圏を形成すること。また、その経済圏。EECをはじめ、EFTA・LAFTAなど。
**ちいき-ふくし【地域福祉】** 社会福祉の対象となる人々を、居住地域内の住民とのつながりを保ちながら援助しようとする考え方・活動。community welfare
**ちいき-れいだんぼう【地域冷暖房】** 熱供給プラントから地域内のビルや住宅へ冷温水・蒸気・冷風などを送って冷暖房を行うシステム。集中化による熱コストの低減、排煙による大気汚染の防止などを目的とする。zone air conditioning
**ち-いく【知育・▾智育】** 知能を啓発し、知識を向上させる教育。intellectual training 対義 体育。
**チーク【teak】** クマツヅラ科の落葉高木。高さ約三〇m。インドからマレー諸島にかけて分布。材は伐採直後は黄色で、のち暗褐色。材質がよいので、広く造林されている。軽くて堅く船舶や高級家具・工芸品に使われる。teak
**チーク-ダンス**《和製語》男女が互いのほおをすりよせて踊るダンス。
**チーグラー【Ziegler】** ↓ツィーグラー
**ちいさ・い【小さい】**(形) 対義 大きい。①面積・容積などが小である。大きくない。small 用例 ――家。②おさない。young; little 用例 ――子。③音量が小である。low 用例 ――音。④心や気持ちがせまい。narrow-minded 用例 人物が――。⑤わずかだ。取るに足りない。slight 用例 被害は――。――ことにこだわるな。派生 ちいさげ(形動) ちいささ(名) ちいさめ(名) ちいさやか(形動)
**小さくなる**(ちいさくなる) かしこまってちぢこまる。遠慮しながら、そこにいる。make oneself small
**ちいさ・し【小さし】** 古語(形ク) ↓ちいさい(小さい)
**ちいさ-な【小さな】**(連体) 小さい。small 対義 大きな。
**ちいさな-せいふ【小さな政府】** 政府の役割や財政規模を合理化・縮小して減税を行い、民間の活力を高めるような政策をとる政府。small government
**ちいさ-め【小さめ】** 少し小さいこと。
**ちいさ-やか【小さやか】**(形動) いかにも小さいさま。tiny
**チーズ【cheese】** ウシなどの乳を乳酸菌などで凝固・発酵させた乳製品。たんぱく質と脂肪に富んだ高栄養食品。水分を除去した新鮮物またはその熟成品をナチュラルチーズ、これを混和融解・成型したものをプロセスチーズという。乾酪。↓図(次ページ)
**チーゼル【teasel】** マツムシソウ科の二年草。果実は長さ約一〇cm。先の曲がったとげが密生して、たわしのようなので、毛織物の起毛に使用。生け花の材料。ヨーロッパ原産。ラシャカキグサ。
**ヂーゼル【diesel】** ↓ディーゼル
**チーター【cheetah】** 陸上でもっとも速く走る、ネコ科の動物。体長約一・四m、尾長約七〇cm。淡黄褐色の地に黒斑が密に散在。半砂漠から草原にすみ、時速一〇〇km以上で疾走してレイヨウなどを捕食。インドから南アフリカに分布。インドでは、ならしてカモシカ狩りに使う。↓写
**ちい-たい【地衣帯】** 高山帯で、高山植物もまったく生育せず地衣類だけがわずかに見られる地帯。分布は広く世界各地におよぶが、日本の高山には真の地衣帯はない。lichen zone
**チー-トイツ【七対子中】**(qīdui-zi) 麻雀であがり。緑一色とともにアメリカで生まれた代表的な手役。seven twins
**チーナン【済南】**(Jǐnán) ↓さいなん(済南)
**チーニン【集寧】**(Jíníng) ↓しゅうねい(集寧)
**チーピー【赤壁】**(Chìbì) ↓せきへき(赤壁)
**チーフ【chief】** ①かしら。②長官。
**チーフォン【赤峰】**(Chìfēng) ↓せきほう(赤峰)
**チープ-ガバメント【cheap government】** ↓あんかなせいふ(安価な政府)
**チープ-シック【cheap chic】** お金をかけないで、安いものをシックに着こなすこと。一九七五年アメリカで発行された刊行物の名に由来する語。サープラスシック。
**チーフ-メート【chief mate】** 船舶の一等航海士。船長を補佐する。ファーストメート。
**チーホノフ【Nikolay Semyonovich Tikhonov】**(一八九六〜一九七九) ソ連の詩人。作品『キーロフはわれらとともに』『グルジアの春』など。
**チーム【team】** 同じ仕事・競技などを行う一団・一組。ティーム。
**チーム-カラー**《和製語》そのチーム特有の性格。characteristics of a team
**チーム-スピリット【Team Spirit】** 韓国軍と在韓米軍の合同軍事演習の呼称。一九七六年以来、毎年行われている。
**チームワーク【teamwork】** ①チームを組んでする共同動作。共同作業。②チーム内の連帯。
**チーリエン-さんみゃく【チーリエン山脈・▾祁▿連山脈】**(Qílián) ↓きれんさんみゃく(祁連山脈)
**チーリン【吉林】**(Jílín) ↓きつりん(吉林)
**ちい-るい【地衣類】** 樹上・岩上・地上などに繁殖する、菌類と藻類の共生体。約二万種が

● チーター

● 地衣類　エイランタイ



↓行き先項目、図版・写真参照印。 JIS 日本工業規格情報交換用漢字符号コード(区点コード)。

●チーズ

| | 硬さ | 熟成方法 | 種類 | 特徴 |
|---|---|---|---|---|
| ナチュラル | 軟質 | (非熟成) | カッテージ | 世界各地で作られる。低カロリー、さっぱりした味 |
| | | | クリーム | クリーム状でさわやかな酸味 |
| | | 細菌 | リンブルガー | 刺激の強い風味 |
| | | 白カビ | カマンベール | クリーム色の中身はとろりとして甘みがある |
| | | | ブリー | 軽い塩味のあるなめらかな口あたり |
| | 半硬質 | 細菌 | ブリック | 酸味がある |
| | | 青カビ | ロックフォール | ブルーチーズの一つ。舌をさす刺激味 |
| | 硬質 | 乳酸発酵 | ゴーダ | 日本のプロセスチーズの原料に多く使われる |
| | | | チェダー | やや酸味がある。生地が砕けやすい |
| | | | エダム | くせのない風味。赤いワックスのかかったのは輸出用 |
| | | | エメンタール | ナッツに似た風味。気孔がある |
| | 超硬質 | 細菌 | パルメザン | 砕いて粉チーズとして使う |
| プロセス | 数種類のナチュラルチーズを混合し、加熱融解したもの。加熱によって酵素の働きを止めているため保存がきく | | | |

知られる。分類学上菌類の一部として取り扱われることもある。ウメノキゴケ・サルオガセなどの類。lichen →写

**ち-いん【知音】**《昔、中国で、琴の名人伯牙が、自分の音楽をよくわかってくれた友人鍾子期が死んだのちは、二度と琴を弾かなかった故事から》①親友。知己。②知人。しるべ。

**ち-うし【乳牛】** 乳を取る目的で飼育されるウシ。ちちうし。にゅうぎゅう。milk cow

**チウチアン【九江】**(Jiǔjiāng) →きゅうこう(九江)

**ち-うみ【血▼膿】** 血の混じったうみ。bloody pus

**チウロン【九竜】**(Jiǔlóng) →きゅうりゅう(九竜)

**ちぇ**(感) 期待はずれや残念なときに発する語。ちぇっ。

**ち-え【知恵・▼智▼慧】** ①物事を正しく判断して処理する心の働き。wisdom ②《仏教語。prajñā 梵の訳語。「智慧」で》六波羅蜜の一つ。真理を洞察し、正邪を分別する心の作用。③《sophia ギリシア・wisdom の訳語》人生の真実を悟り、人格を形成して得られる実践的な英知。

**知恵出でて大偽有り**(ちえいでてたいぎあり) 人間が素朴だった昔はともかく平和であったが、なまじ知恵がついてからは、うそをついたりだまし合ったりで、世の中が乱れるようになった。

**知恵が回る**(ちえがまわる) 頭が働いて、いい知恵が出る。頭脳の回転が速い。smart

**知恵の持ち腐れ**(ちえのもちぐされ) 知恵をもちながら、それを活用しないこと。知恵の持ち腐り。

**知恵は小出しにせよ**(ちえはこだしにせよ) 《調子に乗って知恵をありったけ出すのをいましめることば》知恵を一度に出しきると、苦境に立ったときに困るから、状況に応じて少しずつ出すようにしろ。Don't tell all you know, all you have, or all you can do.

**知恵を借りる**(ちえをかりる) 他人の助言を求める。考えを聞く。ask for

**知恵を絞る**(ちえをしぼる) あれこれ考えをめぐらす。ありったけの知恵を出す。rack one's brains

**知恵を付ける**(ちえをつける) ①教える。give a suggestion ②入れ知恵をする。そそのかす。plant an idea in someone's mind

**チェア【chair】** 椅子。

**チェアマン【chairman】** 議長。司会者。

**ちえ-いず【知恵▼伊豆】** 松平信綱の通称。

**チェース-マンハッタン-ぎんこう【チェース-マンハッタン銀行】**(Chase Manhattan Bank)アメリカ三大商業銀行の一つ。一九五五年設立。

**チェーホフ【Anton Pavlovich Chekhov】**(一八六〇〜一九〇四) ロシアの小説家・劇作家。短編小説の名手で近代劇の確立者。世紀末の絶望の時代を描き、虚無的な憂愁の底に人間と未来への信頼を見いだした。小説『退屈な話』『可愛い女』『犬をつれた奥さん』、戯曲『かもめ』『ワーニャ伯父さん』『三人姉妹』『桜の園』など。→写

●チェーホフ

**チェーン【chain】** ①鎖。②自転車やオートバイなどの動力を伝達するための循環鎖。③積雪路などで自動車のタイヤに用いるすべり止めの鎖。④つながり。ネットワーク。⑤同一資本の経営による商店・ホテル・劇場・スーパーマーケットなど。⑥ヤード-ポンド法における長さの単位。一チェーンは六六フィート、約二〇m。→図 →自転車図

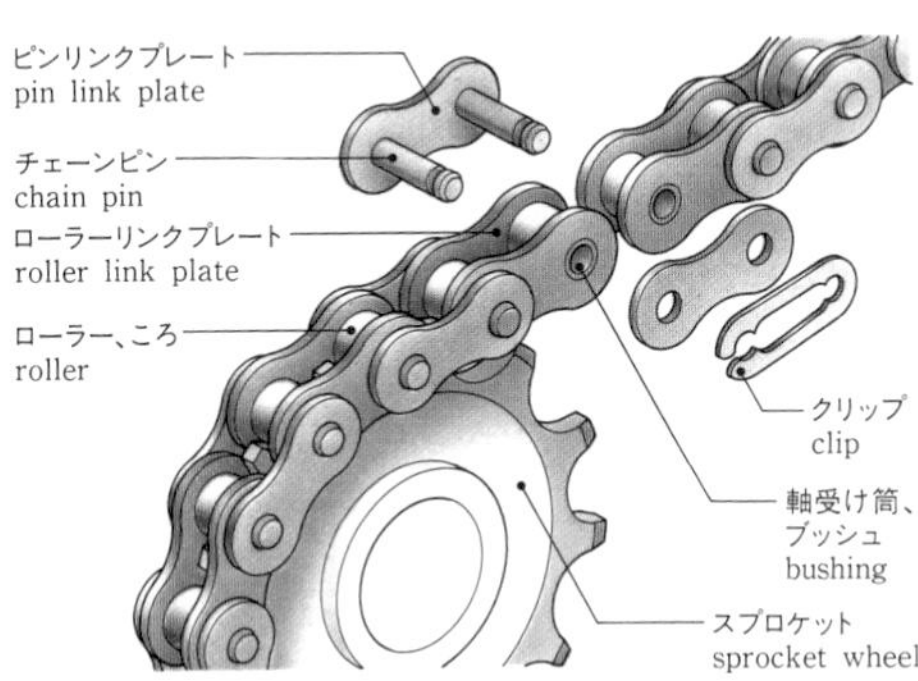

●チェーン② ローラーチェーン

**チェーン【Ernst Boris Chain】**(一九〇六〜一九七九) イギリスの生化学者。ドイツ生まれ。ユダヤ人のためナチスに追われ、イギリスに亡命した。ペニシリンの研究により一九四五年、フレミング・フローリンとともにノーベル生理学医学賞受賞。

**チェーン-ステッチ【chain stitch】** ①刺繍の刺し方の一種。ループステッチの一つ。輪奈をつないだ鎖状の線を描き、線や面刺しに用いる。鎖縫い。②鉤針編みの基礎的な編み方。鎖編み。

**チェーン-ストア【chain store】** 中央管理のもとに結合した小売店の集団組織。流通面の効率化が促進される。チェーン店。連鎖店。

**チェーン-ストークスがた-こきゅう【チェーン-ストークス型呼吸】** 呼吸と無呼吸の時期を周期的に繰り返す病的な呼吸。呼吸中枢の酸素欠乏が原因で、脳出血・心不全・尿毒症などでよく見られる。Cheyne-Stokes respiration

**チェーン-ソー【chain saw】** 鋸の一種。環状のチェーンに外向きの歯をつけ、動力で回転させて伐木作業を行う。動力鋸。自動鋸。鎖鋸。

**チェーン-てん【チェーン店】** →チェーンストア

**チェーン-ブロック【chain block】** 鎖歯車・滑車などを組み合わせて、鎖の先端につるした荷を巻き上げる機械。

**チェカ【Cheka ロシア】**《Cherezvychaynaya komissia po borbe s kontrrevolyutsiey, sabotadhem i speklyatsiey ロシア の略》反革命怠業投機取締全ロシア非常委員会の通称。一九一七年設置。二二年GPUに改組。

**ち-えき【地役】** 他人の土地を、自分の土地の便益のために利用すること。他人の土地の通行や引水など。

**ちえき-けん【地役権】** 契約により、他人の土地を自分の所有する土地の便益のために利用する権利。easement 比較 地上権。

**チェケッティ【Enrico Cecchetti】**(一八五〇〜一九二八) イタリアの舞踊家・舞踊教師。その教程は「チェケッティ-メソード」として有名。チェッケッチ。

**チェコ【Čechy; Czech】** →チェヒ

**チェコ-じけん【チェコ事件】** 一九六八年チェコスロバキアの「プラハの春」とよばれた自由化を求める動きに対して、ソ連を主力とするワルシャワ条約機構軍が軍事介入した事件。改革派ドプチェク第一書記は解任され、自由化の成果も失われた。

**ちえこしょう【▼智恵子抄】** 高村光太郎の詩集。昭和一六年(一九四一)刊。恋愛から結婚、そして死まで、智恵子夫人への愛情を主題とした詩と短歌・散文を収録。

**チェコスロバキア【Czechoslovakia】**(Československá Socialistická Republika チェコ) 中央ヨーロッパ、東ドイツ南部の内陸にある社会主義共和国。首都プラハ。西部のボヘミア盆地では機械・ガラス・化学工業、中部のモラビアではムギ類・テンサイ栽培がさかん。石炭・鉄鉱石に恵まれ、東欧圏の工業国。面積一二・八万$km^2$。人口一五五三万(一九八六)。正称チェコスロバキア社会主義共和国。チェコ。

**チェコスロバキア-きょうさんとう【チェ**

コスロバキア共産党】チェコスロバキアの支配政党。一九二一年結成。四五年プラハ蜂起を指導して同年の選挙で第一党となり、四八年クーデターによって政権を握った。

**チェサピーク-わん【チェサピーク湾】**(Chesapeake Bay) アメリカ東部、大西洋岸の湾。典型的な溺れ谷で、複雑な入り江が多い。カキ養殖で有名。

**チェザルピーノ**[Andrea Cesalpino](一五一九?〜一六〇三) イタリアの哲学者・医学者・植物学者。植物解剖学にすぐれ、植物分類の基準として花と実を重視。

**チェザロッティ**[Melchiorre Cesarotti](一七三〇〜一八〇八) イタリアの文学者。『オシアンの歌』のイタリア語訳を発表し、前期ロマン主義文学の勃興を導いた。著書『言語哲学論考』など。

**チェジュ-とう【チェジュ島・済州島】**(Cheju) →さいしゅうとう(済州島)

**チェス**[chess] 市松模様の盤上で、二人でそれぞれキング・クィーン・ルック・ビショップ・ナイト・ポーンの計一六の駒を駆使し、相手のキングを追いつめるゲーム。西洋将棋。

**チェスケー-ブジェヨビツェ**[České Budějovice] チェコスロバキア南西部、ブルタバ川沿岸の都市。機械・木材・食品工業がさかん。人口九万(一九八〇)。

**チェスター**[Chester] イギリス、イングランド北西部、ディー川に沿う城壁に囲まれた古都。人口一一・七万(一九八五)。

**チェスタートン**[Gilbert Keith Chesterton](一八七四〜一九三六) イギリスの評論家・小説家・詩人。生き方の規範をカトリック教に求めた。ブラウン神父が主人公の推理小説で知られる。『ブラウン神父の無知』、評論『ディケンズ』など。

**チェスターフィールド**[chesterfield] 男子用オーバーコートの一種。比翼仕立てのシングルでウエストを絞り、多くベルベットの上襟がつく。ダブルの婦人用もある。→図

●チェスターフィールド

**ちぇすと**(感)《鹿児島方言からか》敵陣にきり込むとき、また詩吟・演説などの最中、聴衆がさけぶかけ声。

**チェダー-チーズ**[Cheddar cheese] イギリス原産の硬質チーズ。熟成期間三〜六か月、温和な酸味がある。→チーズ図

**チェチェノイングーシ-じちきょうわこく【チェチェノイングーシ自治共和国】**(Checheno-Ingushskaya ASSR) ソ連南西部、北カフカス南東部の自治共和国。首都グロズヌイ。北部に油田があり、石油関連工業がさかん。面積一・九万km²。人口一二一万(一九八九)。正称チェチェノイングーシ自治ソビエト社会主義共和国。

**チェッカー**[checker] ①盤上遊戯の一種。縦横八列合計六四目の市松模様の盤と、円盤状の駒(=チップ)各一二個を使い、相手の駒を全部取ったほうが勝ちとなる。②市松模様。チェック。ドラフツ。

**チェッカー-フラッグ**[checkered flag] FIAが定めた、白と黒とのチェック模様のモータースポーツ信号旗。「完走、競技終了、減速して一周後ピットに入れ」という合図の旗。

**チェッキ**[Emilio Cecchi](一八八四〜一九六六) イタリアの文芸批評家。美術論や英米文学研究にも業績を残した。批評『肖像と貌』『一九世紀英文学史』、『イタリア文学史』編纂など。

**チェック**[check] 一(名) ①小切手。②格子縞。洋服地の格子柄。一般には単純な格子柄をチェック、多彩な色の大柄な格子をプレードという。→写 ③手荷物あずかり証。チッキ。④チェスで、王手。二(名・サ変他) てらしあわせること。検査すること。また、その印。

●チェック一②

ギンガムチェック

タータンチェック

グレンチェック

マドラスチェック

**チェック-アウト**[check out] ホテルなどで宿泊料を精算して部屋を引き払うこと。対義 チェックイン。用例 ―タイム。

**チェック-アンド-バランス**[checks and balances]《抑制と均衡の意》立法・司法・行政の三権を分散して互いに抑制させ、全体の均衡をはかること。

**チェック-イン**[check in] ①ホテルなどで、宿泊の手続きをすること。対義 チェックアウト。②空港などで、搭乗の手続きをすること。

**チェック-オフ**[check off] 使用者が賃金から組合費を天引きし、まとめて労働組合に引き渡す制度。

**チェック-プライス**[check price] 輸出商品の価格に設定される、それ以下では輸出を認めない最低限度額。ダンピングを防止し、貿易の健全な発展をはかるためのもの。

**チェックポイント**[checkpoint] 自動車のラリーで、競技車の走行を点検・確認するコース途中の地点。

**チェックメイト**[checkmate]《王は途方にくれた、の意のペルシア語から》チェスで、キングが詰んでしまうこと。王手をかけることは、単に「チェック」という。

**チェックライター**[checkwriter] 小切手などの金額の数字を記入するための特殊印刷器具。

**チェッケッチ**[Enrico Cecchetti] →チェケッティ

**ちえ-ねつ【知恵熱】**《知恵づきのころに起こることから》生後半年ごろから一年ぐらいまでの乳幼児に起こる突然の発熱。ちえぼとり。歯牙熱。teething fever

**ちえ-の-わ【知恵の輪】** ①玩具の一種。いろいろな形の輪を抜き放して遊ぶ。江戸時代の九連環という九つの輪を組み合わせたものが始まり。②文殊菩薩を祭る寺院にみられる丸い石輪。

**ちえ-ば【知恵歯】** おとなの歯で、いちばんあとに生える奥歯。人によっては生えないこともある。第三大臼歯。親知らず。知歯。wisdom tooth

**チェヒ**[Čechy] ①チェコスロバキアの西半分を占める社会主義共和国。首都プラハ。中世末期ボヘミア王国として繁栄。一九一八年スロバキアと合併、チェコスロバキアを構成。②チェコスロバキアの西部の地方、ボヘミアの別称。

**チェフ**[Svatopluk Čech](一八四六〜一九〇八) チェコスロバキアの詩人・小説家。汎スラブ派の代表。叙事詩『奴隷の歌』やSF的風刺小説など。

**ちえ-ぶくろ【知恵袋】** ①ありったけの知恵。②仲間のうちの、知恵のある人。用例 ―の底がつきる。fountain of wisdom one's personal adviser

**チェボクサリ**[Cheboksary] ソ連中西部、ボルガ川中流右岸の河港都市。チュバシ自治共和国の首都。人口四〇・二万(一九八六)。

**ちえ-まけ【知恵負け】**(名・サ変自) 知恵がありすぎて、かえって失敗すること。

**チェラプンジ**[Cherrapunji] インド北東部、メガラヤ州南部の町。付近は世界最多雨地域の一つで年平均雨量は一万mmを超える。人口〇・六万(一九八一)。

**チェリー**[cherry] さくらんぼう。オウトウ。

**チェリー**[Don Cherry](一九三六〜) アメリカのジャズ-トランペット奏者。フリージャズの旗手の一人。

**チェリーニ**[Benvenuto Cellini](一五〇〇〜一五七一) イタリアの彫刻家・工芸家。ルネサンス末期、宮廷作家として活躍。波乱万丈の生涯の自叙伝を残す。彫刻『ペルセウス』『コシモ公』など。

**チェリー-ビーンズ**[cherry beans] コーヒーの果実。熟すと濃赤色になるのでつけられた名前。外皮を除くとコーヒー豆になる。

**チェリー-ピンク**《和製語》紫がかった濃い桃色。フランス語でさくらんぼうを意味するセリーズ(cerise)からきた色名。cherry

**チェリオ**[cheerio](感) ①ごきげんよう。しっかりやれ。②《乾杯のときにいう》おめでとう。ばんざい。

**チェリスト**[cellist] チェロ奏者。

**チェリビダッケ**[Sergiu Celibidache](一九一二〜) ドイツの指揮者。ルーマニア生まれ。完全主義的でダイナミズムの激しい音楽づくりが特徴。

**チェリモヤ**[cherimoya] バンレイシ科の小高木。ペルー、エクアドルの高地にはえる。径一〇cm程の果実はクリーム状で芳香をもち、味がよい。→熱帯果実写

**チェリャビンスク**[Chelyabinsk] ソ連中部、ウラル山脈東斜面の工業都市。ウラル工業地域の鉄鋼・冶金・機械工業の中心地で、鉄道・航空交通の要地。人口一一〇・七万(一九八五)。

**チェリュスキン-みさき【チェリュスキン岬】**(Chelyuskin Mys) ソ連、中央シベリアの北極海に突出したタイミル半島北端の岬。ユーラシア大陸の最北端。

**チェリョン【載寧】**(Chaeryŏng) →さいねい(載寧)

**チェルスキー-さんみゃく【チェルスキー山脈】**(Khrebet Cherskogo) ソ連、東シベリア北部、ヤクート自治共和国東部から南東に連なる山脈。最高峰ポベダ山は標高三一四七m。

●チェロ

**チェルニー**[Karl Czerny](一七九一〜一八五七) オーストリアのピアニスト・教育家・作曲家。多くのすぐれたピアノ練習曲を残す。

**チェルヌイシェフスキー**[Nikolay Gavrilovich Chernyshevsky](一八二八〜一八八九) ロシアの評論家・小説家で、ナロードニキ革命運動の理論的指導者。著書『現実に対する芸術の美学的関係』『ゴーゴリ時代のロシア文学概観』『ミルの経済学原理の注釈』、小説『何をなすべきか』。

**チェルネンコ**[Konstantin Ustinovich Chernenko](一九一一〜一九八五) ソ連の政治家。一九三一年共産党に入党し、八四年には死去したアンドロポフのあとを継いで書記長となったが、翌年病死。

**チェルノゼム**[chernozyom ロシア] 良質の厚い腐植層をもつ黒色の肥沃な土壌。ウクライナや北米中央部など、冬季に寒冷湿潤で夏季は乾燥する地方の草原にできる。黒色土。

**チェルノブイリ**[Chernobyl] ソ連、ウクライナ共和国の首都キエフ市の北方約一〇〇kmにある原子力発電所所在地。一九八六年四月、炉心溶融にともなう放射能漏れ事故が発生。

**チェルノフツイ**[Chernovtzy] ソ連南西部、ウクライナ共和国中西部の商業都市。一五世紀以来の古都。繊維・機械・食品工業などがさかん。人口二三・八万(一九八四)。

**チェルマク**[Erich von Seysenegg Tschermak](一八七一〜一九六二) オーストリアの植物遺伝学者。一九〇〇年メンデルの遺伝の法則を再発見した三人の中の一人。

**チェルリーニ**[Cellini] →チェリーニ

**チェレスタ**[celesta イタリア] 鍵盤付き打楽器。一九世紀後半フランスで開発。共鳴盤上の鋼鉄平板をハンマーで打って発音。チャイコフスキーの『くるみ割り人形』で初めて使用。

**チェレンコフ**[Pavel Alekseyevich Cherenkov](一九〇四〜) ソ連の物理学者。チェレンコフ効果を発見。一九五八年ノーベル物理学賞受賞。

**チェレンコフ-こうか【チェレンコフ効果】** 荷電粒子が、透明な物質中を、その物質中での光の伝播速度より大きい速さで走るときに光を出す現象。このときの放射光をチェレンコフ放射という。Cherenkov effect

**チェロ**[cello] 擦弦楽器。バイオリン属の低音楽器で、正式名はビオロンチェロ。表現力が広く低音は深みがある。バイオリンを大きくした形で、長さは約二倍(約一二〇cm)。楽器を両ひざの間に立てて弾く。セロ。→写

**ち-えん【地縁】** 同じ土地に住むことから生じる関係。regional relationship 対義 血縁。用例 ―社会。



→行き先項目、図版・写真参照印。 JIS 日本工業規格情報交換用漢字符号コード(区点コード)。

**ち-えん【遅延】**（名・サ変自） おくれること。長引くこと。delay

**チェンジ[change]**（名・サ変自他） ①代えること。代わること。交替。交換。②《和製語か》球技で、攻守交替や、コートなどの交換。

**チェンジ-アップ[change up]** 野球で、投手が打者のタイミングを外すために、速球と同じモーションから投げる遅い投球。

**チェンジ-オーバー[change over]** ↓スワップとりひき（スワップ取引）

**チェンジ-オブ-ペース[change of pace]** 野球で、投手の投球技術の一つ。打者のタイミングを外すために、球速や投球コースなどを多様に変化させる投法。

**チェンジ-コート**《和製語》バレーボールやテニスなどで、セットやゲームごとに相手とコートを入れかわること。コートチェンジ。

**ちえん-しゅうだん【地縁集団】** 同一の地域に居住していることに基づいて結合している社会集団。community

**チェンストホバ[Częstochowa]** ポーランド中南部の工業都市。同国の製鉄・金属工業の一中心。人口七六・三万（一九八四）

**チエンタン-チアン[銭塘江]**（Qiántáng Jiāng） ↓せんとうこう（銭塘江）

**チエンチアン[鎮江]**（Zhènjiāng） ↓ちんこう（鎮江）

**チェンニーニ[Cennino Cennini]**（一三六〇ごろ-一四四〇ごろ） イタリアの画家。当時の技法や絵画に対する見解を論じた『芸術の書』で知られる。

**チェンバレン[Arthur Neville Chamberlain]**（一八六九-一九四〇） イギリスの政治家。ジョセフ＝チェンバレンの次男。一九三一年蔵相として手腕をふるい、三七年保守党党首、首相。ドイツと妥協する宥和政策をとり、ファシズム勢力の助長を許した。第二次大戦初期、ノルウェー作戦に失敗。四〇年辞職。

**チェンバレン[Basil Hall Chamberlain]**（一八五〇-一九三五） イギリスの言語学者。明治六年（一八七三）来日。東大で日本語学・博言学（言語学）を講じ、大きな影響を与えた。著書『日本国語提要』など。

**チェンバレン[Joseph Austen Chamberlain]**（一八六三-一九三七） イギリスの政治家。ジョセフ＝チェンバレンの長男。第一次大戦後外相としてロカルノ条約成立に尽力。一九二五年ノーベル平和賞受賞。

**チェンバレン[Joseph Chamberlain]**（一八三六-一九一四） イギリスの政治家。自由党急進派に属したが、アイルランド自治問題で対立して脱党。一八八八年自由統一党を結成。九五年植民地相として保護関税政策を主張、イギリス帝国主義政策を推進。

**チェンバレン[Owen Chamberlain]**（一九二〇-） アメリカの物理学者。セグレのもとで原子爆弾開発計画に参加。その後、反陽子を発見し、一九五九年セグレとともにノーベル物理学賞受賞。

**チェンバロ[cemballo イタリア]** 鍵盤付き撥弦楽器。英語でハープシコード、フランス語でクラブサンともいう。ピアノの前身で、音量はピアノよりずっと小さく、音質は華やか。一六世紀から一八世紀までが全盛時代。harpsichord ↓写

●チェンバロ　小型チェンバロ。16世紀後半。メトロポリタン美術館（ニューヨーク）。

**チェン-マイ[Chiang Mai]** タイ北西部最大の都市。チーク材の集散地。一三世紀以来の古都で、観光客が多い。人口一〇・二万（一九八〇）。

**チオアルコール[thioalcohol]** ↓メルカプタン

**チオ-シアンさん【チオシアン酸】** 化学式HSCN 揮発性の無色の液体。毒性は弱い。水溶液は強酸。カリウム塩などの形で鉄の分析試薬などに利用。thiocyanic acid

**チオノドクサ[chionodoxa]** ユリ科の球根草の総称。草丈約二〇cm。葉は線形で、二、三枚。三月、青・紅・白などの小花をつける。↓写

**チオペンタール-ナトリウム[thiopental sodium]** 睡眠薬の一つ。作用時間がきわめて短く、静脈注射用麻酔薬として使用。

**チオ-りゅうさん【チオ硫酸】** 化学式$H_2S_2O_3$ 液体硫化水素（$H_2S$）と三酸化硫黄（$SO_3$）を反応させて得られる。遊離酸は室温で不安定なため、エーテル付加化合物として取り出す。thiosulfuric acid

**チオりゅうさん-ソーダ【チオ硫酸ソーダ】** チオ硫酸ナトリウムの別名。

**チオりゅうさん-ナトリウム【チオ硫酸ナトリウム】** 化学式$Na_2S_2O_3$ 五水和物はハイポといい、無色の柱状結晶。ハロゲンと反応するので写真の定着液として利用される。チオ硫酸ソーダ。sodium thiosulfate

**ち-おん【地温】** 地表面の温度と地下数メートルまでの地中温度をあわせていう。soil temperature

**ちおん-いん【知恩院】** 京都市東山区林下町にある浄土宗の総本山。華頂山大谷寺。流罪より帰った法然が承安五年（一一七五）大谷禅房を営んだ地に、没後廟堂を建立、文暦元年（一二三四）弟子の源智が堂宇を建立し知恩院大谷寺と号したことに始まる。

**ちか【▼[魚+近]】** キュウリウオ科の海水魚。ワカサギに似るが、さらに細い。全長約一〇cm。美味。山形以北・北海道の沿岸にすみ、ときに川にも入る。

**ち-か【地下】** ①地面の下。underground ②めいど。Hades ③政治・社会運動の表面に現れないこと。とくに、非合法な面をいう。秘密。underground

**地下に潜る**（ちかにもぐる） 社会運動・政治活動で、国からの干渉を避けるため、世間に知られないようにして非合法活動をする。underground

**ち-か【地価】** ①土地が売買される価格。実勢地価。land price ②登記簿に登録された、土地に対する課税標準額。land value

**ち-か【治下】** 統治のもと。支配下。under the rule

**チカーノ[Chicano]**《スペイン語のメキシコ人を意味するMejicanoから》メキシコ系アメリカ人。アメリカ南西部に多く住む。一九六〇年代に白人に対する急進的政治行動を行った若い世代が、みずからをさして用いたのが起源。

**ち-かい【地界】** ①土地の境界。②地上の世界。対義 天界。

**ち-かい【地塊】** 地殻で、四方を断層によって限られた陸地の部分。用例 ――運動。

**ち-かい【地階】** 建物で、地表より下に造られた階。basement

●チオノドクサ

**ちかい【誓い】** ①誓うこと・ことば。swear ②神仏にかけてした約束。③将来にかけてした約束。promise

**誓いを立てる**（ちかいをたてる） 神仏などにかけて、かたく誓う。swear

**ちか・い【近い】**（形） ①距離が短い。near 対義 遠い。用例 家は駅に――。②時間がそうたっていない。near 対義 遠い。用例 ――将来。③関係が深い。close 対義 遠い。用例 ――親類。④あともう少しで…だ。nearly 用例 一〇〇〇人――人。⑤性質などが似ている。resemble 用例 天才に――人。悲鳴に――叫び声。⑥近視だ。shortsighted 用例 目が――。派生 ちかさ（名） ちかめ（名）

**ちがい【違い】** 違うこと。差異。相違。隔たり。その程度。difference 用例 性格の――。――が出る。

**違いが判る**（ちがいがわかる） 比べてみて、隔たりを知る。see the difference

**ち-がい【稚貝】** 浮遊性幼生の段階をへて、固着または底生生活に入ったばかりの貝。小形で、殻も薄い。spat

**ちか-いえか【地下家蚊】** アカイエカの一種。イエカ類はふつう吸血しないと産卵できないが、本種は吸血しないでも産卵できる。幼虫はビルの地下汚水槽などに発生する。

**ちが-いそ【千賀▼磯】** 褐藻植物コンブ科の海藻。全長約二m。低潮線から漸深帯にかけて生育する。暗褐色。中肋をもち、その両側に羽片が扁平に広がる。北海道・東北地方太平洋岸に分布。エゾワカメ。

**ちがい-だな【違い棚】** 床の間や書院の脇の柱間などに設けられる棚。二枚の棚板を、それぞれ左右から段違いに取り付けたもの。↓書院造り図 ↓和風住宅図

**ちがい-ない【違いない】**（連語） 決まっている。確かだ。sure 用例 もう行ったに――。

**ちがい-ほうけん【治外法権】** 国際法上、外国人が、所在している国の法律とくに裁判権の適用をうけない資格。外交使節・領事などに認められる特権。extraterritoriality

**ちがい-め【違い目】** ①違った所。②すじかいに組んだ所。

**ちか・う【誓う】**（五他） 神仏・他人・自分自身に対して、あることに背かない、また、あることを行うと、かたく約束する。誓いを立てる。swear

**ちが・う【違う】**（五自） ①比べて他と同じでない。一致しない。差がある。differ 用例 意見が――。②正しいもの・状態からはずれる。まちがっている。wrong 用例 答えが――。③《動詞の連用形に付いて》交差する。すれちがう。cross 用例 行き――。

**ちが・える【違える】**（下一他） ①違うようにさせる。change ②まちがえる。make a mistake ③異常な状態にする。dislocate 用例 首を――。④交差させる。cross

**ちか-がい【地下街】** 都市の中心部の地下に造られた商店街。underground town

**ちか-かくじっけん【地下核実験】** 一般に地下数百メートル以内のトンネルで行われる核爆発実験。規模は二〇〇キロトン以内で軍事目的が多い。一九六三年八月以降、部分的核実験停止条約によって核実験は地下に限られた。underground nuclear test

**ちか-かつどう【地下活動】** 厳しい弾圧を避けるため、あるいは非合法の闘争を積極的に行うため、権力の目のとどかない所に潜行して行われる反政府・反権力運動。地下運動。underground movement

**ちかく【近く】** ㊀（名） ①近い所。nearby 対義 遠く。用例 ――を見る。②《接尾的》ほぼ同じくらいの数量。nearly 用例 一〇〇人――集まった。㊁（副） 近いうちに。before long 用例 ――伺います。

**ち-かく【地核】** 地球の中心部。深さ二九〇〇kmから中心までの部分。液状の鉄などからなる外核と高密度の固体からなる内核に分かれている。core ↓地球図

**ち-かく【地殻】** 地球のもっとも外側の部分。地球の表層で、その厚さは大陸で平均三五km、海洋底では五～一〇km。earth crust

**ち-かく【知覚】**（名・サ変他） ①知りさとること。perception ②心理学で、感覚を通して対象を認識する心の働き。そうしてとらえた心的内容・心像。sensation 比較 感覚。用例 人間は視覚の働きによって、花の色や形を――する。

**ち-がく【地学】** ①地球に関する学問。地質学・古生物学・鉱物学・地震学・海洋学・気象学・岩石学・地球物理学・地球化学などを含む。studies of the earth ②理科で、天文・気象・地史・岩石鉱物などを扱う教科。earth science

**ちかく-きんこう【地殻均衡】** ↓アイソスタシー

**ちかく-しょうがい【知覚障害】** 神経の傷害によって知覚が鈍麻したり、消失したりすること。損傷される神経の部位と程度により、症状はさまざまである。sensory disturbance

**ちかく-しんけい【知覚神経】** 興奮を末梢から中枢に伝える神経。求心性神経といわれるものに相当。sensory nerve

**ちかく-ねつりゅうりょう【地殻熱流量】** 地球内部から地表に向かって流れる熱の量。単位は$10^{-6}$cal／$cm^2$・sec 主な流出源は、陸地では放射性物質、海洋底では上部マントルの熱対流。terrestrial heat flow

**ちかく-ひょうしょう【知覚表象】** 哲学で、知覚によって直接生じてくる意識内容。

**ちかく-へんどう【地殻変動】** 地球内部に原因をもつ地殻の変位や変動を総括的に示す語。隆起や沈降のような変位、断層や褶曲のような変形を生ずる運動も含める。diastrophism

**ちか-けい【地下茎】** 地中に生ずる茎。塊茎(ジャガイモなど)・鱗茎(ユリなど)・球茎(サトイモなど)・根茎(タケなど)がある。養分の貯蔵・栄養生殖を行う。下部に根が生じる。subterranean stem

**ちか-けいざい【地下経済】** 課税の対象とならないような方法で行われる、国民所得統計などの公式統計に現れてこない所得をベースにした経済活動。合法的だが、捕捉されないものと非合法的なものがある。アングラ経済。ブラック経済。underground economy

**ちか-けつじつ【地下結実】** 地上で咲いた花が受精後に柄がのび、地下に入って果実をつくるもの。ラッカセイ・ヤブマメなど。geocarpy

**ちか-けん【地下権】** 地下を対象とした区分。地上権の一種。他人の土地の下に上下範囲を定め工作物を所有する権利。subsurface rights

**ちか-こうじ【地価公示】** 全国の都市とその周辺地域で標準地を選び、その正常な価格を公示する制度。地価公示法に基づき年一回行われる。official announcement of land price

**ちか-ごろ【近▼頃】** 🈩(名) このごろ。さいきん。recently 🈔(副) はなはだ。very 用例 —迷惑な話だ。

**ちかごろかわらのたてひき【近▼頃河原▽達引】** 人形浄瑠璃・歌舞伎世話物の。通称『お俊伝兵衛』。為川宗輔ほかの合作とされる。伝兵衛とお俊の心中事件にお俊の兄で親孝行の猿まわしを配して脚色。天明五年(一七八五)初演といわれる。

**ちがさき【▼茅ケ崎】**〈市〉 神奈川県南部の市。湘南の住宅・保養地として発展。工業化も進む。人口一九万四七六四(一九八八)。

**ちか・し【近し】** 古語 🈩(形ク) ↓ちかい(近い)。🈔(形シク) ↓ちかしい(近しい)

**近しき中に垣を結え** 親しい間柄でも、礼節を忘れてはならない。

**近しき中に礼儀有り** 親しい間柄でも礼儀を守り、なれあいで乱れないようにすることが必要である。A hedge between keeps friendship green.

**ちかし・い【近しい・▽親しい】**(形) したしい。intimate 用例 —人々に知らせる。派生 ちかしげ(形動) ちかしさ(名)

**ちか-しげん【地下資源】** 地中にあって、人間生活に有用な鉱物資源の総称。水・土地とともに基本的資源の一つ。underground resources

**ちか-しつ【地下室】** 地下を掘りさげて造った部屋。ボイラー室・物置・居室などとして用途が広い。basement

**ちか-すい【地下水】** 地下の地層や岩石の割れ目の中に存在する水。地表と地下の不透水層の間にある自由水と、不透水層と不透水層の間にあり、掘ると水が地上に吹き上がる被圧水とがある。underground water

**ちか-そしき【地下組織】** 社会運動・レジスタンス運動などにおける非合法的な秘密組織。underground organization

**ち-がたな【血刀】** 人などを斬って血のついた刀。bloody sword

**ちか-ちか**(副・サ変自) ①光が明滅して見えるさま。twinkle 用例 星が—とまたたく。②小さな痛みや刺激が連続的に起こったり、光などで目が刺激されるさま。dazzeled 用例 目が—する。

**ちか-ぢか【近近】**(副) 近いうちに。before long 用例 —伺います。

**ちかちょりゅう-ダム【地下貯留ダム】** 地下水を地下に溜めておくための施設。滞水のために壁を不透性などにする。地下ダム。groundwater reservoir

**ちか-づき【近付き】** ①知り合い。知人。acquaintance ②親しいつきあい。acquaintanceship

**ちか-づ・く【近付く】** 🈩(五自) 対義 遠ざかる。①場所や時期などに近よる。せまる。approach 用例 春が—。船が—。山頂に—。②したしむ。つきあう。get acquainted with 用例 あの人には—・かないほうがよい。🈔 古語(下二他)↓ちかづける(近付ける)

**ちか-づ・ける【近付ける】**(下一他) 対義 遠ざける。①近くに寄せる。近寄せる。let come near ②そばへ寄せて、親しむ。associate with 用例 人を—・けない。

**ちかっ-て【誓って】**(副)《神仏に誓って、の意》必ず。決して。きっと。surely

**ちか-てつ【地下鉄】**《「地下鉄道」の略》主として都市の地下のトンネル内を走る鉄道。世界の主要都市で採用されている。一八六三年ロンドンに誕生したのが世界初。サブウェー。メトロ。subway米; underground英

**ちか-どう【地下道】** 地下に造った道路・通路。underpass

**ちか-ば【近場】** 近い場所。nearby 用例 —の『温泉。

**ちか-び【近火】** ①火に近いこと。手近にある火。対義 遠火。②近所の火事。

**近火で手を焙る** 目先の細かい利益を追う。

**ちか-ま【近間】** 近い所。近所。neighborhood

**ちかまつ-しゅうこう【近松秋江】**(一八七六〜一九四四) 小説家。本名、徳田浩司。岡山県生まれ。東京専門学校卒。情痴に溺れる自己を徹底的に描き、私小説の一典型を示す。作品『別れたる妻に送る手紙』『黒髪』など。

**ちかまつ-とくぞう【近松徳▽三】**(一七五一〜一八一〇) 江戸後期の歌舞伎作者。大坂の人。近松半二の門人。作品『伊勢音頭恋寝刃』など。

**ちかまつ-はんじ【近松半▽二】**(一七二五〜一七八三) 江戸中期の浄瑠璃作者。大坂の人。竹田出雲に師事。作品『妹背山婦女庭訓』『新版歌祭文』『伊賀越道中双六』など。

**ちかまつ-もんざえもん【近松門左▽衛門】**(一六五三〜一七二四) 江戸中期の浄瑠璃・歌舞伎作者。本名、杉森信盛。号を巣林子・平安堂など。越前の人。竹本義太夫のために『出世景清』を書き、義太夫節の基礎を築く。竹本座作者。坂田藤十郎と提携し、元禄歌舞伎全盛期を招来。愛と死、義理と人情の機微を美しい詞章とすぐれた作劇術で描く。作品『曾根崎心中』『国性爺合戦』『心中天網島』『女殺油地獄』など。↓写

●近松門左衛門　早稲田大学坪内博士記念演劇博物館。

**ちか-ま・る【近まる】**(五自) 距離が短くなる。近くなる。

**ちか-まわり【近回り】**(名・サ変自) 対義 遠回り。①近道を通ること。take a shortcut ②近所。neighborhood

**ちか-みち【近道】** ①距離の近い道。shortcut ②手っとり早い方法。速成の方法。早道。対義 回り道・遠道。

**ちか-め【近め】** 位置が少し近いこと。near 対義 遠め。

**ちか-め【近目・近▽眼】** ①近眼。shortsightedness ②あさはかな見識。浅見。shortsightedness

**ち-がや【▼茅・▼茅・▼萱】** イネ科の多年草。葉は線形で長さ約五〇㎝。初夏に白毛を密生した円錐花序となる。根茎は利尿・止血薬。チバナ。ツバナ。チヌ。チ。チバナ。

**ちか-よ・せる【近寄せる】**(下一他) ①近くに寄せる。接近させる。bring close to 用例 目を—。②《多く否定形で用いる》親しませる。associate with 用例 人を—・せない性格。

**ちか-よ・る【近寄る】**(五自) ①そばへ行く。近くへ寄る。go near ②親しくなる。get familiar with

**ちから【力】** ①筋肉のはたらきや作用。strength ②運動を起こし、変え、止める能力。force ③感じたり考えたりする働き・能力。ability 用例 語学の—。④根気。気力。精力。vitality ⑤ききめ。効力。effect ⑥おかげ。助け。頼り。⑦権力。暴力。power

**力及ばず** 力が足りずに。方法がない。しかたがない。be beyond one's reach

**力に余る** 力が及ばない。be above one's ability

**力になる** 人のために尽力する。ささえとなる。lend one's aid

**力の及び** 力のおよぶかぎり。

**力、山を抜き気は世を蓋う** その力は山を引き抜くほど強く、意気は天下をひとのみにする勢いである。威勢がよく、意気がさかんなさまをいう。

**力を合わせる** 助け合って物事にあたる。一緒になって物事をする。cooperate

**力を入れる** 熱心に世話をする。put one's back into

**力を得る** 他人の援助によって、勢いづく。活気づく。be encouraged by

**力を落とす** 気力を失う。失望する。落胆する。be discouraged

**力を貸す** 手助けをする。助力する。役立つようにしてやる。help

**力を立つ** 力を入れる。力をこめる。

**ちから-あし【力足】** ①力をこめたほうの足。pivot ②相撲で、四股。

**ちから-いし【力石】** 持ち上げて力試しをするための大きな石。本来は占いの一種であったが、一人前の青年の基準として、力試しに利用された。神社の境内などに置かれているものが多い。

**ちから-おとし【力落(と)し】** がっかりすること。落胆。力抜け。discouragement

**ちから-がみ【力紙】** ①相撲で、土俵に上がった力士が、からだをふき清める半紙。化粧紙。②力が強くなるようにと、歯でかみ、丸めて山門の二王像に投げつける紙。③綴じ目などを補強するために用いる紙。

**ちから-ぐさ【力草】** オヒシバの別名。

**ちから-くらべ【力比べ】**(名・サ変自) 腕力・技量を比べあうこと。contest of strength

**ちから-こぶ【力・瘤】** ①腕を曲げたとき、二の腕にできる筋肉の盛り上がり。knot of muscles ②力添え。援助。help

**力瘤を入れる** ①おおいに努力する。do one's best 用例 ゴルフに—。②熱心に世話をする。take good care of 用例 力瘤を入れて指導する。

**ちから-しごと【力仕事】** 力を使う仕事。肉体労働。heavy labor

**ちから-しば【力芝】** 草地にはえるイネ科の多年草。高さ三〇〜六〇㎝。根を強く張るため、抜くのに力がいるので、この名がついた。葉はかたく線形、秋に円柱状の花穂をつける。みちしば。↓写

●チカラシバ

**ちから-しば【力▼柴】** ナギの別名。

**ちから-ずく【力▽尽く】** ①力のありったけで争うこと。with all one's might ②力で思いどおりにすること。強引。by force

**ちから-ぞえ【力添え】**(名・サ変自) 助力。助勢。援助。help

**ちから-だのみ【力頼み】** 力と頼むこと。頼もしく思うこと。be dependent on

**ちから-だめし【力試し】** 体力や能力がどれくらいあるかを試すこと。力量を試すこと。trial of one's strength

**ちから-づ・く【力付く】**(五自) 力がつく。元気になる。recover one's strength

**ちから-づ・ける【力付ける】**(下一他) ①力がつくようにする。make strengthen ②励ます。encourage

**ちから-づよ・い【力強い】**(形) ①力がこもっている。powerful 用例 —はげまし。②頼りになって、安心できる。気づよい。reliable 用例 —味方。

**ちから-な・い【力無い】**(形) 気力や元気がない。feeble 用例 —・く答える。

**ちから-な・し【力無し】** 古語(形ク) やむをえない。よんどころない。しかたがない。用例 横笛なさけなううらめしけれども、—・う涙をおさへてかへりけり(平家・一〇・横笛)。

**ちから-ぬけ【力抜け】**(名・サ変自) はりあいが抜けて、がっかりすること。力落とし。discouragement

**ちから-ぬの【力布】** 衣服の構造上、表地に力のかかる部分を補強するために、裏側から当てる布。ポケット口・プリーツの縫い止まりなどに用いる。当て布。reinforcing piece

**ちから-の-のうりつ【力の能率】** ↓ちから

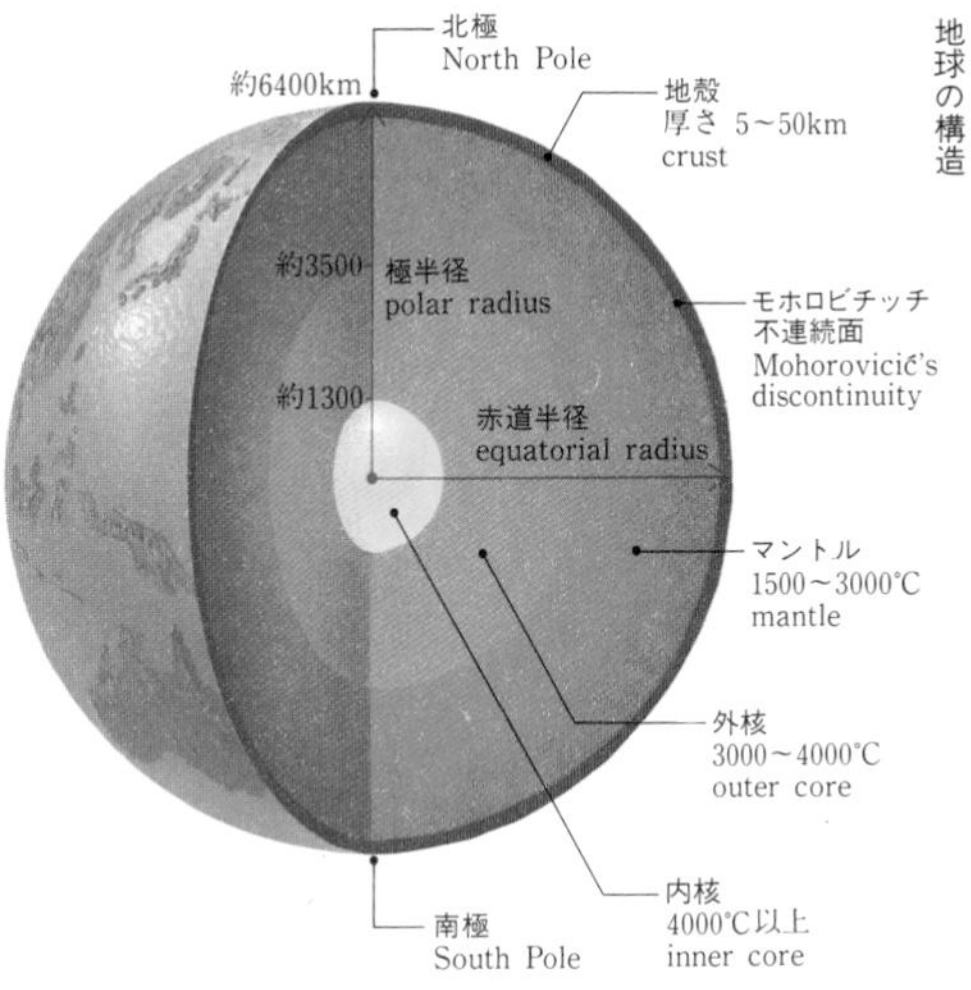


●地球
地球の構造

地球に関する定数表

| | | | |
|---|---|---|---|
| 太陽との平均距離 | 1.49597870×$10^8$km | 極半径 | 6356.755km |
| 公転周期 | 365.2564日(1恒星年)<br>365.2422日(1太陽年) | 表面積 | 5.09949×$10^8$km$^2$ |
| | | 体積 | 1.08331978×$10^{12}$km$^3$ |
| | | 質量 | 5.974×$10^{24}$kg |
| 自転周期 | 23時間56分4秒 | 平均密度 | 5.52g/cm$^3$ |
| 黄道傾角 | 23.44度 | 陸地と海洋の比 | 1:2.42 |
| 赤道半径 | 6378.140km | | |

『理科年表』による

のモーメント（力のモーメント）

**ちから-の-モーメント【力のモーメント】** 物体をある一点、または固定軸を中心に回転させる、または回転を止める能力を表す量。力の能率。moment of force

**ちから-まかせ【力任せ】** 力のあるのに任せて行うこと。with all one's might

**ちから-まけ【力負け】**（名・サ変自）①力を入れすぎて、かえって負けること。overshoot oneself ②相手より力が弱くて負けること。be defeated due to lack of strength

**ちから-みず【力水】** 相撲で、土俵下の手桶に入れてある水。土俵に上がる力士が口をすすぎ、気力を旺盛にするための水という。化粧水。

**ちから-もち【力持(ち)】** 力の強いこと。また、その人。man of great physical strength

**ちから-わざ【力業】** ①力のいる仕事。heavy labor ②力の強いのを頼んでする業。feats of strength

**ち-かん【▼弛緩】**（名・サ変自）《「しかん」の慣用読み》ゆるむこと。

**ち-かん【遅緩】** きわめてゆるやかであること。のろいこと。おそいこと。

**ち-かん【痴漢】** ①女性にみだらないたずらをする男。masher ②ばか者。fool

**ち-かん【置換】**（名・サ変他）①物の位置や順序を置き換えること。replacement ②数学で、相異なるn個のものの順列を他の順列に移す操作。permutation ③置換反応。

**ちかん-たい【置換体】** 化合物中の原子または原子団が、別の原子または原子団に置き換わった物質。有機化合物では、水素原子を置換して得られる化合物。substitution product

**ちかん-はんのう【置換反応】** 化合物中の原子または基が、別の原子または基と置き換わる反応。substitution reaction

**ち-き【知己】**《己を知る者、の意》親友。知人。acquaintance

**ち-き【稚気】** 子どもっぽい気持ち・ようす。childishness 用例 ―満々。

**ち-ぎ【千木】** 日本建築で、神社の本殿や茅葺き農家などの屋上両端の、大棟上にみられる交差した木。↓写 ↓神社建築図

**ち-ぎ【地▼祇】** 地の神。地神。国土を守る神。国つ神。対義 天神。

**ち-ぎ【乳木】**《仏教語》護摩に用いる小片の薪。にゅうもく。

**ち-ぎ【遅疑】**（名・サ変自） うたがい迷うこと。「hesitation

**ちぎ【▼智▼顗】**（五三八～五九七） 中国、南北朝末から隋初の僧。天台教学を確立した天台宗の実質の開祖だが、第三祖ともされる。諸経典を独自に分類・解釈して五時八教をたて、止観の実践を説いた。著書『法華玄義』『法華文句』『摩訶止観』など。天台大師。智者大師。

**ちぎ-しゅんじゅん【遅疑▼逡巡】**（名・サ変自） 疑い迷って、ためらうこと。hesitation

**チキソトロピー【thixotropy】** ↓シキソトロピー

**ちぎ-ばかり【▼扛▼秤・▼杠▼秤】** 一貫目（約三・七五kg）以上の重いものをはかるときに使った、大きな竿秤。ちき。ちぎ。ちきり。

**ち-きゅう【地球】** 太陽系の第三惑星。赤道半径六三七八・一km、極半径六三五六・八kmで、ほとんど球形。地殻・マントル・核で構成。太陽からの距離一億四九六〇万km。約四六億年前に誕生。表面は大気によっておおわれ、水を多量にもち、人類をはじめ多様な生物が生存する。earth ↓図 ↓太陽系図

**ち-きゅう【恥丘】** 人体の下半身前部の、恥骨結合の表面で、陰毛におおわれた部分。

**ちきゅうがい-ぶんめい-たんさ【地球外文明探査】** 地球以外の、宇宙における知的生物の存在を確かめようという計画。SETI。Search for Extra-Terrestrial Intelligence 参照 オズマ計画。

**ちきゅう-かがく【地球化学】** 地球を中心として、太陽系の隕石・惑星などを化学的な方法で研究する学問。geochemistry

**ちきゅう-かがく【地球科学】** 地球を対象とする自然科学。地球の構成、地球の自然現象、地球の歴史などを研究する。earth science

**ちきゅうがた-わくせい【地球型惑星】** 水星・金星・地球・火星の四惑星。いずれも半径・質量は小さいが、平均密度が高い。月を含めることもある。terrestrial planet 比較 木星型惑星。

**ちきゅうかんそく-えいせい【地球観測衛星】** 可視・赤外など各種の電波を用いて地球表面を観測する人工衛星。地表の植生・積雪・海水温度・鉱物資源などを観測する。資源探査衛星はその一つ。earth observation satellite

**ちきゅう-ぎ【地球儀】** 地球の模型。球面に地球上の水陸の分布や経緯線などを表し、回転できるようにした立体地図。globe

●千木 出雲大社（島根県）。

**ちきゅう-ざ【地球座】**（The Globe Theatre） エリザベス朝時代のイギリスの劇場。シェークスピアの作品の多くがここで初演された。一五九九年ロンドンのテムズ川南岸に建設。焼失後、再建。一六四四年取り壊された。グローブ座。

**ちきゅう-じば【地球磁場】** 地球のまわりに形成されている磁場。地球全体が巨大な磁石になっているために存在しているもので、その南北の軸が地表と交わる点を磁極という。geomagnetic field 参照 地磁気。

**ちきゅう-しょう【地球照】** 月の欠けている部分が淡く光って見える現象。地球の反射光が月を照らすことが原因。earth shine ↓月写

**ちきゅう-しんどう【地球振動】** 地球が、全体として伸びたりちぢんだりする振動のこと。大規模な地震によってひき起こされる。free oscillation of earth

**ちきゅう-せつ【地久節】** 皇后の誕生日の旧称。対義 天長節。

**ちきゅうたいき-かいはつけいかく【地球大気開発計画】** 長期的天気予報を目的に、大気の運動の物理的過程を研究する、世界気象機関と国際科学連合の研究開発計画。Global Atmospheric Research Program

**ちきゅう-だえんたい【地球▼楕円体】** 地球の形を示す楕円。ジオイドに近似し、南北を少し押しつぶした形の回転楕円体。一九六七年に、長半径六三七八・一六〇km、扁平率二九八・二五分の一の楕円体を国際地球楕円体とした。earth ellipsoid

**ちきゅう-でんじきがく【地球電磁気学】** 地球内部およびその周辺空間における電気や磁気について研究する学問。geomagnetism

**ちきゅう-ぶつりがく【地球物理学】** 物理学的な方法で地球を研究する、自然科学の一分野。測地学・地震学・地球電磁気学・火山物理学・気象学・海洋物理学などに分けられる。geophysics

**ち-ぎょ【池魚】** 池の中の魚。fish in the pond

**池魚の殃**（ちぎょのわざわい）《城門の火事を消すために池の水をくみほしたので魚が死んだ、ということから》思わぬ災難にあうこと。巻き添えを食うこと。とくに、類焼。

**ち-ぎょ【稚魚】** 孵化後まもない魚。体の各部の形態的特徴は、まだその発現初期にある。young fish 対義 成魚。用例 アユの―。

**ち-きょう【地峡】** 二つの大陸を、また、大陸と半島を結ぶせまい陸地。スエズ地峡やパナマ地峡など、交通・軍事上の要衝となることが多い。isthmus

**ち-ぎょう【知行】** ①中世、土地・財産に対する所有・支配行為。②近世、領地に対する領主の支配権。また、その土地。封土。采地。

**ちぎょう-こく【知行国】** 主として院政期、特定の皇族・公家・寺社などに国守を推薦する権利を与え、俸禄その他の所得を個人に収納させた制度。

**ち-きょうだい【乳兄弟】** 血縁関係はないが、同じ人の乳をともに飲んで育った、義理の兄弟。foster brother

**ちぎょく【▼智▼旭】**（一五九九～一六五五） 中国、明末の僧。初め儒学を学んで、のち仏門に帰依し天台を研究。博学で知られ、教・律・禅・念仏の融合をはかった。

**ちきり【▼扛▼秤】** 大きい竿秤。ちぎばかり。ちぎり。weighbeam

**ちきり【▼滕・千切(り)】** ①織機の部品。両端が太く中がくびれた、棒状の糸巻き。②紋所の名。糸巻きの形を紋章化したもの。ものを契る意にかけ、慶事のしるしに使われた。一個のちぎりを使ったもの、二個のちぎりを組み合わせた「結び滕」などがある ↓図

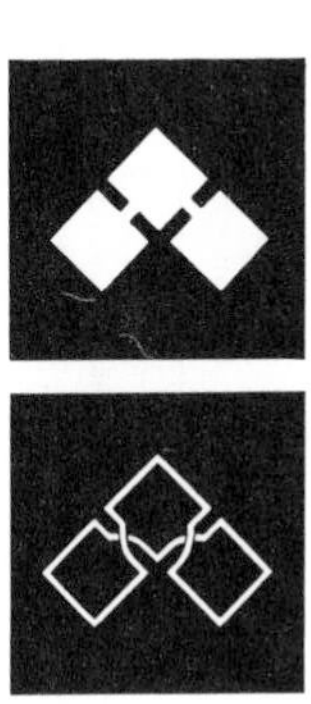

●滕②
滕
結び滕

**ちぎり【契り】** ①契ること。約束。pledge ②前世の約束。因縁。destiny ③夫婦の交わりを結ぶこと。exchange marriage vows

**契りを籠む**（ちぎりをこむ） ①かたく約束する。②夫婦の交わりを結ぶ。

**契りを結ぶ**（ちぎりをむすぶ） ①約束をとりかわす。make a contract with ②夫婦になることの約束をする。exchange marriage vows

**ちぎり-え【千切(り)絵】** 色紙・千代紙などを手でちぎり、台紙に貼りつけることによって描かれた絵。

**ちぎり-き【乳切(り)木・千切(り)木】** 両端がやや太目の棒。棒切れ。ちぎり。stick

**ちきり-こうぶり【▼幗】** 昔、婦人が喪に服しているときに用いたかぶりもの。巾幗。

**ち-ぎ・る【千切る】**（五他）①細かく裂く。tear to pieces ②指先などでねじ切る。tear off ③《動詞の連用形に付いて》はなはだしく…する。用例 褒め―。

**ちぎ・る【契る】**（五他）①これからも変わらないと、かたく約束する。pledge ②夫婦の交わりを結ぶ。share a bed

**ちぎれ-ぐも【千切れ雲】** 引きちぎられたような形の雲。高層雲・乱層雲・積雲・積乱雲の下に現れる。pannus

**ちぎれ-ちぎれ【千切れ千切れ】**（形動） 細

かくいくつにも切れたさま。きれぎれ。fragmentary

**ち-ぎ・れる**【千切れる】(下一自) ①ねじられて、切れる。be torn off 用例 綱が—。②細かく裂ける。be torn to pieces ③引き切られて、きれぎれになる。be torn off 用例 —ほどハンカチを振る。

**チキン**【chicken】①鶏のひな。また、その肉。②鶏肉。

**ち-ぎん**【地銀】「地方銀行」の略。

**チキン-ライス**《和製語》米飯料理の一種。鶏肉・タマネギなどをいため、ご飯をまぜて、トマトケチャップなどで調味する。chicken with rice

**チク** 6画 【竹】 部首[竹] 教育小2 →教育小1 JIS 3561

音 チク 訓 たけ

竹 竹 竹 竹 竹 竹

①タケ。イネ科の植物。「松竹梅・破竹の勢い」「竹馬の友・竹林」用例《接尾的》孟宗—。②ふえなどの類。「糸竹」③文字をかくタケの札。「竹帛」

**チク** 10画 【逐】 部首[辶] 常用 JIS 3564 11画【逐】 部首[辶] 旧字

音 チク

①一つ一つ順に。「逐一・逐語訳・逐次・逐条」②おう。おいはらう。おいかける。「駆逐・放逐」「逐電」③きそう。あらそう。「角逐」

**チク** 10画 【畜】 部首[田] 常用 JIS 3560

音 チク・キク・キュウ

①かっている動物。けもの。けだもの。「家畜・鬼畜・人畜・牧畜」「畜産・畜生」②かう。やしなう。③たくわえる。ためる。たくわえ。

**チク** 12画 【筑】 部首[竹] JIS 3562

音 チク

①琴に似た楽器。竹製のばちで、たたいて弾く。②筑紫国のこと。「筑後・筑前」

**チク** 13画 【蓄】 部首[艹] 常用 JIS 3563

音 チク 訓 たくわえる

たくわえる。ためる。たくわえ。「含蓄・貯蓄」「蓄音機・蓄財・蓄積・蓄電池」

**チク** 16画 【築】 部首[竹] 教育小5 JIS 3559 16画【築】 旧字

音 チク 訓 きずく

築 築 築 築 築 築 築

きずく。つきかためる。つくる。「改築・建築・新築・増築」「築港・築城」

**チク** 22画 【鱁】 部首[魚]

音 チク

「鱁鮧」は、①魚のはらわたのしおから。うるか。アユのはらわた。アユのはらわたのしおから。②

**チク** 24画 【矗】 部首[目] JIS 6664

音 チク・シュク

なおい。まっすぐなさま。

**ち-く**【地区】①土地の区域。くぎられた土地。area ②特別の目的のために指定された地域。district 用例 文教—。

**ち-く**【馳駆】(名・サ変自) ①馬を乗り回すこと。②かけまわること。③あちこちとかけ回って世話をすること。奔走。

**ち-ぐ**【痴愚】おろかなこと。ばか。stupid

**ちく-いち**【逐一】(副) 一つ一つ順を追って。いちいち詳しく。ちくいつ。one by one; in detail 用例 —報告する。

**ちく-いつ**【逐一】(副) ↓ちくいち(逐一)

**ち-ぐう**【知遇】才能を認められて、手厚くもてなされること。favor 用例 —を得る。

**ち-ぐう**【値遇】①《仏教語》宿縁で、めぐりあうこと。ちぐ。②親しくすること。

**ちくおん-き**【蓄音機・蓄音器】レコード盤を回し、録音した音を再生する装置。一八七七年にトーマス=エジソンによって発明された。フォノグラフ。phonograph米; gramophone英

**ちく-かん**【竹簡】紙が普及する以前に中国で使用された書写用竹片。長さ二〇〜三〇cm、幅一〜二cmほどのもの。革ひも・絹糸などでとじて使用。策。冊。ちっかん。比較 木簡。

**ちく-けいかく**【地区計画】広域の都市計画と、住宅・敷地との中間的規模で立てられる都市計画。昭和五五年(一九八〇)に設けられた地区計画制度に基づく。

**ちくけい-の-りくいつ**【竹渓の六逸】中国、唐代に竹渓(現、山東省泰安県徂徠山下の名勝)に遊んだ李白・孔巣父・韓準・裴政・張叔明・白陶沔の六賢人のこと。

**ちく-けん**【畜犬】家庭で飼っている犬。pet dog

**ちくご**【筑後】↓ちくごのくに(筑後国)

**ちくご**【筑後】〈市〉福岡県南部、矢部川に沿う市。農業・商業や、花むしろ・和紙づくりなどが活発。船小屋温泉がある。人口四万三六一七(一九八八)。

**ちく-こう**【竹工】↓ちっこう(竹工)

**ちく-こう**【築港】(名・サ変自) ↓ちっこう(築港)

**ちくご-がわ**【筑後川】九州北部を西流する川。長さ一四三km。久住山・阿蘇山に発し、筑紫平野に出て、有明海に注ぐ。上流は林業・水力ダム地帯、中・下流は穀倉地帯で、工業も発達。

**ちくご-の-くに**【筑後国】旧国名。現在の福岡県南西部。西海道の一国。「延喜式」では上国、一〇郡。国府は久留米市合川町枝光、国分寺は同市国分町。明治四年(一八七一)廃藩置県により三潴県。同九年(一八七六)福岡県に編入。筑州。筑後。

**ちくご-へいや**【筑後平野】筑紫平野の別称。

**ちくご-やく**【逐語訳】原文の一語一語に忠実である訳し方。その訳。逐字訳。literal translation 対義 意訳。

**ち-くさ**【千種】種類の多いこと。いろいろ。さまざま。ちぐさ。

**ちくさ**【千種】〈町〉兵庫県西部、鳥取・岡山両県に接する町。農・林業を主とする。そうめんが特産品。人口四六三六(一九八八)。

**ち-ぐさ**【千草】①いろいろの草。various herb 用例 庭の—。②ちくさ。various ③《「千草色」の略》うすい藍色。

**ち-ぐさ**【血草】リボングラスの別名。名は、葉の切り口が赤くなることに由来。

**ちくさい**【竹斎】仮名草子。二巻。富山道冶作。寛永元年(一六二四)ごろ成立。やぶ医者の竹斎と下男が江戸へ下る遍歴を狂歌を交えて綴る。名所見聞記と滑稽談を含み、名所記の始まり。

**ちく-ざい**【竹材】竹およびササが木質化してできた稈の利用上の名称。中空の円筒で、節と節間からなり、年輪をつくらない。bamboo

**ちく-ざい**【蓄財】(名・サ変自) 財貨をたくわえること。accumulation of wealth 用例 —にたける。

**ちぐさ-がい**【千草貝・千種貝】ニシキウズガイ科の巻き貝。内海や内湾の潮間帯下の海藻に着く。殻高約二cm。殻は円錐形。殻表は赤色で、淡色の条斑がある。北海道南部以南に分布。↓写

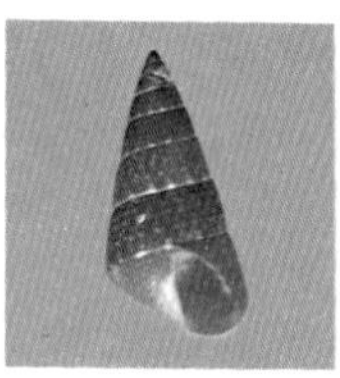

●チグサガイ

**ちく-さん**【畜産】家畜を飼養し、人間に直接的・間接的に有用なものを得る、農業の一分野。肉・卵・乳などの食品、毛・皮・骨などによる生活用品、肥料となる糞、その労働力などを取得する。animal husbandry

**ちくさん-がく**【畜産学】畜産に関する事項を研究し、その改良・発達などをめざす学問。animal husbandry

**ちくさん-ぶつ**【畜産物】乳・肉・卵・皮革など、家畜より得られる産物。livestock product

**ちく-し**【竹紙】①竹の幹の内部の薄皮。②唐紙。③薄い、鳥の子紙。④がんぴ紙。

**ちく-じ**【逐次】(副) 順次。順々に。次々に。one after another

**ちくしの**【筑紫野】〈市〉福岡市の南東にある市。旧宿場町。住宅・工場がふえ、福岡市の衛星都市。人口六万三〇八七(一九八八)。

**ちくし-の-くに**【筑紫国】↓つくしのくに(筑紫国)

**ちくじ-はんのう**【逐次反応】A→B→C→…の形で、反応の生成物が次の反応物となって、逐次的に変わっていく化学反応。途中の生成物を反応中間体とよぶ。階段反応。consecutive reaction

**ちく-しゃ**【畜舎】家畜を飼育する建物。家畜小屋。shed for animals

**ちくじ-やく**【逐字訳】逐語訳。

**ちく-しゅう**【筑州】①筑前国。「後国」。②筑後国。

**ちく-しょう**【畜生】㊀(名) ①けだもの。獣類。beast ②《畜われている生きもの、の意》《仏教語》「畜生道」の略。㊁(感) 人をののしり、また、うらんで言う語。Damn it!

**畜生の浅ましさ**( ) 畜類の、無思慮でおろかなさま。転じて、人の心のいやしさ・さもしさ・下劣さを言う。

**ちく-じょう**【築城】(名・サ変自) 城やとりでをきずくこと。construction of a castle

**ちく-じょう**【逐条】解釈や検討などで、一条ずつ順をおうこと。item by item

**ちくしょう-どう**【畜生道】①《仏教語》六道の一つ。生前の悪業によって、けものに生まれ変わった境遇。②肉親間の色情。

**ちくしょう-ばら**【畜生腹】昔、双子またそれ以上の数の子どもを生むことを悪く言った語。

**ちくしょ-きねん**【竹書紀年】中国古代から魏の襄王(紀元前四世紀)の世までの編年体の歴史書。河南省汲県の襄王墓より出土した竹簡冊。荀勗らによって校訂・編纂されたが散逸。一九一七年、王国維が復元・校訂して『古本竹書紀年輯校』を著した。

**ちぐしんらいさん**【痴愚神礼讃】《原題 Encomium Moriae》エラスムスの著書。一五一一年刊。人間社会を狂気と痴愚の舞台とみなし軽妙に風刺し、とくに教会関係者を痛烈に嘲弄した。愚神礼讃。

**ちく-せき**【蓄積】(名・サ変他) ①たくさんたくわえること。たくさんたまること。また、ためたもの。accumulation 用例 富の—。知識の—。②資本蓄積。

**ちくせき-かん**【蓄積管】映像信号や光の像を電荷による像として蓄積し、必要に応じて信号として取り出し、または消すという三つの作用を行う特殊な電子管。コンピューターのディスプレー装置などに使用。storage tube

**ちくせき-さよう**【蓄積作用】薬物をくり返し服用するさいの作用。薬物の排泄や体内での分解が遅いとしだいに体内での薬物の濃度が増し、薬物を過量に飲んだときと同様の中毒症状を起こす。cumulative action

**ちくせつ-にんじん**【竹節人参】生薬の一つ。ウコギ科のトチバニンジンの乾燥根茎。江戸時代に朝鮮人参の代用として開発された。去痰・解熱・健胃に用いる。

**ちくぜん**【筑前】↓ちくぜんのくに(筑前国)

**ちくぜん-に**【筑前煮】鶏肉・ニンジン・ゴボウ・シイタケなどを油でいため、砂糖・酒・みりん・しょうゆで調味した煮物。一般的には、「いりどり」といわれる福岡県の郷土料理をさす。筑前炊き。がめ煮。

**ちくぜん-の-くに**【筑前国】旧国名。現在の福岡県北部。西海道の一国。西海道諸国を統轄する大宰府がこの地に置かれ、大陸文化流入の中心地であった。「延喜式」では上国、一五郡。国府・国分寺はともに太宰府市。明治四年(一八七一)廃藩置県により福岡県。筑州。筑前。

**ちくぜん-びわ**【筑前琵琶】明治二〇年代に筑前で創始されたびわ楽。それに用いるびわ。比較 薩摩琵琶。

**ちく-ぞう**【蓄蔵】(名・サ変他) たくわえて、しまっておくこと。用例 —貨幣。

**ちく-ぞう**【築造】(名・サ変他) 城・堤防などをきずくこと。construction

**ちくそう-せっき**【竹槍蓆旗】たけやりとむしろばた。百姓一揆でこれらを用いたことから、百姓一揆の異称。

**ちく-ちく**(副・サ変自) ①針のような先のとがったもので、繰り返し刺すさま。②針で刺されるような痛みが連続的に起こるさま。ちくりちくり。prickly 用例 腹が—痛む。

**ちくっ-と**(副) 針などで刺すさま。また、皮肉などを言うさま。ちくりと。prick

**ちく-てい**【築庭】(名・サ変自) 庭園をつくること。造園。landscape gardening

**ちく-てい**【築堤】(名・サ変自) つつみをきずくこと。そのつつみ。embankment

**ちく-でん**【逐電】(名・サ変自) 跡をくらまして逃げること。出奔。逃亡。ちくてん。abscond

**ちく-でん**【蓄電】(名・サ変自) 電気をためること。storage of electricity

**ちくでん-き**【蓄電器】↓コンデンサー①

**ちくでん-ち**【蓄電池】放電後、充電によっ

●蓄電池　自動車に使われている鉛蓄電池。起電力は標準で一二ボルト。

てふたたび電気をたくわえ、繰り返し使用できる電池。鉛蓄電池・ニッケル-カドミウム電池など。バッテリー。二次電池。storage battery →写

**ちく-ねん【逐年】**(副) 年をおって。年々。「year by year

**ちくのう-しょう【蓄▼膿症】** 副鼻腔・肋膜腔・関節腔などに膿がたまる疾患。副鼻腔炎をさすことが多い。鼻づまり・頭痛を伴う。empyema

**ちく-ば【竹馬】** たけうま。

**竹馬の友**(ちくばのとも) 幼友だち。old playmate

**ちく-はく【竹▼帛】**《紙がまだなかった時代、中国で竹や布に文字を書いたことから》①書籍。②史書。

**ちぐ-はぐ**(名・形動) 食い違うこと・さま。ふぞろい。incoherent; odd

**ちくはく-かい【竹▼柏会】** 佐佐木信綱主宰の短歌結社。明治三二年(一八九九)結成。歌誌『心の花』を創刊。木下利玄・川田順らが輩出した。

**ち-くび【乳首】** ①ちぶさの先。乳頭。nipple ②①に似せて作った、乳児にくわえさせるゴム製品。pacifier

**ちくぶ-しま【竹▽生島】** 滋賀県、琵琶湖北部にある島。面積〇・一四km²。全島緑樹におおわれた景勝地。

**ちく-ふじん【竹夫人】** 竹・籐で編んだ、長さ一mほどの円筒状の籠。夏に涼をとるために抱いて寝る。中国伝来のもの。Dutch wife

**ちくほ【▼筑穂】**〈町〉 福岡県中部、飯塚市南西隣の町。旧宿場町・炭鉱町。稲作・野菜栽培などを行う。人口一万一四一四(一九八八)。

**ちくほう【▼筑豊】** 筑前・筑後・豊前などの地方。

**ちくほうこじ【竹豊故事】** 浄瑠璃の解説書。浪速散人一楽著。宝暦六年(一七五六)刊。浄瑠璃の発生・発達から人形遣いなどに及ぶ貴重な文献。

**ちくほう-たんでん【▼筑豊炭田】** 福岡県北部、遠賀川流域にある炭田。明治一〇年代から開発され、日本経済の発展に大きな役割を果たしたが、現在は採掘を行っていない。

**ちくま-がわ**【千▽曲川】 長野県北東部を貫流する川。長さ二二三km。甲武信ケ岳に源を発し、佐久・上田・長野・飯山の諸盆地を経て、新潟県に入ると信濃川と名称が変わる。

**ちくまがわのスケッチ**【千▽曲川のスケッチ】 島崎藤村の随筆小品集。大正元年(一九一二)刊。信州小諸の自然と人々の姿を描く。

**ちく-よう【竹葉】** ①竹の葉。②酒。

**ちくら【千倉】**〈町〉 千葉県、房総半島南部にある町。漁業と草花・野菜の促成栽培がさかん。人口一万五一六八(一九八八)。

**チグリス-がわ**【チグリス川】(Tigris) トルコ南東部からイラクを貫流しユーフラテス川と合流してペルシア湾に注ぐ川。長さ一九〇〇km。流域はメソポタミア文明の発祥地。

**チグリディア【Tigridia】** →とらふゆり(虎斑百合)

**ちくり-と**(副) ①針などで突いたり刺したりするさま。また、そのような痛みを感じるさま。prickle 用例 — 注射する。②刺すような皮肉を言うさま。piercing 用例 — 皮肉る。

**ちく-りょく【畜力】** 家畜の労働力。車や農機具をひく家畜の力。

**ちく-りん【竹林】** 竹の林。竹やぶ。

**ちくりん-しょうじゃ【竹林精舎】** 中インド、マガダ国王舎城近くにあった最初の仏教寺院。迦蘭陀長者が提供した竹林に頻婆娑羅王が寺を建てて、釈迦に寄進したもの。

**ちくりん-の-しちけん【竹林の七賢】** 中国、晋代(三世紀半ば)に、世俗を避け竹林に集まり清談にふけったといわれる七人。阮籍・嵆康・山濤・向秀・劉伶・王戎・阮咸。

**チクル【chicle】** アカテツ科のサポジラからとる天然樹脂。メキシコ・グアテマラが主産地。主成分は酢酸エステル・ポリイソプレン。チューインガムの原料に使われる。

**ちく-るい【畜類】** 家畜類。獣類一般をいうこともある。domestic animals

**チクロ** 《sodium cyclohexylsulfamate(シクロヘキシルスルファミン酸ナトリウム)の略》人工甘味料の一つ。蔗糖の三〇倍の甘みをもち、菓子などに入れられていた。発癌性の疑いが生じて、一九六九年に使用禁止。サイクラミン酸ナトリウム。シクラミン酸ナトリウム。

**ちく-ろう【地区労】** 《「地区労働組合協議会」の略》総評系の労働組合が市・郡単位で結成している連絡・協力組織。地域問題での共同闘争や中小企業労働者の組織化にあたる。

**ちく-ろく【逐▼鹿】** 《「中原に鹿を逐う」から》政権・地位などを得ようと争うこと。比較 角逐。

**チクロパン【Cyclopan】** 《商標名》睡眠薬のヘキソバルビタール。一〇～二〇分と作用発現が早いので就眠剤として使用。チクロパンのナトリウム塩は静脈注射麻酔薬。

**ちく-わ【竹輪】** 練り製品の一つ。魚肉のすり身を竹、または鉄の棒にぬりつけて焼いたもの。↓練り製品 写

**ちくわ-ぶ【竹輪▼麩】** 麩を、ちくわのようにして蒸した食品。

**ち-けい【地形】** 地表面の高低や起伏の形態。火山活動や地殻運動のような地球内部からの作用と、河川・氷河・風・波浪などによる外部からの作用によってつくられ、変化する。topography

**ち-けい【▼笞刑】** 昔、むちで打つ刑罰。笞。

**ちけい-がく【地形学】** 地表面の形態である地形の特徴・成因・変化などを研究する学問。地質学より派生し、アメリカの地理学者デービスらによって二〇世紀初めに近代地形学として確立。geomorphology

**ちけいしょうごう-ゆうどうそうち【地形照合誘導装置】** 巡航ミサイルなどの誘導装置。あらかじめコンピューターに記憶させた針路地形と飛行中の針路地形を照合しながら超低空で目標に向かうためのもの。TERCOM。terrain contour matching

**ちけい-ず【地形図】** 土地の起伏、河川・湖沼、植生、土地利用、交通路・集落などをくわしく表現した地図。国土地理院で作成する縮尺二万五〇〇〇分の一や五万分の一地形図が代表的。topographic map

**ちけいせい-こうう【地形性降雨】** 山岳などの地形の影響をうけて降る雨。orographic rain

**ちけい-そくりょう【地形測量】** 地形図作成の基礎となる三角測量・水準測量などのあとに行う測量。その地形の特徴となる土地の起伏、河川・田畑・人家などを実測し、地形図に記入していく。現在は写真測量によることが多い。topographic surveying

**チケット【ticket】** 入場券・購入券・食券・預かり券などのこと。切符。

**チケット-はんばい【チケット販売】** 割賦による信用販売の一つ。通貨を用いずチケットによって販売する方法。

**ちげつ-に【▼智月尼】**(生没年未詳) 江戸中期の女流俳人。山城の人。乙州の姉で養母。芭蕉に師事した。

**ち-けむり【血煙】** 切られたり撃たれたりしたとき、飛び散る血を煙に見立てた語。spray of blood

**ち-けん【地券】** 明治政府が明治五年(一八七二)の地租改正にあたり、地主・自作農の土地所有権を法的に確認した証書。所在地・所有者名・地目・面積・石高・地価などを記入。同二二年(一八八九)廃止。↓写

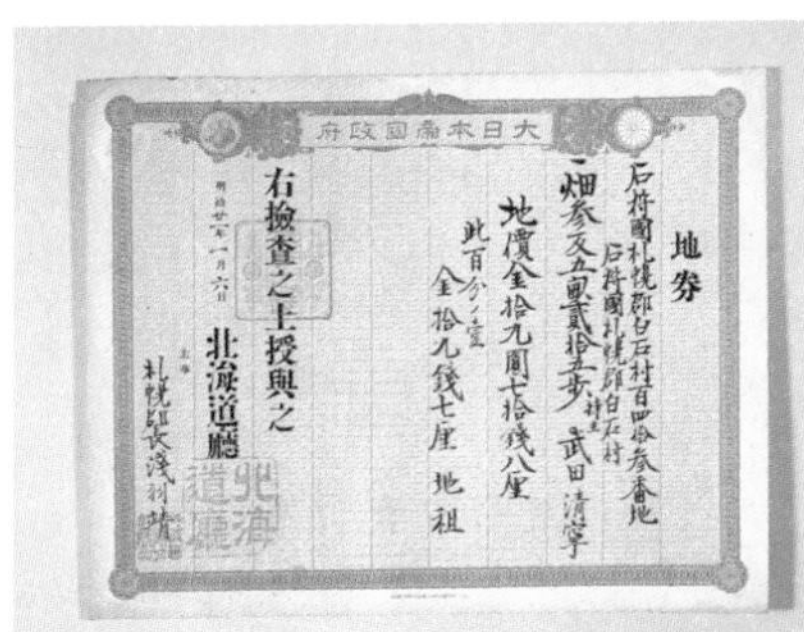


●地券　北海道開拓記念館。

**ち-けん【地検】** ①検地の別称。②「地方検察庁」の略。

**ち-けん【知見】** ①実際に見て知ること。realization ②知識。見識。意見。knowledge ③《仏教語》ものごとをありのままに認識すること。悟り。

**ち-けん【治験】** ①治療のききめ。治効。②《「治療試験」の略》臨床的に使用すること。

**ちけん-いん【▼智▼拳印】** 密教の印相の一つ。金剛界大日如来の結ぶ印。左手の人さし指を立て右手を重ねて握る。右手は仏、左手は衆生を表し、仏と衆生とが一如であることを示す。↓印相図

**ちけん-せいど【地券制度】** 地租改正のさい、土地の所有者・地目・面積・地価などを記した地券を交付し、地租の負担者や課税標準を明確化した制度。

**ちけん-やく【治験薬】** 動物実験が終わり、人間に対する臨床試験段階の医薬品。健康者と患者に投与して有効性と安全性などを調べ、それらが確認されると厚生大臣の製造承認を受け、医薬品として市販される。investigational new drug

**ち-ご【稚児・▽児】** ①乳飲み子。幼児。infant ②寺院・公家・武家などに仕える少年。page ③男色の対象となった少年。④寺社の祭礼などの、稚児行列をする少年・少女。↓写

**チゴイネルワイゼン【Zigeunerweisenドイツ】** 《ジプシーの調べ、の意》サラサーテ作曲の管弦楽付きバイオリン曲。ジプシー風の情熱的な旋律とはなやかな技巧が駆使されている。

**ち-こう【地溝】** 両側がほぼ平行な断層で切られ、その中が落ち込んだ狭く長い地帯。グラーベン。graben; rift valley 比較 海溝・地塁。

**ち-こう【治効】** 治療のききめ。治療の効果。effect

**ち-こう【遅効】** ききめが、時間がたってから現れること。delayed effect

**ち-こう【知行】** 《「ちぎょう」は別語》知ることと行うこと。理論と実践。

**ちこう-ごういつ【知行合一】** 《王陽明の説》知識と行動とは一体のもので、どちらかが先立つとはいえない、とする考え。比較 先知後行。

**ち-こうしゃ【地向斜】** のちに造山帯となる、厚い堆積物がたまる細長い沈降帯。幅二〇〇～四〇〇km、長さ一〇〇〇～二〇〇〇kmの大きさがふつう。geosyncline 対義 地背斜。

**ちこうせい-ひりょう【遅効性肥料】** 比較的遅く効果が現れる肥料。有機肥料に多い。骨粉・油かすなど。slow-acting fertilizer 対義 速効性肥料。

**ちこう-たい【地溝帯】** 両側を断層崖によってはさまれた低地が、帯状に続く地域。日本では、諏訪盆地・奈良盆地など。rift valley

**ちこう-ふう【地衡風】** 気圧傾度による力と、地球の自転によるコリオリの力とが完全に釣りあった状態のときに生まれる風。等圧線に平行に吹く。geostrophic wind

**ちこう-りゅう【地衡流】** 大規模な海流の一つ。海水の密度差にともなう圧力傾度による力と、地球の自転によるコリオリの力だけとで釣りあっているもの。geostrophic current

**ち-こく【治国】** 国をおさめること。government

**ち-こく【遅刻】**(名・サ変自) 決めた時刻におくれること。be late 比較 遅延。

**ちこく-へいてんか【治国平天下】** 一国をおさめ、さらに天下を安らかにすること。

**ちご-ざさ【稚児▼笹】** イネ科の多年草。水湿

●稚児④　豊川稲荷の豊年祭り(愛知県)。

地に群生する。茎は細く、葉は短い線形で硬い。六～八月に、円錐花序をつける。

**ち-こつ【恥骨】** 腸骨・座骨とともに骨盤の寛骨をつくる骨。恥骨体・恥骨枝からなる。pubis; pubic bone

**ちご-まげ【稚児▼髷】** 男女児の髪型の一つ。神社仏閣の祭礼などに盛装して行列に参加したときに結った。頭頂に左右均等の輪を髷とする。稚児輪。↓図

●稚児髷

**ちご-もず【稚児▽百▽舌・稚児▼鵙】** 灰青色の頭部と赤褐色の背をしたモズ科の鳥。翼長約八・五cm。夏鳥として日本に渡来し、低地から山地の林にすむ。東アジアの温帯地域に分布。

**ちご-ゆり【稚児▽百▽合】** ユリ科の多年草。丘陵などの林内にはえる。地下茎が横にのび、茎の高さ三〇cm内外。葉は短柄で楕円形。花は淡黄緑色を帯びた白色で、春に開花。日本全土に分布。↓写

●チゴユリ

**チコリー【chicory】** キク科の多年草。高さ一～二m。夏に青紫・淡紅・白などの頭花を開く。軟白した芽はサラダに、根はコーヒーの混ぜものに用いる。ヨーロッパ原産。キクニガナ。↓写

●チコリー

**ちご-わ【稚児輪】** 稚児髷の別称。

**ちご-わかしゅ【稚児若衆】** 公家・武家・寺社などの召使の少年。稚児小姓。

**ちさ【▼萵▼苣】** キク科の二年生野菜。葉は柔らかく、淡緑色あるいは赤紫色。タマチシャ(＝レタス)・サラダナなどの品種がある。ヨーロッパ原産。チシャ。lettuce

**ち-さい【地裁】** 「地方裁判所」の略。

**ち-ざい【▼笞罪】** 律令制下の五刑の一つ。もっとも軽い罪で、細い木の棒で罪人の臀部を打つ。罪の軽重により一〇打から五〇打までの五等級があった。

**ち-さがり【乳下がり】** ①和裁で、肩山から羽織のひもを通す穴(乳)までの寸法。②洋裁で、首のつけ根からバストポイントまでの寸法。↓採寸図 ↓羽織図

**ち-さと【千里】** ①多くの村里。many villages ②長い道のり。せんり。great distance

**千里を行くも遠からず**(ちさとをゆくもとおからず) 恋人に会いに行くなど、大事な用件のときには、遠い道のりも苦にならない。類似 惚れて通えば千里も一里。

**ち-さん【治山】** 植林によって山を整備すること。forestry conservancy 対義 治水。

**ち-さん【治産】** ①法律で、自分の財産を自分で管理・処分すること。management of one's property ②生活の手段を立てていくこと。management of one's livelihood

**ち-さん【遅参】**(名・サ変自) 決めた時刻におくれて来ること。遅刻。late attendance

**ちざん-は【▼智山派】** 真言宗新義派の一派。覚鑁を派祖とし、玄宥を中興とする。総本山は京都の智積院。

**ち-し【地史】** 地球全体の歴史。または、特定地域の地質学的な歴史。地層や岩石の相互関係や形成順序および構造発達史などを検討することにより、地史の編纂を行う。geohistory

**ち-し【地誌】** 特定の地域・地方・国などの自然・人文の諸現象を分析し、その地域の特性を記したもの。郷土誌・府県誌・各国誌、古くは風土記・見聞録など。regional geography

**ち-し【地▼嘴】** 岬の別称。

**ち-し【知歯・▼智歯】** 親知らず歯の異名。知恵歯。↓歯図

**ち-し【致仕】**(名・サ変自) ①官職を辞めること。ちじ。②《『礼記』に「大夫は七十にして致仕」とあることから》七〇歳。

**ち-し【致死】** 人を死にいたらしめること。causing death 用例 過失――。

**ち-じ【知事】** ①都道府県を統轄・代表する長。住民の直接投票によって公選され、任期は四年。governor ②仏教で、寺の管理をする役僧。

**ちし-いでんし【致死遺伝子】** 生まれたのち、または発育の途中で、生物を死に至らせる遺伝子。突然変異によって生じ、多くは劣性。lethal gene

**ち-しお【血潮・血▼汐】** 血。体の中を流れる血。流れ出る血。blood

**ちし-がく【地誌学】** 地理学の一分野。ある地域の特性を、地形・気候・産業・文化・人口・集落などの多数の要素から総合的に究明する学問。regional geography; topography

**ち-しき【知識・▼智識】** ①物事について、いろいろと知っていること。理解している内容。認識の結果、得られた内容。knowledge 用例 化学の――。――人。②《仏教語》㋐高徳の僧。名僧。善知識。㋑寺に金品を寄付すること・人。

**ち-じき【地磁気】** 地球が示す磁気と磁場。その発生は、地球の中心にある金属流体の流れによるものと考えられている。地球磁気。geomagnetism

**ちしき-かいきゅう【知識階級】** 知的・精神的労働を提供して生活する社会階層。インテリ。インテリゲンチャ。知識層。intelligentsia

**ちじき-ぎゃくてん【地磁気逆転】** 地磁気の南北が逆転する現象。岩石中の自然残留磁気と、絶対年代の測定で判明した過去の地磁気とから確かめられる。geomagnetic reversal

**ちしき-こうがく【知識工学】** 人間の脳の働きをコンピューターに代替させることをめざす人工知能で、その応用面を扱う工学の一分野。自然言語処理・エキスパートシステム・ロボットなど。knowledge engineering

**ちしき-さんぎょう【知識産業】** 知識を生産・処理し、流通させることに関係する産業の総称。教育・研究開発・コミュニケーション媒体・情報機器・情報サービスなど。knowledge industry 比較 情報産業。

**ちじき-さんようそ【地磁気三要素】** 真北から磁北までの偏角、水平面と磁場の方向の間の伏角、磁場の強さ(磁力)の三つ。three elements of geomagnetism

**ちしき-しゃかいがく【知識社会学】**《Wissenssoziologieドイの訳》社会学の一分野。人間の認識活動や知識を歴史的・社会的に規定されたものとして探究し、知識人の役割を重視する。シェーラーとマンハイムが確立。sociology of knowledge

**ちしきしゅうやくがた-さんぎょう【知識集約型産業】** 高度の知識を蓄積して技術を開発していく、電子計算機・情報処理サービスなどの産業。第四次産業。knowledge-intensive industry 比較 資本集約型産業・労働集約型産業。

**ちしき-じん【知識人】** 知識・教養のある人。intellectual

**ちしき-よく【知識欲】** 知りたいという気持ち。thirst for knowledge

**ち-じく【地軸】** 地球の中心を南北につらぬく軸。地球の公転面に対して、約六六・五四度傾いている。自転軸。earth's axis

**ち-しご【知死期】** ①俗信で、生年月日で死期を予知するということ。また、人が死ぬとされる時刻。②死にぎわ。臨終。

**ち-しつ【地質】** 地表付近の岩石や地層の性質・種類・構造などの総称。geological features

**ち-しつ【知▼悉】**(名・サ変他) 知りつくすこと。complete knowledge 用例 性質を――している。

**ち-じつ【遅日】** 春の、なかなか暮れない日。日なが。

**ちしつ-がく【地質学】** 地球の表層部、とくに地殻を研究する自然科学の一分野。地球の構成物質、地殻変動や火山活動、生物の変遷、地球の歴史などを調べる。geology

**ちしつ-こうぞう【地質構造】** ある地域をつくる岩石や地層の形態や配置をいう。地質構造を解析すると、その地域がこれまでたどってきた地質学的な歴史を知ることができる。geological structure

**ちしつ-こうぞうせん【地質構造線】** 大規模な断層・断層群が地表に現れた線。地質構造の異なる地域間の境界を示す。中央構造線や糸魚川―静岡構造線など。tectonic line

**ちしつ-じだい【地質時代】** ①地球の地殻が形成されて以来、今日までの時代。古生物の進化過程に基づき、先カンブリア時代・古生代・中生代・新生代に分けられる。geological age ②文献のない大昔を漠然とさす語。ancient times ↓図(次ページ)

**ちしつ-ず【地質図】** 地表における岩石や地層の分布、累重関係、地質構造などを表現した地図。一般に地形図上に色や模様で表現される。日本では、通産省地質調査所で各種地質図を発行。geologic map

**ちしつ-ちょうさ【地質調査】** ある地域の地質を明らかにするために行う調査。学術的調査と地質工学的調査がある。geological survey

**ちしつ-ちょうさじょ【地質調査所】** 日本の国土の地質・地下資源・防災などに関する調査研究を行う国家機関。通産省工業技術院に所属。所在地は茨城県の筑波研究学園都市。

**ちしま-かいきょう【千島海峡】** 千島列島北端シュムシュ(占守)島とカムチャツカ半島の間の海峡。シュムシュ海峡。クリル海峡。the Straits of Kurile

**ちしま-かいりゅう【千島海流】** ↓おやしお(親潮)

**ちしま-かざんたい【千島火山帯】** カムチャツカ半島から千島列島を経て、北海道中央部に達する火山帯。活火山が多い。カムチャツカのクリュチェフスカヤ山四七五〇m、北海道の大雪山二二九〇mなどが主峰。

**ちしま-カムチャツカ-かいこう【千島―カムチャツカ海溝】** カムチャツカ半島南東沖から千島列島の南側に沿い、北海道襟裳岬南東沖に連なる海溝。全長約二〇〇〇km。水深は平均七〇〇〇m。Kurile-Kamchatka trench

**ちしまからふと-こうかんじょうやく【千島▼樺太交換条約】** ↓からふとちしまこうかんじょうやく(樺太千島交換条約)

**ちしま-ききょう【千島▼桔▼梗】** キキョウ科の多年草。中部以北の高山にはえる。高さ約一〇cm。葉は根生し、さじ形。夏に青紫色の鐘形花を一個開く。↓写

●チシマギキョウ

**ちしま-ざくら【千島桜】** バラ科の落葉小高木。北海道に分布するミネザクラの変種。葉や葉柄に毛がある。花色は淡紅色または白色。

**ちしま-ざさ【千島▼笹】** ネマガリタケの別名。

**ちしま-ぜきしょう【千島石▼菖】** ユリ科の多年草。中部以北の高山帯にみられる。高さ一〇cm程度。夏、軸頂に淡赤色の穂状の花をつける。

**ちしま-れっとう【千島列島】**(Kuril'skiye Ostrova) 太平洋北西部、カムチャツカ半島南端から南西に連なる弧状の火山列島。一八七五年(明治八)の樺太千島交換条約で日本領となったが、第二次大戦後はソ連の管理下にある。クリル列島。

**ち-しゃ【知者・▼智者】** ①道理のよくわかった人。sage ②知恵のある人。賢い人。wise man ③《仏教語》知識のすぐれた高僧。

**知者は惑わず**(ちしゃはまどわず) 知者は、事にあたってもまよわない。

**知者は水を楽しむ**(ちしゃはみずをたのしむ) 知者が事をたくみに処理していくさまを、水がよどみなく流れることにたとえていう。

**知者も千慮に一失**(ちしゃもせんりょにいっしつ) 知者でも、いろいろ考える中には、一つぐらい、考えちがいやまちがいがある。Even Homer sometimes nods.

**ち-しゃ【治者】** 国をおさめる人。統治者。ruler 対義 被治者。

**ちしゃ【▼萵▼苣】** ↓ちさ(萵苣)

**ちしゃく-いん【▼智▽積院】** 京都市東山区東瓦町にある真言宗智山派の総本山。もと紀州根来の大伝法院の一院。慶長五年(一六〇〇)玄宥が現在地に再興して中興の第一世となった。

**ちしゃ-の-き【▼萵▼苣の木】** ①ムラサキ科の落葉高木。山地や庭木にみられる。高さ約一〇m。葉は楕円形で互生。初夏に白色の小花を枝先に密生。果実は黄熟。②エゴノキの別名。

**ち-しゅ【置酒】**(名・サ変自) さかもりをすること。[用例]―高会。

**ち-しょう【地象】** 大地に起こるいろいろな現象。地震・噴火・山くずれなど。terrestrial phenomenon

**ち-しょう【知将・▼智将】** 戦略・戦術のうまい将軍。resourceful general [比較]勇将。

**ち-じょう【地上】** ①土地の上。on the ground ②この世。this world [用例]―の楽園。

**ち-じょう【▼笞▼杖】** 律令制下、五刑のうちの、笞刑と杖刑のこと。罪人の背・しりなどをむちで打つ刑罰と、つえで打つ刑罰。

**ち-じょう【痴情】** 情欲におぼれる気持ち。色欲に迷う心。blind passion

**ち-じょう-い【知情意】** 知性と感情と意志。人間の精神活動の基本となる三つの働き。

**ちじょう-けい【地上茎】** 地上にある茎。terrestrial stem [対義]地下茎。

**ちじょう-けん【地上権】** 他人の土地の上で家屋などの工作物や竹木を所有するために、その土地を使用する権利。superficies [比較]地役権。

**ちじょう-しょくぶつ【地上植物】** 休眠する芽の位置による分類で、その位置が地上三〇cm以上の植物。高木(スギ・ヒノキなど)や低木(カエデ・ツツジなど)がこれにあたる。挺空植物。phanerophyte

**ち-じょう-ずる-し【▼笞▼杖▽徒流死】** 律令時代の基本的な五種の刑罰。笞は笞打ち、杖は杖たたき、徒は強制労働、流は配流、死は絞首・斬首のこと。五刑。

**ちしょう-だいし【▼智証大師】** 円珍の諡号。

**ちじょう-てんきず【地上天気図】** 一定時刻の各地の地上での気象状況を、観測資料に基づいた各種の記号で記入した地図。風向・風速・天気・等圧線などが示される。surface weather chart

**ち-じょく【恥辱】** はじ。はずかしめ。不名誉。disgrace [用例]―をうける。

**ちし-りょう【致死量】** 生体を死にいたらせるのに十分な投薬の限界量。最小致死量、五〇%致死量、最大致死量がある。lethal dose

**ち-しん【地心】** 地球の中心。正しくは地球楕円体の中心。center of the earth

**ち-じん【地神】** ①地祇。国つ神。②天照大神以下皇統の祖神。

**ち-じん【知人】** 知っている人。知り合い。知己。acquaintance

**ち-じん【痴人】** ばか者。たわけ者。しれ者。fool

**痴人に対して夢を説く**(ちじんにたいしてゆめをとく) 愚かな者に、とりとめのない夢の話を聞かせる。言っても甲斐のない、ばかばかしいことのたとえ。

**ちじん-ごだい【地神五代】** 日本神話で、天神七代に続いてこの地を始めたとされる皇統の五柱の祖神。また、その時代。天照大神・天忍穂耳尊・瓊瓊杵尊・彦火火出見尊・鸕鷀草葺不合尊の五代。地祇五代。

**ちしん-じ【遅進児】** 学業の進みのおそい児童。学習指導上特別の配慮を要する。学業不振児。slow learner

**ち-ず【地図】** ①地表面の全部または一部の状況を、記号や文字・色彩などを用い、平面上に縮小して描き表したもの。その種類と表現方法はきわめて多く、対象範囲によって縮尺もさまざま。マップ。map [数え方](一枚物)一枚・一葉。②目的地への道筋などを、地図のように図解して示したもの。案内図・分布図など。map →図

**ちず【▼智頭】** →ちづ(智頭)

**ち-すい【治水】**(名・サ変自) 河川の氾濫を防ぎ、灌漑・発電などの利用目的にかなうよう水流・水路の保全・管理をすること。river improvement [対義]治山。

**ち-すい-か-ふう【地水火風】**《仏教語》地と水と火と風。万物の生じる元素。四大。[比較]五大。

**ち-すい-か-ふう-くう【地水火風空】**《仏教語》地と水と火と風と空。密教で、四大に「空」を加えて、万物の生じる元素とするもの。五大。

**ちすい-こうもり【血吸▼蝙▼蝠】** チスイコウモリ科の小形のコウモリ。動物を歯で傷つけ、血をなめとる。頭胴長約八cm、前腕長約五・五cm。尾はなく、体上面は灰褐色。門歯と犬歯は鋭い。中南米に分布。バンパイア。キュウケツコウモリ。vampire →図

● チスイコウモリ

**ちすい-びる【血吸▼蛭】** ヒルド科の環形動物。水田・池沼にすみ、人畜から吸血する。体長三~四cm。背面に数本の緑灰色の縦じまがある。日本各地に分布。

**ちず-ごけ【地図▼苔】** ヘリトリゴケ科の地衣。高山の岩上に発生する。地衣体は美しい黄緑色で、ほかの地衣類との境に黒色の境界線

● 地質時代① 地殻と生物の変遷

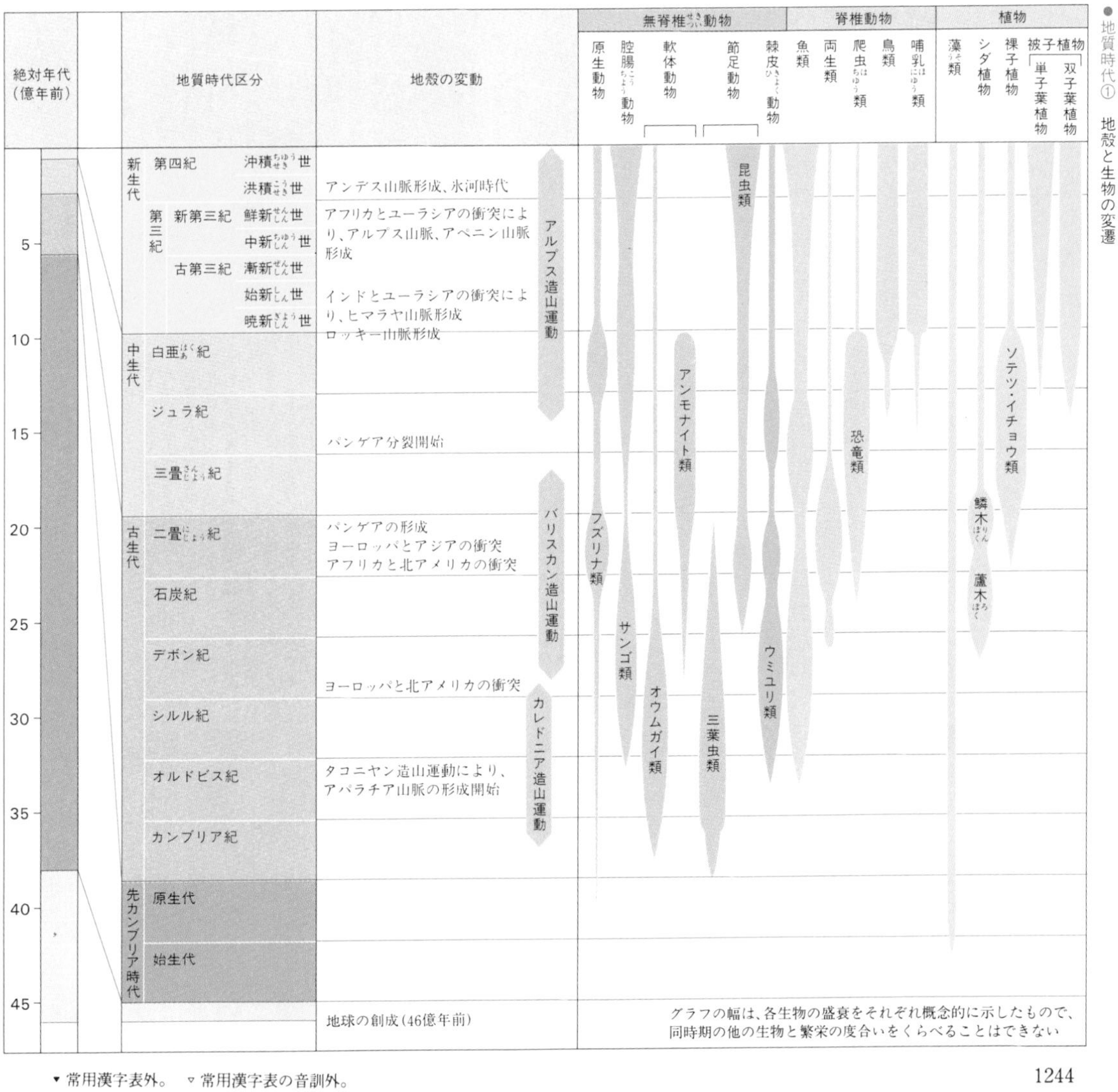

を生じ、地図状にみえる。日本全土に分布。

**ち-すじ**ちーすj【血筋】①血液がめぐる道筋。血脈。blood vessels ②代々続いた血のつながり。血統。descent ③身内。血縁。血族。blood relationship

**ちず-とうえいほう**【地図投影法】地球表面を平面の地図に表現する方法。曲面は伸び縮みなく平面に表せないので、方位・距離・角・面積のいずれかを正しく表す図法がいろいろ考案されている。map projection ↓地図図

**ち-せい**【地勢】全体としての土地の自然のありさま。土地の形勢。geographical features 比較地形。

**ち-せい**【地精】ニンジンの異名。

**ち-せい**【治世】①世をおさめること。rule ②君主として世をおさめた期間。reign ③太平の世。peaceful times 対義乱世。

**ち-せい**【知性】①考える力。わきまえる働き。intellect ②哲学で、認識・判断・推理などの知的な働きを営む性質・能力。intellect

**ちせい-がく**【地政学】《Geopolitikドイの訳》国家や政治現象を地理的角度から理解しようとする学問。スウェーデンの地理学者チェレーンが政治地理学を発展させたもの。のちにナチスの御用学問化された。ゲオポリティーク。geopolitics

**ちせい-じん**【知性人】動物学で、現在の人類。ホモーサピエンス。Homo sapiens

**ちせい-ず**【地勢図】地形のほか交通路・集落・土地利用の状態をおおまかに表現した編集図。地形図より縮尺が小さい。国土地理院発行の二〇万分の一地勢図など。geographic map

**ち-せき**【地積】土地の面積。反別たんべつ。坪数。acreage

**ち-せき**【地籍】土地の位置・形質およびその所有関係。また、それを明らかにする制度。土地登記簿に記載される。land register 用例—台帳。

**ち-せき**【治績】政治上の功績。record of administration

**ちせき-ず**【地籍図】土地の所有関係について一区画ごとに境界・地番・地目・面積・所有者などを明らかにした地図。縮尺は平地では五〇〇～一〇〇〇分の一。cadastral map

**ち-せつ**【稚拙】(名・形動)幼稚で、へたなこと・さま。poor 用例—な文字。

**チセリウス**【Arne Wilhelm Kaurin Tiselius】(一九〇二〜七一)スウェーデンの生化学者。血清中のたんぱく質の分離に電気泳動を応用し、確認・精製の手段を確立。一九四八年ノーベル化学賞受賞。

**ちせんかいゆう-しき**【池泉回遊式】日本庭園の形式の一つ。池を中心に構成された変化に富む庭の造りを、めぐり歩きながら鑑賞するもの。江戸時代に発達。東京の小石川後楽園庭園、京都の桂離宮庭園など。

**ち-そ**【地租】土地に課せられる物税。宅地・田畑などから生じる収益を対象とする。もとは国税の一つであったが、現在は固定資産税の一部として市町村税に入る。land tax

**ち-そう**【ˇ馳走】(名・サ変他)①《その準備に奔走することから、上に「御ご」を付けて》ふるまうこと。もてなすこと。おいしい料理。treat ②古語走り回ること。用例これによって—す。所得いくばくの利ぞや(曾我・一一)。

**ち-そう**【地相】①土地のようす。②地勢から判断される吉凶。比較家相。

**ち-そう**【地層】堆積たいせき岩の層の重なり。火山岩や変成岩に対しても用いる。大きい方から層群・累層・部層・単層と細分していく。stratum; bed

**ちそう-めん**【地層面】地層を形成するときのある時期の堆積たいせき面。層理面。bedding plane

**ちそうるいじゅう-の-ほうそく**【地層累重の法則】地層が上下に重なっているとき、下の地層ほど古く、上の地層ほど新しいとする法則。イギリスの地質学者スミスが提唱した。law of superposition

**ちそ-かいせい**【地租改正】明治政府による土地制度・税制の大改革。領主的土地所有を解体し、農民保有地に私的土地所有権を認め、金納定額地租を定めた。明治六年(一八七三)条例公布。

**ち-そく**【知足】足ることや限度を知ること。

**ち-そく**【遅速】遅いことと、速いこと。遅いか速いか。speed 用例—を問わず。

**ち-ぞめ**【血染め】血に染まっていること。bloodstained 用例—のシャツ。

**チソンデツェン**【Khri-srong-lde-brtsan】(七四二〜七九七)吐蕃とばんの名君。唐の都長安を攻略し、西北辺境からタリム盆地を掌握。インド仏教を本格的に導入し、国教とした。

**ちた**【知多】〈市〉愛知県知多半島、伊勢いせ湾に臨む市。石油コンビナートを中心に工業地区を形成。宅地化も進む。伝統工業では知多木綿が有名。人口七万三〇三四(一九八八)。

**チタ**【Chita】ソ連、東シベリア南部、ヤブロノイ山脈南東麓ろく、アムール川支流の河港。シベリア鉄道が通る交通の要地。人口三四・二万(一九八六)。

**チター**【Zitherドイツ】南ドイツやオーストリアの民族音楽用の撥弦はつげん楽器。映画『第三の男』で広く知られた。ツィター。↓写(次ページ)

**ち-たい**【地帯】ある性質・状態でくぎられた一定の地域。area 用例山林—。

**ち-たい**【遅滞】(名・サ変自)①おくれてとどこおること。delay; arrears ②債務者が期限になっても債務を履行しないこと。また、債権者が、受領しなければならない弁済を拒むこと。defaut

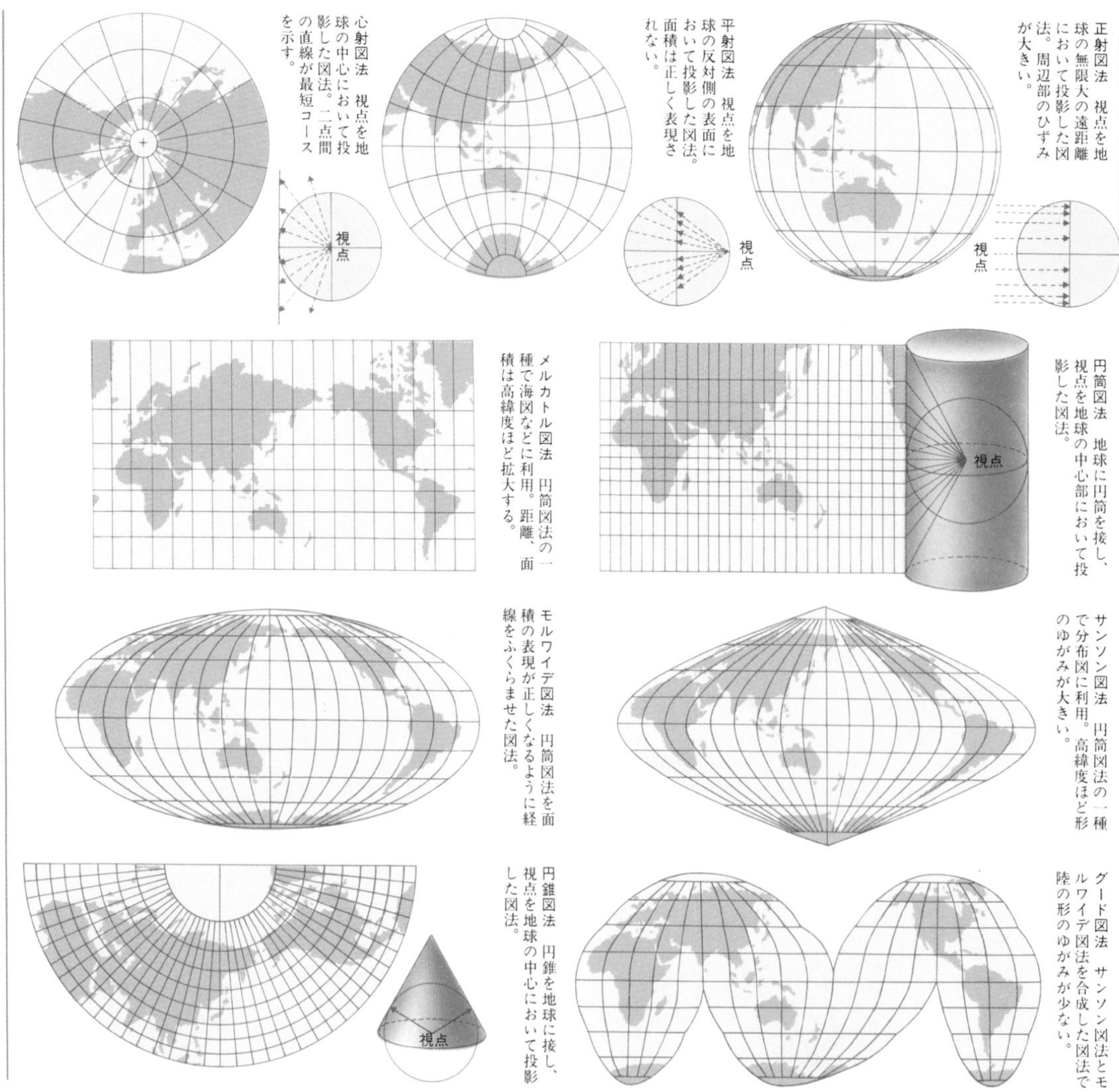

● 地図① おもな図法の種類

正射図法　視点を地球の無限大の遠距離において投影した図法。周辺部のひずみが大きい。

平射図法　視点を地球の反対側の表面において投影した図法。面積は正しく表現されない。

心射図法　視点を地球の中心において投影した図法。二点間の直線が最短コースを示す。

円筒図法　地球に円筒を接し、視点を地球の中心部において投影した図法。

メルカトル図法　円筒図法の一種で海図などに利用。距離、面積は高緯度ほど拡大する。

サンソン図法　円筒図法の一種で分布図に利用。高緯度ほど形のゆがみが大きい。

モルワイデ図法　円筒図法を面積の表現が正しくなるように経線をふくらませた図法。

グード図法　サンソン図法とモルワイデ図法を合成した図法で陸の形のゆがみが少ない。

円錐図法　円錐を地球に接し、視点を地球の中心において投影した図法。

●チター

遅滞無く(ちたいなく) とどこおることがなく。おくれないで。すらすらと。without delay

**ち‐たい【痴態】** たわけたふるまい。醜態。foolery

**ち‐だい【地代】** ①土地を借りた人が所有者に支払う土地使用料。借地料。じだい。rent ②土地の売買価格。地価。land price

**ち‐だい【血▼鯛】** マダイに似たタイ科の海水魚。全長約四〇㎝。マダイの代用として食される。北海道以南・東シナ海に分布。ハナダイ。チコ。↓図

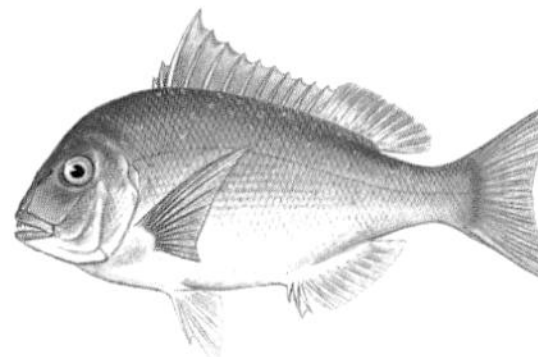
●チダイ

**ちたいくう‐ミサイル【地対空ミサイル】** 地上または艦上から空中の目標を攻撃する防空用誘導ミサイル。SAM。surface-to-air missile

**ちたいち‐ミサイル【地対地ミサイル】** 地上または艦上から発射して、地上または水上の目標を攻撃する戦術ミサイル。SSM。surface-to-surface missile

**ちだいやちん‐とうせいれい【地代家賃統制令】** 第二次大戦後、物価安定のため地代と家賃を抑制する目的で定められた勅令。昭和二一年(一九四六)制定。同六一年(一九八六)失効。

**ちだい‐ろん【地代論】** 地代の決定要因に関する理論。リカードの差額地代論、マルクスの絶対地代論などが代表的。theory of rent

**ち‐だつ【▼褫奪】**(名・サ変他) 取り上げること。剝奪。用例 免許状を—する。

**チタニウム【titanium】** ↓チタン(Titan)

**ちた‐はんとう【知多半島】** 愛知県南部、伊勢湾と三河湾を分ける半島。丘陵・低山からなる。愛知用水の受益地帯。

**ち‐だるま【血▽達磨】** 全身に血を浴びること。血だらけ。

**チタン【Titanドイ】** 金属元素。記号Ti 原子番号二二。原子量四七・九。鋼に似た銀灰色の光沢があり、空気中できわめて安定、また海水・薬品に強い。化学工業用装置の材料、ロケット・ジェット機の構造材に使用。チタニウム。titanium

**チタン【Titānes】** ↓ティタン

**チタン‐ごうきん【チタン合金】** チタンを主成分とする合金。強度が大きく、耐食性もよく、高温にも耐える。ジェットエンジン材料・超電導材料(ニオブ―チタン合金)・形状記憶合金(ニッケル―チタン合金)などにも用いられる。titanium alloy

**チタンさん‐バリウム【チタン酸バリウム】** ①オルトチタン酸バリウム $Ba_2TiO_4$ 暗赤色の粉末。barium orthotitanate ②メタチタン酸バリウム $BaTiO_3$ 白色の粉末。強誘電性を示すものがあり、誘電体に利用。barium metatitanate

**チタン‐じき【チタン磁器】** 酸化チタンを主成分とする磁器。誘電損失が少ないため、誘電体素子に用いる。titanium porcelain

**チタン‐てっこう【チタン鉄鉱】** チタンと鉄の酸化鉱物。チタンの鉱石鉱物。三方晶系。六角薄板状の結晶。黒色で金属光沢をもつ。鉄と少量のマンガンやマグネシウムが含まれている。ilmenite

**チタン‐はく【チタン白】** 酸化チタン $TiO_2$ を主成分とする無毒の白色顔料。隠蔽力・着色力ともに大きく、安定。化粧品・塗料などに利用。titanium white

**ちち【父】** ①自分の親である男性。配偶者の父を言うこともある。男親。father ②物事をはじめた開祖。創始者。father 用例 近代中国の—孫文。対義 母。

**ちち【乳】** ①哺乳類が分娩後に乳腺から出す分泌物。白色または淡黄色の液体。うまれたばかりの子の発育に必要なすべての栄養素を含む。人乳・牛乳・馬乳・ヤギ乳など。milk ②ちぶさ。breast ③植物の茎や葉を傷つけたときに出る乳状の液体。latex

**ち‐ち【致知】**(『大学』にあることば)儒教における基本的実践倫理の一つ。朱子学においては、万物に備わる道理を明らかにすること。陽明学では、生まれつき我が心に備わる良知を十分に発揮すること。

**ち‐ち【遅遅】**(形動トタル) ①進み方がおそいさま。slow ②のどかで日が長いさま。用例 春日—。

**ちち‐うえ【父上】** 父を言う敬語。父君。対義 母上。

**ちち‐おや【父親】** 男のほうの親。男親。father 対義 母親。

**ちちかえる【父帰る】** 菊池寛の戯曲。大正九年(一九二〇)初演。家を捨て、二〇年ぶりに落ちぶれて帰ってきた父を迎える肉親の愛憎の相克を描く。

**チチカカ‐こ【チチカカ湖】**(Lago Titicaca) 南アメリカ中西部、ペルー西部とボリビア南東の国境にある湖。面積八三〇〇㎢。湖面高度は世界最高で三八一二m。付近にインカの遺跡があり、水上家屋の集落で知られる。

**ちち‐かた【父方】** 父の血筋に属するほう。父の血続き。father's side 対義 母方。

**ちぢか・む【縮かむ】**(五自) 寒さなどで動作が不活発になる。be benumbed

**ちち‐ぎみ【父君】** 父上。ふくん。対義 母君。

**ちち‐ぐさ【乳草】** ①茎や葉を切断すると白い汁を出す植物の俗称。②ノゲシの別名。③ガガイモの別名。

**ちち‐くさ・い【乳臭い】**(形) ①乳のにおいがする。smell of milk ②未熟である。幼稚である。green

**ちち‐く・る【乳繰る】**(五自) 男女がこっそり会ってたわむれる。ちちくりあう。make love secretly

**ちぢ・ける【縮ける】**(下一自) 縮まる。小さくなる。

**ちち‐ご【父御】** 相手の父を言う敬語。尊父。てでご。対義 母御。用例 —によろしく。

**ちちこ‐ぐさ【父子草】** 野原にみられるキク科の多年草。高さ約二〇㎝。葉の両面に白い綿毛が密生。四月、茶褐色の小花が咲く。

**ちぢこま・る【縮こまる】**(五自) からだが縮んだようになる。恐れて小さくなる。be huddled 用例 すみに—。

**ちち‐じま【父島】** 東京都、小笠原諸島中最大の島。面積二四㎢。小笠原の中心をなす島で、諸島中唯一の良港二見港がある。

**ちちじゃ‐ひと【父者人】**(「者」は当て字。父である人、の意)父を敬ってよんだ語。

**ちち‐たけ【乳▼茸】** 担子菌類ハラタケ科のキノコ。八月ごろ広葉樹林内に発生する。かさも茎も橙褐色。ひだは淡黄色で、食用となる。傷つけると白色の汁を出すことからの名。日本全土に分布。

**ちちとこ【父と子】**(原題Otsy i detiロシ)ツルゲーネフの小説。一八六二年発表。無神論のニヒリストを主人公に、世代対立のきざした六〇年代ロシアの時代相を描く。

**ちちなし‐ご【父無し子】** =てて無し子。①父親のない子。fatherless child ②父親がはっきりわからない子。bastard

**ちぢ‐に【千千に】**(副) あれこれと。さまざまに思い乱れるさま。deeply disturbed 用例 心が—乱れる。

**ちち‐の‐じょう【父▽尉】** ①『式三番』における役の名。翁・三番叟とともに古い猿楽の祭儀的演目の三老人を形成。『父尉延命冠者』に残る。②老翁の能面の一つ。

**ちち‐の‐ひ【父の日】** 父親を慰労し、たたえる日。六月の第三日曜日。アメリカではじまった。Father's Day 比較 母の日。

**ちちのみ‐の【乳の実の】**[枕ことば](「ちちのみ」はイチョウの実のことども。同音の繰返しから)「父」にかかる。用例 —父の命柞葉の母の命おぼろかに情尽くして(万葉・一九・四一六四)。

**チチハル【斉斉哈爾】**(Qiqihār) 中国黒竜江省西部、嫩江中流域の商工業都市。交通の要地で、車両製造工業、電気・食品工業などが発達。人口一二四・六万(一九八四)。

**ちちぶ【知知武】** ダボハゼの別名。

**ちちぶ【▽秩父】**〈市〉埼玉県西部、秩父盆地の市。機業がさかんで銘仙が特産。セメント工業も発達。一二月の秩父神社の夜祭りは有名。人口六万一六三二(一九八八)。

**ちちぶ‐おんど【▽秩父音頭】** 埼玉県秩父地方の民謡で盆踊り唄。

**ちちぶ‐こせいそう【▽秩父古生層】** 日本列島の骨格をなす秩父地向斜地域に堆積した地層。古生代石炭紀〜二畳紀の地層が主体。Chichibu Palaeozoic formation

**ちちぶ‐こんみんとう【▽秩父困民党】** 明治中期、高利貸しに対抗して結成された埼玉県秩父地方の農民組織。指導部は落合寅市・高岸善吉・井上伝蔵ら中農・貧農の自由党員。明治一七年(一八八四)蜂起した(秩父事件)が敗れて壊滅。秩父自由党。

**ちちぶ‐さんじゅうさんしょ【▽秩父三十三所】** 埼玉県秩父地方にある三三か所の観音霊場。西国・坂東三十三所とあわせて百観音にするため、実際は三四か所ある。秩父三十四所とも。秩父霊場。↓図

**ちちぶ‐さんち【▽秩父山地】** 埼玉県西端から群馬・東京・山梨・長野の都県にまたがる山地。主峰は甲武信ケ岳二四七五m、金峰山二五九五mなど。

**ちちぶ‐じけん【▽秩父事件】** 自由民権運動の激化事件の一つ。明治一七年(一八八四)埼玉県秩父地方の自由党員と貧窮農民らが結んで秩父困民党を結成。負債年賦返済・租税軽減などを要求し武装蜂起したが、一〇日余で鎮圧された。

**ちちぶ‐じんじゃ【▽秩父神社】** 埼玉県秩父市番場町大宮にある旧国幣小社。祭神は八意思兼神ほか二神。養蚕と産育の守り神。

**ちちぶたま‐こくりつこうえん【▽秩父多摩国立公園】** 奥秩父の山岳地帯を中心とする国立公園。原生林・渓谷美・化石などで知られる。昭和二五年(一九五〇)指定。

**ちちぶ‐ちこうしゃ【▽秩父地向斜】** 主として古生代後半から中生代初期にかけて、現在の日本列島のほぼ全域にあったと考えられる地向斜。シルル紀以降堆積し、中生代末期から造山運動を受け、陸地となった。本州地向斜とほぼ同義。Chichibu geosyncline

**ちちぶ‐の‐みや【▽秩父宮】**(一九〇二—五三) 大正天皇の第二皇子、雍仁親王の宮号。大正一一年(一九二二)に宮家を創立。

**ちちぶ‐ぼんち【▽秩父盆地】** 埼玉県西部、関東山地内の盆地。第三紀層の浸食盆地で、荒川の河岸段丘が発達。

**ちちぶ‐よまつり【▽秩父夜祭(り)】** 埼玉県秩父市秩父神社で、一二月二日と三日に行われる例大祭。二日の神馬奉納のあと、三日夜、笠鉾と山車がお旅所まで渡御し、このとき秩父屋台囃子が奏される。↓写

**ちぢま・る【縮まる】**(五自) ①長さ・大きさ・

●秩父三十三所

| | 寺名 | 宗派 | 所在地 |
|---|---|---|---|
| 一 | 四万部寺 | 曹洞 | 秩父市栃谷 |
| 二 | *真福寺 | 曹洞 | 秩父市大棚 |
| 三 | 常泉寺 | 曹洞 | 秩父市山田 |
| 四 | 金昌寺 | 曹洞 | 秩父市山田 |
| 五 | 長興寺 | 臨済 | 埼玉県横瀬町 |
| 六 | 卜雲寺 | 曹洞 | 埼玉県横瀬町 |
| 七 | 法長寺 | 曹洞 | 埼玉県横瀬町 |
| 八 | 西善寺 | 臨済 | 埼玉県横瀬町 |
| 九 | 明智寺 | 臨済 | 埼玉県横瀬町 |
| 一〇 | 大慈寺 | 曹洞 | 埼玉県横瀬町 |
| 一一 | 常楽寺 | 天台 | 秩父市坂氷 |
| 一二 | 野坂寺 | 臨済 | 秩父市野坂 |
| 一三 | 慈眼寺 | 曹洞 | 秩父市東町 |
| 一四 | 今宮坊 | 臨済 | 秩父市中町 |
| 一五 | 少林寺 | 臨済 | 秩父市番場町 |
| 一六 | 西光寺 | 真言 | 秩父市中村町 |
| 一七 | 定林寺 | 曹洞 | 秩父市桜木町 |
| 一八 | 神門寺 | 曹洞 | 秩父市下宮地町 |
| 一九 | 竜石寺 | 曹洞 | 秩父市大畑町 |
| 二〇 | 岩之上堂 | 臨済 | 秩父市上寺尾 |
| 二一 | 観音寺 | 真言 | 秩父市上寺尾 |
| 二二 | 栄福寺 | 真言 | 秩父市中寺尾 |
| 二三 | 音楽寺 | 臨済 | 秩父市中寺尾 |
| 二四 | 法泉寺 | 臨済 | 秩父市別所 |
| 二五 | 久昌寺 | 曹洞 | 秩父市久那 |
| 二六 | 円融寺 | 臨済 | 秩父市下影森 |
| 二七 | 大淵寺 | 曹洞 | 秩父市上影森 |
| 二八 | 橋立堂 | 曹洞 | 秩父市上影森 |
| 二九 | 長泉院 | 曹洞 | 埼玉県荒川村 |
| 三〇 | 法雲寺 | 臨済 | 埼玉県荒川村 |
| 三一 | 観音院 | 曹洞 | 埼玉県小鹿野町 |
| 三二 | 法性寺 | 曹洞 | 埼玉県小鹿野町 |
| 三三 | 菊水寺 | 曹洞 | 埼玉県吉田町 |
| 三四 | 水潜寺 | 曹洞 | 埼玉県皆野町 |

＊約四五〇年前順位変更による追加

● 秩父の夜祭り

間隔が短くなる。become short 用例 洋服の丈が—。走者の間隔が—。②緊張や恐ろしさなどで、体や気持ちが小さくなる。shrink with fear 用例 身の—思い。

**ちぢみ【縮み】**①縮むこと。shrink ②「縮み織り」の略。

**ちぢみ-あが・る【縮み上がる】**(五自)①すっかり縮む。shrink ②恐れて小さくなる。cower

**ちぢみ-おり【縮(み)織り】**布の表面にしぼの効果を出した織物の総称。綿縮み・縮緬・クレープデシン・ジョーゼットなど。ちぢみ。crepe

**ちぢみ-ざさ【縮▼笹】**山野にはえるイネ科の多年草。葉の下部は地をはい、節から根を出す。葉は披針形で、葉縁にしわがある。秋、緑色の花穂をつける。

**ちぢ・む【縮む】**(五自)①長さ・大きさ、間隔が小さく、短くなる。shrink 対義 伸びる。用例 シャツが—・んだ。②緊張や恐ろしさなどで体や気持ちが小さくなる。shrink with fear 用例 身の—思い。

**ちぢ・める【縮める】**(下一他)①長さ・大きさや間隔を短くする。shorten 対義 伸ばす。用例 寸法を—。過労で命を—。②緊張や恐ろしさなどで、体や気持ちを小さくする。shrink 用例 思わず身を—。③すくめる。ひっこめる。shrink 用例 首を—。④しわを寄せる。wrinkle 用例 まゆを—。

**ち-ちゅう【地中】**大地の中。地の中。土中。地下。in the earth

**ち-ちゅう【▼踟▼躕】**(名・サ変自) ぐずぐずすること。

**ちちゅう-おんどけい【地中温度計】**地中温度を測定する温度計。深さによって曲管や鉄管などがある。earth thermometer

**ちちゅう-かい【地中海】**①二つの異なる大陸に囲まれた海のこと。アメリカ地中海、アジアーオーストラリア地中海などがあるが、一般にはヨーロッパ地中海をいう。②ヨーロッパ・アジア・アフリカ三大陸に囲まれる。大西洋の付属海で、面積二九六万km²、最深部四五九五m。Mediterranean Sea

**ちちゅうかい-かざんたい【地中海火山帯】**イタリア半島やシチリア島からエーゲ海をへてトルコなどを含む火山帯。Mediterranean volcanic belt

**ちちゅうかいしき-のうぎょう【地中海式農業】**地中海性気候地域に発達する農業。夏の乾燥に強いオリーブ・ブドウなどの果樹、冬の降雨を利用した小麦の栽培、夏にヒツジやヤギを高地へ上げて放牧する移牧などが特徴。Mediterranean agriculture

**ちちゅうかいせい-きこう【地中海性気候】**おもにヨーロッパ地中海の周辺にみられる温帯気候。夏は中緯度高圧帯におおわれて乾燥した晴天がつづき、冬は偏西風に支配され、低気圧が東進して多雨となる。地中海気候。Mediterranean climate

**ちちゅうかい-みばえ【地中海実▼蠅】**ミバエ科のハエ。幼虫は柑橘類の果実に食い入る。体長約五mm。一度に五〇〇ほどの卵を産む。ミカン類の害虫なので、各国とも国外からの侵入阻止に努力している。Mediterranean fruit fly

**ちちゅう-しょくぶつ【地中植物】**休眠芽の位置による生活形の分類で、地上部が枯れたとき芽が地中に保護される植物。geophyte

**ちぢら・す【縮らす】**(五他) 縮れるようにする。縮らせる。curly 用例 髪の毛を—。

**ちぢら・せる【縮らせる】**(下一他)↓ちぢらす(縮らす)

**ちぢれ-げ【縮れ毛】**縮れた髪の毛。縮らせた髪の毛。ちぢれけ。ちぢれっけ。curly hair

**ちぢ・れる【縮れる】**(下一自) しわが寄ったり、波うったようになったりして縮まる。shrink; curly 用例 —・れた髪。

**ちぢわ【千々▽石】**〈町〉長崎県、島原半島北西部の町。ジャガイモ栽培がさかん。千々石断層崖がある。人口六四五五(一九八八)。

**ちぢわ-ミゲル【千々▽石ミゲル】**(生没年未詳) キリシタンで、天正遣欧使節の正使。肥前藩主有馬晴信の甥。名は清左衛門。天正一〇年(一五八二)渡欧しローマ教皇に謁見、同一八年(一五九〇)帰国。のち棄教。

**ちぢわ-わん【千々▽石湾】**橘湾の別称。

**ちちん-ぷいぷい** ①幼児がすり傷やこぶをこしらえたときなどに、痛むところをさすってやりながら言うことば。②手品などをして見せるときに、呪文としてとなえることば。

**チツ【▼帙】**8画 部首[巾] JIS 5469
音 チツ
ふまき。ふみづつみ。和とじの本をつつむおおい。厚紙に布をはってつくる。「巻帙」用例(名)—をひもとく。↓図
**帙を繙く**(ちつをひもとく) 書物を開いて読む。

● 帙

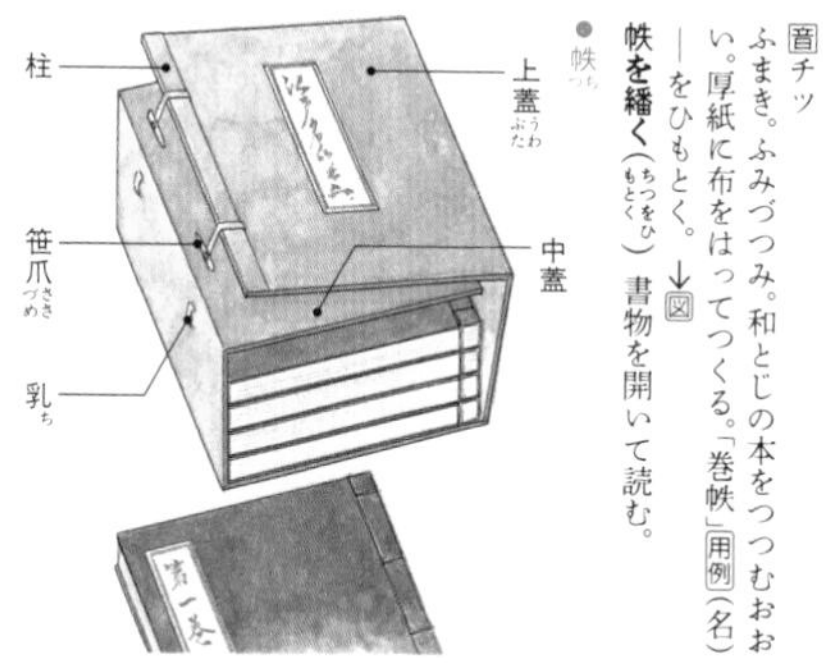


**チツ【秩】**10画 部首[禾] 常用 JIS 3565
音 チツ
①順序。すじみち。ついで。「秩序」②扶持。官からの給与。「秩米・秩禄」

**チツ【窒】**11画 部首[穴] 常用 JIS 3566
音 チツ
①つまる。ふさがる。ふさぐ。「窒息」②窒素のこと。「窒化物」

**チツ【▼膣】**15画 部首[月] JIS 7120
**【▼腟】**13画 異体字 JIS 7121
音 チツ
女性性器の一部。子宮から陰門までの筋肉性の管。交接器と産道をかねる。↓生殖器図

**チツ【▼蟄】**17画 部首[虫] JIS 7415
音 チュウ・チツ
かくれる。こもる。虫などが、土の中にとじこもる。「啓蟄」「蟄居・蟄伏」

**ちづ【▼智頭】**〈町〉鳥取県南東部、千代川に沿う町。旧宿場町。西日本有数の林業・製材の町。人口一万一三〇(一九八八)。

**ちつ-えん【▼膣炎】**化膿菌や淋菌による膣粘膜の炎症。膣粘膜の発赤、白色または黄色粘液の増加、かゆみなどの症状がある。vaginitis

**ちっ-か【窒化】**①窒素と他の元素が化合すること。nitride ②鋼の表面硬化法の一種。アンモニアまたはシアン化ナトリウムなどを用い、表面の窒素含有量を増す。耐熱性・耐摩耗性が高くなり、シリンダーなどに使用。nitric
参照 表面硬化・浸炭。

**ちっか-ぶつ【窒化物】**窒素と、それより陽性の強い元素の化合物。いずれも固体。融点が高く加水分解しやすい。nitride

**ちっ-かん【竹簡】**↓ちくかん(竹簡)

**ちつ-かんきん【▼膣▼桿菌】**膣内に常に存在する桿菌。膣内の自浄作用をつかさどる。

**ちつカンジダ-しょう【▼膣カンジダ症】**カンジダ菌の膣内寄生による膣炎。妊婦・糖尿病患者・抗生物質使用者に多く、外陰部のかゆみが強い。vaginal candidiasis

**チッキ**《check のなまり》①手荷物預かり。チェック。baggage check ②《転じて》鉄道小荷物。check one's baggage ※; book one's luggage 英 用例 —で送る。

**ちっ-きょ【▼蟄居】**(名・サ変自) ①家にとじこもって外出しないこと。とじこもり。閉居。②近世、武士に科した刑の一つ。閉門のうえ、一室に謹慎させること。比較 遠慮・謹慎・逼塞。

**チック**《cosmetic の略》男の整髪用の固形油。

**チック【tic】**顔・肩などの筋肉がとつぜん不随意的に動きだす症状。目をパチパチさせたり、肩や腕をピクッと動かすことを繰り返す。神経質な子どもなどに起こりやすい。チック症。

**ちつ-けい【▼膣▼痙】**膣周囲の筋肉が痙攣して収縮すること。新婚女性に多く、性交に対する不安が原因とされる。vaginismus

**ちっこ・い【▽小っこい】**(形)《俗語》小さい。

**ちっ-こう【竹工】**《「ちくこう」の変》竹を使って作る細工。また、その職人。ちくこう。bamboo working; bamboo worker

**ちっ-こう【築港】**(名・サ変自)《「ちくこう」の変》港をきずくこと。きずいた港。

**ちつ-じょ【秩序】**社会や物事の正しい順序・筋道。組織や構成の整った状態。order 用例 安寧—。—を乱す。

**ちっ-そ【窒素】**周期表5B族の元素。元素記号N。原子番号七。原子量一四・〇。無色・無味無臭の気体で、大気中に七五・五%存在。アンモニア・硝酸・肥料などの合成に利用。nitrogen

**チッソ【チッソ(株)】**塩化ビニル・肥料などを生産する旧日本窒素系の化学会社。昭和二五年(一九五〇)設立。

**ちっ-そく【窒息】**(名・サ変自) 呼吸が止まること。上気道の完全閉塞。生理学上は体内の酸素不足と二酸化炭素過剰が併存するときをいう。suffocation 用例 —死。

**ちっそ-こてい【窒素固定】**生物が空気中の分子状窒素を取り込み、自ら利用しやすいように窒素化合物に固定化する現象。マメ科植物のように根粒菌と共生して窒素固定を行う生物のほかに、好気性細菌アゾトバクター、嫌気性細菌クロストリジウムなどの窒素固定バクテリアが知られる。nitrogen fixation

**ちっそ-さんかぶつ【窒素酸化物】**窒素と酸素の化合物の総称。一般式NOx。一酸化窒素と二酸化窒素は排気ガス中に含まれる大気汚染物質で、炭化水素と化合し、オキシダントとなる。光化学スモッグの原因物質。nitrogen oxide

**ちっそ-じゅんかん【窒素循環】**生態系において有機や無機の窒素化合物が互いに関連をもって循環すること。窒素固定や脱窒素作用などが関与する。nitrogen cycle

**ちっそ-たいしゃ【窒素代謝】**生体内の窒素化合物および、窒素を含む生物物質の同化・異化・排出のこと。nitrogen metabolism

**ちっそ-どうか【窒素同化】**植物が主として地中からとり入れた無機窒素化合物から、たんぱく質や核酸などの有機窒素化合物をつくり出す反応。assimilation of nitrogen

**ちっそ-ばくだん【窒素爆弾】**水爆に窒素を組み合わせた放射性爆弾。水爆の爆発時に生じる中性子で窒素を半減期五七三〇年の放射性炭素一四に変え、長期間の放射能障害を与えようとするもの。炭素一四は炭酸ガスとして拡散し全世界を放射能で汚染すると考えられる。nitrogen bomb

**ちっそ-ひりょう【窒素肥料】**窒素を主成分とする肥料の総称。硝安・石灰窒素・硫安・尿素など。また堆肥・大豆粕・魚粕など有機質肥料もいう。nitrogeneous fertilizer

**チッタゴン【Chittagong】**バングラデシュ南東部、ベンガル湾岸の港湾都市。ジュート・茶の世界的輸出港。人口一三九・二万(一九八一)。旧称ポドゴリカ。

**ちっち-ぜみ【ちっち▼蟬】**小形のセミ科の昆虫。体長約二cm。黒色で、背面中央に二個の小暗黄斑がある。翅は透明。山地にすみ、チッチッと鳴く。本州・四国・九州に分布。

**ちっちゃ・い【▽小っちゃい】**(形)《俗語》小さい。little 用例 —子。

**ちっ-ちょく【▼黜▼陟】**(名・サ変他)↓ちゅっちょく(黜陟)

**ち-つづき【血続き】**血筋の続くこと・間柄。血族。血縁。blood relation

**ちっ-と**(副)《俗語》少し。ちと。ちょっと。

**ちっと然うも御座るまい**(ちっともそうもござるまい)《江戸時代中期の流行語》なにそれほどでもあるまい。そんなことはない。

**ちっとやそっと**《下に打ち消しをともなって》わずかばかり。少しばかり。only a little 用例 —の努力では駄目だ。

**ちっと-も**(副)《下に打ち消しをともなって》①少しも。not at all ②しばらくの間も。not for a moment

**チップ【tip】**⊟(名) レストランやホテルな

どでサービスを受けたとき、相手に渡す小銭。心づけ。祝儀しゅうぎ。茶代。㊁(名・サ変自)野球・テニスでバットやラケットにボールがかすること。

**ちっ-ぷく【▼蟄伏】**(名・サ変自)①〈ヘビ・カエル・虫などが〉冬の間、地中で動かずにいること。冬眠。②おとなしく、ひきこもっていること。

**チップスせんせいさようなら【チップス先生さようなら】**《原題 Goodbye, Mr Chips》ヒルトンの小説。一九三四年刊。パブリックースクールの一教師の半生を通じ、イギリス精神を描く。

**チップ-テクノロジー【chip technology】**《chipは集積回路をはりつけた小片、の意》超大規模集積回路(VLSI)や大規模集積回路(LSI)の開発を中心とする工業技術。

**ちっぷべつ【秩父別】**〈町〉北海道中西部、雨竜うりゅう川に沿う町。稲作中心。肉・乳牛の飼育も行われる。人口三九五八(一九八八)。

**ちつ-べい【秩米】**↓ちつまい(秩米)

**チッペンデール【Thomas Chippendale】**(一七一八―七九)一八世紀イギリスの代表的家具製作者。ロココ美術・中国風などを調和させたチッペンデール様式を生み出す。著書『家具図集』。

**ちっぽけ**(形動)《俗語》いかにも小さいさま。

**ちつ-まい【秩米】**俸給としてもらう米。ちつべい。

**ちつ-ろく【秩▼禄】**①位や身分によって支給された給与。扶持ふち米。②世襲の俸給。知行。

**ちつろく-しょぶん【秩▼禄処分】**明治九年(一八七六)明治政府が士族・華族の秩禄(家禄・賞典禄)を廃止した措置。金禄公債の交付を代償としてその経済的特権を廃し、一般士族層に深刻な打撃を与えた。

**ち-てい【地底】**大地の底。地中の深い所。bowels of the earth

**ち-てい【池亭】**池のほとりの、あずまや。

**ち-てい【池堤】**池のどて。池塘ちとう。

**ちていき【池亭記】**慶滋保胤よししげのやすたねの著の随筆。漢文体。天元てんげん五年(九八二)成立。京都の荒れ地に池亭を構えた著者が、その心境や京のありさまをつづったもの。

**ちてい-ぎん【地丁銀】**中国、清しん代の税制。丁銀(人頭税)を地銀(土地税)に包括し、地銀に一本化して徴収した。康熙こうき帝の晩年に施行され、丁税を廃止した点で画期的とされる。

**ち-てき【知的】**(形動)①知性にかかわるさま。知性的であるさま。intellectual ②知識に富んでいるさま。賢そうに見えるさま。理知的。intellectual 用例 ―な顔をした少女。

**ちてき-しょゆうけん【知的所有権】**↓むたいざいさんけん(無体財産権)

**ちてき-ちょっかん【知的直観】**哲学で、対象の全体や本質を超感性的・直接的に把握する認識作用。intellectual intuition

**ち-てん【地点】**一定の所・場所・位置。spot

**ちてん-うりょう【地点雨量】**ある地点にある時間内に降った雨量。水の深さで表す。point precipitation depth 対義 面積雨量。

**ち-でんりゅう【地電流】**地表近くを流れている自然の弱い電流。数キロメートルの距離のあるところで一ミリボルト程度の電圧。地磁気の変化や雷、物質分布などに起因する。地表面下の構造、とくに電気的性質の推定に利用。earth current

**ち-と**(副)①少し。ちっと。a little ②しばらく。for a while 「く。

**ち-とう【池、塘】**①池のつつみ。池堤。②湿原に点在する小さな池。

**池塘、春草の夢**(ちとう、しゅんそうのゆめ)《池のつつみの春の草の上でみた夢、の意》青春のはかない夢のたとえ。

**ち-とう【池頭】**いけのほとり。

**ちどう-せつ【地動説】**地球が、宇宙の不動の中心ではなく、太陽のまわりを公転する一惑星にすぎないとする説。コペルニクスが提唱。heliocentric theory 対義 天動説。

**チトー【Josip Broz Tito】**(一八九二―一九八〇)ユーゴスラビアの政治家。第二次大戦中の対独抵抗運動を指導し、ドイツの占領からユーゴを解放。一九五三年人民共和国初代首相。六三年終身大統領。独特な自主管理制を導入し、対外的には非同盟主義の立場をとった。

**チトーグラード【Titograd】**ユーゴスラビア南西部、モンテネグロ共和国の首都。ビザンチン時代の重要な隊商路の地。人口一三二万(一九八二)。旧称ポドゴリカ。

**ち-とく【知得】**(名・サ変他)知って自分のものとすること。知ること。comprehension 比較 体得。

**ち-とく【知徳・▼智徳】**制度・行為・生活・環境などに正しく対処するための知識と道徳。knowledge and virtue

**チトクロム【Cytochromドイツ】**生物の呼吸に重要な役割を果たしているヘムたんぱく質。電子伝達や水素伝達を行うものの総称。広く生物界に分布。シトクロム。cytochrome

**チトクロム-シー【cytochrome C】**好気性細胞に広く分布する電子伝達をになうたんぱく質の一種。ミトコンドリアの内膜などに存在し、酸化による燐りん酸化反応をつかさどる。

**ち-とせ【千▽歳・千▽年】**多くの年。長い年月。せんねん。thousand years

**ちとせ【千▽歳】**〈市〉北海道、石狩平野南部の市。千歳空港があり、北海道の空の玄関となっている。工業も活発。人口七万六一二八(一九八八)。

**ちとせ【千▽歳】**〈村〉大分県南東部、大野川に沿う村。ハトムギ製品に力を入れるほか、園芸農業なども行われる。人口二九四四(一九八八)。

**ちとせ-あめ【千▽歳▼飴】**七五三の宮参りのとき、縁起物として売られる晒さらし飴。細長い棒状で紅白の色がつく。江戸中期に始まったといわれる。

**ちとせ-くうこう【千▽歳空港】**北海道、札幌さっぽろ市南東部にある民間・航空自衛隊共用の飛行場。北海道の空の玄関。

**ちとせ-らん【千▽歳▼蘭】**サンセベリアの和名。

**チトニア【Thithonia】**キク科チトニア属の総称。園芸上は、チトニアスペシオサをさす。夏、一重咲きのダリアに似た紅花をつける。庭園用。ヒロハヒマワリ。

**ち-どめ【血止め】**①出血を止めること。styplic ②血止めの薬。③《「血止」で》チドメグサの略称。

**ちどめ-ぐさ【血止草】**セリ科の多年草。地面をおおうように繁殖する。長い柄のある丸葉を互生。初夏、淡紫色の小花が咲く。ヒルに吸われたときの血止めに用いたのが名の由来。チドメ。↓図

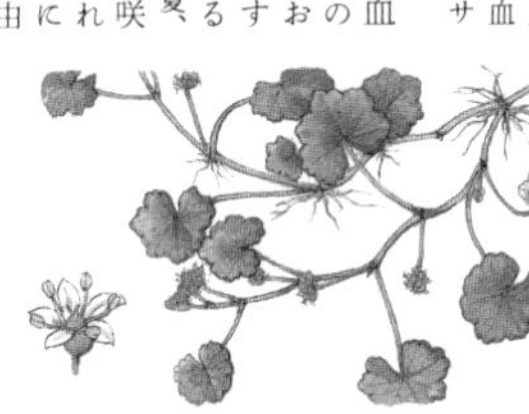

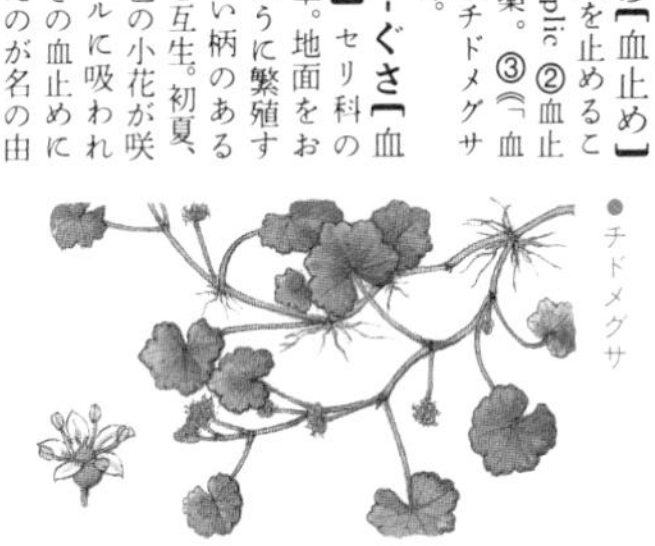

●チドメグサ

**ちどめ-ぐすり【血止め薬】**血止めのための薬。止血剤しけつざい。styptic

**ちどり**17画【▼鵆】部首〔鳥とり〕和製漢字 JIS 8293

↓ちどり〔千鳥・鵆〕

**ち-どり【千鳥・▼鵆】**①多くの鳥。無数の鳥。②チドリ科の小形の鳥の総称。全長一五cm内外。足指は三本で、後指を欠く。川原などに群棲ぐんせい。世界に約六〇種、日本にはシロチドリ・コチドリ・イカルチドリなど一〇種がいる。plover ③向き合った踊りの列で左右交互に入れかわり踊ること。④紋所の名。波に千鳥など、チドリの飛ぶ姿を紋章化したもの。優雅風流の紋として人気。↓図

**ちどり-あし【千鳥足】**酒に酔って、よろよろした足どり。tottering steps

**ちどり-がけ【千鳥掛(け)】**①かがり方の一つ。小さな針目で右から左へすくい、それを上下二段に繰り返して、糸を斜めに交差させながら左から右へと進む。ちどりかがり。catch stitch; cross stitch ②斜めに交差させること。crossing

**ちどり-が-ふち【千鳥ケ▼淵】**東京都千代田区にある、皇居北西側の内堀。堀ばたの桜が見事であり、第二次大戦の無名戦士の墓苑がある。

**ちどり-そう【千鳥草】**①テガタチドリの別名。②ヒエンソウの別名。

**ちどり-ぬい【千鳥縫い】**千鳥掛けに縫う方法。ジグザグ縫い。

**ちどり-の-き【千鳥の木】**カエデ科の落葉高木。山地にはえる。葉は長楕円だえん状披針形で、葉縁に鋭い重鋸歯きょしがある。長さ二cmほどの翼のある果実をつけるのが名の由来。ヤマシバカエデ。

**ちどりのきょく【千鳥の曲】**箏曲そうきょくの曲名。一九世紀半ばに吉沢検校けんぎょうが作曲。雅楽的な味と、箏組歌的な歌と手事てごとの技巧的な美しさをもつ。

**ち-どん【痴鈍】**(名・形動)愚かでにぶいこと「・さま。silly

**ち-どん【遅鈍】**(名・形動)頭の働きや動作がのろくて、にぶいこと・さま。不敏。dullness 対義 俊敏・敏活・敏速。

**ちな【知名】**〈町〉鹿児島県奄美あまみ諸島、沖永良部おきのえらぶ島の町。サトウキビ栽培が中心。大理石を採掘。人口八一六〇(一九八八)。

**ち-なまぐさ・い【血▼腥い】**(形)①血のにおいがする。reek of blood 用例 ―手。②血を流すような、むごたらしい状態である。bloody 用例 ―時代。

**ちなみ【▽因み】**ゆかり。えん。relation

**ちなみ-に【▽因みに】**(接続)ついでに言えば。by the way

**ちな・む【▽因む】**(五自)因縁がある。つながりを持つ。be connected with 用例 独立戦争に―悲話。

**ちにち-か【知日家】**日本をよく理解している外国人。Japanophile 比較 親日家。

●チドリ②
コチドリ(上)、シロチドリ(下)。

●千鳥④
丸に千鳥
波輪に陰千鳥

**ちぬ【▼茅▼渟】**①和泉国いずみのくにの海岸地域の古称。茅渟の県あがた。②クロダイの別名。

**ち-ぬき【血抜き】**①料理で、肉・内臓などの臭みを抜くために、水や牛乳につけたり、流水にさらしたりすること。②ニワトリをしめるとき、頸動脈けいどうみゃくを、また、魚では尾のつけ根を切って血を抜くこと。

**ち-ぬ・る【血塗る】**(五自)①昔、中国で、いけにえや敵の血を器に塗って神を祭る。②殺す。戦う。kill

**ち-ねつ【地熱】**↓じねつ(地熱)

**ちねん【知念】**〈村〉沖縄県、沖縄島南部の村。久高くだか島を含む。野菜などの畑作がさかん。人口五八八六(一九八八)。

**ちの【▼茅野】**〈市〉長野県中部、八ケ岳やつがたけ西麓せいろくの市。高冷地農業・寒天製造・精密工業がさかん。蓼科たてしな温泉郷・白樺しらかば湖など観光地も多い。人口四万八六三九(一九八八)。

**ち-の-あめ【血の雨】**流れ出る、たくさんの血。流血事件などにいう。bloodshed 用例 ―を降らす。

**ち-のう【知能・▼智能】**新しい課題や場面・環境に適応する知的能力。頭の働き。intelligence 用例 ―程度の高い子。

**ち-のう【知▼嚢・▼智▼嚢】**知恵袋。智恵者。

**ちのう-けんさ【知能検査】**個人の知能を科学的・客観的に測定するために考案された検査法。ビネー式をはじめ、ウェクスラー式など十数種類ある。intelligence test

**ちのう-しすう【知能指数】**知能検査結果の表現法の一つ。知能年齢を暦年齢で割り一〇〇倍したもの。たとえば、暦年齢が一〇歳で、知能年齢も一〇歳ならば知能指数は一〇〇となり、暦年齢に応じた知能を持つとする。知能指数が一〇〇より大きい場合は、暦年齢よりも高い知能をもっていると考える。現在は、平均を一〇〇とした偏差値を使うことが多い。IQ。intelligence quotient

**ちのう-はん【知能犯】**暴力などによらず、知能によってなされる犯罪。詐欺・横領・背任・偽造など。また、その犯人。intellectual crime 対義 強力ごうりき犯。

**ち-の-うみ【血の海】**流れ出て一面に広がった血のたとえ。sea of blood

**ち-の-け【血の気】**①血の色。血色。color of blood 用例 ―のない顔。②感情に走りやすいこと。血気。hot-blooded 用例 ―の多い若者。

**ち-の-しお【地の塩】**新約聖書『マタイによる福音書』の「山上の説教」に含まれるイエスのことば。神の民の社会的責任を塩にたとえたもの。salt of the earth

**ちの-しょうしょう【▼茅野▼蕭々】**(一八八三―一九四六)歌人・詩人・独文学者。本名、儀太郎。長野県生まれ。東大卒。明星みょうじょう派の新鋭として注目さ

れた。著書『ゲョエテ研究』など。

**ち-の-にちようび【血の日曜日】**(Krovavoye Voskresenye ロシア) 一九〇五年一月二二日(ロシア暦九日)日曜日、ロシアの首都ペテルブルグで起きた流血事件。憲法制定会議召集などの請願のため、司祭ガポンに率いられ冬宮へ行進中の労働者とその家族に対し、官憲が発砲、多数の死傷者を出した。これを機に全国的に暴動が勃発。第一次ロシア革命の発端となった。

**ちの-まさこ【▼茅野▽雅子】**(一八八〇〜一九四六) 歌人。本名まさ。大阪生まれ。日本女子大卒。『明星』派の才媛で、茅野蕭々の妻。歌集『金沙集』、共著『恋衣』など。

**ちのみ-ご【乳飲(み)▽児・乳▼呑(み)▽児】** あかご。乳児。baby 用例 ——をかかえて暮らす。

**ち-の-みち【血の道】**《本来は血液の通る道である血管のこと》産褥期・月経時・更年期などの女性にみられる諸症状。頭痛・めまい・精神不安など。また、子宮関係の病気の俗称としても使われる。

**ち-の-めぐり【血の巡り】** ①血が血管の中を回ること。circulation of the blood ②頭の働き。察し。かん。apprehension 用例 ——が悪い。

**ち-の-り【地の利】** よい場所にいることから受ける利益。locational advantage 用例 ——と人の和。——をしめる。

**地の利は人の和に如かず**(ちのりはひとのわにしかず) いかに土地の形勢が有利であっても、人の心の団結する力にはおよばない。

**ち-のり【血▼糊】** 血がねばねばするのをのりにたとえた語。slimy blood

**ち-の-わ【▼茅の輪】** 茅またはわらで作った大きな輪。六月晦日の「夏越しの祓え」で鳥居などにつけて、この輪をくぐり厄よけとする。すがぬき。↓写

● 茅の輪　上賀茂神社(京都府)。

**ちば【千葉】**〈県〉関東地方南東部の県。県庁所在地は千葉市。北部の関東平野と中・南部の房総半島とからなる。温暖多雨のため農業が発達し、近郊野菜や花卉の栽培が注目される。東京湾岸では重化学工業が発達。面積五一五〇km²。人口五三二万六六五八(一九八八)。

**ちば【千葉】**〈市〉千葉県中部、東京湾に臨む市。県庁所在地。旧宿場町。第二次大戦後、工業・商業・港湾・住宅都市として発展する。京葉工業地域の中核をなす。人口八〇万六二〇(一九八八)。

**ち-はい【遅配】**(名・サ変自他) 配給や配達がおくれること。delay in rationing 比較 欠配・満配。

**ち-はいしゃ【地背斜】** 地殻上にできた幅の広い帯状の隆起地域。地向斜に隣接する隆起部、または地向斜内の隆起部として、地向斜に対して砕屑物を供給する。geanticline 対義 地向斜。

**チバ-ガイギー[CIBA-GEIGY AG]** 医薬品を主製品とするスイスの世界的化学会社。一九七〇年にチバ社とガイギー社が合併して成立。

**ちば-しゅうさく【千葉周作】**(一七九四〜一八五五) 幕末の剣士。陸前の人。北辰一刀流の祖。江戸神田お玉ケ池に道場を開き、門弟多数を育成。幕末三剣士の一人。

**ちば-しょうぞう【千葉省▽三】**(一八九二〜一九七五) 児童文学者。栃木県生まれ。「村童もの」とよばれる牧歌的な郷土童話に特色がある。作品『虎ちゃんの日記』など。

**ち-ばし・る【血走る】**(五自) ①血がほとばしる。become bloodshot ②《物事に熱中するなどして》目が充血して赤くなる。be bloodshot

**ち-はつ【遅発】**(名・サ変自) 列車などが、定刻よりおくれて出発すること。delayed departure

**ち-はつ【▼薙髪】**(名・サ変自) 頭をまるめること。僧になること。剃髪。

**ち-ばな【▼茅花】** チガヤの花。つばな。

**ち-ばなれ【乳離れ】**(名・サ変自) 乳児が成長して、ちち以外の食物を食べられるようになること・時期。離乳。weaning

**ちはやあかさか【千早赤▼阪】**〈村〉大阪府南東部、金剛山地西麓の村。ナスなどの野菜やミカンの栽培がさかん。千早城跡・赤坂城跡がある。人口七八二三(一九八八)。

**ちはや-じょう【千早城】** 楠木正成が河内の金剛山中腹に築いた城。赤坂城落城後、元弘二年(一三三二)ここに移り、鎌倉幕府軍に抗戦。

**ちはや-ぶる【千早振る】** ㊀［枕ことば］《神威のはげしい意から》「神」などにかかる。用例 ——神の持たせる命をば誰がためにかも長く欲りせむ(万葉・一一・二四一六)。㊁落語の題名。知ったかぶりの男が、百人一首の在原業平作「千早振る神代もきかず竜田川からくれなゐに水くくるとは」の歌の意味をたずねられ、吉原の花魁と相撲取りの物語をでっちあげるはなし。

**ち-はらい【遅払い】** 給料・代金の支払いがおくれること。

**ち-はん【池畔】** 池のほとり。near the pond

**ち-ばん【地番】** 土地を登記するために、一筆ごとの土地に付けた番号。house number 用例 ——の整理。

**ち-はんじ【知藩事】** 明治初頭の地方長官。版籍奉還の結果、各旧藩主があらためて任命され、政府主導のもとに藩の行政にあたった。明治二年(一八六九)設置、同四年(一八七一)の廃藩置県と同時に廃止。

**ちび**《俗語》①背が低いこと・人。からだの小さいこと・人。対義 のっぽ。②幼児。

**ちび-ちび**(副) 少しずつ。ちびりちびり。

**ち-ひつ【遅筆】** 書くのがおそいこと。slow writing 対義 速筆。

**ちびっ-こ【ちびっ子】**《俗語》年の幼い子ども。また、背の低い子。ちび。little child

**ちび-ふで【▼禿筆】** 先のすり切れた筆。

**ち-ひょう【地表】** 地球・土地の表面。the surface of the earth 対義 地心。

**ち-ひょう【地評】** 地方労働組合評議会の略称。

**ちひょう-しょくぶつ【地表植物】** 休眠芽の位置による生活形の分類で、芽が地表三〇cm以下の位置にある植物。小低木がこれにあたる。chamaephyte

**ちひょうせっきん-けいほうシステム【地表接近警報システム】** 航空機が地表や山に異常接近していることを警報する装置。GPWS。ground proximity warning system

**ちひょう-ふう【地表風】** 地表近くの風。風は地形の影響を受けやすく、高さでも違う。風力階級では高さ一〇mの風を基準とする。

**ちびり-ちびり**(副) →ちびちび

**ちび・る**(五他) ①少し漏らす。wet one's pants ②けちけちする。be miserly

**ち・びる【▼禿びる】**(上一自) 先がすり切れる。worn-out 用例 ——・びた鉛筆。

**ち-ひろ【千▽尋】** 非常に長い、また深いこと。fathomless; bottomless

**ち-ぶ【恥部】** ①陰部。genitalia; private part ②はずかしくて、人に見せたくない部分。secret place

**ちぶ【知夫】**〈村〉島根県隠岐諸島、知夫里島と属島からなる村。牛・馬などの畜産がさかん。人口九二五(一九八八)。

**ち-ぶさ【乳房】** 哺乳類の雌の胸・腹・下腹部にあり、乳腺と脂肪により隆起した部分。通常、妊娠で肥大し、乳汁を分泌する。ちち。にゅうぼう。breast

**ちぶさん-こふん【チブサン古墳】** 熊本県山鹿市城字西福寺にある、六世紀中葉の前方後円墳。全長約四四m。後円部の横穴式石室内に置かれた家形石棺に、幾何学文様や人物など彩色画が描かれている。墳丘に石人を設置。

**チフス[Typhus ドイツ・窒扶斯]** ①チフス菌によって起こる伝染病の総称。腸チフス・パラチフス・発疹チフスの三種類がある。いずれも法定伝染病。②腸チフス。参考 単に「チフス」といった場合、日本では腸チフスをさす場合が多いが、英語圏では発疹チフスをさす。

**チフス-きん【チフス菌】** 人の腸チフスの病原菌。一八八〇年、ドイツの細菌学者エーベルトとコッホとが同時に発見。人だけに病原性がある。サルモネラ属に属する桿菌。typhoid bacillus

**チブチャ-ぞく【チブチャ族】** コロンビアのボゴタを中心に居住していたインディオ。いくつかの首長国を形成。一六世紀にスペイン人の侵略により滅亡。Chibcha

**ち-ぶつ【地物】** 地上にある物。河川・樹木・建築物など。natural feature on the earth 用例 地形・——の利用。

**チフリス[Tiflis]** トビリシの旧称。

**ちふり-の-かみ【▽道触(り)の神】** 旅人に害をなす霊。また、供えものをして旅の安全を守ってもらう神。ちぶりの神。

**チブルスキー[Zbigniew Cybulski]**(一九二七〜六七) ポーランドの映画俳優。性格俳優として注目された。主演作『灰とダイヤモンド』『夜行列車』など。

**ち-ふ-れん【地婦連】**《全国地域婦人団体連絡協議会の略称》婦人の地位向上、家庭・社会生活の刷新などを目的に昭和二七年(一九五二)結成。

**ち-へい【地平】** ①大地の平面。the surface of the earth ②地平線。the horizon

**ち-へい【治平】** 世の中が静かであること。太平。

**ちへい-ざひょう【地平座標】** 地平線が描く大円と、天頂・天底を通る大円をもとにして、方位角と高度で天体の位置を示す天球座標。horizontal coordinates ↓図

**ちへい-せん【地平線】** ①空と大地が接する境のように見える線。horizon 比較 水平線。②観測者を含み、鉛直線に垂直な平面(地平面)が天球と交わってできる大円。horizon

**ちへい-めん【地平面】** 地表の観測点において、鉛直線に垂直な平面。horizontal plane

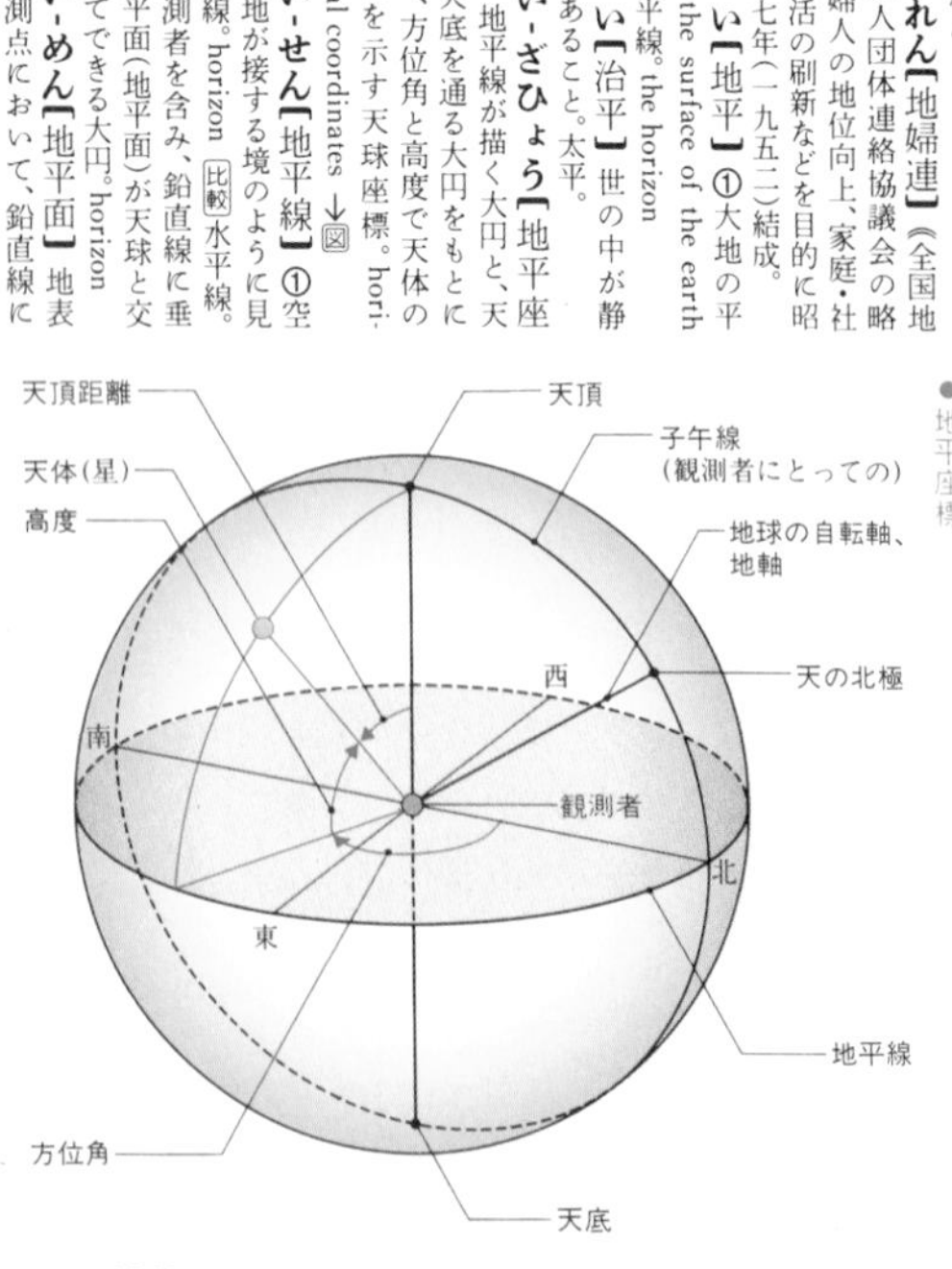


● 地平座標

**チベット[Tibet・西蔵]** 中国南西部、ヒマラヤ山脈と崑崙山脈にはさまれた高原を占める地域。気候は寒冷で降水量は少なく耕地に恵まれない。住民はチベット族とよばれ、遊牧民で、ラマ教を信じ、その教主ダライ=ラマの統治下にあったが、現在は中国の自治区の一つとなっている。シーツァン。

**チベット-ご【チベット語】** チベット族の言語。シナ-チベット語族のチベット-ビルマ語派に属す。七世紀にインド系文字を模して作られたチベット文字をもつ。Tibetan

**チベット-こうげん【チベット高原】**(Plateau of Tibet) 中国南西部、シーツァン自治区西部の大高原。標高四〇〇〇〜七〇〇〇mで、世界でもっとも高地にある高原。

**チベット-だいぞうきょう【チベット大蔵経】** チベット語で訳出された経・律・論の三蔵、およびその注釈書など、仏教聖典の総称。北京版・デルゲ版・ナルタン版の三種がある。

**チベット-ビルマ-ごは【チベット-ビルマ語派】** シナ-チベット語族の一語派。北はチベットから南はビルマ、西はカシミールのラダック地方から東は中国の四川・雲南省にわたる地域に分布している言語群。Tibeto-Burman

**チベット-ぶっきょう【チベット仏教】** 六〜七世紀にインドと中国から伝来し、チベットで独自に発展した仏教。民族宗教ボン教の

ち



↓ 行き先項目、図版・写真参照印。　JIS 日本工業規格情報交換用漢字符号コード(区点コード)。

妨害にあいながらも流布、最終的には中国仏教が排され、インド仏教が中心となった。とくに密教的性格が濃く、国土を観音の浄土と考え、観音の化身とされるダライ=ラマを政治と教法の中心として崇拝するという独自の教理をもつ。このためラマ教といわれることもある。Tibetan Buddhism

**ち-へど【血▽反吐】** 胃からはく血。吐血。bloody vomit

**ち-へん【地変】** 地上の変事。地異。地震・噴火など。terrestrial upheaval 用例天災—。

**ち-ほ【地歩】** 築いてきた現在の地位。立場。one's stand 用例有利な—。

**地歩を固める**(ちほをかためる) 自分の地位・立場をしっかりしたものにする。地盤を固める。establish a footing

**地歩を占める**(ちほをしめる) 自分の足場をしっかりしたものにする。take one's stand

**ち-ほう【地方】** ①ある一定の地域。district 用例伊豆—。②首府以外の土地。田舎。the provinces 対義中央。用例—自治。③もと軍隊で、軍以外の一般社会のこと。

**ち-ほう【痴▼呆】** これまでに獲得された知的・精神的能力が、脳の器質的障害などによって低下し、もとにもどらない状態。またその状態の人。dementia 用例老人性—。

**ち-ぼう【知謀・▼智謀】** たくみな計略。謀略。resources

**ちほう-かんちょう【地方官庁】**「地方行政官庁」の略。

**ちほう-ぎいん【地方議員】** 都道府県議会や市町村議会の構成員。地方選挙で選ばれる。

**ちほう-ぎかい【地方議会】** 地方公共団体の議決機関である都道府県および市町村の議会。local assembly

**ちほう-きしょうだい【地方気象台】** 気象サービスを担当する気象庁の地方機関。気象・地象・水象の観測通報や予報などを行う。

**ちほう-ぎょうせい【地方行政】** 都道府県や市町村などの地方公共団体が行う行政。local administration

**ちほう-ぎょうせいかん【地方行政官】** 地方の行政を行う公務員。都道府県知事・市区町村長や地方公共団体の職員。local government office

**ちほう-ぎょうせいかんちょう【地方行政官庁】** 権限・管轄が一地方に限定されている官庁。都道府県庁など。地方官庁。local government 対義中央行政官庁。

**ちほう-ぎんこう【地方銀行】** 地方都市に本店をもち、地方産業への融資を主業務とする普通銀行。地銀。regional bank 対義都市銀行。

**ちほう-く【地方区】** 参議院選挙で各都道府県をそれぞれ一単位として設定した選挙区の旧称。昭和五八年(一九八三)からは単に「選挙区」とよばれる。対義全国区。

**ちほう-けい【地方型】** 同一種でありながら、分布する地域により形態や色などが異なる生物。亜種・変種として区別される。

**ちほう-けいば【地方競馬】** 地方自治体が主催・施行する競馬。競馬法にしたがって運営・実施される。比較中央競馬。

**ちほう-けんさつちょう【地方検察庁】** 地方裁判所および家庭裁判所に対応して、各都道府県に置かれる検察庁。主要市町村に支部がある。地検。

**ちほう-こうえいきぎょう【地方公営企業】** 地方公共団体が経営する一定の公益事業。地方公営企業法は水道・電気・ガス事業など七種を規定。

**ちほう-こうきょうだんたい【地方公共団体】** 国の一部の区域内の住民からなり、国から分与された自治権に基づいて、その区域の行政を担当する公法人。普通地方公共団体(=都道府県・市町村)と特別地方公共団体(=特別区など)がある。地方自治体。

**ちほう-こうせいじ【地方恒星時】** 地球上の任意の地点の子午線を基準として定めた恒星時。local sidereal time

**ちほう-こうふぜい【地方交付税】** 地方公共団体間の財源の不均衡を補正するために、国が交付する財政援助資金。財源には所得税・法人税・酒税の一定割合があてられる。交付税。比較地方譲与税。

**ちほう-こうむいん【地方公務員】** 地方公共団体の公務を担当する職員。団結権・団体交渉権を制限され、争議権を否認される。もと、公吏。比較国家公務員。

**ちほう-さい【地方債】** 地方公共団体が発行する債券。大部分が政府資金で引き受けられる。

**ちほう-ざいせい【地方財政】** 地方公共団体の財政。一般会計と特別会計からなり、地方税・国庫支出金・地方交付税がおもな歳入。

**ちほう-さいばんしょ【地方裁判所】** 下級裁判所の一つで、原則的な第一審裁判所。訴額三〇万円以上の民事訴訟、内乱罪と罰金以下の刑にあたるものを除いた刑事訴訟などをあつかう。地裁。

**ちほう-し【地方史】** 特定の地方に関する歴史。とくに戦前の国家主義的な郷土史に対し、地域民衆を主体とした幅広い実証的な歴史研究をさす。

**ちほう-し【地方紙】** 地方に発行所などの拠点をもち、その地方の住民を対象に編集・販売される新聞。県内が対象の県紙と数県が対象のブロック紙とがある。ローカル紙。local newspaper 対義全国紙・中央紙。

**ちほう-じ【地方時】** 地球上のある地点における子午線を基準にして定めた時刻。グリニッジ子午線を基準にした世界時に対比される。local time

**ちほう-じち【地方自治】** 都道府県や市町村などの地方公共団体が地域住民の意思に基づいて地方行政を進めること。社会生活において生じる諸問題の解決、多種多様な利害調整、地域住民への公共サービスなどがおもな仕事。local autonomy

**ちほう-じちたい【地方自治体】** ↓ちほうこうきょうだんたい(地方公共団体)

**ちほうじち-ほう【地方自治法】** 地方行政に関する基本法。地方公共団体の組織・運営、国との関係などを規定する。昭和二二年(一九四七)公布。

**ちほう-じむしょ【地方事務所】** 都道府県知事が、その権限に属する事務を分担して受けもたせるために、条例で管内の必要な地におく出先機関。local office

**ちほう-じょうよぜい【地方譲与税】** 国が徴収した税収の一部を、一定の客観的基準によって地方公共団体に譲与するもの。地方道路譲与税・石油ガス譲与税・特別トン譲与税など。比較地方交付税。

**ちほう-しょく【地方色】** その地方独特の風俗・情緒。郷土色。ローカル-カラー。local color

**ちほう-ぜい【地方税】** 地方公共団体がその経済活動に必要な財源をまかなうため、住民や企業などから徴収する租税。道府県税と市町村税。対義国税。

**ちほうせいど-ちょうさかい【地方制度調査会】** 地方制度に関する重要事項を、政府の諸問に応じて調査審議する総理府の付属機関。昭和二七年(一九五二)設置。

**ちほう-せんきょ【地方選挙】** 一般選挙の別称。

**ちほう-せんもんびょういん【痴▼呆専門病院】** 地方自治体や民間による、痴呆老人だけを入所させる特別養護老人ホームや専門病院。痴呆の程度に応じて必要な教育・指導を行う。

●地母神 ニューデリー美術館。

**ちほう-てき【地方的】**(形動) ①地方に関するさま。地域的。local ②田舎らしいさま。provincial

**ちほう-てつどう【地方鉄道】** 地域的な必要性から、都道府県その他の公共団体や私人が敷設した鉄道。

**ちほう-どう【地方道】** 道路法で規定された都道府県道および市町村道。対義国道。

**ちほう-ばん【地方版】** 全国紙の一部分として、地方の読者のためにその地方関係の記事を編集・掲載する紙面。ローカル版。local edition

**ちほう-びょう【地方病】** ↓ふうどびょう(風土病)

**ちほう-ひょうじゅんじ【地方標準時】** 一定地域に共通して用いられる時刻。日本は東経一三五度(兵庫県明石)の平均太陽時を使う。local standard time

**ちほう-ぶんがく【地方文学】** ある特定の地方を背景にし、その地方の特色を反映させた文学。郷土小説などもこれにあたる。また、中央の作家の文学に対し、地方在住作家の文学をさすこともある。

**ちほう-ぶんけん【地方分権】** 中央政府がもつ統治権を地方公共団体に分散させること。decentralization of power 対義中央集権。

**ちほう-ろうどういいんかい【地方労働委員会】** 都道府県ごとに設置されている労働委員会。労・使・公益の各立場を代表する委員で構成され、所轄地域内の労使紛争の調停にあたる。地労委。

**ちほう-ろうどうくみあいひょうぎかい【地方労働組合評議会】** 業種や産業の枠をこえて都道府県単位で組織された総評の協議組織。労働組合の地域的共同活動と相互援助を目的とした。地評。

**ちほう-ろくだんたい【地方六団体】** 全国知事会・全国都道府県議会議長会・全国市長会・全国市議会議長会・全国町村長会・全国町村議会議長会の六団体。それぞれが地方自治の発展や各自治体相互の連絡を目的とする。

**チボー【Thibaud】** ↓ティボー

**チボーけのひとびと【チボー家の人々】**《原題Les Thibault(フランス)》マルタン=デュ=ガールの大河小説。一九二二～四〇年発表。ブルジョワ一家の歴史を描く。

**チボーデ【Thibaudet】** ↓ティボーデ

**ちぼ-しん【地母神】** 大地の生命力・生殖力の神格化から生み出された女神。新石器時代に東地中海沿岸からインドに至る農耕地帯に成立。earth goddes ↓写

**チマ【裳朝】**(chi-ma) 朝鮮の民族服で、婦人のはく裳。肌着・パジ(=袴)などをつけた上にまとう。立てひざもできるようにゆったりしている。

**チマーゼ【zymase】** 十数種の酵素からなる複合酵素系。解糖・アルコール発酵に関与する。一八九七年、ブフナーが発見、命名。

**ちまう**(連語)《俗語。接続助詞「て」に、補助動詞「しまう」が付いた「てしまう」の転》…してしまう。用例忘れ—。

**ち-まき【▼粽】**《チ・チガヤなどで巻いたもの、の意》ササの葉やタケの皮などで包んだ餅。米・上しん粉・くず粉などが材料。中国から伝わり、端午の節句の行事料理。↓点心写

**ちまき-ざさ【▼粽▼笹】** イネ科の常緑のタケ。山地に大群落を作る。葉は広く大きな長楕円形。葉は粽に使用。クサザサ。ウマザサ。

**ちまき-ぼら【千巻▽法▼螺・▼粽▽法▼螺】** クダマキガイ科の巻き貝。殻が螺旋状に大きくなりながら一〇段階巻き上がる。淡紫褐色で、殻長約一〇cm、殻径約五・五cm。水深一〇〇～三〇〇mの泥底にすむ。房総以南に分布。

**ち-また【▼巷・▽岐・▼衢】**《道股の意》①分かれ道。forked road ②町なか。町の大通り。街路。streets; town ③場所。quarters 用例紅灯の—。

**ちまた-の-かみ【▽岐の神】** ①分かれ道・辻・村境などを守り、邪霊・悪疫の侵入を防ぐ神。また、旅の安全を守る神。道祖神。障の神。②猿田彦神の異称。

**ちま-ちま**(副・サ変自) 小さくまとまっていたり、固まっていたりするさま。こぢんまり。ちんまり。neatly 用例—した字。

**ち-まつり【血祭(り)】** ①昔、中国で出陣のとき、いけにえをささげて軍神を祭ったこと。②出陣のとき、敵方の者を殺して気勢を上げること。victimization

**血祭りに挙げる**(ちまつりにあげる) 戦争で、味方の士気を奮い立たせるために、敵を殺すことを言う。make a victim of

**ち-まなこ【血眼】** ①血走った目。bloodshot eyes ②夢中で奔走すること。in a frenzy 用例—になって探す。

**チマブエ【Giovanni Cimabue】**(一二四〇ごろ～一三〇二ごろ) イタリアの画家。リズミカルな描線と劇的な感情表現により、フィレンツェ派の先駆者となる。作品『キリスト磔刑』など。↓写

●チマブエ『荘厳の聖母』(部分)。一二七〇年代末、ウフィッツィ美術館(イタリア)。

**ち-まみれ【血塗れ】**(名・形動) 一面に血がつくこと・さま。血みどろ。血だらけ。blood-stained

**ち-まめ【血豆】** 皮下出血による豆粒ほどの大きさの血腫。皮膚を強くはさんだり、打ったりしてできる。blood blister

**ち-まよ・う【血迷う】**(五自) のぼせる。逆上する。loose one's mind

**チマローザ**[Domenico Cimarosa](一七四九〜一八〇一) イタリアの一八世紀末最大のオペラ作曲家。軽快優美な作風でブッファ(喜歌劇)を得意とした。オペラ『秘密の結婚』など。

**ち-み【地味】** ①作物に対する地質の良否。土地の肥えぐあい。fertility of soil ②土地にできる食物。とくに米。

**ち-み【魑魅】** 山林の精霊から生まれ、人に害を加えるといわれる怪物。すだま。参照 魑魅魍魎。

**ち-みち【血道】** 血の通う道。血管。blood vessels

**血道を上げる**(ちみちをあげる) 恋愛・道楽などに夢中になる。be madly in

**ち-みつ【緻密】**(形動) ①きめの細かいさま。細かくたくみなさま。綿密。fine ②手落ちがないさま。accurate

**ち-みどろ【血みどろ】**(名・形動) ①一面に血がつくこと・さま。血まみれ。血だらけ。blood-stained ②非常に苦しいこと・さま。desperate struggle 用例 ―の戦い。

**ち-み-もうりょう【魑魅魍魎】** ①山中の怪物と水中の精。evil spirits of mountains and rivers ②いろいろな種類の妖怪や化けもの。monster

**チミリャーゼフ**[Kliment Arkadyevich Timiryazev](一八四三〜一九二〇) ロシアの植物学者。光合成と光との関係などを研究。著書『植物の生活』『進化論綱要』など。

**チミン**[thymine] 分子式$C_5H_6N_2O_2$ DNAに含まれるピリミジン塩基の一つ。無色で昇華性の結晶。5-メチルウラシル。

**チムール**[Tīmūr・帖木児](一三三六〜一四〇五) チムール朝の祖。一三六九年チャガタイハン国の混乱に乗じて勢力を伸長。七〇年都をサマルカンドに定め、チャガタイハン国・キプチャクハン国を攻略。さらにインドから明に入る途中、病没。イスラム帝国建設を理想とし、貿易の振興・イスラム文化の普及に努めた。

**チムール-ちょう【チムール朝】** 一三六九年チムールが建国した中央アジア、イランのイスラム系王朝。その子シャー=ルフ、孫ウルグ=ベグらの統治下で最盛期を迎えたが、一四四九年、ベグが暗殺され弱体化。アブー=サイードの死後サマルカンドとヘラートに分裂。前者は一五〇〇年、後者は一五〇八年に滅亡。Timur dynasty

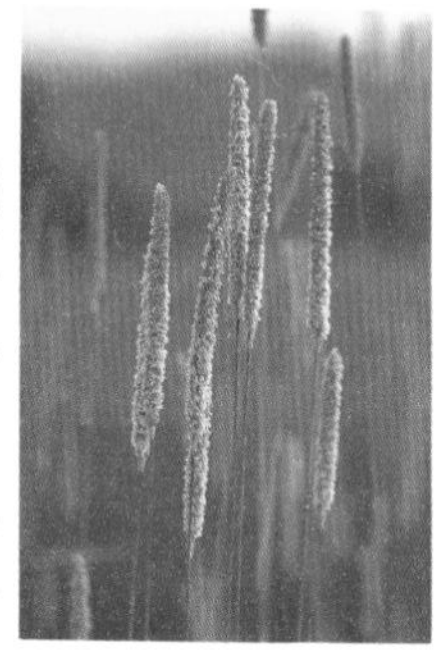
●チモシーグラス

**チムケント**[Chimkent] ソ連中南部、カザフ共和国南部の工業都市。古来交通の要地。人口三七・九万(一九八六)。

**チムニー**[chimney] 登山で、身体がはいる大きさの、煙突状に縦に走る岩壁の割れ目。

**ち-めい【地名】** 土地のよび名。地形の特色・開発・産業・信仰・人名に関連するものなど、それぞれの土地の事情に由来するものが多い。place name

**ち-めい【知名】**(名・形動) 有名なこと・さま。well-known 対義 無名。

**ち-めい【知命】** ①天命を知ること。②《『論語』に「五十にして天命を知る」とあることから》五〇歳。

**ちめい-しょう【致命傷】** ①死の原因になったきず。fatal wound ②二度と立ち上がれない痛手。fatal blow

**ちめい-てき【致命的】**(形動) 死や破滅にかかわるさま。命取り。fatal

**ちめ-どり【知目鳥】** ヒタキ科に属する鳥。ウグイス類に近縁で形態がよく似るが、ウグイス類は単独またはつがいで生活するのに対し、群れで生活。熱帯アジアとアフリカに二八〇種以上が分布。飼い鳥として輸入されるものにソウシチョウがある。

**チメロサール**[thimerosal] 殺菌力の強い有機水銀化合物。白色か微黄色の粉末で、特異な臭気がある。殺菌消毒剤。

**ち-も【知母】** 生薬の一つ。ハナスゲの根茎を秋から早春にかけて採取し、皮をとり日干ししたもの。解熱・鎮静・利尿・せき止めなどの薬効をもつ。

**ち-もう【恥毛】** 陰部に生える毛。男性ホルモンの分泌量により、発育・量などが左右されるが、男女それぞれ固有の発毛状態を示す。陰毛。pubic hair

**チモール**[thymol] ヤマジソなどから分離され、独特の香りと刺激性のある無色の結晶。駆除剤や殺菌防腐剤として利用。

**チモール-とう【チモール島】**(Pulau Timor) インドネシア、小スンダ列島東端の島。面積三・四万$km^2$。全島山がちで、コーヒー・ココヤシが栽培されるほか、鉱産資源も豊か。

**チモール-ブルー**[Thymol Blue] 酸塩基指示薬の一つ。緑色の結晶で、水・エタノールに溶ける。pH一・二〜二・八で赤色から黄色へ、pH八・〇〜九・六で青色へ変わる。

**ち-もく【地目】** 土地の状況、またはおもな用途を表すために付けられた名称。宅地・山林・田・畑など二一種類。用例 ―の変更。

**チモシー-グラス**[timothy grass] イネ科の多年草。ヨーロッパ原産の牧草。高さ約一m。葉は線形で柔らかい。初夏に緑色で細い円柱形の花穂をつける。オオアワガエリ。↓写

**ち-もん【地文】** ①《大地の文様、の意》山・川・平野・湖などの地表の状態の総称。②地文学の略。physiography

**ちもん-がく【地文学】** 天文・気象・地質・地震・海洋など、地球に関することがらを研究する学問。physiography

**ちもん-こうほう【地文航法】** 船や飛行機が山・岬・川などの地表の模様、灯台などの標識を利用して自分の位置を知り、針路をきめて航行する航法。geo-navigation

**チャ** 9画 **【茶】** 部首[艹] 教育小2 JIS 3567

音 チャ・サ・タ

茶 茶 茶 茶 茶 茶

①チャノキ。ツバキ科の常緑小高木。高さは、自生のもので七〜八m、栽培のものは一〜一・五mに剪定される。中国種・中国大葉種・インド小葉種・インド大葉種の四変種にわけられる。温暖多湿の気候をこのむ。「茶園」②飲料用に加工したチャノキの葉。また、それに湯をついでだした汁。それをのむこと。「喫茶・紅茶・製茶・番茶・緑茶」「茶菓・茶器・茶人・茶屋」用例(名)―をいれる。―を一服。③ちゃかす。ひやかす。ふざける。「茶気・茶々」用例(名)人を―にする。④黒みをおびた赤黄色。「鶯茶」「茶色・茶褐色」用例(名)―のオーバー。↓サ【茶】↓写

**御茶の子さいさい**(おちゃのこさいさい) たやすいこと。easy as pie

●チャ①

**御茶を濁す**(おちゃをにごす) ごまかす。うやむやにする。make a shift

**御茶を碾く**(おちゃをひく) 遊女などが客がつかないために、ひまでいる。仕事などがないために、ひまで遊んでいる。

**御臍で茶を沸かす**(おへそでちゃをわかす) おかしくてたまらない。be very funny

**茶にする**(ちゃにする) ①ひやかす。そらしてしまう。make fun of ②利用しておいて、ほったらかす。make light of ③一休みする。take a rest

**茶を立てる**(ちゃをたてる) ①茶の湯の作法にのっとって、茶を点じる。茶を点てる。perform the tea ceremony ②仏事をおこなう。

**ぢゃ** ↓じゃ

**チャージ**[charge](名・サ変自) ①㋐サッカーやアイスホッケーなどで、相手に故意に体でぶつかって、プレーを妨害すること。㋑ラグビーやアメリカンフットボールで、相手のボールに向かって突進する動作。㋒ゴルフなどで勝負に勝つため、積極的なプレーをすること。②バッテリーに充電すること。③ホテルなどの料金。また、料金を請求すること。

**チャーシュー**[叉焼 中](chāshāo) 豚のかたまり肉を、つけ汁をかけながら焼いたもの。焼き豚。

**チャーシュー-メン**[叉焼麺 中](chāshāo mian) 焼き豚を入れた、中華そばの一つ。

**チャーター**[charter](名・サ変他) 船・飛行機などを雇うこと。雇った船・飛行機など。用例 ―便。

**チャーチ**[church] キリスト教の教会。教会堂。

**チャーチスト-うんどう【チャーチスト運動】**(Chartism) 一九世紀半ばに起きたイギリス労働者階級の政治運動。一八三七年、労働者および一部商工業者がオーエンらを指導者に結束、普通選挙権など六項目を要求する人民憲章を掲げて議会に請願。全国的運動を展開したが、政府の弾圧と内紛で失敗。

**チャーチル**[Winston Leonard Spencer Churchill](一八七四〜一九六五) イギリスの政治家。第一次大戦中の海相・軍需相・陸相。第二次大戦とともに海相、一九四〇年から首相として戦争を指導。戦後は冷戦を予言、ヨーロッパの統合を提唱し五一年再組閣。『第二次大戦回顧録』などの著作によって五三年ノーベル文学賞受賞。↓写

●チャーチル

**チャート**[chart] ①地図。海図。②一覧表。

**チャート**[chert] おもに微細な石英粒からなる緻密でかたい堆積岩。無水珪酸を多く含み、色は白・灰・黒色など。

**チャーハン**[炒飯 中](chǎofàn) 中国料理の焼き飯。シイタケ・卵・ハム・エビ・肉・ネギ・野菜などの具を、ご飯といためて調味する。

**チャービル**[chervil] セリ科の香草。パセリよりまろやかな風味をもち、他の香草を引きたてる。セルフィユ。

**チャーミング**[charming](形動) うっとりさせるさま。魅力的。

**チャーム**[charm] ㊀(名) 魅力。㊁(名・サ変他) 心をひきつけること。心を迷わすこと。

**チャーム-スクール**[charm school] 女性を魅力的にするため、美容・着付け・エチケットなど生活全般を指導する教室。

**チャールズ**〈一世〉[Charles I](一六〇〇〜一六四九) イギリス王(在位一六二五〜一六四九)。一六二八年権利請願を承認しながらも議会を召集せず、専制政治を強行。四〇年余儀なく召集した長期議会を契機に清教徒革命が起こり、四九年処刑された。↓写

●チャールズ一世

**チャールズ**〈二世〉[Charles II](一六三〇〜一六八五) イギリス王(在位一六六〇〜一六八五)。清教徒革命で大陸に亡命。王政復古で帰国、即位。専制的傾向を強め、ルイ一四世と結んで旧教復活を図り、議会の抵抗にあい、名誉革命の要因をなした。

**チャールズ**[Ray Charles](一九三二〜) アメリカの盲目の歌手・ピアニスト・歌曲作家。叫ぶような唱法でジャズ界にブルースを再認識させた。作品『わが心のジョージア』など。

**チャールストン**[charleston] 社交ダンス。独特のジャズの演奏に合わせ、両ひざをつけたまま活発に両足を左右両脇にはね上げて踊る。一九二〇年代アメリカで流行。

**チャールストン**[Charleston] アメリカ南部、ウェストバージニア州の州都。石油・石炭などの流通の中心地で、化学工業がさかん。人口六・四万(一九八〇)。

**チャールストン**[Charleston] アメリカ、サウスカロライナ州南東部の港湾都市。同州最古の都市で歴史的建造物が残る。人口六・八万(一九八四)。

**チャイコフスキー**[Pyotr Ilich Chaykovsky](一八四〇〜一八九三) ロシアの作曲家。西欧的ロマンティシズムを基調に、スラブ的な民族性を反映させた叙情性が特徴。交響曲『悲愴』、バレエ音楽『白鳥の湖』、オペラ『エウゲニー=オネ



↓ 行き先項目、図版・写真参照印。 JIS 日本工業規格情報交換用漢字符号コード(区点コード)。

ーギン』など。

**チャイコフスキー-こくさいおんがくコンクール**【チャイコフスキー国際音楽コンクール】(Mezhdunarodnyi Konkur imeni P.I. Chaikovskogo ロシ) 一九五八年創始の世界的コンクールの一つ。ピアノ・バイオリン・チェロ・声楽の四部門で四年ごとに開催。

**チャイナ**【China】①中国。中国人。シナ。②《chinaで》陶磁器。

**チャイナタウン**【Chinatown】中国人街。中華街。用例 サンフランシスコの―。

●チャイニーズカラー

**チャイニーズ-カラー**《和製語》襟型の一つ。中国服にみられる、首にそってまっすぐに立った襟。前がつき合わせになっている。Mandarin collar ↓図

**チャイブ**【chive】ユリ科のネギ。乾燥した葉を香辛料とし、サラダ・スープなどに用いる。フランス語ではシーブ。↓写

●チャイブ　乾燥葉。

**チャイム**【chime】①打楽器。㋐教会用の鐘で、五～一二個を音階順に並べ、旋律を奏するようにしたもの。つちで打つか、綱で引いて鳴らす。㋑管弦楽用のチューブベルともよばれる楽器。金属円管をわくにつるし、木づちで打つ。②玄関や入り口などにつける呼び出し用のベル。

**チャイルドレジスタント-ほうそう**【チャイルドレジスタント包装】小児による薬物の誤った使用や、いたずらによる服用を避けるために考案された包装または容器。child resistant container

**ちゃ-いれ**【茶入れ】製茶を入れる器。抹茶用のものは形が小さくて、濃茶には多く陶器を、薄茶には漆器・木地物を用いる。葉茶には、錫・ブリキ製などの、大きめの円筒形のものがふつう。

**ちゃ-いろ**【茶色】黒色を帯びた赤黄色。ブラウン。brown

**ちゃ・う**(助動 五段型)《俗語》「てしまう」のくだけた言い方。用例 行っ―。

**ちゃ-うけ**【茶請け】茶を飲むとき、いっしょに添えて出される菓子や漬物。茶菓子。teacakes

**ちゃ-うす**【茶▾臼】葉茶をひいて抹茶を製するための臼。京都府宇治朝日山産の石を用いたものが好まれた。↓写

●茶臼

**ちゃうす-だけ**【茶▾臼岳】栃木県北部にある那須岳を形成する五つの峰(那須五岳)の主峰。また、那須岳の別称。

**ちゃうす-やま**【茶▾臼山】長野・愛知県境にある山。標高一四一五m。山腹に牧場やキャンプ村がある。

**ちゃうす-やま**【茶▾臼山】大阪市天王寺区にある小丘。慶長一九年(一六一四)大坂冬の陣で徳川家康が本陣をおいた。

**チャウダー**【chowder】魚介類と野菜を煮て牛乳で調味したアメリカ式スープ。クラムチャウダー・オイスターチャウダーなど。

**チャウ-チャウ**【chow chow】イヌの一品種。体がずんぐりしたイヌで、毛が深く、舌が青黒い。肩高約五〇cm。愛玩用。中国原産の古いイヌで、かつては猟犬としてのみならず食用・毛皮用にもされたらしい。↓イヌ写

**ちゃ-えん**【茶園】茶の木の植えてある畑。茶畑。さえん。tea garden

**チャオズ**【餃子中】(jiao-zi) ギョーザ。

**チャオチョウ-わん**【チャオチョウ湾・▾膠▽州湾】(Jiāozhōu) ↓こうしゅうわん(膠州湾)

**チャオプラヤー-がわ**【チャオプラヤ川】(Chao Phraya) ↓メナムがわ(メナム川)

**ちゃ-か**【茶菓】↓さか(茶菓)

**ちゃ-かい**【茶会】客を招いて、作法にしたがい茶を楽しむ会合。現在は、大勢を招いて行う「大寄せ」形式をいい、初座と後座に分かれる正式な会を「茶事」とよんで区別することが多い。茶寄合。

**ちゃ-かいせき**【茶懐石】↓かいせきりょうり(懐石料理)

**ちゃ-がけ**【茶掛(け)】茶席の掛け物。季節により、また茶会の目的により、ふさわしい書画を掛ける。

**ちゃ-がし**【茶菓子】茶を飲むときに食べる菓子。茶うけ。茶の湯では濃茶に生菓子、薄茶に干菓子を用いる。

**ちゃ-か・す**【茶化す】(五他)《「茶化」は当て字》①ひやかす。make fun of ②ごまかす。dodge ③まじめに相手にしない。こっけいな話にする。turn into jest

**チャガタイ**【Chaghatai・察合台】(?～一二四二) チンギス=ハンの第二子。チャガタイハン国の始祖。父とともに金とホラズムを討ち、戦功をたてた。弟オゴタイを帝位につけ、自らはそれを補佐した。

**チャガタイ-ハンこく**【チャガタイハン国】中央アジアのモンゴル王朝。四ハン国の一つ。始祖はチャガタイ。都はアルマリク。一三世紀半ばにはオゴタイハン国に服属していたが、のちその所領を併合。一四世紀初め東西に分裂。西部はチムールに滅ぼされたが、東部は一七世紀まで存続。Chaghatai Khān

**ちゃか-ちゃか**(副・サ変自) ①落ち着きがないさま。restlessly 用例 ―と動き回る。②にぎやかで、派手なさま。gaudily 用例 ―した服装。

**ちゃ-かっしょく**【茶褐色】黒みを帯びた茶色。dark brown

**ちゃ-かぶき**【茶歌舞▾伎・茶香▽服】①千家茶道の七事式の一つ。客は銘が示された試し茶二種を味わい、次に銘を秘した一種を加えた三種を味わって各茶銘を当てる。味覚の修練が目的。②精製された茶の品評会。宇治・静岡などの茶所でいう。

**ちゃ-がま**【茶▾釜】茶道具の一つ。茶事の湯を沸かすのに用いられ、茶席ではつねに鑑賞の対象となる。

**ちゃ-がゆ**【茶▾粥】お茶を加えて炊くおかゆ。粉茶を袋に入れて、松のまきで炊く。山口県大島・奈良地方の名物。

**ちゃ-がら**【茶殻】せんじ出した残りの茶の葉。茶かす。

**チャガン-ド**【慈江道】(Chagan Do) ↓じこうどう(慈江道)

**ちゃ-き**【茶気】①茶の湯の心得。②俗っぽくなく、さっぱりした気質。③いたずら気分。ちゃめ。

**ちゃ-き**【茶器】①茶の湯に使う道具の総称。茶道具。②抹茶を入れる容器。肩衝・丸壺・棗など。数え方 一組み・一揃い。

**ちゃき-ちゃき**《「ちゃくちゃく(嫡々)」の転》正統。きっすい。

**ちゃきちゃきの江戸っ子**(ちゃきちゃきのえどっこ) きっすいの江戸っ子。生まれついての江戸っ子。多く、自慢していう。用例 こちとら、―だい。

**ちゃきょう**【茶経】中国の茶書。唐の陸羽の著。七六〇年ごろ成立。三巻。団茶の製法・喫茶法・道具などについて詳述したもの。

**ちゃ-きん**【茶▾巾】①茶碗をふく布。ふきん。②茶道で、茶碗を拭い清めるための布。奈良晒布などの麻布を使う。↓茶道具図

**ちゃきん-しぼり**【茶▾巾絞り】柔らかい材料を茶きん(またはふきん)で包み、絞り目をつける調理法。あん類・クリ・芋類・ゆり根などを素材にする。

**ちゃきん-ずし**【茶▾巾▾鮨】薄焼き卵で五目ずしを包んだもの。茶巾で包んだように形づくり、口をかんぴょうや昆布で結ぶ。

**チャク** 7画【▾辵】部首[辵]しんにゅう

音チャク

4画【▾⻍】部首[⻍]しんにゅう 異体字

3画【▾⻌】部首[⻌]しんにゅう 異体字

①たたずむ。あるいたり、たたずんだりする。②こえる。③はしる。④部首の一つ。しんにゅう。しんにょう。参考 漢字の部分になると、一般に⻍・⻌を用いる。

**チャク** 12画【着】部首[目]め 教育小3 JIS 3569

音チャク・ジャク

訓きる・きせる・つく・つける

着 着 着 着 着 着

①きる。衣服などをきる。対義 脱。「着衣・着用」②衣服などを数えるのに用いる。用例 (助数)洋服三―。③つく。とどく。対義 発。「到着」「着席」④ついた順序を数えるのに用いる。用例 (助数)第五―。⑤つける。つく。くっつく。「付着」「着手・着目」⑥きまりがつく。「落着」⑦碁石をうつ回数。用例 (助数)第一―を打ちおろす。参考 もと、著の俗字。今は、着と著とは区別して用いている。↓ジャク[着]

**チャク** 14画【嫡】部首[女]おんなへん 常用 JIS 3568

14画【▾嫡】旧字

音チャク・テキ

①本妻。正妻。「嫡妻・嫡室」②本妻のうんだ子。よつぎ。「廃嫡」「嫡出・嫡男」③正統。本家の正しい血すじ。「嫡々・嫡流」

**チャク** 18画【▾擲】部首[扌]てへん JIS 5819

音テキ・チャク

なぐる。たたく。うつ。「打擲」↓テキ[擲]

**ちゃく-い**【着衣】(名・サ変自) 衣服を着ること。また、着ている衣服。one's clothes 対義 脱衣。

**ちゃく-い**【着意】(名・サ変自) ①気をつけること。caution ②意匠をこらすこと。着想。conception

**ちゃく・い**(形)《俗語》ずるい。こすい。

**ちゃく-えき**【着駅】対義 発駅。①列車・電車の到着先の駅。destination station ②荷物を届ける先の駅。arriving station

**ちゃく-か**【着火】(名・サ変自) ↓ちゃっか(着火)

**ちゃく-か**【着荷】(名・サ変自) ↓ちゃっか(着荷)

**ちゃく-がん**【着岸】(名・サ変自) 船などが岸や岸壁につくこと。reach the shore

**ちゃく-がん**【着眼】(名・サ変自) 目をつけること。着目。attention

**ちゃくがん-てん**【着眼点】注意して見る所。目のつけどころ。focus of attention 用例 ―がいい。

**ちゃく-きょう**【着京】(名・サ変自) ↓ちゃっきょう(着京)

**ちゃく-けん**【着剣】(名・サ変自) ↓ちゃっけん(着剣)

**ちゃく-こう**【着工】(名・サ変自) ↓ちゃっこう(着工)

**ちゃく-さ**【着差】競馬・競輪などで、一位がゴールに到着した瞬間を基準に、二位以下の遅れ(差)を馬体や車輪などで表したもの。競馬では「一馬身」「クビ」「アタマ」「ハナ」、競輪では「一車身」「四分の三輪」、競艇では「一艇身」などで表す。

**ちゃく-ざ**【着座】(名・サ変自) 座席につくこと。着席。take a seat

**ちゃく-さい**【嫡妻】本妻。正妻。嫡室。one's legal wife

**ちゃく-し**【嫡子】①正妻の子で家督を継ぐ者。嫡嗣。heir ②嫡出子。legitimate child 対義 庶子。

**ちゃく-し**【嫡嗣】嫡出の嗣子。legitimate heir

**ちゃく-しつ**【嫡室】本妻。正妻。嫡妻。one's legal wife

**ちゃく-じつ**【着実】(名・形動) 一歩一歩落ち着いて確実に事を行うこと。危なげのないこと・さま。steady 比較 堅実。

**ちゃく-しゅ**【着手】(名・サ変自) 物事にとりかかること。start 用例 品種の改良に―する。

**ちゃく-しゅつ**【嫡出】正妻が生むこと。正出。対義 庶出。

**ちゃくしゅつ-し**【嫡出子】法律上の婚姻関係にある夫婦から生まれた子。legitimate child

**ちゃく-じゅん**【着順】目標地点についた順。order of arrival 用例 ―に列をつくる。

**ちゃく-しょう**【着床】(名・サ変自) 受精卵が子宮粘膜に接着して、母体から栄養を受ける状態になること。implantation

**ちゃく-しょく**【着色】(名・サ変自) 色をつけること。いろどり。coloring 用例 人工―。

**ちゃく-しん**【着信】(名・サ変自) 通信が届くこと。届いた便り。arrival of the mail 対義 発信。

**ちゃく-すい**【着水】(名・サ変自) 水面につくこと。水上飛行機などが水面に下りること。landing on the water 対義 離水。

**ちゃく・する**【着する】(サ変自他) ＝着す。①(自)㋐つく。arrive ㋑とどく。reach ㋒付着する。adhere ㋓執着する。insist on 用例 我



▾常用漢字表外。　▽常用漢字表の音訓外。

意に―。②(他)㋐着る。put on ㋑身につけて持つ。carry
**ちゃくせい-しょくぶつ【着生植物】** 樹木の幹や枝・岩などに付着し生活する植物。水蒸気・雨水などを根・葉などからとり、付着した所からは栄養をとらない。セッコク・ノキシノブ・ウメノキゴケなど。気生植物。epiphyte 比較寄生植物。
**ちゃく-せき【着席】**(名・サ変自) 席につくこと。take a seat
**ちゃく-せつ【着雪】**(名・サ変自) 物体に雪が付着する現象。また、その雪。湿った雪が送電線などに付いて、しばしば災害を起こす。snow accretion 用例 ―注意報。
**ちゃく-そう【着装】**(名・サ変他) ①衣服を着ること。put on ②装備を身につけること。put on ③部品などを取り付けること。fixing
**ちゃく-そう【着想】**(名・サ変自) 思いつき。くふう。考え。着意。アイディア。idea
**ちゃく-そん【嫡孫】** 嫡子の嫡子。legitimate grandson
**ちゃく-たい【着帯】**(名・サ変自) 妊婦が妊娠五か月目に、胎児の保護を兼ねて腹部に帯(岩田帯)をしめること。また、その儀礼。
**ちゃく-だつ【着脱】**(名・サ変他) 取り付けたり、はずしたりすること。attach and remove
**ちゃく-だん【着弾】** 撃ち出した弾丸が目標地点に届くこと。impact 用例 ―点。
**ちゃく-ち【着地】**(名・サ変自) ①空中から地面に降りること。着陸。landing ②体操競技・ジャンプなどのスポーツで、空中や器械上にあった体が、一定の動きを終えて降り立つこと。landing
**ちゃく-ちゃく【嫡嫡】** ↓ちゃくりゅう(嫡流)
**ちゃく-ちゃく【着着】**(副) 物事が順調にはかどるさま。steadily
**ちゃぐちゃぐ-うまこ【ちゃぐちゃぐ馬子】** 岩手県岩手郡滝沢村で、愛馬の無病息災を祈って六月一五日に行われる行事。陰暦五月五日に馬を着飾らせ、駒形神社に参拝したことに由来。「ちゃぐちゃぐ」は鳴り輪や鈴の響く音から。
**ちゃく-でん【着電】**(名・サ変自) 電信・電報が届くこと。届いた電信・電報。
**ちゃく-とう【着到】** ①到着。②↓ちゃくとうじょう(着到状)
**ちゃくとう-じょう【着到状】** 中世、武士の軍陣への到着・参着を告げた文書。出陣に応じた武士が、一族郎党を率いて戦陣または大将のもとに到着したときに、武士の名、理由を記して奉行所・大将に差し出した。
**ちゃく-なん【嫡男】** 嫡出の長男。嫡子。heir
**ちゃく-に【着荷】**(名・サ変自) ↓ちゃっか(着荷)
**ちゃく-にん【着任】**(名・サ変自) 任地に着くこと。任務に着くこと。arrival at one's post 対義帰任・離任。用例 ―した大使。
**ちゃく-はつ【着発】** ①到着と出発。②砲弾などが命中すると同時に爆発すること。用例 ―信管。
**ちゃく-ばらい【着払い】** 荷物を受け取ったがわが運賃を支払うこと。先払い。payment on delivery
**ちゃく-ひょう【着氷】**(名・サ変自) ①水滴や波しぶきが飛行機や汽船に凍り付くこと。事故につながる。icing; ice accretion ②氷点以下に過冷却した雲粒や雨滴などの水滴が凍って、木などに付着する現象。霧氷・樹氷など。icing; ice accretion
**ちゃく-ふく【着服】**(名・サ変自他) ①(自)着物を着ること。着衣。dressing ②(他)こっそり自分のものにすること。embezzlement 比較横領。
**ちゃく-ぼう【着帽】**(名・サ変自) 帽子をかぶること。put on a hat
**チャクマ-ひひ【チャクマ狒狒】** 南アフリカ産のオナガザル科のヒヒ。灰褐色で、体長約七五cm、尾長約四五cm。顔も暗色で目立たない。砂漠・サバンナ・岩山などにすみ、雑食性。chacma baboon
**ちゃく-もく【着目】**(名・サ変自) 注意して見ること。着眼。attention
**ちゃく-よう【着用】**(名・サ変他) 衣服を着ること。wear
**ちゃく-りく【着陸】**(名・サ変自) 航空機などが、陸上に降りること。landing 対義離陸。
**ちゃく-りゅう【嫡流】** 対義庶流。①本家の家筋。direct line of descent ②正統の血筋・流派。嫡々。orthodoxy
**チャコ**《チョークchalkの発音の転訛》洋裁用具の一つ。服地を裁断するとき、布に印をつけるチョーク。
**チャコ【Chaco】** 南米のパラグアイ川中流部の地帯、グランチャコの別称。
**チャコール-グレー【charcoal gray】** 黒っぽい灰色。黒灰色。
**ちゃ-こし【茶漉し】** 煎茶や紅茶などの葉が湯呑み茶わんなどに入らないようにするための、こし器。tea strainer
**ちゃ-さじ【茶匙】** ①コーヒー・紅茶用の小さいスプーン。ティースプーン。teaspoon ②↓ちゃしゃく(茶杓)
**チャシ**(casiアイヌ)《砦の意》尾根や岬の後方に空濠をめぐらして防塞としたもの。その址が多く北海道・東北に残存。
**ちゃ-じ【茶事】** ①茶をたてて飲み味わうこと。②茶の湯で一定の形式をもつ正式な茶会。③茶道に関わることがら。
**ちゃ-しつ【茶室】** 茶事・茶会を行う部屋、または建物。書院式の広間と草庵の小間に大別される。四畳半を基本とし、それ以上が広間、以下を小間という。茶席。茶寮。↓図
**ちゃ-しぶ【茶渋】** 茶碗や急須に付く茶のあか。tea incrustation
**ちゃ-しゃく【茶杓】** ①茶道具の一つ。抹茶をすくう匙。材質は節止め、中節など節の美を生かした竹材が主で、古くは象牙・木・金属なども用いた。さしゃく。茶匙。②「茶柄杓」の略。↓茶道具図
**ちゃ-じん【茶人】** ①茶の道に精通した人。茶技を教えることを生業とする人。②一風変わったことを好む人。数寄者。風流人。
**ちゃ-せき【茶席】** 茶会が催される座敷。また、露地や付属施設を含めていう。茶会の場。
**ちゃ-せん【茶筅】** ①茶道具の一つ。抹茶をたてるのに使う、竹筒の一部を細かく割って穂としたもの。点前によって穂の数が異なり、表千家はすす竹、裏千家などでは白竹を使う。②「茶筅髪」の略。↓茶道具図
**ちゃせん-がみ【茶筅髪】** ①《髻が抹茶をたてるときに用いる茶筅に似ているところから》戦国時代の武士の髪型。②女性の髪型の一つ。後家島田などの髻先を茶筅状にしたもの。切り髪。

●茶筅髪①

**ちゃせん-ぎり【茶筅切(り)】** ナスなど、へたをつけたまま、縦の細かな切り込みを、ぐるりと入れる調理法。↓図

●茶筅切り

**ちゃせん-しだ【茶筅羊歯】** チャセンシダ科の常緑性シダ。山地の岩上や、里の石垣にはえる。全長一〇〜三〇cm。葉柄は紫褐色でつやがある。長楕円形の羽片を多数つける。日本全土に分布。
**チャタートン【Thomas Chatterton】**(一七五二〜七〇) イギリスの詩人。一五世紀の詩人ローリーの作と偽り自作の詩を発表。のち自殺。詩集『ローリーの詩集』。
**ちゃ-だい【茶代】** ①茶店などで休憩したときに支払う料金。②旅館や料理店で請求された料金以外に与える心づけ。チップ。tip
**ちゃ-だい【茶台】** 客に茶を出すとき、茶碗をのせる台。茶托。
**ちゃ-たく【茶托】** 茶を出すときに湯呑みの下に置く平らな台。saucer
**ちゃ-だち【茶断ち】** 断ち物の一つ。神仏に願をかけ、その成就を願って、一定期間あるいは一生、茶を飲むことを断つこと。比較酒断ち。
**ちゃたて-むし【茶立虫】** チャタテムシ目に属する昆虫の一群。秋の夜、障子などに止まり小さな音をだす。体長一cm以下。木の幹・葉の裏などにすむ。日本各地に分布。psocid ↓図

●チャタテムシ　ヒメチャタテ

**ちゃ-だな【茶棚】** 茶道具などの日用品をのせておく棚。shelf for tea-things
**チャタヌーガ【Chattanooga】** アメリカ、テネシー州南東部の工業都市。TVA計画の中心地で機械・原子力工業がさかん。南北戦争の古戦場。人口一七万(一九八〇)。
**チャタレーふじんのこいびと【チャタレー夫人の恋人】**《原題Lady Chatterley's Lover》ローレンスの小説。一九二八年刊。下半身不随の貴族を夫にもつ女が、森番との交

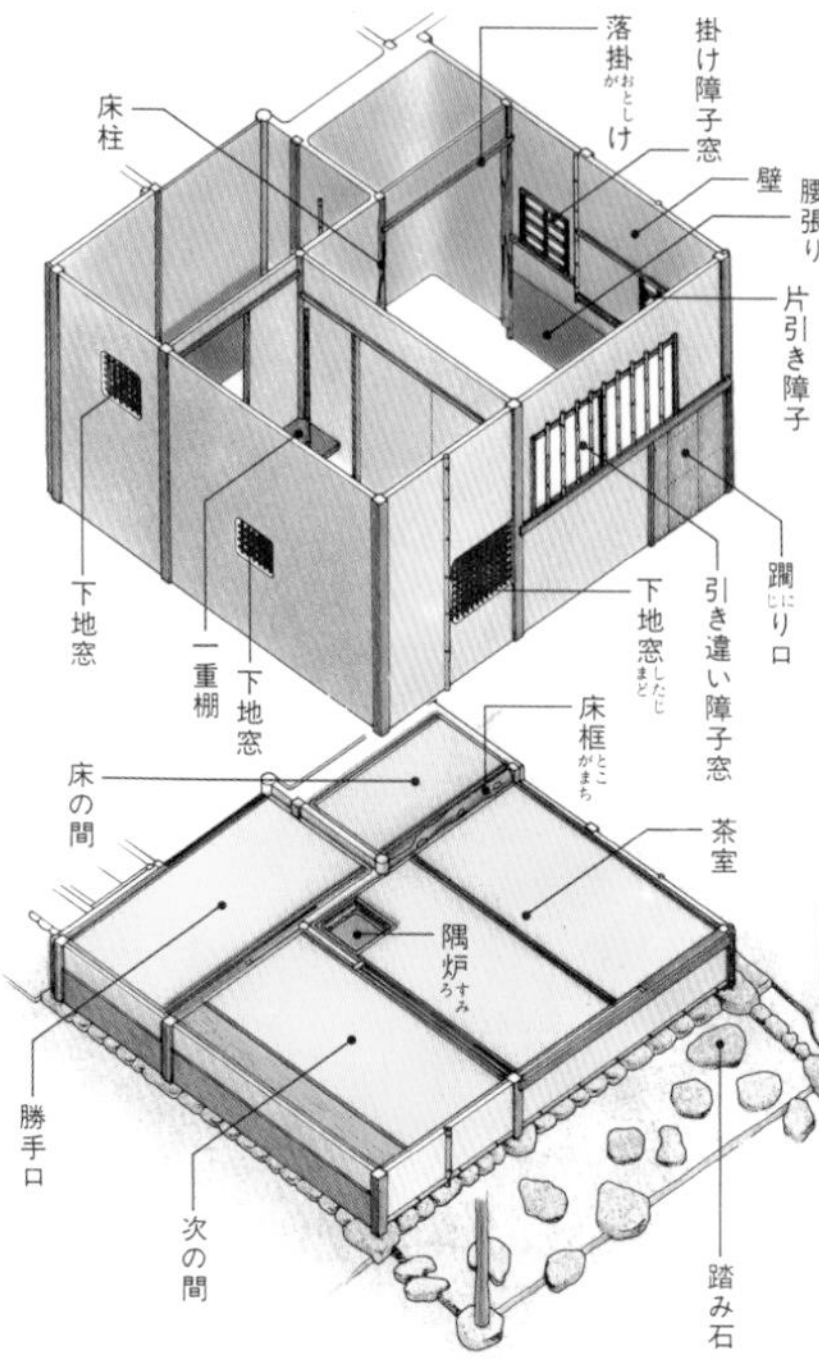



●茶室

待庵の茶室と露地　千利休作といわれている二畳敷きの草庵茶室。妙喜庵(京都府)。



↓行き先項目、図版・写真参照印。 JIS 日本工業規格情報交換用漢字符号コード(区点コード)。

渉を通じて人間性の回復を見いだす物語。

**ちゃたん【▽北▽谷】**〈町〉沖縄県、沖縄島中部西岸の町。米軍の嘉手納基地に接する。人口一万九七一八(一九八八)。

**ちゃ-だんす【茶▼簞▼笥】** 茶道具を収納する和風の棚。一般には食器や食品などの小物を入れ、飾り棚の要素も加えたもの。cupboard

**ちゃち**(形動)《俗語》安っぽいさま。貧弱であるさま。

**ちゃ-ちゃ【茶茶】** 話の邪魔。用例 ―を入れる。

**チャ-チャ-チャ【cha-cha-chaスペイン】** ラテン音楽のリズムの一つで一九五〇年代に流行。「チャチャチャ」は、合いの手にはいるはやしことば。

**ちゃ-つう【茶通】** 和菓子の一つ。小麦粉に砂糖と挽茶を加えて練り、あんを包み、上面にゴマあるいは煎茶をつけて焼く。

**ちゃっ-か【着荷】**(名・サ変自)《「ちゃくか」の変》荷物がつくこと。ちゃくに。arrival of goods

**ちゃっ-か【着火】**(名・サ変自)《「ちゃくか」の変》①火をつけなくても、自然に燃えること。火がつくこと。発火。用例 ―点。②火をつけること。点火。

**ちゃっか-てん【着火点】** 空気中で可燃性物質が発火して燃焼するのに必要な最低の加熱温度。発火点。ignition point

**ちゃっかり**(副・サ変自)《俗語》抜け目がないさま。

**ちゃっ-きょう【着京】**(名・サ変自)《「ちゃくきょう」の変》都に着くこと。とくに、東京・京都に着くこと。対義 離京。

**ちゃっきりぶし【ちゃっきり節】** 新民謡。北原白秋作詞・町田嘉章作曲。静岡電鉄が地元の宣伝のために昭和二年(一九二七)に企画した。

**チャック【chuck】** ①工作物や工具を保持するための締め付け具。②鋳型枠の中の砂を保持する桟。③洋服・かばん・袋などの合わせ目の開閉具。ジッパー。ファスナー。

**ちゃ-づけ【茶漬(け)】** 茶または薄味のだし汁をかけた飯。

**ちゃっ-けん【着剣】**(名・サ変自)《「ちゃくけん」の変》銃の先に銃剣をつけること。fix a bayonet

**ちゃっ-こう【着工】**(名・サ変自)《「ちゃくこう」の変》工事にとりかかること。start construction work 比較 起工。対義 完工・竣工。

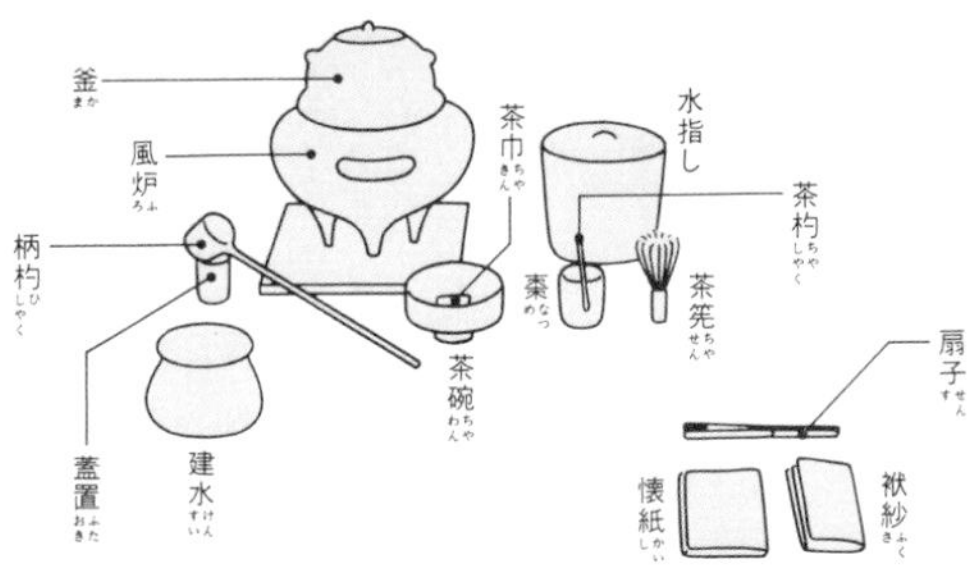


●茶道具　点前道具

**ちゃ-づつ【茶筒】** 茶をいれる筒状の容器。茶の香りを保ち、湿気ないよう、ふたが二重のものが多い。tea caddy

**チャッテルジー【Bankim Chandra Chatterji】**(一八三八〜一八九四) インドの小説家。ベンガル語による近代文学の先駆者。作品『アーナンドーマト』。

**チャツネ【chutney】** インド特産の漬物。マンゴー・リンゴ・モモ・トマトなどに、ショウガ・砂糖・スパイスを入れジャム状にする。

**チャップマン【George Chapman】**(一五五九ごろ〜一六三四) イギリスの劇作家・詩人。ホメロスの『イリアス』『オデュッセイア』の翻訳で有名。悲劇『ビュッシ=ダンボア』など。

●チャップリン『ライムライト』。

**チャップリン【Charles Spencer Chaplin】**(一八八九〜一九七七) イギリスの映画俳優・監督・脚本家・製作者。アメリカ映画で活躍。独特の扮装と演技で喜劇の王者となった。作品『黄金狂時代』『街の灯』『モダン-タイムス』『独裁者』『ライムライト』など。↓写

**ちゃ-つぼ【茶▼壺】** ㊀製茶をたくわえておく陶製のつぼ。葉茶壺。㊁狂言の曲名。二人で茶壺を争ううちに、仲裁者に持ち去られてしまう話。

**ちゃ-つみ【茶摘み】** 茶の芽・若葉を摘みとること・人。tea-picking

**ちゃつみ-うた【茶摘(み)歌】** 民謡の一種。茶畑で茶の新芽を摘む時に歌われる労働歌。北は宮城・山形から、南は九州にまでおよぶ。

**ちゃ-てい【茶庭】** 茶室に付属する小庭。禅院式・書院式・草庵式に大別。草庵式の茶庭は狭く、露地とよばれて純粋の茶庭とされる。

**チャド【Chad】**(Republic of Chad) アフリカ中部の内陸にある共和国。首都ンジャメナ。一九六〇年フランスから独立。北部は砂漠と高原。南西にチャド湖がある。サバナ気候で遊牧が中心であるが、綿花も栽培。面積一二八・四万km²。人口五一四万(一九八六)。正称チャド共和国。

**ちゃ-どう【茶道】** ①「茶の湯」とは、抹茶を茶碗に入れ、熱湯を注ぎ、茶筅でかきまわして飲む遊芸。茶道は心と作法、点前と器物による一つの総合芸術とされる。足利八代将軍義政の茶の湯師範、村田珠光に始まり、千利休の子孫によって、表千家・裏千家・武者小路千家の三千家に伝わり、ほかに多くの門流がある。さどう。②茶坊主。

**チャドウィック【James Chadwick】**(一八九一〜一九七四) イギリスの物理学者。中性子を発見。一九三五年ノーベル物理学賞受賞。

**チャドウィック【Lynn Chadwick】**(一九一四〜) イギリスの彫刻家。モビール制作後、粗い仕上げを生かしたシュールレアリスム風の幻想作に移る。

**ちゃ-どうぐ【茶道具】** 茶事に必要な道具の総称。装飾道具(掛け物・花入れなど)、点前道具(炭斗・茶釜・茶碗・茶杓など)、懐石道具(折敷・飯器・徳利など)、水屋道具(茶筅・茶巾など)、待合・露地道具(煙草盆など)に大別できる。茶器。↓図

**ちゃ-どくが【茶▼毒▼蛾】** ドクガ科のガの一種。全身濃黄色。開張約三cm。幼虫の体毛にさわると、かぶれる。食草はチャノキ・ツバキなど。本州・四国・九州に分布。↓図

●チャドクガ

**チャド-こ【チャド湖】**(Chad) アフリカ中北部、チャド・ニジェール・ナイジェリア・カメルーンにまたがる湖。増水期の面積二一・五万km²、渇水期一万km²。流出河川がないため水位の変動が著しい。

**ちゃ-どころ【茶所】** 茶の名産地。tea-growing district

**チャドル【chadorヒンディー】** イスラム文化圏にみられる女性用のベールをかねたマントの一種。外出用。目にあたる部分は、透けた布でできている。

**チャナッカレ-かいきょう【チャナッカレ海峡】**(Çanakkale Bogazi) ダーダネルス海峡の別称。

**チャネル【channel】** ↓チャンネル

**チャネル-しょとう【チャネル諸島】**(Channel Islands) イギリス海峡のフランス寄りに位置するイギリス領の諸島。気候が温和で、観光客が多い。チャンネル諸島。

**ちゃのき-にんぎょう【茶の木人形】** 茶の木で一刀彫り式に茶摘み女などの姿を作り、彩色した小さい人形。京都の宇治で作られていたが今はない。

**ちゃ-の-こ【茶の子】** ①茶を飲むときに添える菓子や果物。茶菓子。茶うけ。点心。②仏事の供物・くばり物。③彼岸会の供物。④朝食前のかんたんな食事。

**ちゃのは-まき【茶葉▼捲▼蛾】** ハマキガ科のガ。幼虫がサザンカ・ツバキ・柑橘類など、とくに茶の葉を食害する。開張二cm内外。前翅は灰黄色、後翅は淡黄色。幼虫は数枚の葉を綴り合わせ、その中で葉を縁のほうから食害する。本州以南・中国・インドなどに分布。チャハマキ。↓図

●チャノハマキ

**ちゃ-の-ま【茶の間】** ①和風住宅で居間と食事室を兼ねた部屋。家族の食事や団らんなどに使われる。living room ②茶室。tea-ceremony room

**ちゃ-のみ【茶飲み】** ①茶を飲むこと。tea drinking ②「茶飲みぢゃわん」の略。

**ちゃのみ-ぢゃわん【茶飲(み)茶▼碗】** 煎茶・番茶などを飲むときに用いる茶碗。teacup

**ちゃのみ-ともだち【茶飲(み)友達】** ①茶飲み話を楽しむような、いつも心やすくつきあう友達。crony ②年をとってから結婚した妻・夫。companion in one's old age

**ちゃのみ-ばなし【茶飲(み)話】** 茶を飲みながらの話。世間話。chat over tea

**ちゃ-の-ゆ【茶の湯】** 茶を飲んで楽しむ遊芸。古くは茶湯、一五世紀中葉から「茶の湯」という呼称が普及。近世以降は茶道をいう語となった。茶数寄。茶道。tea ceremony

**ちゃ-ばい【茶梅】** サザンカの異名。

**ちゃ-ばおり【茶羽織】** 女性の羽織の一種。丈が約七〇cmと短く、襠のないもの。元来は茶人が着た。

**ちゃ-ばこ【茶箱】** ①葉茶を保存するために用いる木箱。内側に錫箔をはって防湿する。衣類などの保存容器として転用されることも多い。②野点などのときに、茶器を入れて持ち運ぶための箱。

**ちゃ-ばしら【茶柱】** 番茶などをいれたとき、茶碗の中で縦に浮かんだ葉の茎。俗に、よいことがある前触れという。用例 ―が立つ。

**チャパティ【chapati】** カレー料理を包んで食べる、インドのパン。ふつう、小麦粉を水で練り、丸く薄くのばして焼く。

**ちゃ-ばな【茶花】** 茶席の床の間に生ける花。

季節に即した趣の花を、投げ入れの方式で生ける。

**ちゃ-ばなし【茶話】** のんびりと気楽な話。茶飲み話。さわ。chat over tea

**ちゃばね-ごきぶり【茶▼翅▼蜚▼蠊】** 黄褐色の小形のゴキブリ。体長約一五㎜。胸部に一対の長い黒斑があるのが特徴。一般家庭よりも、ビル・ホテル・飲食店などに多い。原産地不明。人の往来とともに、全世界に分布。

**ちゃばね-せせり【茶▼翅▼挵▼蝶】** セセリチョウ科のチョウ。黄褐色で、前翅に小さい白斑が点在する。開張約三㎝。食草はススキ・チガヤ・イネなど。したがってイネの害虫でもある。本州以南に分布し、近畿以西に多い。

**ちゃ-ばら【茶腹】** ①茶をたくさん飲んだときの腹ぐあい。②茶を飲んで、ひもじさをしのいでいること。比較 水腹。

**茶腹も一時**（ちゃばらもいっとき） 茶でも、しばらくは空腹をしのぐことができる。転じて、わずかなものでも一時しのぎになることのたとえ。Anything is better than nothing.

**チャパラ-こ【チャパラ湖】**（Lago de Chapala） メキシコ中部、標高一二〇〇mの高原にある湖。面積一〇〇〇㎢。湖岸は観光地として有名。

**チャハル【Chakhar・察哈爾】** モンゴルの部族名。一五世紀にダヤン＝ハンが内蒙古を統一、チャハル万戸として成立した。明末に興安嶺東方に移り、一六三五年清に滅ぼされたが、七四年張家口辺外に復活。

**ちゃ-ばん【茶番】** ①茶の用意・給仕をする役目。②滑稽な寸劇。立ち茶番・口上茶番などがあり、しゃれを言って「落ち」をつける。茶番狂言。farce ③見えすいた行為。茶番劇。farce

**ちゃばん-きょうげん【茶番狂言】** ①滑稽な寸劇。茶番。②あさはかで見えすいたこと。

**ちゃひき-ぐさ【茶引草・茶▼挽草】** カラスムギの異名。穂に油をつけて爪の上におき、吹くと茶臼を挽くように回ることからいう。

**ちゃ-びしゃく【茶▽柄▼杓】** 茶道具の一種。釜や水指から湯や水をくむ道具。竹製で、柄と合(水をくむ部分)からなる。炉用と風炉用が区別され、柄の付け方から差し通しと月形に分かれる。ちゃしゃく。

**ちゃ-びん【茶瓶】** ①湯をわかし、茶を煎じるのに用いる銅器ややかん。また、その代用をする陶磁器。土瓶。②《俗語。「茶瓶頭」の略》はげ頭。やかん頭。

**チャフ【chaff】** 相手のレーダー探知を妨害するため空中に散布されるアルミニウムなどの金属箔。

**ちゃ-ぶくろ【茶袋】** ①葉茶を入れておく紙ぶくろ。tea bag ②葉茶を入れて煎じ出す布ぶくろ。tea bag

**チャプスイ【雑砕 中】**（zásuì） 豚肉・野菜などを油でいためてスープで煮、かたくり粉などでとろみをつけた料理。

**ちゃぶ-だい【▽卓▼袱台】** 《「ちゃぶ」は卓袱の中国語の音から》食事用の四脚の座卓。明治時代から普及した和風家具の一つ。正方形・長方形・円形があり、脚が折りたためるものが多い。

**ちゃぶ-や【▽卓▼袱屋】** 幕末・明治初期、横浜・神戸など開港場で営業した主として外国人相手の小料理屋。

**チャプレン【chaplain】** キリスト教の聖職者。軍隊・学校・病院・刑務所など、教会以外の施設や団体の宗務のために任命される。

**チャベス【Carlos Chávez】**（一八九九～一九七八） メキシコの作曲家・指揮者。メキシコの民族音楽を取り入れた国民音楽を開拓。作品『インディアン交響曲』など。

**チャペック【Karel Čapek】**（一八九〇～一九三八） チェコスロバキアの代表的小説家。権力組織や機械文明を痛烈に風刺。新造語「ロボット」を用いた戯曲『R・U・R』で有名になった。SF長編『山椒魚戦争』など。

**チャペル【chapel】** キリスト教の礼拝堂・教会堂。おもに学校・病院などに付属しているものをいう。

**ちゃ-ほ【茶舗】** 茶を売る店。茶商。tea dealer

**チャボ【矮鶏】** 《インドシナの古地名、チャンパの転》小形の日本鶏。江戸時代に渡来し、日本で改良された。愛玩用・観賞用に飼育される。↓写

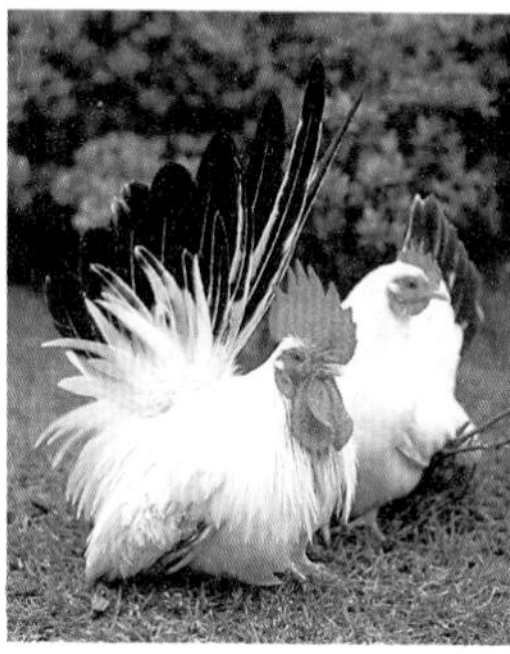

●チャボ　雌(右)、雄(左)。

**ちゃ-ぼうき【茶▼箒】** 茶道で、席中を清めたり炭手前に用いる羽は箒の総称。狭義には炭手前に用いる三つ羽をいう。ツル・ハクチョウなどの羽を三枚重ねたもので、茶釜の蓋や風炉の清めに使われる。参照 座箒。

**ちゃ-ぼうず【茶坊主】** ①室町・江戸時代、武家の茶事を扱った剃髪の者。茶道坊主。数寄屋坊主。②《転じて》権力者におもねる者。flatterer

**チャボ-とうじゅろ【▼矮▽鶏唐▼棕▼櫚】** ヤシ科の低木。掌状葉で、小葉は放射状に伸び、濃緑色。肉穂花序は短く直立、黄花を密生する。

**チャボ-ひば【▼矮▽鶏▼檜葉】** ヒノキの園芸品種。高さ五mぐらいのまっすぐな幹から多数の短枝が水平に出る。色は濃緑色。枝の短いのをチャボの短足にたとえた。カマクラヒバ。

**ちや-ほや**（副・サ変他） 機嫌をとるさま。おだてて甘やかすさま。spoil 用例 ――されて、いい気になる。

**ちゃ-ぼん【茶盆】** 茶器をのせる盆。

**ちゃ-ま**（接尾）「さま」の幼児語。用例 おじ――。おぼっ――。

**ちゃまだら-せせり【茶▼斑▼挵▼蝶】** 褐色の地に小白斑が散在するセセリチョウ科の小形チョウ。開張約二・五㎝。食草はミツバツチグリ・キジムシロなどのバラ科植物。山地に多く、花に飛来する。四国以北の日本各地、東アジア一帯に分布。

**ちゃ-みせ【茶店】** ①茶を売る店。②街道沿いや寺社の境内などで、休息する人に茶や菓子類を出す小屋掛けの店。出茶屋。掛け茶屋。立て場茶屋。茶屋。

**チャムス【佳木斯】**（Jiāmùsī） 中国黒竜江省東部、松花江下流の工業都市。水陸交通の要地で、自動車・製紙・食品工業などが発達。人口五四・七万（一九八四）。

**チャム-ぞく【チャム族】** インドネシア系諸族の一つ。ベトナム南部から中部の海岸平野およびカンボジアのトンレサップ湖周辺に住む。紀元前後から一五世紀にベトナムにチャンパ王国を建国。Cham

**ちゃ-め【茶目】**（名・形動） いたずら好きなこと・さま。また、そのような人。imp; playful

**ちゃ-めし【茶飯】** ①茶の汁でたいた塩あじの飯。②しょうゆと酒で味をつけた飯。さくらめし。

**チャモロ-ぞく【チャモロ族】** マリアナ諸島の原住民の俗称。元来はポリネシア系といわれるが、一六六八年のスペインの占領以来、白人と混血した。Chamorro

**ちゃ-や【茶屋】** ①製茶を売る店。葉茶屋。茶舗。②掛け茶屋の趣向でつくられている茶室。③客に茶菓や食事を販売・提供する店。茶店。掛け茶屋。出茶屋。水茶屋。④客に飲食や遊興を提供したり、またその案内や世話をする店。芝居茶屋。相撲茶屋。引き手茶屋。

**ちゃや-おんな【茶屋女】** 料亭につとめて、客に給仕や酌をする女性。

**ちゃや-ざけ【茶屋酒】** 料亭・遊廓で飲む酒。

**ちゃや-しろじろう【茶屋四▽郎次郎】** 戦国・江戸時代の京都の豪商茶屋家歴代の通称。初期には朱印船貿易・糸割符の特権で巨利を積んだ。代々将軍家の呉服師をつとめた。

**ちゃや-ぞめ【茶屋染(め)】** 染色法の一つ。麻地に藍の細線で山水楼閣などを染めた模様染色。白地に藍一色の模様の本茶屋、藍色地に白模様の茶屋辻などがある。

**ちゃや-つじ【茶屋▼辻】** 帷子の一種。江戸時代に大奥で着られた夏の婦人用礼服。白麻地にのり置きして藍染めにしたもので、山水文や流水草花文を、上位の者は裾模様に、下位の者は総模様に用いた。

**ちゃらっ-ぽこ** 《俗語》でたらめ。でたらめを言う人。

**ちゃ-らん【茶▼蘭】** センリョウ科の常緑小木。観葉植物。チャに似た葉を対生。夏、芳香のある黄色の小花が咲き、茶に香気をつけるのに用いる。江戸時代に渡来。中国原産。

**ちゃらん-ぽらん**（名・形動）《俗語》いいかげんなこと・さま。いいかげんなことを言う人。ちゃらんぱらん。

**ちゃ-り【茶利】** ①こっけいな文句・動作。②浄瑠璃・歌舞伎の、こっけいな場面（ちゃり場）。

**チャリティ【charity】** 慈善。慈善事業。寄付金。

**チャリティー-ショー【charity show】** 収益を社会福祉活動の資金とする目的で開かれるコンサートなどの興行。慈善興行。

**ちゃ-りょう【茶寮】** ①茶の湯を行う部屋。茶室。数寄屋。さりょう。②喫茶店。③料理屋。

**ちゃりんこ** 《俗語》①子どものすりをいう隠語。②自転車の異称。

**チャルダシュ【csárdás ハンガリー】** ハンガリーの民族舞踊・舞曲。四分の二、四分の四拍子。遅い導入部（ラッス）と速い主部（フリス）からなる。芸術舞踊では『コッペリア』、音楽ではリストの『ハンガリー狂詩曲』などが有名。

**チャルメラ【charamela ポルトガル】** ①オーボエ属の複簧をもつ縦笛。日本には一六世紀にポルトガルから伝来。②現在チャルメラとよばれるのは、中国伝来の哨吶系統の楽器。屋台の中華そば屋が使う。↓写

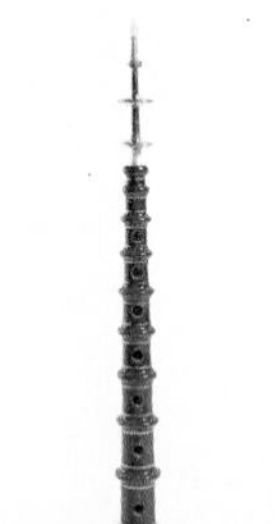

●チャルメラ①

**チャルメル-そう【▼哨▼吶草】** ユキノシタ科の多年草。暖地の谷川ぞいにはえる。葉は根生し、長柄。春、濃赤色の小花を多数つける。果実はチャルメラのように開口する。

**チャレンジ【challenge】**（名・サ変自） ①試合の申し込み。挑戦。②選手権者に対する試合の申し込み。③難事に挑戦すること。

**チャレンジ-ラウンド【challenge round】** プロボクシングなどで、チャンピオンと戦う資格を得た選手がタイトルに挑戦する試合。

**ちゃ-わ【茶話】** ①茶を飲みながらの軽い話。ちゃばなし。さわ。chat over tea ②滑稽な軽い話。chat

**ちゃわ-かい【茶話会】** 気楽な談話をする集まり。さわかい。tea party

**ちゃ-わん【茶▼碗】** 茶を飲み、飯を食べる器。深みのある飲食用の陶磁器の総称。茶道の抹茶茶碗は美術工芸品として発達。bowl 数え方 一客・一個・一口・一組み。↓茶道具図

**ちゃわん-ざけ【茶▼碗酒】** 茶碗や湯のみについだ酒。また、それを飲むこと。

**ちゃわん-たけ【茶▼碗▼茸】** 子嚢菌類チャワンタケ科のキノコの総称。倒木・動物の糞などには、一㎜から数センチメートルの茶碗状に開いた子嚢盤をつくる。オオチャワンタケ・キンチャワンタケ・クリイロチャワンタケなど種類が多く、色も白・赤・黄など多彩。↓図

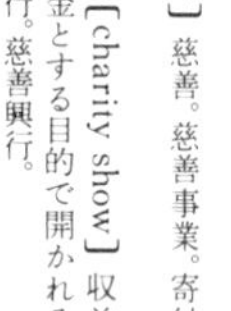

●チャワンタケ　クリイロチャワンタケ

**ちゃわん-むし【茶▼碗蒸(し)】** 和風卵料理の一つ。茶碗に各種の具を入れ、味つけしただし汁でといた卵をそそぎ、茶碗ごと蒸す。

**ちゃん【▽父】** 《俗語》父親。

**ちゃん**（接尾） 《「さん」の転》名前などの下に添えて親しみを表す語。用例 おばあ――。おにい――。太郎――。

**ちゃんこ-りょうり【ちゃんこ料理】** 《「ちゃんこ」は相撲部屋の料理人、おっさん、の意》相撲部屋の食事。力士の食べる独特の寄せなべ。魚・肉・野菜などをごった煮にする。ちゃんこなべ。

**チャンシャー【長沙】**（Chángshā） ↓ちょうさ(長沙)

**チャンジン-ガン【長津江】**（Changjin Gang） ↓ちょうしんこう(長津江)

**チャンス【chance】** よいきっかけ。好機。用例 ――をつかむ。絶好の――。

**チャンス-メーカー** 《和製語》団体球技などで、得点のきっかけをつくる選手。

**チャン-チアン【長江】**（Cháng Jiāng） ↓ちょうこう(長江)

**チャンチヤコウ【張家口】**（Zhāngjiākǒu） ↓ちょうかこう(張家口)

**ちゃんちゃら-おかし・い**【――をかしい】（形）《俗語。

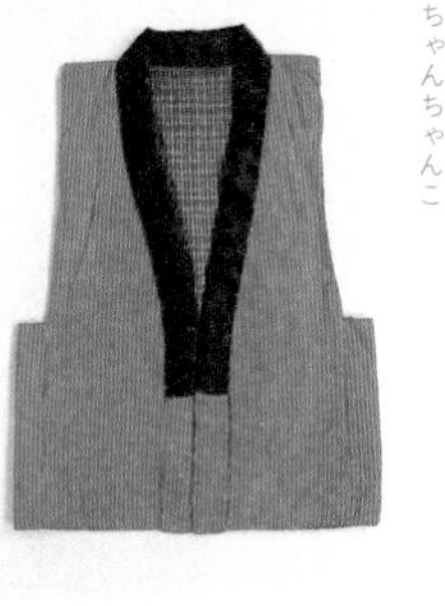
●ちゃんちゃんこ

ばかにして言う》こっけいだ。問題にならない。

**ちゃんちゃん-こ** 袖なし羽織の俗称。今日では、おもに幼児用の綿入れをさす。↓写

**チャンチュン**【長春】(Chángchūn) ↓ちょうしゅん(長春)

**チャンチン**【香椿中】(xiāngchūn) センダン科の落葉高木。高さ約二〇m。葉は奇数羽状複葉。若芽や若葉が赤くて美しく、夏に白色の小花を開く。中国原産。庭木に用いる。↓写

●チャンチン

**チャンチン-もどき**【▽香▼椿▽擬】ウルシ科の落葉高木。葉は奇数羽状複葉。小葉は長楕円形。夏、集散状に円錐花序を出す。核果は径約二cm、黄熟し酸味がある。チャンチンに似る。

**ちゃん-と**(副・サ変自) ①きちんとしたさま。neatly 用例 ― した身なり。②確かであるさま。certainly 用例 ― 返済する。

**チャンドラー**【Raymond Chandler】(一八八八〜一九五九) アメリカの推理小説家。ハードボイルド派の代表的存在。作品『大いなる眠り』『さらば愛しき女よ』『長いお別れ』など。

**チャンドラグプタ**【Candra Gupta】(生没年未詳) インド、マウリヤ朝の創始者(在位BC三二一ごろ〜BC二九三ごろ)。マガダ国のナンダ朝を滅ぼし、北インドを統一。パータリプトラを都とし南インドへも遠征。シリアのセレウコス一世の侵入を撃退。インド最初の統一王朝を樹立。

**チャンドラセカール**【Subrahmanyan Chandrasekhar】(一九一〇〜) インド出身のアメリカの理論天体物理学者。星の構造と進化を知る物理過程の理論的研究により一九八三年ノーベル物理学賞受賞。

**チャンネル**【channel】①水路。海峡。経路。分岐先。チャネル。②テレビ放送局などに割り当てられた電波の周波数帯。③テレビ受像機で、受像する番組を選ぶ装置。用例 ― を切り替える。

**チャンパ**【Champā】インドシナ半島東南部のチャム族の王国。漢の支配下にあったが、二世紀末に独立。中国では林邑と称し、唐代には環、唐末からは占城とよんだ。ベトナムの歴代王朝と抗争し、南へ移ったが一七世紀までに滅亡。

**チャンパイ-シャン**【長白山】(Chángbái Shān) ↓はくとうさん(白頭山)

**ちゃん-ばら** 《俗語。「ちゃんちゃんばらばら」の略》剣劇。暴力騒ぎ。

**チャンピオン**【champion】スポーツ競技などの選手権者。優勝者。最優秀者。

**チャンピオンシップ**【championship】スポーツ競技などでの、最優秀者としての地位・資格。選手権。

**チャンピオン-フラッグ** 《和製語》スポーツ競技で、勝利者や勝利チームに与えられる優勝旗。pennant

**チャンピオン-ベルト** 《和製語》プロのボクシングやレスリングなどで、各種選手権の保持者が、組織などから与えられたり、自分で作ったりする記念の飾りベルト。championship belt

**ちゃんぷるう** 沖縄料理のいため物。豆腐を主材料に野菜を合わせて作る。「ごうやあ(ニガウリ)ちゃんぷるう」などがある。

**チャンベク-さんみゃく**【チャンベク山脈・▽長▽白山脈】(Chángbái) ↓ちょうはくさんみゃく(長白山脈)

**ちゃん-ぽん** 一(名・形動) ①かわるがわるにすること・さま。alternation ②混同すること・さま。mixture 二(名) 汁そばの一つ。長崎市の郷土料理。ちゃんぽん玉といわれるめんと魚介類・豚肉・鶏肉などをいためてから鶏のスープで煮込んだもの。

**チュ** 1画 【▼丶】 部首[丶] JIS 4806
音チュ
①しるし。文章のきれめなどにつけるしるし。てん。ぽち。ちょぼ。②部首の一つ。てん。

**チュ** 12画 【▼蛛】 部首[虫] JIS 7365
音チュ・シュ
「蜘蛛」は、クモ。クモ網に属する節足動物。ささがに。

**ち-ゆ**【治癒】(名・サ変自) けがが病気がなおること。全快。cure

**チュイフー**【曲阜】(Qūfù) ↓きょくふ(曲阜)

**チュウ** 4画 【▼丑】 部首[一] 人名用 JIS 1715
音チュウ・チュ
うし。十二支の第二。動物では牛。五行では土。時刻では午前二時前後。月では陰暦の一二月。方角では北北東。

**チュウ** 4画 【中】 部首[丨] 教育小1 JIS 3570
音チュウ・ジュウ
訓なか

中 中 中 中

①なか。うち。範囲のうち。…のあいだ。対義外。「胸中・車中・心中」用例(接尾)血液 ―。いま勉強 ― 。会議 ― 。来月 ― 。②三つのうちの二番め。対義上・下・大・小・少。「中尉・中巻・中佐・中旬・中将・中納言・中流」用例(名) ― の巻。③なか。なかほど。まんなか。「集中」「中央・中間・中心・中正・中年」④なかば。ものごとのまだおわらないうち。「中座・中止・中退・中断・中途」⑤あたる。あてる。「的中・命中」「中傷・中毒」⑥中学校のこと。「中卒」⑦中央のこと。「中闘」⑧自国。本国。比較内。対義外。「中外」⑨中国のこと。「日中友好・訪中」↓ジュウ【中】

**チュウ** 6画 【仲】 部首[人・亻] 教育小6 →教育小4 JIS 3571
音チュウ
訓なか

仲 仲 仲 仲 仲 仲

①なか。なかだち。「仲介・仲裁」②二番め。なかほど。まんなか。対義伯・叔・季。「仲兄・仲秋」

**チュウ** 6画 【▼冲】 部首[冫] JIS 4953
音チュウ
①むなしい。うつろ。②わく。水がわきうごく。水がながれてゆく。③おき。海や湖などの岸から遠くはなれたところ。

**チュウ** 6画 【虫】 部首[虫] 教育小1 JIS 3578
18画【▼蟲】 旧字 JIS 7421
音チュウ・キ
訓むし

虫 虫 虫 虫 虫 虫

むし。コンチュウなど小動物の総称。「益虫・回虫・害虫・昆虫・成虫・幼虫」「虫害・虫媒花」用例《接尾的》寄生 ― 。参考虫は、「キ」で、マムシの意。もとは、蟲とは別の字。

**チュウ** 7画 【▼忡】 部首[忄]
音チュウ
うれえる。心をいためる。心配をする。

**チュウ** 7画 【▼肘】 部首[月] JIS 4110
音チュウ
ひじ。うでの関節のところ。かいな。「掣肘」

**チュウ** 7画 【沖】 部首[氵] 常用 JIS 1813
音チュウ
訓おき
①とぶ。高くとぶ。「沖天の勢い」②わく。水がわきうごく。水がながれてゆく。「沖積世・沖積層」③おき。海や湖などの岸から遠くはなれたところ。

**チュウ** 7画 【▼狆】 部首[犭] JIS 6430
音チュウ
ちん。犬の一品種。からだが小さく毛が長い。愛玩用。ちんころ。

**チュウ** 8画 【宙】 部首[宀] 教育小6 JIS 3572
音チュウ

宙 宙 宙 宙 宙 宙

①そら。あめ。天。空中。空間。「宇宙」「宙返り」用例(名) ― に浮く。②文字などをみないこと。暗記。用例(名) ― でいう。
**宙を飛ぶ** 空中を飛ぶ。空を飛んでいるように、速く走る。宙を翔ける。fly 用例 宙を飛んで帰宅した。

**チュウ** 8画 【忠】 部首[心] 教育小6 JIS 3573
音チュウ

忠 忠 忠 忠 忠 忠

①君主につくすまこと。比較孝。「誠忠」「忠勤・忠節」用例(名)君に ― 、親に孝。②まごころ。まこと。まごころのある。「忠告・忠実」
**忠ならんとすれば孝ならず、孝ならんとすれば忠ならず** 一方を行えば、他方が行き詰まってしまう。どちらの行動をとっても、他方に不都合の生じる、進退きわまった状況を言う。

**チュウ** 8画 【抽】 部首[扌] 常用 JIS 3574
音チュウ
ぬく。ひく。ひきだす。「抽出・抽象・抽選」

**チュウ** 8画 【▼拄】 部首[扌]
音チュ・チュウ
ささえる。つっかえ棒をする。

**チュウ** 8画 【▼杻】 部首[木]
音ジュウ・チュウ
てかせ。手の自由がきかないようにする刑具。↓ジュウ【杻】

**チュウ** 8画 【▼注】 部首[氵] 教育小3 JIS 3577
8画【▼注】 旧字
音チュウ・シュ・チュ
訓そそぐ

注 注 注 注 注 注

①そそぐ。つぎこむ。「傾注」「注意・注視・注射・注入・注目」②《註とも》解釈をつくること。むずかしいところを、わかりやすく説明すること。「頭注・評注」「注解・注釈」用例(名)わかりよい ― だ。③もとめる。あつらえる。「受注・発注」「注文」

**チュウ** 9画 【▼冑】 部首[冂] JIS 4941
音チュウ
①かぶと。頭を保護するためにかぶる武具。「甲冑」②よろい。参考甲(よろい)と冑の意義をとりちがえて、逆に用いる。

**チュウ** 9画 【昼】 部首[日] 教育小2 JIS 3575
11画【▼晝】 旧字 JIS 5876
音チュウ
訓ひる

昼 昼 昼 昼 昼 昼

ひる。ひるま。日中。対義夜。「白昼」「昼間・昼食」

**チュウ** 9画 【▼胄】 部首[月] JIS 7084
音チュウ
よつぎ。あととり。ちすじ。子孫。「華胄」

**チュウ** 9画 【柱】 部首[木] 教育小3 JIS 3576
9画【▼柱】 旧字
音チュウ・チュ・ジュウ
訓はしら

柱 柱 柱 柱 柱 柱

はしら。①屋根など、ものをささえる直立した材。「円柱・角柱」「支柱」②神・遺骨を数えるのに用いる。↓ジュウ【柱】

**チュウ** 9画 【▼紂】 部首[糸] JIS 6901
音チュウ
中国人名。古代、殷王朝の最後の王。?〜前一〇五〇年ごろ。知・体力にすぐれたが、妲己におぼれ、乱行多く、周の武王にほろぼされた。夏王朝の桀王とともに、暴君として並称される。「桀紂」

**チュウ** 9画 【衷】 部首[衣] 常用 JIS 3579
10画【▼衷】 旧字
音チュウ
①まごころ。まこと。こころ。「苦衷・微衷・和衷」「衷情・衷心」②なか。うち。「折衷」

**チュウ** 10画【紐】 部首［糸］ JIS 4119
音ジュウ・チュウ
ひも。むすぶ。ゆわえる。「紐帯」

**チュウ** 10画【酎】 部首［酉］ JIS 3581
音チュウ
①こいさけ。よくかもした酒。②蒸留酒の一種。「焼酎」

**チュウ** 11画【惆】 部首［忄］ JIS 5615
音チュウ
うらむ。うらみかなしむ。失望する。「惆悵」

**チュウ** 11画【紬】 部首［糸］ JIS 3661
音チュウ
①つむぐ。綿や繭から繊維をひきだし、よりをかけて糸をつくる。②つむぎ。真綿をつむいだ糸で織った布地。

**チュウ** 12画【註】 部首［言］ JIS 3580
音チュ・チュウ
①解釈をつくること。むずかしいところを、わかりやすく説明すること。「脚註・頭註」「註記・註釈」②もとめる。あつらえる。「註文」

**チュウ** 12画【鈕】 部首［金］ JIS 7870
音ジュウ・チュウ
①つまみ。とって。指でつまめるように、器物につけた部分。②ボタン。こはぜ。衣服のあわせ目などにつけるもの。

**チュウ** 13画【稠】 部首［禾］ JIS 6739
音チュウ・チョウ
しげし。密生する。密集する。おおい。「稠密」

**チュウ** 13画【誅】 部首［言］ JIS 7547
音チュ・チュウ
①せめる。とがめる。「筆誅」「誅求」②うつ。ほろぼす。「天誅」「誅伐」③ころす。罪のある者をころす。「誅戮」 用例（名）―に伏す。

**チュウ** 14画【綢】 部首［糸］ JIS 6934
音チュウ
①まとう。まつわる。②しげし。密生する。密集する。おおい。

**チュウ** 15画【廚】 部首［广］ JIS 5504
12画【厨】 部首［厂］ JIS 3163 異体字
音チュ・チュウ・ズ
くりや。料理場。台所。「庖廚」「廚房」↓ズ［廚］

**チュウ** 15画【鋳】 部首［金］ 常用 JIS 3582
22画【鑄】 JIS 7941 旧字
音チュウ・シュ
訓いる
いる。金属をとかして型にいれ、器物をつくる。「改鋳」「鋳貨・鋳造」

**チュウ** 15画【駐】 部首［馬］ 常用 JIS 3583
15画【駐】 旧字
音チュウ・チュ
とどまる。とどめる。ある期間とどめる。「進駐」「駐在・駐車・駐留」

**チュウ** 16画【儔】 部首［人・亻］ JIS 4918
音チュウ・ジュ
とも。ともがら。なかま。たぐい。

**チュウ** 17画【幬】 部首［巾］
音チュウ・トウ
とばり。たれぬの。カーテン。かや。

**チュウ** 17画【鍮】 部首［金］ JIS 7911
音トウ・チュウ
「真鍮」は、銅と亜鉛の合金。黄銅。

**チュウ** 19画【疇】 部首［田］ JIS 6538
12画【畴】 JIS 6539 異体字
音チュウ
①うね。さかい。境界。②たぐい。㋐ともがら。なかま。㋑部類。部門。「範疇」

**チュウ** 20画【籌】 部首［竹］ JIS 6854
音チュウ
①かずとり。数をかぞえるのに用いる竹の棒。②はかりごと。はかる。計算する。「籌度」③くじ。くじびきに用いる竹片。

**チュウ** 21画【籒】 部首［竹］
19画【籀】 JIS 6858 異体字
音チュウ
中国の古文字の書体の一つ。周の太史籀がつくったとされる。大篆。「籀文」

**チュウ** 21画【躊】 部首［足］ JIS 7720
音チュウ
「躊躇」は、ためらう。ぐずぐずする。

**ち-ゆう**【知友】 深く理解し合う友人。親友。bosom friend

**ち-ゆう**【知勇・智勇】 知恵と勇気。wisdom and courage

**ちゅうあい-てんのう**【仲哀天皇】 記紀で第一四代天皇。日本武尊の第二王子。神功皇后の夫。熊襲征討の途次、筑紫の香椎宮で崩じたという。

**ちゅう-い**【中位】 中ほどの順位・位置。middle position 対義上位・下位。

**ちゅう-い**【中尉】 軍隊の階級の一つ。少尉の上、大尉の下。

**ちゅう-い**【注意】（名・サ変自）①心を集中すること。attention ②用心すること。警戒。care 用例―を払う。③気をつけさせること。忠告すること。advice 用例―される。用例足元に―。

**ちゅうい-ぎむ**【注意義務】 ある行為をするさいに一定の注意を払う義務。事故などのさいに過失の有無を判定する基準となる。

**ちゅう-いきょう**【中医協】 中央社会保険医療協議会の略称。

**ちゅうい-じんぶつ**【注意人物】《よくない場合に言う》言動をいつも見張られている人。person on a blacklist

**ちゅうい-すう**【中位数】↓メジアン

**ちゅういど-こうあつたい**【中緯度高圧帯】 緯度三〇度付近を中心とする高圧帯。ここから吹き出す大気は転向力により、北向きは偏西風に、赤道へ向かうのは偏東風となる。亜熱帯高圧帯。middle-latitude high-pressure belt

**ちゅういど-こうきあつ**【中緯度高気圧】 緯度三〇度付近を中心とする高気圧。亜熱帯高気圧。middle-latitude anticyclone

**ちゅうい-ほう**【注意報】 大雨・洪水などの被害の起こるおそれのある場合、注意をよび起こすために出す知らせ。警報よりは弱い。warning 比較警報。用例大雨―。

**ちゅうい-めいがら**【注意銘柄】 取引所が信用取引状況を公表している銘柄。信用取引の過度の利用を抑制するために量的基準を設け、この基準を超えたものに対し投資家の注意をうながすのが目的。

**ちゅうい-りょく**【注意力】 注意を持続することのできる能力。attentiveness

**ちゅう-いん**【中陰】《仏教語》人が死んでから次の生を得るまでの期間。一般には四九日間とされる。中有。七七日。

**チューイン-ガム**【chewing gum】 かんで、味とかみごこちを味わう菓子。天然樹液チクルか、合成のゴム状物質にミントなどの香料・糖分を混ぜ調味したもの。ガム。

**チューインガム-の-き**【チューインガムの木】 サポジラの別名。

**ちゅういん-こっきょうふんそう**【中印国境紛争】 一九五〇年以来中国とインドの間で係争中の国境問題。五九年と六二年には武力衝突に発展。八一、八二年に中印会議が行われたが、未解決。Chinese-Indian dispute 参照マクマホンライン。

**ちゅう-う**【中有】《仏教語》人が死んで次の生を得るまでの間。中陰。

**ちゅう-えい**【虫癭】 植物体に昆虫などが寄生し、その部分が異常に肥大したもの。ヌルデノミミフシによる五倍子など。むしこぶ。insect gall

**ちゅう-おう**【中欧】 中部ヨーロッパ。オーストリア・ハンガリー・チェコスロバキアなどの地域。Central Europe

**ちゅう-おう**【中央】 ①空間的にまんなかの位置。center ②はたらき・機能で重要な位置。中心的なはたらきをするもの。center 用例町の―。③首府。capital 対義地方。用例―政府。用例日本の―は東京だ。

**ちゅうおう**【中央】〈町〉 岡山県中部、津山市南西隣の町。稲作が主で、トマト・ナシも栽培。人口八一六五（一九八八）。

**ちゅうおう**【中央】〈町〉 熊本県中部、緑川支流釈迦院川に沿う町。農業と林業が行われる。人口五六五五（一九八八）。

**ちゅうおう-アジア**【中央アジア】 アジア大陸中央部、タリム盆地からパミール高原を経てカスピ海東岸に広がる地域。狭義には東トルキスタンと、ソ連領の西トルキスタン（ウズベク・トルクメン・キルギス・タジク・カザフ五共和国）をさす。Central Asia

**ちゅうおうアジアのそうげんにて**【中央アジアの草原にて】《原題V sredney Azii》ボロディン作曲の交響詩。一八八〇年作。ラクダの隊商が草原を通るさまを描く。

**ちゅうおう-アフリカ**【中央アフリカ】 アフリカ大陸中央部の、サハラ砂漠以南、ザンベジ川以北の地域名称。Central Africa

**ちゅうおうアフリカ-きょうわこく**【中央アフリカ共和国】（Central African Republic） アフリカ大陸のほぼ中央部に位置する内陸国。首都バンギ。一九六〇年フランスから独立。鉱物資源としてダイヤモンド・ウラン鉱などを産出。面積六二・三万㎢。人口二七四万（一九八六）。

**ちゅうおう-アメリカ**【中央アメリカ】 南北両アメリカ大陸を結ぶ地峡部の七共和国、グアテマラ・ベリーズ・ホンジュラス・エルサルバドル・ニカラグア・コスタリカ・パナマが占める地域。広義には、メキシコやカリブ海の諸島も含めることもある。火山が多く、地震の多発地帯。中米。Central America

**ちゅうおう-アルプス**【中央アルプス】 木曽山脈の通称。北アルプス・南アルプスとともに日本アルプスとよばれる。

**ちゅうおう-おろしうりしじょう**【中央卸売市場】 地方公共団体が農林水産大臣指定の都市とその隣接地に設けた、生鮮食料品の卸売市場。

**ちゅうおう-かいれい**【中央海嶺】 地球上の各大洋のほぼ中央を走る大規模な海底山脈。高さは平均三㎞。地磁気の変化や岩石の年代測定の結果や火山・地震活動の特徴などから、プレートの生産の場と考えられている。mid-oceanic ridge ↓プレートテクトニクス 図

**ちゅうおう-かこうきゅう**【中央火口丘】 火山の大きな火口またはカルデラの内部にできる比較的小形の火山体の総称。火口丘。central cone ↓火山 図

**ちゅうおう-かんちょう**【中央官庁】「中央行政官庁」の略。

**ちゅうおう-きょういくしんぎかい**【中央教育審議会】 文部大臣の諮問機関。昭和二七年（一九五二）設置。教育・学術・文化に関する重要施策について調査審議し、文部大臣に建議する。中教審。

**ちゅうおう-ぎょうせいかんちょう**【中央行政官庁】 権限が全国におよぶ官庁。各省庁など。中央官庁。central government 対義地方行政官庁。

**ちゅうおう-ぎんこう**【中央銀行】 国の金融機構の中心となる銀行。発券銀行、銀行の銀行、政府の銀行という三大機能をもち、金融政策の実施を担当する。日本銀行、アメリカの連邦準備銀行など。central bank 対義市中銀行。

**ちゅうおう-けいば**【中央競馬】 日本中央競馬会が主催・施行する競馬。競馬法にしたがって運営・実施される。現在、札幌・函館・福島・新潟・中山・東京（府中）・中京・京都（淀）・阪神・小倉の一〇競馬場で開催。比較地方競馬。

**ちゅうおう-こうがいたいさくしんぎかい**【中央公害対策審議会】 環境庁の付属機関。首相・環境庁長官・関係大臣などの諮問に応じて、公害対策に関する基本事項などを調査審議・答申する。

**ちゅうおう-こうぞうせん**【中央構造線】 西南日本を縦断し、日本列島の地質構造を日本海側（内帯）と太平洋側（外帯）に分ける大断層帯。白亜紀の圧砕岩の形成をともなう活動に始まり、現在も運動を続ける活断層とみなされている。Median Tectonic Line

**ちゅうおう-こうそくどうろ**【中央高速道路】 中央自動車道の通称。

**ちゅうおう-こうち**【中央高地】 本州中央部、山梨・長野・岐阜県の山岳地帯をいう。日本の屋根ともいわれる。

**ちゅうおうこうろん**【中央公論】 月刊総合雑誌。明治二〇年（一八八七）『反省会雑誌』として創刊。同三二年（一八九九）改称。滝田樗陰の編集によって権威ある総合雑誌となった。

**ちゅうおうこうろん-しゃ**【中央公論社】（株）中央公論社 日本の代表的出版社の一つ。雑誌『中央公論』によって発展。大正三年（一九一四）設立。

**ちゅうおう-し**【中央紙】 首府に本社のある



↓行き先項目、図版・写真参照印。 JIS日本工業規格情報交換用漢字符号コード（区点コード）。

新聞社で、印刷・発行し、全国にいきわたる新聞。全国紙。national newspaper 対義 地方紙。

**ちゅうおう-しきしょ【中央指揮所】** 有事に、陸海空三自衛隊を統合して指揮をする情報中枢。防衛庁(東京・赤坂)にあってアメリカ軍とも密接に連絡をとり、自衛艦隊指揮支援システム、バッジシステムなどと連動した大スクリーンに映される状況に対応して、兵員や機材の有効で適切な運用をはかる。

**ちゅうおう-じどうしゃどう【中央自動車道】** 正称、高速自動車国道中央自動車道。中部山岳地帯を横切り、関東と近畿を結ぶ高速道路。東京を起点に、西宮線(約四六二km)・富士吉田線(約九四km)・長野線(約九三km)からなる。一般には西宮線のうち、東京から小牧間を中央自動車道(約三七二km)、小牧から西宮間(約一九〇km)を名神高速道路という。昭和四八年(一九七三)開通。中央高速道路。

**ちゅうおう-シベリアこうげん【中央シベリア高原】**(Sredneye-Sibirskoye Ploskogorye) ソ連シベリア中部、エニセイ川とレナ川の間にある広い高原。面積三五〇万km²。古生代の地層からなり、大部分はタイガ(=針葉樹林)。標高五〇〇〜七〇〇m。

**ちゅうおう-しゃかいほけんいりょうきょうぎかい【中央社会保険医療協議会】** 厚生大臣の諮問機関の一つ。国民健康保険医・薬剤師などに対する保険医療の指導と健康保険などの適切な診療報酬額を審議・勧告する。中医協。

**ちゅうおう-しゅうけん【中央集権】** 組織の統制力を中央機関に集中させる原理。とくに中央政府と地方公共団体の関係で、前者に統治の権限を強く集中することをいう。centralization 対義 地方分権。

**ちゅうおうじょうやく-きこう【中央条約機構】**(Central Treaty Organization) 北大西洋条約機構(NATO)と東南アジア条約機構(SEATO)の中央に位置する西アジア地域の集団的安全保障機構。イラン・パキスタン・トルコ・イギリスによりバグダード条約機構の後身として一九五九年に設立。七九年イラン革命にともなって解体。CENTO。

**ちゅうおうしょり-そうち【中央処理装置】**↓シーピーユー(CPU)

**ちゅうおう-せいふ【中央政府】** 国家行政の中央機関としての政府。central government

**ちゅうおう-せんきょかんりかい【中央選挙管理会】** 参議院比例代表選出議員選挙に関する事務について都道府県選挙管理委員会を管理する機関。五人の委員からなり、自治省に置かれる。

**ちゅうおう-だいがく【中央大学】** 私立総合大学の一つ。前身は明治一八年(一八八五)創立の英吉利法律学校。昭和二四年(一九四九)現制。本部は東京都八王子市東中野。

**ちゅうおうだんぼう-ほうしき【中央暖房方式】** 建物内の一か所にボイラー・加熱器などを設置し、管・ダクトにより蒸気・湯・温風などを各室に送る暖房方式。セントラルヒーティング。central heating

**ちゅうおう-ち【中央値】**↓メジアン

**ちゅうおう-ひょうじゅんじ【中央標準時】** 一つの国または一つの地方で、標準とする地方時。日本では日本標準時といい、東経一三五度における時刻。Central Standard Time

**ちゅうおう-ぶんりたい【中央分離帯】** 対向車線を分離するために道路の中央に設ける帯状の区域。交通の安全性・高速性などの走行条件を高めるのが目的。中央帯。central reserve

**ちゅうおう-ほうそうきょく【中央放送局】** NHKで、地域ごとに放送局を統轄している放送局。

**ちゅうおう-ほんせん【中央本線】** 東京と名古屋を結ぶ鉄道幹線。東京の新宿〜塩尻間はJR東日本、塩尻〜名古屋間はJR東海の管轄。長さ三九五・六km。明治四四年(一九一一)開通。

**ちゅうおう-ろうどういいんかい【中央労働委員会】** 労働省の外局の一つ。全国的に重要な労働事件などの調停・斡旋・仲裁・処分を行う合議機関。労働者側・使用者側・公益側委員各一三人で構成される。中労委。

**ちゅうおうロシア-だいち【中央ロシア台地】**(Sredne-Russkaya Vozvyshennost ロシア) ソ連中西部モスクワからハリコフ付近まで南北に広がり、ゆるやかに起伏する丘陵地。標高二三〇〜二八〇m。

**ちゅう-おし【中押し】** 囲碁で、一方が挽回不能を認めて、途中で投了して勝負が決まること。なかおし。

**ちゅう-おん【中音】** 音楽で、声楽の高音部に次ぐ音域。もと、テノールの訳語に用いた。アルト。alto 対義 高音・低音。

**ちゅう-か【中華】** ①世界の中央に位し、文華(=文化)の開けた国の意で、中国人がみずからを称した語。②「中華料理」「中華そば」の略。

**ちゅう-か【仲夏】** ①夏三か月の中の月。真夏。midsummer ②陰暦五月の異称。

**ちゅう-か【鋳貨】** 貨幣を鋳造すること。また、鋳造した貨幣。coinage

**ちゅうか【中▽和】**〈村〉岡山県北部、島根県に接する村。林業が主体。蒜山大根を中心に野菜栽培もさかん。人口一〇二七(八九)。

**ちゅう-かい【仲介】**(名・サ変他) ①間に立ってとりもつこと。なかだち。はしわたし。とりつぎ。mediation 用例 —の労をとる。②第三国が当事国の間に立って紛争の調停にあたること。国際法では、「居中調停」という。mediation

**ちゅう-かい【注解・▼註解】**(名・サ変他) 文章に注を加えて解釈すること。また、その書物。注釈。annotation

**ちゅう-かい【▼厨▼芥】** 台所から出る食品のくず。

**ちゅう-がい【中外】** ①内と外。②国内と国外。内外。

**ちゅう-がい【虫害】** 農作物や山林などが、虫によって受ける損害。insect damage

**ちゅうかい-ぼうえき【仲介貿易】** ある国の貿易業者が外国どうしの輸出入を取り次いで仲介手数料を得る貿易形態。貨物は外国どうしの間を直接移動する。三国間貿易。intermediary trade

**ちゅう-がえり【宙返り】**(名・サ変自) ①空中でからだを回すこと。とんぼ返り。somersault ②飛行機が空中で逆転して輪を描く飛び方。looping

**ちゅうか-がし【中華菓子】** 中国式の菓子。中国料理のコースの一つである点心のうち、甘いものをさす。Chinese cakes

**ちゅう-かく【中核】** 中心。核心。the core 用例 社会の—。民族の—。

**ちゅう-がく【中学】**「中学校」の略。

**ちゅう-がくねん【中学年】** 小学校の第三・四学年。比較 低学年・高学年。

**ちゅうか-しそう【中華思想】** ①漢民族が古くからもち続けてきた自らの文化を最上のものとする思想。異民族を排する考えから、東夷・西戎・南蛮・北狄などと蔑称した。②《転じて》自民族中心の考え方。

**ちゅうか-じんみんきょうわこく【中華人民共和国】**(People's Republic of China) アジア大陸東部の広大な部分を占める社会主義国。首都北京。第二次大戦を経て、一九四九年毛沢東を指導者とする中国共産党により成立。豊かな資源と多くの人口をもつが、経済政策の失敗や文化大革命による動乱などのため産業の発展が遅れた。七〇年代後半からは対外的に開放政策がとられ、近代化が進んでいる。面積九五九・七万km²。人口一〇億七二二二万(一九八六)。中国。

**ちゅうか-ぜんこくそうこうかい【中華全国総工会】** 中国の労働組合の全国中央組織。一九二五年創立。文化大革命で批判され活動を停止したが、七八年、二一年ぶりに全国大会を開催。総工会。

**ちゅうか-そば【中華▼蕎▽麦】** 中国式のめん類。めんは小麦粉に梘水を混ぜて作る。スープ仕立ての湯麺、いためる炒麺など。ラーメン。

**ちゅう-がた【中形】** ①大形と小形との中間の大きさ。medium size ②中ぐらいの染め型を使った模様。また、その模様のゆかた地。

**ちゅう-がた【中型】** 大型と小型との間の型。medium size 対義 大型・小型。

**ちゅう-がっこう【中学校】** ①小学校の卒業者に三年間の中等普通義務教育を実施する学校。intermediate school ②旧制中学。

**ちゅうか-なべ【中華▼鍋】** 中国料理に使うなべ。両手なべと片手なべがある。口径が広く、底が丸い浅型のもので、ふたのない鉄なべ。wok

**ちゅう-かひ【中果皮】** 果皮の中層。カキやモモで、水分を多量に含んだ食用部。mesocarp ↓果実図

**ちゅうか-ぼうちょう【中華包丁】** 中国料理に使う包丁。刃幅が広く、和・洋の包丁に比べて重い。

**ちゅうか-みんこく【中華民国】** 一九一二年、辛亥革命の結果成立した中国最初の共和国。初代大総統は袁世凱。第二・第三革命のあと、二八年中国国民党が国民政府として統治権を独占。その間、国共合作・北伐・国共分裂などを経て、三七年日中戦争勃発により国共内戦を停止、抗日統一戦線を結成。第二次大戦後、国共の内戦は続けられたが、四九年中華人民共和国の成立により、中国国民政府は台湾へ移った。中華人民共和国は中華民国の解消を主張するが、台湾政権は中華民国を称している。

**ちゅうか-りょうり【中華料理】** 中国料理。地方によって特徴がある。北京・広東・四川・上海の四地方の料理が広く知られる。

**ちゅう-かん【中間】** ①二つのもののあいだ。middle ②中ほど。中央。center ③物事の終わらない途中。halfway

**ちゅう-かん【昼間】** ひるま。日中。daytime 対義 夜間。

**ちゅうがん-えんげつ【中▼巌円月】**(一三〇〇〜七五) 南北朝時代の禅僧。鎌倉の人。儒仏一致を説き、また詩にすぐれ五山文学の代表者の一人。元に留学。詩文集『東海一漚集』など。

**ちゅうかん-かいきゅう【中間階級】**↓ちゅうさんかいきゅう(中産階級)

**ちゅうかん-き【中間期】** 細胞分裂中のひとつの期間。分裂後の静止している期間で、この間に細胞内の内容物も増えて、次の分裂時に備える。静止期。休止期。interkinesis

**ちゅうかん-けん【中間圏】** 高さ五〇〜八五kmの間の大気層。気温は高さとともに減少するが、その割合は対流圏よりも小さい。mesosphere

**ちゅうかん-ざい【中間財】** 生産過程で、最終生産物を生産するために使用される財貨。原材料などの生産財をいう。中間生産物。intermediate products

**ちゅうかん-ざいむしょひょう【中間財務諸表】** 一年決算の会社が証券取引法にしたがって上期末に作成・公開する財務諸表。interim financial statements

**ちゅうかん-ざっしゅ【中間雑種】** 両親の遺伝子間の優劣関係が不完全で、雑種第一代に、両親の中間的形質が現れたもの。intermediate hybrid

**ちゅうかん-し【中間子】** 素粒子の一種。強い相互作用をする。湯川秀樹の中間子論によって予言され、パウエルらが実験的にその存在を確かめた。正・負・中性の荷電の粒子が存在し、質量は電子と核子の中間。π中間子など。メソン。meson

**ちゅうかん-しゅくしゅ【中間宿主】** 寄生虫が最終的な宿主にたどりつく前に、中間的に幼生期を過ごす宿主。肺吸虫がヒトに達するまでに寄生するカワニナ・サワガニ・ザリガニなど。intermediate host

**ちゅうかん-しょうせつ【中間小説】** 純文学と大衆文学の中間に位する小説。第二次大戦後に林房雄が命名。今日では風俗小説とほぼ同義に用いられる。

**ちゅうかん-しょく【中間色】** ①純色に黒または灰色を混ぜたような色。neutral tints ②色相環上で主要原色の中間に位置する橙・黄緑などの色。secondary color

**ちゅうかんし-ろん【中間子論】** 陽子と中性子から原子核をつくる力(核力)は、互いに中間子を交換することによって生じるという理論。昭和一〇年(一九三五)に、湯川秀樹が提唱。theory of meson

**ちゅうかん-じんこう【昼間人口】** 通勤・通学などによる増減を見込んで推計された、ある地域に昼間いる人の総数。地域の活動力の指標となる。day-time population

**ちゅうかん-しんこく【中間申告】** 事業年度が六か月を超える普通法人が、事業年度開始後六か月間の所得に対する法人税をあらかじめ納入するため中間に行う申告。interim return

**ちゅうかん-せいさんぶつ【中間生産物】**↓ちゅうかんざい(中間財)

**ちゅう-かんせつ【▼肘関節】** 腕の関節。上腕骨・橈骨・尺骨を結合し、肘の屈伸と前腕の回旋を行う部位。elbow joint

**ちゅうかん-せんきょ【中間選挙】** アメリカ大統領選挙の中間期に行われる上・下両院議員や州知事の選挙。off-year election

**ちゅうかん-そう【中間層】** 社会階層の上下いずれにも属さず、その中間に位置する層。自営業者を中心とする旧中間層とホワイトカラーを中心とする新中間層とに分類され、保守

性と急進性の両面をもつ。中産階級。middle class

**ちゅうかんち-の-ていり【中間値の定理】** 関数$f(x)$が区間$[a, b]$で連続、$f(a) \neq f(b)$ならば$f(a)$と$f(b)$の間の任意の値$k$に対して$f(c)=k$を満足する$c$が$a$と$b$の間に存在するという定理。intermediate value theorem

**ちゅうがん-は【中観派】** インド大乗仏教の二大学派の一つ。竜樹の『根本中頌』に基づき、無自性・空の教えを説くもので、中国・日本で三論宗となった。

**ちゅうかん-はいとう【中間配当】** 決算が年に一度の株式会社で、営業年度の途中に株主に対し持ち株数に応じた利益配当を行うこと。interim dividend

**ちゅうかん-はっこう【中間発行】** 新株式の発行にさいして、発行価格を時価と額面のほぼ中間で決める方法。西ドイツで普及した。プレミアム付き発行。中間時価発行。

**ちゅう-き【中気】** ①脳卒中発作後に後遺症として起こる半身不随あるいは腕や足の麻痺や失禁、感覚が鈍麻することもある。中風。脳腫瘍や脳軟化症でも起こり、言語障害や失禁、感覚が鈍麻することもある。中風。②冬至を起点として次の冬至までの期間を一二等分した区分点。二十四節気を一つおきにとった分点。冬至・大寒・雨水・春分・穀雨・小満・夏至・大暑・処暑・秋分・霜降・小雪。

**ちゅう-き【中期】** ①ある期間をいくつかに分けたうち、中間の時期。the middle period 対義 前期・後期。②期間が長くも短くもないこと。medium range 対義 短期・長期。用例 ―計画。

**ちゅう-き【注記・▼註記】**(名・サ変他) 注をつけること。また、その注。annotate

**ちゅう-ぎ【忠義】**(名・形動) 真心を尽くして主君・主人に対する務めを果たすこと・さま。loyalty

**ちゅう-ぎく【中菊】** 花の径が九から一八cmぐらいの菊。江戸菊のこともいう。比較 小菊。

**ちゅう-きこう【中気候】** 気候をその水平的広がりで分けた場合の名称の一つ。一$km^2$以上、一〇〇$km^2$以下の広がりにみられ、盆地や大都市の気候がこれに相当する。meso-climate

**ちゅう-き-こくさい【中期国債】** 国債のうち償還期間が二〜五年のもの。medium-term national bond 対義 短期国債・長期国債。

**ちゅうきこくさい-ファンド【中期国債ファンド】** 公社債投資信託と預貯金の性格をあわせもつ投資信託。償還期間二〜四年の中期国債が中心。昭和五五年(一九八〇)から発売。中国ファンド。

**ちゅうぎ-だて【忠義立て】**(名・サ変自) ①あくまで忠義を通すこと。②うわべだけ、忠義めかしたふるまいをすること。loyalty

**ちゅう-きゃく【注脚・▼註脚】** 本文の間に入れた注釈。一行の本文中に小さく二行で付けるのでいう。割注。footnote

**ちゅう-きゅう【中級】** 中ぐらいの等級。middle class 対義 初級・上級。

**ちゅうきゅう【仲弓】** 中国、春秋時代の儒者。本名は冉雍。孔門の十哲の一人。徳行にすぐれた。

**ちゅう-きゅう【▼誅求】**(名・サ変他) 民衆を責めて税金などを厳しく取り立てること。用例 苛斂―。

**ちゅう-きょう【中共】**「中国共産党」の略。

**ちゅうきょう【中京】** 名古屋市の別称。

**ちゅうきょう-こうぎょうちたい【中京工業地帯】** 名古屋市を中核として、伊勢湾北部沿岸に広がる工業地帯。織物・陶磁器・木材などの伝統工業に始まり、第二次大戦後は自動車・鉄鋼などの重化学工業の比率が上昇。

**ちゅうきょう-しん【中教審】**「中央教育審議会」の略。

**ちゅうきょう-てんのう【仲恭天皇】**(一二一八〜一二三四) 第八五代天皇(在位一二二一)。名は懐成。九条帝ともいう。順徳天皇の第四皇子。順徳天皇が鎌倉幕府を討つため譲位し、四歳で即位したが、承久の乱に上皇方が敗れたため、在位七〇余日で退位。

**ちゅうきょり-かくせんりょく【中距離核戦力】** 射程五〇〇〜五〇〇〇km級の核兵器の総称。アメリカのパーシング、地上発射巡航ミサイル、ソ連のSS-20など。一九八七年アメリカとソ連はその全廃に合意した。INF。intermediate-range nuclear forces

**ちゅうきょり-きょうそう【中距離競走】** 陸上競技の八〇〇m・一五〇〇m競走の総称。中距離。middle distance

**ちゅうきょり-だんどうミサイル【中距離弾道ミサイル】** 射程二四〇〇〜六四〇〇kmの弾道ミサイル。IRBM。intermediate-range ballistic missile

**ちゅう-ぎり【中▽限】** ↓なかぎり(中限)

**ちゅう-きん【忠勤】** 忠実につとめること。loyalty 用例 ―を励む。

**ちゅう-きん【鋳金】** 金属工芸の一技法。金属をとかして型に流し込んで器物を作ること。鋳造。鋳物。casting

**ちゅうきんとう【中近東】** ヨーロッパを中心にみたアジア南西部の大部分の地域。東はアフガニスタンから西はモロッコまで、北はトルコから南はアラビア半島・スーダンまでを含む地域。the Near and Middle East

**ちゅう-くう【中空】** ①そら。空中。midair ②中がうつろなこと。からっぽ。hollow 用例 ―になった古木。

**ちゅう-ぐう【中宮】** ①皇后ないし三后(皇后・皇太后・太皇太后)の御所。②皇后ないし三后の称。③皇后と同資格の妃。

**ちゅうぐう-じ【中宮寺】** 奈良県生駒郡斑鳩町の法隆寺東隣にある聖徳宗の尼寺。聖徳太子が生母の没後、その宮を寺に改めたものとされる。中宮尼所。斑鳩尼寺。斑鳩御所。

**ちゅうぐう-しき【中宮▽職】** 中宮の用務に当たった役所・官職。

**ちゅう-ぐらい【中位】** 大小・強弱の中間のほどあい。たいしたことはない。ほどほどである。ちゅうくらい。medium 用例 めでたさも―なりおらが春(一茶)。

**ちゅう-くん【忠君】** 主君に忠義を尽くすこと。loyalty 用例 ―愛国。

**ちゅう-けい【仲兄】** 二番目の兄。次兄。

**ちゅう-けい【中啓】** 扇の末広の一種。親骨の上端が外側にそり、たたんだ場合でも頭部が半開きになっている。↓写

●中啓

**ちゅう-けい【中継】**(名・サ変他) ①中間で受けつぐこと。なかつぎ。relay ②「中継放送」の略。用例 実況―。劇場―。

**ちゅうけい-きょく【中継局】** 遠距離の有線通信や無線通信において、途中で信号の増幅・伝送を行うところ。relay station

**ちゅうけい-ぼうえき【中継貿易】** 輸入した貨物をそのまま、または保税地域で加工して再輸出する貿易。手数料・加工賃が中継国の収入となる。中継ぎ貿易。entrepôt trade

**ちゅうけい-ほうそう【中継放送】** 放送局のスタジオから劇場・競技場・事件現場などの実況を放送すること。中継。

**ちゅう-けん【中堅】** ①その道の実質上の中心となる人。the backbone ②中流に位する人。the middle class 対義 新進・大家。用例 ―層。③野球で、センター。center fielder 用例 ―手。

**ちゅう-けん【忠犬】** 主人に忠実な犬。faithful dog 用例 ―ハチ公。

**ちゅう-げん【中元】** ①道教信仰の三元の一つ。陰暦七月一五日。②七月一五日を中心とする贈り物の習慣で、半年間無事に生きたことを祝い祖先を供養する習俗。仏教の盆行事と結びつき、日本に入って季節的な贈答慣習となった。

**ちゅう-げん【中原】** ①野原の中央。②競争の場。③黄河中流の南北の地域。中国。

**中原に鹿を逐う**(ちゅうげんにしかをおう) 帝位の奪いあいをする。互いに争って、ある地位を得ようとする。逐鹿。

**ちゅう-げん【中間・仲間】** 武家社会で雑役に従事した者。侍と小者の中間に属する。

**ちゅう-げん【忠言】** いさめることば。忠告。advice

**忠言、耳に逆らう**(ちゅうげん、みみにさからう) 忠告は気持ちよく受け取られにくい。Good advice is harsh to the ear.

**ちゅう-こ【中古】** ①ちゅうぶる。セコハン。secondhand 対義 新品。用例 ―車。②歴史の時代区分の一つ。上古と近古の中間。日本では平安時代。the Middle Ages

**ちゅう-こう【中耕】**(名・サ変他) 生育中の農作物の畝間を浅く耕すこと。除草、追肥の土中への混入、土壌の通気・通水などをよくし、根の呼吸・吸収をうながすのを目的とする。中耕除草。intertillage

**ちゅう-こう【中興】**(名・サ変自) いったん衰えたものを再び盛んにすること。restoration 用例 建武の―。

**中興の祖**(ちゅうこうのそ) 国家・事業などの中興をなしとげた人・祖先。

**ちゅう-こう【忠孝】** 忠義と孝行。主君と両親に尽くすこと。loyalty and filial piety

**ちゅう-こう【鋳鋼】** 鋳造のできる鋼。また、その製品である鋼鋳物。含有炭素量を変化させて性質を調製するが、一般に耐衝撃性にすぐれ強靱。cast steel

**ちゅうこう-しょう【虫▼咬症】** 虫に咬まれるか刺されたために生じる症状。刺された部分を中心にして赤くはれる。虫によって刺し口に特徴がある。insect bite

**ちゅうこう-しょく【昼光色】** 太陽光線に似せた人工の光の色。用例 ―の蛍光灯。

**ちゅうこう-ねん【中高年】** 中年と高年。また、その年ごろの人。middle and old age

**ちゅう-こく【中刻】** 一刻(＝今の約二時間)を三分した中間の時間。対義 上刻・下刻。

**ちゅう-こく【忠告】**(名・サ変自他) 心からいさめること・ことば。advice 用例 ―に従う。

**ちゅう-ごく【中国】** ①《「中国地方」の略》山陽道・山陰道の総称。②律令制で、諸国の位付けを大・上・中・下としたもののうちの一つ。安房・佐渡・能登など一一か国。③中華人民共和国の通称。

**ちゅうごく-かくめいどうめいかい【中国革命同盟会】** 中国、清末の革命的政治結社。一九〇五年、孫文・黄興・宋教仁らが興中会・華興会・光復会などを結集して東京で結成。辛亥革命の中心勢力となり、一二年国民党の結成で発展的解消。

**ちゅうごく-きょうさんしゅぎせいねんだん【中国共産主義青年団】** 中国共産党の青年組織。一九二二年設立。機関紙『中国青年報』を発行。

**ちゅうごく-きょうさんとう【中国共産党】** 中国の支配政党。一九二一年上海で結成され、抗日戦と革命を指導。六六年からの文化大革命をへて、七六年の毛沢東の死去後は、復活した鄧小平が実権を握った。中共。

**ちゅうごく-ぎんこう【中国銀行】** 中国の公私合営の銀行。中国人民銀行のもとで外国為替業務や華僑送金業務などを行う。一九〇四年設立。

**ちゅうごく-ご【中国語】** 漢民族の言語。シナ-チベット語族に属する孤立語。中国・台湾、華僑社会などで使われる。北方・呉・閩・粤・客家の五大方言に分かれ、北京語を中心とする北方方言が広く共通語として使われている。現在、中国(大陸)では、文字は簡体字、発音表記法としては拼音を使用。Chinese

**ちゅうごく-こくみんとう【中国国民党】** 孫文を指導者とした近代中国の政党。一九一二年中華民国成立後、孫文は中国革命同盟会を改組、国民党を結成したが、一三年袁世凱のクーデターにより解散。日本に亡命した孫文は一九一四年に中華革命党を組織、一九年中国国民党と改称。二四年改組して第一次国共合作を行ったが、孫文死後の二七年に分裂。蔣介石のもとで反共的政党に変質した。

**ちゅうごく-ござん【中国五山】** 中国臨済宗で最高寺格の五寺。杭州の径山興聖万寿禅寺・北山景徳霊隠禅寺・南山浄慈報恩光孝禅寺、明州の太白山天童景徳禅寺・阿育王山広利禅寺の総称。

**ちゅうごく-さんち【中国山地】** 中国地方の脊梁山地。高原状の山地で、標高一〇〇〇m内外の山々が連なる。

**ちゅうごくざんりゅう-こじ【中国残留孤児】** 第二次大戦後、中国に取り残され孤児となった日本人。昭和四七年(一九七二)の日中国交回復以後、肉親捜しが本格化。

**ちゅうごく-ししゅう【中国刺▼繡】** 中国の刺繡の総称。絹・サテン地などに色糸で図案にそって緻密に刺す。模様に雲竜や花果、および「寿」や「囍」の文字が多い。Chinese embroidery

**ちゅうごく-じどうしゃどう【中国自動車道】** 中国縦貫自動車道の通称。大阪府吹田市と山口県下関市を結ぶ高速道路。長さ五四三km。昭和五八年(一九八三)開通。

**ちゅうごく-しゅ【中国酒】** 中国産酒類の総称。伝統秘法による古典的醸造・蒸留法が各地に多くある。紹興酒・茅台酒など。

**ちゅうごく-しゅ【中国種】** 中国原産の家畜品種や作物品種。とくに、ブタをいうことが多い。中国ブタは粗食に耐え、強健かつ繁殖力も旺盛で、世界各地のブタの改良に導入され



↓行き先項目、図版・写真参照印。 JIS 日本工業規格情報交換用漢字符号コード(区点コード)。

●中国野菜
青梗菜
香菜
塌菜
韮花
豆苗
韮黄

ている。

**ちゅうごく-しょっき【中国食器】** 中国料理に使用する食器。各種の皿・椀・鉢、長いはし・ちりれんげなど。陶磁器製が多い。

**ちゅうごく-じんみんかいほうぐん【中国人民解放軍】** 中国の正規軍。前身は中国共産党指導下の革命軍。抗日戦を戦い、一九四九年には国共内戦に勝利を得て、文化大革命時にも中核となった。

**ちゅうごく-じんみんぎんこう【中国人民銀行】** 中華人民共和国の中央銀行。国務院の直属機構。一九四八年設立。

**ちゅうごく-じんみんせいじきょうしょうかいぎ【中国人民政治協商会議】** 中国の人民民主統一戦線組織。一九四九年に第一期全体会議を開催。民主諸党派・人民諸団体・少数民族・華僑の各代表で構成される。人民政治協商会議。

**ちゅうごく-ぜんこくじんみんだいひょうたいかい【中国全国人民代表大会】** 中国共産党全国人民代表大会。日本の国会にあたる中国の最高国家権力機関。全人代。

**ちゅうごく-ちほう【中国地方】** 本州西端にあたる地方。鳥取・島根・岡山・広島・山口の五県からなる。

**ちゅうごく-ちゃ【中国茶】** 中国で産する茶。烏竜茶・包種茶・竜井茶・磚茶などがある。Chinese tea

**ちゅうごく-てつがく【中国哲学】** 中国に発生した哲学思想の総称。春秋戦国時代の陰陽・儒(孔子・孟子)・墨(墨子)・法(韓非子)・名(恵施)・道(老子・荘子)の六家(諸子百家)が主たるもの。そのうち儒家・道家の思想の日本への影響はとくに大きい。

**ちゅうごく-ないせん【中国内戦】** 第二次大戦直後の中国国民党と中国共産党の内戦。一九四九年、人民解放軍が北京を占領し中華人民共和国が成立。

**ちゅうごく-パセリ【中国パセリ】** ↓コエンドロ

**ちゅうごく-ファンド【中国ファンド】** 「中期国債ファンド」の略。

**ちゅうごく-ふく【中国服】** 中国の民族服。狭義にはとくに長衫・袍をさす。また、中国服風のドレスをさすこともある。

**ちゅうごく-ぶっきょう【中国仏教】** 西暦紀元前後、インドから西域を通って伝播し、中国化された大乗仏教の流れ。国家的規模による経典の漢訳などで理解を深め、独自にその思想を発展させて、天台・華厳・禅・浄土宗などの教理を生み出した。日本・朝鮮半島などの仏教はその影響下に成立。

**ちゅうごく-みんこう【中国民航】** 中華人民共和国の航空会社。一九四九年設立。CCAAC。Civil Aviation Administration of China

**ちゅうごく-やさい【中国野菜】** 中国原産の野菜。白菜・青梗菜など。↓写

**ちゅうごく-りょうり【中国料理】** ↓ちゅうかりょうり(中華料理)

**ちゅう-ごし【中腰】** 腰を半ばかがめて立った姿勢。half-sitting posture

**ちゅうこ-しゃ【中古車】** ある程度使ったあと売りに出された自動車。ちゅうぶる車。used car 対義 新車。

**ちゅうこ-じゅうたく【中古住宅】** 建築後、人が住んで年月を経た住宅。used house

**ちゅう-こん【中根】** ①《仏教語》上・中・下三種の機根のうち、中級の機根をもつ者。素質・能力が中程度の者。②《転じて》平凡な人。

**ちゅう-こん【忠魂】** ①忠義の精神。loyalty ②忠義のために死んだ人のたましい。loyal dead 用例 ― 碑。

**ちゅう-さ【中佐】** 軍隊の階級の一つ。少佐の上、大佐の下。

**ちゅう-ざ【中座】**(名・サ変自) 途中で座をはずすこと。leave before the meeting is over

**ちゅう-さい【仲裁】**(名・サ変他) ①第三者が争いを和解させること。arbitration ②民事訴訟法・労働法・国際法により、当事者間の紛争を解決するため第三者が法的拘束力をもつ決定を下すこと。arbitration 比較 調停。

**仲裁は時の氏神** けんかや口論の仲裁は、氏神が現れたように有り難いものだから、その調停に従うのがよいということ。類似 挨拶は時の氏神。

**ちゅう-ざい【駐在】**(名・サ変自) ①遣わされて、その地にいること。stay 用例 ― 員。②《「駐在巡査」の略》駐在所勤務の巡査。policeman at police substation

**ちゅうさい-けいやく【仲裁契約】** 私法上、争いの当事者どうしが仲裁者を選定し、その判断に従って争いを解決することに合意する契約。arbitration agreement

**ちゅうさい-さいてい【仲裁裁定】** 労働委員会の仲介による労働争議解決方法の一つ。仲裁委員が実情調査を行い、両当事者を拘束する解決条件を定める。arbitration

**ちゅうざい-しょ【駐在所】** ①駐在する所。residence ②巡査が受け持ち区域内に駐在して事務を扱う所。巡査駐在所。police substation

**ちゅうさい-はんだん【仲裁判断】** 仲裁契約に基づき、民事上の争いに仲裁人が下す判断。当事者間には確定の効力をもつ。arbitrament

**ちゅうざい-ぶかん【駐在武官】** 公務のため外国に駐在する外交官待遇の軍人。ふつう大公使館付き武官をさす。自衛隊派遣の者は防衛駐在官という。defense attaché

**ちゅう-さぎ【中▼鷺】** サギ科の鳥。翼長約三〇cm。全身純白。田や湿地に多い。夏鳥として本州・四国・九州に渡来し、繁殖。

**ちゅう-さつ【▼誅殺】**(名・サ変他) 罪のある者を殺すこと。killing of a criminal

**ちゅう-さつ【駐▼劄】**(名・サ変自) 外交官などが任地に長期間いること。駐在。在勤。

**ちゅう-さん【昼▼餐】** 昼の食事。昼食。午餐。用例 ― 会。

**ちゅうざん【中山】** 中国広東省の南部、珠江デルタの中部の県。孫文(号は中山)の生地を記念し改称。人口一〇四・七万(一九八四)。旧称香山県。チョンシャン。

**ちゅうざん-おう【中山王】** 一四～一九世紀の琉球王の称号。一四世紀後半、明は琉球を三分していた世主を王に封じたが、その中の中山王が一五世紀初めに琉球を統一。以後琉球国王の称とされた。

**ちゅうさん-かいきゅう【中産階級】** 労働者と資本家の中間にある、中小企業者・自作農民や医師・弁護士などの階級。中間階級。中間層。プチブル。middle class

**ちゅうざん-りょう【中山陵】** 中国、南京郊外の紫金山にある孫文の陵墓。

**ちゅう-し【中止】**(名・サ変他) 中途でやめること。また、予定していたことを、とりやめること。suspension 用例 雨天 ― 。工事を ― する。

**ちゅう-し【注視】**(名・サ変他) 見つめること。注目。steady gaze

**ちゅう-し【中支】** 現在の中国の華中。

**ちゅうじ【仲▽尼】** 孔子の字。

**ちゅう-じ【中耳】** 耳の中の鼓膜と内耳の間の部分。the middle ear ↓耳図

**ちゅうじ-えん【中耳炎】** 中耳が化膿菌によって起こす炎症。急性と慢性があり、発熱・耳痛・難聴・耳だれなどの症状がある。otitis media

**ちゅう-じき【中食】** 一日二食のとき、朝食と夕食の間にとる軽い食事。

**ちゅう-じき【昼食】** ひるめし。ちゅうしょく。lunch

**ちゅう-じく【中軸】** ①物の中央を貫く軸。axis ②中心になる人物。keyman

**ちゅう-しつ【中執】** 「中央執行委員」「中央執行委員会」の略。

**ちゅう-じつ【忠実】**(名・形動) ①まごころから尽くすこと・さま。まめやか。faithfulness ②ありのまま。faithfulness 用例 ― な記述。

**ちゅう-しば【中芝】** ヒメシバの変種。やや大形で、耐病性があり、庭園用。

**ちゅうし-ほう【中止法】** 連用形の用法の一つ。「きみが話し、ぼくが聞く」「天高く、馬肥ゆる秋」の「話し」「高く」のように、文を中途で一時切るようにして、次に続ける用法。連用中止法。inflectional termination 比較 終止法。

**ちゅう-しゃ【駐車】**(名・サ変自) 自動車などを止めておくこと。parking 比較 停車。用例 ― 禁止。

**ちゅう-しゃ【注射】**(名・サ変他) ①注ぐこと。pour ②治療などのため、薬剤を生体内に注射針で注入すること。皮内注射・皮下注射・筋肉注射・静脈注射などがある。injection

**ちゅうしゃ-き【注射器】** 注射や採血に使う器具。円筒形ピストン容器に金属性の注射針をつけたもの。使い捨てのものも多い。syringe 数え方 一本・一回。

**ちゅう-しゃく【注釈・▼註釈】**(名・サ変他) 説明の語句を入れて、本文の意味を解釈すること。また、その書物。注解。notes; annotation

**ちゅうしゃく-しぎ【中▼杓▼鷸】** シギ科の鳥。翼長約二三cm。嘴は長く、下方へ曲がる。日本では旅鳥。Eastern whimbrel

**ちゅうしゃ-じょう【駐車場】** 自動車を駐車しておくための場所や施設。parking lot

**ちゅう-しゅう【中秋】** 陰暦の八月一五日。用例 ― の名月。

**ちゅう-しゅう【仲秋】** ①秋のさかり。mid-autumn ②陰暦八月の異称。

**ちゅうしゅうしゅう【中州集】** 中国、金代の詩の総集。金の元好問編。一〇巻。一二四九年刊。二四九人の作を収め詩人の小伝と事跡などを記す。別名『翰苑英華中州集』。

**ちゅうしゅう-せつ【中秋節】** 陰暦八月一五日の行事。中国の家庭では月餅・果物などを供え、月を拝む。

**ちゅう-しゅつ【抽出】**(名・サ変他) ①引き出したり、抜き出したりすること。extraction ②適当な溶媒を用いて、試料中の特定の成分を溶出し分離する操作。天然物中の有用物質の分離などに利用。extraction ③数理統計で母集団から標本をぬく操作。sampling

**ちゅう-しゅん【仲春】** ①春のさかり。②陰暦二月の異称。

**ちゅう-じゅん【中旬】** 月の一一日から二〇日までの間。the middle ten days of a month 対義 上旬・下旬。

**ちゅう-じゅん【忠純】** まごころがあり、気持ちが純粋なこと。ひたすら忠義であること。

**ちゅう-じょ【忠▼恕】** まごころと思いやり。

**ちゅう-しょう【中小】** 中ぐらいのものと小さいもの。small and medium

**ちゅう-しょう【中称】** 代名詞で、相手のがわにあるものをさす語。「それ・そこ・そちら・



▼常用漢字表外。 ▽常用漢字表の音訓外。

そのかた」など、いわゆる「こそあど」の「そ」の付く系列。比較 近称・遠称・不定称。

**ちゅう-しょう【中傷】**(名・サ変他) ある人について、根も葉もないことをいいふらして、その人の名誉を損なうこと。slander

**ちゅう-しょう【抽象】**(名・サ変他) ①多数のものの中に含まれる多くの性質から、共通の性質を抜き出し、新しい思考の対象をつくる心の働き。abstraction 用例 ―能力。②物事・考えの要素・性質などを抜き出して、とらえること。また、とらえられたもの。abstraction 対義 具体・具象。

**ちゅう-じょう【中将】** ①律令制下、官職の一つ。左右近衛府の次官。または、奈良時代の令外官である外衛府の次官。②軍隊の階級の一つ。大将の下、少将の上。③能面の一つ。身分の高い男性に用いる。

**ちゅう-じょう【柱状】** はしらのような形。

**ちゅう-じょう【衷情】** まごころ。誠心。いつわりのない本心。用例 ―を訴える。

**ちゅうしょう-がいねん【抽象概念】** ある性質や関係を、それの属する対象から切りはなして形成した概念。abstract concept

**ちゅう-しょうぎ【中将棋】** 古将棋の一種。盤の枡目は縦横に一二ずつ、駒の数は二二種九四枚で取り捨て。飛車・角はあるが桂馬はない。現在でも、わずかに行われている。

**ちゅうしょう-きぎょう【中小企業】** 製造業で資本金一億円以下・従業員三〇〇人以下、商業・サービス業では資本金一〇〇〇万円以下・従業員五〇人以下の企業。small-to-medium-sized businesses 対義 大企業。

**ちゅうしょうきぎょう-きほんほう【中小企業基本法】** 中小企業の国民経済における重要性とその問題点を認識し、中小企業の進むべき方向を示した基本法。昭和三八年(一九六三)公布。

**ちゅうしょうきぎょう-きんゆうこうこ【中小企業金融公庫】** 中小企業に長期資金を融資する全額政府出資の金融機関。昭和二八年(一九五三)設立。

**ちゅうしょうきぎょう-ちょう【中小企業庁】** 通商産業省の外局の一つ。中小企業振興の基本方針の策定、融資斡旋、経営診断、中小企業の組織に関する事務などを担当する。Small and Medium Enterprise Agency

**ちゅうしょうきぎょうとう-きょうどうくみあい【中小企業等協同組合】** 中小企業等協同組合法に基づき、中小規模の商・工・鉱・運送業者などが組織する協同組合。

**ちゅうじょう-グラフ【柱状グラフ】** ↓ヒストグラム

**ちゅうしょう-げいじゅつ【抽象芸術】** ↓ちゅうしょうびじゅつ(抽象美術)

**ちゅうじょう-せつり【柱状節理】** 岩体を柱状に分離させるような規則的な割れ目。マグマの冷却と収縮による。玄武岩では、六角柱の形が多い。columnar joint

**ちゅうしょう-だいすうがく【抽象代数学】** 古典的な代数学を抽象化して得られた概念である群・環・体・束などを研究する現代数学の一分野。abstract algebra

**ちゅうしょう-てき【抽象的】**(形動) ①抜き出した共通な性質を総合して、本質的、一般的な面だけをとりあげるさま。abstract ②とらえどころがなく、はっきりしないさま。頭の中でつくったようで、内容が乏しいさま。実際の用途・便益から離れているさま。abstract 比較 概念的。用例 ―な論文。

**ちゅうしょう-びじゅつ【抽象美術】** 現実対象の再現を行わない表現形態。とくに、二〇世紀に出現した美術をさす。自然の具体的形象の模写・再現を意図せず、線や形や色など純粋に造形的な要素の働きのみによって作品を構成しようとする美術のこと。一九一〇年代からカンディンスキー(表現主義)・マーレビッチ(絶対主義)・モンドリアン(デ-ステイル)・タトリン(構成主義)らの追求から無対象の完全な抽象が生まれる。第二次大戦後のデュビュッフェ(アンフォルメル)やポロック(抽象表現主義)らの抽象では、形象の概念すら曖昧とする空間表象をなしている。アブストラクト。abstract art

**ちゅうじょう-ひめ【中将姫】**『当麻曼荼羅』を蓮糸で織ったとされる伝説上の人物。御伽草子・謡曲・浄瑠璃などに取り上げられている。

**ちゅうしょう-ひょうげんしゅぎ【抽象表現主義】** 現代アメリカの前衛絵画の先駆。第二次大戦後のポロック・デ=クーニングのアクション-ペインティングから、ニューマン・ロスコーらのカラー-フィールド-ペインティングまでさまざまな傾向を含める。画面に中心をつくらない作画や大画面の制作にアメリカ的特色を発揮。abstract expressionism

**ちゅうしょう-ろん【抽象論】** ①種々の事物や表象から本質的属性を抜き出して、それを把握しようとする意見。abstract argument ②実際の用途・便益からはなれた、役に立たない議論。具体性を欠き、内容や意味のはっきりしない考え。abstract argument

**ちゅう-しょく【昼食】** 昼に食べる食事。ちゅうじき。ランチ。lunch

**ちゅうしょ-しょう【中書省】** 中国の官制。漢代に宮中の文書・詔勅を扱い、三国の魏以後、門下省・尚書省とともに中央官庁の中心を占めた。

**ちゅう-しん【中心】** ①物のまんなか。the center 用例 会場の―。②物事の集まる所。たいせつな点。the center 用例 ―地。―人物。③重心。the center of gravity ④円周・球面のすべての点から等しい距離にある点。the center 用例 ―点。

**ちゅう-しん【中震】** 震度階で震度四の地震。花瓶が倒れたり、歩いている人が気がつく程度。小程度の被害。medium earthquake

**ちゅう-しん【忠臣】** 主君に忠実な家来。loyal retainer

**忠臣は二君に仕えず**(ちゅうしんはにくんにつかえず) 忠臣は一度主君に仕えた以上、どんなことがあっても他の人に仕えることはない。

**忠臣を孝子の門に求む**(ちゅうしんをこうしのもんにもとむ) 親に孝なる者は主君にも忠を尽くすから、孝子を求めれば、忠臣が得られる。

**ちゅう-しん【忠信】** 忠実で、いつわりのないこと。忠義と信実。fidelity

**ちゅう-しん【注進】**(名・サ変他) 変事を、急いで目上の者に報告すること。また、その報告。information 用例 ご―。―におよぶ。

**ちゅう-しん【衷心】** ㊀(名) まごころ。心の底。衷情。one's inmost heart 用例 ―より感謝する。㊁(副) 心から。せつに。heartily; wholeheartedly 用例 ―感謝する。

**ちゅう-じん【中腎】** 魚類・両生類の腎臓。これらの動物では、発生的にまず前腎が現れ、ついで前腎のあとに生じる中腎にとって代わられる。爬虫類・鳥類・哺乳類では、中腎のあとに生じる後腎が成体の腎臓となる。ウォルフ体。原腎。mesonephros

**ちゅうしん-かく【中心角】** 中心がOである円の弧ABにおいて、∠AOBを弧ABに対する中心角という。central angle ↓円周角図

**ちゅうしんぐら【忠臣蔵】** 赤穂義士事件を題材とした浄瑠璃・歌舞伎などの脚本の総称。竹田出雲の『仮名手本忠臣蔵』はとくに有名。

**ちゅうしん-こく【中進国】** ↓ニーズ(NIES)

**ちゅうしん-しど【中心示度】** 高気圧と低気圧の中心の気圧。中心気圧。central pressure

**ちゅうしんじょうみゃく-えいよう【中心静脈栄養】** 高濃度の栄養素を含む輸液を中心静脈からカテーテルを挿入して補給すること。経口栄養ができないときに行われる。intravenous hyperalimentation

**ちゅうしん-せい【中新世】** 新生代第三紀を五分した第四番目の時代。約二四〇〇万年前～約五〇〇万年前。温暖な気候、世界的な海進、火山活動などが特徴。有孔虫や貝類が豊富。Miocene Epoch

**ちゅうしんせい-もうまくえん【中心性網膜炎】** 壮年男子に多い眼底の病気。視力障害・中心暗点などの症状があり、片目だけのことが多い。数か月で治るが、再発しやすい。retinitis centralis

**ちゅうしん-たい【中心体】** 動物細胞や下等植物細胞内にあり、細胞分裂のさい中心となる細胞小器官。centrosome ↓細胞図

**ちゅうしん-ちゅう【中心柱】** シダ植物・種子植物の根・茎・葉の内部組織で内皮より内側の部分。維管束および髄などの基本組織からなる。central cylinder

**ちゅうしん-りょく【中心力】** 物体に作用する力が、ある固定点を向き、その大きさが物体と固定点を結ぶ距離により決められる力。ニュートンの万有引力、等速円運動の向心力など。central force

**ちゅうず【中主】**〈町〉 滋賀県南部、琵琶湖に臨む町。稲作地帯。兵主大社がある。湖岸は水泳場。人口一万八一〇(一九八八)。

**ちゅう-すい【中水】** 下水を浄化し、工業用など飲料水以外の目的で再利用する水。

**ちゅう-すい【注水】**(名・サ変自) 水をかけること。水をそそぎ入れること。また、その水。pour water

**ちゅう-すい【虫垂】** 盲腸下端のやや後方から出る長さ約六・五㎝、ふくろ状の腸管。構造は大腸に似るが、粘膜にはリンパ小節が集まっている。虫様突起。vermiform appendix ↓腸図

**ちゅうすい-えん【虫垂炎】** 虫垂に起こる炎症。右下腹部の痛みが症状の特徴。俗に盲腸・盲腸炎といわれる。虫様突起炎。appendicitis

**ちゅうすい-しょくぶつ【抽水植物】** ヨシ・ガマ・マコモなどのように、下部が水中にあり上部が空気中にのびる大形の植物。挺水植物。水沢植物。emerged plant

**ちゅうすい-どう【中水道】** 下水を処理して散水・洗浄などの雑用水・工業用水を供給する水道。および、その施設。

**ちゅう-すう【中枢】** ①まんなか。中心。the center ②根本となるもの。重要な部分。the nucleus

**ちゅうすう-しんけい【中枢神経】** 神経系の中心部。神経細胞が集中し、末梢神経からの刺激を受け、それに対する反応を末端に伝達する。脊椎動物では脳と脊髄からなる。central nerve 対義 末梢神経。

**ちゅう・する【沖する】**(サ変自) 高く上がる。沖す。用例 天に―。

**ちゅう・する【注する・註する】**(サ変他) =注す。①説き明かす。説明する。注釈する。explain; annotate ②書き記す。write down

**ちゅう・する【誅する】**(サ変他) =誅す。①罪のある者を死刑にする。②悪者を攻める。討つ。

**ちゅう-せい【中世】** 歴史の時代区分の一つ。古代につづく時代で、近代(日本史では近世)の前。社会は封建制によって成り立つ。日本では主として鎌倉・室町時代がこれに該当。Middle Ages

**ちゅう-せい【中正】**(名・形動) 偏らず、正しいこと・さま。fairness 比較 公正。対義 極端。

**ちゅう-せい【中性】** ①中間の性質。neutral ②酸性でも塩基性でもない状態。水溶液ではpH七。neutral ③正または負に帯電していない状態。neutral ④単語に性の区別がある場合、男性でも女性でもないもの。neuter ⑤男とも女ともいえないような性格。sexless

**ちゅう-せい【忠誠】** ①まごころ。まこと。sincerity ②忠義。loyalty 用例 ―を誓う。

**ちゅう-ぜい【中背】** 平均的な身長。ほどよい身長。average height 用例 中肉―。

**ちゅうせい-えん【中性塩】** ①水溶液が、酸性でも塩基性でもない塩の総称。一般に強酸と強塩基の中和によりできる正塩は中性塩。neutral salt ②↓せいえん(正塩)

**ちゅうせい-か【中性花】** 雄しべ・雌しべが退化または不完全で、種子のできない花。ガクアジサイの周縁の装飾花、ヤグルマギクの周縁の管状花など。neuter flower

**ちゅうせい-かい【中生界】** 地質時代区分で、二億四〇〇〇万年前から六四〇〇万年前までの中生代にできた地層。Mesozoic

**ちゅうせい-し【中性子】** 素粒子の一種。陽子とともに原子核を構成する要素。質量は、陽子とほぼ等しく電子の一八三九倍。電荷はもたない。ニュートロン。neutron

**ちゅうせい-し【中性紙】** サイズ剤(インキのにじみ止め用)に炭酸カルシウムなどの中性のものを使用した紙。ふつうの紙(酸性紙)にくらべ劣化が遅く、長期保存に適する。neutral paper

**ちゅうせいし-かいせつ【中性子回折】** 中性子が波動性をもつことによって生じる回折現象。原子や磁気モーメントの研究に利用。neutron diffraction

**ちゅうせいし-せい【中性子星】** おもに中性子からなる高密度の恒星。neutron star

**ちゅうせいしせん-りょうほう【中性子線療法】** 癌に対する放射線療法の一つ。中性子のエネルギーを利用して治療する。neutron therapy

**ちゅうせいし-ばくだん【中性子爆弾】** 核爆発にさいして大量の中性子線を放出する小型核兵器。施設をほとんど破壊せずに人員だけを殺傷する。アメリカが開発。neutron bomb

**ちゅうせい-しぼう【中性脂肪】** 動植物中に含まれる固体のあぶら。脂質のうち、グリセリンと脂肪酸がエステル結合したグリセリドを、他の燐脂質などと区別していう。脂肪。neutral fat

**ちゅうせい-しょくぶつ【中生植物】** 乾燥地でも湿地でもないふつうの土地に生育する植物。mesophyte 比較 乾生植物・湿生植物。

**ちゅうせい-せんざい【中性洗剤】** 水溶液が中性の合成洗剤。アルキルベンゼンスルホン酸ナトリウムなどを主成分とする。人絹・スフ・羊毛・合成繊維用および台所用洗剤など。neutral detergent

**ちゅうせい-だい【中生代】** 地質時代の大区分のうち、古生代と新生代のあいだの時代。約二億四二〇〇万年前から六四〇〇万年前まで。三畳紀・ジュラ紀・白亜紀に区分。アンモナイトなどの軟体動物や爬虫類が繁栄。哺乳類や鳥類が出現。シダ類やソテツ類など全盛。Mesozoic Era

**ちゅうせい-どうぶつ【中生動物】** 原生動物と後生動物との中間に位置する動物群。体は体表と体内部との二種の細胞群に分化するが、組織を構成することはない。すべて寄生性。中間動物。Mesozoa

**ちゅうせい-なんどう【忠清南道】** 韓国西部、黄海に臨む道。道都大田。錦江流域の平野部を占め、農業がさかん。チュンチョンナムド。

**ちゅうせい-びし【中性微子】** ↓ニュートリノ

**ちゅうせい-ひりょう【中性肥料】** ①水に溶かしたとき中性を示す肥料。硫安・硝酸カリなど。②施肥によって土質を中性にする肥料。硝安・尿素など。neutral fertilizer

**ちゅうせい-ぶんがく【中世文学】** 鎌倉・室町時代の文学。軍記物語・仏教文学・随筆・漢文学などが行われ、また、連歌・能・狂言など、多様な分野の作品が生まれた。

**ちゅうせい-ほくどう【忠清北道】** 韓国中部、内陸部の道。道都清州。山地が広く、鉱工業が発達。チュンチョンブクド。

**ちゅう-せき【柱石】** 《はしらといしずえ、の意から》頼みにする大切な人。用例 国家の―。

**ちゅう-せき【沖積】** 現在の水系によって、土砂が運ばれ堆積すること。alluvium

**ちゅうせき-せい【沖積世】** 地質時代の一区分。新生代第四期末、約一万年前から現在までの時代。洪積世の最後の間氷期に相当。洪積世初期に現れたヒトが発達した新人の時代。完新世。現世。Alluvial Epoch

**ちゅうせき-そう【沖積層】** 沖積世(完新世)に堆積した地層。川の周囲の低地や海岸平野をつくる。粘土や砂および礫からなり、水分を多く含む。alluvium

**ちゅうせき-ど【沖積土】** 洪積世後、現在の水系によって堆積し、まだ岩石として固まっていない土砂。alluvia soil

**ちゅうせき-へいや【沖積平野】** 河川によって堆積した砂礫や泥土で形成された平野。日本では、一万年前以降の沖積世にできた平野をさすことが多く、この場合は、海や湖などの作用による平野も含まれる。alluvial plain

**ちゅう-せつ【忠節】** 主君に尽くす節義。loyalty

**ちゅう-ぜつ【中絶】**(名・サ変自他) ①中途でたえること。一時たやすこと。interruption ②「妊娠中絶」の略。abortion

**ちゅうせっき-じだい【中石器時代】** 旧石器時代と新石器時代の中間の時代。環境に応じて地方色が多彩で、磨製石器・土器の出現もみられる。細石器の盛行が特徴。主として狩猟・採集に従事。

**ちゅう-せん【中線】** 三角形の頂点と、その対辺の中点とを結ぶ線分。median

**ちゅう-せん【抽選・抽▾籤】**(名・サ変自) くじを引くこと。くじびき。lottery

**ちゅう-せん【注染】** 防染法の一種。防染のり・板締めなどで防染した布を重ね、染液を注ぎ入れて模様を染める方式。手ぬぐい・ゆかた地などを染めるのに用いられる。

**ちゅう-せんきょくせい【中選挙区制】** 議員定数が二～五人程度の選挙区制。第二次大戦直後の一時期をのぞき、日本の衆議院選挙の選挙区制として採用されている。medium-sized constituency system 比較 小選挙区制・大選挙区制。

**ちゅうせん-し【鋳銭司】** 奈良・平安時代、銭貨の鋳造をつかさどった令外官。じゅせんし。

**ちゅうぜん-じ【中禅寺】** 栃木県日光市の中禅寺湖東岸にある天台宗の寺。延暦三年(七八四)現在の二荒山中宮祠の西隣に勝道上人が建立。大正二年(一九一三)現在地へ移転。立木観音。

**ちゅうぜんじ-こ【中禅寺湖】** 栃木県日光市、男体山南麓の堰止め湖。面積一一・五km²。最深一六三m。日光国立公園の中心。

**ちゅう-そ【注▾疏・▾註▾疏】** 《「疏」は、注にさらに注を加えたもの》詳しい説明。詳注。

**ちゅう-ぞう【鋳造】**(名・サ変他) 溶解した金属を鋳型に注ぎこんで冷却し、所定の形状の鋳物とする金属加工法。金属は鋳鉄・鋳鋼・銅・銅合金・軽合金など広範囲。casting 対義 鍛造。

**ちゅうそう-うん【中層雲】** 主として高度二kmから七kmの範囲にできやすい雲。高積雲や高層雲。middle level clouds 参照 上層雲・下層雲。

**ちゅうソ-こっきょうふんそう【中ソ国境紛争】** 中国とソ連の間で係争中の国境問題。とくに一九六九年に起きたウスリー川ダマンスキー島(＝珍宝島)と新疆ウイグル自治区での二つの武力衝突をいう。発生は帝政ロシア・清朝時代にまでさかのぼる。Sino-Soviet borderline dispute

**ちゅうソ-たいりつ【中ソ対立】** 国際共産主義運動の原則問題をめぐる中国共産党とソビエト共産党との論争から派生した両国間の対立。一九六〇年代に激化し、国境をめぐる武力紛争に発展した。Sino-Soviet rivalry

**ちゅう-そつ【中卒】** 「中学校卒業」の略。

**ちゅうソ-ふかしんじょうやく【中ソ不可侵条約】** 一九三七年、南京で中華民国とソ連との間に結ばれた条約。ナチス-ドイツと日本の二大強国に対し、ソ連が自国の安全のために隣接諸国と結んだ不可侵条約網の一環。

**ちゅうソ-ゆうこうどうめいそうごえんじょじょうやく【中ソ友好同盟相互援助条約】** 一九五〇年ソ連と中国の間に結ばれた友好条約。五〇年代前半の両国友好時代の基礎となったが、国家関係の悪化のなかで期限満了の八〇年に失効した。

**ちゅう-そん【中尊】** 《仏教語》三尊像などの中央の尊像。薬師三尊の薬師如来、五大明王の不動明王など。ちゅうぞん。

**ちゅうそん-じ【中尊寺】** 岩手県西磐井郡平泉町にある天台宗の寺。嘉祥三年(八五〇)円仁の開創。長治二年(一一〇五)藤原清衡が再興を図り、大治元年(一一二六)落慶。金色堂は藤原時代の代表的建築として知られる。

**チューダー【Tudor】** ↓テューダー

**チューダー-け【チューダー家】** 近世イギリスの王家。一四八五年ヘンリー七世の即位に始まり、一六〇三年エリザベス一世の死去までの四代。イギリスの絶対主義の最盛期を現出。the House of Tudor

**チューダー-ようしき【チューダー様式】** 一六世紀前期のイギリス建築様式。後期ゴシックの特徴である垂直様式にルネサンス装飾が加わっている。ハンプトン-コートなど。Tudor style

**ちゅう-たい【中退】**(名・サ変自) 「中途退学」の略。

**ちゅう-たい【中隊】** 軍隊の編制単位の一つ。ふつうは三、四個の小隊からなる。company

**ちゅう-たい【柱体】** 柱面と、柱面をきる二つの平行な平面とで囲まれた立体。cylinder

**ちゅう-たい【▾紐帯】** ＝じゅうたい。①ひもと、おび。②二つのものを結びつける、大切なもの。

**ちゅう-だい【抽▾薹】** 葉菜や根菜が花茎を出すこと。とう立ち。bolting

**ちゅうだい-さぎ【中大▾鷺】** サギ科の鳥。ダイサギの亜種。翼長約四〇cm。全身純白色。中国・朝鮮半島・東南アジアなどに分布。日本へは夏鳥として渡来。Eastern great white egret

**ちゅう-たいれん【中体連】** 《「全国中学校体育連盟」の略》中学校の保健体育の振興とスポーツの正常な発達を図るための全国組織。

**ちゅう-たく【▾籌度】** ①数えること。計算すること。②はかりごと。

**ちゅう-だち【中裁ち】** 子どもの着物の裁ち方。一反の三分の二を用いる。三～九歳用の四つ身裁ち、一〇～一一歳用の前襟裁ち・車裁ちなどの総称。

**ちゅう-たつ【仲達】** 司馬懿の字。

**ちゅう-だん【中段】** ①中間の段。②剣道・なぎなたなどで、剣先が相手の喉に向くように構えること。もっとも一般的で基本的な構えとされる。

**ちゅう-だん【中断】**(名・サ変自他) ①中途で切ること。また、切れること。interruption ②中途でやめること。中止。suspension

**ちゅう-たんぱ【中短波】** 周波数一五〇〇～六〇〇〇キロヘルツの電磁波。intermediate wave

**チュー-チアン【珠江】**(Zhū Jiāng) ↓しゅこう(珠江)

**ちゅう-ちゅう-たこ-かい-な**(連語) 昔、子どもが遊びなどで二つずつ数えるときに、「二、四、六、八、一〇」と言う代わりに用いた語。

**ちゅう-ちょ【▾躊▾躇】**(名・サ変自) ぐずぐずすること。ためらうこと。hesitation

**ちゅう-ちょう【中朝】** ①朝廷。②《世界の中心にある、わが朝廷、の意》わが国。

**ちゅう-ちょう【中腸】** 消化管を発生的に区分するときの呼称の一つで、前腸と後腸との間の部分。脊椎動物では小腸にあたる。無脊椎動物では胃といわれる部分にあたるが、食物の消化・吸収よりも一時的貯蔵所として役立つ。mid-intestine

**ちゅう-ちょう【▾惆▾悵】**(名・形動タル) 悲しみ嘆くこと・さま。

**チューチョウ【株洲】**(Zhūzhōu) ↓しゅしゅう(株洲)

**ちゅうちょう-じじつ【中朝事実】** 山鹿素行の著書。二巻一三章。寛文九年(一六六九)成立。『武家事紀』に対応。『日本書紀』を基に日本が万国にすぐれていることを説く。

**ちゅうちょう-せん【中腸▾腺】** 軟体動物や節足動物などの中腸の前につながる房状の器官。この器官の細胞が食物を消化・吸収する。

**ちゅうっ-ぱら【中っ腹】**(名・形動) 怒りをおさえながら、むかむかしていること・さま。boiling inside

**ちゅう-づり【宙▾吊り】** 空中にぶらさがった状態。ちゅうぶらりん。hang in the air

**ちゅう-てつ【鋳鉄】** 炭素を二%以上含む鋳物用の鉄合金。炭素のほかに珪素・マンガンを少量含む。耐摩耗性・耐食性がよく、水道管・ブレーキドラム・鉄瓶などに使用。cast iron

**ちゅう-てん【中天】** ①天の中心。the zenith ②なかぞら。midair

**ちゅう-てん【中点】** 線分上にあって、両端から等しい距離にある点。middle point

**ちゅうてん-の-いきおい【沖天の勢い】**(連語) 高く天にも昇る勢い。

**ちゅうてんれんけつ-ていり【中点連結定理】** 三角形の二辺の中点を結ぶ線分は、第三の辺に平行で、長さはその半分であるという定理。two middle points theorem ↓図

● 中点連結定理

$DE /\!/ BC \quad DE = \frac{1}{2}BC$

**ちゅう-と【中途】** 道・仕事の中ほど。半ば。途中。halfway

**ちゅう-とう【中等】** 対義 初等・高等。①中ほど。medium ②初等と高等の間。the middle class ③下等と上等の間。average

**ちゅう-とう【中闘】** 「中央闘争委員会」の略。中闘委。

**ちゅう-とう【仲冬】** ①真冬。②陰暦一一月の異称。

**ちゅう-とう【柱頭】** ①建築物の柱の上端部。その形式・装飾などは建築年代と様式の判定に重要。capital ②被子植物の雌しべの先端部分。花粉が付着しやすいよう粘液を分泌する。stigma ↓オーダー図 ↓花図

**ちゅう-とう【▾偸盗】** ①《仏教語》十悪業の一つ。五戒の一つ。他人の財物を盗むこと。とうとう。②盗人。thief

**ちゅうとう【中東】** ヨーロッパからみて東の地域のうち、アフガニスタン以西の西南アジアとアフリカ北東部。本来、極東と近東の中間の意だが、現在はバルカン諸国を除く近東と同義。Middle East

**ちゅう-とう【中唐】** 中国、唐代を四区分したその第三期。代宗(第八代皇帝)から文宗(第一四代皇帝)にいたるおよそ七〇年間。安史の乱後で内外多事の時代であった。文学史の上では、詩の時代から散文の時代への移行期で、韓愈・柳宗元・白居易・李賀らを輩出。

**ちゅう-どう【中堂】** ①昔中国で、宰相がその政治をとった所。②天台宗で、本尊を安置する本堂。用例 根本―。

**ちゅう-どう【中道】** ①途中。行程の半ば。on one's way ②かたよらない中正な行き方。take a mean course ③《仏教語》楽と苦、有と無など対立する二極のいずれにもかたよらない正しい道のこと。

**ちゅうとう-きょういく【中等教育】** 初等



▾ 常用漢字表外。 ▿ 常用漢字表の音訓外。

教育と高等教育の中間の教育。現在の日本では中学・高校段階の教育をさす。旧制では中学校・高等女学校・実業学校など。secondary education

**ちゅうとう-じょうやく【中東条約】** バグダード条約の別称。

**ちゅうどう-せいじ【中道政治】** 政治社会で対立する二つの階層の一方にかたよらず、その中間層または国民全体の利益を代表することを理想とする政治。middle-of-the-road politics

**ちゅうどう-せいとう【中道政党】** 左右にかたよらず穏健中正な道をめざす政党。中間政党。centrist party

**ちゅうとう-せんそう【中東戦争】** アラブ諸国とイスラエルとの間に起こった戦争。一九四八年のパレスチナ戦争から七三年の十月戦争まで四次を数え、ほかに空襲・コマンド作戦・内戦などさまざまの紛争が続いている。Arab-Israeli War

**ちゅうとう-もんだい【中東問題】** イスラエルの建国と、それにともなうパレスチナ人の大量追放によって起きた、中東地域におけるアラブ諸国とイスラエルの紛争。異宗教の諸民族が混在し、石油の産出地でもあることから大国間の利害・石油戦略がからんで危機が絶えない。Arab-Israeli problem

**ちゅう-どく【中毒】**(名・サ変自) 種々の化学物質・食品によって生体が好ましくない状態になること。急性のものは、食中毒・一酸化炭素中毒など。慢性のものは、中性洗剤による皮膚のかぶれ・有機水銀による脳神経障害など。intoxication 用例 ― 症状。

**ちゅうどくせい-せいしんびょう【中毒性精神病】** 薬物・嗜好品などによる急性・慢性の精神障害。アルコール中毒・モルヒネ中毒などによる。慢性化すると精神錯乱や痴呆へと進む。toxic psychosis

**ちゅうと-はんぱ【中途半端】**(名・形動) ①未完成なこと・さま。unfinishedness ②どっちつかずであること・さま。undecidedness

**ちゅう-とん【駐屯】**(名・サ変自) 軍隊が、ある土地にとどまること。駐留。garrison

**チューナー【tuner】** ラジオ受信機やテレビ受像機などで、希望の周波数の電波を選択し、受信する装置。用例 FM ―。

**ちゅう-ないしょう【▼肘内障】** ひじ関節の靱帯がずれた状態。二〜四歳の幼児に多く、子どもの手をにぎって引き起こそうとしたときなどに起こる。internal derangement of elbow

**ちゅう-なごん【中納言】** 律令制下で太政官の次官。大納言の下。

**ちゅうなん【仲南】**〈町〉 香川県南西部、財田川上流の町。稲作のほかミカン・竹の子などの産地。人口五三五九(一九八八)。

**ちゅうなんかい【中南海】** 中国の首都北京市の故宮に隣接する、国家最高指導部の所在地。国家最高指導者の居住地でもある。チョンナンハイ。

**ちゅうなんべい【中南米】** 中央アメリカと南アメリカとの併称。

**ちゅう-にかい【中二階】** 一階と二階の中間に造られた階。mezzanine

**ちゅう-にく【中肉】** ①ほどよい肉づき。medium build 用例 ― 中背。②食肉で、上肉と並肉の間の肉。meat of medium quality

**ちゅう-にち【中日】** ①彼岸の七日間の真ん中の日。春分・秋分の日。お中日。②「中部日本」の略。③中国と日本。

**ちゅう-にち【駐日】** 遣わされて、日本にとどまること。reside in Japan 用例 ― アメリカ大使。

**ちゅう-にゅう【注入】**(名・サ変他) ①そそぎ入れること。pour ②詰め込むこと。cram 用例 ― 教育。

**ちゅう-にん【中人】** 銭湯などで、大人と小人に対応して用いる語。大人と幼児のあいだの小・中学生。

**ちゅう-にん【仲人】** ①なこうど。go-between ②仲裁人。mediator

**ちゅう-ねん【中年】** 四〇歳前後の年齢。壮年。middle age

**ちゅう-のう【中脳】** 間脳と橋のあいだに位置する脳の一部。神経線維群の通路および眼球運動の中枢。四丘体。midbrain

**ちゅう-のう【中農】** 中規模の農業を営む農家および農民。middle-class farmer

**ちゅう-のり【宙乗り】**(名・サ変自) 芝居や軽業で、からだを空中につり上げてする演技。midair stunt

**ちゅう-は【中波】** 周波数一〇〇〜一五〇〇キロヘルツ(波長三〇〇〜二〇〇〇m)の電磁波。近距離は地表波、遠距離は電離層の反射により伝わる。ラジオ放送・船舶局などに用いる。MW。medium wave 対義 長波・短波。

**ちゅう-は【中破】**(名・サ変自他) 中くらいに壊れること。対義 小破・大破。

**チューバ【tuba】** 広口径のバルブ式低音管楽器。金管楽器の中で最低音を出し、管弦楽や吹奏楽に使われる。テノール・バス・コントラバスの三種がある。

**ちゅうばい-か【虫媒花】** 昆虫の媒介によって受粉する花。昆虫をさそうために花蜜を分泌したり、花粉にとげや粘性がある。サクラ・バラ・アブラナなど。entomophilous flower 比較 鳥媒花。

**ちゅう-はいよう【中▼胚葉】** 胚葉の一つ。動物の卵発生初期の胚で、外胚葉と内胚葉との中間にある胚葉。のち、筋肉系・骨格系・循環系などに発達する。mesoderm

**ちゅうはいよう-がた【中▼胚葉型】** アメリカの心理学者シェルドンによる体型分類の一つ。胎生期の中胚葉から発生する筋・骨格など支柱組織のよく発達した、がっしりした角張った体格。性格的には精力的で自己主張が強い。mesomorphy

**ちゅう-ばつ【▼誅伐】**(名・サ変他) 罪のある者を攻め討つこと。

**ちゅう-はば【中幅】** ①布の、大幅と小幅(=並幅)の中間の幅。ふつう、四五cm内外。②約二六cmに仕立てた中幅帯(丸帯)の略。

**ちゅう-ばん【中盤】** 対義 序盤・終盤。①碁・将棋などで、本格的な激しい勝負に入った段階。②長期にわたる物事の中ほどの段階。用例 選挙の ―。

**ちゅうひ【▼沢▼鵟】** ワシタカ科の鳥。左右の目がフクロウのように前向きについているタカ。翼長約四〇cm。雄は濃淡のある灰色で、雌は褐色が強い。湿原や草原にすみ、ネズミやカエルなどを捕食。ユーラシアに分布し、日本では北海道・本州北部で繁殖するほか、各地に冬鳥として渡来。Eastern marsh harrier

**ちゅう-び【中火】** 調理するときの火かげん。強火と弱火との中間くらいの火力。medium heat

**チュービンゲン【Tübingen】** 西ドイツ南西部、ネッカー川上流に沿う文教都市。一五世紀に創立の総合大学があり、ゴシック建築物が多い。人口七・三万(一九八〇)。

**ちゅう-ぶ【中風】** ↓ちゅうぶう(中風)

**ちゅう-ぶ【中部】** ①真ん中の部分。the central part ②《「中部地方」の略》本州の中央部の地域。

**チューブ【tube】** ①管。筒。②絵の具・歯磨きなどを入れた容器。一方を閉じた筒形で、中身を押し出して使う。③タイヤの内側のゴムの管。④管楽器。また、その管。⑤《イギリスで》ロンドンの地下鉄。⑥《アメリカで》真空管。

**ちゅう-ぶう【中風】** 脳出血後、手・足・半身がまひする病気。中気。ちゅうふう。ちゅうぶ。palsy

**ちゅう-ふく【中腹】** 山の頂と、ふもとの中間のあたり。山腹。mountainside

**ちゅうぶさんがく-こくりつこうえん【中部山岳国立公園】** 新潟・富山・長野・岐阜の四県にまたがる山岳を中心とする国立公園。一般に北アルプスとよばれる地域で、三〇〇〇m級の高山が連なる。昭和九年(一九三四)指定。

**ちゅうぶ-ちほう【中部地方】** 本州の中央部、新潟・富山・石川・福井・山梨・長野・岐阜・静岡・愛知の九県からなる地方。自然や人文的な面から北陸・東山(中央高地)・東海に分けられる。

●チューベローズ

**ちゅう-ぶらりん【宙ぶらりん・中ぶらりん】**(形動) ①空中にぶら下がるさま。hanging in the air ②どっちつかずのさま。suspense 用例 予算がなくて工事が ― になる。

**ちゅう-ふりそで【中振(り)▼袖】** 大振り袖に対して中程度の長さの袖丈(七五〜一〇〇cm)の振り袖。若い女性の準礼装。中振り。↓袖図

**チューブリン【tubulin】** 細胞構造の一つである微小管を構成する球状たんぱく質。細胞の形の保持や運動に関係すると考えられる。

**ちゅう-ぶる【中古】** 少し古いこと・もの。ちゅうこ。セコハン。secondhand goods

**チューブレス-タイヤ【tubeless tire】** チューブを必要としないタイヤ。内面に軟質で気密性・粘着性のある薄いゴムがはりつけてある。

**ちゅう-ぶん【中分】**(名・サ変他) ①きちんと半分に分けること。②真ん中。③仲裁。

**ちゅう-ぶん【▼籀文】**《中国、周の宣王の時の太史の史籀がつくったといわれる》漢字の書体の一つ。古文から出て、篆書の前身となったもの。大篆。

**ちゅう-へい【駐兵】**(名・サ変自) 兵をある地点にとどめること。また、その兵。stationary troops

**ちゅうべい【中米】** 中央アメリカの略称。

**ちゅうべい-きこう【中米機構】**(Organization of Central American States) コスタリカ・ニカラグア・ホンジュラス・エルサルバドル・グアテマラの中米の五か国が相互援助を目的に結成した組織。一九五一年設立。OCAS。ODECA。

**ちゅうべい-きょうどうしじょう【中米共同市場】**(Central American Common Market) 中米の五か国が、域内関税の統一と自由貿易・経済統合の実現を目的に設立した地域経済組織。一九六一年発足。現在はほとんど機能停止。CACM。MCCA。

**チューベローズ【tuberose】** ユリに似たヒガンバナ科の多年草。高さ五〇〜一〇〇cm。観賞用に栽培。白い花は香りが強く、香水原料に利用。メキシコ原産。ゲッカコウ。イエライシャン(夜来香)。↓写

**ちゅう-へん【中編・中▼篇】** ①中くらいの長さの文章・小説。novelette 対義 短編・長編。②三部からなる本の、間の編。the second volume 対義 前編・後編。

**ちゅう-ぼう【▼廚房】** だいどころ。料理場。勝手。くりや。kitchen

**ちゅうぼうしき-さいたん【柱房式採炭】** 一定区画の石炭層を縦横に坑道を掘って採炭し、その間に石炭の柱を残す採炭法。上下岩盤の安定した石炭層で行い、残した石炭柱は最後に崩落させて採取する。room and pillar mining

**ちゅう-ぼく【忠僕】** 忠実な下男。faithful servant

**ちゅうぼ-しゃ【仲保者】**『旧約聖書』で、神と民との間をとりなす役目。王・祭司・預言者がその任に当たる。『新約聖書』では唯一の仲保者をイエス=キリストとし、十字架による死によって、神の前に人類の罪を贖ったとする。Mediator

**ちゅう-ぼそ【中細】** 筆・ペン先や毛糸などで、中くらいよりやや細めの太さ。medium-fine

**ちゅう-ぼん【中▽品】**《仏教語》極楽浄土にあるという九つの等級(=九品)のうち、中位の三品。対義 上品・下品。参照 九品。

**ちゅう-みず【宙水】** 地表と地下水層のあいだにある不透水層の上部に貯えられた地下水。水量は少ない。関東南部の台地に多い。perched groundwater

**ちゅう-みつ【▼稠密】**(名・形動) 一地域に多く集まっていること・さま。周密。ちょうみつ。dense 用例 人口 ―。

**ちゅう-めん【柱面】** 平面上にある曲線上の各点を通り、その平面に垂直な直線(母線)の全体によってできる曲面。cylindrical surface

**ちゅう-もく【注目】**(名・サ変自他) ①注意して見ること。注視。attention 用例 ― を浴びる。②軍隊の敬礼の一つ。指揮官に目を向けさせること。Attention!

**ちゅう-もん【中門】** ①寝殿造りで、主家と釣殿を結ぶ廊下(中門廊)の途中に設けられた門。東西に二つあり、外部から寝殿の南庭に通じる。②神社の外門と本殿の間にある門。③仏寺の伽藍の正門で南大門のつぎにある門。④茶室の外露地と内露地の境にある門。

**ちゅう-もん【注文・▼註文】**(名・サ変他) ①指定した品物を、作らせたり送らせたりすること。あつらえること。また、その品。order 対義 既製。②こうしてほしいと望むこと。希望すること・条件。request; condition 用例 ― をとる。

**注文を付ける**(ちゅうもんをつける) ①相手に、自分の希望を言う。make a special request ②相撲で、



↓行き先項目、図版・写真参照印。 JIS 日本工業規格情報交換用漢字符号コード(区点コード)。

自分の思惑どおりの有利な体勢にもちこもうと工夫する。

**ちゅうもん-せいさん【注文生産】** 特定の買い手から注文を受けて行う生産。中間生産物・部品・設備などの生産に多い。受注生産。order production 対義 市場生産。

**ちゅうもん-づくり【中門造(り)】** 東北地方と新潟県に広くみられる民家の形式。母屋とそれに続く突出部(中門)からなり、突出部は通路、馬屋などに使用する。↓写

●中門造り 秋田県、旧奈良家。

**ちゅうもん-とり【注文取り】** ①お客の注文を聞いて回ること・人。御用聞き。order taker ②かけとり。bill-collection

**ちゅうもん-ながれ【注文流れ】** 注文を受けて用意した品物が、注文主に引き取られないままになること。order cancelled

**ちゅうもん-ふく【注文服】** 顧客の好み・体形に合わせて採寸・仮縫いし、一着ずつ仕立てた衣服。オーダーメード。custom-made clothing 対義 既製服。

**ちゅう-や【中夜】** ①夜中。夜半。②夜を初・中・後と三分したものの初夜と後夜との間の時間。現在の午後一〇時ごろから午前二時ごろまで。対義 初夜・後夜。③冬至の別称。

**ちゅう-や【昼夜】** ㊀(名) 昼と夜。day and night ㊁(副) 日夜。常に。day and night

**昼夜を舎かず**(ちゅうやをおかず) 《『論語』にある語》昼夜の区別なく。たえまなく。昼夜を分かたず。always

**昼夜を分かたず**(ちゅうやをわかたず) 「昼夜を舎かず」と同意。

**ちゅうや-おび【昼夜帯】** 《白と黒の布地を用いたことから》女帯の一種。表と裏の布地を違えて仕立てた趣味性の高いもの。腹合わせ帯。鯨帯。

**ちゅうや-ぎんこう【昼夜銀行】** 営業時間を昼間だけでなく、夜間にも延長している銀行。double shift bank

**ちゅう-やく【中薬】** 中国に古くから伝わる伝統医学で用いられる生薬。民間薬は、草薬といわれ、区別される。

**ちゅうや-けんこう【昼夜兼行】** 昼も夜も休まずに急いで行くこと。また、物事を行うこと。working day and night

**ちゅうや-ふう【昼夜風】** 昼と夜の風向きが反対になる風。山風と谷風、海風と陸風など。day and night wind

**ちゅう-ゆ【注油】**(名・サ変自) 機械・器具に油をさすこと。oiling

**ちゅう-ゆう【忠勇】**(名・形動) 忠義で勇気のあること・さま。loyalty and bravery 用例 ―義烈。

**ちゅうゆうき【中右記】** 平安後期の中御門右大臣藤原宗忠の日記。寛治元～保延四年(一〇八七～一一三八)の記録。院政時代の政治史や有職故実研究の根本史料。ちゅううき。

**ちゅう-よう【中庸】** ㊀(名・形動) 対義 極端。①かたよらないこと・さま。mean 用例 ―を得た行動。②十人なみなこと・さま。才能などのふつうなこと・さま。average; ordinary ㊁(名) アリストテレスの倫理学の中心概念。過剰と過少との両極端のいずれにも偏しない正しい中間のことで、そこに徳があるとする。たとえば、節制の徳は、放埒と無感覚の中間にあるなどで、この中間を定めるには、理性による知見と統制が必要と説く。mean ㊂(名) 儒教経典。もと『礼記』の一編で、朱子により四書の一つとされた。子思の著という。誠の道による天人合一を説く。

**中庸を得る**(ちゅうようをえる) どちらにもかたよらない状態をたもつ。過不足がなく、調和がとれている。moderate

**ちゅう-よう【中葉】** なかごろ。中期。the middle

**ちゅうようとっき-えん【虫様突起炎】** 虫垂炎の旧称。

**ちゅう-らん【虫卵】** ①昆虫のたまご。②寄生虫のたまご。

**ちゅう-りく【▼誅▼戮】**(名・サ変他) 罪のある者を殺すこと。

**ちゅう-りつ【中立】** ①かたよらないこと。中正。neutral ②国際法上、他国間の戦争に関与しないこと。局外中立。neutrality

**ちゅうりつ-こく【中立国】** ①交戦中の国または陣営のどちらにも味方しない国。局外中立国。neutral state ②永世中立国。

**ちゅうりつ-しゅぎ【中立主義】** いかなる軍事同盟にも加盟しないことで国の安全が保障されるとする国際政治上の立場。neutralism

**ちゅうりつ-ちたい【中立地帯】** 陣地の構築や兵員の駐留を禁止された地帯。また、戦時に交戦国の軍隊の中間に設置する、双方の兵力を入れないことを協定した一定の地域。neutral zone

**ちゅうりつ-てき【中立的】**(形動) どちらにもつかないさま。neutral 用例 ―な考え方。

**チューリップ【tulip】** ユリ科の球根草。高さ一五～八〇cm。品種が多く、観賞用に栽培される。花色は多彩。花弁は六枚だが、雄しべの変化した八重咲きもある。主産地は、世界的にはオランダ、日本では新潟・富山。↓写

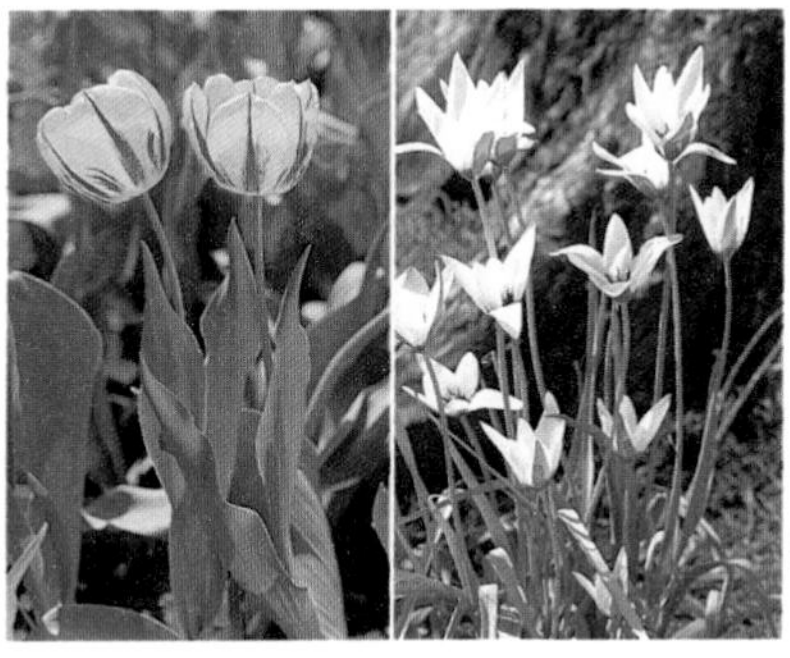

●チューリップ 原種(右)と一重咲き(左)。

**チューリップ-の-き【チューリップの木】** ユリノキの別名。

**ちゅうりつ-ほう【中立法】** 国際紛争に巻きこまれるのを回避するためのアメリカの法律。一九三五年制定。交戦国への武器輸出と借款供与を禁止。三六、三七、三九年に追加改正。四一年武器貸与法成立により実質的に廃棄。Neutrality Acts

**ちゅうりつ-ろうれん【中立労連】** 《「中立労働組合連絡会議」の略》昭和三一年(一九五六)に結成された、民間の大手組合を中心とする全国組織。労働戦線の統一をめざしたが、同六二年(一九八七)全日本民間労働組合連合会(連合)の発足にともない解散。

**チューリヒ【Zürich ドイツ】** スイス北東部、チューリヒ湖北岸の同国最大の商工業都市。金融の国際的中心地。ドイツ系住民が多い。人口三五・二万(一九八五)。

**チューリヒ-こ【チューリヒ湖】**(Zürich See ドイツ) スイス北東部の氷河湖。面積八九km²。最大水深一四三m。

**ちゅう-りゃく【中略】**(名・サ変他) 中間を省くこと。omission 対義 前略・後略・上略・下略。

**ちゅう-りゅう【中流】** ①川の上流と下流の中ほど。middle reaches 対義 上流・下流。②中等の地位・生活。the middle class 対義 上流・下層。用例 山の手の―家庭。

**中流に舟を失えば一壺も千金**(ちゅうりゅうにふねをうしなえばいっこもせんきん) 《つぼは安価であるが、難船したときは浮き袋となり人命を救うことができる意から》時と場合によっては、つまらないものでも大きな価値をもつことがあるというたとえ。

**中流の砥柱**(ちゅうりゅうのしちゅう) 《「砥柱」は黄河の中にある石で、砥石のようになめらかで、激流の中で不動のまま立っている》乱世にあって、毅然として節を守ることのたとえ。

**ちゅう-りゅう【駐留】**(名・サ変自) 軍隊が一時ある地域に滞在すること。stationing

**ちゅうりゅう-いしき【中流意識】** 自分の生活水準を中流と思うこと。欧米に比べ、日本の勤労者にはこの意識が強いとされる。the middle class identification

**ちゅうりゅう-ぐん【駐留軍】** ①ある国に一定期間とどまる外国軍隊。stationary forces ②日米安全保障条約に基づき日本国内に駐留するアメリカ軍。在日米軍。

**ちゅう-りょう【忠良】**(形動) 忠義で善良なさま。

**ちゅう-りん【駐輪】**(名・サ変自) 自転車を止めておくこと。park one's bicycle 用例 ―場。

**チューリンガー-ワルト【Thüringer Wald】** 東ドイツ南西部、チューリンゲン盆地の南を北西から南東に連なる山脈。最高峰ベールベルク山は九八二m。観光保養地が多い。

**チューリング-きかい【チューリング機械】** イギリスの数学者アラン=チューリングが、一九三六年に提案した思考上の計算機械。入出力用テープを無制限に与え、テープを自由に動かして、すでに記録した符号の読み出しと書き直しをさせるもの。現在のコンピューターの原型といえる。Turing machine

**チューリンゲン【Thüringen】** 東ドイツ南西部の地方名。中心部は肥沃なチューリンゲン盆地で小麦・テンサイなどの栽培がさかん。一六世紀の宗教改革の中心地。

**チューリンゲン-バルト【Thüringer Wald】** →チューリンガーワルト

**チュール【tulle】** 微細な六角形の網目機械編みネット地。素材は絹や綿であったが、現在はおもにナイロンで作る。婦人の礼装用ベールや帽子の装飾用。

**ちゅう-る【中流】** 律令制で、流罪の一つ。信濃・伊与などへ流した。比較 近流・遠流。

**ちゅうるい【忠類】**〈村〉 北海道、日高山脈南東の村。豆類・テンサイ・ジャガイモを栽培、酪農も行う。人口二二〇七(一九八八)。

**ちゅう-れい【忠霊】** 忠義のために死んだ人の魂。the loyal dead 用例 ―塔。

**ちゅう-れつ【忠烈】**(名・形動) 非常に忠義なこと・さま。

**ちゅうれんじ-ばち【▼鐫▽花▽娘子▼蜂】** ハバチの一種。体長約八mm。体表は黒く腹部は橙黄色。バラの茎に産卵し、幼虫はバラの葉を食害する。日本各地に分布。rose argid sawfly ↓図

●チュウレンジバチ

**ちゅうれん-ぽうとう【▽九連宝灯】** 麻雀の手役で「役満」の一つ。同じ種類の数牌の一と九をそれぞれ三枚、二から八までを各一枚そろえ、門前で聴牌した九面待ちでの上がり。チューレンポートン。

**ちゅう-ろう【中老】** ①年齢の五〇歳ごろ。また、その人。②鎌倉幕府・室町幕府の引付衆の一つ。③豊臣秀吉の設けた職制の一つ。五大老と五奉行の間にあった重職。④江戸時代、家老の次席。⑤奥女中の老女の次席。

**ちゅう-ろう【中▼臈】** ①宮中に仕えた女官で、内侍でないもの。②江戸幕府で大奥に仕えた中位の奥女中。年寄の次に位する。

**ちゅう-ろう【柱廊】** 柱の列に屋根をかけ、吹き放しにした廊下。壁や戸がない。colonnade

**ちゅう-ろうい【中労委】** 「中央労働委員会」の略。

**ちゅう-ろく【中▼肋】** 葉の中央の葉脈。中脈。主脈。midrib

**ちゅうろん【中論】** インド中観派の基本仏典。『十二門論』『百論』と並ぶ三論の一つ。一般に、竜樹の著した『根本中頌』に青目が注釈を加えた本の鳩摩羅什による漢訳四巻をいう。空の立場から中道を説く。

**ちゅう-わ【中和】**(名・サ変自他) ①かたよらず、温和なこと。gentleness ②違った性質のものが融合して、それぞれの特性を失うこと。counteraction; blend ③当量の酸と塩基が反応すること。neutralization

**ちゅうわ-てきてい【中和滴定】** 中和反応を利用した滴定。酸・塩基の濃度の定量法。指示薬・pHメーターなどを利用して等量点



▼常用漢字表外。 ▽常用漢字表の音訓外。

を決定する。neutralization titration

**ちゅうわ-てん【中和点】** 中和滴定の当量点。溶液中の酸と塩基とがちょうど同じグラム当量になったときに相当する。point of neutralization

**ちゅうわ-ねつ【中和熱】** 酸と塩基が中和するとき発生する熱量。heat of neutralization

**ちゅうわ-はんのう【中和反応】** ①酸と塩基が反応すること。反応の結果、塩と水が生成する。neutralization reaction ②抗体によって毒素やウイルスの作用を封じること。counteraction

**チューン-アップ【tune-up】** ①調整や改造によって自動車のエンジンの力を上げること。また、車全体の性能を上げること。チューンナップ。②楽器を調律すること。③調整すること。

**チュコート-はんとう【チュコート半島】**(Chukotskiy Poluostrov) ソ連北東端、ベーリング海峡をへだててアラスカに対する半島。デジネフ岬はアジア大陸の最東端。ツンドラ地帯で山地が多い。

**チュコフスキー【Korney Ivanovich Chukovsky】**(一八八二〜一九六九) ロシア・ソ連の詩人・評論家。評論『ネクラーソフの手法』など。

**チューシュイ-シー【濁水渓】**(Zhuóshuǐ Xī) ↓だくすいけい(濁水渓)

**チュチェ-しそう【チュチェ思想】**《「チュチェ」は「主体」の朝鮮語音》北朝鮮(朝鮮民主主義人民共和国)の国家指導原理。マルクス主義の主体的側面を強調したもの。

**チュチュ【tutu フランス】** バレエの女性舞踊手用の代表的スカート。純白の薄い生地にひだを何枚も重ねたもの。丈は長短二種類ある。

**チュツ** 11画【▼絀】 部首[糸]
音チュツ
①ぬう。ぬいめ。②しりぞける。地位をさげる。やめさせる。③かがむ。かがめる。

**チュツ** 12画【▼詘】 部首[言]
音クツ・チュツ
しりぞける。地位をさげる。やめさせる。↓クツ【詘】

**チュツ** 17画【▼黜】 部首[黑] JIS 8357
音チュツ
しりぞける。地位をさげる。やめさせる。「黜陟」

**チュッチェフ【Fyodor Ivanovich Tyutchev】**(一八〇三〜一八七三) ロシアの詩人。一八二〇年代の思想詩派の代表。死後、象徴派詩人に評価された。作品『春雷』『昼と夜』など。

**ちゅっ-ちょく【▼黜▼陟】**(名・サ変他)《「黜」はしりぞける、「陟」はのぼす、の意》功績のない者の官位を下げ、功績のある者の官位を上げること。用例任免―。

**チュド-こ【チュド湖】**(Chudskoye Ozero) ソ連中西部、エストニアとロシア共和国の境界にある湖。面積三六〇〇$km^2$。南側のプスコフ湖とつながる。

**チュニジア【Tunisia】**(Republic of Tunisia) 北アフリカ北部、地中海に臨む共和国。首都チュニス。住民はアラブ系。トルコ領、フランス領を経て一九五六年フランスから独立。南部はサハラ砂漠、北部は地中海性気候で、オリーブ・ブドウを栽培。燐鉱石の世界的産地でもある。面積一六・四万$km^2$。人口七二三万(一九八六)。正称チュニジア共和国。

**チュニジアのよる【チュニジアの夜】**《原題A Night in Tunisia》トランペット奏者ガレスピーとピアノ奏者パパレリの共作曲。モダンジャズの名曲。

**チュニス【Tunis】** 北アフリカ、チュニジアの首都。地中海に臨む貿易港で、燐鉱・果実類を輸出。古代カルタゴの遺跡がある。人口五九・七万(一九八四)。

**チュニック【tunic】**《円筒服・密着服などの意》①比較的体に密着した七分丈のコート風上着。②カトリック副助祭の祭服。③軍服の上着。

**チュバシ-じちきょうわこく【チュバシ自治共和国】**(Chuvashskaya ASSR) ソビエト連邦を構成する自治共和国の一つ。首都チェボクサリ。ソ連中西部、ボルガ川中流域にある。面積一・八万$km^2$。人口一三一・六万(一九八五)。正称チュバシ自治ソビエト社会主義共和国。

**チュフライ【Grigory Chukhray】**(一九二一〜 ) ソ連の映画監督。「雪どけ」映画の先駆。作品『誓いの休暇』『晴れた空』など。

**チュメニ【Tyumen】** ソ連、西シベリア南西部、イルティシュ川支流トゥーラ川の河港都市。チュメニ油田に近く、化学・機械工業がさかん。人口四四万(一九八六)。

**チュメニ-ゆでん【チュメニ油田】**(Tyumenskaya Neftenosnaya Oblast) ソ連、ロシア共和国中央部、オビ川中流域に広がる同国最大の油田。第二バクー油田。

**チュル【Týr】** 北欧神話の戦いと正義の神。もともとは天空の至高神をさした。片腕であったといわれる。英語のTuesday(火曜日)も同系語。

**チュルゴー【Anne Robert Jacques Turgot】**(一七二七〜一七八一) フランスの重農主義経済学者・政治家。ルイ一六世の財務総監として、穀物取引の自由化、ギルド組織の廃止などを断行したが、不評を買い失脚。主著『富の形成と分配に関する省察』。

**チュレーニー-とう【チュレーニー島】**(Tyuleniy) ↓かいひょうとう(海豹島)

**チュワンチョウ【泉州】**(Quánzhōu) ↓せんしゅう(泉州)

**チュンチョン【春川】**(Ch'unch'ŏn) ↓しゅんせん(春川)

**チュンチョン-ナムド【忠清南道】**(Ch'ungch'ŏng Namdo) ↓ちゅうせいなんどう(忠清南道)

**チュンチョン-プクド【忠清北道】**(Ch'ungch'ŏng Pukdo) ↓ちゅうせいほくどう(忠清北道)

**チョ** 5画【▼宁】 部首[宀]
音チョ
①ためる。たくわえる。②たたずむ。たちどまる。

**チョ** 7画【▼佇】 部首[人・亻] JIS 4842
10画【▼竚】 異体字 部首[立] JIS 6776
音チョ
①たたずむ。たちどまる。「佇立」②まつ。ねがいまつ。

**チョ** 8画【▼苧】 部首[艹] JIS 3587
音チョ
①カラムシ。イラクサ科の多年草。まお。②お。まお。カラムシや麻の茎の皮の繊維をよってつくった糸。

**チョ** 8画【▼杼】 部首[木] JIS 5933
音チョ・ショ・ジョ
ひ。機織りの付属具の一つ。よこ糸が巻きつけてあり、これでたて糸の中をくぐらせる。

**チョ** 10画【▼莇】 部首[艹] JIS 7222
音チョ・ショ
クコ。ナス科の落葉小低木。

**チョ** 11画【著】 部首[艹] 教育小6 JIS 3588
12画【▼著】 旧字
音チョ・チャク・ジャク
訓あらわす・いちじるしい

①あらわす。本をかく。比較編へ。「著作・著述・著書」②かいた本。「旧著・共著・新著・大著・名著」用例(名)A氏の―。③いちじるしい。めだつ。あらわれる。「顕著」「著名」参考もと、着の正字。今は、著と着とは区別して用いている。

**チョ** 11画【▼猪】 部首[犭] 人名用 JIS 3586
12画【▼猪】 旧字
16画【▼豬】 異体字 部首[豕] JIS 7623
音チョ
イノシシ。ウシ目に属する哺乳動物。い。いのこ。しし。「猪突」

**チョ** 11画【▼紵】 部首[糸] JIS 6910
音チョ
イチビ。アオイ科の一年草。その茎の外皮の繊維で、縄や布地をつくる。

**チョ** 12画【貯】 部首[貝] 教育小4 JIS 3589
音チョ

ためる。たくわえる。たくわえ。「貯金・貯蔵・貯炭・貯蓄」

**チョ** 13画【▼楮】 部首[木] JIS 6026
音チョ
①コウゾ。クワ科の落葉低木。かみのき。②かみ。また、紙にかいた文書や絵。「寸楮」③紙のおかね。紙幣。札。

**チョ** 14画【緒】 部首[糸] 常用 JIS 2979
15画【▼緒】 旧字
音ショ・チョ
訓お
①いとぐち。はじめ。とりかかり。「端緒」「緒言・緒戦・緒論」②こころ。「情緒・心緒」↓ショ【緒】
**緒に就く** ものごとを始める。予定されている事業が始まる。しょに就く。start

**チョ** 14画【▼褚】 部首[衤]
音チョ・シャ
①衣服にわたをいれる。わたいれ。②棺をおおう布。③ふくろ。④ためる。たくわえる。

**チョ** 15画【▼墸】 部首[土] JIS 5255
音チョ
まま。土のまま。地くずれの土地。がけ。土手。

**チョ** 15画【▼樗】 部首[木] JIS 3584
音チョ
①ゴンズイ。ミツバウツギ科の落葉小高木。②おうち。センダン。センダン科の落葉高木。

**チョ** 15画【▼箸】 部首[竹]
14画【▼箸】 異体字 JIS 4004
音チョ・チャク
はし。食べ物などをはさむ二本一対の細い棒。「象箸玉杯」

**チョ** 18画【▼儲】 部首[人・亻]
17画【▼儲】 異体字 JIS 4457
音チョ
①もうけ。そえ。ひかえ。主になるもののかわり。「皇儲」「儲位・儲君」②ためる。たくわえる。③もうける。利益を得る。また、子を得る。

**チョ** 19画【▼瀦】 部首[氵]
18画【▼瀦】 異体字 JIS 3585
15画【▼潴】 異体字 JIS 6344
音チョ
みずたまり。ためいけ。水がたまる。

**チョ** 19画【▼躇】 部首[足] JIS 7716
音チョ・チャク
「躊躇」は、ためらう。ぐずぐずする。

**ち-よ【千代・千世】** 一〇〇〇年。非常に長い年月。ちとせ。用例―万代。
**千代に八千代に** 《一〇〇〇年の上にさらに幾千年を加える、意から》永久に。forever
**千代の春** 一〇〇〇年までも末長く栄えよと祝う初春。
**千代を籠む** 一〇〇〇年ののちも栄えるめでたいしるしをもっている。

**ちよ【千代】** ↓かがのちよじょ(加賀の千代女)

**ちょ-い【▼儲位】** 太子・世子の位。

**ちょい-ちょい**(副)《俗語》ときどき。おりおり。

**ちょい-と**《俗語》㊀(副)ちょっと。少し。用例―感心した。㊁(感動)呼びかける語。

**チョイバルサン【Choybalsan】** モンゴル東部の中心都市。畜産加工業の中心地。人口二・九万(一九七九)。

**チョイバルサン【Choybalsan】**(一八九五〜一九五二) モンゴルの政治家。一九一九年スフバートルと合流して人民革命党を結成、武装闘争を指導。二四年革命軍総司令官となり人民共和国成立に貢献。三八年以降首相として独裁権力をふるった。

**チョウ** 2画【丁】 部首[一] 教育小3 JIS 3590
音チョウ・テイ

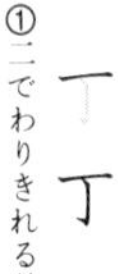

①二でわりきれる数。偶数。対義半。「丁半」②本の葉の一枚。裏表二ページ分。「落丁・乱丁」「丁数」③和とじの本の枚数を数えるのに用いる。用例(助数)数―あとに。④うちあう音。「丁々発止」⑤町の小分け。「一丁目」⑥豆腐などを数えるのに用いる。用例(助数)三―の焼き豆腐。⑦回や度と同じ。用例(助数)もう一―こい。⑧《挺とも》ピストル・蠟燭・櫓・鋏・駕籠などを数えるのに用いる。用例(助数)拳銃五―。↓テイ【丁】
**丁か半か** 丁半賭博の掛け声。偶数か奇数か。

**チョウ** 4画 【弔】 部首［弓］ 常用 [JIS]3604
[音]**チョウ**・テキ
[訓]**とむらう**
とむらう。くやみをいう。[対義]慶。「慶弔」「弔慰金・弔辞・弔電」[参考]吊は俗字。

**チョウ** 5画 【庁】 部首［广］ 教育小6 [JIS]3603
25画 【▼廳】 旧字 [JIS]5512
20画 【▼廰】 異体字 [JIS]5513
[音]**チョウ**・テイ
役所。政務をとるところ。「官庁・県庁・退庁」「庁舎」[用例]（名）閻魔の―。《接尾的》水産―。警察―。国税―。

**チョウ** 6画 【兆】 部首［儿］ 教育小6 →教育小4 [JIS]3591
[音]**チョウ**
[訓]**きざす・きざし**
①きざし。まえぶれ。しるし。[比較]徴。「吉兆・前兆」[用例]（名）不景気の―。②数の単位。一億の一万倍。③おおい。沢山。「億兆」「兆民」

**チョウ** 6画 【▼吊】 部首［口］ [JIS]3663
[音]チョウ
①つる。つるす。②つるすこと。つり。[参考]もと、弔の俗字。

**チョウ** 7画 【町】 部首［田］ 教育小1 [JIS]3614
7画 【▼甼】 異体字 [JIS]6522
[音]**チョウ**・テイ
[訓]**まち**
①まち。都市の小区画。「東京都千代田区四番町」②まち。地方公共団体の一つ。[対義]市・村。「町長」[用例]（名）市―村。③商人。「町家・町人」④尺貫法の長さの単位。六〇間。約一〇九m。⑤尺貫法の面積の単位。一〇反。約九九・二a。「一町歩」

**チョウ** 7画 【▼疔】 部首［疒］ [JIS]6543
[音]チョウ
かさ。できもの。顔・頭などにできる、はれもの。「面疔」

**チョウ** 8画 【▼佻】 部首［人・亻］ [JIS]4847
[音]チョウ
かるい。うすい。軽薄。「軽佻浮薄」

**チョウ** 8画 【▼呫】 部首［口］
[音]チョウ・ショウ
①なめる。すする。②ささやく。ささめく。ひそひそとはなす。

**チョウ** 8画 【▼帖】 部首［巾］ [JIS]3601
[音]チョウ・ジョウ
ノート。計算簿。[用例]《接尾的》雑記―。日記―。↓ジョウ【帖】

**チョウ** 8画 【▼苕】 部首［艹］
[音]チョウ
①エンドウ。マメ科の一、二年草。のえんどう。②ノウゼンカズラ。ノウゼンカズラ科の落葉木本植物。

**チョウ** 8画 【長】 部首［長］ 教育小2 [JIS]3625
[音]**チョウ**
[訓]**ながい**
①ながい。ながさ。たけ。[対義]短。「延長・身長・全長・波長」「長期・長命」②年齢がおおい。めうえ。[対義]幼。「年長」「長兄・長男・長老」③そだつ。おおきくなる。「消長・助長・成長」④すぐれている。[対義]短。「長所」[用例]（名）一日の―。⑤かしら。おさ。「駅長・家長」[用例]（名）一家の―。⑥長門国のこと。「薩長」「長州」

**チョウ** 9画 【▼迢】 部首［辶］ [JIS]7775
[音]チョウ
①はるか。とおい。はるかにとおい。②たかい。

**チョウ** 9画 【挑】 部首［扌］ 常用 [JIS]3609
[音]**チョウ**・トウ
[訓]**いどむ**
①いどむ。しかける。「挑戦・挑発」②かかげる。あげる。

**チョウ** 9画 【▼昶】 部首［日］ [JIS]5868
[音]チョウ
①ながい。日がながい。②のびる。のびのびする。

**チョウ** 9画 【重】 部首［里］ 教育小3 [JIS]2937
[音]**ジュウ・チョウ**
[訓]**え・おもい・かさねる・かさなる**
[筆順]↓ジュウ【重】
①かさねる。かさなる。「重畳・重複」[用例]（助数）九―。②かさなりを数えるのに用いる。③おもんずる。とうとぶ。[対義]軽。「貴重・自重・尊重・珍重」④おもおもしい。「慎重・荘重」↓ジュウ【重】

**チョウ** 10画 【▼冢】 部首［冖］ [JIS]4947
[音]チョウ
①つか。はか。土を高くもってある墓。②あとつぎ。長子。

**チョウ** 10画 【▼凋】 部首［冫］ [JIS]3592
[音]チョウ
しぼむ。しなびる。しおたれる。おとろえる。「凋落」

**チョウ** 10画 【▼挺】 部首［扌］ [JIS]3682
[音]テイ・チョウ
ピストル・蠟燭・櫓・鋏・駕籠などを数えるのに用いる。[用例]（助数）三味線二―。↓テイ【挺】

**チョウ** 10画 【▼晁】 部首［日］ [JIS]5874
[音]チョウ
あさ。あした。夜明け。

**チョウ** 10画 【▼鬯】 部首［鬯］ [JIS]8214
[音]チョウ
①においざけ。黒キビとサフランでつくった酒。②のびる。のびのびする。③部首の一つ。においざけ。

**チョウ** 11画 【帳】 部首［巾］ 教育小3 [JIS]3602
[音]**チョウ**
①《帖とも》ノート。計算簿。「帳場・帳簿・帳面」[用例]《接尾的》雑記―。写真―。日記―。②たれ幕。とばり。「開帳・几帳」③幕・蚊帳などを数えるのに用いる。

**チョウ** 11画 【張】 部首［弓］ 教育小5 [JIS]3605
[音]**チョウ**
[訓]**はる**
①はる。ひきはる。ひろげる。[対義]弛。「拡張・緊張」「張力」②設ける。ひらく。「張本」③ふくらむ。おおきくなる。「膨張」④いいはる。「誇張・主張」⑤幕・蚊帳・弓・琴などを数えるのに用いる。[用例]（助数）弓五―。

**チョウ** 11画 【彫】 部首［彡］ 常用 [JIS]3606
11画 【▼彫】 旧字
[音]**チョウ**
[訓]**ほる**
ほる。きざむ。ほりもの。「木彫」「彫金・彫刻」

**チョウ** 11画 【▼萇】 部首［艹］ [JIS]7241
[音]チョウ
「萇楚」は、いらぐさ。サルナシ。マタタビ科の落葉つる性木本植物。

**チョウ** 11画 【▼悵】 部首［忄］ [JIS]5616
[音]チョウ
うらむ。なげく。いたむ。「悵然・悵々」

**チョウ** 11画 【眺】 部首［目］ 常用 [JIS]3615
[音]**チョウ**
[訓]**ながめる**
ながめる。ながめ。みわたした景色。「眺望」

**チョウ** 11画 【▼窕】 部首［穴］ [JIS]6758
[音]チョウ・ヨウ
うつくしい。たおやか。しずか。「窈窕」

**チョウ** 11画 【釣】 部首［金］ 常用 [JIS]3664
11画 【▼釣】 旧字
[音]**チョウ**
[訓]**つる**
①つる。魚をつる。つり。「釣果・釣魚・釣艇」②つるすこと。つり。③つり銭。つり。

**チョウ** 11画 【頂】 部首［頁］ 教育小6 [JIS]3626
[音]**チョウ**・テイ
[訓]**いただく・いただき**
①あたま。「頂門」②いただき。てっぺん。「山頂・絶頂・登頂」「頂上・頂点」③いただく。

**チョウ** 11画 【鳥】 部首［鳥］ 教育小2 [JIS]3627
[音]**チョウ**
[訓]**とり**
とり。前肢は翼となり、体は羽毛でおおわれ、口は嘴となっている脊椎動物。「益鳥・候鳥・白鳥」「鳥獣」[用例]《接尾的》保護―。

**チョウ** 12画 【▼喋】 部首［口］ [JIS]3593
[音]チョウ・トウ
しゃべる。べらべらとさかんにはなす。「喋々」↓トウ【喋】

**チョウ** 12画 【▽塚】 部首［土］ 常用 [JIS]3645
13画 【▼塚】 旧字
[音]チョウ
[訓]**つか**
つか。はか。土を高くもってある墓。

**チョウ** 12画 【朝】 部首［月］ 教育小2 [JIS]3611
12画 【▼朝】 旧字
[音]**チョウ**
[訓]**あさ**
①あさ。あした。夜明け。[対義]夕・晩。「今朝・明朝」「朝刊・朝食・朝令暮改」②くに。「異朝・本朝・来朝」[用例]（名）わが―。③政治。天子が政治をするところ。同一の血統者の統治がつづく期間。[対義]野。「王朝・清朝」「朝臣・朝廷・朝敵」[用例]《接尾的》平安―。④天子一代がおさめる期間。[用例]《接尾的》推古―。

**チョウ** 12画 【脹】 部首［月］ 常用 [JIS]3617
[音]**チョウ**
①はらがふくれる。はる。「脹満」②ふくらむ。おおきくなる。「膨脹」

**チョウ** 12画 【▼琱】 部首［王］
[音]チョウ
①ほる。きざむ。玉を彫刻する。②えがく。かざる。

**チョウ** 12画 【▼貂】 部首［豸］ [JIS]7626
18画 【▼鼦】 部首［鼠］ 異体字
[音]チョウ
テン。イタチ科の哺乳動物。

**チョウ** 12画 【▼貼】 部首［貝］ [JIS]3729
[音]チョウ・テン
①はる。はりつける。「貼付」②つく。ねばりつく。また、よりつく。③散薬の紙包みを数えるのに用いる。[用例]（助数）内服薬五―。

**チョウ** 12画 【超】 部首［走］ 常用 [JIS]3622
[音]**チョウ**
[訓]**こえる・こす**
①こえる。こす。かけはなれる。「超越・超過・超人・超然」[用例]《接尾的》出―。入―。一万円―。②ぬきんでる。とびぬけた。[用例]《接頭的》―特作。―特急。―満員。

**チョウ** 12画 【▼跕】 部首［足］
[音]チョウ
①ふむ。ふんばる。②つっかける。はきものをつっかける。

**チョウ** 13画 【▼蓧】 部首［艹］ [JIS]7275
[音]チョウ・テキ・シュウ
ギシギシ。タデ科の多年草。しぶくさ。

**チョウ** 13画 【腸】 部首［月］ 教育小4 [JIS]3618
15画 【▼膓】 異体字 [JIS]7122
[音]**チョウ**
①はらわた。胃から先の、消化器官。「胃腸・小腸・大腸・脱腸・盲腸」「腸満」[用例]（名）―のぐあいがよくない。②こころ。心中。「断腸」
↓[図]

**チョウ** 13画 【▼牒】 部首［片］ [JIS]3613

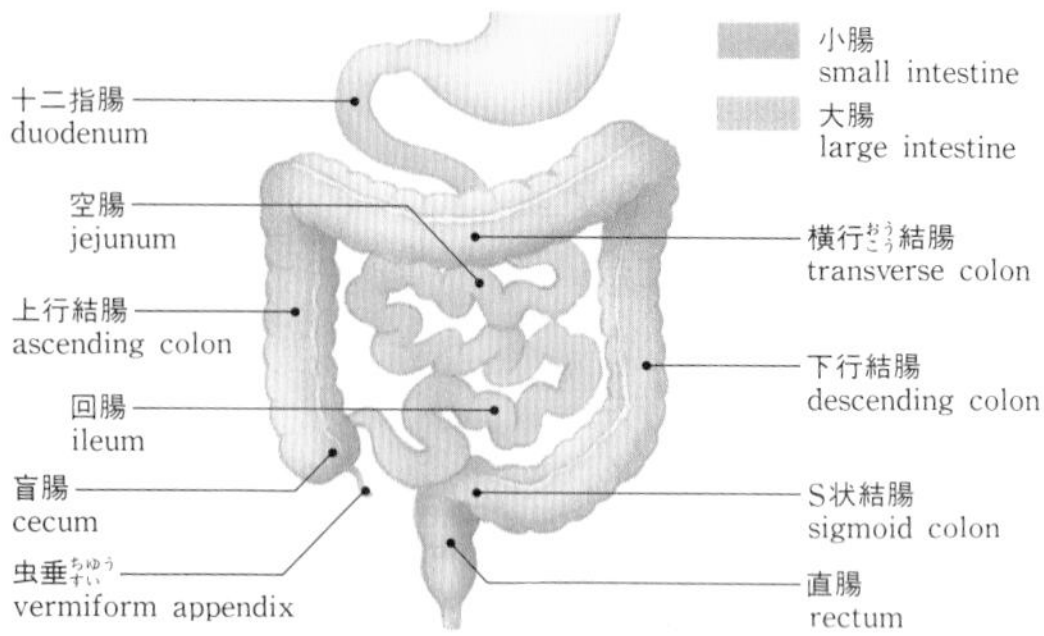

●腸① 人の腸

音チョウ・ジョウ ふだ。文字をかく札。かきもの。文書。公文書。「通牒・符牒」

**チョウ** 13画【誂】 部首[言] JIS 7548
音チョウ ①いどむ。しかける。②あつらえる。注文する。あつらえ。

**チョウ** 13画【跳】 部首[足] 常用 JIS 3623
音チョウ 訓はねる・とぶ とぶ。はねる。おどりあがる。比較 飛。「跳馬・跳躍・跳梁」

**チョウ** 14画【徴】 部首[彳] 常用 JIS 3607 15画【徵】 旧字
音チョウ・チ ①めす。よびだす。とりたてる。「追徴」「徴収・徴集・徴税・徴募」②きざし。まえぶれ。しるし。比較 兆。「象徴・特徴・変徴」「徴候・徴証」用例 (名)台風接近の—。

**チョウ** 14画【蔦】 部首[艹] 人名用 JIS 3653
音チョウ ツタ。ブドウ科の落葉つる性木本植物。

**チョウ** 14画【暢】 部首[日] 人名用 JIS 3610
音チョウ ①のびる。のびのびする。「暢達」②すらすらゆく。とおる。「流暢」

**チョウ** 14画【漲】 部首[氵] JIS 6293
音チョウ みなぎる。水がみちあふれる。ものがみちあふれる。「漲溢」

**チョウ** 14画【肇】 部首[聿] 人名用 JIS 4005 14画【肈】 旧字
音チョウ はじめる。はじめ。「肇国」

**チョウ** 14画【蜩】 部首[虫] JIS 7383
音チョウ ①セミ。カメムシ目に属する昆虫の総称。②ヒグラシ。セミ科の昆虫。かなかなぜみ。

**チョウ** 14画【趙】 部首[走] JIS 7668
音チョウ 中国の春秋戦国時代の国の一つ。前四〇三〜前二二二年。戦国七雄の一国。現在の山西省北部から河北省南東部にあった。

**チョウ** 14画【輒】 部首[車] JIS 7744 15画【輙】 異体字 JIS 7745
音チョウ ①わきぎ。乗っているとき、よりかかれるように、車の箱の両がわの板が前にそりでているもの。②すなわち。㋐…のたびごとに。いつでも。㋑たやすく。容易に。

**チョウ** 14画【銚】 部首[金] JIS 3624
音チョウ ①すき。大きなすき。土をほりおこす農具。②「銚子」は、㋐酒をつぐための柄の長い容器。㋑徳利。とっくり。

**チョウ** 15画【嘲】 部首[口] JIS 5162
音トウ・チョウ あざける。ばかにしてわらう。あざけり。「自嘲」「嘲笑・嘲罵・嘲弄」

**チョウ** 15画【樢】 部首[木] JIS 6088
音チョウ ツタ。ブドウ科の落葉つる性木本植物。

**チョウ** 15画【潮】 部首[氵] 教育小6 JIS 3612 15画【潮】 旧字
音チョウ 訓しお
潮 潮 潮 潮 潮
①海のしお。うしお。「干潮・満潮」「潮流」②時勢などの様子。状勢。「思潮・風潮」

**チョウ** 15画【澄】 部首[氵] 常用 JIS 3201 15画【澂】 異体字 JIS 6313
音チョウ 訓すむ・すます ①すむ。すきとおる。「清澄・明澄」②すます。㋐きよめる。㋑気どって、おちつきはらった風をする。

**チョウ** 15画【蝶】 部首[虫] 人名用 JIS 3619
音チョウ チョウ目に属する昆虫。ちょうちょう。ガとともにチョウ目を構成する。ガとは、触角などの形態で区別する。世界に約一万種、日本には約二五〇種いる。日本のチョウ上科とセセリチョウ上科とアゲハチョウ上科とにわかれる。セセリチョウ上科のチョウは、原始的な一群で、セセリチョウ科一科がふくまれる。アゲハチョウ上科には、アゲハチョウ科・シロチョウ科・シジミチョウ科・ウラギンシジミ科・テングチョウ科・マダラチョウ科・タテハチョウ科・ジャノメチョウ科の八科がふくまれる。「胡蝶・白蝶」↓写
**蝶よ花よ**(ちょうよはなよ) 子ども、とくに女児を大事にして、かわいがるさま。bring up like a princess

**チョウ** 15画【調】 部首[言] 教育小3 JIS 3620 15画【調】 旧字
音チョウ 訓しらべる・ととのう・ととのえる
調 調 調 調 調 調
①しらべる。といただす。さがす。「調査・調書」②ととのう。ととのえる。とりあわせる。「協調」「調合・調製・調節・調和」③いきおい。おもむき。ぐあい。「格調・好調・順調・単調・低調」「調子」用例《接尾的》古今—。翻訳—。復古—。④音楽で、楽曲がもとづく音階と主音の関係のしかた。また、主音の音名。「ハ調」「調号」⑤みつぎ。律令制度の物納課税の一つ。その土地の産物などをおさめさせた。比較 租・庸。

**チョウ** 15画【髫】 部首[髟] JIS 8190
音チョウ うない。たれがみ。くびのあたりまでたれているこどもの髪。

**チョウ** 16画【褶】 部首[衤] JIS 7489
音チョウ・シュウ ①かさねる。あわせる。衣服をかさねてきる。②あわせ。裏のついている衣服。↓シュウ[褶]

**チョウ** 16画【諜】 部首[言] JIS 3621
音チョウ うかがう。敵情をさぐる。まわしもの。スパイ。「間諜」「諜者・諜報」

●チョウ

**チョウ** 16画【雕】 部首[隹] JIS 8026
音チョウ ①ワシ。タカ目に属する鳥のうち、大形のもの。②ほる。きざむ。ほりもの。

**チョウ** 17画【嬥】 部首[女]
音チョウ ①みめよい。すらりとして、うつくしい。②おどる。

**チョウ** 17画【藋】 部首[艹]
音チョウ・タク アカザ。アカザ科の一年草。

**チョウ** 17画【聴】 部首[耳] 常用 JIS 3616 22画【聽】 旧字 JIS 7069
音チョウ・テイ 訓きく ①きく。よくきく。比較 聞。「傾聴・傍聴」「聴取・聴診器」②ゆるす。ききいれる。「聴許」

**チョウ** 17画【鵰】 部首[鳥] JIS 8294
音チョウ ①ひえどり。ヒヨドリ。スズメ目に属する鳥。②ニワトリ。キジ科の飼い鳥。

**チョウ** 18画【懲】 部首[心] 常用 JIS 3608 19画【懲】 旧字
音チョウ 訓こりる・こらす・こらしめる こりる。こらす。こらしめる。「勧善懲悪」「懲役・懲戒・懲罰」

**チョウ** 18画【鯈】 部首[魚]
音チョウ ほしうお。ひもの。ひらき。

**チョウ** 19画【寵】 部首[宀] JIS 3594
音チョウ かわいがる。気にいる。お気にいり。また、めぐみ。「恩寵」「寵愛・寵臣」用例 (名)国王の—にあまえる。

**チョウ** 19画【鯛】 部首[魚] 人名用 JIS 3468 19画【鯛】 旧字
音チョウ タイ。スズキ目に属する海水魚。

**チョウ** 20画【鰈】 部首[魚] JIS 8255
音チョウ・トウ カレイ。カレイ目に属する海水魚。

**チョウ** 20画【齠】 部首[齒] JIS 8383

音チョウ ①みそっぱ。永久歯とぬけかわる前の歯。乳歯。②歯がぬけかわる。また、そのころのこども。

**チョウ** 25画 **【▼糶】** 部首［米］こめ JIS 6892

音チョウ ①うりよね。米穀をうりにだすこと。②せり。せりうり。競売。また、行商。

**ちょう【▽魚▼蝨】** 淡水魚の寄生虫。甲殻類の一種。体長五㎜前後。体は扁平で、円盤状で透明。一対の吸盤で淡水魚の体表につき、口部の刺針を差し込んで吸血。海水魚に寄生するのはウミチョウ。ウオジラミ。fish louse

**ち-よう【治要】** 国をおさめるのにたいせつな事柄。

**ちょう-あい【丁合(い)】** 製本で、折丁をページ順に集め、まとめる作業。

**ちょう-あい【帳合(い)】** ①現金と帳面とを照らし合わせること。check ②記入して計算すること。keep accounts

**ちょう-あい【▼寵愛】**(名・サ変他) とくにかわいがること。いつくしむこと。favor 用例祖母の―を受ける。

**寵愛昂じて尼にする**（ちょうあいこうじてあまにする） 度を過ごした寵愛は、かえって当人のためにならない。

**ちょう-あく【懲悪】** 悪をこらしめること。chastisement for evildoing 用例勧善―。

**ちょうあん【長安】** 中国陝西省西安市の古名。前漢・西晋・前趙・前秦・後秦・西魏・北周・隋・唐の各王朝の首都。隋唐時代にとくに栄え、人口一〇〇万を擁する世界的な大都市であった。日本の平城京・平安京はこれを範とした。

**ちょう-い【弔意】** 死者をいたみ悲しむ気持ち。condolence

**ちょう-い【弔慰】**(名・サ変他) 死者をとむらい、遺族をなぐさめること。condolence 用例―金。

**ちょう-い【▼凋▼萎】** 植物がしおれる現象。水分の蒸発が多く、吸水が追いつかないときに起こる。萎凋。wilt

**ちょう-い【潮位】** ある一定の基準面から測った海面の高さ。ただし、風浪やうねりなどの短周期の昇降を取り除いたもの。潮汐の干満などにともなって変化する。tide level

**ちょう-いつ【▼漲▼溢】**(名・サ変自) みなぎりあふれること。

**ちょう-いん【調印】**(名・サ変自) ①確認の印を押すこと。seal ②条約などの文書に、当事国の代表者が署名すること。sign 用例―式。

**ちょう-ウランげんそ【超ウラン元素】** ウランよりも原子番号の大きい元素。原子番号九三～一〇三の放射性元素が、いずれも人工的につくられる。ただし、ネプツニウムとプルトニウムは鉱物中にも微量存在。transuranium element

**ちょう-えき【腸液】** 十二指腸および小腸・大腸から分泌されるアルカリ性の消化液。マルターゼ・ラクターゼ・腸リパーゼ・ジペプチダーゼ・アミノペプチダーゼ・エンテロキナーゼなど。intestinal juice

**ちょう-えき【懲役】** 自由刑の一つ。監獄に拘置し、定役(刑務作業)に服させる刑。無期と有期がある。imprisonment 比較禁錮。

**ちょう-えつ【超越】**(名・サ変自) ①程度・限界・基準などをはるかにとびぬけること。rise above the world 用例世俗を―した生活。②〈カントの用語〉哲学で、経験・認識の範囲外に存在すること。transcendence 対義内在。

**ちょうえつ-かんすう【超越関数】** 代数関数でない関数。三角関数・対数関数・指数関数など。transcendental function

**ちょうえつ-すう【超越数】** 有理数を係数とする代数方程式の解となりえない数。複素数が一般的であるが、そのほか自然対数の底e、円周率πなどがある。transcendental number

**ちょうえつ-せい【超越性】** ①宗教で、神が世のいっさいの制約をこえて存在するさま。transcendence ②認識能力では経験することができないこと。transcendence ③日常経験・精神的体験の限界をこえて実在的であること。transcendence

**ちょう-エルエスアイ【超LSI】** ↓ブイエルエスアイ(VLSI)

**ちょう-えん【長円】** ↓だえん(楕円)

**ちょう-えん【腸炎】** 腸の炎症性の病気の総称。急性と慢性があり、腹痛・下痢・腹部膨満が三大症状。腸カタル。enteritis

**ちょう-えん【張炎】**(一二四八～?) 中国、南宋末の詞人。字は叔夏。号は玉田。臨安の人。哀怨で繊細な詞をつくる。詞集『山中白雲詞』、詞論書『詞源』など。

**ちょうえん-ビブリオ【腸炎ビブリオ】** 日本で発見された食中毒の病原菌。塩分を好み、沿岸の海水に生息し、魚介類をとおしてヒトに感染する。夏の食中毒の大半はこの菌による。好塩菌。Vibrio parahemolyticus

**ちょう-おん【長音】** 母音を長く引き伸ばした音。日本語では二拍分の長さに相当する。「おかあさん」の「かあ」、「コーヒー」の「コー」「ヒー」など。prolonged sound 対義短音。

**ちょう-おん【朝恩】** 朝廷の恩。天子のめぐみ。

**ちょう-おん【調音】**(名・サ変自他) ①(自)音声を発するために舌などの音声器官が必要な位置をとり、一定の動きをすること。articulation ②(他)↓ちょうりつ(調律)

**ちょう-おん【聴音】** 音を聞き取ること。hearing 用例―機。

**ちょう-おんかい【長音階】** 音楽で、第三音と第四音の間、第七音と第八音の間が半音で、他は全音の関係になっている音階。major scale 対義短音階。

**ちょうおん-き【聴音機】** 物体が発する音を聴き取り、その位置を探知する装置。潜水艦などを探知する水中聴音機など。sound locater

**ちょうおん-そく【超音速】** 運動物体の速度で、音速以上の速さをいう。単位はマッハ。supersonic speed

**ちょう-おんぱ【超音波】** 人間の耳には聞こえない高い周波数(二万ヘルツ以上)の音波。魚群探知や機械加工および医療などに応用される。ultrasonic wave

**ちょうおんぱ-かこう【超音波加工】** 超音波を利用した微細加工法。研削用の粒子と水などを混合した加工液中で、超音波振動を与えた工具を物体面に押しつけて穴あけなどを行う。ダイヤモンドの加工など。ultrasonic machining

**ちょうおんぱ-しんだん【超音波診断】** 超音波を生体内に当て、その反射波を画像化して検査・診断を行うこと。表示モードの違いによって、超音波ドップラー法・心エコー図法などがある。ultrasonic wave diagnosis ↓写

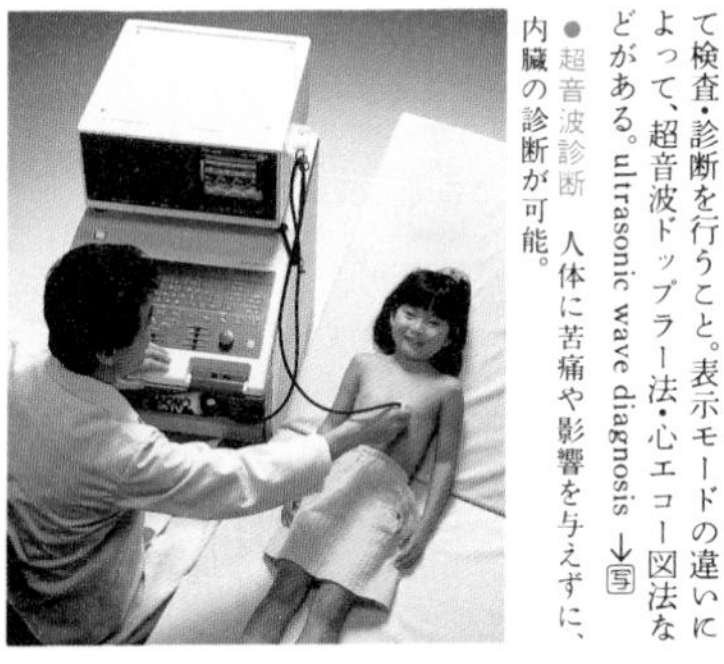

●超音波診断 人体に苦痛や影響を与えずに、内臓の診断が可能。

**ちょうおんぱ-せんじょうそうち【超音波洗浄装置】** 水中で発生させた、振動数毎分三万～四万回の超音波によって洗浄する装置。医療器具の消毒などに使用。ultrasonic cleaner

**ちょうおんぱ-そくたんほう【超音波測探法】** 発した超音波がもどってくるまでの所要時間から、対象物までの距離を知る方法。super-sonic echo sounder

**ちょうおんぱ-たんしょうほう【超音波探傷法】** 非破壊試験法の一つ。金属材料の表面から内部へ〇・五～一五メガヘルツの超音波パルスを発射し、内部からの反射波を受信して傷の有無・位置などを検出する方法。ultrasonic flaw detectation

**ちょうおんぱ-メス【超音波メス】** 超音波のもつ指向性・直進性の特徴を利用したメス。細胞組織の切断などに用いる。ultrasonic knife

**ちょうおんぱ-モーター【超音波モーター】** 高周波電流による圧電素子の振動(超音波振動)を利用した小型モーター。円板状の圧電素子を一秒間に一万回以上振動させて回転力を得る。磁石・コイルが不要で軽量・小型化が可能。低速回転で強い回転力を有する。圧電モーター。

**ちょうおんぱ-ようせつ【超音波溶接】** 超音波振動による発熱を利用した接合法。同種類または異種類の金属の薄板などの小部材の溶接に使用。ultrasonic welding

**ちょうおんぱ-りょうほう【超音波療法】** 超音波のもつ温熱作用を利用し、血液循環・代謝を高めて病状の改善をはかる療法。神経痛・関節炎などに適応。ultrasonic therapy

**ちょうおん-ぷ【長音符】** 音を引き伸ばすことを示す符号。たとえば、アー・オーなどの「ー」や、ローマ字のâ・ōなどの「^」や「¯」。長音符号。

**ちょう-か【弔花】** 葬儀などで、死者にささげる花や花輪。funeral flower

**ちょう-か【弔歌】** 死者をとむらう歌。挽歌。dirge

**ちょう-か【町家】** ①町なかの家。house in the middle of a town ②商人の家。merchant's family

**ちょう-か【長歌】** 和歌の形式の一つ。五音と七音を交互に繰り返し、最後に七・七で結ぶ。ふつうは反歌を伴う。ながうた。対義短歌。

**ちょう-か【釣果】** 魚つりの獲物。

**ちょう-か【頂花】** 茎の先端につく花。terminal flower

**ちょう-か【超過】**(名・サ変自) 一定の限度・程度をこえること。excess 用例―勤務。

**ちょう-か【朝家】** 皇室。帝室。王室。

**ちょう-か【張華】**(二三二～三〇〇) 中国、晋代の文人。字は茂先。東郡白馬の人。華麗な辞で男女の情を詠った。博学の人で『博物志』を編む。

**ちょう-が【頂芽】** 茎の先端につくられる芽。terminal bud 対義腋芽。

**ちょう-が【朝賀】** ①諸臣が朝廷で、天子にお祝いを述べること。②元日に、天皇が大極殿で群臣の年賀を受けた儀式。

**ちょう-かい【町会】** ①町内の人々が親睦をはかったり町内の諸事項を解決するため自主的に組織した団体。または、その会合。②町議会の旧称。

**ちょう-かい【朝会】** 学校などでの、朝の集会。朝礼。morning meeting

**ちょう-かい【潮解】**(名・サ変自) 固体が大気中の水蒸気を吸ってそれに溶けこみ、水溶液になる現象。水酸化ナトリウムなどは潮解性が大きい。deliquescence

**ちょう-かい【懲戒】**(名・サ変他) ①こらしめいましめること。不正な行為ないし義務違反の道義的責任を問うため制裁を加えること。punishment ②公務員の職務違反に対する行政処分の一つ。免職・減給など。disciplinary action

**ちょうかい【鳥海】**〈町〉秋田県南部、鳥海山の東麓の町。林業・稲作・畜産が中心。人口八四五五(一九八八)。

**ちょう-がい【▼蝶貝】** シロチョウガイの別名。

**ちょうかい-かざんたい【鳥海火山帯】** 東北地方西部を中心に南北に走る火山帯。岩木山・鳥海山・月山などの山々があり、すぐれた景観をもつ。

**ちょうかい-さん【鳥海山】** 秋田・山形県境にある火山。標高二二三〇m。新旧の成層火山からなる複式火山。出羽富士。

**ちょうかい-しょぶん【懲戒処分】** 一定の義務違反に対して科される制裁処分。免職・停職・減給・戒告などが一般的。disciplinary action

**ちょうかい-せいじ【鳥海青児】**(一九〇二～七二) 洋画家。神奈川県生まれ。風土感あふれる叙情的作品を制作。作品『ピカドール』など。

**ちょうがい-ぼうびりん【潮害防備林】** 津波や高潮による住居や耕地への災害を防ぐために植える海岸林。防潮林。tidewater prevention forest

**ちょうかい-めんしょく【懲戒免職】** 不正・不当な行為に対する制裁処分として職を解くこと。disciplinary dismissal

**ちょうがい-もの【帳外者】** 江戸時代、逃亡などにより戸籍から名の削られた者。

**ちょうか-きんむ【超過勤務】** 正規の勤務時間を超える勤務。公務員について使われる用語で、民間では一般に時間外労働という。超勤。overtime work

**ちょうかきんむ-てあて【超過勤務手当】** 正規の勤務時間を超える勤務について支給される賃金。超勤手当。時間外手当。overtime pay

**ちょう-かく【弔客】** ↓ちょうきゃく(弔客)

**ちょう-かく【頂角】** 三角形の底辺に相対する角。vertical angle

**ちょう-かく【聴覚】** 音を感じる感覚。音波が聴覚器を刺激して起こす。哺乳類で著しく発達し、人間では一六～二万ヘルツの音に感じる。auditory sense

**ちょう-かく【張角】**(?～一八四) 中国、後漢末の黄巾の乱の首領。太平道を唱え、呪術などにより多数の信者を集めて一八四年挙兵したが病死。

**ちょうかく-か【長角果】** 蒴果の一つ。細長

い四枚の心皮からなる果実で、二枚にだけ種子をつける。アブラナなどにみられる。silique

**ちょうかく-き【聴覚器】** 音を感じる器官。耳など。auditory organ

**ちょう-がくりょう【張学良】**(一八九八) 中国の軍人。張作霖の長子。一九二八年父の死後、満州における実権を継ぎ、国民政府と提携したが、満州事変で地盤を喪失。三六年西北剿匪副司令のときに西安事件を起こし、禁錮刑に処された。のち、台湾に軟禁。

**ちょうかこう【張家口】** 中国、河北省北西部の都市。内モンゴルへの交通の要地で、古くから万里の長城内外の交易地。現在は機械・食品・皮革などの工業都市。人口六〇・八万(一九八四)。チャンチヤコウ。

**ちょうがた-ず【蝶形図】** 縦軸に太陽面の緯度をとり、横軸に時間をとって、黒点の出現緯度の日平均の分布図をつくるときできる、一一年周期の蝶の羽のような図形。butterfly diagram

**ちょう-カタル【腸カタル】** 腸粘膜の炎症。細菌感染から起こることが多く、腹痛などがあり、一日数回から十数回の軟便・水様便がある。腸炎。intestinal catarrh

**ちょうか-ほけん【超過保険】** 保険金額がその保険をかけた対象の評価額(=保険価額)を超える保険。商法で超過部分は無効となる。over-insurance

**ちょうか-りえき【超過利益】** ↓ちょうかりじゅん(超過利潤)

**ちょうか-りじゅん【超過利潤】** 正常な利潤を超える利潤。平均的生産条件を上回る好条件や独占価格などによって得られる。超過利益。特別利潤。excess profits

**ちょう-かん【長官】** ①官庁の長。役所の最高の管理責任者。director ②律令制で、上級官吏の四等官の第一。かみ。

**ちょう-かん【朝刊】** 朝、刊行する新聞。morning paper 対義 夕刊。

**ちょう-かん【腸管】** 消化管の別名。

**ちょうかん【長寛】** 平安末期の年号。応保から改元。元年(一一六三)三月二九日～三年(一一六五)六月五日。次に、永万に改元。

**ちょうかん-ず【鳥瞰図】** 地表面を、上空から斜めに見下ろしたように描いた図。立体感や遠近感がよく表されるが、遠方ほど省略され、山の向こう側が表現されないなどの欠点がある。俯瞰図。bird's-eye view

**ちょうかん-たい【潮間帯】** 満潮のときの汀線と干潮のときの汀線にはさまれた地帯。沿岸帯。intertidal zone

**ちょうかん-まく【腸間膜】** 腸を脊椎につり、固定させている薄い腹膜。腸への血管・リンパ管・神経が分布。mesentery

**ちょうかん-ゆちゃく【腸管癒着】** 胃腸管が癒着して、相互に移動しにくくなること。腹膜炎の治療後などにみられ、腹痛・便秘がある。intestinal adhesion

**ちょう-き【弔旗】** ①会葬者が持つ旗。布の上端だけを竿の先につけたもの。五色幡。②死者を弔い、悼む気持ちを表して掲げる旗。竿の頂を黒い布で包み、旗竿の上部と旗とのあいだに黒布を垂らしたり、半旗にしたりする。

**ちょう-き【長期】** 長い期間。long term 対義 短期。

**ちょう-き【寵姫】** 主君の気に入りの侍女。また、愛妾。

**ちょう-ぎ【朝儀】** ①朝廷の儀式のこと。②明治から第二次大戦終了時までの、新年朝賀、紀元節、天長節、歌会始、帝国議会の開会・閉会などの朝廷の儀式。

**ちょう-ぎ【朝議】** 朝廷の評議。廟議。

**ちょう-ぎ【張儀】**(?～BC三一〇) 中国、戦国時代の縦横家。魏の人。蘇秦の合従策に対し、連衡策を立て、六国から秦との同盟の約をとりつけたが、秦の恵王の死によりその策は不成功に終わった。

**ちょう-ぎかい【町議会】** 町民によって選挙された町議会議員によって構成され、町の自治行政についての意思を決定する議決機関。town council

**ちょうき-きんり【長期金利】** 回収期間が通常一年以上の長期資金の金利。long-term rate of interest 対義 短期金利。

**ちょうき-こくさい【長期国債】** 発行してから償還までの期間が五年以上にわたる国債。long-term national bond 対義 中期国債・短期国債。

**ちょうきしんよう-ぎんこう【長期信用銀行】** ①設備資金や長期運転資金の貸し付けを主業務とする銀行。日本興業銀行・日本長期信用銀行・日本債券信用銀行の三行。long-term credit bank ②日本長期信用銀行の略称。

**ちょうき-そうごうほけん【長期総合保険】** 住宅・家財などを対象とする長期の損害保険。火災・盗難など各種の損害に対し総合的に支払われ、満期返戻金付きであることが特徴。long-term comprehensive insurance

**ちょうき-てがた【長期手形】** 一般に、振出日から一年以上経過したのちに支払われる手形。三～五年以上のものをいうこともある。long-term bill 対義 短期手形。

**ちょう-きてん【趙基天】**(一九一三～一九五二) 北朝鮮(朝鮮民主主義人民共和国)の詩人。朝鮮の詩界に叙事詩のジャンルを開いた。長編叙事詩『白頭山』など。チョーキチョン。

**ちょう-きゃく【弔客】** とむらいに来る客。ちょうかく。condoler

**ちょう-きゅう【長久】** ①長く続くこと。永久。permanence ②平安中期の年号。長暦から改元。元年(一〇四〇)一一月一〇日～五年(一〇四四)一一月二四日。次に、寛徳に改元。

**ちょう-きゅう【重九】**《九を重ねる、の意》陰暦九月九日の節句の別称。重陽。菊の節句。九月の節句。

**ちょう-きゅうきん【腸球菌】** 連鎖球菌の一種。人や動物の口腔や腸管に常在する。通常、病原性は低い。enterococcus

**ちょう-きゅうれい【張九齢】**(六七三～七四〇) 中国、唐の政治家・詩人。玄宗の開元年間の宰相。李林甫と対立し失脚、家居して詩文に専心した。

**ちょう-きょ【聴許】**(名・サ変他) 目上の人がきき入れること。おゆるし。

**ちょう-ぎょ【釣魚】** 魚をつること。つり。「fishing

**ちょうきょう【長享】** 室町末期の年号。文明から改元。元年(一四八七)七月二〇日～三年(一四八九)八月二一日。次に、延徳に改元。

**ちょう-きょう【調教】**(名・サ変他) 馬・犬・猛獣などを訓練すること。training

**ちょう-きょういん【趙匡胤】**(九二七～九七六) 中国、宋の初代皇帝(在位九六〇～九七六)。廟号は太祖。後周の武将であったが、九六〇年推されて即位。諸国を征して中国を統一。文治主義をとり、皇帝の独裁権・中央集権体制を確立。

**ちょうきょう-し【調教師】** ①一般に犬・馬・猛獣などを馴らし、訓練する人。trainer ②競馬で厩舎を経営し、馬主から預かった競走馬を調教・訓練する人。trainer

**ちょう-きょく【張旭】**(生没年未詳) 中国、唐代の書家。字は伯高。草書にすぐれ、とくに酔って大書した筆跡は狂草といわれた。

**ちょう-きょせい【超巨星】** 半径が非常に大きく、密度が低く、実光度が巨星よりさらに明るい恒星。ベテルギウス・リゲルなど。super-giant star

**ちょうき-よほう【長期予報】** 一か月以上の長い期間の天気予報。long-range forecast

**ちょう-きょり【長距離】** 対義 短距離。①距離がながいこと。long distance ②《「長距離競走」の略》陸上競技で、三〇〇〇m以上の距離の競走の総称。ただし、ロードレースとは区別される。long distance race

**ちょう-きん【彫金】**(名・サ変自) 金属工芸の技法の一つ。鏨を使って金属に文様や文字を彫ったり、透かしたり、ほかの金属をはめ込んだりする技法。chasing 用例 ―師。↓写

**ちょう-きん【朝菌】** 朝、生えて夜には枯れるというキノコ。転じて、短命なことのたとえ。

**朝菌は晦朔を知らず**(ちょうきんはかいさくをしらず)《朝菌は短命なため、晦日と朔日を知らない、の意から》狭小な境遇にあるものには、広大な世間のことなどわからない。

**ちょう-きん【超勤】**「超過勤務」の略。

**ちょう-ぎん【丁銀・挺銀】** 江戸時代の銀貨の一つ。なまこ形で目方は約一一〇～約一五〇g。重さを量って使用。対義 小粒。

**ちょう-ぎんがしゅうだん【超銀河集団】** 銀河の集まりである銀河団がさらに集まったもの。超銀河団。super cluster of galaxy

**ちょうきん-てあて【超勤手当】**「超過勤務手当」の略。

**ちょう-く【長句】** ①字数の多い句。②連歌・連句で、五・七・五の句。

**ちょう-く【長駆】**(名・サ変自) ①遠くまで馬を走らせること。long ride ②遠くまで敵を追って行くこと。long straight march

**ちょう-く【長軀】** 長身。tall figure 対義 短軀。

**ちょう-けい【長兄】** いちばん上の兄。the eldest brother 対義 末弟。

**ちょう-けい【長径】** ↓ちょうじく(長軸)

**ちょう-けい【張継】**(生没年未詳) 中国、中唐期の詩人。字は懿孫。襄州の人。「楓橋夜泊」の詩で名が残る。

**ちょうけい-かかん【蝶形花冠】** マメ科植物に特有な花冠。大形の旗弁、両側一対の翼弁、下部の二枚の舟弁からなる。papilionaceous corolla

**ちょう-けいげん【張恵言】**(一七六一～一八〇二) 中国、清代中期の学者・文人。字は皋文。江蘇武進の人。詞は常州派の祖といわれ、文は陽湖派古文の代表。『詞選』二巻を編む。

**ちょうけい-こつ【蝶形骨】** 哺乳類の頭骨の一部で、眼窩の側面にある蝶形の骨。他の脊椎動物では、これに該当する骨が六個に分かれており、哺乳類ではこれらがくっついて一つになっている。胡蝶骨。sphenoid

**ちょうけい-てんのう【長慶天皇】**(一三四三～一三九四) 第九八代天皇(在位一三六八～一三八三)。名は寛成。後村上天皇の第一皇子。即位については疑問視されていたが、新資料の発見により、大正一五年(一九二六)に歴代天皇として認知された。

●彫金 『透かし彫り金銀鍍華籠』。鎌倉時代(一三世紀)、神照寺(滋賀県)。

**ちょう-けし【帳消し】**(名・サ変他) ①金銭・義務の借りがなくなること。棒引き。cancellation ②得失を互いに差し引いてなかったことにすること。get even

**ちょうげし【長慶子】** 雅楽の曲名。唐楽で太食調。はぎれのよい小曲で、儀式の際の退場の音楽として奏される。

**ちょう-けつ【長欠】**「長期欠席」「長期欠勤」の略。

**ちょう-けっかく【腸結核】** 肺結核の二次感染として起こる腸管の結核。発熱・腹痛・下痢などが主症状。intestinal tuberculosis

**ちょう-けん【長剣】** 対義 短剣。①長い剣。long sword ②時計の長い針。長針。the long hand

**ちょう-けん【長絹】**《「長絹の直垂」または「長絹の水干」の略》装束の名称。元服以前の公家や武士の童児の着た服。もとはつやのある絹織物の名であったが、のちにそれで作った衣服の名となった。

**ちょう-けん【朝見】** 天子に拝謁すること。

**ちょう-けん【朝権】** 朝廷の権力。対義 武威。

**ちょう-けん【朝憲】** ①朝廷の定めたきまり。②憲法。

**ちょう-けん【張騫】**(?～BC一一四) 中国、前漢の旅行家。武帝の使者として、紀元前一三九年大月氏に派遣されたが、匈奴に捕らえられ一一年間抑留。脱出して大月氏に至り、前一二六年に帰国。前一一二年烏孫にも派遣された。その見聞は漢の西域経営に役立ち、東西交通の促進に大いに貢献した。

**ちょうげん【長元】** 平安中期の年号。万寿から改元。元年(一〇二八)七月二五日～一〇年(一〇三七)四月二一日。次に、長暦に改元。

**ちょうげん【重源】**(一一二一～一二〇六) 鎌倉初期の浄土宗の僧。はじめ密教を学び、のち法然に師事。三度入宋して天竺様建築を伝え、東大寺再建の勧進職として活躍。俊乗坊。↓写

●重源 浄土寺(兵庫県)。

**ちょう-げんじつ【超現実】** ①超自然。supernatural ②現実離れ。現実と無関係なこと。surreal ③空想。幻想。fancy

**ちょうげんじつ-しゅぎ【超現実主義】** ↓シュールレアリスム

**ちょうげんじつ-てき【超現実的】**(形動) ①現実離れしているさま。現実と関係がないさま。surrealistic ②空想的。幻想的。神秘的。fantastic

**ちょうけん-の-ぎ【朝見の儀】** 天皇の践祚



↓ 行き先項目、図版・写真参照印。 JIS 日本工業規格情報交換用漢字符号コード(区点コード)。

にさいして、群臣が拝謁する儀式。

**ちょうけん-びんらん【朝憲▼紊乱】** 政府の転覆など、国家の基本的な組織を侵すこと。ちょうけんぶんらん。

**ちょうげん-ぼう【長元坊】** ハヤブサ科の中形のタカ。翼長約二四㎝。体は褐色、尾は青灰色。ネズミなどを捕食。ユーラシア・アフリカに分布。日本では本州で繁殖し、長野県下高井郡十三崖の繁殖地は天然記念物。Japanese kestrel →図

●チョウゲンボウ

**ちょう-こ【長▼袴】** 丈の長いはかま。ながばかま。

**ちょう-ご【重五】**《五を重ねる、の意》陰暦五月五日の節句の別称。端午の節句。菖蒲節句。五月の節句。

**ちょう-ご【鳥語】** ①鳥の鳴き声。②《鳥の鳴き声のように聞こえたことから》ひどい国訛りで話すことばや外国のことば。鴃舌。

**ちょう-こう【兆候・徴候】** しるし。きざし。sign 用例凶作の—。

**ちょう-こう【長江】** ①長い川。②チベット高原北東部から中国各地を横断して上海北部で東シナ海に注ぐ中国最大の河川。長さ六三〇〇㎞。揚子江。チャンチアン。

**ちょう-こう【長考】**(名・サ変自) 長い間考えこむこと。long consideration

**ちょう-こう【長▼庚】** 宵の明星。

**ちょう-こう【長講】** 長い話・講演・講談。long lecture 用例—一席。

**ちょう-こう【彫工】** 彫刻を業とする人。彫刻師。sculptor; engraver

**ちょう-こう【朝貢】**(名・サ変自) ①中国周辺の異民族が、中国歴代王朝に対して行った形式的な服属関係。②外国の使節や諸侯が朝廷に貢ぎ物を奉ること。来貢。

**ちょう-こう【聴香】**(名・サ変自) 香をかぎわけること。聞香。

**ちょう-こう【聴講】**(名・サ変他) 講義を聞くこと。attend a lecture

**ちょう-こう【張衡】**(七八〜一三九) 中国、後漢の学者・文人。字は平子。南陽の人。賦にすぐれ大作「両京賦」をつくり、七言詩「四愁詩」がある。天文・暦法にも長じ、渾天儀・候風地動儀などの観測器を作る。

**ちょう-こう【▼趙高】**(?〜BC二〇七) 中国、秦の宦官。始皇帝に仕え、その死後胡亥を二世皇帝に立て、丞相の李斯らを殺して権力を掌握。天下の群雄が立ちあがり、秦軍の形勢不利になると、胡亥を殺し子嬰を皇帝としたが、子嬰に殺害された。

**ちょう-ごう【調号】** 楽曲の調をあらわす記号。音部記号のすぐあとに嬰記号「♯」や変記号「♭」により表示。key signature

**ちょう-ごう【調合】**(名・サ変他) 薬剤・調味料などを適度に取り合わせること。compound

**ちょうこうあつ-そうでん【超高圧送電】** 通常二七万五〇〇〇ボルト以上の電圧で電力を送る方式。日本には二七万五〇〇〇ボルトと五〇万ボルトの送電線がある。extra-high voltage power transmission

**ちょうこう-おおはし【長江大橋】** 中国の長江(=揚子江)にかかる南京・武漢など四本の大橋の総称。南京大橋は上が道路、下が鉄道の重層で一九六八年完成。

**ちょうこう-き【調光器】** 自由に照明器具の光量を調節できる装置。dimmer

**ちょう-ごうきん【超合金】** 六五〇℃以上の高温でも酸化されず、しかも強度を保持する合金の総称。ニッケル・クロムを主成分とし、航空機エンジンやタービン翼などに使用。super alloy

**ちょうこう-ごうきん【超硬合金】** タングステンやチタンなどの炭化物の粉末をコバルトの粉末と混合して加圧成形し、焼結した合金。きわめて硬いので切削工具・削岩機の先端の刃などに使用。cemented carbide

**ちょうこう-こうぐ【超硬工具】** 超硬質の合金でつくった工具。ダイヤモンドに近い硬度をもち、切削用工具に使用。carbide tool

**ちょうこう-ぜつ【長広舌】**《「広長舌」が正しい》ながながと話すこと。また、その話。long talk 用例—を振るう。

**ちょうこうそう-ビル【超高層ビル】** 三〇階以上の高い建物。skyscraper

**ちょうこうそくど-さつえい【超高速度撮影】** 映画フィルムを用いて、毎秒数百～数百万こまの速さで撮影すること。これをふつうの速度(毎秒二四こま)で映写すれば、肉眼でとらえられない瞬間的な現象を観察できる。おもに研究・計測用。

**チョウコウチェン【周口店】**(Zhōukǒudiàn) ↓しゅうこうてん(周口店)

**ちょうこうどう-りょう【長講堂領】** 後白河法皇が六条殿内の持仏堂長講堂に付した領地。その荘園は一八〇か所に及ぶと称され、のち永く持明院統の御領となる。

**ちょうこう-ぼうえき【朝貢貿易】** 中国王朝への朝貢と、それに対する返礼という形式で近代まで行われた中国とアジア諸国との貿易。

**ちょう-こきゅう【腸呼吸】** 呼吸法の一種。消化管壁を通してガス交換を行う。水生のドジョウ・ナマズなどにみられる。intestinal respiration

**ちょう-こく【彫刻】**(名・サ変自他) 木・石・金属などの硬い材料から形態を彫り刻み出したり、粘土・石膏・セメント・とかした金属などを、ある形態に固めてつくった三次元的造形。sculpture

**ちょう-こく【超克】**(名・サ変自他) 困難にうちかつこと。

**ちょう-こく【▼肇国】** 国をひらき、はじめること。比較建国。

**ちょうこく-おうはん【彫刻凹版】** 蠟・樹脂を塗った銅板を彫刻刀や彫刻機械で彫り刻み、その部分を薬品で腐食させてつくった凹版。紙幣・切手・株券など精巧な印刷に用いる。copperplate engraving

**ちょうこくぐ-ざ【彫刻具座】** 南天の小星座。一月二九日ごろの午後八時ごろに南中。面積一二五平方度。Caelum

**ちょうこくしつ-ざ【彫刻室座】** 南天の星座。一一月二五日ごろの午後八時ごろに南中。面積四七五平方度。Sculptor

**ちょうこく-てき【彫刻的】**(形動) ①彫刻に関するさま。sculptural ②ほりの深いさま。sculpturesque 比較絵画的。

**ちょう-こくとう【張国▼燾】**(一八九七〜一九七九) 中国共産党創立者の一人。国民党との合作に極左的反対論を主唱。一九三一年中華ソビエト共和国副主席。三五年長征中に毛沢東と対立、三八年除名。

**ちょうこっか-ぎんこう【超国家銀行】** 各国の中央銀行を統括する国際的中央銀行の構想。国際通貨安定のためケインズらにより提案された。supernational bank

**ちょう-こっかしゅぎ【超国家主義】** 国家主義的な要素の極端に強い政治体制。または、それをめざす思想や運動。一九三〇年代半ばから第二次大戦までの日本やナチス-ドイツがその典型。ultranationalism

**ちょうこほう-じけん【張鼓峰事件】** 昭和一三年(一九三八)七月、中国東北部豆満江の下流、ソ連と当時の満州・朝鮮との国境にある張鼓峰で起きた日ソの武力衝突。

**ちょう-こん【長恨】** 長く忘れられないうらみ・なげき。grudge for life

**ちょうごんか【長恨歌】** 中国、唐の白居易作の長編古詩。七言一二〇句。主題は玄宗皇帝と楊貴妃のロマンス。『源氏物語』など日本文学への影響は大きい。

**ちょう-さ【潮差】** 満潮と干潮の時の海面の高度差。おもに月の満ち欠けにともなって変わる。新月と満月のころに差は大きく(大潮)、上弦と下弦のころに差は小さい(小潮)。潮差は場所により異なる。tidal range

**ちょう-さ【調査】**(名・サ変他) ある事柄の実態・事実関係などをはっきりさせるために調べること。investigation 用例世論—。—費。

**ちょう-さ【聴砂】** 脊椎動物の内耳の前庭器官にある石灰質の小粒。体の傾きによって聴砂が移動し、下側の感覚細胞を刺激して平衡感覚が生ずる。無脊椎動物では袋状なので、平衡嚢という。平衡砂。

**ちょうさ【長▼沙】** 中国湖南省の省都。湘江下流にある経済・交通の要地。人口一二一・四万(一九八四)。チャンシャー。

**ちょう-ざ【長座】**(名・サ変自) 訪問して長くいること。長居。

**ちょう-さい【張載】**(一〇二〇〜一〇七七) 中国、宋代の儒者。号は横渠。太虚を説く気の哲学を唱え、朱子学に影響を与えた。著書『正蒙』など。

**ちょう-ざい【調剤】**(名・サ変自) 薬剤を調合すること。調薬。preparation

**ちょう-ざい【聴罪】** キリスト教の司祭が、信者の犯した罪の告白を聞くこと。hear confession

**ちょう-さくりん【張作▼霖】**(一八七五〜一九二八) 中国の軍人。奉天派の巨頭。張学良の父。一九二六年北京政府を支配、二七年大元帥。二八年北伐軍に敗れて奉天へ退去の途中、日本軍の陰謀で列車を爆破され死亡。

**ちょうさくりん-ばくさつじけん【張作▼霖爆殺事件】** 昭和三年(一九二八)六月、関東軍参謀河本大作大佐らが張作霖の特別列車を奉天郊外で爆破、死亡させた事件。満州某重大事件として議会で追及され、田中義一内閣は総辞職。

**ちょうさ-ほうどう【調査報道】** 与えられた情報をそのまま使うのではなく、ジャーナリストがみずからの足を使った取材に基づいて報道すること。また、その報道。investigative report

**ちょう-ざめ【▼蝶▼鮫・▼鱘▽魚】** チョウザメ科に属するサメ形の特異な硬骨魚の総称。体表に蝶形の鱗板が五列並ぶ。海や湖・川にすみ、底生の小動物を食べる。ユーラシア・北アメリカの北部に約二五種が分布。卵の塩づけがキャビア。sturgeon →写

●チョウザメ

**ちょう-さん【▽逃散】** 中・近世、農民が年貢や夫役忌避のためにとった抵抗の形態。土地を捨てて都市へ流入、または他領へ逃亡。

**ちょう-さん【重三】** 陰暦の三月三日。上巳。

**ちょう-さんしゅう【長三▼洲】**(一八三三〜一八九五) 幕末～明治初期の儒者・書家。本名は長谷艾。豊後の人。長州の奇兵隊に入り、維新後、文部大丞・東宮侍書などを歴任。著書『三洲遺稿』。

**ちょうさん-ぼし【朝三暮四】**《サルにトチの実を与えるのに、朝三つ、夕方に四つとしたら怒り、朝四つ、夕方に三つにしたら喜んだ、という中国の寓話から》①目の前の差別にこだわって、結果が同じになるのを知らないこと。②いいかげんなことばで、人をだますこと。③はかない生活。

**ちょうさん-りし【張三▼李四】**《張氏の三男と李氏の四男、の意。張も李も中国に多くみられる姓》平凡な人物。比較熊公八公。

**ちょう-し【弔詞】** ↓ちょうじ(弔辞)

**ちょう-し【弔詩】** 死をとむらう気持ちを述べた詩。

**ちょう-し【長子】** 対義末子。①一番目の子。the eldest child ②長男。the eldest son

**ちょう-し【長姉】** いちばん年上の姉。one's eldest sister

**ちょう-し【長詩】** 長い形式の詩。long poem 対義短詩。

**ちょう-し【▼銚子】** ①酒を杯に注ぐための器。両口と片口があり柄が長い。木製・錫製・銀製などがある。数え方一具・一提げ。②とっくり。数え方一本。

**ちょう-し【調子】** ①㋐表現のぐあい。言い回し。口調。語調。tone 用例強い—で断る。㋑物事の状態・進みぐあい。condition 用例からだの—。㋒勢い。はずみ。impetus 用例—に乗る。㋓得意。用例—づく。②音楽用語。㋐「調」のこと。洋楽の長調・短調、雅楽の左方の六調子や右方の三調子。key; tune ㋑三味線・箏の調弦法。㋒音の高さ。pitch ㋓雅楽曲の一種。雅楽の演奏の前に奏される。

**調子が良い** ①相手の機嫌をとるのがじょうずである。周囲の状況に合わせるのが巧みである。tactful ②からだの具合、または仕事の経過などが順調である。

**調子に乗る** ①おだてられ、得意になって物事をする。get carried away ②仕事などが順調に運ぶ。go well

**調子を合わせる** ①音の高低や速度などを、ほどよく合わせる。tune ②相手の気に入るように、ことばや態度を合わせる。迎合する。go along with

**調子を下げる** ①音律の高さや速さを

ドげる。lower the pitch ②相手に合わせて自分の言動を控え目にする。tone down

**調子を取る**(ちょうしをとる) ①音律の高低や遅速などを調整する。tune up ②物事をちょうどよい程度に保つ。

**ちょう-し【聴視】**(名・サ変他) テレビを見聞きすること。視聴。比較 聴取。用例 —者。—率。

**ちょうし【▼銚子】**〈市〉千葉県北東端、利根川河口の市。日本有数の水産都市。しょうゆも生産。犬吠埼・屛風ケ浦の景勝地がある。人口八万八五五〇(一九八八)。

**ちょう-じ【丁子・丁字】** ①フトモモ科の常緑高木。高さ四〜一〇m。葉は対生。花は淡紫色。長楕円形の実を結ぶ。つぼみの乾燥物は香辛料・薬用となり、蒸留してチョウジ油を得る。モルッカ諸島原産。クローブ。チョウコウ。clove tree ②紋所の名。チョウジの果実をかたどったもの。③日本刀の刃文で、チョウジの花に似た乱れ刃。↓図

●チョウジ①

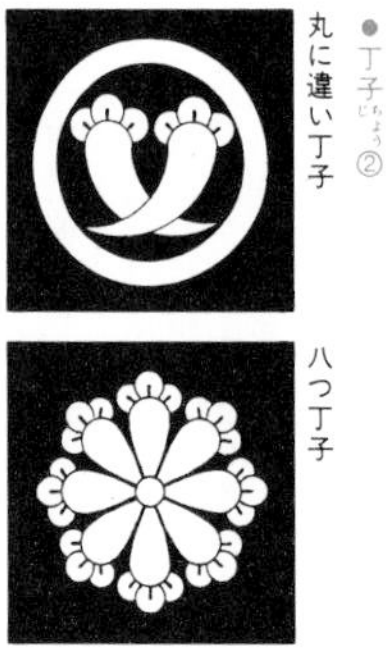
●丁子②
丸に違い丁子
八つ丁子

**ちょう-じ【弔辞】** 死者をとむらうことば。弔詞。memorial address

**ちょう-じ【潮時】** 満潮や干潮の起こる時刻。港で起こる満潮や干潮の時刻や海面の高さは潮汐表に予報され、二〇分程度の誤差で実測と一致する。

**ちょう-じ【▼寵児】** ①とくにかわいがられる子。いとし子。秘蔵っ子。favorite child ②もてはやされる人・物。人気者。花形。流行児。popular person 用例 時代の—。

**ちょうじ【長治】** 平安末期の年号。康和から改元。元年(一一〇四)二月一〇日〜三年(一一〇六)四月九日。次に、嘉承に改元。

**ちょう-じが【超自我】**《フロイトの用語》エス(イド)・自我とともに精神構造を構成。精神の発達過程で個人の内部に取り入れられた社会的規範。罪悪感や良心の源泉とされる。superego

**ちょうしかく-きょういく【聴視覚教育】** ↓しちょうかくきょういく(視聴覚教育)

**ちょうじ-ぎく【丁子菊】** 山地の湿地にはえるキク科の多年草。夏、叢生した茎に黄色の丁字に似た花が咲く。

**ちょう-じく【長軸】** 楕円の二つの対称軸のうち、長い方。二つの焦点を結ぶ直線が楕円によって切り取られる線分。長径。major axis

**ちょう-しけん【▼趙▼之謙】**(一八二九〜一八八四) 中国、清末の文人。奔放な着色花卉を得意とし、篆刻および書に一派を開いた。

**ちょうしこじ【▼趙氏孤児】** 中国、元初の戯曲。紀君祥の作。一門を虐殺された趙氏の孤児が復讐する、『史記』などに記された事件の劇化で、悲壮感あふれる傑作。

**ちょうじ-ざくら【丁子桜】** 本州以西の山地にはえるバラ科の落葉小高木。高さ二〜七m。葉は楕円形で尾状に伸び先が鋭い。早春、筒状、淡赤色の小花が垂れ下がる。メジロザクラ。

**ちょう-しぜん【超自然】** 自然の道理では説明できない、ふしぎなこと。超現実。神秘。supernatural

**ちょうじ-そう【丁子草】** キョウチクトウ科の多年草。高さ約六〇cm。葉は互生し、披針形。五月、茎頂に濃紫色の花を開く。花の形がチョウジに似る。日本・朝鮮半島・中国の河岸に分布する。

**ちょう-しつ【彫漆】** 漆を塗り重ねて文様を彫り出す技法。堆朱・鎌倉彫・沈金など。

**ちょう-じつ【長日】** ①昼の長い日。夏の日。②長い時日。

**ちょうし-づ・く【調子付く】**(五自) ①勢いにはずみがつく。get warmed up ②得意になる。be elated

**ちょうじつ-しょくぶつ【長日植物】** 日照時間が、一定の長さ以上になると開花する植物。アブラナ・ダイコン・タカナなど。long-day plant 対義 短日植物。

**ちょうじつ-しょり【長日処理】** 人為的に日照時間を長くして、短日植物の開花期を遅らせたり、長日植物の開花期を早めたりすること。long-day treatment 対義 短日処理。

**ちょう-しどう【張▼之洞】**(一八三七〜一九〇九) 中国、清末の政治家・学者。地方長官を歴任。一九〇七年軍機大臣に就任。洋務派官僚として軍需工場の建設、新軍の編制などに努めた。

**ちょうし-はずれ【調子外れ】**(名・形動) ①歌や演奏が楽曲本来の音の高さと合わないこと・さま。ちょうしっぱずれ。out of tune

**ちょうし-ぶえ【調子笛】** 楽器の音の高さを合わせる標準となる笛。tuning pipe

**ちょう-しへい【張資平】**(一八九三〜一九五九) 中国の小説家。広東省出身。東大卒。作品『最後の幸福』など。

**ちょう-じめ【帳締(め)・帳▼メ】**(名・サ変他) 帳面に書いた金額をすっかり計算し、収支の勘定を合わせること。決算。balance the books

**ちょうし-もの【調子物】** 少しのことで状態が変化するような、加減の難しい物。something difficult to deal with

**ちょうし-もの【調子者】**《多く上に「お」を付けて》①調子に乗りやすい人。軽はずみな人。easily-elated person ②人に適当に調子を合わせる者。time-server

**ちょう-しゃ【庁舎】** 役所の建物。government office building

**ちょう-じゃ【長者】** ①年長者。elder ②人格のすぐれた人。man of noble character ③氏の統率者。patriarch ④金持ち。富豪。富商。rich man ⑤宿駅の長。または、宿駅で遊女をかかえている女主人。⑥京都の教王護国寺(東寺)の管主。

**長者の脛に味噌を塗る**(ちょうじゃのはぎにみそをぬる) ありあまっているところへ、さらに加えることのたとえ。大黒の尻に味噌。

**長者の万灯より貧者の一灯**(ちょうじゃのまんとうよりひんじゃのいっとう)《貧者の誠意のこもったわずかなささげ物のほうが、金持ちの世間体を飾った多くのささげ物よりも功徳があるということから》外形より、まごころが大事であることのたとえ。貧者の一灯。

**ちょう-じゃ【▼諜者】** 間者。まわしもの。スパイ。

**ちょうじゃ-がい【長者貝】** オキナエビスガイの異名。

**ちょう-じゃく【長尺】** 上等の反物、または映画のフィルムが、ふつうより長いこと。その もの。用例 —物。

**ちょうじゃ-の-き【長者の木】** メグスリノキの別名。

**チョウシャン-ぐんとう【チョウシャン群島・▽舟▽山群島】**(Zhōushān) ↓しゅうざんぐんとう(舟山群島)

**ちょう-しゅ【釣趣】** 魚つりのおもしろみ・味わい。

**ちょう-しゅ【聴取】**(名・サ変他) ①聞き取ること。hearing 用例 事情—。②ラジオ・無線を聞くこと。listening 比較 聴視。用例 —者。—率。

**ちょう-じゅ【長寿】** 命の長いこと。長命。long life

**ちょうじ-ゆ【丁子油】** チョウジのつぼみ・花柄・葉から得られる精油。菓子の香料の原料のほか、香辛料、局部麻酔作用があるため医薬品などに用いられる。clove oil

**ちょう-しゅう【長▼袖】**《長いそでの着物、の意》貴族・僧などのこと。長袖者。

**長袖善く舞い多銭善く賈う**(ちょうしゅうよくまいたせんよくあきなう)《長いそでの衣服を着ていればうまく舞うことができ、金持ちであれば商売がやりやすい、の意から》諸事が整っていれば、よい働きができるたとえ。

**ちょう-しゅう【徴収】**(名・サ変他) ①手数料や会費などを取り立てること。collect ②国または地方公共団体が、法令に基づいて租税・手数料・品物を強制的に取り立てること。levy

**ちょう-しゅう【徴集】**(名・サ変他) 人・物を召し集めること。recruitment

**ちょう-しゅう【聴衆】** 演説・演芸などの聞き手。audience 比較 観衆。

**ちょう-しゅう【長州】** 長門国の。

**ちょう-じゅう【弔銃】** 死んだ人をとむらうときに、礼として撃つ銃。比較 弔砲。

**ちょう-じゅう【鳥獣】** 鳥と、けもの。birds and beasts

**ちょう-じゅう【聴従】**(名・サ変自) 命令・意見に従うこと。

**ちょうじゅうぎが【鳥獣戯画】** 絵巻物。四巻。墨一色の描線で描かれた白描画で、すぐれた描写で知られる。作者は鳥羽僧正覚猷といわれるが確かではない。京都市高山寺蔵。国宝。サル・ウサギ・カエルなどの遊戯を描写した甲巻と、鳥獣の生態を描写した乙巻は平安時代(一二世紀末)の作とされ、人物鳥獣遊戯の丙巻と人物戯画の丁巻は鎌倉時代(一三世紀初期)の作といわれる。鳥獣人物戯画。↓写

**ちょうしゅうき-へんこうせい【長周期変光星】** 変光周期が一〇〇日から数百日におよぶような脈動変光星。銀河の円盤部に存在する赤色巨星、または赤色超巨星に多い。くじら座のミラは典型的なもの。long period variable star

**ちょうしゅう-せいばつ【長州征伐】** 幕末、江戸幕府が行った二度にわたる長州藩攻撃。元治元年(一八六四)幕府軍は蛤御門の変での皇居への発砲を理由に、尊王攘夷派の拠点である長州藩へ出兵。長州藩は戦わずして幕府へ恭順の意を表明。これを不満とする高杉晋作らが奇兵隊を率い、藩庁保守派を撃破して幕府に反抗。幕府軍は再征したが、慶応二年(一八六六)薩長連合により敗退。このため幕府の権威は決定的に失墜。

**ちょうじゅうせき-しょう【腸重積症】** 腸管の一部が隣接した腸管内に入りこみ通過障害を起こす病気。一歳以下の男児に多い。急激に腹痛・嘔吐が起こり、顔面蒼白となる。intussusception

**ちょうしゅう-はん【長州藩】** 江戸時代、長門・周防の二か国を領した藩。藩主は毛利氏。三六・九万石の外様大名。幕末には薩摩藩と並んで倒幕運動の中心となり、明治維新に多数の人材を輩出。萩藩。毛利藩。山口藩。

**ちょうしゅう-ぶろ【長州風▼呂】** 全体が鋳鉄製の五右衛門風呂。釜の周囲を土やしっくいで固めてすえつける。参照 五右衛門風呂。

**ちょうじゅう-ほごく【鳥獣保護区】** 鳥獣の保護・繁殖のため、捕獲を禁止している地域。特別保護区と休猟区がある。

**ちょうじゅうろう【長十郎】** 日本ナシの中の赤ナシに属する栽培品種。明治二七年(一八九四)に神奈川の当麻長十郎によって育生された。黒斑病に強く、収穫量も多い。↓ナシ写

**ちょう-じゅり【▼趙樹理】**(一九〇六〜一九七〇) 中国の小説家。山西省生まれ。変貌期の農村を描き、人民作家と称される。文化大革命中に迫害をうけ死亡。作品『小二黒の結婚』『李家荘の変遷』など。

**ちょうしゅん【長春】** 中国吉林省の省都。政治・経済・交通・文化の中心。一九三二〜四五

●鳥獣戯画 『鳥獣戯画』(部分)。高山寺(京都府)。



↓行き先項目、図版・写真参照印。 JIS 日本工業規格情報交換用漢字符号コード(区点コード)。

年は日本が建設した満州国の首都で新京と呼称。人口一八〇・九万(一九八四)。チャンチュン。

**ちょうしゅん-か【長春花】** コウシンバラの漢名。長春。

**ちょう-しゅんきょう【張春橋】**(一九一八) 中国の政治家。文化大革命で活躍し、上海市革命委員会主任・党政治局常務委員・副首相を歴任。一九七六年、「四人組」の一人として失脚した。

**ちょう-しょ【長所】** すぐれている点。merit 対義 短所。用例 ―を生かす。

**長所は短所**(ちょうしょはたんしょ) 長所だとうぬぼれると、かえって失敗すること。長所は、見方をかえると短所であること。One's strength is his weakness.

**ちょう-しょ【調書】** ①取り調べた内容を記した文書。②特定の事案について、その状況または処理経過を記した公文書。訴訟法上、裁判の資料となるものなど。聞き取り書。report; record 用例 ―を取る。

**ちょう-じょ【長女】** 最初に生まれた女の子。the eldest daughter 対義 長男。

**ちょう-しょう【弔鐘】** 人の死をいたんで鳴らす鐘。funeral bell

**ちょう-しょう【長▼嘯】**(名・サ変自) 声を長くひいて詩や歌を吟じること。

**ちょう-しょう【徴証】** 証拠になるもの。しるし。あかし。

**ちょう-しょう【▼嘲笑】**(名・サ変他) あざけりわらうこと。冷笑。sneer 用例 ―を買う。

**ちょう-しょう【▼趙▼昌】**(生没年未詳) 中国、北宋中期の花鳥画家。字は昌之。「写生趙昌」といわれ、折枝花・花果の写生にすぐれた。

**ちょうしょう【長承】** 平安末期の年号。天承から改元。元年(一一三二)八月一一日～四年(一一三五)四月二七日。次に、保延に改元。

**ちょう-しよう【▼趙紫陽】**(一九一九) 中国の政治家。一九八〇年華国鋒に代わって首相となり、鄧小平のもとで四つの近代化路線を推進。八七年から党総書記。

**ちょう-じょう【長上】** 目上。年上。年長。one's senior; one's superior

**ちょう-じょう【長城】**「万里の長城」の略。

**ちょう-じょう【重畳】** ㊀(名・形動トタル・サ変自) いくえにも重なること・さま。lay one on another 用例 ―たる山脈。㊁(名・形動) この上なく満足なこと・さま。結構。satisfactory; excellent 用例 これは―。

**ちょう-じょう【頂上】** ①山のいただき。てっぺん。summit ②この上ないこと。最上。peak

**ちょうじょう-かいだん【頂上会談】** 巨頭会談。summit conference

**ちょうしょうし【長▼嘯子】** ↓きのしたちょうしょうし(木下長嘯子)

**ちょうしょう-ばと【長▼嘯▼鳩】** ハト科の鳥。日本で古くから飼われる小形のハト。翼長約一〇cm。額・顔・のどは灰青色、背面は淡褐色に黒い横帯がある。草原や畑などにすみ、草食。コックールルクークールルと繰り返して鳴く。東南アジア・オーストラリアに分布。

**ちょう-しょく【朝食】** 朝食べる食事。朝めし。あさげ。breakfast

**ちょう-しょく【調色】**(名・サ変自他) ①絵の具を混ぜて希望の色を作ること。また、その色。mix colors ②写真で、画像を薬品で処理して色調を変えること。tone

**ちょうしょく-ばん【調色板】** パレット。

**ちょう-じり【帳▼尻】** ①帳簿の終わりの部分。the closing part of a balance sheet ②決算の結果。balance of accounts 用例 ―を合わせる。

**ちょう・じる【長じる】**(上一自) ↓ちょうずる(長ずる)

**ちょうし-るい【長▼翅類】** 完全変態するものの中ではもっとも原始的とされる小さな昆虫群(約三五〇種)。長翅目を構成。頭の前部は嘴状に伸び、前後両翅は同形で細長い。夕方、多数現れるが、飛翔力は弱く、少し飛んでは、すぐに止まる。幼虫は青虫型。シリアゲムシ・ガガンボモドキなど、日本産は約三〇種。mecopteran

**ちょうじろう【長次郎】**(一五一六～九二) 室町末～桃山初期の京都の陶工。楽焼の初代。千利休を知り楽茶碗を制作。↓写

●長次郎『黒楽茶碗(銘大黒)』。桃山時代(一六世紀)、個人蔵。

**ちょう-しん【長身】** 背が高いこと・人。tall figure 対義 短身。

**ちょう-しん【長針】** 時計の長い針。the long hand 対義 短針。

**ちょう-しん【朝臣】** 朝廷の臣。参照 あそん。

**ちょう-しん【調進】**(名・サ変他) 注文に応じてつくりおさめること。調達。

**ちょう-しん【聴診】**(名・サ変自) 呼吸音・心音など、体内の音を聞いて診断すること。auscultation 比較 打診。

**ちょう-しん【▼寵臣】** 気に入りの臣下。favorite retainer

**ちょう-じん【鳥人】** ①飛行機乗り。飛行家。aviator ②スキーの跳躍競技のジャンパーやハンググライダーの選手などを、鳥にたとえていう語。birdman

**ちょう-じん【超人】** ①ふつうの人とはかけはなれた能力をもつ人。superman ②ニーチェの用語で、人間の可能性の究極を実現した理想的人間。キリスト教的神に代わる人類の支配者とされる。superman

**ちょうしん-き【聴診器】** 人体内の各種の音を、体表面から聞き取る医療器具。心音・血管音・呼吸音・腸の蠕動音などを聞く。stethoscope

**ちょうしん-こう【長津江】** 北朝鮮(朝鮮民主主義人民共和国)北部の川。狼林山脈から長津湖をへて、鴨緑江に注ぐ。長さ二六〇km。チャンジンガン。

**ちょう-しんせい【超新星】** 爆発によって急激に明るく輝き出す星。星の進化の最後の段階で、その規模はけた違いに大きく、明るさは銀河系全体のそれに匹敵する。I型とII型に大分類される。おうし座のカニ星雲は一〇五四年の超新星の残骸。supernova

**ちょうじん-てき【超人的】**(形動) 人間離れした能力をもつさま。superhuman 用例 ―な記録。

**ちょう-しんりがく【超心理学】** 現在の自然科学では説明できない精神現象を、科学的に研究する学問。テレパシー・ESP・PKなどを研究する。parapsychology

**ちょうしん-るこつ【彫心▼鏤骨】**(名・サ変自)《心にほりつけ、骨にちりばめる、の意。本来は、しっかり覚えこむこと》非常に苦心して詩文などをつくり上げること。骨身を削ること。用例 ―の作。

**ちょうず【▽手▽水】**《「てみず」の転》①手や顔などを洗うこと。とくに、社寺などで参拝の前に水で手を洗い、口をすすいで清めること。また、その水。②《用便のさい、手を洗うところから》便所へ行くこと。また、便所の婉曲な表現。

**手水を使う**(ちょうずをつかう) ①社寺などで、参拝の前に手や口を水で清める。②用便を済ませる。

**ちょうすいへいせん-レーダー【超水平線レーダー】** ↓オーティーエイチレーダー(OTHレーダー)

**ちょう-すいろ【長水路】** 水泳競技用のプールで、水路の長さが五〇m以上のもの。long course 対義 短水路。

**ちょう-すう【丁数】** 和綴じの本の紙の枚数。

**ちょう-すごう【▼趙子▼昂】** ↓ちょうもうふ(趙孟頫)

**ちょうず-ば【▽手▽水場】** ①便所のそばの、手を洗う所。②便所。

**ちょうず-ばち【▽手▽水鉢】** 手を清めるための水を入れた鉢。↓写

●手水鉢

**ちょう・する【弔する】**(サ変他) 死をとむらう。弔す。

**ちょう・する【朝する】**(サ変自)＝朝す。①朝廷に参上する。②貢ぎ物をたてまつる。

**ちょう・する【徴する】**(サ変他)＝徴す。①呼び出す。summon ②証拠だてる。prove ③意見を求める。問う。inquire ④税などを取り立てる。collect

**ちょう・する【潮する】**(サ変自)＝潮す。①潮がさす。もよおす。②色が付く。③現れる。

**ちょう・する【▼寵する】**(サ変他) かわいがる。寵す。favor

**ちょう・ずる【長ずる】**(サ変自)＝長じる。①成長する。grow up ②年上である。be senior to ③すぐれる。たくみだ。excel in; be good at

**ちょう・ずる【調ずる】**(サ変他)＝調ず。①ととのえつくる。調達する。raise; procure ②悪を征服する。こらしめる。punish

**ちょう-せい【町制】** 地方公共団体としての町の制度。

**ちょう-せい【長生】**(名・サ変自) ながいきすること。longevity

**ちょう-せい【長征】** ㊀(名・サ変自) はるばる遠方へ征伐に行くこと。㊁(名) 一九三四年から三六年にかけ中国共産党が行った、華南・華中から陝西省北部までの大移動。国民党軍の第五次討伐に敗れた共産党軍が、毛沢東の指導のもとに三四年一〇月江西省瑞金を出発、三五年一〇月陝西省北部に到着。行程約一万二〇〇〇km、当初三〇万の兵力は約三万に激減。大西遷。

**ちょう-せい【長逝】**(名・サ変自) 死ぬこと。永眠。

**ちょうせい【長勢】**(一〇一〇～九一) 平安中期の仏師。定朝の高弟。円派(三条仏所)の祖。仏師の最高位の法印となる。作品に広隆寺『十二神将像』など。

**ちょう-せい【朝政】** 朝廷の政治。government by the Imperial Court

**ちょう-せい【調性】**《音楽用語》楽曲に用いられる和声や旋律が、一つの音(主音)を中心としてこれと従属的関係を保つ場合、この音楽を調性のある音楽という。tonality

**ちょう-せい【調製】**(名・サ変他) 注文に応じてこしらえること。preparation 用例 当店の―品。

**ちょう-せい【調整】**(名・サ変他) ほどよくととのえること。調節。adjustment 用例 意見の―。音量の―。

**ちょうせい【長生】**〈村〉 千葉県南東部、太平洋に臨む村。稲作のほか野菜や植木を栽培。近くに海水浴場がある。人口一万九八五(一九八八)。

**ちょう-ぜい【徴税】**(名・サ変自他) 租税を徴収すること。tax collection 対義 納税。

**ちょうせい-インフレ【調整インフレ】** 国際収支を調整・改善し景気を刺激するため、政策的に生じさせるインフレーション。adjustment inflation

**ちょうせい-でん【長生殿】** ㊀①唐の宮殿の名。玄宗皇帝が驪山に設けた華清宮の一つ。②金沢市の名菓。紅白の落雁。㊁中国、清初の戯曲。洪昇作。五〇幕。唐の玄宗皇帝と楊貴妃のロマンスを素材とする。

**ちょうせい-ねんきん【調整年金】** 各企業の従業員の厚生年金保険料の一部を生命保険会社または信託銀行が代行して運用し、企業独自の上積み部分の給付を行う年金。厚生年金基金保険。

**ちょうせい-ふんにゅう【調製粉乳】** ビタミン類・鉄・カルシウム・糖などを加えて、牛乳を母乳に近い成分にした育児用粉乳。昭和五四年(一九七九)以前は特殊調製粉乳とよんだ。

**ちょうせい-らん【調整卵】** ↓ちょうせつらん(調節卵)

**ちょうせい-りょく【調整力】** 運動機能の中で、自分自身の位置や姿勢、周囲の変化などに対応して、バランスのとれたうまい動きのできる能力。

**ちょう-せき【長石】** ナトリウム・アルミニウム・カルシウム・カリウムなどを含む珪酸塩鉱物。火成岩の造岩鉱物中、六〇%余りを占める。単斜晶系または三斜晶系。柱状で、完全な劈開を示す。ガラス光沢をもち、白・灰・淡黄色など。陶磁器や肥料などの原料。feldspar

**ちょう-せき【朝夕】** ㊀(名) 朝と夕方。morning and evening ㊁(副) あけくれ。つねづね。ふだん。constantly

**ちょう-せき【張籍】**(七六六ごろ～八三〇ごろ) 中国、中唐の詩

人。字は文昌。呉郡の人。楽府にすぐれ、王建と並称された。詩集『張司業詩集』。

**ちょう-せき【潮▼汐】** 周期的に海面が昇降する現象。ふつう、一日に二回起こる。海面が高くなったときを満潮、低くなったときを干潮という。満潮と干潮の海面の差を潮差という。月と太陽の引力に起因する。tide

**ちょうせき-はつでん【潮▼汐発電】** 満潮時と干潮時の水位の差を利用した発電。干満の差の大きい海に流入する河川の河口付近に貯水池をつくり、満潮時にたまった水を利用して発電機を回す。tidal power generation 比較 波力発電。

**ちょうせき-ひょう【潮▼汐表】** 各地の潮の干満の程度や時刻などを推定して作成された表。海上保安庁と気象庁から出されている。tide table

**ちょうせき-まさつ【潮▼汐摩擦】** 潮汐にともなって生じる摩擦。海水の内部摩擦、海水と陸岸・海底との摩擦などがある。浅海ではとくに大きい。地球の自転速度を遅らせる原因となっている。tidal friction

**ちょうせき-よほう【潮▼汐予報】** 潮位、または満潮と干潮の時刻や高さについて出される予報。

**ちょう-せつ【調節】**（名・サ変他） ほどよく整えること。調整。adjustment

**ちょう-ぜつ【超絶】**（名・サ変自） かけはなれてすぐれていること。transcendence 用例 古今に―する。衆に―する。

**ちょうせつ-いでんし【調節遺伝子】** 遺伝情報を調節し、形質の発現をコントロールする遺伝子。リプレッサーやアポリプレッサーなどの制御たんぱく質の構造をきめる。regulatory gene

**ちょうぜつ-しゅぎ【超絶主義】** 一九世紀中期アメリカのニューイングランドに興った思想・文学上の理想主義運動。個人の尊厳と汎神論的神秘主義を思想の中核とする。エマーソン・ソローら。Transcendentalism

**ちょうせつ-らん【調節卵】** 多細胞動物の卵割期に、ある割球を除去しても、残りの部分だけで完全な胚、または完全に近い胚になる卵。イモリの卵など。調整卵。regulation egg 対義 モザイク卵。

**ちょう-せん【挑戦】**（名・サ変自） 戦いをいどむこと。試合を申しこむこと。チャレンジ。challenge 用例 ―状。

**ちょう-せん【腸線】** 猫・羊などの腸でつくった糸。手術後の縫合糸、楽器の弦、テニスのラケットのガットなどに用いる。

**ちょうせん【朝鮮】** 大韓民国と朝鮮民主主義人民共和国からなる地域の歴史的呼称。古くは数十の国に分かれていたが、七世紀に新羅により統一国家が確立され、その後、高麗、李氏朝鮮と代わった。日清・日露戦争で日本が進出、一九一〇年（明治四三）日本に併合されたが、日本の敗戦により四五年（昭和二〇）に解放された。四八年以降は、北緯三八度線付近で大韓民国と朝鮮民主主義人民共和国に分かれている。チョソン。Korea

**ちょう-ぜん【▼悵然】**（形動トタル） 悲しみ嘆くさま。

**ちょう-ぜん【超然】**（形動トタル） ①高くぬきんでるさま。beyond compare ②問題にしないさま。rise above ③世間と離れたさま。stand aloof

**ちょうせん-あかしじみ【朝鮮赤▽小▽灰▼蝶】** 朝鮮半島や中国東北部に分布するシジミチョウ科のチョウ。開張約三・五㎝。日本では山形・岩手両県にのみ産する。橙黄色の前後両翅は黒褐色帯で縁どられる。食草はトネリコ類。夏に発生。飛翔はゆるやかで夕方に活動。

**ちょうせん-あさがお【朝鮮朝顔】** ナス科の一年草。高さ約一m。葉は卵形。秋ごろ漏斗状の白花を開花。種子は有毒だが葉は薬用。熱帯アジア原産。各地で野生化しているのは、同種のヨウシュチョウセンアサガオ。キチガイナスビ。マンダラゲ。ダツラ。↓写

●チョウセンアサガオ

**ちょうせん-あざみ【朝鮮▼薊】** ↓アーティチョーク

**ちょうせん-あめ【朝鮮▼飴】** 水につけたもち米をすりつぶして加熱し、砂糖や水あめを加えて練った求肥あめ。黒砂糖を加えたものもある。熊本名物。安土桃山時代に加藤清正が兵糧として朝鮮へもっていったことにちなむ名。

**ちょうせん-うし【朝鮮牛】** ウシの一品種。体高一・三m前後。朝鮮半島が主産地。赤褐色で角をもつ。性質は温順。粗食に耐え、労役用に向くが、近年は肉用にも利用。

**ちょうせん-おおかみ【朝鮮▼狼】** 朝鮮半島産の中形のイヌ科のオオカミ。体長約一・二m（明治時代に絶滅したニホンオオカミより大きい）。黄褐色で黒毛が混じる。朝鮮半島のほか、中国東北部からモンゴルなどに分布する。

**ちょうせん-かいきょう【朝鮮海峡】** 朝鮮半島と対馬との間の海域で、対馬海峡の西水道の通称。古くから朝鮮半島と日本を結ぶ要路。好漁場。

**ちょうせんかいきょう-せん【朝鮮海峡線】** 動物地理学上の分布境界線。朝鮮半島と対馬の間に引かれる。Korea Strait line

**ちょうせん-がね【朝鮮鐘】** 新羅時代から高麗時代にかけて造られた、特有の梵鐘。竜頭の背後に円筒状の旗挿し（＝甬）があり、鐘身の上辺と下辺には唐草文や宝相華文などの帯文が、胴部には飛天像が浮き彫りにされている。日本には南北朝時代以降多く伝わり、四〇個ほどが現存。

**ちょうせん-かもしか【朝鮮▼羚▽羊】** 日本産のカモシカに近縁のウシ科の動物。肩高約七〇㎝。尾が長い。山岳地帯にすむ。ビルマからアムールまで分布。オナガゴーラル。

**ちょうせん-ぎんこう【朝鮮銀行】** 日韓併合時代の朝鮮の中央銀行。韓国銀行を明治四四年（一九一一）に改称。日本の満蒙・華北・華中進出を金融面で支えた。昭和二〇年（一九四五）一〇月解体。

**ちょうせん-ご【朝鮮語】** 朝鮮民族の言語。大韓民国と朝鮮民主主義人民共和国の国語。アルタイ諸語に属するとする説もある。膠着語。語順は日本語とほぼ同じ。助詞にあたる付属語を用い、構造も日本語によく似ている。前身は、七世紀に朝鮮半島を統一した新羅の言語。漢語が多く取り入れられており、文字は公文書では固有のハングルだけであるが、そのほかでは漢字も使われる。Korean

**ちょうせん-ごみし【朝鮮五味子】** 山地にはえるマツブサ科の落葉低木。葉は互生し楕円形。雌雄異株。初夏に黄白色の花を開く。果実は房状で紅熟。↓図

●チョウセンゴミシ

**ちょうせん-ごよう【朝鮮五葉】** ↓ちょうせんまつ（朝鮮松）

**ちょうせんしき-やまじろ【朝鮮式山城】** 七世紀後半に朝鮮の山城の影響のもとに日本で構築された城柵の一形式。海抜四〇〇m前後の山頂に構築。瀬戸内沿岸から九州北岸部に分布。

**ちょうせん-しぐん【朝鮮四郡】** 紀元前一〇八年、漢の武帝が衛氏朝鮮を滅ぼして設置した楽浪・臨屯・真番・玄菟の四郡。

**ちょうせん-しば【朝鮮芝】** コウライシバの別名。

**ちょうせん-しゅ【朝鮮酒】** 朝鮮半島でつくられる酒類。濁酒・薬酒・焼酎など。米またはコーリャンを原料とする。Korean liquor

**ちょうせん-しゅっぺい【朝鮮出兵】** 桃山時代、豊臣秀吉の派兵による朝鮮への侵攻。文禄元年（一五九二）、宇喜多秀家・小西行長・加藤清正らを先鋒に一五万余の軍勢を派遣、京城・平壌を占領。いったん講和したが、慶長二年（一五九七）再び開戦。翌年、秀吉の死で停戦協定を結び撤兵。

**ちょうせん-せんそう【朝鮮戦争】** 一九五〇年南北朝鮮の武力衝突を発端とし、アメリカ軍を主力とする国連軍と中国人民義勇軍の参戦で国際紛争化した戦争。五三年休戦。Korean War

**ちょうせん-そうとくふ【朝鮮総督府】** 第二次大戦敗戦までの日本の朝鮮統治機関。明治四三年（一九一〇）の韓国併合以降京城におかれ、政治・軍事の権限を掌握。昭和二〇年（一九四五）解体。

**ちょうせん-そうれん【朝鮮総連】** 《在日本朝鮮人総連合会の略称》北朝鮮（朝鮮民主主義人民共和国）を支持する在日朝鮮人の団体。昭和三〇年（一九五五）設立。総連。比較 民団。

**ちょうせん-つうしんし【朝鮮通信使】** 江戸時代、将軍の代替わりやその他の慶事にさいし、朝鮮王から派遣された慶賀使。慶長一二年（一六〇七）より文化八年（一八一一）まで一二回来日。一〇年（一六〇五）日朝和約成立により、同一

**ちょうせん-とくじゅ【朝鮮特需】** 昭和二五年（一九五〇）からの朝鮮戦争で生じた特需景気。日本はアメリカ軍の兵站基地として、補助的軍需物資を供給。この特需によって日本経済は大きく拡大した。

**ちょうせん-どくりつうんどう【朝鮮独立運動】** 一九世紀末から二〇世紀中期までの、帝国主義の侵略に対する朝鮮民族の闘争。なかでも日本の支配下にあった一九一九年の三・一独立運動は有名。

**ちょうぜん-ないかく【超然内閣】** 明治から大正初期にかけて、政党政治を否定してその上に超然と立ち、藩閥官僚を主体として組織された内閣。黒田清隆の演説に由来する語。

**ちょうせん-にっぽう【朝鮮日報】** 韓国の代表的日刊紙。日本統治下で出された民族紙の一つ。ハングル文字の普及など民族文化発展に貢献。一九二〇年創刊。

**ちょうせん-にんじん【朝鮮人▽参】** ウコギ科の多年草。茎は高さ約六〇㎝。朝鮮半島・中国で栽培される。日本でも栽培。根は白色で太く、枝分かれする。茎頂に長い柄のある葉を輪生。夏、淡黄色の五弁花をつける。せんじ薬やニンジンエキスとして使用。薬効成分はパナクスサポニンなど。オタネニンジン。ginseng ↓図

●チョウセンニンジン

**ちょうせん-はまぐり【朝鮮▼蛤】** ハマグリに似たマルスダレガイ科の二枚貝。殻が厚い。殻高約一〇㎝。殻は碁石の材料。鹿島灘以南に分布。ゴイシハマグリ。

**ちょうせん-はんとう【朝鮮半島】** アジア大陸東岸に位置する半島。北部は朝鮮民主主義人民共和国、南部は大韓民国。

**ちょうせん-ふく【朝鮮服】** 朝鮮半島に伝わる民族服。チョゴリとよぶ上衣に、女子はチマというスカート、男子はパジというもんぺ風のズボンをはく。

**ちょうせん-まつ【朝鮮松】** マツ科の常緑針葉高木。高さ約三〇m余、径約一m。山地にはえる。葉は五枚ずつ束生し、長さ約一〇㎝。種子の海松子は大きく食用。材は建築・器具用。チョウセンゴヨウ。

**ちょうせん-みんしゅしゅぎじんみんきょうわこく【朝鮮民主主義人民共和国】** （Democratic People's Republic of Korea） 朝鮮半島北半部を占める社会主義国。首都ピョンヤン。一九四八年九月に建国。北部に長白山脈・蓋馬高原が広がり山地が広い。鉱物資源に富み、重化学工業が発達。面積一二・一万㎢。人口二〇八八万（一九八六）。通称北朝鮮。

**ちょうせん-りょうり【朝鮮料理】** 朝鮮半島に古くから伝わる料理の総称。牛肉・内臓を使う料理が発達している。気候的要因も加わり、唐辛子やニンニクなどの香辛料がよく使われる。漬物の種類も多い。

**ちょうせん-ろうどうとう【朝鮮労働党】** 北朝鮮（朝鮮民主主義人民共和国）の政権政党。一九四五年設立。チュチェ思想を基本理念とする。

**ちょう-そ【重▼祚】**（名・サ変自） 一度退位した天皇が、再び即位すること。古代、皇極（のち斉明）天皇および孝謙（のち称徳）天皇の二例がある。じゅうそ。再祚。―

**ちょう-そ【彫塑】**㊀(名) 彫刻と塑像。carve and model ㊁(名・サ変自) 彫刻の原型用の像をつくること。その像。mold a primary image

**ちょう-そう【鳥葬】** 死体を鳥獣に食わせる、葬制の一形式。死穢の忌避や霊魂の天空回帰観念による。内陸アジアの遊牧民、イラン系パールシー族、チベット人などのあいだで行われる。leave the dead to birds

**ちょう-ぞう【彫像】** 彫刻した像。statue

**ちょう-そうよう【張僧▾繇】**(生没年未詳) 中国、南朝梁の宮廷画家。寺院壁画に腕をふるう。立体感がある花を描き「凹凸花」とよばれた。

**ちょうそかべ-もとちか【長▿宗▿我▿部元▿親】**(一五三九〜九九) 戦国時代の武将。元亀二年(一五七一)土佐を統一。のち四国全土を平定したが、天正一三年(一五八五)豊臣秀吉に降伏、領国は土佐一国となった。

**ちょうそかべもとちか-ひゃっかじょう【長▿宗▿我▿部元▿親百箇条】** 戦国大名長宗我部氏の分国法。元親・盛親父子が慶長二年(一五九七)に制定。

**ちょう-そく【長足】** ①長い足。②大股。早足。stride ③物事が早く進むこと。rapid progress 用例 ―の進歩を見せる。

**ちょう-そく【長息】**(名・サ変自) 長いためいきをつくこと。長大息。

**ちょう-ぞく【超俗】** ↓ちょうだつ(超脱)

**ちょうそく-き【調速機】** 機械にかかる負荷の増減にかかわらず、その回転速度を一定に保つ装置。governor

**ちょう-そくし【張即▾之】**(一一八六〜一二六三) 中国、南宋末の書家。楷書、ことに大字を得意とし、入宋僧を通じて日本に影響を与えた。作品『金剛経』など。

**ちょう-そせい【超塑性】** ある種の金属材料がもつ、わずかな応力で非常に大きく変形できる性質。微細な結晶粒からなるアルミと亜鉛の合金、鉛と錫の合金などにみられる。

**ちょうそん-がっぺい【町村合併】** 二つ以上の町村が行政区域を合併して新たな町村をつくること。consolidation of towns and villages

**ちょうそん-くみあい【町村組合】** いくつかの町村が協議し、事業や一部の事務を共同して処理するために設ける組合。union of towns and villages

**ちょうそん-せい【町村制】** 町村の構成・組織・権限などを定めた法律。明治四四年(一九一一)制定、昭和二二年(一九四七)地方自治法の制定により廃止。

**ちょうそん-ぜい【町村税】** ↓しちょうそんぜい(市町村税)

**ちょう-だ【長打】** 野球で、二塁打・三塁打・本塁打の総称。ロングヒット。long hit 対義 短打。

**ちょう-だ【長蛇】** 長いヘビ。それに似た形のもの。long line 用例 ―の列。

**長蛇を逸す** 惜しいところで大物・好機を取り逃がす。miss a big prize

**ちょう-だい【長大】**(名・形動) ①長くて大きいこと・さま。対義 短小。②丈が高くて大きいこと・さま。③才能のすぐれた人。

**ちょう-だい【帳台】** 寝殿の母屋に一段高く台を設け、貴人の座または寝所としたもの。畳や上蓆を敷き、四隅に柱を立て、帳をめぐらした。御帳台。斗帳。帳。↓写

●帳台 京都御所、清涼殿(京都府)。

**ちょう-だい【頂▾戴】**(名・サ変他) ①《頭上におしいただく意から》「もらうこと」の謙譲語。いただく。たまわる。用例 ―物。②「食う」の謙譲語。用例 じゅうぶん―しました。③文末につけて、物をもらうことを求める語。ください。用例 お菓子を―。④《「て」や「ないで」のあとについて補助動詞的に》ある事をしてもらうことを求める語。してください。用例 教えて―。

**ちょうだいきぼ-しゅうせきかいろ【超大規模集積回路】** ↓ブイエルエスアイ(VLSI)

**ちょう-たいこく【超大国】** 大国のさらに上の大国。米国とソ連。superpower

**ちょう-たいそく【長大息】**(名・サ変自) 大きなためいきをつくこと。長嘆。deep sigh

**ちょう-たく【長卓】** 長いテーブル。

**ちょう-たく【彫▾琢】**(名・サ変他) ①宝石などをきざみみがくこと。②文章を練りみがくこと。

**ちょうたじかん-りろん【超多時間理論】** 場の量子論で、特殊相対性理論の要求を完全に満たす形式の理論。super-many-time theory 参照 多時間理論。

**ちょう-たつ【▾暢達】**(名・形動) ①伸び育つこと・さま。②伸び伸びしていること・さま。用例 ―な文体。

**ちょう-たつ【調達】**(名・サ変他) ①金品などをととのえて送ること。procurement ②金品などをとりそろえること。raise

**ちょう-だつ【超脱】**(名・サ変自) 世間離れして、俗事にかかわらないこと。超俗。

**ちょうだ-りつ【長打率】** 野球で、打者の塁打数(単打を一、二塁打を二、三塁打を三、本塁打を四に換算した総計)を打数で割ったもの。base hit average

**ちょうだ-りょく【長打力】** 長打を飛ばす能力。hitting power

**ちょう-たん【長短】** ①長いことと短いこと。length ②長所と短所。strength and weakness ③余りと不足。surplus and shortage 用例 ―相補う。

**ちょう-たん【長嘆・長▾歎】**(名・サ変自) 長いためいきをつくこと。長大息。deep sigh

**ちょう-たんぱ【超短波】** 周波数三〇〜三〇〇メガヘルツ(波長一〇〜一m)の電磁波。直進性が著しく、近距離の通信・放送に適する。テレビ放送・FM放送・レーダーなどに使用。VHF。very high frequencey

**ちょうたんぱ-りょうほう【超短波療法】** 超短波の温熱作用を利用した療法。絶縁した電極の間に身体を入れ、一〇〜五〇メガヘルツの電波を当てる。神経痛・関節炎などに適応。ultra-short wave therapy

**ちょうちちょうち-あわわ**(連語) 手のひらを打ち合わせて鳴らす「ちょうちちょうち」に続けて、手で軽く口をたたきながら「あわわ」と言うこと。幼児をあやすときにする。

**ちょう-チフス【腸チフス】** チフス菌の経口感染によって起こる法定伝染病。発熱・意識障害・皮膚の発疹などの症状が出る。腸チブス。typhoid fever

**ちょう-ちゃく【▿打▾擲】**(名・サ変他) 打ちたたくこと。殴打。beating

**ちょう-ちゅうけい【張仲景】**(一四二ごろ〜二二〇ごろ) 中国後漢時代の医師。長沙の太守となる。一族の多くが熱病で死んだことから、医学に深い関心を寄せ、ついに『傷寒論』を著した。

**ちょう-ちょう【町長】** 地方公共団体としての町の長。town mayor

**ちょう-ちょう【長調】** 音楽で、長音階による調子。major key 対義 短調。

**ちょう-ちょう【▾悵▾悵】**(形動トタル) 恨み嘆くさま。

**ちょう-ちょう【▾蝶▾蝶】** チョウ。チョウチョ。

**ちょう-ちょう【丁丁・▿打▿打】**(副) 《ともに当て字》続けて打つ音。

**ちょう-ちょう【▾喋▾喋】**(副・サ変自) ぺちゃくちゃしゃべるさま。

**ちょうちょう-うお【▾蝶▾蝶魚】** チョウチョウウオ科の魚、約一五〇種の総称。また、その一種。暖海の沿岸岩礁にすむ魚。扁平で体高が高く、全長約二〇cm。黄褐色で、頭部を横切る黒褐色と白色の帯が目立つ。房総以南に分布。butterfly fish ↓図

●チョウチョウウオ

**ちょうちょう-エルエスアイ【超超LSI】** ↓ユーエルエスアイ(ULSI)

**ちょうちょう-ぐも【▾蝶▾蝶雲】** 積雲の形がくずれて蝶に似た形になった雲。気流の乱れを示し、雨の前兆となる。

**ちょうちょう-なんなん【▾喋▾喋▾喃▾喃】**(形動トタル) 男女がうちとけて、小声で楽しそうにさかんに話し合うさま。

**ちょうちょう-はっし【丁丁発止・▿打▿打発止】**(副) はげしく打ち合うさま・音。strike violently 用例 ―と渡り合う。

**ちょうちょう-ふじん【▾蝶々夫人】** 《原題Madama Butterfly(イタリア)》プッチーニ作曲のオペラ。ジャコーザとイリカの台本。二幕。一九〇四年初演。明治中期の長崎を舞台に、芸者とアメリカ海軍士官との愛と破綻を描く。日本の旋律をとり入れた異国情緒豊かな作品。

**ちょう-ちん【▿提灯・挑▿灯】** 携行用の灯火照明具。中の光源はろうそくを用い、細い割り竹(ひご)を螺旋状に巻いて骨とし、これに紙を張ったもので、折りたたみができる。lantern 数え方 一張り・一対(二張り)。

**提灯で餅を搗く** 思うようにならないたとえ。気ばかりあせって、埒があかない。

**提灯と傘は遣った積もりで貸せ** 提灯や傘などは、とかく貸しても忘れられてしまい、返してもらえないものと思って貸せ。

**提灯に釣り鐘** 《形は似ているが、その重さはたいへん違うことから》つりあいがとれないたとえ。lopsided match

**提灯の元暗がり** 身近なことには、かえって気がつきにくいたとえ。類似 灯台下暗し。

**提灯程の火が降る** 貧乏のはなはだしいさまに言う。

**提灯を持つ** 頼まれもしないのに、人のためにことさらに宣伝し、また、ほめる。ことさらにほめる。

**ちょうちん-あんこう【▿提▿灯▾鮟▾鱇】** 数百メートルの深海にすむチョウチンアンコウ科の魚。雌は全長約六〇cmで、雄はそれより小さい。頭の前端の長い柄の先端に発光器があり、他の魚を引きつけて捕食。太平洋と大西洋に分布。anglerfish ↓図

●チョウチンアンコウ

**ちょうちん-ぎょうれつ【▿提▿灯行列】** 祝賀の目的で夜間、大勢が提灯を持って練り歩く行列。

**ちょうちん-ごけ【▿提▿灯▾苔】** 蘚類チョウチンゴケ科のコケの総称。林内の腐植土に群生。茎からの長い柄に提灯状の蒴を下げる。ホソバチョウチンゴケなど日本に約四〇種ある。↓写

●チョウチンゴケ

**ちょうちん-まつり【▿提▿灯祭(り)】** 特徴のある提灯を用いる祭りの総称。各地に数多くあり、福島県二本松市の提灯祭り、愛知県幡豆郡一色町の大提灯祭りなどが有名。

**ちょうちん-もち【▿提▿灯持(ち)】** ①ちょうちんを持って、前に立つこと・人。②人の宣伝・手先に使われること・人。

**ちょうちん-や【▿提▿灯屋】** ①ちょうちんをつくり、売る店。②筆で文字を書くときに、なぞり書きをすること。

**ちょう-つがい【▾蝶▿番】** ①開き戸や開き窓、箱のふたなどに取り付けて、開閉させる金物。丁番。

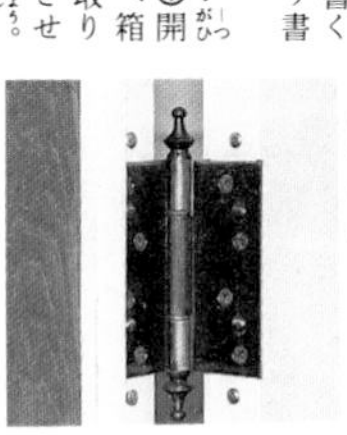

●蝶番①

hinge ②からだの関節のつなぎめ。joint ↓[写]

**ちょう-つけ【帳付(け)】**(名・サ変自) ＝ちょうづけ。①帳面に記入すること・人。keeping accounts [用例]宿屋の―をする。②買った品を帳面につけさせておいて、月末などにまとめて支払いをすること。[用例]―で買う。

**ちょう-づけ【丁付(け)】**(名・サ変自) 和とじの書物の枚数やページの順を記入すること。

**ちょう-づめ【腸詰(め)】** ひき肉に調味料・香辛料を加えて羊腸やケーシング(包装材)に詰め、燻煙したりゆでたりした食品。ソーセージ。sausage

**ちょう-づら【帳面】** 帳面に書いた事柄。帳面づら。balance of accounts [用例]―が合わない。

**ちょう-てい【長堤】** 長く続くつつみ。長い土手。

**ちょう-てい【長程】** 長い道のり。long way

**ちょう-てい【釣艇】** つりぶね。

**ちょう-てい【朝廷】** 天子が政治を行う所。Imperial Court

**ちょう-てい【調停】**(名・サ変他) ①争いごとの当事者の間に立って争いをやめさせること。mediation ②公の機関が間に立って紛争を和解させること。当事者の承諾によって効力を生ずる。民事上・労働法上・行政上・国際法上のものがある。arbitration; mediation [比較]仲裁。

**ちょうてい-きょくほ【長▼汀曲浦】**《長いみぎわと曲がった入り江、の意》長い浜辺。

**ちょう-てき【朝敵】** 朝廷の敵。逆賊。

**ちょう-てん【頂点】** ①頂上。いただき。summit ②極度。極限。extremity ③多角形の隣り合う二つの辺の交点。多面体の三つ以上の面が同時に交わる点。vertex

**ちょう-でん【弔電】** くやみの電報。telegram of condolence [対義]祝電。

**ちょうてん-がん【頂天眼】** キンギョの一品種。デメキンに似るが、背びれを欠き、突出した眼球は上方を向く。

**ちょう-でんす【兆殿▽司】** ↓みんちょう(明兆)

**ちょう-でんどう【超電導・超伝導】** 金属または合金などの電気抵抗が極めて小さくなる現象。鉛や水銀・ニオブ・チタンの合金などに生じる。完全反磁性体になる。superconductivity

**ちょうでんどう-ざいりょう【超電導材料】** 低温で電気抵抗がなくなる物質。ニオブ-チタン合金や、ニオブ-錫のような化合物が開発・研究されている。superconductive material

**ちょうでんどう-でんじしゃく【超電導電磁石】** 超電導体のコイルに電流を流して磁場をつくる装置。原理上電力を消費しない。小型で強い磁場が得られる。superconductive magnet

**ちょう-てんよく【張天翼】**(一九〇六〜八五) 中国の小説家・児童文学者。本名は張元定。南京生まれ。『華威先生』など風刺的小説があり、児童文学でも先駆的な役割をはたした。

**ちょう-と【丁と】** [古語](副)《「ちょうど」とも》①物が激しく当たって音をたてるさま。[用例]障子を―たててぞ出られける(平家・二・小教訓)。②激しくにらむさま。はったと。[用例]入道相国ちっともさわがず―にらまへておはしければ(平家・五・物怪之沙汰)。

**ちょう-と【長途】** 長い旅路。遠い道のり。long way

**ちょう-ど【調度】** ①日常使用する生活用具の総称。家什・化粧具・文房具・飲食器・灯火器などの道具類。furniture ②武家で、弓矢。また、弓矢を持つ役・人。

**ちょう-ど【丁度・▼恰度】**(副) ①おりよく。ぐあいよく。just [用例]―終わったところだ。②まるで。さながら。just like [用例]―絵のようだ。③余分もなく、不足もないさま。きっかり。ぴったり。exactly [用例]一〇〇〇円―。

**ちょう-とう【長刀】** ①長い刀。long sword [対義]短刀。②なぎなた。

**ちょうどう-いん【朝堂院】** 平城京・平安京大内裏の正庁。八省の官人たちが政務をとり、即位・大嘗会・朝賀などの国家の儀式を行ったが、のち内裏紫宸殿に移った。朝堂院の正殿を大極殿という。八省院。↓大内裏[図]

**ちょうとうこう【釣▼藤▼鉤】** 生薬の一つ。カギカズラやトウカギカズラの軸についたかぎ状のとげ。大きいとげほど効力が強い。鎮痛・鎮痙薬として用いる。

**ちょう-とうは【超党派】** 党派の利害を超え、関係者が共同の目的のために協力すること。また、協力した形。nonpartisanship

**ちょう-どうりょう【張道陵】**(生没年未詳) 中国、後漢末の道士。張陵の通称。その創始した五斗米道(天師道)は民衆に迎えられ、道教の源流の一つとされる。

**ちょう-どきゅう【超▼弩級】**《「弩級」は、第一次大戦後イギリスが造ったドレッドノートクラスの戦艦、の意》①ドレッドノートクラスより大きいこと・戦艦。superdreadnought ②ずばぬけていること。並はずれていること。super [用例]―の傑作。

**ちょうとく【長徳】** 平安中期の年号。正暦から改元。元年(九九五)二月二二日〜五年(九九九)一月一三日。次に、長保に改元。

**ちょう-とじ【帳▼綴(じ)】** ①帳簿をとじること。bind ②帳簿をとじるのに使うきり。千枚通し。eyeleteer ③昔、商家で、正月二日に新しく使う帳簿をとじ、商売繁盛を願って行った祝い。帳祝。帳祭り。

**ちょう-とっきゅう【超特急】**《「ちょうときゅう」の変》①特急列車よりも、さらに速いこと。また、その列車。superexpress ②特別に急いですること。[用例]―で仕上げてしまう。

**ちょう-トン【長トン】**《long ton の訳》英トン。約一〇一六・一kg。

**ちょう-とんぼ【▼蝶▼蜻▼蛉】** チョウのように舞いながら飛ぶトンボ。トンボ科の昆虫。体長約三・五cm。翅の大部分は黒紫色。夏に出現し、田や池沼に多い。本州・四国・九州に分布。↓[図]

●チョウトンボ

**ちょうな【▽手▼斧・丁▼鉋・▼釿】**《「手おの」の転》鍬の形をしたおののような刃物。荒削りの木材表面をさらに仕上げるのに用いた。ちょうの。ちょんの。adz ↓[写]

**ちょう-ない【町内】** 同じ町の中。neighborhood [用例]―会。

**ちょうない-さいきん【腸内細菌】** 人や哺乳類の腸管に常在する細菌の総称。大腸菌・赤痢菌・サルモネラ菌など。intestinal bacteria

**ちょうな-はじめ【▽手▼斧始(め)】** 建築儀礼の一つ。大工が建築にとりかかる日、また、新年に大工が神前などで行う儀礼。神饌を供え、材木に曲尺を当て、墨をうち手斧で削る。斧の始め。

●手斧

**ちょう-なん【長男】** 最初に生まれた男の子。総領。長子。the eldest son [対義]長女。

**ちょうなん【長南】**〈町〉千葉県中部、茂原市南隣の町。旧城下町。笠森観音がある。人口一万一七七五(一九八八)。

**ちょう-にん【町人】** 江戸時代、都市に住む職人と商人。家屋を所有し町役人の選挙権を有した上層階級と、それらを持たない下層階級とがあった。

**ちょう-にん【重任】** 平安中期以降、国司がその任期満了後、財貨を納めるなどしてひき続き同じ官職に任ぜられること。じゅうにん。

**ちょうにん-ぶんか【町人文化】** 桃山・江戸時代、都市町人によって生み出された民衆文化。貴族文化・武家文化に対する語。

**ちょうにん-もの【町人物】** 浮世草子の一種。町人や、その生活を主にした作品。井原西鶴の『世間胸算用』など。

**ちょう-ネクタイ【▼蝶ネクタイ】** 蝶結びにしてつけるネクタイ。ボータイ。bow tie

**ちょう-ねんげつ【長年月】** 長い月日。long time [対義]短時日。

**ちょう-ねんてん【腸▼捻転】** 腸が腸間膜とともにねじれること。腸の壊死・激痛・ショックをおこすことがある。腸閉塞をさすこともある。volvulus

**ちょう-のうりょく【超能力】** 自然科学的には説明できないような能力。透視・念力・テレパシーなど。ESP。super ability

**ちょうのすけ-そう【長▼之助草】** バラ科の常緑小低木。高山の草地にはえる。葉は楕円形。茎は地上をはう。夏に白花を開く。名は、発見者須川長之助に由来。↓[写]

**ちょう-は【長波】** 周波数一〇〇キロヘルツ以下(波長三〇〇〇m以上)の電磁波。潜航中の潜水艦に対する特殊通信や船舶無線などに用いられる。long wave [対義]短波。

**ちょう-ば【丁場・町場】** ①駅と駅、または停留所と停留所との間。②宿駅と宿駅との距離。夫役に当てられた、道普請などの持ち場。[用例]長―。

**ちょう-ば【帳場】** 商店・旅館などで帳つけ・勘定などをする所・人。勘定場。counter

**ちょう-ば【跳馬】** 体操競技種目の一つ。また、その器具。男子は縦向き、女子は横向きに使用。助走後、台上に片手または両手をついて跳躍する。long horse ↓[写]

**ちょう-ば【▼嘲▼罵】**(名・サ変他) あざけりののしること。abuse [用例]―を浴びる。

**ちょう-はい【朝拝】** ①元日に天皇が諸臣の年賀を受ける儀式。平安中期まで続いた。朝賀。みかどおがみ。②嫁の里帰り。北陸地方から中部地方にかけて言う。

**ちょうばい-か【鳥媒花】** 鳥が花粉を媒介する花。ツバキ・サザンカなどはメジロによって授粉される。ornithophilous [比較]虫媒花。

**ちょうはく-さん【長白山】** ↓はくとうさん(白頭山)

**ちょうはく-さんみゃく【長白山脈】** 北朝鮮(朝鮮民主主義人民共和国)と中国の境界を、北東から南西に走る山脈。主峰白頭山(長白山)は標高二七四四m。チャンベク山脈。

**ちょう-ばこ【帳箱】** 商家で帳簿を入れた箱で、机代わりにも使えるようになっている家具。上蓋が蝶番式、また側面に引き出しがつくなど、机と懸け硯が合わさったようなものが多い。

●チョウノスケソウ

**ちょうば-ごうし【帳場格子】** 商店や宿屋で帳場の囲いに立てた格子。高さ一mくらいの低い格子で、二枚折り・三枚折りなどがある。↓[写](次ページ)

**ちょう-はつ【長髪】** 長く伸ばした髪の毛。long hair

**ちょう-はつ【挑発】**(名・サ変他) わざと相手を刺激して、事件を起こすようにしむけたり、感情・欲望を起こすようにしむけたりすること。provoke [用例]―にのるな。

**ちょう-はつ【徴発】**(名・サ変他) 軍隊などが物資を強制的に取り立てること。requisition [比較]収用・徴用。

**ちょう-はつ【調髪】**(名・サ変自) 髪の毛を結ったり、刈ったりして整えること。理髪。haircut [比較]結髪。

**ちょう-ばつ【懲罰】**(名・サ変他) ①不正・不当な行いなどをこらしめ罰すること。punishment ②国会や地方議会で、秩序を乱した議員を議決に基づいて処罰すること。戒告、陳

●跳馬 女子。



↓行き先項目、図版・写真参照印。 [JIS]日本工業規格情報交換用漢字符号コード(区点コード)。

●帳場格子（ちょうばごうし） 江戸時代の両替屋。

謝、登院・出席停止、除名の四段階がある。用例 —委員会にかける。

**ちょう-はながた【▼蝶花形】** 祝宴に用いる銚子や提子などの、ふたの飾り。半紙で蝶の形に折ったもので、蝶は酒の毒を消す力をもっているとされる。

**ちょう-はん【丁半】** ①さいころの目の偶数(丁)と奇数(半)。②さいころ賭博の一種。二個のさいころを振って、その目の合計が丁か半かをあてて勝負を決する。双六が起源とされ、近世に博徒を中心に普及。

**ちょう-ひ【張飛】**(?〜二二一) 中国、三国時代の蜀漢の武将。字は益徳・翼徳。関羽とともに劉備に仕え、戦功をたてたが部下に過酷であったため殺された。

**ちょう-び【▼掉尾】**《尾を振る意。「とうび」は慣用読み》①終わりの方になってさかんに活動すること。final effort 用例 —の勇。②最後。用例 —を飾る。

**ちょうび-けい【長尾鶏】** オナガドリの異名。

**ちょうびさい-こうぞう【超微細構造】** 原子や分子のスペクトル線に現れる微細な分離。原子核の磁気モーメントの作用によって起こる。hyperfine structure

**ちょう-ひょう【徴▼憑】** 事実を証明する材料になる間接的な事実。indicia

**ちょう-びりゅうし【超微粒子】** 金属などの粒子の直径が一万分の一ミリメートル以下の微粒子。単位重量あたりの表面積が大きくなり、すぐれた磁性特性や触媒作用をもつようになる。ultra-fine particles

**ちょうび-るい【長鼻類】** 哺乳類の一目。ゾウ科のみからなる。現存する最大の陸生動物で、皮膚は厚く、毛は少ない。鼻部と上唇とが円筒状に長く伸び、種々の役割を果たす。上顎の門歯は牙状に突出。マストドン・ステゴドン・マンモスなど化石種も多い。proboscidean

**ちょう-ふ【▼貼付】**(名・サ変他)《「てんぷ」は慣用読み》印紙などをはり付けること。attach

**ちょう-ふ【調布】** 昔、租税として納めた手織りの布。つきぬの。

**ちょうふ【調布】**〈市〉東京都中部にある市。旧宿場町。住宅都市。深大寺・神代植物公園がある。人口一八万九八七〇(一九八八)。

**ちょう-ぶ【町歩】** 尺貫法の面積の単位。一町歩は一町四方、長さの単位「町」と混同しないよう町歩という。約九九一〇m²。

**ちょう-ふく【重複】**(名・サ変自) 同じ物事が重なり合うこと。じゅうふく。duplication 用例 話が—する。

**ちょう-ふく【朝服】** 朝廷に出仕するときに着用する正服。役人の階級・種別によりその形式・色彩が異なる。朝衣。

**ちょう-ぶく【調伏】**(名・サ変他) ①《仏教語。正しくは「じょうぶく」》㋐心身を調和して悪行・欲望をおさえること。㋑仏に祈って怨敵・悪魔を鎮めること。②のろい殺すこと。

**ちょうふく-ほけん【重複保険】** 複数の保険契約が同じ対象について結ばれ、保険金額の合計がその対象の評価額を超えること。double insurance

**ちょう-ぶつ【長物】** ①長いもの。something long ②邪魔なもの。無駄なもの。useless things 用例 無用の—。

**ちょう-ぶん【弔文】** 人の死を悼む文章。くやみの文章。弔辞。condolatory address

**ちょう-ぶん【長文】** 長い文・文章。long sentence 対義 短文。

**ちょう-へい【徴兵】**(名・サ変自) 国家が義務として課し、国民を強制的に兵役につかせること。conscription; draft

**ちょうへい-けんさ【徴兵検査】** 第二次大戦終了まで、兵役法による徴兵制度のもとで行われた、成年男子が兵役に服する資格の有無の検査。徴兵適齢(満二〇歳、のち満一九歳)に達した男子について、その本籍地で徴兵医官が身体検査を中心に実施し、甲種・乙種・丙種などの等級をつけた。

**ちょうへい-せいど【徴兵制度】** 国民に兵役の義務を課し、必要な人員を強制的に軍隊に徴集する制度。現在、ソ連・韓国などが採用している。conscription system

**ちょう-へいそく【腸閉▼塞】** 腸の通過障害。状況により重体におちいることもある。腸内異物、腸の病気や癒着などでおこる。主症状は腹痛・吐き気・嘔吐。腸不通症。イレウス。ileus

**ちょうへい-れい【徴兵令】** 明治六年(一八七三)公布の二〇歳に達した国民男子に三年の兵役義務を課した法律。昭和二年(一九二七)兵役法と改められた。

**ちょうへきしき-さいたん【長壁式採炭】** 炭層に沿って五〇〜二〇〇m間隔で二本の平行な坑道を掘り、その一端を貫通して切り羽とし、切り羽全面で同時に採炭する方法。炭層の手前から採炭する前進式と、奥から手前へ採炭する後退式がある。longwall mining

**ちょう-へん【長編・長▼篇】** 小説・映画などで、長い大部の作品。long piece 対義 短編。

**ちょう-べん【調弁・調▼辦】**(名・サ変他) ①必要な物をととのえて、賄うこと。②軍隊の食糧を戦地でととのえること。

**ちょうへん-しょうせつ【長編小説】** 複雑で構想の大きな長い小説。ノベル。long novel

**ちょうほ【長保】** 平安中期の年号。長徳から改元。元年(九九九)一月一三日〜六年(一〇〇四)七月二〇日。次に、寛弘に改元。ちょうほう。

**ちょう-ぼ【帳簿】** 金銭・物品の出し入れなどを記入する帳面。account book

**ちょう-ぼ【徴募】**(名・サ変他) つのり集めること。徴集。enlistment 用例 義勇兵を—する。

**ちょう-ほう【弔砲】** 人の死を悼み、儀礼として発射する空砲。funeral salute

**ちょうほう【長▽保】** ↓ちょうほ(長保)

**ちょう-ほう【重宝】** 大切なたから。じゅうほう。treasury of great value

**ちょう-ほう【重宝・調法】**(名・形動・サ変他) 便利なこと・さま。珍重すること・さま。convenience

**ちょう-ほう【▼諜報】** こっそり情報を探って知らせること。秘密情報。secret information

**ちょう-ぼう【眺望】**(名・サ変他) けしきをながめ見わたすこと。また、そのけしき。ながめ。見晴らし。view 用例 —のきく高台。

**ちょうほう-が・る【重宝がる】**(五他) たいへん便利に思う。consider to be useful

**ちょうほう-きかん【▼諜報機関】** ひそかに情報を収集するための機関。情報機関。secret service

**ちょう-ほうけい【長方形】** すべての頂角が直角の四角形。平行四辺形の特別の場合。矩形。長四角。rectangle

**ちょうぼう-けん【眺望権】** 住宅・旅館などからの眺めを他人の建築物などによって妨げられない権利。right to a view

**ちょう-ぼん【超凡】**(名・形動) 並はずれてすぐれていること・さま。非凡。

**ちょうほん-にん【張本人】** 事件を起こしたり企てた、いちばんのもととなった者。首謀者。張本。ringleader

**ちょう-まつ【長松】** 江戸時代、商家の小僧の通称。

**ちょう-まん【腸満・脹満】** 腹部に液やガスがたまって、腹がふくれあがる症状。

**ちょう-み【調味】**(名・サ変自) 食物の味を整えること。seasoning

**ちょう-みつ【▼稠密】**(名・形動) ↓ちゅうみつ(稠密)

**ちょうみ-りょう【調味料】** 調理のとき、主材料に加えて料理の味をととのえるもの。食塩・しょうゆ・砂糖・みそ・酢など。食品の防腐、つや出しにも役立つ。seasoning 数え方 一さじ・一カップ・一グラム・一つまみ。

**ちょう-みん【兆民】** 多くの人民。万民。

**ちょう-みん【町民】** 町に住んでいる人。town's people

**ちょうみん-ぜい【町民税】** ↓しちょうそんみんぜい(市町村民税)

**ちょう-むすび【▼蝶結び】** 結んだかたちが蝶の形に似ている、紐・帯の結び方。装飾をかねて用いる。古墳から出土する埴輪の首紐飾りなどにもこの結び方が見られる。bowknot 比較 花結び。↓結び図

**ちょう-め【丁目】** 一つの町を小区分する単位。block 用例 一—一番地。

**ちょう-めい【長命】** 長生き。長寿。long life 対義 短命。

**ちょう-めい【朝命】** 朝廷の命令。用例 —を拝す。

**ちょう-めい【澄明】**(名・形動) すんで明るいこと・さま。

**ちょうめい-る【長命▼縷】** 中国で端午に魔除けのために柱などにかけて飾った五彩の糸。日本では宮廷で端午の節句に飾った薬玉の類。薬玉は香料を玉にして造花やショウブ・ヨモギなどをつけ、五色の糸で飾った。

**ちょう-めん【帳面】** 記録を書き記すために、紙を重ねて綴った冊子。ノート。帳簿。notebook

**ちょうめん-づら【帳面面】** 帳面に記入してある表向きの数字。記載面。帳づら。accounts

**ちょう-もうふ【▼趙▼孟▼頫】**(一二五四〜一三二二) 中国、元代の文人・書家・画家。字は子昂など。呉興の人。元代書画界の指導者で後世に影響を与えた。作品『蘭亭十三跋』(書)など。

**ちょう-もく【鳥目】**《中央の穴が鳥の目に似ていることから》銭の別称。とくに、銅・鉄で鋳造した銭をいう。

**ちょう-もと【帳元】** 興行物などの会計の取り締まりをする所・人。

**ちょう-もん【弔問】**(名・サ変他) 遺族を訪問してくやみを述べること。call of condolence 用例 —客。

**ちょう-もん【頂門】** 頭の上。

**頂門の一針**(ちょうもんのいっしん) 人の急所をついた戒め。痛切な教訓。piercing advice

**ちょう-もん【聴聞】**(名・サ変他) ①注意して聞きとること。hearing ②仏教で、説法などを聞くこと。③行政機関が行政行為をするに先だって、その行為の相手方または利害関係人の意見を聞くこと。また、そのための手続き。聴問。hearing

**ちょうもん-かい【聴聞会】** 行政機関が規則の制定・改変や行政処分などを行うに先だって、関係者などから意見をきくために開く会。行政機関が行う点で、国会が行う公聴会と区別される。hearing

**ちょうもん-きょう【長門峡】** 山口県、阿武川中流の峡谷。延長一二kmの石英斑岩の峡谷で、紅葉のころがとくに美しい。

**ちょうもん-そう【聴聞僧】** カトリック教会で、信徒のざんげを聞く司祭。confessor

**ちょう-もんとう【張問陶】**(一七六四〜一八一四) 中国、清代の詩人。号は船山。遂寧の人。詩風は袁枚の性霊説に近く、平明で生気に富む。詩集『船山詩草』。

**ちょう-や【長夜】** =じょうや。①長い夜。冬の夜。②夜通し。用例 —の宴。③死ぬこと。めいど。

**長夜の飲**(ちょうやのいん) 夜通し酒を飲むこと。長夜の宴。

**長夜の室**(ちょうやのしつ) 墓穴。つか。はか。

**長夜の眠り**(ちょうやのねむり) ①一生を夢のようにくらすこと。長夜の夢。②煩悩のため、いつまでも迷いの世界にあること。長夜の闇。

**長夜の闇**(ちょうやのやみ) 「長夜の眠り」②と同意。

**ちょう-や【朝野】** ①朝廷・政府と民間。用例 —をあげて祝う。②世間。全国。

**ちょう-やく【跳躍】**(名・サ変自) ①おどりはね上がること。jump ②陸上競技で、走り高跳び・棒高跳び・走り幅跳び・三段跳びの総称。跳躍競技。jump

**ちょう-やく【調薬】**(名・サ変自) 薬を調合すること。調剤。preparation

**ちょうやく-じょうこく【跳躍上告】** 第一審判決に対し控訴を抜きに直接最高裁判所になされる上告。刑事訴訟では法令を違憲と判断した判決などに対して行われる。民事訴訟では当事者の合意が要件となる。飛越上告。飛躍上告。

**ちょう-やくば【町役場】** ↓まちやくば(町役場)

**ちょうやぐんさい【朝野群載】** 平安時代の詩文・宣命・詔勅などを分類・編集した書。三〇巻。三善為康編。永久四年(一一一六)成立。

**ちょう-よう【長幼】** おとなと子ども。年上と年下。young and old

**長幼の序**(ちょうようのじょ) 年上・年下の順序。それによる規律。the elder's precedence over the younger

**ちょう-よう【重陽】**《陽の数の極である九を重ねる意》五節句の一つ。陰暦九月九日の節句。菊の節句。重九。

**ちょう-よう【朝陽】** ①あさひ。対義夕陽。②山の東。

**ちょう-よう【徴用】**(名・サ変他) 国家が国民を強制的に動員して一定の業務につかせること。draft 比較徴発。

**ちょうよう【長陽】**〈村〉 熊本県北東部、阿蘇山西麓の村。米・タバコ・飼料作物などを作る。温泉が多い。人口五〇四五(一九八八)。

**ちょうよう-ざい【腸溶剤】** ↓エンテリックコーティング

**ちょうよう-の-せっく【重陽の節句・重陽の節供】** 五節句の一つ。九月九日。農村での九日のように、秋の収穫を祝う行事と、野外で菊の花を観賞しながら酒を楽しむ風習が結びついたもの。菊の節句。九月節句。栗節句。

**ちょう-よく【▼趙翼】**(一七二七〜一八一四) 中国、清朝中期の考証学者・詩人。地方官を歴任したが退官、著述に専念。著書『二十二史箚記』など。

**ちょう-らい【頂礼】**《仏教語》仏や尊者の前にひれふし、頭を相手の足につけておがむこと。最高の礼法。接足礼。五体投地。

**頂礼昂じて尼になる**(ちょうらいこうじてあまになる) 信心が厚すぎて、尼にならなければ気がすまなくなる。

**ちょう-らい【朝来】**(副) 朝から、ずっと。対義夜来。用例 — の雨。

**ちょう-らく【▼凋落】**(名・サ変自) ①草木がしぼむこと。wither ②落ちぶれること。没落。衰微。decline

**ちょう-り【長吏】** 中国、漢代の官制。二〇〇石から四〇〇石の扶持を受ける県吏。また、六〇〇石以上を受ける一般官吏。

**ちょう-り【調理】**(名・サ変他) ①物事をととのえること。arrangement ②食品を料理に仕上げるまでの過程。洗う・切る・浸すなどの生調理と焼く・煮る・いためる・蒸す・揚げる・ゆでるなどの加熱調理に分けられる。cookery

**ちょうり-きぐ【調理器具】** 調理に使うすべての道具。なべ・包丁・すり鉢・おろし金・トースター・オーブンなど。cookware

**ちょうり-し【調理師】** 昭和三三年(一九五八)に制定された調理師法によって、都道府県知事の免許を受けた調理人。

**ちょうり-だい【調理台】** 台所で調理作業をするための台。流し台・ガス台と合わせたユニット形式が多い。標準は高さ八〇㎝、奥行き五五㎝、幅六〇〜九〇㎝。kitchen table

**ちょう-りつ【調律】**(名・サ変他) 楽器の音律を整えること。音叉や調子笛なども用いる。調音。tune 用例 — 師。

**ちょうりゃく【長▽暦】** 平安中期の年号。長元から改元。元年(一〇三七)四月二一日〜四年(一〇四〇)一一月一〇日。次に、長久に改元。

**ちょう-りゅう【潮流】** ①潮汐現象によって起こる周期的な海水の水平方向の流れ。海上交通に大きな影響を与える。tidal current ②時勢のなりゆきや傾向。時流。風潮。trend

**ちょう-りゅうどう【超流動】** 液体ヘリウムが極低温で毛細管や細いすきまを粘性抵抗を全く示さずに流れる現象。superfluidity

**ちょう-りょう【跳▼梁】**(名・サ変自) ①はねまわること。jump about ②悪いものが思うままにふるまうこと。のさばること。横行。rampancy 用例不正の —。— 跋扈。

**ちょう-りょう【張良】**(?〜BC一六八) 中国、漢朝創業の功臣。韓の貴族出身。秦の始皇帝を襲って失敗。劉邦(高祖)の挙兵を助け、鴻門の会ではその危機を救った。統一後の諸政策に貢献。

**ちょう-りょく【張力】** ①引っ張り合う力。tension ②物体内部に考えた面の両側の部分が、面に垂直に引っ張り合うような応力。tension 対義圧力。

**ちょう-りょく【聴力】** 音を聞きとる能力。hearing 用例 — が衰えを見せる。

**ちょうりょく-けんさ【聴力検査】** 音を聞きとる能力の測定検査。純音聴力検査・語音聴力検査がある。単位はデシベル。audiometry

**ちょうりょく-はつでん【潮力発電】** 水力発電の一種。潮の干満による海水面の高さの差を利用して行う。tidal power generation

**ちょう-るい【鳥類】** 飛翔生活に適応した脊椎動物。体は羽毛で覆われ、前肢は翼となる。骨は含気性で軽い。恒温動物で卵生。口は嘴となり、歯はない。肺で呼吸。世界に約八六〇〇種、日本に約五二〇種が分布。禽鳥。鳥禽。birds ↓図

**ちょうるい-びょう【鳥類病】** 愛玩用の鳥をおかす病気。これが経口的にヒトに感染し発病する。高熱を出しX線写真で胸部に陰影が認められる。オウム病がその代表。psittacosis

**ちょう-れい【朝礼】** 学校などで始業前に全員が集まってするあいさつ。朝会。morning gathering

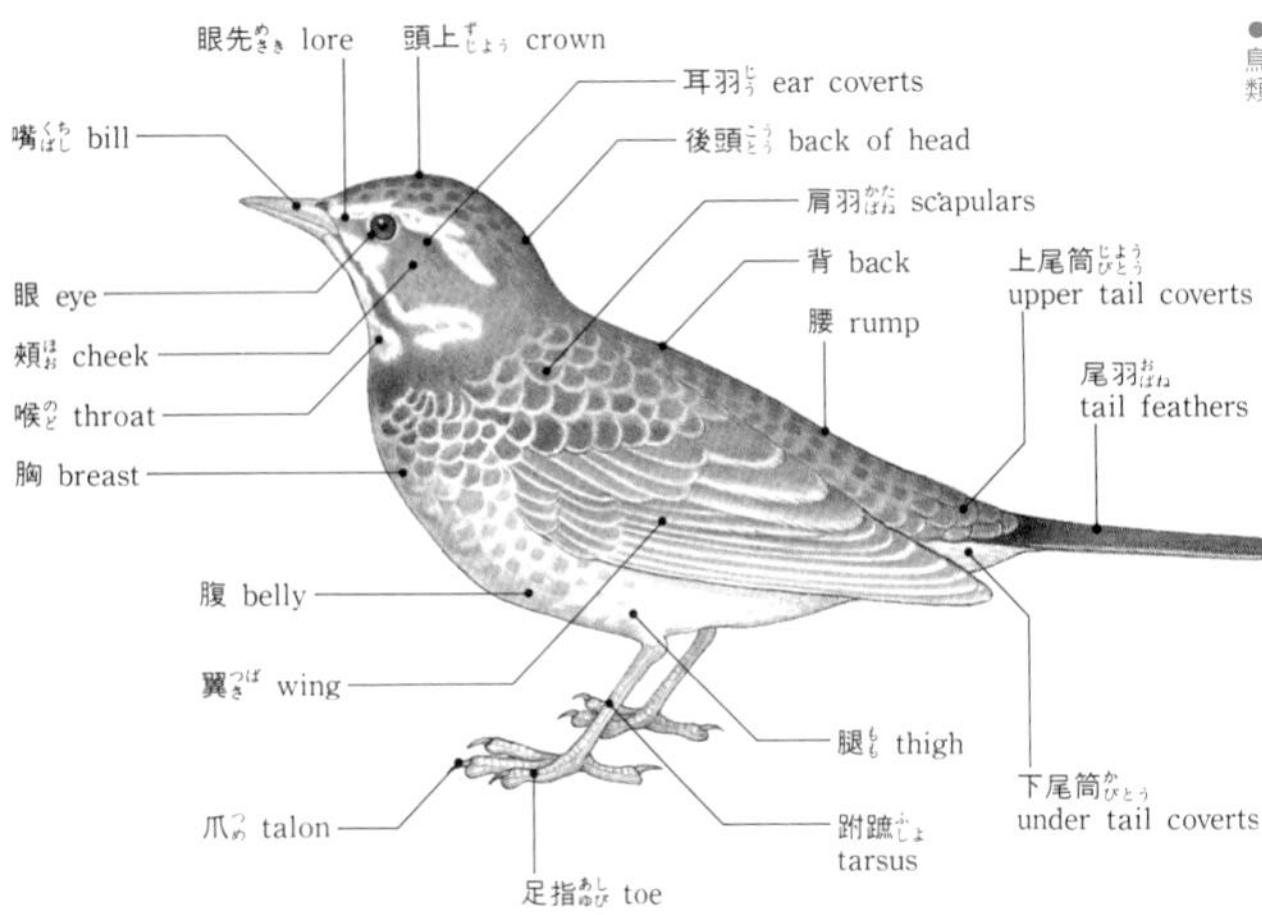

●鳥類

**ちょうれい-ぼかい【朝令暮改】** 朝、命じたことが、夕方には変わること。すぐ変わって一定しないこと。inconsistency of policy

**ちょう-れん【調練】**(名・サ変他) ①兵士を訓練すること。練兵。military drill ②訓練を積むこと。training

**ちょう-れんが【長連歌】** 短歌の上の句(長句)と下の句(短句)とを交互に数人でよみあう連歌で、長句(発句)・短句(脇)・長句(第三)と順次よみ連ねる鎖連歌のこと。

**ちょう-ろ【朝露】** ①朝日に消えるつゆ。②はかないもののたとえ。用例人生 — の如し。

**ちょう-ろう【▼嘲▼弄・▼嘲▼哢】**(名・サ変他) ばかにして、からかうこと。なぶること。mockery

**ちょう-ろう【長老】** ①年をとり経験を積んだ人。wise old person ②高僧または住持の僧を言う敬語。③キリスト教の名誉職。elder

**ちょうろう-せい【長老制】** 文化人類学の概念で、長老の合議制による支配体制をいう。年齢組織の発達した社会でみられるが、王や首長の諸問機関の場合もある。gerontocracy

**ちょうろうは-きょうかい【長老派教会】** プロテスタントの一派。カルバンの影響を受け、ピューリタン運動の母胎となる。牧師と信徒代表からなる長老会(日本では中会)が教会運営に当たる。改革派教会。Presbyterian Church

**ちょうろぎ【▽草▽石▽蚕】** ↓ちょろぎ(草石蚕)

**ちょうろく【長▼禄】** 室町中期の年号。康正から改元。元年(一四五七)九月二八日〜四年(一四六〇)一二月二一日。次に、寛正に改元。

**ちょう-わ【調和】**(名・サ変自) ①ほどよくつりあいがとれて、整っていること。harmony 用例色が — している。②互いに和合すること。harmony 比較均衡。用例 — を欠く。

**ちょうわ【長和】** 平安中期の年号。寛弘から改元。元年(一〇一二)一二月二五日〜六年(一〇一七)四月二三日。次に、寛仁に改元。

**ちょうわ-き【聴話器】** 補聴器の別称。

**ちょうわ-きゅうすう【調和級数】** 調和数列の各項を加法記号+で結合したもの。たとえば$1+\frac{1}{2}+\frac{1}{3}+\cdots+\frac{1}{n}$。harmonic series

**ちょうわ-しんどうし【調和振動子】** 単振動する質点また振動系。変位に比例する復元力であるフックの法則に従う力だけがはたらく。ばねによる質点の振動など。harmonic oscillator

**ちょうわ-すうれつ【調和数列】** 数列の各項の逆数が等差数列になるような数列。harmonic progression

**ちょうわ-たい【調和体】** 書道で、漢字と仮名を区別しないで、両者の融合美を表現しようとする書体。

**ちょうわ-でん【長和殿】** 皇居の東庭に面する、新宮殿中最大の建物。レセプションなどに使われる。

**ちょうわ-へいきん【調和平均】** $n$個の数があるとき、それぞれの数の逆数の総和をその個数$n$で割った値の逆数。一般に、相乗平均・相加平均より大きくない。harmonic mean

**チョー-オユー-さん【チョーオユー山】**(Cho Oyu) 中国とネパールの国境東部、ヒマラヤ山脈にある高峰。標高八一五三m。一九五四年オーストリア隊が初登頂。

**チョーカー【choker】** ①首にぴったり合う首飾り。②高い立ち襟。③首にぴったりの襟巻き。

**チョーク【chalk】** ①やわらかい土質の石灰石のこと。白亜。②↓はくぼく(白墨)。③ビリヤードのすべりどめの粉。

**チョーク【choke】** エンジンの空気流入量を調節する装置。自動車では、始動時に空気流入量を少なくするために用いる。用例 — を引く。

**チョーク-コイル【choke coil】** 電気回路で、比較的高い周波数の電流を阻止し、周波数の低い特定領域の電流ならびに直流だけを通過させるようなコイル。

**チョーク-ストライプ【chalk stripe】** 織物の柄の名。白のストライプで、濃い地色にチョークで引いた線のような細い縞が入っている。

**チョーサー【Geoffrey Chaucer】**(一三四〇ごろ〜一四〇〇) イギリスの詩人。近世英文学の創始者、「英詩の父」といわれる。フランス・イタリア文学に学び、写実的で人間味豊かな表現をうちだした。中世物語文学の集大成『カンタベリー物語』、『トロイラスとクレシダ』など。

**チョーチアン【浙江】**〈省〉(Zhèjiāng) ↓せっこう(浙江)

**チョカーノ【José Santos Chocano】**(一八七五〜一九三四) ペルーの詩人。ラテンアメリカ詩の近代派の代表の一人。詩集『アメリカの魂』など。

**ちよ-がみ【千代紙】** 木版でいろいろな模様を色刷りにした和紙。江戸時代、錦絵屋が版画にして売り出したのが始まり。

**ちよがみ-ざいく【千代紙細工】** 千代紙を用いて作った人形など。また、それを作ること。

**ちよかわ【千代川】**〈村〉 茨城県南西部、鬼怒川に沿う村。稲作などの農業を行うが、都市化も進む。人口九〇七一(一九八八)。

**ちょき** じゃんけんで、握りこぶしから人指し指と中指を出した形。はさみ。ぱあ(＝紙)に勝ち、ぐう(＝石)に負ける。

**ちよ-き【千代木】** マツの異名。

**ちょき-ぶね【▼猪▼牙舟】** 小型で細長く先のとがった、船足の速い船。隅田川を上下し、江戸の遊所に客を送るなどに使用。山谷船。ちょき。

**ちょ-きん【貯金】**(名・サ変自) ①金銭を蓄積すること。また、その金銭。save money ②とくに郵便局に金銭を預けてためること。また、その預金。savings 比較預金。

**ちょきん-きょく【貯金局】** 郵政省の内局の一つ。郵便為替・郵便貯金・郵便振替貯金および年金・恩給の給与その他国庫金の受け入れ・払い渡しに関する事務を行う。

**チョク**8画**【直】** 部首[目] 教育小3 →教育小2 JIS 3630

直 直 直 直 直 直

音**チョク・ジキ・チ**
訓**ただちに・なおす・なおる**

①じかに。ただちに。対義傍・間。「直営・直感・直射・直接」②まっすぐ。なおい。対義曲。「実直」「直情径行・直線」③とのい。とのいする。「宿直・当直・日直」④あたい。ねだん。「安直」⑤気がる。手がる。用例(形動) — な店。⑥なおす。なおる。用例 — な人。↓ジキ



↓行き先項目、図版・写真参照印。 JIS 日本工業規格情報交換用漢字符号コード(区点コード)。

〔直〕

**チョク** 9画【勅】 部首［力］ 常用 JIS 3628 ── 11画【▾敕】 部首［攵］ 旧字 JIS 5837
音 チョク
①みことのり。天子のおおせ。また、その文書。比較 詔。「詔勅・神勅」用例（名）——を奉ずる。②天子の。「勅願・勅語・勅答・勅令」③いましめる。いましめ。

**チョク** 10画【▾陟】 部首［阝］ JIS 8002
音 チョク
①のぼる。あがる。高いところへあがる。②すすむ。官位が高くなる。

**チョク** 10画【▾捗】 部首［扌］ ── 11画【▾捗】 異体字 JIS 3629
音 ホ・チョク
はかどる。はかがいく。ものごとが、すらすらすすむ。「進捗」

**チョク** 13画【▾稙】 部首［禾］ JIS 6738
音 チョク・ショク
はやまきの穀物。

**チョク** 13画【▾飭】 部首［食］ JIS 5012
音 チョク・チキ
①ただす。ととのえる。身をつつしむ。②いましめる。いましめ。「戒飭」

**チョク** 20画【▾躅】 部首［足］ JIS 7717
音 チョク・タク
ふむ。あしぶみをする。たちどまる。

**ちょ-く**【▾猪口】 ①おもに陶磁あるいは銀・錫製の小さいさかずき。ちょこ。②刺身・酢の物などを入れる小さな器。本膳料理などに用いる。

**ちょく-えい**【直営】（名・サ変他） 直接経営すること。direct management 用例 製造元——。

**ちょく-えんすい**【直円▾錐】 円錐のうち、底面の円の中心と頂点を結ぶ直線が底面に垂直なもの。right circular cone →円錐図

**ちょく-えんちゅう**【直円柱】 円柱のうち、母線が底面に垂直なもの。right circular cylinder →円柱図

**ちょく-おう**【直往】（名・サ変自） まっすぐ進むこと。直進。

**ちょく-おん**【直音】 「にゃ」「きゃ」などの拗音および促音の「っ」以外の音節。

**ちょく-がく**【勅額】 天子直筆の額。

**ちょく-がん**【勅願】 勅命による祈願。天皇の祈願。

**ちょくがん-じ**【勅願寺】 天皇の発願により、鎮護国家を祈願して建てられた寺。勅願所。御願寺。

**ちょくかん-ひりつ**【直間比率】 国の税収総額に占める、直接税と間接税の割合。ratio of direct and indirect taxes

**ちょく-げき**【直撃】（名・サ変他） 爆弾などが直接当たること。direct hit 用例 ——弾。

**ちょく-げん**【直言】（名・サ変他） 気がねせず、ずばりと言うこと・ことば。plain speaking

**ちょく-ご**【直後】（名・副） すぐあと。immediately after 対義 直前。

**ちょく-ご**【勅語】 ①天皇のことば。みことのり。②明治憲法下、天皇が大権によって国民に直接発した意思表示。

**ちょくこ-もん**【直弧文】 古墳時代などに用いられた、直線と弧線を組み合わせた日本独自の文様。装身具・鏡・貝輪・石棺などにつけられた。↓写

● 直弧文 銅鏡。奈良県、新山古墳出土。

**ちょく-さ**【直鎖】 原子または原子団が直線状に結合した状態。炭素化合物では、炭素原子が環構造や枝分かれなく、直線状に結合した構造をいう。normal chain

**ちょく-さい**【直裁】（名・サ変他） ①じかに自分でさばくこと。②すぐにさばくこと。

**ちょく-さい**【勅裁】 天子の裁決。Imperial decision 用例 ——を仰ぐ。

**ちょく-さい**【直▾截】（形動）《「ちょくせつ」の慣用読み》↓ちょくせつ（直截）

**ちょくさい-しゃ**【勅祭社】 例祭に天皇から勅使が遣わされ、奉幣が行われた神社。賀茂神社・石清水八幡宮・出雲大社・明治神宮など一六社。

**ちょく-し**【直視】（名・サ変他） まともに見つめること。look in the face 用例 事態を——する。

**ちょく-し**【勅旨】 ①天子の意思。②みことのりの趣旨。

**ちょく-し**【勅使】 勅旨を伝える使者。Imperial messenger

**ちょく-じ**【▿植字】（名・サ変自）《職場用語。「食事」とまぎれるのを避けるためと言う》↓しょくじ（植字）

**ちょくし-でん**【勅旨田】 主として平安時代の天皇の私有地。皇室の経費にあてるため、勅旨によって全国の空閑地・荒廃田を開発。

**ちょくし-もん**【勅使門】 大寺院で勅使を迎えるときのみに用いる、菊の御紋のついた門。

**ちょく-しゃ**【直写】（名・サ変自他） そのままに写すこと。じかに写すこと。

**ちょく-しゃ**【直射】（名・サ変自他） ①まともに射ること。低い弾道で撃つこと。②まともに照らすこと。用例 ——日光。

**ちょく-しょ**【勅書】 ①古代の公文書の一つ。天皇の命令を下達するもので、臨時の大事に用いられた詔書に対して、日常の小事に使われた。②明治憲法下、特定の人・機関に発せられた天皇の意思表示のための公文書。

**ちょく-じょ**【直叙】（名・サ変他） ありのままに述べること。飾らずに書くこと。

**ちょく-じょう**【直上】 ㊀（名） すぐ上。㊁（名・サ変自） まっすぐのぼること。ぐんぐん上昇すること。用例 煙が——する。

**ちょく-じょう**【勅▾諚】 みことのり。勅命。

**ちょくじょう-けいこう**【直情径行】（名・形動） 相手に気兼ねせず、思った通りに行動すること・さま。impulsiveness

**ちょく-しょうとつ**【直衝突】 二つ以上の物がその中心を結ぶ直線上を運動してぶつかり合うこと。向心衝突。direct impact

**ちょくし-るい**【直▾翅類】 昆虫綱の一目。体は円筒形に近く、二対の翅は腹部背面をおおう。三対の肢のうち、前二対は歩行用であるが、後肢は発達して跳躍肢となる。口器は嚙み型。不完全変態。バッタ・コオロギ・ケラなど。orthopteran

**ちょく-しん**【直進】（名・サ変自） 曲がらずにまっすぐに進むこと。go straight on

**ちょくせき-しゅうごう**【直積集合】 二つの集合X、Yについて、Xの要素xとYの要素yを組み合わせた(x, y)を要素とする集合。X×Yと記す。direct product

**ちょく-せつ**【直▾截】（形動） ＝ちょくさい。①すぐに裁断を下すさま。②きっぱりしているさま。用例 ——な物言い。

**ちょく-せつ**【直接】（名・副・形動） 間に他のものが入らないこと・さま。じか。direct 対義 間接。用例 ——の原因。本人に——たずねる。

**ちょくせつ-きんゆう**【直接金融】 企業が株式や社債の発行により、金融機関を通さずに資金調達を行うこと。direct finance 対義 間接金融。

**ちょくせつ-げんかけいさん**【直接原価計算】 原価要素を変動費と固定費とに分け、変動費だけを製品原価とし、それ以外を期間原価としてあつかう原価計算方式。変動原価計算。direct costing

**ちょくせつ-こうどう**【直接行動】 言論・制度などによらないで、ただちに目的を達成しようとする行動。多くは、力ずく。暴力行為。direct action

**ちょくせつ-しょうめい**【直接照明】 直接光による照明。効率がよく経済的だが、強い影ができるのが欠点。direct lighting 比較 間接照明。

**ちょくせつ-しんりゃく**【直接侵略】 軍事力によって、直接的に他国を侵略すること。国連憲章などで違法とされる。direct aggression 対義 間接侵略。

**ちょくせつ-ぜい**【直接税】 納税義務者が直接負担する税金。所得税・法人税・固定資産税など。direct tax 対義 間接税。

**ちょくせつ-せいきゅう**【直接請求】 地方公共団体で認められた直接参加制度の一つ。選挙権者総数の一定割合以上の署名に基づき、条例の制定・改廃請求、議会の解散請求などができる。

**ちょくせつ-せいはん**【直接正犯】 直接に犯罪を実行すること。対義 間接正犯。

**ちょくせつ-せんきょ**【直接選挙】 選挙人が被選挙人を直接選ぶ選挙制度。選挙人の意志を直接政治に反映させるもの。民主的選挙の原則。direct election 対義 間接選挙。

**ちょくせつ-せんりょう**【直接染料】 媒染によらないで、直接に繊維に染着する水溶性の染料。建染染料とともに重要な木綿用染料。染色法は簡単だが、堅牢度はあまりよくない。direct dye

**ちょくせつ-とうし**【直接投資】 経営参加や技術提携を目的に、他の企業とくに外国企業の株式を取得したり長期資金を貸し付けたりすること。direct investment 対義 間接投資。

**ちょくせつ-はっせい**【直接発生】 動物の発生において、胚から変態せずに直接成体になること。direct development

**ちょくせつ-はつでん**【直接発電】 熱・光などのエネルギーを、直接電気エネルギーに変換する方法。MHD発電・燃料電池など。direct power generation

**ちょくせつ-ほう**【直説法】 インド-ヨーロッパ語族などの文法の一つ。話し手が願望や仮定を交じえず、事実をそのまま述べる動詞の法。indicative mood 対義 接続法。

**ちょくせつ-みんしゅせい**【直接民主制】 国民が国家意思の決定と執行に直接に参加する民主政治の一形態。代議制をとる間接民主制の下でも、レファレンダムやリコールのような直接民主制的な制度が採用されている。direct democracy 対義 間接民主制。

**ちょくせつ-わほう**【直接話法】 話法の一種。他人のことばをそのままの形で引用する形式。多く、「　」や『　』を用い、「と」で受ける形をとるもの。direct narration 対義 間接話法。

**ちょく-せん**【直線】 ①まっすぐな線。straight line ②二点間の最短距離を結ぶ線。初等幾何では、二点を結ぶ線を両側に無限に延長したもの。line 『り。

**ちょく-せん**【勅宣】 勅命の宣旨。みことのり。

**ちょく-せん**【勅▾撰】（名・サ変他） 天皇・上皇の命によって、また天皇・上皇がみずから詩歌などを撰定・編集して書物にすること。

**ちょく-ぜん**【直前】（名・副） ①事の起こるすぐ前。just before 対義 直後。②目の前。immediately in front of

**ちょくせん-うんどう**【直線運動】 一直線上を運動すること。単純な例として、等速直線運動や等加速度直線運動がある。linear motion

**ちょくせん-ぎいん**【勅選議員】 旧制で、貴族院の勅任議員の一つ。国家への勲功・功労者、または学識者で、三〇歳以上の男子から勅任。任期は終身。

**ちょくせん-きょり**【直線距離】 二点間を結ぶ最短の線分の長さ。distance in a straight line

**ちょくせん-しゅう**【勅▾撰集】 勅撰の漢詩集・和歌集。とくに、勅撰和歌集。対義 私撰集。

**ちょくせん-だち**【直線裁ち】 衣服裁断法の一種。曲線で構成される洋裁に対して、ものさしで直線的に裁断できる和裁などに用いる。

**ちょくせん-わかしゅう**【勅▾撰和歌集】 宣旨または院宣によって選ばれ、天皇または上皇に奏覧される歌集。平安前期の『古今和歌集』から室町時代の『新続古今和歌集』までの二一集を「二十一代集」とよぶ。

**ちょく-そう**【直送】（名・サ変他） 直接に送ること。deliver directly 用例 産地——。

**ちょく-そうろ**【直走路】 陸上競技で、まっすぐなコース。straight course 対義 曲走路。

**ちょく-ぞく**【直属】（名・サ変自） 直接その下に属すること。under the direct control 用例 内閣——の機関。

**ちょく-だい**【勅題】 ①天皇が出す詩歌の題。②新年の歌会始の題。③天皇が筆をとって題を書いた額。

**ちょくたつ-にっしゃりょう**【直達日射量】 雲の影響がないとき、日射に直角な面に入射する直射光と散乱光の光量。flux of direct solar radiation

**ちょく-ちょう**【直腸】 ①哺乳類の大腸の最下端部。肛門につづく。直腸肛門部・直腸膨大部に区分される。長さ約二〇㎝。rectum ②脊椎動物の腸管の最終部分。

▾常用漢字表外。　▿常用漢字表の音訓外。

intestinum rectum ↓腸図

**ちょくちょう-がん【直腸▼癌】** 直腸にできる癌。消化管では胃癌についで多い。血便・下痢と便秘などが主症状。rectal cancer

**ちょくちょう-きかんえら【直腸気管▼鰓】** 気管鰓の一種。トンボの幼虫(やご)の呼吸器官。直腸が籠状にふくらみ、そこに分布する気管網を通して、肛門を出入りする水との間でガス交換が行われる。直腸鰓。rectal gill

**ちょくちょう-きょうさく【直腸狭▼窄】** 腸閉塞の一種で、直腸の一部がせばまるもの。排便障害・粘血便・しぶり腹などが主症状。rectostenosis

**ちょくちょう-ししん【直腸指診】** サックをはめた指を肛門から挿入して直腸内や肛門をしらべること。直腸癌の検診などで行う。rectum diagnosis

**ちょく-ちょく**(副)《俗語》しばしば。ちょいちょい。often

**ちょく-つう【直通】**(名・サ変自) ①直接相手に伝わること。communicate directly 用例 —電話。②乗り換えなしに目的地まで通じること。through traffic 用例 —列車。

**ちょく-とう【直刀】** 平安前期以前に作られた刀身の真直な刀。古墳の副葬品として多く出土。

**ちょく-とう【直答】**(名・サ変自) ①すぐに答えること。即答。②本人が直接に答えること。じきとう。

**ちょく-とう【勅答】**(名・サ変自) ①天皇が臣下に答えること。②臣下が天皇の問いに答えること。

**ちょく-どく【直読】**(名・サ変他) 漢文などを上から下へまっすぐに音読すること。

**ちょくにん-かん【勅任官】** 明治憲法下、勅命によって任ぜられた一、二等の高等官。比較 親任官・奏任官・判任官。

**ちょく-はい【直配】**(名・サ変他) 直接配給・配達すること。direct delivery

**ちょく-ばい【直売】**(名・サ変他) 生産者が、問屋・小売店などを通さず、消費者に直接売ること。direct sale 比較 即売。用例 —会。

**ちょく-はん【直販】** 複雑な流通経路を通さずに、生産者あるいは製造者から消費者へ直接商品を販売すること。direct sale

**ちょく-ひ【直披】** 手紙のわき付けの一つ。あて名の人が直接開いてくださいという意。じきひ。親展。

**ちょく-ひつ【直筆】**《「じきひつ」は別語》①筆を直立させて書くこと。用例 懸腕—。②ありのままに書くこと。plain writing 対義 曲筆。

**ちょく-ふう【勅封】**(名・サ変他) 天皇の命令で封印をして、勅許なしには開けさせないこと。また、その封印。

**ちょく-ほうたい【直方体】** すべての面が長方形である六面体。直六面体。rectangular parallelepiped

**ちょく-めい【勅命】** 天子の命令。勅諚。

**ちょく-めん【直面】**(名・サ変自) 直接ある物事に対すること。face 対義 逃避。用例 危機に—する。難問に—する。

**ちょく-やく【直訳】**(名・サ変他) 原文を字句・文法にしたがって一語一語忠実に訳すこと。逐語訳。literal translation 対義 意訳。

**ちょく-ゆ【直▼喩】** 修辞法の一つ。直接に二つのものを比較してたとえる表現。「たとえば・あたかも・さながら」などの副詞を用いたり、「…のようだ」「…のごとし」など、たとえの語句を使うもの。simile 対義 隠喩。

**ちょく-ゆ【勅諭】** 天皇がくだした教えのことば。用例 軍人—。

**ちょく-ゆしゅつ【直輸出】**(名・サ変他) 商社などの手を通さず、じかに輸出すること。direct export 対義 直輸入。

**ちょく-ゆにゅう【直輸入】**(名・サ変他) 商社などの手を通さず、じかに輸入すること。direct import 対義 直輸出。

**ちょく-りつ【直立】**(名・サ変自) ①まっすぐに立つこと。stand uprightly 用例 —不動。②高くそびえること。towering

**ちょくりつ-えんじん【直立猿人】** ↓ピテカントロプス

**ちょくりつ-けい【直立茎】** 地上に直立する茎。主軸がはっきりし、そこから枝が出る。erect stem

**ちょくりつ-ほこう【直立歩行】** 四肢をもつ動物が後肢(下肢)だけで立って歩くこと。ヒトはこれによって手が解放され、道具製作や知能の飛躍的発展をとげた。biped walking; two-footed walking

**ちょく-りゅう【直流】** ㊀(名・サ変自) まっすぐに流れること。㊁(名) ①元祖から直接に受けついでいる流派。直系。direct line ②流れの向きと電流の大きさが時間的に変わらない一定の電流。直流発電機や電池から得られる。DC。direct current 対義 交流。

**ちょくりゅう-かいろ【直流回路】** 電流が常に一定の向きに流れる電気回路。direct-current circuit

**ちょくりゅう-そうでん【直流送電】** 直流によって電力を送ること。日本の本州と北海道間の送電などに用いられている。direct-current power transmission

**ちょくりゅう-でんげん【直流電源】** 時間的に正負の極性が変化しない電源。たとえば電池。direct-current power source

**ちょくりゅう-でんどうき【直流電動機】** 直流によって作動するモーター。構造は直流発電機と同じ。速度制御が簡単で応用範囲が広い。direct-current motor

**ちょくりゅう-はつでんき【直流発電機】** 直流を発生させる発電機。整流子をもつ電機子と磁石からなる。direct-current generator

**ちょく-れい【勅令】** ①教皇・君主の命令。②旧憲法のもとで、議会の審議を経ず、天皇の大権だけで出された命令。用例 ナントの—。

**ちょく-れつ【直列】** ㊀(名・サ変他) まっすぐに並ぶこと。一列に並ぶこと。row ㊁(名) ①電池の違った極をつなぐこと。series 対義 並列。②導線で発電機・電池・蓄電器と抵抗器などを一列につなぐこと。直列接続。series 対義 並列。

**ちょく-ろ【直路】** ①まっすぐな道。straight road ②寄り道をしないこと。go straight

**ちょ-くん【▼儲君】** 皇太子の別称。もうけのきみ。東宮。

**ちょ-げん【著減】**(名・サ変自) きわだってへること。対義 著増。

**ちょ-げん【緒言】** ↓しょげん(緒言)

**ちょ-こ【▼猪▽口】** ↓ちょく(猪口)

**チョコ** 「チョコレート」の略。

**ちょ-こうぎ【▼儲光▼羲】**(七〇七ごろ—七六〇ごろ) 中国、盛唐の詩人。兗州の人。田園詩にすぐれ、陶淵明の流れを汲むといわれる。

**ちょこ-ざい【▼猪▽口才】**(名・形動)《俗語》小生意気なこと・さま。用例 —な口をきく。

**ちょこ-ちょこ** ㊀(副・サ変自) 小股に歩き、走るさま。動作の落ち着かないさま。restlessly 用例 子どもが—駆け回る。㊁(副) ①簡単にすますさま。roughly 用例 —っと片づける。②頻繁に行われるさま。ちょくちょく。ちょいちょい。frequently 用例 —訪問する。

**ちょこっ-と**(副) ほんの少し。少々。a little 用例 —顔を出す。

**チョコナイ【Csokonai Vitéz Mihály】**(一七七三—一八〇五) ハンガリーの詩人。古典主義に反対して韻律美の詩形を創造。叙情詩『リラの歌』、叙事詩『ドロチャ』など。

**ちょこなん-と**(副)《俗語》小さくかしこまっているさま。

**ちょこ-まか**(副・サ変自)《俗語》①こまかく動きまわるさま。②こせこせするさま。

**チョゴリ【赤古里 朝】**(chŏgori) 朝鮮半島に伝わる民族服。襟は垂領、筒袖で、身丈は短く、帯は使わず、胸ひもを締めて着用。従来は男女とも白であった。↓写

**チョゴリザ【Chogolisa】** インドのカシミール北部、カラコルム山脈中部の高峰。標高七六五四m。一九五八年京都大学隊が初登頂。

**チョコレート【chocolate】** カカオ豆から作った菓子や飲み物。チョコ。ショコラ。

**チョコレート-いろ【チョコレート色】** チョコレートのような暗い赤。黒茶。chocolate brown

**ちょこん-と**(副) ①小さくかしこまっているさま。ちょこなんと。用例 —座る。②動作が軽く行われるさま。用例 —お辞儀する。

**ちょ-さく【著作】**(名・サ変自他) 書物を書きあらわすこと。また、その著書。著述。writing

**ちょさく-けん【著作権】** 著作者がその著作物などを独占的に支配する権利。死後五〇年まで有効。複製権・上演権・翻訳権などの著作財産権と公表権などの著作者人格権に分類されるが、ふつうは前者だけをさす。コピーライト。もと、版権。copyright 比較 出版権。

**ちょさくけん-ほう【著作権法】** 著作者の権利を保護し、著作物などの公平な利用をはかるための法律。明治三二年(一八九九)制定。昭和四五年(一九七〇)全面改定。

**ちょさくしゃ-じんかくけん【著作者人格権】** 著作者がその著作物と二次的著作物に対してもつ、公表権・氏名表示権・同一性保持権の総称。

**ちょさく-ぶつ【著作物】** 著作という精神的労作の結果。文芸・美術・音楽・学術・建築・彫刻・写真などにおいて思想・感情を表現し、印刷、発行したもの。法律ではレコードなどをもふくむ。work

**ちょさく-りんせつけん【著作隣接権】** 実演家・レコード製作者・放送事業者に認められる、録音・複製・二次使用などに関する権利の総称。隣接権。neighboring rights

**ちょ-しゃ【著者】** その書物をあらわした人。著作者。writer

**ちょしゃめい-もくろく【著者名目録】** 図書目録の一種。著者の名前から検索できるようにしたもの。author catalog 参照 件名目録・書名目録。

**ちょ-じゅつ【著述】**(名・サ変自他) 書物を書きあらわすこと。著作。work 比較 訳述。

**ちょ-しょ【著書】** 著作した書物。book; work

**ちよじょ【千代女】** ↓かがのちよじょ(加賀の千代女)

**ちょすい-ち【貯水池】** 水をたくわえる目的でつくられた溜め池・人工湖など。上水道用・灌漑用・発電用など。reservoir

**ちょ-すいりょう【▼褚遂良】**(五九六—六五八) 中国、唐代の書家・政治家。優美華麗な楷書を創始。初唐三大家の一人。太宗に重用され、書の相談相手となる。作品『雁塔聖教序』など。

●チョゴリ 裳のチマと組み合わせて着用。

**ちょ-せん【緒戦】** 「しょせん」の慣用読み。

**ちょ-ぞう【著増】**(名・サ変自) きわだってふえること。対義 著減。

**ちょ-ぞう【貯蔵】**(名・サ変他) 財貨をたくわえておくこと。storage

**ちょぞう-こん【貯蔵根】** 肥大して養分を貯蔵した根。サツマイモ・ダリアなど。storage root

**ちょぞう-そしき【貯蔵組織】** 植物体中で多量の貯蔵物質を含む組織。柔細胞からなり、水・でんぷん・たんぱく質などをたくわえる。storage tissue

**ちょぞう-でんぷん【貯蔵▼澱粉】** 植物の根・地下茎・種子などにたくわえられているでんぷん。同化でんぷんが可溶性の糖になって、再合成されたもの。reserve starch

**ちょぞう-ぶっしつ【貯蔵物質】** 細胞内に含まれ、おもに生命活動のエネルギー源として利用される物質。植物のでんぷん、動物のグリコーゲンなど。reserve substance

**ちょぞう-よう【貯蔵葉】** でんぷんなどの養分をたくわえた、多肉化した葉。タマネギ・ユリ・チューリップなどの鱗茎をつくる鱗片葉など。

**ちよだ【千代田】**〈町〉 群馬県南東部、利根川に沿う町。稲作・野菜栽培のほか、庭木の栽培がさかん。人口一万一五七一(一九八八)。

**ちよだ【千代田】**〈町〉 広島県北西部、可愛川に沿う町。稲作・酪農・タバコ栽培などがさかん。人口九八七〇(一九八八)。

**ちよだ【千代田】**〈町〉 佐賀県東部、佐賀市東隣の町。稲作・酪農・野菜栽培などがさかん。人口一万二六六六(一九八八)。

**ちよだ【千代田】**〈村〉 茨城県南部、石岡市西隣の村。クリの産地。工業化も進む。人口二万三四五四(一九八八)。

**ちょ-だい【著大】**(名・形動) めだって大きいこと・さま。用例 —な効果。

**ちよだ-えり【千代田襟】** 和装コートの襟型。カーブした細襟を割り仕立てにし、着物風に打ち合わせて着る。

**ちよだ-じょう【千代田城】** 江戸城の別称。

**ちょ-たん【貯炭】**(名・サ変自他) 石炭をたくわえること。また、たくわえた石炭。stock of coal

**ちょ-ちく【貯蓄】**(名・サ変他) ①金銭などの財貨をためること。また、その財貨。save ②所得のうち、消費されなかった残額。savings

**ちょちく-くみあい【貯蓄組合】** 納税貯蓄組合法に基づき、納税資金の貯蓄を目的として組織される組合。組合への貯金の利子については所得税が免除される。



↓ 行き先項目、図版・写真参照印。 JIS 日本工業規格情報交換用漢字符号コード(区点コード)。

**ちょちく‐せいこう【貯蓄性向】** 所得に占める消費されなかった金額の割合。一から消費性向を引いて得られる数値。propensity to save [対義]消費性向。

**ちょちく‐ほけん【貯蓄保険】** 貯蓄をおもな目的とする、比較的短期の生存保険。満期まで生存した場合と、法定伝染病・災害などで死亡したときに保険金が支払われる。[比較]資金保険。

**ちょちく‐よきん【貯蓄預金】** 定期預金などのように、個人が貯蓄や利殖を目的として預ける銀行預金。savings deposit

**ちょっ‐か【直下】**《「ちょくか」の変》㊀(名) まっすぐに下ること。fall ㊁(名・サ変自) すぐ下。ま下。directly under

**ちょっかい** 《俗語》①猫などが前足で物をかき寄せること。②横から余計な口出しをすること。

**ちょっかいをかける** 「ちょっかいを出す」と同意。

**ちょっかいを出す**(ちょっかいをだす) ＝ちょっかいをかける。①口出しする。手出しする。干渉する。②いたずらをしかける。異性の気を引く。

**ちょっかがた‐じしん【直下型地震】** 内陸部の比較的浅いところを震源とする地震。規模は小さくても、被害が大きくなる恐れがある。direct-hit earthquake

**ちょっ‐かく【直角】**《「ちょくかく」の変》二つの直線が垂直に交わってできる角。また、その大きさ。一直角は九〇度。right angle

**ちょっ‐かく【直覚】**(名・サ変他)《「ちょくかく」の変》対象を直接的、瞬間的にとらえること。また、その能力。とっさの印象から感覚的にとらえること。直感。intuition [対義]思考。[用例]―の鋭敏さに驚く。

**ちょっかく‐ざひょう【直角座標】** ↓ちょっこうざひょう(直交座標)

**ちょっかく‐さんかくけい【直角三角形】** 一つの角が直角である三角形。right triangle

**ちょっかく‐せつ【直覚説】** ①道徳の根源を直観力におき、その価値・判断は論証によるのでなく、知的・感情的直観によるとする説。直覚主義。intuitionism ②↓ちょっかんしゅぎ(直観主義)

**ちょっかく‐そうきょくせん【直角双曲線】** 二本の漸近線が直交している双曲線。rectangular hyperbola

**ちょっかく‐ちゅう【直角柱】** 角柱のうち、側面が底面に垂直なもの。right prism

**ちょっかく‐にとうへんさんかくけい【直角二等辺三角形】** 直角をはさむ二辺の長さが等しい直角三角形。rectangular equilateral triangle

**ちょっかく‐プリズム【直角プリズム】** 全反射を利用して光線束の方向を変える直角三角柱のプリズム。望遠鏡などに用いる。right-angle prism

**ちょっ‐かつ【直轄】**(名・サ変他)《「ちょくかつ」の変》直接に管理すること。direct control [用例]専務―。―地。

**ちょっ‐かっこう【直滑降】**《「ちょくかっこう」の変》スキーで、斜面をまっすぐ滑り降りること。また、その技術。schuss; straight descent

**ちょっ‐かん【直感】**(名・サ変他)《「ちょくかん」の変》ぴんと感じること。感覚的にただちにとらえること。直接的な感受能力。直覚。intuition [用例]鋭い―。

**ちょっ‐かん【直▼諫】**(名・サ変自)《「ちょくかん」の変》相手の地位・権力や思惑などにかまわずにいさめること。[用例]主君に―する。

**ちょっ‐かん【直観】**(名・サ変他)《「ちょくかん」の変》反省・思考・推量などの思惟的活動を経ることなく、対象を直接的に把握する認識作用・能力。一般に感性的直観と知的直観に区別される。intuition [用例]真理を―する。

**ちょっ‐かん【勅勘】**《「ちょくかん」の変》天子のおとがめ。勅命による勘当。

**ちょっかん‐しゅぎ【直観主義】** ①認識論で、概念的な思考より直観に優位を認め、真理や実在は直観によってだけとらえられるとする立場。intuitionism ②倫理学で、直観的に知られる道徳的価値判断を道徳の基礎とする立場。直覚主義。③数学基礎論で、形式主義に対し、数学は純粋な直観に基づいて展開されなければならないとする立場。intuitionism

**ちょっかん‐ぞう【直観像】** 一度見たことのある風景や事物がふたたび、ほとんどそのままはっきりと認知される現象。また、その心像。幼児や未開人に多くみられる。eidetic image

**ちょっかん‐てき【直観的】**(形動) 推理・思考・経験などによらないで、直接的に対象を知るさま。intuitive

**チョッキ**《jaque(オランダ); jak(オランダ)の転、または「直着(ちゃんちゃんこ)」「ちょっと着」などの転か》背広上着の下に着用する丈の短い袖無しの衣服。幕末から明治にかけて定着した。ベスト。vest; waistcoat ↓背広[図]

**ちょっ‐きゅう【直球】**《「ちょくきゅう」の変》野球で、投手の投球のうち、曲がったり落ちたりなどの変化をしない、まっすぐな球すじのもの。ストレート。straight pitch

**ちょっ‐きょ【勅許】**《「ちょくきょ」の変》天皇の許可。勅命による許可。[用例]―を得る。

**ちょっきり**(副) ぴったりなさま。過不足ないさま。かっきり。きっちり。きっかり。exactly [用例]五時―に行く。

**ちょっきり‐ぞうむし【▽短▼截▽象▽鼻虫】** オトシブミ科の小甲虫の総称。樹木の若枝や若い果実などに産卵して、それを切り落とす。長く突出した口吻をもち、ふつう体長一㎝以内。美しい金属光沢のある種類が多い。その習性から害虫が多い。

**ちょっくら**(副)《俗語》ちょっと。ちょいと。for a moment [用例]―出かけてくる。

**ちょっ‐けい【直径】**《「ちょくけい」の変》円または球の中心を通る直線が円周または球面によって切り取られる線分。diameter ↓円[図]

**ちょっ‐けい【直系】**《「ちょくけい」の変》①直接の関係で続いている系統。②血筋が親子の関係で続いている系統。lineal relation direct line [対義]傍系。

**ちょっけい‐いんぞく【直系姻族】** 自分の配偶者の直系血族、または自分の直系血族の配偶者。

**ちょっけい‐かぞく【直系家族】** 親が子のうち一人だけを跡継ぎと定め、その結婚後も同居を続ける家族形態。他の子は結婚・独立と同時に親から離れるのが原則。長子相続の形をとることが多い。stem family [対義]傍系家族。

**ちょっけい‐けつぞく【直系血族】** 直系の関係にある血族。父母・祖父母・子・孫など。direct lineage [対義]傍系血族。

**ちょっけい‐そんぞく【直系尊属】** 直系の関係にある尊属。父母・祖父母・曾祖父母など。lineal ascendant

**ちょっけい‐ひぞく【直系卑属】** 直系の関係にある卑属。子・孫・曾孫など。lineal descendant

**ちょっ‐けつ【直結】**(名・サ変自)《「ちょくけつ」の変》じかにつながること。direct connection [用例]生活に―する問題。

**ちょっ‐こう【直行】**《「ちょくこう」の変》㊀(名・サ変自) ①寄り道をしないで行くこと。②思った通りにすること。act directly ㊁(名) 正しい行い。proper action go straight

**ちょっ‐こう【直航】**(名・サ変自)《「ちょくこう」の変》船・飛行機が途中に寄港しないで、目的地へ直接航行すること。direct sail; nonstop flight

**ちょっ‐こう【直交】**(名・サ変自)《「ちょくこう」の変》直線と直線、直線と平面、平面と平面が直角に交わること。orthogonality

**ちょっこう‐ざひょう【直交座標】** 座標の定め方の一つ。平面上に一点O(原点)とOで直交する二つの直線(座標軸)をとり、平面上の任意の点Pに対して、点Pから二つの軸にそれぞれ平行な線を引き、軸との交点の座標で点Pの位置を表す。直角座標。orthogonal coordinates

**ちょっ‐こん【直根】**《「ちょくこん」の変》長大で垂直に伸びた主根。ゴボウ・ダイコンなどの根。

**ちょっ‐と【▽一▽寸・▽鳥渡】**《ともに当て字》㊀(副) ①しばらく。just a minute [用例]―待ってください。②わずか。少し。いくらか。ある程度。just a little [用例]―おくれる。もう―右。―名の知れた人。③簡単には。たやすく。easily [用例]―考えられないことだ。④たいした意味をもたない、軽い気持ちで。easily [用例]―出かける。㊁(感) 呼びかけたり、注意を促したりするときの語。[用例]―、お客さん。君、―。

**ちょっとやそっと**(ちょっとやそっと)《下に打ち消しをともなって》わずかばかり。not so easily [用例]―の苦労ではない。

**ちょっと‐み【▽一▽寸見】** ちょっと見た感じ。glance [用例]―ではわからない。

**チョッパー【chopper】** スイッチ素子によって直流を交流に変換する変換器の一種。

**ちょっぴり**(副) 少ないさま。わずかばかり。少しばかり。ほんのちょっと。just a little [用例]―塩を加える。

**チョップ【chop】** ①肋骨のついた豚肉・羊肉。また、その肉を焼いた料理。②テニスで、球の下面をするどく前方へ切る打ち方。③プロレスリングで、相手をたたき切るような打ち方。空手チョップ。

**ちょ‐とつ【▼猪突】**(名・サ変自)《イノシシが突進するように》向こう見ずに行うこと。recklessness [用例]―猛進。

**チョナン【天安】**(Ch'ŏnan) ↓てんあん(天安)

**ちよのふじ‐みつぐ【千代の富士貢】**(一九五五) 大相撲力士。北海道生まれ。本名秋元貢。第五八代横綱。優勝三一回。昭和六三年(一九八八)五月場所から九州場所に五三連勝。平成元年(一九八九)国民栄誉賞受賞。同二年(一九九〇)史上初の一〇〇〇勝達成。

●ちょび髭 チャーリー＝チャップリン。

**ちょび‐ひげ【ちょび▼髭】**《俗語》鼻の下に少しはやした髭。↓[写]

**ちょ‐ぶん【著聞】**(名・サ変自) よく知れわたること。ちょもん。

**ちょぼ【▽点】** 「ちょぼ語り」の略。①しるしに打つ点。ぽち。dot ②

**ちょ‐ぼ【▼樗▼蒲】** ①四個の平たい長円形の木片で遊ぶ、中国渡来の遊戯。かりうち。②「樗蒲一」の略。

**ちょぼ‐いち【▼樗▼蒲一】** 中国から渡来したさいころ賭博の一つ。六つに区切った紙の上に金銭を賭け、さいころの出た目と合えば配当がつくもの。

**ちょぼ‐がたり【▽点語り】** 歌舞伎で、地の文を浄瑠璃で語ること・人。ちょぼ。

**ちょ‐ぼく【貯木】**(名・サ変自) 材木をたくわえること。たくわえてある材木。[用例]―場。―量。

**ちょぼ‐ぐち【ちょぼ口】** 小さくすぼめた口。おちょぼ口。pursed lips

**ちょぼくれ** 江戸時代中期に始まった乞食僧の大道芸。祭文の一種で、二個の木魚を打ちながら、阿呆陀羅経に節をつけて謡うもの。「ちょぼくれ、ちょんがれ」の囃子ことばから。ちょんがれ。

**ちょぼ‐ちょぼ【▽点▽点】** ㊀(副) 量や程度がすくないさま。まばらであるさま。ちょびちょび。[用例]口ひげの―はえた男。㊁(形動) 同じくらい。あまり違わないようす。

**ちょ‐ま【▼苧麻】** カラムシの別名。

**ちよみ‐ぐさ【千代見草】** ①キクの異名。②マツの異名。

**チョムスキー【Noam Chomsky】**(一九二八) アメリカの言語学者。マサチューセッツ工科大学教授。変形生成文法理論の創始者。著書『文法の構造』『文法理論の諸相』など。

**ちょ‐めい【著名】**(名・形動) 有名。高名。famous

**ちょ‐めい【著明】**(名・形動) きわだって明らかなこと・さま。

**チョモランマ【珠穆朗瑪】**(Qomolangma) ↓エベレストさん(エベレスト山)

**ちょら【▼樗▽良】** ↓みうらちょら(三浦樗良)

**チョリソ【chorizos】** ドライソーセージの一つ。スペインのポークソーセージ。香辛料、とくにニンニクとチリパウダーを多く使う。

**ちょ‐りつ【▼佇立】**(名・サ変自) しばらくの間立っていること。たたずむこと。停立。standing still

**チョルラ‐ナムド【全羅南道】**(Chŏlla Namdo) ↓ぜんらなんどう(全羅南道)

**チョルラ‐プクド【全羅北道】**(Chŏlla Pukdo) ↓ぜんらほくどう(全羅北道)

**ちょ‐れい【▼猪▼苓】** 生薬の一つ。チョレイマイタケの菌核を乾燥したもの。解熱・利尿・止渇薬とし、腎臓疾患などに用いる。

**ちょろ・い**(形)《俗語》①てぬるい。[用例]そんな―方法ではだめだ。②たやすい。簡単だ。[用例]こんな問題は―。

**ちょろぎ【▽草▽石▽蚕】** シソ科の多年草。高さ三〇〜六〇㎝。葉は対生の長卵形で鋸歯

▼常用漢字表外。 ▽常用漢字表の音訓外。

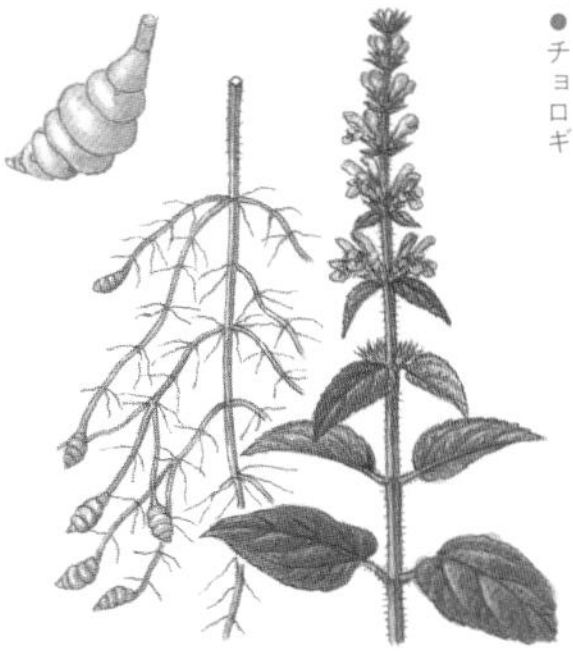

● チョロギ

がある。秋に紅紫色の小花を開く。地下に生ずる塊茎は、正月のおせち料理に使う。中国原産。チョウロギ。Chinese artichoke ↓図

**ち-よろず【千▽万】** 限りなく多いこと。無数。用例 ―の神々。

**ちょろ-ちょろ**(副・サ変自) ①水などが少量流れるさま。trickling 用例 清水が―と流れる。②幼児や小さいものがすばやく動き回るさま。swiftly 用例 リスが―する。③小さな火が燃えるさま。flickeringly 用例 暖炉の火が―燃える。

**ちょろっ-と**(副) =ちょろりと。①動き・量などの程度がごくわずかなさま。②人目を盗んですばしこく行うさま。すばやく。

**ちょろまか・す**(五他)《俗語》①人目をかすめて盗む。②言いまぎらして、ごまかす。

**ちょろり**(副) ①水などが少量流れ出るさま。trickling ②わずかの間に、すばやくするさま。momentarily 用例 ―と舌を出す。

**ちょ-ろん【緒論】**《「しょろん」の慣用読み》↓しょろん(緒論)

**チョワン-ぞく【チョワン族・▽壮族】** ↓チワンぞく(チワン族)

**ちょん** ㊀(副) ①芝居で、幕切れの拍子木の音。②簡単に物を切るさま。cut without hesitation ㊁(名)《俗語》①終わり。end 用例 熱燗もう一本で―にする。②首切り。解雇。fire 用例 会社を―になる。③時間がすこし。わずか。用例 ―の間。④知恵が少したりないこと・人。simpleton 用例 ばかでも―でも。⑤読点「、」のこと。

**チョンガー【総角朝】**(ch'ong-gag) 独身男性の俗称。朝鮮では未婚の男性が、頭髪を編んで後ろに下げる未成年の髪型「総角」にしていたということから。bachelor

**ちょんがれ** ↓ちょぼくれ

**ちょん-ぎ・る【ちょん切る】**(五他)《俗語》無造作に切る。chop off

**チョンシャン【中山】**(Zhōngshān) ↓ちゅうざん(中山)

**チョンジュ【全州】**(Chŏnju) ↓ぜんしゅう(全州)

**チョンジュ【定州】**(Chŏngju) ↓ていしゅう(定州)

**チョンジュ【清州】**(Ch'ŏngju) ↓せいしゅう(清州)

**チョンジン【清津】**(Ch'ŏngjin) ↓せいしん(清津)

**チョンチョウ【鄭州】**(Zhèngzhōu) ↓ていしゅう(鄭州)

**ちょんちょこりん**《俗語》頭や衣服についているごみなどをからかって言う語。用例 だれかさんの頭に―がたかった。

**チョンチン【重慶】**(Chóngqìng) ↓じゅうけい(重慶)

**チョンツー【成都】**(Chéngdū) ↓せいと(成都)

**チョントー【承徳】**(Chéngdé) ↓しょうとく(承徳)

**チョン-ドファン【全斗煥】**(Chon T'u-hwan)(一九三一) 韓国の軍人・政治家。陸軍大学校卒。一九七九年朴大統領暗殺事件を機に実権を握り、八〇年大統領に就任。八一年、新憲法のもとでの選挙により第五共和国初代大統領となったが、民主化闘争の高まりのなかで八八年退任。ぜん=とかん。

**ちょん-の-ま【ちょんの間】**《俗語》ちょっとの間。短時間。

**ちょんぼ【▼冲▽和】** ①麻雀用語。㋐聴牌をしていないのに錯覚して上がりを宣言すること。㋑和了に関する間違いの総称。mistake ②間違い。失敗。mistake; failure

**ちょん-まげ【▽丁▼髷】**《髪が少なく、髷が小さいことからとも》男子の髷のある髪型の総称。江戸時代末期にできたことば。本来は老人の髪型。額髪を剃り、髻を前に曲げたもの。↓図

● 丁髷

**チョンミン-とう【チョンミン島・▽崇▽明島】**(Chóngmíng) ↓すうめいとう(崇明島)

**チョンリマ【千里馬朝】**(Ch'ŏllima)《朝鮮の伝説で一日に一〇〇〇里を駆けるという名馬から》朝鮮民主主義人民共和国(北朝鮮)で、朝鮮戦争後の制度改革や社会主義建設を急ぎ、革命的気風を高揚させるために掲げられているスローガン。

**チョンリマ-うんどう【▽千里馬運動】** 朝鮮民主主義人民共和国(北朝鮮)で、朝鮮戦争後の一九五六年以来推進された、社会主義大増産運動。

**ち-らい【地雷】** ↓じらい(地雷)

**ちらか・す【散らかす】**(五他) 乱雑にする。散らかるようにする。scatter

**ちらか・る【散らかる】**(五自) 物がきちんと整理されていない状態になる。散らばる。disperse

**ちらし【散らし】** ①散らすこと。②広告の紙片。③「散らし鮨」の略。④「散らし書き」の略。⑤カルタをまき散らして取ること。

**ちらし-がき【散らし書き】** 色紙・短冊などに、行を整えず、さまざまな書きぶりで飛び飛びに書くこと。そう書いたもの。ちらし。

**ちらし-ずし【散らし▼鮨】** 飯の上に具を飾ったすし。また、具をまぜたすし。関東では生の魚を使い、関西では煮たり、焼いたりした魚介や野菜を多く使う。ちらし。

**ちら・す【散らす】**(五他) ①散るようにする。scatter 対義 集める。②化膿した所などを、手術をしないで薬でおさえる。resolve ③《動詞の連用形に付いて》荒々しくする。乱雑に行う。用例 食い―。

**ちら-ちら**(副・サ変自) ①葉・花びら・雪などが、舞い散るさま。flutteringly 用例 初雪が―舞う。②光が明滅するさま。glimmeringly 用例 ろうそくの火が―する。③人や物の姿が見え隠れするさま。用例 子どもの姿が―する。

**ちら-つ・く**(五自) ①ちらちらする。fall lightly 用例 小雪が―。②目に浮かぶ。be reminded of

**ちらっ-と**(副) =ちらと・ちらりと。①一瞬、わずかに見たり、見えたりするさま。用例 友人の姿を―見る。②ちょっと耳にするさま。用例 ―うわさに聞く。

**ちら-と**(副) ↓ちらっと

**チラナ【Tiranë】** バルカン半島、アルバニアの首都。肥沃な平地にあり、アドリア海岸の外港デュラスと鉄道で連絡。繊維・木材・食品工業が発達。住民にはイスラム教信者が多い。人口三一万(一九八二)。

**チラノサウルス【Tyrannosaurusラテン】** 白亜紀後期の地上最強といわれる陸生肉食恐竜。全長約一五m、推定体重七t。二脚歩行。前肢は二本指で極端に短く、太い後肢と尾をもつ。化石は北アメリカで発見。暴君竜。↓恐竜図

**ちらば・る【散らばる】**(五自) 散り乱れる。ちりぢりになる。disperse 用例 風で紙が部屋じゅうに―。

**ちら-ほら**(副) ①あちらこちらに少しずつあるさま。here and there 用例 人影が―見える。②時々あるさま。now and then 用例 うわさが―聞こえる。

**ちらり-と**(副) ↓ちらっと

**ちらり-ほらり**(副) ↓ちらほら

**ち-らん【治乱】** 社会がおさまることと乱れること。用例 ―興亡のあと。

**ちらん【知覧】**〈町〉 鹿児島県、薩摩半島南部の町。旧城下町。紅茶・緑茶の生産がさかん。かつては陸軍の飛行場があり、特攻隊の出撃基地であった。人口一万四九六二(一九八八)。

**チランドシア【tillandsia】** アナナス類の一つ。パイナップル科チランドシア属の園芸植物。チランドシアリンデニアナ・チランドシアシアネアなどがある。↓写

● チランドシア シアネア

**ちり** なべ料理の一種。おもにタラ・タイ・フグなどの白身魚と野菜・豆腐などを湯で煮て、ポン酢などで食べる。ちり鍋。

**ちり【▼塵】**《散り、の意》①砂や土などがごく細かい粉末状になって飛び散ったもの。ほこり。ごみ。dust 用例 ―を払う。②俗世間や都会のよごれ・けがれ。dirt 用例 浮世の―を逃れる。③値打ちのないもの。trifle 用例 ―の身。④わずか。少し。bit 用例 悪意は―ほどもない。

**塵に同ず**(ちりにどうず) 「塵に交わる」と同意。

**塵に交わる**(ちりにまじわる) 俗世とも、わけへだてすることなくつき合う。塵に同ず。用例 浮世の―。

**塵の末**(ちりのすえ) 問題とするに足らないこと・人。

**塵の身**(ちりのみ) ①つまらない、また、いやしい身。②世俗にまみれた身。

**塵の世**(ちりのよ) 俗世間。

**塵も積もれば山と成る**(ちりもつもればやまとなる) わずかなものでも、重なれば高大なものになる。Many a little makes a mickle.

**塵も灰も付かぬ様**(ちりもはいもつかぬよう) とりつくしまもないさま。そっけないさま。

**塵を出ず**(ちりをいず) 俗世間を離れる。出家する。

**塵を切る**(ちりをきる) ↓ちりちょうず(塵手水)②

**塵を絶つ**(ちりをたつ) ①俗世との交際をやめる。②走るのがとてもはやくて、ちり一つもたたない。転じて、他の追随をゆるさず超然としている。

**塵を望んで拝す**(ちりをのぞんではいす) 貴人の来るのを遠くから見て、礼拝する。長上におもねることを言う。

**塵を捻る**(ちりをひねる) はにかんで、もじもじする。

**塵を結んでも志**(ちりをむすんでもこころざし) たとえほんの少しの贈り物であっても、それは、くれた人の気持ちのあらわれなのである。気はこころ。

**ち-り【地利】** ①地勢などの便。地の利。geographical advantage ②土地から生じる利益。山林・耕作・牧畜・鉱物などの生産。また、地代など。profit from the land

**ち-り【地理】** ①地球上における地勢・気候・産業・交通・人口・文化などの状態。geography 用例 自然―。人文―。②土地の様子。neighborhood 用例 この辺の―に明るい。

**チリ【Chile・智利】**(Republic of Chile) 南アメリカ南西岸、南北に細長くのびる共和国。首都サンチアゴ。一八一八年にスペインから独立。東部にアンデス山脈が南北に走り、北部に砂漠、南部にツンドラ地帯が分布。銅・硝石の産出が多い。面積七五・七万km²。人口一二三三万(一九八六)。正称チリ共和国。

**ちり-あくた【▼塵▼芥】** ①ごみくず。rubbish ②値打ちのないもの。trifle 用例 ―のように扱う。

**チリー-あやめ【チリー▼菖▼蒲】** アヤメ科の球根草。南アメリカ原産で、大正年間に渡来。高さ約一〇cm。花は青色か紫色。鉢植え・庭植えにされる。

**ちり-かか・る【散り掛(か)る・散掛(か)る】**(五自) 散って上にふりかかる。fall on 用例 肩に桜が―。

**ちり-がく【地理学】** 地球上の地域の特性や地域間の関係を明らかにする学問。自然現象と人間の営みの相互関係・分布・変化などを研究対象とする。系統地理学と地誌学に大別され、前者はさらに自然地理学と人文地理学に分かれる。ジオグラフィー。geography

**ちり-か・ける【散(り)掛ける】**(下一自) 散り始める。begin to fall 用例 もう桜も―ころだ。

**ちり-がみ【▼塵紙】** ①コウゾの外皮のくずで作った和紙。数え方 一枚・一帖・一束・一締め。②①の用途から一般に、鼻紙・落とし紙。

**チリコフ【Evgeny Nikolayevich Chirikov】**(一八六四〜一九三六) ロシアの小説家。自伝的三部作『タラハーノフの生涯』など。

**チリ-コン-カーン【chili con carne】** メキシコやアメリカ南部の料理の一つ。ウズラマメとタマネギ・ひき肉をいため、トマトピューレー・チリパウダーで調味する。

**ちり-し・く【散(り)敷く】**(五自) 一面に散っている。lie scattered

**チリ-じしん【チリ地震】** 一九六〇年五月二三日チリ沖で起きたマグニチュード八・五の大地震。太平洋岸の日本各地にも大津波が押しよせた。Chile earthquake

**チリ-ソース【chili sauce】** 赤唐辛子とトマトを主材料にしたソース。非常に辛い。

**ちり-だに【▼塵▼蜱】** 屋内の塵の中に多いダニ類の総称。体長〇・三mmほど。これらのダニ

が抗原となって、アレルギー性の鼻炎・気管支喘息をおこすことが多い。

**ちり-ちょうず**【▼塵▽手▽水】①手を清める水がないとき、空中のちりを水のかわりとし、形ばかりに手を洗うこと。②相撲で、土俵に上がった力士が手を打ったあと、両手を左右に開いて手のひらを上にかえす清めの礼式。塵を切る。

**ちり-ちり**(副)①縮んでしわができるさま。frizzily 用例—のパーマ。②毛・布などが焼け縮むさま。frizzily 用例—と焦げる。

**ちり-ぢり**【散り散り】(名・形動)①乱れ散ることと・さま。scatteringly ②人がはなればなれになることと・さま。separately 用例—ばらばら。

**ちり-づか**【▼塵塚】ごみを捨てる所。ごみため。

**塵塚に鶴**(ちりづかにつる) つまらない所に、きわだってすぐれたものがあること。掃き溜めに鶴。

**ちりっ-ぱ**【▼塵っ葉・▼塵っ端】ちりを強めて言う語。用例—一つ落ちていない。

**ちりてき-かくり**【地理的隔離】種の分化の一つの要因。海峡の成立や気候の変化などによって、ある個体群から別の個体群が分離されること。geographical isolation 比較生殖的隔離。

**ちりてき-ひんしゅ**【地理的品種】同じ種の生物のなかで、地理的に離れて生活するうちに形態的変異を生じて区別されるようになった個体群。geographic race

**ちり-とり**【▼塵取り】はき集めたごみをとり集めるための道具。プラスチック製の片手ハンドルつきのもの、軽い金属製で長柄がついたものなどがある。ごみとり。dustpan

**ちり-なべ**【ちり▼鍋】↓ちり

**ちり-のこ・る**【散(り)残る】(五自)散らないで残っている。be left blooming

**チリ-パウダー**【chili powder】トウガラシの一種のチリを主に、オレガノ・クミン・ディルシーズなどを混合した香辛料。メキシコ、アメリカ南部の料理に欠かせない。

**ちり-ばかり**【▼塵▽許】(副)ちりほど。ほんの少し。

**ちり-ば・める**【▼鏤める】(下一他)①浅くほって、はめこむ。inlay 用例宝石を—。②ところどころにはめこむ。set

**ちり-はらい**【▼塵払い】はたき。duster

**ちりぶくろ**【▼塵袋】和漢の故事を天象・神祇など二二部門に分類した類書。一一巻。鎌倉中期、文永～弘安(一二六四～八八)のころ成立したとされる。編者不詳。

**ちり-ましほ**【知里真志保】(一九〇九～六一)言語学者。北海道生まれ。東大卒。北大教授。金田一京助の研究をうけ、アイヌ語研究を進展させた。

縮緬

**ちり-めん**【▽縮▼緬】縦によりのない生糸、横によりの強い生糸で平織りにし、精練してしぼを作った絹織物。目方の重いものほど高級。crepe ↓写

**ちりめん-がみ**【▽縮▼緬紙】布のちりめんのように、表面がしわになっている紙。

**ちりめん-じゃこ**【▽縮▼緬▽雑▽魚】カタクチイワシ・マイワシの幼魚を薄い塩水でゆで、軽く干したもの。しらす干し。

**ちりめん-じわ**【▽縮▼緬▼皺】ちりめんのような細かいしわ。

**ち-りゃく**【知略・▼智略】才知に富むはかりごと。resources

**ち-りゃく**【治略】世をおさめる方策。policy

**ちりゅう**【知立】〈市〉愛知県中部の市。旧宿場町。紡織・ミシン工場があるが、住宅化が顕著。人口五万一二四五(一九八八)。

**ち-りょう**【治療】(名・サ変他)病気あるいは身体機能の異常を、種々の方法でなおすこと。また、そのための手段。medical treatment

**ちりょう-ぎれい**【治療儀礼】病気その他の悪い状態を治療するために行われる儀礼。未開社会では病因を超自然的存在やタブー違反などに求め、それぞれに応じた処置と儀礼がとり行われる。

**ち-りょうち**【致良知】陽明学の中心的な主張。『孟子』の説では、良知は道徳的判断力を意味したが、王陽明はそれを発展させて天理としてとらえ、良知の発揮が道の実現であるとする。良知説。

**ち-りょく**【地力】作物を生育させる土壌の力。土壌中の養分の多少による。fertility

**ち-りょく**【知力・▼智力】知恵のはたらき。intellectual power

**ちり-れんげ**【散(り)▼蓮華】《形が蓮華(ハスの花)の花びらに似ているところから》陶製で深みのあるさじ。中国料理で、料理を取り分けたり、スープを飲むのに使用。れんげ。↓写

散り蓮華

**ち・る**【散る】(五自)①花や葉が落ちる。枝を離れる。fall 用例桜が—。②ばらばらになる。広がる。disperse 対義集まる。用例火花が—。観客が—。噂が—。③集中しない。be distracted 用例気が—。④熱やはれものなどが衰えてなくなる。be resolved 用例はれが—。⑤いさぎよく死ぬ。用例戦場に—。

**花と散る**(はなとちる) 桜の花が散るように、いさぎよく死ぬ。

**ち-るい**【地塁】両側をほぼ平行な断層崖で区切られ、相対的にもち上がった土地。山地を形成する場合を地塁山地という。ホルスト。horst 比較地溝。

**ちるい-さんち**【地塁山地】山地の両側、三方または四方を断層崖で限られた山地。生駒・伊吹・六甲・鈴鹿山脈など。horst mountain

**チルド**【chilled】《接頭的。冷えた、の意》食品を新鮮に保存するため、凍結しない程度に低温にすること。冷蔵。比較冷凍。用例—食品。

**チルド-ビーフ**【chilled beef】冷蔵牛肉。0℃ぐらいの低温で保存する。オーストラリアで開発された。

**チルド-ゆそう**【チルド輸送】↓ていおんゆそう(低温輸送)

**チレニア-かい**【チレニア海】(Tyrrhenian Sea)↓ティレニアかい(ティレニア海)

**ち-ろ**【地炉】地上や床の上の炉。いろり。

**ち-ろうい**【地労委】「地方労働委員会」の略。

**チロキシン**【thyroxine】甲状腺ホルモンの一種。分泌過多はバセドー病、分泌過少はクレチン病をまねく。

**チロシン**【tyrosine】多くのたんぱく質に含まれる芳香族アミノ酸の一つ。絹糸に多く含まれる。

**ちろり**【▼銚▼釐】酒の燗をするための容器。下方の細い筒形で、つぎ口と取っ手がついている。錫・銀・銅製が主。

**チロリアン-テープ**【Tyrolean tape】刺繡や織り模様のあるテープ。チロル地方の民族服などからとられたといわれる。婦人・子供服、手芸品の装飾にアップリケして用いる。

**チロリアン-ハット**【Tyrolean hat】チロル地方の男子用のフェルト帽。ブリム(＝縁)がせまく、うしろが上にそり、ひもや羽根飾りがつく。現在は世界中で男女とも使用。

チロリアンハット

**チロル**【Tirol】オーストリア西部からイタリア北部にわたる中央アルプスの地方。中心都市インスブルック。スキー場や観光地として有名。人口六〇・二万(一九八五)。↓図

**ち-わ**【▼痴話】情人どうしが交わすふざけ話。むつごと。lover's talk 用例—げんか。

**チワワ**【Chihuahua】①メキシコ北部、西シエラマドレ山脈中の鉱工業都市。近くに水銀鉱山があり、北部鉱業地帯の中心。同名州の州都。人口四〇・七万(一九八〇)。②メキシコ原産の、犬の一品種。体高一七～二二cmで世界最小。体重〇・五～二・七kg。耳介と目が大きい。愛玩用。

**チワン-ぞく**【チワン族・▽壮族】中国の少数民族のうち人口最大。主として広西壮族自治区に居住。水稲耕作に従事。チョワン族。

**チン** 7画【沈】部首[氵] 常用 JIS 3632
音チン・ジン・シン
訓しずむ・しずめる
①しずむ。しずめる。対義浮。「撃沈・消沈・爆沈」「沈下・沈没」②おちついている。「沈着・沈重・沈勇」③はなはだしい。「沈痛」④しずかな。「沈思・沈々・沈黙」

**チン** 8画【▼枕】部首[木] JIS 4377
音シン・チン
まくら。まくらをする。「枕席・枕頭」

**チン** 9画【▽亭】部首[亠] 常用 JIS 3666
音テイ・チョウ・チン
《亭の唐音》あずまや。四方ふきおろしで、柱だけたてて、壁のない小屋。庭園などにつくる。↓テイ【亭】

**チン** 9画【珍】部首[王] 常用 JIS 3633
9画【▼珎】異体字 JIS 6463
音チン
訓めずらしい
①めずらしい。めったにない。「珍客・珍蔵・珍重・珍味」用例(名)その風格を—とする。②かわっていて、おもしろい。「珍奇・珍芸・珍妙」用例(形動)—な話。《接頭的》—現象。③《椿とも》思いがけない。「珍事」

**チン** 10画【朕】部首[月] 常用 JIS 3631
10画【▼朕】旧字
音チン
われ。わたくし。秦の始皇帝から、天子の自称となった。用例(代)—は、日本国民の総意に基いて(『日本国憲法』公布文)。

**チン** 10画【▼砧】部首[石] JIS 2146
音チン
きぬた。木づちで布をうって、布をやわらげたり、また、つやをだしたりするのに用いる台。

**チン** 11画【陳】部首[阝] 常用 JIS 3636
音チン・ジン
①のべる。かたる。つげる。「開陳・具陳」「陳謝・陳述・陳情」②ならべる。ならぶ。つらねる。「陳列」③ふるい。ふるびた。ふるくさい。「新陳代謝」「陳腐」④中国の国名。春秋時代の一国。?～前四七八年。⑤中国の王朝名。南北朝時代の南朝最後の王朝。五五七～五八九年。陳覇先が建てた。後に隋に滅ぼされた。

**チン** 11画【▼酖】部首[酉] JIS 7837
音タン・チン
毒鳥の名。また、その羽をひたした毒酒。↓タン【酖】

**チン** 12画【▼趁】部首[走] JIS 7667
音チン
おう。ついていく。おいかける。

**チン** 13画【▼椹】部首[木] JIS 6027
音チン・ジン
①あて。まくらぎ。木を切り割りするとき、下敷きにする台。②サワラ。ヒノキ科の常緑針葉高木。

**チン** 13画【▼椿】部首[木] JIS 3656
音チュン・チン
①ツバキ。ツバキ科の常緑樹。②思いがけない。「椿事」

**チン** 13画【賃】部首[貝] 教育小6 JIS 3634
音チン・ジン

はたらいた人、かりたものにはらうお金。報酬。代金。使用料。「運賃・家賃」「賃銀・賃借・賃貸」用例《接尾的》手間—。汽車—。運送—。

**チン** 14画【▼碪】部首[石] JIS 6684
音チン・ガン
きぬた。木づちで布をうって、布をやわらげたり、また、つやをだしたりするのに用いる台。

**チン** 15画【▼鴆】部首[鳥] JIS 8281
音チン
毒鳥の名。また、その羽をひたした毒酒。「鴆毒」

**チン** 17画【▼鍖】部首[金] JIS 7912
音チン
あて。まくらぎ。木を切り割りするとき、下敷きにする台。

▼常用漢字表外。　▽常用漢字表の音訓外。

**チン** 18画【鎮】 部首［金］ 常用 JIS 3635 18画【▼鎭】 旧字 JIS 7915
音 チン
訓 しずめる・しずまる

①しずめる。しずまる。「鎮圧・鎮火・鎮静剤・鎮台」 ②しずめ。おさえ。おもし。「重鎮・文鎮」「鎮子」 ③中国の小都市。北魏時代の駐屯軍の名称としてはじまる。県より下の都市の呼称。「景徳鎮」 ④神がいる。「鎮座・鎮守」

**チン** 18画【▼闖】 部首［門］ JIS 7979
音 チン
①うかがう。うかがいみる。 ②突然はいってくる。「闖入」

**ちん**【▼狆】 イヌの一品種。奈良時代に中国から移入、日本で改良された小形犬。愛玩用。体高約二五cm、体重一・八〜四kg。つぶれたような鼻と大きな丸い目をもつ。ちんころ。

**狆が嚔をした様**（ちんがくしゃみをしたよう） こっけいで、みにくい顔つきの形容。ちんくしゃ。

**チン**［Chao Chung Ting］（一九三六） アメリカの実験物理学者。二〇歳のとき、中国からアメリカに移住。重い新素粒子の対の束縛状態の発見で、一クとその反粒子のチャームクォーク…一九七六年ノーベル物理学賞受賞。

**ちん-あげ**【賃上げ】（名・サ変自） 賃金を上げること。wage increase 対義 賃下げ。用例 —を要求する。

**ちん-あつ**【鎮圧】（名・サ変他） 暴動などをおさえしずめること。suppression

**ちん-いすう**【陳維▼崧】（一六二五〜八二） 中国、清代の文人。号は迦陵。宜興の人。『明史』編集に従事。駢文と詞の名手。『陳迦陵文集』『迦陵詞全集』など。

**ちん-うつ**【沈▼鬱】（名・形動） 気が沈み、ふさぐこと・さま。melancholy 用例 —なおももち。

**ちん-うん**【陳雲】（一九〇五） 中国の政治家。第二次大戦後の経済建設に活躍し一九五六年党副主席。文化大革命で失脚したが七二年副総理。八七年党中央顧問委主任。

**ちん-か**【沈下】（名・サ変自他） 沈み下がること。沈め下げること。sink 対義 隆起。用例 地盤—。

**ちん-か**【珍果】 めずらしい果物。

**ちん-か**【珍菓】 めずらしい菓子。

**ちん-か**【鎮火】（名・サ変自他） 火事がおさまること。火事を消すこと。extinguishment 用例 二時間後に—。

**ちんかい**【鎮海】 韓国、慶尚南道南部の鎮海湾に臨む港湾都市。韓国最大の軍港があり、海軍の施設が集中。人口一二・一万（一九八五）。チンヘ。

**ちん-がい**【鎮▼咳】 せきをしずめること。せきどめ。relieve a cough; cough medicine

**ちんがい-ざい**【鎮▼咳剤】 せきをしずめるくすり。麻薬性・非麻薬性のものがある。せきどめ。また、たんを取りのぞく去痰剤との混合物に、鎮咳去痰剤がある。antitussive

**ちんか-さい**【鎮火祭】 陰暦六月・一二月の晦日の夜、宮城の四方の隅で火の神を祭り、防火を祈った神事。ほ（ひ）しずめのまつり。

**ちんか-さい**【鎮花祭】 疫病の流行を防ぐため、行疫神の大神・狭井両社の二神を祭りしずめる神事。陰暦三月の花（サクラ）の散るころに行ったところからの呼称。はなしずめのまつり。

**ちん-がし**【賃貸し】（名・サ変他） 使用料を取って貸すこと。ちんたい。lease; rent 対義 賃借り。

**ちん-がり**【賃借り】（名・サ変他） 使用料を払って借りること。ちんしゃく。hire; rent; lease 対義 賃貸し。

**チンカン-シャン**【井崗山・井岡山】（Jinggāng Shān） ↓せいこうざん（井崗山）

**ちん-き**【沈▼毅】（名・形動） 落ち着いていて動じないこと・さま。沈着剛毅。用例 —な性格。

**ちん-き**【珍奇】（名・形動） めずらしく変わっていること・さま。curiosity 用例 —な形。—な風俗。

**ちん-き**【陳▼毅】（一九〇一〜七二） 中国の軍人・政治家。日中戦争中は新四軍で活躍。一九四九年、上海を解放。解放後は上海市長・国務院副総理などを歴任。

**チンキ-ざい**【チンキ剤】《「チンキ」は tinktuurから。「丁幾」と当てた》動植物などの生薬の成分をアルコールやアルコールと水の混合物で浸出した溶剤。なお、合成薬品のアルコール溶液のこともいう。チンキ。tincture

**チンギス-ハン**【Genghis Khan・成吉思汗】（一一六七〜一二二七） モンゴル帝国の創建者。元の太祖（在位一二〇六〜二七）。幼名テムジン（鉄木真）。モンゴル部の貴族出身。モンゴル高原の諸部族を統一。一二〇六年カガンとして帝国を創建、チンギス＝ハンを称した。一二一一年から金を攻め一二一九年以降西征を行って、ユーラシアにまたがる地域を征服。諸子に分封し、遊牧民族特有の諸制度を整備、支配体制を完成した。史上屈指の英雄とされる。ジンギス＝カン。↓写

**ちん-きゃく**【珍客】 めずらしい客。ちんかく。unexpected guest

**ちんぎょ-らくがん**【沈魚落▼雁】《魚や鳥も恥じらって姿を隠すような、の意》すばらしい美人。

**ちん-きん**【沈金】 彫漆の一種。漆面に文様を毛彫りし、漆をすりこみ金箔ないし金粉を付着させて金線の文様を表したもの。中国から日本に伝来。輪島塗が名高い。

**ちん-きん**【賃金】 ↓ちんぎん（賃金）

**ちん-ぎん**【沈吟】（名・サ変自） ①静かに口ずさむこと。hum ②考えこむこと。物思いにしずむこと。meditation

**ちん-ぎん**【賃金・賃銀】 労働の対価として支払われる金銭。日本では勤続・学歴・年齢を基準とする年功賃金が多いが、職能給も増加している。wages

**ちんぎん-かくさ**【賃金格差】 職種・職務・学歴・年齢・勤続年数・性別、または企業・産業規模などの違いによる賃金の差。wage disparity 比較 格差賃金。

**ちんぎん-カット**【賃金カット】 ①労働者が争議行為や遅刻・早退・欠勤などで就労しなかった時間に対応する賃金を、給与から差し引くこと。wage cut ②一般に、不況などの理由で労働者の賃金を減らすこと。

**ちんぎん-かんり**【賃金管理】 労務管理の一つ。企業の賃金制度や支払い方法について、全社的な立場から計画・運営・調整すること。wage administration

**ちんぎん-ききんせつ**【賃金基金説】 マルサスやミル親子などによって定式化された、賃金の決定についての経済学説。国民経済全体としてみたとき、賃金支払いのための資本（賃金基金）は、生活資料、とくに食料の大きさに基礎を置いた固定された額であり、各人の賃金の大きさは労働者人口数に応じて決まるという主張。wage-fund theory

**ちんぎん-けいたい**【賃金形態】 賃金の支払われ方。時間給と出来高給が基本型。wage form

**ちんぎん-しすう**【賃金指数】 賃金の時間的・場所的変化を示すため、特定年度を基準に指数表示された賃金水準。wage index

●チンギス＝ハン 『演説するチンギス＝ハン』より。大英博物館。

**ちんぎん-すいじゅん**【賃金水準】 賃金の平均を示す数値。一般に一国あるいは一産業の平均賃金で示し、相互の比較が行われる。wage level

**ちんぎん-たいけい**【賃金体系】 賃金を計算するさいの基準となる内容のこと。基本給プラス諸手当と、基本給プラス能率給プラス諸手当の二つが基本型。wage system

**ちんぎん-ベース**【賃金ベース】 企業別・産業別の賃金の平均額。賃金総額を従業員数で割って算出する。平均賃金。base wages

**ちん-くしゃ**【▼狆くしゃ】 チンのように目・鼻・口が顔の中央に集まったおかしな顔。「チンがくしゃみをしたような顔」とも。

**チンク-ゆ**【チンク油】《「チンク」は Zink（ドイツ）で亜鉛の意》同量の酸化亜鉛と植物油を練り合わせた白色の泥状物。収斂作用があり、皮膚の急性炎症に使用。zincoxyde oil

**ちん-ぐるま**【▽稚▽児車】 バラ科の常緑小低木。中部以北の高山にはえる。高さ約一〇cm。茎は分岐して地表をはう。葉は羽状複葉で、夏に白色の五弁花を開く。果実は羽毛状の花柱をもつ。イワグルマ。↓写

●チングルマ

**ちんけ**（形動）《俗語。さいころばくちで最低の目である一のこと》程度が最低のさま。用例 —な野郎だ。

**ちん-げい**【珍芸】 ①めずらしい芸。unusual trick ②思わずふき出したくなる珍妙な芸。funny performance

**ちん-けいじゅ**【陳継儒】（一五五八〜一六三九） 中国、明末の文人。号は眉公。華亭の人。自由な文人として詩文書画を楽しむ。詩文集『陳眉公全集』。

**チンゲンサイ**【青梗菜中】 アブラナ科、中国原産の小白菜の一品種。戦後に渡来。食用小白菜の葉柄の黄緑色のもので、矮性のものが栽培される。パクチョイ。アオジクパクチョイ。アオクキパクチョイ。↓中国野菜写

**ちん-げんぴん**【陳元▼贇】（一五八七〜一六七一） 中国、明の帰化人。文人で陶芸にも秀でた。字は義都。来日し、尾張藩主に登用され、安南陶器風の元贇焼をつくる。

**ちん-ご**【鎮護】（名・サ変他） 戦乱をしずめて国を守ること。

**ちんこう**【鎮江】 中国、江蘇省揚子江右岸の都市。対岸の揚州とともに揚子江と大運河の交点にあり、交通の要地として発達。人口三九・七万（一九八四）。チェンチアン。

**ちん-こう**【沈降】（名・サ変自） ①物体が液の中に沈むこと。sinking 対義 浮遊。 ②液体中の粒子が沈むこと。sedimentation ③地盤が低くなること。沈下。submergence 対義 隆起。

**ちんこう-かいがん**【沈降海岸】 ↓ちんすいかいがん（沈水海岸）

**ちんこう-はんのう**【沈降反応】 抗原抗体反応の一種。血清・たんぱく質溶液など、コロイド状の可溶性抗原とその抗体とを試験管内で混合すると、肉眼で見える沈降物を形成する現象。precipitin reaction

**ちんご-こっか**【鎮護国家】 仏法の力によって国家の安泰をはかり、国難から守ることを祈願すること。奈良・平安仏教では『仁王般若経』『法華経』『金光明最勝王経』の護国三部経を読誦する法会が行われ、各地に国分寺が建てられた。

**チンゴラ**［Chingola］ アフリカ南部、ザンビア北部にある鉱山都市。産銅地帯の北部に位置し、隣接する銅山の町ヌチャンガと行政上は一体となっている。ヌチャンガ-チンゴラ。人口一四・六万（一九八〇）。

**ちん-ころ**【▼狆ころ】 ①チンの異称。 ②犬の子。子犬。

**ちん-こん**【鎮魂】 死者の魂をなぐさめ、しずめること。repose of souls 用例 —歌。

**ちんこん-きょく**【鎮魂曲】 「鎮魂ミサ曲」の略。

**ちんこん-さい**【鎮魂祭】 ①新嘗祭の前日に、天皇の魂をしずめ強化するために宮中で行われた祭儀。たましずめのまつり。 ②神葬で、死者の魂をなぐさめしずめる祭典。

**ちんこん-ミサきょく**【鎮魂ミサ曲】《requiem（ラテン）の訳語》カトリック教会などで、死者の魂の安息を祈って行われるミサのための楽曲。鎮魂曲。レクイエム。requiem

**ちん-ざ**【鎮座】（名・サ変自） ①神道で、神霊がその遊離性を除いて、地上の一定の地にしずまりとどまること。enshrine ②《転じて》人やものがどっかりと場をしめていること。

**ちん-さげ**【賃下げ】（名・サ変自） 賃金を下げること。wage decrease 対義 賃上げ。

**ちん-さんりつ**【陳三立】（一八五三〜一九三七） 中国、清末の詩人。字は伯厳。号は散原。義寧の人。宋詩風の古雅な詩を作る。詩文集『散原精舎詩集』『文集』。

**ちん-し**【沈子】 魚を取る網のすそや、釣り針に付ける、おもり。しずみ。

**ちん-し**【沈思】（名・サ変自） じっと考えこむこと。meditation 用例 —黙考。

**ちん-し**【鎮子】 軸物に下げたり、敷物をおさ



↓ 行き先項目、図版・写真参照印。 JIS 日本工業規格情報交換用漢字符号コード（区点コード）。

えたりするおもし。風鎮や文鎮。ちんす。

**ちん-じ【珍事】** ①めずらしいできごと。strange event ②《「椿事」とも》思いがけない大事件。unexpected incident

**ちん-しごと【賃仕事】** 賃銭を取ってする仕事。仕立物・袋張りなど。piecework

**ちん-しどう【陳師道】**(一〇五三〜一一〇一) 中国、北宋の詩人。号は後山。彭城の人。江西詩派の代表の一人。詩は古風。詩文集『後山先生集』。

**ちんし-ばい【珍至梅】** ニワナナカマドの別名。

**ちん-しゃ【陳謝】**(名・サ変他) わけを言ってわびること。apology

**ちん-しゃく【賃借】**(名・サ変他) 賃貸借契約により、契約の目的物を使用・収益し、対価として賃金を支払うこと。賃借り。rent; hire 〔対義〕賃貸。〔用例〕―人。

**ちんしゃく-けん【賃借権】** 賃貸借契約により借り主がその目的物を使用・収益する権利。

**ちん-じゅ【鎮守】** ①神道で、一定区域の土地を鎮安守護すること。また、その神。地主神とも称し、また氏神や産土神とほぼ同義に用いられる。鎮守神。〔用例〕―の森。②兵を駐留させ、その地を反乱などから守ること。local deity; village shrine

**ちん-じゅ【陳寿】**(二三三〜二九七) 中国、西晋の史家。二十四史の一つである『三国史』を選述。

**チンジュ【晋州】**(Chinju) →しんしゅう(晋州)

**ちん-じゅつ【陳述】**(名・サ変他) ①法律で、口頭または書面で述べること。statement 〔比較〕叙述。②文法で、文としてのまとまりに対して、話し手自身の態度を決定する作用。statement

**ちんじゅつ-の-ふくし【陳述の副詞】** 副詞の一種。述語に呼応し、陳述を、決まった方向に導くことば。「けっして(否定)・さぞ(推量)・まさか(否定の推量)・なぜ(疑問)・どうぞ(願望)・たとえ(仮定)・まるで(比況)・もちろん(断定)」など。

**ちんじゅ-ふ【鎮守府】** ①古代、蝦夷経営の基地となった軍政府。はじめ多賀城にあり、のち胆沢城、さらに平泉などに移る。②明治以後、海軍軍務を取り扱った役所。横須賀・呉・佐世保・舞鶴の四軍港に置かれた。

**ちん-しゅんしん【陳▼舜臣】**(一九二四〜) 小説家。神戸市生まれ。大阪外語大卒。中国史に取材した歴史小説に新生面を開く。作品『阿片戦争』『青玉獅子香炉』『中国の歴史』など。

**ちん-しょ【珍書】** めったに手に入らないめずらしい書物。珍籍。珍本。rare book

**ちん-しょう【沈床】** 河川などの護岸、堤防の根固めのため、低水時の水面下に設置する構造物。木枠・コンクリート枠などに石を詰めたもの。mattress

**ちん-じょう【陳状】** ①陳述の文書。statement ②鎌倉・室町時代、訴訟のさいの陳述文書。告訴人(原告)の訴状に対して、被告から提出された答弁書のこと。statement

**ちん-じょう【陳情】**(名・サ変他) 国民が中央や地方の公的機関に実情を訴え、適当な措置を要求すること。petition 〔比較〕請願。

**ちんしょう-ごこう-の-らん【陳勝・呉広の乱】** 中国、秦末の農民反乱。河南の貧農出身の陳勝が、紀元前二〇九年呉広と挙兵、農民を集めて自立。王を称したが翌年秦軍により鎮圧。項羽・劉邦ら群雄蜂起の契機となった。

**ちん-す【鎮子】** →ちんし(鎮子)

**ちんすい-かいがん【沈水海岸】** 海面の上昇や地盤の沈下などにより、陸地が水に沈んでできた海岸地形。河谷の沈水によってできたリアス式海岸と、谷氷河によるフィヨルド海岸が含まれる。沈降海岸。submerged coast

**ちんすい-しょくぶつ【沈水植物】** 水生植物の一つ。体全体を水面下において固着生活をするもの。淡水産が多く、クロモ・セキショウモ・エビモなど。submerged plant

**ちんすい-よう【沈水葉】** →すいちゅうよう(水中葉)

**ちんすこう【▽金▼楚▼糕】** 沖縄名産の菓子。ラードを溶かし、砂糖とピーナッツ粉・小麦粉を混ぜ、木型で形を作り、オーブンで焼いたクッキー。

**ちん-すごう【陳子▼昂】**(六六一〜七〇二) 中国、初唐の詩人。字は伯玉。梓州射洪の人。漢魏の詩を理想として復古を唱え、気骨ある作で盛唐詩の先駆となる。詩文集『陳伯玉文集』。

**ちん-ずる【陳ずる】**(サ変他) ＝陳ず。①言う。述べる。②言い張る。③言いわけをする。

**ちん-せい【沈静】**(名・サ変自) 落ち着いてしずまること。cool down

**ちん-せい【鎮静】**(名・サ変自他) しずまること。しずめ落ち着けること。become calm

**ちんぜい【鎮西】** 《大宰府を一時鎮西府と改称したことから》九州の別称。

**ちんぜい【鎮西】**〈町〉 佐賀県北西部、玄界灘に臨む町。農・漁業が中心で、玄界灘漁業の基地。豊臣秀吉の築いた名護屋城跡がある。人口八四四九(一九八八)。

**ちんせい-ざい【鎮静剤】** 麻酔・催眠・鎮痛などの効果を現さないで中枢神経機能の異常な亢進をしずめる薬物。トランキライザー。sedative; tranquilizer 〔比較〕鎮痛剤。

**ちんぜい-たんだい【鎮西探題】** 鎌倉幕府の職名。蒙古襲来後、九州および壱岐・対馬二島の軍事・行政・裁判を統轄するため、永仁元年(一二九三)設置。

**ちんせい-でん【沈清伝】** 朝鮮、李朝中期の説話小説。作者不詳。父の目をなおすために竜王に捧げられた沈清が、国王の后となり父と再会する物語。唱劇の代表作の一つ。『沈清王后伝』ともいう。

**ちんぜい-はちろう【鎮西八郎】** 源為朝の通称。

**ちんぜい-ふ【鎮西府】** 天平一五〜一七年(七四三〜七四五)の二年間の大宰府の改称名。

**ちんぜい-ぶぎょう【鎮西奉行】** 鎌倉幕府の地方機関。文治元年(一一八五)天野遠景が任命されて九州の治安、御家人統制などを管掌。鎮西守護。

**ちん-せき【沈積】**(名・サ変自) 土砂などが水中にしずんで積もること。

**ちん-せき【▼枕席】** 《まくらと敷物、の意から》寝具。寝床。

**枕席に侍る**(ちんせきにはべる) 女が男と床をともにする。

**ちん-せき【珍籍】** めずらしい書籍。珍書。珍本。

**ちん-せつ【珍説】** 珍妙な話・意見。strange opinion

**ちんせつゆみはりづき【▼椿説弓張月】** 滝沢馬琴の読本。葛飾北斎画。文化四〜八年(一八〇七〜一一)刊。五編二九冊。源為朝が配流の地伊豆大島から琉球に渡り、王女を助けて賊軍を平定するという、伝奇性の濃い傑作。

**ちん-せん【沈潜】**(名・サ変自) ①水の底にしずみ、ひそむこと。sinking ②深く考えること。contemplation

**ちん-せん【賃銭】** 仕事に対して払う金銭。賃金。wages

**ちん-そ【賃租】** 律令制下、耕地の賃貸借のこと。春の耕作前に賃貸料を前払いするのを賃、秋の収穫後に支払うのを租といった。期限はふつう一年。賃租料は収穫の五分の一。

**ちん-ぞう【珍蔵】**(名・サ変他) めずらしがって、しまっておくこと。treasure

**ちん-ぞう【▽頂相】** 禅宗における祖師または高僧の像。相伝のしるしに師の半身あるいは全身の画像を与えたことに由来。画像のほか彫像もある。

**ちん-たい【沈滞】**(名・サ変自) ①しずんで活気がないこと。stagnation ②長い間、下位にあって昇進しないこと。obscurity

**ちん-たい【賃貸】**(名・サ変他) 賃貸借契約により、借主にその目的物を使用・収益させ、対価を受け取ること。賃貸し。lease; rent 〔対義〕賃借。〔用例〕―マンション。

**ちん-だい【鎮台】** ①古く、一地方を守備した軍隊。また、その長。②明治初期の陸軍の軍団。明治四年(一八七一)小倉・石巻・東京・大阪に配置。徴兵令施行後は東京・大阪・熊本・仙台・名古屋・広島の六鎮台。明治二一年(一八八八)師団に改組。

**ちんたい-かかく【賃貸価格】** 土地・家屋などを賃貸しするときの価格。rental value

**ちんたい-けいやく【賃貸契約】** →ちんたいしゃく(賃貸借)

**ちん-たいしゃく【賃貸借】** 当事者の一方が相手方にある物を使用・収益させ、相手方が賃料を支払うことを約束する契約。賃貸借契約。lease contract

**ちんたい-じゅうたく【賃貸住宅】** 所有者が居住者と賃貸借契約を結び、家賃をとって貸す住宅。また、その目的で建設されたもの。rental house

**チンタオ【青島】**(Qīngdǎo) 中国山東省、膠州湾口にある港湾・工業都市。一八九八年ドイツが租借。第一次大戦後日本が利権を継承したが、一九二二年中国に返還。人口一二二・九万(一九八四)。

**チンダル-げんしょう【チンダル現象】** 透明物質中に多数の微粒子が混在していると き、光が粒子で散乱されて入射光線の通路が明るく光って見える現象。Tyndall phenomenon →〔写〕

● チンダル現象 蒸留水(右)と硫黄のコロイド溶液(左)に光を当てると、コロイド溶液では光が散乱されて白く見える。

**ちん-だん【珍談】** めずらしい話。また、こっけいな話。funny story

**ちんちくりん**(名・形動) 《俗語》①背の低いこと・さま。その人をあざける語。②着物のたけの短いこと・さま。

**ちん-ちゃく【沈着】** 〔一〕(名・形動) 落ち着いていること・さま。動じないこと・さま。composure 〔二〕(名・サ変自) 底にたまって、くっつくこと。sticking

**ちんちゅうき【▼枕中記】** 中国、唐代の伝奇小説。沈既済作。書生盧生が邯鄲の茶店でひと眠りして富貴栄達を夢みたが、さめれば粟をたく間のことだったという話。

**ちん-ちょう【珍重】** 〔一〕(名・サ変他) めずらしがって、もてはやすこと。value highly 〔二〕(名) めでたいこと。happy event

**ちん-ちょう【陳朝】** ベトナムの王朝。李朝に代わり陳煚が一二二五年に創始。三度にわたる元の侵入を撃退するなど、国勢盛んであったが、一四世紀後半から衰え、一四〇〇年胡季犛に滅ぼされた。

**チンチョウ【錦州】**(Jǐnzhōu) →きんしゅう(錦州)

**ちんちょう-げ【沈丁▽花】** →じんちょうげ(沈丁花)

**チンチラ【chinchilla】** ①リスに似たチンチラ科の哺乳類。体長約二五cm、尾長約二〇cm。耳介が丸く大きい。毛は灰青色と黒の霜降りで良質のため、毛皮獣として珍重される。アンデス山脈に分布するが、ほとんど絶滅。現在市販の毛皮は飼育品種のもの。②「チンチラウサギ」の略。↓〔図〕

● チンチラ①

**チンチラ-うさぎ【チンチラ▼兎】** カイウサギの一品種。毛色は黒と白のごま毛からなる青灰色で、南米産の高級毛皮獣チンチラのそれに似るのでこの名がある。毛皮はチンチラの代用品。フランス原産。chinchilla rat →ウサギ〔写〕

**チンチラ-ねこ【チンチラ猫】** イエネコの一品種。シルバーペルシアのうち、色が淡く、白に近いもの。毛の先は銀色に輝き、目は青緑色。イギリス原産。

**ちんちろりん** 《その鳴き声から》マツムシの異名。

**ちん-ちん** 〔一〕(名)《幼児語》陰茎。〔二〕(副) ①湯が沸く音。hiss 〔用例〕鉄瓶が―いう。②鈴・鉦などの鳴る音。ting

**ちん-ちん【沈沈】**(形動トタル) ①夜がふけて静かなさま。②ひっそりしたさま。③奥深いさま。

**ちんちん-かもかも** 《俗語》男女のむつまじいこと。

**ちんちん-でんしゃ【ちんちん電車】** 《「ちんちん」と警鐘を鳴らして走ったことから》路面電車の愛称。

**ちんちん-もがもが** 子どもの遊びの一つ。片足で跳んで歩くこと。けんけん。

**ちん-つう【沈痛】**(名・形動) 深い悲しみに心をいためること・さま。sadness 〔用例〕―な面持ちで語る。

●ちんどん屋

**ちんつう-ざい【鎮痛剤】** 中枢神経系に作用し、意識の消失なしに痛みを除いたり緩和したりする薬剤。モルヒネなど麻薬性のものと解熱鎮痛剤など非麻薬性のものがある。鎮静剤・麻酔剤は含まない。analgesic 比較 鎮静剤。

**ちん-つき【賃▼搗き】**(名・サ変他) 賃銭を取って、米・もちなどをつくこと。

**ちん-てい【鎮定】**(名・サ変他) 反乱などをしずめおさめること。suppression

**ちん-てん【▼枕▼簟】**《「簟」は、籐・竹などで編んだむしろ》寝具。

**ちん-でん【沈殿・沈▼澱】**(名・サ変自) ①液体にまざっている微小な固体が底にしずんでたまること。②均一な溶液中から固体が生成する現象。また、そのような変化を起こさせる操作。そのとき、生成する固体。物質の分離・精製・分析の重要な基本操作。precipitation

**ちんでん-てきてい【沈殿滴定】** 沈殿物の生成を利用する滴定法。生成する難溶性の塩の溶解度が小さいほど、終点が明確になる。塩素イオンの定量に、硝酸銀標準液を用いて塩化銀の白色沈殿を生成させるなど。precipitation titration

**ちんでん-はんのう【沈殿反応】** 沈殿を生成する反応。溶液中に存在するイオンの検出・定量、物質の分離・精製に利用。precipitation reaction

**ちん-とう【▼枕頭】** まくらもと。bedside

**ちん-とう【珍答】** とんでもない答え。見当はずれな答え。absurd reply

**チントーチェン【景徳鎮】**(Jǐngdézhèn) ↓けいとくちん(景徳鎮)

**ちん-どく【▼鴆毒】** チンという鳥の羽にあるという激しい毒。

**ちん-どくしゅう【陳独秀】**(一八七九-一九四二) 中国の政治家・思想家。日本留学後、辛亥革命に参加。一九一五年『青年雑誌』(のちの『新青年』)を創刊、新文化運動を推進。一九二一年中国共産党創立とともに初代委員長。一九二七年右翼日和見主義者として批判され、二九年除名。

**ちんどん-や【ちんどん屋】** 商店の開店や売り出し、映画・演芸などの宣伝を業とする大道芸人。人目をひく扮装をして、楽器を鳴らし町を練り歩く。明治・大正期のひろめ屋、東西屋の発展したもの。↓写

**ちん-なけい【陳和▼卿】**(生没年未詳) 中国、南宋の工人。平安末期に来日、焼損した東大寺大仏の修復・鋳造にあたる。のち鎌倉に下り、源実朝のために渡宋の大船を設計したという。

**ちん-なんぴん【沈南▼蘋】** ↓しんせん(沈銓)

**ちん-にゅう【▼闖入】**(名・サ変自) 無断で、突然はいりこむこと。intrusion 比較 侵入。

**ちんば【▼跛】**《卑語》㊀(名) 片方の足が悪くて、正常に歩行できないこと・人。lame person ㊁(名・形動) 対のものが、ふぞろいなこと・物・さま。odd pair

**チンハイ【青海】**〈省〉(Qīnghǎi) ↓せいかい(青海)

**ちん-はくたつ【陳伯達】**(一九〇四) 中国の政治家。理論家として文化大革命を推進したが、一九七三年反党分子として永久追放。

**チンパニ【timpani イタリア】** ↓ティンパニ

**チンバロム【cimbalom ハンガリー】** チター属の打弦楽器。ハンガリー・東欧の民族楽器。台形の箱に金属弦を張り、二本の桴で打つ。

**チンパン【青幇中】**(Qīng Bāng) 中国の秘密結社。一五～一六世紀、水上輸送関係労働者の間に行われた臨済禅系の宗教結社が源流。清末には華中の都市・農村の互助自衛組織として下層社会に浸透拡大。のち国民党勢力と結び、上海などの下層社会の実権を掌握し、政治・経済上影響力をもった。

**チンパンジー【chimpanzee】** ショウジョウ科の類人猿の一種。雄は身長約一・五m、体重約八〇kg。雌は小形。全身黒色か暗褐色で、耳が大きい。知能が高く、性質は陽性。森林やサバンナに群れですみ、雑食性。人によくなれて芸などをする。熱帯アフリカに分布。クロショウジョウ。↓写

**ちん-ぴ【陳皮】** 生薬の一つ。ミカンの成熟した果皮の乾燥品。リモネンなどの精油を含む。健胃・鎮咳用など。citrus peel

**ちんぴら**《俗語》①若くてまだ未熟なのに、えらそうな態度をとる者をあざける語。②下っぱのやくざ。また、不良少年・少女。

**ちん-ぴん【珍品】** めずらしい品物。目新しくて貴重な品物。rare article

**ちん-ぶ【鎮▼撫】**(名・サ変他) 反乱などをとりしずめ、人民を安心させること。pacification 比較 鎮圧。

**ちん-ぷ【陳腐】**(名・形動) 古くさいこと・さま。ありふれたこと・さま。つきなみ。commonplace 用例 ——な話。——な意見。

**チンプー【Thimphu】** ヒマラヤ山脈南麓、ブータンの首都。タシチョゾンと呼ばれる王宮寺院があり、周辺に家屋が建設されている。夏季の首都。人口一・五万(一九八六)。

**チンブクツ【Timbuktu】** ↓トンブクトゥー

**ちんぶ-し【鎮▼撫使】** ①奈良時代の官職。地方の治安維持と国司・郡司の監督のために天平三年(七三一)設置。②明治政府の役人。鳥羽伏見の戦いの後、幕府方を帰服させるため設置。

**ちん-ぶん【珍聞】** めずらしいうわさ話。curious story

**ちんぷん-かんぷん【珍▼糞漢▼糞】**(名・形動) わけのわからないこと・ことば・さま。ちんぷんかん。

**ちん-ぺい【陳平】**(?-BC一七八) 中国、漢初の功臣。高祖に仕え功あり、左丞相となり、周勃とともに呂氏の乱を平定。

**ちん-べん【陳弁・陳▼辯】**(名・サ変他) 事情を述べて弁解すること。excuse 用例 ——これつとめる。

**ちんぽ**《俗語》陰茎。ちんぽこ。

**ちん-ぽう【珍宝】** めずらしい宝物。この上なくすばらしい宝物。rare treasure

**チンボーテ【Chimbote】** ペルー中部、太平洋岸の港湾都市。同国第一の漁港。魚粉の製造と輸出がさかん。人口二六・四万(一九八〇)。

**ちん-ぼつ【沈没】**(名・サ変自) ①船などが水底にしずむこと。sink ②用事の途中で、遊びにふけること。とくに、遊郭などに入りびたること。waste one's time on the way ③酒に酔いつぶれること。dead drunk

●チンパンジー

**チンボラソ-さん【チンボラソ山】**(Chimborazo) 南アメリカ北西部、エクアドル中部の休火山。標高六三一〇mで、同国の最高峰。

**チンホワンタオ【秦皇島】**(Qínhuángdǎo) ↓しんのうとう(秦皇島)

**ちん-ぽん【珍本】** めずらしい本。珍書。珍籍。rare book

**ちんまい-こうほう【沈埋工法】** 水底トンネルの工法。地上で製作したトンネル部分を水底に掘った溝に沈めて接合し、埋め戻して水を抜き完成させる。

**ちんまり**(副・サ変自) ①小さくまとまっているさま。snugly ②小づくりで、かわいらしいさま。ちまちま。snugly

**ちん-み【珍味】** めずらしい味。めったにない、おいしい食べ物。delicacy; dainty food

**ちん-みょう【珍妙】**(形動) 変わっていておかしいさま。queer 用例 山海の——。

**ちん-むるい【珍無類】**(名・形動) 他に類のないほどめずらしいこと・さま。ひどくめずらしいこと・さま。singularity

**ちん-めん【沈▼湎】**(名・サ変自) 酒色におぼれ、荒れすさんだ生活をすること。

**チンメン-とう【チンメン島・▽金▽門島】**(Jīnmén) ↓きんもんとう(金門島)

**ちん-もく【沈黙】**(名・サ変自) 物を言わないこと。だまっていること。silence 用例 ——を守る。

**沈黙は金、雄弁は銀**(ちんもくはきん、ゆうべんはぎん) 黙っていることは、上手に話せることにまさる。うまく話せることはたいせつであるが、黙っていることのほうが大事であり、その方が説得力があって効果的である。雄弁は銀、沈黙は金。Speech is silver, silence is golden.

**ちん-もち【賃▼餅】** つき賃を取ってつくもち。用例 ——いたします。

**ちん-もん【珍問】** 変わった質問。見当はずれの質問。ばかげた質問。absurd question

**ちん-ゆう【沈勇】** 落ち着いて勇気のあること。quiet courage

**ちん-ゆう【珍優】** こっけいな演技をする俳優。comedian

**ちん-よぎ【陳与義】**(一〇九〇-一一三八) 中国、北宋末南宋初めの詩人。号は簡斎。洛陽の人。江西詩派の代表の一人。北宋末の時事を詠ずる。詩集『簡斎詩集』。

**ちん-りっぷ【陳立夫】**(一八九九) 中国の政治家・財閥。四大家族の一つ。国民党右派の理論家。党中央執行委員、国民政府社会部長など要職を歴任。内戦後アメリカに亡命、一九六九年台湾に帰った。

**ちん-りん【沈▼淪】** ㊀(名・サ変自) ①深くしずむこと。sink deep ②落ちぶれること。be ruined ㊁(名) 中国の小説家郁達夫の小説。一九二一年発表。日本留学時代の生活を題材に、中国青年の情感を赤裸々に描く。

**チンリン-さんみゃく【チンリン山脈・▼秦▼嶺山脈】**(Qín Lǐng) ↓しんれいさんみゃく(秦嶺山脈)

**ちん-れつ【陳列】**(名・サ変他) 見せるために、品物を並べること。exhibition

**ちんれつ-まど【陳列窓】** ショーウインドー。

**ちん-ろうどう【賃労働】** 自分の労働力を資本家に提供し、その対価として賃金をうける資本主義社会特有の労働形態。wage labor

**ちん-わん【▼枕腕】** 筆を持った右手を、机上に伏せた左手の上に乗せて字を書くこと。細字・小字の書法。対義 懸腕。



↓ 行き先項目、図版・写真参照印。 JIS 日本工業規格情報交換用漢字符号コード(区点コード)。

# つ ツ

つ【つ・ツ】五十音図た行第三の仮名。平仮名・片仮名ともに「川」の草体。濁音は「づ」「ヅ」。

ツ 10画【通】 部首[辶] 教育小2 JIS 3644 ／ 11画【▾通】 部首[辶] 旧字
音ツウ・ツ・トウ
訓とおる・とおす・かよう
筆順↓ツウ【通】
とおす。わたる。つらぬく。「通夜」↓ツウ【通】

ツ 11画【都】 部首[阝] 教育小3 JIS 3752 ／ 12画【▾都】 旧字
音ト・ツ
訓みやこ
筆順↓ト【都】
すべて。ことごとく。全部。「都合・都度」↓ト【都】

つ【津】みなと。ふなつきば。わたしば。port 用例—々浦々。

つ【▾唾】つば。つばき。**唾を引く**(つをひく) 酸っぱいものや欲しくてたまらないものを、目の前に置かれたときのさま。生唾をのむ。よだれを流す。

つ【津】〈市〉三重県、伊勢平野中部の市。県庁所在地。古く安濃津とよばれ、中部日本の要港であった。旧城下町・宿場町。繊維などの工業がある。人口一四万九三三二(一九八八)。

つ 古語(助動 下二型)《用言の連用形に付く》①動作・作用が完結し実現している状態の意を表す。…した。…てしまう。…てしまった。比較ぬ。用例そこに日を暮らし—(更級)。②確信をもって言うのに用いる。確かに…する。用例名は告らしてよ親は知るとも(万葉・三・三六二)。③《中世以後》動作・作用が並立する意を表す。用例僧都のつてはおりつ、おりてはのつつ(平家・三・足摺)。

つ ㊀古語(格助)《体言に付く》の。用例地—神伏して額づき(万葉・五・九〇四)。㊁(接助)二つの動作・作用が同時に行われる意を表す。用例さし—さされ—酒を飲む。

つ【▽箇・▽個】(助数)数えるとき、九以下の数詞に添える語。一つ、二つ、三つなどの「つ」。

づ【づ・ヅ】↓つ【つ・ツ】

ツァーリ【czar; tsar】ツァーリの英語読み。

ツアー【tour】①旅行して回ること。回遊。周遊。②簡単な旅行。遠足。用例サイクリング—。③旅行社などの企画した団体旅行。④歌手などの地方巡業。用例コンサート—。

ツアー-オペレーター《和製語》旅行業の一つ。旅程・乗り物・宿泊先・観光スケジュールなどの設定・手配を請け負った団体旅行を企画し、代理店・消費者に売りさばく商売。

ツアー-コンダクター《和製語》団体旅行などの日程や行き先を企画したり、現地に出かけてとりしきったりする人。せまい意味では添乗員。略称ツアコン。

ツァーリ【tzar ロシア】ロシア皇帝の正式称号。一五四七年イワン四世が公式採用。ラテン語のカエサルに由来。ツァール。ツァー。

ツァーリズム【tsarizm ロシア】一六世紀以降の帝政ロシアの専制政治体制。農奴制を基盤に強力な中央集権体制をとった。一九一七年の三月革命で崩壊。

ツァイス【Carl-Zeiss-Stiftung ドイツ】ドイツの精密・光学機器メーカー。一八四六年創業され、世界第一級の技術水準を誇った。第二次大戦後は東西両ドイツでそれぞれ活動している。

ツァイダム-ぼんち【ツァイダム盆地・▽柴▽達▽木盆地】(Qaidam) 中国青海省北西部の盆地。内陸湖跡で、岩塩・石炭・石油・石綿などの鉱産資源に富む。

ツァオグ【草菇 中】(cǎogū) 担子菌類。中国特産のキノコ。かさは直径五〜八cm、茎は長さ約五cm、ともに灰白色。香りがよいので、中華料理に用いる。

ツアー-コン 「ツアーコンダクター」の略。

ツアモツ-しょとう【ツアモツ諸島】(トゥアモトゥ諸島) ↓トゥアモトゥしょとう

ツァラ【Tristan Tzara】(一八九六〜一九六三) フランスの詩人。ルーマニア生まれ。ダダイスムに参加。詩『アンチピリーヌ氏の天上での最初の冒険』、詩集『近似的人間』など。

ツァンポー-がわ【ツァンポー川】(Tsangpo) ブラマプトラ川上流部の呼称。

ツイ 7画【対】 部首[寸] 教育小3 JIS 3448 ／ 14画【▾對】 旧字 JIS 5384
音タイ・ツイ
筆順↓タイ【対】
①そろい。同種のもので、二つそろいになっていること。「一対・三幅対」「対句・対語・対幅」用例(名)—の着物。②そろいになっているものを数えるのに用いる。用例(助数)—の茶碗。↓タイ【対】

ツイ 9画【追】 部首[辶] 教育小3 JIS 3641 ／ 10画【▾追】 部首[辶] 旧字
音ツイ・タイ
訓おう

①おう。おいかける。「急追」「追及・追求・追跡・追放」②過去にさかのぼる。おもいだす。「追憶・追懐・追慕」③あとから。あとに。おって。「追加・追記・追伸・追突」用例《接頭的》—体験。

ツイ 12画【▾椎】 部首[木] JIS 3639
音ツイ・スイ
①つち。ものをたたくのに用いる道具。②うつ。たたく。↓スイ【椎】

ツイ 14画【▾槌】 部首[木] ／ 13画【▾槌】 異体字 JIS 3640
音ツイ
つち。ものをたたくのに用いる道具。「石槌・鉄槌」

ツイ 15画【墜】 部首[土] 常用 JIS 3638 ／ 15画【▾墜】 旧字
音ツイ
①おちる。おとす。類似落。「撃墜」「墜死・墜落」②なくなる。うしなう。「失墜」

ツイ 16画【▾縋】 部首[糸] JIS 6955
音ツイ
①縄をかけて、おろす。②縄につかまって、おりる。③すがる。とりつく。たよる。

ツイ 18画【▾懟】 部首[心]
音ツイ・タイ
うらむ。にくむ。うらみ。

ツイ 18画【▾鎚】 部首[金] ／ 17画【▾鎚】 異体字 JIS 3642
音ツイ・タイ
つち。かなづち。かなづちでうつ。

つい【▽終】①終わり。最後。final ②死。death 用例—の別れ。
**終の栖**(ついのすみか) ①人生最後の安住の場所。last home 用例これがまあ—か雪五尺(一茶)。②死後に落ち着くところ。

つい (副)①思わず。うっかり。carelessly 用例—忘れた。②わずか。ちょっと。a little; just 用例—せんだって。

ツィーグラー【Heinrich Ernst Ziegler】(一八五八〜一九二五) ドイツの動物学者。動物発生学・動物心理学を研究。

ツィーグラー【Karl Ziegler】(一八九八〜一九七三) ドイツの化学者。有機金属化合物の研究で有名。ツィーグラー触媒を発見、関係工業に貢献。一九六三年ノーベル化学賞受賞。

ツィーグラー-ナッタ-しょくばい【ツィーグラー—ナッタ触媒】エチレンなどアルケンの低圧での重合に使う触媒。トリエチルアルミニウムと、四塩化チタンあるいは三塩化チタンの混合物で、前者をツィーグラー触媒、後者をナッタ触媒という。Ziegler-Natta catalyst

ツイーター【tweeter】高音域用のスピーカー。比較ウーファー。

ツイード【tweed】①イギリスのスコットランド地方産のホームスパン。スコッチツイード。②加工しない純毛であらく織った風格のある毛織り服地。斜文や平織りに織る。地厚で手ざわりがかたく野趣に富み丈夫。

つい-いる【突い居る】古語(上一自)《「突き居る」の音便》①ひざまずく。かしこまって座る。用例み随身—・ゐて(源氏・夕顔)。②そのまま居る。ちょこんと座る。用例木のまたに—・ゐて、もの見るあり(徒然・四一)。

ついえ【費え】①かかり。費用。②無駄な費用。むだ遣い。

つい・える【費える】(下一自)①少なくなる。使って減る。用例財産が—。②無駄に過ぎる。用例時間が—。

つい・える【▾潰える・▽弊える】(下一自)①負けて総くずれになる。敗走する。be routed 用例敵は—・えさった。②計画・希望などが実現しないで駄目になる。collapse 用例期待が—。夢が—。

つい-おく【追憶】(名・サ変他) 以前のことを思い浮かべること。追懐。追想。recollection 用例—にふける。

つい-か【追加】(名・サ変他) あとから加えること。addition

つい-かい【追懐】(名・サ変他) 以前の物事や人を思い出してなつかしむこと。追憶。recollection 用例—の情。

つい-がさね【▽衝重ね】《「つきがさね」の転》供物や貴人の食事に用いる膳の一種。白木の折敷にヒノキの台をつけたもの。台に窓形の穴が三方にあるものを三方、四方にあるものを四方、ないものを供饗という。後世には漆塗りのものもある。

ついか-よさん【追加予算】本予算成立後の情勢の変化に応じて必要となった経費を追加する予算。国の予算では、修正予算とともに補正予算とよばれる。additional budget

ついかん-ばん【▾椎間板】脊椎の椎体をつなぐ円板状の線維軟骨。内部は軟らかい髄核で、周辺部を線維輪がとりまく。

ついかんばん-ヘルニア【▾椎間板ヘルニア】椎間板から髄核が線維輪を破って脱出し、脊髄や神経根を圧迫して痛みや麻痺などを起こす病気。腰部におこるものをぎっくり腰という。intervertebral disc rupture

つい-き【追記】(名・サ変他) 書き足すこと。また、その文。postscript

ついき【▽築▽城】〈町〉福岡県東部、行橋市南隣の町。稲作が中心。航空自衛隊築城基地がある。人口一万一三七七(一九八八)。

つい-きそ【追起訴】刑事事件の第一審中に、被告人の別の犯罪を併合審理するため、検察官が裁判所に追加して提訴すること。supplementary suit

つい-きゅう【追及】(名・サ変他) ①あとから追いつくこと。follow up 用例—をかわす。②責任などを、追いつめること。investigation 用例原因の—。

つい-きゅう【追求】(名・サ変他) 利益・名誉などを、あくまで追い求めること。pursuit 用例幸福の—。

つい-きゅう【追究・追窮】(名・サ変他) 真実などを、どこまでもきわめようとすること。investigation 用例真理を—する。

つい-く【対句】修辞法の一種。意味・調子の対比する二つずつの句や文。対比により内容を明確にし、全体の表現効果を高める。「朝に生まれ、夕べに死す」など。couplet

ツィグモンディ【Richard Adolf Zsigmondy】(一八六五〜一九二九) ドイツの化学者。各種コロイド溶液について研究。限外顕微鏡を発明。一九二五年ノーベル化学賞受賞。

つい-けい【追啓】↓ついしん(追伸)

つい-げき【追撃】(名・サ変他) 逃げる敵を追ってうつこと。pursuit

つい-ご【対語】意味が相対して、並べると対になる語。

つい-こう【▽遂行】「すいこう」の誤り。

つい-こう【▾堆紅】彫漆の一種。朱漆の層の中に、黒漆の層をはさんで厚く塗り重ね、文様を彫ったもの。朱と黒の層の断面が見られる。比較堆朱。

つい-こく【▾堆黒】彫漆の一種。参照堆朱

つい-ごう【追号】死後に贈る名。おくりな。

つい-こつ【▾椎骨】脊柱の骨。上から頸椎・胸椎・腰椎・仙骨・尾椎に分かれ、一つ一つの骨は椎間板でつながり、中に脊髄神経が通っている。vertebra

つい-し【追試】㊀(名・サ変他) 他人の実験を、その方法に従って実地に確かめること。experiment for corroboration ㊁(名)「追試験」の略。

つい-し【墜死】(名・サ変自) 高い所から落ちて死ぬこと。death from a fall

つい-じ【▽築地】《「つきひぢ(築泥)」の転》①木枠に土をつめ、つき固めて造った塀。上に屋根をふく。築地の壁面に筋をつけたものを筋塀という。築地塀。②御所・堂上方・公卿の邸。また、堂上方・公卿。↓寝殿造り 図

つい-しけん【追試験】試験を受けられなかった者、また前回は及第点を得られなかった者などのため、あらためてとくに行う試験。追試。makeup examination

▾常用漢字表外。　▽常用漢字表の音訓外。

●堆朱『蓮堆朱盆』。明代（一五世紀）、東京国立博物館。

**つい-しゅ【▼堆朱】** 漆工芸の技法で彫漆の一種。朱漆を塗り重ねて厚い層にし、文様を彫刻したもの。黒漆を堆黒、黄漆を堆黄という。中国の宋・元代に盛行し、日本では室町時代の茶器などに珍重された。↓写

**つい-じゅう【追従】**（名・サ変自）《「ついしょう」は別語》あとに付き従うこと。人の言うことに従うこと。追随。following 用例 上司に—する。

**つい-じゅく【追熟】**（名・サ変他）果実などが熟しすぎたり、落果したりするのを防ぐため、早目に収穫して、そのあとで完熟させること。

**つい-しょう【追従】**（名・サ変自）《「ついじゅう」は別語。おおく上に「お」を付けて用いる》こびへつらうこと。また、そのことば。flattery 用例 お—を並べる。

**つい-しん【追伸・追申】** 手紙などでいったん筆をおいたあと追記する文章。その書き出しの語。追啓。追陳。追白。postscript 比較 追記。

**つい-じん【追尋】**（名・サ変他）尋ね調べること。

**つい-ずい【追随】**（名・サ変自）あとに付き従うこと。また、まねをすること。追従。following 用例 他の—を許さない。

**ツイスト【twist】** 社交ダンスおよび、そのダンスのリズム。男女が離れたまま手足を振り、肩・腰・足をリズムに合わせてねじる（=ツイスト）ダンス。一九六〇年ごろアメリカに起こり世界的に流行した。

**つい-せき【追跡】**（名・サ変他）逃げる者のあとを追って行くこと。chase 用例 逃亡者を—する。

**ついせき-けん【追跡権】** 領海での取り締まりの権能を延長して、公海まで沿岸国の軍艦が他国の船舶を追跡する権利。継続追跡権。right of hot pursuit

**ついせき-し【追跡子】** ↓トレーサー

**ついせき-もうそう【追跡妄想】** いつも他人にあとをつけられていると思いこむこと。分裂病の初期に多い症状。delusion of persecution

**つい-ぜん【追善】**（名・サ変他）《仏教語》①死者の冥福を祈って功徳を積むこと。②故人の年忌などに法要をいとなむこと。追福。memorial service 用例 —供養。

**つい-そ【追訴】**（名・サ変他）追加してうったえること。また、そのうったえ。

**つい-ぞ【▽終ぞ】**（副）《下に打ち消しをともなって》いまだかつて。一度も。never 用例 —聞いたこともない。

**つい-そう【追走】**（名・サ変自）追いかけて走ること。run after

**つい-そう【追送】**（名・サ変他）①あとから別に送ること。send later ②見送ること。see off

**つい-そう【追想】**（名・サ変他）昔のことを思い出し、しのぶこと。追憶。recollection; reminiscence

**つい-ぞう【追贈】**（名・サ変他）死後に官位をおくること。用例 正一位を—する。

**ついそう-きょく【追走曲】**「カノン」の訳語。

**つい-そうけん【追送検】**（名・サ変他）容疑者を検察庁に送った後にわかった新事実を、検察官に書類で送ること。

**ツィター【zither】** ↓チター

**つい-たち【▼朔▽日・▼朔・一日】**《「月立ち」の転》月の第一日。the first day of a month 対義 みそか。

**ついたち-そう【▼朔▽日草】** フクジュソウの別名。

**つい-たて【▽衝立（て）】**《「衝立て障子」の略》簡単な間仕切りや、風を防ぐために、室内で用いる家具。脚がつけてあり必要な場所に移動できる。↓写

●衝立て

**つい-ちょう【追弔】**（名・サ変他）死後、その人の生前をしのびとむらうこと。mourning 用例 —会。

**つい-ちょう【追徴】**（名・サ変他）①行政法上、租税などについて、不足金額および不足に対する懲罰的金銭を徴収すること。collect in addition ②刑法上、没収に代わる手段。没収すべき物を没収できない場合、その物の価額に等しい金銭の納付を強制する処分。forfeit

**ついちょう-きん【追徴金】** 追徴にあたって徴収される金銭。forfeit

**つい-ちん【追陳】** ↓ついしん（追伸）

**つい-て【就いて】**（連語）《「つきて」の転。「…について」の形で》①…に関して。about 用例 仕事に—打ち合わせる。②…ごとに。per 用例 一枚に—一〇〇円。

**ついで【▽序】** ①順序。順番。order ②あることに添えて、他のことを行う、よい機会。opportunity 用例 —がない。

**つい-で【次いで・▽尋いで】**（接続）《「つぎて」の転》引き続いて。その次に。それから。then 用例 —表彰式に移った。

**ついで-に【▽序に】**（副）その折に。他のものにあわせて、いっしょに。incidentally 用例 —それも頼む。

**ついて-は【就いては】**（接続）《上の文を受ける》したがって。よって。そこで。用例 近く旅行します。—折り入ってお願いが…。

**つい・てる**（下一自）《俗語。「ついている」の転》つきがある。幸運である。lucky

**つい-と**（副）動作・行為が突然に行われるさま。また、すばやく通り過ぎるさま。つと。いきなり。さっと。abruptly 用例 —へやを出る。

**つい-とう【追討】**（名・サ変他）賊などを追い討つこと。to track down and kill 用例 平家—。

**つい-とう【追悼】**（名・サ変他）死者の生前をしのんでその死を悲しむこと。mourning 用例 —文。

**つい-とつ【追突】**（名・サ変自）後ろからつき当たること。rear-end collision 用例 電車の—事故。

**つい-な【追▼儺】** 古くは宮中の年中行事の一つで、大晦日の夜、一年間の邪気を払い疫病を除く中国伝来の儀式。近世以降、民間に広まり、節分の厄ばらいとなる。鬼やらい。儺のやらい。

**つ-いな【都維▼那】**《仏教語》寺院の事務を扱う役。いな。ゆいな。

**つい-に【▽終に・▽遂に】**（副）①しまいに。とうとう。at last 用例 —完成した。②《下に打ち消しをともなって》一度も。最後まで。never 用例 —口をきかずじまいだった。

**つい-にん【追認】**（名・サ変他）①過去にさかのぼって事実をみとめること。confirmation ②法律行為で、不完全であったものを、あとから補充して完全に有効とする行為。また、その意思表示。confirmation

**つい-のう【追納】**（名・サ変他）あとから不足分を納めること。additional payment

**つい-はく【追白】** ↓ついしん（追伸）

**つい-ば・む【▼啄む】**（五他）《「つきはむ」の転》鳥が嘴で、つついて食う。peck

**つい-ひ【追肥】** 基肥を入れたあと、作物の生育期間中に施す肥料。おいごえ。補肥。top dressing

**つい-び【追尾】**（名・サ変他）あとをつけて行くこと。追跡。chase

**つい-ふく【対幅】** 一対になっている書画の掛け軸。双幅。対軸。

**つい-ふく【追福】**（名・サ変他）↓ついぜん（追善）

**ついふく-きょく【追復曲】** ↓カノン

**ついぶ-し【追▽捕使】** 平安時代、治安を乱す凶賊を捕らえるために任命された令外の官。国司の申請により、在地豪族のうち武芸に才ある者を任命。

**つい-ほ【追補】**（名・サ変他）あとから付け足すこと。補遺。appendix

**つい-ぼ【追慕】**（名・サ変他）死者などを、懐かしむこと。cherish memory

**つい-ほう【追放】**（名・サ変他）①追い払うこと。banishment ②中世・江戸時代に行われた、罪人を一定地域外に追い払う刑。③在留が危険とみなされる自国人・外国人および密入国者に国外退去を命じること。deportation ④地位や職業から、適格でないと認めた者を、退けること。remove 用例 公職—。

**つい-まひ【対麻▼痺】** 下肢または胸部以下が左右両側に対称的に麻痺した状態。運動・感覚ともに麻痺することが多い。脊髄の障害で起こる。paraplegia

**つい・や・す【費やす】**（五他）①使って減らす。使う。spend 用例 時間を—。労力を—。②むだに使う。waste 用例 いたずらに時間を—。

**つい・ゆ【▼潰ゆ】** 古語（下二自）↓ついえる（潰える）

**つい-らく【墜落】**（名・サ変自）高い所から落ちること。fall 比較 転落。用例 飛行機の—事故。

**つ-いり【▽梅▽雨入り】**《「つゆいり」の転》①つゆにはいること。入梅。②つゆ。ばいう。

**ツイル【twill】** 綾織り。布面に斜めの畝を表す織り方で斜文織りともいう。ツイード・サージ・ギャバジン・綾絹などがある。

**つい-ろく【追録】**（名・サ変他）あとから書きたすこと。また、書き加えた文章。

**ツイン【twin】**《ふた子、の意》①対になったもの。②ホテルで、一人用のベッドを二つ入れた客室。

**ツイン-カム【twin cam】** ↓ディーオーエイチシー（DOHC）

**ツイン-ベッド【twin bed】** シングルベッドの一対。

**ツィンマーマン【Robert von Zimmermann】**（一八二四〜九八）オーストリアの美学者。形式主義美学を主張。著書『形式学としての一般美学』など。

**ツウ** 10画 **【通】** 部首［辶］しんにゅう 教育小2 JIS 3644
音 ツウ・ツ・トウ
訓 とおる・とおす・かよう
11画 **【▼通】** 部首［辶］しんにゅう 旧字

①とおる。とどく。いたる。「交通・不通・文通」「通過・通行」②とおす。わたる。つらぬく。「通史・通覧」③ゆきわたる。あまねく。「通貨・通称・通常・通例」④かよう。かよわす。「共通」「通学・通勤・通帳」⑤そのことにくわしい人。「角通・食通」用例（名）なかなかの—だ。《接尾的》野球—。情報—。⑥さばけていること・人。本来は、遊里でうまれた理念。遊里の内情にくわしく、態度が遊里の作法・風俗にかなっていること。比較 粋。対義 やぼ。「半可通」「通人」⑦不思議な力。「神通力」「通力」用例（名）—を失った仙人。⑧手紙や文書を数えるのに用いる。用例（助数）入学願書三—。↓ツ【通】

**ツウ** 12画 **【痛】** 部首［疒］やまいだれ 教育小6 JIS 3643
音 ツウ・トウ
訓 いたい・いたむ・いためる

①いたい。いたむ。いたみ。「苦痛・激痛・心痛・頭痛・沈痛」用例《接尾的》神経—。②非常に。きわめて。いたく。「痛快・痛感・痛切」

**ツー-イーソー【字一色中】**（zì yīsè）麻雀の手役で「役満」の一つ。東・南・西・北・白・発・中の字牌の刻子と対子ばかりの組み合わせでの上がり。

**つう-いん【通院】**（名・サ変自）病院・診療所へ治療に通うこと。see a doctor regularly

**つう-いん【痛飲】**（名・サ変他）酒を思いきり多く飲むこと。heavy drinking

**ツウィングリ【Ulrich Zwingli】**（一四八四〜一五三一）スイスの宗教改革者。スイスの新教徒を組織、カルバンに継承された改革派教会の創始者。

**つう-うん【通運】** 貨物を運搬すること。運送。transportation 用例 —の便。

**つう-か【通貨】** 一国で通用を認められているお金。本位貨幣・中央銀行券・補助貨幣・政府紙幣などの現金通貨。ひろくは当座預金・普通預金などの預金通貨も含む。流通貨幣。money; currency

**つう-か【通過】**（名・サ変自）①止まらないで、そこを通って過ぎること。pass 用例 急行

電車が―する。国境を無事―する。②さしさわりなく無事に通ること。よしとされて進むこと。pass 用例 面接試験を―する。③国会などで、議案が可決されること。passage 用例 法案は衆議院を―した。

**つう‐かあ**(形動)《俗語。「つう」と言えば「かあ」と答える、の略》互いに気心がよく知れているようす。用例 ―の間柄。

**つう‐かい【通解】**(名・サ変他) 全体にわたって解釈すること。また、解釈したもの。通釈。

**つう‐かい【痛快】**(名・形動) 胸がすくほどに、とても気持ちがよいこと・さま。thrill

**つうかぎぞう‐ざい【通貨偽造罪】** 使用する目的で通貨を偽造・変造する罪。

**つうか‐きょうきゅうりょう【通貨供給量】** ↓マネーサプライ

**つうか‐ぎれい【通過儀礼】**《ファン＝ヘネップによる用語》出生・成人・結婚・死など人生の重要な折り目にあたって、個人が新たな段階に入ることを社会的に表示する儀礼。生誕式・成人式など。移行儀礼。rites of passage

**つう‐かく【痛覚】** 痛みを感じる感覚。身体が有害な刺激を受けたときに生じ、防衛反応をともなう。身体各部に分布し、刺痛・つまみ痛・熱痛・冷痛と頭痛・歯痛・内臓痛などがある。sense of pain

**つう‐がく【通学】**(名・サ変自) 教育を受けようとする者が学校に通うこと。go to school

**つうがく‐せい【通学生】** 校外の自宅・下宿などから通学する学生・生徒。day student

**つうか‐しゅうしゅく【通貨収縮】** ↓デフレーション

**つうか‐しゅぎ【通貨主義】** 中央銀行券の発行量を正貨準備に厳密に連動させれば物価が安定するという主張。リカード以来の貨幣数量説に基づく。currency principle 比較 銀行主義。

**つうか‐せいさく【通貨政策】** 経済活動を調整し物価や景気を安定させるために、通貨の供給量や金利を伸縮させる政策。monetary policy

**つうか‐せいど【通貨制度】** 一国の通貨の発行や流通を規制する体系。中心となるのは本位制度・発券制度・支払準備制度。貨幣制度。monetary system

**つうか‐ぼうえき【通過貿易】** ①他国間の貿易貨物について、その移動のさいに自国を通過させるだけの貿易形態。transit trade ②外国から輸入した商品をそのまま、または若干加工して再輸出すること。中継貿易。transit trade

**つうか‐ぼうちょう【通貨膨張】** ↓インフレーション

**つう‐が・る【通がる】**(五自) そのことをよく知っている人間らしく見せかける。通人ぶる。

pretend to be well-informed

**つう‐かん【通巻】** 定期刊行物・全集などで、第一巻からの通し番号。the consecutive number of volumes

**つう‐かん【通関】** 正規の手続きをへて税関を通過すること。狭義には、輸出入貨物についていう。customs clearance

**つう‐かん【通観】**(名・サ変他) 全体を通して見ること。また、見たもの。general▼ survey

**つう‐かん【痛感】**(名・サ変他) 強く感じること。身にしみて感じること。feel keenly

**つうかん‐し【通関士】** 税関と貿易商社の間に立って輸出入書類の審査に当たる人。customs clerk

**つう‐き【通気】** 内外の空気が通い合うこと。空気を通わせること。ventilation 用例 ―性がよい。

**つうき‐そしき【通気組織】** とくに水生植物で、呼吸・光合成・蒸散に必要な気体の通路。細胞間隙(げき)が管状・網状になったもので気孔につらなる。aerenchyma

**つう‐ぎょう【通暁】**(名・サ変自) ①ある事柄を詳しく知っていること。事情に明るいこと。精通。conversance ②夜を通して朝までのこと。夜通し。all night

**つう‐きん【通勤】**(名・サ変自) つとめ先へかようこと。go to one's office

**つうきん‐けん【通勤圏】** 都市への通勤者が居住する範囲。その広さは一般に都市の大きさに比例し、一方で通勤距離・時間・費用に制約される。commuter belt; zone of commuting

**つうきん‐ラッシュ【通勤ラッシュ】** 通勤時間が一定時間帯に集中するため、乗り物が混雑する現象。大都市などで一日のうち一時的に起こるもので、職場と住居がそれぞれ集中して離れていることが主原因。rush hour

**ツーク【Zug】** スイス中北部、ツーク湖北東岸の都市。一五～一六世紀の時計台・市庁舎がある。人口二・二万(一九八〇)。

**ツークシュピッツェ‐さん【ツークシュピッツェ山】**(Zugspitze) 西ドイツ南部、オーストリア国境にある同国の最高峰。標高二九六三m。

**つう‐けい【通計】**(名・サ変他) 全部集めて計算すること。合計。総計。sum

**つう‐げき【痛撃】**(名・サ変他) ①手厳しく攻撃すること。severe attack ②手ひどい打撃。severe blow

**つう‐げん【痛言】**(名・サ変自) ①手ひどく言うこと。また、そのことば。cutting remarks ②耳にいたい直言。bitter criticism

**つうげんそうまがき【通言総▼籬】** 山東京伝(さんとうきょうでん)作の洒落本(しゃれぼん)。一冊。天明(てんめい)七年(一七八七)刊。『江戸生艶気樺焼(えどうまれうわきのかばやき)』の続編の形で、吉原(よしわら)の風俗・習慣などを精細に写した洒落本の代表作。

**つう‐ご【通語】** ①一般に行われていることば。通言。②通人のことば。粋なことば。

**つう‐こう【通好・通交】**(名・サ変自) 親しい交わりを結ぶこと。enter into friendly relations

**つう‐こう【通行】**(名・サ変自) ①通ること。passing 用例 ―止め。②世間に広く行われること。prevalence 用例 ―本。

**つうこう‐ぜい【通行税】** 直接消費税の一つ。電車・船舶・航空機などの旅客運賃に課される税。消費税の創設に伴い平成元年(一九八九)に廃止された。

**つうこう‐てがた【通行手形】** ある場所を通るときに必要な許可証。とくに、関所(せきしょ)を通過するときの許可書・身分証明書をいう。通行許可書。

**つう‐こく【痛▼哭】**(名・サ変自) 激しく泣き叫ぶこと。いたく嘆くこと。

**つう‐こく【通告】**(名・サ変他) 公の事柄を告げ知らせること。information

**つうこく‐しょぶん【通告処分】** 国税局長や税務署長が、酒税などの間接国税における犯則に対して、罰金・徴収金・没収品などに相当する金銭・物品を納付するよう通告する処分。

**つう‐こん【痛恨】**(名・サ変他) 深く残念に思うこと。deep regret 用例 ―の至り。

**つうこん‐けん【通婚圏】** 特定の集落や地域を中心に、婚姻によって入ってきたり出ていったりする人々の地理的範囲。通常、時代が下るにしたがって拡大する。

**つう‐さん【通産】**「通商産業」の略。

**つう‐さん【通算】**(名・サ変他) 全部を通して計算すること。通計。total 用例 ―成績。

**つうさん‐しょう【通産相】** 通商産業大臣の略。通称。

**つうさん‐しょう【通産省】**「通商産業省」の略。

**つうさん‐だいじん【通産大臣】**「通商産業大臣」の略。

**つうさん‐ねんきん【通算年金】**「通算老齢年金」の略。

**つうさん‐ろうれいねんきん【通算老齢年金】** 各種の公的年金の加入期間を通算して一定年数に達すれば支給される老齢年金。通算年金。

**つう‐し【通史】** 全時代を通して書かれた歴史。complete history 比較 時代史。

**つう‐じ【通じ】** ①通じること。pass ②わかり。さとり。understand 用例 ―が鈍い。③便通。bowel movement 用例 ―がつく。

**つう‐じ【通事・通辞・通詞】** 通訳の古い言い方。通弁。用例 和蘭(オランダ)―。

**つうじ‐あい【通じ合い】** ことば・身ぶりなどで、思想や感情が互いに理解されること。コミュニケーション。communication

**つうじ‐あ・う【通じ合う】**(五自) ①示し合わせる。collude ②思想・感情が互いに理解される。understand each other

**つうじ‐げんごがく【通時言語学】** 言語体系を問題とする共時言語学に対して、一語(音)の歴史的変化を観察する方法。ソシュールの用語。diachronic linguistics 対義 共時言語学。

**つう‐しゃく【通釈】**(名・サ変他) 全体にわたって解釈すること。通解。thorough explanation

**つうしゅう‐じけん【通州事件】** 日中戦争初期の昭和一二年(一九三七)七月、中国河北(かほく)省通州で起こった、冀東(きとう)政権保安隊による日本軍人・居留民殺害事件。日本航空隊の同保安隊誤爆が原因。

**つう‐しょう【通称】** ①一般に通用している名。通り名。popular name ②ふつうに言う名。俗称。common name

**つう‐しょう【通商】**(名・サ変自) 外国と商取引をすること。外国貿易。trade

**つう‐じょう【通常】**(名・副) 当たり前のこと・さま。ふつう。usually 対義 臨時。用例 ―、そうは言わない。

**つうしょうこうかい‐じょうやく【通商航海条約】** 二つの国の間での通商活動の基本を定めた条約。通商・航海の自由や関税、これに付随した入国・居住、領事の交換などについて規定する。通商条約。treaty of commerce and navigation

**つうじょう‐こっかい【通常国会】** 日本国憲法と国会法の規定によって、毎年一二月に召集される国会。会期は一五〇日。常会。通常議会。ordinary session of the Diet 対義 臨時国会・特別国会。

**つうしょうさんぎょう‐しょう【通商産業省】** 中央官庁の一つ。通商貿易・鉱工業・度量衡などに関する国の行政をつかさどる。官房と七局からなり、外局として資源エネルギー庁・特許庁・中小企業庁、付属機関に工業技術院などがある。通産省。Ministry of International Trade and Industry

**つうしょうさんぎょう‐だいじん【通商産業大臣】** 国務大臣の一人。通商産業省の長。通産相。通産大臣。Minister of International Trade and Industry

**つうしょう‐じょうやく【通商条約】** ↓つうしょうこうかいじょうやく(通商航海条約)

**つうじょう‐せんきょ【通常選挙】** 参議院議員の半数を改選するため三年ごとに行われる選挙。比較 総選挙。

**つうじょう‐せんそう【通常戦争】** 核兵器によらず通常の兵器で戦われる、従来からの戦争形式。ふつう局地戦争に限られる。在来戦。conventional warfare

**つうじょう‐せんりょく【通常戦力】** 核兵器を含まない通常の軍事力。在来戦力。conventional forces

**つうじょう‐そうかい【通常総会】** 社団法人で、少なくとも年一回開催しなければならない社員総会。定時総会。regular general meeting

**つうしょう‐だいひょうぶ【通商代表部】** ①社会主義国が他国と貿易をするとき相手国内に設置する機関。②「アメリカ通商代表部」の略。the Trade Representation

**つうしょう‐はくしょ【通商白書】** 通産省発表の年次報告書。日本の貿易の動向や対外経済活動などを分析するもの。

**つうじょう‐ゆうびんぶつ【通常郵便物】** 国内郵便のうち、小包郵便物以外のもの。第一種から第四種まである。

**つう・じる【通じる】**(上一自他) ＝通ず・通ずる。①(自)㋐かよう。連絡する。run 用例 バスが―。㋑いたる。とどく。達する。lead to 用例 京都へ―道。電話が―。㋒つづく。lead to ㋓ゆきわたる。広く及ぶ。prevail 用例 一般に―規則。㋔事情などに詳しい。物事に明るい。be well versed in 用例 海外の事情に―。㋕大小便が出る。pass ㋖心をかよわす。内通する。be in touch with 用例 敵と―。㋗男女が情をかわす。用例 人妻と―。㋘話・意味などがよくわかる。be understood 用例 ことばが―・じない。②(他)㋐かよわす。communicate 用例 心を―。㋑通す。conduct 用例 電流を―。㋒知らせる。用例 意志を―。㋓《「…を通じて」の形で》…にわたって。concern 用例 四季を―・じて温暖な気候。㋔《「…を通じて」の形で》…を仲介として。communicate 用例 友人を―・じて面会を申し入れる。

**つう‐しん【通信】**(名・サ変自) ①音信を通じること。通知。たより。知らせ。communication ②郵便・電信・電話などの通信機関によって意思・情報などを伝達すること。communication

**つう‐しん【痛心】** 心をいためること。心痛。heartache

**つう‐じん【通人】** ①物事をよく知っている人。物知り。well-informed person ②世情・人情に通じた人。man of the world ③遊芸・遊興に詳しい人。

**つうしん‐いん【通信員】** 新聞社・雑誌社・通信社などで、地方または外地に駐在し、本社にニュースを送る役割の人。correspondent

**つうしん‐えいせい【通信衛星】** 遠隔二地点の通信を中継する人工衛星。現在、このための静止衛星がいくつか打ち上げられている。communication satellite

**つうしん‐かいせん【通信回線】** 電気通信

用の回路。有線だけでなく無線の回路も含む。communication line

**つうしん-かん【通信管】** 伝書バトの足につけて通信文を入れる、アルミニウムなどで作ったくだ。message tube

**つうしん-きかん【通信機関】** 郵便・電信・電話などの通信を取り扱う機関。また、通信の手段。organ of communications media

**つうしん-きょういく【通信教育】** 郵便・テレビ・ラジオ・電話・ファクシミリなどの通信手段による教育。correspondence education

**つうしん-ケーブル【通信ケーブル】** おもに金属導体を用いた電気信号の伝送媒体。communication cable

**つうしん-こうがく【通信工学】** 無線および有線通信に用いられる機器・施設に関する工学。関連する分野に電子・電気・制御の各工学がある。communication engineering

**つうしん-じぎょう【通信事業】** 情報や意思を人から人へ伝える事業。郵便・電信・電話・放送など。社会経済の発展とともに多様化している。communication enterprise

**つうしん-しゃ【通信社】** ニュースや解説・評論などを収集し、新聞社・放送局・企業などに配信する組織。AP・ロイター・AFP・タス・新華社・共同・時事など。news agency

**つうしん-てんさく【通信添削】** 答案を郵送すると、それに誤りを正す書き入れをして返してくること。corrections and comments by mail

**つうしん-はんばい【通信販売】** 小売販売の方法の一つ。カタログ送付や広告を使って郵便・電話で注文をとり、商品を発送する。通販。mail order sales

**つうしん-へいき【通信兵器】** 通信衛星を含めた各種軍用通信機材の総称。communication weapon

**つうしん-ぼ【通信簿】** 学校が学期末ごとに父母あてに出す、生徒・児童の成績・身体状況・出欠状況などの連絡表。通知表。通知簿。report card

**つうしん-もう【通信網】** ①多数の人が相互に通信するために設けられた、秩序だった連絡組織。communication network ②新聞社・放送局、また軍隊・警察などが、通信・連絡のため各地に設けた組織。communications network

**つうしん-ようりょう【通信容量】** 一秒間にその通信路を通して正しく伝送しうる情報量。channel capacity

**つう-す【ᐁ都ᐁ寺・ᐁ都守】**《仏教語。「都監寺(つうかんす)」の略》禅宗寺院で、六知事の一つ。監寺(かんす)の上に位して、いっさいの寺務を取り締まる役職。

**つう-すい【通水】**(名・サ変自他) 水路や管に水が通ること。また、水を通すこと。

**つう・ずる【通ずる】**(サ変自他) ↓つうじる(通じる)

**つう-せい【通性】** 共通の性質。通有性。common property 対義 特性。

**つう-せき【痛惜】**(名・サ変他) 深くおしがること。deep regret

**つう-せつ【通説】** 一般に認められている説。common opinion 比較 定説。対義 一説・異説。

**つう-せつ【痛切】**(形動) ①身にしみて強く感じるさま。feel... deeply ②適切で、鋭いさま。keen 用例 —な批評。

**つうそう-ていおん【通奏低音】** バロック時代の音楽で、楽曲に一貫してつけられた器楽伴奏用のバス声部のこと。このバスの上に、伴奏者は即興的に単純な和音または装飾をつけて演奏する。thorough bass

**つう-そく【通則】** ①一般に通じる規則、また全般にわたる規則。general rules 対義 細則・変則。②ふつうの規則。

**つう-ぞく【通俗】**(名・形動) ①一般の人々にわかりやすいこと・さま。popularity 対義 高尚。②世間一般にありふれたこと・さま。commonness

**つうぞく-か【通俗化】**(名・サ変自他) ①一般の人々にわかりやすくすること。大衆化。popularization ②安っぽくなること。become cheap

**つうぞく-しょうせつ【通俗小説】** 興味本位の小説。popular novel

**ツーソン【Tucson】** アメリカ、アリゾナ州南部の都市。温暖な気候のため、保養地として知られる。電子工業など各種産業もさかん。人口三三万(一九八〇)。トゥーソン。

**つう-だ【痛打】**(名・サ変他) ①相手に手厳しい打撃を与えること。severe blow ②野球で、痛烈な当たりの打球。また、その打撃。hard hitting 用例 —を浴びる。

**つう-たつ【通達】**(名・サ変自他) =つうだつ。①(自)物事に深く通じていること。精通。proficiency ②(他)㋐相手に伝えること。伝達。コミュニケーション。communication ㋑官公署が所轄の機関などに告げ知らせること。その文書。notification 比較 示達。

**つう-たん【痛嘆・痛ᐁ歎】**(名・サ変他) 深くなげき悲しむこと。deep lamentation 用例 —にたえない。

**つう-ち【通知】**(名・サ変他) 知らせること。また、その知らせ。notification 比較 報知。

**つうち-じへえ【津打治ᐁ兵ᐁ衛】** 歌舞伎狂言作者。四世まで。二世(一六八三〜一七六〇)は江戸作者中興の祖。作品『式例和曽我(しきれいやわらぎそが)』など。

**つうち-ぼ【通知簿】** 通信簿。report card

**つう-ちょう【通帳】** ①預金のさいに受け取る記録帳簿。②掛け売り・掛け買いなどを記録する帳簿。通い帳。pass-book

**つう-ちょう【通ᐁ牒】**(名・サ変他) ①書面による通知。または、その書面。②国家間で行われる一方的な意思の通告。あるいは、その文書。用例 最後—。③上級監督官庁が所轄の機関や職員に対して発する訓令。通達。note

**つうち-よきん【通知預金】** 預け入れ後一週間はすえ置きで、その後は、預金者が二日前に予告して引き出す預金。金利は普通預金よりやや高い。deposit at notice

**ツーチン-シャン【紫金山】**(Zǐjīn Shān) ↓しきんざん(紫金山)

**つう-つう**(形動) 事情や気心がきわめてよく通じ合うようす。用例 —の仲。

**つう-てん【通天】** カエデの一種。京都東福寺の通天橋付近のものが有名となり、名付けられた。

**つう-てん【痛点】** 皮膚や粘膜の表面に散在し、刺激を受けると痛みを感ずる点状の部位。痛神経の末端がある。各種の感覚点の中では痛点の密度がもっとも高い。pain spot

**つうてん-かく【通天閣】** 大阪市浪速(なにわ)区、新世界にある鉄塔。エッフェル塔を模して明治四五年(一九一二)に建てられた。現在の塔は、第二次大戦中に撤去したものを昭和三一年(一九五六)に再建。高さ一〇三m。

**ツー-テン-ジャック**《two ten jackから》トランプゲームの一種。三人から六人で、集めたカードの合計点数を競うもの。ツー(二)・テン(一〇)・ジャック(一一)のカードの点数が高いことから。

**つう-と-いえば-かあ【—いへば—】**(連語) おたがいに気持ちがぴったり通じあうこと・さま。つうかあ。用例 —という間柄。

**つう-どう【通洞】** 鉱山で、坑口から水平に掘進された主要坑道。adit

**つうどう-そしき【通道組織】** 植物の、水分や養分などの通路となる組織。維管束(いかんそく)の主体となる道管・仮道管・師管を含む。conductive tissue

**つう-どく【通読】**(名・サ変他) ①終わりまで読み通すこと。read through ②ひととおり読むこと。read over 対義 精読。

**ツートン-カラー【two-tone color】** 色調の違う二つの色の調和のよい組み合わせ。

**つう-な【通な】**(連体) さばけている。frank 比較 通。用例 —話。

**つう-ねん【通念】** 一般に共通した考え。common idea 用例 社会—。

**つう-ば【痛ᐁ罵】**(名・サ変他) ひどいことばで、ののしること。悪口雑言。denunciation

**ツーバイフォー-こうほう【ツーバイフォー工法】** 二インチ×四インチの規格断面の木材を使用し、構造用合板などの面材を釘(くぎ)打ちして一体化する木造建築の工法。枠組み壁工法。wood frame construction

**つう-はん【通販】**「通信販売」の略。

**ツー-ピース【two-piece】** 上下二つに分かれた一組の衣類の総称。上着とスカート、下着のキャミソールとペチコートなどの、二部式の衣服。対義 ワンピース。

**ツービート-えいほう【ツービート泳法】** 水泳で、クロールの泳法の一技術。腕を一かきするあいだに足を二回打つ。長距離向きの泳ぎ方。two-beat crawl

**つう-ひょう【通票】** 鉄道の単線区間で、列車の運転士と発駅の駅長との間で受け渡しされる真鍮(しんちゅう)製の証票。通行の安全を確保するために用いる。タブレット。tablet

**つう-ふう【通風】**(名・サ変自) 室内の空気の流通をよくすること。風通し。換気。ventilation; draft

**つう-ふう【痛風】** 代謝障害により血液中に尿酸が増加する病気。足指の関節などが激痛とともにはれあがるのが特徴。慢性になると尿酸塩が沈着し、痛風結節をつくる。gout

**つうふう-き【通風機】** 換気のためなどに送風する装置。ベンチレーター。ventilator

**つうふう-けん【通風権】** 建築にともなう、風通しを確保する権利。

**ツー-プラトーン-システム【two-platoon system】** 野球の戦術の一つ。左右打者で二通りの打線を用意し、右投手には左打者、左投手には右打者を多く打線に組むようにオーダー編成するもの。

**つう-ふん【痛憤】**(名・サ変他) 激しく怒ること。憤慨。strong indignation

**つう-ぶん【通分】**(名・サ変他) 二つ以上の分数または分数式を、値を変えないで、同じ分母の分数にすること。たとえば½と⅓を通分すれば、3/6と2/6になる。reduction of fractions to common denominator

**つう-へい【通弊】** 一般に共通する弊害。common evil

**つう-べん【通弁・通ᐁ辯】**(名・サ変自) 通訳の旧称。

**つう-ほう【通宝】**《世間に通用する宝、の意》通貨に刻まれる文字。また、通貨。用例 寛永—。

**つう-ほう【通報】**(名・サ変他) 告げ知らせること。通知。report 用例 気象—。

**つう-ぼう【通謀】**(名・サ変自) ぐるになってたくらむこと。共謀。

**つう-ぼう【痛棒】** ①座禅で、心の定まらない者を打つ棒。②激しく叱(しか)ること。severe blame 用例 —をくらう。

**痛棒を喰らわす**(つうぼうをくらわす) 手ひどくしかって、こらしめる。scold severely

**ツーポー【淄博】**(Zībó) ↓しはく(淄博)

**ツーメン-チアン【図們江】**(Túmén Jiāng) ↓ともんこう(図們江)

**つう-やく【通約】**(名・サ変他) ↓やくぶん(約分)

**つう-やく【通訳】**(名・サ変自他) 互いに言語の違う人の間に立って、両者の言語を翻訳して伝えること・人。interpreter

**つう-ゆう【通有】** どれにも同じようにあること。共通に持っていること。対義 特有。

**つう-よう【通用】**(名・サ変自) ①世間一般に認められ、用いられていること。currency 用例 英語は広く世界に—する言語だ。②両方に通じて用いること。兼用。common use ③一定期間有効なこと。validity 用例 —期間。④いつも通ること。service entrance 用例 —門。

**つう-よう【痛ᐁ痒】**《いたみと、かゆみ》自分に及ぶ害悪・悪影響。支障。差し障り。influence

**痛痒を感じない**(つうようをかんじない) それにより、支障が生じたり害悪の及ぼされることはまったくなく、なんら影響を感じることもない。痛痒を覚えない。痛くもかゆくもない。It doesn't matter at all.

**ツーラ【Tula】** ↓トゥーラ

**つう-らん【通覧】**(名・サ変他) ひととおり全部に目を通すこと。general survey

**ツーラン-スクイズ**《和製語》野球で、スクイズプレーにより一度に二人の走者を生還させるような奇襲攻撃。

**ツーラン-ホーマー【two-run homer】** 野球で、走者を一人置いて打ったホームラン。二人が生還することから。ツーラン。

**つう-りき【通力】** なんでも自由自在にできる不思議な力。神通力(じんずうりき)。

**ツーリスト【tourist】** 旅をする人。旅行者。

**ツーリスト-ビューロー**《和製語》旅行者の便宜をはかる施設。旅行案内所。旅行相談所。旅行代理店。travel agency

**つうりょう【通ᐁ遼】** 中国、内モンゴル自治区東部の都市。農産物の集散地。人口二四・七万(一九八四)。旧称、白音太拉(バインタラ)。トンリヤオ。

**ツーリング【touring】** ①周遊旅行。観光旅行。②自動車・自転車などでの周遊旅行。

**ツール【Tours】** ↓トゥール

**ツールーズ【Toulouse】** ↓トゥールーズ

**つう-れい【通例】** ㊀(名) 一般の習わし。慣例。custom ㊁(副) ふつう。一般に。generally

**つう-れつ【痛烈】**(名・形動) 手ひどく激しいこと・さま。severeness 用例 —な批判。

**つう-ろ【通路】** ①通る道。passage ②出入り口。gateway

**つう-ろん【通論】** ①世間に認められている論。公論。②全体にわたって論じたもの。汎論。対義 各論。

**つう-ろん【痛論】**(名・サ変他) 手厳しく論じ

ること。vehement argument

**ツーロン**【Toulon】↓トゥーロン

**つう-わ【通話】**(名・サ変自) 電話で話をすること。また、その話。また、通話時間の単位、およびその回数。call 用例―料。三―。

**つうわ-さん【通和散】** トロロアオイの異名。また、その粘液物質。

**つうわ-どすう【通話度数】** 電話加入者が、加入電話で通話をした回数。

**つえ【▼杖】** ①手に持って地面につき、からだを支えるなどして歩行の補助とする棒。木や竹で作り、老人・身障者などが用いる。護身用また権威の象徴としても用いられる。ステッキ。cane 数え方一本。②たのみとするもの。補佐するもの。support

**杖とも柱とも頼む** すっかり頼りにする。lean on as the only support

**杖に縋るとも人に縋るな** むやみやたらと、他人を頼ってはいけない。

**杖に突く** 杖を突くようにして、よりかかる。用例傘を杖に突いて立つ。

**杖の下に回る犬は打てぬ** すがりついてくるものには、残酷なしうちはできない。

**杖の下にも回る児が可愛い** せっかんしようとしても、すがりついてくる子どもはかわいくて打てない。杖の下から回る子。

**杖程掛かる子は無い** 杖のように頼りとなる子は、めったにいるものではない。

**杖も孫程掛かる** 年をとると、孫をあてにするのと同じように、杖に頼るようになるものだ。

**杖を突く** つえを使って歩く。つえを頼りに歩く。walk with a stick

**杖を引く** 散歩する。旅をする。

**つえたて-おんせん【▼杖立温泉】** 熊本県北東端小国町にある温泉。地名は、弘法大師が杖を立てておいたところ根づいたとの伝説に由来。

**ツェツェ-ばえ【ツェツェ▼蠅】** 熱帯アフリカにいるイエバエ科のハエの総称。約二〇種があり、体長一cm内外。口吻が前方に突出する。森林地帯にすみ、雌雄とも人畜から吸血するが、そのさい、死亡率の非常に高い睡眠病の病原体トリパノソーマを媒介する。tsetse fly

**ツェナー-ダイオード【zener diode】** pn接合半導体のp型に負、n型に正の電圧をかけると、ある電圧値で電流が急激に増加し、その後は一定電圧を保つダイオード。定電圧素子として使用。定電圧ダイオード。

**ツェラーン【Paul Celan】**(一九二〇～七〇) オーストリアの詩人。先鋭な言語意識と幻想的イメージでうたう。詩集『けしと記憶』『敷居から敷居へ』『言葉の格子』『誰でもない者のバラ』など。

**ツェルトザック【Zeltsack ドイツ】** 登山用具の一つ。緊急時の露営に使う簡易テント。かさばらず、防風性があることから、化学繊維製のものが多い。

**ツェルマット【Zermatt】** スイス南部、マッターホルン北麓の町。保養地。登山基地として有名。人口〇・四万(一九八〇)。

**ツォンカパ【Tson-kha-pa】**(一三五七～一四一九) チベット仏教の改革者。ラマ教紅帽派の堕落を批判し、戒律を厳守する黄帽派を創始。著書『菩提道次第論』など多数。

**つか【▽束】** ①握ったときの四本の指の幅ほどの長さ。②古代、たばねたイネの単位。重さ一斤のイネを一把とし、一〇把を一束といった。③わずか。すこし。用例―の間。④建築部材の「束柱」の略。⑤《製本用語。紙をたばねたものの厚み、の意から》書物の厚み。用例―見本。―がある。↓本図 ↓民家図

**つか【▽柄】** ①刀・弓などの、握る部分。用例―も通れと刺す。②筆の軸。↓日本刀図

**つか【塚】** ①盛り土した所。②盛り土した墓。用例古き―はすかれて田となりぬ(徒然・三〇)。

**つが**9画【▼栂】 部首[木]へん 和製漢字 JIS 3646 マツ科の常緑針葉高木。別名、とが。高さは三〇mほどに達する。建築・器具製造・製紙用にする。つがのき。↓とが【栂】↓写

●ツガ

**つが【都賀】**〈町〉 栃木県南部、栃木市北隣の町。旧宿場町。イチゴの栽培がさかん。人口一万四一九八(一九八八)。

**つか-あな【塚穴】** 死んだ人を葬る穴。はか穴。

**つかい【使い】** ①使うこと。使用。use ②言いつけられて、用をたしに行くこと・人。使者。errand ③神仏の使わしめ。

**使いを立てる** 使者を派遣する。使いを出す。send an envoy

**つがい【▽番】** ①二つが組み合って対になること。そのもの。組。pair ②雌と雄。雌雄。pair ③めおと。夫婦。married couple ④関節。joint 用例ちょう―。

**づかい【遣い】**(接尾) ①金銭・筆・人形などを使用すること。用例無駄―。筆―。人形―。②文字の用い方。用例仮名―。③声などのようす。用例息―。声―。④わずらわすこと。用例心―。

**つかい-あるき【使い歩き】**(名・サ変自) 言いつけられた用事で、あちこち回ること。run errands 比較使い走り。

**つかい-がって【使い勝手】** 物の使いやすさの程度。用例―がよい。

**つかい-こな・す【使いこなす】**(五他) ①思うままに使う。manage 用例自在に―。②よく使って役に立てる。utilize 用例辞書を―。

**つかい-こ・む【使い込む】**(五他) ①使ってならないお金を使う。㋐制限以上に使う。be short in one's account ㋑預かったお金を私用に使う。embezzle 用例会社の金を―。②手慣れるまでよく使う。break in 用例―・んだ万年筆。

**つかい-さき【使い先】** 使いに行った先方。

**つかい-すて【使い捨て】** 使い終わったあと、ふたたび役立てないで捨てること・物。disposable 用例―のライター。

**つかい-ちん【使い賃】** 使い走りの礼に与える金品。rewards

**つかい-て【使い手】** ①使う人。user ②刀などをうまく使う人。expert ③金銭をよく使う人。waster

**つかい-で【使い出】** 使う量が十分にあること。much quantity; long usage 用例―がある。

**つかい-はしり【使い走り】** あちこちへ使いをすること・人。つかいばしり。errand

**つかい-はた・す【使い果(た)す】**(五他) 全部使ってしまう。すっかり使う。use up

**つかい-ばん【使(い)番】** ①戦国時代、戦場で、陣営間を往来して命令を伝えた伝令使。軍監。②江戸幕府の職名。若年寄の支配下にあり、将軍の上使として諸国に出張し、大名の監察、大坂・二条・伏見・駿府各城代の目付などを任務とした。③使い走りの役目の者。

**つかい-ふるし【使い古し】** 長い間使って古くなったもの。worn-out

**つかい-ふる・す【使い古す】**(五他) ①長く使って古くする。wear out 用例―・したカバン。②何度も使って新しみがなくなる。hackneyed 用例―・された言いまわし。

**つかい-みず【使い水】** 雑用に使う水。

**つかい-みち【使い道・使い▽途】** ①使う方法。how to use ②使う目的。用途。use

**つかい-もの【使い物・遣い物】** ①使って役に立つ人間・品物。usefulness 用例―にならない。②《上に「お」を付けて》贈り物。present

**つかい-わけ【使い分け】** ①使い方を区別すること。同じものをさまざまの用途・場合に合わせて使うこと。proper use ②いくつかのものを、それぞれの長所を生かして使うこと。proper use

**つか・う【使う】**(五他) ①仕事をさせる。働かせる。employ 用例たくさんの人を―。②役立てる。用いる。use 用例ミシンを―。ロボットを―。③㋐ついやす。spend 用例お金を―。㋑話したり書いたりする。handle 用例英語を―。正しいことばを―。④手段として役立てる。use 用例居留守を―。魔法を―。⑤それを利用してある行動をする。have 用例弁当を―。行水を―。

**つか・う【遣う】**(五他) ①心などをわずらわす。worry 用例気を―。心を―。②㋐話したり書いたりする。speak or write 用例正しいことばを―。平仮名を―。㋑おくる。与える。present 用例わいろを―。㋒操る。manipulate 用例人形を―。

**つか・う【仕う】** 古語(下二自) ↓つかえる(仕える)

**つが・う【▽番う】**(五自) ①二つのものが組み合う。pair ②交尾する。つるむ。mate

**つかえ【▽支え・▼閊え】** ①先がふさがって、通らないこと。obstruction ②事の進行をさまたげる出来事。さしさわり。obstacle ③《「痞え」とも》胸が、ふさがって苦しいこと。pressure

**痞えが下りる** ①積やさしこみなどがおさまり、胸のふさがるような苦しさがなおる。②悩みやわだかまりがなくなる。

**つかえ-まつ・る【仕え▽奉る】** 古語(四自他) ①(自)「仕ふ」の謙譲語。おつかえ申し上げる。用例―・れば貴くもあるか(万葉・一七・三九二二)。②(他)「為す・つくる・行ふ」の謙譲語。おつくり申し上げる。用例つれも無き城上の宮に大殿を―・りて(万葉・一三・三三二六)。

**つかえる**11画【▼閊】 部首[門]もんがまえ 和製漢字 JIS 7959

↓つかえる【支える・閊える】

**つか・える【▽支える・▼閊える】**(下一自他) ①(自)＝つっかえる。㋐ふさがって通らなくなる。邪魔があって入らなくなる。be blocked ㋑故障が起こって進めなくなる。be obstracted ㋒《「痞える」とも》胸がふさがって苦しい。feel a pressure on one's chest ②(他)前につく。用例手を―。

**つか・える【仕える・▽事える】**(下一自) ①目上の人に従う。そばにいてその用事をする。serve 用例親に―。神に―。②奉仕する。仕官する。serve 用例宮中に―。

**つか・える【使える】**(下一自) 使うことができる。be usable

**つが・える【▽番える】**(下一他) ①組み合わせる。combine ②弓に矢を当てる。fix a arrow to the string ③約束する。promise 用例ことばを―。

**つか-がしら【▽柄頭】** 刀の柄の先端。また、そこにつけてある金具。

**つか-こうへい**(一九四八～) 劇作家・小説家。本名金原峰雄。福岡県生まれ。慶大中退。戯曲『熱海殺人事件』、小説『蒲田行進曲』など。

**つかさ【▽司・▽官】** ①役所。官庁。②役人。官吏。③役。官職。職務。

**つが-ざくら【▼栂桜】** 高山の岩場にはえるツツジ科の常緑小低木。高さ一〇～一五cm。葉は線形で密生。初夏に白または淡紅色の鐘形花を開花。ツガマツ。↓写

●ツガザクラ　エゾツガザクラ

**つかさ-ど・る【▽司る・▽掌る】**(五他) 《官をとる、の意》 ①職務として取り扱う。担当する。take charge of ②管理する。manage

**つかさめし-の-じもく【▽司召(し)の除目】** 除目の一つ。京都の諸官の任命を行う公事。古くは春、平安中期以降は秋に行われ、秋の除目ともいう。司召し。対義県召の除目。

**つか・す【尽かす】**(五他) 出し尽くしてなくす。

**愛想を尽かす** 愛情などが、すっかりうせてしまう。あきらめて見はなす。be disgusted with

**つかず-はなれず【付かず離れず】**(連語) つくでもなし、離れるでもないこと。ほどよい関係を保つこと。keep an adequate distance from each other

**つかだ-まさお【塚田正▽夫】**(一九一四～七七) 将棋棋士。東京生まれ。第六・七期名人。昭和二九年(一九五四)九段戦に三期連続優勝して永世九

▼常用漢字表外。　▽常用漢字表の音訓外。

段となる。

**つか-つか**(副) 遠慮なく進み出るさま。straightforwardly 用例 ―と近寄る。

**つか-つくり**【塚造】 ツカツクリ科の鳥の総称。または、その一種。密林中に落ち葉や土で大きな塚をつくり、それに穴を掘って卵を産み込む。卵は太陽熱と腐植発酵熱で孵化。マリアナ諸島特産の種はチャボ大。インドネシア・オセアニアに約一二種が分布。megapode ↓図

●ツカツクリ

**つが-ていしょう**【都賀庭鐘】(一七一八ごろ～九四ごろ) 江戸中期の文学者・儒医。大坂の人。号、近路行者。力強い和漢混交文で中国小説を翻案し、読本の創始者となる。上田秋成の師。読本『英草紙』『繁野話』など。

**つか・ぬ**【▽束ぬ】古語 (下二他) ↓つかねる(束ねる)

**つかぬ-こと**【付かぬ事】(連語) かかわりのないこと。だしぬけのこと。something irrelevant 用例 ―をうかがいますが。

**つか・ねる**【▽束ねる】(下一他) ①たばにする。bundle ②左右のうでを胸の前で組み合わせる。こまぬく。match ③つかさどる。rule

**手を束ねる**(てをつかねる) 類似 手を拱く。①手を胸の前で組み合わせる。fold one's arms ②なにもしないで傍観している。stand idle

**つが-の-き**【▼栂の木・▼樛の木】 ツガの別名。

**つがのき-の**【▼栂の木の】[枕ことば]《ツガの木は常緑樹で常に茂り栄える。また、「つが」の類音を繰り返すことから》「つぎつぎ」にかかる。用例 生れましし神のことごと― いやつぎつぎに天の下知らしめししを(万葉・一・二九)。

**つか-の-ま**【▽束の間】 ほんのわずかなあいだ。moment 用例 ―も忘れない。

**つか-ばしら**【▽束柱】 梁と棟との間や縁の下などに立てる短い柱。

**つかはら-じゅうしえん**【塚原渋▼柿園】(一八四八～一九一七) 小説家。本名、靖。江戸生まれ。歴史物に新境地を開く。作品『天草一揆』『由井正雪』など。

**つかはら-ぼくでん**【塚原▼卜伝】(生没年未詳) 戦国時代の剣客。常陸の人。上泉伊勢守に剣を学び、卜伝流を創始。

**つか-ぶくろ**【▽柄袋】 江戸時代、武士の刀の柄にかぶせた袋。旅行・雨天などのときに使用。

**つかま・える**【捕まえる・▼捉まえる】(下一他) ①逃げるもの、動くものをとりおさえる。catch 用例 犯人を―。虫を―。②呼びとめる。用例 タクシーを―。③《「…をつかまえて」の形で》…に対して。用例 目上の人を―・えてその口のききようはなんだ。

**つかま・える**【▼摑まえる】(下一他) 握って離さない。catch

**つかまき-し**【▽柄巻(き)師】 刀剣の柄を糸や革などの緒で巻く職人。室町時代の中ごろから職業として存在したが、明治の廃刀令とともに姿を消した。

**つかま・す**【▼摑ます】(五他) ↓つかませる(摑ませる)

**つかま・せる**【▼摑ませる】(下一他) ①つかむようにしむける。make…hold of ②賄賂などを受け取らせる。bribe ③ことば巧みに粗悪品を買わせる。palm off

**つが-まつ**【▼栂松】 ツガの異名。

**つか-まつ・る**【▽仕る】古語 (四自他) 《「つかうまつる」の転》 ①(自)「仕ふ」の謙譲語。お仕え申し上げる。用例 何事の行幸にぞや―・りたまへりしに(大鏡・兼通)。②(他)「す・行ふ」の丁寧語。いたします。用例 あやまちは、やすき所に成りて、必ず―事に候(徒然・一〇九)。

**つかまり-だち**【▼摑まり立ち】 乳幼児が物につかまって、やっと立つ状態。ふつう生後九～一一か月ごろからできるようになる。

**つかま・る**【捕まる・▼捉まる】(五自) とらえられる。be caught 対義 逃れる。

**つかま・る**【▼摑まる】(五自) しっかり握る。hold

**つかみ**【▼摑み・▼攫み】 ①つかむこと。holding ②破風板の合う部分を固める板。蟻板。③囲碁で、先手・後手を決める方法。先方が碁石をつかみとり、その数の奇数・偶数をいいあてたほうが先手となる。にぎり。④花札で、配られた手札の中に出来役の札がそろっていること。

**つかみ-あ・う**【▼摑み合う】(五自) たがいにからだなどをつかんで取っ組み合いのけんかをする。組み合う。grapple

**つかみ-かか・る**【▼摑み掛(か)る】(五自) 相手に激しく組みつく。grab at

**つかみ-どころ**【▼摑み所】 ①つかむ所。hold ②ここぞという、大切な点。point 用例 ―がない。

**つかみ-どり**【▼摑み取り】(名・サ変他) つかんで取ること。つかんだだけ取ること。grab

**つかみょうじん-こふん**【▽束明神古墳】 奈良県高市郡高取町の春日神社境内にある終末期古墳。外観は円墳だが、径約二〇mの八角形墳とも考えられる。凝灰岩の切り石を用いた家形の横口式石室をもつ。草壁皇子の墳墓説がある。

**つか・む**【▼摑む・▼攫む】(五他) ①指を曲げ、強く力を入れて間に物をにぎる。grasp 用例 しっかり―。②手に入れる。自分のものにする。obtain 用例 幸運を―。証拠を―。③機会をとらえる。catch 用例 チャンスを―。④しっかり理解する。grasp 用例 要点を―。

**つが-もな・い**(形) ①道理に合わない。不都合だ。②ばかばかしい。

**つから・す**【疲らす】(五他) 疲れさせる。tire

**つか・る**【▽浸かる】(五自) 水・湯にひたる。be submerged

**つか・る**【漬かる】(五自) 漬物の味がよくなる。be well pickled

**つか・る**【疲る】古語 (下二自) ↓つかれる(疲れる)

**つがる-かいきょう**【津軽海峡】 北海道と本州の間にある海峡。最狭部で約二〇km。かつては青函連絡船が運航。現在は海底トンネルで結ばれる。公海のため外国船の通行も多い。

**つがるじょんから-ぶし**【津軽じょんから節】 青森県津軽地方の代表的民謡。前奏の津軽三味線の技巧的な曲弾きが特徴。

**つがる-ぬり**【津軽塗】 青森県弘前市を中心につくられる漆器。盆・重箱など板ものが主体。江戸中期から始まり、斑文を生かした唐塗、粒状文様を出した七々子塗で知られる。

**つがる-はんとう**【津軽半島】 青森県北西部の半島。津軽平野と津軽山地からなり、山地のヒバの美林は有名。北端の竜飛崎は北海道の白神岬と相対する。

**つがる-ふじ**【津軽富士】 岩木山の別称。

**つがる-へいや**【津軽平野】 青森県西部、岩木川の中・下流域の沖積平野。稲作・リンゴ栽培がさかん。

**つがる-みんよう**【津軽民謡】 青森県津軽地方の民謡。地方色豊かな歌詞と美しい旋律、小節の多いひねった歌い方が特色。おもな民謡『津軽よされ節』『津軽じょんから節』『津軽おはら節』など。

**つかれ**【疲れ】 疲れること。疲労。fatigue

**つかれ-しけん**【疲れ試験】 材料試験の一種。試料に周期的に変化する荷重を長時間加え、破壊するまでの回数を計測し、耐性を調べる。荷重の種類により、引っ張り圧縮疲れ・回転曲げ疲れ・平面曲げ疲れ・ねじり疲れなどがある。fatigue test

**つかれ-め**【疲れ目】 ↓がんせいひろう(眼精疲労)

**つか・れる**【疲れる】(下一自) ①体力・気力が弱る。くたびれる。疲労する。be tired 用例 からだが―。頭が―。②物がいたみ、弱り、質が落ちる。become fatigued 用例 天ぷら油が―。―・れた背広。

**つか・れる**【▼憑かれる】(下一自) 物の怪などに乗り移られる。普通でないさまになる。be possessed by

**つがわ**【津川】〈町〉 新潟県中部、阿賀野川沿いの町。旧宿場町・河港。林業がさかん。人口六一七八(一九八八)。

**つかわし-め**【使わし▼婢】 神の使いの別称。

**つかわ・す**【遣わす】㊀(五他) ①使いとしてやる。派遣する。send 用例 遠方へ―。②与える。give ㊁(補動)《「…してつかわす」の形で》尊大な言い方。…してやる。用例 書いて―。

**つがん**【通鑑】 『資治通鑑』の略称。

**つき** 29画【▼欟】 部首[木]へん 和製漢字　28画【▼欟】 異体字 和製漢字 JIS 6122

↓つき【槻・欟】

**つき**【月】 ①地球の唯一の衛星。地球からの平均距離三八・四四万km。公転周期二七・三二日。半径一七三八km。表面には無数のクレーターがある。太陰。桂。moon 用例 対義 太陽。②月の光。moonlight ③衛星。用例 火星の―。④㋐一か月。month ㋑一年を一二分した暦月。対義 日。⑤妊娠期間。month of pregrancy 用例 ―足らずの子。⑥月経。

↓図(次ページ)

**月が満ちる**(つきがみちる) ①満月になる。②臨月になる。

**月と鼈**(つきとすっぽん) あまりにも違うことのたとえ。as different as night from day

**月に叢雲、花に風**(つきにむらくも、はなにかぜ) よい事には、とかく差し障りの多いたとえ。類似 花に嵐。

**月の桂を折る**(つきのかつらをおる) 官吏登用試験に文章生が合格する。桂を折る。

**月の障り**(つきのさわり) 月経。月の物。

**月の前の灯火**(つきのまえのともしび) 立派な物と比較されて、見るかげもないことのたとえ。類似 月の前の星。

**月満つれば則ち虧く**(つきみつればすなわちかく) 満月になったら、あとは欠けてくるように、物事には栄枯盛衰がある。

**月よ星よと眺む**(つきよほしよとながむ) たいそう、ほめたたえたり、かわいがったりする。

**月を越す**(つきをこす) 翌月にまで及ぶ。bring over to the next month

**月を指せば指を認む**(つきをさせばゆびをみとむ) 道理を説き聞かせても、その本旨を理解しないで、その文字やことばのはしばしにこだわる。

**つき**【付き・▽附き】㊀(名) ①付くこと。付きぐあい。sticking 用例 のりの―がよい。②おとも。お付き。attendant ③火の付きぐあい。火の移りぐあい。catching fire ④運のつくこと。幸運。luck ㊁(接尾) ①そのもののようす。用例 顔―。②それが付いていること。用例 保証―。

**付きが回る**(つきがまわる)《「付き」は、幸運の意》運が向いてくる。One's luck is in.

**付きも無い**(つきもない) ①似合わしくない。不都合である。②取りつきようがない。ぶっきらぼうである。

**つき**【尽き】 尽きること。終わり。the end 用例 運の―。

**つき**【突き】 ①突くこと。thrust ②剣道で、相手ののどを突くわざ。↓剣道図

**つき**【▼搗き】 米・麦などをつくこと。pound 用例 ―の足りない米。

**つき**【▼槻・▼欟】 ニレ科の落葉高木。ケヤキの変種。古く弓の材とした。ツキノキ。ツク。

**つき**【就き・付き】《動詞「つく」の連用形。「…につき」の形で、接続助詞的に用いる》 ①…について。…に関して。with respect to 用例 入試に―。②…のために。…のゆえに。because of 用例 雨天に―。③ごとに。per 用例 一箱に―。

**つぎ**【次】 ①あとに続くこと・もの。next 用例 ―の日。―を読む。②一段低い位。the lower place 用例 局長の―に偉い。③「次の間」の略。④宿場。宿駅。用例 東海道五十三―。

**つぎ**【継(ぎ)】 ①継ぐこと。relaying 用例 ―馬。②衣服などの破れをつくろうこと・布。patching 用例 ―をあてる。―をする。

**づき**【付き】(接尾) 付いていること。属している人。用例 本部―。

**つき-あい**【付(き)合い】 ①交際。association 用例 あの人とは―がない。②仲間の義理。social obligation 用例 ―が悪い。

**つき-あ・う**【付(き)合う】(五自他) ①(自)㋐くっつき合う。stick together ㋑交際する。associate ②(他)義理でやむをえずする。go with

**つき-あかり**【月明(か)り】 ①月の光。つきかげ。moonlight ②月の光で明るいこと。moonlight

**つき-あ・げる**【突(き)上げる】(下一他) ①下のほうから突いて押し上げる。thrust up ②上部の者にある行動をとるように強く要求する。上部の者に圧力をかける。press 用例 執行部を―。

**つき-あたり**【突(き)当(た)り・突当(た)り】 道などの行き詰まり。the end 用例 ―から三軒目。

**つき-あた・る**【突(き)当(た)る・突当(た)る】

(五自) ①ぶつかる。collide ②行き詰まる。come to a deadrock

**つき-あわせ**【突き合(わ)せ・突合(わ)せ】並べて比較すること。引き合わせ。comparing

**つぎ-あわせ**【継ぎ合(わ)せ・継合(わ)せ】継ぎ合わせること。jointing

**つき-あわ・せる**【突き合(わ)せる・突合(わ)せる】(下一他) ①向かい合わせる。place persons opposite; come face to face with ②対照して調べる。compare

**つぎ-あわ・せる**【継ぎ合(わ)せる・継合(わ)せる】(下一他) ①継いで合わせる。joint together ②縫って一つにする。patch together

**つき-うす**【▾搗(き)▾臼】穀物などを入れて杵でつくための容器。円筒形の石または木の上部をくり抜いてつくる。↓臼写

**つきおか-おんせん**【月▾岡温泉】新潟県北部、豊浦町にある温泉。石油試掘のさい発見されたもの。動・植物園がある。

**つき-おくれ**【月後れ・月遅れ】①その月のものを次の月におくらせること・もの。of the previous month 用例 ―のお盆。②定期刊行物の、前月または数か月前の号。back numbers 用例 ―の雑誌。

**つき-おとし**【突き落(と)し・突落(と)し】相撲の決まり手の一つ。相手の差し手の脇に手を当てて、相手の出足を利用し、体を開いて斜め下に突き倒す技。

**つき-おと・す**【突き落(と)す・突落(と)す】(五他) 突いて下へ落とす。push down 用例 橋から―。

**つき-かえ・す**【突(き)返す】(五他) ①突いてもどす。突かれて、こちらからも突く。give a thrust in return ②受け取らないで返す。reject

**つき-かか・る**【突き掛(か)る・突掛(か)る】(五自) ↓つっかかる(突っ掛かる)

**つき-かげ**【月影】①月。moon ②月明かり。月光。moonlight ③月の光で映る物の影。shadow cast by the moonlight

**つき-がけ**【月掛(け)】毎月きまった金額を掛けること。その掛け金。monthly installment

**つきがけ-よきん**【月掛(け)預金】毎月一定の掛け金をかけていき、満期に元利合計を受けとる預金。monthly installment savings

**つき-がさ**【月▾暈】↓つきのかさ(月の暈)

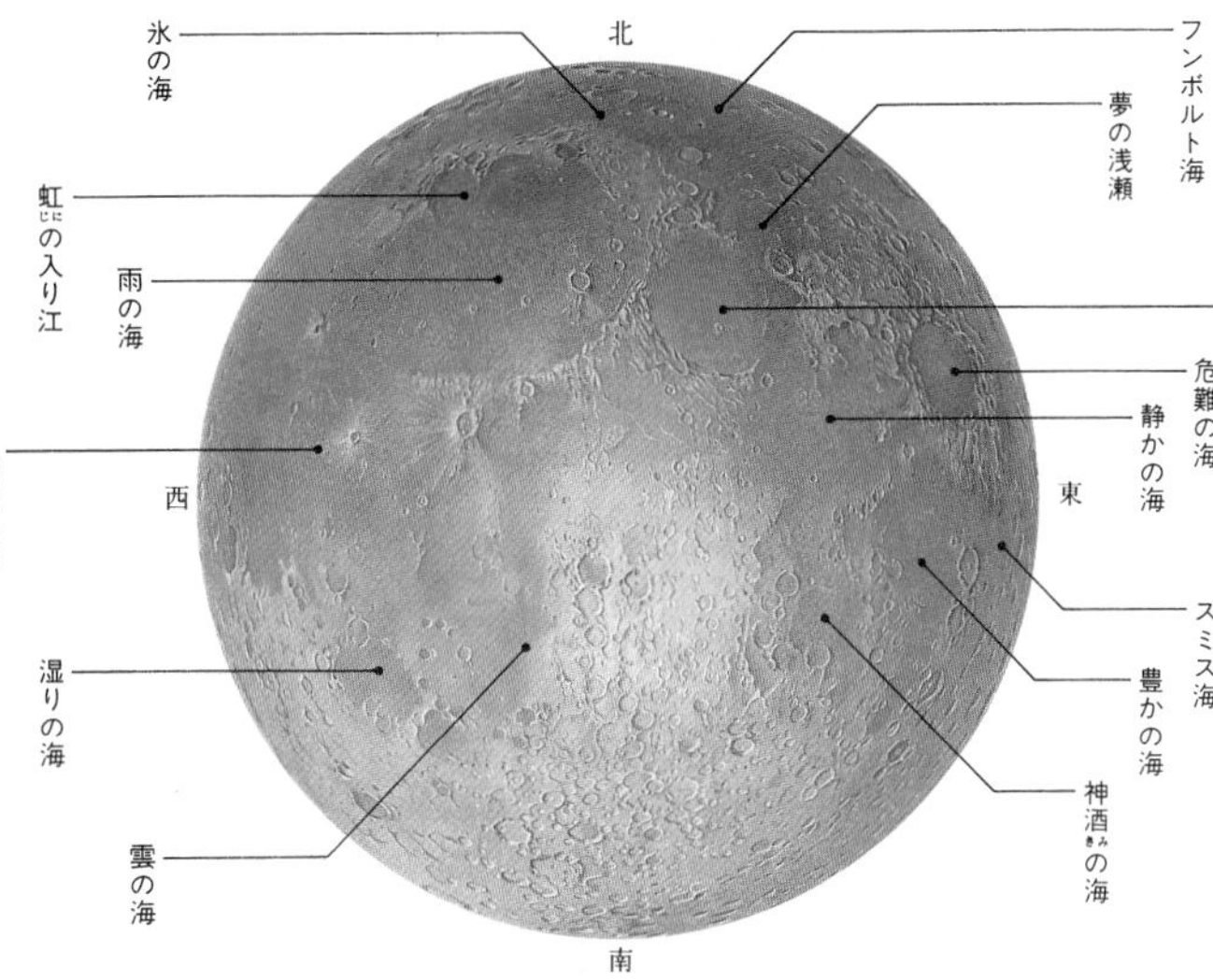

●月① 月面図(正面)

クレーター 雨の海の四つのクレーター。右上からアリスチルス、オートリクス、アルキメデス、チモカリス。

地球照 三日月のときなどに、月の影の部分が地球の反射光で薄く光る。

月齢 月齢3(三日月) 月齢8(上弦) 月齢15(満月) 月齢21(下弦) 月齢27

**つきがせ**【月ケ瀬】〈村〉奈良県北東端、名張川に沿う村。八〇〇〇本の梅林が有名。人口二一六七(一九八八)。

**つきがた**【月形】〈町〉北海道、石狩平野北部の町。稲作のほか、メロンなどの栽培がさかん。人口五二八二(一九八八)。

**つきがた**【月潟】〈村〉新潟県中部、越後平野の村。稲作のほかナシ栽培がさかん。鎌が特産品。人口三九三五(一九八八)。

**つきがた-はんぺいた**【月形半平太】行友李風の戯曲。大正八年(一九一九)初演。新国劇の代表的演目。幕末の志士月形半平太をめぐる剣と恋を描く。

**つきがた-りゅうのすけ**【月形竜▾之▿介】(一九〇二-七〇) 映画俳優。宮城県生まれ。主演作『斬人斬馬剣』『姿三四郎』など。

**つぎ-がみ**【継(ぎ)紙】①継いである紙。②歌などの料紙として、いろいろの紙をはぎ合わせたもの。

**つき-がわり**【月代(わ)り】①ひと月ごとに、入れかわること。②次の月になること。

**つぎ-き**【接(ぎ)木・継(ぎ)木】(名・サ変他) 植物体の芽や枝の一部(穂木)を、根をもつ他の植物(台木)に接着させて、組織の癒合をさせる方法。果樹の多くは接ぎ木により繁殖させる。芽つぎ・枝つぎ・根つぎがあり、技法として呼びつぎ・切りつぎ・鞍つぎなどがある。graft 比較 さし木。対義 実生。↓図

**つき-きず**【突(き)傷】突かれてできた傷。stab wound

**つぎ-キセル**【継ぎキセル】二つに分けて短くして携帯し、吸うときは継ぎ合わせて用いるキセル。

**つき-ぎね**【▾搗(き)▾杵】もちなどを、うすに入れてつくきね。対義 つきうす。

**つき-ぎめ**【月▿極(め)】一か月いくらと決めること。monthly contract 用例 ―の読者。―駐車場。

**つき-ぎょうじ**【月行事】①毎月交替で町内などを代表して事務をとる人。月番。②その月の行事。

**つき-きり**【付(き)切り】いつもそばにいること。付きっきり。constant attendance 用例 ―で世話をする。

**つぎ-きれ**【継(ぎ)切れ】衣服をつくろう布。patch

**つき-くさ**【月草】①ツユクサの古名。②襲の色目の名。表裏とも縹色。

**つきくさ-の**【月草の】[枕ことば]《月草(=ツユクサ)で染めた色は他に移りやすく、その花はすぐにしおれることから》「移ろふ・消ゆ・仮」などにかかる。用例 百に千に人は言ふとも―移ろふ情われ持ためやも(万葉・一二・三〇五九)。

**つき-くず・す**【突(き)崩す】(五他) ①突いて崩す。crush ②敵陣に攻め入って、守りを破る。break through

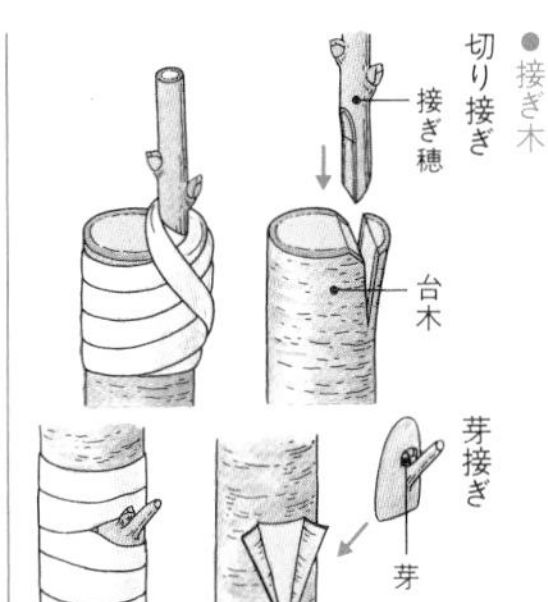

●接ぎ木

**つき-げ**【月毛・▾鴾毛】馬の毛色の一つ。少し赤みをおびた葦毛。その馬。

**つき-ごし**【月越し】次の月までまたがること。用例 ―の借金。

**つき-ごと**【月▿毎】毎月。every month

**つぎ-こ・む**【▿注(ぎ)込む】(五他) ①液体をそそぎ入れる。pour ②人・物・事業・遊びなどに多くの費用をかける。invest

**つき-ごろ**【月▾頃】(名・副) この数か月の間。数か月以来。these past months 比較 年頃・日頃。

**つき-ころば・す**【突(き)転ばす】(五他) どんと突いて倒す。つっころばす。

**つぎ-ざお**【継(ぎ)竿・継(ぎ)▾棹】①継ぎ合わせになっている、つりざお。jointed fishing rod 対義 延べ竿。②《「継ぎ棹」で》取りはずしのできる三味線の棹。また、そうした三味線。

**つき-さ・す**【突(き)刺す】(五他) 突いて刺し通す。pierce

**つきさむ**【月寒】北海道、札幌市豊平区の一地区。第二次大戦までは北部軍司令部があり、陸軍の町だったが、市街地化が顕著。農林水産省北海道農業試験場(月寒種羊場)がある。旧称はつきさっぷ。

**つき-じ**【▿築地】《「ついじ」は別語》沼・海の埋立地。

**つきじ**【▿築地】東京都中央区、隅田川河口付近の地区。東京都中央卸売市場・本願寺築地別院・国立がんセンターなどがある。

**つきじ-しょうげきじょう**【▿築地小劇場】劇場・劇団名。日本初の新劇の常設劇場で、また小山内薫・土方与志らが結成した劇団。大正一三年(一九二四)東京築地に建設。同年の第一回公演以来、翻訳劇を中心に上演。昭和四年(一九二九)分裂し、翌年解散。劇場は同二〇年(一九四五)戦災により焼失。

**つき-したが・う**【付(き)従う】(五自)

①あとからついていく。follow ②その部下となる。服従する。follow 用例 —つわもの。

**つきじ-べついん【▽築地別院】** 東京都中央区築地にある浄土真宗本願寺派の本願寺築地別院の略称。元和七年(一六二一)一二代門主准如の開創で、明暦大火の後、浅草から移転。築地本願寺。

**つきじ-ほんがんじ【▽築地本願寺】** 築地別院の別称。

**つきしま【月島】** 東京都中央区南東部の地区。明治中期以後隅田川河口に作られた埋立地。工場・倉庫などが多い。

**つき-しら・げる【▼搗(き)▽精げる】**(下一他) 米・麦などをついて白くする。

**つき-しろ【月白・月代】** ①月が出るとき、空が明るくなること。②月。③↓さかやき(月代)

**つき-ずえ【月末】** げつまつ。end of the month 対義 月始め。

**つき-すす・む【突(き)進む】**(五自) どんどん進む。rush

**つき-せぬ【尽きせぬ】**(連体) 尽きない。endless 用例 —嘆き。

**つき-そい【付(き)添い・付添】** そばに付いていること・人。attendant

**つきそい-かんご【付(き)添い看護】** 基準看護制でない病院で、入院患者のために家族または付添人が付き添って看病すること。attendant nursing

**つきそい-にん【付添人】** 付き添って世話をする人。attendant

**つき-そ・う【付(き)添う】**(五自) そばに付き従う。そばにいて世話をする。attend 用例 病人に—。

**つぎ-だい【接(ぎ)台・継(ぎ)台】** ①つぎ木の、台にするほうの木。台木。stock ②ふみ台。stool

**つき-だし【突(き)出し】** ①突き出すこと。突き出たもの。また、その所。jut ②前菜の一種。本料理の前に出されるかんたんな料理。お通し。③相撲のきまり手の一つ。突いて相手を土表外に出す。

**つき-だ・す【突(き)出す】**(五他) ①突いて出す。push out ②勢いよく出す。③警察などに無理やり連れていく。hand over

**つぎ-た・す【継(ぎ)足す】**(五他) 補う。あとから加える。add to

**つき-た・つ【月立つ】** 古語(四自) ①月が改まる。次の月となる。②月が出る。

**つきたて【月▼舘】**〈町〉 福島県北東部、阿武隈高地の西の町。稲作中心。電器・カメラ・繊維工業もさかん。人口五五八二(一九八八)。

**つきだて【▽築▽館】**〈町〉 宮城県北部、一迫川に沿う町。旧宿場町。農産物の集散地。伊豆沼はラムサール条約による鳥類生息地に指定。人口一万七〇九二(八八九)。

**つぎ-たて【継(ぎ)立て】** 宿場で人夫・馬を取り替えること。

**つき-た・てる【突(き)立てる】**(下一他) ①突いて立てる。plant ②差し込む。突き刺す。stab ③激しく突く。thrust violently

**つき-たらず【月足らず】** 胎児が一〇か月に満たないで生まれること。その子。premature birth

**つき-づき【月月】**(名・副) 月ごと。毎月。every month

**つきづき・し** 古語(形シク) その場によく合っている。ふさわしい。感じがよい。用例 火などおこして炭もてわたるも、いと—(枕・春はあけぼの)。

**つぎつぎ-に【次次に】**(副) それからそれへと。順次に。順ぐりに。あとからあとからと。one after another

**つき-つ・ける【突(き)付ける】**(下一他) 目の前に攻撃的に出す。thrust before 用例 証拠を—。ピストルを—。

**つき-つ・める【突(き)詰める】**(下一他) ①最後までおしきわめる。inquire into 用例 原因を—。②思いつめる。brood over 用例 —・めてノイローゼになる。

**つぎ-て【継(ぎ)手・接(ぎ)手】** ①家を継ぐ人。あととり。successor 用例 家業の—がない。②木材・鉄材などを接いだ部分および接合部品。joint; splice 参照 継ぎめ。③機械で、動力を伝える軸と他の軸との継ぎの部分。joint

**ツキディデス【Thūkydidēs】**(BC四六〇ごろ–BC四〇〇ごろ) 古代ギリシア、アテネの歴史家。実証的・批判的叙述で知られる。自ら従軍したペロポネソス戦争を記述した史書『歴史』は著名。

**つき-・でる【突(き)出る】**(下一自) ①突き破って出る。stick out 用例 釘が—。②高く、または長く出る。jut out 用例 海中に—・出た岬。

**つき-てんしん【月天心】** 冬の満月が、天球上のほぼ夏の太陽がある場所にきた状態。北半球中緯度にある日本などでは、年間を通してもっとも高度が高い満月で、天の中心を通るように見える。

**つき-とお・す【突(き)通す】**(五他) 突いて通す。貫く。pierce 用例 槍で盾を—。

**つき-とお・る【突(き)通る】**(五自) 突き抜ける。penetrate

**つき-とば・す【突(き)飛ばす】**(五他) 乱暴に突く。跳ね飛ばす。thrust away

**つき-と・める【突(き)止める】**(下一他) ①突きさして止める。pin ②よく調べて確かめる。探し当てる。ascertain 用例 居所を—。動機を—。

**つき-なかば【月半ば】** 月の半ば。middle of a month

**つき-なみ【月並(み)・月▽次】** 一(名) 毎月決まってあること。every month 用例 —の例会。二(名・形動) ありふれていること・さま。平凡。陳腐。conventionality 用例 —な文章。

**月並みの絵** 一年一二か月の、各月の代表的行事・景色を順に描いた絵。

**月並みの会** 月例の会合。多く、和歌・連歌・俳句などの会を言う。monthly meeting

**月並みの月** 一年一二か月の月名。また、その異称。

**月並みの屏風** 「月並みの絵」を描いた屏風。宮中で、儀式のときなどに用いられた。

**つきなみ-の-まつり【月▽次の祭・月並(み)の祭】** 律令制下、陰暦六月・一二月の一一日、神祇官で行われた年中行事。伊勢神宮をはじめ、全国の主要な神々を祭り、国家安泰を祈ったもの。

**つきなみ-はいく【月並俳句】** 正岡子規が俳句革新運動にさいして排撃した、旧派の陳腐で卑俗な俳句。新しみのない俳句一般をもさす。

**つぎ-に【次に】**(接続) 続いて。それから。next

**つきにつかれたピエロ【月に▼憑かれたピエロ】**《原題Pierrot Lunaire(フランス)》シェーンベルク作曲の歌曲。ジローの詩による。一九一二年作。無調的手法を用い、「話す歌」の技法を試みる。

**つきにほえる【月に▼吠える】** 萩原朔太郎の孤独憂鬱な情感と救済への願いを表現。柔軟繊細な口語表現は、近代詩史に一時期を画した。の詩集。大正六年(一九一七)刊。近代人

**つきぬき-にんどう【突▽貫忍冬】** スイカズラ科のつる性半落葉植物。つるは灰褐色で太さ約一cm。葉は卵形で対生。葉のまん中を突き抜けるように黄赤色の花が咲く。北アメリカ原産。

**つき-ぬ・ける【突(き)抜ける】**(下一自) ①あるものを貫いて、向こう側へ出る。penetrate ②通り抜ける。go through

**つぎねふ** [枕ことば]《語義、かかりかたとも未詳》「山城」にかかる。用例 —山城道を他夫の馬より行くに己夫し歩より行けば見るごとに哭のみし泣かゆ(万葉・一三・三三一四)。

**つき-の-かさ【月の▼暈】** 巻層雲のような氷晶雲を通して月を見るとき、そのまわりに現れる大きな白い光の輪。lunar halo 参照 暈。

**つき-の-かつら【月の▼桂】** 古代中国の伝説で、月に生えているという丈の高いカツラの木。

**つき-の・ける【突(き)▽除ける】**(下一他) 手荒く押しのける。thrust aside

**つきのひかり【月の光】**《原題Clair de Lune(フランス)》①ドビュッシー作曲のピアノ曲集『ベルガマスク組曲』の第三曲。一八九〇～一九〇五年作。②フォーレ作曲の歌曲。一八八七年作。ベルレーヌの詩による。

**つぎ-の-ま【次の間】** おもな部屋の次にある部屋。控えの間。↓茶室図

**つき-の-みやこ【月の都】**《中国、唐の玄宗が中秋の夜、月の都の広寒宮に遊んだという故事から》①月中の仙女の住む宮殿。月宮殿。広寒宮。②都の美しさをたとえていう語。

**つき-の-もの【月の物】** 月経。月の障り。

**つき-の-わ【月の輪】** ①月。②満月のような円形。③ツキノワグマの、のどの部分にある半月形の白い毛。

**つきのわ-ぐま【月輪▼熊】** 全身黒色で、胸に三日月形の白斑があるクマ科の動物。体長約一・四m。森林にすみ、雑食性。寒い地方では冬眠をする。毛皮・胆嚢(熊胆)を利用。本州以南・中国・ヒマラヤなどに分布。ヒマラヤグマ。Asiatic black bear ↓写

●ツキノワグマ

**つきのわ-こふん【月の輪古墳】** 岡山県久米郡柵原町にある五世紀前後の円墳。直径約六〇m。昭和二八年(一九五三)発掘され、粘土槨・埴輪・鏡・玉・櫛・武具などが出土。

**つぎ-ば【継(ぎ)歯】** =つぎは。①むし歯その他で損壊した歯牙の部分を削り取り、人工の歯を継ぎ足すこと。また、継ぎ足した歯。post crown ②下駄などの歯がへったときに、継ぎたすこと。また、その部分。

**つぎ-はぎ【継(ぎ)▽接ぎ】**(名・サ変他) ①継ぎを当ててつくろうこと。patch ②寄せ集めて一つのものにすること。patchwork

**つき-はじめ【月始め】** 一か月の初め。beginning of the month 対義 月末。

**つき-は・てる【尽(き)果てる】**(下一自) すっかりなくなる。be exhausted 用例 愛想もこそも—。

**つき-はな・す【突(き)放す】**(五他) ①突き飛ばす。thrust away ②関係を断つ。見捨てる。つっぱなす。refuse bluntly

**つき-ばらい【月払い】** 毎月支払うこと。monthly payment

**つき-ばん【月番】** ひと月ごとに代わって、つとめをすること・人。monthly duty

**つき-ひ【月日】** ①月と日。②時日。としつき。

**つきひ-がい【月日貝】** 浅海の砂泥底にすむツキヒガイ科の二枚貝。殻は円形で、殻長・殻高ともに約一一cm。右殻は淡黄白色、左殻は赤褐色で、これを月と日に見立てたことからこの名がある。貝柱は食用。殻は貝細工に用。房総半島から九州に分布。↓図

●ツキヒガイ

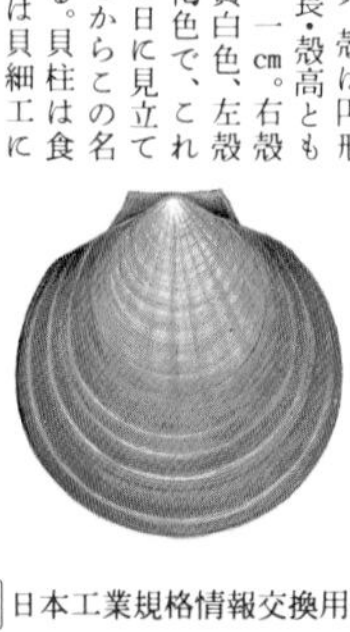

**つぎ-びきゃく【継(ぎ)飛脚】** 江戸幕府が公用文書や貨物を送達するために設けた飛脚。各宿駅に待機した脚夫が御状箱を継送。

**つき-びと【付(き)人】** ①付き添って世話をする人。付き添いの人。attendant ②芸能人や力士などに、いつも付き添って世話をする人。付け人。attendant

**つき-びと【▼憑(き)人】** 狐・犬神などの動物霊や、死霊・生霊にとりつかれた人。

**つき-べつ【月別】** 月ごとに分けること。divide by the month

**つき-べり【▼搗(き)減り】** 米などをついたことで、分量が減ること。減った分量。

**つき-へん【月偏】** 漢字を組み立てている部分の名。「勝・服」などの左にある「月」。

**つぎ-ほ【接(ぎ)穂・継(ぎ)穂】** ①つぎ木で、台木につぐ枝や芽。graft ②話を続けるてがかり、きっかけ。用例 話の—がない。

**つき-まいり【月参り】** 毎月、社寺に参拝すること。月もうで。

**つきまして-は【就きましては】**(接続)《「ついては」の丁寧語》それに関しまして。so; therefore

**つき-ま・ぜる【▼搗(き)交ぜる】**(下一他) ①ついてまぜあわせる。ついて一つに合わせる。pound together ②いっしょにする。とりまぜる。pound together

**つき-まち【月待ち】** 特定の月齢の夜に、人々が集まって共に飲食し、月の出を待って拝む行事。講中で行うことが多い。十五夜・十七夜・十九夜・二十三夜など。

**つぎ-まつ【接松】** スギナの異名。

**つき-まと・う【付(き)▼纏う】**(五自) うる



↓行き先項目、図版・写真参照印。 JIS 日本工業規格情報交換用漢字符号コード(区点コード)。

さくくっついてはなれない。dangle after 用例 やくざに—・われる。

**つき-み【月見】** 月を観賞する行事。とくに、陰暦八月一五日(十五夜)と、九月一三日(十三夜)の月を観ること。稲の初穂や団子・ススキの穂・クリなどを供える所もある。観月。↓写

●月見 長野県、梓川村。

**つきみ-ぐさ【月見草】** ハギの異名。

**つきみ-そう【月見草】** ①アカバナ科の二年草。高さ約五〇cm。葉は淡緑色で鋸歯がある。夏の夕方、白色四弁の花を開き、翌朝しぼんで紅色にかわる。北アメリカ原産だが、古くから渡来し観賞用に栽培。evening primrose ②オオマツヨイグサ・マツヨイグサの俗称。↓写

●ツキミソウ①

**つきみ-だんご【月見団子】** 十五夜に供える団子。上しん粉を練り、球形にして蒸しあげ、ピラミッド形に積みあげる。あんは入れない。

**つぎ-むすび【継(ぎ)結び】** 紐の結び方の一つ。琴の緒・釣りテグスなど、滑る材料や太さの違うものを結ぶときに用いられる堅固な結び。

**つぎ-め【継(ぎ)目】** ①物をつなぎ合わせた部分。つなぎめ。joint ②あと継ぎ。successor; heir

**つき-もうで【月▼詣(で)】** ↓つきまいり(月参り)

**つき-もど・す【突(き)戻す】**(五他) 突っ返す。reject

**つき-もの【付(き)物】** ①当然付くはずのもの。針に糸など。indispensable ②付属品。accessory

**つき-もの【▼憑(き)物】** 人体に動物の霊や死霊などがのりうつるとされる現象。また、そののりうつる霊。狐憑き・犬神憑きなど。obsession 用例 —が落ちる。

**つぎ-もの【継(ぎ)物】** ①着物に継ぎをあてること。patching ②継ぎをしなければならないもの。something to be patched

**つき-やく【月役】** 月経。月の物。メンス。

**つき-やぶ・る【突(き)破る】**(五他) ①突いて破る。break through ②突進して敵を打ち破る。break through

**つき-やま【築山】** 庭園などで、山をまねて土砂や石で築いた小高いところ。用例 —山水。↓写

**つき-ゆき-はな【月雪花】** 月と雪と花。四季おりおりの、よいながめ。雪月花。

**つき-ゆび【突(き)指】**(名・サ変自他) 指を伸ばしているときに指先から急激な外力が加わっておこる外傷。指関節の捻挫・脱臼などを一括したよび名。sprain of a finger

**つき-よ【月夜】** 月の明るい夜。つくよ。moonlight night 対義 闇夜。

**月夜に釜を抜かれる**(つきよにかまをぬかれる) 《月が明るい夜に、かまを盗まれるのに気づかないことから》きわめて不注意なたとえ。

**月夜に提灯**(つきよにちょうちん) むだなことのたとえ。

**つきよ-たけ【月夜▼茸】** シメジ科の毒キノコ。秋にブナの枯木に群生。柄は短く、かさは径一〇〜二五cmで紫褐色。ひだは青白く発光。↓毒キノコ写

**つきよの【月夜野】**〈町〉 群馬県北部、沼田市北隣の町。農業中心。上牧温泉がある。人口一万一〇一四(一九八八)。

**つき-よみ【月読み】** ↓つくよみ(月読み)

**つきよみ-の-みこと【月読▽命】** ↓つくよみのみこと(月読命)

**つ・きる【尽きる】**(上一自) ①使い尽くす。なくなる。be exhausted ②終わる。come to an end 用例 運が—。③限度まで来る。きわまる。be exhausted 用例 愛想が—。

**つき-ロケット【月ロケット】** 月を探査するために打ち上げるロケット。月に着陸させるものと、月の周辺を回らせるものとの二種がある。moon rocket

**つき-わり【月割(り)】** ①一か月あたりの平均。monthly average ②月賦。monthly installment

**つきん-ぼう【突きん棒】** ロープの付いた長い柄の銛。マグロ・カジキ・イルカなどの水面近くを泳ぐ大形動物を突き刺し、捕獲する。dart; harpoon

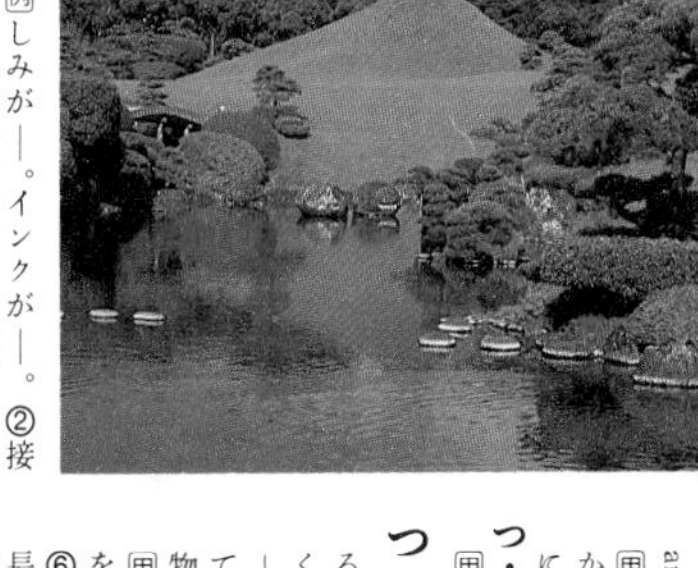
●築山 熊本市、水前寺公園。

**つ・く【付く・▽附く】**(五自) ①色が染まって、落ちない。be stained 用例 しみが—。インクが—。②接合して、離れない。stick 用例 この糊はよく—。③加わる。grow 用例 力が—。予算が—。④離れないでいる。ともなう。attend 用例 お供が—。⑤従う。obey 用例 強いほうに—。⑥行き届く。attentive 用例 気が—。⑦あとが残る。mark 用例 傷が—。⑧まとまる。決まる。勘定がそうなる。be settled 用例 思案が—。話が—。高く—。⑨沿う。follow 用例 川に—・いて行く。⑩感じられる。sense 用例 目に—。⑪定着した状態になる。settle down 用例 根が—。⑫変化して、ある状態が生じる。用例 油に火が—。⑬運勢がよい。fortunate; lucky 用例 —・いている。⑭《「…につき」の形で》…により。…というわけで。…を単位として。because of 用例 日曜に—・き休業。一個に—・き一〇〇円。

**片が付く**(かたがつく) 物事に決着がつく。仕事・借金などが済む。片付く。be settled

**付いて回る**(ついてまわる) ①人のあとに従っていく。つきしたがう。follow ②評判などが、ついてはなれない。つきまとう。be dogged by

**つ・く【▼憑く】**(五自) のりうつる。possess 用例 狐が—。

**つ・く【▽即く】**(五自) 位に上る。ascend 用例 帝位に—。

**つ・く【▽点く】**(五自) ①電気製品のスイッチが入る。ともる。light 用例 電灯が—。テレビが—。②火が燃えはじめる。catch fire 用例 火が—。

**つ・く【就く】**(五自) ①従う。弟子になる。study under 用例 師に—。②出発する。leave 用例 帰途に—。③寝る。go to bed 用例 床に—。④任を負う。take 用例 役職に—。⑤《「…につき」「…について」の形で》…に関して。用例 学問に—・いて話す。

**つ・く【着く・▽著く】**(五自) ①移動してある場所にいたる。arrive at 用例 東京に—。島に—。②届く。用例 手紙が—。③ふれる。達する。用例 頭がかもいに—。④位置を占める。take 用例 席に—。

**つ・く【▽吐く】**(五他) ①息をする。breathe 用例 一息—。②言う。tell 用例 うそを—。

**つ・く【突く】**(五他) ①先の鋭いものや細長いもので激しく打ち当てる。thrust 用例 やりで—。鐘を—。②《「衝く」とも》攻める。襲う。attack 用例 不意を—。背後を—。③《「衝く」とも》抵抗を排して立ち向かう。brave 用例 風雨を—・いて(=物ともしないで)出発する。④届く。reach 用例 雲を—ような大男。⑤まりや追い羽根をうつ。stamp 用例 羽根を—。手まりを—。⑥口から出す。heave 用例 ため息を—。⑦細長いものの先を当てて支えとする。place 用例 ひじを—。⑧強く刺激する。用例 悪臭が鼻を—。

**口を突いて出る**(くちをついてでる) 不意にことばになって出る。pour out words

**つ・く【▼搗く・▼舂く】**(五他) 米やむしたもち米などをきねで打って、ぬかを除いたり、もちにしたりする。pound

**つ・く【漬く】** 古語 ㊀(四自) 水にひたる。用例 広瀬川袖—ばかり浅きをや(万葉・七・一三八一)。㊁(下二他) ↓つける(浸ける)

**つ・く**(接尾) 《擬声語・擬態語に付いて動詞をつくる。五段型》ある物音・動作・様子になるという意を表す。用例 がた—。ふら—。べた—。

**つぐ【津具】**〈村〉 愛知県北東部、長野県に接する村。農林業中心。人口二〇二〇(一九八八)。

**つ・ぐ【次ぐ】**(五自) ①あとに続く。follow 用例 これに—・いで、もう一つの事件が起こった。②《「亜ぐ」とも》すぐ下に位する。be second to 用例 東京に—大都会。

**つ・ぐ【▽注ぐ】**(五他) 水や酒などを器物にそそぎ入れる。pour

**つ・ぐ【接ぐ】**(五他) つけて一つにする。つなぎ合わせる。connect 用例 木を—。

**つ・ぐ【継ぐ】**(五他) ①加える。つなぎ合わせる。join; patch 用例 布を—。破れを—。②足す。add 用例 炭を—。③《「承ぐ」「嗣ぐ」とも》あとを受ける。succeed 用例 家業を—。

**つ・ぐ【告ぐ】** 文語的 (下二他) 告げる。用例 兵に—。

**づ・く【付く】**(接尾) 《名詞に付いて動詞をつくる。五段型》そうなっていく意。比較 ずく。用例 調子—。元気—。

**つくい【津久井】**〈町〉 神奈川県北西部、相模川に沿う町。畜産、ユリの球根栽培などがさかん。津久井湖がある。人口二万六二九一(一九八八)。

**つく-いも【▽仏▽掌▼薯】** ツクネイモの転。

**つくえ【机・▽案】** ①食器などをのせる台。②勉強・事務などに使用する家具。木製・鋼製のものがおもで、甲板・幕板・脚などからなる。desk 数え方 一脚。参考 歴史的仮名遣いは「つくゑ」とされていたが、訓点資料などにより「つくえ」が古い形と認められる。

**つくし【▽土▽筆・▽筆▽頭▽菜】** スギナの地下茎から出る胞子茎。早春に、地中から筆に似た茎が出る。食用とする。ツクツクシ。ツクヅクシ。ツクシンボ。ツクシンボウ。↓写

●ツクシ

**つくし【▼筑紫】** ↓つくしのくに(筑紫の国)

**づくし【尽(く)し】**(接尾) 《名詞に付いて》その類を全部並べ上げる意を表す語。用例 国—。

**つくし-がも【▼筑紫▼鴨】** ガンカモ科の大形で華麗なカモ。翼長約三三cm。ユーラシア・北アフリカなどに広く分布。日本では有明海などに渡来。sheldrake

**つくし-ごと【▼筑紫琴】** 現在ふつうに使われている一三弦の琴。箏の琴。

**つくし-さんち【▼筑紫山地】** 九州北部を北東から南西に走る山地。最高峰は脊振山一〇五五m。ちくし山地。

**つくし-しゃくなげ【▼筑紫石南▽花】** ツツジ科の常緑低木。高さ二〜四m。山地の岩場にはえる。葉は革質で長楕円形。裏面に赤褐色の綿毛が密生。初夏に、鐘形で七裂状の紅紫花が咲く。↓シャクナゲ写

**つくし-じろう【▼筑紫▽二郎】** 筑後川の異称。比較 坂東太郎・四国三郎。

**つくし-の-くに【▼筑紫の国】** =ちくしのくに・筑紫。①筑前・筑後の地域の古称。②九州の古称。

**つくし-はぎ【▼筑紫▼萩】** マメ科の低木。本州・四国・九州に分布。小葉は楕円形で厚い。花は長さ一〜一・五cm、紅紫色。

**つくし-へいや【▼筑紫平野】** 福岡・佐賀両県南部に広がる平野。全国有数の穀倉地帯で畑作・酪農もさかん。工業も活発。ちくし平野。

**つくしん-ぼ【▽土▽筆▽坊】** ツクシの異名。

▼常用漢字表外。 ▽常用漢字表の音訓外。

**つく・す【尽(く)す・▾竭す】**(五他) ①とことんまでやる。尽きるまで全力を出す。do one's best 用例力を—。手を—。②義務などをはたす。人のために努力する。devote oneself to 用例家族のために—。社会に—。③十分に告する。心を—・して忠告する。do one's best 用例ことばを—・した表現。④《動詞の連用形に付いて》すっかり…してしまう。用例言い—。知り—。

**つく-だ【▾佃】** ①《つくりだ(作田)の約》耕作されている田。②荘園の領主や地頭が直接に経営した田。下人・所従などに耕作させ領主が全収穫を収得。

**つくだ-じま【▾佃島】** 東京都中央区南東部にある埋立地。隅田川河口の砂州が陸化したところで、江戸時代から佃煮が名産。現在は工業地区。

**つくだ-に【▾佃煮】**《佃島でつくられたことからの名》魚貝・肉・野菜・海藻などを、塩・砂糖・しょうゆなどで濃厚な味に煮た食品。保存性に富む。

**つく-づく【▿熟】**(副) ①よくよく。intently ②身にしみて。しんから。ほとほと。keenly ③しんみり。deeply

**つくつくし【▿土▿筆】** ツクシ。

**つくつく-ぼうし【つくつく法師】** 夏の終わりごろ出現するセミ科の昆虫。体長約三㎝。体は暗黄緑色で黒斑があり、翅は透明。雄の鳴き声はツクツクボーシ、オーシーツクツクなどと聞こえる。日本全土・朝鮮半島・中国に分布。↓セミ図

**つくて【作手】**〈村〉愛知県東部、新城市北西隣の村。畜産、花・野菜・茶の栽培がさかん。人口三五七七(一九八八)。

**つぐない【償い】** 償うこと・財物。弁償。つぐのい。compensation

**つぐな・う【償う】**(五他) ①金品で罪・過失を埋め合わす。compensate ②消費した金品を返す。compensate

**つくね【▾捏ね】** 調理法の一つ。魚や鶏肉などをたたき、卵やかたくり粉をつなぎにして丸め、揚げたり煮たり焼いたりする。

**つくね-いも【▾捏芋・▿仏▿掌▾薯】** ヤマノイモの栽培変種。根は不規則な掌状で、肉質は白く粘質。とろろ汁ややまかけにする。ツクイモ。コブシイモ。イチョウイモ。

**つくね-やき【▾捏ね焼き】** つくねを焼いた料理。

**つく・ねる【▾捏ねる】**(下一他) ①つかねる。こまぬく。②手でこねてつくる。こねる。

**つくねん-と**(副) ひとり、ぼんやりしているさま。

**つぐのい【▿償い】**↓つぐない(償い)

**つぐの・う【▿償う】** 古語(四他)↓つぐなう(償う)

**つくば【▾筑波】** いまの茨城県筑波郡のあたりの地域の古称。筑波の国。

**筑波の道**(つくばのみち)《日本武尊が、「新治筑波を過ぎて幾夜か寝つる」と問いかけ、老人が「日日並べて夜には九夜日には十日を」と答え、それが連歌の初めとされることから》連歌の異称。比較敷島の道。

**つくば**〈市〉茨城県南部、霞ケ浦西方の市。多数の研究教育機関が集中する学園都市。筑波大学・工業技術院・国土地理院・気象研究所などがある。農業や草花の栽培もさかん。人口一三万七八一(一九八八)。

**つくばい【▾蹲(い)・▾蹲▾踞】** ①うずくまること。つくばうこと。②茶室の庭先にある石の手水鉢。↓写

●蹲い② 『知足の蹲い』。京都市竜安寺。

**つくば・う【▾蹲う】**(五自) しゃがむ。うずくまる。

**つくば-おろし【▾筑波▾颪】** 筑波山麓で吹く風。冬季に顕著。

**つくば-けんきゅうがくえんとし【▾筑波研究学園都市】** 茨城県筑波山南麓六町村にわたり、国や民間の研究機関・大学を集めて建設された、計画的な学園都市形態。また、その都市。のち、大部分の町村は合併して「つくば市」となっている。

**つくば-さん【▾筑波山】** 茨城県中部にある山。標高八七六m。男体・女体の二峰からなる。『万葉集』などにもその名がみられる、古くからの名山。ケーブルカー・ロープウエーの便がある。

**つくばしゅう【▾菟▾玖波集】** 南北朝時代の、最初の連歌撰集。二〇巻。二条良基・救済の撰。文和五年(一三五六)成立。翌年勅撰集に準ぜられた。上代から当時までの連歌の付句・発句約二二〇〇を分類配列する。

**つくば-だいがく【▾筑波大学】** 東京教育大学に代わって筑波研究学園都市に設置された、国立で初の新構想大学。昭和四八年(一九七三)設立。

**つく-ばね【▿衝羽根】** ①追い羽根の羽根。羽子。②ビャクダン科の半寄生の落葉低木。山地にはえる。葉は対生し、卵形。雌雄異株。初夏に淡緑色の小花を開く。果実は卵形で長さ約三㎝の包葉が四枚つき、羽根つきの羽根に似る。ハゴノキ。コギノコ。↓写

●ツクバネ②

**つくばね-あさがお【▿衝羽根朝顔】**《花の形をつくばねに見たてた名》↓ペチュニア

**つくばね-うつぎ【▿衝羽根▿空木】** 山地に多いスイカズラ科の落葉低木。高さ約二m。葉は短く対生、卵形。五月ごろ筒状鐘形の黄白色の花をつける。五個の萼片は果実に残り、つくばねに似る。

**つくばね-がし【▿衝羽根▾樫】** ブナ科の常緑高木。高さ約二〇m。中部以南の山地にはえる。葉は長楕円形。四月、黄褐色の尾状花穂がたれる。堅果は楕円形。四枚の葉が枝の先に集まるのがつくばねに見える。建材・器具材。

**つくばね-そう【▿衝羽根草】** ユリ科の多年草。温帯の山林にはえる。根茎は長くはって先端から地上茎を出す。茎の先に四枚の卵形で先のとがった葉が輪生、そのさまをつくばねに見たてた。春に、淡緑色の花を一個上向きにつける。ヌハリグサ。

**つくばね-の【▾筑波▾嶺の】**〔枕ことば〕《「つくばねの峰」、また「つくばねのこのもかのもに影はあれど君がみかげにます影はなし(古今・東歌)」から》「見ねど・この裳」にかかる。用例音にきく人に心を—見ねど恋しき君にもあるかな(拾遺・恋一)。

**つくば-の-くに【▾筑波の国】** いまの茨城県筑波郡のあたりの地域の古称。筑波。

**つく-ぼう【突棒】** 江戸時代に犯罪人などを捕らえるのに用いた武器。木製の長い柄の先に、鉄製で歯のついたT字形のものをつけ、それに衣服をからめて捕縛。刺股、袖搦みとともに三つ道具と呼ばれた。

**つくみ【津久見】**〈市〉大分県南東部、豊後水道に臨む市。石灰石を産し、港湾工業都市で、セメント工業がさかん。ミカンの産出も多い。人口二万八七七〇(一九八八)。

**つぐみ** 20画 **【▾鶇】** 部首[鳥]とり 和製漢字 JIS 8310

ヒタキ科の渡り鳥。翼長約一三㎝。背は暗褐色、腹側は黄白色。秋、大群をなしてシベリアから日本にくる。かつて、かすみ網で大量に捕獲し、食用となったが、現在は禁鳥。↓図

●ツグミ

**つぐ・む【▾噤む・▾鉗む】**(五他) 口を閉じる。黙る。shut 用例口を—。

**つくも【都久▿毛】** フトイの古名。

**つくも-がみ【▿九▿十▿九髪】** 老女の白髪。

**つくも-わん【▿九▿十▿九湾】** 石川県、能登半島北東部の湾。沈水海岸で、大小の入り江が数多く、風光明媚なところとして知られる。

**つく-よ【▿月夜】** 古語↓つきよ(月夜)

**つく-よみ【▿月読み・▿月夜見・▿月夜▿霊】**《月齢を数える意》①月の神。②月のこと。つきよみ。

**つくよみ-の-みこと【▿月読▿命・▿月夜見▿尊】** 日本神話の神。伊邪那岐命の子で、天照大神の弟、素戔嗚尊の兄。夜之食国を治めた神。つきよみのみこと。

**つぐら** 保温容器。わらを編んだもので、飯びつを入れる。また、幼児を入れて戸外につれだすのにも用いた。いずめ。

**つくり【作り】** ①作ること・人・もの。作りぐあい。②装い。化粧。③わざとすること。うそ。④《方言》おもに関西で、刺身。

**つくり【造り】** 家・庭・池などを造ること・人。しくみ。そのできばえ。make 用例みごとな—。

**つくり【▾旁】** 漢字を組み立てている部分の一つ。左右に分かれる構成の右の部分。「泳・脈」の「永・𠂢」など。対義偏。

**づくり【造(り)・作り】**(接尾) 様式・材料・方法などによってつくること、つくられていることを表す。用例神殿—。黄金—。手—。

**つくり-え【作り絵】** 墨絵に色どりすること。その絵。墨。

**つくり-か・える【作り替える】**(下一他) 作りなおす。改めて作る。remake

**つくり-かた【作り方】** ①作る方法。how to make ②作った体裁。workmanship

**つくり-がわ【作り革・▿革】** ①なめし革。②漢字を組み立てている部分の名。「靴・鞍」などの左にある「革」。

**つくり-ごえ【作り声】** ①わざと出す、地声ではない声。feigned voice 対義地声。②他人に似せた声。disguised voice

**つくり-ごと【作り事】** 実際にはないことをあるように作ったものごと。こしらえごと。うそ。fake

**つくり-ざかや【造り酒屋】** 酒を醸造して、販売する業者。酒造家。醸造元。sake brewery

**つくり-じ【作り字】** ①漢字をまねて作った字。国字。和製漢字。「辻・峠」など。②かって に作った字。うそ字。miswritten character

**つくり-たけ【作▾茸】**↓マッシュルーム

**つくり-だ・す【作り出す】**(五他) ①新しいものをはじめて作る。invent 用例流行を—。名作を—。②作り始める。begin to make 用例—と夢中だ。③生産する。produce

**つくり-た・てる【作り立てる】**(下一他) ①作り上げる。complete ②派手に飾る。装いをこらす。be dressed up

**つくり-つけ【作り付け・造り付け】** とりはずしのできないようにつくった物。built-in

**つくり-な・す【作り成す】** 古語(サ変他) それらしくこしらえあげる。用例心のままならず—・せるは見る目もくるしく(徒然・一〇)。

**つくり-ばなし【作り話】** 実際にはないことをあるかのように作った話。made-up story

**つくり-み【作り身】** ①刺身。おつくり。②魚の切り身。

**つくり-もの【作り物】** ①人の作ったもの。②農作物。③にせもの。④能舞台に置く道具。竹の骨組みで象徴的に作った物。

**つくり-ものがたり【作り物語】** 虚構の物語。比較歴史物語。

**つくりやま-こふん【作山古墳】** 岡山県総社市にある古墳時代中期の前方後円墳。全長二八五m。丘陵に加工して築造。造山古墳につぐ岡山県第二位の巨大古墳。

**つくりやま-こふん【造山古墳】** 岡山市新庄下にある五世紀ごろの前方後円墳。丘陵の一部を利用して築造した全長三五〇mの古墳。岡山県第一位、全国第四位の巨大古墳。

**つくり-わらい【作り笑い】**(名・サ変自) わざと笑うこと。その笑い。forced smile

**つく・る【作る】**(五他) ①材料を使ってこしらえる。make 用例料理を—。②新しいものをこしらえる。新しく生み出す。用例会社を—。規則を—。③新しく考え出す。創作する。用例小説を—。④ある形にする。raise 用例列を—。⑤耕す。栽培する。invent 用例花を—。米を—。⑥わざとする。用例話を—。⑦化粧する。make up 用例顔を—。

**時を作る**(ときをつくる) 鶏が朝早く鳴く。crow

**つく・る【造る】**(五他) ①大じかけに物をこしらえる。make; build 用例家を—。庭を—。②酒・みそ・しょうゆなどをこしらえる。用例酒を—。③育てる。養育する。breed 用例人材を—。

**つくろい-ぐさ【繕草】** ヨモギの異名。

**つくろい-もの【繕い物】** 衣類や器物の、いたんで修繕の必要なもの。また、それを直すこと。

**つくろ・う【繕う】**（五他）①修理する。mend ②身なりを整える。装う。tidy oneself ③とりなす。smooth over ④ごまかして格好をつける。gloss over [用例]その場を—。

**つけ【付け・▿附け】** 一（名）①書き付け。請求書。bill ②かけ売り。credit sale [用例]—で買う。二（接尾）《動詞の連用形に付いて》いつも…しなれた。[用例]行き—の店。

**付けにする**（つけにする）①ばかにする。だしに使う。②支払いの額を帳面に付けさせ、一定期間分まとめてから、一括して支払うようにする。charge to one's account

**つげ【告げ】** ①告げること。information ②《上に「お」を付けて》神仏などの知らせ。託宣。revelation

**つげ【▿黄・▾楊・▾柘・▿植】** ツゲ科の常緑低木。高さ約三m。暖地の低山地にはえる。葉は楕円形。雌雄同株。春に淡黄色の小花を密生。櫛や印材などのほか、庭木に利用。アサマツゲ。ホンツゲ。box tree ↓[写]

●ツゲ

**つげ【都▾祁】**〈村〉奈良県北東部、大和高原の村。稲作のほか、草花・キュウリ・茶などを栽培。人口五六五〇（一九八八）。

**づけ【付け】**（接尾）①《名詞に付いて》それで物を付けること。[用例]糊—。②《「付」で、日を示す数詞に付いて》その日付の意。[用例]四月一日—の手紙。③《接尾語の敬語に付いて》その敬称で遇することを表す語。[用例]さん—で呼ぶ。

**づけ【漬(け)】**（接尾）①漬けること。漬けたもの。[用例]みそ—。茶—。②《転じて》何かに専心する、また、させられること。[用例]勉強—。

**つけ-あい【付(け)合い・付合】** 連歌・俳諧で、長句・短句を付け合うこと。先に出される句を前句、それに付ける句を付け句とよぶ。[参照]前句・付け句。

**つけ-あが・る【付(け)上がる】**（五自）相手がおとなしいのをよいことにして、いい気になる。増長する。grow impudent

**つけ-あわせ【付け合(わ)せ】** ①付け合わせること。adding to ②料理の味や盛り付けを引きたたせるために添える食品や料理。刺身・碗・焼き物などに付ける。garnish

**つけ-あわ・せる【付け合(わ)せる】**（下一他）①離れないように合わせる。join together ②取り合わせる。配合する。garnish

**つけ-い・る【付(け)入る】**（五自）機会に乗じる。つけこむ。うまく利用する。take advantage of

**つけ-うま【付(け)馬】** 遊里や飲食店で遊興費が不足したり、不払いである客の家などまでついて行き、代金をとり立てる人。うま。

**つけ-うり【付(け)売り】** ①掛け売り。つけ。credit sale ②木材市場で、問屋が木材を買い付け、店頭で卸売する制度。[対義]市売り。

**つけ-うり【漬(け)▾瓜】** ①シロウリの一変種。アオウリ。漬物用。②漬物にしたウリ。

**つけ-おち【付(け)落ち】** 帳簿・伝票などに、品物の数量や価格など書き入れるべきものが落ちていること。付け落とし。

**つけ-おとし【付け落(と)し・付落(と)し】** ↓つけおち（付け落ち）

**つけ-おと・す【付け落(と)す・付落(と)す】**（五他）帳面・書き付けに書き漏らす。fail to enter

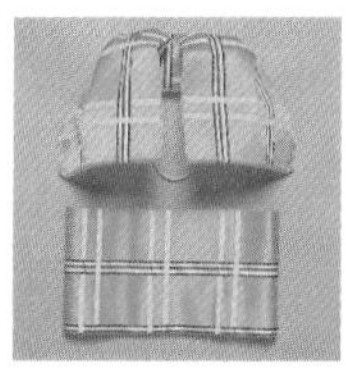
●付け帯①

**つけ-おび【付(け)帯】** ①女帯の一種。胴に巻く部分と背で結ぶ部分が別々になっている改良帯。軽装帯。②さげ帯。↓[写]

**つけ-ぎ【付(け)木】** 炭火などから火を移すのに使う木片。スギ・ヒノキなどの薄片の一端に、硫黄を塗ったもの。

**つけ-く【付(け)句】** 連歌・俳諧で、前句に付ける句。[対義]前句。

**つげ-ぐし【▿黄▾楊▾櫛】** ツゲの木で作られた櫛。材質が緻密で堅く美しい。↓[写]

**つけ-ぐすり【付(け)薬】** 皮膚に塗ったり、張ったりする薬。ointment [比較]塗り薬。[対義]飲み薬。

**つげ-ぐち【告(げ)口】**（名・サ変自）人の秘密・過ちなどを、そっと他の人に言うこと。言いつけ口。密告。talebearing

**つけ-くわ・える【付(け)加える】**（下一他）あとから付ける。付加する。add

**つけ-げいき【付(け)景気】** から景気。borrowed prosperity

**つけ-げんき【付(け)元気】** 見かけだけ元気なこと。うわべだけの元気。からげんき。

**つけこみ-ちょう【付込帳】** 分類しないで、日付順に記入する帳簿。[対義]仕訳帳。

**つけ-こ・む【付(け)込む】**（五自）①つけいる。take advantage of [用例]弱みに—。②分類しないで帳面に記入する。

**つけ-こ・む【漬(け)込む】**（五他）漬物を漬ける。[用例]たるに—。

**つけ-さげ【付(け)下げ】** 《「付け下げ模様」の略》長着の模様の一種。また、その着物。反物のうちに、肩山・袖山から前後に模様を上向きに型染めする。↓[写]

●付け下げ

**つけ-ざし【付(け)差し】** 自分が口をつけたさかずきやキセルなどを相手に差し出すこと。とくに、江戸時代、遊女などが親密な間柄であることを示したしぐさ。

**つけ-しょいん【付(け)書院】** 書院の床の間の横に設けた障子つきの窓のある所。縁側に張り出し文机の高さに棚を設け、その下を地袋とする。棚は机として使用でき、出府机ともいう。書院床。明かり床。出文棚。↓書院造り[図]

**つけ-しる【付(け)汁】** うどん・そば・てんぷらなどにつける汁。だし汁をしょうゆやみりん・酒などで調味する。つけじる。

**つけ-たし【付(け)足し】** 付けたり。addition

**つけ-だし【付(け)出し】** ①勘定書き。請求書。bill ②帳面などの付け始め。起筆。starting to record ③《相撲で、「付け出し力士」の略》大相撲に入るなり番付に名が載ること・力士。[用例]幕下—。

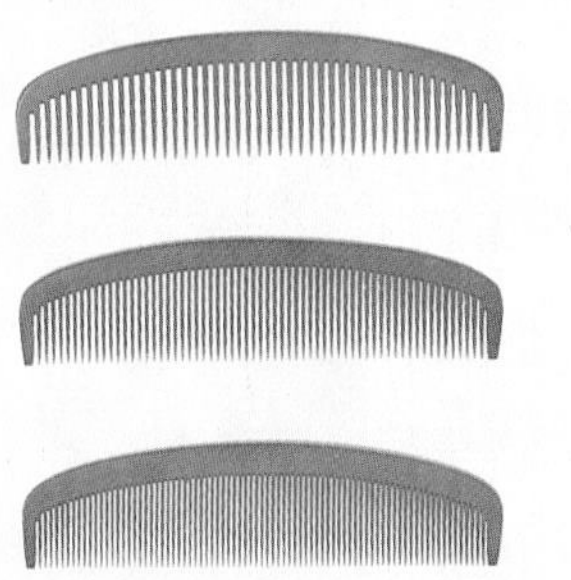
●黄楊櫛

**つけ-た・す【付(け)足す】**（五他）後から加える。追加する。add

**つけ-だ・す【付(け)出す】**（五他）①売った商品の代金を書き付けて客に示す。charge ②馬などの背中に付けて送り出す。charge [用例]米を一俵—。

**つけ-たり【付(け)足り】** ①付け加えた物。添え物。付録。つけたし。addition; supplement ②だしに使うこと。口実。excuse

**つけち【付知】**〈町〉岐阜県東部、山間にある町。林業がさかんで、裏木曽ヒノキの集散・加工地。人口七〇三二（一九八八）。

**つけ-つけ(と)**（副）不遠慮にものを言うさま。ずけずけ(と)。unreservedly

**つけ-どころ【付け所】** つけるべき所。付け目。the point [用例]目の—。

**つけ-とどけ【付(け)届け・付届】** ①義理で届ける贈り物。present ②謝礼。remuneration ③わいろ。bribe

**つけ-な【漬(け)菜】** 漬物の材料とされる葉菜や根菜。また、漬物にされた菜。

**つけ-ね【付(け)値】** 買い手の付けた値段。price offered [対義]言い値。

**つけ-ね【付(け)根】** 物がついている根元。root

**つけ-ねら・う【付(け)▾狙う】**（五他）いつもあとをつけ回して機会をねらう。ようすをうかがう。prowl after

**つけ-び【付(け)火】** 火事にしようとして、わざとつけた火。その火事。放火。arson

**つけ-ひげ【付(け)▾髭】** 変装などのために付けたひげ。そのために作ったひげ。false beard

**つけ-びと【付け人】** ①保護・監督のために付けておく人。attendant ②付き添って身の回りの世話をする人。付き人。attendant

**つけ-ひも【付(け)▾紐】** 子供の着物や女物長着、長じゅばんなどの襟端や後方に縫い付けるひも。着装の便を図るためのもの。

**つけ-ぶせ【付(け)布施】** 親戚や子方から本家・親方の家の葬儀のさいに、僧に贈る布施。

**つけ-ぶみ【付(け)文】**（名・サ変自）恋文を渡すこと。また、その手紙。love letter

**つけ-ペン【付けペン】** 木やプラスチック製のペン軸にとりつけた、インクを付けて使うペン先。また、このような構造のペン。

**つけ-まつげ【付(け)▾睫毛】** 睫毛を長く見せるために用いる人工の睫毛。false eyelashes

**つけ-まわ・す【付(け)回す】**（五他）どこまでも、あとを付けて行く。dangle after

**つけ-め【付け目】** ①めあて。ねらい。aim ②つけこむべきところ・機会。chance ③↓つけどころ（付け所）

**つけ-もの【漬物】** 野菜などを塩・みそ・ぬか・こうじ・酒かす・酢などにつけた食品の総称。つけこむ期間により浅漬け、古漬けなど。香の物。おしんこ。

**つけ-やき【付(け)焼き】** 魚などに、しょうゆにみりん・酒などを合わせたたれをつけて焼く調理法。また、その焼いたもの。照り焼き。

**つけ-やきば【付(け)焼き刃】** ①にわか仕込みの知識・動作。borrowed wisdom ②見せかけの強がり。はったり。bluff

**つ・ける【付ける・▿附ける】**（下一他）①付着させる。くっつける。attach; add [用例]しみを—。泥を—。油を—。②はなれないように加える。[用例]のりで—。③そえる。加える。[用例]味を—。手紙を—。④尾行する。follow [用例]あとを—。⑤書きとめる。put down [用例]日記を—。⑥盛り立てる。与える。cheer [用例]元気を—。⑦通じるようにする。make [用例]道を—。⑧用心する。keep an eye on [用例]気を—。⑨決める。settle [用例]かたを—。高い値段を—。⑩そばにいさせる。let a person attend to [用例]護衛を—。⑪新たに要素を付け加える。ふやして多くする。add [用例]知恵を—。⑫燃やす。put on [用例]火を—。⑬ある現象が起こるようにする。作動させる。[用例]テレビを—。⑭《「…につけ」の形で》…につれて。…があると、それに伴って。with [用例]いいに—・け、悪いに—・け、注目を集める。⑮付け句をする。add words [用例]前句に—。⑯《動詞の連用形に付いて》㋐いつも…する。し慣れている。be used to…ing [用例]やり—・けない。㋑動作の激しい意を表す。[用例]たたき—。

**つ・ける【▿即ける】**（下一他）君主の位に上らせる。enthrone [用例]位に—。

**つ・ける【▿点ける】**（下一他）あかりをともす。turn on

**つ・ける【就ける】**（下一他）①従うようにさせる。弟子にする。let a person study under [用例]いい先生に—。②任じる。appoint [用例]役に—。位に—。

**つ・ける【着ける】**（下一他）①移動してある場所に着くようにする。bring to [用例]岸に—。②身にまとう。put on [用例]はかまを—。③位置を占めさせる。地位や役にすえる。set [用例]席に—。

**つ・ける【▿浸ける】**（下一他）水にひたす。soak

**つ・ける【漬ける】**（下一他）食品を、塩をまぶしたり、みそなどの中に入れて、味を染み込ませる。漬物にする。pickle [用例]ぬかみそに

──。

**つ・げる【告げる】**（下一他）①ことばで知らせる。言い聞かせる。tell ②広く知らせる。announce 用例時を──鐘。

**づ・ける【付ける】**（接尾）《名詞に付いて動詞をつくる。下一段型》…をつける。…を与える。impose 用例関係──。位置──。義務──。

**っこ**（接尾）↓こ

**っこ・い**（接尾）↓こい

**つ-ごう【都合】** ㊀（名）①事情。なりゆき。ぐあい。convenience 用例──が悪い。②おり。機会。opportunity 用例──を見て。㊁（名・サ変他）工面すること。やりくり。arrangement 用例──をつける。㊂（副）しめて。全部で。合計して。in all 用例──一〇万円なり。

**つこう・まつ・る【仕る】** 古語 ㊀（四自他）《「つかへまつる」の転》①（自）「仕ふ」の謙譲語。お仕えする。用例大君に──・れば貴くもあるか（万葉・一七・三九二二）。②（他）「す・行ふ」の謙譲語。いたします。用例やがて御送り──・らむ（源氏・若紫）。㊁（補動 四）《動詞の連用形に付いて》…申し上げる。用例心にまかせたること、ひき出だし──な（源氏・澪標）。

**つ-ごもり【晦・晦日】**《「つきごもり」の約》陰暦の月末。みそか。

**つじ【辻】** 6画 部首［辶］しんにゅう 和製漢字

**【辻】** 5画 部首［辶］しんにゅう 異体字 和製漢字 JIS 3652

①十字路。交差点。②みちばた。路上。

**つじ-うら【辻占】** ①道の辻に立って、通りかかった人のことばなどから吉凶を占うこと。②紙片に吉凶を示す文句を記して、巻煎餅などにはさみ、これを客にとらせて吉凶を占った商売。また、その紙片。用例──売り。③偶然の出来事から吉凶を占うこと。

**つじ-かご【辻駕籠】** 昔、道ばたで客を待ったかご。

**つじ-かぜ【辻風・旋風】** つむじ風。竜巻。

**つじがはな-ぞめ【辻が花染】** 絞りを主体として麻・絹地に色模様を表した染色技法。室町時代から安土桃山時代まで行われた。絞りを輪郭としてその中に描絵模様を染色した、繊細で華麗な染色。↓写

**つじ-ぎみ【辻君】** 昔、道ばたで客を誘った売春婦。よたか。

**つじ-ぎり【辻斬り】** 夜間、路上で通行人を不意に切ること。また、その人。昔、武士が自分の剣技や刀剣の切れ味を試したり、金銭を奪うために行った。

**つじ-くにお【辻邦生】**（一九二五）小説家。東京生まれ。東大卒。方法意識の明確な物語性が特色。作品『夏の砦』『背教者ユリアヌス』『春の戴冠』など。

**つじ-こうしゃく【辻講釈】** 昔、道ばたで昔話や軍談・講談などをして、往来の聴衆から銭をもらったこと。また、その人。大道講釈。辻噺。辻談義。

**つじ-ごうとう【辻強盗】** 道ばたで通行人をおそう強盗。highwayman

**つじ-じゅん【辻潤】**（一八八四〜一九四四）評論家。東京生まれ。ダダイスムの紹介に努めた。著書『浮浪漫語』『ですぺら』など。

**つじ-せっぽう【辻説法】** 道ばたに立ち、往来の人々に法を説くこと。

**つじ-ぜんのすけ【辻善之助】**（一八七七〜一九五五）歴史学者。兵庫県生まれ。東大教授、史料編纂所長。日本仏教史の権威。昭和二七年（一九五二）文化勲章受章。著書『日本仏教史』など。

**つじ-つま【辻褄】** 物事の筋道・道理。coherence 用例──の合わない話。

**辻褄が合う** ことばの前後が矛盾しない。前後の事情がくい違っていない。筋道が通る。be consistent

**辻褄を合わせる** 話などの脈絡をうまくつなぎあわせて、筋道が通っているようにする。make a story sound plausible

**つじ-どう【辻堂】** 道ばたに建てられた仏「堂。

**つじどう【辻堂】** 神奈川県、藤沢市南西部の地区。大規模団地もできて、住宅地として発展。夏は海水浴客でにぎわう。

**つじ-ばんしょ【辻番所】** 江戸時代、江戸の武家屋敷町の辻々に設けられた番所。寛永六年（一六二九）大名・旗本が辻斬り防止・自警のために設置。辻番。

**つじ-ひさこ【辻久子】**（一九二六）バイオリン奏者。大阪生まれ。独奏家として活動。

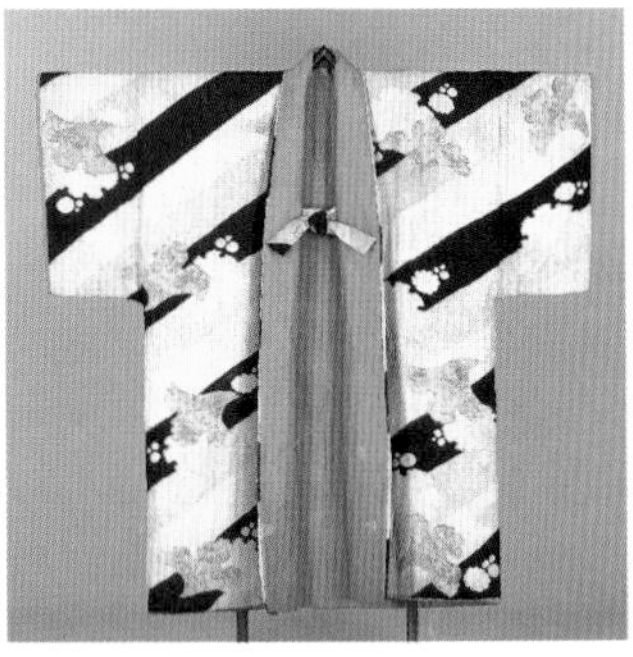

●辻が花染 『染分斜縞銀杏葉雪輪散文様辻が花染胴服』。桃山時代（一六世紀）、東京国立博物館。

**つじ-ひさし【辻永】**（一八八四〜一九七四）洋画家。広島県生まれ。東京美術学校卒。作品『飼はれたる山羊』など。

**つじ-ふだ【辻札】** 昔、町かどに立てたふだ。「高札。制札。

**つしま【対馬】** ①対馬海峡西水道をへだてて韓国に対する、長崎県の島。面積六九八km²。人工開削で上島・下島に二分。山がけわしく林業と漁業が主体。古来大陸との交通の要地であった。②↓つしまのくに（対馬国）

**つしま【津島】**〈市〉愛知県西部、木曽川デルタ地域の市。尾西毛織物工業地帯の一角。宅地化も進む。津島神社の「だんじり祭り」は有名。人口五万九二二九（一九八八）。

**つしま【津島】**〈町〉愛媛県、宇和島市南隣の町。中心は岩松。林産物が多く、真珠・ハマチを養殖。人口一万六三三二（一九八八）。

**つしま-かいきょう【対馬海峡】** 九州北岸と朝鮮半島の間の海峡。壱岐と対馬の間を東水道、対馬と朝鮮半島の間を西水道（＝朝鮮海峡）という。アジ・サバ・イカなどの好漁場。

**つしま-かいりゅう【対馬海流】** 黒潮が五島列島沖で分かれ、対馬海峡から日本海に入ったもの。大部分は津軽海峡から太平洋に流れ出る。対馬暖流。

**つしま-せん【対馬線】** 動物地理学上の分布境界線。対馬と本州・九州との間に引かれる。対馬における大陸系のヘビ（＝アカマダラ）やヤマネコなどの分布を考慮して設定。対馬海峡線。

**つじ-まち【辻待ち】** 道ばたで、車夫などが「客を待つこと。

**つしま-の-くに【対馬国】** 旧国名。現在の長崎県対馬。西海道の一国。古くから朝鮮半島とわが国を結ぶ海上交通の要衝。「延喜式」では下国、二郡。国府・国分寺はともに下県郡厳原町。明治四年（一八七一）廃藩置県により厳原県。のち伊万里県、同五年（一八七二）佐賀県、同九年（一八七六）三潴県を経て、長崎県に編入。対州。対馬。

**つしま-はん【対馬藩】** 江戸時代、対馬国に置かれた藩。藩主は鎌倉時代以来の豪族、宗氏。外様大名。禄高約二〇万石。対朝鮮貿易で藩財政を維持。府中藩。

**つしま-みんよう【対馬民謡】** 長崎県対馬地方の民謡。大陸との中継地であったため都会風で端唄調の旋律をもつ。「雨の降る夜節」「しんき節」など。

●ツシマヤマネコ

**つしま-やまねこ【対馬山猫】** 対馬にすむ小形の野生ネコ。体長約五〇cm。東南アジア産のベンガルヤマネコの一亜種。少数で特別天然記念物。↓写

**つしま-ゆうこ【津島佑子】**（一九四七）小説家。東京生まれ。太宰治の次女。白百合女子大卒。知的で叙情幻想的な作風。作品『寵児』『光の領分』など。

**つじむら-たろう【辻村太郎】**（一八九〇〜一九八三）地理学者。神奈川県生まれ。東大卒。東京高師・東大教授。日本の地形学の基礎を築く。著書『地形学』『日本地形誌』『山』『日本の景観』など。

**つじ-やしろ【辻社】** 道が交差する所に祭られている道祖神の小さな祠。

**つじ-よじろう【辻与次郎】**（生没年未詳）安土桃山時代の鋳物師。近江の人。千利休の釜師。阿弥陀堂釜・丸釜などを創案。作品に京都豊国神社雲竜文鉄灯籠など。

**つた【蔦】** ①ブドウ科のつる性植物。山野にはえるほか、観賞用に栽培。巻きひげの吸盤で樹木・石垣などにまきつく。葉は広卵形または三小葉。夏に黄緑色の花をつけ、秋に紅葉。ナツヅタ。ivy ②紋所の名。ツタの葉を紋章化したもの。繁殖力を家の繁栄にかけた。↓図

**つだ【津田】**〈町〉香川県東部、播磨灘に臨む町。遠洋漁業・貝ボタン産地で知られる。津田の松原がある。人口九一六三（一九八八）。

**づたい【伝い】**（接尾）そこを伝わること。用例屋根──。尾根──。

**つたい-あるき【伝い歩き】** ある物につかまって、それに沿って歩くこと。乳児の場合はふつう生後一年前後にできるようになる。

**つた・う【伝う】**（五自）ある物に沿って行く。go along 用例電線を──。

**つだ-うめこ【津田梅子】**（一八六四〜一九二九）女子教育の開拓者。東京生まれ。日本最初の女子留学生の一人として八歳で渡米、受洗。帰国後、女子英学塾（現津田塾大学）を設立。

**つた-うるし【蔦漆】** ウルシ科のつる性落葉低木。山地にはえる。茎は他の物の上をはい、気根を生じる。葉は長柄、卵形の三小葉。初夏に、円錐状に黄緑色の小花をつける。

**つたえ【伝え】** ①昔から語り伝えたこと。伝説。legend ②ことづて。伝言。message

**つたえ-き・く【伝え聞く】**（五他）①昔からの語りごとに聞く。according to a legend ②人のうわさに聞く。hear from others

**つた・える【伝える】**（下一他）①言い知らせる。告げる。report 用例よろしくお──・えください。②受けて授ける。impart 用例秘法を──。③はるばるもたらす。transmit 用例海外から──・えられた文化。④たもつ。受け継ぐ。hand down 用例名を──。風習を──。⑤他に移らせる。他に作用を及ぼす。transmit 用例熱をよく──。

●ツタ①

●蔦② 丸に蔦

鬼蔦

**つた-おんせん【蔦温泉】** 青森県中部、八甲田山南東麓にある温泉。周辺には小さな沼や、明治の文人大町桂月の墓がある。

**つた-かずら【蔦蔓】** つる草の総称。「creepers

**つだ-さんぞう【津田三蔵】**（一八五四〜一八九一）大津事件を起こした巡査。明治二四年（一八九一）来日したロシア皇太子ニコライ（のちニコライ二世）を大津市において刀で斬りつけて負傷させ、無期懲役となった。

**つだじゅく-だいがく【津田塾大学】** 私立女子大学の一つ。津田梅子が明治三三年（一九〇〇）設立した女子英学塾を前身とし、昭和二三年（一九四八）現制。東京都小平市津田町。

**つだ-せいふう【津田青楓】**（一八八〇〜一九七八）画家。京都生まれ。本名は亀次郎。浅井忠らに洋画を学ぶ。二科会創設に参加。のち日本画に転じた。

**つだ-そうきち【津田左右吉】**（一八七三〜一九六一）歴史学者。岐阜県生まれ。早大教授。日本古代史・東洋思想史の専攻で、とくに古典に対する文献批判に貢献。昭和二四年（一九四九）文化勲章受章。著書『古事記及日本書紀の研究』など。

●津田左右吉



↓行き先項目、図版・写真参照印。 JIS 日本工業規格情報交換用漢字符号コード（区点コード）。

ど。↓写

**つだ-そうきゅう【津田宗及】**（？～一五九一）安土桃山時代の豪商・茶人。堺の人。会合衆の一人。屋号は天王寺屋。千利休・今井宗久とならぶ茶の三宗匠の一人で、織田信長・豊臣秀吉に仕えた。

**つたな・い【▽拙い】**（形）①まずい。へただ。awkward 用例—文字。②運が悪い。unfortunate 用例武運—・く敗れる。③鈍い。愚かだ。inferior 派生つたなげ（形動）つたなさ（名）

**つたな・し【▽拙し】** 古語（形ク）①いくじがない。おくびょうだ。用例吾はこれ乃の兄なれども、—・く弱くして（日本書紀・綏靖）。②見苦しい。用例よからぬ物たくはへ置きたるも—・く（徒然・一四〇）。③↓つたない（拙い）

**つだ-まみち【津田真道】**（一八二九～一九〇三）明治の法学者。明六社同人。美作の人。蘭学を学びオランダに留学。わが国初の西洋法律書『泰西国法論』を出版。つだまさみち。

**つた-もみじ【▼蔦紅葉】** ①イタヤカエデの別名。②ツタの葉の色づいたもの。

**つたもみじうつのやとうげ【▼蔦紅葉宇都▽谷峠】** 歌舞伎世話物。河竹黙阿弥作。生世話物の代表作。安政三年（一八五六）初演。伊丹屋重兵衛は座頭文弥を殺し金を奪い、亡霊に苦しめられる。また現場を見ていた提婆の仁三にゆすられて彼も殺す。通称、文弥殺し。

**つたや-じゅうざぶろう【▼蔦屋重▽三郎】**（一七五〇～一七九七）江戸中期の出版書肆、蔦屋の主人。本名、喜多川柯理。狂名、蔦唐丸。江戸の人。山東京伝・蜀山人らと交わり、黄表紙・狂歌本などを出版。歌麿・写楽らの浮世絵も刊行した。

**つたわ・る【伝わる】**（五自）①受け継がれてくる。be handed down 用例家に—宝刀。②伝来する。be introduced 用例大陸から—。③知れわたる。spread 用例うわさが—。④物を通ったり、物に沿ったりして移っていく。伝う。go along 用例電流が—。気持ちが—。

**ツタンカーメン【Tutankhamen】** 古代エジプト第一八王朝の王。アモン信仰を復活し、アマルナからテーベに遷都。一九二二年カーターとカーナボンにより、その墳墓がテーベの王家の谷で確認され、黄金棺中の王のミイラをはじめ多数の副葬品が出土。↓写

**つち【土】** 一①岩や石がくだけて地表にたまったもの。どろ。土壌。soil 用例肥えた—。②地上。地面。ground 用例—に転がる。③（「地」とも）大地。陸地。earth 対義天。用例祖国の—をふむ。二長塚節の小説。明治四三年（一九一〇）発表。茨城鬼怒川べりの寒村の自然を背景に、貧しい農民一家の悲惨な生活を精密な写生文で描く。

**土一升、金一升**（つちいっしょう、かねいっしょう）地価の非常に高いたとえ。

**土が付く**（つちがつく）①相撲で、負ける。②失敗する。

**土となる**（つちとなる）《死者を埋葬することから》死ぬ。土になる。be buried; die

**土に灸**（つちにきゅう）ほかからの働きかけをしても、さっぱり手ごたえがないことのたとえ。むだなこと。類似豆腐に鎹。暖簾に腕押し。

**土になる**（つちになる）「土となる」と同意。

**土降る**（つちふる）大風により吹きあげられた土砂が、降るようにおちてくる。

**土を踏む**（つちをふむ）そこに到着する。その場所を訪れる。用例故郷の—。

**つち【▼槌・▼鎚】** 物をたたく工具。円柱形の木製または金属製の頭に柄をさしたもの。ハンマー。mallet; hammer

**槌で庭掃く**（つちでにわはく）①急な来客で、あわてふためきながら、もてなす。準備をする。②見えすいた世辞や追従を言う。

**つち-あけび【土▽木▽通】** ラン科の多年草。高さ約六〇cm。深山にはえる無葉蘭。六月ごろ淡黄色の小花からなる円錐状花穂をつけた後、赤色のバナナ形の果実を結ぶ。

**つち-いじり【土▼弄り】** ①土をこねていろいろな形を作ったり、土を掘ったりして遊ぶこと。つちあそび。play with mud ②畑作や園芸を趣味として行うこと。gardening

**つち-いっき【土一▼揆】** 室町時代、領主・荘官・大名、また高利貸業者に対する農民の大規模な暴動。徳政、年貢や夫役の減免などを要求した。どいっき。比較百姓一揆。

**つちい-ばんすい【土井晩▼翠】** ↓どいばんすい（土井晩翠）

**つち-いれ【土入れ】** 麦などの栽培で、うねの間の土を株の中にふるいこむ作業。霜害を防ぎ分蘖を促進する。

**つち-いろ【土色】** ①土のような色。earthlike color ②青黒い色。血の気のない色。つちけいろ。deadly pale 用例—の顔。

**つちうら【土浦】**〈市〉茨城県南部、霞ケ浦に臨む市。旧城下町。霞ケ浦の水産物の集散などのほか、工業化・宅地化が顕著。れんこんが特産。人口一二万一五七九（一九八八）。

●ツタンカーメン　エジプト博物館。

**つち-おおかみ【土▼狼】** ↓アードウルフ

**つち-おおね【土大根】** ダイコンの異名。

**つち-か・う【培う】**（五自他）《「土養う」の意》①（自）草木の根に土をかけて育てる。cultivate ②（他）力・性質などを養い育てる。foster

**つち-がえる【土▼蛙】** アカガエル科のカエル。体長四～六cm。背面は暗褐色で多数の小さい隆起がある。後肢にはみずかきが発達。水田や池沼に多い。本州・四国・九州・朝鮮半島・中国に分布。↓図

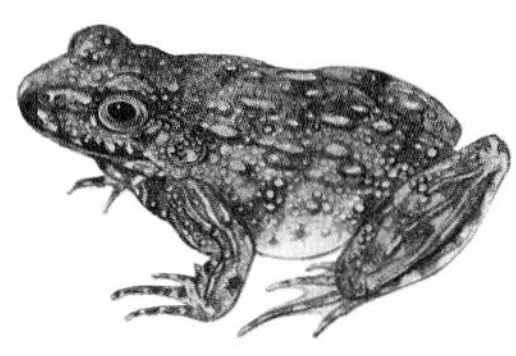

●ツチガエル

**つち-がき【土▼柿】** ツチグリの別名。

**つち-かぶり【土▽被】** 担子菌類ベニタケ科のキノコ。かさは径四～一八cm、白色。非常に辛い白色の乳液を分泌するが、水によくさらせば食用になる。

**つち-かべ【土壁】** 土を用いて仕上げた塗り壁。mud wall

**つち-ぎみ【土▽公】** 陰陽道でいう、土地をつかさどる神。春は竈、夏は門、秋は井戸、冬は庭にいるとされ、その時期にその場所の土をいじることを忌む。土公神。土の神。

**つち-くさ・い【土臭い】**（形）①土のにおいがする。earthy-smelling ②田舎臭い。やぼったい。泥臭い。rustic 派生つちくさげ（形動）つちくささ（名）

**つち-くじら【▼槌鯨】** アカボウクジラ科のハクジラ。全長約一三mで、ハクジラのなかではマッコウクジラについで大きい。全身黒色で、腹面に白斑。大洋の中層以下を遊泳。北太平洋に分布。northern giant bottlenose whale ↓クジラ図

**つち-ぐも【土▼蜘▼蛛】** 一①ジグモの異名。②神話伝説で、古代、大和朝廷に従わなかった土着の人々。たけは低く、手足は長いという。二①（「土蜘」とも）能の曲名。五番目物。源頼光が、頼光主従に退治される筋。②長唄。杵屋勘五郎作曲。文久二年（一八六二）発表。常磐津『蜘蛛の糸』の改作。③歌舞伎舞踊。長唄。河竹黙阿弥作。松羽目物。明治一四年（一八八一）初演。新古演劇十種の一つ。能の舞踊化。

**つち-ぐり【土▼栗】** 担子菌類ツチグリ科のキノコ。山道の赤土のがけなどに群生。初めは黒い球塊で、のちに放射状に開き、中の袋を露出。食用には適さない。ツチガキ。

**つち-くれ【土▽塊】** 土のかたまり。lump of earth

**つちけ-いろ【土気色】** ↓つちいろ（土色）②

**つち-けむり【土煙】** 土砂が舞い上がって煙のように見えるもの。cloud of dust

**つち-こつ【▼槌骨】** 哺乳動物の内耳にある耳小骨の一つ。鼓膜に接していて、鼓膜の振動を内耳に伝える。malleus ↓耳図

**つちざき【土崎】** 秋田県、秋田市北西部の地区。旧雄物川河口の港。古く室町時代から北国海運の拠点として繁栄。工業化が進む。

**つち-すがり【土▼棲▼蜂】** アナバチ科のハチ。体長約一・五cm。体は黒色で小さい黄斑がある。地中に巣をつくり、ヒメハナバチ類を狩って貯え、幼虫のえさとする。北海道・本州・九州に分布。

**つちだ-きょうそん【土田▼杏村】**（一八九一～一九三四）哲学者・評論家。本名、茂。麦僊の弟。新潟県生まれ。京大卒。自由主義的な文化哲学者・文明批評家として活躍。著書『国文学の哲学的研究』など。

**つちだ-こうへい【土田耕平】**（一八九五～一九四〇）歌人。長野県生まれ。島木赤彦に師事。歌集『青杉』『斑雪』『一塊』、童話集『裾野』など。

**つちだ-ばくせん【土田麦▼僊】**（一八八七～一九三六）日本画家。本名、金二。新潟県佐渡生まれ。国画創作協会結成に参加。日本画の近代化に貢献した。作品『湯女』『舞妓林泉』など。↓写

●土田麦僊『舞妓林泉』。大正一三年（一九二四）、東京国立近代美術館。

**つち-だんご【土団子】** 子嚢菌類ツチダンゴ科の地下生のキノコ。マツ・ブナなどの根にみられ、日本では一五種ほど知られる。径〇・五～四cmほどの球形または楕円形で、色は黄褐色か黒色。

**つち-つかず【土付かず】** ①《土俵の土が体についていない、の意》相撲で、初日から一度も負けていないこと。no defeat ②負け知らずで勝ち進むこと。全勝。no defeat

**つち-どの【土殿】** 貴人が喪に服すときこもる仮屋。殿中の板敷を取りはずして、土間にしたもの。

**つち-とりもち【土鳥▼黐・▽蛇▼菰】** ツチトリモチ科の寄生植物。高さ約一〇cm。暖地の山林にはえ、ハイノキなどの根に寄生。鱗片葉は赤みの肉質。雌雄異株。↓写

●ツチトリモチ

**つち-の-え【▼戊】**《「土の兄」の意》十干の第五。ぼ。

**つち-の-かみ【土の神】** ①土地をつかさどる神。地祇。②伊邪那岐命の子。埴山姫。③土公。土公神。

**つち-の-こ【▼槌の子】** ①前額と後頭部とが出っぱった頭。さいづちあたま。②日本各地に生息するといわれる想像上の毒ヘビ。頭が大きく、胴は太いが短く、マムシよりも猛毒とされる。名は、体形が藁を打つ槌に似ているのに由来。

**つち-の-と【▽己】**《「土の弟」の意》十干の第六。き。

**つち-ばち【土▼蜂】** 地中のコガネムシ類の幼虫に産卵するツチバチ科のハチの総称。比較的大形の種類が多く、黒色の地に黄・赤などの斑紋がある。世界に約一〇〇〇種、日本に約一〇種が分布。

**つち-ばった【土▽飛▼蝗】** 黄褐色で翅の端が黒いバッタ。体長四cm内外。水辺の草地にすむ。本州に分布。ツマグロイナゴ。

**つち-はんみょう【土▼斑▽猫】** ツチハンミョウ科の甲虫の一群。上翅が開いていて、腹部が露出している。体長一～三cm。薬用。日本全土・アジアなどに分布。ゲンセイ。↓写

●ツチハンミョウ　ヒメツチハンミョウ

**つち-ぶた【土豚】** アリ・シロアリを主食とする管歯目ツチブタ科の哺乳動物。一目一種。草原にすみ、土掘りがたくみ。サハラ以南のアフリカに分布。↓写

●ツチブタ

**つち-ふまず【土踏まず】** 足の裏のくぼみ。地面からアーチ形に離れている部分。歩くときの推進力や体重を支える役目を果たしている。arch of foot ↓足図 ↓靴図

**つち-へん【土偏】**

漢字を組み立てている部分の名。「坪・城」などの左にある「土」。

**つち-ぼこり【土▼埃】** 風に吹かれて舞い上がる、こまかな土砂。すなぼこり。cloud of dust

**つち-ぼたる【土蛍】** ホタル科の昆虫の幼虫、または前後翅とも退化した雌の成虫。体長約一㎝。地上をはい回り、発光する。雄は光らない。シベリア・ヨーロッパに分布。カラフトボタル。

**つち-ぼとけ【土仏】** 土でつくった仏像。

**土仏の水遊び**(つちぼとけのみずあそび)《土仏が水でとけていくことから》無知で、危険のせまっていることを知らないたとえ。また、みずから身を持ちくずすことに言う。

**土仏の夕立に逢うた様**(つちぼとけのゆうだちにおうたよう)《土仏が雨で流されることから》みすぼらしく、しょんぼりしているさまを言う。

**つちみかど-しんとう【土▽御門神道】** 江戸時代初期に創唱された神道の一派。土御門家の陰陽道に、垂加神道を加味したもの。土御門泰福と門人の渋川春海により大成された。安倍神道。安家神道。天社神道。

**つちみかど-てんのう【土▽御門天皇】**(一一九五〜一二三一) 第八三代天皇(在位一一九八〜一二一〇)。後鳥羽天皇の第一皇子。承久の乱後土佐に、のち阿波に配流。

**つち-やき【土焼(き)】** 素焼きの土器。

**つちや-ぶんめい【土屋文明】**(一八九〇〜一九九〇) 歌人。群馬県生まれ。東大卒。伊藤左千夫に師事。即物的な現実主義の歌風を推進し、『アララギ』の重鎮となる。昭和六一年(一九八六)文化勲章受章。歌集『ふゆくさ』『山谷集』、研究『万葉集私注』など。

**つちやま【土山】**〈町〉 滋賀県南東部、鈴鹿山麓にある町。旧宿場町。農業中心で、近江茶の主産地。人口九八七三(一九八八)。

**つちや-やすちか【土屋安▽親】**(一六七〇〜一七四四) 江戸中期の金工家。出羽庄内の人。奈良三作の一人。安親は六代まで継続。作品『群千鳥図鉄鐔』など。

**つちゆ-おんせん【土湯温泉】** 福島県北部、吾妻山群の南東麓にある温泉。土湯こけしの産地。

**つち-よせ【土寄せ】**(名・サ変自) 作物の根元に、うねの間の土を盛り上げる作業。株の倒伏防止・除草・通気・排水・根や地下茎の発育促進のためにする。培土。hilling

**つち-ろう【土▼牢】** 地中面や斜面を掘ってつくったろう。dungeon

**つっ【突っ】**(接頭) 動詞の上に付いて強意を表す語。用例 —ぱねる。—かかる。

**つつ【筒】** ①丸くて細長く、中がからのもの。くだ・かんなど。pipe ②井戸の外枠。井筒。curb ③《「銃」とも》㋐小銃や大砲。gun 用例 —音。㋑銃身。砲身。gun barrel ↓火縄銃図

**つつ** 文語的(接助)《連用形に付く》①動作・作用の繰り返し・継続を示す。用例 雪は降り—。②二つの動作が同時に行われていることを表す。…ながら。用例 歩み—語る。③…しながらも。用例 不安を抱き—(も)出発した。

**つつ-あな【筒穴】** 和船の帆柱の受け材である筒柱にあけた穴。この中に船霊様を祭り、はめ殺しのふたをして納める。

**つつ-い【筒井】** 円筒状に掘り抜いてある井戸。また、筒状の丸い枠で囲んだ井戸。round well

**つつい-じゅんけい【筒井順慶】**(一五四九〜一五八四) ①安土桃山時代の武将。大和郡山城主。織田信長に従い、本能寺の変ののちは豊臣秀吉に臣従。②《筒井順慶が山崎の戦いで態度を決しかね、洞ケ峠で形勢をみきわめてから豊臣方についたという俗説から》日和見主義者の俗称。

**つつい-づつ【筒井筒】** ①丸く掘った井戸にはめてある、筒のような井桁。②《『伊勢物語』に載る歌「つつゐつつ井筒にかけし」の内容から》幼友だち、また、幼い男女の友だち。

**つつい-やすたか【筒井▽康▽隆】**(一九三四〜) 小説家。大阪生まれ。同志社大卒。作品『俗物図鑑』『大いなる助走』『虚人たち』など。

**ツツイラ-とう【ツツイラ島】**(Tutuila) 太平洋中部サモア諸島、アメリカ領東サモアの主島。面積一三七㎢。良港のパゴパゴがある。

**つつ-うらうら【津津浦浦】** =つづうらうら。①いたるところの港や入り江。inlets and harbors throughout the country ②全国いたるところ。国じゅう。all over the country

**つつ-おと【筒音・▽銃音】** 銃砲の音。

**つつが【▼恙】** ①病気などの災難。やまい。illness ②ツツガムシ。

**つつが【筒賀】**〈村〉 広島県西部、中国山地山間の村。スギ・ヒノキの林業が主体。人口一六五三(一九八八)。

**つっ-かい【突っ▽支い】**《「つきかい」の転》当てて物を支えること・もの。つっぱり。prop 用例 —棒。

**つっ-かえ・す【突っ返す】**(五他)《「つきかえす」の転》①突いて戻す。thrust back ②受け取らずに返す。reject

**つっ-か・える【▽支える・▼閊える】**(下一自) ↓つかえる(支える)

**つっ-かか・る【突っ掛(か)る】**(五自)《「つきかかる」の転》①ある物を目がけて突く。thrust at ②ぶつかる。つきあたる。run into ③くってかかる。いいがかりをつける。turn on ④ひっかかる。catch on

**つつ-がき【筒▽描(き)】** 防染法の一種。渋紙の筒にもち粉などの防染のりを入れ、細孔からのりを押し出して布面に模様の輪郭を描く技法。筒引き。

**つっ-かけ【突っ掛け】** ①つっかけること。slipping on ②だしぬけ。abruptness ③直接。directly ④つっかけてはく履物。つっかけぞうり。sandals

**つっ-か・ける【突っ掛ける】**(下一自他)《「つきかける」の転》①(他)履物を無造作にはく。slip on ②(自)突然にしかける。start suddenly

**つつが-な・い【▼恙無い】**(形) 病気がない。無事だ。well; in good health

**つつが-むし【▼恙虫】** ツツガムシ科のダニの総称。体長約一㎜。体は胴部がくびれて8の字形。地表や地中で生活するが、幼虫は動物寄生性。アカツツガムシなどの幼虫は人間を刺してツツガムシ病を媒介。日本に八〇種余。chigger ↓図

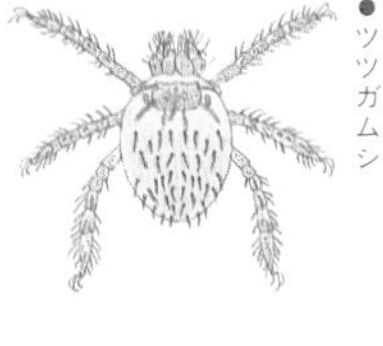
●ツツガムシ

**つつがむし-びょう【▼恙虫病】** ツツガムシの幼虫に刺されて起こる伝染病。全身発疹と発熱などが主症状。おもに信濃川・阿賀野川・最上川の河川流域に発生。日本の地方病として有名。tsutsugamushi disease

**つづき【続き】** 続くこと・もの・部分。continuity

**つづき-あい【続(き)合い】** 互いの続きぐあい。とくに、血族・姻族どうしの間がら。縁続き。縁故。relation

**つづき-がら【続(き)柄】** 血族・姻族の続き合い。family relationship

**つつき-の-じゅんい【▽突きの順位】** ニワトリの群れのなかで、つつくものとつつかれるものが定まっている優劣の順位のこと。peck order

**つづき-もの【続き物】** 何回もつながって完結するもの。そういう小説・テレビドラマなど。series

**つつ-ぎり【筒切り】** ①丸くて長いものを横に切ること。輪切り。round slice ②魚の切り方の一つ。頭と腸を取り除いて、骨ごと厚い輪切りにする。胴の丸いトビウオ・サバなどによく用いる。↓図

**つっ-き・る【突っ切る】**(五他)《「つききる」の転》①突きやぶる。break through ②横ぎる。cross 用例 線路を—。③おしきる。push one's way through 用例 困難を—。

**つつ・く【▽突く】**(五他) ①続けて突く。poke at ②けしかける。instigate ③取り上げて問題にする。tease ④箸・嘴などで突くようにして、ものを食べる。

**つづ・く【続く】**(五自) ①切れない。絶えない。つながる。continue 対義 切れる。用例 行列が—。②つぎつぎに起こる。用例 事件が—。③あとに従う。follow 用例 先頭に—。④持ちこたえられる。last 用例 息が—。

**つつ-ぐち【筒口】** ①筒状の物の先端。nozzle ②銃砲の先端。muzzle

**ツックマイヤー【Carl Zuckmayer】**(一八九六〜一九七七) ドイツの劇作家・小説家。民衆劇を書き、第二次大戦後は時局的なテーマの作品が多い。戯曲『ケペニックの大尉』『悪魔の将軍』など。

**つづけ-ざま【続け様】** 同じことが続いて繰り返されること。in succession 用例 —のくしゃみ。

**つづ・ける【続ける】**(下一他) ①絶えないようにする。つなぐ。continue 用例 毎日体操を—。泣き—。②途切れたものを再び進める。resume 用例 一休みして仕事を—。

**つっ-けんどん【突っ▼慳▼貪】**(形動) ことばや態度が、とげとげしく、無愛想なさま。blunt

**つっ-こみ【突っ込み】** ①物事の内面にまで深く入り込むこと。penetration ②漫才の演者のうち主題をリードしていく役目の人。太夫。対義 ぼけ。

**つっ-こ・む【突っ込む】**(五自他)《「つきこむ」の転》①(自)㋐つき入る。突撃する。thrust into ㋑問題の中心に迫る。sting to the quick 用例 —んだ話。②(他)勢いよく差し入れる。thrust in

**つっ-ころば・す【突っ転ばす】**(五他)《「つきころばす」の転》どんと突いてたおす。thrust down

**つつ-さき【筒先】** ①筒状の物の先端。nozzle ②鉄砲や大砲の先端。銃口。muzzle ③攻撃の方向。gunpoint 用例 —を向ける。④消防ホースの先端。また、消火のとき、それを持つ消防士。nozzle

**つつ-ざき【筒咲き】** アサガオ・ツツジなどのように、筒のような形になって咲く花。tubular flower

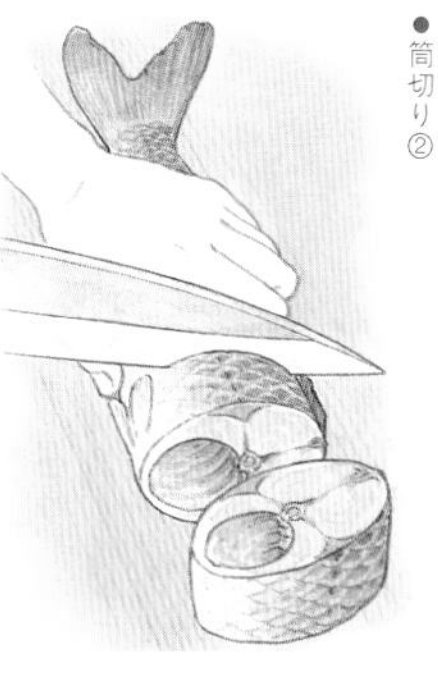
●筒切り②

**つつじ【▼躑▼躅】** ①ツツジ科ツツジ属に属し、山地にはえる落葉または常緑の低木の総称。観賞用にも栽培。早春から初夏に、枝先に五弁花が咲き、花色は多彩。世界に広く分布し、園芸品種は五〇〇以上。azalea ②襲の色目の名。表は蘇芳、裏は紅または青色。↓写(次ページ)

**つつじ-はな【▼躑▼躅花】**[枕ことば]《ツツジの花のように美しい意から》「にほふ」にかかる。用例 —香へる君が牛留鳥のなづさひ来むと立ちてゐて待ちけむ人は(万葉・三・四四三)。

**つつしみ【慎み・▽敬み】** つつしむこと。かしこまっていること。modesty

**つつしみ-ぶか・い【慎み深い】**(形) ①用心深い。prudent ②たいへん控え目だ。modest 用例 —物腰。

**つつし・む【慎む・▽敬む】**(五自) ①気をつける。過ちを犯さないように用心する。refrain 用例 ことばを—。②控え目にする。用例 酒を—。

**つつし・む【謹む】**(五自) 相手を敬う気持ちを表す。かしこまる。be humble

**つつしん-で【謹んで】**(副) うやうやしく。respectfully 用例 —ご報告申しあげます。

**つつ-そで【筒▼袖】** 和服で、筒形の細い袖。また、そういう袖の着物。たもとがなく動きやすいため、男女の労働着、男児の長着や羽織に用いる。

**つっ-た・つ【突っ立つ】**(五自)《「つきたつ」の転》①まっすぐ立つ。stand straight ②勢いよく立つ。spring up ③突き刺さる。stick 用例 矢が—。④立ったままでいる。stand

**つっ-た・てる【突っ立てる】**(下一他)《「つきたてる」の転》①突き刺して立てる。stab ②激しい勢いで立てる。plant

**つっ-つ・く【突っ突く】**(五他)《俗語》つつく。pick

**つつ-どり【筒鳥】** カッコウに似たホトトギス科の渡り鳥。翼長約二〇㎝。背面は暗灰色、胸は灰色。ポンポンと鳴く。森林にすみ、センダイムシクイなどの巣に托卵。初夏に、北海道・本州で繁殖し、東南アジアで越冬。Oriental cuckoo ↓図

●ツツドリ

**つつ-ぬけ【筒抜け】** ①筒を通り抜けること。go through ②物事が、中にとどまらないで通り抜けること。用例 話し声が外まで—だ。③話・秘密がすぐ漏れること。leak out 用例 右から左へ—だ。



↓行き先項目、図版・写真参照印。 JIS 日本工業規格情報交換用漢字符号コード(区点コード)。

●ツツジ①

ヤマツツジ

ミヤマキリシマ

ゴヨウツツジ

コバノミツバツツジ

アカヤシオ

レンゲツツジ

**つっ-ぱし・る**【突っ走る】(五自)《「つきはしる」の転》激しい勢いで走る。dash

**つっ-ぱな・す**【突っ放す】(五他)《「つきはなす」の転》①突きとばす。thrust away ②相手にしないで、冷たく扱う。refuse bluntly 用例 嘆願を—。

**つっ-ぱ・ねる**【突っ▼撥ねる】(下一他)《「つきはねる」の転》①突きとばす。thrust away ②よせつけない。spurn ③きっぱり断る。refuse

**つっ-ぱり**【突っ張り】①風とか重い物のような強い圧力に対して体や物で支えること。また、そのとき支えにする棒や柱など。prop ②相撲の技の一つ。相手を手のひらで強く突いて押し進む技。thrust ③目立った服装などをして、ことさら反抗的に振る舞うこと・人。用例 —グループ。

**つっ-ぱ・る**【突っ張る】(五自他)《「つきはる」の転》①(他)㋐支える。support ㋑強く張る。stretch ㋒強く対抗する。oppose ②(自)㋐筋肉がかたく張る。become stiff 用例 足が—。㋑不良じみた服装や行為をする。

**つっ-ぷ・す**【突っ伏す】(五自)《「つきふす」の転》勢いよくうつぶせになる。fall prostrate

**つつま・し**【▽慎まし】古語(形シク)①気がひける。気おくれする。用例 夢にや見ゆらむと、そら恐ろしく—(源氏・帚木)。②恥ずかしい。きまりが悪い。用例 まいて、まことのならぬは、いかに思ふらむとさへ—(枕・宮仕へ人の里なども)。③気が進まない。用例 さやうならむ道のほどにも、いかがなど—・しうなむ(源氏・手習)。

**つつまし・い**【▽慎ましい】(形)①慎重である。prudent ②しとやかである。reserved ③控え目である。modest 派生 つつましげ(形動)つつましさ(名)

**つつまし-やか**【▽慎ましやか】(形動)いかにもつつましいさま。modest

**つづま-やか**【▽約まやか】(形動)①狭くて小さいさま。②手軽なさま。簡易。③控え目なさま。④《「倹まやか」とも》つましいさま。倹約。質素。

**つづま・る**【▽約まる】(五自)①短くなる。ちぢまる。②簡略になる。

**つつみ**【包(み)】包むこと。包んだ物。package 用例 —をとく。数え方 一包み・一個。

**つつみ**【堤】《河川や湖沼などを包むもの、の意》①川や池などの岸に高くめぐらした土手。堤防。bank ②水をためた池。貯水池。storing reservoir

**つづみ**【鼓】日本の打楽器。一般に中央の胴がくびれた形のものをいい、鉄の輪わくに張った二つの皮面を紐で締める。雅楽・能・歌舞伎などで用いる。大小がある。能や歌舞伎などの小鼓だけをさすこともある。数え方 一張り・一丁。↓図

**つづみ-うた**【鼓▼唄】長唄や浄瑠璃で鼓に合わせて歌われる唄。ただし義太夫節では三味線で鼓の音を模倣する。

**つづみ-う・つ**【鼓打つ】(五自)①鼓を打つ。②規則的に動く。鼓動する。

**つつみ-かく・す**【包(み)隠す】(五他)①包んで見えないようにする。cover up ②秘密にして人に知れないようにする。conceal

**つつみ-がまえ**【包構え】漢字を組み立てている部分の名。「包・匍」などの「勹」。

**つつみ-がみ**【包(み)紙】①文書をおおい包む紙。折りたたみ、表にあて名や用件を書く。封筒に相当する。②包装紙として、品物の汚れを防ぐために用いる紙。wrapping paper

**つつみ-きん**【包(み)金】紙などに包み、祝儀に与える金。金額をいくらと決めないで与える金。つつみがね。

**つづみ-ぐさ**【鼓草】《名の音が、鼓の音に似ることから》タンポポの異名。

**つつみちゅうなごんものがたり**【堤中納言物語】平安後期の短編物語集。一〇編と断片一。一編のみ小式部の作で、他は作者・成立年代未詳。「虫めづる姫君」など、鋭い才気や感覚をきらめかせ、奇抜な趣向をまじえて人生の断面を描く。

**つづみ-も**【鼓藻】緑藻植物接合藻類コスマリウム属の総称。つづみ形をした単細胞の淡水藻で、池や水田にみられる。中央部のくびれめで切れて繁殖する。

**つつみ-やき**【包(み)焼き】和紙・パラフィン紙・アルミ箔などで材料を包み、オーブン・フライパンなどで焼く調理法。

**つつみやき-にんぎょう**【堤焼人形】仙台市堤町産の土人形。江戸の今戸焼や京都伏見人形の影響をうけながら、独特の郷土色をもつ。堤人形。

**つつみ-やすじろう**【堤▽康次郎】(一八八九〜一九六四)実業家・政治家。滋賀県生まれ。早大卒。西武グループの創設者。衆議院議長。

**つつ・む**【包む】(五他)①中に入れて、おおう。包装する。wrap 用例 本を—。②まわりを囲む。とりまく。surround 用例 会場は熱気に—・まれている。③隠す。しまっておく。conceal 用例 胸に—・んで話さない。

**金を包む**(かねをつつむ) お礼などの目的で、お金を紙に包んで差し出す。give money

**つづ・める**【▽約める】(下一他)①短くする。ちぢめる。②まとめる。要約する。③倹約する。

**つつ-もたせ**【▽美▽人▽局】女が自分の夫や情夫と相談の上、他の男を引き入れ、それを言いがかりにして男から金品をゆすること。

●鼓 小鼓の各部名称

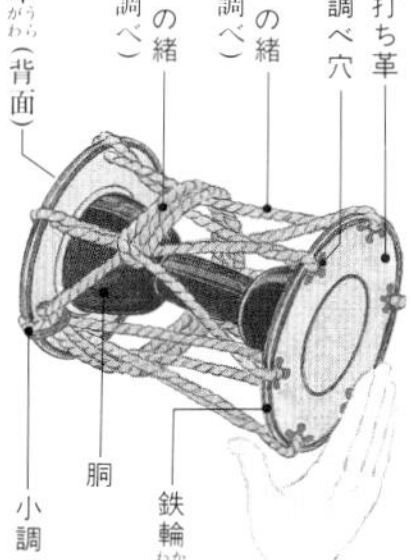


**つづら**【▼葛】①ツヅラフジなど、野生のつる性の植物。②《「葛籠」とも》衣服などの収納に用いた入れ物。竹やヒノキのうす板で編み、紙を張り、渋・漆などを塗る。元来はツヅラフジで編んだ。つづらこ。③襲の色目の名。表が黒みのある青、裏が薄青。↓写

●葛籠②

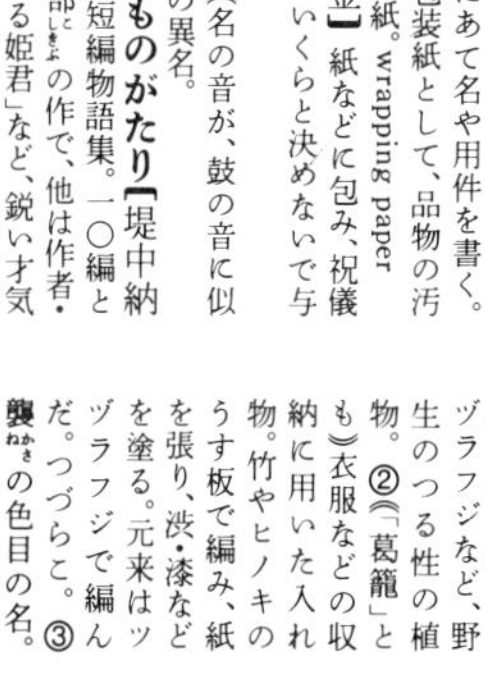

**つづら-おり**【▼葛折(り)・▽九▽十▽九折(り)】ツヅラの蔓のように、くねくねと折れ曲がっていること。そういう山道。羊腸。

**つづら-ふじ**【▼葛▼藤】山地の林中にはえるつる性の落葉低木。葉は互生し広卵形。夏に黄緑色の小花が咲く。蔓でかごを編む。根および茎は防已といい、鎮痛・消炎・利尿薬などに利用。アオカズラ。ツタノハカズラ。オオツヅラフジ。

**つづり**【▼綴り】①つづること。つづったもの。spelling ②とじること。とじたもの。binding ③「綴り字」の略。

**つづり-あわ・せる**【▼綴り合(わ)せる・▼綴合(わ)せる】(下一他)つづって一緒にする。つなぎ合わせる。bind together

**つづり-かた**【▼綴(り)方】作文の旧称。

**つづり-じ**【▼綴(り)字】語を単音文字によって表記する場合、その表音文字の配列のしかた。スペリング。spelling

**つづ・る**【▼綴る】(五他)①つぎ合わせる。bind together ②詩文を作る。compose ③アルファベットを使って語を書く。spell

**つづれ**【▼綴れ】①破れをつぎ合わせた衣服。ぼろの服。rags ②「綴れ錦」の略。③「綴れ織り」の略。

**つづれ-おり**【▼綴(れ)織り】数種の絹糸で模様を織り出す紋織物の一つ。横糸が耳から耳まで通らずつづら折りのように蛇行するのでこの名がある。ヨーロッパのタペストリーやゴブラン織りもこの技法による。綴れ錦に似ている。綴れ。tapestry

**つづれ-にしき**【▼綴(れ)▼錦】花鳥・人物などの模様を織り出した錦。さまざまな色糸や金・銀糸を横糸に使う。帯地や壁掛け・緞帳などに使われる。

**つて**【▽伝・▼伝手】てづる。コネ。connection

**つてん**【▽通典】中国の史書。上古より唐の玄宗の天宝年間に至る間の制度をまとめたもの。唐の杜佑の撰。八〇一年成立。二〇〇巻。食貨・選挙・職官・礼・楽・兵・刑・州郡・辺防の九部に分類。古代諸制度を知る重要な資料。

▼常用漢字表外。 ▽常用漢字表の音訓外。

**つと【▾苞・▾苞▾苴】** ①わらなどで包んだ物。わらづと。②土産にする土地の産物。③家に持って帰る土産。家づと。

**つ-と**(副) 突然。急に。ついと。suddenly

**つ-ど【都度】** そのたび。たびごと。every time

**つどい【集い】** あつまること。会合。meeting

**つど・う【集う】**(五自) あつまる。gather

**つと-どうふ【▾苞豆腐】** 水切りした豆腐をわら苞で包んで蒸したもの。野菜類を加えることもある。わんだねなどに用いる。

**つと-に【▾夙に】** 文語的 (副) ①朝早く。②早くから。前々から。③幼いころから。

**つとま・る【務まる】**(五自) 役割を果たすことができる。務められる。be fit

**つとま・る【勤まる】**(五自) うまく勤めることができる。be fit for a job 用例 とても―・らない。

**つと-む【勤む】** 古語 (下二自他) ↓つとめる(勤める)

**つとめ【務め】** しなければならないこと。役目。任務。本分。義務。duty 用例 国民の―。主婦の―。―を果たす。

**つとめ【勤め】** ①職について仕事をすること。working 用例 ―に出る。②僧の日課としての修行。勤行。用例 お―。

**つ-どめ【津留め】** 戦国から江戸時代、軍事上や産業保護などのため、封建領主が特定の物資の移出入を港や関所で制限、あるいは禁止したこと。

**つとめ-ぐち【勤め口】** 職を得て勤める所。position; job 用例 ―を見つける。

**つとめ-さき【勤め先】** 勤めている所。place of employment

**つとめ-て** 古語 ①あかつき。早朝。用例 冬は―(枕・春はあけぼの)。②なにか事のあった翌朝。用例 ―少し寝過ぐしたまひて(源氏・夕顔)。

**つとめ-て【努めて・▿勉めて】**(副) ①しいて。できるだけ。as much as possible ②精出して。苦労して。with effort

**つとめ-にん【勤め人】** 官庁・会社に勤めている人。月給取り。office worker

**つとめ-むき【勤め向き】** 勤めのようす。

**つと・める【努める・▿勉める・▿力める】**(下一自) ①まじめに尽くす。がんばる。努力する。make an effort 対義 怠る・怠ける。用例 解決に―。研究に―。②しいてする。用例 泣くまいと―。

**つと・める【務める】**(下一他) 役・役割を果たす。play 用例 議長を―。

**つと・める【勤める】**(下一自他) ①(他) 職について仕事をする。勤務する。work 用例 会社に―。②(自) 僧が日常の仏事を行う。

**つな【綱】** ①植物繊維・合成繊維・針金などのひもをより合わせ、さらに二、三本より合わせて丈夫にしたもの。荷造りやものを結び合わせるのに用いる。ロープ。rope 数え方 一本・一筋・一条。②すがって、たよりにするもの。hope 用例 命の―。

**綱を打つ**(つなを うつ) 相撲で、横綱が土俵入りにつかう大綱を作る。

**綱を張る**(つなを はる) 横綱になる。

**つな【津名】**〈町〉 兵庫県、淡路島東岸の町。果樹・草花園芸がさかん。中心は志筑。人口一万七四六二(一九八八)。

**ツナ【tuna】** マグロ。また、マグロの肉。

**つながり【▾繋がり】** ①つながること・もの。connection ②関係。きずな。relation 用例 かれとは、なんの―もない。

**つなが・る【▾繋がる】**(五自) ①続く。連なる。be connected with 用例 家が―・っている。②かかわり合う。be involved in 用例 事件に―。③切れずに続く。無事である。remain in the post 用例 首が―。④同じ血筋である。be related to 用例 かれとは血が―・っている。

**つなぎ【▾繋ぎ】** ①つなぐこと・もの。tying ②次の仕事にうつるまでの仮の仕事。temporary job ③料理で、材料をつなぎまとめるために入れるもの。卵白・小麦粉・おろした大和芋など。ハンバーグ・しんじょなどを作るとき用いる。liaison ④上着とズボンがつながった形の作業服。overall

**つなぎ【津▾奈木】**〈町〉 熊本県南西部、八代海に臨む町。アマナツミカンの栽培がさかん。人口六〇六七(一九八八)。

**つなぎ-おんせん【▾繋温泉】** 岩手県盛岡市西部、雫石川に臨む温泉。「前九年の役」に源義家が馬をつないで入浴したことに由来。

**つなぎ-こうでん【▾繋ぎ香典・▾繋ぎ香▾奠】** 親族以外の弔問者が葬家に贈るもの。ふつうは五合から一升程度の米が多い。小児の場合は三合三勺の米を、三戸から集めて会食する。つなぎ。

**つなぎ-しきん【▾繋ぎ資金】** 企業などの財務で一時的に資金繰りがつかなくなったとき、近い将来に入金予定の金銭を担保として借りる資金。emergency fund

**つなぎ-ゆうし【▾繋ぎ融資】** 予定されている確実な入金に先立って、それまでのつなぎとして行われる融資。増資繋ぎ借り入れ・起債繋ぎ借り入れ・納入代金繋ぎなど。bridging finance

**つな-ぐ【綱具】** ①船などで使用する綱や、その付属品。②綱と結び合わせた滑車。

**つな・ぐ【▾繋ぐ】**(五他)《「つな」を活用させた語》=つなげる。①結びつけて、離れないようにする。しばる。tie 用例 犬を―。②別々になっているものを一つに結ぶ。connect 用例 ひもを―。③続けさせて絶え間のないようにする。maintain 用例 命を―。座を―。

**つな・げる【▾繋げる】**(下一他) ↓つなぐ(繋ぐ)

**つなしま-りょうせん【綱島▾梁川】**(一八七三～一九〇七) 評論家。本名、栄一郎。岡山県生まれ。東京専門学校卒。神秘的思想に基づく宗教的随想を発表。見神の体験は有名。著書『病間録』など。

**つな-そ【綱▿麻】** シナノキ科の一年草。高さ約一m。畑に栽培。葉は互生し長楕円状披針形。晩夏、数個の黄色い小花を葉腋につける。茎から繊維をとり粗布を織る。中国原産。コウマ。オウマ。ヘンプ。ジュート。

**つな-で【綱手】** 船につないで引く綱。引き綱。

**つな-び【綱火】** 茨城県筑波郡伊奈町高岡の愛宕神社で八月二三日に、また、同町小張の愛宕神社では二四日に行われる、夏の宵祭りの行事。柱を立て、やぐらから綱を張り遠隔操作する、和花火と人形芝居が融合したもの。

**つな-ひき【綱引(き)】** 綱を引きあう競技。世界各地で古くから行われ、日本では昔は小正月・盆・十五夜などに、村落間などで勝負をし、その結果で年の吉凶、収穫の豊凶を占う神事でもあった。現在は運動競技種目。tug of war

**つなひき-きょうぎ【綱引(き)競技】** 一組み八名で、互いに一本の綱を引き合い、四m引きずったほうを勝ちとする競技。ジュニアライト級からキャッチ級まで八階級ある。昭和五六年(一九八一)日本綱引連盟設立。tug of war

**つな-びらき【綱開き】** 船の出航を前に、その船の神である船霊に神酒を供えて祝う儀礼。

**つ-なみ【津波・津▿浪・▿海▾嘯】** 海底地震や海底火山爆発および海底地滑りなどの原因で起こる波。海岸近くの浅い所で急に波高を増す。とくに、狭い湾の奥ではエネルギーが集中するため、大災害をもたらすことがある。地震津波。tsunami 比較 高潮。

**つなやかた【綱▿館】** 長唄の曲名。三世杵屋勘五郎作曲、明治二年(一八六九)初演。茨木童子が、渡辺綱の館から切られた腕を奪い返すという内容。

**つな-わたり【綱渡り】**(名・サ変自) ①曲芸の一つ。高所に張り渡した綱の上で、高下駄をはいたり、一輪車に乗って離れ技を見せる、サーカスの代表的な出し物。tightrope walking ②ぎりぎりの危険な状態で物事を行うこと。

**つなん【津南】**〈町〉 新潟県南部、信濃川に沿う町。電源地帯で水力発電所が多い。秘境秋山郷がある。苗場山登山口。人口一万三四七六(一九八八)。

**つね【常】** ①《「恒」とも》永久に変わらないこと。その理法。permanence 用例 世の―。②きまり。ならわし。custom 用例 朝食にはパンを食べるのを―とする。③日常。普段。everyday 用例 ―の服で出席する。④ありがちなこと。当たり前。tendency 用例 人間の―として。

**常ならず**(つねならず) ①無常である。mutable ②はかない。transient ③普段と違っている。unusual

**つねずみ【常澄】**〈村〉 茨城県東部、水戸市東隣の村。稲作中心だが、イチゴ・メロンなども栽培。人口一万二八三二(一九八八)。

**つね-づね【常常】**(名・副) 平生。ふだん。always

**つね-な・し【常無し】** 古語 (形ク) 変わりやすい。はかない。無常だ。用例 うつせみの世は―と知るものを(万葉・三・四六五)。

**つね-に【常に】**(副) ふだん。いつも。always

**つね-ひごろ【常日▾頃】**(名・副) ふだん。いつも。日常。平常。usually; always

**つね・る【▾抓る】**(五他) つめ・指先でつまんで強くひねる。つめる。pinch 用例 我が身を―・って、人の痛さを知る。

**つの【角】** ①ある種の草食獣の頭部にみられるかたい突出物。骨質のもの、皮膚の変形したものなどがある。horn; antler ②カタツムリなど昆虫などの頭部の突出物。horn ③物の表面の突起物。protrusion 用例 こんぺいとうの―。④女の嫉妬。woman's jealousy

**角が生える**(つのが はえる) 嫉妬したり、怒ったりして恐ろしい顔つきになる。have a fit of jealousy

**角突き合わせる**(つのつき あわせる) 仲が悪く、互いにあらそい対立する。be at odds with each other

**角を折る**(つのを おる) ①高慢な者をやりこめる。②強情な態度をやわらげる。我を折る。

**角を出す**(つのを だす) 「角を生やす」と同意。

**角を矯めて牛を殺す**(つのをためて うしをころす) 欠点を直そうとして、かえって、その全体を駄目にする。

**角を生やす**(つのを はやす)《多く、女について言う》やきもちをやく。become green with jealousy

**つの【都▿農】**〈町〉 宮崎県中部、日向灘に臨む町。トマトなどの野菜栽培や畜産がさかん。ウニが特産。人口一万三七六七(一九八八)。

**つの-がい【角貝】** 掘足綱の貝の総称。また、角状の貝殻をもつ海生のゾウゲツノガイ科の貝。殻は淡橙色で殻長約八cm。水深二〇～一〇〇mの砂泥底にすむ。本州中部から九州に分布。日本産約六〇種。↓図

**つの-がえる【角▾蛙】** 上まぶたが角のように突出したレプトダクチルス科のカエルの総称。約一〇種あり、体長一〇～二〇cm。陸生。南アメリカに分布。東南アジアには、別系統のアジアツノガエル科のカエルが生息。↓図

**つの-がき【角書(き)】** 浄瑠璃や歌舞伎の外題や書物の表題の上に、内容を説明するような短い語句を、小さく二行に割って書いたもの。

**つの-かくし【角隠し】** 日本風婚礼で花嫁が用いる被り物。文金高島田の髷を装飾する帯状の布。表白絹・裏紅絹の袷仕立て。

●ツノガイ

●ツノガエル　アジアツノガエル

**つの-がみ【角髪】** ↓あげまき(揚げ巻き)①

**つ-の-くに【津国】** 摂津国の古称。

**つの-ぐ・む【角ぐむ】**(五自) アシ・ススキなどが芽を角のように出す。芽ぐむ。

**つの-ごけ【角▾苔】** ①ツノゴケ綱の総称。世界中で三〇〇種、日本には、ニワツノゴケなど約一〇種がある。②ツノゴケ科のコケ。湿地や湿岩上にはえる。配偶体は葉状体で濃緑色。数層の細胞からでき、細胞には葉緑体が一個ある。↓蘚苔植物図

**つの-ごま【角▾胡麻】** 観賞用に栽培されるツノゴマ科の一年草。高さ約六〇cm。葉は円形。夏に淡紫色の筒状花を開く。果実は先端が角

●ツノゴマ



↓行き先項目、図版・写真参照印。　JIS 日本工業規格情報交換用漢字符号コード(区点コード)。

状で歩行者の着衣の裾にからまるのでタビトナカセともいう。北アメリカ原産。↓写

**つの-ざいく【角細工】** 動物の角に細工を施すこと。細工をしたもの。horn carving

**つの-ざめ【角▼鮫】** 二つある背びれの前縁にとげがあるツノザメ科の海水魚。全長約一m。灰褐色で腹部は淡色。日本近海には本種に近縁なサメが数種いて、それらを総称してツノザメということもある。いずれも食用・肝油原料。東北から九州まで分布。dogfish

**つの-さわう** ［枕ことば］《語義、かかりかたとも未詳》「岩・石見」などにかかる。用例—石見の海の言さへく韓の崎なる海石にそ深海松生ふる(万葉・二・一三五)。

**つの-ぜみ【角▼蟬】** ツノゼミ科の小昆虫の総称。また、その一種。体長約六mm。前胸の両側に、後方へ突出する角状突起がある。体は黒色、翅は透明で黄色をおびる。日本全土に分布。↓図

●ツノゼミ　トビイロツノゼミ

**つのだ-きくお【角田喜久雄】**（一九〇六）小説家。神奈川県生まれ。東京高等工芸卒。推理小説・時代伝奇小説に活躍。作品『妖棋伝』『高木家の惨劇』など。

**つの-だし【角出】** 沿岸の岩礁やサンゴ礁にすむツノダシ科の海水魚。全長約三〇cm。体は扁平で淡黄色。幅広い黒褐色の横帯が二本ある。長く伸びた背びれが特徴。観賞用に飼育。南日本以南の暖海に分布。↓図

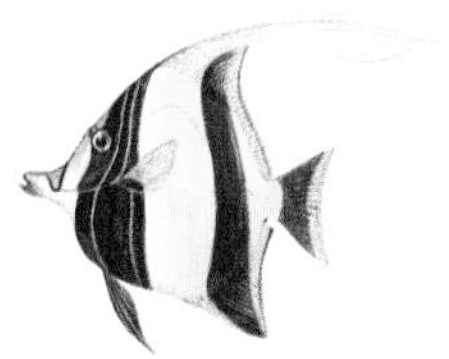
●ツノダシ

**つの-だらい【角▼盥】** 左右に二本ずつ角形の取っ手のついた手洗い用のたらい。多くは木製漆塗りで、蒔絵を施したものもある。↓写

●角盥　『桐文蒔絵角盥』。大阪城天守閣。

**つの-だる【角▼樽】** 角のように大きく長い二つの柄をつけた、朱または黒塗りの酒だる。祝儀用。柄樽。↓写

●角樽

**つの-つきあい【角突(き)合い】** 仲が悪くて、いがみ合うこと。つのづきあい。wrangle

**つの-とかげ【角▼蜥▼蜴】** イグアナ科のトカゲの総称。体長約一〇cm。全身に長短のとげをもつ。乾燥地にすみ、昆虫やクモを捕食。北・中央アメリカに約一五種が分布。horned toad ↓図

●ツノトカゲ

**つの-とびむし【角跳虫】** 触角が角状に長いトビムシ。原始的な微小昆虫の一群。体長二～三mm。翅はない。種によって、落葉下や朽木の樹皮下、草むら、あるいは雪上などから採集される。

**つの-とんぼ【角▼蜻▼蛉】** トンボに似たツノトンボ科に属する昆虫の総称。また、その一種。開張約八cm。完全変態をし触角は長く先が太い。他の昆虫を捕食。本州・四国・九州に分布。

**つの-はしばみ【角▼榛】** 山中にはえるカバノキ科の落葉低木。高さ約五m。葉は互生し、倒卵形。三月、褐赤色の尾状花穂を垂れる。果実は食用。ナガハシバミ。

**つの-ぶえ【角笛】** 動物の角などで作った笛。猟師や牧童などが合図用に使う。古くは、戦いにも使った。かくてき。horn; bugle ↓写

**つの-へん【角偏】** 漢字を組み立てている部分の名。「解」・「触」などの左にある「角」。

**つの-また【角▼叉】** 干潮時の岩上に見られる紅藻植物スギノリ科の海藻。全長は五～一五cm。大きさ・形とも変化に富む。壁土などの糊の材料・食用など。↓図

●ツノマタ

**つの-むすび【角結び】** 紐の結び方の一つ。紐の両端を長く出し、角のように見せて結ぶこと。

**つのめ-だ・つ【角目立つ】**（五自）①角立つ。②とげとげしく感情を高ぶらせる。いきりたつ。

**つのめ-どり【角目鳥】** 頭とほとんど同大の大きな嘴をもち、美しいが奇妙な体形をした海鳥。翼長約一九cm。背面は黒、腹面と顔は白。名は、目の上下に褐色の角状の隆起物があることに由来(冬は脱落)。海岸の崖の上に群棲し、潜水が巧みで、魚・貝などを捕食する。北太平洋に分布し、日本では迷鳥。horned puffin

**つの-も【角藻】** 渦鞭毛植物ケラチウム属の総称。代表的な海産プランクトン。厚い細胞壁で殻を形成。全体はほぼ三角形で、頂点に角状の長い突起がある。

**つの-りゅう【角竜】** 白亜紀後期にいた四脚歩行の草食恐竜。頭部に角があるが、頭の後部は発達してひさしのように肩を覆い、鼻の前部はオウムのような鉤状の嘴となる。代表は三本角のトリケラトプス(北アメリカ産)で、全長約九m。↓恐竜図

**つの・る【募る】**（五自他）①(他)広く求め集める。募集する。recruit 用例会員を—。②(自)ますますひどくなる。get worse 用例さびしさが—。病気が—。

**つば【▼唾】** 唾液。つばき。

**唾を付ける**（つばをつける） 他人に取られないように、あらかじめかかわりをつけたり、印をつける。establish a claim

●角笛　大英博物館。

**つば【▼鐔・▼鍔】** ①刀の柄を握る拳を保護する金具。sword-guard ②帽子のひさし。brim ③釜の回りに、ひさしのようにはり出した部分。↓写 ↓日本刀図 ↓剣道図 ↓包丁図 ↓帽子図

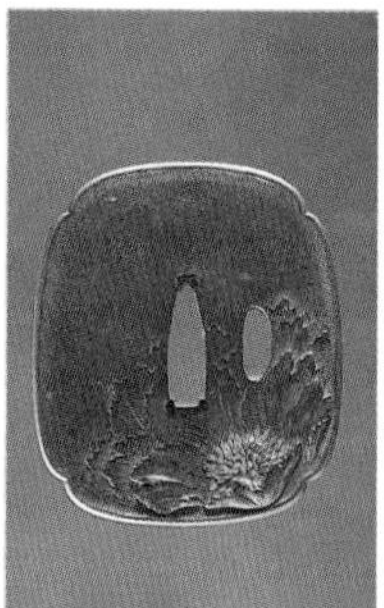
●鐔①　加納夏雄『一輪牡丹図鐔』。江戸～明治時代(一九世紀)、東京国立博物館。

**ツパイ【tupaia】** サル類のうちでもっとも原始的なツパイ科の動物。体長約二〇cm。体はリスに似て暗褐色。森林にすみ、主に昆虫を食べる。東南アジアに分布。リスモドキ。↓サル写

**つばいおおつかやま-こふん【▼椿井大塚山古墳】** 京都府山城町椿井にある古墳時代前期の前方後円墳。多数の三角縁神獣鏡が出土。この同笵鏡が北九州から関東に分布することが、初期大和政権と地方豪族の関係を反映するとの見解もある。

**ツバイク【Zweig】** ↓ツワイク

**つばいち【▽海▼柘▼榴市・▼椿市】** 現在の奈良県桜井市金屋の三輪山近くにあった古代の市。多くの街道が集まる水陸交通の要地として賑わった。つばきのいち。

**つばい-もも【▽光桃・▼椿桃】** 《「つばきもも(椿桃)」の転。実がツバキの実のように光っていることからいう》↓ネクタリン

**つ-ばき【▼唾】** 《「唾っ吐き」の意》口の中に出る、消化液。唾液。つば。saliva

**天に唾する**（てんにつばきする） 人を陥れようとして、かえって自分が害を受けるたとえ。天につばす。The stone you throw will fall on your own head.

**つばき【▼椿・▽海▽石▼榴・▽山▽茶】** ①ツバキ科ツバキ属の植物の総称。原種はヤブツバキともよび、高さ約一〇mの常緑高木。葉は楕円形で厚く、春に大輪の五弁花を開く。果実に含む種子からつばき油を採取する。材は堅く工芸用。栽培品種は花色・花型とも多様である。camellia ②襲の色目の名。表は蘇芳、裏は赤または紅。冬用。↓写

**つばき-あぶら【▼椿油】** ツバキの種子から得られる淡黄色の油。主成分はオレイン酸グリセリド。髪油用・食用。主産地は伊豆諸島・五島列島など。camellia oil

**つばき-おんせん【▼椿温泉】** 和歌山県南西部、白浜町にある温泉。太平洋に臨み、枯木灘の眺めがよい。

**つばき-かずら【▼椿▼葛】** ユリ科のつる性常緑低木。観賞用に栽培される。花は鐘状で長さ七～八cm、紅色。花蓋片は六枚で下垂する。花期は夏。チリ原産。

**つばき-ちんざん【▼椿▼椿山】**（一八〇一～五四） 江戸後期の文人画家。名は弼。江戸の人。幕府槍組同心。肖像画・花鳥画が得意。作品『雑花果蔬図』『高久靄厓像』など。

**つばき-ひめ【▼椿姫】** 《原題La Traviata(イタ)》ベルディ作曲のオペラ。デュマ=フィスの小説からピアーベが台本。三幕。一八五三年初演。パリの娼婦ビオレッタと青年アルフレードとの悲恋物語。『ああ、そはかの人か』『乾杯の歌』などが有名。

**つばき-もち【▼椿▼餅】** 道明寺粉を蒸し、砂糖を混ぜて小豆あんを包み、上下をツバキの葉ではさんだもち菓子。

**つばくら-め【▼燕】** ツバメの別名。つばくら。

**つばくろ【▼燕】** ツバメの別名。つばくろめ。

**つばくろ-えい【▼燕▼鱝】** 体の幅が著しく広いアカエイ科のエイ。全長約一m。背部は灰褐色で腹部は白色。かまぼこなどの原料。本州中部以南に分布。

**つばくろ-だけ【▼燕岳】** 長野県北西部、飛驒山脈中部の山。標高二七六三m。頂上付近に花崗岩の風化した白い岩塔が並ぶ。

**つばさ【翼】** ①鳥類の、前肢が空中の飛行用に変形・発達したもの。全体をおおう羽毛は、風

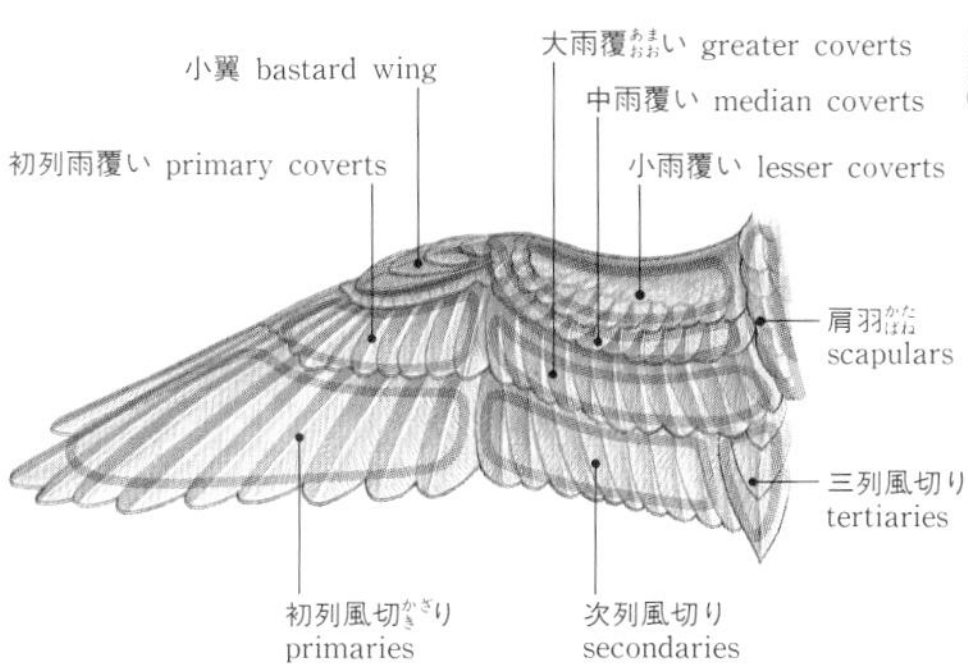

●翼①

切り羽(飛羽)・雨覆い羽(翼覆)・小翼などに区別。wing ②飛行機の翼。また、飛行機。wing →図

**つば-ぜりあい**【▼鍔▽迫(り)合い】(名・サ変自) ①刀を打ち合わせ、互いにつばで押し合うこと。②激しい争いのたとえ。close contest

**つばた**【津▼幡】〈町〉石川県中部、河北潟の東にある町。旧宿場町。織物・製紙工業がさかん。人口二万五三二五(一九八八)。

**つ-ばな**【▼茅花】①チガヤの別名。②チガヤの花。春の末に葉に先立って生じる花穂。

**つばめ**【▼燕】ツバメ科の鳥の総称、またその一種。昆虫を主食とし、飛翔中に捕らえる。益鳥。巣は泥やわらをこねあわせて人家の軒先や岩壁などに作る。日本で夏を過ごし、東南アジアで越冬。世界に約八〇種、日本に五種が見られる。つばくら。つばくろ。swallow →写

**燕が低く飛べば雨が降る**(つばめがひくくとべばあめがふる) 兵庫県赤穂地方・山口県柳井付近などでの、天気に関する言い伝え。

**つばめ**【燕】〈市〉新潟県中部、信濃川の分流中ノ口川に沿う市。洋食器工業で広く知られる。人口四万四八二六(一九八八)。

**つばめ-うお**【▼燕魚】外形がチョウチョウウオに似たマンジュウダイ科の海水魚。全長約五〇cm。暗灰色の体側に三本の暗褐色の横帯がある。体は平たく、背びれ・腹びれ・尻びれが長く伸びる。本州中部以南の暖海に分布。

**つばめ-おもと**【▼燕▽万▽年▽青】ユリ科の多年草。高山の針葉樹林にはえる。根出葉は光沢のある長楕円形。五～六月に小白花を花茎につける。果実はるり色に熟す。→写

●ツバメオモト

**つばめ-しじみ**【▼燕▽小▽灰▼蝶】日本各地の路傍でふつうに見られるシジミチョウ科のチョウ。開張二・五cm。翅表は雄では青紫色、雌では夏型が黒褐色、春型が青藍色。食草はメドハギ・クサフジ・エンドウ・シロツメクサなど。

**つばめ-ずいせん**【▼燕水仙】ヒガンバナ科の多年草。鱗茎より、線形で平行脈のある葉を叢生。一、二個の紅色の唇形花をつける。観賞用として栽培。メキシコ原産。

●ツバメ

**つばめ-ちどり**【▼燕千鳥】飛ぶ姿がツバメに似たツバメチドリ科の鳥の総称。また、その一種。全長約二七cm。灰褐色の地色で、のど前面の淡黄色とそれを囲む黒い環状斑が目立つ。空中で昆虫を捕食する点もツバメに似る。シベリアなどで繁殖し、日本には旅鳥として春秋二回渡来。

**つばめ-の-す**【▼燕の巣】中国料理の特殊材料。アナツバメが海藻を唾液で固めて作った巣。採取が危険なので数が少なく、珍重される。

**ツバル**【Tuvalu】南太平洋、ニューギニア島の東方海上の珊瑚礁島からなる国。首都フナフチ。一九七八年イギリスから独立。コプラ生産と漁業が中心。面積一六〇km²。人口八二〇〇(一九八五)。

**つぶ**【粒】㊀(名)《「つぶら」の意》①小さくて丸いもの。grain ②集まっているものの一つ一つ、およびその大きさや質。grain 用例 —をそろえる。③そろばんの玉。bead ④ムクロジの黒い実。羽根突きに用いる。soapberry ㊁(助数) 粒形のものを数える語。grain 用例 丸薬二—。

**粒が揃う**(つぶがそろう) ①みな、同じ大きさである。be all of a size ②みな、すぐれた人・物である。be all excellent

**つぶ**【▼螺】①巻き貝類の通称。②食用にされるエゾボラやエゾバイ類。

**ツブアイ-しょとう**【ツブアイ諸島】(Tubuails) ↓トゥブアイしょとう(トゥブアイ諸島)

**ツブカル-さん**【ツブカル山】(Toubkal) ↓トゥブカルさん(トゥブカル山)

**つぶ-ぎん**【粒銀】江戸時代の銀貨、豆板銀の俗称。

**つぶさ-に**【▽具に・▽備に】(副) ①もれなく。thoroughly 用例 —辛酸をなめる。②詳しく。in detail 用例 —調べる。

**つぶし**【▼潰し】①おして、つぶすこと。crush ②金属製品を再び地金に戻すこと。scrapping 用例 機械を—で売る。③ほかの方面に向けて役立てる、また、役立つこと。useful for other work 用例 —がきく。

**つぶし-あん**【▼潰し▼餡】小豆を甘く煮て豆の形が残る程度につぶして練り上げたあん。つぶあん。対義 こしあん。

**つぶし-しまだ**【▼潰し島田】日本髪の島田髷の一つ。髷の中央を元結で結んだ部分が、くぼんでつぶした感じに見えることから。↓島田髷図

**つぶし-ねだん**【▼潰し値段】金属製品を地金としたときの値段。scrap value

**つぶ・す**【▼潰す】(五他) ①おして、ぺしゃんこにする。crush 用例 あき缶を—。②滅ぼす。破産させる。ruin 用例 会社を—。身代を—。③役に立たなくさせる。使えなくする。lose 用例 声を—。④体の機能や心の平静を失わせる。lose 用例 酔い—。肝を—。⑤あいている時間をうめる。kill time 用例 ひまを—。⑥すきまをうめる。ふさぐ。fill up 用例 空白部を塗り—。⑦金属を溶かす。melt 用例 金貨を—。⑧料理用にニワトリなどを殺す。butcher

**つぶ-ぞろい**【粒▼揃い】①粒がそろっていること。be all of a size ②どれもこれも、すぐれていること。be all excellent

**つぶ-だ・つ**【粒立つ】(五自) たくさんの粒ができる。あわだつ。

**つぶ-つぶ**【粒粒】㊀(名) 多くの粒。その一つ一つ。grains ㊁(副) 粒になってもり上がるさま。be grained 用例 —とあわ立つ。

**つぶて**【▼礫・▽飛▼礫】小石を投げること。その小石。throwing a stone 用例 —を打つ。

**無しの礫**(なしのつぶて) なんの便りもないたとえ。梨の礫。have not heard a word

**つぶ-や・く**【▼呟く】(五自) 小声でひとりごとをいう。ぶつぶついう。murmur 用例 困ったなと—。

**つぶ-より**【粒▽選り】たくさんの中から、すぐれたものを選び抜くこと。選び抜いたもの。粒ぞろい。pick out

**つぶ-ら**【▽円(ら)】(形動) 丸いさま。ふっくらとしたさま。round 用例 —なひとみ。

**つぶら-か**【▽円か】(形動) つぶらなさま。

**つぶら-じい**【▽円▼椎】ブナ科の常緑高木。高さ二五m。暖地の山中にはえる。葉は小形で裏は灰白色。六月、穂状の黄褐色の小花を開く。香りが強い。堅果は食用。樹皮からタンニンを製し、材は建築・家具用。

**つぶらや-えいじ**【▽円▽谷英▽二】(一九〇一-七〇) 映画特技監督。福島県生まれ。日本の特殊撮影映画のパイオニア。作品『ハワイ・マレー沖海戦』『ゴジラ』など。

**つぶり**【▽頭】あたま。つむり。

**つぶ・る**【▼瞑る】(五他) 目をふさぐ。とじる。つむる。shut the eyes

**目を瞑る**(めをつぶる) ①死ぬ。die ②見て見ぬふりをする。我慢する。overlook; put up with

**つぶ・る**【▼潰る】古語(下二自) ↓つぶれる(潰れる)

**つぶ・れる**【▼潰れる】(下一自) ①崩れ壊れる。おされて壊れる。break; be crushed 用例 たまごが—。②地位・名誉・財産などをなくす。lose 用例 身代が—。面目が—。③駄目になる。滅びる。fail 用例 会社が—。④使えなくなる。役に立たなくなる。become useless 用例 声が—。のこぎりの目が—。⑤体の機能や心の平静を失う。lose 用例 酔い—。肝が—。⑥無駄に過ぎる。waste 用例 時間が—。

**つべ-こべ**(副) あれこれ文句を言うさま。complainingly

**つ-べし** 古語(連語)《完了の助動詞「つ」の終止形に推量の助動詞「べし」の付いたもの》①きっと…(する)に違いない。きっと…だろう。用例 はへこそにくきもののうちに入れつべく(枕・虫は)。②必ず…できる。…することができそうだ。用例 六塵の楽欲多しといへども、みな厭離し—(徒然・九)。③…しなければならない。用例 人をなほ恨み—や都鳥(新古今・羇旅)。

**ツベターエワ**【Marina Ivanovna Tsvetayeva】(一八九二-一九四一) ロシア・ソ連の女流詩人。内面の情熱を独自の詩形式に表現。詩集『夕べのア

●ツバキ①

ヤブツバキ　野生種。

朝顔

岩根絞り

光源氏

乙女椿

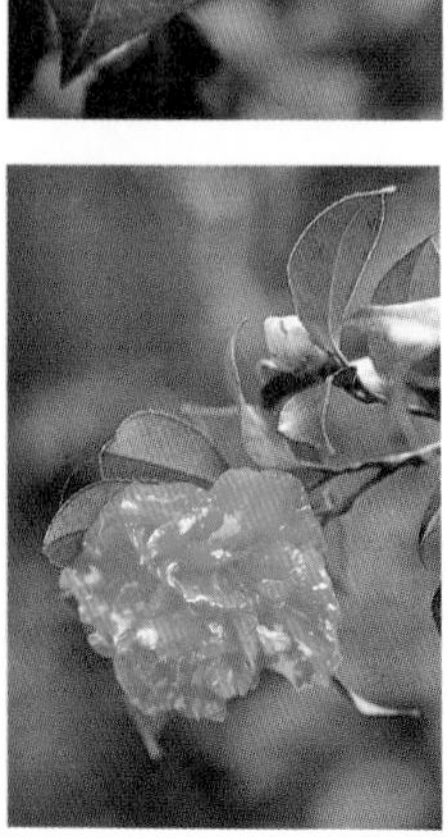
太神楽



↓行き先項目、図版・写真参照印。 JIS 日本工業規格情報交換用漢字符号コード(区点コード)。

ルバム』『白鳥の陣営』、随筆『わがプーシキン』など。

**つべた・い**【▽冷たい】(形) つめたい。

**つべつ**【津別】〈町〉北海道東部、網走川上流の町。豆類・テンサイなどを産し、酪農・林業・製材もさかん。人口八六二二(一九八八)。

**ツベルクリン**[tuberculin] 結核菌の培養濾液を濃縮したもの。結核感染の診断に用いる。一八九〇年にコッホが創製。

**ツベルクリン-はんのう**【ツベルクリン反応】 結核感染の有無を調べる検査法。ツベルクリンを皮内注射し、四八時間後に判定する。注射部位の発赤が一〇㎜以上ならば陽性。tuberculin reaction

**つぼ**【坪】 ①《「壺」とも》なかにわ。②尺貫法における面積の単位。家屋や宅地に用いる。一坪は約三・三〇六$m^2$。③印刷の版面や高価な錦・更紗・革などの面積の単位。曲尺の一尺平方(尺坪)または一寸平方(寸坪)。④土砂の体積の単位。六尺立方。約六・〇一六$m^3$。立坪。

**つぼ**【▼壺】 ①口もとが細くつぼまり、胴部でふくらんだ形の容器。pot 数え方 一口・一壺。②深くくぼんだ場所。basin 用例 滝―。③灸をすえるポイント。therapeutic point ④急所。ずぼし。⑤「つぼざら」の略。⑥「つぼがね」の略。

**壺に嵌まる**(つぼにはまる) ①ねらいどころを突く。急所をはずれない。②見込んだとおりになる。図星である。prove a success

**壺の口を切る**(つぼのくちをきる) 陰暦一〇月のはじめ、新茶のつぼの封を切り、茶会をもよおす。

**壺を押さえる**(つぼをおさえる) 急所・要点・かんどころをとらえる。catch the point

**つぼ-あたり**【坪当(た)り】 坪に割り当てること。一坪あたり。一坪につき。

**っぽ・い**(接尾) ↓ぽい

**つぼい-くめぞう**【坪井九▽馬▽三】(一八五八～一九三六) 歴史学者。大阪生まれ。東大教授。日本に実証的なドイツ史学を移植。著書『史学研究法』など。

**つぼい-さかえ**【▼壺井栄】(一九〇〇～一九六七) 小説家・児童文学者。詩人壺井繁治の妻。香川県小豆島生まれ。ヒューマンな作品が多い。作品『二十四の瞳』『裲襠』など。

**つぼい-しげじ**【▼壺井▽繁治】(一八九八～一九七五) 詩人。香川県生まれ。早大中退。アナーキズム、のちマルキシズム詩人として活躍。作品『壺井繁治詩集』、自伝『激流の魚』など。

**つぼい-しょうごろう**【坪井正五郎】(一八六三～一九一三) 日本の人類学の開拓者。東京生まれ。信道の孫。東大教授。「コロボックル日本原住民説」を主唱。

**つぼい-しんどう**【坪井信道】(一七九五～一八四八) 江戸時代後期の蘭学者。美濃の人。宇田川玄真に蘭学を学び、深川に二つの蘭学塾を開き、緒方洪庵・川本幸民・杉田成卿ら著名な蘭学者を輩出。のちに、長州藩医になった。

**つぼい-とこく**【坪井▼杜国】(？～一六九〇) 江戸前期の俳人。名古屋の人。芭蕉の愛弟子で、『笈の小文』の旅に随行した。

**つぼうち-しょうよう**【坪内▼逍▼遥】(一八五九～一九三五) 英文学者・劇作家・小説家・評論家。美濃の人。東大卒。早大教授。評論『小説神髄』、小説『当世書生気質』で文学の写実主義を主張。『早稲田文学』創刊。文芸協会設立。『桐一葉』で新史劇の道を開き、『新曲浦島』で新舞踊運動を起こす。シェークスピア全作品を完訳。

**つぼ-かざり**【▼壺飾り・▼壺▽荘り】 茶道の習い事の一つ。口切りの茶事のとき、床に飾る茶壺の飾り方、また拝見のしかたの作法。

**つぼ-がね**【▼壺金】 開き戸の肘金を受ける金具。壺金物・ひじつぼ。

**つぼ-がり**【坪刈(り)】(名・サ変他) 江戸時代の検見法の一つ。年貢の租率決定の基準とするため、上田・中田・下田の任意の一坪を刈り取って収量を調べ、総収穫高を推量した。歩刈り。

**つぼ-きり**【▼壺▼錐】 半円形で内側が斜面状の刃になっている木工用の錐。円い穴をあけるためのもの。

**つぼきり-の-つるぎ**【▼壺切(り)の剣】 天皇から立太子の儀式の時、皇太子に相伝される剣。東宮の護り刀。宇多天皇が皇太子敦仁親王(のち醍醐天皇)に授けたことによる。壺切りの御剣。

**つぼ-くさ**【▼壺草】 セリ科の多年草。中部以南に広くみられる。葉は腎臓形。夏下部が白、上部淡紅紫色の小花をつける。クックサ。

**ツボクラリン**[tubocurarine] クラーレ(矢毒に用いる植物性樹脂状物質)の有効成分。脊椎動物の神経と筋肉との接合部を遮断し、骨格筋を麻痺させる作用があるので、外科手術のさい、筋弛緩剤として用いる。

**つぼさか-でら**【▼壺坂寺】 奈良県高市郡高取町壺坂にある真言宗豊山派の寺、平等王院の通称。大宝三年(七〇三)弁基の開創と伝えられる。お里・沢市の『壺坂霊験記』で知られる。西国三十三所第六番の札所。

**つぼさかれいげんき**【▼壺坂霊験記】 人形浄瑠璃・歌舞伎世話物。作者未詳。加古千賀補作。節づけは豊沢団平。明治二〇年(一八八七)初演。大和壺坂寺の霊験記を脚色。座頭沢市と女房お里は参籠するが、絶望した沢市は谷底へ投身。お里もあとを追うが、観音の霊験で助かり、沢市の目もあく。

**つぼ-ざら**【▼壺皿】 ①壺の形をした、小さくて深い食器。②ばくちで、さいころをふせるのに用いるもの。

**つぼ-すみれ**【坪▼菫】 ①スミレ科の多年草。暖地に広くみられる。葉は長柄をもち心臓状卵形。晩春、長い花柄のある小白花をつける。ニョイスミレ。コマノツメ。②襲の色目。表は紫で裏は淡青。

**つぼ-せんざい**【坪▽前栽・▼壺▽前栽】 中庭。そこの植え込み。

**つぼ-だい**【▼壺▼鯛】 タイに似るが口が突き出たカワビシャ科の海水魚。全長約二〇㎝。紫がかった灰色。背びれ・腹びれ・尻びれのとげが強大。食用。南日本の深海(深さ三〇〇m)に生息。食用。

**つぼた-じょうじ**【坪田譲治】(一八九〇～一九八二) 小説家・児童文学者。岡山県生まれ。早大卒。独特のリアリズム児童文学を確立。作品『お化けの世界』『風の中の子供』など。

**つぼ-つけ**【坪付(け)】 古代・中世の土地台帳。律令制下では国司が太政官に提出した、田地の坪数・所在などを記した帳簿。戦国時代は大名が家臣に与えた知行目録。

**つぼね**【▽局】 ①狭くしきった場所。compartment ②宮殿内の区画された部屋。宮廷に仕える女官の居室となった。曹司。apartment of a court lady ③曹司をもつ女官。court lady ④江戸時代、将軍に仕えた位の高い女性。⑤遊女の部屋。prostitute's room ⑥局女郎の略称。

**つぼね-じょろう**【▽局女郎】 江戸の吉原や京の島原での最下級の遊女。局という小部屋にいて、一人ずつ客をとったことから。端女郎。つぼね。

**つぼ-の-いしぶみ**【▼壺の▽碑】 ①多賀城碑の別称。②青森県上北郡東北町にあったという「日本中央」と記されていたと伝える石碑。坂上田村麻呂建立という。

**つぼ-ふり**【▼壺振り】 ばくち場で壺などにさいころを入れて振り、床に伏せて目を出す役をする者。また、その動作。

**つぼま・る**【▼窄まる】(五自) 狭く小さくなる。すぼまる。become narrower

**つぼみ**【▼蕾・▼莟】 ①開花する前の花の芽。bud 用例 桜の―。②まだ一人前でない年ごろ。その人。bud

**蕾を散らす**(つぼみをちらす) 《蕾のまま散ってしまう花にたとえた語》前途のある身で、死ぬ。蕾の花を散らす。

**つぼ・む**【▼窄む】(五自) ①狭く小さくなる。すぼむ。become narrower 用例 先の―・んだ入れもの。②咲いた花が閉じる。用例 夕方になって花が―。

**つぼ・む**【▼蕾む】(四自) つぼみができる。つぼみを持つ。用例 草も青くなり、梅も―・みぬ(徒然・一五五)。

**つぼ-むすび**【▼壺結び】 紐の結び方の一つ。輪をつくって結ぶ形で、でき上がりが壺のように見えるもの。

**つぼ・める**【▼窄める】(下一他) とじる。すぼめる。make narrower

**つぼ-やき**【▼壺焼(き)】 ①サザエを殻ごと焼く料理。しょうゆなどで調味する。②つぼ形の器で蒸し焼きにしたサツマイモ。つぼやきいも。

**ツポレフ**[Andrey Nikolaevich Tupolev](一八八八～一九七二) ソ連の航空機設計技術者。中央空気流体力学研究所に勤め、旅客機・軍用機を多数設計。ソ連の航空機発展の父といわれる。

**つま** 13画【▼褄】 部首[ネ](ころもへん) 和製漢字 JIS 7477

和服のおくみの腰から下の部分のへり。たてづま。「左褄」用例 (名)―をとる。↓着物 図

**褄を取る**(つまをとる) ①すその長い着物のたてづまを指でつまみ上げて歩く。②《ふつう芸者がそうすることから》芸者になる。

**つま**【▽夫】 昔、夫婦が互いに相手を呼んだ語。

**つま**【妻】 ①結婚している男女の、女のほう。家内。女房。さい。wife 対義 夫。②建築で、切り妻造りや入り母屋造りの屋根の両端の三角形の部分。③おもに刺身のあしらいとして添えるもの。芽じそ・大根・海藻など。trimmings ↓屋根 図

**つま**【▽端】 ①はし。へり。きわ。end ②手がかり。糸口。clue

**つま**【都▽万】〈村〉島根県隠岐諸島、島後の村。沿岸漁業を中心とし、林業も行われる。人口二二八一(一九八八)。

**つま-いり**【妻入(り)】 建物の妻側に出入り口を設けた建築様式。比較 平入り。

**つま-おと**【▼爪音】 ①琴をひく音。②馬のひづめの音。

**つま-おり**【▽端折り・▼爪折り】 物のはしの部分を折り曲げること。

**つまおり-がさ**【▽端折(り)▼笠】 かぶり笠の一種。菅笠で、笠の端を下へ折り曲げたかたちのもの。

**つまおり-がさ**【▽端折(り)傘】 骨の端を内側へ折り曲げた傘。柄が長く、古くは、公家が参内のさいに、白布の袋に納めて傘持ちの従者に持たせたが、後には一般でも用いた。

**つま-がけ**【▼爪掛(け)】 ①↓つまかわ(爪皮)。②わらで作ったスリッパの形の雪ぐつ。

**つま-かわ**【▼爪皮・▼爪革】 雨や雪の日に下駄の先を覆って汚れを防ぐ用具。革・ゴム引き布・ビニール製など。爪掛け。

**つま-ぎ**【▼爪木】 たきぎ用に折り取ったえだ。たきぎ。

**つまき-ちょう**【▼褄黄▼蝶】 早春のころ道ばたで見られるシロチョウ科のチョウ。開張約五・五㎝。翅は白く、雄の前翅端が橙色。幼虫の食草はタネツケバナなど。屋久島以北に分布。↓図

**つま-ぐし**【▼爪▼櫛】 目の細かいくし。

**つま-ぐ・る**【▼爪繰る】(五他) 数珠などを指の先で繰る。finger

**つまぐろ-きちょう**【▼褄黒黄▼蝶】 草地で見られるシロチョウ科のチョウ。開張約三・五㎝。翅は黄色で、前翅端が黒い。幼虫の食草はマメ科のカワラケツメイ。東北地方南部から本州・四国・九州に分布。↓図

**つまぐろ-よこばい**【▼褄黒横▼這】 ヨコバイ科の昆虫。体長約五㎜。草緑色。イネの養液を吸い、萎縮病などを媒介。本州以南・アジア大陸東北部に分布。green rice leafhopper ↓図

**つま-ご**【▼爪▼籠】 雪国で使う、藁履。↓写

**つまご**【妻▼籠】 長野県南西部、木曽谷南端、南木曽町の地区。旧中山道木曽十一宿の一つ。宿場町時代のおもかげをよく残す。

**つまごい**【▼嬬恋】〈村〉群馬県北西部の村。浅間・白根山麓の高原

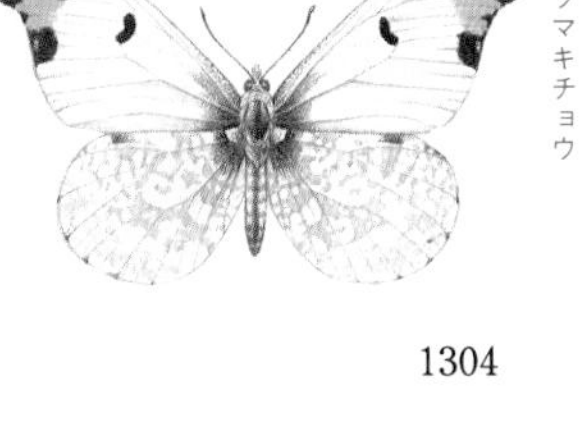

●ツマキチョウ

●ツマグロキチョウ

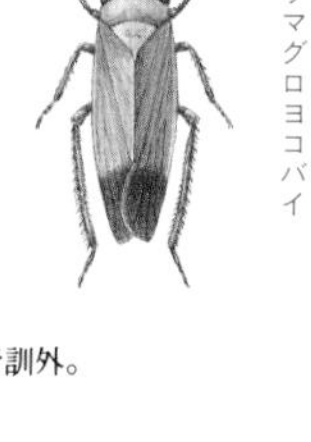

●ツマグロヨコバイ

●爪籠

地帯。キャベツ・ハクサイなどの高原野菜の産地。別荘が多い。人口一万一〇七九(一九八八)。

**つま-ごと**【妻琴・▼爪琴】琴の別称。

**つま-ごもる**【妻▽隠る】［枕ことば］《語義、かかりかたとも未詳》「や」などにかかる。用例 —屋上の山の雲間より渡らふ月の惜しけども(万葉・二・一三五)。

**つま-さき**【▼爪先】足の指の先。足の先。tiptoe ↓足図

**つまさき-あがり**【▼爪先上がり】だんだん登り道になること。その坂。gradually uphill

**つまさき-だ・つ**【▼爪先立つ】(五自) つま先だけで立つ。stand on tiptoe

**つまさ・れる**(下一自) ①情にひかされる。ほだされる。be moved by ②自分にひき比べて、しみじみとする。be appealed to 用例 身に—。

**つまし・い**【▽倹しい】(形) 質素だ。倹約だ。thrifty 派生 つましげ(形動) つましさ(名)

**つま-ず・く**【▼躓く】(五自)《「爪突く」の意》①足を物につき当ててよろける。けつまずく。stumble ②中途で失敗する。邪魔に出合って失敗する。fail

**つま-だか**【▼褄高】(形動) 和服のたてづまを持ち上げ、裾を高くかかげて着るさま。

**つま-だ・つ**【▼爪立つ】(下一自) ①足の指先で立つ。②伸び上がる。背伸びする。

**つま-ど**【妻戸】①家の端にある両開きの板戸。②寝殿造りの四すみに取り付けられた板の両開き戸。

**つまどい-こん**【妻問(い)婚】婚姻の一形態で、夫が妻の家を訪れるもの。嫁入り婚に先行するとされる様式。招婿婚。通い婚。

**つまとり-そう**【妻取草】サクラソウ科の多年草。高さ一五㎝内外。高山から亜高山の針葉樹林中にはえる。夏に、花冠の七裂した白花を二個つける。

**つま-ど・る**【▼褄取る】(五他) 和服のつまを「持つ。

**つま-はじき**【▼爪▽弾き】(名・サ変他) ①指先ではじくこと。fillip ②人を忌み嫌うこと。排斥。rejection

**つま-びき**【▼爪弾き】(名・サ変他) つめで三味線など、弦楽器を弾くこと。つめびき。strumming

**つまびら-か**【▽詳らか・▽審らか】(形動) くわしいさま。つぶさ。minutely

**つま-べに**【▼爪紅・▽端紅】①ホウセンカの異名。古く、その花で爪を染めたことによる。②つめに紅をぬる化粧。その紅。マニキュア。manicure

**つまべに-ちょう**【▼褄紅▼蝶】大形のシロチョウ科のチョウ。開張約七・五㎝。翅は白く、前翅先端に橙赤色の斑紋がある。飛翔は速く、花に集まる。沖縄から東南アジアに分布。↓写

**つまみ**【▽摘まみ・▽撮み・▼抓み】①指先ではさむこと。つまんだ量。pinch ②つまんで持つ部分。knob ③「つまみもの」の略。↓帽子図

**つまみ-あらい**【▽摘まみ洗い】(名・サ変他) 衣服の汚れた部分だけをつまんで洗うこと。ごく小範囲の汚れに対して行う。

**つまみ-ぐい**【▽摘まみ食い】(名・サ変他) ①指でつまんで食べること。eat with the fingers ②盗み食い。eat by steal ③役人の公金横領。

**つまみ-ざいく**【▽摘まみ細工】日本の伝統手芸。薄絹・サテンなどの正方形の小布を三角に折り、つまんで立体的にのりづけして作る。かんざし・くす玉など。↓写

●摘まみ細工　かんざし。

**つまみ-だ・す**【▽摘まみ出す】(五他) ①つまんで外に出す。pick out ②さっさと追い出す。throw out

**つまみ-な**【▽摘まみ菜】間引いて取った菜。

**つまみ-もの**【▽摘まみ物】①食事の初めに出す簡単な料理。②ビールや酒を飲むときに添える、簡単な料理。おつまみ。snack for drinks

**つま・む**【▽摘まむ・▽撮む・▼抓む】(五他) ①指先ではさむ。pick ②取って食べる。help oneself to ③要点を取り出す。摘要する。summarize

**つま-ようじ**【▼爪▼楊枝】歯のあいだに詰まったものを取り除いたり、食物を刺したりするのに用いる楊枝。高級品はクロモジの木を削ってつくる。こようじ。くろもじ。toothpick

**つまら-な・い**【詰(ま)らない】(形) ①おもしろくない。uninteresting 用例 —話。—小説。②価値がない。ささいだ。trifling 用例

●ツマベニチョウ

—人間。—ものですが、どうぞ。③張り合いがない。甲斐がない。discouraging 用例 あくせく働いても—。

**つまら-ぬ**【詰(ま)らぬ】(連体) つまらない。用例 —話。

**つまり**【詰(ま)り】㊀(名) ①詰まること。縮むこと。shrink 用例 —具合。②行きつくところ。果て。終わり。the end 用例 とどの—。㊁(副) 要するに。結局。すなわち。after all 用例 —、失敗だった。

**つまり-は**【詰(ま)りは】(副)「つまり」の強意。after all

**つま・る**【詰(ま)る】(五自) ①途中に物が入ってふさがる。通じない。be stuck up 用例 パイプが—。②それ以上入らないほど満ちる。be full 用例 仕事が—。③ちぢまる。短くなる。be shortened 用例 寸が—。④窮屈だ。余裕がない。be tight 用例 生活が—。金が—。

**つまる-ところ**【詰(ま)る所】(副) やはり。結局。要するに。after all

**つみ**【罪】㊀(名) ①道徳・法律にそむいた行為。犯罪。crime; sin 対義 罰。用例 —を犯す。②刑罰。処罰。punishment 用例 —に服す。③宗教で、教義・戒律などで禁じられたことを破る行為。sin 用例 —を清める。㊁(形動) 意地悪。無情。無慈悲。sinful; cruel 用例 —なおどかし。

**罪が無い**(つみがない) 無邪気だ。罪の無い。innocent

**罪無くして配所の月を見る**(つみなくしてはいしょのつきをみる) 流人としてではなく、罪のない身で配所のような閑寂な土地に行き、そこで月を見れば、どんなに趣が深いことだろう。

**罪を着せる**(つみをきせる) 罪のない人に、罪をおしつける。pin the guilt on someone else

**罪を着る**(つみをきる) 他人が犯した罪や失敗の責任を、自分が代わって引き受ける。罪をかぶる。take a person's guilt upon oneself

**罪を憎んで人を憎まず**(つみをにくんでひとをにくまず) 罪は罪としてにくむが、罪を犯した人までもにくんではならない。One hates not the person but the vice.

**つみ**【▼雀▼鷹】日本で最小のタカ科の鳥。翼長は雌約一九㎝、雄約一七㎝。秋冬に東南アジアに渡ったりもする。雌雄で大きさ、羽色が異なるので雄をエッサイともいう。

**つみ**【詰(み)】将棋で、王将がどこに動いても相手の駒に取られる状態になって、逃げ場がなくなること。

**つみ-あ・げる**【積(み)上げる】(下一他) ①積んで高く重ねる。pile up ②積み終わる。finish to load

**つみ-いし**【積(み)石】①積んだ石。piles of stones ②土台石。cornerstone

**つみいし-づか**【積(み)石塚】自然石を積み上げて作った古代墳墓の一種。世界的に分布。日本の古墳時代にも多くみられ、高松市の石清尾山古墳群などが有名。ケルン。cairn

**つみ-いれ**【摘(み)入れ】魚のすり身に小麦粉などを入れ、まるめてゆでたもの。アジ・イワシ・ヒラメなどを使う。わんだね、おでんなどにする。つみれ。

**つみ-おろ・し**【積(み)降ろし】貨物などを積んだり降ろしたりすること。load and unload

**つみ-か・える**【積(み)替える】(下一他) ①別の所に移して積む。transship ②積み直す。reload

**つみ-かさな・る**【積(み)重なる】(五自) ①物が重なって高くなる。accumulate ②次々に物事が重なって大きくなる。

**つみ-かさ・ねる**【積(み)重ねる】(下一他) 積み上げる。幾重にも重ねる。pile up

**つみ-き**【積(み)木】①木を積み重ねること。また、その木。piled timber ②いろいろな形の木片からなる幼児用玩具。また、それを使って物の形を作る遊び。blocks

**つみ-きん**【積(み)金】積み立てたお金。reserved fund

**つみ-くさ**【摘(み)草】春の野で草花や食用の野草を摘むこと。

**つみ-ごえ**【積(み)肥】↓たいひ(堆肥)

**つみこみ-ねだん**【積(み)込み値段】貨物を本船に積み込むまでの費用を売り手が負担する貿易契約で決められた値段。free on board price

**つみ-こ・む**【積(み)込む】(五他) 荷物を積み入れる。load

**つみ・する**【罪する】(サ変他) ①罪を責める。charge ②罰する。punish

**つみ-だ・す**【積(み)出す】(五他) 荷物を車・船などに積み込んで送り出す。send off

**つみ-たて**【積(み)立て・積立】積み立てること。reserve

**つみたて-きん**【積立金】①積み立てておくお金。accumulated fund ②株式総会の決議に基づき、社内に留保蓄積された利益金。法定準備金と任意積立金の別がある。準備金。reserve fund

**つみたて-よきん**【積立預金】定期預金の一つ。一定期間または一定額に達するまで積み立てていく預金。installment savings

**つみ-た・てる**【積(み)立てる】(下一他) ①積んで多くする。accumulate ②たくわえてゆく。貯金する。reserve

**つみ-つくり**【罪作り】(名・形動) ①無慈悲なことをすること・人・さま。sinfulness ②無情な行いをすること・さま。cruelness

**つみ-とが**【罪▽科】悪事と過失。罪悪。crime

**つみとばつ**【罪と罰】《原題Prestuplenie i nakazanie(ロシア)》ドストエフスキーの小説。一八六六年発表。独自の理論のもとに殺人を犯したラスコーリニコフは、理性と感情の分裂に苦悩し、聖なる娼婦ソーニャを知り新生への道を歩む。

**つみ-と・る**【摘(み)取る】(五他) ①植物の芽・実・葉を指先で摘んで取る。pick ②取りのぞく。抜きとる。nip off 用例 悪の芽を—。

**つみ-に**【積(み)荷】積み込んだ荷物。load

**つみに-ほけん**【積荷保険】損害保険の一つ。海上・陸上・航空輸送中の貨物の損害を補うための保険。貨物保険。cargo insurance

**つみ-のこし**【積(み)残し】積み切れないで残すこと。その荷物。left-off cargo

**つみ-びと**【罪人】つみのある人。犯罪者。ざいにん。とがにん。criminal

**つみ-ぶか・い**【罪深い】(形) 罪が重い。sinful

**つみ-ほろぼし**【罪滅ぼし】犯した罪を償うこと。過去の悪事の埋め合わせとしてする善行。贖罪。atonement

**つみれ**【摘▽入】↓つみいれ(摘み入れ)

**つむ**【▽頭】あたま。つむり。head 用例 お—てんてん。

**つむ**【錘・▽紡▽錘】①糸巻きなどの心棒。spindle ②糸を巻き、よりをかける紡織機の付属具。spindle

**つ・む**【詰む】(五自) ①詰まる。すきまがない。be packed ②将棋で、王将の逃げ場がなくなる。

**つ・む**【摘む・▽採む・▼抓む】(五他) ①指先でつまみ取る。pick ②髪の毛を刈る。cut

**つ・む**【積む】(五他) ①上に重ね置く。重ねる。pile up 用例 山と—。石垣を—。②運ぶために、のせる。load 用例 船に荷を—。車に荷を—。③重ね加える。たくわえる。accumulate 用例 富を—。経験を—。④差し出す。offer 用例 保釈金を—。

**つむぎ**【▼紬】紬糸や玉糸で織った絹織物。糸に節が多いので、粗剛で光沢に乏しいが、絹独特の底光りがあり、丈夫。着尺地・帯地などに用いる。大島紬・結城紬など。pongee ↓写(次ページ)

**つむぎ-いと**【▼紬糸】屑繭や真綿、もしくは玉繭から紡いで撚りをかけた絹糸。太く、節があってふぞろいであるが、織物にすると絹独特の味わいをもつ。spun silk thread

**つむぎ-うた**【紡ぎ歌】糸を紡ぎながらうたう歌。

**つむ・ぐ**【紡ぐ】(五他) 綿・繭を錘にかけて繊維を引き出し、撚りをかけて糸にする。spin

**つむじ**【▽旋▽毛】頭の毛がうず状に生えているところ。つじ。hair whorl ↓頭図

**旋毛を曲げる**(つむじをまげる) ①不機嫌になる。get

●紬(つむぎ) 大島紬(右)と結城紬(左)。

cranky ②片意地になる。わざと意地悪くする。become perverse

**つむじ【▽旋▽風・▼飄】**「つむじ風」の略。

**つむじ-かぜ【▽旋風・▼飄風】** 小さく強い風の渦巻き。街角などによく発生する。せんぷう。辻風。whirlwind

**つむじ-まがり【▽旋▽毛曲(が)り】**(名・形動) 性質のすなおでないこと・人・さま。cranky person

**つむり【▽頭】** あたま。かしら。こうべ。つぶり。つむ。head

**つむ・る【▼瞑る】**(五他) ↓つぶる(瞑る)

**つめ【▼爪】** ①哺乳類・鳥類・爬虫類などの指先に生じる角質の板状または鉤状のもの。ヒトの爪は平爪といい、他に鉤爪・蹄がある。claw; nail 用例 指の—。②琴爪のこと。用例 —でかき鳴らす。③《「鉤」とも》物をひっかけるもの・装置。こはぜ・鉤の類。hook

**爪食う**(つめくう) はずかしくて、もじもじする。爪をかむ。爪を食う。

**爪で拾って箕で零す**(つめでひろってみでこぼす) わずかずつ苦労して貯えたものを、一度に浪費してしまう。penny wise and pound foolish

**爪に爪無く瓜に爪有り**(つめにつめなくうりにつめあり) まちがいやすい「爪」と「瓜」の、字画の違いをいう語。

**爪に火を点す**(つめにひをともす) 恐ろしくけちなたとえ。lead a stingy life

**爪の垢を煎じて飲め**(つめのあかをせんじてのめ) 《すぐれた人からは、そのつめのあかも、薬としてありがたくもらうぐらいの気持ちをもて、の意》すぐれた人にあやかり、学ぶがいい。Learn even a menial lesson from one who is a good example.

**爪や髪の毛は燃やすな**(つめやかみのけはもやすな) 《爪などを火にくべると火の神にとがめられるといって、各地で忌み嫌われていることから》忌み嫌われていることはするなという戒めのことば。

**爪を噛む**(つめをかむ) 気おくれしてはにかみ、もじもじする。恥ずかしがる。爪食う。

**爪を研ぐ**(つめをとぐ) 《爪をするどくする意から》獲物をとらえようとして待ちかまえる。野心をもち機会をねらう。sharpen one's claws watching for one's opportunity

**つめ【詰め】** ①詰めること・物。filling ②はし。きわ。edge 用例 橋の—。③かぎり。しきり。limit ④茶の湯で、末座。⑤将棋で、王将を追いつめていく手順。⑥物事の決着段階。final stage 用例 —があまい。

**づめ【詰(め)】**(接尾) ①そこに勤めること。用例 支店—。②押しつめていくこと。用例 理—。③ずっとそうしていること。用例 歩き—。

**つめ-あと【▼爪▼痕】** ①つめでかいたあと。つめを立てたあと。nailmark ②事件や事故の残した被害や影響。traces

**つめ-あわせ【詰め合(わ)せ・詰合(わ)せ】** いろいろの物・食品を一つの箱などにとりあわせて入れること。その入れたもの。assortment

**つめ-いか【▼爪▼烏▽賊】** ツメイカ科のイカ。二本の長い触腕の先に、吸盤から変化した多数の鉤がある。胴長約三〇cm、胴幅約七cm。腕は胴長の約半分の長さ、触腕は胴より長い。外套内に二対の発光器がある。食用。世界の各海洋に広く分布するが、日本では北海道東岸に産する。

**つめ-いん【▼爪印】** 親指に墨・印肉をつけて押す印。印章をもたない者が行った。平安末期に始まり、江戸時代に庶民の間で盛行。拇印。爪判。

●詰め襟

**つめ-えり【詰(め)襟】** 襟型の一つ。首回りにそった立ち襟。また、そのような襟の洋服。学生服などに使われる。スタンドカラー。対義 折り襟。↓図

**つめ-か・える【詰(め)替える】**(下一他) 新しく詰め直す。改めて詰める。refill

**つめ-がえる【▼爪▼蛙】** 指先に黒い爪のあるコウモリガエル科のカエル。体長一〇cm内外。爪は後肢内側の三本の指先にだけあり、水底の泥中に潜む虫を掘り出すのに役立つ。池沼にすむ。医学・生物学の実験動物。アフリカに分布。

**つめ-か・ける【詰(め)掛ける】**(下一自) ①間近く攻め寄せる。come close ②大勢で押しかける。crowd

**つめ-がた【▼爪形】** ①つめのあと。nailmark ②つめの形。shape of a nail

**つめ-かみ【▼爪▼咬み】** 爪をかむ癖。児童に多いが、大人でもみられる。内的緊張の表れとされる。nail-biting

**つめ-かんむり【▼爪冠】** 漢字を組み立てている部分の名。「爵」などの上にある「爫」や「爰」などの上にある「⺥」。比較 爪繞。

**つめ-きり【▼爪切(り)】** 爪を切りやすいよう刃先が半円形になった道具。nail clippers

**つめきり-ばさみ【▼爪切(り)▼鋏】** 刃先が円形になった爪切り用の小さなはさみ。nail scissors

**つめ-き・る【詰(め)切る】**(五自他) ①(自)一定の場所で、ずっと勤務・待機する。attend on constantly ②(他)すっかり詰める。pack up completely

●ツメクサ

**つめ-くさ【▼爪草】** ナデシコ科の一、二年草。高さ約五cm。畑や庭などにはえる。葉は対生し線形。春から夏に白い五弁の小花を開く。果実は裂けて種子が飛ぶ。タカノツメ。↓図

**つめ-くさ【詰草】** ↓クローバー

**つめ-ぐるま【▼爪車】** 歯車の一つ。円周に沿って一方向に傾いた爪を持つ車。送り爪と押さえ爪とかみ合わせることで、間欠的な回転運動を伝えたり、歯止めに使う。ラチェット。ratchet

**つめ-ご【詰(め)碁】** 囲碁で、出題に従って、一部分の形について死活を考える遊び。

**つめ-ごけ【▼爪▼苔】** ツメゴケ属の地衣の総称。山地のやや湿った地上・樹上・岩上に発生する。大きな葉状体が指状に分裂し、その先に爪のように赤褐色の裸子器が見える。ヒロハツメゴケ・モミジツメゴケなどがある。

**つめこみ-しゅぎ【詰(め)込み主義】** 理解より暗記を重んじる教育方針。

**つめ-こ・む【詰(め)込む】**(五自他) ①(自)多くの人が入り込む。crowd 用例 ぎっしりと—んだ通勤電車。②(他)入れられるだけ入れる。cram up 用例 御飯を—。知識を—。

**つめ-しょ【詰(め)所】** ①多くの人が詰めているところ。station ②役人・係員などが常勤する場所。office

**つめ-しょうぎ【詰(め)将棋】** 将棋で、与えられた譜面と限られた駒を使い、間断なく王手をかけながら、王将を最小手数で詰める手段を考える遊び。詰め手の習練が目的。詰め物。

**つめた・い【冷たい】**(形) ①気候や温度が低く、体感的にややかに感じる。cold 比較 寒い。対義 熱い。用例 —風。②愛情がない。関心がない。冷淡だ。unkind; cool 対義 あたたかい。用例 —目で見る。—家庭。派生 つめたが・る(五自) つめたさ(名)

**冷たくなる**(つめたくなる) ①死ぬ。die ②愛情・好意がなくなる。cool

**つめたい-せんそう【冷たい戦争】** 国と国とが武力は行使しないが、鋭く対立している状態。対義 熱い戦争。

●ツメタガイ

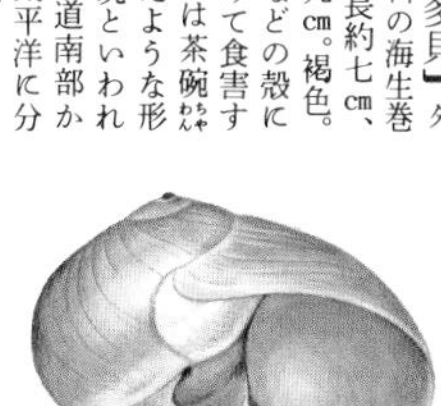

**つめた-がい【津▽免多貝】** タマガイ科の海生巻き貝。殻長約七cm、殻径約九cm。褐色。二枚貝などの殻に穴をあけて食害する。卵塊は茶碗を伏せたような形で砂茶碗といわれる。北海道南部から熱帯太平洋に分布。↓図

**つめた・し【冷たし】** 古語 (形ク) ↓つめたい(冷たい)

**つめば-けい【▼爪羽鶏】** 《雛の羽に爪のあることから》ツメバケイ科の鳥。全長約六〇cm。頭部には長い冠羽。雛の間だけ羽に二本の爪があり、枝から枝への伝い歩きにそれを利用する。南アメリカの中・北部の湿地林にすむ。hoatzin

**つめ-ばら【詰(め)腹】** 江戸時代の、武士の制裁法の一つ。自分の意志ではなく他からの強制的な意志によって切腹させられること。

**詰め腹を切らせる**(つめばらをきらせる) ①責任を強く追及して切腹させる。②強制的に辞職させる。force a person to resign one's post

**つめ-ばん【▼爪判】** ↓つめいん(爪印)

**つめ-びき【▼爪弾き】**(名・サ変他) ↓つまびき(爪弾き)

**つめ-みがき【▼爪磨き】** 爪に美しいつやを出すために磨くこと。また、その道具。ネイルファイル・エマリーボード(紙やすり)など。nail polishing

**つめ-もの【詰(め)物】** ①すきまに詰めこむもの。パッキング。packing ②肉・魚・野菜などに、ひき肉・野菜などの他の材料を詰めた料理の総称。また、その詰める材料。stuffing ③詰め将棋。

**つめ-よ・る【詰(め)寄る】**(五自) ①そば近く寄る。押し寄せる。draw close to ②返答を求めて、鋭く迫る。press hard upon

**つめ・る【▼抓る】**(五他) 指先でつよくはさむ。つねる。pinch

**つ・める【詰める】**(下一自他) ①(他)㋐入れてすきまのないようにする。満たす。stuff 用例 箱に—。㋑縮める。write closely 対義 開ける。用例 行間を—。㋒続けざまにする。keep doing 用例 —・めて勉強する。㋓倹約する。curtail 用例 暮らしを—。㋔こらえる。hold 用例 息を—。㋕考えや議論を推し進めて、これ以上ないという状態にする。用例 考えを—。㋖将棋で、相手の王将を動けなくする。用例 王将を—。㋗短くする。切る。nip off 用例 毛先を—。②(自)仕事に備えて控えている。待機する。attend 用例 事務所に—。③《動詞の連用形に付いて》㋐…し続ける。用例 通い—。㋑徹底的に…する。用例 問い—。㋒いっぱいにする。用例 カーペットを敷き—。

**つめ-れんげ【▼爪▼蓮華】** ベンケイソウ科の常緑多年草。高さ約一五cm。岩の上、わら屋根などにはえる。多肉の葉が茎に束生。秋、白色の小花を総状につける。

**ツーモ【自摸中】**(zì mō) 麻雀でゲーム中、積んである牌を各自が順番に一枚ずつ持ってくること。また、自摸によって和了すること(自摸和)。また、自摸和のときに発することば。

**つもごり【▼晦・▼晦▽日】**「つごもり」のなまり。

**つもり【積(も)り】** ①積もること。かさなり。pile ②見積もり。予測。pile up; estimate 用例 —がはずれる。③宴会の終わり。酒席の終わりの杯。お積もり。the last cup 用例 お—にする。

**つもり【▽心▽算・▽算】** ①前もって心組みをすること。考え。意図。intention 用例 そんな—ではなかった。心—。②事実とは違うが、そうなったような気持ち。intention 用例 死んだ—でがんばる。

**つもり-がき【積(も)り書き】** ↓みつもりしょ(見積書)

**つも・る【積(も)る】**(五自他) ①(自)積み重なってたまる。pile up 用例 —思い。—月日。②(他)㋐予想を立てる。見積もる。estimate 用例 安く—。㋑推し測る。推測する。consider 用例 人の心を—。

**つや【▼艶】** ①美しく、なめらかに光ること。光沢。luster ②世辞。compliment 用例 —を言う。③おもしろみ。interest 用例 話の—。④情事。amour 用例 —ごと。—だね。

**つ-や【通夜】** ①死者を葬る前に、家族・縁者な

どが遺体のそばで終夜過ごすこと。おつや。夜伽。②神事・祈願のために夜籠りすること。お籠り。

**つや-けし**【▼艶消し】㊀(名)①つやをなくすこと。matting ②「艶消しガラス」の略。㊁(形動)①つやのないさま。frosting ②おもしろみをなくすさま。make uninteresting

**つやけし-ガラス**【▼艶消しガラス】表面をこすったり、加工したりして不透明にしたガラス。表面の不規則で微細な凹凸により、光線の直射透過が妨げられる。くもりガラス。すりガラス。frosted glass

**つや-ごと**【▼艶事】情事。いろごと。love affair

**つやざき**【津屋崎】〈町〉福岡県北部、玄界灘に臨む町。港町で、農・漁業が主。宮地岳神社がある。人口一万三〇八三(一九八八)。

**つやだし-かこう**【▼艶出し加工】織物に絹に似た光沢を与えるための加工。機械的なカレンダープレスと、化学的なマーセル加工がある。

**つや-だね**【▼艶種】情事の話題。

**つやっ-ぽ・い**【▼艶っぽい】(形)つやめいている。色気がある。glamorous; sexy

**つや-つや** 古語 (副)①明白に。すっかり。用例 ―と世の失せ侍りぬるぞとよ(愚管抄)。②《下に打ち消しをともなって》まったく。少しも。つゆ。用例 木の葉をかきのけたれど、―物も見えず(徒然・五四)。③つくづく。よくよく。

**つや-つや**【▼艶▼艶】(副・サ変自)つやの美しいさま。brightly

**つやつや-し・い**【▼艶▼艶しい】(形)いかにもつやつやしている。glossy

**つや-に**【▼艶煮】ニンジン・ビーツなどの野菜を、てりよく煮ること。グラッセ。

**つや-ぶきん**【▼艶布▼巾】器具をふいて、つやを出すふきん。

**つや-ぶくさ**【▼艶服▼紗】和菓子の一つ。無数に気孔のある薄焼きの皮で、小豆あんを包んだ焼き菓子。ふくさの形に包む。

**つや-ぶみ**【▼艶文】恋文。ラブレター。love letter

**つやま**【津山】〈市〉岡山県北部、津山盆地にある市。旧城下町。昔の姿が今も残り、城跡がある。県北部の経済・文化の中心。人口八万六〇八八(一九八八)。

**つやま**【津山】〈町〉宮城県北東部、北上川下流の町。中心の柳津は北上川舟運で栄えた。農林業を行う。人口五〇二五(一九八八)。

**つやま-ぼんち**【津山盆地】岡山県北部、中国山地と吉備高原との間にある盆地。酪農・果樹園芸がさかん。

**つや-め・く**【▼艶めく】(五自)①つやつやと美しく見える。be glossy ②色気が感じられる。look sexy

**つや-もの**【▼艶物】義太夫節の用語。世話物のうち、男女の情事を内容とした曲。

**つや-やか**【▼艶やか】(形動)潤いがあって美しいさま。glossy

**つゆ**【▽液・▽汁】①しめり。水け。juice ②吸い物のしる。また、吸い物や汁物。soup ③そばなどにつけるしる。つけ汁。たれ。④煮汁。broth

**つゆ**【露】㊀(名)①大気中の水蒸気が水滴となって物体表面についたもの。dew 用例 ―を置く。―を結ぶ。参考 露ができるときの温度を露点という。②わずかなこと。はかないこと。little 用例 ―の命。③なみだ。tear 用例 そでの―。㊁(副)《下に打ち消しをともなって》少しも。ちっとも。まったく。not at all 用例 ―知らず。

**つゆ**【梅雨・▼黴▽雨】夏至をはさんで前後二〇日、六月一〇日ごろから七月一〇日ごろまで、約四〇日ぐらいの雨期。梅雨前線の停滞でおこる。ばいう。

**つゆ-あおい**【梅雨▼葵】タチアオイの別名。梅雨のころ花を開くのでこの名がある。

**つゆ-あけ**【梅雨明け】梅雨が終わること。停滞していた梅雨前線が北上して消滅し、太平洋高気圧におおわれた状態。対義 梅雨入り。

**つゆ-いささか-も**【露▼聊かも】文語的(副)《下に打ち消しをともなって》少しも。

**つゆ-いり**【梅雨入り】梅雨にはいること。にゅうばい。ついり。対義 梅雨明け。

**つゆ-くさ**【露草】①ツユクサ科の一年草。高さ一五～三〇㎝。山野や道ばたにはえる。葉は披針形。夏に青色の花を一個ずつつける。古くは花を青色染料とした。若葉は食用。ホタルグサ。アイバナ。アオバナ。ウツシグサ。ツキクサ。ハナダグサ。ボウシバナ。②露草色。↓図

●ツユクサ①

**つゆ-け・し**【露けし】古語(形ク)露を帯びて湿っぽい。和歌では、多く涙っぽいの意で用いる。用例 霧も深く―・きに(源氏・夕顔)。

**つゆ-ざむ**【梅雨寒】梅雨期中の寒さ。

**つゆ-じも**【露霜】秋の末、露が凍って霜のようになったもの。みずしも。

**つゆじも-の**【露霜の】[枕ことば]《露や霜の置く時節や状態から》「秋・置く・起く・消ゆ・過ぐ」などにかかる。つゆしもの。用例 浪の共か寄りかく寄る玉藻なす寄り寝し妹を―置きてし来れば(万葉・二・一三一)。

**つゆ-の-ごろべえ**【露五▽郎▽兵▽衛】(一六四三～一七〇三)咄家。大坂の米沢彦八、江戸の鹿野武左衛門らとほぼ同時期に京都で辻咄を始めた。軽口頓作の巧者。『露がはなし』など。

**つゆ-ばかり**【露▽許り】(副)少し。わずか。いささか。a little bit

**つゆ-はらい**【露払(い)】(名・サ変自)①貴人の先導をすること。また、その人。②蹴鞠で懸かり(蹴鞠をするための庭、また、その樹木)の露を払い落とすこと。③遊芸などで最初に演じること。④相撲の横綱土俵入りで先導をする力士。比較 太刀持ち。

**つゆ-ばれ**【梅雨晴(れ)】梅雨が明けて晴れること。また、梅雨時の一時的な晴れ間。

**つゆ-びえ**【梅雨冷え】梅雨の季節に、気温が急に下がること。

**つゆ-ほど**【露程】(名・副)ほんの少し。a little bit

**つゆみ-ぐさ**【露見草】ススキの異名。

**つゆ-むし**【露虫】細い形のキリギリス科の昆虫。体は深緑色で、体長約三㎝。春から夏にかけて草原でジジジーと鳴く。本州・四国・九州や台湾に広く分布する。↓図

●ツユムシ　セスジツユムシ

**つよ・い**【強い】(形)対義 弱い。①丈夫だ。健康だ。healthy 用例 ―からだ。②力がある。strong 用例 腕力が―。③勇ましい。brave 用例 気が―。④かたい。tight 用例 ―・く縛る。⑤激しい。厳しい。severs 用例 日ざしが―。⑥《俗語》よく知っている。明るい。well informed 用例 経済に―。派生 つよげ(形動)つよさ(名)

**つよ-が・る**【強がる】(五自)①強いと見せかける。bluff ②強いと自慢する。boast of one's strength

**つよ-き**【強気】対義 弱気。①気の強いこと。strong mind ②相場が上がると予想すること。bull

**つよ-ぎん**【強吟】謡曲の音階や発声法に関する用語。弱吟に対立し、音高が不安定な、特殊な音階。おもに厳粛・勇壮な気分を示す。ごうぎん。

**つよ-ごし**【強腰】①腰の強いこと。have strong knees ②自分の考えを押し通そうとすること。態度が強硬なこと。strong attitude 対義 弱腰。

**つよ-こち**【強▽東▽風】春に吹く強い東風。

**つよ・し**【強し】古語(形ク)↓つよい(強い)

**つよ-び**【強火】強い火。よくおこった火。とくに、調理するときの火かげんにいう。high heat

**つよ-ふくみ**【強含み】相場が上がりそうなようすであること。strong feeling 対義 弱含み。

**つよま・る**【強まる】(五自)強くなる。become strong 対義 弱まる。用例 風が―。疑問が―。対立が―。

**つよ-み**【強味】頼りになる点。長所。strong point 対義 弱味。

**つよ-め**【強め】強いほうであること。tight 用例 ―に締める。

**つよ・める**【強める】(下一他)強くする。strengthen 対義 弱める。用例 語気を―。警戒心を―。

**つよ-ゆみ**【強弓】張りが強く、引くのに力のいる弓。また、それを使える人。ごうきゅう。

**強弓を引く**(つよゆみをひく)むりやり通そうとする。強引だ。意地っぱりである。

**つら**【面】①顔。face ②表面。surface 用例 上っ―。③古語《「頬」とも》ほお。ほほ。用例 かの翁が―にある瘤をや取るべき(宇治拾遺・三)。

**面あ見ろ**(つらぁみろ)《快く思っていない相手の失敗や手落ちをあざけって言う語》ざまあ見ろ。

**面から火が出る**(つらからひがでる)「顔から火が出る」と同意。

**面で人を斬る**(つらでひとをきる)見くだしたような態度で、人の気持ちをきずつける。

**面に似せて巻子を巻く**(つらににせてへそをまく)《「巻子」は、丸く巻いたつむぎ糸。人それぞれに顔が違うように、巻子の巻き方も人によって違う、ということから》人それぞれの気質が異なることから、おのずから言行にも違いが出る。

**面を膨らす**(つらをふくらす)不満、または、ふきげんな顔つきをする。look cross

**面を見返す**(つらをみかえす)受けたはずかしめを相手にかえす。

**つら**【連・▽列】古語 ①並び。列。用例 かりがねも―を離れぬ(源氏・横笛)。②仲間。連中。用例 同じ―に思ひ聞こえむ(源氏・桐壺)。

**づら**【面】(接尾)《俗語。あざけって言う》①顔。用例 馬―。②ようす。用例 紳士―をする。

**つら-あかり**【面明(か)り】昔の歌舞伎で主役級の役のために、後見が長い柄の燭台に蠟燭をともして役者の顔の前にさし出した一種の照明法。面火。

**つら-あて**【面当て】あてこすりの言動。あてつけ。indirect hint

**つらあて-がまし・い**【面当てがましい】(形)あてつけにするようだ。spiteful

**つら・い**【▽辛い】(形)①我慢できないくらい苦しい。hard 用例 ―仕事。―世の中。②同情がない。むごい。つめたい。cruel 用例 ―・くあたる。派生 つらがる(五自)つらさ(名)

**づら・い**【▽辛い】(接尾)《動詞の連用形に付いて形容詞をつくる》…しにくい。hard 用例 言い―。行き―。読み―。

**つら-がまえ**【面構え】顔つき。面つき。look

**つら・し**【▽辛し】古語(形ク)↓つらい(辛い)

**つら-だましい**【面魂】顔に表れている強い気性。勇気のあふれた顔つき。determined expression

**つら-つき**【面付き】①顔つき。look ②古語 ほおのさま。用例 ―ふくらかに(源氏・若紫)。

**つら-つら**【▽熟】(副)つくづく。よくよく。attentively

**つらな・る**【連なる・▽列なる】(五自)①並び続く。つながる。range 用例 山脈が―。②列席する。参加する。attend 用例 宴席に―。末席に―。

**つら-にく・い**【面憎い】(形)顔を見るのも憎らしい。hateful 派生 つらにくげ(形動)つらにくさ(名)

**つら・ぬ**【連ぬ・▽列ぬ】古語(下二自他)①(自)㋐一列に並ぶ。連なる。用例 雁の―・ねて鳴く声、かぢの音にまがへるを(源氏・須磨)。㋑連れ立つ。用例 みこたち、上達部―・ねて禄ども品々に賜はり給ふ(源氏・桐壺)。②(他)↓つらねる(連ねる)

**つら-ぬき**【貫(き)】①平安時代以降、軍陣などで用いた獣皮でできた浅沓。縁にひもを通して足の甲の上で結ぶ。綱貫。②農家・商家で用いたなめし革製の浅い沓。

**つらぬ・く**【貫く】(五他)①はしからはしまで、表から裏まで突き通す。突き抜ける。pierce 用例 的を―矢。町を―川の流れ。②しとげる。果たす。accomplish 用例 初志を―。

**つらね**【連ね】歌舞伎で、主役が花道などで述べる、縁語・かけことばによる長ぜりふ。

**つら・ねる**【連ねる・▽列ねる】(下一他)①並べ続ける。range 用例 車を―。名を―。軒を―。②引きつれる。ともなう。be accompanied 用例 供を―。

**袂を連ねる**(たもとをつらねる)大勢そろって、一つの、また同じ目的のための行動をする。in a body 用例 袂を連ねて辞職する。

**つら-の-かわ**【面の皮】顔の皮。skin of a face

**面の皮が厚い**(つらのかわがあつい)あつかましい。ずうずうしい。brazen-faced

**面の皮の千枚張り**(つらのかわのせんまいばり)恥を恥とも思

わず、きわめてあつかましいこと。鉄面皮。

**面の皮を剝ぐ**(つらのかわをはぐ) 真実をさらけ出して面目を失わせる。put to shame

**つら-はじ【面恥】** 面目を失うような恥。赤恥。

**面恥無い**(つらはじない) はじしらずである。

**つらま・る【▼捉まる】**(五自)《俗語》①つかまる。②とりすがる。

**つら-み【▽辛み】** つらい気持ち。用例恨み――。

**つ-らむ** 古語(連語)《完了の助動詞「つ」の終止形に推量の助動詞「らむ」が付いたもの》＝つらん。①…てしまっているだろう。用例この頃見ぬに掻きれ――か(万葉・二・一二三)。②…たという。用例さてとられ――きぬは何色ぞ(平家・六・紅葉)。

**つら-よごし【面汚し】** 体面を汚すこと・人。身内・仲間などに恥をかかせること・人。恥さらし。disgrace 用例親戚中の――。

**つらら【▽氷▽柱】** ①落ちる水滴が凍って、棒のようにたれ下がった氷。家の軒先や山の岩などに見られる。icicle ②古語こおり。用例朝日さす軒のたるひはとけながらなどか――のむすぼほるらむ(源氏・末摘花)。↓写

● 氷柱①

**つら・れる【釣られる】**(下一自)①誘い出される。誘惑される。be lured 用例金に――。②ひきつけられる。be attracted 用例話に――・れて夜更かしする。

**ツラン-ていち【ツラン低地】**(Turanskaya Nizmennost) ソ連中南部、アラル海南東部の乾燥地域。カラクーム砂漠・キジルクム砂漠などがある。灌漑農業による稲作や牧羊などが行われる。

**つり【▼吊(り)】** ①物を吊り下げるもの。suspender; sling ②「吊り出し」の略。

**つり【釣(り)】** ①釣り糸の先端につけた釣り針に餌をつけ、魚などを捕獲する方法。フィッシング。魚釣り。fishing ②代金分を引いた残りのお金。釣り銭。お釣り。change

**つり-あい【釣(り)合い・釣合】** ①つりあうこと。調和。平均。バランス。harmony; balance ②似合い。match ③物理学で、一つの物体に二つ以上の力が同時に作用して静止している状態。平衡。equilibrium

**釣り合いを取る**(つりあいをとる) つりあうようにする。バランスをとる。balance

**つり-あ・う【釣(り)合う】**(五自)①割合がふさわしい。balance ②平均・調和がとれている。be in harmony ③似合う。suit

**釣り合わぬは不縁の基**(つりあわぬはふえんのもと) 身分・家柄・財産などが大きくへだたっていると、その両者の縁組みはうまくはいかずに、やがて失敗するものである。

**つり-あが・る【釣(り)上がる・▼吊(り)上がる】**(五自)①つられて上にあがる。②上向きにひきつる。一方の端が上にあがる。用例目が――。

**つり-あ・げる【釣(り)上げる・▼吊(り)上げる】**(下一他)①魚を釣って引き上げる。用例鯛を――。hook up ②つるして上にあげる。③目をひきつったように上げる。turn up one's eyes ④物価などを作為的に高くする。keep up

**つり-あぶ【釣▼虻・▽長▼吻▼虻】** ツリアブ科の昆虫の総称。体長一㎝内外で黒色。花蜜を好み、蜜を吸うとき、空中につり下げられたように静止するので、この名がある。世界に約二〇〇〇種、日本に約二〇種が分布。bee fly

**つり-あんどん【釣(り)行▽灯・▼吊(り)行▽灯】** 天井や梁からつるす行灯。湯屋・遊郭・寄席など人が集まる場所で使われた。八方。

**つり-いと【釣(り)糸】** 魚を釣るために用いる糸。材質はナイロン・テトロンなど。fishing line

**ツリウム【thulium】** 希土類元素の一つ。元素記号Tm 原子番号六九。原子量一六九。単体は金属。希土類元素の中で存在量はもっとも少ない。

**つり-がき【▼吊(り)▼柿】** ↓つるしがき(吊るし柿)

**つり-がき【釣(り)書き・▼吊(り)書き】** ①系図。つりぶみ。②身上について記したもの。略歴。つりしょ。

**つり-かご【▼吊(り)▼籠】** 気球などに下げて人を乗せるもの。ゴンドラ。gondola

**つり-かご【釣(り)▼籠】** 釣った魚を入れる魚籠。竹や籐などの素材を籠の形に編んだもので、風通しがよく魚が傷みにくい。creel

**つり-がね【釣(り)鐘・▼吊(り)鐘】** 寺の鐘楼などにつるす大きな鐘。梵鐘。

**つりがね-かずら【釣鐘▼葛】** ノウゼンカズラ科のつる性植物。先端の巻きひげで、他の木によじ登る。夏に、橙紅色の鐘状漏斗形の花を開く。北アメリカ原産。

**つりがね-そう【釣鐘草】** 釣り鐘状の花を開く草の通称。ツリガネニンジン・ホタルブクロ・ソバナ・ナルコユリの別名。campanula

**つりがね-にんじん【釣鐘人▽参】** 山野にはえるキキョウ科の多年草。高さ約一m。葉は卵形で輪生。秋に青紫色の鐘形花を開く。若芽は食用、根は、漢方薬で沙参という。トトキ。ツリガネソウ。↓写

● ツリガネニンジン

**つりがね-むし【釣鐘虫】** ツリガネムシ科の原生動物の一群。体は鐘形で、細い柄で他物に付着。本体は周口部に繊毛があり、伸長時一〇〇～二〇〇ミクロン。淡水にすみ、群体を作るものもある。bell animalcule

**つり-かびん【釣(り)花瓶・▼吊(り)花瓶】** 釣り下げて使う花瓶。初期のいけばなで、釣り花用に見立てて使われた陶器や鉢など。

**つり-かわ【釣(り)革・▼吊(り)革】** 電車などで、立っている客がつかまるための、輪などをつけた革ひも。strap

**つりぎつね【釣▼狐】** ①能狂言。狐が猟師の伯父に化け、狐釣りをやめさせるが、餌に誘惑されてわなにかかり必死に逃げていく、というもの。②能狂言『釣狐』による一連の歌舞伎舞踊。↓写

● 釣狐① 狂言。

**つり-ぎょぎょう【釣(り)漁業】** 釣り漁具を用いる漁業。手釣り・竿釣り・機械釣り・引き縄釣り・立て縄釣り・延縄釣りなど。angling fishery

**つり-ぐ【釣(り)具】** ↓つりどうぐ(釣り道具)

**つりこみ-ごし【釣(り)込み腰】** 柔道の投げ技の一つ。振り向きざまに腰を低く入れて、釣り上げながら腰を軸にして大きく回転させ両手で前方に投げる技。lifting hip

**つり-こ・む【釣(り)込む】**(五他)①誘い入れる。take in ②引き入れる。引き付ける。attract

**つり-ざお【釣(り)▼竿】** 魚釣りに用いる細長いさお。材質は竹(和竿)や炭素繊維など。長短、曲がる調子、太さなどを対象魚によって使い分ける。fishing rod

**つり-さが・る【釣(り)下がる・▼吊(り)下がる】**(五自) ぶら下がる。つり下げられたようになる。hang down

**つり-さ・げる【釣(り)下げる・▼吊(り)下げる】**(下一他) つって下げる。つるす。hang down

**つり-スカート【▼吊りスカート】** つりひもで両肩からつるようにしたスカート。skirt with suspenders

**つり-せん【釣(り)銭】** 代金よりも大きな額の金銭で支払いをしたときに、代金分を引いて戻す、金銭。お釣り。change

**つり-だい【釣(り)台・▼吊(り)台】** ①嫁入り道具をのせて運ぶ木製の台。長方形で大形の盆状の台の前後に釣り手をつけ、棒を通して二人でかつぐ。②病人などをのせて運ぶのに用いる台。

**つり-だし【▼吊(り)出し】** 相撲の決まり手の一つ。相手をつり上げて土俵の外へ出す技。

**つり-だ・す【▼吊(り)出す】**(五他) 相撲で、つり上げて外へ出す。fish up

**つり-だ・す【釣(り)出す】**(五他)①釣りを始める。begin to fish ②だまして、誘い出す。decoy out

**つり-だな【釣(り)棚・▼吊(り)棚】** ①天井などからつり下げた棚。②床脇に作る棚。通し棚板の下に、三枚の棚板を、左右を低く中を高くつった形にする。

**つり-だま【釣(り)球】** 野球で、打者の打ち気をさそう投球。

**つり-て【釣(り)手・▼吊(り)手】** ①《「釣り手」で》釣りをする人。angler ②物をつるす物。hanger ③つり革。strap

**つり-てんぐ【釣(り)天▼狗】** 釣りがじょうずだとうぬぼれている人。

**つり-てんじょう【釣(り)天井・▼吊(り)天井】** 綱などで天井をつり上げ、落として人を殺す仕掛け。suspended ceiling

**つり-ど【釣(り)戸・▼吊(り)戸】** ①上端を固定し、開けるときは下端をつり上げ、閉めるときはおろす形式の戸。②戸の上端に取り付けた釣り車で開閉する戸。overhang door

**つり-どうぐ【釣(り)道具】** 魚を釣るために用いるさまざまな道具類。さお・釣り糸・リール・釣りばり・おもりなど。fishing tackle

**つり-どうろう【釣(り)灯▼籠・▼吊(り)灯▼籠】** のき先などにつるす灯籠。↓灯籠写

**つり-どこ【釣(り)床・▼吊(り)床】** ①略式の床の間。床板がなく床の間の上部だけを天井からつる構造のもの。壁床。②ハンモック。hammock

**つり-どの【釣(り)殿】** 寝殿造りで、東西の対の屋から南に延ばされた中門廊の端に、池にのぞんで建てられた建物。↓寝殿造り図

**つり-ばかり【釣(り)▼秤】** 荷物を鉤につるした状態で重量測定するはかり。てこ式・ばね式などがある。suspension weigher

● 釣り橋① 岡山県と香川県を結ぶ瀬戸大橋。

**つり-ばし【釣(り)橋・▼吊(り)橋】** ①二本の塔に架け渡したケーブルで橋げたをつった構造の橋。suspension bridge ②昔、城の堀などにかけた橋の一種。不用のときにはつり上げておく。跳ね橋。drawbridge ↓写

**つり-ばな【▼吊花】** 山地にはえるニシキギ科の落葉低木。高さ約四m。六月に淡黄色の五弁花を下垂。果実は秋に五裂して朱赤色の種子を露出。↓写

● ツリバナ

**つり-ばな【釣(り)花・▼吊(り)花】** いけばなの一形式。空間に釣り下げられた花器に生けるもの。対義置き花・掛け花。

**つり-はないけ【釣(り)花生け】** 《「花生け」は花器》釣り花用の花生けの総称。

**つり-ばり【釣(り)針・釣(り)▼鉤】** 魚を釣りあげるのに使う金属製の針。先端が湾曲して

▼ 常用漢字表外。 ▽ 常用漢字表の音訓外。

いて、釣る魚によって使い分ける。hook
**つり-ぶね【釣(り)舟・釣(り)船】** ①海や川などで魚を釣るために使う舟。おもに小舟をさすが大船もあり、個々の釣り人が寄り集まって使うのを乗合船、予約貸し切り制のものを仕立て船という。fishing boat ②おもに竹製の、釣り舟形の花器。
**つりふね-そう【釣舟草】** ツリフネソウ科の一年草。山地の湿地にはえる。高さ約五〇㎝。葉は互生し広卵形。秋に紅紫色の花を下垂。↓写

●ツリフネソウ

**つり-ぼり【釣(り)堀】** 堀や池などにヘラブナ・コイ・ニジマスなどを放ち、料金を取って釣らせるところ。海水魚の釣り堀もある。文政・天保年間(一八一八〜四四)、すでに江戸の本所・深川で流行。fishing pond
**つり-め【▼吊(り)目・▼攣(り)目】** 目じりのつりあがった目。上がり目。
**つり-もと【釣(り)元】** 開き戸の固定してある側。肘壺や蝶番などが取り付けてある部分。参照手先。
**つりやね-こうぞう【▼吊(り)屋根構造】** 比較的軽量な屋根をつって支える構造。内部に柱を用いることなく大空間をおおうことができる。suspended roof construction ↓写

●吊り屋根構造 西ドイツ、オリンピアパーク。

●吊っり輪 十字懸垂。

**つ-りょう【津料】** 中世、港で徴収した関税の一種。船の大きさ・積載量により課税。貴族・社寺・大名の財源となった。
**つり-わ【▼吊(り)輪・▼吊(り)▽環】** 体操競技、男子種目の一つ。また、その器具。五〇㎝間隔で、地上から高さ二・五mのところにロープでつり下げてある二つの輪を握って、回転・静止などの演技を競う。flying rings ↓写
**つる** 11画 **【▼寉】** 部首[宀]うかんむり 和製漢字 JIS 5369
《鶴の略字》姓氏に用いられる。
**つる【弦・▼絃】** ①弓に張る糸。弓づる。bow-string ②なべや大きなますのつり手。handle ③《「絃」とも》楽器の糸。chord ↓弓図
**つる【▼蔓】** ①植物の茎で、他の物に巻きついたり、地上をはったりしながら生長するもの。vine ②まきひげ。tendril ③つて。てづる。④系統。類。⑤眼鏡で耳にかかる部分。bow
**つる【▼鶴】** ①ツル科に属する鳥の総称。全長九〇〜一五〇㎝の大形の鳥で、頸と脚が長く、嘴はまっすぐで細長い。平原や湿地にすみ、雑食性。タンチョウ・マナヅル・ナベヅルなど世界に一五種がある。アシタズ。タズ。センカク。マトリ。crane ②紋所の名。鶴の姿を紋章化したもの。③「折りづる」の略。↓図
**鶴の林**(つるのはやし) ↓かくりん(鶴林)
**鶴の一声**(つるのひとこえ) 衆人の議論を圧するような権威ある一言。voice of authority
**鶴は千年、亀は万年**(つるはせんねん、かめはまんねん) 長生きを祝福して言う語。
**つる【都留】**〈市〉 山梨県南東部、桂川流域の市。旧城下町。平安時代からの織物業が経済の中心。人口三万二四一三(一九八八)。
**つ・る【▼吊る】** (五自他) ①(他)㋐上からぶら下げる。つるす。hang 用例橋を―。㋑かけわたす。suspend 用例剣を―。㋒相撲で、相手のまわしをつかんで、持ち上げる。②(自)㋐《「攣る」とも》ひきつる。have a cramp 用例筋が―。㋑一方の端が上にあがる。つり上がる。用例目が―・った人。

**つ・る【釣る】** (五他) ①釣り針で魚を捕る。angle 用例魚を―。②おびき出す。誘う。decoy 用例甘言で―。③↓つる(吊る)①㋐
**つる-あじさい【▼蔓▽紫▽陽▽花】** ツルデマリの別名。
**つる-あずき【▼蔓小豆】** マメ科のつる性一年草。葉は三小葉複葉。夏に、黄色蝶形花を開く。種子はアズキより細長く、赤色で、食用。カニノメ。↓図

●ツルアズキ

**つる-い【▼鶴居】**〈村〉 北海道東部、釧路市北隣の村。酪農が中心。特別天然記念物タンチョウヅルの生息地。人口二七一三(一九八八)。
**ツルイ【Tului・拖雷】**(一一九三〜一二三二) モンゴル帝国の武将。チンギス=ハンの末子。フビライの父。父に従い金国や西方の征討に大功をたてた。帝位は兄オゴタイに譲ったが、のち、ムンゲ・フビライ・フラグらその子孫が継承した。
**つる-うし【▼蔓牛】** 中国地方の主要牛産地に古くから伝わる優良な和牛の系統。岡山県の竹の谷づる、島根県の卜蔵づる、広島県の岩倉づる、兵庫県の周助づるなど。

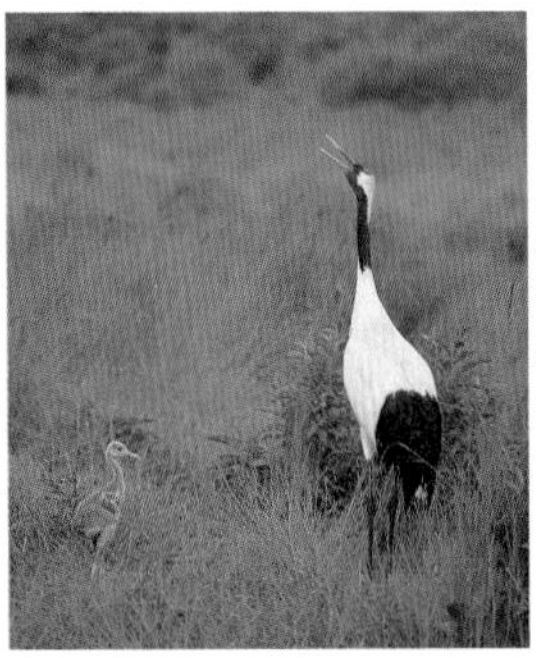
●ツル① タンチョウ 成鳥(右)と幼鳥(左)。

●鶴② 鶴の丸

丸に飛び舞い鶴

**つる-うち【弦打(ち)】** 物の怪を圧服したり、憑っき物をおとしたりするまじないのため、弓の弦を引いて音を出すこと。また、それを行う人。鳴弦。
**つる-うめもどき【▼蔓梅▽擬】** 山地にはえるニシキギ科のつる性落葉低木。葉は互生し楕円形。雌雄異株。初夏に黄緑色の花を開く。果実は熟すと黄赤色の種子を出す。↓写

●ツルウメモドキ

**つるおか【▼鶴▼岡】**〈市〉 山形県西部、日本海に臨む市。旧城下町。織物業・農機具製造がさかん。庄内米の代表的産地。致道博物館がある。人口一〇万四四(一九八八)。

**つるおか-まさお【▼鶴▼岡▽政▽男】**(一九〇七〜七九) 洋画家。群馬県生まれ。作品『重い手』『視点』など。

**つる-おと【弦音】** 矢を射たときの弓づるの音。sound of bow string
**つるが【▼敦賀】**〈市〉 福井県、敦賀湾に臨む市。古来、日本海沿岸や大陸交通の要地として栄えた港で、工業都市化も進む。人口六万四四九九(一九八八)。

**つるがおか-はちまんぐう【▼鶴▼岡八▼幡宮】** 鎌倉市雪ノ下にある旧国幣中社。祭神は応神天皇・比売神・神功皇后。源頼義が石清水八幡宮を由比郷鶴岡に勧請し、頼朝が現在地に移した。流鏑馬神事が有名。鎌倉八幡宮。↓写
**つる-かけ【弦掛(け)】** ①弓の弦に矢をかけること。②弓の弦を製作する職人。③鉄の弦がついている鍋。④伐木の技法。木の根方に三方から斧を入れてくりぬき、鼎の脚のように残った三か所の一本を切り離し反対方向に木を倒す。

**つるがしま【▼鶴ケ島】**〈町〉 埼玉県中部、川越市西隣の町。農業を主としていたが、工場・住宅地が増加。人口五万六三八二(一九八八)。

**つる-が-じょう【▼鶴ケ城】** 会津若松城の正称。

**つるが-しんない【▼鶴賀新内】** 新内節演奏家の芸名。二世(?〜一八一〇)は鶴賀節を新内節と改めた、事実上の新内家初代。若歳新内という。

**つる-かめ【▼鶴▼亀】** ㊀ツルとカメ。長生きだということで、祝い物の飾りに使われる。㊂①能の曲名。脇能物。喜多流では『月宮殿』とよぶ。祝言曲。中国の皇帝が新春の節会に臣民の拝賀を受け、鶴亀を舞わせ、月宮殿で国の繁栄を祈ってみずからも舞う。②長唄・常磐津・箏曲の曲名。

**つるかめ-ざん【▼鶴▼亀算】** 算数の問題で、ツルとカメの総数と、ツルとカメの足の総数から、ツルとカメそれぞれの数を求めるもの。

**つるかめ-そう【▼蔓▼亀草】** ヤマノイモ科の多年草。南アフリカ原産。まれに栽培。高さ約三m。根茎は大きな塊状で地上に露出。水平につる性の枝を出す。黄緑または白色の小花をつける。elephant's-foot
**つるかめ-つるかめ【▼鶴▼亀▼鶴▼亀】**(感) 縁起直しに唱える語。Heaven forbid! 比較くわばら。

**つるかめば-そう【▼蔓▼亀葉草】** ムラサキ科の多年草。中部地方の原野にまれにみられる。茎は横にのびてつる状。葉は長楕円形。晩春に総状花序を出し、るり色の花をつける。

**つるが-わかさのじょう【▼鶴賀若▽狭▼掾】**(一七一七〜八六) 新内節の語り手・作曲家。越前敦賀の出身。『明烏』『蘭蝶』『伊太八』などを作曲。

**つるが-わん【▼敦賀湾】** 福井県中部、若狭湾の東端にある湾。断層海岸。湾内では定置網漁業がさかん。

**つるぎ【剣・▼劒】** ①両刃の刀。けん。sword 比較刀。②太刀。数え方一口・一振り。

**剣の山**(つるぎのやま) 地獄にあるという、剣を植えた山。比較針の山。

**つるぎ【▼鶴来】**〈町〉 石川県南部、手取川中流の町。酒造・製材・紡織業が発達。宅地化も顕

●鶴岡八幡宮



↓行き先項目、図版・写真参照印。 JIS 日本工業規格情報交換用漢字符号コード(区点コード)。

著。人口一万九八五九(一九八八)。

**つる-ぎきょう【▼蔓▼桔▼梗】** キキョウ科のつる性多年草。山地にはえる。葉は長楕円状心臓形。夏から冬にかけて、下垂した紫色鐘形の花を開く。

**つるぎ-さん【剣山】** 徳島県西部にある、四国山地の主峰の一つ。標高一九五五m。古来から四国の霊峰として、山岳信仰の行者の登山が多い。

**つるぎ-だけ【剣岳】** 富山県東部、飛騨山脈の山。標高二九九八m。峻険で断崖・岩峰・雪渓群がある。冬山登山のメッカ。

**つるぎ-たち【剣太刀】** ①鋭い剣。つるぎの太刀。②〔枕ことば〕《剣の刃を「な」といい、また身に着け、研ぐことから》「名・身・研ぐ」などにかかる。用例 — 磨ぎし心を天雲に思ひはらかし展転びひづち泣けども飽き足らぬかも(万葉・一三・三三二六)。

**ツルク〔Turku〕** →トゥルク

**つる-くさ【▼蔓草】** 茎がつる状をなす草本植物。アサガオ・クズ・ウリなど。creeper 参照 つる植物。

**つる-くび【▼鶴▼頸】** ①器の口がツルの頸に似ているもの。②ユウガオの変種の一つ。果実の形からの名。エヒサゴ。

**つる-ぐみ【▼蔓▼胡▼頽▽子】** グミ科のつる性常緑低木。山地にはえる。高さ約二m。葉は厚く楕円形。晩秋、葉腋に白い花が二、三たれ下がる。初夏、長楕円形の赤い果実を結び、食用となる。ヒクミ。

**ツルゲーネフ〔Ivan Sergeyevich Turgenev〕**(一八一八〜八三) ロシアの小説家。知識人を主人公に問題小説的な長編を発表。叙情性に富んだ自然描写、巧みな女性の描き方で知られる。日本近代文学の成立に影響を与えた。作品『猟人日記』『ルージン』『貴族の巣』『その前夜』『父と子』『処女地』、短編『初恋』など。↓写

●ツルゲーネフ

**つる-こけもも【▼蔓▼苔桃】** ツツジ科の常緑の草状低木。高山の湿原にはえる。茎は横にはい、葉は小形卵形で、硬く厚い。七月に深紅色の花を開く。液果は熟して紅色、食用となる。small cranberry

**つる-ざ【▼鶴座】** 南天の星座。一〇月二二日ごろの午後八時ごろに南中。面積三六五平方度。Grus

**つるさき【▼鶴崎】** 大分市東部の地区。港町として発達。製鉄・石油化学などの工業がさかん。旧鶴崎市。

**つるさき-おどり【▼鶴崎踊(り)】** 大分県大分市鶴崎に古くから伝わる盆踊り。大野川畔での無縁仏供養ののち、櫓を組んだ広場で各自趣向を凝らした仮装で輪になって踊る。

**つるさわ-かんじ【▼鶴沢寛治】** 義太夫節三味線方の芸名。現在六世まで。六世(一八八七〜一九七四)は重厚な撥さばきで有名。重要無形文化財保持者。

**つるし【▼吊(る)し】** ①つるすこと。つるした物。hanging ②「つるしぜめ」の略。③既製服。ready-made suits

**つるし-あげ【▼吊(る)し上げ】** 大勢で問い責めること。kangaroo court

**つるし-あ・げる【▼吊(る)し上げる】**(下一他) ①つるして引き上げる。haul up ②つるし上げをする。subject to a kangaroo court

**つるし-がき【▼吊(る)し▼柿】** 渋柿の皮をむいて吊るし干しにしたもの。水分が少なくなるので、甘味が強い。干し柿。釣り柿。

**つるし-ぐも【▼吊(る)し雲】** 山に気流があたって山岳特有の大気の波が発生するとき、山の風下側の空中に吊るしたように現れる雲。高積雲・層積雲が多い。rotor cloud

**つる-しげと【都留▽重▽人】**(一九一二〜) 経済学者。大分県生まれ。ハーバード大卒。一橋大学長。リベラルで実践的な活動で知られる。著書『体制変革の政治経済学』など。

**つるし-ぜめ【▼吊(る)し責め】** 江戸時代の拷問の一つ。背後に組ませた両腕を太縄で巻いて、天井の梁にとりつけた鉄環につるすもの。つるし。

**つる-しのぶ【▼蔓忍】** カニクサの別名。葉がシノブの葉と似ており、つる性であるための名。

**つる-しょくぶつ【▼蔓植物】** 他の物に巻きついたり、地上をはいながら、茎が伸びていく植物。巻きひげで付着するブドウやエンドウ、茎自身が巻きつくフジやアサガオ、茎から気根を出して付着するツタなど、草本性のものと木本性のものがある。creeper

**つる・す【▼吊(る)す】**(五他) ぶらさげる。つりさげる。hang

**つるた【▼鶴田】**〈町〉 青森県西部、津軽平野中部にある町。稲作とリンゴ栽培の農業地帯。人口一万七一三四(一九八八)。

**つるだ【▼鶴田】**〈町〉 鹿児島県北部、川内川上流の町。稲作などの農業が行われる。鶴田ダムがある。人口五二一九(一九八八)。

**つるた-よしゆき【▼鶴田▽義行】**(一九〇三〜八六) 水泳選手。鹿児島県生まれ。一九二八年アムステルダム、一九三二年ロサンゼルス両オリンピックで二〇〇m平泳ぎに連続優勝。日本水泳界初の金メダリスト。

**つるっ-ぱげ【つるっ▼禿】**《俗語。「つるはげ」の転》頭がつるつるにはげていること・人。

**つる-つる** 一(副) 滑るように、なめらかに動く音・さま。slippingly 用例 そばを — すする。二(形動・副・サ変自) なめらかで光沢のあるさま。slick 用例 廊下を — にみがく。

**つる-でまり【▼蔓手▼毬】** ユキノシタ科のつる性落葉低木。山地にはえ、高くはいのぼる。葉は長楕円形で縁に鋭い鋸歯をもつ。七月に装飾花をともなう散房状の白花をつける。ツルアジサイ。

**つる-どくだみ【▼蔓▼蕺▽菜】** タデ科のつる性多年草。葉はドクダミに似る。秋に、白色の小花を穂状につける。根茎を干したものは「何首烏」とよばれ、強壮剤。↓写

**つる-な【▼蔓菜】** 海岸にはえるザクロソウ科の多年草。匍匐性で長さ約六〇cm。葉は三角形。花は小さく黄色。若い茎葉は食用。ハマヂシャ。↓写

●ツルナ

**ツルナゴーラ〔Crna Gora〕** →モンテネグロ

**つるなし-いんげんまめ【▼蔓無隠元豆】** インゲンマメの小形でつるにならない変種。生長がはやく、多収量で広く栽培される。各葉腋に枝が束生し、白い蝶形花をつける。

**つるなし-カボチャ【▼蔓無カボチャ】** ↓ズッキーニ

**つる-にちにちそう【▼蔓日日草】** キョウチクトウ科の多年草。茎はつる性で横にのび、花茎は直立し、夏に淡紫色の花を開く。花の下部は筒状、上部は五裂して平らに開く。ヨーロッパ原産。periwinkle

●釣瓶 『男衾三郎絵巻』より。

●ツルドクダミ

**つるにょうぼう【▼鶴女房】** 昔話の一つ。命を助けられた鶴が、報恩のために嫁に来て自分の羽毛で美しい布を織るが、やがて正体を知られて去るという異類婚姻の話。

**つる-にんじん【▼蔓人▽参】** 山地にはえるキキョウ科の多年草。根は長い塊状。茎はつる状。側枝に四枚の披針形の葉を接してつける。晩夏に鐘形花を下向きに開く。薬用。名前は根の形から。

**つる-の-こ【▼鶴の子】** 和菓子の一つ。お祝いの贈り物に用いられる縁起菓子。紅白二色で、卵形。中に黄味あんが入る。

**つるのこ-いも【▼鶴子芋】** サトイモの異名。

**つるのすごもり【▼鶴の巣▼籠】** 尺八の曲名。古典本曲中もっとも有名な曲の一つ。鶴の親子の愛情を描き、羽音や鳴き声の模倣も入る技巧的な難曲。

**つる-はし【▼鶴▼嘴】** 両端がとがり、真ん中に柄をつけた鉄製の道具。硬い地盤などを掘り起こすときに用いる。pickax

**つるはちつるじろう【▼鶴八▼鶴次郎】** 川口松太郎の戯曲。新派の代表作の一つ。昭和一三年(一九三八)初演。新内の太夫鶴次郎と三味線ひき鶴八の恋と芸の競演を描く。

**つるばみ【▼橡】**《古くは「つるはみ」》①クヌギ、またはクヌギの実であるどんぐりの古名。②どんぐりを煮た汁で染めた濃いねずみ色。にびいろ。

**つる-ふじばかま【▼蔓▼藤▼袴】** マメ科のつる性多年草。原野にはえる。地下茎で繁殖。茎は長く伸びからむ。葉は無柄の偶数羽状複葉。秋に総状花序を出し、紅紫色の蝶形花を多数つける。

**つる-べ【釣▽瓶】** 井戸の水をくみあげるおけ。竹や縄を結びつけて使う。つるべおけ。well bucket ↓写

**つるべ-いど【釣▽瓶井戸】** 綱や竿の先につけた釣瓶で水をくみあげる井戸。ふり釣瓶、はね釣瓶、車(=滑車)井戸などの種類がある。well with pulley

**つるべ-うち【釣▽瓶打ち・▽連べ打ち】**(名・サ変他) 鉄砲を続けざまに打つこと。fire in rapid succession

**つるべ-おとし【釣▽瓶落(と)し】** ①つるべを井戸に落とすように、垂直に落ちること。②太陽が急速に沈むこと。秋の日の暮れやすいたとえ。sink fast

**つる-ぼ【▼蔓穂】** 原野にはえるユリ科の多年草。鱗茎より春秋二回長い線状の葉を叢出。初秋に淡紫色の花穂をつける。

**つる-まき【弦巻(き)】** 予備の弓づるを巻いておく道具。つるぶくろ。

**つる-まき【▼蔓巻】** ササウシノシタ科の海水魚。カレイ・ヒラメに近縁。体長約二〇cm。扁平な長楕円形で、眼のある側は黄褐色に黒褐色の横帯が一二対ある。本州中部以南に分布。

**ツルマキ**(turumagi朝) 朝鮮の男女が、外套のようにいちばん外側に着る外出着。襟は垂領、袖は筒袖で、身丈はひざ下丈。現在は、礼服としてのみ着られている。

**つるまき-ばね【弦巻(き)▽発▽条】** 鋼線を円筒形・円錐形などに巻いたばね。引っ張り方向に使うものと圧縮方向に使うものと二種類ある。コイルばね。helical spring

**つる-まさき【▼蔓正木】** ニシキギ科の常緑つる性低木。山地にはえる。茎から細根を出して他に付着し、はい上がる。葉はマサキに似る。夏、緑白色の小花が咲く。

**つる-まめ【▼蔓豆】** マメ科のつる性一年草。葉は長柄をもつ三出複葉。晩夏、紅紫色の蝶形小花が咲く。実はダイズに似る。ノマメ。ノラマメ。

**つるみ【▼鶴見】**〈町〉 大分県南東部、豊後水道に臨む町。ミカン栽培や魚の干物などの水産加工業がある。人口五二四二(一九八八)。

**つるみ-だけ【▼鶴見岳】** 大分県、別府市街の西にそびえる山。標高一三七五m。溶岩円頂丘(鐘状火山)で眺望にすぐれ、ロープウエーが通じる。冬の霧氷が有名。

**つる・む【▽連む】**(五自) 連れ立つ。go with

**つる・む【▽交▽尾む・▼孳▽尾む・▽遊▼牝む】**(五自) 交尾する。copulate

**つる-むらさき【▼蔓紫】** ツルムラサキ科のつる性一年草。食用または観賞用に栽培。葉は

●ツルムラサキ

互生し広卵形。夏秋に小白花をつける。若葉は食用。フジナ。オチアオイ。インディアンスピナッチ。Malabar nightshade ↓写

**つる-も【▾蔓藻】** ツルモ科の海藻。内湾などの干潮線下に直立して生育する。長さ二mほどの紐状で分枝はない。基部の小さな盤で岩に付着。藻体の表面は滑らかで濃い飴色。内部は中空。食用となる。

**つるや-なんぼく【▾鶴屋南北】** 江戸時代の歌舞伎作者。初世から三世は俳優。四世(一七五五-一八二九)は大南北といわれ、文化文政期を代表する江戸歌舞伎狂言作者。江戸の人。新しい生世話物を創出。奇抜な着想とからくりを活用し、怪談物を得意とした。作品『天竺徳兵衛韓噺』『東海道四谷怪談』『於染久松色読販』など。

**つるり-と**(副) 滑るさま。すべすべしたさま。slippingly 用例 氷の上で―滑る。

**つる-りんどう【▾蔓▿竜▿胆】** 山地の木陰にはえるリンドウ科のつる性多年草。長さ約八〇cm。葉は対生し長卵形。秋に紫色の筒状花が咲く。果実は長球形で赤熟。↓図

●ツルリンドウ

**つる-れいし【▾蔓▾茘枝】** ↓ニガウリ

**つれ【ツレ・連れ】** 能で、シテやワキにともなって出る役。シテヅレ(ツレ)とワキヅレがある。

**つれ【連れ】** ①連れること。ともなうこと。company ②仲間。同行者。companion ③古語《この、あの、その、などの下に付いて》そのような程度・種類のもの・人。用例 まだその―なことを言ひをる(狂言・末広がり)。

**づれ【連れ】**(接尾)《体言に付いて》ともなうこと。また、連れ立っていること。用例 子ども―。

**つれ-あい【連れ合い】** ①夫婦の一方。spouse ②人に対して、夫婦がその一方を言う語。my wife; my husband

**つれ-こ【連(れ)子】** 再婚する人が連れて行く、前の配偶者の子。連れっ子。child by a previous marriage

**つれ-こみ【連(れ)込み】** 愛人などを連れて旅館に入ること。take to a hotel 用例 ―宿。

**つれ-こ・む【連(れ)込む】**(五他) ①愛人などを連れて一緒に入り込む。take into 用例 旅館に―。②連れて中に入る。take into 用例 交番に―。

**つれ-しょうべん【連(れ)小便】** 人につられて、いっしょにする小便。つれしょん。

**つれ-そ・う【連(れ)添う】**(五自) 夫婦となる。夫婦としていっしょに暮らしている。be man and wife

**つれ-だ・す【連(れ)出す】**(五自) 誘って外へ出す。take out

**つれ-だ・つ【連(れ)立つ】**(五自) 一緒に行く。go with

**つれ-づれ【▿徒▿然】** ㊀(名) わずらわされず、心静かなこと。用例 ―を楽しむ。㊁古語(名・形動) ①すべきこともなく退屈なこと・さま。退屈。用例 ―なるままに、日暮らし、硯にむかひて(徒然・序)。②つくづくと物思いに沈むこと・さま。用例 ―もすこしなぐさむ心ちしてすぐす(和泉式部日記)。㊂古語(副) ①しんみりと。用例 ―とこもり居りけり(伊勢・四五)。②つくづく。つらつら。用例 顔を―ながむれば(浄瑠璃・冥途の飛脚)。

**つれづれぐさ【▿徒▿然草】** 兼好法師の随筆。二巻。元徳二年(一三三〇)から元弘元年(一三三一)ごろ成立か。序段と二四三段からなる。無常論・処世訓・人間論・考証・説話など、多様な話題を平明達意の和文で簡潔につづる。『枕草子』とともに日本随筆文学の代表作で、中世文学最高の作品の一つ。

**つれ-て【連れて】**(連語)《「…につれて」の形で》それとともに。go with 用例 年がたつに―思い出は薄らぐ。

**つれ-な・い**(形) 情け知らずだ。薄情だ。cold 派生 つれなげ(形動) つれなさ(名)

**つれ-な・し** 古語(形ク) ①知らないふりをする。用例 ―・き様にて人を遣りて見せければ(大和・一六八)。②↓つれない

**つれ-びき【連(れ)弾き】** 琴や三味線などを二人以上で合奏すること。連奏。比較 連弾。

**つ・れる【連れる】**(下一自他) ①(他)ともなう。率いて行く。be attended by 用例 子どもを―・れて出席します。②(自)つきしたがう。つれだつ。go with 用例 歌に―・れて思わず踊りだす。

**つ・れる【▾吊れる】**(下一自) ①つりあがる。be turned up 用例 目が―。②《「▾攣れる」とも》ひきつる。けいれんする。get cramp

**つ・れる【釣れる】**(下一自) 魚が針にかかる。have a catch

**ツワイク【Arnold Zweig】**(一八八七-一九六八) ドイツの小説家。ヒューマニストとして鋭く時代を批判。作品『グリーシャ軍曹をめぐる争い』など。

**ツワイク【Stefan Zweig】**(一八八一-一九四二) オーストリアの小説家。偉人の評伝を数多く書いた。平和主義者としても有名。評伝『マリー=アントワネット』『バルザック』、評論『ヨーロッパの遺産』など。

**ツワナ-ぞく【ツワナ族】** 南アフリカのバンツー系の一部族。ボツワナ共和国の住民の大半。居住地域の大部分はカラハリ砂漠で、ウシの牧畜と農耕に従事。Tswana

**つわの【津和野】**〈町〉 島根県西端にある町。旧城下町。古い町並みが残り、森鷗外の旧居、マリア聖堂、水路のコイ、青野山など、観光資源が多い。人口七四九七(一九八八)。

**つわの-はん【津和野藩】** 江戸時代、石見国鹿足郡津和野地方に置かれた藩。四万三〇〇〇石。外様大名。慶長七年(一六〇二)坂崎出羽守が入国したが、千姫事件に関連して元和二年(一六一六)廃絶。翌年、亀井政矩が入国、幕末に至る。

**つわ-ぶき【▾槖▾吾・▿石▾蕗】** キク科の常緑多年草。暖地の海辺にはえる。葉はフキに似て円形で光沢がある。一〇月ごろに黄色の頭花を約六〇cmの花茎につける。葉は薬用。葉柄は食用。ツワッパ。ツワ。↓写

●ツワブキ

**つわ-もの【▿兵】**《もとは、武器、の意》①武芸にすぐれた人。武者。warrior ②兵士。軍人。soldier ③強い人。猛者。man of valor 用例 その道の―。

**つわり** ①芽が出ること。germination ②《「悪阻」とも》妊娠初期におこる吐き気などの症状。妊婦の九〇%以上に認められる。ホルモン分泌の変化なども考えられるが原因は不明。おそ。morning sickness

**つわ・る** 古語(四自) ①芽ぐむ。きざす。用例 下よりきざし―に堪へず(徒然・一五五)。②妊娠してつわりになる。用例 いつしかと―・り給へば(落窪・二)。

**つん**(接頭)《俗語。「突き」の音便》強意を表す語。用例 ―のめる。

**ツンイー【遵義】**(Zūnyi) ↓じゅんぎ(遵義)

**ツングース-しょご【ツングース諸語】** シベリア・サハリン・中国東北部に分布するツングース族(=エヴェンキ族)の言語。満州語・女真語も含む。モンゴル語族・チュルク語族などとともに、アルタイ諸語とよばれる。Manchu-Tungus languages

**つん-けん**(副・サ変自) 不機嫌・無愛想に、とげとげしく応対するさま。つんつん。crossly 用例 ―とした態度。

**つん-ざ・く【▾劈く】**(五自)《「つみさく」の転》①激しい勢いで、さく。rend ②耳に強く響く。pierce

**つんつるてん**(名・形動) ①身長にくらべて衣服のそでやたけが短いこと・さま。too short 用例 ―のゆかた。②頭髪がきれいにはげていること・さま。

**つん-つん**(副・サ変自) ①取り澄まして、無愛想・不機嫌なさま。つんけん。unfriendly 用例 ―した生意気な女。②においが鼻を鋭く刺激するさま。つんと。pungently 用例 悪臭が―鼻を突く。③勢いよく突き出ているさま。pointedly 用例 ツクシが―顔を出す。

**つん-と**(副・サ変自) ①澄ましこんで気どったさま。primly ②少し怒って、不平なさま。be sullen ③臭みが強いさま。pungently

**つん-どく【積ん読】**《俗語》本を買っても、積んでおくだけで読まないこと。

**ツンドラ【tundra】** 極地の雪氷地帯と森林の北限のあいだで、寒冷なため森林が育たない荒れ地。永久凍土層が分布し、短い夏の期間だけ地表の凍土がとけ、コケ・地衣類・低木が生育する。北極海沿岸にみられる。凍原。↓写

●ツンドラ　アラスカ州(アメリカ)。

**ツンドラ-きこう【ツンドラ気候】** 寒帯気候の一つ。もっとも暖い月の平均気温が0℃以上、一〇℃未満で、降水量・積雪ともに少ない。tundra climate

**つん-のめ・る**(五自)《俗語。「つん」は接頭語》前へ倒れる。のめる。fall forward

**ツンフト【Zunftドイツ】** 中世ドイツのギルドの一形態。手工業者による特権的・互助的同職組合。一二世紀ごろ成立。

**ツンベルク【Carl Peter Thunberg】**(一七四三-一八二八) スウェーデンの植物学者・医学者。リンネに植物学を学ぶ。安永四年(一七七五)オランダ医として来日し、桂川甫周・中川淳庵らを指導。『日本植物誌』『旅行記』が日本関係の著書として知られる。

**ツンベルク-かん【ツンベルク管】** 脱水素酵素や酸化還元酵素の存在を確かめるためのガラス製試験管。管内を真空状態にして、主室内の溶液と副室内の酵素液を混ぜて脱色反応をみる。Thunberg tube

**つんぼ【▾聾】**《卑語》聴力に障害のある人。deaf

**聾の早耳** ①肝心の話は聞こえないのに、悪口や不必要なことは、かえって聞こえること。②聞こえないのに聞こえたふりをして、早合点すること。

**つんぼ-さじき【▾聾桟敷】**《俗語》①芝居で、せりふのよく聞こえない、後ろの方の観客席。blind seat ②物事の事情を知らされない立場。局外の地位。outsider 用例 ―におかれる。

# て テ

**て【て・テ】** 五十音図た行第四の仮名。平仮名「て」は「天」の草体。片仮名「テ」は「天」の略。濁音は「で」「デ」。

**て【▼弖】**(4画) 部首［弓］(ゆみ) 和製漢字 JIS 5523 助詞の「て」を表す文字。「弖爾乎波(てにをは)」

**て【手】** ㊀(名) ①手首から先の部分。手背(手の甲)、手掌(てのひら)、手指からなる。骨は手根骨・中手骨・指骨がある。hand 対義 足。②人体の、肩から先の部分。arm; hand 比較 腕。対義 足。用例 —をあげる。③《「掌」とも》てのひら。palm 用例 —で握る。④文字。筆跡。handwriting 用例 人の—をまねる。⑤やりかた。方法。means 用例 どうにも—がない。⑥うでまえ。力量。技術。skill 用例 —におえない。⑦てま。めんどう。trouble 用例 —がかかる。⑧はたらく人。人手。hand 用例 —が足りない。⑨手で持つ所。にぎり。取っ手。handle ⑩ささえの棒。prop 用例 畑の豆に—をやる。⑪舞・踊りの、てぶり。movement of hands in dance; gesture 用例 さす—引く—。⑫世話。care 用例 —が行き届く。⑬きず。負傷。wound 用例 深—。—負い。㊁(接頭) ①手であつかうほどの意。用例 —車。②意味を強める語。用例 —がたい。㊂(接尾) ①行う人を表す語。用例 話し—。②向き。方向。direction 用例 右—。③品質・種類を表す語。用例 奥—の品種。㊃(助数) 囲碁・将棋で石を打ったり、駒を動かす回数。用例 三—で詰む。↓図

**手が上がる**(てがあがる) ①腕前が上がる。become skillful 類似 腕が上がる。②字がうまくなる。improve in one's penmanship ③酒が飲めるようになる。酒に強くなる。gain in one's alcoholic capacity

**手が空く**(てがあく) 仕事が一段落してひまになる。手がすく。be free

**手が空けば口が開く**(てがあけばくちがあく) ①仕事がとぎれると、むだ口をたたく。②《「口が開く」は、口の中がふさがらないこと》仕事がなくなると、食べていかれない。

**手が有る**(てがある) 手段や方法がある。用例 今ならまだ何とか—。

**手が後ろに回る**(てがうしろにまわる) 《後ろ手にしばられることから》悪事をはたらいて、つかまる。逮捕される。be arrested

**手が掛かる**(てがかかる) ①とどきかける。自分のものになりそうになる。用例 王座に—。②手数がかかる。世話が焼ける。troublesome; need much care and attention 用例 子どもに—。

**手が切れる**(てがきれる) 関係がなくなる。縁が切れる。break off with

**手が込む**(てがこむ) 細工や技巧が、ちみつである。入り組んでいて複雑である。

**手が付く**(てがつく) ①物事にとりかかる。しはじめる。begin 用例 仕事に—。②使いはじめる。使いこむ。着服する。embezzle 用例 へそくりに—。③目下の女性と肉体関係ができる。用例 殿の—。

**手が付けられない**(てがつけられない) 処置のしようがない。out of control 用例 火のまわりがはやくて—。—いたずらぼうず。

**手が出ない**(てがでない) ①相手の力がすぐれていて、なすべき手段がない。beyond one's control ②値が高くて、自分の財力では買うことができない。

**手が届く**(てがとどく) ①世話が行き届く。give good service ②目的・年齢に達しようとする。be getting on for

**手が無い**(てがない) ①人手がない。be short of hand ②どうしようもない。one's hands are tied

**手が長い**(てがながい) 盗み癖がある。be kleptomaniac

**手が入る**(てがはいる) ①作品などに、作者とは別の人からの補いなどが加えられる。correct ②警官が、ばくちの現場などに踏み込む。step in the scene

**手が入れば足も入る**(てがはいればあしもはいる) ①はじめは少しでも、ひとたび譲歩すると、あとはどんどん深く侵入され、やがては完全にはいりこまれてしまう。②しだいに深みにはまる。徐々に深入りする。

**手が離れる**(てがはなれる) ①子どもが成長して、手数がかからなくなる。be independent ②物事が一段落したりして、関係がなくなる。be no longer connected with

**手が早い**(てがはやい) ①事を処理するのが、てきぱきとして早い。work briskly ②すぐに異性、とくに女性と関係を結ぶ。③すぐ暴力をふるう。be quick to start a fight

**手が塞がる**(てがふさがる) 仕事中などで、ほかの事をする余裕がない。have one's hands full

**手が回る**(てがまわる) ①手配が及ぶ。②処置や世話が行き届く。be on track

**手が見える**(てがみえる) ①知られたくない欠点や秘密などが知られる。不始末があらわれる。reveal ②手のうちが見すかされる。底が知れる。

**手が悪い**(てがわるい) ①やりかたがよくない。たちが悪い。手がきたない。②字がへたである。悪筆である。③勝負事で、持ち駒・持ち札などがあまりよくない。

**手差す**(てさす) 手を差し出す。手出しをする。争いをしかける。反抗する。手を差す。

**手と身になる**(てとみになる) 《手と胴体だけで、足がなくなってしまう、の意》おあし(＝ぜに)がなくなる。無一物になる。身ひとつになる。lose everything

**手取り足取り**(てとりあしとり) 丁寧に教えるさま。

**手に汗握る**(てにあせにぎる) どうなるかと、見ていてはらはらする。手に汗を握る。be extremely excited

**手に余る**(てにあまる) 力・能力をこえている。処理できない。be too much 類似 手に負えない。

**手に入れる**(てにいれる) 自分のものにする。get

**手に負えない**(てにおえない) 始末に困る。手に余る。be out of control

**手に落ちる**(てにおちる) その人のものになる。また、支配下にはいる。手に帰す。手にはいる。fall into one's hands

**手に掛かる**(てにかかる) ①世話になる。be looked after ②処分される。または、殺される。be killed

**手に掛ける**(てにかける) ①めんどうを見る。take care of ②自分で殺す。murder

**手に据えたる鷹を逸らす**(てにすえたるたかをそらす) いったん自分のものにした物をとりにがす。

**手にする**(てにする) ①直接手で持つ。手に取る。take up 用例 筆を—。②自分の所有とする。come by 用例 遺産を—。③自分が支配する。rule 用例 政権を—。

**手に立つ**(てにたつ) 相手をするのに、不足がない。手ごたえが十分である。対戦のしがいがある。

**手に付かない**(てにつかない) ほかの事に心をうばわれて、身が入らない。cannot settle down to

**手に唾する**(てにつばきする) 勇んで着手する。てぐすねひく。get prepared

**手に手に**(てにてに) ある物を、おのおのがその手に持つさま。めいめい。各自。てんでに。for each

**手に手を取る**(てにてをとる) 互いの手をとる。手をつなぎあう。多く、男女がつれだつことを言う。go hand in hand

**手に取る様**(てにとるよう) このうえなく具体的に、また明瞭に知覚できるさま。手にとるばかり。very clearly

**手に成る**(てになる) その人の力で、できあがる。

**手に入る**(てにはいる) ①受け取る。get ②自分のものになる。possess

**手に持つ物を落とした様**(てにもつものをおとしたよう) 気がぬけたように、ぼんやりするさま。呆然とすることの形容。

**手に渡る**(てにわたる) だれかの所有物になる。人手に移る。pass into another's possession

**手の切れる様**(てのきれるよう) ①紙、とくに紙幣の真新しいものを形容する語。brand-new 用例 —な一万円札。②きわめて冷たい水の形容。very cold

**手の付け様が無い**(てのつけようがない) 手をほどこすべがなく、見ているよりしようがない。absolutely helpless

**手の舞い足の踏む所を知らず**(てのまいあしのふむところをしらず) 《手が舞ってしまい、足はしっかりと踏みすえなくなる、の意》うれしさのあまり、知らないうちに踊りだす。たいそう、うれしがり喜んでいるように言う。小おどりする。欣喜雀躍する。cannot contain oneself for joy

**手の奴、足の乗り物**(てのやっこ、あしののりもの) 《自分の手を召使とし、足を乗り物とする意から》人の力に頼らないで、自分の力だけですべてのことを始末するたとえ。

**手の曲に回る様**(てのわにまわるよう) 思いのままにするさま。

**手八丁、口八丁**(てはっちょう、くちはっちょう) 「口も八丁、手も八丁」と同意。

**手は見せぬ**(てはみせぬ) ①刀で、抜く手も見せずに斬りつけるさまに言う。抜きうちにする。②秘策として、手の内を示さない。

**手も足も出ない**(てもあしもでない) 手段がなくて困りきる。進退がきわまる。unable to do anything

**手も無い**(てもない) ①取るにたりない。わけもない。②処置する方法がない。

**手も無く**(てもなく) わけもなく。たやすく。quite easily

**手も触れず**(てもふれず) そのことについて、なにもしない。また、いっさい手伝わない。without doing anything about it

**手を空けて待っている**(てをあけてまっている) ほかの仕事などをしないで、待っている。be free and waiting for a job

**手を上げる**(てをあげる) ①参る。降参する。give up ②処置の方法に困る。おてあげになる。be at a loss ③暴力を振るう。raise one's hand to

**手を合わせる**(てをあわせる) ①両方のてのひらを合わせて、拝む。fold one's hands in prayer ②心から頼んだり、ありがたい、またはすまないの意を表したりする。supplicate or apologize with joined hands ③勝負する。手合わせする。be matched against

**手を入れる**(てをいれる) ①手を加える。手入れする。とくに、いっそうりっぱにする。retouch; do up ②不備な点をなおす。おぎなう。fix ③警察が、犯罪をさぐる。また、調査のために、踏みこむ。make a raid on

**手を打つ**(てをうつ) ①拍手する。clap one's hands ②話し合いが成り立つ。仲直りする。come to terms ③処置の方法を講ずる。find some means

**手を置く**(てをおく) ほとほと困り果てる。持てあます。手をつかねる。

**手を替え品を替え**(てをかえしなをかえ) いろいろな手段をこころみるさまに言う。try every possible means

**手を反す様**(てをかえすよう) ①物事がたやすいさま。②物事が急に変わるさま。

**手を搔く**(てをかく) 《多く禁止の意を示す》手を左右にふって合図する。

**手を掛ける**(てをかける) ①つかむ。または、つかみとる。seize ②争いをしかける。手出しをする。challenge ③そのことに関係する。関係をつける。手を出す。involve oneself with ④人手をわずらわせる。めんどうをかける。trouble

**手を貸す**(てをかす) 助ける。lend a helping hand

**手を借りる**(てをかりる) 手伝ってもらう。助けてもらう。助力をうける。get help

**手を切る**(てをきる) 掛かり合い・交わりを断つ。縁を切る。手を別かる。

**手を砕く**(てをくだく) いろいろな手段をめぐらす。全力をかたむける。

**手を下す**(てをくだす) ①自分でする。do in person ②しはじめる。着手する。set to work

**手を組む**(てをくむ) 仲間になる。助け合う。cooperate

**手を加える**(てをくわえる) ①なおして、よくする。修正する。correct 用例 下絵に—。②加工する。process

**手を拱く**(てをこまぬく) 考え込んで腕組みする。なにもしないで見ている。with one's arms folded 類似 手を束ねる。

**手を締める**(てをしめる) 商談・約束ごとの成立や和解などを祝って、参会者が、掛け声に合わせ、調子をとりながら手を打ち鳴らす。手締めをする。

**手を擦る**(てをする) 手のひらをすりあわせる。もみ手をする。嘆願や謝意をあらわすさまに言う。

**手を染める**(てをそめる) 着手する。

**手を出したら負け**(てをだしたらまけ) 言い合いのとき、先に暴力を振るったほうが、理屈のいかんにかかわらず悪いということ。

**手を出す**(てをだす) ①助ける。have a hand ②余計なことをする。干渉する。meddle with ③女を情人にする。make love to

**手を携える**(てをたずさえる) ①手をとる。つれだつ。take a person's hand ②協力して事を行う。cooperate

**手を束ね膝を屈む**(てをつかねひざをかがむ) ①反抗しないで降参する。②人におもねる。

**手を束ねる**(てをつかねる) ①手を、胸の前で組み合わせる。②何もしないでいる。

**手を突く**(てをつく) あいさつなどのために、すわって両手を下につく。手を支える。

**手を尽くす**(てをつくす) あらゆる方法をとってみる。do as much as possible

●手㊀①

1 親指、第一指 thumb
2 人差し指、第二指 forefinger; first finger*
3 中指、第三指 middle finger; second finger
4 薬指、第四指 ring finger; third finger
5 小指、第五指 little finger; fourth finger
* 英語では第二指からfirstと数える。

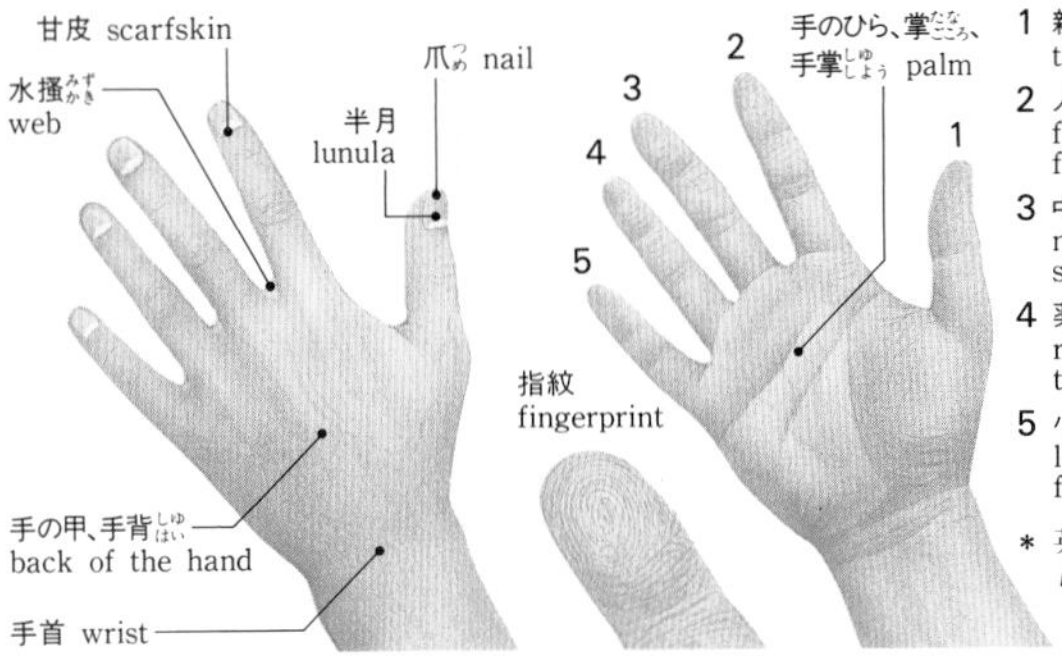


**手をつくる**(てをつくる) 手のひらをあわせて拝む。合掌する。
**手を付ける**(てをつける) ①しはじめる。begin ②やってみる。try ③本来使ってはならない金などを、使う。用例 会社の金に―。④目下の女性と肉体関係をもつ。
**手を通す**(てをとおす) 着物や洋服などを着る。put on
**手を取る**(てをとる) ①相手の手をにぎる。take one's hand ②きわめて親切・ていねいに教え導くさまに言う。用例 手を取って教える。
**手を抜く**(てをぬく) 手順をところどころ略して、仕事などをいいかげんにやる。cut corners in one's work
**手を舐る**(てをねぶる) 手につばをつけて、いきごむ。類似 手に唾する。
**手を延ばす**(てをのばす) まだ経験していないことを試みる。また、取引先や仕事の範囲を広げる。手をひろげる。extend
**手を離れる**(てをはなれる) ①子どもが成長して、親に世話をかけなくなる。be off one's hands ②その仕事などと関係がなくなる。do not have anything to do with
**手を省く**(てをはぶく) 労力を惜しむ。手を抜く。skimp one's work
**手を引く**(てをひく) ①仕事などから、関係を断つ。retire from ②相手を積極的に導くさまに言う。用例 手を引いて案内する。
**手を翻せば雲となり手を覆せば雨となる**(てをひるがえせばくもとなりてをくつがえせばあめとなる) 人情の変わりやすいさまに言う。
**手を広げて待っている**(てをひろげてまっている) さあ来いと身構えている。準備をすべて整え、期待している。be ready
**手を広げる**(てをひろげる) 交遊関係や仕事の範囲・規模を、より大きくする。手をのばす。expand
**手を回す**(てをまわす) ことがうまくいくように、事前に、必要な手配・処理をする。手だてを張りめぐらす。make an arrangement
**手を結ぶ**(てをむすぶ) 同じ目的のために、助けあう。cooperate with
**手を揉む**(てをもむ) 手のひらをすりあわせる。もみ手をする。嘆願や謝意をあらわすさまに言う。手を擦る。rub one's hands together
**手を焼く**(てをやく) もてあます。do not know what to do with it
**手を緩める**(てをゆるめる) 力や態度をゆるやかにする。slacken 用例 警戒の―。
**手を汚す**(てをよごす) ①めんどうなことや危ないことを自分自身でする。get one's hands dirty ②体面にはこだわらずに、きれいごとだけでなく、今まで軽蔑していたこともする。dirty one's hands
**手を別る**(てをわかる) 掛かり合い・交わりを断つ。手を切る。cut all ties
**手を煩わす**(てをわずらわす) 仕事を助けてもらうなど、他人にめんどうをかける。trouble

**て** 古語(助動 下二型)《完了の助動詞「つ」の未然形・連用形。活用語の連用形に付く》…してしまった。用例 都の人は聞き―けむかも(万葉・一五・三六七五)。参照 つ。

**て** ㊀(接助)《連用形に付く。五段活用の撥音便・ガ行イ音便の動詞に付く場合には「で」となる》①事柄の継起や、並列の意を表す。「それから・また」などの意に当たる。and 用例 歯をみがい―寝る。食べ―語っ―、大いに楽しかった。②理由・原因を軽く示す。as 用例 暑く―やりきれない。③逆接条件を軽く示す。「ても・のに・ながら」などの意に当たる。but 用例 知ってい―教えない。④方法・状態を表す。by 用例 笑っ―許す。歩い―通う。⑤補助動詞「いる・やる・みる・しまう」などの上に用いて、動作の作用や状態を示す。用例 探し―いる。行っ―みる。帰っ―しまう。㊁(格助)「と」と同じ引用を示す。用例 なん―言っているの。㊂(終助)①《動詞・形容詞の連用形、助動詞「じゃ・た・だ」などに付く》軽くおさえる。用例 言わぬが花じゃ―。②《女性語》問いかけや依頼の意を表す。用例 もうお休みになっ―。ちょっと待って―。

**で**【で・デ】↓て【て・テ】

**デ**【弟】7画 部首[弓] 教育小2 JIS 3679
音 テイ・ダイ・デ
訓 おとうと
筆順 ↓テイ【弟】
「弟子」は、門人。おしえをうける人。↓ダイ・テイ【弟】

**で**【出】㊀(名)①出ること。現れる状態。coming 対義 入り。用例 日の―。②舞台・座敷に芸人・俳優が現れること。one's turn to go on 用例 ―番。③出身。産地。出所。the place of origin 用例 四国の―。㊁(接尾)するだけの歯ごたえ。用例 やり―のある仕事。読み―のある本。

**で**(接続) そういうわけで。そこで。それで。用例 ―、どうしたの。

**で** ㊀(格助)《体言に付く》①手段・材料を示す。by; with 用例 ペン―書く。木―作る。②場所・時間を示す。in; on 用例 外―遊ぶ。③原因・理由を示す。as 用例 長雨―作物がくさる。④動作・作用の行われ方を示す。with; in 用例 すごい速さ―飛ぶ。⑤方法・状態を表す。with 用例 二人―行く。⑥話題になるものを示す。about 用例 税制改革―論争する。㊁(接助)①《五段活用の撥音便・ガ行イ音便の動詞に付いて》↓て㊀。②古語《打ち消しの助動詞「ず」に接続助詞「て」の付いた「ずて」の転。活用語の未然形に付く》…ないで。用例 心にもあら―うきよにながらへば(後拾遺・雑一)。

**て-あい**【手合(い)】①《卑しめる気持ちで言う》仲間。連中。②種類。たぐい。③囲碁などで、勝負すること。手合わせ。対局。

**で-あい**【出会(い)・出合(い)】①であうこと。meeting ②知り合うようになること。encounter 用例 先生との―。③あいびき。assignation ④川の流れなどのおちあう所。junction

**であい-がしら**【出会(い)頭・出合(い)頭】行き会ったとたん。as one passes by

**であい-そうば**【出合相場】外国為替銀行間の取引相場で売買注文の条件が一致し、取り引きが成立したときの相場。cover rate

**であい-ぢゃや**【出合(い)茶屋】江戸時代、男女が密会に用いた貸し座敷。茶屋をよそおって江戸各所に散在していた。

**で-あ・う**【出会う・出合う】(五自)①偶然に行き会う。meet with ②ある場所でおちあう。あいびきする。meet

**て-あか**【手▼垢】①手についたあか。dirt from the hands ②人の手が触れてついた汚れ。be well thumbed

**手垢の付いた**(てあかのついた) 決まりきっていて、新味のない。worn-out 用例 ―言い回し。

**て-あき**【手空き・手明き】ひま。ひまな人。てすき。free

**て-あし**【手足】①手と足。hands and feet ②頼りになる部下。one's right hand

**手足を擂り粉木にする**(てあしをすりこぎにする) 手や足をすり減らすほど酷使して働き、また走り回る。懸命に奔走する。足を棒にする。

**手足を伸ばす**(てあしをのばす) くつろぐ。ゆっくりと休む。take a rest

**で-あし**【出足】①人が出かける状態・程度。turnout ②相撲で、攻めて出るときの足の動き。用例 ―が鋭い。―がない。③出発・出だしのはやさ。start

**て-あそび**【手遊び】①手に持って遊ぶこと・もの。おもちゃ。②退屈しのぎ。③ばくち。

**て-あたり**【手当(た)り】①手に触れること・感覚。touch ②手元。手近。in hand ③手がかり。clue

**てあたり-しだい**【手当(た)り次第】(副) なんでもかでも。手当たりほうだい。at random

**て-あつ・い**【手厚い】(形) 取り扱いが丁寧だ。ねんごろだ。cordial 用例 ―看護。派生 てあつさ(名)

**て-あて**【手当(て)】㊀(名)①用意。準備。provision 用例 資金の―。②《「手当」で》特定の条件を満たす労働者に基本給に加えて支給される賃金。家族手当・通勤手当・住宅手当・寒冷地手当・役職手当など。allowance ③《「手当」で》心づけ。㊁(名・サ変他) 世話。看病。care 用例 応急―。

**テアトル**【théâtre フランス】①劇場。theater ②映画館。cinema; movie theater

**て-あぶり**【手▼焙り】小形の火鉢。

**て-あみ**【手編(み)】機械を用いず、手仕事で編み物をすること。また、その製品。棒針編み・鉤針編みなどがある。hand-knitted 対義 機械編み。

**デ-アミーチス**【Edmondo De Amicis】(一八四六〜一九〇八) イタリアの小説家。小学生の日記体小説『クオレ(愛の学校)』によって世界的に有名。

**てあみ-いと**【手編(み)糸】家庭における編み物用の糸の総称。おもに手編み毛糸をさすが、手芸用の糸も含まれる。各種繊維が用いられる。hand knitting yarn

**て-あみき**【手編(み)機】手で動かす家庭用編み機。一九三六年スイスで開発されたパサップが最初。knitting machine

**て-あら**【手荒】(形動) 荒々しいさま。violent

**て-あらい**【手洗(い)】①手を洗うこと。hand-washing ②手を洗う湯・水。また、それを入れる器。water for hand-washing ③手で洗うこと。wash by hands 用例 絹やウールは―で。④便所。lavatory 用例 お―。

**て-あら・い**【手荒い】(形) 乱暴だ。violent 派生 てあらさ(名)

**で-ある**(連語)《断定の助動詞「だ」の連用形「で」に補助動詞「ある」の付いたもの》断定などの意を表す。「だ」「です」をやや重々しく言う語。

**で-ある・く**【出歩く】(五自) 家から出て、あちこちと歩く。gad about; go out

**である-たい**【である体】文末が「である」で終わる文章の様式。比較 ですます体・だ体。

**で-あれ**(連語) であっても。であるにしても。even if 用例 たとえ何―。

**て-あわせ**【手合(わ)せ】(名・サ変自)①勝負をすること。手合い。game ②売買の契約をすること。deal

**テイ**【丁】2画 部首[一] 教育小3 JIS 3590
音 チョウ・テイ
筆順 ↓チョウ【丁】
①一人まえの男。成年。「壮丁」「丁年」②つかわれる男。「園丁・馬丁」③《鄭とも》ねんごろ。心づかいのこまやかなさま。「丁重・丁寧」④十干の第四。ひのと。⑤第四位。用例 (名)甲乙丙―。↓チョウ【丁】

**テイ**【▼叮】5画 部首[口] JIS 5058
音 テイ
ねんごろ。心づかいのこまやかなさま。「叮嚀」

**テイ**【▼氐】5画 部首[氏]
音 テイ・タイ
①もと。ねもと。根本。②ひくい。いやしい。③中国の四川省から甘粛省にかけて居住していたチベット系民族の名。半農半牧。五胡十六国時代に、前秦・成漢・後涼を建国した。

**テイ**【▼汀】5画 部首[氵] JIS 3685
音 テイ
みぎわ。みずぎわ。なぎさ。なみうちぎわ。「長汀曲浦」「汀渚」

**テイ**【低】7画 部首[人・亻] 教育小4 JIS 3667
音 テイ
訓 ひくい・ひくめる・ひくまる

対義 高。①ひくい。「最低」「低温・低下」②用例《接頭的》―姿勢。―気圧。―学年。②おとった。いやしい。「低級・低能・低劣」

**テイ**【体】7画 部首[人・亻] 教育小2 JIS 3446

23画【▼體】部首［骨］旧字 JIS 8183
12画【▼躰】部首［身］異体字 JIS 7728
20画【▼軆】部首［身］異体字 JIS 7729
音タイ・テイ・ホン 訓からだ
筆順↓タイ［体］
すがた。かたち。態度。様子。「有体・人体」「体裁」用例（名）そしらぬ―で、見ている。―よく断る。↓タイ［体］

**テイ** 7画【呈】部首［口］常用 JIS 3672
7画【▼呈】旧字
音テイ
①さしだす。さしあげる。「謹呈・進呈・贈呈」「呈上」②しめす。あらわす。あらわれる。「露呈」

**テイ** 7画【廷】部首［廴］常用 JIS 3678
音テイ
①裁判をするところ。「出廷・退廷・法廷」「廷吏」②昔、天子が政治をとったところ。宮中。「宮廷・朝廷」「廷臣」

**テイ** 7画【弟】部首［弓］教育小2 JIS 3679
音テイ・ダイ・デ 訓おとうと
弟 弟 弟 弟 弟 弟 弟
①おとうと。おとうとにあたる人。門人。対義兄。「兄弟・子弟・徒弟・門弟」「弟妹」②おとっている人。用例（名）兄たりがたく―たりがたし。↓ダイ・デ［弟］

**テイ** 8画【定】部首［宀］教育小3 JIS 3674
音テイ・ジョウ 訓さだめる・さだまる・さだか
定 定 定 定 定 定 定 定
①さだめる。さだまる。「仮定・確定・測定・断定・未定」②しずめる。しずまる。「安定・平定」③きまった。きまり。さだめ。「定員・定期・定見・定食・定数・定評」用例《接頭的》―時間。↓ジョウ［定］

**テイ** 8画【底】部首［广］教育小4 JIS 3676
音テイ 訓そこ
底 底 底 底 底 底 底 底
①そこ。ものの最下部・下面。「海底・根底」「底辺」②すっかり。はてまで。「徹底・払底」③もとになるもの。「底数・底本」④ほどあい。程度。種類。用例（名）この―の品物。⑤数学で、対数$\log_a x$また指数$a^x$の$a$。

**テイ** 8画【▼彽】部首［彳］
音テイ
「彽徊」は、たちもとおる。ものおもいにふけりながら、いったりきたりする。

**テイ** 8画【邸】部首［阝］常用 JIS 3701
音テイ・タイ
やしき。立派な住宅。「官邸・旧邸・公邸・私邸・別邸」「邸宅」

**テイ** 8画【抵】部首［扌］常用 JIS 3681
音テイ・シ
①あたる。相当する。「抵当」②ふれる。さからう。こばむ。「抵抗・抵触」

**テイ** 8画【▼耵】部首［耳］
音テイ・チョウ
「耵聹」は、みみあか。みみくそ。みみかす。

**テイ** 9画【亭】部首［亠］常用 JIS 3666
音テイ・チョウ・チン
①やどや。はたごや。宿場の建物。「旅亭」「亭主」②料理店・寄席などの名に添えて用いる。用例（接尾）山川―。③文人・芸人などの号に添えて用いる。用例（接尾）二葉―・三遊―。④高くそびえるさま。「亭々」⑤丁度。それにあたる。「亭午」↓チン［亭］

**テイ** 9画【▼剃】部首［刂］JIS 3670
音テイ
そる。する。あたる。髪やひげなどをけずりおとす。「剃髪」

**テイ** 9画【帝】部首［巾］常用 JIS 3675
9画【▼帝】旧字
音テイ・タイ
①みかど。天子。「皇帝・大帝」「帝位・帝王・帝国」用例（名）―のおぼしめし。《接尾的》光武―。②うえ。かみ。天。「上帝・天帝」③帝国のこと。「帝大」④帝国主義のこと。「反帝」

**テイ** 9画【▼荑】部首［艹］
音テイ・イ
①つばな。チガヤの花穂。早春、葉にさきだってさく。②めぐむ。芽を出す。のびる。③イヌビエ。イネ科の一年草。

**テイ** 9画【▼柢】部首［木］JIS 5950
音テイ
①ね。ねもと。木の根。②もと。ねもと。ものごとの根本。「根柢」

**テイ** 9画【▼牴】部首［牛］JIS 6418
音テイ
ふれる。さわる。あたる。「牴触」

**テイ** 9画【訂】部首［言］常用 JIS 3691
音テイ
ただす。まちがいをただす。「改訂・校訂・増訂」「訂正」

**テイ** 9画【貞】部首［貝］常用 JIS 3671
音テイ・ジョウ
①ただしい。みさおがただしい。「不貞」「貞淑・貞節・貞操」②異性に接しない。「童貞」

**テイ** 9画【▼酊】部首［酉］JIS 7836
音テイ
よう。はなはだしく酔う。「酩酊」

**テイ** 10画【▼剔】部首［刂］JIS 4981
音テキ・テイ
そる。する。あたる。髪やひげなどをけずりおとす。↓テキ［剔］

**テイ** 10画【庭】部首［广］教育小3 JIS 3677
音テイ 訓にわ
庭 庭 庭 庭 庭 庭 庭 庭
①にわ。「校庭」「庭園」②いえ。いえのなか。「家庭」「庭訓」

**テイ** 10画【逓】部首［辶］常用 JIS 3694
14画【▼遞】旧字 JIS 7810
音テイ
①たがいに。かわりばんこ。つぎつぎと。「逓減・逓信・逓送・逓増」②宿場。宿駅。「駅逓」

**テイ** 10画【▼悌】部首［忄］人名用 JIS 3680
音テイ
①むつまじい。なかがいい。「悌友」②年長者にさからわず、よくつかえること。「孝悌」

**テイ** 10画【▼挺】部首［扌］JIS 3682
音テイ・チョウ
ぬく。ぬきんでる。先にでてすすむ。「挺進・挺身」↓チョウ［挺］

**テイ** 10画【▼涕】部首［氵］JIS 6224
音テイ
①なみだ。「流涕」「涕涙」②なく。なみだをながしてなく。「涕泣」

**テイ** 10画【▼釘】部首［金］JIS 3703
音テイ・チョウ
くぎ。くぎをうつ。くぎを、ものにうちつける。「装釘」

**テイ** 11画【停】部首［人・イ］教育小4 JIS 3668
音テイ・チョウ
停 停 停 停 停 停 停
①とどまる。とどめる。とまる。とめる。「停学・停車・停職・停滞・停電」②やめる。比較留 中止する。「調停」「停会・停戦」

**テイ** 11画【偵】部首［人・イ］常用 JIS 3669
音テイ
うかがう。さぐる。こっそりさぐること・人。「探偵・内偵・密偵」「偵察」

**テイ** 11画【▼逞】部首［辶］JIS 7787
音テイ
①たくましい。勢いがさかん。②満足している。思いがとおる。「不逞」

**テイ** 11画【▼梃】部首［木］JIS 5976
音テイ・チョウ
①まっすぐで丸い棒。つえ。②てこ。棒とその支点を利用して、小さい力を大きい力にかえるしかけ。その棒。

**テイ** 11画【▼梯】部首［木］JIS 3684
音テイ・タイ
はしご。段ばしご。きざはし。「階梯」「梯形・梯尺」

**テイ** 11画【▼羝】部首［羊］JIS 7024
音テイ
おひつじ。ヒツジの雄。

**テイ** 12画【▼啼】部首［口］JIS 5138
音テイ
なく。涙をながし声を発して泣く。鳥などが声高く鳴く。「啼鳥」

**テイ** 12画【堤】部首［土］常用 JIS 3673
音テイ 訓つつみ
つつみ。どて。きし。「長堤・突堤」「堤防」用例《接尾的》防波―。

**テイ** 12画【▼幀】部首［巾］JIS 5476
音トウ・テイ
はる。絵のかいてある絹地をはる。掛け物にしたてる。「装幀」

**テイ** 12画【▼隄】部首［阝］
音テイ
つつみ。どて。きし。

**テイ** 12画【提】部首［扌］教育小5 JIS 3683
音テイ・ダイ・チョウ 訓さげる
提 提 提 提 提 提 提
①さしだす。かかげる。「前提」「提案・提起・提議・提供・提示・提出」②たずさえる。「提携」③ひきつれる。つかさどる。統治する。「提督」④さげる。手にさげる。

**テイ** 12画【▼棣】部首［木］JIS 6008
音テイ・タイ
ニワウメ。バラ科の落葉低木。こんめ。郁李。

**テイ** 12画【▼渟】部首［氵］JIS 6259
音テイ
とどまる。たたえる。水がたまる。

**テイ** 12画【▼睇】部首［目］JIS 6641
音テイ・ダイ
①ぬすみみをする。よこめをつかってみる。②ぬすみみ。よこめ。

**テイ** 12画【程】部首［禾］教育小5 JIS 3688
12画【▼程】旧字
音テイ 訓ほど
程 程 程 程 程 程
①ほど。どあい。「程度」②のり。きまり。きまったすじみち。「課程・規程・教程・日程・方程式」③みちのり。経過。「過程・行程・道程・里程」

**テイ** 12画【▼裎】部首［衤］
音テイ
①はだか。はだかになる。②ひとえ。ひとえもの。

**テイ** 12画【▼觝】部首［角］JIS 7526
音テイ
ふれる。さわる。あたる。

**テイ** 12画【▼詆】部首［言］JIS 7541
音テイ
そしる。はずかしめる。なじる。しかる。

**テイ** 13画【▼遉】部首［辶］JIS 7806
音テイ
①うかがう。さぐる。こっそりさぐること・人。②さすが。さすがに。

**テイ** 13画【▼楨】部首［木］
音テイ
ネズミモチ。モクセイ科の常緑低木。たまつばき。

**テイ** 13画【▼楴】部首［木］JIS 6028

▼常用漢字表外。 ▽常用漢字表の音訓外。

**テイ** 13画【▼碇】 部首[石] JIS 3686 ― 7画【▼矴】 異体字
音テイ
①かんざし。こうがい。くし。髪をととのえるもの。②ね。木の根。

**テイ** 13画【▼禎】 部首[ネ] 人名用 JIS 3687 ― 14画【▼禎】 部首[示] 旧字
音テイ
いかり。船がうごかないように、綱や鎖につけて水底にしずめるおもり。「碇泊」

**テイ** 13画【艇】 部首[舟] 常用 JIS 3690
①めでたい。さいわい。よい。「嘉禎」②ただしい。みさおがただしい。

**テイ** 13画【▼蜓】 部首[虫]
音テイ
こぶね。はしけ。ボート。比較 舟・船・艦。「舟艇」「艇庫」用例(名)―を走らす。

**テイ** 13画【▼髢】 部首[髟] JIS 8186
音テン・テイ
「蜻蜓」は、トンボ。トンボ目に属する昆虫。あきつ。

**テイ** 13画【▼鼎】 部首[鼎] JIS 3704
音テイ
かもじ。いれ髪。すくない髪にそえる毛。

**テイ** 14画【▼蔕】 部首[艹] JIS 7288 ― 12画【▼蒂】 異体字 JIS 7260
音テイ
①かなえ。中国古代の、二つの耳と三本足(方形のものは四本足)のある金属製のなべ。土器では、仰韶文化期からある。②三者がむかいあうこと。「鼎談」

**テイ** 14画【▼禘】 部首[示]
音テイ・タイ
へた。柿や茄子などの実についている萼。うてな。

**テイ** 14画【▼綴】 部首[糸] JIS 3654
音テイ
おおまつり。大祭。①天子が始祖の帝王およびその他の祖先をあわせまつる大祭。②中国の夏・殷の時代に、天子がおこなった祖先の夏まつり。

音テイ・テツ
①つづる。つなぐ。つぎあわせる。つづり。「点綴・補綴」「綴字」②とじる。封ずる。とじ。

**テイ** 14画【▼酲】 部首[酉] JIS 7843
音テイ
わるよい。ふつかよい。酔いが、なかなかぬけないこと。

**テイ** 15画【▼鄭】 部首[阝] JIS 3702
音テイ・ジョウ
①ねんごろ。心づかいのこまやかなさま。丁寧。「鄭重」②中国の春秋時代の国の一つ。前八〇六～前三七五年。

**テイ** 15画【締】 部首[糸] 常用 JIS 3689 ― 15画【▼締】 旧字
音テイ
訓しまる・しめる
①しまる。しめる。「結締組織」②とりきめる。むすぶ。「締結・締約」③しめ。㋐合計。総計。㋑手紙の封にかく「〆」のこと。㋒たばねたものを数えるのに用いる。

**テイ** 15画【▼鋌】 部首[金]
音テイ
①あらがね。なまがね。鉱石。②こみ。のしろ。矢じりの部分。

**テイ** 15画【▼霆】 部首[雨] JIS 8029
音テイ
①いかずち。かみなり。「雷霆」②いなずま。いなびかり。

**テイ** 16画【▼薙】 部首[艹] JIS 3869
音テイ・チ
①かる。なぐ。草をかる。②そる。する。あたる。髪やひげなどをけずりおとす。

**テイ** 16画【▼諦】 部首[言] JIS 3692
音テイ・タイ
①よくみる。よくみて、あきらかにする。「諦観」、②まこと。真実。「真諦」③あきらめる。思いきる。断念する。

**テイ** 16画【▼蹄】 部首[足] JIS 3693 ― 17画【▼蹏】 異体字
音テイ
ひづめ。牛・馬・羊などの足のつめ。また、その足。「馬蹄」「蹄鉄」

**テイ** 17画【▼檉】 部首[木]
音テイ
ギョリュウ。ギョリュウ科の落葉小高木。

**テイ** 17画【▼騁】 部首[馬] JIS 8153
音テイ
①はせる。はしる。思うままにはしる。②のべる。思いを十分にのべる。「騁辞」

**テイ** 18画【▼嚔】 部首[口] JIS 5173 ― 17画【▼嚏】 異体字 JIS 5174
音テイ
くさめ。くしゃみ。くしゃみをする。

**テイ** 18画【▼鵜】 部首[鳥] JIS 1713
音テイ
①ペリカン。ペリカン目に属する鳥。伽藍鳥。②ウ。ペリカン目に属する鳥。島津鳥。

**テイ** 19画【▼蟶】 部首[虫] JIS 7426
音テイ
まて。マテガイ。ニマイガイ綱に属する軟体動物。

**テイ** 20画【▼鯷】 部首[魚]
音テイ・ダイ
①おおなまず。ナマズのおおきなもの。②ひしこ。カタクチイワシ。ニシン目に属する海水魚。

**デイ** 8画【泥】 部首[氵] 常用 JIS 3705 ― 11画【▼埿】 部首[土] 異体字
音デイ・ナイ・デツ
訓どろ
①どろ。どろのようなもの。「雲泥・金泥」「泥炭・泥土」②こだわる。なずむ。「拘泥」③南海にすむという骨のない虫の名から、べろべろに正体なく酒に酔うこと。「泥酔」

**ティアード-スカート**【tiered skirt】《tierは段段にする、の意》段段の切り替えや飾りのあるスカートの総称。ひだ飾りやギャザーで幾段にも横に区切ったりする。↓図

●ティアードスカート

**ティアード-スリーブ**【tiered sleeve】袖型の一つ。横に布を重ね合わせて、段々状にした袖。ギャザーを寄せて縫い合わせたり、ひだ状の布を重ねたりする。↓図

**ディアギレフ**【Sergey Pavlovich Diaghilev】(一八七二～一九二九)ロシアの芸術運動家・興行師・ロシアーバレエ団主宰者。画期的な芸術運動を展開し、バレエの現代的復興に成功した。

**ディアス**【Antônio Gonçalves Dias】(一八二三～一八六四)ブラジルの詩人。原住民の風俗をうたった国民的詩人。詩集『最初の歌集』など。

**ディアス**【Bartholomeu Dias】(一四五〇ごろ～一五〇〇)ポルトガルの探検家。アフリカ西海岸沿いに航海し、一四八八年南端(現在の喜望峰)に到達。

**ディアスポラ**【Diaspora】パレスチナ以外の世界各地に離散したユダヤ人。

**てい-あつ**【低圧】対義 高圧。①低い圧力。low pressure ②低い電圧。low tension

**てい-あつ**【定圧】一定の圧力。constant pressure

**ていあつ-ひねつ**【定圧比熱】圧力を一定にして測定した比熱。specific heat at constant pressure

**ていあつ-へんか**【定圧変化】圧力を一定に保ったまま体積や温度など物質の状態が変化すること。等圧変化。isobaric change

**ディアドコイ**【diadochoi ギリシア】《後継者、の意》アレクサンドロス大王の遺将たち。互いに遺領争奪戦を繰り返したが、マケドニアはアンティゴノス、シリアはセレウコス、エジプトはプトレマイオスが領有。

**ディアトリマ**【Diatryma ラテン】新生代・始新世のヨーロッパや北アメリカにいた巨鳥。体高二～三m。飛ぶ力がない走鳥である点は、現在のダチョウと同じであるが、頭と嘴がともに大きく、肉食性であったから、当時体の小さかった哺乳類にとっては危険な存在であった。

**ディアナ**【Diana】↓ダイアナ

**ティアラ**【tiara】①宝石をちりばめた冠形の婦人用頭飾り。②ローマーカトリックの法王冠。③古代ペルシア人の用いたかぶりもの。

**ディアレクティーク**【Dialektik ドイツ】弁証法。

**ティアワナコ**【Tiahuanaco】ボリビア西部、チチカカ湖南岸の町。前インカ時代の巨石文化の遺跡で有名。

**てい-あん**【提案】(名・サ変他)意見・議案を出すこと。また、その意見・議案。proposition

**ていあん-けん**【提案権】法律案・予算案を国会に提出する権利。法律案は衆・参両院議員に、予算案は政府にこの権利がある。

**ていあん-せいど**【提案制度】従業員に業務上の考案・工夫を提出させ、経営に活用していく制度。suggestion system

**ティー**【T・t】①アルファベットの第二〇文字。②温度(temperature)の値を示す変数。

**ティー**【tea】①お茶。とくに紅茶。②イギリスの習慣で、午後の軽い食事。

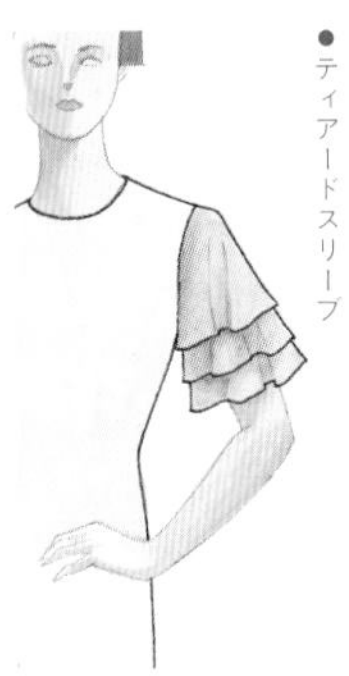
●ティアードスリーブ

**ティー**【tee】①ゴルフで、各ホールの第一打を打つさいにボールを乗せるための木製またはプラスチック製の台座。②「ティーグラウンド」の略。

**てい-い**【定位】(名・サ変自他)①位置づけること。position ②生物が環境空間のなかで、ある一定の方向に体軸を向けること。走性・帰巣性・定位飛行などがある。orientation

**てい-い**【帝位】帝王の位。王位。Throne

**てい-い**【程▼頤】(一〇三三～一一〇七)中国、宋代の儒者。号は伊川。兄の程顥とともに周敦頤に学び、「性即理」説を唱え、宋学の大成に貢献。著書『周易程氏伝』など。

**ディー**【D・d】①アルファベットの第四文字。②《大文字で》音楽で、音名の一つ。ニ音。③《大文字で》重水素(deulerium)を表す記号。④《小文字で》重水素の原子核(deuteron)を示す記号。⑤《大文字で。dextro-rotatoryの略》化学で、右旋性を示す記号。⑥《大文字で》ローマ数字で五〇〇を示す。

**ティーアール-りつ**【TR率】《Tはtop(地上部)、Rはroot(地下部)の意》植物の地上部と地下部との重量の比率。利用部分の収穫の指標とする。top-root ratio

**ティー-アイ**【TI】《Texas Instruments Inc.の略》↓テキサスインスツルメンツ

**ディー-アイ**【DI】《diffusion indexの略》景気動向指数。

**ディー-アイ-ピー-エス**【DIPS】《Dendenkosha information processing system の略》日本電信電話株式会社(NTT)の超大型電子計算機による標準型情報処理システム。ディップス。

**ディーアイワイ-てん**【DIY店】《DIYは、do-it-yourself(自分でせよ)の略》日曜大工用など、手づくりを楽しむための道具・材料を売る店。

**ティー-イー-イー**【TEE】《Trans Europe Expressの略》ヨーロッパ横断国際急行列車。一九八七年からユーロシティーネットワークに統合。

**ディー-エイチ**【DH】《designated hitterの略》野球で、指名打者。

**ディー-エー**【DA】《documents against acceptanceの略》↓ひきうけわたし(引受渡し)

**ティー-エー-シー**【TAC】《Tactical Air Commandの略》戦術空軍。

**ディー-エー-シー**【DAC】《Development Assistance Committeeの略》開発援助委員会。

**ティー-エー-ティー**【TAT】《thematic apperception testの略》投影法を代表する性格検査の一種。提示した絵をもとに自由な物語を被験者につくらせる。その物語を分析・解釈して被験者の要求や葛藤などを明らかにする。主題統覚検査。

**ディーエー-へんかんき**【DA変換器】《DAは、digital to analogの略》デジタル信号

をアナログ信号に変換する装置。音声合成などに必要。デジタルコンピューターの計算値を電流・電圧などのアナログ量に変え、記録装置や制御装置を作動させるときなどに使われる。digital to analog converter 対義 AD変換器。

**ティー-エス-イー【TSE】**《Tokyo Stock Exchangeの略》東京証券取引所。

**ディー-エス-シー-エス【DSCS】**《Defense Satellite Communications Systemの略》アメリカの国防衛星通信システム。人工衛星を通じて世界中の軍事機関に指令・情報・警報の伝達などを行うもの。

**ディー-エヌ-エー【DNA】**《deoxyribonucleic acidの略》デオキシリボ核酸。遺伝子の本体。アデニン・チミン・グアニン・シトシンの四種類の塩基と糖と燐酸からなり、この塩基配列の中に遺伝情報がかくされている。

**ティー-エヌ-エフ【TNF】**《tumor necrosis factorの略》↓しゅようえしいんし(腫瘍壊死因子)

**ティー-エヌ-ティー【TNT】**《trinitrotoluenの略》↓トリニトロトルエン

**ディー-エム【DM】**①《direct mailの略》ダイレクトメール。②《doctor of medicineの略》医学博士。

**ディー-エム-イー【DME】**《distance measuring equipmentの略》距離測定装置。飛行中の航空機から地上局へ向けて発信した電波が地上局からかえってくるまでの時間を測定して、地上局との距離を知る。

**ディー-エル-ヒヨスチアミン【*dl*-hyoscyamine】**↓アトロピン

**ていいおう-か【低硫黄化】**①公害の原因になる重油中に含まれる硫黄分を除く脱硫操作。low-sulfurization ②低硫黄原油や硫黄を含まないLNG・LPGなどに切りかえること。sulfur content reduction

**ディー-オー【DO】**《dissolved oxygenの略》↓ようぞんさんそ(溶存酸素)

**ディー-オー-エイチ-シー【DOHC】**《double overhead camshaftの略》吸気・排気のバルブを動かすカム軸がシリンダー頭部に二本ある構造のエンジン。ツインカム。

**ティー-オー-ちず【TO地図】**中世ヨーロッパで作られた世界地図。地球を円盤形と考え、地中海を縦軸に、ナイル・ドン両河を結ぶ線を横軸にしたTと、大陸を囲む大洋をOとする組み合わせを基本にしたもの。T.O. map

**ティー-オー-ディー【TOD】**《total oxygen demandの略》全酸素要求量。

**ディー-オー-ディー【DOD・DoD】**《Department of Defenseの略》国防総省。

**ティー-オー-ビー【TOB】**《take-over bidの略》株式公開買付け制度。

**ティーガーデン【Jack Teagarden】**(一九〇五～六四)アメリカのジャズ-トロンボーン奏者・歌手。白人だが黒人的なスタイルを身につけ、ディキシーランド-ジャズにすぐれた。

**ティー-キュー-シー【TQC】**《total quality controlの略》総合的品質管理。

**ティーク【Ludwig Tieck】**(一七七三～一八五三)ドイツ初期ロマン派の小説家。童話劇『長靴をはいた牡猫』、長編『フランツ=シュテルンバルトのさすらい』など。

**ティーグ【Walter Dorwin Teague】**(一八八五～一九六〇)アメリカの工業デザイナー。デザインの実践と理論の両面で活躍。

**ティー-グラウンド**《和製語。teeing groundの略》ゴルフのコースで、各ホールの第一打を打つために整地されているところ。

**ディー-ケー【DK】**《和製語。ダイニングルームとキッチンから》①↓ダイニング-キッチン。②住宅の間数を示す語。たとえば、2DKは寝室・居間などが二部屋と、台所兼食堂一部屋のこと。比較 LKD。

**ティー-ケー-オー【TKO】**《technical knockoutの略》↓テクニカルノックアウト

**ディーケー-グループ【DKグループ】**《DKはdon't knowの略》世論調査で、質問に対し「はい」でも「いいえ」でもなく「わからない」と答えた人々。無関心層とみられることもある。don't-know group

**ティー-さいぼう【T細胞】**《Tはthymus(胸腺)の略》血液中のリンパ球の大部分を占める細胞の集団。骨髄ででき、胸腺で成熟、リンパ組織に移行する。移植片の拒絶反応などをはじめとする免疫反応をつかさどる。T cell 参照 B細胞。

**ティー-シー【TC】**《traveler's checkの略》↓トラベラーズチェック

**ディー-シー【DC】**①《direct currentの略》電気で、直流電流。対義 AC。②《Partito Democrazia Cristianaの略の英語読み》キリスト教民主党。

**ティーシーエー-かいろ【TCA回路】**《TCAはtricarboxylic acidの略》酸素呼吸の反応系。ブドウ糖が分解されてできたピルビン酸が、完全に酸化してエネルギーを得る回路。多くの生物に広く存在し、生体物質の生合成系として重要な役割をはたしている。トリカルボン酸回路。枸櫞酸回路。クレブス回路。

**ディー-シー-エス【DCS】**《Defense Communications Systemの略》防衛通信システム。アメリカ国防総省の全世界にまたがる電気通信システム。

**ディー-ジー-ビー【DGB】**《Deutscher Gewerkschaftsbundの略の英語読み》ドイツ労働総同盟。デーゲーベー。

**ティー-ジー-ブイ【TGV】**《Train à Grande Vitesseの略の英語読み》フランス新幹線ともよばれる超高速列車。パリ～リヨン～マルセイユ間(八六三km)のほか、パリ～ジュネーブ間の国際TGVも走る。最高時速二六〇km。一九八一年運転開始。テージェーベー。

**ディーシー-ブランド【DCブランド】**《DCはdesigner's and characterの略》服飾で、デザイナーの個性を生かした商品。

**ディー-ジェー【DJ】**《disc jockeyの略》↓ディスクジョッキー

**ティー-シャツ【T-shirt】**半袖丸首のメリヤス製のシャツ。本来は下着だが、最近カラフルな色や種々の図柄を入れ、男女ともに上着としても用いる。

**ティー-じょうぎ【T定規】**T字形の定規。短い方を製図板の端にあて平行線などを描くのに用いる。丁字定規。T square

**ティー-ショット【tee shot】**ゴルフで、ティーグラウンドから最初のボールを打つこと。また、そのボール。

**ディーゼル【diesel】**ディーゼルエンジンまたはこれを搭載した車両などの略称。

**ディーゼル【Rudolf Diesel】**(一八五八～一九一三)ドイツの機械技術者。ディーゼルエンジンの原理を発表し、最初の実用的機関を製作。

**ディーゼル-エンジン【diesel engine】**《発明者のドイツ人ディーゼルから》一八九八年に、ディーゼルの発明した内燃機関。シリンダー内の空気を急激に圧縮して高温とし、その中へ重油や軽油を霧状に噴射して自然発火させ爆発燃焼させる。車両用・船舶用など。ディーゼル機関。

**ディーゼル-きかんしゃ【ディーゼル機関車】**ディーゼルエンジンを動力装置とする機関車。おもに非電化区間で使用。diesel locomotive

**ディーゼル-でんきしゃ【ディーゼル電気車】**ディーゼルエンジンで発電機をまわし、その電力で運転される電車。diesel electric car

**ティー-ダブリュー-アイ【TWI】**《training within industryの略》現場監督者に対する教育訓練制度の一つ。資格をもつ指導員によって十数人に対し定型化・標準化された教育訓練がほどこされる。職場内監督者訓練。

**ティーチ-イン【teach-in】**討論集会。一九六五年、アメリカのミシガン大学の学生と教職員がベトナム戦争をテーマに学内集会を開いたのが始まり。

**ティーチング-マシン【teaching machine】**教育機器の総称。あらかじめプログラム化された教材や質問を学習者に提示し、反応を求め、その正否を即座に知らせる仕組みの装置。

**ディー-ディー-アール【DDR】**《Deutsche Demokratische Republikの略の英語読み》ドイツ民主共和国(東ドイツ)の略称。デーデーエル。

**ティー-ティー-エス-レート【TTS rate】**《telegraphic transfer selling rateの略》外国為替銀行の電信為替の売りに適用される相場。電信売り相場。対義 TTBレート。

**ティーティーエル-ほうしき【TTL方式】**《TTLはthrough the lensの略》写真機の適正露出測定法の一つ。レンズを通った光を光導電セルなどで正確に測定する。

**ディーディー-げんゆ【DD原油】**《DDはdirect dealの略》産油国政府が国際石油資本(=メジャー)などを通さず直接消費国へ原油を販売すること。また、その原油。直接販売原油。direct deal crude oil 比較 GG原油。

**ディーディー-ざい【DD剤】**《DDは、1,2-dichloropropaneと1, 3-dichloropropaneの混合物の略》土壌の殺虫・消毒剤。燻蒸用。土中でガス化して作用する。残効性は長く、五か月以上。DD。

**ティー-ティー-シー【TTC】**《Total Traffic Controlの略》CTC(列車集中制御装置)を高度化したもので、列車の進路・接近・発車指示の合図など運行全般にわたってコンピューターで制御できる装置。列車運行総合制御装置。

**ディー-ディー-ティー【DDT】**《dichloro-diphenyl-trichloroethaneの略》塩素系の殺虫剤。現在は、使用禁止。

**ティー-ティー-ビー-レート【TTB rate】**《telegraphic transfer buying rateの略》外国為替銀行の電信為替の買いに適用される相場。電信買い相場。対義 TTSレート。

**ディートリヒ【Marlene Dietrich】**(一九〇四～)アメリカの映画女優。ドイツ生まれ。主演作『嘆きの天使』『モロッコ』など。

**ティーに-ファージ【T2ファージ】**細菌に感染するウイルス(=バクテリオファージ)のうち、大腸菌に感染するT系ファージ七種類のうちの一つ。遺伝子操作の実験に多く使われる。type 2 phage

**ていい-のうしゅじゅつ【定位脳手術】**頭蓋骨に小さな穴をあけて針を刺してみ、脳深部の一定部位を破壊する手術。パーキンソン病などの不随意運動、癌の痛み止めなどに適用される。stereotaxic brain surgery

**ティー-パーティー【tea party】**お茶とお菓子やサンドイッチなどの軽食だけで、アルコール性飲料抜きで催す社交的な集まり。ふつう昼間開かれる。茶話会。

**ティー-バッグ【teabag】**一人分の紅茶・緑茶などを、紙袋に包んだもの。カップに袋を入れてお湯を注ぐだけのインスタント用。

**ティー-バッティング**《和製語》野球で、バッティングティー(=球座)上に載せた静止球を打つ打撃練習法の一つ。ティーの高さ・位置などを変えて、ボールとバットの位置関係などをつかむために行う。

**ティー-ビー【TB】**《treasury billの略》政府短期証券。

**ディー-ピー【DP】**①《documents against paymentの略》支払渡し。②《dynamic programingの略》↓ダイナミックプログラミング

**ディー-ピー-イー【DPE】**《developing(現像)、printing(焼き付け)、enlarging(引き伸ばし)の略》写真の現像・焼き付け・引き伸ばし処理。また、これらを取り扱う店。

**ディー-ピー-エー【DPA】**《Deutsche Presse Agenturの略の英語読み》DPA通信社。西ドイツの非営利的な民間共同通信社。一九四九年設立。デーペーアー。

**ティー-ビー-エス【TBS】**《Tokyo Broadcasting Systemの略》東京放送の略称。

**ティー-ピー-オー【TPO】**《time, place and occasionの略》時と場所と場合に応じた服装、また態度・行動をすること。

**ティー-ブイ-エー【TVA】**《Tennessee Valley Authorityの略》アメリカのテネシー河谷開発公社の略称。一九三三年ニューディール政策の一環として設立。発電・植林・土地保全・治水など公共の総合的地域開発事業で、世界的に注目された。

**ディーフェンバキア【dieffenbachia】**サトイモ科の一属。原種は約三〇種。観葉植物として園芸種がつくられている。全緑で幅広の葉をつけ、頂生する花は船形の仏焔苞。雌雄同株で肉穂となる。ピクタ種・コスタタ種などがある。熱帯アメリカ原産。↓写

●ディーフェンバキア

**ティー-ボーン-ステーキ【T-bone steak】**T字形の骨を付けたステーキ用の上肉。腰肉に、テンダーロイン肉が少し付く。

**ティー-ユー-シー【TUC】**《Trads Union Congressの略》イギリス労働組合会議。

**ディーラー【dealer】** ①卸・小売人や特約店・仲買人など、流通段階で商品の仕入れ・再販売を業とする者の総称。②自分の計算と危険負担で証券の売買をする証券会社。自己売買業者。③トランプで、カードの配り手。

**ディーラー-ヘルプス【dealer helps】** メーカー・卸商またはその代理店が、販売店の売り上げ増進に協力し販売活動に必要な援助を与える諸活動。

**ティーラ-とう【ティーラ島】**(Thíra) ギリシア、キクラデス諸島南部の火山島。面積八〇km²。主産業はぶどう酒・セメント工業など。

**ティー-リンパきゅう【Tリンパ球】** リンパ球の一グループ。抗体のでき方を調節したり、移植拒絶反応を行ったり、結核菌・腸チフス菌・ウイルスなどに対する防衛を行う。胸腺由来のリンパ球。T lymphocyte

**ティー-ルーム【tearoom】** 喫茶室。喫茶店。

**ディールス【Otto Paul Hermann Diels】**(一八七六-一九五四) ドイツの化学者。ジエン合成の発見と研究、セレンによる脱水素反応の発見など。一九五〇年ノーベル化学賞受賞。

**ティーレ【Cornelis Petrus Tiele】**(一八三〇-一九〇二) オランダの宗教学者。ミュラーらとともに宗教学の創建に尽力。

**ディーロス-とう【ディーロス島】**(Dhílos) ギリシア南東部、エーゲ海中部、キクラデス諸島の島。面積五km²。古代の通商の重要地で、アポロン神殿などの遺跡がある。デロス島。

**ティーン**《「ティーンエージャー」の略》一〇代の少年少女。

**てい-いん【定員】** 規則で決まっている人数。the fixed number 比較 実員。用例 —無視。

**ディーン【James Dean】**(一九三一-五五) アメリカの映画俳優。主演作『エデンの東』『理由なき反抗』『ジャイアンツ』。↓写

●ディーン 『エデンの東』。

**ティーンエージャー【teenager】**《teenが、英語で一三〜一九の数字を示す語に共通の語尾であることから》一〇代の少年少女。

**でい-う【泥雨】** 黄褐色をした雨。黄砂や火山灰など泥質のものが混じって降る雨。血雨。

**ティエール【Louis-Adolphe Thiers】**(一七九七-一八七七) フランスの政治家・歴史家。七月王政下で二度首相。さらに一八七一年首相としてパリ-コミューンを鎮圧。第三共和政の初代大統領。著書『フランス革命史』など。

**ディエゴ【Geraldo Diego】**(一八九六-) スペインの詩人。新しい主題を自由奔放な詩形でうたう。作品『真実のひばり』など。

**ディエゴ-スアレス【Diégo-Suarez】** マダガスカル北部、ディエゴスアレス湾に臨む港湾都市。人口四万(一九七五)。

**ティエポロ【Giovanni Battista Tiepolo】**(一六九六-一七七〇) イタリアの画家。ベネチア派の代表的装飾画家。明るい色調と軽快な筆触で天井画・壁画を描く。作品『クレオパトラの饗宴』『無原罪のお宿り』など。

**てい-えん【庭園】** 美観や憩いを目的として、樹木・草本・石・築山・泉水などを配置した場所。garden

**ていえん-かぐ【庭園家具】** 庭や野外で使う家具の総称。スツール・縁台・ベンチ・デッキチェアなど。屋外家具。garden furniture

**ディエン-こうち【ディエン高地】**(Dieng) インドネシア、ジャワ島中部、ジョクジャカルタの北西にあるカルデラ。標高二〇六〇m。七〜一三世紀の石造のヒンズー教寺院跡が点在する。

**ていえん-とう【庭園灯】** 庭に取り付ける照明器具。視覚効果や防犯・安全が目的。garden light

**ディエンビエンフー【Dienbienphu】** ベトナム北西部、ラオス国境に近い盆地の町。一九五四年インドシナ戦争の大激戦が行われフランスが敗北した。

**てい-おう【帝王】** 君主国の元首。皇帝。sovereign

**ていおう-しんけんせつ【帝王神権説】** 近世ヨーロッパ、絶対主義時代の政治理論。君主の統治権は神から授けられたもので神聖・不可侵とする説。ジェームズ一世・ルイ一四世らが代表的信奉者。王権神授説。divine rights of kings

**ていおう-せっかい【帝王切開】**《Kaiserschnittドイの訳語。この語をラテン語から訳すと き、ラテン語の「シーザー」(切り刻む)の意と、帝王の「シーザー」をとりちがえたとも。また、「帝王シーザー」がこの手術で生まれたともいうことから》腹壁と子宮壁を切開し、胎児を出産させる手術。いろいろな理由で、産道からの出産が不可能な場合に行われる。Caesarean operation

**ディオール【Christian Dior】**(一九〇五-五七) フランスの服飾デザイナー。第二次大戦後数々の新しいシルエットを生み出し、フランスモードを輸出産業に発展させた。

**ディオクレティアヌス【Gaius Aurelius Valerius Diocletianus】**(二三〇ごろ-三一六ごろ) ローマ皇帝(在位二八四-三〇五)。軍人皇帝時代の混乱を統一。帝国を東西に分け、副帝もおく四分治制を断行。自身は東の正帝としてドミナートゥス(専制君主制)を創設したが、キリスト教徒迫害で民心を失った。

**ディオゲネス**〈シノペの〉【Diogenēs ho Sinopeus】(BC四〇四ごろ-BC三二三ごろ) 古代ギリシアの哲学者。キニク学派の代表的存在で、樽を住家とし、禁欲・自足の簡素な生活を実践。

**ディオゲネス-ラエルティオス【Diogenēs Laertios】**(生没年未詳) 三世紀前半ごろのギリシアの哲学史家。タレス以来の哲学者の列伝『有名な哲学者たちの生活と学説』を著した。

**ディオスクロイ【Dioskūroiギリシア】** ギリシア神話の双生神。ゼウスとレダの子。不死なる卵から生まれたポリュデウケス(ローマ神話でポルックス)と、死すべき卵から生まれたカストルとをさす。二人で交互に生と死を分かちあった。のちに星座神話のふたご座となる。Dioscuri

**ディオニュシオス**〈一世〉【Dionysios I】(BC四三〇ごろ-BC三六七) シラクサの僭主。シチリアへのカルタゴの進攻を阻止し、南イタリアに進出。文芸を愛好し、自らも悲劇を書いた。

**ディオニュソス【Dionysosギリシア】** ギリシア神話で酒をつかさどる神。ゼウスとテーベの王女セメレの子。のちに演劇の神ともなる。ローマ神話ではバッカス。ディオニソス。Dionysus ↓写

●ディオニュソス デルフォイ美術館(ギリシア)。

**ディオニュソス-がた【ディオニュソス型】** 抑制のない、熱狂的で、激情に満ちた状態であること。Dionysia 対義 アポロ型。

**ディオニュソス-てき【ディオニュソス的】** ニーチェが唱えた芸術の類型の一つ。激情的・破壊的なもの。古代ギリシアの音楽・舞踊など。対義 アポロ的。

**ティオムキン【Dimitri Tiomkin】**(一八九四-一九七九) アメリカの映画音楽作曲家。ロシア生まれ。映画音楽にすぐれた仕事を残す。作品『真昼の決闘』など。

**ディオメデス【Diomēdēsギリシア】** ギリシア神話のアルゴスの英雄。トロヤ戦争で武勲を立てた。戦後イタリアに行き、ダウニアの王となる。

**ディオラマ【diorama】** ↓ジオラマ

**てい-おん【低音】** 対義 高音。①低い声・音。low voice ②音楽で、男声のいちばん低い声部。バス。bass

**てい-おん【低温】** 温度が低いこと。low temperature 対義 高温。

**てい-おん【定温】** 一定の温度。fixed temperature 用例 水槽を—に保つ。

**ていおん-さっきんほう【低温殺菌法】** 牛乳などの殺菌法の一つ。六二〜六五℃で三〇分間以上加熱する。pasteurization

**ていおんしょくひん-りゅうつうきこう【低温食品流通機構】** ↓コールドチェーン

**ていおんちょぞう-まい【低温貯蔵米】** 玄米のまま一〇〜一五℃、湿度七〇〜八〇%の状態で貯蔵した米。害虫や微生物の繁殖を抑える。

**ていおん-どうぶつ【定温動物】** 外界の温度に左右されることなく、ある一定の体温を保つ動物。哺乳類・鳥類にいう。温血動物。恒温動物。homeothermal animal 対義 変温動物。

**ていおんぶ-きごう【低音部記号】** ↓へおんきごう(へ音記号)

**ていおん-ゆそう【低温輸送】** 食品の鮮度を保ったまま消費者に届けるため、低温(一〇〜零下五℃)にして輸送すること。冷蔵輸送。チルド輸送。refrigerated transport; low temperature transport

**てい-か【低下】**(名・サ変自) 下がること。fall 対義 上昇・向上。用例 気温の—。技術の—。

**てい-か【定価】** 決められている値段。正価。正札。fixed price 対義 予価・時価。

**ていか【定家】** ↓ふじわらのさだいえ(藤原定家)

**てい-が【定芽】** 茎の先端や葉のつけねなど、一定の位置につく芽の総称。definite bud

**てい-かい【低回・低徊・彽徊・彽廻】**(名・サ変自) もの思いにふけりながら、行ったり来たりすること。

**てい-かい【停会】**(名・サ変自他) 会議の期間中に、一時、会議を中止すること。suspension of a meeting 比較 休会。

**でいかい-がん【泥灰岩】** 粘土質成分と炭酸塩成分が混合した堆積物。マールともいい、固化したものはとくにマーライトとよばれる。湖沼や浅海などに堆積する。marl

**ていかい-しゅみ【低徊趣味】**《夏目漱石が東洋の詩を評した語》傍観者のゆとりのある気持ちで、人生を味わおうとする態度。

**ていかいはつ-こく【低開発国】** 近代産業の発達がおくれている国。国際連合用語として、発展途上国・開発途上国と言いかえられた。underdeveloped country

**ていか-かずら【定家葛】** 山地にはえるキョウチクトウ科の常緑つる性植物。長さ一〇m以上。葉は対生し楕円形。初夏に径約三cmの芳香のある白花をつける。↓写

●テイカカズラ

**ていか-かなづかい【定家仮名遣(い)】** 藤原定家が『下官集』で示し、のちに行阿が『仮名文字遣』で増補した、「お・を」「え・へ・ゑ」など、同音を表す場合の平仮名の使用法。仮名遣いを体系的に示した最初のもの。「お・を」をアクセントの高低で書き分けるなど、独自の基準があり、歴史的仮名遣いと一致しないが、定家の権威により、歌道の方面で中世から近世にわたり尊重された。

**てい-かく【底角】** 三角形において、底辺と他の二つの辺がそれぞれなす角。二等辺三角形の底角は等しい。base angle

**てい-かく【鼎鑊】** 中国古代の死刑執行法の一つ、釜ゆでの刑。また、そのための容器。

**てい-がく【低額】** 低い額。少ない金額。small amount 対義 高額。

**てい-がく【定額】** 決められた額。いつも決まった金額。fixed amount

**てい-がく【停学】** 学生・生徒に登校を禁じる処分。suspension from school 比較 休学・退学。

**ていがく-ちょきん【定額貯金】** 郵便貯金の主力商品。預け入れの金額は一〇〇〇円の倍数、期間は六か月以上一〇年以内、利子は半年ごとの複利となっている。定額郵便貯金。fixed amount savings

**てい-がくねん【低学年】** 学校で、下のほうの学年。とくに小学校の第一、二学年。lower class 対義 中学年・高学年。

**ていがく-ほけん【定額保険】** 保険事故発生時に保険会社より支払われる保険金額が、あらかじめ契約時に定められている保険。insurance of fixed sums

**でい-かざん【泥火山】** 地下から噴出するガスによって、水を多量に含む泥が吹き出してできた円錐形の丘。mud volcano

**てい-かっしゃ【定滑車】** 回転軸を固定して

て

ある滑車。fixed pulley 対義 動滑車。→滑車 図

**ていカリウム-けっしょう【低カリウム血症】** 血清中のカリウムが正常値（一ℓ当たり三・五〜五・二mg）以下の状態。重症では、筋力が低下する。hypopotassemia

**ティカル-いせき【ティカル遺跡】** 中米、グアテマラの低地にあるマヤ文化の遺跡。古典期マヤ（三〇〇〜九〇〇年）最大の祭祀センター。広範囲に、五つの大神殿はじめ多くの建造物の遺構が散在。Tikal sites →写

●ティカル遺跡　第二号神殿。

**ていカルシウム-けっしょう【低カルシウム血症】** 血清中のカルシウムが正常値（一ℓ当たり四・五〜五・七mg）以下の状態。テタニーを起こす。ビタミンD欠乏などが原因。hypocalcemia

**てい-かん【定款】** 公益法人・会社・協同組合などの社団法人の組織と活動に関する根本規則。または、それを記した書面。articles of association

**てい-かん【▼諦観】**（名・サ変他）①明らかに本質を見通すこと。達観。clear vision ②あきらめること。resignation

**でい-がん【泥岩】** 粘土が圧縮脱水されて固化した岩石。泥岩には石灰質・砂質などのものがあり、石灰質のものを泥灰岩、砂・火山灰など不純物の多いものをロームという。

**てい-き【定期】** ①一定の期限・期間。fixed term ②時刻・日時が一定していること。regular ③「定期券」「定期預金」の略。

**てい-き【提起】**（名・サ変他）検討すべき問題などを持ち出すこと。institution

**てい-き【帝紀】** 古代歴代天皇の記録。その記録は現存しないが、天皇の系譜・都宮などを記したという。『古事記』『日本書紀』の原史料。帝皇日継。

**てい-ぎ【定義】**（名・サ変他）物事の名称について、その意味内容を、はっきりと定めること。定めた意味。definition

**てい-ぎ【提議】**（名・サ変他）議案を出すこと。また、その議案。proposal 比較 提起。

**てい-きあつ【低気圧】** ある地域の気圧が周囲よりもじゅうぶん低いこと。北半球では、中心に向かって反時計回りに風が吹き込む。温帯低気圧や熱帯低気圧などがある。depression; cyclone 対義 高気圧。

**ていきあつせい-らい【低気圧性雷】** 発達した低気圧や台風の中心付近の強い渦にともなって起こる雷。渦雷。

**てい-ぎ-いき【定義域】** →へんいき（変域）

**てい-き-いち【定期市】** 中・近世、各地で毎月定期的に開かれた市。一か月三回の三斎市、六回の六斎市など。日切市。日市。

**てい-き-かんこうぶつ【定期刊行物】** 定期に刊行するもの。日刊新聞、週刊また月刊雑誌など。periodical

**てい-き-けん【定期券】** 前払いして一定期間、一定区間の往復に使用する割引乗車券。定期乗車券。パス。commutation ticket; pass

**てい-き-こうろ【定期航路】** 船舶や航空機が、定められた区間を定められた日時に従って定期的に運航する航路。authorized route 対義 不定期航路。

**ディキシーランド【Dixieland】**《「ディキシー」はアメリカ南部の意》アメリカ南部諸州の俗称。

**ディキシーランド-ジャズ【dixieland jazz】** 一九一〇年代に、ニューオーリンズで発生したもっとも古いジャズのスタイル。二拍子のマーチ・テンポでもつれ合うようなアンサンブルが特徴。

**てい-き-せん【定期船】** 定期的に特定航路を運航する船舶。客船・貨客船のほか、最近は貨物船・コンテナ船も定期化。liner 対義 不定期船。

**てい-き-つみきん【定期積金】** 一定額を定期日または一定期間内に数回にわけて預け入れ、満期まで引き出せない預金。installment savings

**てい-き-とりひき【定期取引】** あらかじめ受け渡し期日を定めておき、その期間内に転売・買い戻しによる差金決算をしてもよいとする取引方法。先物取引。time transaction

**ていきねんきん-ほけん【定期年金保険】** →ねんきんほけん（年金保険）

**てい-き-ほけん【定期保険】** 死亡保険の一つ。被保険者が一定期間内に死亡した場合に限り保険金が支払われる。term insurance

**てい-きゅう【低級】**（名・形動）対義 高級。①程度・等級が低いこと・さま。lowgrade ②品がないこと・さま。下等。vulgarity

**てい-きゅう【定休】** 会社や商店などで決めてある休みの日。定休日。regular holiday 比較 公休。

**てい-きゅう【庭球】** →テニス

**てい-きゅう【▼涕泣】**（名・サ変自）涙を流して泣くこと。

**ていきゅう-アルコール【低級アルコール】** 炭素原子の数が少ないアルコール。メタノール・エタノールなど。lower alcohol 対義 高級アルコール。

**てい-きょう【提供】**（名・サ変他）①役に立つようにと差し出すこと。offer ②与えること。自由に使わせること。supply

**てい-き-よきん【定期預金】** 一定期間は払い戻しをしない期限付きの預金。普通預金より高利率。time deposit 比較 当座預金・普通預金。

**てい-きん【庭▽訓】** 家庭の教訓。家庭教育。

**てい-きん【提琴】** ①中国の擦弦楽器の一種。明清楽に用いられる。②バイオリンの訳語。

**てい-ぎん【低吟】**（名・サ変他）詩歌を低い声でうたうこと。singing in a low voice

**ていきんおうらい【庭▽訓往来】** 往来物の一種。初学用の書簡文範例として、一年各月の手紙文を集めたもの。作者不詳。中世末期から近世にかけて広く普及した。

**ていぎん-じけん【帝銀事件】** 昭和二三年（一九四八）一月、東京の帝国銀行椎名町支店で起こった青酸カリによる大量殺人・強盗事件。平沢貞通被告の自白をもとに死刑確定後、その自白などをめぐってたび重なる再審請求が行われたが、すべて棄却された。刑未執行のまま平沢は同六二年（一九八七）病死。

**ディキンソン【Emily Dickinson】**（一八三〇〜八六）アメリカの女流詩人。宗教的緊張感にあふれ、視覚的イメージと感受性のひらめきが特徴。イマジズムの先駆。『全詩集』がある。

**ていきんり-せいさく【低金利政策】** 金融引き締めや不況で不活発になった経済活動を刺激するため、公定歩合を引き下げたりして、金利を引き下げる政策。cheap money policy 対義 高金利政策。

**てい-くう【低空】** 空の低い所。low sky

**ていくう-しょくぶつ【▼挺空植物】** →ちじょうしょくぶつ（地上植物）

**ていくう-ひこう【低空飛行】** ①低空を飛ぶこと。low-altitude flight ②《俗語》落第しないが、すれすれで進級すること。

**ディクタトル【dictatorラテン】** ローマ共和政時代における非常時の最高官職。任期六か月以内。軍事・行政の大権を掌握。

**ディクテーション【dictation】** 英語の教科書などで、書き取り。

**ティグリス-がわ【ティグリス川】**（Tigris）→チグリスがわ（チグリス川）

**て-いけ【手生け・手▽活け】** ①自分で花を生けること。②芸者などをひかして、めかけにすること。

**手生けの花**《自分で飾った花、の意》身請けした、めかけ。

**デイ-ケア【day-care】** 昼間だけ病院で治療を受け、夜は帰宅する形の医療方法。精神科医療のリハビリテーション過程として始められたが、最近は老人・小児など へ対象の幅が広がっている。

**てい-けい【定型・定形】** ①決まった型。fixed form ②短歌や俳句で、五音・七音・韻律や三一字・一七字の形式などがととのっていること。比較 自由律。③（「定形」で）「定形郵便物」の略。

**てい-けい【▼梯形】** →だいけい（台形）

**てい-けい【提携】**（名・サ変自）①手を結んで助け合うこと。cooperation 用例 労農―。②利害関係を通じて、ともに事業をすること。tie up

**ていけいがい-ゆうびんぶつ【定形外郵便物】** 第一種郵便物のうち、定形郵便物の範囲を超えるもの。対義 定形郵便物。

**ていけい-こう【定▼繋港】** 各船舶が繋留の拠点にしている特定の港。ふつう、船籍が置かれ、船舶所有者の所在地がある港をさす。船籍港。port of registry

**ていけい-し【定型詩】** 伝統的に詩句の数や韻律構成が一定している詩。漢詩の五言・七言絶句、短歌・俳句、ヨーロッパ詩のソネットなど。fixed form of verse 対義 散文詩・自由詩。

**ていけい-ゆうびんぶつ【定形郵便物】** 第一種郵便物の中で、長さが一四cm以上、二三・五cmまで、幅が九cm以上、一二cmまで、厚さが一cm以内のもので、重さが二五gまでが六二円、五〇gまでが七二円。対義 定形外郵便物。

**てい-けつ【貞潔】**（名・形動）みさおがかたく、行いがきれいなこと・さま。chaste and pure

**てい-けつ【締結】**（名・サ変他）条約などを結ぶこと。conclusion

**てい-けつあつ【低血圧】** ふつう、一般成人の血圧の最大値が、水銀柱で一〇〇mm以下のものをいう。病気が原因のものと、原因不明の本態性のものがある。hypotension

**ていけっとう-しょう【低血糖症】** 血液中のブドウ糖濃度が正常値以下に低下したために起こる症状。冷汗・ふるえ・脱力感・昏睡など。hypoglycemia

**てい-けん【定見】** しっかりした動かない意見・見識。difinite view 用例 ―のない政治家。

**てい-げん【低減】**（名・サ変自他）①へること。へらすこと。reduction ②値段が安くなること。安くすること。cut down

**てい-げん【定言】** 論理学・倫理学などで、無条件であてはまる立言。categorical statement

**てい-げん【逓減】**（名・サ変自他）しだいにへること。また、へらすこと。漸減。successive diminution 対義 逓増。

**てい-げん【提言】**（名・サ変他）考えを人々の前に出すこと。また、その意見。proposal

**てい-けんしゅう【程▼硯秋】**（一九〇四〜五八）中国京劇の名女方。悲劇が得意。主演作『玉堂春』『青霜剣』など。

**ディケンズ【Charles Dickens】**（一八一二〜七〇）イギリスの小説家。ユーモアとペーソスをこめて時代・社会の風俗を巧みに描き、個性に富み活力にあふれた人物を創造。国民的人気を博した。作品『オリバー=トゥイスト』『デービッド=カパーフィールド』『荒涼館』『二都物語』『大いなる遺産』など。→写

●ディケンズ

**ていげん-てき【定言的】**（形動）ある判断を、無条件的・直接的に立言するさま。categorical 対義 仮言的。

**ていげんてき-めいれい【定言的命令】**（kategorischer Imperativドイツ）カント哲学で、道徳法則を成立させるための至上の命令方式。行為の結果・目的とは無関係に、行為そのものに価値があるとして、無条件的に命令されるもの。categorical imperative 対義 仮言的命令。

**ていげん-りそく【定限利息】** 法律で認められた最高限度の利率による利息。

**てい-こ【艇庫】** ボートをしまっておく倉庫。boathouse

**てい-ご【亭午】** まひる。正午。

**でいこ【▼梯▼姑】** マメ科の落葉高木。高さ一五〜一八m。三葉の複葉を互生。初夏に、枝先に長い花序を出し、紅色の美花を開く。豆果は黒色。暖地でまれに栽培。インド原産。エリスリナ。

**てい-こう【定稿】** できあがって、これでよいとする原稿。決定稿。the finished manuscript 対義 未定稿。

**てい-こう【抵抗】** 一（名・サ変自）外部からの強制や力にさからうこと。政治的にさからうこと。resistance 二（名）①ぴったりしない感じ。反発。resistance ②流体中を運動する物体が進行方向と逆向きに流体から受ける力。resistance ③電気抵抗のこと。resistance

**てい-こう【程▼顥】**（一〇三二〜八五）中国、宋代の儒者。号は明道。周敦頤に学び、仁を天地万物一体と解し、宋学の樹立に貢献。弟の程頤とあわせて二程子と称される。著書『定性書』など。

**てい-ごう【亭号】** 落語家の芸名の名字にあたる号。亭ばかりでなく、家・舎・楼などがつくものもある。用例 三遊―。

**ていこう-うんどう【抵抗運動】** ↓レジスタンス

**ていこう-おんどけい【抵抗温度計】** 物質の電気抵抗が、温度によって変化することを利用してつくった温度計。白金や半導体などを用いる。resistance thermometer

**ていこうがい-エンジン【低公害エンジン】** 排気ガス中の有害ガス(一酸化炭素・窒素酸化物・炭化水素など)をできるだけ少なくした自動車用エンジン。燃焼改良方式と付加装置方式がある。low-pollution engine

**ていこう-き【抵抗器】** 電気回路の中で、必要な電気抵抗を与えるための器具。電気抵抗器。resistor

**ていごうきん-こう【低合金鋼】** 珪素・マンガン・クロム・ニッケルなどを約〇・三%程度加えた鋼。強靭で、耐熱部品などに用いられる。low alloy steel

**ていこう-けん【抵抗権】** 国民が政府に対し法律で定められた義務を不当だとして拒否する権利。right of opposition

**てい-こうさい【▼鄭孔▼采】**(一九三四) 韓国の詩人。短詩『石炭』、長詩『米第八軍の車』などで抵抗詩人として名高い。

**てい-こうしょ【▼鄭孝▼胥】**(一八六〇一九三八) 中国、清末から満州国にかけての政治家。外交・鉄道行政などで活躍。一九二四年以降は溥儀の教育にあたり、満州国の初代国務総理。著書『海蔵楼詩集』など。書家としても著名。

**ていこう-しんか【定向進化】** 生物の形態が一定の方向性をもって進化するという学説。orthogenesis

**ていこう-せいぎょ【抵抗制御】** 直流電動機の速度を制御する一方法。電動子と直列に入れた抵抗の値を変えることにより行う。resistance control

**ていこう-ぶんがく【抵抗文学】** 国家権力や外国軍隊の侵入に対して抵抗の姿勢を示す文学。第二次大戦中のフランスの抵抗文学が名高い。レジスタンス文学。

**てい-こうほう【▼蹄耕法】** 草地造成法の一つ。野草地を牧草地に変えるとき、機械を使わず家畜を多数放牧する方法。野草を採食させるとともに表土を蹄で踏み砕かせて牧草を栽培する。hoof cultivation system

**ていこう-ようせつ【抵抗溶接】** 電気溶接法の一つ。二つの金属部材を突き合わせて電流を流し、接触抵抗の熱を利用して加圧接合する。resistance welding

**ていこう-りつ【抵抗率】** 導線の、単位長さ当たりの電気抵抗に断面積をかけた量。電気伝導率の逆数。単位はオームとメートルの積。比抵抗。記号Ω×m specific resistance

**てい-こく【定刻】** 一定の時刻。決められた時刻。the appointed time

**てい-こく【帝国】** 君主国の一形態で、皇帝が統治する国家。empire

**ていこく-ぎかい【帝国議会】** 大日本帝国憲法下の立法機関。明治二三年(一八九〇)開設。日本で最初の議会制の機関。貴族院と衆議院とからなる。昭和二二年(一九四七)新憲法に基づき、衆議院と参議院の両院に改組。

**ていこく-げきじょう【帝国劇場】** 東京丸の内にある、わが国最初の本格的洋式劇場。明治四四年(一九一一)開場。昭和四一年(一九六六)新装再開場。帝劇。

**ていこく-けんぽう【帝国憲法】** 「大日本帝国憲法」の略。

**ていこく-しゅぎ【帝国主義】** ①自国の勢力や領土の拡張を目的とする侵略的政策。imperialism ②資本主義の進行段階の一つ。金融独占資本主義を経済的基礎とし、資本輸出、国際独占体の形成、領土再分割などを特徴とする。imperialism

**ていこく-だいがく【帝国大学】** 日本の旧制の官立総合大学。明治一九年(一八八六)帝国大学令により東京に発足。以後京都・仙台・福岡・札幌・京城・台北・大阪・名古屋に設置された。帝大。imperial university

**ていこく-ぶんがく【帝国文学】** 東大文科の機関誌。帝国文学会発行。明治二八年(一八九五)創刊、大正九年(一九二〇)廃刊。文芸・史学・哲学にわたる研究・創作・評論を掲載。上田敏・高山樗牛らが活躍した。

**ていこく-ホテル【(株)帝国ホテル】** 日本の代表的なホテルの一つ。所在地は東京都千代田区。明治二〇年(一八八七)設立。

**てい-ざ【▼鼎座・▼鼎▼坐】**(名・サ変自) 《かなえの三本の脚のように》三者が向かい合ってすわること。比較 対座。用例 ―して話しこむ。

**てい-さい【体裁】** ①ありさま。すがた。かたち。form ②みえ。外観。appearance

**ていさい-ぶ・る【体裁ぶる】**(五自) ①体裁をつくる。みえをはる。make a good show ②もったいぶる。put on airs

**てい-さく【定▼朔】** 太陰暦において、月の真の運行を計算して新月の日(朔)の時刻をきめること。朔望月の平均からきめるのを「平朔」という。

**てい-さつ【偵察】**(名・サ変他) 敵のようすを、こちらを知られないようにして探ること。scout 比較 査察。

**ていさつ-き【偵察機】** ひそかに敵情を調べて情報を得るための軍用機。戦術偵察機と戦略偵察機とがある。scout

**ていさんそ-しょう【低酸素症】** 臓器や組織の酸素が欠乏した状態。頻脈・呼吸困難となり、適切な処置をしないと死に至る。極端な場合を無酸素症という。hypoxia

**ていざん-たい【低山帯】** 植物の垂直分布の一つで、山地帯のこと。落葉広葉樹が多い。mountain zone 参照 植物帯。

**てい-し【弟子】** でし。門弟。

**てい-し【底止】**(名・サ変自) 行き止まりまで行って止まること。比較 停止。

**てい-し【▼涕▼泗】** 涙と鼻汁。

**てい-し【停止】**(名・サ変自他) ①中途で止まること。stoppage 比較 底止。②一時禁止すること。suspension

**てい-じ【丁字】** 丁の字。その形。T-shaped

**てい-じ【定時】** ①一定の時刻。定刻。regular time ②一定の時期。定期。fixed period

**てい-じ【逓次】** ①順を追うこと。順次。②順序。順番。

**てい-じ【提示・呈示】**(名・サ変他) 差し出して見せること。presentation

**てい-じ【▼綴字】** ことばを表音文字で書くときの文字の組み合わせ。その文字。つづり。てつじ。スペリング。spelling

**てい-じ【▼騁辞】** 話し方がたくみであること。

**ていし-えき【停止液】** 写真感光材料の現像の進行を停止するために浸す酸性溶液。その後に定着液で画像を定着させる。stop bath

**てい-しき【定式】** 一定の方式・儀式。formula 用例 ―化。

**てい-じけい【丁字形】** 丁字の形。T字形。T-shaped

**てい-じげん【低次元】**(形動) 物の考え方の世界が低いさま。卑しいさま。低級。a low level

**ていじ-じょうぎ【丁字定規】** ↓ティーじょうぎ(T定規)

**てい-しせい【低姿勢】** 相手に対して、やわらかく下手に出ること。頭が低いこと。modest attitude 対義 高姿勢。

**ていじ-せい【定時制】** 一年間の最低出席日数を定め、夜間などに学習を行う教育制度。主として夜間の高校。part-time schooling system 対義 全日制。

**ていじ-たい【丁字帯】** 幅の狭い帯の中央に広い布を縦に縫いつけて丁字形にした包帯の一種。おもに股に用いる。

**ディジタル【digital】** ↓デジタル

**てい-しつ【低湿】**(名・形動) 土地が低くて、湿気の多いこと・さま。low and damp 対義 高燥。

**てい-しつ【底質】** 海洋や河川および湖沼などの水底の表層に分布する物質。多くの場合は未凝固の堆積物だが、場所によっては基底の岩盤が露出している。bottom material

**てい-しつ【貞室】** ↓やすはらていしつ(安原貞室)

**ていしつ-ぎげいいん【帝室技芸員】** 皇室で用いる美術品や工芸品をつくるなどした美術家。明治二三年(一八九〇)皇室が美術家保護のため任命。年金が支給され制作が下命された。第二次大戦後廃止。

**ていしつ-はくぶつかん【帝室博物館】** 国立博物館の前身。東京・奈良にあった宮内大臣所管の博物館施設。昭和二二年(一九四七)文部大臣所轄の国立博物館となる。

**ていじ-ぶ【提示部】** 楽曲で、主題が初めて提示される最初の部分。とくに、提示部・展開部・再現部からなるソナタ形式の第一部分をさす。exposition

**ていしぼう-しょくひん【低脂肪食品】** 脱動物性脂肪の食品。動物性たんぱく質や動物性脂肪を含む材料を植物性のものにかえて作る。大豆ハンバーグなど。low fat foods

**てい-しゃ【停車】**(名・サ変自) 車を止めること。stop 比較 駐車。対義 発車。用例 一時―。

**てい-しゃく【▼梯尺】** 地図で、実際の距離を知るためにつけてある縮尺。比例尺。

**ていしゃ-じょう【停車場】** 汽車・電車の発着、旅客の乗降、荷物の積みおろし、列車の編成、車両の入れ換えなどを行う施設。また、その場所。駅。station

**てい-しゅ【亭主】** ①あるじ。主人。master ②夫。husband

**亭主の好きな赤烏帽子**(ていしゅのすきなあかえぼし) 主人の好みならば、それがどんなに異様な物や、また、人から笑われるような変な事であっても、家族は、その趣味につき合わなければならないということ。

**亭主は達者で留守が好い**(ていしゅはたっしゃでるすがよい) 《家庭をあずかる女房の願望をいったことば》亭主はいなくては困るが、うるさいから留守がちなのがよい。

**亭主八盃、客三盃**(ていしゅはっぱい、きゃくさんばい) 酒をふるまうとき、亭主が客より多く飲むこと。客をだしにして飲むこと。亭主三盃、客一盃。

**亭主を尻に敷く**(ていしゅをしりにしく) 《夫に、収入が少ない、妻に惚れているなどの弱みがあったり、夫が気弱であったりすることをよいことにして》夫をないがしろにして、勝手気ままにふるまうことを言う。夫に対して権勢をふるう。dominate one's husband

**てい-しゅう【定収】** 期間ごとに、決まって入る収入。定収入。regular income 用例 ―のない生活。

**ていしゅう【定州】** 北朝鮮(朝鮮民主主義人民共和国)北西部、平安北道の町で交通の要地。南東に沃野が開け、米の集散地。チョンジュ。

**ていしゅう【▼鄭州】** 中国河南省の省都。京広・隴海両鉄道の交差する交通の要地。綿紡織工業・食品工業が発達。付近には殷代以来の遺跡が多い。人口一五五・二万(一九八四)。チョンチョウ。

**てい-じゅう【定住】**(名・サ変自) ①住所を定めること。settlement ②一定の場所に居住していること。domiciliation

**ていじゅう-けん【定住圏】** 人口の過疎・過密問題を解消して、全国土の均衡ある利用をはかるため、自然環境と生活環境施設・生産施設の整備などを一体として、各地方に計画された圏域。昭和五二年(一九七七)、第三次全国総合開発計画で打ち出された構想。

**てい-しゅうは【低周波】** 周波数の低い電波・音波・交流。相対的な言い方で範囲は明確ではない。電気工学などでは交流使用電源の五〇および六〇ヘルツを、通信関係では可聴周波数(一六～二〇〇〇〇ヘルツ程度)をさす場合が多い。low frequency 対義 高周波。

**ていしゅうは-ぞうふく【低周波増幅】** 周波数が音声の範囲にある信号の振幅を増大させること。low frequency amplification

**ていしゅうは-ちりょう【低周波治療】** 筋肉や神経に対する低周波電流の刺激効果を利用し、筋肉の麻痺や痛みを治療すること。low frequency therapy

**ていしゅ-がく【程朱学】** 朱子学のこと。

**ていしゅ-かんぱく【亭主関白】** 夫がひどくいばっていること。あるじ関白。対義 かかあ天下。

**てい-しゅく【貞淑】**(名・形動) みさおがかたく、しとやかなこと・さま。chaste and modest

**ていしゅ-ぐち【亭主口】** 茶道口の別称。

**てい-しゅつ【呈出】**(名・サ変他) ①ある状態を表し出すこと。represent 用例 反対の結果を―する。②差し出すこと。提出。send in

**てい-しゅつ【提出】**(名・サ変他) 文書・資料などをしかるべき場所に差し出すこと。send in 用例 証拠品を―する。

**ティシュバイン【Johann Heinrich Wilhelm Tischbein】**(一七五一一八二九) ドイツの宮廷肖像画家。一八～一九世紀の画家一族の一人。作品『カンパーニャのゲーテ』。

**てい-じょ【▼汀▼渚】** みぎわ。なぎさ。水ぎわ。

**てい-じょ【貞女】** みさおのかたい婦人。貞婦。faithful woman

**貞女は二夫を並べず**(ていじょはじふをならべず) 「貞女は両夫に見えず」と同意。

**貞女は両夫に見えず**(ていじょはりょうふにまみえず) 貞節な女性は再婚しない。貞女は二夫に見えず。

**てい-しょう【定昇】** 「定期昇給」の略。

**てい-しょう【提唱】**(名・サ変他) ①意見などを人々に示して主張すること。advocacy ②禅宗で、宗旨の大綱を示して説法すること。提要。

**てい-しょう【低唱】**(名・サ変他) 低い声で歌うこと。低吟。humming 対義 高吟。用例 浅酌―。



↓ 行き先項目、図版・写真参照印。 JIS 日本工業規格情報交換用漢字符号コード(区点コード)。

**てい-じょう【呈上】**(名・サ変他) さしあげること。進呈。presentation

**でい-じょう【泥状】** どろのような状態。muddy

**ていじょう-うちゅうろん【定常宇宙論】** 宇宙ははじめも終わりもなく常に一定であり、宇宙の物質密度は不変であるとする宇宙論。steady state cosmology

**てい-しょうがい【低障害】** 陸上競技の障害走に用いられる高さ七六・二㎝のハードル。八〇m・二〇〇mのハードル競走に用いられるが、両種目とも現在はあまり行われていない。low hurdles

**ていじょう-かてい【定常過程】** 時刻をずらしても定常性を示す確率過程。時刻の変化に対して安定性をもつ偶然現象に広くみられる。stationary process

**ていじょう-じょうたい【定常状態】** 全体が動的な状態でありながら、そのなかのある系を記述する物理的な量が時間とともに変化しない状態。たとえば、流速一定の流体、電流一定の電気回路、熱流一定の熱伝導や、量子力学的系のエネルギー固有状態など。stationary state

**ていじょう-でんりゅう【定常電流】** 電流の強さが時間的に変化しない電流。stationary electric current

**ていじょう-は【定常波】** 弦の振動のように、ある場所での波の振幅が一定で、時間的に移動しないもの。定在波。スタンディングウエーブ。standing wave

**てい-しょく【定食】** 食堂などで、数種の料理を組み合わせて、献立の決まっている食事。regular meal [対義]一品料理。

**てい-しょく【定植】**(名・サ変他) 苗を苗畑から畑に本式に移植すること。[対義]仮植。

**てい-しょく【定職】** 決まった職業。regular occupation [用例]—のない人々。

**てい-しょく【抵触・▼牴触】**(名・サ変自) ①規則などにふれること。hindrance [用例]法律に—する。②食い違うこと。矛盾すること。conflict [用例]前日の言と—する発言。

**てい-しょく【停職】**(名・サ変自) ①職務につくことをさしとめること。suspension from office ②公務員の懲戒処分の一つ。一年を超えない一定期間職務につかせず、その間無給とする処分。suspension from duty

**ていしょく-はんのう【呈色反応】** 発色または変色の現象を伴う化学反応。イオンの定性分析・比色分析・定量分析などに利用。color reaction

**てい-じょしょう【丁▼汝▼昌】**(?〜一八九五) 中国、清朝末期の海軍提督。日清戦争に黄海海戦で大敗、威海衛で降伏。服毒自殺。

**ディジョン【Dijon】** フランス中東部、ブルゴーニュ運河沿いの商工業都市。旧ブルゴーニュ公国の首都。人口一四・六万(一九八二)。

**てい-しりゅう【▼鄭▽芝竜】**(一六〇四〜六一) 中国、明末・清初の武将。通称は一官。日本の平戸で田川氏の娘をめとった。のち明の武将として活躍し、滅亡後は清に降伏。清に抵抗する子の鄭成功を説得できず、謀反の罪を受け、一族すべてが殺害された。

**ていじ-ろ【丁字路】** 丁字形のみつまた道。T字路。T junction

**てい-しん【廷臣】** 朝廷の役人。courtier

**てい-しん【▼挺身】**(名・サ変自) 身を投げ出して事にあたること。

**てい-しん【▼挺進】**(名・サ変自) 人より先に進むこと。

**てい-しん【逓信】** ①音信・報知などを、次々に送り伝えて届けること。②郵便・電信などの事務。

**てい-しん【艇身】** ㊀(名) ボートの長さ。boat's length ㊁(助数) ボートレースで、着差の大きさを言う語。length [用例]二—の差。

**てい-じん【▼梯陣】** 艦隊の陣形の一つ。指揮官の乗艦を先頭に、その針路の左後方四五度の線上に他の艦が並んだ陣形。右後方にも同じように並んだ場合を後翼梯陣という。echelon

**ていじん【帝人(株)】** 大手の化学繊維メーカー。日本で最初に人造繊維技術を導入。大正七年(一九一八)設立。

**ていじん-じけん【帝人事件】** 昭和初期、帝国人造絹糸会社の株式の売買をめぐる疑獄事件。昭和九年(一九三四)贈収賄容疑が閣内に及び、斎藤実内閣は総辞職。平沼騏一郎らによる倒閣のための陰謀と非難された。

**ていしん-しょう【逓信省】** 現在の郵政省とNTTとが担当している業務をあつかっていた中央官庁。明治一八年(一八八五)設立。昭和二四年(一九四九)郵政省と電気通信省とに分割されて廃止。

**ていしん-そうごうはくぶつかん【逓信総合博物館】** 郵便・電信電話・放送・宇宙通信施設などの模型や資料などを展示している博物館。東京都千代田区大手町にある。昭和三九年(一九六四)開館。前身は明治三五年(一九〇二)設立の郵便博物館。

**ていしん-たい【▼挺身隊】** 身を投げ出して奉仕する人の組織。volunteer corps

**ていしん-たい【▼挺進隊】** ①本隊より先に進む部隊。②敵中深く進む部隊。

**てい-しんたく【▼鄭振▼鐸】**(一八九八〜一九五八) 中国の文学者。浙江省出身。西欧文学の翻訳、俗文学の研究に業績。著書『中国文学研究』など。

**でい-すい【泥水】** どろまじりのよごれた水。muddy water

**でい-すい【泥酔】**(名・サ変自) べろべろに正体なく酒に酔うこと。乱酔。dead drunkenness

**ていすい-しょくぶつ【▼挺水植物】** →ちゅうすいしょくぶつ(抽水植物)

**ディスインフレーション【disinflation】** 金利引き上げなどの思い切った金融引き締め政策を採用することで、デフレにおちいることなくインフレを鎮静化させること。昭和二四年(一九四九)のドッジプランに沿った財政金融政策がその例。

**てい-すう【定数】** ①ある一定の数量・員数。fixed number ②定まった生命。運命。destiny ③数学で、変数に対して一定の数値として扱われる文字。常数。恒数。④物理で、弾性率・電気抵抗などの物質に固有な量(=物質定数)。また、光速度・電気素量・プランク定数などのように基本的な物理法則によって定められた定数(=普遍定数)。constant [対義]変数。

**てい-すう【底数】** 数学で、対数の底となる数。底。base

**ていすう-かんすう【定数関数】** 常に一定の値をとる関数。constant function

**ていすう-ふきんこう【定数不均衡】** 選挙区によって議員定数と有権者数との比率に著しく差があり、一票の重みに格差がついている状態。imbalanced apportionment

**ディスカウント【discount】** ①割引。②《「ディスカウントセール」の略》安売り。割引販売。

**ディスカウント-ストア【discount store】** 割引店。有名メーカーの製品を直接大量に仕入れ、経費節減を図って通常価格より安く売る。耐久消費財の分野を中心にアメリカで発展し、日本では昭和三〇年代から導入。

**ディスカス【discus】** 体が円盤状で平たいカワスズメ科の熱帯魚。全長一五〜二〇㎝。茶色の地に青ないし緑の横縞があり、目が大きい。性質はおとなしい。稚魚は、親の体に吸いつくように群がって親魚からの分泌物を食べて育つ。品種によって縞模様などが異なる。アマゾン原産。→[写]

●ディスカス

**ディスカッション【discussion】**(名・サ変他) 討論すること。討議。

**ディスク【disk; disc英・disqueフランス】** ①レコード。音盤。②円盤。③「磁気ディスク」の略。

**ディスク-カメラ【disc camera】** カセット式の円盤状フィルムを使用するイーストマンーコダック社のAEカメラ。画面サイズ八・二㎜×一〇・六㎜のカラーフィルムで一五こまの撮影ができる。

**ディスク-ジョッキー【disc jockey】** ラジオ放送で、自在な語りをまじえながらレコード音楽をかけて番組を進行する人。DJ。

**ディスク-たいしょう【ディスク大賞】**(Disc Grand Prix) すぐれたレコード音楽に対する年間賞。フランスに始まる。

**ディスク-ブレーキ【disc brake】** 車輪とともに回転する鋼製の円板を摩擦材料を張ったパッドで押さえて制動する装置。

**ディスク-ホイール【disk wheel】** 自動車や自転車などのスポークのない車輪。鋼鉄やカーボンファイバーなどのディスク(円盤)を使用。

**ディスクロージャー【disclosure】** ①国・地方公共団体が国民・住民に対して行う情報公開。②企業が株主・投資家・取引先などに対して行う情報公開。企業内容開示。

**ディスコ【disco】**《discothèqueフランスから》生演奏やレコード音楽に合わせてダンスを踊る店。かつては、ゴーゴー喫茶・ゴーゴークラブなどとよばれた。

**ディズニー【Walt Disney】**(一九〇一〜六六) アメリカの映画製作者。色彩長編漫画映画や記録映画・劇映画を製作。作品『白雪姫』『ファンタジア』『砂漠は生きている』『メリー-ポピンズ』など。

**ディズニーランド【Disneyland】** ①アメリカ、ロサンゼルス郊外にある大遊園地。一九五五年ディズニーが建設。面積六五万$m^2$。②東京ディズニーランドのこと。

**ディズニー-ワールド【Disney World】** アメリカ、フロリダ州オーランド市近くにディズニーが建設した大レクリエーションセンター。一九七一年完成。面積一一一〇$km^2$。

**ディスパッチャー【dispatcher】** 地上勤務の航空機運航管理者。飛行計画を作成し、また飛行中の航空機の運航状態を監視して必要な情報を機長に提供する。

**ディスプレー【display】**《展示の意》①ショーウインドーの陳列・装飾から、催し物の展示におよぶ立体的・空間的造形をいう。②生物が威嚇や求愛のためにとる行動。誇示行動。③コンピューターの出力表示装置。

**ディスポーザー【disposer】** 台所で出る残飯や野菜くずを処理する機械。くずを細かく粉砕し、水といっしょに排水管から下水道へ流す。

**てい・する【呈する】**(サ変他) =呈す。①さしだす。present ②さしあげる。進呈する。offer ③ある状態を示す。show

**てい・する【訂する】**(サ変他) 文字や文章などを直す。訂正する。訂す。correct

**てい・する【▼挺する】**(サ変他) 先んじて進む。挺す。volunteer [用例]身を—・して行う。

**ディズレーリ【Benjamin Disraeli】**(一八〇四〜八一) イギリスの政治家。自由党のグラッドストンを好敵手として保守党を指導、二大政党対立時代を現出。一八六八年、一八七四〜八〇年首相。帝国主義的外交を行い、インド支配の確立、スエズ運河買収・ロシアの南下阻止などに成功。

**てい-せい【帝政】** 皇帝による政治体制。imperial government [用例]—ロシア。

**てい-せい【訂正】**(名・サ変他) 文字・文章・表現内容の誤りを改め正すこと。correction [用例]字句の—。—箇所。

**てい-せいこう【▼鄭成功】**(一六二四〜六二) 中国明朝末期の武将。明の滅亡時、抗清復明運動に活躍。別称国姓爺。父は鄭芝竜、母は肥前国平戸の日本人。台湾を根拠地にして清軍と戦ったが志を遂げず、病死。近松門左衛門の『国性爺合戦』のモデル。

**ていせい-せいぶつ【底生生物】** 海・湖沼・河川などの底に固着したり底をはい回ったりする生物の総称。浮遊生物群のプランクトンに対して、ベントスという。benthos

**ていせい-ぶんせき【定性分析】** 試料の成分を調べる目的で行う分析の総称。定量分析に先行して実施する。qualitative analysis [対義]定量分析。

**ていせい-ロシア【帝政ロシア】** →ロシアていこく(ロシア帝国)

**ていせき-ひねつ【定積比熱】** 体積を一定に保って物質の温度を一度高めるのに必要な熱量。定容比熱。specific heat at constant volume

**てい-せきぶん【定積分】** 関数$f(x)$の、特定の区間$[a, b]$における積分。区間$[a, b]$で関数$f(x)$が負にならないとき、その区間での定積分は、そのグラフと$x$軸、および二直線$x=a$、$x=b$によって囲まれる図形の面積を表す。definite integral

**てい-せつ【定説】** 正しいと確定的に認められている説。定論。established theory [比較]通説。[対義]異説・仮説。

**てい-せつ【貞節】**(名・形動) ①女性の操が正しいこと・さま。chastity ②志が変わらないこと・さま。faithfulness

**てい-せん【▼汀線】** 海面や湖面と陸地との境の線。なぎさの線。shoreline

**てい-せん【停船】**(名・サ変自) 航行中の船がとまること。また、とめること。stoppage [用例]—命令。

**てい-せん【停戦】**(名・サ変自) 戦闘行為を一時やめること。cease fire [比較]休戦。

**てい-ぜん【庭前】** 庭先。庭。garden [用例]—の花壇。

**てい-せんりつ【定旋律】**(cantus firmusラテン)



▼常用漢字表外。 ▽常用漢字表の音訓外。

ポリフォニーの作曲にさいし、曲の基礎をなす一定の旋律。ふつう既成の旋律が用いられる。plain song

**てい-そ【定礎】** 洋風建築で、着工のため土台石を据えること。lay the cornerstone 用例 —式。

**てい-そ【提訴】**(名・サ変他) 訴訟をおこすこと。institute a lawsuit

**てい-そう【貞操】** ①正しい品行。貞節。節操。fidelity ②おもに婦人が性的純潔を守ること。法律では夫婦間の性的純潔。chastity

**てい-そう【逓送】**(名・サ変他) ①順次に送ること。②宿つぎで送ること。駅逓。

**てい-ぞう【逓増】**(名・サ変自他) 一段一段と、しだいにますこと。漸増。gradual increase 対義 逓減。

**ていそう-しつげん【低層湿原】** 地下水や流水によって常に水が保たれている低地にできる湿原。植物が枯死した後も分解されず泥炭地となっている。主としてヨシ・アゼスゲなどが生育する。low-moor

**ていそう-たい【貞操帯】** 女性の姦通を防ぐために、女性の腰部にはめる鍵つきの金属製ベルト。ビーナス帯。chastity belt

**てい-そく【低速】** 速度のおそいこと。low speed

**てい-そく【定則】** 一定の規則。established law

**てい-ぞく【低俗】**(名・形動) 低級で卑しいこと・さま。卑俗。vulgarity 対義 高雅・高尚。

**ていそく-すう【定足数】** 合議体が活動するのに必要な、構成員の必要最小限度出席数。議事の定足数と議決の定足数とがある。quorum

**てい-たい【停滞】**(名・サ変自) ①進まないで、たまること。物事がはかどらないこと。stagnation ②医学で、食物が胃にもたれること。stagnate in the stomach

**て-いた・い【手痛い】**(形) 非難・損失などがひどい。severe

**てい-だい【帝大】** 帝国大学の略称。

**ていたい-ぜんせん【停滞前線】** 温暖、寒冷両気団の境界面が多少の移動はあっても、ほぼ同じ所にとどまっている場合の前線。梅雨前線・秋雨前線など。stationary front

**てい-たく【邸宅】** りっぱな住まい。屋敷。residence

**ティタニア【Titania】** 妖精の国のオベロン王の妃。シェークスピアの戯曲『真夏の夜の夢』に登場する。

**てい-たらく【体たらく・▽為▽体】**(「体たり」の未然形に接尾語「く」がついて名詞化した語。多くは、みっともないときにいう)すがた。ようす。用例 さんざんの—。

**ティタン【Titanesギリシア】** ギリシア神話の巨人神族。大地母神ガイアと天空神ウラノスの子(六人の男神と六人の女神)をさす。タイタン。

**てい-だん【▼鼎談】**(名・サ変自)《かなえの三本の脚のように》三人が向かい合って話すこと。また、その話。三者会談。three men talk 比較 対談。

**でい-たん【泥炭】** 低湿地帯で、湿性植物が枯死後永年にわたって厚く堆積したもの。石炭の中でもっとも炭化度が低く、水分が多く、煙が多く出る。肥料・燃料用。peat

**でいたん-ち【泥炭地】** 泥炭が堆積している土地。湿地に分布。発達の段階に応じて、低位・中間・高位泥炭地に分類。peat bog

**ていたんぱく-けっしょう【低▼蛋白血症】** 血漿中のたんぱく質が異常に減少した状態。肝臓病・ネフローゼ症候群・栄養不良などで起こる。hypoproteinemia

**てい-ち【低地】** 海抜の低い土地。まわりより一段低くなった土地。low land

**てい-ち【定置】**(名・サ変他) 一定の場所に置くこと。fixation 用例 —網。

**ていち-あみ【定置網】** 海岸から沖に向けて設置する垣根状の網漁具。魚群の進路を遮断し、脱出しにくい構造をした囲い網の中に魚群を導く。落とし網・桝網など。set net

**ていちあみ-ぎょぎょう【定置網漁業】** 網などの漁具を一定の場所に敷設して営む漁業。set net fishery

**ていち-ぎょぎょう【定置漁業】** 魚をとる道具を一定の水域にしかけておいて行う漁業。定置網漁業など。set net fishery

**ていち-たい【低地帯】** 植物の垂直分布のもっとも低い地帯。本州中部では高度七〇〇m以下。自然林はカシやシイの常緑広葉樹林となる。山麓帯。basal zone

**てい-ちゃく【定着】**(名・サ変自他) ①ある場所・地位について固く離れないこと。②学説や見解に対する評価が定まること。fixing ③現像ずみの写真感光材料から未感光のハロゲン化銀を溶解除去して、現像した像が変化しないようにする処理。fixing

**ていちゃく-えき【定着液】** 写真の定着に用いる薬液。チオ硫酸ナトリウム(=ハイポ)の二〇〜二五%水溶液がふつう。フィクサー。fixer

**ていちゃく-ひょう【定着氷】** できた場所を動かないで、陸地に定着している極地の氷。

**でい-ちゅう【泥中】** どろの中。

**泥中の蓮** 汚れた環境にあっても清く生きるたとえ。泥中のはちす。A myrtle among thorns is a myrtle still.

**ディチュランボス【dithyrambosギリシア】** 古代ギリシアの合唱舞踊形式。ディオニュソス神賛歌をアリオンが詩的に完成、のちのギリシア悲劇の母体となったとされる。

**てい-ちょう【丁重・▼鄭重】**(名・形動) 手厚いこと・さま。丁寧。courtesy 対義 疎略。

**ていちょう【低潮】** 引き潮で、潮が引ききった状態。対義 高潮。

**てい-ちょう【低調】** 一(名) 音の低い調子。low tone 対義 高調。二(名・形動) ①内容・程度などが粗末なこと・さま。low degree 用例 全体の出来は—。②調子が悪くて、能率の上がらないこと・さま。inactive 用例 客の出足は—。

**てい-ちょう【▼啼鳥】** 鳴く鳥。さえずる鳥。

**ていちょう-えき【低張液】** 細胞を溶液中に入れたとき、水が細胞内に浸入して細胞が膨張するとき、この溶液は低張液であるという。細胞内液より浸透圧が低いことによる。hypotonic solution

**ていちょう-せん【低潮線】** 潮の引ききったとき、海面と陸地が接する線。対義 高潮線。

**ティツィアーノ【Tiziano Vecellio】**(一四九〇ごろ〜一五七六) イタリア盛期ルネサンスの画家。雄大な構想のもとに、けんらんたる色調を用いてベネチア派絵画を大成。後代に大きな影響を与えた。作品『聖母昇天』『ダナエ』など。Titian ↓写

● ティツィアーノ 『聖母昇天』。一五一八年、サンタ-マリア-デイ-フラーリ聖堂(ベネチア、イタリア)。

**ディッキー【dicky】** ①男子服の礼服用シャツの飾り胸当て。②婦人服で上着を着るとブラウスを着ているように見える前飾り。③子どもの前掛け。

**ディックス【Otto Dix】**(一八九一〜一九六九) ドイツの画家。新即物主義運動に参加。第一次大戦後の社会の現実を冷酷な写実的作風で表現。作品『画家の両親』など。

**ディック-はんのう【ディック反応】** 猩紅熱に対する感受性の有無を調べる皮膚反応。原因の菌毒素の一定量を皮内に注射して、発赤の程度を調べる。Dick test

**ディック-ミネ**(一九〇八〜) 流行歌手。本名、三根徳一。立教大卒。『二人は若い』『上海ブルース』などがヒット。

**ティッシュ-ペーパー【tissue paper】** 薄紙の一種。さらしパルプで、一$m^2$あたり二〇g前後の紙。小型の箱・袋にたたみこみ、化粧紙・ちり紙などとして使用。ティッシュ。数え方 一枚・一パック・一箱。

**ティッセン【Thyssen Aktiengesellschaft】** 西ドイツにあるヨーロッパでもっとも大きな鉄鋼会社。一八七一年創業。一九五三年から現社名。

**て-いっぱい【手一杯】**(副・形動) ①他の事をするゆとりのないさま。have one's hands full ②力の限り。with all one's might

**てい-てい【廷丁】** 廷吏の旧称。

**てい-てい【亭亭】**(形動トタル) 木などの、高くまっすぐ伸びるさま。用例 —たる老木。

**ティティカカ-こ【ティティカカ湖】**(Lago Titicaca) ↓チチカカこ(チチカカ湖)

**ディテール【detail】**《部分・細部など、の意》①一つのことの細目・詳細。②美術で、一つの作品の全体に対して、ある部分。③服飾で、ポケットやダーツや切り替え線、襟・袖口などの細部。

**てい-てつ【▼蹄鉄】** 使役用・競走用のウマの蹄の底に打ちつける金具。後部の欠けた長円形で、蹄を保護し、衝撃を和らげ、滑りを防ぐ。horseshoe ↓写

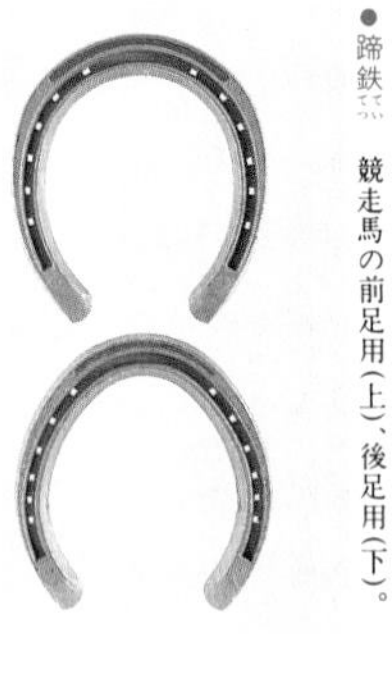

● 蹄鉄 競走馬の前足用(上)、後足用(下)。

**てい-てん【定点】** ①きまった点。位置の定まった点。与えられた点。fixed point ②国際的なとりきめにより、洋上に設けられた気象観測・救難活動・航空援助などを行う地点。ocean station

**てい-てん【帝展】** 帝国美術院主催の美術展覧会の略称。大正八年(一九一九)から昭和一〇年(一九三五)まで開催。文展の後身で日展の前身。

**てい-でん【逓伝】**(名・サ変他) 郵便物・荷物などを順次中継して送ること。そのための馬や人夫。逓送。

**てい-でん【停電】**(名・サ変自) ①送電が一時とまること。electricity failure ②電灯が一時消えること。blackout

**ていでんあつ-ダイオード【定電圧ダイオード】** ↓ツェナーダイオード

**ていてん-かんそく【定点観測】** 国際民間航空機関の協定により、洋上の定点に気象観測船を派遣して行った観測。日本は北緯二九度、東経一三五度を分担。昭和五七年(一九八二)廃止。observation of ocean station

**てい-と【帝都】** 帝王のいる都。帝国の首府。capital

**てい-ど【程度】** 一(名) ①大小・高低・強弱・優劣などの度合い。ほどあい。degree 用例 —が高い。②ちょうど適当な度合い。standards 用例 高校生の—をこえる難問。—を心得る。③ここまではよいという度合い。限度。limit 用例 ものには—がある。二(接尾) およそ…ぐらい。about 用例 一〇人—。

**でい-ど【泥土】** どろ。水にとけた土。mud

**てい-とう【低頭】**(名・サ変自) 頭を低く下げて礼をすること。bow 用例 平身—する。

**てい-とう【抵当】** ①担保。かた。security ②質物。しちぐさ。pawn

**ていとう-けん【抵当権】** 担保物権の一つ。債権者が債権の履行を確保するため、債務者や第三者に提供させる財産。原則として不動産に設定され、債務不履行のとき、債権者はそれによって優先的に弁済を受ける。hypothec

**ていとう-しょうけん【抵当証券】** 抵当証券会社が、土地などの不動産に抵当権を設定し、抵当権付き債権を証券化して一般投資家向けに販売するもの。mortgage

**ていとう-しんようほけん【抵当信用保険】** 債権の抵当としてとった物件の処分額が債権額に不足する場合や抵当物件自体の欠損にそなえ、その損失を補うために債権者が加入する保険。mortgage insurance

**ていとう-ながれ【抵当流れ】** 契約期間中に債務者が債務を履行しないため、抵当物の所有権が失われること。foreclosure

**ディドー【Didoギリシア】** ギリシア神話でカルタゴを建設した女王。ウェルギリウスの叙事詩では英雄アイネイアスに失恋し、自殺する。

**ていとく【貞徳】** ↓まつながていとく(松永貞徳)

**てい-とく【提督】** ①艦隊の司令官。旗艦に乗り、艦隊の指揮をとる。admiral ②海軍の将官をさす呼称。陸軍の将軍(general)に相当する。admiral ③中国の清朝の武官の職名。

**ていとこうそくど-こうつうえいだん【帝都高速度交通営団】** 東京都および隣接県につながる地下鉄を経営する法人。営業キロ一五四・六km(一九八九)。昭和一六年(一九四一)設立。営団地下鉄。

**ティトノス【Tithōnosギリシア】** ギリシア神話のトロヤの王子。曙の女神エオスに愛され、女神の願いで不死となったが、しだいに若さを失い、老いて声のみになったのでキリギリス(またはセミ)に変えられたという。

**ていど-の-ふくし【程度の副詞】** 副詞の一種。ある状態の程度を表すことば。「たいへん美しい」「かなり勉強する」「もっとゆっくり歩け」「ずっと右へ寄る」の「たいへん・かなり・もっと・ずっと」など。

**ていど-もんだい【程度問題】** その程度が問題になる事柄。程度によって適・不適が決まる問題。
**ディトレウセン〔Tove Ditlevsen〕**（一九一七〜七六）デンマークの女流詩人・小説家。詩集『乙女ごころ』、小説『子どもが暴行された』など。
**ディドロ〔Denis Diderot〕**（一七一三〜八四）フランスの文学者・哲学者。代表的啓蒙思想家の一人。『百科全書』を編集・刊行。哲学・文学・美術批評と多彩な著作活動を通じて、旧制度と教会を攻撃した。小説『ラモーの甥』『運命論者ジャック』、論文『ダランベールの夢』など。
**てい-とん【停▼頓】**（名・サ変自）ゆきづまること。
**ディナー〔dinner〕** 正餐。一日の中でもっとも主要な食事。ふつうは夕食。参考 昼が「ディナー」なら夜は「サパー」、夜が「ディナー」だと昼は「ランチ」になる。
**ディナー-ジャケット〔dinner jacket〕** 晩餐用の男子の上着で、燕尾服よりは軽装の略礼装。屋外パーティーなどを楽しむために考案されたカジュアルな正装。タキシードをいうこともある。
**ディナール〔dinarアラビア〕** イラク・ヨルダン・チュニジア・リビア・ユーゴスラビアなどの通貨単位。ジナール。
**ディナルアルプス-さんみゃく【ディナルアルプス山脈】**（Dinaric Alps）南東ヨーロッパ、バルカン半島西部のアドリア海沿いに走る山脈。最高点二六九三m。
**ディニーシュ〔Júlio Dinis〕**（一八三九〜七一）ポルトガルの小説家。田園小説で人気を博した。作品『教区長の後見している娘たち』など。
**てい-ねい【丁寧・▼叮▼嚀】**（形動）対義 疎略・疎漏・ぞんざい。①きちんとしていて礼儀正しいさま。politeness 用例 ―にお辞儀する。②心がこもって注意深い。carefulness 用例 ―な仕事。
**でい-ねい【泥▼濘】** ぬかるみ。どろ道。mud
**ていねい-ご【丁寧語】** 敬語の一種。聞き手を意識してていねいに言う語。「ます・です・ございます」を使う。また、「わたくし・いかが」や「お茶・お願い」などの語も含める。polite expression 比較 尊敬語・謙譲語。
**ていね-やま【手稲山】** 北海道、札幌市西区西部にある山。標高一〇二四m。安山岩からなる火山。札幌オリンピックのスキー会場。
**てい-ねん【丁年】** ①一人前の年齢。二〇歳。②一人前の男子。成年。
**てい-ねん【定年・停年】** 退官、退職すべき一定の年齢。the age limit 用例 ―退職。
**ていねん-せい【定年制】** あらかじめ定めた一定の年齢に達した従業員を自動的に退職させる制度。age-limit system

●ディプラデニア

**てい-のう【低能】**（名・形動）《俗語》知能が普通より劣ること・さま。精神薄弱。
**ディバイデッド-スカート〔divided skirt〕** →キュロットスカート
**てい-はく【停泊・▼碇泊】**（名・サ変自）船が港にいかりをおろして、とまること。anchorage
**てい-はつ【▼剃髪】**（名・サ変自）仏門に入って、髪の毛をそり落とすこと。仏門に入ること。薙髪。
**デイパック〔daypack〕** ハイキング用の小型のリュックサック。内部が上下二つに分かれているものと一つのものとがある。
**てい-ばん【定番】**《確実な売り上げがあり、商品番号が固定しているところから》流行に関係のない安定した基本的な商品。とくに衣料品などについていうことが多い。product of consistent sales; running items
**てい-ばん【底盤】** 露出面積が一〇〇km²以上にわたる、主として花崗岩の巨大な岩体。地下深いほど広大な分布を示す。batholith
**でいばん-がん【泥板岩】** →けつがん（頁岩）
**ティピカル〔typical〕**（形動）典型的。模範的。
**てい-ひせき【▼鄭飛石】**（一九一一〜）韓国の小説家。『城隍堂』で文壇に登場、のち通俗的傾向に走る。作品『自由夫人』など。
**てい-ひょう【定評】** 世間一般で、動かない評判。reputation
**てい-びょう【帝▼廟】** 帝室のみたまや。the Imperial mausoleum
**ていひれい-の-ほうそく【定比例の法則】** 化合物に含まれる成分元素の質量の比は常に一定であるという法則。水を構成する水素と酸素の比は常に一対八となる、など。一七九九年プルーストが提唱。law of definite proportions
**ディピロス〔Diphilos〕** →ディフィロス
**てい-ふ【貞婦】** 夫に対して操を正しく守っている女。貞節な婦人。貞女。virtuous woman
**てい-ぶ【底部】** 底の部分。下の部分。bottom
**ディフィロス〔Diphilos〕**（生没年未詳）ギリシアの新喜劇詩人。紀元前四世紀末から前三世紀初めにかけて活躍。ラテン喜劇に多大な影響を与えた。
**ディフェンス〔defense〕** ①球技で、ゴールを守る守備側チームやプレーヤー。また、その方法。②ボクシングやフェンシングなどで相手の攻撃に対する防御の技術。守備体制。
**ティフトン〔Tifton〕** 多年生植物バーミューダグラスの一品種。
**ディフュージョン-インデックス〔diffusion index〕** 景気動向指数。
**ディプラデニア〔dipladenia〕** キョウチクトウ科ディプラデニア属の常緑つる性植物の総称。花は浅いじょうご形で径約五cm、先端は五裂し外へ開く。種類は多く、花色は豊富。ボリビア原産。温室・室内で栽培。→写
**ティブルス〔Albius Tibullus〕**（BC四八ごろ〜BC一九ごろ）ローマの詩人。繊細で美しい調べにみちたエレゲイア詩（エレジーの語源）を書いた。『詩集』がある。
**ディプロドクス〔Diplodocusラテン〕** ジュラ紀後期の北アメリカにいた、極めて長い頸と尾をもった巨大な草食恐竜。全長二五m以上、推定体重三〇t以上。ブロントサウルスなどとともに地球史上最大の陸上動物。四脚歩行。体の構造や体重から考えて、河川や湖沼で水中生活をしていたとされる。
**ディベート〔debate〕** 討論。とくに、テーマに対する賛否の立場を討論者個人の考え・信念と無関係に決めるなどし、一定のルールのもとに、相手や聴衆を説得する技術を競う形式のものをいう。
**ティベスティ-さんち【ティベスティ山地】**（Tibesti）アフリカ中北部、サハラ砂漠南東部を占める山地。最高峰エミクシ山は標高三四一五m。三〇〇〇mを越す岩山が多い。
**ティベリアス〔Tiberias〕** イスラエル北東部、ティベリアス湖西岸の商業・観光都市。温泉があり保養地としても知られる。
**ディベルティメント〔divertimentoイタリア〕** 器楽曲の一形式。王侯貴族が食事のときなどに伴奏として演奏させた娯楽音楽。一般に六、七楽章で、各楽章は比較的短く、形式も一定していない。喜遊曲。
**てい-へん【底辺】** ①三角形や平行四辺形の高さに対する辺。base ②社会の下層。base 用例 ―の人々。
**てい-ぼう【堤防】** 沿岸への波浪の侵入や河川の氾濫の防止のために築かれる構造物。堤。土手。堤塘。levee
**ティボー〔Jacques Thibaud〕**（一八八〇〜一九五三）フランスのバイオリン奏者。クライスラーと並ぶ二〇世紀前半最大の巨匠。繊細典雅な音色や気品に満ちた演奏で知られた。
**ティボーデ〔Albert Thibaudet〕**（一八七四〜一九三六）フランスの批評家。新しい総合批評を確立。作品『マラルメの詩』『小説の読者』など。
**てい-ぼく【低木】** 比較的背の低い木本。根株から数本の幹ないし枝を出すものが多い。樹高約二mを境にして高木と区分される。灌木。shrub 対義 高木。
**ていぼく-たい【低木帯】** 高山の森林限界より上、ハイマツ・ミヤマハンノキなど低木林が優占する地帯。または、サバンナの周辺のような乾燥地の低木帯もある。shrub zone
**デイ-ホスピタル〔day hospital〕** 昼間だけ患者を集めて、集団治療や個人治療を行う施設。夜間は患者を自宅に帰すもので、本来の病院ではない。対義 ナイトホスピタル。
**ティボリ〔Tivoli〕** イタリア、ローマ近郊の観光・保養都市。人口五・一万（一九八一）。
**てい-ほん【定本】** 同じ作品で、本による語句の違いを比べて異同を正した、標準となる本。authentic text 比較 異本・流布本・校本。
**てい-ほん【底本】** ①下書き。控え。draft ②原本。種本。source book ③本文の異同を比べるとき、また翻訳のとき、土台とする本。そこほん。original text
**てい-まい【弟妹】** おとうとと、いもうと。younger brothers and sisters
**ディマンドプル-インフレーション〔demand-pull inflation〕** →じゅようインフレ（需要インフレ）
**ティミショアーラ〔Timişoara〕** ルーマニア西部、ユーゴスラビア国境に近い商工業都市。繊維・食品・電気機械工業が発達。人口二六・二万（一九八三）。
**ディミトロフ〔Georgy Mikhailovich Dimitrov〕**（一八八二〜一九四九）ブルガリアの政治家。国際共産主義運動の指導者。一九三五年以降コミンテルンで活躍。四六〜四九年首相に就任。
**ディミヌエンド〔diminuendoイタリア〕**《音楽用語》だんだん弱く、の意。
**てい-めい【低迷】**（名・サ変自）①雲などが低くたれこめること。hang low 用例 暗雲―。②伸び悩むこと。be in a slump 用例 下位に―する。
**てい-めい【締盟】**（名・サ変自）同盟または条約を結ぶこと。
**ていめい-こうごう【貞明皇后】**（一八八四〜一九五一）大正天皇の皇后。名は節子。公爵九条道孝の四女。
**てい-めん【底面】** 立体の底の面。the base
**ディメンション〔dimension〕** 次元。ある物理量と、基本量との関係を表すもので、たとえば、速さの次元は、時間の次元Tと長さの次元Lとを用いて（$LT^{-1}$）と表される。
**ティモール-とう【ティモール島】**（Pulau Timor）→チモールとう（チモール島）
**ていもん-はいかい【貞門俳▼諧】** 松永貞徳を中心に寛永〜寛文年間（一六二四〜七三）に流行した俳諧の流派。俳言（俗語や漢語）を用い、縁語・掛詞などの言語遊戯に終始し、やがて談林俳諧にとって代わられた。松江重頼・野々口立圃・北村季吟らがある。
**てい-や【丁夜】** 一夜を五分した第四。今の午前一時から三時ごろまでにあたる。丑の刻。四更。参照 五夜・五更。
**テイヤール-ド-シャルダン〔Pierre Teilhard de Chardin〕**（一八八一〜一九五五）フランスの古生物学者・地質学者・イエズス会士。進化論とキリスト教の調和をめざす。著書『現象としての人間』『人間の未来』など。
**てい-やく【定訳】** 評価の定まった、標準となる翻訳・訳語。generally accepted translation
**てい-やく【締約】**（名・サ変自）条約を結ぶこと。conclusion
**ディヤルバキル〔Diyarbakir〕** トルコ南東部、チグリス川右岸の商業都市。古来、交通の要地。人口三〇・五万（一九八五）。
**てい-ゆ【提▼喩】** 修辞法の一つ。一つのものの名で全体を表し、全体の呼び名で一つのものを表す。「銀座」と言ってにぎやかな町を、「花」と言って桜を表す類。synecdoche 比較 換喩。
**てい-ゆう【▼悌友】** 兄弟や先輩後輩の仲がよいこと。
**てい-よう【提要】** 要点をかかげること。その書物。summary
**ていよう-ひねつ【定容比熱】** →ていせきひねつ（定積比熱）
**てい-よく【体良く】**（副）体裁は良くして。相手の気を悪くしないように、うまく。politely 用例 ―断る。
**てい-らく【低落】**（名・サ変自）低くなること。下がること。とくに、物価が安くなること。fall 対義 高騰。用例 人気が―する。
**て-いらず【手入らず】** ①手数・人手がかからないこと。require little trouble ②一度も使っていないこと。また、その物。untouched ③手入れをしていないこと。uncultivated
**ディラック〔Paul Adrien Maurice Dirac〕**（一九〇二〜八四）イギリスの物理学者。量子力学と相対性原理を統合した電子論を発表。量子統計の発展に寄与。一九三三年ノーベル物理学賞受賞。
**ティラナ〔Tiranëアルバニア・Tirana英〕** →チラナ
**ティラノサウルス〔tyrannosaurusラテン〕** →チラノサウルス
**ディラン〔Bob Dylan〕**（一九四一〜）アメリカのフォークソング歌手・作曲家。一九六〇年代以後の新しいポピュラー音楽を推進。作品『風に吹かれて』など。
**てい-り【低利】** 低い利率。安い利息。low interest 対義 高利。
**てい-り【廷吏】** 法廷の雑務にあたる裁判所

の職員。もと、廷丁。sergeant

**ていーり【定理】** ①自明の原理。principle ②数学で、公理や定義により証明された命題。theorem

**でーいり【出入り】**(名・サ変自) ①出たりはいったりすること。coming and going ②その家や建物に親しく出はいりすること。また、商売などで、そこを得意先にすること。free access to 用例 ―の商人。③金銭の支出と収入。income and expenditures ④もんちゃく。もめごと。けんか。quarrel

**でいーり【泥▼裡】** どろの中。

**泥裡に土塊を洗う** どろの中で土のかたまりを洗う。汚れ方や醜さがきわめてひどいことのたとえ。

**ていーりつ【低率】** 低い割合。安い利率。low rate 対義 高率。

**ていーりつ【定立】** ①(名・サ変他)一定の判断・命題などを肯定的・直接的に主張すること。②ヘーゲル弁証法の論理的三重構造における最初の命題・段階。正。テーゼ。thesis 対義 反定立。

**ていーりつ【定律】** 決まった法則・規則。fixed law

**ていーりつ【定率】** 一定の割合。fixed rate

**ていーりつ【▼鼎立】**(名・サ変自)《かなえの三本の脚のように》三つのものが向かい合って立つこと。三者対立。triangular position

**ていりつーぜい【定率税】** 課税標準の単位あたりの税率が一定に定めてある税。石油税・所得税など。proportional taxation

**ていりつーは【停立波】** ↓ていじょうは(定常波)

**ていーりゅう【底流】**(名・サ変自) ①川や海の深い所を流れる流れ。undercurrent ②表面に現れないで、内部に動いていること・勢い・感情。undercurrent

**ていーりゅう【停留】**(名・サ変自) 一時とまること。stop 用例 ―所。

**でいーりゅう【泥流】** ①火山の噴火時に、多量の水分を含んだ火山礫や火山灰が山の斜面を流れる現象。また、その流れ。大噴火のときは、熱泥流が起こる。mud-flow ②山くずれや集中豪雨のときなどに山腹から流れ下る泥土の流れ。mud-flow 比較 土石流。

**ていりゅうーこうがん【停留▼睾丸】** 睾丸が陰嚢内に下降しないで腹腔内に停まっている状態。精子無形成・悪性腫瘍の原因となるので、四、五歳までに手術が必要。hidden testicle; retained testis; cryptorchidism

**ていーりょう【定量】** ①一定の分量。fixed quantity ②試料中の、ある成分物質の量を測定すること。また、その操作。measurement

**ていりょうーぶんせき【定量分析】** 物質を構成する各成分の含有量を求める目的で行う分析法。近年は機器による定量法が多く用いられる。quantitative analysis 対義 定性分析。

**ティリンス【Tiryns】** ギリシア、ペロポネソス半島アルゴリス地方にあるミュケナイ文明の遺跡。小丘上に紀元前二〇〇〇年ごろの城跡、周囲に前一三世紀の城壁が残る。城内からは壁画や装飾しっくいの断片などが出土。

**ディル【dill】** ↓イノンド

**ていーるい【▼涕涙】** なみだ。

**デイ-ルイス【Cecil Day Lewis】**(一九〇四〜七二) イギリスの詩人。一九三〇年代詩人の一人。ニコラス=ブレークの名で推理小説も書いた。長詩『イタリア訪問』、評論『詩への希望』など。

**ティル-オイレンシュピーゲル【Till Eulenspiegel】** ドイツの伝説上の人物。一五世紀以降、通俗本の主人公として親しまれた。機知といたずら好きで、各階層の偏狭さを愉快に愚弄する。

**ティル-オイレンシュピーゲルのゆかいないたずら【ティル・オイレンシュピーゲルの愉快な▽悪▽戯】**《原題Till Eulenspiegels lustige Streiche ドイ》リヒャルト=シュトラウス作曲の交響詩。一八九四〜九五年作。

**ティルス【Tyrus】** シドンと並ぶ古代フェニキアの港市。紀元前一一世紀ごろからフェニキア諸市の盟主として東地中海貿易で繁栄。前八世紀アッシリアに征服されて以後諸国に服属。

**ティルソ-デ-モリーナ【Tirso de Molina】**(一五八四ごろ〜一六四八) スペイン黄金世紀の劇作家。ドン=ファンを初めて登場させた『セビリアの色事師と石の招客』など。

**ディルタイ【Wilhelm Dilthey】**(一八三三〜一九一一) ドイツの哲学者。生の哲学の代表者の一人。解釈学を提唱、精神諸科学の基礎づけをめざした。著書『精神科学序説』など。

**ティルチラパリ【Tiruchirāpalli】** インド南部、タミルナードゥ州中部の商業都市。交通の要地。綿紡績、タバコ、金・銀細工などがさかん。高さ八三mの岩石上の寺院が有名。人口六〇・八万(一九八一)。

**ティルトアップ-こうほう【ティルトアップ工法】** 大型の鉄筋コンクリート製の壁や床を現場近くで製作し、組み立てる工法。tilt-up panel construction

**てーいれ【手入れ】**(名・サ変他) ①手を加えてなおすこと。衣服や住居の補修・修理。repair ②めんどうをみること。世話。care 用例 庭の―。③警官が捜査や検挙をするため、現場にふみこむこと。raid

**ていーれい【定例】** ①一定の例。established usage ②一定の期日に行うこと。時の決まっていること。じょうれい。regular 対義 臨時。用例 ―会議。

**ていーれい【丁零・丁令・丁霊】** 紀元前三世紀ごろから、シベリア南部のバイカル湖南方から、アルタイ山脈北麓にかけて遊牧したトルコ系民族。五世紀ごろ高車国を建国。のちの鉄勒はその末流。

**ていーれい【丁▼玲】**(一九〇四〜八六) 中国の女流小説家。本名は蒋冰姿。湖南省生まれ。一九二〇年代から執筆開始、多くの問題作を発表。作品『水』『太陽は桑乾河を照らす』など。

**ていれいーかい【定例会】** 県や市町村の議会が年四回以内定期的に招集しなければならない議会。また、その会期。国会の常会にあたる。regular meeting

**ディレード-スチール【delayed steal】** 野球で、走者のスタートのタイミングを遅らせたり、また、捕手が投手へ返球するときなどの、通常のプレーの隙をねらう盗塁。

**ディレクター【director】** ①取締役。理事。②映画・放送番組などの監督。演出者。③音楽で、指揮者・楽長。

**ディレクターズ-スーツ**《和製語》シングルまたはダブルの黒ジャケット、黒とグレーの縞または黒のスラックスからなる男子の背広型の服装。ベストと組み合わせることもある。略礼装として用いる。

**テイレシアス【Teiresiās ギリシア】** ギリシア神話の盲目の予言者。女神アテナの沐浴を見たため盲目になり、かわりに予言能力を与えられたという。オイディプスの身の上などを予言。

**ていーれつ【低劣】**(名・形動) 程度が低くて、おとっていること・さま。俗悪。inferiority 対義 高尚。用例 ―な読み物。

**ていーれつ【貞烈】**(名・形動) 操を厳しく守っていること・さま。用例 ―な婦人。

**ディレッタンティズム【dilettantism】** 道楽。ジレッタンティズム。

**ディレッタント【dilettante】** 芸術や学問などを、趣味や道楽として愛好する人。好事家。ジレッタント。

**ティレニア-かい【ティレニア海】**(Tyrrhenian Sea) 地中海中部、イタリア本土とシチリア島・サルデーニア島・コルス島で囲まれた海域。火山島が多い。

**ていーれん【低廉】**(名・形動) 値段の安いこと・さま。cheapness 対義 高価。

**ディレンマ【dilemma】** ↓ジレンマ

**ティロール【Tirol】** ↓チロル

**ていーろん【定論】** 広く正しいと認められている論。定説。established theory

**ていーわ【▼鄭和】**(一三七一〜一四三四ごろ) 中国、明代の武将。イスラム教徒で宦官。永楽帝の命で一四〇五〜三三年の間に七回、大艦隊を率いて南海諸国を歴訪。アフリカ東岸にまで達した。諸国に関する知識を広め、貿易通商に貢献。また東南アジアへの華僑進出の契機ともなった。

**ディンカ-ぞく【ディンカ族】** アフリカ、スーダンのナイル川上流に住むナイロート系黒色人種。言語はスーダン-ギニア語群に属する。長身・長頭。乾季には牛の遊牧、雨季にはサバンナで雑穀栽培に従事。Dinka

**ティンゲリー【Jean Tinguely】**(一九二五〜) スイスの彫刻家。鉄の廃品を利用した彫刻に運動と音を導入。作品『ニューヨーク賛歌』など。

**ディンゴ【dingo】** イヌ科の動物。オーストラリアに住みついている唯一の食肉目の獣。体長約一m。体はやや長い粗毛をもつ。群れで家畜や野生動物を襲う。

● ティントレット『聖者の遺骸の発見』。一五六二〜六六年、ブレラ美術館(イタリア)。

**ティントレット【Tintoretto】**(一五一八〜九四) イタリアの画家。ベネチア派最後の巨匠。本名ヤコポ=ロブスティ。魅惑的な色彩と激しい律動感で雄大な画面を作る。ティツィアーノの色彩とミケランジェロの素描を範とした。作品『聖マルコの奇跡』『最後の晩餐』など。↓写

**ティンバーゲン【Jan Tinbergen】**(一九〇三〜) オランダの経済学者。ロッテルダム経済大教授。動的な計量経済モデルを開発し、経済政策理論への計量経済学的接近法を体系化した。一九六九年ノーベル経済学賞受賞。主著『経済政策の理論』。ティンベルヘン。

**ティンパニ【timpani イタリア】** オーケストラの主要打楽器。太鼓の一種。通常二個で一対。半球形の胴に革を張り、わくの上下で張りを調節し、音高を変える。kettledrum ↓写

● ティンパニ

**ティンプー【Thimphu】** ↓チンプー

**ディンプル【dimple】** ゴルフのボールの空気抵抗を少なくし、飛距離を増すために表面につけられた小さなくぼみ。

**てーうえ【手植え】** その人が自分で植えること。用例 お―の松。

**デウカリオン【Deukaliōn ギリシア】** ギリシア神話のプロメテウスの子。敬虔な善人。父の命令で箱船を作り、妻ピュラとともに乗って大洪水をのがれた。洪水後、彼と妻が投げた石から男と女が生まれた。

**デウシュ-ラームシュ【João de Deus Ramos】**(一八三〇〜九六) ポルトガルの詩人。素朴平易で調和にとんだ愛の詩集『花咲ける野』など。

**てーうす【手▼臼】** 手で回す小さいうす。

**てーうす【手薄】**(形動) ①手元に物・お金などが少ないさま。insufficient ②不十分であること。人手が少ないこと。short of hands 用例 警備が―だ。

**デウス【Deus ポルトガル】**《キリシタン用語》神。天主。God

**てーうち【手打(ち)】** ①素手で打ち殺すこと。②機械を使わないで、手でこねたりのばしたりしてめんを作ること。また、そのめん。手打ちうどん・手打ちそばなど。③約束・仲直りなどのしるしに、手を打ち鳴らすこと。reconciliation 用例 ―式。

**てーうち【手討(ち)】** 主君が臣下を、また武士が町人や農民を、自分で切り殺したこと。

**てうちーぐるみ【手打▼胡▽桃】** クルミの変種の一つ。高さ約二〇m。果実は楕円球形。殻が薄く手でも割れる。長野・東北各地で栽植。

**てうりーとう【▽天売島】** 北海道北西部、日本海の島。面積五・五km²。漁業が主。オロロン鳥(=ウミガラス)繁殖地。

**デー【day】** 日。とくに、催し物などのある日。用例 特売―。

**テーグ【大邱】**(Taegu) ↓たいきゅう(大邱)

**テークアウト【takeout】**《持ち出すこと・もの、の意》ハンバーガーショップなどで、店内で飲食せず、注文した品を持ち帰ること。また、持ち帰り用の料理。

**テークオフ【takeoff】** ①出発。②飛行機の離陸。③跳躍競技などの踏み切り。④発展途上国が低い経済水準から、近代的経済への自律的な発展軌道へ移行する、経済成長段階の一つ。離陸期。⑤古い体制を脱して大きく飛躍すること。

**テーク-バック**《和製語》スポーツで、バックスイングに入ろうとする動作。とくに、テニスやゴルフなどで、ボールを打つためにラケッ

トやクラブを後方へ引くこと。back swing

**デー-ゲー-ベー【ＤＧＢ】**《Deutscher Gewerkschaftsbund ドイツ の略》ドイツ労働総同盟。

**デー-ゲーム【day game】** おもにプロ野球で、昼間行われる試合。対義 ナイター。

**デージー【daisy】** ヒナギクの英名。

**テー-ジェー-ベー【ＴＧＶ】**《Train à Grande Vitesse フランス の略》→ティージーブイ(ＴＧＶ)

**テージョ-がわ【テージョ川】**(Rio Tajo) →タホがわ(タホ川)

**テーゼ【These ドイツ】** ①→定立。②運動方針。行動綱領。platform

**データ【data】** ①立論のもとになる事実。資料。②コンピューターにインプットし、プログラム処理の対象とするもの。また、コンピューターから取り出すものもいう。数字・文字・記号など。

**データ-しょり【データ処理】** 必要な情報を得るためにデータを収集・加工する一連の作業のこと。data processing

**データ-つうしん【データ通信】** コンピューターを中心に電気通信回線を利用して、端末機や他のコンピューターとデータの処理・送受信を行うこと。データ伝送。data communications

**データ-バンク【data bank】** コンピューターで処理できる形にした各種の情報を大量に収集・保管し、必要に応じて検索・利用できるようにした機関。

**データ-ベース【data base】** 収集した情報を体系的・統合的に重複なくコンピューターに蓄積し、利用者が必要とする情報をすぐに取り出せるようにしたもの。

**テータム【Edward Lawrie Tatum】**(一九〇九～七五) アメリカの生化学者。アカパンカビの突然変異株中の酵素を研究し、一つの遺伝子は一つの酵素の合成を支配しているという「一遺伝子一酵素説」を提唱。一九五八年ノーベル生理学医学賞受賞。

**デーツ【dates】** →ナツメヤシ

**テート【Allen Tate】**(一八九九～一九七九) アメリカの詩人・評論家。「新批評派」の一人。作品『詩集』、評論集『狂気の理性』『詩の限界論』など。

**デート【date】** 一(名) 日付け。年月日。二(名・サ変自) 異性と待ち合わせて会うこと。また、その約束。比較 あいびき。

**デートン【Dayton】** アメリカ、オハイオ州南西部の工業都市。航空機とその部品工業が発達。ライト兄弟の故郷。人口一九・三万(一九八〇)。

**テードン-ガン【大同江】**(Taedong Gang) →だいどうこう(大同江)

**テーヌ【Hippolyte Taine】**(一八二八～九三) フランスの哲学者・歴史家・文芸批評家。独自の実証主義哲学を樹立。その文学理論は自然主義文学の形成に大きく影響。著書『イギリス文学史』『芸術哲学』『現代フランスの起源』など。

**テーパー【taper】** 円錐状棒材の傾斜の度合いを示す数字。中心を通るある線分の長さで、その両端での直径変化量を割った値のこと。

**テーパード-スラックス【tapered slacks】**《「テーパード」は先細りの、の意》裾に向かって細くなっているスラックス。

**デービー【Humphry Davy】**(一七七八～一八二九) イギリスの化学者。電気化学の基を築いた。電解により、アルカリ金属・アルカリ土類金属を単離発見。炭鉱用の安全ランプの発明もした。

**デービス【Miles Davis】**(一九二六～　) アメリカの黒人ジャズ=トランペット奏者・作曲家。モダンジャズ史上最大の存在といわれ、全ジャズ界の指導的地位を保つ。代表レコード『クールの誕生』など。

**デービッド-カパーフィールド【David Copperfield】** ディケンズの小説。一八四九～五〇年刊。主人公デービッドが苦難を克服して作家として成功する半生を描く。

**テーピング【taping】** スポーツで、選手の関節・筋肉・靱帯の補強と傷害の予防のために、テープを巻くこと。

**テープ【tape】** 薄くて、幅が狭く細長いものの総称。①紙製で、出航のときなどに投げかわすもの。用例 どらが鳴り、―が飛ぶ。②布・ビニール製などで、絶縁・補強・修繕その他、種々の用途のあるもの。用例 ―で目張りする。③陸上競技で、ゴールの目印に用いるもの。用例 ―を切る。④録音・録画用の磁気テープ。用例 ―に吹き込む。⑤通信機・電子計算機の穿孔テープ。⑥「セロハンテープ」「ガムテープ」の略。

**テープを切る(テープをきる)** ゴールインする。とくに、一着になる。breast the tape

**テープ-カット**《和製語》開通式・開場式などで、テープを切って開通・開場のしるしとすること。

**テープ-デッキ【tape deck】** 磁気テープを用いた録音・再生装置。デッキ。

**デーブリン【Alfred Döblin】**(一八七八～一九五七) ドイツのユダヤ系小説家。神経科医。作品『ベルリン=アレキサンダー広場』など。

**テーブル【table】** ①平らな板に脚のついた洋風家具の総称。物をのせたり、食事や会議、また作業用に使う。卓。数え方 一脚。②一覧表。用例 タイム―。

**テーブル-クロス【tablecloth】** テーブルの保護と音を防ぐために、食卓全体をおおう布。また、装飾的な目的の強いもの。テーブル掛け。

**テーブル-さん【テーブル山】**(Table Mountain) 南アフリカ共和国南西部、ケープタウンの南にある山。標高一〇八七m。テーブル状の地形が特徴的。

●テーベ　ルクソル神殿。

**テーブル-さんご【テーブル▼珊▼瑚】** サンゴ虫の群体がテーブル状に形成されたもの。造礁サンゴで、現在のサンゴ礁の主要構成要素。群体は径数メートルに達し、下部の短い柄で他物に固着。奄美大島以南の浅海に分布。

**テーブルさん-ざ【テーブル山座】** 南天の小星座。二月一〇日ごろの午後八時ごろに南中。面積一五三平方度。日本では見られない。Mensa

**テーブル-スピーチ**《和製語》宴会などで、自分のテーブルについたままでする短いあいさつ・演説。卓上演説。short speech at a dinner

**テーブルスプーン【tablespoon】** スープ用の大さじ。

**テーブル-セッティング【table setting】** 一定のマナーに従い、食事に必要な食器をテーブルに配置すること。

**テーブル-センター**《和製語》テーブルの中央に敷く装飾用の布。

**テーブル-チャージ【table charge】** 高級レストランやクラブなどで飲食代とは別に支払う席料。カバーチャージ。

**テーブル-マナー【table manners】** 西洋式の食事をするときの作法。何人かが集まって食事をするさいの、自然で合理的な約束ごと。料理の種類や国によって異なる。

**テープ-レコーダー【tape recorder】** 磁気テープを使用し、音声の録音・再生をする装置。

**テーベ【Thebes】** 古代ギリシア、ボイオティア地方のポリス。紀元前三七一年エパメイノンダスの統帥下にスパルタを破り、覇権を握ったが、前三三五年アレクサンドロス大王により破壊された。多くの神話・伝説をもつ。テーバイ。

**テーベ【Thebes】** エジプト、ナイル川中流の古代エジプトの都市。中・新王国時代の首都、アモン信仰の宗教都市として繁栄。両岸にカルナク神殿・ルクソル神殿・デル=エル=バハリ葬祭殿、および王家の谷などの遺跡がある。→写

**テーベものがたり【テーベ物語】**《原題 Thēbais ギリシア》ギリシア神話で、テーベ市の縁起とその王権争奪の物語。フェニキアの王子カドモスが神託によりテーベ市を建設する話、その子孫オイディプスの悲劇などが描かれる。

**テーマ【Thema ドイツ】** ①主題。題目。議題。theme ②音楽で、楽想の中心となる主題。theme

**テーマ-しょうせつ【テーマ小説】** 述べたいと思う思想を中心とする小説。比較 観念小説。

**テーマ-ソング【theme song】** 主題歌。

**デーメル【Richard Dehmel】**(一八六三～一九二〇) ドイツの詩人。ドイツ印象主義文学の代表。詩集『救済』『されど愛は』『ふたりの人間』など。

**デーモン【demon】** 悪魔。デモン。

**テーラー【tailor】** 男子服専門の仕立て屋。

**テーラー【Cecil Taylor】**(一九三三～) アメリカのジャズ=ピアニスト・作曲家。前衛ジャズの中核。

**テーラー【Elizabeth Taylor】**(一九三二～) アメリカの映画女優。ロンドン生まれ。主演作『若草物語』『陽のあたる場所』『バージニア=ウルフなんかこわくない』など。→写

●E=テーラー　『陽のあたる場所』。右はモンゴメリー=クリフト。

**テーラー【Frederick Winslow Taylor】**(一八五六～一九一五) アメリカの機械技術者。科学的管理論の先駆者で、時間研究やテーラーシステムを提唱。主著『科学的管理法の原理』。

**テーラー【Maxwell Davenport Taylor】**(一九〇一～八七) アメリカの陸軍軍人。柔軟反応戦略を提唱。陸軍参謀総長・大統領軍事顧問・統合参謀本部議長・駐南ベトナム大使を歴任。

**テーラー-システム【Taylor system】** 二〇世紀初めアメリカで始められた工場の科学的管理法。または、出来高払い賃金制度。フレデリック=テーラーを中心にガントやギルブレス夫妻などが考案。今日の経営管理の原型。

**テーラード【tailored】**《「紳士服仕立て」「男物風」の意》男物風な生地や男性的シルエットをもつ婦人服。

**テーラード-カラー【tailored collar】** 襟型の一つ。背広服などに見られるきざみの入った襟型の総称。→図

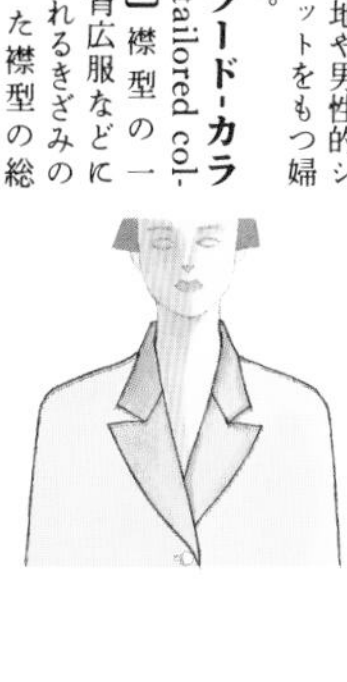
●テーラードカラー

**テーラード-スーツ【tailored suit】** 紳士服仕立ての婦人用スーツ。しっかりした生地でかたい感じの仕立て。素材はフラノ・ツイードなど。

**デーリ【Déry Tibor】**(一八九四～一九七七) ハンガリーの小説家。表現派・シュールレアリスムの洗礼を受ける。作品『未完の言葉』『回答』『ニキ』など。

**デーリー【daily】** 日々。毎日。比較 ウイークリー・マンスリー。

**デーリー-エクスプレス【Daily Express】** イギリスの朝刊大衆紙。保守系。一九〇〇年創刊。

**デーリー-ミラー【Daily Mirror】** イギリスの朝刊大衆紙。労働党系。一九〇三年創刊。

**デーリー-メール【Daily Mail】** イギリスの朝刊大衆紙。中立・保守系。近代大衆ジャーナリズムの先陣をきった。一八九六年創刊。

**テール【tael】**《中国の「両」の英語名》①中国の衡量単位。通例一テールは三七・七g。②中国の旧通貨単位。一テールの重さの銀を単位とする。

**テール【tail】**《動物のしっぽ、の意》はし。末▼端。

**デール【Henry Hallett Dale】**(一八七五～一九六八) イギリスの生理学者。オットー=ローイとの協同による神経刺激の化学的伝達の研究により、一九三六年ノーベル生理学医学賞受賞。

**テール-エンド【tail end】**《末端・末尾、の意》競技などで、最下位の成績。びり。

**テールライト【taillight】** 自動車などの尾灯。テールランプ。対義 ヘッドライト。→自動車図

**デーン-じん【デーン人】** 八世紀末以来イングランドに侵入したノルマン人の一派。一一

世紀初めクヌートがイングランドを征服、北海沿岸をも支配してデーン王朝を創設。Dane

**て-おい**【手負い】傷を受けること。受けた人・けもの。wounded 用例 —の獅子。

**デオキシリボース**[deoxyribose] 化学式 $C_5H_{10}O_4$ アルデヒド基をもつペントースの一種。デオキシリボ核酸(DNA)の構成成分として生物界に広く分布。

**デオキシリボ-かくさん**【デオキシリボ核酸】↓ディーエヌエー(DNA)

**デオキシリボヌクレアーゼ**[deoxyribonuclease] DNAに作用し、ヌクレオチド間の燐酸エステル結合を加水分解する酵素。

**テオグニス**[Theognis] 紀元前六世紀後半に活躍したギリシアの叙情詩人。真作は「若き貴公子キュルノスよ」で始まる詩といわれる。

**テオクリトス**[Theokritos](BC三一〇ごろ〜BC二五〇ごろ) ギリシアの詩人。ヘレニズム時代を代表する詩人で、牧歌詩・田園詩を創始し、後世に大きな影響を与えた。現存する作品は「エイデュリオン(牧歌詩)」と呼ばれる。作品『女魔術師』など。

**て-おくれ**【手後れ・手遅れ】手当て・処置がおくれること。be too late

**で-おく・れる**【出遅れる】(下一自) 出るのが遅れる。物事をし始めるのが遅れる。get a late start; fall behind

**て-おけ**【手▼桶】取っ手の付いているおけ。pail

**て-おし**【手押し】手で押すこと。pushing by hand 用例 —ポンプ。

**て-おち**【手落ち】不注意のためにおちどがあること。手ぬかり。miss

**テオティワカン**[Teotihuacan] メキシコシティ北方にある、メソアメリカ文明形成期から古典期前半にかけての遺跡。宗教文化の一大中心地として、メソアメリカ各地にその影響が及んだ。巨大な「太陽のピラミッド」はその象徴。

**テオドシウス**〈一世〉[Theodosius I](三四六ごろ〜三九五) ローマ皇帝(在位三七九〜三九五)。三九二年キリスト教を国教とし、三九四年分裂していた帝国を統一したが、二子に領土を分与して没したため、帝国は再び東西に分裂。

**テオドラ**[Theodora](五〇八ごろ〜五四八) ビザンチン帝国皇帝ユスティニアヌス一世の妃。女帝として君臨し、ニカの反乱の鎮圧などに積極的に皇帝を援助。

**デオドラント-ソープ**[deodorant soap] 殺菌剤を加えたせっけん。せっけんの洗浄力とその成分中に配合されている薬剤の相乗作用で殺菌するもの。

**て-おどり**【手踊(り)】①座って手だけを動かす踊り。②手になにも持たないでする踊り。③大勢でする踊り。

**て-おの**【手▼斧】①片手で使えるおの。hand axe ②ちょうな。hatchet

**テオフィリン**[theophylline] 茶の葉に含まれるアルカロイド。血管拡張作用・利尿作用はカフェインよりも強い。心臓性および腎臓性浮腫に用いる。劇薬。

**テオフラストス**[Theophrastos](BC三七二ごろ〜BC二八七ごろ) 古代ギリシアの哲学者。アリストテレスの高弟。植物学の祖とされる。著書『植物誌』『形而上学』など。

**テオブロミン**[theobromine] カカオの種子に含まれるアルカロイドの一種。メチル化でカフェインを生じる。利尿剤。

**て-おも・い**【手重い】(形) ①取り扱いが丁寧である。hearty ②重大である。難しい。serious

**て-おり**【手織(り)】①手動式の機械で織ること。その織物。hand-woven ②自分で織ること。その織物。hand-woven

**テオリア**[theōria ギリシア]《眺めることの意》アリストテレスの用語。永遠不変の対象の真理を想い観る霊魂の活動のこと。アリストテレスは観想的生活を人間の最高の幸福とした。観想。観照。

**テオリー**[Theorie ドイツ] 学説。理論。セオリー。

**テオレル**[Axel Hugo Teodor Theorell](一九〇三〜八二) スウェーデンの生化学者。ミオグロビンの結晶化に成功。酸化酵素の研究で一九五五年ノーベル生理学医学賞受賞。

**で-おんな**【出女】①江戸時代、宿屋の客引き女。②江戸時代、江戸を出て地方にむかった女性のこと。関所通行時、とくに厳重な取り調べをうけた。参照 入り鉄砲に出女。

**でか**《明治時代、刑事が愛用した「かくそで(角袖)」の倒語の略》刑事の俗称。

**デカ**[deca]《接頭的》①ギリシア語で、一〇の意。用例 —ノール。②メートル法で、各単位の上につけて一〇倍を表す。記号Dまたはda

**て-がい**【手飼い】自分で世話して飼うこと。その動物。feed an animal by oneself

**でか・い**(形)《俗語》大きい。でっかい。

**で-がいちょう**【出開帳】(名・サ変自) 仏体・本尊を寺の外に運んで拝ませること。対義 居開帳。「別称。

**でかえり-むこ**【出帰り婿】年期婿の

**て-かがみ**【手鏡】手に持って映す、柄の付いた鏡。handmirror

**て-かがみ**【手▽鑑】《「手」は文字、「鑑」は手本の意》江戸時代、古筆家が古筆鑑定の標準とするため古筆の断簡をはりこんだ帖。また、愛好家が手習いや鑑賞用に調製した手本。

**て-がかり**【手掛(か)り・手懸(か)り】①手をかける所。hold ②手づる。いとぐち。きっかけ。clue

**て-かか・る**【出掛(か)る】(五自) 出ようとする。be about to go out

**て-かき**【手書き】《「てがき」は別語》たくみに字を書く人。能筆。good penman

**手書き有れども文書き無し**(てかきあれどもふみかきなし) 文字のたくみな人はいるが、文章をたくみに書く人はすくない。

**て-かぎ**【手▼鉤】端にかぎを付けた棒。大きい魚・荷物などを扱うのに使う。hook

**て-がき**【手書き】《「てかき」は別語》手で書くこと。handwriting 対義 印刷。

**て-がき**【手▽描き】型紙・機械などを使わずに、布地・陶器などに人が文字や模様を描くこと。draw by hand

**デカグラム** 7画【▼瓩】部首[瓦] 和製漢字 JIS 6503

《décagramme フランスにあてる》メートル法の重さで、一gの一〇倍。一〇g。

**て-かけ**【▼妾】《手にかけて愛する者の意》め「かけ。

**て-かけ**【手掛(け)・手懸(け)】家具・器具の、持ち運びのときに手をかける所。

**で-がけ**【出掛け】出ようとするとき。when one is about to go out 用例 —にばったり会った。

**て-が・ける**【手掛ける・手懸ける】(下一他) ①自分でその事に当たる。handle 用例 —・けた仕事。②めんどうを見る。take care of 用例 長年—・けた部下。

**で-か・ける**【出掛ける】(下一自) ①外へ出て行く。外出する。go out ②出ようとする。でかかる。be about to go out

**て-かげん**【手加減】(名・サ変自他) ①はかり・ものさしを使わないで、手で分量・具合をはかること。ほどあい。measurement by a knack ②厳しく扱わず、適当に計らうこと。てごころ。consideration 用例 判定を—する。

**て-かご**【手▼籠】手にさげて持つ、小さなかご。basket

**でかし-た**【出▽来した】(感)《褒めていう》よくやった。用例 金メダルとは、—、—。

**て-かず**【手数】=てすう。①それに要する手段の数。means to accomplish something 数え方 一手(囲碁・将棋など)。②てま・ひまのかかること。trouble ③骨折り。labor 用例 お—をかけました。

**でか・す**【出▽来す】(五他)《俗語》①できるようにする。つくってしまう。用例 頭にこぶを—・した。②しとげる。用例 よく—・した。

**デカスロン**[decathlon] ↓じっしゅきょうぎ(十種競技)

**て-かせ**【手▼枷】手の自由が利かないようにする刑具。てかし。handcuffs 比較 手錠。対義 足かせ。↓枷 図

**で-かせぎ**【出稼ぎ】(名・サ変自) 生活の本拠地を離れ、一定期間遠隔地で働くこと。また、その人。現在は農業に従事する者が農閑期を利用して行うことが多い。work away from home 用例 冬は—に行く。

**て-がた**【手形】①てのひらに墨をぬり、紙に押した形。昔は文書に押して後日の証拠とした。handpoint ②一定金額が一定の期日・場所で支払われることを約束または委託した有価証券。約束手形と為替手形がある。draft; note

**で-かた**【出方】①やりかた。態度。one's attitude 用例 先方の—を見る。②芝居小屋で、客を案内する人。theater attendant 数え方 一枚・一通。

**て-がた・い**【手堅い】(形) ①確実で、危なげがない。reliable ②相場が安定して下がりそうでない。firm

**てがた-かしつけ**【手形貸付】銀行貸し付けの一つ。借用証書の代わりに銀行を相手とする約束手形を振り出させ、それに基づいて一定の資金を貸与するもの。loan on bills 比較 証書貸付。

**てがた-こうい**【手形行為】手形債務発生の原因となる行為。手形の振り出し・裏書き・保証・引き受け・参加引き受けの総称。transactions relating to bills

**てがた-こうかんじょ**【手形交換所】一定地域内の加盟金融機関が、互いの小切手・手形の貸借を相殺し決済するための機関。clearing house

**てがた-こうべん**【手形抗弁】手形上の請求を受けた者がその請求を拒否するために主張できる事由。

**てがた-さいわりびき**【手形再割引】金融機関が一度割り引いた手形を、中央銀行または他の金融機関が再び割り引くこと。再割引。rediscounting of bill

**てがた-そしょう**【手形訴訟】手形金の支払い請求とそれに付帯する法定利率での損害賠償請求について、迅速な裁判と権利の実現をはかった特別の訴訟手続き。

**てがた-ちどり**【手形千鳥】高山の草原に自生するラン科の多年草。高さ二〇〜六〇cm。近畿以北に分布。葉は五、六枚互生し広線形。夏に淡紅色の花を穂状につける。チドリソウ。↓写

●テガタチドリ

**て-がたな**【手刀】指をまっすぐに伸ばし、てのひらの小指側で刀を使うように打つこと。また、その手。

**手刀を切る**(てがたなをきる) 大相撲の作法で、勝った力士が、刀のようにした手先で打って、懸賞などを受けとる。

**てがた-ひきうけ**【手形引受】為替手形の支払人が手形金の支払い義務を承認すること。acceptance of bill

**てがた-ほう**【手形法】為替手形と約束手形について規定した法律。昭和七年(一九三二)公布。

**てがた-ほしょう**【手形保証】手形上の特定の債務のため、保証人がそれと同じ内容の債務を負う旨を手形上で約束すること。assurance of bill

**で-がたり**【出語り】歌舞伎で、浄瑠璃語りが舞台に出て語ること。

**てがた-わりびき**【手形割引】銀行が手形を、その支払期日前に期日までの利子に相当する額(=割引料)を差し引いて買い取ること。discounting of bill

**デカダン**[décadent フランス] 一(名) 一九世紀末の、唯美的なあまり、病的に崩れた傾向。また、その芸術家・人。decadence 二(形動) 乱れた生活をするさま。退廃的。decadent 用例 —な生活。

**デカダンス**[décadence フランス]《退廃・堕落、の意》一九世紀末の芸術に顕著な耽美的・悪魔主義的な傾向。退廃を肯定しそこに美を見いだそうとした、ボードレール・ベルレーヌらが代表的詩人。また、一般にそうした傾向や芸術をいう。

**てか-てか**(形動・副・サ変自) つやがあって光るさま。てらてら。gleamingly 用例 —した、あから顔。

**でか-でか**(副) 普通より並はずれて大きく、目立つさま。conspicuously 用例 —と週刊誌に載る。

**てが-ぬま**【手賀沼】千葉県北西部、利根川下流右岸にある沼。面積は、干拓事業により一〇km²から五km²に縮小。最深二・九m。周辺は宅地開発が進む。

**デカブリスト**[Dekabrist ロシア] ロシアの貴族出身の自由主義的青年将校を中心とした革命家たちの総称。一八二五年一二月皇帝の死に乗じ反乱を起こしたが、政府軍により鎮圧。十二月党。

**て-がみ**【手紙】用件・意思などを特定の相手に書き送る文書。ふみ。書状。書簡。letter

**デカメロン**[Decamerone イタリア] ボッカッチョの短編小説集。一三四九〜五一年作。ヨーロッパ散文文学の祖とされ、『十日物語』とも呼ばれる。フィレンツェを襲ったペストの猛威を

逃れて、三人の貴公子と七人の貴婦人とが、一日一話ずつ、一〇日間にわたって一〇〇話を語りついでゆく、いわゆる枠物語の作品。教会、聖職者、封建制度を嘲笑して、近代精神を掲げた。

**て-がら【手柄】** 人に褒められるような、りっぱな働き。いさお。功績。功名。merit

**手柄を立てる**（てがらをたてる） 功績・功名をあげる。distinguish oneself

**て-がら【手▽絡】** 婦人が日本髪で髷の根元に巻く飾り布。

**てがら-がお【手柄顔】** てがらを自慢する顔つき・ようす。triumphant look

**で-がらし【出▼涸(ら)し】** 茶・コーヒーなどの、何度かせんじ出して、風味がなくなっていること・もの。washed-out 用例 ―のお茶。

**てがら-わげ【手▽絡▼髷】** 銀杏返しに手絡をかけたもの。年齢に応じて髷をふっくらさせたり、手絡の色をかえたりする。

**デカリットル** 7画【▼竍】 部首[立] 和製漢字 JIS 6771 《décalitreフランスにあてる》メートル法の容積で、一ℓの一〇倍。一〇ℓ。

**て-がる【手軽】**（形動） 手数のかからないさま。軽便。easy

**て-がる・い【手軽い】**（形） たやすい。easy

**デカルコマニー【décalcomanieフランス】** 転写術。偶然性や幻想感を求めるシュールレアリスムの絵画技法。アート紙やガラス板に絵の具をぬり、紙をあてて上からこするなどしてはがすと、奇妙な模様ができる。decalcomania

**デカルト【René Descartes】**（一五九六〜一六五〇） フランスの哲学者・数学者。解析幾何学の創始者。近世哲学の祖といわれ、近代合理主義を開く。著書『方法序説』の「我思う、ゆえに我あり」のことばは有名。ほかに『省察』『哲学原理』『情念論』など。

**で-がわり【出替(わ)り】** ①入れ替わること。②江戸時代、奉公人が期限を終えたり、やめさせられたりして替わること。

**デカン-こうげん【デカン高原】**（Deccan Plateau） インド半島の大部分を占める広大な台地。東西両ガーツ山脈とナルマダ川、クリシュナ川に囲まれた台地をいう。綿花栽培のほか、鉄鉱・マンガンなどの鉱産資源が豊富。

**デカン-さん【デカン酸】** ↓カプリンさん（カプリン酸）

**でかんしょ-ぶし【でかんしょ節】** 兵庫県篠山地方の民謡。旧制第一高等学校の生徒がとくに愛唱した。

**デカンタ【decanter】** ワイン・リキュールなどを入れるガラス製のびん。とくに赤ワインは、おり（沈殿物）がたまりやすいので、とり除くために移しかえる。その方法もいう。

**テキ** 3画【▼彳】 部首[彳] JIS 5538
音テキ
①あゆむ。すこしあるく。②部首の一つ。ぎょうにんべん。

**テキ** 7画【▼狄】 部首[犭] JIS 6431
音テキ
えびす。中国北方の異民族。また、一般に、異民族のこと。「夷狄・胡狄・北狄」

**テキ** 8画【▼迪】 部首[辶] 人名用 JIS 7776
9画【▼廸】 部首[辶] 旧字
8画【▼廸】 部首[廴] 異体字 JIS 5515
音テキ
①みち。ひとすじの道。道理。②ふむ。すすむ。いたる。③みちびく。おしえみちびく。

**テキ** 8画【的】 部首[白] 教育小4 JIS 3710
8画【▼的】 旧字
音テキ
訓まと
①まと。めあて。「標的・目的」②あきらかに。きっちりと。「的確・的中」③あざやか。「的皪」④《名詞の下に付いて、形容動詞の語幹をつくる》㋐…といってよいほどの。…の性質をもつ。用例（接尾）芸術―作品。副業―に行う。㋑…にしたがう。…にかなう。用例（接尾）科学―水準。論理―に考える。㋒…のようだ。…らしい。用例（接尾）平民―。悲劇―。⑤人名・職業名に付けて、親しみを表すのに用いる。用例《接尾的》どろ―。取り―。

**テキ** 10画【▼倜】 部首[人・亻]
音テキ・チャク
たかい。すぐれる。ぬきんでる。

**テキ** 10画【▼剔】 部首[刂] JIS 4981
音テキ・テイ
きりほどく。えぐる。ほじくりだす。「剔出・剔抉」 ↓テイ【剔】

**テキ** 10画【▼荻】 部首[艹] JIS 1814
音テキ
オギ。イネ科の多年草。「蘆荻」

**テキ** 11画【▼逖】 部首[辶] JIS 7788
音テキ
とおい。はるか。とおざかる。

**テキ** 11画【▼惕】 部首[忄]
音テキ

**テキ** 11画【笛】 部首[竹] 常用 →教育小3 JIS 3711
①つつしむ。②おそれる。びくびくする。③うれえる。心配をする。
音テキ・ジャク
訓ふえ
ふえ。ふきならすもの。「汽笛・警笛・鼓笛・牧笛」

**テキ** 14画【適】 部首[辶] 教育小5 JIS 3712
15画【▼適】 部首[辶] 旧字
音テキ・セキ・チ・ヤク・シ
かなう。①心にかなう。「快適・自適」②よくあてはまる。「適応・適正・適切・適否・適用・適齢」

**テキ** 14画【摘】 部首[扌] 常用 JIS 3706
14画【▼摘】 旧字
音テキ
訓つむ
つむ。つまむ。つまみだす。あばく。「指摘」「摘出・摘発・摘要」

**テキ** 14画【滴】 部首[氵] 常用 JIS 3709
14画【▼滴】 旧字
音テキ
訓しずく・したたる
①しずく。したたり。「雨滴・水滴・点滴・余滴」②しずくを数えるのに用いる。用例（助数）二、三―。③したたる。「滴下」

**テキ** 14画【▼翟】 部首[羽]
音テキ・タク
①キジ。キジ目に属する鳥。きぎす。②キジの尾の長い羽。舞楽に用いる。

**テキ** 15画【敵】 部首[攵] 教育小5 JIS 3708
15画【▼敵】 旧字
音テキ
訓かたき
①かたき。あだ。たたかいの相手。対義 味方。「強敵・大敵」「敵意・敵国」用例（名）人道の―。②あいて。はりあう相手。「政敵・匹敵・不敵・無敵・論敵」用例（名）とても横綱の―ではない。

**敵に後ろを見せる**（てきにうしろをみせる） ①おじけづいて、敵に背を向けて逃げ出す。turn tail and run ②相手に弱みをみせる。betray one's weakness

**敵は本能寺に在り**（てきはほんのうじにあり） 《明智光秀が、毛利勢を討ちに出陣すると見せかけて、本能寺に織田信長を襲ったことから》ほんとうのねらいは、別のところにある。比較 敵本主義。

**敵もさる者引っ掻くもの**（てきもさるものひっかくもの） 《「さる者」に、動物の「サル」をかけたもの》敵も強くて、なかなかやる。相手も、相当なしたたか者である。

**敵を見て矢を矧ぐ**（てきをみてやをはぐ） 必要にせまられて、初めて用意にとりかかる。手おくれの処置をいう。どろなわ。

**テキ** 17画【▼擢】 部首[扌] JIS 3707
音タク・テキ
①ぬく。ひきぬく。ひきあげる。「抜擢」②ぬきんでる。すぐれている。そびえたつ。

**テキ** 18画【▼擲】 部首[扌] JIS 5819
音テキ・チャク
なげる。なげうつ。なげつける。なげすてる。「乾坤一擲・投擲・放擲・抛擲」 ↓チャク【擲】

**テキ** 18画【▼擿】 部首[扌]
音テキ
①なげる。なげうつ。なげつける。なげすてる。②あばく。あばきだす。あばきあげる。

**テキ** 18画【▼蹢】 部首[足]
音テキ
①たたずむ。とどまる。たちどまる。②ひづめ。牛・馬・羊などのあしのつめ。

**テキ** 19画【▼鏑】 部首[金] JIS 3713
音テキ
①やじり。やさき。矢の先のとがった部分。矢の根。「鋒鏑」②かぶらや。矢の先に、野菜のカブラのかたちをした中空であながある球と雁股をつけたもの。射ると、高い音を発する。「鳴鏑」

**テキ** 21画【▼趯】 部首[走]
音ヤク・テキ
はねる。おどる。とびあがる。

**テキ** 22画【▼糴】 部首[米] JIS 6891
音テキ
かいよね。米穀をかいいれる。また、その米穀。

**テキ** 22画【▼覿】 部首[見] JIS 7522
音テキ
あう。まみえる。面会する。謁見する。「覿面」

**テキ** 22画【▼躑】 部首[足] JIS 7722
音テキ
たたずむ。とどまる。たちどまる。

**て-き** 古語（連語）《完了の助動詞「つ」の連用形に過去の助動詞「き」が付いたもの》…てしまった。用例 ゆめてふ物はたのみそめ―（古今・恋二）。

**テキ** 「ビフテキ」の略。

**デキ** 13画【▼溺】 部首[氵] JIS 3714
音デキ・ジョウ・ニョウ
おぼれる。①水におぼれる。「溺死」②ふける。夢中になる。「耽溺」「溺愛」

**デキ** 14画【▼滌】 部首[氵] JIS 6294
音テキ・デキ・ジョウ
①あらう。すすぐ。「洗滌」②はらう。きよめる。掃除をする。

**で-き【出来】** ①出来上がること。make 用例 品物の―が遅れる。②出来ばえ。workmanship 用例 すばらしい―だ。③実り。収穫。crop 用例 米の―。④取り引き。dealings 用例 ―高。

**でき-あい【出来合(い)】** 出来ていること・もの。既製品。レディーメード。ready-made 対義 あつらえ。

**でき-あい【▼溺愛】**（名・サ変他） むやみにかわいがること。猫かわいがり。dotage 用例 末っ子を―する。

**でき-あ・う【出来合う】**（五自） ①《俗語》男女がひそかにいい仲になる。②ちょうどその時、出来上がる。

**でき-あがり【出来上がり】** ①作り終わること。すっかり出来ること。completion ②出来ばえ。workmanship

**でき-あが・る【出来上がる】**（五自） ①すっかり出来る。完成する。be completed ②《俗語》酒を飲んですっかり酔う。be soaked

**でき-あき【出来秋】** ①稲の実りのよい秋。②作物を取り入れる時期。

**てき-い【敵意】** 憎しみを持つ心。敵対する心。反抗心。hostility

**テキーラ【tequilaスペイン】** リュウゼツランを原料にしたメキシコ産の蒸留酒。アルコール分は二九〜四五%。

**デキウス【Gaius Messius Quintus Trajanus Decius】**（二〇一〜二五一） ローマ皇帝（在位二四九〜二五一）。国家祭儀の復興によって帝国統治を固めようとし、キリスト教迫害を行った。ゴート人との戦いで戦死。

**てき-えい【敵営】** 敵の陣営。敵陣。enemy's camp

**てき-えい【敵影】** 敵の姿。signs of the enemy

**てき-おう【適応】**（名・サ変自） ①条件や要求にあてはまること。adaptation ②生物の諸形質が、その生活している環境のもとでの生存と繁殖に適合していること。もしくは、適合し



▼常用漢字表外。 ▽常用漢字表の音訓外。

ていくこと。adaptation

**てきおう-かじょう【適応過剰】** 職場に適応しすぎて、休日や退職後など、仕事から離れると、ひどくいらいらする症状。

**てきおう-しょう【適応症】** 特定の薬や手術などによる治療法が有効と思われる病気・症状。

**てきおう-しょうがい【適応障害】** 家庭・職場・教育環境などで、対人関係を含む社会環境にうまく適合しない状態。maladjustment

**てきおう-せい【適応性】** 環境に適応できる能力。adaptability

**てきおう-ほうさん【適応放散】** 生物の進化の過程で、同一種がさまざまな環境に適応して、いくつかの系統、さらには別の種へと分化していく現象。adaptive radiation

**てき-おん【適温】** ほどよい温度。moderate temperature

**てき-か【摘花】**(名・サ変自) よい果実を得るために、一部の花をつみとること。flowerpicking; deblossoming 比較 摘果・摘芽。

**てき-か【摘果】**(名・サ変自) 果実を若いうちに間引くこと。均一なよい果実を得るために行う。fruit thinning

**てき-か【滴下】** 液体をスポイト・ピペット・ビュレットなどを用いて少量ずつ加える操作。dropping

**てき-が【摘芽】**(名・サ変自) 果樹や花卉の栽培で、過剰な腋芽を早期に除去すること。芽掻き。disbud

**てきがい-しん【敵▾愾心】**《「敵愾」は、もと主君の恨みを晴らそうとすることの》敵に対する怒りの心。敵対心。競争心。負けん気。hostile feeling

**てき-かく【的確・適確】**(名・形動) 的をはずさないで確かなこと・さま。よく当てはまって、まちがいないこと・さま。てっかく。適切。preciseness 用例 —な判断。—な措置。

**てき-かく【適格】**(名・形動) 資格にあてはまること・さま。てっかく。eligibility

**てきかく-たいしょくねんきん【適格退職年金】** 企業の退職年金のうち、税法上の優遇措置を与えられたもの。適格年金。税制適格年金。qualified retirement pension

**てきかく-てがた【適格手形】** 日本銀行の手形再割引の対象となる手形。日銀再割り適格手形。eligible bill

**てきかく-ねんきん【適格年金】**「適格退職年金」の略。

**てき-がた【敵方】** 戦いの相手のがわ。敵。敵に属する人々。enemy

**て-きき【手利き】** 腕前のすぐれていること・人。うできき。

**てき-き【摘記】**(名・サ変他) ↓てっき(摘記)

**てき-き【敵機】** ↓てっき(敵機)

**てき-ぎ【適宜】**(副・形動) ①ほどよいさま。suitable 用例 —に処置する。②随意。as one pleases 用例 —に判断する。

**てき-ぎょう【適業】** その人にぴったりした職業。適職。用例 —を選ぶ。

**でき-ぐあい【出来具合】** できあがったようす。できばえ。workmanship

**てき-ぐん【敵軍】** 敵の軍隊。enemy troops 対義 友軍。

**てき-げん【適言】** その場にふさわしいことば。うまく要点をつかんだことば。suitable words

**てき-ごう【適合】**(名・サ変自) よくあてはまること。agreement

**てき-こく【敵国】** 敵の国。enemy country

**敵国外患無き者は国恒に亡ぶ**《安楽を戒めることば》外国と事をかまえることもないと、国民は油断し、国はほろびる。

**てきこく-ごうぶく【敵国▿降伏】** 昔、神仏の力で、敵国を打ちのめしてください、と祈ったことば。

**でき-ごころ【出来心】** ひょっと思いついた悪い考え。evil impulse 用例 つい—で、してしまった。

**でき-ごと【出来事】** 世間に起こる色々なこと。happenings

**てき-ざい【適材】** ある役目や仕事に適した才能をもつ人。right man

**てきざい-てきしょ【適材適所】** 人を、その人にふさわしい地位・職業におくこと。the right man in the right place

**てき-さく【適作】** その土地によく合った作物。用例 適地—。

**テキサコ【Texaco Inc.】** アメリカの大手総合石油会社。メジャー(国際石油資本)の一つ。一九〇二年設立。

**テキサス【Texas】** アメリカ南部、リオグランデ川をへだてメキシコと接する州。豊富な石油資源と、大規模な牧畜や綿花栽培で知られる。人口一四二二・八万(一九八〇)。

**テキサス-インスツルメンツ【Texas Instruments Inc.】** アメリカの大手半導体メーカー。電子機器の製造でも実績がある。一九三八年設立。TI。

**テキサスリーガーズ-ヒット【Texas leaguer's hit】** 野球で、当たりそこないの打球が内野手と外野手の間に落ち、運よくヒットになったもの。テキサスリーグの選手がこのような安打をよく打ったとされることから。テキサスヒット。テキサス。

**てき-し【敵視】**(名・サ変他) 敵とみなすこと。敵とみなして接すること。hostility

**てき-じ【適時】** ちょうどよい時。タイムリー。timely 用例 —打。

**でき-し【▾溺死】**(名・サ変自) おぼれ死ぬこと。水死。drowning

**てき-しげき【適刺激】** 目に対する光、耳に対する音のように、各感覚器官が自然の状態で受ける特定の刺激。adequate stimulus

**てきじ-だ【適時打】** ↓タイムリーヒット

**てき-しつ【敵失】** 敵の失策。相手のエラー。error of the rival team

**てきしゃ-せいぞん【適者生存】** ある環境下でその環境にもっとも適したものが生存し、子孫を残せるという考え。ハーバート=スペンサーの用語。チャールズ=ダーウィンが『種の起原』で用いて有名になった。survival of the fittest

**てき-しゅ【敵手】** ①相手。rival 用例 好—。②かたき。enemy 用例 —におちる。

**てき-しゅう【敵襲】** 敵がおそってくること。enemy attack

**てき-じゅく【適塾】** 江戸後期、緒方洪庵が大坂に開いた蘭学の塾。天保九年(一八三八)開塾。塾生から大村益次郎・橋本左内・福沢諭吉などを輩出。緒方塾。適々斎塾。

**てき-しゅつ【摘出】**(名・サ変他) ①手術などによって取り除くこと。つまみ出すこと。pick out ②悪事をあばくこと。摘発。disclose ③《「剔出」とも》えぐり出すこと。extraction

**てき-しょ【適所】** 才能・性質によく合った地位・職業。right place 用例 適材—。

**てき-しょ【適書】** 興味・研究などによく合った書物。

**てき-じょう【敵情・敵状】** 敵・相手のようす。movement of the enemy

**てき-しょく【適職】** その人によく合った職業。適業。suitable job

**てき-しん【摘心・摘▾芯】**(名・サ変自) 茎や枝の先端にある頂芽を摘み取ること。枝分かれ、果実の肥大、花芽数の増加などを促す。心つみ。

**てき-じん【敵陣】** 敵の陣地・陣営。enemy line

**て-きず【手傷・手▿創・手▾疵】** 戦いで受けた傷。wound 用例 —を負う。

**でき-すぎる【出来過ぎる】**(上一自) ①必要以上にできる。be made too much ②あまりにもうまくいく。be too good to be true 用例 —・ぎた話。

**テキスタイル【textile】** 繊維製品全般をさす語。布地・ひも類・繊維原料など、織物から色彩・模様などすべてを含む。

**テキスト【text】** =テクスト。①原文。原典。②教材。教科書。③台本。

**テキスト-クリティーク【Textkritik ドイツ】** 本文・原典批評。異本類などの校合。text critics

**テキストブック【textbook】** 教科書、また講座などで用いる本。

**デキストラン【dextran】** 蔗糖にある種の細菌を作用させて作ったブドウ糖の重合体。分子量数百万〜数千万。代用血清・粘着剤などに使用。

**デキストリン【dextrin】** でんぷんを加水分解して、麦芽糖にいたる過程で得られる中間生成物の総称。のり、丸薬の成形剤などに利用。糊精。

**てき-する【適する】**(サ変自) =適す。①あてはまる。be adapted ②する能力がある。be competent ③よく合う。かなう。be suitable 用例 病人に—食物。

**てき-する【敵する】**(サ変自) =敵す。①はむかう。敵対する。turn against ②張り合う。compete ③つりあう。匹敵する。match

**てき-せい【適正】**(名・形動) 適当で正しいこと・さま。properness 用例 —な価格。

**てき-せい【適性】** ある事・仕事に向いた性質。suitability

**てき-せい【敵性】** 敵として取り扱ってよい性質。enemy character

**てき-せい【敵勢】** ①敵の勢い・戦闘力。②敵の軍勢。てきぜい。

**てきせい-けんさ【適性検査】** ある種の活動に対し、その適性の有無や程度を測定するための検査。aptitude test

**てきせい-りじゅん【適正利潤】** 企業が活動を続ける条件と意欲をみたすのに必要とされる利潤。reasonable profit

**てき-せつ【適切】**(名・形動) よくあてはまること・さま。うってつけ。appropriateness 用例 —な注意を与える。

**てき-ぜん【敵前】** 敵が布陣している前面。in front of the enemy 用例 —上陸。

**でき-そこない【出来損ない】** ①出来上がりが完全でないこと・もの。botch ②不十分。insufficiency ③人並み以下だとあざけっていう語。good-for-nothing 用例 この—め、出ていけ。

**てき-たい【敵対】**(名・サ変自) はむかうこと。対抗。antagonism

**でき-だか【出来高】** ①出来上がりや収穫の総量。yield ②証券取引所で売買が成立した株式数。売り・買いがともに一〇〇〇株のときの出来高は一〇〇〇株。売買高。volume; turnover

**できだか-きゅう【出来高給】** 労働者が生産した製品数量に比例して支払われる賃金。時間給に比べ、能率向上をもたらす反面、労働強化や収入の不安定もまねく。個数賃金。出来高払い。piecework payment

**できだか-ばらい【出来高払い】** ↓できだかきゅう(出来高給)

**てき-だん【敵弾】** 敵の撃ってくる弾丸。enemy's bullets

**てき-だん【▾擲弾】** 爆薬や化学剤を充塡した小弾で、手で投げるか、小銃などで発射するもの。手投げ用のものを手榴弾という。grenade

**てきだん-とう【▾擲弾筒】** 旧日本陸軍の携帯用小型火器。手榴弾や専用の榴弾などの発射に使用。簡易追撃砲。

**てき-ち【適地】** 目的・作物に適する土地。right place 用例 —適作。

**てき-ち【敵地】** 敵の陣地・占領地。enemy's land

**てき-ちゅう【的中】**(名・サ変自) ①的にあたること。命中。hit the mark ②《「適中」とも》予想がぴたりとあたること。come true 用例 予言が—する。

**てき-ちゅう【敵中】** 敵地の中。in the middle of the enemy 用例 —突破。

**てき-てい【滴定】** 容量分析で行う操作の一つ。濃度が正確にわかっている溶液をビュレットで試料に滴下し、反応の終点までの滴下量から試料の濃度を知る。titration

**てき-てき【滴滴】**(形動トタル) したたり落ちるさま。ぽたぽた。dripping

**てき-ど【適度】**(名・形動) ほどよいこと・程度・さま。proper degree

**てき-とう【適当】**(名・形動・サ変自) ①よくあてはまること・さま。suitability 用例 —な温度。②ほどよいこと・さま。moderation 用例 付き合いは—に。③いいかげんなさま。用例 —にやろう。

**てき-どく【摘読】**(名・サ変他) 飛び飛びに読むこと。拾い読み。

**てき-にん【適任】**(名・形動) 仕事・任務などが才能・性格などに合っていること・さま。はまり役。fitness 対義 不適任。

**でき-ね【出来値】** 取引所で、売買が成立した値段。price negotiated

**てき-はい【敵背】** 敵の背後。敵のうしろ。用例 —を突く。

**でき-ばえ【出来栄え・出来映え】** ①出来上がりのよいこと。success ②出来上がった体裁。できぐあい。result

**てき-ぱき**(副・サ変自) ①はっきりものをいうさま。crisply ②手際よく仕事をかたづけるさま。briskly

**てき-はつ【摘発】**(名・サ変他) 悪事をあばいて社会に知らせること。exposure 用例 不正を—する。

**てき-ひ【適否】** あてはまるかどうか。適していること、いないこと。適不適。suitable or unsuitable

**て-きびし・い【手厳しい】**(形) ひどく厳しい。批評などで、相手に弁解の余地を与えず鋭いさま。severe 派生 てきびしさ(名)

て



↓ 行き先項目、図版・写真参照印。 JIS 日本工業規格情報交換用漢字符号コード(区点コード)。

**てき-ひょう【適評】** ぴたりとあてはまる批評。appropriate criticism

**てき-びん【滴瓶・滴▼壜】** 液体の試薬を少しずつ出すための小瓶。栓がスポイト状のもの、容器が醤油さし状のものなど。dropping bottle →図

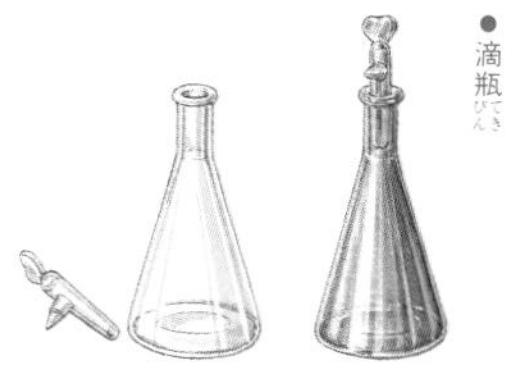

●滴瓶

**でき-ぶつ【出来物】** すぐれた人物。よく出来た人。fine and able man

**てき-ふてき【適不適】** 適当であるか、ないか。適否。

**でき-ふでき【出来不出来】** ①上出来と不出来。出来ばえのよしあし。good or poor results ②出来ばえにむらがあること。unevenness of the results 用例かれの作品には―がある。

**てき-ほう【適法】** 法にかなうこと。legality 対義違法。

**でき-ぼし【出来星】**《俗語》急に出世すること。とつぜん大金持ちになること。成り上がり。そうした人。

**でき-ぼつ【▼溺没】**(名・サ変自) おぼれて死ぬこと。

**てきほん-しゅぎ【敵本主義】**《「敵は本能寺に在り」から》目的が他にあるように見せかけて油断させ、急に本来の目的に向かうやりかた。

**てき-マーク【適マーク】** 防火基準適合表示マークの通称。旅館・ホテル・劇場などが防火管理の面で一定基準の設備を満たしていることを示すもの。→図

●適マーク

**てき-めん【▼覿面】**(名・形動) ①見ること・さま。②効果・結果などが即座に現れること・さま。immediately 用例天罰―。

**でき-もの【出来物】** はれもの。おでき。swell

**てき-や【的屋】** →やし(香具師)

**てき-やく【適役】** その役にぴったりの人。はまり役。fit post

**てき-やく【適訳】** 原文・原語によくあてはまった訳・訳語。proper translation

**てき-やく【適薬】** その病気・病人によく合う薬。合い薬。specific

**でき-やく【出来役】** 花札で勝負を争い、自分が取った札の中で出来た役。四光・五光・猪鹿蝶など。

**てき-よう【摘要】** 要点をかいつまむこと。その抜き書き・書物。summary 比較概括・概要。

**てき-よう【適用】**(名・サ変他) あてはめて用いること。application 用例―を誤る。

**てき-りょう【適量】** ちょうどよい分量。proper quantity 用例―を過ごす。

**で-き・る【出切る】**(五自) すっかり出る。出つくす。be all out

**で・きる【出来る】**(上一自) ①生じる。生まれる。be made 用例子どもが―。②作られる。用例ビルが―。③仕上がる。be completed 用例宿題が―。④人柄・才能がすぐれている。be done well 用例よく―・きた人。語学が―。⑤男女がこっそり結ばれる。become intimate 用例ふたりは―・きたらしい。⑥やれる。可能である。can 用例―だけやります。⑦《サ変動詞の語幹に付いて》可能である、やれるの意を表す。be possible 用例利用―。

**出来ない相談**(できないそうだん) まとまるはずのない相談。無理な注文。unreasonable request

**てき-るい【敵塁】** 敵のとりで。敵陣。enemy fortress

**て-ぎれ【手切れ】** 縁を切ること。rupture

**で-ぎれ【出切れ】** 裁ちあまりの布。cuttings

**てき-れい【適例】** よくあてはまる例。good example 比較好例。

**てき-れい【適齢】** ちょうどよい年ごろ。suitable age

**て-ぎれい【手▼綺麗】**(形動) 手際のきれいなさま。出来上がりのみごとなさま。neat

**てぎれ-きん【手切れ金】** 手切れのため、相手に渡すお金。consolation money

**てき-ろく【摘録】**(名・サ変他) あらましをかいつまんで記すこと。その文章。summary

**て-ぎわ【手際】** ①物事を処理する方法・腕前。skill ②出来ばえ。しあがり。result

**で-ぎわ【出際】** 出がけ。出しな。on going out

**て-きん【手金】** 手付け金。deposit

**てく**《俗語。「てくてく歩き」の略》歩くこと。

**でく【▽木▽偶】** ①木彫りの人形。wooden figure ②人形。くぐつ。puppet

**テグー【tegu】** テユウ科テグー属のトカゲの総称。全長約一m。森林地帯にすみ鳥の卵を好んで食べる。南アメリカの熱帯から亜熱帯に四種が分布。

**デ-クーニング【Willem De Kooning】**(一九〇四― ) アメリカの画家。オランダ生まれ。抽象表現主義の代表。作品『女』シリーズなど。

**デ-クエヤル【Javier Pérez de Cuellar】**(一九二〇― ) ペルーの外交官。一九八二年ワルトハイムの後任として第五代国連事務総長に就任。国連事務次長当時、アフガニスタン問題調停で活躍し注目された。

**テクシー**《俗語。「タクシー」のもじり》てくてくと歩いて行くこと。

**テグシガルパ【Tegucigalpa】** 中央アメリカ中部、ホンジュラスの首都。高原にある商工業都市。一五七八年銀の発見により建設された古都。人口五三・四万(一九八二)。

**てぐす【▽天▽蚕▽糸】** テグスサンの幼虫の絹糸腺からとった糸。白色・透明で、釣り糸、外科用縫合糸などに使う。合成繊維で作られたものにもいう。silkworn gut

**てぐす-さん【▽天▽蚕】** ヤママユガ科の大形のガ。開張約七・五cm。カエデ・クスノキなどの葉を食いあらす。幼虫の絹糸腺からてぐすをとる。中国南部・台湾に分布。フウサン。

**テクスタイル【textile】** →テキスタイル

**テクスチャー【texture】** ①織り方。生地。手ざわり。②風合い。素材感。材質感。

**テクスト【text】** →テキスト

**テクスト【texte フランス】** 言語学・文芸批評の用語。言語資料・文学作品などを、ある構造を示す構成物と見たもの。text

**て-ぐすね【手▽薬▼煉】**《「くすね」は「薬練」の約。松やにを油で煮て練ったもの。糸や弓の弦などを強くするのに使う》薬煉を手にすること。転じて、用意をととのえて機会を待つこと。

**手薬煉引く**(てぐすねひく) じゅうぶん用意して待ちかまえる。be prepared for

**て-くせ【手癖】** 手の癖。

**手癖が悪い**(てくせがわるい) 盗み癖がある。be light-fingered

**で-ぐせ【出癖】** いつも外出ばかりする癖。habit of going out 用例―がつく。

**て-くだ【手管】** 人をだます手際。trick 用例手練―。

**て-ぐち【手口】** ①犯罪の、やりくち。criminal technique ②取引所で、取り引きする売り手・買い手。seller and buyer in the exchange

**で-ぐち【出口】** 外へ出る口。exit 対義入り口。用例非常用の―。

**でぐち-おにさぶろう【出口▽王仁三郎】**(一八七一―一九四八) 宗教家。京都府生まれ。出口ナオを開祖とする大本教の組織者で教主。大本教第二次弾圧時、不敬罪・治安維持法違反で入獄。陶芸などにも独自の世界を開いた。→写

●出口王仁三郎

**てく-てく**(副) 歩いて行くさま。on foot 用例―歩く。

**テクニカラー【Technicolor】**《商標名》三色法色彩映画。カラー映画の一方式。一九三〇年代から五〇年代にかけて欧米の代表的方式になった。

**テクニカル【technical】**(形動) 技術的。専門的。学術的。

**テクニカル-ターム【technical terms】** 術語。専門語。

**テクニカル-ノックアウト【technical knockout】** プロボクシングで、一方の痛手が大きく試合の続行が不可能とみられる場合、レフェリーの判断で、一方をKO負けとすること。技倒。TKO。

**テクニカル-ファウル【technical foul】** バスケットボールの反則の一つ。審判に不平をいうなど、スポーツマンらしくない行為を行った場合。比較パーソナルファウル。

**テクニシャン【technician】** ①技巧派。技巧家。②技術者。専門家。

**テクニック【technique】** ①わざ。技術。技巧。②芸術の手法。演奏の技法。

**テグネール【Esaias Tegnér】**(一七八二―一八四六) スウェーデン最大の詩人の一人。愛国的叙情詩で知られる。作品『スベア』『フリチョフ物語』など。

**テクネチウム【technetium】** 金属元素。記号Tc 原子番号四三。一九三七年、C=ペリエとE=セグレによって人工的につくられた最初の元素。ギリシア語のtechnētos(人工的)にちなんで命名。質量数九二～一〇七の一六種の人工放射性核種が知られている。

**テクノ【techno-】**《接頭的》「技術の」「工芸の」の意。

**テクノクラート【technocrat】** ①科学者・技術者出身の高級官僚。②科学的・専門的な知識・能力を背景として、現代の組織や社会の意思決定・管理運営に重要な役割をはたしている人。

**テクノクラシー【technocracy】** ①資本家などにかわって優秀な技術者・科学者が社会や経済を統制すべきだとする主張。また、そのシステム。一九三〇年代のアメリカで流行。②科学技術によって社会全体を管理・統制しようとする考え方。また、そのシステム。③一般に、科学技術を最重視する考え方・社会。

**テクノストラクチュア【technostructure】** 大企業などの現代的組織の意思決定を行う、豊富な情報と専門知識をもった人々の集団。ガルブレースの用語。

**テクノ-ストレス【techno-stress】** 労働者が新技術に対応しきれないことから生じる精神的負担。新技術による社会的変化にともなう摩擦一般をさすこともある。技術的ストレス。

**テクノ-ハイランド**《和製語》高度技術都市圏。

**でく-の-ぼう【▽木▽偶の坊】** ①役に立たない人間。まぬけ。good-for-nothing ②人のいいなりになっている者。ロボット。dummy

**テクノポリス【technopolis】** ①技術が支配する社会。②通産省が新時代の産業都市として構想している、産・学・住の調和のとれた高度技術集積都市。工業大学・研究所と産業との有機的なつながりによる新しい産学協同体制が追求されている。

**テクノマート**《和製語。「(財)日本テクノマート」の略。技術取引市場の意》技術交流・技術移転などを円滑に進めることを目的に創設された会員制組織。技術取引のための仲介・斡旋を体系的に行う。

**テクノロジー【technology】** 技術。科学技術。工業技術。

**テクノロジー-アセスメント【technology assessment】** 技術の総合評価。新しい科学技術が社会・経済におよぼす影響・効果や経済性を検討し、その開発・研究の優先順位・期間・予算などを決定するためのもの。

**テクノロジー-トランスファー【technology transfer】** →ぎじゅついてん(技術移転)

**て-くばり【手配り】**(名・サ変自) 手分けして準備すること。てはい。disposition

**て-くび【手首】** ①手根の俗称。手のつけ根の部分で、前腕骨と中手骨のあいだをいう。wrist ②手。うでの先。hand →腕図

**て-くらがり【手暗がり】** 光が自分の手で遮られて、手元が暗くなること。

**て-ぐり【手繰り】** ①糸などを手ですこしずつ引きよせること。たぐり。②手から手へ物を順に受け渡して運ぶこと。

**てぐり-あみ【手繰(り)網】** 一つの袋網の両側に袖網をつけた漁具。引き網をつけて海底を引きまわし、魚介類をとる。hand trawl

**てく・る**(五自)《俗語。「てく」の動詞化》てくてく歩く。

**て-ぐるま【手車・▼輦】** ①二人で両手を差し違いに組み、人を乗せて歩く遊び。②人の手で動かす車。とくに、人力車、土砂を運ぶ手押しの一輪車。hand-cart; wheel barrow ③輦に車輪をつけ、人がひいたもの。輦車。④土や木で井戸車の形を作り、糸を結びつけて動かす子どもの玩具。

**デクレシェンド【decrescendo イタリア】**《音楽で、強弱の変化を示す語》だんだん弱く、の意。gradually be weak 対義クレシェンド。

**で-くわ・す【出▽会す・出▽交す】**(五自) ばったり出会う。行き合う。でっくわす。come across

**で-げいこ【出▼稽古】**(名・サ変自) ①出張して教えること。出張教授。出教授。give lessons at a pupil's home ②相撲で、よその部屋に出かけて稽古すること。

**て-けむ** 古語(連語)《完了の助動詞「つ」の連用形に過去の推量の助動詞「けむ」の付いたもの》きっと…たであろう。…てしまっただろう。用例かへるさのくもではいづこ八橋のふ

みみ—とたのむかひなく(蜻蛉・下)。

**てけり** 古語(連語)《完了の助動詞「つ」の連用形に過去の助動詞「けり」の付いたもの》…てしまった。用例おほくの人ころしてける心ぞかし(竹取)。

**て-こ【▼梃子・▼梃】** 棒とその支点を利用して、小さい力を大きい力にかえるしかけ。また、その棒。機械・工具などの部分や一要素としても、ひろく使われる。槓杆。レバー。てこじ。lever ↓図

**梃子でも動かない** なにをしてもぜったいに動かない。どうやっても、ぜったい動こうとしない。do not budge an inch

**でこ【▽凸】** ①突き出ていること・もの。convexity 対義凹。②㋐《上に「お」を付けて》ひたい。forehead ㋑突き出たひたい。prominent forehead

**デコイ【decoy】** 鳥をおびき寄せるための、おとりの鳥の模型。カモのデコイがよく知られている。木製・ゴム製などあり、インテリアとしても用いられる。

**デ-ごいち** 《D51型から》昭和一一年(一九三六)二月から生産が開始された旧国鉄の代表的蒸気機関車の通称。同二〇年一月の生産終了まで一一一五両生産された。

**てこ-いれ【▼梃入れ】**(名・サ変自)①株価を人為的に引き上げるため、または相場の下落を買い支えるために株を購入すること。support ②弱い立場や苦しい立場にあるものに助けを与えること。support

**て-こう【手甲】** ↓てっこう(手っ甲)

**デコーダー【decoder】** 暗号化された情報を復元したり他の形に変換したりする装置。復号器。対義エンコーダー。

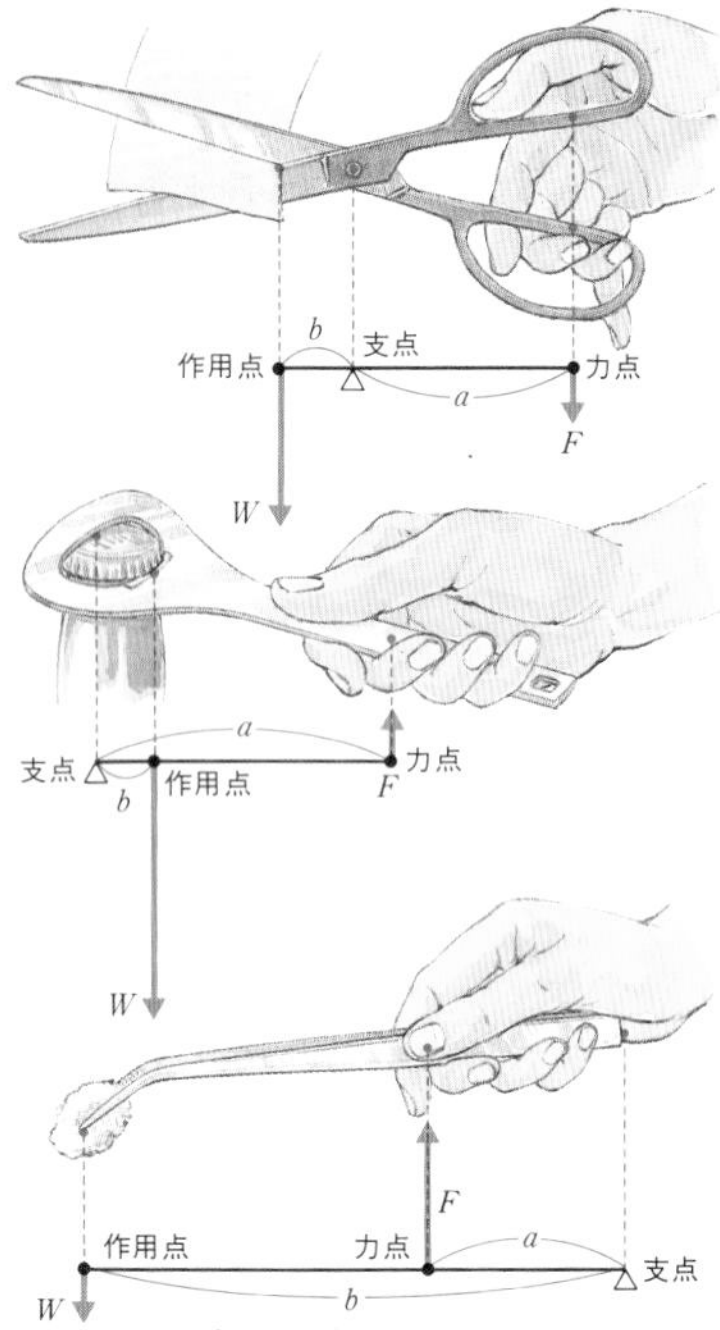


いずれの場合も$Fa=Wb$となる

**て-ごころ【手心】** 事情に応じて適当にはからうこと。手加減。discretion 用例—を加える。

**で-こさく【出小作】**(名・サ変自)他村に出て小作すること・農民。対義入り小作。

**てこ-ず・る【手古▼摺る・▼梃子▼摺る】**(五自)《ともに当て字》始末に困る。もてあます。have much trouble

**て-ごたえ【手答え・手▽応え】** ①打ったり突いたりしたとき、手にうける感じ。response 用例ホームランの—。②反応。response 用例—のない相手。

**て-ごと【手事】** 日本音楽で、地歌・箏曲の楽曲構成上の部分名。歌にはさまれた一種の間奏。楽器の技巧や音色を聞かせる独立性のある部分。

**てこな【手▽児▼奈】** ↓ままのてこな(真間手児奈)

**デコパージュ【decoupage】** 手工芸の一つ。木・ガラスなどの表面に切り抜いた絵をはり、ニスなどを塗り重ねて仕上げる。小物から家具まで広く応用できる。

**でこ-ぼこ【凸凹】**(名・形動・サ変自)＝おうとつ・とつおう。①物の表面が、高低があって平らではないこと・さま。roughness ②ふぞろいなこと・さま。uneven

**て-ごま【手▼駒】** ①将棋の持ち駒の別称。②手下。follower ③人手。人員。hand; staff

**てこ-まい【▽手古舞(い)】** 神田祭りなど東京の祭礼に出る練り行列。芸妓が男まげで鉄棒を引き、木遣りを歌って山車の前を歩く。↓写

**て-ごめ【手込め・手▼籠め】** ①暴力で人の自由を奪い、害を加えたり、持ち物を奪ったりすること。暴行。violence ②女性を力ずくで犯すこと。強姦。rape 用例—にする。

**でこ-もの【出庫物】**《俗語》在庫品処分のため、倉庫から出して安く売る商品。

**デコラ【decola】**《商標名》合板の表面にフェノール樹脂を含ませた紙を重ね、熱圧して接着させ、メラミン樹脂を塗った化粧合板。

**デコレーション【decoration】** 飾り。装飾。

**デコレーション-ケーキ** 《decorated cakeから》スポンジケーキを台にしてバタークリーム・チョコレート・果物などで飾った洋菓子。

**て-ごろ【手▼頃】**(名・形動)①手に持つのにちょうどよいこと・さま。handiness ②自分の力に適当なこと・さま。suitableness 用例—な価格。

**て-ごわ・い【手▽強い】**(形)立ち向かっても、なかなか勝てないほど強い。tough

**テコンド【跆拳道朝】**(Taekwondo)古くから朝鮮に伝わる格闘技。足の蹴り技で闘う。体重制をとり入れるなどにより、国際的にも普及し、一九八〇年の第二四回オリンピックの公開競技として認定された。テコンドー。

**デザート【dessert】** 西洋料理で食事の最後に出される、チーズ・菓子・果物など。デセール。

**て-ざいく【手細工】** ①手先でする細工。手工。handiwork ②自分でする細工・仕事。one's own make

**デザイナー【designer】** 衣服・機器・建築などの意匠・設計を職業とする人。考案者。設計者。意匠家。

**デザイン【design】**(名・サ変自他)①意匠・考案・設計・下図。②芸術作品を完成に導く、さまざまな要素を検討し、具体化する作業の総称。

**デザイン-きょういく【デザイン教育】** デザインに関する教育。

**デザイン-ポリシー【design policy】** デザイン政策。企業などが、経営戦略の一環としてデザインの統一的方針をたてること。

**で-さかり【出盛り】** ①さかんに出ること・とき。be most crowded ②果物・魚などが出回る時期。in season 用例ミカンの—。

●手古舞い　三社祭り(東京都)

**で-さか・る【出盛る】**(五自)①人がさかんに出てくる。be crowded ②その時期に農産物などがたくさん出回る。be in season

**て-さき【手先】** ①手の先。指先。fingertips 用例—の仕事。②手や指の使い方。用例—が器用だ。③手下となってはたらく者。tool 用例—になる。④開き戸のような扉で、固定されていない側。釣り元から、もっとも離れた部分。また、両折り戸のような唐戸では、釣り元から遠い方の戸。lock stile 参照釣り元。

**で-さき【出先】** ①外出や出張している所。外出先。出張先。one's destination ②出先機関。branch office

**でさき-きかん【出先機関】** ①外国にある政府機関。大使館・領事館など。overseas agency of the government ②中央の官庁・会社などが地方にもうけた機関。支部・出張所など。outpost

**て-さぐり【手探り・手▽捜り】**(名・サ変他)①手先の感じで探ること。grope ②勘を頼りに探ること。grope

**て-さげ【手提げ】** ①手にさげて持つこと。②手にさげて持つように作った袋・かばん・かご・手桶・金庫など。

**て-さばき【手▼捌き】** 手でさばくこと。扱いぶり。handling

**デザルグ-の-ていり【デザルグの定理】** 二つの三角形において、対応する頂点を結ぶ直線が一点で交われば、対応する辺の交点は一直線上にあるという定理。Desargues's theorem ↓図

●デザルグの定理

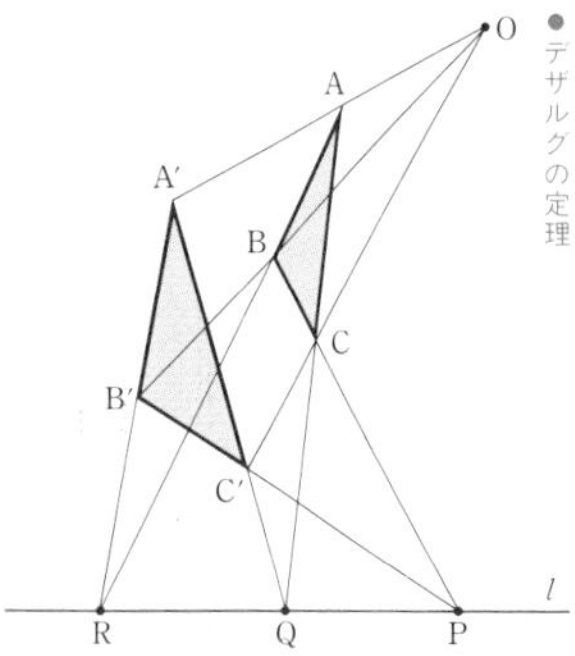


**て-ざわり【手触り】** 手に触る感じ。touch 用例軟らかい—。

**デ-サンクティス【Francesco De Sanctis】**(一八一七〜八三)イタリアの文芸評論家。近代文芸批評の基礎を築いた。主著『イタリア文学史』など。

**デ-サンティス【Giuseppe De Santis】**(一九一七〜)イタリアの映画監督。作品『荒野の抱擁』『にがい米』など。

**て-し【手師】** 文字をじょうずに書く人。能書家。

**で-し【弟子】** 教えを受ける人。門人。門弟。ていし。disciple apprentice 対義師匠。

**デシ【déci フラ ンス】**(接頭)《ラテン語で一〇分の一、の意》単位で一〇分の一を表す。記号d。

**デ-シーカ【Vittorio De Sica】**(一九〇二〜七四)イタリアの映画監督・俳優。ネオレアリズモの旗手。作品『靴みがき』『自転車泥棒』『終着駅』『ひまわり』、主演作『ロベレ将軍』など。

**でし-いり【弟子入り】**(名・サ変自)弟子になること。become a person's disciple

**て-しお【手塩】** ①昔、食膳に出した塩。食膳の不浄を払うため備えられたという。②「手塩皿」の略。

**手塩に掛ける** 苦労して育てあげる。bring up under one's own care

**てしお【▽天塩】**〈町〉北海道北部、日本海に臨む町。農林業が中心で、酪農がさかん。シジミが特産。人口五二八三(一九八八)。

**で-しお【出潮】** 月の出とともに、満ちてくる潮。さし潮。the flood tide 対義入り潮。

**てしお-がわ【▽天塩川】** 北海道北部を流れる川。長さ二五六km。北見山地天塩岳に発し、天塩町で日本海に注ぐ。蛇行が著しい。

**てしお-ざら【手塩皿】**《小皿に手塩を盛ったことから》銘々皿の小さいもの。小皿。おてしょ。small plate

**てしお-さんち【▽天塩山地】** 北海道北部、日本海岸に並行する山地。最高峰は標高一〇三二mのピッシリ山。亜寒帯性の森林が繁茂。

**てしお-へいや【▽天塩平野】** 北海道北部、天塩川下流の平野。潟湖の陸化でできた低湿な平野。牧場として利用。

**て-しか** 古語(連語)《完了の助動詞「つ」の連用形に終助詞「しか」の付いたもの。下に「な」をともなって使われることが多い》自己の希望を表す。…たいものだ。てしが。用例ほととぎす無かる国にも行き—(万葉・八・一四六七)。参照しかな。

**てしかが【▽弟子▽屈】**〈町〉北海道東部、阿寒国立公園地区にある町。農林業と、湖と温泉の観光の町。人口一万一八四(一九八八)。

**てしがわら-そうふう【▽勅使河原▼蒼風】**(一九〇〇〜七九)華道家。東京生まれ。草月流の祖。現代華の第一人者として前衛華道ブームを起こした。

**てしがわら-ひろし【▽勅使河原▼宏】**(一九二七〜)映画監督・華道家。東京生まれ。蒼風の子。作品『おとし穴』『砂の女』など。

**デシグラム** 9画 **【▼瓰】** 部首[瓦] 和製漢字 JIS 6507
↓デシグラム[décigramme・瓰]

**デシグラム**[décigramme(フランス)・▼瓰] メートル法の重さで一グラムの一〇分の一。記号dg decigram

**デシケーター**[desiccator] 試料の乾燥または保存に用いる、すり合わせのついた肉厚ガラス製容器。底に乾燥剤を入れておく。↓図

●デシケーター

**デジケート**[dedicate] ↓デディケート

**て-しごと**【手仕事】 手先の仕事。手細工。handiwork

**デシジョン-メーキング**[decision-making] 管理者や担当者などが、それぞれの段階でする意思決定。

**て-した**【手下】 人の下で働く者。配下。follower

**デジタル**[digital] 《計数の、の意》データを有限桁の数字で表すこと。二進数を使用。デイジタル。対義 アナログ。

**デジタル-けいさんき**【デジタル計算機】 計数型計算機。演算の対象を数字で表して計算する。digital computer 対義 アナログ計算機。

**デジタル-つうしん**【デジタル通信】 音声・データ・画像などを数値記号化して行う通信。雑音に強く装置の集積化が可能。digital communication

**デジタル-どけい**【デジタル時計】 針を使わず、文字盤に表れる数字で時刻を示す時計。digital clock 対義 アナログ時計。

**デジタル-ラジオグラフィー**[digital radiography] デジタル信号を利用したX線撮影。診断精度が向上し、また低線量で撮影できるので被曝量も少ない。

**デジデリオ-ダ-セッティニャーノ**[Desiderio da Settignano](一四三〇ごろ〜六四) イタリアの彫刻家。大理石浮き彫り・墓碑彫刻・胸像にすぐれた。

**て-じな**【手品】 ①手つき。腕前。skill ②熟練した手さばきで、人の目をだまし、不思議なことをしてみせる芸。手妻。品玉。magic

**で-しな**【出しな】 出るとたん。出がけ。be about to go out

**デジ-ぱち** 《「デジタル式パチンコ」の略》パチンコ台の一種。特定の穴に玉が入ると電光表示の数字が点滅し、表示された数字がそろうと大量の玉が出る仕掛け。昭和五五年(一九八〇)に登場。

**デシベル**[decibel] 音響学や通信工学などで、音の強さ・電力・電圧・エネルギーなどの比を表すのに用いる単位。音の強さは、耳に感じる最小値を基準値として0デシベルとし、それとの比の対数で表す。通信などでの電力の増幅・減衰の程度は、入力電力と出力電力の比の対数で表す。電話の発明者グラハム＝ベルにちなむ単位ベル(B)の一〇分の一。記号dB

**て-しま**【▽豊島】 香川県小豆島の西にある島。面積一四・六㎢。最高点三四〇mの檀山は浸食された溶岩台地の残丘。豊島石の産地で知られる。

**で-じま**【出島】 江戸時代、長崎にあったオランダ人の居住地。もとは、幕府が寛永一一年(一六三四)ポルトガル人居住用に築いた扇形の埋立地。ポルトガル船渡航禁止後、平戸にいたオランダ人を移住させた。鎖国のときの唯一の海外貿易地。↓写

**でじま**【出島】〈村〉 茨城県南部、霞ケ浦に臨む村。漁業、野菜・果樹栽培、畜産などが行われる。人口一万八八〇一(一九八八)。

**て-じまい**【手仕舞(い)】(名・サ変自) 株式の信用取引で、空買いまたは空売りの残高を転売や買い戻しによって決済すること。closed trade

**てしま-とあん**【手島▼堵▼庵】(一七一八〜八六) 江戸中期の心学者。京都の人。石田梅岩に学び、心学普及に活躍。著書『坐談随筆』など。

**て-じめ**【手締(め)】 物事の決着や成功を祝い、みんなが拍子を合わせて、掛け声とともに手を打つこと。

**デシメートル**[décimètre(フランス)] メートル法の長さで、一メートルの一〇分の一。一〇㎝。記号dm decimeter

**て-じゃく**【手酌】 自分で自分の杯に酒をつぐこと。用例 ―で、ぐっと飲む。

**で-しゃば・る**【出しゃばる】(五自) 《俗語》求められてもいないのに口や手を出す。差し出る。

**デジャ-ビュ**[déjà vu(フランス)] 初めての経験を、すでに経験したことがあると感じること。正常者では短時間しか続かない。既視感。

**て-じゅん**【手順】 段取り。順序。手続き。process

**て-しょう**【手性】 ①手先の仕事の器用・無器用。用例 ―がいい。②字のじょうず・へた。

**て-しょう**【手証】 現場・現物などの、犯行の確かな証拠。

**て-じょう**【手錠】 ①警察官が犯罪者などを逮捕・連行するさい、相手の手の自由をおさえるために使う腕輪状の鉄器具。てがね。手鎖。handcuffs 比較 手かせ。②江戸時代に庶民に科した刑の一つ。手の自由をおさえて謹慎させる軽い自由刑で、三〇日・五〇日・一〇〇日と罪の軽重により期間の長短があった。

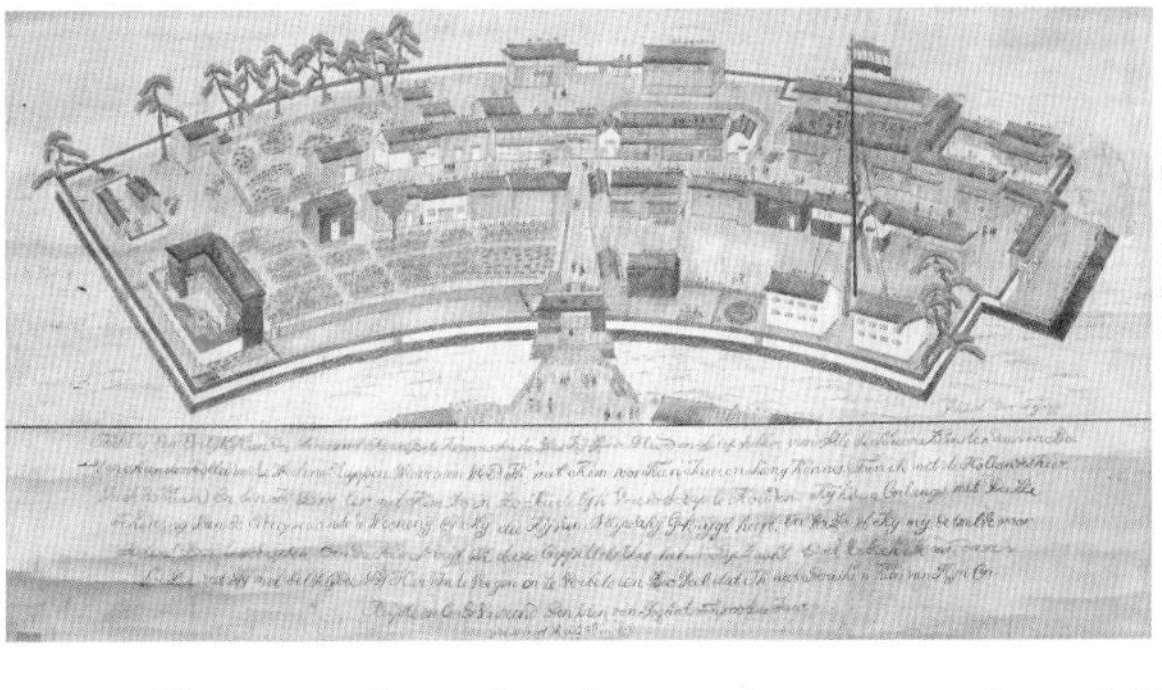
●出島 長崎市立博物館。

**でしょ-う**(連語)《助動詞「です」の未然形に助動詞「う」の付いたもの》「だろう」の丁寧ない方。参照 だろう。

**て-しょく**【手▼燭】 柄を付けて持ち歩く燭台。portable candlestick

**て-しょく**【手職】 手先を働かせてする仕事。その技術。てじょく。handicraft

**で-しょく**【出職】 外へ出向いてする職人仕事。左官・屋根職など。対義 居職。

**テジョン**【大田】(Taejŏn) ↓たいでん(大田)

**デシリットル** 9画 【▼竍】 部首「立」 和製漢字 JIS 6773
↓デシリットル[décilitre・竍]

**デシリットル**[décilitre(フランス)・▼竍] メートル法の容積で一リットルの一〇分の一。一〇〇㎤。記号dl

**で-じろ**【出城】 主将の居城のほかに、国境などに造って敵に備える城。outer citadel 対義 根城。

**デシン** 「クレープデシン」の略。

**テス**[Tess of the D'Urbervilles] ハーディの小説。一八九一年刊。非運な農村の娘が、名家の青年を殺して処刑されるまでを描く。

**です**(助動 特殊型)《体言、形容詞・助動詞の「たい」「ない」「ぬ」「らしい」の終止形、形容動詞および助動詞「そうだ」「ようだ」の語幹、ならびに、ある種の助詞などに付く》丁寧な断定などの意を表す。比較 だ。用例 春―。静か―。行くの―。

**でず-いらず**【出ず入らず】 ①出入り・増減のないこと。neither gain nor loss ②過不足なく、ほどよいこと。neither too much nor too little

**でず-いり**【▽手数入り】 大相撲の横綱土俵入りの別称。参照 土俵入り。

**て-すう**【手数】 ＝てかず。①手間のかかること。trouble ②特別に力を尽くすこと。special effort

**てすう-りょう**【手数料】 ①手数をかけたことに対する礼金。②仲介・手続きなどの行為に対して支払う代償金。commission ③国や地方公共団体などから証明などを受けるときに徴収される料金。charge

**デス-エデュケーション**[death education] 死の準備教育。欧米に広まっている社会学習活動で、老齢者や不治の病にかかっている人などが、残余の人生をより豊かに生きるためのもの。

**て-ずから**【手ずから】(副) 自分の手で。自分から。じかに。みずから。personally

**です-から**(接続) 「だから」の丁寧語。

**て-すき**【手▼漉き】 機械でなく、手で紙をすくこと。その紙。handmade paper

**て-すき**【手▼隙・手透き】 手のあいていること。仕事のひま。手あき。spare time

**で-ずき**【出好き】(名・形動) 外出の好きなこと・さま・人。gadabout

**ですぎ-もの**【出過ぎ者】 でしゃばる人。intrusive man

**で-す・ぎる**【出過ぎる】(上一自) ①度をこえて出る。produce too much ②差し出がましく行う。obtrude

**デスク**[desk] ①机。②新聞社・放送局の編集局内にいて、現場の取材活動や記事作成を指揮する記者。

**て-すさび**【手▽遊び】 手遊び。手慰み。てずさび。

**て-すじ**【手筋】 ①てのひらの筋。lines of the palm ②書画・技芸などのじょうず・へた。手性。degree of skill ③手段。方法。means

**テスター**[tester] ①試験や検査の係。②抵抗値・直流電流・直流電圧・交流電圧などを測定する装置。回路試験器。↓図

**テスタメント**[Testament] 《遺言・契約、の意》聖書。

**で-ずっぱり**【出突っ張り】 《俗語》↓でづっぱり(出突っ張り)

**デ-スティル-は**【デ-スティル派】(De Stijl(オランダ)) 《「デ-スティル」は様式の意》オランダの急進的な抽象芸術家集団。画家ドゥースブルフ・モンドリアンらが中心となる。一九二〇年代に活躍。垂直・水平直線と三原色・無彩色を造形要素とする。

**テスト**[test](名・サ変他) 試験。検査。考査。また、考えや製品などを実際に即して試してみること。用例 ―飛行。

**テスト-キャンペーン**[test campaign] 地域を限定して、商品を試験的に販売し、また広告・宣伝活動を行い消費者の反応をみること。

**テストケース**[testcase] ①試験台。②その結果が、のちの規準になるものとして注目される事件・場合。

**テストステロン**[testosterone] 精巣でつくられる男性ホルモンの一種。精嚢・前立腺などの発育をうながし、第二次性徴の発現をもたらす。

**テスト-パイロット**[test pilot] 航空機などの試験飛行を行う操縦士。

**テスト-パターン**[test pattern] テレビ受像機などの画面調整をするために送信される図形画像。

**テスト-マーケティング**[test marketing]

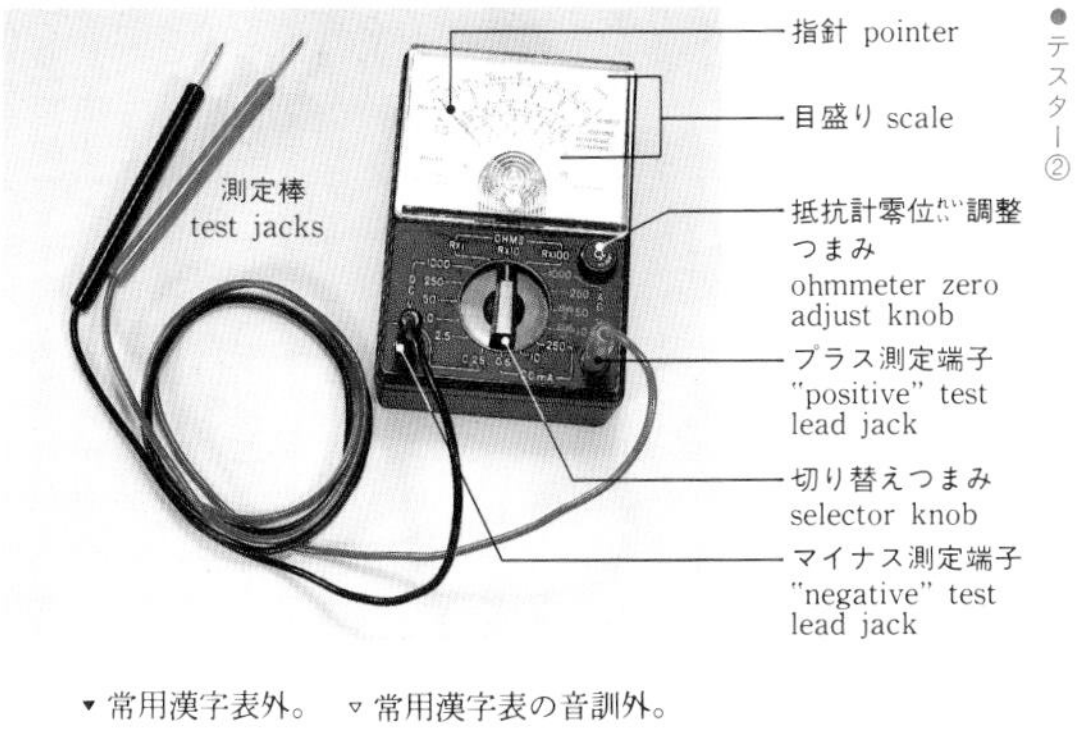

●テスター②

新製品などの発売に際し、あらかじめ特定の地域を選んで消費者の選好度などを調査・分析し、全体の傾向を類推すること。

**テスト-マッチ**【test match】ラグビーやクリケットなどで、国の代表チーム同士の国際試合。

**デスノス**【Robert Desnos】(一九〇〇〜四五)フランスの詩人。詩集『肉体と幸福』『財産』など。

**デスピオ**【Charles Despiau】(一八七四〜一九四六)フランスの彫刻家。ロダンの助手。簡素で静かな作風。作品『男の首』など。

**テスピス**【Thespis】(生没年未詳)古代ギリシアの詩人。紀元前六世紀にギリシア劇を創始、舞台・俳優・演劇用仮面の創造者とされる。

**デスペレート**【desperate】(形動)やぶれかぶれのさま。絶望的。死にものぐるい。

**デスポチズム**【despotism】専制政治。

**デス-マスク**【death mask】死者の顔の型を石膏でとってつくった面。死仮面。死面。

**ですます-たい**【ですます体】文末が「です」「ます」で終わる文章の様式。です体。[比較]だ体・である体。

**デスモスチルス**【desmostylus】中新世の化石哺乳類。臼歯は円柱を束ねたような形状。東北日本・樺太・北米太平洋岸などで発見される。束歯獣。

**デスモソーム**【desmosome】細胞間の接触部分にみられる細胞膜の分化した構造。細胞間の結合を強める働きをする。接着斑。

**テスラ**【tesla】磁束密度の単位。一テスラは、一m²当たり一ウェーバーの磁束密度。アメリカの電気技術者テスラにちなむ名。記号T。

**テスラ**【Nikola Tesla】(一八五六〜一九四三)アメリカの電気技術者。オーストリア生まれ。回転交流磁界による誘導電動機の原理を発見。

**て-すり**【手▼摺(り)】《すがって手で摺る意》①階段・橋などの両側または片側に平行に設けた横木。らんかん。おばしま。handrail ②《「勾欄」とも》人形浄瑠璃で、人形遣いの下半身をおおいかくす三段になった舞台装置。

**て-ずり**【手刷(り)】(名・サ変他)①手で機械を操作して印刷すること。また、その印刷物。hand-printing ②木版画を一枚ずつ手で刷るやり方。また、その版画。

**て-ずれ**【手擦れ】①手で扱って、すれてできた汚れ。dirt made by handling ②古臭いこと。be old-fashioned

**て-せい**【手製】①手でつくったもの。hand-made ②自分でつくったもの。homemade [比較]自製。[用例]お―の品。

**て-ぜい**【手勢】手下の兵士。手もとにある軍勢。one's men

**テセイオン**【Theseion】《テセウスの神殿、の意》アテネのアゴラ西側台地にあって、紀元前五世紀に建造されたドリス式神殿。実際は、テセウスの神殿ではなくヘファイストスの神殿とされる。

**テセウス**【Thēseusギリシア】ギリシア神話のアテネの英雄。クレタ王ミノスの娘アリアドネの助けで迷宮に入り、怪物ミノタウロスを殺害。アテネ王位継承後、都市国家アテネを形成したといわれる。Theseus

**デセール**【dessertフランス】↓デザート

**て-ぜま**【手狭】(名・形動)家・場所が狭いこと・さま。narrowness

**で-せん**【出銭】使って、出ていくお金。出費。expense

**て-そう**【手相】手の形・大きさ、てのひらの筋などのようす。また、それによって、吉凶や運勢を判断すること。lines of the palm [用例]―見。

**で-ぞめ**【出初め】①はじめて出ること。debut ②「出初式」の略。

**でぞめ-しき**【出初(め)式】新年、多くは一月六日に、消防に従事している人が勢ぞろいして消火活動の演習などをする行事。余興に木遣り唄を歌い、梯子乗りなどを行う。消防出初め式。↓[写]

● 出初め式　金沢市の加賀鳶。

**で-そろ・う**【出▼揃う】(五自)揃うべきものが、残らずその場に姿を現すこと。appear all together

**て-だい**【手代】①商家の奉公人で、番頭と丁稚の中間の立場のもの。一七～一八歳で丁稚から昇格する。②江戸時代、郡代・代官・奉行などの下で雑務を担当した役人。

**て-だいこ**【手太鼓】手でうつ太鼓。タンバリンなど。

**て-だし**【手出し】(名・サ変自)①手を出すこと。いどむこと。meddle ②世話を焼くこと。干渉。be officious

**で-だし**【出出し】物事の始め。すべりだし。the beginning

**て-だすけ**【手助け】(名・サ変他)手伝うこと・人。手伝い。help

**でたち-の-さかずき**【出立ちの▼盃】【出立ちの杯・出立ちの盃】①葬式のとき、出棺を前に会葬者にふるまう冷やの茶碗酒。②遠方への旅立ちにあたって酌み交わす水杯。出立ちの酒。出立ち酒。

**でたち-の-ぜん**【出立ちの▼膳】①葬儀のとき、出棺を前に会葬者たちにふるまう一膳飯。出立ち飯。別れ飯。食い別れ。②花嫁が、実家を出る前につく食膳。

**て-だて**【手立て】①物事をする順序。方法。しかた。means ②煎茶・抹茶などを、手をかけてきちんといれたり、たてたりすること。ティーバックなどを用いたりする簡便な方法に対していう。

**で-たて**【出立て】出て間もないこと・もの。right after coming out

**でたとこ-しょうぶ**【出たア所勝負】《ばくちで、出たさいの目で勝負を決めること》その場しだいで、態度を決めること。なりゆきに任せて、やってみること。leaving a matter to chance

**テタニー**【tetany】四肢末梢筋の攣縮く、喉頭筋などの痙攣発作などを起こす症候群。ビタミンD欠乏症・副甲状腺機能低下などにより発症する。

**て-だま**【手玉】①お手玉。②手首に巻いて飾る玉。

**手玉に取る**(てだまにとる)他人を思うままに動かす。自由に操る。make sport of

**でたらめ**【出▼鱈目】(名・形動)《当て字》筋の通らないこと・さま。また、そのような言動。でまかせ。random

**て-だれ**【手足れ・手ア練】技がすぐれていること。腕利き。名人。手練。master hand

**デタント**【détenteフランス】《緩和の意》アメリカとソ連に代表される東西間の緊張が緩和された状態。また、それをめざす政策。緊張緩和。

**て-ぢか**【手近】(名・形動)すぐそばにあること・さま。ほとり。vicinity

**て-ちがい**【手違い】①予想・計画と違うこと。miscalculation ②手順が狂うこと。mis-calculation

**て-ぢか・い**【手近い】(形)①手元に近い。at hand ②身近でわかりやすい。familiar

**で-ちが・う**【出違う】(五自)来訪者と入れ違いに出かける。

**テチス-かい**【テチス海】(Tethys Sea)古生代後期から新生代前期にかけて、北半球のアンガラ大陸と南半球のゴンドワナ大陸を隔てていた海。サンゴや紡錘虫など、固有のテチス動物群が存在した。古地中海。

**て-ちょう**【手帳・手▼帖】小形の帳面。pocket notebook

**テツ** 3画【▼屮】部首[屮]
[音]テツ・ソウ
①め。めばえ。めばえる。②部首の一つ。くさのめ。

**テツ** 8画【迭】部首[辶] 常用 [JIS]3719
9画【▼迭】部首[辶] 旧字
[音]テツ
①かわる。かわりあう。「更迭」②たがいに。かわるがわる。

**テツ** 9画【▼咥】部首[口] [JIS]5090
[音]キ・テツ
①わらう。にこやか。②かむ。かじる。くわえる。

**テツ** 9画【▼垤】部首[土] [JIS]5225
[音]テツ
ありづか。アリが巣づくりのとき、ほりだした砂や土を、あなのまわりにつみかさねたもの。

**テツ** 9画【▼姪】部首[女] [JIS]4437
[音]テツ・チツ
①めい。兄弟・姉妹のむすめ。②おい。兄弟・姉妹のむすこ。

**テツ** 10画【▼剟】部首[刂]
[音]テツ・タツ
けずる。けずりとる。さく。へずる。

**テツ** 10画【哲】部首[口] 常用 [JIS]3715
[音]テツ
①あきらか。ものごとのすじみちに、あかるいこと・人。「聖哲・先哲」「哲学・哲理」②哲学のこと。「印哲・西哲」

**テツ** 11画【▼惙】部首[忄]
[音]テツ
①うれえる。おもいなやむ。②つかれる。

**テツ** 11画【▼掇】部首[扌]
[音]テツ・タツ
とる。ひろう。ひろいとる。ひろいあつめる。

**テツ** 11画【▼蛈】部首[虫]
[音]テツ・テイ
「蛈蝪」は、トタテグモ。クモのうち、おもに地中生活をし、巣の入り口に扉をつけるものの総称。

**テツ** 12画【▼耋】部首[老] [JIS]7047
[音]テツ
としより。老人。としよる。おいる。

**テツ** 12画【跌】部首[足] [JIS]7675
[音]テツ
①つまずく。けつまずく。ふみはずす。「蹉跌」②あやまつ。まちがえる。

**テツ** 13画【▼畷】部首[田] [JIS]3877
[音]テツ
なわて。あぜみち。田の中の道。

**テツ** 13画【鉄】部首[金] 教育小3 [JIS]3720
21画【▼鐵】旧字 [JIS]7936
20画【▼鐡】異体字 [JIS]7937
14画【▼銕】異体字 [JIS]7878
[音]テツ・テチ

①くろがね。元素の一つ。記号Fe 原子番号二六。原子量五五・八。比重七・八六(二〇℃)。「鋼鉄・銑鉄」「鉄鉱・鉄道・鉄板」[用例](名)―をきたえる。②鉄道のこと。「私鉄・地下鉄」[用例](名)―の意志。―の規律。③かたくてつよいもののたとえ。「鉄石・鉄壁」④刃物。武器。「寸鉄」

**鉄に磁石**(てつにじしゃく)互いに引き合い、また、好き合うもののたとえ。

**鉄は熱い内に鍛えよ**(てつはあついうちにきたえよ)《イギリスのことわざ》①若いうちにきたえておけ。②好機をのがしてはならない。Strike while the iron is hot.

**テツ** 15画【徹】部首[彳] 常用 [JIS]3716
[音]テツ
とおる。とおす。最後までゆく。「貫徹」「徹底・徹夜」

**テツ** 15画【撤】部首[扌] 常用 [JIS]3717
[音]テツ
すてる。とりのける。ひきはらう。「撤回・撤去・撤退・撤廃」

**テツ** 15画【▼輟】部首[車] [JIS]7748
[音]テツ
やめる。とめる。中止する。

**テツ** 16画【▼錣】部首[金] [JIS]7904
[音]テツ・テイ
しころ。かぶとの鉢の左右・後方にたれさがって、首筋をおおうもの。

**テツ** 18画【▼餮】部首[食] [JIS]8124
[音]テツ
むさぼる。飲食物を欲ばる。

**テツ** 19画【▼轍】部首[車] [JIS]3718
[音]テツ
わだち。車の輪のあと。「覆轍」

**轍を踏む**(てつをふむ)《「前車の轍を踏む」の上略》



↓行き先項目、図版・写真参照印。 [JIS]日本工業規格情報交換用漢字符号コード(区点コード)。

前人と同じ失敗をする。前轍を踏む。follow in another's steps

**て-ついで【手▽序(で)】** 他の仕事のついで。用例 —に済ましてしまおう。

**てつ-いろ【鉄色】** 鉄の黒さび・赤さびのような色。緑色を帯びた黒色。また、赤みを帯びた黒色。reddish-black

**てっ-か【鉄火】** ㊀(名) ①鉄を真っ赤に焼いたもの。焼きがね。red-hot iron ②銃砲を撃つとき発する火。gunfire ③ばくち打ち。gamble 用例 —場。④「鉄火巻き」の略。㊁(形動) 女の、気性がはげしく、おとこ気のあるさま。termagant

**デッカ[Decca]** 船舶・ヘリコプターの近距離精密航行援助装置。七〇～一三〇キロヘルツの周波数を用い、二局から送信された連続波の位相差の測定によってみずからの位置を決定する。

**てっ-かい【撤回】**(名・サ変他) 要求などを引っ込めること。取り下げ。withdrawal

**でっか・い**(形)《俗語》→でかい

**で-づかい【出遣い】** ①多額の金銭を使うこと。むだづかい。②人形浄瑠璃発生のころの、てすりのかげにからだを隠して遣う「陰遣い」に対して、人形遣いが自分の全身を舞台に出して人形を操ること。

**出遣いより小遣い**(でづかいよりこづかい) 買い物などで一時に多額に出る金よりも、日常の細々した支出の積み重ねのほうが意外に多いということ。

**てっか-うち【鉄火打(ち)】** ばくち打ち・博徒の異称。熱した鉄をにぎらせて罪の虚実を試した中国の故事から、豪胆な者を「鉄火打ち」と呼んだことに由来する。gambler

**てつ-かえで【鉄▼楓】** 山地にはえるカエデ科の落葉高木。葉は広い五角形。花は黄白色。総状円錐花序が八月ごろでる。黒い材が鉄を連想させたことからの名。

**てづか-おさむ【手塚治▽虫】**(一九二八～八九) 漫画家。本名、治。兵庫県生まれ。阪大卒。日本のストーリー漫画と、動画によるテレビ漫画を開拓・発展させた。作品『ジャングル大帝』『鉄腕アトム』など。

**てっ-かく【適格】**(名・形動) →てきかく(適格)

**てっ-かく【的確・適確】**(名・形動) →てきかく(的確)

**てつ-がく【哲学】**《philosophia ギリシア の訳語で、知を愛し求めること、の意。西周が、賢哲の希求、すなわち「希哲学」と訳し、のち哲学となった》世界・人生・思考などの根本原理を深く追求する学問。古代ギリシアでは学問一般をさしたが、諸科学の分化にともなって独立。philosophy

**てつがく-し【哲学史】** 人類の哲学的思惟を歴史的発展過程に即して記述したもの。history of philosophy

**て-つかず【手付かず】** ①まだ手を付けないこと。未着手。be untouched ②まだ使っていないこと。be unused

**でっかち**《俗語》頭が、からだに比べて大きいこと・人。頭でっかち。

**てづか-とみお【手塚富雄】**(一九〇三～八三) 独文学者。栃木県生まれ。東大卒。東大教授。著書『ドイツ近代詩人論』、翻訳『ファウスト』など。

**てっか-どんぶり【鉄火▼丼】** すし飯に、マグロの刺身を花びら形にのせ、もみのりを散らし、おろしわさびを添えたどんぶり物。しょうゆをつけて食べる。

**てっか-ば【鉄火場】**《鉄火打ちの場、の意》ばくち場。賭場。

**てつ-かぶと【鉄▼兜】** 頭部を保護するための鋼鉄製の帽子。鉄帽。steel helmet

**てっか-まき【鉄火巻(き)】** 細巻きずしの一種。細い棒状に切ったマグロをしんにしておろしわさびを添え、すし飯をのりで巻く。

**て-づかみ【手▼摑み】** 手でじかにつかむこと。take with one's fingers

**てっか-みそ【鉄火味▼噌】** なめ味噌の一つ。ゴボウ・いり豆などを混ぜ、みりん・トウガラシなどで調味したみそ。

**てっ-かめん【鉄仮面】** デュマ(父)の小説。『三銃士』の続編の一つ。『ブラジュロンヌ子爵』の後半にあたる。一八四八年刊。題名は黒岩涙香の翻案。ダルタニャン・アラミスらが活躍する。

**てっ-かん【鉄管】** 鉄のくだ。iron pipe

**てっかん-ちちゅうおんどけい【鉄管地中温度計】** 鉄管を地中に埋め、その中に温度計を下げた測定装置。

**てっ-き【鉄器】** 鉄でつくった道具・器具。ironware

**てっ-き【摘記】**(名・サ変他)《「てきき」の変》要点をかいつまんでしるすこと。摘録。summarization

**てっ-き【適期】**《「てきき」の変》ふさわしい時期。proper time

**てっ-き【敵機】**《「てきき」の変》敵方の飛行機。enemy plane

**て-つき【手付き】** 物事をするときの手の動かし方。手の格好。手ぶり。way of using one's hands

**デッキ[deck]** ①船の上部に張りつめた板の部分。甲板。②旅客列車の昇降口の床。③トラックの荷台。④「テープデッキ」の略。

**てっき-じだい【鉄器時代】** 青銅器時代に続く時代。利器の素材としての鉄の使用の開始により生産力・軍事力が増大。日本では弥生時代に青銅器と鉄器がほぼ同時に伝来した。the Iron Age

**デッキチェア[deckchair]** ①甲板用のいす。②木の枠に布を張った折り畳みいす。

**てっ-きょ【撤去】**(名・サ変他) 施設などを取り去ること。withdrawal

**てつ-ぎょ【鉄魚】** フナの一変種。ひれ、とくに尾びれが長く、フナとキンギョの雑種とされる。動きは活発で、網でも釣りでも捕らえにくい。体色は黒青色・朱紅色など。日本各地・朝鮮半島などの池沼に分布。宮城県魚取沼のものは天然記念物。

**てっ-きょう【鉄橋】** ①鉄や鋼材を用いて造られている橋。②鉄道のための橋。railway bridge

**てっきり**(副) まちがいなく。きっと。surely 用例 —そうだと思った。

**てっ-きん【鉄琴】** 打楽器の一種。金属製の平板を半音階的に並べたもの。形は木琴状・リラ状が多い。頭が木製の桴で打つ。glockenspiel

**てっ-きん【鉄筋】** ①鉄筋コンクリートの骨組みに使う鉄の棒。引っ張り力に弱いコンクリートを補うために用いる。丸棒鋼と異形棒鋼がある。reinforcement ②「鉄筋コンクリート」の略。

**てっきん-コンクリート【鉄筋コンクリート】** 圧縮力に強いコンクリートと、引っ張り力に強い鉄筋とを組み合わせた構造用材料。また、それで造った建物。reinforced concrete

**テック**《和製語。technical centerから》オートバイなどの運転技術練習場。

**テックス**《textureから》パルプかす・おがくずなどを圧搾してつくった軽い板。かべ・天井用の材。

**テックス[tex]** 繊維や糸の太さを表示する国際標準規格名。標準長一〇〇〇mで単位重量一gを一テックスとする。数が増すほど糸は太くなる。

**で-つく・す【出尽(く)す】**(五自) みんな出てしまう。be all out

**て-づくり【手作り】** ①自分で作ること。その物。手製。handmade; homemade ②ろくろなどを用いず、手でつくった陶器。handmade

**で-づくり【出作り】** 耕地が集落と離れた場所にある場合、耕地の近くに一定期間移住して作業を行うこと。収穫が終わると集落に帰って生活する。出作。

**て-つけ【手付(け)】** ①手をつけること。②「手付け金」の略。③かるたで、まちがって違う札に手をつけること。お手付き。

**てっ-けい【▽竹鶏】** コジュケイに似たキジ科の鳥。全長約二六cm。飼育は容易で、鳴き声を楽しむ。台湾原産。

**てつけ-きん【手付(け)金】** 売買・請負・貸借の契約にあたり、その契約を履行する保証として買い主や注文主が支払う金銭。手付け。手金。deposit

**てっ-けつ【▼剔▼抉】**(名・サ変他) えぐり出すこと。悪事をほじくり出すこと。あばくこと。摘発。

**てっ-けつ【鉄血】**《兵器と人の血、の意。プロシアの宰相ビスマルクの演説の中のことばから》兵力。軍備。armaments

**てっけつ-さいしょう【鉄血宰相】** ビスマルクの異称。

**てっけつぼうせい-ひんけつ【鉄欠乏性貧血】** 血色素の成分となる鉄の不足で起こる貧血。貧血の多くはこれが原因。出血・鉄分の吸収不良や鉄分の少ない食事などで起こる。iron deficiency anemia

**てっ-けん【鉄剣】** 鉄製の両刃の細長い武器。中国では秦から漢代にかけて普及。日本では古墳時代に盛行し、形も弥生時代のものに比べて長大化。短剣状のものに長い柄をつけ、槍としたものもある。古墳時代後期以降は片刃の刀が一般化した。

**てっ-けん【鉄▼拳】** かたいこぶし。げんこつ。fist

**てつげん【鉄眼】**(一六三〇～八二) 江戸前期の黄檗宗の僧。字は道光。肥後の人。隠元・木庵に参禅。大蔵経を翻刻した鉄眼版を延宝六年(一六七八)完成。貧民救済にも活躍。

**てっけん-せいさい【鉄▼拳制裁】** 私刑の一つ。げんこつで殴るもの。strike with one's fist

**てっ-こう【手っ甲】** 手の甲から手首にかけての部分をおおう布製のもの。行商・旅行・屋外労働などのさいに外傷・寒気・日射を防ぐ。三角形・半円形の甲部と、平形か筒形の手首部とからなる。てこう。対義 きゃはん。↓図

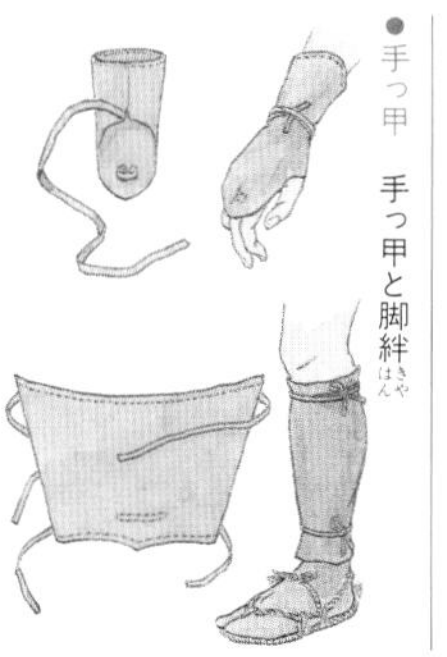

●手っ甲　手っ甲と脚絆

**てっ-こう【鉄工】** ①鉄材による工作。ironworks 用例 —所。②鉄の精錬や鉄器製造に従事する工員。ironworker

**てっ-こう【鉄鋼】** はがね。鋼鉄。steel

**てっこう-ぎょう【鉄鋼業】** おもに鉄鉱石を原料として、銑鉄・鉄鋼や鋼材をつくる産業。steel industry

**てっこう-くみあい【鉄工組合】** 日本最初の機械工の労働組合。明治三〇年(一八九七)結成。同三三年(一九〇〇)治安警察法による弾圧などで活動停止。

**てっこう-せき【鉄鉱石】** 製鉄の原料となる鉱石の総称。鉄分含有量三〇%以上が望ましく、赤鉄鉱・磁鉄鉱・褐鉄鉱・菱鉄鉱などがある。iron ore

**てっこう-だん【徹甲弾】** 戦車・軍艦の装甲、要塞のコンクリート壁などを貫徹・破壊するための砲弾。弾体は、硬度の高い特殊鋼で造られる。

**てっこう-ろうれん【鉄鋼労連】**《「日本鉄鋼産業労働組合連合会」の略》総評内の右派組合。昭和二六年(一九五一)結成。春闘相場の形成に重要な役割を果たす。

**てっ-こつ【鉄骨】** ①建造物の骨組みに使う形鋼。steel frame ②日本画で、梅の古木を描く画法。

**てっ-さ【鉄鎖】** ①鉄製のくさり。iron chain ②厳しい束縛・抑圧。hard restraint

**てっ-さい【鉄斎】** →とみおかてっさい(富岡鉄斎)

**てつ-ざい【鉄材】** 土木・建築・工業などに使う鉄の材料。鉄資材。iron

**てつ-ざい【鉄剤】** 有機鉄などの鉄化合物を含む薬剤。鉄分の欠乏による貧血の治療薬。悪性または再生不良性貧血には無効。iron preparations

**てつ-さいきん【鉄細菌】** 鉄イオンを二価から三価に酸化するさいのエネルギーで炭酸同化を行う細菌。テツバクテリア。iron bacteria

**デッサウ[Dessau]** 東ドイツ中部、ムルデ川とエルベ川の合流点近くにある河港都市。交通の要地で商工業が発達。人口一〇・四万(一九八五)。

**てっ-さく【鉄▼柵】** 鉄でつくったさく。iron railing

**てっ-さく【鉄索】** ①鋼線をより合わせてつくった太い綱。ワイヤロープ。wire rope ②空中索道。cable

**テッサリア[Thessalía]** ギリシア中部、エーゲ海に臨む地方。三方を山脈に囲まれ、北東に最高峰オリンポス山(標高二九一七m)がそびえる。人口六九・六万(一九八一)。

**テッサロニキ[Thessaloníki]** ギリシア、マケドニア地方のテルマイコス湾に臨む同国有数の交易都市。使徒パウロ伝道の地。人口四〇・六万(一九八一)。サロニカ。

**てっ-さん【鉄傘】** 鉄骨製の丸屋根。steel dome

**てつ-ざん【鉄山】** 鉄鉱を掘り出す山。iron mine

**デッサン[dessin フランス]** 一般に木炭・鉛筆・ペン・筆などで線的に描く絵画。淡く彩色した場合も含む。素描・下絵。sketch →写

**てつ-じ【▼綴字】** →ていじ(綴字)

**てっ-しゅう【撤収】**(名・サ変自他) ①取り去ってしまうこと。withdrawal ②軍隊などを



▼常用漢字表外。▽常用漢字表の音訓外。

●デッサン　ミケランジェロ『キリストの復活』。一五三二〜三三年。大英博物館。

引き揚げること。撤退。evacuation

**てっ-しょう【鉄▼蕉】** ソテツの異名。

**てっ-しょう【徹宵】**(名・副) 夜通し。夜っぴて。徹夜。all night

**てつじょう-もう【鉄条網】** 敵の侵入を防ぐためにとげ付きの鉄線を張り巡らした障害物。wire entanglements

**てっ-しん【鉄心】** ①鉄のようにかたい意志・精神。②《「鉄芯」とも》電気機器の内部にあって磁力線を通す鉄でできた構成部分。変圧器・電動機・発電機・電磁石などでは鉄心にコイルを巻いたものが用いられる。iron core

**てつ-じん【鉄人】** 鉄のように強い体をしている男。不死身。strong man

**てつ-じん【哲人】** ①哲学者。philosopher ②識見の高い人。wise man

**てつじん-せいじ【哲人政治】** プラトンの政治思想。哲学を学んだ者が君主となるか、君主が哲学を修めるかしなければ、よい国は実現しないとするもの。哲人君主。

**てつじん-レース【鉄人レース】** ↓トライアスロン

**てっ・する【徹する】**(サ変自他) =徹す。①しみ通る。奥底まで貫く。pierce [用例]心魂に—。②徹底する。[用例]役に—。③初めから終わりまで過ごす。pass [用例]夜を—。

**てっ・する【撤する】**(サ変他) =撤す。①取り除く。remove [用例]障害物を—。②引き揚げさせる。withdraw [用例]軍隊を—。

**てっ-せい【鉄製】** 鉄でつくってあること・もの。iron made; ironwork

**てっせい【哲西】**〈町〉 岡山県西部、広島県に接する町。稲作・肉牛飼育・林業がさかん。クリが特産。人口三七四七(一九八八)。

**てっ-せき【鉄石】** ①鉄と石。iron and stone ②かたくてしっかりしていること。堅固。firm [用例]—心。

**てっ-せん【鉄泉】** 鉱水一kg中に鉄イオン二〇mg以上を含む温泉。草津や指宿など。iron spring

**てっ-せん【鉄扇】** ①昔、陣中で武士の使った、骨が鉄製の扇子。②折り畳んだ扇子の形を鉄でつくったもの。

**てっ-せん【鉄線】** ①鉄のはりがね。iron wire ②キンポウゲ科クレマチスの代表種。木質のつる草で観賞用に栽培。花期は五〜六月。花弁はなく、萼片は白。中国原産。clematis ↓[写]

**てっ-せん【撤▼饌】**(名・サ変自他) 神前の供え物を下げること。[対義]献饌。

**てっ-そう【鉄窓】** ①鉄格子を取りつけたまど。iron-grill window ②牢獄。刑務所。jail

**でっ-ぞう【▼捏造】**(名・サ変他) ↓ねつぞう(捏造)

**てっ-そく【鉄則】** 動かせない法則。厳しい規則。iron rule

**てつ-ぞく【鉄▼鏃】** 鉄製のやじり。弥生時代には銅鏃と並行して使用されるが、古墳時代に入ると銅製は徐々に消滅。銅鏃を模した形のものから、古墳時代中期以降、長頸鏃とよぶ茎の長いものに変化した。

**てっ-そん【鉄損】** 鉄心における電力の損失。磁気ヒステリシスと渦電流による損失。core loss

**てった【哲多】**〈町〉 岡山県西部、新見市南西隣の町。古くは鉄の産地。畜産などの農・林業のほか石灰石を採掘。人口四三五四(一九八八)。

**てっ-たい【撤退】**(名・サ変他) 陣地などを取り払って後退すること。撤収。evacuation

**て-つだい【手伝い】** 手伝うこと・人。助力。助手。help; helper

**てつ-たいしゃ【鉄代謝】** 生体内における鉄の物質代謝。二価イオンの形で胃や十二指腸上部から吸収され、大部分は骨髄に運ばれ赤血球造血に利用される。iron-metabolism

**て-つだ・う【手伝う】**(五自他) ①(他)手助けをする。assist [用例]家業を—。②(自)ある原因の上に、さらに別の原因が作用する。[用例]折からの不況も—ってついに倒産。

**でっ-ち【▽丁稚】**《卑語。「弟子」の転》職人や商家に一〇歳ぐらいから年季奉公し、雑役などを行った年少の使用人。小僧。

**でっち-あ・げる【▼捏ち上げる】**(下一他) ①ないことをあるようにつくり上げる。make up story ②無理をして、なんとか形だけはつくり上げる。frame up

**てっち-せん【鉄▽囲▽山】** 仏教の世界観で、須弥山を囲む九山八海の一つ。もっとも外側にあるという、鉄でできた山。

**てっ-ちゅう【鉄柱】** 鉄のはしら。iron pole

●テッセン②

**でっちょう-そう【▽粘葉装】** 和本の綴じ方の一種。一枚の紙の文字の書かれた面を内側にして、中央で二つ折りにしたものを、その折り目の外側に糊をつけて幾枚も重ねあわせて接着、それを表紙でくるんだもの。胡蝶装。

**てっ-ちり** 《「てつ」は「鉄砲」の略。フグはあたると、命にかかわることから「鉄砲」と呼ばれる》なべ料理の一つ。フグを用いたちりなべ。フグちり。

**でっ-ちり【出っ▼尻】** 《「出尻」の転》つき出ているしり。

**出っ尻鳩胸**(でっちりはとむね) 尻と胸が張り出した体形。

**てっ-つい【鉄▼槌・鉄▼鎚】** ①大形のかなづち。ハンマー。iron hammer ②こらしめ。制裁。punishment

**鉄槌を下す**(てっついをくだす) こらしめる。厳しく罰する。punish

**て-つづき【手続(き)】** ①物事を行う順序。手順。procedure ②決められた法式。formalities [用例]—を踏む。

**てつづき-ほう【手続法】** 実体法を運用するための手続きを規定した法律。訴訟法をはじめ、広くは不動産登記法や戸籍法なども含む。adjective law [対義]実体法。

**で-づっぱり【出突っ張り】**《俗語》①ひとりの俳優、または、特定の俳優たちが、その日・期間に上演されるすべての演目・幕にわたって出演すること。②ある期間ずっと出席する、または、外出していること。

**てっ-てい【鉄▼蹄】** ①蹄鉄。②鉄のように固い駿馬のひづめ。

**てっ-てい【徹底】**(名・サ変自) 《底まで通る意》①考え方や行動などが、中途半端でなく、一つの方針で貫かれていること。②十分に行き渡ること。thorough

**デッド[dead]** ラグビーやアメリカンフットボールなどで、試合が中断された状態。球がフィールドから外へ出た場合など。

**てっ-とう【鉄▼桶】** ①鉄製のおけ。②すきまのないたとえ。鉄壁。[用例]—の守備。

**鉄桶、水を漏らさず**(てっとう、みずをもらさず) 堅固で少しもすきがない。

**鉄桶を翻倒す**(てっとうをほんとうす) 煩悩をうちやぶり、悟りを得ることをいう。

**てっ-とう【鉄塔】** 鉄で造った塔。iron tower

**てつ-どう【鉄道】** レールの上を、動力で車両を運転して人・物を輸送する施設の総称。一六世紀、ドイツの鉱山で木製軌道にトロッコを走らせたのが始まり。一九世紀に蒸気機関車が出現し、以後長く陸上輸送の主力となった。railroad

**てつどう-きねんび【鉄道記念日】** 一〇月一四日。明治五年(一八七二)新橋〜横浜間二九kmの鉄道が開通した日を記念する。

**てつどう-きょう【鉄道橋】** 鉄道線路専用の橋。railroad bridge米; railway bridge英

**てつどう-きょく【鉄道局】** 旧鉄道省の地方機関の一つ。各地方の国有鉄道、連絡船の運営業務にあたっていたが、昭和二四年(一九四九)廃止。旧国鉄の各鉄道管理局、現JRの各支社・支店がその後身。

**てつどう-ぐさ【鉄道草】** ヒメムカシヨモギの別名。

**てつどう-けいさつたい【鉄道警察隊】** 鉄道施設の警ら警戒活動を主任務とする警察組織。旧鉄道公安官の任務を引き継ぐもので昭和六二年(一九八七)四月発足。

**てつどう-こうあんかん【鉄道公安官】** 旧国鉄で、車内や駅などの公安維持を任務とした職員。国有鉄道の施設内の犯罪や、運輸業務に対する犯罪についての捜査権や逮捕権をもっていた。鉄道公安職員。

**てつどう-こうさいかい【鉄道▼弘済会】** 旧国鉄の公傷退職者や家族・遺族などの救済を目的とする財団法人。駅売店(キヨスク)・一時預かりなどの営業を行う。昭和七年(一九三二)設立。

**てつどう-しょう【鉄道省】** 鉄道行政を担当する中央官庁として、大正九年(一九二〇)設置。国有鉄道の経営にもあたった。運輸通信省を経て、昭和二〇年(一九四五)運輸省となる。

**てつどう-しょうか【鉄道唱歌】** 大和田建樹作詞・多梅稚作曲の唱歌。駅名と鉄道沿線の風物を歌ったもので全五集。明治三三年(一九〇〇)発表。

**てつどうそうごうぎじゅつ-けんきゅうじょ【鉄道総合技術研究所】** 財団法人。旧国鉄の本社付属機関で現在はJRグループに所属。鉄道などの技術研究や試験、さらに機器・設備の改良などを行う。所在地は東京都国分寺市。

**てっとう-てつび【徹頭徹尾】**(副) ①始めから終わりまで。thoroughly ②あくまでも。absolutely ③すっかり。thoroughly

**てつどう-はくぶつかん【鉄道博物館】** 交通博物館の旧称。

**てつどう-ばしゃ【鉄道馬車】** レールの上を走る乗り合い馬車。都市交通機関としては一九世紀半ばアメリカの各都市に出現。日本では明治一五年(一八八二)六月、東京馬車鉄道が新橋〜日本橋間に開通、大いに隆盛をみたが、鉄道・市街電車などの普及によって姿を消した。horsecar米; horse tramcar英

**てつどう-もけい【鉄道模型】** 鉄道のミニチュア玩具。好きなように線路を組み立て、車両を走らすことができる。踏み切り・駅・風景がセットになっているものもある。model train

**てつどう-ろうれん【鉄道労連】** 《「全日本鉄道労働組合総連合会」の略》国労などを除く旧国鉄系の労働組合を統合して昭和六二年(一九八七)に結成。

**デッドエンド[deadend]** 行き詰まり。袋小路。

**デッド-スペース[dead space]** 建築で、ほとんど利用されない空間。部屋の隅、収納部分のコーナー、階段下など。

**デッド-ヒート[dead heat]** 激しい競り合い。

**デッド-ボール** 《和製語》①球技で、プレーが一時中断されているときのボールの状態。ボールデッド。試合停止球。②野球で、投手の投球が打者に当たること。死球。hit by the pitch ③↓ドッジボール

**デッドライン[deadline]** ①越えてはならない最後の線。死線。②原稿の締め切りなどの最終期限。

**てっとり-ばや・い【手っ取り早い】**(形) ①手早い。quick ②手間がかからない。be easier [対義]回りくどい。

**デッド-リフト[dead lift]** ①ウエートトレーニングの一種。立った姿勢で膝を伸ばして前屈し、バーベルを肘を伸ばして握り、上体を起こして腕を使わずに引き上げる。②パワーリフティングの種目の一つ。デッドリフトでの引き上げた重量を競う。[比較]スクワット・ベンチプレス。

**デッドロック[deadlock]** ①行き詰まり。②《lockをrockにあやまって》難関。暗礁。[用例]—に乗り上げる。

**てつ-の-カーテン【鉄のカーテン】** 第二次大戦後の共産圏の閉鎖性を西側が評したことば。一九四六年訪米中のチャーチル英首相の演説で使われたのが始まり。iron curtain

**てつ-の-きりつ【鉄の規律】** 軍隊や革命組織が必要とする厳しい規律。レーニンがロシアの革命的前衛党についてその必要を強調した。iron discipline

**てつ-の-はい【鉄の肺】** 呼吸麻痺を起こしたときに使われる鉄製の人工呼吸器。首から下を円筒形の気密室に入れ、中の気圧の変化により胸郭に呼吸運動を起こさせ、救命する。iron lung

**でっ-ぱ【出っ歯】** 口を閉じても、前歯が外に

出て見えること。そっぱ。出歯。bucktooth

**てっ-ぱい【撤廃】**(名・サ変他) 今までの規則などを取りやめること。abolition

**てつ-バクテリア【鉄バクテリア】**↓てっさいきん(鉄細菌)

**てっ-ぱつ【鉄鉢】**①僧が托鉢のときなどに食を受ける、鉄製の容器。応量器。②鉄製の兜の鉢。

**でっ-ぱり【出っ張り】** 突き出たもの・所。projection

**でっ-ぱ・る【出っ張る】**(五自) 突き出る。project

**てっ-ぱん【鉄板】** 鉄の延べ板。鉄の板。iron plate

**てっぱん-やき【鉄板焼(き)】** 調理法の一つ。熱した鉄板の上に油をひき、肉類・野菜・ソーセージなどをのせて焼く。

**てっ-ぴつ【鉄筆】**①謄写版印刷の原紙を切るときに使う、先が鉄製の筆記具。stylus ②印刻用の小刀。burin ③力強い文章。powerful writing

**てつ-びん【鉄瓶】** 鉄製の湯をわかす器具。つぎ口とつるがつき、胴に鋳出し模様がある。岩手の南部鉄瓶・京都の竜文堂鉄瓶など。

**てっ-ぷ【哲婦】** 賢明な婦人。才知・行いがともにすぐれた女性。

**哲婦、城を傾く**(てっぷ、しろをかたむく) 女が利口で、口出しがすぎると、家や国を衰えさせ、滅ぼすものだ。

**てっぷ-の-きゅう【▼轍▼鮒の急】**(連語)《『荘子』にある語。わだちの水たまりの中のフナの意》危難が迫っていることのたとえ。be in a peck of troubles

**でっぷり(と)**(副・サ変自) 太っているさま。fat

**てつ-ぶん【鉄分】** 成分としての鉄。かなけ。iron content

**てっ-ぺい【撤兵】**(名・サ変自) 軍隊を引き揚げること。withdrawal of troops 対義 出兵。

**てっぺい-せき【鉄平石】** 長野県諏訪地方に産出する安山岩の石材名。板状節理の発達した帯青灰色の輝石安山岩。第三紀中新世の霧ケ峰火山の活動に由来する。建築用張り石および敷石に利用。↓写

●鉄平石

**てっ-ぺき【鉄壁】**①鉄板をはったかべ。iron wall ②かたい守り。impregnable fortress 用例 金城—。

**鉄壁の布陣**(てっぺきのふじん) 非常に堅い、守りの陣がまえ。impregnable defense

**てっ-ぺん【▽天辺】**①兜のいただき。転じて、頭のいただき。②ものの一番高いところ。いただき。頂上。top

**てっ-ぺん【鉄片】** 鉄の切れ端。piece of iron

**てつ-ぼう【鉄棒】**①鉄製の棒。②校庭や公園などに設けてある鉄パイプ製の運動器械。horizontal bar ③体操競技、男子種目の一つ。また、その器械。水平な鉄棒を使用、静止することなく、振動・回転を行う。horizontal bar ↓写

●鉄棒③

**てっ-ぽう【鉄砲】**①火薬を詰めて弾を撃ち出す兵器。小銃。もと、大砲・小銃の総称。gun 数え方 一丁。②据え風呂のおけに取り付けるかま。fire pipe ③相撲で、相手を突き飛ばす技。また、その練習。pushing out in sumō 用例 —をかませる。④「鉄砲巻き」の略。⑤《あたると死ぬことから》フグの俗称。puffer-fish ⑥ほら。大言。big talk

**てっぽう-あらため【鉄砲改(め)】** 江戸幕府の職名。関八州の民間所持の鉄砲を管轄。貞享四年(一六八七)設置。

**てっぽう-うお【鉄砲魚】** 東南アジアの熱帯の河川にすむテッポウウオ科の魚。全長約二五cm。淡黄色の地に暗褐色の横縞がある。口から水をとばし、水辺の昆虫を打ち落として食べる。archer fish

**てっぽう-えび【鉄砲▽海▽老】** 潮間帯や浅海の砂泥底に穴を掘ってすむテッポウエビ科のエビ。体長約五cm。淡紅色。第一胸脚の一方のはさみが大きく、鋭い破裂音をだす。東京湾以南に分布。パッチン。

**てっぽう-かじ【鉄砲▽鍛▼冶】** 鉄砲を作る職業。また、その職人。室町時代から江戸時代にかけて鉄砲の国産化とともに活躍、すぐれた技術を後世に伝えた。

**てっぽう-だま【鉄砲玉】**①鉄砲のたま。bullet ②行ったまま帰ってこないこと・人のたとえ。

**てっぽう-でんらい【鉄砲伝来】** 天文一二年(一五四三)種子島に漂着したポルトガル人により、日本に初めて鉄砲が伝えられたこと。領主種子島時尭が二丁購入、家臣に使用法・製法を習得させ、以後急速に全国に普及した。

**てっぽう-ぶろ【鉄砲風▼呂】** 据え風呂の一種。長円形の桶の角に鉄砲とよばれる内釜を取り付けて沸かす。江戸時代から用いられた家庭用の風呂。

**てっぽう-まき【鉄砲巻(き)】**《鉄砲の砲身に似ているところから》細巻きずしの一種。甘辛く煮たかんぴょうをしんにして、すし飯をのりで巻く。かんぴょう巻き。てっぽう。

**てっぽう-みず【鉄砲水】**①山地での局地的な集中豪雨により、河川の水位が急激に上昇する現象。また、その流れ。mud flow ②土石流。mud flow

**てっぽう-むし【鉄砲虫】** カミキリムシ類の幼虫の俗称。樹木に食い入り、トンネルを掘るように食害する。同じように材を食害するタマムシの幼虫などをさすこともある。

**てっぽう-ゆり【鉄砲▽百▽合】** ユリの一種。花は純白の筒形で芳香をもち、花粉は黄色。開花は五、六月だが、抑制・促成栽培もされる。切り花・鉢植えなどの観賞用。沖縄諸島が原産。イースターリリー。Easter lily ↓写

●テッポウユリ

**て-づま【手妻】**《手先の仕事、の意。「つま」ははしの方のこと》手品の古称。づま。

**て-づまり【手詰(ま)り】**①金銭のやりくりが思うようにならないこと。be hard up ②手段がなくて困ること。have no means left

**てつ-むじ【鉄無地】** 鉄色で模様のない織物。

**て-づめ【手詰(め)】** 厳しく詰め寄ること。press

**手詰めの談判**(てづめのだんぱん) 相手に手厳しく詰め寄る、かけあい。pressing demand 類似 膝詰め談判。

**てつ-めんぴ【鉄面皮】**(名・形動) あつかましいこと・さま。brazen face

**てつ-や【徹夜】**(名・サ変自) 一晩中おきていること。夜明かし。夜通し。sit up all night

**て-づよ・い【手強い】**(形) 手厳しい。また、てごわい。

**で-づら【出面】**①顔出しすること。出席すること。②自由労務者などの日給。でめん。

**てつ-り【哲理】**①哲学上の道理。philosophical principle 用例 カントの—。②奥深い道理。philosophy 用例 人生の—。

**て-づり【手釣(り)】**(名・サ変他) 釣り糸を手に持って釣ること。handline fishing 用例 タイの—。

**てつ-りつ【迭立】**(名・サ変自) かわるがわるある地位につくこと。

**て-づる【手▼蔓】** すがって頼りにするもの。手がかり。つて。頼り。縁故。connections

**てづる-もづる【手▼蔓藻▼蔓】** 棘皮動物の一群でテヅルモヅル科の海生動物の総称。ヒトデに似た円形、または五角形の盤から細い腕が放射状に出、その腕がつぎつぎに樹枝状に枝分かれしている。クモヒトデに近縁。盤の直径数センチメートル～一〇cm。日本周辺でも、浅海・深海にいろいろの種類がいるが、南方に種類が多い。echinoderm

**てつ-ろ【鉄路】**①鉄道線路。rail ②鉄道。railroad米; railway英

**てつろく【鉄▼勒】** 中国、隋・唐代のトルコ系遊牧民に対する呼称。丁零・高車の末流で、隋代には東はバイカル湖から西はカスピ海に及ぶ地域に分布した。

**てつ-わん【鉄腕】** 疲れを知らない強いうで。strong arm

**てつわんアトム【鉄腕アトム】** 手塚治虫作の漫画・その主人公のロボット。昭和二八年(一九五三)発表。未来の理想社会を描く。

**てて【▽父】** ちち。用例 —親。

**デディケート【dedicate】**(名・サ変他) 献納。奉呈。献呈。デジケート。

**てて-なし-ご【▽父無し子】**①父に死に別れた子。fatherless child ②父親がだれかわからない子。私生児。bastard

**て-どうぐ【手道具】** 手回りの道具。

**で-どこ【出▽所・出▽処】**↓でどころ(出所)

**で-どころ【出所・出▽処】**＝でどこ。①物事の出てきたもと。出所。source ②出口。exit ③出るべき場合。time to take action

**テトラ【tetra】**①《接頭的》ギリシア語で、四の意。用例 —ポッド。②正四面体。

**テトラエチルなまり-ちゅうどく【テトラエチル鉛中毒】**↓しエチルなまりちゅうどく(四エチル鉛中毒)

**テトラカイン【tetracaine】** プロカインに構造が類似している局所麻酔剤。麻酔力は強く、主として腰椎麻酔に使用。

**テトラクロロエチレン【tetrachloro ethylene】**↓しえんかエチレン(四塩化エチレン)

**テトラクロロメタン【tetrachloromethane】**↓しえんかたんそ(四塩化炭素)

**テトラサイクリン【tetracycline】** 抗生物質の一つ。ブドウ球菌などの細菌やリケッチアなど広範囲の感染症に有効。

**テトラパック【tetrapakスウェーデン】** 牛乳などの液体を入れる正四面体の形をした紙容器。外側をワックス、内側をポリエチレンで加工した紙材を用いる。

**テトラヒメナ【tetrahymena】** 繊毛虫綱の原生動物。完全無菌培養に成功している数少ない繊毛虫の一種で、細胞分裂研究の材料。

**テトラポッド【tetrapod】**《商標名。ギリシア語で、「テトラ」は四、「ポッド」は足の意》中心から正四面体の頂点方向に四本の円筒状の脚が出ている大形のコンクリートブロック。防波堤や護岸の根固めや保護に用いる。フランスで考案された。

**て-とり【手取(り)】**①相撲で、技にすぐれていること。あるいは技のたくみな力士。技能力士。②相手をあやつるのがうまいこと。

**て-どり【手取(り)】**①手でつかまえること。catch with one's hands ②《「手取り金」の略》税金などを引いて受け取る、正味の金額。net receipt

**てどり-がわ【手取川】** 石川県南部を北流する川。長さ七二km。白山に発し、美川町で日本海に注ぐ。発電・農業用水に利用されている。

**デトロイト【Detroit】** アメリカ、ミシガン州南東部の工業都市。世界最大の自動車工業のほか、機械・航空機製造工業などが発達し、五大湖沿岸重工業地域の一部をなしている。人口一二〇・三万(一九八〇)。

**テトロドトキシン【tetrodotoxin】** フグの臓器に含まれる猛毒で白色の結晶。卵巣にもっとも多い。中毒すると知覚や筋肉が麻痺し、呼吸筋の麻痺により死亡することもある。

**テトロン** ポリエステル繊維の一つであるポリエチレンテレフタレート繊維の日本における商標名。テレフタル酸とエチレングリコールの縮合で得られる。洗濯などでも形くずれしにくく、丈夫。衣料・ロープなどに使用。

**テナー【tenor】**↓テノール

**て-ないしょく【手内職】**(名・サ変自) 手先でする内職。manual homework

**て-なおし【手直し】**(名・サ変他) 十分でないところを直すこと。仕上げ。touch up

**で-なお・す【出直す】**(五自) ①改めて出る。show up again ②再び出る。come again ③やり直す。start afresh

**て-なおり【手直り】** 囲碁・将棋で、勝敗によって手合い・駒割りの条件を改めること。

**て-なが【手長】**①手の長いこと。②手がひ



▼常用漢字表外。 ▽常用漢字表の音訓外。

どく長い想像上の人。③盗み癖のあること・人。④昔、宮中や貴族の家で宴会の膳の取次役。

**てなが-えび【手長▾蝦・▿草▾蝦】** 河川・湖沼にすむテナガエビ科の淡水産のエビ。灰緑色または暗緑褐色で、体長約九㎝。はさみ脚が長く、体長の一～一・八倍。本州以南に分布。prawn ↓エビ図

**てなが-ざる【手長猿】** ショウジョウ科テナガザル亜科に属する類人猿の総称。森林にすむ。前肢は長く、移動時に腕渡りをする。東南アジアに七種が分布。ギボン。gibbon ↓写

●テナガザル

**て-なぐさみ【手慰み】** ①時間つぶしに手先で物をもてあそぶこと。手遊び。fingering; amusement ②ばくち。gambling

**てなげ-だん【手投げ弾】** ↓しゅりゅうだん「(手榴弾)」

**て-なず・ける【手▿懐ける】**(下一他) ①なつかせる。tame ②手下にする。味方にする。gain over

**て-なべ【手▾鍋】** つるの付いたなべ。pan

**手鍋提げても**(てなべさげても) どんな貧乏暮らしをしても。用例 彼となら——一緒になりたい。

**て-なみ【手並(み)】** 腕前。手腕。技量。skill

**て-ならい【手習(い)】**(名・サ変自) ①習字。penmanship ②けいこ。修業。learning 用例 六十の——。

**手習いは坂に車を押す如し**(てならいはさかにくるまをおすごとし) 学問は油断するとあと へ戻ってしまう。

**てならいこ【手習子】** 歌舞伎舞踊。長唄による七変化舞踊『杜若七重の染衣』の一つ。寛政四年(一七九二)初演。寺子屋帰りの江戸の町娘の道草を描写。

**て-ならし【手慣らし・手▾馴らし】**(名・サ変他) 練習をして、手を慣らすこと。練習。practice

**デナリ[Denali]** マッキンリー山の現地名。

**て-な・れる【手慣れる・手▾馴れる】**(下一自) ①使い慣れる。get used ②慣れてじょうずになる。熟練する。get skillful

**て-なわ【手縄】** ①幕を張るために、乳に通す縄。②馬を引く縄。③捕吏などが人をつかまえるのに使う縄。

**テナント[tenant]** 土地・家屋やビルの一室などを借り、売り場・事務所などに利用している企業や人。

**テニアン-とう【テニアン島】**(Tinian Island) 太平洋西南部、マリアナ諸島中の島の一つ。面積五二㎢。日本の旧委任統治領で、第二次大戦の激戦地。現在アメリカの自治領。

**デニール[denier]** 絹および化繊のフィラメント糸の繊維の太さを表す単位。長さ四五〇mの糸が〇・〇五gの重さのときを一デニールとする。記号D(d)。

**テニールス[David Teniers]**(一六一〇～九〇) フランドルの画家。宮廷画家として活躍。農民生活の風俗画が多い。作品『農夫の踊り』など。

**テニエス[Tönnies]** ↓テンニエス

**テニス[tennis]** 球技の一つ。中央にネットを張ったコートで、ボールをラケットで打ち合う競技。硬式は、シングルス男・女、ダブルス男・女、混合ダブルスの五種目。軟式はダブルスのみ。庭球。↓図

**テニス-コート[tennis court]** テニスを行う競技場。グラスコート・クレーコートなどがある。数え方 一面。

**テニスコート-の-ちかい【テニスコートの誓い】** フランス革命直前の一七八九年六月二〇日、ベルサイユ宮の球戯場において三部会の第三身分議員が、憲法制定までは解散しないことを決議した事件。国王の議場閉鎖が原因。Tennis Court Oath

**テニス-ひじ【テニス▾肘】** テニスでよく起こるひじ関節の障害。ひじ関節の外側の上腕骨外顆部とそこから始まる手指伸筋群の中枢部が痛み、手の使用に支障を起こす。tennis elbow

**テニソン[Alfred Tennyson]**(一八〇九～九二) イギリス、ビクトリア朝の代表的詩人。広い題材を美しい韻律で歌いあげた。作品『イン=メモリアム』『国王牧歌』『イノック=アーデン』など。

**てに-てに【手に手に】**(連語) めいめいの手に。in each hand 用例 ——花束を持つ。

**て-に-は【▾弖▾爾波・手▾爾波】** ↓てにをは(弖爾平波)

**弖爾波が合わない**(てにはがあわない) 「弖爾平波が合わない」と同意。

**デニム[denim]** 綿織物の一種。縦に二〇番手以下の色糸、横にやや細めのさらし糸、または色糸で綾織りにした厚地織物。丈夫で洗濯によく耐えるので、子供服・ズボン・作業服などに使われる。

**て-にもつ【手荷物】** ①手回りの荷物。luggage ②乗客が、到着駅まで発送する手回りの荷物。チッキ。baggage米; luggage英 比較 小荷物。

**て-に-を-は【▾弖▾爾▾平波・▿天▾爾▿遠波】** ①助詞の通称。また、助詞・助動詞・活用語の語尾・接尾語などの総称。てには。②ことばづかい。wording ③話のつじつま。consistency 参考 漢文訓読のさいのヲコト点の、四隅の点を続けて読んだところからいう。

**弖爾平波が合わない**(てにをはがあわない) ①助詞・助動詞などの用法が正しくない。ことばづかいが間違っていることにいう。②話のつじつまがあわない。

**て-ぬい【手縫い】** 機械などによらず、手で縫うこと。縫ったもの。hand-sewn 用例 ——の靴。

**テヌート[tenuto イタリア]** 演奏指示用語・記号の一つ。音符の表す長さを十分に保つこと。

**て-ぬかり【手抜かり】** 注意・準備などが不十分であること。不行き届き。ておち。oversight

**て-ぬき【手抜き】**(名・サ変自他) 当然なすべき手数を省くこと。omission 用例 ——工事。

**て-ぬぐい【手▾拭い】** 洗面・入浴などに使う日本独特の木綿の布片。かぶり物としても利用される。大きさはふつう、幅八寸(二四㎝)、長さ三尺(九〇㎝)。数え方 一本・一筋・一条。

**てぬぐい-ちゅうがた【手▾拭(い)中形】** ①注染による浴衣柄。折り付け注染中形。②布を手拭いの長さに折り畳んで型のりを置き、上から染料を注ぎながら染めたもの。手拭い染め。

**て-ぬる・い【手▿緩い】**(形) ①やりかたが厳しくない。lenient ②することがのろい。slow

**テネシー[Tennessee]** アメリカ南東部の州。州都ナッシュビル。TVA計画の中心地として、化学・繊維・金属・製紙工業などが発達。西部は綿花・タバコ・小麦などの生産地。人口四五九・一万(一九八〇)。

**テネシー-がわ【テネシー川】**(Tennessee River) アメリカ南部、アパラチア山脈からテネシー州を北に流れ、ケンタッキー州パジュカでオハイオ川に注ぐ川。長さ一〇四九㎞。一九三三年以来TVAの総合開発が行われ、多数のダムがある。

**デネブ[Deneb]**《アラビア語で、めんどりの尾、の意》はくちょう座のα星。実視等級一・三等。距離約一八〇〇光年。観望好期は九月。

**テネリフ-レース[Tenerife lace]**《カナリア群島のテネリフ島で創製されたことに由来》放射状に渡した土台に、糸を円形や角形に結んだりかがったりして模様を作ったレース。

**て-の-うち【手の内】** ①てのひら。palm ②腕前。skill ③自分の思うようにできる範囲。scope of one's power 用例 ——に入れる。④心のうち。方寸。⑤隠している考えや方法。one's intention 用例 ——を見透かされる。

**手の内が悪い**(てのうちがわるい) 将棋で、持ちごまが十分でない。

**手の内に丸め込む**(てのうちにまるめこむ) 人を自分の思うとおりに手なずける。talk a person into

**手の内を見せる**(てのうちをみせる) ①手を開いて、握っていたものを表す。show ... in one's hand ②腕前を示す。display one's abilities ③相手に、隠していた考え・計画などを示す。show one's intention 用例 計略の——。

**て-の-うら【手の裏】** 手の甲の裏。てのひら。たなごころ。palm

**手の裏を返す様**(てのうらをかえすよう) 前とがらりと変わるさま。てのひらを返す様。change one's mind abruptly

**テノール[Tenor ドイツ]** ①男声の最高声域。また、その声域の歌手。②四声部楽曲の下から二番めの声部。③テノール音域の楽器。テナー。

**て-の-こう【手の甲】** 手首から指までの間の、外の側。back of the hand 対義 手の平。

**て-の-ひら【▿掌・手の平】** 手を握るとき内側になる面。たなごころ。palm 対義 手の甲。

**掌を返す**(てのひらをかえす) ごくわずかな間に、態度をすっかり変える。状況が変わったなどのために、それまでの言動をがらりと変えることの形容。change quite abruptly

**デノミ** 「デノミネーション」の略。

**デノミネーション**《英語のdenomination(通貨の単位名称)を、わが国で慣用的にロシア語のdenominatsiya(通貨の単位名称の変更)の意に用いているもの》通貨改革の一つ。貨幣の名目単位の切り下げ。たとえば一〇〇円を新一円とすること。第二次大戦後フランスやソ連で実施。デノミ。

●テニス　硬式テニス

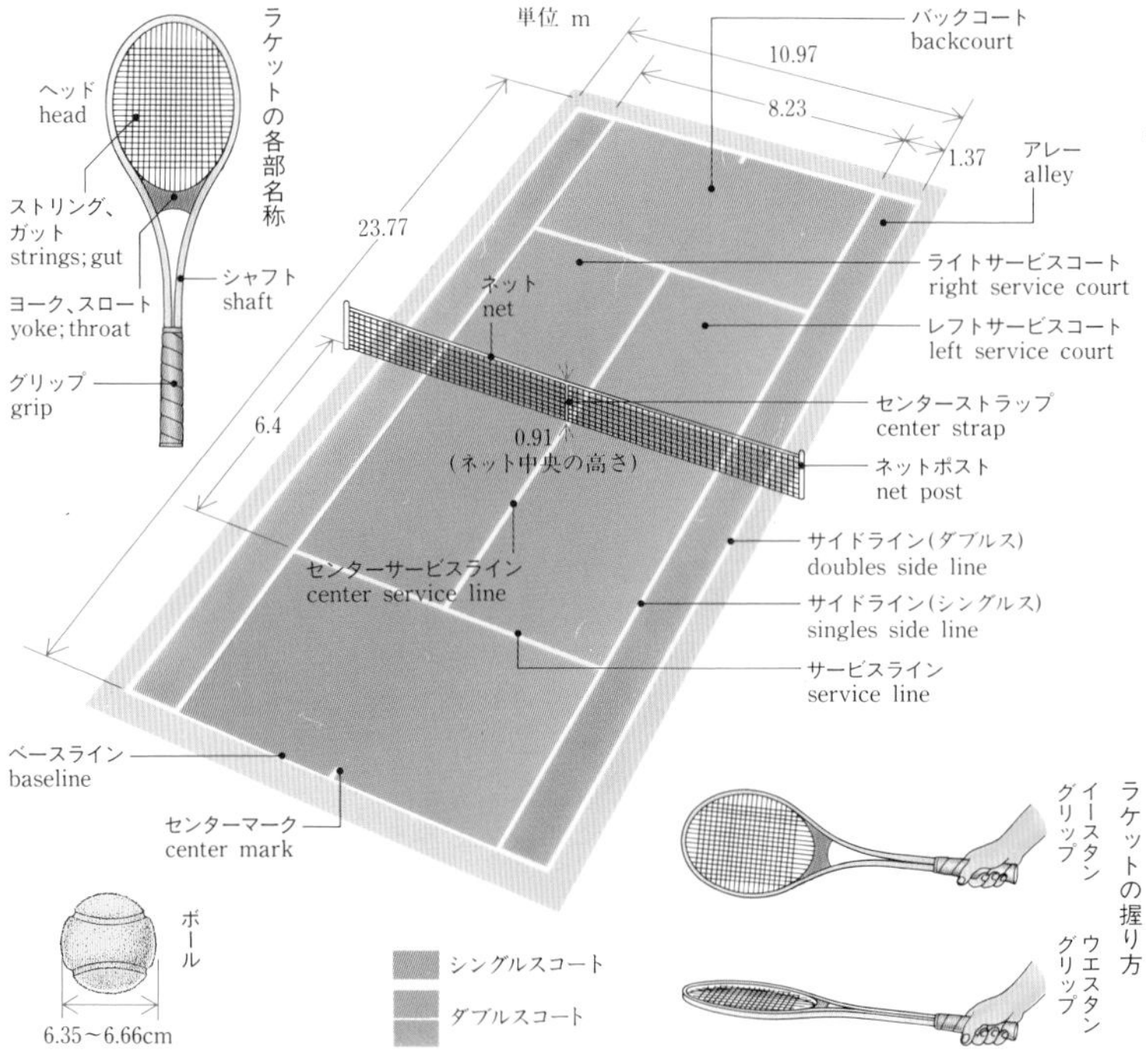

**て-の-もの【手の物】** ①自分が所有することができたもの。②《上に「お」を付けて》得意とする事柄。one's speciality

**て-の-もの【手の者】** 部下。手下。配下。one's men

**て-は**（連語）《接続助詞「て」に係助詞「は」の付いたもの。連用形に付く》①望ましくない事柄の仮定を表す。用例 飲みすぎ— いけない。②…された以上は。用例 そう言われ— 怒れない。③繰り返すことを表す。用例 食べ— 飲み、食べ— 飲み。

**て-ば【手羽】** 鶏肉の部位の一つ。にわとりの羽を根元から切り離した骨付き肉。焼き鳥、水炊きなどに用いる。chicken wing →鳥肉図

**てば** 《「と言えば」の転》㊀（副助）①話題としてさしだす。たら。㋐とがめる気持ちを表す。たら。用例 まあ、おまえっ—、なんてことを言うの。㋑ふと思い出す意を表す。用例 お金っ—、あのお金をどうしたかしら。㊂（終助）じれったい気持ち、とがめる気持ちを表す。たら。用例 いやだっ—（いやだ）。

**て-ば** 古語（連語）《完了の助動詞「つ」の未然形に接続助詞「ば」の付いたもの》…たならば。用例 むめがかを袖にうつしてとどめ—（古今・春上）。

**で-は【出端】** ①出がけ。出しな。②道への出口。③舞台に登場すること。㋐能で、神仏・精霊・鬼畜など後ジテの登場のさいの囃子事。㋑歌舞伎で、主役登場のさいの囃子唄。

**で-は**（接続）それでは。それなら。じゃあ。用例 —、会議をはじめます。— 次の問題に移ります。—、さようなら。参考 簡略な別れのあいさつ語としても使う。

**で-ば【出歯】** →でっぱ（出っ歯）

**デパート** 《「デパートメント-ストア」の略》多種類の商品を部門に分けて販売する大規模小売店。百貨店。

**て-はい【手配】**（名・サ変自）①段取りし、準備すること。てくばり。用意。arrangement ②犯人をつかまえるなどの手はずを整えること。disposition 用例 指名—。

**デ-はい【デ杯】** →デビスカップ

**デバイ【Peter Joseph Wilhelm Debye】**（一八八四—一九六六）アメリカの物理学者。オランダ生まれ。有極分子論、固体比熱の理論などを研究。分子構造の研究により一九三六年ノーベル化学賞受賞。

**てはい-し【手配師】** 自由労務者を集めて作業場に送り込むことを業とする者。recruiter of day laborers

**デバイ-シェラー-ほう【デバイ-シェラー法】** X線による微小粉末結晶の回折法。棒状にした粉末結晶をX線入射軸に垂直に置き、それを中心軸とする円筒状にしたフィルムで、回折像を記録する。デバイとシェラーが考案した。Debye-Scherrer method

**で-はいり【出入り】**（名・サ変自）①出ることと、入ること。でいり。go in and out ②数が多かったり少なかったりすること。more or less 用例 二、三人の— はあろう。③金銭の支出と収入。income and expenses

**でば-かめ【出歯▼亀】**《俗語》女湯などをのぞく変態的な男。明治時代、出っ歯の亀太郎という、のぞき常習者のあだ名からという。Peeping Tom

**て-ばかり【手▼秤】** 手で持ったときの感じで、大体の重さをはかること。

**て-ばこ【手箱】** 身の回りの細かい道具などを入れる箱。small box

**て-ばしこ・い【手▼捷い】**（形）機敏である。手ばやい。

**てば-じま【出羽島】** 徳島県南部、牟岐町に属する島。面積〇・五km²。漁業従事者が多い。南国的な風光の島。でばじま。でわじま。

**て-はじめ【手始め・手初め】** ①仕事の始め。着手。start ②習いたて。初歩。first steps

**で-はじめ【出始め】** ものの出たはじめ。出たばかり。first appearance 用例 —のナシ。

**て-はず【手▼筈】** てくばり。手順。準備。arrangements 用例 —が整う。

**で-はずれ【出外れ】** 町や村の端。町外れ。村外れ。

**で-はず・れる【出外れる】**（下一自）ある場所を通ってそのはずれに出る。通り抜けて外に出る。用例 町を—・れた所にある家。

**て-ばた【手旗】** ①手に持つ小さな旗。flag ②通信に使う小旗。handflag

**で-ばた【出機】** 織物業者が原材料を供給し、下請けや農家の婦人などに自宅で織物をつくらせること。

**てばた-しんごう【手旗信号】** 左右の手に持った白と赤の小旗を動かして行う通信。海上の船舶間や船舶と陸地との間の交信に用いられる。flag signal

**デバッグ【debug】**《害虫駆除の意》コンピューター用のプログラムの中の文法的・論理的な誤りを発見し修正すること。

**て-ばな【手鼻】** 指先で鼻をかむこと。blow the nose with one's fingers

**で-ばな【出花】** 番茶・煎茶など、湯をついだばかりで、香りの高いころあい。また、その茶。用例 鬼も十八、番茶も—。

**で-ばな【出▽端】** =ではな。①出たとたん。出がけ。start ②しはじめ。outset

**出端を挫く** 出たところをたたく。始めたところを邪魔して、気勢を削ぐ。出端を折る。baffle a person at the start

**で-ばな【出鼻】** 岬などの、突き出た所。

**て-ばなし【手放し】** ①手を放すこと。let go one's hold 用例 —で運転する。②気兼ねや、感情を抑えたりしないで、開けっぴろげなこと。露骨。むき出し。openly 用例 —で喜ぶ。

**て-ばな・す【手放す】**（五他）①手から放す。let go one's hold ②人手に渡す。relinquish ③子などを遠方・他家へやる。separate from one's tender care

**て-ばなれ【手離れ】**（名・サ変自）幼児が成長して、母の世話がいらなくなること。比較 乳離れ。

**でば-ぼうちょう【出刃包丁・出刃▼庖丁】** 刃が厚く重みがある包丁。魚をおろしたり、鳥肉のあらぎりなど、下ごしらえするときに用いる。出刃。

**て-ばや【手早】**（形動）すばやいさま。quickly

**て-ばや・い【手早い】**（形）すばやい。quick

**で-ばやし【出▼囃子】** ①長唄の囃子の奏者が、唄担当者と三味線奏者といっしょに舞台に出て、観客から見える状態で演奏すること。②寄席の芸人の高座への、上がり下りに演奏する囃子。

**で-はら・う【出払う】**（五自）全部出てしまう。出切る。be all out

**て-ばり【手張り】** ①自分で張ること。paste by oneself ②勝負のあとに金を払う約束で、金を持たずにばくちを張ること。③取引所の会員などが、自分の思惑で相場を張ること。

**デバリュエーション【devaluation】** 平価切り下げ。

**で-ば・る【出張る】**（五自）①突き出る。でっぱる。project ②出張する。make a business trip

**テバルディ【Renata Tebaldi】**（一九二二— ）イタリアの名ソプラノ歌手。トスカニーニに認められ脚光をあびて以来オペラで活躍。ベルディ・プッチーニを得意とした。

**で-ばん【出番】** ①江戸時代、商家の奉公人が休みをもらう番。②俳優が舞台に出るべき番。比喩的に、その人の登場すべき番。one's turn

**て-びかえ【手控え】** ①手もとに書きとめておくこと・帳面。メモ。memo ②控え目にすること。refrain

**て-びか・える【手控える】**（下一他）①心覚えに手もとに書きとめておく。用例 手帳に—。②予備に手もとに取っておく。③控えめにする。用例 食を—。

**て-びき【手引(き)】** ㊀（名・サ変他）①手で引き出すこと。pull out ②手を引いて導くこと。lead by the hand ㊂（名）①案内。案内人。入門書。guide ②てづる。つて。縁故。connection ③指導。手ほどき。direction

**てびき-しょ【手引(き)書】** 入門書。guide

**デビス-カップ**《Davis Cup match の通称》テニスで、男子の国別で争う世界選手権大会。一九八一年から、上位一六か国によって、シングルス四・ダブルス一試合のトーナメントで争われる方式となった。一九〇〇年からはじまり、アメリカのデービスが優勝杯を寄贈したことからの名称。デ杯。

**デビッソン【Clinton Joseph Davisson】**（一八八一—一九五八）アメリカの物理学者。ニッケルによる電子線回折で電子の波動性を証明し、一九三七年ノーベル物理学賞受賞。

**て-ひど・い【手▽酷い】**（形）①手荒い。手きびしい。rough ②激しい。severe

**デヒドロゲナーゼ【dehydrogenase】** 基質から水素を奪い、他の物質に転移する反応を触媒する酸化還元酵素の総称。脱水素酵素。

**デヒドロコール-さん【デヒドロコール酸】** 胆汁酸の主成分コール酸を酸化して得られる薬物。強力な胆汁分泌促進作用がある。胆石症・胆囊炎などに用いる。dehydrocholic acid

**デヒドロ-さくさん【デヒドロ酢酸】** 食品の防腐剤。おもに乳製品・みそ・あん・野菜の漬物に用いられる。医薬品としては水薬の保存剤として使用される。dehydroacetic acid

**デビュー【début フランス】**（名・サ変自）社交界・芸能界などに初登場すること。初舞台。come out

**て-びょうし【手拍子】** 手を打ってとる拍子。beat time with the hands 対義 足拍子。

**て-びろ・い【手広い】**（形）①仕事の範囲・規模が広い。extensive ②場所・構えが広い。roomy

**デヒワラ-マウント-ラビニア【Dehiwala-Mount Lavinia】** スリランカ南西部、コロンボの南、インド洋に臨む保養都市。同国有数の景勝地。人口一七・四万（一九八一）。

**でぶ**《俗語》太っていること・人。fatty 対義 やせ。

**デ-フィリッポ【Eduardo De Filippo】**（一九〇〇—一九八四）イタリアの劇作家・俳優。喜劇『ナポリの百万長者』『内なる声』など。

**て-ふうきん【手風琴】** アコーディオン。accordion

**デフォー【Daniel Defoe】**（一六六〇ごろ—一七三一）イギリスの小説家・ジャーナリスト。スウィフトと並ぶイギリス小説の父。作品『ロビンソン=クルーソー』『モル=フランダース』など。

**デフォルト【default】** 債務不履行。とくに、公社債などの元本償還や利息支払いや銀行借入金の返済などができなくなった状態。

**デフォルマシオン【déformation フランス】** ①変形・歪曲。②造形芸術で、自然の形態を造形上の必要性から自由に変形歪曲して表すこと。また、その技法。

**デフォルメ【déformer フランス】**（名・サ変他）デフォルマシオンの技法で、対象の形を誇張・変形して表現すること。

**て-ふき【手▼拭(き)】** 手をふくもの・布。towel

**て-ぶくろ【手袋】** ①手の防寒・保護、また装飾のために手をおおうもの。スポーツや医療その他作業用の特殊なものも多い。gloves; mittens 数え方 一組み・一対。②弓を射るとき、手にはめる革の袋。弓懸。

**手袋を投げる**《決闘を申し込むときの、西洋の風習から》相手との交際を絶つ意思表示をする。

**手袋を引く** 手をひっこめる。手だしをしない。かかわりあわない。手を引く。

**デフコン【DEFCON】**《Defense Readiness Condition の略》アメリカの防衛緊急体制。あらゆる事態に即応できるよう、戦時から平時までの五段階に分かれている。国防緊急体制。

**で-ぶしょう【出無精・出不精】**（名・形動）外出をめんどうがること・さま・人。stay-at-home

**て-ぶそく【手不足】**（名・形動）人手が足りないこと・さま。shortage of hands

**て-ふだ【手札】** ①名札。名刺。card ②「手札判」「手札形」の略。③トランプなどで手にしている札。

**てふだ-ばん【手札判】** 写真の大きさで、キャビネ判の約半分。八〇×一〇五mm。ひとまわり大きい九〇×一二〇mmを大手札という。手札形。

**で-ふね【出船】** 船が港を出ていくこと。また、その船。outgoing ship 対義 入り船。

**出船に良い風は入り船に悪い** 一方によいことはもう一方に悪い。両方よくすることは難しいたとえ。

**て-ぶら【手ぶら】** 手になにも持たないこと。土産などを持参しないこと。empty hand

**て-ぶり【手▽風】** 風俗。風習。用例 都の—忘らえにけり（万葉・五・八八〇）。

**て-ぶり【手振り】** ①手つき。movement of hand 対義 身振り。②手ぶら。empty hand 用例 —にてやうやうけふの夕飯前に宿に帰りにし（世間胸算用）。

**デフレ** 「デフレーション」の略。

**デ-プレ【Des Près】** →ジョスカン=デ=プレ

**デフレーション【deflation】** =デフレ。対義 インフレーション。①通貨収縮。有効需要が供給に対して不足するため、生産が低下し、雇用も減退していく現象。②一般に、物価の急激な低落や不況。

**デフレーター【deflator】** 異なった時点での経済諸量を比較するとき、価格変動分を差し引いた実質値を割りだすために用いられる指数。人口・雇用・物価デフレーターなど。実質化因子。

**デフレ-ギャップ**《deflationary gap から》完全雇用状態にあるときの有効需要水準よりも



▼常用漢字表外。 ▽常用漢字表の音訓外。

現実の有効需要水準が下回っている場合の差額。対義 インフレギャップ。

**デブレツェン**【Debrecen】 ハンガリー東部の中心都市。宗教改革以来、ハンガリーにおけるカルバン派新教徒の拠点。人口二一・二万(一九八五)。

**テフロクロノロジー**【tephrochronology】 火山の爆発によって火口から放出される降下火山砕屑物と過去の地質事象の年代を対比、研究する学問。

**て-ぶんこ**【手文庫】 文具や手紙などを入れ、手近に置く小さい箱。small box for papers

**テベク-さんみゃく**【テベク山脈・▽太▽白山脈】(T'aebaek) ↓たいはくさんみゃく(太白山脈)

**で-べそ**【出▼臍】 外へ突き出たへそ。protruding navel

**テヘラン**【Teherān】 イランの首都。同国北部エルブールズ山脈南麓にある商工業都市。交通・経済・文化の中心地。一七八八年カージャール王国の首都となって以来繁栄。旧市街のバザールは西アジア最大。人口五七三・四万(一九八二)。

**テベレ-がわ**【テベレ川】(Tevere) イタリア中部を流れる同国有数の川。アペニン山脈に源を発し、ペルージャ・ローマを経てティレニア海に注ぐ。長さ四〇五km。旧称ティベリス川。

**デベロッパー**【developer】 地域開発を行う団体・業者。宅地開発業者。

**て-へん**【手偏】 漢字を組み立てている部分の名。「指・持」などの左にある「扌」。

**て-べんとう**【手弁当・手▼辨当】 ①弁当を持って行くこと。その弁当。bring one's own lunch ②費用を自分もちで手伝うこと。without pay

**で-ほ**【出穂】 イネなどの穂が出ること。出た穂。しゅっすい。

**デポ**【dépôt】 ①倉庫。配送する荷物を一時的におく中継所。depot ②探検・登山・スキーなどで必要な物資を集積すること。また、その集積地点。デポー。depot

**て-ぼうき**【手▼箒】 片手で使う小さいほうき。short-handled broom

**で-ほうだい**【出放題】(名・形動) ①出るにまかせること・さま。②出まかせに言うこと・さま。でたらめ。at random

**デポジット-せいど**【デポジット制度】 空き缶の回収を促進するため、缶入りの飲料などに一定の金額を上乗せして販売し、空き缶を返せばその金額を返す制度。deposit system

**て-ほどき**【手▽解き】(名・サ変他) 初歩から教えること。initiation

**デボルド-バルモール**【Marceline Desbordes-Valmore】(一七八六〜一八五九) フランスの女流詩人。詩集『哀歌、マリー、ロマンス』『涙』など。

**て-ほん**【手本】 ①模範となる絵・字を集めた本。copybook ②模範。かがみ。のり。good example ③かた。様式。標準。model

**デボン**【Devon】 イギリス南西部、コーンワル半島にある県。県都エクセター。景勝に富み、ダートムーア台地は国立公園。人口九八・八万(一九八五)。

**デボン-き**【デボン紀】 古生代を細分した場合の四番目の時代。約四億〜約三億六〇〇〇万年前。旧赤色砂岩層とよぶ陸成層と海成層からなる。前者は甲冑魚を多産。珊瑚礁がよく発達。Devonian Period

**てほん-びき**【手本引(き)】 親が懐中で選んだ一から六までの札を、子が当てる賭博。張札という独特の札を使い、賭け方が複雑で親と子の心理戦になる。

**て-ま**【手間】 ①仕事に要する時間。労力。手数。time; labor ②職人の仕事。その賃金。wages

**手間が掛かる**(てまがかかる) 労力と時間が必要になる。take a lot of trouble

**手間を取る**(てまをとる) ①時間・労力がかかる。手間取る。take time ②手間賃を取る。

**デマ**《Demagogieドイツから》虚偽の宣伝。流言。また、根も葉もないうわさ話。用例 —をとばす。

**て-まえ**【手前】 一(名) ①自分の前。in front of oneself ②こちらのほう。this side ③体裁。out of respect for; due to 用例 みんなの—、それはできない。④腕前。手並み。skill 二(代)=てめえ。①自分をけんそんして言う語。わたくし。②《目下の人に》おまえ。

**て-まえ**【▽点前・手前】 茶の湯の作法。茶の入れ方・炭の置き方などの所作・作法・様式。お点前。

**で-まえ**【出前】 注文に応じ、料理を作って届けること。その料理。仕出し。delivery service of dishes ordered

**てまえ-がって**【手前勝手】(名・形動) 自分本位に行動すること・さま。自分かって。selfishness

**てまえ-みそ**【手前味▼噌】 自分で自分を褒めること。自慢。self praise 用例 —を並べる。

**でまえ-もち**【出前持(ち)】 出前を届ける人。delivery boy

**で-まかせ**【出任せ】 でたらめ。出ほうだい。at random 用例 口から—を言う。

**て-まき**【手巻(き)】 ①動力を使わないで、ねじを手で巻くこと・もの。hand-winding 用例 —の時計。②道具を使わないで、手で巻くこと。roll by hand 用例 —タバコ。

**てまき-ずし**【手巻(き)▼鮨】 巻き簀を使わず、海苔にのせたすし飯とたねを巻いて作るすし。

**て-まくら**【手▼枕】 腕を曲げ、まくらにすること。たまくら。make a pillow with one's arm

**デマゴーグ**【Demagogドイツ】 扇動政治家。政治的目的のためにわざと虚偽の情報(=デマ)を流して民衆をあおりたてる人。demagogue

**デマゴギー**【Demagogieドイツ】 ①扇動。instigation ②中傷。虚偽の宣伝。流言。デマ。false report

**デマゴゴス**【demagogosギリシア】 古代ギリシア民主政下における民衆指導者をいう。のち雄弁をもって民衆を煽動し、衆愚政治に堕落させる政治家が出現して、煽動政治家を意味するようになった。

**て-まさぐり**【手▼弄り】(名・サ変他) ①手先でもてあそぶこと。手慰み。②手探り。

**て-まし** 古語 (連語)《完了の助動詞「つ」の未然形に仮想の助動詞「まし」の付いたもの》①きっと…だろうに。きっと…だったろうに。用例「ひと日の風はいかにとん、れいの人はと ひ—」といへば(蜻蛉・上)。②ためらいの気持ちを表す。…たらよいだろうか。…てしまおうかしら。用例 しのびてや迎へたてまつり—と(源氏・明石)。

**てま-しごと**【手間仕事】 ①手数のかかる仕事。troublesome job ②手間賃を取ってする仕事。piecework

**てま-だい**【手間代】 ↓てまちん(手間賃)

**てま-ちん**【手間賃】 手間仕事で得る賃金。また、手数や時間に応じた賃金。wages

**で-まど**【出窓】 建物の外壁から外側に突き出して造られた窓。張り出し窓。室内空間が広がる。bay window; oriel window

**てま-ど・る**【手間取る】(五自) 時間がかかる。手間を取る。take time

**て-まね**【手真▽似】 手の動きで物事のまねをすること。gesture

**て-まねき**【手招き】(名・サ変他) 手で自分の方へ来るように合図すること。beckon

**てま-ひま**【手間▼隙・手間暇】 労力と所要時間。time and energy 用例 —をかけて作る。

**手間隙要らず**(てまひまいらず) 労力も時間もかからないで、物事がたやすくはこぶさま。

**デマベンド-さん**【デマベンド山】(Qolleh-ye Demavend) ↓ダマバンドさん(ダマバンド山)

**て-まめ**【手▽実】(名・形動) ①骨惜しみせずに働くさま・性質。こまめ。diligence ②手先が器用なこと・さま。skillfulness

**て-まり**【手▼鞠・手▼毬】 手でついたりして遊ぶための鞠。丸めた綿などを芯にし、糸を巻きつけ、その上を五色の絹糸や綿糸で彩ったもの。また、歌に合わせてそれをつく遊び。↓郷土玩具 写

**てまり-うた**【手▼鞠歌】 手鞠をついて遊ぶときに歌う数え歌。江戸時代の末からさかんになり、土地によっていろいろなものがある。

**てまり-ばな**【手▼鞠花】 オオデマリの別名。

**で-まる**【出丸】 本城から張り出して構えた小城。

**て-まわし**【手回し】 ①手で回すこと。turn ... by hands ②したく。用意。手配。preparations 用例 —がよい。

**て-まわり**【手回り】 ①手元。身の回り。near at hand ②手近に置いて使う品物。personal effects 用例 —品。

**で-まわり**【出回り】 出回ること・早さ・程度。movement

**で-まわ・る**【出回る】(五自) 品物が生産地から市場へ出ていきわたる。appear on the market

**デマンド-バス**《和製語》利用者が停留所に呼び寄せることのできるバス。おもな運行路線と付随する副路線からなり、利用者が停留所のボタンを押すと、バスの到着時刻が知らされる。

**て-みじか**【手短】(形動) 簡略なさま。simple 用例 —に話す。簡単にすますさま。

**テミス**【Themisギリシア】 ギリシア神話の掟の女神。天空神ウラノスと大地母神ガイアの娘で、ティタン神族の一人。ゼウスの妻となり、ホーライ(季節)、モイラ(運命)などのニンフの母となった。Themis

**て-みず**【手水】 ①手を洗うための水。ちょうず。②もちつきのとき、こねどりのために手に水をつけること。その水。

**で-みず**【出水】 雨で川などの水が増えること。大水。洪水。しゅっすい。flood

**テミストクレス**【Themistoklēs】(BC五二八ごろ〜BC四六二ごろ) アテネの将軍。海軍の強化を図り、サラミスの海戦でペルシア海軍を撃破。紀元前四七〇年ごろ反対派によりオストラキスモス(=陶片追放)を受け亡命。

**で-みせ**【出店】 ①支店。分店。branch ②露店。booth

**デミタス**【demitasseフランス】 コーヒーカップの一種。食後のコーヒーに使う小さいもの。また、このカップに入れたコーヒー。

**て-みやげ**【手土産】 手に持てる程度の簡単な土産物。small present

**デミル**【Agnes DeMille】(一九〇九〜) アメリカの女流舞踊家・振付師。映画監督デミルの姪。ミュージカル『回転木馬』などで活躍。

**デミル**【Cecil Blount DeMille】(一八八一〜一九五九) アメリカの映画監督。作品『大平原』『地上最大のショウ』『十戒』など。

**テミン**【Howard Martin Temin】(一九三四〜) アメリカの癌学者。ラウス肉腫ウイルスの原因がRNAウイルスであることを突き止め、その発癌機構も明らかにした。一九七五年ダルベッコやボルチモアとともにノーベル生理学医学賞受賞。

**デミング**【William Edwards Deming】(一九〇〇〜) アメリカの数理統計学者・物理学者。一九四七年にGHQの統計使節団の一員として来日していらい、たびたび来日。日本の品質管理の啓蒙に貢献。

**デミング-しょう**【デミング賞】 ウィリアム=デミングの業績を記念し、日本科学技術連盟が、昭和二六年(一九五一)に創設した品質管理の向上に対する賞。Deming prize

**て-む** 古語 (連語)《完了の助動詞「つ」の未然形に推量の助動詞「む」の付いたもの》=てん。①確実な推量を表す。きっと…だろう。…に違いない。用例 おきなの中さむ事は聞き給ひ—やと言へば(竹取)。②強い意志を表す。…てしまおう。きっと…しよう。用例 とまれかうまれとく破りー(土佐)。③可能性に対する推量を表す。…することができるだろう。用例 今いくかありて若菜摘み—(古今・春上)。

**て-むかい**【手向(か)い】 手向かうこと。反抗。敵対。resistance

**て-むか・う**【手向(か)う】(五自) ①さからう。はむかう。resist ②腕力で反抗する。resist

**で-むか・える**【出迎える】(下一他) 出かけていって人を迎える。meet 対義 見送る。

**で-む・く**【出向く】(五自) 目的の場所へ出かけて行く。go to

**テムジン**【Temüjin・鉄木真】 チンギス=ハンの幼名。

**テムズ-がわ**【テムズ川】(Thames) イギリス、イングランド南西部の川。コッツウォルド丘陵から東に流れ、ロンドンを経て北海に注ぐ。長さ三三八km。イギリスの最重要河川で、河岸のロンドン港は諸産業との関係が密接。

**て-め**【手目】 ①ばくちで、いかさまをすること。②悪事やいたずらをたくらむこと。ごまかし。いんちき。

**手目を上げる**(てめをあげる) 悪だくみやいかさまを見破る。化けの皮をはぐ。

**で-め**【出目】 ①とび出ている目。protruding eyes ②数量を比べたときの差額。difference ③競馬・競輪などで、とくにその日に何回も出る当たり券の番号。winning numbers on races

**て-めえ**【手▽前】(代)《俗語。「てまえ」の転》①わたし。②おまえ。

**でめ-きん**【出目金】 目が大きく突出している、キンギョの一品種。日本産種。pop-eyed goldfish ↓キンギョ 写

**デメテル**【Dēmētērギリシア】 古くは地母神で、ギリシア神話のコムギをつかさどる女神。娘ペルセフォネが冥府に去ったのを嘆いて大地が実らないため、ゼウスは娘を毎年、半年の間

●デメテル　大英博物館。

だけ母に返した。Demeter ↓写

**デメリット【demerit】** 短所。不利な点。対義メリット。

**で-めん【出面】** 自由労務者の日給。自由労務者。でづら。

**て-も**（接助）《連用形に付く》①仮定の逆接条件を示す。用例話し—、わかってもらえまい。②既定の逆接条件を示す。…したが。用例何回行っ—、駄目だ。参考撥音便やガ行イ音便の語に付くときは「でも」となる。

**て-も**（感）さても。用例—、やっかいなことよ。

**でも**

㊀（接続）①それはそうだが。それでも。しかし。but; however 用例—、駄目です。②だって。用例「遅いな」「—、バスが来なかったんです」。㊁（副助）《体言などに付く》①大まかにとりあげていう。用例本—読もう。②一つの事をあげて強調し、他を推量させるのに用いる。用例子ども—わかる。③総括するのに用いる。用例だれ—知っている。どこ—売っている。④…であっても。用例雨—出発する。参考係助詞とする説もある。㊂（接助）↓ても

**でも**（接頭）未熟な。ありふれた。えせ。用例—学者。—紳士。—しか教師。

**デモ**《demonstrationの略》↓デモンストレーション

**デモイン【Des Moines】** アメリカ、アイオワ州中部の商工業都市。交通の要地で、コーンベルトの中心。人口一九・一万（一九八〇）。

**デモーニッシュ【dämonisch ドイ】**（形動）①悪魔にとりつかれたようなさま。悪魔的・鬼神的な。demoniac ②超自然的。supernatural

**デモクラシー【democracy】** 民主主義。民主制。民主政治。対義アリストクラシー。

**デモクリトス【Demokritos】**（BC四六〇ごろ〜BC三七〇ごろ）古代ギリシアの唯物論哲学者。万物の成立の原因を原子（＝アトム）の結合・分離の運動に求めた。

**デモステネス【Demosthenes】**（BC三八四〜BC三二二）アテネの政治家・雄弁家。反マケドニア派の指導者としてギリシアの防衛と団結を主唱。カイロネイアの戦いに敗れ、のちに服毒自殺。反フィリッポス演説などの作品が伝えられる。

**て-もち【手持（ち）】** 今、手元にあること・品。goods in possession

**てもち-ひん【手持（ち）品】** 手持ちの品物。goods in possession

**てもち-ぶさた【手持（ち）無▼沙▼汰】**（名・形動）することがなく、退屈であること・さま。be bored

**て-もと【手元・手▽許】** ①手近。身近。thing near at hand ②手で握るあたり。用例—が狂う。③腕前。手並み。skill ④料理屋などで、箸のこと。chopsticks 用例お—。⑤《「手元金」の略》手元にあるお金。cash in hand 用例—不如意。

**で-もどり【出戻り】** ①結婚した女性が、離婚したり、夫に死別したりして、実家に帰っていること。また、その女性。②一度、退職した職場に戻ること。復職すること。

**て-も-なく【手も無く】**（副）手数もかけず。簡単に。たやすく。easily 用例—ひねられる。

**で-もの【出物】** ①できもの。eruption ②不動産・古物などの、売りに出されたもの。article for sale ③《俗語》おなら。

**出物腫れ物、所嫌わず**（でものはれもの、ところきらわず）屁やできものは、場所に関係なく出てしまうものである。また、産気づくことにもいう。Necessity knows no law.

**てもみ-あらい【手▼揉（み）洗い】** 手洗いによる洗濯方法の一つ。洗う物を両手にもってこすり合わせて汚れを除く洗い方。似た方法に板もみ洗いがある。もみあらい。

**て-もり【手盛り】** ①自分で自分の食物を盛ること。help oneself to ②《上に「お」を付けて》自分に都合のよいように、かってに事を決めること。arrange matters for one's own convenience 用例お—の歳費値上げ。

**手盛りを食う**（てもりをくう）計略にひっかかる。一杯食わされる。

**デモ・る**（五自）《俗語。「デモ」の動詞化》力を見せる。デモンストレーションをする。

**デモンストレーション【demonstration】** ①示威行動。支配者に対して要求を示すために行われる大衆的な集会や行進。デモ。②公開作業。公開授業。公開演技。

**デモンストレーション-こうか【デモンストレーション効果】** 人々の消費行動が、所得水準だけでなく周囲の他人や社会全般の消費性向などに影響される現象。demonstration effect

**て-やく【手役】** ①麻雀で和了したときにできている役の総称。②花札で、手札が配られた時点で完成している役。

**て-やり【手▼槍・手▼鑓】** 柄の短いやり。short spear

**デュアメル【Georges Duhamel】**（一八八四〜一九六六）フランスの小説家・詩人。新しいヒューマニズム擁護の作品を書く。小説『サラバンの生活と冒険』『パスキエ家年代記』など。

**デューイ【John Dewey】**（一八五九〜一九五二）アメリカの哲学者・教育学者。実験主義の立場からプラグマティズムの理論を集大成。教育学では生産活動を基礎とする労作学校を主張・実施。著書『民主主義と教育』など。

**デュヴィヴィエ【Duvivier】** ↓デュビビエ

**デュースブルク【Duisburg】** ↓ジュイスブルク

**デューゼンベリー【James Stemble Duesenberry】**（一九一八〜）アメリカの経済学者。ハーバード大教授。新ケインズ学派。デモンストレーション効果などを唱え、消費関数の精密化に成功した。著書『所得・貯蓄・消費者行為の理論』など。

**テューダー【Antony Tudor】**（一九〇八〜一九八七）イギリスの舞踊家・振付師。心理的バレエに独自の境地を確立。作品『火の柱』など。チューダー。

**デュープ**《duplicateから》写真などの複写。

**デューベリー【dewberry】** バラ科キイチゴ属の落葉低木。黒い果実はジャムなどに利用。

**デューラー【Albrecht Dürer】**（一四七一〜一五二八）ドイツ-ルネサンスの画家・版画家。後期ゴシック美術とルネサンス美術の融合をはかった。風景・静物・人物・宗教画に鋭い写実力と思索的な面を備えている。作品『四人の使徒』『自画像』、版画『黙示録』など。↓写

●デューラー　『自画像』。一四九三年、ルーブル美術館（フランス）。

**デューリング【Karl Eugen Dühring】**（一八三三〜一九二一）ドイツの哲学者。実証主義と機械論的唯物論を折衷した現実哲学を主張。社会民主主義思想を展開してマルクスを批判。

**デューリング-ほうしんじょうひふえん【デューリング▼疱▼疹状皮膚炎】** かゆみの強い慢性の皮膚病。紅斑の上に丘疹や小水疱が手足・肩・尻によく発生する。この皮膚病は癌の発生と合併して起こることがある。dermatitis herpetiformis Duhring

**デュエット【duet】** 音楽で、二重唱・二重奏。その曲。

**デュカス【Paul Dukas】**（一八六五〜一九三五）フランスの作曲家・批評家。旋律的感覚の鋭さ、オーケストラ音響の高雅さが特徴。交響詩『魔法使いの弟子』など。

**デュクロ【Charles Pinot Duclos】**（一七〇四〜一七七二）フランスの小説家。一八世紀の社会風俗を鋭い観察眼でとらえた。作品『某伯爵の告白』など。

**デュクロ【Jacques Duclos】**（一八九六〜一九七五）フランスの政治家。共産党中央委員。一九二六年以来ほとんど国会議員をつとめた。第二次大戦中は反ナチ抵抗運動を組織。

**デュシャン【Marcel Duchamp】**（一八八七〜一九六八）フランスの画家・彫刻家。ダダイスムの代表的存在。既製品のオブジェを発表するなどダダ運動の指導者として幅広く活躍。作品『階段を降りる裸婦』『泉』など。

**テュツオーラ【Amos Tutuola】**（一九二〇〜）ナイジェリアの小説家。民話をもとに幻想的物語を書く。作品『やし酒飲み』など。

**デュッセルドルフ【Düsseldorf】** 西ドイツ中西部、ライン川右岸の都市。陸上交通の要地で西ドイツ経済の中心地。一七世紀以来の城下町で、バロック芸術の都としても知られる。人口五六・三万（一九八五）。

**デュナミス【dynamis ギリシア】**《アリストテレスの用語。能力・可能性、の意》存在するものの特有の本性がまだ発現していない可能的状態をいう。可能態。対義エネルゲイア。

**デュナン【Jean Henri Dunant】**（一八二八〜一九一〇）スイスの国際赤十字社の創立者。YMCA創始者の一人。一九〇一年ノーベル平和賞受賞。

**デュパルク【Marie-Eugène-Henri Duparc】**（一八四八〜一九三三）フランスの作曲家。フランス語の美しさを十分に生かした歌曲『悲しき歌』『旅への誘い（ボードレール詩）』など。

**デュビビエ【Julien Henri Nicolas Duvivier】**（一八九六〜一九六七）フランスの代表的映画監督。作品『望郷』『舞踏会の手帖』『旅路の果て』『陽気なドン＝カミロ』など。

**デュビヤール【Roland Dubillard】**（一九二三〜）フランスの俳優・劇作家。独特な演劇的言語を創造した前衛作家。戯曲『ナイーブなつばめたち』『骨の家』など。

**デュビュッフェ【Jean-Philippe-Arthur Dubuffet】**（一九〇一〜一九八五）フランスの画家。プリミティブな様式の非具象画を制作。作品『二重自画像』など。

**デュファイ【Guillaume Dufay】**（一四〇〇ごろ〜一四七四）フランドルの作曲家。新しいルネサンス音楽の形式確立に貢献。フランドル楽派を基礎づけた。作品はミサ曲・モテット・シャンソンなど。

**デュフィ【Raoul Dufy】**（一八七七〜一九五三）フランスの画家。単純化した自由な描法と明るい色彩で軽快な作品を描いた。織物や陶器も制作。作品『競馬場』など。

**デュプレ【Marcel Dupré】**（一八八六〜一九七一）フランスのオルガン奏者・作曲家。即興演奏の名手。作品『前奏曲とフーガ』など。

**デュ-ベレー【Joachim du Bellay】**（一五二二〜一五六〇）フランスの詩人。プレヤード詩派に属し、近代的叙情詩を創始。『フランス語の擁護と顕揚』はこの派の宣言書。詩集『オリーブ』『哀惜詩集』など。

**デュボア【Marie Eugène François Thomas Dubois】**（一八五八〜一九四〇）オランダの解剖学者・人類学者。一八九一年ジャワ島のトリニールで、ピテカントロプスの化石骨を発見。

**デュ-ボア-レーモン【Emil Heinrich Du Bois-Reymond】**（一八一八〜一八九六）ドイツの生理学者。動物の電気現象を研究し、筋肉や神経の生理学に貢献。

**デュ-ボイス【William Edward Du Bois】**（一八六八〜一九六三）アメリカの黒人運動指導者・作家。黒人解放のための雑誌『クライシス』を主宰し、パンアフリカニズムの運動を推進した。著書『黒人の魂』など。

**デュ-ボス【Charles Du Bos】**（一八八二〜一九三九）フランスの批評家。批評論集『近似値』、『日記』など。

**デュポン【E. I. du Pont de Nemours & Company】** アメリカ最大手の総合化学企業。一九一五年設立。

**デュマ〈父〉【Alexandre Dumas】**（一八〇二〜一八七〇）フランスの小説家・劇作家。息子と区別するためデュマ-ペール（父）、大デュマとよばれる。ロマン主義時代のもっとも多作な大衆小説家。奇想天外な空想力と巧妙な筋の運びによって読者を魅了した。作品『モンテクリスト伯』『三銃士』『鉄仮面』など。

**デュマ〈子〉【Alexandre Dumas】**（一八二四〜一八九五）フランスの小説家。デュマ-フィス（子）、小デュマとよばれる。社会問題を描く風俗劇を書いた。小説『椿姫』、戯曲『私生児』など。

**デュラス【Marguerite Duras】**（一九一四〜）フランスの女流小説家。ヌーボー-ロマンに近く、簡潔な文体と会話による筋の運びが特徴。作品『モデラート-カンタービレ』『アンデスマ氏の午後』など。

**デュラム-こむぎ【デュラム小麦】** イネ科の一年草。コムギ属の二粒系に分類される。種子の粉は粘りが強く、スパゲティやマカロニをつくる。マカロニコムギ。durum wheat; macaroni

**デュラン【Charles Dullin】**（一八八五〜一九四九）フランスの演出家・俳優。アトリエ座を率い、多くの後進を育成。ビラール・バローの師。

**デュランテ【Jimmy Durante】**（一八九三〜一九八〇）アメリカのコメディアン・歌手・ピアニスト。大きな鼻とがらがら声の弾き語りが特徴。

▼常用漢字表外。　▽常用漢字表の音訓外。

**デュルケーム**【Émile Durkheim】(一八五八～一九一七) フランスの社会学者。デュルケーム学派を形成し、コントの立場を徹底させて実証科学としての社会学を確立した。著書『社会分業論』など。

**テュルタイオス**【Tyrtaios】 紀元前七世紀ごろ活躍したギリシアの叙情詩人。スパルタ軍のためにエレゲイア詩をつくり、士気を鼓舞した。

**デュルフェ**【Honoré d'Urfé】(一五六七～一六二五) フランスの小説家。牧歌小説『アストレ』など。

**デュレンマット**【Friedrich Dürrenmatt】(一九二一～) スイスの劇作家。誇張・パロディーなどを駆使して現代社会を風刺する。作品『貴婦人故郷に帰る』『物理学者』など。

**デュロック-しゅ**【デュロック種】 ブタの一品種。赤褐色の毛をもち、体質強健。多産で粗飼料にも耐える。アメリカ原産。Duroc ↓ブタ 写

**デュロン**【Pierre Louis Dulong】(一七八五～一八三八) フランスの化学者・物理学者。一八一九年にプティとともにデュロン-プティの法則を発見。

**デュロン-プティ-の-ほうそく**【デュロン-プティの法則】 固体元素の原子熱容量(比熱と原子量の積)は元素の種類にかかわらず、通常の温度では約六カロリーに等しいという経験法則。Dulong-Petit's law

**てよ**(終助)《文末にあって、多く女性が、話しことばに用いる》相手に頼む意。…てくださいよ。用例 見―。

**で-よう**【出様】 ①出方。manner of coming out ②しかた。しうち。one's attitude 用例 ―によっては。

**で-ようじょう**【出養生】 よそへ行って養生すること。転地療養。

**てら**【寺】 ①仏教の道場。仏像を祭り、修行・説教・法要をする所。寺院。檀林。談林。数え方 一寺。②「寺銭」の略。③「寺子屋」の略。用例 ―入り。④三井寺の特称。対義 山。

**寺から里へ**(てらからさとへ)《ふつう檀家から寺へ物を贈るものなのに、寺から檀家へ贈る、の意》物事が逆であることのたとえ。

**寺恥ずかし**(てらはずかし) 在家の人々の信心が厚いので、寺の方がかえって恥ずかしい。

**テラ**【tera】(接頭) 単位で一兆倍を表す。記号T。

**てらい**【▼衒い】 きどり。ひけらかし。affectation

**てらい**【寺井】〈町〉 石川県南西部、小松市北隣の町。九谷焼生産の中心。ほかに織物工業がある。人口一万四二四一(一九八八)。

**てら・う**【▼衒う】(五他) ①自分を偉そうに見せかける。きどる。show off ②偉そうに知識・才能を見せびらかす。boast of

**デラウェア**【Delaware】 アメリカ中東部の州。州都ドーバー。独立当時の一三州の一つ。ブドウなどの果物栽培のほか、化学工業が発達。人口五九・四万(一九八〇)。

**てらうけ-じょう**【寺請(け)状】 江戸時代、檀家であることを寺院が証明した証文。はじめキリシタンでないことの証明であったが、のち婚姻・旅行・雇用などのさいの身分証明書の意味ももつ。宗旨手形。寺請け証文。

**てらうけ-しょうもん**【寺請(け)証文】 寺請状の別称。

**てらうけ-せいど**【寺請(け)制度】 江戸時代、キリシタンでないことを檀那寺に証明させた制度。

**てらうち-まさたけ**【寺内正▼毅】(一八五二～一九一九) 明治・大正の陸軍軍人・政治家。長州藩出身。韓国統監として韓国併合を推進し、初代朝鮮総督。大正五年(一九一六)組閣したが、米騒動で総辞職。

**てら-おとこ**【寺男】 寺で働く下男。

**てらかど-せいけん**【寺門静軒】(一七九六～一八六八) 江戸末期の儒者・文人。名は良。江戸生まれ。随筆『江戸繁昌記』で天保期の世相を風刺して幕府のとがめを受け追放となり、以後諸国を放浪。

**てら-こ**【寺子】 寺子屋に通う子。

**てら-こしょう**【寺小姓】 寺にいて、住持に仕える少年。稚児。

**テラコッタ**【terra-cottaイタリア】《焼いた土、の意》良質の粘土を素焼きにした土器・塑像類のこと。ギリシアのタナグラ人形・日本の埴輪・中国の俑など。↓写

●テラコッタ 『タナグラ人形』。前二五〇年ごろ、大英博物館。

**てらこ-や**【寺子屋・寺小屋】《「寺小屋」は当て字》江戸中期以降、町人の子どもに読み書きを教えた所。室町時代中期に起こり、全国に普及した。

**てらさか-きちえもん**【寺坂吉▽右▽衛門】(生没年未詳) 赤穂義士の一人。元赤穂藩士吉田忠左衛門の足軽。吉良邸討ち入り後、広島の浅野家に報告し幕府に自首したが、罪を問われなかった。

**てらさき-こうぎょう**【寺崎広業】(一八六六～一九一九) 日本画家。秋田県生まれ。日本美術院の創設に尽力。作品『渓四題』『高山清秋』など。

**てら-ざむらい**【寺侍】 格式の高い寺院に仕え、寺務を執った侍。

**てらし-あわせ**【照らし合(わ)せ】 照合。参照。comparison

**てらし-あわ・せる**【照らし合(わ)せる】(下一他) 比べ合わせて確かめる。照合する。compare

**てらじま-むねのり**【寺島▽宗▽則】(一八三二～一八九三) 明治の政治家。薩摩藩出身。維新後、駐英公使・外務卿・駐米公使などを歴任。条約改正に尽力。

**てらじま-りょうあん**【寺島良安】(生没年未詳) 江戸中期の漢方医。大坂の人。図入り百科事典『和漢三才図会』の著者。

**てら・す**【照らす】(五他) ①光を当てて明るくする。illuminate 用例 夜道を―。②比べ合わせて調べる。compare 用例 実験に―・して明らかだ。

**テラス**【terrace】 ①洋風建築で屋外に土を盛って設けた床面。表面をコンクリート・れんが・敷石などで仕上げる。②段丘。岩壁の狭い棚状の所。台地。

**テラス-さいばい**【テラス栽培】 傾斜地に果樹園を作る場合、等高線に沿って段を造成し、平坦にしたところに果樹を植える方式。terrace culture

**テラス-ハウス**【terraced house】 各戸専用の庭をもつ低層の集合住宅。土地の高度利用と良質の住環境の確保が目的。タウンハウス。

**てら-せん**【寺銭】《博奕が寺でよく行われたところから》博奕場の持ち主、または開帳者に、場所の借り賃として胴元または博徒が出来高のなかから払う金。てら。

**テラゾ**【terazzoイタリア】 ↓じんぞうせき(人造石)①

**てらだ-とらひこ**【寺田▼寅▼彦】(一八七八～一九三五) 物理学者・随筆家。筆名、吉村冬彦・藪柑子など。東京生まれ。東大教授。地球物理学などに業績。夏目漱石に師事。実証的な知性と繊細な感受性による多くの随筆を残す。随筆集『冬彦集』『藪柑子集』など。

**てらだや-そうどう**【寺田屋騒動】 幕末、尊攘派志士の弾圧事件。文久二年(一八六二)挙兵討幕をはかる薩摩藩士が京都伏見の寺田屋に集会。これを知った同藩主島津久光が鎮圧のため派遣した藩士との間で乱闘。尊攘派の企図は挫折。

**デラックス**(形動)《de luxeフランスの英語読み》高級なさま。贅沢。豪華。

**てら-つつき**【寺▼啄】 キツツキの異名。

**寺啄の子は卵から頷く**(てらつつきのこはたまごからうなずく) 天性は早くからあらわれる。

**てら-つばき**【寺▼椿】 ネズミモチの異名。

**てら-てら**(副・サ変自) つやがあって光っているさま。てかてか。gleamingly 用例 ―と、あぶらぎった顔。

**てらどまり**【寺泊】〈町〉 新潟県中部、日本海に臨む町。宿場町・佐渡との交通の港町として栄えた。漁業がさかん。人口一万三二九六(一九八八)。

**テラピア**【Tilapiaラテン】 アフリカ原産のカワスズメ科の淡水魚。雌が卵を口の中でかえし、子魚を口の中に入れて守る。代表種は灰色のテラピア-モザンビカで、全長約三〇cm。成長が速いので、日本でも温泉水を利用して養殖されている。移殖当時の名はカワスズメ。現在、イズミダイとよばれる。食用。ティラピア。tilapia ↓写

●テラピア

**てら-ほうし**【寺法師】 園城寺(三井寺)の僧。比較 山法師。

**テラマイシン**【Terramycinドイツ】 抗生物質オキシテトラサイクリンの商標名。放線菌の生成物として発見され、チフス・ウイルス性肺炎・淋病などに有効。

**てら-まいり**【寺参り】(名・サ変自) 寺に行って、仏・墓を拝むこと。

**デ-ラ-メア**【Walter John De la Mare】(一八七三～一九五六) イギリスの詩人・小説家。幻想的叙情詩と哲学的瞑想詩で知られる。詩集『幼年の歌』、短編『恋のお守り』など。

**てらやま-しゅうじ**【寺山修司】(一九三五～一九八三) 劇作家・演出家・歌人。青森県生まれ。早大中退。劇団天井桟敷を主宰。多彩な演劇実験を試みた。歌集『空には本』など。

**テラ-ロッサ**【terra rossaイタリア】《terraは「土」、rossaは「バラ」で、「バラ色の土」の意》地中海沿岸に分布する石灰岩質の赤色土壌。多少の腐植を含む赤褐色の土層で、現在の地中海性気候では生成されないため、古い土壌の名残りとみられている。

**テランセラ**【telanthera】 ヒユ科アルターナンセラ属に属する植物の総称。ブラジル原産で高さ約二〇cm。茎は多くの枝を出し、葉はへら形で黄緑色に黄白斑か、濃紅色に黄緑色斑。アキランサス。モヨウビユ。

**てり**【照り】 ①照ること。shine ②光ること。つや。luster ③調理法の一つ。みりんなどの調味料で料理につやを出すこと。照り煮・照り焼きなど。glaze ④晴天。fine 対義 降り。

**テリア**【terrier】 もとは地中や岩穴にすむ小哺乳類の猟に使った小形犬の総称。イギリスが本場で、二〇〇種以上の品種がある。テリヤ。

**てり-あが・る**【照(り)上がる】(五自) 雨が上がって日が照るようになる。blaze up

**てり-あめ**【照(り)雨】 日がさしていて降る雨。狐の嫁入り。天気雨。

**テリー**【Ellen Alice Terry】(一八四七～一九二八) イギリスの女優。シェークスピア劇で有名。アービングと組んでイギリス演劇の一時代を画す。

**デリー**【Delhi】 インド、ヒンドスタン平原の中央にある都市。インド北部最大の商業の中心地で交通の拠点。南部に近代都市ニューデリーがある。人口五七一・四万(一九八一)。

**デリー-おうちょう**【デリー王朝】 一三世紀初めから一六世紀前半のインドで、デリーに君臨したイスラム系五王朝の総称。奴隷王朝(一二〇六～九〇年)、ヒルジー朝(一二九〇～一三二〇年)、トゥグルク朝(一三二〇～一四一三年)、サイイッド朝(一四一四～五一年)、ロディー朝(一四五一～一五二六年)。ロディー朝はアフガン系、他はトルコ系。Delhi dynasty

**テリー-クロス**【terry cloth】 一般にタオルとよばれている綿織物。片面または両面にパイルを織りだしている。

**テリーヌ**【terrineフランス】 ①ふた付きの蒸し焼き用なべ。テリーヌ型ともいう。②肉・魚・野菜などをすりつぶし、調味して①に入れて天火で焼き、冷まして出す料理。↓写

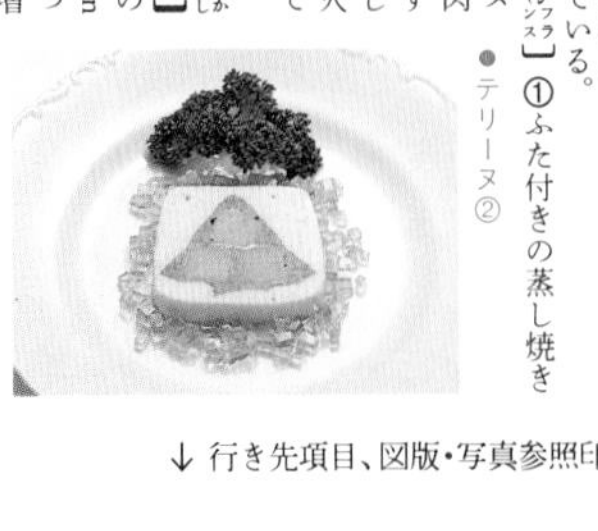

●テリーヌ②

**てり-かえし**【照(り)返し】 ①太陽の光や熱の反射。reflection ②光源の後ろにつけて、明るさを増す凹面鏡。reflector

**てり-かえ・す**【照(り)返す】(五自) 光・熱を反射する。reflect

**てり-かがや・く**【照(り)輝く】(五自) まばゆく光る。shine brightly

**デリカシー**【delicacy】 ①上品。優美。②感じ方・心遣いの細やかさ。繊細さ。用例 ―に欠ける。③精巧。

**デリカテッセン**【Delikatessenドイツ】 手軽に食卓に出せる調理食品を売る店。一般にはドイツ風の食料品や菓子を売る店の名称。

**デリケート**【delicate】(形動) ①繊細なさま。こまやか。用例 ―な色づかい。②難しいさま。扱いにくいさま。用例 ―な問題。③傷つきやすいさま。用例 ―な神経の持ち主。

**てり-こ・む**【照(り)込む】(五自) ①室内まで日光が強く照る。shine on ②日照りが長く続

く。long drought
**デリシャス**[delicious] 一(形動) 非常においしいさま。 二(名) リンゴ・スイカ・カボチャの品種。
**デリス**[derris] マメ科のつる性低木。茎は地をはい、長さ約二〇m。葉は大形で奇数の羽状複葉。花は淡紅色で二〇cmほどの花序をもつ。東南アジア・ニューギニアなど熱帯地方に分布。根は有毒で、殺虫剤に使用。
**デリス-ざい**【デリス剤】 殺虫剤の一つ。熱帯のマメ科植物デリス-エリプティカの根に含まれる殺虫成分ロテノンが原料。derris compound
**デリダ**[Jacques Derrida](一九三〇) フランスの思想家。文字言語の概念の再検討を通じて、ロゴス中心主義の解体を図る。著書『グラマトロジーについて』など。
**てり-つ・ける**【照(り)付ける】(下一自) ぎらぎら照る。blaze down on
**テリトリー**[territory] ↓なわばり(縄張り)④⑤
**てり-は・える**【照(り)映える】(下一自) 光に当たって美しく光る。shine brilliantly 用例夕日に―。
**てりは-きょうげん**【照葉狂言】 近世の演芸の一つ。能・狂言を骨子とし、俗謡・踊りや、歌舞伎の所作などを交えたもの。照る葉狂言。
**てりは-のいばら**【照葉野▼薔▼薇】 バラ科の落葉低木。山野、海岸にはえて匍匐性。葉は羽状複葉。表面に光沢。六月に、径約三cmの白色五弁花を水平に開く。
**てりは-ぼく**【照葉木】 熱帯で街路樹にされるオトギリソウ科の常緑高木。高さ約二〇m。葉は長楕円形。夏に白花を開く。材は建築用。樹皮や種子は薬用。
**てり-は・ゆ**【照り映ゆ】 古語(下二自) ↓てりはえる(照り映える)
**デリバリー-オーダー**[delivery order] ↓にわたしさしずしょ(荷渡し指図書)
**てり-ふり**【照り降り】 晴天と雨天。
**てりふり-がさ**【照り降り傘】 晴雨兼用のかさ。
**テリヤ**[terrier] ↓テリア
**てり-やき**【照(り)焼き】 魚介類・肉類の料理法の一種。また、その料理。材料にしょうゆとみりんなどを混ぜたたれを塗って焼き、つややよく仕上げる。つけやき。てり。
**てりゅう-だん**【手▼榴弾】 ↓しゅりゅうだん(手榴弾)
**デリュック**[Louis Delluc](一八九〇～一九二四) フランスの映画評論家・監督。フォトジェニー論の創始者。作品『黒煙』など。
**て-りょうり**【手料理】 ①手製の料理。dish of one's own cooking ②素人料理。homemade dish
**デリラ**[Delilah] 旧約聖書『士師記』中の人物。イスラエルの英雄サムソンの愛人で、彼を裏切ったペリシテ人女性。
**デリンジャー-げんしょう**【デリンジャー現象】《アメリカ人の発見者デリンジャーの名から》短波無線通信が突然聞こえなくなり、一～二時間ぐらいして徐々に回復してくる現象。太陽面の大爆発によって地球の電離層の電子密度が増大して、電波を吸収することに起因する。Dellinger phenomenon
**て・る**【照る】(五自) ①《「輝る」とも》光を放つ。光る。輝く。shine 用例日が―。月が―。②晴れる。be fine 用例降っても―・っても。
**でる**【出る】(下一自)《語幹と語尾とに分けられない》①内から外へ行く。go out 対義はいる・いる。用例船が港を―。②去る。leave 用例くにを―。③出発する。depart 用例五時に飛行機が―。④学校を卒業する。leave 対義はいる。用例来年、学校を―。⑤はみ出す。stick out 用例足が―。⑥…に通じる。lead to 用例海に―道。⑦現れる。appear 用例くせが―。料理が―。顔に―。⑧出席・出勤する。attend 用例会社に―。法廷に―。⑨打って出る。出場する。出演する。take part in; run for 用例競走に―。選挙に―。⑩出版物に載る。appear 用例新聞に―。⑪市場にあらわれる。come onto the market 用例タケノコが店頭に―。新年号が―。⑫売れる。sell 用例この品はよく―。⑬与えられる。be given 用例おゆるしが―。ひまが―。⑭発生する。rise 用例病気が―。⑮生じる。originate 用例欲から―・た話。⑯態度をとる。assume 用例どう―か見よう。⑰はみ出る。exceed 用例四〇を―。⑱差し出る。put oneself forward ⑲湧く。rise 用例温泉が―。⑳見つかる。be found 用例落とし物が―。㉑数量・価値などが加わる。be added 用例速力が―。値が―。㉒あふれて流れる。flow 用例涙が―。㉓産出される。be produced 用例金が―。㉔系統を引く。derive 用例ラテン語から―・ている語。
**出る杭は打たれる**(でるくいはうたれる) ＝出る釘は打たれる。①すぐれている人は、とかく憎まれる。Envy is the companion of honor. ②でしゃばるとやっつけられる。Go farther and fare worse.
**出る釘は打たれる**(でるくぎはうたれる) 「出る杭は打たれる」と同意。
**出る船の纜を引く**(でるふねのともづなをひく) 未練がましいふるまいをする。
**出る幕ではない**(でるまくではない) 出ていく、また、くるのにふさわしい場面や場合・状況ではない。be none of a person's business
**デル**[Floyd Dell](一八八七～一九六九) アメリカの小説家・批評家。小説『白痴』、自伝『帰郷』など。

●デルフォイ

**テル-アビブ**[Tel Aviv] ↓テルアビブヤッフォ
**テルアビブ-ヤッフォ**[Tel Aviv Yafo] イスラエル西部、地中海に臨む商工業・港湾都市。同国最大の都市で経済・文化・行政の中心。人口三二一・三二万(一九八五)。
**テル-ケル**[Tel Quel フランス] フランスの雑誌。ソレルスにより一九六〇年創刊(～八二年)。文学に限らず広く問題提起を行い、とくに言語や中国の政治などに深い関心を寄せた。
**テルコム**[TERCOM]《terrain contour matchingの略》地形照合誘導装置。
**デルサルト**[François Alexandre Delsarte](一八一一～七一) フランスの歌手。身振り表現を研究し表情術を考案。モダンダンスに影響を与えた。
**デルジャービン**[Gavrila Romanovich Derzhavin](一七四三～一八一六) ロシア古典主義の詩人。作品『フェリーツァ』『イズマイール攻略をたたえる』『神』など。
**テルスター**[Telstar] ①アメリカの初期の実験用通信衛星。一九六二年に一号が打ち上げられ、世界初の大西洋横断テレビ中継に成功。②アメリカ電話電信会社(ATT)の国内用通信衛星。
**デルタ**[Δ・δ] ①ギリシア字母の第四字。また、その字の形に形状が似たもの。delta ②三角州。河川によって運搬された土砂や粘土が河口付近に堆積して生じた低湿で平らな地形。delta
**てるてる-ぼうず**【照る照る坊主】 軒下などにつるし晴天を願う紙人形。願いがかなえば、顔に目をかき入れたり酒をかけたりして川に流す。中国伝来の風習。
**テルトゥリアーヌス**[Quintus Septimus Florens Tertullianus](一六〇ごろ～二二〇ごろ) アフリカ出身のキリスト教の教父。理性に対する啓示の絶対性を強調。三位一体など多くの教会用語を制定。
**でる-ところ**【出る所】 訴え出て、決着をつける場所。法廷。用例―へ出て話をつけよう。
**てるは-きょうげん**【照葉狂言】 ↓てりはきょうげん(照葉狂言)
**テルビウム**[terbium] 希土類元素の一つ。元素記号Tb 原子番号六五。原子量一五九。単体は金属。スウェーデンの地名にちなむ名。
**デルファイ-ほう**【デルファイ法】 収束アンケート法の一種。専門家の回答者から直観や判断を合理的に引き出し、未来予測をする手法。技術予測や集団組織の意思決定などに使われる。Delphi technique
**デルフォイ**[Delphoi] ギリシア中部パルナッソス山麓にある、オリンピアと並ぶ古代ギリシアの聖地。アポロン信仰の中心地で、その神託は権威があった。神殿・円形劇場・宝庫など多数の建造物の遺址がある。↓写
**デルフト**[Delft] オランダ西部、ハーグとロッテルダムの中間に位置する都市。デルフト焼きで有名な陶器をはじめ、薬品・アルコールなどの工業がさかん。人口八・七万(一九八六)。
**デルフト-やき**【デルフト焼き】 一七世紀初期にオランダのデルフトで製造され、のち各地でつくられるようになった錫釉の陶器。delft ↓写

●デルフト焼き 『ロイヤル-デルフトの花瓶』。

**デルブリュック**[Max Delbrück](一九〇六～八一) ドイツ生まれのアメリカの微生物学者。細菌とファージの分子遺伝学の基礎を築く。ウイルスの増殖機構と遺伝学的な構造に関する発見で、一九六九年ルリア・ハーシェイとともにノーベル生理学医学賞受賞。
**テルペン**[terpene] イソプレン$C_5H_8$を単位とする重合体$(C_5H_8)_n$からなる炭化水素とその誘導体の総称。樟脳など。
**デルボー**[Paul Delvaux](一八九七) ベルギーの画家。裸婦を中心に幻想的空間をシュールレアリスム風に描く。作品『不安な街』など。
**テルボルフ**[Gerard Terborch](一六一七～八一) オランダの画家。小型の肖像画のほか市民生活の情景を細やかに描く。作品『若い婦人』など。
**テルミット**[thermite] アルミニウム粉末と酸化鉄粉末の等量混合物。点火すると高熱を発する。
**テルミット-はんのう**【テルミット反応】 アルミニウム粉末を金属酸化物の上で燃焼させ、アルミニウムの還元力を利用して金属を得る反応。この反応の高熱を利用して、クロム・マンガンなどの精錬(テルミット法)、レールなどの溶接(テルミット溶接)が行われる。thermit reaction
**テルミドール-の-クーデター** フランス革命期の一七九四年七月二七日(革命暦のテルミドール九日)に起きたクーデター。国民公会多数派がロベスピエール派を逮捕、処刑。恐怖政治を終結させ、以後革命は反動期を迎えた。Thermidorian Reaction
**デル-モナコ**[Mario del Monaco](一九一五～八二) イタリアのテノール歌手。張りのある輝かしい声は「黄金のトランペット」と称され、ドラマティックなイタリア-オペラの諸役に名唱を残した。
**テルル**[Tellur ドイツ] 酸素族元素の一つ。元素記号Te 原子番号五二。原子量一二八。セレンと似た化学的性質をもつが、金属性はより大きい。tellurium
**テレーズ-デスケイルー**[Thérèse Desqueyroux フランス] モーリヤックの小説。一九二七年発表。明白な動機なしに夫殺しをはかったテレーズを通して、神のない人間の悲劇を描く。
**テレーム-の-そういん**【テレームの僧院】《原題Abbaye de Thélème フランス》ラブレー作『第一之書ガルガンチュア』(一五三四年)巻末に描かれたユートピア。「欲するところを行え」を生活原理とした。
**てれ-かくし**【照れ隠し】 恥ずかしさ・気まずさを、人前でごまかすこと。hide one's embarrassment
**テレキャスト**[telecast] テレビで放送すること。テレビ番組。
**デレギュレーション**[deregulation] 民間企業の活力を高めるため、企業活動などに対する政府の規制や許認可権を最小限まで縮小する政策。規制緩和。規制解除。
**てれ-くさ・い**【照れ臭い】(形) きまりが悪い。embarrassed 派生てれくさげ(形動) てれくささ(名)
**テレグラフ**[telegraph] 電信。電報。
**デレゲーション**[delegation] 代表団。役員をふくむ選手団。
**テレコ** 「テープ-レコーダー」の略。
**テレゴニー**[telegony] ある純粋種の雌が一度他種の雄と交尾すると、その後、同種の雄と交尾しても先の他種の形質が現れるという俗説。精子が雌体内に数日間生存することから生じた誤解。先夫遺伝。
**テレコミューティング**《和製語》在宅勤務。
**テレコム**[telecome]《telecommunicationの

略》電気通信。電信・電話・ラジオ・テレビなどによる遠隔通信。

**テレ-ショップ**《和製語》テレビを利用した通信販売。テレビで商品を広告し、電話や郵便で消費者から直接注文を受ける販売方法。テレビショッピング。

**でれ-すけ【でれ助】**《俗語》①だらしのない人。②動作ののろい人。③すけべえ。

**テレスコープ［telescope］** 望遠鏡。

**テレタイプ［Teletype］**《アメリカのテレタイプ社製の印刷電信機の商標名から》印刷電信機の通称。タイプライターで打つと、そのまま、離れた土地で印字される電気通信装置。電信やデータ伝送に用いられる。テレプリンター。

**テレックス［telex］**《telegraph-exchange の略》加入電信。テレタイプを設置した加入者間で記録通信を行う方式。

**デレッダ［Grazia Deledda］**（一八七一～一九三六）イタリアの女流作家。故郷サルデーニャ島の風物と人間を描いた。一九二六年ノーベル文学賞受賞。作品『風にそよぐ葦』『母』など。

**でれっ-と**（副）締まりがなく、だらしないさま。slovenly 用例 ―鼻の下を伸ばす。

**テレテキスト［teletext］** 文字多重放送の国際的な統一呼称。

**でれ-でれ**（副・サ変自）態度・動作がだらしないさま。loose 用例 女と見ると―する。

**テレトピア**《和製語》郵政省が提唱した未来型コミュニケーションモデル都市構想。各種のニューメディアを整備した都市をめざす。

**テレパシー［telepathy］** 感覚的手段によることなく、ある人の精神内容が直接に他の人に伝わる現象。遠感現象。精神感応。

**テレビ** 「テレビジョン」の略。

**テレビ-あさひ【テレビ朝日】**《「全国朝日放送(株)」の略》東京の民間放送テレビ局の一つ。ANN系列のキー局。昭和三二年（一九五七）日本教育テレビ（NET）として設立。同五二年（一九七七）から現社名。

**テレビ-えいが【テレビ映画】** テレビでの放映を目的に製作される映画。劇場用映画の放映、生番組、VTR番組とは区別される。TV movies

**テレビ-かいぎ【テレビ会議】** 遠隔地の本・支店間などを通信回線で結び、ブラウン管を通じて音声と映像を送受して行う会議。文書や資料の伝達装置、書いたものがそのまま映る電子黒板なども利用できる。teleconference

**テレビ-カメラ［television camera］** テレビジョン放送用の撮像カメラ。

**テレビ-ゲーム**《和製語》テレビ受像機とマイクロコンピューターを組み合わせたゲーム。いろいろなソフトを使って遊ぶビデオゲーム。

**テレビ-コード**《和製語》テレビ放送の倫理規定。公序良俗を維持し、政治的中立、報道の自由と社会的責任を守るための自主規制の基準。

**テレビジョン［television］** 光学画像を電気信号に変換して伝送し、受信側で光学画像を再生する通信装置。日本のカラー放送にはNTSC方式が使われている。テレビ。

**テレビ-でんわ【テレビ電話】** 音声と画像とを同時に送受信する電話。相手の顔を見ながら通話ができる。visual telephone

**テレビ-とうきょう【(株)テレビ東京】** 東京の民間放送テレビ局の一つ。昭和三九年（一九六四）東京一二チャンネルとして開局。同五六年（一九八一）改称。

**テレビ-ひょうじゅんほうしき【テレビ標準方式】** テレビ放送の基本となる電波の形式、信号の特性などの規格。大きく分けて、NTSC方式（日本・アメリカ）、SECAM方式（フランス）、PAL方式（ドイツ）の三つがある。television standard

**テレビ-ファクシミリ**《和製語》テレビ電波と同時にファクシミリ信号を放送し、感熱記録紙に受信する装置。テレビファックス。facsimile through television

**テレビ-ファックス**《和製語》↓テレビファクシミリ

**テレビン-ゆ【テレビン油】** 生松脂から とった精油。特殊なにおいのする無色透明の液体。主成分はα-ピネン。塗料の溶剤、合成樟脳の原料など。テレピン油。turpentine oil

**テレファックス［telefax］**《tele-と facsimile の合成の telefacsimile から》光電管で文字や図形を分解して送信し、受信側で、これを文字や図形に組み立てる通信方式。ニュースの電送などに使う。電話ファクシミリ。

**テレフタル-さん【テレフタル酸】** 化学式 $p$-$C_6H_4(COOH)_2$ 白色の結晶または粉末。ポリエステル繊維・ポリエステルフィルムの原料。terephtalic acid

**テレプリンター［teleprinter］** ↓テレタイプ

**テレポート［teleport］** ①高度情報社会に対応するために建設される情報通信基地。通信衛星を利用し、膨大な世界の情報を集め伝える。②「テレポーテーション」の略。

**テレポーテーション［teleportation］** 念力により、物体などを移動させること。テレポート。

**テレホン［telephone］** 電話。電話機。テレフォン。

**テレホン-カード**《和製語》公衆電話の通話料金用カード。硬貨のかわりにあらかじめ購入した磁気カードを電話機に挿入することで通話ができる。テレカ。

**テレホン-サービス**《和製語》電話を通じて時報・天気予報などのテープを流したり、問い合わせに応じて各種の情報を提供するサービス。

**テレマーク［Telemark ドイツ］**《ノルウェーの地名から》スキーの回転・停止技術の一つ。外側の足を前に出し、その上に体重を乗せて回転・停止する。また、スキーを前後に開き、腰をおとしてショックを吸収する姿勢。

**テレマコス［Tēlemachos ギリシア］** ギリシア神話のオデュッセウスとペネロペの子。行方知れずの父を捜して各地を歴訪、帰国した父とともに母の求婚者たちを殺した。

**テレマックのぼうけん【テレマックの冒険】**《原題 Les Aventures de Télémaque フランス》フェヌロンの小説。一六九九年刊。テレマック（＝テレマコス）が行方不明の父を探す遍歴の物語。ルイ一四世の治世批判の書。

**テレマン［Georg Philipp Telemann］**（一六八一～一七六七）後期バロックのドイツの作曲家。諸国の音楽の特徴を融合し、当時はバッハやヘンデル以上の名声を得た。多作であらゆる種類の音楽を手がけた。管弦楽曲『食卓の音楽』など。

**テレメーター［telemeter］** 遠隔地に置く計測用の計器で、通信で制御・記録できるもの。降水量や貯水池水位の集中計測・大気汚染量の集中計測、心電図のモニターなどに応用。

**てれ-や【照れ屋】** すぐ照れたり、はずかしがる人。はにかみや。shy; bashful

**テレライター［telewriter］** 電子写字機。送信側の装置で文字や図形を手書きすると、受信側の装置に同じように文字・図形の書ける伝送装置。電話線に接続して用いることができる。スケッチホン。

**て・れる【照れる】**（下一自）きまり悪がる。はにかむ。feel awkward 用例 大勢の人の前でほめられて―。

**て-れん【手練】**《「しゅれん」「てだれ」は別語》人をだます手段。

**テレンティウス［Publius Terentius Afer］**（BC一九五ごろ～BC一五九）ローマの喜劇作家。洗練された技巧的な文体、都会風で人道的な色彩が特徴。作品『アンドロスから来た乙女』など。

**てれん-てくだ【手練手管】**《同じ意味のことば（手管）を重ねて、「手練」を強めた語》人をだまし、思うように動かす手段。wiles

**テレンプ［teremp］** パイル織物で、光沢と弾力性のあるモヘア梳毛糸を使用。摩擦に強いので列車・バスなどの椅子張り地に使用。

**テロ**《和製語》「テロル」「テロリズム」の略。

**でろ** ドロノキの異名。

**デロス-とう【デロス島】** ↓ディーロスとう（ディーロス島）

**デロス-どうめい【デロス同盟】** 紀元前五世紀、アテネを盟主としたギリシアの諸ポリスによる対ペルシア海上同盟。デロス島を本拠としたが、のちアテネに移り、同盟資金をアテネが握ることとなって、覇権確立につながった。ペロポネソス戦争でのアテネの敗北により前四〇四年解体。Delian League

**テロップ［telop］**《television opaque projector の略。もとは商標名》テレビジョンの画面に、カメラを通さないで直接挿入する文字や画。また、それを送り出す装置。

**テロリスト［terrorist］** テロリズムの信奉者・実行者。暴力によって政治目的を達成しようとする人。

**テロリズム［terrorism］** 政治目的で組織的・集団的に行われる暗殺・拷問・追放・大量処刑などの暴力行為。また、それによる支配。恐怖政治。テロ。テロル。

**テロル［Terror ドイツ］** 政治的な目的を達成するために直接暴力を使うこと。また、その暴力行為。テロリズム。テロ行為。テロ。

**でろれん-ざいもん【でろれん祭文】** 門付けの歌祭文の一種。街頭で錫杖を鳴らし、法螺貝を吹きながら祭文を語り、「でろれんでろれん」と合いの手を入れた。でろれん。貝祭文。

**でわ【出羽】** ↓でわのくに（出羽国）

**て-わけ【手分け】**（名・サ変自）①人手をわけること。手配り。disposition ②仕事の持ち分を決めること。division of work

**て-わざ【手業】** 手先を使う仕事。用例 ―を身につける。

**でわ-さんざん【出羽三山】** 山形県中部の月山・羽黒山・湯殿山の三山。中世以来山岳信仰の対象として修験道場となる。

**でわさんざん-じんじゃ【出羽三山神社】** 月山の月山神社、羽黒山の出羽神社、湯殿山の湯殿山神社の総称。

**でわ-さんち【出羽山地】** 東北地方の西部を南北に走る丘陵性山地。第三紀層からなる褶曲山地で、鳥海火山帯が並行。スギ・ヒバの美林が多い。出羽丘陵。

**て-わた・す【手渡す】**（五他）じかに渡す。hand personally

**でわ-の-くに【出羽国】** 旧国名。現在の山形・秋田二県。東山道の一国。「延喜式」では上国、一一郡。国府は山形県酒田市上田、国分寺は同市本楯。明治元年（一八六八）羽前国・羽後国の二国に分割。羽州。出羽。

**でわ-ふじ【出羽富士】** 鳥海山の別称。

**テワンテペク-ちきょう【テワンテペク地峡】**（Istmo de Tehuantepec）メキシコ南東部、メキシコ湾と太平洋の間の最狭部。幅二二〇km。

**テン【天】** 4画 部首［大］ 教育小1 JIS 3723

音 テン
訓 あめ・あま

①そら。あめ。対義 地・壌。「満天」「天空・天地・天変地異」用例（名）―高く澄む。②そら模様。気候。「雨天・晴天・曇天」「天気」③自然。「天険・天然」④うまれつき。運命。「先天的」「天運・天才・天職・天性・天賦・天分」⑤時勢。時節。「回天」用例（名）―の時、地の利。⑥仏教で、人間界より上級の世界。そこの神。「吉祥天・弁才天」「四天王」⑦宇宙万物の神。支配者。対義 人。「天啓・天使・天罰・天命」用例（名）―に口なし。⑧皇帝。天子のこと。「天恩・天顔・天覧」⑨うえ。上。対義 地。「天井・天地無用」⑩三つのうち、もっともすぐれたもの。三つの区わけの一つ。用例（名）―地人。⑪はじめ。最初の部分。用例（名）―からだめだ。⑫天麩羅のこと。用例（名）海老―。

**天から降ったか地から湧いたか** まったく突然に人などが現れたことに対する、驚きのことば。

**天、勾践を空しゅうする事莫れ、時に范蠡無きにしも非ず** 天は勾践を見捨てはしない。必ず范蠡のような忠臣が現れるに違いない。忠臣、児島高徳が後醍醐天皇にひそかに奉った詩句という。

**天定まって亦能く人に勝つ** 一時は真理が行われず、悪が栄えることがあっても、やがては自然の理に復して、善がさかえる。人は非力であり、天地自然の理に反抗しとおすことはできない。

**天知る地知る我知る人知る** かくし事はいつかは露見するものだ。四知。The day has eyes, the night has ears.; Murder will out.

**天高く馬肥ゆる秋** 空が高く澄み、馬もよく食べて肥える、秋の好季節のことを言う。Autumn with the sky clear and blue, and horses growing stout.

**天と地程も** ふたつのものの間がずいぶんと懸け離れていることに言う。as different as day and night

**天に在っては願わくは比翼の鳥と作らん、地に在っては願わくは連理の枝と為らん**《白居易の『長恨歌』にある詩句。「比翼」は、一目一翼の鳥が、雌雄一体となって飛ぶさま。「連理」は、二つの木の、枝どうしがつながっているさま》夫婦の情愛の深いことを言う。

**天に網が被さる** 悪事の報いはのがれがたい。



↓行き先項目、図版・写真参照印。 JIS 日本工業規格情報交換用漢字符号コード（区点コード）。

**天に口無し人を以て言わしむ**(てんにくちなしひとをもっていわしむ) 神は、物を言わないから人の口をとおして、その意志を世に伝える。世の評価は単なる人のことばではなく神の意志、すなわち真実である。

**天に順う者は存し天に逆らう者は亡ぶ**(てんにしたがうものはそんしてんにさからうものはほろぶ) 正しい道に従うものは存続し、それに反したりはむかったりするものは滅亡する。

**天に跼り地に蹐す**(てんにせくぐまりちにぬきあしす) 高い天の下でも背をかがめ、堅い地の上でもぬき足で歩く。世の中をおそれ、つつしみ深く生きていることに言う。跼天蹐地。

**天に唾する**(てんにつばする) 「天に向かって唾する」と同意。

**天に二日無し**(てんににじつなし) 一国に二人の君主があってはならない。

**天に向かって唾する**(てんにむかってつばきする) 人を困らせたり傷つけたりしようとして、かえって自分が災いを受ける。天を仰いで唾する。天に向かって唾を吐く。天に唾する。He who digs a pit for others falls into it himself.

**天にも地にも掛け替え無い**(てんにもちにもかけがえない) 何物にもかえるべきものはない。何ものにもかえられない。もっとも大切なものについて言う。most valuable and irreplaceable

**天にも昇る心地**(てんにものぼるここち) たいそううれしくて、うきうきする気持ち。feel as if going up to Heaven

**天の与うるを取らざれば反って其の咎めを受く**(てんのあたうるをとらざればかえってそのとがめをうく) 天が与えるものは受け取るべきものである。それを受け取らないでいると、かえって天罰が下る。

**天の網**(てんのあみ) ①天罰。自然の災い。②小鳥をとらえる網。かすみあみ。

**天の濃漿**(てんのこんず) 天からあたえられた美味な飲み物。甘露。また広く、酒を言う。

**天の助け**(てんのたすけ) 神の助け。providential help

**天の時は地の利に如かず、地の利は人の和に如かず**(てんのときはちのりにしかず、ちのりはひとのわにしかず) 天の与えた好機は地勢上の有利さにはおよばず、地勢上の有利さも、人心が一致和合しているのにはおよばない。事をなすには人の和が第一である。

**天の作せる孽は猶違く可し、自ら作せる孽は逭る可からず**(てんのなせるわざわいはなおさくべし、みずからなせるわざわいはのがるべからず) 天災は逃れることができるが、自分の招いたわざわいは逃れることができない。

**天の配剤**(てんのはいざい) 天はそれぞれにかなったものを配するということ。God's dispensation

**天の美禄**(てんのびろく) 《天から授かった手厚い俸禄の意》酒の別称。

**天の眼**(てんのまなこ) 人の善悪を見張っている天の眼識。天の目。

**天は高きに処って卑きに聴く**(てんはたかきにおってひくきにきく) 天帝は高い所から下界の人々の声を聞き、善悪に対して厳正な判断をくだす。

**天は二物を与えず**(てんはにぶつをあたえず) 天は、一人の人間にいくつもの才能や美点をあたえはしない。人間の長所は一つしかないものである。God does not give two gifts.

**天は人の上に人を造らず人の下に人を造らず**(てんはひとのうえにひとをつくらずひとのしたにひとをつくらず) 《福沢諭吉『学問のすゝめ』にあることば》人の貴賤・上下の差別は、生まれながらのものではない。人はもともと平等なものである。

**天は自ら助くる者を助く**(てんはみずからたすくるものをたすく) 天は他の力を借りないで努力している者を助け、成功へ導く。Heaven helps those who help themselves.

**天は見通し**(てんはみとおし) 天は、善悪の区別を見きわめて、すべてに正しく、その報いを与える。

**天を仰ぎて唾す**(てんをあおぎてつばきす) 「天に向かって唾する」と同意。

**天を怨みず人を尤めず**(てんをうらみずひとをとがめず) 不遇であるからといって、天をうらんだり人をせめたりしないで、みずから反省し、努力する。

**天を衝く**(てんをつく) ①天に届くほど高い。towering ②勢いの強いさま、また、すばらしい意気込みに言う。vigorous

**天を摩す**(てんをます) ひじょうに高くそびえたつ。天に接するほど高い。また、非常に高く飛ぶさまに言う。towering

**テン** 7画【▼辿】 部首[辶]しんにゅう ――6画【▼辿】異体字 JIS 3509

音テン

①あゆむ。ゆっくりあるく。②たどる。㋐道をたずねてゆく。㋑さがしもとめる。㋒ある方向へすすむ。

**テン** 8画【典】 部首[八]は 教育小4 JIS 3721

音**テン**

①ふみ。文書。立派な本。「教典・古典・辞典・宝典」「典籍」②おきて。のり。手本。「典拠・典型・典範」③儀式。礼。「祭典・盛典・大典」用例(名)華燭の―。④はからい。処置。「恩典」⑤ただしい。「典雅」⑥つかさどる。「典薬」

**テン** 8画【店】 部首[广]まだれ 教育小2 JIS 3725

音**テン**
訓**みせ**

みせ。たな。「商店・売店・本店」「店員」用例《接尾的》洋品―。

**テン** 8画【▼忝】 部首[心・⺗]したごころ JIS 5559

音テン

①かたじけない。もったいない。もったいなく思う。②はずかしめる。はずかしめ。

**テン** 8画【▼沾】 部首[氵]さんずい JIS 6194

音テン・セン

①うるおう。ぬれる。うるおす。ぬらす。②そえる。つける。

**テン** 9画【▼恬】 部首[忄]りっしんべん JIS 5587

音テン

やすらか。気にかけず平気なさま。平然。また、しずか。「恬然・恬淡・恬澹」

**テン** 9画【▼殄】 部首[歹]がつへん JIS 6141

音テン

①たえる。ほろびる。つきる。②たつ。ほろぼす。つくす。

**テン** 9画【点】 部首[灬]れっか 教育小2 JIS 3732 ――17画【▼點】 部首[黑]くろ 旧字 JIS 8358

音**テン**

①小さいしるし。ぼち。ぽち。「汚点」「点画・点字・点々・点描」用例(名)―をうつ。②きまった場所。「起点・拠点・終点・出発点」③こと。ところ。部分。「欠点・弱点・美点・利点」用例(名)その―について説明する。④批評のしるし。スポーツなどの勝ち星の数。「採点・得点・評点」「点者」用例(名)―がからい。―が入らない。(助数)三―の差。⑤ともす。つける。「点火・点滅」⑥しらべる。かぞえる。「点検・点呼」⑦うなずく。「点頭」⑧いれる。さす。「点眼・点景・点睛・点茶」⑨数学で、位置だけあって、大きさのないもの。二線のまじわる部分。「中点」用例(名)―Aと―Bとをむすぶ直線。⑩物品などを数えるのに用いる。用例(助数)五―出品。⑪句読・清濁・漢文訓読法などを示す符号。「返り点・句読点・訓点・濁点・半濁点」

**点付かる**(てんつかる) 欠点をとがめられる。非難される。

**点を打つ**(てんをうつ) ①記号としての点をつける。評点としての記号をつける。point ②非難する。blame

**テン** 10画【展】 部首[尸]しかばね 教育小6 JIS 3724

音**テン**

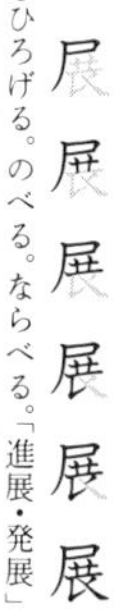

①ひろげる。のべる。ならべる。「進展・発展」「展開・展示・展性・展望・展覧」②おまいりする。「展墓」③展覧会のこと。「日展・文展」用例《接尾的》美術―。

**テン** 11画【▼唸】 部首[口]くちへん JIS 5125

音テン

①うなる。うめく。口ごもった声でうたう。②うなり。㋐うなる声・音。㋑凧につける共鳴帯。㋒物理で、周期的に音の強さが変化する現象。

**テン** 11画【添】 部首[氵]さんずい 常用 JIS 3726 ――11画【▼添】旧字

音**テン**
訓**そえる・そう**

そう。そえる。つける。「添加・添削・添書・添付」

**テン** 11画【▼甜】 部首[甘]あまい JIS 3728

音テン

あまい。うまい。味がよい。「甜菜」

**テン** 11画【転】 部首[車]くるまへん 教育小3 JIS 3730 ――18画【▼轉】旧字 JIS 7759

音**テン**
訓**ころ**がる・**ころ**げる・**ころ**がす・**ころ**ぶ

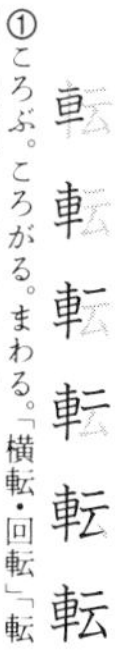

①ころぶ。ころがる。まわる。「横転・回転」「転回」②《顚とも》たおれる。ひっくりかえる。「転倒・転覆・転落」③うつる。かわる。「転学・転換・転居・転勤・転校・転送」④意味や発音などが、かわったこと・語。「転音・転義」用例(名)「おめえ」は、「おまえ」の―。⑤漢詩の絶句の第三句。「転句」

**テン** 12画【▼奠】 部首[大]だい JIS 5291

音テン・デン

①まつる。そなえものをして、まつる。まつり。「乞巧奠・釈奠」②ささげる。そなえる。そなえもの。「香奠」③さだめる。きめる。「奠都」

**テン** 12画【▼腆】 部首[月]にくづき JIS 7102

音テン

①おおい。十分な。②あつい。てあつい。丁寧な。③よい。すばらしい。

**テン** 12画【▼覘】 部首[見]みる JIS 7513

音テン

うかがう。ひそかにみる。さぐる。

**テン** 13画【▼塡】 部首[土]つちへん ――13画【▼填】異体字 JIS 3722

音テン・チン

①ふさぐ。ふさがる。②うずめる。うめる。はめる。「充塡・装塡・補塡」③みちる。みたす。

**テン** 13画【▼椽】 部首[木]きへん JIS 6029

音テン

たるき。棟から軒にわたして、屋根板をささえる木。「椽大の筆」

**テン** 13画【殿】 部首[殳]るまた 常用 JIS 3734

音**デン・テン**
訓**との・どの**

との。たかどの。立派な建物。「御殿」「殿上」

↓デン[殿]

**テン** 13画【▼滇】 部首[氵]さんずい

音テン

①中国の雲南省の別名。②中国の漢代に、現在の雲南省昆明県あたりにいた民族の名。

**テン** 15画【▼廛】 部首[广]まだれ JIS 5505 ――18画【▼壥】 部首[土]つちへん 異体字 ――20画【▼壛】 部首[土]つちへん 異体字 JIS 5263

音テン

①やしき。すまい。住居。②みせ。たな。店舗。

**テン** 15画【▼碾】 部首[石]いしへん JIS 6690

音デン・テン

①うす。いしうす。ひきうす。穀物などをすりつぶして粉にする道具。②ひく。うすですりつぶして粉にする。

**テン** 15画【▼篆】 部首[竹]たけかんむり JIS 6831

音テン

①漢字の書体の一つ。大篆は周の太史籀がつくり、小篆は秦の李斯がつくったものという。隷書・楷書のもとになったもの。「篆書」②印章。はんこ。多く篆書を用いてきたことからいう。「篆刻」

**テン** 15画【▼諂】 部首[言]ごんべん JIS 7559

音テン

へつらう。おもねる。おべっかをつかう。相手の気にいるようなことをする・いう。「諂諛」

**テン** 16画【▼霑】 部首[雨]あめかんむり JIS 8033

音テン

うるおう。ぬれる。うるおす。ぬらす。「均霑」

**テン** 16画【▼靛】 部首[青]あお

音テン・デン

①あい。タデ科の一年草のアイからつくった染料。②あいいろ。藍色に染める。

**テン** 16画【▼靦】 部首[面]めん JIS 8051

音テン

①はじないさま。あつかましい様子。②はじるさま。はずかしいと思う様子。「靦顔」

▼常用漢字表外。 ▽常用漢字表の音訓外。

**テン** 17画【▼輾】 部首［車］ JIS 7757
音テン・デン・ネン
めぐる。ころがる。まろぶ。「輾転」↓デン【輾】

**テン** 18画【▼簟】 部首［竹］ JIS 6850
音テン
たかむしろ。竹や葦などを編んでつくった敷物。「枕簟」

**テン** 18画【▼闐】 部首［門］
音テン・デン
みちる。みたす。すきまをうめる。

**テン** 19画【▼顚】 部首［頁］
19画【▼顛】 異体字 JIS 3731
音テン
①いただき。あたま。てっぺん。「顚末」②たおれる。ひっくりかえる。「顚倒・顚沛・顚覆・顚落」

**テン** 21画【▼囀】 部首［口］ JIS 5183
音テン
なく。さえずる。鳥がしきりになく。

**テン** 21画【▼纏】 部首［糸］ JIS 3727
22画【▼纒】 異体字 JIS 6985
音テン
①まとう。まつわる。からむ。からまる。「纏足・纏綿」②まとい。㋐馬じるし。大将のそばにたてた目じるし。㋑町火消しの各組のしるし。

**テン** 22画【▼巓】 部首［山］ JIS 5460
音テン
いただき。てっぺん。山頂。「山巓」

**テン** 22画【▼躔】 部首［足］ JIS 7723
音テン
①あと。㋐日・月・星の軌道。㋑足あと。実践のあと。②ふむ。㋐軌道をめぐる。㋑実践する。

**テン** 24画【▼癲】 部首［疒］ JIS 6601
音テン
①くるう。また、精神障害者。「瘋癲」②「癲癇」は、急にひきつけをおこす病気。

**テン** 24画【▼鱣】 部首［魚］
音テン・タン・セン
チョウザメ。チョウザメ目に属する魚。↓セン【鱣】

**てん**【▼貂・▽黄▼鼬】 イタチ科の哺乳類。雄は体長約四五cm、雌はやや小さい。毛色は産地・季節によって異なるが、四肢下部はつねに黒色。森林にすみ、夜行性で木登りが巧み。雑食性でネズミ・小鳥などの小動物・果実を食べる

●テン　ホンドキテン

毛皮獣。本州・四国・九州・朝鮮半島に分布。良質の毛皮が得られる。Japanese marten ↓写

**て-ん** 古語↓てむ

**デン** 5画【田】 部首［田］ 教育小1 JIS 3736
音デン・テン
訓た 
田田田田田
①た。たんぼ。比較畑。「塩田・公田・水田・美田」「田地・田野」②たんぼのようなところ。「油田」③いなか。「田夫野人」

**デン** 6画【伝】 部首［人・亻］ 教育小4 JIS 3733
13画【▼傳】 旧字 JIS 4903
音デン・テン
訓つたわる・つたえる・つたう 
伝伝伝伝伝伝
①つたえる。つたわる。つたえ。「遺伝・宣伝」「伝記・伝言・伝説・伝統・伝聞・伝法」用例《接頭的》—運慶作。②伝記のこと。一代記。「自伝・小伝・列伝」用例《接尾的》リンカーン—。自叙—。③経書などの注釈。「経伝」用例《接尾的》『古事記—』。『春秋左氏—』。④つぎつぎおくる。宿場。駅つぎの馬。「駅伝」「伝馬」⑤やりかた。用例(名)いつもの—でやればよい。

**デン** 7画【▼佃】 部首［人・亻］ JIS 3649
音テン・デン
①たづくる。田をたがやす。②田をたがやす人。小作農民。③つくだ。つくりだ。開墾してつくった田。④かり。狩りをする。

**デン** 7画【▼甸】 部首［田］ JIS 5020
音テン・デン
かり。狩りをする。

**デン** 8画【▼沺】 部首［氵］ JIS 6201
音テン・デン
ひろい。おおきい。水勢の広大なさま。

**デン** 9画【▼畋】 部首［田］ JIS 5834
音テン・デン
①かり。狩りをする。②たづくる。田をたがやす。

**デン** 11画【▼淀】 部首［氵］ JIS 4568
音テン・デン
①よど。よどみ。水のよどんだところ。②よどむ。㋐ながれずに、たまる。㋑順調にすすまない。㋒底にしずんで、たまる。

**デン** 12画【▼踮】 部首［足］
音デン・セン
ふむ。とどまる。ふみとどまる。

**デン** 13画【殿】 部首［殳］ 常用 JIS 3734
音デン・テン
訓との・どの
①たかどの。立派な建物。「宮殿・神殿」「殿堂」用例《接尾的》奉安—。②との。どの。人を尊敬していうのに用いる。「貴殿」「殿下」③しんがり。最後。最後部。「殿軍」↓テン【殿】

**デン** 13画【▼鈿】 部首［金］ JIS 7879
音テン・デン
①かんざし。金属製の花がたのかんざし。②青貝のかざり。青貝細工。「螺鈿」

**デン** 13画【電】 部首［雨］ 教育小2 JIS 3737
音デン・テン 
電電電電雷電
①電気のこと。「感電・停電」「電圧・電源・電車・電力」②電信・電報・電話のこと。「祝電・打電・入電・返電」「電文」用例(名)ロンドン—。③電車のこと。「市電・終電」④いなずま。いなびかり。「雷電」「電光」

**デン** 16画【▼澱】 部首［氵］ JIS 3735
音テン・デン
①おり。どろ。かす。②よどむ。㋐底にしずんで、たまる。「沈澱」㋑ながれずに、たまる。③よど。よどみ。水のよどんだところ。④「澱粉」は、植物の種・根・茎などにふくまれる炭水化物。

**デン** 16画【▼鮎】 部首［魚］ 人名用 JIS 1630
音デン・ネン
①ナマズ。ナマズ目に属する淡水魚。②アユ。ニシン目に属する淡水魚。

**デン** 17画【▼臀】 部首［月］ JIS 7129
音トン・デン
しり。おいど。いしき。「臀部」

**デン** 17画【▼輾】 部首［車］ JIS 7757
音テン・デン・ネン
①きしる。ひく。うすで、すりつぶす。②うす。ひきうす。水車や牛馬でまわす、うす。↓テン【輾】

**デン** 18画【▼癜】 部首［疒］ JIS 6585
音テン・デン
なまず。白・褐色などの斑点ができる皮膚病。

**でん-あつ**【電圧】 二点間の電位の差。電気を流そうとする働きを表す量。単位はボルト。記号V。電位差。voltage 用例—を加える。

**でんあつ-けい**【電圧計】 電圧を測る計器。直流用や交流用、また高圧用などいろいろな種類がある。voltmeter ↓写

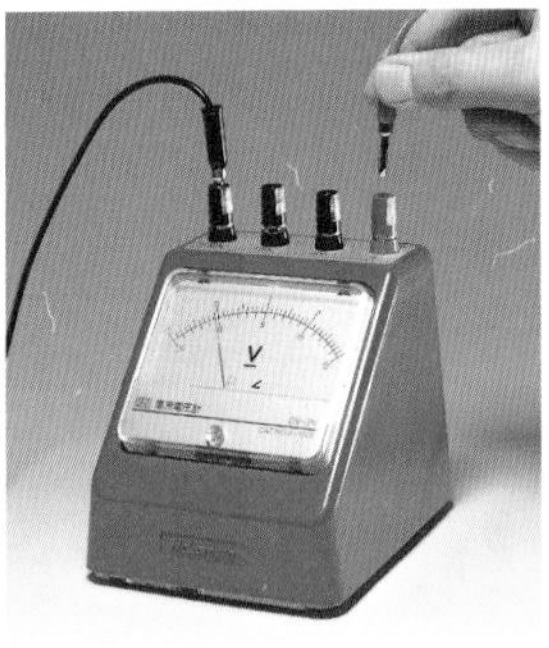

●電圧計　直流電圧計。

**でんあつ-こうか**【電圧降下】 回路の二点間に抵抗が存在する場合、電流を流すと流れにそって電位が下がること。降下の度合いは、オームの法則で抵抗の大きさと電流の強さの積に等しい。電位降下。voltage drop

**でんあつ-ちょうせいき**【電圧調整器】 電圧を目的の値に保って供給する装置。磁気回路によるものもあったが、現在はトランジスターなどを用いた電子式のものが主流。voltage regulator

**てんあん**【天安】 韓国、忠清南道北東部の商工業都市。米・野菜などの集散地。人口一二一万(一九八〇)。チョナン。

**てんあん**【天安】 平安初期の年号。斉衡から改元。元年(八五七)二月二一日～三年(八五九)四月一五日。次に貞観に改元。てんなん。

**てんあん-もん**【天安門】 中国北京市、旧城域中央の紫禁城の正面にある門。明代には承天門と称した。テンアンメン。↓写

**てんあんもん-ひろば**【天安門広場】 中国の首都、北京市の中心にある大広場。紫禁城の正面に位置し、メーデー・国慶節などの祝典が行われる。

**てん-い**【天意】 ①天・神の心。②自然の道理。laws of nature

**てん-い**【転位】(名・サ変自他) ①位置を変えること。位置が変わること。transposition ②物理で、結晶内のある線に沿って起こる原子配列の乱れ。格子欠陥の一種。dislocation ③化学で、有機化合物の同一の分子内で二個の原子または原子団が、互いにその位置を替えること。分子内転位ともいう。rearrangement ④生物で、染色体の一部がちがう位置に移ること。inversion of chromosomes

**てん-い**【転移】(名・サ変自他) ①場所が移ること。場所を移すこと。transition ②ある状態から別の状態に移ること。遷移。transfer ③医学で、病原体や癌細胞が原発巣から他の場所へ移行し、そこで原発巣と同じ変化を起こす現象。metastasis

**でん-い**【電位】 電界内のある場所まで、単位電荷を標準点から運ぶのに要するエネルギーの量。二点間の電位の差を電圧という。electric potential

**てんい-アールエヌエー**【転移RNA】↓トランスファーアールエヌエー(トランスファーRNA)

**でんい-けい**【電位計】 電流をほとんど流さずに、静電気力を利用して電圧を測る装置。electrometer

**てんい-こうそ**【転移酵素】 メチル基やアルキル基など原子団そのものを転移する反応を触媒する酵素の総称。生体物質の合成や相互変換に関与。transferase

●天安門

↓行き先項目、図版・写真参照印。　JIS 日本工業規格情報交換用漢字符号コード(区点コード)。

**でんい-さ【電位差】** 二点間の電位の差。電圧。potential difference

**でんいさ-てきてい【電位差滴定】** 電気滴定の一種。滴定のさいのイオン濃度の変化を適当な指示電極の電位を測ることで滴定反応の終点を決める方法。potentiometric titration

**てん-いち【天一】** 「天一神」の略。

**てんいち-じん【天一神】** 陰陽道でいう方角の神。定まった日に天から下り、八方に移動するといわれ、この神のいる方角を塞がりといって忌む。中神。天一。

**てんいち-たろう【天一太郎】** 暦注の一つ。天一天上の最初の日、すなわち癸巳の日。

**てんいち-てんじょう【天一天上】** 暦注の一つ。方角神の一つで、その方角に当たるものに祟りをなす天一神が天に上る期間。癸巳の日から戊申の日までの一六日間で、この期間は禁忌が解け、何事も自由で障りがないとする。

**てんいちぼう-じけん【天一坊事件】** 江戸中期、品川の常楽院の修験者源氏坊天一が将軍の落胤と自称、世間を騒がせて処刑された事件。

**てんい-むほう【天衣無縫】**（名・形動）①《天人の衣には人工的な縫い目がないとされることから》詩文などで、技巧のあとがなく、ごく自然で完全なたとえ。perfect beauty with no trace of artifice ②人柄が天真爛漫なこと・さま。natural and flawless

**てん-いん【店員】** 商店の従業員。clerk; shop assistant

**てん-うん【天運】** ①天体の運行。自然のまわりあわせ。movements of heavenly bodies ②天命。fortune 用例 ―が尽きる。

**てんえい【天永】** 平安末期の年号。天仁から改元。元年（一一一〇）七月一三日～四年（一一一三）七月一三日。次に永久に改元。

**てんえい【天栄】**〈村〉福島県中南部の村。稲作・野菜栽培中心の農村。日光キスゲ・ミズバショウなどの群落のある羽鳥湖岸湿地があって、大川羽鳥県立自然公園の中心地。人口七〇七四（一九八八）。

**てんえん【天延】** 平安中期の年号。天禄から改元。元年（九七三）一二月二〇日～四年（九七六）七月一三日。次に、貞元に改元。

**でん-えん【田園】** ①田と畑。fields and gardens ②田舎。suburbs

**でんえんこうきょうきょく【田園交響曲】**《原題Sinfonia pastorale（イタリア）》ベートーベンの交響曲第六番、ヘ長調。五楽章。一八〇七～〇八年作曲。各楽章標題つき。自然に対するさまざまな感情の表現として作曲。

**でんえん-しじん【田園詩人】** 田舎の自然と人情をうたう詩人。pastoral poet

**でんえんちょうふ【田園調布】** 東京都、大田区北西端の地区。高級住宅地として知られる。

**でんえん-とし【田園都市】** ①緑や田畑のなかにひろがる都市。②都心への交通の便がよい近郊の田園地帯に、計画的に建設された都市。garden city

**でんえんのゆううつ【田園の憂▼鬱】** 佐藤春夫の小説。大正六年（一九一七）発表。田園に無為と倦怠の日々を送る主人公の心象風景を描く。

**てんおう【天応】** 奈良時代の年号。宝亀から改元。元年（七八一）一月一日～二年（七八二）八月一九日。次に、延暦に改元。

**てん-おん【天恩】** ①天の与えるめぐみ。自然の恩恵。②天子の恩。

**てん-おん【転音】** 語が連なって複合語をつくるときなどに、前にくる語の語末の音が転じること。その変化した音。「さけ」と「たる」が「さかだる」となるなど。change of sound 比較 連濁。

**てん-か【天下】** ①あめのした。世界。the world 対義 天上。②全国。the whole country ③全国を治めること。conquest of the whole country ④思うままにふるまうこと。have one's own way 用例 かかあ―。⑤江戸時代、将軍。用例 ―さま。

**天下泰平**（てんかたいへい） 世のなかがよく治まって平和なこと。また、きわめて穏やかでのんびりしているさま。てんがたいへい。peace

**天下の憂いに先立ちて憂え、天下の楽しみに後れて楽しむ**（てんかのうれいにさきだちてうれえ、てんかのたのしみにおくれてたのしむ） 天下国家のことをすべてに優先させて、自分のことは後回しにする。先憂後楽。

**天下は一人の天下に非ず、乃ち天下の天下也**（てんかはいちにんのてんかにあらず、すなわちてんかのてんかなり） 国は国民全体のものであり、君主が一人で思うままにしてはならない。

**天下は回り持ち**（てんかはまわりもち） 貴賤貧富の運命は定められたものではなく、次々に各人にまわってくる。

**天下晴れて**（てんかはれて） 誰にもはばからず。おおっぴらに。openly

**天下を取る**（てんかをとる） 天下を支配下に置く。天下を支配する者になる。conquer the whole country

**てん-か【天▼瓜】** キカラスウリの別名。

**てん-か【点火】**（名・サ変自）①ランプなどの火口に、火をつけること。light ②内燃機関で、圧縮された混合気体を爆発燃焼させるために、電気火花などを接触させる操作。ignition

**てん-か【添加】**（名・サ変自他） そえ加えること。そえ加わること。addition

**てん-か【転化】**（名・サ変自） ①転じて変わること。変わって別のものになること。change; conversion ②㋐旋光性が変化すること。inversion ㋑《旋光性が右旋性から左旋性に転ずることから》蔗糖が加水分解によりブドウ糖と果糖になること。inversion

**てん-か【転▼訛】**（名・サ変自） ことばの音がなまって変わること。その音や語。corruption

**てん-か【転嫁】**（名・サ変他） ①罪や責任などを人になすりつけること、押しつけること。shift blame on 用例 責任を―する。②心理学で、人の同一の感情が実際の対象から他のものへも及ぶこと。transfer

**てん-が【典雅】**（名・形動） 美しく整って上品なこと・さま。grace 対義 粗野。

**でん-か【伝花】** 華道の諸流派で、特定の花材や特殊な形態の生け方を、的確に伝授するためにもうけられたきまり。

**でん-か【伝家】** 代々家に伝わること。hereditary

**伝家の宝刀**（でんかのほうとう） ①家に代々伝わる刀。重代の刀。sword left as an heirloom ②めったに使わない奥の手。one's last resort

**でん-か【殿下】** 天皇・皇后・皇太后・太皇太后以外の皇族、古くは摂政・関白を呼ぶときに添える敬称。比較 陛下・閣下。

**でん-か【電化】**（名・サ変自他） 熱・光・動力の源に電気を使うようにすること。electrification 用例 ―製品。

**でん-か【電荷】** 物質や粒子が帯びている静電気の量。正・負の二種類あって、同種どうしは反発し、異種どうしは引き合う。electric charge

**てん-かい【天界】** ①空の全体。the sky ②天人が住むという所。天上界。対義 地界。

**てん-かい【展開】**（名・サ変自他） ①次々に発展すること。take a new turn 用例 事件の―。②大きく広がること。spread 用例 景色が―する。③数学で、整式の積の形の式を、乗法を行うことにより、単項式の和の形にすること。expansion ④音楽で、主題を変化させて新しい形にすること。development

**てん-かい【転回】**（名・サ変自他） ①くるりと回ること、回すこと。回転。revolution ②回って方向を変えること。でんぐり返し。turn over

**てんかい【天海】**（一五三六～一六四三） 江戸初期の天台宗の僧。会津の人。徳川三代にわたる政治上の顧問として知られる。山王一実神道を説き家康の死後、輪王寺を中興。寛永二年（一六二五）寛永寺を創建。天海版大蔵経を刊行。慈眼大師。

**てん-がい【天外】** ①天のそと。天の一方。beyond the heavens ②きわめて高い、または遠い所。the farthest regions 用例 奇想―。

**てん-がい【天涯】** ①空の果て。②遠く隔たった所。他郷。

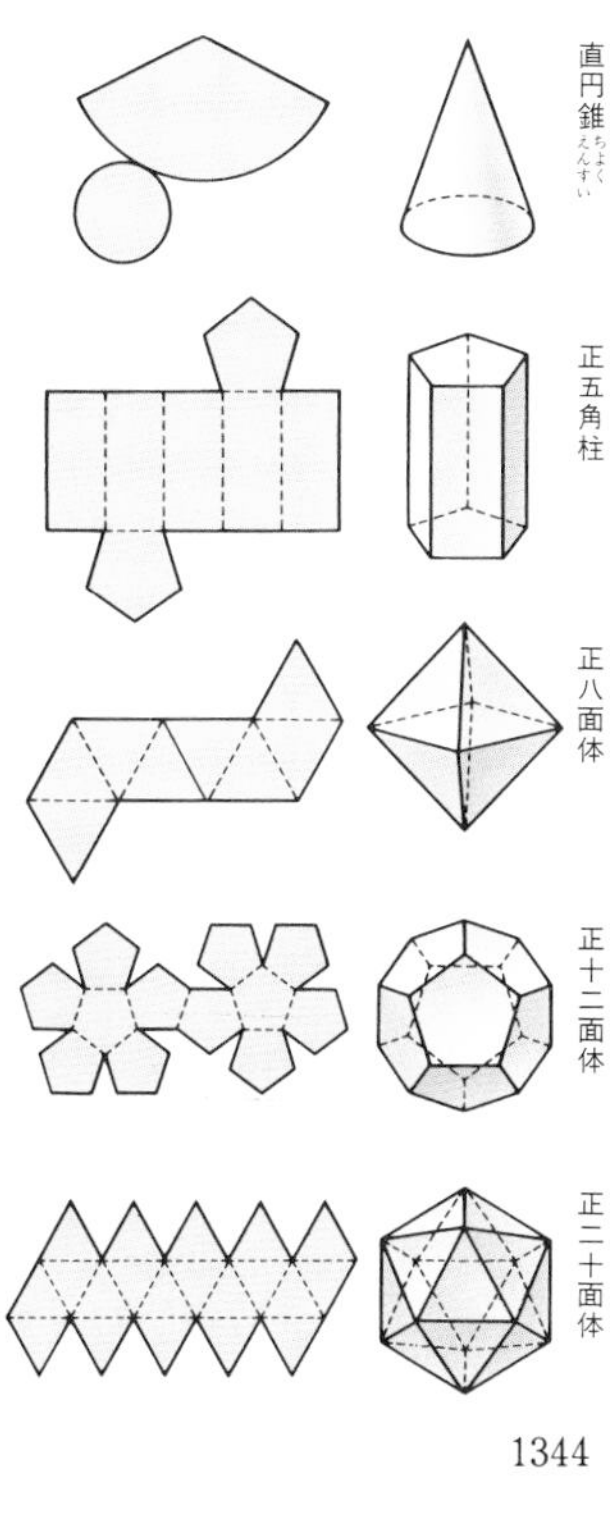

●展開図
直円錐
正五角柱
正八面体
正十二面体
正二十面体

**天涯の孤児**（てんがいのこじ） 誰ひとり身よりのない子。lonely orphan

**天涯万里**（てんがいばんり） 非常に遠い所。

**てん-がい【天▼蓋】** ①仏像・棺などの上にかざす、周辺に飾りのついた衣笠。②虚無僧のかぶる編笠。

**でん-かい【電界】** ↓でんば（電場）

**でん-かい【電解】**（名・サ変他）「電気分解」の略。

**でんかい-えき【電解液】** 電解質を溶かした溶液。溶液中にイオンが存在し、導電性がある。電解質溶液。electrolytic solution

**でんかい-かんげん【電解還元】** 水溶液の電気分解で、陰極でおこる還元反応の総称。一般に、水溶液中の陽イオンが陰極で電子を受けとる反応で、金属の析出・水素の発生などがある。electrolytic reduction

**でんかい-きょうど【電界強度】** ある場所で受ける電波の電界・磁界の強さを示す尺度。field intensity

**でんかい-けんま【電解研摩】** 工作物を陽極として電解液中につるし、電気分解で表面を平滑にする研摩法。electrolytic polishing

**てんがい-こどく【天涯孤独】** 身寄りがなく、ひとりぼっちであること。また、他郷に、ただひとりで暮らすこと。person without a single relative

**でんかい-コンデンサー【電解コンデンサー】** タンタル・アルミニウムなどの金属の表面を酸化皮膜に変え、これを誘導体としたコンデンサー。電気容量の大きいものが作れる。electrolytic condenser

**でんかい-さんか【電解酸化】** 水溶液の電気分解で、陽極でおこる酸化反応の総称。一般に、陽極で電子が奪いとられる反応で、金属の溶解・酸素や塩素の発生などがある。electrolytic oxidation

**でんかい-しつ【電解質】** 水溶液中で電解してイオンを生じ、電気伝導性を与える物質。電離の大小によって、強電解質と弱電解質がある。electrolyte

**でんかいしつ-たいしゃいじょう【電解質代謝異常】** 生体の維持に重要な電解質の調節が乱れた状態。カリウム・カルシウム・ナトリウムなどの異常が多く、神経筋系に障害が起こる。abnormal electrolyte metabolism

**てんかい-ず【展開図】** 立体図形を切り開いて平面上に広げ、その形をかいた図。development ↓図

**でんかい-せいれん【電解精錬】** 電気分解を利用した金属の湿式精錬法。乾式製錬で得た粗金属を陽極とし、陰極に目的金属を析出させる電解精製と、鉱石の溶液からの電解採取がある。electrolytic refining

**でんかい-そう【電解槽】** 電気分解を行う装置。電気分解をうける溶液を入れる容器と陽極・陰極から構成。electrolytic cell

**でんかい-ソーダ【電解ソーダ】** 電解法で製造された水酸化ナトリウム。electrolytic soda

**てんか-いっぴん【天下一品】** 比べるものがないほど、すぐれていること・もの。unequaled

**でんかい-ぶんせき【電解分析】** 電気分解を利用した分析法の総称。通常は、電解重量分析をさす。銅の定量など。electrolytic analysis

**てんがい-ゆり【天▼蓋▽百▽合】** 花のうつむいた姿を天蓋にたとえた、オニユリの別名。

**てんか-き【点火器】** 混合気体に火をつけるための器具。igniter

**てん-かく【点画】** 漢字を組み立てている点と画。

**てん-がく【転学】**（名・サ変自） 学生が他の大

▼常用漢字表外。 ▽常用漢字表の音訓外。

学・学部に移ること。change of school 比較 転校。

**でん-がく【田楽】** ①田植えを囃す楽から展開した芸能。平安中期から室町末期にかけて演じられた。㋐田植えにさいしイネの豊穣を祈って囃す楽。㋑職業田楽法師の楽。平安時代に散楽系の芸能法師がはじめた芸能。腰鼓・笛などを奏して躍る田楽踊りと、高足・刀玉などの曲芸を演じた。鎌倉時代以後は田楽能を演じ流行したが、室町時代に衰退。㋒風流田楽。武士や貴族が田楽法師などに扮装して、都を練り歩いたもの。平安末期に一時的に流行。②田に関する芸能の総称。③「田楽豆腐」「田楽焼」の略。

**でんがく-ざし【田楽刺(し)】** 中央を刺し貫くこと。いも刺し。

**でんがく-どうふ【田楽豆腐】** 豆腐を長方形に切ってくしに刺し、味付けみそを付けて、焼いた料理。田楽。

**でんがく-まつり【田楽祭(り)】** 五穀豊穣を祈願する初春の神事。田遊びや田楽踊りなどを集めたもの。耕作のさまや、それに伴う舞や芸能を演じる。愛知県南設楽郡鳳来町の黒沢・鳳来寺田楽、北設楽郡設楽町の田峰田楽は古式を伝える三河の三田楽として有名。

**でんがく-みそ【田楽味▼噌】** 田楽に用いるみそ。砂糖・だし・卵黄などを加え、練って作る。ゆずみそ・木の芽みそ・ごまみそなど。

**でんがく-やき【田楽焼(き)】** 魚・野菜などをくしに刺して焼き、みそを付けた料理。田楽。比較 おでん。

**でんか-けつごうそし【電荷結合素子】** 固体撮像素子の一種。一㎝角のシリコンチップ上に二五万個の画素が配列され、画像を電気信号に変換し、転送する。ビデオカメラ・ミサイルのセンサー部などに多用。CCD。charge coupled device

**てんか-こうそ【転化酵素】** ↓インベルターゼ

**てんがぢゃや【天下茶屋】** 大阪市西成区の地区。豊臣秀吉(太閤殿下)が休んだ茶屋にちなみ、殿下(のち天下)茶屋という。

**てんか-とう【転化糖】** 転化により生じるブドウ糖と果糖の等量の混合物。蜂蜜は六五～八五％の転化糖を含む。invert sugar

**てんか-とり【天下取り】** 天下の政権を握ること・人。rule over the whole country

**てんか-ぶつ【添加物】** そえ加えた物。とくに、食品添加物のこと。additive

**てんか-ふぶ【天下布武】** 織田信長の用いた印章。

**てんか-プラグ【点火プラグ】** 内燃機関のシリンダー内にあって、電気火花の放電で混合気体に点火させる装置。プラグ。spark plug

**てんか-ふん【天▼瓜粉・天花粉】** キカラスウリの根からとった白い粉。汗しらず・化粧品の原料。

**てんか-まつり【天下祭(り)】** 江戸時代、神田明神の神田祭りと、日枝神社の山王祭りの総称。幕府が江戸の大祭礼と定め、将軍が祭りを見物したことなどからの呼称という。

**てんか-やく【点火薬】** 爆薬などに点火するために使用する火薬類。priming

**てん-から【天から】**(副) ①はじめから。from the beginning 用例 ―まちがっている。②《下に打ち消しをともなって》てんで。completely 用例 ―なっていない。

**テンガロー** 《和製語》屋根にテントが使われ、他は木造の簡易なキャンプ用の建物。テントとバンガローの中間的なもの。

**テンガロン-ハット【ten-gallon hat】** 《一〇ガロンの液体が入る大きさの帽子の意》折り山をつけた高いクラウン(山)と広いつばをもち、つばのふちが巻き上がった帽子。カウボーイハット。↓図

●テンガロンハット

**てんかわ【天川】**〈村〉奈良県南部、十津川上流、天ノ川流域の村。大峰山登山基地の洞川がある。人口二八九三(一九八八)。

**てんか-わけめ【天下分け目】** 政権を取るか取られるかの分かれ目。勝負の決まる時。fateful moment 用例 ―の関ケ原。

**てん-かん【天漢】** あまのがわ。銀河。

**てん-かん【展観】**(名・サ変他) 広げて見せること。一般に見せること。展覧。

**てん-かん【転換】**(名・サ変自他) ①それまでと変わること。他の方向に変えること。conversion 用例 気分―。②フロイトの精神分析の用語。抑圧された願望がかなわないまま、病状として身体に現れてくること。conversion

**てん-かん【▼癲▼癇】** 脳機能の障害によって、発作的におこる意識障害と痙攣を主症状とする疾患。原因不明の真性てんかんと、脳の疾患による症状性てんかんに大別される。くっち。epilepsy

**てん-がん【天顔】** 天子の顔。竜顔。

**天顔に咫尺す**(てんがんにしせきす)《「咫尺」は、きわめて近い距離》天皇の前に出て拝謁する。竜顔に咫尺す。

**てん-がん【点眼】**(名・サ変自) 目薬を目にさすこと。drop lotion in one's eyes

**てん-がん【▼靦顔】** 恥知らずな、厚かましい顔つき。厚顔。

**でん-かん【田漢】**(一八九八～一九六八) 中国の劇作家。湖南省生まれ。東京高師卒。創造社に加わる。演劇界で活躍。中国国歌の作詞者。戯曲集『田漢戯曲集』。

**てんかん-かぶしき【転換株式】** 二種類以上の株式を発行している会社の株式のうち、一定の条件のもとで他の種類の株式に転換できる権利のついたもの。普通株に転換する権利のついた優先株が多い。convertible stock

**てんかん-きしつ【▼癲▼癇気質】** クレッチマーによる気質分類の一つ。几帳面・秩序的だが、融通がきかず、ときに爆発的に怒るという特色をもつ気質。粘着気質。epileptic character

**てんがん-きょう【天眼鏡】** 柄の付いた大形の凸レンズ。拡大鏡。magnifying glass

**てんかん-しゃさい【転換社債】** 発行の一定期間後、保有者の意思により株式に転換できる社債。会社は負債の形で資金を調達し、収益が上がったところで株式に転換する。convertible bond

**てんがん-すい【点眼水】** 目薬の古いいい方。

**てんがん-やく【点眼薬】** 目にさす薬。目薬。

**てんかん-ろ【転換炉】** 核燃料の転換効率を高めることを目的とする動力炉。ウラン二三八・トリウム二三二が中性子を吸収して、プルトニウム二三九・ウラン二三三になる。nuclear converter 参照 新型転換炉。

**てん-き【天気】** ①天候。空もよう。ある時刻の空の気象状態のこと。晴れ・曇り・雨のように、雲または降水状態で表現したり、気温・湿度・気圧まで含めて表現することもある。weather 用例 変わりやすい―。②晴天。はれ。fine weather 用例 いい―。③きげん。mood 用例 彼は、お―屋だ。④↓てんき(天機)①

**天気は西から**(てんきはにしから) 気象状況は、西方から変化してくるということ。

**てん-き【天機】** ①天子の機嫌。天気。②天地自然の秘密。secrets of Heaven ③生まれつきの才能。inborn character

**天機を洩らす**(てんきをもらす)《「天機」は、天地自然の秘密。転じて、たいせつな機密事項》重大な秘密をもらす。

**てん-き【転記】**(名・サ変他) ある事項を他に移し書くこと。post

**てん-き【転機】** 変わりめ。変わるきっかけ。転換の機会。turning point 用例 ―が来る。―に立つ。それを―として奮い立つ。

**てんぎ【天喜】** 平安中期の年号。永承から改元。元年(一〇五三)一月一一日～六年(一〇五八)八月二九日。次に、康平に改元。

**てん-ぎ【典儀】** 儀式。ceremony

**てん-ぎ【転義】** 本来の意味から変わってできた意味。figurative meaning 対義 原義。

**でん-き【伝記】** 行跡の注目すべき人物の生涯を、事件や言動を通して描いたもの。biography

**でん-き【伝奇】** ①怪奇談・空想的な物語。romance ②中国、唐代の文語体小説の総称。③元末・明代の戯曲。

**でん-き【電気】** ①電気的な力や放電および電波などの電気現象のもとになっているもの。転じて、電気的現象全体をさすこともある。電荷。electricity ②電灯。electric light

**でん-き【電機】** 電力を使って運転する機械。電気機械。electric machine

**でんき-アイロン【電気アイロン】** 電熱で器具の底面を熱して用いるアイロン。温度は必要に応じてコントロールできる。electric iron

**でんき-いんせいど【電気陰性度】** 化学結合する二つの元素において、各元素が自己のまわりに電子をひきつけ、電気的に陰性になろうとする能力の大きさ。electronegativity

**でんき-うお【電気魚】** ↓はつでんぎょ(発電魚)

**でんき-うなぎ【電気▼鰻】** デンキウナギ科の淡水魚。外形はウナギに似るが、ウナギとは縁遠い。全長約二m。六五〇～八〇〇ボルトを出し、ウマをも倒す。アマゾン川とオリノコ川に分布。シビレウナギ。electric eel ↓写

●デンキウナギ

**でんき-えいどう【電気泳動】** コロイド粒子が電場内で一方の電極に移動する現象。たんぱく質の分析などに利用。electrophoresis

**でんき-エネルギー【電気エネルギー】** 電気的に仕事をする能力。電流によるモーターの回転や電熱器の熱発生、電波による信号の伝播など。本質的には、荷電粒子の運動エネルギーと電磁場のエネルギーである。electric energy

**でんき-おんすいき【電気温水器】** タンクに電気発熱体を取り付けた湯わかし装置。サーモスタットによって自動的に温度を調節するようにしてある。electric water-heater

**てんき-がいきょう【天気概況】** ある地域の気象状況の大勢を総合したもの。ふつう、天気予報の前に発表し、予報区域の現在の気象状況や現在までの天気変化を説明する。general weather conditions

**でんき-かいろ【電気回路】** 電源・抵抗・スイッチ・コイル・コンデンサーなどの種々の回路素子を導線で接続して作られる電流の通路。electric circuit

**でんき-かがく【電気化学】** 電気現象とそれにともなう化学変化との関係を研究する学問。電解・電気泳動・電離・電池などの研究。electrochemistry

**でんきかがく-こうぎょう【電気化学工業】** 生産の過程で大量の電気エネルギーを必要とする化学工業。アンモニアの合成、水素・塩素の製造、電気めっきなどの電解工業と、カーバイドや石灰窒素の製造などの電熱工業などがある。electrochemical industry

**でんきかがく-とうりょう【電気化学当量】** 電気分解のさい、一クーロンの電気量を流したとき電極に生成する原子または原子団のグラム数。electrochemical equivalent

**でんきガス-ぜい【電気ガス税】** 電気・ガスの使用に対して課される市町村税。消費税の実施にともない、平成元年(一九八九)に廃止。electricity and gas tax

**でんき-がっき【電気楽器】** 音の変換や増幅に電気回路を用いる楽器。エレキギター・電子オルガン・シンセサイザーなどがある。

**でんき-がま【電気▼釜】** 電熱を利用して炊飯する調理器具。電気炊飯器。electric rice-cooker

**でんき-かみそり【電気▼剃▽刀】** 固定の外刃と可動の内刃により、ひげをはさみ切る電動のひげそり器。回転式と振動式がある。electric shaver

**でんき-きかんしゃ【電気機関車】** 電力を動力源とする機関車。直流電気機関車・交流電気機関車・交直両用機関車に分けられる。electric locomotive

**でんき-きき【電気機器】** 電気工学を強電流工学と弱電流工学に分けるとき、前者に属する機械器具の総称。発電機や変圧器など。electrical equipment

**でんき-きぐ【電気器具】** 電力を動力源・熱源とする器具。電気スタンド・電気掃除機など。電気製品。electric appliance

**てんき-きごう【天気記号】** 気象観測の記録や天気図作成を容易にするために定められた記号。気圧・風速・風向・天気・気温・前線など。日本式と国際式があり、新聞天気図は日本式。天気図記号。weather sign

**でんき-ギター【電気ギター】** ギターに増幅器を組み合わせた撥弦楽器。弦の振動を電気振動に変換・増幅してスピーカーから発音。エレキギター。electric guitar

**でんき-ぎょうこほう【電気凝固法】** 高周

波の電気により、血管や組織を凝固させる方法。手術時の止血や腫瘍の摘出などに利用される。electrocoagulation

**でんき-きょうしん【電気共振】** 振動回路に加える交流電源の周波数を、その回路の固有振動数に等しくしたとき、回路のインピーダンスが最小または最大になり、共振が起こる現象。electric resonance

**でんき-くらげ【電気▽水▽母】** ヒドロ虫綱の刺胞動物、カツオノエボシの俗称。また、アカクラゲ・ヒクラゲなど、触手の刺胞に強い毒をもつクラゲ類をさすこともある。

**でんき-けいじ【電気計時】** 時間を競う競技で、全自動電気計時装置を用いてタイムを計ること。陸上競技では、スタートの合図の瞬間に決勝線の延長上に置かれたカメラが作動し、一〇〇分の一秒単位で選手が撮影される。electrical time-keeping

**でんき-ゲージ【電気ゲージ】** 微小変位を電気的に測定する計器。一〇万分の一㎜程度の微小変位の測定が可能。electrical gauge

**でんき-こうがく【電気工学】** 電磁現象の利用を目的とした工学の一部門。electrical engineering

**でんき-ごたつ【電気▼炬▼燵】** 電気発熱体を熱源としたこたつ。机式のやぐらの天井部分に電熱線や赤外線電球などをとりつけたもの。

**でんき-こんろ【電気▼焜炉】** 電熱を利用した調理用加熱器具。発熱源にはニクロム線などが用いられている。electric cooking stove

**でんき-さらあらいき【電気皿洗い機】** 食器などの洗浄をする電気器具。シャワー式・水流式・超音波式がある。electric dishwasher

**でんき-し【電機子】** 発電機や電動機でエネルギーを変換する部分。発電機では回転エネルギーを電気エネルギーに、電動機では電気エネルギーを回転エネルギーに変換する部分。armature

**でんき-じぎょう【電気事業】** 電気を生産・移送・販売する産業。日本では、公共性が高く高度の設備産業である点から公益事業として営まれている。electric enterprise

**でんき-じどうしゃ【電気自動車】** 電動機により駆動される自動車。電源として蓄電池・燃料電池などがある。electromobile

**でんき-しゃへい【電気遮▼蔽】** ある空間を、接地された導体箔あるいは導体網でかこむこと。これによって、外側にある電場(静電場あるいは時間的に変化の小さな電場)の影響が、内部におよばない。electric screening

**でんき-しゅうじん【電気集▼塵】** 気体・液体中の固体や微粒子を電気的に採集・除去すること。乾式・湿式などがある。electric precipitation

**でんきショック-りょうほう【電気ショック療法】** 頭部に電流を通してショックを与える治療法。かつては、うつ病・精神分裂病に用いられた。電撃療法。電気痙攣療法。electroshock therapy

**でんき-しんごう【電気信号】** 音波や画像などを、マイクロホンや撮像管などを用いて電流や電圧の強弱などに変換したもの。electric signal

**でんき-しんどう【電気振動】** 電気回路を流れる電流や電圧の大きさや向きが、周期的に変わること。交流発電機や発振器などにより生ずる。electric oscillation

**てんき-ず【天気図】** 一定時刻の気温や気圧および風速などの気象要素の分布や前線などの位置を表した地図。天気予報の基になるもの。地上天気図と高層天気図に分類できる。weather map

**でんき-すいしん【電気推進】** ディーゼルエンジンや蒸気タービンなどの原動機で発電機を動かして発電し、モーターを回す方法。直流式と交流式がある。electric propulsion

**でんきすいしん-せん【電気推進船】** 電気で推進器を駆動して進む船。操縦性能がよい。日本では砕氷船「ふじ」、海洋観測船「白鳳丸」がある。electric propulsion ship

**てんきず-きごう【天気図記号】** ↓てんきごう(天気記号)

**でんき-スタンド【電気スタンド】** 手元を照らす照明器具。卓上用、床置き用、装飾や補助的照明用などがある。reading lamp; floor lamp 数え方 一台。

**でんき-ストーブ【電気ストーブ】** 熱源として電熱を用いるストーブ。反射型・対流型・赤外線型などがある。electric heater

**でんき-せいひん【電気製品】** 電源で作動する装置および器具。電気器具。electric appliance

**でんき-せいりがく【電気生理学】** 神経や感覚細胞の示す興奮を細胞膜の電気変動として微小電極やオシロスコープなどを用いて測定し、神経器官などの機能を解明する生理学。electrophysiology

**でんき-せき【電気石】** 硼素・アルミニウム・ナトリウム・カルシウムなどを含む珪酸塩鉱物。三方晶系。柱状結晶、針状も多い。ガラス状または樹脂状光沢がある。色は化学組成によって大きく変化し、黒・緑・紅色など。摩擦電気を生じ、熱すると帯電現象を強く示す。美しいものは準宝石として使用。tourmaline

**でんき-せってん【電気接点】** 電気回路を開閉する部分。遮断器・スイッチ・継電器・サーモスタット・制御機器などに用いられる。electric contact

**でんき-せんたくき【電気洗濯機】** 電動機を利用した洗濯機。槽内の水と洗濯物を動かして洗う。electric washing machine 数え方 一台。

**でんき-そうきょくし【電気双極子】** ある距離だけ離れて存在する正負一対の電荷。物質の電気分極の大きさは原子や分子の電気双極子により表される。electric dipole

**でんき-そうじき【電気掃除機】** 電動機を動力源とする掃除機。電動機でファンを回転して器内に真空をつくり、ちりやほこりを吸い込む。electric vacuum cleaner

**でんき-そりょう【電気素量】** 電気量の最小単位。電子の電荷の大きさ。物体のもつ電荷はつねに電気素量の整数倍である。素電荷。elementary electric charge

**でんき-たんこう【電気探鉱】** 物理探鉱の一種。地表の電位分布測定による自然電位法と土地の二点間の電気抵抗を測定する比抵抗法がある。金属鉱床・地下水・地質調査などに適用。electrical exploration; electrical prospecting

**でんき-ちくおんき【電気蓄音機】** モーターを用いた蓄音機。モーターでレコード盤を回転させ、また、音溝の変化を電気信号に変換して増幅し、スピーカーで音を再生する装置。電蓄。レコードプレーヤー。record player

**でんき-つうしん【電気通信】** 電波を用いた情報の伝送・処理。telecommunication

**でんき-ていこう【電気抵抗】** 電流の流れにくさを表す量。導体に加える電圧と、そこを流れる電流の比で表される。ホイートストーンブリッジ電位差計などで測定。electric resistance

**でんき-てき【伝奇的】**(形動) 奇想天外なさま。romantic

**でんきてき-しんだんほう【電気的診断法】** 病気の診断に電気を応用するもの。おもに神経や筋肉の検査に用いられ、筋電図検査が代表的。広義には、心電図・脈波曲線なども含む。electrodiagnosis

**でんき-てきてい【電気滴定】** 滴定の終点を知るのに、電気的方法を用いる滴定の総称。電位差滴定・電流滴定など。electrometric titration

**でんき-てんか【電気点火】** 電気放電の火花を利用して着火すること。内燃機関などのシリンダー内で混合ガスを爆発させるのに利用。electric ignition

**でんき-でんどう【電気伝導】** 導体中を電荷が移動する現象。金属では電子の移動によって起こるが、溶液や希薄気体中の電気伝導のように、イオンの移動で起こることもある。electric conduction

**でんき-でんどうりつ【電気伝導率】** 物質の電流の通しやすさを示す量。抵抗率の逆数に等しい。単位はモー。記号℧/㎝ 電気伝導度。electric conductivity

**でんき-とうせき【電気透析】** コロイドの精製を迅速に行うため、電圧をかけてイオンの膜外流出を加速する透析法。electrodialysis

**でんき-どけい【電気時計】** ①電源で駆動される時計。トランジスターなどの電子部品を用いない時計。electric clock ②電気的に駆動・制御される時計の総称。電池時計・水晶時計などを含む。electric clock

**でんき-ドリル【電気ドリル】** 電動機を動力源にした小型の穴あけ用の工具。electric drill

**でんき-なまず【電気▼鯰】** 高圧電気を発生する、ナマズに似たデンキナマズ科の淡水魚。全長三〇～九〇㎝。茶褐色の地に小黒点が散在。ナマズと異なり口ひげが三対あり、背びれはない。最大起電力四〇〇ボルト。熱帯魚としても飼育される。熱帯アフリカに分布。シビレナマズ。electric catfish

**でんき-ひばな【電気火花】** 電流によって生じる火花。電流の流れる回路が断たれ、わずかな隙間があるとその間に放電が起こり火花が生じる。spark

**でんき-ふかほう【電気▼孵化法】** 電熱を利用して、鶏卵や蚕卵などを人工的に孵化させる方法。electric incubation

**でんき-ブラシ【電気ブラシ】** 発電機や電動機の回転子に電流を供給したり、回転子から電流を取り出す部分。electric brush

**でんき-ブラン【電気ブラン】** ブランデーに似せてつくった混成酒。明治一三年(一八八〇)東京浅草の神谷バーで売り出された酒の商標名。文明開化の象徴だった電気にあやかって名づけられたという。

**でんき-ブレーキ【電気ブレーキ】** 電気機関車や電車の走行エネルギーを、電動機を使って電気的エネルギーに変えて制動する装置。electric brake

**でんき-ぶんかい【電気分解】**(名・サ変他) 電解質溶液に一対の電極を入れ、電流を通じて化学的分解を起こさせること。電気めっき、金属の精錬や研摩など工業的に広く利用。電解。electrolysis

**でんきぶんかい-の-ほうそく【電気分解の法則】** ファラデーの法則の別名。

**でんき-へんい【電気変位】** 物質の電気分極に真空の分極を加えたもの。電束密度。electric displacement

**てんき-ぼ【点鬼簿】** 死者の名を記す帳面。過去帳。

**でんき-ボイラー【電気ボイラー】** 電熱を利用して蒸気や温水を得る装置。電熱線式と電極式がある。electric boiler

**でんき-ぼうしょく【電気防食】** 金属に電流を通じて腐食速度を減少させる方法。土中・水中にある鉄鋼などに外部直流電源または亜鉛・マグネシウムを接着して、皮膜を形成する。船・港湾施設・地下埋設管などに応用。electrolytic protection

**でんき-ぼん【電気盆】** 静電誘導により電荷を集めるための実験器具。エボナイトの棒と絶縁した金属性の円板からなる。electrophorus

**でんき-マイクロメーター【電気マイクロメーター】** 長さの微小変化を電気信号に変換して測定する装置。変換方式によって抵抗型・容量型・インダクタンス型などがある。electric micrometer

**でんき-めっき【電気▼鍍▽金】** 電気分解を利用してめっきする方法。めっきされる金属を陰極に、めっきする金属を陽極とし、陽極金属の塩を含む電解液に直流電流を流す。electroplating

**でんき-もうふ【電気毛布】** 電熱を利用した暖房寝具。毛布の間に塩化ビニルなどの絶縁性物質で被覆した特殊構造の発熱線を組み込む。electric heating blanket

**でんき-やきん【電気▼冶金】** 燃料や還元剤のかわりに電気エネルギーを用いる冶金全般をいう。電解精錬が代表的。ほかに、電気炉を用いる製鋼・合金製造など。electrometallurgy

**てん-きゅう【天泣】** 上空に雲がないのに細かい雨や雪が降る現象。水滴が他から運ばれるか、雲の移動などによる。清雨。スレーン。serein

**てん-きゅう【天球】** 地上の観測者を中心とし、任意の半径をもつ仮想の球。その球面を天球面といい、その面に投影して天体の位置を定める。celestial sphere

**てん-ぎゅう【天牛】** カミキリムシの異名。

**でん-きゅう【電球】** フィラメントをガラス球に封じたものの総称。ガラス球の中は不活性ガスか真空で、電流を通じて加熱し、発光させる。フィラメントにはタングステンの細い線を使用。electric bulb

**てんきゅう-ぎ【天球儀】** 見たままの恒星の配置を球面上に図示したもの。球の内側からは正常に、外側からは反対に見える。観察したい恒星の高度や方位角などがわかる。celestial globe →写

**てんきゅう-ざひょう【天球座標】** 天体の天球上の位置を示すための座標。基準面と基準点のとり方によって異なる座標系がある。celestial coordinates

**てんきゅうのかいてんについて【天球の回転について】**《原題De revolutionibus orbium coelestium ラテ》地動説を公表したコペ

●天球儀　一七〇〇年製作の銅板単彩製。松浦史料博物館(長崎県)。

ルニクスの主著。一五四三年刊。全六巻。
**てん-きょ【典拠】** 正しいよりどころ。出典。authority
**てん-きょ【転居】**(名・サ変自) 住所を変えること。ひっこし。移転。removal
**てんぎょう【天▽慶】** 平安中期の年号。承平一〇年(九三八)五月二二日～一〇年(九四七)四月二二日。次に、天暦に改元。
**てん-ぎょう【転業】**(名・サ変自) 職業を変えること。転職。change of one's occupation
**でんき-ようせつ【電気溶接】** 電気抵抗の熱やアーク熱を利用する金属の溶接法。electric weld
**でんぎょう-だいし【伝教大師】** 最澄の「諡」。
**てんぎょう-の-らん【天▽慶の乱】**↓じょうへいてんぎょうのらん(承平・天慶の乱)
**でんき-ようりょう【電気容量】** 絶縁された導体への電荷の蓄えやすさを示す量。一定の電圧をかけたとき、いくらの電荷を蓄えるかで表される。静電容量。electric capacity
**でん-きょく【電極】** 電解液や真空管の中などで、電圧をかけて電流を流したり、電場をつくるための正と負の二つの極に分かれた板状または線状の金属や電導体。electrode
**てんき-よほう【天気予報】** 過去および現在の天気状況から今後の天気状況を予想して発表すること。四八時間先までの短期予報、一週間先までの週間予報、一か月先までの長期予報がある。weather forecast
**でんき-りきがく【電気力学】** 電磁誘導、電流の磁気作用など、マックスウェルの基礎方程式とかかわる分野。静電気学・静磁気学に対していう。現在は、電磁気学と同義。electrodynamics
**でんき-りきせん【電気力線】** 電場の大きさと方向を示す線。その各点での接線が、その点での電場の方向を示す。line of electric force
**でんき-りょう【電気量】** 電荷の量。電荷の種類に応じて正負の符号をつけて表す。単位はクーロン。記号C。quantity of electricity
**でんき-りょうほう【電気療法】** 電気を使って病気をなおそうとする治療法。低周波療法・高周波療法・電界療法など。electrotherapy
**でんき-りょく【電気力】** 帯電体の間にはたらく力。electric force
**でんき-れいぞうこ【電気冷蔵庫】** 電力によって冷凍装置を作動させる冷蔵庫。ガスの気化熱によって庫内を冷やす。refrigerator
**でんき-ろ【電気炉】** 電気エネルギーによって高温を発生する炉。抵抗炉・アーク炉・誘導炉に大別され、金属などの加熱・溶解・焼き入れ・焼きなまし・浸炭などに利用される。electric furnace
**でんき-ろうれん【電機労連】**「全日本電機機器労働組合連合会」の略。昭和二八年(一九五三)結成。
**てん-きん【天金】** 洋とじ本の装丁の一つ。本の天(上方の小口)に金箔などを付けること。また、付けたもの。gilt top
**てん-きん【転勤】**(名・サ変自) 勤務の場所が変わること。transference 用例 ―を命じられる。
**てん-く【天▽狗】**《中国古代の天文用語》流「星。」
**てん-く【転句】** 漢詩の絶句の第三句。
**てん-ぐ【天▽狗】** ①人に似た想像上の怪物。服装は山伏風、赤ら顔で鼻が高く、翼をもち飛行自在で、神通力があり、羽団扇をもつ。②修験道の修行をする人。山伏。③じまんすること。また、その人。boast; boaster ↓写

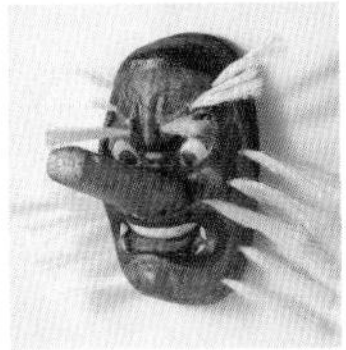
●天狗① 天狗の面。

**天狗になる** 高慢になる。うぬぼれる。be puffed up
**てん-くう【天空】** はてしない空。虚空。sky 用例 ―高く舞い上がる。
**てんくう-かいかつ【天空海▼闊】**(名・形動)《「海闊」は、海の広いさま》度量の広大なこと・さま。
**てん-ぐさ【天草】** ①紅藻類テングサ科の海藻。高さ一〇～三〇㎝で樹状形。やや堅い。寒天製造の原料。温暖海域に広く分布。トコロテングサ。コルモハ。マクサ。②テングサ属の総称。↓図

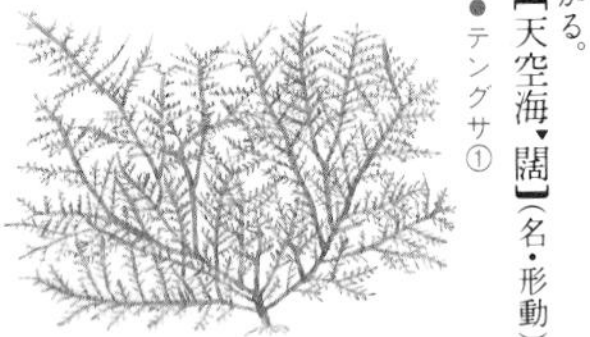
●テングサ①

**てんぐ-ざる【天▼狗猿】** 雄の成獣の鼻が長く伸びてたれ下がる、オナガザル科のサル。体長約六五㎝、尾長約七〇㎝。赤茶色で、顔の周囲は白い。マングローブ林に群棲し、泳ぎが巧み。ボルネオに分布。proboscis monkey ↓写
**てんぐす-びょう【天▼狗巣病】** 植物の病害の一種。菌類の寄生により、小枝がほうき状に異常に密生し、巣のようになる。
**てんぐ-たけ【天▼狗▼茸】** 担子菌類テングタケ科のキノコ。かさの表面は灰褐色で、上に白いいぼがつく。茎は白色で、つばがある。有毒で食べると嘔吐・下痢などをおこす。ハエトリタケ。
**てんぐ-ちょう【天▼狗▼蝶】** 下唇のひげ(＝口器の付属器)が前方に長く突出した、テングチョウ科のチョウ。開張約四・五㎝。黒褐色の地に橙色紋がある。幼虫の食草はエノキ。日本全土に分布。↓図

●テングチョウ

**てんぐとう-の-らん【天▼狗党の乱】** 水戸藩の尊攘派、天狗党の挙兵事件。元治元年(一八六四)朝廷の攘夷延期を不満として武田耕雲斎・藤田小四郎らを中心に筑波山に挙兵、西上の途中加賀藩に降伏。武田・藤田ら三百数十名は死罪。筑波山事件。
**てんぐ-にし【天▼狗▼螺・天▼狗▽辛▼螺】** テングニシ科の巻き貝。殻は紡錘形で、殻長約二二㎝。殻表は黄褐色の殻皮でおおわれる。卵嚢はうみほおずき。房総半島からインドネシアに分布。↓図

●テングニシ

**デング-ねつ【デング熱】** 熱帯・亜熱帯に多い急性の熱性疾患。病原体はデング熱ウイルスで蚊が媒介する。日本ではまれ。dengue fever
**てんぐ-はいかい【天▼狗俳▼諧】** 俳諧の遊びの一種。上・中・下の句をそれぞれ別人につくらせ、組み合わせて一句とする。
**てんぐ-ばな【天▼狗鼻】** ①高い鼻。②腕前を自慢する人。boaster
**でんぐり-がえし【でんぐり返し】** でんぐりがえること。
**でんぐり-がえ・る【でんぐり返る】**(五自) ①両手を地面について、からだを前方または後方へ一回転させて起きる。turn head over heels ②位置がひっくりかえる。逆転する。be reversed

●テングザル

**でん-ぐん【殿軍】** しんがりの軍隊。対義 先鋒。
**てん-けい【天刑】** 天が与えた罰。
**てん-けい【天恵】** 天のめぐみ。Heaven's blessing
**てん-けい【天啓】** 天の啓示。天の導き。
**てん-けい【典型】** ①手本。模範。model ②同類のすべての特徴をもっともよく表したもの・形式。type 比較 類型。用例 近代小説の―。
**てん-けい【点景・添景】** 風景画などでおもむきを出すためにそえる動物・人物など。item in a landscape
**てんけい-げんそ【典型元素】** 遷移元素以外の元素。原子番号一～二〇、三一～三八、四九～五六、八一～八八の四四元素。typical element
**てんけい-てき【典型的】**(形動) ①代表的。模範的。model ②典型となりうるさま。typical
**でん-げき【電撃】** ①電流をからだに受けたとき、急に感じるショック。electric shock ②不意に攻めること。lightning attack
**でんげき-さくせん【電撃作戦】** 機械化部隊による急激な進攻作戦。第二次大戦初期のドイツ軍の作戦がとくに有名。blitz tactics
**でんげき-し【電撃死】** 落雷・高圧感電による急死。中枢神経・心臓への直接障害によるショック死。electrothanasia
**てん-けつ【点穴】** きゅうをすえる箇所に、墨で点をつけること。また、その点。
**てん-けつ【転結】** 漢詩の絶句で、第三句と第四句。転句と結句。比較 起承転結。
**てん-げり** 古語(連語)《「てけり」の変化したもの》…てしまった。用例 何事も六波羅様といひてんげれば(平家・一・禿髪)。参照 てけり。参考 軍記物語や説話文学に多く用いられる独特の語法。
**てん-けん【天険・天▼嶮】** 山などの、けわしい所。自然の要害。natural stronghold
**てん-けん【天▼譴】** 天の下すとがめ。天罰。
**てん-けん【点検】**(名・サ変他) 一つ一つ調べること。inspection 用例 服装の―。
**てん-げん【天元】** ①万物生育のもと。②碁盤の面の中央にある黒点。③平安中期の年号。貞元から改元。元年(九七八)一一月二九日～六年(九八三)四月一五日。次に、永観に改元。
**でん-けん【電▼鍵】** 電気回路をすばやく開閉するスイッチ。電信を打つときなどに用いる。key
**でん-げん【電源】** ①電力を発生する装置。発電機・電池・蓄電池などがある。発生する電流によって交流電源と直流電源に分かれる。electric power source ②電気を得るところ。コードの差し込みなど。outlet
**でんげん-かいはつ【電源開発】** 火力・水力・原子力発電所の建設をするための開発事業。電源開発(株)による大規模なものと、各電力会社が行うものとがある。development of electric power resources
**でんげん-かいはつ【電源開発(株)】** 大規模な電源を開発して電力九社へ電力を供給することを目的とする政府出資の特殊法人。昭和二七年(一九五二)設立。
**てんげん-じゅつ【天元術】** 一三世紀ごろ、中国にはじまる高次方程式を解く方法。区画のある盤と算木を用いる。和算のもととなった。
**てんげん-せん【天元戦】** 囲碁の天元位を決める棋戦。日本棋院選手権戦を継承し、昭和五一年(一九七六)に発足。参照 新聞碁。
**てんげん-つう【天眼通】**《仏教語》六神通の一つ。あらゆる世界の事がらを自由自在に見通す智慧の働き。神通力。
**てん-こ【典故】** よりどころとなる故事。故実。
**てん-こ【点呼】**(名・サ変他) ひとりひとり名をよんで確かめること。roll call 用例 ―をとる。
**でん-こ【▼佃戸】** 中国の封建的小作農民。法的には自由民であるが、宋代には農奴に近い性格をもっていた。元代に永小作権も確立し、清代には地主への隷属性はほとんど消滅。
**てん-こう【天工・天功】** 自然のしわざ。対義 人工。
**てん-こう【天皇】** 古代中国の伝説上の皇帝。地皇・人皇とともに三皇の一つ。
**てん-こう【天候】** 天気。空模様。the weather
**てん-こう【転向】**(名・サ変自) ①方向・好み・



↓行き先項目、図版・写真参照印。 JIS 日本工業規格情報交換用漢字符号コード(区点コード)。

やり方などを変えること。turn [用例]ゴルフに―した。②それまでの主義・思想をすてて、ほかの考えに移ること。とくに、権力の迫害により政治的・思想的立場を転換すること。第二次大戦前の天皇制ファシズムによる共産主義者・宗教者などへの大弾圧によって大量にみられた。conversion

**てん-こう【転校】**(名・サ変自) 児童・生徒が他の学校に移ること。change one's school [比較]転学。

**てん-ごう【転合】**(名・サ変自)《当て字》ふざけること。

**でん-こう【電工】** ①「電気工業」の略。②電気工事に従事する人。

**でん-こう【電光】** ①雲と雲、雲と大地のあいだで起こる大規模な火花放電の光。電光放電。雷放電。いなびかり。lightning ②電灯の光。electric light ③《比喩的》きわめて短い時間。lightning

**てんこうかいぶつ【天工開物】** 中国、明代末の産業技術書。宋応星著。一六三七年刊。農業をはじめ一八部門に関する諸技術を、多数のさし絵とともに詳細に解説。日本でも江戸時代に刊行、広く読まれ、大きな影響を与えた。

**でんこう-けいじばん【電光掲示板】** 多数の電球を点滅させて、文字や数字などを表し掲示する設備。スポーツの競技会では、選手名・記録・点数などの表示に使われる。electric scoreboard

**てん-こうげん【点光源】** 光を放射する点とみなせるような源。point source of light

**でんこう-せっか【電光石火】** ①非常に短い時間のたとえ。in a blink ②動作のすばやいたとえ。lightning speed

**でんこう-ニュース【電光ニュース】** 電球を点灯して作った文字でニュースを流す装置。コンピューターなどで電球の点灯を制御する。electric news display

**てんこう-ぶんがく【転向文学】** 国家権力の強制により、共産主義思想を放棄した体験を主題とする文学。中野重治『村の家』など。

**でんこう-ほうでん【電光放電】** 雷雲の中、または雷雲と雷雲、雷雲と地面との間の火花放電。稲妻。稲光。

**てんこう-りょく【転向力】** 地球が自転するために現れるみかけの力。北半球では風を運動方向に対して直角に右向きに曲げるように作用し、南半球では左向きに曲げるように作用する。コリオリの力。偏向力。deflecting force

**でんこうろく【伝光録】** 曹洞宗の宗典の一つ。瑩山紹瑾述、編者は未詳。釈迦から道元にいたる一仏五二祖の略伝と禅の体験などの解説を加えた語録。

**てんこ-おん【転呼音】** 仮名をそれ自身の発音によらず、他の音に転じて発音すること。「にんわ(仁和)」が「にんな」になるなど。狭くは、「しほ」が「しお」、「なは」が「なわ」になるなどの、ハ行転呼音をさす。

**てん-こく【▼篆刻】** 金属・石・木などの印材に、書画の落款など雅事に押す印を彫ること。篆書を刻す場合が多いので篆刻といい、刻者を篆刻家という。seal engraving

**てん-ごく【天国】** [対義]地獄。①キリスト教で、天上にあるという理想郷。救済された信者の霊魂が死後おもむいて、神の祝福を受けるところ。heaven ②楽園。パラダイス。paradise

**天国に生きる**(てんごくにいきる) 死ぬ。

**てん-ごく【典獄】** ①刑務所の事務をあつかう官職。また、その人。prison officer ②刑務所長の旧称。warden of prison

**てんごくとじごく【天国と地獄】**《原題Orphée aux enfers フランス》オッフェンバック作曲のオペレッタ。クレミューとアレビーの台本。二幕。一八五八年初演。ギリシア神話を素材に当時の社会を風刺。原題『地獄のオルフェウス』。

**てん-こち【天▽骨】** ↓てんこつ(天骨)

**天骨も無い**(てんこちもない) 思いもよらない。もってのほかだ。めちゃくちゃだ。

**てん-こつ【天骨】** 生まれつきの骨格・性質・才能。てんこち。

**てんこ-もり【てんこ盛り】**《俗語》食物、とくに飯の山盛り。

**でん-ごん【伝言】**(名・サ変他) ことづけること。ことづて。ことづけ。メッセージ。message

**でんごん-ばん【伝言板】** 連絡したいことを書いておく黒板など。message board

**てん-さ【点差】** 得点数の差。difference in points [用例]―を広げる。

**てん-さい【天才】** 先天的にきわめて高度な創造的精神能力をもち、文化の諸領域を創造開拓する人間。genius [比較]凡才。

**てん-さい【天災】** 自然界の現象によって被るわざわい。地震・風水害など。natural calamity [対義]人災。[用例]―地変。

**てん-さい【天際】** 空の果て。

**てん-さい【▼甜菜】** サトウダイコンの別称。

**てん-さい【転載】**(名・サ変他) 既刊物の文章・図版などをそのまま他の刊行物にのせること。reprinting [用例]禁―。

**てん-ざい【点在】**(名・サ変自) 散らばってあること。be scatterd

**てんさい-てき【天才的】**(形動) 天才といえるさま。非常にすぐれているさま。gifted

**てんさい-とう【▼甜菜糖】** テンサイから採った砂糖。ビート糖。beet sugar

**てん-さく【添削】**(名・サ変他) 他人の詩・文・答案などに手を入れて直すこと。correction

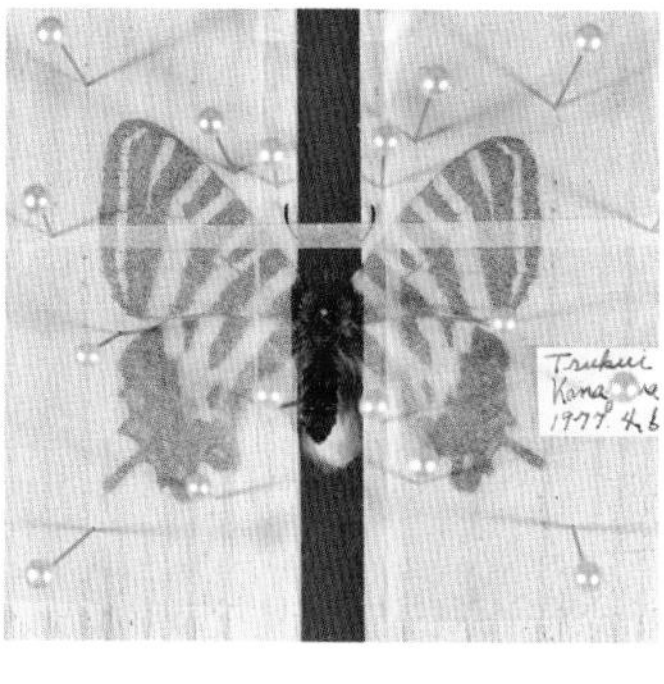

●展翅

**てん-さん【天蚕】** ヤママユガの異名。[比較]改竄・推敲。

**てん-さん【天産】** 自然にその土地にできる産物。鉱物・木材・魚・鳥など。

**てん-ざん【天山】** 佐賀平野の北西にある山。標高一〇四六m。脊振山地南脈の主峰。南朝の阿蘇惟直の供養塔がある。

**でん-さん【電算】**「電子計算」「電子計算機」の略。

**てんざん-さんみゃく【天山山脈】** 中央アジアのパミール高原から中ソ国境をへて新疆ウイグル自治区を東西に走る大山脈。最高峰ポベダ山は七四三九m。南北両山麓は、天山南路・北路という古くからの東西交通路として有名。テンシャン山脈。

**てんさん-し【天蚕糸】** ①ヤママユガのまゆからとった糸。緑色がかって、光沢がある。tussah ②てぐす。

**てんざん-なんろ【天山南路】** 天山山脈南麓を通る東西交通路。また、その地域。ハミ(=クムル)を東端に、トルファン地方からクチャ・カシュガルを経て、パミールを越える。

**てんざん-ほくろ【天山北路】** 天山山脈北麓を通る東西交通路。また、その地域。ハミ(=クムル)からウルムチ・マナスを経て、イリ川地方の諸オアシスを通り、タシケントに通じる。

**てん-し【天子】** ①中国の王朝国家の君主の称。天命を受けて支配するという儒教理念に基づく。西周の金文に初見。聖。②わが国で、天皇。[用例]日いづる所の―。

**てん-し【天使】** ①天国で神に奉仕し、神意を人間に伝える使者。ゾロアスター教・ユダヤ教・キリスト教・イスラム教などでの観念。エンゼル。angel ②神の使いのように、いたわり深くやさしい人。[用例]白衣の―。

**てん-し【天資】** 生まれつき。天性。素質。[用例]―英明。

**てん-し【展▼翅】**(名・サ変自他) 昆虫標本作成のさいに、チョウなどの翅を水平に広げて固定すること。↓[写]

**てん-し【転子】** ↓ころ(転)

**てんじ【天治】** 平安末期の年号。保安から改元。元年(一一二四)四月三日～三年(一一二六)一月二二日。次に、大治に改元。

**てん-じ【点字】** 盲人用の指先でふれて読む文字。縦三点横二点の六点の組み合わせによる表音文字。一八二九年フランスのルイ=ブライユによって考案された。日本では、明治二三年(一八九〇)石川倉次が翻案した。braille

**てん-じ【典侍】** 女官の位。①昔、内侍司の次官。尚侍の下。ないしのすけ。すけ。②明治以降、宮中の女官の官名の一つ。

**てん-じ【展示】**(名・サ変他) 品物・作品などを広く一般に並べて見せること。exhibition [用例]―会。

**てん-じ【▼篆字】** 篆書の文字。篆。

**でん-し【電子】** 物質を構成する基本粒子の一つ。陽子や中性子にくらべて、質量は約一八〇〇分の一。負の電荷をもつ。エレクトロン。electron

**でん-じ【田地】** 田になっている土地。農地。でんち。farm [用例]―田畑。[数え方]一アール・一ヘクタール・一畝・一反・一町。

**でん-じ【電磁】**「電磁気」の略。electromagnetism

**でんし-ウイルス【電子ウイルス】** 通信回線などを経由してコンピューターに侵入し、保存されている記憶データやプログラムを破壊するプログラム。ウイルスのように増殖して他のフロッピーディスクやプログラムへ感染する。電子菌。コンピューターウイルス。

**でんし-うん【電子雲】** 原子核に束縛されている電子の存在確率を濃淡で示したもの。electron cloud

**でんし-オルガン【電子オルガン】** 電子回路で発振を行い、いろいろな楽器に似た音を出す鍵盤楽器。エレクトーンなど。

**でんし-おんがく【電子音楽】** 電子的発振音を素材とする音楽。第二次大戦後、西ドイツで誕生。今日ではコンピューターとも結んで多様な試みがなされている。electronic music

**でんし-かいろ【電子回路】** 真空管および半導体や磁性体を用いた電気回路。電子を中心とする物性の各種現象を利用して、信号の増幅・変換・記憶・発生などを行う。electronic circuit

**でんし-かく【電子殻】** 原子核のまわりを運動する電子のうち同じ量子数をもつものの集まり。主量子数により、K殻・L殻・M殻など、方位量子数により、s殻・p殻・d殻などに分けられる。electron shell

**でんし-かん【電子管】** 真空または低圧ガスを封入した容器内に電極を設けて中に電子流をつくり、増幅・発振・計測などの機能をもたせた素子。ブラウン管や真空管など。electron tube

**でんじ-かんのう【電磁感応】** ↓でんじゆうどう(電磁誘導)

**てん-しき【転▽失気】** ㊀屁のこと。㊁落語の題名。和尚が医者に「てんしきはあるか」ときかれ、屁のことと知らずに、わかったふりをして応対する滑稽噺。

**でん-じき【電磁気】** 電気的および磁気的現象。マックスウェルの電磁理論によって両者は統一的に記述される。electromagnetism

**でんじき-がく【電磁気学】** 電気と磁気に関する現象を研究する物理学の分野。力学とともに物理学の基礎となる。electromagnetics

**でんしぎじゅつ-そうごうけんきゅうじょ【電子技術総合研究所】** 通産省工業技術院所属の試験研究所。電子工学から基礎科学まで、広い分野における研究を行う。電総研。

**てんじく【天▼竺】** ㊀(名) 中国・日本で、インドをさした古称。[比較]唐。㊁(接頭) 外国、遠方の地。舶来の意を表す。[用例]―織。

**天竺の横町**(てんじくのよこちょう) へんぴな地・場所。

**てんじく-あおい【天▼竺▼葵】** フウロソウ科の多年草。観賞用に栽培される。園芸ではゼラニウム。南アフリカ原産。geranium

**てんじく-だい【天▼竺▼鯛】** 沿岸の岩礁にすむテンジクダイ科の海水魚。全長約九cm。淡灰色の体側に一〇本内外の淡褐色の横帯が並ぶ。口は大きく、雄は卵塊を口中に含み保護。本州中部以南に分布。

**てんじく-とくべえ【天▼竺徳▽兵▽衛】**(生没年未詳) 江戸初期の貿易商人。播磨の人。インド(=天竺)に渡航し『天竺渡海物語』を著した。その生涯は歌舞伎などにもなった。

**てんじくとくべえいこくばなし【天▼竺徳▽兵▽衛▼韓▼噺】** 歌舞伎世話物。四世鶴屋南北作。文化元年(一八〇四)初演。異国帰りの船頭徳兵衛が妖術で変幻自在に活躍する。

**てんじく-ねずみ【天▼竺▼鼠】** 実験用・愛玩用に飼育されるテンジクネズミ科の齧歯類。体長約二五cm。ネズミに似ているが、尾は短小

●テンジクネズミ

▼常用漢字表外。▽常用漢字表の音訓外。

で、毛色もさまざま。南アメリカのペルー原産。モルモット。cavy; guinea pig ↓写

**てんじく-ぼだいじゅ【天▾竺▾菩▿提樹】** インドボダイジュの別名。

**てんじく-ぼたん【天▾竺▾牡丹】** ダリアの別名。

**てんじく-まもり【天▾竺守】** ヤツブサの別名。

**てんじく-もめん【天▾竺木綿】**《はじめ、インドから輸入したことから》白生地の平織り木綿。二〇番手級の綿糸で、縦と横の密度がほぼ同数の織物。足袋・芯地などに用いる。

**てんじく-よう【天▾竺様】** ↓だいぶつよう(大仏様)

**てんじく-ろうにん【天▾竺浪人】**《「逐電」の逆さ読みか》住居不定の人。浮浪人。

**でんし-けいさんき【電子計算機】** ↓コンピューター

**でんし-けんびきょう【電子顕微鏡】** 光線のかわりに電子線を用い、光学レンズのかわりに電子レンズで物体の拡大像や電子回折像を得る顕微鏡。光学顕微鏡より高い拡大率と分解能をもち、透過型・走査型などがある。electron microscope

**でんし-こうがく【電子工学】** ↓エレクトロニクス

**でんし-こうかんき【電子交換機】** トランジスターなどの電子スイッチを用いた高速大容量の電話交換機。electronic switching system

**でんし-こうぎょう【電子工業】** エレクトロニクスを応用した各種機械器具を製造する産業。技術集約産業で付加価値が高く、多品種少量生産が特徴。electronics industry

**でんじ-しゃく【電磁石】** 鉄心に巻いたコイルに電流を流して磁場を発生する装置。ブザーや通信機用リレー(＝継電器)から粒子加速器まで利用範囲は広い。electromagnet

**でんし-しゃしん【電子写真】** 複写機に使われている方法で、半導体の光電導性と静電気現象を利用した写真技術。electrography

**でんし-しゃしんほう【電子写真法】** 電子写真技術を利用して画像を記録する方法。湿式と乾式がある。一九三八年アメリカのカールソンが考案し、五〇年にゼロックス社が複写装置として商品化。ゼログラフィー。electrophotography

**でんし-シャッター【電子シャッター】** 写真機のシャッターの開放時間を機械的にではなく電気回路とマグネットの働きで制御するもの。electronic shutter

**でんし-じゅう【電子銃】** 電子管内で細くしぼった線状の電子流(＝電子ビーム)を発生させる部分。陰極・制御格子・陽極・電子レンズなどからなる。electron gun

**でんし-しゅっぱん【電子出版】** 紙に印刷された書籍や辞書の代りに、コンパクトディスクを利用したCD-ROM(読み出し専用メモリー)に文字や図形情報を記憶させて読者に提供する事業。electronic publishing

**でんし-しょくじ【電子植字】** 電算写植機により印画紙やフィルムに文字を焼き付けたもの。これを版下として製版する。

**でんし-しんわりょく【電子親和力】** 原子が安定な電子配置をとるため、ほかから電子をとりいれるときに放出するエネルギー。electron affinity

**でんし-スチールカメラ【電子スチールカメラ】** 二インチのフロッピーディスクにスチール(静止画像)を記録する写真機。フロッピーディスク一枚に五〇こま記録でき、不要の画像を消去して再使用できる。スチールビデオカメラ。

**でんし-ずのう【電子頭脳】** 電子計算機などの中枢。電子計算機が人間の頭脳の働きの一部を代行してくれることから、この用語が用いられた。人工頭脳。electronic brain

**でんしスピン-きょうめい【電子スピン共鳴】** 電子のもつスピンにともなう磁気モーメントによる磁気共鳴。物質中の電子状態の研究に広く用いられる。ESR。electron-spin resonance

**でんし-スモッグ【電子スモッグ】** ↓でんじスモッグ(電磁スモッグ)

**でんじ-スモッグ【電磁スモッグ】** 通信機器や家電機器などから発射される不要電波。ロボット・心臓ペースメーカー・自動車などの電子部品に作動して、種々の誤作動や障害を引き起こす。電子スモッグ。electronic smog

**でんし-せん【電子戦】** 相手のレーダーや通信などの使用電磁波を探知し、妨害すること。EW。electronic warfare

**でんし-せん【電子線】** 真空中を進む電子の流れ。物質に当たると蛍光作用、写真フィルムの感光作用、電離作用などを起こし、電場や磁場により自由に加速ならびに屈折させることができる。electron beam

**でんじ-そう【田字草】** デンジソウ科の水性シダ。水田、池沼にはえる。泥中の根茎から出る葉柄の先に、四枚の小葉が田の字形につく。本州以南に分布。カタバミモ。

**でんじ-ちょうりき【電磁調理器】** 誘導加熱を利用する調理器。磁力線の向きが変化する磁場の中に金属を置くと金属自体が渦電流により発熱することを利用したもの。electromagnetic cooker

**てん-じつ【天日】** 太陽。日輪。

**でんし-つい【電子対】** 一組みの電子。非金属元素の原子どうしが結合するとき、たがいに一個ずつ出し合ってできる電子対によって結合する。electron-pair

**でんしつい-けつごう【電子対結合】** ↓きょうゆうけつごう(共有結合)

**てんじつ-えん【天日塩】** 太陽の直射熱で海水を蒸発させて作った塩。bay salt

**でんじ-つぎて【電磁継(ぎ)手】** 電磁石の吸引力を利用した連結のための部品。magnetic coupling

**てんじ-て【転じて】**(接続) ところで。話変わって。by the way

**でんし-でんたつけい【電子伝達系】** 生体内で電子(または水素原子)を移動させることでエネルギーを得る反応系。ミトコンドリア・葉緑体などでみられる。チトクロム系。水素伝達系。electron transport system

**てんじ-てんのう【天▾智天皇】**(六二六～六七一) 第三八代天皇(在位六六八～六七一)。名は葛城皇子・中大兄皇子。父は舒明天皇、母は皇極天皇。大化元年(六四五)藤原鎌足らと蘇我氏を倒し大化の改新を断行。即位後、近江大津宮に遷都。庚午年籍をつくらせ、近江令を制定。てんちてんのう。

**てんし-どう【天師道】** 五斗米道の別称。

**でんし-は【電子波】** 量子論で、電子をその波動性に着目し、物質波として扱うときのよび方。ド＝ブローイが存在を予言し、電子線の回折で確認された。電子顕微鏡に利用。electron wave

**でんじ-は【電磁波】** 電場や磁場の周期的変化が互いに影響して空間を伝わる波動。周波数のちがいによって電波・赤外線・可視光・紫外線・X線・γ線など。electromagnetic wave

**でんじ-ば【電磁場】** 時空間の各点で定義された電場と磁場。静的な場合を除けば、両者は互いに作用し合い、その関係はマックスウェル理論によって統一的に記述される。electromagnetic field

**でんし-はいち【電子配置】** 原子や分子の核外にある電子が、原子軌道や分子軌道に配置されている状態。また、それを表したもの。electron configuration

**でんじ-パルス【電磁パルス】** 核爆発によって生じる電磁衝撃波。IC・LSIなどを用いた電子機器を破壊する。EMP。electromagnetic pulse

**てんし-ばん【展▾翅板】** 昆虫の標本作成のさい、翅を広げて形を整えるために用いられる道具。ふつう木製。

**でんし-ビーム【電子ビーム】** 細い線状の電子流。マイクロ波管や電子線管に必要で、電場レンズや磁場レンズを使ってつくる。electron beam

**でんしビーム-かこう【電子ビーム加工】** 電子ビームを利用した加工法。高真空中で、電子ビームを被工作物に照射し、溶解・溶接・蒸着・穴あけなどの加工をする。electron beam processing

**でんしビーム-ゆうかい【電子ビーム融解】** 真空中で金属を電子ビームで融解する方法。タンタル・ニオブなど、高融点で活性な金属に用いられる。electron beam melting

**でんし-ファイル【電子ファイル】** 文書やデータなどをデジタル化した電気信号に変換して収めた、コンピューターの補助記憶装置。electronic file

**でんし-ふくしゃき【電子複写機】** 電子写真技術を応用した複写機。普通紙にコピーのできる機械と加工された感光紙にコピーをとる機械がある。electronic copying machine

**でんし-へいき【電子兵器】** エレクトロニクスを応用した兵器の総称。また、その有効な利用を阻止する兵器。電波兵器。electronic weapon

**でんじ-べん【電磁弁】** 電磁石の力で開閉を行う弁。電磁石のコイルに電流を流すと可動鉄片が引かれ弁が開き、電流を切るとばねの復元力で弁が閉じる。electromagnetic valve

**でんし-ほうしゅつ【電子放出】** 熱や光などの作用で物質内の電子が表面から外にとび出す現象。各種の電子管に利用される。電子放射。electron emission

**でんし-ボルト【電子ボルト】** イオンや素粒子などのもつエネルギーを表す単位。真空中で、一個の電子を一ボルトの電位差で加速したときに、電子の得るエネルギー。エレクトロンボルト。記号eV electron volt

**でんじ-ポンプ【電磁ポンプ】** 溶融した金属などの導電性流体を電磁気力で加圧輸送するポンプ。原子炉冷却用の溶融金属循環などに利用。electromagnetic pump

**でんし-メール【電子メール】** パーソナルコンピューターやワードプロセッサーなどの端末利用者どうしで、通信回線を利用して送受信する文書などのこと。狭義には、電子郵便をさす。electronic mail

**てん-しゃ【転写】**(名・サ変他) ①ほかから図形などを写し取ること。copying ②生物学で、DNAの遺伝情報をメッセンジャーRNAに写しとる過程。細胞内でのたんぱく質合成の初期過程。transcription

**てん-じゃ【点者】** 和歌・俳諧などで、評点を加える人。

**でん-しゃ【電車】** 架空電線または第三軌条から電力の供給を受けて走る鉄道車両。旅客または貨物を積載する。train 数え方 一台・一両。

**てん-しゃく【天爵】** 生まれつきもっている徳・気品・人望。対義 人爵。

**てん-しゃく【転借】**(名・サ変他) また借り。subtenancy 対義 転貸。

**てんしゃ-にち【天赦日】** 暦注の一つ。陰陽道で、すべてに大吉とされる日。この日は天が罪を赦す日で、立春から初めての甲午の日、立夏から初めての戊寅の日、立秋から初めての戊申の日、立冬から初めての甲子の日をあてる。

**テンシャン-さんみゃく【テンシャン山脈・天▿山山脈】**(Tiān Shān) ↓てんざんさんみゃく(天山山脈)

**てん-しゅ【天主】** ①神を表すラテン語デウスの漢訳。中国では布教以来この語を用い、日本のカトリック教会もこれを踏襲したが、昭和三四年(一九五九)以後は神と表記。②《「天守」とも》帝釈天あるいは毘沙門天のこと。

**てん-しゅ【天守】**「天守閣」の略。

**てん-しゅ【店主】** 店のあるじ。商店主。storekeeper米; shopkeeper英

**てん-じゅ【天寿】** 天から与えられた命。定命。natural term of existence

**天寿を全うする**(てんじゅをまっとうする) 長寿を保ってから、安らかに死ぬ。老衰で、自然に死ぬ。die a natural death

**てん-じゅ【天授】** ①天からさずけられたもの。②生まれつき。天性。inherence ③日本の南北朝で、南朝の年号。文中から改元。元年(一三七五)五月二七日～七年(一三八一)二月一〇日。次に、弘和に改元。

**でん-じゅ【伝受】**(名・サ変他) 芸道の奥義などを、伝え受けること。伝授されること。initiation

**でん-じゅ【伝授】**(名・サ変他) 秘事・秘曲・奥義などを伝えさずけること。instruction 用例 古今—。

**てん-じゅう【転住】**(名・サ変自) 住所を変えること。転居。transfer

**でん-しゅう【伝習】**(名・サ変他) 伝えられて習うこと。learning 用例 航海技術の—。

**てん-しゅうごう【点集合】** 空間・平面・直線上で、ある性質をもった点のつくる集合。point set

**でんじ-ゆうどう【電磁誘導】** 空間内の任意の曲面を貫く磁束が、時間的に変化すると、その変化を妨げるように電流が流れる現象。電磁感応。electromagnetic induction

**でんじゆうどう-の-ほうそく【電磁誘導の法則】** 閉じた回路を貫く磁束が時間的に変化すると、磁束変化を妨げる向きに、その変化率に比例した起電力が生じること。ファラデーの電磁誘導法則。law of electromagnetic induction

**てんじ-ゆうびん【点字郵便】** 盲人用の点字・録音物・点字用紙を内容とする郵便物。第

四種郵便物として取り扱い、料金は無料。

**でんし-ゆうびん【電子郵便】** 文書をファクシミリで電送し、宛先に配達する郵便。ファクシミリを設置した郵便局で取り扱う。e-lectronic mail 参照 電子メール。

**でんしゅうろく【伝習録】** 中国の儒書。王陽明の語録・書簡集。一五五六年刊。知行合一説・致良知説など陽明学の中心的思想を解明。

**てんしゅ-かく【天守閣】** 日本の近世城郭建築で、本丸に建てられ、中心となる櫓。天守。

**てんしゅ-きょう【天主教】** ローマ-カトリック。

**てんしゅ-こうきょうかい【天主公教会】** ローマ-カトリック教会。

**てんじゅこく-しゅうちょう【天寿国▼繍帳】** 聖徳太子没後、その来世を祈って妃の橘大郎女が作った二帳の刺繍。中宮寺蔵。太子が往生される天寿国を想像して描く。現在は断片だけが存在。国宝。天寿国曼荼羅。 ↓写

●天寿国繍帳 『天寿国繍帳』（部分）。推古三〇年（六二二）、中宮寺（奈良県）。

**てん-しゅつ【転出】**（名・サ変自） 他へ移住・転任すること。transfer 対義 転入。用例 他県へ――する。支社へ――する。

**てん-しゅん【転瞬】** まばたきすること。一瞬。用例 ――に青ざめたかに見える。

**てん-しょ【添書】**（名・サ変自） ①使者・物品にそえて送る手紙。そえ手紙。②紹介状。そえ状。letter of introduction

**てん-しょ【▼篆書】** 漢字の書体の一つ。楷書・隷書のもとになったもので、大篆と小篆がある。篆。 ↓書体図

**でん-しょ【伝書】** ①代々伝わった書物。②秘伝を書いた本。book of secrets ③手紙を届けること。send a letter

**てんしょう【天正】** 安土桃山時代の年号。元亀から改元。元年（一五七三）七月二八日～二〇年（一五九二）一二月八日。次に、文禄に改元。

**てんしょう【天承】** 平安末期の年号。大治から改元。元年（一一三一）一月二九日～二年（一一三二）八月一一日。次に長承に改元。

**てん-しょう【天象】** ①天体の現象。日食・月食・惑星現象など。astoronomical phenomenon ②空もよう。weather

**てん-しょう【典章】** 規則。法則。rule; law 用例 憲法の――。

**てん-しょう【転生】**（名・サ変自）《仏教語》人間が生まれ変わっては、迷いの生死をくり返すこと。流転。用例 輪廻――。

**てん-じょう【天上】** 一（名） ①天の上。the heavens 対義 天下。②そら。the sky ③↓てんじょうかい（天上界）。二（名・サ変自） 天に上ること。昇天。go up to Heaven

**てん-じょう【天井】** ①床に対し、室内上部の仕切り。小屋組み・上階の床組みなどを隠す。ceiling 対義 床。②ものの内部の頂上。③「天井値」の略。

**天井知らず** 相場などが、どこまで行くかがわかりにくいぐらいに、上がり続けること。soaring

**天井の節穴を数える** なすこともなく、ひまで退屈なようすを言う。

**天井見たか** おそれいったか。

**天井を見せる** 人を苦しめる。ひどい目にあわせる。または、屈服させる。

**てん-じょう【天壌】** あめつち。天地。

**てん-じょう【添乗】**（名・サ変自） 団体旅行につきそって世話をすること。tour conducting 用例 ――員。

**てん-じょう【殿上】** ①宮殿、または殿堂の上。②清涼殿の南廂にある「殿上の間」の略。③昇殿を許されること。④「殿上人」の略。対義 地下。⑤蔵人所の異称。

**でん-しょう【伝承】**（名・サ変他） 古くからの制度・信仰・技術・習俗などの慣習、ものの考え方、物語などを受け継いで後世へ伝えること。また、その伝えられた事がら。tradition 用例 民間――。

**でん-しょう【伝▼誦】**（名・サ変他） ①歌や物語を言い伝えること。transmission ②言い伝えを歌い、また語ること。

**でん-じょう【電場】** ↓でんば（電場）

**てんじょう-いん【添乗員】** 団体旅行の案内のため旅行会社が派遣する者。旅行者に同行し、旅に支障がないよう世話をするのが役目。tour conductor

**てんしょう-おおばん【天正大判】** 豊臣秀吉が天正一六年（一五八八）以降鋳造させた金貨。菱形桐極印の菱大判金と丸形桐極印の天正大判金の二種類がある。大判金の最初。

**てんじょう-かい【天上界】** ＝天上。①天にある世界。the celestial world ②《仏教語》欲界・色界・無色界との総称。対義 下界。

**てんじょう-がわ【天井川】** 河床が周囲の平野面より高くなってしまった川。人工の堤防で、流路が固定されたために、堤防内に多量の砂礫が堆積し、河床が高くなる。raised bed river

**てんしょう-ぎ【天象儀】** 太陽・月・惑星・恒星などの相互の位置関係を示す器具。さまざまな天体現象の説明に便利。天球儀。プラネタリウム。planetarium

**でんしょう-ぎく【電照菊】** 電照栽培で、通常の開花時期以外に花が咲くようにした園芸用の菊。

**てんしょう-こうたいじんぐう【天照皇大神宮】** 伊勢神宮の内宮。祭神は天照大神。豊受大神宮（外宮）とともに総称して伊勢神宮といわれる。皇大神宮。内宮。

**でんしょう-さいばい【電照栽培】** 栽培法の一種。植物の光周性を利用し、夜中に数時間電灯照明をして、日照時間を長くし、開花を促進（長日植物）したり、逆に抑制（短日植物）したりする。キクやキンギョソウ栽培などに利用。illumination culture 比較 遮光栽培。

**てんじょう-さじき【天井桟敷】** 劇場の最上階に設置された席。gallery

**てんじょう-てんげ【天上天下】** 天上の世界と地上の世界。全宇宙。全世界。てんじょうてんが。heaven and earth

**てんじょうてんげ-ゆいがどくそん【天上天下唯我独尊】** 釈迦が誕生時、七歩あゆみ四方を顧みて、右手は空を左手は大地をさして唱えたといわれることば。私は世界のうちで最も尊いものである、という意。誕生偈。てんじょうてんがゆいがどくそん。

**てんじょう-ね【天井値】** 一定期間におけるいちばん高い株価。ceiling price 対義 底値。

**てんしょう-の-しょうねんけんおうしせつ【天正の少年遣欧使節】** 天正一〇年（一五八二）九州のキリシタン大名大友宗麟・大村純忠・有馬晴信がローマに派遣した少年使節。ローマ教皇グレゴリウス一三世に謁見し、同一八年（一五九〇）帰国。正使伊東マンショ・千々石ミゲル。

**てんじょう-びと【殿上人】** 宮中の清涼殿の殿上の間に昇殿を許された人。上達部と地下との間に位する、四位・五位のうちの一部の人と六位の蔵人をいう。雲上人。堂上。うえびと。対義 地下人。

**てんじょう-まもり【天井守】** ヤツブサの別名。果実が八房となって直立する様子をみたてたもの。

**てんじょう-むきゅう【天壌無窮】** 天地とともに、きわまりなく続くこと。be eternal as heaven and earth

**てん-しょく【天職】** ①生まれながらの性質にあっている職業。natural calling ②神聖な職務。mission

**てん-しょく【転職】**（名・サ変自） 一つの職から他の職へ変わること。転業。change of occupation

**でん-しょく【電食】**《「電解腐食」の略》鉄道レールや送電線などから漏れる電流のため、地下ケーブルなどの鉛の外被が電気分解で腐食すること。galvanic corrosion

**でんしょ-ばと【伝書▼鳩】** ドバトの改良種。すぐれた帰巣本能が通信用・競技用に利用される。リエージュ種が代表的。ヨーロッパ原産。homing pigeon

**テンション【tension】** ①緊張。また、精神の不安。②物理で、張力。

**でんじ-りょく【電磁力】** 電流の磁気作用に基づく力。電流はその周囲に磁場をつくるので、そこに磁荷があれば力をおよぼす。また、逆に磁場の中で電流が流れれば、その電流は力を受ける。electromagnetic force

**てん・じる【点じる】**（上一他） ＝点ずる・点ず。①点を打つ。mark ②火をともす。light ③茶をたてる。④訓点をつける。⑤評価の点をつける。evaluate

**てん・じる【転じる】**（上一自他） ＝転ずる・転ず。①回る。回す。go round ②移る。移す。change

**でんし-レンジ【電子レンジ】** マイクロ波電力により、食品自体を発熱させ調理する器具。調理に要する時間が短く、煙や熱などが出ない。microwave oven

**でんし-レンズ【電子レンズ】** 電場や磁場により電子ビームを屈折・収束させる装置。テレビの撮像管・受像管・電子顕微鏡などに用いる。electron lens

**でんし-ロック【電子ロック】** 錠の一種。磁気の特性である両極間の反発力を応用した鍵。操作が簡単で、複製される危険も少ない。electronic lock

**でんし-ろん【電子論】** ①電子のかかわる現象を説明しようとする理論。古典的な荷電粒子として扱う古典電子論はローレンツにはじまる。electron theory ②電子自体を扱う理論。量子論的ディラックの電子論など。electron theory

**てん-しん【天心】** ①天の真ん中。天頂。zenith 用例 月――貧しき町を通りけり（与謝蕪村）。②天の心。天帝の心。天子の心。Imperial will

**てん-しん【天神】** 天の神。対義 地祇。

**てん-しん【天真】** 生まれ出たままの性情。naïveté

**てん-しん【点心】** ①禅寺で出す昼食。茶受け

●点心②

の菓子。②中国料理で、饅頭などの軽食類および菓子類。↓写

**てん-しん【転身】**(名・サ変自) ①身をかわすこと。turnover ②身分・職業・生活・方針を変えること。change over

**てん-しん【転針】**(名・サ変自) 船などが針路を変えること。change of course

**てん-しん【転進】**(名・サ変自) ①進む向きを変えること。transfer ②軍隊で、「退却」と言うのを嫌っていったことば。退くこと。

**てんしん【天津】** 上海・北京と並ぶ中国三大都市の一つ。渤海に臨み、中国北部最大の貿易港をもつ国内有数の経済中心地。中央直轄市。人口五〇三・五万(一九八四)。テンチン。

**てん-じん【天人】**《「てんにん」は別語》天と人。用例 ―ともに許さず。

**てん-じん【天神】** ①天の神。てんしん。対義 地祇。②菅原道真のこと。また、菅原道真を祭った天満宮の通称。

**でん-しん【田紳】** 紳士きどりの田舎者。

**でん-しん【伝心】** 心を伝えること。communication of mind 用例 以心―。

**でん-しん【電信】** ①電気の作用で通信する方法の総称。telecommunication ②文字や記号などを符号化した電気信号に変えて伝送し、受信側がもとの文字や記号を再現する通信の一方式。また、伝送した文字や記号。無線電信。telegraph ③電流を送電線で送ること。power transmission

**でんしん-かわせ【電信為替】** 電信による為替。手形・送金小切手を使わずに電信指示によって為替決済を行うもの。T.T. telegraphic transfer

**でんしん-き【電信機】** 電信符号を送受信する機械。テレタイプ・テレプリンター・テレライターなど。telegraph

**てんじん-ごういつ【天人合一】** 中国の基本的な思想の一つ。天意と人事の間には因果関係が存在し、人間は天意との合一をめざすべきであるとする説。

**てんじん-しちだい【天神七代】** 日本神話で、天地開闢のとき生成し、地神五代に先だってこの地を治めた神々。国常立神から伊奘諾尊・伊奘冉尊までの七代。神代七代。参照 地神五代。

**てんしん-じょうやく【天津条約】** 中国、清朝が一九世紀末に列国と天津で締結した諸条約の総称。①アロー号事件の結果、英・仏・露・米の四国と個別に結んだ条約。一八五八年調印。②甲申の変後の朝鮮に関して日本と結んだ条約。一八八五年(明治一八)調印。③一八八五年清仏戦争終結の条約。

**てんじん-しんこう【天神信仰】** 火雷天神として、菅原道真の霊を祭った天満天神に対する信仰。生前、道真が文学に優れていたことから、室町時代以降、文学・学問の神として各地に祭られるようになった。

**てんじん-ちぎ【天神地▼祇】**《神は天つ神、祇は国つ神》すべての神々。

**てんじん-まつり【天神祭(り)】** 大阪市北区の天満宮で七月二四・二五日に行われる夏祭り。二四日の宵宮祭りに鉾流し神事、二五日に神輿の渡御が行われる。日本の代表的な祭りの一つ。天満の御祓。天満天神祭り。天満祭り。

**てんしんものがたり【転身物語】**《原題 Metamorphōsēsラテン》オウィディウス作の叙事詩。紀元後八年ごろほぼ完成。人間が鳥獣草木に変身する神話を語り、最後にカエサルが星になる話までを長編の詩で扱う。

**てんしん-らんまん【天真▼爛漫】**(名・形動) 性質が飾り気のないこと・さま。無邪気で明るいこと・さま。simple and innocent

**テンス【tense】**《英文法の用語から》動詞の活用によって、ある事柄が、いつ起こったか、または起こるかを表す文法的な形式。過去・現在・未来など。時制。

**てん-すい【天水】** あまみず。rainwater

**てんすい【天水】**〈町〉熊本県北西部、玉名市南東隣の町。稲作、カボチャ・ミカン栽培が中心。人口七八七五(一九八八)。

**てんすい-おけ【天水▼桶】** 江戸時代、樋で導いた雨水を防火用としてためた桶。屋根・軒下・町角などに置かれた。↓写

●天水桶

**てん-すう【点数】** ①評点・得点を表した数字。marks ②物品の数。the number of items 用例 商品の―をそろえる。

**でん-すけ【伝助】**《俗語》①ばくちの一種。円盤の中央に水平に支えた棒を回し、止まった所にかけていた者を勝ちとする。伝助賭博。②肩からかけて持ち歩きできる録音機。

**てん・ずる【点ずる】**(サ変他) ↓てんじる(点じる)

**てん・ずる【転ずる】**(サ変自他) ↓てんじる(転じる)

**てん-せい【天成】** ①生まれつき。天性。nature ②自然にできていること。product of nature

**てん-せい【天声】** ①空にとどろく大きなひびき。雷鳴など。thunderclap ②世に知られている名声。reputation ③天の神が人間に示されることば。the voice of God 対義 人語。

**てん-せい【天性】** 生まれつき。天資。nature

**てんせい【天▼靖】** 室町中期、後花園天皇の時代の私年号。嘉吉三年(一四四三)から長禄二年(一四五八)まで、吉野を中心に大和・紀伊などの南朝の遺臣らが使用。

**てん-せい【点▼睛】** ①目にひとみをかき入れて、絵を完成させること。大切な最後の仕上げを行うことのたとえ。用例 画竜―を欠く。②欠くことのできない重要な点。

**てん-せい【展性】** 物質に圧力や打撃を加えても破壊されることなくのびて、箔にできる性質。硬度の小さい金・銀・錫は展性が大きい。malleability 比較 延性。

**てん-せい【転生】**(名・サ変自)《仏教では、「てんしょう」》生まれ変わること。

**てん-せい【転成】**(名・サ変自) ①他の性質の異なるものに変わること。transformation ②文法で、ある品詞が別の品詞に変わること。

**でん-せい【電請】**(名・サ変他) 外交官などが、電報で本国に訓令を求めること。

**でんせい-かん【伝声管】** 離れた二つの場所の直接通話に用いる金属管。おもに船舶内での連絡に、また船内電話の予備として使用。speaking tube

**てんせい-ご【転成語】** ある品詞から他の品詞に転じて用いられるようになった語。動詞「為似す」が名詞「老舗」に転じる類。derivative

**てん-せき【典籍】** 本。書物。書籍。book

**てん-せき【転石】** ①転がっている石。②岩盤から離れて、河川などに点在する岩石。

**転石、苔を生ぜず**《転がる石には、コケがはえるいとまがないことから》①忙しく活躍しているものは、つねに時機を失わない。A rolling stone gathers no moss. ②心の平静を保たないものには、地位や財産が備わらない。

**てん-せき【転籍】**(名・サ変自) 本籍・学籍などを他の地に移すこと。transfer of domicile

**てん-せつ【転折】** 書道で、文字の曲がり角や撥ねのように、筆のほさきが強く変化する書法。

**でん-せつ【伝説】** ①口承文芸の一種。一族または集団の出自や、自然物の由来、異常な体験などを後世に伝えようと語るもの。言い伝え。legend ②うわさ。風聞。rumor 用例 ―的な名演奏。

**てん-せん【点線】** 点が続いてできている線。dotted line 対義 実線。

**てん-せん【転戦】**(名・サ変自) あちこちと移動して戦うこと。fighting in various places

**てん-ぜん【▼恬然】**(形動トタル) ①平気なさま。平然。calm ②安らかなさま。peaceful

**でん-せん【伝宣】**(名・サ変他) 天子の命を大臣などに取り次ぐこと。

**でん-せん【伝染】**(名・サ変自) ①病原菌が他に移って、同様の症状が現れること。infection 用例 法定―病。②他も同じような状態になること。spread 用例 あくびが―する。

**でん-せん【伝線】**(名・サ変自) 女性の靴下などが一か所から線状にほころびること。run

**でん-せん【電線】** 電流を流す導体として使用する金属線。銅・アルミニウムなどがおもで、単線とより線、裸線と被覆線などの区別がある。electric wire

**でんせんせい-げりしょう【伝染性下痢症】** 腸管系ウイルスの感染により起こる伝染病。はげしい水様下痢が特徴だが、死亡例はまれ。infectious diarrhea

**でんせんせい-こうはん【伝染性紅▼斑】** 突然顔に始まる紅い発疹を特徴とする良性の疾患。学童以下の小児に、冬季に流行的に発生する。病原体は不明。りんご病。erythema infectiosum

**でんせんせい-なんぞくしゅ【伝染性軟属▼腫】** ウイルスにより皮膚・粘膜に生じる水いぼのこと。幼小児に多い。あずき大ほどの小結節で光沢がある。molluscum contagiosum

**でんせんせい-りゅうざん【伝染性流産】** 家畜が、細菌・ウイルス・原虫などにより流産する伝染病。ウシ・ヤギ・ブタのブルセラ症、ウシ・ヤギのビブリオ症、ウマのパラチフス・ウイルス流産、ウシのトリコモナス症など。infectious abortion

**でんせん-びょう【伝染病】** 病原体の感染をうけた人間や動物が、直接・間接に、その病原体を他にうつすことによって起こる病気。感染症とほぼ同意。infectious disease

**てん-ぞ【典▽座】** 禅宗寺院で、僧侶の食事を司る役職。六知事の一つ。

**でん-そ【田租】** 田地に課した税。farm tariff

**てん-そう【天葬】** 死者の遺体を焼いたり埋めたりせず、野天にさらす葬法の総称。風葬や鳥葬などがある。曝葬。

**てん-そう【転送】**(名・サ変他) 送ってきた物を、さらに他に送ること。transmission

**でん-そう【伝送】**(名・サ変他) ①さきざきへ、送り伝えること。delivery ②宿場から宿場へ荷物などを送ること。③電気信号を送り伝えること。transmission

**でん-そう【伝奏】**(名・サ変他) =てんそう。①天皇・上皇に取り次いで申し上げること。②公家の職名の一つ。親王家・摂家・武家・社寺の奏請を院・天皇に取り次ぐ役。平安末期以降設置。とくに武家伝奏は室町時代に設置され、江戸時代に重視された。

**でん-そう【電送】**(名・サ変他) 電流や電波を利用して、遠くへ信号を送ること。

**でんそう-しゃしん【電送写真】** ↓しゃしんでんそう(写真電送)

**でんそう-ろ【伝送路】** 電気通信において、信号を送る媒体。電話線・短波無線・海底ケーブルなどがある。transmission line

**てん-そく【天測】** 経緯儀・六分儀などを使って、経度・緯度を知るために行う天体観測。天文測量。astronomical observation

**てん-そく【▼纏足】** 幼女の足指をきつく縛って発育を止め、極端な小足にした中国の風習。小足を美人とし、歩行を困難にして女性を独占するためという。五代・北宋の時代に始まり、革命以後衰え、現在は消滅。foot binding

**てん-ぞく【転属】**(名・サ変自) 他の所属に移ること。change a position 用例 野戦部隊に―を命じられる。

**でんそく-でんりゅう【電束電流】** ↓へんいでんりゅう(変位電流)

**テンソル【tensor】** ベクトル・行列の概念の一般化として生じる量。一つのベクトルは、三次元の直交座標系で、$x$・$y$・$z$の三成分で定められる。この三成分を他のベクトルと関係づけるには、それぞれの成分を考慮中の他ベクトルの$x$・$y$・$z$に対応させる九個の量が必要。これをテンソルという。力学などで、固体内部の応力やひずみを表すのに使われる。

**てん-そん【天孫】** 高天の原から降臨した神の子孫。とくに天照大神の孫の瓊瓊杵尊をさす。

**てんそん-こうりん【天孫降臨】** 日本神話で、瓊瓊杵尊が天照大神の命で、高天の原から日向の高千穂峰に降臨したこと。

**テンダー【tender】** 石炭と水を積む車両。蒸気機関車の後部に連結される。炭水車。

**テンダーロイン【tenderloin】** 牛の腰部位の肉。柔らかく、ステーキに最適。ロース。ヒレ。

**てん-たい【天体】** 地球を含み、宇宙空間に存在する物体の総称。太陽・月・惑星・恒星・流星・星雲・星間ガスなど。celestial body

**てん-たい【転貸】**(名・サ変他) また貸し。sublease 対義 転借。用例 ―を禁ず。

**てん-だい【天台】**「天台宗」の略。

**てんだい-うやく【天台▼烏薬】**《天台山に産する烏薬の意》↓うやく(烏薬)

**てんたい-かんそく【天体観測】** 恒星や惑星などの天体からくる光や電波を、光学望遠鏡や電波望遠鏡などを用いて観測すること。astronomical observation

**てんだい-ざす【天台座主】** 比叡山延暦寺の住持で、天台宗一門を統轄する職名。

**てんだい-さん【天台山】** 中国浙江省にある中国仏教三大霊場の一つ。智顗以来天台宗の根本道場とされ、国清寺などの諸寺院が栄えた。唐末以後は禅宗が盛んとなった。

**てんだい-さんたいぶ【天台三大部】** 法華三大部の別称。

**てんたい-じば【天体磁場】** 星の内部や表面、あるいは星間空間に存在する磁場。celestial magnetic field

**てん-たいしゃく【転貸借】**(名・サ変他) 賃借人が賃借物を有償または無償で第三者に使用・収益させること。

**てんたい-しゃしん【天体写真】** 天体を写した写真。写す対象により、太陽・月・日月食・星雲や星団・星野などに分類される。astrograph

**てんだい-しゅう【天台宗】** 『法華経』を基本経典として、中国の天台大師智顗によって大成された仏教の一宗派。諸法実相・法華一乗を説く。平安初期、最澄が日本に伝え、禅・戒・密教をあわせて独自の教理を展開した。

**てん-たいしょう【点対称】** 二つの図形F、F′において、Fをある点Oのまわりに一八〇度回転したときF′と完全に重なり合うならば、FとF′は点Oについて点対称であるという。point symmetry ↓対称図

**てんたい-そっこうがく【天体測光学】** 天体の光度や色を観測する、天文学の一分野。写真測光・光電測光などがある。天体の元素組成や温度・質量などの物理量を決定するための手段。astronomical photometry

**てんたいでんぱ-かんそくじょ【天体電波観測所】** 天体が放射する電波を観測する施設。巨大アンテナ系や高感度受信機を備える。radio astronomy observatory

**てんだい-の-ふで【▼椽大の筆】**《垂木のような大きな筆、の意》堂々とした文章。大文章。用例 ―をふるう。

**てんたい-ぶつりがく【天体物理学】** 天体や宇宙の物理状態を研究する天文学の一分野。宇宙物理学。astrophysics

**てんたい-ぶんこうがく【天体分光学】** 天体望遠鏡に分光カメラを接続し、天体からくる光のスペクトルをもとに天体を研究する天文学の一分野。astronomical spectroscopy

**てんたい-ぼうえんきょう【天体望遠鏡】** 天体を観測するための光学望遠鏡。レンズを使った屈折型と鏡を使った反射型があり、像は一般に倒立。astronomical telescope

**てんたい-りきがく【天体力学】** 天体の運動について研究する天文学の一分野。ニュートン力学を基礎とする。celestial mechanics

**てんたい-れき【天体暦】** 月・太陽・惑星などの天体の位置・運動などを記載した暦。天文年鑑や天体観測年表など簡便なものもあるが、本来はもっと精密なもので専門家の観測に使用できるような暦。天体位置表。航海暦。astronomical ephemeris

**てん-たく【転宅】**(名・サ変自) 引っ越すこと。転居。removal

**でん-たく【電卓】**《「電子式卓上型計算機」の略》電子回路を用いた卓上型デジタル計算機。一九七〇年より、LSIを使った製品の量産で急速に普及。electronic calculator

**でん-たつ【伝達】**(名・サ変他) ①命令・意志・連絡事項などを相手に伝えること。communication ②生物学で、神経線維の興奮が神経・筋肉の接合部を伝わること。アセチルコリン・ノルアドレナリンなどの化学物質による。transmission

**てん-たん【▼恬淡・▼恬▼澹】**(形動トタル) あっさりして、こだわらないさま。淡泊。無欲。disinterested 対義 貪欲。

**てん-だん【天壇】** 中国で、君主が冬至の日に天帝を祭るために帝城の南郊に築いた祭壇。↓写

●天壇 北京の天壇。手前から、円丘、皇穹宇、祈年殿が南北に並ぶ。

**でん-たん【電探】**「電波探知機」の略。

**てん-ち【天地】** ①天と地。heaven and earth ②宇宙。the universe ③上下。top and bottom

**てん-ち【転地】**(名・サ変自) 住む土地を変えること。change of air 用例 ―療養。

**でん-ち【田地】** ↓でんじ(田地)

**でん-ち【電池】** 化学反応や物理反応によって生じるエネルギーを電気エネルギーに変える装置。充電のきかない一次電池と、充電により繰り返し使用できる二次電池がある。cell

**てんちうじょう【天地有情】** 土井晩翠の処女詩集。明治三二年(一八九九)刊。漢文脈の七五調定型による格調高い浪漫的な詩集。

**てんち-かい【天地会】** 中国、清代の秘密結社。広州を中心に華南に興った。華僑の間にも広まり滅満興漢を目的とした。太平天国、孫文の革命運動などにも協力。三合会。

**てんち-かいびゃく【天地開▼闢】** 世界のはじまり。the beginning of the world

**でん-ちく【電蓄】**「電気蓄音機」の略。

**てんちこんげんのみや-づくり【天地根元宮造(り)】** 切り妻屋根を地面に直接伏せた家屋形式。日本家屋のもっとも原始的なものと推定されている。

**てん-ち-じん【天地人】** ①天と地と人。宇宙間の万物。三才。②すぐれた三つのものの順序。

**てんち-しんめい【天地神明】** 天地の神々。用例 ―に誓って。

**てんち-そうぞう【天地創造】** ㊀天地万物が唯一絶対の神によってつくりだされたとするキリスト教の教理。Creation ㊁《原題Die Schöpfung ドイ》ハイドン作曲のオラトリオ。一七九六〜九八年作曲。歌詞はミルトンの叙事詩『失楽園』に基づく。

**てんち-むよう【天地無用】** 荷物を運送するときの注意書き。逆様にしないように注意せよ。This Side Up.

**てん-ちゃ【点茶】** まっ茶をたてること。

**てんちゃく-ざい【展着剤】** 農薬の付着をよくするため添加する補助剤。spreader

**てん-ちゅう【天▼誅】** 天に代わって不正を懲らしめること。天罰。用例 ―を加える。

**てん-ちゅう【転注】** 漢字の六書の一つ。ある漢字が有する本来の意味を転用すること。わるいの意の「悪」を、「お」と読んで、にくむ意に、音楽の意味である「楽」を、「らく」と読んで、たのしむ意に使うなど。比較 象形・指事・形声・会意・仮借。

**でん-ちゅう【殿中】** ①御殿の中。inside a palace ②将軍のいる所。

**でん-ちゅう【電柱】** 電線を支えるはしら。電信ばしら。utility pole

**でん-ちゅう【電鋳】** 鋳型を陰極として、電気分解によって型どおりの部品を成形する方法。電気鋳造。electroforming

**てんちゅう-ぐみ【天▼誅組・天忠組】** 幕末の尊皇討幕の急進派集団。吉村寅太郎ら土佐・備前・久留米などの脱藩士で結成。首領は前侍従中山忠光。文久三年(一八六三)挙兵後、大和五条の幕府代官所を襲撃。同年、八月一八日の政変で諸藩兵の追討をうけ壊滅。

**てんちゅうけん-うんげつ【天中軒雲月】** 浪曲師。現在四代まで。二代目(一九一九)は女流浪曲の型を完成、娘に三代目をゆずった後は伊丹秀子の名で活躍。

**てんちゅう-さつ【天中殺】** 占い用語で、天が味方せず、事を起こすと破滅するという時期。

**てんちゅう-せつ【天中節】** 陰陽道で用いる守り札。火難・盗難・病気などの災いを避けるため、陰暦八月一日の日の出前に門柱などにはる。

**てんちょう【天長】** 平安初期の年号。弘仁から改元。元年(八二四)一月五日〜一一年(八三四)一月三日。次に、承和に改元。

**てん-ちょう【天頂】** ①てっぺん。zenith ②観測点における鉛直線を上の方に延長したときの天球との交点。天心。zenith 対義 天底。↓地平座標図

**てん-ちょう【天朝】** 朝廷の敬称。おかみ。

**てん-ちょう【天聴】** 天子が聞くこと。叡聞。用例 ―に達する。

**てん-ちょう【店長】** 店の長。店の責任者。storekeeper米; shopkeeper英

**てん-ちょう【転調】**(名・サ変他) 音楽で、楽曲の途中で、ある調から他の調に変わること。modulation

**てんちょう-ぎ【天頂儀】** 緯度観測用の望遠鏡。星の天頂距離の差を測定することで緯度を求める。zenith telescope

**てんちょう-きょり【天頂距離】** 目標とする対象と天頂とのなす角度(角距離)。天頂距離と高度角の和は九〇度である。zenith distance ↓地平座標図

**てんちょう-せつ【天長節】** 天皇の誕生日を祝う日。四大節の一つ。明治元年(一八六八)制定。第二次大戦後は天皇誕生日と改称。対義 地久節。

**てんちょう-ちきゅう【天長地久】** 天地のように永久に続く意味。天地長久。

**てんち-りょうほう【転地療法】** 環境のよい土地に移り住んで行う病気の治療法。treatment by change of air

**テンチン【天津】**(Tiānjīn) ↓てんしん(天津)

**でんつう【(株)電通】** 世界的な広告会社。通信社・広告代理店から総合広告企業に発展。明治三四年(一九〇一)設立。

**てん-つけ**(副) はじめから。しょっぱなから。てんずけ。

**てんづし-まい【天津司舞(い)】** 山梨県甲府市小瀬町の諏訪神社の祭礼で演じられる人形芸。御神体である九体の等身大の人形を、幕をめぐらした御船と称する場で舞わせる。

**てん-つゆ【天▽汁】** てんぷらを食べるときにつけるつけ汁。だしにしょうゆ・みりんなどを加えて煮立てて作る。てんだし。

**てん-で**(副) ①《下に打ち消しをともなって》はじめから。まるで。not at all 用例 ―相手にならない。②《俗語》すてきに。とても。so 用例 ―楽しかった。

**てん-てい【天底】** 観測点における鉛直線を下の方に延長したときの天球との交点。nadir 対義 天頂。↓地平座標図

**てん-てい【天帝】** ①宇宙の主宰神。上帝。造物主。②帝釈天。③ヤハウェ。天主。上帝。

**てん-てい【点▼綴】**(名・サ変他) ↓てんてつ(点綴)

**てん-てき【天敵】** 自然界で、ある動物を殺したり、繁殖を弱めたりする他の生物。捕食される側から、捕食する側をさしていう。競争種はふつう含めない。アリマキに対するテントウムシ、ヘビに対するマングースなど。natural enemy

**てん-てき【点滴】** ㊀(名) したたり。しずく。drop ㊁(名・サ変他) 静脈を通して、体内に生理食塩液・血液・栄養剤・薬剤などを一滴ずつ時間をかけて注入すること。点滴注射。intravenous drip

**点滴、石を穿つ** 小さな力でも、根気よく続ければ成功につながる。

**てんてこ-まい【天手古舞(い)】**(名・サ変自)《「天手古」は当て字》せわしくて、慌て騒ぐこと。be tremendously busy

**てん-てつ【点▼綴】**(名・サ変他)《「てんてい」の慣用読み》つづり合わせること。取り合わせること。bind together

**でん-てつ【電鉄】**「電気鉄道」の略。

**てんてつ-き【転▼轍機】** 鉄道線路の切り換え装置。ポイント。転路機。switch; point

**てんで-に【手ん手に】**(副)《「手に手に」の転》めいめい。各自に。individually

**てん-てん【点点】** ㊀(名) ①いくつかの点。several points ②まだら。はん点。spots ㊁(形動トタル) ①散らばっているさま。scattered here and there ②滴り落ちるさま。dripping

**てん-てん【展転・▼輾転】**(名・サ変自) ①めぐること。ころがること。roll ②他に移ること。transfer ③寝返りをうつこと。toss about in bed

**てん-でんか【点電荷】** 一点に集中していると考えられ、空間的大きさを無視できる電荷。point charge

**でんでん-こうしゃ【電電公社】** 日本電信電話公社の略称。

**でんでん-だいこ【でんでん太鼓】**《「でんでん」は音》小さな張り子の太鼓の玩具。両面に鈴や豆を付けた糸を垂らし、太鼓の柄を持って振ると、鈴な

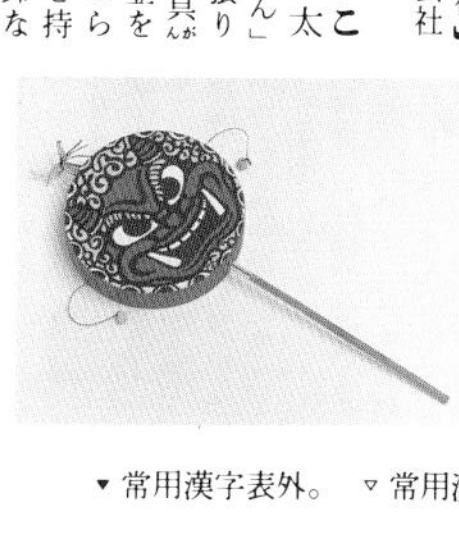

●でんでん太鼓

▼常用漢字表外。 ▽常用漢字表の音訓外。

どが鼓面をたたいて音を出す。ふり鼓。↓写

**てん-てん(と)【転転(と)】**(副) ①ころがるさま。rolling 用例 球は―外野の芝生に。②あちこちに移り回るさま。wandering 用例 ―住所を変える。

**てんでん-ばらばら**(形動) ①めいめい勝手に動くさま。everyone in one's own way ②四方へちらばるさま。scattered separately

**てんてん-はんそく【▼輾転反側】**(名・サ変自) 心配や不安で眠れないで何度も寝返りをうつこと。toss about in bed many times; jactitation

**でんでん-むし【▼蝸▽牛】**《「出よ出よ」に由来》カタツムリの俗称。

**てん-と【▼奠都】**(名・サ変自) ある地に都を定めること。settle the capital 比較 遷都。用例 平安―。

**テント【tent】** 風雨を避けるために張る布製の幕舎。屋根形・ドーム形などがあり、登山やキャンプの露営、興行のための掛け小屋などに使用される。

**でん-と**(副) どっしりと腰を据えているさま。composedly

**てん-とう【天道】** ①↓てんどう(天道)。②天地を支配する神。③太陽。おてんとさま。

**天道様と米の飯は何処にも在る**(てんとうさまとこめのめしはどこにもある) 太陽と米の飯は、どこに行ってもあるものだ。楽観的であることのたとえ。また、取り越し苦労をするな、ということ。

**天道様は御見通し**(てんとうさまはおみとおし) 天は、人間が何をしようと、すべてご存じである。行いはつつしまなければいけない。神は見通し。

**天道、人を殺さず**(てんとう、ひとをころさず) 慈悲深い天は人を見すてたりはしない。

**てん-とう【店頭】** みせさき。店の前。store front米; shop-front英

**てん-とう【点灯】**(名・サ変自) あかりをつけること。light 対義 消灯。

**てん-とう【点頭】**(名・サ変自) うなずくこと。nod

**てん-とう【転倒・▼顛倒】**(名・サ変自他) ①ひっくり返ること。逆さにすること。inversion ②たおれること。fall down ③あわてること。動転。upset 用例 気も―するばかり。

**てん-とう【▼纏頭】** 引き出物。チップ。祝儀。はな。

**てん-どう【天堂】** ①天上の殿堂。②極楽。天国。paradise; heaven

**てん-どう【天道】** ①儒教で、宇宙万物や人間の運命の主宰者。天帝。上帝。②自然界の法則。てんとう。③《仏教語》天上界。六道の一つ。④天体の運行する道。

**てん-どう【▼顛倒】**《仏教語》真理にたがうこと。煩悩。

**てんどう【天童】**〈市〉 山形県、山形盆地中部の市。旧城下町。武士の手内職に始まった将棋駒の生産で有名。果樹栽培もさかん。天童温泉がある。人口五万六二五七(一九八八)。

**でん-とう【伝灯】**《心のやみを照らすということで仏法を灯にたとえる》仏法の系統を師から門弟へ伝えること。

**でん-とう【伝統】** 昔から引き続いて行われていて、その社会を特色づける有形・無形のもの・風俗・習慣・考え方。文化遺産。tradition 比較 因習。用例 ―を守る。―をつぐ。

**でん-とう【電灯】** 電力によって発光する光源の総称。熱放射による発光とエレクトロルミネセンスによる発光がある。electric lamp 数え方 一灯。

**でん-どう【伝動】** 動力を機械のほかの部分に伝えること。transmission of motive power 用例 ―機。

**でん-どう【伝道】**(名・サ変自) 教義を伝え広めること。教団外の未信者に信仰を伝え、信者に導くための宗教活動。宣教。布教。mission

**でん-どう【伝導】**(名・サ変他) 熱エネルギーや電気が物質内部を移動する現象。conduction

**でん-どう【殿堂】** ①りっぱな建物。どてん。palace ②神仏を祭る建物。

**でん-どう【電動】** 電気を動力とすること。electric power

**てんとう-おんどけい【転倒温度計】** 海中や湖沼中の水温を測る温度計。目的とする深さの所で上下に転倒させると、そこの温度が示される。reversing thermometer

**てんとう-かぶ【店頭株】** 証券取引所を通さず、証券会社の店頭で売買される非上場株。OTC。over-the-counter stock

**てんとう-き【天灯鬼】** 鎌倉前期の彩色木彫。奈良興福寺にある竜灯鬼と一対をなす彫刻の一つ。六角灯籠を左手左肩にのせた鬼形像。建保三年(一二一五)康弁の作。

**でんどう-き【電動機】** 電力によって回転し、動力を発生する機械の総称。モーター。electric motor

**てんどう-きょう【天道教】** 朝鮮の民族宗教。東学の後身。東学信者が日露戦争中に日本軍に利用されたのを忌み、一九〇五年第三代教主孫秉熙が改称。三・一独立運動では主導的役割を果たした。

**でんとう-こうぎょう【伝統工業】** ↓ざいらいこうぎょう(在来工業)

**でんどう-こうぐ【電動工具】** 小型の電動機を動力とする工具。軸端に取り替え用の各種部品を取り付けたりして使用する。power tool

**でんとう-こうげい【伝統工芸】** 江戸時代以前に確立された技術・技法を受け継いで作られる実用品の芸術。主として、天然素材を使った手作りで、染織・和紙・木工・竹工・漆工・陶磁・石工・金工・人形など多種類がある。

**てんどう-さん【天童山】** 中国五山の一つ。中国浙江省寧波の東にある山で、景徳禅寺(天童禅寺)は、宋代、禅の道場として栄えた。

**でんどう-し【伝道師】** ①教えを伝える者。②キリスト教で牧師・司祭に準じる聖職者。preacher

**てんとう-しいく【点灯飼育】** 人工照明で夜間も明るくして飼育する方法。家禽では日照時間を最適に保って産卵数の増加をはかる。laying under artificial lighting

**でんとう-しゅぎ【伝統主義】** 伝統を第一とする考え方・態度。traditionalism

**てんどう-しょうがく【天童正覚】**(一〇九一～一一五七) 中国南宋の曹洞宗の僧。天童山に住み、公案を用いない禅を実践し、黙照禅と称された。著書『天童頌古百則』など。宏智禅師。

**てんどう-せつ【天動説】** 地球は宇宙の中心にあって不動であり、恒星を含めてすべての天体が地球のまわりを回転しているとする天文学説。geocentric theory 対義 地動説。

**でんどう-そうち【伝動装置】** 原動機から作業機械へ動力を伝える装置。歯車・ベルト・カムなど。transmission gearing

**でんどう-たく【電動卓】** 機械操作で牌の山積みが自動的に行われる麻雀卓。昭和四〇年代後半に初登場。「いかさま」防止と、従来の手積みに比べて疲れないなどが利点。全自動卓。

**でんとう-てき【伝統的】**(形動) ①伝統として今も生きているさま。traditional 比較 因習的。用例 日本人の―な考え方。②伝統に関すること。traditional

**でんとうてき-ろんりがく【伝統的論理学】** アリストテレスによって体系化されて以来、現在まで行われている形式論理学。記号論理学に対比される。traditional logic

**てんとう-てんかん【点頭▼癲▼癇】** 乳幼児によく発症するてんかん。頭部を前屈して四肢を屈曲させる発作をくり返す。知能障害を伴うことが多い。nodding spasm

**でんどう-でんし【伝導電子】** 導体や半導体の中を動きまわることのできる電子。この電子の流れを電流という。conduction electron

**てんとうとうろく-めいがら【店頭登録銘柄】** 店頭株のうち、証券業協会に登録され、店頭取引が認められた銘柄。

**てんとう-とりひき【店頭取引】** 上場していない証券などを、証券会社の店頭で買い手と売り手が直接交渉により売買する方法。場外取引。over-the-counter transaction

**でんどうのしょ【伝道の書】**『旧約聖書』諸書中の一書。人生訓を編集したもの。ヘレニズムの影響を受け、懐疑的厭世思想と現実的快楽主義の気分が著しいが、底流にユダヤ的敬虔があるとされる。『新共同訳聖書』では「コヘレトの言葉」。Ecclesiastes

**でんどう-はつでんき【電動発電機】** 発電機を電動機で運転する装置。交流を直流に、また、高周波交流に変えるための装置。motor generator

**てんとう-ほう【転倒法】** 相撲の基本練習の一つ。けが防止のために行う転び方の訓練。一人で行うものと、二人組みのものとがある。

**てんとう-むし【天道虫・▼瓢虫】** ①テントウムシ科の甲虫の総称。体は半球形で、体長数ミリメートルから一・八cm余。lady bug米; ladybird beetle英 ②《「ナミテントウムシ」の略》テントウムシ科の甲虫。体長約〇・七cm。アリマキの天敵。日本全土・アジア各地に分布。ladybird beetle ↓写

●テントウムシ① ナナホシテントウ　オオニジュウヤホシテントウ

**てんとうむし-だまし【▽偽▽天▽道▽虫・▽偽▼瓢▽虫】** ①テントウムシダマシ科の甲虫の総称。②テントウムシ科のニジュウヤホシテントウなどの別名。

**でんとうろく【伝灯録】**『景徳伝灯録』の略称。

**てん-とく【天徳】** ①自然に備わった品性。②天子の徳。③平安中期の年号。天暦から改元。元年(九五七)一〇月二七日～五年(九六一)二月一六日。次に、応和に改元。

**てん-どく【転読】**(名・サ変他)《仏教語》法会などで、儀式的に大部の経典の一部だけを略読すること。経題や訳者名、経の初・中・終の何行かを読誦して、全文を読むことの代わりとする。一般に『大般若経』の転読が行われる。

**てんとく-じ【天徳寺】**《江戸の芝、天徳寺前で売りはじめたことから》紙とわらで仕立てた粗末な布団。紙ぶすま。

**デント-コーン【dent corn】**《dent は凹み、の意》トウモロコシの一品種。乾燥すると粒頂がくぼんで馬の歯状になることからの名称。

大形で収量が多い。おもに飼料・工業用。

**てんと-して【▼恬として】**(副) 気にかけないさま。けろっとして。nonchalantly 用例 ―恥じない。

**てんとせん【点と線】** 松本清張の推理小説。昭和三二～三三年(一九五七～五八)発表。著者の社会派推理小説の処女作。

**てんとり-むし【点取(り)虫】** 試験でよい点数を取ることにあくせくしている者をあざけっていう語。grinder

**テンドリャコフ【Vladimir Fyodrovich Tendryakov】**(一九二三～一九八四) ソ連の小説家。戦後文学の中核の一人。作品『家風にあわぬ』『奇跡の聖像』『裁判』『幻影への挑戦』など。

**デンドロビウム【dendrobium ラテン】** ラン科セッコク属のランの総称。観賞用に栽培される多年草。高さ約九〇cm。三～五月に赤紫・白・黄色などの花を開く。熱帯原産で世界に約一〇〇〇種。↓ラン写

**てん-どん【天▼丼】**《「てんぷらどんぶり」の略》温かいご飯にてんぷらをのせ、たれをかけたどんぶりもの。

**てんな【天和】**《「てんわ」の変》江戸初期の年号。延宝から改元。元年(一六八一)九月二九日～四年(一六八四)二月二一日。次に、貞享に改元。

**てんなん【天安】** ↓てんあん(天安)

**てんなん-しょう【天南星】** 林下にはえるサトイモ科テンナンショウ属の多年草の総称。高さ三〇～一〇〇cm。春夏に、苞葉に包まれた花序をつける。雌雄異株。マムシグサ、ホソバテンナンショウなど日本に約三〇種。有毒。地下茎は漢方薬に用いられる。dragon arum ↓写

●テンナンショウ マムシグサ

**テンニエス【Ferdinand Julius Tönnies】**(一八五五～一九三六) ドイツの社会学者。社会はゲマインシャフト(共同社会)からゲゼルシャフト(利益社会)に発展することを指摘した。主著『ゲマインシャフトとゲゼルシャフト』。

**てん-にゅう【転入】**(名・サ変自) よそから移転・転校してくること。move in 対義 転出。

**てん-にょ【天女】** ①めがみ。goddess ②天人。③美人。beauty



↓行き先項目、図版・写真参照印。　JIS 日本工業規格情報交換用漢字符号コード(区点コード)。

**てん‐にん【天人】**《仏教語》天界に住むとされる有情。一般に、美しい天女をさし、羽衣を着て空を飛ぶという。飛天。天女。比較 てんじん。

**てんにん【天▽仁】** 平安末期の年号。嘉承から改元。元年(一一〇八)八月三日~三年(一一一〇)七月一三日。次に、天永に改元。

**てん‐にん【転任】**(名・サ変自) 他の任地・役所に職務が変わること。転勤。change of post

**てんにん‐か【天人花】** 観賞用に栽培されるフトモモ科の常緑低木。高さ約一・五m。葉は対生し長楕円形。夏に径約二cmで紅紫色の五弁花を開く。東南アジアに広く分布。downy myrtle ↓写

**てんにん‐ぎく【天人菊】** キク科の一年草。花壇・切り花用。高さ約五〇cm。葉は披針形で互生する。夏から秋に、黄色または先が黄色で中心が紫色の頭状花を開く。北アメリカ原産。gaillardia

**てんにん‐ごすい【天人五衰】** ↓ごすい(五衰)

**てんにん‐そう【天人草】** シソ科の多年草。木かげに群落をつくる。高さ約一m。葉は有柄で長楕円形。晩夏、淡黄色の花穂をつける。

**でん‐ねつ【電熱】** 電流が抵抗体を通るときに発生する熱。加熱や化学反応に利用する。electric heat

●テンニンカ

**でんねつ‐き【電熱器】** 電力を熱に変える装置。ニクロム線など抵抗値が比較的大きな線に電流を通して発熱させる。electric heater

**でんねつ‐せん【電熱線】** ニクロム線その他のように発熱体となる線。最近ではセラミックスの発熱線も用いられている。heating wire

**てん‐ねん【天然】** ①自然。nature 対義 人工。②人力で自由にできない状態。natural ③造物者。Nature ④本性。nature

**てんねん‐ウラン【天然ウラン】** 天然に産出されるウラン。核分裂を起こすウラン二三五を約〇・七%含み、濃縮して核燃料として利用する。natural uranium

**てんねん‐かじつ【天然果実】** 法律で、元物から自然に収取される産出物。果物・野菜・鉱物など。natural fruits 対義 法定果実。

**てんねん‐ガス【天然ガス】** ①天然に地下から産出するガスの総称。火山ガス・温泉ガス・沼気ガスなどを含む。natural gas ②メタンを主成分とする炭化水素の可燃性ガス。油田・炭層から産出されるもののほか、地下水に溶解している水溶性ガスがある。都市ガス・自動車燃料・化学工業原料などに利用。natural gas

**てんねん‐きねんぶつ【天然記念物】** 文化財保護法によって保護される、珍しい、また貴重な動・植・鉱物などの自然物。文部大臣が指定する。natural monument

**てんねん‐げんしょう【天然現象】** 自然に起こる現象。natural phenomenon

**てんねん‐こうしん【天然更新】** 森林の倒木や枯死、伐採したあとを、人工によらず自然のままに回復させること。natural regeneration

**てんねん‐ゴム【天然ゴム】** パラゴムノキの樹液からとった生ゴム。主成分はイソプレンのポリマー。加硫した弾性ゴムは、タイヤなど工業的に広い用途がある。natural rubber

●天皇② 歴代天皇一覧

| 代数 | 天皇名 | 在位(西暦・和暦) | |
|---|---|---|---|
| 1 | 神武 | 前660~前585 | |
| 2 | 綏靖 | 前581~前549 | |
| 3 | 安寧 | 前549~前511 | |
| 4 | 懿徳 | 前510~前477 | |
| 5 | 孝昭 | 前475~前393 | |
| 6 | 孝安 | 前392~前291 | |
| 7 | 孝霊 | 前290~前215 | |
| 8 | 孝元 | 前214~前158 | |
| 9 | 開化 | 前158~前 98 | |
| 10 | 崇神 | 前 97~前 30 | |
| 11 | 垂仁 | 前 29~後 70 | |
| 12 | 景行 | 71~ 130 | |
| 13 | 成務 | 131~ 190 | |
| 14 | 仲哀 | 192~ 200 | |
| 15 | 応神 | 270~ 310 | |
| 16 | 仁徳 | 313~ 399 | |
| 17 | 履中 | 400~ 405 | |
| 18 | 反正 | 406~ 410 | |
| 19 | 允恭 | 412~ 453 | |
| 20 | 安康 | 453~ 456 | |
| 21 | 雄略 | 456~ 479 | |
| 22 | 清寧 | 480~ 484 | |
| 23 | 顕宗 | 485~ 487 | |
| 24 | 仁賢 | 488~ 498 | |
| 25 | 武烈 | 498~ 506 | |
| 26 | 継体 | 507~ 531 | |
| 27 | 安閑 | 531~ 535 | |
| 28 | 宣化 | 535~ 539 | |
| 29 | 欽明 | 539~ 571 | |
| 30 | 敏達 | 572~ 585 | |
| 31 | 用明 | 585~ 587 | |
| 32 | 崇峻 | 587~ 592 | |
| 33 | 推古 | 592~ 628 | |
| 34 | 舒明 | 629~ 641 | |
| 35 | 皇極 | 642~ 645 | |
| 36 | 孝徳 | 645~ 654 | 大化1－白雉5 |
| 37 | 斉明 | 655~ 661 | |
| 38 | 天智 | 661~ 671 | |
| 39 | 弘文 | 671~ 672 | |
| 40 | 天武 | 673~ 686 | 朱鳥1 |
| 41 | 持統 | 686~ 697 | |
| 42 | 文武 | 697~ 707 | 慶雲4 |
| 43 | 元明 | 707~ 715 | 慶雲4－霊亀1 |
| 44 | 元正 | 715~ 724 | 霊亀1－神亀1 |
| 45 | 聖武 | 724~ 749 | 神亀1－天平勝宝1 |
| 46 | 孝謙 | 749~ 758 | 天平勝宝1－天平宝字2 |
| 47 | 淳仁 | 758~ 764 | 天平宝字2－天平宝字8 |
| 48 | 称徳 | 764~ 770 | 天平宝字8－宝亀1 |
| 49 | 光仁 | 770~ 781 | 宝亀1－天応1 |
| 50 | 桓武 | 781~ 806 | 天応1－大同1 |
| 51 | 平城 | 806~ 809 | 大同1－大同4 |
| 52 | 嵯峨 | 809~ 823 | 大同4－弘仁14 |
| 53 | 淳和 | 823~ 833 | 弘仁14－天長10 |
| 54 | 仁明 | 833~ 850 | 天長10－嘉祥3 |
| 55 | 文徳 | 850~ 858 | 嘉祥3－天安2 |
| 56 | 清和 | 858~ 876 | 天安2－貞観18 |
| 57 | 陽成 | 876~ 884 | 貞観18－元慶8 |
| 58 | 光孝 | 884~ 887 | 元慶8－仁和3 |
| 59 | 宇多 | 887~ 897 | 仁和3－寛平9 |
| 60 | 醍醐 | 897~ 930 | 寛平9－延長8 |
| 61 | 朱雀 | 930~ 946 | 延長8－天慶9 |
| 62 | 村上 | 946~ 967 | 天慶9－康保4 |
| 63 | 冷泉 | 967~ 969 | 康保4－安和2 |
| 64 | 円融 | 969~ 984 | 安和2－永観2 |
| 65 | 花山 | 984~ 986 | 永観2－寛和2 |
| 66 | 一条 | 986~1011 | 寛和2－寛弘8 |
| 67 | 三条 | 1011~ 16 | 寛弘8－長和5 |
| 68 | 後一条 | 1016~ 36 | 長和5－長元9 |
| 69 | 後朱雀 | 1036~ 45 | 長元9－寛徳2 |
| 70 | 後冷泉 | 1045~ 68 | 寛徳2－治暦4 |
| 71 | 後三条 | 1068~ 72 | 治暦4－延久4 |
| 72 | 白河 | 1072~ 86 | 延久4－応徳3 |
| 73 | 堀河 | 1086~1107 | 応徳3－嘉承2 |
| 74 | 鳥羽 | 1107~ 23 | 嘉承2－保安4 |
| 75 | 崇徳 | 1123~ 41 | 保安4－永治1 |
| 76 | 近衛 | 1141~ 55 | 永治1－久寿2 |
| 77 | 後白河 | 1155~ 58 | 久寿2－保元3 |
| 78 | 二条 | 1158~ 65 | 保元3－永万1 |
| 79 | 六条 | 1165~ 68 | 永万1－仁安3 |
| 80 | 高倉 | 1168~ 80 | 仁安3－治承4 |
| 81 | 安徳 | 1180~ 85 | 治承4－文治1 |
| 82 | 後鳥羽 | 1183~ 98 | 寿永2－建久9 |
| 83 | 土御門 | 1198~1210 | 建久9－承元4 |
| 84 | 順徳 | 1210~ 21 | 承元4－承久3 |
| 85 | 仲恭 | 1221~ 21 | 承久3－承久3 |
| 86 | 後堀河 | 1221~ 32 | 承久3－貞永1 |
| 87 | 四条 | 1232~ 42 | 貞永1－仁治3 |
| 88 | 後嵯峨 | 1242~ 46 | 仁治3－寛元4 |
| 89 | 後深草 | 1246~ 59 | 寛元4－正元1 |
| 90 | 亀山 | 1259~ 74 | 正元1－文永11 |
| 91 | 後宇多 | 1274~ 87 | 文永11－弘安10 |
| 92 | 伏見 | 1287~ 98 | 弘安10－永仁6 |
| 93 | 後伏見 | 1298~1301 | 永仁6－正安3 |
| 94 | 後二条 | 1301~ 08 | 正安3－延慶1 |
| 95 | 花園 | 1308~ 18 | 延慶1－文保2 |
| 96 | 後醍醐 | 1318~ 39 | 文保2－延元4 |
| 97 | 後村上 | 1339~ 68 | 延元4－正平23 |
| 98 | 長慶 | 1368~ 83 | 正平23－弘和3 |
| 99 | 後亀山 | 1383~ 92 | 弘和3－元中9 |
| | 光厳 | 1331~ 33 | 元徳3－正慶2 |
| | 光明 | 1336~ 48 | 建武3－貞和4 |
| | 崇光 | 1348~ 51 | 貞和4－観応2 |
| | 後光厳 | 1352~ 71 | 文和1－応安4 |
| | 後円融 | 1371~ 82 | 応安4－永徳2 |
| 100 | 後小松 | 1382~1412 | 永徳2－応永19 |
| 101 | 称光 | 1412~ 28 | 応永19－正長1 |
| 102 | 後花園 | 1428~ 64 | 正長1－寛正5 |
| 103 | 後土御門 | 1464~1500 | 寛正5－明応9 |
| 104 | 後柏原 | 1500~ 26 | 明応9－大永6 |
| 105 | 後奈良 | 1526~ 57 | 大永6－弘治3 |
| 106 | 正親町 | 1557~ 86 | 弘治3－天正14 |
| 107 | 後陽成 | 1586~1611 | 天正14－慶長16 |
| 108 | 後水尾 | 1611~ 29 | 慶長16－寛永6 |
| 109 | 明正 | 1629~ 43 | 寛永6－寛永20 |
| 110 | 後光明 | 1643~ 54 | 寛永20－承応3 |
| 111 | 後西 | 1654~ 63 | 承応3－寛文3 |
| 112 | 霊元 | 1663~ 87 | 寛文3－貞享4 |
| 113 | 東山 | 1687~1709 | 貞享4－宝永6 |
| 114 | 中御門 | 1709~ 35 | 宝永6－享保20 |
| 115 | 桜町 | 1735~ 47 | 享保20－延享4 |
| 116 | 桃園 | 1747~ 62 | 延享4－宝暦12 |
| 117 | 後桜町 | 1762~ 70 | 宝暦12－明和7 |
| 118 | 後桃園 | 1770~ 79 | 明和7－安永8 |
| 119 | 光格 | 1779~1817 | 安永8－文化14 |
| 120 | 仁孝 | 1817~ 46 | 文化14－弘化3 |
| 121 | 孝明 | 1846~ 66 | 弘化3－慶応2 |
| 122 | 明治 | 1867~1912 | 慶応3－明治45 |
| 123 | 大正 | 1912~ 26 | 大正1－大正15 |
| 124 | 昭和 | 1926~ 89 | 昭和1－昭和64 |
| 125 | 今上 | 1989 | 平成1 |

第29代までの在位は『日本書紀』による
代数の赤字は女帝を示す
大化以前と655~685年、687~700年は和暦なし
第37代斉明は第35代皇極の、第48代称徳は第46代孝謙のそれぞれ重祚(再び位につくこと)
第82代後鳥羽天皇は安徳天皇都落ちの後、後白河法皇の院旨で皇位につく

**てんねん‐しきそ【天然色素】** 動物・植物から得られる色素。着色料のほか、ビタミン類・アントラキノン類(緩下剤など)など医薬に用いるものもある。natural colorant

**てんねん‐しげん【天然資源】** 自然界に存在し、人間の生活や生産活動に利用できる物質の総称。とくに石炭・石油・天然ガス・鉄鉱石・ボーキサイト・ウラン鉱などの各種鉱物などをさすことが多い。natural resources

**てんねん‐じゅし【天然樹脂】** 樹皮などから分泌される粘着性の樹液が固まったもの。複雑な有機化合物からなる。松やに・天然ゴムなど。塗料などに利用。やに。樹脂。natural resin

**てんねん‐しょく【天然色】** ①自然のままの色。natural color ②映画や写真で、自然のままの色のこと。③↓テクニカラー

**てんねん‐せんい【天然繊維】** 天然に産出する繊維の総称。木綿・麻などの植物繊維、絹・羊毛などの動物繊維、アスベストなどの鉱物繊維がある。natural fiber 対義 化学繊維。

**てんねん‐せんりょう【天然染料】** 動植物・鉱物から得られる天然の染料の総称。インジゴ(藍の主成分)・アリザリン(茜の主成分)など。natural dye

**てんねん‐とう【天然痘】** ↓とうそう(痘瘡)

**てんねん‐ひりょう【天然肥料】** 化学肥料以外の肥料。緑肥・草木灰・堆肥など。natural manure

**てんねんぶつ‐かがく【天然物化学】** 天然に存在する物質(動物・植物・微生物など)を研究する化学。

**てんねん‐ほうしゃのう【天然放射能】** ウランやラジウムなどの天然にある放射性元素の放射能。自然放射能。natural radioactivity 対義 人工放射能。

**てんねん‐りん【天然林】** 自然の力でできた森林。伐採後に天然更新した森林も天然林という場合がある。natural forest

**てん‐のう【天王】**《「てんおう」の変》①《仏教語》欲界の神。とくに、牛頭天王。用例 四――。②君主。

**てん‐のう【天皇】**《「てんおう」の変。中国の道教の書にある語。もと、「すめらみこと」「すめろき」「すべらぎ」などと読み、のち音読》①皇帝・天子の敬称。②憲法上、日本国と日本国民統合の象徴とされる。一定の国事行為を行い、その地位は、国民の総意に基づく。旧憲法下では統治権をもつ元首の地位にあった。↓図

**てんのう【天王】**〈町〉秋田県西部、秋田市北西隣の町。稲作、野菜・果樹栽培がさかん。工業化が進む。人口一万八九七八(一九八八)。

**てんのうき【天皇記】**『国記』とともにわが国最古の史書。推古二八年(六二〇)聖徳太子と蘇我馬子の撰とされる。蘇我蝦夷が滅ぼされたさいに焼失。

**てんのうきかん-せつ【天皇機関説】** 国家を法人とみて、天皇は国家を代表する最高機関(＝元首)だが、主権は国家にあるとする学説。美濃部達吉らによって唱えられ、大正デモクラシーに大きな影響を与えた。

**てんのう-さい【天王祭】** 陰暦六月一五日前後に天王社で行われる、疫病退散・五穀豊穣を祈願する祭り。七月一五〜二〇日の栃木県宇都宮市須賀神社、七月一六・一七日の静岡県賀茂郡西伊豆町天王神社のものなどが有名。祇園会。

**てんのう-ざん【天王山】** ①京都府乙訓郡大山崎町にある山。標高二七〇m。天正一〇年(一五八二)山崎の戦いで、この山の占有が勝敗を決したといわれる。②《転じて》勝敗や運命の分かれ目。天目山。

**てんのうじ【天王寺】** 大阪市天王寺区南部の地区。天王寺駅を中心に繁華街が発達。四天王寺や天王寺公園があり、住宅地も広がる。

**てんのうじ-かぶら【天王寺▾蕪】** カブの栽培品種。大阪市天王寺あたりで作られる。やや大形で扁平、皮・肉ともに白色。千枚漬けなどに使用される。↓カブ図

**てんのうじ-こうえん【天王寺公園】** 大阪市、天王寺区南西隅の公園。動・植物園などの施設がある。園内の茶臼山は古墳で有名。

**てんのう-しょう【天皇賞】** 中央競馬で、五歳以上の馬の最大のレース。昭和一二年(一九四七)、それまでの帝室御賞典競走を改称したもの。春は京都、秋は東京で開催。距離は、春三二〇〇m、秋二〇〇〇m。

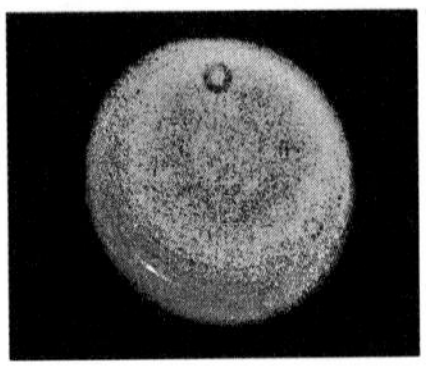

●天王星 アメリカのボイジャー二号で撮影。

**てんのう-せい【天王星】** 太陽系の第七惑星。一七八一年、イギリスの天文学者ハーシェル(父)が望遠鏡で発見。太陽からの平均距離一九・二天文単位。自転周期〇・六四九日公転周期約八四年。極大光度五・三等。質量は地球の約一四・五倍。一〇個の環がめぐっており、大小の衛星が最低一五個存在する。Uranus ↓写 ↓太陽系図

**てんのう-せい【天皇制】** 天皇を首長とする日本特有の制度。狭義には、明治維新で成立し大日本帝国憲法に明文化された国家体制をいう。

**てんのう-たんじょうび【天皇誕生日】** 国民の祝日の一つ。天皇の誕生日を祝う日。現在は、一二月二三日。the Emperor's Birthday

**てん-の-うめ【天の梅】** バラ科の常緑低木。沖縄・小笠原地方の海岸にはえる。幹はつる状。葉は線状楕円形の羽状複葉。四月に白花を開く。イソザンショウ。↓写

●テンノウメ

**てん-の-せきどう【天の赤道】** 地球の赤道面を延長したとき、これと天球との交わる大円。celestial equator

**てん-の-なんきょく【天の南極】** 地球の自転軸を延長したとき、南極側の延長線と天球との交点。celestial south pole

**てん-の-ほっきょく【天の北極】** 地球の自転軸を延長したとき、北極側の延長線と天球との交点。celestial north pole ↓地平座標図

**てん-ば【天馬】** ①天上界にいるという馬。②ギリシア神話で、翼のある馬。ペガサス。pegasus ③駿馬。very swift horse

**天馬、空を行く** 遮るものがなく、また、なにものにもとらわれずに、勢いよく突き進む。自由自在・自由奔放に、活躍・着想する。てんま、空を行く。push forward with irresistible force

**でん-ば【電場】** 電荷に力を及ぼす場。単位電荷に働く力で表されるベクトル量。電界。単位はボルト毎メートル。記号V／m electric field

**でん-ぱ【伝▾播】**(名・サ変自) ①伝わり広まること。spread ②物理で、波動、とくに電波が媒質の中を広がること。propagation

**でん-ぱ【電波】** おもに無線通信に使用する電磁波。電波法では周波数三キロヘルツ〜三〇〇〇ギガヘルツの範囲のものをいう。radio wave ↓図

**デンバー【Denver】** アメリカ、コロラド州中部、ロッキー山脈東麓の商工業都市。コロラド州の州都。交通・観光の要地。人口四九・二万(一九八〇)。

**デン-ハーフ【Den Haag】** ↓ハーグ

**てん-ばい【転売】**(名・サ変他) 買った物をさらに他に売ること。resale

**てん-ぱい【▾顛▾沛】** ①つまずき倒れること。②わずかの時間。用例 造次—。

**テン-パイ【聴牌中】**(ting pài) 麻雀で、あと一枚必要な牌があれば上がりとなる状態。

**でんぱ-かんしょうけい【電波干渉計】** 測定精度をあげるために複数の受信アンテナを用いる電波望遠鏡、または放射計。天体の電波源からの別々の電波の干渉の結果を記録。

**でんぱ-かんり【電波監理】** 電波の公平かつ有効な利用をはかり、不正使用・妨害の監視など、電波空間の秩序維持につとめること。日本では、郵政省電気通信局が担当。electric wave control

**でんぱ-ぎんが【電波銀河】** 光度に比べて電波がとくに強い銀河。光学的には何も見えない領域にあるものが多い。radio galaxy

**でんぱ-げん【電波源】** 電波を放射する天体。その発生機構により熱的・非熱的に分類され、銀河系の内と外の天体で観測されている。radio souce

**でんぱ-こうどけい【電波高度計】** 地表面からの高度を、電波を使って測定する装置。航空機などに装備され、地表面に向けて発射した電波が、地表面で反射して戻ってくるまでの時間から高度を求める。radio altimeter

●電波 周波数による分類と用途

| 周波数 | 周波数帯の区分 | | 用途 |
|---|---|---|---|
| 3kHz | | | |
| | VLF | 超長波 | 航行用無線、海上移動無線 |
| 30kHz | | | |
| | LF | 長波 | 航行用無線、航空用ビーコン |
| 300kHz | | | |
| | MF | 中波 | AM放送 |
| 3000kHz | | | |
| | HF | 短波 | 国際通信、短波放送、アマチュア無線 |
| 30MHz | | | |
| | VHF | 超短波 | 公共通信(気象、警察)、テレビ・FM放送、移動無線 |
| 300MHz | | | |
| | UHF | 極超短波 | タクシー無線、テレビ放送 |
| 3000MHz | | | |
| | SHF | マイクロ波 | 固定通信(電話、テレビ中継)、気象レーダー、衛星通信 |
| 30GHz | | | |
| | EHF | ミリ波 | ビル間など近距離通信、レーダー、衛星通信 |
| 300GHz | | | |
| | — | サブミリ波 | 発振物質がないので、実用的には用いられない |
| 3000GHz | | | |

1000kHz(キロヘルツ)＝1MHz(メガヘルツ)、1000MHz＝1GHz(ギガヘルツ)

**でんぱ-こうほう【電波航法】** ラジオビーコンなど、地上から発信される電波を受信して航行中の自分の位置を知る船舶や航空機の航行方式。electronic navigation

**デンパサル【Denpasar】** インドネシア中部、バリ島南部の都市。多くのヒンズー教寺院がある風光明媚な観光地。人口九・八万(一九七一)。

**でんぱ-しゅぎ【伝▾播主義】** 人類の初期文化史を、主として伝播という観点で説明する民族学の立場。二〇世紀初頭に隆盛。diffusionism

**でんぱ-しょうがい【電波障害】** 電波伝送路に通信の障害となる雑音・反射などが生じること。radio interference

**でんぱ-せい【電波星】** ↓でんぱてんたい(電波天体)

**でんぱた【田畑】**「たはた」の重箱読み。

**でんぱた-りんかん【田畑輪換】** 同一農地を水田と畑にして、数年ごとに交互に利用すること。病虫害が軽減し、また地力が増す。

**でんぱ-たんちき【電波探知機】** ↓レーダー

**てん-ばつ【天罰】** 天の与える罰。自然に来る悪の報い。Heaven's judgment

**でん-ぱつ【電髪】**《外来語をきらった戦時中の造語》電気パーマ。電気の熱を利用して、毛髪にウエーブをつける方法。パーマネントウエーブ。permanent wave

**てんばつ-てきめん【天罰▾覿面】** 天罰は必ずすぐに現れること。Swift is Heaven's vengeance.

**でんぱ-てんたい【電波天体】** 電波をとくに強く放射している天体。電波星。ラジオ星。radio star; radio source

**でんぱ-でんぱん【電波伝搬】** 電波が大地・大気・電離層などの媒質中を、回折・反射・屈折・散乱・吸収などの現象を示しながら伝わっていくこと。radio propagation

**でんぱ-てんもんがく【電波天文学】** 天体からくる電波を観測して、その構造や物理状態を調べる学問。radio astronomy

**でんぱ-へいき【電波兵器】** ↓でんしへいき(電子兵器)

**でんぱ-ほう【電波法】** 電波の公平、能率的な利用をはかることを目的とした法律。昭和二五年(一九五〇)に制定。放送局をはじめとする無線局の免許・設備・従事者・運用・監督などを規定。

**でんぱ-ぼうえんきょう【電波望遠鏡】** 天体からの電波をとらえて、その方向や強度分布を観測する装置。radiotelescope ↓写

**でんぱ-りょう【電波料】** 商業放送を使って広告するさい、広告主が放送局に支払う料金。商業放送の主要な収入源。放送料。time rate

**てん-ぱん【典範】** 手本となる正しい事柄。のり。example

**てん-パン【天パン】**《「パン(pan)」は、平たいなべ、の意》オーブンについている皿状の容器。材料を入れて調理する。鉄製・ほうろう引きのものなど。オーブンプレート。

**でんぱん-そくど【伝搬速度】** 波動の進行する速度。propagation velocity

**てんぱん-れい【典範令】** 旧日本陸軍で、各種の規則・様式・基準などの総称。

**てん-ぴ【天日】** 太陽の光・熱。the sun 用例 —にさらす。

**てん-ぴ【天火】** 料理用の蒸し焼き器。オーブン。

**てん-びき【天引き】**(名・サ変他) ①貸し金の元本額から契約期間中の利息をあらかじめ差し引くこと。②給料などの総額の中から税金・保険料などに当てるため、まえもって一定額を引き取ること。deduction

**てんび-やく【点鼻薬】** 鼻腔内に滴下する薬剤。鼻づまり・鼻アレルギーの治療薬など。nose drops

**てん-びょう【点描】** 一(名) 多数の色の点で混彩描写する絵画技法。スーラなどの新印象主義の画家が使用。色調分割。pointillism 二(名・サ変他) 特徴的なところをとらえて簡単に描写すること。sketch ↓写(次ページ)

**てんぴょう【天平】** 奈良時代の年号。神亀から改元。元年(七二九)八月五日〜二一年(七四九)四月一四日。次に、天平感宝に改元。

**でん-ぴょう【伝票】** 金銭の出入や取引内容などを書いて証拠とし、責任の所在を明らかに

●電波望遠鏡 口径六四mのパラボラアンテナ。パークス天文台(オーストラリア)。

●点描㊀　スーラ『サーカス』。一八九一年、オルセー美術館(フランス)。

にする紙片。slip

**てんぴょうかんぽう【天平感宝】** 奈良時代の年号。天平から改元。元年(七四九)四月一四日～同年七月二日。次に、天平勝宝に改元。

**てんぴょう-じだい【天平時代】** 日本の文化史・美術史上の時代区分の一つ。白鳳時代の次の時代。奈良文化の黄金時代で東大寺の大仏、正倉院の収蔵品、『万葉集』などが代表。↓写

●天平時代

『四天王像』のうち「増長天」。八世紀半ばごろ、東大寺戒壇院(奈良県)。

『吉祥天像』。宝亀二年(七七一)ごろ、薬師寺(奈良県)。

『鑑真和上像』(部分)。天平宝字七年(七六三)ごろ、唐招提寺(奈良県)。

『白瑠璃碗』。正倉院(奈良県)。

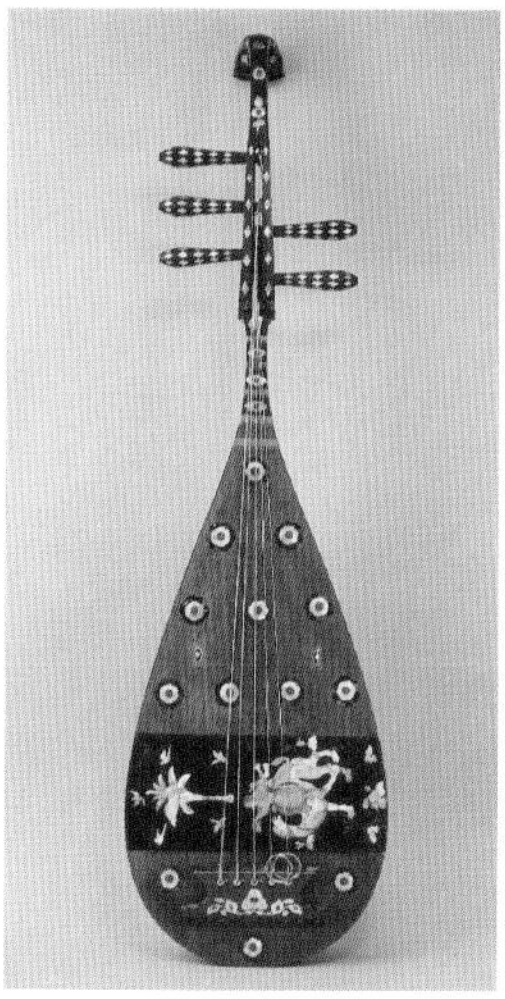

『螺鈿紫檀五弦琵琶』(背面)。正倉院。

**てんぴょうしょうほう【天平勝宝】** 奈良時代の年号。天平感宝から改元。元年(七四九)七月二日～九年(七五七)八月一八日。次に、天平宝字に改元。

**てんぴょうじんご【天平神護】** 奈良時代の年号。天平宝字から改元。元年(七六五)一月七日～三年(七六七)八月一六日。次に、神護景雲に改元。

**てんぴょうのいらか【天平の▼甍】** 井上靖の小説。昭和三二年(一九五七)刊。高僧鑑真来朝の物語に日本留学僧の生き方を配した叙事文学。

**てんぴょう-ぶんか【天平文化】** 奈良時代、天平年間(七二九～七四九)前後に栄えた貴族文化。唐や西域文化の影響を受けた仏教美術の黄金時代とされる。

**てんぴょうほうじ【天平宝字】** 奈良時代の年号。天平勝宝から改元。元年(七五七)八月一八日～九年(七六五)一月七日。次に、天平神護に改元。

**てん-びん【天▼秤】** ①秤の一つ。さおの中央を支点にし、一端の分銅と釣り合わせて他端の物体の質量を測定する。化学天秤・微量天秤・上皿天秤など。balance ②「天秤棒」の略。③釣り針をつけた釣り糸を両端からたらした形の釣り具。

**天秤に掛ける**(てんびんにかける) ①優劣・軽重などを比べる。weigh in the balance ②どちらになっても、都合のよいようにする。両天秤に掛ける。have two strings to one's bow

**てん-ぴん【天▼稟】** 生まれつき。天性。天資。天分。natural talents

**てんびん-ざ【天▼秤座】** 南天の星座。黄道十二星座の一つ。さそり座の西にあり、昔この星座に秋分点があった。七月六日ごろの午後八時ごろに南中。面積五三八平方度。Libra ↓図

**てんびん-ぼう【天▼秤棒】** 両端に荷物を掛けて担ぐ棒。

**てん-ぶ【天部】**《仏教語》八部衆の一つ。天界に住む者の総称。

**てん-ぷ【天賦】** 生まれつきの性質。天性。natural gift

**てん-ぷ【添付】**(名・サ変他) ①付けそえること。append 用例 写真を―する。②民法上、所有者の異なる二つ以上の物を分離すると経済的に不都合になる場合、一つの物とみなして所有権の得失を生じさせること。付合・混和・加工の三種に分類される。

**てん-ぷ【転付】** 債権者が債務者の財産を差し押さえる方法の一つ。本来の債務の代わりに債務者の第三者に対する債権を差し押さえ、支払いにかえて債権者に移転すること。delegate

●天秤座

**てん-ぷ【▼貼付】**(名・サ変他)《「ちょうふ」の慣用読み》はり付けること。

**でん-ぶ【田▼麩】** タイ・タラなどの魚肉をゆでて身をよくほぐし、砂糖・しょうゆなどで味をつけて、いった食品。でんぷ。

**でん-ぶ【▼臀部】** 尻。尻の部分。hip; rump

**でん-ぷ【田夫】** ①農家。農民。農夫。②いなかもの。

**でん-ぷ【田父】** ①年老いた農夫。②いなかおやじ。いなかもの。

**でん-ぷう【▼癜風】** カビの一種である癜風菌が皮膚に寄生して起こる皮膚病。円形の白または淡褐色の斑点ができ、こすると皮が落ちる。なまず。tinca versicolor

**てんぷく【天福】** →てんぷく(天福)

**てんぷく【天福】** 鎌倉中期の年号。貞永から改元。元年(一二三三)四月一五日～二年(一二三四)一一月五日。次に、文暦に改元。てんふく。

**てん-ぷく【転覆・▼顚覆】**(名・サ変自他) ①船・列車などが、ひっくり返ること。また、ひっくり返すこと。overturn ②政府などがひっくりかえること。滅びること。また、滅ぼすこと。overthrow

**てん-ぶくろ【天袋】** ①違い棚の上方に設けられた袋戸棚。②鴨居と天井のあいだに作られた戸棚。対義 地袋。

**てんぷじんけん-ろん【天賦人権論】** 近代西ヨーロッパの自然権思想の日本的形態。「人は生まれながらにして自由かつ平等の権利を有する」と主張。明治維新前後より加藤弘之ら啓蒙思想家が封建制と専制政治に対する批判の武器として唱えた。

**てん-ぶつ【典物】** 質に入れる品。質ぐさ。

**てんぷ-めいれい【転付命令】** 差し押さえられた金銭債権が券面額をもつ場合、それを執行債権者に移転し、その額だけ債権が弁済されたこととする執行裁判所の命令。比較 取立命令。

**でんぷ-やじん【田夫野人】** 教養のない粗野な人。rustic

**てんぷら【天▼麩羅・天婦羅】**《temperoポルトガルの転か》①おもに魚介類に、卵と小麦粉を冷水で溶いた衣をつけ、油で揚げたもの。比較 精進揚げ。②「めっき」をしたもの。外見だけりっぱなもの。

**てんぷら-がくせい【天▼麩羅学生】** にせ学生。服装などうわべだけ本物にみせかけていることから。

**テンプル-きしだん【テンプル騎士団】**(Templariiラテン) 中世ヨーロッパの三大騎士修道団の一つ。聖地保護と異教徒撃退のため一一一九年創立。同騎士団の財産没収を企図したフランス王フィリップ四世の陰謀により一三一二年解散。

**てん-ぶん【天分】** ①生まれつきの性質・能力。talent 用例 ―にめぐまれる。②身についている職分。素質。one's nature

**てんぶん【天文】** 室町末期の年号。享禄から改元。元年(一五三二)七月二九日～二四年(一五五五)一〇月二三日。次に、弘治に改元。

**でん-ぶん【伝聞】**(名・サ変自他) 他の人から伝え聞くこと。hearsay

**でん-ぶん【電文】** 電報の文章。telegraphic message

**でん-ぷん【▼澱粉】** 分子式$(C_6H_{10}O_5)_n$。ブドウ糖が多数つながった多糖の一種。芋類・穀類などで光合成により多量に作られ、工業的に精製される。食品から医薬品まで幅広く利用。starch

**でんぷん-か【▼澱粉価】** 飼料の栄養価の表示法の一つ。でんぷんの体脂肪生産量を単位として、ほかの可消化成分もでんぷんの場合に換算して合算したもの。SV。starch value

**でんぷん-しゅし【▼澱粉種子】** でんぷんを多量に貯蔵している種子。イネ・トウモロコシなど。starch seed

**でんぶん-しょうこ【伝聞証拠】** 公判廷に証拠として報告された、聞き伝えや書面による供述。hearsay evidence

**でんぷん-のり【▼澱粉▼糊】** でんぷんの粘着力を利用した糊。小麦粉や生麩・コーンスターチ・飯粒などが用いられる。starch

**でんぶん-ひょうげん【伝聞表現】** 話し手が他の人から聞いたことであることを示す表現。「聞けば…」「…とか」「…ということだ」「…そうだ」などの形をとる。

**てんぶんほっけ-の-らん【天文法華の乱】** 天文五年(一五三六)延暦寺僧徒が京都の日蓮宗二一寺を焼き討ちした事件。

**でんぷん-よう【▼澱粉葉】** 葉がさかんに光合成を行った結果として生じた炭水化物が、でんぷんの形で、葉緑体に多く含まれている

状態の葉。starch leaf

**てん-ぺい【天兵】** ①神が率いる兵隊。神兵。②天子の兵隊。官軍。

**テンペスト【Tempest】** シェークスピアのロマンス劇。『嵐』。一六一一年作。一六二三年出版。弟に領地を追われ孤島に暮らすプロスペロが、魔法により復讐し領地に帰る。最後の刊行作。

**テンペラ【tempera イタリア】** 絵の具の一種、またそれによる絵画。顔料に媒剤としてカゼイン・卵・イチジクの樹乳などを用いて練った絵の具。油絵と水彩の中間。油絵の具発明前、一五世紀まで多く使用された。用例 ―画。

**てん-ぺん【転変】**(名・サ変自) 移り変わること。change 比較 変転。用例 有為―。

**てん-ぺん【天辺】** 高い空。空の果て。high in the sky

**てん-ぺん【天変】** 天候・天象などの異変。暴風・日食・月食など。disaster 対義 地異。

**てんぺん-ちい【天変地異】** 天地間に起こる自然の異変。天災地変。convulsion of nature

**てんぺんちい-せつ【天変地異説】** 地球にこれまで何度かの激変(天変地異)が起こり、そのたびに生物は大部分が死滅したがわずかの種類だけが生き残り、それらが新たに繁栄するようになったとする説。キュビエが提唱。theory of catastrophe

**てん-ぼ【展墓】**(名・サ変自) 墓参り。

**てん-ぽ【店舗】** みせ。商店。shop

**てん-ぽ【転補】**(名・サ変他) 他の官職に転じ移すこと。

**てん-ぽ【▼塡補】**(名・サ変他) 不足を埋めること。補充。supplement

**テンポ【tempo】** ①楽曲の速度。②進み具合の速さ。用例 快調な―で仕事が進む。話の―が合わない。

**でん-ぽ【田▼圃】** たはた。たんぼ。fields

**てん-ぼう【展望】**(名・サ変他) ①見晴らすこと。見渡すこと。view 用例 ―台。②社会の将来について広く見渡し予測すること。view 用例 ―を示す。

**てんぽう【天▽保】** 江戸末期の年号。文政から改元。元年(一八三〇)一二月一〇日～一五年(一八四四)一二月二日。次に、弘化に改元。

**てん-ぽう【転封】** 江戸幕府が行った大名の所領変更。移封。国替え。

**でん-ぽう【伝法】** ↓でんぽう(伝法)□一

**でん-ぽう【伝法】** □一(名) 仏法を授け、伝えること。でんぼう。□二(名・形動)《「伝法肌」の略》①悪ずれがして、乱暴なこと・人・さま。②女が、勇み肌をまねること・さま。

**でん-ぽう【電報】** 発信人に依頼された通信文をコンピューターの入出力によって、短時間で受取人に手渡すこと。また、通信文の印刷された用紙。telegram 用例 ―を打つ。

**てんぼう-しゃ【展望車】** 車外の景色が展望できるような設備をそなえた客車。observation car

**てんぽうすいこでん【天▽保水▼滸伝】** 講談・浪曲の題名。飯岡助五郎と笹川繁蔵・平手造酒の抗争を描いたもので、講談は江戸の講釈師宝井琴凌、浪曲は正岡容の作。

**てんぽう-せん【天▽保銭】** ①天保通宝の通称。②明治時代には八厘に通用し一銭に足りないことから、時代おくれ、知能の低い人の意。③旧陸軍大学校卒の軍人の胸につけた徽章の俗称。

**てん-ぽうそう【天▼疱▼瘡】** 大形の水疱のできる病気の総称。尋常性天疱瘡・紅斑性天疱瘡・増殖性天疱瘡がある。pemphigus

**てんぽう-つうほう【天▽保通宝】** 江戸時代、幕府鋳造の銅銭の一つ。天保六年(一八三五)鋳造・発行。百文銭。明治以後は八厘として明治二四年(一八九一)まで通用。天保銭。↓写

●天保通宝

**てんぽう-の-かいかく【天▽保の改革】** 江戸後期に行われた幕府の政治改革。三大改革の一つ。天保一二年(一八四一)以降、老中水野忠邦が断行。倹約令・風俗取締令・株仲間の解散・物価の統制・上知令の発布などにより幕府財政の建て直しをはかったが、失敗。

**てんぽう-の-ききん【天▽保の飢▼饉】** 天保四～七年(一八三三～三六)の全国的な大飢饉。天候不順で冷害・洪水が続発し米価が高騰。農村は荒廃し、一揆・打ち壊しが頻発した。

**てん-ぼうりん【転法輪】**《仏教語》仏が説法すること。転輪王が輪宝によって敵を破るように、仏が法の輪を世界に転じて、人々の迷いをうち砕くという意味とされる。

**てんぽうろっかせん【天▽保六花▼撰】** 講談の題名。河内山宗春・片岡直次郎ら六人の無頼ぶりを実録風に描いたもの。二世松林伯円の作。河竹黙阿弥により、『天衣紛上野初花』として舞台化された。

**てん-ぽん【点本】** 訓点のついた漢文の本。

**てん-ま【天麻】** 生薬の一つ。ラン科のオニノヤガラの乾燥根茎。幼茎を赤箭という。滋養強壮・鎮静・鎮痛などの薬効がある。

**てんま【天▽満】** 大阪市北区南東部、淀川に沿う地区。天満宮があり、七月二五日の天神祭で知られる。

**てん-ま【天魔】**《仏教語》仏法の邪魔をし、善をなそうとする人の智慧・善根を失わせる悪魔。天魔波旬。

**てん-ま【▽伝馬】** ①公用の旅行や逓送のため用いられた駄馬。律令制下、駅馬とは別に各郡に常置。戦国時代に復活し、江戸幕府によって充実。駅馬。②「伝馬船」の略。

**デンマーク【Denmark・丁抹】**(Kingdom of Denmark) 北ヨーロッパ、ユトランド半島と五百余の島々からなる王国。首都コペンハーゲン。大部分は氷食を受けた低地で地味が悪いが、一九世紀から協同組合制度を拡充、今日では世界的な酪農国となった。面積四・三万km²。人口五一二万(一九八八)。正称デンマーク王国。

**デンマーク-たいそう【デンマーク体操】** デンマークで発達した体操体系。一九一〇年代にブックが研究。関節可動性・筋力・巧緻性の三点が強調され動きがリズミカル。

**てん-まく【天幕】** ①テント。tent ②天井から下げる飾り幕。curtain hung from the ceiling

**てんまく-けむし【天幕毛虫】** オビカレハの幼虫の俗称。幼虫は糸をはき、サクラ・ウメ・モモなどの枝分かれの部分にテント状の巣をつくって群棲する。ウメケムシ。

**てんま-せん【▽伝馬船】** 荷物などを運送する、小形の和船。てんまぶね。

**てんま-ちょう【▽伝馬町】** 旧宿場町に残る町名。戦国時代以降、とくに江戸時代に、宿駅に備えた輸送用の馬を伝馬といったことにちなむ。

**てん-まつ【▼顚末】** ①物事の始終・いきさつ。委細。一部始終。details 用例 事件の―。②なりゆき。次第。course of events

**てん-まど【天窓】** 屋根にあけた窓。引き窓。skylight

**てんま-はじゅん【天魔波旬】** 天魔の別称。

**てんまばやし【天間林】**〈村〉 青森県東部、八甲田山東麓の村。農林業が中心。畜産などが行われる。人口一万二七(一九八八)。

**てんまん-ぐう【天満宮】** 菅原道真(天満天神)を祭神とする神社。学芸の神として尊崇される。天神。

**てんみょう-がま【天明▼釜・天命▼釜・天▽猫▼釜】** 下野国の天明(現在の栃木県佐野市)で作られた茶釜の総称。室町期から製造され、地紋は単純で地肌に工夫がこらされ、素朴で侘びた感じが特徴。

**テンムーシャン【天目山】**(Tiānmù Shān) ↓てんもくさん(天目山)

**てんむ-てんのう【天武天皇】**(?～六八六) 第四〇代天皇(在位六七三～六八六)。舒明天皇の第三皇子。天智天皇の弟。名は大海人皇子。壬申の乱に勝利し飛鳥浄御原宮で即位。八色の姓・飛鳥浄御原令などを制定し、天皇中心の律令体制を完成。

**てん-めい【天命】** ①天から与えられた使命。天の命令。用例 人事をつくして―を待つ。②身にそなわる運命。③天寿。

**天命を知る**(てんめいをしる)《『論語』に、「五十にして天命を知る」とあるところから》五〇歳になる。知命になる。submit to Heaven's will

**てん-めい【天明】** ①明け方。夜明け。②江戸末期の年号。安永から改元。元年(一七八一)四月二日～九年(一七八九)一月二五日。次に、寛政に改元。

**てんめい【天明】**〈町〉 熊本県中部、緑川河口の町。稲作・メロン栽培・漁業などが行われ、宅地化も進む。人口一万七九九(一九八八)。

**でん-めい【電命】** 電報による命令。

**てんめい-かいご【転迷開悟】**《仏教語》迷いの世界の三界で輪廻転生することから転じて、悟りを開くこと。

**てんめい-ちょう【天明調】** 安永・天明(一七七二～八九)のころ、俳諧革新と蕉風の復興を唱えた、与謝蕪村・加藤暁台・三浦樗良らによる中興俳諧の俳風。

**てんめい-の-ききん【天明の飢▼饉】** 天明二～七年(一七八二～八七)の全国的な大飢饉。とくに東北地方は冷害のため、多数の餓死者・疫病死者が出た。

**てん-めつ【点滅】**(名・サ変自他) あかりがついたり消えたりすること。また、つけたり消したりすること。turn on and off

**てん-めん【▼纏綿】** □一(名・サ変自) からみつくこと。entanglement □二(形動トタル) 気持ちがからみあって、離れがたいさま。こまやか。clinging affection 用例 情緒―。

**てん-もう【天網】** 天が張り巡らしたあみ。

**天網恢々、疎にして漏らさず**(てんもうかいかい、そにしてもらさず)《『老子』にある語。天網は目が粗いようだが、物をすくいもらすことがない、の意から》悪者は一時は逃れても必ず捕らえられる。天が悪事に対して厳正であるたとえ。Heaven's vengeance is slow but sure.

**てんもく【天目】**《中国、浙江省の天目山の仏寺で常用したのに由来》①黒または柿色の鉄質釉のかかった茶碗の総称。とくに南宋時代に建窯・吉州窯で作られたものは名高い。喫茶用ですり鉢形。天目茶碗。②《転じて》茶碗の総称。↓写

**てんもく-さん【天目山】** 中国、浙江省北西部、安徽省境近くの山。東西二峰に分かれ、西天目山は標高一五〇七m、東天目山は標高一四七九m。テンムーシャン。

**てんもく-ざん【天目山】** ①山梨県東部、日川上流域の山。標高一三八〇m。天正一〇年(一五八二)、武田勝頼がこの山麓で織田信長の軍勢に敗れて自刃した。②《転じて》勝敗の分かれ目。進退きわまったこと。天王山。

**てんもく-だて【天目▽点】** 茶道で、天目茶碗を使った点前のこと。貴人や神仏への呈茶・献茶が主で、天目には台がつき、唐物などのため、あつかいが難しい。

**てんもく-ぢゃわん【天目茶▼碗】** ↓てんもく(天目)

**てん-もり【天盛(り)】** ①日本料理で、酢の物・あえ物・煮物などを盛りつけた上に飾るあしらい。針のり・木の芽・ユズなど。②天ぷら付きの盛りそば、またはうどん盛り。

**てん-もん【天文】** 天体で起こるさまざまの現象。astronomy

**てんもん-がく【天文学】** 天体とその周囲の空間について研究する学問。位置天文学・天体物理学・天体力学などに分類される。astronomy

**てんもんがく-てき【天文学的】**(形動) 数が非常に大きいさま。astronomical 用例 ―数字。

**てんもん-かた【天文方】** 江戸幕府の役職。貞享元年(一六八四)渋川春海が任命されたのが最初。天文観測・編暦・測量・洋書の翻訳などが主任務。

**てんもん-こうほう【天文航法】** 船舶や航空機で天体の高度を測定し自己の位置を求めて航行する航法。おもに大洋上で地物などが利用できないときに用いる。天測航法。astronomical navigation

**てんもん-じ【天文時】** 天体の運行から天文学的にきめた時間のシステム。現在の時間シ

●天目①『曜変天目茶碗』建窯。南宋時代(一二～一三世紀)、藤田美術館(大阪府)。

ステムは原子の振動を使う。astronomical time

**てんもん-だい【天文台】** 天体観測を行う施設。天体物理天文台・電波天文台など。astronomical observatory

**てんもん-たんい【天文単位】** 地球と太陽の平均距離を基本とする単位。一天文単位は約一億四九六〇万km。太陽系内の天体の距離表示に用いる。記号AU astronomical unit

**てんもん-どう【天門冬】** クサスギカズラの別名。

**でん-や【田野】** たはた。野良。fields

**てん-やく【典薬】** 「典薬寮」の略。

**てん-やく【点訳】**(名・サ変他) ふつうの文を点字の文に直すこと。点字訳。translate into braille

**てん-やく【点薬】**(名・サ変自) 目薬をさすこと。目薬。点眼薬。eye drops

**てんやく-りょう【典薬寮】** 律令制下の官司の一つ。宮内省に属す。医薬をつかさどり、医師・医博士らを管轄した。くすりのつかさ。

**てんや-もの【店屋物】** 飲食店からとり寄せる料理。どんぶり物・そば・すしなど。

**てんや-わんや**(副)《俗語》われがちに騒ぎたてて、混乱するさま。用例 —の大騒ぎ。

**てん-ゆ【▼諂▼諛】** こびへつらうこと。

**てん-ゆう【天▼佑・天▼祐】** 天の助け。天助。special providence 用例 —神助。

**てん-よ【天与】** 天が与えるもの。天の与え。godsend 用例 —の才能。—のチャンス。

**てんよう【天養】** 平安末期の年号。康治から改元。元年(一一四四)二月二三日〜二年(一一四五)七月二二日。次に、久安に改元。

**てん-よう【転用】**(名・サ変他) 本来の用途・目的を変えて使うこと。diversion 比較 流用。

**てん-らい【天来】** 天から来たこと。この世のものでないこと。heavenly 用例 —の妙音。

**てん-らい【天雷】** ①かみなり。②江戸時代の歌舞伎劇場で、舞台の天井に取り付けた雷の音を出す仕掛け。

**てん-らい【天▼籟】** ①風の音。②すぐれた詩歌。

**でん-らい【伝来】**(名・サ変自) ①伝わって来ること。introduction 用例 海外から—する。②代々受け伝えること。transmission 用例 父祖—の名刀。

**てん-らく【転落・▼顚落】**(名・サ変自) ①ころび落ちること。downfall 比較 墜落。用例 —死。②おちぶれること。ruin 用例 —の一途をたどる。

**てん-らん【天覧】** 天皇が見ることをいう敬語。叡覧。聖覧。上覧。用例 —相撲。

**でん-らん【電▼纜】** ケーブル。

**てんらん-かい【展覧会】** 品物・作品などを並べて見せる会。exhibition

**てんらんかいのえ【展覧会の絵】**《原題 Kartinki s vystavki》ムソルグスキー作曲のピアノ組曲。一八七四年作。友人の展覧会にちなむ一〇曲とプロムナード(間奏)からなる。ラベル編曲の管弦楽曲(原題 Tableaux d'une exposition)も有名。

**てん-り【天理】** 自然の理。natural law

**てんり【天理】**〈市〉奈良県、奈良盆地東縁にある市。天保九年(一八三八)に始まった天理教の隆盛とともに、宗教都市として急速に発展。人口六万四七九三(一九八八)。

**でん-り【電離】**(名・サ変自) ①気体の原子または分子がイオンになること。イオン化。electrolytic dissociation ②電解質の一部が溶液中でイオンに解離すること。electrolytic dissociation

**てんり-きょう【天理教】** もと教派神道十三派の一つ。天保九年(一八三八)中山みきが天啓を受けて創始。天理王命を親神とし「陽気暮らし」を説く。本部は奈良県天理市。

**でんり-けん【電離圏】** 地球上空で、大気が電離して、電子や酸素・ヘリウム・窒素などのイオンが多く存在する層。高度約七〇〜数百キロメートル。高度の低いほうからD層・E層・F層と呼ばれる。地球上からの電波を反射するので、長距離無線電信に利用される。電離層。ionosphere

**でんりけん-あらし【電離圏▼嵐】** 電離圏が太陽活動の変動によって極端に乱される現象。ionospheric storm

**でんり-そう【電離層】** ↓でんりけん(電離圏)

**でんり-ていすう【電離定数】** 電離の状態を表す平衡定数。イオン化定数。electrolytic dissociation constant

**でんり-ど【電離度】** 電解質を溶液に溶かしたときの電離の程度を表す数値。degree of electrolytic dissociation

**でんり-ばこ【電離箱】** 放射線の通過による気体の電離量によって放射線の線量・エネルギーなどを測定する装置。ionization chamber

**でんり-へいこう【電離平衡】** 電解質を溶液に溶かしたとき、電離によって生じたイオンと分子間に生じる平衡。electrolytic equilibrium

**てんりゃく【天▽暦】** 平安中期の年号。天慶から改元。元年(九四七)四月二二日〜一一年(九五七)一〇月二七日。次に、天徳に改元。

**でん-りゃく【電略】**《「電信略号」の略》電報を使うときの略号で、「至急」をウナ、「局待ち」をヤムなど。

**てん-りゅう【天竜】** ①天をかける竜。②《仏教語》仏法を守る八部衆のうちの諸天と竜神。

**てん-りゅう【転流】** ①植物体内でつくられた代謝物や吸収された養分が、師管などを通って他の組織に移動すること。translocation ②流水・氷河などによって砂礫が運ばれる現象。drift

**てんりゅう【天竜】**〈市〉静岡県西部、天竜川下流の市。中心は二俣。スギ・ヒノキの美林地帯で、木材関連産業がさかん。人口二万四六一二(一九八八)。

**てんりゅう【天▼龍】**〈村〉長野県南端、天竜川に沿う村。林業がさかん。茶・シイタケ・ウメが特産。人口二七九六(一九八八)。

**でん-りゅう【電流】** 電荷の流れ。電子やイオンなどが空間を移動するときに生じる。電流の大きさは単位時間に流れる電気量で表される。電流の向きは、正電荷の移動の向きと一致する。electric current 数え方 一アンペア。

**でんりゅう-かいろ【電流回路】** 測定器において、電流を測定するための分流回路。current circuit

**てんりゅう-がわ【天竜川】** 長野県南部・静岡県西部を南流する川。長さ二一三km。長野県諏訪湖に発し、伊那盆地をうるおし、静岡県竜洋町で遠州灘に注ぐ。流域は電源・美林地帯。

**てんりゅう-きょう【天竜峡】** 長野県、飯田市南部、天竜川の峡谷。両岸絶壁で急流をなす。観光舟下りがある。

**でんりゅう-けい【電流計】** 電流を測る計器。電磁力で指針を振らせるものが多い。可動コイル型・可動鉄片型・電流力計型などがある。ammeter ↓写

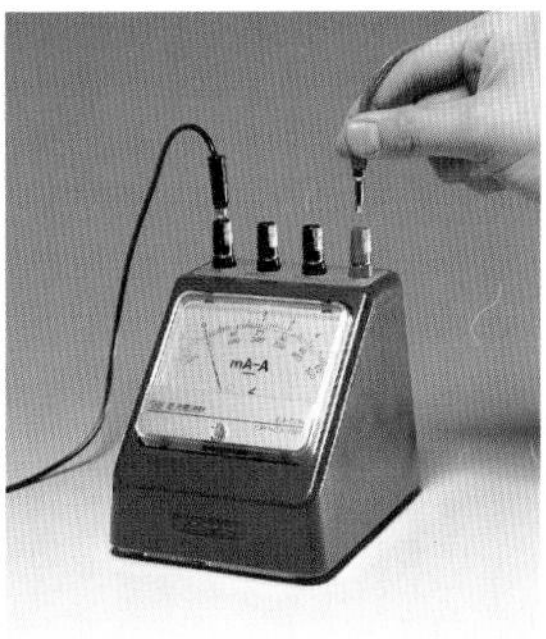

●電流計　可動コイル型の直流電流計。

**てんりゅうざん-せっくつ【天竜山石▼窟】** 中国、山西省太原の西南にある石窟寺院。二二洞が東魏から唐代にかけて開かれた。とくに唐代の彫像は写実的で精妙である。

**てんりゅう-じ【天竜寺】** 京都市右京区嵯峨にある臨済宗天竜寺派の大本山。暦応二年(一三三九)足利尊氏・直義兄弟が後醍醐天皇の冥福を祈るため、夢窓疎石を開山として建立。京都五山の一つ。

**でんりゅう-じきこうか【電流磁気効果】** 電流の流れている結晶に磁場を加えると、電流の大きさや方向が変化したり、温度が変化したりする現象。galvanomagnetic effect

**てんりゅうじ-ぶね【天竜寺船】** 足利直義が天竜寺の造営費を得るため、暦応四年(一三四一)元に派遣した貿易船。

**でんりゅう-てきてい【電流滴定】** 電気滴定の一種。滴定液中に電極を挿入し、その電極に流れる電流を測定して滴定する。amperometric titration

**てんりゅう-はちぶしゅう【天竜八部衆】**『法華経』などで、仏法を守護するという八部。天・竜・夜叉・乾闥婆・阿修羅・迦楼羅・緊那羅・摩睺羅迦。八部衆。

**でんりゅうほぞん-の-ほうそく【電流保存の法則】** ↓キルヒホッフのほうそく(キルヒホッフの法則)①

**てん-りょう【天領】** 江戸幕府の直轄地。石高四五一万石に達し、全国の一五%に及ぶ。江戸を除き勘定奉行の統轄下で郡代・代官が支配。

**でん-りょく【電力】** 電流による単位時間あたりの仕事。単位はワット(W)。直流の場合、電圧と電流の積で表される。electric power

**でんりょく-けい【電力計】** 電力を測る計器。交流では一周期の平均電力を指示する。電流力計型・誘導型などがある。wattmeter

**でんりょく-さい【電力債】** 電力会社によって発行される事業債。電力事業の公益性という観点から、発行限度・担保などの面で一般事業債とは異なるあつかいを受ける。

**でんりょくせん-はんそう【電力線搬送】** 送電線を伝送線路とする搬送電話。通信線より災害に対し強いが、通信回線の品質は良くない。power line carrier

**でんりょく-ゆそう【電力輸送】** 電力を送電線を通じて消費地に運ぶこと。輸送中の損失を少なくするため高い電圧を用いる。power transmission

**でんりょく-りょう【電力量】** 電気エネルギーの発生や消費の量または電流のした仕事量。電力の時間積分で与えられる。単位は、ワット時(Wh)とキロワット時(kWh)。

**てんりん-おう【転輪王】**《仏教語》古代インドで理想とされた偉大な統治者。天から得た輪宝を転じて四方を制する王。金輪王・銀輪王・銅輪王・鉄輪王の四王。転輪聖王。輪王。

**てん-れい【典礼】** ①定まった儀式。儀礼。ceremony ②儀式を司る役。③カトリックおよび儀式を重んずる一部のプロテスタント教派の用語。教会で行う一定の祭儀行為。プロテスタントの礼拝にあたる。liturgy

**てん-れい【典例】** よりどころとなる先例・故実。exemplar

**てん-れい【典麗】**(名・形動) きちんとして美しいこと・さま。用例 —な儀式。

**でん-れい【伝令】** 命令を伝えること・人。メッセンジャー。messenger

**でん-れい【電鈴】** 電磁石にハンマーを付け、鈴を連打する装置。警報の発生、電話機の呼び出しなどに用いられる。ベル。bell

**でんれい-アールエヌエー【伝令RNA】** ↓メッセンジャーアールエヌエー(メッセンジャーRNA)

**てんれいばんしょうめいぎ【▼篆隷万象名義】** 日本最初の漢字字書。空海著。三〇巻。天長七年(八三〇)以降の成立。中国の『玉篇』から約一万六〇〇〇の漢字を抄出し五四一の部首毎に配列。篆書・隷書で見出しをつけ、下に反切と釈義をつけたもの。

**てんれい-もんだい【典礼問題】** 中国、清初におこったカトリック教の布教をめぐる、イエズス会とドミニコ会・フランチェスコ会の間の論争。前者は中国の伝統儀礼を尊重したが、後者はこれを否定。提訴を受けた教皇はイエズス会を異端としたため、康熙帝はこれを無礼とし、イエズス会にだけ布教を許可した。続く雍正帝は一切の布教を禁止、弾圧した。Chinese Rites Controversy

**テンレック【tenrec】** テンレック科の哺乳動物約二〇種の総称。マダガスカル特産の針状の毛をもつ原始的な食虫類。体長三〇〜四〇cm。ハリネズミに似るが尾はない。日中は土中の巣で眠り、夜、地表を歩いて昆虫・ミミズなどを捕食。

**てん-ろ【転炉】** 鉄や銅の製錬に用いる炉。空気や酸素を吹き込んで不純物を酸化除去する。鉄の場合は鋼をつくる精製炉であるが、銅の場合は粗銅をつくる製錬炉をいう。コンバータ。converter 比較 高炉・平炉。

**でん-ろ【電路】** ↓でんきかいろ(電気回路)

**てんろう-せい【天▼狼星】** おおいぬ座のα星シリウスの中国名。全天でもっとも明るい恒星。Dog star

**てんろ-き【転路機】** 線路の切り替えをする装置。転轍機。ポイント。switch米; point英

**てんろく【天▼禄】** 平安中期の年号。安和から改元。元年(九七〇)三月二五日〜四年(九七三)一二月二〇日。次に、天延に改元。

**てんろれきてい【天路歴程】**《原題 The Pilgrim's Progress》バニヤンの宗教的寓意物語。一六七八・八四年刊。主人公が遍歴のすえ「天の都」に至る過程を描く。

## でん-わ【電話】

①音声を電気信号に変えて伝送し、個人間の通信を行う装置。電話機相互間を電線で結び、中間の電話局で交換機が中継接続する。telephone ②「電話機」の略。phone ③電話で話をするこ

と。また、その通話。call 数え方 一度・一回・一本・一通話。

**でんわ-きょく【電話局】** 電話の架設・交換および設備の保守・管理・サービス業務などを行う機関。また、その建物。昭和六〇年(一九八五)に日本電信電話公社から日本電信電話株式会社(NTT)に移管。telephone office

**でんわ-せん【電話線】** 有線電話の伝送用線路。telephone cable

**でんわてんそう-システム【電話転送システム】** 留守中に着信した電話を、あらかじめ指定した電話機に転送する方法。

**でんわ-でんぽう【電話電報】** 電報の発送を電話を使って依頼するやり方。局番なしの一一五番で受けつけている。

**でんわ-ファクシミリ【電話ファクシミリ】** 電話回線を利用して文書・図形などを送受信する装置。日本電信電話株式会社の端末を利用するもの(ミニファックス)と、自営設備によるものがある。電話ファックス。telephone facsimile

# と ト

**と【と・ト】** 五十音図た行第五の仮名。平仮名「と」は「止」の草体。片仮名「ト」は「止」の略。濁音は「ど」「ド」。

**ト 3画【土】** 部首[土] 教育小1 JIS 3758
音 ド・ト
訓 つち
筆順 ↓ド[土]
①つち。どろ。大地。「土地」 ②旧国名の一つ。「土佐」 ③トルコ(土耳古)のこと。「日土協会」 ↓ド[土]

**ト 4画【斗】** 部首[斗] 常用 JIS 3745
音 ト・トウ
①尺貫法の容積の単位。一升の一〇倍。約一八・〇四ℓ。「四斗樽」「斗酒」 ②ます。とます。十升はかれる、ます。 ③ひしゃく。湯・水などをくむ用具。 ④ひしゃくの形の星座の名。「泰山北斗・北斗星」 ⑤大家。巨匠。専門にすぐれた人。「泰斗」

**ト 6画【吐】** 部首[口] 常用 JIS 3739
音 ト
訓 はく
はく。もどす。また、のべる。対義 呑。「音吐」「吐息・吐血・吐露」

**ト 6画【汢】** 部首[氵] JIS 6173
音 ト
しめりけのある土。ぬた。ぬまた。泥ぶかい田。地名にも用いられる。

**ト 7画【図】** 部首[囗] 教育小2 JIS 3162 14画【圖】 旧字 JIS 5206
音 ズ・ト
訓 はかる
筆順 ↓ズ[図]
①はかる。はかりごと。計画。「壮図・雄図」 ②領土。「版図」 ③本。書物。「図書」 ↓ズ[図]

**ト 7画【肚】** 部首[月] JIS 7076
音 ト
①はら。腹部。 ②い。胃袋。

**ト 7画【杜】** 部首[木] JIS 3746
音 ト・ズ・ド
①ヤマナシ。バラ科の落葉高木。 ②ふさぐ。とざす。とじる。「杜絶」 ③もり。神社のもり。 ④「杜撰」は、㋐誤りの多い著作。㋑でたらめ。ずさん。粗雑。 ⑤「杜氏」は、酒をつくる職人。また、そのかしら。

**ト 8画【兎】** 部首[儿] JIS 4929 7画【兎】 異体字 8画【兔】 異体字 JIS 3738
音 ト
①ウサギ。ウサギ目に属する哺乳動物。「脱兎」 ②月の別称。「烏兎匆々」

**ト 8画【妬】** 部首[女] JIS 3742 7画【妒】 異体字
音 ト
ねたむ。そねむ。やく。やきもちをやく。「嫉妬」「妬心」

**ト 9画【度】** 部首[广] 教育小3 JIS 3757
音 ド・ト・タク
訓 たび
筆順 ↓ド[度]
のり。規則。規準。「法度」 ↓タク・ド[度]

**ト 10画【徒】** 部首[彳] 教育小4 JIS 3744
音 ト・ズ
①あるくこと。かち。「徒渉・徒歩」 ②ひと。なかま。ともがら。「学徒・囚徒・暴徒」用例(名)忘恩の―。 ③弟子。従者。「信徒・門徒」「徒弟」 用例《接尾的》仏教―。 ④昔、一定年限、使役した刑。五刑の一つ。「徒刑」 ⑤むだに。いたずらに。「徒死・徒労」 ⑥なにもものたない。「徒手」 ↓ズ[徒]

**ト 10画【荼】** 部首[艹] JIS 7224
音 ト・タ・ダ
ニガナ。キク科の多年草。 ↓ダ[荼]

**ト 10画【途】** 部首[辶] 常用 JIS 3751 11画【途】 旧字 部首[辶]
音 ト・ズ
みち。往来。みちすじ。「帰途・前途・中途」「途次・途中」用例(名)帰国の―につく。
**途に就く** ①移動し始める。出発する。start ②やり始める。ある目的をもって、何かにとりかかる。start on

**ト 10画【蚪】** 部首[虫] JIS 7349
音 トウ・ト
「蝌蚪」は、おたまじゃくし。カエルの幼生。

**ト 11画【菟】** 部首[艹] JIS 3749 10画【莵】 異体字 JIS 7225
音 ト
①「菟糸」は、ネナシカズラ。ヒルガオ科の一年草。つる性の寄生植物。 ②「於菟」は、古代中国の楚の国の方言で、動物のトラのこと。

**ト 11画【都】** 部首[阝] 教育小3 JIS 3752 12画【都】 旧字
音 ト・ツ
訓 みやこ
①みやこ。比較 府。「旧都・故都・首都」 ②大きなまち。「商都」「都会」 ③地方公共団体の一つ。「都道府県」 ④東京都のこと。「都下・都庁・都民」用例(名)―の水道局。 ↓ツ[都]

**ト 12画【堵】** 部首[土] 11画【堵】 異体字 JIS 3740
音 ト
かき。かきね。かこい。用例(名)―の如し。
**堵に安んず** 安心する。安堵する。
**堵の如し** 大勢の人が集まり、垣をめぐらすように立ち並ぶ。見物人の多いさま。

**ト 12画【屠】** 部首[尸] 11画【屠】 異体字 JIS 3743
音 ト
きる。ほふる。ころす。「屠殺・屠腹」

**ト 12画【渡】** 部首[氵] 常用 JIS 3747
音 ト
訓 わたる・わたす
①川・海をわたる。わたす。「渡河・渡航・渡渉・渡米・渡来」 ②とおる。すぎる。すごす。「過渡期」「渡世」 ③手わたす。ゆずる。「譲渡」

**ト 12画【登】** 部首[癶] 教育小3 JIS 3748
音 トウ・ト
訓 のぼる
筆順 ↓トウ[登]
①のぼる。高いところにあがる。のぼり。比較 昇。「登山」 ②いってつとめる。「登城」 ③あらわれる。「登場」 ↓トウ[登]

**ト 13画【塗】** 部首[土] 常用 JIS 3741
音 ト
訓 ぬる
①どろ。ひじ。「塗炭」 ②ぬる。まみれる。「塗装・塗布・塗料」 ③みち。往来。「道聴塗説」

**ト 14画【睹】** 部首[目] JIS 6649 16画【覩】 異体字 部首[見] JIS 7515
音 ト
みる。みつめる。みつける。みわける。「逆睹・目睹」

**ト 14画【跿】** 部首[足] JIS 7685
音 ト
すあし。はだし。

**ト 16画【賭】** 部首[貝] 15画【賭】 異体字 JIS 3750
音 ト
かける。かけをする。かけ。かけごと。「賭場・賭博」

**ト 16画【頭】** 部首[頁] 教育小2 JIS 3812
音 トウ・ズ・ト
訓 あたま・かしら
筆順 ↓トウ[頭]
あたま。かしら。先にたつ。「音頭」「頭巾」 ↓ズ・トウ[頭]

**ト 17画【鍍】** 部首[金] JIS 3753
音 ト
めっき。金・銀などを溶かして、ほかの金属の表面にかぶせること。また、そのかぶせたもの。「鍍金」

**ト 17画【闍】** 部首[門] JIS 7975
音 ト・シャ・ジャ
うてな。ものみ。城郭の門の上のものみ台。 ↓ジャ[闍]

**ト 24画【蠹】** 部首[虫] JIS 7437 22画【蠧】 異体字 JIS 7438
音 ト
①キクイムシ。コウチュウ目に属する昆虫。「蠹毒」 ②「蠹魚」は、シミ。シミ目に属する昆虫。

**と【十】** 《「とお」の約》とお。じゅう。ten 用例 ―月。十人―色。

**と【戸・門】** ①建物・塀などの開口部に取り付けて開閉できる建具の総称。door 用例 ―をあける。 ②家の出入り口・門。door; gate 用例 家の―口。 ③河や海などの両岸が狭くなっているところ。数え方 一枚・一本。

**と【砥】** 刃物などをとぐもの。といし。
**砥の如し** 平らである。

**と** 古語(副)《「かく」とともに用いることが多い》そのように。あのように。用例 ―言ひかく言ひ(源氏・東屋)。

**と**(接続)《「すると」の略》前の事柄を受けて、続いて起こることを表す。用例 あたりが暗くなった。―、急に雨が降りだした。

**と** 一(格助)《体言、それに準ずるものに付く》①動作や状態を共有する意を表す。…とともに。用例 弟―遊ぶ。 ②結果・帰結を示す。用例 焼け野原―なる。 ③引用を示す。用例「行く」―言った。 ④並列の意を表す。用例 紙―鉛筆―。参考 並列助詞とする説もある。

⑤比較の対象を示す。用例これ―比べてみなさい。⑥ようすを表す。用例さっさ―かたづける。⑦意味を強めるのに用いる。用例生き―し生けるもの。㊁(接助)《終止形に付く》①仮定の順接条件を示す。用例この雨が長く続く―、不作のおそれがある。②ある条件が備われば、いつでもある事柄が起こる場合に、その条件を示す。…時はいつも。用例春になる―、花が咲く。③一つの事柄と同時に、または相次いで他の事柄が起こるときに用いる。用例わたしの顔を見る―、かれは黙ってしまった。④《「う・よう・まい」に付いて》仮定の逆接条件を示す。とも。用例どうしよう―、きみのかってだ。

**ど**【ど・ド】→と【と・ト】

**ド** 3画【土】 部首[土] 教育小1 JIS 3758

土 土 土

音ド・ト 訓つち

①つち。どろ。「粘土」「土砂・土俵・土木」用例《接尾的》腐植―。②くに。いなか。いどころ。「郷土・国土・本土」「土豪・土俗・土着」③土木のこと。「土建」④七曜の一つ。「土曜日」⑤易で、五行の第三。「木火土金水」⑥土佐国のこと。「薩長土肥」「土州」↓ト【土】

**ド** 5画【奴】 部首[女] 常用 JIS 3759

音ド・ヌ

①しもべ。やっこ。人につかわれる男。対義婢。「農奴」「奴輩・奴隷」②やつ。あいつ。人をいやしめていうのに用いる。用例《接尾的》守銭―。売国―。

**ド** 7画【努】 部首[力] 教育小4 JIS 3756

音ド 訓つとめる

努 努 努 努 努 努

①つとめる。はげむ。比較勤・務。「努力」②ゆめ。かならず。決して。すこしも。

**ド** 8画【▾呶】 部首[口] JIS 5083

音ドウ・ド

かまびすしい。やかましい。さわがしい。

**ド** 8画【▾孥】 部首[子] JIS 5355

音ド・ヌ

つまこ。妻子。家の女こども。

**ド** 8画【▾帑】 部首[巾] JIS 5470

音トウ・ド

くら。かねぐら。貨幣をおさめておくところ。「国帑・内帑金」

**ド** 8画【▾弩】 部首[弓] JIS 5524

音ド

①いしゆみ。ばねじかけで、石や矢を発射する弓。②ドレッドノート(Dreadnought)の音訳の略。「超弩級」

**ド** 9画【度】 部首[广] 教育小3 JIS 3757

音ド・ト・タク 訓たび

度 度 度 度 度 度

①ものさし。ながさ。ほど。ほどあい。「温度・過度・角度・尺度・節度・速度・程度」「度量衡」用例(名)―を越す。(接尾)緊張―。②温度・角度・アルコール含有量などの単位・めもり。「緯度・経度」用例(名)―をはかる。(助数)セ氏二十五―。三十―の酒。円周の三百六十分の一が一―。③眼鏡のレンズの強さを示すのに用いる。用例(名)―の強い眼鏡。(接尾)二―も進んだ。④たび。回数。「毎度」用例(助数)四―もころんだ。三―めの正直。⑤品性。ひとがら。「大度」「度胸・度量」⑥のり。きまり。「制度」⑦そぶり。様子。「態度」⑧すくう。仏門にはいらせる。「済度」⑨僧となる。「得度」↓タク・ト【度】

**度が過ぎる**(どがすぎる) 程度をはなはだしくこえる。物事を過度に行う。度を越す。go too far

**度を失う**(どをうしなう) びっくりして落ち着きをなくす。upset

**度を過ごす**(どをすごす) ちょうどよい度合いを越えてしまう。go to excess

**ド** 9画【怒】 部首[心] 常用 JIS 3760

音ド・ヌ 訓いかる・おこる

①いかる。おこる。対義喜。「激怒」「怒気・怒号・怒声」②はげしい。あらあらしい。「怒濤」

**ド** 10画【▾砮】 部首[石]

音ド

やじり。石のやじり。やじりにする石。

**ド** 11画【▾笯】 部首[竹]

音ド

①とりかご。②うえ。うけ。うぐえ。川魚をつかまえる漁具。割り竹をかご状に編み、魚がはいると、でられないしかけのもの。

**ド** 15画【▾駑】 部首[馬] JIS 8146

音ド・ヌ

①にぶい馬。のろい馬。「駑馬」②にぶい。のろい。おろか者。

**ど** ㊀古語(接助)《已然形に付く》①既定の逆接条件を示す。が。けれども。ども。用例木のさまにくげなれ―、棟の花いとをかし(枕・木の花は)。②仮定の逆接条件を示す。ても。用例二人行け―行き過ぎ難き秋山を(万葉・二・一〇六)。㊁(接頭)①強める意。用例―まんなか。②悪く言う意。用例―馬。

**ど**【▿所】(接尾) ところ。場所。用例あて―もなく。

**ドア**【door】 建物・乗り物などの開口部に用いる戸。扉。西洋風の開き戸。

**ど-あい**【度合(い)】 ほどあい。程度。degree 用例濃淡の―。

**ドア-エンジン**《和製語》圧縮空気などを利用して車両などのドアを自動的に開閉する装置。door operating equipment

**ドア-クローザー**【door closer】↓ドアチェック

**ドア-スコープ**《和製語》玄関などのドアに取り付ける広角レンズ。ドアを開けずに来訪者を確認でき、防犯に役立つ。ドアアイ。マジックアイ。peep hole

**と-あたり**【戸当(た)り】①開いた建具が元にもどって当たる面。②扉が行き過ぎないように柱・幅木・床などに取り付ける突出物。doorstop; stopper

**ドア-チェーン**【door chain】 玄関などのドアに取り付ける一五～二〇cmくらいの用心鎖。ドアを鎖の長さだけ開け来訪者を確認する。

**ドア-チェック**【door check】 開けたドアを自動的に閉める装置。ドアクローザー。

**ドア-チャイム**【door chimes】 玄関先などに取り付け、来客を告げるための呼び鈴やしかけ。

**ドア-ホン**《和製語》門や玄関外部と室内を結ぶ通話機。鍵を開けることなく、通話によって来訪者を確認でき、防犯に役立つ。intercommunication system

**と-あみ**【投網】 円錐形で頂部に手綱、網すそにおもりが付き、岸や船から水面に投げ広げる網。川・湖沼・浅い海での漁獲用。cast net ↓図

**ドアラ**【Douala】 アフリカ、カメルーン南西部のギニア湾に臨む港湾都市。同国最大の貿易港で産業の中心。人口六三・七万(一九八一)。

**とあり-かかり**(連語) 古語《「かかり」は「かくあり」の約》ああだ、こうだ。用例一事も見もらさじとまぼりて、―とものごとに言ひて(徒然・一三七)。

**と-ある**(連体) ある偶然さしかかった場所とか、偶然そうなった日時を示す。certain 用例―家。―日曜日。

**とい**【問(い)】 対義答え。①問うこと。疑問を尋ねること。質問。question 用例―を発する。②問題。設問。question 用例次の―に答えよ。

**とい**【▾樋】 ①屋根の雨水を排水するための溝や管など。とよ。gutter ②地上にかけわたして水を通す管。ひ。かけひ。

**とい**【▿刀▾伊】 中国の沿海州地方にいた女真族。寛仁三年(一〇一九)対馬・壱岐・北九州地方に来襲(刀伊の入寇)したが藤原隆家の活躍で撃退。

**とい**【戸井】〈町〉 北海道南西部、函館市東隣の町。イカ・コンブ漁などがさかん。畑作・牧畜も行う。人口五〇三二(一九八八)。

**とい**【土肥】〈町〉 静岡県、伊豆半島西岸の町。温泉町で、夏は海水浴客でもにぎわう。かつて金山で栄えた。人口六一六九(一九八八)。

**ど-い**【土居】 ①城のまわりの土の垣。城壁。つちい。②鏡台などの土台。③土手。

**どい**【土居】〈町〉 愛媛県、新居浜市東隣の町。農業と林業がさかん。新居浜市への通勤者が多い。人口一万七七二五(一九八九)。

**とい-あげ**【▿弔(い)上げ・問(い)上げ】《仏教語》最終の年忌法要。地方により異なる。三十三回忌、六十一回忌、六十六回忌など。といおさめ。とむらいあげ。といきり。

**とい-あわせ**【問い合(わ)せ・問合(わ)せ】 問い合わせること。また、その事柄。照会。inquiry 用例―状。

**とい-あわ・せる**【問い合(わ)せる・問合(わ)せる】(下一他) 問うて確かめる。照会する。inquire

●投網

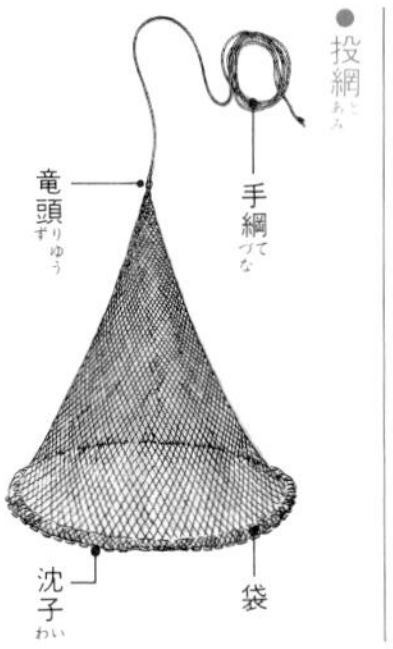

投網を用いたアユ漁。高知県四万十川。

**と-いえども**【と▾雖(も)】(連語)《格助詞「と」に動詞「いう」の已然形と接続助詞「ど(も)」が付いて、接続助詞的に用いる》逆接を表す。ても。でも。けれども。用例当たらず―遠からず。

**とい-かえ・す**【問(い)返す】(五他) ①いちど聞いたことを、もういちど聞く。ask again ②相手の質問に答えずに、こちらから聞き返す。ask back

**とい-か・ける**【問(い)掛ける】(下一他) 質問しかける。尋ねる。ask a question

**と-いき**【吐息】 緊張が解けたり、がっかりしたりしてつくため息。sigh 用例青息―。

**どい-こうち**【土居光知】(一八八六～一九七九) 英文学者。高知県生まれ。東北大教授。西洋文学研究方法を日本文学に応用、新領域を開く。著書『文学序説』『英文学の感覚』など。

**とい-ごえ**【問(い)声】 人に問いかける声。

**問い声好ければ答え声好い**(といごえよければこたえごえよい) 相手の気持ちもこちらしだいである。

**と-いし**【▾砥石】 刃物をとぐ石。粒子の粗密によって荒砥・中砥・仕上げ砥の別がある。whetstone 数え方一丁・一個。

**ドイジ**【Edward Adelbert Doisy】(一八九三～一九八六) アメリカの生化学者。卵巣ホルモンの抽出やビタミンKの発見と合成に成功。一九四三年ノーベル生理学医学賞受賞。

**どい-しゅんしょ**【土肥春▾曙】(一八六九～一九一五) 俳優。本名、庸元。熊本県生まれ。早大卒。文芸協会の幹部として活躍。主演作『桐一葉』『ハムレット』など。

**と-いた**【戸板】 ①人・物をのせて運ぶために外した、板張りの雨戸。shutter to carry things ②戸板のような超大形のヒラメ・カレイのこと。

**とい-ただ・す**【問(い)▿質す】(五他) ①聞いて明らかにする。inquire ②責めなじる。reprove

**トイ-ツ**【対子 中】(dui-zi) 麻雀で同一牌二枚をそろえた組み合わせ。上がったとき「あたま」として用いられた対子はとくに雀頭という。

**ど-いつ**【▿何▿奴】(代) ①だれ。who 用例どの―だ。②どれ。which 用例―が欲しいのだ？

**ドイツ**【Duitch オランダ・独逸・独乙】 ヨーロッパのほぼ中央にあり、かつてはイギリス・フランスと並ぶヨーロッパの大国であったが、二〇世紀に入って二度の大戦に敗れ、一九四九年以来、ドイツ民主共和国とドイツ連邦共和国に分かれている。Germany; Deutschland

**ドイツ-あざみ**【ドイツ▾薊】 ノアザミの栽培品種。花色が紫・紅・桃・白色など豊富。原種のノアザミは日本特産。ハナアザミ。

**ドイツ-あやめ**【ドイツ▾菖▾蒲】↓ジャー

▾常用漢字表外。 ▿常用漢字表の音訓外。

マンアイリス

**ドイツ-かくめい【ドイツ革命】**(Deutsche Revolutionsﾄﾞｲﾂ)一九一八年一一月ドイツに起きた革命。キール軍港の水兵反乱に端を発し、ドイツ第二帝政を崩壊、第一次大戦を終結させた。帝政崩壊後ドイツ社会民主党が旧勢力と妥協して、スパルタクス団などの急進派を抑え、一九年ワイマール共和国を成立させた。十一月革命。

**ドイツ-かんぜいどうめい【ドイツ関税同盟】**(Deutscher Zollvereinﾄﾞｲﾂ)ドイツ連邦諸国による関税同盟。一八三四年に成立。プロイセンの主唱でプロイセン関税同盟、南ドイツ関税同盟、中部ドイツ通商同盟を結合。オーストリアを除くドイツを経済的に統一、政治的統一の基礎を固めた。

**ドイツ-かんねんろん【ドイツ観念論】**カントにはじまり、フィヒテ・シェリングをへてヘーゲルで完成されるドイツの哲学体系。ドイツ理想主義。German idealism

**ど-いっき【土一▾揆】**↓つちいっき(土一揆)

**ドイツ-きしだん【ドイツ騎士団】**中世ヨーロッパの三大騎士団の一つ。一一九八年創立。一三世紀以降バルト海沿岸のキリスト教化や、プロイセン地方征服に活躍。一四世紀に最盛。一五世紀に衰退。

**ドイツ-きほんじょうやく【ドイツ基本条約】**「東西両ドイツ基本条約」の略。

**ドイツ-ぎんこう【ドイツ銀行】**西ドイツ最大の商業銀行。一八七〇年設立。Deutsche Bank AG

**ドイツ-げきじょう【ドイツ劇場】**(Deutsches Theaterﾄﾞｲﾂ)東ベルリンにある劇場。一八八三年劇作家ラロンジェが劇場を買収し改築改称。九四年ブラームが総支配人となり自然主義演劇の拠点となる。一九〇五年ラインハルトの経営で反自然主義演劇の本拠となり、黄金時代を築いた。ドイツ座。

**ドイツ-ご【ドイツ語】**インド-ヨーロッパ語族ゲルマン語派に属する言語。厳密には高地ドイツ語で、低地ドイツ語に属するオランダ語・英語などと西部ゲルマン語を構成。東西ドイツ・オーストリア・スイスの公用語。German

**ドイツ-ごい【ドイツ▾鯉】**コイの品種の一つ。鱗の大半を欠くカワゴイ、大きな鱗が側線部などにあるカガミゴイとがある。オーストリア原産種。↓コイ図

**どいつ-こいつ【▿何▿奴▾此▿奴】**(代)だれかれ。everybody 用例 ―の容赦なく。

**ドイツ-こうさくれんめい【ドイツ工作連盟】**(Deutscher Werkbundﾄﾞｲﾂ)一九〇七年建築家ムテジウスを中心にミュンヘンで設立された建築家・工芸家・実業家の組織。生産品の使用目的を強調、合理主義的傾向を進めた。DWB。

**ドイツ-しゃかいしゅぎとういつとう【ドイツ社会主義統一党】**(Sozialistische Einheitspartei Deutschlandsﾄﾞｲﾂ)東ドイツの政権を担当するマルクス-レーニン主義政党。一九四六年、再建された共産党と社会民主党が合同して誕生。SED。

**ドイツ-しゃかいみんしゅとう【ドイツ社会民主党】**(Sozialdemokratische Partei Deutschlandsﾄﾞｲﾂ)西ドイツの社会民主主義政党。ドイツ社会主義労働者党を前身として一八九〇年設立。第二次大戦後に再建され、一九六六年以後一六年間与党の地位にあった。SPD。

**ドイツ-すずらん【ドイツ鈴▾蘭】**ユリ科の多年草。スズランとして栽培されている。日本産のスズランより大輪で、香りの高い白花をつける。

**ドイツ-たいそう【ドイツ体操】**ドイツで発達した体操体系。一八一〇年代にヤーンが創始。鉄棒・平行棒などの器械を使い、自然の動作に重点を置いている。

**ドイツ-ていこく【ドイツ帝国】**(Deutsches Reichﾄﾞｲﾂ)一八七一年、普仏戦争の結果成立したドイツ統一国家。実質は二二君主国と三自由市からなる連邦で、首長はドイツ皇帝を称するプロイセン国王。連邦諸国は各自固有の政治機構をもつが、主権は帝国政府に委譲。一九一八年ドイツ革命で崩壊。ドイツ第二帝政。the German Empire

**ドイツ-とうひ【ドイツ唐▾檜】**オウシュウトウヒの別名。

**ドイツ-のうみんせんそう【ドイツ農民戦争】**一五二四～二五年、西南ドイツに始まり、ほとんど全土に及んだ農民一揆。地代の軽減や農奴制の廃止などを求めて蜂起したが、領主側に鎮圧された。大農民戦争。

**ドイツ-みんしゅきょうわこく【ドイツ民主共和国】**(German Democratic Republic)ヨーロッパ中央部の社会主義国。首都ベルリン(東)。第二次大戦後、ドイツの東西分割により一九四九年成立。中南部は高地や山地、北部は北ドイツ平原で、麦類やジャガイモ・テンサイを栽培。褐炭・カリ塩の産出も多く、機械・化学工業が発達。面積一〇・八万km²。人口一六六二万(一九八六)。東ドイツ。東独。GDR。DDR。

**とい-つ・める【問(い)詰める】**(下一他)どこまでも問いただす。press for an answer

**ドイツ-りょうり【ドイツ料理】**ドイツ風の特色を持った料理。冬の気候がきびしいこともあって、ハムやソーセージなどの保存食が発達している。野菜も、保存のきくザウアークラウトにされる。

**ドイツ-レクイエム【Ein Deutsches Requiemﾄﾞｲﾂ】**ブラームス作曲の音楽会用レクイエム。ソプラノ・バリトン・合唱と管弦楽のための曲。一八六八年初演。歌詞はドイツ語。

**ドイツ-れんぽう【ドイツ連邦】**(Deutscher Bundﾄﾞｲﾂ)神聖ローマ帝国解体後の一八一五年に成立した、オーストリア・プロイセンなど三五君主国と四自由都市の連邦国家。一八六六年、プロイセン-オーストリア戦争により解体。

**ドイツ-れんぽうきょうわこく【ドイツ連邦共和国】**(Federal Republic of Germany)ヨーロッパ中北部の国。首都ボン。第二次大戦後、ドイツの東西分割により一九四九年成立。ライン・エムス川など多くの河川下流域に平地が広がる。酪農・混合農業がさかん。工業はルール炭田を中心に重化学工業が発達。面積二四・九万km²。人口六一〇五万(一九八六)。西ドイツ。西独。FRG。BRD。

**ドイツ-れんぽうぎんこう【ドイツ連邦銀行】**(Deutsche Bundesbankﾄﾞｲﾂ)西ドイツ中央銀行。本店、フランクフルト。一九四八年設立。

**ドイツ-れんぽうてつどう【ドイツ連邦鉄道】**(Deutsche Bundesbahnﾄﾞｲﾂ)西ドイツの国有鉄道。連邦政府の所有する営造物という形態をとる。DB。

**ドイツ-ろうどうそうどうめい【ドイツ労働総同盟】**(Der Deutsche Gewerkschaftsbundﾄﾞｲﾂ)西ドイツの労働組合中央組織。ドイツ社会民主党の影響下にあり、労使協調主義をとる。国際自由労連・ヨーロッパ労連に加盟。一九四九年創立。DGB。

**どい-としかつ【土井▿利勝】**(一五七三～一六四四)江戸初期の幕府大老。下総古河藩主。家康の従弟で、将軍秀忠・家光に仕え、幕府の有力者として幕政の安定に尽力。

**どい-ばんすい【土井晩▾翠】**(一八七一～一九五二)詩人・英文学者。本名、林吉。姓を「つちい」から改音。仙台市生まれ。東大卒。漢文直訳調の一種悲壮な詩風で知られる。昭和二五年(一九五〇)文化勲章受章。詩『荒城の月』、詩集『天地有情』『暁鐘』、翻訳『イーリアス』『オデュッセーア』など。

**ドイブラー【Theodor Däubler】**(一八七六～一九三四)ドイツの詩人。叙事詩『北極光』など。

**とい-まる【問丸】**中世の港湾や都市で、貨物の管理や中継取引に従った業者。年貢の運送・管理・委託販売などを行った。江戸時代の問屋の源流。問。

**とい-みさき【都井岬】**宮崎県南部。串間市にある岬。先端に灯台がある。数十頭の野生馬が草をはみ、観光対象になっている。

**トイ-メン【対門中】**(duìmén)麻雀で自分の正面に座っている人。また、その位置。対家。

**とい-や【問屋】**卸し売りをする商店。荷主・生産者と小売商のあいだで物資の流通を仲介。江戸時代、全国規模の流通機構が発達した結果、中世の問丸が資本力の大きい問屋に発展。とんや。

**といやせい-かないこうぎょう【問屋制家内工業】**家内工業の形態の一つ。商人資本である問屋が、手工業者に原料や道具などを前貸しし、加工賃の支払いにより製品を買い占めるシステム。手工業者は、事実上商人資本に隷属。とんやせいかないこうぎょう。

**ドイリー【doily】**《創案した人の名に由来》卓上などに置く小さな敷物の総称。本来はフィンガーボールの下敷きのことであった。↓写

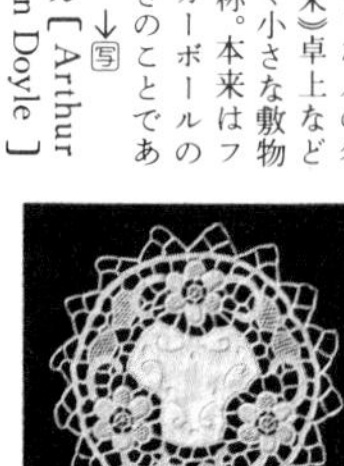
●ドイリー

**ドイル【Arthur Conan Doyle】**(一八五九～一九三〇)イギリスの小説家。名探偵シャーロック=ホームズが活躍する一連の探偵小説で、本格的推理小説の伝統を確立した。長編『緋色の研究』『バスカビル家の犬』、短編集『シャーロック=ホームズの冒険』など。

**トイレット【toilet】**洗面所としての機能をも備えた便所。トイレ。化粧室。手洗い所。

**トイレット-トレーニング【toilet training】**幼児におむつを付けなくてすむようにするための排泄のしつけ。便意を告げることが可能になる一歳半ごろから行う。

**トイレット-ペーパー【toilet paper】**主として水洗便所で使う用便紙。落とし紙。数え方 一巻き・一ロール・一本。

**トインビー【Arnold Joseph Toynbee】**(一八八九～一九七五)イギリスの歴史家。主著『歴史の研究』で、西欧の没落という危機意識を通じて現代世界を展望する、独自の文明史観を展開。他に『試練に立つ文明』『世界と西欧』など。

**トインビー【Theodore Philip Toynbee】**(一九一六～一九八一)イギリスの小説家・批評家。小説『グッドマン夫人のお茶の会』など。

**トウ** 2画【亠】部首[亠] JIS 4821
音 トウ
部首の一つ。なべぶた。けいさんかんむり。

**トウ** 2画【刀】部首[刀] 教育小2 JIS 3765
2画【刂】異体字 部首[刂]
10画【釖】異体字 部首[金] JIS 7859
音 トウ
訓 かたな
刀 刀
かたな。はもの。きれもの。「大刀・短刀・木刀・名刀」「刀剣」用例(名)―を構える。《接尾的》日本―。

**トウ** 5画【冬】部首[冫] 教育小2 JIS 3763
5画【冬】旧字
音 トウ
訓 ふゆ
冬 冬 冬 冬 冬
①ふゆ。四季の一つ。対義 夏。「越冬・厳冬・昨冬・初冬・暖冬・立冬」「冬至・冬眠」②一年の最後。「旧冬」

**トウ** 5画【叨】部首[口] JIS 5059
音 トウ
みだりに。分をこえて。かたじけなくも。

**トウ** 5画【夲】部首[大] JIS 5281
音 トウ・ホン
すすむ。はやい。はやくすすむ。↓ホン【本】

**トウ** 5画【忉】部首[忄] 
音 トウ
うれえる。心配をする。なやむ。

**トウ** 6画【当】部首[小] 教育小2 JIS 3786
13画【當】旧字 部首[田] JIS 6536
音 トウ
訓 あたる・あてる
当 当 当 当 当 当
①あたる。あてる。「該当・配当」「当選・当直・当番」②あたりまえ。そうあるはず。「穏当・至当・失当・正当・妥当・不当」「当為・当然」用例(名)―を得た考え。―を失する。③この。その。「当局・当歳・当日・当人」用例(接頭)―研究所。④いまの。さしあたって。「当今・当座・当主・当代・当面・当用」

**当を得る** 道理にかなう。また、要点をしっかりと押さえる。proper; to the point

**トウ** 6画【杤】部首[木] JIS 5923
音 トウ
①木の名。②木の心。

**トウ** 6画【灯】部首[火] 教育小4 JIS 3784
16画【燈】旧字 JIS 3785
音 トウ・テイ・チ ヨウ・チン
訓 ひ
灯 灯 灯 灯 灯 灯
①あかり。ともしび。ひ。「街灯・消灯・電灯」「灯火・灯台」用例《接尾的》室内―。②電灯の数をいうのに用いる。用例(助数)七―。参考 灯と燈とは、もとは、別の字。



↓行き先項目、図版・写真参照印。 JIS 日本工業規格情報交換用漢字符号コード(区点コード)。

灯、**滅せんとして光を増す**(とう、めっせんとしてひかりをます)《ともしびが消えようとするときに、一瞬明るくなることから》①死ぬ直前にちょっと容態がよくなったりすることのたとえ。②物事がほろびる前にほんのひととき勢いを盛り返すことのたとえ。

**トウ** 7画【▼彤】 部首[彡]さんづくり
音トウ
あか。あかい。あかい色ぬり。

**トウ** 7画【投】 部首[扌]てへん 教育小3 JIS 3774
音トウ
訓なげる
①なげる。なげつける。対義打。「悪投・好投・軟投・暴投」「投手・投石」②投手のこと。用例(名)—の第一人者。③なげすてる。なげだす。「投降・投身」④なげいれる。ほうりこむ。「投票」⑤よせる。おくる。「投稿」⑥かなう。合う。「意気投合」⑦とどまる。とどめる。滞在する。「投宿」

**トウ** 7画【▼抖】 部首[扌]てへん JIS 5721
音トウ・ト
ふるう。ふるえる。ゆりうごかす。

**トウ** 7画【豆】 部首[豆]まめ 常用 →教育小3 JIS 3806
音トウ・ズ
訓まめ
①まめ。穀物の一種。「納豆」「豆腐・豆油」②たかつき。こしだか。食物をもる、あしつきの器。↓ズ[豆]

**トウ** 8画【到】 部首[刂]りっとう 常用 JIS 3794
音トウ
①いたる。達する。きたる。比較至。「殺到」「到着・到来」②ゆきとどく。きわまる。「周到」

**トウ** 8画【▼宕】 部首[宀]うかんむり JIS 3770
音トウ
①ほらあな。いわあな。②すぎる。度をこす。ほしいまま。わがまま。「豪宕」

**トウ** 8画【▼苳】 部首[艹]くさかんむり JIS 7184
音トウ
フキ。キク科の多年草。

**トウ** 8画【東】 部首[木]き 教育小2 JIS 3776
音トウ
訓ひがし
①ひがし。ひんがし。対義西。「極東・近東」「東亜・東上・東方・東洋」②春。五行では木、色では青、春にあてる。「東風」③あずま。本州の東方諸国。京都から鎌倉・江戸をいう。また、東京のこと。「関東」「東上」

**トウ** 8画【▼枓】 部首[木]きへん
音シュ・トウ
ますがた。とがた。柱などの上に設けた方形の木。棟木などをささえる。↓シュ[枓]

**トウ** 8画【▼沓】 部首[水]みず JIS 2303
音トウ
①あう。かさなる。まじる。こむ。「雑沓」②くつ。はきものの一種。

**トウ** 9画【▼俑】 部首[人・亻]にんべん JIS 4860
音ヨウ・トウ
いたむ。いたみ。↓ヨウ[俑]

**トウ** 9画【▼荅】 部首[艹]くさかんむり JIS 7209
音トウ
①あずき。マメ科の一年草の種子。②こたえる。返事をする。

**トウ** 9画【逃】 部首[辶]しんにゅう 常用 JIS 3808
10画【▼逃】 部首[辶]しんにゅう 旧字
9画【▼迯】 部首[辶]しんにゅう 異体字 JIS 7777
音トウ
訓にげる・にがす・のがす・のがれる
にげる。のがれる。にがす。のがす。「逃走・逃避・逃亡」

**トウ** 10画【倒】 部首[人・亻]にんべん 常用 JIS 3761
音トウ
訓たおれる・たおす
①たおれる。たおす。「卒倒・打倒」「倒壊」②さかさま。さかさまにする。「転倒」「倒置・倒立」③はげしい。いたく。非常に。「圧倒・絶倒」④心をよせる。「傾倒」

**トウ** 10画【党】 部首[儿]にんにょう 教育小6 JIS 3762
20画【▼黨】 部首[黑]くろ 旧字 JIS 8362
音トウ
①政治などの、なかま。ともがら。くみ。「郷党・残党・政党・野党・与党」「党首」用例(名)—を組む。—の決定。《接尾的》保守—。②平安時代後期から南北朝時代のころの武士の集団。独立した一族の軍事的連合体。比較一揆。用例(名)源氏の渡辺の—。《接尾的》紀伊の湯浅—。武蔵七—。

**トウ** 10画【凍】 部首[冫]にすい 常用 JIS 3764
音トウ
訓こおる・こごえる
こおる。こごえる。「冷凍」「凍結・凍死」

**トウ** 10画【唐】 部首[口]くち 常用 JIS 3766
10画【▼唐】 旧字
音トウ
訓から
①中国の王朝の一つ。六一八～九〇七年。隋のあと、李淵が建てた。都は長安(現在の西安)。律令制など、その制度・文化は、アジア諸国に大きな影響をあたえた。朱全忠に滅ぼされた。李唐。「遣唐使・入唐」「唐詩・唐土」②から。もろこし。中国。または、外国。「毛唐」「唐楽」③でたらめ。大言。「荒唐無稽」④だしぬけ。突然。「唐突」
**唐へ投げ銀**(とうへなげがね)①近世初期、海外貿易に投資すること。②投機的な投資をすること。③無駄につかう金。

**トウ** 10画【▼套】 部首[大]だいかんむり JIS 3769
音トウ
①かさなる。かさねて、おおうもの。「外套」②きまりきった。ふるくさい。「常套手段」

**トウ** 10画【島】 部首[山]やま 教育小3 JIS 3771
14画【▼㠀】 異体字
14画【▼嶋】 異体字 JIS 3772
14画【▼嶌】 異体字 JIS 5426
17画【▼隝】 部首[阝]こざとへん 異体字
10画【▼陦】 部首[阝]こざとへん 異体字 JIS 8003
音トウ
訓しま
しま。四方が水にかこまれた陸地。「群島・孤島・半島・列島」「島民」用例《接尾的》無人—。

**トウ** 10画【▼荳】 部首[艹]くさかんむり JIS 7226
音トウ・ズ
まめ。穀物の一種。

**トウ** 10画【透】 部首[辶]しんにゅう 常用 JIS 3809
11画【▼透】 部首[辶]しんにゅう 旧字
音トウ
訓すく・すかす・すける
すく。すきとおる。すける。とおる。「浸透」「透視・透写・透徹・透明」

**トウ** 10画【桃】 部首[木]きへん 常用 JIS 3777
音トウ
訓もも
モモ。バラ科の落葉小高木。また、その実。「白桃」「桃花・桃源郷」

**トウ** 10画【▼桐】 部首[木]きへん 人名用 JIS 2245
音トウ・ドウ
①キリ。ゴマノハグサ科の落葉高木。「桐油」②「梧桐」は、アオギリ。アオギリ科の落葉高木。

**トウ** 10画【▼疼】 部首[疒]やまいだれ JIS 6554
音トウ
うずく。いたむ。いたみ。「疼痛」

**トウ** 10画【納】 部首[糸]いとへん 教育小6 JIS 3928
10画【▼納】 旧字
音ノウ・ナッ・ナ・ナン・トウ・ドウ
訓おさめる・おさまる
筆順↓ノウ[納]
金をおさめる。うけいれる。対義出す。「出納」
↓ナ・ナッ・ナン・ノウ[納]

**トウ** 10画【討】 部首[言]ごんべん 教育小6 JIS 3804
音トウ
訓うつ
①うつ。せめうつ。比較打・撃。「征討・追討」「討伐」②たずねる。しらべる。かんがえる。「検討」「討議・討究・討論」

**トウ** 10画【▼鬥】 部首[鬥]たたかいがまえ JIS 8208
音トウ・ツ
①たたかう。あらそう。②部首の一つ。たたかいがまえ。とうがまえ。

**トウ** 11画【▼偸】 部首[人・亻]にんべん JIS 4889
音トウ・チュウ
ぬすむ。こっそりぬすむ。ぬすみ。ぬすびと。「偸安・偸盗」

**トウ** 11画【▼兜】 部首[儿]にんにょう JIS 1985
音トウ・ト
かぶと。頭を保護するためにかぶる武具。

**トウ** 11画【▼剳】 部首[刂]りっとう JIS 4985
音トウ
①かぎ。鉤。ものをひっかける金具。②かま。草などをかる農具。

**トウ** 11画【▼逗】 部首[辶]しんにゅう
10画【▼逗】 部首[辶]しんにゅう 異体字 JIS 3164
音トウ・ズ
とどまる。とどめる。滞在する。「逗留」

**トウ** 11画【陶】 部首[阝]こざとへん 常用 JIS 3811
音トウ・ヨウ
①やきもの。すえもの。すえ。「陶器・陶製」②こころよい。うっとりとする。「陶酔・陶然」③おしえそだてる。「薫陶」「陶冶」

**トウ** 11画【悼】 部首[忄]りっしんべん 常用 JIS 3773
音トウ
訓いたむ
いたむ。人の死をいたむ。「哀悼・追悼」「悼辞」

**トウ** 11画【▼掉】 部首[扌]てへん JIS 5760
音チョウ・トウ
ふる。ふるう。ふりうごかす。「掉尾」

**トウ** 11画【▼掏】 部首[扌]てへん JIS 5759
音トウ
①えらぶ。よりわける。②すくう。くみだす。③する。ぬきとる。

**トウ** 11画【▼桶】 部首[木]きへん JIS 1819
音トウ・ツウ
おけ。水などをいれる、まるい筒形の容器。「湯桶」

**トウ** 11画【▼淘】 部首[氵]さんずい JIS 3781
音トウ
よなげる。①米をとぐ。②えらぶ。よりわける。細かいものを、水中でゆすりわける。「淘汰」

**トウ** 11画【盗】 部首[皿]さら 常用 JIS 3780
12画【▼盜】 旧字 JIS 6125
音トウ
訓ぬすむ
①ぬすむ。ぬすみ。ぬすびと。「強盗・窃盗・夜盗」「盗賊・盗難・盗品・盗塁」②野球の盗塁のこと。「三盗・二盗・本盗」
**盗に食を齎す**(とうにしょくをもたらす)自分に損害を及ぼす者に利を与え、わが身をそこなう。

**トウ** 11画【▼酘】 部首[酉]ひよみのとり JIS 7838
音トウ・ズ
酒をかもしなおす。

**トウ** 12画【▼喋】 部首[口]くちへん JIS 3593
音チョウ・トウ
ついばむ。ものをつついてたべる。↓チョウ[喋]

**トウ** 12画【塔】 部首[土]つちへん 常用 JIS 3767

音トウ
《梵語stūpaの音訳「卒塔婆」の略》①そびえたつ高い建物。「経塔・斜塔・鉄塔」「塔影」 用例（名）五重の―。《接尾的》テレビ―。②死者の供養にたてるもの。そとうば。「石塔・卵塔」 数え方 一基。
塔は下から組め（とうはしたからくめ）「五重の塔も下から組む」と同意。

**トウ** 12画【董】 部首［艹］ JIS 3801
音トウ
ただす。とりしまる。監督する。

**トウ** 12画【道】 部首［辶］ 教育小2 JIS 3827 ／ 13画【道】 部首［辶］ 旧字
音ドウ・トウ
訓みち
筆順↓ドウ［道］
みち。すじみち。宗教的な体系。「神道」 ↓ドウ［道］

**トウ** 12画【搭】 部首［扌］ 常用 JIS 3775
音トウ
のる。のせる。つむ。「搭載・搭乗」

**トウ** 12画【棟】 部首［木］ 常用 JIS 3779
音トウ
訓むね・むな
①屋根のむね。むなぎ。「汗牛充棟・上棟式」「棟梁」②長いむねの建物。「病棟」③建物を数えるのに用いる。用例（助数）マンション三―。 参考 棟は別の字。

**トウ** 12画【棠】 部首［木］ JIS 6011
音トウ・ドウ
ヤマナシ。バラ科の落葉高木。

**トウ** 12画【棹】 部首［木］ JIS 6010
音トウ・タク
①さお。㋐かい。かじ。舟をすすめる道具。㋑枝や葉をとりのぞいた竹。㋒三味線の柄の部分。㋓まっすぐな形になったもの。㋔簞笥・長持ち・旗・羊羹などを数えるのに用いる。②さおさす。こぐ。舟をすすめる。「棹歌」

**トウ** 12画【椡】 部首［木］ JIS 6017
音トウ
くぬぎ。地名に用いられる。

**トウ** 12画【湯】 部首［氵］ 教育小3 JIS 3782
音トウ・タン・ショウ
訓ゆ
湯　湯　湯　湯　湯　湯
①ゆ。水をわかしたもの。また、ふろ。対義 水。「銭湯・熱湯・薬湯」 用例《接尾的》微温―。②いでゆ。温泉。「湯治」

**トウ** 12画【痘】 部首［疒］ 常用 JIS 3787
音トウ
疱瘡。もがさ。高熱を発し、からだ中にふきでものができる伝染病。「牛痘・種痘・天然痘」「痘苗」

**トウ** 12画【登】 部首［癶］ 教育小3 JIS 3748
音トウ・ト
訓のぼる
登　登　登　登　登　登
①のぼる。高いところにあがる。比較 昇。対義 降。「先登」「登高・登壇・登頂」②いってつとめる。対義 退。「登院・登校・登庁」③あげる。高い地位につく。「登用・登竜門」④かきつける。書面にかく。「登記・登載・登録」⑤あらわれる。「登場」 ↓ト［登］

**トウ** 12画【等】 部首［竹］ 教育小3 JIS 3789
音トウ
訓ひとしい
等　等　等　等　等　等
①ひとしい。おなじ。「均等・同等」「等質」②しな。くらい。「下等・高等・中等」「等外」③段階を示すのに用いる。用例（接尾）三―。④など。…ら。そのほかにもあることを示すのに用いる。用例（接尾）新聞・雑誌―を買う。⑤なかま。たぐい。「郎等」⑥特別にあつかわない。「等閑」

**トウ** 12画【筒】 部首［竹］ 常用 JIS 3791
音トウ
訓つつ
つつ。また、つつのようなもの。「円筒・水筒・封筒」 用例《接尾的》発煙―。通信―。

**トウ** 12画【答】 部首［竹］ 教育小2 JIS 3790
音トウ
訓こたえる・こたえ
答　答　答　答　答　答
こたえる。いらえる。返事をする。こたえ。対義 贈・問。「応答・回答・解答・確答・正答・即答・筆答・返答・名答」「答案・答辞」

**トウ** 12画【粡】 部首［米］ JIS 6873
音トウ・ズ
①ちまき。②半つきの米。精製していない米。

**トウ** 12画【統】 部首［糸］ 教育小5 JIS 3793 ／ 11画【統】 旧字
音トウ
訓すべる
統　統　統　統　統　統
①すべる。すべくくる。まとめる。おさめる。「総統・大統領」「統一・統括・統計・統合・統制・統治」②すじ。つづき。血すじ。「系統・血統・正統・伝統」

**トウ** 13画【塘】 部首［土］ JIS 3768
音トウ
つつみ。どて。堤防。「池塘」

**トウ** 13画【搗】 部首［扌］ JIS 5781
音トウ
①つく。臼でつく。②かてて。そのうえに。かててくわえて。

**トウ** 13画【搨】 部首［扌］ JIS 5782
音トウ
する。うつす。しきうつしをする。木・石にきざまれた文字・文様に紙をあてて、上から墨のたんぽでたたいて、うつしとる。「搨本」

**トウ** 13画【溏】 部首［氵］ JIS 6279
音トウ
①いけ。ぬま。②どろ。どろどろのもの。

**トウ** 13画【滔】 部首［氵］ JIS 6277
音トウ
はびこる。充満する。水がみなぎりあふれる。「滔々」

**トウ** 13画【筩】 部首［竹］
音トウ
①かぎ。魚をつかまえるかぎばり。②つつ。竹のつつ。

**トウ** 13画【罩】 部首［罒］ JIS 7013
音トウ
①かご。魚とりのかご。②こめる。かごにいれてしまう。また、つつみいれる。

**トウ** 13画【豋】 部首［豆］
音トウ
たかつき。こしだか。素焼きのたかつき。

**トウ** 13画【魛】 部首［魚］
音トウ
①タチウオ。タチウオ科の海水魚。②エツ。カタクチイワシ科の魚。

**トウ** 14画【榻】 部首［木］ JIS 6048
音トウ
①こしかけ。ねだい。ゆか。幅が狭くて、細長い台。②しじ。牛車から牛をはずしたとき、轅の軛をささえ、また、乗り降りのとき、踏み台として用いるつくえ形の台。

**トウ** 14画【稲】 部首［禾］ 常用 JIS 1680 ／ 15画【稻】 旧字 JIS 6743
音トウ
訓いね・いな
イネ。イネ科の一年草。いな。「水稲・陸稲」

**トウ** 14画【綯】 部首［糸］ JIS 6935
音トウ
よる。よじる。なう。縄をなう。また、縄。

**トウ** 14画【読】 部首［言］ 教育小2 JIS 3841 ／ 22画【讀】 旧字 JIS 7606
音ドク・トク・トウ
訓よむ
筆順↓ドク［読］
よみきり。文中の意味のきれめ。「句読」「読点」 ↓トク・ドク［読］

**トウ** 14画【骰】 部首［骨］ JIS 8177
音トウ
さいころ。賽。すごろく・ばくちなどに用いる道具。

**トウ** 15画【嶝】 部首［山］ JIS 5451
音トウ
さか。さかみち。やまみち。

**トウ** 15画【幢】 部首［巾］ JIS 5481
音トウ
はた。はたぼこ。のぼりばた。儀式や軍隊の指揮に用いるはた。

**トウ** 15画【蕩】 部首［艹］ JIS 3802 ／ 20画【盪】 異体字 JIS 6628
音トウ
①うごく。うごかす。ゆりうごかす。「蕩揺」②すぎる。度をこす。ほしいまま。わがまま。「放蕩」③たいらげる。なくしてしまう。「残敵掃蕩」「蕩尽」④ゆるやか。やすらか。「春風駘蕩」「蕩々」

**トウ** 15画【樋】 部首［木］ ／ 14画【樋】 異体字 JIS 4085
音トウ
ひ。①かけひ。とい。竹や木などでつくり、地上にかけわたして、水をとおす管。②ひのくち。水門。

**トウ** 15画【潼】 部首［氵］ JIS 6314
音トウ・ドウ
①「潼江」は、中国の川の名。四川省をながれる揚子江の支流。②「潼水」は、中国の川の名。陝西省をながれる。③「潼関」は、中国の関所の名。陝西省にあり、洛陽から長安にはいる要地。④「潼々」は、高いさま。

**トウ** 15画【滕】 部首［氺］ JIS 6278
音トウ
わく。水がわきでる。

**トウ** 15画【蟷】 部首［虫］ JIS 7403
音トウ
「蛈蟷」は、トタテグモ。クモのうち、おもに地中生活をし、住居の入り口に扉をつけるものの総称。

**トウ** 15画【踏】 部首［足］ 常用 JIS 3807 ／ 17画【蹋】 異体字 ／ 19画【蹹】 異体字
音トウ
訓ふむ・ふまえる
①ふむ。ふまえる。ふみおこなう。「前人未踏」「踏査・踏襲・踏破」②あしぶみをする。「舞踏」

**トウ** 16画【橙】 部首［木］ JIS 6084
音トウ
ダイダイ。ミカン科の常緑低木。また、その果実。

**トウ** 16画【橦】 部首［木］ JIS 6085
音トウ・ショウ・シュ
①木の名。そのやわらかい花をつむいで、布をつくるという。②はしら。さお。はたざお。ほばしら。とばりのはしら。↓ショウ［橦］

**トウ** 16画【糖】 部首［米］ 教育小6 JIS 3792 ／ 16画【糖】 旧字 ／ 19画【餹】 部首［食］ 異体字
音トウ
糖　糖　糖　糖　糖　糖
①さとう。「砂糖・製糖」②さとう菓子。用例《接尾的》有平―。金米―。③炭水化物のうち、水にとけ、あまみのあるもの。「乳糖」「糖衣・糖化・糖分」④あめ。

**トウ** 16画【縢】 部首［糸］ JIS 6956
音トウ
①からげる。しばる。②むかばき。はばき。脚絆。③かな。㋐機織りで、四本の縦糸を一つにしたもの。㋑いと。糸すじ。

**トウ** 16画【頭】 部首［頁］ 教育小2 JIS 3812
音トウ・ズ・ト
訓あたま・かしら
頭　頭　頭　頭　頭　頭

①あたま。こうべ。「白頭」「頭髪・頭部」②おさ。上にたつ人。「会頭・地頭」「頭目・頭領」③はじめ。「陣頭・年頭・冒頭」④ほとり。あたり。「駅頭・社頭・路頭」⑤四つ足の大きなけものなどを数えるのに用いる。比較 匹。用例（助数）牛三━。↓ズ・ト【頭】

**トウ** 17画【▼擣】部首［扌］JIS 5814
音トウ
①つく。臼でつく。②うつ。たたく。

**トウ** 17画【▼檔】部首［木］ ―10画【▼档】異体字 JIS 5967
音トウ
①こしかけ。木のこしかけ。②かまち。なげし。木のわく。③文書。書類。

**トウ** 17画【▼濤】部首［氵］JIS 6225 ―10画【▼涛】異体字 JIS 3783
音トウ
①なみ。大きななみ。「怒濤・波濤」「濤声」②なみのような音。「松濤」

**トウ** 17画【▼盪】部首［皿］JIS 6627
音トウ
①うごく。うごかす。ゆりうごかす。「振盪・震盪」②あらう。そそぐ。よごれをなくしてしまう。

**トウ** 17画【▼磴】部首［石］JIS 6704
音トウ
①いしざか。石敷きの坂道。②いしばし。石の橋。

**トウ** 17画【▼螳】部首［虫］JIS 7416
音トウ
「螳螂」は、カマキリ。カマキリ目に属する昆虫。

**トウ** 17画【謄】部首［言］常用 JIS 3805 ―17画【▼謄】旧字
音**トウ**
うつす。かきうつす。うつし。「謄写・謄本」

**トウ** 17画【▼蹈】部首［足］JIS 7705
音トウ
ふむ。ふまえる。ふんでゆく。ふみおこなう。

**トウ** 17画【▼鞜】部首［革］JIS 8065
音トウ
くつ。かわぐつ。はきものの一種。

**トウ** 18画【▼藤】部首［艹］人名用 JIS 3803 ―18画【▼藤】旧字
音トウ・ドウ
①かずら。つる性植物の総称。②フジ。マメ科の落葉つる性木本植物。「葛藤」③藤原氏のこと。源平藤橘の四姓の一つ。「藤氏」

**トウ** 18画【▼檮】部首［木］JIS 5977 ―11画【▼梼】異体字 JIS 3778
音トウ
①きりかぶ。木をきりとったあとの根株。②おろか。無知。

**トウ** 18画【▼櫂】部首［木］JIS 6105
音トウ
①かい。かじ。舟をこぎすすめる道具。②こぐ。さおさす。舟をこぎすすめる。「櫂歌」

**トウ** 18画【▼礑】部首［石］JIS 6707
音トウ
①そこ。下敷きの石。②はたと。はったと。㋐ものにあたって音をたてるさま。㋑急に。㋒強くにらむさま。

**トウ** 18画【▼襠】部首［衤］JIS 7493
音トウ
まち。①衣服の布幅のたりない部分に、別におぎないそえる布。②はかまの内またの部分。

**トウ** 18画【闘】部首［門］常用 JIS 3814 ―20画【▼鬪】部首［鬥］旧字 ―24画【▼鬭】部首［鬥］異体字 JIS 8212
音**トウ**
訓**たたかう**
①あらそう。たたかう。たたかい。比較 戦。「健闘・戦闘・力闘」「闘士・闘争」②あらそいをさせる。たたかわす。「闘牛・闘鶏・闘犬」参考 俗に斗を闘にあてる。

**トウ** 18画【▼鞳】部首［革］JIS 8069
音トウ
「鞺鞳」は、つづみや鐘などの音。

**トウ** 18画【▼鼛】部首［鼓］JIS 8374
音トウ
「鼛々」は、つづみや太鼓などの音。

**トウ** 19画【▼禱】部首［示］ ―11画【▼祷】部首［礻］異体字 JIS 3788
音トウ
①いのる。神にもとめる。いのり。「祈禱・黙禱」②まつる。

**トウ** 19画【▼蟷】部首［虫］JIS 7427
音トウ
「蟷螂」は、カマキリ。カマキリ目に属する昆虫。

**トウ** 19画【▼鏜】部首［金］
音トウ
鐘やつづみなどの音。

**トウ** 19画【▼韜】部首［韋］ ―20画【▼韜】異体字 JIS 8075
音トウ
①ふくろ。弓・剣などをいれる袋。②つつむ。しまいこむ。かくす。「韜晦」

**トウ** 19画【▼鶇】部首［鳥］JIS 8309
音トウ
ツグミ。ヒタキ科の鳥。

**トウ** 20画【▼竇】部首［穴］JIS 6769
音トウ・トク
あな。大きなあな。あなぐら。

**トウ** 20画【▼鐙】部首［金］JIS 3810
音トウ
①あぶみ。馬具の一つ。鞍の両側につるして、乗る人が足をかけるもの。②たかつき。こしだか。食物をもる、あしつきの器。③ひともし。火ともし皿。油皿。油をいれて火をともす道具。また、ともしび。灯火。

**トウ** 20画【騰】部首［馬］常用 JIS 3813 ―20画【▼騰】旧字
音**トウ**
はねあがる。あがる。のぼる。対義 落。「高騰・沸騰・暴騰・奔騰」「騰貴」

**トウ** 21画【▼籐】部首［竹］JIS 6859 ―22画【▼籘】異体字 JIS 6860
音トウ
ヤシ科トウ属の植物。熱帯アジア産。茎は強靭で、椅子・ステッキ・籠などをつくる。「籐椅子」

**トウ** 21画【▼鐺】部首［金］JIS 7938
音トウ・ソウ
①こじり。刀剣のさやの先のはし。また、そこをつつむ金具。②こて。壁・しっくいなどをぬる道具。↓ソウ【鐺】

**トウ** 21画【▼鰧】部首［魚］
音トウ
オコゼ。カサゴ目に属する海水魚。

**トウ** 22画【▼儻】部首［人・亻］JIS 4924
音トウ
①すぐれる。まさる。ひいでる。②もし。もしくは。万一。

**トウ** 22画【▼饕】部首［食］JIS 8135
音トウ
むさぼる。欲がふかくて、金銭や食物をむさぼる。

**トウ** 23画【▼攩】部首［扌］
音トウ・コウ
①なかま。ともがら。くみ。むれ。②うつ。たたく。③さえぎる。とめる。

**トウ** 24画【▼纛】部首［糸］JIS 6991
音トウ・トク
はた。はたぼこ。ヤクの尾の毛やキジの羽でつくった飾りをつるしたはた。「纛旛」

**トウ** 24画【▼鼕】部首［鼓］ ―20画【▼鞺】部首［革］異体字
音トウ
つづみの音。つづみをうつ音。

**とう**【▼薹】菜・フキ・ケシなどの花軸。flower stalk 用例 アブラナの━。
**薹が立つ**（とうがたつ）①とうが伸びる。また、かたくなって食べごろが過ぎてしまう。become hard and fibrous ②時期・盛りが過ぎる。pass one's prime

**と・う**【▽訪う】（五他）訪問する。おとずれる。visit

**と・う**【問う】（五他）①尋ねる。聞く。ask 対義 答える。用例 安否を━。道を━。世論に━。②取り調べる。追及する。inquire 用例 責任を━。③《多く打ち消しをともなって》問題とする。care about 用例 年齢は━・わない。
**問うに落ちず語るに落ちる**（とうにおちずかたるにおちる）他人に問われたときは、注意しているから実情を漏らさないが、自分からさりげなく話しているとき、かえって口をすべらすものだ。disclose without being asked
**問うは一時の恥、問わぬは末代の恥**（とうはいっときのはじ、とわぬはまつだいのはじ）知らないことを他人に問うのはそのときだけの恥であるが、問わずにおけば知らないままでいるので、後世まで語り伝えられるような大きな恥をかくことともなる。聞くは一時の恥、聞かぬは末代の恥。Better to ask and be embarrassed than not ask and never to know.

**とう**【▽疾う】（副）《「とく」の転》はやく。fast

**ドウ** 6画【同】部首［口］教育小2 JIS 3817 ―5画【▼仝】部首［人・𠆢］異体字
音**ドウ**・トウ
訓**おなじ**
①おなじ。ひとしい。おなじくする。対義 異。「異同・大同小異・不同・付和雷同」「同意・同一・同感・同級・同時」②ともに。ともにする。「共同・協同・合同・大同団結」「同乗・同情・同盟」③おなじく。その。「同校・同社・同年」用例（連体）━問題。④なかま。「一同」

**ドウ** 8画【▼侗】部首［人・亻］
音トウ・ドウ
おろか。無知。おろかもの。未熟もの。

**ドウ** 9画【▼恫】部首［忄］JIS 5588
音トウ・ドウ
①いたむ。心がいたむ。つらい。②おどす。おどかす。「恫喝」

**ドウ** 9画【洞】部首［氵］常用 JIS 3822
音**ドウ**・トウ
訓**ほら**
①ほらあな。ほら。「空洞・鍾乳洞・風洞」「洞窟・洞穴・洞門」②あきらかにする。「洞察」

**ドウ** 10画【胴】部首［月］常用 JIS 3825
音**ドウ**・トウ
①はらのまわりの部分。ものの中腹。「胴裏・胴着・胴体・胴巻き」用例（名）━が長い。②剣道などで、胸・腹部の防具。用例（名）━をつける。③弦楽器・打楽器の共鳴部分。用例（名）太鼓の赤い━。↓鼓図 ↓三味線図 ↓剣道図

**ドウ** 11画【動】部首［力］教育小3 JIS 3816
音**ドウ**・トウ
訓**うごく・うごかす**
①うごく。うごかす。比較 働。対義 静。「移動・運動・活動・振動」「動揺・動力」②さわぐ。さわぎ。「騒動・暴動」「動乱」③ふるまう。ふるまい。「挙動・言動・行動」「動作」用例（名）━中、静あり。
**動も無し**（どうもなし）動揺する気配がない。何かしようというそぶりもない。

**ドウ** 11画【堂】部首［土］教育小4 JIS 3818
音**ドウ**・トウ
①神仏をまつった建物。「仏堂」「堂宇・堂塔」用例（名）お━。《接尾的》礼拝━。地蔵━。数え方 一宇。②多くの人のあつまる建物。「講堂・食堂」用例（名）━にあふれる聴衆。《接尾的》公会━。議事━。③屋号や雅号などに添えて用いる。用例（接尾）弘文━。④他人の母を敬って用いる。用例（接尾）母━。⑤いかめしく、立派。「堂々」
**堂に入る**（どうにいる）学問・腕前が、すぐれている。

be a master of
堂に升り室に入る(どうにのぼりしつにいる) 学問・技芸が進み、その深奥に達する。

**ドウ** 11画【▼萄】 部首[艹]くさかんむり JIS 3826
音トウ・ドウ
「葡萄ぶどう」は、ブドウ科の落葉つる植物。

**ドウ** 12画【道】 部首[⻌]しんにゅう 教育小2 JIS 3827 ｜ 13画【▼道】 部首[⻍]しんにゅう 旧字
音ドウ・トウ
訓みち
道 道 道 首 道 道 道
①みち。とおりみち。「国道・水道・鉄道・歩道」「道中・道路」②人としておこなうべきみち。「外道げどう・人道じんどう・正道せいどう・しょうどう・非道」「道徳・道理」③宗教的な体系。「弘道こうどう・神道しんとう」④修養としてならうこと。技芸。「歌道・書道」⑤老荘のおしえ。「道家かどう・道学・道教」⑥いう。はなす。「言語ごん道断・唱道・報道」「道破」⑦地方公共団体の一つ。北海道のこと。「来道」「道産子どさんこ・道立」用例(名)都―府県。⑧律令りつりょう制による地方行政区画。「五畿ごき七道・東海道・東山道・北陸道」↓トウ【道】

**ドウ** 12画【童】 部首[立]たつ 教育小3 JIS 3824 ｜ 12画【▼童】 旧字
音ドウ・トウ
訓わらべ
童 童 童 童 童 童
こ。こども。わらべ。わらわ。「悪童・学童・児童・神童・牧童」「童顔・童心・童謡・童話」

**ドウ** 13画【働】 部首[人・亻]にんべん 教育小4 和製漢字 JIS 3815
音ドウ
訓はたらく
働 働 働 働 働 働
はたらく。しごとをする。はたらき。比較動どう。「実働・重労働」

**ドウ** 13画【▼嫐】 部首[女]おんなへん JIS 5344
音ドウ
なぶる。たわむれる。

**ドウ** 14画【▼僮】 部首[人・亻]にんべん JIS 4910
音トウ・ドウ
①こ。こども。わらべ。わらわ。②しもべ。めしつかい。

**ドウ** 14画【▼慟】 部首[忄]りっしんべん JIS 5654
音トウ・ドウ
なげく。かなしむ。なげき。かなしみ。「慟哭どうこく」

**ドウ** 14画【銅】 部首[金]かねへん 教育小5 JIS 3828
音ドウ・トウ
銅 銅 銅 銅 銅 銅
あかがね。元素の一つ。記号Cu 原子番号二九。原子量六三・五。比重八・九三。暗赤色で展性・延性にとみ、よく電気をとおし、合金としての用途もひろい。「赤銅しゃくどう・青銅」「銅貨・銅線・銅像」用例(名)―の錆さびを緑青ろくしょうという。

**ドウ** 15画【導】 部首[寸]すん 教育小5 JIS 3819 ｜ 16画【▼導】 旧字
音ドウ
訓みちびく
導 導 首 道 導 導
①みちびく。みちびき。おしえ。「引導・訓導・指導・補導・誘導」「導入」②つたえる。「伝導・半導体」「導火線」

**ドウ** 15画【▼憧】 部首[忄]りっしんべん JIS 3820
音ショウ・トウ・ドウ
あこがれる。心をひかれる。思いをよせる。「憧憬どうけい・しょうけい」

**ドウ** 15画【▼撓】 部首[扌]てへん JIS 5790
音ドウ・トウ
①たわむ。まがる。たわめる。まげる。「不撓ふとう・ふどう」②みだれる。みだす。

**ドウ** 15画【▼撞】 部首[扌]てへん JIS 3821
音トウ・ドウ・シュ
つく。つきあてる。つきあたる。「撞球・撞着」「撞木しゅもく・とうぼく」

**ドウ** 15画【▼鬧】 部首[鬥]たたかいがまえ JIS 8209 ｜ 13画【▼閙】 部首[門]もんがまえ 異体字 JIS 7963
音ドウ・トウ
さわがしい。やかましい。にぎやか。さかん。

**ドウ** 16画【▼朣】 部首[月]つきへん
音トウ・ドウ
つきしろ。月の出。月の出しお。月が出たばかりのさま。

**ドウ** 16画【▼橈】 部首[木]きへん JIS 6086
音ドウ・ジョウ・ニョウ
①たわむ。まがる。たわめる。まげる。②くじける。くじく。よわめる。↓ジョウ【橈】

**ドウ** 16画【▼瞠】 部首[目]めへん JIS 6653
音トウ・ドウ
みはる。目をみはる。また、みつめる。「瞠目」

**ドウ** 16画【▼耨】 部首[耒]らいすき JIS 7053
音ドウ・ジョク
①くわ。田畑を耕したり、雑草を除いたりする農具。②くさぎる。すく。くわで、田畑の雑草を除く。

**ドウ** 17画【▼獰】 部首[犭]けものへん JIS 6456
音ドウ
わるい。姿や性質がわるくてあらあらしい。「獰猛」

**ドウ** 17画【▼瞳】 部首[目]めへん 人名用 JIS 3823 ｜ 17画【▼瞳】 旧字
音トウ・ドウ
ひとみ。くろめ。眼球のなかのくろい部分。「瞳孔」

**ドウ** 18画【▼艟】 部首[舟]ふねへん JIS 7162
音トウ・ショウ・ドウ
ふね。いくさぶね。軍艦。「艨艟もうどう」

**ドウ** 20画【▼鐃】 部首[金]かねへん JIS 7931
音ドウ・ニョウ
①どら。かね。陣中で用いる小さいかね。②二枚を打ちあわせて鳴らす、金属製で皿型の楽器。「鐃鈸にょうはち・にょうはつ」

**ドウ** 21画【▼曩】 部首[日]ひ JIS 5908
音ドウ・ノウ
①さき。以前。むかし。「曩祖のうそ・どうそ」②さきに。以前に。

**どう**【▽如▽何】(副) ①どんなふうに。どのように。how 用例―しようもない。―しましたか。②(「どうですか」の略)いかが。用例ぐあいは―。もう一杯―。―、おかしいでしょう。

**とうあ**【東亜】 アジア大陸東部の日本・中国・韓国かんこく・北朝鮮(朝鮮民主主義人民共和国)などの総称。東アジア。極東。East Asia; the Far East

**どう-あく**【▼獰悪】(名・形動) 性質が悪く、荒々しいこと・さま。

**どう-あげ**【胴上げ・胴揚げ】(名・サ変他) 祝意・感謝などを表し、その人のからだを大勢で何回も空中に投げ上げること。古くから、神事や厄やく払いに行った例がみられる。

**とうあ-こくないこうくう**【東亜国内航空(株)】↓にほんエアシステム(日本エアシステム)

**とうあ-しんちつじょ**【東亜新秩序】 日中戦争当時の日本の大陸政策の標語。昭和一三年(一九三八)第二次近衛このえ声明のなかで使われ、大東亜共栄圏構想の先駆となった。

**とう-あずき**【唐小豆あずき】 マメ科のつる性低木。アフリカ原産。葉は羽状複葉。淡黄色または赤紫色の蝶形ちょうけい花をつける。種子は赤色で丸く、装身具に使用される。また、有毒である一方、相思子そうしの名で薬用にもされる。Indian licorice ↓図

●トウアズキ

**どう-あつ**【動圧】 流体中で、流れに垂直な面が流れにより受ける圧力。静止流体では静圧のみで、動圧はない。流速の二乗と密度の積に比例する。dynamic pressure

**どうあつ-じくうけ**【動圧軸受(け)】 軸の回転によって生じる流体の圧力を利用して軸を浮かせ、摩擦を少なくした軸受け。pressure bearing

**とうあつ-せん**【等圧線】 天気図で、気圧の等しい地点を結んだ線。通常、四ミリバールおきに書く。isobar

**とうあつめん-てんきず**【等圧面天気図】 気圧が一定な面(=等圧面)を考え、その面の起伏を等高線で表した天気図。高層の天気図に利用される。isobaric surface chart

**とうあ-どうぶんかい**【東亜同文会】 東アジア諸民族の大同団結を主張した国家主義の団体。明治三一年(一八九八)近衛篤麿このえあつまろを中心に設立。同三三年(一九〇〇)同会が中心となり国民同盟会を結成し、翌年東亜同文書院と改称。

**とうあ-にっぽう**【東亜日報】 韓国かんこくの最有力夕刊紙。一九五〇年代後半に野党色が強くなる。一九二〇年創刊。

**トゥアモトゥ-しょとう**【トゥアモトゥ諸島】(Archipelago Tuamotu) 南太平洋南東部、ポリネシア東部の珊瑚さんご礁群。約八〇の環礁からなる。燐りん鉱石やコプラを産出。人口一・二万(一九八三)。ツアモツ諸島。

**とう-あん**【答案】 問題に対する、答えの文章。答え。examination paper

**とう-あん**【▼偸安】 目前の安楽をむさぼること。

**とう-あんご**【冬安▽居】《仏教語》冬季に行われる安居。陰暦一〇月一六日から一月一五日まで。ふゆあんご。

**とうあんむおく**【陶▼庵夢憶】 中国の随筆集。明みん末清しん初の張岱ちょうたい作。八巻。明滅亡後、明末の江南の世相の追憶を名文で綴つづった叙情的散文作品。

**どうアンモニア-レーヨン**【銅アンモニアレーヨン】 再生セルロース繊維の一つ。セルロースを銅アンモニア溶液に溶かしてつくる。細く柔軟。キュプラ。商標名はベンベルグ。cuprammonium rayon

**とう-い**【当為】 ①まさになすべきこと。あるべきこと。目標となるべき理想の状態。②《Sollenドイツの訳語》哲学で、道徳的理想・価値。道徳上、その実現が絶対に求められていて、意志や行為に内面的な強制・拘束を与えるもの。ゾルレン。ゾレン。ゾルレン。対義存在。

**とう-い**【東▼夷】 ①中国人が、かつて自国の東方に住む諸民族をさしていった語。満州(現在の中国東北部)・朝鮮・日本など。対義西戎せいじゅう。②えぞ。③関東の武士を京都の人がさげすんでいった語。あずまえびす。

**とう-い**【等位】 ①等級。位階。class; rank ②ひとしい位・等級。same rank

**どう-い**【同位】 同じ位置。同一のくらい。same position

**どう-い**【同意】 ㊀(名) ①同じ考え。same opinion ②同じ意味。同義。same meaning ㊁(名・サ変自) 人の考えに賛成すること。agreement

**どう-い**【胴衣】↓どうぎ(胴着)

**どう-いう**【▽如▽何いう】(連体) どのような。どんな。what

**どういう風の吹き回しか**(どういうかぜのふきまわしか) その時、心境・状況がどのように変化したのか。事のなりゆきが意外なさま。for some reason or other

**どうい-かく**【同位角】 二本の直線と他の一直線が交わってできる角のうち、二直線の同じ側で他の一直線の同じ側にできる二つの角。図では、二つの直線l、mが直線nと交わってできる八つの角のうち、aとe、cとg、bとf、dとhとを互いに同位角であるという。corresponding angles ↓図

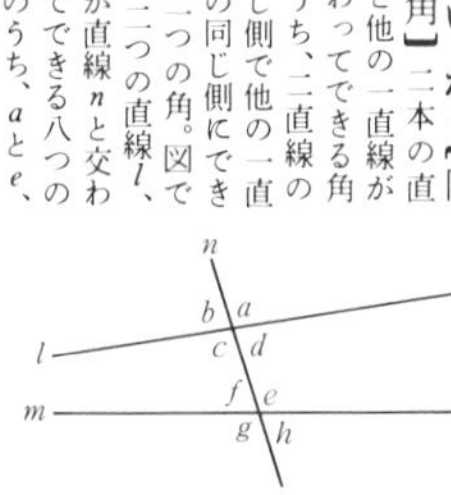
●同位角
∠aと∠e、∠bと∠f、∠cと∠g、∠dと∠hが同位角

**どうい-げんそ**【同位元素】↓どういたい(同位体)

**どうい-ご**【同意語】 意味の同じ語。同義語。synonym 対義反意語。

**どういご-せん**【同位語線】 等語線の別称。

**とうい-じょう**【糖衣錠】 薬剤を保護したり飲みよくしたりするために、まわりを糖分を含んだ被膜で包んだ錠剤。sugarcoated tablets

**とう-いす**【▼籐▼椅子】 籐製の椅子。強靭きょうじんで弾力性に富んだ籐で作られ、おもに家庭用の夏季家具として愛用される。rattan chair

**どう-いそう**【同位相】 振動や波動などの周期現象で、状態を表す位相が等しいこと。

**とうい-そくみょう**【当意即妙】(名・形動) その場にうまくあてはまるように気をきかすこと・さま。機転。witty riposte 用例―の受け答え。

**どうい-たい**【同位体】 同一元素のうち、質量数が異なる原子。元素記号の左肩に質量数

と



↓行き先項目、図版・写真参照印。 JIS日本工業規格情報交換用漢字符号コード(区点コード)。

を付して表す。$^{3}He$と$^{4}He$など。同位元素。アイソトープ。isotope

**どう-いたしまして**【▽如▽何▽致しまして】(感)《相手のことばに対し、けんそんして打ち消す、あいさつのことば》そんなことはありません。用例 ―、こちらこそ失礼いたしました。

**とう-いつ**【統一】(名・サ変他) ①まとめること。まとまり。unification 用例 行動に―がない。②いくつかに分かれているものを、一つのまとまりにすること。ばらばらなものを、論理的に有機的にまとめること。unification 比較 画一。用例 意見を―する。

**どう-いつ**【同一】(名・形動) 同じであること・さま。sameness

**とういつ-かがく**【統一科学】《Einheitswissenschaft(ドィ)の訳》論理実証主義の立場から、すべての科学は唯一共通の対象領域をもつので、物理学を基礎として体系化できるとする構想。一九三〇年代ウィーン学団が唱えた。

**とういつ-こうはん**【統一公判】同一事件で起訴された多数の被告人をまとめて裁判する方式。unified trial

**どういつ-し**【同一視】(名・サ変他) ①区別せず、同じものとみなすこと。②精神分析における防衛機制の一つ。自分と対象、また、対象相互の違いがあいまいになっている状態。対象の特性や価値を自分にとり入れ、対象に自分を似せて行動すること。identification

**とういつ-せんせん**【統一戦線】複数の革新的政治勢力が、共同の目的実現のために戦術・政策の統一をはかること。一九二〇年代コミンテルンによって労働者階級の統一戦線が提唱され、一九三五年には反ファシズム統一戦線戦術が採択された。フランスやスペインの人民戦線、三七年以降の中国の国共合作による抗日民族統一戦線、アルジェリアの民族解放戦線などはこの戦術の発展したもの。united front

**とういつ-ちほうせんきょ**【統一地方選挙】知事、都道府県・市区町村議会議員、市町村長の地方選挙を同じ日に統一して行うこと。また、その選挙。

**とういつ-てき**【統一的】(形動) ①まとまっているさま。まとまりのあるさま。united 用例 ― 行動。②一つにまとめて、筋を通すさま。unified 用例 意見を―に解釈する。

**とういつば-りろん**【統一場理論】一般相対性理論をより一般的な幾何学空間に拡張して、重力の場のみならず電磁場をも時空の幾何学として帰着させようとする理論。unified field theory

**どういつ-りつ**【同一律】形式論理学の基本原理の一つ。一定範囲の思考では、同一の概念は同じ意味に用いられなければならないというもの。「AはAである」の形式で示される。自同律。同一原理。principle of identity

**どういつろうどう-どういつちんぎん**【同一労働同一賃金】同種・同時間の労働に対しては、労働者の特性の差異に関係なく同額の賃金を支払うべきだとする原則。equal pay for equal work

**トゥイニャーノフ**[Yury Nikolayevich Tynyanov](一八九四〜一九四三) ソ連の文芸学者・小説家。フォルマリズムの批評家としても活躍。評論『ドストエフスキーとゴーゴリ』『詩的言語の問題』、歴史小説『ワジル=ムフタルの死』など。

**ド-ヴィニョー**[Vincent Du Vigneaud] →ドゥ=ビニョー

**とう-いん**【党員】政党に加入している人。party member

**とう-いん**【登院】(名・サ変自) 議員が国会や議会へ出席すること。attendance at the House 対義 退院。

**とう-いん**【頭韻】語句の頭に同一の音を繰り返す修辞法。「かってかぶとの緒をしめよ」では「か」が頭韻である。alliteration 対義 脚韻。

**とういん**【東員】〈町〉三重県北部、桑名市西隣の町。農業を主とするが、工業化・宅地化が著しい。人口二万二六九五(一九八八)。

**とう-いん**【唐▼寅】(一四七〇〜一五二三) 中国、明代中期の文人画家。山水・人物・花卉画を描いた。

**どう-いん**【動因】事を引き起こす、直接の原因。動機。motive

**どう-いん**【動員】(名・サ変他) ①軍隊を平時編制から戦時編制に転換・配備すること。軍事動員。対義 復員。②戦争遂行のため、国内の人的・物的資源を政府の統制下におくこと。経済動員など。③ある目的のために人をかり出すこと。mobilization

**どう-いん**【導引】道家の養生法。身体の屈伸や呼吸法によって長命を得る術。

**とういんひじ**【▼棠陰比事】中国の裁判説話集。南宋の桂万栄著。古来の裁判事件一四四件を集める。小説的興味でも読まれ、江戸小説にも影響した。

**とう-う**【凍雨】①冬の雨。②雨粒が降ってくる途中で凍結したもの。またそれらが降る現象。直径一〜四㎜の氷の粒。日本では降ることはまれ。freezing rain

**どう-う**【堂宇】①堂の軒。②堂舎。temple

**ドゥーゼ**[Eleonora Duse](一八五九〜一九二四) イタリアの女優。激しい感情表現にすぐれ、サラ=ベルナールと覇を競った。主演作『死の都』など。

**トゥービム**[Julian Tuwim](一八九四〜一九五三) ポーランドの詩人。若い実験的な詩人グループの代表。作品『ポーランドの花』など。

**トゥーラ**[Tula] ソ連西部、モスクワ南方一八〇㎞の工業都市。同国最古の鉱山、機械産業の中心地の一つ。人口五二・九万(一九八四)。

**どう-うら**【胴裏】袷・長着・綿入れなどの裏地。裾回し以外の胴の部分と袖裏に用いる。→着物図

**ドゥーリトル**[Hilda Doolittle](一八八六〜一九六一) アメリカの女流詩人。筆名H=D。イマジズム運動に加わる。詩集『海の庭園』など。

**トゥール**[Tours] パリ南西約二四〇㎞、アンドル-エ-ロワール県の県都。ルネサンス時代の城や宗教遺跡が多い歴史的観光都市。トゥーレーヌ地方の中心。人口一三・六万(一九八二)。

**トゥールーズ**[Toulouse] フランス南部、ガロンヌ川に臨むオートガロンヌ県の県都。交通の要地で、化学・航空機製造工業などが発達。中世は文化・宗教の中心地。人口三四・八万(一九八二)。

**トゥーレ**[Thule] 小惑星の一つ。公転の平均運動が木星のそれと四対三の関係にあり、力学的に注目される。一八八八年オーストリアのパリザにより発見された。

**トゥーレ**[Sékou Touré](一九二二〜八四) ギニアの政治家。独立運動を指導し、一九五八年の独立後首相に就任。六一年から大統領。

**トゥーレーヌ**[Touraine] フランス北西部の地方。北はロワール川、南はシェール川に及ぶ。ロワール川中流域が中心で、中心都市はトゥール。ブドウ・果樹栽培がさかん。

**トゥーロン**[Toulon] フランス南東部、地中海に臨む港湾・軍港都市。一八一五年以来の海軍基地。人口一八・二万(一九八二)。

**トゥーワ-じちきょうわこく**【トゥーワ自治共和国】(Tuvinskaya ASSR) ソビエト連邦を構成する自治共和国の一つ。首都キジル。ソ連南シベリア、エニセイ川上流地域を占める。面積一七・一万㎢。人口二七・六万(一九八四)。正称トゥーワ自治ソビエト社会主義共和国。

**トゥーンベリ**[Carl Peter Thunberg](一七四三〜一八二八) スウェーデンの植物学者。安永四年(一七七五)に来日し、日本の植物相を調査した。日本関係の著書に『日本植物誌』がある。

**とう-えい**【灯影】①ともしびの影。ほかげ。flicker of light ②灯火。light

**とう-えい**【投影】(名・サ変他) ①物の影をうつすこと。また、その影。projection ②投影図法によって立体の平面図形を描くこと。③精神分析の用語。自己の内部に生じた受け入れがたい衝動・感情・思考を、外界の対象に帰する心の働き。投射。projection

**とう-えい**【倒影】①水面などに、さかさまに映った影。reflected image ②夕日影。入り日。the setting sun

**とう-えい**【塔影】①塔のかげ。②塔のかたち。塔の輪郭。

**とうえい**【東栄】〈町〉愛知県北東部、静岡県に接する町。農林業中心。茶の産地。人口五七九四(一九八八)。

**とうえい**【東映(株)】映画製作・配給会社。昭和二六年(一九五一)発足。時代劇・アクション・テレビ映画が主流。

**とうえいしせん**【東▼瀛詩選】中国、清末の兪樾が日本人に請われて編んだ日本人の漢詩選集。正編四〇巻・補遺四巻。小伝と短評を付す。中国・日本で愛読された。

**とうえい-ず**【投影図】投影図法によって描かれた立体の平面図形。projection drawing

**とうえい-ずほう**【投影図法】立体に平行光線をあて、その影を平面上に表す技法。平行光線の方向により正面図・平面図・側面図がある。projection →図

**とうえい-ほう**【投影法】性格検査の一種。あいまいな刺激を提示して、その受け止め方、解釈の仕方によって性格をみるもの。ロールシャッハ検査・TATなど。projective technique

**トウェーン**[Mark Twain](一八三五〜一九一〇) アメリカの小説家。本名サミュエル=ラングホーン=クレメンズ。口語を駆使し、フロンティア精神をユーモアと社会風刺のなかに描き出した。リアリズム文学への道を開く。作品『トム=ソーヤーの冒険』『ハックルベリー=フィンの冒険』など。→写

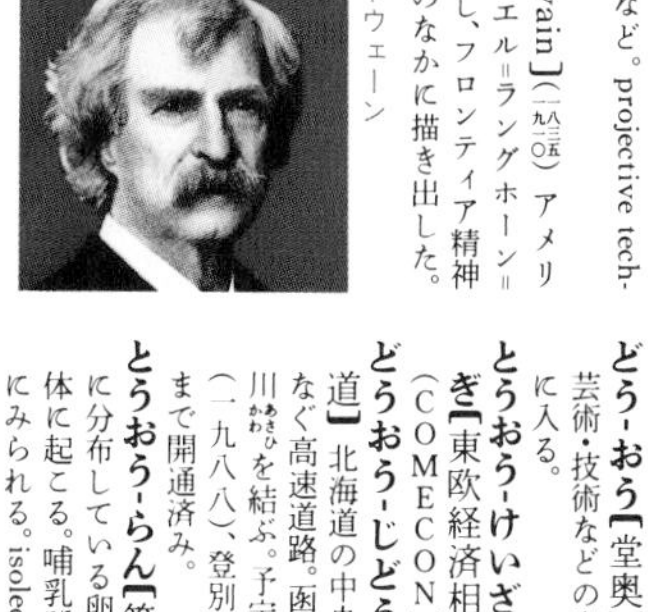

●トウェーン

**ドゥエロ-がわ**【ドゥエロ川】(Dueroがは) ドゥロ川の別称。

●投影図法

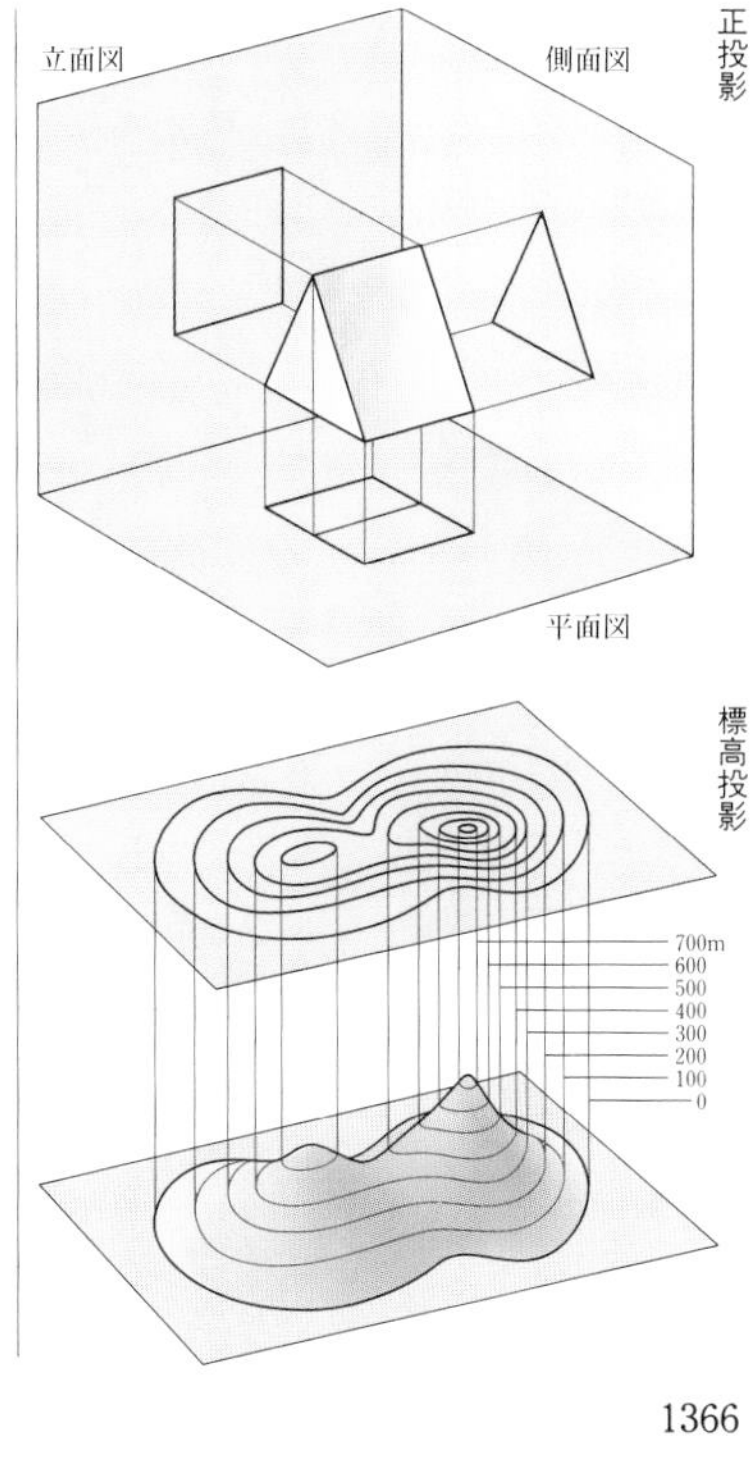


**とう-えんめい**【陶▼淵明】(三六五〜四二七) 中国、六朝時代の東晋・宋の詩人。名は潜。字は淵明のほかに元亮ともいう。諡は靖節。潯陽柴桑の人。田園詩人として最高の評価をうける。四一歳のとき職を去り帰郷、「帰去来の辞」はそのときの心境をのべたもの。その後、酒と自然を友とし、世俗に超越した隠士として独自の文学的境地を開拓。散文「桃花源記」で知られる。詩文集『陶靖節集』。

**とう-おう**【東欧】ヨーロッパの東部地域の総称。東ドイツ・ポーランド・チェコスロバキア・ハンガリー・ブルガリア・ルーマニア・ユーゴスラビア・アルバニアなど。東ヨーロッパ。対義 西欧。

**とう-おう**【湯王】中国、殷王朝初代の王。殷の系譜では大乙または天乙という。伝説では夏王朝の桀を討って天子となり、亳に都したという。成湯。

**どう-おう**【堂奥】①堂のおくまった所。②芸術・技術などの奥義。secrets; heart 用例 ― に入る。

**とうおう-けいざいそうごえんじょ-かいぎ**【東欧経済相互援助会議】→コメコン(COMECON)

**どうおう-じどうしゃどう**【道央自動車道】北海道の中央部を通り、主要都市間をつなぐ高速道路。函館〜室蘭〜札幌〜旭川を結ぶ。予定全長三二〇㎞。昭和六三年(一九八八)、登別〜滝川間一九一・三㎞まで開通済み。

**とうおう-らん**【等黄卵】卵黄が卵内に一様に分布している卵。卵黄は少なく、卵割は卵全体に起こる。哺乳類・ウニ・ヒトデなどの卵にみられる。isolecithal egg

**トゥオネラのはくちょう【トゥオネラの白鳥】**《原題Tuonelan Joutsen》シベリウス作曲の交響詩。『四つの伝説』の第二曲。一八九三年作。北欧の自然を神秘的に描く。

**どう-おや【胴親・筒親】** 胴元。

**とう-おん【唐音】** ①漢字音の一つ。宋時代の一〇～一三世紀の中国語音で日本に伝わったもの。「行」を「アン」、「灯」を「チン」、「鈴」を「リン」と読むなど。宋音。唐宋音。比較 呉音・漢音。②中国語音。

**とう-おん【等温】** 温度が等しいこと。等しい温度。same temperature

**どう-おん【同音】** ①同じ発音。same sound ②同じ高さの音。same tone ③同時に同じことを言うこと。with one voice 用例 異口—に。

**どう-おん【導音】** 長・短音階で、音階の第七度音(主音の半音下)。広くは主音へと導く音すべてをさす。leading tone

**どうおん-ご【同音語】** 発音は同じで意味が違う語。同音異義語。「対称」と「対照」と「対象」、アクセントは違うが、「橋」と「箸」など。homonym 比較 類音語。

**とうおん-せん【等温線】** 地図上で温度(気温・水温・地温)の等しい点を結んだ線。温度の時間的変化や空間的分布などを知るために描かれる。isotherm

**とうおん-へんか【等温変化】** 温度を一定に保ちながら行う状態変化。熱容量の十分に大きい物質と接触させながらゆっくりと変化させる。isothermal change

**とう-か【刀下】** かたなの下。

**刀下の鬼となる**(とうかのきとなる) 斬られて死ぬ。

**刀下の鳥、林藪に交わる**(とうかのとり、りんそうにまじわる)《斬殺されそうになった鳥が、逃れて藪の中で遊ぶ意》九死に一生をえる。

**とう-か【刀架】** 刀を横にして掛けておく具。かたなかけ。

**とう-か【灯下】** ともしびのもと。by lamplight

**とう-か【灯火】** 照明として用いる火。たき火にはじまり、松明・脂燭・ろうそく・石油ランプ・ガス灯・電灯など、さまざまな光源や器具が用いられてきた。あかり。ともしび。light

**灯火親しむ可き候**(とうかしたしむべきこう)《多く、書簡文に用いられる語》こころよい涼しさが感じられて、灯火のもとで読書や勉強するのによい季節。秋の季節。秋。灯火親しむ候。season of reading by lamplight

**とう-か【投下】**(名・サ変他)①投げおろすこと。throw down 用例 爆弾—。②事業に資本を出すこと。investment

**とう-か【豆果】** マメ科植物の果実。果皮は一枚の皮から発達し、乾燥すると二つに裂ける。中に種子が一列についている。莢果。legume

**とう-か【透過】**(名・サ変自他)①すき通ること。transparency ②物理で、光や放射能などが物質の内部を通り抜けること。また、そうさせること。transmission

**とう-か【悼歌】** 人の死をいたむ歌。挽歌。elegy

**とう-か【棹歌】** 船頭などのうたう船歌。chantey

**とう-か【登遐・登霞】**《天に登る、の意》天皇が亡くなること。崩御。

**とう-か【等価】** 価値・価格が等しいこと。equivalence

**とう-か【踏歌】** 足を踏み鳴らして歌い踊る古代の群集舞踏。中国から伝来し、平安時代には正月の踏歌の節会が宮中の年頭行事となった。

**とう-か【橙果】** ↓みかんじょうか(蜜柑状果)

**とう-か【糖化】**(名・サ変自他) 多糖を加水分解して単糖や二糖に変える反応。また、その操作。でんぷんを酵素によって分解し、ブドウ糖・麦芽糖などを生成する反応など。saccharification

**とう-か【頭花】** ↓とうじょうかじょ(頭状花序)

**とう-か【櫂歌】**《「櫂」は、舟のかい》舟歌。chantey

**とう-が【冬瓜】** トウガンの別名。

**とう-が【冬芽】** 夏から秋につくられ、冬を越して春に伸びる芽。寒さや乾燥に耐えるよう、鱗片におおわれ、また表面にろうを分泌したり、毛が密生したりするものもある。ふゆめ。winter bud 比較 夏芽。

**とう-が【陶画】** 陶器にかいた絵。pictures on porcelain ware

**どう-か【同化】**(名・サ変自他) ①他を感化して自分と同じようにすること。異なるものが同じようになること。assimilation ②他から得た知識などを、じゅうぶん自分のものにすること。assimilation ③対義 異化。㋐生物が外界から摂取した物質を自身の成分に変えること。同化作用。assimilation ㋑似た形が並んだとき、一つの全体に結合しようとする心理作用。assimilation ④音素の連続のときに起こる音韻変化。「ない↓ねえ」「向かう↓向こう」など。assimilation

**どう-か【道家】** ①諸子百家の一つ。老子・荘子らの思想に代表される学派。戦国末期におこり、儒家とともに中国の二大思想を形成。②道教を奉ずる人々。道士。

**どう-か【銅戈】** 青銅製の戈。柄に直角に着装する短剣状の武器。中国に起源を有し、日本には弥生時代、朝鮮半島からもたらされ、のち祭器化した。

**どう-か【銅貨】** 銅で造った貨幣。copper coin

**どう-か**(副) ①心から頼み願う気持ちを表す語。どうぞ。なにとぞ。please 用例 — お許しください。②どうであるか。用例 それは — わからない。③どういうふうにか。なんとか。by some means 用例 — なりませんか。④ようすがおかしいさま。用例 頭が — なってしまいそうだ。

**どうかと思う**(どうかとおもう)《反対の気持ちを、遠回しに言う語》あまり賛成できない。また、ふつうでない。

**どう-が【動画】** アニメーション。animation

**どう-が【童画】** ①子ども自身の描いた絵。児童画。children's picture ②子どもに与えるための絵画の総称。picture for children

**とう-かい【東海】** ①東方の海。②日本国。③「東海道」の略。④「東海地方」の略。用例 — 地震。

**とう-かい【倒壊・倒潰】**(名・サ変自) 建物などが、倒れ、つぶれること。collapse

**とう-かい【韜晦】**(名・サ変自他) ①自分の地位・才能などを包み隠すこと。conceal oneself ②知られないように姿をくらますこと。disappear without trace

**とうかい【東海】**〈市〉愛知県知多半島基部、伊勢湾に臨む市。名古屋南部臨海工業地として、重化学工業を中心に各種の工業が発達。フキの産地。人口九万五四二〇(一九八八)。

**とうかい【東海】**〈村〉茨城県東部、太平洋に臨む村。原子力研究所・原子力発電所がある。人口三万一四一一(一九八八)。

**とう-がい【凍害】** 凍結で起こる農作物などの被害。一日の最低気温がマイナス四℃以下のときに著しい。frost damage

**とう-がい【等外】** 等級・順位の中に入らないこと。failure

**とう-がい【頭蓋】** ↓ずがい(頭蓋)

**とう-がい【当該】**(連体) それにかかわること。該当すること。その。問題の。concerned 用例 — 事項。— 官庁。

**とうがい-こう【頭蓋腔】** 頭蓋骨内部の大きな空所で、脳が入っているところ。cranial cavity

**とうかい-こうぎょうちいき【東海工業地域】** 静岡県を範囲とする工業地域。紙・パルプ・輸送用機器、化学・電気機器・楽器などの業種が重要な地位を占める。

**とうかい-さんし【東海散士】**(一八五二～一九二二) 小説家・政治家。本名、柴四朗。会津藩士の子。政治小説『佳人之奇遇』を書く。

**とうかい-しぜんほどう【東海自然歩道】** 東京の高尾と大阪府箕面の二つの明治の森国定公園を結ぶ、歩行者用道路。全長一三四三km。

**とうかい-ちほう【東海地方】** 本州中部、太平洋側の地方。静岡・愛知両県のほか、ふつう岐阜県南部・三重県北部を含む。経済活動がさかんで、工業都市が連なる。

**とうかい-どう【東海道】** ①七道の一つ。伊賀・伊勢・志摩・尾張・三河・遠江・駿河・甲斐・伊豆・相模・上総・下総・常陸・安房・武蔵の一五か国。東海。②江戸時代の五街道の一つ。江戸から京都にいたる街道。幕府は江戸日本橋と京都三条大橋の間の全里程一二五里(五〇〇km)に、五三の宿駅を設けた。

**とうかいどう-ごじゅうさんつぎ【東海道五十三次】** 江戸時代、江戸日本橋と京都三条大橋間の東海道に設置された品川宿から大津宿にいたる五三の宿駅。品川・川崎・神奈川・程(保土)ケ谷・戸塚・藤沢・平塚・大磯・小田原・箱根・三島・沼津・原・吉原・蒲原・由井・興津・江尻・府中・鞠(丸)子・岡部・藤枝・嶋田・金谷・日坂・掛川・袋井・見付・浜松・舞坂・新居(新井・荒井)・白須賀・二川・吉田・御油・赤坂・藤川・岡崎・池鯉鮒・鳴海・宮・桑名・四日市・石薬師・庄野・亀山・関・坂之下・土山・水口・石部・草津・大津。五十三次。

**とうかいどう-しんかんせん【東海道新幹線】** JR東海の鉄道新幹線。東京と新大阪を結ぶ。長さ五五二・六km。東京～新大阪間は昭和三九年(一九六四)開通。

**とうかいどうちゅうひざくりげ【東海道中膝栗毛】** 十返舎一九の滑稽本。享和二年(一八〇二)から文化六年(一八〇九)刊。伊勢参宮のため江戸から東海道を上る、弥次郎兵衛・喜多八の滑稽な失敗談を各地の風物とともに描く。

**とうかいどう-ほんせん【東海道本線】** 東京と神戸を結ぶ鉄道幹線。東京～熱海間がJR東日本、熱海～米原間がJR東海、米原～神戸間がJR西日本の管轄。東京～神戸間五八九・五kmと、大垣～美濃赤坂間五kmを含めた総称。大正三年(一九一四)開通。

**とうかいどうめいしょき【東海道名所記】** 浅井了意作の仮名草子。万治二年(一六五九)ごろ刊。楽阿弥と若者が江戸から京へ上る道中記。狂歌なども交えた名所記類の代表作。

**とうかいどうよつやかいだん【東海道四谷怪談】** 歌舞伎世話物。日本演劇の怪異の系譜を定着させた生世話物の傑作。四世鶴屋南北作。文政八年(一八二五)初演。浪人民谷伊右衛門は妻お岩を捨てて悶死させ、その執念の亡霊につきまとわれる。通称、四谷怪談。

**とうがい-ないあつ【頭蓋内圧】** 密閉された頭蓋腔を内側から支える一定の圧力。脳腫瘍・頭蓋内出血などがあると圧が上がる。脳内圧。intracranial pressure

**とうがいない-しゅっけつ【頭蓋内出血】** 頭蓋内で起こる出血。硬膜下出血・硬膜外出血・クモ膜下出血・脳出血などが含まれる。高血圧・動脈硬化・頭部外傷などで起こる。intracranial hemorrhage

**どうかい-わん【洞海湾】** 福岡県、北九州市北西部の湾。沿岸は北九州工業地帯の中心で、港は全国屈指の出入船舶数・貨物量を誇る。

**とう-かえで【唐楓】** カエデ科の落葉高木。葉は浅く三裂し、裂片は三角形。表面は光沢があり、裏面は白色。春、淡黄色の花をつける。中国南東部原産。

**とうか-かんせい【灯火管制】** 夜間の空襲にそなえて灯火の減光・遮光・消灯を行うこと。blackout

**とう-かく【当確】**「当選確実」の略。

**とう-かく【倒閣】**(名・サ変他) 内閣を倒すこと。overthrow the Cabinet

**とう-かく【統覚】** 多くの心理的な内容を統一的に結びつけ、明確に意識しようとする心的作用。apperception

**とう-かく【頭角】** ①頭の先。top of one's head ②すぐれた才能。brilliant figure

**頭角を現す**(とうかくをあらわす) 学識・才能・才覚などが、ほかの人たちに比べて、目立ってくる。distinguish oneself 類似 一頭地を抜く。

**とう-がく【東学】** 一八六〇年ごろ両班の崔済愚が創始した朝鮮の民族宗教。西学(キリスト教)に対抗する意で、民間信仰に儒教・仏教・道教を加味したもの。政府は邪教として弾圧し、甲午農民戦争(＝東学党の乱)の原因となった。

**とう-がく【唐楽】** ①中国の唐代の音楽。②中国からわが国に伝わった音楽の総称。③雅楽の一種。唐楽・林邑楽などの中国系の音楽を母体にして平安時代に日本化された音楽。左方楽。

**とう-がく【等覚】**《仏教語》①仏としての悟り。②仏の別称。

**どう-かく【同格】** ①同じ資格。対等の格式。same rank ②文法で、語や文節が、他の語や文節と、同一の語を修飾したり、同一資格で文の構成に参加したりしていること。「われわれ日本人は」の「われわれ」と「日本人」。apposition

**どう-がく【同学】** 学校・師匠、また専攻の学問が同じこと・人。classmate

**どう-がく【同額】** 同じ金額。同じ値段。same amount

**どう-がく【道学】** ①道徳を説く学問。②儒教の宋学。③江戸時代の心学。

**どうがく-しゃ【道学者】** ①道学を修めた人。moralist ②道学先生。

**どうがく-せんせい【道学先生】** 道徳のことばかりやかましくて、世事にくらい学者を皮肉って言う語。moralizer

**とうがくとう-の-らん【東学党の乱】** 甲午農民戦争の別称。

**とうか-げん【桃花源】** ↓とうげん(桃源)

**とうかげんき【桃花源記】** 中国、東晋の陶淵明の作。一漁師が俗世間と隔絶した秘境を訪れるという虚構の物語。理想境を描く小説的な作品で、唐代伝奇小説の祖といわれる。

**とうか-こう【透過光】** 透明あるいは半透明物質の内部を通り抜けた光。異なる二つの媒質の境界面を通過し、新しい媒質中に進行していく光。transmitted light

**どうか-こうか【▽如▽何か▼斯うか】**(副) 難儀しながら、一応形が整うさま。なんとかして。どうにかこうにか。somehow or other 用例 ――やり終えた。

**どうか-さよう【同化作用】** ↓どうか(同化)③

**とう-がし【唐菓子】** 中国から伝来した菓子。米や麦・小豆の粉に塩や甘味料を入れて練り、ゴマの油で揚げたもの。からくだもの。

**とうか-しほん【投下資本】** 事業に実際つぎこんだ資本。または、企業に対して出資者が拠出した金銭および現物。労働や土地などを含む。invested capital 対義 擬制資本。

**どうがしま【堂ケ島】** 静岡県伊豆半島西岸、西伊豆町の地区。奇岩や小島の多い海岸景勝地。温泉や洋ランセンターがある。

**とうかずいよう【桃華▼蘂葉】** 室町後期の有職故実書。一条兼良著。文明一二年(一四八〇)成立。子の冬良に書き与えた一条家相伝文書。

**どうか・する【▽如▽何かする】**(サ変自他) ①(自)ふつうの状態と違う。something different 用例 ――・している。②(他)なんとか、くめん・くふうする。manage somehow 用例 自分で――だろう。

**どうか-すると【▽如▽何かすると】**(副) ややもすると。be apt to(do)

**とうか-せい【透過性】** 膜などの物質が、液体・溶質・気体・イオンなどを透過させる性質。細胞膜や人工半透膜にみられる。雨水が大地にしみこむ状態や光が大気を通過する状態をいうのにも用いる。permeability

**とうかせん【桃花扇】** 中国、清代の戯曲。孔尚任作。四〇幕の史劇。明朝滅亡にまつわる江南の政争を、文人侯方域と名妓李香君の恋愛を軸に描く。清代戯曲の代表作とされる。

**どうか-せん【導火線】** ①雷管の点火に使用するもので、黒色火薬を心にし、麻糸・紙で被覆してひも状にしたもの。safety fuse ②事件の起こる原因。いとぐち。cause

**とうかそくど-うんどう【等加速度運動】** 加速度の向きと大きさが一定の運動。物体に一定の力が働くと得られる。motion of uniform acceleration

**どうか-そしき【同化組織】** 植物組織の一つで、炭酸同化作用をおこなう柔組織。葉緑素を含み光合成をする細胞からなり、柵状組織と海綿状組織がこれにあたる。assimilation tissue

**とう-かつ【統括】**(名・サ変他) 一つにまとめること。すべくくること。generalization

**とう-かつ【統轄】**(名・サ変他) 部門をとりまとめて、支配すること。まとめて扱うこと。control

**どう-かつ【▼恫喝】**(名・サ変他) おどかすこと。おどし。威嚇。threat

**とうかつ-じごく【等活地獄】**《仏教語。「等活」は、前と同じように生きる、の意》八大地獄の一つ。亡者は、からだを裂かれて、死んでは生き返り、死んでは生き返りして同じ苦しみを味わい続ける。

**どう-かっしゃ【動滑車】** 軸が動けるよう綱でつられている滑車。定滑車と組み合わせて、力を何倍かに増すこともできる。fall block 対義 定滑車。↓滑車図

**どうか-でんぷん【同化▼澱粉】** 光合成によって葉緑体中に生成されるでんぷん。assimilation starch

**とうがね【東金】**〈市〉 千葉県、九十九里平野中部の市。旧城下町。商業や、稲作・植木栽培がさかん。人口四万一〇八四(一九八九)。

**どうがね-ぶいぶい【銅▼鉦▼蚉▼蚉】** コガネムシ科の甲虫。体は卵形で暗銅色。体長約二cm。マメ類やブドウの葉を食害。幼虫はジムシと呼ばれ、地中で草木の根を食害。日本全土に分布。アオチャコガネ。

**とうか-の-せちえ【踏歌の節会】** 五節会の一つ。平安時代、宮中で正月に天皇が踏歌を見物する行事で、男踏歌が一四、一五の両日、女踏歌が一六日に行われた。

**どうか-ぶっしつ【同化物質】** 光合成によって生成される物質。一般には同化でんぷんのこと。同化産物。assimilation products

**とう-がまえ【闘構え】** 漢字を組み立てている部分の名。たたかいがまえ。「鬨・鬧」などの「門」。

**とうかむり-がい【唐▽冠貝】** トウカムリガイ科の海産巻き貝。殻高約三五cm、殻径一九cm。殻は黄白色で黒褐色の斑があり、重厚堅固。みがいて観賞用またはカメオなどの細工物にする。奄美諸島以南に分布。

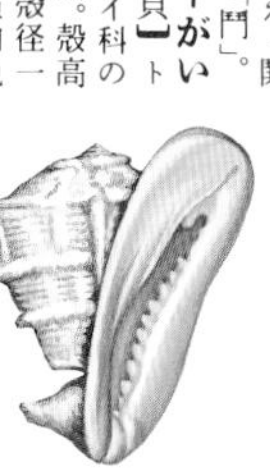
●トウカムリガイ

**どう-がめ【胴▼亀】** スッポンの異名。horned helmet shell ↓図

**とう-から【▽疾うから】**(副) 早くから。前々から。for a long time

**とう-がらし【唐辛子・唐▼芥子・▼蕃▼椒】** ナス科の一年草。熱帯では多年草。古くから香辛料や野菜として栽培される。夏に白い合弁花を開く。果実は、球形のものから細長いものまで種々で、辛味種と甘味種とがある。狭義には、果実が熟すと濃赤色になるものをさす。南アメリカ原産。Guinea pepper ↓写

●トウガラシ

**とう-かん【投▼函】**(名・サ変他) 郵便物をポストに入れること。手紙を出すこと。post

**とう-かん【東関】** ①東の方にある関所。②逢坂山の関所。③関東。

**とう-かん【盗汗】** ねあせ。

**とう-かん【等閑】** なおざりにすること。いいかげん。おろそか。なげやり。negligence 用例 ――に付す。

**とう-かん【統監】**(名・サ変他) 全体をまとめて監督すること・人。supervision

**とう-かん【東漢】** ↓ごかん(後漢)

**とう-がん【冬▼瓜】**《「とうが」の転》ウリ科のつる性一年草。夏に黄色の五弁の花が咲く。果実は球形または長楕円形で、食用。長さ約五〇cm。種子は利尿の生薬として用いる。熱帯アジア原産。カモウリ。トウガ。wax gourd ↓写

●トウガン

**どう-かん【同感】**(名・サ変自) 人と同じように感じること、または考えること。sympathy

**どう-かん【導管・道管】** ①水やガスなどを送る管。duct ②被子植物の維管束の木部にあり、管状の導管細胞が隔壁を消失して縦に連なったもの。水分上昇の通路となり、植物体を保護する。vessel; trachea ③動物で、腺からの分泌物を排出する管。excretory duct ↓維管束図

**どう-かん【道観】** 道教の寺院。道院。観。

**とうかん【▼潼関】** 中国、陝西省東部、黄河の屈曲部にある県。後漢時代に関が設けられ、以来、洛陽と長安の間で函谷関と並ぶ険要の地。黄河の水理観測所がある。トンコワン。

**どう-がん【童顔】** ①子どもの顔。child face ②子どものような顔つき。baby face

**とうかんきこう【東関紀行】** 鎌倉中期の紀行文。一巻。作者未詳。仁治三年(一二四二)京を出て鎌倉に下る十余日と鎌倉滞在の見聞を和漢混交文で記す。『海道記』と並ぶ当時の紀行文学の代表。

**とうがん-きこう【東岸気候】** 日本を含む東アジア・北アメリカ東部など、大陸東岸の温帯以北にみられる気候。概して夏は暑く、冬は寒い。east-coast climate 対義 西岸気候。

**どうがん-しんけい【動眼神経】** 脊椎動物の第三脳神経。中脳から出て眼窩内に入る神経で、眼球を動かし、上眼の瞼を引き上げ、瞳孔を縮小する運動をつかさどる。

**どう-かんすう【導関数】** 関数$f(x)$を微分して得られる関数を$f(x)$の導関数といい、$f'(x)$で表す。derived function

**どうかん-そう【道▼灌草】** ナデシコ科の二年草。ヨーロッパ原産。江戸時代に渡来し、江戸の道灌山に植えられたのでこの名がついた。高さ約三〇cm。葉は無柄で卵状披針形。晩春に淡紅色の花が咲く。種子は止血剤に用いる。cowherb

**とうかん-ふ【統監府】** 韓国統監府の略称。

**どうかん-ぶ【道管部】** ↓もくぶ(木部)

**とう-き【冬季】** 冬の季節。冬。winter 対義 夏季。用例 ――オリンピック。

**とう-き【冬期】** 冬の間。wintertime 対義 夏期。用例 ――休暇。

**とう-き【当帰】** セリ科の多年草。薬用として栽培される。高さ約八〇cm。葉は互生し複葉。夏に白い小花が傘状に咲く。根は婦人病に効用。↓写

**とう-き【投企】**(名・サ変他) ①投げ入れて、ためすこと。用例 自己――。②実存主義の基本概念。人間はこの現実世界へ投げ出された存在ではあるが、それを超えて自己の存在の可能性を未来に投げ企てることができるという考え方。ハイデッガー・サルトルらの用語。project 参照 被投性。

**とう-き【投棄】**(名・サ変他) なげすてること。throw away

**とう-き【投機】**《機会に乗ずる意》①偶然の利益をねらう行為。やま。②株・商品などの相場変動によって生じる差益を目的に行われる取り引き。多くは先物取引の形をとる。相場。speculation

**とう-き【党紀】** 党の規律。party discipline 用例 ――が乱れる。

**とう-き【党規】** 党の規則。party rules 用例 ――に従う。

**とう-き【陶器】** 陶磁器のうち、素地が多孔質でやや吸水性があり、その上に釉をかけて焼いたものの総称。食器・タイル・美術品などに利用。会津焼・薩摩焼・粟田焼・益子焼など。earthenware 比較 磁器。

**とう-き【登記】**(名・サ変他) 権利の存在や内容など一定の事項を公示して保護するために、公開された帳簿(=登記簿)に記載すること。法人登記・不動産登記など。registration

**とう-き【騰貴】**(名・サ変自) 値段・物価が上がること。rise 対義 下落。

**とう-ぎ【党議】** 党内の議論。党の議決。party policy 用例 ――にはかる。

**とう-ぎ【討議】**(名・サ変他) ある事柄について、意見を述べ合うこと。討論。ディスカッション。discussion

**とう-ぎ【闘技】** 力やわざの優劣を競い合うこと。競技。competition

**とう-ぎ【東▼魏】** 中国、南北朝時代の北朝の王朝。北魏が五三四年に東西に分裂して成立。高歓が孝静帝を立て鄴に都し、西魏と互いに正統を主張して抗争。五五〇年高歓の子高洋に滅ぼされた。

**どう-き【同気】** ①同じ気質。②気の合った仲間。

**同気、相求める**(どうき、あいもとめる) 気の合う者どうしは自然と一つに集まる。類似 類は友を呼ぶ。

**どう-き【同期】** ①同じ時期・期間。same period ②その時期・期間。said period ③学年が同じであること。same class 比較 同窓。④電流の周波数と、機械の回転速度との間に一定の関係があること。synchronism 用例 ――電動機。

**どう-き【動▼悸】** ①胸がどきどきすること。thump of the heart ②医学で、心臓の鼓動を自覚すること。心悸亢進。palpitation

●トウキ

●董其昌『山水図』。明、崇禎三年(一六三〇)、プリンストン大学美術館(アメリカ)。

**どう-き【動機】** ①行動を起こさせる直接の原因。motive 対義 結果。用例 犯行の―。②行動・意欲を規定する根拠となるもの。契機。モチーフ。motive 用例 批評の―。③はずみ。きっかけ。stimulus ④音楽で、楽曲を構成する最小単位。リズム・旋律・和声において、何らかの意味内容をもつ音群。一般に主題はいくつかの動機で形成する。モチーフ。motive

**どう-き【銅器】** ①銅製の器物。copper ware ②古代中国の青銅製の容器や楽器。

**どう-ぎ【同義】** 意味がほぼ同じであること。same meaning

**どう-ぎ【胴着・胴▽衣】** ①和服の下着の一種。長着と長じゅばんのあいだに着用する、多く、袖のない、腰丈の保温用のもの。また、胴にまとう衣服。②上半身につける袖のない服。防寒用として内着や表着にする。チョッキ。ベスト。vest

**どう-ぎ【動議】** 会議の議題を臨時に出すこと。また、その議題。motion 用例 緊急―。

**どう-ぎ【道義】** 道徳上の筋道・条理。人の行うべき道。morality 用例 ― 地に落つ。

**どうぎ-いでんし【同義遺伝子】** ある形質を発現させるのに共同して関与する二組以上の遺伝子。multiple genes

**とうき-オリンピック【冬季オリンピック】** 近代オリンピックで、夏季に対し、スキー・バイアスロン・スケート・アイスホッケー・ボブスレー・リュージュの冬季六競技が行われるオリンピック競技会。第一回大会は一九二四年。Winter Olympic Games 比較 夏季オリンピック。

**どう-ぎかい【道議会】** 北海道の住民によって選挙された道議会議員で構成され、道の自治行政についての意思を決定する議決機関。

**どうき-き【同期機】** 電源の周波数と同じ回転数で回転する交流機の総称。交流発電の大半は同期発電機で行っており、同期電動機も広く利用されている。synchronous machine

**どうぎ-ご【同義語】** 同義の語。「足駄」と「高下駄」、「である」と「だ」と「です」、「腹」と「おなか」と「ぽんぽん」など。同意語。synonym

**どうき-じだい【銅器時代】** 考古学上の一時代。石器時代から青銅器時代に移る間の短い時代。Copper Age

**とうきしゃくやく-さん【当帰▼芍薬散】** 生薬の一つ。当帰・芍薬・茯苓などからなる。婦人病などに広く用いる。

**とうき-しょ【登記所】** 登記事務を行う機関。法務局・地方法務局またはその支所・出張所。registry

**とう-きしょう【▼董▼其▼昌】**(一五五五〜一六三六) 中国、明代後期の画家・書家。字は玄宰。号は思白。官吏として高位に上る。書は楷行草をよくし、絵は南宗画の典型を確立。画論では南北二宗に分け、南画を尊び、清代の文人画隆盛のもとをつくった。↓写

**どうき-しんごう【同期信号】** テレビやファクシミリなどで、送受信間の時間的関係を一定に保たせるための信号。synchronizing signal

**どうき-せつ【動機説】** 人間の行為の善悪はその結果ではなく、動機で決まるとする倫理学説。動機論。motivism 対義 結果論。

**どうき-ちょうさ【動機調査】** 人間の行動を決定する意識的・無意識的動機を明らかにする調査。消費者の購買行動の分析などに用いる。motivation research

**どうき-づけ【動機付け】** 心理学で、人間や動物の行動をひき起こす内的要因やその過程をいう。motivation

**どうきづけ-えいせいりろん【動機付け衛生理論】** 仕事の内容が勤労意欲を高め、仕事の環境が不満を防止するという学説。ハーズバーグが提唱。motivation-hygiene theory

**どうぎ-てき【道義的】**(形動) ①道義に関するさま。moral ②人間として行うべきことに合うさま。人道的。人間的。moral

**とうぎ-てってき【東儀鉄笛】**(一八六九〜一九二五) 俳優・作曲家。本名、季治。京都生まれ。東京専門学校中退。文芸協会・無名会・新派の舞台で活躍。早大校歌『都の西北』の作曲者。

**どうき-でんどうき【同期電動機】** 電源の周波数と同じ回転数で回転する交流電動機。synchronous motor

**どうき-はつでんき【同期発電機】** 交流の周波数と同じ回転数で運転される交流発電機。synchronous generator

**とう-きび【唐▼黍】** ①モロコシの別名。②トウモロコシの別名。

**とう-ぎぼうし【唐擬宝▽珠】** オオバギボウシの別名。

**とうきゃく-だいけい【等脚台形】** 平行でない一組の二辺の長さが等しい台形。isosceles trapezoid

**とうきゃく-るい【等脚類】** 甲殻類の一群で、ワラジムシ目を構成するフナムシ・ワラジムシなどの仲間。体は扁平で、多くは七胸節と六腹節をもつ。寄生種も多い。大部分は海産で、陸生はワラジムシ類だけ。isopod

**とうきゃく-るい【▼橈脚類】** 微小な甲殻類の一群で、ケンミジンコ・オキアミ・ウオジラミなどの仲間。約六〇〇〇種。寄生種も多く、また淡水・汽水にも産するが、海産種がもっとも多い。動物プランクトンのなかでは本類が種類・数量とも多く、魚類やクジラ類の餌料として重要。ジョウキャク類。カイアシ類。

**とう-きゅう【投球】**(名・サ変自) 野球で、投手が打者に対してたまを投げること。また、そのたま。pitching; pitched ball 数え方 一球。

**とう-きゅう【討究】**(名・サ変他) ①深く研究すること。②互いに議論して研究すること。

**とう-きゅう【等級】** ①物事の上下を区別する段階。class; grade ②天体の明るさを表す尺度。五等級異なる二つの星の光度の差は一〇〇倍。つまり、一等級の差は約二・五倍。明るい天体ほど数字は小さい。magnitude 参照 光度等級・実視等級。

**とう-ぎゅう【闘牛】** ①牛と闘牛士との闘技。また、その牛。古代ローマが起源といわれ、スペインで発達し、現在も国技となっている。bullfight ②牛と牛をたたかわせ勝負を争う催し。また、それに用いる牛。和牛の産地で品評会から発達した。牛合わせ。牛の角突き。bullfight ↓写

●闘牛① マドリード(スペイン)。

●闘牛② 安慶名闘牛場(沖縄県)。

**どう-きゅう【同級】** 学級・等級が同じであること。same class; same rank 用例 ― 生。

**どう-きゅう【▼撞球】** 玉つき。ビリヤード。billiards

**とう-ぎょ【統御・統▼馭】**(名・サ変他) 全体をまとめ、おさめること。control

**とう-ぎょ【闘魚】** 雄が激しい闘争性をもつキノボリウオ科の淡水魚の総称。代表種はベタで、ほかにタイワンキンギョ・チョウセンブナなど。観賞用。アジアの温帯から熱帯に分布。fighting fish

**どう-きょ【同居】**(名・サ変自) ①同じ家に住むこと。live in the same house 対義 別居。用例 夫婦は ― の義務がある。②ある家族の家に、家族以外の人がいっしょに住むこと。lodge with 用例 ― 人。

**とうきょう【東京】**〈都〉日本の首都。関東地方南部に位置し、伊豆・小笠原両諸島を含む。西部の関東山地のほかはおおむね低平。日本の政治・経済・文化の中心であり、国際都市でもある。機械・印刷など各種工業も発達、京浜工業地帯を形成。面積二一六二km²、人口一一六八万〇二八二(一九八八)。

**どう-きょう【同郷】** 故郷が同じであること。from the same province 用例 ― のよしみで親しくなる。

**どう-きょう【道教】** 中国の民間宗教。黄帝・老子を教祖とするが、実際は五斗米道(天師道)と太平道の混合したものとされる。不老長生を目的とする、現世利益的、多神教的な宗教で、道家の所説に仏教や土俗的信仰をとり入れたもの。三世紀後半、五斗米道がおこって主流となり、晋の葛洪、南北朝の寇謙之らにより組織・教理が整備された。後世、多数の派に分かれるが、王重陽に始まる全真教と五斗米道系の正一教が二大主流となった。

**どう-きょう【銅鏡】** 青銅製の鏡。中国では殷墟から出土、以後継続して鋳造された。日本では弥生時代、朝鮮半島製の多鈕細文鏡が伝えられ、次いで中国製の戦国式鏡、漢式鏡がもたらされた。以後、舶載鏡と、中国製をもとにして作った仿製鏡が並行し、平安時代になって日本独自の和鏡様式が確立。室町時代以降、宋・明鏡の影響をうけて柄鏡が発達し、江戸時代では背面を自由に使った図柄が多くみられた。↓写

**どうきょう【道鏡】**(?〜七七二) 奈良時代の法相宗の僧。河内の人。称徳天皇の寵を得て太政大臣禅師・法王に上る。皇位に就こうと企てたが、和気清麻呂にはばまれた。天皇死後、下野薬師寺別当に左遷。

**どう-ぎょう【同行】** ①《仏教語》同じ心で道を求めるもの。㋐巡礼などの、道づれ。比較 同行。用例 ― 五人。㋑同じ宗派の信者。②五十音図の同じ行。用例 ― 相通。③文書の同じ行。

**どう-ぎょう【同業】** 同じ職業・営業。また、その人。same trade 用例 ― 者。

**どう-ぎょう【童形】** 昔、元服する前の少年の姿。

**とうきょう-えき【東京駅】** 首都東京の玄関駅。東海道本線・東海道新幹線・東北本線・中央本線・総武本線などが発着。辰野金吾の設計により、大正三年(一九一四)開設。第二次大戦後、一部改築。全国最多収入の駅。

**とうきょう-おんがくがっこう【東京音楽学校】** 東京芸術大学音楽部の前身。明治二〇年(一八八七)音楽取調掛を母体に設立。

**とうきょう-かいじょうかさいほけん【東京海上火災保険(株)】** 日本最初の損害保険会社。三菱系。明治一二年(一八七九)設立。

**とうきょう-ガス【東京瓦斯(株)】** 世界最大手の都市ガス会社。供給区域は京浜地区が中心。明治一八年(一八八五)設立。

**とうきょうきゅうこう-でんてつ【東京急行電鉄(株)】** 東京南西部から神奈川県に路線をもつ鉄道会社。営業キロ一〇〇・七km。大正一一年(一九二二)設立。東急。

**とうきょう-ぎんこう【(株)東京銀行】** 日本唯一の外国為替専門銀行。外国為替取引や貿易金融をおもな業務とする。明治一三年(一八八〇)創立の横浜正金銀行が前身。

**とうきょう-きんとりひきじょ【東京金取引所】** 金地金の先物の取引を行う市場。商品取引所法に基づく特別法人。昭和五七年(一九八二)設立。

**どうぎょう-くみあい【同業組合】** 同業者の共同利益の維持・発展をはかり、共通の障害を防止・排除することを目的に結成され

●銅鏡『人物画像鏡』。古墳時代、隅田八幡神社(和歌山県)。

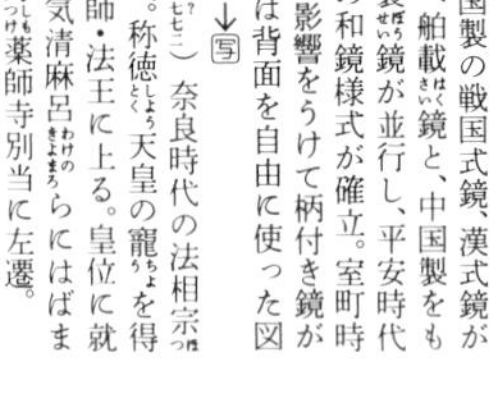

た団体。trade association

**とうきょう-グローブざ【東京グローブ座】** シェークスピアが座付き作者であった一七世紀ロンドンの劇場「グローブ座」を模した劇場。昭和六三年(一九八八)四月、東京都新宿区に開場。

**とうきょう-げいじゅつだいがく【東京芸術大学】** 国立大学の一つ。旧制の東京美術学校と東京音楽学校を統合して昭和二四年(一九四九)発足。東京都台東区上野公園。

**とうきょう-ご【東京語】** 東京で使われる言語。また、その言いまわし。関東方言の中でも現在の東京では、古くから独特の江戸語が話されていたが、明治時代から東京は名実ともに近代日本の中心となり、言語の混交が行われて、現在の共通語の有力な基礎となった。

**とうきょう-こうぎょうだいがく【東京工業大学】** 理・工の二学部からなる国立大学。明治一四年(一八八一)設立の東京職工学校から、東京高等工業学校等をへて現制。本部は東京都目黒区大岡山。

**とうきょう-こくさいくうこう【東京国際空港】** 東京都大田区羽田にある国際空港。成田空港(新東京国際空港)の開港後はおもに国内線専用空港として使用。面積四・一km²。昭和六年(一九三一)開設。通称は、羽田空港。

**とうきょう-こくさいじょしマラソン【東京国際女子マラソン】** 昭和五四年(一九七九)以降、毎年、東京の国立競技場をスタートし、折り返しのコースで行われる女子の国際マラソン大会。国際陸連が初めて公認した女子だけの競技会。

**とうきょう-こくりつきんだいびじゅつかん【東京国立近代美術館】** 東京都千代田区北の丸公園にある美術館。明治以降の日本美術を収集・陳列し、さまざまなテーマによる企画展や海外美術の特別展を開催。昭和二七年(一九五二)東京京橋に設立・開館。同四四年(一九六九)現在地に新館完成開館。National Museum of Modern Art

**とうきょう-こくりつはくぶつかん【東京国立博物館】** わが国最古・最大の代表的な古美術観覧施設。常時陳列のほか特別展を企画・実施。東京都台東区上野公園内にある。明治四年(一八七一)湯島聖堂の建物に陳列を行い、一般に公開。同一五年(一八八二)現在地に開館。帝国博物館・帝室博物館・国立博物館を経て昭和二五年(一九五〇)現名に改称。日本を主とする東洋古美術品を網羅的に収集し、美術・工芸・考古および東洋の各部門に分かれ、別に法隆寺宝物所管の部門がある。Tokyo National Museum

**とうきょう-こんせいがっしょうだん【東京混声合唱団】** 日本有数の独立の職業合唱団。昭和三一年(一九五六)創立。

**とうきょう-さいばん【東京裁判】** 極東軍事裁判の別称。

**とうきょうじけいかい-いかだいがく【東京慈恵会医科大学】** 医学専門の私立大学。明治一四年(一八八一)、高木兼寛が成医会講習所を開設したのに始まる。同三六年(一九〇三)に専門学校、大正一〇年(一九二一)に大学となる。本部は東京都港区西新橋。

**とうきょう-しゅっぱんはんばい【東京出版販売(株)】** 出版流通業界の大手取次会社。昭和二四年(一九四九)設立。東販。

**とうきょう-しょうけんとりひきじょ【東京証券取引所】** 日本の代表的な証券取引所。出来高シェアは全国の八〇%強を占める。ニューヨークに次ぐ世界的な取引所。明治一一年(一八七八)設立。昭和二四年(一九四九)再発足。東証。TSE。Tokyo Stock Exchange

**とうきょう-じょしだいがく【東京女子大学】** 私立女子大学の一つ。大正七年(一九一八)創立のキリスト教系女子専門学校を前身とする。初代学長新渡戸稲造。昭和二三年(一九四八)現制。東京都杉並区善福寺。

**とうきょう-だいがく【東京大学】** 明治一〇年(一八七七)創設の日本最古の国立総合大学。昭和二四年(一九四九)旧制の一高・東京高校をあわせて新制大学となる。本部は東京都文京区本郷。

**とうきょうだいがく-いかがくけんきゅうじょ【東京大学医科学研究所】** 東京大学の付属機関。感染症・癌、その他特定疾患に関する学理・研究を目的とする。前身は伝染病研究所。

**とうきょうだいがく-しりょうへんさんじょ【東京大学史料編▼纂所】** 東京大学付置の研究所。『大日本史料』『大日本古文書』『大日本古記録』などを編纂・発行する機関。

**とうきょう-だいくうしゅう【東京大空襲】** 第二次大戦末期、米空軍B-29爆撃機による東京の大空襲。とくに昭和二〇年(一九四五)三月九、一〇日、B-29約三〇〇機が東京上空に来襲し、焼夷弾一九万個を投下、東京下町は灰燼に帰した。死傷者二一万人。

**とうきょう-タワー【東京タワー】** 東京都港区芝公園にある鉄塔。高さ三三三m。昭和三三年(一九五八)完成。放送・通信電波の送受信に使用。

**とうきょう-ディズニーランド【東京ディズニーランド】** 千葉県浦安市にある遊園地。アメリカのディズニーランドと提携して昭和五八年(一九八三)につくられた。総面積八二・六万m²、収容人員五万人。

**とうきょう-てんもんだい【東京天文台】** 東京大学の施設として明治一一年(一八七八)創立。東京都三鷹市の本部と乗鞍コロナ観測所、岡山天体物理観測所、堂平観測所、水沢緯度観測所、野辺山宇宙・太陽電波観測所をもつ。昭和六三年(一九八八)七月、文部省国立天文台に名称変更。

**とうきょう-でんりょく【東京電力(株)】** 関東地方とその周辺を供給区域とする電力会社。昭和二六年(一九五一)設立。

**とうきょう-ドーム【東京ドーム】** 東京都文京区の、旧後楽園球場の隣に建設された野球場。日本初のエアドーム全天候スタジアムとして昭和六三年(一九八八)から使用開始。野球のほか、各種の催しにも使用できる多目的スタジアム。収容人員五万六〇〇〇人。愛称ビッグエッグ。

**とうきょう-にちにちしんぶん【東京日日新聞】** 東京で最初の日刊紙。政府支持の論調で知られた。明治五年(一八七二)創刊。同四四年(一九一一)『大阪毎日新聞』に吸収。

**どうぎょう-ににん【同行二人】** 四国遍路などが、弘法大師と常に一緒の行であるとの意で笠などに書く語。どうぎょうふたり。

**とうきょう-びじゅつがっこう【東京美術学校】** 東京芸術大学美術学部の前身。明治二〇年(一八八七)図画取調掛を母体に設立。

**とうきょう-ぶ【頭胸部】** 頭部と胸部が癒合した体部。クモ類や甲殻類などにみられる。

**とうきょう-ぶんかかいかん【東京文化会館】** 昭和三六年(一九六一)上野公園内に開館した東京都立の会館。日本の代表的な演奏会場の一つ。

**とうきょう-ほうそう【(株)東京放送】** 東京の民間放送テレビ・ラジオ局。全国ネットワークをもつ。昭和二六年(一九五一)設立。TBS。

**とうきょう-ラウンド【東京ラウンド】** 昭和四八年(一九七三)東京でのガット閣僚会議で採択された東京宣言に基づき、同五四年(一九七九)まで行われた多角的貿易交渉。関税引き下げ、非関税障壁の縮小・撤廃など自由貿易の拡大を目的とした。新国際ラウンド。Tokyo round

**とうきょう-ろくだいがくやきゅう【東京六大学野球】** 早稲田・慶応・明治・法政・立教・東大で結成する東京六大学野球連盟が毎年春秋に行うリーグ戦。大正一四年(一九二五)発足。もっとも古い伝統をもつ。

**とうきょう-わん【東京湾】** 関東地方南部、房総・三浦両半島にいだかれる湾。東西三四km、南北六一km。大規模な埋め立てが行われ、京浜・京葉臨海工業地帯をなす。船舶の出入りが激しく、水産業は衰微。

**とうきょうわん-かんじょうどうろ【東京湾環状道路】** 東京湾周辺の計画道路。横須賀と富津を結ぶ湾岸道路、川崎と木更津を結ぶ湾央部横断道路、三浦半島と房総半島を結ぶ湾口部横断道路からなる。

**とう-きょく【当局】** 政務などを直接担当する役所・機関・人。その筋。the authorities

**とう-きょく【登極】**(名・サ変自) 天子が位につくこと。即位。

**とうきょく-れい【登極令】** 天皇の即位に関する法令。明治四二年(一九〇九)公布。昭和二二年(一九四七)に廃されたが、現天皇の即位にあたり参考にされた。

**とう-ぎり【当▽限】** 三か月制の先物取引で、当月末を受け渡し期日とするもの。current month delivery 対義 先限・中限。

**とう-ぎり【唐▼桐】** ヒギリの別名。

**どう-ぎり【胴切り】** 胴を横に切ること。筒切り。輪切り。

**どう-きん【同▼衾】**(名・サ変自)《「衾」は、夜具》一つの夜具にいっしょに寝ること。とくに、男女が同じ夜具に寝て肉体関係を持つこと。共寝。sleep together

**とう-く【投句】**(名・サ変自他) 新聞・雑誌などに俳句を投稿すること。また、その俳句。

**とう-く【倒句】** 強調のため通常の語順を入れかえて表現された句。倒置構文の句。inverted phrase

**どう-ぐ【道具】** ①仕事に使う器具。tool 用例 大工―。数え方 一個・一点・一式・一セット。②暮らしに必要な器具。instrument 用例 家財―。お勝手―。③人をある目的を果たすための手段。means 用例 人を―に使う。④《俗語》そのものに備わっているもの。fittings 用例 顔の―がそろわない(=目・鼻・口などがぶさいくだ)。

**とう-ぐう【東宮・▽春宮】** ①皇太子の御殿。みこのみや。②皇太子。

**とうぐう-ごしょ【東宮御所】** 皇太子の住む殿舎。

**とうぐう-しょく【東宮職】** 宮内庁の一部局。皇太子家の事務を管掌。

**とうぐう-ぼう【▽春宮坊】** ①律令制発足以後、明治維新前まであった役所。皇太子に仕えてその事務を扱った。②明治二年(一八六九)に設置、同五年(一八七二)に廃止された、皇太子に関する事務を扱った役所。

**どうぐ-かた【道具方】** 興行関係で、舞台の大道具の係。sceneshifter

**どうぐ-だたみ【道具畳】** 茶道で、点前に使われる畳。茶室内で亭主が道具を置き、茶をたてる場所となる。点前畳。亭主畳。

**どうぐ-だて【道具立て】** ①必要な道具を整えておくこと。arrangement of necessary tools ②いろいろの準備。preparation ③《俗語》備わっているもののようす。features 用例 顔の―。

**とう-くつ【盗掘】**(名・サ変他) 埋蔵物をこっそり掘り出してぬすむこと。dig illegally 用例 ―された古墳。

**どう-くつ【洞▼窟】** ほらあな。cave

**どうくつ-せいぶつ【洞▼窟生物】** 洞窟または地下水流中にみられる動物。運動機能や視覚が衰えている動物が多い。cave organism

**どうくつ-へきが【洞▼窟壁画】** 洞窟内部の天井や壁に描かれたり刻まれた彩画や刻画。一般に、後期旧石器時代の新人類によるものに限定される。フランスのラスコー、スペインのアルタミラなどが有名。cave painting

**トゥクマン【Tucuman】** →サンミゲルデトゥクマン

**どうぐ-や【道具屋】** ㊀古道具や骨董品を扱う店。また、その人。㊁落語の題名。与太郎が伯父のすすめで道具屋を開業し、客とおかしなやりとりをする典型的な前座噺。

**とう-ぐわ【唐▼鍬】** 頭部が鉄で、木の柄をすげ、木を植えるときなどに使うくわ。↓鍬図

**どう-くん【同君】** ①同一の君主。用例 ―連合。②すでに話題にしたその人。同輩以下についていう。比較 同氏。

**どうくん-いじ【同訓異字】** ↓いじどうくん(異字同訓)

**とう-け【当家】** ①この家。わがや。this family ②《上に「御」を付けて》あなたの家。

**とうげ** 9画 **【峠】** 部首[山] 常用 和製漢字 JIS 3829

訓 **とうげ**

①道の、山をのぼって、くだりにかかるところ。用例 (名)―の茶屋。②人・ものごとの、もっともさかんな時期。また、困難な時期。用例 (名)あの選手は今が―だ。仕事は―へさしかかった。

**峠を越える**(とうげをこえる) =峠を越す。①いちばん危ない、また、苦しい所・時を過ぎる。get over the hump ②さかりを過ぎる。pass one's prime

**峠を越す**(とうげをこす) 「峠を越える」と同意。

**どう-け【同家】** ①同じ家筋。同族。②すでに話題にした、その家。

**どう-け【道化】** 人を笑わせるようなおどけた言語やしぐさ。また、それを行う者。文化人類学では、固定的な秩序への批判者、思考の枠組みの解体者としての役割をもつと解釈する。神話・伝説・儀礼などさまざまな場面に登場。trickster 用例 ―もの。

**とう-けい【刀▼圭】** ①薬を盛るさじ。②医術。

**とう-けい【東経】** 本初子午線から東へはかった経度。〇～一八〇度まで。the east longitude 対義 西経。

**とう-けい【統計】**(名・サ変他) ①ひっくるめて数えること。②調査のための母集団を設定し、その集団の状態を個々の要素の性質の分布として数量的に表すこと。また、その結果得られる数値。全数調査(国勢調査など)と標本調査(労働力調査など)の方式がある。statis-

▼常用漢字表外。 ▽常用漢字表の音訓外。

tics

**とう-けい【闘鶏】** 二羽の鶏をたたかわせ勝負を争う催し。または、それに用いる鶏。日本には奈良時代、唐から伝来し貴族社会で流行した。cockfight ↓写

**とう-げい【陶芸】** 陶器をつくる工芸。ceramic art

**どう-けい【同形】** 形状が同じであること。of the same shape

**どう-けい【同系】** 同じ筋。同系統。同系列。akin 用例 —色。

**どう-けい【同型】** 型や形式が同じであること。same model

**どう-けい【同慶】** 互いに喜ばしく、めでたいこと。mutual congratulations 用例 御—の至り。

**どう-けい【動径】** 運動する点へ原点から引いた線分。また、その長さ。Oを中心とする二つの半直線OA, OPがあり、OPの回転量でOAとOPのつくる角を定義する場合、OPを動径という。radius vector

**どう-けい【▼憧▼憬】**(名・サ変自)《「しょうけい」の慣用読み》①あこがれること。あこがれ。aspiration 用例 外国に—を抱く。②心に理想像をつくって、なにかに仮託すること。また、その心の動き。longing for 用例 スター生活を—する。

**とうけい-か【刀▼圭家】** 医師。

**とうけい-がく【統計学】** 集団のもつ共通の特徴を調べるための統計的調査、統計の分析手法、統計図表などについて研究する学問。記述統計学と推測統計学(=推計学)に大別。statistics

**どうけい-ご【同系語】** 一つの祖語から分かれたことが系統的に証明できて、語族にまとめることのできる諸言語。akin language

**とうけい-じ【東慶寺】** 鎌倉市山ノ内にある臨済宗円覚寺派の寺。弘安八年(一二八五)北条時宗の後室覚山志道尼の開創。明治三六年(一九〇三)まで尼寺で、不遇な婦人の救済を寺法とし、駆け込み寺・縁切り寺とよばれた。松ケ岡御所。

**とうけい-てき【統計的】**(形動) 多くの実例についての統計に基づくさま。statistical 用例 —数字。

**とうけいてき-けっていろん【統計的決定論】** 不確定な状況下で、行動や意思を有効に決定する方式を求める理論。statistical decision theory

**とうけいてき-ひんしつかんり【統計的品質管理】** 数量的比較によって製品の品質の維持・向上をはかる管理手法。SQC。statistical quality control

**とうけい-ねつりきがく【統計熱力学】** 多数の粒子からなる物質の巨視的な熱的性質を、微視的な粒子の運動法則から確率・統計に

●闘鶏『鶏合図』。室町時代、出光美術館(東京都)。

基づいて説明する熱学。statistical thermodynamics

**とうけい-ねんかん【統計年鑑】** 政治・経済・社会その他の統計の中から重要なものを選び、国状を統計的に把握するために毎年作成される刊行物。statistical yearbook

**どうけい-はいぐうし【同形配偶子】** 雌雄の配偶子が同形同大で区別できないもの。原生動物や緑藻類でみられる。isogamete

**とうけい-りきがく【統計力学】** 物理学の一分野。物質を構成する多数の原子・分子などの性質・行動(微視的現象)を確率論的に処理することで、巨視的な現象を説明する。statistical mechanics

**とうけい-りょう【統計量】** 母集団から抽出した標本をもとに、母集団の統計的状況を推測する場合、その指標として用いる量。標本平均・標本分散など。statistic

**どうけ-がた【道化方・道▽外方】** 歌舞伎で、滑稽な仕草やせりふで笑いを誘う役。またその役を得意としたり、もっぱら演ずる役者。三枚目。

**どうけ-し【道化師】** ㊀おどけに巧みな人。おどけを業とする人。ピエロ。clown ㊁《原題Pagliacci》レオンカバルロ作曲・台本のオペラ。二幕。一八九二年初演。道化師の愛・嫉妬・殺人を描いたベリズモ(真実主義)の代表作。『衣装をつけろ』などが有名。

**とうげ-しば【峠芝】** ↓ひかげのかずら(日陰の蔓)

**とう-けつ【凍結】**(名・サ変自他) ①こおりつくこと。氷結。freeze ②資金・資産の使用・移動を禁止すること。freeze 用例 資産—。

**とう-げつ【当月】** この月。今月。this month

**どう-けつ【同穴】** ①同じ墓穴にほうむられること。用例 偕老—の契り。②同じ穴。一見違っているようで実は同じ類であること。

**どう-けつ【洞穴】** ほらあな。海岸の波の作用でできた海食洞、溶岩流の中央部に生じた溶岩トンネル、石灰岩地帯の鍾乳洞など。洞窟。cave

**どうけつ-いせき【洞穴遺跡】** 自然の洞穴を住居などとして利用したあと、旧石器時代以降、世界各地に存在。後期旧石器時代の西ヨーロッパの洞穴絵画は有名。日本では住居・墳墓・祭祀などに利用されたあとがある。

**どうけつ-えび【洞穴▽海▽老】** オトヒメエビ科の小形のエビ。海綿動物カイロウドウケツの体腔内にすむ。体長約一・五㎝。淡桃色で透明。ふつう雌雄一対で入っている。小さいとき、カイロウドウケツの体内に入り、生涯そこで暮らす。

**とうけつ-かんそう【凍結乾燥】** 熱に不安定な物質をそのまま、または水溶液にして急速に凍結し、真空ポンプで気圧を下げながら氷を昇華させる乾燥方法。医薬品・インスタント食品などに使用。フリーズ-ドライ。freeze-drying

**とうけつ-げか【凍結外科】** 体の一部を凍結させて行う治療。液体窒素などで生体組織をマイナス一℃以下で壊死させて脱落させる。cryosurgery

**とう-けっしゅ【頭血▼腫】** 頭蓋骨外面と骨膜との間に生じる血腫。分娩時に産道を通過する新生児の頭の骨膜が、外的圧力で剝離・損傷しておこる。cephalhematoma

**とうけつ-しゅじゅつ【凍結手術】** 冷凍手術の別称。

**とうけつ-じゅせいらん【凍結受精卵】** ↓れいとうじゅせいらん(冷凍受精卵)

**とうけつ-せいえき【凍結精液】** 家畜の人工授精に用いる凍結保存された精液。frozen semen

**どうけつ-どうぶつ【洞穴動物】** ①洞穴に生活する動物。②洞穴内で進化し、その条件でしか生活できない真洞穴性動物。メクラシデムシ・ホライイモリなど。一般に眼がなく、皮膚は白色、乾燥に弱い。cave animal

**とうけつ-ぼうしざい【凍結防止剤】** 冬期に雪や霜などにより、道路などが凍結しないように散布する薬。塩化カルシウムなど。antifreezing agent

**どう・ける【道化る】**(下一自)《「道化」の動詞化》道化をする。おどける。jest

**とう-けん【刀剣】** かたなとつるぎの総称。切ることを目的とする片刃の武器を刀、突くための両刃の武器を剣という。sword

**とう-けん【闘犬】** 犬と犬とをたたかわせ勝負を争う催し。また、それに用いる犬。日本では、現在土佐犬のみで行われている。犬の力量により相撲のように番付がつくられる。dogfight

**とう-げん【凍原】** ツンドラの別称。

**とう-げん【桃源】**《陶淵明の『桃花源記』にある故事から》俗世間を離れた別天地。仙境。武陵桃源。桃源郷。

**とう-げん【▼董源】**(生没年未詳) 中国、五代宋初の山水画家。別称、董北苑。山水画の江南様式の創始者。南宗画の形成に大きな影響を与える。

**どう-けん【同県】** ①同じ県。same prefecture ②すでに話題にしたその県。that prefecture

**どう-けん【同権】** 同じ権利。equal rights 用例 男女—。

**どう-けん【銅剣】** 青銅製の両刃の細長い武器。もっとも古いものは紀元前三〇〇〇年ごろ西アジアで出現した。中国では殷代に作られ、秦・漢代に鉄剣に代わる。日本では弥生時代に使用され、当初の細形は武器として使用されたが、まもなく祭祀用に変化していく。

**どうげん【道元】**(一二〇〇〜一二五三) 鎌倉時代の僧。日本曹洞宗の開祖。号は希玄。久我通親の子。京都の人。比叡山で出家し、建仁寺の栄西に師事。入宋し天童山で如浄より法を受けた。帰国後、天福元年(一二三三)京都深草に興聖寺を開き、寛元二年(一二四四)越前に大仏寺(のち永平寺)を開いた。著書『正法眼蔵』『永平広録』など。承陽大師。

**とうげん-きょう【桃源郷】** ↓とうげん(桃源)

**とう-けんそ【湯顕祖】**(一五五〇〜一六一六) 中国、明代後半の劇作家・文人。字は義仍。臨川の人。文章にもすぐれ「小品文」の先駆的作品を残した。戯曲「紫釵記」「還魂記」「南柯記」「邯鄲記」は「玉茗堂四夢」と総称された。詩文集『玉茗堂集』。

**どうげん-たい【動原体】** 細胞分裂のときに染色体を左右に動かす糸が付着する紡錘体の部位。紡錘糸付着点。centromere

**とうげん-びょう【糖原病】** グリコーゲンの代謝に必要な酵素が先天的に不足し、筋肉や肝臓などにグリコーゲンが蓄積する病気の総称。glycogen storage disease

**とうげん-れい【登▼舷礼】** 艦艇礼式の一つ。乗組員が上甲板の舷側に一列に並び敬意を表すること。man the side

**とうこ【東▼胡】** 中国、春秋時代、東部モンゴリアにいた遊牧狩猟民族。初め匈奴を圧倒していたが、紀元前二世紀ごろ服属。モンゴル族とツングース族(エベンキ族)の混血と考えられる。

**とう-こ【島弧】** 弧状に細長く連なる列島。大洋の縁にあることが多く、弧の凸側に海溝があり、火山・地震などの活動が活発。日本列島の東北日本弧・西南日本弧・伊豆小笠原弧・琉球弧など。island arc

**とう-ご【倒語】** 一語中の音節の順序や語構成を逆にした語。「種」を「ねた」、と言うなど。さかさことば。

**どう-こ【洞庫・道▽幸】**《「洞庫棚」の略》茶室にしつらえる押し入れ式の棚。点前畳から亭主が使いやすいように工夫されている。

●銅壺

**どう-こ【銅▼壺】** 長火鉢の中に置く、銅または鉄製の湯沸かし器。↓写

**どう-こ【銅鼓】** 青銅製片面鼓。ドンソン文化の代表的な遺物。インドネシアからインドシナ・中国西南部に分布。祭器として使用されたと思われる。↓写

**とう-こう【刀工】** 刀をつくる人。刀かじ。刀匠。swordmaker

●銅鼓 ギメ美術館(フランス)。

↓ 行き先項目、図版・写真参照印。 JIS 日本工業規格情報交換用漢字符号コード(区点コード)。

**とう-こう【灯光】** ともしびの光。あかり。lamplight

**とう-こう【投光】**（名・サ変自）光をレンズなどで集中させて照らすこと。project

**とう-こう【投降】**（名・サ変自）敵に降参すること。surrender

**とう-こう【投稿】**（名・サ変自他）新聞・雑誌などに原稿を送ること。また、その原稿。contribute to a periodical

**とう-こう【陶工】** 陶器をつくる人。焼き物師。potter

**とう-こう【登校】**（名・サ変自）学校へ行くこと。go to school [対義]下校。

**とう-こう【登高】**（名・サ変自）高所にのぼること。climb up

**とう-ごう【投合】**（名・サ変自）気持ちなどが、よく合うこと。agree [用例]意気―。

**とう-ごう【等号】** 二つの数または式が、等しいことを示す符号。記号は「＝」。イコール。equal sign

**とう-ごう【統合】**（名・サ変他）一つにまとめ合わせること。unification

**とうごう【東郷】**〈町〉愛知県中西部、名古屋市東隣の町。野菜栽培などを行うが、都市化が著しい。人口二万九四七二(一九八八)。

**とうごう【東郷】**〈町〉鳥取県中部、倉吉市東隣の町。二十世紀ナシの産地。東郷池・東郷温泉がある。人口七一二五(一九八八)。

**とうごう【東郷】**〈町〉宮崎県北東部、日向市西隣の町。農林業が主体。坪谷は歌人若山牧水の生地。人口六四二三(一九八八)。

**とうごう【東郷】**〈町〉鹿児島県北西部、川内川に沿う町。稲作・畜産のほかミカンを栽培。人口六三二二(一九八八)。

**どう-こう【同工】** 細工・手際が、同じであること。same workmanship

**どう-こう【同好】** 好みや趣味が同じであること。same taste [用例]―の士。

**どう-こう【同行】**（名・サ変自）《「どうぎょう」は別語》いっしょに行くこと。道連れ。go together

**どう-こう【同校】** ①同じ学校。same school ②すでに話題にした、その学校。

**どう-こう【動向】** 社会の情勢や人の行動が動いていく方向・傾向。tendency [用例]社会の―。

**どう-こう【銅鉱】** 銅の原料となる鉱石。ふつう数パーセントの銅を含むが、〇・九%以上あれば操業の対象となる。主要鉱石は黄銅鉱・輝銅鉱・赤銅鉱・孔雀石・斑銅鉱など。copper ores

**どう-こう【導坑】** トンネルを本格的に掘り進むまえに、地質の確認や地下水処理などのために掘削する小規模の坑道。heading

**どう-こう【▼瞳孔】** 目の虹彩に囲まれた中央の黒く見える部分。網膜へ入る光の量を調節する。ひとみ。pupil ↓目[図]

**どう-こう【▽如▽何▼斯う】**（副）どうのこうの。あれやこれや。this or that [用例]―言ってもしかたがない。

**どうこう-いきょく【同工異曲】** 詩文などで、手際は同じで、趣が違うこと。外見は違うが、内容は同じであること。異曲同工。

**とうこう-き【投光器】** 特定の範囲に強い光を投射する照明器具。建造物の外壁を照らすほか、競技場・作業場などで用いる。floodlight

**どう-ごうきん【銅合金】** 銅を主成分とする合金の総称。一般に耐食性にすぐれ、機械的・電気的性質がよく、青銅・黄銅・洋銀のほか多種類の合金が実用化されている。copper alloy

**とう-こうけい【陶▼弘景】**(四五六～五三六) 中国、南朝の梁の道士。道教の一派茅山道の実質的な創始者。本草・天文・地理に通じ、武帝の信任が厚く「山中宰相」と称された。

**とうごう-さんぼうほんぶ【統合参謀本部】**(Joint Chiefs of Staff) アメリカ国防長官のもとで三軍作戦の基本的戦略を調整・実施する機関。構成員は陸・空軍参謀総長、海軍作戦部長と海兵隊司令官。大統領と国家安全保障会議に軍事上の助言も行う。JCS。

**とうごう-しげのり【東郷茂▽徳】**(一八八二～一九五〇) 外交官。鹿児島県生まれ。日米開戦時、東条英機内閣の外相。のち鈴木貫太郎内閣の外相として終戦工作に尽力。第二次大戦後、A級戦犯として禁錮刑中に病死。

**とうごう-じんじゃ【東郷神社】** 東京都渋谷区神宮前にある旧府社。祭神は東郷平八郎。昭和一五年(一九四〇)に創建。

**とうごう-せいじ【東郷青児】**(一八九七～一九七八) 洋画家。本名、鉄春。鹿児島市生まれ。二科会の中心。作品『パラソルさせる女』など。

**とうこう-せん【等高線】** 地図上で、海抜高度の等しい地点を連ねた曲線。土地の起伏の状態を表すのに用いられる。等高曲線。水平曲線。contour line

**とうこうど-めん-てんきず【等高度面天気図】** ある高度の水平面をとり、その面上の気象要素の分布を表示した天気図。地上天気図はこれの一種。constant level chart

**とうごう-ばくりょうかいぎ【統合幕僚会議】** 防衛庁長官に対する自衛隊の最高補佐機関。統合防衛計画の作成と、各自衛隊の防衛計画の調整などが主要任務。統幕。Joint Staff Council

**どうこう-はんしゃ【▼瞳孔反射】** 光の刺激によって瞳孔が縮小し、眼球に入る光線量を調節すること。とくに光反射・近距離反射が重要。pupillary reflex

**とうごう-へいはちろう【東郷平八郎】**(一八四七～一九三四) 海軍軍人・元帥。薩摩藩出身。日露戦争時、連合艦隊司令長官として日本海海戦でロシアのバルチック艦隊に完勝。のち軍令部長、東宮御学問所総裁。

**どうこう-ほう【道交法】**「道路交通法」の略。

**どうご-おんせん【道後温泉】** 愛媛県、松山市東部にある温泉。日本最古の温泉といわれ、大国主命の神話がある。

**とう-ごく【投獄】**（名・サ変他）監獄に入れること。imprisonment

**とう-ごく【東国】** ①東のほうの国。②畿内から見て東の諸国の呼称。古代は北陸を除く近畿以東、のちには相模の箱根・足柄および上野の碓氷以東の地方。あずま。

**どう-こく【同国】** ①同じ国。same country ②すでに話題にしたその国。that country [用例]―人。

**どう-こく【▼慟▼哭】**（名・サ変自）声をあげて泣くこと。号泣。wail

**とうごく-みつばつつじ【東国三葉▼躑▼躅】** 本州中部以北の山地にはえるツツジ科の落葉低木。葉はひし形状広卵形。五月、多数の紅紫色の花を開く。

**とうご-せん【等語線】** 語形などの言語的特徴について、それがみられる地域とみられない地域の境界を、地理学の等温線にならって地図上に記したもの。同位語線。isogloss

**とう-こつ【▼橈骨】** 前腕骨の外側にある長管状の骨。尺骨と並行し、それらの間に前腕骨間膜がある。radius

**とう-こつ【頭骨】** 脊椎動物の頭の骨。頭蓋骨。skull

**とうこ-の-きん【党▼錮の禁】** 中国、後漢末に宦官が、陳蕃ら儒学的教養をもつ清廉な官僚を迫害した事件。宦官の専横をつのらせ、後漢滅亡の一因となった。

**とう-ごま【唐▼胡麻】** トウダイグサ科の一年草、または多年草。油料、また生け花の材料として栽培。高さ約二m。大きな葉は楯形で掌状に中裂。秋に大形の総状花序をつける。種子は楕円形で光沢があり暗褐色の斑点がある。種子からひまし油をとる。ヒマ。↓[図]

●トウゴマ

**どうご-やま【道後山】** 鳥取・広島県境にある山。標高一二六九m。スキーやキャンプの好適地として人気がある。

**とうごろう-いわし【▼藤五郎▼鰯】** 海の表層近くを泳ぐトウゴロウイワシ科の海水魚。全長約一五cm。青灰色で、体側を銀白色の縦帯が走る。釣り餌用。本州中部以南に分布。

**とう-こん【刀▼痕】** 刀傷のあと。sword cut

**とう-こん【当今】** いま。現今。目下。present time

**とう-こん【闘魂】** たたかおうとする強い意気込み。闘志。ファイト。fighting spirit

**どう-こん【同根】** 同じ根。根本が同じであること。same root

**とう-さ【等差】** ①等級の差別。違い。②数学で、等しい差。とくに、等差数列の公差。

**とう-さ【踏査】**（名・サ変他）実地に調査すること。survey

**とう-ざ【当座】** ①その席上。その場。then and there ②即座。on the spot ③しばらくの間。当分。for the present ④「当座預金」の略。

**どう-さ【動作】** 何かをするときの手足やからだの動き。たちいふるまい。挙動。action [用例]―が鈍い。きびきびした―。

**どう-さ【▼礬砂・▼礬▽水】** 膠を溶かした液にみょうばんを加えたもの。墨・インクなどのにじみを防ぐために、紙などの表面に塗る。size [用例]―をひく。

**どう-ざ【同座】** ㊀(名)①同じ芝居小屋・劇団。②すでに話題にしたその座・芝居小屋。㊁(名・サ変自)①《「同坐」とも》人の罪にかかり合うこと。連座。②同じ集会の席にすわること。同席。

**どう-ざ【動座】**（名・サ変自）神木・みこし・貴人が居場所を移すこと。

**どう-ざ【銅座】** 江戸時代、全国で産出する銅の精練や売買を司った幕府の銅統制の機関。元文三年(一七三八)大坂に設置。

**とう-さい【当歳】** ①生まれたその年。その年生まれ。[用例]―馬。②今年。本年。その年。

**とう-さい【搭載】**（名・サ変他）①飛行機・貨車・船舶などに積み込むこと。また、装備すること。積載。loading ②機器などで、付属品を装備すること。outfit

**とう-さい【登載】**（名・サ変他）新聞・雑誌などに文章・絵などをのせること。掲載。publish

**とう-さい【統裁】**（名・サ変他）おさめ、さばくこと。ひきい、おさめること。

**とう-ざい【東西】** ①東と西。東洋と西洋。east and west [用例]―文化の交流。②社会主義諸国(東)と資本主義諸国(西)。east and west [用例]―の緊張緩和。③方向。direction [用例]―が分からない。④興行物などで、騒ぎをしずめ、また口上を述べるときのことば。とざいとうざい。⑤[古語]身動き。[用例]ただ手をとらへて、―せさせず(枕・頭の中将の)。

**東西暮れる**（とうざいくれる）「東西を失う」と同意。

**東西を失う**（とうざいをうしなう）東も西もわからなくなる。途方にくれる。東西暮れる。

**東西を弁ぜず**（とうざいをべんぜず）物事を見分ける力がない。東西をわきまえず。

**どう-ざい【同罪】** 同じ罪・責任。same crime

**とうざい-とうざい【東西東西】** ↓とざいとうざい(東西東西)

**とうざい-ぼうえき【東西貿易】** 資本主義諸国と社会主義諸国の間の貿易。デタント(＝緊張緩和)を背景に世界貿易に占める比重を高めている。East-West trade

**とうざい-もんだい【東西問題】** ソ連を中心とする社会主義諸国とアメリカを中心とする資本主義諸国の対立と緊張。第二次大戦後に発生した。East-West issues

**とうざい-や【東西屋】** ひろめや。ちんどんや。

**とうざいりょうドイツ-きほんじょうやく【東西両ドイツ基本条約】** 東西両ドイツの関係正常化のため一九七二年に結ばれた条約。武力の不行使と国境の不可侵などを規定。ドイツ基本条約。

**とうざ-うり【当座売り】** 即座に現金で売ること。現金売り。即売。cash sale

**とうざ-がい【当座買い】** 大量に仕入れず、当面必要なだけの量を現金で購入すること。makeshift purchase

**とうざ-かしこし【当座貸越】** 銀行貸付の一つ。当座預金口座をもつ取引先に対し、預金残高を超えても一定額まで小切手の振り出しを認めるもの。overdraft

**とうざ-かんじょう【当座勘定】** 当座預金と当座借り越しの両方を処理する勘定。当座預金残高を超えて一定枠まで借り越しができる契約に基づく。current account

**とうさ-きゅうすう【等差級数】** 等差数列の各項を加法記号「＋」で結合したもの。算術級数。arithmetic series

**とう-さく【倒錯】**（名・サ変自他）①さかさになること。さかさにすること。perversion ②混乱して正常な状態でなくなること。confusion [用例]記憶の―。

**とう-さく【盗作】**（名・サ変他）他人の文章や作品の構想などをぬすんで、自分の作品の中に使うこと。また、その作品。剽窃。plagiarism

**とうさく-せいしゅう【東作西収】**《「東」は春、「西」は秋の意》春の植え付け・種まきと、秋の取り入れ。

**とうさく-るい【頭索類】** 原索動物の一綱。ナメクジウオ類が属する。体は柳葉状で半透明。全長にわたる脊索をもつ。雌雄異体。浅海の砂中にすむ。cephalochordate

**とうさ-ぐんとう【東▼沙群島】** 南シナ海北東部の珊瑚礁小島群。中国広東省に属する。軍事上の要地。トンシャー群島。

**どうさ-けんきゅう【動作研究】** 作業中の手や目の運動を観察・記録・分析して、むだな動作を除き、その作業を能率的に組みあげる研究。motion study

**どう-さし【胴差(し)】** 木造建築において、上

下階の柱の間をつなぎ、二階の梁などを支える横架材。girth

**とうざ-しのぎ【当座▾凌ぎ】** まにあわせ。一時しのぎ。makeshift for the present

**とうさ-すうれつ【等差数列】** 隣り合う二つの項の差(公差)が一定である数列。arithmetical progression

**とうさ-ちゅうこう【等差中項】** 三つの数 $a$、$b$、$c$ が等差数列をなすとき、$b$ を $a$、$c$ の等差中項という。$2b=a+c$ がなりたつ。arithmetic mean

**どう-さつ【洞察】**(名・サ変他) 自分の知恵や経験に基づいて、物の本質・事情・原因などを深く見抜くこと。明察。insight [用例] 人心を—する。

**とうざ-づけ【当座漬(け)】** 短期間で漬ける漬物。期間は二、三日ぐらい。材料としては白菜・青菜など。塩分は比較的薄い。

**どうさ-でんりゅう【動作電流】** 装置が所定の動作をするのに必要な電流。operating current; working current

**とうざ-のがれ【当座逃れ】** その場だけ責任を避けようとすること。temporary expedient

**とうざ-よきん【当座預金】** 銀行預金の一種。必要に応じて、いつでも小切手・手形による引き出しができる預金。日本では無利子。current account [比較] 定期預金・普通預金。

**とう-さん【父さん】** 子が父を親しんで呼ぶ語。daddy [対義] 母さん。

**とう-さん【逃散】**(名・サ変自) ①にげちること。flight in all directions ②↓ちょうさん(逃散)

**とう-さん【倒産】**(名・サ変自) ①会社などの経営が行きづまり、自力で回復の見込みがない状態。破産。bankruptcy ②逆産。さかご。

**とう-ざん【当山】** ①この山。②この寺。

**とう-ざん【唐桟】** 木綿の縞織物の一種。紺地に赤・浅葱などの細い縦縞がある。ちみつな平織りで、光沢があり、なめらか。桟留縞。↓縞 [写]

**とう-ざん【登山】** 修行するために寺に入ること。[比較] 登山。

**とうざん【唐山】** 中国河北省東部の鉱工業都市。開灤炭田の中心都市で重工業が発達。一九八〇年の地震でかなりの被害をうけた。人口一三六・六万(一九八四)。タンシャン。

**どう-さん【動産】** 不動産(=土地とその定着物)以外の物。現金・商品など。船舶・航空機・自動車は動産だが、特別法により不動産に近いあつかいをうける。movable property [対義] 不動産。

**どう-ざん【銅山】** 銅鉱を産出する山。また、銅鉱の採掘・精錬をしている所。copper mine

**どうさん-ぎんこう【動産銀行】** おもに動産を担保として、工業関係の企業に長期資金を融資する銀行。日本興業銀行など。

**とう-さんさい【唐三彩】** 中国、唐代につくられた三彩陶器。墓跡からの副葬品が多い。八世紀前後に盛行。素地に緑・茶・白などの低火度釉をかけて焼成。藍が加わったものを「藍入三彩」という。

**とう-さんしょう【東三省】** 中国、東北部にある遼寧・吉林・黒竜江省の三省の総称。旧称満州。東北。[参照] 満州。

**とうさん-どう【東山道】** ①七道の一つ。宝亀二年(七七一)武蔵の東海道編入で、近江・美濃・飛驒・信濃・上野・下野・陸奥・出羽の八か国。東山。②中山道の別称。

**とうざん-は【当山派】** 修験道の一派の旧称。聖宝を祖とし、醍醐寺三宝院を本山とした真言宗系のもの。三宝院流。[対義] 本山派。

**とう-し【投資】**(名・サ変自) ①将来の収益をみこんで資金を投入すること。事業への出資や土地・証券類の購入など。investment ②実物資産のなんらかの増加。資本形成。investment

**とう-し【凍死】**(名・サ変自) こごえて死ぬこと。こごえ死に。death from cold

**とう-し【唐紙】** 竹の繊維を原料とし、表面があらく質がもろい紙。墨汁の吸収がよく書画用に使われる。本来は中国から輸入されたものを指すが、コウゾ・ガンピを原料とする国産の「和唐紙」もある。

唐紙唐紙、仮名で書け(とうしからかみ、かなでかけ)《「とうし」と「からかみ」とは別のものだが、漢字では同じ「唐紙」と書くところから》漢字で書くとまぎらわしくなる語は、かな書きせよ。

**とう-し【唐詩】** ①中国、唐代の詩。唐代に定まった近体詩(絶句と律詩)と、自由な形式の古体詩(古詩)がある。盛唐期にすぐれた詩人が輩出し、すべての詩体が完成された。②一般に、中国の古典詩のこと。

**とう-し【透視】**(名・サ変他) ①すかして見ること。see through ②感覚の助けを借りないで、隠されているものをじかに感じとること。clairvoyance ③医学で、X線を利用して、からだの内部を調べること。fluoroscopy

**とう-し【闘士】** ①闘志のさかんな人。fighter ②主義のために活動する人。fighter

**とう-し【闘志】** 進んでたたかおうとする意気。闘争心。fighting spirit [用例] —満々。

**とう-し【▾藤氏】** 藤原氏。

**とう-じ【▾杜氏】** 酒造業で、酒づくりをする職人の長。また、その職人。冬の農閑期の農村からの季節職人で、数人で一つの酒蔵を受け持つ慣習が続いている。丹波杜氏・南部杜氏など。とじ。

**とう-じ【冬至】** 二十四節気の一つ。太陽が黄道上で、黄経二七〇度(=冬至点)に達した時。また、その日。一二月二一、二二日ごろ。太陽はもっとも南に寄り、南緯二三・四度の地点の真上にくる。北半球では昼間が年間で最短となる。winter solstice [対義] 夏至。

**冬至から畳の目一つ丈長くなる**(とうじからたたみのめひとつだけながくなる) 冬至を境に、昼の時間がわずかずつ長くなることを言う。

**とう-じ【当時】** ①そのとき。そのころ。その昔。then ②いま。もっか。at present; now

**とう-じ【悼辞】** 人の死を悲しむことば・文章。弔辞。funeral address

**とう-じ【湯治】**(名・サ変自) 温泉にひたって病気をなおすこと。hot spring cure [用例] —場。

**とう-じ【答辞】** ①返答のことば。reply ②式辞・祝辞・送辞などに答えることば。address in reply

**とう-じ【等時】** 時間・時刻が同じであること。

**とう-じ【▾蕩児】** 放蕩者。道楽者。debauchee

**とう-じ【東寺】** 教王護国寺の通称。

**どう-し【同士】** 一(名) 同じ仲間・種類。comrade; fellow 二(接尾) 互いにその関係にあることを示すことば。[用例] いとこ—。となり—。

**どう-し【同志】** 同じ理想・主義・主張または目的をもつ人々。comrade [用例] —を募る。

**どう-し【同氏】** ①同じ氏。same surname ②すでに話題にした、その人。「同君」よりも敬った言い方。aforementioned person [比較] 同君。

**どう-し【同視】**(名・サ変他) 同一のものとみなすこと。同一視。put A and B in the same category

**どう-し【動詞】** 品詞の一つ。活用のある自立語。用言の一種で、おもに動作や存在を言い表す。「行く」「投げる」「ある」など。verb

**どう-し【童詩】** ①子どものつくった詩。children's poem ②子どもむきの詩。児童詩。poem for children

**どう-し【導師】**《仏教語》①衆生を仏道にみちびくもの。仏。菩薩。②法会のとき、中心の地位にあって僧たちを率いる高僧。③葬儀の首座として、引導をする僧。

**どう-し【道士】** ①道義を体得した人。②仏教で、僧。道人。③道教を修行する人。④神仙術を使う人。方士。

**どうし【道志】**〈村〉 山梨県東部、神奈川県に接する村。シイタケなどを産する。スポーツのための民宿などが多い。人口二二八四(一九八八)。

**どう-じ【同時】** 同じとき・時代。at the same time; in the same age

**どう-じ【童子】** ①子ども。児童。child ②《仏教語》㋐《仏の王子であるところから》菩薩の異称。㋑菩薩・明王などに仕える従者。㋒昔、寺院で給仕などに使った、まだ剃髪しない少年。

**どうし-あい【同志愛】** 同志として互いに感じる愛情。affection among the kindred spirits

**とうじ-いん【等持院】** 京都市北区等持院北町にある臨済宗天竜寺派の寺。もと仁和寺の一院を、暦応四年(一三四一)足利尊氏が夢窓疎石を招いて再興したもの。足利尊氏以降、足利氏の墓所。

**どうし-うち【同士討(ち)】**(名・サ変自) 味方・仲間のあいだでの衝突・争い。internal strife

**とうし-がほう【透視画法】** 遠近がわかるえがき方。遠近画法。perspective

**とうじ-カボチャ【冬至▽南▾瓜】** 冬至まで保存しておいたカボチャ。これを食べると風邪をひかないとの言い伝えがある。

**どうし-がわ【道志川】** 山梨県南東部から神奈川県北西部を東流する川。長さ四〇km。相模川の支流。横浜市の上水道源。

**とうし-かんすう【投資関数】** 一国の投資水準を決定する要因と投資水準との関係を示す関数。investment function

**とう-しき【等式】** 二つ以上の数や式を等号(=)で結び、それらが相等しいことを示す関係式。恒等式と方程式がある。equality [対義] 不等式。

**とう-じき【当色】** ①律令制で、位階に相当する服の色。令の定めでは、一位は深紫色、二位・三位は浅紫色、四位は深緋色など。②宮中で儀式の際、その役を務める者が賜った装束。③陰陽道で、その年の恵方にあたる色。

**とう-じき【陶磁器】** 陶器と磁器。粘土またはそれに類する鉱物を原料として、成形後高温で焼いて作る器物。釉は器物の表面を包み丈夫にする。新石器時代に始まり、材質や焼成温度により土器・陶器・炻器・磁器に分類される。ceramic; china

**どうじく-ケーブル【同軸ケーブル】** 中心導体と、それとは絶縁された形で同心円状に囲んだ外部導体とからなる通信ケーブル。伝送容量が大きく、広帯域性と双方向性をもち、また、減衰も小さい。coaxial cable

**どうじくケーブル-ほうしき【同軸ケーブル方式】** 同軸ケーブルを用い、電話回線を超多重化した信号やテレビ信号を伝送する方式。coaxial cable system

**とうじく-しょうけい【等軸晶系】** 互いに直交し、軸の長さが等しい三つの結晶軸をもつ結晶系。立方晶系。tesseral system

**どうじ-しき【同次式】** 各項の次数が等しい多項式。homogeneous expression

**とう-ししつ【糖脂質】** 糖を含む複合脂質。燐脂質とともに、細胞の生体膜成分などとして重要。glycolipid

**とうし-じま【答志島】** 三重県、志摩半島北東沖の島。面積七・八km²。水産業がさかんで、海女漁業・海苔の養殖も行われる。

**とうじ-しゃ【当事者】** ある事柄や事件に直接関係する人。たとえば、売買契約での売り主と買い主。person concerned [比較] 第三者。

**とうじしゃ-しゅぎ【当事者主義】** 訴訟の主導権をもつのは裁判所ではなく、当事者としての検察官や被告人であるとする考え。

**どうししゃ-だいがく【同志社大学】** キリスト教系の私立総合大学。明治八年(一八七五)新島襄によって設立された同志社英学校が前身。京都市上京区今出川通烏丸東入ル玄武町。

**とうじしゃ-のうりょく【当事者能力】** ①訴訟上、訴訟の被告・原告、執行の債権者・債務者となることができる権利能力。自然人・法人すべてに認められる。admissibility of a party ②ある事柄や事態に、かかわる者として責任をもって対処できる能力。[用例] 彼は—がない。

**とうし-しゅうえきりつ【投資収益率】** 投下した資本に対する、それから得られた収益の比率。ROI。return on investment

**とうし-じょうすう【投資乗数】** 投資の増加分に対する、国民所得の増加分の割合。investment multiplier

**とうし-しんたく【投資信託】**《「証券投資信託」の略》証券会社などが一般の投資家から資金を広く集め、これを信託銀行をつうじて各種の有価証券に分散投資する制度。専門家の資金運用によって、より効率的に収益を得ることが目的。投信。investment trust

**とうし-ずほう【透視図法】** ①視点を定め、その点と物体の各点を結ぶ放射線によって、遠近法に従って描いた図法。透視画法。perspective drawing ②地図投影法の一つ。地球の中心を通る直線上に視点を定め、直線と垂直な平面上に地表を投影する。視点が無限遠か、地球面上か、地球の中心かによって、正射図法・平射図法・心射図法とよばれる。perspective drawing

**とうじ-せい【等時性】** 振り子の周期が、振幅に無関係に等しいこと。単振り子の周期は、振幅があまり大きくないときには近似的に等時性をもつ。isochronism

**どうし-せい【同歯性】** 同一個体にはえる歯が、すべて同形・同大・同構造であること。哺乳類・爬虫類以外の動物は、ほとんどが同歯性。[対義] 異歯性。

**とうしせん【唐詩選】** 中国、唐詩の選集。七巻。明の李攀竜の編と伝えられる。詩人一二八人、作品四六五首。詩体別に作品を並べるが、初・盛唐の詩が多く、中・晩唐はわずか。

日本で大いに流行した。

**とう-しつ【等質】** 等しい成分・性質。均質。homogeneity

**とう-しつ【糖質】** 糖を主要な成分とする物質の総称。たんぱく質・脂質とともに主要栄養素の一つ。炭水化物。carbohydrate

**とう-じつ【当日】** その日。that day 用例 試験—。

**どう-しつ【同室】**(名・サ変自) 同じ部屋。部屋が同じであること。same room

**どう-しつ【同質】** 質が同じであること。そのもの。same quality 対義 異質。

**どう-じつ【同日】** ①同じ日。same day ②その日。that day

**同日の論ではない**(どうじつのろんではない) 違いがひどい。比べものにならない。同日の談ではない。同日の論でない。There is no comparison between the two.

**とうじつ-うり【当日売(り)】** スポーツ・芸能など各種の催しや興行の開催当日に発売される切符。当日券。day ticket 対義 前売り。

**どう-して【▽如▽何して】** [一](副) ①なぜ。どういうわけで。why 用例 —来なかったの。②どういう方法で。どのようにして。how ③《反語をともなって》どうしても…ない。どんなことがあっても…ない。how dare 用例 —生きていられようか。[二](感) 予想に反したとき、おどろいたり感心したりしていう語。いやはや。予想外に。Oh, my goodness! 用例 —、—、手ごわい相手だ。

**どう-しても【▽如▽何しても】**(副) ①《下に打ち消しをともなって》どのようにしても。用例 —わからない。②必ず。どんなことがあっても。用例 —会いたい。

**とうじ-てん【冬至点】** 冬至の日(一二月二二日ごろ)の太陽の黄道上の位置。黄経二七〇度の点。winter solstice

**どうじ-に【同時に】** [一](副) ①いちどに。いっぺんに。at a time ②ちょうどその時に。at the same time 用例 到着と—ベルが鳴った。③…とともに。as well as 用例 励ますと—忠告する。[二](接続) そのときいっしょに。in addition 用例 —これも頼む。

**とうし-の-しけ【▼藤氏の四家】** 藤原四家の別称。

**とうしば【(株)東芝】** 日本を代表する総合電機メーカー。明治三七年(一九〇四)設立。

**とうしびい** 《方言》奄美・沖縄地方で、生年祝いのこと。自分の干支にあたる年を生まれ年と言い、その年の正月最初の干支の日に祝宴を行う。また、生まれ年は厄年ともされ、結婚や新築を忌む慣習もある。生年祝い。

**どうじま【堂島】** 大阪市北区・福島区にまたがる地区。堂島川の北、高層ビルの林立するビジネスセンター。元禄一〇年(一六九七)米市場が設けられて発展。

**どう-じめ【胴締(め)】** ①胴または、ものの中央部を締めること・もの。belt ②女の腰ひも。③レスリングなどで、相手の胴を両足で締めつける技。scissors

**とう-しゃ【当社】** ①この神社。this shrine ②この会社。this company

**とう-しゃ【投射】**(名・サ変他) ①光などを投げかけること。projection ②物の像などをスクリーンに映しだすこと。投影。projection

**とう-しゃ【透写】**(名・サ変他) すきうつしにすること。トレース。trace

**とう-しゃ【謄写】**(名・サ変他) ①書き写すこと。copy ②謄写版で印刷すること。mimeograph

**どう-しゃ【同社】** ①同じ会社・神社・結社。②既に述べられている、その会社・神社・結社。same company; same shrine

**どう-しゃ【同車】** [一](名) 同じ車。その車。the same car [二](名・サ変自) 同じ車にいっしょに乗ること。ride together 比較 同乗。

**どう-しゃ【堂舎】** 《「堂」は大きな家。「舎」は小さな家》建物。家屋。とくに社寺の建物。

**とうしゃ-かく【投射角】** ↓にゅうしゃかく(入射角)

**とうしゃがた-じゅぞうき【投射型受像機】** テレビジョンで、ブラウン管によらず、光を投射して画像を映し出す受像機。凹面鏡の内側に塗布された油膜の厚さが電子ビームが当たったとき変化することを利用。アイドホールなど。projection television

**とう-しゃく【唐尺】** 唐で使用した尺。小尺と大尺の二種類がある。大尺の一尺は、曲尺の一尺一寸七分。約三五・五cm。日本では大宝令で、唐尺の大尺を小尺として採用したという説もある。

**とう-じゃく【闘▼雀】** 仲間同士でたたかっているスズメ。

**闘雀、人に怖じず**(とうじゃく、ひとにおじず) けんかに夢中でいるときは、身にせまる危険もかえりみない。また、弱小なものでも、何かに夢中になっているときは思わぬ強さを発揮する。

**どうしゃく【道▼綽】**(五六二〜六四五) 中国、唐代の僧。曇鸞の浄土教を受けつぎ、念仏の教えを説いた。善導の師。著書『安楽集』。

**どう-じゃく【▼瞠若】**(形動トタル) 驚いて目を見はるさま。あっけにとられるさま。

**どうしゃく-が【道釈画】** 中国の画題分類上の名称。道教と仏教を主題とする絵画のこと。日本では、仏教・道教の聖者の人物画をさす場合が多い。道家の、竹林の七賢、諸仙人など。また、釈門の、寒山拾得、布袋など。

**とうしゃ-こうせん【投射光線】** ↓にゅうしゃこうせん(入射光線)

●東洲斎写楽『三世大谷鬼次の奴江戸兵衛』。寛政六年(一七九四)、東京国立博物館。

**とうしゃ-ずほう【投射図法】** 地図投影法の中の方位図法の一種。視点と地球上曲面の点とを結ぶ直線が投影面と交わる点をその投影とするもの。視点の位置が地球の中心にある「心射図法」、地表にある「平射図法」、地球外の有限の距離にある「外射図法」、地球外の無限遠にある「正射図法」の四種がある。perspective projection

**とうしゃ-ばん【謄写版】** 孔版印刷の一種。やすり板の上に原紙を置いて鉄筆で文字を書いたり、ボールペン原紙に書いたりして、インキを押し出して印刷する。ガリ版。孔版。mimeograph 比較 活版・摺写。

**ドゥシャンベ【Dushanbe】** ソ連中南部、タジク共和国の首都。商業・交通の要地。人口五三・九万(一九八四)。旧称スタリナバード。

**とう-しゅ【当主】** 一家の現在の主。the present head of the family 対義 先代。

**とう-しゅ【投手】** 野球で、打者にボールを投げる選手。ピッチャー。pitcher 対義 捕手。

**とう-しゅ【党首】** 党の代表者。総裁・委員長など。party leader

**とう-しゅ【陶朱】** 范蠡の異称。

**どう-しゅ【同種】** 同じ種類・人種。same kind 対義 異種。

**どう-じゅ【堂衆】** =どうしゅ・どうしゅう。①延暦寺などの下級僧。僧兵の中心となり、強訴、その他に活躍した。②浄土真宗で、本山で法要をつとめる役僧。

**とう-しゅう【踏襲・▼蹈襲】**(名・サ変他) 前の人の方法・説などを受け継いで、その通りにすること。following 用例 前内閣の政策を—する。

**とう-しゅう【東周】** 中国、周王朝の後半期。平王の紀元前七七〇年、犬戎の侵入により鎬京から成周(洛陽付近)へ遷都して以後の時代。

**とう-じゅう【当住】** 現在の住職。対義 後住・先住。

**どう-しゅう【同舟】** ①同じふね。the same boat ②同じふねに乗り合わすこと・人。用例 呉越—。

**同舟相救う**(どうしゅうあいすくう) いつもは仲の悪いもの同士も、共通の利害のためには互いに助けあう。

**どう-しゅう【同臭】** ①同じにおい。②同じ仲間。同類。

**どう-しゅう【銅臭】** 《銅銭の悪臭、の意》金銭に卑しい人を悪く言う語。

**とうしゅうさい-しゃらく【東▼洲斎写楽】** (生没年未詳) 江戸後期の浮世絵師。経歴未詳。一説に阿波の能役者という。寛政六〜七年(一七九四〜九五)役者絵と少数の相撲絵・武者絵を描いた。対象の性格を端的にとらえ造型的に強調して、その人物を強く印象づける作風。↓写

**どうしゅう-せい【道州制】** いくつかの府県をまとめてひとつの地方行政単位とし、道または州を置く制度。また、それをしようとする構想。

**とう-しゅく【投宿】**(名・サ変自) 宿をとること。lodge

**とう-じゅく【登熟】** 穀類などが、開花期を過ぎて実っていくこと。ripen

**どう-しゅく【同宿】** [一](名) 同じ宿屋・宿場。same hotel [二](名・サ変自) ①同じ宿に泊まり合わせること・人。あいやど。lodge together ②同じ寺に住むこと・僧。live in the same Buddhist temple

**どう-じゅつ【道術】** 道士や仙人の行う術。方術。

**どうしゅ-どうぶん【同種同文】** 人種も文字も同じであること。おもに日本と中国についていう。同文同種。

**とうしゅ-ばん【投手板】** 野球で、投手が投球の際に、軸足の一部で必ず触れなければならないマウンド上に据えられた板。ピッチャーズプレート。pitcher's plate; pitcher's rubber

**とう-じゅろ【唐▼棕▼梠】** ヤシ科の常緑小高木。高さ約一〇m、幹の径は一五cm前後。葉は長さ約五〇cm。小葉は放射状に広がり、下垂しない。中国原産。

**とう-じゅんし【唐順▼之】**(一五〇七〜六〇) 中国、明代の文人。号は荊川。武進の人。明代古文三大家の一人。詩文集『荊川先生文集』など。

**とう-しょ【当初】** 初め。初めのうち。最初。at the beginning 用例 —の計画。

**とう-しょ【当所】** ①この場所・土地。今の場所。this place ②こちらの事務所・事業所。this office

**とう-しょ【投書】**(名・サ変自) 新聞・雑誌・公的機関などに、意見や苦情などを書いて送りつけること。投稿。contribute 用例 —欄。

**とう-しょ【島▼嶼】** 《「島」は大きな島。「嶼」は小さな島》しまじま。islands

**とう-しょ【頭書】** ①文の初めに書くこと。その語句。opening sentence ②本文の上欄の書き入れ。かしらがき。superscription; headnote

**とう-じょ【倒叙】**(名・サ変他) 時間などの順序を逆にして述べること。

**とう-じょ【唐書】** 『旧唐書』と『新唐書』の併称。

**どう-しょ【同所】** ①同じ所・場所。same place ②その場所。そこ。said place ③その事務所・事業所。said office

**どう-しょ【同書】** ①同じ本。same book ②すでに話題としている、その本。said book

**どう-じょ【童女】** 女の子。幼女。どうにょ。young girl

**とう-しょう【刀匠】** 刀かじ。刀工。swordsmith

**とう-しょう【凍傷】** 身体が著しい寒冷にさらされたために起こる障害。程度により第一度から第三度まである。「しもやけ」は、その軽い症状。凍瘡。frostbite

**とう-しょう【▽堂上】** =どうじょう。①堂の上。殿上。②殿上の間に昇殿を許された人。殿上人。対義 地下。③公家。④殿上の間に昇殿すること。

**とう-しょう【闘将】** ①たたかう大将。heroic combatant ②有力な働き手。champion ③気力のさかんな主将・選手。brave captain

**とう-しょう【東証】** 東京証券取引所の略称。

**とう-じょう【東上】**(名・サ変自) 西の地方から東方・東京へ行くこと。go up to Tokyo 対義 西下。

**とう-じょう【凍上】** 土壌中の水が凍結し、氷が成長することによって地表面が押し上げられる現象。建築物や鉄道線路・道路などに被害を与える。frost heaving

**とう-じょう【搭乗】**(名・サ変自) 航空機や艦船などに乗ること。boarding

**とう-じょう【登場】**(名・サ変自) ①舞台・映画・小説・事件などに人物が現れること。entrance 対義 退場。②人物や製品などが世に現れ出ること。advent 用例 政治家として—。新型スーパーカーの—。

**とうじょう【東条】**〈町〉 兵庫県南東部、加古川支流東条川の上流の町。酒米・釣り針・こいのぼりが特産。東条湖がある。人口七五九七(一九八八)。

**とうじょう【東城】**〈町〉 広島県北東端の、山間の町。農林業のほか石灰石の採掘もさかん。帝釈峡がある。人口一万二四六八(一九八八)。

**どう-しょう【洞▼簫】** 中国・朝鮮半島に伝わる尺八系縦笛。表五孔・裏一孔。管は細く、音色は透明。材質は竹のほか石・陶器・磁器など。日本でも清楽や歌舞伎音楽で使用。

**どう-しょう【道床】** 鉄道などの線路の下に敷いてある砂利・砕石・コンクリートなどの

▼常用漢字表外。 ▽常用漢字表の音訓外。

層。枕木が受ける車両の重量を路盤に分散させるためのもの。ballast

**どうしょう【道昭】**(六二九 七〇〇) 飛鳥時代の僧。日本法相宗の開祖。行基の師。白雉四年(六五三)入唐、玄奘・窺基に師事。晩年には諸国を歩き、社会事業を行った。遺言により日本で初めて火葬にされた。

**どう-じょう【同上】** 上または以前に記された事柄と同じであること。ditto

**どう-じょう【同乗】**(名・サ変自) 同じ乗り物に乗り合わせること。ride together 比較 同車。

**どう-じょう【同情】**(名・サ変自) 人の気持ち・身の上、とくに苦しみを、人ごとでなく感じること。おもいやり。sympathy 用例 ―心。―を買う。

**どう-じょう【堂上】** ↓とうしょう(堂上)

**どう-じょう【道場】** ①《仏教語》仏が悟りを開いた場所。菩提樹の下の金剛座。②仏法の修行をする場所。また、仏の供養をし、修法を行う場所。③武芸などを練習する場所。hall ④修養・練成を行う場所。hall

**どうしょう-いむ【同床異夢】** 表面はいっしょに生活・仕事をしているが、内心では、それぞれ自分の考え方・目標をもっていること。

**とうじょう-いん【搭乗員】** 飛行機や艦船などに要員として乗りこむ人。crew 比較 乗組員。

**とうじょう-うん【塔状雲】** 上空に向かってむくむくと塔状に発達した雲。西洋の城や町の周囲をめぐらした城壁や塔に似た形の雲。高積雲や層積雲などに現れる。雷や強い雨をともなうことがある。castellanus

**とうじょう-か【筒状花】** ↓かんじょうか(管状花)

**とうじょう-か【頭状花】** 頭状花序のうち、キクの花のように短い軸の先が円盤状になり、その上に多くの花弁が集まって一つの花のように見えるもの。a capitate flower

**とう-しょうがく【等正覚】**《仏教語。samyak-sambodhi 梵(三藐三菩提)と音写)の漢訳》仏としての悟り。

**とうじょう-かじょ【頭状花序】** 無限花序の一種。花軸の先が円盤状に広がり、これに柄のない多数の花が咲く。キク科植物などに見られる。頭花。capitulum ↓花序図

**とうじょう-きょう【搭乗橋】** 出発時・到着時に、飛行機の出入り口と空港ビルに渡す橋状の旅客通路。extension bridge

**とうしょう-ぐう【東照宮】** 徳川家康を祭った神社。とくに日光東照宮をさす。他に東京上野、静岡県久能山などにある。参照 東照大権現。

**とうしょう-け【▽堂上家】** 公家の家格の一つ。清涼殿へ昇殿を許された殿上人の家柄。または摂関・清華・大臣・羽林・名家・半家などの公卿に列することのできる家柄。

**とうじょう-けん【搭乗券】** 航空券と引き換えに渡される座席指定券。boarding ticket

**どうじょう-じ【道成寺】** ①和歌山県日高郡川辺町の天台宗の寺。大宝元年(七〇一)紀道成が創建、開基は義淵。安珍・清姫の伝説で名高い。②能の曲名。四番目物。観世信光作。恋に狂った娘の霊が白拍子として道成寺鐘供養に現れ、舞ののちに鐘に飛びこみ蛇体に変じる。

**どうじょうじ-もの【道成寺物】** 日本音楽・舞踊の一系列。能の『道成寺』から舞台化したもの。長唄などに多い。歌舞伎舞踊で長唄の『京鹿子娘道成寺』など。

**どうじょう-スト【同情スト】** 他の産業・企業の労働者のストライキを支援するため、当面紛争事項のない産業・企業の労働者が行うストライキ。sympathy strike

**とう-しょうそん【陶晶孫】**(一八九七 一九五二) 中国の医学者・文学者。江蘇省生まれ。日本で育ち九大卒。随筆集『日本への遺書』など。

**とうしょう-だいごんげん【東照大権現】** 朝廷から徳川家康に贈られた勅諡号。元和三年(一六一七)二代将軍徳川秀忠は神号を「権現」と決め、朝廷から示された四つの名称から「東照大権現」を選定。東照宮の祭神。

**とうしょうだい-じ【唐招▽提寺】** 奈良市五条町にある律宗の総本山。南都七大寺の一つ。天平宝字三年(七五九)唐僧鑑真の開創。創建当時の金堂・講堂や仏像で知られる。招提寺。↓写

●唐招提寺 金堂。

**とうじょう-ひでき【東条▽英機】**(一八八四 一九四八) 陸軍大将・政治家。東京生まれ。関東軍参謀長・陸相を経て、昭和一六年(一九四一)組閣。同年、太平洋戦争開戦。戦局の悪化により同一九年(一九四四)総辞職。戦後A級戦犯として絞首刑。↓写

●東条英機

**とう-しょうぶ【唐▼菖▼蒲】** グラジオラスの別名。

**とう-しょうへい【▼鄧小平】**(一九〇四 ) 中国の政治家。文化大革命で失脚。一九七三年復活後、七六年の天安門事件で解任されたが、四人組追放で翌年再復活し党副主席。八三年から国家中央軍事委主席。中国最高の実力者。↓写

●鄧小平

**とうじょう-みさお【東条操】**(一八八四 一九六六) 国語学者。東京生まれ。東大卒。日本の方言研究を開拓。著書『方言と方言学』『全国方言辞典』など。

**どうじょう-やぶり【道場破り】** 道場に押しかけて、試合を申し込み、相手を打ち負かすこと。また、それを口実に金銭などをゆすること・者。道場荒らし。

**とう-しょく【当職】** □一(名) この職務。this duty □二(代) 職務についている自分。わたくし。

**どう-しょく【同職】** 同じ職業・職務。same occupation

**どうしょく-ぶつ【動植物】** 動物と植物。animals and plants

**とうじ-りつ【透磁率】** 磁束密度と磁場の比。磁性体の磁化のしやすさを表す係数。magnetic permeability

**とう・じる【投じる】**(上一自他) ↓とうずる(投ずる)

**どう・じる【同じる】**(上一自) ↓どうずる(同ずる)

**どう・じる【動じる】**(上一自) ↓どうずる(動ずる)

**とう-しろう【▼藤四郎】**《俗語》「しろうと(素人)」をさかさまにして、人名のように言った隠語。とうしろ。amateur

**とうしろう【▼藤四郎】**(生没年未詳) 鎌倉時代の陶工。瀬戸焼の祖とされる。本名、加藤四郎左衛門景正。宋に渡り陶器を学び、帰国後、瀬戸で釉薬を用いた陶器をつくったといわれる。

**どうじ-ろくおん【同時録音】** 映画やテレビで、撮影と同時に音声も録音すること。シンクロナイズ。synchronous recording

**とうじ-ろん【統辞論】** ↓シンタックス

**とう-しん【刀心】** 刀の、つかの中にはいっている部分。なかご。

**とう-しん【刀身】** 刀の中身。

**とう-しん【灯心】** 灯油にひたして一端に火を付け、あかりとする糸状のもの。とうしみ。とうすみ。wick

**灯心で須弥山を引き寄せる** とても力のおよばないことを言う。

**灯心で竹の根を掘る** 苦労しても効果のないたとえ。

**とう-しん【投身】**(名・サ変自) 水中などに身を投げて死ぬこと。身投げ。throw oneself 用例 ―自殺。

**とう-しん【投信】**「投資信託」の略。

**とう-しん【東進】**(名・サ変自) 東のほうへ進むこと。対義 西進。

**とう-しん【答申】**(名・サ変自他) 上位の役職・機関などの問いに答えて意見を述べること。report 用例 審議会の―。

**とう-しん【等身】** 人の身長と同じ高さ。life-size 用例 ―仏。

**とう-しん【等親】** 親等の旧称。

**とう-しん【東▼晋】** 中国、南北朝時代の南朝の一国。西晋滅亡後の三一七年、司馬睿が建業で即位して晋を再興。四二〇年劉裕に国を奪われた。

**とう-じん【党人】** ①仲間。partisan ②政党人。とくに、官僚出身でない生粋の党員。party member

**とう-じん【唐人】** ①中国人。chinese ②外国人。foreigner ③ソコダラ科の深海魚。全長約六〇cm。灰黒色で、頭が大きく、口先はいちじるしく突出している。下顎にひげがあり別名ヒゲ。腹側に発光器がある。食用。東京以南に分布。

**唐人の寝言** 何を言っているのか、さっぱりわからないことば。筋の通らないことをくどくど言うことのたとえ。

**とう-じん【▼蕩尽】**(名・サ変他)《おもに道楽で》財産をすっかりなくすこと。squander

**どう-しん【同心】** ①同じ心。same mind ②数学で、二つの図形の中心が同一であること。concentricity ③江戸幕府の職名の一つ。与力の下に属した下級役人で、警察・庶務を担当。

**どう-しん【道心】** ①道徳を守る心。良心。②《仏教語》㋐仏道を求める心。菩提心。㋑一三歳または一五歳以上で仏門に入った人。

**どう-しん【童心】** 子どもの心。子どものような純真な心。child's mind

**どう-じん【同人】** ①同じ人。どうにん。same person ②同じ志を持っている人。仲間。どうにん。coterie ③同門の人。fellow pupil

**どう-じん【同仁】** だれをも平等に愛すること。impartial benevolence 用例 一視―。

**どう-じん【道人】** ①《仏教語》仏道の修行をしている人。②道教を修めた人。③神仙の道を得た人。仙人。方士。④世俗を離れた人。隠者。hermit

**どう-じん【銅人】** 経穴(=つぼ)を学ぶための人形。経穴位置は王惟一著『銅人腧穴鍼灸図経』による。銅人形。

**どうしん-えん【同心円】** 中心が同じで、半径の異なる二つ以上の円。concentric circles

**とうじん-おきち【唐人お吉】**(一八四一 一八九〇) 幕末の伊豆下田の舟大工の娘。本名、斎藤きち。アメリカ総領事ハリスの妾となった。のち下田で投身自殺。

**どうじん-ざっし【同人雑誌】** 文学・思想・趣味などで、同じ目的をもつ人たち(同人)が執筆・編集し、発行する非営利的な雑誌。文芸関係のものが多い。同人誌。どうにんざっし。coterie magazine

**どうじん-し【同人誌】** ↓どうじんざっし(同人雑誌)

**とうしん-せん【等深線】** 地図上で水深の等しい地点を連ねた曲線。海底や湖底の起伏の状態を表すのに用いられる。同深線。isobath

**とうしん-そう【灯心草】** イ(藺)の別名。

**とうしん-だい【等身大】** 人の身長と同じ大きさであること。life-size 用例 ―の人形。

**とうしん-てつどう【東▽清鉄道】** 中国、東北地区の東西・南北を結ぶ幹線鉄道。一八九六年の露清密約によりロシアが建設。日露戦争後、長春以南を日本が経営。一九三三年満州国が買収。第二次大戦後は中ソ共同経営、五二年中国に返還。東支鉄道。

**とうじん-びえ【唐人▼稗】** ガマに似たイネ科の一年草。茎の高さ約三m。秋に長さ三〇cmほどの太いろうそく形の穂をつける。家畜飼料用。アフリカ原産。pearl millet

**とうじんぼう【東尋坊】** 福井県北部の日本海岸にある景勝地。柱状節理の壮大な岩壁が有名。地名は平泉寺の悪僧の伝説に由来する。

**とうじん-まげ【唐人▼髷】** 少女の髪型の一つ。吉原の花魁の髪型からきたもので、桃割れといちょうがえしが合わさった形。髷の中央が割れ、元結いのかわりに髪を十文字にかける。

**どうしん-むすび【同心結び】** 紐の結び方の一つ。上と左右に三つの輪をつくり、両端を房のように下げる結び方で仏具の華鬘などに使われる。同心は男女相愛を意味する。華鬘

結び。

**とう-す【東▽司・登▽司】** 禅宗寺院における便所の通称。東方のものを東司、西方のものを西浄という。東浄。

**とう・す【党す】** 文語的（サ変自）①仲間となる。組む。味方する。②仲間どうしでひいきする。非をかばい合う。おもねる。

**とう-すい【陶酔】**（名・サ変自）①快く酔うこと。intoxication ②うっとりとすること。心を奪われること。fascination

**とう-すい【統帥】**（名・サ変他）軍隊を率いること。supreme command 比較 統率。

**とうすい-きょう【陶酔境】** ①酒などに気持ちよく酔った気分。intoxication ②芸術・自然美に接したときの、心を奪われた境地。fascination

**とうすい-けん【統帥権】** 軍隊の最高指揮権。明治憲法では天皇の大権の一つで政府の権限外とされ、軍の独立性の保証となった。

**とうすいけんかんぱん-もんだい【統帥権干犯問題】** 昭和五年（一九三〇）のロンドン軍縮条約批准をめぐる政府と海軍軍令部の対立。軍令部は条約に調印した浜口雄幸内閣に対し統帥権を侵したと非難。

**とう-すう【頭数】**《「あたまかず」は別語》動物の数。number of animals 用例 飼育―。

**どう-すう【同数】** 数が同じであること。同じ数。same number

**どう-ずみ【胴炭】** 茶道で用いる炭の一種。初炭に用いる。道具炭の中ではもっとも大きく、置き炭の主体となるもの。大炭。長胴。

**とう・ずる【投ずる】**（サ変自他）＝投じる・投ず。①（他）投げる。捨てる。投げ出す。throw ②（自）㋐乗り出す。plunge 用例 政界に―。渦中に―。㋑乗じる。catch at an opportunity 用例 機会に―。㋒合う。capture 用例 人気に―。意向に―。㋓投資する。invest ㋔投票する。vote 用例 一票を―。㋕宿にとまる。stay at ㋖降参する。

**どう・ずる【同ずる】**（サ変自）同意する。賛成する。くみする。同じる。同ず。agree with 用例 和して―・ぜず。

**どう・ずる【動ずる】**（サ変自）＝動じる・動ず。①気持ちがゆらぐ。あわてる。be agitated ②心臓がどきどきする。thumping of the heart ③目がくらむ。get dizzy

**とう-ぜ【党是】** 党の根本方針。party policies

**どう-せ**（副）どうしても。いずれにしても。つまりは。anyway

**とう-せい【当世】** 今の世・現代。present time

**当世を尽くす**（とうせいをつくす）流行の先端をいく。

**とう-せい【東征】**（名・サ変自）①東へ行くこと。②東方の国・賊を征伐すること。用例 神武―。

**とう-せい【陶製】** 陶磁器でできていること・もの。ceramics

**とう-せい【統制】**（名・サ変他）①多くの物事を一つにまとめること。arrangement ②一定の方針によって、取り締まること。control

**とう-せい【踏青】** 春の野山に出て若草を楽しむこと。野遊び。もと、中国の風俗で、清明節に行うことが多い。

**とう-せい【頭声】** 音楽で、わりあい高い声域の声。ファルセット。head voice 対義 胸声。

**とう-せい【▼濤声】** 波の音。roars of waves

**とう-せい【騰勢】** 物価・相場などの上がる勢い。高くなる傾向。upward trend

**どう-せい【同姓】** 同じ名字。same surname 比較 同名。

**どう-せい【同性】** 性が同じであること。same sex 対義 異性。

**どう-せい【同▼棲】**（名・サ変自）正式に結婚していない男女がいっしょに生活すること。live together; cohabitation

**どう-せい【動静】** ①動きのあるものと静かなもの。movement and stillness ②動き。様子。消息。movements 用例 ―をさぐる。

**どう-せい【銅製】** 銅で造ること。造ったもの。made of copper

**どう-ぜい【同勢】** 一行の人々。その人数。用例 ―わずか一〇人。

**どうせい-あい【同性愛】** 同性を性欲の対象とすること。同性同士の関係。homosexuality

**とうせい-ぐそく【当世具足】** 室町時代末期から用いられた鎧の総称。それまでの大鎧・胴丸・腹巻きなどと違って、胴が大形の鉄板をとじ合わせたものとなり、武器の変化に応じて小具足も多様になった。具足。数え方 一領。

**とうせい-けいざい【統制経済】** 戦時や非常時にみられる、国家が資本主義の枠のなかで企業・個人の経済活動に強い規制を加える経済体制。controlled economy 対義 自由経済。

**とうせいしょせいかたぎ【当世書生▽気▽質】** 坪内逍遥の小説。明治一八～一九年（一八八五～八六）発表。評論『小説神髄』での写実主義の提唱を実践しようとした作品。当時の書生たちの気質と生態を描く。

**とうせい-は【統制派】** 昭和初期の陸軍の派閥の一つ。中堅将校を主体に、政財界と結んだ戦時体制の確立を意図し、皇道派と対立。二・二六事件後、皇道派を一掃して軍の主導権を握り、総力戦体制を指導。

**とうせい-ふう【当世風】**（名・形動）今の世のはやりの風習・風俗。前のしきたりと違うようす。今風。up-to-date fashion 対義 古風。

**とうせい-むき【当世向き】** 当世の好みに合うこと。modern; modish

**とう-せき【投石】**（名・サ変自）石を投げつけること。また、投げた石。stone-throwing

**とう-せき【党籍】** 党員として登録されている籍。party register

**とう-せき【透析】**（名・サ変他）①イオンなど小さい分子は通すが、コロイドなど大きい分子は通さない半透膜を利用し、コロイドなどを精製する方法。dialysis ②「人工透析」の略。

**とう-せき【陶石】** 微粒の石英および絹雲母を主成分とし、ときに少量のカオリナイトを含む白色の岩石。焼成によって磁器化し、各種陶磁器の原料となる。陶土。pottery stone

**とう-せき【盗▼跖】** 中国、春秋時代の盗賊。九〇〇〇人の手下を擁し、天下を横行したという。

**どう-せき【同席】** ㊀（名）同じ席・席次。same seat ㊁（名・サ変自）同じ席に居合わすこと。同座。sit in company

**とうせき-き【投石器】** 投石の威力を増すための道具。てこの原理を利用したもの、皮紐の中央に石を包み、回転時の遠心力を利用して飛ばすもの、弓で石を放つものなどがある。

**とうせき-りょうほう【透析療法】** 人工的に血中の老廃物を除いて体液のバランスを保つ方法。腎不全の治療としては、人工腎臓による血液透析が行われるが、ほかに腹膜透析もある。透析は薬物中毒のときにも行われる。dialysis therapy

**とう-せつ【当節】** このごろ。現今。当今。nowadays

**とう-せつ【灯節】** 中国の元宵節（陰暦一月一五日）を中心として、その前後数日間の行事。豊作を祈願し、種々の灯火を用いるのが特色。

**とう-せん【刀銭・刀泉】** 中国、周代の青銅製刀子（こがたな）形貨幣。燕・斉・趙・魏で流通。形式・銘により尖首刀・明刀・斉刀・円首刀の四種類に分類。

**とう-せん【当千】** 一〇〇〇人にかなう強さ・勇気。match for a thousand 用例 一騎―。

**とう-せん【当選】**（名・サ変自）投票・抽選でえらび出されること。election 対義 落選。用例 ―を果たす。

**とう-せん【当▼籤】**（名・サ変自）くじに当たること。win a prize

**とう-せん【盗泉】** 中国の山東省にあるいずみの名。その名を嫌って孔子はその水を飲まなかったという故事がある。

**渇しても盗泉の水を飲まず**（かっしてもとうせんのみずをのまず）↓かっする（渇する）

**とう-せん【登仙】**（名・サ変自）①天にのぼって仙人になること。用例 羽化―。②貴人の死の敬語。

**とう-せん【陶潜】** ↓とうえんめい（陶淵明）

**とう-ぜん【東漸】**（名・サ変自）しだいに東へ進むこと。対義 西漸。用例 文明―。

**とう-ぜん【陶然】**（形動トタル）気持ちよく酒や音楽などに酔うさま。intoxicated

**とう-ぜん【当然】**（副・形動）あたりまえのこと・さま。もちろんのこと。naturally 用例 ―の結果。

**どう-せん【同船】** ㊀（名）①同じ船。same ship ②すでに話題としている、その船。that ship ㊁（名・サ変自）同じ船に乗り合わせること。take the same ship

**どう-せん【動線】** 建築の内外部において、人や物が時間とともに移動する軌跡や方向などを示した線。設計などで、機能性の判定に利用。

**どう-せん【銅銭】** 銅で造った貨幣。銅貨。copper coin

**どう-せん【銅線】** 銅の針金。copper wire

**どう-せん【導線】** ①電流を流すための導体の針金。電線。conductor ②直線を曲線にそって移動させて曲面をつくるときの、その曲線をいう。generating line

**どうせん【道宣】**（五九六～六六七）中国唐代初期の僧。戒律を修め、南山律宗の祖となる。著書『四分律行事鈔』『続高僧伝』など。南山大師。

**どう-ぜん【同前】** 前に述べたのと同じであること。同上。ditto

**どう-ぜん【同然】**（名・形動）同じようであること・さま。同様。similar 用例 ただも―。

**とうせん-かろ【冬扇夏炉】** ↓かろとうせん（夏炉冬扇）

**とうせん-きょう【投扇興】** 江戸時代に流行した室内遊戯の一種。的に扇を投げて当て、的の落ち方、扇の開き方を百人一首の句や『源氏物語』五四帖になぞらえて採点し、優劣を競う。

**どうせん-けいかく【動線計画】** 建築で、平面での人または物の動きを線で表し、その流れが機能的であるように設計すること。flow planning

**とう-せんだん【唐▼栴▼檀】** センダン科の落葉高木。センダンの一変種。中国原産。大きな果実に六～八本の縦溝がある。樹皮は薬用。

**どう-ぞ【▽何▽卒】**（副）①《丁寧にたのむ気持ちで》どうか。なにとぞ。ひたすら。用例 ―よろしくお願いします。②《丁寧に》許すこと。勧めること。用例 はい、―。お茶でも―。③《「どうぞして」の形で強く実現を願う気持ちを表す》なんとか。なんとかして。用例 ―して合格させたいものです。

**とう-そう【刀創】** 刀で切られたきず。

**とう-そう【刀▼槍】** かたなとやり。sword and spear

**とう-そう【逃走】**（名・サ変自）にげ去ること。flight

**とう-そう【党争】** 党派の争い。

**とう-そう【党葬】** 党の主催で行う葬式。party funeral

**とう-そう【凍▼瘡】** しもやけ。凍傷。chilblain

**とう-そう【痘▼瘡】** 法定伝染病の一つ。痘瘡ウイルスの感染により起こる、きわめて伝染性の強い急性疾患であるが、一九七七年を最後に全世界で患者発生はない。七九年、世界保健機関（WHO）は地球上からの痘瘡根絶宣言を行った。いもがさ。天然痘。smallpox

**とう-そう【闘争】**（名・サ変自）戦い争うこと。直接に相手に向けられる相互否定的行為。個人的闘争、民族的・人種的闘争、階級闘争、国家間の闘争（戦争）など、いずれも実力で相手に自己の要求の実現を強制することを目的とする。struggle 比較 競争。

**どう-そう【同窓】** 学んだ学校が同じであること・人。schoolmate 比較 同期。用例 ―会。

**どう-ぞう【銅像】** 銅で造った像。ブロンズ像。bronze statue 比較 木像。

**どうぞう【道蔵】** 道教の経典を集大成したもの。明代に編纂された正統道蔵五三〇五巻と続道蔵一八〇巻をいう。

**とうそう-ウイルス【痘▼瘡ウイルス】** 人間や動物に痘瘡を起こす病原体の総称。variola virus

**とうそう-おん【唐宋音】** ↓とうおん（唐音）

**とうそう-てき【闘争的】**（形動）闘争を好むさま。たたかおうと張り切るさま。combative

**とうそうはっかぶん【唐▼宋八家文】** 中国、唐宋時代の八人の文を集めた『唐宋八家文読本』の略称。清の沈徳潜編。三〇巻。初学者用の教科書とされた。八家とは唐の韓愈・柳宗元、宋の欧陽修・蘇洵・蘇軾・蘇轍・王安石・曾鞏。

**とう-そく【党則】** 党の規則。党規。party rules

**とう-そく【等速】** 速度が等しいこと。uniform velocity

**とう-ぞく【盗賊】** 盗人。泥棒。robber

**どう-ぞく【同族】** 同じ血筋・部族などに属する人々。一族。一門。same race 用例 ―意識。

**どう-ぞく【道俗】** 出家と在家。僧俗。

**どう-ぞく【銅▼鏃】** 青銅製の鏃。日本では弥生時代から古墳時代前期にかけて使用。

**とうそく-うんどう【等速運動】** 一定の速さで運動すること。等速直線運動・等速円運動など。uniform motion

**とうそく-えんうんどう【等速円運動】** 円周にそって一定の速さで回る運動。uniform circular motion

**どうぞく-がいしゃ【同族会社】** 親族・同族関係者が中心となって出資・経営する会社。family company

**とうぞく-かもめ【盗賊▼鷗】** トウゾクカモメ科の海鳥。翼長約三六cm。全身暗褐色の型と腹面が白い型とがある。飛翔中のミズナギドリ類を襲い、餌を横取りする習性がある。

▼常用漢字表外。 ▽常用漢字表の音訓外。

ユーラシア大陸の極北部で繁殖。skua; jaeger ↓図

●トウゾクカモメ

**どうぞく-げんそ【同族元素】** 周期表で、同じ族(同じ縦の並び)に属する元素のこと。同族元素はたがいに性質が類似している。

**とうそく-ちょくせんうんどう【等速直線運動】** 一直線上を等速で運動すること。質点に外力がはたらかなければ、質点は等速直線運動を続ける。等速度運動。uniform linear motion

**とうそく-るい【頭足類】** 軟体動物でもっとも分化した体制をもつ一綱。発達した頭部に一対の目があり、足縁の変形による八本または一〇本の腕をもつ。海中にすみ、肉食性。イカ・タコ・オウムガイの仲間。cephalopod

**どうぞく-れつ【同族列】** 化学組成が互いに$CH_2$ずつ違う一連の有機化合物の系列。メタンとエタンなど。同族体。homologous series

**どうそ-じん【道祖神】** 村里の入り口で、外から襲う悪霊を防ぐ、境の神・道の神。また、のちに、旅行安全・縁結び・子授け・安産の神として広く信仰され、子どもと親しい神。近世、自然石・陰陽石・石塔などの形で、村境・辻・峠などに祭られる。塞の神。くなどの神。手向けの神。ちまたの神。↓写

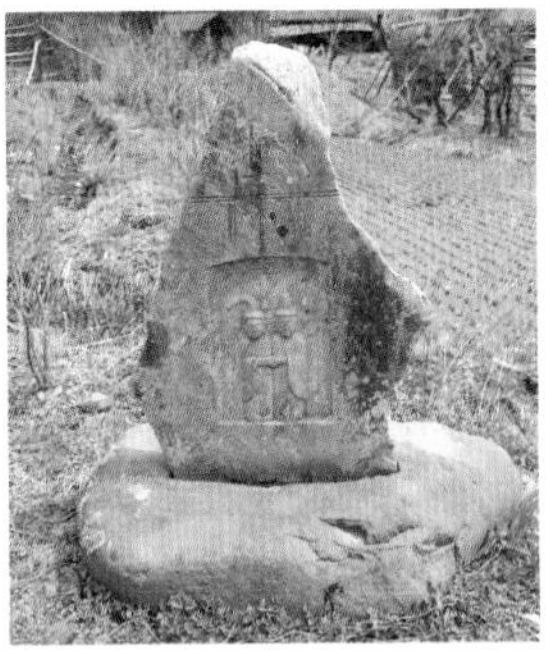
●道祖神

**どうそ-たい【同素体】** 同じ元素からなる単体で、分子構造や原子配列の違うもの。黒鉛とダイヤモンド、酸素とオゾンなど。allotrope 比較 単体。

**とう-そつ【統率】**(名・サ変他) まとめひきいること。command 比較 統帥。

**とう-た【▼淘▼汰】**(名・サ変他) ①よいものと悪いものとを水でよりわけること。よりわけて不必要・不適当なものを除くこと。取捨。用例 無能職員を―する。selection ②生存競争で環境に適合するものだけが残る現象。人為淘汰・自然淘汰など。selection

**とう-だ【投打】** 野球で、①投手として投げることと打者として打つこと。用例 ―にわたる活躍。②投手力と打撃力。pitching and hitting 用例 ―のバランスがとれる。

**とう-だい【灯台】** ①沿岸航行の船舶に、主として夜間、特定の灯光によって位置や航路を知らせる航路標識。岬・島・港口など特定位置に設置される。lighthouse ②昔、灯火をのせた台。③燭台。candlestand ↓写
**灯台下暗し**(灯火をのせた台のすぐ下は暗いことから)手近なことは、かえってみすごしがちであることのたとえ。The lighthouse does not shine on its base.

●灯台① 伊良湖灯台(愛知県)。

**とう-だい【当代】** ①現代。当世。present age ②当主。present master

**どう-たい【同体】** ①同じさま・形。same style ②同じからだ。一体。one flesh 用例 一心―。③相撲で、土俵を割ったり、倒れたりするのが同時であること。用例 ―とみて取り直し。

**どう-たい【胴体】** からだ・飛行機などの胴の部分。trunk

**どう-たい【動体】** ①動いている物体。moving body ②流体。流動体。fluid

**どう-たい【動態】** 活動・変動する状態。movement 対義 静態。

**どう-たい【童体】** 子どもの姿。童形。

**どう-たい【道▼諦】**《仏教語》四諦の一つ。悟りへ至るために、八正道の正しい修行を行うべきであることを教えるもの。

**どう-たい【導体】** 熱や電気をよく伝える物質。銅・鉄・銀・金などの金属。conductor 対義 不導体・絶縁体。

**どう-だい【同大】** 同じ大きさ。

**とうだい-き【灯台鬼】** 灯台を頭に載せた鬼。軽の大臣が唐に渡り、皇帝により額に灯台を打ちつけられ、鬼に姿を変えられてしまったという伝説に基づく。

**とうだい-ぐさ【灯台草】** 路傍や堤防などにはえるトウダイグサ科の二年草。高さ約三〇㎝。葉は卵形で互生し、上部に輪生葉がある。春、苞葉に黄緑色の花が咲く。茎から出る乳液に触れるとかぶれる。スズフリバナ。↓図

●トウダイグサ

**とうだい-じ【東大寺】** 奈良市雑司町にある華厳宗の総本山。南都七大寺の一つ。開基は良弁。聖武天皇の勅願により造営を開始。「奈良の大仏」で知られる毘盧遮那仏(大仏殿の完成に続いて、天平勝宝四年(七五二)開眼供養を行った。治承四年(一一八〇)平重衡の南都攻めで堂塔の大半を焼失。鎌倉時代に再興されたが、永禄一〇年(一五六七)大仏殿が三好・松永の兵火で炎上。元禄五年(一六九二)公慶が再建。総国分寺。金光明四天王護国之寺。↓写

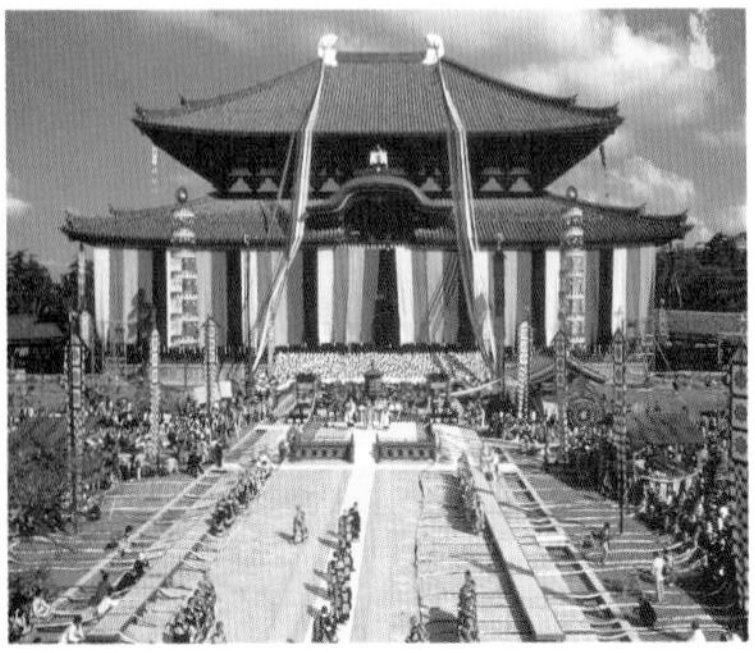
●東大寺 一九八〇年一〇月、昭和大修理の落慶供養。

**とうだい-せん【灯台船】** 灯台の建設が困難な海域に係留する航路標識。通常、監視人の宿泊設備がある。日本では経済的理由で浮灯標を使用。lightship; floating lighthouse

**どうたい-とうけい【動態統計】** 集団の統計的調査法の一つ。出生数や交通量など時間的に変化するものを、一定の期間を区切って計測し記述する統計。current statistics 対義 静態統計。

**とうだい-もり【灯台守】** 灯台の職員。lighthouse keeper

**とう-たく【▼董卓】**(？～一九二) 中国、後漢末の群雄の一人。一八九年、専横をきわめる宦官を討つため洛陽に入り献帝を擁立したが、部将の呂布に殺された。

**どう-たく【銅▼鐸】** つりがねの断面のような形の扁平な弥生時代の青銅製品。高さ二〇㎝から一四〇㎝、両面に文様や原始的な絵画が施されており、祭りの宝器か、打楽器として使用されたものといわれる。近畿地方を中心に、中部・中国・四国などから約四〇〇個出土。↓写

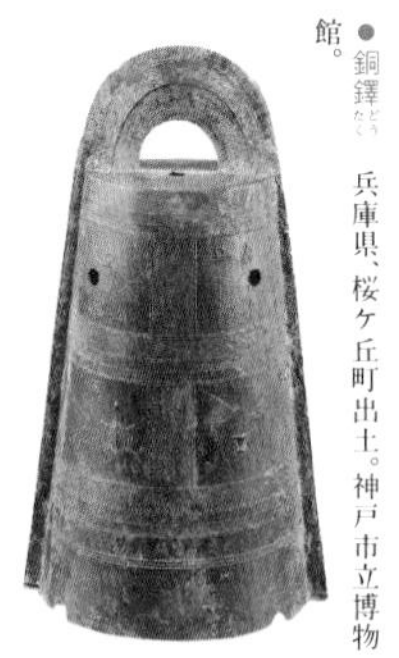
●銅鐸 兵庫県、桜ケ丘町出土。神戸市立博物館。

**とう-たつ【到達】**(名・サ変自) いたり着くこと。届くこと。arrival 比較 到着。用例 結論に―する。

**とうたつど-ひょうか【到達度評価】** 教育で、子どもを到達させる最低限の目的を具体的に示し、この基準に従って到達の程度を評価すること。

**とう-だん【登壇】**(名・サ変自) 壇にあがること。go on a platform 対義 降壇。

**どうだん【▽灯▽台】**「ドウダンツツジ」の略。

**どう-だん【同断】**(名・形動) 同じであること・さま。等しいこと・さま。同然。

**どう-だん【道断】**《「道」は言う、の意》言うべがないこと。論外。もってのほか。abominable 用例 言語―。

**どうだん-つつじ【▽灯▽台▼躑▼躅・▽満▽天▽星】**《「どうだん」は「とうだい」の転。枝の形が結び灯台の脚に似る》ツツジ科の落葉低木。高さ約三m。山地にはえるが、庭木にも栽培。倒卵形の葉を密生。春、黄色がかった白色壺形の花を多数、下向きにつける。秋、紅葉する。フデノキ。ドウダン。↓写

**とう-たんぱくしつ【糖▼蛋白質】** 構造の一部に糖を含むたんぱく質の総称。動物の諸組織や植物の茎・果実に存在。glycoprotein

**とう-ち【当地】** いま自分がいる、この土地。この地方。this place

**とう-ち【倒置】**(名・サ変他) ①逆さに置くこと。turn upside down ②文法で、述語と、その前に来るはずの主語などの文節との順序を変えること。「飛ぶよ、かもめが」など。inversion 用例 ―法。

**とう-ち【統治】**(名・サ変他) 主権者が国民・領土をすべおさめること。government

**どう-ち【同値】** 数学で、二つの条件A、BがあるときAを仮定するとBがなりたち、逆にBを仮定するとAがなりたつとき、A、Bは同値であるという。同等。equivalence

**どう-ち【動地】** ①大地を動かすこと。shake the earth ②世間をあっと驚かすこと。world-shaking 用例 驚天―。

**とうち-けん【統治権】** ①国民と領土を支配する権利。主権。高権。sovereignty ②立法・行政・司法の三権の総称。sovereignty

**とうち-こうい【統治行為】** 高度の政治性を有するため司法審査の対象から除外される国家機関の行為。条約の締結・議会の解散などがこれに相当するとされる。act of state

**とうちこうい-ろん【統治行為論】** 裁判所が法令を審査するにあたって、高度の政治性をもつものは審査対象から除くべきであるとする主張。

**とうち-ほう【等置法】** 連立方程式の解法の一つ。たとえば未知数$x$、$y$の連立方程式において、各式の$x$(または$y$)を$y$(または$x$)で表し、それらを等しいとおいて解く方法。method of equivalence

**とう-ちゃ【唐茶】** ツバキ科の常緑低木。チャの一変種で、暖かい山地にはえ、または栽培されている。外形はチャに似る。中国から渡来したとされ、この名がある。ニガチャ。

**とう-ちゃ【闘茶】** 茶遊戯の一つ。茶の産地と品質、水の良否を飲みあてて勝負を競うもの。中国から渡来、南北朝から室町中期にかけて

●ドウダンツツジ 花(右)と紅葉(左)。



↓ 行き先項目、図版・写真参照印。 JIS 日本工業規格情報交換用漢字符号コード(区点コード)。

流行。茶道の成立とともにおとろえた。

**とう-ちゃく【到着】**(名・サ変自) ある場所につくこと。届くこと。arrival 用例 ―便。荷物が―した。

**どう-ちゃく【同着】**(名・サ変自) 競技などで、同時に決勝点につくこと。arrival at the same time

**どう-ちゃく【撞着】**(名・サ変自) ①つきあたること。confliction ②前後一致しないこと。食い違い。矛盾。contradiction 用例 自家―。

**とう-ちゅう【頭注・頭註】** 本文の上の欄に置く注釈。headnote 対義 脚注・脇注。

**どう-ちゅう【道中】** ①旅行の途中。②多くの遊女が盛装して、ねり歩くこと・行事。花魁道中。

**とうちゅう-かそう【冬虫夏草】**《冬は虫で夏は草になる、の意》昆虫などに寄生した菌糸から地上に子実体をつくる子嚢菌類のキノコの総称。ヤガ科の幼虫から発生するものは生薬として有名。↓写

●トウチュウカソウ　オサムシタケ(右)、セミタケ(左)。

**どうちゅう-き【道中記】** ①旅行中の日記。traveler's journal ②江戸時代、旅行者のために宿場・里程・名所などをしるした案内記。

**とうちゅうけん-くもえもん【桃中軒雲右衛門】**(一八七三ごろ〜一九一六) 浪曲師。本名、岡本峰吉。茨城県生まれ。明治期浪曲界の第一人者。浪花節を劇場向きに仕立て上げ、時流に乗せ、浪曲中興の祖とされる。『義士銘々伝』を得意とした。

**どうちゅう-ざし【道中差(し)】** 江戸時代、帯刀を許されなかった武士以外の者が、旅行のときだけ所持を許された護身用の脇差し。ふつうの刀よりやや短い。

**とう-ちゅうじょ【董仲舒】**(BC一七六ごろ〜BC一〇四ごろ) 中国、前漢の儒者。公羊学を修め、天人相関説を唱えた。武帝に仕えて儒学による思想統一を強調、儒学が国教とされるにいたった。

**どうちゅう-すごろく【道中双六】** 絵双六の一種。東海道五十三次の風景・風俗を描いたもので江戸時代に流行。江戸の品川がふり出しで、京都を上がりとした旅双六。

**とう-ちょう【盗聴】**(名・サ変他) 他人の電話や会話を盗み聞くこと。ぬすみぎき。wiretapping 用例 電話の―。

**とう-ちょう【登庁】**(名・サ変自) 役所に出勤すること。attendance at office 対義 退庁。

**とう-ちょう【登頂】**(名・サ変自) 山の頂上にのぼること。とちょう。climb the summit

**とう-ちょう【頭頂】** 頭のいちばん高い所。頭のいただき。ずちょう。vertex

**どう-ちょう【同調】** 一(名) 同じ調子。二(名・サ変自) ①他の意見・行動などに調子を合わせること。follow ②テレビ・ラジオの受信機などのように、周波数の共振によって、外から入る電気信号のなかから希望する周波数のものを取り出すこと。tuning

**とうちょう-えき【等張液】** 細胞内液と浸透圧の等しい液体。生理的食塩水(＝リンゲル液)はヒトの体液と等張。isotonic liquid

**とうちょう-こつ【頭頂骨】** 頭蓋骨の中央上面を占める左右一対の扁平な骨で、まんなかで接している。他の骨との境界はのこぎりの刃のような形でかみ合わさっている。parietal bone →頭蓋図

**どうちょう-とせつ【道聴塗説】**《道で聞いたことを、すぐ道で話す、の意》①人の善言を心に止めないこと。②聞きかじりのままのおしゃべり。受け売り。

**どうちょう-ばいよう【同調培養】** 細胞や微生物の培養で、培養液中に含まれる細胞の分裂の時期を同じにさせる方法。synchronous culture

**とうちょうめいがろく【唐朝名画録】** 中国、唐代画家の伝記・品評書。編者は朱景玄。九世紀ごろ成立。

**とう-ちょく【当直】**(名・サ変自) 宿直・日直の番に当たること・人。be on duty

**どうち-りつ【同値律】** 数学で、同値関係を規定する性質の反射律・対称律・推移律(移動律)の総称。equivalence law

**とう-ちりめん【唐縮緬】** 薄地の毛織物。大正年間にはメリンス。

**とう-ちん【陶枕】** 陶磁器で作ったまくら。

**とう-つう【疼痛】** ずきんずきんとうずく痛み。pain

**とう-つうじ【唐通事】** 江戸時代、中国との貿易に従事した通訳兼商務官。長崎奉行に属し、中国船の入港・商取引・出帆までのいっさいの通訳事務にあたり、奉行の諮問にも応じた。日本に亡命した明の遺臣の子孫が多かった。

**どう-づき【胴突(き)】** ①土木・建築で、地盤をつき固めること。地形。ramming ②胴突き・くい打ちなどに使用する道具。やぐらを組み重い石塊または丸太材に数本の縄をつけ、その縄を人が引いて上下に動かす。rammer

**ドゥッチョ【Duccio di Buoninsegna】**(一二五五ごろ〜一三一九) イタリアの画家。繊細な描線と高雅な色彩による様式を作り、シエナ派の基盤を確立。作品『マエスタ(聖母子荘厳図とキリスト伝)』など。

**トゥッティ【tutti イタリア】**《全部の意》合奏や合唱の全員による演奏、または各声部の全員による演奏。

**とう-つねより【東常縁】** →とうのつねより(東常縁)

**とう-つばき【唐椿】** ツバキ科の常緑高木。古く日本に渡来。観賞用として栽培。ツバキに似る。春、枝先に無柄の花を開く。基本種は赤色だが、ほかに淡紅色・白色など。中国原産。

**とう-てい【東庭】** 皇居の長和殿に東面する前庭。一般参賀に使われる。

**とう-てい【到底】**(副)《下に打ち消しをともなって》とても。どうしても。cannot possibly 用例 ―できない。

**どう-てい【同定】**(名・サ変他) ①ある事物と他の事物が同じものであるとみとめること。②生物の分類学上の所属を決めること。③化学で、単離した物質が何であるかを明らかにすること。

**どう-てい【道程】** 一 ①ある地点からある地点までの距離。道のり。distance 用例 東京から大阪までの―。②物事がある状態に達するまでの過程。process 用例 学問研究の―。二 高村光太郎の処女詩集。大正三年(一九一四)刊。詩七五と小曲三二を制作順に配列。生の真実を求める力強い歩みが記録されている詩集。

**どう-てい【童貞】** ①異性と性的経験のない男子。chastity 対義 処女。②カトリック教会で、修道女の称。童貞様。sister

**とう-ていかん【藤貞幹】**(一七三二〜九七) 江戸後期の考証学者。京都の人。国学・古史・有職故実に通ずる。著書『衝口発』『好古日録』など。

**どうてい-こ【洞庭湖】** 中国、湖南省北東部にある中国最大の淡水湖。面積三一〇〇〜五二〇〇km²。北東岸の岳陽楼と湖中の君山は古来有名な景勝地。トンチンフー。

**どうてい-せいしょく【童貞生殖】** 単為生殖の一つ。植物の雄性配偶子が受精することなく、単独で発育して胚となる現象。ツツジ属・マツヨイグサ属などで見られる。androgenesis

**とう-てき【投擲】**(名・サ変他) ①投げること。投げつけること。throw ②陸上競技で、円盤・砲丸・やり・ハンマーを投げること。throwing event 用例 ―競技。

**どう-てき【動的】**(形動) 対義 静的。①動きのあるさま。vivid 用例 ―な絵。②生き生きとしているさま。活動的。lively ③物事を動きのあるものとして見るさま。ダイナミック。dynamic 用例 人間心理を―にとらえる。

**とう-てつ【透徹】**(名・サ変自) ①すき通ること。penetration ②筋道がよく通ること。clearness

**とうてつ-もん【饕餮文】** 中国古代、とくに殷・周の青銅器に表された空想的動物文様。支配階級の権威を象徴。突起した鼻を中心に左右の目・口顎・角・爪のある足などを同時に正側面から形象化して表す。↓写

●饕餮文　『犠首饕餮文瓿』。殷代末、故宮博物院(中国)。

**どう-でも**(副) ①どうしても。どのようにしてでも。用例 ―出かける。②どのようであっても。用例 それは―よいことだ。

**とう-てん【東天】** ①東方の空。eastern sky ②明け方の空。dawning sky

**とう-てん【読点】** 文中の意味の切れ目に付けるしるし。「、」。対義 句点。

**とう-でん【盗電】**(名・サ変自) 正規の料金を払わずにこっそり電力を使うこと。

**どう-てん【同点】** 得点が同じであること。

**どう-てん【動転】**(名・サ変自) ①動き移ること。transition ②《「動顚」とも》驚きあわてること。仰天。fright

**とうでんい-めん【等電位面】** 静電場で、電位の等しい点を結んだ曲面。電場の方向はこの面と垂直となる。equipotential surface

**どう-でんき【動電気】** 流動している電気。流電気。galvanic electricity 対義 静電気。

**とうてん-こう【東天紅】** ①暁に時を告げるニワトリの鳴き声。②ニワトリの一品種。鳴き声が長く変化に富む。土佐の原産。天然記念物。↓写

●トウテンコウ②

**どうでんせい-ゆうきかごうぶつ【導電性有機化合物】** →あってんせいこうぶんし(圧電性高分子)

**とうでん-てん【等電点】** たんぱく質などの両性電解質の水溶液中で、分子の正負の電荷の和がゼロになるときのpH。isoelectric point

**どうでん-りつ【導電率】** 物質のもつ電流の通しやすさを示す量。抵抗率の逆数。電気伝導率。electric conductivity

**とう-と【東都】** ①東の都。eastern metropolis ②東京。

**とう-ど【凍土】** こおりついた大地。frozen earth

**とう-ど【唐土】** 中国の古称。から。もろこし。

**とう-ど【陶土】** 陶磁器の原料となる土。カオリン質粘土と含水珪酸アルミニウムを主成分とするものが代表的。白土。potter's clay

**とう-ど【糖度】** くだものなどに含まれている糖分の割合。sugar content

**とうと・い【尊い・貴い】**(形) ＝たっとい。対義 卑しい。①身分・品位などが高い。うやまうべきである。respectable 用例 ―家柄。②すぐれている。価値が高い。precious 用例 ―体験。参考「尊」は、目上の人などを、とうといものとして重んじ、うやまう。「貴」は、価値のある、また高いものとして重んずる。派生 とうとげ(形動) とうとさ(名)

**尊い寺は門から見ゆる**(とうといてらはもんからみゆる)《信仰を集めている立派な寺は門を見ただけでもわかる、の意から》尊いものは、外面を見ただけでわかるたとえ。

**とう-とう【滔滔】**(形動トタル) ①水がひろびろとあるさま。洋々。boundless ②さかんに流れるさま。進むさま。rushing 用例 ―たる大河。③弁舌のよどみないさま。fluent 用例 ―と弁じる。

▼常用漢字表外。　▽常用漢字表の音訓外。

**とう-とう【▾蕩▾蕩】**(形動トタル) ①広くて大きいさま。vast ②平らなさま。穏やかなさま。calm

**とう-とう【▾鼕▾鼕・▾鞺▾鞳】**(形動トタル) ①鼓・太鼓などの音のさま。②波の音のさま。

**とう-とう【到頭】**(副) ついに。結局。finally

**とう-とう【▽疾う▽疾う】** 古語 (副)《「とくとく」の転》早く早く。用例 おのれは—、をんななれば、いづちへもゆけ(平家・九・木曽最期)。

**とう-とう【等等】**(接尾)《「等」を繰り返して、ほかにもたくさんあることを表す語》など。

**とう-どう【当道】** ①この道。この専門。②漢方で、内科。

**とう-どう【東道】** ①東方の道筋。②「東道の主」の略。

**東道の主**(とうどうのしゅ)《中国の春秋時代、鄭の国が秦軍と晋軍とに囲まれたとき、鄭の燭之武が秦の王に、鄭を滅ぼすより、鄭を、秦が東方へ行くときに途中でもてなしをうける場所の主人などにしておいたほうが得策であろう、と言ったという故事から》主人となって、来客の世話をしたり客の案内をしたりする人。東道。

**どう-とう【同等】**(名・形動) ①資格や等級が同じであること・さま。equal ②両者が等しいこと・さま。equal ③↓どうち(同値)

**どう-とう【堂塔】** 堂と塔。殿堂と塔廟。用例 —伽藍。

**どう-とう【道統】** ①教えを伝える系統。②儒学の系統。

**どう-どう【同道】**(名・サ変自) いっしょに行くこと。同伴。同行。go with

**どう-どう【堂堂】**(形動トタル) ①威厳があって、りっぱなさま。dignified ②包み隠さないさま。悪びれないさま。open 用例 正々—。

**堂堂の陣**(どうどうのじん) 規律がととのっていて、士気のさかんな陣営、または団体。a magnificent array

**どう-どう**(感) 馬を御するときの掛け声。どう。用例 はいし—。

**トゥトゥイラ-とう【トゥトゥイラ島】**(Tutuila) ↓ツツイラとう(ツツイラ島)

**とうとう-し【陶唐氏】** 尭の異称。初め唐氏を称し、帝となって陶に都したことに由来。

**とうどう-たかとら【▾藤堂高▾虎】**(一五五六〜一六三〇) 安土桃山・江戸初期の大名。近江の人。浅井長政・豊臣秀吉に仕え、伊予七万石の領主。関ケ原の戦い以後徳川家康に属し、伊賀・伊勢三二万石を領有。

**とうどう-ばつい【党同伐異】** 理非によらず、仲間に味方し、他の派を攻撃すること。

**どうどう-めぐり【堂堂巡り・堂堂▽回り】**(名・サ変自) ①祈願のために社寺の堂の周囲を回ること。②同じ場所をぐるぐる回ること。go round and round ③討論で、繰り返し論じて結論が出ないこと。vicious circle ④議会で、議員が順次に席を立って投票すること。file round to vote

**とう-どく【東独】**《「東独逸(ひがしドイツ)」の略》ドイツ民主共和国の通称。East Germany

**どう-とく【道徳】** ①人の踏み行うべき正しい道。morality ②良心や社会の規範を基準として、自分の行為・考えを決め、善や正を行わせる理法・行為。モラル。morality ③老子の説いた、恬淡・虚無の学。

**どうとく-かん【道徳観】** 道徳に対する考え方。moral sense

**どうとく-きょういく【道徳教育】** 人間教育の一つとして一定の価値意識・道徳的感情を子どもに育成すること。徳育。moral education

**どうとく-しん【道徳心】** 道徳を尊ぶ気持ち。よしあしを比べて判断する心。moral sense

**どうとく-せい【道徳性】** ①良心の命令に従うこと。道徳の本性。morality ②《Moralität(ドイツ)の訳語。カントの用語》哲学で、道徳律を尊ぶことからなされる行為。

**どうとく-てき【道徳的】**(形動) ①道徳にかなうさま。善悪という見方に立っているさま。moral ②道徳に関するさま。moral

**どうとく-てつがく【道徳哲学】** 広義には倫理学に同じ。狭義にはその一部門で、道徳的事実の根底にある普遍的道徳原理・法則を研究する学問。moral philosophy

**どうとく-りつ【道徳律】** 人としてしなければならない道徳的行為を道徳意識に基づいて規定する実践的原則。道徳法則。moral law

**とうと・し【尊し】** 古語 (形ク) ↓とうとい(尊い)

**とうと-だいがくやきゅう【東都大学野球】** 東京都下二一大学の結成する東都大学野球連盟が毎年春秋に行うリーグ戦。四部リーグ制。昭和六年(一九三一)に日大・専修・国学院・中大・東京農大の五校で創始。

**とう-とつ【唐突】**(形動) だしぬけであるさま。突然であるさま。sudden

**とうと・ぶ【尊ぶ・貴ぶ】**(五他) ＝たっとぶ。①あがめる。うやまう。respect 用例 神仏を—。②大切にする。尊重する。esteem 用例 少数の意見も—。参考「尊」は、目上の人などを、とうといものとして重んじ、うやまう。「貴」は、価値のある、また高いものとして重んずる。

**とう-どり【頭取】** ①かしらとなる人。the head ②銀行などの代表者。chairman ③歌舞伎の楽屋などで、芝居の取り締まりをする人。manager

**どうとんぼり【道▾頓堀】** 大阪市中央区、道頓堀川沿いの繁華街。映画館・劇場・飲食店が多い。江戸時代すでに芝居小屋が軒を並べた。

**どうとんぼり-がわ【道▾頓堀川】** 大阪市中央区、東横堀川と木津川を結ぶ運河。近世初期安井道頓・道卜がつくった。

**とう-な【唐菜】** ↓さいしん(菜心)

**どう-なか【胴中】** ①からだの胴の中ほど。trunk ②物のまんなかあたり。middle

**どう-なが【胴長】** ①胴が長いこと。long torso ②ズボン・靴などがひと続きになったゴム製の防水衣。rubber overalls

**とう-なす【唐▾茄子】** ①ニホンカボチャの別名。②京都地方で栽培されるヒョウタン形の果実をつけるカボチャ。ナンキン。③人をののしることば。

**どうな-と**(副) どうとでも。どうなりと。

**とう-なん【東南】** 東と南の中間の方角。南東。the southeast

**とう-なん【盗難】** 金品をぬすまれる災難。burglary

**とうなん-アジア【東南アジア】**(South-East Asia) アジア南東部の総称。インドシナ半島の諸国とミャンマー・マレー半島・東インド諸島、およびフィリピンを含む地域をさす。

**とうなんアジア-じょうやくきこう【東南アジア条約機構】** ↓シアトー(SEATO)

**とうなんアジアしょこく-れんごう【東南アジア諸国連合】** ↓アセアン(ASEAN)

**とう-なんとう【東南東】** 東と南東の中間の方向。the east-southeast 対義 西北西。

**とうなん-ほけん【盗難保険】** 損害保険の一つ。特定の建物のなかの財産が不法侵入者によって盗まれたり損傷をうけたときの損害を補う保険。burglary insurance

**とう-に【▽疾うに】**(副)《「とくに」の転》ずっと以前に。とっくに。long ago 用例 —知っていた。

**どう-にか【▽如▽何にか】**(副) どうやら。なんとか。somehow 用例 —たどりついた。

**どう-にも【▽如▽何にも】**(副) ①《下に打ち消しをともなって》どうやっても。どうしても。in no way 用例 —やりきれない。②ほんとうに。まことに。indeed 用例 —苦しい仕事だ。

**とう-にゅう【投入】**(名・サ変他) 投げ入れること。注ぎ込むこと。throw in 用例 全軍を—する。

**とう-にゅう【豆乳】** ひき砕いた大豆に水を加えて煮沸し、こして作った液。乳状でミネラルが豊富。soybean milk

**どう-にゅう【導入】**(名・サ変他) ①本論・主題にみちびき入れる準備・前置きとすること。introduction 用例 —部。②手順をへて、みちびき入れること。introduction 用例 外資—。

**とうにゅう-さんしゅつひょう【投入産出表】** ↓さんぎょうれんかんひょう(産業連関表)

**とうにょう-びょう【糖尿病】** インシュリンの不足によっておこる代謝障害。血液中の糖濃度が高くなり、尿中に糖が含まれるようになる。口の渇き・多飲・多尿・体重減少が主症状。diabetes mellitus

**とう-にん【当人】** ①その人。本人。person ②直接の関係者。person concerned

**とう-にん【桃▽仁】** 生薬の一つ。バラ科のモモまたはノモモの乾燥種子。消炎・浄血・鎮痛・鎮咳・緩下などの作用がある。

**どう-にん【同人】** ↓どうじん(同人)

**どう-にん【道人】**《仏教語》仏道を修行する人。悟りをえた人。

**どう-ぬき【胴抜(き)】** 和服の仕立て方の一種。胴部分にだけ別の布を使う方法。襲下着や長じゅばんなどを着たときに外から見えやすい袖口・襟などに上等な布を使い、胴は別布をつける。額仕立て。

**とう-ねずみもち【唐▾鼠▾黐】** モクセイ科の常緑低木。観賞用に栽培。ネズミモチに似ているが大形。葉は卵状。夏、円錐形に白小花を密につける。果実は強壮薬。

**とう-ねん【当年】** ①ことし。this year 用例 —とって一六歳。②そのころ。that year 用例 —をしのぶ。③シギ科の鳥。翼長約一〇cm。シベリア北部で繁殖したものは、春と秋、旅鳥として日本に飛来し、河口や海岸の干潟などに群棲。アジア東部に分布。トウネゴ。rufous-necked sandpiper ↓図

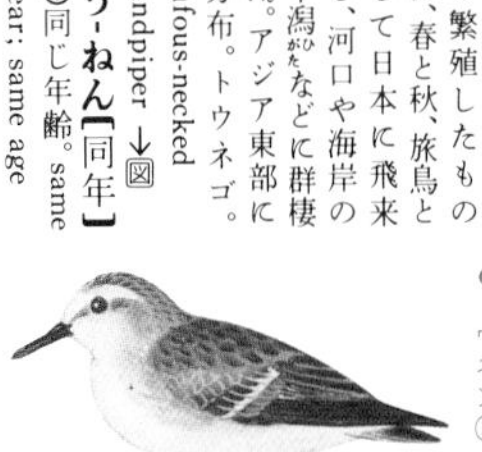

●トウネン③

**どう-ねん【同年】** ①同じ年齢。same year; same age ②その年。that year

**どう-ねん【道念】** ①仏道を求める心。求道心。②道徳的な心のこと。道義心。moral sense ③僧侶の妻。梵妻。

**とう-の【当の】**(連体) ちょうどそれに当たる。それ自身が問題の。in question 用例 —本人。

**とうの-いも【唐の芋】** サトイモの栽培品種。葉柄は長く紫色。大きな塊茎(親芋)をつける。茎・塊茎を食用とする。

**とうの-えいじろう【東野英治郎】**(一九〇七〜) 新劇俳優。群馬県生まれ。明大卒。俳優座創立に参加。主演作『教育』『千鳥』など。

**どうの-こうの【▽如▽何の▾斯うの】**(連語) 色々なことを言うさま。say this and that 用例 —言っても始まらない。

**とうのさわ-おんせん【塔ノ沢温泉】** 神奈川県箱根町塔ノ沢にある、早川沿いの谷間の温泉。箱根七湯の一つ。

**とうのしょう【東▾庄】**〈町〉 千葉県北東部、銚子市北西隣の町。早場米・サツマイモの産地。養豚など畜産もさかん。人口一万八五五二(一九八八)。

**とうの-つねより【東常▽縁】**(一四〇一ごろ〜一四八四ごろ) 室町中期の歌人。美濃国郡上の城主。尭孝に師事。宗祇に「古今伝授」を行う。歌論『東野州聞書』、家集『常縁集』など。

**どう-の-ま【胴の間】** 和船内部の間取りのうち、船体の中央部の間の名称。漁具・漁獲物などをおさめる。

**とう-の-みね【▽多▽武峰】** 奈良県桜井市南部の山。標高六一九m。南山腹に藤原鎌足をまつる談山神社がある。

**とうのみねしょうしょうものがたり【▽多▽武峰少将物語】** 平安中期の物語。一巻。作者(女性)・成立年未詳。藤原師輔の八男高光の出家の次第と心境、高光の妻と妹の悲しみを歌を中心に記す。高光日記。

**とう-は【党派】** 主義・利害などの同じものがつくった仲間・団体・グループ。party 用例 超—。

**とう-は【踏破・▾蹈破】**(名・サ変他) 難路などを歩き通すこと。travel over

**とう-ば【塔婆】**「卒塔婆」の略。

**どう-は【道破】**(名・サ変他) ①言い尽くすこと。言ってのけること。喝破。②言いやぶること。言いまかすこと。

**どう-はい【同輩】** 同等の間柄。colleague

**どう-はい【銅▾牌】** 銅メダル。copper medal

**どうは-かん【導波管】** マイクロ波・ミリ波などの電磁波を伝送するための方形または円形の断面をもつ金属管。waveguide

**とうはく【東伯】**〈町〉 鳥取県、大山北東麓の町。稲作、二十世紀ナシ・スイカ・シバ栽培がさかん。人口一万三〇一八(一九八八)。

**とう-ばく【倒幕】**(名・サ変自) 幕府をたおすこと。

**とう-ばく【討幕】**(名・サ変自) 幕府を武力で攻めること。

**とうは-しん【党派心】** 一つの党派に偏する心。他の党派を排斥する気持ち。partisanship

**とうは-せい【党派性】**《Parteilichkeit(ドイツ)の訳語》マルクス主義の用語。階級社会では、理論も階級の利害の制約を受けるとするもの。

**とうはた-せいいち【東畑精一】**(一八九九〜一九八三) 農業経済学者。三重県生まれ。東大卒。欧米に留学し、シュンペーターに学ぶ。農業総合研究

所、アジア経済研究所の各所長などを務め、農政にも貢献。著書『日本農業の展開過程』など。昭和五五年(一九八〇)文化勲章受章。

**どうはち【道八】** ↓たかはしどうはち(高橋道八)

**どう-ばち【銅鉢】** 仏具の一つ。ばちで打ち鳴らす銅製の鉢。

**どう-ばち【銅▼鈸】** 東洋の金属打楽器の一つ。鐃鈸(にょうはち)より小さい円形の銅製で、シンバルに似ている。ひもを付けた二枚の銅鈸を両手で打ち合わせて鳴らす。古く法会などに用いられた。どうばつ。↓写

●銅鈸(どうばち)

**とうはち-けん【▼藤八▼拳】** ↓きつねけん(狐拳)

**とう-はつ【頭髪】** 頭の毛。髪の毛。hair

**とう-ばつ【党閥】** 同一党派の者が自分たちの利益をはかるため排他的に結合した勢力。clique

**とう-ばつ【討伐】**(名・サ変他) 兵を出して従わない者を攻め討つこと。subjugation

**とう-ばつ【盗伐】**(名・サ変他) 公有や他人の山林で、竹木を不法に切り取ること。secret felling of trees

**とう-ばな【塔花】** シソ科の多年草。山野の路傍にはえ、高さ約二〇cm。葉は卵形。春に淡紅色の花が集まって穂をつくる。

**トゥバル【Tuvalu】** ↓ツバル

**とう-はん【登▼攀】**(名・サ変自) 山などによじのぼること。climb up

**とう-はん【東販】** 東京出版販売の略称。

**とう-ばん【当番】** それをする番に当たること。また、当たっている人。be on duty

**とう-ばん【登板】**(名・サ変自) 野球で、投手がマウンドに立つこと。また、投手が試合に出場すること。pitch a game

**どう-はん【同伴】**(名・サ変自他) ①連れ立つこと・人。道連れ。同行。accompany 用例 家族―。②とくに、男女が連れ立つこと。アベック。couple

**どう-ばん【銅板】** 銅を加圧し延ばした板。copperplate

**どう-ばん【銅版】** 板状の銅を使った印刷の版式の一つ。彫刻またはエッチングによって凹版(おうはん)をつくる。証券印刷などに利用。copperplate engraving

**どう-ばん【銅盤】** 銅で造ったたらい。bronze bowl

**どうばん-が【銅版画】** 凹版(おうはん)形式の版画。銅などの金属板に凹部を作り、そこにつめたインクを紙に転写する。版面に直接刻み製版するエングレービング・ドライポイント・メゾチントなどと、腐食液を用いて製版するエッチング(おもに線的な方法)・アクアチント(面の明暗を作る)などの技法がある。copperplate print ↓写

**とうばん-かいめいひ【唐▼蕃会盟碑】** 中国、唐と吐蕃(とばん)の和平記念石碑。八二三年建立。ラサに現存。高さ三・五m。西・南面には漢蕃両文が記され、言語学資料としても貴重。

**どうはん-きょう【同▼范鏡】** 同じ鋳型から製作した銅鏡。日本の古墳から出土する三角縁(さんかくぶち)神獣鏡などに例がある。

**どうはんしゃ-さっか【同伴者作家】**(poputchik ロシ)革命後のソ連で、革命の「同伴者」にとどまった旧インテリゲンチャ作家をさす。ピリニャーク・ゾーシチェンコ・バーベリ・レオーノフなど。

**どうはんしゃ-ぶんがく【同伴者文学】**「同伴者作家」たちによる文学。

**とう-ひ【唐▼檜】** 山地にはえるマツ科の常緑針葉高木。高さ約三〇m。葉は線形で密生。雌雄同株。球果は短円柱形で長さ約六cm。材は建築用。

**とう-ひ【当否】** 当たっているか当たってないか。正当か不当か。適当か不適当か。right or wrong

**とう-ひ【逃避】**(名・サ変自) ①人目をさけて、にげること。のがれさけること。escape 用例 社会から―する。②困難・窮地に立ったときに身をのがれること。escape 比較 回避。対義 直面・対決。用例 現実から―する。

**とう-ひ【等比】** 二つの比が等しいこと。equal ratio

**とう-ひ【▼橙皮】** 成熟したミカン科ダイダイの乾燥果皮。ヘスペリジンや精油を含み、芳香・苦味がある。苦味(みく)健胃剤として用いる。

**とう-ひ【頭皮】** 頭をおおう部分。皮膚・皮下組織などが結合したもので、中を血管や神経が走っている。scalp

**とう-び【▼掉尾】**《「ちょうび」の慣用読み。魚が水中にもぐるとき、激しく尾を振る、の意》①物事の終わりのほうになって活発になること。用例 ―の勇。②終わり。最後。用例 ―を飾る。

**とう-ひがん【到彼岸】**《仏教語。pāramitā梵の音写「波羅蜜多」の漢訳》悟りに至るための実践修行。波羅蜜(はらみつ)。度。

**とうひ-きゅうすう【等比級数】** 等比数列の各項を加法記号「+」で結合したもの。幾何(きか)級数。geometric series

**とうひ-こう【逃避行】** 逃避すること・旅。escape

**とうひ-しほん【逃避資本】** 政治・経済または社会的不安のため、貨幣価値の下落を予想して海外に移動した資本。flight capital

●銅版画 デューラー『メランコリアI』。一五一四年、パリ国立図書館版画室。

**とうひ-すうれつ【等比数列】** 隣り合う二つの項の比(公比)が一定である数列。geometric progression

**トゥピ-ぞく【トゥピ族】** 南米、アマゾン川流域南部、ギアナ、パラグアイ東部に住み、トゥピ系言語を話す人々の総称。焼き畑農耕・狩猟・採集・漁労に従事。かつては首狩り・食人の習俗も存在したといわれる。Tupi

**どう-ひだり【同左】** 左に書いたことと同じであること。same as the left 対義 同右。

**とうひ-ちゅうこう【等比中項】** 三つの数$a$、$b$、$c$が等比数列をなすとき、$b$を$a$、$c$の等比中項という。$b^2=ac$がなりたつ。geometric mean

**とう-ひつ【刀筆】** ①昔、中国で竹の札に字を記すのに使った筆と、誤りを削るための小刀。②文書の記録。それを扱う小役人。

**どう-ひつ【同筆】** 同一人の筆跡。同じ人がかいた書画。same hand

**とうひつ-の-り【刀筆の吏】** 中国で、文書の記録をつかさどる役人。下級役人。

**とうひ-てき【逃避的】**(形動) 物事に直面しないで、のがれ、さけようとするさま。escapable 用例 ―な人生を送る。

**とうひ-ゆ【▼橙皮油】** 香油の一つ。ダイダイなどの柑橘(かんきつ)類の乾燥した果皮を水蒸気蒸留して得る。主成分はリモネン。清涼飲料水・香水・せっけんなどの香料に利用。orange-peel oil

**とう-ひょう【灯標】** 灯光による航路標識の一つ。座礁を防ぐため、暗礁や浅瀬上などに設置する。挂灯(けいとう)立標。light beacon

**とう-ひょう【投票】**(名・サ変自) 選挙・採決のため、規定の用紙に候補者名や賛否の意思を書いて出すこと。vote

**とう-びょう【投▼錨】**(名・サ変自) 船舶がいかりを下ろして停泊すること。停泊。anchor 対義 抜錨(ばつびょう)。

**とう-びょう【痘苗】** 種痘に使うワクチン。痘瘡ウイルスを弱毒化したもの。vaccine

**とう-びょう【闘病】**(名・サ変自) 病人が病気の療養に努めること。struggle against disease 用例 ―生活。

**どう-ひょう【道標】** 道しるべ。guidepost

**どう-びょう【同病】** ①同じ病気。same disease ②同じ苦しみ。それを持っている人。same trouble

**同病相憐れむ**(どうびょうあいあわれむ) 同じ病気をもつ者同士が、いたわり合う。また、その人たちの間や、同じ失敗をした者同士の間は同情の念があついものである。Fellow sufferers pity one another.

**とうひょう-く【投票区】** 一つの選挙区をさらに区分けし、投票所を設定した区画。polling district

**どう-びょうし【銅拍子】** ↓どびょうし(銅拍子)

**とう-ひん【盗品】** ぬすんだ品物。贓物(ぞうぶつ)。贓品。stolen goods

**とうひん-こばい【盗品故買】** 盗品であることを承知の上で売り買いすること。系図買い。

**とう-ふ【豆腐】** 大豆(だいず)をすりつぶしてその液(豆乳)を凝固剤で固めた食品。良質のたんぱく質に富む。奈良時代に中国から日本へ伝えられた。汁の実や、煮物・揚げ物などと用途は広い。数え方 一丁。

**豆腐に鎹**(とうふにかすがい) 意見などをしても、効き目のないたとえ。like water off a duck's back 類似 糠(ぬか)に釘(くぎ)。

**豆腐の角に頭を打付けて死ね**(とうふのかどにあたまをぶつけてしね) たやすいことや簡単なことができなかったり、失敗したりした者をののしることば。

**とう-ふ【桃符】** 昔、中国で元旦(がんたん)などに門口につけた護符。桃の木で作り、吉祥(きっしょう)の文字を記した。桃板。

**とう-ぶ【頭部】** あたま。また、物の先端の部分。the head

**とう-ぶ【東部】** 東の部分。eastern part

**とうぶ【東部】**〈町〉長野県東部、上田市東隣の町。クルミの全国一の産地。ブドウ栽培もさかん。人口二万三一八七(一九八八)。

**とう・ぶ【▽賜ぶ・▽給ぶ】** 古語《「たまふ」の音便形か》㊀(四他)「与ふ」の尊敬語。くださる。用例 上達部たちの御中に…とて―・びつ(宇津保・初秋)。㊁(補動 四)尊敬の意を表す。お…なさる。用例 はなはだ非常にはべり―(源氏・少女)。㊂(下二他)「飲む」「食ふ」の謙譲語。いただく。用例 酒など―・べて罷(まか)りたんとしけるほどに(後撰・雑一・詞書)。

**トゥブアイ-しょとう【トゥブアイ諸島】**(Îles Tubuai) 南太平洋、ソシエテ諸島南方の小島群。七つの火山島と珊瑚礁(さんごしょう)島からなる。

**とう-ふう【東風】** ①東から吹く風。こち。the east wind 対義 西風。②春風。spring breeze

**とう-ふう【党風】** 党の気風・性格。morale of a party

**とう-ふう【唐風】** 中国風。からよう。

**どう-ふう【同封】**(名・サ変他) 手紙の中にいっしょに入れること。enclosure 対義 別封・別送。用例 写真―。

**とうぶ-がいしょう【頭部外傷】** 頭に衝撃を受けたために頭皮・頭蓋(とうがい)骨・脳に生じた損傷。head injury

**とうふ-がら【豆腐殻】** おから。うのはな。

**トゥブカル-さん【トゥブカル山】**(Jabal Toubkal) アフリカ北西部、モロッコの大アトラス山脈西部の山。標高四一六五m。北アフリカの最高峰。

**とう-ふく【当腹】** 現在の主君の正妻から生まれたこと・子。

**どう-ふく【同腹】** ①母の同じ兄弟姉妹。はらから。uterine 対義 異腹。②同じ考え。like-mindedness

**どう-ふく【道服】** ①道士が着る服。②道中でちりよけに着た服。今の羽織のもとの形。③黒い法衣。

**とうふく-じ【東福寺】** 京都市東山区本町にある臨済宗東福寺派の大本山。京都五山の一つ。嘉禎(かてい)二年(一二三六)九条道家が創建。開山は円爾弁円(えんにべんえん)。

**とうふく-もんいん【東福門院】** 徳川和子の院号。

**どうふけん-ぜい【道府県税】** 道府県が企業や住民などに課する地方税。道府県民税と事業税が中心。

**どうふけんみん-ぜい【道府県民税】** 地方税の一つ。道府県内の個人・法人に、均等割・所得割・法人税割の形で課される。

**どう-ぶち【胴縁】** ①垣根の柱と柱の間にわたす横材。間に竹や板などを取り付けるためのもの。②壁に羽目板(はめいた)などを取り付けるため、柱間などに取り付ける水平材。

**どう-ぶつ【動物】** ①生物の一界。現在一〇〇万~一二〇万種が知られ、その約八〇%は昆虫が占める。原生動物から脊椎(せきつい)動物まで二三の門に分類される。細胞壁・葉緑素をもたず、運動性があり、体の各部が消化・呼吸などの器官に分化するなどの点で植物界と対比される。animal 対義 植物。②人間以外の動物の総称。とくに、獣類。beast ↓図

**どうぶつ-えん【動物園】** いろいろな動物を集めて研究・飼育・保護し、一般にも公開する施設。zoo

**どうぶつ-がく【動物学】** 動物について研究する学問。zoology

**どうぶつ-かせき【動物化石】** 化石化した動物。また、その生活の痕跡。fossilized animal

**どうぶつ-き【動物記】** 動物の生態・習性の観察記録。またはそれらの観察をもとにして

▼常用漢字表外。 ▽常用漢字表の音訓外。

書かれた読み物一般。シートンの『動物記』が著名。

**どうぶつ-きょく【動物極】** 減数分裂のときに極体が生じる卵の部位。卵黄が偏在する端黄卵でいえば、卵黄の乏しい側の極。この部分から神経系などの動物性器官が形成されるのに由来する名称。animal pole 対義 植物極。

**どうぶつ-けんえき【動物検疫】** 家畜伝染病の侵入・蔓延を防ぐため、輸入される家畜や畜産物を検査すること。港や空港の動物検疫所で行われる。animal quarantine for import

**とうふつ-こ【▼濤沸湖】** 北海道北東部、オホーツク海岸の潟湖。面積九・二km²。最深二・五m。オオハクチョウと原生花園で有名。

**どうぶつ-こうどうがく【動物行動学】** 動物の行動の意味・進化などを比較研究する生物学の一分野。エソロジー。ethology

**どうぶつ-しつ【動物質】** ①動物体を構成する物質。ふつう、脂肪・たんぱく質が多く、炭水化物が少ない。animal matter ②動物質の食べ物。肉・魚など。food made of animal matter 対義 植物質。

**どうぶつ-じっけん【動物実験】** 医学的目的のために、動物を用いて行う実験。biological test

**どうぶつ-しゃかい【動物社会】** 動物の集団がつくる有機的な構造。種によってつくられる社会を種社会といい、ある地域に成立する動物社会の基礎単位となる。animal society

**どうぶつ-せい【動物性】** ① 対義 植物性。㋐動物の持つ性質。animal nature ㋑動物から得られること。animal 用例 ― 繊維。②本能のままに行動する性質。animality 対義 人間性。

**どうぶつせい-たんぱくしつ【動物性▼蛋白質】** 動物体を構成するたんぱく質。植物性のものより必須アミノ酸が多く、栄養価は高い。animal protein

●動物① 動物の系統図

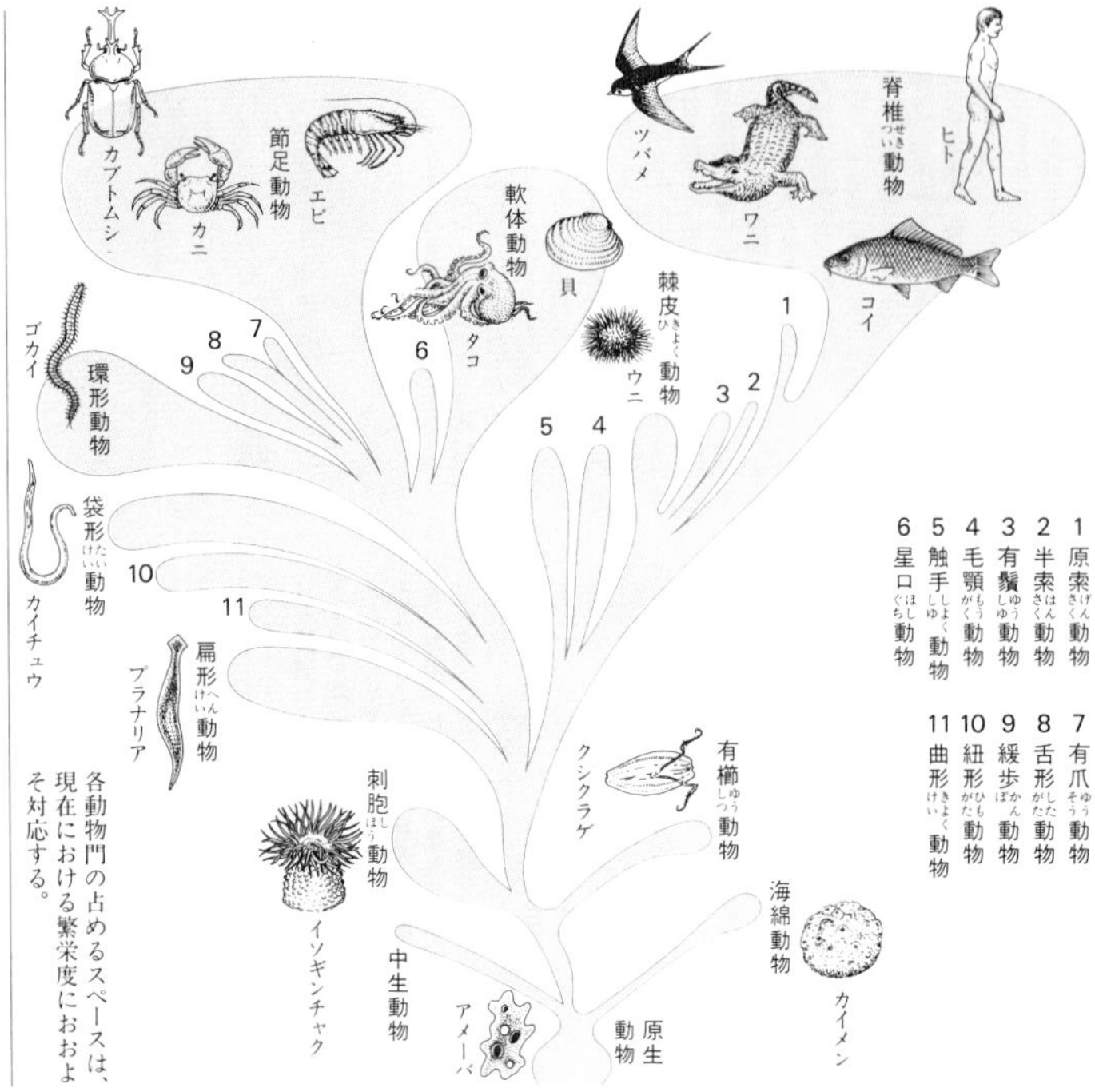


**どうぶつ-せんい【動物繊維】** 動物から得られる繊維。ヒツジ・ヤギ・ウサギなどの毛、絹など。animal fiber

**どうぶつ-そう【動物相】** 一定の地域にすむ動物の全種類。植物相と合わせて生物相を構成。特定の動物群については昆虫相・鳥類相などといい、特定の場所については地中動物相・森林動物相などという。ファウナ。fauna

**どうぶつ-ちりがく【動物地理学】** 動物の地理的分布に関する学問。アルフレッド=ラッセル=ウォーレスにより大成された。zoogeography

**どうぶつ-ちりく【動物地理区】** 世界の陸上動物分布を界、界より小さな区などに分けたもの。アルフレッド=ラッセル=ウォーレスが考えたものが基本になっている。zoogeographic region

**どうぶつ-てき【動物的】**(形動) ①動物の性質をもつさま。とくに人間が、けものに似た鋭い本能を示すさま。animal 用例 ― な勘。②理性がなく、けだもののようであるさま。animal

**どうぶつのしゃにくさい【動物の謝肉祭】**《原題Carnaval des animaux フラ》サン=サーンスの管弦楽組曲。一八八六年作曲。全一四曲。動物をユーモラスに描く。とくに『白鳥』は有名。

**どうぶつ-プランクトン【動物プランクトン】** プランクトンの中の動物群。大部分は微小あるいは小形だが、大形のクラゲのようなものも含まれる。原生動物・クラゲ・甲殻類(アミなど)・魚卵など。浮遊動物。zooplankton

**どうぶつ-ぶんるいがく【動物分類学】** 動物の種を明らかにし、類縁関係を調べる科学。一八世紀にリンネが体系化した。biological classification

**どうぶつ-ほけん【動物保険】** 動物を対象とする保険の総称。日本には競走馬保険・ミンク保険などがある。animal insurance

**どうぶつ-ゆし【動物油脂】** 動物の脂肪組織・内臓・骨・脚部・乳などから得られる油脂。牛脂(ヘット)・豚脂(ラード)などの陸産動物油脂と、魚油・鯨油などの海産動物油脂がある。animal oil and fat 対義 植物油脂。

**とうぶ-てつどう【東武鉄道(株)】** 東京と栃木・群馬・埼玉・千葉各県に路線のある鉄道会社。バス路線も多い。営業キロ四六三・三km。明治三〇年(一八九七)設立。

**どう-ぶるい【胴震い】**(名・サ変自) 恐ろしさ・寒さ・緊張などで、全身がふるえること。trembling

**ドゥブロブニク【Dubrovnik】** ユーゴスラビア北西部、クロアチア共和国南部、アドリア海に臨む観光・保養都市。景勝地として有名。人口三・一万(一九七四)。

**とう-ぶん【等分】**(名・サ変他) 等しく均一に分けること。等しい分量。divide equally

**とう-ぶん【糖分】** 含まれている糖類の成分。甘み。sugar

**とう-ぶん【当分】**(副) しばらく。当座。for a while 用例 ― の間。

**どう-ぶん【同文】** ①同じ文字・文章。same script; the same sentence ②国家・民族は異なっているが、文字が同じであること。比較 同種同文。

**どうぶん-るい【動▼吻類】** 袋形動物門の一綱。体長一mm以下。体は長い紡錘形。体表のクチクラは発達し、各節ごとに棘の列がある。砂泥中に生息。

**とう-へい【党弊】** ①党派を作っているために生じる害。party evils ②党の悪い点。party evils

**とう-へき【盗癖】** ぬすみをする病的なくせ。kleptomania

**とう-へき【陶壁】** タイルなどの陶製品をはり合わせて飾ったかべ。

**とうべつ【当別】**〈町〉 北海道、札幌市北東隣の町。稲作地帯だが、酪農化が進んでいる。人口一万六二四五(一九八八)。

**とう-へん【等辺】** 多角形の各辺の長さが等しいこと。equilateral

**とう-べん【答弁・答▼辯】**(名・サ変他) 問いに応じて、答えること。言い開き。reply

**とうへん-さんかくけい【等辺三角形】** 正三角形。regular triangle

**とうへん-ついほう【陶片追放】** オストラキスモスの訳語。

**とうへんぼく【唐変木】** 気のきかない者、感じの鈍い者をののしって言う語。blockhead

**どう-ぼ【同母】** 兄弟姉妹で、母が同じであること。same mother 対義 異母。

**とう-ほう【当方】** こちら。自分の方。I; we 対義 先方。

**とうほう【東宝(株)】** 映画・演劇中心の興行会社。昭和七年(一九三二)小林一三が東京宝塚劇場を設立、同一八年(一九四三)東宝映画を合併。

**とう-ぼう【逃亡】**(名・サ変自) ①にげて身をかくすこと。escape; getaway ②律令制で、班田の公民が無断で本籍地を離れて他国に移住すること。犯罪とされ、逃亡者が捕らえられない場合、数年後その口分田は官府に没収された。比較 逃散。

**どう-ほう【同胞】** =どうぼう。①兄弟。はらから。brothers ②同じ国民。brethren

**どう-ぼう【同房】** ①同じ部屋。same room ②監房を同じくすること。same cell

**どう-ぼう【同・▼朋】** ①仲間。友人。fellow ②室町時代に、将軍・大名に仕え、芸能・茶事・雑用を務めた者の呼称。僧体で阿弥号を名のるものが多かった。同朋衆。③江戸時代、幕府に仕え、殿中における大名の案内や雑用を行った者の職名。

**とう-ぼうえんきょう【塔望遠鏡】** 鏡筒が塔の形をした大型の太陽観測用望遠鏡。主として太陽大気の研究に用いる。tower telescope

**とうほう-オーソドックス【東方オーソドックス】** 東方正教会の別称。

**とうほう-かいぎ【東方会議】** ①大正一〇年(一九二一)原敬内閣がシベリア撤兵問題を協議するため開いた会議。②昭和二年(一九二七)田中義一内閣が対中国基本政策を決定した会議。「満蒙」への積極介入と、中国本土での現地保護主義を提示。

**とうほう-きょうかい【東方教会】** ①西方教会(ローマ-カトリック教会)に対する東方正教会の呼び名。Eastern Church ②東方正教会、およびキリスト単性派、ネストリオス派をも含む東方の諸国教会の総称。Eastern Church

**どうぼう-けっせつ【洞房結節】** 上大静脈の右心房開口部にある小さな心筋細胞群。ここでの興奮が、心臓全体の拍動リズムをおこす。洞結節。sinoatrial node

**とうほうけんぶんろく【東方見聞録】**《原題Il milione イタリア》マルコ=ポーロの二五年にわたる中央アジア・中国の旅行記。一二九八～九九年成立。ジェノバの獄中でルステケロに口述筆記させたもの。元代中国について詳述。ジパング(日本)も紹介され、ヨーロッパ人の東方への関心を高めた。

**とうほうこう【東方紅】** 中国共産党の党歌的な歌。一九三五年に毛沢東をたたえて李有源が作詞。

**とうほう-さいだいりかく【東方最大離角】** 地球から見て、内惑星が太陽からもっとも東に離れた状態にある時刻。また、そのときの角度。greatest eastern elongation

**とうぼう-さく【東方・▼朔】**(BC一五四ごろ～BC九三ごろ) 中国、前漢の学者。滑稽と弁舌で武帝に仕えた。漢代に、すでに彼にまつわる神仙伝説が発展。

**どうぼう-しゅう【同・▼朋衆】** ↓どうぼう(同朋)②

**とうほうじょうるり-いおう【東方浄▼瑠▼璃医王】** 薬師如来の別称。

**とうほう-せい【等方性】** 物質の物理的性質が方向によって異ならないこと。気体・液体や結晶状態にない固体などは、等方性をもつことが多い。isotropy

**とうほう-せいきょうかい【東方正教会】** キリスト教三大主流の一つ。ロシア・東欧・中東に分布する一四の独立教会の連合体。コンスタンチノープルを中心に発展し、一一世紀

●銅鉾 中細形銅鉾。熊本県、今古閑出土。京都国立博物館。

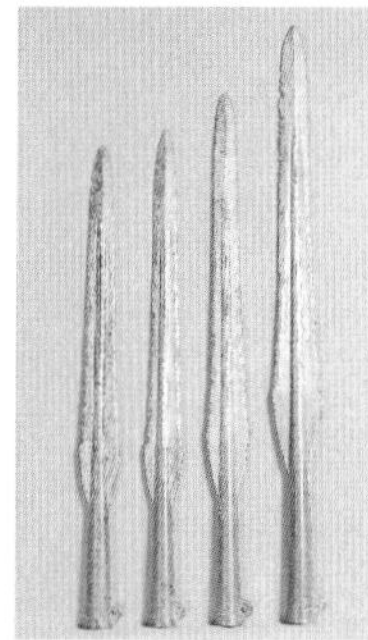

にローマ-カトリック教会と絶縁。東方オーソドックス。Eastern Orthodox Church

**とうほう-とうわ【東宝東和(株)】** 外国映画輸入配給会社。昭和三年(一九二八)川喜多長政・かしこ夫妻により東和商事として発足。同五〇年(一九七五)現社名となる。

**とう-ほく【東北】** ①東と北の中間の方向。北東。the northeast ②「東北地方」の略。奥羽。

**とう-ほく【東北】** 中国北東部、黒竜江省・吉林省・遼寧省の三省からなる地域。北部は農業地域、南部は重工業地域。一九三二年から四七年まで満州国として日本の支配下にあった。東三省。トンペイ。

**とうほく【東北】**〈町〉青森県東部、小川原湖の西の町。ナガイモ・大根の産地。酪農もさかん。人口一万二三五五(一九八八)。

**とう-ぼく【倒木】** たおれた木。fallen tree

**とう-ぼく【唐木】** 東南アジア・南洋諸島産の木材の総称。昔、唐を経由して渡来したためこの名称が使われた。紫檀・黒檀・鉄刀木・チーク・マホガニー・ラワンなど。からき。

**とうほく-じどうしゃどう【東北自動車道】** 東北縦貫自動車道の通称。

**とうほく-しんかんせん【東北新幹線】** JR東日本の鉄道新幹線。東京の上野と盛岡を結ぶ。営業キロ五三一・七km。昭和五七年(一九八二)に大宮～盛岡間が開通。同六〇年(一九八五)上野に接続。

**とうほく-だいがく【東北大学】** 旧帝大系の国立総合大学の一つ。明治四〇年(一九〇七)帝大として発足。昭和二四年(一九四九)現制。本部は仙台市片平。

**とうほく-ちほう【東北地方】** 本州北部を占める地方。青森・岩手・宮城・秋田・山形・福島の六県からなる。

**とう-ほくとう【東北東】** 東と北東の中間の方向。the east-northeast 対義 西南西。

**とうほく-にほん【東北日本】** 日本を中部の大断層線(フォッサマグナ)で二分したときの、中部地方東半部から東北、北海道を含めた地域の総称。

**とうほくにほん-こ【東北日本弧】** 日本列島中央部、糸魚川–静岡構造線以東の部分。日本海溝・地震帯・火山帯の併行する典型的な島弧。

**とうほく-へいげん【東北平原】** 中国東北区の中心部をなす平原の総称。南部の遼河、北部の松花江、嫩江などの流域の平原からなる。トンペイ平原。

**とうほく-ほんせん【東北本線】** JR東日本の鉄道幹線の一つ。東京(上野)と青森を結ぶ。長さ七三九・二km。明治二四年(一八九一)日本鉄道により全通。同三九年国有化。

**どう-ほこ【銅▼鉾・銅矛】** 青銅製の鉾。中国で殷代後期から使用され、朝鮮を経て弥生時代前期、日本に伝来。日本には細・中細・中広・広形の四種類があり、北九州・中国・四国地方に分布。武器から祭器に移り、弥生時代後期まで存続。↓写

**トゥホルスキー【Kurt Tucholsky】**(一八九〇～一九三五)ドイツの文筆家・モラリスト・時代批評家。小説『恋する人々のための絵本』、評論『モナーリザの微笑』など。

**とう-ほん【唐本】** 中国から渡来した本。漢籍。

**とう-ほん【▼搨本】** 金石文の石刷り。また、それを本にしたもの。拓本。

**とう-ほん【謄本】** ①原本の内容の全部を完全に写しとった書面。登記簿謄本・戸籍謄本など。copy 対義 抄本。②「戸籍謄本」の略。

**とう-ほん【▼藤本・▼籐本】** 蔓植物のこと。

**とうほん-せいそう【東奔西走】**(名・サ変自) あちこち駆け回ること。各方面に奔走すること。busy onself

**とうま【当麻】**〈町〉北海道中央部、上川盆地の町。稲作や畑作を主体とする農林業の町。人口八八二六(一九八八)。

**どう-まき【胴巻(き)】** 金銭や貴重品を入れ、腹に巻きつけておく細長い袋。おもに旅行用で、大金はこれに入れ、小銭は巾着に入れて腰に下げた。

**どうま-ごえ【胴間声】** 調子はずれの太い声。vulgar thick voice 比較 蛮声。

**どう-まさつ【動摩擦】** ↓うんどうまさつ(運動摩擦)

**どうまさつ-けいすう【動摩擦係数】** 二物体が接触しながら相対運動するときに働く摩擦力の大きさと接触面からうける抗力の大きさとの比。運動摩擦係数。coefficient of kinetic friction

**とうまつ-てるあき【東松照明】**(一九三〇～) 写真家。名古屋市生まれ。ドキュメンタリーに特異な作風を示す。作品『日本』など。

**とう-まる【唐丸・▼蜀▽鶏】** ①ニワトリの一品種。鳴き声が長く十数秒に達する。新潟県原産。天然記念物。②「唐丸籠」の略。

**どう-まる【胴丸・▽筒丸】** 平安時代以降用いられた歩兵用の鎧。騎馬用の大鎧に対し軽装で活動的。戦国時代以降、当世具足にとって代わられた。↓図

●胴丸 鎌倉時代の胴丸

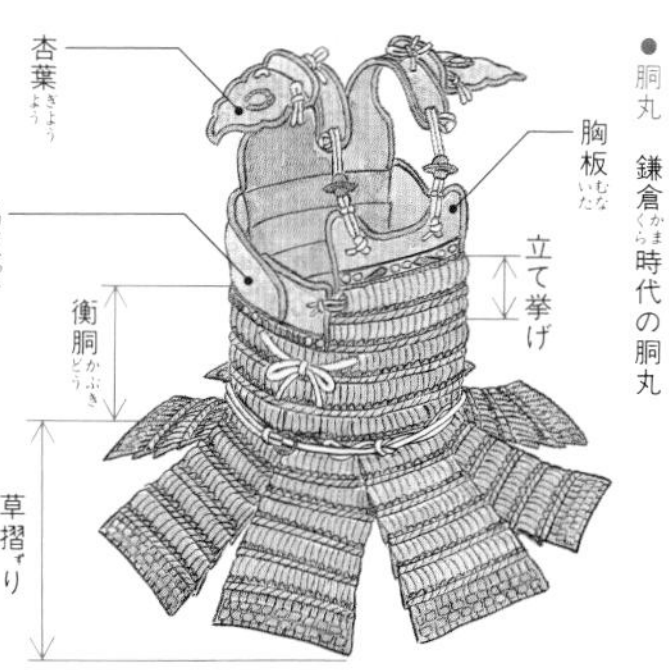


**とうまる-かご【唐丸▼籠】** ①唐丸を飼う円筒形の竹籠。②《形が①に似ていたことから》江戸時代に罪人の移送に用いた竹籠。

**ドゥ-マルトンヌ【de Martonne】** ↓マルトンヌ

**どう-まわり【胴回り】** 胴の回り。また、その長さ。ウエスト。waist; girth ↓採寸図

**トゥマン-ガン【豆満江】(Tuman Gang)** ↓とまんこう(豆満江)

**とう-み【唐▼箕】** 風力を利用して穀粒の選別、混ざりものの除去を行う農機具。↓図

**どう-みぎ【同右】** 右に書いたことと同じであること。same as the right 対義 同左。

**とう-みつ【東密】** 真言宗の密教。根本道場の東寺(教王護国寺)の名に由来。対義 台密。

●唐箕

**とう-みつ【糖▼蜜】** 粗糖から精製糖などを作るときに生じる、褐色で粘性の強い液。ビタミン・ミネラルを多量に含む。飼料・燃料用、アルコール飲料などの原料。モラセス。molasses

**どう-みゃく【動脈】** ①血液を心臓から肺または身体各組織に送り出す血管。血管壁は内膜・中膜・外膜の三層からなる。artery 対義 静脈。②経済活動などを支えるたいせつな交通路。artery 用例 東京の―。

**どうみゃくかんかいぞん-しょう【動脈管開存症】** 胎生期に肺動脈から大動脈への血液循環の役割を果たしていた動脈管が、出生後閉じずに開いたままでいる状態。外科的処置が必要。ボタロー管開存症。patent ductus arteriosus

**どうみゃく-けつ【動脈血】** 肺でガス交換をして、酸素を多量に含んだ鮮紅色の血液。ふつう循環血液の一五%を占める。arterial blood

**どうみゃくけっせん-しょう【動脈血栓症】** 動脈の内部で血液が固まり、血管が詰まる症状。arteriothrombosis

**どうみゃく-こうか【動脈硬化】** ①動脈の壁がかたくなり、弾力をなくした症状。脳動脈・冠状動脈などにおこりやすく、脳軟化症・心筋梗塞などの原因となる。arteriosclerosis ②考え・活動などに、融通のきかないたとえ。be unadaptable

**どうみゃく-さんぎょう【動脈産業】** 未使用の原料を加工して製品化する産業。対義 静脈産業。

**どうみゃく-りゅう【動脈▼瘤】** 動脈の一部が拡張・隆起したもの。動脈硬化症や梅毒性動脈炎によるもので、その形状によって紡錘状・嚢状・解離性に分ける。大動脈での破裂は出血死につながる。aneurysm

**とう-みょう【灯明】** 神仏に供える灯火。みあかし。↓写

**とう-みょう【唐名】** ↓とうめい(唐名)

**どう-みょう【同名・同▽苗】** ①同じ名前。とくに、同じ姓。どうめい。same name; same surname 比較 同姓。②すでに話題にした同じ名前。same surname

**どうみょう-じ【道明寺】** ①大阪府藤井寺にある真言宗の尼寺。②《道明寺でつくったことから。「道明寺糒」の略》もち米を蒸して、乾した食品。軍糧・旅行用。③和菓子の一種。

**どうみょうじ-あげ【道明寺揚(げ)】** エビ・キス・鶏のささみ・イカなどに小麦粉をつけて卵白をからませ、道明寺粉をまぶして揚げた料理。

**どうみょうじ-こ【道明寺粉】** もち米を蒸して乾燥させ、あらびきにしたもの。和菓子や揚げ物などに使用。大阪の道明寺で始まる。

**とう-みん【冬眠】**(名・サ変自) 動物が凍結しない場所を選び、極度に代謝の低下した状態で不活動のまま冬を越すこと。昆虫・ヘビ・カエルなどの変温動物と、コウモリ・ヤマネなど一部の定温動物にみられる。hibernation 対義 夏眠。

**とう-みん【島民】** 島の住民。islander

**とう-む【党務】** 政党や党派の事務。party affairs

**とう-むぎ【唐麦】** ジュズダマの別名。

**とう-めい【唐名】** 中国でのよび名。とうみょう。からな。用例 黄門は中納言の―。

**とう-めい【透明】**(名・形動) ①すき通っていること・さま。transparency 用例 ―な液。②物体が光を通すこと・さま。transparency

**どう-めい【同名】** 同じ名前。どうみょう。same name 比較 同姓。

**どう-めい【同盟】** 一(名・サ変自) 共通の目的のため同じ行動をとろうと約束すること。約束した仲間。alliance 用例 ―条約。三国―。二(名)《「全日本労働総同盟」の略》昭和三九年(一九六四)に結成された労働組合の全国連合体。反共主義・労使協調を主張して総評と対抗した。同六二年(一九八七)連合の発足にともない解散。

**どうめい-いじん【同名異人】** 氏名は同じだが、違う人。one's namesake

**どうめい-きゅうこう【同盟休校】** 学生・生徒が申し合わせて授業を受けないこと。school strike

**とうめい-こうそくどうろ【東名高速道路】** 東京と名古屋の間を結ぶ高速道路。東京都世田谷区から愛知県小牧市までの太平洋岸沿いを通り、小牧市で名神高速道路に接続する。長さ三四六・七km。昭和四四年(一九六九)開通。

**どうめい-こく【同盟国】** 第三国に対抗して二か国以上が防衛または攻撃のために結んだ同盟条約の加盟当事国。ally

**どうめい-つうしんしゃ【同盟通信社】** 第二次大戦中の日本唯一の通信社。政府から助成金と便宜を受け、報道統制・対外宣伝を行った。昭和一一年(一九三六)創立。同二〇年(一九四五)解散。

●灯明

●トウモロコシ
雄花(上)、雌花(下)。

**どうめい-ひぎょう【同盟罷業】** ↓ストライキ①
**とうめい-ぶし【東明節】** 三味線音楽の一種。明治中期に平岡吟舟が諸流派の集大成をめざして創始。昭和三年(一九二八)以後東明流と改称。代表曲『大磯八景』など。
**どう-メダル【銅メダル】** オリンピックなどのスポーツ競技会で、第三位の者に贈られる青銅製のメダル。bronze medal
**とう-めん【当面】**(名・サ変自) ①目の前にあること。面と向かうこと。for the present 用例 —の目標。②さしあたり。
**とうめん-よう【等面葉】** 形態的に表裏の区別がほとんどない葉。葉脈には表裏の区別が認められる。ナギ・ユーカリ・スイセンなど。
**どう-も** 一(副) ①いかにも。まったく。まことに。用例 —すみません。②どうしても。用例 —わからない。③どことなく。用例 —変だ。二(感)《俗語》「どうもありがとうございます」「どうもすみません」などの略で、あいさつに使う。用例 やあ、—、—。
**どうも言われぬ** 何とも言い表せない。何とも説明できない。えも言われぬ。
**どう-もう【童▼蒙】** 幼くて、ものの道理に暗い者。子ども。
**どう-もう【▼獰猛】**(形動)《「ねいもう」は誤り》荒々しいさま。凶悪で猛烈なさま。ferocity
**とう-もく【頭目】** かしら。親分。首領。chief
**どう-もく【▼瞠目】**(名・サ変自) 目を見張ること。open one's eyes wide 用例 —すべき業績。
**とう-もくれん【唐木▼蘭】** モクレン科の落葉低木。観賞用。モクレンの一変種。四〜五月、モクレンより小形の、暗赤紫色で香りのある半開の花をつける。
**どう-もと【胴元・▽筒元】** ①賭博などの親。賭場の主催者。貸元。bookmaker ②《転じて》物事を締めくくる責任者。元締め。manager
**どうもと-いんしょう【堂本印象】**(一八九一〜一九七五) 日本画家。本名、三之助。京都生まれ。伝統的日本画から前衛的洋画風に変わった。昭和三六年(一九六一)文化勲章受章。作品『華厳』など。
**どう-もり【堂守】** 堂の番人。temple keeper
**とう-もろこし【▽玉▼蜀▼黍】** イネ科の一年草。高さ一〜四m。茎は太く、葉は幅が広く長い。花は単性花で、雄花は茎頂の穂上に、雌花は茎の中程につく。実は種類が多く、食用のほか、でんぷん・油脂をとる。ペルー原産。トウキビ。ナンバンキビ。コウライキビ。タマキビ。corn ↓写
**とうもろこし-ゆ【▽玉▼蜀▼黍油】** トウモロコシの胚芽から抽出した食用油。サラダ油やマーガリンなどの原料にも用いる。corn oil
**どう-もん【同門】** 同じ門下。相弟子。fellow pupil
**どう-もん【洞門】** ①ほらあなの入り口。②通り抜けのほらあな。トンネル。tunnel
**とう-や【当夜】** ①その夜。that night ②この夜。今夜。tonight
**とう-や【陶▼冶】**(名・サ変他)《陶器や鋳物を造ることから》人間の素質・才能などを育て高めること。化育。薫陶。cultivation 用例 人格を—する。
**とう-や【頭屋・当屋】** 氏子の中から選ばれて、祭礼を行うときの中心となったり、神職の介添えをする者。また、その家。昔は世襲制であったが、のちには家々の回り番などとした。頭。
**とうや【▽洞▼爺】**〈村〉 北海道南部、洞爺湖北岸の村。豆類栽培のほか園芸農業・畜産がさかん。人口二一二八(一九八八)。
**どう-や【同夜】**(名・副) ①同じ夜。same night ②その夜。that night
**とう-やく【当薬】** 生薬の一つ。秋、一〇月ごろ開花するセンブリを乾燥させたもの。煎じ液は腹痛・胃カタル・食欲不振・消化不良などに効能がある。
**とう-やく【投薬】**(名・サ変自他) 処方によって病気に適した薬を与えること。投与。prescription
**どう-やく【同役】** 同じ役目。その人。同僚。colleague
**とうやく-りんどう【当薬▽竜▽胆】** 高山の乾燥地にはえるリンドウ科の多年草。高さ一〇〜二五cm。葉は披針形で対生。夏に淡黄色の筒状花を茎頂につける。薬用。↓写
**とうや-こ【▽洞▼爺湖】** 北海道南西部の湖。面積六九・四km²。最深一七九・七m。カルデラ湖で中央火口丘の中島が湖内にある。湖岸に洞爺湖温泉があり、支笏洞爺国立公園の要地。
**とうやこ-おんせん【▽洞▼爺湖温泉】** 北海道南西部、洞爺湖南岸の温泉。登別温泉と並んで支笏洞爺国立公園探勝の基地。
**とうやま-みつる【頭山▽満】**(一八五五〜一九四四) 右翼の巨頭。福岡県生まれ。自由民権運動に参加ののち玄洋社を創立、大陸進出の強硬外交を唱え政界の黒幕として活躍。
**どう-やら【▽如▽何やら】**(副) ①なんとか。やっとのことで。anyhow 用例 —ついて来た。②なんだか。どうも。likely 用例 —雨らしい。
**どうやら-こうやら【▽如▽何やら▼斯うやら】**(副) どうにか。やっとのことで。somehow or other
**とう-ゆ【灯油】** ①明かり用の油。ともし油。②原油を蒸留して得られる沸点一五〇〜二八〇℃の留分を精製した油。着色の度合いにより白灯油・茶灯油などに区分。石油ストーブなどの燃料・溶剤・希釈剤に利用。ケロシン。kerosene
**とう-ゆ【▼桐油】** アブラギリの種子から得られる油。優良乾性油の一つ。塗料・印刷インキ・油紙などに使用される。きり油。tung oil
**どう-ゆう【同友】** 志が同じである友だち。同志。like-minded persons
**どう-ゆう【同憂】** 同じ心配を持つこと・人。person of the same anxiety 用例 —の士。
**どうゆう-かい【同友会】** 経済同友会の略称。
**とう-ゆうし【投融資】** 投資と融資。investment and financing 用例 財政—。
**とう-よ【投与】**(名・サ変他) ①投げ与えること。throw ②薬を飲ませること。投薬。medication
**とうよ【東予】**〈市〉 愛媛県、西条市と今治市との間にある市。東予新産業都市の中核をなす工業都市。人口三万四三五四(一九八八)。
**とう-よう【当用】** ①さしあたっての用事。目前の用。business in hand ②さしあたって用いること。temporary use

●トウヤクリンドウ

**とう-よう【東洋】** アジア。とくに、アジアの東部と南部。日本・中国・インド・ビルマ・タイ・フィリピン・インドネシアなど。オリエント。the Orient 対義 西洋。
**とう-よう【盗用】**(名・サ変他) ぬすんで使うこと。use by stealth
**とう-よう【登用・登庸】**(名・サ変他) 人を高い地位にあげて用いること。appointment 用例 人材—。
**とう-よう【▼蕩揺】**(名・サ変自) ゆれ動くこと。
**とう-よう【糖葉】** 植物の光合成産物が、単糖類または二糖類のかたちで、細胞内に蓄積される葉。単子葉植物に多い。
**とうよう【東洋】**〈町〉 高知県東端の太平洋に臨む町。農・林・漁業を行う。ポンカン栽培がさかん。人口四六六〇(一九八八)。
**とうよう【東陽】**〈村〉 熊本県中南部、八代市北東隣の村。農林業が主。とくにショウガの大産地。人口三二四四(一九八八)。
**どう-よう【同様】**(形動) 同じであるさま。similar
**どう-よう【動揺】**(名・サ変自) ①ゆれ動くこと。shake ②騒ぎ。騒動。disturbance 用例 民衆の—。③不安で、落ち着かないこと。nervous 用例 心の—。
**どう-よう【童謡】** 子どものための歌の総称。本来は童唄の意だったが、大正期の童謡運動以後は、子どものために創作された歌をさす。children's song
**とうよう-いがく【東洋医学】** ↓かんぽう(漢方)
**とうよう-が【東洋画】** 中国を中心とする東洋の絵。墨絵・水彩が主。Oriental painting
**とうよう-がい【当用買い】** 資材などを生産・販売に当面必要な分のみ、少量ずつ購入すること。入り用買い。spot purchase
**とうよう-がく【東洋学】** 近世以後ヨーロッパでおこった東洋に関する学術研究の総称。西アジア・インド・中国・中央アジアの各地域の歴史・言語・宗教・哲学・文学・美術・考古学などの諸分野を対象とする。Orientalism
**とうよう-かんじ【当用漢字】** 国語施策の一つ。現代国語を書き表すための、日常使用する漢字の範囲を定めた、「当用漢字表」に掲げてあった一八五〇字。文部大臣の諮問に応じた国語審議会の答申を政府が採択して、昭和二一年(一九四六)一一月に内閣告示をもって告示。その字体については同二四年に「当用漢字字体表」として、また、音訓については、同二三年(一九四八)二月および同四八年(一九七三)六月に改定したものを、それぞれ「当用漢字音訓表」として内閣告示をもって告示した。その後、これらの表は同五六年(一九八一)一〇月すべて廃止され、常用漢字表に改められた。参照 教育漢字・常用漢字。
**とうよう-く【東洋区】** 北界に属する動物の地理分布上の一区。中国南部・インドシナ半島・マレー半島・インドネシア・ボルネオ・フィリピンなどを含む。固有の動物種は、ヒヨケザル・ツパイ・メガネザル・コノハドリなど。Oriental region
**とうようけいざいしんぽう-しゃ【(株)東洋経済新報社】** 経済分野専門の出版社。明治二八年(一八九五)『東洋経済新報』創刊にともなって設立。
**とうよう-こうぎょう【東洋工業(株)】** マツダ(株)の旧社名。
**とうよう-ゾーン【東洋ゾーン】** デビスカップの四つの予選地区の一つ。他の三つは、ヨーロッパゾーンA・Bとアメリカゾーン。Asian zone
**とうようたくしょく-がいしゃ【東洋拓殖会社】** 明治四一年(一九〇八)朝鮮での植民地経営を目的に設立された特殊会社。農業・鉱業・鉄道・畜産など広範な拓殖事業を行った。大正六年(一九一七)以後は中国・東南アジアにも事業を拡大。
**とうよう-にっき【当用日記】** さしあたっての用件などを書く日記。diary
**とうよう-ぶんこ【東洋文庫】** 東洋関係の文献を中心とした財団法人の図書館。大正六年(一九一七)、岩崎久弥がモリソンのアジア関係欧文文献を購入公開したモリソン文庫に始まる。大正一三年(一九二四)東洋文庫と改称。現在は国立国会図書館の支部。東京都文京区本駒込。
**とうよう-ぼうせき【東洋紡績(株)】** 総合繊維の名門企業の一つ。大正三年(一九一四)設立。
**とうよう-らん【東洋▼蘭】** 日本・中国など温帯にはえるラン。園芸で、西洋ランに対していう名称。清楚で気品の高い花の形と葉の性質および芳香を観賞。カンラン・シュンラン・セッコクなど。
**どう-よく【胴欲・胴▼慾】**(名・形動)《「どんよく」の転》①欲が深いこと・さま。avarice ②むごいこと・さま。不人情。heartlessness
**とう-らい【当来】**《仏教語》当然に来るべき世。未来。将来。来世。
**とう-らい【到来】**(名・サ変自) ①時機が来ること。arrival of a chance 用例 好機—。②人からの贈り物が届くこと。arrival of a present
**とうらい-さんな【唐来参和】**(一七四四〜一八一〇) 江戸後期の戯作者・狂歌師。通称、和泉屋源蔵。狂歌名質草少々。洒落本『和唐珍解』、黄表紙『莫切自根金生木』など。
**とうらい-もの【到来物】** もらい物。present
**とう-らく【当落】** 当選と落選。当選か落選

か。result of an election 用例 ― が判明する。

**とう-らく【騰落】** 騰貴と下落。rise and fall

**どう-らく【道楽】**(名・サ変自) ①本職以外のことにふけって楽しむこと。pastime 用例 ― で絵をかく。②物好き。好事。curiosity 用例 ― もほどほどにする。③悪い遊びにふけること。放蕩。dissipation 用例 ― 息子。

**どう-らん【胴乱・▽筒卵】** ①腰に下げる革製の四角なふくろ。印・薬・タバコ・銭などを入れる。satchel ②採集した植物を入れておくための金属製円筒形の容器。肩から下げて持ち歩く。vasculum

**どう-らん【動乱】** 世の中が騒がしくみだれること。戦乱。upheaval

**トゥランガリーラこうきょうきょく【トゥランガリーラ交響曲】**《原題 Turangalîla-symphonie フランス。サンスクリットの、愛の歌、の意》一九四八年メシアン作曲。一〇楽章。独自の語法を集大成した代表作の一つ。リズムにインド音楽の影響がある。

**ドゥランゴ【Durango】** メキシコ中部、西シエラマドレ山脈中の商工業都市。付近に同国有数の鉄鉱床がある。人口一二・三万(一九八〇)。

**とう-り【党利】** その党だけの利益。party interests 用例 ― 党略。

**とう-り【桃・▼李】** ①モモとスモモ。peaches and damsons ②自分がとりたてたり、推挙したりした人材。person of one's recommendation

**桃李の粧い**(とうりのよそおい) モモやスモモの花のような美しいよそおい。あでですがた。

**桃李物言わざれども下自ら蹊を成す**(とうりものいわざれどもしたおのずからみちをなす)《モモやスモモは何も言わないが、花が美しく、実が美味なので、その木の下には自然に人が集まる、の意から》徳のある人の所には、自然と人が集まってくるものだ。桃李言わざれども、下自ら蹊を成す。Good wine speaks for itself.

**桃李、門に満つ**(とうり、もんにみつ) 優秀な人物が、門下にたくさんいる。

**どう-り【道理】** 物事の、そうあるべきことわり。人の行うべき正しい筋道。reason 用例 ― を踏む。― をわきまえる。

**道理を詰む**(どうりをつむ) 理詰めにする。道理を詰める。

**道理を破る法は有れども法を破る道理無し**(どうりをやぶるほうはあれどもほうをやぶるどうりなし) 道理より、法律や規則の力など、国の権力のほうが強いこと。

**どう-りきがく【動力学】** 物体に作用する力とその運動との関係を論ずる力学。dynamics 対義 静力学。

**とうりくてん【唐▽六典】** 中国、唐の官職を分類編纂した書。玄宗の勅撰で張九齢・李林甫らが注。三〇巻。七三九年成立。中国法制史研究上の基本資料。日本では近衛家熙の校訂本が流布。

**とう-りつ【倒立】**(名・サ変自) さかさまに立つこと。さかだち。handstand

**どう-りつ【同率】** 同じ率。同じ割合。same ratio

**どう-りつ【道立】** 北海道庁が設立し、管理するもの。

**どうり-で【道理で】**(副) なるほど。really; indeed

**とう-りゃく【党略】** その党の利をはかるための策略。party policy 用例 党利 ― にふける。

**とうりゃく【▼韜略】** 「六韜三略」の略。

**とう-りゅう【当流】** ①この流儀。this fashion ②自分らの流儀。our fashion ③今流行の流儀。当世風。current fashion

**とう-りゅう【▼逗留】**(名・サ変自) よそにしばらく泊まること。滞在。stay

**どう-りゅう【同流】** 一(名) ①同じ流れ。same stream ②同じ流儀。その流儀。that style 二(名・サ変自) 合流。union

**どうりゅう-てい【導流堤】** 流れを安定させるための堤防。河川では海・湖・ほかの河川などへの流入口に設ける。海岸で、流れてきた土砂の堆積を防ぐためにも設けられる。training dyke

**とう-りゅうもん【登竜門】**《「竜門」は、黄河上流の急流地点。コイがこれを登れば竜となるという伝説から》立身出世のため通らねばならぬ関門。とうりょうもん。gateway to success 用例 文壇の ― 。

**とう-りょう【当量】** 化合する二つの元素、または酸と塩基などが過不足なく反応するときの、その量。ふつうは化学当量や電気化学当量をさすが、熱の仕事当量をさすこともある。equivalent

**とう-りょう【投了】**(名・サ変自) ①投げ終わること。finish a throw ②碁・将棋で、一方が負けを認めて勝負をやめること。

**とう-りょう【棟▼梁】** ①屋根の棟と梁。②一国の重要な任務に当たる人。③ある集団の統率者。頭領。leader ④大工の頭。親方。boss

**とう-りょう【等量】** 分量が等しいこと。等しい分量。equal amount

**とう-りょう【統領】**(名・サ変他) 人々をまとめ治めること・人。かしら。首領。chief

**とう-りょう【頭領】** 人々のかしら。首領。chief

**どう-りょう【同量】** 同じ分量。same amount

**どう-りょう【同僚】** ①同じ勤め先の仲間。colleague ②同じ地位・身分・役の仲間。同役。相役。colleague

**どうりょう-さった【道了▼薩▼埵】** 神奈川県南足柄市にある最乗寺の守護神。開山の了庵慧明の弟子の妙覚道了が、師の没後、天狗となって当寺を守護することを誓ったことに由来するという。道了権現。

**どう-りょく【動力】** 機械を動かす力。原動力。motive power 用例 ― 源。

**どうりょく-いん【動力因】** アリストテレスの説く四原因の一つ。ある事柄に作用し、その生成・変化および運動を生じさせる原因となるもの。作用因。始動因。efficient cause

**どうりょく-かくめい【動力革命】** エネルギー革命。

**どうりょく-けい【動力計】** 原動機から発生する動力や、それが他の作業機械に伝える動力を測定する装置。吸収動力計・伝達動力計など。ダイナモメーター。dynamometer

**どうりょく-こううんき【動力耕▼耘機】** 小型内燃機関を備え、自走して田畑を耕し、土をくだく機械。自動耕耘機。power cultivator

**どうりょく-せん【動力船】** 動力を使って推進する船。動力としては、ディーゼル機関・蒸気タービン・ガスタービン・原子力などを使う。power vessel

**どうりょく-へんせいがん【動力変成岩】** 造山運動による変形・破砕により生じた岩石。片状または縞状の構造を示すことが多い。広域変成岩。dynamometamorphic rock

**どうりょく-ろ【動力炉】** 核分裂エネルギーを動力として利用する原子炉。おもに、発電用・船舶用。power reactor

**どうりょくろ-かくねんりょうかいはつじぎょうだん【動力炉核燃料開発事業団】** 高速増殖炉と新型転換炉の自主開発を目的とする特殊法人。昭和四二年(一九六七)設立。

**とう-りん【登臨】**(名・サ変自) ①高い所に登って見下ろすこと。mount an eminence ②君主の位について国を治めること。ascend the throne

**とうりん【桃隣】**(?～一七一九) 江戸中期の俳人。天野氏。伊賀上野の人。芭蕉に師事。紀行『陸奥衛』など。

**どう-りん【動輪】** 動力を受けて回転を起こし、車両を走らせる車輪。driving wheel

**とうりん-とう【東林党】** 中国、明末の政治党派。一六〇四年に顧憲成らが郷里に東林書院を興し、講学につとめ党派を形成。当時の政治を痛烈に批判し、政治的活動を展開したが、魏忠賢ら宦官とはげしく対立し、弾圧された。東林学派。

**とう-るい【盗塁】**(名・サ変自) 野球で、走者が投球の間などに守備側のすきをねらって次塁へ進塁すること。steal

**とう-るい【糖類】** 一般式 $C_n(H_2O)_m$ で表される炭水化物。ブドウ糖・果糖・蔗糖・乳糖・でんぷんなど。糖。saccharide

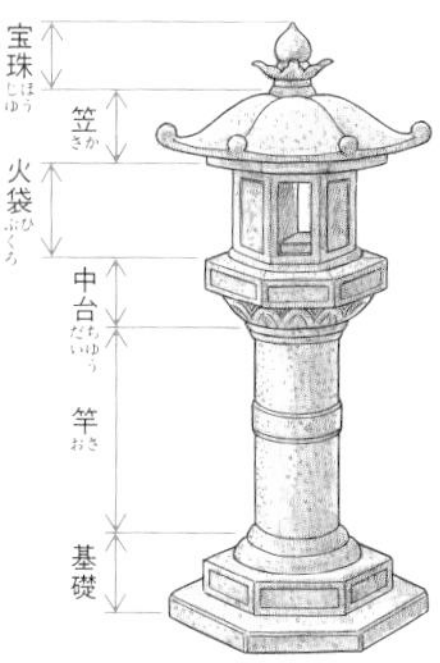

●灯籠 台灯籠の各部名称

吊り灯籠 上賀茂神社(京都府)。

**どう-るい【同類】** 同じ種類・仲間。一味。same kind

**どうるい-こう【同類項】** ①式において文字の部分が同じである項。同類項はこれをまとめて一つの項にすることができる。like terms; similar terms ②同じような性質や状態のなかま。same kind; same class

**ドゥルガー【Durgā梵】** シバ神の配偶者。ヒンズー教において、そのシャクティ(=性力)ゆえに女性的原理として、崇拝の対象とされる。

**トゥルカナ-こ【トゥルカナ湖】**(Lake Turkana) ルドルフ湖の別称。

**トゥルク【Turku】** フィンランド南西部、アウラ川河口の同国有数の都市。一八一二年まで首都。人口一六・三万(一九八三)。

**トゥルクメン【Turkmen】** ↓トルクメンきょうわこく(トルクメン共和国)

**トゥルケスタン【Turkestan】** ↓トルキスタン

**トゥルニエ【Michel Tournier】**(一九二四～) フランスの小説家。作品『フライデー、あるいは太平洋の冥府』『魔王』『ジルとジャンヌ』など。

**トゥルファン【吐魯番】**(Turpan) 中国新疆ウイグル自治区、トゥルファン盆地北部のオアシス都市。天山南路にあり、古来、交通の要地。

**とうレ【東レ(株)】** 合成繊維の首位を占める会社。大正一五年(一九二六)設立。

**どうれ**(感) 昔、武家で、案内を請う訪問者に対し、家人が答えた語。

**とう-れい【答礼】**(名・サ変自) 相手の礼に答えて礼をすること。また、その礼。返礼。return of a salute

**どう-れつ【同列】** ①同じ列・程度・地位。same file; same rank ②連れ立つこと。company 用例 夫婦 ― 。

**とう-ろ【当路】** 重要な地位にあること・人。当局。authorities

**どう-ろ【道路】** 人や自動車などが通行する道。道路法では高速自動車国道・一般国道・都道府県道・市町村道に区分する。road

**とう-ろう【灯▼籠】** 屋外に設置する照明具の一つ。台灯籠と吊り灯籠に大別され、用材は石・木・竹・金属など。神仏への献灯、交通上の照明、庭園灯などの目的で用いられる。数え方 一基・一丁。↓図

**とう-ろう【登楼】**(名・サ変自) ①高い建物に登ること。go up a tower ②妓楼などに上がって遊興すること。

**とう-ろう【▼蟷▼螂・▼螳▼螂】** カマキリの漢名。

**蟷螂の斧**(とうろうのおの) 非力をかえりみず強敵に反抗すること。とてもかなわないたとえ。かまきりが斧。kicking against the pricks

**どう-ろう【動労】**《「国鉄動力車労働組合」の略》昭和二六年(一九五一)機関区関係の従業員が国鉄労働組合(=国労)を脱退して結成。急進的な闘争で知られた。同六二年(一九八七)鉄道労連の発足にともない解散。

**とうろう-おどり【灯▼籠踊(り)】** 火をともした灯籠を頭上にのせて踊る盆踊り。室町時代に流行した盆の風流の一種で、熊本県山鹿市などで行われる。↓写

●灯籠踊り 山鹿灯籠祭り(熊本県)。

**とうろう-ながし【灯▼籠流し】** 盆の終わりの日の夕方、火をともした小灯籠を川や海に流す行事。盆に迎えた祖先の霊を送り返す

▼常用漢字表外。 ▽常用漢字表の音訓外。

●灯籠流し　京都府、宮津市。

めのもの。北九州地方で盛んで、長崎市のものが有名。↓写

**とうろう-にんぎょう【灯▾籠人形】** 紙・布などの人形に、添え灯をともす作り物。おもに盂蘭盆(うらぼん)行事のからくり人形芝居などに用いられる。

**どうろうんそう-ほう【道路運送法】** 道路運送事業の適正な運営をはかり、道路運送についての秩序を確立するための法律。昭和二六年(一九五一)公布。

**ドウロ-がわ【ドウロ川】**(Rio Douro) スペインとポルトガルを流れる川。スペイン北部の山地から西に流れ、ポルトガルのポルト付近で大西洋に注ぐ。長さ九〇〇km。ドゥエロ川。

**どうろ-きょう【道路橋】** 一般道路として建設・使用される橋。overpass

**とう-ろく【登録】**(名・サ変他) ①帳簿に記載すること。registration ②権利・身分関係など、ある一定の事項を公示・証明するため、行政官庁にそなえる特定の帳簿に記載すること。特許登録・医師登録・自動車登録など。registration

**とうろく-さい【登録債】** ①社債のうち、債券の現物を発行せず、指定された機関に登録することによって社債権者の地位を保障するもの。registered bond ②公債のうち、応募者名と引き受け額を指定された機関の公債登録簿に登録しておくもの。所有権は登録簿によって証明され確保される。登録公債。registered bond

**とうろく-しょうひょう【登録商標】** 商標法に基づき、特許庁の登録手続きがすんだ商標。指定商品について独占的に使用できる。registered trademark

**どうろく-じん【道▽陸神】** 道祖神(どうそじん)の別称。

**とうろくめんきょ-ぜい【登録免許税】** 国税の一つ。不動産取得や会社設立の登記、医師・弁護士が登録・認可・免許を受けるさいなどに支払う。registration and license tax

**どうろ-こうがい【道路公害】** 自動車などの道路交通量増加によって生じる、沿線の環境破壊。おもに騒音や窒素(ちっ)酸化物などによる。pollution from nearby traffic

**どうろ-こうだん【道路公団】** 日本道路公団の通称。

**どうろこうつう-ほう【道路交通法】** 道路に起因する障害を防止し、道路交通の安全と円滑をはかるための法律。昭和三五年(一九六〇)公布。同五三年(一九七八)の改正で罰則を強化。道交法。

**どうろせいび-とくべつかいけい【道路整備特別会計】** 道路整備事業の経理を行う特別会計。昭和三三年(一九五八)設置。

**どうろ-ひょうしき【道路標識】** 道路交通の安全・円滑をはかる案内・警戒・規制や指示の標示板。road sign

**どうろ-ほう【道路法】** 道路網の整備をはかるため、路線の指定・認定、構造・保全、費用の負担区分などについて定めた、道路行政の根本となる法律。昭和二七年(一九五二)公布。

**とう-ろん【討論】**(名・サ変自他) 互いに意見を交わすこと。ディスカッション。discussion; debate

**とうわ【東和】**〈町〉岩手県中部、花巻市東隣の町。農業が主体。手織物や伝統的な和紙が特産。人口一万二一〇二(一九八八)。

**とうわ【東和】**〈町〉宮城県北東部、北上川流域の町。稲作・リンゴ栽培・林業がさかん。人口一万四〇(一九八八)。

**とうわ【東和】**〈町〉福島県東部、二本松(にほんまつ)市東隣の町。養蚕のほか畜産・タバコ栽培・製材などを行う。人口九七六〇(一九八八)。

**とうわ【東和】**〈町〉山口県屋代(やしろ)島東部の町。農・漁業が主体。ミカンの産地。沖合いに戦艦陸奥(むつ)爆沈地点がある。人口七〇三〇(一九八八)。

**どう-わ【道話】** ①人のふみ行うべき道を説く話。②心学の話。無学の者にもわかりやすく、おもしろく道徳を教えるもの。

**どう-わ【童話】** 児童のために書かれた散文芸術の総称。とくに空想的な物語をさす。nursery tale

**どうわ-きょういく【同和教育】**(「同和」は「同胞一和」の略)被差別部落の人々が歴史的・社会的にこうむっている各種の人権差別をなくし、民主主義の理念に基づいた社会の建設を目的とする教育。

**とう-わく【当惑】**(名・サ変自) どうしたらよいかわからずに困ること。途方にくれること。embarrassment 比較 迷惑。

**どう-わすれ【胴忘れ】**(名・サ変他) ↓どわすれ(度忘れ)

**とう-わた【唐綿】** 観賞用に栽培されるガガイモ科の多年草。高さ一m前後。傷をつけると白い乳液を出す。葉は対生。夏に黄赤色の花が咲き、熟すと白毛の種子をつける。↓写

●トウワタ

**どうわたいさく-しんぎかい【同和対策審議会】** 同和行政のあり方を検討するため、昭和三六年(一九六一)内閣に設置された審議会。同和事業の方向を決定づける重要な答申を出し、同四一年(一九六六)同和対策協議会に改組された。同対審。

**どうわ-ちく【同和地区】** 被差別部落に対する行政上の呼称。

**ドゥンス-スコトゥス【Johannes Duns Scotus】**(一二七〇ごろ〜一三〇八) イギリスのスコラ哲学者。フランシスコ会修道士。理性と信仰を峻別(しゅんべつ)し、意志を知性より優位において、その自由を唱えた。

**ど-うんせん【土運船】** 土砂の運搬・投棄に用いる専用船。船底または舷側(げんそく)を開閉できるようになっている。港湾の浚渫(しゅんせつ)・埋め立てなどの作業に使われる。barge

**と-えい【都営】** 東京都の経営。用例 ―住宅。

**と-えい【渡英】**(名・サ変自) 英国へ行くこと。go to England

**とえい-ちかてつ【都営地下鉄】** 東京都が建設し経営する地下鉄道。営業キロ六四・三km(一九八八)。昭和三五年(一九六〇)設立。

**とえ-はたえ【十重二十重】** 幾重にも重なっていること。surround thick and fast 用例 ―の人垣。

**ど-えら・い【ど偉い】**(形)(「ど」は接頭語) ①非常に偉い。great ②ひどい。とんでもない。terrible 用例 ―事件。

**とお【十】** ①じゅう(十)。ten ②一〇歳。ten years old

**十が十**(とおがとお) ①始めから終わりまで。ぜんぶ。すっかり。from A to Z ②必ず。まちがいなく。certainly

**十で神童、十五で才子、二十過ぎれば唯の人**(とおでしんどう、じゅうごでさいし、はたちすぎればただのひと) 幼少のころは才能にすぐれ、賢い子と言われていても、成長するにつれて平凡な人となることが多いのを言う。

**トー【T・τ】** ギリシア字母の第一九字。タウ。tau

**とお-あさ【遠浅】** 海岸から沖のほうまで浅いこと・所。shoaling beach

**とお・い【遠い】**(形) ①距離が離れている。far 対義 近い。用例 駅までは―。②時間がたっている。distant 対義 近い。用例 ―昔。③関係が薄い。親しくない。distant 対義 近い。用例 ―親類。金銭に縁が―。④意識や感覚がぼんやりしている。にぶい。dull 用例 耳が―。派生 とおさ(名)

**遠くて近いは男女の仲**(とおくてちかいはだんじょのなか) 男女の仲の、意外に結ばれやすいことを言ったもの。

**と-おう【渡欧】**(名・サ変自) ヨーロッパへ行くこと。trip to Europe

**ドーヴァー【Dover】** ↓ドーバー

**とお-えん【遠縁】** 遠いつづきがらの血縁。distant relation

**とお-か【十日】** ①一〇の日数。十日間。ten days 用例 あれから―たった。②月のはじめから一〇番めの日。the tenth

**十日の菊**(とおかのきく)(菊の節句は九月九日なので)時機におくれて役に立たないこと。類似 六日の菖蒲(あやめ)。後の祭り。

**トーガ【toga ラテ】** 古代ローマの男子がローマ市民のしるしとしてふだん着た袈裟(けさ)型の外衣。半月形で幅は約二m、丈は六m、ひだをたくさんとって肩にまわして着用する。↓写

●トーガ　ローマ皇帝ネロの子供時代。ルーブル美術館(フランス)。

**とおか-えびす【十日▾戎・十日恵比▾須】** 一月一〇日の初戎のこと。大阪今宮、京都建仁(けんにん)寺などの戎神社のものが有名。笹(ささ)に各種の宝物の玩具をつけた縁起物の小宝(こだから)を買い求め、商売繁盛を願う。

**とお-がけ【遠駆け】** 馬で、遠方まで速く駆けること。horse riding to a distant place

**とおかち**(米の升切(ますき)りに使う「斗掻(とかき)」の方言)沖縄地方で、八八歳の祝い。その祝いに、米を山盛りにした器に立てた多数の斗掻きを祝い客に配ることからいう。

**とおがった-おんせん【遠刈田温泉】** 宮城県南西部、蔵王(ざおう)山東麓(とうろく)の温泉。歴史の古い名湯。遠刈田こけしの産地。

**とおかまち【十日町】**〈市〉新潟県南部、信濃(しなの)川に沿う市。高級絹織物の産地。豪雪地で雪まつりなど雪の行事が多い。人口四万七二一七(一九八八)。

**とおから-ず【遠からず】**(副) 近いうちに。before long

**とおかん-や【十▽日夜】** おもに東日本で、陰暦一〇月一〇日の夜に行われる収穫の祝い。山へ帰る田の神に感謝する。

**とおき【遠き】** 文語的(「遠し」の連体形)遠くのもの。遠い所。

**遠きに行くは必ず邇きよりす**(とおきにいくはかならずちかきよりす) 遠くへ行くためには近くから歩み始めるように、事を行うにあたっては、身近なところから始めて、手順・順序にしたがい、一歩一歩着実に進めていかなくてはならない。

**遠きに交わりて近きを攻む**(とおきにまじわりてちかきをせむ) 利害関係で争いを起こすことのない遠い国と親交を結び、近くの国は背後からも脅かし、攻略する。遠交近攻。

**遠きは花の香、近きは糞の香**(とおきははなのか、ちかきはくそのか) 遠くのものはよく見え、近くのものはみすぼらしく思われるのが人情である。

**トーキー【talkie】** 映像と同時に音声を再生する映画。現代的システムの完成第一作は、一九二七年のアメリカの『ジャズ-シンガー』。日本では昭和六年(一九三一)、五所平之助監督の『マダムと女房』が最初。対義 サイレント。

**とおく【遠く】** 遠い所。distant place 対義 近く。用例 ―の人。

**遠くの火事、背中の灸**(とおくのかじ、せなかのきゅう) 遠方の大きな火よりも、近い小さな火のほうが熱い。自分に関係のうすい大事よりも身のまわりの小事の方が切実に感じられ、心を悩ますものだ。

**遠くの親類より近くの他人**(とおくのしんるいよりちかくのたにん) 急を要する場合には、離れている親類よりも、近所の他人のほうが頼りになる。また、親密でない親類よりも、親密にしている他人のほうが頼りになる。A neighbour is better than a relative living far.

**トーク【talk】** 話すこと。会話。おしゃべり。用例 ―番組。

**トーク【toque】** 円筒形のクラウン(山)を基本とした婦人帽。↓図

●トーク

**トーゴ【Togo】**(Republic of Togo) 西アフリカ、ギニア湾に臨む共和国。首都ロメ。一九六〇年フランスから独立。南北に細長い農業国であるが、燐(りん)鉱石・ボーキサイトを産出。

面積五・七万$km^2$。人口三〇五万(一九八六)。正称トーゴ共和国。

**とお-ざか・る**【遠ざかる】(五自) ①遠くに離れる。遠のく。go away [対義]近付く。②親しくなくなる。be alienated

**とお-ざ・ける**【遠ざける】(下一他) ①遠くへ離れさせる。keep away [対義]近付ける。②疎んずる。alienate

**とおし**【▼簁】目のあらい大形のふるい。

**とおし**【通し】①通すこと。put through [用例]―かご。②目的地に直行すること。go straight [用例]―の切符。③通し肴(なざかな)のこと。日本料理で、酒の肴としてまっ先に出すもの。つきだし・先付け。④「通し狂言」の略。

**とお・し**【遠し】[古語](形ク) ①↓とおい(遠い)。②疎遠だ。親しくない。[用例]―・くて近きもの、極楽、舟の道、人の中(枕・遠くて近きもの)。③気が進まない。疎い。[用例]琴、笛の道は―・う、弓をなむいとよく引きける(源氏・東屋)。④隔たっている。似ていない。[用例]ありさまもことなることもなし、をかしきかたなども―・きが(枕・成信の中将は、入道兵部卿の宮の)。

**遠からん者は音にも聞け、近くば寄って目にも見よ**(とおからんものはおとにもきけ、ちかくばよってめにもみよ) 《武士が戦場で名乗りをあげるときのことば》遠くにいる者は声を聞け、近くにいる者は姿を見ろ。

**遠き慮り無ければ必ず近き憂え有り**(とおきおもんばかりなければかならずちかきうれえあり) 将来を考えずに目先だけ考えていると、近いうちにかならず困ることがおこったり行き詰まったりする。

**どおし**【通し】(接尾) ずっと続けてする意。[用例]走り―。

**ドーシー**【Tommy Dorsey】(一九〇五〜五六) アメリカのトロンボーン奏者・指揮者。スイング時代を代表する人気楽団を率いた。

**とおし-うま**【通し馬】昔、宿駅で継ぎ替えずに、目的地まで直行で雇った馬。

**とおし-うら**【通し裏】着物の表と同様、一反の裏地を用いること。胴裏や裾回(すそまわ)しを接(は)がずに同一の布で作る。男物・子供物の袷(あわせ)や綿入れ長着の仕立て方。

**とおし-きっぷ**【通し切符】①経営の違う交通機関を乗り継ぐとき、一枚で目的地まで通して使える切符。連絡乗車券。through ticket ②芝居などで、昼夜の公演を通して、また、公演期間の何日かに亘(わた)って使える切符。

**とおし-きょうげん**【通し狂言】歌舞伎(かぶき)・文楽で、一つの演目を序幕から結末まで一度に通して演じて見せること。通し。

**とおし-や**【通し矢】弓術の一つ。遠方にある的(まと)を射通す競技。慶長(けいちょう)一一年(一六〇六)尾州藩士浅岡平兵衛が、京都三十三間堂の軒下で五一本を射通し「天下一」の名を上げて以来、さかんに矢数が競われた。

**トー-シューズ**【toe shoes】女性用のバレエ靴。つま先で立って踊れるように考案された。

**とお・す**【通す】㊀(五他) ①《「透す」とも》㋐通るようにさせる。通過させる。let pass [用例]光を―。㋑《「徹す」とも》貫く。いろいろな条件をのりこえる。pierce; persist in [用例]岩を―。意地を―。筋を―。②やめずに続ける。through [用例]三年間無欠席で―。一枚のシャツで―。③あいだに立って伝達する。via [用例]注文を―。④経由する。through [用例]人を―・して話す。⑤合格であると認める。[用例]法案を―。⑥人を部屋に案内する。show in [用例]奥へ―。⑦はじめから終わりまで見る。look over [用例]文書に目を―。⑧狭い所を抜けて向こう側に出す。go through [用例]針に糸を―。㊁《動詞の連用形に付いて》終わりまで続けてする。やりとげる。through [用例]やり―。

**トースカン**【trusquin(フランス)】工作物にけがき線を描く道具。ブロックに垂直に固定した棒にそって上下に移動する針が取りつけてあり、定盤(じょうばん)の上で工作物に水平線を引くのに使う。

**トースター**【toaster】パンなどを焼くための電気器具。

**トースト**【toast】薄く切った食パンを軽く焼いたもの。

**ドーズ-ほう**【ドーズ法】一八八七年、アメリカで制定されたインディアン一般土地割当法。インディアンを特別居住区に移し、割当地以外の土地は白人に売却できるとした。インディアンの白人社会への同化を目的としたもの。Dawes Act

**ドーセ**【Jean Dausset】(一九一六〜) フランスの免疫学者。スネルやベナセラフとともに、細胞組織の移植によって拒絶反応をおこす遺伝子の研究で、一九八〇年ノーベル生理学医学賞受賞。

**とおせん-ぼう**【通せん坊】=とおせんぼ。①通路をふさいで交通をさえぎること。blockade a way ②子どもが両手を広げて通行を妨げる遊び。bar a person's way

**トータル**【total】㊀(名・サ変他) 合計すること。総計。㊁(形動) 全体として扱うさま。[用例]―に見れば。

**トータル-コミュニケーション**【total communication】聴覚障害者とのコミュニケーションを高めるため、適当な方法を組み合わせて総合化しようとする考え。また、その方法。

**トータル-プロダクト**【total product】価格・品質だけでなく、サービス・保証・信用・イメージなどの諸項目から総合的に見たときの商品。

**トー-ダンス**【toe dance】つま先を使って踊る舞踊の総称。素足によるものと特別の靴(=トーシューズ)を使うものがある。

**トーチ**【torch】①たいまつ。[用例]聖火リレーの―。②イギリスで、棒形の懐中電灯。③配管工事用の火吹き器具。トーチランプ。

**トーチカ**【tochka(ロシア)】《点・拠点、の意》国境や重要地点に設けられる、鉄筋コンクリートなどで作られた堅固な防御陣地。開口部から火器によって反撃する。特火点。

**とおつ-かみ**【遠つ神】[枕ことば]《天皇は人間を遠く離れた存在である神の意か》「大君」にかかる。[用例]―わご大君の行幸(いでまし)の(万葉・一・五)。

**とおっ-ぱしり**【遠っ走り】(名・サ変自) 遠くまで出かけること。遠出。trip

**とおつ-ひと**【遠つ人】[枕ことば]《遠くにいる人を待つ、また、遠い北方から飛んでくる雁(かり)を人にたとえて》「松・松浦・雁(かり)」などにかかる。[用例]わが思ふ皇子(みこ)の命(みこと)は春されば殖槻(うゑつき)が上の―松の下道(したぢ)ゆ登らして国見あそばし(万葉・一三・三三二四)。

**とお-で**【遠出】(名・サ変自) 遠くへ出かけること。旅行。trip

**ドーデ**【Alphonse Daudet】(一八四〇〜九七) フランスの小説家。あたたかい人情味と平易な文体で独自の作風をひらく。短編集『風車小屋便り』、長編『ジャック』など。

**ドーデ**【Léon Daudet】(一八六七〜一九四二) フランスのジャーナリスト。アルフォンス=ドーデの子。右翼主義者。『アクシオン-フランセーズ』の主筆として風刺小説・評論・回想録などに腕をふるった。

**トーテミズム**【totemism】トーテムに対する信仰を中心とする社会的・宗教的制度。

**トーテム**【totem】未開の部族集団が血縁関係にある祖先として信仰する自然物。それをかたどった記号。動植物であることが多く、部族とその自然物は互いに守護しあうと考えられる。部族にその名を冠することが多い。

**トーテム-ポール**【totem pole】トーテムを表す形や記号を彫ったり描いたりした標柱。北米インディアンのものが代表的。↓[写]

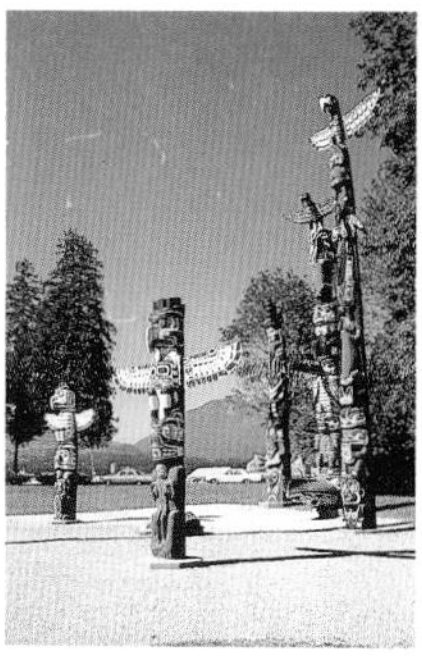

●トーテムポール　スタンレー公園(カナダ)。

**ドーデラー**【Heimito von Doderer】(一八九六〜一九六六) オーストリアの小説家。個人や社会の運命を象徴的に描いた。作品『渦巻く宮中階段』『悪霊』など。

**とおとうみ**【遠▽江】↓とおとうみのくに(遠江国)

**とおとうみ-の-くに**【遠▽江国】《「遠つ淡海(あはうみ)」(=琵琶(びわ)湖の「淡海」に対して、浜名(はまな)湖のこと)の転》旧国名。現在の静岡県西部。東海道の一国。「延喜式」では上国、一三郡。国府は磐田(いわた)市見付(みつけ)、国分寺は同市見付境松(さかいまつ)。明治四年(一八七一)廃藩置県により浜松(はままつ)県。同九年(一八七六)静岡県に併合。遠州(えんしゅう)。遠江。

**ドードー**【dodo】インド洋マスカリン諸島のモーリシャス島にいた絶滅鳥。名の由来は鳴き声と思われる。シチメンチョウほどの大きさ。嘴(くちばし)は異常に大きくて、先が鋭く曲がる。翼は退化して飛ぶことはできなかった。一七〜一八世紀ポルトガル人の到着後に絶滅。同じ諸島に近縁二種がいたが、それらも絶滅。↓[図]

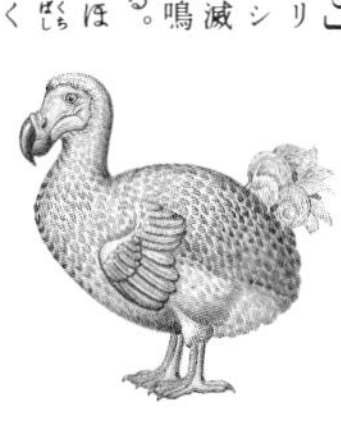

●ドードー

**トート-バッグ**【tote bag】口の開いているハンドバッグ・ショッピングバッグ。上部があき、二つの提げ手がついていて、小荷物や身の回りの小物などを入れる。

**トートロジー**【tautology】①同語反復。類語の重複。②論理学で、命題論理において真となる命題。

**ドーナツ**【doughnut】小麦粉に卵・砂糖・ふくらし粉をまぜてこね、リング形やボール形にして油で揚げた菓子。ドーナッツ。

**ドーナツ-げんしょう**【ドーナツ現象】都市の周辺部の住宅地化が進み、都心部の常住人口が減少する現象。空洞現象。ドーナツ化現象。doughnut phenomenon [比較]スプロール現象。

**ドーナツ-ばん**【ドーナツ盤】一分間四五回転のレコードの俗称。ふつう、直径七(インチ)(=約一七・八cm)で、穴は直径三・八cmの大きさ。シングル盤。EP。extended playing record

**トーナメント**【tournament】勝ち残り式の試合方法。参加者数が二の累乗数でない場合やシードをつける場合には不戦勝を設ける。[比較]リーグ戦。

**とお-なり**【遠鳴り】(名・サ変自) 遠くまで鳴り響くこと・音。distant roar [用例]潮の―。

**とお-ね**【遠音】遠くから聞こえてくる音。

**トーネード**【tornado】↓トルネード

**ドーネン**【Stanley Donen】(一九二四〜) アメリカの映画監督。作品『雨に唄(うた)えば』『シャレード』など。

**とおの**【遠野】〈市〉岩手県南東部の市。旧城下町。稲作・酪農などがさかん。ホップが特産。柳田国男(やなぎたくにお)の『遠野物語』で知られる地。人口三万五六(一九八八)。

**とお-の・く**【遠▽退く】(五自) ①遠ざかる。become far off ②間をおく。become less frequent

**とお-の・ける**【遠▽退ける】(下一他) 遠ざける。keep a person at a distance

**とおのものがたり**【遠野物語】柳田国男(やなぎたくにお)著。岩手県遠野地方の民間伝承を記録した書。明治四三年(一九一〇)刊。日本民俗学開眼の書。

**とお-のり**【遠乗り】(名・サ変自) 車・馬に乗って遠方まで遊びに行くこと。long-distance ride

**ドーハ**【Doha】アラビア半島東部、カタールの首都。ペルシア湾に臨む港湾都市で同国商業の中心。人口一九万(一九八二)。

**ドーパ**【DOPA】《3,4-dihydroxyphenylalanineの略》メラニン合成過程の中間物質。動植物、とくにマメ科植物に多く存在する。

**ドーバー**【Dover】アメリカ南部、デラウェア州セントジョーンズ川に沿う都市。同国最古の町で同州の州都。果物の集散・取引の中心地。人口一・七万(一九八〇)。

**ドーバー**【Dover】イギリス、イングランド南東部、ドーバー海峡に臨む港湾都市。フランスから約三五kmで交通の要衝。人口一〇・三万(一九八五)。

**ドーバー-かいきょう**【ドーバー海峡】(Strait of Dover) イギリス海峡と北海を結ぶ海峡。イギリスとフランス間の最短水路。幅三三km。水深七二m。カレー海峡。

**ドーパミン**【dopamine】カテコールアミンの一つ。ドーパのアミン誘導体で、交感神経系に存在するノルアドレナリンの前駆物質。中枢で欠乏すると、パーキンソン症状を発生する。

**とお-び**【遠火】[対義]近火。①遠方でたいている火。fire in a distant ②火熱を近づけないで使うこと。また、その火。cook not directly over a fire [用例]肉を―で焼く。

**ドービニー**【Charles-François Daubigny】(一八一七〜七八) フランスの風景画家。コローの友人。河岸風景を得意とした。作品『オワーズの岸辺』など。

**ドービニェ**【Théodore Agrippa d'Aubigné】(一五五二〜一六三〇) フランスの詩人・歴史家。叙事詩『悲愴(ひそう)曲』、恋愛詩集『春』、『世界史』など。

**トービン**【James Tobin】(一九一八〜) アメリカの

経済学者。イェール大教授。資産選択理論によって金融市場を分析した。一九八一年ノーベル経済学賞受賞。著書『マクロ経済学の再検討』など。

**ドーピング**[doping] スポーツで、運動能力を高めるために薬物を用いたりすること。不正行為として禁止されている。

**ドーピング-テスト**《和製語》スポーツ選手が競技成績をあげるために興奮剤などの薬物を使用していないかどうかを、尿で検査すること。オリンピックでは一九七二年から実施。ドープチェック。drug test; dope test

**ドーフィネ**[Dauphiné] フランス南東部、アルプス山脈西部の地方。中心都市グルノーブル。ローヌ川東岸からプロバンス地方に至る地域。

**ドープ-チェック**[dope check] ↓ドーピングテスト

**ドーベルマン**[Dobermann] イヌの一品種。肩高六五cm内外。黒・褐色・青灰色などで、毛が短く光沢がある。飼育改良された新しいイヌであるが、祖先・系統について定説がない。番犬・猟犬として優秀。ドイツ原産。↓イヌ写

**とお-ぼえ**【遠吠え】(名・サ変自) ①遠くから聞こえる、犬などのほえる声。長く尾を引くようにほえること。howl ②強いものに直接言わないで、遠くから悪く言うこと。back-bite 用例 負け犬の—。

**トーマ**[Ludwig Thoma](一八六七〜一九二一) ドイツの小説家。農民や小市民生活を風刺とユーモアをまじえて描いた。作品『悪童物語』、喜劇『道徳』など。

**ドーマク**[Gerhard Domagk](一八九五〜一九六四) ドイツの病理学者。アゾ色素プロントジルの抗菌作用を一九三二年に発見、細菌性疾患の化学療法への道を開いた。三九年ノーベル生理学医学賞受賞。

**とお-まき**【遠巻(き)】 離れて取り巻くこと。surrounding at a distance

**とお-まわし**【遠回し】(名・形動) それとなくすること・さま。えんきょく。roundabout expression 用例 —な言い方。

**とお-まわり**【遠回り】(名・形動・サ変自) ①遠く回って行くこと・さま。迂回。detour 対義 近回り。②手数が多くかかること・さま。complexity

**とお-み**【遠見】 ①遠くまで見渡すこと。long-distant viewing ②遠くから見ること。遠目。look at from a distance ③高い所から遠くの敵の動きを見張ること・人。sentry watching a distant enemy; lookout

**ドーミエ**[Honoré Daumier](一八〇八〜一八七九) フランスの画家・版画家・彫刻家。鋭い個性的筆致で政治風刺や庶民生活を描く。作品に石版画『立法府の腹』、油彩画『ドン＝キホーテ』など。↓写

**とお-みち**【遠道】 対義 近道。①遠い道。long way ②回り道。roundabout way

**とお-みみ**【遠耳】 遠くの物音がよく聞こえること・耳。sharp ear

**ドーム**[dome] ①半球状の屋根。円蓋。②丸い形をした山の峰。円頂丘。

**ドーム-きゅうじょう**【ドーム球場】 全体を丸い屋根で覆った球場。世界最初のドーム球場は一九六五年アメリカのテキサス州ヒューストンに建設されたアストロドームで、以後アメリカで六球場がつくられた。日本では昭和六三年(一九八八)三月、旧後楽園球場に隣接して「東京ドーム ビッグエッグ」が竣工した。屋根付き球場。全天候球場。

**とお-め**【遠め】 遠いこと・感じ。distant 参照 近め。

**とお-め**【遠目】 ①遠くから見ること。遠見。see from a distance 用例 夜目 — 傘の内。②遠くがよく見えること。また、遠視眼。far-sightedness 用例 —が利く。

**トーメ**[Mel Torme](一九二五〜) アメリカのジャズ歌手・歌曲作家。軽快なスイング感と洗練された感覚を示す。

**とお-めがね**【遠眼鏡】 遠くを見るための眼鏡。双眼鏡・望遠鏡など。telescope

**とお-や**【遠矢】 矢で遠くのものを射ること。flight shooting

**とお-やま**【遠山】 遠くに見える山。えんざん。

**とおやま-きんしろう**【遠山金四郎】(?〜一八五五) 江戸末期の江戸町奉行。名は景元。金四郎は通称。下情に通じた名奉行とうたわれた。歌舞伎・講談で「遠山の金さん」として知られる。

●ドーミエ『三等車』。一八六二年ごろ、メトロポリタン美術館(アメリカ)。

**とお-やまざと**【遠山里】 遠く離れた、山の中の村里。lonely mountain village

**とおやま-しずお**【遠山静雄】(一八九五〜一九八六) 舞台照明家。広島県生まれ。日本の舞台照明の開拓者。とくに新舞踊運動に寄与。

**とおやま-ひらく**【遠山啓】(一九〇九〜一九七九) 数学者・教育学者。熊本県生まれ。東京工大教授。水道方式とよばれる計算指導体系の原理を作りだした数学教育協議会の中心的人物。教科教育の現代化運動を推進。

**トーラー**[torahヘブライ] 律法の原語。

**トーラス**[torus] 円環体の表面。円環面。

**ドーラン**[Dohranドイツ] 映画・舞台化粧に使うクリーム状ファンデーション。おしろいをワセリンと流動パラフィンで練ったもの。汗くずれしない。ドイツのドーラン社創製。

**とおり**【通り】 一(名) ①通ること。通じること。passage 用例 下水の—が悪い。②道。往来。street; traffic 用例 —に面して店が並ぶ。③声・音が伝わること。伝わり方。currency 用例 声の—がいい。—のよい名前。④聞こえ。評判。reputation 用例 世間の—がよくない。⑤わかりやすいこと。理解。understanding 用例 —のよい文章。⑥上にくる語に同じ状態・ようすであること。そのまま。as 用例 考えた—になる。その—です。三(助数) 組・種類・回数などの、やり方や様式を表す。用例 四—の組み合わせ。

**通りが良い**(とおりがいい) ①評判・受けがよい。popular ②世間に通用する。be recognized ③人の気持ちを、よく理解する。のみこみがよい。be quick to understand

**どおり**【通り】(接尾) ①道筋の名につける語。用例 銀座—。②おおよその分量を表す。くらい。程度。用例 九分—。③同じようす・状態。用例 従来—。予想—。

**ドーリア-しき**【ドーリア式】 ギリシア建築におけるオーダーの三様式の一つ。逆円錐台形の柱頭が特徴。もっとも古く、簡素で力強い。ドリス式。Doric order 比較 イオニア式・コリント式。↓オーダー図

**ドーリア-じん**【ドーリア人】 古代ギリシア民族の一派。紀元前一二世紀ごろ鉄器文明をもってギリシアに進入。ミュケナイ文明圏を征し、ペロポネソス半島に定住、スパルタなどを建設。クレタ島、小アジア南西岸、シチリアまで進出。ドリス人。Dorian

**とおり-あめ**【通り雨】 短時間降って、すぐに晴れ上がる雨。過雨。shower

**とおり-あわ・せる**【通り合(わ)せる】(下一自) ちょうどその時にその場を通る。come across

**とおり-いっぺん**【通り一遍】(名・形動) ①通りがかりに寄っただけのこと・さま。普段からのなじみでないこと・さま。casualness ②うわべだけのこと・さま。皮相。perfunctoriness 用例 —の挨拶。

**トーリー-とう**【トーリー党】(Tory) イギリスの保守系政党。一六八〇年ごろから民権を代表するホイッグ党と対立。王権を代表し、地主や僧侶らに支持された。一八世紀後半ジョージ三世治下に政権を担当したが、一八三〇年ホイッグ党に敗退。三二年ごろ保守党と改称。

**とおり-がかり**【通り掛(か)り】 ①そこにさしかかること。pass ②通るついで。通り掛け。通りすがり。on the way

**とおり-かか・る**【通り掛(か)る】(五自) ちょうどその場を通ろうとする。通りすがる。come across

**とおり-がけ**【通り掛け】 ↓とおりがかり(通り掛かり)②

**とおり-こ・す**【通り越す】(五自) 通り過ぎて先へ行く。通過する。pass

**とおり-ことば**【通り言葉】 一般に使われていることば。cant

**とおり-すがり**【通りすがり】 通り掛かり。on the way

**とおり-そうば**【通り相場】 世間一般の値段・評価。current price

**とおり-な**【通り名】 ①一般に通用する名。popular name ②その家で代々受け継ぐ名前。

**とおり-ぬけ**【通り抜け】 路地などで、向うへ抜けられること・道。passing through

**とおり-ぬ・ける**【通り抜ける】(下一自) ①そこを通って出る。pass through ②そこに止まらないで行く。通過する。pass through

**とおり-ま**【通り魔】 ①突然現れて危害を与える魔物。②通りがかりに人に危害を加える悪者。phantom slasher

**とおり-みち**【通り道】 ①通行する道。way ②途中で通過する場所。on the way

**とお・る**【通る】(五自) ①一方から他方へ進んでいく。come and go 用例 人馬が—。②一方の端から他方の端へ抜ける。通過する。pass 用例 空気が—穴。③部屋に入る。come in 用例 客間に—。④受かる。合格する。pass 用例 試験に—。法案が—。⑤運行する。run 用例 駅までバスが—。⑥《「透る」とも》すいて見える。be transparent 用例 光が—。⑦《「徹る」とも》㋐届く。reach 用例 よく—声。㋑みなに認められる。通用する。prevail 用例 無理が—。弁解も—らない。⑧通じる。開通する。connect 用例 電話が—。⑨伝達される。pass 用例 追加注文がまだ—ってない。⑩知れ渡る。prevail 用例 ペンネームで—。

**トール**[Thor] 北欧神話第一の豪勇神。農民たちの神で、知恵が少し足りず、大食・大酒飲みで怒りっぽい。鉄槌を投げて巨人を倒す。参考 英語の Thursday (木曜日)は、トールの日、の意。

**ドール**[dhole] イヌ科の哺乳動物。オオカミに似て、肩高四〇〜五〇cm。数頭から三〇頭ほどの群れをなし、巧妙な集団狩猟をする。中央アジア・インド・中国などに分布。

**トール-オートグラス**[tall oatgrass] イネ科の多年草。明治初年牧草用に輸入。河川敷などに群生。エンバクに似る。

**トールキン**[John Ronald Reuel Tolkien] ↓トルキーン

**トールゲート**[tollgate] 有料道路や高速道路などの出入り口付近に設置されている料金徴収所。

**トール-フェスク**[tall fescue] イネ科の多年草。高さ約一・五m。明治初年に牧草用に輸入。造成地の土壌浸食防止にも利用。

**とおわ**【十和】〈村〉 高知県西部、四万十川に沿う村。シイタケ・茶の栽培などを行う。人口四五〇三(一九八八)。

**トーン**[tone] ①音調。②色調。③雰囲気。感じ。用例 はなやかな—のデザイン。

**トおん-きごう**【ト音記号】 楽譜で、五線上の第二線が一点ト音であることを示す高音部記号。バイオリン記号。ト音部記号。ト字記号。G clef

**と-か**【都下】 ①みやこの内。in the capital ②東京都内。③東京都の中で、二三区以外の市町村。

**と-か**【渡河】(名・サ変自) 川をわたること。cross a river

**とか**(副助)《種々の語に付く》並べあげる意を表す。用例 紙—鉛筆—、みんな用意した。

**と-か**(連語) はっきりしない意を表す。用例 小林さん—言う人。そう言った—。

**とが** 9画【栂】 部首[木]へん 和製漢字 JIS 3646 ツガの別名。マツ科の常緑針葉高木。↓つが[栂]

**とが**【科・咎】 ①過ち。fault ②罪。charge ③傷。欠点。fault

**と-が**【都雅】(形動) みやびやかなさま。風流。elegance 対義 野卑。

**とが**【利賀】〈村〉 富山県南西部、岐阜県に接する村。林業が主体。民謡『麦屋節』で知られる。近年、世界演劇祭の開催地となる。人口一二一八(一九八八)。

**ドガ**[Hilaire-Germain Edgar Degas](一八三四〜一九一七) フランスの画家・彫刻家。鋭い観察力と巧みなデッサンで踊り子・水浴の女・騎手などを描く。印象派展に参加。晩年はパステル・



↓ 行き先項目、図版・写真参照印。 JIS 日本工業規格情報交換用漢字符号コード(区点コード)。

●ドガ『オペラ座の楽屋』。一八七二年、メトロポリタン美術館(アメリカ)。

彫刻に専念。作品『オペラ座の楽屋』『アブサント』など。→写

**と-かい【都会】**①その地方で商工業・文化などの中心となっていて、人口の多い、にぎやかな土地。都市。city ②「都議会」の略。用例 —議員。

**と-かい【渡海】**(名・サ変自) 船で海をわたること。渡航。cross the sea

**ど-かい【土塊】** 土のかたまり。つちくれ。clod

**ど-がい【度外】** 範囲・程度のほか。out of acount

**どがい-し【度外視】**(名・サ変他) 問題にしないこと。take no account of 用例 損得を—する。

**とかい-びょう【都会病】**①都会に住んでいる人がかかりやすい病気。神経衰弱など。disease of city life ②地方の人がいだく都会へのあこがれ。long for a city life

**とかいほうかん【図絵宝鑑】** 中国の画家伝。五巻。元の夏文彦編。一三六五年成立。画論と画家約一五〇〇人の伝記を記す。室町時代に伝来、日本の画論に影響を与えた。

**とかえり-の-はな【十返りの花】**《一〇〇年に一回、一〇〇〇年に一〇回花が咲くといわれるところから》マツの花の雅称。

**と-かき【斗▼搔き】** 升に盛った穀類を縁にそって平らにならすための棒。かいならし。ますかき。

**と-がき【ト書(き)】**《歌舞伎の脚本で、せりふのあとに、「ト叫んで退場」などと書いたことから》脚本で、俳優の動作などを指定する注意書き。stage directions 対義 せりふ。

**と-かく【▼兎角・▽左▽右】**(副)《ともに当て字》①㋐あれこれ。かれこれ。いろいろ。one thing or another 用例 —するうちに。㋑《「とかくの」の形で》よくない、あれこれの。用例 —のうわさがある。②ややもすれば。apt to 用例 —まちがいやすい。③とにかく。anyhow

**兎角浮世は儘ならぬ** とにかくこの世は自分の思う通りにはならない。

**とがくし【戸隠】**〈村〉長野県北部、長野市北西隣の村。高原野菜栽培や酪農がさかん。ソバ・竹細工は名産。戸隠山・戸隠神社がある。人口五九九九(八九)。

**とがくし-こうげん【戸隠高原】** 長野県北部、戸隠山と飯縄山の間にある高原。野鳥の大生息地。キャンプ場やスキー場がある。

**とがくし-しょうま【戸隠升麻】** メギ科の多年草。深山の林内にまれに見られる。高さ約三〇cm。葉は三出複葉で、五～六月に、淡紫色の花を下向きにつける。トガクシソウ。→図

●トガクシショウマ

**とがくし-じんじゃ【戸隠神社】** 長野県上水内郡戸隠村にある旧国幣小社。奥社・中社・宝光社の三社。祭神は天手力男命ほか三神。中世、修験道が栄え、戸隠三千坊と称された。祈雨・豊作の神。

**とがくし-そう【戸隠草】** トガクシショウマの別名。

**とがくし-やま【戸隠山】** 長野県北部にある山。標高一九〇四m。戸隠神社がある。古来信仰の山として知られる。

**と-かげ【▼蜥▼蜴・▽石▽竜▽子・▼蝘▼蜓】** 有鱗目トカゲ亜目に属する動物の総称。現存する爬虫類中もっとも栄え、世界に約三〇〇〇種が生息する。全長数センチメートルのものから同約三mのコモドオオトカゲまで、大きさも変化に富む。尾は切れやすいが、まもなく再生する。lizard

**とかげ-ざ【▼蜥▼蜴座】** 北天の星座。はくちょう座の北で、夏の天の川の中にある星座。明るい星はない。一〇月二四日ごろの午後八時ごろに南中。面積二〇一平方度。Lacerta

**とがけんもんし【図画見聞誌】** 中国の画家伝。六巻。宋の郭若虚編。一〇七四年成立。画論・画家略伝・故事を記す。

**とが-さわら【▼栂▼椹】** マツ科の常緑針葉高木。高さ約三〇m。葉は線形。四月に開花。球果は卵円形。近畿地方と四国の山地に分布。サワラトガ。

**とかしき【渡▼嘉敷】**〈村〉沖縄県、慶良間列島渡嘉敷島を中心とする村。第二次大戦の激戦地。水産業が主。人口六九八(八九)。

**とがし-まさちか【富▼樫▽政▽親】**(一四五五ごろ-一四八八) 室町中期の武将。加賀の人。応仁の乱後、一時加賀を追われたが、蓮如の援助で一国守護となった。のち一向一揆と戦い、敗死。

**とか・す【溶かす】**(五他) ①粉状・粒状のものを液体の中に入れたり、液体を加えたりして液状にする。dissolve 用例 砂糖を—。②《「熔かす」「鎔かす」とも》金属を熱して液状にする。melt 用例 炉で鉄を—。③固くなっているものに熱を加えて液状にする。用例 バターを—。

**とか・す【解かす】**(五他) ①《「融かす」とも》雪・氷などを水にする。melt 用例 氷を—。②《「梳かす」とも》髪の毛のもつれなどをほぐす。comb 用例 髪を—。③心・気持ちをなごやかにする。用例 かたくなな心を—。

**どか・す【▽退かす】**(五他) 人や物を他に移す。remove

**ど-かた【土方】**《卑語》土木工事で土砂の掘削・運搬などに従事する人。土木作業員のかつての俗称。navvy

**とかち-がわ【十勝川】** 北海道十勝平野を南東流する川。長さ一五六km。十勝岳に発し、太平洋に注ぐ。発電、農・工業に利用。

**とかち-こんぶ【十勝昆布】** ミツイシコンブの別名。

**とかち-だけ【十勝岳】** 北海道中央部にそびえる山。標高二〇七七m。円頂丘をのせた複雑な成層火山で、活火山。大正一五年(一九二六)と昭和三七年(一九六二)に大爆発。同六三年(一九八八)にも爆発した。

**とかち-へいや【十勝平野】** 北海道東部、太平洋側の平野。日本最大の畑作地帯で、とくに豆類の生産で有名。酪農と組み合わせた混合経営がさかん。

**どかっ-と**(副) =どっかりと。①重いものが勢いよく落ちるさま、また、下ろすさま。thuddingly 用例 —荷物を下ろす。②一時に大きく増減するさま。immensely

**どか-どか**(副) ①大勢が足音高く行き来するさま。in a crowd 用例 客が—と上がりこむ。②物事が一時にたてこむさま。どさっと。incessantly 用例 —と荷物が届く。

**とが-にん【▽科人・▼咎人】** 罪人。criminal

**とがのお【▼栂尾】** 京都市北西部、清滝川に沿う地区。槙尾・高尾とともに三尾とよばれる紅葉の名所。高山寺がある。

**とがのき-の【▼栂の木の】**[枕ことば]《「とがのき」は、ツガの木。音が類似することから》「つぎつぎ」にかかる。用例 瑞枝さし繁に生ひたる— いやつぎつぎに万代にかくし知らさむ(万葉・六・九〇七)。

**どか-ひん【どか貧】**《俗語》急に貧乏になること。対義 じり貧。

**と-がま【▽利▼鎌】** よく切れるかま。

**ど-がま【土▼釜】** 土製の飯釜。金属製にくらべると火のまわりは遅いが保温性がよい。

**ど-がま【土窯・土▼竈】** ①土で作ったかま。earthen kiln ②炭がまの一種。かまど口以外は粘土でつくり、木材が炭化した後、密閉して消火する。soft-charcoal furnace

**トカマク【Tokamakロシ】**《ロシア語のtok(電流)・kamera(容器)・magnit(磁場)・katushka(コイル)から》核融合に必要な重水素と三重水素の高温プラズマを発生する装置。真空容器はドーナツ状の導体壁に収められており、生じたプラズマはパルス電流により加熱される。

**とが・む【▼咎む】** 古語 (下二他) ↓とがめる(咎める)

**とがめ-だて【▼咎め立て】**(名・サ変他) 少しの欠点をとりあげて、強くなじること。fault-finding

**とが・める【▼咎める】**(下一自他) ①(他)㋐なじる。非難する。blame 用例 遅刻を—。㋑怪しんで聞く。ask ②(自)㋐はれもの・傷などをつついていっそう悪くする。get inflamed ㋑自分の行為を自ら非難したくなる気持ちになる。反省して心が痛む。用例 気が—。良心が—。

**どか-ゆき【どか雪】** 短時間に多量に降り積もる雪。

**トカラ【Tokhara・吐火羅】**↓トハラ

**とがら-か・す【▼尖らかす】**(五他) とがらす。とんがらかす。sharpen

**とがら・す【▼尖らす】**(五他) =尖らせる。①物の先を鋭く細くする。sharpen 用例 鉛筆のしんを—。②心を細かい点まで鋭く働かす。get nervous 用例 神経を—。③とげとげしくする。be harsh 用例 声を—。

**とから-れっとう【吐▼噶▼喇列島】** 鹿児島県薩南諸島中部の島群。東西二列にならぶ火山島群。

**とがりいし-いせき【▼尖石遺跡】** 長野県茅野市の八ケ岳山麓で発掘された縄文時代中期の大集落址。遺跡中の三角錐状の石に由来する呼称。

**とがり-がお【▼尖り顔】** はらをたてて口先をとがらせた顔つき。sullen face

**とがり-ごえ【▼尖り声】** 怒ったときなどの、かん高くとげとげしい声。とんがり声。sharp voice

**とがり-ねずみ【▼尖▼鼠】** トガリネズミ科の食虫類の総称。体長五～九cmで、世界最小の哺乳類の一つ。ネズミに似るが吻がとがる。ミミズなどを捕食する。shrew →写

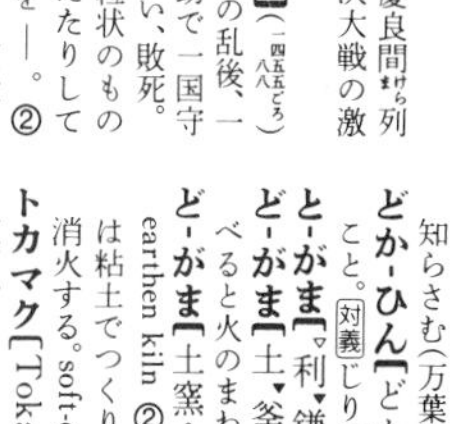

●トガリネズミ

**とが・る【▼尖る】**(五自) ①先が鋭くなる。get sharp ②過敏になる。get sharp ③とげとげしくなる。be harsh 用例 —った声。

**とがわ-しゅうこつ【戸川秋骨】**(一八七〇-一九三九) 英文学者・随筆家。本名、明三。熊本県生まれ。東大卒。外国文学の翻訳・紹介に努めた。著書『英文学講話』など。

**とがわ-ゆきお【戸川▽幸▽夫】**(一九一二-) 小説家。佐賀県生まれ。山形高校中退。動物文学にすぐれる。作品『高安犬物語』『牙王物語』など。

**ど-かん【土管】** 粘土を焼いて造った円筒形の管。排水管や煙突などに用いる。earthen pipe

**どかん-と**(副) ①爆発の音・さま。また、重い物がかたい物にぶつかったり落ちたりしたときの音・さま。bang 用例 車が—ぶつかる。②物事が急激に変化するさま。tremendously 用例 —株価が下がる。

**と-かんむり【戸冠】** 漢字を組み立てている部分の名。「所・扇」などの「戸」。

**とき【▼鴇】** 17画 部首[鳥] 和製漢字

↓とき[鴇・朱鷺・鴾・桃花鳥]

**とき【時・▽刻】** ①年・月・日・時・分・秒などで表されるもの。時間。time 用例 —は金なり。②一昼夜の区分。時刻。time 用例 —を告げる。③時刻を知らせるもの。用例 鶏が—をつくる。—の鐘。④機会。時期。opportunity 用例 —を待つ。⑤時代。年代。the day 用例 —の移り変わり。⑥そのとき。in those days 用例 —の人。⑦季節。season 用例 寒い—。⑧時勢。times 用例 —のなりゆき。⑨《「秋」とも》重大な時機。time 用例 危急存亡の—。⑩英文法で、テンス。時制。tense ⑪おり。場合。case 用例 本を読む—は姿勢を正しく。

**時移り事去る** 時代が移り、諸事が変化する。Times change and we with them.

**時移る** 歳月が経過する。時がたつ。pass

**時が解決する** 月日がたてば、嫌な思い、つらい思い、また、思い切ることができないことなども、自然と忘れることができるものだ。Time will cure all.

**時しも有れ**(ときしもあれ) ちょうどその時。おりもおり。just then

**時ぞともなし**(ときぞともなし) いつという時をきめない。時の流れに制約されない。

**時となく**(ときとなく) いつと時を定めず。常に。all the time

**時と場合**(ときとばあい) ①その時々の状況。time and circumstance ②その時期と場所柄。time and situation

**時なる哉**(ときなるかな) 今がもっともよい時機だ。

**時に遇う**(ときにあう) ①ちょうどよい時機にめぐり会う。have luck ②好機にめぐり会って栄える。時めく。have one's day

**時に遇えば鼠も虎と成る**(ときにあえばねずみもとらとなる) 好時機にめぐりあうと、つまらない、力のないものでも勢いを得る。

**時に当たる**(ときにあたる) その時にぶつかる。よい機会にめぐりあう。類似 時に臨む。

**時に従う**(ときにしたがう) その時の情勢に順応する。時流にさからわない。follow the fashion of the day

**時につく**(ときにつく) その時その時に応じる。時世に順応する。

**時に取って**(ときにとって) ①その場合場合で。at that occasion ②その時に当たって。at that moment

**時に臨む**(ときにのぞむ) ちょうどその時期になる。face the occasion

**時に因りけり**(ときによりけり) その時の事態・状況に応じて、事の是非が決まること。That depends.

**時に寄る**(ときによる) 時の勢力を頼りとする。なりゆきに任せる。

**時に因る**(ときによる) その時の事態や状況に従う。時節にさからわない。go with the tide

**時の代官、日の奉行**(ときのだいかん、ひのぶぎょう) 処世上、その時その時に力や勢いのあるものには、さからわずに従っているのがよい。保身のため、権力・権勢のある者には、服従するのが得策である。

●トキ

**時の用には鼻をも削ぐ**(ときのようにははなをもそぐ) 緊急の必要のためには、手段をえらばない。時の用には鼻。

**時は得難くして失い易し**(ときはえがたくしてうしないやすし) 好機会はめぐりあうのに骨が折れるが、逃がすのは簡単である。

**時は金也**(ときはかねなり) 時間をむだについやしてはならない。Time is money.

**時、人を待たず**(とき、ひとをまたず) 月日が過ぎるのは早く、好機はすぐ離れていく。歳月人を待たず。

**時分かず**(ときわかず) 時を定めない。季節の区別がない。いつでも同じ状態である。

**時を失う**(ときをうしなう) ①チャンスを逃す。miss a chance ②おちぶれる。come down ③時機に会えなかったり時勢に合わなかったりで、衰える。be untimely and decline

**時を移さず**(ときをうつさず) 時間の経過するひまもないほど、すぐに。ただちに。without delay

**時を得る**(ときをえる) 時機をとらえて栄える。時めく。timely

**時を稼ぐ**(ときをかせぐ) 準備を整えるための時間をつくる。gain time

**時をかわさず**(ときをかわさず) すぐに。即刻。時をかえず。時を移さず。

**時を奏す**(ときをそうす) 昔、宮中で行われた時報の方式。時刻を告げる。時の奏。

**時を撞く**(ときをつく) 時を知らせる鐘をつき鳴らす。

**時を作る**(ときをつくる) ニワトリが鳴いて、時を知らせる。crow

**時を分かたず**(ときをわかたず) 決った時に、ということではなく。時を選ばないで。時を定めず。at all hours 用例 ―豪雨が襲う。

**とき【▽斎】** ①《仏教語》＝さいじき・さいしょく。㋐午前中の食事の時刻に僧が食事すること。対義 非時。㋑仏事のとき、人々に出す食事。②精進料理。

**とき【▽鬨・▽鯨▽波】** ①大勢で声をそろえて叫ぶこと・声。shout 用例 ―の声。②昔、戦いを始めるとき、大将が「えいえい」と叫び、軍勢が一斉に「おう」と和して、三度繰り返した叫び声。

**鬨を合わす**(ときをあわす) 合戦で、敵のときの声に合わせて、味方もときの声をあげることを言う。

**とき【▽鴇・朱▽鷺・▽鴾・▽桃▽花▽鳥】** トキ科の鳥。全長約四〇cm。シラサギに似て、嘴(くちばし)はかま状。尾羽などが、とき色(淡紅色)で美しい。特別天然記念物だが、日本では絶滅寸前。東アジアに分布。↓写

**とき【土岐】**〈市〉 岐阜県南東部、土岐川流域の市。古くから陶磁器製造で知られた窯業(ようぎょう)都市。人口六万五一一五(一九八八)。

**とぎ【▽伽】** ①話し相手になって、退屈を慰めること・人。entertainment ②看護すること・人。nurse ③寝所に付き添うこと・女。attend on 用例 夜―。

**とぎ【富来】**〈町〉 石川県、能登(のと)半島西岸の町。農・漁業中心。能登金剛(こんごう)などの景勝地がある。人口一万二九二七(一九八八)。

**ど-き【土器】** 粘土をこねて乾燥させ、七〇〇〜八五〇℃で焼きあげた容器。世界の何か所かで多元的に発生したとみられる。日本の縄文土器の発生は、約一万年前とされる。かわらけ。earthenware

**ど-き【怒気】** いかりの気持ち。怒ったようす。anger 用例 ―を含む。

**どき【時】**(接尾) ①時節。季節。用例 花見―。②ころ。用例 夜明け―。③時機。ちょうどいいころ。用例 今が見―だ。④時代。用例 いま―の青年たち。

**とき-あか・す【解き明(か)す・解明(か)す】**(五他) 問題を解いて、わかるようにする。make clear

**とき-あか・す【説き明(か)す・説明(か)す】**(五他) 意味を説いて、わかりよくする。物事がよくわかるように話す。explain

**とき-あらい**(―あらひ)**【解(き)洗い】** 着物の縫い糸をほどいて洗うこと。対義 丸洗い。

**とき-いろ【▽鴇色】** 薄い桃色。pale pink

**ときえだ-もとき【時枝▽誠記】**(一九〇〇〜一九六七) 国語学者。東京生まれ。東大教授。「言語過程説」を提唱、独自の日本語文法体系を築く。著書『国語学原論』など。

**とき-おこ・す【説き起(こ)す・説起(こ)す】**(五自) 説明を始める。begin one's argument 用例 第一次大戦から―。

**とき-およ・ぶ【説(き)及ぶ】**(五自) そのことまで説明する。touch on 用例 人間の存在にまで―。

**とき-おり**(―をり)**【時折】**(副) ときどき。ときたま。sometimes

**と-ぎかい【都議会】** 東京都の議決機関。東京都民によって選挙された都議会議員によって構成され、都の自治行政についての意思を決定する。

**とき-がし【時貸し】**(名・サ変他) いちじ貸すこと・お金。当座貸し。cash credit 対義 時借り。

**とき-かた【解き方】** ①問題・事件などの解決のしかた。how to solve ②数学で、問題を解く方法。解法。how to solve

**とき-かた【説き方】** 説明のしかた。the way of explanation

**とき-がた・い【解(き)難い】**(形) 解決しにくい。わかりにくい。difficult to solve

**とき-がた・い【説(き)難い】**(形) 説明しにくい。difficult to explain

**とき-がり【時借り】**(名・サ変他) いちじ借りること・お金。day-to-day money 対義 時貸し。

**ときがわ**(―がは)**【都幾川】**〈村〉 埼玉県中部、秩父(ちちぶ)山地東麓(とうろく)の村。林業が主。木製家具製造で知られる。人口七九〇一(一九八八)。

**ときぎぬ-の【解き▽衣の】**［枕ことば］《「ときぎぬ」は、縫い糸をほどいた着物》「乱る」にかかる。用例 ―恋ひ乱れつつ浮沙(うきまなご)生きてもわれはあり渡るかも(万葉・一一・二五〇四)。

**とき-ぐし【解き▼櫛】** 髪の毛を解くための、歯の粗いくし。あらぐし。wide-toothed comb

**とき・じ【時じ】** 古語 (形シク)《上代語》①時期はずれである。用例 国見する筑波(つくは)の山を冬ごもり―・じき時と見ずて行かば(万葉・三・三八二)。②時節を定めない。絶え間ない。用例 み芳野(よしの)の耳我の山に―・じくそ雪は降るとふ(万葉・一・二六)。

**とぎ-し【研(ぎ)師】** 刃物・金属製の鏡などを研ぐ職人。

**ときじく-の-かくのこのみ【▽非▽時▽香▽菓】** タチバナの古名。採った後も腐らず香りのかわらないことからいう。

**とき-しらず【時知らず】** 季節をえらばず咲かせたり収穫できる植物。キンセンカ・トキナシダイコン・フユイチゴ・ヒナギクなど。

**とぎ-しる【▽磨ぎ汁】** 米をといだあとの白く濁った水。

**とき-すす・める【説(き)勧める】**(下一他) 色々と話して、そうするように勧める。persuade

**とぎ-すま・す【研(ぎ)澄ます】**(五他) ①刃物などをよく研いで曇りをなくす。sharpen well 用例 ―・した名刀。②敏感にする。sensitize 用例 神経を―。

**とき-ぜんまろ【土岐善▼麿】**(一八八五〜一九八〇) 歌人。号は哀果(あいか)。東京生まれ。早大卒。抒情に満ちたローマ字三行書きの歌集『NAKIWARAI』など。

**トキソイド【toxoid】** 細菌の毒素のうち、抗原性を保ったままで、毒性をなくしたもの。ジフテリアや破傷風(はしょうふう)の予防接種に用いる。

**とき-そう【▼鴇草】** 湿地にはえるラン科の多年草。高さ一五〜三〇cm。葉は長楕円(ちょうだえん)形で茎の中央に一枚つく。初夏に径約二cmの淡紅紫色の花が咲く。↓写

**ときそば【時▼蕎▽麦】** 落語の題名。夜鷹(よたか)蕎麦屋の勘定(かんじょう)を、時刻をたずねながら支払いを一文ごまかした男をまねた男が、一刻(いっとき)はやく出かけてしまったため、余計に支払うこととなるはなし。

**トキソプラズマ【toxoplasma】** 人や動物を冒す原虫の一種。分類所属は未定。脳炎・肺炎様症状の人獣共通の感染症を起こすものがある。

**トキソプラズマ-しょう【トキソプラズマ症】** 原虫のトキソプラズマの感染によっておこる病気。家畜や食肉を介して人にうつり、リンパ腺(せん)炎や脳炎などをおこす。妊婦が妊娠初期に感染すると流産し、後期の感染では新生児の奇形や精神障害の原因となる。toxoplasmosis

**とぎ-だし【研(ぎ)出し】** ①石材などをみがいて、文様・つやを出すこと。その石。polish ②「研ぎ出し蒔絵(まきえ)」の略。

**とぎだし-まきえ【研(ぎ)出し▼蒔絵】** 漆器の模様づけの手法。漆で絵を描いた上に金粉・銀粉を蒔き、さらに漆を塗り重ね、木炭で研(と)いで絵を浮き出させる。

**とき-たま【時▽偶】**(副) いつもではないさま。ときどき。おりおり。たまに。once in a while

**とぎつ【▽時津】**〈町〉 長崎市北隣、大村湾に臨む町。ミカンの産地。電機工場がある。宅地化が活発。人口二万四二一八(一九八八)。

**ど-ぎつ・い**(形)《「ど」は接頭語》いかにもきついさま。ぎすぎすしているさま。gaudy 派生 どぎつさ(名)

**とき-つ-かぜ【時津風】** ①㋐時節にふさわしく吹く風。㋑満潮のとき吹く風。②［枕ことば］「吹飯(ふけひ)」にかかる。用例 ―吹飯の浜に出でゐつつ贖(あか)ふ命は妹(いも)がためこそ(万葉・一二・三二〇一)。

**とき-つ・ける【説(き)付ける】**(下一他) 説いて自分の説に従わせる。説き伏せる。persuade

**とき-どき【時時】** ㊀(名) そのときそのとき。each occasion 用例 ―の草花をめでる。㊁(副) いつもではないさま。おりおり。たまには。sometimes 用例 ―訪ねてくる。

**どき-どき**(副・サ変自) 不安・興奮・恐怖などで、激しく動悸(どうき)がするさま。throbbingly 用例 胸が―する。

**とき-として【時として】**(副) どうかすると。ある場合には。in some cases

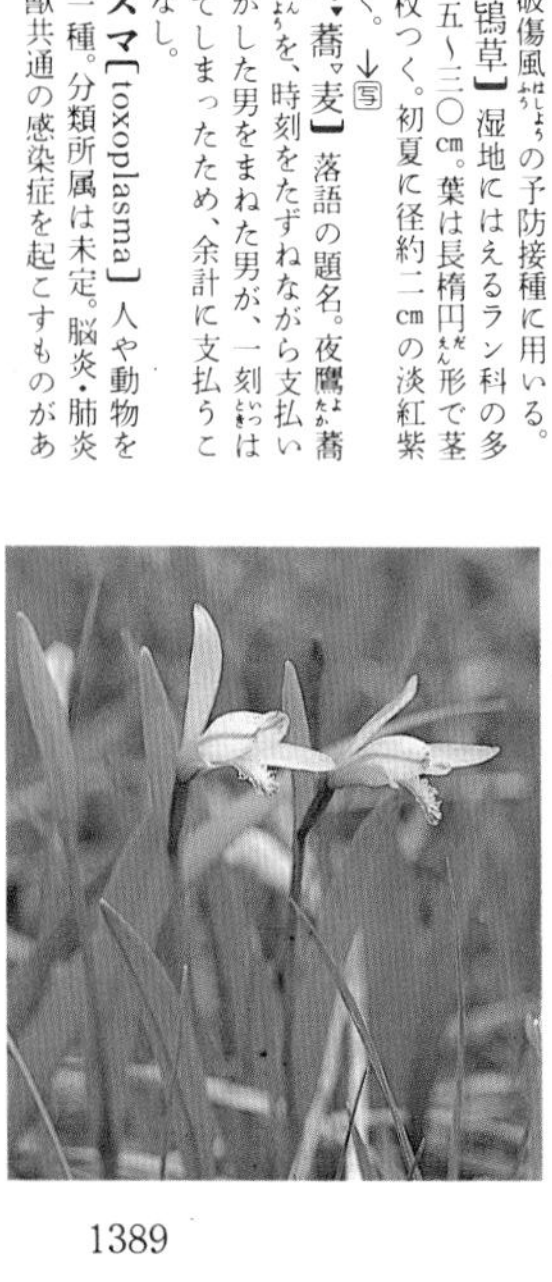

●トキソウ

**とき-なし【時無し】** ①きまった時がないこと。いつものこと。②「トキナシダイコン」の略。

**ときなし-だいこん【時無大根】** ダイコンの一種。早春から晩秋まで、季節をえらばず栽培される。根は細長く約三〇cm。肉がやわらかく、漬物用。トキナシ。

**とき-ならぬ【時ならぬ】**(連体) その時季でない。その時でない。不意の。unseasonable; sudden 用例 ―雪。

**とき-に【時に】** 一(副) ①ちょうどその時。always ②ときたま。ときおり。occasionally 用例 ―聞こえてくる。 二(接続)《改めて言いだす》ところで。さて。by the way

**とき-の-うじがみ【時の氏神】** ちょうどおりよく現れた仲裁人。

**とき-の-うん【時の運】** そのときの運。ときの勢い。time and tide 用例 勝敗は―。

**ときのおどり【時の踊り】**《原題Danza dell'ore(イタリア)》ポンキエルリ作曲のバレエ曲。オペラ『ジョコンダ』第三幕にある。一八七六年作。

**とき-の-きねんび【時の記念日】** 六月一〇日。時間尊重の観念を育成する目的で、大正九年(一九二〇)に制定された。天智一〇年(六七一)、天智天皇がはじめて水時計を設けた日にちなむ。National Time Day

**とき-の-こえ【▼鬨の声】** 鬨をつくること。battle cry

**とき-の-はな【時の花】** ①四季おりおりの花。②時を得て栄えているもの。

**時の花を挿頭す**(ときのはなをかざす)《その季節の、また、そのときにふさわしい花を髪にさす、の意から》時の運に恵まれて、はなやかに栄える。

**とき-の-ひと【時の人】** ①そのころの人。man in those days ②時を得て栄えている人。③今、話題になっている人。man in the news

**とき-の-ま【時の間】** しばらくのあいだ。ときのほど。a moment 用例 ―の命。

**とき-はな・す【解(き)放す】**(五他) 縄・禁止を解いて自由にする。解放する。set free

**とき-ふ・せる【説(き)伏せる】**(下一他) 説きつける。argue down

**とき-ほぐ・す【解(き)▽解す】**(五他) 絡まったり、固くなったりしたものやことがらを、解いてほどく。解きほどく。disentangle

**どぎ-まぎ**(副・サ変自) 威圧されたり、突然だったりして、うろたえるさま。flurriedly 用例 急に話しかけられて―する。

**とき-めか・す**(五他) 胸をどきどきさせる。ときめかせる。flutter one's heart

**とき-め・く**(五自) 感情が高ぶって、胸がわくわくする。どきどきする。palpitate

**とき-め・く【時めく】** 一(五自) よい時にめぐりあって栄える。enjoy great prosperity 二 古語(四自) 寵愛を受けて、はぶりがいい。用例 すぐれて―・きたまふありけり(源氏・桐壺)。

**ど-ぎも【度肝・度▽胆】** きも。きもったま。courage

**度肝を抜く**(どぎもをぬく) たいへんびっくりさせる。strike a person out of his wits

**とき-もの【解き物】** 着物の縫い糸をほどくこと。ほどいた着物。ほどきもの。

**とぎ-もの【研(ぎ)物】** 刃物などを研ぐこと。研ぐ必要のある刃物。whett 用例 ―師。

**どきゅう-かん【▼弩級艦】** 一九〇六年に建造されたイギリスの戦艦ドレッドノート(排水量一万七九〇〇トン、三〇cm主砲一〇門)と同程度の戦力をもつ軍艦。これをしのぐ艦を超弩級といった。dreadnought

**ドキュメンタリー[documentary]** 事件などの実際にあったことをもとにして構成された記事・小説・映画・放送番組など。

**ドキュメンテーション[documentation]** 研究などの必要に応じて、整理・体系化し、記録された情報を円滑に提供するための一連の技術。情報の収集・分類、索引・抄録の作成、情報検索など。情報管理。

**ドキュメント[document]** 記録。文書。文献。

**とき-よ【時世】** ①時代。時勢。the times ②その時代の習わし。custom of the day

**と-ぎょ【渡御】**(名・サ変自) ①祭礼のさい、ご神体が神輿や舟などで本宮からお旅所などに移り渡ること。②天皇や三后が外出すること。のちには、将軍の外出をもさした。出御。

**と-ぎょ【▼蠹魚】** シミ(紙魚)の異名。

**と-きょう【斗▼栱・▼枓▼栱】** ↓くみもの(組み物)

**ど-きょう【度胸】** 物事に恐れない気力。困難にぶつかっていく意気。胆力。courage 用例 いい―だ。

**度胸が据わる**(どきょうがすわる) 物事に動じない。落ち着いていて、びくつかない。肝が据わる。have nerves of steel

**度胸が出来る**(どきょうができる) なにがあっても恐れない気力を持つにいたる。精神力が強くなる。become brave

**度胸を据える**(どきょうをすえる) 何事があっても、たじろがない意志を固める。覚悟をきめる。gather one's courage

**ど-きょう【読経】**(名・サ変自) 声を出して経を読むこと。誦経。どっきょう。

**と-きょうそう【徒競走】** 駆け比べ。かけっこ。footrace

**どきょう-だめし【度胸試し】** 度胸のあるなしを試すこと・催し。肝試し。putting one's courage to the test

**ときよ-じせつ【時世時節】** 各時代ごとのなりゆき。時代のうつりかわり。

**どきり-と**(副) 突然の驚き・恐怖などのために動悸の打つさま。はっと思うさま。どきん。どきっ。be startled

**とぎれ-とぎれ【途切れ途切れ】**(副・形動) とぎれながら続くさま。ぽつりぽつり。intermittently

**と-ぎ・れる【途切れる・▽跡切れる】**(下一自) ①行き来が絶える。break off ②途中で切れる。とだえる。break 用例 話が―。

**ときわ【▽常▼磐】**《「とこいは」の約》①永久に変わらないこと。everlasting ②一年じゅう葉の色が変わらないこと。evergreen

**ときわ【▽常葉】**〈町〉 福島県東部、阿武隈高地の町。かつては良馬の産地の中心。稲作のほかタバコ栽培がさかん。人口七三二二(一九八八)。

**ときわ【▽常▽盤】**〈村〉 青森県西部、津軽平野の村。稲作を中心にスイカ・リンゴ・ニンニク栽培を行う。人口六七四二(一九八八)。

**ときわ【▽常▼磐・▽常▽盤・▽常葉】**(生没年未詳) 平安末期、源義朝の妾。牛若(源義経)ら三子の母。平治の乱後、六波羅に自首して三子の助命を乞う。平清盛の妾となり、のち藤原長成に嫁したという。常盤御前。

**ときわ-あけび【▽常▼磐▽野▽木▼瓜】**《アケビに似て常緑であることから》ムベの別名。

**ときわ-かえで【▽常▼磐▼楓】** イタヤカエデの別名。

**ときわ-ぎ【▽常▼磐木】** 常緑樹。evergreen

**ときわ-ぎょりゅう【▽常▼磐▼檉柳】** モクマオウ科の常緑高木。暖地に栽植。若枝はトクサの茎のような節があり、節に披針形の鱗片葉が輪生。

**とき-わ・ける【解(き)分ける】**(下一他) ほどいて分ける。

**とき-わ・ける【説(き)分ける】**(下一他) ①よくわかるように説明する。②区別して説明する。

**ときわ-さんざし【▽常▼磐山▼樝子】** ↓ピラカンサ

**ときわず【▽常▼磐津】**「常磐津節」の略。

**ときわず-きくさぶろう【▽常▼磐津菊▽三郎】**(一八九七―一九七六) 常磐津節三味線演奏家。堅実で正確な芸風。重要無形文化財保持者。

**ときわず-ぶし【▽常▼磐津節】** 浄瑠璃の流派名。初世常磐津文字太夫が延享四年(一七四七)に創始。歌舞伎と結びついて発展した。常磐津。

**ときわず-もじたゆう【▽常▼磐津文字太▽夫】** 常磐津節の家元の芸名。現在八世まで。初世(一七〇九―八一)は宮古路豊後掾の高弟で流祖。四世(一八〇四―六二)は名曲を多く初演。のちに豊後大掾。

**ときわず-りんちゅう【▽常▼磐津林中】**(一八四二―一九〇六) 常磐津節の太夫(語り手)。三味線音楽史上絶世の名人と謳われた。

**ときわ-まんさく【▽常▼磐満作】** マンサク科の常緑小高木。伊勢神宮域内、静岡県と熊本県のごく限られた地域にはえる。葉は長楕円形で縁はなめらか。五月に黄緑色の長い花弁四個の花が咲く。

**と-きん【と金】** 将棋で、歩が敵陣に入って成ったもの。金将と同じ働きとなる。歩の駒の裏に記されている「と」は金の略字。

**と-きん【頭▼巾・▼兜▼巾】** 修験者のかぶる小さなずきん。

**と-きん【▼鍍金】**(名・サ変他) ↓めっき(鍍金)

**と-ぎん【都銀】**「都市銀行」の略。

**ときん-いばら【頭▼巾▼薔▼薇】** バラ科の落葉低木。高さ約一・五m。観賞用。葉は奇数羽状複葉。六月、大形の白色八重咲きの花が咲く。花が山伏のつける頭巾に似る。

**ときん-そう【吐金草】** キク科の一年草。庭や道ばたにはえる。高さ約一〇cm。茎は地表をはう。葉は互生、くさび形。夏に緑色の頭花をつける。ハナヒリグサ。タネヒリグサ。↓写

●トキンソウ

**トク 7画【▼忒】** 部首[心]
音 トク
①たがう。ちがう。かわる。②うたがう。

**トク 7画【▼禿】** 部首[禾] JIS 3837
音 トク
①はげ。はげる。「禿頭・禿筆」②かむろ。かぶろ。㋐おかっぱ。短くきりそろえて、たれさげたこどもの髪型。その髪型のこども。㋑遊女につかわれた少女。

**トク 10画【匿】** 部首[匚] 常用 JIS 3831 ／ 10画【▼匿】旧字
音 トク・ジョク
かくす。かくまう。かくれる。「隠匿・秘匿」「匿名」

**トク 10画【特】** 部首[牛] 教育小5 →教育小4 JIS 3835
音 トク・ドク
①ひとり。ひとつ。「特立」②とりわけて。ことに。普通とちがっている。「奇特・独特」「特殊・特色・特性・特製・特長・特定・特売・特別・特有」

**トク 11画【得】** 部首[彳] 教育小5 →教育小4 JIS 3832
音 トク 訓 える・うる
①える。うる。対義 失。「獲得・拾得・所得・生得」「得意・得票」②もうけ。利益。対義 損。用例(名)―をする。③わかる。さとる。「会得・納得」「得心」

**得を取るより名を取れ**(とくをとるよりなをとれ) 物質的な利益・利得よりも、名誉を大事にしなくてはいけない。

**トク 13画【督】** 部首[目] 常用 JIS 3836
音 トク
①みる。とりしまる。ひきいる。かしら。おさ。「家督・監督・総督・提督」「督励」②うながす。はげます。せきたてる。「督戦・督促」

**トク 14画【徳】** 部首[彳] 教育小5 JIS 3833 ／ 15画【▼德】旧字 ／ 12画【▼悳】部首[心] 異体字 JIS 5560
音 トク
①心や行いがただしく、立派なこと。「人徳・道徳・美徳・不徳」「徳義・徳行」用例(名)故人の―をしたう。②めぐみ。さいわい。もうけ。「有徳・福徳」「徳用」用例(名)朝起きは三文の―。③おかげ。恩に感ずる。「徳沢」用例(名)配慮を―とする。

**徳、孤ならず必ず隣有り**(とく、こならずかならずとなりあり) りっぱな人やその行いには必ず理解者や支持者があるものだ。徳、孤ならず。

**徳とする**(とくとする) そのおかげである、ありがたいものであると考える。感謝すべきものであるとする。ありがたく思う。感謝する。appreciate 用例 忠言を―。

**徳に隠る**(とくにかくる) 恩恵に浴する。

**徳を以て怨みに報いる**(とくをもってうらみにむくいる) うらみのある者には、善意でむくいる。

**トク** 14画【▽慝】 部首［心］ JIS 5655
〔音〕トク
わるい。よこしま。また、かくしだてをしている悪事。

**トク** 14画【読】 部首［言］ 教育小2 JIS 3841
22画【▽讀】 旧字 JIS 7606
〔音〕ドク・トク・トウ
〔訓〕よむ
〔筆順〕↓ドク【読】
よむ。本などをよむ。「読本」 ↓トウ・ドク【読】

**トク** 16画【篤】 部首［竹］ 常用 JIS 3838
〔音〕トク
①あつい。てあつい。もっぱら。熱心。「懇篤」「篤学・篤行・篤志・篤実・篤農」 ②病気がおもい。「危篤」

**トク** 18画【瀆】 部首［氵］
10画【▽涜】 異体字 JIS 3834
〔音〕トク・トウ
①みぞ。用水路。どぶ。②けがす。けがれる。けがれ。「自瀆・冒瀆」「瀆職・瀆神」

**トク** 19画【櫝】 部首［木］
〔音〕トク
①ひつ。はこ。上にむかってふたのあく大きな箱。②ひつぎ。棺。

**トク** 19画【牘】 部首［片］ JIS 6417
〔音〕トク
①ふだ。文字をかく木のふだ。②かきもの。文書。てがみ。「尺牘」

**トク** 19画【▽犢】 部首［牛］ JIS 6425
〔音〕トク
こうし。牛の子。

**トク** 27画【▽黷】 部首［黒］ JIS 8366
〔音〕トク
けがす。けがれる。けがれ。

**と・く**【溶く・▽融く】(五他) ①固体・粉末などを液体に混ぜて、液状にする。とかす。dissolve 〔用例〕絵の具を—。小麦粉を—。②《「熔く」「鎔く」とも》金属をとかす。melt 〔用例〕熱して鉄を—。③かきまぜてやわらかくする。ほぐす。〔用例〕卵を—。

**と・く**【解く】〔一〕(五他) ①結んだり、巻いたりしたものをほどく。undo 〔用例〕ひもを—。結び目を—。②答えを出す。solve 〔用例〕問題を—。③拘束しているものをとりのぞく。remove 〔用例〕警戒を—。包囲を—。④心・気持ちをなごませる。〔用例〕疑いを—。怒りを—。⑤職をやめさせる。物事をやめる。relieve 〔用例〕任を—。契約を—。⑥《「梳く」とも》髪の毛をくしけずる。comb 〔用例〕髪を—。〔二〕〔古語〕(下二自) ↓とける(解ける)

**と・く**【説く】(五他) ①《「釈く」とも》わかるように話す。説明する。explain 〔用例〕意味を—。経過を—。②話して承知させる。説得する。persuade 〔用例〕—・いて行かせる。禁酒・禁煙を—。

**とく**【▽疾く】〔古語〕(副) 速く。さっそく。〔用例〕とまれかうまれ、—破りてむ(土佐)。

**と・ぐ**【研ぐ・▽磨ぐ】(五他) ①みがいてつやを出す。polish ②砥石ですって鋭くする。whet 〔用例〕刀を—。③水の中でこすって洗う。wash 〔用例〕米を—。

**と・ぐ**【遂ぐ】〔古語〕(下二他) ↓とげる(遂げる)

**ドク** 8画【毒】 部首［毋］ 教育小4 JIS 3839
〔音〕ドク・トク
毒 毒 毒 毒 毒
①害になるもの。特に、どくやく。「中毒・有毒」「毒殺・毒性・毒素・毒物・毒薬」〔用例〕(名)—にならない。②そこなう。人を刺激し、きずつける。わざわい。「害毒」「毒舌」〔用例〕(名)物の言いように—がある。目の—。

**毒にも薬にもならない** 妨げにもならないが役にも立たない。なんにもならない。That will do neither harm nor good.

**毒を仰ぐ** 毒薬を飲む。take poison

**毒を食らわば皿迄** 一度悪いことをした以上、同じことだから、悪に徹しよう。In for a penny, in for a pound.

**毒を以て毒を制す** 悪いものに、別の悪いものを向けて、抑える。Poison quelle poison.

**毒を盛る** 飲食物に毒薬を混ぜて食べさせる。poison

**ドク** 9画【独】 部首［犭］ 教育小5 JIS 3840
16画【▽獨】 旧字 JIS 6455
〔音〕ドク・トク
〔訓〕ひとり
独 独 独 独 独
①ひとり。それだけ。「孤独・単独」「独学・独唱・独占」 ②ひとりよがり。「独善・独断」 ③ドイツ(独逸)のこと。ドイツ語。「西独」「独文」

**ドク** 14画【読】 部首［言］ 教育小2 JIS 3841
22画【▽讀】 旧字 JIS 7606
〔音〕ドク・トク・トウ
〔訓〕よむ
読 読 読 読 読 読
よむ。よみとる。〔対義〕書。「愛読・購読・黙読・朗読」「読解・読者」 ↓トウ・トク【読】

**ドク** 23画【▽髑】 部首［骨］ JIS 8181
〔音〕トク・ドク
「髑髏」は、されこうべ。しゃれこうべ。雨風にさらされ、肉がおちた頭の骨。

**ど・く**【▽退く】(五自) ①しりぞく。去る。quit; step back ②人に場所を譲る。move aside

**どく-あじろがさ**【毒▽網代▼笠】 担子菌類フウセンタケ科のキノコ。かさは径二〜五cm、褐色から黄褐色。ひだは茶褐色。有毒。コレラタケ。

**どく-あたり**【毒▽中り】(名・サ変自) 飲食物の毒にあたること。食あたり。中毒。poisoning

**とく-い**【特異】(名・形動) ①他とくに違っていること・さま。singularity ②とくにすぐれていること・さま。superiority 〔用例〕—なす能。

**とく-い**【得意】〔一〕(名) ①ひいきにしてくれること・相手。patron 〔用例〕長年のお—。②もっともすぐれていること。えて。one's forte 〔二〕(形動) ①望みを達して満足しているさま。prosperity 〔用例〕彼の—とするところだ。②高ぶっているさま。triumphant 〔対義〕失意。③慣れていて、じょうずなさま。favorite 〔対義〕不得意・苦手。〔用例〕—な芸。

**とくい-がお**【得意顔】 自分の行為に満足して自慢するさま。triumphant look

**とく-いく**【徳育】 人間の品性をたっとび、高める教育。知育・体育に対する道徳教育のこと。moral education

**とくい-げ**【得意気】(形動) 得意らしいさま。得意そう。exultant

**とくい-さき**【得意先】 ひいきにしてくれる客・取引先。customer

**とくい-しょうわくせい**【特異小惑星】 小惑星のうち、軌道傾斜角や離心率が大きく、木星の外側や地球の内側にまで入るような特異な軌道を描くもの。イカルス・キロンなど。

**とくい-せい**【特異性】 ①とくに他と違う性質。②酵素あるいは抗体が、特定の基質か抗原としか反応しないこと。singularity

**とくい-せい**【特異星】 異常なスペクトル型を示すなど、分類上正常のものと異なる性質をもつ恒星。peculiar star

**とくい-たいしつ**【特異体質】 生まれつき備わっている精神的・肉体的に異常な形質。特定の物質に対し異常な反応を示す一種のアレルギー。idiosyncrasy

**とくい-てん**【特異点】 数学で、曲線・関数・微分方程式などにおいて、他に比べ特異な形態を示すところ。たとえば、曲線 $x=f(t), y=g(t)$ 上の点で、$f'(t_0)=g'(t_0)=0$ をみたす点。singular point

**とくい-び**【特異日】 毎年、ある気象現象が偶然とは考えられないほど高い確率で出現する日。六月一八日の悪天候、一一月三日の晴天など。singularity

**とくい-まんめん**【得意満面】 得意さが顔いっぱいにあふれていること。exultant air 〔用例〕—の面持ち。

**とくいん-がい**【特飲街】《「特殊飲食店街」の略》売春防止法施行以前に、売春を認められた特殊飲食店が集まっていた地域。

**ド-クインシー**【Thomas De Quincey】(一七八五—一八五九) イギリスの批評家・随筆家。随筆『あへん常用者の告白』『殺人の芸術的考察』、批評『「マクベス」における門のノックを論ず』など。

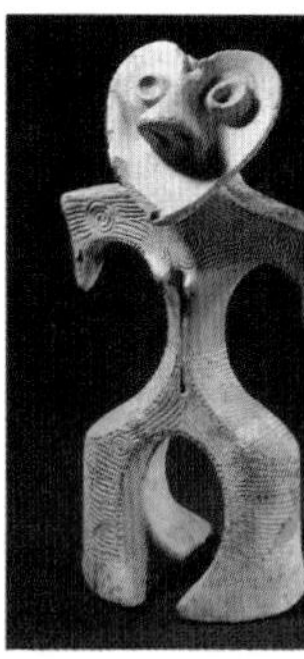

●土偶 縄文時代後期。群馬県、郷原遺跡出土。東京国立博物館。

**ど-ぐう**【土偶】 人や動物の形を粘土で作ったもの。宗教的・呪術的対象、副葬品、玩具などに使用されたといわれる。ヨーロッパでは新石器時代に広く作られたが、チェコスロバキアの後期旧石器時代遺跡からの出土が世界最古。日本では縄文時代にさかんに作られた。earthen figure ↓〔写〕

**どく-うつぎ**【毒▽空木】 ドクウツギ科の落葉低木。山野の陽地にはえる。高さ約一・五m。葉は長楕円形。雌雄同株。春に黄緑色の小花が咲く。果実は赤から黒紫色に熟し有毒。イチロベゴロシ。↓〔写〕

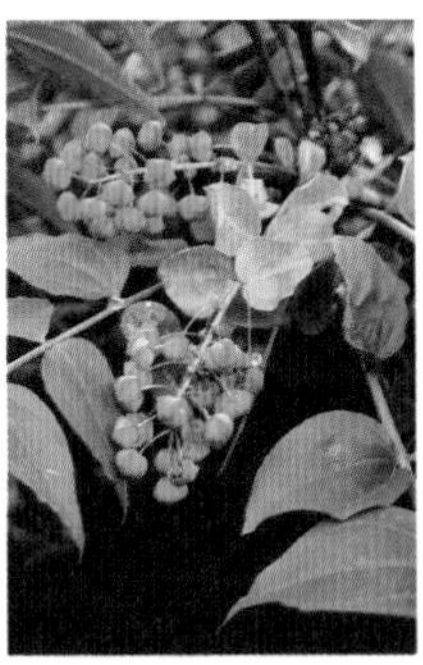

●ドクウツギ

**どく-え**【毒▼荏】 アブラギリの別名。この種子からしぼった油が、エゴマの油に似て有毒なためにこの名がある。

**どく-えい**【独泳】(名・サ変自) ①ひとりで泳ぐこと。swim alone ②競争者が段違いに弱いので、ぐんと引き離して泳ぐこと。swim way ahead of others

**どく-えき**【毒液】 毒をふくんだ汁。poisonous liquid; venom

**どく-えん**【独演】(名・サ変自他) 落語・講談などをひとりで演じ通すこと。solo performance

**どく-おう**【独往】(名・サ変自) ひとりで行くこと。自主的に進むこと。

**とくおか-しんせん**【徳▼岡神泉】(一八九六—一九七二) 日本画家。京都生まれ。沈潜した情感で幽玄な世界を創造。昭和四一年(一九六六)文化勲章受章。作品『菖蒲』『刈田』など。

**どく-が**【毒▼牙】 ①毒腺と連絡した長く鋭い歯。毒ヘビに特有で、左右に一対あり、かむと毒腺が圧迫され、歯の溝、管から毒液が出る。poison fang ②あくどい手段。毒手。魔手。vicious way; evil power 〔用例〕—にかかる。

**どく-が**【毒▼蛾】 人体に有害なドクガ科のガの総称。日本には五二種あり、その一種は開張三〜四cm。黄色く、幼虫・成虫とも毒針毛があり、人体につくと発疹する。日本全土・朝鮮半島・中国などに分布。Oriental tussock moth ↓〔図〕

●ドクガ

**どく-がい**【毒害】(名・サ変他) 毒を飲ませて殺すこと。毒殺。poison

**とく-がく**【篤学】(名) 学問に熱心なこと・さま。devotion to one's studies 〔用例〕—の士。

**どく-がく**【独学】(名・サ変自他) 学校へ行かず、師につかず、ひとりで勉強すること。独習。self-education

**どく-ガス**【毒ガス】 ①人体に有害な毒性をもつ気体。②化学兵器の別称。おもに軍事目的に使用される有毒物質をさし、糜爛剤・窒息剤・神経剤・血液剤・無能力剤などの種類がある。poison gas

**どく-かます**【毒▼魳】 ↓おにかます(鬼魳)

**とくがわ-いえさだ**【徳川家定】(一八二四—一八五八) 徳川一三代将軍(在位一八五三—一八五八)。家慶の四男。安政元年(一八五四)日米和親条約調印。実子がなく将軍継嗣問題が生起。

**とくがわ-いえしげ**【徳川家▽重】(一七一一—一七六一) 徳川九代将軍(在位一七四五—一七六〇)。吉宗の長男。虚弱体質で言語障害があり、側用人大岡忠光が権勢を掌握。

**とくがわ-いえつぐ**【徳川家継】(一七〇九—一七一六) 徳川七代将軍(在位一七一三—一七一六)。家宣の四男。幼少のため、側用人間部詮房・新

井白石らが補佐。

**とくがわ-いえつな【徳川家綱】**（一六四一〜八〇）徳川四代将軍（在位一六五一〜八〇）。家光の長男。病身のため、松平信綱・保科正之らが補佐。

**とくがわ-いえなり【徳川家▽斉】**（一七七三〜一八四一）徳川一一代将軍（在位一七八七〜一八三七）。一橋治済の長男。老中に松平定信を登用し寛政の改革を推進。定信失脚後、将軍親政となり町人文化全盛の文化・文政期を現出。

**とくがわ-いえのぶ【徳川家▽宣】**（一六六二〜一七一二）徳川六代将軍（在位一七〇九〜一二）。甲府藩主徳川綱重の長男。「生類憐みの令」を廃止。間部詮房・新井白石らを登用、文治政治を推進。

**とくがわ-いえはる【徳川家▽治】**（一七三七〜八六）徳川一〇代将軍（在位一七六〇〜八六）。家重の長男。側用人田沼意次を老中に任命し、田沼時代を現出させた。

**とくがわ-いえみつ【徳川家▽光】**（一六〇四〜五一）徳川三代将軍（在位一六二三〜五一）。秀忠の次男。鎖国の断行、参勤交代の制度化、諸官制の整備など幕藩体制の基礎を築いた。↓写

●徳川家光　日光山輪王寺（栃木県）。

**とくがわ-いえもち【徳川家▽茂】**（一八四六〜六六）徳川一四代将軍（在位一八五八〜六六）。紀州藩主徳川斉順の子。将軍継嗣問題で井伊直弼らにより擁立。公武合体推進のため和宮と結婚。第二次長州征伐で出陣中病死。

**とくがわ-いえやす【徳川家▽康】**（一五四二〜一六一六）徳川幕府初代将軍（在位一六〇三〜〇五）。三河城主松平広忠の長男。織田信長の死後、豊臣秀吉の五大老の一人。秀吉没後、関ケ原の戦いで天下を制覇。慶長八年（一六〇三）征夷大将軍となり、江戸幕府を開く。まもなく将軍職を子の秀忠に譲って駿府に移り、大御所として実権を握った。大坂の陣で豊臣氏を滅ぼし、幕府の基礎を確立。諡号は東照大権現。権現様。↓写

**とくがわ-いえよし【徳川家▽慶】**（一七九三〜一八五三）徳川一二代将軍（在位一八三七〜五三）。家斉の四男。水野忠邦を老中首座として天保の改革を推進。

**とくがわ-かずこ【徳川▽和子】**（一六〇七〜七八）徳川秀忠の五女。後水尾天皇の中宮。幕府の朝廷政策により元和六年（一六二〇）入内。東福門院。

**とくがわきんれいこう【徳川禁令考】**江戸幕府の法令集。一〇二巻。司法省編。明治一一〜二八年（一八七八〜九五）刊行。前聚は幕府法令、後聚は司法・警察の判例を中心に収録。

**とくがわ-し【徳川氏】**江戸幕府の征夷大将軍家。もとは三河国加茂郡松平郷におこった土豪で、松平氏を称した。九代家康のとき徳川と改称。御三家と御三卿の嫡流だけが徳川を称した。

**とくがわ-じだい【徳川時代】**↓えどじだい（江戸時代）

**とくがわじっき【徳川実紀】**江戸幕府編纂の史書。五一六巻。林述斎を総裁に成島司直らが編集。文化六年（一八〇九）起筆、嘉永二年（一八四九）完成。家康から一〇代の家治までの各将軍の治績を集録。

**とくがわ-つなよし【徳川綱▽吉】**（一六四六〜一七〇九）徳川五代将軍（在位一六八〇〜一七〇九）。家光の四男。側用人柳沢吉保らによる側近政治が行われた。湯島に聖堂を建立し、学問を奨励。「生類憐みの令」を出し、犬公方と呼ばれる。

**とくがわ-なりあき【徳川▽斉▽昭】**（一八〇〇〜六〇）水戸藩九代藩主。諡は烈公。藤田東湖らを登用、藩政改革を行い、藩校弘道館を設立。幕政に参与して海防策を具申。将軍継嗣問題で井伊直弼と対立、安政の大獄で蟄居となり病没。

**とくがわ-ばくふ【徳川幕府】**江戸幕府の別称。

●徳川家康　芝東照宮（東京都）。

**とくがわ-ひでただ【徳川▽秀▽忠】**（一五七九〜一六三二）徳川二代将軍（在位一六〇五〜二三）。家康の三男。家康とともに天下制覇・幕府創設に尽力。隠居後も大御所として幕府の実権を掌握。

**とくがわ-みつくに【徳川▽光▼圀】**（一六二八〜一七〇〇）水戸藩二代藩主。家康の孫。儒学を奨励、明の亡命学者朱舜水を招く。彰考館を設け、『大日本史』を編纂。中納言となり、水戸黄門と呼ばれた。↓写

●徳川光圀　水府明徳会（茨城県）。

**とくがわ-むせい【徳川夢声】**（一八九四〜一九七一）話術家・随筆家。本名、福原駿雄。島根県生まれ。無声映画時代の弁士。のち映画・放送・演劇で活躍。漫談や朗読の話術は天下一品と称された。

**とくがわ-よしのぶ【徳川▽慶▽喜】**（一八三七〜一九一三）徳川一五代将軍（在位一八六六〜六七）。水戸藩主斉昭の七男。一橋家を継いだのち、後見職として将軍家茂を助け、その死後将軍職についたが、慶応三年（一八六七）大政を奉還。鳥羽伏見の戦いで敗れ、駿府に隠棲。のち公爵。↓写

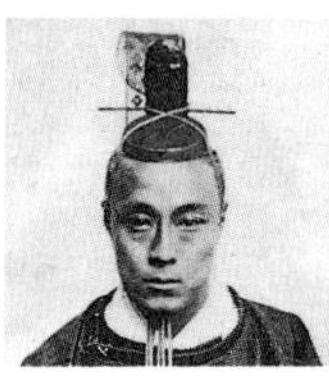

●徳川慶喜

**とくがわ-よしむね【徳川▽吉▽宗】**（一六八四〜一七五一）徳川八代将軍（在位一七一六〜四五）。紀伊藩主徳川光貞の四男。享保の改革を断行。法令整備・新田開発などを推進。米価対策にも腐心し、米将軍といわれた。

**どく-がん【独眼】**片目がつぶれていること。one-eyed

**どくがん-りゅう【独眼竜】**①片目の英雄。②伊達政宗の異称。

**とく-ぎ【特技】**特別に持っている、すぐれた技能。one's special ability 用例 —を生かす。

**とく-ぎ【徳義】**道徳上の義務。morality 用例 —を重んずる。

**とくぎ-しん【徳義心】**道徳を重んじ、正義を行おうとする気持ち。moral sense 用例 —に訴える。

**どく-きのこ【毒▼茸】**毒のあるキノコ。日本には数十種類が分布しているといわれる。種類により毒成分・中毒症状は異なり、共通する見分け方はない。どくたけ。poisonous mushroom ↓写

**どく-ぎょ【毒魚】**人間に害毒をおよぼす魚の総称。ひれの棘が毒腺とつながり、刺すときに毒液を出すもの（アカエイ・オニオコゼ）、卵巣や肝臓など内臓が有毒なもの（フグ）などがある。poisonous fish

**とく-ぎょう【得業】**（名・サ変自）学問や技芸などで、ある決まった課程を終えること。比較 とくごう。用例 —士。

**どく-ぎん【独吟】**（名・サ変自他）①㋐ひとりで詩歌を吟ずること。㋑謡曲で聞かせどころを無伴奏でひとりでうたうこと。㋒おもに長唄で全曲をひとりでうたうこと。②ひとりで連歌・連句の一巻をよむこと。その作品。

**どく-ぐも【毒▼蜘▼蛛】**ドクグモ科のクモ。また、有毒なクモの総称。世界のクモ約三万種のうち有毒グモは約三〇種。南ヨーロッパ産のタランチュラなどが有名。lyosidae

**どく-け【毒気】**①毒となる成分。有毒な気体。poisonous element ②悪意。どっき。malice 用例 —を含んだ言い方。

**どく-けし【毒消し】**毒の作用を消すこと。その薬。解毒剤。どっけし。counterpoison; antidote

**どくけし-うり【毒消(し)売り】**解毒剤を売る人。とくに、紺絣の着物に手甲脚絆の姿で全国を行商して回った越後地方の娘のこと。どっけしうり。

**どく-ご【独語】**㊀（名・サ変自）ひとりごとを言うこと。そのひとり言。talk to oneself ㊁（名）ドイツ語。German

**どく-ご【読後】**文章などを読んだあと。after reading a book

**とく-ごう【得業】**《仏教語》所定の学業を修了したものの称号。比較 とくぎょう。

**とくごう-しょう【得業生】**昔、大学寮を卒業した者の称号。とくぎょうしょう。

**どくご-かん【読後感】**読後の感想。one's impressions after reading a book

**と-くさ【▽木▽賊・▼砥草】**《砥ぐ草に由来》①トクサ科の多年生の常緑シダ植物。本州中部以北にはえる。高さ約六〇cmの円柱状の茎の頂端に胞子嚢穂をつける。茎は珪酸質を含み、表面に細かい突起があり、細工物などをみがくのに使う。②木賊色。↓写

**ドクサ【doxa ギリシア】**プラトンの用語。真の認識（エピステーメー）に対立するものとされる、感覚的な低次の認識。臆見。

**どく-ざ【独座・独▼坐】**（名・サ変自）ひとりで座っていること。

●毒キノコ

ツキヨタケ

ベニテングタケ

**とく-ざい【▼贖罪】**「しょくざい」の誤り。

**どく-さい【独裁】**（名・サ変自他）①独断で決裁すること。専断。arbitrary decision ②個人や少数者の集団が国家権力を独占・支配する政治形態。大衆を操作し一定の支持を前提とする点で専制政治とは異なる。dictatorship

**どくさい-せいじ【独裁政治】**強大な権力をもつ個人や階級が行う専断的な政治。dictatorship 対義 民主政治・議会政治。

**どくさい-てき【独裁的】**（形動）独裁で事を行うさま。dictatorial 対義 民主的。

**とくさ-いろ【▽木▽賊色】**黒みがかった緑色。blackish green

**とく-さく【得策】**有利な計画・手段。good policy

**どく-ささこ【毒▼笹子】**ヤブシメジの別名。

**とく-さつ【特撮】**「特殊撮影」の略。

**どく-さつ【毒殺】**（名・サ変他）毒薬・毒物で

●トクサ①

殺すこと。毒害。poison

**とく-さん【特産】** その地方だけで産出すること・もの。special product

**とく-し【特旨】** 特別のおぼしめし。

**とく-し【特使】** 特別任務で派遣する使節。special envoy

**とく-し【篤志】** 親切なこころざし。とくに公の事業や慈善事業などの援助に熱心なこと。

**とくじ【徳治】** 鎌倉末期の年号。嘉元から改元。元年(一三〇六)一二月一四日〜三年(一三〇八)一〇月九日。次に、延慶に改元。

**どく-し【毒死】**(名・サ変自) 毒物で死ぬこと。death from poison

**どく-じ【独自】**(名・形動) ①自分ひとり。alone ②ほかと違って、それだけに特有であること・さま。originality 用例 — の見解。

**どく-じ【読師】** 宮中の歌会などで、懐紙・短冊を整理して講師に渡す役。とくじ。どくし。

**とくし-か【篤志家】** 篤志のある人。とくに慈善事業などに熱心な人。benevolent person

**とくし-かいぼう【篤志解剖】** 故人、または遺族の意向によって提供された遺体の解剖。病理解剖はこれに負うところが多い。

**どくじ-せい【独自性】** 独自な性質。特異性。originality 対義 一般性。

**とく-しつ【特質】** 特別な性質・たち。特性。characteristic

**とく-しつ【得失】** 利益と損失。損得。advantages and disadvantages

**とく-じつ【篤実】**(名・形動) 情にあつく誠実なこと・さま。sincerity 用例 温厚 —。

**とくしま【徳島】**〈県〉 四国地方東部の県。県庁所在地は徳島市。南に剣山地、北に讃岐山脈があり、間を吉野川が東へ流れる。稲作、野菜・果樹栽培と林業が主で、太平洋岸では漁業もさかん。面積四一四五km²、人口八四万三四七一(一九八八)。

**とくしま【徳島】**〈市〉 徳島県北東部、吉野川河口の市。県庁所在地。蜂須賀氏の城下町として、また藍の取り引きで栄えた。工業も活発化、木工品が特産。阿波踊りが有名。人口二五万七五三二(一九八八)。

**とくしま-へいや【徳島平野】** 徳島県、吉野川流域の平野。中央構造線に沿う。畑作が主。かつては藍の栽培で知られた。

**とく-しゃ【特写】**(名・サ変他) 特別に撮影すること。exclusive photograph 用例 本誌 —。

**とく-しゃ【特車】** 自衛隊で、戦車の旧称。

**とく-しゃ【特赦】**(名・サ変他) 恩赦の一つ。有罪の言い渡しを受けた特定の者に対し、刑の執行を免除し、有罪言い渡しの効力を失わせるもの。amnesty 比較 大赦。

**どく-しゃ【読者】**《多く、新聞・雑誌・書籍などの購読者にいう》読む人。reader

**どく-じゃ【毒蛇】** ↓どくへび(毒蛇)

**毒蛇の口**(どくじゃのくち) 危険が身に迫っていること。身近な危険。

**どく-しゃく【独酌】**(名・サ変自) ひとりで酒を飲むこと。自分で酒をついで飲むこと。drink by oneself

**どくしゃ-そう【読者層】** ある刊行物の読者の多くが属する階層。年齢・職業・学歴など、種々の分け方がある。class of readers

**どくしゃ-らん【読者欄】** 新聞・雑誌で、読者の投書などを載せるページ。reader's column

**とく-しゅ【特殊】**(名・形動) ふつうと違うこと・さま。特別。一般ではないさま。speciality 対義 普遍・一般。

**とく-しゅ【特種】**(名) 特別の種類。special kind

**とく-じゅ【特需】** ①とくに求めること。特別の需要。special demand ②官庁などの特別の注文。special procurements 用例 — 品。③在日アメリカ軍やアメリカ対外援助機関が日本国内で行う物資やサービスの調達。military procurement 参照 朝鮮特需。

**どく-しゅ【毒手】** ①殺害の策略。murderous plot ②あくどい悪だくみ。evil design 用例 — にかかる。

**どく-しゅ【毒酒】** 毒を入れた酒。poisoned sake

**どく-じゅ【読▼誦】**(名・サ変他) 声を出して経を読むこと。読経。比較 どくしょう。

**とく-しゅう【特集・特▼輯】**(名・サ変他) 新聞・雑誌・テレビなどで、ある特定の問題や人を中心に記事や番組などを編集・編成すること、したもの。special edition 用例 — 記事。

**どく-しゅう【独修】**(名・サ変他) 人に教えてもらわないで、ひとりで学んで身につけること。独学。self-education

**どく-しゅう【独習】**(名・サ変他) ひとりで勉強・練習をすること。self-study 用例 — 書。

**とくしゅえいよう-しょくひん【特殊栄養食品】** ビタミン類などの栄養素を加減・調整した特殊な食品で、厚生省がその標示を許可したもの。

**とくしゅ-か【特殊化】**(名・サ変他) ふつうと違った状態にすること。specialization 対義 普遍化・一般化。

**とくしゅ-がいしゃ【特殊会社】** 公益に深く関係し、国家の監督・保護を必要とするため、特別法によって設立された会社。電源開発(株)・日本航空(株)など。比較 特殊法人。

**とくしゅ-がっきゅう【特殊学級】** 小・中学校に設置された障害児のための学級。障害児学級。special class for handicapped children

**とくしゅ-ぎんこう【特殊銀行】** かつて特別の目的をもって単独の法律で設立された銀行。かつての日本勧業銀行・北海道拓殖銀行など。特別銀行。対義 普通銀行。

**とくしゅ-こう【特殊鋼】** 炭素鋼に他の元素を一種類以上加えて強さ・硬さ・ねばりなどのすぐれた性質をもたせた合金鋼。添加元素や用途によって多種多様。special steel

**とくしゅさくせん-ぶたい【特殊作戦部隊】** ゲリラ戦・破壊工作など、特殊な任務を行う部隊。一般にはアメリカ陸軍の特殊作戦部隊をさす。沖縄にも一個大隊が駐留。特殊部隊。特殊行動部隊。ＳＯＦ。Special Operation Forces

**とくしゅ-さつえい【特殊撮影】** 映画・テレビの特殊効果撮影技術。現実に撮影不可能な場面や実現しにくい映像を科学技術を用いて作る技術。特撮。ＳＦＸ。special effects

**とくしゅ-せい【特殊性】** 他と違った特別な性質。peculiarity 対義 一般性・普遍性。

**とくしゅ-せんこうてい【特殊潜航艇】** 旧日本海軍の奇襲用小型潜水艇。本来は艦隊決戦のさい、母艦から発進し、敵の主力艦を魚雷攻撃する目的で造られた。排水量四六トン。全長二四m。乗員二名。魚雷二本。

**とくしゅ-そうたいせいりろん【特殊相対性理論】** 互いに等速で運動する二つの慣性系に対する相対性原理と光速度不変の原理を主張し、構成した理論。アインシュタインが提唱。special theory of relativity

**とくしゅ-ちょうせいふんにゅう【特殊調製粉乳】** ↓ちょうせいふんにゅう(調製粉乳)

**とく-しゅつ【特出】**(名・サ変自) ぬきんでていること。とくにすぐれていること。傑出。prominence

**とくしゅ-てき【特殊的】**(形動) 性質・内容が、ふつうのものととくに違うさま。その物事だけであるさま。special

**とくしゅとりあつかい-ゆうびん【特殊取扱郵便】** 特別な取り扱いをする郵便物。書留・速達・引受時刻証明・配達証明・内容証明・代金引換・特別送達などがある。比較 通常郵便物。

**とくしゅ-ぶたい【特殊部隊】** ①↓とくしゅさくせんぶたい(特殊作戦部隊)。②軍・警察などの、テロへの対処をおもな任務とする秘密特殊機関。

**とくしゅ-ぶらく【特殊部落】** ↓ひさべつぶらく(被差別部落)

**とくしゅ-ほうじん【特殊法人】** 公共の利益をはかるために特別法で設立された法人。公社・公団・事業団など。比較 特殊会社。

**どく-しょ【読書】**(名・サ変自) 書物を読むこと。とくしょ。reading

**読書百遍、意自ら通ず**(どくしょひゃっぺん、いおのずからつうず) 「読書百遍、義自ら見る」と同意。

**読書百遍、義自ら見る**(どくしょひゃっぺん、ぎおのずからあらわる) 何べんもよく読めば、意味は自然にわかってくるものである。読書百遍、意自ら通ず。

**とく-しょう【特小】** 特別小さいこと・もの。extra-small 対義 特大。

**とく-しょう【特称】** とくにそのものだけに対して使われている名。たとえば、大師は空海、黄門は徳川光圀など。

**とく-しょう【特賞】** 特別の賞品・賞金。special prize

**どく-しょう【独唱】**(名・サ変他) ひとりで歌うこと。ソロ。vocal solo 対義 合唱・斉唱。

**どく-しょう【読▼誦】**(名・サ変他) 声を出して読むこと。比較 どくじゅ。

**とく-しょく【特色】** 他と違ってすぐれている点。特長。feature 用例 — を出す。

**とく-しょく【▼瀆職】**(名・サ変自) 職権を利用して不正を行うこと。とくに公務員がわいろをとること。汚職。corruption

**とくしょく-ざい【▼瀆職罪】** 公務員が職務の公正をけがし、国家の品位を害する罪。職権濫用罪と収賄罪。

**どくしょ-ざんまい【読書三▼昧】** 読書に明け暮れること。be absorbed in reading

**どくしょ-さんよ【読書三余】**《「余」は、余暇の意》読書に好適の三つの時間。冬・夜・雨天。

**どくしょ-シーズン【読書シーズン】** 読書にふさわしい季節。ふつう、秋。the best season for reading

**どくしょ-しゅうかん【読書週間】** 毎年一〇月二七日から二週間催される読書をすすめる週間。reading week; book week

**どくしょ-じん【読書人】** ①よく書物を読む人。great reader ②昔、中国で、民間の学者・知識人。

**どくしょ-はじめ【読書始(め)】** =とくしょはじめ。①昔、天皇・皇太子および貴族の子弟などが、七、八歳ではじめて経書の読み方の講義を受けた儀式。ふみはじめ。②宮中などの新年儀式の一つ。その年はじめて書物を読む儀式。よみはじめ。比較 講書始め。

**とくしょめいげん-の-ぎ【読書鳴弦の儀】** 平安時代以降の宮中の儀式。皇子誕生後七日間、御湯殿の儀のときに、湯殿の外で漢籍の一節を読み、弓の弦を鳴らす儀式。

**とくしよろん【読史余論】** 新井白石が将軍徳川家宣に進講した歴史の講義案。三巻。正徳二年(一七一二)成立。摂関政治の始まりから豊臣秀吉の天下統一までを一四の段階に分け、徳川幕府成立の歴史的必然性を説く。

**とく-しん【特進】** ㊀(名・サ変自) 特別に昇進すること。special promotion of rank 用例 二階級 —。㊁(名) 正二位の唐名。

**とく-しん【得心】**(名・サ変自) 承知すること。納得。合点。full consent 用例 — がいく。

**とく-しん【篤信】**(名・サ変他) あつく信じること。深い信仰。devotion

**とく-しん【▼瀆神】** 神をけがすこと。profanity

**とく-じん【徳人】** ①徳の高い人。virtuous man ②金持ち。rich person

**どく-しん【毒針】** 相手を刺して毒を注入するための動物の針状構造物。アリやハチの雌の尾端にあるものがよく知られるが、これらは産卵管の変化したもの。sting

**どく-しん【独身】** 配偶者のいないこと・人。ひとり者。single 用例 — 生活。

**どく-じん【毒刃】** 危害を加えるために使う刀。assassin's dagger

**どくしん-きぞく【独身貴族】** 金と行動にゆとりのある生活をしている独身者。昭和五二年(一九七七)ごろから使われたことば。

**どくしん-じゅつ【読心術】** 顔の表情や身体の微妙な動きなどから、相手の考えを読み取る技術。mind reading

**どくしん-じゅつ【読唇術】** 音声によらず、相手の唇の動きや形を目で見て、ことばを理解する方法。読唇法。とくしんじゅつ。lipreading

**とくしん-ずく【得心▽尽く】** 互いに承知の上ですること。by mutual consent

**どくじん-とう【独▽参湯】** ①気つけに用いたせんじ薬。②歌舞伎で、いつ上演しても当たる狂言。ふつう『仮名手本忠臣蔵』をさす。

**どく-ず【読図】**(名・サ変自) 地図や図面を見て、内容を理解すること。read a map

**とく・する【得する】**(サ変自) 利を得る。もうける。make a profit 対義 損する。

**とく・する【督する】**(サ変他) =督す。①取り締まる。supervise ②統率する。command ③せき立てる。責める。press

**どく・する【毒する】**(サ変他) 損なう。害する。毒す。poison

**とく-せい【特性】** そのものにそなわった特別な性質。特質。characteristic 対義 通性。

**とく-せい【特製】**(名・サ変他) 特別につくること。特別につくった製品。special make 比較 上製。対義 並製。

**とく-せい【徳性】** 道徳にかなった性質。品性。moral character

**とく-せい【徳政】** 鎌倉末・室町時代、債権・債務契約の破棄を命ずる法令。それまでに売買・質入れされた土地の返還や貸借関係の破棄を命じるもので、永仁五年(一二九七)御家人救済のため鎌倉幕府が発令した永仁徳政令が最初。室町時代には正長の徳政令以後、農民・地侍らによる土一揆の要求でたびたび発令。徳政令。

**どく-せい【毒性】** 毒のある性質。virulence



↓ 行き先項目、図版・写真参照印。 JIS 日本工業規格情報交換用漢字符号コード(区点コード)。

**とくせい-いっき【徳政一▼揆】** 室町時代、徳政令の発布を要求しておこった土一揆。農民のほか地侍、馬借なども参加。酒屋・土倉を襲って掠奪を行うことも多かった。

**とく-せつ【特設】**(名・サ変他) 特別に設置すること。special installation 用例 ―舞台。

**どく-ぜつ【毒舌】** しんらつな皮肉。あくどい悪口。abuse 用例 ―をふるう。

**どく-ぜり【毒▼芹】** 水辺にはえる有毒なセリ科の多年草。高さ約一m。地下茎は緑色で太い。葉は羽状複葉。夏に白い小花を茎の先に密生。オオゼリ。↓写

●ドクゼリ

**とく-せん【特選】**(名・サ変他) 展覧会・品評会などで、特別にすぐれているとして選ぶこと。また、選ばれたもの。special selection

**とく-せん【特▼撰】**(名・サ変他) ①とくに念を入れてつくること。special make ②特別にすぐれたものとして選び出すこと。また、選ばれたもの。special selection

**とく-せん【督戦】**(名・サ変自他) ①部下を励まして戦わせること。urge the soldiers to fight on ②後方から将兵を監視して、戦わせること。urge the soldiers to fight on

**どく-せん【毒▼腺】** 爬虫類・クモ類・昆虫類などにみられる有毒な物質を分泌する腺。poison gland

**どく-せん【独占】**(名・サ変他) ①ひとりで占有すること。一人じめ。monopoly ②特定の企業または企業グループが生産と市場を支配して利益を一人じめしている状態。競争者のいない市場状態。monopoly

**どく-せん【独▼擅】** 自分の思いのままにふるまうこと。

**どく-ぜん【独善】** ①自分だけがよく、正しいと思っていること。ひとりよがり。self-righteousness 比較 独断。②自分だけをよくするように、考えたり行動したりすること。selfishness

**どくせん-かかく【独占価格】** 独占企業または独占的企業グループが設定する価格。ふつうは商品の費用原価と平均利潤の合計(=生産価格)を上回る。monopoly price 対義 競争価格。

**どくせん-きぎょう【独占企業】** 市場を独占的に支配している少数の大企業。電気・ガス・鉄鋼・自動車業界など、生産が大規模になるほど有利になる産業に現れやすい。独占禁止法の規制を受ける。monopolistic enterprise

**どくせんきんし-ほう【独占禁止法】**《「私的独占の禁止及び公正取引の確保に関する法律」の略》市場における経済活動の公正な競争を阻害する行為に規制を加える法。昭和二二年(一九四七)公布。独禁法。

**どくせん-きんゆうしほん【独占金融資本】** 独占的な産業資本と銀行資本が結びつき、複数部門の市場を支配すると同時に、一国の経済全体に対しても大きな影響力をもつ巨大資本。monopolistic capital

**どくせん-じぎょう【独占事業】** 法律上、競争者を禁じた事業。郵便・タバコ・塩・電力など。monopoly

**どくせん-しほん【独占資本】** 生産手段や生産物の大部分を握り、市場を支配する少数の大資本。金融資本と結びついている場合を独占金融資本という。カルテル・トラスト・コンツェルンなどがその具体的な形態。monopoly capital

**どくせん-しほんしゅぎ【独占資本主義】** 独占資本・金融資本が支配するようになった段階の資本主義。帝国主義の経済的基礎。一九世紀末から二〇世紀初めに成立。monopoly capitalism

**どくせん-じょう【独▼擅場】**「独壇場」の正しい言い方。

**どくぜん-てき【独善的】**(形動) ひとりよがりなさま。self-righteous

**どくせん-りじゅん【独占利潤】** 独占企業または独占的企業グループが、市場の支配による独占価格を通じて得る超過利潤。monopoly profit

**どく-そ【毒素】** 生物体を起源とする毒性を示す物質。通常は、血中や体内に入り有毒なものや抗原性をもつ高分子物質をさすことが多い。toxin

**とく-そう【特捜】**「特別捜査」の略。用例 科学「―隊」。

**とくそう【得宗・徳宗】** 鎌倉幕府の執権北条氏宗家の当主。北条義時の法号からおこった名称。貞時・高時に至り、執権職とは別に、北条氏の嫡流として幕府を強力に支配。

**とくそう【徳宗】** ①(七四二〜八〇五)中国、唐朝第九代皇帝(在位七七九〜八〇五)。安史の乱を平定したが、藩鎮と妥協したため、宦官・朋党の横暴を招来。一方では人材の登用、租庸調に代わる両税法の断行など新体制を推進。②光緒帝の廟号。

**どく-そう【毒草】** 有毒成分を含んだ草。トリカブト・ヒガンバナ・ドクゼリなど。使い方によって薬草にもなる。poisonous herb

**どく-そう【独走】**(名・サ変自) ①ひとりだけで走ること。run alone ②他をぐんと引き離して先頭を走ること。leaving all the other runners far behind ③仲間と協同せずに、勝手に仕事をすること。not cooperative at work

**どく-そう【独奏】**(名・サ変他) ひとりで演奏すること。solo 対義 合奏。

**どく-そう【独創】**(名・サ変他) まねをせず、自分だけの新しい考えで、物事を始めたりつくり出したりすること。creativity

**どくそう-せい【独創性】** 独自の考えをもとにして、事をなす能力・性質。originality

**どくそう-てき【独創的】**(形動) 独創が認められるさま。original 用例 ―な作品。

**どくそう-りょく【独創力】** 独創する能力・才能。creative power

**とく-そく【督促】**(名・サ変他) せき立てること。催促すること。urge

**とくそく-じょう【督促状】** 催促する手紙・文書。letter of reminder

**とくそく-てつづき【督促手続】** 一定範囲の支払いや給付について、債権者が通常の訴訟手続きによらずに行える簡易な手続き。簡易裁判所が扱う。

**どくソ-じょうやく【独ソ条約】** 一九七〇年モスクワで調印された、西ドイツ・ソ連間の国境尊重と武力不行使に関する条約。七二年の東西両ドイツ基本条約締結につながった。

**どくソ-ふかしんじょうやく【独ソ不可侵条約】** 一九三九年、ナチス-ドイツとソ連の間で相互の不侵略などを決めた条約。付属議定書で東欧諸国を両国勢力圏に組み入れ、二国で分割することを密約。四一年独ソ戦開始で破棄。German-Soviet Nonaggression Pact

**どく-そん【独尊】** 他にくらべ自分だけが尊いとすること。用例 唯我―。

**ドクター【doctor】** ①医者。ドクトル。②博士。

**ドクター-ストップ**《和製語》ボクシングで、ダメージの大きい選手の健康保持のために、医師がレフェリーに試合中止を勧告すること。referee's stop

**とく-たい【特待】**(名・サ変他) 特別の待遇をすること。special treatment

**とく-だい【特大】** 特別に大きなこと・もの。king-size 対義 特小。

**とくたい-せい【特待生】** 学校で、学業や品行が優秀なため、授業料免除などの特別の待遇を受ける学生。scholarship student

**とくだ-きゅういち【徳田球一】**(一八九四〜一九五三) 政治家・社会運動家。沖縄県生まれ。日大卒。大正一一年(一九二二)日本共産党の創立に参画して書記長。昭和三年(一九二八)「三・一五事件」で検挙され終戦まで拘禁された。同二一年(一九四六)衆議院議員に当選したが、同二五年(一九五〇)の公職追放後地下に潜入、北京で病死。著書『獄中十八年』など。

**とく-たく【徳沢】** めぐみ。情け。恩沢。

**どく-たけ【毒▼茸】** 毒のあるキノコ。毒キノコ。poisonous mushroom

**とくだ-しゅうせい【徳田秋声】**(一八七一〜一九四三) 小説家。本名末雄。金沢生まれ。尾崎紅葉の門に入る。自然主義文学の代表的作家の一人。自己の身辺に取材した私小説を確立。作品『黴』『あらくれ』『仮装人物』『縮図』など。

**どく-だち【毒断ち】** 健康に悪い、または服薬の邪魔になる飲食物をとらないこと。

**とく-だね【特種】** ある報道機関だけが独占的に入手した情報、またはそれによる記事。逆に一社だけが出し抜かれた場合を「特落ち」という。スクープ。scoop

**どく-だみ【▼蕺・▼蕺▽菜】** 山地の低湿地や庭などにはえるドクダミ科の多年草。高さ約五〇cm。全草に臭気がある。葉は心臓形。初夏に白色四弁の花弁状の苞の上に淡黄色の小花を穂状につける。地下茎・葉は漢方薬として利用。ジュウヤク。↓図

●ドクダミ

**とく-だわら【徳俵】** 相撲で、土俵の東西南北に一俵分ずつ、計四俵、外にずらせて埋めてある小俵。本来は雨水を除くためのものだったが、この分だけ土俵が広くなり力士の守りには有利。↓相撲図

**とく-だん【特段】** 特別。格別。special 用例 ―の配慮を得た。

**どく-だん【独断】**(名・サ変他) ①独自の考えで決定・判断して他を顧みないこと。ひとり決め。arbitrary decision 比較 独善。用例 ―にすぎる意見。②哲学で、理性による批判を許さない定理・定説・命題。ドグマ。dogma

**どくだん-じょう【独壇場】**《「独擅場」の誤読からできた語》自分が思うままにふるまえる、ひとり舞台。その人だけが活躍できる領域。one's unchallenged position

**どくだん-せんこう【独断専行】**(名・サ変自) 自分ひとりの判断で、勝手に事をなすこと。act arbitrarily on one's own authority

**どくだん-てき【独断的】**(形動) ①自分ひとりだけの考え・意見で決断するさま。arbitrary ②哲学で、認識能力の批判をあらかじめしないで、理性だけで実在が認識できるとする考え方。カントの用語。dogmatic

**どくだん-ろん【独断論】** ①正しい根拠に立つのでなく、自分の考え方や議論を真理として、それを人に押しつけること。dogmatism ②哲学で、独断的な学説を非難して言う語。カントの用語。dogmatism 対義 懐疑論。

**とくぢ【徳地】**〈町〉山口県中部、佐波川上流の町。滑山国有林をはじめ、山林が広く林業が主体。人口一万六四六(一九八八)。

**と-ぐち【戸口】** 建物の出入口。entrance

**とくち-しそう【徳治思想】** 王者の徳をもって国を治める政治思想。王道政治の思想。

**とくち-しゅぎ【徳治主義】** 儒教の根本的な政治思想。為政者は権力や武力によるのではなく、その徳によって人民を教化し、治めるべきであるとするもの。

**とく-ちゅう【特注】**(名・サ変他)《「特別注文」の略》特別に注文すること。special order

**とく-ちょう【特長】**《「特徴」は別語》それ特有の長所。特色。strong point 用例 ―を生かす。

**とく-ちょう【特徴】**《「特長」は別語》他に比べて、とりわけ目立つ点。characteristic 用例 ―をつかむ。

**どく-ちょう【毒▼蝶】** 鳥が捕食を嫌う熱帯アメリカ特産の中形のチョウ類。いずれも細長い翅をもち、黒地に赤・黄・青などの原色斑紋があって毒々しい。同地域にいるシロチョウなどがドクチョウそっくりに擬態するのは有名。poisonous butterfly

**とくちょう-づける【特徴付ける】**(下一他) 特徴として与える。characterize

**どく-づく【毒突く】**(五自) ひどい悪口を言う。abuse

**どく-つるたけ【毒▼蔓▼茸・毒▼鶴▼茸】** 担子菌類テングタケ科の毒キノコ。茎上部にツバ、根元に袋状のツボがあり、全体が白色。かさは径五〜一五cm。

**とく-てい【特定】**(名・サ変他) ①とくにこれとさし示して決めること。specified ②とくに決まっていること。specific

**とくてい-めいがら【特定銘柄】** 証券取引所が特別に指定した人気の高い株式銘柄。代表的な株として市場の動向を左右した。昭和五三年(一九七八)指定銘柄制度の導入により廃止。比較 指定銘柄。

**とくてい-ゆうびんきょく【特定郵便局】** 郵政大臣が郵政省設置法に基づいて定めた規模の小さい郵便局。

**とく-てん【特典】** 特別の扱い・恩典。special favor 用例 ―に浴する。

**とく-てん【得点】**(名・サ変自) 試験・スポーツ競技などで点を得ること。また、得た点。score; points; runs

**とく-でん【特電】**《「特別電報」の略》ある報道機関だけにとくに送られてくる外国特派員

▼常用漢字表外。　▽常用漢字表の音訓外。

からの電報・通信。special telegram

**とく-と【篤と】**(副) 念を入れて。よく。とっくりと。carefully 用例 —考えてみなさい。

**とく-ど【得度】**(名・サ変自)《仏教語》①迷いの世界から悟りの世界に渡ること。悟りを得ること。②出家し仏道に入ること。

**とく-とう【▽禿頭】** はげあたま。baldness

**とく-とう【特等】** 特別にすぐれた等級。一等の上。special class 比較 上等。対義 並等。

**とく-どう【得道】**(名・サ変自)《仏教語》悟りを得ること。

**どく-とかげ【毒▼蜥▼蜴】** 下顎(かがく)に毒腺(どくせん)をもつドクトカゲ科の爬虫(はちゅう)類。北アメリカ南西部産のアメリカドクトカゲとメキシコ北部産のメキシコドクトカゲの二種がある。Gila monster; beaded lizard ↓図

●ドクトカゲ　アメリカドクトカゲ

**とく-とく【得得】**(形動トタル) 得意なさま。proud 用例 —と弁ずる。

**とく-とく【▽疾く▽疾く】** 古語 (副) 早く。急いで。用例 秋風は—吹き来こ(万葉・一〇・二一〇八)。

**どく-とく【独得】**(形動) 自力で修得しているさま。learn by oneself

**どく-とく【独特】**(形動) そのものだけが持っているさま。unique 用例 —な味。

**どく-どく**(副) 液体がさかんに流れ出るさま。gushingly 用例 血が—流れ出る。

**どくどく-し・い【毒毒しい】**(形) ①いかにも毒がありそうなさま。poisonous-looking ②憎々しい。malicious ③色がどぎつい。heavy color 派生 どくどくしげ(形動) どくどくしさ(名)

**とくとみ-そほう【徳富▼蘇峰】**(一八六三〜一九五七) 評論家・歴史家。本名猪一郎(いいちろう)。熊本県生まれ。同志社に学ぶ。『国民之友』『国民新聞』を発刊。在野進歩派として論陣をはったが、その後国家主義に転向。著書『近世日本国民史』など。

**とくとみ-ろか【徳▼冨▼蘆花】**(一八六八〜一九二七) 小説家。本名健次郎。兄は蘇峰(そほう)。熊本県生まれ。同志社に学ぶ。小説『不如帰(ほととぎす)』の作者として著名。社会対個人、自然対人間などの主題を独自な視点から追求。随筆小品集『自然と人生』、小説『思出の記』など。

**ドクトリン【doctrine】** 教義。教理。

**ドクトル【Doktor ドイツ】** ↓ドクター

**ドクトル-ジバゴ【Doktor Zhivago ロシア】** ソ連のパステルナークの小説。一九五七年海外で発表。革命の時代に個人の理想に生きる医師ジバゴの苦悩と愛を描く。

**ドクトロウ【Edgar Lawrence Doctorow】**(一九三一〜) アメリカのユダヤ系小説家。作品『ダニエルの書』『ラグタイム』など。

**とくなが-すなお【徳永▽直】**(一八九九〜一九五八) 小説家。熊本県生まれ。労働者出身で、プロレタリア文学運動に参加。作品『太陽のない街』『妻よねむれ』など。

**とく-に【特に】**(副) とりわけ。ことさら。especially

**とく-にん【特認】**(名・サ変他)《「特別承認」の略》特別に承認すること。special approval 用例 —事項。

**どく-にんじん【毒人▽参】** セリ科の二年草。各地の水辺にはえる。高さ約二m。茎に紫紅色の斑点(はんてん)。葉は羽状複葉。夏、白い小花を密につける。有毒で、死刑を宣告されたソクラテスが、これを服用した。hemlock

**どくにん-せい【独任制】** 行政機関などの意思が一人の長によって決定される制度。日本の行政官庁は一般に独任制をとる。単独制。single decision system 比較 合議制。

**とく-のう【篤農】** 農業に熱心で研究的なこと・人。exemplary good farmer 用例 —家。

**とく-の-しま【徳▼之島】** 鹿児島県奄美(あまみ)諸島の島。面積二四八km²。海岸には珊瑚礁(さんごしょう)が発達。サトウキビ栽培が主。

**とくのしま【徳▼之島】**〈町〉鹿児島県奄美(あまみ)諸島、徳之島東部の町。サトウキビ栽培が中心。大島紬(おおしまつむぎ)の製造もさかん。闘牛が有名。人口一万五五九四(一九八八)。

**とく-は【特派】**(名・サ変他) 人をとくにさしむけること。special dispatch

**どく-は【読破】**(名・サ変他) 難解な、または大部の書物を終わりまで読んでしまうこと。read through

**とく-はい【特配】**(名・サ変他) ①「特別配当」の略。②特別の配給。special distribution

**とく-ばい【特売】**(名・サ変他) ①ある期間、とくに安く品物を売ること。special sale ②特定の人に売ること。

**とくは-いん【特派員】** 新聞社・放送局などから外国に特別に派遣され、現地のニュースを取材・報道する記者。special correspondent

**どく-はく【独白】**(名・サ変自) ①俳優が、相手なしに心中の思いなどを語ること。そのせりふ。ひとりぜりふ。モノローグ。monologue ②ひとりごとを言うこと。そのひとりごと。talk to oneself

**とく-はつ【特発】**(名・サ変自他) ①電車・列車などを臨時に、特別に出すこと。extra train ②病気が、原因不明で突然起こること。idiopathy 用例 —性難聴。

**とくはっせい-こきゅうきゅうはくしょうこうぐん【特発性呼吸窮迫症候群】** 未熟児に多くみられる呼吸障害。肺が未熟のために肺表面活性物質が欠如し、肺胞が虚脱して呼吸障害をきたすもの。死亡例が多い。idiopathic respiratory distress syndrome

**とくはっせい-しんきんしょう【特発性心筋症】** 原因不明の非炎症性心筋疾患の総称。肥大型心筋症と拡張型心筋症に大別される。不整脈による突然死が特徴。idiopathic cardiomyopathy

**とく-ひつ【▼禿筆】** ①先のすり減った筆。ちび筆。②自分の文字・文章をけんそんして言う語。

**禿筆を呵する**(とくひつをかする)《ちびた筆に息を吹きかけながら書く、の意。自分の文章をけんそんして言う語》へたな文章を書く。

**とく-ひつ【特筆】**(名・サ変他) 取り立てて書き記すこと。special mention 用例 —に値する。

**どく-ひつ【毒筆】** 皮肉や悪意で書いた文章。spiteful pen

**とくひつ-たいしょ【特筆大書】**(名・サ変他) とくに目立つように書き記すこと。write in large letters

**とく-ひょう【得票】**(名・サ変他) 選挙で、投票してもらうこと。その票数。votes obtained 用例 —数。

**どく-ふ【毒婦】** むごくて、心の曲がった女。悪辣(あくらつ)な女。vamp

**どく-ぶつ【毒物】** 毒性のある物質。比較的微量で生体の機能をそこねたり、死にいたらしめたりする。poison

**とく-ぶん【得分】** ①もうけ。profit ②分け前。share

**どく-ぶん【独文】** ①ドイツ語の文章。②「ドイツ文学」の略。③大学の独文科。ドイツ文学科。

**とく-べつ【特別】**(副・形動) 一般のものとは違うさま。格別。特殊。particular 対義 普通。用例 —の処置。

**とくべつ-いいんかい【特別委員会】** とくに必要があると認められた案件や、常任委員会の所管でない案件を審査するため、随時設けられる国会両院の委員会。

**とくべつ-かいけい【特別会計】** 国や地方公共団体の会計の一つ。特定の歳入をもって特定の歳出にあてるため一般会計のほかに設けられる。special account

**とくべつ-かつどう【特別活動】** 小学校・中学校・高等学校の教科外活動。クラブ活動・学級会・生徒会活動や遠足・運動会などの学校行事のこと。特活。

**とくべつ-かんちょう【特別官庁】** 管轄権限が特殊な事務に限定された官庁。会計検査院・税務署など。special government office 対義 一般官庁。

**とくべつ-きゅうこうれっしゃ【特別急行列車】** 急行列車の一種。普通急行列車より停車駅が少なく、目的地までの所要時間が短い。特急。limited express train

**とくべつ-きょうしつ【特別教室】** 理科・図画・工作・音楽などを教えるために、その目的に応じて特別の設備をした教室。special-purpose classroom

**とくべつ-きょうしょ【特別教書】** アメリカ大統領が必要に応じ、そのつど議会に送る立法勧告などのメッセージ。special message 対義 一般教書。

**とくべつ-ぎょうせいく【特別行政区】** 一九八二年中国の新憲法で規定された、特別扱いの行政区。香港(ホンコン)などの返還に先立って設置。

**とくべつ-く【特別区】** 特別地方公共団体の一つ。東京都の二三区をさす。地方自治法の市に関する規定が準用され、区長は住民の直接選挙で選ばれる。

**とくべつ-くみんぜい【特別区民税】** 特別区が課する住民税。市町村民税に準じる。

**とくべつ-こうこく【特別抗告】** 訴訟法上、不服申し立てができない決定や命令に対し、憲法違反を理由とする場合に限り、特別に認められる最高裁判所への抗告。刑事訴訟については判例違反も理由として認められる。

**とくべつ-こうとうけいさつ【特別高等警察】** 明治四四年(一九一一)から昭和二〇年(一九四五)まで、内務省直轄で思想・社会運動を取り締まった警察。特高(とっこう)。

**とくべつ-こっかい【特別国会】** 憲法の規定により、衆議院の解散後に行われた総選挙の日から三〇日以内に召集される国会。内閣総辞職につづいて首班指名が行われる。特別会。特別議会。

**とくべつ-さいばんしょ【特別裁判所】** 特殊な事件や人を対象とする裁判所。旧制下の行政裁判所など。現行憲法では認めていない。extraordinary tribunal

**とくべつ-しょうきゃく【特別償却】** 企業の保護育成のため特定業種の固定資産について税法上認められている、普通償却の限度額を超えた減価償却。specially recognized depreciation

**とくべつ-じょうこく【特別上告】** 民事訴訟法上、高等裁判所が上告審として行った終局判決などに対し、憲法違反を理由とするものに限り認められる最高裁判所への上告。

**とくべつ-しょく【特別職】** 国家公務員法ならびに地方公務員法で指定され、その適用を受けない特別公務員。大臣・知事・裁判官・自衛隊員など。対義 一般職。

**とくべつ-せんきょ【特別選挙】** 公職選挙法の規定により、特別な事情が生じたときに行われる選挙。再選挙・補欠選挙など。extraordinary election

**とくべつ-そんえき【特別損益】** 損益計算書に記載される臨時または特別の利益と損失。extraordinary profit and loss 対義 経常損益。

**とくべつ-ちほうこうきょうだんたい【特別地方公共団体】** 一般の地方公共団体(=普通地方公共団体)に対し、組織・権限などが特別な地位にある地方公共団体。特別区・財産区・地方開発事業団および地方公共団体の事務組合の四つ。

**とくべつ-ちほうしょうひぜい【特別地方消費税】** 料理店や旅館などで、一定額以上の遊興・飲食・宿泊をした者に都道府県が課する消費税。

**とくべつ-ちょうしゅう【特別徴収】** 地方税を徴収する方法の一つ。特別地方消費税・ゴルフ場利用税などについて、徴収の便宜を有する者を通して税金を納入させる方式。

**とくべつ-てんねんきねんぶつ【特別天然記念物】** 文化財保護法の指定を受けた動物・植物・鉱物などの天然記念物のうち、学術研究上、世界的に価値の高いもの。阿寒(あかん)湖のマリモなど。

**とくべつ-トンぜい【特別トン税】** 外国貿易船の入港に対して課される租税。国税だが、全額がその港が所在する市町村に交付されるため、会計の事務手続上「特別」の名が付されている。昭和三二年(一九五七)設定。比較 トン税。

**とくべつ-はいとう【特別配当】** =特配。①営利企業が普通配当以外に特別に行う株主配当。②保険会社が契約消滅時に最終精算として行う配当。special dividend

**とくべつ-ひきだしけん【特別引(き)出し権】** ↓エスディーアール(SDR)

**とくべつ-べんごにん【特別弁護人】** 弁護士の資格はもたないが、裁判所が一定の事件について特別に認めた弁護士以外の弁護人。簡易・家庭・地方裁判所でだけ許される。事件に深くかかわる分野の専門家などがつとめることが多い。

**とくべつ-ほう【特別法】** 特定の地域・人・ことがら・行為について定めた法律。special law 対義 一般法。

**とくべつ-ゆうびんちょきん【特別郵便貯金】** 積立貯金・定額貯金など、通常貯金に対して特別のあつかいを受ける郵便貯金。

**とくべつ-ようごろうじんホーム【特別養護老人ホーム】** 身体的、あるいは精神的な理由で、自宅での生活が困難となった老人を養護するための施設。


↓行き先項目、図版・写真参照印。 JIS 日本工業規格情報交換用漢字符号コード(区点コード)。

**とくべつ-ようしせいど【特別養子制度】** 六歳未満の養子について、戸籍の父母欄に養親の名前を記入し、実親との関係を原則的に断って縁組みする制度。

**とくべつ-りじゅん【特別利潤】** →ちょうかりじゅん(超過利潤)

**どくべにたけ【毒紅▼茸】** 担子菌類ベニタケ科のキノコ。かさは径三～一〇cm、鮮紅色。ひだは白色。毒性はない。

**どく-へび【毒蛇】** 唾液腺の変化した毒腺をもつヘビの総称。前牙類のコブラ科・ウミヘビ科、管牙類のマムシ科・クサリヘビ科などには危険なものが多い。世界に約七〇〇種、そのうち約三〇〇種が致命的な毒をもつ。どくじゃ。poisonous snake

**とく-ほう【特報】**(名・サ変他) 特別な扱いによって知らせること・記事。flash

**とく-ぼう【徳望】** 徳が高く、人望があること。moral influence

**どく-ぼう【独房】**「独居監房」の略。

**とく-ほん【徳本】** 善根。deed of charity

**とく-ほん【読本】** ①読む本。book 比較 絵本。②一般人のための入門書。primer ③もと、小学校の国語教科書。reader

**ドグマ【dogma】** ①各種の宗教や宗派で、正統として認知した教義・教理。②独断。独断的な説。

**ドグマティズム【dogmatism】** ①独断論。②教条主義。

**どく-み【毒味・毒見】**(名・サ変自他) ①飲食物を味わって毒の有無を試すこと。poison tasting 用例 ―役。②味加減を見ること。foretaste

**とくみ-どんや【十組問屋】** 江戸時代、酒・綿・薬種など江戸の一〇種類の荷主問屋の株仲間組合。元禄七年(一六九四)結成。大坂との間の海上輸送について、積み荷の決済・難船荷物の処分などを共同管理。

**とく-む【特務】** 特別の任務。特殊な任務。special duty

**とくむ-かん【特務艦】** ①作戦に必要な諸種の支援を任務とする艦。special service vessel ②旧日本海軍で、運送艦・工作艦・砕氷艦・測量艦・標的艦・練習特務艦の総称。special service vessel

**どく-むぎ【毒麦】** イネ科の一年草。畑や荒地などにはえる。ムギに似た帰化植物。高さ六〇～九〇cm。五月ごろ緑色の花穂を出し小穂をつける。種子は有毒。beared darnel

**とくむ-きかん【特務機関】** ①旧日本陸海軍の特別な軍事機関。元帥府・軍事参議院・外国駐在武官など。Special Service Agency ②旧日本陸軍の諜報・謀略機関。中国や東南アジアなどの各地で謀略活動を行った。

**どく-むし【毒虫】** 毒性があり、人体に危害を加える虫。poisonous insect

**とくむ-しかん【特務士官】** 旧日本海軍の士官で、准士官の中から選抜任用されたもの。

**とくむ-そうちょう【特務曹長】** 旧日本陸軍の准士官。少尉と曹長のあいだの階級で、のちに准尉と称した。

**とく-めい【匿名】** 名前を隠すこと。実名を隠して、別の名前や、記号・符丁などを使うこと。また、その名前。anonymity

**とく-めい【特命】** 特別の命令・任務。special command

**とくめい-くみあい【匿名組合】** 商法に基づいて営業を目的に組織される組合。組合員が営業者に出資し、営業から生ずる利益配分を受ける。anonymous association

**とくめい-ぜんけんこうし【特命全権公使】** →ぜんけんこうし(全権公使)

**とくめい-ぜんけんたいし【特命全権大使】** →ぜんけんたいし(全権大使)

**とくめい-ひひょう【匿名批評】** 匿名でする批評。anonymous criticism

**とく-めん【特免】** 特別に免除すること。

**とく-もく【徳目】** 道徳を分類した名目。仁・義・信など。kinds of virtues

**どく-や【毒矢】** 矢じりに毒を塗った矢。poisoned arrow

**とく-やく【特約】**(名・サ変自) 特別の条件や利益のある契約。special contract 用例 ―付き。

**どく-やく【毒薬】** 微量で生体に危険な作用をおよぼす薬物。ストリキニン・モルヒネ・青酸カリ・水銀化合物など。薬事法では、医療品のうち、毒性がつよいもの、中毒量と常用量の近いものなどを劇薬に、この一〇倍以上毒性の強いものを毒薬に指定している。poison

**とくやく-りりつ【特約利率】** 当事者間の契約できめられる利率。約定利率。agreed rate of interest

**とくやま【徳山】**〈市〉山口県東部、徳山湾に臨む市。旧城下町。大石油コンビナートがある工業都市。人口一一万九七二(一九八八)。

**とくやま-わん【徳山湾】** 山口県徳山市、大島半島と大津島などに囲まれた港湾。海軍の重要な港だったが、今は巨大な石油基地。

**とく-ゆう【特有】**(名・形動) そのものに特別に備わっていること・さま。peculiarity 対義 通有。用例 新茶―の香り。

**とくゆう-ざいさん【特有財産】** 夫婦の一方が婚姻前からもっている財産、および婚姻中に自分の名義で取得した財産。separate property

**とく-よう【徳用・得用】**(名・形動) 使って利益の多いこと。安くついて得なこと・さま。economy 用例 ―品。

**とくよう-さくもつ【特用作物】** 収穫後、加工してから利用する作物。ゴマ・アサ・ワタ・サトウキビ・タバコなど。工芸作物。industrial crop

**とくよう-じゅしゅ【特用樹種】** 子実・樹皮・樹液など特定部分が、一般用材・薪炭用以外の、食用・油脂用・和紙用・繊維用・薬用などに役だつ樹木。クルミ・コウゾ・ウルシなど。minor-tree species

**とぐら【戸倉】**〈町〉長野県北部、千曲川に沿う町。リンゴ・花の栽培がさかん。戸倉上山田温泉がある。人口一万八一七八(一九八八)。

**とぐらかみやまだ-おんせん【戸倉上山田温泉】** 長野県北部、戸倉町から上山田町にかけての温泉。都会的・歓楽的な色彩が濃い。

**とく-り【徳利】** ＝とっくり。①酒を入れる円筒形の容器。胴はふくらみ、上部が小さくすぼまって口になっている。陶磁器製・錫製などがある。②《俗語》泳ぎのできない人。

**とく-りつ【特立】**(名・サ変自) ①他からぬきん出ていること。②ひとり立ち。自立。

**どく-りつ【独立】**(名・サ変自) ①他にたよらないこと。他からの干渉・援助などを受けないこと。independence 用例 親から―した。②一つだけ他と無関係に立っていること。stand alone 用例 ―家屋。―峰。③一家を構えて生計を立てること。support oneself and one's family

**どくりつ-うんどう【独立運動】** 他国の支配を脱して自分たちの国をつくるための運動。民族独立運動。independence movement

**どくりつ-えいよう【独立栄養】** 無機物だけを栄養素として摂取し、体内で必要な有機物を合成する栄養の様式。無機栄養。autotrophism 対義 従属栄養。

**どくりつえいよう-せいぶつ【独立栄養生物】** 独立栄養を営む生物。光合成を行う緑色植物および一部の菌類が含まれる。無機栄養生物。autotrophic plant 対義 従属栄養植物。

**どくりつがた-キッチン【独立型キッチン】** 間取り上、一室として独立している台所。比較 ダイニングキッチン。

**どくりつ-かんちょう【独立官庁】** 憲法上、独立の地位と権限を認められた官庁。裁判所・会計検査院など。independent government office

**どくりつ-けん【独立権】** 国家が他のいかなる国家からも支配をうけず、独立して意思決定を行う権利。内政について他国からの干渉を排する内政不干渉の原則を含む。right of independence

**どくりつ-ご【独立語】** 文の成分の一種。「おい」「まあ」などのように文の中の他の文節と直接つながりをもたずに独立している文節。independent word

**どくりつ-こく【独立国】** 他の国家から支配されることなく、完全な主権をたもっている国家。independent state 対義 従属国。

**どくりつ-さい【独立祭】** ①一般に、国の独立を記念してもよおされる祭り。②(Independence Day)一七七六年のアメリカ独立宣言を記念する日。七月四日。

**どくりつさいさん-せい【独立採算制】** 企業内の各部門を独立の経営単位とみなして採算をとる制度。分権的組織、とくに事業部制で採用。self-supporting accounting system

**どくりつ-しこう【独立試行】** 二つ以上の試行の結果が互いに何の関連もないこと。たとえば、さいころをくり返し投げる場合。independent trials

**どくりつ-じしょう【独立事象】** 事象Aが起こるか起こらないかが、他の事象Bの起こる確率に影響を与えないとき、これらの事象は互いに独立事象であるという。independent event 対義 従属事象。

**どくりつ-じそん【独立自尊】** 自力で事を行い、自己の尊厳を保つこと。independence and self-respect

**どくりつ-ぜい【独立税】** 地方公共団体が、国や他の地方公共団体の課した租税とは無関係に独立して課する租税。independent tax

**どくりつ-せんげん【独立宣言】**「アメリカ独立宣言」の略。

**どくりつ-せんそう【独立戦争】** 他国の支配から脱却し、自分たちの国家をつくろうとして起こす戦争。民族独立戦争。war of independence

**どくりつ-とう【独立党】** 李朝末期の親日的政治党派。金玉均・朴泳孝らを中心に、閔妃一派の事大党と対立、中国(＝清)からの独立を主張して結党。

**どくりつ-どっぽ【独立独歩】** 独立して自分の信ずるとおりに行うこと。独立独行。self-reliance

**どくりつ-の-ほうそく【独立の法則】** メンデルの三大遺伝法則の一つ。二種類以上の形質は互いに独立して子孫に遺伝するとした説。しかし、この法則はこれらの形質遺伝子が異なった染色体上にあるときにだけあてはまることが明らかにされた。law of independence

**どくりつ-びじゅつきょうかい【独立美術協会】** 日本のフォービスムの中心的団体。昭和五年(一九三〇)二科会の里見勝蔵・児島善三郎・林武らに三岸好太郎・高畠達四郎・福沢一郎を加えて結成。

**どくりつ-ぶ【独立部】** 独立語の役目をする連文節の呼び名。

**どくりつ-プロダクション【独立プロダクション】** 大企業映画会社などの外部で、独立して映画などを作る組織。独立プロ。

**どくりつ-へんすう【独立変数】** 変数$y$が変数$x$の関数であるとき、$x$の変化に従って$y$が従属的に変化することから、$y$に対して、$x$を独立変数という。independent variable

**どく-りょう【読了】**(名・サ変他) 全部読み終わること。read through

**どく-りょく【独力】** 自分ひとりの力。自力。one's own effort 用例 ―で事業を起こす。

**と-ぐるま【戸車】** 引き戸のすべりをよくするために、框の上または下に取り付ける小さな車輪。floor roller

**とく-れい【特例】** 特別な例。special example

**とく-れい【督励】**(名・サ変他) 監督し、激励すること。encouragement

**とく-れん【得恋】**《「失恋」からの造語》恋愛に成功すること。恋が結ばれること。

**とぐろ【▼塒・▼蜷▽局】** ヘビなどの細長い動物が体を渦状に巻いて身構えているさま。また、その巻いた状態。coil

**塒を巻く**(とぐろをまく) ①ヘビなどが、渦状にわだかまること。coil ②何人かが用もないのに一か所にたむろしているたとえ。gather around ③腰を落ち着けて、動こうとしないたとえ。lounge around

**どく-ろ【▼髑▼髏】** 雨風にさらされて骨だけになった頭。されこうべ。skull

**どく-わ【独和】** ①ドイツ語と日本語。German and Japanese ②「独和辞典」の略。対義 和独。

**どく-わ【独話】**(名・サ変自) ①ひとりの人が、大勢の人を前にして自分だけしゃべること。speak alone ②ひとりごとを言うこと。独語。talk to oneself

**とくわかごまんざいしゅう【徳和歌後万載集】** 四方赤良(大田南畝)編の狂歌集。天明五年(一七八五)刊。『万載狂歌集』の続編で、天明期を代表する狂歌集。

**どくわ-じてん【独和辞典】** ドイツ語の単語に、日本語でその意味・用法などの説明を付けた辞典。German-Japanese dictionary

**とげ【▽刺・▼棘】** ①植物の茎・葉にはえる針状のかたい突起。バラ・キイチゴなどは表皮の変形。メギ・サボテンは葉の変形。カラタチ・サイカチは枝の変形。thorn ②皮膚に突きささった小さく先のとがったもの。prickle ③人の心を刺すような感じのこと・もの。意地の悪いこと。stinger 用例 ―のあることば。

**とけ-あい【解(け)合い】** 証券取引所で相場が急変し決済が不可能になったとき、売り方と買い方とが協議のうえ、一定の値段を決め、決済して解約すること。liquidation by compromise

**とけ-あ・う【解(け)合う】**(五自) ①互いに打ち解ける。come to a mutual understanding ②話し合いで契約を取り消す。cancel

▼常用漢字表外。　▽常用漢字表の音訓外。

mutually

**とけ-あ・う**【溶(け)合う】（五自）液体に他の液体または固体がよく混じり合う。melt together

**と-けい**【徒刑】①律令制のもとでの五刑（笞・杖・徒・流・死）の一つである徒の別称。犯罪者を労役に服させた。②旧刑法で重罪に科した刑。島などに送り重労働をさせた。③懲役。penal servitude

**と-けい**【時計・土▼圭】《「時計」は当て字で、古くは「土圭・斗鶏」などと書かれ、その音をかりた表記》時刻をはかり、時間の経過を示す装置。日時計・水時計・砂時計・振り子時計・水晶時計・原子時計など。clock

**とけいこうきょうきょく**【時計交響曲】《通称Die Uhr（ドイ）》ハイドン作曲の交響曲第一〇一番、ニ長調の通称。一七九四年作。第二楽章の伴奏リズムが時計の振り子を連想させることからこの名がある。

**とけい-ざ**【時計座】南天の星座。日本では一部しか見ることができない。一月六日ごろの午後八時ごろに南中。面積二四九平方度。Horologium

**とけい-ざら**【時計皿】球面の一部を円形に切り取った形状のガラス器具。化学実験のさい広く使われる。watch glass

**とけい-そう**【時計草】観賞用に栽培されるトケイソウ科の常緑低木。つる性で、葉は互生し掌状。夏に時計の文字盤に似た白色か淡紅色の花が咲く。近縁種のクダモノトケイソウの果実は食用となる。パッションフラワー。passionflower ↓写

●トケイソウ　クダモノトケイソウ

**とけい-だい**【時計台】大時計を取り付けた塔。clock tower

**とけい-まわり**【時計回り】時計の針のように左から右に回ること。右回り。turn clockwise

**とげ-うお**【▼棘魚】トゲウオ科の魚類の総称。水のきれいな川や池にすむ。全長四～八cm。背びれと腹側に大きなとげがある。イトヨ・トミヨ・ハリヨなど六種類が日本に生息する。水草で半球状または球状の巣を作って産卵し稚魚を保護。北半球の亜寒帯と温帯北部に分布。stickleback

**とけ-こ・む**【溶(け)込む】（五自）①一つの物質が他の物質の中に完全に混じってしまう。melt into ②まわりの気分に同化する。blend in with others 用例チームに―。

**ど-げざ**【土下座】（名・サ変自）地面にひざまずいて礼をすること。また、その礼。昔、貴人の通行のときなどに行った。

**と-けつ**【吐血】（名・サ変自）血を吐くこと。多くは、食道・胃・十二指腸からの出血。また、その血。胃潰瘍・胃癌などに起因することが多い。hematemesis 比較喀血。

**とげつ-きょう**【渡月橋】京都市西部、嵐山の裾を流れる大堰川（桂川）に架かる橋。付近は桜の名所。

**とげっ-ぽう**【吐月峰】《静岡県の山の名。その竹が灰吹きに適していたので》タバコぼんの灰吹き用の竹筒。

**とげとげ-し・い**【▽刺▽刺しい】（形）目つき・ことば・感情などに、うるおいがない。意地が悪い。険しい。harsh 派生とげとげしげ（形動）とげとげしさ（名）

**とげ-ねずみ**【▼棘▼鼠】背に硬い針状毛をもつネズミ科の動物。体長約一五cm。山地にすむ。奄美大島・沖縄本島にのみ分布し、天然記念物。なお本種は中国大陸産のトゲネズミとはまったく別の種類。

**トケラウ-しょとう**【トケラウ諸島】（Tokelau Islands）南太平洋、ポリネシアの西に位置する三環礁。ニュージーランド領。

**と・ける**【解ける】（下一自）①結ばれていたものがほどける。get loose 用例帯が―。ひもが―。②消える。なくなる。melt away 用例疑いが―。怒りが―。③打ち解ける。くつろぐ。be unreserved 用例心も―・けて語り合う。④答えが出る。会得する。be solved 用例問題が―。謎が―。⑤《「融ける」とも》雪や氷が水になる。melt

**と・ける**【溶ける】（下一自）①液体の中に他の物質が混じりこんでしまう。dissolve 用例砂糖が水に―。②《「熔ける」「鎔ける」とも》金属などが、熱せられて液状になる。melt 用例銅が―。③固まっていたものが液状になる。用例バターが―。

**と・げる**【遂げる】（下一他）①し果たす。なし終える。目的を達する。accomplish 用例思いを―。②最終的にそういう結果になる。end in 用例非業の死を―。

**ど・ける**【▽退ける】（下一他）わきへ寄せて場所をあける。しりぞける。のける。remove

**と-けん**【▼杜▼鵑】ホトトギスの漢名。

**ど-けん**【土建】土木と建築。civil engineering and construction 用例―業。

**とこ**【床】①寝床。bed 用例―を敷く。②畳のしん。用例古―。③川底。riverbed 用例川―。④苗を育てる所。nursery 用例苗―。⑤「床の間」の略。

**床に就く**（とこにつく）①寝る。眠る。go to bed ②病気で寝こむ。take to one's bed

**床を上げる**（とこをあげる）①寝具をかたづける。②病気が治る。床を払う。recover from illness

**床を取る**（とこをとる）布団を敷いて、寝床を用意する。床を延べる。make a bed

**床を延べる**（とこをのべる）「床を取る」と同意。

**床を払う**（とこをはらう）病気がよくなって、布団をかたづける。床を上げる。

**とこ**【▽所】ところ。place 用例出た―勝負。

**とこ**【常】（接頭）いつも変わらないの意。永遠。用例―夏。

**ど-こ**【▽何▽処・▽何▽所】（代）不定または疑問の場所を示す語。どの所。どの点。いずこ。where 用例この本の―が悪いのか。

**何処の馬の骨**（どこのうまのほね）身元のはっきりしていない者を、ののしって言う語。

**何処吹く風**（どこふくかぜ）全く関係のないかのように、知らぬふりをしているさま。indifferent

**何処方量も無い**（どこほうりょうもない）どこまでも際限がない。

**ど-ご**【土語】①土着の人の使うことば。native tongue ②方言。dialect

**とこ-あげ**【床上げ】（名・サ変自）大病や出産のあと、回復して寝床をかたづけること。また、その祝い。床払い。

**とこ-いた**【床板】床の間に張る板。alcove slab

**どこ-いら**【▽何▽処いら】（代）どこのあたり。どこら。whereabouts

**とこ-いり**【床入り】（名・サ変自）①寝床にはいること。go to bed ②新婚夫婦がはじめて共寝すること。get into the bridal bed

**と-こう**【渡航】（名・サ変自）船や航空機で海をわたること。渡海。voyage

**と-こう**【▼兎▽角・▽左▽右】（副・サ変自）《「とかく」の転》あれこれ。とやかく。this and that 用例―するうちに。

**ど-こう**【土工】《卑語》土木作業員の旧称。

**ど-こう**【土侯】その土地の封建領主。

**ど-こう**【怒江】中国、シーツァン自治区東部から雲南省西部を南流する川。ビルマ東部のサルウィン川上流部をなす。長さ一五〇〇km。峡谷を流れ、流域面積は狭い。ヌーチアン。

**ど-ごう**【土豪】その土地の勢力家。豪族。powerful family

**ど-ごう**【怒号】（名・サ変自）①いかりさけぶこと・声。roar ②風や波が荒れ狂う音。

**どこう-こく**【土侯国】地方部族の首長や実力者が支配する国家的領土圏、または国家。第二次大戦直後までイギリスの保護下にあったインドやパキスタンにみられる王国が典型。

**とこう-して**【▼兎▽角して】（連語）あれこれして。なんとかかんとか。かろうじて。

**とごうち**【戸▽河▽内】〈町〉広島県西部、中国山地山間の町。稲作中心の農業と林業を行う。三段峡がある。人口四〇七一（一九八八）。

**どこう-としお**【土光▽敏▽夫】（一八九六～一九八八）実業家。岡山県生まれ。東京高工卒。石川島播磨重工業・東芝会長をへて昭和四九年（一九七四）第四代経団連会長。同五六年（一九八一）第二次臨時行政調査会会長。

**どごう-れっしん**【土豪劣紳】もと中国で、官や軍と結んで農民を苦しめた大地主をさげすんだ呼び方。

**ド-ゴール**【Charles André Joseph Marie de Gaulle】（一八九〇～一九七〇）フランスの軍人・政治家。第二次大戦で敗戦後のフランスを解放し、臨時政府の首相。一時引退したが一九五八年アルジェリアの反乱を機に返り咲き、同年第五共和制初代の大統領に就任。六九年の国民投票で敗れて退陣。↓写

●ド＝ゴール

**ドゴール-くうこう**【ドゴール空港】（l'aéroport Charles de Gaulle）フランスのパリ北郊にある国際空港。とくに騒音対策に力を入れて建設された。面積三一$km^2$。一九四七年開設。正称シャルル-ド-ゴール空港。

**ドゴール-ひろば**【ドゴール広場】（Place De Gaulle）フランス、パリ西部の広場。中央に凱旋門がある円形の広場で、一二本の道路が放射状にのびる。旧称エトワール広場。

**どこ-か**【▽何▽処か】㊀（連語）とくにはっきりと決めないで、ある場所をさす語。用例―へ行く。㊁（副）どことということなく。なんとなく。用例―おかしい。

**とこ-かざり**【床飾り】床の間の飾り。↓写

**とこ-がまち**【床▼框】床の間の前端に設けられる化粧横木。床板や床の間の畳の端を隠す。とこぶち。↓茶室図

**とこ-さかずき**【床杯】新婚初夜に、床入り前の夫婦が杯をくみ交わす儀式。仲人や婿の母親の介添えによって行われる。夫婦杯。

**とこ-ざし**【床挿(し)】挿し木の方法の一つ。切りとった枝を土に挿して新しい苗木をつくる。

**とこし-え**【常しえ・▽長しえ・▽永▽久】いつまでも変わらないこと。長く続くこと。とこしなえ。とことわ。eternity

**とこし-なえ**【常しなえ・▽長しなえ・▽永▽久】↓とこしえ（常しえ）

**とこ-じめ**【床締(め)】水漏れのする水田の表土をはがし、心土をしめ固めたり粘土を入れたりして、これを防ぐこと。subsoil compaction

**とこ-じらみ**【床▼虱】トコジラミ科の昆虫。人体の害虫。全長約五mm。体は平たく楕円形で、褐色。人家にすみ、夜間吸血する。世界各地に分布。ナンキンムシ。bedbug ↓図

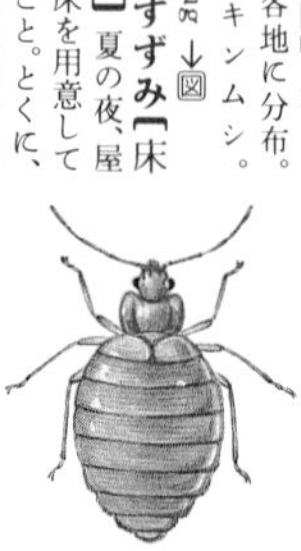

●トコジラミ

**とこ-すずみ**【床涼み】夏の夜、屋外に床を用意して涼むこと。とくに、京都の四条河原に桟敷を組んで涼むことをいう。

**とこ-ずれ**【床擦れ】（名・サ変自）長く病床にある人の皮膚の一部が長期に圧迫されておこる障害。褥瘡。decubitus

**とこ-とこ**（副）軽やかに、足早に歩くさま。on the trott 用例子馬が―駆ける。

**どこと-なく**【▽何▽処と無く】（副）なんとなく。どこと取り立てていうほどではないが。somehow 用例―似ている。

**とこ-とわ**【▽常】↓とこしえ（常しえ）

**とこ-とん**《俗語。副詞的にも使われる》どんづまり。最後の最後。the very end 用例―追いつめる。

**とことんやれ-ぶし**【とことんやれ節】明治初めの軍歌。流行歌となる。明治元年（一八六八）品川弥二郎作詞・大村益次郎作曲。囃子ことば「とことんやれとんやれな」がつく。

●床飾り

**とこ-なつ**【常夏】①一年じゅう夏のような

気候であること。everlasting summer ②ナデシコの異名。③セキチク科の多年草。セキチクの一変種。葉は線状。濃紅色の五弁花を四季を通じてつける。ダイアンサス。④襲の色目の名。表は紅梅、裏は青。撫子。

**とこなめ【常滑】**〈市〉愛知県知多半島、伊勢湾に臨む市。常滑焼で名高い窯業の町。人口五万三〇一四(一九八八)。

**とこなめ-やき【常滑焼】** 愛知県常滑地方で作られる陶磁器。平安時代から室町時代にかけては、つぼ・鉢・かめなど大型の雑器を焼き、明治以後は土管やタイルなどの工業用品、植木鉢を生産。

**とこ-の-ま【床の間】** 壁に書画をかけ、置物などを飾るため、床を一段高くしたところ。和風建築の座敷に設けられる。↓書院造り図

**床の間の置物**(とこのまのおきもの) お飾りで、実用の役には立たないような人。外見は立派だが、内容のない人。good-for-nothing
↓茶室図

**とこ-ば【床場】**《江戸初期、髪結いに限って床店(常時は人の住まない出店)が許されたことから》髪結い床。理髪店。

**とこ-ばしら【床柱】** 床の間の脇の化粧柱。正式には三方柾または四方柾の角材とし、略式には円材、皮付きの自然木、竹なども用いる。↓茶室図

**とこ-ばなれ【床離れ】**(名・サ変自) ①寝床から起き出ること。get out of bed 用例 —がいい。②病気が治って起きられるようになること。get out of one's sickbed ③男女の仲が疎くなること。

**とこ-ばらい【床払い】**(名・サ変自) 床上げ。

**とこ-はる【常春】** 一年じゅう春を思わせるような気候であること。everlasting spring

**とこ-ばん【床番】** 昔、関東地方で、死者の埋葬のための穴を掘る役割りの人。葬家の近隣の家の四人が当たる。床番は身内の不幸よりけがれの程度が重いとして、正月の松飾りはしない。床取り。

**とご-ふ【都護府】** 中国、唐代の辺境地支配機関。安西・安北・安東・安南・単于・北庭の六都護府。

**トコフェロール【tocopherol】** ビタミンEの別名。

**とこ-ぶし【常節】** ミミガイ科の小形で扁平な巻き貝。殻長約七cm。黒っぽい地に緑褐色斑がある。浅海の岩礁に広い足で付着。食用。北海道南部から九州の沿岸に分布。↓図

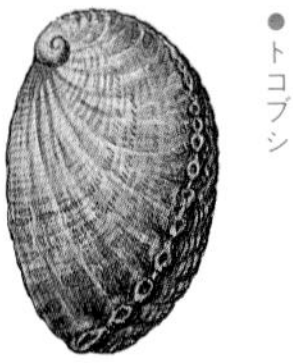
●トコブシ

**とこ-みせ【床店】** ①人の家の軒先を借りた程度の簡単な店。②屋台店。

**とこ-や【床屋】** ①《俗語》男子の整髪をする店。また、その技術者。理髪店。理容師。barbershop ②近世の、髪結い床。barbershop

**とこ-やま【床山】** ①劇場で、俳優の鬘を整える人。②大相撲の力士の髷を結い整える人。

**とこ-やみ【常▼闇】** ①いつまでも真っ暗であること。perpetual darkness ②世が乱れていること。chaos; anarchy 用例 —の世。

**どこ-やら【▽何▽処やら】**(副) なんとなく。どこかしら。somehow

**とこ-よ【常世】** ①永久不変であること。eternity ②「常世の国」の略。

**常世の長鳴き鳥**(とこよのながなきどり) ニワトリの古名。

**とこよ-の-くに【常世の国】** ①古代の日本人が遠くへだたった所にあると考えた想像上の国。死後に行く国。よみのくに。黄泉。②不老不死の神仙境。蓬萊山。

**とこよ-もの【常世物】** タチバナの古名。田道間守が常世の国から持ち帰ったものからいう。

**どこ-ら【▽何▽処ら】**(代) どのあたり。どの辺。

**ところ【所・▽処】** ㊀(名) ①場所。地点。place 用例 城のあった—。出口の—で待つ。②住んでいる場所。address 用例 伯父の—に泊まる。③部分。点。point 用例 細かな—がわからない。④地位。位置。position 用例 攻守—を変える。⑤場所柄。occasion 用例 —をわきまえない。⑥その土地。その地方。parts 用例 —の古老の話。⑦とき。おり。用例 いい—へ来た。⑧結果。事態。用例 来ない—を見ると。⑨限り。範囲。用例 私の知っている—では。⑩あることの直前または直後を表す語。用例 いま、行く—だ。⑪…の時点では。さしあたっては。用例 今日の—はこれで許してやる。⑫《「…がところ」の形で》そのくらいの程度・数・量。用例 一〇〇〇円が—損をした。⑬《「ところとなる」の形で》受け身の意味となる。用例 人の賞する—となる。⑭《「ところの」の形で》欧文の関係代名詞を直訳した言い方。用例 かれの知っている—の外国語。㊁(接助) 条件を表す語。…したら。…が。用例 実際にやってみた—、うまくいかなかった。㊂(助数) 場所を数える語。箇所。用例 ひと—。ふた—。

**所変われば品変わる**(ところかわればしなかわる) 地方によって、風俗・習慣・ことばなどが違う。So many countries, so many customs.

**所に置く**(ところにおく) 遠慮をする。

**所に付く**(ところにつく) その場所・地位などにふさわしい態度をとる。

**所を得る**(ところをえる) ①よい時勢にあって、心のままになる。have one's day ②自分にふさわしい地位・身分・境遇につく。be in one's place

**ところ【▽野▽老】** ヤマノイモ科のつる性多年草。山野にはえる。葉は心臓形で互生。夏、葉腋に淡緑色の花が咲く。根は食用。根のひげをならべ干して、正月の蓬萊飾りとする。オニドコロ。

**ところ【常▼呂】**〈町〉北海道北東部、網走市西隣の町。オホーツク海に臨み、ホタテガイ・カキ養殖がさかん。人口五七九九(一九八八)。

**どころ【所】** ㊀(副助)《下に打ち消しをともなって》まったくの見当違いを表す。用例 それ—ではない。㊁(接尾) ①それの多い場所を示す語。用例 米—。②よい時間・部分など。用例 花が見—。

**ところえ-がお【所得顔】** その地位・立場を得て、誇らしげな顔。得意顔。

**ところ-が【所が】** ㊀(接続)《思いがけないことや、述べてきたのと反することなどを、次に続けるときに用いる》けれども。それなのに。however ㊁(接助) ①事のなりゆきを発展させるきっかけを示す。while 用例 やってみた—、予想以上のできばえだった。②逆接の仮定条件を表す。たとえ…しても。用例 少しぐらい努力した—、むだだろう。

**どころ-か【所か】**(接助) 事柄をあげて打ち消し、まったく反対だとして、次の事柄を持ち出すときの語。far from; on the contrary 用例 楽しい—、えらいめにあった。

**ところ-がき【所書(き)】** 住所を記したもの。住所。address

**ところ-かまわず【所構わず】**(副) ところきらわず。

**ところ-がら【所柄】** 場所の性質。場所柄。character of a place

**ところ-がわ【常▼呂川】** 北海道北東部、北見盆地を流れる川。長さ一二〇km。石狩山地に発し、常呂町でオホーツク海に注ぐ。

**ところ-きらわず【所嫌わず】**(副) やたらに。どこでもかまわず。所かまわず。indiscriminately

**ところざわ【所沢】**〈市〉埼玉県南部の市。住宅・商工業都市、交通の要地として発展。狭山茶が特産。旧所沢飛行場は日本の航空の発祥地。狭山湖・西武球場などがある。人口二八万八七四七(一九八八)。

**ところ-ずら【▽野▽老▼葛】** トコロの古名。

**ところ-せ・し【所▽狭し】** 古語 (形ク) ①場所がせまい。余地がない。用例 無用の物ども取り積みて—・く渡しもて来る(徒然・一二〇)。②気づまりである。窮屈だ。用例 —・き御身にて、めづらしう思されけり(源氏・若紫)。③面倒である。やっかいだ。用例 雨降り出でて、—・くもあるに(源氏・末摘花)。④堂々としている。いかめしい。用例 下襲の裾ながく引き、—・くてさぶらひ給ふ(枕・関白殿、黒戸より出でさせ給ふ)。

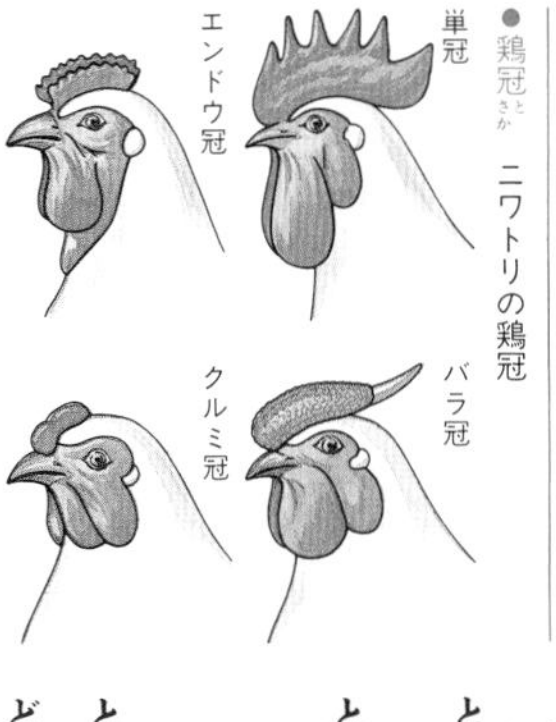

●鶏冠 ニワトリの鶏冠

**ところ-で【所で】** ㊀(接続)《話題をかえるときに用いる》それはそうとして。ときに。by the way ㊁(接助) 無駄に終わる事柄を前提として、逆接の仮定条件を示す。もし…したとしても。even if 用例 話した—無駄だ。

**ところ-てん【▽心▽太・▽心天・▼瓊▽脂】** テングサを煮てとかし、その汁をこして型に入れて固めたもの。ところてん突きで細く突き出し、酢やしょうゆをかけて食べる、夏の清涼食品。

**ところてん-ぐさ【▽心▽太草】**《心太の材料となるところから》テングサの別名。

**ところてん-しき【▽心▽太式】** ところてんが突き出されるように、物事が自然に進むこと。one after another

**ところ-どころ【所所・▽処▽処】**(名・副) あちらこちら。あちこち。here and there

**ところ-ばらい【所払い】** 江戸時代、居住地を追われた刑。追放の刑の中でもっとも軽いもの。

**ところ-ばんち【所番地】** 居住地・所在地の地名と番地。住所。address

**と-こん【吐根】** アカネ科の常緑低木。葉は楕円形。小形の白花が密集してつく。果実は豌豆大で紫色。乾燥した根を「吐根」といい、吐剤・去痰薬。ブラジル原産。ipecac

**ど-こんじょう【ど根性】**《俗語。「ど」は接頭語》「根性」を強めた語。guts

**とさ【土佐】** ↓とさのくに(土佐国)

**とさ【土佐】**〈市〉高知県中部、仁淀川下流の市。農業・製紙の高岡地区と、カツオ漁の宇佐地区がある。人口三万三〇三〇(一九八八)。

**とさ【土佐】**〈町〉高知県北部、吉野川に沿う町。稲作・畜産・林業を行う。早明浦ダムがある。人口五九四九(一九八八)。

**と-さ**(終助) …ということだよ。用例 急いでいるんだ—。

**と-ざい【吐剤】** 胃の内容物を吐き出させる薬物。アポモルヒネは延髄の嘔吐中枢を興奮させ、吐根や硫酸銅は胃粘膜を刺激して反射的に嘔吐を引きおこす。emetics

**とざい-とうざい【▽東西東西】**(感) 興行などで、客のさわぎをしずめたり、口上を述べたりするときに言う語。ladies and gentlemen

**とさ-いぬ【土佐犬】** 土佐闘犬の別名。土佐で闘犬に使っていた中形の在来種四国犬に、洋犬を交配して改良した大形犬。体高六〇〜六五cm、体重四〇kg前後。耳はたれ、短毛で、色は黒・赤茶など。天然記念物の四国犬とは別。とさけん。比較 秋田犬。

**とさ-え【土佐絵】** 大和絵の土佐派の画風。また、その絵。

**どざえもん【土左▽衛門】**《江戸時代、成瀬川土左衛門という力士が水死体のような太り方をしていたことから》水死人。溺死者。

**土左衛門の川流れで、杭に掛かって動かない**(どざえもんのかわながれで、くいにかかってうごかない)《「杭」と「食い」をかけて》食うことにとりかかって一つの場所に座り込むと、容易には腰を上げない。食い意地の張った人を皮肉るしゃれ。

**と-さか【▽鶏▽冠】** ある種の鳥の頭上にみられる肉質の突起。血管に富み、粘液を含む。外側は薄い表皮で羽毛はない。雄性ホルモンの作用による。けいかん。とりさか。comb ↓図

**鶏冠に来る**(とさかにくる) 腹を立てて、かっとなる。頭にくる。get mad

**とさか-じゅん【戸坂潤】**(一九〇〇〜四五) 哲学者・評論家。東京生まれ。京大卒。法政大学教授。唯物論研究会を創設し、多方面に哲学評論的な文筆活動を展開。昭和一三年(一九三八)治安維持法で逮捕され、終戦の一週間前に獄死。著書『日本イデオロギー論』など。↓写

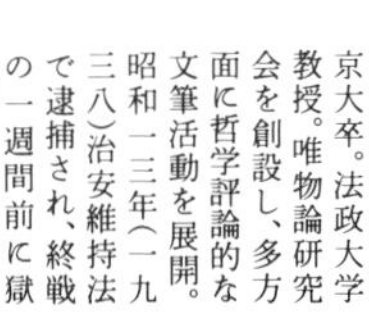
●戸坂潤

**とさか-のり【▽鶏▽冠▽海▼苔】** 干潮線以下の岩上に生育する紅藻植物オカムラグサ科の海藻。全長約二〇cm。桃紅色で不規則に裂けニワトリのとさかに似る。地方により食用。↓図

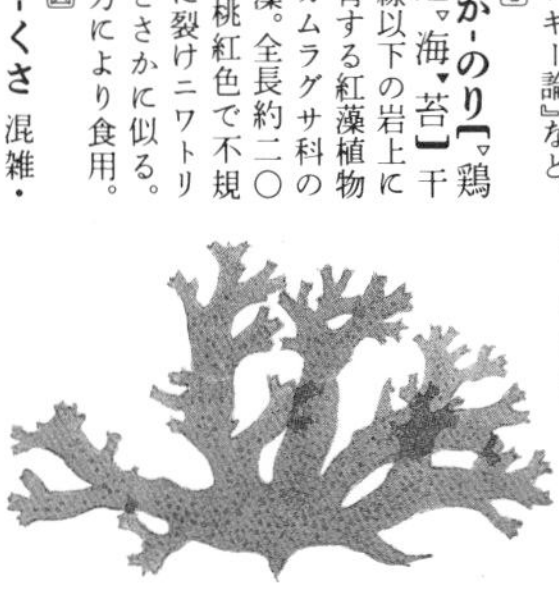
●トサカノリ

**どさ-くさ** 混雑・混乱しているよう

す。mess; confusion

**どさくさ-まぎれ**【どさくさ紛れ】 どさくさをいいことにして、行うこと。in the mess of the moment 用例 ―に逃げだした。

**とさしみず**【土佐清水】〈市〉高知県南端の市。農林業・漁業が主体。鰹節・珊瑚細工などが特産。足摺岬・竜串などの景勝地がある。人口二万二九七三(一九八八)。

**とさ-じょうゆ**【土佐▼醤油】《土佐では鰹節をよく使うところから》調味料の一つ。しょうゆにみりん・酒を合わせ、鰹節を加えてさっと煮たもの。

**とさ-ず**【土佐酢】 調味料の一つ。酢に鰹節・昆布・砂糖・しょうゆを加えて、さっと煮る。魚や野菜をあえる。

**と-ざ・す**【閉ざす・▽鎖す】(五他) ①門や戸などをしめる。shut ②通れなくする。block 用例 道を―。③重苦しい気分に包みこむ。be filled with anxiety 用例 胸が―・される。④おおう。cover 用例 雪に―・される。

**と-さつ**【▼屠殺】(名・サ変他) ウシやブタなどを殺すこと。slaughter

**と-さつ**【塗擦】(名・サ変他) ぬって、すりこむこと。embrocation 用例 ―剤。

**とさつ-いん**【都察院】 中国、明・清代の監察機関。一三七六年に洪武帝が漢代以来の御史台を改編、設置。官僚の非行の弾劾、重要な刑事案件の審議を管掌。

**とさ-に**【土佐煮】 土佐じょうゆ、または鰹節のうま味をきかせた煮汁でつくる煮物。味は辛め。具には竹の子・ゴボウなどが向く。

**とさにっき**【土佐日記】 平安中期の日記文学。一巻。作者は紀貫之。承平五年(九三五)から数年の間に成立。仮名による最初の画期的な日記文学作品。土佐守の任期を終えた承平四年一二月二一日土佐を出立し、翌年二月一六日京都の旧宅に帰着するまでの船旅を、女性の筆に仮託し、和歌をまじえた仮名散文で記す。↓写

**とさ-の-くに**【土佐国】 旧国名。現在の高知県。南海道の一国。「延喜式」では中国、七郡をさす。国府・国分寺はともに南国市後免町。明治四年(一八七一)廃藩置県により高知県となった。土州。土佐。

**とさ-は**【土佐派】 大和絵の主要画派。土佐姓は行広からで、孫の光信が画系を確立。宮廷絵所預の職を世襲。江戸時代には大和絵の中心として繁栄。武家を背景とした狩野派に対抗して公家的な大和絵を維持した。

**とさ-はん**【土佐藩】 江戸時代、土佐一国を領した藩。城下町は高知。長曾我部氏にかわり、山内一豊が慶長六年(一六〇一)入封。明治維新には指導的役割を果たす。高知藩。

**とさ-ぶし**【土佐節】 ①古浄瑠璃の曲種名。土佐少掾橘正勝が始祖。延宝から宝永(一六七三〜一七一一)のころに江戸で栄えた。②高知県産の鰹節。

**と-ざま**【▽外様】 ①「外様大名」の略。対義 親藩・譜代。②《転じて》傍系の意。collateral line

**とざま-だいみょう**【▽外様大名】 江戸時代、大名の家格の一つ。関ケ原の戦い以後に徳川氏に臣従したもので比較的大藩が多い。僻遠の地に置かれ、幕政に参与することを原則として禁じられた。外様。対義 親藩・譜代大名。

**どさ-まわり**【どさ回り】《どさは「土砂」で田舎びていること、の意》芸人や劇団などが地方巡業をすること。また地方興行が専門の芸人や劇団などもいう。

**とさ-みずき**【土佐水木】 マンサク科の落葉低木。山地にはえ、観賞用の庭木にも栽培。葉は卵円形で鋸歯がある。三〜四月に淡黄色の五弁花を垂らす。高知県に分布。

**とさ-みつおき**【土佐▽光起】(一六一七〜一六九一) 江戸前期の画家。堺の人。京に出て宮廷絵所預となり、土佐派を再興。作品『北野天神縁起絵巻』など。

**とさ-みつのぶ**【土佐▽光▽信】(?〜一五二二ごろ) 室町時代の画家。土佐派の代表的存在。宮廷の絵所預、室町幕府の絵所に任ぜられた。大和絵の伝統を保持しつつ狩野派の中国的な作風を摂取し、新しい画風をたてた。作品『星光寺縁起絵巻』『桃井直詮像』など。

**とさやま**【土佐山】〈村〉高知市北隣、鏡川に沿う村。ミョウガ・タケノコ・ユズなどを産する。人口一三三六(一九八八)。

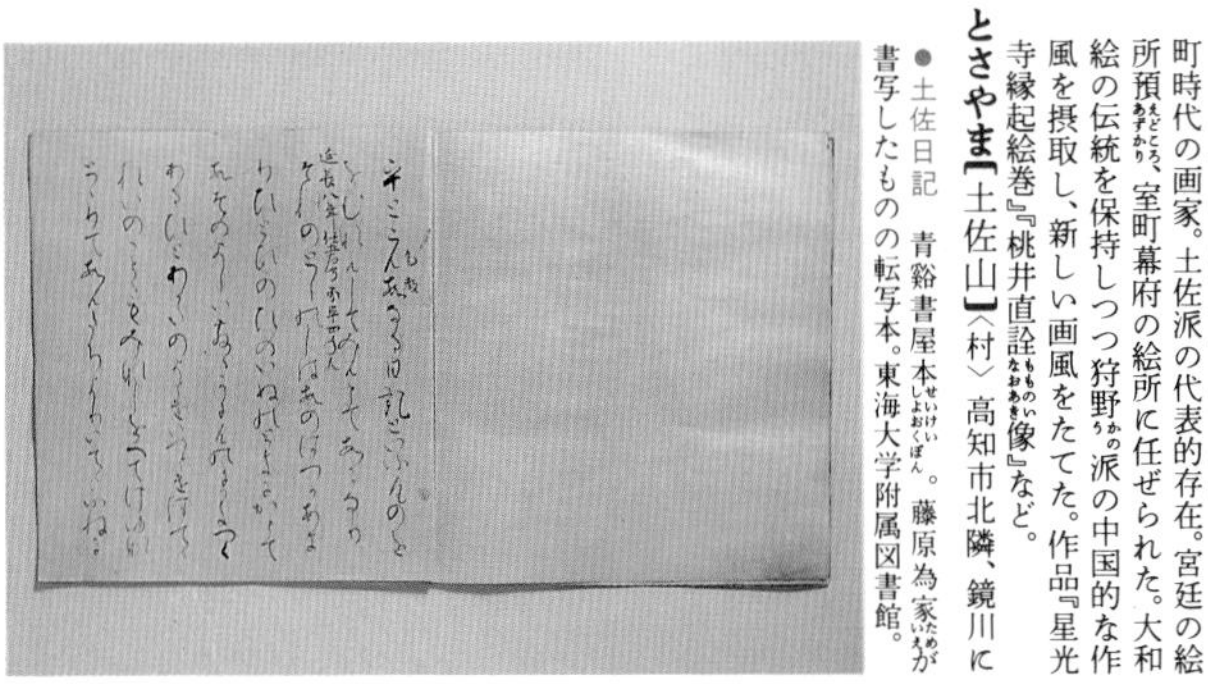

●土佐日記 青谿書屋本。藤原為家が書写したものの転写本。東海大学附属図書館。

**とさやまだ**【土佐山田】〈町〉高知県中東部、南国市東隣の町。農業がさかん。打ち刃物・和傘が特産。人口二万三四二二(一九八八)。

**とざわ**【▽戸沢】〈村〉山形県中北部、最上川に沿う村。農業中心。最上峡があり、最上川舟下りが知られる。人口七四三六(一九八八)。

**とさ-わん**【土佐湾】 高知県、室戸岬と足摺岬にはさまれた湾。湾岸に平地が乏しい。漁業基地が点在する。

**と-ざん**【登山】(名・サ変自) 山に登ること。スポーツとしての登山は一九世紀中ごろのイギリス山岳会の創設にはじまり、これをアルピニズムまたは近代登山という。mountaineering; alpinism 対義 下山。

**とざん-ぐつ**【登山靴】 雪・水・岩登りなどに耐えるように工夫された登山用の靴。mountain-climbing boots

**どさん-こ**【▽道産子】 ①北海道産の在来種の馬。②北海道で生まれた人。

**とざん-てつどう**【登山鉄道】 登山客の輸送のために山の斜面に敷設された鉄道。登山電車。mountain railway

**どさん-ほんせん**【土▼讃本線】 JR四国の鉄道幹線の一つ。予讃本線多度津と窪川を結び四国山地を横断する。長さ一九八・七km。昭和二六年(一九五一)開通。

**とざん-りゅう**【都山流】 尺八の流派名。初世中尾都山(一八七六〜一九五六)が明治二九年(一八九六)大阪で創始。琴古流と並ぶ尺八二大流派の一つ。新しい感覚の尺八独奏曲や三曲合奏が特徴。

**とし**【年・▽歳】 ①時の単位の一つ。一年。太陽暦では地球が太陽を一周する時間。太陰暦では月が地球を一二周する時間。year 用例 ―の始め。②時代。歳月。time 用例 ―を隔てる。③《「寿」とも》年齢。age 用例 ―はいくつ。―を重ねる。④年号。⑤穀物、とくにイネの実り。

**年有り** ①豊年である。②長い年月がたつ。

**年改まる** 新年になる。年が明ける。年がかわる。年が返る。The new year opens.

**年遅し** 閏月があったり、気候の変化が緩慢だったりして、季節の訪れが例年よりおそい。

**年が行く** ①年をとる。おとなになる。老年になる。grow older ②一年が過ぎ去る。年が暮れる。see the old year out

**年返る** 「年が返る」と同意。

**年が返る** 年が改まる。年改まる。新しい年になる。年返る。

**年が立つ** 新年になる。年立つ。The new year opens.

**年替わる** ①新年となる。②年号が改まる。

**年暮る** 年の暮れになる。年末になる。類似 年が尽く。年が詰まる。年迫る。

**年越ゆ** その年が過ぎて、翌年になる。

**歳寒くして松柏の凋むに後るるを知る**《寒さがきびしく落葉が早い年、常緑樹の美しさがいっそう目立つということから》人の価値は、艱難に遭って初めてわかる。君子は、平常のときは常人と変わらないが、事変に遭うとその偉大さがはっきりする。

**年高し** 年をとっている。年長である。elderly

**年立ち返る** ふたたび新年になる。年が改まる。

**年立つ** 「年が立つ」と同意。

**年足る** 年をとる。老年になる。年が寄る。

**年問わんより世を問え** 年をとっているかどうかよりも、その人の処世の態度を問題にせよ。

**年に不足は無い** ①高齢のため、いつ死んでも心残りはない。②若輩ではなく、物事を処理するのに、ふさわしい年齢である。

**年は争えない** 気力はあっても、体力の衰えは明らかである。Age will tell.

**年は薬** 年を重ねるにつれて、世の中のことがわかってきて、分別が出てくることをいう。年が薬。older and wiser

**年は取り度くないもの** 年をとって、心身が衰えてゆくことを嘆いていうことば。年は寄るまいもの。

**年深し** 年老いている。老齢である。

**年を祈る** 豊年を祈る。

**年を食う** 年をとる。年齢を重ねる。年がゆく。grow older

**年を越す** 旧年を越して、新年を迎える。越年する。send off the Old Year and greet the New

**年を取る** 年月が加わる。また、年齢が増える。grow old

**年を拾う** 「年を取る」と同意。

**年を守る** おおみそかの夜に、家族全員が集まって、夜明かしをする。

**年を渡る** 次の年にまたがる。

**と-し**【徒死】(名・サ変自) 無駄に死ぬこと。犬死に。useless death

**と-し**【都市】 人口が集中し、政治・経済・文化の中核をなす地域。都会。みやこ。city 対義 村落。

**と・し**【▽疾し・▽敏し】 古語 (形ク) ①速度・時期がはやい。すばやい。用例 舟―・くこげ。日のよきに(土佐)。②すばしこい。用例 ―・きをこそ、かかるをりは(源氏・橋姫)。

**と・し**【▽利し・▽鋭し】 古語 (形ク) ①鋭利である。用例 剣刀諸刃の―・きに足踏みて(万葉・一一・二四九八)。②鋭敏だ。さとい。用例 心―・き者にてふと思ひ寄りぬ(源氏・葵)。

**と-し** 文語的 (連語)《格助詞「と」、または断定の助動詞「たり」の連用形に強意の副助詞「し」の付いたもの》「と」を強めた表現。用例 生きと―生けるもの。

**と-じ**【▽刀自】《戸主、の意。当て字》=とうじ。①家事をつかさどる婦人。用例 家―。②老婦人の敬称。用例 母―。

**とじ**【▼綴(じ)】 とじること・方法。とじたもの。binding 用例 和―。

**と-じ**【徒事】 無駄なこと。vain effort

**と-じ**【途次】(名・副) 道すがら。道の途中。on one's way

**ど-し**【▽同士】 仲間。どうし。どち。fellows 用例 いとこ―。

**どじ**(名・形動)《俗語》まがぬけていること・さま。へま。まぬけ。失策。用例 ―な男。

**どじを踏む** へまをやる。失敗する。bungle

**とし-いみ**【年忌み】 ↓やくどし(厄年)

**とし-いわい**【年祝(い)】 ↓がのいわい(賀の祝い)

**とし-うえ**【年上】 年齢が上であること・人。年長。senior; older

**とし-うら**【年▽占】 その年の作柄や漁の豊凶や各月の天候などを占うこと。粥占・豆占・綱引きなどがある。多くは小正月の行事だが、節分・端午の節句などにも行われる。

**とし-おとこ**【年男】 ①年神を祭る司祭の役目をした男。②その年の干支に生まれた男性。春の節分に豆まき役となる。

**とし-おんな**【年女】 その年の干支に生まれた女性。年男にならって後世にできたもので、春の節分に豆まき役となる。

**とし-か**【都市化】(名・サ変自) 都市的生活様式が深まり、広がっていく過程。現代社会において、都市への人口集中によってもたらされる特有の生活形態や社会状況をさす。サービス業や流通機能の増大、公共施設の増加、土地の集約的利用など。urbanization

**とし-がい**【年▽甲▼斐】 年をとっただけの値打ち・分別。become for one's age 用例 ―もない。

**とし-かさ**【年▼嵩】 ①年長。older ②年齢。

**としがさね-の-いわい**【年重ねの祝(い)】 厄年のときに二度の正月祝いをし、年齢を重ねて災厄を回避しようとする風習。小正月や二月一日、節分などに行うことが多い。

**とし-ガス**【都市ガス】 家庭・工場などに供給される燃料ガス。石炭ガス・石油系ガス・液化天然ガスなどを単独または混合して、必要な発熱量になるよう調整して供給する。town

gas

**とし-かぜ【都市風】** 都市の中心部に向かって郊外から吹き込む弱い風。都市は、日中はアスファルトやコンクリートが熱せられ、夜間は煙霧が放熱を妨げるなどして、高温・低圧になるために生じる。郊外風。urban wind

**どし-がた・い【度し難い】**(形) ①救いがたい。past praying for ②道理がわからず、どうしようもない。incorrigible

**としがた-じゅうたく【都市型住宅】** 都市のもつ特性に対応するように建てられた住宅。高い地価、建物の密集、人口の集中、法的規制など種々の条件の下で、構造上の合理性や経済性が要求される。マンションはその一例。

**とし-かっこう【年格好・年▼恰好】** 大体の年齢。年のころ。age

**とし-がみ【年神・▽歳神】** 正月に迎え祭る神。門松とともに家々に迎え、年棚を設けて、鏡餅や灯明をあげる。歳徳神。正月様。

**とし-ぎ【年木・▽歳木】** 正月用のたきぎ。単なる燃料としてだけでなく、門松の下に立てかけたり、呪い的な意味をもたせたりする。お新木。鬼木。

**とし-きこう【都市気候】** 都市内部にみられる特殊な気候。都心部を主とする気温の上昇と湿度の減少、スモッグの発生、高層建築による風速・風向の変化など。urban climate

**と-じきみ【戸▼閾】** しきい。しきみ。

**とし-ぎんこう【都市銀行】** 普通銀行のうち、大都市に営業の基盤をおき、全国に支店網をもつ銀行。都銀。対義 地方銀行。

**とし-けいかく【都市計画】** 都市生活に必要な機能の健全な発展のため、各種施設の維持・修正・整備をはかる総合的計画。urban planning

**としけいかく-ぜい【都市計画税】** 目的税の一つ。都市計画区域の市街化区域内にある土地・家屋に課せられる市町村税。

**としけいかく-ほう【都市計画法】** 都市計画の内容とその決定手続き、都市計画事業、都市計画制限などを定めた法律。昭和四三年(一九六八)公布。

**とし-ゲリラ【都市ゲリラ】** 都市での武装闘争で、敵の圧倒的兵力に対し都市機能の弱点を突いた小戦闘・撹乱戦術で打撃を与えることをめざす小集団やそのメンバー。また、その戦術。urban guerrilla

**とし-けん【都市圏】** 都市を中心とした、商業・通勤・通学などの面で密接な関係がある周辺地域。urban area

**とし-ご【年子】** 同じ母から、年ごとに続いて生まれた子ども。children born in two successive years

**とし-ごい【▽祈▽年】** その年の豊穣を祈願すること。

**としごい-の-まつり【▽祈▽年の祭(り)】** 陰暦二月四日に行われる宮中の行事。五穀豊穣、天皇と国家の安寧を祈るもの。きねんさい。

**とし-こうがい【都市公害】** 都市への人口集中や交通量の増大にともなって発生する公害の総称。自動車騒音・大気汚染・地盤沈下・交通渋滞など。urban pollution

**とし-こうがく【都市工学】** 都市地域の形態や機能を取り扱う工学の一分野。都市計画、交通・電気・ガス・水道などの施設、公園・緑地の設計など。urban engineering

**とし-こし【年越し】**(名・サ変自) 旧年を越して、新しい年を迎えること。また元旦の前夜、大晦日の夜のこと。七日正月・小正月・立春の前夜などをいうこともある。New Year's Eve

**としこし-そば【年越(し)▼蕎▽麦】** 大晦日または節分の夜に食べるそば。細く長いそばにあやかり、寿命と家運をのばそうとする縁起料理。

**としこし-もうで【年越(し)▼詣で】** 大晦日や節分の晩に、翌年の歳徳の方角にある社寺に参詣すること。年越し参り。

**とし-こっか【都市国家】** 都市そのものが政治的に独立した形で一つの小国家をなしているもの。大領域国家成立の前段階にみられ、厳密には自由市民による共同体で、ギリシアのポリス、共和政初期のローマが代表的。中世末から近世初期のイタリアの都市もこれに含まれる。広義には中国・メソポタミアにも存在したと考えられる。city-state

**とし-ごと【年▽毎】** としどし。毎年。every year

**とじ-こみ【▼綴(じ)込み】** とじ込んだ物。file 用例 書類の—。

**とじ-こ・む【▼綴(じ)込む】**(五他) とじて中へ入れる。一緒にとじる。file

**とじ-こ・める【閉じ込める】**(下一他) 戸を閉じて外へ出られないようにする。confine

**とし-ごも【年▽薦】** 中国・九州地方で、正月の一五日間、農家の内庭を囲うようにつり下げる新しい莚。この薦をつらないと外から鬼にのぞかれるという。掛け薦。福莚。

**とし-ごもり【年▼籠り】**(名・サ変自) 大晦日の夜、社寺にこもって新年を迎えること。

**とじ-こも・る【閉じ▼籠る】**(五自) 戸を閉じて中にこもっている。家にいて外出しない。confine oneself to

**とし-ごろ【年▼頃】** 一(名) ①成年に達した男女。一人前の年齢。marriageable age ②そのことにふさわしい年齢。とくに、結婚適齢期。adolescence 用例 — の娘。③年齢の程度。大体の年齢。年のころ。age 二 古語 (副)《上代は「としころ」とも》長年のあいだ。年来。比較 日頃・月頃。用例 —よろづに頼みきこえて(源氏・葵)。

**とし-さいかいはつ【都市再開発】** 生活環境・商工業活動など都市機能の衰退がみられたり、または、それが予想される地域を再活性化するための都市計画事業。urban redevelopment

**とし-した【年下】** 年齢が下であること・人。年少。junior; younger

**とししゅん【▼杜子春】** ↓とししゅんでん(杜子春伝)

**とししゅんでん【▼杜子春伝】** 中国、唐代の伝奇小説。晩唐の李復言編『続玄怪録』中の一編。杜子春という若者が現世を離れ入仙を志す。道士の課す試練に耐えるが、最後に戒律を破り宿願を果たせない。芥川竜之介の翻案がある。

**とじ-しろ【▼綴(じ)代】** とじるために残しておく、端の部分。binding margin

**とし-せん【年銭】** 小正月や節分に行われる厄落しの習俗。厄年の人は四つ辻などに年の数だけ金銭を投げ捨てる。また、その金銭。

**とし-たいこうやきゅう【都市対抗野球】** 各地区の都市を代表するノンプロ野球チームにより行われる選手権大会。毎年七月下旬に行われる。正式名称は都市対抗野球兼社会人野球日本選手権大会。第一回は昭和二年(一九二七)開催。

**とし-た・ける【年▽長ける】**(下一自) 年を取る。年老いる。grow older

**とし-だて【年立て】** 年表。年紀。

**とし-だな【年棚】** 歳徳神を迎え祭るための祭壇。常設の神棚を使うものと臨時に設けるものとがあり、その年の恵方に向ける風習もある。年神棚。歳徳棚。恵方棚。

**とし-だま【年玉】**《年の賜物、の意》もとは一年の境に霊の更新を図るため、霊を模った餅をもらうこと。現在では新年の祝いとしての進物や、子どもや使用人などに金品を与えること。また、そのもの。お年玉。

**ど-しつ【土質】** 土壌の性質・成分。nature of the soil

**とし-つき【年月・▽歳月】** ①年と月。years and months ②長い間。ねんげつ。years 用例 幾—。

**どしつ-こうがく【土質工学】** 土の性質を力学的に研究し、土木工学に役立てる工学の一分野。土木地質学。geotechnology

**どしつ-しけん【土質試験】** 土の判別・分類のほか、道路・橋梁などの設計に必要な土の工学的性質を明らかにするための試験。soil test

**とし-づよ【年強】**(名・形動) ①年上であること。②数え年で言うとき、一年のうちの前半に生まれたこと・人・さま。対義 年弱。

**と-して**(連語)《助詞「と」に動詞「する」の連用形「し」と助詞「て」の付いたもの》①…の資格で。…の立場で。用例 講師—招く。②そのままにしておいて。用例 それはそれ—。③《下に打ち消しをともなって》例外なくすべて。用例 一つ—望みのかなわぬことはない。④…と思って。用例 行こう—行けない。

**とし-どうめい【都市同盟】** 中世ヨーロッパにおける各都市間の同盟。国王や諸侯の不当な圧迫に対抗するため、また商圏拡大や商業活動の独占を目的に結成。ロンバルディア都市同盟・ライン都市同盟・ハンザ同盟など。league of towns

**とし-とぎ【年▼伽ぎ】** 年越しの夜、いろりの火を絶やさないようにくべる大きな榾木。世継ぎ榾。節榾。

**とし-とく【▽歳徳・年徳】** ①「歳徳神」の略。②歳徳神のいる方向。恵方。明方。

**としとく-じん【歳徳神】** 陰陽道で、年間の福徳をつかさどる神。この神のいる方向は恵方または明方といい、すべてによい方向とされる。年神。正月様。

**とし-どし【年年】**(副) 来る年ごと。ねんねん。毎年。

**どし-どし**(副) ①強く踏みつけて歩く音・さま。どしんどしん。trampishly ②物事が次から次へと続くさま。思うままに事を行うさま。どんどん。promptly 用例 — 御応募ください。

**とし-とり【年取り】** ①年を取ること。grow older ②除夜・節分に行う儀式。年越し。

**としとり-ざかな【年取(り)魚】** 大晦日の年取りになくてはならないとされている魚。東日本は塩鮭、西日本は塩鰤などを多く用いるが、魚の種類は地方によって異なる。

**としとり-もの【年取(り)物】** 正月用品のこと。また、それに必要な費用。とくに正月用の米だけをさす場合もある。暮れの年の市に行ってそろえることが多い。

**とし-と・る【年取る】**(五自) ①年齢が多くなる。advance in age ②老いる。grow older

**とし-なみ【年波】**《波にたとえて》年の寄ること。年をとること。age

**寄る年波には勝てない** 気では強がっていても、年をとってはどうにもならない。老化現象には、だれもが抗しがたい。Nobody can struggle against advancing age.

**とし-なわ【年縄】** 正月用の注連縄。年男や主人が左綯いにし、刃物を使わず、端をそろえないなど、作り方に作法がある。牛蒡注連、輪注連など。

**とし-の-いち【年の市・▽歳の市】** 年の暮れに、正月用の飾り物や日常品を売る市。神社・寺院の縁日に立つことが多い。節季市。

**とし-の-うち【年の内】** ①ことしの内。年内。before the end of the year ②一年の間。年じゅう。throughout the year

**とし-の-くれ【年の暮れ】** 年末。the end of the year

**とし-の-こう【年の功】** 年をとって経験を積むこと。長年の経験が、ものをいうこと。wisdom of age and experience 用例 かめの甲より—。

**とし-の-ころ【年の▼頃】** およその年齢。用例 —なら十七、八。

**とし-の-せ【年の瀬】** 年の暮れ。the year-end

**とし-の-は【年の端】** 年齢。としは。age

**とし-の-よ【年の夜】** 年越しをする晩。とくに、大晦日。

**とし-は【年端・年歯】** 年齢の程度。年の端。

**年端も行かぬ** 年齢がまだ一人前になっていない。まだ幼い。of tender age 用例 —子を残して死ぬ。

**と-しば【▽鳥▼柴】** 人に贈るため鷹狩りの獲物の鳥を結びつける木。もとは柴を用い、のちに春は梅、秋はカエデなど、季節に応じた木を用いるようになった。とりしば。鳥付け柴。

**とじ-ぶた【▼綴(じ)▼蓋】** つくろいをしたふた。mended lid

**破れ鍋に綴じ蓋** ↓われなべ(破れ鍋)

**とじ-ほん【▼綴(じ)本】** とじ合わせた本。冊子。bound book 対義 折り本。

**とし-ま【年▽増】** 娘ざかりを過ぎた女性。江戸時代では二〇代。現在では三〇半ばから四〇歳ぐらいを言う。対義 新造。

**としま【十島】**〈村〉鹿児島県、吐噶喇列島からなる村。サツマイモ・サトウキビ栽培と沿岸漁業の村。人口八〇七(一八八)。

**と-しま【▽利島】** 伊豆諸島、大島の南約二〇kmにある島。面積四・一二km²。宮塚山五〇八mが中心の円錐形の火山島で海岸は絶壁。

**としま【▽利島】**〈村〉東京都、伊豆諸島の利島からなる村。椿油が特産。イセエビ漁などがさかん。人口三〇五(一八八)。

**としま-じんく【▽遠島甚句】** 宮城県の民謡。豪快な唄で海の男らしい振りもある。『斎太郎節』と組み合わせて『大漁歌い込み』という。

**と-じまり【戸締(ま)り】**(名・サ変自他) ①門・戸・窓などを締めること。close the doors ②防犯などのために、錠をかけること。lock

**とし-まわり【年回り】** ①陰陽道で、年齢による吉凶。用例 —がいい。②年齢のほど。age

**とし-み【年見】** 年頭にさいして、その年の作物の豊凶を占う儀礼。東北地方で、正月一四日の晩に行われる。早・中・晩三種の稲に見立てた丸餅を白米の上にのせ、その付着状態によって作柄の判断をする。



▼常用漢字表外。 ▽常用漢字表の音訓外。

**とし-み【▽落▽忌】**《「落とし忌み」から》葬式や法事などの精進の期間が終わったあとの宴。ふだんの生活に戻るために、魚肉を食べたり酒を飲んだりする。精進落とし。忌み明け。

**とじ-め【▼綴(じ)目】** とじたところ。糸目のおわり。seam

**とし-もんだい【都市問題】** 都市への急激な人口集中が引き起こす、土地・交通・水・公害などに関する問題の総称。urban problem

**と-しゃ【吐▼瀉】**(名・サ変他) 飲食物をはいたり下したりすること。はき下し。vomit and diarrhea

**ど-しゃ【土砂】** ①土と砂の混合物。どさ。earth and sand 数え方 一キログラム・一トン・一立方メートル。 ②密教の土砂加持に用いた砂。御土砂。

**土砂を掛ける**「御土砂を掛ける」と同意。

**どしゃ-かじ【土砂加持】** 密教の修法の一つ。光明真言を誦して加持した白砂を、死体や墓の上に撒いて死者の罪業を除くというもの。

**どしゃ-ぶり【土砂降り】** 雨が非常に強く降ること。その雨。downpour

**とし-やま【とし山】** 土地に関して忌み禁じられていることの一つで、木を伐採したり売買すると変事があるといわれる山。罰山。癖地。

**と-しゅ【斗酒】**《古代中国で、一斗は約一・九四ℓ》一斗の酒。転じて、多量の酒。

**斗酒猶辞せず** 斗酒でも、しりごみしないで飲む。大酒を飲む。drink like a fish

**と-しゅ【徒手】** ①物事をするのに、手に何も持たないこと。すで。てぶら。赤手。empty-handed ②資本や地位などのないこと。be penniless

**と-しゅう【渡州】** 佐渡国の。

**ど-しゅう【土州】** 土佐国の。

**としゅ-くうけん【徒手空▼拳】**《「徒手」を強めた語》無一物。barehanded 用例 ―で立ち向かう。

**としゅ-たいそう【徒手体操】** 器械・器具を使わずに行う体操。手具を用いる場合もある。calisthenics 比較 器械体操。

**と-しょ【図書】** 本。書籍。book

**と-しょ【▼屠所】** 屠場。slaughterhouse

**屠所の羊**《屠所に引かれて行く羊、の意》①死が目前に迫ったことのたとえ。like a sheep that is being led to the slaughterhouse ②しおれて元気のないようす。discouraged person

**と-しょう【徒渉・渡渉】**(名・サ変自) 歩いて川などをわたること。かちわたり。wade

**と-じょう【途上】** ①路上。on the road ②途中。on the way

**と-じょう【都状】** 中国で泰山の山神、泰山府君に長寿を祈願するとき、奉る祭文。

**と-じょう【都城】** 城郭をめぐらした都市。城市。castle town

**と-じょう【▼屠場】** 家畜を処理する所。

**と-じょう【登城】**(名・サ変自) 城に参上すること。attendance at the castle 対義 下城。

**どじょう 19画【▼鯲】** 部首[魚] 和製漢字 JIS 8246

↓どじょう[泥鰌・鰌・鯲]

**ど-じょう【土定】** 仏道の修行者が、自ら掘った穴の中に埋まって、入定すること。比較 火定。

**ど-じょう【土壌】** ①地殻の最表層にあり、細分された岩石が化学的・物理的および生物的に風化・分解したものに、動植物の腐食物が混合してできたもの。つち。soil 比較 壌土。②《比喩的に》物事が生まれ育つための環境。用例 政治的―。

**どじょう【▽泥▼鰌・▼鰌・▼鯲】** ドジョウ科の淡水魚の総称。また、その一種。水田や小川などの泥底にすむ。全長約一二㎝。口辺に五対のひげがあり、腸呼吸を行う。食用。代表的な料理は柳川なべ。日本全土・朝鮮半島・中国に分布。loach ↓図

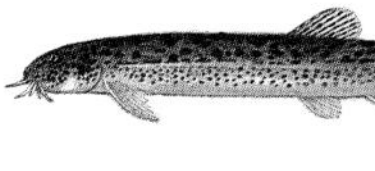
●ドジョウ

**どじょう-あんていざい【土壌安定剤】** 軟弱地盤や水分の多い地盤を強化するため地盤に注入する薬剤。トンネル工事などの土木工事で使用。ウレタン系・水ガラス系などがある。soil stabilizer

**どじょう-いんげん【▽泥▼鰌隠元】** インゲンマメの一品種。莢は扁平で幅が狭く長い。種子は腎臓形で大きくない。若い莢を食用にする。

**どじょう-おせん【土壌汚染】** 水質汚濁・廃棄物の投棄などにより、カドミウム・鉛・水銀・砒素などが許容量以上に土中に存在すること。soil pollution

**どじょう-さいきん【土壌細菌】** 土壌中にすむ細菌の総称。腐植の生成・養分の形態変化など、土壌中で果たす役割は大きい。

**と-しょうじ【戸障子】** 戸や障子。

**どじょう-しんしょく【土壌浸食】** 土壌が風や水によって運び去られる作用。風による浸食を風食、水による浸食を水食という。肥えた表土が肥料分とともに飛散・流失するので、農業上好ましくない。soil erosion

**どじょう-すいぶん【土壌水分】** 土壌に含まれる水の総称。土壌が水を保持する力の違いにより、吸湿水・膨潤水・毛管水・重力水に分類される。soil moisture

**どじょう-すくい【▽泥▼鰌▼掬い】** 島根県安来市の民謡『安来節』の伴奏で踊るこっけいな踊り。砂鉄精選の土壌すくいから出たという。

**どじょう-せいぶつ【土壌生物】** 地表面または土壌中に生活する生物群の総称。モグラ・アリ・ミミズなどの大形の動物と、細菌・藻類などの微生物がある。soil organisms

**どじょう-そう【土壌藻】** 土壌の表面近くに生活する、特殊な環境に適応した藻類の総称。緑藻植物・黄色植物・藍藻植物など。

**どじょう-つなぎ【▽泥▼鰌▼繋】** 湿地にはえるイネ科の多年草。葉は線形。稈は約一mで叢生。晩春、多数の緑色の小穂をつける。子どもがドジョウをその茎に刺して持つという意味からの名。

**どじょう-ひげ【▽泥▼鰌▼髭】** ドジョウのひげのように毛のまばらなうすい口髭。

**どじょう-びせいぶつ【土壌微生物】** 土壌の表面や内部に生息する微生物。種類と量は土壌の種類や条件によって違う。原生動物・藻類および細菌・放線菌・糸状菌・子嚢菌など。soil microorganisms

**ど-しょうぼね【土性骨】**《「ど」は接頭語》生まれつきの性質。性根。根性。one's inborn nature 用例 ―をたたき直す。

**どしょうまち【▽道▽修町】** 大阪市中央区、船場にある地区。享保以来の薬屋の町で、製薬会社・薬問屋が集中している。

**と-じょかい【▼杜如▼晦】**(五八五―六三〇) 中国、唐初の名臣。房玄齢とともに宰相として太宗を助け、貞観の治を現出。両者を房杜と並称、名臣の称とする。

**としょ-かん【図書館】** 本・雑誌・フィルムやその他の資料を集めて保管し、公衆に見せたり貸し出したりする施設。その建物。ライブラリー。library

**と-しょく【徒食】**(名・サ変自) 働かないで暮らすこと。座食。idle life 用例 無為―。

**としょ-しつ【図書室】** ①図書を置く部屋。書庫。stacks ②図書を置いて見せる部屋。library

**としょ-ぶんるいほう【図書分類法】** 図書資料を主題内容や形式によって体系的に秩序づける方法。十進分類法など。classification

**としょ-もくろく【図書目録】** 図書をさがしだすための目録。著者名目録・書名目録・件名目録・分類目録など。publication; card catalog

**とし-より【年寄(り)】** ①年をとっている人。高齢者。老人。old person ②《「年寄」で》幕府や諸大名などの武家で、主君の政務に参画した重臣。老中。家老。③《「年寄」で》江戸時代、町や村の住民の長の役をした者。町年寄。庄屋(=名主)。組頭。④《「年寄」で》江戸時代、幕府の大奥をつかさどった女中。老女。⑤《「年寄」で》日本相撲協会の年寄株の名跡取得者。襲名制で、十両以上の地位の経験者に資格がある。協会の構成員として運営や力士の養成にあたる。定員一〇五。定年六五歳。横綱は引退後五年間同待遇を受け、また、とくに功績のあった者には一代年寄制がある。協会での名称は評議員。親方。senior wrestler

**年寄りの冷や水**《警告して、また、ひやかして言う。高齢者がする水浴びなど、の意から》老人が、年に似合わぬ危ないまねをすること。indiscretion of an old man

**としより-かぶ【年寄株】** 日本相撲協会の年寄(評議員)となれる権利。江戸時代、興行の許可を得るため作られた相撲年寄の株仲間が原形。親方株。

**とし-よ・る【年寄る】**(五自) 年をとる。老いる。become old

**とし-よわ【年弱】**(名・形動) ①年下であること。年若。②数え年で言うとき、一年のうちの後半に生まれたこと・人・さま。対義 年強。

**と・じる【閉じる】**(上一自他) 対義 開く。①(自)㋐合わさった状態になる。ふさがる。しまる。close 用例 ふたが―・じない。㋑終わる。end 用例 店を―。②(他)㋐合わさった状態にする。しめる。ふさぐ。shut 対義 あける。用例 本を―。㋑終わりにする。close 用例 会を―。

**と・じる【▼綴じる】**(上一他) ①重ね合わせたものやばらばらなものを、一つにまとめる。重ねてつづる。file 用例 紙を―。②《袋状のものなどの》口を縫い合わせる。用例 布団を―。③料理で、卵やかたくり粉をとかして、具をまとめる。用例 卵で―。

**とし-わか【年若】**(名・形動) 年の若いこと・人・さま。young

**とし-わすれ【年忘れ】** その年の苦労を忘れること。そのための年末の宴会。忘年会。year-end party

**と-しん【▼妬心】** ねたむ気持ち。やきもち。jealousy

**と-しん【▼兎唇】** 生まれつき上唇の中央付近が裂けているもの。原因ははっきりしない。harelip

**と-しん【都心】** 都市の中心地域。とくに東京都の中心部。center of a city

**と-じん【都人】** 都の人。都会の人。metropolitan

**と-じん【都▼塵】** 都会のほこりやちり。また、その騒々しさ。dirt and noise of the city 用例 ―を避けて、田舎に住む。

**ど-じん【土人】**《卑語》①その土地に生まれ、そこに住んでいる人々。原住民。native ②未開の土地に住んでいる土着の人々。uncivilized

**と-しんげん【▼杜審言】**(六四六ごろ―七〇八ごろ) 中国、初唐期の詩人。字は必簡。襄陽の人。崔融・李嶠・蘇味道と「文章の四友」と呼ばれた。盛唐の詩人杜甫はその孫。

**とす【▽鳥▼栖】**〈市〉 佐賀県東部の市。鹿児島・長崎本線の分岐点、高速道路・幹線国道の分岐点で交通の要地。工業都市としても発展。人口五万五七〇八(一九八八)。

**トス【toss】**(名・サ変他) ①バレーボールで、スパイクを打たせるために、ボールをネットぎわに軽く打ち上げること。またサーブをするためにボールを投げ上げること。②野球やバスケットボールなどで、近くの味方にボールを軽く投げ渡すこと。③「トスバッティング」の略。④コイントス(銭投げ)などにより、先攻権などを決めること。

**と・ず【閉ず】** 古語(上二自他) ↓とじる(閉じる)

**と・ず【▼綴ず】** 古語(上二他) ↓とじる(綴じる)

**どす**《俗語》①短刀。あいくち。②すごみ。

**どすの利いた声** 太くて、すごみのある声。deep threatening voice

**どすを利かす** 暴力をにおわせ、すごみを見せて脅す。threaten

**どすを呑む** 短刀を懐に隠している。

**ど-すう【度数】** ①回数。頻度。frequency ②温度・角度・酒類中のアルコール濃度などを表示する数。③得られた標本を分類したとき、同一の数値幅に含まれるものの個数。frequency

**どすう-せい【度数制】** 電話などの料金を使用した回数で計算し、徴収する制度。

**どすう-ぶんぷ【度数分布】** 統計資料の記述方法の一つ。データを同じ値または階級に区分し、それにその区分に属するデータの数(度数)を対応させたもの。frequency distribution

**どすうぶんぷ-ひょう【度数分布表】** 統計資料をいくつかの階級に分け、各階級ごとの度数を表にしたもの。table of frequency distribution

**トスカ【Toscaイタリア】** プッチーニ作曲のオペラ。三幕。サルドゥー原作。ジャコーザとイリカ台本。一九〇〇年初演。一八〇〇年のローマを舞台に、歌手トスカと恋人の画家カバラドッシ、警視総監スカルピアの葛藤を描く。アリア『歌に生き愛に生き』『星も光りぬ』は有名。

**トスカーナ【Toscana】** イタリア西部の気候温和な州。州都フィレンツェ。古代エトルリア

と



↓行き先項目、図版・写真参照印。 JIS 日本工業規格情報交換用漢字符号コード(区点コード)。

人の地。イタリア文化の歴史的一中心。人口三五七・七万(一九八五)。

**トスカニーニ**【Arturo Toscanini】(一八六七〜一九五七) イタリアの指揮者。主観的解釈を排し、作曲者の意図を厳格に再現することを目ざした。NBC交響楽団常任指揮者。

**トスカネリ**【Paolo dal Pozzo Toscanelli】(一三九七〜一四八二) イタリアの天文学者・地理学者。地球が球体であることを信じ、西方航路をとればアジアに到達できると唱え、コロンブスに影響を与えた。

**ドスキン**【doeskin】 鹿皮に似せた紡毛織物。ちみつな斜文・繻子地で、柔軟で光沢がある。おもに男子礼服用。

**どす-ぐろ・い**【どす黒い】(形) 濁ったように黒い。dusky

**トスティ**【Francesco Paolo Tosti】(一八四六〜一九一六) イタリアの作曲家。叙情的な美しい旋律の歌曲で親しまれる。歌曲『セレナード』『夢』『理想』など。

**ドストエフスキー**【Fyodor Mikhaylovich Dostoyevsky】(一八二一〜一八八一) ロシアの小説家。トルストイと並ぶ世界的文豪。都市文学・不条理の文学の創始者とされ、人間の内的矛盾を追求し、近代小説に新しい可能性を開く。作品『地下室の手記』『罪と罰』『白痴』『悪霊』『未成年』『カラマーゾフの兄弟』など。↓写

●ドストエフスキー

**ドス-パソス**【John Dos Passos】(一八九六〜一九七〇) アメリカの小説家。「失われた世代」の代表的作家。社会全体の動きを描き出す特異な小説技法で知られる。三部作『U・S・A』『コロンビア区』など。

**トス-バッティング**《和製語》野球の打撃練習の一つ。近くから投げられたゆるいボールをバットに軽く当てて打ち返す。トス。pepper game

**と・する**【▼賭する】(サ変他) =賭す。①かけをする。bet ②犠牲にする。投げ出す。risk 用例 生命を―。

**ど-する**【度する】(サ変他) 《仏教語》=度す。①衆生を迷いの此岸から悟りの世界の彼岸に渡し救う。仏の世界へ導き入れる。済度する。②わけを言いきかせて納得させる。

**とせ**【▽年・▽歳】(助数) 年を数える語。用例 ふた―。

**と-せい**【都制】 東京都に関する特別の制度。

**と-せい**【渡世】 よわたり。なりわい。暮らし。living

**渡世が成る**(とせいがなる) 世渡りができる。暮らしがなり立つ。

**渡世を送る**(とせいをおくる) 世渡りをする。暮らしを立てる。make a living

**ど-せい**【土性】 ①五行の説での土の性。②土砂の粒子の大きさと組成による土壌の分類。国際土壌学会法では大きさによって、礫・粗砂・細砂・微砂・粘土に分類され、それぞれの組成によって土性名が決められている。soil texture

**ど-せい**【土星】 太陽系の第六惑星。美しい環をもち、木星について大きい。太陽からの平均距離九・五四天文単位、自転周期〇・四四四日、公転周期二九・四六年。おもな衛星は一五個。Saturn ↓写 ↓太陽系図

**ど-せい**【土製】 土でつくること。つくった物。earthen products

**ど-せい**【怒声】 怒った声。怒ってどなる声。angry voice

**とせい-にん**【渡世人】 ばくち打ち。ばくと。

**どせい-の-わ**【土星の▽環】 土星の赤道面上にみられる環。おもに無数の氷粒からなり、粒の大きさは数ミリメートルから最大数メートル。環の幅は六万三〇〇〇㎞、厚さは一五㎞。Saturn's ring

**どせき-りゅう**【土石流】 土砂や岩石が、積雪や川の水とともに大量に山からなだれ落ちる現象。debris avalanche 参照 粉体流。

**と-ぜつ**【途絶・▼杜絶】(名・サ変自他) ふさがり、とだえること。ふさぎたやすこと。stoppage 用例 交通の―。

**と-せん**【渡船】 わたし船。ferryboat

**と-ぜん**【徒然】(名・形動トタル) 退屈なこと・さま。つれづれ。tedium

**とせん-きょう**【渡線橋】 ↓りっきょう「(陸橋)」

**と-そ**【▼屠▼蘇】 ①「屠蘇散」の略。②無病長寿を祈る祝い酒。正月に飲む。薬用植物を調合した屠蘇散を酒・みりんに浸したもの。おとそ。

**と-そう**【塗装】(名・サ変他) 塗料を物体表面に塗って被膜をつくること。家具・工芸品ではおもに刷毛塗りが、建築・工業では吹き付け塗装が多い。painting

**ど-そう**【土倉】 中世の民間の高利貸し業者。酒屋があわせて営業するものが多く、土倉酒屋と併称される。とくら。

**ど-そう**【土葬】(名・サ変他) 死体を土中に埋める葬制。非常に古くから行われ、世界各地にみられる。interment

**ど-ぞう**【土蔵】 防火・防犯のために厚い壁を塗った蔵。つちぐら。

**どぞう-づくり**【土蔵造(り)】 土蔵のように、まわりの壁を土で塗った構造。また、そのようにして造った建物。

**どそう-やく**【土倉役】 室町時代、土倉に課された租税。明徳四年(一三九三)以後制度化され、室町幕府の重要な財源。倉役。

**どぞう-やぶり**【土蔵破り】 土蔵を壊して、中の財物を盗むこと・泥棒。

**ど-そく**【土足】 ①土でよごれた足。泥足。muddy feet ②履物を履いたままのこと。with one's shoes on 用例 ―で上がりこむ。―にかける。

**ど-ぞく**【土俗】 土地の風俗・習慣。local customs

**どぞく-がく**【土俗学】 民俗学・文化人類学「の旧称。

**とそ-さん**【▼屠▼蘇散】 山椒・防風・白朮・桔梗・細辛・乾姜・白散などの薬用植物を調合した薬。酒・みりんに浸して飲む。屠蘇延命散。

**とそつ-てん**【▼兜率天・都率天・都卒天】 仏教の欲界第六天の第四。未来仏の弥勒菩薩の住処で、弥勒浄土といわれる。

●土星 アメリカ、ボイジャー一号で撮影。土星の環と大気圏の縞模様。環は多数の細い環が集まってできている。

**とだ**【戸田】〈市〉 埼玉県南東部の市。東京都に隣接する住宅都市で、工場の進出も著しい。人口七万八五〇六(一九八八)。

**と-だい**【斗代】 荘園公領において、田畑一段あたりの年貢収納高。一段につき五斗の年貢は五斗代、一石は石代という。江戸時代には公定収穫高(石盛)をさした。

**ど-だい**【土台】 ㊀(名) ①木造建築で、柱を固定するために、基礎の上に横に置いた木材や鉄骨。still ②建造物の最も下の部分。③物事の基礎。もとい。foundation ㊁(副) もともと。元来。用例 ―無理な話。↓和風住宅図

**と-だ・える**【途絶える・▽跡絶える】(下一自) ①行き来が絶える。stop ②途中で切れる。stop

**とだ-きょくざん**【戸田▼旭山】(一六九六〜一七六九) 江戸時代中期の医師。本草学に詳しく、医術にもすぐれた。良心的診療を旨とした。著書『非薬選』『救生堂圃史』ほか。

**どた-ぐつ**【どた靴】《俗語》歩くと大きな音を立てる、不格好な靴。

**とだ-しば**【戸田芝】 原野にはえるイネ科の多年草。高さ一m以上。葉は広線形。八〜一〇月に淡緑色の小穂を円錐花序につける。

**とだ-じょうせい**【戸田城聖】(一九〇〇〜一九五七) 宗教家。石川県生まれ。昭和二六年(一九五一)創価学会第二代会長に就任。組織の強化に尽力。

**とたて-ぐも**【▽戸▽閉▼蜘▼蛛】 トタテグモ科のクモの総称。おもに地中に袋状の巣をつくって生活をし、入り口にちょうつがい式の扉をつける。キシノウエトタテグモ・キノボリトタテグモなど。↓図

●トタテグモ キシノウエトタテグモ

**と-だな**【戸棚】 戸が付いて、内部に仕切り棚がある収納家具。食器戸棚・書籍戸棚・衣裳戸棚など。cupboard; cabinet

**どた-ばた**(副・サ変自) 騒々しく走り回ったり暴れたりする音・さま。slambang 用例 ―走り回る。―喜劇。

**とだ-もすい**【戸田茂睡】(一六二九〜一七〇六) 江戸前期の歌人。名は恭光。駿河の人。古今伝授などの無価値を論じ、和歌革新の先覚者となった。歌論『百人一首雑談』『梨本集』など。

**と-だ・ゆ**【途絶ゆ】 古語(下二自) ↓とだえる(途絶える)

**と-たん**【途端】 ちょうどそのとき。はずみ。at the moment

**と-たん**【塗炭】 ①泥と火。②泥にまみれ、火に焼かれること。

**塗炭の苦しみ**(とたんのくるしみ) 《泥にまみれ、火に焼かれるような苦痛、の意から》非常な苦しみ・みじめさ。また、たいへんな苦境・苦悩。

**トタン**《tutanaga(ポルトガル)の転というが不明》①トタン板の略称。亜鉛めっきをしたうすい鉄板。galvanized sheet iron ②米相場の異称。

**とたん-に**【途端に】(副) そのとき急に。just as

**どたん-ば**【土壇場】 ①首切りの行われた刑場。土で築いた壇があった。②最後ののっぴきならない場面。どんづまり。the last minute 用例 ―で反撃に出る。

**とち** 9画【▼栃】 部首[木]きへん 和製漢字 JIS 3842

7画【▼杤】 異体字 和製漢字 JIS 5929

**とち**【▼橡・▼栃】 「トチノキ」の略。

↓とち[橡・栃]

**と-ち**【土地】 ①土。大地。ground; soil ②農地・宅地・山林などの総称。地所。地面。法律では、一定範囲の地面とその上下(空中と地中)。不動産の一種。land; lot ③その地域。所。里。region ④領土。land

**土地の人**(とちのひと) 《多く、よそ者・来訪者などに対する語として使う》その地方あるいはその里に住んでいる人。その土地で育った人。土地の者。native

**どち**《接尾的》 連れ。仲間。どうし。用例 思う―。

**とちお**【▼栃尾】〈市〉 新潟県中部、長岡市東隣の市。近世の栃尾紬以来の機業都市。合繊織物を生産。県下有数の豪雪地帯。人口二万九三九四(一九八八)。

**とち-かいかく**【土地改革】 土地制度の改革。日本では明治初年の土地売買の自由化、土地の私有権を認める地券の交付や、第二次大戦後の農地改革など。land reform

**とち-かいりょう**【土地改良】 農業用の土地の土質や利用状況の改善をすること。灌漑排水設備の新設・管理・変更、耕地の区画整理、客土・床締めなどを行う。land improvement

**とち-かいりょうく**【土地改良区】 土地改良法に基づき、一定地区内の土地改良事業を行うことを目的とする法人。land improvement district

**とちかおく-ちょうさし**【土地家屋調査士】 不動産(土地・家屋)の表示に関する登記をするために必要な調査・測量や申請手続きなどを業務とする者。

**とち-かがみ**【▽水▼鼈】 トチカガミ科の多年生水草。水中茎は横にはい、葉は径約五㎝の心臓形で水面に群生。夏から秋に白花を水面上

●トチカガミ

に開く。ドウガメバス。カエルエンザ。↓写

**どち-かぜ【▽何▽方風】** どちらからともなく吹いてくる風。

**何方風が吹く**（どちかぜがふく）《久しぶりの客に対して言う》どうした風の吹きまわしで。

**とち-がら【土地柄】** その地域の習わし・ようす。所柄。nature of the locality

**とち-かん【土地勘・土地鑑】** その土地の地理や事情にくわしいこと。know the place 用例 ―がある。

**とちぎ【▼栃木】**〈県〉関東地方北部の県。県庁所在地は宇都宮市。北西部は山地、南東部は関東平野が広がる。農業がさかんで、米・果実などを栽培。宇都宮・小山を中心に電機・自動車などの工業も発達。面積六四一四$km^2$、人口一九〇万三二二五（一九八八）。

**とちぎ【▼栃木】**〈市〉栃木県南部の市。旧城下町・宿場町。下駄・かわら製造などの地場産業のほか近代工業が進出。人口八万六八〇七（一九八八）。

**とち-くかくせいり【土地区画整理】** 都市計画区域内の土地利用を増進するため、公共施設を整え、宅地および公共用地を確保する市街地開発事業。land readjustment

**とちく-じょう【▼屠畜場】** 食用にする家畜を畜殺・解体する施設。slaughterhouse

**とち-ことば【土地言葉】** その土地のことば。方言。dialect

**どち-ざめ【奴▼智▼鮫】** 沿岸に多いサメ。全長約一・五m。淡紫黒色の地に黒褐色の横縞や小黒点が散在する。性質は穏和で、水族館で

●トチノキ

よく飼われる。本州中部以南に分布。leopard shark

**と-ちじ【都知事】** 東京都の知事。

**とち-しゅうよう【土地収用】** 公用徴収の一つ。国家が公益事業に必要な土地の所有権または使用権を所有者から強制的に取得、または消滅させること。expropriation of land

**とち-しんたく【土地信託】** 土地の有効利用をはかるため、信託銀行が土地所有者に代わって土地を管理・運営し、所有者に収益を交付する制度。land trust

**とち-せいさく【土地政策】** 土地利用を適正に行い、地価高騰や投機などを規制するための政策。land policy

**とち-ぜいせい【土地税制】** 土地に関する租税制度。とくに地価の抑制や土地の円滑な供給などを目的とする各種の特別措置についていう。land taxation system

**とち-せいど【土地制度】** 土地の所有形態などに関する制度。社会的な土地利用のための一定の規制なども含む。land system

**とち-ぞうせい【土地造成】** 埋め立て・干拓、斜面の切り土や盛り土・荒れ地の開拓などにより、工業用地・宅地・農地などを造り出すこと。site work

**とち-だいちょう【土地台帳】** 土地の所在・地番・地目・地積などの現況を明らかにするための公簿。昭和三五年（一九六〇）廃止され、土地登記簿に一元化されている。

**とちっ-こ【土地っ子】**《俗語》その土地で生まれ育った人。

**とち-とうきぼ【土地登記簿】** 建物登記簿とともに不動産登記簿の一つ。土地について登記する公簿。land register

**とちにしき-きよたか【▼栃▼錦清▽隆】**（一九二五〜一九九〇）元大相撲力士。東京生まれ。本名中田清。第四四代横綱。優勝一〇回。引退後、年寄春日野。日本相撲協会理事長を務めた。

**とち-の-き【▼橡の木・▼栃の木】** 山地にはえる日本特産のトチノキ科の落葉高木。高さ約二五m。葉は掌状複葉。初夏に紅色を帯びた白色の小花をつける。果実は球形。花からは蜜が、種子からはでんぷんがとれる。材は家具・楽器などに用いる。トチ。↓写

**とちのき-おんせん【▼栃木温泉】** 熊本県、阿蘇南郷谷の長陽村にある温泉。白川に臨み、森林や滝が美しい。

●トチバニンジン

**とちば-にんじん【▼栃葉人▽参】** 山地の林下にはえるウコギ科の多年草。葉は掌状の複葉で輪生。夏に淡黄緑色の五弁花をつける。果実は赤熟する。根は竹節人参といい薬用。↓図

**とち-めん【▼栃▼麺】** あく抜きしたトチの実を粉末にし、小麦粉またはそば粉と混ぜてうどんのように打ったもの。

**とちめん-ぼう【▼栃▼麺棒】**《俗語》①栃麺を薄く延ばす棒。②あわてること。あわて者。hasty person

**栃麺棒を食う**（とちめんぼうをくう）《栃麺をつくるとき、延ばす棒を手早く使わないと延びなくなることから》うろたえて騒ぐ。あわを食う。

**ど-ちゃく【土着】**（名・サ変自）その土地に住みついていること。その土地に住みつくこと。native

**どちゃく-みん【土着民】** その土地に住みついている人々。原住民。native

**と-ちゅう【▼杜仲】** 観賞用のトチュウ科の落葉高木。高さ約二〇m。葉は楕円形。雌雄異株。春に赤褐色の花を枝先に開く。樹皮は強壮薬。葉は飲用。ハイマユミ。中国原産。↓写

●トチュウ

**と-ちゅう【途中】** ①行き来の中途。on one's way 用例 ―下車。②道を歩いているとき。途上。on the road ③物事をし終わらないうち。halfway 用例 ―でやめる。

**ど-ちゅう【土中】** 土のなか。土の下。

**土中の玉**（どちゅうのたま）《土の中にある宝玉、の意から》価値あるものが埋もれていて人に知られないことのたとえ。

**ど-ちゅう【土柱】** 土砂の柱。頂上に礫があるため、その下の土砂が、雨水の浸食作用から保護されて柱のように残る。↓写

**と-ちょう【徒長】**（名・サ変自）肥料の過多や光不足などで植物の茎葉がやたら伸びて、花芽の形成が悪いこと。turion

**と-ちょう【都庁】**《「東京都庁」の略》東京都の行政事務を扱う役所。

**と-ちょう【登頂】**（名・サ変自）↓とうちょう（登頂）

**ど-ちょう【度▼牒】** 奈良時代以降、官給された出家許可書。太政官が公文書として本人に交付した僧尼であることの証明書。度縁。公験。

**ど-ちょう【怒張】**（名・サ変自）①血管などが、ふくれあがること。swell up ②肩をいからすこと。square one's shoulders

**どち-ら【▽何▽方】**（代）《「どっち」また「だれ」の丁寧な言い方》①どのほう。どの方向。どの場所。どこ。where 用例 ―へおいでですか。②複数あるうちの、どれ。どっち。いずれ。which 用例 ―かを選ぶ。③どのかた。どなた。who 用例 ―さまでいらっしゃいますか。

**ドチリナ-キリシタン【Doctrina Cristão（ポルトガル）】** キリシタン時代の教理問答書。現在のカトリック教会の公教要理。現存するのは加津佐版の文禄元年（一五九二）と慶長五年（一六〇〇）刊行のもの。天草本の一つ。

**とちりよう-きせい【土地利用規制】** 国または地方公共団体が公共の目的を達成するため、私人の土地所有権に対して制限を加えること。

**とちりよう-ず【土地利用図】** 土地利用の状況を示した地図。土地利用現況図と土地利用計画図（計画地域図）とがあるが、一般には前者をさす。land use map

**とち・る**（五自）《俗語》①俳優が舞台で台詞・しぐさをまちがえる。②まごつく。しそんじる。

**とっ【取っ】**（接頭）《「取り」の転》意味・語勢などを強める語。用例 ―組み合う。

**トツ 5画【凸】** 部首［凵］ 常用 JIS 3844
音トツ
でる。でっぱっている。なかだか。でこ。対義 凹 「凹凸」「凸面鏡・凸レンズ」

**トツ 7画【▼吶】** 部首［口］ JIS 5069
音ドツ・トツ
①どもる。くちごもる。どもること・人。「吶々」②さけぶ。わめく。「吶喊」

**トツ 8画【▼咄】** 部首［口］ JIS 5084
音トツ
①しかる。しかる声。また、舌打ちをする音。②やあ。よびかける声。③おや。おどろきあやしむときの声。用例（感）―、奇怪しごく。④はなし。物語。昔話。小話。落語。

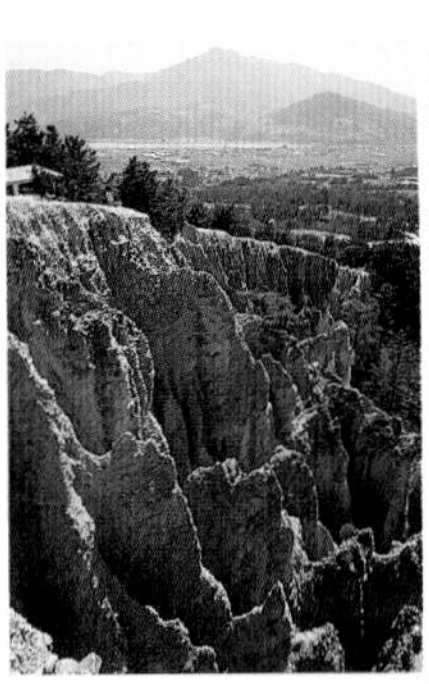
●土柱 徳島県、阿波町。

**トツ 8画【▼肭】** 部首［月］ JIS 7077
音ドツ・トツ
①「膃肭」は、肥えたさま。②「膃肭臍」は、アシカ科の哺乳動物。

**トツ 8画【突】** 部首［穴］ 常用 JIS 3845 9画【▼突】旧字
音トツ
訓つく
①つく。ぶつかる。「激突・衝突・追突」「突進」②つきでたもの。「煙突」「突起」③だしぬけに。にわかに。「唐突」「突如・突然・突発・突風」④つき。剣道・相撲などで、相手をつく技。

**トツ 9画【▼柮】** 部首［木］ JIS 5951
音トツ
きれはし。たちあまり。木材のきりとった残り。

**トツ 11画【▼訥】** 部首［言］ JIS 7536
音ドツ・トツ
どもる。くちごもる。どもること・人。「木訥・朴訥」「訥々・訥弁」

**とつ-おいつ**（副）《「取りつ置きつ」の転》あれこれ迷うさま。irresolutely

**とっ-か【特価】**《「とくか」の変》特別に安い値段。specially reduced price 用例 ―本。

**とっ-か【徳化】**（名・サ変他）《「とくか」の変》徳によって民を従わせること。moral influence

**どっ-か【読過】**（名・サ変他）《「どくか」の変》①かくべつ注意しないで、読んでいくこと。②読み終わること。読了。

**トッカータ【toccata（イタリア）】** 自由な形式で書かれ、鍵盤楽器の技巧を誇示する即興性の強い器楽曲。一七〜一八世紀前半に全盛。

**ドッガー-バンク【Dogger Bank】** 北海の中央部にある浅堆。ニシン・タラ・カレイなどの好漁場として有名。

**どっ-かい【読解】**（名・サ変他）《「どくかい」の変》文章の意味・内容を読み取ること。文章を読んで理解すること。reading and understanding 用例 ―力。

**どっかい-せい【読会制】**《「どくかいせい」の変》議会での議案審議の方法の一つ。慎重を期し、審議を数段階に分けて行う制度。帝国議会が三回制（＝三読会）を採用したが、現在の国会にはない。reading system

**とっ-かかり【取っ掛(か)り】**《「とりかかり」の転》取りつくところ。beginning 用例 話の―。

**どっ-かく【独覚】** 縁覚の別称。

**どっか-と**（副）①重いものを置くさま。with a thud ②ゆったりと、あるいは重々しく腰をおろすさま。plump down 用例 ―座る。



↓行き先項目、図版・写真参照印。 JIS 日本工業規格情報交換用漢字符号コード（区点コード）。

**とっか-へい【特科兵】** 旧日本陸軍で歩兵以外の兵。騎兵・砲兵・工兵・航空兵など。

**どっかり(と)**(副) ①重いものを置くさま。with a thud ②ゆったりと腰をおろすさま。plump down ③物が急に増えたり、減ったりするさま。

**とつ-かわ【十津川】** 奈良県南部、紀伊山地を南流する川。長さ一四一km。山上ケ岳に発し、南下して北山川と合し、熊野川となる。林業・電源地帯。杉が知られる。

**とつかわ【十津川】**〈村〉奈良県南部、十津川沿いの村。紀伊山地の山々に囲まれ、風俗・習慣に特色がある。人口五九八三(一九八八)。

**とつがわ-ごう【十津川郷】** 大和国吉野郡十津川流域の集落。鎌倉末期、元弘の乱中に護良親王が潜行した地。文久三年(一八六三)に皇室領。幕末、多くの十津川郷士が天誅組に参加。

**とっ-かん【▼吶▼喊】**(名・サ変自) ときの声をあげること。

**とっ-かん【突貫】**(名・サ変自) 一気につき進むこと。全力をあげて一気に事を行うこと。rush 用例 ―工事。

**とっ-き【突起】**(名・サ変自) ①高く突き出ること。突き出た物。projection 用例 ―物。②突然起こること。

**とっ-き【特記】**(名・サ変他)《「とくき」の変》とくにとり上げて書くこと。書いたもの。special mention

**どっ-き【毒気】**《「どくき」の変》①毒となる成分。有毒な気体。poisonous gas ②悪意。どっけ。malice

**毒気に当てられる**(どっきにあてられる) 相手の強引さに、圧倒される。どっけに当てられる。be overwhelmed

**毒気を抜かれる**(どっきをぬかれる) 対抗・攻撃の気分をはぐらかされる。どっけを抜かれる。be taken aback

**ど-つき【土突き】**(名・サ変自) 建築する所の土を突き固めること。地固め。地突き。地形。どうづき。

**とつき-とおか【十月十日】** 一〇か月と一〇日。胎児が母胎内にある期間を俗にいう。

**とっ-きゅう【特急】**《「とくきゅう」の変》①とくに急ぐこと。とくに速くすること。extreme quickness ②「特別急行列車」の略。

**とっ-きゅう【特級】**《「とくきゅう」の変》一級よりさらに上の等級。special grade

**とっ-きょ【特許】**(名・サ変他)《「とくきょ」の変》①特定の人に、ある特定の権利を新たに設定する行政行為。②一定の発明者に対し、その発明の独占的権利を与える行政行為。patent 用例 新案―。③「特許権」の略。

**どっ-きょ【独居】**(名・サ変自)《「どくきょ」の変》①ひとりだけいること。solitude ②ひとりで住んでいること。live alone

**どっきょ-かんぼう【独居監房】** ひとりだけを拘禁する監房。独房。solitary cell

**とっきょ-けん【特許権】** 工業所有権の一つ。特許を受けた発明を排他的に独占利用し、他人に製作・使用・販売などをさせない権利。出願公告の日から一五年間存続。patent right

**とっきょ-だいりぎょう【特許代理業】** 特許・実用新案・意匠・商標についての事務を出願者のために代行する事業。おもに弁理士が行う。patent agency

**とっきょ-ちょう【特許庁】** 通産省の外局の一つ。発明・実用新案・意匠・商標に関する事務を行う官庁。Patent Office

**とっきょ-ほう【特許法】** 発明の保護・奨励をはかるため、特許に関する事項を定めた法律。昭和三四年(一九五九)公布。patents act

**とっきょ-りょう【特許料】** 特許を実施または使用する第三者が、対価として特許権者に支払う実施料または使用料。royalty

**ドッキング【docking】** 宇宙空間で、宇宙船などが結合すること。

**どっきん-ほう【独禁法】**「独占禁止法」の略。

**とっく【▽疾っく】**《「疾く」の転》ずっと以前。long ago 用例 ―の昔。

**とつ・ぐ【嫁ぐ】**(五自) 嫁に行く。結婚する。marry

**ドック【dock】** ①船を建造したり修理したりする建造物。海沿いの陸地に船が入れるだけの掘割りを掘った乾ドックと、断面が凹型の鋼鉄製の箱を海に浮かべた浮きドックがある。船渠。②「人間ドック」の略。

**ドッグ【dog】** イヌ。

**とっ-くつ【突▼厥】**→とっけつ(突厥)

**と-つ-くに【▽外つ国】**《「つ」は「の」の意の格助詞》異国。がいこく。

**とっく-に【▽疾っくに】**(副) ずっと以前に。すでに。用例 ―知っている。

**ドッグ-フード【dog food】** 犬専用のえさ。肉粉・魚粉・大豆・トウモロコシなどを原料とし、カルシウム・食塩などを添加したもの。

**とっくみ-あい【取っ組(み)合い】** 互いにとっくみあうこと。つかみあい。格闘。grapple

**とっくみ-あ・う【取っ組(み)合う】**(五自) ①双方から互いに取り組む。come to grips with ②組み討ちをする。格闘する。grapple with

**とっ-く・む【取っ組む】**(五自)《「とりくむ」の転》①相手に組みつく。grapple ②手がける。苦労して処理する。grapple with 用例 難問に―。

**とっ-くり【▽徳利】**《「とくり」の転》①→とくり(徳利)。②徳利の首に似た形の筒形の襟。用例 ―のセーター。

**とっくり(と)**(副)《考えるときなどに言う》念を入れて。じっくり。とっくと。とくと。thoroughly

**とっくり-ばち【▽徳利▼蜂】** ドロバチ科のハチ。体長約一・五cm。黒地に黄色斑がある。泥で徳利状の巣を作る。本州・四国・九州に分布。→図

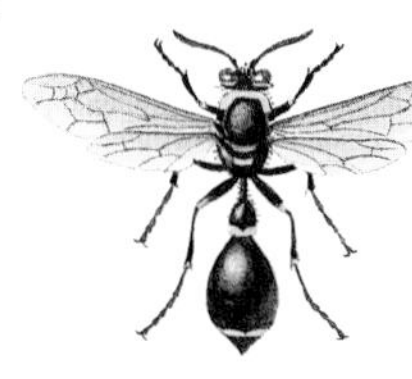

●トックリバチ

**とっくり-やし【▽徳利▼椰子】** ヤシ科の常緑高木。幹は高さ約二mまでは径四〇〜六〇cmのとっくり状の幹茎をつくり、その上は径二〇cmぐらいの円柱となる。幹膚に浅い環紋があり、葉は全裂披針形で対生する。観賞用。マスカリン諸島原産。

**ドッグ-レース**《dog racingから》グレーハウンド種の犬による競走。電動のウサギの模型を追って一周四〇〇mのコースを走り、スピードを競うもの。

**ドッグ-レッグ【dog leg】** ゴルフコースで、グリーンまでの地形が犬の後ろ足のように折れ曲がっていること。

**とっ-くん【特訓】**(名・サ変他)《「特別訓練」の略》特別にする練習。special training

**とっ-けい【特恵】** 特別によくする扱い。preference

**とっけい-かんぜい【特恵関税】** 差別関税の一つ。特定の国からの輸入貨物に限って、一般税率より低い税率を適用するもの。preferential duties

**トッケー【tokay】** オオヤモリの別名。名は鳴き声にちなむ。ヤモリの最大種で全長二五〜三〇cm。夜行性で、樹上や人家にすむ。インド・東南アジア・中国南部などに分布。→図

●トッケー

**とつ-げき【突撃】**(名・サ変自) 突進して攻め込むこと。charge

**どっ-けし【毒消し】**→どくけし(毒消し)

**とっ-けつ【突▼厥】** 六世紀中葉から約二〇〇年間、モンゴル高原とトルキスタンを支配したトルコ系遊牧民族。また、その国家。アルタイ山脈の南西麓に拠り、柔然を破り独立。エフタルを滅ぼし強大となったが、五八三年東西に分裂。七世紀唐に服属。とっくつ。

**とっけつ-ひぶん【突▼厥碑文】** 突厥文字で記された諸碑文の総称。モンゴルのオルホン河畔で発見されたビルゲ=カガン碑文、キョル=テギン碑文、トラ川上流のトニュクク碑文が有名。いずれも八世紀に建立。

**とっけつ-もじ【突▼厥文字】** 突厥民族の用いた文字。セム語系のアラム文字に由来するとされる。八または九の母音に対し四または五の字母しかない。オルホン碑文によって知られる。

**とっ-けん【特権】**《「とくけん」の変》①特別の権利・権能。special right ②一部の人々に特別に与えられている社会的な権力。privilege

**とっけん-いしき【特権意識】** 特権に頼り、それをふりまわそうとする心。sense of privilege

**とっけん-かいきゅう【特権階級】** 特定の社会で支配権や優越権をもつ人々。また、その階級。中世の貴族・僧侶、近世の資本家など。privileged class

**トッゲンブルク-しゅ【トッゲンブルク種】** スイス原産の乳用ヤギの一品種。体はやや小形。毛はチョコレート色で、尾と四肢は白い。Toggenburg

**とっ-こ【▽独▼鈷】**《仏教語》密教の修法で用いる金剛杵の一つ。銅・鉄製の両端のとがった短い棒で、煩悩をくだく象徴とされる。独鈷杵。どっこ。iron club

**どっこい**(感) ①力を入れるときのかけ声。用例 うんとこ―。②相手を押さえて出ばなをくじくときに言う語。用例 ―、そうはいかないよ。

**どっこい-しょ**(感) ①重い物を運ぶとき、弾みをつけたり力を入れたりするための掛け声。②腰をおろしたり、あげたりするときに発する語。

**どっこい-どっこい**(形動)《俗語》互いに優劣がないさま。とんとん。

**とっ-こう【特効】**《「とくこう」の変》薬などの、特別なききめ。特別な効果・効能。special efficacy

**とっ-こう【特高】**「特別高等警察」の略。

**とっ-こう【徳行】**《「とくこう」の変》道義にかなった行為。virtuous conduct

**とっ-こう【篤行】**《「とくこう」の変》①人情に厚い行為。benevolent deed ②まじめに努力して行うこと。conscientious act

**とっ-こう【篤厚】**(名・形動)《「とくこう」の変》人情に厚く、誠実なこと・さま。kindness

**どっ-こう【独行】**(名・サ変自)《「どくこう」の変》①ひとりで行くこと。ひとり歩き。travel alone ②自分だけで行うこと。独力。self-reliance 用例 独立―。

**とっこう-けいさつ【特高警察】**「特別高等警察」の略。

**どっこう-せん【独航船】**《「どくこうせん」の変》母船会社と契約して遠洋の漁場まで母船に従って行き、漁獲を専門にする漁船。母船から燃料・食料・水などの補給を受けて長期間操業し、とった魚を母船に引き渡す。catcher boat

**とっこう-たい【特攻隊】**《「特別攻撃隊」の略》第二次大戦末期、航空機・人間魚雷などによって、敵艦艇に体当たり攻撃するために編成された日本陸海軍の部隊。神風特攻隊など。

**とっこう-やく【特効薬】** ある病気に対して、とくによくきく薬。マラリアに対するキニーネなど。specific medicine

**とっ-こ-しょ【▽独▼鈷▼杵】**→とっこ(独鈷)

**とっ-こつ【突▼兀】**(形動トタル) 岩や山などが、高く突き出てそびえているさま。

**とっこ-れい【▽独▼鈷鈴】**《仏教語》密教法具の一つ。修法で用いる鈴のとっ手が独鈷の形をしたもの。

**とっ-さ【▼咄▼嗟】** ①すぐさま。たちどころ。at once 用例 ―の間。②だしぬけ。突然。sudden 用例 ―のことで困った。

**とっ-さき【突先】** 長くのびたもののいちばん先。突き出たものの端。先端。突端。

**どっさり**(副) 数量の多いさま。たくさん。plentifully 用例 土産を―買う。

**ドッジボール【dodgeball】** 二組みに分かれ、ボールをパスしながら相手に当て、残った人数の多い方を勝ちとする遊戯。円陣または方陣のコートを使う。デッドボール。

**とっ-しゅつ【突出】**(名・サ変自) ①突き破って出ること。projection ②高く突き出ること。shoot out

**とつ-じょ【突如】**(副) 急なさま。だしぬけ。突然。suddenly

**ドッジ-ライン【Dodge line】** 昭和二四年(一九四九)GHQの特別顧問ドッジの立案・勧告によって実施された、日本経済の安定・自立のための諸政策。インフレ抑制や国際収支の改善に実効をあげた。

**どっしり**(副・サ変自) ①重いさま。solid 用例 ―と重い荷物。②落ち着いたさま。massive 用例 ―した態度。

**とっ-しん【突進】**(名・サ変自) 勢いよく突き進むこと。rush

**とつ-ぜん【突然】**(副) 予期もしなかったのに急に起こるさま。だしぬけ。にわか。いきなり。突如。suddenly 用例 ―呼ばれる。―のできごと。

**とつぜん-へんい【突然変異】** 親の形質と

▼常用漢字表外。　▽常用漢字表の音訓外。

は異なる全く新しい形質が子に現れる現象。放射線照射などにより遺伝子が変化することで起こる。mutation

**とつぜんへんい-いくしゅ【突然変異育種】** 放射線や化学物質を用いて人為的に突然変異を起こし、優良品種を作りだす方法。mutation breeding

**とつぜんへんい-せつ【突然変異説】** 突然変異によって動植物の新種が出現し、これが進化の主要因となるとする説。オランダの植物学者ド=フリースの提唱。theory of mutation

**とつぜんへんい-たい【突然変異体】** 野生種が突然変異で新しい形質をもつようになった個体。この個体は遺伝するが、一般に劣性形質の場合が多い。ミュータント。mutant

**とつ-たかくけい【凸多角形】** 内角がいずれも一八〇度より小さい多角形。convex polygon

**とっ-たり【捕ったり】** ①相撲で、相手の片腕を両手でつかんで引き倒す技。②歌舞伎で、素手の立ち回り。とんぼがえりのこと。

**とっ-たん【突端】** 突き出たはし。tip 用例 岬の—。

**どっ-ち【▽何▽方】**(代)「どちら」のくだけたいい方。where

**何方へ転んでも**(どっちへころんでも)「何方道」と同意。

**何方も何方**(どっちもどっち) 両方とも大した違いはなく、よいところがない。不十分なところがどちらにもある。They are both to blame.

**どっち-つかず【▽何▽方付かず】** あいまいなこと。あやふやなこと。noncommittal

**どっち-みち【▽何▽方道】**(副) どちらにしても。結局は。どのみち。どっちへ転んでも。anyway

**とっ-ち・める【取っちめる】**(下一他)《俗語》強くなじる。捕まえて、責める。やりこめる。

**とっ-つかま・る【取っ捕まる】**(五自) とらえられてしまう。捕まってしまう。be caught

**とっ-つかま・る【取っ▼摑まる】**(五自) しっかりにぎる。be caught

**とっ-つき【取っ付き】** ↓とりつき(取り付き)

**とっ-つ・く【取っ付く】**(五自)《俗語》「とりつく」の転。

**とっ-て【取っ手・▽把っ手】**《「とりて」の転》器物の、手でにぎる部分。つまみ。handle; knob ↓箱錠図

**とっ-て【取って】**(連語)《「とりて」の転》①ことしを数え入れて年齢をいう語。用例 当年—四六歳。②《「…にとって」の形で》…として。…において。…との関係から見ると。用例 わが国に—困った問題だ。

**とっ-てい【突堤】** ①海岸線から海に向かって突き出した堤防状の構造物。導流堤・防砂堤・防波堤など。groyne ②河口流などで流水の規制・水深維持のために設ける構造物。jetty

**とって-おき【取って置き】** いざというときの用意に大切にしておくこと・もの。とっとき。much valued 用例 —の着物。

**とって-かえ・す【取って返す】**(五自)《「返す」を強めていう語》すぐさま引き返す。hurry back

**トッド【Alexander Todd】**(一九〇七) イギリスの生化学者。核酸やヌクレオチド、天然色素物質など天然有機化合物を研究。一九五七年ノーベル化学賞受賞。

**どっ-と**(副) ①大勢で、いちどに、声をあげたり、音をたてたりするさま。roaringly 用例 —歓声をあげる。②いちどにたくさん、増減するさま。tremendously 用例 —詰めかける。客が—帰る。③急に病気が悪くなるさま。suddenely 用例 —病の床に伏す。④急に倒れる。

**どっとしない** あまり感心しない。ぱっとしない。

**ドット【dot】** ①点。用例 —マップ。②円形を規則的に配列した幾何模様。水玉。水玉模様。

**とっ-とき【取っ▽置き】**「とっておき」の転。

**とつと-して【突として】**(副) だしぬけに。突然。suddenly

**とつ-とつ【▼咄▼咄】**(形動トタル) 驚いたり怒ったりするさま。また、そのために舌打ちするさま。用例 —怪事。

**とつ-とつ【▼訥▼訥・▼吶▼吶】**(形動トタル) どもるさま。口べたなさま。haltingly 用例 —として語る。

**とっ-と-と**(副)《「疾く疾くと」の転》さっさと。早く。quickly 用例 —うせろ。

**ドット-プリンター【dot printer】** 縦横に配列した点(ドット)を組み合わせて文字を表す印字装置。

**ドット-マップ【dot map】** 点描図。点地図。人口や産物などの分布状態を点の大小や多少で示し、一目でわかるようにした統計的図表。

**とっとり【▽鳥取】**〈県〉中国地方北東部、日本海側の県。県庁所在地は鳥取市。南部は中国山地、北部は小さな平野が連なる。農林・水産業中心で、ナシ・マツバガニが特産。面積三四九三km²、人口六一万九六二七(一九八八)。

**とっとり【▽鳥取】**〈市〉鳥取県東部、日本海に臨む市。県庁所在地。旧城下町。県の政治・文化の中心。鳥取砂丘が近く、市内に温泉をもつ観光地。人口一三万七七九八(一九八八)。

**とっとり-さきゅう【▽鳥取砂丘】** 鳥取県東部、日本海岸の砂丘。東西一六km、南北二km。千代川上流から運ばれてきた砂が、季節風で堆積したもの。ラッキョウが特産。山陰海岸国立公園の要地。

**とっとり-へいや【▽鳥取平野】** 鳥取県東部、千代川下流の沖積平野。早くから文化が開け古墳が多い。農業がさかん。

**とつ-にゅう【突入】**(名・サ変自) ①突進してはいること。rush in 用例 敵陣に—する。②ある情況に立ちいたること。plunge into 用例 ストに—。

**とっ-ぱ【突破】**(名・サ変他) ①つきやぶること。breake through ②一定量を超えること。exceed 用例 一億を—する。

**トッパー【topper】** トップ、つまり上半身をおおう婦人用コート。ゆったりした腰丈の長さのハーフコート。トッパーコート。

**とっ-ぱずれ【突外れ】**《俗語》一番はずれ。extreme border

**とっ-ぱつ【突発】**(名・サ変自) 思いがけなく急に起こること。outbreak 用例 —事故。

**とっぱつせい-はっしんしょう【突発性発▼疹症】** おもに二歳以下の乳幼児がかかる急性ウイルス性発疹症。高熱が三〜五日続いたのち、風疹ようの発疹が現れる。予後は良好。exanthema subitum

**とっ-ぱな【突▽端】** ①突き出たはし。tip ②一番はじめ。しょっぱな。the start 用例 話の—。

**とっ-ぱん【凸版】** 印刷の版式の一つ。文字・図形の部分が版面より高く、そこにインキを着けて印刷する。活版・木版・原色版などがある。letterpress 対義 凹版。

**とっぱん-いんさつ【凸版印刷(株)】** 大手の印刷会社。明治三三年(一九〇〇)設立。

**とっ-ぴ【突飛】**(形動) ①思いもよらないさま。意外。unexpected 用例 —な発言。②非常に変わっているさま。奇抜。eccentric 用例 —なデザイン。

**とっ-ぴょうし【突拍子】** 調子はずれなこと。意外。

**突拍子も無い**(とっぴょうしもない) 調子はずれだ。とっぴだ。astoundingly

**トッピング【topping】** ①原油を蒸留し、沸点範囲の異なる留分に分ける操作。石油精製の基本作業で、一般にガス・ナフサ・灯油・軽油・残油などに分けられる。②料理や菓子の仕上げに飾るもの。きざんだナッツ、削ったチョコレートやキャンデーなど。

**トップ【top】** ①頂上。②先頭。最初。第一位。③新聞で上段の右側の記事面。④《「トップギア」の略》自動車の変速ギアの最速。

**ドップ【Maurice Herbert Dobb】**(一九〇〇〜七六) イギリスのマルクス経済学者。近代経済学批判やソビエト経済論などで知られる。著書『政治経済学と資本主義』など。

**とっ-ぷう【突風】** 急に強く吹き出して数分後に弱くなる風。疾風。早手。陣風。gust

**トップコート【topcoat】** 春秋の合い着として用いられるオーバーコート。日本では、スプリングコートという。

**トップ-スピン【topspin】** テニス・卓球・ゴルフなどで、球の手前上方を強くこすり上げるようにして、球に前方回転を加えて打つこと。バウンド後の球の伸びが大きい。

**トップ-ダウン【top-down】** 組織の内部において情報が命令などの形で上層部から下層部に向けて伝達されること。上意下達。対義 ボトムアップ。

**とっ-ぷつ【突沸】** 沸点に達していながら沸騰していない液体が、突然激しく沸騰すること。沸騰石などを入れて防止する。bumping

**トップ-ニュース**《和製語》新聞や週刊誌などで、その日・その号のいちばん重要な報道記事。leading story

**トップ-マネージメント【top management】** 企業の最高管理部門。また、その担当者。企業経営の基本方針を設定し、組織・人事など全般的管理の意思決定にあたる。

**トップ-や【トップ屋】** 週刊誌の巻頭記事(トップ記事)を作成して売り込むフリーライター。

**ドップラー【Albert Franz Doppler】**(一八二一〜八三) オーストリアのフルート奏者・作曲家。作品『ハンガリー田園幻想曲』など。

**ドップラー【Christian Johann Doppler】**(一八〇三〜五三) オーストリアの物理学者。一八四二年音と光についてドップラー効果の存在を提唱し、二重星の光の色の変化を説明した。

**ドップラー-こうか【ドップラー効果】** 音波や光波などの波動で、波源と観測者が互いに遠ざかる(近づく)とき観測される、波長が長く(短く)なる現象。Doppler effect 参照 赤方偏移。

**トップ-ライト【top light】** ①天窓などからさしこむ陽のように上方からくる光。頂光。②屋根に設けられた明かりとり。天窓。スカイライト。

**とっぷり**(副) ①日がすっかり暮れるさま。用例 —と日が暮れる。②すっぽりつかるさま。十分に覆われるさま。どっぷり。用例 筆を墨に—浸す。

**どっぷり**(副) ①液体を十分にふくませるさま。湯水に十分につかるさま。用例 首まで—つかる。②《比喩的に》ある状態の中にすっかりはまりこむさま。to the full 用例 悪の世界に—とつかる。

**トップレス【topless】** ①首と肩の部分をあらわにしたドレス。②胸部をあらわにした水着や衣服。

**ドッペルゲンガー【Doppelgänger ドイツ】** 心理学で、自己視幻覚の一つ。自分が鏡にうつし出されるような幻覚をいう。二重身。

**とつ-べん【▼訥弁・▼訥▼辯】** 話しべた。口べた。poor speaker 対義 能弁。

**どっ-ぽ【独歩】**(名・サ変自)《「どくほ」の変》①ひとりで歩くこと。walk alone ②独立して行うこと。self-reliance 用例 独立—。③たぐいのないこと。matchlessness 用例 古今—。

**どっ-ぽう【独法】**《「どくほう」の変》「ドイツ法学」「ドイツ法学科」の略。対義 英法・仏法。

**とつめん-きょう【凸面鏡】** 反射面が凸状の鏡。球面や円柱の外側などを反射面とする鏡で、平行光線を拡散させる。平面鏡にくらべ広い範囲を縮小して見られるため、バックミラーなどに利用される。convex mirror 対義 凹面鏡。

**とつ-レンズ【凸レンズ】** 中央部が周辺部より厚くなっているレンズ。平行光線を収束させるので、拡大鏡などに使われる。convex lens 対義 凹レンズ。↓焦点図

**とて** 8画 **【▽辻】** 部首[⻌] 和製漢字 JIS 7773

↓とて

**とて** ㊀(格助)《格助詞「と」に接続助詞「て」の付いたもの。種々の語に付く》①例外でないことを示す。用例 かれ—わかっていたであろうに。②《「…こととて」の形で》理由・根拠を示す。用例 知らぬこと—失礼しました。③文語的「と言って」の約。用例 買物に—家を出ました。㊁(接助)《過去、または完了の語を受けて、下に打ち消しの語や反語をともなう》たとえ…としても。用例 勝った—別に、偉いことはない。

**ど-て【土手】** ①堤。堤防。bank ②カツオ・マグロなど大魚の背の、大きな切り身。

**と-てい【徒弟】** ①門人。弟子。disciple ②年季奉公の使用人。でっち。小僧。apprentice ③中世ヨーロッパの手工業で、親方の下で働く見習い中の職人など。apprentice

**とてい-せいど【徒弟制度】** 中世ヨーロッパの手工業者ギルドで行われていた熟練技能者の養成制度。親方・職人・徒弟という序列に立脚した一種の身分階層制。親方制度。apprenticeship

**ドデカニソス-しょとう【ドデカニソス諸島】**(Dhodhekánisos) ギリシア南東部、トルコ南西岸沿いにエーゲ海に連なる諸島。主島ロードス島。ギリシア領。

**ドデカフォニー【dodecaphony】** ↓じゅうにおんおんがく(十二音音楽)

**と-てつ【途▼轍】** ものの筋道。

**途轍も無い**(とてつもない) とんでもない。途方もない。preposterous

**どてっ-ぱら【土手っ腹】**《俗語》「腹」を荒っぽくいう語。

**土手っ腹に風穴を空ける**(どてっぱらにかざあなをあける)《「風穴を空ける」は、風が通るような穴を空ける、の意》弾丸などを腹に撃ち込んでやる。

**どて‐なべ【土手▼鍋】** なべの内側に、だし・調味料を加えたみそを土手に見立ててぐるりと塗りつけ、その中で野菜・魚介類を煮るなべ料理。おもにカキに用いる。

**とても** 8画【▼迚】 部首[辶]しんにゅう 和製漢字 JIS 7773 ↓とても[迚も]

**とて‐も【▼迚も】**(副) ①《下に打ち消しをともなって》どうしても。cannot possibly 用例 私には―できない。②たいへん。非常に。very 用例 ―おもしろい。

**とても‐の‐ことに【▼迚もの事に】**(連語) いっそのこと。むしろ。preferably

**ド‐デューブ【Christian René de Duve】**(一九一七― ) ベルギーの生化学者・細胞生物学者。細胞内における加水分解酵素の存在を究明した研究で、クロード・パラディとともに、一九七四年ノーベル生理学医学賞受賞。

**どてら【▼縕▼袍・▼褞▼袍】** 和服の一種。綿入れの防寒用長着で、男性の室内でのくつろぎ着、または寝具の関東での呼称。関西では丹前。

**と‐でん【都電】** 東京都交通局が経営する路面電車の略称。道路交通量の増加にともない、昭和四二年(一九六七)から、順次撤去され、現在は三ノ輪橋(荒川区)～早稲田(新宿区)間一二・二kmの荒川線一系統だけ運行。

**とと** ①魚をいう幼児語。②鳥・鶏などをいう幼児語。

**とと【▽父】** 父をいう幼児語。てて。

**とど** 一(名) 出世魚ボラの、もっとも成長した段階の名。二(副)「とどのつまり」の略。

**とど【▼椴】** トドマツの略称。

**とど【▼胡▼獱・▼魹】** アシカ科の海獣。雄は体長三～四m、体重約一tに達する。コルク色(幼獣は黒褐色)。網にかかった魚をたべるなど水産上有害。肉・皮を利用する。北太平洋に分布。northern sea lion →写

●トド

**ど‐ど【度度】** 文語的(名・副) たびたび。しばしば。

**どど‐いつ【▽都▽都逸・▽都▽都一】** 俗曲の一種。娯楽的な三味線歌曲。七・七・七・五調二六文字の定型をもつ。天保末ごろ(一八四〇年ごろ)江戸の都々逸坊扇歌が曲節を大成した。

**と‐とう【徒党】** よくないたくらみのために集まった集団。clique

**徒党を組む** 悪事をなそうとする者たちが、その遂行のために集団をつくる。conspire

**と‐とう【渡島】**(名・サ変自) 島へ行くこと。

**ど‐とう【怒▼濤】** 荒れ狂う大波。angry waves 比較 波濤。用例 ―逆巻く絶海。

**ととう‐しゅうらく【渡頭集落】** 河川・湖・海などの渡船場を中心として発達した集落。大井川の島田と金谷、浜名湖の新居と舞阪など。渡津集落。ford settlement

**と‐どう‐ふ‐けん【都道府県】** 一都(東京)・一道(北海道)・二府(大阪・京都)・四三県の総称。市町村を包括する上級の地方公共団体で、最大の行政区画。

**とどうふけん‐くみあい【都道府県組合】** 複数の都道府県が、治水・衛生など広域的な事業や事務を共同で処理するために組織する組合。

**とどうふけん‐こうあんいいんかい【都道府県公安委員会】** 都道府県知事の管轄する、都道府県警察を管理するための機関。五人または三人の委員を置く。

**とどうふけん‐じょうれい【都道府県条例】** 都道府県が処理すべき事務について、それぞれの議会が制定した法規。

**とどうふけん‐ぜい【都道府県税】** 都道府県が徴収する税。都民税・道府県民税・事業税・自動車税・固定資産税・自動車取得税など。

**とどうふけん‐ちじ【都道府県知事】** 都道府県を統轄し代表する執行機関の長。都道府県内の住民によって公選される特別職の地方公務員で、任期は四年。

**とどうふけん‐どう【都道府県道】** 道路法に定められた道路で、当該都道府県の知事が路線を認定したもの。管理は都道府県が行う。

**とどうふけん‐ひ【都道府県費】** 都道府県の事務に必要とする経費で、各都道府県がみずから負担するもの。

**とどうふけんみん‐ぜい【都道府県民税】** 都民税・道府県民税。所管の地域内に住所・事務所・事業所・家屋敷などを有する個人および法人に対して、都および道府県が課する地方税。

**とど‐が‐さき【▼魹ケ崎】** 岩手県宮古市、三陸海岸の岬。本州最東端。高い海食崖をなし、魹ケ崎灯台がある。

**トトカルチョ【totocalcio イタリア】** ①賭博の一種。プロサッカーの試合の勝敗をあてるもの。イタリアなどヨーロッパ諸国でさかん。②スポーツの勝敗などを予想して行う賭博。

**ととき** ツリガネニンジンの異名。

**と‐とく【都督】** 中国、魏以後、軍務と政務を管掌する地方官。

**と‐どく【渡独】**(名・サ変自) ドイツへ行くこと。go to Germany

**と‐どく【▼蠹毒】** ①木・着物などを虫が食うこと。②害毒。

**とど・く【届く】**(五自) ①至る。着く。reach 用例 手紙が―。②達する。そこに及ぶ。reach 用例 手が―。③行き渡る。be attentive 用例 注意が―。④願いがかなう。通じる。be realized 用例 思いが―。誠意が―。

**とどけ【届(け)】** 役所・会社・学校などに届けること・文書。notification 用例 ―を出す。欠勤―。参考 接尾的に用いる場合は「届」。

**とどけいで‐でんせんびょう【届(け)▽出伝染病】** 伝染病予防法によりきめられた伝染病のうち、法定伝染病・指定伝染病を除くもの。インフルエンザ・狂犬病・炭疽・伝染性下痢症・百日ぜき・麻疹・破傷風・マラリア病・恙虫病・フィラリア・黄熱・回帰熱。患者を診断した医師は、二四時間以内に患者所在地の管轄保健所長に届け出の義務がある。notifiable infectious disease

**とどけ‐さき【届(け)先】** 届けて渡す先方。destination

**とどけ‐ずみ【届(け)済み】** 届けをし終わっていること。registered

**とどけ‐で【届(け)出】** 役所・警察などに申し出ること。届け出た物。とどけいで。report

**とど・ける【届ける】**(下一他) ①送る。わたす。send 用例 品物を送り―。手もとに―。②官庁・上司などに申し出る。report 用例 警察に―。

**とどこお・る【滞る】**(五自) ①つかえて進まない。たまっている。stagnate ②期日が過ぎても納めない。be overdue 用例 税金が―。

**ドドネウス【Rembert Dodonaeus】**(一五一七―一五八五) ベルギーの医師・本草学者。主著『本草学』(一五五三年)は日本の蘭学に影響を与え、野呂元丈はこれを抄訳し、『和蘭陀本草和解』八冊を著した。

**ととの・う【調う】** 一(五自) ①不足なくそろう。用意ができる。be ready 用例 嫁入り道具が―。②まとまる。決まる。be settled 用例 縁談が―。二 古語(下二他) ↓ととのえる(調える)

**ととの・う【整う・▽斉う】** 一(五自) ①調和がとれる。be tidy 用例 ―った文章。②形がきちんとそろう。be in order 用例 隊列が―。二 古語(下二他) ↓ととのえる(整える)

**ととの・える【調える】**(下一他) ①不足のないようにそろえる。prepare 用例 必要品を―。②まとめる。成立させる。arrange 用例 交渉を―。話を―。③ほどよくかげんする。season 用例 味を―。

**ととの・える【整える・▽斉える】**(下一他) ①きちんとさせる。tidy oneself 用例 服装を―。身なりを―。②段取りをする。arrange 用例 準備を―。

**とど‐の‐つまり**(副)《ボラが成長した果てにトドとよばれることから》いよいよの果て。結局のところ。とど。in the end

**とどほっけ【▼椴法華】**〈村〉北海道、渡島半島東端の村。コンブ・イカ・ウニなどの漁業が主体。人口二〇八九(一九八八)。

**とど‐まつ【▼椴松】** アカトドマツの別名。変種のアオトドマツを含めていうこともある。トド。

**とどま・る【▽止まる・▽留まる・▽停まる】**(五自) ①一つ所で動かない。つかえる。be confined to ②滞在する。stay ③あとに残る。stay behind ④とまる。stop 用例 地価の上昇は―ところを知らない。⑤それ以上ではない。limited to 用例 叫ぶだけに―。⑥《「…にとどまらず」の形で》ばかりでなく。そのうえ。not only but 用例 悪法に反対するだけに―・らず、廃棄させる。

**とど・む【▽止む】** 古語(下二他) ↓とどめる

**とどめ【▽止め】** ①とどめること。②人を殺したあと、のどを刺すなどして完全に息の根を断つこと。finishing blow

**止めを刺す** ①倒したあと、確かに殺すために、のどを刺して絶命させる。finish by a stab in the neck ②決定的な一撃を加える。deal the decisive blow on … ③急所をおさえて、あとでいざこざが起こらないようにする。put an end to ④《「…にとどめをさす」の形で》…が一番よい。be the best 用例 花は吉野に―。

**ど‐どめ【土留(め)】** 土手や崖などの土砂がくずれたり、流されたりするのをふせぐための設備。柵でとめたり、コンクリート・石などでおさえたりする。

**トトメス〈三世〉【Thutmes Ⅲ】**(生没年未詳) エジプト第一八王朝の王(在位BC一四九〇～BC一四三六)。アジアを含む古代エジプト史上、最大の領土を支配。カルナックをはじめ各地に神殿を建造。

**とど・める【▽止める・▽留める・▽停める】**(下一他) ①押さえて行かせない。confine ②そこにいさせる。残す。leave ③それ以上はしない。limit 用例 反対意見を言うに―。

**とどろか・す【▼轟かす】**(五他) とどろくようにする。let resound all over

**とどろ・く【▼轟く】**(五自) ①鳴り響く。roar 用例 ―波の音。②広く名が知れ渡る。become well known 用例 勇名が―。③動悸が激しくなる。throb 用例 胸が―。

**ドナー【donor】** 寄贈者。とくに臓器移植のとき臓器を提供する人のこと。対義 レシピエント。

**と‐ない【都内】** ①みやこの中。in the metropolis ②東京都の内部。とくに、二三区内。Tokyo Metropolitan area

**とな・う【唱ふ】** 古語(四自・下二他) ↓となえる(唱える)

**ドナウ‐がわ【ドナウ川】**(Donau) 中部ヨーロッパから東ヨーロッパを経て東に流れ、黒海に注ぐヨーロッパ屈指の国際河川。長さ二八六〇km。古くからヨーロッパの重要な交通路として利用され、沿岸にウィーン・ブダペスト・ベオグラードの三首都がある。ダニューブ川。

**ドナウがわのさざなみ【ドナウ川のさざ波】**《原題Valurile Dunării ルーマニア》ルーマニアのイワノビチ作曲のワルツ。一八八〇年軍楽隊のために作曲。

**となえ‐ごと【唱え言】** 神霊など目に見えないものに向かって唱えることば。「鬼は外、福は内」など、それぞれ定まった形をもっている。

**とな・える【唱える・▽称える】**(下一他) ①ある文句を声を立てて言う。chant 用例 念仏を―。②先に立って言う。唱道する。advocate 用例 自然主義を―。③高く叫ぶ。はっきり主張する。voice 用例 反対を―。④広く知らせる。propagate ⑤《「称える」で》名づける。称する。call

**トナカイ**《tonakay アイヌ に由来。「馴鹿」とも書く》北極地方で野生のまたは家畜化される大形のシカ科の動物。体高一m強。雌雄とも角がある。性質はおとなしい。そり引きの他、肉・乳・皮・角などを利用。じゅんろく。reindeer; caribou →写

●トナカイ

**となき【渡名喜】**〈村〉沖縄県、沖縄島西方の渡名喜島・出砂島からなる村。漁業中心。サツマイモ・ニンニクなどを栽培。人口五五五(一九八八)。

**どなた【▽何▽方】**(代) ①「だれ」の敬称。who 用例 ―様ですか。②古語 どの方角。どっち。用例 甲斐・信濃と申すは―にて候やらん(平治)。

**ドナテロ【Donatello】**(一三八六ごろ―一四六六) イタリアの彫刻家。本名ドナート=ディ=ニッコロ。初期ルネサンス写実様式の確立者。一五世紀芸術全般に深い影響を与えた。『ガッタメラータ騎馬像』は、後代彫刻の典型となる。他に作品『ダビデ』『マグダラのマリア』など。↓写

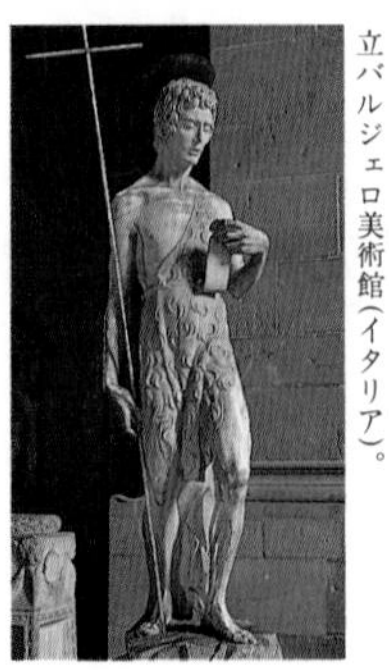

●ドナテロ 『洗礼者ヨハネ』。一五世紀半ば、国立バルジェロ美術館(イタリア)。

**ど-なべ【土▼鍋】** 土製のなべ。直接火にかけて用い、保温力が強い。なべ料理・かゆに用いられる。

**となみ【▼砺波】**〈市〉富山県西部、砺波平野の市。市場町として発達。チューリップの球根の産地として有名。人口三万六八八四(一九八八)。

**となみ-はる【▼鳥▼網張る】**[枕ことば]《「となみ(鳥を捕らえるための網。とりあみ)」は坂に張ることが多いことから》「坂」にかかる。用例 水蓼穂積に至り―坂手を過ぎ(万葉・一三・三二三〇)。

**となみ-へいや【▼砺波平野】** 富山県西部の平野。庄川・小矢部川とその支流によって形成された沖積平野。チューリップの球根栽培と散村集落で知られる。

**となり【隣・▼鄰】** ①並び続いているもののうち、いちばん近い両横の位置。next 用例 ―の席。②並び続いているすぐ両横の家。隣家。next-door house

**隣の糂粏味噌** 《「糂粏味噌」は、こうじ・ぬか・みそをまぜたもの》「隣の花は赤い」と同意。

**隣の疝気を頭痛に病む** 「他人の疝気を頭痛に病む」と同意。

**隣の宝を数える** なんの効果もないことをする。

**隣の花は赤い** 他人の物は、何でもよく見える。また、少しでも変わった物を、珍しがって欲しがることにも言う。よその花は赤い。The grass is always greener on the other side of the fence. 類似 隣の飯はうまい。隣の糂粏味噌。

**どなり【土成】**〈町〉徳島県北東部、香川県に接する町。稲作・レタス栽培などを行う。人口八八六五(一九八八)。

**となり-あ・う【隣(り)合う】**(五自) 互いに隣になる。隣り合わせになる。隣り合わせる。be side by side

**となり-あわ・せる【隣り合(わ)せる・隣合(わ)せる】**(下一自) 互いに隣になる。adjoin

**となり-きんじょ【隣近所】** 隣や近くの家。「neighborhood

**となり-ぐみ【隣組】** 昭和一五年(一九四〇)に制度化された、第二次大戦下の国民精神総動員体制による末端組織。約一〇戸を単位とし地方官庁・町内会などを通じて統制。政府通達・物資配給・勤労作業・防空訓練などが組織を通じて実施された。

**どなり-こ・む【怒鳴り込む】**(五自) 大声で苦情・抗議を申し入れる。storm

**となり・する【隣する】** 文語的(サ変自) 隣に位置する。境が接している。

**どなり-つ・ける【怒鳴り付ける】**(下一他) 激しくどなる。声をあらげて厳しくしかる。shout at

**となり-びと【隣人】** キリスト教で、国籍・人種を問わない人間どうし。『旧約聖書』では同胞の意。イエスは「良きサマリヤ人」の比喩により、民族的障壁を越える人類愛を説き、助けを必要とする者の「隣人」になることを教えた。Neighbor

**とな・る【隣る・▼鄰る】** 文語的(五自) ①互いに並ぶ。②土地や家が相接する。

**ど-な・る【怒鳴る・▼呶鳴る】**(五自) ①大声で呼ぶ。わめく。shout ②声高くしかる。scold loudly

**となん【都南】**〈村〉岩手県中部、盛岡市南隣の村。農業中心から、住宅・企業の進出で都市化が顕著。人口三万八三〇八(一九八八)。

**ドニ【Maurice Denis】**(一八七〇―一九四三) フランスの画家。ナビ派の理論的中心。壁面装飾を多数制作し、晩年は宗教画の新領域を開拓。作品『ミューズ』、著書『新理論』など。

**ドニエストル-がわ【ドニエストル川】**(Dnestr) ソ連南西部、カルパチア山脈から、ウクライナ・モルダビア共和国を経て黒海に注ぐ川。長さ一四〇〇㎞。

**ドニエプル-がわ【ドニエプル川】**(Dnepr) ソ連南西部を流れるヨーロッパ有数の川。バルダイ丘陵からウクライナ共和国を経て黒海に注ぐ。長さ二二〇〇㎞。中流部に階段状ダム群を有し、工業都市が集中。

**ドニエプロジェルジンスク【Dneprodzerzhinsk】** ソ連南西部、ウクライナ共和国中東部の工業都市。人口二六・八万(一九八四)。旧称カメンスコエ。

**ドニエプロペトロフスク【Dnepropetrovsk】** ソ連南西部、ウクライナ共和国、ドニエプル川沿岸の工業都市。農業機械・食品工業などがさかん。人口一一六・六万(一九八六)。

**とに-かく【▼兎に角】**(副)《「兎」「角」は当て字》なんにせよ。いずれにしても。それはさておき。anyway

**ドニゼッティ【Gaetano Donizetti】**(一七九七―一八四八) イタリアの作曲家。一九世紀前半のイタリアオペラを代表。オペラ『愛の妙薬』『ランメルムーアのルチア』など。

**と-にち【渡日】**(名・サ変自)《外国人が》日本に行くこと。come to Japan

**トニック【tonic】** ①強壮剤。②「ヘアトニック」の略。③音楽で、主和音。トニカ。④炭酸飲料の一種。トニックウオーター。

**とにも-かくにも【▼兎にも角にも】**(副)《「兎」「角」は当て字》いずれにしろ。なんにしろ。とにかく。anyway

**と-にゅう【吐乳】**(名・サ変自) 乳児が乳を吐くこと。乳児では生理的に起こりやすいが、ときに重大な病気がかくれていることもある。milk vomit

**ドヌーブ【Catherine Deneuve】**(一九四三― ) フランスの映画女優。主演作『シェルブールの雨傘』『昼顔』など。

**と-ね【▽刀▼禰】** ①律令制下、主典以上の官人。②郷・保・村の長・有力者。③伊勢神宮などの所領地の有力者。

**とね【▽利根】**〈町〉茨城県南部、利根川に沿う町。県南の稲作地帯。野菜栽培など近郊農業もさかん。人口二万四五八(一九八八)。

**とね【▽利根】**〈村〉群馬県北東部、赤城山北麓の村。野菜・切り花栽培などがさかん。老神温泉・吹割ノ滝がある。人口六一八一(一九八八)。

**とね-うんが【▽利根運河】** 千葉県北西部、利根川と江戸川を結ぶ運河。長さ八・三㎞。東京・銚子間の水運短縮を目的につくられたが、今は水運の面で利用されていない。

**とね-がわ【▽利根川】** 関東地方を南東に流れる川。長さ三二二㎞、信濃川に次いで日本二位。流域面積一万六八四〇$km^2$で日本一位。新潟・群馬県境付近の丹後山に発し、銚子市で太平洋に注ぐ。異称坂東太郎。

**とねがわずし【▽利根川図志】** 利根川の中・下流沿岸地域の地誌。赤松宗旦著。橋本貞秀画。安政二年(一八五五)刊。神社仏閣・名所旧跡・物産・習俗・方言などを挿絵入りで詳説。六巻。

**とねがわ-すすむ【▽利根川進】**(一九三九― ) 分子生物学者。名古屋市生まれ。京大卒。マサチューセッツ工科大教授。免疫反応を制御するリンパ球・T細胞の性質などを遺伝子工学の技術を駆使して研究し、「分子免疫学」の分野を開く。昭和五九年(一九八四)文化勲章受章。「抗体の多様性に関する研究」で、同六二年(一九八七)ノーベル生理学医学賞受賞。

**ドネック【Donetzk】** ソ連南西部、ウクライナ共和国、ドンバス工業地域随一の工業都市。人口一〇六・四万(一九八四)。旧称ユゾフカ・スターリノ。

**ドネツ-たんでん【ドネツ炭田】**(Donetsky Ugolnyi Bassein ロシア) ソ連西部、ウクライナ共和国東部からロシア共和国ロストフ地方にかけての世界有数の炭田。一帯はソ連の重要な工業地域。ドンバス。

**とね-どうすいろ【▽利根導水路】** 埼玉県北部の利根川の多目的ダムから南下する導水路群。東京都・埼玉県などの都市・農業用水。

**とねやま-こうじん【▽利根山光人】**(一九二一― ) 洋画家。東京生まれ。早大卒。マヤ文化を研究、拓本収集でも知られる。

**とねり【▽舎▽人】** ①律令制下、天皇ほか貴人の雑務・護衛の任にあたった下級官僚。②貴人の牛車の牛飼い。乗馬の口取り。

**とねりこ【▼秦▽皮・▼梣】** モクセイ科の落葉高木。中部以北の山地にはえ、高さ約一〇m。葉は対生し羽状複葉。雌雄異株。春に淡緑色の小花をつける。樹皮は薬、材は家具やラケット・スキーなどに利用。ササトネリコ。ash tree ↓図

●トネリコ

**とねり-しんのう【▽舎▽人親王】**(六七六?―七三五) 天武天皇の皇子。『日本書紀』の編纂の中心となった。

**との【殿】** ①貴人の住む館。ごてん。mansion ②貴人・主君を敬っていう語。my lord ③女の男に対する敬称。gentleman 用例 ―方。

**ど-の【▽何の】**(連体) はっきり限定しない事物、また限定できない事物を指していう語。どれの。いずれの。which 用例 ―品を選ぶか。―人がえらいのか。

**何の面下げて** よく恥ずかしくもなく。どんな顔をして。用例 ―出てきたか。

**どの【殿】**(接尾) 人の姓名・官職に添える敬称。

**との-い【▽宿▽直】** 古語《「殿居」の意》①夜、宮中・役所などに泊まって警戒すること。用例 常つ御門と―するかも(万葉・二・一七四)。②夜、天皇の寝所にいて、相手をつとめること。用例 宮はやがて御―なりけり(源氏・紅葉賀)。

**とのい-そうぞく【▽宿▽直装束】** 中世、官人が宮中で宿直をするときに着た装束。束帯の略装で、衣冠とよばれる。宿直衣。

**ど-のう【土▼嚢】** 土などを入れたふくろ。土ぶくろ。砂ぶくろ。sandbag 用例 ―を積む。

**との-がた【殿方】** 婦人が男子をいう敬称。男の人たち。gentlemen

**と-の-こ【▼砥の粉】** 砥石の粉。また、酸化鉄を含む粘土の焼成品を微粉に砕いたもの。木材塗装の下地・目止め・刀の手入れ・俳優の化粧などに用いる。polishing powder

**との-ご【殿御】** 婦人が男子をいう敬称。

**との-さま【殿様】** ①主君・貴人の敬称。lord ②大名・旗本の敬称。③世間の事情にうとく、苦労を知らない人。dilettante 用例 ―商売。

**とのさま-がえる【殿様▼蛙】** アカガエル科のカエル。水田・池沼にすむ。緑色の地に茶色のふとい線がある。体長六〜九㎝。雄は耳の下に一対の鳴嚢をもち鳴く。本州・四国・九州に分布。↓図

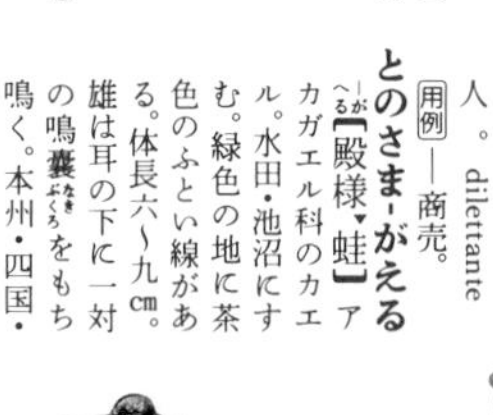

●トノサマガエル

**とのさま-げい【殿様芸】** 金と時間にゆとりのある人が道楽におぼえた芸。だんな芸。

**とのさま-ばった【殿様▼蝗▽虫】** 草原にすむ大形のバッタ。バッタ科の昆虫。体長五〜六・五㎝。緑色型と褐色型がある。飛蝗とよばれる群集性のものは、農作物に大きな害を与える。世界各地に分布。ダイミョウバッタ。locust ↓写

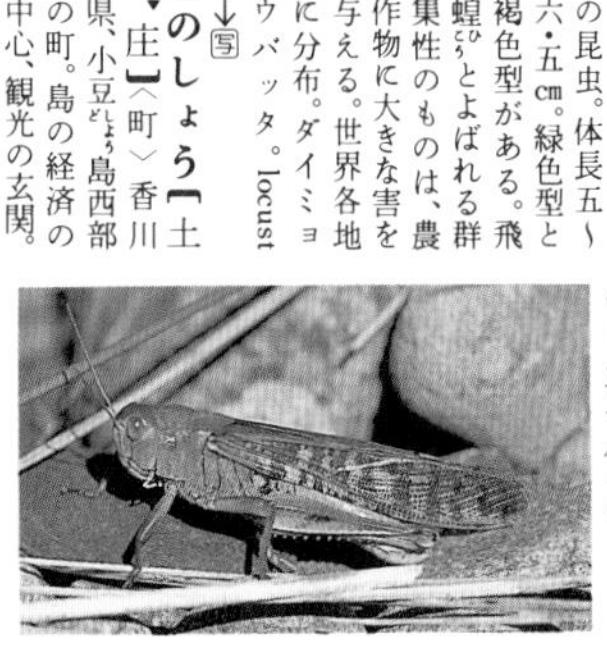

●トノサマバッタ

**とのしょう【土▼庄】**〈町〉香川県、小豆島西部の町。島の経済の中心、観光の玄関。紡績工業などがある。人口二万一〇八二(一九八八)。

**ドノソ【José Donoso】**(一九二四― ) チリの小説家。傑出したシュールレアリスト。作品『夜のみだらな鳥』『別荘』など。

**と-の-ちゃ【▼礪の茶・▼砥の茶】** 江戸時代



↓行き先項目、図版・写真参照印。 JIS 日本工業規格情報交換用漢字符号コード(区点コード)。

の染色の一つ。赤黒みがかった茶色。
**と の-ばら【殿原】**《「ばら」は、複数を表す接尾語》貴人・男子に対する敬称。
**とのばら-ぶり【殿原振り】** 男振り。殿振り。
**どの-みち【▽何の道】**(副) どっちみち。いずれにしても。anyway
**とのむら-しげる【▽外村▽繁】**(一九〇二～六一) 小説家。本名、茂。滋賀県生まれ。東大卒。作品に自家の家系を探る『筏』三部作、『澪標』など。
**と-は**(連語)《格助詞「と」に係助詞「は」が付いたもの》一つの語に定義をくだすときなどに用いる。また、文末にあって、詠嘆・驚きなどを表す。用例 品詞―何か。百点をとった―。
**と-ば【▼賭場】** ばくちをする所。鉄火場。gambling den
**とば【▽鳥羽】**〈市〉三重県東端の市。旧城下町。港町として栄え、海陸交通の基地、志摩方面の玄関。水産業がさかんで、海女漁業も行われる。人口二万八五四一(一九八八)。
**ど-ば【土場】** 木材を搬出し、加工するまでの一時的な集積・貯蔵場所。搬出段階により、山元・駅・工場など。
**ど-ば【▼駑馬】** ①のろい馬。jade 対義 駿馬。②才能の鈍い人。dull-witted person
**駑馬に鞭打つ**(どばにむちうつ)《能力のない者に無理に仕事をさせるたとえから》自分がつとめ働くことをけんそんしていう語。
**トパーズ[topaz]** 弗素とアルミニウムなどを含む珪酸塩鉱物で黄色の宝石の代表。一一月の誕生石。黄玉。→誕生石 写
**と-はい【徒輩】** やから。やつら。fellows
**ど-はい【奴輩】** 人をいやしんでいう語。あいつら。きゃつら。
**ドバイ[Dubayy]** アラビア半島東部、アラブ首長国連邦を構成する首長国の一つ。首都ドバイ。豊かな石油資源がある。港は貿易港として繁栄。人口四一・九万(一九八五)。
**とは-いうものの【とは言うものの】**(接続) そうは言っても。しかし。とはいえ。however
**とは-いえ【とは言え】**(接続) とは言うものの。however
**とば-え【▽鳥羽絵】** ①江戸時代の略画風の漫画。名称は鳥羽僧正に由来。②歌舞伎舞踊『御名残押絵交張』の一節。清元。鳥羽絵の舞踊化。二世桜田治助作詞。
**と-ばかり** 古語 ㊀(副)《副詞「と」に副助詞「ばかり」の付いたもの》しばらく。ちょっとの間。しばし。用例 ―月を見る(源氏・帚木)。㊁(連語)《格助詞「と」に副助詞「ばかり」の付いたもの》そればかり。それだけ。用例 今はただ思ひ絶えなむ―を人づてならで言ふよしもがな(後拾遺・恋三)。
**と-ばく【▼賭博】** 金品をかけて勝負を争う遊び。ばくち。gamble
**とばく-ざい【▼賭博罪】** 賭博行為に対して科される罪。
**とば-くち【とば口】** ①入り口。戸口。とぼくち。entrance ②《転じて》物事の始め。
**トバ-こ【トバ湖】**(Danau Toba) インドネシア、スマトラ島北部のバリサン山脈中にあるカルデラ湖。面積一一二六〇㎢。沿岸は「東洋のスイス」とよばれる避暑地。
**トバゴ-とう【トバゴ島】**(Tobago) 西インド諸島南東部小アンティル諸島南端の島。面積三〇〇㎢。トリニダード-トバゴ領。
**ど-ばし【土橋】** 上に土をおおいかけた橋。earthen bridge
**ド-バジール[Vasily de Basil]**(一八八八～一九五一) ロシアのバレエ団経営者。もと大佐。ロシアーバレエ団を結成。
**と-ばしり【▼迸り】** ①しぶき。splash ②まきぞえ。involvement
**と-ばし・る【▼迸る】**(五自) 飛び散る。たばしる。ほとばしる。splash
**とば・す【飛ばす】**(五他) ①飛ぶようにする。fly 用例 風船を―。②早く行かせる。drive fast 用例 馬を―。使者を―。車を―。③高く上げる。はなす。fly 用例 たこを―。④射る。shoot 用例 矢を―。⑤散らす。splash 用例 水を―。⑥間を抜いて先へ行く。skip over 用例 一行―・して読む。⑦伝わらせる。広める。issue 用例 檄を―。数々のヒット曲を―。⑧勢いよく言う。crack 用例 冗談を―。⑨遠くへ追いやる。左遷する。transfer 用例 支社へ―・された。⑩《動詞の連用形に付いて》動作を表す語の勢いを強める。勢いよく…する。用例 しかり―。
**ど-はずれ【度外れ】**(名・形動) 程度・限度を外れて大きく、または小さくなること・さま。並み外れていること・さま。けた外れ。excessiveness
**とば-そうじょう【▽鳥羽僧正】**(一〇五三～一一四〇) 平安後期の画僧。天台僧覚猷の俗称。鳥羽離宮内の証金剛院別当、のち天台座主。密教図像の集成につとめ、風刺的な『鳥獣戯画』の作者といわれる。同様な画体を後世「鳥羽絵」という。
**とばた【戸畑】** 福岡県北九州市、洞海湾に臨む地区。旧戸畑市、現在は戸畑区として、北九州市の行政区の一つ。製鉄を中心とする工業地区と、商・漁港の港湾地区からなる。
**ど-はつ【怒髪】** おこって逆立つ髪の毛。
**怒髪、天を衝く**(どはつ、てんをつく) ひどくおこっていること、また、その顔つきをいう。怒髪、冠を衝く。boil with rage
**と-ばっちり【▼迸り】**《「とばしり」の音便》①水などの飛び散ったものがかかること。飛び散ったもの。②周囲のわざわいがふりかかること。まきぞえ。involvement
**迸りを食う**(とばっちりをくう)《そばにいて水しぶきをあびる、意から》そばにいるためにわざわいが及ぶ。望まずにかかわりあいになる。be mixed up in 類似 巻き添えを食う。傍杖を食う。
**とば-てんのう【▽鳥羽天皇】**(一一〇三～五六) 第七四代天皇(在位一一〇七～二三)。堀河天皇の皇子。退位後、崇徳・近衛・後白河天皇の三代にわたり、二八年間院政を行った。
**ど-ばと【土▼鳩】** ハト科の鳥。①カワラバトからの改良種。食用・愛玩用・通信用・動物実験用に広く飼われるものの総称。ヨーロッパ・東南アジア原産。イエバト。domestic pigeon ②社寺・公園などで見られる野生化したハト。
**とば-どの【▽鳥羽殿】** 白河上皇が譲位後に山城国鳥羽に造営した離宮。のち鳥羽上皇が入居。現在の京都市伏見区にある安楽寿院はその一部。
**とばふしみ-の-たたかい【▽鳥羽伏見の戦い】** 幕末、戊辰戦争の発端となる幕府軍と薩摩・長州連合軍の戦闘。慶応四年(一八六八)一月、両軍は京都南郊鳥羽・伏見で交戦、薩長軍が大勝し、その後の改革の主導権を掌握。
**とばや-りちょう【▽鳥羽屋里長】** 豊後節から常磐津節に入り、常磐津節の名曲を残す。現在は、長唄の唄方が七世里長を名のるが、初世との芸脈はない。
三味線の家元名。初世(一七三八～九四ごろ)は富本節か
**トハラ[Tokhara・覩貨羅]** アフガニスタン北部、アムダリヤ上流域の地名。中心はバルフやクンドゥズで、東西交通の要衝として栄え、バクトリアやクシャン朝などが興亡した。大夏はここにあたるとされる。トカラ。
**と-ばり【▽帳・▼帷】** 室内の目隠しや仕切りとして用いる布。たれぎぬ。たれぬの。curtain; hangings
**とばりきゅう-あと【▽鳥羽離宮跡】** 京都市伏見区中島御所ノ内町にある一一～一二世紀に造られた離宮跡。建物跡や汀線・庭石・舟着き場などが発掘されている。
**とばり-こがん【戸張孤▼雁】**(一八八二～一九二七) 彫刻家・画家。本名、亀吉。東京生まれ。ロダンの影響を受けつつ個性的な作品を制作。彫刻『虚無』『足芸』、版画『玉乗り』など。
**とばり-ちくふう【登張竹風】**(一八七三～一九五五) 独文学者。本名、信一郎。広島県生まれ。東大卒。高山樗牛とともにニーチェ主義を唱える。論集『気焔録』、編『独和大辞典』など。
**ド-バロワ[Ninette De Valois]**(一八九八～ ) イギリスの女流舞踊家。イギリス-バレエ界の重鎮。ロイヤル-バレエ団の発展に貢献。
**と-はん【登坂】**(名・サ変自) 坂をのぼること。とうはん。go up the hill
**と-ばん【塗板】** チョークで書くために、色を一面に塗った板。ボールド。黒板。
**と-ばん【吐▼蕃】** 七世紀初めから一四世紀半ばまでのチベットに対する中国側の呼称。
**と-ひ【徒費】**(名・サ変他) 金銭や労力を無駄に使うこと。無駄な費用。waste
**と-ひ【都▼鄙】** 都会と田舎。

●トビ①

**とび【▼鳶・▼鴟・▼鵄】** ①ワシタカ科の大形のタカ。翼・尾が長く、尾先が凹状。翼長約五〇㎝で暗褐色。海浜・河原・耕地・市街地などにすみ、ピーヒョロロロと鳴く。空高く輪をえがいて飛び、小鳥などを捕食。日本全土・ユーラシアに分布。トンビ。black-eared kite ②「とび色」の略。③「とび口」の略。④「とび職」の略。
↓写
**鳶が鷹を生む**(とびがたかをうむ) 平凡な親から、すぐれた子が生まれるたとえ。A black hen lays a white egg. 比較 出藍の誉れ。
**鳶に油揚げを取られる**(とびにあぶらあげをとられる) 自分の物になると思っていた物が、不意に横から攫われるさま。鳶に油揚げを攫われる。have something snatched away from one
**鳶も居住まいから鷹に見える**(とびもいずまいからたかにみえる) 身分のいやしい者でも、行儀が正しければ品よく見えるというたとえ。
**ど-ひ【土肥】** 土佐藩と肥前の佐賀藩。用例 薩長―。
**ど-ひ【土▼匪】** 土着の群盗。bandit
**ど-ひ【奴▼婢】** 下男と下女。召し使い。比較 ぬひ。
**とび-あがり【飛(び)上がり】** ①とびあがること。jump ②とっぴな行動をすること・人。eccentric person 用例 ―者。③一足飛びに出世すること。upstart
**とび-あが・る【飛(び)上がる】**(五自) ①飛んで空中へあがる。fly up ②順序を踏まずに上へ進む。skip
**とび-あが・る【跳(び)上がる】**(五自) ①はねて、からだを浮かす。jump up ②躍りあがる。leap for joy 用例 ―・って喜ぶ。
**とび-ある・く【飛(び)歩く】**(五自) ①あちこちに動く。gad about ②あちこち歩き回る。walk about
**トビー[Mark Tobey]**(一八九〇～一九七六) アメリカの画家。東洋美術の影響で、細い線を縦横に展開したカリグラフィックな抽象画を描く。作品『日に向かって』など。
**ドビー-おり【ドビー織り】** ドビー機という複雑な織物に適した装置を使って織り出した小柄な模様織物の総称。平織りに柄の部分だけ他の糸を織りこんだ布地で、柄によりドビー格子・ドビー小格子などとよぶ。dobby weave
**とび-いか【▼鳶▼烏▽賊】** スルメイカ科の暗紫褐色のイカ。胴長約二〇㎝。ひれは左右に広げると菱形で、大きい。腕の最大の長さは胴長の約半分。食用。本州中部以南に分布。
**とび-いし【飛(び)石】** 和風庭園の歩行路に飛び飛びに並べられた石。歩きやすさを基本に美的効果もかねて配置されている。stepping stone
**とびいし-れんきゅう【飛(び)石連休】** 日曜日や祝日などの間に、一～二日ぐらいの休日でない日がはさまって、飛び石のように休日が続くこと。
**とび-いた【飛(び)板・跳(び)板】** 水泳の飛び込み競技で用いる踏みきり板。弾力のある一枚板で、水面からの高さは一mと三mの二つ。スプリングボード。spring board
**とびいた-とびこみ【飛び板飛び込み・飛板飛込み】** 水泳競技の飛び込み種目の一つ。高さ一mまたは三mの飛び板から飛び込む。制限選択飛びと自由選択飛びがあり、踏み切り・空中・入水でのフォームの美しさと正確さを競う。spring board diving 比較 高飛び込み。↓写

●飛び板飛び込み

**とび-いり【飛(び)入り】** その場で急に他から加入、参加すること・人。unexpected participation from the outside
**とび-いろ【▼鳶色】** トビの羽の色。黒褐色。reddish brown
**とびいろ-うんか【▼鳶色▽浮▼塵▽子】** イネの大害虫。体長約五㎜。体は褐色ないし黒褐色。年数回発生。本州・四国・九州に分布。
**とび-うお【飛魚】** トビウオ科の魚の総称。全長約三五㎝。発達した胸びれを広げて滑空する。食用。世界の暖海域に約六〇種が分布。アゴ。ツバメウオ。トンボウオ。ホントビ。fly-

▼常用漢字表外。 ▽常用漢字表の音訓外。

ing fish →[図]

**とびうお-ざ**【飛魚座】南天の星座。日本からは一部しか見えない。三月一三日ごろの午後八時ごろに南中。面積一四一平方度。Volans

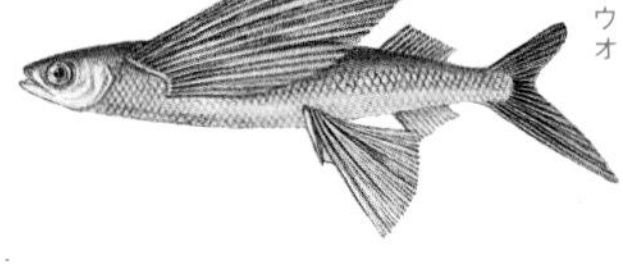
●トビウオ

**とび-うさぎ**【跳▼兎】外形はカンガルーに似た齧歯目トビウサギ科の動物。ウサギの仲間ではない。前肢は小さく、後肢が発達し、一跳び八m余といわれるほど跳躍力をもつ。体長約四〇cm、尾長約四〇cm。耳長約八cm。黄褐色から赤褐色。夜行性。ケニア・南アフリカの砂地の乾燥地帯にすむ。spring hare

**とび-うめ**【飛(び)梅】菅原道真にまつわる梅の伝説。また、その伝説から福岡県太宰府市安楽寺の庭にある梅の木。道真が左遷されて京をたつとき、日ごろめでていた梅に向かって和歌を詠むと、梅は主人を慕って大宰府にまで飛び、根付いたというもの。

**とび-えい**【飛▼鱝・▼鳶▼鱝】むち状の細長い尾をもつトビエイ科のエイ。全長約一・五m。頭部は肥厚し、やや突出する。背面は褐色がかった黒色、腹面は白い。群泳して海面から飛び上がることがある。日本各地・台湾・朝鮮半島の沿岸に分布。eagle ray

**とび-おり**【飛(び)降り・飛(び)下り】①高い所から飛び降りること。jump off ②進行中の車などから飛び降りること。jump off [対義]飛び乗り。

**とび-お・りる**【飛(び)降りる・飛(び)下りる】(上一自) ①高い所から身をおどらせて降りる。jump off ②進行中の車などから身をおどらせて降りる。jump off [対義]飛び乗る。

**トピカ**【Topeka】アメリカ中北部、カンザス州カンザス川下流にある都市。同州の州都。農業・製粉工業がさかん。人口一一・六万(一九八〇)。

**とび-か・う**【飛(び)交う】(五自) 互いに行き違って飛ぶ。いくつも入りまじって飛ぶ。fly about

**とび-がえる**【飛▼蛙】四肢の指間に発達したみずかきを広げて滑空するカエル。体長七~一〇cm。三〇m余も滑空するものがいる。ワラストビガエル(マレー・ボルネオ産)・ジャワトビガエル(インドネシア産)など。flying frog

**とび-かか・る**【飛び掛(か)る・飛掛(か)る】(五自) おどりかかる。飛びつく。pounce on

**とび-かずら**【飛▼蔓】マメ科のつる性常緑樹。中国に産するが、日本では熊本にだけ見られる。葉は三出複葉。五月紫色の花穂を垂れる。アイラトビカズラ。

**とび-きゅう**【飛(び)級】児童・生徒の学習能力や成績に応じて中間の課程を飛ばし、特別に上位学年に進級させること。skip

**とび-きり**【飛(び)切り】㊀(名) 飛び上がりながら敵を切ること。[用例] ―の術。㊁(副) 程度がずぬけているさま。極上。extra-fine [用例] ―うまい。

**とび-ぐち**【▼鳶口】棒の先に鉄製の鉤を付けた消防具。木材の搬出に用いることもある。手かぎ・長鉤・筏鉤など。とび。→[写]

**とび-けら**【飛▼螻▼蛄・▽石▽蚕】トビケラ科の昆虫の総称。ガに似るが、翅は膜質。体長一五~四〇mm。幼虫は水生。日本全土に分布。→[図]

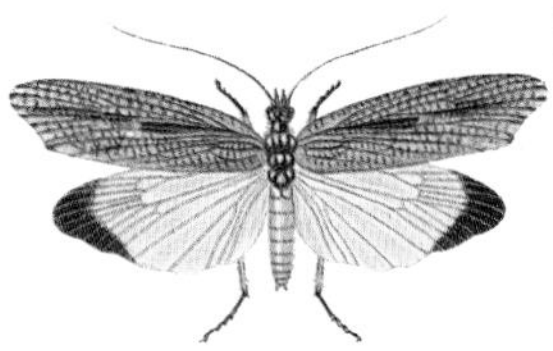
●トビケラ　ツマグロトビケラ

**とび-こ・える**【飛(び)越える】(下一他) 飛び越す。jump over

**とびこし-じょうこく**【飛越上告】→ちょうやくじょうこく(跳躍上告)

**とび-こ・す**【飛(び)越す】(五他) ①飛んで上を越す。jump over ②順序を踏まず先へ行く。skip over

**とび-こみ**【飛(び)込み】①跳び込むこと。plunge into ②水泳で、ダイビング。dive

**とびこみ-きょうぎ**【飛(び)込み競技】水泳競技の一つ。飛び込み台から入水する間の、演技の美しさと正確さを採点して順位を競う。高飛び込みと飛び板飛び込みの二種目がある。diving

**とびこみ-じさつ**【飛(び)込み自殺】走って来る電車・汽車などに、飛び込んで死ぬこと。suicide by jumping

**とびこみ-だい**【飛(び)込み台】水泳で、飛び込みを行うための固定した台。diving platform

**とび-こ・む**【飛(び)込む】(五自) ①身をおどらせて中に入る。plunge into ②物事がだしぬけに、入り込む。rush into ③進んで事件に関係する。thrust oneself into trouble

**とび-しま**【飛島】山形県酒田市、日本海に浮かぶ島。面積二・三km²。隆起海食台地からなる。漁業が主。ウミネコの繁殖で有名。

**とびしま**【飛島】〈村〉名古屋市南西隣、伊勢湾に臨む干拓地の村。臨海工業地の一角として工業化が進む。人口四七三二(一九八八)。

●鳶口　歌川国芳『町火消し千組』より。

**とび-しょく**【▼鳶職】①鳶口を使い、土木工事や建築などの工事にたずさわる職人。steeplejack ②江戸時代、町かかえの人足として町内の世話事にたずさわり仕事師とよばれ、享保年間以降は町火消しを兼ねた者。鳶の者。鳶。

**とび-だし**【飛(び)出し】①急に出ること。run out [用例] ―に注意。②出発。スタート。start

**とび-だ・す**【飛(び)出す】(五自) ①飛んで出る。飛び出る。fly out; jump out [用例] 庭に―。②突き出る。jut out [用例] 目玉が―。③急に出る。run out [用例] 物陰から子どもが―。④ふいに去る。run away from [用例] 家を―。

**とび-た・つ**【飛(び)立つ】(五自) ①空中に飛び上がる。fly ②急いでそこを去る。fly away ③うれしくて、じっとしていられない。jump for joy [用例] ―思い。

**飛び立つ許り**(とびたつばかり) 非常にうれしいようす。jump for joy

**とび-ち**【飛(び)地】①あちこちに散っている所有地。江戸時代、主たる領地から離れて、他領を通らなければ行かれない所領。scattered landholdings ②所属する行政区画から、飛びはなれて他の行政区画内にある土地。detached land

**とび-ちが・う**【飛(び)違う】(五自) ①互いに交差して飛ぶ。飛びかう。②鳥などが、入り乱れて飛ぶ。fly about ③かけはなれる。differ greatly

**とび-ち・る**【飛(び)散る】(五自) 飛んでちらばる。scatter

**とび-つ・く**【飛(び)付く】(五自) ①飛びかかってとりつく。jump at [用例] 犬が喜んで―。②衝動的に引きよせられる。be attracted by [用例] 流行に―。

**トピック**【topic】話の種。話題。

**とび-・でる**【飛(び)出る】(下一自) 飛び出す。

**とび-どうぐ**【飛(び)道具】遠くから敵をうつ武器。弓矢・小銃など。missile

**とび-とかげ**【飛▼蜥▼蜴】体側にある翼膜を広げて滑空するアガマ科のトカゲ。全長約二〇cm。樹上にすみ一〇mほど飛ぶことができる。東南アジア産。flying dragon →[図]

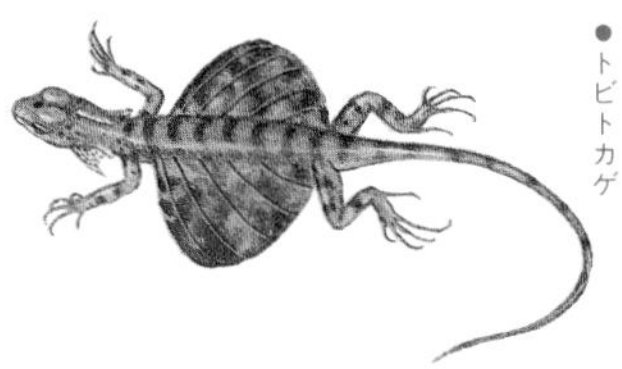
●トビトカゲ

**とび-とび**【飛び飛び】(名・副) ①あちこちと、ちらばっているさま。scattering here and there ②間・部分をおくさま。at intervals

**とび-ななふし**【飛七節▽虫】翅をもつトビナナフシ科の昆虫。体長約五cm。棒状で緑色。後翅は淡桃色で美しい。シイ・クリ・クヌギなどを食害。北海道から本州・九州・奄美大島まで分布し、奄美大島では雌雄がみられるが、本土では雌のみで単為生殖。

**ド-ビニョー**【Vincent du Vigneaud】(一九〇一~七八) アメリカの化学者。コリン・プロテイン・ペニシリン・硫黄化合物を研究。ポリペプチドのホルモンの合成に業績。一九五五年ノーベル化学賞受賞。

**とび-にんぎょう**【飛(び)人形】約六cmの割り竹の台の上の小さな人形を、台の下のばねの仕掛けで、飛んだりはねたりさせる江戸の玩具。とんだりはねたり。

**とび-ぬ・ける**【飛(び)抜ける】(下一自) ①かけはなれてすぐれている。ずばぬける。be preeminent [用例] ―・けて背が高い。②飛んで通り抜ける。jump through

**とび-ねずみ**【跳▼鼠】砂漠にすむトビネズミ科の動物。後肢がよく発達し、カンガルーのように跳躍する。体長約一七cm。褐色。夜行性。アジア・アフリカに分布。jerboa

**とび-の・く**【飛(び)▽退く】(五自) ひらりとしりぞく。jump back

**とび-の-もの**【▼鳶の者】①江戸時代の町火消し。日常は土木工事などを行い、火災が起きると鳶口を持ってかけつけた。②鳶職。鳶。

**とび-のり**【飛(び)乗り】進行中の車などに飛び上がって乗ること。jump on [対義]飛び下り。[用例] ―は危険です。

**とび-の・る**【飛(び)乗る】(五自) 進行中の車などに飛び上がって、乗る。jump on [対義]飛び降りる。

**とび-ばこ**【飛(び)箱・跳(び)箱】スウェーデン体操の跳躍運動の一つ。また、その器具。積み重ねると高さが変えられるようになっており、開脚や閉脚での跳び越し・倒立回転跳びなどを行う。buck

**とび-はぜ**【跳▼沙▽魚・跳▼鯊】内湾や河口の干潟にすむハゼ科の魚。全長約一〇cm。地色は黒褐色。泥地をはい、干潟の孔道内に産卵。東京湾以西の太平洋側に分布。→[図] →ハゼ[図]

●トビハゼ

**とび-はな・れる**【飛(び)離れる】(下一自) ①飛んで離れる。②遠く離れる。③格段に差がある。

**とび-は・ねる**【飛(び)跳ねる】(下一自) とんだりはねたりする。ぴょんぴょんはねる。jump [用例] 油が―。

**とび-ひ**【飛(び)火】㊀(名・サ変自) ①火の粉が飛ぶこと。飛んで他に燃え移ること。shower of igniting sparks ②意外なところにまで事件が及ぶこと。have unexpected consequences ㊁(名) 黄色ブドウ球菌などによっておこる表皮内の化膿性の炎症。夏、小児の全身に次々とできる水疱。伝染性膿痂疹。impetigo contagiosa

**とび-まわ・る**【飛(び)回る】(五自) ①空中をあちこち動きまわる。fly about [用例] ハチが―。②はねまわる。skip about ③方々を忙しく歩き回る。奔走する。bustle about [用例] 金策に―。

**とび-むし**【跳虫】①粘管目を構成する、もっとも原始的な微小昆虫の一群の総称。体長一~三mm。翅はなく、体の後部に跳躍器をもち、危険を感じると、これでとびはねる。陰湿な場所を好むものが多い。世界に約二〇〇〇種、日本に約三〇〇種がいる。springtail ②日本全土の湿地や海浜の砂中でみられる端脚目ヨコエビ亜目に属する甲殻類の総称。体長約一cm程度で陸上に出ると体を屈伸させてとびはねる。→[図]

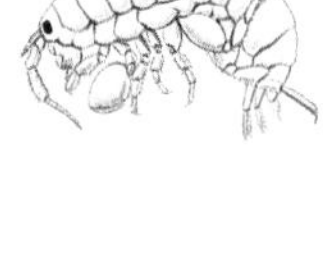
●トビムシ②　ヒメハマトビムシ

**ど-びゃくしょう**【土百姓】《卑語。「ど」は接頭語》農民を卑しめていう語。

**ドビュッシー**【Achille-Claude Debussy】(一八六二~一九一八) フランスの作曲家。印象主義の技法



↓行き先項目、図版・写真参照印。 JIS 日本工業規格情報交換用漢字符号コード(区点コード)。

を確立し、二〇世紀現代音楽へ道を開いた。管弦楽曲『牧神の午後への前奏曲』『海』、オペラ『ペレアスとメリザンド』、ピアノ曲集『子どもの領分』『版画』『映像』、歌曲など。↓写

●ドビュッシー

**と-ひょう【斗▽柄】** 軽率なこと。ひどくばかばかしいこと。

**斗柄も無い**（とひょうもない） 度はずれている。とんでもない。

**ど-ひょう【土俵】** ①土をつめた俵。②「土俵場」の略。

**土俵に上がる**（どひょうにあがる） ①力士が、相撲をとるために土俵のうえに出る。②勝負をいどむ。また、ある役職を引き受けることにも言う。

**土俵を割る**（どひょうをわる） ①相撲で、相手に攻められて土俵場の外へ足が出てしまう。②物事が押し切られてしまう。

**どひょう-いり【土俵入(り)】** 大相撲で、力士が取組前に土俵場で行う入場の儀式。横綱の土俵入りと、幕内・十両力士が東西ごとに分かれ、円形に並んで行うものがある。parade of sumo wrestlers in the ring ↓写

**どひょう-うつぼ【土俵▽空穂】** 矢を入れる容器。矢がたくさん入るよう全体に大きく、とくに穂の部分がふくらんでいる。餓鬼腹空穂。

**どひょう-ぎわ**（―ぎは）**【土俵際】** ①土俵場の円形に土俵が並べてある所。②追いつめられて、あとのないぎりぎりの所。瀬戸際。

●土俵入り

横綱の土俵入り　千代の富士、雲竜型。

幕内力士の土俵入り

**ど-びょうし【▽銅拍子】** 小型の銅鈸。おもに古代芸能に用いられる。どうびょうし。

**どひょう-ば【土俵場】** 相撲をとる場所。正式には、上面の一辺を三間(約五・四m)の正方形にして、土を五〇cmほどの高さの台形に盛り上げ、上面を内径一五尺(約四・五五m)の円形に二〇俵の土俵で囲む。土俵。the sumo wrestling ring 参照 徳俵。

**と-びら【扉】**《「戸片」の意》①開き戸・回転戸の戸。door ②書物の見返しの次にあって、書名・著者名などを記したページ。大扉。title page ③雑誌の本文の前の第一ページ。title page ↓本図

**とびら-え【扉絵】** ①扉の表面にかいた絵。②本の扉にかいてある絵。frontispiece

**とびら-の-き【扉の木】** トベラの異名。

**トビリシ[Tbilisi]** ソ連南西部、グルジヤ共和国の首都。四世紀末以来の古都。黒海とカスピ海を結ぶ交通の要地。経済・文化の中心地。人口一一四万(一九八四)。チフリス。

**ど-びん【土瓶】** 湯茶やせんじ薬を、わかしたり注いだりするときに用いる陶製容器。つぎ口とつるが付いている。

**どびん-むし【土瓶蒸(し)】** 土瓶を使って作る蒸し物料理の一つ。マツタケ・白身魚・エビ・ギンナンなどを下調理して入れ、蒸す。

**どびん-わり【土瓶割】** クワの害虫クワエダシャク(シャクガ科のガ)の幼虫の俗称。この幼虫はいわゆる尺取り虫の一種であるが、静止した姿はクワの小枝そっくりなので、見まちがえてそれに土瓶をかけて落として割るという話からこの名がついた。

**と-ふ【塗布】**(名・サ変他) ぬりつけること。application 用例 ―剤。

**と-ぶ【飛ぶ】**(五自) ①空中を行く。fly 用例 鳥が―。飛行機が―。ボールが―。②空中に舞い上がる。soar 用例 シャボン玉が―。③途中を抜かして先へ進む。skip 用例 話が―。④散らばる。scatter 用例 しずくが―。火花が―。⑤切れる。用例 首が―。ヒューズが―。⑥急に広まる。伝わる。spread 用例 うわさが―。⑦遠くへ逃げる。abscond; skip out 用例 外国へ―。⑧急いで行く。走る。run fast 用例 事件の現場へ―。

**飛んで火に入る夏の虫**（とんでひにいるなつのむし） あっけなくやられてしまうのに、自分から進んで危地や困難に向かうこと。It is like a moth flying into the flame.

**と・ぶ【跳ぶ】**(五自) ①はねる。jump 用例 カエルがぴょんと―。②はねて越える。用例 溝を―。

**どぶ【▽溝】** 汚水の流れるみぞ。ditch

**溝に金を捨てる様**（どぶにかねをすてるよう） つまらないこと、なんの益にもならないことに、金を浪費するたとえ。throw money away

**どぶいけ【▼丼池】** 大阪市中央区の地区。心斎橋筋に並行して繊維問屋街が密集している。

**どぶ-いた【▽溝板】** どぶにかけた板。board cover of a ditch

**どぶ-がい**（―がひ）**【▽溝貝】** 池沼にすむ淡水産の二枚貝。殻長約一〇cm。殻表は濃緑色、内面は真珠光沢がある。食用。日本全土に分布。

**と-ふく【▼屠腹】**(名・サ変自) はらを切ること。切腹。

**ど-ぶくりょう【土▼茯▼苓】** ↓さんきらい(山帰来)①

**と-ぶくろ【戸袋】** 雨戸を収納するための箱状の造作物。縁側や窓の敷居の端に設置し、戸を重ねてしまっておく。↓和風住宅図

**ドフジェンコ[Aleksandr Petrovich Dovzhenko]**(一八九四～一九五六) ソ連の映画監督。ウクライナ出身。作品『ズベニゴーラ』『大地』など。

**ドブジャンスキー[Theodosius Dobzhansky]**(一九〇〇～七五) アメリカの遺伝学者。ロシア生まれ。ショウジョウバエを用いて集団遺伝学の研究を行った。

**と-ぶすま【戸▼襖】** 片面を襖、反対面を板戸にした戸。部屋と廊下、日本間と洋間の間仕切りなどに用いる。

**ドブソン-たんい【ドブソン単位】**《「ドブソン」はイギリスの成層圏研究者Dobsonの名》成層圏にあるオゾン層のオゾンの量を示す単位。0℃、一気圧でオゾンを圧縮したときの厚さ。厚さ一mmが一〇〇ドブソン単位。

**と-ふつ【渡▽仏】**(名・サ変自) フランスへ行くこと。go to France

**どぶ-づけ【どぶ漬け】** ぬか漬けの関西地方での呼称。どぼ漬け。

**とぶ-とり【飛ぶ鳥】** 空を飛んでいる鳥。flying bird

**飛ぶ鳥も落ちる**（とぶとりもおちる） いきおいがさかんなようすにいう。飛ぶ鳥を落とす。at the zenith of one's power

**飛ぶ鳥を落とす勢い**（とぶとりをおとすいきおい） ひどく威勢がいいたとえ。飛ぶ鳥も落つ。at the zenith of one's power

**とぶとり-の【飛ぶ鳥の】**［枕ことば］《天武天皇の時代の皇居「飛鳥浄御原宮」の所在地が「明日香」であったことから》「明日香」にかかる。用例 ―明日香の里を置きて去いなば君があたりは見えずかもあらむ(万葉・一・七八)。

**どぶ-ねずみ【▽溝▼鼠】** ①住家にいる大形のネズミ科の動物。体長約二五cm。体は上面は褐色で下面は白色。どぶ・下水道を通り道とするため、病原菌や衛生害虫の伝播をすることがある。全世界に分布。七郎鼠。brown rat ②こっそり悪事を働く者。③黒っぽいねずみ色。dark gray ↓ネズミ写

**とぶ-ひ【飛ぶ火】** 古語 のろし。烽火。

**トフラー[Alvin Toffler]**(一九二八～) アメリカの文明評論家。フォーチュン副編集長・コーネル大客員教授などを経て、ロックフェラー財団顧問。主著『未来の衝撃』『第三の波』。

**とぶらい**（とぶらひ）**【▽訪い】** ①訪問。visit ②見舞い。visit

**とぶら・う**（とぶらふ）**【▽弔う】** 古語 (四他) ①死をいたむ。用例 のちのわざなどにもこまかに―・はせ給ふ(源氏・桐壺)。②冥福を祈る。用例 なき人の御ぼだいをも―・ひ、わらはが後生をもたすけたまへ(平家・九・小宰相身投)。

**とぶら・う**（とぶらふ）**【▽訪う】** 古語 (四他) =とむらう。①人の家に行く。訪問する。用例 我かとゆきていざ―・はん(古今・秋上)。②安否を問う。用例 国の司まうで―にも、え起き上がり給はで(竹取)。③さがしたずねる。用例 遠く異朝を―・へば(平家・一・祇園精舎)。

**ド-フリース[Hugo Marie de Vries]**(一八四八～一九三五) オランダの植物学者。植物の生理・遺伝・進化の研究に多くの業績を残す。メンデルの法則の再発見、突然変異説は有名。

**ドブルジア[Dobruja]** ↓ドブロジャ

**ド-ブローイ[Louis Victor de Broglie]**(一八九二～一九八七) フランスの理論物理学者。物質波の考えを提唱する。波動力学の先駆者。一九二九年ノーベル物理学賞受賞。

**ド-ブローイ-は【ド=ブローイ波】** 物質粒子が微視的な世界で示す量子力学的な波。ド=ブローイが提唱した。物質波。de Broglie wave

**どぶろく【▽濁▽酒・▽濁▼醪】** 米で清酒を作り、ろ過しないで飲む酒。にごり酒。白馬。

**ドブロジャ[Dobrogea]** ブルガリア北東部とルーマニア南東部の地域。ドナウ川と黒海運河が流れる農業地域で、大理石・銅なども産出。ドブルジア。

**ドブロリューボフ[Nikolay Aleksandrovich Dobrolyubov]**(一八三六～六一) ロシアの文芸批評家。革命的民主主義の立場を代表する一人。評論『オブローモフ気質とは何か』など。

**とべ【▼砥▽部】**〈町〉 愛媛県、松山市南隣の町。砥部焼で知られる窯業の町。ミカン栽培もさかん。人口一万八九四二(一九八八)。

**と-べい【渡米】**(名・サ変自) 米国へ行くこと。go to America

**ど-べい【土塀】** 土で造った塀。mud wall ↓塀写

**とべら【▽海▼桐▽花】** 海岸にはえるトベラ科の常緑低木。高さ二～三m。葉は枝先に密生し倒卵形。雌雄異株。晩春に白花が多数咲く。果実は開裂し赤い種子を出す。トビラノキ。

**トペリウス[Sakari Topelius]**(一八一八～九八) フィンランドの小説家。詩集『荒野の花』や小説『軍医物語』は祖国愛をたかめた。童話『子どものための読物』など。

**と-ほ【徒歩】** 足で歩くこと。かち。on foot

**と-ほ【▼杜▼甫】**(七一二～七七〇) 中国、盛唐の詩人。字は子美。号は少陵。鞏県(河南省)の人。李白とともに「李杜」と並称され、「詩聖」といわれる中国最高の詩人。放浪のうちに貧窮の生涯を送った。古体の詩もよくしたが、今体の律詩に力を注ぎ、七言律詩は杜甫により完成されたとされる。世相を生き生きと写した詩は「詩史」の名がある。詩文集『杜工部集』。

**と-ほう【途方】** ①向き。方向。②めあて。③方法。④筋道。

**途方に暮れる**（とほうにくれる） どうしていいかわからない。思案に余って、ぼんやりする。be at one's wits' end

**途方も無い**（とほうもない） ①筋道が立たない。めちゃくちゃ。②とんでもない。preposterous

**トボガン[toboggan]** 木製のそり。また、その競技。舵とブレーキがなく、体重の移動で操る。競技は、一九世紀後半にさかんに行われたが、リュージュの競技化にともなって衰退した。

**と-ぼく【▼杜牧】**(八〇三～五二) 中国、晩唐の詩人。字は牧之。号は樊川。京兆万年の人。杜甫に対し小杜ともいわれる。晩唐の感傷と耽美の詩風を代表。自然詠や詠史詩に巧みで、七言絶句に傑出。詩文集『樊川文集』。

**ど-ぼく【土木】** ①土と木。②「土木工事」の略。③「土木工学」の略。

**どぼく-こうがく【土木工学】** 道路・河川・港湾・上下水道・都市計画など土木技術に関する理論と実際を研究する学問。civil engineer-

▼常用漢字表外。　▽常用漢字表の音訓外。

ing
**どぼく-こうじ【土木工事】** 鉄材・木材・土石などを使用して、道路・堤防・橋梁(きょうりょう)・鉄道・トンネル・上下水道などを造る工事。public works
**どぼく-の-へん【土木の変】** 中国、明(みん)の英宗が一四四九年、土木堡(ほ)(河北省)でモンゴル軍の捕虜となった事変。モンゴル、オイラート部の長エセンが明に侵攻し、親征した英宗は土木堡で大敗。一四五〇年和議が成立し、英宗は送還された。
**とぼけ【▼惚け・▼恍け】** とぼけること。とぼけた人。play dumb
**とぼけ-がお【▼惚け顔】** とぼけた顔つき。とぼけづら。blank look
**とぼけ-もの【▼惚け者】** ①ぼんやり者。②ひょうきん者。③しらばくれる人。
**とぼ・ける【▼惚ける・▼恍ける】**(下一自) ①頭の働きがぼける。be in one's dotage ②しらばくれる。play dumb ③わざとこっけいな言動をする。play the fool
**とぼし【▽灯・▽点▽火】** ①火をつけて照らす道具。ともし。②あかりをつけるのに使う油。とぼし油。
**とぼし・い【乏しい】**(形) ①不足である。足りない。少ない。scanty ②貧しい。poor 対義 富む。派生 とぼしげ(形動) とぼしさ(名)
**とぼ・す【▽点す・▽灯す】**(五他) あかりをつける。ともす。light
**と-ぼそ【▽枢】** ①《戸臍(とほぞ)の意》「とまら」を入れて開き戸を回転させるため、敷居と、その上の横木にあけた穴。②戸。扉。
**とぼ-とぼ**(副) 元気なく歩くさま。足取りの重いさま。ploddingly 用例 腹を空かせて、―歩く。
**ドホナーニ【Ernö Dohnányi】**(一八七七〜一九六〇) ハンガリーのピアニスト・作曲家。作品『童謡の主題による変奏曲』『四つの狂詩曲』など。
**トボリスク【Tobol'sk】** ソ連、ロシア共和国中部、イルティシュ川下流の右岸にある河港都市。造船・家具工業がさかん。人口六・二万(一九七九)。
**とぼ・る【▽点る・▽灯る】**(五自) あかりがつく。ともる。be lighted
**トポル【Chaym Topol】**(一九三五〜) イスラエル生まれの映画俳優。米英で活躍。主演作『屋根の上のバイオリン弾き』『フォローミー』など。
**ドボルザーク【Antonín Leopold Dvořák】**(一八四一〜一九〇四) チェコスロバキアの作曲家。スメタナとともにチェコ国民楽派の確立者。ドイツ-ロマン派の作曲技法を基盤に民族的要素を融合し、国民主義的作風を確立。交響曲第九番『新世界より』、『スラブ舞曲』、チェロ協奏曲など。
**トポロジー【topology】** ①位相の与えられた空間における集合や写像を研究する分野。位相空間論と位相幾何学とに大別される。位相数学。②空間における位相的性質。
**トポロジー-しんりがく【トポロジー心理学】** 数学的に記述された場理論にもとづく心理学。行動は人と環境との関数であると考える。ドイツの心理学者レヴィンが創始。topological psychology
**とま【▼苫・▼篷】** 菅(すげ)・茅(かや)などを目の粗いむしろのように編み、小屋の屋根や、和船のおおいなどに使用し、雨・つゆをふせぐもの。とば。
**トマ【Ambroise Thomas】**(一八一一〜一八九六) フランスの作曲家。感傷的で優美な作風で知られる。オペラ『ミニヨン』『ハムレット』など。
**トマ【Henri Thomas】**(一九一二〜) フランスの小説家・詩人。詩情とリアリズムの調和した小説を書く。詩集『不在の世界』、小説『岬』など。
**トマ【Thomas d'Angleterre】**(生没年未詳) 一二世紀後半のフランスの詩人。『トリスタンとイズー物語』の作者。
**ど-ま【土間】** ①建物の内部で、床が地面のままか、それを「たたき」などにしたところ。earthen floor ②昔の劇場で、一階舞台正面のます形に区切った観客席。平(ひら)土間。↓民家図
**と-まえ【戸前】** 土蔵の戸のある所。
**とまこまい【▼苫小▽牧】**〈市〉 北海道勇払(ゆうふつ)平野南部、太平洋に臨む市。紙・パルプ、木材工業中心の工業都市で、道央(どうおう)新産業都市の中核。人口一五万八〇一一(一九八八)。
**と-ます【▽斗】** 漢字を組み立てている部分の名。「料・斜」などの「斗」。
**と-ます【斗▼枡】** 一斗をはかる枡。一斗枡。
**とま・す【富ます】**(五他) 富むようにする。enrich
**トマス【Dylan Marlais Thomas】**(一九一四〜一九五三) イギリスの詩人。ウェールズ生まれ。生と死、性と愛を主題に、豊かな想像力と斬新(ざんしん)なイメージで特異な詩才を発揮。詩集『一八編の詩』『愛の地図』『死と入口』など。
**トマス【Thōmâs(ギリシア)】**『新約聖書』中のイエスの十二使徒の一人。
**トマス-アクィナス【Thomas Aquinas】**(一二二五ごろ〜一二七四) 中世のスコラ哲学体系の完成者。イタリア生まれ。ドミニコ会修道士。聖人。アリストテレス哲学を基礎に、キリスト教思想の体系をつくった。著書『神学大全』など。
**トマス-ア-ケンピス【Thomas à Kempis】**(一三八〇ごろ〜一四七一) ドイツの神秘思想家。オランダのアウグスティヌス会修道院の修道士として一生を送り、その著『キリストに倣(なら)いて』はキリスト教の古典として愛読された。
**トマス-カップ**《International Badminton Championship for The Thomas Cupから》バドミントンで、国別対抗の男子団体の世界選手権大会。
**トマス-しゅぎ【トマス主義】** トマス=アクィナスの哲学・神学思想体系、およびその信奉者が展開させた学説・思潮。トミズム。Thomism
**と-まつ【塗抹】**(名・サ変他) ①ぬりつけること。塗布。②ぬり消すこと。抹消。
**トマト【tomato】** ナス科の野菜。温帯では一年草、熱帯では多年草。食用に栽培。葉は羽状複葉。黄色の合弁花が咲く。果実はビタミンA・B・Cが多い。生食のほか、ケチャップ・ジュースにする。南米原産。アカナス。バンカ。↓写

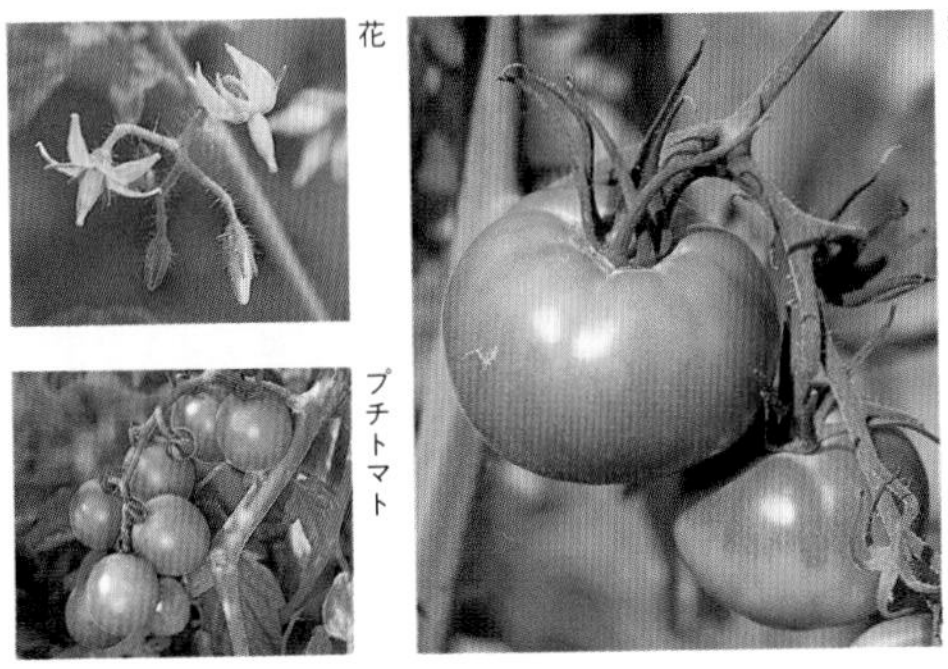

実
花
プチトマト
●トマト

**と-まどい【戸惑い】**(名・サ変自) とまどうこと。用例 ―の色が顔に浮かぶ。disorientation
**と-まど・う【戸惑う】**(五自) めあて・方法などが考えつかないで困る。どうしてよいかわからずまごつく。be puzzled
**トマト-ケチャップ【tomato catsup】** トマトピューレーに砂糖・酢・香辛料などを加えて味付けしたソース。ケチャップ。参照 トマトピューレー。
**トマト-ソース【tomato sauce】** トマトをベースにして、調味料・香辛料を加えて煮込んだソース。
**トマト-ピューレー【tomato purée(フランス)】** トマトを煮て裏ごしし、濃縮したもの。変質しやすい。
**とま-ぶね【▼苫舟】** 屋根を苫(とま)でふいてある舟。
**トマホーク【Tomahawk】** アメリカ軍の巡航ミサイル。おもに艦艇から発射され、対艦用と陸上攻撃用に用いられる。
**とままえ【▼苫前】**〈町〉 北海道北部、日本海に臨む町。農業と漁業が行われる。人口五五七七(一九八八)。
**とま-や【▼苫屋】** 苫で屋根をふいた家。粗末な家。用例 浦の―の秋の夕暮(新古今・秋上)。
**とまや-がい【▼苫屋貝】** トマヤガイ科の二枚貝。潮間帯の岩礁などに付着する。殻長約三cm、殻高約二cm。ゆがんだ長方形で、付着生活のためいろいろに変形。白色で、黄白色の殻皮をつける。胎生。東北地方以南・朝鮮半島に分布。
**と-まら【▽枢】** 開き戸の框(かまち)の上下の端にあり、「とぼそ」に入れて開けたてする、突き出た部分。
**とまり【止(ま)り】** ①動きをやめること。stop ②終わり。end
**とまり【泊(ま)り】** ①宿に寝ること。その所。lodging ②船着き場。港。port ③宿直。night duty
**とまり【留(ま)り】** じっとしていること。
**とまり【泊】**〈村〉 北海道西部、積丹(しゃこたん)半島の村。アスパラガスなどの畑作と、イカなどの漁業がさかん。人口二六三一(一九八八)。
**とまり【泊】**〈村〉 鳥取県中部、日本海に臨む村。旧宿場町。漁業と、二十世紀ナシや野菜の栽培がさかん。県の栽培漁業センターがある。人口三四三七(一九八八)。
**とまり-がけ【泊(ま)り掛け】** 行き先で泊まる予定で出かけること。staying over
**とまり-ぎ【止(ま)り木】** ①かご・ねぐらにつくった、鳥の止まる横木。perch ②バーなどのカウンターの前にある高い椅子。footrail
**とまり-きゃく【泊(ま)り客】** 宿に泊まっている客。hotel guest
**とまり-こ・む【泊(ま)り込む】**(五自) 所用などでそこに泊まる。stay overnight
**とま・る【止(ま)る・▽停(ま)る】**(五自) ①動きがなくなる。動かなくなる。stop 対義 行く・動く。用例 バスが―。時計が―。②通じていたものが通じなくなる。ふさがる。choke 用例 息が―。③終わる。やむ。cease 用例 出血が―。痛みが―。④印象づける。catch 用例 目に―。⑤↓とまる(留まる)①
**とま・る【泊(ま)る】**(五自) ①《「宿る」と同語源》よそに行って、そこで夜を過ごす。宿る。stay 用例 旅館に―。②船が港にいる。停泊する。lie at anchor 用例 港に―っている船。③宿直する。be on night duty 用例 学校に―。
**とま・る【留(ま)る】**(五自) ①ものにつかまって動かずにいる。つかまる。perch 用例 鳥が木に―。この指―れ。②離れずに残る。remain 用例 心に―。
**御高く留まる(おたかくとまる)** 偉ぶっている。put on airs; be stuck-up
**と-まれ**(副)《「ともあれ」の約》どのようにもあれ。どうあろうと。anyhow
**とまれ-かくまれ【とまれ▼斯くまれ】**(連語)《「ともあれかくもあれ」の約。「とまれ」を強めた語》とにかく。anyhow
**とまん-こう【▽豆満江】** 北朝鮮(朝鮮民主主義人民共和国)と中国・ソ連の国境となっている川。長白山脈の白頭山から北朝鮮と中国の国境を北東に流れ、北朝鮮とソ連の国境を形成して日本海に注ぐ。長さ七二〇km。トゥマンガン。ツーメンチアン。図們江(ともんこう)。
**ど-まんじゅう【土▼饅▽頭】** 土を丸く盛り上げた墓・塚。grave mound
**ど-まんなか【ど真ん中】**《俗語。「ど」は接頭語》「まんなか」を強めていう語。right in the middle of 用例 ―のストライク。
**とみ【富】** ①蓄えた財産。個人や企業の資産の総和。健康状態や専門技術まで含む。wealth 用例 ―の分配。②富くじ。lot
**富は屋を潤し徳は身を潤す(とみはおくをうるおしとくはみをうるおす)** 財産が豊かであれば家が栄え、徳を積み重ねれば人格が高まる。
**とみ【富】**〈村〉 岡山県北部、中国山地の村。良質の木材を産する。シイタケ栽培、肉牛飼育などがさかん。人口一一四〇(一九八八)。
**とみあい【富合】**〈町〉 熊本県西部、宇土(うと)半島基部の町。稲作、野菜・草花栽培、畜産などがさかん。人口八四六九(一九八八)。
**とみい-まさあき【富井▽政▽章】**(一八五八〜一九三五) 民法学者。京都生まれ。東大教授。枢密顧問官。法典調査会主査委員として民法典の起草に参与。著書『民法原論』など。
**とみうら【富浦】**〈町〉 千葉県南部、浦賀水道に臨む町。ビワ栽培・漁業のほか、海水浴主体の観光業がある。人口六六六三(一九八八)。
**とみえ【富江】**〈町〉 長崎県五島(ごとう)列島、福江島南部の町。養殖漁業がさかん。畑作・畜産なども行われる。人口八一一一(一九八八)。
**とみおか【富▼岡】**〈市〉 群馬県南西部、鏑(かぶら)川中流域の市。日本で最初の近代的製糸工場が開かれたことで有名。現在は各種の工業がさかん。人口四万八八二四(一九八八)。
**とみおか【富▼岡】**〈町〉 福島県東部、太平洋に臨む町。旧宿場町。稲作などの農業がさかん。人口一万五八五八(一九八八)。
**とみおか-せいしじょう【富▼岡製糸場】** 明治政府が群馬県富岡に設立した機械製糸の模範工場。明治五年(一八七二)開業。同




↓行き先項目、図版・写真参照印。 JIS 日本工業規格情報交換用漢字符号コード(区点コード)。

二六年(一八九三)三井へ払い下げられた。

**とみおか-たえこ**【富▼岡多恵子】(一九三五〜) 詩人・小説家。大阪生まれ。大阪女子大卒。詩集『富岡多恵子詩集』、小説『植物祭』『冥途の家族』など。

**とみおか-てっさい**【富▼岡鉄斎】(一八三七〜一九二四) 日本画家。京都の人。名は百錬。大鳥神社などの宮司となる。明清画と大和絵に学び風格ある画風を樹立。水墨に彩色された色調は他の追従を許さない。作品『旧蝦夷風俗図』『富士山図屛風』など。↓写

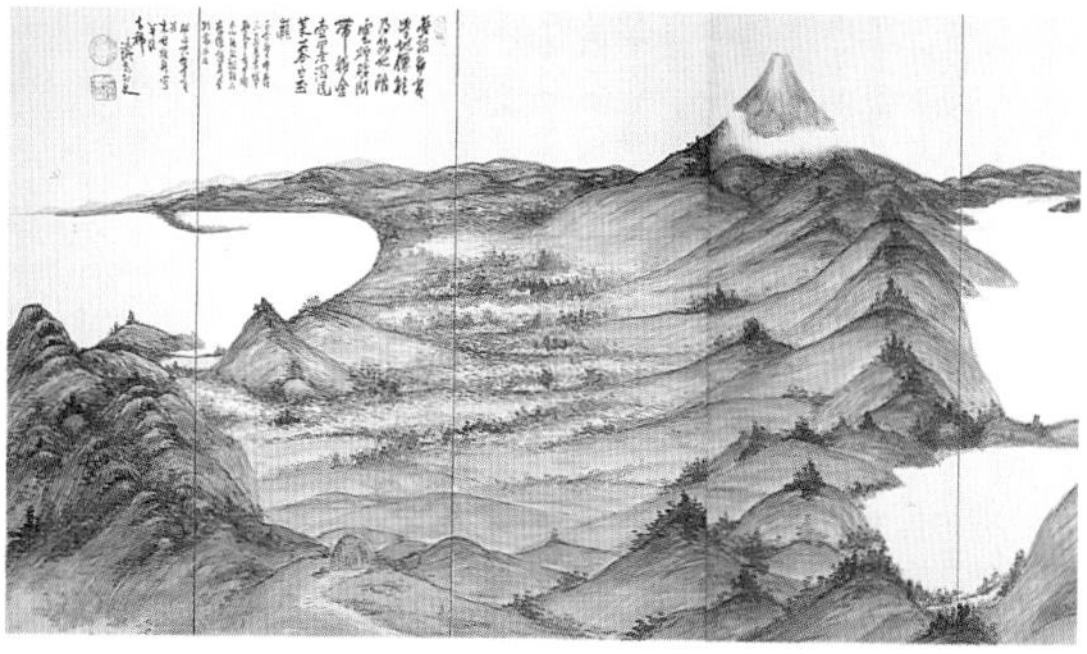

●富岡鉄斎『富士遠望図』(部分)。明治三八年(一九〇五)。京都国立近代美術館。

**とみか**【富加】〈町〉 岐阜県南部、関市と美濃加茂市にはさまれた町。畜産などの農業が主体。人口五九二一(一九八八)。

**とみ-ぐさ**【富草】 イネの異名。

**とみ-くじ**【富▼籤】 江戸時代に、社寺などが主催した宝くじの一種。富札を売り出し、抽選で当たりくじを決めて賞金を支払う。富札の売り上げから賞金と経費を差し引いた額が、収入となった。富突き。福富。

**とみぐすく**【▽豊見▽城】〈村〉 沖縄県、那覇市南隣の村。農村から、住宅・商工業地域へ変化している。人口四万二三三二(一九八八)。

**ドミグラス-ソース**【demiglace sauce フランス】 シチューやステーキ用のブラウンソースの一つ。子牛の骨や肉や野菜をいため、香味料を入れて長時間煮出して作る。

**とみ-こうみ**【▽左見▽右見】(名・サ変自) 右を見たり、左を見たりすること。あちこち見ること。

**とみざき-しゅんしょう**【富崎春昇】(一八八〇〜一九五八) 地歌・箏曲演奏家。大阪生まれ。地歌の古曲や繁太夫物の演奏の第一人者。重要無形文化財保持者。作品『春の江の島』など。

**とみさと**【富里】〈町〉 千葉県北部、成田市南隣の町。スイカ・落花生の産地。空港開設に伴い都市化が進む。人口三万七六五八(一九八八)。

**とみざわ**【富沢】〈町〉 山梨県南端、富士川に沿う町。林業がさかん。静岡県方面への通勤者が多い。人口四八六九(一九八八)。

**とみざわ-かきお**【富沢▽赤黄▽男】(一九〇二〜一九六二) 俳人。本名、正三。愛媛県生まれ。早大卒。新興俳句作家として活躍。句集『天の狼』など。

**トミズム**【Thomism】 トマス主義。

**とみた-けいせん**【富田渓仙】(一八七九〜一九三六) 日本画家。福岡県生まれ。名は鎮五郎。富岡鉄斎に啓発され南画を描く。作品『宇治川の巻』など。

**とみた-つねお**【富田常雄】(一九〇四〜一九六七) 小説家。東京生まれ。明大卒。柔道物・開化物に独特な作風を示す。作品『姿三四郎』『刺青』『弁慶』など。

**とみなが-たろう**【富永太郎】(一九〇一〜一九二五) 詩人。東京生まれ。二高中退。フランス象徴詩に学び、個性的な詩作を展開したが二四歳で夭折。詩集『富永太郎詩集』。

**とみなが-なかもと**【富永仲基】(一七一五〜一七四六) 江戸中期の思想家。大坂の人。懐徳堂で儒学・仏典を学び、神・儒・仏三道を歴史的に批判。著書『出定後語』など。

**とみなが-へいべえ**【富永平▽兵▽衛】(生没年未詳) 歌舞伎俳優・狂言作者。延宝八年(一六八〇)の顔見世番付に狂言作者として署名がある。作者の地位を宣言した最初の人。

**とみ-に**【▼頓に】(副) 急に。にわかに。sud-denly 用例 ―忙しくなる。

**ドミニカ-きょうわこく**【ドミニカ共和国】(Dominican Republic) 西インド諸島、イスパニオラ島東半を占める国。首都サントドミンゴ。一八六五年スペインから独立。主産物は砂糖・コーヒー。面積四・九万km²。人口六四二万(一九八六)。

**ドミニカ-こく**【ドミニカ国】(Commonwealth of Dominica) 西インド諸島、小アンティル諸島のドミニカ島にある小国。首都ロゾー。コーヒー・ココア・ココナッツなどを生産。面積七五〇km²。人口八万(一九八六)。

**ドミニカ-とう**【ドミニカ島】(Dominica) ドミニカのヒーバオア島の旧称。

**ドミニコ-かい**【ドミニコ会】 カトリックの修道会の一つ。一二一六年聖ドミニクスの創立。清貧を重んじ、説教による布教に努め、聖書学や教育面に貢献。説教者修道会。Dominican Order

**ドミノ**【domino】 さいころ遊びから変化した卓上ゲーム。さいの目二個を組み合わせたような二八の牌を使い、同じ目のものを合わせていく。一八世紀にイタリアで中国のものを改造して生まれた。↓写

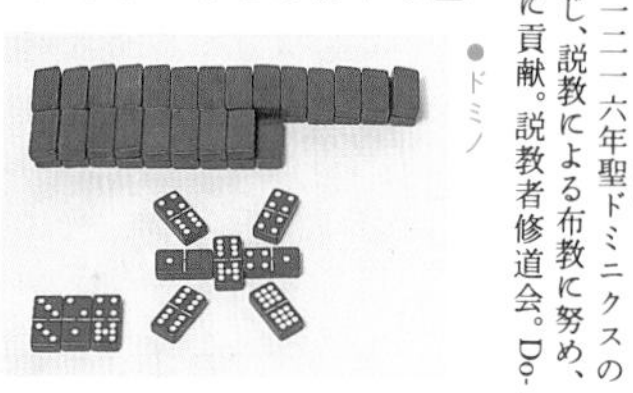

●ドミノ

**ドミノ-りろん**【ドミノ理論】《ドミノの牌が連続的に倒れていくことから》一地域が共産化すると連鎖反応的に隣接地が共産化し、自国の危機を招くとする考え。ベトナム戦争介入の正当性を主張した、アメリカの戦略論。将棋倒し論。domino theory

**とみ-ふだ**【富札】 富籤が行われるとき売り出される番号を記した札。当たったとき賞金の引換券になる。

**とみもと-けんきち**【富本憲吉】(一八八六〜一九六三) 陶芸家。奈良県生まれ。東京美術学校卒。色絵磁器の伝統を継ぎ近代化した。昭和三六年(一九六一)文化勲章受章。

**とみもと-ぶし**【富本節】 浄瑠璃の流派名。初世(一七一六〜一七六四)富本豊前掾が、寛延元年(一七四八)に常磐津節から独立させた。

**とみもと-ぶぜんのじょう**【富本▽豊前▼掾】 富本節の語り手・家元名。初世は富本節の始祖。現在一一世。近年は女性が中心。

**とみや**【富▽谷】〈町〉 宮城県中部、仙台平野の町。農業の町であるが、仙台市のベッドタウン化が顕著。人口二万四〇一(一九八八)。

**とみやす-ふうせい**【富安風生】(一八八五〜一九七九) 俳人。本名、謙次。愛知県生まれ。東大卒。高浜虚子に師事。『若葉』主宰。軽快で典雅な作風を特色とした。句集『草の花』など。

**とみやま**【富山】〈町〉 千葉県南部、浦賀水道に臨む町。房州ビワの産地。草花栽培・酪農もさかん。人口七〇一九(一九八八)。

**とみやま**【富山】〈村〉 愛知県北東端、天竜川に沿う村。シイタケ・茶栽培などの農業と林業がさかん。人口二〇九(一九八八)。

**とみやま-せいきん**【富山清琴】(一九一三〜) 地歌・箏曲(生田流)演奏家。大阪生まれ。地歌の発展に大きく貢献。『砧』などを作曲。重要無形文化財保持者。

**とみよ**【富▽魚】 トゲウオ科の淡水魚。全長約六cm。黄褐色。湧水を水源とする小さな流れや沼にすみ、五〜六月に水草で球状の巣を作り産卵する。北アジアに生息し、日本では本州北部・北海道に分布。

**と-みん**【都民】 東京都に住んでいる人。resident of Tokyo

**ど-みん**【土民】 土着の住民。

**とみん-げきじょう**【都民劇場】 演劇・音楽・映画などを安い料金で鑑賞させる、東京都およびその周辺地域を対象とした会員制観客組織。財団法人。

**とみん-の-ひ**【都民の日】 東京都民の祝日。一〇月一日。明治三一年(一八九八)のこの日、市政特例法が廃止され、東京市が独立の自治体となったことにちなんで、昭和二七年(一九五二)制定。

**と・む**【富む】(五自) ①財産を多く持っている。be rich 対義 貧しい。用例 ―者はいよいよ―。②豊かである。多い。abound 対義 乏しい。用例 変化に―。資源に―。

**と・む**【止む・泊む・留む】 古語 (下二他) ↓とめる(止める)。↓とめる(泊める)。↓とめる(留める)

**トム-ジョーンズ**《原題The History of Tom Jones, a Foundling》フィールディングの小説。一七四九年刊。孤児のトムが苦労に耐えてめでたく結婚するまでを描く。一八世紀イギリス小説の傑作。

**トムスク**【Tomsk】 ソ連、西シベリア南部、オビ川支流トミ川右岸の重工業都市。一七世紀初めに開かれたシベリア最古の都市で文化の中心。人口四六・七万(一九八四)。

**トムセン**【Christian Jürgensen Thomsen】(一七八八〜一八六五) デンマークの考古学者。石器時代・青銅器時代・鉄器時代の三時代区分法を提唱。先史考古学の基礎を築き、「先史考古学の父」と称される。

**トムソーヤーのぼうけん**【トムソーヤーの冒険】《原題 The Adventures of Tom Sawyer》マーク=トウェーンの小説。一八七六年刊。ミシシッピ河畔の町を舞台に、トム少年の冒険を通して当時の社会を批判。

**トムソン**【Francis Thompson】(一八五九〜一九〇七) イギリスの詩人。神秘的な宗教思想と内面の苦悩を叙情的にうたった。詩『天の猟犬』『大地の賛歌』など。

**トムソン**【George Paget Thomson】(一八九二〜一九七五) イギリスの物理学者。ジョセフ=ジョン=トムソンの子。電子線回折の研究で、一九三七年ノーベル物理学賞受賞。

**トムソン**【James Thomson】(一七〇〇〜一七四八) イギリスの詩人。ロマン主義の先駆。長詩『四季』、物語詩『怠惰の城』など。

**トムソン**【Joseph John Thomson】(一八五六〜一九四〇) イギリスの物理学者。ジョージ=パジェット=トムソンの父。気体の電気伝導の機構、電子の存在の確立、原子模型・陽極線の研究など。一九〇六年ノーベル物理学賞受賞。

**トムソン**【Roy Herbert Thompson】(一八九四〜一九七六) イギリスの世界的な新聞経営者。カナダ生まれ。イギリス・カナダを中心に新聞・雑誌の大グループを形成し、新聞王とよばれた。

**トムソン**【Virgil Thomson】(一八九六〜) アメリカの作曲家・音楽評論家。映画音楽にも活躍。オペラ『四人の聖者』など。

**トムソン**【Thomson】 ↓ケルビン

**トムソン-ガゼル**【Thomson's gazelle】 小形のウシ科のレイヨウ。肩高約六五cm。草原にすみ、ヒョウ・チーターによく狙われる。東アフリカに分布。↓写

●トムソンガゼル

**トムソン-こうか**【トムソン効果】 場所によって温度の異なっている導体に電流を流すと、ジュール熱以外に熱が発生したり、あるいは吸収される現象。イギリスの物理学者ウイリアム=トムソン(ケルビン卿)が発見。Thomson effect

**と-むね**【と胸】《「と」は接頭語》胸。心。

**と胸を突く** どきっとする。be astonished

**とむらい**【弔い】 ①弔うこと。悔やみ。condolence ②葬式。funeral ③死後の供養。mass for the dead

**とむらい-がっせん**【弔い合戦】 討ち死にした味方の霊を慰めようとする復讐のいくさ。avenging battle

**とむら・う**【弔う】(五他) =とぶらう。①人の死をいたみ、悔みを言う。弔問する。condole ②追善を営む。供養する。hold a memorial service

**とむら・う**【▽訪う】 古語 (四他) ↓とぶらう(訪う)

**とめ**【止め】 ①止めること。止めた所。stoppage ②禁止。prohibition ③終わり。end

**とめ**【留め】 そこに動かさずに置くこと。

**トメ-アス**【Tomé-Açu】 ブラジル北東部、アマゾン支流アカラ川中流の、もっとも成功した日本人集団移住地。同国最大のコショウ生

産地。人口三万(一九六)。

**とめおか-こうすけ【留▼岡幸助】**(一八六四―一九三四) 非行少年の感化教育指導者。岡山生まれ。同志社神学校卒。北海道家庭学校などを創設。

**とめ-おき【留(め)置き・留置】** ①留め置くこと。detention ②「留置郵便」の略。

**とめおき-ゆうびん【留置郵便】** 郵便物の差出人が、指定する郵便局に留め置くよう請求し、受取人がその指定局で受け取る制度。

**とめ-お・く【留(め)置く】**(五他) ①他へやらないで、留めておく。detain ②人を帰らせない。keep ③一時停止する。打ち切っておく。suspend ④書き留めておく。write down ⑤郵便物を局に保管する。keep a letter at the post office

**とめ-おけ【留(め)▼桶】** 銭湯でからだを洗うのに使う、自分専用の小判形のおけ。

**とめ-おとこ【留(め)男】** ①客引きの男。tout ②けんかなどの仲裁の男。arbitrator

**とめ-がね【留(め)金】** 物と物をつなぎとめる金具。clasp; hook

**とめ-ぎ【留(め)木】** ①江戸時代に各藩が行った、民間の木材利用の制限の一つ。また、その木。有用樹種のうち特定樹種の伐採を制限・禁止した。②おさえ止めるための木。wooden peg stop ③香木をたいて、香りを服や髪に留めること。その香木や香り。fragrant wood

**とめ-く【止(め)句】** 和歌・俳句などで、嫌って避ける句。禁句。

**ドメスチック【domestic】**(形動) ①家庭的なさま。②国産であるさま。

**とめ-そで【留(め)▼袖】** ①女性用和服で、袖丈約五五cmの長着の袖。対義 振り袖。②既婚女性の礼装用長着。黒五つ紋付き・留め袖・江戸褄模様が特徴。↓写

●留め袖②

**とめ-だて【留(め)立て・止(め)立て】**(名・サ変他) ひきとめること。制止。attempt to dissuade 用例 いらぬ―をするな。

**とめ-ど【留(め)▽処・止(め)▽処】** とどめとするところ。限り。end 用例 ―なく流れる涙。

**ドメニキーノ【Domenichino】**(一五八一―一六四一) イタリアの画家。本名ドメニコ=ザンピエリ。古典風の明快な構成を示し、主題の背景の風景描写にすぐれる。教皇庁画家。作品『聖ヒエロニムス』など。

**とめ-ばり【留(め)針・止(め)針】** 裁縫用具の一種。縫う前に、布を合わせて、ずれないように一時的に刺しておく針。片側に球形・花形・円形などの頭がついている。待ち針。pin

**とめ-へん【止偏】** 漢字を組み立てている部分の名。「此」などの左にある「止」。

**とめ-べん【止(め)弁】** 液体の流れる管路をねじ式で開閉する装置。stop valve

**とめ-やく【留(め)役】** けんかや争いの仲裁人。arbitrator

**とめ-やま【留(め)山】** 江戸時代、領内の用材林や猟場で、住民の利用を禁止した野山。

**とめ-ゆ【留(め)湯】** ①前日のふろを、そのまま使うこと。その湯。②ひとりだけで入っているふろ。留めぶろ。③江戸時代、銭湯で、月ぎめのふろ代。

**とめ-ゆ・く【▽尋め行く】** 古語(四自) たずねて行く。用例 花の香を匂はす宿に―・かば(源氏・紅梅)。

**と・める【止める・▽停める】**(下一他) ①動かないようにする。停止させる。stop 用例 電車を―。②通じていたものを通じなくする。ふさぐ。turn off 用例 電気を―。水を―。③思いとどまらせる。やめさせる。dissuade 用例 ―のも聞かずに出て行った。発言を―。④続いていたことを、とだえさせる。終わらせる。stop 用例 痛みを―。

**と・める【泊める】**(下一他) ①人を宿らせる。take in 用例 旅行者を―。②船を港に入れる。anchor

**と・める【留める】**(下一他) ①ひきとめる。やめさせる。de-tain; keep 用例 けんかを―。②固定して離れないようにする。fasten 用例 ピンで―。③気持ちや注意をじっと向ける。pay attention to 用例 気に―。言われたことを胸に―。

**とも【▼鞆】** 14画 部首[革]がわ 和製漢字 JIS 8061
13画【▼鞆】 異体字 和製漢字 JIS 8056

①弓を射るとき、左の腕につける丸い革製の道具。つるが、手首の釧などにあたって、きれるのをふせぐ。②鞆の浦の通称。

**とも【共】** 一(名) ①いっしょであること。together 用例 行動を―にする。②《「…と共に」の形で》と同時にまた。both 用例 うれしいと―に寂しい。二《接頭的。名詞に添えて》いっしょにする、または同質の、の意。with 用例 ―働き。―切れ。三《接尾的。名詞に添えて》①ふくめての意。include 用例 交通費―一〇〇〇円。母子―四人。②すべての意。用例 三人―合格。

●巴② 右二つ巴 左三つ巴

**共にする(ともにする)** 共有する。分かち合う。いっしょにする。share 用例 生活を―。

**とも【友・▼朋】** ①親しくしている人。友達。friend 用例 ―と遊ぶ。②親しむもの。companion 用例 旅の―。書物を―とする。

**朋有り遠方より来たる(ともありえんぽうよりきたる)** 《『論語』学而篇にあることば》遠くからわざわざ友人が共に学ぼうと訪ねて来る。あとに「また楽しからずや」と続き、通して、自分の学ぶ道に理解者があることは、なんとも楽しいことである、の意。

**とも【供】** 《「伴」とも》つき従うこと・者。従者。attendant 用例 ―を連れる。お―はつらい。

**とも【▼艫】** 船の後部。船尾。艫尾。stern 対義 舳・みよし・へさき。

**とも** 一(終助)《活用語の終止形に付く》請け合う意を表す。用例 大いにやる―。そうだ―。二(接助) それにかかわらない意を表す。用例 どんなに雨が降ろう―行く。

**と-も**(連語)《格助詞「と」に係助詞「も」のついたもの》上の語を強める。用例 政治家―あろうものが。

**ども** 古語(接助)《用言の已然形に付く》①既定の逆接条件を示す。が。けれども。ど。用例 文を書きてやれ―返りごともせず(竹取)。②仮定の逆接条件を示す。ても。たところで。

●トモエソウ

用例 いみじき絵師といへ―、筆限りありければ(源氏・桐壺)。

**ども【共】**(接尾) ①《ぞんざいな言い方》多数を表す。たち。ら。用例 者―。②けんそんの気持ちを表す。用例 わたくし―では。

**とも-あえ【共▽和え】** あえ物で、具とあえ衣に同じ材料を使うもの。ナマコ・アワビ・イカ・アンコウなどの身をわた(肝)であえる。肝あえ。

**とも-あれ【▼兎も有れ】**《「兎」は当て字》＝ともかく。一(副) どのようにもあれ。どうであっても。anyway 二(接続) 上のことと逆のことをいうのに用いる語。それはともかくとして。apart from

**とも-うら【共裏】** 衣服の裏地に、表地と同じ生地を用いること。

**とも-え【▼巴・▼鞆絵】** ①弓具の鞆の形に似たうずをまいた形・もよう。②紋所の名。巴の形を紋章化。巴形の置き方により頭が時計の針の進む方向に旋回する形を右巴、その逆を左巴、また数により一つ巴から九つ巴まである。↓図

**ともえ-が【▼巴▼蛾】** 前翅に一つ巴形の斑紋をもつヤガ科のガ。開張約六cm。幼虫はネムの葉を食べる。日本から朝鮮半島・中国に分布。↓写

●トモエガ

**ともえ-がも【▼巴▼鴨】** ガンカモ科の鳥。雄の顔に緑色と淡褐色からなる巴形の斑紋がある。全長約四〇cm。おもに湖沼・河川にすむ。シベリア中・東部で繁殖し、冬は南下。日本には全土に冬鳥として渡来。アジガモ。spectacled teal

**ともえ-ごぜん【▼巴御前】**(生没年未詳) 源義仲の妾。武勇にすぐれ、義仲の部将として戦功を立てた。寿永三年(一一八四)義仲死後尼となり、越後に移り住んだという。

**ともえ-そう【▼巴草】** オトギリソウ科の多年草。山地の草地にはえる。高さ約一m。葉は柄がなく対生。夏に径約五cmの黄花を開き、花弁は巴形に曲がる。↓写

**ともえ-なげ【▼巴投げ】** 柔道の投げ技の一つ。相手を前方にくずしながら自分であおむけに倒れ、上になった相手の下腹部を片足にのせ、巴のような形で相手を頭越しに投げる技。overhead throw

**とも-えり【共襟】** ①和服で、長着の襟の上に、さらに共布でかけた襟。襟のいたみや汚れを防ぐためにつける。②洋服で、身頃と共布で作った襟。↓着物図

**とも-がき【友垣】** 《友としての交わりを結ぶこと》友達。朋友。

**とも-かく【▼兎も角】**(副) 《「ともかくも」の略。「兎」「角」は当て字》いずれにしても。なにはともあれ。どんなふうであっても。at any rate

**ともかく-も【▼兎も角も】**(副) ともかく。at any rate

**ともがしま-すいどう【友ケ島水道】** 紀淡海峡の別称。

**とも-がしら【供頭】** 武家時代に、従者たちを取りしまった役・人。

**とも-かせぎ【共稼ぎ】** 共働き。a two-income family

**とも-がら【▽輩】** 仲間。同類。連中。やから。fellows

**とも-ぎれ【共切れ・共▽布】** 同じ布地。same cloth

**とも-ぐい【共食い】** ①同種の動物が互いを捕食し合うこと。cannibalism ②同業者どうしで、利益を得ようと争って、互いに損をすること。mutually harmful competition

**とも-ざ【▼艫座・▽船▽尾座】** 南天の星座。冬の南天の天の川の中にある。三月一三日ごろの午後八時ごろに南中。面積六七三平方度。Puppis

**とも・し【▽乏し・▼羨し】** 古語(形シク) ①不足している。少ない。用例 糧―・しければ、おろそかなる報いをあまくす(方丈記)。②貧乏だ。用例 我―・しく、貧しき身なり(宇津保・俊蔭)。③珍しくて心がひかれる。用例 見まく欲り来しくもしるく吉野川音の清けさ見るに―・しく(万葉・九・一七二四)。④うらやましく思う。用例 風をだに恋ふるは―風をだに来むとし待たば何か嘆かむ(万葉・四・四八九)。

**と-もじ【十文字】** ↓じゅうもんじ(十文字)

**十文字に踏む(ともじにふむ)** 千鳥足で歩く。

**ともし-び【▽灯火】** ①ともした火。あかり。light 用例 ―はゆらゆら。②たいまつ。torch

**ともしび-の【▽灯火の】** [枕ことば]《ともした火の明るいことから》「明石」にかかる。用例 ―明石大門に入る日にか漕ぎ別れなむ家のあたり見ず(万葉・三・二五四)。

**とも-しらが【共白髪】** 夫婦そろって、白髪になるまで長生きすること。live together to an old age

**とも・す【▽点す・▽灯す】**(五他) あかりをつける。とぼす。light

**とも-ず【共酢】** 合わせ酢の一つ。共あえに用いるあえ酢。魚介類の内臓に酢と調味料を加えたもの。参照 共あえ。

**とも-すると**(副) どうかすると。ややもする



↓ 行き先項目、図版・写真参照印。 JIS 日本工業規格情報交換用漢字符号コード(区点コード)。

と。ともすれば。apt to 用例 —けんかが始まる。

**とも-すれば**(副) ややもすると。ともすると。apt to

**とも-ぞろえ**【供▼揃え】 供回りの人数をそろえること。

**とも-だおれ**【共倒れ】(名・サ変自) 競争するとか、助け合うとかした結果、両方とも駄目になること。fall together

**ともだ-きょうすけ**【友田恭助】(一八九九〜一九三七) 新劇俳優。東京生まれ。早大中退。築地小劇場に参加。田村秋子と結婚し、築地座を結成。第二次大戦中上海で戦死。

**とも-だち**【友達】 対等の立場で、親しくつきあっている人。友人。友。friend 用例 遊び—。

**ともち**【▼砥用】〈町〉 熊本県中部、緑川に沿う町。林業のほか、畜産などがさかん。人口九五〇八(一九八八)。

**とも-ちどり**【友千鳥】 群れている千鳥。群千鳥。

**とも-づな**【▼艫綱・▼纜】 ①船の船尾を岸につなぐための綱。stern line 対義 舳綱へ。②船をつなぐ綱の総称。もやい綱。ともなわ。mooring line

**纜を解く**(ともづなをとく) 船出する。出港する。sail; unmoor

**とも-づり**【友釣(り)】 アユ釣りの方法の一つ。囮アユを泳がせ、他者が自分の領域に入ると体当たりで撃退するアユの習性を利用した釣り方。囮アユの尾の先にしかけた釣り針にアユがひっかかる仕組み。fishing by decoy

**とも-ども**【共共】(副) いっしょに。もろとも。互いに。together 用例 親子—喜ぶ。

**とも-な・う**【伴う】(五自他) ①(自)…につき従う。be accompanied 用例 影は形に—。②(他)…を連れて行く。…といっしょに来る。accompany; bring 用例 友人を—。雷鳴を—。

**ともなが-しんいちろう**【▽朝永振一郎】(一九〇六〜一九七九) 理論物理学者。東京生まれ。京大卒。湯川秀樹とともに京大助手となる。その後、理化学研究所で仁科芳雄のもとで研究。ドイツ留学ではハイゼンベルクに学ぶ。超多時間理論を完成し、くりこみ理論を発表。昭和二七年(一九五二)文化勲章受章。同四〇年(一九六五)ノーベル物理学賞受賞。

**とも-なり**【共鳴り】(名・サ変自) →きょうめい(共鳴)①

**とも-に**【共に・▼倶に】(副) いっしょに。一つになって。同時に。together 用例 —喜び合う。

**倶に天を戴かず**(ともにてんをいただかず) 相手を滅ぼすか、自分が死ぬか、いずれにしても、いっしょに生きていかれない。不倶戴天。irreconcilable

**とも-ね**【共寝】(名・サ変自) 夫婦・男女が、同じ夜具にいっしょに寝ること。同衾。share the bed with; sleep with

**とも-の-うら**【▼鞆の浦】 広島県南東部、福山市南部の景勝地。鞆港は内海航路の要地として奈良時代から栄えた。タイ網が名物。

**とものだいなごんえことば**【▽伴大納言絵▽詞】 →ばんだいなごんえまき(伴大納言絵巻)

**とも-の-みやつこ**【▽伴▽造・友▽造】 大化前代、皇室所有の部を世襲的に管理・統率した首長。大化の改新以後、有力な者は貴族、下級の者は伴部(友部)となって品部・雑戸を管掌。

**とも-の-よしお**【▽伴▽善▽男】(八〇九〜八六八) 平安前期の貴族。大納言。貞観八年(八六六)応天門の火災で源信の失脚をはかったが放火が露顕、伊豆に配流。

**とも-ばたらき**【共働き】 夫も妻も働いて生計を立てること。共稼ぎ。work in double harness

**とも-びき**【友引】《「友引日」の略》六曜の一つ。引き分けで勝負がないという日。朝晩は吉だが昼は凶とされる。友を引くとし、この日に葬式を行うのを避ける。

**とも-びと**【供人】 お供の人。従者。

**とも-べ**【▽品▽部】 土師部や馬飼部・鍛冶部など、さまざまな職能で大和朝廷に仕えた集団。世襲的に特定の物資や労役を提供させられた。統率者は伴造。しなべ。

**ともべ**【友▽部】〈町〉 茨城県中部、笠間市南東隣の町。農業中心だが、近年は住宅団地の造成がめだつ。人口二万九二八二(一九八八)。

**とも-まち**【供待ち】 お供が主人を待っていること。その休息所。

**とも-まわり**【供回り】 お供の人々。

**ども-り**【▼吃り】《卑語》どもること。また、その人。吃音。stutter

**ど-もり**【土盛り】(名・サ変自) 土を盛り上げること。つちもり。mound

**ど-もり**【度盛(り)】 寒暖計などの度数を示す目盛り。graduation

**とも・る**【▽点る・▽灯る】(五自) あかりがつく。ともる。be lighted

**ども・る**【▼吃る】(五自) 物を言うとき、発音がつかえて、語頭などの音を繰り返す。stutter

**どもん-けん**【土門▼拳】(一九〇九〜) 写真家。山形県生まれ。日本の写真リアリズムを提唱。古美術・仏像写真で定評。作品『ヒロシマ』『古寺巡礼』など。

**ともん-こう**【図▼們江】 豆満江の別称。

**と-や**【▽鳥屋・▼塒】 ①鳥小屋。②タカなどの羽が生え替わること。

**鳥屋に就く**(とやにつく) ①ニワトリなどが、産卵・抱卵のために巣ごもりする。②飼い鳥の羽が抜け替わる。③旅芸人などが、稼ぎがなくて宿にこもる。

**どや-がい**【どや街】《俗語。「どや」は「やど」の倒語》おもに肉体労働者向けの簡易な宿泊施設が集まっている地域。

**とや-かく**【▼兎や角】(副)《「とやかくや」の略。「兎」「角」は当て字》なんのかのと。かれこれと。とやこう。this and that

**ど-やき**【土焼(き)】 素焼き。つち焼き。unglazed pottery

**とや-こう**【▽左▽右】(副) 「とやかく」の「転。

**どや・す**(五他)《俗語》①殴りつける。打つ。用例 背中を—。②どなりつける。

**ど-やつ**【▽何▽奴】(代) どいつ。どのやつ。なにやつ。

**どや-どや**(副) 大勢の人が一度に騒がしく出入りするさま。in a crowd 用例 客が—と入ってくる。

**と-やま**【▽外山】 人里に近い山。端山。対義 奥山。

**とやま**【富山】〈県〉 中部地方北陸中部の県。県庁所在地は富山市。富山平野のほかは山がちで飛驒山脈などの山地に囲まれる。日本海型気候で多雪。農業のほか、富山・高岡市中心の重化学工業がある。面積四二五二km²。人口一一二万五五一九(一九八八)。

**とやま**【富山】〈市〉 富山県中部、富山湾に臨む市。県庁所在地。旧城下町。化学・機械などの工業都市。製薬工場も多い。鱒鮨が名物。人口三一万六〇六一(一九八八)。

**とやま-えび**【富山▽海▽老】 富山湾でたくさんとれるタラバエビ科のエビ。体長約一七cm。淡紅色で褐色の横縞がある。額角が長いのが特徴。美味。深海性のエビで、日本海・北海道沿岸などに分布。

**とやま-かめたろう**【▽外山▼亀太郎】(一八六七〜一九一八) 動物学者・遺伝学者。神奈川県生まれ。東大教授。蚕の遺伝を研究し品種改良をてがけ、メンデルの法則が昆虫にもあてはまることを示した。

**とやま-へいや**【富山平野】 富山県中部の平野。水田単作地が広がるが、海岸部では工業が発達。

**とやま-まさかず**【▽外山正▽一】(一八四八〜一九〇〇) 教育家・詩人。江戸生まれ。東大教授。東大総長、文相を歴任。井上哲次郎らと『新体詩抄』を著す。

**とやま-わん**【富山湾】 富山県、黒部川河口から西、富山平野・能登半島に囲まれる湾。定置網漁業と湾岸の工業が活発。ホタルイカと蜃気楼で知られる。

**と-ゆう**【都▼邑】 ①都会と村。②都市。

**とゆけ-の-かみ**【▽豊▽受神】 豊受大神の別称。

**と-よ**【▼杜預】(二二二〜二八四) 中国、西晋の政治家・学者。武帝に仕え、二八〇年鎮南大将軍として呉を滅ぼした。経書・史書に通じ『左氏伝』の注釈者としても著名。

**とよあけ**【▽豊明】〈市〉 愛知県名古屋市南東隣の市。工業化・宅地化が進む。桶狭間古戦場がある。人口五万九〇五八(一九八八)。

**と-よう**【渡洋】(名・サ変自) 大海を越えて向こうへわたること。transoceanic 用例 —爆撃。

**ど-よう**【土用】 立春・立夏・立秋・立冬のそれぞれの前の一八日間。一般的には、立秋の前の夏の土用をさすことが多い。

**土用布子に寒帷子**(どようぬのこにかんかたびら)《盛夏の綿入れ、寒中のひとえもの、の意》状況に適合せず、役に立たないさま。物事がさかさまになっていること。寒に帷子、土用に布子。

**どよう-あい**【土用▽間】 夏の土用に吹く涼しい北風。おもに西日本の日本海側でいう。

**どよう-うしのひ**【土用▼丑の日】 土用期間中の丑の日のことだが、一般的には夏の土用の丑の日をいう。この日は「う」のつくもの、例えばウナギを食べ、灸をすえて暑気あたりを回避しようとする慣習がある。

**とようけ-だいじんぐう**【▽豊受大神宮】 伊勢神宮の二宮の一つ。祭神は豊受大神。豊受宮。度会宮。外宮。

**とようけ-の-おおかみ**【▽豊受大神】 伊勢神宮外宮の祭神。五穀をつかさどり天照大神の御饌津神とされる。豊受神。

**どよう-ごち**【土用▽東▽風】 夏の土用に吹く東風。土用に一点の雲もなく青空に東風が吹くのを青東風という。

**どよう-さぶろう**【土用▽三郎】 夏の土用の第三日目の異称。この日の天気で秋の豊凶を占い、快晴になれば豊作、雨が降れば不作とされた。現在の七月二〇日ごろ。

**どよう-なぎ**【土用▼凪】 夏の土用のころ、なぎで風がまったくなくなり、海がおだやかになること。

**どよう-なみ**【土用波】 夏の土用ごろから初秋にかけて、日本の太平洋沿岸で見られる周期の長い大波。熱帯の台風域の洋上から伝播してくるうねり。数千キロメートル伝わってくる。

**どよう-び**【土曜日】 週の第七番目の日。金曜日の次の日。土曜。Saturday

**どよう-ふじ**【土用▼藤】 ナツフジの別名。夏の土用のころに花が咲くことからの名。

**どよう-ぼし**【土用干し】 夏の土用期間中に虫害やかびの防止のため、衣類などを干して外気にあてること。虫干し。

**どよう-やすみ**【土用休み】 夏休み。

**とようら**【▽豊浦】〈町〉 北海道南部、内浦湾に臨む町。農・漁業中心で、ジャガイモなどの栽培がさかん。人口六一七一(一九八八)。

**とようら**【▽豊浦】〈町〉 新潟県北東部、越後平野の町。稲作中心の農業を行う。月岡温泉がある。人口一万四六〇(一九八八)。

**とようら**【▽豊浦】〈町〉 山口県西端、響灘に臨む町。農・漁業がさかんで、小串などの漁港がある。川棚温泉が知られる。人口二万二一一二(一九八八)。

**とよおか**【▽豊丘】〈村〉 長野県南部、天竜川に沿う村。果樹栽培がさかん。市田柿(干し柿)が特産。人口七五七〇(一九八八)。

**とよおか**【▽豊▼岡】〈市〉 兵庫県北部、円山川下流の市。旧城下町。県北部経済の中心。柳行李とかばん類の産地。マツバガニも有名。人口四万七四六六(一九八八)。

**とよおか**【▽豊▼岡】〈村〉 静岡県南西部、天竜川下流の村。農業中心だが工場も進出。豊岡梅園がある。人口一万一六〇二(一九八八)。

**とよおか-ぼんち**【▽豊▼岡盆地】 兵庫県北部、円山川下流の盆地。かつて湖だったところで、低湿。

**とよかわ**【▽豊川】〈市〉 愛知県東部、豊川下流の市。豊川稲荷の門前町。第二次大戦まで海軍工廠があり、戦後は跡地を中心に工業化。人口一〇万八九〇八(一九八八)。

**とよ-がわ**【▽豊川】 愛知県東部を南流する川。長さ七七km。三河山地に発し、渥美湾に注ぐ。上流には鳳来峡の名勝がある。

**とよかわ-いなり**【▽豊川稲▽荷】 愛知県豊川市にある曹洞宗妙厳寺の通称。寺内の荼枳尼天をまつった堂が、稲荷の本地仏として江戸末期から尊崇される。

**とよがわ-ようすい**【▽豊川用水】 愛知県東部の用水。天竜川水系から導水。豊橋・豊川両市や渥美半島などの飲用、農・工業用水。

**とよくこん**【吐▽谷▼渾】 四世紀から七世紀半ばまで、中国青海地方にあったチベット系遊牧民族の国。その支配者は鮮卑族出身で、七世紀初め隋に征せられたが再興、唐に服属したのち、南の吐蕃に滅ぼされた。

**とよくに**【▽豊国】 →うたがわとよくに(歌川豊国)

**とよくに-じんじゃ**【▽豊国神社】 京都市東山区大和大路正面茶屋町にある旧別格官幣社。祭神は豊臣秀吉。秀吉没後、阿弥陀峰に葬ったが豊臣氏の滅亡後荒廃し、明治一三年(一八八〇)現在地へ再建。ほうこくじんじゃ。豊国廟。

**とよころ**【▽豊▼頃】〈町〉 北海道東部、十勝川下流の町。畑作・酪農のほか、サケ漁などを営む。人口五四七三(一九八八)。

**とよさか**【▽豊栄】〈市〉 新潟県北部、阿賀野川下流の市。新潟東港の後背地として開発が進み、住宅も増加。仏壇が特産。人口四万五八六〇(一九八八)。

▼常用漢字表外。 ▽常用漢字表の音訓外。

**とよさか【▽豊栄】**〈町〉広島県中部山間の町。稲作、野菜・草花栽培のほか、工業化も進む。人口五三八九(一九八八)。

**とよさと【▽豊里】**〈町〉宮城県北部、北上川と迫川の合流点の町。稲作中心の農業と畜産を行う。人口八三二八(一九八八)。

**とよさと【▽豊▽郷】**〈町〉滋賀県、彦根市南隣の町。近江商人の出身地の一つ。稲作中心の農業が営まれる。人口七三二四(一九八八)。

**とよざわ-だんぺい【▽豊沢団平】** 義太夫節三味線方の芸名。二世(一八二八〜九八)は、三味線の名手で作曲にもすぐれ、代表作に『壺坂霊験記』『良弁杉由来』がある。

**とよしな【▽豊▽科】**〈町〉長野県西部、松本盆地の町。安曇野の中心で県の穀倉地帯。ワサビの生産も多い。工業も発達。人口二万四九八二(一九八八)。

**とよしま-よしお【▽豊島与志雄】**(一八九〇〜一九五五) 小説家。福岡県生まれ。東大卒。第三次『新思潮』同人。仏文学に通じ、知的で自由な作風を示す。小説『野ざらし』『道化役』など。童話・翻訳も多い。

**とよすきいりひめ-の-みこと【▽豊▼鍬入姫▽命・▽豊▼鉏入日▽売▽命】** 崇神天皇の皇女。伊勢大神宮の斎の皇女。斎宮の最初。

**とよた【▽豊田】**〈市〉愛知県中部の市。旧城下町。自動車産業を中心とする工業都市。人口三一万四九九六(一九八八)。

**とよた【▽豊田】**〈町〉山口県西部、木屋川に沿う町。農業中心でナシの産地。ゲンジボタルの名所。人口八二二四(一九八八)。

**とよた【▽豊田】**〈村〉長野県北東部、千曲川に沿う村。稲作・リンゴ栽培など。斑尾高原がある。人口五五八三(一九八八)。

**とよだ【▽豊田】**〈町〉静岡県南西部、天竜川下流の町。茶・温室メロン・ミカン・ネギの栽培がさかん。人口二万五〇九二(一九八八)。

**とよたけ-ざ【▽豊竹座】** 江戸時代、大坂道頓堀にあった人形浄瑠璃の劇場。元禄一六年(一七〇三)竹本義太夫の弟子、初世豊竹若太夫が創設。明和二年(一七六五)廃座。

**とよたけやましろ-の-しょうじょう【▽豊竹山城少▼掾】**(一八七八〜一九六七) 義太夫節の太夫(語り手)。東京生まれ。名人で、その芸風は「山城風」といわれた。重要無形文化財保持者。

**とよたけ-ろしょう【▽豊竹▼呂昇】**(一八七四〜一九三〇) 義太夫節の語り手。女性。名古屋生まれ。明治中期から大正にかけて女流義太夫の最盛期を築いた。

**とよたけ-わかたゆう【▽豊竹若太▽夫】** 義太夫節の語り手。初世(一六八一〜一七六四)は竹本義太夫の門弟。元禄一六年(一七〇三)独立して豊竹座を設立。越前少掾を受領。一〇世(一八八八〜一九六七)は豪快な芸風で知られ、重要無形文化財保持者。

**とよだ-さきち【▽豊田佐吉】**(一八六七〜一九三〇) 実業家。静岡県生まれ。明治三〇年(一八九七)に豊田式動力織機、大正一五年(一九二六)に自動織機を完成。

**とよた-じどうしゃ【トヨタ自動車(株)】** 世界有数の自動車メーカー。昭和一二年(一九三七)設立。

**とよだ-しろう【▽豊田四郎】**(一九〇六〜七七) 映画監督。京都生まれ。作品『若い人』『夫婦善哉』など。

**とよたま【▽豊玉】**〈町〉長崎県、対馬中部の町。真珠の養殖やイカなどの水産業・シイタケ栽培・稲作を行う。人口五三四七(一九八八)。

**とよたまびめ-の-みこと【▽豊玉▼毘▽売▽命】** 日本神話の女神。海神の大綿津見神の娘で、日子穂穂手見命の妻。豊玉姫。

**とよつ【▽豊津】**〈町〉福岡県東部、行橋市南隣の町。古く豊前国の国府・国分寺がおかれた。農業が主体。人口九六六四(一九八八)。

**とよとみ【▽豊富】**〈町〉北海道北部、サロベツ原野の町。酪農がさかん。豊富温泉がある。人口六三〇一(一九八八)。

**とよとみ【▽豊富】**〈村〉山梨県中部、笛吹川に沿う村。養蚕のほか、養豚や野菜栽培もさかん。人口三四五一(一九八八)。

**とよとみ-ひでつぐ【▽豊▽臣▽秀次】**(一五六八〜九五) 安土桃山時代の武将。豊臣秀吉の甥。天正一九年(一五九一)秀吉の養子となり関白となる。秀頼誕生後秀吉にうとまれ高野山に追放、自殺させられた。

**とよとみ-ひでよし【▽豊▽臣▽秀▽吉】**(一五三六〜九八) 安土桃山時代の武将。尾張の人。幼名日吉丸。初名木下藤吉郎。織田信長に仕え、羽柴に改姓。本能寺の変後、明智光秀を破り天下を統一。関白・太政大臣となり、豊臣の姓を賜る。後、関白を秀次に譲り太閤と称す。検地(=太閤検地)、兵農分離など独自の支配方式を進めたが、二度の朝鮮出兵に失敗、まもなく病没。豊太閤。↓写

**とよとみ-ひでより【▽豊▽臣▽秀▽頼】**(一五九三〜一六一五) 安土桃山時代の武将。豊臣家二代当主。秀吉の二男で母は淀君。六歳で家督を継いだが、関ケ原の戦い後、一大名に転落。元和元年(一六一五)大坂夏の陣に敗れ、自殺。

**とよとみみ-の-みこと【▽豊▼聡耳▽命】** 聖徳太子の別称。

**とよなか【▽豊中】**〈市〉大阪市北隣の市。大阪市への通勤者が多い住宅衛星都市。人口四〇万五八五九(一九八八)。

**とよなか【▽豊中】**〈町〉香川県南西部、観音寺市北東隣の町。農業がさかん。ブドウ・ミカンの産地。人口一万二三九〇(一九八八)。

**とよね【▽豊根】**〈村〉愛知県北東部、天竜川支流大入川に沿う村。新豊根ダムがある。林業が主体。人口一七九六(一九八八)。

**とよの【▽豊▽能】**〈町〉大阪府北部、箕面市北隣の町。農業が中心。宅地化が進む。信仰の山妙見山がある。人口一万九二八〇(一九八八)。

**とよの【▽豊野】**〈町〉長野県北部、千曲川に沿う町。飯山線の分岐点。農業中心でリンゴの産地として知られる。人口九七六一(一九八八)。

**とよの【▽豊野】**〈村〉熊本県中部の村。野菜類の園芸農業が発達。人口五六六一(一九八八)。

**とよのあかり-の-せちえ【▽豊の明(か)りの節会】** 五節会の一つ。新嘗祭の翌日に宮中の豊楽殿で催される宴。陰暦一一月の中の辰の日に天皇が新穀を召し、皇太子以下群臣にこれを賜るもので、五節の舞などが行われる。

**とよ-の-くに【▽豊の国】** 豊前・豊後の地域の古称。

**とよは-こうざん【▽豊羽鉱山】** 北海道札幌市南西部の鉱山。鉛・亜鉛鉱山として有名。

**とよはし【▽豊橋】**〈市〉愛知県南東端の市。旧城下町・市場町。製糸の町・陸軍の町としても発展。今は工業都市として活況を呈し、商業もさかん。人口三二万五八六二(一九八八)。

**とよはし-へいや【▽豊橋平野】** 愛知県南東部、豊川流域の平野。野菜・果樹栽培がさかん。工業化・都市化が進む。

**とよはま【▽豊浜】**〈町〉広島県芸予諸島、豊島など五島からなる町。ミカン栽培やマダイ養殖がさかん。人口三三四八(一九八八)。

**とよはま【▽豊浜】**〈町〉香川県南西端、燧灘に臨む町。綿の産地として栄えた。農・漁業と繊維などの工業が中心。人口一万一二一(一九八八)。

**とよひら【▽豊平】**〈町〉広島市北隣の山間の町。農林業が中心。人口五四三四(一九八八)。

**とよひら-がわ【▽豊平川】** 札幌市南西部を流れる川。長さ七六km。札幌市南西端に発し、江別市西方で石狩川に合流。

●豊臣秀吉 伊達博物館(愛媛県)。

**とよふく-ともり【▽豊福▽知▽徳】**(一九二五〜 ) 彫刻家。久留米市生まれ。ミラノ在住。国際展で活躍。作品『風』など。

**とよま【登▽米】**〈町〉宮城県北東部、北上川に沿う町。旧城下町で武家屋敷が残る。酒・みそ・しょうゆの醸造がさかん、天然スレート産出。人口七〇五七(一九八八)。

**とよまつ【▽豊松】**〈村〉広島県東部、吉備高原の村。林業と畑作が中心。トマト栽培がさかん。人口二三〇〇(一九八八)。

**とよ-みき【▽豊▽御▽酒】** 酒をほめた語。

**とよ・む【▽響む】** 古語 ㊀(四自) 鳴りひびく。とどろきわたる。用例 さ野つ鳥雉は━━庭つ鳥鶏は鳴く(古事記・上)。㊁(下二他) 鳴り響かす。用例 あしひきの山呼び━━・め(万葉・一五・三六八〇)。

**どよ・む【▽響む】**(五自)《古くは「とよむ」》①とどろく。②大勢の人が大声をあげて騒ぐ。

**どよ-めき【▽響めき】** どよめくこと。ひびきわたること。bustle 用例 球場の━━が聞こえる。

**どよ-め・く【▽響めく】**(五自) ①鳴りひびく。鳴り渡る。resound ②群衆が大声をあげる。make a stir

**とよ-も・す【▽響もす】** 古語(四他) 鳴りひびかせる。どよもす。用例 飛びかけり来鳴き━━・し(万葉・九・一七五五)。

**とよやま【▽豊山】**〈町〉名古屋市北隣の町。都市化が顕著。輸送用機器など工業が発達。名古屋空港がある。人口一万三五三七(一九八八)。

**とら【▼虎】** ①ネコ科の肉食獣。ライオンとともにネコ類中最大。体長一・八〜二・五m。背面は黄褐色、腹面は白く、黒い横縞がある。森林ややぶ地に単独ですみ、シカやイノシシを捕食。沿海州・中国・インドなどに九亜種が分布するが、各地で激減。タイガー。tiger ②よっぱらい。drunk person ↓写

**虎に翼**(とらにつばさ) 威力のある者が、さらに威力を加えるたとえ。類似 鬼に金棒。

**虎になる**(とらになる) 酒に酔いしれて、暴れる。get dead drunk

**虎の威を借る狐**(とらのいをかるきつね) 強者の威力を笠に着て、弱いくせにいばるたとえ。a small man acting arrogantly through borrowed authority 類似 笠に着る。

**虎の尾を踏む**(とらのおをふむ) 非常に危険なことをするたとえ。tread on a tiger's tail; take a great risk of

**虎の口**(とらのくち) 危険な場所。虎口。the jaws of death

**虎の子渡し**(とらのこわたし)《トラが子を三匹産むと、そのうちの一匹は、他の二匹を食う子であるという。したがって、川を渡るとき、一匹ずつしか連れて行かれない親は、その子と他の一匹との二匹だけを川岸に残すことのないように、その運び方に苦労することから》無理算段すること。また、苦しい生計をやりくりすること。

**虎は死して皮を留め、人は死して名を残す**(とらはししてかわをとどめ、ひとはししてなをのこす) 人は、自分の名誉が死後に残ることを考えて、それをたいせつにするよう、ふだんから心がけておかなくてはいけない。A great man will be remembered for his achievement.

**虎は千里往って千里還る**(とらはせんりいってせんりかえる) 行動範囲が広いさま。勢いのさかんであることの形容。また、子のかわいさにひかれるたとえ。親の情愛の深いたとえ。

**虎を画きて狗に類す**(とらをえがきていぬにるいす) 物事を学んで、やりそこなう。力量のない者が高望みをして、かえってだらしない結果になる。

**虎を野に放つ**(とらをのにはなつ) =虎を野に放つ。千里の野に虎を放つ。①のちに大敵となる者を、そのままにしておく。②横暴なものを野放しにしておいて、いよいよ猛威をふるわせる。let a tiger at large

**虎を養いて自ら患いを遺す**(とらをやしないてみずからうれいをのこす) 情愛にひかれて、後日にわざわいの種をのこすことのたとえ。比較 虎を野に放つ。

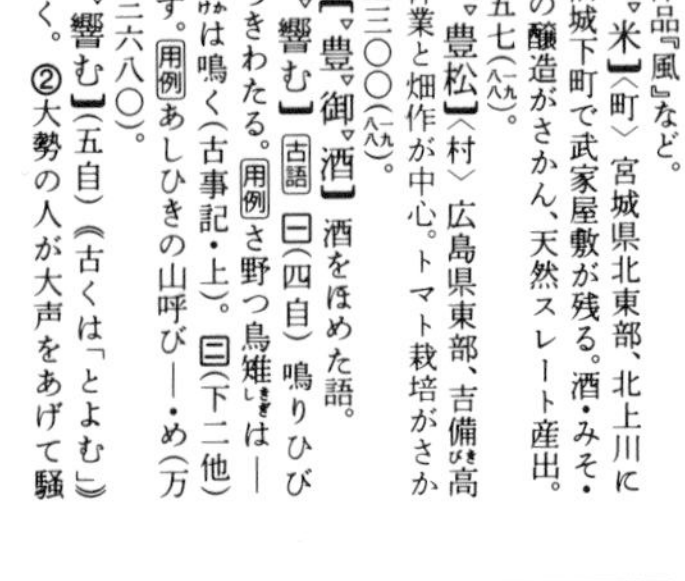
●トラ①

**とら【▼寅】** ①十二支の第三。②昔の時刻の名。今の時間で午前四時、およびその前後二時間。③方角で東北東。

**トラ**「トラック」の略。用例 じゃり━━。

**どら**《俗語》道楽。道楽者。用例 ━━息子。

**どらを打つ**(どらをうつ) 放蕩にふける。財産を使い果たす。

**ど-ら【▽銅▼鑼】** 青銅製で盤状の打楽器。ばちでたたいて鳴らす。gong

**ドラ**《ドラゴンからきたことば》麻雀で上がったとき、それがあると一枚につき点数が倍に増える懸賞牌。ふつうは配牌後、王牌の最後から三番めの上段牌を開け、開



↓行き先項目、図版・写真参照印。 JIS 日本工業規格情報交換用漢字符号コード(区点コード)。

け た牌の次順の牌をドラとする。表ドラ。

**トラー**[Ernst Toller](一八九三〜一九三九) ドイツ表現主義の劇作家・詩人。戯曲『どっこいおいらは生きている』、詩集『燕の書』など。

**トラークル**[Georg Trakl](一八八七〜一九一四) オーストリアの詩人。ドイツ初期表現主義の代表的詩人の一人。作品『詩集』『夢の中のセバスティアン』など。

**と-らい**【渡来】(名・サ変自) 外国から海を越えて来ること。come from abroad 用例 南蛮―。

**トライ**[try](名・サ変自) ①試みること。②ラグビーで、敵のゴール内にボールを接地すること。得点四点と、プレース-キックの権利を得る。これに成功すると、さらに二点が加点される。

**ドライ**[dry](形動) 対義 ウエット。①水気のないさま。乾いているさま。②無味乾燥で、おもしろみのないさま。③けろりとしたさま。④《酒類の》辛口であるさま。

**ドライ-アイス**[dry ice] 固体になった二酸化炭素の俗称。マイナス八〇℃近くで昇華するため、冷凍剤・冷却剤として利用。直接、皮膚に触れると凍傷を起こす。固形炭酸。

**ドライ-アイロン**[dry iron] 電熱を利用したアイロン。衣類のしわをのばしたり折りめをつけるために使う器具。

**トライアスロン**[triathlon] 俗に鉄人レースといわれ、三種目を連続して一日で行う耐久競技。毎年、ハワイで行われる世界選手権は、遠泳三・八km、サイクリング一八〇・二km、マラソン四二・一九五km。アイアンマンレース。↓写

●トライアスロン

**トライアングル**[triangle] ①三角形。②三角定規。③小打楽器。鋼鉄の丸棒を底辺の一端があいた正三角形に曲げたもの。細棒で打つ。高い清麗な音質をもつ。

**ドライ-エリア**[dry area] 建築で、居室用地下室の外側に沿って設ける空堀。採光・防湿・換気のために設置。

**ドライ-カレー**《和製語》汁気のないカレーライス。ひき肉などをカレー調味でいためてご飯に添えたものと、カレー味のいためご飯をいう。ドライカレーライス。

**ドライ-クリーニング**[dry cleaning] 水のかわりに有機溶剤を使用する洗濯方法。形くずれが少なく、油性のよごれがよく落ちる。乾式洗濯。

**ドライサー**[Theodore Dreiser](一八七一〜一九四五) アメリカの小説家。資本主義社会の実相を執拗に追求した代表的自然主義作家。作品『シスター-キャリー』『アメリカの悲劇』など。

**とらい-じん**【渡来人】 古代国家において、大陸から渡来し日本に永住した人。帰化人。

**ドライ-スーツ**[dry suit] 潜水服の一種。水が入らないように密閉されているので、冬などの潜水に適する。比較 ウエットスーツ。

**ドライ-スキン**[dry skin] 皮脂分泌の少ない、乾きやすい肌。

**トライチュケ**[Heinrich von Treitschke](一八三四〜一八九六) ドイツの歴史家・政治学者。小ドイツ主義を唱えてビスマルクに協力、権力国家思想を説いた。社会主義・ユダヤ人を敵視し、強硬外交を主張。主著『一九世紀ドイツ史』。

**ドライデン**[John Dryden](一六三一〜一七〇〇) イギリスの詩人・劇作家・批評家。イギリス擬古典主義を確立し、イギリス文学批評の父。長詩『驚異の年』、戯曲『恋ひとすじに』、風刺詩『アブサロムとアキトフェル』、評論『劇詩論』など。

**トライデント**[Trident] アメリカの潜水艦発射戦略核ミサイル。I型は射程七四〇〇km、弾頭は一〇〇キロトン八個のMIRV。CEP四五〇m。II型は最大射程一万二〇〇〇km。

**ドライバー**[driver] ①《「スクリュードライバー」の略》ねじ回し。②自動車などの操縦者。③ゴルフのクラブの一つ。ウッドの一番。

**ドライブ**[drive](名・サ変自) ①自動車で遠乗りすること。車馬を駆ること。②卓球・テニスなどで、上へこすり上げるようにボールを強く打つこと。用例 ―をかける。

**ドライブ-イン**[drive-in] 自動車の利用者を対象に、道路沿いで営業する食堂・休憩所などのサービス施設。

**ドライブイン-シアター**[drive-in theater] 自動車で乗り入れ、そのままで見られる野外映画劇場。

**ドライブウエー**[driveway] ドライブ用の道。自動車用道路。

**ドライブ-クラブ**《和製語》①乗用車を賃貸する貸自動車屋。car rental agency ②昭和三〇年代の初め、まだ自家用車が珍しかったころ、車好きが集まってつくったドライブ同好会。driving club

**ドライブ-マップ**《和製語》運転者に便利なように自動車道路を示した地図。road map

**ドライ-フラワー**[dry flower] 乾燥させた花。フラワーデザインの素材として、コサージュや室内装飾などに用いられる。枯れる心配がなく、生花にない独特の色あいがある。

**ドライ-ミルク**[dry milk] 粉ミルク。

**ドライヤー**[dryer; drier] 乾燥器。電熱を用いるものが多い。ヘアドライヤー・洗濯物のドライヤーなど。

**ドライヤー**[Carl Dreyer](一八八九〜一九六八) デンマークの映画監督。国際的に活躍した映画作家。作品『あるじ』『裁かるるジャンヌ』など。

**トラヴィアタ**[La Traviata イタリア] ↓つばきひめ(椿姫)

**トラウザーズ**[trousers] 男性用長ズボンの総称。主として背広のズボンか礼装用のズボンをいう。

**とら-うつぼ**【▼虎▼鱓】 ウツボ科の海水魚。浅海の岩礁帯にすみ、体は細長く側扁する。全長約八〇cm。暗褐色か黒色の地に、淡色か黄色の斑紋が密に散在する。性質が荒く、小魚やタコなどを捕食。本州中部以南に分布。

**とらえ-どころ**【捕(ら)え所・▼捉え所】 判断のきめ手になる手がかり・つかみどころ。clue

**とら-えび**【▼虎▽海▽老】 クルマエビ科のエビ。内湾・内海にすみ、体に不規則な赤色斑紋が散在する。体長約一〇cm。食用。瀬戸内海・三河湾・伊勢湾・有明海などに多い。

**とら・える**【捕(ら)える・▼捉える】(下一他) ①しっかりつかむ。take hold of ②動物などをつかまえる。捕獲する。catch ③《「拘える」「囚える」とも》からめとる。捕縛する。arrest

**とら-が-あめ**【▼虎が雨】 曾我兄弟が討死した陰暦五月二八日に降る雨をいう。兄の十郎の愛人虎御前の涙が雨になったといい、この日は必ず雨といわれる。大磯の虎が涙雨。虎が涙。

**とら-が-いし**【▼虎ケ石】 神奈川県大磯町の延台寺にある石。曾我十郎が富士の裾野の仇討ちのとき、恋人の虎御前が心配のあまり、この地まで来て石になったという伝説に基づく。全国に同じような石は多い。虎石。

**とら-かみきり**【▼虎▽天▽牛】 カミキリムシ科トラカミキリムシ属の総称。黄褐色の地に黒い縞模様があり、一見スズメバチに似ている。体長一・五〜二・五cm。成虫は夏出現。日本全土・朝鮮半島・中国に分布。日本産約五〇種。

**とら-がり**【▼虎刈(り)】 トラの縞模様のような、長短不揃いな髪の毛の刈り方。unevenly cropped head

**とら-かんむり**【▼虎冠】 漢字を組み立てている部分の名。「虎・虐」などの上にある「虍」。

**トラキア**[Thracia] バルカン半島南東部地域の古名。金・銀の産地。非ギリシア系のトラキア人が住み、中世、ビザンチン帝国領、オスマン-トルコ領をへて、現在はギリシア領とトルコ領に二分。

●トラクター①

**ドラキュラ**[Dracula] アイルランドの作家ブラム＝ストーカーが一八九七年に発表した怪奇小説。また、その主人公の吸血鬼。

**トラクター**[tractor] ①牽引車として用いる特殊自動車。工業・農業・軍事など各方面で広く使用されるが、農業用がもっとも多い。②「ハンドトラクター」の略。小型の耕耘機。↓写

**ドラクマ**[drachma] 古代ギリシアの重量の単位および銀貨。また現代ギリシアの通貨単位。ダラクマ。

**ドラクロワ**[Ferdinand Victor Eugène Delacroix](一七九八〜一八六三) フランスの画家・版画家。近代絵画の先駆者の一人。新古典主義に対し、激しくダイナミックな構図と豊麗な色彩によって、ロマン派絵画を創始。作品『キオス島の虐殺』『アルジェの女たち』など。↓写

●ドラクロワ 『アルジェの女たち』。一八三四年、ルーブル美術館(フランス)。

**トラケリウム**[trachelium] ユウギリソウの別名。

**ドラケンスバーグ-さんみゃく**【ドラケンスバーグ山脈】(Drakensberg Mountains) 南アフリカ共和国東部を南北に連なる山脈。最高峰タバナントレニヤナ山は標高三四八二m。

**トラコーマ**[trachoma] クラミジア感染による結膜炎。慢性で長びくほど悪性になる。抗生物質の発達で最近は減少している。

**どら-ごえ**【どら声】 太くて濁った声。だみ声。gruff voice

**ドラゴン**[dragon] ①竜。②レース用ヨットで全長八・八九m三人乗りのもの。

**とらざわ-けんぎょう**【▼虎沢検▽校】(？〜一六五四) 三味線の名手。文禄・慶長(一五九二〜一六一五)ごろ活躍。三味線組歌を作曲。石村検校の門下か。

**トラジ**(to-ra-ji 朝) 朝鮮の代表的民謡。三拍子の旋律の恋の歌。トラジはキキョウの花の意。『アリラン』とともに広く愛唱される。

**トラジェディー**[tragedy] 悲劇。対義 コメディー。

**トラジャ-しょぞく**【トラジャ諸族】 古マレー人種に属する一群の諸部族。インドネシアのスラウェシ島中央・南東および東部に居住。陸稲の焼き畑農耕に従事。樹皮を叩きのばした衣服を着用。Toradja

**とら・す**【取らす】 古語 (下二他) ①与える。やる。用例 産養、むまのはなむけなどの使ひに、禄―・せぬ(枕・すさまじきもの)。②《接続助詞「て」に付いて》…してやる。用例 御帰りの節披露して―べし(浄瑠璃・国性爺合戦)。

**トラス**[truss] すべての部材をピンで接合し、三角形を骨組みの単位とした構造物。

**トラス-きょう**【トラス橋】 トラスを橋桁に用いた橋。truss bridge ↓写

**ドラスチック**[drastic](形動) 思い切ったさま。徹底的。根本的。

**トラスト**[trust] 企業合同。同じ産業部門の複数企業が、市場を独占するため資本的に結合した企業体。カルテルより経済的結合力が強く各企業の独立性はとぼしい。

**ドラセナ**[dracaena] ①ユリ科ドラセナ属(＝リュウケツジュ属)の植物の総称。観葉植物で、葉の形態はさまざま。熱帯原産。②ドラセナ属と、同じユリ科のコルディリネ属の植物を合わせてよぶ、園芸上の通称。↓写

**とら・せる**【取らせる】(下一他) ①受けとらせる。②身分の上の人が下の人に与える。用例 褒美を―。

**ドラッカー**[Peter Ferdinand Drucker]

▼ 常用漢字表外。 ▽ 常用漢字表の音訓外。

●トラス橋　千葉県、銚子大橋。

●ドラセナ①

（一九〇九）アメリカの経営学者・産業評論家。ウィーン生まれ。制度学派の影響に基づく産業理論を展開。著書『新しい時代と新しい経営』など。

**とらづか-こふん【虎塚古墳】** 茨城県勝田市にある古墳時代終末期の前方後円墳。全長五二m。横穴式石室の壁面に赤色顔料で円文・刀・靫などが描かれ、関東では珍しい彩色壁画古墳。保存が良く、古墳の全容が明らかにされた。↓写

**トラック【track】** ①陸上競技場の走路。比較 フィールド。②磁気テープなどの情報を記録するための線条。用例 サウンド―。

**トラック【truck】** 貨物運搬用の自動車。貨物自動車。

**トラック-きょうぎ【トラック競技】** 陸上競技のうちトラックで行われる競技の総称。track events 比較 フィールド競技。

**トラック-しょとう【トラック諸島】**（Truk Islands）太平洋西部、カロリン諸島における最大の島群。ミクロネシア連邦に所属。

**ドラッグストア【drugstore米】** 薬・化粧品・タバコなどを売り、コーヒー・軽食などもある店。

**ドラッグ-バント【drag bunt】** 野球で、打者がスタートを起こしながら一塁方向へ打球を転がし、出塁をねらうバント。元来は左打者の戦法を指す。セーフティバント。

**とら-つぐみ【虎鶫】** ツグミ科の漂鳥。ツグミ類中最大。翼長約一六cm。背は黄褐色、腹は黄白色で、ほぼ全身に半月状の黒斑がある。夜、ヒーヒョとあやしい声でなくので、不吉とされた。日本全土に分布。ヌエ。ヌエコドリ。オニツグミ。↓図

●トラツグミ

**トラッド-ジャズ**《traditional jazz（伝統的ジャズ）から》ジャズの一ジャンル。現在ではディキシーランドジャズの代名詞。

**トラッピング【trapping】** サッカーやホッケーで、パスされた球を受け球勢を弱めるなど、次のパスやシュートへの有利な体勢をつくるコントロール技術。トラップ。ストッピング。

**トラップ【trap】** ①タラップ。②わな。策略。③蒸気配管の水抜き装置。④便器や流し台などで、臭気の逆流を防ぐ装置。排水管をS形・U形などに曲げ、その部分に溜まった水（＝封水）で悪臭などを遮断する。防臭弁。⑤クレー射撃で標的を放出する機械。⑥↓トラップしゃげき（トラップ射撃）

**トラップ-しゃげき【トラップ射撃】** クレー射撃競技の一種目。前方のトラップから放出され、飛び去っていく標的を、平行に位置する五か所の射台から順に撃つ競技。trap shooting 参照 クレー射撃競技。

**トラディショナル-スタイル【traditional style】** 背広のシルエットの一つ。アメリカの伝統的な型でアイビーリーグモデルともいわれる、機能的でスポーティーなスタイル。ヨーロッパのコンチネンタルスタイルに対する語。

●虎塚古墳　石室。

**トラデスカンティア【tradescantia】** ツユクサ科の一属名。ムラサキツユクサ・シロフハカタツユクサなどが観賞用に栽培される。

**トラテロルコ-じょうやく【トラテロルコ条約】**《調印式が行われたメキシコ外務省の所在地名から》ラテンアメリカ非核地域条約の別称。Treaty of Tlatelolco

**どら-ねこ【どら猫】**《俗語》①ずうずうしい猫。②のら猫。stray cat

**とらのお-しだ【虎尾羊歯】** チャセンシダ科の常緑性シダ。路傍や山野にはえる。胞子嚢のつく葉は長さ約三〇cmで直立し、それ以外は直立せず小形。葉はともに倒披針形で羽状に分裂。トラノオ。↓図

●トラノオシダ

**とら-の-こ【虎の子】**《俗語》大切にして手放さないもの。金銭。one's treasure 用例 ―の五万円をすられる。

**とら-の-まき【虎の巻】** ①兵法の秘伝書。源義経が鬼一法眼から与えられたという伝説による。中国の兵法書『六韜』の中の「虎韜」に由来する語。②《転じて》秘伝、秘事を記したもの。crib ③《俗語》学生用の、教科書に則して簡便な解説をした参考書。あんちょこ。

**とらのもん【虎ノ門】** 東京都港区北端の地区。霞が関官庁街につづくビジネス街。地名は江戸城の虎ノ門に由来する。

**とらのもん-じけん【虎ノ門事件】** 摂政裕仁親王（昭和天皇）の暗殺未遂事件。大正一二年（一九二三）一二月二七日、無政府主義者難波大助は、議会開院式へ向かう摂政を虎ノ門付近で狙撃し失敗、死刑となる。

**トラバース【traverse】** 登山やスキーで、岩壁・急斜面や雪渓などを横断すること。

**トラバース【Pamela Travers】**（一九〇六）イギリスの女流児童文学者。オーストラリア生まれ。現代ファンタジーの代表的作家。作品『風にのってきたメアリー＝ポピンズ』など。

**トラバーユ【travail仏】** 労働。仕事。

**とら-ばさみ【虎挟み】** 獣を捕らえるための鋼製の罠。これを踏むと、ばねがはずれて足などが挟まれる仕掛け。

**とら-ひげ【虎髭】** トラのひげのようにかたいひげ。

**トラピスト【Trappist】** トラピスト会。また、その修道士。

**トラピスト-かい【トラピスト会】** カトリックの修道会の一つ。厳律シトー会の俗称。一六六四年フランスのラ-トラップ修道院で起こった改革運動に由来。同会の女子修道院はトラピスチヌ。Trappist

**ドラビダ-ごぞく【ドラビダ語族】** インド南部のデカン高原、スリランカの東北部で用いられる言語。テルグ語・タミル語をはじめ約三〇の方言からなる。Dravidian languages

**ドラビダ-じん【ドラビダ人】** ドラビダ系諸語を話す人々の総称。インド南部を中心に中部インド・スリランカの一部・カシミール北部に居住。小柄で色黒。アーリア人侵入以前のインド亜大陸の主たる先住民族といわれる。北インドと異なる独自のヒンズー文化を形成。Dravidian

**とらひめ【虎姫】**〈町〉滋賀県北東部、長浜市北隣の町。稲作などの農業が中心。人口六四六三（一九八八）。

**とら-ふ【虎斑】** トラの毛のように、黄の地に黒いしまのあるまだら模様。とらげ。tiger's stripes

**トラフ【trough】** ①舟底形の比較的幅の広いくぼみ。②雨どいのような形にくぼんだ細長い深海底の海底谷。プレートの境界にできる。③褶曲した地層の底の部分。④気象で、気圧の谷。用例 駿河―。

**トラファルガー-の-たたかい【トラファルガーの戦い】** 一八〇五年、ネルソン提督指揮のイギリス艦隊がフランス・スペイン連合艦隊を、ジブラルタル海峡北西のトラファルガー岬沖で撃破した海戦。この結果、ナポレオンのイギリス本土上陸作戦は挫折した。イギリスが制海権を掌握したが、ネルソンは戦死。Battle of Trafalgar

**トラファルガー-ひろば【トラファルガー広場】**（Trafalgar Square）ロンドンの中心部にある広場。トラファルガー海戦で武勲をたてたネルソン提督の記念公園。

**トラファルガー-みさき【トラファルガー岬】**（Cabo Trafalgar）スペイン南端、ジブラルタル海峡北西部で大西洋に臨む岬。

**とら-ふぐ【虎河豚】** マフグ科の海水魚。全長約七〇cm。胸びれの後方に大きな黒斑がある。卵巣と肝臓に猛毒をもつ。フグ料理の最高級種。日本全土から中国に分布。↓図

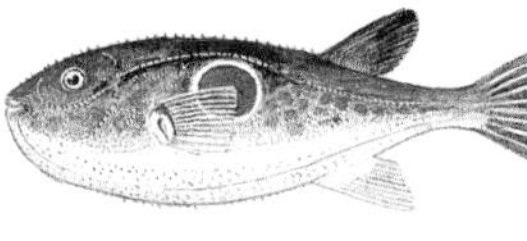
●トラフグ

**とらふ-しじみ【虎斑小灰蝶】** シジミチョウ科のチョウ。翅裏に茶褐色帯の模様がある。翅表は青藍色である。開張約三cm。食草はウツギ・フジ・クリ・ミズキなど広範囲。日本各地の低山帯に分布。

**ドラフト【draft】** ①「ドラフト制」の略。②有毒な気体の発生する実験を、安全に行うための通風装置を備えた小室。通風室。③線描。下書き。下図。

**ドラフト-せい【ドラフト制】** プロ野球の新人選手選択制度。アメリカ大リーグの制度にならい、新人選手をリストアップし、全球団で構成する会議で交渉権を決める。昭和四〇年（一九六五）から実施。draft system

**とらふ-ゆり【虎斑百合】** アヤメ科の球根草。葉はグラジオラスに似る。花の径約一二cm、幅広の三弁で、赤・黄・白などの色に褐色・紫色の斑点が入る。メキシコ原産。チグリディア。tiger-flower

**トラブル【trouble】** ①もめごと。いざこざ。②故障。用例 エンジンの―を免れる。用例 ―が多い車だ。

**トラベラー【traveler】** 旅行者。

**トラベラーズ-チェック【traveler's check】** 旅行小切手。旅行者が外国で費用の調達に使う定額小切手。回数券方式で、簡単に現地通貨と交換できる。旅行者用の小切手。TC。

**トラベリング【traveling】**《旅行の、移動する、の意》バスケットボールの反則の一つ。ボールを持って三歩以上動くこと。

**トラベル【travel】** 旅。旅行。用例 ―マップ。タイム―。

**トラホーム【Trachom独】** トラコーマの旧称。

**ドラマ【drama】** ①劇。演劇。②戯曲。

**ドラマー【drummer】** ドラム奏者。

**とら-まい【虎舞（い）】** 母衣をつけた虎の頭や虎の縫いぐるみに人がはいり舞う民俗芸能。三陸沿岸地方や、神奈川県横須賀市浦賀で行われる。

**とらま・える【捕（ら）まえる】**（下一他）《「とらえる」と「つかまえる」が混交した語》つかまえる。とらえる。

**ドラマチック【dramatic】**（形動）劇的。用例 事件は―な展開をみせた。

**ドラマトゥルギー【Dramaturgie独】** ①戯曲作法。作劇術。②演劇論。演出法。

**ドラム【drum】** おもにリズムをとる打楽器。太鼓のこと。円筒形の胴やわくの両面または片面に張った皮を、手や桴で打ったり摩擦したりして演奏するものが多い。

**ドラム-かん【ドラム缶】** 円筒形をした金属製の大きな缶。油などの液体を入れる。drum

**どら-むすこ【どら息子】**《俗語》怠け者で放蕩する息子。ろくでなしの息子。prodigal son

**ドラムリン【drumlin】** 氷河、とくに大陸氷河によって運ばれた礫土が堆積してできた楕円状の小丘。氷河の流動方向にのびる。基盤岩の突出部が埋もれていることも多い。

**とらめ-いし【▼虎目石】** 石綿に珪酸がしみ込んでできた鉱物。猫目石に似た光条を現す。カフスボタンなどに使われる。tigereye

**どら-やき【▽銅▼鑼焼(き)】**《どらのような形から》卵・砂糖・小麦粉を水でといて鉄板で丸形に焼いたもの二枚で、あんをはさんだ菓子。

**トラヤヌス【Marcus Ulpius Trajanus】**（五三〜一一七）ローマ皇帝(在位九八〜一一七)。五賢帝の一人。元老院と協調。ダキア・アルメニア・メソポタミアを征服、帰途に病死。↓ローマ美術写

**ドラローシュ【Paul Delaroche】**（一七九七〜一八五六）フランスの画家。史実を脚色した歴史画を得意とした。作品『エリザベス女王の死』など。

**とらわれ-びと【捕(ら)われ人・▽囚われ人】** 囚人。捕虜。prisoner

**とらわ・れる【捕(ら)われる・▽囚われる】**（下一自）①捕らえられる。つかまえられる。be caught ②習わしや考えなどから抜け出せない。be prejudiced; be bound by 用例 先入観に—。

**ドラン【André Derain】**（一八八〇〜一九五四）フランスの画家。フォービスム運動を推進。のち新古典的作風を展開。理知的な構成力に特色。作品『アルルカンとピエロ』など。↓写

●ドラン『ロンドン橋』。一九〇六年、ニューヨーク近代美術館。

**トランキライザー【tranquilizer】** 精神安定剤。鎮静剤。

**トランク【trunk】** ①箱形・大形の旅行かばん。革・軽金属・硬化プラスチックなどで作ってあって、丈夫。わが国ではスーツケースと区別していない。②乗用車の後部にある荷物入れ。

**トランクス【trunks】** 裾が水平にカットされた運動用の短いパンツ。また、同型の男性用下着。↓写

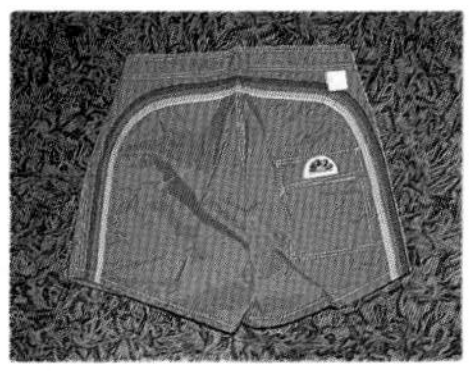

●トランクス

**トランク-ルーム**《和製語》収納庫の一種。倉庫業の一種として設けられている場合、また、分譲マンションなどで特定の階にまとめて設けられる例などがある。

**トランシーバー【transceiver】** 近距離通信用の携帯用または移動用の簡易無線通話機。

**トランジスター【transistor】** ①ゲルマニウム・シリコンなどの半導体を使った電気回路素子。半導体の電気伝導特性を利用し、発振・増幅・スイッチングなどの作用を行わせる。コンピューターをはじめあらゆる電子機器に利用されている。②トランジスターを使った小型のラジオ。トランジスターラジオ。

**トランシット【transit】** ①水平角と高度を測る測量器械。水平面と鉛直面内を自由に動く小望遠鏡と目盛りのある輪盤からなる。地上の測量のほかに、太陽や恒星などの方位や経緯度などの測量に用いる。転鏡儀。経緯儀。②《「トランジット」で。通過・運送、の意》海外旅行で、乗り継ぎすること。また、その場所。

**トランシルバニア【Transylvania】** ルーマニア、カルパチア山脈の北西部の歴史的地名。ハンガリー領であったが、第一次大戦後ルーマニアが併合。

**トランス**《transformerの略》↓へんあつき(変圧器)

**トランス【trance】** 意識の変容による異常精神状態。しばしば興奮性の幻想・幻覚をともなう。シャーマン的職能者はこの状態で超自然的な存在と接触・交流するとされる。

**トランス-アマゾナス-ハイウエー【Trans Amazonas Highway】** ブラジルのジョアンペソアとレシフェからアマゾン川のセルバを通り、ボリビアとペルー両国を結ぶ計画横断道路。長さ五四〇〇km。

**トランスアミナーゼ【transaminase】** アミノ酸からアミノ基をとり、これをほかのケト酸にわたす反応を触媒する酵素。窒素代謝やアミノ酸の合成に重要な酵素。アミノ基転移酵素。

**トランス-がた【トランス型】**《「トランス」は横切ってを意味するラテン語に由来》二重結合に対して同じ原子または原子団が反対側に結合した幾何異性体。trans form 対義 シス型。

**トランスケイ【Transkei】** 南アフリカ共和国南東部海岸地帯の、アフリカ人居住指定地域。同国の人種隔離政策の一環として一九七六年独立を宣言したが、世界各国は不承認。人口二五〇万(一九八九推定)。

**トランスバーサル-の-くも【トランスバーサルの雲】**《transversalは、横断する、の意》気象衛星雲写真で見られる、主風向と直角方向に並んでいる雲。冬北西の季節風が吹き、日本海沿岸に豪雪の降るときに現れる。

**トランスパーソナル-しんりがく【トランスパーソナル心理学】** 霊的体験などにも注目し、従来の心理学を超えることをめざす心理学の新分野。transpersonal psychology

**トランスバール【Transvaal】** 南アフリカ共和国北東部の州。もとオランダ系移民の開拓地。州都プレトリア。世界的な金・ウラン・ダイヤモンドなどの産出地。人口一〇六七・三万(一九八〇)。

**トランスファー-アール-エヌ-エー【transfer RNA】** 特定のアミノ酸をリボソーム上に運ぶRNA。そこでメッセンジャーRNAの遺伝情報に従ってアミノ酸とリボソームを結合し、たんぱく質が合成される。転移RNA。t-RNAと略記。

●トランペット

**トランスファー-マシン**《和製語》作業の順序にしたがって一連の専用工作機械を配列した生産設備。工作物を自動運搬装置でつぎつぎに送り、各工作機械が連続的に加工して製品を完成させる。自動車・カメラなどの大量生産で用いられる。

**トランスフォーム-だんそう【トランスフォーム断層】** 大洋の中央海嶺を横断する断層。海嶺軸がずれている部分を除いて、断層の両側が同方向にずれていることから、両側で独自に海底拡大が起きていると考えられている。transform fault ↓プレートテクトニクス図

**トランスポゾン【transposon】** 転移することがある遺伝因子。あるレプリコン(DNAの一単位)から他のレプリコンに転移することのできる遺伝子群。

**トランスミッション【transmission】**《伝送・伝達の意》①機械の動力伝導装置。②自動車の変速装置。↓自動車図

**トランスヨルダン【Transjordan】** ヨルダンの旧称。

**トランセンデンタル【transcendental】**（形動）卓越したさま。すぐれたさま。

**トランプ【trump】**《カードゲームで、切り札の意》ゲームに用いるカードの一種。スペード・ハート・ダイヤ・クラブ各一三枚にジョーカーを加えた五三枚一組みからなる。また、それを使うゲームの総称。数え方 一枚・一組。

**トランプるい-ぜい【トランプ類税】** 間接消費税の一つ。マージャン・トランプ・花札などを課税物件として課する国税。もとの骨牌税。消費税の実施にともない、平成元年(一九八九)に廃止。

**トランペット【trumpet】** 高音用金管楽器。三つの弁(ピストン)で管長を調節し、音を変化させる。音色は明快で鋭く、華やか。管弦楽・吹奏楽・軽音楽などで幅広く使われる。↓図

**トランポリン【trampoline】** ①《商標名》器械体操用の運動器具。鉄製の枠の中に、カンバスシートをばねやゴムシートでベッド状にセットしたもの。②①の上で跳躍・回転・捻転などを行うスポーツ。

**とり【取り】** 一(名)①取ること。②寄席の最後の出演。真打ち。③最後にする、呼びものの番組。二(接頭)語勢を強める語。用例 —のぼせる。—つくろう。

**とり【▼酉】** ①十二支の第一〇。②昔の時刻の名。今の時間で午後六時、およびその前後の二時間。③方角で、西。

**とり【鳥・▼禽】** ①鳥類。bird 数え方 一羽・一番(雌雄二羽)。②《「鶏」とも》ニワトリ。ニワトリの肉。chicken

**鳥無き里の蝙蝠**（とりなきさとのこうもり）すぐれた人がいない所で、つまらない者がいばるたとえ。You are a man among the geese when the gander is away. 比較 井の中の蛙。

**鳥も通わぬ**（とりもかよわぬ）鳥さえ行き来しないということから、絶海の孤島などの形容。

**トリ【tri】**《接頭的》ギリシア語で、三の意。用例 —クロロメタン。

**ドリア【doria フランス】** ピラフの上に魚貝・マッシュルームなどの入ったホワイトソースをかけ、オーブンで焼いた料理。ライスグラタンの一種。

**とり-あ・う【取(り)合う】**（五他）①互いに手を取る。互いの手を握る。take each other's hands ②争って取る。争う。scramble for ③相手にする。応じる。take notice of 用例 笑って—・わない。

**とり-あえず【取(り)▽敢えず】**（副）①取るべきものも取らずに。すぐに。さっそく。first of all ②さしあたって。ともかく。まず。for the time being

**とり-あ・ぐ【取り上ぐ】** 古語（下二他）↓とりあげる(取り上げる)

**とり-あげ【取(り)上げ】** 取り上げること。【pick up

**とりあげ-ばば【取(り)上げ▽婆】**《俗語》助

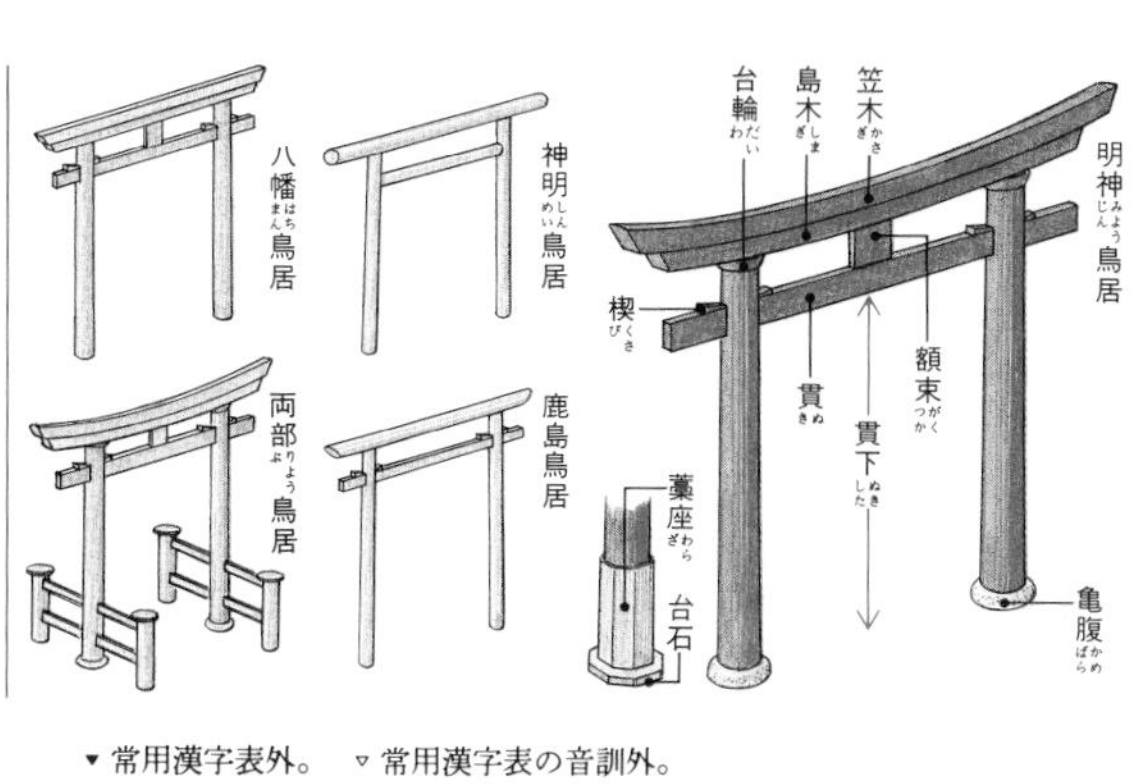


●鳥居　各部名称とおもな種類

産婦。産婆。

**とり-あ・げる【取(り)上げる】**(下一他) ①手に取って上へ上げる。pick up ②奪う。没収する。deprive ... of ③助産婦などが、介添えして子を産ませる。deliver ... of ④↓とりあげる(採り上げる)

**とり-あ・げる【採(り)上げる】**(下一他) 申し出を受理する。採択する。adopt 用例 問題として—。

**とりあし-しょうま【鳥足升麻】** ユキノシタ科の多年草。日本北部の山地にはえる。茎は細く強い。葉は数回の三出複葉。初夏、白い円錐状の花穂をつける。

**トリアセテート-せんい【トリアセテート繊維】** 酢酸の含有率の高い(約六二%以上)アセテート繊維。ふつうのアセテート繊維よりも融点(約三〇〇℃)が高い。triacetate fiber

**とり-あつかい【取(り)扱い・取扱】** 取り扱うこと・方法。処理。handling 用例 —に困る。—を知っている。

**とりあつかい-じょ【取扱所】** 取り扱いをする事務所・場所。agency...

**とり-あつか・う【取(り)扱う】**(五他) ①扱う。handle 用例 品物を注意して—。②処理する。deal with 用例 出勤として—。③受けつける。accept 用例 その件は庶務課で—。④待遇する。用例 男女平等に—。

**トリアッティ【Palmiro Togliatti】**(一八九三〜一九六四) イタリア共産党の指導者。コミンテルン執行委員。党書記長。反ファシズム運動として人民戦線を提唱。スターリン批判後は構造改革論によりユーロコミュニズムへの道を開いた。

●鳥居清長『美南見十二候』「七月夜の送り」。天明一〜八年(一七八一〜一七八八)、ホノルル美術館。

**とり-あつ・める【取(り)集める】**(下一他) 色々のものを一つに寄せ集める。gather

**とり-あみ【鳥網】** 木の枝などに張って鳥を捕らえる網。fowler's net

**とり-あわせ【取り合(わ)せ・取合(わ)せ】** 配合。組み合わせ。assortment; combination 用例 色の—。種類の—。

**とり-あわ・せる【取り合(わ)せる・取合(わ)せる】**(下一他) ①ほどよく配合する。assort ②寄せ集める。gather

**ドリアン【durian マレ】** パンヤ科の熱帯果樹。高さ約三〇m。葉は大きな長楕円形で、桃色の五弁花を円錐花序につける。果実は人頭大の卵形で褐色。クリーム色の果肉は、独特の臭気があるが甘く美味。マレー半島原産。↓熱帯果実 写

**とり-い【鳥居】** 神域の表示として神社の入り口に建てる門。数え方 一基。↓図(前ページ)

**とりい-きよなが【鳥居清長】**(一七五二〜一八一五) 江戸中期の浮世絵師。江戸の人。俗称市兵衛。流麗な描線と明快な色調による背丈の高い清長独特の美人をつくる。群像の大画面が多い。役者絵も新方向を開拓。作品『美南見十二候』など。↓写

**とりい-きよのぶ【鳥居清信】**(一六六四〜一七二九) 江戸前期の浮世絵師。大坂の人。菱川師宣の画風に狩野派・土佐派をとり入れ、鳥居派を創立。江戸歌舞伎・遊女を描く。作品『立美人』など。

**とりい-きよます【鳥居清▽倍】**(生没年未詳) 江戸前期の浮世絵師。丹絵・漆絵による役者絵・美人画にすぐれる。

**とりい-きよみつ【鳥居清満】** 江戸中期の浮世絵師。初代(一七三五〜一七八五)は、江戸歌舞伎の芝居絵のほか、紅摺絵による美人画を描く。清長の師。

**ドリーゴ【Riccardo Drigo】**(一八四六〜一九三〇) イタリアの作曲家・指揮者。バレエ曲『ハーレキンの百万金』(セレナードが有名)など。

**ドリーシュ【Hans Adolf Eduard Driesch】**(一八六七〜一九四一) ドイツの動物発生学者。ウニ卵の初期発生において、その割球を分離して正常な幼生にまで生育させた。これによってウニが調整卵であることを説いた。

**とり-いそぎ【取(り)急ぎ】**(副)「急いで」を強めた語。in haste 用例 —お知らせいたします。

**とり-いだ・す【取り▽出だす】** 古語 (四他) ↓とりだす(取り出す)

**とりい-とうげ【鳥居峠】** 群馬・長野県境、四阿山南麓にある峠。標高一三六二m。関東平野と長野盆地を結ぶ重要交通路。

**とりい-とうげ【鳥居峠】** 長野県西部、木曽川と犀川上流奈良井川の分水嶺にあたる峠。標高一一九七m。ここから南が木曽路。

**トリートメント【treatment】** ①処置。処理。待遇。治療。②「ヘアトリートメント」の略。

**ドリーネ【Doline ドイツ】** 石灰岩台地にできたすり鉢状のくぼ地。石灰岩が流水などで浸食されてできる。底に地表水が流れ込む穴が見えることもある。隣接するドリーネが合体したものはウバーレという。↓鍾乳洞 図

**とりい-は【鳥居派】** 浮世絵の画派。役者絵を得意とし、芝居の看板絵はこの派の専業。鳥居清元に始まり清信が鳥居派初代で、今日まで続く。

**ドリーブ【Léo Delibes】**(一八三六〜一八九一) フランスの作曲家。舞台音楽に成功し、明るい優美な作風。バレエ曲『コッペリア』など。

**ドリーム【dream】** 夢。夢想。用例 —ランド。

**とりい-りゅうぞう【鳥居竜蔵】**(一八七〇〜一九五三) 考古学者・人類学者。徳島県生まれ。朝鮮半島・中国東北部・モンゴル・北千島・台湾などを調査。東大助教授、のち北京の燕京大学で研究。

**とり-い・る【取(り)入る】**(五自) へつらって気に入られようとする。make up to 用例 上役に—。

**トリール【Trier】** 西ドイツ中西部、モーゼル川沿岸の古都。ローマ時代の城門、中世の教会などがある。ぶどう酒製造で有名。人口九・五万(一九八四)。

**とり-いれ【取(り)入れ】** ①取り入れること。take in ②作物を刈り入れること。収穫。harvest

**とりいれ-ぐち【取(り)入れ口】** 発電・かんがい・上水道に利用する水を、川・貯水池・湖から取り入れる所。取水口。

**とり-い・れる【取(り)入れる】**(下一他) ①取って中に入れる。take in ②導入する。introduce 用例 新しい技術を—。③作物を刈り取る。収穫する。harvest

**とり-い・れる【採(り)入れる】**(下一他) 取り上げて用いる。採用する。使う。adopt

**とり-うち【鳥打(ち)・鳥撃(ち)】** ①銃で鳥を撃つこと・人。shooting of birds ②「鳥打ち帽」の略。③弓の末筈に近く、大きく反った部分。射当てた獲物をこの部分で打つことによるという。↓弓 図

**とりうち-ぼう【鳥打(ち)帽】** スポーツキャップの一種。前びさしのある、平たくて丸い帽子。かつて狩猟のとき着用された。ハンチング。hunting cap

**トリウム【thorium】** アクチノイド元素の一つ。元素記号Th 原子番号九〇。原子量二三二。天然の放射性元素の一つ。銀白色の金属。原子炉用燃料ウラン二三三をつくるのに利用されるため、資源として重要。

**トリウム-けいれつ【トリウム系列】** 放射性核種の崩壊系列の一つ。質量二三二のトリウムから始まり二〇八の鉛で終わるもの。この系列の核種の質量数はすべて四の整数倍となる。thorium series

**とり-うら【鳥▽占】** ①年占の一つ。年頭に山で鳥を射て、その腹の中の穀物の有無から豊凶を占った。②鳥の鳴き声や飛びかたなどから天候や吉凶を占うもの。鳥占術。

**とり-うら【▽鶏▽占】** 赤白二羽の鶏を蹴合わせ、その勝負によって吉凶を占うもの。

**とり-え【取(り)柄・取(り)得】** 才能・技芸・性質の長所。えて。merit 用例 —のない男。

**トリエステ【Trieste】** イタリア北東部、トリエステ湾に臨む港湾都市。イタリア領とユーゴスラビア領に二分されている。人口二五・二万(一九八一)。

**トリエンナーレ【Triennale イタリア】**《三年ごとの、の意》三年ごとに開催される国際的な展覧会。「ミラノ-トリエンナーレ」(デザインが中心)が有名。

**トリオ【trio イタリア】** ①三重奏。三重唱。②メヌエット・スケルツォ・行進曲などの中間部。③三人組。用例 クリーンアップ—。

**とり-おい【鳥追い】** ①害鳥を追い払うこと。鳥おどし。②小正月に行われる予祝行事の一つ。害鳥を追い払うため、若者などが鳥追い棒を持ち、鳥追い唄を歌い歩く。③江戸時代の門付けの一種。新年に、編み笠をかぶり、三味線をひいて鳥追い唄を歌いながら、門口に立って銭をもらい歩いた女芸人。女太夫。↓写

**とり-おこな・う【執(り)行う・執り行なう】**(五他) 行事などを行う。執行する。execute 用例 除幕式を—。

**とり-おさ・える【取り押(さ)える・取(り)押える・取(り)抑える】**(下一他) ①捕らえる。arrest 用例 犯人を—。②押さえて自由にさせない。keep down 用例 暴れ馬を—。

**トリオ-ソナタ【trio sonata】** 二つの上声部と低音部の、三つの独立した声部からなるソナタ。バロック時代のもっとも重要な室内楽曲。

**とり-おどし【鳥▽威し】** 作物を荒らすスズメなどを追うためのもの。鳴子・かかしなど。scarecrow

**とり-おと・す【取り落(と)す・取落(と)す】**(五他) ①取り損なって落とす。let fall ②うっかり紛失する。lose ③うっかり途中を抜かす。omit carelessly

**ドリオピテクス【dryopithecus】** ヨーロッパ型の化石類人猿。中新世から鮮新世にわたって栄えた。アジア型・アフリカ型の化石類人猿を含め、ドリオピテクス群としてまとめる。

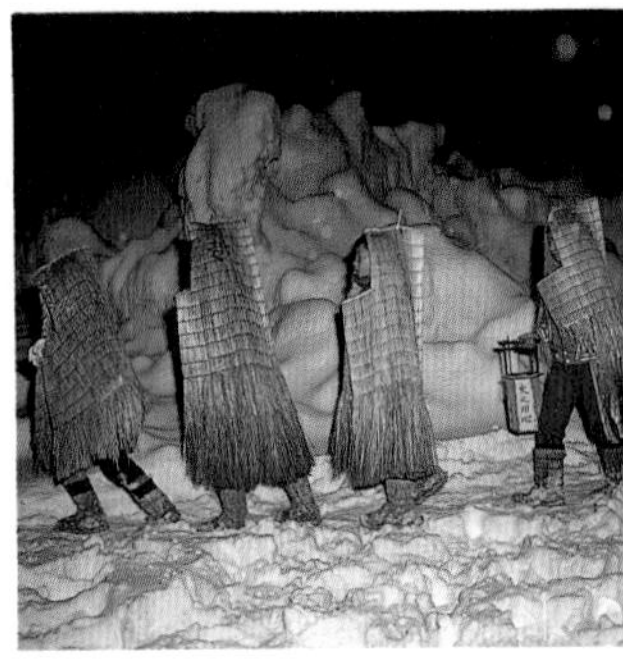
●鳥追い② 新潟県、松之山町。

●鳥追い③ 鈴木春信『門づけ二美人』より。

**とり-おや【取(り)親】** 対義 取り子。①育ててくれた親。②仮に立てた親。仮親。

**トリオレ【Elsa Triolet】**(一八九六〜一九七〇) フランスの女流小説家。モスクワ生まれ。アラゴンの妻。作品『赤い馬』『白い馬』など。

**トリガー-かかく【トリガー価格】**《「トリガー」は、銃の引き金、の意》アメリカ政府が決めている輸入鉄鋼製品の基準価格。この価格を下回る値段で輸入されたものに対しては、商務省がすぐダンピング調査に入ることができる。一九七八年から実施。trigger price

**とり-がい【鳥貝】** ザルガイ科の海生二枚貝。殻長約九・五cm。表面は黄白色で、約四〇列の毛が並ぶ。食用。本州以南・朝鮮半島・中国の沿岸に分布。egg cockle ↓図

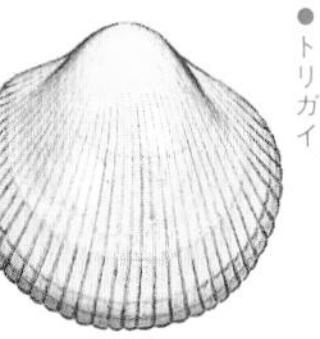
●トリガイ

**とり-か・う【取り替ふ】** 古語 (下二他) ↓とりかえる(取り替える)

**とり-かえ【取(り)替え】** 取り替えること

・もの。exchange

**とり-かえし**【取(り)返し】 もとにもどすこと。もとどおりにすること。用例 ― がつかない。

**とり-かえ・す**【取(り)返す】(五他) ①取りもどす。get back ②もとどおりにする。recover

**とりかえばやものがたり**【とりかへばや物語】 平安末期の物語。現存本は鎌倉初期の改作。作者未詳。権大納言は、男性的な姫君と女性的な男君の二人を男女とりかえて育てる。成長して二人はともに破綻し、もとの性にかえり幸福になる。

**とり-か・える**【取(り)替える】(下一他) ①新しいものと替える。renew 用例 畳を―。②相手のものと替える。交換する。exchange 用例 握り飯と柿の種を―。

**とり-かか・る**【取り掛(か)る・取掛(か)る】(五自) ①着手する。begin ②すがりつく。

**とり-かご**【鳥▼籠】 鳥を入れるかご。bird cage

**とり-かこ・む**【取(り)囲む】(五他) ぐるりと囲む。surround

**とり-かじ**【取(り)▼舵】 ①船首を左へ向ける、かじのとりかた。port 対義 面舵。用例 ―いっぱい。②左舷。port side

**とり-かた**【取(り)方】 取る方法・手際・ようす。

**とり-かた**【捕り方】 罪人をつかまえる役人・方法。

**とり-かたづ・ける**【取(り)片付ける】(下一他) きちんと片付ける。整理する。put in order

**とり-かた・める**【取(り)固める】(下一他) 厳重に守る。かためて守る。defend

**とり-が-なく**【▽鶏が鳴く】[枕ことば]《かかりかた未詳》「あづま」にかかる。用例 ―吾妻の国の御軍士を(万葉・二・一九九)。

**とり-かぶと**【鳥▼兜・鳥▽甲】 ①舞楽の常装束に用いるかぶりもの。②①を図案化した紋章名。③キンポウゲ科の多年草。高さ約一m。葉は掌状に深裂し互生。秋、舞楽のかぶとに似た青紫色の花を多数つける。根は猛毒だが、干して漢方薬とする。カブトギク。カブトバナ。

●トリカブト③ ヤマトリカブト

**とりかみ-の-ところ**【鳥上の▽地・鳥髪の▽地】 出雲神話ゆかりの地。素戔嗚尊が八岐大蛇を斬り割いて天の叢雲の剣を得た所とされる。

**トリカルボンさん-かいろ**【トリカルボン酸回路】 ↓ティーシーエーかいろ(TCA回路)

**とり-かわ・す**【取(り)交わす】(五他) 互いにやり取りする。交換する。exchange

**とり-き**【取(り)木】 株分けの一種。親木についたままの枝を発根させ、独立させる。地上近くの枝に土を高く積み上げる盛り土法、曲げて土中に埋めるふせ枝法、枝を傷つけミズゴケなどで包む高取り法の三種類がある。layering 参照 圧条。↓図

**とり-き・む**【取り決む】 古語 (下二他) ↓とりきめる(取り決める)

**とり-きめ**【取(り)決め・取(り)▽極め】 決定。約束。decision

**とり-き・める**【取(り)決める・取(り)▽極める】(下一他) ①決定する。決める。decide ②約束する。契約する。make a contract with

**とりくい-ぐも**【鳥▼喰▼蜘▼蛛】 ハチドリなどを捕食すると信じられているトリクイグモ科の大形のクモ。体長約五cm。網は張らず、昆虫が主食。大きくて毛深いので恐れられるが、人にかみつくことはない。南アメリカに分布。トリトリグモ。bird spider

**とり-くず・す**【取(り)崩す】(五他) ①崩して取り去る。②蓄えてあったものを少しずつ取って、なくしてしまう。

**とり-くち**【取(り)口】 相撲の取り方・技巧。

**とり-ぐち**【鳥口】 ①文書をはさんで位の上の人に差し出す白木の杖の、先端の物をはさむ部分。鳥のくちばしに似ているところからの名称。②丁字形の鉄床。

**とり-くみ**【取(り)組み・取組】 ①取り組むこと。②趣向。③相撲の組み合わせ。④取引所で、売買の約束。

**とり-く・む**【取(り)組む】(五自) ①組み合う。tackle ②相手となって争う。grapple with ③苦労して物事を処理しようとする。tackle 用例 難しい問題に―。④相撲をとる。wrestle with

**トリクロロエチレン**[trichloroethylene] 化学式$CHCl=CCl_2$ クロロホルムに似たにおいをもつ無色の液体。有機合成の中間体。溶剤などに利用。トリクレン。

**トリクロロメタン**[trichloromethane] ↓クロロホルム

**とり-けし**【取(り)消し・取消】(名・サ変他) ①取り消すこと。cancell ②すでになされた意思表示や法律行為をさかのぼって無効にする一方的意思表示。cancell 用例 ―処分。

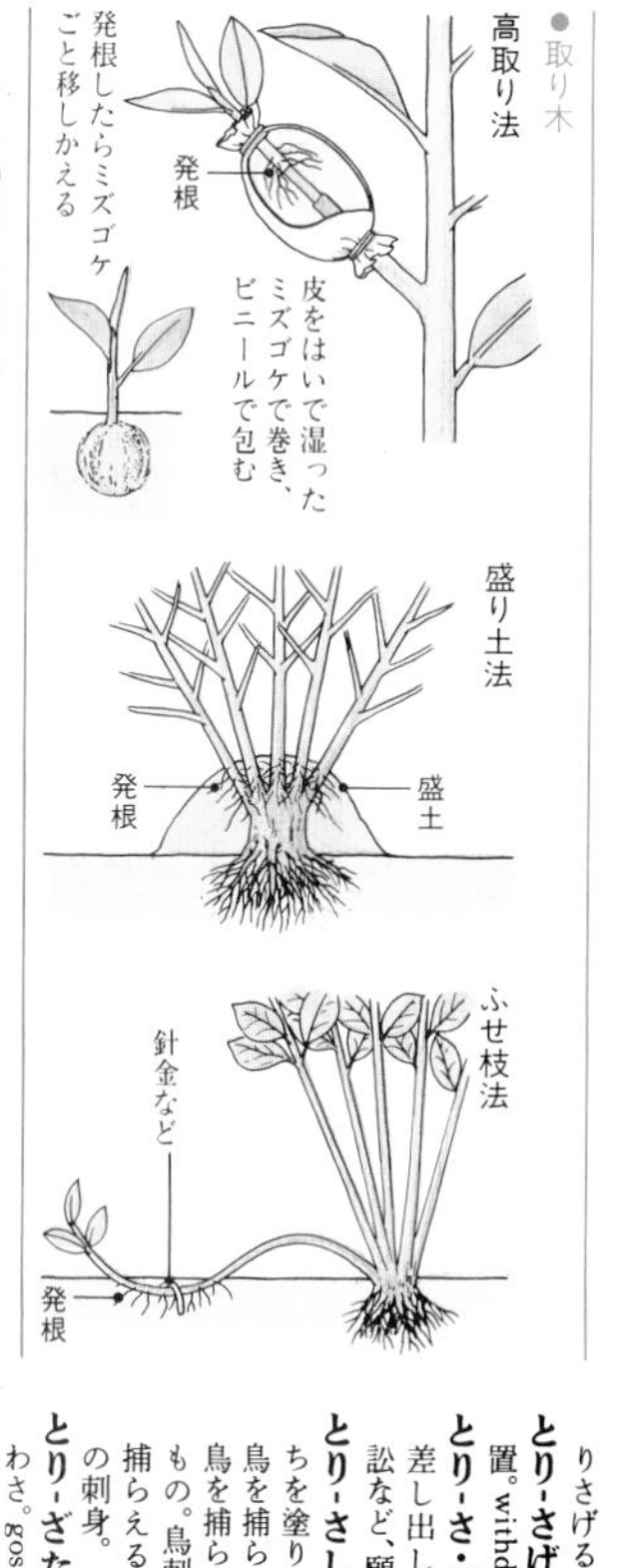



●取り木

**とり-け・す**【取(り)消す】(五他) いったん言ったり決めたりしたことを、あとでなかったことにする。あとで否定する。withdraw

**とりげ-も**【鳥毛藻】 池沼の水中にはえるイバラモ科の沈水性一年草。茎は非常に細く、二つに分枝。葉は線形で鳥毛のように巻く。

**トリケラトプス**[triceratops] 四脚歩行する草食性の恐竜。体長約八m、推定体重約八t。鼻の上に短くて太い角、目の上の左右に長くて太い角をもち、口は嘴状。北米の白亜紀後期に生存。↓恐竜図

**とりげりゅうじょのず-びょうぶ**【鳥毛立女図▼屏風】 正倉院蔵の六扇の屏風。いずれも樹下美人を描き、天平勝宝四年(七五二)の年記が下張りに見られる。衣裳部に鳥の羽毛を張るが、現在は剥落し、顔・手・袖裏の彩色が残る。とりげたちおんなのずびょうぶ。

**とり-こ**【取(り)子】 ＝とりご。①もらい子。養子。②仮親の習俗の一つ。生まれた子が弱かったり、前の子が早死にのときなど、丈夫に育つようにと僧や神官、子だくさんの人などが取り親になる。

**とり-こ**【取(り)粉】 つきたてのもちにつけて扱いやすくするための米の粉。しろこ。

**とり-こ**【▽虜・▼擒・▼俘▽虜】 ①生け捕りにした敵。捕虜。prisoner ②捕らわれて動けない人。captive 用例 恋の―。

**とりごえ**【鳥越】〈村〉 石川県南部、手取川中流の村。稲作、スイカ・ジャガイモの栽培を行う。人口三五二九(一九八八)。

**とりこし-ぐろう**【取(り)越し苦労】(名・サ変自) むやみに将来のことをあれこれ心配すること。worry about the future

**トリコット**[tricot フランス] トリコット編み機で編んだ生地の総称。縦メリヤスの一種。伸縮性があり、ほつれにくい。ストッキング・肌着などのほか、外衣にも用いられる。

**とり-こぼ・す**【取(り)▽零す】(五自他) 勝負ごとなどで、負ける相手でないのに負ける。

suffer an unexpected defeat

**トリコマイシン**[trichomycin] 放線菌の産生する抗生物質。皮膚のカンジダ症や真菌症・膣トリコモナス症に用いる。

**とり-こみ**【取(り)込み】 ①取り入れ。take in ②ごたごた。混雑。多忙。confusion 用例 お―中。③金品をだましとること。embezzlement

**とりこみ-さぎ**【取(り)込み詐欺】 一時に多額の商品を仕入れ、支払いをしない詐欺。a confidence trick

**とり-こ・む**【取(り)込む】(五自他) ①(自)混雑する。忙しい。be occupied with ②(他)㋐取り入れる。take in ㋑きげんをとって、まるめこむ。get into favor with ㋒だます。不正に金品をごまかし取る。embezzle

**とり-こ・める**【取(り)▼籠める】(下一他) ①中に押し込める。shut in ②周りを囲む。包囲する。surround

**トリコモナス**[trichomonas] 鞭毛虫綱に属する寄生性の原生動物。形は西洋ナシ形。五本の鞭毛のうち一本は後ろに向き、波動膜をつくる。膣トリコモナスは膣炎を起こす。

**トリコモナス-ちつえん**【トリコモナス▼膣炎】 原虫の一属である膣トリコモナスの寄生で起こる膣炎。性行為感染症の一つで、帯下が増えたり、外陰部のかゆみなどがある。vaginal trichomoniasis

**とり-ごや**【鳥小屋】 ニワトリなどを飼う小屋。鶏舎。henhouse

**トリコロール**[tricolore フランス]《三色の、の意》 三色旗。とくに、フランスの国旗。

**とり-ころ・す**【取(り)殺す】(五他) たたりをして命をとる。haunt... to death

**とり-こわ・す**【取(り)壊す】(五他) 建物を壊す。つぶす。demolish

**とり-ざかな**【取(り)▼肴】 ①一つの器から、めいめいが取って分ける酒の肴。②本膳料理の三の膳のあとに、酒とともに出される肴。はさみ肴。台の物。③懐石の八寸の別名。

**とり-さ・ぐ**【取り下ぐ】 古語 (下二他) ↓とりさげる(取り下げる)

**とり-さげ**【取(り)下げ】 取り下げること・処置。withdrawal

**とり-さ・げる**【取(り)下げる】(下一他) ①差し出したものを取り戻す。withdraw ②訴訟など、願い出たことを取り消す。dismiss

**とり-さし**【鳥刺(し)】 ①竹竿の先に鳥もちを塗り小鳥を捕らえること。また、そうして鳥を捕らえ、売った人。②民俗芸能の一つ。小鳥を捕らえる動作を面白おかしく舞踊化したもの。鳥刺し舞。③一六枚の札を使って鳥を捕らえる仕組みの、江戸時代の遊び。④鳥肉の刺身。

**とり-ざた**【取(り)▼沙▼汰】 世間の評判。うわさ。gossip

**とり-さば・く**【取(り)▼捌く】(五他) ①取り扱い。manage ②争いごとなどを処理する。

**とり-ざら**【取(り)皿】 料理の自分の分を取り分けて入れる小さな皿。individual small plate

**とり-さ・る**【取(り)去る】(五他) 取って、なくす。take away

**とり-しき・る**【取(り)仕切る】(五他) 一手に引き受けて扱う。manage all by oneself

**とり-しず・める**【取(り)鎮める・取(り)静める】(下一他) 静かになるようにする。calm 用例 騒ぎを―。

**とり-しま**【鳥島】 伊豆諸島南端の火山島。面積四・五$km^2$。火山活動が活発なため、無人島となっている。東京都に属する。

**とり-しまり**【取り締(ま)り・取締(ま)り】 ①取り締まること・人。regulation ②「取締役」の略。

**とりしまり-やく**【取締役】 株式会社の業務執行機関である取締役会の構成員。株主総会で選任される。director

**とりしまりやく-かい**【取締役会】 株式会社の取締役全員で構成され、業務執行についての意思決定機関。原則として各取締役が招集権をもつ。board of directors

**とり-しま・る**【取(り)締まる・取締(ま)る】(五他) ①管理する。監督する。manage ②不正・違法などを、きびしく処置する。control strictly

**とり-しら・ぶ**【取り調ぶ】 古語 (下二他) ↓とりしらべる(取り調べる)

**とり-しらべ**【取(り)調べ】 取り調べること。investigation

**とり-しら・べる**【取(り)調べる】(下一他) くわしく調べる。調査する。investigate

**とり-すが・る**【取(り)▼縋る】(五自) 強くすがる。すがりつく。cling to

**トリスタンとイゾルデ**(Tristan und Isolde ドイツ) ①中世ヨーロッパの著名な恋愛伝説。誤って媚薬をのんだトリスタンとイゾルデの

▼常用漢字表外。 ▽常用漢字表の音訓外。

愛と死の物語。②ワーグナーの楽劇名。全三幕。台本もワーグナー。一八六五年ミュンヘンで初演。前奏曲と『イゾルデの愛の死』は管弦楽の名曲。

**とり-す・てる【取(り)捨てる】**(下一他) 取り除く。取り去る。投げ捨てる。

**とり-すま・す【取(り)澄ます】**(五自) 他人の関心を受けつけないような顔つきをする。気どる。look unconcerned

**とり-そろ・える【取(り)揃える】**(下一他) あれこれ集めて取り合わせる。assort

**とり-だか【取り高】** ①収入の高。income ②収穫の高。crop ③分け前。share

**とり-だ・す【取(り)出す】**(五他) ①取って出す。take out ②多くの中から引き出す。pick out

**とり-だすき【鳥襷】** 織り模様の一つ。縦横の波線の中に、尾の長い鳥が二羽ずつ向き合った形を織り出したもの。指貫の袴などに用いる。

**とり-た・つ【取り立つ】** 古語 (下二他) ↓とりたてる(取り立てる)

**とり-たて【取(り)立て・取立】** ①取って間もないこと。thing freshly picked ②徴収。exaction ③とくに目をかけて世話をすること。patronage ④抜擢。promotion

**とりたて-きん【取立金】** 債権者が債務者から徴収する金銭。money collected

**とりたて-て【取(り)立てて】**(副) とくに。particularly 用例 ―は言わない。

**とりたて-めいれい【取立命令】** 債権の強制執行で、裁判所が債権者に対し、債務者が第三者に対してもつ債権を取り立てる権限を与える決定。比較 転付命令。

**とり-た・てる【取(り)立てる】**(下一他) ①とくに数えあげる。②催促して集める。強制的に徴収する。collect ③上の地位に引き上げる。promote 用例 課長に―。④目をかけて世話をする。patronize

**トリチウム【tritium】** ↓さんじゅうすいそ(三重水素)

**トリチェリ【torricelli】**《イタリアの物理学者トリチェリにちなむ》真空状態の度合いを示す圧力の単位。記号Torr 水銀柱1mmHgの大気圧が1Torr。1 mmHg = 1 Torr = 133.322 Pa

**トリチェリ【Evangelista Torricelli】**(一六〇八〜一六四七) イタリアの物理学者・数学者。ガリレイの晩年の助手。トリチェリの真空の実験、トリチェリの定理などで知られる。

**トリチェリ-の-じっけん【トリチェリの実験】** トリチェリが一六四三年に行った実験。一端を閉じた長い管に水銀を満たし、これを逆さに立てると水銀柱の高さは一気圧で約七六cmになり、上部に、トリチェリの真空とよぶ真空部ができる。Torricelli's experiment

**トリチェリ-の-ていり【トリチェリの定理】** 粘性の小さい液体が器壁の小孔から流れ出すときの速さの平方は、$2gh$に等しいという法則。$g$は重力加速度、$h$は孔から液面までの高さ。トリチェリが導き出した。Torricelli's theorem

**とり-ちが・える【取(り)違える】**(下一他) ①まちがって他の物を手に取る。mistake A for B ②思い違える。misunderstand

**とり-ちら・す【取(り)散らす】**(五他) ちらかしておく。scatter about 用例 ―・した部屋。

**と-りつ【都立】** 東京都が設立し、運営していること。また、そのもの。用例 ―高校。

**とり-つき【取(り)付き】** =取っ付き。①し始め。初手。用例 ―が大事。②はじめて会ったときの印象。用例 ―が悪い。③いちばん手前。用例 ―の家。

**とり-つぎ【取(り)次ぎ・取次】**(名・サ変他) ①取り次ぐこと。また、その人。②委託者の依頼を受けた受託者が当事者となって取り引きを行い、その損益計算は委託者に帰する取引行為。また、その業者。問屋・運送取扱人・準問屋(出版取次業など)に分類される。取次店。agency

**とりつぎ-てん【取次店】** ①商品の受け売り・発送など取り次ぎを業とする店。問屋・運送取扱店など。distributor ②売買契約・保険契約などの仲介をする店。agency

**とりつき-やす・い【取(り)付き易い】**(形) 仕事にかかりやすい。気軽に始められる。

**トリック【trick】** ①ごまかし。たくらみ。②映画・テレビの特殊撮影技法。トリック撮影。

**とり-つ・く【取(り)付く】**(五自) ①すがりつく。cling to ②手がかりを得る。③し始める。④組みつく。grapple with ⑤悪霊などが乗り移る。posses ⑥ある考えが頭をはなれないでいる。stick to

**取り付く島も無い**(とりつくしまもない)《漂流しているときなどに、とりすがるべき島がまわりに全くない、の意から》冷淡に扱われて途方にくれるたとえ。be left utterly helpless

**とり-つ・ぐ【取(り)次ぐ】**(五他) ①間に立って言い伝える。客が来たことを主人に告げる。act as an agent ②品物を受けて他に送る。transmit

**トリックスター【trickster】** 文化人類学の概念で、道徳を無視し、いたずらなどをして秩序を乱す役割を担う神話上の登場人物・動物をいう。道化の一種。

**とり-つくろ・う【取(り)繕う】**(五他) ①手入れをする。patch up ②体裁をつくる。悪い点を隠す。ごまかす。save appearances 用例 その場を―。③とりなす。smooth over

**とり-つけ【取(り)付け】** ①装置すること。installation ②恐慌や社会不安から銀行が信用を失い、預金者が一時に殺到して預金を引き出すこと。run on a bank 用例 ―さわぎ。

**とりつけ-こうじ【取(り)付け工事】** 機械類を建物に装置するなど、取り付けをする工事。installation

**とり-つ・ける【取(り)付ける】**(下一他) ①物を他の物に装置する。furnish ②自分の手元におさめる。gain ③いつも同じ店から買う。④契約などを成立させる。establish

**トリッピング【tripping】** サッカー・ハンドボールなどの反則の一つ。足でひっかけて相手をつまずかせたりすること。

**とり-つぶし【取(り)潰し】** 江戸時代、幕府が大名や旗本の家を廃絶し、その領国を没収すること。

**とり-て【取(り)手】** ①盗み取った人。②相撲・柔道などをする人。その技のよくできる人。③かるたで、札を取る人。対義 読み手。

**とり-て【捕(り)手】** 罪人をとらえる役人。捕り方。

**とり-で【砦・寨・塁】** ①本城から離れて築いた、小さい城。出城。fort ②要塞。citadel

**とりで【取手】**〈市〉 茨城県南部、利根川に沿う市。旧宿場町。工業がさかん。宅地化が進む。人口八万六六(一九八九)。

**とり-てき【取(り)的】** いちばん下級の力士。ふんどし担ぎ。

トリトニア

トリトマ

**とり-どく【取り得・取り徳】** 取ったただけ利益になること。

**とり-どころ【取(り)所】** ①取り柄。長所。②取っ手。柄。

**トリトニア【toritonia】** アヤメ科の秋植え球根草。切り花・鉢植え用。花茎は約四〇cm。フリージアに似た赤・黄・橙・白の花をつける。葉は細く剣状。南アフリカ原産。↓写

**トリトマ【tritoma】** ユリ科の多年草。高さ約一m。根出葉は線形。夏秋に深紅色などの円筒形の花を多数、花茎に下向きにつける。観賞用。南アフリカ原産。シャグマユリ。↓写

**とり-とめ【取(り)留め】** まとまり。しまり。用例 ―のない話。

**とり-と・める【取(り)留める】**(下一他) ①しっかりつかむ。②食い止める。用例 一命を―。

**とり-どり【取り取り】**(名・形動) それぞれに違っているさま。思い思い。まちまち。various 用例 色―。―の意見。

**トリトン【Trītōn】** ギリシア神話の半人半魚の海神。ポセイドンとアンフィトリテの子。海馬を駆り、ほら貝を吹き鳴らして波浪を鎮めたといわれる。

**とり-なお・す【取(り)直す】**(五他) ①もう一度改めて取る。take again ②前のような状態に返す。recover 用例 気を―。③相撲で、改めて勝負をする。

**とり-な・す【取(り)成す・執(り)成す】** 一(五他) ①その場をうまくとりつくろう。smooth ②取り持つ。仲裁する。mediate 二 古語 (四他) みなす。取りざたする。うわさする。用例 常陸守のむすめをばよばふなるなども、―・してんをや(源氏・東屋)。

**とり-なわ【取(り)縄】** 太刀につける緒。

**とり-なわ【捕(り)縄】** 罪人をとらえて縛る縄。捕縄。rope for binding criminals

**とり-にが・す【取(り)逃がす】**(五他) つかまえかけたのに、逃がす。fail to catch

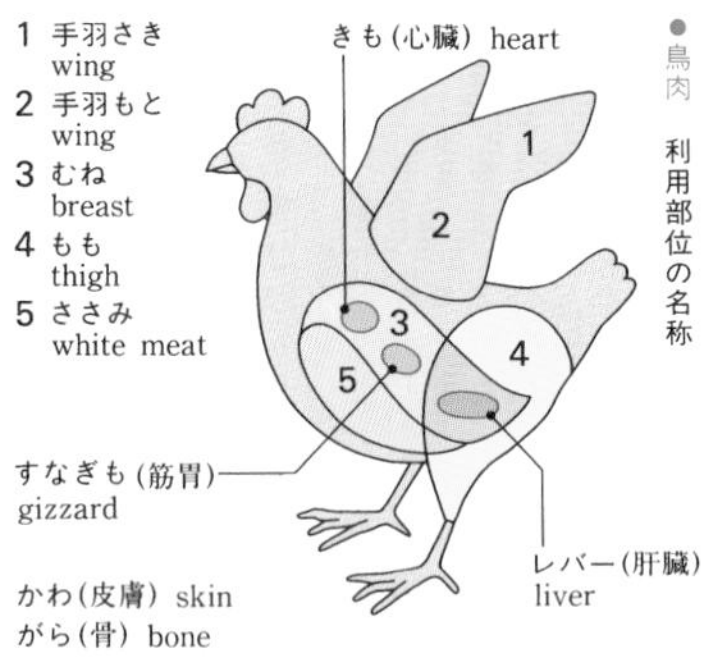

鳥肉 利用部位の名称

**とり-にく【鳥肉】** 鳥の肉。とくにニワトリの肉。繊維が細く柔らかで、味は淡泊で、消化がよい。手羽から胸にかけての白肉と、ももの赤肉とに大別される。かしわ。chicken ↓図

**トリニダード-とう【トリニダード島】**(Trinidad) トリニダード・トバゴの主島。小アンティル諸島南端の島。面積四八〇〇km²。石油・天然ガス・アスファルトなどを産出。

**トリニダード-トバゴ【Trinidad and Tobago】**(Republic of Trinidad and Tobago) 西インド諸島南東端、トリニダード島・トバゴ島などからなる共和国。首都ポートオブスペイン。石油産業が基盤で、砂糖・コーヒー・果実が主産物。面積五一〇〇km²。人口一二〇万(一九八六)。正称トリニダード・トバゴ共和国。

**トリニトロトルエン【trinitrotoluene】** 化学式$C_6H_2(CH_3)(NO_2)_3$ 淡黄色の針状結晶。トルエンをニトロ化して得る。加熱や衝撃で爆発する。爆薬などに用いる。TNT。

**トリノ【Torino】** イタリア北西部の同国有数の工業都市。交通の要地。一九世紀、サルデーニャ王国の首都。人口一〇六・九万(一九八三)。

**とり-の-あし【鳥の脚】** 植物のユリに似たゴカクウミユリ科の固着海生動物。その茎にあたる部分が多くの節からなり、鳥の脚に似るので、この名がある。高さ約五〇cm。淡紅色。南日本の深海底に生息。この仲間は古生代に栄えた棘皮動物で、生きている化石の一つ。

**とり-の-あと【鳥の跡】**《昔、中国で、蒼頡が鳥の足跡を見て、はじめて文字を作ったという故事から》①文字。②筆跡。③手紙。④へたな手跡。

**とり-の-いち【酉の市】** 例年一一月、酉の日の各地の鷲神社の祭礼に開かれる市。客商売の開運の神として信仰され、市では縁起

酉の市 鷲神社(東京都、台東区)。



↓ 行き先項目、図版・写真参照印。 JIS 日本工業規格情報交換用漢字符号コード(区点コード)。

●トリバネチョウ

物の熊手などが売られる。最初の酉の日から順次一の酉、二の酉、三の酉という。おとりさま。とりのまち。

**とり-の・ける**【取(り)▽除ける】(下一他) 取りのぞく。のぞき去る。remove

**とり-の-こ**【鳥の子】①鶏卵。たまご。egg ②ひな。chicken ③「鳥の子紙」の略。④《「鳥の子色」の略》鶏卵のからの色。淡黄色。⑤「鳥の子もち」の略。

**とりのこ-がみ**【鳥の子紙】《卵色をしていることからいう》雁皮を主原料とした良質の和紙。平滑で、きめが細かく、光沢があり、耐久性に富む。鳥の子。鷺子紙。

**とり-のこし**【取(り)残し】取り残すこと。取り残したもの。leave behind

**とり-のこ・す**【取(り)残す】(五他) 全部は取らずに、一部をあとに残しておく。leave behind

**とりのこ-もち**【鳥の子▼餅】祝儀用の紅白の餅。上しん粉に砂糖を加え、練って鳥の卵のような形に整え、蒸し上げる。鳥の子。つるのこもち。

**とり-のぞ・く**【取(り)除く】(五他) 取って捨てる。取りのける。抜き去る。remove

**とり-のぼ・せる**【取(り)上せる】(下一自) 感情が高ぶって分別を失う。逆上する。get excited

**とり-はからい**【取(り)計らい】取り計らうこと。処置。management

**とり-はから・う**【取(り)計らう】(五他) ①処理する。arrange ②扱う。manage

**とり-はこび**【取(り)運び】段どり。

**とり-はこ・ぶ**【取(り)運ぶ】(五他) 順序よく物事を進めていく。

**とり-ばし**【取(り)▼箸】料理・菓子などを、ひとりひとりの皿に取り分けるのに使うはし。

**とり-はずし**【取(り)外し】取り外すこと・しかけ。dismantlement

**とり-はず・す**【取(り)外す】(五他) ①取り付けてある物を外す。dismantle ②取るのに失敗する。取り落とす。

**とり-はだ**【鳥肌】《羽毛を取った鳥の肌に似ていることから》①立毛筋の収縮によって皮膚が粒状に隆起した状態。また、その皮膚。寒冷・情動興奮によりおこる。あわ肌。goose-flesh 用例 ―が立つ。②ざらざらした肌。さめ肌。rough skin

**とり-はな・す**【取(り)離す】(五他) 手に取ったものを離す。let go

**とりばね-ちょう**【鳥羽▼蝶】金属光沢のある華美な色彩をした熱帯産の大形のアゲハチョウ科のチョウ類。鳥と間違えるくらい大きく、代表種はニューギニア産の世界最大のチョウのアレクサンドラトリバネアゲハで、開張約二八cm。オーストラリアからアジア熱帯域に分布する。トリバネアゲハ。→写

**トリパノソーマ**【trypanosoma】紡錘形のトリパノソーマ科の原生動物。体長約一五～三〇㎜。種類が多く、人畜に寄生するものもある。世界各地に分布。

**トリパノソーマ-しょう**【トリパノソーマ症】アフリカ西・中部にみられる睡眠病。血液に寄生するトリパノソーマ原虫からの感染で起こる。ハエが媒介。眠り病。trypanosomiasis

**とりはま-いせき**【鳥浜遺跡】福井県三方郡三方町で発掘された、縄文時代草創期から前期の貝塚。三方湖に注ぐ川の合流点に営まれた淡水性の貝の塚で、低湿地からは多量の遺物が発見され、当時の生活を知る貴重な資料を提供。

**とり-はらい**【取(り)払い】取り払うこと。撤去。

**とり-はら・う**【取(り)払う】(五他) 取り除く。すっかり取り去る。clear away 用例 門松を―。

**とり-ひき**【取(り)引き・取引】(名・サ変自他) ①売買にあたって金品の受け渡しをすること。transaction ②条件や利益を示して、相手とかけひきすること。交渉。make a deal with

**とりひき-じょ**【取引所】《「証券取引所」「商品取引所」の略》有価証券や商品などを大量に売買する常設の市場。会員が集まって運営するもので、非営利の法人組織。exchange

**とりひき-ぜい**【取引税】①間接税の一つ。営業取引について売上高に応じて課される国税。日本では廃止。取引高税。turnover tax ②先物取引の売買約定金高に対して、取引所の会員または取引員に課される国税。

**とり-ひし・ぐ**【取(り)▼拉ぐ】(五他) おしつぶす。ひしぐ。crush 用例 鬼をも―。

**トリビューン**【tribune】古代ローマの護民官。参考 庶民から選ばれ、庶民の権利を守った官職。『シカゴ-トリビューン』のように、英米で新聞の名に使われる。

**とり-ひろ・げる**【取(り)広げる】(下一他) ①物を取り払って、場所を広くする。widen ②物を取り出して、そこへ広げる。spread

**トリプシン**【trypsin】たんぱく質加水分解酵素の一つ。脊椎動物の膵臓中に存在する。消化剤・消炎剤に利用。

**とり-ふだ**【取(り)札】かるたで、取るほうの札。対義 読み札。

**とり-ぶっし**【止利仏師・鳥仏師】→くらつくりのとり(鞍作止利)

**トリプトファン**【tryptophan】必須アミノ酸の一つ。白色の板状結晶。L型は動物性たんぱく質に多く含まれる。

**トリプトレモス**【Triptolemos ギリシア】ギリシア神話のケレウスの子。女神デメテルが乳母となって育てた。コムギ栽培法を地上に広め、デメテル神の祝福を人類に伝えた。

**トリプラ**【Tripura】インド東部の州。州都アガルタラ。丘陵地帯で、大部分は森林におおわれる。米・ジュートなどを生産。人口二〇六万(一九八一)。

**トリプル**【triple】(接頭) 三重の。

**ドリブル**【dribble】(名・サ変他) ①サッカー・バスケットボールなどの球技で、同一プレーヤーが、細かく蹴ったり、手でついたりしてコントロールしながらボールを運ぶ技術。②水球で、ボールを頭の前において、泳いで押して運ぶ技術。③バレーボールやバドミントンの反則の一つ。同一プレーヤーが二度続けてボールやシャトルに触れた場合。

**トリプル-クラウン**【Triple Crown】→さんかんおう(三冠王)

**トリプル-ジャンプ**【triple jump】①陸上競技の、三段跳び。②フィギュアスケートで、空中で三回転あるいは三回転半するジャンプ。

**トリプル-プレー**【triple play】野球で、守備側が、三人の走者を、あるいは二人の走者と打者を、連続したプレーによってアウトにすること。三重殺。

**トリプレット**【triplet】音楽で、三連符。

**とり-ぶん**【取(り)分】①自分の取るべき分け前。取り前。one's share ②配当の割り前。share

**とりべ-の**【鳥辺野・鳥▽部野】京都市東山区、阿弥陀ケ峰一帯の地。平安時代には、火葬場があった。鳥辺山。

**とりべ-やま**【鳥辺山・鳥▽部山】①→とりべの(鳥辺野)。②地唄の曲名。近松門左衛門作、湖出金四郎作曲、岡崎検校改調。お染と半九郎の道行きもの。③宮薗節の代表曲。

**とりべやま-しんじゅう**【鳥辺山心中】岡本綺堂作の戯曲。新歌舞伎。「杏花戯曲十種」の一つ。大正四年(一九一五)初演。先行の鳥辺山芝居や巷説が下敷き。江戸武士半九郎と京遊女お染の恋を描く。

**とり-へん**【鳥偏】漢字を組み立てている部分の名。「鳦(=つばめ)・鴃(=もず)」などの左にある「鳥」。

**とり-ほうだい**【取(り)放題】①いくらでも、取りたいだけ勝手に取ること。take as much as one pleases ②取るままにすること。

**トリポリ**【Tripoli】レバノン北部、地中海に臨む港湾都市。イラクからのパイプラインの終点で精油所がある。フェニキア時代からの古都。人口一七・五万(一九八〇)。

**トリポリ**【Tripoli】北アフリカ、リビアの首都。地中海に臨む港湾都市で、石油積出港として重要。製油・タバコ・皮革工業などがさかん。人口八五・八万(一九八一)。

**トリポリタニア**【Tripolitania】北アフリカ、リビア北西部、首都トリポリを中心に広がる地方。同国の中でも豊かな地方で、果樹・野菜栽培、牧畜が行われる。人口九九万(一九八四)。

**トリマー**【trimmer】飼い犬などの毛を刈り込んだり形を整えたりする技術者。犬の美容師。

**とり-まえ**【取(り)前】取り分。share

**とり-まかな・う**【取(り)賄う】(五他) 処理する。始末する。

**とり-まき**【取(り)巻き】①取り巻くこと・人。②権勢のある人にこびてつきまとっている人。hangers-on

**とり-まぎ・れる**【取(り)紛れる】(下一自) ①紛れる。混入する。be confused ②忙しさに気を取られる。be distracted

**とりまき-れん**【取(り)巻き連】《「取り巻き連中」の略》こびて、つきまとっている人々。hangers-on

**とり-ま・く**【取(り)巻く】(五他) ①周りをかこむ。surround ②つきまとって、機嫌を取る。fawn up

**とり-ま・ぜる**【取(り)混ぜる】(下一他) あれこれ混ぜ合わせる。一つに混ぜる。mix

**とり-まと・める**【取(り)▼纏める】(下一他) ①全部をまとめる。しめくくりをする。get together 用例 荷物を―。②物事をまるくおさめる。settle

**とり-まわ・す**【取(り)回す】(五他) ①手に取って回す。②うまく処理する。

**とり-みだ・す**【取(り)乱す】(五自他) ①(他)取り散らす。put in disorder ②(自)見苦しくふるまう。平静さを失う。be distracted 用例 父急死の報に―。

**トリミング**【trimming】①写真で、画面の不要部分をカットし、構図をまとめること。②ドレスや帽子などのふち飾り。刺繡・シャーリング・ボタンなどをほどこす。③犬などの毛を、形よく刈ること。

**トリム**【trim】①船の、縦方向の傾き状態。前部と後部の吃水の差で表す。②トリム運動のスローガン。

**トリム-うんどう**【トリム運動】《「トリム」は、バランスをとる意の造船用語》ノルウェーで一九六七年に始まり、欧米に広がったスポーツ普及運動。運動不足からくる文明病を克服し、人間本来の姿を取り戻すため、ひとりひとりが体力づくりに励もうという趣旨のもの。trim action

**とり-むす・ぶ**【取(り)結ぶ】(五他) ①結び固める。約束・契約などをする。form a connection; make a contract 用例 約束を―。②取り持つ。仲立ちをする。act as a go-between 用例 両人の間を―。③人の機嫌をとる。play up to 用例 ご機嫌を―・ぼうとする。

**とり-め**【鳥目】→やもうしょう(夜盲症)

**トリメタジオン**【trimethadione】痙攣をおさえる薬物の一つ。てんかんの小発作や薬物による痙攣などに有効。

**とり-もち**【取(り)持ち】(名・サ変他) ①仲立ちをすること・人。あっせん。mediation ②接待。entertainment

**とり-もち**【鳥▼黐】捕鳥用の、粘着力のある半固体状の物質。ヤマグルマ・モチノキなどの樹皮から作る。birdlime

**とりもち-の-き**【鳥▼黐の木】①モチノキの別名。②ヤマグルマの別名。

**とり-も・つ**【取(り)持つ】(五他) ①手に持つ。②仲立ちをする。mediate 用例 売買を―。③接待をする。entertain

**とり-もど・す**【取(り)戻す】(五他) ①再び自分のものとする。取り返す。get back 用例 金を―。②元の状態に回復する。recover 用例 健康を―。

**とり-も-なおさず**【取りも直さず】(連語) そのまま。ただちに。すなわち。言い換えれば。that is

**とり-もの**【捕(り)物】罪人を召しとること。arrest

**とり-もの**【採(り)物】①神事に際し神主などが手にするもの。②神楽で、舞人の長が舞うとき手にするもの。サカキ・ササ・幣など各種のものがある。③神楽曲の一分野の名。手に物をもち、舞うものの総称。

**とりもの-ちょう**【捕物帳】①江戸時代に、捕り方役人などが捕り物について書き記した覚え書。②《転じて》江戸時代の捕り物を描いた時代推理小説。

**とりや**【鳥屋】〈町〉石川県能登半島南部、七尾市西隣の町。農業のほかに化学繊維工業などがある。人口六三二二(一九八八)。

**どりゃ**(感) 相手を促したり、何かをするときに発する語。さあ。いざ。

**トリヤッチ**【Tolyatti】ソ連、ロシア共和国

▼常用漢字表外。 ▽常用漢字表の音訓外。

西部、クイビシェフ湖に臨む工業都市。合成ゴム・自動車工業など。人口五一・七万(一九八〇)。

**とり-や・める【取(り)▽止める】**(下一他) 予定していたことをやめる。中止する。cancell

**と-りゅう【▼砥粒】** 工作物を研削・研磨するときに用いる硬く細かい粒子。アルミナ粉・金剛砂(こんごうさ)などをいう。abrasive grain

**ドリュック【Delluc】** →デリュック

**トリュッフ【truffle】** セイヨウショウロの別名。香りの高いキノコで、欧米でもっとも珍味とされる。

**トリュフォー【François Truffaut】**(一九三二〜八四) フランスの映画監督。ヌーベルバーグの旗手。作品『大人は判(わか)ってくれない』『突然炎のごとく』など。

**ドリュ-ラ-ロシェル【Pierre Drieu La Rochelle】**(一八九三〜一九四五) フランスの小説家。作品『夢みるブルジョワ娘』『ジル』など。

**と-りょう【塗料】** 物体の表面に塗布して塗膜をつくり、物体をさびなどから保護し、美しく見せる物質の総称。ふつう、色を出す顔料と、顔料を分散させ塗料に流動性を与えるビヒクル(展色料)とからなる。溶剤によって油性塗料・水性塗料に分けられる。目的により殺虫塗料・防火塗料・防露塗料などもある。ペイント。paint; coating →図

**ど-りょう【度量】** ①長さと容積。length and capacity ②物差と枡(ます)。measures ③他人を受け入れる寛大な性質。generosity 用例 —が大きい。

**ど-りょう-こう【度量衡】** 長さや面積および体積や質量の計量のこと。また、それをはかる物差・枡(ます)・はかりなど。weights and measures

**どりょうこう-せい【度量衡制】** 度量衡に関する、法律上または学術上の約束ごと。基本となる単位の大きさや、各単位のあいだの関係を決めたもの。weights and measures

**ど-りょく【努力】**(名・サ変自) 物事に精出すこと。つとめ励むこと。骨折り。effort 用例 —の結晶。

**とり-よせ【鳥寄せ】** 口笛・鳥笛などを使い、鳴き声をまねて小鳥を呼び寄せること。

**とり-よ・せる【取(り)寄せる】**(下一他) ①手に取って引き寄せる。②持って来させる。②送り届けさせる。order from

**トリル【trill】** 音楽で、主要音と上二度の音とを交互に速く反復する奏法で、ふるえるような感じの音。顫音(せんおん)。比較 トレモロ。

**ドリル【drill】** ①穴あけ用の切削工具。丸棒にらせん状の刃を、また先端には円錐(えんすい)状の刃をもつもの。②反復練習や学習。また、その教材。③雲斎織(うんさいおり)。④種まき作業に使う農業機械。⑤マンドリルに似るが、顔の黒いオナガザル科の動物。体長約七〇cm。雑食性。アフリカの森林に生息。

**とり-わけ【取(り)分け】** ㊀(名) ①取り分けること。②相撲で、引き分け。㊁(副) ことに。とくに。above all

**とりわけ-て【取(り)分けて】**(副) とりわけ。とくに。especially; above all

**とり-わ・ける【取(り)分ける】**(下一他) ①分けて区別する。devide ②食べ物などを、別の器に盛り分ける。distribute

**とり-わさ【鳥▽山▼葵】** 鶏肉のささみを刺身にし、わさびじょうゆであえる料理。

**ドリンク【drink】** 飲み物。用例 ソフト—。

**ドリンクウォーター【John Drinkwater】**(一八八二〜一九三七) イギリスの詩人・劇作家。史劇『アブラハム=リンカーン』など。

**ドリンク-ざい【ドリンク剤】** ビタミンなどを主体とし、疲労回復などを目的に調製された清涼飲料水に似た飲み物。

**ドリン-ざい【ドリン剤】** アルドリン・エンドリン・ディルドリンなどの有機塩素系の殺虫剤の総称。毒性・残留性が高いので、使用が厳重に規制されている。drin insecticides

**と・る【取る】**(五他) ①《「把る」とも》手に持つ。つかむ。握る。take 用例 手に—。②手に入れる。得る。get 用例 月給を—。資格を—。休暇を—。③人を選んで迎える。用例 嫁を—。④人を選んで仕える。用例 主を—。⑤《「摂る」とも》体に入れる。食べる。食う。eat 用例 日に三度—。⑥解する。construe 用例 悪意に—。⑦奪う。deprive 用例 金品を—・られた。⑧かかる。要する。take 用例 時間を—。⑨取り除く。take off 用例 ふたを—。しみを—。⑩注文して届けさせる。order 用例 新聞を—。⑪うまく扱う。用例 機嫌を—。拍子を—。釣り合いを—。⑫行う。do 用例 処置を—。⑬記録にのせる。take down 用例 ノートに—。⑭身につけていたものをはずす。用例 ネクタイを—。上着を—。⑮引き受ける。take 用例 責任を—。⑯つける。contact 用例 連絡を—。⑰殺す。用例 打ち—。⑱よくない結果を招く。suffer an unexpected defeat 用例 不覚を—。⑲つくる。model 用例 型を—。⑳遊び・競技などを行う。play 用例 相撲を—。

**取って代わる**(とってかわる) 今まで他のものが占めていた位置に入れかわる。replace

**取って付けた様**(とってつけたよう) 言動などが、いかにも不似合い・不自然である。be artificial

**取るに足りない**(とるにたりない) 問題として取り上げるに値しない。insignificant

**取る物も取り敢えず**(とるものもとりあえず) 大急ぎで。用例 —参上しました。

**と・る【捕る】**(五他) つかまえる。とらえる。catch 用例 ネズミを—。

**捕らぬ狸の皮算用**(とらぬたぬきのかわざんよう) ①収入をみこして当てにすること。count one's chickens before they are hatched ②当てにならないことを当てにすること。count one's chickens before they are hatched

**と・る【執る】**(五他) ①扱う。つかさどる。do business 用例 事務を—。②手に持って使う。③主張する。insist 用例 自説を—。

**筆を執る**(ふでをとる) 書く。

**と・る【採る】**(五他) ①選び取る。㋐採集する。用例 薬草を—。㋑採用する。adopt 用例 三名を—。②…からつくる。make from 用例 菜種から油を—。③とり出す。extract 用例 血を—。④とりこむ。let in 用例 窓から光を—。

**と・る【撮る】**(五他) 写真などに写す。take a picture 用例 風景を—。

**トル【Torr】** →トリチェリ

**ドル【dollar・弗】** ①アメリカ合衆国の通貨の基本単位。一ドルは一〇〇セント。国際通貨であり国際間取引の決済や対外支払準備にあてられる。米ドル。記号$。ダラー。②カナダ・オーストラリア・香港(ホンコン)などの通貨の基本単位。ダラー。③ぜに。金銭。

**どるい-きんぞく【土類金属】** アルミニウムおよび希土類元素の総称。また、アルミニウム・ガリウム・インジウム・タリウムの四元素を指す場合もある。earth metal

**トルイジン【toluidine】** 化学式 $C_6H_4(CH_3)NH_2$ ニトロトルエンの還元で生成する。染料などの合成原料として利用。

**ドルイド【Druid】** 古代ガリアやイギリスのケルト民族の間に信仰されていた、古代宗教の司祭階級。いけにえをささげて戦勝・豊作などを祈願。詩歌を語り伝え、貴族の子弟の教育にあたるなど、ほぼ絶対的権威をもっていた。魂の不滅・肉体の輪廻(りんね)転生を説いたといわれ、伝説や昔話では強力な魔法使いとして出現する。

**ドルイド-きょう【ドルイド教】** ガリア・ブリテン諸島の先住民族であるケルト人の宗教。霊魂不滅・輪廻(りんね)を信じたといわれるが、口伝によったため教義・儀礼の詳細は不明。Druid

**ドルーズ【Gilles Deleuze】**(一九二五〜) フランスの哲学者。ヨーロッパの二元論的思考の超出を企図。精神医学者のフェリックス=ガタリとの共同作業・共著で知られる。著書『差異と反復』など。

**トルード【Trud ロシア】**《労働の意》ソビエト連邦労働組合中央評議会の機関紙。朝刊。一九二一年創刊。

**トルーニ【Toruń】** トルンの別称。

**トルーマン【Harry Shippe Truman】**(一八八四〜一九七二) アメリカの政治家。第三三代大統領(在任一九四五〜五三)。民主党所属。第二次大戦の終結、戦後処理に指導的役割をはたす。一九四七年トルーマン-ドクトリンを発表。国内では反共統制を強化。

**トルーマン-ドクトリン【Truman Doctrine】** 一九四七年、アメリカのトルーマン大統領が表明した外交政策。共産主義の脅威下にあるギリシア・トルコなどに対し、軍事・経済援助を与えるというもの。

**トルエン【toluene】** 化学式 $C_6H_5CH_3$ 燃えやすい無色の液体。麻酔性があり、劇薬。シンナーの成分の一つ。有機合成の原料として重要。

**トルガ【Miguel Torga】**(一九〇七〜) ポルトガルの小説家。とくに、短編にすぐれる。作品『獣たち』、詩と散文による『日記』など。

**ドル-かい【ドル買い】** ドル通貨・ドル為替などを買うこと。dollar purchase

**ドル-がいこう【ドル外交】** 経済力を活用して対外的進出をはかるアメリカの外交政策。とくに、二〇世紀初頭のタフト政権の対カリブ海地域政策をさす。dollar diplomacy

**トルキーン【John Ronald Reuel Tolkien】**(一八九二〜一九七三) イギリスの小説家・言語学者。独特な寓話(ぐうわ)世界をつくり、一九六〇年代の若い世代の圧倒的な支持を得る。作品『ホビットの冒険』、三部作『指輪物語』など。

**トルキスタン【Turkistan】** 中央アジア、カスピ海東岸からタリム盆地東端までの歴史的地域名。パミール高原により、中国の東トルキスタンとソ連の西トルキスタンに二分。

**トルク【torque】** ①歯車や車輪などの軸をねじる力。②力のモーメント。

**トルク-コンバーター【torque converter】** おもにノークラッチの自動車などで、流体を用いて一方の軸から他の軸へ動力を伝える装置。流体変速機。トルコン。

**トルクメン【Turkmen】** 中央アジアのトルコ系民族でオグズ族の一分派。セルジュク朝、

●塗料 家庭で用いるおもな塗料の種類と特性

| 分類 | | 名称 | 薄め液 | 乾燥時間 | 特性 | 用途 |
|---|---|---|---|---|---|---|
| 透明塗料 | 油性塗料 | 油性ワニス | 塗料用シンナー | 10時間 | 光沢が良く、硬い塗膜を作るが、日光・風雨に弱い | 建具、家具など屋内の木部 |
| | 合成樹脂塗料 | ポリウレタン樹脂ワニス | 専用シンナー | 3~5 | 光沢・付着性が良く、衝撃、摩擦、水、油にも強い | 屋内外の木部、床、階段など |
| | 酒精塗料 | セラックニス | アルコール | 1 | べとつかず塗りやすい。熱やアルコールに弱い | 屋内木部のやに止めなど |
| | セルロース塗料 | クリヤラッカー | ラッカーシンナー | 1 | 塗膜は薄くて硬く、磨くとつやが出る | 高級家具、工作品など |
| | | アクリルクリヤラッカー | 専用シンナー | 1 | 光沢が良く、無色透明で熱にはやや弱い | 家具、建具の白木仕上げ |
| 不透明塗料 | 油性塗料 | 油性調合ペイント | 塗料用シンナー | 20 | 塗りやすいがはけ目が残る。日光や風雨に強い | 屋内外の木部、鉄部 |
| | | 油性ルーフペイント | 塗料用シンナー | 20 | トタンのさび止め効果があり、付着性が良い | トタン屋根、雨どいなど |
| | セルロース塗料 | アクリルラッカーエナメル | 専用シンナー | 1 | 光沢が良く、つやが長持ちし、屋外でも強い | 自動車、自転車など金属類 |
| | | エアゾールラッカー | 不用 | 1 | 手軽で色数も豊富 | 金属、木材など |
| | 合成樹脂塗料(溶剤型) | 合成樹脂調合ペイント | 塗料用シンナー | 10 | 光沢があり、屋外でも強く、つやが長持ちする | 屋内外の木部、鉄部 |
| | | 合成樹脂さび止めペイント | 塗料用シンナー | 10 | 塩分に強いが、塗膜は薄く、上塗りが必要 | 鉄部全般のさび止め用 |
| | | アルキド樹脂エナメル | 専用シンナー | 6 | 光沢が非常に良く、塗膜が硬いので屋外にも向く | 自動車、農機具、小型機械 |
| | 合成樹脂塗料(水性型) | ビニル系エマルジョンペイント | 水 | 1 | 無臭で引火性がなく落ち着いたつや消しになる | 屋内の壁や天井など |
| | | アクリル系エマルジョンペイント | 水 | 1 | 水・湿気に強く、汚れにくい。多くカビ防止剤入り | 台所や浴室の天井、壁 |
| | | つやあり水性ペイント | 水 | 1 | 湿気に強く、つやのある塗料。引火性がない | 屋内外の壁や、木部、鉄部 |
| | | 水性さび止めペイント | 水 | 2 | 取り扱いが簡単で引火性がない。上塗りが必要 | 鉄部全般のさび止め用 |

日本塗料普及会調べ

ついでモンゴルに服した。一六世紀以降ヒバ・ブハラ両ハン国、さらにイランに抑圧・分割され、一九世紀には帝政ロシアに服属。

**トルクメン-きょうわこく【トルクメン共和国】**(Turkmenskaya SSR) ソビエト連邦を構成する共和国の一つ。首都アシハバード。中央アジア南西部、カスピ海南東部に位置。国土の大部分が砂漠地域。面積四八・八万㎢。人口三二七万(一九八四)。正称トルクメン=ソビエト社会主義共和国。

**ドル-クローズ**[dollar clause] 国際間の取引契約で、債務の支払いを契約当時の米ドルの価値に基づいて行うことを約束した条項。ドル約款。

**トルコ**[Turco ポルトガル・土耳古](Republic of Turkey) アジア西端、小アジアとヨーロッパのバルカン半島にまたがる共和国。首都アンカラ。一三世紀にはアジア・アフリカ・ヨーロッパにおよぶ大帝国を形成したが、第一次大戦に敗れ国土が縮小。小麦・綿花・ブドウ・タバコ生産が中心。面積七八・一万㎢。人口五〇三〇万(一九八六)。正称トルコ共和国。

**トルコ-いし【トルコ石】** 銅・アルミニウムなどを含む燐酸塩鉱物。三斜晶系。通常緻密な塊状で結晶はまれ。青色・淡青緑色で、樹脂状光沢をもち、飾り石として使われる。主産地はイラン・アメリカ。一二月の誕生石。トルコ玉。緑松石。turquoise →誕生石 写

**トルコ-かくめい【トルコ革命】** トルコで起きた二回の革命の総称。①第一次大戦後ケマル=アタチュルクの指導下に帝政を廃してイギリス・ギリシアなどの軍隊を駆逐。一九二三年共和制を宣言。②一九六〇年メンデレス内閣に反対する軍部のクーデターが成功。六一年新憲法を制定。第二共和国が成立。

**トルコ-ききょう【トルコ▼桔▼梗】** リンドウ科の多年草。茎は細く直立。夏、茎頂に淡紫色の花をつける。花壇・切り花・鉢植えに用いる。テキサス州原産。

**トルコ-ご【トルコ語】** トルコ共和国の国語。アジア・ヨーロッパに広く分布する同族の言語はチュルク語と総称する。発達した母音調和と、簡単で規則的な膠着語的文法が特徴。Turkish

**トルコこうしんきょく【トルコ行進曲】** ①《原題Turkischer Marsch ドイツ》一七八三年モーツァルト作曲のピアノ=ソナタ、イ長調、K三三一の第三楽章。②《原題Marcia alla turca イタリア》一八一一年ベートーベン作曲『アテネの廃墟』の第四曲。《元来はトルコ近衛の兵の行進曲》

**トルコ-だま【トルコ玉】** →トルコいし(トルコ石)

**トルコ-ぶろ【トルコ風▼呂】** 洋風の蒸し風呂。

**トルコ-ぼう【トルコ帽】**《もと多くトルコ人がかぶった》筒形で、つばのないフェルト帽子。fez

**トルコン** 「トルクコンバーター」の略。

**ドル-シフト**[dollar shift]《「シフト」は移行・転換、の意》円など他の通貨によっていた対外取引資金の調達を、ドル建てに切り替えること。円金利がドル金利より相対的に割高になったときに生じる動き。

**ドルジュレス**[Roland Dorgelès](一八八六〜一九七三) フランスの小説家。作品『木の十字架』など。

**トルストイ**[Aleksey Konstantinovich Tolstoy](一八一七〜一八七五) ロシアの詩人・小説家。叙情詩にすぐれた。小説『白銀公爵』、悲劇『イワン雷帝の死』など。

**トルストイ**[Aleksey Nikolayevich Tolstoy](一八八三〜一九四五) ロシア・ソ連の小説家。作品『ガーリン技師の双曲線』『ピョートル一世』、三部作『苦悩の中を行く』など。

**トルストイ**[Lev Nikolayevich Tolstoy](一八二八〜一九一〇) ロシアの小説家。世界的文豪で近代リアリズム文学の最高峰。後期には愛と非暴力の思想を説いた。小説『幼年』『少年』『青年』の三部作、『戦争と平和』『アンナ=カレーニナ』『復活』『イワン=イリイチの死』『クロイツェル=ソナタ』、民話『イワンの馬鹿』、戯曲『闇の力』など。→写

●L=トルストイ

**トルストイアン**[Tolstoian] トルストイ主義者。レフ=ニコラエビチ=トルストイの唱えた私有財産の否定、素朴な農民生活・非戦論・非暴力主義を奉ずる人々。

**トルソ**[torso イタリア]《人体の胴、の意》首と手足を欠いた胴体だけの彫像。torso

**ドル-そうば【ドル相場】** ある通貨と米ドルとの為替相場。米ドルとの交換比率。exchange rates of the dollar

**ドル-だか【ドル高】** 米ドルの対外価値が高まること。strong dollar 対義 ドル安。

**ドル-だて【ドル建て】** 貿易取引や為替相場などが米ドルで決められ、ドル表示になっていること。dollar basis

**ドル-ちいき【ドル地域】** 米ドルで取り引きの行われる地域・国々。dollar area

**トルティーヤ**[tortilla] ①メキシコ料理の一つ。トウモロコシの粉で作った、せんべい風の皮。煮たりいためたりした料理をはさんで食べる。②スペイン料理の一つ。ポテト入りのオムレツ。

**トルテカ-ぞく【トルテカ族】** 一〇〜一二世紀にメキシコ中央部にトルテカ王国を築いた民族。言語はナワ語系。象形文字を使用して年代を記述。建築や工芸にすぐれる。Toltec

**ドルドーニュ-がわ【ドルドーニュ川】**(La Dordogne) フランス南西部、アキテーヌ盆地の川。長さ四七〇㎞。水量豊富でダムが多い。

**ドルトムント**[Dortmund] 西ドイツ中部、ルール地方東部の工業都市。鉄道交通の要地。ルール炭田の一中心。人口五七・五万(一九八五)。

**ドルトムント-エムス-うんが【ドルトムント-エムス運河】**(Dortmund-Ems Kanal) 西ドイツ北西部、ドルトムントからミュンスターを経て北海に通じる運河。長さ二七〇㎞。幅四三m。途中に多くの閘門がある。

**ドルトレヒト**[Dordrecht] オランダ南西部、南ホラント州南東部の商業都市。中世にもっとも繁栄。人口一〇・七万(一九八六)。

**ドルトン**[John Dalton](一七六六〜一八四四) イギリスの化学者・物理学者。近代原子説の祖。原子量の概念、倍数比例の法則、気体の分圧の法則(=ドルトンの法則)などを発見。

**ドルトン-の-ほうそく【ドルトンの法則】** 混合気体の全圧は、各成分気体の分圧の和に等しいという法則。一八〇一年イギリスのドルトンが発見。分圧の法則。Dalton's law

**トルネード**[tornado] 北米大陸で、春から初夏にかけて発生する大竜巻。風速毎秒一〇〇mを超す大規模なものが多い。

**ドル-ばこ【ドル箱】** ①出資者。patron ②お金をもうけさせてくれる人・商品。milch cow

**ドルバック**[Paul Henri Thiry d'Holbach](一七二三〜一七八九) フランスの啓蒙主義の哲学者。ドイツ生まれ。百科全書派の一人。機械論的唯物論に立って無神論を主張。著書『自然の体系』など。

**トルバドゥール**[troubadour フランス] 一二世紀ごろ活躍した南フランス=オック語の叙情詩人の総称。ギヨーム・リュデルら。その恋愛詩は北フランス文学やダンテに影響を与えた。

**トルバルセン**[Bertel Thorvaldsen](一七七〇〜一八四四) デンマークの彫刻家。カノーバと並ぶ新古典主義の代表者。作品『イアソン』『キリスト像』など。

**トルヒーヨ**[Trujillo] ペルー北西部の商業都市。サトウキビ栽培の中心地で、製糖業・食品加工業などがさかん。人口三五・五万(一九八一)。

**トルファン**[Tulpan] →トゥルファン

**ドルフィン**[dolphin] イルカ。

**ドルフィン-キック**《和製語。イルカの尾ひれの動きに似ているところから》バタフライ泳法に用いる足の動作。伏した状態で両脚をそろえて上下に動かし、足の甲で水を打って進む。

**トルブタミド**[tolbutamide] 内服用糖尿病治療薬。効果が適切で副作用も少ない。

**トルベール**[trouvère フランス] 南仏のトルバドゥールの影響をうけた北フランス=オイル語の恋愛叙情詩人の総称。一二〜一三世紀ごろ活躍。ブリュレ・ベチューヌら。

**トルマリン**[tourmaline] 宝石の一種。緑とピンクのものは高価で、黒色のものは価値が低い。ピンクの石はルベライトとよばれる。

**ドルマン-スリーブ**[dolman sleeve]《トルコ人が着る外套、ドルマンの袖型に似ていることから》袖型の一つ。身ごろと一続きになった、袖ぐりの深くゆったりした袖。袖口に向かうにつれて細くなる。→スリーブ 図

**ドルメン**[dolmen] 巨石記念物の一種。新石器時代から金属器時代にかけて構築。数個の支石と大形の天井石で構成。墳墓とみられる。全世界に分布。→写

●ドルメン　コーンワル(イギリス)。

**ドル-やす【ドル安】** 米ドルの対外価値が低くなること。cheap dollar 対義 ドル高。

**トルン**[Toruń] ポーランド中部の商工業都市。ビスワ川の河港。コペルニクスの生地。人口一八・六万(一九八五)。

**どれ【▽何れ】** 一(代) 複数のもののうちで、はっきり決められないもの、あるいは人をさす語。いずれ。which 用例 ―にしますか。まっ黒に日焼けした顔が並んで、―が太郎なの。二(感) 思い立ったとき、確かめたいと思ったときなどに出す声。Well 用例 ―、ひとねむりするか。―、見せてごらん。

**ドレ**[Paul-Gustave-Louis-Christophe Doré](一八三二〜一八八三) フランスの画家・版画家。聖書やセルバンテス『ドン=キホーテ』などの挿絵で知られる。

**トレアドル-パンツ**[toreador pants] スペインの闘牛士がはいているようなズボン。体にぴったりした足首より短めの丈のもの。マンボズボン。→図

●トレアドルパンツ

**ど-れい【奴隷】** ①人格を認められず、他人の所有物として生産・労働に使役され、売買・譲渡などされる身分。slave ②あるものにしばりつけられている人。slave 用例 金銭の―。

**ドレイエル**[Dreyer] →ドライヤー

**どれい-おうちょう【奴隷王朝】** 中世インド、デリー王朝最初の王朝。一二〇六年ゴール朝の部将アイバクが創始。それ以後の九代の王に、宮廷奴隷出身者が多かったのでこうよばれた。一二九〇年ヒルジー朝に代わられた。Slave dynasty

**どれい-かいがん【奴隷海岸】**(Slave Coast) 西アフリカ、東はギニア湾沿岸のニジェール川デルタから西はトーゴとガーナ国境付近までの海岸地帯の旧植民地時代の通称。かつて奴隷として現地人をつれ出したことから命名。長さ約五〇〇㎞。バダグリ海岸。

**どれいかいほう-うんどう【奴隷解放運動】** 奴隷制を廃止し、奴隷の人間としての権利を回復しようとする運動。イギリスでは一八〇七年奴隷貿易禁止、三八年には全奴隷を解放。フランスでは四八年に完全廃止。アメリカでは独立後北部諸州では廃止されたが、南部諸州では南北戦争まで存続。六五年の憲法修正で廃止が決定。antislavery movement

**どれいかいほう-せんげん【奴隷解放宣言】** 南北戦争中の一八六三年、アメリカ合衆国大統領リンカーンの公布した宣言。当時合衆国に対して反乱状態にあった諸州の奴隷を即時全面的に解放するというもの。南部の軍事的・経済的基礎破壊のための戦略的措置。Emancipation Proclamation

**どれい-せいど【奴隷制度】** 生産労働が奴隷によってなり立つ社会制度。古代社会の生産様式。ギリシア・ローマは、その典型。slavery

**どれい-ぼうえき【奴隷貿易】** アフリカ黒人をアメリカ大陸植民地へ奴隷として売る貿易。一六世紀ポルトガルが始め、一八世紀初めにはイギリスが独占的に行った。一九世紀に入り奴隷解放運動により衰退。slave trade

**トレー**[tray] 盆。

**ドレーク**[Francis Drake](一五四五ごろ〜一五九六) イギリスの航海者。エリザベス一世の許可のもとに西インドのスペイン領を略奪。一五七七〜八〇年マゼラン海峡・太平洋・インド洋を経て世

▼常用漢字表外。　▽常用漢字表の音訓外。

界周航に成功。八八年無敵艦隊撃破に功をたてた。

**トレーサー**【tracer】 生体内や化学反応系の中で、ある特定の元素または物質の移動のようすを追跡するために用いる指標物質。主として放射性同位体を用いる。追跡子。

**トレーシング-ペーパー**【tracing paper】 トレースに使用するための薄紙。トレース紙。

**トレース**【trace】(名・サ変他) ①図面を引くこと。②敷き写しすること。

**トレーズ**【Maurice Thorez】(一九〇〇～六四) フランスの政治家。一九三〇年から終生共産党書記長を務め、「トレーズの党」といわれるほど同党の実権を掌握した。四五～四七年副首相。常にソビエト連邦を擁護する路線をとり、ド＝ゴールに反対して党勢の拡大に努めた。

**トレード**【trade】(名・サ変他) ①商取引すること。貿易。②プロ野球球団の間で選手を交換・移籍すること。用例 金銭——。

**トレード-オフ**【trade-off】 一方をたてるために他方をいくらか犠牲にすること。経済では、失業を減少させようとすれば物価が上昇し、逆に物価を低下させようとすれば失業が増大するような関係をいう。

**トレードマーク**【trademark】 ①登録商標。②その人を特徴づける独特のもの。用例 ——のちょびひげ。

**トレード-マネー**【trade money】 プロ野球などで、球団間で選手を移籍させるさいに、獲得球団が相手球団に支払う移籍料。

**トレード-ユニオン**【trade union】 ①労働組合。②同業組合。

**ドレートン**【Michael Drayton】(一五六三～一六三一) イギリスの詩人。イギリス風土記風の叙事詩『多幸の国』で有名。

**トレーナー**【trainer】 ①訓練する指導者。調教師。運動選手などがトレーニング用に着るシャツ。②《和製語》㋐「トレーナーシャツ」の略。運動選手などがトレーニング用に着るシャツ。俗にズボンを含み、トレーニングウエアをさすこともある。裏起毛したコットン・ニット製で、襟・カフス・裾にリブ編みをつける。training shirt ㋑体操用の服の通称。sweat shirt

**トレーニング**【training】(名・サ変自) 心身のはたらきの向上をめざしての訓練・練習・鍛練。

**トレーニング-キャンプ**【training camp】 スポーツのチームが合同訓練のために合宿して行う練習。また、その合宿。

**トレーニング-パンツ**【training pants】 運動練習用ズボンの総称。ウエストや裾にゴムやひもを入れ、動きやすくなっている。トレパン。

**ドレーピング**【draping】 ①布を掛けたり、垂らしたりすること。②婦人服の立体裁断のこと。

**ドレープ**【drape】《布を垂れ下げる、の意》布の自然に流れるようにした柔らかな不定形のひだやたるみ。自然なひだ飾り。

**トレーラー**【trailer】 原動機をもたず、自動車などにひかれる車両。貨物用・旅客用、居住設備付きのものなど。付随車。用例 ——バス。

**トレーラー-ハウス**【trailer house】 乗用車に牽引される移動住宅。レジャー用・移動労働者用など。

**トレーラー-バス**《和製語》エンジン付きの車両に、長い旅客用トレーラーを連結させたバス。

**トレーン**【train】 イブニングドレス・ウエディングドレスなどに見られる引き裾。裾を長く引いた飾り。裳裾。

**トレオニン**【threonine】 アミノ酸の一種。L型は必須アミノ酸で、動物性たんぱく質に多く含まれる。スレオニン。

**トレオン**【Torreón】 メキシコ中北部の工業都市。綿花地帯の中心。人口三六・四万(一九九〇)。

**トレジアコフスキー**【Vasily Kirileovich Trediakovsky】(一七〇三～六九) ロシアの詩人。ロシア古典主義文学を確立。作品『新簡易ロシア作詩法』『テレマヒーダ』など。

**ドレス**【dress】 ①衣服。服装の総称。おもに、婦人服。②ワンピース形式のドレスの各種。とくに、礼装用をさすときもある。

**ドレス-アップ**【dress up】(名・サ変自) 盛装すること。着飾ること。晴れ着を着て改まること。

**ドレス-シャツ**【dress shirt】 男性の礼装用シャツ。胸の部分や袖口に華やかな装飾がほどこされたもの。

**ドレス-ダウン**《和製語》フォーマルドレスのような約束ごとにこだわらない自由な装いをすること。略装すること。

**ドレスデン**【Dresden】 東ドイツ南東部、エルベ川に臨む古い都市。第二次大戦で大空襲を受けた。同国南部の交通・商工業の中心地。人口五二万(一九八五)。

**ドレスナー-ぎんこう**【ドレスナー銀行】(Dresdner Bank AG) 西ドイツの三大商業銀行の一つ。証券業務も兼営。一八七二年設立。

**ドレス-フォーム**【dress form】 洋裁で使う、肩から腰までをかたどった人台。日本では俗にボディーまたはスタンともいう。

**ドレスメーカー**【dressmaker】 ①婦人服の洋裁師。②婦人服製造業者。

**ドレスメーキング**【dressmaking】 ドレスをつくること。

**ドレス-リハーサル**【dress rehearsal】 衣装をつけてする舞台げいこ・総ざらい。

**とれ-だか**【取れ高】 農作物の収穫の分量。crop

**と-れつ**【▽堵列】(名・サ変自) 大勢が垣根のように並び立つこと。また、その列。

**トレッキング**【trekking】《元来は、やや難儀しながら、ゆっくり旅行すること、の意》小登山や山麓周遊など、健康を目的とした徒歩旅行。

**ドレッサー**【dresser】 ↓けしょうだんす(化粧箪笥)

**ドレッシー**【dressy】(形動) ①婦人服のしゃれて優美な感じのするさま。対義 スポーティー。②「正装の」「夜会用の」の意。

**ドレッジャー**【dredger】 ↓しゅんせつせん(浚渫船)

**ドレッシング**【dressing】 ①服装。②装飾。③ソースの一種。一般には、フレンチドレッシングをさす。広義にはマヨネーズも含む。

**トレッド**【tread】 ①タイヤの接地面。②自動車の左右の車輪間の距離。ふつう、接地面の中点で測る。

**ドレッドノート**【Dreadnought】 イギリスの戦艦。一九〇六年建造。排水量一万七九〇〇トン。三〇cm砲一〇門。大艦巨砲主義の先駆となった。参照 超弩級・弩級艦。

**トレド**【Toledo】 アメリカ、オハイオ州エリー湖西端の工業都市。五大湖の主要な港で交通の要地。人口三三五・五万(一九九〇)。

**トレド**【Toledo】 スペイン中部、タホ川右岸の都市。アラブ的雰囲気をもつ。中世スペインの政治・文化の中心。エル＝グレコの絵画を所蔵する聖堂がある。人口六万(一九八一)。

**どれ-どれ**【▽何れ▽何れ】(感)《「どれ」を重ねた語》相手をうながす語。また、自分の行動に弾みをつける語。用例 ——貸してごらん。

**トレニア**【torenia】 ゴマノハグサ科の多年草。高さ約三〇cmで冬は枯れる。葉は卵状披針形で紫褐色。花は紫青と白。鉢植え・花壇用。

**トレネ**【Charles Trénet】(一九一三～ ) フランスのシャンソン歌手・作詞家・作曲家。シャンソンにリズム感を取り入れ、明るく空想的な曲が得意。作品『ラ-メール』『詩人の魂』など。

**トレ-パン**《「トレーニングパンツ」の略》運動用の長ズボン。

**ドレフュス**【Henry Dreyfuss】(一九〇四～七二) アメリカの工業デザイン界の先駆者の一人。事務機器から飛行機まで広い分野で活躍。

**ドレフュス-じけん**【ドレフュス事件】(L'Affaire Dreyfus フランス) フランス第三共和政下の政治裁判事件。一八九四年ユダヤ系の砲兵大尉ドレフュスがドイツのスパイとして罪状否認のまま終身刑を宣告され、無罪を主張する共和派やゾラ・クレマンソーら知識人と王党派・軍部が激しく対立し、大きな政治問題に発展。のち、真犯人が判明し、九九年ドレフュスは釈放、無罪となった。

**どれ-ほど**【▽何れ程】(副) どのくらい。どんなに。how much

**トレミー**【Ptolemy】《プトレマイオスの英語読み》↓プトレマイオス

**ド-レ-ミ-ファ**【do, re, mi, fa イタリア】 ①音階。the scale ②音楽の初歩。

**トレモロ**【tremolo イタリア】 弦楽器・打楽器などで、同一音をこまかく、急速に反復させる奏法。また、そのふるえ音。震音。tremolo 比較 トリル。

**と・れる**【取れる】(下一自) ①取れた状態になる。be gone 用例 疲れが——。②必要になる。take time 用例 手間が——。③解される。be interpreted 用例 皮肉に——。④なくなる。離れる。come off 用例 洋服のボタンが——。

**と・れる**【捕れる】(下一自) 収穫物が得られる。be caught 用例 魚が——。

**と・れる**【採れる】(下一自) 得られる。be got 用例 菜種から——・れた油。

**と・れる**【撮れる】(下一自) 写真が写っている。be taken 用例 富士山がよく——・れている。

**トレルチ**【Ernst Troeltsch】(一八六五～一九二三) ドイツのプロテスタント神学者・歴史哲学者。著書『キリスト教の絶対性と宗教の歴史』など。

**トレルリ**【Giuseppe Torelli】(一六五八～一七〇九) イタリアの作曲家・バイオリン奏者。独奏バイオリン協奏曲形式の創始者の一人。作品『コンチェルト・グロッソ』。

**トレンチ**【trench】 ①堀。溝。塹壕。考古学で、試掘溝。②「トレンチ-コート」の略。

**トレンチ-こうほう**【トレンチ工法】 地下に構造物を造る工法の一つ。さきに壁や柱の部分だけ幅を狭く掘って、そこに構造体を造り、そのあとで残りの部分を掘り出し全体を完成させる。trench cut method

**トレンチ-コート**【trench coat】 晴雨兼用のコート。ダブルブレスト(＝両前)で肩布がつき、共布のベルトと左右の大きなポケットが特徴。第一次大戦中、イギリス兵士が塹壕(＝トレンチ)の中で着た防水用コートに由来。↓図

●トレンチコート

**ドレンチャー**《drencherは「水に浸す」の意から》水を噴射して水膜をはり、他からの類焼を防ぐ形式の消火装置。建物の外部や劇場の舞台と客席のあいだに設ける。

**トレンティノ-アルト-アディジェ**【Trentino-Alto Adige】 イタリア北部の自治州。州都トレント。人口八七・六万(一九八三)。

**トレント**【Trento】 イタリア北部、アディジェ川中流沿いの都市。オーストリアに至る交通の要地。一一世紀以来の古建築が多い。人口一〇万(一九八二)。

**トレンド**【trend】 動向。傾向。趨勢。

**トレントン**【Trenton】 アメリカ合衆国、ニュージャージー州デラウェア川沿いの工業・河港都市。独立戦争当時の遺跡がある。人口九・二万(一九九〇)。

**とろ** ①マグロなどの肉の脂肪の多い部分。あぶらの乗りぐあいで大とろ・中とろなどと分ける。②「とろろ汁」の略。用例 麦——。

**とろ**【▽瀞】 川の流れが静かで深い所。pool in a river 用例 ——場。

**と-ろ**【吐露】(名・サ変他) 自分の意見を隠さず述べ表すこと。express 用例 本心を——する。

**トロ** 「トロッコ」の略。

**どろ**【泥】 ①水気が多くて、やわらかい土。mud ②悪いもの。恥となるもの。disgrace ③「泥棒」の略。用例 こそ——。

**顔に泥を塗る** 恥をかかせる。名誉を傷つける。bring disgrace on

**泥の様に眠る** 正体もなく、ぐっすり眠りこむ。sleep like a log

**泥を被る** 非難を浴びる。承知の上で責任を負う。take the blame for

**泥を塗る** 恥をかかせる。disgrace 類似 面目を潰す。

**泥を吐く** 《俗語》犯した罪を白状する。confess one's crime

**泥を踏む** 足もとの定まらないようす。

**トロア**【Troyes】 ↓トロワ

**どろ-あし**【泥足】 ①泥のついた足。muddy foot ②泥水稼業をする境遇。

**とろ・い**(形) ①力が弱い。用例 火が——。②《俗語》鈍い。間が抜けている。

**トロイカ**【troyka ロシア】 ㊀《三、の意》①北欧やロシアの三頭立ての乗用馬車。冬期には車輪をはずし橇にする。②《転じて》三人の有力政治家による支配。用例 ——政権。㊁《Troika》ロシア民謡。御者が客に失恋の悲しみを訴える歌。哀調を帯びて演奏される。

**とろ-いせき**【登▽呂遺跡】 静岡市登呂で発掘された弥生時代の集落址。水田遺跡で当時の農村の生活を総合的・具体的に示す。昭和一八年(一九四三)発見、同二二～四〇年(一九四七～六五)に画期的な発掘調査が行われた。↓写(次ページ)

**ドロイゼン**【Johann Gustav Droysen】(一八〇八～八四) ドイツの歴史家・政治家。プロイセンの指導的使命を主張。主著『ヘレニズム史』では統一世界としてのヘレニズム世界の意義を強調し、ヘレニズムという歴史概念を確立した。

●登呂遺跡

**トロイデ**【Tholoide ドイツ】→ようがんえんちょうきゅう(溶岩円頂丘)

**トロイメライ**【Träumerei ドイツ】《夢想、の意》シューマン作曲のピアノ曲。一三曲の小品集『子供の情景』の第七曲。一八三八年作。ロマン的詩情をたたえた、ロマン派のピアノ曲を代表する名作。

**と-ろう**【徒労】むだな骨折り。無益の労苦。vain effort 用例 —に終わる。

**徒労に帰す**(とろうにきす) むだな骨折りに終わる。come to nothing

**どろ-うみ**【泥海】①泥でにごった海。muddy sea ②一面のぬかるみ。mud

**どろ-えのぐ**【泥絵の具】粉末状の、不透明な絵の具。にかわを溶いて混ぜて使い、絵画や、芝居の看板や背景などを書くのに用いる。比較 岩絵の具。

**ドロー**【draw】①製図。②試合などの組み合わせを抽選すること。③ボクシングなどでの引き分け試合。

**ドローイング**【drawing】製図。ドロー。

**ドローストリング**【drawstring】洋服用の引き締めひも。衣服のウエストや袖口などにトンネル式にひもを通して引き締め、たっぷりした感じを出すのに用いられる。

**トローチ**【troche】薬品に白糖と結合剤などの添加剤を加えて成形した製剤。口中に含んで徐々に溶かし、口腔粘膜に長時間作用させる。抗生物質製剤として、おもに口腔・咽頭の殺菌・消炎に用いる。参照 口腔錠。

**ドローネー**【Robert Delaunay】(一八八五〜一九四一) フランスの画家。オルフィスムを創始。幾何学的な形象と豊かな色彩をリズミカルに構成。ドイツ画壇に影響を与えた。作品『エッフェル塔』『窓』など。

**トローリング**【trolling】えさ・擬餌針(ルアー)などをボートで引いて釣る漁法の総称。広くは漁師の引き縄漁も含む。

**トロール-あみ**【トロール網】底引き網の一種。袋網とこれに連結する両袖網からなる網漁具。網口を左右に広げ、船で海底を引く。遠洋漁業に用いられる。トロール。trawl →図

**トロール-ぎょぎょう**【トロール漁業】底引き網漁業の一種。海底の平らな大陸棚を船でトロール網を引きながら底魚を大量にとる。トロール。trawl fishery

**トロール-せん**【トロール船】トロール漁業に従事する船。トロール。trawler

**とろか-す**【▼蕩かす・▼盪かす】(五他)①溶かす。②心のしまりをなくさせる。うっとりさせる。用例 甘言で人を—。

**どろ-がめ**【泥▼亀】スッポンの異名。

**どろ-きょう**【▼瀞峡】和歌山県南東部、北山川の峡谷。絶壁と深淵が圧巻。上流から奥瀞・上瀞・下瀞に分けられ、下瀞は瀞八丁ともいわれ、景勝地として知られる。

**とろ-くさ-い**(形)①まだるっこい。②ばかばかしい。

**どろ-くさ-い**【泥臭い】(形)①土臭い。smell of mud ②あか抜けしない。田舎臭い。rustic 派生 どろくささ(名)

**とろ・ける**【▼蕩ける・▼盪ける】(下一自)①溶けて液体となる。melt ②心のしまりがなくなる。うっとりとなる。be fascinated

**トロコフォラ**【trochophora】環形動物と軟体動物の幼生形。体は球形で、浮遊性。担輪子幼生。トロコフォア。

**どろ-じあい**【泥仕合】①歌舞伎で舞台上に泥田を作り、そこで立ち回りを演じること。②互いに相手の欠点や秘密・悪事などを暴露しあって、相手の顔に泥を塗るように、みにくく争うこと。mudslinging

**トロス**【tholos ギリシア】横穴式石室墓で、穹窿天井をもつ円形プランの主室に長い羨道がつくものをいう。ミュケナイ文明後期に発達。ミュケナイの「アトレウスの宝庫」、オルコメノスの「ミニュアスの宝庫」などが有名。

**トロス-さんみゃく**【トロス山脈】(Toros Dağlari) トルコ南西部、地中海沿岸に東西に連なる山脈。最高峰エルジエス山は標高三九一六m。タウルス山脈。

**ドロステ-ヒュルスホフ**【Annette von Droste-Hülshoff】(一七九七〜一八四八) ドイツの女流詩人・小説家。詩集『宗教の一年』、小説『ユダヤ人のぶなの木』など。

**どろぞめ-おおしまつむぎ**【泥染(め)大島▼紬】大島紬の一種。樹液と泥土による伝統的な技法で地糸を染め、紬に織ったもの。色は渋い黒褐色。軽くてしなやかで、独特の風合いがある。

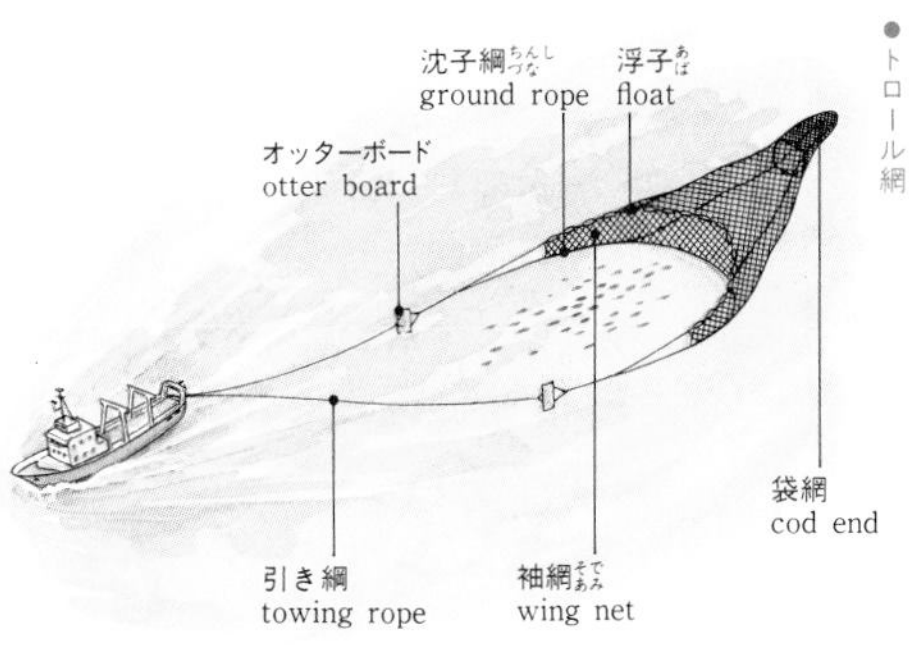


●トロール網

**トロツキー**【Leon Trotsky】(一八七九〜一九四〇) ロシアの革命家。本名レフ=ダビドビチ=ブロンシュテイン。二月革命後ボルシェビキに参加。十一月革命にさいし、ペトログラード-ソビエト議長、外務・陸海軍人民委員を歴任したが、レーニンの死後スターリンら主流派と対立し、一九二七年共産党から除名、二九年国外追放。国外からスターリン批判を行い、四〇年メキシコで暗殺された。主著『ロシア革命』『文学と革命』など。

**トロツキスト**【Trotskyist】トロツキーの思想を支持し実践する活動家。トロツキーの失脚後は、ソビエト共産党主流派にとって極左冒険主義者の代名詞となった。

**トロツキズム**【Trotskyism】トロツキーと彼が創始したマルクス主義の一分派の思想と運動。世界革命論や永久革命論を特徴とする。

**トロッコ**《truckのなまり》レール上を走る小型運搬車。鉱山・土木工事用。トロ。

**トロッター**【trotter】《本来は、速歩(トロット)を競う馬のこと》日本では、アメリカントロッター種。肩高約一六〇cm。アメリカ東部で作り出され、サラブレッドなどをかけ合わせたもので、短い距離でのスピードにすぐれる。アメリカントロッター。

**トロット**【trot】→はやあし(速歩)

**ドロップ**【drop】㊀(名・サ変自)①野球で、変化球の一種。カーブのうち、大きく曲がり落ちるものを、かつてこのようによんだ。②《学生語》落第。不合格。flunk ㊁(名)砂糖に水あめを加え、フルーツの香りをつけたキャンデー。イギリスの砂糖煮のプラムが変化したもの。ドロップス。

**ドロップアウト**【dropout】(名・サ変自)①現状の体制に反発し、その外に出ること。また、その人。②落伍者。落ちこぼれ。③ラグビーで、攻撃側のボールがタッチインゴール・デッドボールラインを越えたり、防御側がインゴールで押さえたりしたとき、自陣の二二mライン内から行うドロップキック。

**ドロップキック**【dropkick】①アメリカンフットボール・ラグビー・サッカーなどで、ボールを地面に落とし、はね上がる瞬間に蹴る方法。比較 パントキック。②プロレスで、飛び上がって両足で相手を蹴る技。飛び蹴り。

**ドロップゾンデ**【dropsonde】《「ドロップ」は落下、「ゾンデ」は測定気球、の意》航空機からパラシュートをつけて投下し、気温や気圧などの垂直分布を測定する器械。

**ドロップト-ショルダー-スリーブ**【dropped shoulder sleeve】袖型の一つ。袖付け線が、ふつうの袖付け線から下がって、肩からずり落ちた感じのもの。→図

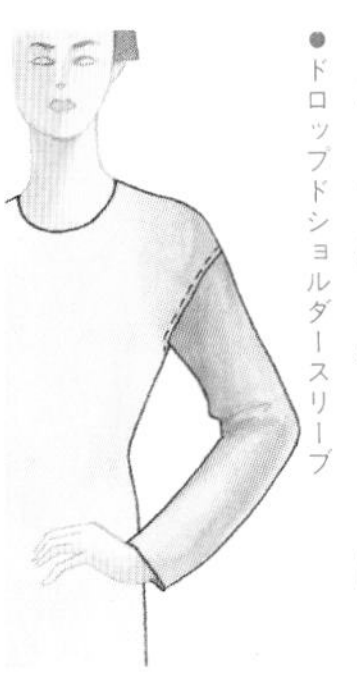

●ドロップドショルダースリーブ

**どろ-てき**【泥的】《俗語》泥棒。

**とろ-とろ**(副)①液体に粘り気のあるさま。thickly 用例 砂糖が—に溶ける。②火の勢いが弱いさま。slowly 用例 たき火が—燃える。③まどろむさま。drowsily 用例 —と居眠りをする。

**どろ-どろ** ㊀(副)①泥まみれになったさま。muddy ②ねばねばしたさま。pulpy ③遠方で鳴りひびく雷などの音。㊁(名)芝居で、幽霊の出入りに鳴らす太鼓の音。

**どろ-なわ**【泥縄】《「泥棒を捕らえて縄を綯う」の略》物事が起こってから、あわてて対策を考えること。また、そのやり方。用例 —式。比較 付け焼き刃。

**どろ-ぬま**【泥沼】①泥深い沼。bog ②《比喩的に》悪い状態・境遇。get bogged down 用例 —にはまる。

**どろ-の-き**【▽白▼楊】ヤナギ科の落葉高木。高さ約二〇m。本州中部以北の山地にはえる。葉は楕円形。雌雄異株。春に赤褐色の花穂を下垂。デロ。

**どろ-ばち**【泥▼蜂】カリュウドバチの一群。社会性はなく、単独で行動する。枯れた茎や枯れ竹などに泥をつめて巣をつくり、産卵し、青虫などを捕らえて幼虫のえさとする。日本産約一〇種。

**どろ-はっちょう**【▼瀞八丁】三重・和歌山県境を流れる熊野川の支流北山川の、瀞峡下流部の下瀞一・三kmをいう。絶壁・奇岩・深淵がつづく。観光船が通う。

**トロバトーレ**【Trovatore】ベルディ作曲のオペラ。四幕。カマラーノ台本。一八五三年初演。二人の兄弟の宿命的な争いとジプシー女の復讐を描く。『鍛冶屋の合唱』などが有名。

**とろ-び**【とろ火】勢いの弱い火。low heat

**トロピカル**【tropical】㊀(形動)熱帯ふうな。熱帯産の。㊁(名)薄い平織り毛織物。糸の、よりが強くさらりとした感触で通気性に富む。淡色の無地、霜降り地が多く男女の夏服用。

**トロピカル-ドリンクス**【tropical drinks】南国風の飲料。マンゴー・パパイア・パイナップルなどの果汁を用いることが多い。

**トロピカル-フィッシュ**【tropical fish】熱帯魚。

**トロフィー**【trophy】スポーツ競技などで、優勝者に与えるカップ・楯・像などの記念品の総称。優勝杯。

**どろ-ぼう**【泥棒・泥坊】(名・サ変他)他人のものを盗むこと・人。盗人。盗み。thief 用例 —に入る。

**泥棒に追い銭**(どろぼうにおいせん)「盗人に追い銭」と同意。

**泥棒を捕らえて縄を綯う**(どろぼうをとらえてなわをなう)→どろなわ(泥縄)

**トロポニン**【troponin】筋肉を構成するタンパク質の一つ。筋収縮を調節する機能がある。カルシウムとの結合により、抑制されていたアクチン・ミオシンの相互作用が開始され筋収縮がおこる。

**トロポミオシン**【tropomyosin】筋肉を構成するたんぱく質の一つ。筋収縮を行う筋原線維に含まれる。特定部位にトロポニンを結合させてカルシウムによる筋収縮の制御を受けるようにする作用がある。

**ドロマイト**【dolomite】カルシウムとマグネシウムの炭酸塩鉱物。三方晶系。菱面体・柱状・板状・八面体の結晶。ガラスや真珠の光沢をもつ。無色または白色透明。褐色・桃色もある。苦灰石。

**どろ-まみれ**【泥▽塗れ】(名・形動)どろだらけになること・さま。muddy

**とろ-み** 料理で、少しねばる状態。用例 くず粉を加えて—をつける。

**どろ-みず**【泥水】①泥で濁った水。muddy water ②「泥水稼業」の略。

**どろみず-かぎょう**【泥水稼業】芸者・

遊女などの職業について生計を立てること。

**どろ-め【泥目】** 磯の潮溜まりでふつうにみられるハゼ科の海水魚。全長約一二cm。東京近辺ではアゴハゼと区別せずにダボハゼとよばれる。貪食で生活力旺盛。食用にしない。東北地方以南、朝鮮半島に分布。↓ハゼ図

**トロヤ【Troia ギリシア】** トルコ、小アジア北西部のヒッサリクの丘上にある古代都市。一八七〇年シュリーマンが発見。以後デルプフェルトにより発掘調査。九層の文化層より成り、第七層がホメロスの「トロヤ戦争」の舞台に相当。第二層には城壁とメガロン式建造物があり、金冠など多数の財宝が出土。トロイ。トロイア。

**トロヤ-ぐん【トロヤ群】** 木星の軌道上で木星と太陽からほぼ等距離にある小惑星群。Trojan group

**トロヤ-せんそう【トロヤ戦争】** ホメロスの叙事詩『イリアス』にうたわれたギリシアとトロヤの戦争。アガメムノンの率いるギリシア軍が一〇年間の攻囲のすえ、木馬の計略でトロヤを攻略したという。Trojan War

**どろ-やなぎ【▽白▼楊】** ドロノキの別名。

**どろ-よけ【泥▽除け】** 自転車や自動車の車輪の上方に取り付け、車輪のはね上げる泥などの飛散を防止する部品。フェンダー。fender ↓自転車図

**トロリー-バス【trolleybus】** 道路上の架線から集電し、電動機で走行する電車。車体はバスに似る。レールはいらない。無軌条電車。

**とろり-と(副)** ①液体がねっとりしているさま。sticky 用例 ―した水あめ。②眠気がさすさま。drowsily 用例 ―まどろむ。

**トロル【Troll】** 北欧の神話・民話にでてくる怪物。山・湖・川などに住み、巨大醜怪な姿だが、魔法にたけていて小さな姿にも変わる。後世の民話では、知恵が足りず子どもにも欺かれ、太陽の光にあたるとはじけるとか、石に変わるとかいわれる。

**とろろ【▼薯▼蕷】** ①とろろいもの根をすりおろした食べもの。②「とろろいも」の略。③「とろろ汁」の略。

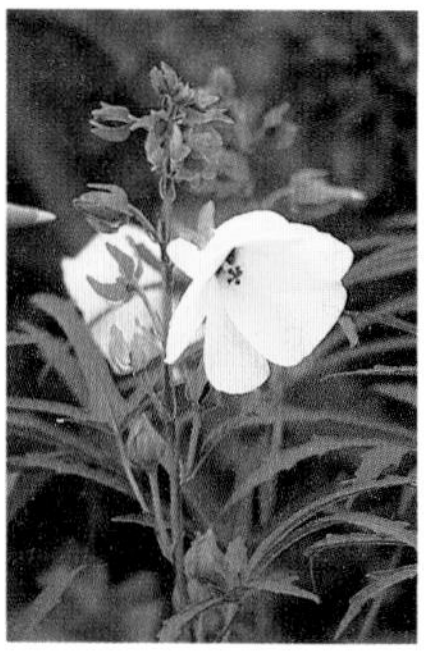

●トロロアオイ

**とろろ-あおい【▽黄▼蜀▼葵】** 中国原産のアオイ科一年草。高さ約一m。葉は互生し掌状。晩夏に黄花を開く。根の粘質物を和紙の糊料とする。観賞用などに栽培。ツウワサン。↓写

**とろろ-いも【▼薯▼蕷芋】** ヤマノイモ・ツクネイモなど、とろろにする芋の総称。とろろ。

**トロロープ【Anthony Trollope】(一八一五〜八二)** イギリスの小説家。正確で冷静な描写と平明な文体が特徴。作品『バーセットシャー小説集』など。

**とろろ-こんぶ【とろろ昆布】** ①褐藻植物コンブ目の海藻。漸深帯の岩上に生育し、長さ約一〜五m。長い帯状で葉面に凹凸の紋様がある。食用。釧路以北に分布。②肉厚のコンブの乾製品を糸のように細くけずったもの。

**とろろ-じる【▼薯▼蕷汁】** 山芋をすりおろし、だし汁でのばした汁物。青海苔やネギなどをあしらう。とろ。

**トロワ【Troyes】** フランス中北部の商工業都市。交通の要地で中世に繁栄。ゴシック・ルネサンス様式の建築物が多い。人口六・四万(一九八二)。トロア。

**ドロワーズ【drawers】** 元来は男女ともに使用する、半ズボン風のゆったりした下ばき。これがなまって日本では女性用のズロースになった。

**トロワイヤ【Henri Troyat】(一九一一〜)** フランスの小説家・ロシア文学研究家。モスクワ生まれ。作品『蜘蛛』『金牛宮』など。

**トロワイヨン【Constant Troyon】(一八一〇〜六五)** フランスの画家。バルビゾン派。家畜をまじえた農村風景を描く。作品『耕作にいく牛の群れ』など。

●ドロン『太陽がいっぱい』

**トロン【TRON】**《The Realtime Operating System Nucleus の略。実時間処理に適した基本システムの核、の意》一般にトロン計画といわれ、コンピューターの基盤となるオペレーティング-システム(OS)を規格統一し、どのコンピューターも共通の方法で使いやすく操作できるように体系化しようとする構想。東大理学部の坂村健が提唱。

**どろん(名・サ変自)**《俗語。芝居で、幽霊の出入りに打つ太鼓の音のようすから》急に姿を消すこと。逐電。用例 ―を決める。

**ドロン【Alain Delon】(一九三五〜)** フランスの映画俳優。主演作『太陽がいっぱい』『さらば友よ』など。↓写

**ドロン-ゲーム【drawn game】** 野球で、引き分け試合。タイゲーム。ドロー。

**どろん-こ【泥んこ】** ㊀(名) どろ。mud 用例 ―あそび。㊁(形動) どろまみれなさま。muddy 用例 ―になる。

**どろんこ-まつり【泥んこ祭(り)】** 泥や泥水を掛け合う行事をともなう祭りの通称。四月第一日曜の千葉県野田市香取神社、二月二五日の千葉県四街道市皇産霊神社のものが有名。泥掛け祭り。↓写

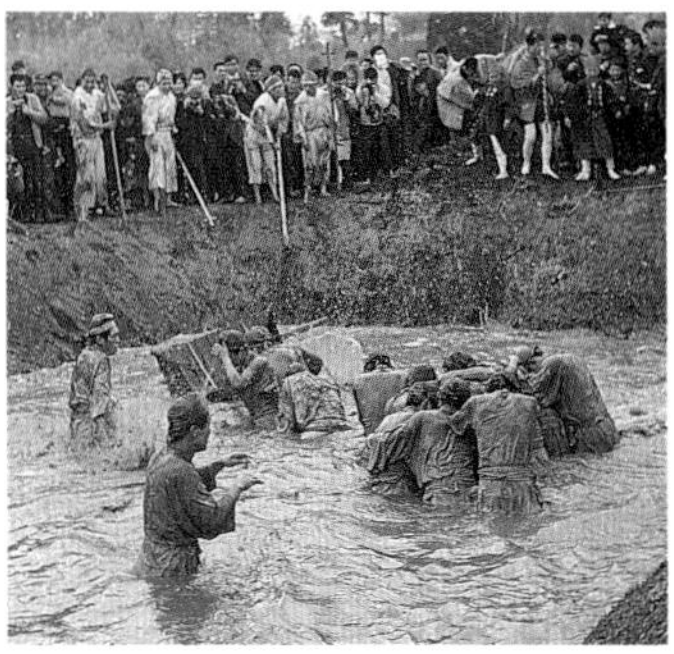

●泥んこ祭り　香取神社(千葉県)。

**とろん-と(副)** 眠たげな目つきであるさま。また、酒に酔ってぼんやりした目つきのさま。drowsy 用例 ―した目。

**トロント【Toronto】** カナダ南東部、オンタリオ州の州都。オンタリオ湖北西岸の商工業都市。大陸横断鉄道の要地。大学・美術館など美しい建造物が多い。人口五五・九万(一九八二)。

**トロンビン【thrombin】** 血漿中に存在するたんぱく質分解酵素。血液中にある水溶性のフィブリノゲンを不溶性のフィブリン(=繊維素)に変え、血液凝固をおこさせる。

**トロンプ-ルイユ【trompe-l'œil フランス】**《「だまし絵」、の意》実物と見ちがえるほど精密に、なまなましくものの質感や表面の凹凸などを描写した絵。近世オランダの静物画などに多くみられ、現代ではシュールレアリスムの画家も用いる。↓写

**トロンヘイム【Trondheim】** ノルウェー中部トロンヘイム-フィヨルドに臨む貿易港。大西洋岸の交通の中心地であるとともに、製紙工業や煉瓦・タイルなどの窯業もさかん。人口一三・四万(一九八六)。

**トロンボーン【trombone】** 金管楽器。管弦楽・吹奏楽・ジャズで主要な楽器。管の一部を二重にし、この部分の伸縮で音程を変えるスライド式。音色は荘厳である。↓写

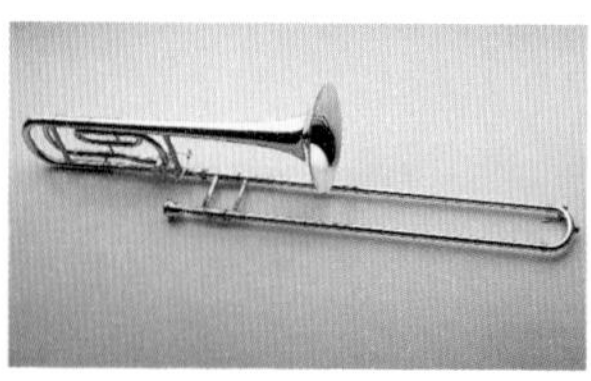

●トロンボーン

**トロンボキナーゼ【thrombokinase】** ↓トロンボプラスチン

**トロンボプラスチン【thromboplastin】** 血液凝固を促進する物質。血小板中に存在し、プロトロンビンをトロンビンに変える作用がある。このトロンビンがフィブリン(=繊維素)をつくり、血液を凝固させる。トロンボキナーゼ。

**ドロンワーク【drawnwork】** 刺繡の技法の一つ。布地の糸を部分的に抜き、そこをかがって、レース風の模様を作る。糸抜き刺繡。↓写

**とわ【▽永▽久】** とこしえ。forever

**とわず-がたり【問わず語り】** ㊀たずねもしないのに自分から話すこと。また、その話。㊁《とはずがたり》鎌倉後期の女流日記。五巻。後深草院の女房二条の作。嘉元四年(一三〇六)ごろの成立か。宮廷で、院のほか若い貴族や高僧などと交わった愛欲生活の赤裸々な告白と、出家後の遍歴修行を綴る特異な作品。

**ど-わすれ【度忘れ】(名・サ変他)** よく知っているのに、ふと忘れて、どうしても思い出せないこと。どう忘れ。lapse of memory

●トロンプ-ルイユ　ポッツオ『サン-イグナチオ教会の天井画』(部分)。(ローマ)。

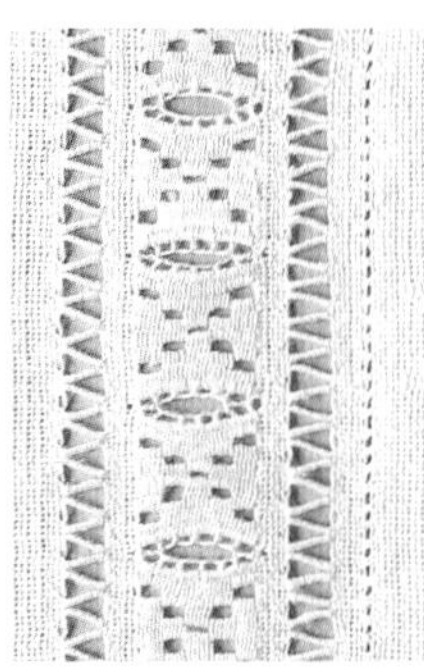

●ドロンワーク

**とわだ【十和田】〈市〉** 青森県南東部、三本木原にある市。馬の飼育で知られ酪農も発達。人口六万一一二九(一九八八)。

**とわだ-かわげら【十和田川▼螻▼蛄】** 十和田湖畔で発見された翅のない原始的な昆虫。体長約二cm。幼虫は寒冷地または高地の清流にすむ。北海道・本州・朝鮮半島に分布。

**とわだ-こ【十和田湖】** 青森・秋田県境、八甲田山の南にある湖。面積六〇km²。最深三二七m。二重式カルデラ湖。ヒメマスが特産。十和田八幡平国立公園の主要部。

**とわだこ【十和田湖】〈町〉** 青森県中部、十和田湖に臨む町。農林業・観光業主体。ヒメマスが特産。人口七〇九〇(一九八八)。

**とわだはちまんたい-こくりつこうえん【十和田八▼幡▽平国立公園】** 青森・岩手・秋田三県にわたり、八甲田山・十和田湖・八幡平などを含む国立公園。昭和一一年(一九三六)十和田地区指定、同三一年(一九五六)に八幡平地区編入。

**トワル【toile フランス】** 亜麻や木綿などで織った平織りの布地。または広く一般的に布地をさす。日本ではとくに、立体裁断などで仮の素材として用いる綿や麻の生成りの布地をいう。

**トワルドフスキー【Aleksandr Trifonovich Tvardovsky】(一九一〇〜七一)** ソ連の詩人。文芸誌『新世界』編集長。作品『ムラビア国』『ワシリー=チョールキン』『遠い遠いかなた』など。

**トン 4画【屯】** 部首[屮] 常用 JIS 3854

音トン・チュン

①兵などがとどまる。たむろする。たまり。「駐屯」「屯営・屯田兵」②トン(ton)。重さの単位。噸の略字。

**トン 6画【団】** 部首[囗] 教育小5 JIS 3536 14画【▼團】旧字 JIS 5205

音ダン・トン・ドン

筆順↓ダン[団]

まるい。あつまり。まるいかたまり。「水団・布団」↓ダン[団]

**トン 7画【▼沌】** 部首[氵] JIS 3857

**トン** 9画【▼瓲】 部首［瓦］ 和製漢字 JIS 6506
音トン
「混沌・渾沌」は、宇宙の万物が、まだ未分化であるさま。ものごとの区別が、はっきりしないさま。

**トン** 11画【豚】 部首［豕］ 常用 JIS 3858
音トン
↓トン［ton・噸・瓲・屯］

音**トン**
訓**ぶた**
①ブタ。イノシシ科の家畜。「養豚」②ブタの肉。ぶたにく。「豚カツ」用例（名）牛にしようか、―にしようか。③身内の者を謙遜していうときに、かぶせて用いる。「豚児」

**トン** 12画【▼敦】 部首［攵］ 人名用 JIS 3856
音トン・タイ
あつい。てあつい。人情があつい。「敦厚」

**トン** 13画【▼遁】 部首［辶］ JIS 3859
12画【▼遯】 異体字
音トン・シュン
のがれる。にげる。かくれる。「隠遁」「遁辞・遁世・遁走」

**トン** 13画【▼頓】 部首［頁］ JIS 3860
音トン・トツ
①ぬかずく。お辞儀をする。「頓首」②急に。すぐに。にわかに。「頓死・頓智」③一時に。一度に。「頓服」④とどまる。じっとしている。「停頓」⑤かたづける。ととのえる。「整頓」

**トン** 15画【▼遯】 部首［辶］ JIS 7812
音トン・ドン
のがれる。にげる。かくれる。

**トン** 15画【▼魨】 部首［魚］
音トン
「河魨」は、フグ。フグ目に属する魚。卵巣や肝臓などに毒がある。河豚。

**トン** 16画【▼噸】 部首［口］ 和製漢字 JIS 3853
音トン
↓トン［ton・噸・瓲・屯］

**トン** 16画【▼暾】 部首［日］ JIS 5893
音トン
ひので。あさひ。旭日。

**トン** 16画【▼燉】 部首［火］ JIS 6387
音トン
火のさかんなさま。

**トン**【ton・噸・瓲・屯】①質量の単位。記号t。メートル法では、一tは一〇〇〇kg。ヤード・ポンド法では、一英トンは一・〇一六〇五t、一米トンは〇・九〇七一八五t。②船舶のトン数。

**ドン** 7画【▼呑】 部首［口］ JIS 3861
音トン・テン・ドン
①のむ。のみこむ。対義 吐。「呑吐」②とりこむ。あわせる。「併呑」

**ドン** 11画【▼貪】 部首［貝］ JIS 7637
音タン・トン・ドン
むさぼる。欲ばる。欲ふか。「慳貪」「貪欲・貪欲・貪婪」

**ドン** 12画【鈍】 部首［金］ 常用 JIS 3863
音**ドン**・トン
訓**にぶい・にぶる**
①にぶい。するどくない。対義 鋭・敏・利。「利鈍」「鈍感・鈍器・鈍刀」②のろい。利口でない。「愚鈍」「鈍根・鈍才・鈍重・鈍物」③とがっていない。直角より角度が大きい。「鈍角」

**ドン** 13画【▼飩】 部首［食］ JIS 8111
音トン・ドン
①むしもち。むしまんじゅう。米・小麦の粉をまるめ、なかに肉や野菜などをいれて、むしたもの。②「饂飩」は、小麦粉を水でかたくこねて、細長くきった食品。ゆでて、汁にひたしてたべる。

**ドン** 14画【▼嫩】 部首［女］ JIS 5336
14画【▼嫰】 異体字
音ドン
わかい。やわらかい。うつくしい。

**ドン** 15画【▼緞】 部首［糸］ JIS 6943
音タン・ダン・ドン
練り糸で織った、地が厚く光沢のある絹織物。「緞子・緞帳」

**ドン** 16画【曇】 部首［日］ 常用 JIS 3862
音**ドン**・タン
訓**くもる**
くもる。日が雲にかくれる。くもり。対義 晴・雨。「曇天」

**ドン** 19画【▼壜】 部首［土］ JIS 5264
音タン・ドン
①かめ。さかがめ。酒をいれるかめ。②びん。液体などをいれる、口の小さい器。

**ドン** 22画【▼罎】 部首［缶］ JIS 7004
音タン・ドン
①とくり。とっくり。酒をいれる細長い器。②びん。液体などをいれる、口の小さい器。

**どん**【▼丼】「どんぶり」の略。用例 うな―。

**どん** ①明治から昭和初期にかけて、正午を知らせた大砲の音。各地にあったが、東京では江戸城旧本丸で空砲を発射。明治四年（一八七一）開始され、昭和四年（一九二九）サイレンにかわるまで続いた。午砲。②《転じて》正午のこと。noon

**どん**（接頭）接頭語「ど」をさらに強めたもの。用例 ―じり。―ぞこ。

**どん**（接尾）《「どの」の転》もと、商家で同輩や目下の者の名前に添えて呼んだ語。用例 吉蔵―。

**ドン**【don（スペイン）】①スペイン・イタリアなどで聖職者・貴族の敬称。また、スペインで男性の洗礼名の前に付けることば。②首領。ボス。boss 用例 政界の―。

**とんあ**【▼頓▼阿】（一二八九～一三七二）南北朝時代の歌僧。俗名は二階堂貞宗。京都の人。当時の二条派の代表的歌人。二条為世に歌を学び、為世門の四天王の一人。『新拾遺集』の撰を二条為明没後引き継ぎ完成。家集『草庵集』、歌学書『井蛙抄』、歌論書『愚問賢注』など。「とんな」ともいう。

**とん-あい**【▼貪愛】《仏教語》迷いの根元としてのむさぼりや執着。

**とん-えい**【屯営】（名・サ変自）《「屯」は兵士が集まること》兵士が居住していること。また、その施設。兵営。military camp; quarters

**トンガ**【Tonga】（Kingdom of Tonga）南太平洋、ポリネシアのトンガ諸島からなる王国。首都ヌクアロファ。一九七〇年イギリスから独立。珊瑚礁島・火山島で、バナナ・コプラが主産物。面積七五〇$km^2$。人口一一万（一九八六）。正称トンガ王国。

**どん-か**【鈍化】（名・サ変自）鈍くなること。become dull

**どん-かく**【鈍角】直角（九〇度）より大きく二直角（一八〇度）より小さい角。obtuse angle 対義 鋭角。

●ドン=キホーテ① マドリード、スペイン広場のセルバンテス記念碑（スペイン）。

**どんかく-さんかくけい**【鈍角三角形】内角の一つが鈍角である三角形。obtuse triangle

**ドンカスター**【Doncaster】イギリス、イングランド北部、ドン川に沿う南ヨークシャー炭田地域の工業都市。競馬で有名。人口二八・九万（一九八五）。

**とん-かち**《俗語》かなづち。

**とん-カツ**【豚カツ】豚肉に小麦粉・とき卵・パン粉の順で衣をつけて揚げた、日本独自の料理。ヒレを用いたヒレカツ、ロースを用いたロースカツなど。ポークカツ。

**とんがら-か・す**【▼尖らかす】（五他）《俗語》とがらす。

**とんがら-か・る**【▼尖らかる】（五自）《俗語》とがる。

**トンガリロ-こくりつこうえん**【トンガリロ国立公園】（Tongariro National Park）ニュージーランド北東中部の山岳国立公園。面積六七〇$km^2$。トンガリロ山・ルアペフ山・ナウルホエ山の三つの活火山とその山麓からなる。↓写

●トンガリロ国立公園 手前からトンガリロ山、ナウルホエ山、ルアペフ山。

**とんが・る**【▼尖る】（五自）《俗語》とがる。

**ドン-カルロス**【Don Carlos】（一七八八～一八五五）スペイン王子。兄フェルナンド七世の死後王位を要求、保守反動派と結んで摂政派に反乱（＝カルリスタ戦争）を起こしたが、敗れてフランスに亡命。

**ドン-がわ**【ドン川】（Don）ソビエト連邦、ロシア共和国西部の川。モスクワ南方からヨーロッパ・ロシア中部を南に流れ、アゾフ海に注ぐ。長さ二〇〇〇km。

**どん-かん**【鈍感】（名・形動）感じの鈍いこと・さま。insensibility 対義 敏感。

**どん-き**【鈍器】①よく切れない刃物。blunt knife ②法律で刃のついていない道具。人を傷つけるために使ったこん棒・木刀など。obtuse weapon

**ドン-キホーテ** ①《原題El ingenioso hidalgo Don Quijote de la Mancha（スペイン）》スペインの作家セルバンテスの小説。また、その主人公。一六〇五年・一五年発表。郷士ドン=キホーテと従士サンチョ=パンサの滑稽な冒険を通して、理想と現実との相克を風刺的に描いた。②《転じて》理想と現実をとりちがえている、向こう見ずの人。↓写

**ドンキホーテ-がた**【ドンキホーテ型】理想に向かい、現実を無視してひとりよがりの正義感から向こう見ずな行動をするタイプ。Don Quixote type 対義 ハムレット型。

**とん-きょう**【▼頓狂】（名・形動）調子はずれな言動をすること・人・さま。freakishness

**トンキン**【Tonkin】ベトナム北部の旧称。フランスがベトナムを三分割して統治した時代のベトナム北部。中心都市はハノイ。

**トンキン-わん**【トンキン湾】（Gulf of Tonkin）南シナ海北西部、中国雷州半島、海南島、ベトナム北東岸に囲まれる湾。北西部にホン川が流入。

**どん-くさ・い**【鈍臭い】（形）のろい。まだるっこい。まがぬけている。

**どん-ぐり**【▽団▼栗・▼橡】①ブナ科ナラ属のクヌギ・ナラ・カシ・カシワなどの果実の総称。果実の下部に帽子状の殻斗がある。実はタンニンを多く含む。シカなどの動物の食物となる。acorn ②《比喩的》平凡で優劣がないこと。

**団栗の背比べ**（どんぐりのせいくらべ）いずれも似たりよったりで平凡なものばかりだ、というたとえ。There's not much to choose among them.

**どんぐり-まなこ**【▽団▼栗眼】ぐりっとした大きな目。big round eyes

**ドンゲン**【Kees van Dongen】（一八七七～一九六八）フランスの画家。オランダ生まれ。印象派風から野獣派へ移行、強い原色調の画風を示す。後年肖像画で社交界の寵児となる。作品『リリ=ダミダ嬢』など。

**とん-ご**【▼頓悟】（名・サ変自）《仏教語》あるきっかけで、卒然と悟りを開くこと。対義 漸悟。

**どん-こ**【▽冬▼菇】干しシイタケの銘柄の一種。晩冬から初春の気温の低い時期に徐々に育て、かさが開く前に収穫して乾燥したもの。

**どん-こ**【鈍▽甲】河川中流域の水底にすむカワアナゴ科の淡水魚。全長約二〇cm。暗黄褐色。小魚やエビ類を捕食。美味。本州

●ドンコ

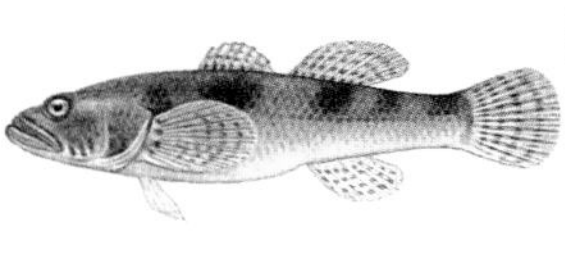

▼常用漢字表外。 ▽常用漢字表の音訓外。

中部以南に分布。sleeper ↓図

**とん-こう【▾敦厚】**(名・形動) 人情に厚く、真心があること・さま。正直で親切なこと・さま。

**とんこう【▾敦▾煌】** 中国本土の辺境、甘粛省の都市。シルクロードの中継貿易の基地となり、仏教都市としても有名。南東方に敦煌石窟寺院がある。↓写

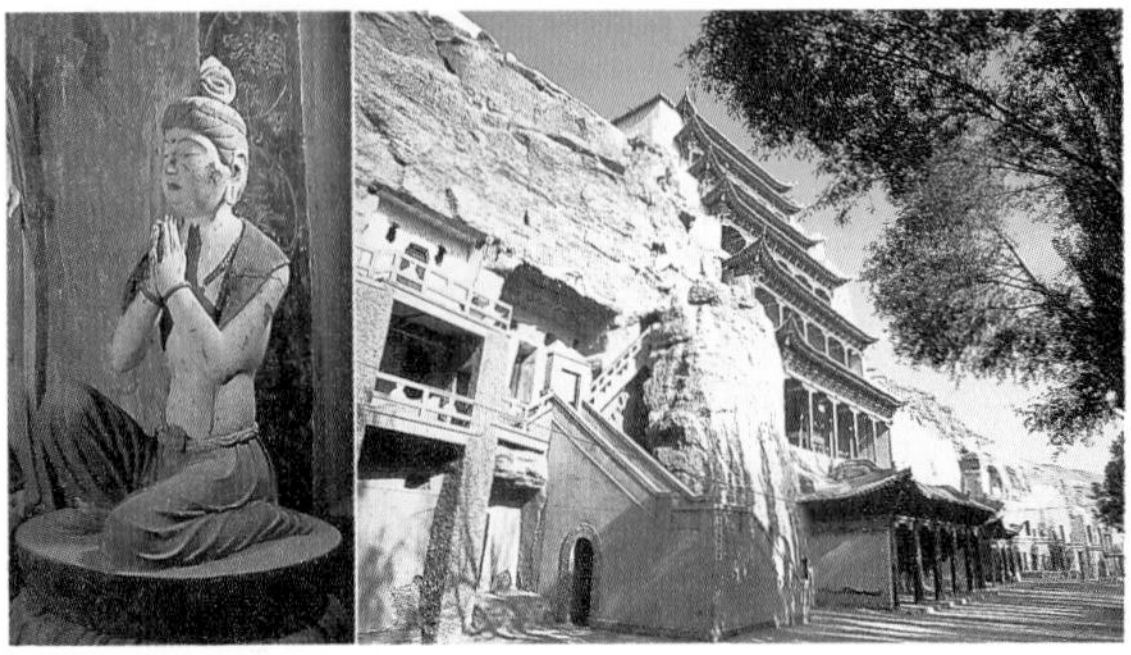

● 敦煌 千仏洞(莫高窟)の外観(右)と第三八四窟の『供養菩薩像』(唐代)(左)。

**どん-こう【鈍行】**《俗語》各駅停車の普通列車・普通電車のこと。slow train

**ドン-コサック-がっしょうだん【ドン-コサック合唱団】** ロシアの男声合唱団。一九二一年結成。重く深い響きでロシア民謡を中心に活躍。

**とん-こつ【豚骨】** 鹿児島県の郷土料理。特産の黒豚の骨つき肉の角切りに、大根・芋・こんにゃくなどを加え、焼酎・みそ・黒砂糖で煮込む。

**とん-コレラ【豚コレラ】** ウイルスによって起こるブタの急性伝染病。発熱・嘔吐・下痢などの症状でほとんど死亡する。家畜法定伝染病の一つ。hog cholera

**ドンゴロス**《dungareesから》亜麻糸で平織りに粗く織った布。主に袋にするが、織り目が数えられるので区限刺繡にも用いられる。

**トンコワン【潼関】**(Tóngguān) ↓どうかん(潼関)

**どん-こん【鈍根】** 才知のにぶいこと・性質。slow wit 対義 利根。

**とん-ざ【▾頓▾挫】**(名・サ変自) ①急に勢いがくじけること。standstill ②中途で急に駄目になること。deadlock

**とん-さい【▾頓才】** 時と場合に応じて働く才能。wit

**どん-さい【鈍才】** 才能のにぶいこと・人。stupidity; dull person 対義 秀才。

**とん-し【▾頓死】**(名・サ変自) 突然死ぬこと。急死。sudden death

**とん-じ【豚児】** 自分の子をけんそんしていう語。愚息。

**とん-じ【▾遁辞】** 逃げ口上。言い逃れ。excuse

**とん-じき【屯食】** 平安時代、上流階級の催した饗宴の下働きをした者に、食事を支給するとき、用いた脚付きの台。また、それに載せた酒食。

**トンシャー-ぐんとう【トンシャー群島・▿東▿沙群島】**(Dōngshā) ↓とうさぐんとう(東沙群島)

**とん-じゃく【▾頓着】**(名・サ変自) 気にかけること。心配。懸念。とんちゃく。care

**とん-しゅ【▾頓首】** ①中国の昔の礼のしかたで、頭を地面につけてするもの。②手紙文などの終わりに書いて敬意を表す語。用例 再拝—。

**ドン-ジュアン【Don Juan】**「ドン=ファン」の英語読み。

**どん-じゅう【鈍重】**(名・形動) 性質・動作などが、にぶくてのろいこと・さま。dullness 対義 敏捷。

**どんしゅう-の-うお【▾吞舟の魚】**(連語) ①舟をのむほど巨大な魚。②すばらしい獲物。③《善悪にかかわらず》大物。

**吞舟の魚は枝流に游がず**(どんしゅうのうおはしりゅうにおよがず) 大志を抱く人物は、細かなことにこだわらない。

**とん-しょ【屯所】** ①たむろする所。詰め所。②明治初期、警察署の称。

**とんしょう-ぼだい【▾頓証▾菩▿提】**《仏教語》①すみやかに悟りを得ること。頓証仏果。②回向文などに用いる言葉。追善回向の功徳によって、死者が成仏するように祈るもの。

**どん-しょく【▾貪食】**(名・サ変他) むさぼり食べること。

**どんしょく-さいぼう【▾貪食細胞】** ↓マクロファージ

**ドン-ジョバンニ【Don Giovanni イタリア】** モーツァルト作曲のオペラ。全二幕。ダ=ポンテ台本。主人公の恋の遍歴とその罪による地獄落ちを描く。アリア『カタログの歌』『セレナーデ』『打ってよマゼット』などが有名。

**どん-じり【どん▾尻】** いちばんあとであること。tail end

**とん-じん-ち【▾貪▾瞋痴】**《仏教語》貪欲と瞋恚と愚痴の三毒。むさぼりといかりと無知の三種の煩悩のこと。三惑。

**どん-す【▾緞子】**《「どんす」は唐音》絹の紋織物の一種。表裏に紋様がでる織物で光沢がある。錦や金襴・繻珍などと同類で現在は絹以外もある。帯地・寝具地などとして用いる。用例 きんらん—。↓写

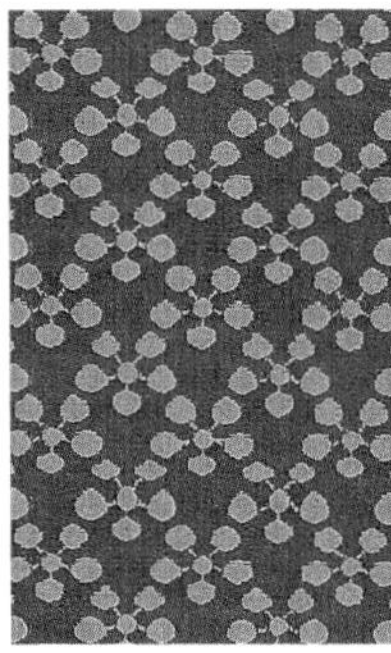

● 緞子 利休緞子

**とん-ずら**(名・サ変自)《俗語。「とん」は遁、「ずら」は「ずらかる」の略とも》逃げること。用例 —をきめこむ。

**どん・する【鈍する】**(サ変自) にぶくなる。ばかになる。鈍す。用例 貧すれば—。

**とん-せい【▾遁世・▾遯世】**(名・サ変自)《古くは「とんぜい」とも》①世間を避けて仏門に入ること。②隠居して世間に関係しないこと。隠世。③中世、寺院での栄達を避けて、ひとり、いおりに住むこと。

**トン-ぜい【トン税】** 流通税の一つ。外国貿易船に、港で受ける便宜に対する受益者負担として課される国税。船のトン数を課税標準とする。tonnage duties 比較 特別トン税。

**どん-ぜい【▾吞▾噬】**(名・サ変他) ①のみこむことと、かみつくこと。②他国の領土を奪い取ること。

**とん-そう【▾遁走】**(名・サ変自) 逃げ走ること。逃走。flee

**とんそう-きょく【▾遁走曲】** フーガ。

**どん-そく【鈍足】** 走り方や歩き方がおそいこと・人。be slow of feet 対義 駿足。

**どん-ぞこ【どん底】** ①いちばん底。nadir ②最低・最悪の状態。bottom 用例 —生活。㊁《原題Na dne ロシア》ゴーリキーの戯曲。一九〇二年作。木賃宿の下層民を描き、人間の尊厳と幸福とは何かを問いかける。

**とん-だ**(連体) ①意外な。思いのほか。とんでもない。用例 —所で出会った。②取り返しのつかない。用例 —災難。

**ドンタク**《zontag オランダ(日曜日・休日、の意)から》①日曜日。また転じて、休日。②福岡県福岡市博多で五月三・四日に行われる港祭り。七福神の練り物のほか、肥後囃子・民謡踊りなど種々の芸能が行われる。博多ドンタク。↓写

**とんだばやし【▿富田林】**〈市〉 大阪府南東部の市。興正寺別院の門前町。商工業がさかんで宅地化も進む。PL教団本部がある。人口一〇万四五七八(一九八八)。

**とん-たんどく【豚丹毒】** 豚丹毒菌により、主としてブタにおこる伝染病。皮膚に発疹が広がる。家畜法定伝染病。swine erysipelas

**とん-ち【▾頓知・▾頓▾智】** 即座の知恵。機転。機知。ウイット。quick wit

**とん-ちき【▾頓痴気】**《俗語》まぬけ。のろま。とんま。

**とん-ちゃく【▾頓着】**(名・サ変自) ↓とんじゃく(頓着)

**どんちゃん-さわぎ【どんちゃん騒ぎ】** ①太鼓・笛・三味線の鳴り物入りでの大騒ぎ。②酒を飲んでするばか騒ぎ。

**どん-ちょう【▾緞帳】** ①厚地の織物で作った、仕切りや装飾用に用いる布。thick curtain ②舞台と観客席を区切って上げ下ろしする幕。drop curtain 対義 引き幕。↓写

**どんちょう【曇徴】**(生没年未詳) 高句麗の僧。推古一八年(六一〇)来朝。画をよくし、絵の具・紙・墨・碾磑(水力で動く臼)などの製法を伝えたという。

**どんちょう-しばい【▾緞帳芝居】**《江戸時代、引き幕の使用が許されず、かわりに上下する緞帳を用いたことに由来》小芝居の別称。三流芝居。

**どんちょう-やくしゃ【▾緞帳役者】** 緞帳芝居の役者。

**とん-ちん-かん【▾頓珍漢】**(名・形動)《俗語》つじつまが合わないことを言ったりしたりすること・さま。とんまなこと・さま。

**トンチン-フー【洞庭湖】**(Dòngtíng Hú) ↓どうていこ(洞庭湖)

**どん-つう【鈍痛】** にぶい痛み。dull pain 対義 激痛。

**どん-つく【鈍つく】** ①動きのにぶいこと・人。のろま。②《「どんつく布子」の略》下等な布子。

● ドンタク②

**どん-づまり【どん詰(ま)り】**《俗語》①物事の終わり。最後。end ②道が行きどまりになっていること。dead end

**とんでも-な・い**(形) ①思いもかけない。astounding 用例 —結果になる。②とほうもない。もってのほかだ。preposterous 用例 人をだますとは—やつだ。③とても考えられない。そんなことはない。absurd 用例 彼が犯人だなんて—。

**どん-てん【曇天】** くもった空。cloudy weather 対義 晴天・雨天。

**どんでん-がえし【どんでん返し】** ①正反対にひっくり返すこと。complete reversal ②芝居で、がんどう返し。

**とんでん-せい【屯田制】** 中国、漢代制定の制度。主として辺境の地に耕作者を集団で定住させて荒地を耕作し、食糧の自給を図るというもの。兵士によるものを軍屯、一般人によるのを民屯という。

**とんでん-へい【屯田兵】** 明治八年(一八七五)に設置され北海道の警備・開発にあたった農業兼務の兵士。設置には士族救済の目的もあったが、同三七年(一九〇四)に廃止。

**とん-と【▾頓と】**(副) ①《下に打ち消しをともなって》いっこうに。少しも。全然。not at all 用例 —わけがわからない。②まったく。すっかり。用例 —ご無沙汰で。

**どん-と【▾吞吐】**(名・サ変他) のんだり吐いたりすること。のむことと吐くこと。

**どん-と**(副) ①たくさんなさま。どっさり。用例 魚が—とれる。②勢いよく。用例 —ぶつかってこい。

**どんど** 小正月の前後に行われる火祭り。門松・注連縄などを持ち寄って焼き、その火で焼いた餅を食べる。名称の由来は「尊と尊」や「尊」という囃子ことばからの転、あるいは火勢の

● 緞帳②

●トンボ①
カワトンボ
ミヤマアカネ
オニヤンマ
ムカシトンボ

激しさの形容ともいわれる。どんど焼き。左義長。鬼火。道祖土焼き。とんど。

**どん-とう**【鈍刀】よく切れない刀。なまくら。blunt blade

**ドントノー-グループ**【don't-know group】↓ディーケーグループ(DKグループ)

**ドント-ほうしき**【ドント方式】比例代表制選挙における、各政党への議席数配分算出方法の一つ。ベルギーの数学者ドントが考案。d'Hondt formula

**どんど-やき**【どんど焼き】↓どんど

**とん-とん** [一](形動) 収支などの、つりあいがとれるさま。even [二](副) ①戸などをたたく音・さま。②よどみなくはかどるさま。rapidly

**どん-どん**(副) ①強くたたく音。thump ②物事が勢いよく、また、滞りなく進行するさま。次々と続くさま。steadily 用例 —上手になる。

**とんとん-びょうし**【とんとん拍子】物事が都合よく進むこと。go from success to success

**とんとん-ぶき**【とんとん▼葺き】ヒノキ・マキなどを薄くはいだ板で屋根をふくこと。またその屋根。

**どん-な** [一](連体) どのような。what 用例 —理由で断ったのですか。[二](形動)《連体形「どんなな」は接続助詞「ので」「のに」に続く場合だけに使われる。体言には語幹「どんな」から続くが、この場合は連体詞として扱う》どのようである。what kind of; how 用例 町のようすは—だろうか。

**トンネル**【tunnel】[一](名) 道路・鉄道・水路・送電線・通信用ケーブルなどを通すため山腹・地表面下・海底につくった通路。隧道。[二](名・サ変他) 野球で、野手がボールをまたの下から後ろへそらすこと。

**トンネル-がいしゃ**【トンネル会社】身代わりの会社。本当の事業主の存在を表面化させないための、または、中間利益をあげるためだけの形式的・名目的な会社。dummy company 参照 ペーパーカンパニー。

**トンネル-がま**【トンネル窯】陶磁器・耐火物などを連続的に焼成するためのトンネル状の窯。被熱物は台車に乗せられ、予熱・強熱・冷却されながら移動する。トンネル炉。tunnel kiln

**トンネル-こうか**【トンネル効果】量子力学に従う粒子が、自分のもつ運動エネルギーより高いエネルギーの山を通り抜ける現象。α崩壊やエサキダイオードの負性抵抗などの量子論的効果をいう。tunnel effect

**トンネル-さいばい**【トンネル栽培】作物を低温期にビニールフィルムで半円筒におおって保温し、促成・早熟させる栽培法。plastic tunnel culture

**トンネル-ダイオード**【tunnel diode】トンネル効果を応用したダイオード。電圧を増すと電流が減少する負性抵抗がある。発明者の江崎玲於奈にちなんでエサキダイオードともいう。

**ドンバス**【Donbass】ドネツ炭田の別称。

**とんばら**【▼頓原】〈町〉島根県中部、大田市南東隣の町。農林業が中心。三瓶山への入り口。人口三四九〇(一九八八)。

**とんび**【▼鳶】①トビの俗称。②《「とんび合羽」の略》袖の広くて長い男性の防寒・防雨用コート。和洋装に合うことから文明開化期に流行。二重まわし。③店先などから通りがかりに物をかすめとる者。pilferer

**鳶が鷹を生む** 平凡な親から、すぐれた子どもが生まれることにいう。An excellent child from the ordinary parents.

**どん-ぴしゃり**(副・形動)《俗語》ぴたりと合うさま。そのとおり。用例 —言いあてる。

**とんび-だこ**【▼鳶▼凧】和凧の一種。トビが飛ぶ姿に似せて作られているもの。

**ドン-ファン**【Don Juan】①スペインの伝説上の人物で女たらし。好色で女性をわたり歩き、殺した男の石像に殺される。戯曲・歌劇・詩などの題材とされる。ドン=ジュアン。②《転じて》女たらし。

**とん-ぷく**【▼頓服】痛みや発熱などの対症療法として、症状が出るごとに服用する服薬法。その薬。

**トンブクトゥー**【Tombouctou】西アフリカ、マリ共和国中部、ニジェール川北岸に近い商業都市。かつてのサハラ横断隊商路の要地。人口二万(一九七六)。チンブクツ。

**どん-ぶつ**【鈍物】愚かな人。ばか者。dunce 対義 才物。

**とんぶり** ホウキグサの実。秋田の名産。あえ物・酢の物などに向く。形や色がキャビアに似ている。和製キャビア。

**どんぶり**【▼丼】《和製漢字》①厚手で深い一人前用の鉢。陶磁製がふつう。ふた付きのものもある。②「どんぶり物」の略。③職人のする腹がけの前にある物入れ。

**トンブリー**【Thonburi】タイ中部、メナム川下流の都市。対岸のバンコクを中心に首都圏を構成。マレー半島への鉄道の起点、同国工業の中心地。人口七九・八万(一九七一)。

**どんぶり-かんじょう**【▼丼勘定】《職人などが腹がけのどんぶりの中にお金を入れておいたことから》手もとの金銭を気ままに使って、帳面に付けもしないこと。大まかな収支計算。rough estimate

**どんぶり-めし**【▼丼飯】どんぶりに盛った飯。

**どんぶり-もの**【▼丼物】どんぶり飯に、調理した具をのせた料理の総称。親子どんぶり・鉄火どんぶりなど。数え方 一杯・一丁。

**ドンブロフスカ**【Maria Dabrowska】(一八八九〜一九六五) ポーランドの女流小説家。社会小説を書いた。長編『夜と昼』、短編集『暁の星』など。

**ドンブロフスキー**【Yury Osipovich Dombrovsky】(一九〇九〜一九七八) ソ連の小説家。作品『古代保存官』『無用物学部』など。

**トンペイ**【東北】(Dōngběi) ↓とうほく(東北)

**とんぼ**【▼蜻▼蛉・▼蜻▼蜓】①トンボ目の昆虫の総称。二対の翅は透明で大きく、網目状の翅脈をもつ。頭部には大きな複眼と短い触角、よく発達した口器をもち、小昆虫を捕食。幼虫はヤゴとよばれ水生。世界に約五〇〇〇種、日本に約一五〇種。セイレイ。カゲロウ。アキツ。dragon fly ②棒を十字形に渡した物のかつぎ方。③十字形のしるし。cross ④「とんぼがえり」の略。somersault 用例 —を切る。⑤土ならしをする用具の俗称。↓写

**とんぼ-がえり**【▼蜻▼蛉返り】(名・サ変自) ①宙返りをすること。②ある所へ行ってすぐ引き返すこと。

**ドン-ボスコ**【Don Bosco】(一八一五〜一八八八) イタリアのカトリック司祭・教育者・社会事業家。男子修道会サレジオ会を創立。また、勤労青少年のため初の夜間学校を開設。

**とんぼ-そう**【▼蜻▼蛉草】ラン科の多年草。高さ約三〇cm。山林の中にはえる。葉は長楕円形で約一〇cm。夏、穂状に淡緑色の小花を多数つける。名は花形に由来。

**とんぼ-だま**【▼蜻▼蛉玉】色の付いたガラスの表面に違った色のガラスを象嵌した丸玉。トンボの目玉に似る。首飾りに使用。紀元前一五〇〇年ごろエジプト・メソポタミアで作られ、以後東方各地から中国を経て日本へ伝来。主として古墳時代後期以降に出土。eye beads ↓写

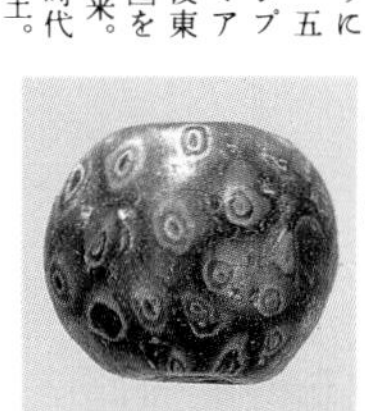
●蜻蛉玉

**トンボロ**【tombolo イタリア】陸繋砂州。海岸近くの島と陸を結んで陸繋島を構成している砂州。函館市街はトンボロ上に発達している。

**とん-ま**【▼頓馬】(名・形動) 言動に、どこか抜けているところがあること・さま・人。まぬけ。のろま。とんちき。simpleton

**どん-ま**【鈍麻】(名・サ変自) 感覚がにぶくなること。

**どん-ま**【鈍磨】(名・サ変自) すり減って、にぶくなること。

**ドン-マイ**(感)《don't mind のなまり》平気だ。気にするな。

**とん-や**【問屋】↓といや(問屋)

**とんやせい-かないこうぎょう**【問屋制家内工業】↓といやせいかないこうぎょう(問屋制家内工業)

**とん-よく**【▼貪欲】《仏教語》十悪、また、三毒の一つ。飽きずにむさぼること。

**どん-よく**【▼貪欲】(名・形動) 欲が深いこと・さま。欲深。強欲。avarice 対義 恬淡。

**どんより**(副・サ変自) ①空が曇って陰気なさま。leaden ②目などの、濁ったさま。glazed

**どん-らん**【▼貪▼婪】(名・形動) 非常に欲の深いこと・さま。むさぼること・さま。avarice

**どんらん**【曇▼鸞】(四七六〜五四二) 中国、北魏の僧。般若思想、仙術を学んだが、菩提流支から授けられた『観無量寿経』により浄土教に帰依。『無量寿経優婆提舎願生偈註』(=『浄土論註』)を著し、浄土教を体系づけた。

**トンリヤオ**【通遼】(Tōngliáo) ↓つうりょう(通遼)

**どんりゅう**【▼呑竜】(一五五六〜一六二三) 江戸初期の浄土宗の僧。武蔵国岩槻の人。上野国太田の大光院を開基。捨て子の養育に尽力し、子育て呑竜といわれた。

**トンレサップ-こ**【トンレサップ湖】(Tonlé Sap) カンボジア中部、インドシナ半島最大の湖。メコン川の流量調節湖の役割を果たす。

# なナ

**な【な・ナ】** 五十音図な行第一の仮名。平仮名「な」は「奈」の草体。片仮名「ナ」は「奈」の上の略。

**ナ** 7画 **【▼那】** 部首[阝] 人名用 JIS 3865 ｜ 7画 **【▼那】** 旧字
音 ダ・ナ
①なんぞ。いかん。どうして。どうか。②梵語などの外国語音の音訳字。「支那・刹那・旦那・檀那」③なに。どこ。「那辺」

**ナ** 8画 **【▼奈】** 部首[大] 人名用 JIS 3864 ｜ 9画 **【▼柰】** 部首[木] 異体字
音 ダイ・ナ
①からなし。カリン。バラ科の落葉高木。②なんぞ。いかん。どうして。どうか。③梵語などの外国語音の音訳字。「奈落」

**ナ** 9画 **【南】** 部首[十] 教育小2 JIS 3878
音 ナン・ナ・ダン
訓 みなみ
筆順 ↓ナン[南]
梵語naの音訳字。「南無」↓ナン[南]

**ナ** 10画 **【納】** 部首[糸] 教育小6 JIS 3928 ｜ 10画 **【▼納】** 旧字
音 ノウ・ナッ・ナ・ナン・トウ・ドウ
訓 おさめる・おさまる
筆順 ↓ノウ[納]
①おさめる。いれておく。「納屋」②太政官の次官の一つ。「大納言」↓トウ・ナッ・ナン・ノウ[納]

**ナ** 11画 **【▼梛】** 部首[木] JIS 5975
音 ダ・ナ
ナギ。マキ科の常緑高木。

**ナ** 21画 **【▼儺】** 部首[人・亻] JIS 4921
音 ダ・ナ
おにやらい。昔、大みそかに悪鬼をおいはらった行事。のち、節分の行事となった。「追儺」

**な【名】** ①他と区別してひとつひとつの事物についている呼び方。名称。name 用例 花の—。②姓に対して、名前。one's name 用例 姓は丹下、—は左膳。③姓名。氏名。one's full name 用例 —は鈴木武雄と申します。④評判。名声。聞こえ。fame 用例 功成り、—遂ぐ。⑤口実。理由。pretext 用例 —を借りる。⑥身分によって守るべきこと。名分。reputation 用例 会長の—を汚すまい。⑦形式的な名目。nominal 用例 —ばかりの地位。春とは—のみ。—を捨てて実をとる。

**名有り**(なあり) 有名である。類似 名高い・名に負う。

**名有りて実無し**(なありてじつなし) 名目ばかりで、実質がともなわない。

**名が売れる**(ながうれる) 名前が広く世間に知れ渡る。評判が高くなる。become popular

**名が朽ちる**(ながくちる) 評判が悪くなる。名声がすたれる。

**名が通る**(ながとおる) 世間に知られる。be well-known

**名が泣く**(ながなく) 名前や称号のりっぱさに比べて、実体が劣る。名に実がともなわない。名にそぐわない。名前に負ける。

**名流る**(なながる) 「名に流る」と同意。

**名に負う**(なにおう) =名にし負う。①名として、持つ。名のある。②名まえどおりである。名に実体がともなっている。評判の通りだ。be true to one's name ③名高い。有名だ。famous

**名に聞く**(なにきく) うわさに聞く。音に聞く。hear of

**名にし負う**(なにしおう) 「名に負う」と同意。

**名に立つ**(なにたつ) 名がよく知れ渡る。有名になる。

**名に流る**(なにながる) 名が世に広まる。評判が世間に伝わる。

**名に旧る**(なにふる) 名まえが古くから聞こえている。

**名の無い星は宵から出る**(なのないほしはよいからでる) あってもなくてもいいようなものが先に出てくる。The worst goes foremost.

**名許り**(なばかり) 評判だけはよいが、実際の内容がともなわないこと。また、形式だけ。かたちだけ。nominal 用例 —の夫婦。

**名は実の賓**(なはじつのひん) 実際の徳があってこそ、名誉がともなうということ。

**名は体を表す**(なはたいをあらわす) 名がそのものの実体を表している。名と実とが相ともなっている。Names and natures do often agree.

**名も無い**(なもない) ①名前がない。また、だれも名前を知らない。有名でない。nameless 用例 —草。②とり立てて名のるほどでもない。worthless

**名を揚げる**(なをあげる) 有名になる。世に知られるようになる。win fame

**名を得**(なをう) 名声を得る。有名になる。

**名を埋む**(なをうずむ) 名を残さない。人に知られないようにする。

**名を売る**(なをうる) 作為的に、自分の名を世間に広める。売名する。become famous

**名を惜しむ**(なをおしむ) 名声を大切にし、汚すまいと思う。評判を落とすことを恐れる。be jealous of one's good name

**名を折る**(なをおる) 不名誉なことをして、名前に傷をつける。名折れになる。名をけがす。

**名を借りる**(なをかりる) ①他人の名義を使用させてもらう、また、借り受ける。in the name of a person ②表向きの口実とする。on the pretext of

**名を腐す**(なをくたす) 評判をおとす。体面をなくす。

**名を汚す**(なをけがす) 名誉を傷つける。評判を落とす。面目を潰す。harm the reputation 用例 親の—。

**名を沈む**(なをしずむ) 「名を腐す」と同意。

**名を雪ぐ**(なをすすぐ) 不名誉をはらす。評判を回復する。汚名をすすぐ。wipe out the blot on one's name

**名を捨てて実を取る**(なをすててじつをとる) 名声を得るよりも、実質的な利益を得る。discard name for money 類似 名を取るより徳を取る。

**名を立つ**(なをたつ) 名声をあげる。評判を立てる。

**名を保つ**(なをたもつ) 名誉を守りつづける。

**名を竹帛に垂る**(なをちくはくにたる) 名前を歴史に残す。

**名を散らす**(なをちらす) 評判を世に知らせる。また、浮き名を立てる。

**名を遂げる**(なをとげる) 世間からの声望を得る。名をあげる。

**名を留める**(なをとどめる) 「名を残す」と同意。

**名を取る**(なをとる) 名声を手に入れる。評判をとる。become famous

**名を流す**(なをながす) 評判を世に伝わらせる。また、浮き名を流す。give rise to scandal

**名を成す**(なをなす) 有名になる。become famous

**名を偸む**(なをぬすむ) 実際には力がないのに、名声を得る。

**名を残す**(なをのこす) 評判を後世にまでとどめる。leave one's name behind

**名を辱しめる**(なをはずかしめる) 地位・名誉をけがす。評判をきずつける。bring disgrace upon

**名を振るう**(なをふるう) ほまれをひびかせる。

**な【▼肴】** 古語 魚・菜など、酒・飯に添える食物。おかず。用例 前妻が—乞はさば(古事記・中)。

**な【菜】** 食用にする草・野菜。おもにアブラナ科の植物。なっぱ。greens

**な【▽魚】** 古語《食品とするときの》うお。さかな。用例 帯日売神の命の—釣らすと(万葉・五・八六九)。

**な【▼汝】** 古語(代) おまえ。きみ。なれ。用例 —こそは世の長人(古事記・下)。

**な** 古語(副) ①《活用語の連用形(カ変・サ変は未然形)の上にあって》動作を禁止する意を表す。…するな。用例 —思ひと君は言へども逢はむ時(万葉・二・一四〇)。②《「な…そ」の形で》動作を遠回しに禁止する意を表す。…してくれるな。用例 早く—散りそ雪は消ぬとも(万葉・五・八四九)。

**な**(感) 感嘆・呼びかけの意を表す語。

**な** ㊀(終助) ①終止形に付いて、禁止の意を表す。用例 忘れる—。②連用形に付いて、命令の意を表す。…なさい。用例 早く行き—。③軽い詠嘆や念を押す意を表す。なあ。用例 早い—。④古語 未然形に付いて、文を終止させる。用例 潮もかなひぬ今は漕ぎ出で—(万葉・一・八)。㊁(間助) 語調を整える。また、軽い詠嘆や念を押す意を表す。なあ。用例 実は—。㊂古語(格助) ①《上代語。名詞に付く》「の」に同じ。用例 大き海のみ—そこ深く思ひつつ(万葉・二〇・四四九一)。②《上代東国方言》「に」に同じ。用例 草陰の安努—行かむと墾りし道(万葉・一四・三四四七)。

**なあ**(終助・間助) ↓な㊀③・㊁

**ナーガールジュナ**[Nāgārjuna] インドの僧竜樹の梵語名。

**ナーグプル**[Nagpur] インド中部、マハラシュトラ州北東部の商工業都市。交通の要地で、デカン高原における商工業および綿工業の中心地。人口一二二九・八万(一九八一)。

**ナーシク**[Nasik] インド西部、マハラシュトラ州北西部、ゴダーバリ川上流沿岸の商工業都市。交通の要地で、ヒンズー教の聖地。人口四二・九万(一九八一)。

**ナーシング-ホーム**[nursing home] 看護療養を主体とした病院。慢性疾患で長期療養中の患者や、軽症だが、家庭で日常生活を営むには困難な患者のための病院と家庭の中間施設。

**ナース**[nurse] 看護婦。

**ナース-ステーション**[nurse station] 看護婦が控えている場所。心電図やビデオなど、患者を見守るための設備をもつことが多い。

**ナース-バンク** 《和製語》看護婦不足対策の一つ。看護婦の資格をもちながら、今は業務から離れている人を登録し、必要に応じて活用しようとする制度。

**な-あて【名▼宛】** 指定した先方の名。address 用例 —人。

**ナーティヤシャーストラ**[Nāṭya-śāstra] 古代インドの音楽・舞踊・演劇に関する書。バラタ(二〜三世紀ごろ)の著とされ、戯曲論・詩論を含む。

**ナーバス**[nervous](形動) 神経質な。

**ナーランダー**[Nālandā・那爛陀] インドの仏教遺跡。ビハール州ラージギルの北方。五〜一二世紀に大寺院・仏教大学として栄えた。

**ナイ** 4画 **【内】** 部首[入] 教育小3→教育小2 JIS 3866 ｜ 4画 **【▼內】** 部首[入] 旧字
音 ナイ・ダイ・ドウ・ノウ
訓 うち
内内内内
①うち。なか。対義 外。「院内・国内・車内」「内臓・内野・内容」用例 (接尾)学校—。②仏教で、ほかの教えに対して、仏教自体のこと。対義 外。「内典」③うちうち。ひそかに。おもてむきでない。「内規・内心・内中・内定」用例 (接頭)—祝言。④いえ。家庭のなか。「家内」「内儀・内助」⑤いれる。おさめる。「内服・内用薬」⑥自国。対義 外。「内外・内政」↓ダイ[内]

**ない【▽地▽震】** 古語《もとは「大地」の意。「揺る・振る」をともなって》じしん。用例 大—ふることはべりき(方丈記)。

**な・い【亡い】**(形) 死んでしまっている。dead 用例 彼も今は—。

**な・い【無い】** ㊀(形) ①存在しない。non-existence 対義 ある。用例 兄弟は—。あること—こと言い触らす。②持っていない。対義 ある。用例 お金が—。③《形容詞・形容動詞や助動詞「だ」「たい」「らしい」などの連用形に付いて》打ち消しを表す。not 用例 あまり寒く—。静かで—。④《「て(で)」をともなう動詞に付いて》打ち消しを表す。用例 全然聞いて—。まだ読んで—。参考 ③④の「ない」を補助形容詞とする説もある。㊁(接尾)《名詞に付いて形容詞をつくる》打ち消しを表す。用例 情け—。派生 なげ(形動) なさ(名・接尾)

**無い図**(ないず) めったにないこと。珍奇なおもむき。

**無い袖は振れぬ**(ないそではふれぬ) 実際にないものは、なんと言われても、どうにもならない。You can't get blood out of a stone.

**無い名**(ないな) 無実の汚名。身におぼえのないうわさ。ぬれぎぬ。

**無いもせぬ**(ないもせぬ) ありもしない。

**無い物食おう**(ないものくおう) わがままなこと。

**無いより増し**(ないよりまし) どんなものでも、また、どんなに少しのものでも、ないよりはあったほうがよい。It's better than nothing. 用例 はんぱ仕事でも—だ。

**無くて七癖**(なくてななくせ) ないといわれる人でも七つはあるほど、人間は癖の多いものだ。Every man has his peculiar habits.

**無くて七癖、有って四十八癖**(なくてななくせ、あってしじゅうはっくせ) 「無くて七癖」の誇張した言い回し。

**な・い**(接尾)《状態などを表す語に付いて形容詞をつくる》その程度のはなはだしい意を表す。用例 せわし—。あどけ—。切—。

**ない**(助動 形型)《動詞および助動詞「せる・させる・れる・られる」の未然形に付く》①打ち消しの意を表す。ぬ。not 用例 書か—。出掛けられ—。②《助詞「か」をともな

い、または「か」をともなわずに音調を上げて》勧誘を表す。用例 行か―か。そうしてくれ―。参考 サ変には「…し」の形に付く。また、動詞「ある・おる」には付かない。

**ナイ【nay】** 西アジアの縦笛。葦(あし)または木製。アラビアの代表的な管楽器。ネイ。

**ナイアガラ-たき【ナイアガラ滝】**(Niagara Falls) アメリカ北東部、カナダとの国境の滝。エリー湖からオンタリオ湖に流れるナイアガラ川中流にある。ゴート島により二分され、右側はアメリカ滝(幅三〇〇m、落差五一m)、左側はカナダ滝(幅八〇〇m、落差四九m)。↓写

●ナイアガラ滝　カナダ滝。

**ない-い【内意】** ①心中の思い。one's intention 用例 ―を探る。②内々の意向。confidential opinion 用例 大使の―を伝える。

**ナイーブ【naive】**(形動) 清らかで、すなおなさま。うぶ。純真。素朴。

**ない-いん【内因】** 物事の内部に潜む原因。internal cause 対義 外因。

**ない-いん【内院】** ①神社で、神体の祭ってある所。②寺院で、奥にある道場。

**ないえ【▼奈井江】**〈町〉《アイヌ語「ナエイ(=谷川)」に由来》北海道中部、石狩川に沿う町。旧炭鉱町。農業と電機部品などの工業が行われる。人口八五三六(一九八八)。

**ない-えつ【内謁】**(名・サ変自) 内々にお目にかかること。

**ない-えつ【内閲】**(名・サ変他) 内々に見ること。

**ない-えん【内炎】** ろうそくやガスなどの炎の内部にある強く輝いている部分。還元性があるので、還元炎ともいう。inner flame 対義 外炎。↓炎図

**ない-えん【内▼苑】** 神社や宮中の中庭。inner garden 対義 外苑。

**ない-えん【内宴】** 平安時代、子(ね)の日に宮中で行われた内輪(うちわ)の宴(えん)。正月二一日ごろ、天皇が公卿(くぎょう)や文人を召して詩文・奏楽を楽しんだ。

**ない-えん【内園】** 宮中の庭。

**ない-えん【内縁】** ①内々の私的な縁故。②事実上の婚姻関係にありながら、婚姻の届け出をしていないため法律上の夫婦と認められない男女関係。common-law marriage 用例 ―の妻。③内側のへり。inner edge

**ない-おう【内応】**(名・サ変自) 内部の者がひそかに敵に通じること。裏切り。内通。secret communication

**ない-おう【内奥】** 奥深いところ。心中。heart 用例 ―に秘めた闘志。

**ない-か【内科】** 手術を施す外科的治療方法を用いないで、主として内臓の病気を取り扱う診療科。internal medicine 対義 外科。

**ない-かい【内界】** 心の内部の世界。思考・感情・意欲など。the inner world 対義 外界。

**内界の財貨**(ないかいのざいか) 知識・技能などのように、他人と売買できない無形の財産。

**ない-かい【内海】** ①陸地によって、ほぼとり囲まれ、狭い海峡で外洋に通ずる海。形の上では地中海と同じだが、地中海よりも面積の小さいものをいう。瀬戸内海など。うちうみ。inland sea 対義 外海。②茶入れの一種。大海(だいかい)に対して、口のやや狭いもの。

**ない-がい【内外】** 一(名) ①うちとそと。inside and outside ②国内と国外。home and foreign 用例 ―人。二(接尾) その見当。用例 一〇〇〇円―。

**ない-かく【内角】** ①多角形の内部にあって、隣り合う二辺でできる角。internal angle ②野球で、ホームベースの、打者に近い側。インコーナー。the inside 対義 外角。↓図

●内角①

**ない-かく【内核】** 地球中心部、液状の外核の中にある固体の核。半径約一三〇〇km。inner core ↓地球図

**ない-かく【内閣】** 総理大臣を長とし国務大臣によって構成される政府組織。議院内閣制のもとでは行政権を執行する最高の機関。日本では明治一八年(一八八五)太政官制に代わって設置され、日本国憲法の発布によりイギリス型の議院内閣制となった。Cabinet

**ないかく-かんぼう【内閣官房】** 閣議事項の整理、内閣の庶務、情報収集などを行う内閣の補助機関。長官は国務大臣。Cabinet Secretariat

**ないかくかんぼう-ちょうかん【内閣官房長官】** 国務大臣の一人。閣議にかかわる諸事項を統轄する内閣官房の長官。実質的には内閣総理大臣の補佐役。官房長官。Chief Cabinet Secretary

**ないかく-じょうほうきょく【内閣情報局】** 第二次大戦中、内閣直属の言論統制機関。昭和一五年(一九四〇)設置。陸・海軍、外・内務各省の情報・宣伝業務を統一して対外思想戦の中枢とした。

**ないかく-じょうほうちょうさしつ【内閣情報調査室】** 内閣の重要政策に関する情報の収集・調査を主任務とする内閣官房の機関。昭和三二年(一九五七)設置の内閣調査室を同六一年(一九八六)に改組。

**ないかく-せいど【内閣制度】** 内閣が国の行政を担当する最高機関としての機能をもつ政治制度。日本では明治一八年(一八八五)に始められた。Cabinet system

**ないかく-そうじしょく【内閣総辞職】** 内閣の一体性と国会に対する連帯責任を確保するため、内閣を構成する全員が辞職すること。resignation of the Cabinet

**ないかく-そうりだいじん【内閣総理大臣】** 内閣を主宰する首長。国会議員の中から国会が議決により指名、天皇によって任命される。総理大臣。首相。Prime Minister

**ないかく-ふしんにんあん【内閣不信任案】** 国会に提出される、内閣を信任しないという議案。憲法により内閣は衆議院の不信任案が可決されると一〇日以内に衆議院を解散するか総辞職しなければならない。no confidence vote

**ないかく-ぶんこ【内閣文庫】** 内閣所蔵の古書を収める図書館。明治一七年(一八八四)太政官文庫として発足し、翌年現称。紅葉山(もみじやま)文庫、昌平坂(しょうへいざか)学問所などの旧蔵書も収蔵。国立国会図書館の支部を兼ね、現在は国立公文書館の一部をなす。

**ないかく-ほうせいきょく【内閣法制局】** 内閣の補助機関。閣議に付される法律案・政令案などの立案・審査、条約案の審査、政府の法的な統一見解を作成するための基礎作業などを行う。Cabinet Legislation Bureau

**ない-が-しろ【▼蔑ろ】** 一(形動)《「無きが代(しろ)」の転》あっても、ないように軽んじるさま。いい加減に扱うさま。slight 二古語(形動ナリ) 人目を気にせず、うちとけるさま。用例 ひもうち解き―なるけしきに拾ひ置くに(枕・暮をやむごとなき人のうつとて)。

**ない-かひ【内果皮】** 果皮の最内層。種子を直接包む果皮で、柿(かき)では種子をとり巻くゼリー層、ミカンでは袋状の皮。endocarp ↓果実図

**ない-かん【内患】** 内部にある苦しみ・心配事。とくに、国内に起こっている紛争。内憂。inner cares; domestic troubles

**ない-かん【内観】** ①自分が自分の心の動きをよく見きわめること。比較 内省。②心理学で自己を観察すること。③《仏教語》修行法の一つ。内省によって自己を見つめ、仏性を悟るための修行。観。観法。観心(かんじん)。

**ない-がん【内含】**(名・サ変他) ①内部に含むこと。inclusion ②論理学で、二つの命題の結び合う関係を示すことば。entailment 比較 包含。

**ないかん-ほう【内観法】** ①心理学の研究法の一つ。被験者に、自分の知覚内容・感覚状況・感情状態などを実験的・計画的に観察・報告させる方法。introspection ②浄土真宗の「身調べ」という行法から発展した、日本独自の精神療法。吉本伊信が考案。過去から現在にいたる対人関係における自分の態度を、自責的な観点から内省していく方法。

**ない-き【内規】** ①内部のきまり。bylaws ②的の中心の輪。

**ナイキ【Nike】** ①ギリシア神話の勝利の女神。ニケ。②アメリカ軍が開発した地対空ミサイル。アジャックスとハーキュリーズがある。

**ない-ぎ【内儀】** ①貴人の妻。②人の妻を呼ぶ語。内室。③町人の妻を呼ぶ語。おかみ。④内々のこと。private matter

**ナイキ-ハーキュリーズ【Nike-Hercules】** アメリカの高高度用地対空ミサイル。地上からの電波による指令誘導方式で、射程約一三〇km、速度約マッハ三。航空自衛隊では、非核弾頭用のナイキJを採用。

**ない-きょく【内局】** 中央官庁で、直接大臣や次官の監督を受ける局。対義 外局。

**ない-きん【内勤】**(名・サ変自) 勤めている会社・官庁などの内部で勤務すること。indoor service 対義 外勤・外交。

**ない-ぐ【内供】**「内供奉(ないぐぶ)」の略。

**ない-くう【内▽宮】** 皇大神宮(こうたいじんぐう)の別称。対義 外宮(げくう)。

**ない-ぐぶ【内供奉】** 昔、宮中に奉仕した高徳の僧。内供。供奉。ないくぶ。

**ない-くん【内訓】** ①内密にする訓令。②婦女に対する教訓。

**ない-けい【内径】** 管などの内がわの直径。inside diameter 対義 外径。

**ない-けん【内見】**(名・サ変他) 公開せず内々で見ること。内覧。

**ない-げんかん【内玄関】** ↓うちげんかん(内玄関)

**ない-げんご【内言語】** 音声や文字の形で表現されない、心の中だけの言語。頭の中だけで読んだり話したりするさいの行為。内語。inner speech

**ない-こう【内向】**(名・サ変自) ①内気で自分の気持ちを外に表せず、心の動きが自分にばかり向かいがちなこと。introversion 対義 外向。②心理学で、精神を自己の内部に集中し、現実を無視して、すべてを自己中心に考え、感じ、行うこと。introversion

**ない-こう【内攻】**(名・サ変自) ①医学で、病気が外に現れず、内臓諸器官を冒すこと。retrocession ②心理学などで、精神的な苦痛が内に積もること。retrocession 用例 いらだちが―する。

**ない-こう【内▼訌】**(名・サ変自) 団体などの内部で仲間どうしがいざこざを起こすこと。うちわもめ。内紛。比較 内乱。用例 ―がおさまる。

**ない-こう【内港】** 港湾の中にあって、停泊や荷の積みおろしをする所。対義 外港。

**ない-こう【内項】** 比例式$a:b=c:d$の内側にある二つの項。すなわち、$b$と$c$。内項の積は外項の積に等しい。internal terms

**ない-ごう【内合】** 水星・金星が地球と太陽の間にあって、太陽と同じ経度になる時刻。また、その現象。inferior conjunction 対義 外合。

**ない-ごう【内剛】** しんが強いこと。

**ないこう-がた【内向型】** 個性の一つの型。内向するタイプ。introvert

**ないこうかもん-きょう【内行花文鏡】** 中央に弧を向けた半円を連ねた文様をもつ鏡。おもに前漢末から後漢代のこの種の鏡をいう。日本では弥生(やよい)・古墳時代に鋳造された。連弧文鏡。

**ない-こうしょう【内交渉】**(名・サ変自) 事前に行う公式でない交渉。preliminary negotiations

**ないこう-せい【内向性】** ユングによる人格の基本類型の一つ。心のエネルギーが自己の内面に向きやすい性格。introversion 対義 外向性。

**ないこう-てき【内向的】**(形動) 内向しがちであるさま。introvert 用例 ―な性格。

**ないこう-どうぶつ【内▼肛動物】** 無脊椎(せきつい)動物の小集団。おわん形の体部と細長い柄部よりなり、匍匐(ほふく)根で互いに連結して群体をつくるものもある。体部の上部に触手環があり、その内側に口と肛門(こうもん)が開いているのでその名がある。消化管はU字状に曲がる。大部分が海産。スズコケムシ(群体性、個虫は全長約五mm)など、現在、約六〇種。曲形動物。

**ない-こきゅう【内呼吸】** 細胞が体液から酸素をとり入れて、二酸化炭素を細胞外に放出する機能。組織呼吸。細胞呼吸。internal respiration 対義 外呼吸。

**ない-こく【内国】** その国の中。国内。用例 ―

▼常用漢字表外。　▽常用漢字表の音訓外。

産。

**ないこく-かいしゃ【内国会社】** その国の法律に準拠して設立された会社。domestic company 対義 外国法人。

**ないこく-かわせ【内国為替】** 同一国内での債権・債務を小切手や手形で決済するための仕組み。domestic exchange 対義 外国為替。

**ないこく-さい【内国債】** ↓ないさい(内債)

**ないこく-ぜい【内国税】** 国税のうち、関税・トン税・特別トン税以外のものの総称。内国税は国税庁、関税・トン税・特別トン税は税関が扱う。domestic tax

**ないこく-みん【内国民】** 自国の人民。

**ないこくみん-たいぐう【内国民待遇】** 自国内での裁判・税金・財産権などについて、外国人に自国民と同等の待遇を与えること。自国民待遇。national treatment

**ないこく-ゆうびん【内国郵便】** 宛先が同一国内の郵便。domestic mail

**ないこく-ゆうびんかわせ【内国郵便為替】** 郵便局の振り出す為替証書によって国内に送金する方法。普通為替・電信為替・定額小為替に区別される。domestic postal money order

**ない-こっかく【内骨格】** 脊椎動物の体内にあって、体を支持し、また筋肉の付着点となる骨格。endoskeleton

**ない-こん【内婚】** 配偶者を自分の所属する集団・階層の内部に求める婚姻形態。集団や階層の単位、範囲は文化・社会によって異なる。endogamy

**ナイサー【Albert Ludwig Siegmund Neisser】**(一八五五〜一九一六) ドイツの皮膚学者・細菌学者。淋菌を発見。ハンセン病の研究にも力を注いだ。梅毒研究の権威で、ワッセルマン・ブルックとともに梅毒血清診断法(＝ワッセルマン反応)を考案した。

**ない-さい【内妻】** 内縁の妻。比較 本妻。対義 正妻。

**ない-さい【内済】**(名・サ変他) 物事を内々で解決すること。江戸時代の用語としては、民事事件にあたるものの和解をさす。private settlement

**ない-さい【内債】** 政府や企業が国内の市場で発行・募集する公社債。内国債。internal debt 対義 外債。

**ない-ざい【内在】**(名・サ変自) ①ある性質・事物が内部に存在すること。immanence 対義 外在。②哲学で、世界のうちに本質としての神が存在するという考え方。immanence ③哲学で、経験可能な範囲にあること。カントの用語。immanence 対義 超越。

**ないざい-てつがく【内在哲学】**(Immanenzphilosophieドイツ) 実在は意識の中に存在するだけであって、意識から離れた存在はないとする哲学。一九世紀末、ドイツのシュッペらによって唱えられる。

**ないざい-ひひょう【内在批評】** ①ある学説・思想などを、その前提となるものを一応認めた上で批評すること。②その文学作品自体に即して、作品の形式・内容を分析して批判すること。社会的、歴史的評価や位置づけをしないもの。印象批評・鑑賞批評など。

**ない-し【乃至】**(接続) ①中間を略して言うときに使う語。…から…まで。from… to… 用例 五 — 七。②または。それに加えて。or 用例 役人 — 教師の立場。

**ない-し【内侍】** 内侍司の女官。

**ない-じ【内示】**(名・サ変他) 内々に示すこと。unofficial announcement 対義 公示。

**ない-じ【内耳】** 耳の最奥部、中耳の内側にあり、かたい骨に包まれている部分。聴覚に関する蝸牛、身体の平衡機能に関係する前庭、半規管の三部分からなる。迷路。internal ear 対義 外耳。↓耳図

**ナイジェリア【Nigeria】**(Federal Republic of Nigeria) アフリカ西部、ギニア湾に臨む連邦共和国。海岸地方はかつての奴隷海岸。首都ラゴス。一九六〇年イギリスから独立。北部はサバナ、南部は熱帯雨林地域で、カカオ・落花生を生産。近年、石油生産が増加した。面積九二・四万$km^2$。人口九八五二万(一九八六)。正称ナイジェリア連邦共和国。

**ないじ-えん【内耳炎】** 聴器と平衡器である内耳に起きる炎症。難聴・耳鳴り・めまい・平衡障害などがみられる。labyrinthitis

**ないし-きょう【内視鏡】** 身体内部を観察する器具。ファイバースコープを用いた、食道鏡・胃鏡・気管支鏡・膀胱鏡などがある。endoscope

**ないじ-しんけい【内耳神経】** 脊椎動物の第八脳神経。内耳からの感覚を脳に伝える神経で、聴覚をつかさどる蝸牛神経と平衡覚をつかさどる前庭神経からなる。聴覚神経。

**ない-しつ【内室】** 奥方。令夫人。one's wife

**ない-じつ【内実】** ㊀(名) 内部のようす。内幕。real state of affairs 対義 表向き。㊁(副) じっさい。その実。in fact

**ないし-どころ【内侍所】** ①内侍の奉仕する所。温明殿の中にあり、八咫鏡を祭っている。賢所。②八咫鏡。

**ないし-の-つかさ【内侍司】** 常に天皇に近侍し、上奏の取り次ぎ、命令の伝達、後宮の礼式などをつかさどる役所。

**ない-しゃく【内借】**(名・サ変他) 内密に借りること・もの。secret debt

**ない-じゅ【内需】**《「国内需要」の略》国内での需要。民間と政府による消費と投資。domestic demand 対義 外需。

**ないじゅう-がいごう【内柔外剛】** 内心は意志が弱く気力にも欠けるのに、外見は強そうにしていること。対義 外柔内剛。

**ない-しゅうげん【内祝言】** 内々でする結婚式。

**ない-しゅっけつ【内出血】**(名・サ変自) 身体内部の諸臓器や組織に出血すること。出血の量・部位・持続時間によっては生命にかかわる。internal hemorrhage 対義 外出血。

**ない-しょ【内緒・内証・内所】**《「ないしょう」の約。「緒」「所」は当て字》①おもてむきにしないこと。秘密。secret; private 用例 — で事を進める。②うちわの財政状態。one's circumstances 用例 — は火の車。

**ない-じょ【内助】** ①内部からの助け。②夫に対する妻の援助。support from one's wife

**内助の功** 夫が仕事以外のことを気にかけたりすることなく、存分に働けるよう、しっかりと家を守り、夫を陰で、また、積極的に助ける妻の働き・功績。

**ない-しょう【内相】** 内務大臣。

**ない-しょう【内証】** ①《仏教語》自分の心の中に悟った真理。②内密。ないしょ。secret ③一家の暮らし向き。one's financial circumstances ④人の妻。

**ない-しょう【内鞘】** 内皮のすぐ内側にできる柔組織層。高等植物の茎や根にみられる。pericycle

**ない-じょう【内情】** 内部の事情。内輪のいきさつ。内実。internal conditions

**ない-しょく【内職】**(名・サ変自) ①本職以外にする仕事。sideline ②収入の不足を補うため主婦などが家事のかたわら行う仕事。sideline ③授業中に教師に見付からないように、他の学科の下調べなどをすること。

**ないしょ-ごと【内緒事】** ①秘密。secret ②うちわ。private matter

**ないしょ-ばなし【内緒話】** ①こそこそ話。talk in whisper ②暮らし向きの話。a private talk

**ない-しん【内心】** ㊀(名) ①心の中。one's heart 用例 — 如夜叉。参照 外面。②三角形に内接する円の中心。三角形の三つの内角の二等分線の交点。三つの辺から等距離にある点。多角形に内接する円の中心に対しても用いる。incenter ㊁(副) 心の中で。ひそかに。inwardly 用例 — 快く思わない。↓五心図

**ない-しん【内申】**(名・サ変他) 外部に発表しないで、内々に申し述べること。confidential report

**ない-しん【内診】**(名・サ変他) ①女子生殖器内の診察。②宅診。

**ない-じん【内陣】** 対義 外陣。①寺院本堂や神社本殿で、本尊や御霊代が安置されている場所。②教会堂建築では祭壇付近の区画をいう。

**ないしん-しょ【内申書】** ①内々に申し述べる事柄を記した書類。②大学・高校などの入試のさいに、出身学校から提出される成績などの調査報告書。法規上の呼称は調査書。

**ない-しんのう【内親王】** ①嫡出の皇女および嫡男系嫡出の皇孫の女子の称号。②大宝令では、天皇の姉妹および皇女の称。

**ナイス【nice】**(名・感) あざやか。すてき。うまい。りっぱ。用例 — プレー。

**ない-すい【内水】** 国家の領域内の水域。河川・湖沼・運河など。inland waters

**ないすいめん-ぎょぎょう【内水面漁業】** 河川や湖沼などの、内水域で行う漁業。アユ・コイ・ウナギ・ワカサギなど。inland waters fishery

**ない-せい【内政】** ①国内の政治や行政。domestic administration 対義 外交。②家政。household management

**ない-せい【内省】**(名・サ変他) ①自分の心の中をかえりみること。reflection 比較 反省。②心理学で、自分の意識や経験を観察すること。内観。introspection

**ないせい-かんしょう【内政干渉】** ある国が自分の権限で決定・解決すべき政治問題に他国が介入し、その国の主権を侵犯すること。interference in domestic affairs

**ない-せいき【内性器】** 身体内部にあって、外から見えない生殖器官。男性では睾丸・副睾丸・精管・精嚢・前立腺などをいい、女性では卵巣・卵管・子宮などをいう。内部性殖器。inner genitals 比較 外性器。

**ないせい-ふかんしょう【内政不干渉】** 他国の国内問題に介入せず、主権を侵害しないこと。近代の国際関係の原則となっている。non-intervention 対義 内政干渉。

**ナイセ-がわ【ナイセ川】**(Neisse) チェコスロバキア北部のイゼルスケー山地から東ドイツとポーランドの国境を北に流れ、オーデル川に合流する川。長さ二三〇km。東欧の国境線として重要。

**ない-せき【内積】** ベクトルの演算の一つ。二つのベクトル$\vec{a}$、$\vec{b}$のなす角を$\theta$とするとき、$|\vec{a}||\vec{b}|\cos\theta$で表されるスカラー量。$(\vec{a}, \vec{b})$または$\vec{a}\cdot\vec{b}$で表す。ここで、$|\vec{a}|$はベクトル$\vec{a}$の大きさである。スカラー積。inner product

**ない-せつ【内接】**(名・サ変自) ある図形が他の図形に内側から接すること。円の内部にある多角形の頂点がすべて円周上にあるとき、多角形の内部にある円(＝内接円)が多角形のすべての辺と接するとき、一つの円とその内部にある円が一点で接しているときなど。inscribed 対義 外接。

**ない-せん【内戦】** 国内の戦争。civil war 比較 内乱。

**ない-せん【内線】** 対義 外線。①内部の線。interior line ②構内の電話線。extension

**ないせん-さくせん【内線作戦】** 敵に包囲または挟み撃ちされそうな危険な位置で作戦すること。対義 外線作戦。

**ない-そう【内争】** うちわもめ。内紛。internal strife

**ない-そう【内奏】**(名・サ変他) 内々で天皇に申し上げること。また、その内容。

**ない-そう【内装】**(名・サ変他) 建物などの内部の設備・装飾。また、その工事。interior decoration 対義 外装。

**ない-ぞう【内蔵】**(名・サ変他) そのもの自体の中に持っていること。equipped 用例 分裂の危険を — している。

**ない-ぞう【内臓】** 動物の体腔におさまっている器官の総称。心臓・肺・胃・腸・肝臓・腎臓など。viscus

**ないぞう-かんかく【内臓感覚】** 内臓器官の痛覚や、身体内部の状態の変化が内臓の感覚細胞を刺激して起こす感覚の総称。空腹感・むかつきなど。visceral sense

**ないぞう-きん【内臓筋】** 内臓諸器官の壁(消化管壁・気道壁など)にある筋肉の総称。大部分が平滑筋で、これらは随意に収縮することのできない不随意筋である。visceral muscle

**ないそう-ざい【内装材】** 建物の内部仕上げに用いる材料。interior finishing material

**ないそく-じしんたい【内側地震帯】** 日本列島の日本海沿岸に沿う地震帯。環太平洋地震帯の一部を構成する。対義 外側地震帯。

**ない-そん【内孫】** 自分の跡取りの夫婦の間に生まれた子。うちまご。対義 外孫。

**ナイター**《和製語》夜間に、照明を利用して行われるスポーツ競技の試合。おもに野球の試合についていわれる。日本でのプロ野球初ナイターは、昭和二五年(一九五〇)。night game 対義 デーゲーム。

**ない-だい【内題】** 書物の扉や本文のはじめに掲げてある題名。対義 外題。

**ない-だいじん【内大臣】** ①律令制下、令外官の一つ。左右大臣を補佐する官職。藤原鎌足が与えられた称号に由来。うちのおとど。②明治一八年(一八八五)宮中に設けられた職。天皇の側近として皇室の事務、重要国務の補佐にあたった。昭和二〇年(一九四五)廃止。内府。

**ないたがし-けいやく【名板貸(し)契約】** 自分の氏名や商号を使用して営業することを他人に許す契約。名義貸し契約。

**ない-だく【内諾】**(名・サ変他) 内交渉の段階で承諾の意思表示をすること。内々の承諾。an informal consent; a private consent 用例

—を与える。

**ない-たつ【内達】**(名・サ変他) 前もって非公式に知らせること。また、その知らせ。

**ない-だん【内談】**(名・サ変自) 内々で相談すること。密談。secret talk

**ない-ち【内地】** ①本国。mainland 対義 外地。②海から遠い内陸。inland ③国内。home ④北海道・沖縄などでいう、本州のこと。

**ない-ち【内治】** 国内の政治。ないじ。対義 外交。

**ないち-まい【内地米】** 国内でとれる米。「対義 外米。

**ナイチンゲール【nightingale】** ①ウグイスに似たツグミ科の小鳥。全長約一六cmで褐色。ヨーロッパにすみ、春・夏の早朝・夕暮れ、月明かりの夜などに美しい声で鳴く。ヨナキウグイス。サヨナキドリ。②《フローレンス=ナイチンゲールの名から》看護婦の美称。→図

●ナイチンゲール①

**ナイチンゲール[Florence Nightingale]**(一八二〇〜一九一〇) イギリスの看護婦。フローレンス(=フィレンツェ)生まれ。クリミア戦争従軍のさいの功労に対する表彰金と寄付金をもとに看護学校を創立。近代看護を確立し、社会衛生・看護制度の改善に尽力した。→写

●F=ナイチンゲール

**ナイチンゲール-デー[Nightingale Day]** ナイチンゲールの功績を記念する日。毎年五月一二日。フローレンス=ナイチンゲール記章受章者が発表される。

**ない-つう【内通】**(名・サ変自) ①内部の者がひそかに敵に通じること。内応。裏切り。secret communication with the enemy ②人にわからないように男女関係を結ぶこと。私通。密通。illicit intercourse

**ない-てい【内定】**(名・サ変自他) まだ公式に発表されないが、決まったこと。内々に決めること。また、決まったこと。unofficial decision

**ない-てい【内偵】**(名・サ変他) 内々に探ること。秘密調査。scout

**ないてい-ひ【内廷費】** 皇室費の一つ。天皇家の日常の費用にあてるため、毎年国庫から支出される金銭。

**ない-てき【内的】**(形動) 対義 外的。①物事の内部に関するさま。内側。inner 用例 —な原因。—関連。②心理学などで、精神に関するさま。内面的。mental

**ないてき-けいけん【内的経験】** 自分の心の中のもだえ・苦しみ、覚悟・断念などの精神的な経験。inner experience

**ないてき-せいかつ【内的生活】** 個人の生活の中で、心の中に起こる喜び・悲しみ・悩み・あきらめ・愛・憎しみなどの精神的な部分。精神的生活。inner life

**ない-てん【内典】** 仏教徒から見て、仏教の経典。対義 外典。

**ナイト【knight】** ①ヨーロッパ中世における武人の階級の一つ。忠義・勇気・礼節・名誉などを重んじ、婦人に仕えて、これを守ることを美徳とした。騎士。②英国の爵位の一つ。サー(Sir)の称号をゆるされる。

**ナイト【night】** 夜。夜間。

**ナイト-アンド-デー[Night and Day]** コール=ポーター作詞・作曲の恋の歌。一九三二年のミュージカル『陽気な離婚』のために作られた。

**ナイトウエア**《和製語》家庭での夜のくつろぎ着。ナイトガウン・ナイトドレス・ネグリジェなど。nightclothes

**ないとう-こなん【内▼藤湖南】**(一八六六〜一九三四) 東洋史学者。名は虎次郎。秋田県生まれ。京大教授。東洋史学の発展に寄与。著書『日本文化史研究』『支那絵画史』など。

**ないとう-じょうそう【内▼藤丈草】**(一六六二〜一七〇四) 江戸前期の俳人。本名林右衛門。尾張犬山藩士。出家して蕉門に入る。高潔枯淡な句風は芭蕉の寂をよく伝える。随筆『寝ころび草』など。

**ないとう-しんじゅく【内▼藤新宿】** 旧甲州街道の宿場。日本橋からの最初の宿で、青梅街道との分岐点。現在の東京都新宿区新宿付近。内藤氏の下屋敷近くにできたため、この名がある。

**ないとう-めいせつ【内▼藤鳴雪】**(一八四七〜一九二六) 俳人。本名素行。江戸生まれ。正岡子規の指導を受け、格調正しい句風。句集『鳴雪俳句集』など。

**ナイトガウン【nightgown】** 寝巻きの上にはおるようにして着る、丈長のゆったりした洋風の部屋着。

**ナイトキャップ【nightcap】** ①髪の乱れを防ぐ就寝用の帽子。ネットや編み地・布などで作られている。②寝酒。

**ないど-きん【内▼帑金】** 君主のお手元金。

**ナイトクラブ【nightclub】** 高級社交場。音楽・酒・料理・ダンス・ショーなどが楽しめる。

**ナイト-ゲーム【night game】** →ナイター

**ナイト-ショー**《和製語》映画・演劇などの深夜興行。midnight show

**ナイト-テーブル【night table】** 寝室のベッドサイドに置く小テーブル。

**ナイト-ホスピタル【night hospital】** 夜間だけ患者を預かり、検査や治療も行う施設。昼間は、患者を家庭で家族とともに過ごさせる。対義 デイ-ホスピタル。

**ない-ない【内内】**(名・副) 公式でないこと・さま。こっそり。うちうち。secretly

**ない-にゅう【内乳】** 胚嚢内に発達し、養分を貯えた組織。一般に、胚乳のこと。endosperm

**ないねん-きかん【内燃機関】** 燃焼室(シリンダー)内部で燃料を爆発燃焼させて機械的エネルギーをつくる熱機関。ガソリン機関・ディーゼル機関・ガスタービンなど。internal combustion engine

**ない-はいよう【内▼胚葉】** 多細胞生物の発生中に表れる胚葉の一つ。嚢胚期以後のある期間、原腸をつくり、のちに消化管・肝臓・気管・えら・肺などを形成する。endoderm

**ない-はつ【内発】**(名・サ変自) 内部から起こること。

**ないばつ-てき【内罰的】** 心理学で、うまくいかないことが生じた場合に、自分の責任と考えて、自分を責める傾向があること。intropunitive 対義 外罰的。

**ないはん-そく【内反足】** 足首が内側に反った足。足裏の親指側が上方に反り、小指側が下方に押しつけられた状態になる。内翻足。clubfoot

**ないはん-ちゅう【内反▼肘】** ひじを伸ばしたとき、前腕軸が上腕軸と一直線にならず内方に開く角をなすもの。上腕骨顆上骨折によることが多い。cubitus varus

**ない-ひ【内皮】** 皮層の最内層。①高等植物の茎や根の中心柱を包む一層の細胞層。endodermis ②脊椎動物の血管・リンパ管・心臓などの内腔壁をおおう上皮。endothelium

**ない-ふ【内府】** 内大臣。

**ナイフ【knife】** 洋風の小刀。用例 くだもの—。ペーパー—。数え方 一本・一丁。

**ない-ぶ【内部】** 対義 外部。①中の部分。うちがわ。inside ②組織などの中にあること。うちわ。inside 用例 —の人間。

**ないぶ-エネルギー【内部エネルギー】** 物体を構成する分子のもつ位置エネルギーと運動エネルギーの総和。ただし、物体全体の外力による巨視的な位置エネルギーや運動エネルギーを除く。internal energy

**ないぶ-かんさ【内部監査】** 経営管理を目的に企業内部の関係者の手で自主的に行う監査。internal audit 対義 外部監査。

**ないぶ-きおくそうち【内部記憶装置】** コンピューターの主記憶装置のこと。internal memory

**ないぶ-きせい【内部寄生】** 寄生生物が宿主の体内に侵入して養分をとり、生活すること。endoparasitism

**ない-ふく【内福】**(名・形動) 外見に比べて、家計が豊かなこと・さま。

**ないふく-やく【内服薬】** 飲み薬。a medicine for internal use 対義 外用薬。

**ないぶ-けいざい【内部経済】** 企業自体の設備投資や経営能率の改善によって生産費が下がり利益となること。internal economies 対義 外部経済。

**ないぶ-こうでんこうか【内部光電効果】** 光電効果の一種で、光をあてると物質内部に電流が流れる現象。internal photoelectric effect

**ないぶ-こくはつ【内部告発】** 組織に属する人間が、内情を明るみに出して世の中に訴えること。accusation from inside

**ないぶ-ていこう【内部抵抗】** 電池・電流計・電圧計などの内部にある電気抵抗。交流回路では内部インピーダンスという。internal resistance

**ないぶ-は【内部波】** 密度の異なる流体が上下に重なるとき、その界面におこる波。流体の自由表面よりもはるかに大きな振幅で、流体内部の層が昇降する。internal wave

**ないぶ-りゅうほ【内部留保】** →しゃないりゅうほ(社内留保)

**ないぶ-ろうどうしじょう【内部労働市場】** 賃金や職位などが、企業内の管理やルールなどによって決定される仕組み。長期雇用が前提となる。企業内労働市場。intra-company labor market 対義 外部労働市場。

**ない-ふん【内紛】** 内部のもつれ。内争。internal trouble

**ない-ぶん【内分】** 一(名) おもてざたにしないこと。内聞。secret 用例 —にすます。二(名・サ変他) 一つの線分を二つに分かつ点が、その線分上にあること。線分AB上に、点PがあるときP は線分ABをAP:PBに内分するという。interior division 対義 外分。用例 —比。

**ない-ぶん【内聞】** ①内々に聞くこと。②表ざたにしないこと。内分。用例 なにとぞ、ご—に。

**ない-ぶんぴ【内分泌】** →ないぶんぴつ(内「分泌」)

**ない-ぶんぴつ【内分泌】** 生物で、組織がその分泌物(ホルモン)を血液やリンパ液中に直接放出すること。ないぶんぴ。internal secretion 対義 外分泌。

**ないぶんぴつ-せん【内分泌▼腺】** 内分泌を行う腺。ヒトでは、脳下垂体・甲状腺・上皮小体・副腎・精巣・卵巣・胎盤など。endocrine gland

**ない-へき【内壁】** うちがわにあるかべ。壁などのうちがわの面。inner wall

**ない-へん【内編・内▼篇】** 書物の、主要部分。対義 外編。

**ない-ほう【内包】** 哲学・論理学で、概念の外延(=適用される事物の範囲)に属する色々な事物が共通に持っている意味・性質。intension 対義 外延。

**ない-ほう【内法】**《仏教語》仏教徒が仏教を言う称。対義 外法。

**ない-ほう【内報】**(名・サ変他) 内々に知らせること。その報知。confidential information

**ナイポール[Vidiadhar Surajprasad Naipaul]**(一九三二〜) イギリスの小説家。トリニダード生まれ。ヒンズー教への親近感が強い。作品『ビスワズ氏の家』『自由国家にて』『到着の謎』など。

**ない-まく【内幕】** 内部事情。内情。うちまく。「the inside

**ない-まぜ【▽綯い交ぜ】** ①まぜてなうこと。interweave ②いろいろのものをからみ合わせて、まとめること。まとめたもの。blend

**ない-ま・ぜる【▽綯い交ぜる】**(下一他) ①種々の糸をまぜて、一つの縄・紐にまとめること。interweave ②いろいろのものをまぜ合わせる。

**ない-みつ【内密】**(名・形動) 秘密にすること・さま。ないしょ。secrecy

**ない-む【内務】** ①国内の政務。domestic affairs ②内務行政。警察・土木・衛生・地方行政など。③軍隊内での日常生活のうち、室内での仕事。

**ないむ-しょう【内務省】** 地方行政・選挙・警察などの内政をつかさどった中央官庁。明治六年(一八七三)設置。昭和二二年(一九四七)占領軍の命令により解体。

**ないむ-はん【内務班】** 旧日本陸軍の兵営内での日常生活上の一まとまりの単位。三〇〜四〇名で班長は軍曹または伍長。

**ない-めい【内命】** 秘密の命令。内々の命令。secret order

**ナイメーヘン[Nijmegen]** →ネイメーヘン

**ない-めん【内面】** 対義 外面・外形。①うちがわ。interior ②内実。real state of affairs ③精神・心理に関する面。mind

**ないめん-びょうしゃ【内面描写】** 文学で、人物の心理・気分などを描写すること。内的描写。inner description 対義 外面描写。

**ないもうこ-じちく【内▼蒙古自治区】** →ないモンゴルじちく(内モンゴル自治区)

**ない-もの【無い物】** 実際にないもの。

**無い物は無い**(ないものはない) ①欠けているものはない。すべてそろっている。なんでもある。have everything ②もともとないものは、いくら考えてもない。You can't get blood out of a stone. 用例 出せと言われても—。

▼常用漢字表外。 ▽常用漢字表の音訓外。

**ないもの-ねだり【無い物ねだり】**(名・サ変自) ①そこにないものを、無理を言って欲しがること。asking for the moon ②問題にすべきでないことを持ち出して、それを問題にしていないとして、けちをつけること。

**ないモンゴル-じちく【内モンゴル自治区】**(Nèi Mongol) 中国、内モンゴル地区を占める自治区。内モンゴル高原の大半を占め、中央部を黄河が流れる。牧畜、小麦・ジャガイモ栽培がさかん。人口一九二七万(一九八二)。内蒙古。うちモンゴルじちく。

**ない-や【内野】** 対義外野。①野球場のうち、本塁・一塁・二塁・三塁で囲まれた部分。またその外縁、通常の内野手の守備領域を含めていう。インフィールド。ダイヤモンド。infield; diamond ②「内野手・内野席」の略。

**ないや-あんだ【内野安打】** 野球で、内野に飛んだ打球で、安打になったもの。また、その打球。infield hit

**ナイヤガラ-の-たき【ナイヤガラの滝】**(Niagara Falls) ↓ナイアガラたき(ナイアガラ滝)

**ない-やく【内約】**(名・サ変他) 内々約束すること。その約束。private contract

**ないや-しゅ【内野手】** 野球で、内野を守備する選手の総称。一塁手・二塁手・三塁手・遊撃手。内野。infielder 対義外野手。

**ない-ゆう【内憂】** 内部・国内の心配。domestic trouble 対義外患。

**内憂外患**(ないゆうがいかん) 国内に起こる心配事と、外国との間に生じる心配事。また、組織の内部に起こる心配事と、外部から加わる心配事。内外の憂い事。troubles both at home and abroad

**ない-よう【内用】**(名・サ変他) 薬を飲むこと。内服。take a medicine internally 対義外用。

**ない-よう【内容】** ①物事・文章などの中に含まれているもの。中にあるもの。なかみ。content 対義形式・外観。用例話の——。②哲学で、形式によって包含される要素のすべて。content 対義形式。

**ないよう-しょうめい【内容証明】** 郵政省が郵便物の文書の内容を謄本(とうほん)で公証すること。または、その制度。

**ないよう-てき【内容的】**(形動) 対義外形的・形式的。①内容に関するさま。substantial 用例——な問題。②内容を問題にするさま。in contents 用例——に不十分である。

**ない-らん【内乱】** 一国内の権力をめぐって対立する勢力間の集団的武力抗争。政治闘争が軍事的な闘争に発展したもの。civil war 比較内戦・内訌(ないこう)。

**ない-らん【内覧】**(名・サ変他) ①内々で見ること。private inspection ②昔、天皇への文書を、摂政・関白などが先に見て、政務を行ったこと。また、その人。

**ないらん-ざい【内乱罪】** 国の基本組織を破壊・変革する目的で暴動を起こす罪。

**ない-りく【内陸】** ①海岸から奥まった陸地。内地。inland ②大陸。continent

**ないりく-かせん【内陸河川】** 内陸にあって、海にまで達しない川。乾燥地域に多くみられ、砂漠中に消失するか、出口のない湖に注いで終わる。inland river

**ないりく-きこう【内陸気候】** 雨が少なく、気温の差が激しい気候。大陸性気候。inland climate 対義海洋性気候。

**ないりく-こうぎょうちたい【内陸工業地帯】** 内陸にあり、主として鉄道・道路に依存して発達した工業地域。一般に原料の陸上輸送が可能な機械・繊維工業などが主。inland industrial region 対義臨海工業地帯。

**ないりく-こく【内陸国】** 海に面していない国。

**ないりくせい-きこう【内陸性気候】** 大陸性気候の別称。inland climate

**ないりく-ひょうが【内陸氷河】** ↓たいりくひょうが(大陸氷河)

**ないりく-ぼんち【内陸盆地】** 大陸内部にあって海洋との接触のない盆地。inland basin

**ない-りょく【内力】** 物理で、質点集合系内の質点間に働く力。

**ないりん-ざん【内輪山】** 複式火山で、カルデラ内にある火口丘。対義外輪山。

**ナイル-がわ【ナイル川】**(Nile) アフリカ北東部を北流し、地中海に注ぐアフリカ第一の大河。長さ六七〇〇km。ビクトリア湖周辺からアルバート湖を経て、南スーダンの湿地帯を白ナイルと呼ばれて北流、ハルツーム付近で青ナイルと合流。河口に広大な三角州を作る。

**ナイル-ブルー【Nile blue】** 緑がかったくすんだ青。ナイル川の水の色に由来する色名。

**ナイル-わに【ナイル▼鰐】** 大形で狂暴なクロコダイル科のワニ。全長約七m。背面はやや緑色を帯びた褐色。河川や湖にすみ、小動物を捕食するが、時には人をも襲う。アフリカ・マダガスカルに分布。Nilotic crocodile

**ナイロビ【Nairobi】** 東アフリカ、ケニアの首都。東アフリカ最大の近代工業都市。赤道直下であるが高地で涼しい。標高一七〇〇m。郊外に自然保護区として有名な国立公園がある。人口一二〇万(一九八五)。

**ナイロン【nylon】** ポリアミド系合成高分子繊維の総称。引っ張り強さ・耐薬品性・染色性などに優れ、衣料・漁網・工業用など多方面に利用。

**ない-わくせい【内惑星】** 地球の軌道よりも内側を運行する惑星。水星と金星をさす。内惑星は月のように満ち欠けの現象を起こす。inner planet 対義外惑星。

**ナイン【nine】** ①九つ。②野球の一チーム。

**な・う【▼綯う】**(五他) 糸などをよって組み合わせる。縄をつくる。あざなう。twist into a rope 用例縄を——。

**ナウ【now】**(形動) 現代的で好ましいさま。

**ナウ・い**(形)《俗語》ナウである。ヤング向きである。用例——センス。

**ナウエルワピ-こ【ナウエルワピ湖】**(Lake Nahuel Huapi) 南アメリカ、アルゼンチン中南部、アンデス山麓(ろく)の氷河湖。国立公園、保養・観光地。面積五四〇km²。

**ナウ-かんじょう【NOW勘定】**《negotiated order of withdrawal account から》アメリカの預金口座の形態の一つ。譲渡可能払い戻し指図書を振り出すことができる貯蓄預金勘定。当座預金のように小切手で精算でき、利子もつく特別な方式。

**な-うて【名うて】** 有名。著名。notorious 用例「——の剛の者」。

**ナウプリウス【nauplius】** エビ・カニ・ミジンコ・フジツボなど、多くの甲殻類の発生の初期に現れる幼生。浮遊生活を行う。

**ナウマン【Edmund Naumann】**(一八五四〜一九二七) ドイツの地質学者。東大の初代地質学教授。日本列島の地質調査を行い、東北日本と西南日本を分ける大断層線をフォッサマグナと命名。

**ナウマン【Hans Naumann】**(一八八六〜一九五一) ドイツの文学史家・民俗学者。著書『原始共同体文化論』『沈降文化説』など。

**ナウマン-ぞう【ナウマン象】**《ドイツの地質学者ナウマンにちなむ名》ゾウ科の化石長鼻類。日本列島に生息した最後のゾウ。第四紀ごろ、インド・日本・中国大陸に生息。

**ナウル【Nauru】**(Republic of Nauru) 南太平洋、ミクロネシア南東の島国。首都ナウル。世界最小の共和国。一九六八年イギリスから独立。燐(りん)鉱石産地で有名。面積二一km²。人口八〇〇〇(一九八三)。正称ナウル共和国。

**なえ【苗・▼秧】** ①種子が発芽してできた幼い植物体。seedling 数え方一株・一本。②イネの苗。さなえ。

**なえ-いみ【苗忌み】** 種まきから四二日目、四九日目など特定の日、またはこの期間に苗を手にすることを忌む習俗。この間、苗は産屋(うぶや)にかかっているといい、田植えを行わない。苗厄(なえやく)。

**なえ-ぎ【苗木】** 移し植える前の幼い木。「seedling

**なえ-しろ【苗代】** ↓なわしろ(苗代)

**なえ-どこ【苗床】** 栽培する草木の苗・苗木を育てるところ。seedbed

**なえば-さん【苗場山】** 新潟・長野県境にある山。標高二一四五m。楯状(たてじょう)火山。スキー場で知られる。

**な・える【▼萎える】**(下一自) ①力が抜けて、ぐったりする。get numb ②衣服などが、よれよれになる。worn-out ③しおれる。wither

**なお【▽尚・▽猶】** ㊀(副) ①あいかわらず。やはり。まだ。still 用例今も——。②さらに。そのうえに。still more 用例——二、三日の余裕がある。③文語的《下に「ごとし」をともなって》ちょうど。まるで。as 用例過ぎたるは——及ばざるがごとし。㊁(接続) さらに付け加えて。besides 用例——、詳細はお目もじのうえ。

**なおいり【直入】**〈町〉 大分県中部、竹田(たけた)市北隣の町。稲作を主に、畜産、シイタケ・菊栽培などを行う。人口三四一三(一九八八)。

**なおえつ【直江津】** 新潟県上越市北部地区。旧宿場町。海陸交通の要地。県西部最大の臨海工業地帯。旧直江津市。

**なお-かつ【▽尚且つ】**(副) ①なおそのうえに。besides ②それでもまだ。and yet

**なおかわ【直川】**〈村〉 大分県南東部、佐伯(さいき)市南西隣の村。林業と菊・アイリスなどの花卉(かき)栽培がさかん。人口三六一九(一九八八)。

**なおき-さんじゅうご【直木三十五】**(一八九一〜一九三四) 小説家。本名植村宗一。大阪生まれ。早大中退。大衆文学の雄としてその品位向上に努めた。作品『南国太平記』など。

**なおき-しょう【直木賞】** 直木三十五(さんじゅうご)を記念する文学賞。昭和一〇年(一九三五)菊池寛の発意により文芸春秋社が設けた。毎年二回、大衆文芸の新進・中堅作家に贈られる。

**なお-さら【▽尚更】**(副) ますます。いっそう。all the more

**なおざり【▽等▽閑】**(形動) 深く気にかけないさま。おろそか。いいかげんにしてほうっておくさま。疎略。とうかん。neglect

**なおし【直し】** ①直すこと。②訂正。correction ③つくろい。修理。repair ④婚礼などで、新婦が着物を着がえること。色直し。change of costumes ⑤くさりかけた酒に香味をもたせること。直し酒。rectification ⑥飲用のみりん。熟成の途中でアルコール分を約二二%に高めたもの。

**なおし【直▽衣】** ↓のうし(直衣)

**なお・し【直し】** 古語(形ク) ①まっすぐだ。ゆがみがない。用例いと——・き木をなんおしをりためる(枕・小白河といふ所は)。②平らだ。用例土うるはしうも——・からぬ(枕・正月十よ日のほど)。③ふつうの状態である。用例目も鼻も——と覚ゆるは(源氏・総角)。④よこしまでない。正しい。用例かならず政(まつりごと)の——・くゆがめるにもよりはべらず(源氏・薄雲)。

**なおしま【直島】**〈町〉 香川県北部、瀬戸内海の直島を中心とする町。養殖漁業がさかん。銅製錬所がある。人口四八六八(一九八八)。

**なおしま-しょとう【直島諸島】** 岡山県玉野市の沖合いの島群。香川県に属する。直島には銅製錬所がある。

**なおし-もの【直し物】** つくろい物。

**なお・す【治す】**(五他) 病気・傷などをもとの健康な状態にもどす。健康にする。cure 用例病気を——。

**なお・す【直す】**(五他) ①もとのようによくする。repair 用例こわれた機械を——。機嫌を——。②正しい状態にする。訂正する。correct 用例誤字を——。欠点を——。③つくろう。修繕する。repair ④きちんとする。tidy up 用例服装を——。⑤変える。改める。change 用例日取りを——。⑥訳す。translate 用例英語を日本語に——。⑦然るべき位置にすえる。用例上座(かみざ)に——。⑧換算する。convert 用例メートルに——。⑨《動詞の連用形に付いて》もう一度する。改めてする。用例書き——。

**なお-なお【▽尚▽尚・▽猶▽猶】**(副) ①ますます。いよいよ。all the more ②付け加えて。additionally ③まだまだ。still

**なおなお-がき【▽尚▽尚書(き)】** 手紙などの本文のあとに追加して書いた文。添え書き。追伸。二伸。

**なおび-の-かみ【直日神・直▼毘神】** 日本神話の神。凶事・災害・罪悪などを善事に改め直す神。伊奘諾尊(いざなぎのみこと)の檍原(あわぎはら)の禊(みそぎ)によって出現したという。

**なおびのみたま【直▼毘▽霊】** 本居宣長(もとおりのりなが)の国学の書。一巻。『古事記伝』の序として明和(めいわ)八年(一七七一)成立。のち独立して一書とした。神道論・国体論を述べたもの。

**なお-また【▽尚又・▽猶又】**(副) さらに。そのほかに。moreover

**なお-も【▽尚も】**(副) さらに加えて。やっぱり。further

**なお-もって【▽尚▽以て】**(副) なおさら。

**な-おや【名親】** 生まれた子どもに名をつける人。昔は多くは、母方の祖父。名づけ親。godparent

**なおらい【直▽会】** 祭りのあと、神にそなえた供物(くもつ)・神酒(みき)などを下げていただく酒宴。また、その神酒。

**なおらい-どころ【直▽会所】** 神道で、神事の後、神饌(しんせん)・神酒をいただく宴を催す場。直会殿(なおらいどの)。解斎殿(げさいでん)。

**なおら-のぶお【直▽良▽信▽夫】**(一九〇二〜一九八五) 古生物学者・古人類学者。大分県生まれ。早稲田(わせだ)大学教授。明石原人(あかしげんじん)・葛生原人(くずうげんじん)の発見者として知られる。↓写

●直良信夫(なおらのぶお)

な



↓行き先項目、図版・写真参照印。 JIS 日本工業規格情報交換用漢字符号コード(区点コード)。

**なお・る【治る】**(五自) 病気・傷などがよくなる。健康になる。be cured of 用例 風邪が――。

**なお・る【直る】**(五自) ①正しくなる。be corrected 用例 悪いくせが――。②元通りになる。recover 用例 機嫌が――。③つくろいができる。be mended 用例 ほころびが――。④しかるべき位置にすわる。用例 跡継ぎに――。

**な-おれ【名折れ】** 名を汚すこと。不名誉。disgrace

**ナオロジー【Dadabhai Naoroji】**(一八二五-一九一七) インドの政治家。一八八五年の国民会議派結成運動に尽力。九二年イギリス下院議員。一九〇六年スワラジ運動を提唱。植民地インドの政治・経済の改善に努力。

**なか【中】** ①うち。内部。inside 対義 外。用例 家の――。②《「央」とも》中央。middle 用例 まん――。③中間。between 用例 ――をとる。④中等。中位。mean ⑤三人きょうだいの二番め。⑥間隔。interval 用例 ――三日で登板した。⑦ある状態が続いていること。midst 用例 あらしの――。⑧ある範囲のうち。among 用例 その――の一人。

**中に立つ**(なかにたつ) 両者の間に立ってとりもちをする。仲介の労をとる。仲立ちをする。mediate

**中へ入る**(なかへはいる) ①外から内部に進む。enter ②争っている者の間に入る。仲裁をする。mediate

**中を取る**(なかをとる) 対照的な二つのものの中間を選択・採択する。中庸の立場をとる。take the middle course

**なか【仲】** 人と人との間柄。friendship; terms 用例 ――がいい。犬猿の――。

**仲を裂く**(なかをさく) 仲のよい者同士をひき離す。親しい者の間に水をさす。仲を塞く。come between; part

**仲を取り持つ**(なかをとりもつ) 双方の間に立って橋渡しをする。男女の間に入って仲だちをする。act as go-between

**仲を直す**(なかをなおす) 仲が悪くなっていたのをもどして、親しくなる。仲なおりする。

**なか【中】**〈町〉 兵庫県中部、西脇市北隣の町。播州織の産地。稲作中心の農業が行われる。人口一万二二一八(一九八八)。

**なか【▼那▼珂】**〈町〉 茨城県中部、水戸市北隣の町。ゴボウ・ラッカセイの栽培など農業の町だが、工場の進出や宅地化がみられる。人口四万一八三二(一九八八)。

**なが【▼那賀】**〈町〉 和歌山県北部、紀ノ川に沿う町。ミカン栽培などの農業が中心。人口九四七八(一九八八)。

**なが-あみ【長編(み)】** 鉤針編みの編み方の一種。針に一度糸をかけてから前段の目を拾い、二度引き出して一目とする。double crochet →写

長編み

**なが-あめ【長雨】** いく日も降り続く雨。梅雨や秋雨および菜種梅雨などがある。long rain

**なか-い【仲居・中居】** ①将軍や大名の奥向きに仕える女性の控えていた所。また、その女性。御仲居。御末。②昔、商家などで、奥女中と下女の中間の身分とされた女性。③料理屋・待合などで、客の応接や雑用をする女性。waitress

**なかい【中井】**〈町〉 神奈川県南西部、小田原市北隣の町。稲作、野菜やミカンの栽培がさかん。人口九五六一(一九八八)。

**なが-い【長居】**(名・サ変自) 長くいること。長座。長じり。overstaying

**長居は恐れ**(ながいはおそれ) 同じ所に長くいると、ろくなことはない。

**長居は無用**(ながいはむよう) 《長居をしてはいけない、の意》その場から離れることを、自分や他人に促すときに言う。用例 こんなところに――。

**なが・い【永い】**(形) 過ぎる時が久しい。long time 用例 ――年月。

**永い眠りに就く**(ながいねむりにつく) 死ぬ。pass away

**永い草鞋を履く**(ながいわらじをはく) ばくちうちなどがその土地にいられなくなり、旅に出る。高飛びする。

**なが・い【長い】**(形) 対義 短い。①はしからはしまでの、隔たりが大きい。long 用例 ――糸。――道。②過ぎる時間が多い。long 用例 ――あいだ。――時間。③ゆっくりしていてあせらない。のんびりしている。slow 用例 気が――。息の――仕事。派生 ながさ(名) ながめ(名)

**長い目で見る**(ながいめでみる) 気長に見守る。take a long view

**長い物には巻かれろ**(ながいものにはまかれろ) 強い者に対しては、言うなりになっておくのが得策だ。yield to the powerful

**ながい【長井】**〈市〉 山形県南西部、長井盆地の市。旧城下町。長井紬が特産。アヤメ園が有名。人口三万二四五四(一九八八)。

**ながい-うた【長井▽雅▽楽】**(一八一九-一八六三) 幕末の長州藩士。開国と公武合体を主張。藩是として採用されたが、尊攘派台頭のため失脚し、自殺。

**ながい-かずまさ【永井▽一正】**(一九二九-) グラフィックデザイナー。大阪生まれ。抽象形態の造形が得意。作品に札幌五輪公式マークなど。

**ながい-かふう【永井荷風】**(一八七九-一九五九) 小説家。本名壮吉。別号断腸亭主人。東京生まれ。ゾラに傾倒し、外遊後、西欧化文明の世相を批判、江戸情緒に沈潜し耽美派の代表と目された。のち花柳小説に専心した。昭和二七年(一九五二)文化勲章受章。作品『あめりか物語』『腕くらべ』『つゆのあとさき』『濹東綺譚』、訳詩集『珊瑚集』、日記『断腸亭日乗』など。→写

永井荷風

**なが-いき【長生き】**(名・サ変自) 長く生きること。長命。長寿。live long 対義 早死に・若死に。

**長生きすれば恥多し**(ながいきすればはじおおし) 長生きすると、何かにつけて恥をかく機会も多い。命長ければ恥多し。

**なかいず【中▼伊豆】**〈町〉 静岡県、伊豆半島中部の町。ワサビ・シイタケ栽培がさかん。天城高原を中心に観光地化が進む。人口七三五九(一九八八)。

**なが-いす【長▼椅子】** 横に長い椅子。ソファー・ベンチなど。sofa; lounge

**ながいずみ【長泉】**〈町〉 静岡県東部、三島市西隣の町。化学繊維・機械・自動車部品工業がさかん。人口三万二三三五(一九八八)。

**ながい-たつお【永井▼龍▽男】**(一九〇四-) 小説家。東京生まれ。都会の人情世界を描く。昭和五六年(一九八一)文化勲章受章。短編集『一個その他』、『朝霧』『コチャバンバ行き』など。

**なかい-ちくざん【中井竹山】**(一七三〇-一八〇四) 江戸中期の儒者。大坂の人。弟履軒とともに五井蘭洲に師事。懐徳堂四代学主。著書『草茅危言』など。

**ながい-ながよし【長井長▽義】**(一八四五-一九二九) 薬学・有機化学者。徳島の人。わが国薬学の近代化の功績者。和漢薬成分の研究などに業績を残す。

**なか-いま【中今】**《神道の用語》無限の過去と永遠の未来との真ん中の、今の世。現在が真ん中の盛りの世であるとしての賛美の意を含めていう。

**なが-いも【長芋・長▼薯】** ヤマノイモ科のつる性多年草。中国原産で、日本では古くから栽培、山野に野生化もしている。花は白色で穂状花序。葉腋にむかごをつけ、塊根を食用とする。→ヤマノイモ図

**なか-いり【中入(り)】** ①前後二場に分かれる複式能または狂言で、前場の主役(またはその他の役)がいったん舞台から退場すること。②芝居・寄席・相撲などの興行で、途中にはさむ休憩時間。intermission

**なかい-りけん【中井履軒】**(一七三二-一八一七) 江戸中期の儒者。大坂の人。兄竹山とともに五井蘭洲に師事。折衷学派の傾向が強い。著書『七経雕題略』など。

**ながい-りゅうたろう【永井柳太郎】**(一八八一-一九四四) 政治家。石川県生まれ。早大教授から転身、憲政会、民政党に属し、普選法成立に尽力。拓相、逓相などを歴任。

**なが-うた【長▼唄・長歌】** 三味線音楽の一種。①長唄は、歌舞伎音楽として江戸に発生し発展。歌舞伎や舞踊のための長唄と、演奏会用の長唄に分けられる。②長歌は、地歌の一種目で上方の歌謡。

**なが-うた【長歌】** →ちょうか(長歌)

**なか-うみ【中海】** 鳥取・島根両県にまたがる湖。面積九八km²。最深一七m。汽水湖で、大規模な干拓が進み、淡水化による工業用水の確保などが計画されたが、環境保全の反対運動により中止となる。なかのうみ。

**なかうら-ジュリアン【中浦ジュリアン】**(一五七〇ごろ-一六三三) 天正遣欧使節の副使。肥前の人。天正一〇年(一五八二)渡欧、帰国後イエズス会司祭として伝道に従事。寛永一〇年(一六三三)長崎で殉教。

**なか-うり【中売り】** 興行場の場内で、茶・弁当・菓子などを売り歩くこと・人。

**なが-え【長柄】** ①柄の長いこと・もの。long handle ②柄の長いやり。long-handled spear

**なが-え【▼轅】** 《「長柄」の意》馬車・牛車・人力車などの前に長く突き出た二本の棒。→牛車図

**なかえ-うしきち【中江▼丑吉】**(一八八九-一九四二) 中国史学者。兆民の長男。大阪生まれ。東大卒。従来の中国学とは異なる中国史研究を行った。後半生は北京に在住。著書『中国古代政治思想』など。

**なかえ-ちょうみん【中江兆民】**(一八四七-一九〇一) 明治の思想家。名は篤介。土佐藩出身。フランスに渡り帰国後、自由民権思想の普及に尽力。『東洋自由新聞』の主筆。明治二三年(一八九〇)衆議院議員。のち国権論へ傾斜。訳書『民約訳解』、著書『三酔人経綸問答』など。

**なかえ-とうじゅ【中江▼藤樹】**(一六〇八-一六四八) 江戸初期の儒者。陽明学派の祖。名は原。近江の人。はじめ朱子学を修め伊予国大洲藩に仕えたが、郷里に帰って藤樹書院を開いて陽明学を唱え、近江聖人と称された。著書『翁問答』『鑑草』など。→写

中江藤樹

**ながえ-の-かさ【長柄の傘】** 馬上の貴人などにさしかける傘。→写

長柄の傘 英一蝶『蟻通しの図』より。

**ながお【長尾】**〈町〉 香川県東部の町。四国八十八か所長尾寺と大窪寺(結願寺)がある。人口一万三〇六二(一九八八)。

**なが-おい【長追い】** 遠くまで追いかけること。比較 深追い。

**ながおか【長▼岡】**〈市〉 新潟県中部、信濃川に沿う市。旧城下町。機械・製紙・化学工業などがさかん。衣料中心の商業も知られる。豪雪地。人口一八万二五九五(一九八八)。

**ながおか-きょう【長▼岡京】** 桓武天皇が平城京から遷都し、平安京へ移るまでの都。延暦三年(七八四)から同一三年(七九四)まで。都の跡は京都府向日市・長岡京市の一帯。

**ながおかきょう【長▼岡京】**〈市〉 京都府南部の市。機械・ビールなどを中心に工業化・宅地化が顕著。竹の子の産地。旧長岡京の一部。人口七万五一四八(一九八八)。

**ながお-かげとら【長尾▽景▼虎】** 上杉謙信の改名前の名。

**なかおか-しんたろう【中▼岡慎太郎】**(一八三八-一八六七) 幕末の志士。土佐の人。倒幕のため坂本竜馬と薩長同盟の実現に尽力。陸援隊を組織したが、竜馬とともに暗殺された。

**ながおか-はんたろう【長▼岡半太郎】**(一八六五-一九五〇) 物理学者。長崎県生まれ。東大卒。東大教授。実験・理論物理学の指導的創始者。ボーアの原子模型に先だつ長岡の原子模型と理論を発表。

**なか-おち【中落ち】** 魚を三枚におろしたときの中骨の部分。

**なが-おどり【長尾鳥】** ニワトリの一品種、オナガドリの異名。

**なか-おもて【中表】** ①表面を内側にして畳むこと。または巻くこと。②裁縫で、二枚の布を表と表が内側になるように合わせること。

**なか-おれ【中折れ】** ①中央部がくぼむこと。②「中折れ帽子」の略。

**なかおれ-げた【中折(れ)下▽駄】** 表つきの駒下駄。下駄の台の中央が折れ革でつ

ながれ、曲がるようになっている。中折れ。

**なかおれ-ぼうし【中折(れ)帽子】** 男性の日常用のフェルト帽。クラウン(=山)の中央に折りぐせを付けてかぶる。ソフト帽。ホンブルグ。中折れ。soft hat ↓図

●中折れ帽子

**なか-おろし【仲卸】** 生鮮食品の卸売市場で、卸売商から競り落とした荷を小売商などに販売すること。また、その業者。purchase broker

**なか-がい【仲買】** 物品や権利などの売買で、荷主と問屋、問屋どうし、問屋と小売商の間に立ち、その仲介をして営利をはかること。また、その業者。broker 比較 問屋。

**なか-がみ【▽天▽一神・中神】** 陰陽道の方角神の一つ。人の禍福をつかさどり、悪い方角をふさぐ。地星の霊。

**なかがみ-けんじ【中上健次】**(一九四六〜) 小説家。和歌山県生まれ。血縁地縁の深みを追求した『岬』で注目される。作品『枯木灘』『地の果て至上の時』など。

**なが-がみしも【長▼裃】** 江戸時代の武士の礼装。肩衣と同じ色の長袴をはく。御目見以上の旗本の通常礼装。↓裃図

**なか-がわ【中川】** 埼玉県・東京都東部を南流する川。長さ八五km。埼玉県羽生市で利根川から分流、東京湾に注ぐ。上流は古利根川とよぶ。

**なかがわ【中川】**〈町〉 北海道北部、天塩川に沿う町。林業と酪農が中心、ほかにテンサイなどを産する。人口二九八九(一九八八)。

**なかがわ【中川】**〈村〉 長野県伊那盆地、天竜川に沿う村。稲作と果樹栽培がさかん。精密機器工場もある。人口五六五二(一九八八)。

**なか-がわ【▼那▼珂川】** 栃木県東部・茨城県北部を流れる川。長さ一二六km。那須岳に発し、水戸市を通り那珂湊市で太平洋に注ぐ。

**なかがわ【▼那▼珂川】**〈町〉 福岡市南隣の町。稲作、果樹・植木栽培を行うが、ベッドタウンとして発展。人口三万三四七三(一九八八)。

**なか-がわ【▼那▽賀川】** 徳島県南東部を東流する川。長さ一五〇km。阿南市北部で紀伊水道に注ぐ。上流は杉、下流はミカンの産地。

**なかがわ【▼那▽賀川】**〈町〉 徳島県東部、那賀川河口の町。稲作・野菜栽培・製材がさかん。人口一万四〇二(一九八八)。

**なかがわ-うんが【中川運河】** 愛知県、名古屋港とJR東海笹島貨物駅を結ぶ運河。長さ八・四km。閘門によりつねに水位が一定に保たれる。昭和五年(一九三〇)開通。

**なかがわ-おつゆう【中川乙由】**(一六七五〜一七三九) 江戸中期の俳人。伊勢の人。岩田涼菟に師事。伊勢俳壇の中心。家集『麦林集』など。

**なかがわ-かずまさ【中川▽一▽政】**(一八九三〜) 洋画家。東京生まれ。詩情ある画風で知られ、随筆も多い。昭和五〇年(一九七五)文化勲章受章。作品『監獄の横』など。

**なかがわ-きげん【中川紀元】**(一八九二〜一九七二) 洋画家。長野県生まれ。渡仏しマティスに師事。二紀会を創立。作品『立てる女』など。

**なかがわ-じゅんあん【中川▼淳▼庵】**(一七三九〜一七八六) 江戸中期の蘭医。江戸の人。若狭国小浜藩医、のち幕府の医官。杉田玄白らと『解体新書』を訳出。著書『和蘭局方』。

**なかかわね【中川根】**〈町〉 静岡県中西部、大井川中流の町。茶の栽培と林業が主体。川根茶で知られる。人口七六八四(一九八八)。

**なかがわ-よいち【中河与一】**(一八九七〜) 小説家。香川県生まれ。早大中退。新感覚派の代表的作家の一人。作品『天の夕顔』など。

**なか-かんすけ【中勘助】**(一八八五〜一九六五) 小説家・詩人。東京生まれ。東大卒。漱石に師事。内面世界を清澄な文体で描き、独特な芸術境をもつ。随筆・童話が多い。小説『銀の匙』『犬』、童話集『鳥の物語』など。

**なが-ぎ【長着】** 肩から足首まである丈長の和服。労働用の上半身だけの短着(腰切り)に対する語。単に着物ともいう。

**ナガ-きゅうりょう【ナガ丘陵】**(Naga Hills) ビルマ北西部、インドとの国境を北東から南西に連なる山脈。密林におおわれる。主峰サラマティ山は標高三八二六m。

**なか-ぎり【中▽限】** 先物取引で、契約月の翌月末を受け渡し期日とするもの。ちゅうぎり。next-month delivery 対義 先限・当限。

**なかぐすく【中▽城】**〈村〉 沖縄県、沖縄島中城湾に臨む村。サトウキビ・野菜栽培中心。中城城跡がある。人口一万一二七二(一九八八)。

**なが-ぐつ【長靴】** ひざのあたりまである丈の長い靴。革・布・ゴム製で、雨天用や乗馬用に使う。ブーツ。boots 対義 短靴。

**ながくて【長久手】**〈町〉 名古屋市東隣の町。名古屋市のベッドタウン。大学誘致で文教地区ともなる。ブドウが特産。天正一二年(一五八四)秀吉と家康の戦った古戦場がある。人口二万七四八九(一九八八)。

**ながくぼ-せきすい【長久保赤水】**(一七一七〜一八〇一) 江戸中期の地理学者。名は玄珠。常陸の人。経緯線入りの最初の日本地図『日本輿地路程全図』ほか、世界図・中国図を作成。

**なかぐり-ばん【中▼刳(り)盤】** 穴の内面を削って規定の寸法に仕上げる工作機械。バイトを付けた中ぐり棒を回転させ、工作物を徐々に送りながら加工する。boring machine

**なか-ぐろ【中黒】** ①中間が黒い矢羽。②紋所の名。輪の中に横線一本を引いたもの。③縦書きの場合の小数点を表したり並立する名詞の間などに使う点。「・」。

**なか-ご【中子】** ①中心。②ウリ類などの種のある部分。③刀身の、つかに入った部分。④入れ子づくりの、中のもの。⑤斎宮の忌みことばで、仏。

**なかごう【中郷】**〈村〉 新潟県南西部、新井市西隣の村。稲作・畜産などのほか、化学工業がある。豪雪地帯。人口五八六九(一九八八)。

**なが-こがねぐも【長黄金▼蜘▼蛛】** コガネグモ科の大形のクモ。日本全土に分布。雌は体長二〜二・五cm、雄は雌の半分の大きさ。腹部が長く紡錘形で、黄と黒の横縞が交互に並ぶ。草や木の間に円形網を垂直に張る。

**なか-ごろ【中▼頃】** 時間や場所の中ほどの部分。about the middle

**なか-ざ【中座】** 大阪市中央区にある大劇場。一七世紀中ごろに創設。江戸時代は「中の芝居」とよばれた。歌舞伎・松竹新喜劇などを上演。

**ながさ【長さ】** ①長いこと・程度。length ②線分または曲線の、直線または弧に沿って測った両端の間の距離。length

**なが-ざ【長座】** 長居。ながじり。ちょうざ。

**ながさか【長坂】**〈町〉 山梨県北西部、八ケ岳南麓の町。稲作・酪農・野菜栽培がさかん。人口八三六〇(一九八八)。

**ながさき【長崎】**〈県〉 九州地方北西端の県。県庁所在地は長崎市。北松浦・島原などの半島と、壱岐・対馬・五島などの島々からなる。典型的なリアス式海岸で良港に恵まれ、水産業・造船業が発達。古来、海外文化導入の門戸として繁栄した。面積四一一二$km^2$、人口一五八万五一一二(一九八八)。

**ながさき【長崎】**〈市〉 長崎県南部の市。県庁所在地。元亀二年(一五七一)開港、鎖国時代を通じて日本唯一の開港場として繁栄。昭和二〇年(一九四五)原子爆弾被爆。造船・電機・鉄鋼を基幹とする工業と、水産業が活発。観光都市。人口四四万五八一四(一九八八)。

**ながさき-あげは【長崎揚羽▼蝶】** アゲハチョウ科の大形のチョウ。開張約一〇・五cm。体は黒色で、翅に橙赤斑がある。尾状突起がない。本州以南・東南アジアに分布。↓写

●ナガサキアゲハ

**ながさき-かいしょ【長崎会所】** 江戸時代、長崎貿易を独占した商人の自治組織。長崎奉行の監督下で貿易統制・運上・長崎市政などを担当。

**ながさき-くんち【長崎▽九▽日】** 長崎県長崎市の諏訪神社で、一〇月七〜九日に行われる祭礼。傘鉾・龍踊り・唐子踊りなど異国風な曳物や奉納踊りがくり広げられる。↓写

●長崎九日

**ながさき-ぞうせんじょ【長崎造船所】** 明治新政府の官営工場。安政四年(一八五七)江戸幕府が船舶用機関工場としてオランダ人に建設させた長崎鎔鉄所に始まる。のち岩崎弥太郎への貸与を経て、三菱に払い下げ。

**ながさき-は【長崎派】** 江戸時代、長崎におこった画派の総称。黄檗派(黄檗宗の画僧が伝えた画派)、漢画派(僧逸然に発する北宗画系)、南蘋派(沈詮が伝えた写生的花鳥画)、洋風画派(オランダの文物から洋風描写を摂取)、文人画派(伊孚九が伝える南宗画)、異国風物を題材とした錦絵版画など。

**ながさき-ばな【長崎鼻】** 鹿児島県、薩摩半島南端の岬。景勝地で開聞岳の展望がよい。

**ながさき-はんとう【長崎半島】** 長崎県南部の半島。野母半島。

**ながさき-ぶぎょう【長崎奉行】** 江戸幕府の遠国奉行の一つ。豊臣秀吉が創設したものを江戸幕府が継承。長崎の行政・外交・通商・司法・海防などを管掌。

**ながさき-ぼうえき【長崎貿易】** 元亀元年(一五七〇)のポルトガル船の長崎入港以降開国まで、長崎を中心に展開された貿易。日本は生糸・薬種などを輸入し、銀・銅・俵物などを輸出。

**ながさき-ほんせん【長崎本線】** JR九州の鉄道幹線の一つ。鹿児島本線鳥栖〜長崎、喜々津〜浦上を結ぶ。長さ一四八・八km。昭和九年(一九三四)開通。

**ながさき-りんご【長崎林▼檎】** ミカイドウの別名。

**なかさつない【中札内】**〈村〉 北海道帯広市南隣の村。豆類・ジャガイモなどの畑作がさかん。人口四一一四(一九八八)。

**なかさと【中里】**〈町〉 青森県北西部、津軽半島中部の町。稲作中心の農業がさかん。林業も行われる。人口一万三八〇四(一九八八)。

**なかさと【中里】**〈村〉 新潟県南部、信濃川に沿う村。農業主体で、ユリ・スズランなどの花卉栽培もさかん。人口六七七八(一九八八)。

**なかざと【中里】**〈村〉 群馬県南西部、埼玉県に接する町。農林業が中心、養蚕も行われる。人口一三七〇(一九八八)。

**なかざと【仲里】**〈村〉 沖縄県、沖縄島西方の久米島の村。サトウキビ中心の農村。久米島紬が特産。人口五四四五(一九八八)。

**なかざと-かいざん【中里介山】**(一八八五〜一九四四) 小説家。本名弥之助。東京生まれ。仏教思想に沈潜、大衆文学に深遠雄大な境地を開く。作品『大菩薩峠』など。

**なかざと-つねこ【中里▽恒子】**(一九〇九〜一九八七) 小説家。神奈川県生まれ。神奈川高女卒。作品『乗合馬車』『歌枕』『わが庵』など。

**なかさ・れる【泣かされる】**(下一自) ①つらいめにあう。むごく扱われる。suffer terribly 用例 無理な仕事に―。②ひどく感動させられる。be moved to 用例 ―話だね。

**なかざわ-どうに【中沢道二】**(一七二五〜一八〇三) 江戸中期の心学者。京都西陣の機屋の出身。手島堵庵に師事。江戸に参前舎を開き、関東心学の基礎を確立。著書『道二翁道話』。

**なかざわ-りんせん【中沢臨川】**(一八七八〜一九二〇) 評論家。本名重雄。長野県生まれ。東大卒。西欧文学・思想を紹介した。著書『旧き文明より新しき文明へ』など。

**ながさわ-ろせつ【長沢▼蘆雪】**(一七五四〜一七九九) 江戸中期の画家。山城の人。筆法・構図とも意表をつく激しい表現が特色。作品『山姥図額』など。

**なか-し【仲仕】** 船積みの荷を担いで運ぶ労働者。stevedore 用例 沖―。

**ながし** ①九州でいう梅雨のこと。また、梅雨のころ吹く南西風のこと。②伊豆諸島で、南風や南西風のこと。

**ながし【流し】** ①水などを流すこと。②流罪にすること。用例 島―。③台所などの、洗い物をする場所。④銭湯で、三助にせなかを洗わせること。また、洗うことを業とする人。⑤芸人・タクシーなどが、客をもとめて町を往来すること。その人・車。⑥能楽や長唄で、鼓・太鼓・三味線などの同種の音を連続して打つ演奏法。





な

**なが・し**【長し・永し】古語（形ク）↓ながい（長い）↓ながい（永い）

**ながし‐あみ**【流し網】潮流や風力で流して使用する刺し網の一種。うきとおもりをつけた帯状の網の目に魚が刺さったり、からまったりするのを捕獲する。drift net ↓図

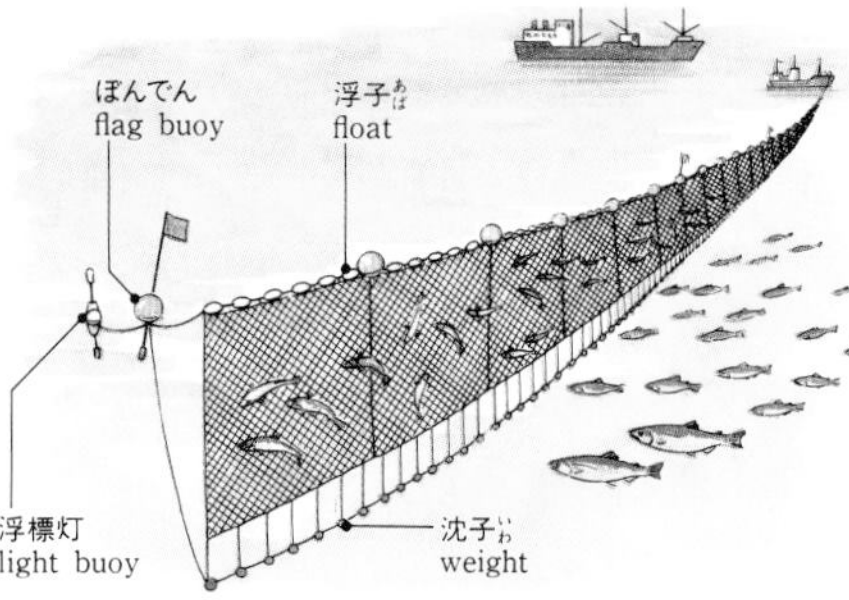

● 流し網　サケ・マス流し網

**ながし‐いた**【流し板】①台所の流しに張った板。drainboard ②昔、風呂屋で、からだを洗う場所に置いた板。

**ながし‐うち**【流し打ち】（名・サ変他）野球の打撃技術で、右打者の場合ライト方向へ、左打者の場合レフト方向へ打球を飛ばすような打ち方。

**なか‐しお**【中潮】大潮と小潮の中間の潮。干満の差が中ぐらいの潮。

**なが‐しお**【長潮】干満の差のいちばん少ないときの潮。

**なが‐しかく**【長四角】長方形。矩形。rectangle

**なか‐じきり**【中仕切（り）】部屋・箱などを区切るしきり。divider

**ながし‐こ・む**【流し込む】（五他）流して中へ入れる。pour into

**ながし‐どり**【流し撮り】撮影法の一種。被写体の動きに合わせてカメラを動かしながらシャッターをきる。背景が流れるため躍動感が表現できる。panning

**ながしの**【長▼篠】武田勝頼と織田信長・徳川家康の連合軍とが戦った古戦場。現在の愛知県南設楽郡鳳来町付近。長篠城址がある。

**ながしの‐の‐たたかい**【長▼篠の戦い】織田信長・徳川家康の連合軍と武田勝頼軍の合戦。天正三年（一五七五）両軍は三河長篠で戦い、織田側が圧勝。武田の騎馬隊に対する織田側の鉄砲隊の威力は、以後の戦術・戦法に画期的変革をもたらした。↓写

**ながし‐ば**【流し場】①浴場・浴室の、からだを洗い流す場所。draining floor ②台所などの、洗いものをする所。sink

**ながし‐びな**【流し▼雛】三月三日の節句の夕方、色紙や土で作った一対の雛人形と供え物を川に流す習俗。また、その人形。

**なかしべつ**【中▽標津】〈町〉北海道東部、根釧台地の町。酪農主体の農村地帯。中標津空港がある。人口二万一七八七（一九八八）。

**なか‐じま**【中島】池や川などの中にある島。

**なかじま**【中島】〈町〉石川県能登半島、七尾湾に臨む町。稲作、カキ・海苔の養殖、織物工業もさかん。人口九〇六三（一九八八）。

**なかじま**【中島】〈町〉愛媛県北西部、忽那諸島の中島を中心とする町。柑橘類栽培・漁業・海運業を行う。人口九二六〇（一九八八）。

**なかじま**【中島】〈村〉福島県南部、阿武隈川に沿う村。稲作と野菜の複合経営が活発、白河トマトは有名。人口四九四八（一九八八）。

**なが‐しま**【長島】岡山県南東部、瀬戸内海の島。面積三・六$km^2$。国立のハンセン病療養所がある。架橋で邑久町の本州側と結ばれる。

**なが‐しま**【長島】鹿児島県北西部、天草諸島の南の島。面積九〇$km^2$。風光明媚。黒之瀬戸大橋で本土と直結、観光開発が進む。

**ながしま**【長島】〈町〉三重県北部、木曽・長良両川に囲まれた町。水郷風景を展開。長島温泉がある。人口一万四一五四（一九八八）。

**ながしま**【長島】〈町〉鹿児島県北西部、長島西半の町。エンドウ・サツマイモの栽培のほか、漁業も行う。人口五九九三（一九八八）。

**なかじま‐あつし**【中島▼敦】（一九〇九―四二）小説家。東京生まれ。東大卒。多く中国の伝説などを題材に格調高い作品を書いた。作品『山月記』『光と風と夢』『李陵』など。

**ながしま‐いっき**【長島一▼揆】安土桃山時代、伊勢長島地方に起こった一向一揆。元亀元年（一五七〇）長島地方の一向宗徒が石山本願寺の指令で織田信長に対し蜂起。天正二年（一五七四）鎮圧された。

**ながしま‐しげお**【長▼嶋茂雄】（一九三六―）プロ野球、読売ジャイアンツの元三塁手。千葉県生まれ。昭和四九年（一九七四）引退。通算打率〇・三〇五。最優秀選手五回。首位打者六回。本塁打王二回。昭和五〇年（一九七五）より同五五年まで、読売ジャイアンツ監督としてリーグ優勝二回。ミスタープロ野球といわれた。

**なかじま‐ちくへい**【中島知久平】（一八八四―一九四九）実業家・政治家。群馬県生まれ。海軍機関学校卒。中島飛行機会社を設立。政友会総裁。商相・鉄道相・軍需相を歴任。

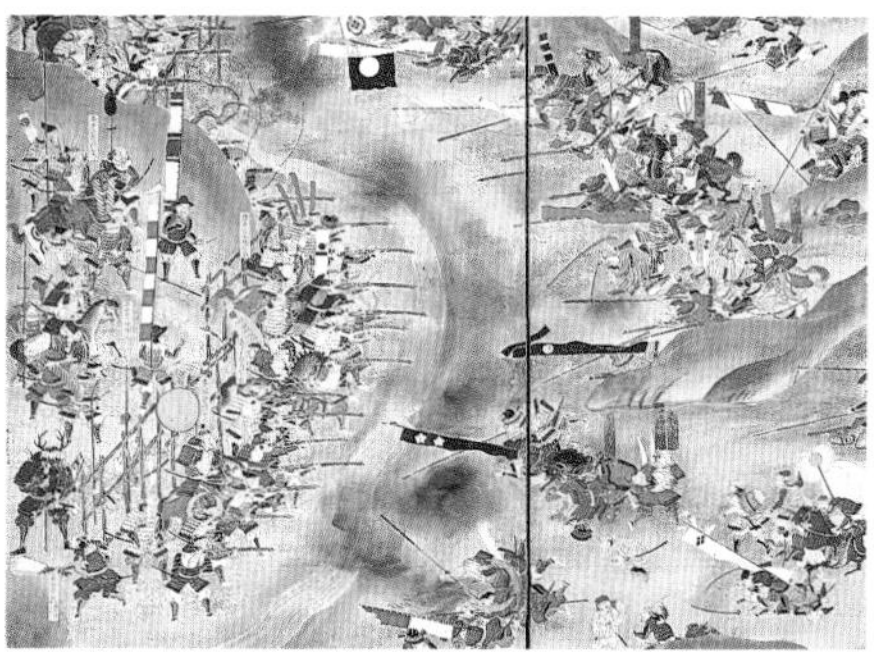
● 長篠の戦い　『長篠合戦図屏風』より。徳川美術館（愛知県）。

**なかじま‐のぶゆき**【中島▽信行】（一八四六―九九）明治の政治家。男爵。土佐藩出身。元老院議官を経て自由党副総理、さらに立憲政党総理として自由民権運動を推進。のち初代衆議院議長。

**なかじま‐ひろたり**【中島広足】（一七九二―一八六四）幕末の国学者・歌人。熊本の人。著書『詞玉緒補遺』、歌文集『橿園文集』など。

**ながし‐め**【流し目・流▼眄】①目だけを向けること。横目。sidelong glance 用例 ―に見る。②いろめ。

**ながし‐もち**【流し▼黐】冬の暗夜に、長い縄や板などに鳥黐を塗りつけて湖沼や海に仕かけ、カモなどを捕らえること。また、そのもの。

**ながし‐もと**【流し元】台所などの流しのある所。

**なが‐じゅばん**【長▼襦▼袢】和装下着の一種。着丈のじゅばん。長ジバン。

**なかじょう**【中条】〈町〉新潟県北部、日本海に臨む町。旧宿場町。天然ガス開発により工業が発達。人口二万九七七五（一九八八）。

**なかじょう**【中条】〈村〉長野県北部、長野市西隣の村。リンゴ・小梅の栽培を行う。工業も発達。人口三六一二（一九八八）。

**ナガ‐しょぞく**【ナガ諸族】チベット―ビルマ語族ナガ系言語を話す諸部族。インドのアッサム州からビルマ国境に居住。焼き畑もしくは棚田による稲作に従事。巨石文化の現存で知られる。Naga

**なが‐じり**【長▼尻】（名・形動）人の家に行って、いつまでもいること・さま。長居。ながっちり。長座。long stay

**なか‐す**【中州・中▼洲】川の中に土砂などが積もってできた低い島。sandbar

**なか・す**【泣かす】（五他）＝泣かせる。①泣くようにする。make cry ②感動させる。move to tears

**なか・す**【鳴かす】（五他）鳥などを鳴くようにする。

**ながす**【長▼洲】〈町〉熊本県北西部、有明海に臨む町。海苔と金魚の養殖がさかん。造船所がある。人口一万八二七八（一九八八）。

**なが・す**【流す】（五他）①流れるようにする。let flow 用例 水を―。②流れて他のものを動かす。sweep away 用例 洪水が橋を―。③汚れやわだかまりを洗い落とす。用例 背中を―。過去のわだかまりを水に―。④質に入れたものを、お金を払わずに手放す。forfeit 用例 カメラを―。⑤うわさを広める。spread 用例 デマを―。⑥行きわたらせる。用例 音楽を―。⑦実現・完了しないようにする。call off 用例 総会を―。⑧客を求めて移動する。cruise 用例 タクシーが町を―。⑨流産させる。用例 胎児を―。⑩罪人として遠い所にやる。流罪に処す。banish 用例 島に―。⑪野球で、右打ちがライトへ、左打ちがレフトへ球を打つこと。push 対義 引っぱる。⑫《動詞の連用形に付いて》身を入れずにする。用例 聞き―。

**ながす‐くじら**【長▼須鯨・長▼簀鯨】ナガスクジラ科の大形のヒゲクジラ。全長二〇mを超す。背は黒く、腹は白い。世界の海洋に分布。近年は激減。fin whale ↓クジラ図

**ながすねびこ**【長▽髄▼彦】日本神話の人物。神武天皇の東征時、大和の生駒郡鳥見の地に先住していた豪族。神武天皇に抗して殺されたという。

**なかせ**【泣かせ】（接尾）さんざん困らせること。用例 人―。

**ながせ**《方言》九州などで、梅雨期の豪雨。

**なか‐せき**【中席】寄席などで、その月の中旬の、一一日から二〇日までの興行。対義 上席・下席。

**なか・せる**【泣かせる】（下一他）↓なかす（泣かす）

**なかせん**【中仙】〈町〉秋田県中部、大曲市北隣の町。米どころで有名。スキー製造などの工業もおこる。人口一万三一七二（一九八八）。

**なかせん‐どう**【中▽山道・中仙道】五街道の一つ。江戸板橋から近江守山までの六七宿。大宮・熊谷等を北上、木曽十一宿を経て草津で東海道に合流。東山道。

**なが‐そで**【長▼袖】①和服で丈の長い袖。また、その着物。②洋服で、手首までの長さの袖。long sleeve ③武士に対して、長い袖の衣服を着た人々をさす語。公卿・僧・医師・神官など。長袖。↓袖図

**ながそね‐こてつ**【長▼曾▼禰▼虎徹】（？―一六七七）江戸時代の刀工。近江の人。江戸で作刀。切れ味のよさで有名。

**なかそね‐やすひろ**【中▼曾根▽康▼弘】（一九一八―）政治家。群馬県生まれ。東大卒。科学技術庁長官・防衛庁長官・通産大臣などを歴任。昭和五七年（一九八二）自民党総裁・首相となり、同六二年（一九八七）まで在任。

**なか‐ぞら**【中空】①空の中ほど。中天。②うわのそら。

**なかだ**【中田】〈町〉宮城県北部、北上川と迫川との間にある町。旧宿場町。水田単作地帯。人口一万七八〇二（一九八八）。

**なが‐だいこん**【長大根】モリグチダイコンの異名。

**なかだい‐たつや**【仲代達矢】（一九三二―）映画・舞台俳優。茨城県生まれ。無名塾を主宰。映画主演作『人間の条件』、演劇『オセロ』など。

**なか‐だか**【中高】（名・形動）①まん中のあたりが高いこと・さま。②商品相場で、中限が、当限・先限より高いこと。

**なか‐たがい**【仲▽違い】（名・サ変自）仲が悪くなること。不和。discord

**ながた‐きんしん**【永田▼錦心】（一八八五―一九二七）薩摩琵琶錦心流の流祖。新曲を多く作る。

**なか‐だち**【仲立ち・▽媒】（名・サ変自他）①間に立って、とりもつこと。媒介。intermediation ②商売のとりもち。仲介。intermediation

**なかだち‐えいぎょう**【仲立（ち）営業】商品の所有権をもたず、商品の売り手と買い手の間に入って売買契約を結ばせる業務。brokerage

**なかだち‐にん**【仲立人】他人の商行為の媒介を業とする者。broker

**ながた‐ちょう**【永田町】①東京都千代田区南西部にある地区。日本政治の中心地。国会議事堂・国会図書館・首相官邸などがある。②《転じて、俗に》政府、または首相官邸をさす語。

**ながた‐ていりゅう**【永田貞柳】（一六五四―一七三四）江戸中期の狂歌師。名は言因。家号鯛屋。別号油煙斎。弟は紀海音。大坂の菓子商。雅俗の融合に巧みであった。狂歌『家づと』など。

**ながた‐とくほん**【永田徳本】（一五一三ごろ―一六三〇）戦国時代から江戸初期の医師。甲斐の武田信虎に仕え、のち徳川秀忠の病もみる。『傷寒論』により、強い薬剤を用いて効果をあげた。俗に、甲斐の徳本とよばれる。

**なかたね**【中▽種▽子】〈町〉鹿児島県、種子島中部の町。サトウキビ・花卉・野菜を栽培。空港がある。人口一万二三四（一九八八）。

**ながた‐ひでお**【長田▽秀雄】（一八八五―一九四九）劇作

家。東京生まれ。幹彦の兄。明星派詩人。近代劇、のち文化史劇を発表。戯曲『歓楽の鬼』『大仏開眼』など。

**ながた-まさいち**【永田▽雅一】(一九〇六〜八五) 映画企業家。京都生まれ。大映を設立。『羅生門』の製作者として海外に名声を高める。

**ながた-みきひこ**【長田幹▼彦】(一八八七〜一九六四) 小説家。東京生まれ。早大卒。情話文学を書き、のち通俗小説に転じた。作品『澪』『零落』など。

**なかだ-よしなお**【中田▽喜直】(一九二三〜) 作曲家。東京生まれ。東京音楽学校卒。作品『夏の思い出』『雪の降る町を』など。

**なが-たらし・い**【長たらしい】(形) いやになるほど長い。冗長だ。interminable 派生 ながたらしさ(名)

**なか-だるみ**【中▼弛み】(名・サ変自) 中途でだれること。plateau

**なが-だんぎ**【長談義】 だらだらと長たらしい演説・講話など。long and tedious speech 用例 へたの——。

**なが-ちょうば**【長丁場】 ①宿場から宿場までの道のりが長いこと。距離の長い行程。long distance ②終えるまでに長い時間のかかる物事。long stretch 用例 ——を乗り切る。

**なかつ**【中津】〈市〉 大分県北部、山国川河口の市。旧城下町。商工業がさかん。福沢諭吉の生地。人口六万五八二五(一九八八)。

**なかつ**【中津】〈村〉 和歌山県中部、日高川に沿う村。農林業中心。シイタケ・イチゴ・ハッサクなどを栽培。人口二七二三(一九八八)。

**なかつえ**【中津江】〈村〉 大分県西部、福岡・熊本両県に接する村。林業が主体。茶・シイタケ・梅・ワサビを産する。下筌ダムがある。人口一六五六(一九八八)。

**なかつか-いっぺきろう**【中塚一▼碧楼】(一八八七〜一九四六) 俳人。本名、直三。岡山県生まれ。早大中退。河東碧梧桐に師事し、新傾向俳句の主要作家として活躍。句集『はかぐら』など。

**なかつかさ**【中▽務】(生没年未詳) 平安中期の女流歌人。三十六歌仙の一人。宇多天皇皇子敦慶親王の娘。母は伊勢。家集『中務集』。

**なかつかさ-しょう**【中▽務省】 律令制下、太政官八省の第一の省。詔勅文案の審査など、天皇の公務いっさいを管掌。

**なかつかさのないしにっき**【中▽務内▽侍日記】 鎌倉後期の日記。著者は藤原永経の娘経子。伏見天皇に女房として出仕した回想記。

**ながつか-たかし**【長塚▽節】(一八七九〜一九一五) 歌人・小説家。茨城県生まれ。正岡子規門で短歌・写生文を学ぶ。田園の自然と農民生活を鋭く観察、繊細な感覚で写生の一つの極致を示した。短歌『鍼の如く』、小説『土』は農民文学の先駆的な傑作。

**なかつがわ**【中津川】〈市〉 岐阜県南東部の市。旧宿場町。商工都市で製紙・電機・繊維工業がさかん。人口五万四三六五(一九八八)。

**なか-つぎ**【中次(ぎ)】 抹茶の容器。ふたと身との長さが同じで中央で合うもの。

**なか-つぎ**【中継ぎ】 ㊀(名・サ変他) ①中間を継ぐこと・もの。agency ②取り次ぎ。紹介。intermediation ㊁(名) ①尺八や三味線のさおで、途中で継いであるもの。②中次ぎ。↓尺八図

**なが-つき**【長月】 陰暦九月の異称。

**なかつぎ-ぼうえき**【中継(ぎ)貿易】 ↓ちゅうけいぼうえき(中継貿易)

**ながっ-ちり**【長っ▼尻】(名・形動) ↓ながじり(長尻)

**なが-つづき**【長続き】(名・サ変自) 長くつづくこと。長く保つこと。耐久。last for a long time

**なかつな-こ**【中綱湖】 長野県北西部の湖。面積〇・一四km²。最深一二m。仁科三湖の中央の湖。ワカサギなどの釣り場。

**なかつ-はん**【中津藩】 江戸時代、豊前国下毛郡中津地方に置かれた藩。寛永九年(一六三二)小笠原長次が入封、八万石。享保二年(一七一七)奥平昌成が入封、一〇万石。譜代大名。

**なかつ-へいや**【中津平野】 大分県北部、周防灘に臨む平野。稲作、果樹・野菜栽培がさかん。

**なかつ-みち**【中つ道】《「つ」は「の」の意の格助詞》大和の古道の一つ。藤原京の東辺から平城京の東辺まで南北に走っていた道。上つ道と下つ道の中間。

**なか-づり**【中▼吊(り)】 電車などで、中央通路の上に吊り下げられている広告。中吊り広告。train ad

**なか-て**【中手】 ①㋐早稲と晩稲の中間のイネの品種。中稲。比較 早稲・晩稲。㋑作物で早生と晩生の中間の品種。②はしりの次に出回る野菜。

**なか-で**【中手・▽点】 碁で相手の石の目を一つにするため、目づくりの急所に石を置くこと。また、その石。なかて。用例 五目——。

**なか-でも**【中でも】(副) 多くのもののうち、とくに。

**ながと**【長▽門】 ①↓ながとのくに(長門国)。②旧日本海軍の戦艦。八八艦隊の主力艦として大正九年(一九二〇)に完成。三万二七二〇トン、四〇cm砲八門、二六・五ノット。昭和二一年(一九四六)ビキニでのアメリカ原爆実験の標的とされ沈没。

**ながと**【長▽門】〈市〉 山口県北西部、日本海に臨む市。仙崎港の水産業が活発。観光地として青海島、湯本・俵山温泉、大寧寺がある。人口二万七〇一〇(一九八八)。

**ながと**【長▽門】〈町〉 長野県中部、茅野の市北隣の町。旧宿場町。農林業が主体。畜産がさかん。人口五二九二(一九八八)。

**なかどおり-じま**【中通島】 長崎県、五島列島北部の島。面積一六八・二km²。リアス式海岸をもつ。あぐり網などの漁業がさかん。

**なかとさ**【中土佐】〈町〉 高知県南西部、須崎市南西隣の町。ブリ定置網・カツオ漁などと農林業を行う。人口八六九三(一九八八)。

**なか-とじ**【中▼綴(じ)】 ①和裁で、表と裏の背縫いなどをゆるくとじること。洋裁では裏地をつけるさいの内側のとじ。背とじ。たてとじ。②表紙と本文をそろえて、真ん中を針金などで綴じ二つに折る製本。比較 平綴じ。

**ながと-たんだい**【長▽門探題】 鎌倉幕府の職名。蒙古来襲に備え建治二年(一二七六)以降長門・周防両国守護に北条氏一門が赴任。中国探題。長門周防探題。

**ながと-の-くに**【長▽門国】 旧国名。現在の山口県北西部。山陽道の一国。「延喜式」では中国、五郡。国府は下関市長府安養寺町、国分寺は同市南部町。明治四年(一八七一)廃藩置県により山口県。長州。長門。

**なかとみ**【中富】〈町〉 山梨県南西部、富士川に沿う町。稲作中心の農業を行う。手すき和紙の生産で有名。人口五五三三(一九八八)。

**なかとみ-うじ**【中▽臣氏】 古代の有力氏族。姓は連。のち朝臣。宮廷の神事・祭祀を管掌。鎌足の大化の改新の功績により、子の不比等の子孫は藤原姓となる。

**なかとみ-の-かまたり**【中▽臣▼鎌▽足】 ↓ふじわらのかまたり(藤原鎌足)

**ながとろ**【長▼瀞】 埼玉県北西部、荒川中流の渓谷。古い地層からなり地質学習の好適地。行楽客が多い。

**ながとろ**【長▼瀞】〈町〉 埼玉県北西部、荒川に沿う町。畜産・養蚕・シイタケ栽培などがさかん。長瀞の景勝とライン下りは有名。人口九一三四(一九八八)。

**なかとんべつ**【中▼頓別】〈町〉 北海道北部の町。酪農・林業が主。人口三三四一(一九八八)。

**なか-なおり**【仲直り】(名・サ変自) ①また仲よくなること。reconciliation ②長わずらいの病人が死ぬ前、少し快方に向かうこと。

**なか-なか**【中中】 ㊀(副) ①思った以上に。かなり。ずいぶん。すこぶる。quite; considerable 用例 ——よくできている。②《下に打ち消しをともなって》たやすくは。not easily 用例 ——見えない。③古語 ㋐かえって。むしろ。用例 心づきなきことあらんをりは、——そのよしをも言ひてん(徒然・一七〇)。㋑《強い否定をみちびく》どうしても。とても。用例 ——お宿は思ひもよらぬことにて候ふ(謡曲・鉢木)。㊁古語(形動ナリ) どっちつかずだ。中途半ぱで心が残るさま。用例 葛城や久米路にわたす岩橋の——にても帰りぬるかな(後撰・恋五)。㊂古語(感)《相手のことばにうなずく。狂言に多い》いかにも。そのとおり。そうだ。用例「すればどうあっても申せでござるか」「——」(狂言・薩摩守)。

**中中でもない**(なかなかでもない) とんでもない。けしからぬ。

**なが-なが**【長長】(副) たいそう長いさま。長い間。for a long time 用例 ——お邪魔しました。

**ながなが-し・い**【長長しい】(形) いかにも長い。ずいぶん長い。長たらしい。lengthy

**ながなき-どり**【長鳴き鳥】 ニワトリの古名。『日本書紀』にいう「常世の長鳴き鳥」で、天照大神が天の岩戸に隠れ、常闇になったとき鳴かせた鳥。

**ながなき-どり**【長鳴▽鶏】 愛玩用ニワトリの一種。長く変化のある鳴き声を楽しむもので、一声が二〇秒も続くものがある。東天紅・声良・唐丸など。

**なかにいだ**【中新田】〈町〉 宮城県北西部、鳴瀬川に沿う町。商業・稲作のほか酒造・精密機械工業がさかん。人口一万四六九六(一九八八)。

**なが-にし**【長▼螺・長▽辛▼螺】 イトマキボラ科の海産の巻き貝。殻高約一四cm、殻径約四・五cm。殻表は白色で黄色の殻皮でおおわれる。卵嚢はさかさほおずきとよばれる。北海道南部から九州に分布。↓図

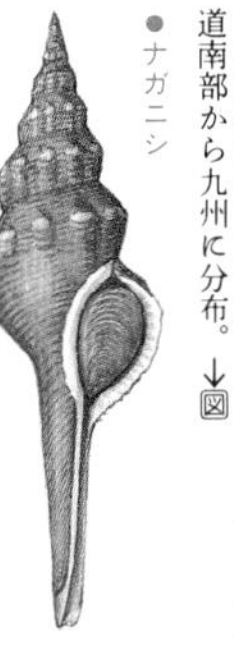

●ナガニシ

**なかにし-ごどう**【中西悟堂】(一八九五〜一九八四) 野鳥研究家・詩人・歌人・随筆家。石川県生まれ。「日本野鳥の会」の創設者。愛鳥思想を普及させた。著書『定本野鳥記』など。

**なかにし-ばいか**【中西梅花】(一八六六〜九八) 詩人・小説家。本名、幹男。東京生まれ。虚無観の漂う奔放な詩が多い。詩集『新体梅花詩集』。

**なか-には**【中には】(副) たくさんあるうちには。among

**なか-にも**【中にも】(副) そのなかでも。とりわけ。especially

**なか-にわ**【中庭】 周囲を建物で囲まれた庭。休息・採光・空気の流通などが目的。courtyard

**なか-ぬき**【中抜き】 ①なかのものを抜き取ること。また、抜き取ったもの。うろぬき。hollow out ②野菜や草花などの間引き。thin ③「中抜き草履」の略。

**なかぬき-ぞうり**【中抜(き)草履】 わらしべを編んで作り、わらに白紙を巻いた緒を付けた草履。

**ながぬま**【長沼】〈町〉 北海道、石狩平野南部の町。稲作地帯。野菜やリンゴなどの果樹栽培もさかん。人口一万二七九七(一九八八)。

**ながぬま**【長沼】〈町〉 福島県中部、須賀川市西隣の町。旧城下町。野菜や果樹を栽培。人口六六九一(一九八八)。

**ながぬま-じけん**【長沼事件】 北海道長沼町の自衛隊ナイキ基地建設に関する自衛隊違憲訴訟事件。自衛隊の基地建設のための保安林指定解除認定を取り消すよう昭和四四年(一九六九)提訴。同五七年(一九八二)原告敗訴の二審判決を最高裁が支持。

**ながぬま-もりよし**【長沼守▽敬】(一八五七〜一九四二) 彫刻家。岩手県生まれ。ベネチア美術学校卒。東京美術学校塑造科初代教授。近代洋風彫刻の開拓者。作品『老夫』など。

**なか-ぬり**【中塗り】 壁・漆器などで、下塗りと上塗りの間にする塗り。the second coating 対義 上塗り・下塗り。

**なが-ねぎ**【長▼葱】 棒状のネギ。タマネギと区別していう。↓ネギ図

**なが-ねん**【長年・永年】 長い年月。多年。many years

**なかの**【中野】〈市〉 長野県北東部、長野盆地東部の町。リンゴ・モモ・ブドウの産地。杞柳細工が特産。人口四万一三五六(一九八八)。

**ながの**【長野】〈県〉 中部地方中央部内陸の県。県庁所在地は長野市。中央高地の中核で、南北アルプスをはじめ高く険しい山々がそびえる。気候は内陸性。農林業主体で野菜・果樹栽培、木曽ヒノキは有名。精密機器工業も発達。面積一万三五八五km²、人口二一四万八一七七(一九八八)。

**ながの**【長野】〈市〉 長野県北部、長野盆地の市。県庁所在地。善光寺の門前町・宿場町として発達。商業を中心とし、工業も活発。周辺はリンゴの大産地。人口三四万一〇七四(一九八八)。

**なが-の**【長の・永の】(連体) ながい。永久の。eternal

**永の暇**(ながのいとま) 主従や夫婦などの関係を絶って、別れ去ること。

**永の別れ**(ながのわかれ) ①永い間の別れ。parting forever 比較 永の暇。②死に別れ。bereavement

**なかのいん-みちかつ**【中院▽通勝】(一五五六〜一六一〇) 室町末期の古典学者。号は也足軒。法号素然。細川幽斎に師事。著書に『源氏物語』の注釈書『岷江入楚』五五巻など。

**なか-の-うみ**【中海】 ↓なかうみ(中海)

**なかのおおえ-の-おうじ**【中大▽兄皇子】 ↓てんじてんのう(天智天皇)

**ながの-おさみ**【永野修身】(一八八〇〜一九四七) 海軍軍人。元帥。高知県生まれ。海軍大臣・連合艦隊司令長官・軍令部総長などを歴任。第二次大戦後、極東国際軍事裁判での審理中に死去。

**なか-の-きみ**【中の君】 姉妹のうち、二番目

の姫君。

**なか-の-くち【中の口】** 玄関と台所口の間の出入り口。

**なかのくち【中▼之口】**〈村〉新潟県中部、信濃川分流中之口川に沿う村。稲作中心で果樹栽培もさかん。人口六七三五(一九八八)。

**なかの-こういち【中野▼浩一】**(一九五五〜) 競輪選手。福岡県生まれ。一九七七〜八六年(昭和五二〜六一)まで、世界選手権大会プロスプリントレースで史上最多の一〇連勝を達成。

**なかの-しげはる【中野▽重▽治】**(一九〇二〜七九) 詩人・小説家。福井県生まれ。東大卒。戦前はプロレタリア文学運動で、戦後は新日本文学会などで活躍。詩集『中野重治詩集』、小説『歌のわかれ』『むらぎも』『梨の花』『甲乙丙丁』など。

**なかのしま【中▼之島】** 大阪市北区にある地区。淀川の中州で、江戸時代には蔵屋敷が置かれ、今は市役所・公会堂などのあるビジネスと文化の中心となっている。

**なかのしま【中▼之島】**〈町〉新潟県中部、信濃川に沿う町。米どころとして知られる。大凧合戦は有名。人口一万二二〇八(一九八八)。

**なかのしま-きんいち【中▽能島▼欣一】**(一九〇四〜八四) 山田流箏曲演奏家・作曲家。東京生まれ。中能島派四世家元。伝統を尊重しつつ東洋音楽を導入。重要無形文化財保持者。作品『ひぐらし』『三つの断章』など。

**なかのじょう【中▼之条】**〈町〉群馬県北西部、吾妻川に沿う町。商業・農林業が中心。漬物が特産。人口一万九八五一(一九八八)。

**なかの-しょうよう【中野▼逍▼遥】**(一八六七〜九四) 漢詩人。名は重太郎。愛媛県生まれ。東大卒。大成を期待されたが早世。漢詩集『逍遥遺稿』。

**なかの-せいごう【中野正剛】**(一八八六〜一九四三) 政治家。福岡県生まれ。早大卒。新聞記者をへて、大正九年(一九二〇)より代議士。東方会を結成し、全体主義運動を推進。反東条運動のため検挙されたが、一時釈放されたさい割腹自殺。

**なかのはら【長野原】**〈町〉群馬県北西部の町。川原湯温泉・吾妻渓谷があり、浅間山・草津などへの拠点。人口七一五九(一九八八)。

**ながの-ぼんち【長野盆地】** 長野県北部、千曲川沿いの盆地。稲作のほか、信州リンゴ生産の中心地として知られる。善光寺平。

**なかの-みのる【中野実】**(一九〇一〜七三) 劇作家・小説家。大阪生まれ。おもに新派に喜劇を書き、ユーモア小説もある。戯曲『明日の幸福』など。

**なかの-よしお【中野▽好▽夫】**(一九〇三〜八五) 英文学者・評論家。愛媛県生まれ。東大卒。著書『エリザベス朝演劇講話』『シェイクスピアの面白さ』『蘆花徳冨健次郎』など。

**なか-ば【半ば】** 一(名) ①半分。半分ほど。the half 用例 ——達成。②中ごろ。中間点。the middle 用例 六月——。③最中。中途。midway 用例 宴——に。業——に倒れる。二(副) だいたい。ほぼ。half 用例 ——あきらめる。

**なが-ばかま【長▼袴】** ①裾が長く、着用時に三〇cmほど引きずる袴。素襖・大紋・長裃などに用いる。②平安〜江戸の貴族や上流階級の女性、室町〜江戸末期の武家の男性の礼服。↓裃図 ↓素襖図 ↓直垂図

**なか-ばたらき【仲働き】** 奥と台所の間の雑用に使われる女性。

**なが-ばなし【長話】** 長い時間話すこと。その話。long talk

**ながば-の-いしもちそう【長葉の石持草】** モウセンゴケ科の一年草。食虫植物。湿原には える。高さ約二〇cm。葉は細い線形で、短い多数の腺毛で虫を捕らえる。夏、淡紅色の花を数個つける。

**ながば-の-もうせんごけ【長葉の毛▼氈▼苔】** モウセンゴケ科の多年草。食虫植物。北海道と尾瀬ケ原に見られる。線状へら形の葉に、紅紫色の腺毛が密生して、虫を捕らえる。夏、白小花が咲く。

**ながはま【長浜】**〈市〉滋賀県北東部、琵琶湖に臨む市。旧城下町。古くからの機業の町で浜縮緬が特産。曳山祭りの子供歌舞伎が有名。人口五万五五七九(一九八八)。

**ながはま【長浜】**〈町〉愛媛県西部、肱川河口の町。ミカン栽培などの農業と漁業が行われる。人口一万一八二六(一九八八)。

**なかはま-まんじろう【中浜万次郎】** ジョン万次郎の本名。

**なかばやし-ごちく【中林▼梧竹】**(一八二七〜一九一三) 書家。佐賀の人。気宇雄大な書風を展開。

**なかはら-じゅんいち【中原▼淳一】**(一九一三〜八三) 挿絵画家。香川県生まれ。独自のファッションイラストレーションの分野に活躍。

**なかはら-ちゅうや【中原中▼也】**(一九〇七〜三七) 詩人。山口県生まれ。近代の虚無と喪失感を特異な詩のリズムによってとらえた。詩集『山羊の歌』『在りし日の歌』。↓写

●中原中也

**なかはら-ていじろう【中原▼悌▽二郎】**(一八八八〜一九二一) 彫刻家。北海道生まれ。荻原守衛・ロダンの影響を受けた。作品『若きカフカス人』など。

**なかはら-まこと【中原誠】**(一九四八〜) 将棋棋士。宮城県生まれ。永世棋聖。永世十段。二四歳で名人位につき、以来各種のタイトルを獲得。

**なかばる【中▽原】**〈町〉佐賀県東部、鳥栖市西隣の町。福岡・久留米両市のベッドタウン。工業化も進む。人口八七二九(一九八八)。

**なか-び【中日】** ①一定の期間の、まん中にあたる日。ちゅうにち。the middle day ②興行期間の、まん中の日。the middle day

**なが-び・く【長引く】**(五自) 長くかかる。be prolonged 用例 話が——。病気が——。

**ながひこ-の-かゆ【長▼彦の▼粥】** お七夜の祝いに用いる粥。子どもの誕生を祝い七世の孫の代まで家内繁栄を願うため。七彦の粥。

**なか-びしゃ【中飛車】** 将棋の振り飛車戦法の一つ。飛車を中央に移して戦う。

**なが-びつ【長▼櫃】** 衣類・調度などを入れるための蓋のついた長方形の大きな箱。脚つきの唐櫃と脚のつかない和櫃とある。運ぶときは胴を紐で巻き、これに棒を通して二人でかついだ。数え方 一合。

**なが-ひばち【長火鉢】** 長四角形で、引き出しの付いた箱火鉢。居間などで使っていた。↓写

●長火鉢

**なかぶさ-おんせん【中房温泉】** 長野県西部、穂高町にある温泉。自然美に恵まれ、燕岳など日本アルプスの登山基地。

**なかふらの【中富▽良野】**〈町〉北海道中部、十勝岳西麓の町。稲作・畜産・花卉栽培が主体。ラベンダー畑が有名。人口六五三四(一九八八)。

**なかへち【中▽辺▽路】**〈町〉和歌山県中部、田辺市東隣の町。林業と梅・シイタケ・コンニャクを生産。人口四四八〇(一九八八)。

**なか-ほど【中程】** ①時間・距離・場所などの中央のあたり。middle ②中間。途中。midway 用例 会合の——で席を立つ。

**なか-ま【仲間】** ①いっしょに物事をする人。友人。友だち。一味の者。companion 用例 仕事——。——に入る。②同類のもの。same kind 用例 オオカミは犬の——だ。

**なかま【中間】**〈市〉福岡県、北九州市北西隣の市。炭鉱町として栄えたが、昭和三九年(一九六四)の閉山後は北九州市の衛星都市化。人口五万七七六(一九八八)。

**なかま-いり【仲間入り】**(名・サ変自) 仲間に加わること。join others 対義 仲間外れ。

**なかま-うけ【仲間受け】**(名・サ変自) 仲間うちでの人気。popular among friends

**なかま-うち【仲間内】** 仲間の人たち。そのあいだがら。among one's friends 用例 ——の祝い。

**なか-まく【中幕】** 歌舞伎で、一番目狂言と二番目狂言の間に演じる、一幕の派手な狂言。

●中村歌右衛門六世。『仮名手本忠臣蔵』の戸無瀬。

**なかま-はずれ【仲間外れ】** 仲間からのけ者にされること。be excluded from 対義 仲間入り。

**なかま-われ【仲間割れ】**(名・サ変自) 仲間の間に仲たがいが起こること。split among friends

**なか-み【中身・中味】** ①中に入っているもの。content ②内容。content

**なかみかど-てんのう【中▽御門天皇】**(一七〇一〜三七) 第一一四代天皇(在位一七〇九〜三五)。名は慶仁。東山天皇の第五皇子。

**なかみがわ-ひこじろう【▽中▽上川▼彦次郎】**(一八五四〜一九〇一) 実業家。豊前中津藩出身。福沢諭吉の甥。慶応義塾卒。三井財閥の基礎を築いた。

**なか-みせ【仲店・仲見世】**(「見世」は当て字)社寺の境内で、参詣客を対象に土産物などを売る商店街。東京都台東区浅草の浅草寺参道の商店街が代表的なもの。

**なかみち【中道】**〈町〉山梨県中部、笛吹川に沿う町。モモ・ブドウなどの果樹やトウモロコシの栽培がさかん。人口五三八一(一九八八)。

**なか-みちよ【▼那▼珂▽通世】**(一八五一〜一九〇八) 東洋史学者。岩手の人。慶応義塾卒。中国・朝鮮・日本の古代史を比較研究、日本紀年の誤りを指摘。近代的東洋史学を創始。また蒙古史研究にも画期的業績を残した。著書『上世紀年考』『支那通史』『成吉思汗実録』など。

**なかみなと【▼那▼珂▼湊】**〈市〉茨城県東部、那珂川河口の市。江戸時代からの港町。水産都市で遠洋漁業の基地。人口三万三四〇六(一九八八)。

**なが・む【眺む】** 古語 (下二他) ↓ながめる(眺める)

**なが・む【▽詠む】** 古語 (下二他) 声を長く引いてうたう。吟ずる。用例 こぼれて匂ふ花桜かなと——・めければ(今昔・二七)。

**なか-むかし【中昔】** あまり古くない昔。大昔と今の中間の時期。

**なが-むし【長虫】** ヘビの異名。

**なかむら【中村】**〈市〉高知県南西部、四万十川下流の市。応仁の乱後に開かれた古都で、小京都とよばれる。アユと青海苔が特産。人口三万六二二六(一九八八)。

**なかむら-うたえもん【中村歌▽右▽衛門】** 歌舞伎俳優。屋号成駒屋(三世まで加賀屋)。現在六世まで。初世(一七一四〜九一)は京坂の名優。金沢の人。本領は実悪。三世(一七七八〜一八三八)は文化文政期の京坂の代表的名優。四世(一七九八〜一八五二)は時代物・舞踊を得意とした幕末の人気役者。五世(一八六五〜一九四〇)は明治末〜昭和前期の女形の代表的名優。新史劇に新境地を開く。六世(一九一七〜)は現代の代表的女形。重要無形文化財保持者。昭和五四年(一九七九)文化勲章受章。↓写

**なかむら-がくりょう【中村岳陵】**(一八九〇〜一九六九) 日本画家。本名、恒吉。静岡県生まれ。東京美術学校卒。昭和三七年(一九六二)文化勲章受章。作品『緑影』『気球揚る』など。

**なかむら-かんえもん【中村▼翫▽右▽衛門】** 歌舞伎俳優。屋号成駒屋。三世まで。三世(一九〇一〜八二)は歌舞伎革新をめざして前進座を創立。

**なかむら-かんざぶろう【中村勘▽三郎】** 歌舞伎俳優。屋号中村屋。現在一七世まで。初世〜一三世までは中村座の座元を兼ねる。初世(一五九八〜一六五八)は江戸歌舞伎の開祖。江戸に猿若座(中村座)を創設。四世(一六六二〜一七一三)はのち初世中村伝九郎。元禄期の名優。朝比奈の定型をつくる。一七世(一九〇九〜八八)は広い芸域をもつ。重要無形文化財保持者。昭和五五年(一九八〇)文化勲章受章。

**なかむら-がんじろう【中村▼鴈治郎】** 歌舞伎俳優。屋号成駒屋。二世まで。初世(一八六〇〜一九三五)は大正・昭和前期の関西劇界に君臨。上方の伝統的和事にすぐれる。二世(一九〇二〜八三)は和事のほか老け役・女形も兼ねた。映画でも活躍。重要無形文化財保持者。

●中村吉右衛門二世。『菅江戸小腕達引』の腕の喜三郎。

**なかむら-きちえもん【中村吉▽右▽衛門】** 歌舞伎俳優。屋号播磨屋。現在二世まで。初世(一八八六〜一九五四)は、大正・昭和期の名優。六世尾上菊五郎と「菊吉時代」を現出。中村吉右衛門一座を組織。時代物の悲劇的な役の第一人者。昭和二六年(一九五一)文化勲章受章。二世(一九四四〜)は、初世の孫。↓写

**なかむら-きちぞう【中村吉蔵】**(一八七七〜一九四一) 劇作家・演劇学者。島根県生まれ。早大卒。早大教

▼常用漢字表外。▽常用漢字表の音訓外。

授。近代社会劇の先駆者。戯曲『剃刀』『井伊大老の死』、著書『日本戯曲技巧論』など。

**なかむら-くさたお**【中村草田▽男】(一九〇一〜一九八三) 俳人。本名、清一郎。中国生まれ。東大卒。高浜虚子に師事。思考力豊かな作風で人間探究派と呼ばれた。『万緑』を創刊主宰。句集『長子』など。

**なかむら-けんきち**【中村憲吉】(一八八九〜一九三四) 歌人。広島県生まれ。東大卒。伊藤左千夫に師事。『アララギ』の中で潤いのある清澄な写生的歌風を樹立。歌集『林泉集』『しがらみ』など。

**なかむら-ざ**【中村座】歌舞伎劇場。江戸三座の一つ。寛永元年(一六二四)初世猿若(中村)勘三郎が猿若座として創設、のち中村座と改称、移転改称を経て、明治二六年(一八九三)に焼失・廃座。

**なかむら-しかん**【中村▽芝▼翫】歌舞伎俳優。屋号成駒屋。現在七世まで。四世(一八三〇〜一八九九)は豪快な立役として活躍。七世(一九二八〜)は古典的芸風の女形。

**なかむら-じゃくえもん**【中村▼雀▽右▽衛門】歌舞伎俳優。屋号京屋。現在四世まで。三世(一八七五〜一九二七)は名女形。関西で活躍。

**なかむら-しんいちろう**【中村真一郎】(一九一八〜) 小説家・評論家。静岡県生まれ。東大卒。戦後文学に西欧的な小説理念の移植を試みた。小説『死の影の下に』『四季』四部作、評論『頼山陽とその時代』など。

**なかむら-つね**【中村▼彝】(一八八七〜一九二四) 洋画家。水戸生まれ。レンブラント・ルノワールの影響をうける。作品『エロシェンコ像』『老母像』など。↓写

●中村彝 『エロシェンコ像』。大正九年(一九二〇)、東京国立近代美術館。

**なかむら-ていじょ**【中村▼汀女】(一九〇〇〜一九八八) 俳人。本名破魔子。熊本県生まれ。日常生活から清朗な句を生む。『風花』主宰。句集『汀女句集』など。

**なかむら-ときぞう**【中村時蔵】歌舞伎俳優。屋号播磨屋。現在五世まで。三世(一八九五〜一九五九)は女形。本領は世話物。四世(一九二七〜一九六二)は美貌の娘役。

**なかむら-とみじゅうろう**【中村富十郎】歌舞伎俳優。屋号天王寺屋。現在五世まで。京阪の女形。初世(一七一九〜一七八六)は宝暦〜天明期の代表的名優。『京鹿子娘道成寺』を創演。二世(一七八六〜一八五五)は幕末京坂の代表的女形。俗称「難波の太夫」。四世(一九〇八〜一九六〇)は関西歌舞伎の立女形として活躍。

**なかむら-なかぞう**【中村仲蔵】歌舞伎俳優。四世まで。初世(一七三六〜一七九〇)は天明期江戸の名優。写実的演出を試み「秀鶴型」を残す。『忠臣蔵』の定九郎の新演出を創始。三世(一八〇九〜一八八六)は幕末・明治初期の老け役・敵役の名人。自伝『手前味噌』がある。

**なかむら-ばいぎょく**【中村梅玉】歌舞伎俳優。屋号高砂屋。三世まで。二世(一八四一〜一九二一)は立役と女形を兼ねた。三世(一八七五〜一九四八)は昭和前期の名女形。

**なかむら-はくよう**【中村白葉】(一八九〇〜一九七四) ロシア文学者。本名長三郎。兵庫県生まれ。東京外語卒。一九世紀ロシア文学を翻訳・紹介。訳書『チェーホフ全集』『トルストイ全集』など。

**なかむら-ふくすけ**【中村福助】歌舞伎俳優。初世は四世中村芝翫の前名。三世以降は東京の成駒屋系・大阪の高砂屋系が両立。成駒屋系四世以後代々女形。五世(一九〇〇〜一九三三)は気品ある美貌で知られた。高砂屋系三世・四世は二世・三世中村梅玉の前名。

**なかむら-ふせつ**【中村不折】(一八六六〜一九四三) 洋画家・書家。東京生まれ。渡仏しジャン＝ポール＝ローランスに師事。書は漢魏六朝に学び、書道博物館もつくる。作品『建国剏業』など。

**なかむら-ふみくに**【中村▽史▽邦】(生没年未詳) 江戸中期の俳人。尾張の人。芭蕉に師事。編著『芭蕉庵小文庫』。

**なかむら-へいや**【中村平野】高知県南西部、四万十川下流の平野。稲作などが行われる。

**なかむら-まさなお**【中村正直】(一八三二〜一八九一) 明治時代の啓蒙学者。江戸の人。号は敬宇。イギリス留学後、『西国立志篇』『自由之理』を翻訳・刊行し民権思想に影響。明六社の同人。

**なかむら-みつお**【中村▽光▽夫】(一九一一〜一九八八) 文芸評論家・小説家。本名木庭一郎。東京生まれ。東大卒。戦後の批評を代表する一人。評論『風俗小説論』『二葉亭四迷伝』、小説『贋の偶像』など。

**なかむら-むらお**【中村武羅▽夫】(一八八六〜一九四九) 小説家・評論家。北海道生まれ。『新潮』の編集を担当、同人誌『不同調』主宰。評論『誰だ？花園を荒す者は！』、小説『地霊』など。

**なかむら-りゅう**【中村流】歌舞伎舞踊の一流派。芝翫派、弥八・虎治派、中村流本伝・中村流直流にわかれている。

**ながめ**【眺め】①見渡した景色。眺望。view 用例 —がいい。②古語《和歌ではふつう「長雨」にかけて用いる》つくづくと見やりながら物思いにふけること。用例 花の色はうつりにけりないたづらに我身世にふる—せしまに(古今・春下)。

**なが-め**【長め】(名・形動) 少し長いこと・さま。rather long 比較 長さ。対義 短め。

**な-がめ**【菜▼亀・菜▽虫・菜▼椿▽象】カメムシ科の一種。体長八〜九㎜。黒色で橙色の条紋がある。ダイコン・アブラナやフウチョウソウ科植物につく害虫。日本全土に分布。↓写

●ナガメ

**ながめ-い・る**【眺め入る】(五自) いつまでもじっと見る。watch

**ながめ-や・る**【眺め▽遣る】(五他) ①遠くのほうを眺める。眺め渡す。overlook ②そのほうを眺める。look at

**なが・める**【眺める】(下一他) ①じっと見る。見つめる。stare 用例 母の写真を—。②遠く見渡す。view 用例 春のけしきを—。③ぼんやりと見る。傍観している。look on 用例 —・めてばかりいないで、少しは手伝え。はたから—・めているばかりだ。

**なが-もち**【長持(ち)】㊀(名・サ変) 長くもつこと。㊁(名) 衣類・調度などを入れる蓋つきの長方形の箱。運ぶときには棹でかつぐ。数え方 一棹・一枚(二棹)。↓写

●長持ち㊁

**長持、枕にならず**(ながもち、まくらにならず) 大が小を兼ねないこともある。

**ながもち-うた**【長持▼唄】民謡の一種。花嫁の調度品を運ぶときに歌う縁起唄。全国に分布。

**ながもちがた-せっかん**【長持形石棺】組み合わせ式石棺の一つ。底石・蓋石・側石四枚を組み合わせ、矩辺二石以外は縄掛突起をもつ。五世紀、畿内を中心に大形古墳に使用。

**なが-や**【長屋・長家】①一棟を数戸の世帯用に分割した賃貸用の住宅。棟割り長屋。②棟の長い細長い家。数え方 一棟・一軒。

**なかや-うきちろう**【中▽谷宇吉郎】(一九〇〇〜一九六二) 物理学者。石川県生まれ。東大卒。雪の人工結晶化にとりかかり、室内で作ることに初めて成功。随筆家としても著名。著書『雪の研究』『科学の方法』、随筆集『冬の華』など。

**ながや-おう**【長屋王】(六八四?〜七二九) 奈良時代初期の政治家。高市皇子の子。天武天皇の孫。藤原不比等の死後、右大臣を経て左大臣となったが、謀叛を企てたと密告され、妻子とともに自殺。参照 長屋王の変。

**ながやおう-の-へん**【長屋王の変】天平元年(七二九)密告により、左大臣長屋王が謀叛を企てたとして自殺させられた事件。藤原氏の陰謀といわれる。

**なか-やすみ**【中休み】㊀(名・サ変自) 途中で休むこと。また、その休息。break ㊁(名) 芝居の幕あいの休み。intermission米; interval英

**なか-やど**【中宿】①中途で泊まること。また、その宿。②江戸時代、宿元のない奉公人が、出替わりのときに泊まった所。③婚礼のとき、新婦が婚家に入る前、いったん入って休む家。

**ながやのはなみ**【長屋の花見】落語の題名。貧乏長屋の住人たちが、むしろを毛氈、お茶を酒、大根を蒲鉾、たくあんを卵焼きに、とそれぞれ見立てて花見に出かけるというはなし。

**なかやま**【中山】〈町〉山形市北西隣、山形盆地の町。サクランボ・リンゴ栽培がさかん。宅地化が進む。人口一万一九四(一九八八)。

**なかやま**【中山】〈町〉鳥取県西部、大山北東麓の町。ブロッコリー・スイカ・ナシの栽培がさかん。人口六〇八一(一九八八)。

**なかやま**【中山】〈町〉愛媛県西部、伊豫市南西隣の町。クリ・ミカン・シイタケの栽培、畜産がさかん。人口五七九〇(一九八八)。

**なかやま-いちろう**【中山▼伊知郎】(一八九八〜一九八〇) 経済学者。三重県生まれ。東京商大卒。一橋大学長。中央労働委員会委員長。シュンペーターの弟子で近代経済学の導入に努力した。著書『純粋経済学』など。

**なかやま-いわた**【中山岩太】(一八九五〜一九四九) 写真家。福岡県生まれ。シュールレアリスム的作風。

**なかやま-ぎしゅう**【中山義秀】(一九〇〇〜一九六九) 小説家。福島県生まれ。早大卒。作品『厚物咲』『テニヤンの末日』『咲庵』など。

**なかやま-しちり**【中山七里】岐阜県中部、下呂温泉から金山町に至る、飛驒川沿いの渓谷。行楽地だが古くは交通の難所。

**なかやま-しんぺい**【中山▼晋平】(一八八七〜一九五二) 作曲家。長野県生まれ。東京音楽学校卒。民衆に密着した童謡や流行歌などを多数作曲。作品『カチューシャの唄』『証城寺の狸囃子』『波浮の港』など。

**なかやま-ただみつ**【中山▽忠▽光】(一八四五〜一八六四) 幕末の尊王攘夷派の公卿。大納言忠能の子。天誅組の首領。文久三年(一八六三)大和で天誅組の乱を起こしたが敗れ、長州で暗殺された。

**なかやま-とうげ**【中山峠】北海道南西部、札幌市街の南西にある峠。標高八三六m。札幌から洞爺湖方面への路線の要点。

**なかやま-みき**【中山みき】(一七九八〜一八八七) 天理教の教祖。奈良県の地主の主婦だったが、不幸な家庭生活にあって四〇歳のころ霊感を得、以後、天理王命への信仰を説いた。「おふでさき」とよばれる教歌を多くのこした。

**なが-やみ**【長病み】(名・サ変自) 長い間病気であること。長わずらい。protracted illness

**ながや-もん**【長屋門】武家屋敷の前面に設けた長屋の一部を門としたもの。長屋には、家臣や下男が住んだ。↓写

●長屋門 松江市の武家屋敷。

**なが-ゆ**【長湯】長い間入浴していること。長ぶろ。

**なか-ゆび**【中指】五本の指の真ん中の指。高高指。middle finger

**なか-ゆるし**【中許し】いけばな・茶の湯・琴などで、初許しの上、奥許しの下の免許。流儀により、許し状の名称・種類・段階などはさまざまである。

**ながよ**【長与】〈町〉長崎市北隣、大村湾に臨む町。ミカン栽培がさかん。高田地区に工場・住宅団地。人口三万二二〇(一九八八)。

**なか-よし**【仲良し・仲▽好し】仲のよいこと・人。chum

**なかよし-こよし**【仲良し小良し】「仲良し」を調子よくした語。

**ながよ-せんさい**【長与専斎】(一八三八〜一九〇二) 明治の医学者。又郎・善郎の父。肥前の人。衛生行政確立に尽力。欧米視察後文部省医務局長と

なり医制の草案を作成。

**ながよ-またろう【長与又郎】**(一八七八〜一九四一) 病理学者。東京生まれ。東大卒。専斎の子。昭和五年(一九三〇)恙虫病病原体をリケッチアーオリエンターリスと命名。癌研究会研究所の設立に参画。東京帝大医学部長・伝染病研究所長・癌研究所総長・東大総長を歴任。

**ながよ-よしろう【長与▽善郎】**(一八八八〜一九六一) 小説家・劇作家。東京生まれ。東大中退。専斎の子。『白樺』同人。独自の思想的骨格をもつ作品を書いた。小説『青銅の基督』『竹沢先生と云ふ人』、戯曲『項羽と劉邦』、自伝『わが心の遍歴』など。

**なか-ら【▽半ら】** 半ば。半分。

**ながら【長▽柄】**〈町〉千葉県中部、市原・茂原両市に接する町。酪農がさかん。宅地化が進む。人口八三三四(一九八八)。

**な-がら【▼乍(ら)】** ㊀(接助) ①《動詞の連用形に付いて》二つの動作が同時に行われる意を表す。…するのといっしょに。…つつ。用例 歩き—話す。②《体言、動詞の連用形、形容詞の終止形、副詞などに付いて》逆接の意を表す。…のに。…けれども。用例 わかってい—、教えてくれない。㊁(接尾) ①同類が同じ状態であること。全部。あわせて。用例 姉妹三人—きれいだ。②…のまま。…の通り。用例 昔—の味。③それ自体で。用例 神—の道。

**なからい【中らい・仲らい】** 人と人の関係。間がら。つきあい。用例 男女の—。

**なからい-とうすい【▽半井桃水】**(一八六〇〜一九二六) 小説家。本名冽。対馬生まれ。樋口一葉の師。作品『胡砂吹く風』など。

**なからい-ぼくよう【▽半井▼卜養】**(一六〇七〜一六七八) 江戸前期の狂歌師・俳人。堺の人。幕府の御番医師。松永貞徳に師事。当意即吟の狂歌を得意とした。家集『卜養狂歌集』など。

**ながら・う【長らう】** 古語 (下二自) ↓ながらえる(長らえる)

**ながら・える【長らえる・永らえる・▽存える】**(下一自) 長く生きる。生き長らえる。live on

**ながら-がわ【長▽良川】** 岐阜県のほぼ中央を南流する川。長さ一四〇km。岐阜県北西部の大日岳に発し、濃尾平野に出て伊勢湾に注ぐ。鵜飼いで有名。

**ながらく【長らく】**(副) 長い間。長く。久しく。for a long time

**ながら-ぞく【▼乍(ら)族】**《俗語》二つ以上のことを同時にする人のこと。とくに、テレビやラジオを見聞きしながらほかのことをする人たち。

**ナガランド【Nagaland】** インド東部の州。州都コヒマ。ナガ族の独立運動により一九六三年アッサム州より分離した。人口七七・三万(一九八一)。

**なが・る【流る】** 古語 (下二自) ↓ながれる(流れる)

**なかれ【▼勿れ・▼莫れ】** 文語的《形容詞「なし」の命令形》…するな。用例 とどまること—。笑う—。

**ながれ【流れ】** ㊀(名) ①流れること・もの。flow 用例 川の—。時の—。②流れる水・川。stream 用例 —に沿って。③あとに続くもの。系統。流派。descent; school 用例 日本画の—。名門の—。④散会後の小集団の行動。また、小集団。用例 祝勝会の—。⑤一定の順序による配列。order 用例 作業の—。⑥さすらうこと・人。wander ⑦目上から注いでもらう酒。用例 お—ちょうだい。⑧実現しないで終わること。中止。be called off 用例 お—になる。⑨屋根の棟から軒までの傾斜の部分。用例 片—の家。⑩質物を受け出す期限が過ぎて所有権がなくなること。forfeiture ㊁(助数) 旗など細長いものを数える語。用例 旗ひと—。

**流れに棹さす**(ながれにさおさす) 物事が思うようにはかどる。punt on the stream

**流れに耳を洗う**(ながれにみみをあらう) 世俗の雑事にかかわらないようにする。

**流れの身**(ながれのみ) ①あちこちさすらい歩く境遇。②遊女の境遇。

**流れを汲む**(ながれをくむ) ①血筋を引く。be descended from ②その流派に従う。follow the school of

**流れを立つ**(ながれをたつ) 遊女のつとめをする。遊女として暮らす。

**流れを乱す**(ながれをみだす) 流水を突っきる。

**ながれ-ある・く【流れ歩く】**(五自) さすらい歩く。wander

**ながれ-かいさん【流れ解散】** デモ行進などで、終わった順に解散すること。

**ながれ-かんじょう【流れ▼灌頂】** 出産のときに死んだ女性や、水死者の霊を供養する風習。経木を海や川に流したり、経文を記した布に、通行人に柄杓で水をかけてもらう。水施餓鬼。

**ながれ-こ・む【流れ込む】**(五自) ①流れて入りこむ。flow into ②流れるように入りこむ。pour into

**ながれ-さぎょう【流れ作業】** 作業の順序にしたがって工程を配置し、各段階を川の流れのように移動させて能率的に作業を進める方式。ヘンリー=フォードが創案。コンベヤシステムとタクトシステムに分類される。assembly line system

**ながれ-ず【流れ図】** 計算の手順・作業の手順などをその進行にしたがった図式で表したもの。フローチャート。flow chart

**ながれ-だま【流れ弾】** 目標からそれて飛ぶたま。それだま。stray bullet

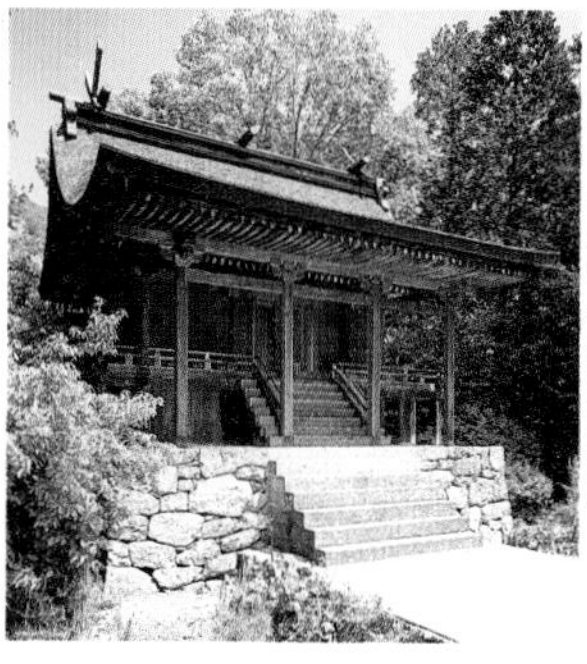
●流れ造り 香川県、神谷神社本殿。

**ながれ-づくり【流れ造り】** 神社建築の様式。切り妻造り平入りで、本殿の屋根の流れをそのまま前方に延長してひさし柱(=向拝柱)を立てるもの。京都賀茂神社・京都宇治上神社本殿など。↓写 ↓神社建築図

**ながれ-ぼし【流れ星】** りゅうせい。shooting star

**ながれ-や【流れ矢】** それて飛ぶ矢。stray arrow

**ながれやま【流山】**〈市〉千葉県北西部、江戸川に沿う市。河港として栄え、みりんの醸造で知られる。宅地造成で都市化が進む。人口一三万一四〇一(一九八八)。

**なが・れる【流れる】**(下一自) ①液体などが低いほうへ行く。flow 用例 川が—。涙が—。②液体の移動に乗って他のものが運ばれる。drift 用例 桃が—・れて来た。③ただようように移動する。用例 風に—雲。④あちこち当てもなく移動する。wander 用例 九州を—・れ歩く。⑤よくないほうへ行く。傾く。lapse into 用例 粗暴に—。贅沢に—。⑥広まる。spread 用例 悪い噂が—。⑦行きわたる。用例 会場に音楽が—。⑧実現しないで終わる。中止になる。be called off 用例 毎月の例会が—・れた。⑨質に入れた物の所有権がなくなる。be forfeited 用例 時計が—・れた。⑩流産する。⑪時が経過する。過ぎる。pass 用例 歳月が—。

**なか-ろうか【中廊下】** 両側に部屋や住居が配置される形式の廊下。また、そのように造られている建築方式。middle corridor 比較 片廊下。

**ながわ【名川】**〈町〉青森県南東部、岩手県に接する町。稲作、リンゴや食用菊などの栽培がさかん。人口一万二二五(一九八八)。

**ながわ【▼奈川】**〈村〉長野県西部、岐阜県に接する村。林業・木工業などが行われる。奈川渡ダムがある。人口一二九七(一九八八)。

**ながわ-かめすけ【▼奈河▼亀▼輔】** 歌舞伎狂言作者。二世まで。初世(生没年未詳)は江戸中期の京坂で活躍。作品『伽羅先代萩』など。

**なが-わきざし【長▼脇差(し)】** ①普通より長い脇差し。刀身が一尺八寸(約五四・五cm)〜一尺九寸(約五七・六cm)のものをいう。大脇差し。②博徒・侠客の異称。

**なが-わずらい【長煩い・長患い】** 長い間病気であること。長病み。protracted illness

**なか-わた【中綿】** 着物や布団の中に入れた綿。

**ながわど-ダム【▼奈川渡ダム】** 長野県西部、梓川・奈川の合流点にあるダム。有効貯水量九四〇〇万$m^3$。アーチ式の大規模な発電用ダム。

**なかん-ずく【▽就▽中】** 文語的(副)《「中につく」の転》中でも。とりわけ。とくに。especially

**なき【無き】** 文語的《形容詞「なし」の連体形》ないこと・もの。

**無きにしも非ず**(なきにしもあらず) ないわけではない。ないとは言えない。

**無きになす**(なきになす) ないものとする。無視する。

**なき【泣き】** 泣くこと。嘆くこと。cry

**泣きを入れる**(なきをいれる) ①泣きついて、わびをする。cry for mercy ②相場の暴落で受け渡し不能となったさいに、損する側が相手に対して、相当の値段での、売買契約の解除を願い入れる。

**泣きを見る**(なきをみる) 損害を受け、悲しいめに遭う。come to grief

**なき【亡き】**(連体) 死んでしまった。dead 用例 —母。

**なぎ** 6画 **【▼凪】** 部首[几・八] 和製漢字 JIS 3868

↓なぎ[凪・和]

**なぎ** 12画 **【▼椥】** 部首[木] 和製漢字 JIS 6009

↓なぎ[梛・竹柏・椥]

**なぎ【▼凪・▽和】** 海岸地方で、風がやみ、波が静かになる状態。calmness 用例 朝—。夕—。

**なぎ【菜▼葱・▽水▼葱】** ミズアオイの古名。

**なぎ【▼梛・▽竹▼柏・▼椥】** 暖地にはえるマキ科の常緑高木。庭木にも栽培。大きいものは約二〇m。葉は対生し長楕円形。雌雄異株。初夏に開花。果実は球形で径約一cm。チカラシバ。

**なぎ【▼奈義】**〈町〉岡山県北東部、那岐山南麓の町。稲作・果樹栽培・酪農などがさかん。日本原高原がある。人口八〇三九(一九八八)。

**なき-あか・す【泣き明(か)す・泣明(か)す】**(五自) 夜通し泣く。泣いて夜を明かす。また、一日じゅう泣き続けている。weep the night out

**なぎ-いかだ【▼梛▼筏】** ユリ科の観賞用の常緑小低木。高さ約三〇cm。枝は葉状に変態し濃緑色で卵形。葉は葉状枝のつけ根に生じ、小鱗片状。夏に白色の小花を開く。果実は赤熟。↓写

●ナギイカダ 花(上)と実(下)。

**なきいり-ひきつけ【泣き入り引き付け・泣入り引付け】** 興奮して泣き続けたとき、息が吸えず顔色が紫色になり、ひどいと意識を失う症状。憤怒痙攣。かんのむし。breath-holding spells

**なき-うさぎ【▼啼▼兎】** ナキウサギ科の動物。岩の多い山地にすむ。体長約一三cm。赤褐色。耳が丸く短く、尾はない。キョッキョッと鋭い鳴き声を発する。北海道・樺太・シベリア・朝鮮半島に分布。pikas ↓写

●ナキウサギ

**なき-おとし【泣き落(と)し・泣落(と)し】** 涙を流し、相手の同情にすがって承知させること。get one's way by crying

**なきおとし-せんじゅつ【泣き落(と)し戦術】** 交渉のとき、泣き落として相手に承諾させる方法。obtain consent by force of tears

**なき-おと・す【泣き落(と)す・泣落(と)す】**(五他) 涙を流したり、泣き言を並べたりして同情させ、承知させる。win over by entreaties

**なき-おんな【泣(き)女】** 葬儀に参加して、儀礼もしくは作法として泣く役目の女性。近親者の場合と雇い泣きがあり、謝礼によって泣き方に差がある。近世まで日本のほか、東アジアに広くみられた。なきめ。

**なき-がお【泣(き)顔】** 泣き出しそうな顔。泣いている顔。なきつら。tearful face

**なき-かず【亡き数】** 文語的 死んだ人の仲間。**亡き数に入る**(なきかずにいる) 死ぬ。pass away

**なき-がら【亡・骸・亡・軀】** しかばね。死体。corpse

**なき-かわ・す**【鳴(き)交わす】(五自) 虫・鳥などがあちらこちらで鳴く。sing or chirp to each other

**なき-くず・れる【泣(き)崩れる】**(下一自) 泣き伏す。break down crying

**なき-くら・す【泣き暮(ら)す・泣暮(ら)す】**(五自) 一日を泣いて暮らす。日々泣いて過ごす。spend one's days in tears

**なき-ごえ【泣(き)声】** ①泣きそうな声。涙声。tearful voice ②泣く声。cry

**なき-ごえ【鳴(き)声・啼(き)声】** 獣・鳥・虫の鳴く声。roar; song; chirp

**なき-ごと【泣(き)言】** 自分の不運や不幸を、泣いて、くどくど言うことば。愚痴。complaint 用例 ―を並べる。

**なき-こ・む【泣(き)込む】**(五自) ①泣いて駆け込む。②泣いて訴える。嘆願する。

**なきこをしのぶうた【亡き子を偲ぶ歌】**《原題Kindertotenlieder ドイ》マーラー作曲の管弦楽伴奏による歌曲。一九〇一～一九〇四年作。詩はリュッケルト作。

**なぎさ【渚・汀】** 海や湖の波の打ち寄せるところ。波打ちぎわ。みぎわ。beach

**なき-さけ・ぶ【泣(き)叫ぶ】**(五自) 大声でわあわあ泣く。泣きながら叫ぶ。cry

**なき-しき・る【鳴(き)頻る】**(五自) しきりに鳴く。

**なき-しず・む【泣(き)沈む】**(五自) わっと泣き伏す。泣き崩れる。泣いて悲しみに陥る。abandon oneself to grief

なぎなた競技

**なき-じゃく・る【泣(き)噦る】**(五自) しゃくりあげながら泣く。sob

**なき-じょうご【泣(き)上戸】** ①酒に酔うと、泣く癖のある人。maudlin drinker 対義 笑い上戸・怒り上戸。②泣き虫。blubberer

**なきじん【今帰仁】**〈村〉沖縄県、沖縄島本部半島の村。今帰仁城(北山城)跡がある。主産業は農業。人口九七四七(一九八八)。

**なきじんじょう-あと【今帰仁城跡】** 沖縄県国頭郡今帰仁村にある城址。標高約九〇mの丘陵上に位置する。一四世紀末から一五世紀初頭まで存続した北山王統の居城であった。

**なき-すが・る【泣(き)縋る】**(五自) 泣いて、すがりつく。cling to... in tears

**なき-ずもう【泣(き)相撲】** 祭礼時などに、土俵内で幼児を抱いて向き合わせ、泣いたほうを勝ちとする行事。子ども相撲。

**なぎそ【南木曽】**〈町〉長野県南西部、木曽谷南部の町。妻籠は旧宿場町で、昔の姿が保存されている。農林業中心。特産にろくろ工芸品がある。人口六二三二(一九八八)。

**なぎ-たお・す【薙(ぎ)倒す】**(五他) ①横に払って倒す。mow down ②次々に負かす。beat

**なき-だ・す【泣(き)出す】**(五自) 泣き始める。burst into tears

**泣き出しそうな空模様**(なきだしそうなそらもよう) いまにも雨が降りそうな天気。threatening sky

**なき-た・てる【鳴(き)立てる】**(下一自) さかんに鳴く。cry; howl; mew; crow

**なき-つ・く【泣(き)付く】**(五自) ①泣いて、すがりつく。cling to... in tears ②泣かんばかりに頼み込む。beg... in tears

**なき-つら【泣(き)面】** 泣き顔。泣きっ面。tearful face

**泣き面に蜂**(なきつらにはち) 苦しみや不幸の上に、さらによくないことが重なるたとえ。Misfortunes never come alone.

**なき-て【無き手】** ①またとない手段。②またとない技巧。

**無き手を出す**(なきてをいだす) 秘術をつくす。

**なき-どころ【泣(き)所】**《打たれると痛くて泣きだす所、の意》弱み。弱点。weak point 用例 弁慶の―。

**なぎ-なた【薙刀・長刀】** 武器の一つ。長い柄の先に、幅の広い刃を付けたもの。中世は僧兵が、近世は女性が武器とした。数え方 一振り・一丁。

**なぎなた-きょうぎ【なぎなた競技】** 二・一五～二・二五mのなぎなたを持ち、防具を着けた二人の競技者が打ったり突いたりして技を競う競技。女子独自のスポーツ。三本勝負で、五分以内に二本を先取した者が勝ち。↓写

**なぎなた-こうじゅ【薙刀香薷】** 山野にはえるシソ科の一年草。高さ三〇～六〇cm。葉は長卵形。秋に淡紫色の小花を穂に密生。全草を利尿・解熱剤に利用。↓図

ナギナタコウジュ

**なぎなた-そで【薙刀袖】** 和服の袖型。袖下がゆるやかな曲線をもった筒袖。普段着や作業衣などに用いる。舟底袖。鯉口袖。

**なぎなた-ほおずき【薙刀酸漿】** 海産巻き貝のアカニシの卵嚢。植物のホオズキ同様、子供が口に含んで鳴らす。

**なき-ぬ・れる【泣(き)濡れる】**(下一自) 泣いて、涙にぬれる。have one's face covered with tears

**なき-ねいり【泣(き)寝入り】**(名・サ変自) ①泣きながら寝入ること。weep oneself into sleep ②不服のまま、あきらめること。be compelled to accept meekly

**なき-の-なみだ【泣(き)の涙】** ①激しく泣いて悲しむこと。②たいへんつらいこと。用例 ―であきらめる。

**なぎ-はら・う【薙(ぎ)払う】**(五他) 横に切り払う。mow away

**なき-はら・す【泣(き)腫らす】**(五他) 泣き続けて目をはらす。weep one's eyes out

**なき-ひと【亡き人】** 文語的 死んだ人。dead person

**ナギブ【Muhammad Najib】**(一九〇一～八四) エジプトの軍人・政治家。一九五二年エジプト革命を指導し、翌年の共和国樹立で初代大統領兼首相。五四年失脚。

**なき-ぶくろ【鳴(き)袋】** のどにあって、音声を反響させ大きくするための器官。カエルなどの鳴嚢、ホエザルなどの喉袋。vocal pouch

**なき-ふ・す【泣(き)伏す】**(五自) 泣いて身をうつぶせる。break down crying

**なぎ-ふ・せる【薙(ぎ)伏せる】**(下一他) 横に切り払って倒す。なぎたおす。mow down

**なき-べそ【泣きべそ】** いまにも、泣きだしそうな顔つきになること。べそ。用例 ―をかく。

**なき-まね【泣(き)真似】** 泣くまねをすること。そら泣き。pretend to weep

**なき-みそ【泣(き)味噌】** 泣き虫。

**なき-むし【泣(き)虫】** ちょっとしたことで、すぐ泣く性質。そういう人。泣きみそ。

**泣き虫毛虫挟んで捨てろ**(なきむしけむしはさんですてろ)《すぐ泣く子をあざけって、はやす語》泣いてばかりいる子は、毛虫といっしょにはさんで捨てろ。

**なき-もの【亡き者】** 生きていない人。死者。dead person

**亡き者にする**(なきものにする) ①殺す。kill ②ないがしろにする。make light of

**なきもの-ぐさ【無者草】** ウキクサの異名。秋に姿を消し、春、忽然と姿を現すのでいう。

**なぎょう-へんかくかつよう【ナ行変格活用】** 文語動詞の活用の型の一つ。「死ぬ・去ぬ」の二語にみられる特殊な活用。ナ変。

**なき-より【泣(き)寄り】** 不幸のときに、親しい者が寄り集まって世話をすること。get together for comfort 比較 食い寄り。用例 親は―。

**なきり-すげ【菜切菅】** カヤツリグサ科の多年草。路傍にはえる。葉は線形、長さ約三〇cm、非常に硬く、菜が切れるという。秋、黄褐色の穂を出す。

**なきり-ぼうちょう【菜切(り)包丁】** 刃が幅広く薄い和包丁。先端はとがっていない。おもに野菜を切るとき用いる。なっきりぼうちょう。↓包丁図

**なき-りゅう【鳴(き)竜】** 天井と床、または両側の壁の間で反射音が繰り返し聞こえる現象。日光輪王寺薬師堂が有名。天井に竜の絵があるのでこの名がある。

**なき-わかれ【泣(き)別れ】**(名・サ変自) 泣きながら別れること。泣く泣く別れること。part in tears

**なき-わらい【泣(き)笑い】**(名・サ変自) ①泣いていながら笑うこと。tearful smile ②悲しみにたえて笑うこと。③泣いたり笑ったりすること。weep and laugh 用例 ―の人生。

**な・く【泣く】**(五自) ①《「哭く」とも》悲しみ・苦しみや喜びで心を動かされて声を出し、涙を流す。cry; weep 対義 笑う。用例 しかられて―。②赤ん坊が大声をあげる。cry 用例 ―子は育つ。③つらく感じる。grieve 用例 それでは親が―よ。④ふさわしくない状態である。用例 看板が―。⑤《俗語》我慢して無理を聞き入れる。用例 もう一〇〇〇円―・けよ。

**泣いて馬謖を斬る**(ないてばしょくをきる) すぐれた人で惜しいが、規律のために、やむをえず罰することのたとえ。

**泣いても笑っても**(ないてもわらっても)《人の力の及ばないところにあるさまに言う》どうしようと、どんなにしても。no matter what one may do

**泣く子と地頭には勝てぬ**(なくことじとうにはかてぬ) こちらに道理があっても、泣きわめく子と権力をかさにきている者には、かなわない。無駄である。You can't fight City Hall.

**泣く子も黙る**(なくこもだまる) 泣いている子が泣きやんでしまうほどの、脅威に満ちた存在である。fearful existence

**泣く子も目を明け**(なくこもめをあけ) 泣いている子もときどき周りのようすをうかがうように、時と場合を考えて、慎重に行動しなくてはならない。

**な・く【鳴く・啼く】**(五自) 鳥・虫・獣が声を出す。cry; sing; chirp 用例 うぐいすが―。

**鳴かず飛ばず**(なかずとばず) 目立った動きもなく、働き・才能を示さないたとえ。ほとんど活躍しない。ぱっとしない。lie low

**鳴かぬなら鳴くまで待とう時鳥**(なかぬならなくまでまとうほととぎす)《徳川家康の忍耐強い性格を表現したことば》その時が来るまで我慢して待つ。

**鳴く蟬よりも鳴かぬ蛍が身を焦がす**(なくせみよりもなかぬほたるがみをこがす) 口に出してしゃべる者よりも、何も言わない者のほうが、心中の思いが深いものである。

**鳴く猫は鼠を捕らぬ**(なくねこはねずみをとらぬ) 口数の多い者は、かえって実行しない。

**な・ぐ【凪ぐ・和ぐ】**(五自) ①風がやんで波が静まる。calm down ②心が穏やかになる。

**な・ぐ【薙ぐ】**(五他) 横に払って切る。mow down

**な・ぐ【投ぐ】** 古語 (下二他) ↓なげる(投げる)

**なぐさみ【慰み】** ①気晴らし。楽しみ。遊び。amusement ②ばくち。gambling ③貞操をもてあそぶこと。make a plaything of

**なぐさみ-はんぶん【慰み半分】** 気まぐれ。partly for fun

**なぐさみ-もの【慰み物】** 慰みにする物。おもちゃ。plaything

**なぐさみ-もの【慰み者】** 慰みにされる人。とくに、貞操をもてあそばれる人。

**なぐさ・む【慰む】**(五自他) ①(自)㋐心持ちが晴れる。なごむ。be diverted ㋑気がまぎれる。be diverted ②(他)もてあそぶ。make a plaything of

**なぐさめ【慰め】** 慰めること。consolation 用例 ―に行く。

**なぐさめ-がお【慰め顔】** 慰めるような顔つき。consolatory look

**なぐさ・める【慰める】**(下一他) ①心をなごやかにする。amuse ②うさを晴らす。be diverted ③いたわる。なだめる。console

**なく・す【亡くす】**(五他) 死なせる。亡くする。lose 用例 両親を―。

**なく・す【無くす】** (五他) ＝無くする。①ないようにする。②見えなくする。失う。紛失する。lose 用例 かばんを―。用例 事故を―。

**なく・する【亡くする】**(サ変他) ↓なくす(亡くす)

**なく・する【無くする】**(サ変他) ↓なくす(無くす)

**ナクソス-とう【ナクソス島】**(Náxos) エーゲ海南部、キクラデス諸島最大の島。面積四二

八km²。ギリシア領。ぶどう酒・大理石の産地。

**ナクトン-ガン【洛東江】**(Nagdong Gang) →らくとうこう(洛東江)

**なく-なく【泣く泣く】**(副) 泣きながら。泣き泣き。tearfully

**泣く泣くも良い方を取る形見分け**(なくなくもよいほうをとるかたみわけ) 《川柳》どんなに悲しいときでも、人は欲得から離れられないものだという、人間の欲深さを表現したもの。

**なく-な・す【無くなす】**(五他) ①なくす。②失脚させる。

**なく-な・る【亡くなる】**(五自)「死ぬ」の婉曲な表現。

**なく-な・る【無くなる】**(五自) ①ない状態になる。用例夢が—。②見つからなくなる。紛失する。be lost 用例本が—・った。③尽きる。run short of 用例時間が—。

**なく-も-がな【無くもがな】**文語的(連語) なくてもよい。ないほうがよい。余計だ。あらずもがな。

**なぐり【殴り・▽撲り】**①なぐること。②木材の表面を手斧でけずり、凹凸のあるように仕上げること。

**なぐり【名▼栗】**〈村〉 埼玉県南西部、飯能市西隣の村。スギ・ヒノキ・茶の産地。名栗渓谷がある。人口二五七四(一九八八)。

**なぐり-がき【殴り書き】**(名・サ変他) 乱暴に書くこと。また、書いたもの。scribble

**なぐり-こみ【殴り込み】**①隊を組んで、人の家に乱入すること。raid 用例—をかける。②《転じて》市場などに新たな競争商品などを売りこんで、張り合うこと。

**なぐり-つ・ける【殴り付ける】**(下一他) 力をいれて強く殴る。beat

**なぐり-とば・す【殴り飛ばす】**(五他) 飛ぶかと思うほど殴る。力いっぱい殴る。beat

**なぐ・る【殴る・▽撲る】**(五他) たたく。うつ。beat

**なぐるさ-の【投ぐる▽矢の】**[枕ことば]《「さ」は矢。投げた矢が遠くまで飛ぶということから》「遠ざかる」にかかる。用例—遠離り居て思ふそら安からなくに(万葉・一三・三三三〇)。

**なげ【投げ】**①投げること。throw ②相撲で、技の一つ。上手投げ・下手投げ・小手投げ・すくい投げなどがある。③碁・将棋で、負けを認めて勝負をやめること。投了。

**な-げ【無げ】**(形動) ①なさそう。用例—にふるまう。②《「なきがごとし」の意から転じて》むぞうさ。なげやり。なおざり。indifferent 用例—のことば。

**なげ-いれ【投(げ)入れ】**「投げ入れ花」の略。

**なげいれ-ばな【投(げ)入れ花】**生け花で、縦長の花器や壺などに投げ入れる形式のもの。格花などに対する自由な生け花で、盛り花とともに大正から昭和にかけて流行。瓶花。投げ入れ。比較盛り花。

**なげ-い・れる【投(げ)入れる】**(下一他) 投げて中に入れる。投げ込む。throw into

**なげ-う・つ【▼擲つ・▼抛つ】**(五他) ①投げつける。throw away ②惜しげもなく出す。throw away 用例一身を—・ってつくす。

**なげ-うり【投(げ)売り】**(名・サ変自他) 損得を度外視して安売りすること。ダンピング。dumping

**なげ-か・ける【投(げ)掛ける】**(下一他) ①覆いなどを投げて、かかるようにする。throw at ②荒々しく着せる。用例上着を—。③そのほうへ向ける。turn 用例光を—。④よりかからせる。throw 用例身を—。⑤問題・疑いを出す。raise

**なげか・し【嘆かし・▼歎かし】**古語(形シク) かなしい。憂うべきさまだ。用例かかる所に、思ふやうならむ人を据ゑて住まばやとのみ、—・しう思しわたる(源氏・桐壺)。

**なげかわし・い【嘆かわしい】**(形) 悲しい。情けない。deplorable 派生なげかわしげ(形動) なげかわしさ(名)

**なげき【嘆き・▼歎き】**嘆くこと。grief

**なげき-あか・す【嘆き明(か)す】**(五自) 嘆いて夜を明かす。moan the night out

**なげき-の-かべ【嘆きの壁】**エルサレム旧市西壁の一部。ヘロデ大王が神殿の境内拡張のため構築。四世紀以降の、ユダヤ人が毎金曜日の午後、この場所でエルサレムの滅亡を悲しみ、聖地回復を祈る習慣からの呼称。Wailing Wall; Wall of Lamentations

**なげ・く【嘆く・▼歎く】**㊀(五自他) ①ため息をつく。sigh ②心配して悲しむ。悲しく思う。grieve ③心配して怒る。㊁古語(四他) 嘆願する。用例世の中にさらぬ別れのなくもがな千代もと—人の子のため(古今・雑上)。

**なげこみ-でら【投(げ)込み寺】**死んで引き取り手のない遊女や、行き倒れを葬った寺。銭二〇〇文を付けて送りこまれた死骸を、大穴に投じて葬った。

**なげ-こ・む【投(げ)込む】**(五他) 投げて中に入れる。投げ入れる。ほうりこむ。throw into

**なげ-し【▽長▽押】**日本建築で、柱と柱の間に取り付けた横木。↓和風住宅図

**なげ-しまだ【投(げ)島田】**日本髪の髪型で、島田髷の一種。髷の根を低く下げた形が投げ首に似ているので名付けられたという。

**なげ-す・てる【投(げ)捨てる・投(げ)▽棄てる】**(下一他) ①うっちゃる。throw away ②仕事などを捨てておく。throw away

**なげ-せん【投(げ)銭】**大道芸人などに投げてあたえる金。なげぜに。

**なげ-だ・す【投(げ)出す】**(五他) ①ほうり出す。throw away ②あきらめて途中でやめる。give up ③惜しげもなく提供する。offer 用例財産を—。命を—。

**なげ-つ・ける【投(げ)付ける】**(下一他) 手荒く投げてぶつける。投げて当てる。throw at

**なげ-つるべ【投(げ)釣▽瓶】**田の灌漑用水などをくむ方法。釣瓶の両縁に縄をつけ、その縄の両端を二人が持って水中に投げ入れて水をくむ。

**なげ-ど【投(げ)▽所】**投げるところ。

**投げ所を見たら落ち所を見るな**(なげどをみたらおちどをみるな) 物事のはじまりを知ったら、結果まで追及してはならない。

**なげ-とば・す【投(げ)飛ばす】**(五他) 勢いをつけて遠くへ投げる。投げて飛ばす。手荒くほうり出す。fling away 用例土俵の外に—。

**なけ-なし** ほとんどないこと。僅少。only a little 用例—のお金。

**なげ-なわ【投(げ)縄】**先端を輪のような形に結び、投げ飛ばす長い縄。動物を生けどりにするときなどに使う。lasso

**なげ-ぶみ【投(げ)文】**外から家の中などに投げ入れる手紙。

**なげ-もの【投(げ)物】**投げ売りの品・株。

**なげ-やり【投(げ)▼槍】**敵に投げつけるやり。javelin

**なげ-やり【投(げ)▽遣り】**(名・形動) ①あとの始末を考えないやり方で物事をすること・さま。やりっ放し。slovenliness ②心のこもらないしかた。いいかげん。negligence

**な・ける【泣ける】**(下一自) 思わず泣いてしまう。be moved to tears

**な・げる【投げる】**(下一他) ①手に持ったものを離れた場所に飛ばす。throw 用例石を—。②相手をかかえなどして腕や腰の力でほうり出す。throw 用例土俵際で—。③あきらめる。捨てる。give up 用例テストを—。④入水する。throw oneself into the water 用例海に身を—。⑤そのほうに向けて届くようにする。注ぐ。浴びせる。用例視線を—。⑥株の取り引きで、下落を予想して安く売る。

**なければ-ならない**(連語)《動詞の未然形に付いて》…する必要がある。…する義務がある。…すべきだ。must 用例学生は勉強し—。

**なげ-わざ【投(げ)技・投(げ)業】**相撲・柔道・レスリングなどの技のうち、相手を投げて倒す技の総称。投げ。throwing

**な-ご【名子】**中・近世、一般の農民よりも身分的に低く、地主に隷属した農民。戸籍に一人前と認められなかった。下人。

**なご【名護】**〈市〉沖縄県、沖縄島北部の市。農業・ビール醸造などがさかん。国頭地方の中心都市。人口五万一一九三(一九八八)。

**なこうど【仲人・▽媒▽人】**《「なかびと」の転》なかを取り持つ人。主として結婚のなかだちをする人。媒酌人。月下氷人。go-between

**仲人は宵の口**(なこうどはよいのくち) 仲人の仕事は、式の日の宵の口には終わるべきもの。用がすんだら長居せずに、さっさと引きあげるのがよい。

**なこうど-ぐち【仲人口】**縁談をまとめるため両方によいようにばかり言うこと。あまり信用できないたとえ。

**な-ごし【▽夏越(し)・名越(し)】**陰暦六月晦日の大祓えの神事。神社で参詣人に茅の輪をくぐらせ、けがれを祓いきよめるもの。夏越しの祓え。みなづきのはらえ。

**なこそ【▼勿▽来】**福島県南東部、いわき市南端の地区。勿来の関で知られる。旧勿来市。

**なこそ-の-せき【▼勿▽来の関】**古代の関所。奥州三関の一つ。蝦夷の南下防止、東北征服の拠点として設置された。福島県いわき市勿来に関址がある。古称は菊多の関。

**なご・む【和む】**(五自) 和やかになる。やわらぐ。be softened 用例心が—。

**なご・める【和める】**(下一他) やわらげる。和やかにする。なだめる。soften

**なごや【名古屋】**〈市〉愛知県西部、濃尾平野の市。県庁所在地で東海地方の政治・経済・文化の中心。政令指定都市。尾張徳川家の城下町として繁栄。中京工業地帯の中核で、重工業が主力。中京。人口二〇九万九五六四(一九八八)。

**なごや【名護屋】**佐賀県、東松浦郡鎮西町の地区。豊臣秀吉が朝鮮出兵に際し本営を置いた名護屋城跡がある。

**なごや-おび【名古屋帯】**おたいこになる部分だけを並幅に、その他を半幅に仕立てた女帯。大正年間に名古屋で考案。

**なごや-おび【名護屋帯】**《肥前国の名護屋を朝鮮出兵の拠地としたとき、朝鮮から学んだ方法という》室町時代から江戸時代初期に行われた、絹糸を丸打ちの紐状にし、両端に房を付けた帯。ぐるぐる体に巻きつけて脇や後ろで結び下げる。主として女性用。

**なご-やか【和やか】**(形動) 穏やかなさま。のどか。mild

**なごや・ぐ【和やぐ】**(五自) なごやかになる。穏やかになる。become calm

**なごや-げんい【名古屋玄医】**(一六二八〜九六) 江戸前期の医師。古医方医学の祖。医学の復古を唱え、後世方の基盤であった李朱医学を排し、『傷寒論』を重視した。

**なごやコーチン-しゅ【名古屋コーチン種】**ニワトリの一品種。名古屋地方で、在来の地鶏にコーチン種を交配した卵肉兼用種。羽色は赤褐色から黄褐色。体重は雄約三kg、雌約二・五kg。年一六〇個ほど産卵。小形だが強健。名古屋種。↓図

●名古屋コーチン種　雄。

**なごや-さんざ【名古屋山▽三】**(?〜一六〇三) 歌舞伎俳優の祖で出雲阿国と結婚したとされる伝説的人物。蒲生氏郷の小姓で名越山三郎とも伝える。歌舞伎の趣向「鞘当て」で不破伴左衛門と争う場面が有名。

**なごや-じけん【名古屋事件】**自由民権運動の激化事件の一つ。明治一七年(一八八四)愛知自由党員らが政府転覆を計画し、軍資金かせぎに強盗・殺人を働いた。大部分が飯田事件発覚に関連して逮捕。

**なごや-しゅ【名古屋種】**→なごやコーチンしゅ(名古屋コーチン種)

**なごや-じょう【名古屋城】**名古屋市にある近世の城。尾張徳川氏の居城。慶長一四年(一六〇九)徳川家康が加藤清正ら西南諸藩の大名に命じて着工、同一九年完成。金の鯱が有名。第二次大戦の空襲で焼失。昭和三四年(一九五九)再建。

**なごや-じょう【名護屋城】**豊臣秀吉が、文禄・慶長の役にさいし本営とした城。佐賀県東松浦郡鎮西町に城跡が残る。

**なごや-だいがく【名古屋大学】**旧帝大系の国立総合大学の一つ。昭和一四年(一九三九)帝大として創設、同二四年(一九四九)現制。本部は名古屋市千種区不老町。

**なごや-てつどう【名古屋鉄道(株)】**名古屋市を中心に愛知県と岐阜県に路線がある鉄道会社。営業キロ五四三・七km。大正一〇年(一九二一)設立。名鉄。

**なごや-ばしょ【名古屋場所】**大相撲本場所の一つ。毎年七月に名古屋で行われる興行。参照本場所。

**なご-らん【名護▼蘭】**ラン科の常緑多年草。暖地の樹上や岩上にはえる。本州中部以西に分布。葉は長楕円形。夏に花茎を下垂、淡緑色の花をつける。

**なごり【名残】**①《もと「余波」の意から転じて》過ぎ去っても、なお面影・影響が残ること。余情。余韻。traces of… ②昔を思い出す種となるもの。reminder ③別れるときの心残り。sorrow of parting

**名残多い**(なごりおおい) 名残を惜しむ気持ちが強い。心残りである。未練がある。be reluctant to leave

**名残を惜しむ**(なごりをおしむ) 気持ちがひかれて、別れがつらい。be reluctant to leave

**なごり【▽余▽波】**《「波残り」の転》①風がないだあとも、なおうねる波。②波が引いたあと、浜に残る水。

**なごり-おし・い【名残惜しい】**(形) 心がひかれて、別れがつらい。be reluctant to part

**なごり-きょうげん【名残狂言】** 役者が興行地を去るとき、また引退するときに演じる歌舞伎狂言。

**なごり-の-つき【名残の月】** ①陰暦九月十三夜の月。のちの月。②有り明けの月。残月。

**なご-わん【名護湾】** 沖縄県、沖縄島北部西岸の湾。海岸は「名護の七曲がり」といわれる景勝地。イルカ狩りで有名。

**な-ごん【納言】** 大納言・中納言・小納言の総称。のうごん。

**ナコン-サワン【Nakhon Sawan】** タイ中部、メナム川中流の都市。水運の要地で、チーク材の大集散地。人口六・四万(一八〇)。

**ナコン-シー-タンマラート【Nakhon Si Thammarat】** タイ南部、マレー半島東岸の港湾都市。一七世紀山田長政が封ぜられた土地。人口六・三万(一八〇)。旧名リゴール。

**ナコン-ラーチャシーマ【Nakhon Ratchasima】** タイ東部、コラート高原南部の県都。交通・商業の中心。人口七・八万(一八〇)。旧称コラート。

**な-さ【無さ】** □一(名) ないこと。用例力の—を悲しむ。□二(接尾) …しないこと。…でないこと。その程度。用例足り—。でき—。

**ナサ【NASA】** 《National Aeronautics and Space Administration の略》アメリカの宇宙開発計画を推進する政府機関。アメリカ航空宇宙局。

**ナザーロ【Gianni Nazzaro】**(一九四八) イタリアのカンツォーネ歌手。

**なさい** □一《五段の動詞「なさる」の命令形「なされ」の変化したもの》「しろ」「せよ」の尊敬語。用例お好きなように—。□二(補動)《動詞の連用形やサ変動詞の語幹に接続し、「お(ご)…なさい」の形で》敬意・丁寧な気持ちを表す。用例もうやめ—。お帰り—。参考目上の人には「ませ」を付けて用いる。

**なさけ【情け】** ①人情。思いやり。同情。sympathy 用例人々の—にすがる。②めぐみ。慈悲。mercy ③異性を思う心。愛情。恋心。情事。いろごと。affection 用例—を交わす。④古語もののあわれを知る心。風流を解する心。用例ものの—知らぬ山がつも、花の陰にはなほ休らはまほしきにや(源氏・夕顔)。

**情け売る里(なさけうるさと)** 遊女屋が集まっている地域。遊郭。遊里。いろまち。

**情けが仇(なさけがあだ)** 同情したことが、かえってその人のためにならなかったこと。Pardon makes offenders.

**情けに刃向かう刃無し(なさけにはむかうやいばなし)** 情けをかけられてしまうと、刃向かいようがない。類似仁者に敵なし。

**情けは人の為ならず(なさけはひとのためならず)** 人に情けをかけておけば、必ずそのよい報いが自分に返ってくるものだ。One good turn deserves another.

**情け容赦も無い(なさけようしゃもない)** 同情もせず、許すことも、しない。まったく思いやりのない。relentless; without mercy

**情けを売る(なさけをうる)** ①色を売る。売春する。情けを商う。②人に情をほどこす。

**情けを掛ける(なさけをかける)** かわいそうだと思って、いたわる。また、寵愛する。be kind to

**情けを交わす(なさけをかわす)** 互いに情愛を抱く。愛し合う。become lovers

**情けを知る(なさけをしる)** ①人情がわかる。②情事を経験する。

**なさけ-しらず【情け知らず】**(名・形動) 思いやりのないこと・人・さま。heartless

**なさけ-な・い【情け無い】**(形) ①あまりにもみじめだ。嘆かわしい。deplorable ②思いやりがない。無情だ。coldhearted

**なさけ-な・し【情け無し】** 古語(形ク) ①風情がない。用例すきたまはざらんも—・く、さうざうしかるべし(源氏・夕顔)。②あさましい。あきれるばかりである。用例この心を得ざらん人は、物狂ひともいへ、うつつなし、—とも思へ(徒然・一一二)。③↓なさけない(情けない)

**なさけ-ぶか・い【情け深い】**(形) 同情心が深い。kindhearted

**なさけ-ようしゃ【情け容赦】** 《多く下に打ち消しをともなって》同情してゆるすこと。mercy 用例—もない仕打ち。

**な-ざし【名指し】** 名を指し示すこと。指名。nomination 用例—で非難される。

**なさ-しめる【成さしめる】** 文語的(連語) 成就させる。なしとげさせる。用例名を—。

**なさぬ-なか【生さぬ仲】** 血のつながっていない親子の間柄。

**なさ・る【為さる】** □一(五他) 「する」の尊敬語。用例どう—・ったのですか。□二(補動)《動詞の連用形やサ変動詞の語幹に接続し、「お(ご)…なさる」の形で》敬意を表す。用例お参り—。参考「なさった」「なさって」は「なすった」「なすって」の形になることがある。

**ナザレ【Nazareth】** イエスの両親の故郷、またイエスが幼年時代から住んだとされる町。イスラエル北部、ガリラヤ地方の標高四〇〇m前後の丘に位置する。

**ナザレ-びと【ナザレ人】** イエス=キリストの呼称の一つ。Nazarene

**なし【梨】** ①バラ科の落葉高木の総称。果樹。葉は卵形で互生し、花は五弁の白色から淡紅色。八月ごろ果実をつける。果肉は多汁で甘い。日本ナシ・中国ナシ・西洋ナシなどの種類がある。日本ナシは赤ナシ(長十郎)・青ナシ(二十世紀)などがある。ありのみ。②紋章名。果実の切り口・花などを図案化。↓写

**梨の皮は乞食に剝かせ瓜の皮は大名に剝かせ(なしのかわはこじきにむかせうりのかわはだいみょうにむかせ)** ナシは、けちけちと皮を薄くむくのがよく、ウリは鷹揚に皮を厚くむくのがよい。

**梨の礫(なしのつぶて)** 《「ナシ」を「無し」にかけて》手紙を出しても返事がないこと。音さたのないこと。無しの礫。have heard nothing from

**な・し【無し】** 古語(形ク) ↓ない(無い)

**なし-うり【梨瓜】** ウリ科マクワウリの一品種。果実は卵形で白色。果肉は緑白色で、水分・甘味に富む。明治のはじめ中国より渡来。

**なじか-は** 古語(副) 《「なにしかは」の転》①反語の意を表す。どうして…か。用例声よく節も上手でありければ、—舞もそんずべき(平家・一・祇王)。②疑問の意を表す。なにゆえに。なんで。用例さばかりならば、—捨てし(徒然・五八)。

**なし-くずし【済し崩し】** ①借金を少しずつ返していくこと。pay by installments ②仕事を少しずつかたづけていくこと。do little by little

**ナシ-ゴレン【nasi-goreng】** インドネシア料理の一つ。ココナッツ油を用い、カシューナッツ・鶏肉・タマネギなどを具にし、スパイスで味をつけた、いためご飯。

**なし-じ【梨地】** 蒔絵の一種。表面が金粉・銀粉のまだらで、ナシの実の皮のように見えるもの。

**なしじ-おり【梨地織(り)】** 布面に小さい凹凸を表し、ナシの実の表皮に似せた織物。アムンゼン・モスクレープなどがある。crepe weave

**なし-つぼ【梨壺】** 《庭に梨の木があることから》内裏の五舎の一つ、昭陽舎の異称。

**なしつぼ-の-ごにん【梨壺の五人】** 天暦五年(九五一)に梨壺におかれた撰和歌所の五人の寄人。すなわち、大中臣能宣・清原元輔・源順・紀時文・坂上望城の五人。『後撰和歌集』の撰者。

**ナジド【Najd】** サウジアラビア中部の高原地方。サウジアラビア王国の発祥地。中心都市リヤド。ワッハブ派イスラム教の本拠地。ネジド。

**なし-と・げる【成(し)遂げる】**(下一他) 仕上げる。やり抜く。accomplish

**な-じみ【馴染み】** なじむこと。親しい仲。なじんだ人・客。おなじみ。old acquaintance

**な-じ・む【馴染む】**(五自) ①なれ親しむ。なつく。become familiar 用例人に—。—・んだ土地。②味がよくとけあう。melt together 用例—・んだみそ。

**ナジャフ【Najaf】** イラク中部、ユーフラテス川右岸の都市。イスラム教シーア派の聖地。アンナジャフ。

**な-じょう** 古語《=なんじょう》□一(連体) ①不定の意を表す。なんとかという。用例—ことにさはりて、その所にくらしつる(枕・雪のいと高うはあらで)。②疑問・反語の意を表す。どのような。どれほどの。用例さらに—ことかおはしまさむ(蜻蛉・上)。□二(副) 疑問・反語の意を表す。どうして。なんとして。用例—さることか侍るべき(源氏・椎本)。

**なじょう事か有らん(なじょうことかあらん)** どのようなさしつかえがあろうか。まったく、さしつかえがない。

**なじょう事無し(なじょうことなし)** どうということもない。何も変わったことがない。取るに足りない。

**ナショナリスト【nationalist】** 国家主義者。民族主義者。国民主義者。国粋主義者。対義コスモポリタン。

**ナショナリズム【nationalism】** ①国家主義。国家の共同体的性格を強調し、その統一性強化と発展を主張するイデオロギーと運動。②民族主義。国民主義。民族の国家的統一と独立をめざすイデオロギー運動。

**ナショナリティー【nationality】** ①国民性。民族性。②国風。国情。③国籍。

**ナショナル【national】**(形動) ①国民的。民族的。②全国的。③国定の。国立の。

**ナショナル-アイデンティティ【national identity】** 自分の所属している国家や国民に帰属意識をもち、国民のシンボルとなる文化を継承していこうとする意識。国民的一体意識。

**ナショナル-インターグループ【National Intergroup, Inc.】** 鉄鋼・アルミを中心に幅ひろい事業を営むアメリカの大手企業。旧名ナショナルースチール。一九二九年設立。

**ナショナル-インタレスト【national interest】** 国の利益。国益。

**ナショナル-コール-ボード【National Coal Board】** イギリスの国営石炭会社。一九四六年、炭鉱国有化にともなって設立。イギリス石炭庁。

**ナショナル-コンセンサス【national consensus】** 国民的な意見の一致や世論の合意。

**ナショナル-ジオグラフィック-マガジン【National Geographic Magazine】** アメリカ地理学協会の機関誌。月刊。写真や図版をふんだんに使って世界各地の風物を紹介している。一八八八年創刊。

**ナショナル-センター** 《National Center of Trade Union の略》労働組合が連合してつくる全国中央組織。日本では、連合やもとの総評などがこれにあたる。加盟組合の連絡・調整を行い全国的統一行動を指導する。

**ナショナル-トラスト【national trust】** 自然環境や史跡などを国民が資金を出しあって買いとり保存していく制度。イギリスで一九〇七年に法制化、日本では昭和五二年(一九七七)北海道で始まった。国民環境基金。用例—運動。

**ナショナル-フラッグ【national flag】** 国旗。

**ナショナル-フラッグ-キャリア【national flag carrier】** 《国旗を運ぶ業者という意》一国を代表するような航空会社。

**ナショナル-ブランド【national brand】** ある程度広い地域で取り扱われる商品に対して製造業者が付ける商標。NB。対義プライベートブランド。

**ナショナル-プレス-クラブ【National Press Club】** ワシントンDCにある内外ジャーナリストの記者クラブ。

**ナショナル-プロジェクト【national project】** 社会的・経済的に重要な研究開発課題のうち、国が出資して支援する大規模な事業。サンシャイン計画など。

**ナショナル-ミニマム【national minimum】** 社会的に認められる最小限度の国民生活水準。この水準の保障が国家の社会的責任とされ、最低賃金制や社会保障制度の基礎理念となる。

花
長十郎
二十世紀
●ナシ①

な



↓行き先項目、図版・写真参照印。 JIS 日本工業規格情報交換用漢字符号コード(区点コード)。

**ナショナル・リーグ**【National League】アメリカプロ野球の大リーグの一つ。一八七六年創設。当初八球団。現在、東西地区各六計一二球団。[参照]メジャーリーグ。

**なじ・る**【▽詰る】(五他) とがめる。せめる。rebuke

**な・しろ**【名代】大化の改新以前、皇室が私有し、天皇や皇后・皇子などの名を冠した部民。経済基盤として諸国の国造の民をさいて設置し、貢納・上番などをさせた。

**ナジン**【羅津】(Najin) ↓らしん(羅津)

**なす**【▼茄子・▼茄】インド原産のナス科の一年草。高さ六〇〜一〇〇cm。低木状で葉は卵形、花は淡紫色。品種が多く、果実の形、色はさまざま。食用野菜。ナスビ。eggplant ↓図

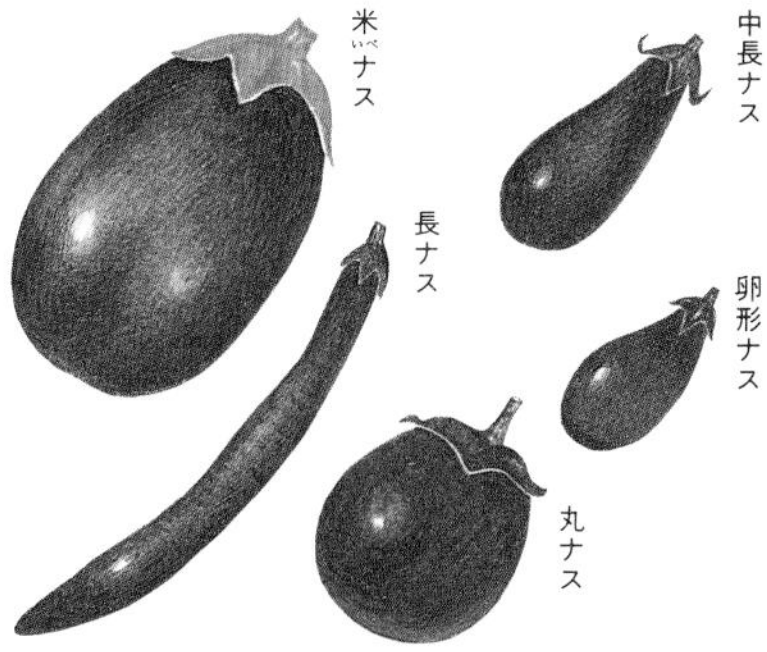


●ナス

**なす**【▼那▼須】〈町〉栃木県北端の町。那須岳から八溝山地に広がり、林業・木工業・酪農がさかん。人口二万六八五四(一九八八)。

**な・す**【▽生す】[文語的](五他) うむ。[用例]―子を―。―・さぬ仲。

**な・す**【成す】(五他) ①つくる。form; make [用例]群れを―。産を―。意味を―・さない。②しとげる。accomplish [用例]事を―。

**な・す**【▽為す・▽作す】[文語的](五他) ①する。do [用例]努力を―。②《動詞の連用形に付いて》わざとする。ことさらする。[用例]あらぬことに言い―。

**為せば成る** やればできる。If you have a mind to do something, you can do it.

**な・す**【▽済す】(五他) 借りた物を返す。義務をすませる。

**済す時の閻魔顔**《「借る時の地蔵顔」に続く語》お金や物を借りるときはにこにこするくせに、返すときはいやな顔をする。

**な・す**【▽寝す】[古語](四自他)《上代語》①(自)おやすみになる。[用例]わが開かむに入り来て―・さね(万葉・一四・三四六七)。②(他)寝かす。眠らせる。[用例]眼交にもとな懸りて安眠し―・さぬ(万葉・五・八〇二)。

**な・す**【鳴す】[古語](四他) 鳴らす。[用例]時守の打ち―鼓数よみ見れば(万葉・一一・二六四一)。

**なす** [文語的](接尾)《体言に付いて連体修飾語をつくる》…のような。…に似ている。[用例]山―波。

**な・ず**【▼撫ず】[古語](下二他) ↓なでる(撫でる)

**なす・かざんたい**【▼那▼須火山帯】北海道西部・東北地方中央部・関東地方北部を経て浅間山に至る火山帯。

**ナスカ・ぶんか**【ナスカ文化】一〜八世紀にかけ、ペルー南海岸ナスカ地方を中心に栄えたアンデス文明古典期の文化。多彩色の土器、織物などが発達。Nasca culture

**なす・こうげん**【▼那▼須高原】栃木県北部、那須扇状地北方に広がる高原。別荘地として知られ、那須湯本など温泉も多い。

**なすこくぞう・の・ひ**【▼那▼須国造碑】栃木県那須郡湯津上村の笠石神社にある古石碑。文武四年(七〇〇)に没した那須国造韋提の頌徳碑で国宝。なすのくにのみやつこのひ。

**なす・こん**【▼茄子紺】ナスの実の色のような、赤みをおびた紺色。[用例]―のまわし。

**なす・だけ**【▼那▼須岳】栃木県北部にある成層火山。標高一九一〇m。登山・スキーなどができ、山頂付近までロープウエーが通じる。

**ナスタチウム**【nasturtium】キンレンカの英語名。

**なずな**【▼薺】アブラナ科の二年草。道端などにはえる。高さ約三〇cm。春に小白花をつけ、三角形の果実を結ぶ。春の七草の一つ。シャミセングサ。ペンペングサ。↓図

●ナズナ

**薺打つ** 七草粥を作るとき、春の七草をまな板にのせ、はやしことばを唱えながら打ちたたくことに言う。

**なすの・が・はら**【▼那▼須野原】栃木県北部、那須扇状地の北西部を占める地域。那須疎水や地下水を利用して開田が進む。

**なすの・よいち**【▼那▼須与一】(生没年未詳) 平安末から鎌倉初期の武将。下野国那須の人。源平合戦で源義経に属し、文治元年(一一八五)屋島の戦いで、平家船上の扇の的を射た話で知られる。

**なすび**【▼茄子・▼茄】↓なす(茄子)

**なず・む**【▽泥む】(五自) ①はきはき進まない。とどこおる。停滞する。be retarded [用例]暮れ―。②こだわる。とらわれる。執着する。stick to [用例]旧習に―。

**なずら・う**【▽準う・▽擬う】[古語] ①(四自)準ずる。肩をならべる。[用例]うるはしう動きなき御かたはら目に、―・ひきこゆべき人なし(源氏・行幸)。②(下二他) ↓なずらえる(準える)

**なずらえ・うた**【▽準え歌】『古今和歌集』仮名序にある和歌の六義の一つ。他の物事にたとえて詠んだ歌。

**なずら・える**【▽準える・▽擬える】(下一他) なぞらえる。

**なすり・あい**【▽擦り合い】互いに責任などを押し付け合うこと。recrimination

**なすり・つ・ける**【▽擦り付ける】(下一他) ①なすって付ける。rub on ②責任・罪などを人にかぶせる。blame upon

**なす・る**【▽擦る】(五他) ①こすり付ける。ぬり付ける。rub on ②責任・罪などを人に負わせる。転嫁する。blame upon

**ナスル・ちょう**【ナスル朝】イベリア半島にあった最後のイスラム王朝。アラブ系のナスル族のイブヌル=アフマルが一二三一年グラナダを都に建国。アルハンブラ宮殿やグラナダ大学を中心に学問・芸術が栄えたが、国土回復運動により南方に後退。一四九二年に滅亡。Nasr

**なぜ**【名瀬】〈市〉鹿児島県、奄美大島北部の市。奄美諸島の中心。大島紬の産地として知られる。人口四万七三三三(一九八八)。

**なぜ**【▽何▽故】(副) どうして。なにゆえ。why

**なぜ・ならば**【▽何▽故ならば】(接続) なぜかというと。そのわけは。because

**ナセル**【Jamāl 'Abd al-Nāṣir】(一九一八〜七〇) エジプトの軍人・政治家。一九五二年エジプト革命指導者の一人となり、ナギブの失脚後、大統領兼首相として非同盟主義をとり、近代化につとめる。五六年スエズ運河を国有化し、アラブ民族主義の中核となった。↓[写]

●ナセル

**な・ぜる**【▼撫ぜる】(下一他)「なでる」のなまり。

**な・せん**【▼捺染】↓なっせん(捺染)

**なぞ**【▼謎】《「何ぞ」の意》①遠回しに言うこと。また、そのことば。hint ②正体不明でわかりにくい物事。mystery ③↓なぞなぞ(謎謎)

**謎を掛ける** ①なぞなぞの問題を出して、問う。riddle ②遠まわしにほのめかして言う。speak in riddles

**謎を解く** ①なぞなぞの問いに答える。solve a riddle ②遠まわしにほのめかされたことの意味を理解しようとする。see what one means ③わかりにくい物事を解明する。

**な・ぞ**【▽何ぞ】[古語] ㊀(連語)《「なんぞ」の「ん」を表記しない形》強い疑問などを表す。何か。何ごとか。[用例]こは―。あなもの狂ほしの物怖じや(源氏・夕顔)。㊁(副) ①疑問の意を表す。どうして。[用例]―唐衣は短衣といへかし(枕・などて官得はじめたる)。②反語の意を表す。どうして…か。[用例]君なくは―身装餝はむ(万葉・九・一七七七)。

**な・ぞ**(副助) ↓なんぞ(何ぞ)㊂

**なぞ・なぞ**【▼謎▼謎】《「何ぞ何ぞ」と問いかけることから》ことば遊びの一種。ことばの中に他の意味を含ませた問いを出して、相手にあてさせる。謎かけ。謎。riddle

**なぞ・め・く**【▼謎めく】(五自)《「めく」は接尾語》なぞのようにわからない。mysterious

**なぞら・える**【▽準える・▽擬える】(下一他) ①比べて考える。たぐえる。compare with ②似せる。resemble

**なぞ・る**(五他) 文字・絵・図形の上をなすって「かく」。trace

**なた** 5画【▼岃】部首[山] 和製漢字 [JIS]5407 地名に用いられる。

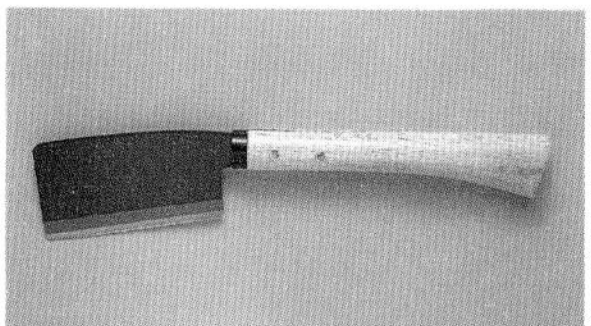

●鉈

**なた**【▼鉈】刃の肉の厚い刃物。まき割りなどに使う。hatchet ↓[写]

**鉈を振るう** 人員・予算など、大整理を行う。take a drastic measure

**なだ**【▼灘】海流が速く、波が荒くて航海に困難な海。raging sea

**なだ**【▼灘】兵庫県神戸市東部、灘区・東灘区を中心に東西に広がる地域。北部は高級住宅地。

**灘の生一本** 兵庫県灘地方で醸造される混じりけのない良質の酒。

**ナタール**【Natal】ブラジル北東部、ポテンジー川河口の港湾都市。綿花・コーヒー・砂糖などの積み出し港。人口三七・七万(一九八〇)。

**ナタール**【Natal】南アフリカ共和国中東部の州。州都ピーターマリッツバーグ。サトウキビ・タバコの栽培がさかん。北東にバンツー族を集めたズールーランドがある。人口二一六七・六万(一九八〇)。

**ナダール**【Nadar】(一八二〇〜一九一〇) フランスの初期の写真家。ボードレール・ドラクロワなどの肖像写真で有名。

**な・だい**【名代】①名高いこと。fame ②名義。title

**な・だい**【名題】①歌舞伎脚本・浄瑠璃の題名。外題。上演の狂言の題名や主要俳優名を記し、劇場の前に掲げる名題看板からくる。②「名題役者」の略。

**なだい・した**【名題下】名題役者の次の役者。

**なだい・やくしゃ**【名題役者】歌舞伎で名題看板に名前の出る幹部級の役者。その下が名題下。名題。

**な・だか・い**【名高い】(形) 名が広く世間に知れ渡っている。有名である。famous

**なだ・ごごう**【▼灘五郷】兵庫県南東部の海岸に近い著名な酒造地の総称。西宮市の今津郷・西宮郷、神戸市の魚崎郷・御影郷・西郷の五郷をさし、江戸中期以来、いわゆる「灘の生一本」の産地として知られる。

**なださき**【▼灘崎】〈町〉岡山県南部、児島半島の町。稲作、麦・ナス・果樹栽培がさかん。人口一万四〇三八(一九八八)。

**なたしょう**【名田▼庄】〈村〉福井県南西部、小浜市南隣の村。林業の村でチップ工場があり、林産物も多い。人口三一一三(一九八八)。

**な・だたる**【名立たる】(連体) 有名な。評判の。famous

**なだち**【名立】〈町〉新潟県南西部、上越市西隣の町。稲作・畜産のほか沿岸漁業も行われる。人口四〇一三(一九八八)。

**な・たね**【菜種】アブラナの別名。

**なたね・あぶら**【菜種油】アブラナの種子から採った油。日本では一六世紀ごろから灯油に用いられた。食用・工業用。たねあぶら。rapeseed oil

**なたね・づゆ**【菜種梅雨】①菜の花の咲くころに降る長雨。②昔の伊豆や伊勢の船乗りのことばで、三〜四月の南東の強風。

**なたね・な**【菜種菜】アブラナの別名。

**なた・ぼり**【▼鉈彫(り)】鉈で削ったようなあらいのみ跡を残す木彫。平安中期ごろの地方

の作品に多い。未完成とも考えられるが、完成品とする説もある。神奈川県宝城坊の『薬師三尊像』など。

**なた-まめ【▼鉈豆・▽刀豆】** マメ科のつる性一年草。さやは幅約五cm、長さ約三〇cmで刀状。一〇～一四個の扁平(へんぺい)で、淡紅色の豆を包む。若さやを輪切りにして福神漬けの材料にする。タチハギ。↓図

●ナタマメ

**なたまめ-ギセル【▼鉈豆ギセル】** 平たく弓状に曲がっていて、ナタマメのさやの形に似たキセル。

**なだ・む【▼宥む】** [古語](下二他) ↓なだめる(宥める)

**なだ・める【▼宥める】**(下一他) ①やわらげ静める。とりなして怒りをやわらげる。calm down ②罪をゆるくする。mitigate a punishment

**なだ-らか**(形動) ①穏やか。smooth ②傾きがゆるやかなさま。でこぼこがないさま。gently sloped

**なだれ【雪崩】** 斜面に積もった雪が広範囲にずり落ちる現象。表層雪崩と全層雪崩がある。降雪量の急激な増加、積雪の融解や振動などが原因で発生する。また、その雪。avalanche; snowslide

**雪崩を打つ**(なだれをうつ) なだれが起こるように、一時にどっと押し寄せる。また、どっと崩れる。surging

**なだれ【▽傾れ・▼頽れ】** ①どっと流れること。avalanche ②山や川岸の斜めに傾いているところ。slope ③陶芸品の釉(うわぐすり)が、肩からなだれるようにさがっている状態。

**なだれ-こ・む【▽雪▽崩れ込む】**(五自) 一時にどっと入り込む。surge into

**なだれ-ぼうしりん【雪崩防止林】** 雪崩による鉄道・道路・住居の災害を予防する林。積雪安定化のために、斜面を階段状に整形してから造林する。avalanche prevention forest

**なだ・れる【▽雪▽崩れる】** なだれを起こす。なだれのように滑り落ちる。slide down

**なだ・れる【▽傾れる・▼頽れる】**(下一自) 斜めに傾く。傾斜する。

**ナチ【Nazi ドイツ】** ↓ナチス

**なちかつうら【▼那▼智勝浦】**〈町〉 和歌山県南東部の町。観光の町で、那智地区は熊野(くまの)信仰、勝浦地区は温泉・遠洋漁業で知られる。人口二万一八六二(一九八八)。

**なち-ぐろ【▼那▼智黒】** 黒色、緻密(ちみつ)な粘板岩の石材名。もとは和歌山県那智地方が産地であったが、今は三重県神川地方が主産地。すずりや碁石の黒石の材料として利用。

**なち-さん【▼那▼智山】** 和歌山県南東部にある山群。熊野(くまの)那智大社・青岸渡(せいがんと)寺・那智滝が有名。碁石に用いられる那智黒(ぐろ)の産地。

**ナチス【Nazis ドイツ】**《Nationalsozialistische Deutsche Arbeiterpartei ドイツ の略》国家社会主義ドイツ労働者党の通称。ヒトラーを党首とするドイツの政党で一九二〇年成立。二三年ミュンヘン一揆(いっき)に失敗、非合法化されたが、二五年に再建後勢力を増大し、三三年政権を掌握。ゲルマン民族至上主義と反ユダヤ主義などを理念として独裁体制を確立。ベルサイユ体制を打破し再軍備を強行。第三帝国を形成して三九年第二次大戦をひき起こし、四五年敗戦で壊滅。ナチ党。ナチ。

**ナチズム【Nazism】** ナチスが一九二〇～四五年に行った政治運動とその理念・体制。全体主義と偏狭な民族主義を特徴とする。

**なち-の-たき【▼那▼智の滝】** 和歌山県南東部、那智川上流の滝。落差一三三m。滝そのものが御神体としてあがめられている。

**なち-ひまつり【▼那▼智火祭(り)】** 和歌山県東牟婁(ひがしむろ)郡那智勝浦(かつうら)町の熊野(くまの)那智大社で七月一四日に行われる祭礼。那智の滝へ向かう扇神輿(みこし)が途中、大松明(たいまつ)と合体しながら進む。田楽なども行われる。那智扇祭り。↓写

●那智(なち)火祭り

**ナチュラリスト【naturalist】** ①自然主義者。②博物学者など、自然を研究・観察する人。

**ナチュラリズム【naturalism】** ①自然のまま。②文学・美学・哲学の、自然主義。

**ナチュラル【natural】** ㊀(形動) 自然の。生まれつきの。ありのままの。生き写しの。㊁(名) 音楽で、シャープやフラットで高さを変えた音を、もとの音に戻す記号。本位記号。「♮」。

**ナチュラル-キラー【natural killer】** 免疫系で中心的役割をはたすリンパ球細胞の一つ。異物を攻撃するキラー細胞のうち、腫瘍(しゅよう)細胞、とくに癌(がん)細胞を溶解するもの。NK細胞。

**ナチュラル-ショルダー【natural shoulder】** ①袖(そで)付け線が肩の位置にあるもの。ドロップドショルダーと対比される。②肩にパッド(=肩台)を入れずに自然の体形を生かした衣服の肩。

**ナチュラル-チーズ【natural cheese】** 加工していないチーズ。硬さで硬質・半硬質・軟質、また、熟成を行うもの・行わないもの、熟成時にカビを利用するもの・細菌を利用するものに分類される。

**ナッ** 10画 **【納】** 部首[糸](いとへん) 教育小6 [JIS] 3928

[音] ノウ・ナッ・ナ・ナン・トウ・ドウ　10画【▼納】旧字

[訓] おさめる・おさまる

[筆順] ↓ノウ【納】

いれる。うけいれる。おさめる。「納所・納豆・納得」↓トウ・ナ・ナン・ノウ【納】

**ナッ** 11画 **【▼捺】** 部首[扌](てへん) [JIS] 3872

[音] ダツ・ナツ

おす。おさえる。手でぎゅっとおしつける。「捺印・捺染」

**なつ【夏】** 四季の一つ。一年中でもっとも気温の高い季節。北半球では、六・七・八月。南半球では、一二・一・二月。天文上では、夏至(げし)から秋分まで。二十四節気では、立夏から立秋まで。陰暦の四・五・六月。summer

**夏歌う者は冬泣く**(なつうたうものはふゆなく) 夏に働かないで歌って暮らす者は、冬に飢えに泣くことになる。

**夏の小袖**(なつのこそで) 時期はずれの不用なもののたとえ。夏炉冬扇。

**夏も小袖**(なつもこそで)《くれる物なら、何でももらう、の意》遠慮しない方がよい。また、欲の深いたとえ。夏もお小袖。

**なつ-あらし【夏▼嵐】** 夏のあらし。雷雨や台風が近づくときの強い風。

**なつ-いも【夏芋】** ①ジャガイモの方言。②早生(わせ)のサトイモの方言。

**なつ-いん【▼捺印】**(名・サ変自) 判を押すこと。押印(おういん)。seal

**なつ-うめ【夏梅】** マタタビの異名。

**なつ-うんか【夏▽浮▼塵▽子】**《夏に多く発生することによる》セジロウンカの別名。

**なつ-かぐら【夏神楽】** 夏越(なご)しなどの夏季の祭事に行う神楽。京都市賀茂御祖(かもみおや)神社の夏神楽などが古い。元来、冬の鎮魂を目的とする神楽を、夏の祓えに行うのでこの名がある。

**なつ-がけ【夏掛(け)】** 夏に使う、薄い掛け布団。

**なつか・し【懐かし】** [古語](形シク) ①心ひかれる。好ましい。[用例] ―・しうらうたげなりしを思(おぼ)し出づるに(源氏・桐壺)。②親しみが感じられる。なじんでいる。[用例] 唐(から)めきたる名の聞きにくく、花も見なれぬなど、いと―・しからず(徒然・一三九)。③↓なつかしい(懐かしい)

**なつかし・い【懐かしい】**(形) ①過去が思い出されて、その物事や人に心がひかれる。dear [用例] 故郷が―。旧友が―。②したわしい。いとしい。dear [派生] なつかしが・る(五自) なつかしさ(名)

**なつかし・む【懐かしむ】**(五他) 懐かしく思う。yearn after

**なつ-かぜ【夏風邪】** 寝冷えなどで、夏にひく風邪。summer cold

**なつ-がれ【夏枯れ・夏▼涸れ】** ①植物が夏の暑さで生気を失うこと。また、枯れてしまうこと。②市場の状況や企業経営が夏期に一時的に不振になること。slack summer season [対義] 冬枯れ。

**なつ-かん【夏▼柑】** ナツミカン・アマナツカンなどの俗称。Chinese citron

**なつ-ぎ【夏着】** 夏季に着る衣服。夏ごろも。夏ぎぬ。summer clothes [対義] 冬着。

**なつ-ぎく【夏菊】** ①早咲きのキクの品種の総称。②エゾギクの方言。③ヨメナの方言。

**なつ・く【懐く】**(五自) 親しみ、従う。なじむ。慕う。become attached to [用例] 親に―・かない子。

**な-づ・く【名付く】** [古語](下二他) ↓なづける(名付ける)

**なつ-くさ【夏草】** 夏になって繁っている草。夏の草。summer grass

**なつくさ-の【夏草の】** [枕ことば]《夏草が繁茂すること、暑い日にはしおれ、また、刈ることなどから》「思ひ萎(しな)ゆ・繁(しげ)し・深し・仮(かり)・かりそめ」などにかかる。[用例] ―思ひ萎(しな)えて偲(しの)ふらむ妹(いも)が門(かど)見むなびけこの山(万葉・二・一三一)。

**なつくず-の**(なつくづの)**【夏▼葛の】** [枕ことば]《クズは夏に生い茂り、つるを長くのばすことから》「絶えぬ」にかかる。[用例] ―絶えぬ使のよどめれば事しもあるごと思ひつるかも(万葉・四・六四九)。

**なつ-ぐみ【夏▼茱▼萸・夏▼胡▼頽▽子】** グミ科の落葉低木。山野にはえる。葉は長楕円(だえん)形。初夏、淡黄色の花がたれ下がる。七月、果実が赤熟し、食べられる。

**ナックル-ウオーキング【knuckle walking】** 手を軽く握り、親指をのぞく四本の指の中節骨あたりを地につけて歩くこと。類人猿が歩行時に見せる。

**ナックル-ボール【knuckle ball】** 野球で、投手が投げる変化球の一種。指の関節を利用して押し出すように投げる回転の少ないボール。打者の近くで不規則な変化をする。

**なつ-げ【夏毛】** 夏と冬とで毛や羽がはえかわる鳥・獣の、夏の毛。summer plumage [対義] 冬毛。

**な-づけ【名付け】** ①名をつけること。とくに新生児に名をつけること。生後七日目に名付け祝いを行う所が多い。命名。naming ②いいなずけ。婚約者。fiancé; fiancée

**なづけ-いわい(いはひ)【名付け祝い】** 新生児の命名の祝い。多くは生後七日目に、親戚などを招いて名を披露する。お七夜。名披露。名開き。

**なづけ-おや【名付け親】** 生後七日目に名をつける人。古くは母方の祖父。名親。

**なつ・ける【懐ける】**(下一他) 懐くようにする。手なずける。make a child attached to

**な-づ・ける【名付ける】**(下一他) ①名をつける。name ②呼ぶ。称する。call

**なつ-ご【夏子・夏▼仔】** 夏に生まれたイヌやネコなどの子。

**なつ-ご【夏▽蚕】** 晩春から初夏に孵化(ふか)して飼育されるカイコ。七月ごろ繭(まゆ)ができる。[対義] 秋蚕・春蚕。

**なつ-こだち【夏木立】** 夏の、茂った木立。leafy trees in summer [対義] 冬木立。

**なつ-こむぎ【夏小麦】** ライムギの別名。

**なつ-ごろも【夏衣】** ①夏に着る衣服。②[枕ことば]《夏の衣類はひとえで薄いことから》「薄し・ひとへ(副詞)」などにかかる。[用例] 蟬(みせ)のこゑきけばかなしな―(古今・恋四)。

**なつ-さく【夏作】** 夏に育つ作物。イネ・ダイズ・ナスなど。summer crop [対義] 冬作。

**ナッジ【NADGE】**《NATO air defense ground environment の略》北大西洋条約機構(NATO)の自動防空警戒管制組織。

**なつ-じかん【夏時間】** サマータイム。summer time

**ナッシュ【Paul Nash】**(一八八九～一九四六) イギリスの画家。シュールレアリスム的傾向がある。戦争記録画家として活躍、舞台装置・挿絵にも巧み。作品『月下の柱』など。

**ナッシュ【Thomas Nashe】**(一五六七～一六〇一) イギリスの物語作者。作品『不幸な旅人』はイギリスのピカレスク小説の先駆。

**ナッシュビル【Nashville】** アメリカ、テネ

な

シー州の州都。商工業都市で南部有数の教育都市。南北戦争の古戦場。人口四五・六万(一九八〇)。

**なっ-しょ【納所】** ①年貢などを納入する所。また、納めること。また、そこの役人。②寺院で、施し物・会計などを扱う所。③「納所坊主」の略。

**なっしょ-ぼうず【納所坊主】** ①納所につとめる僧。②下っぱの僧。

**ナッシング[nothing]** なにもないこと。ゼロ。無。[用例]オールオア―。

**なつ-ずいせん【夏水仙】** ヒガンバナ科の球根草。山地にはえるが、観賞用に栽植。花期に葉はなく、翌年の八月、花茎にらっぱ状の淡紅紫色の花をつける。ベラドンナリリー。belladonnalily

**なっ-せん【▼捺染】**(名・サ変他) 布地に型紙をあてて染料をすりこみ、模様を染め出すこと。機械捺染と型染め(=手工捺染)がある。なせん。おしぞめ。プリント。print →[写]

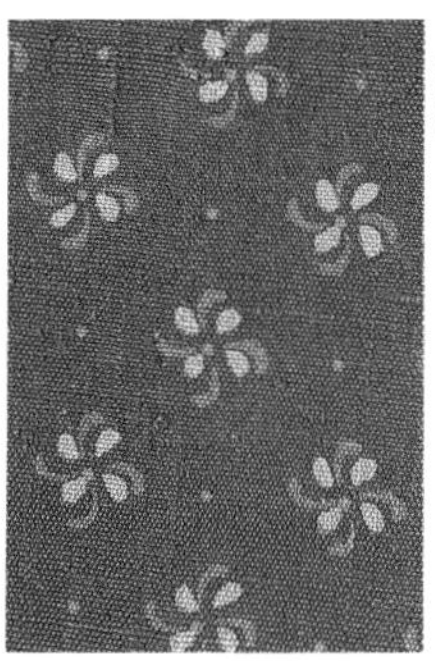
●捺染

**ナッソー[Nassau]** カリブ海にあるバハマの首都、貿易港。ニュープロビデンス島の北東岸沿いの国際観光都市。人口一三・五万(一九八〇)。

**ナッソー-きょうてい【ナッソー協定】**(Nassau Agreement) 核配備についてのアメリカとイギリスの協定。一九六二年バハマ諸島のナッソーで、アメリカのケネディ大統領とイギリスのマクミラン首相が合意。アメリカ中心のNATO体制へのイギリスの従属化をもたらした。

**ナッタ[Giulio Natta]**(一九〇三〜七九) イタリアの化学者。合成ゴムの製造、結晶性ポリマーの原子配列の決定、X線および電子線回折を研究。一九六三年ノーベル化学賞受賞。

**なつ-だいこん【夏大根】** 春に種をまき、夏収穫するダイコン。辛味が強く、漬け物用。美濃早生など。

**なつ-だいだい【夏▼橙】** →なつみかん(夏蜜柑)

**ナッツ[nuts]** クリ・クルミなどのように、堅い殻に包まれた果実。植物の種類や果実の形態とは無関係に食用となる種子を総称する。アーモンド・ぎんなん・ピーナッツなど。殻果。堅果。ナット。

**なつっ-こ・い【懐っこい】**(形) 人見知りしない。人なつこい。「なつこい」のくだけた語。outgoing; friendly

**なつ-つばき【夏▼椿】** 山地にはえ、庭木にもされるツバキ科の落葉高木。葉は楕円形で鋸歯。夏にヤブツバキに似た白色花を開く。材はおもに床柱用。サラノキ。シャラノキ。シャラ。→[写]

**なって-いない**(連語)《俗語》=なってない。①体をなさない。さまにならない。②ひどく悪い。無茶苦茶である。

**ナット[nut]** ①ボルトにはめて物を締め付けるもの。ふつう六角形で、内面にねじが切ってある。雌ねじ。[対義]ボルト。②→ナッツ。→ボルト[図]

**なっ-とう【納豆】** 蒸した大豆を、微生物の発酵作用によって熟成させたもの。納豆菌を用いる糸引き納豆と、麹菌で発酵させたのち、塩水を加えて時間をかけて熟成させる塩納豆とがある。たんぱく質・ビタミン$B_2$に富む。

**なっとう-きん【納豆菌】** バチルス科の好気性桿菌。たんぱく質分解酵素をもち、粘りのある物質をつくる。稲藁や枯れ草中に存在。

**なっとう-じる【納豆汁】** すりつぶした納豆に、こんにゃくやシイタケなどを合わせて仕立てたみそ汁。山形県でよく作られる。

**なつ-とうだい【夏灯台】** トウダイグサ科の多年草。有毒植物で、低山地の明るい林の下にはえる。高さ約四〇cm。葉は茎の上部に輪生し、切ると乳液が出る。花期は三〜七月。

**なっ-とく【納得】**(名・サ変他) よくわかること。のみこみ。了解。得心。be convinced of

**なっとく-ずく【納得▽尽く】** 納得した上でのこと。with mutual consent [用例]―がいく。

**なつどまり-はんとう【夏泊半島】** 青森県陸奥湾に突出する半島。北部の椿山はツバキの自生北限地。

**なつ-どり【夏鳥】** 春に南方から渡来して繁殖し、秋には南方に渡る鳥。ツバメ・ホトトギスなど。summer bird [対義]冬鳥。

**なつ-なり【夏成り】** ①夏に採れる野菜。多くは麦の収穫をさす。②江戸時代に盆前に納めた年貢。畑で採れたものを納めた。畑年貢。

**なつ-の-たむらそう【夏の田村草】** シソ科の多年草。山地の木かげにはえる。高さ約六〇cm。葉は長柄をもち、羽状に切れこむ。夏濃紫色の花を段状に輪生。

**なつ-ば【夏場】** 夏のころ。summertime [対義]冬場。

**なっ-ぱ【菜っ葉】** ①菜の葉。rape leaves ②葉を食べる野菜。greens

**なつ-はぎ【夏▼萩】** ミヤギノハギの別名。しばしば秋の前に咲くのでこの名がある。

**なつ-ばしょ【夏場所】** 大相撲の本場所の一つ。毎年五月に東京で行われる興行。五月場所。[参照]本場所。

●ナツツバキ

**なつ-はぜ【夏▼櫨】** ツツジ科の落葉低木。山地に多い。高さ約二m。葉は長楕円形。夏に、淡黄褐色の鐘状の小花を総状につける。果実は黒褐色。

**なつ-ばて【夏ばて】** 夏の暑さに身体が弱ること。夏まけ。

**なっぱ-ふく【菜っ葉服】** 労働者の着る青色の作業服。

**なつ-び【夏日】** 夏の暑い日。一日の最高気温が二五℃以上の日をいう。hot summer day [比較]真夏日。

**なつびき-の【夏引きの】**[枕ことば]《「なつびき」は、夏に蚕の糸をつむぐこと。また、その糸をいう。糸と同音を含むことから》「いと(副詞)・いとま」などにかかる。[用例]―いとことわりや二ため三めよりありくまにほどのふるかも(蜻蛉・上)。

**ナップ[NAPF]**《Nippona Artista Proleta Federacioの略称》全日本無産者芸術連盟、のちの全日本無産者芸術団体協議会。昭和三年(一九二八)に結成されたプロレタリア芸術を主唱する文芸家の集団。機関誌『戦旗』と『ナップ』を刊行。

**なつ-ふく【夏服】** 夏に着る洋服。吸湿性・通気性が大きい材料で、襟・袖・裾を広くあけたものが多い。夏着。summer clothes [対義]冬服・合い服。

**ナップザック[Knapsack]** ハイキングなど、ごく気軽なスポーツに使用される小型のリュックサック。

**なつ-ふじ【夏▼藤】** 林中にはえるマメ科のつる性落葉低木。葉は奇数羽状複葉。真夏、小さい白色の蝶形花を総状につける。ドヨウフジ。

**なつ-ぼうず【夏坊主】** オニシバリの別名。

**なつ-まけ【夏負け】**(名・サ変自) 夏の暑さで、身体が弱ること。夏ばて。

**なつ-まつり【夏祭(り)】** ①夏季に病魔や穢れをはらうために身を清めて祓いを行い、健康と幸福を祈願する行事。夏越し。②夏季に神社で行われる祭りの総称。summer festival

**なつまつりなにわかがみ【夏祭▽浪▽花▽鑑】** 人形浄瑠璃・歌舞伎世話物。上方の侠客物。世話物として最初の長編作。並木千柳・三好松洛・竹田小出雲合作。延享二年(一七四五)大坂竹本座初演。団七九郎兵衛・一寸徳兵衛・釣船三婦などの侠気を描く。

**なつ-まめ【夏豆】** ①ソラマメの別名。②エンドウの方言。③ダイズの方言。

**なつ-みかん【夏▼蜜▼柑】** 小高木性の柑橘類。果実は扁球形。果皮は濃黄色。果肉は酸味が強い。晩生で食期は三〜六月。山口県青海島原産。ナツダイダイ。ナツカン。

**なつ-むき【夏向き】** 夏の季節にふさわしいこと。for summer use [対義]冬向き。

**なつ-め【夏芽】** 形成された芽が、その年のうちに花や枝葉に発達するもの。[対義]冬芽。

**なつめ【▼棗】** ①クロウメモドキ科の落葉小高木。庭園樹としても栽培。花は淡黄色で五弁。果実は長円形で、暗赤褐色に熟し、生食・菓子・薬用。材は車軸や印材用。中国原産。②茶の湯用の茶入れの一種。形がナツメの果実に似ている。③染料の一つ。ナツメの果実を乾かして煎じたもの。→[写] →茶道具[図]

●ナツメ①

**なつめ-がい【▼棗貝】** 殻がナツメの実に似たナツメガイ科の巻き貝。殻高約四・五cm、殻径約三cm。殻表は滑らかで、灰桃色の地に褐色の小斑が密に散在。房総以南の潮間帯下にすむ。

**ナツメグ[nutmeg]** 熱帯常緑樹ニクズクの種子の内部にある、堅い殻をかぶった仁。薬用または香料・調味料に使用。→[写]

●ナツメグ

**なつめ-せいび【夏目成美】**(一七四九〜一八一六) 江戸後期の俳人。通称、井筒屋八郎右衛門。江戸蔵前の札差。洗練された清雅な句を残す。小林一茶を庇護した。句集『成美家集』など。

**なつめ-そうせき【夏目▼漱石】**(一八六七〜一九一六) 英文学者・小説家。本名、金之助。東京生まれ。東大卒。松山中学・五高の教師を経てイギリス留学。帰国後一高・東大で講義。のち朝日新聞社に入社。俳句・漢詩に親しむ。日本の近代を深く洞察し、知識人の内面を描出した。近代日本文学の確立につくした代表的作家。作品『吾輩は猫である』『倫敦塔』『坊っちゃん』『草枕』『虞美人草』『三四郎』『それから』『門』『彼岸過迄』『行人』『こゝろ』『道草』『明暗』など。→[写]

●夏目漱石

**なつめ-やし【▼棗▼椰子】** 果樹として栽培されるヤシ科の常緑高木。高さ約三〇m。葉は羽状複葉。雌雄異株。花は白色。果実は長楕円形で、果肉はやわらかく、生食・ジャム用など。デーツ。date palm →[写]

●ナツメヤシ

**なつ-メロ【懐メロ】**《「なつかしのメロディー」の略》昔ヒットした歌謡曲。

**なつ-もの【夏物】** ①夏使う品物。夏向きの物。summer goods ②夏に着る衣服の類。summer clothes [対義]冬物。

**なつ-もも【夏桃】**《秋に結実するモモに対して》夏に結実するスモモやモモ。

**なつ-やすみ【夏休み】** 学校・会社などが夏の暑さを避けて、一定期間その業を休むこと。暑中休暇。summer vacation

**なつ-やせ【夏▼瘦せ】**(名・サ変自) 夏、暑さで体が弱ってやせること。lose weight in summer [用例]―する体質。

**なつ-やま【夏山】** ①夏の、草木の青々としている山。mountain in summer ②夏に登山すること。その山。summer mountaineering [対義]冬山。

**なつやまふゆさと-ほうしき【夏山冬里方**

式】 多雪寒冷地帯で、夏は山地に冬は里に下ろして乳牛を飼う方式。rotated grazing

**なで-あ・げる**【▼撫で上げる】(下一他) 上のほうになでる。用例 髪を―。

**ナティエ**【Jean-Marc Nattier】(一六八五〜一七六六) フランスの画家。ルイ一五世時代に肖像画家として活躍。歴史的肖像画を描いた。作品『ミネルバに扮したドーランベック夫人』など。

**なで-おろ・す**【▼撫で下ろす】(五他) 下方へなでる。

**胸を撫で下ろす**(むねをなでおろす) ほっと安心する。feel relieved 類似 胸を摩る。

**なで-がた**【▼撫で肩】 なだらかな肩。sloping shoulders 対義 怒り肩。

**なで-ぎり**【▼撫で切り・▼撫で▼斬り】 ①なでるように切ること。cut down ②手当たりしだい切り捨てること。clean sweep

**なでし-こ**【▼撫子・▼瞿▽麦】 ①ナデシコ科ナデシコ属の草本の総称。②ナデシコ科の多年草。山野や川原などにはえる。高さ約五〇cm。葉は線形。夏秋に淡紅色のかれんな花が咲く。秋の七草の一つ。カワラナデシコ。ヤマトナデシコ。クバク。トコナツ。③襲の色目の名。④紋所の名。ナデシコの花や葉を紋章化。↓図

●ナデシコ②

●撫子(なでしこ)④

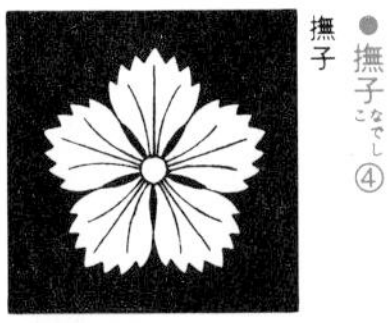

撫子

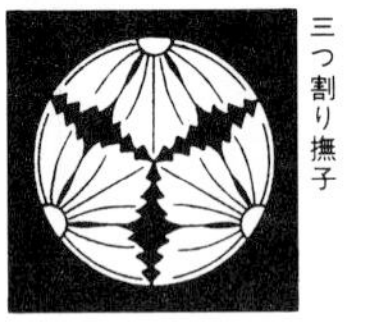

三つ割り撫子

**なで-つ・ける**【▼撫で付ける】(下一他) ①なでて、押さえる。stroke ②髪の毛をかきあげて、整える。comb down

**なで-もの**【▼撫で物・▽摩で物】 神道で、祓いのときに、身をなでて汚れを移し、形代として水に流す人形や小袖などの衣類。

**な・でる**【▼撫でる】(下一他) ①やわらかにさする。なぜる。stroke ②かわいがる。いたわる。cherish 用例 民を―。③なぎはらう。mow down

**な-でん**【南殿】 ①紫宸殿の別称。②サクラの園芸種の一種。サトザクラとチョウジザクラの雑種とされる。枝は上向き、葉は卵形で裏に密毛。花は淡紅紫色で半八重咲き。

**なでん-の-さくら**【南殿の桜】 ↓さこんのさくら(左近の桜)

**な-と**(副助)「なりと」の約。用例 なん―お言い付け下さい。

**な-ど**【▽何】 文語的 (副)《「なにと」の転》どうして。なぜ。などて。なぞ。

**な-ど**【▽等・▼抔】 (副助)《種々の語に付く》①同じようなものを並べて示す。用例 秋は運動会や文化祭―で忙しい。②同じようなものの中から一つを例として示す。such as 用例 鉛筆―で印をつける。③軽く見る気持ちを表す。用例 わたし―、ものの数ではない。④そのものと断定しないで、他も含まれることを暗に含めていうときの語。用例 この柄が―素敵だ。⑤《下に打ち消しをともなって》強意を表す。用例 うそ―言わない。

**ナトー**【NATO】《North Atlantic Treaty Organizationの略》北大西洋条約機構。

**ナドー**【Maurice Nadeau】(一九一一〜) フランスの批評家。シュールレアリスムに造詣が深い。著書『シュールレアリスムの歴史』『現代文学』など。

**ナトー-ぐん**【ナトー軍】 北大西洋条約機構(NATO)加盟国の連合軍。ヨーロッパ連合軍、大西洋軍、海峡軍、カナダ・アメリカ防衛計画委員会からなる。

**など-か** 古語 (連語)《副詞「など」に係助詞「か」の付いたもの。下に打ち消しをともなうことが多い。疑問・反語の意を表す》どうして…か。用例 心は―、賢きより賢きにも移さば移らざらん(徒然・一)。

**な-どころ**【名所】 ①器物の部分の名。②名高い所。めいしょ。③氏名と住所。

**ナドソン**【Semyon Yakovlevich Nadson】(一八六二〜一八八七) ロシアの詩人。作品『われら青春を知らず』など。

**など-て** 古語 (副)《副詞「など」に接続助詞「て」の付いたもの》疑問・反語の意を表す。なんで。どうして。用例 ―かくはかなき宿りはとりつるぞ(源氏・夕顔)。

**など-や** 古語 (連語)《副詞「など」に係助詞「や」の付いたもの》なぜ…なのか。どうして…か。用例 ―、三人ながされたる人の、二人はめしかへされてさぶらふに、いままで御のぼりさぶらはぬぞ(平家・三・僧都死去)。

**な-とり**【名取(り)】 ①師匠から芸名を許されること。また、許された人。②名高いこと・人。famous person

**なとり**【名取】〈市〉 宮城県南部、仙台市南隣の市。旧宿場町。近郊農業地域であるが宅地化が進む。人口五万一〇二三(一九八八)。

**ナトリウム**【Natrium ドイツ】 アルカリ金属の一つ。元素記号Na 原子番号一一。原子量二二・〇。やわらかい銀白色の金属。反応性が大きく、空気中で酸化される。還元剤や原子炉冷却材などに利用。sodium

**ナトリウム-えん**【ナトリウム炎】 金属ナトリウムの塩をバーナーの炎の中に入れて強熱するときにみられるナトリウム特有の黄色炎。

**ナトリウム-せつ**【ナトリウム説】 細胞膜でみられる膜電位の変化に関する学説。イギリスのホジキンとハクスリーが提唱。イオン説。ionic theory

**ナトリウム-とう**【ナトリウム灯】 発光管内にナトリウム蒸気を封入した放電灯の一種。黄橙色の強い光で、霧中をよく透過する。道路照明や標準スペクトルなどに利用。sodium-vapor lamp

**ナトリウム-ポンプ**【Natrium Pumpe ドイツ】 細胞膜の分子機構がもつ、ナトリウムイオンを濃度差に逆らって細胞外へ排出する機能。sodium pump

**なとり-がわ**【名取川】 宮城県中部を東流する川。長さ約五五km。奥羽山脈二口峠に発し仙台湾に注ぐ。

**なとり-ぐさ**【名取草】 ボタンの異名。

**なとり-ようのすけ**【名取洋▼之助】(一九一〇〜一九六二) 日本の報道写真の開拓者。写真家。東京生まれ。作品『麦積山石窟』、著書『写真の読み方』など。

**ナトルプ**【Paul Natorp】(一八五四〜一九二四) ドイツの哲学者。新カント学派のマールブルク学派に属する。教育学者としても有名。著書『精密科学の論理的基礎』など。

**なな**【七】 ①ななつ。しち。seven 用例 ―番目。―枚。②数の多いこと。用例 ―曲がり。

**七度探して人を疑え**(ななたびさがしてひとをうたがえ) 物をなくしたときは、人を疑う前に何度もさがせ。むやみに人を疑ってはいけないとの戒めのことば。七度尋ねて人を疑え。

**ナナ**【Nana】 ゾラの小説。一八八〇年刊。奔放な女優ナナと彼女をめぐる男たちの悲惨と社会の退廃を描く。

**なな-いろ**【七色】 ①虹に現れる七つの色の総称。赤・橙・黄・緑・青・藍・紫(菫)。ニュートンがスペクトル色を発見したとき、それに七つの色名をあてたことに由来する。seven colors ②七種類。また、多くの種類。seven kinds ③「七色とうがらし」「七色菓子」の略。

**なないろ-とうがらし**【七色唐辛子】 唐辛子の粉末に、サンショウ・ゴマ・陳皮・麻の実・ケシ・菜種・青海苔などを配合して風味を調えた食卓用香辛料。七味唐辛子。

**なな-え**【七重】 ①七つ重なったこと。しちじゅう。②多くの重なり。

**七重の膝を八重に折る**(ななえのひざをやえにおる) このうえなく丁寧に願ったり、わびたりする。

**ななえ**【七▽飯】〈町〉 北海道南部、函館市北隣の町。農業中心。北部に駒ケ岳・大沼がある。人口二万三〇二七(一九八八)。

**ななお**【七尾】〈市〉 石川県北部、能登半島東岸の市。耐火れんが・セメント工業が発達。七尾港は北洋材の輸入港。仏壇が特産。和倉温泉がある。人口五万一五一(一九八八)。

**ななお-わん**【七尾湾】 石川県北部、能登半島東岸の湾。湾内の能登島のため北・西・南の三水面に分かれる。カキ・ブリ養殖がさかん。

**ななかい**【七会】〈村〉 茨城県中部、笠間市北隣の村。農林業中心。シイタケ・茶の栽培がさかん。人口二八二三(一九八八)。

**なな-かまど**【七▼竈】 山地にはえるバラ科の落葉高木。高さ約一〇m。羽状複葉で秋に紅葉。夏に小さい白花を枝先に多数つける。果実は球形で赤熟。↓写

●ナナカマド 花(右)と実(左)。

**なな-くさ**【七▽種・七草】 ①七種類。なないろ。②「秋の七草」の略。③「春の七草」の略。④「七種の節句」の略。

**ななくさ-がゆ**【七▽種▼粥・七草▼粥】 正月の七日、七種の節句に食べる粥。春の七草を入れて作る。年間の邪気を払い、万病を防ぐ効果があるという。菜がゆ。

**ななくさ-づめ**【七▽種▼爪・七草▼爪】 正月初めて爪を切ること。陰暦正月七日に風呂に入ったのち、爪を切ること。菜爪。

**ななくさ-の-せっく**【七▽種の節句・七草の節句】 五節句の一つ。一月七日。七種の菜の入った粥を食べて邪気を払う行事。人日。七草の祝い。七草。

**ななくさ-の-はやし**【七▽種の▼囃子・七草の▼囃子】 七種粥に入れる菜を刻むときに唱える言葉。「七草なずな、唐土の鳥が日本の土地へ渡らぬ先に」などとはやしながら、まな板の上の菜を包丁でたたく。七草たたき。

**な-な-こ**【▽魚子・▽斜子・七子】 ①彫金の技法。金属面に魚の卵に似た粒状の形を一面に打ち出したもの。模様の余白部に用いることが多い。②「魚子織り」の略。

**ななこ-おり**【▽魚子織(り)・▽斜子織(り)】 織物組織の一つ。平織りの変化組織で、縦・横糸を各二本以上引きそろえて織る。絹・綿織物に応用、ざっくりした風合いで通気性に富む。ななこ。basket weave

**なな-こまち**【七小町】 小野小町に取材した七つの謡曲の総称。通小町・卒都婆小町など。

**ななころび-やおき**【七転び八起き】 ①何度失敗しても、奮いたつこと。②人生は成功と失敗の繰り返しだ、というたとえ。ups and downs of life

**ななさんいち-ぶたい**【七三一部隊】 関東軍防疫給水部本部の通称。第二次大戦中、満州(中国東北部)で細菌戦の研究をすすめ、捕虜を使って生体実験を行った。部隊長の名から「石井部隊」「石井細菌部隊」ともいう。

**な-なし**【名無し】 名がないこと。nameless-ness

**ななし-の-ごんべえ**【名無しの権▽兵▽衛】《俗語》名前のわからない人を人名めかしてよぶ語。

**ななじゅうななかこく-グループ**【七七か国グループ】(Group of 77) 一九六四年以来、発展途上国が自らの経済発展を推進するために形成している国家集団。当初の加盟国数からこうよばれる。現在の参加国は一二〇か国を超え、国連などで大きな機能を果たしている。

**ななしゅ-きょうぎ**【七種競技】 陸上競技で混成競技の一つ。女子のオリンピック種目で、一人が二日間で一〇〇m障害・砲丸投げ・走り高跳び・二〇〇m競走・走り幅跳び・槍投げ・八〇〇m競走の七種目を行い総得点で順位を競う。ヘプタスロン。heptathlon

**ななだい-タイトルせん**【七大タイトル戦】 将棋で、新聞各社主催の七つの公式タイトル戦。毎日の名人戦、読売の竜王戦、サンケイの棋聖戦、北海道・中日・西日本三社連合の王位戦、日経の王座戦、共同通信の棋王戦、スポニチ・毎日の王将戦。



↓行き先項目、図版・写真参照印。 JIS 日本工業規格情報交換用漢字符号コード(区点コード)。

**なな-つ【七つ】**①数の名。六の次の数。一の七倍。なな。しち。seven ②七歳。七個。③昔の時刻の名。午前と午後の四時ごろ。ななつどき。

**ななつか【七塚】**〈町〉石川県中部、河北潟の北の町。織物工業と、ブドウ・野菜の栽培がさかん。人口一万一六一三(一九八八)。

**ななつがま【七ツ▼釜】**佐賀県唐津市にある海食洞。玄武岩の断崖が玄界灘の激浪に浸食されたもの。典型的な柱状節理が見られる。

**ななつ-さがり【七つ下がり】**①夕方四時を過ぎたころ。②古くなったり、さかりを過ぎたりしているたとえ。

**ななつ-だち【七つ立ち】**午前四時ごろ出発すること。

**ななつ-どうぐ【七つ道具】**①武士に大切な七つの武具。具足・刀・太刀・弓・矢・母衣・兜の七つ。戦場に出るとき身につけた。②一そろいにして携帯するさまざまな道具。大工の七つ道具など。outfit

**ななつ-の-うみ【七つの海】**南北太平洋・南北大西洋・南極海・北極海・インド洋の総称。the seven seas

**ななつ-ぼし【七つ星】**①七つの星。とくに、北斗七星。②《体側の斑点から》マイワシの別名。

**ななつ-や【七つ屋】**《「七」の字の音が、「質」と同じであることから》質屋。

**なな-なぬか【七七日】**人の死後四九日目。また、その日行われる仏事。死後七日ごとに生死を経て、今生の死から未来生に至る日とされる。四十九日。なななのか。しちしちにち。満中陰。正日。

**なな-はん【七半】**排気量が七五〇ccのオートバイの通称。

**なな-ひかり【七光】**①いつまでも光っていること。②おかげの大きいこと。great benefit by 用例 親の—。

**なな-ふし【七▽節▽虫】**体の各部が長く木の枝に似た昆虫。体長約八cm。長時間静止したり、体色変化をしたりする。本州・四国・九州に分布。褐色から緑色。walkingstick ↓図

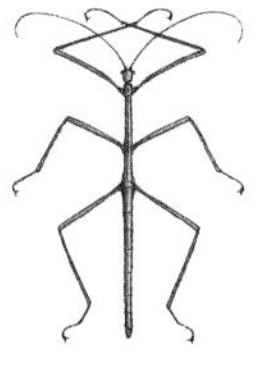
●ナナフシ

**なな-ふしぎ【七不思議】**①一定の地域に分布する不思議な自然現象・遺跡・遺物などを七つ集めて一組みとしたもの。seven wonders 用例 江戸本所の—。②いくつかの不思議。wonders

**ななほし-てんとう【七星天▽道▽虫・七星▼瓢▽虫】**テントウムシ科の甲虫。アブラムシ類の天敵として有名。半球形で、体長約八mm。赤色の地に七つの斑点がある。年数回発生。日本全土に分布。seven-spotted ladybird beetle ↓テントウムシ 写

**なな-まがり【七曲(が)り】**(名・サ変自) 道などがいくつにも折れ曲がっていること。

**ななみ-の-き【▽冬▽青】**モチノキ科の常緑高木。暖地の山中にはえる。庭木にもされる。葉は長楕円形で先はとがる。淡紫色の小さい四弁花をつける。果実は球形で、赤く熟す。樹皮からとりもちなどをとる。

**ななめ【斜め】**(名・形動)《「なのめ」の転》①傾くこと・さま。傾いていること・さま。inclination 用例 地震で家が—に傾く。②ある方向に対して垂直でも平行でもないこと。はすかい。diagonal 用例 —向かい側。③日が西に傾くこと・さま。正午をすぎること。be past noon 用例 日が—になる。④ふつうでないこと・さま。悪いさま。用例 ごきげん—。

**斜めならず**(ななめならず) 喜び方などが、一通りでない。はなはだしい。なのめならず。exceedingly

**ななめ-ぎり【斜め切り】**料理で、ネギやゴボウ、ちくわのような細長いものに、斜めに包丁を入れていくこと。

**ななめ-じま【斜め▼縞】**縞柄の一種。同一幅、同一間隔の斜め方向の筋または模様。手綱染め。手綱模様。小六染め。

**ななめ-たてこう【斜め▼竪坑】**↓しゃこう(斜坑)

**ななやま【七山】**〈村〉佐賀県北端、福岡県に接する村。ミカン・野菜栽培、畜産、杉などの林業を行う。人口三二六五(一九八八)。

**ななよ-まち【七夜待ち】**願掛けの一種。神仏に七夜参詣して、願いごとの成就を願うこと。

**な-なり** 古語 (連語)《断定の助動詞「なり」に伝聞・推定の助動詞「なり」の付いたものの音便形「なんなり」の「ん」を表記しない形》…であるようだ。…だとかいうことだ。用例 神代より世にある事を記しおきける—(源氏・蛍)。参考 中古では「ななり」と表記して、「なんなり」と読んだ。

**なに【何】**㊀(代)①わかっていないこと・もの。何用。何者。what; who 用例 あれは—。②名を忘れたものや、はっきりとはいえないもの。あのもの。あれ。that 用例 —を取ってくれ。③いろいろの物。things 用例 —もかも。㊁(副)①《下に打ち消しをともなって》すこしも。まったく。用例 —不自由ない生活をしています。②わからないことを質問するときの語。なぜ。どうして。用例 —泣いてるの。③古語《反語》なぜ。どうして。用例 夕べは秋と—思ひけむ(新古今・春上)。㊂(感) 問い返したり、自分に言い聞かせたりするときにいう。what 用例 —、ちがうって。—、大丈夫さ。参考「だ」「て」「なら」「なり」の前では「なん」という。「なにも」は多くは「なんにも」という。

**何か用か九日十日**(なにかようかとおか) 何か用事かということを、「何か」を「七日」に、「用か」を「八日」にかけてしゃれた語。

**何から何迄**(なにからなにまで) なにもかも。すべて。everything

**何食わぬ顔**(なにくわぬかお) そしらぬ顔。innocent look

**何は扨措き**(なにはさておき) ほかのことは別にして、まず。above all; first of all

**何は兎も有れ**(なにはともあれ) ほかのことはともかくも。in any case

**何は無くとも**(なにはなくとも) 他には何もなくてもよいが。in any case

**何不足無い**(なにふそくない) まったく不足がない。豊かな暮らし向きをいう。live in affluence

**何をかいわん(や)**(なにをかいわん(や)) 何もいうことはない。何をいってもかいがない。have no more to say about it

**なに-か【何か】**㊀(代) はっきりとわからない、また決められないこと・人・もの。なんか。something; anything 用例 —がある。—食べ物がほしい。㊁(副)①《「何彼」とも》どことなく。なにやかや。なんとなく。somehow 用例 —おかしい。②古語 ㋐疑問の意を表す。どうして。なぜ。用例 月立つまでに—来鳴かぬ(万葉・一七・三九八三)。㋑反語の意を表す。どうして…か。用例 世の中は—常なるあすかがは(古今・雑下)。

**何かせん**(なにかせん)《何の効果ももたらさない行動や状態に対するあきらめやいらだち、また、とがめだての意を表す語》なにになろうか。まったくむだではないか。

**何かにつけ**(なにかにつけ) いろいろのことに関して。one thing or another

**なに-が【何が】**(副)《反語》どうして…なものか。…なんてことはない。why 用例 —いそがしいものか。

**なに-がし【▽某・何▽某】**(代)①人・物・数量などが不明なとき、また、ぼかしていうときに使う語。certain ②わたくし。それがし。

**某かの**(なにがしかの) ある量・程度の。いくらかの。certain amount of 用例 —金を包む。

**なにか-しら【何かしら】**(副)①何と決められないことやものをさす。用例 —用意してくるだろう。②なぜかわからないが。なんとなく。somehow 用例 —胸さわぎがする。

**なにか-と【何かと】**(副) あれやこれやと。いろいろと。in many ways

**なにが-なしに【何が無しに】**(副) どういうわけもなく。なんとなく。

**なに-か-は【何かは】** 古語 (連語)①《代名詞「なに」に係助詞「か」「は」の付いたもの》なにが…か。用例 住み果てぬ世に、みにくき姿を待ちえて—せん(徒然・七)。②《副詞「なに」に係助詞「か」「は」の付いたもの》どうして…か。用例 —つゆをたまとあざむく(古今・夏)。

**何かはせん**(なにかはせん) 何にもならない。まったく役に立たない。

**なに-くそ【何▼糞】**(感)《俗語。へこたれまいとしていう語》なにほどのものが。なんだい。なんの。Damn it! 用例 —、これしきのことに。

**なに-くれ【何▽呉】**(副)《「呉」は当て字》あれこれ。用例 —と面倒をみる。

**なにくれ-となく【何▽呉となく】**(副) なにやかやと。あれこれと。in various ways

**なにげ-な・い【何気無い】**(形) なんの考えもない。さりげない。casual 用例 —ふりをする。派生 なにげなさ(名)

**なにごころ-な・い【何心無い】**(形) これといった意図や配慮もない。なにげない。無心である。

**なに-ごと【何事】**①どんなこと。what 用例 —もない。②すべてのこと。万事。everything 用例 —も承知の上。③《とがめる気持ちで》どうしたこと。what a shame 用例 忘れたとは—か。

**なに-さま【何様】**㊀(名)①どういうさま。②《皮肉の意で》どなたか身分の高い人。somebody 用例 自分を—と思ってるんだ。㊁(副) いかにも。まったく。用例 —困った。

**なに-しろ【何しろ】**(副) どうやっても。とにかく。anyhow

**なに・する【何する】**(サ変自他) 動作を遠回しにいうときに使う語。何をする。用例 それを—・してくれ。

**なに-せ【何せ】**(副) なにしろ。なんせ。anyhow

**なに-とぞ【何▽卒】**(副) どうか。ぜひ。please 用例 —よろしく。

**なに-とて【何とて】**(副) どうして。

**なに-なに【何何】**㊀(代) 何と何。どれそれ。㊁(感)《意外の気持ちで》なんだなんだ。

**なに-びと【何人】**《「なんにん」は別語》どういう人。だれ。何者。なんぴと。

**なに-ひとつ【何一つ】**(副)《下に打ち消しをともなって》なにも。ひとつも。not a thing 用例 —残っていない。

**なに-ぶん【何分】**(副)①どうぞ。please 用例 —よろしく。②なんといっても。どうも。anyhow 用例 —夜のことで。③なんらか。いくらか。用例 —の指図があろう。

**なに-ぼう【何某】**(代) なんとかいう名の人。ある人。なんのなにがし。Mr. so-and-so

**なに-ほど【何程】**(副) どのくらい。どれほど。用例 費用は—になりますか。

**なに-も【何も】**(副)①どんなことも。なにごともすべて。everything 用例 ひもじさも—忘れて。②別に。とくに。anything 用例 —言いたくはない。

**なにも-かも【何も▽彼も】**(連語) すべて。みんな。everything 用例 —しゃべってしまう。

**なに-もの【何物】**どんな物。anything 用例 —も残らぬ。

**なに-もの【何者】**どういう人。なんという人。だれ。

**なにや-かや【何や▽彼や】**(連語) あれこれ。さまざま。this and that

**なに-やつ【何▽奴】**どんなやつ。

**なに-やら【何やら】**(副) なにかしら。somehow 用例 —変な音がする。

**なに-ゆえ【何故】**(副) どういうわけで。なぜ。why

**なに-より【何より】**(副) この上もなく。いちばん。まことに。best 用例 それは—です。

**なにわ【▽難波・▽浪▽速・▽浪▽花・▽浪▽華】**①大阪市一帯の古称。上町台地を中心に淀川・大和川・大阪湾に囲まれた地域。古代の政治・交通の中心地。②《「浪速」で》大阪市の区の一つ。浪速区。

**難波の葦は伊勢の浜荻**(なにわのあしはいせのはまおぎ) 同じものでも、土地によってよび名が違う、また、慣習・風俗がさまざまであることのたとえ。

**なにわ-いばら【▽難波▼茨】**バラ科の常緑つる性低木。茎はとげがあり長くのびる。葉は三出複葉。五、六月に径五～八cmの白色の花が咲く。四国・九州に分布。栽培もされる。

**なにわ-ぐさ【▽難波草】**アシの異名。

**なにわ-づ【▽難波津】**飛鳥時代に難波江(大阪に面した海の古称)に開かれた港。瀬戸内や大陸に通じる重要な船着き場として栄えた。

**なにわ-の-みや【▽難波宮】**古代の都宮の一つ。前期難波宮と後期難波宮がある。前期は孝徳天皇(在位六四五～六五四)の宮、後期は聖武天皇(在位七二四～七四九)の宮。宮跡はいずれも大阪市東区法円坂町の同一地点。

**なにわ-ぶし【▽浪▽花節・▽難波節】**大衆演芸の一つ。三味線を伴奏とし、一人の演者がわかりやすい節調で語る語り物。江戸時代の説教節や祭文が門付け芸となり、上方で浮かれ節・ちょぼくれ・ちょんがれとして発展してきたもの。浪曲。

**なぬ-か【七日】**＝なのか。①月の第七日。the seventh day of a month 用例 —の夜。②七日間。seven days 用例 —の苦労が実る。

**なぬか-がえり【七日帰り】**よそへ出かけて七日目に帰宅することを忌む俗信。初七日を連想させるためで、七日帰りをすると人が死ぬなどといわれる。



▼常用漢字表外。 ▽常用漢字表の音訓外。

**なぬか-しょうがつ【七日正月】** ↓せっくはじめ(節句始め)

**なぬか-なぬか【七日七日】** 人の死後、初七日から四十九日まで仏事が行われる七日ごとの日。また、その仏事。

**なぬか-の-せちえ【七日の節会】** ↓あおうまのせちえ(白馬の節会)

**なぬか-び【七日日】** ↓なぬかぼん(七日盆)

**なぬか-ぼん【七日盆】** 陰暦七月七日の称。井戸替えや墓掃除などをする日。この日は親や先祖を七度拝し、七回の沐浴や食事をするという伝承もある。盆初め。七日日。

**なぬか-まいり【七日参り】** ↓なぬかもうで(七日詣)

**なぬか-もうで【七日▼詣(で)】** 神仏祈願の方法の一つ。一日に七回を七日間、合わせて四九回神仏に詣でるもの。七日参り。

**な-ぬし【名主】** 江戸時代の村役人の長。地方三役の一つで、身分は百姓。郡代・代官の命をうけ、年貢・夫役の取り立てをはじめ村政全般を担当。地方によっては、庄屋・肝煎ともいう。

**ナノ【nanoラテ】**(接頭) 単位の前につけて一〇億分の一($10^{-9}$)を表す。記号n。

**なの-か【七日】** ↓なぬか(七日)

**な-の-くに【▽奴国】** 『三国志』「魏志倭人伝」にみえる国。一世紀ごろ、福岡県博多湾の近くにあったと推定される小国。『日本書紀』にある儺県とされている。

**な-の-はな【菜の花】** ①アブラナの花。rape blossoms ②アブラナの別名。

**なのめ【▽斜め】** 古語(形動ナリ) ①傾いているさま。②ふつうである。ありふれている。用例などか—なることだにうちまじりたまはざりけむ(源氏・若紫)。③(「なのめならず」の略)格別である。ななめならず。用例みかど、—におぼしめし(謡曲・烏帽子折)。

**な-のり【名乗(り)・名▽告(り)】** ①名のること。②公卿・武家の男子が、元服後に通称以外につけた実名。九郎に対する義経など。

**名乗りを上げる**(なのりをあげる) ①武士が、戦場で相手や周囲に、威勢よく名のる。introduce oneself ②競技・試合や選挙戦などへの参加・参戦の意志を表明する。

**なのり-そ【▼莫▽告▽藻・▽神▽馬▽藻】** ホンダワラの古名。

**なのり・でる【名乗り出る】**(下一自) 自分から本人であると申し出る。introduce oneself

**な-の・る【名乗る・名▽告る】**(五自他) ①自分の名をいう。give one's name as … 用例五郎と—。夫の姓を—。②当人がその名・職業であることを自分から申し出る。introduce oneself as 用例刑事と—男。

**なは【▼那覇】**〈市〉 沖縄県、沖縄島南西部の市。県庁所在地。商業都市で、県の政治・経済・文化の中心。かつては王都首里の外港として発展。壺屋焼が有名。人口三〇万九六四一(一九八八)。

**ナパーム-だん【ナパーム弾】** ナフサややし油(=パーム油)などをゼリー状にして容器に入れた、強力な油脂焼夷弾。napalm bomb

**ナバーラ【Navarra】** スペイン北部、フランスに接する州。州都パンプローナ。ピレネー山脈南西麓にある農牧業地域。人口五〇・七万(一九八二)。

**なばたけ-いせき【菜畑遺跡】** 佐賀県唐津市で発掘された縄文時代終末期の水田跡。福岡県の板付遺跡より古い初期稲作遺跡で、矢板列や農工具などを出土。

**なはり【▼奈▽半利】**〈町〉 高知県東部、奈半利川に沿う町。農林業がさかん。奈半利港は木材積み出し港・漁港。人口四八六二(一九八八)。

**なばり【名張】**〈市〉 三重県、上野盆地南部の市。旧宿場町・城下町。農業・工業のほか宅地化が進む。人口六万一四三三(一九八八)。

**な-び【▼儺火】** 一月一五日の小正月に、正月の飾り物を焼いて邪気をはらった行事。「左義長」や「どんど」などの正月の火祭りの源流といわれる。

**ナビール【Pierre Naville】**(一九〇四〜) フランスの社会学者。著書『革命と知識人』『超現実の時代』など。

**なびか・す【▼靡かす】**(五他) =なびける。①なびくようにさせる。風や流れに任せる。flutter 用例たもとを風に—。②従わせる。win … over 用例敵を—。

**なび・く【▼靡く】**(五自) ①風・水の勢いで横に傾き、漂う。流されるようになる。bend ②他人の勢いや意志につき従う。yield

**ナビゲーター【navigator】** ①航海士。航法士。②自動車のラリー競技で、運転者と同乗、その車の走行時間、位置の確認や運転速度配分を計算する人。

**なび・ける【▼靡ける】**(下一他) ↓なびかす(靡かす)

**ナヒチェバン-じちきょうわこく【ナヒチェバン自治共和国】**(Nakhichevanskaya ASSR) ソビエト連邦を構成する自治共和国の一つ。首都ナヒチェバン。ソ連南西部、ザカフカス南部にある。アゼルバイジャン共和国に属す。面積五五〇〇$km^2$。人口二六・二万(一九八四)。正称ナヒチェバン自治ソビエト社会主義共和国。

**ナビ-は【ナビ派】**《ナビはヘブライ語で「預言者」の意》反印象主義的な絵画運動とその流派。一八九〇年から一九〇〇年ごろにかけて、ゴーガンの影響を受けた画家たちによって進められた。平面的な色面の強調や太い輪郭線による主観的構成・装飾的効果を重視、現代絵画への道を開いた。セリュジエ・ドニ・ビュイヤール・ボナール・マイヨールら。Nabis

**な-びらき【名開き】** 新生児の命名式。生後七日目などに近親者を招待して名を披露して祝う。名付け祝い。

**な-びろめ【名広め・名披露目・名▼弘め】**(名・サ変自)《開店のとき、また芸人が襲名したときなどに》名を世間に披露すること。

**ナプキン【napkin】** ①食事のときひざにかける布。衣服を汚さないため、また口元のよごれをふくために使う。紙製もある。種々の折り方で食卓を飾る。ナフキン。②生理用品の一つ。

**ナフサ【naphtha】** 原油の蒸留によって得られる沸点三〇〜二〇〇℃の軽質の粗石油留分。石油化学工業の原料。都市ガス・合成ガス・ガソリンの製造原料。ナフタ。

**な-ふだ【名札】** 名前を記入した札。ネームプレート。nameplate

**ナフタリン【Naphthalinドイ】** ナフタレンの俗称。

**ナフタレン【naphthalene】** 化学式$C_{10}H_8$ ベンゼン核が二個縮合した構造をもつ芳香族炭化水素。コールタールから得られる。無色または白色の結晶。昇華性が大きい。衣類の防虫剤などに用いられる。ナフタリン。

**ナフテン【naphthene】** シクロアルカンの石油工業での名称。

**ナフトール【naphthol】** ①化学式$C_{10}H_7OH$ 防腐剤、染料・香料の合成原料。ナフタレンスルホン酸をアルカリ溶融して合成。②新モスリンの布地に型染めをしたもの。ナフトール染め。

**ナフド-さばく【ナフド砂漠】**(Nafūd) ↓ネフドさばく(ネフド砂漠)

**なぶり-ごろし【▼嬲り殺し】** すぐには殺さず、なぶり、いじめて殺すこと。torture … to death

**なぶり-もの【▼嬲り者】** なぶられ苦しめられる者。laughingstock 用例—にされる。

**なぶ・る【▼嬲る】**(五他) ①ひやかし、いじめる。もてあそぶ。make fun of ②さいなむ。苦しめる。torture

**なべ【▼鍋】**《魚な瓮へ(=かめ)の意》①食物を煮る、焼く、いためるための加熱調理の器具。材質は金属・土・陶器・ガラスなど。形は両手なべや中華なべなど。pan 数え方 一口。②「なべ物」の略。

**なべい-かつゆき【▼鍋井▽克▼之】**(一八八八〜一九六九) 洋画家。大阪生まれ。東京美術学校卒。二紀会創立に参加。作品『朝の勝浦港』など。

**なべ-こう【▼鍋▼鸛】** コウノトリの一種。純白の腹部以外は黒色、嘴と脚は赤い。全長約一m。湿地や水田で小魚などを捕食。ユーラシアの温帯から暖帯に繁殖分布し、日本へはまれに冬渡来する。black stork

**なべ-しき【▼鍋敷(き)】** なべややかんなどの熱が直接当たらないように下に敷くもの。木製・竹製・コルク製・陶製など。

**なべ-しぎやき【▼鍋▼鴫焼(き)】** ナスを油でいため、だし・砂糖・しょうゆで調味し、練りみそをからめた料理。

**なべしま-かんそう【▼鍋島閑▼叟】**(一八一四〜一八七一) 幕末の大名。佐賀藩主。名は直正。殖産興業・農地改革・反射炉建設・大砲鋳造・洋式兵制の整備・人材登用などの改革を行い、藩の経済力・軍事力を強化。維新後、新政府の開拓使長官などを歴任。

**なべしま-そうどう【▼鍋島騒動】** 江戸初期、肥前佐賀藩のお家騒動。鍋島氏と旧主竜造寺氏の新旧の勢力交代を要因として発生。後世、怪猫騒動の伝説をともなって講談・戯曲などに脚色された。

**なべしま-やき【▼鍋島焼】** 江戸時代、肥前(現在の佐賀県)鍋島藩窯で藩用の高級品として制作された磁器。明治維新の廃藩まで焼造。とくに色鍋島は名高い。

**なべ-じり【▼鍋▼尻】** なべの底の、火の当たるところ。

**鍋尻を焼く**(なべじりをやく) 結婚して生活をいとなむ。

**なべ-ずみ【▼鍋墨】** ①なべの底に付いたすす。②まっ黒なものの形容。

**なべ-ぞこ【▼鍋底】** ①なべの底。bottom of a pan ②よくない状態が続くこと。lingering recession 用例—景気。

**なべ-つかみ【▼鍋▼攫み】** 熱くなったなべを持つときに使うもの。不燃布などでできているもの、引っかけるハンドル式のものなど。

**なべ-づる【▼鍋▼鶴】** ツル科の鳥。翼長約五〇cm。首が白く、からだは灰黒色。耕地・湿原で餌をあさる。冬季、日本に渡来。特別天然記念物。↓写

●ナベヅル

**なべ-て【▽並べて】** 文語的(副) =並めて。①おしなべて。すべて。おしくるめて。②世間なみ。なみなみ。

**並べてならず**(なべてならず) ひととおりでない。尋常でない。並めてならず。

**なべ-な【▽続▽断・▽山▼芹菜】** 山野にはえるマツムシソウ科の二年草。高さ一m以上に達し、全体に刺毛がある。葉は羽状複葉。夏秋に、頭状花序を出し、紅紫色の小花をつける。

**なべ-ぶた【▼鍋▼蓋】** ①なべのふた。pan lid ②漢字を組み立てている部分の名。「京・享」などの上の「亠」の部分。けいさん。けいさんかむり。

**鍋蓋に目鼻**(なべぶたにめはな) 顔が丸く平らで色の黒いことを、からかっていう語。

**なべ-もの【▼鍋物】** 一つのなべに、魚介類・肉・野菜などを入れ、食卓で煮ながら食べる料理。寄せなべ・水たき・カキの土手なべなど。なべ料理。

**なべ-やき【▼鍋焼(き)】** ①「なべ焼きうどん」の略。②肉と野菜をいっしょに煮て、なべからそのまま食べる料理。

**なべやき-うどん【▼鍋焼(き)▼饂▼飩】** 一人用の土なべにてんぷら・かまぼこなどの具を加えて煮込んだうどん。鍋焼き。

**なべ-わり【▼鍋▽破】** ビャクブ科の多年草。暖地の林中にはえる。茎の先に数個の葉が互生。葉は卵形で、縦の平行脈をもつ。花は淡緑色。有毒。

**な-へん【ナ変】** 「ナ行変格活用」の略。

**な-へん【▼那辺・▼奈辺】** 文語的(代) どのへん。どこ。

**ナボコフ【Vladimir Nabokov】**(一八九九〜一九七七) アメリカの小説家。ロシア生まれ。機知や皮肉にみちた、想像力豊かな小説を書く。作品『ロリータ』『青白い火』『アーダ』など。

**ナホトカ【Nakhodka】** ソ連、シベリア沿海州南部の港湾都市。ウラジオストックの東北約一〇〇km、日本海に臨む極東の交通・貿易・漁業の中心地。人口一三・六万(一九八〇)。

**ナポリ【Napoli】** イタリア南部、ナポリ湾に臨む都市。同国の代表的貿易港。ベスビオ火山の西麓にある国際的観光地。古代ギリシア・ローマ以来栄え、一三〜一六世紀はナポリ王国の首都。人口一二〇・九万(一九八三)。

**ナポリを見て死ね**(ナポリをみてしね) 《ナポリは、世界三大美港の一つとして知られることから》美しいナポリを見ずに死んでしまっては、生きていたかいがない。ナポリの美しさを、強調してたたえたことば。See Naples and then die. 比較 日光を見ずして結構と言う勿れ。

**ナポリ-おうこく【ナポリ王国】** 一二八二年シチリアから分離、ナポリを首都に成立した王国。一四世紀に強盛となったが、一五世紀以降ナポレオン時代にかけシチリアと合併、分離し、一八一五年再度シチリア王国と合併、両シチリア王国となった。Kingdom of Naples

**ナポリ-がくは【ナポリ楽派】** 一八世紀にナポリを中心に活躍したオペラ作曲家の総



↓行き先項目、図版・写真参照印。 JIS 日本工業規格情報交換用漢字符号コード(区点コード)。

称。技巧的なアリアの発達に貢献。アレッサンドロ=スカルラッティ・ペルゴレージなどがいる。Neapolitan school

**ナポリ-は【ナポリ派】**(Scuola Napolitana(イタリア)) 一七世紀、南イタリアのナポリを中心に活躍した画家たちの総称。強烈な明暗の対比と鋭い写実表現による劇的で悲愴(ひそう)感のつよい宗教画を描く。ほかに静物画・風景画・戦争画にも新境地を開拓した。ジェンティレスキ・リベラ・カラッチョーロ・ローザなど。

**ナポレオン〈一世〉【Napoléon Ⅰ】**(一七六九―一八二一) フランス皇帝(在位一八〇四―一五)。コルシカ島のボナパルト家出身。フランス革命に砲兵士官として参加。エジプト遠征後の一七九九年、クーデターにより執政政府を樹立し第一執政に就任。内外の政策に成果を収め、一八〇四年皇帝に即位。ナポレオン戦争を遂行しヨーロッパの大半を制圧。大陸封鎖令を発しイギリスに対抗したが、スペイン進攻、ロシア遠征に失敗。解放戦争にも敗北して一四年退位、エルバ島に流された。翌年脱出して再起したが、ワーテルローの戦いに敗れ没落。↓写

ナポレオン一世

**ナポレオン〈三世〉【Napoléon Ⅲ】**(一八〇八―七三) フランス皇帝(在位一八五二―七〇)。ナポレオン一世の甥(おい)。二月革命により大統領となり、一八五一年クーデターで憲法を改正、翌年皇帝に即位。対外膨張と産業保護政策を推進したが、メキシコ干渉に失敗。普仏(ふふつ)戦争に敗れて退位。ルイ=ナポレオン。

**ナポレオン-ほうてん【ナポレオン法典】**(Code Napoléon(フランス)) ナポレオン一世治下に制定された民・商・民訴・刑・刑訴法の総称。一般にはそのうちの民法をいう。近代民法の規範とされ、各国の市民法に大きな影響を与えた。

**なま【生】** 一(名・形動) ①食料品が焼いたり煮たりされていないこと・もの・さま。rawness 用例 ―の魚。②よく熟していないこと。また、熱が十分通らないようす。uncooked 用例 ―で食べれない。③中途はんぱ。未完成。未熟。unskilled 用例 腕が―だ。④《俗語》「生意気」の略。saucy 用例 ―をいうな。⑤録音・録画・編集を経ない、そのままの音声や映像。live 用例 ―の声。―で放送する。二(名)《俗語》①「げんなま」の略。cash ②「生ビール」の略。draft beer 用例 びん―。三(接頭) ①十分でない。用例 ―乾き。―煮え。②《形容詞に付いて》少し。なんとなく。用例 ―ぬるい。

**なま-あくび【生▽欠▽伸】** 中途半端なあくび。slight yawn 用例 ―をかみ殺す。

**なま-あげ【生揚(げ)】** 厚切りの豆腐を油で揚げた食品。

**なま-あたたか・い【生暖かい】**(形) なんとなく暖かい。lukewarm 用例 ―風。

**なま-あたらし・い【生新しい】**(形) なまなましく、新しい。なまなましい。用例 記憶に―。

**なま-いき【生意気】**(名・形動) ①目上も相手もかまわずに、知識や意見を振り回すさま・こと・人。impertinence ②若い者が気負っていったり、したりすること・さま。self-conceit

**なま-うお【生魚】** 煮る、また焼くなどの加工していない魚。なまざかな。fresh fish; raw fish

**な-まえ【名前】** ①事物・場所・人を他と区別するためにつけている呼び方。名称。name ②姓名、とくに姓に対して、名。full name; name 対義 名字。用例 姓は鈴木、―は太郎。③名義。名分。用例 ―がすたる。

**なま-えい【生▽酔い】** ↓なまよい(生酔い)

**生酔い本性違わず**(なまえいほんしょうたがわず) いくら酔っても本性は失わない。

**なまえ-まけ【名前負け】**(名・サ変自) 名前がりっぱすぎて、実質がそれにつりあわないこと。mere show

**なま-えんそう【生演奏】** レコード・録音テープなどの再生でない、実際の演奏。live performance

**なま-がし【生菓子】** ①もち菓子・団子・焼き物など、水分が多く保存のきかない菓子。対義 干菓子(ひがし)。②クリーム・果物を使った洋菓子。cake

**なま-かじり【生▼齧り】**(名・サ変他) 物事をよく理解していないこと。半可通。一知半解。superficial

**なま-かべ【生壁】** ①塗って、まだ乾かない壁。塗りたての壁。undried wall ②《「生壁色」の略》生乾きの土壁に似た、くすんだ黄色。

**生壁の釘**(なまかべのくぎ) ききめのないことのたとえ。豆腐に鎹(かすがい)。糠(ぬか)に釘。

**なま-かわ【生皮】** ①生のままの皮。rawhide ②ガン・カモなどの皮を、酢につけた料理。

**なま-がわき【生乾き】** よく乾いていないこと。half-dried

**なま-き【生木】** ①枯れていない木。地に生えている木。②切ってまだ乾ききらない木。unseasoned wood

**生木を裂く**(なまきをさく) ごく親しい者や恋人どうしを無理に別れさせるたとえ。force lovers apart

**なま-きず【生傷・生▼疵】** 新しい傷。fresh bruises 比較 古傷。用例 ―が絶えない。

**なま-ぐさ【生臭・▼腥】** 生臭いこと・もの。

**なま-ぐさ・い【生臭い・▼腥い】**(形) ①生の魚や獣の肉・血のにおいがする。fishy smell ②僧に俗気がある。unholy ③生意気だ。impertinent 派生 なまぐささ(名)

**なまぐさ-ぼうず【生臭坊主】**《禁じられている肉食などをする坊主、の意》品行の悪い僧。degraded priest

**なまぐさ-もの【生臭物】** 生臭い食物。動物性の食物。raw food 対義 精進物。

**なま-くび【生首】** 切ったばかりの首。

**なま-くら【▽鈍】**(名・形動) ①切れ味のにぶいこと・さま・刀。blunt ②怠けること・人・さま。どん。lazy

**なま-クリーム【生クリーム】** 牛乳から取り分けた脂肪分。洋菓子や料理に用いる。fresh cream

**なまけ-ぐま【▼懶▼熊】** 黒い毛が長く粗いクマ科の哺乳(ほにゅう)動物。体長約一・五m。胸に黄色の三日月斑(はん)がある。森林にすみ、果実や蜜(みつ)、シロアリなどを好む。インド・スリランカに分布。

**なまけ-もの【怠け者・▼懶け者】** よく怠ける人。lazy fellow 対義 働き者。

**怠け者の足から鳥が立つ**(なまけもののあしからとりがたつ) ふだん怠けている者は、いったん事が起こるとあわてる。

**怠け者の大食らい**(なまけもののおおぐらい) 怠け者はろくに働きもしないのに、食べることだけは人並み以上だ。

**怠け者の節句働き**(なまけもののせっくばたらき) ふだん怠けている者は、人が休むときになって働かなければならない。また、怠け者にかぎって、人が休むときによく働いてみせるものだ。

**なまけ-もの【▽樹▼懶】** ナマケモノ科の哺乳(ほにゅう)動物の総称。ミツユビナマケモノはブラジルに生息し、体長約六〇cm。体は灰褐色の長毛でおおわれる。動作は緩慢で、夜行性。樹上で生活し、四肢にある各三本の長い爪(つめ)を木の枝にかけてぶら下がる。熱帯アメリカ分布。sloth ↓写

ナマケモノ　ミツユビナマケモノ

**なま・ける【怠ける・▼懶ける】**(下一自) 精を出してしない。おこたる。ずるける。be idle 対義 努める。

**なま-こ【▽海▼鼠・生子】** ①棘皮(きょくひ)動物ナマコ綱に属する海生動物の総称。体は円筒状で、一般に腹側に多数の管足(かんそく)、背側にはいぼがある。世界に約一一〇〇種。生食のほか、乾製品・塩辛などとして賞味される。②なまこ銑。型銑。③「なまこ板」「なまこ壁」「なまこ餅(もち)」「なまこ形」の略。↓図

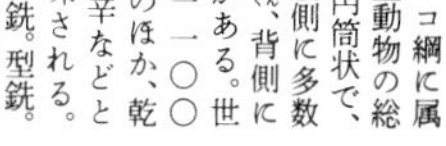
ナマコ①　マナマコ

**なまこ-いた【▽海▼鼠板】** 波形(なみがた)に加工した亜鉛鉄板。簡単な屋根や塀(へい)などに用いる。波板(なみいた)。corrugated iron

**なまこ-がた【▽海▼鼠形】** 半円筒形。板かまぼこのような形。

**なまこ-かべ【▽海▼鼠壁】** 壁に四角いかわらを斜めに並べ、その接ぎ目をしっくいで盛り上げて白く塗ったもの。↓写

海鼠壁(なまこかべ)

**なま-ごみ【生▼塵】** 台所から出る食物を主としたごみ。garbage

**なま-ゴム【生ゴム】** ゴムの木の樹液(=ラテックス)または合成ゴムのゴム溶液をそのまま凝固させたもの。原料ゴムで、弾性は小さい。raw rubber; crude rubber

**なまこ-もち【▽海▼鼠▼餅】** なまこの形に似せてつくったもち。かきもちなどにする。かまぼこ形のもち。

**なま-ごろし【生殺し】** ①死にそうな状態にすること。半殺し。half-killed 用例 蛇の―。②中途半端にして相手を困らせたままにすること。keep in suspense

**なま-コンクリート【生コンクリート】** すぐ使えるように、こね合わせた状態のコンクリート。生コン。fresh mixed concrete

**なま-ざかな【生魚】** ①とり立ての魚。fresh fish ②焼いたり煮たり干したりしていない魚。なまうお。raw fish

**なま-ざむらい【生侍】** 若く、身分の低い武士。なまさぶらい。青侍。

**な-まし** 古語(連語)《完了の助動詞「ぬ」の未然形に、推量の助動詞「まし」の付いたもの》きっと…したろう。きっと…だったただろうに。用例 世にあるものならば、この国にももてまうで来(き)―(竹取)。

**なまじ【▼憖】**(副・形動)《「なまじい」の約》=なまじっか。①気が進まないのに、無理にするさま。in a half-hearted way 用例 ―に事をすすめるな。②しなくてもよいのに。うっかり。thoughtlessly 用例 ―口を出したばっかりに。③中途半端なさま。halfway 用例 ―の知識では解けない。

**なまじい【▼憖】**(副・形動)《「生強(なまじい)」の意》↓なまじ(憖)

**なまじっ-か【▼憖っか】**(副・形動) ↓なまじ

**なま-じろ・い【生白い】**(形) いやに白い。なんとなく白い。なまっちろい。pale 派生 なまじろさ(名)

**なます【▼膾・▼鱠】** 日本最古の調理法。魚介類や野菜類を生のまま細かく切り、酢に浸したもの。

**膾に叩く**(なますにたたく) ①切りきざんで膾にする。②人をひどいめにあわせる。袋だたきにすることにいう。

**なま・す【▼焠す】**(五他) 赤く焼いた鉄を、水に入れて鍛える。

**なまず【▼鯰】** 15画 部首[魚](うおへん) 和製漢字

↓なまず[鯰・鮎]

**なまず【▼鯰・▼鮎】** ナマズ科の淡水魚。河川や湖沼の砂泥底にすむ。全長約五〇cm。暗褐色から緑褐色。上下のあごに各一対のひげがある。夜行性。食用。古くから地震を起こすという俗信がある。日本全土・朝鮮半島などに分布。catfish ↓図

ナマズ

**鯰に瓢箪**(なまずにひょうたん) とらえどころ

がないことのたとえ。瓢箪で鯰を押さえる。

**なまず**【▼癜】↓くろなまず(黒癜)

**なま-たまご**【生卵】ゆでたり焼いたりしていない卵。raw egg 比較ゆで卵。

**なま-ち**【生血】生きた動物の血。生き血。鮮血。fresh blood

**なま-ちゅうけい**【生中継】放送で、報道やスポーツなどの番組を録音・録画ではなく、実況でそのまま現場から放送局に中継して放送すること。また、その放送。live broadcast 用例マラソンの—。

**なまっ-ちょろ・い**【生っちょろい】(形) 態度・やり方などにきびしさが欠ける。いいかげんだ。irresponsible 用例—生き方。派生なまっちょろさ(名)

**なまっ-ちろ・い**【生っ▽白い】(形) ↓なまじろい(生白い)

**なま-つば**【生▼唾】すっぱい物、おいしい物を見たり考えたりしたとき、自然に口中にわき出るつば。saliva

**生唾を飲み込む**(なまつばをのみこむ) 目前に非常に欲しい物があるときの形容。swallow one's saliva

**なま-づめ**【生▼爪】指に生えている状態でのつめ。nail 用例—をはがす痛さ。

**生爪に火をともす**(なまづめにひをともす)《ろうそくの代わりに生爪に火をともす意から》ひどくけちで倹約する。爪に火をともす。lead a stingy life

**なま-なか**【生▽半】㊀(形動) 中途半端なさま。どっちつかず。なまはんか。halfway ㊁(副) なまじ。かえって。rather

**なまなま-し・い**【生生しい】(形) ①非常に新しい。fresh 用例記憶に—。②目に見えるようだ。vivid 用例—表現。派生なまなましさ(名)

**なま-にえ**【生煮え】(名・形動) ①よく煮えていないこと・さま。underdone ②不十分なこと・さま。未熟。imperfect ③どっちつかずであること・さま。uncertain 用例—な態度。

**なま-ぬる・い**【生▽温い】(形) ①少しぬるい。lukewarm ②はっきりしない。uncertain ③ぐずぐずしている。wishy-washy ④方法・処置がおだやかすぎる。too mild 対義手厳しい。

**なま-のり**【生▽海▼苔】採ったままで、干していないのり。対義干し海苔。

**なま-はげ**【生▼剝(げ)】秋田県男鹿半島などで小正月の晩に行われる行事。また、行事のため仮面・仮装した若者。生剝げは家々を訪れ子どもをおどし、酒食のもてなしを受ける。同種の行事は全国的に見られる。↓写

**なま-はんか**【生半可】(名・形動) 不十分であること・さま。中途半端であること・さま。

**なま-ばんぐみ**【生番組】録音や録画を使わず、スタジオまたは現場からそのまま放送される番組。live program

**なま-ビール**【生ビール】酵母を不活性化するための加熱を行わないビール。低温保存が必要。酵母を濾過除菌した製品もある。なま。draft beer

**なま-びょうほう**【生兵法】①中途半端に武術を知っていること。②いい加減な知識・技能。smattering knowledge

**生兵法は大怪我の基**(なまびょうほうはおおけがのもと) 生かじりの技能や知識に頼ったりすると、失敗のもとになるということ。知ったかぶりをすると、ひどいめにあうたとえ。A little learning is a dangerous thing.

**なま-ふ**【生▼麩】麩を作る過程の、小麦粉中のでんぷん質を洗い流したあとの麩質。焼いたり乾燥したりしていない麩。精進料理などに用いる。なまぶ。

**なま-フィルム**【生フィルム】まだ撮影していないフィルム。

**なま-ぶし**【生節】↓なまりぶし(生節)

**なま-へんじ**【生返事】いい加減な、また気のりのしない返事をすること。その返事。half-hearted reply

**なま-ほうそう**【生放送】録音や録画ではない、スタジオもしくは現場からの直接の放送。live broadcast

**な-まほし** 古語(連語)《完了の助動詞「ぬ」の未然形に希望の助動詞「まほし」の付いたもの》…てしまいたい。用例心のゆくわざをしてこそ、過ぐしはべり—けれ(源氏・少女)。

**なま-ぼし**【生干し・生▽乾し】(名・サ変他) 干物などで、十分に干していないもの。生乾きであるもの。half-dried

**なま-み**【生身】生きているからだ。生き身。flesh body 用例—だもの、病気もするさ。

**なま-みず**【生水】沸かしてない水。unboiled water 用例—を飲まないよう。

**なまむぎ-じけん**【生麦事件】幕末、横浜近郊生麦村で起こったイギリス人殺傷事件。文久二年(一八六二)薩摩藩主島津久光の行列の前を、騎馬で横切ったイギリス人四人のうち三人を藩士が殺傷、翌年の薩英戦争の原因となった。

● 生剝げ 秋田県、男鹿市。

**なま-めか・し**【▼艶めかし】古語(形シク) ①しっとりと上品である。優美である。用例月影の—・しう(源氏・須磨)。②みずみずしい。清新だ。用例若う—・しき御さまなり(源氏・若菜上)。

**なま-めかし・い**【▼艶めかしい】(形) あでやかに、色っぽい。coquettish 派生なまめかしさ(名)

**なま-め・く**【▼艶めく】㊀(五自) あでやかに色っぽく見える。be coquettish ㊁古語(四自) ①若々しく見える。用例いと—・いたる女はらから住みけり(伊勢・一)。②上品に見える。用例具学房とて—・きたる遁世の僧を(徒然・八七)。

**なま-もの**【生物】《「せいぶつ」は別語》生のもの。煮たり、焼いたり、干したりしていないもの。raw food

**なま-もの**【生者】古語《「せいじゃ」は別語》まだ未熟な者。生意気な者。用例よからぬ—ども の、侮らはしうするも(源氏・玉鬘)。

**なま-やけ**【生焼け】食べ物などが、よく焼けていないこと。また、その食品。half-baked 比較生煮え。

**なま-やさし・い**【生易しい】(形)《下に打ち消しをともなって》軽くやってのけられる。たやすい。easy 用例—ことではない。派生なまやさしさ(名)

**なま-ゆで**【生▼茹で】よくゆでてないこと・もの。少しゆでてあること。soft-boiled

**なま-よい**【生酔い】=なまえい。①酒に少し酔っていること・人。half-tipsy 比較ほろ酔い。②酔っぱらい。drunkenness

**生酔い本性違わず**(なまよいほんしょうたがわず) 酒に酔っていても、本性はかわらないもので、心にないことはいわない。なまえい本性違わず。In wine there is truth.

**なまよみ-の** [枕ことば]《語義、かかりかたとも未詳》「甲斐」にかかる。用例—甲斐の国うち寄する駿河の国と(万葉・三・三一九)。

**なまり**【▼訛(り)】なまること。標準からはずれていることば・発音。accent 用例東北—。

**訛りは国の手形**(なまりはくにのてがた)《「手形」は、江戸時代の通行手形のこと》訛りは、その人の生まれた土地を証明する手形のようなものだ。出身地はことばの訛りによってわかる。

**なまり**【鉛】金属元素。記号Pb 原子番号八二。原子量二〇七。比重一一・三四。帯青白色で軟らかく重い。金属・化合物ともに有害。おもな鉱石は方鉛鉱。電極板・はんだ・活字・鉛管などに利用。lead

**なまり-おんせん**【鉛温泉】岩手県、花巻市北西部の温泉。宝暦年間(一七五一～六四)発見の歴史をもつ。スキー場がある。

**なまり-ガラス**【鉛ガラス】酸化鉛を含有するガラス。比較的低温で溶融でき、軟質で加工しやすい。光学ガラス・クリスタルガラスなど。lead glass

**なまり-こうがい**【鉛公害】自動車の排出ガスに含まれる酸化鉛による大気汚染。鉛害。pollution caused by lead exhaust

**なまり-ちくでんち**【鉛蓄電池】二酸化鉛と鉛を電極とし、希硫酸を電解液として用いた二次電池。起電力は約二・一ボルトで充電可能。leadstorage battery

**なまり-ちゅうどく**【鉛中毒】鉛および鉛化合物による中毒。急性では胃腸・肝臓障害、慢性では貧血、歯根部に青灰白色の着色、腸疝痛などがみられる。lead poisoning

**なまり-ぶし**【▽生節】カツオを蒸して生干しにしたもの。鰹節を作る過程でできる。煮つけ・酢の物などに使用。長期の保存はできない。なまぶし。なまり。

**なま・る**【▼訛る】(五自) 崩れた発音をする。崩れたことばをいう。be corrupted

**なま・る**【▽鈍る】(五自) ①刃物の切れ味がにぶくなる。become blunt ②志がくじけ弱る。be weakened ③技術など能力が衰える。get out of practice on… 用例腕が—。

**なま-ワクチン**【生ワクチン】毒性を弱めた、生きたままの菌やウイルスを用いたワクチン。BCGワクチン・ポリオワクチン・麻疹ワクチンなどがある。生菌ワクチン。live vaccine

**なみ**【波・▽浪】①一般的には振動が伝わる現象。波動。wave ②水面の上下動をともなう海の波。さざ波・風浪・うねりなどの短周期の波、潮汐のような長周期の波、高潮・津波など。wave ③高低・起伏することもの。wave 用例山—。感情の—。④ひふのしわ。wrinkle 用例老いの—。

**波に乗る**(なみにのる) ①時の流れ、時代の傾向にうまく合う。ride the crest of a boom 用例時代の—。②その人の能力がいっそうよく発揮される。get into one's stride 用例調子の—。

**波にも磯にも着かぬ心地**(なみにもいそにもつかぬここち) どっちつかずでおちつかない気持ちのたとえ。

**波を切る**(なみをきる) 波を押し分けるようにして進む。plow through the waves 用例船が波を切って進む。

**なみ**【並(み)】㊀(名) ①ならぶこと。row 用例足—。②ふつうであること。average 用例—の品。③同類。同列。same kind 用例人—。㊁(接尾) …ごとに。用例軒—に。

**な-み**【無み】古語《「なし」の語幹に接尾語「み」の付いたもの。多く「…をなみ」の形で》…がないので。…なさに。用例一人だに似てし行かねばすべを—(万葉・二・二〇七)。

**なみあい**【▽浪合】〈村〉長野県南西部、伊那地方南部山間の村。林業、高原野菜の栽培などを行う。人口七六九(一九八八)。

**なみ-あげは**【並揚羽▼蝶】アゲハチョウ科のなかでも日本各地でもっともふつう、かつ代表的な種。開張は春型約八cm、夏型約一二cm。黄色の地に黒斑があり、後ろ翅に尾状突起をもつ。東アジアに広く分布。アゲハチョウ。アゲハ。common swallowtail butterfly

**なみ-あし**【並足】①ふつうの足並み。at a walking pace 対義駆け足・速足。②馬術で、もっともおそい歩調。

**なみ-あし**【▽常▽歩】馬術の馬の歩法の一つ。右前・左後ろ・左前・右後ろの順で四肢を一肢ずつ移す四歩調の歩法。walk

**なみ-あみ**【波編(み)】鉤針編みの技法の一種。ネット編みを、増し目をしてフリル状に波打たせたもの。縁飾りに用いる。frill finishing

**なみ-あめ**【並雨】並みの強さの雨。気象庁の地上気象観測法で三階級に分けたときには、一時間三～一五mmの雨量をいう。

**なみ・いる**【並(み)居る】(上一自) その場にならんでいる。present 用例—人々。

**なみうち-ぎわ**【波打(ち)際】海や湖の波の打ち寄せる所。なぎさ。water's edge

**なみ-う・つ**【波打つ】(五自) ①波が立つ。wave ②波のようになる。起伏する。run high ③気持ちが高鳴る。throb

**なみえ**【▽浪江】〈町〉福島県東部、太平洋に臨む町。旧宿場町。製材・木工関係の工場が多い。人口二万四〇六五(一九八八)。

**なみおか**【▽浪▼岡】〈町〉青森県、津軽平野東部の町。旧宿場町。米・リンゴの生産・集散地。人口二万二一九二(一九八八)。

**なみ-がい**【波貝】キヌマトイガイ科の二枚貝。殻長一〇cm、殻幅四・五cm。丸みのある長方形で、殻は白く厚いがもろい。日本各地の浅海の砂泥底にすむ。食用。

**なみ-がしら**【波頭】波のいただき。波のほ。wave crest 用例白い—。

**なみ-かぜ**【波風】①波と風。wind and waves ②争い。もめごと。用例—を立てる。

**波風が立つ**(なみかぜがたつ) 争いごとや騒ぎが起きて、乱れる。もめごとが起こる。get into trouble

**なみかた**【波方】〈町〉愛媛県、今治市北隣の町。海運・造船が発達。果樹栽培や沿岸漁業なども行う。人口一万二七八(一九八八)。

**なみ-がわせ**【並為替】↓そうきんかわせ(送金為替)

**なみかわ-そうすけ**【▼濤川▼惣助】(一八四七～一九一〇) 七宝作家。下総の人。ドイツ人化学者ワーグナーのもとで七宝制作に従事。無



↓ 行き先項目、図版・写真参照印。 JIS 日本工業規格情報交換用漢字符号コード(区点コード)。

線七宝であらわす派手な作風。作品『富嶽図額』など。

**なみかわ-やすゆき【並河▼靖▼之】**(一八四五〜一九二七) 七宝作家。京都の人。七宝制作技術を改良し、精巧な有線模様七宝を作る。作品『四季花鳥模様の花瓶』など。

**なみ-き【並木】** 一列に植えた木。道に沿って植えた木。街路樹。a row of trees

**なみき-ごへい【並木五▽瓶】** 歌舞伎作者。四世まで。初世(一七四七〜一八〇八)は寛政期の名作者。大坂の人。並木正三門下。江戸世話狂言の確立に寄与。世話物を二番目狂言として独立させた。作品『金門五三桐』『五大力恋緘』など。

**なみき-しょうぞう【並木正▽三】** 歌舞伎作者。二世まで。初世(一七三〇〜七三)は宝暦期京坂の名作者。大坂の人。回り舞台やせり出しを考案。歌舞伎を飛躍的に発展させた。構想は雄大、筋は複雑、機知に富む作風。作品『三十石艠始』『けいせい天羽衣』『宿無団七時雨傘』など。

**なみき-そう【▽浪来草】** シソ科の多年草。海浜にはえる。根茎から出た枝に長楕円形の葉が対生。夏、葉腋に紫色の唇形花を一個ずつ対生させる。

**なみき-そうすけ【並木宗▼輔】**(一六九五〜一七五一) 江戸中期の浄瑠璃作者。大坂の人。人形浄瑠璃の最盛期を現出。豊竹座・竹本座に執筆。豊竹座時代の作品『苅萱桑門筑紫轢』。竹本座時代の作品『菅原伝授手習鑑』『義経千本桜』『仮名手本忠臣蔵』など。

**なみ-ぐも【並雲】** 中程度に発達して盛り上がった積雲。頂部には小さなこぶ状の突起がある。mediocris

**なみくも-の【波雲の】**[枕ことば]《波のようなかたちをした雲の愛らしいことからという》「うつくし」にかかる。用例 百足らず山田の道を——愛し妻と語らはず別れし来れば(万葉・一三・三二七六)。

**なみ-けい【波▼罫】** 波形の罫線。ブル罫。〰〰など。

**なみ-じ【波路・▽浪路】** 海上の船の通る道筋。航路。sea route

**なみ-すう【並数】** ↓モード④

**なみ・する【▼蔑する】**(サ変他) ないがしろにする。あなどる。

**なみ-せい【並製】** ふつうにつくったもの。of medium quality 対義 上製・特製。

**なみだ【涙・▼泪・▼涕】** ①涙腺からの分泌液。角膜を潤し、目の乾燥を防ぎ、眼球表面を洗浄する機能がある。lacrimation; tear 用例 ——を流す。②泣くこと。weep 用例 聞くも——語るも——。③思いやり。なさけ。sympathy 用例 血も——もない。

**涙片手に**(なみだかたてに) 片手で涙をおさえながら。涙ながらに。

**涙に暮れる**(なみだにくれる) ①悲しみのあまり、涙がとめどなく流れる。泣き暮らす。weep one's eyes out 類似 涙に沈む。②悲しみのあまり分別がなくなる。

**涙に沈む**(なみだにしずむ) 泣き沈む。類似 涙に暮れる。

**涙に咽ぶ**(なみだにむせぶ) 息をつまらせて泣く。be choked with tears

**涙の雨**(なみだのあめ) 雨が降るようにたくさん涙が流れることをいう。ひどく泣くこと。

**涙の海**(なみだのうみ) 目に涙を多くたたえているさま。深い悲しみに泣き沈むこと。

**涙を呑む**(なみだをのむ) 涙が出そうになるのをこらえる。勝負に負けるなどして、悔しいのを我慢する。swallow one's tears; pocket an insult

**なみだ-あめ【涙雨】** ①《弔い・別れのときに降る雨をいう》悲しみの涙が化して降ったかと思われる雨。②少し降る雨。sprinkling rain

**なみ-たいてい【並大抵】**(名・形動)《多く打ち消しをともなって》世間並み。一通り。なみなみ。no easy thing 用例 ——ではない。

**なみだ-きん【涙金】** 関係を断ち切るとき与える、少しのお金。small sum of consolation money

**なみだ-ぐまし・い【涙ぐましい】**(形) 涙をもよおすほど悲しい。また、けなげだ。pathetic

**なみだ-ぐ・む【涙ぐむ】**(五自) 涙を浮かべる。泣きそうなようすになる。be moved to tears

**なみだ-ごえ【涙声】** ①泣き出しそうな、おろおろした声。faltering voice ②泣きながらいう声。tearful voice

**なみだ・する【涙する】**(サ変自) 涙を流す。泣く。cry 用例 訃報に接して——。

**なみ-だ・つ【波立つ】**(五自) ①波が立つ。波が高くなる。billow ②もめごとがおこる。be in discord ③胸がどきどきする。

**なみだ-ながら(に)【涙ながら(に)】**(副) 涙を流しながら。涙とともに。in tears

**なみだ-もろ・い【涙もろい】**(形) ①涙を流しやすい。be easily moved to tears ②感動しやすい。overly sentimental

**なみ-とう【並等】** ふつうの等級。ふつう。対義 上等・特等。

**なみ-なみ【並並】**《多く、下に打ち消しをともなって》一通り。ふつう。ordinary 用例 ——ならぬ努力のたまもの。

**なみ-なみ(と)**(副) こぼれるほど。たっぷりと。to the brim

**なみ-ぬい【並縫い】** 手縫いの基本の一つ。布を表裏同一の針目で手で縫うこと。ぐし縫い。running stitch

**なみの【波野】**〈村〉熊本県北東端、阿蘇外輪山東麓の村。キャベツ・ハクサイなどの野菜栽培と畜産を行う。人口二二五一(一九八八)。

**なみのこ-がい【▽浪子貝】** フジノハナガイ科の二枚貝。殻は三角卵形で、殻長約二・五cm。殻表は白・黄・褐色など変化に富む。潮間帯の砂底にすむ。房総半島・富山湾以南に分布。

**なみ-の-はな【波の花】** ①砕ける波のあわ。②《女房ことば。「しお」が死を連想するのを嫌って》食塩の別称。

**なみ-の-ほ【波の穂】** 波がしら。

**なみ-のり【波乗り】** ①波に乗ること。②板を使って、波の起伏に乗る遊び。サーフィン。surfing

**なみ-はず・れる【並外れる】**(下一自) 性質・能力などが、ふつう以上である。uncommon

**なみ-はば【並幅】** ふつうの幅の反物。三六cmぐらいの幅。小幅。対義 広幅。

**ナミビア【Namibia】** アフリカ南部、大西洋岸の地域。旧ドイツ領南西アフリカ。第一次大戦後南アフリカ連邦(当時)の委任統治領。第二次大戦後、植民地として最後まで残ったが、一九九〇年独立。ダイヤモンド・ウラン・銅の産地。牧畜も盛ん。人口一二六万(一九八八)。

**なみ-ひととおり【並一通り】**(名・形動) 通りいっぺんであること・さま。ふつう。

**ナミブ-さばく【ナミブ砂漠】**(Namib Desert) アフリカ南部、ナミビアの海岸砂漠。ダイヤモンドの産地として有名。

**なみ-ま【波間】** ①波と波の間。on the waves ②波の立たない間。between the waves

**なみ-まくら【波▼枕】**《波の上に寝る意から》①船中に旅寝すること。船旅。②波の音が枕元で聞こえてくること。

**ナミュール【Namur】** ベルギー中部、ブリュッセル南東の炭田地帯の中心にある工業都市。重要な河港。刃物の生産で有名。人口一〇・二万(一九八三)。

**なみ-よけ【波▽除け】** ①波をよけること・もの。②防波堤。breakwater

**なむ【南無】**《仏教語。namas梵の音写。敬礼・帰依・信順の意》仏や菩薩・三宝などを敬い、帰依する気持ちを表すことば。なも。

**な・む【並む】** 古語 ㊀(四自) ならぶ。つらなる。用例 松の木の——みたる見れば家人の(万葉・二〇・四三七五)。㊁(下二他) ならべる。つらねる。用例 友——めて遊ばむものを馬——めて行かまし里を(万葉・六・九四八)。

**な・む【▼嘗む】** 古語(下二他) ↓なめる(嘗める)

**なむ** 古語《=なん》㊀(係助)《種々の語に付く。文末の活用語は連体形をとる。参照 係り結び》上の事柄を強調する意を表す。用例 その人かたちよりは心——まさりたりける(伊勢・二)。㊂(終助)《用言の未然形に付く》他に対して願い望む意を表す。…て欲しい。…てください。用例 今ひとたびのみゆき待た——(拾遺・雑秋)。

**な-む** 古語(連語)《完了の助動詞「ぬ」の未然形に推量の助動詞「む」の付いたもの》…てしまおう。きっと…するだろう。…がいい。用例 さるべき故ありとも、法師は人にうとくてあり——(徒然・七六)。

**なむ-あみだぶつ【南無▼阿▼弥▼陀仏】** 阿弥陀仏に帰依することを表す語。浄土教では、これを唱えること(=称名)によって極楽へ往生できるとする。六字の名号。

**なむ-さん【南無三】**(感)「南無三宝」の略。

**なむ-さんぼう【南無三宝】** ㊀(名) 三宝(=仏・法・僧)を頼みとして、すがること。㊁(感)《物事をし損なったときに発する語》しまった。

**ナムポ【南浦】**(Namp'o) ↓なんぽ(南浦)

**なむ-みょうほうれんげきょう【南無妙法▼蓮華経】**『法華経』で説く真理に帰依することを表す語。日蓮宗三大秘法の一つで、これを唱えること(=唱題)によって成仏できるとする。御題目。七字の題目。

**ナムル**(namul朝) 朝鮮料理の総菜の一種。ダイズもやし・ゼンマイ・青菜類などの和え物。

**なめがわ【滑川】**〈町〉埼玉県中部、東松山市北西隣の町。農業のほか、工業団地造成で工業化も進展。人口一万五七七(一九八八)。

**なめくじ【▼蛞▼蝓】** ナメクジ科に属する、殻をもたない陸貝。頭には大小二対の触角があり、大触角の先端に目がある。体長約六cm。青褐色。野菜や果樹を食害する。塩をかけると、浸透圧で縮む。本州・四国・九州に分布。なめくじら。slug ↓写

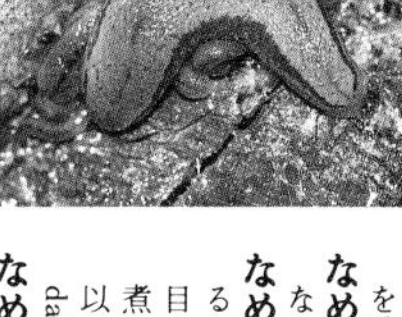

●ナメクジ

**蛞蝓に塩**(なめくじにしお) 苦手に出あって、どうにもならないたとえ。

**なめくじ-うお【▼蛞▼蝓魚】** 海底の砂地にすむ原索動物。体長約三・五cm。シラウオのような形をもち、半透明で脊索をもつ。本州中部以南の浅海に分布。amphioxus

**なめ-げ** 古語(形動ナリ)《形容詞「なめし」の語幹に接尾語「げ」の付いたもの》ようす・態度が無礼だ。生意気だ。用例 ことば——なるもの、宮のべの祭文読む人(枕・ことばなめげなるもの)。

**なめ-こ【滑子】** モエギタケ科のキノコ。秋に、ブナなどの枯れ木や切り株に群生。高さ約五cm。かさは径が三〜八cm、表面が赤褐色。全体が粘液でおおわれる。食用。なお、エノキタケをナメコということがある。↓写

●ナメコ

**な-めし【菜飯】** 青菜をきざんでご飯に混ぜ合わせたもの。小松菜・セリ・大根の葉などを用いる。江戸時代の「菜飯田楽」で知られる。愛知県豊橋の名物。

**なめし【▼鞣】** 生の動物皮に理化学的処理を施して革とする操作。腐敗しにくく、柔軟性・通気性・耐熱性などにすぐれたものとなる。使用するなめし剤により、クロムなめし・タンニンなめし・油なめしなどがある。tanning

**なめ・し** 古語(形ク) 無礼だ。失礼だ。用例 いと——と思ひけれど、心ざしはいやまさりけり(伊勢・一〇五)。

**なめし-がわ【▼韋】** 漢字を組み立てている部分の名。「韓・韜」などの「韋・韋」。

**なめし-がわ【▼鞣革】** なめした革。レザー。leather 対義 いためがわ。

**なめ・す【▼鞣す】**(五他) 毛皮から毛・あぶらを取り除いて、なめらかにする。tan

**なめ-ず・る【▼舐めずる】**(五他) 舌で唇をなめまわす。

**なめた-がれい【滑多▼鰈】** 体表がぬるぬるしているカレイ科の海水魚。全長約四〇cm。目のある側は暗褐色。口は小さく、肉が厚い。煮つけにすると美味。日本海各地と駿河湾以北の太平洋岸に分布。ババガレイ。slime dab

**なめ-たけ【滑▼茸】** エノキタケの方言の一つ。

**なめ-て【▽並めて】** 文語的(副) ↓なべて(並べて)

**なめとこ-けいこく【滑床渓谷】** 愛媛県宇和島市、四万十川上流の目黒川に沿う渓谷。多くの滝・深淵などがある景勝地。

**なめ-みそ【▼嘗(め)味▼噌】** そのまま副食物となるみそ。ひしお・金山寺みそなど。また、ふつうのみそを加工した、たいみそ・鉄火みそなどがある。

**なめ-もの【▼嘗(め)物】** 半固形の副食物。ひしお・なめみそ・塩辛など。

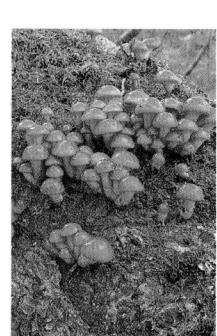

**なめ-らか【滑らか】**(形動) ①よくすべるさま。すべすべするさま。smooth 用例 —な岩肌。②よどみのないさま。すらすらとはかどるさま。smooth 用例 —な口調。—に動く。

**な-めり** 古語(連語)《「なるめり」の転「なんめり」の「ん」を表記しない形》…であるようだ。…らしい。用例 子となりたまふべき人—(竹取)。

**なめりかわ【滑川】**〈市〉富山県富山市東隣の市。稲作・畜産・チューリップ栽培などのほか、工業化・宅地化が進む。ホタルイカの産地。人口三万一五〇二(一九八八)。

**な・める【嘗める・舐める】**(下一他) ①舌の先で、なでる。ねぶる。lick 比較 しゃぶる。用例 犬が手を—。②かまずに味わう。suck 用例 あめ玉を—。③ゆっくりと味わう。用例 苦杯を—。④経験する。experience 用例 苦杯を—。⑤あなどる。甘く見る。make light of 用例 —・めたまねをする。⑥炎などがはうように燃え広がる。devour 用例 火は商店街を—・めつくした。

**な-や【納屋】** 中世、主として海辺に作られた商業用倉庫。現在では、農家などの物置小屋。barn

**なや-しゅう【納屋衆】** 室町・安土桃山時代の都市の豪商。本来、納屋貸しの商人で、多くが船をもち対外貿易で巨富を蓄え、自治都市運営の中心となった。とくに堺の豪商・納屋衆三六人で組織した会合衆による自治は有名。

**なや-すけざえもん【納屋助左衛門】**(生没年未詳) 安土桃山時代の堺の豪商。文禄二年(一五九三)ルソンに渡航、翌年帰朝。朱印船貿易で巨富を獲得。のち奢侈のため豊臣秀吉に罰せられて没落。呂宋助左衛門。

**なやま・し【悩まし】** 古語(形シク) 苦しい。つらい。用例「いと—・しきに」とて、大殿籠れり(源氏・帚木)。

**なやまし・い【悩ましい】**(形) ①気分がすぐれない。つらい。languid ②色情に心が動かされる。seductive 派生 なやましさ(名) なやましげ(形動) なやましが・る(五自)

**なやま・す【悩ます】**(五他) 苦しめる。困らせる。annoy

**なやみ【悩み】** ①心の苦しみ。心配。affliction ②病気。disease

**なや・む【悩む】**(五自) ①思い苦しむ。worry 用例 恋に—。②肉体的に苦しむ。病む。病み苦しむ。suffer 用例 神経痛に—。③《動詞の連用形に付いて》先に進めなくて困る、順調に行かない、の意を表す。find difficulty in 用例 行き—。伸び—。

**なや-もの【納屋物】** 江戸時代、諸藩の蔵屋敷などを経ず、民間の商人独自のルートによって集荷・販売された諸国の物産。対義 蔵物。

**な-やらい【追儺】** 疫鬼を追い払う行事。ついな。鬼儺。

**な・ゆ【萎ゆ】** 古語(下二自) ↓なえる(萎える)

**なゆた【那由他・那由多】**《仏教語。nayuta 梵の音写》古代インドの数詞の一つ。数量のきわめて大きい単位。

**な-よせ【名寄(せ)】** 作歌の参考書。人・物・名所の名を寄せ集めたもの。

**なよせ-ちょう【名寄(せ)帳】** 農民の名前ごとに田地面積・年貢などを記した近世の土地台帳。

**なよ-たけ【弱竹】** ㊀なよやかな竹。若竹。flexible bamboo; young bamboo ㊁《なよたけ》加藤道夫の戯曲。昭和二六年(一九五一)初演。『竹取物語』に取材。青年文麻呂と美少女なよたけとの愛を描いた詩劇。

**なよたけ-の【弱竹の】**[枕ことば]《竹の節と同音ということから》「伏し・夜・世」などにかかる。用例 —よながきうへにはつしものおきゐて物を思ふころかな(古今・雑下)。

**なよ-なよ【弱弱】**(副・サ変自) ①やわらかく弱々しいさま。feeble ②やわらかで弾力のあるさま。しなやかなさま。pliant

**なよ-やか【弱やか】**(形動) なよなよしたさま。

**なよ-よか** 古語(形動ナリ)《衣服の、のり気がなくなったり着なれたりしたさま》やわらかであるさま。なよやか。用例 白き御衣どもの—なるに(源氏・帚木)。

**なよろ【名寄】**〈市〉北海道北部、名寄盆地の市。稲作、野菜・薬草栽培、乳業、製材工業がある。人口三万二一〇四(一九八八)。

**なよろ-ぼんち【名寄盆地】** 北海道北部、天塩川上流の盆地。水田北限地。ジャガイモ・テンサイ・トウモロコシ栽培がさかん。

**なら【楢・柞・枹】** ブナ科のコナラ・ミズナラなどの総称。

**なら【奈良・寧楽】** 上代、平城京の置かれた地。現在の奈良県奈良市。

**なら【奈良】**〈県〉近畿地方中部、内陸の県。県庁所在地は奈良市。北部の奈良盆地以外は平地に乏しく、南部は吉野山岳地帯。奈良盆地は古代の政治・文化の中心で、史跡や社寺が多い。吉野地方は美林で知られる。近年都市化が進み人口が増加。面積三六九二km²、人口一三三万八三〇一(一九八八)。

**なら【奈良】**〈市〉奈良県北部、奈良盆地にある市。県庁所在地。和銅三年(七一〇)から七四年間日本の都。以後、東大寺・春日神社など多くの社寺の門前町として繁栄。国家的文化遺産である建造物・美術品が数多い。人口三三万八八四二(一九八八)。

**なら** ㊀(助動)《断定の助動詞「だ」の仮定形》仮定の条件を表す。…だとすると。…とすれば。if 用例 英語—読める。㊁(接続)「それならば」のくだけた言い方。if so 用例 —、賛成しよう。

**ならい**《漁師の語》冬、東日本の太平洋沿岸で吹く寒冷な強い北寄りの風。もともとは山に沿って吹く風の意味らしい。

**ならい【習い】** ①習うこと。練習。learning 用例 手—。②ならわし。習慣。habit ③世の常。通例。the way 用例 世の—。

**習い、性と成る** 習慣が重なると、それが身についてしまい、生まれついての性質のようになる。Habit is a second nature.

**ならい【奈良井】** 長野県南西部、楢川村にある地区。旧中山道の宿場町としてにぎわい、今もおもかげを残す。

**ならい-ごと【習い事】**《読み書き・諸芸などの》けいこごと。accomplishment; lesson

**なら・う【倣う】**(五他) ①まねる。まねをする。imitate ②《「効う」「準う」とも》まねる。手本として従う。follow 用例 前例に—。右に—。

**なら・う【習う】**(五他) ①教えられたことを繰り返して身につける。practice 用例 ピアノを—。②学ぶ。教わる。学習する。learn 対義 教える。用例 先生に—。

**習うより慣れよ** 物事は、教えられるより実際に行うほうが、それを習得する上で効果的である。また、机上の勉学よりも実習を重んずることにもいう。Practice makes perfect.

**なら-え【奈良絵】** 室町時代から江戸時代にかけ、数多く制作された巻子や冊子形態の物語絵。多色で金箔も用いた類型的な表現。奈良の絵仏師たちの手になるという。お伽草子などを描いた冊子は奈良絵本ともよばれる。

**ならえ-ほん【奈良絵本】** 奈良絵を挿絵とした物語の絵本。室町末期から江戸初期にかけて作られ、お伽草子を中心とする。

**ならお【奈良尾】**〈町〉長崎県、五島列島中通島の町。長崎県随一の漁港で、あぐり網の基地。人口四七四九(一九八八)。

**なら-がしわ【楢柏】** ①ブナ科の落葉高木。高さ一〇～一五m。葉は大形の長楕円状で長さ約二〇cm、縁は鋸歯状で、裏面は灰白色。開花した翌年に、楕円形で、椀形の総苞で基部を包まれた堅果(どんぐり)をつける。本州中部以西に分布。②ナラの異名。

**ならかわ【楢川】**〈村〉長野県南西部、塩尻市南西隣の村。中心の奈良井は中山道の旧宿場町。木曽漆器が特産。人口四三〇二(一九八八)。

**ならく【奈落・那落・捺落】**《仏教語。naraka 梵の音写で、地獄と訳す》①地獄。②物事のゆきつく所。どん底。bottom; hell ③劇場で、舞台の床下。舞台を回すしかけや装置がある所。trap cellar

**奈落の底** ①地獄の底。bottom of hell ②非常に深い所。どん底。abyss

**なら-く** 古語(連語)《助動詞「なり」に接尾語「く」の付いたもの》…ところによると。用例 言ふ—奈落の底に入りぬれば(十訓抄・五)。

**なら-こうえん【奈良公園】** 奈良市東部の公園。若草山・三笠山や興福寺・東大寺・春日大社がある。シカが名物。

**なら-こくりつはくぶつかん【奈良国立博物館】** 奈良市にある仏教美術を中心にした博物館。明治二八年(一八九五)帝国奈良博物館として開館。国立博物館奈良分館を経て昭和二七年(一九五二)現名に改称。文化庁所管。

**なら-こくりつぶんかざいけんきゅうじょ【奈良国立文化財研究所】** 奈良市にある国立の文化財研究所。昭和二七年(一九五二)文化財保護委員会の付属機関として新設、同四三年(一九六八)文化庁の付属機関となる。文化財に関する調査・研究、資料作成などを目的とする。

**なら-ざらし【奈良晒布】**《古来、奈良地方で産したことから》麻布を漂白した着尺地。

**ならし【均し・平し】** ①ならすこと。leveling ②平均すること。用例 —一〇〇〇円では高い。

**なら-じだい【奈良時代】** 和銅三年(七一〇)から延暦三年(七八四)までの、都が奈良にあった時代。文化史では天平時代。また、長岡京に都のあった一〇年間も含め、延暦一三年(七九四)までとすることもある。律令国家の最盛期。仏教美術が興隆。

**ならじだい-びじゅつ【奈良時代美術】** 奈良時代の美術は、国家仏教の保護を受けた仏教美術が中心。初唐様式を学んだ白鳳時代(六七〇～七一〇年、一説に六四五～七一〇年)と、盛唐の影響下にある天平時代(七一〇～七八九年)とに分けられる。建築では天平時代の薬師寺東塔など。彫刻では白鳳時代に法隆寺の橘夫人厨子の『阿弥陀三尊』、天平時代の薬師寺金堂『薬師三尊』など。絵画では薬師寺『吉祥天像』など。工芸では正倉院御物が有名である。

**ならしの【習志野】**〈市〉千葉県北西部、千葉市西隣の市。かつての軍都から、第二次大戦後は住宅・学園都市として発展。人口一四万二五三五(一九八八)。

**なら-じょしだいがく【奈良女子大学】** 国立の女子大学。明治四一年(一九〇八)創立の奈良女子高等師範学校が前身。昭和二四年(一九四九)現制。奈良市北魚屋東町。

**なら・す【生らす】**(五他) 植物の実をなるようにする。

**なら・す【均す・平す】**(五他) ①平らにする。level 用例 土を—。②平均する。average 用例 負担を—。

**なら・す【慣らす】**(五他) ①慣れるようにする。順応させる。accustom ②《「馴らす」とも》動物などを、飼い慣らす。tame

**なら・す【鳴らす】**(五他) ①音を出す。sound; ring 用例 ベルを—。のどを—。②名を広く知らせる。評判をとる。win reputation 用例 マラソンで—・したものだ。③言い立てる。complain 用例 不平を—。非を—。

**なら-ず【成らず】** 文語的(連語) 成立しない。成功しない。be not completed 用例 ローマは一日にして—。

**ならず-して【成らずして】** 文語的(連語) …にもならないうちに。用例 日—。

**ならず-もの【成らず者】** 定職をもたず、うろついて悪いことをする者。ごろつき。無頼漢。ruffian

**ナラタージュ【narratage】** 映画技法の一つ。ナレーションによって画面が展開すること。せりふにつれて画面が過去に戻るような回想場面に多く用いられる。

**なら-たけ【楢茸】** 担子菌類ハラタケ目の食用キノコ。樹木の根に寄生し、木を枯らすこともある。かさの径約一〇cmで、あめ色ないし淡褐色。ひだはほぼ白色。

**なら-ちょう【奈良朝】** ①奈良時代の朝廷。②奈良時代。

**なら-づけ【奈良漬(け)】** シロウリなどを酒かすに漬けたもの。菜瓜類のかす漬け。奈良で創製された。

**奈良漬けに酔う** 奈良漬けを食べただけで酔ってしまう。酒に非常に弱いことのたとえ。

**なら-で** 古語(連語)《断定の助動詞「なり」の未然形に打ち消しの接続助詞「で」の付いたもの》…でなくて。用例 きみ—誰にか見せん梅花(古今・春上)。

**ならで-は**(連語) …でなくては。…以外には。unless; except

**なら-としなが【奈良利寿】**(一六六七～一七三六) 江戸中期の金工。江戸の人。清楚な品格で、土屋安親・杉浦乗意とともに奈良三作とよばれた。縁頭の作が多い。作品『大森彦七図鐔』など。

**なら-ない**(連語)《動詞「なる」に打ち消しの助動詞「ない」が付いたもの》=ならぬ・ならん。①禁止を表す。いけない。must not do 用例 取って(は)—。②義務や責任を表す。must 用例 約束は守らなければ—。③…するのを抑えることができない。cannot help …ing 用例 うれしくて—。④できない。cannot 用例 油断—。

**ならにんぎょう【▼奈▽良人形】** 木彫の彩色人形。一刀彫で素朴な木彫りの味を表現。

**なら-ぬ**（連語）①《動詞「なる」に打ち消しの助動詞「ぬ」が付いたもの》↓ならない。②《断定の助動詞「なり」に打ち消しの助動詞「ぬ」が付いたもの》…でない。用例神―身。

**なら-の-だいぶつ【▼奈▽良の大仏】** 東大寺大仏殿の本尊。華厳宗の教主毘盧舎那仏の座像で、聖武天皇の発願により鋳造。天平勝宝四年（七五二）開眼。戦火にあい、当時のものは台座の一部だけで、胴体は鎌倉時代、頭部は江戸時代の改鋳。日本最大の金銅仏。

**なら-の-みやこ【▼奈▽良の都】** 平城京。

**なら-の-やえざくら【▼奈▽良の八重桜】** サクラのなかのカスミザクラの八重咲き品種。奈良の知足院にある。

**ならは【▼楢葉】**〈町〉福島県東部、いわき市北隣の町。稲作・酪農・製材などを行う。原子力発電所がある。人口八六一九（一九八八）。

**ならばやし-そうけん【▼楢林宗建】**（一八〇二～五二）江戸後期の蘭方医。佐賀藩医楢林栄哲の二男。文政六年（一八二三）に来日したシーボルトに師事。種痘接種普及の道を開いた。

**ならばやし-ちんざん【▼楢林鎮山】**（一六四八～一七一一）江戸中期の医家。長崎でオランダ語の通訳をし、のち医学を学び、蘭方外科楢林流を興す。

**ならはら-いっこう【▼奈▽良原一高】**（一九三一）写真家。福島県生まれ。早大大学院修了。思索的映像は評価が高い。作品『王国』など。

**ならび【並び】** ①並んでいること。列。row ②「たぐい。比類。class

**ならび-おこな・う【並び行う・並び行なう】**（五他）二つのことを同時にする。並行して行う。do two things at the same time 用例恩威―・われる。

**ならび-しょう・する【並び称する】**（サ変他）ある物と並べて同じようにほめる。rank with

**ならび-だいみょう【並び大名】** ①歌舞伎で、大名になって、ただ並んでいるだけの出演者。②人数には入っているが、役に立たない者。陣がさ。

**ならび-た・つ【並び立つ】**（五自）優劣がない。be a match for

**ならび-な・い【並び無い】**（形）並ぶものがない。比べるものがない。matchless

**ならび-に【並びに】**（接続）および。また。and

**なら・ぶ【並ぶ】**（五自）①列をつくる。stand in a line 用例一列に―。②隣り合って位置を占める。連なる。stand side by side 用例座に―人々。③程度が同じである。匹敵する。be a match for 用例かれに―者はない。

**なら-ぶぎょう【▼奈▽良奉行】** 江戸幕府の遠国奉行の一つ。京都所司代の監督下に置かれ、奈良の町政と寺社を統轄。

**なら-ぶっきょう【▼奈▽良仏教】** 奈良時代、律令制下の国家仏教のこと。国家を護り、国家に繁栄をもたらすことを祈願する鎮護国家・鎮災致福の仏教。

**なら-ぶろ【▼奈▽良風炉】** 茶道具の風炉の一種。土風炉で、初めは奈良で作られたが、のち、京の西村宗四郎が同形のものを作り、秀吉に天下一の称を許されたという。

**ならべ-た・てる【並べ立てる】**（下一他）一つ一つ並べる。列挙する。enumerate 用例こごとを―。理由を―。

**なら・べる【並べる】**（下一他）①一列に順序よく置く。連ねる。arrange ②続ける。続けて言う。enumerate 用例文句を―。③比べる。compare with

**なら-ほうし【▼奈▽良法師】** 平安時代以降、奈良の興福寺・東大寺など諸大寺の僧侶・僧兵の異称。とくに興福寺の僧兵をいう。

**なら-ぼんち【▼奈▽良盆地】** 奈良県北部の盆地。古代文化・政治の中心地で、条里制の土地割りが広く分布、藤原京・飛鳥京・平城京跡がある。法隆寺など、古建築・古美術の宝庫。農業が主体、宅地化・工業化もすすむ。

**なら-やま【▼奈▽良山】** 奈良市の北に東西に長く延びる丘陵地。佐保山・黒髪山・阿保山など。

**ならやまぶしこう【▼楢山節考】** 深沢七郎の小説。昭和三一年（一九五六）発表。姨捨伝説を題材に、日本人の原型を描く。

**ならや-もざえもん【▼奈▽良屋茂左▽衛門】** 江戸時代中期の豪商。江戸深川の材木商で、通称、奈良茂。初代（生没年未詳）は幕府の御用材木商となり、日光東照宮修理で巨富を獲得。二代（一六九五～一七二五）は初代の遺産を継ぎ驕奢をきわめたことで有名。

**ナラヤンガンジ【Narayanganj】** バングラデシュ中部、ブラマプトラ川の支流に沿う河港都市。首都ダッカの外港。人口三四・五万（一九八一）。

**ならわし【習わし・▽慣わし】** 以前から、続けて行われる事柄。しきたり。風習。custom

**ならわ・す【習わす・▽慣わす】**（五他）①なれさせる。make accustomed to ②学ぶようにする。teach ③《動詞の連用形に付いて》習慣とする。いつも…する。do always 用例呼び―。

**ならわ・せる【習わせる・▽慣わせる】**（下一他）①なれさせる。習慣とさせる。accustom oneself ②学ばせる。teach

**なり【▽生り】** 実がなること。結実。

**なり【成り】** ①成ること。②将棋で、こまが敵陣に入って働きが変わること。③《上に「お」を付けて》お出まし。

**なり【▽形・▽態】** ㊀（名）①形。形状。shape 用例同じ―の手箱。②からだつき。figure 用例―が大きい。③身なり。服装。dress 用例きれいな―。㊁（接尾）①…に似た形。用例山―の投球。卵―の。②…としての立場。in one's own way 用例子ども―の見方。ぼく―の言い分。③…に従う意を表す。用例相手の言い―になる。

**なり【鳴り】** 鳴ること。鳴った音。響き。

**鳴りを静める** 恐れて静かにしている。鳴りをひそめる。fall silent

**なり【▼也】** 古語 ㊀（助動 形動型）①《用言の連体形および体言に付く》断定の意を表す。…だ。…である。用例この吹く風は、よき方の―（竹取）。②《場所をいう体言に付いて》存在や所在を表す。…にある。…にいる。用例今日もかも都―せば見まく欲り（万葉・一五・三七七六）。㊂（助動 ラ変型）《用言の終止形に付く。ただし、ラ変型の活用語は連体形に付く》①他から伝え聞くことを表す。…だそうだ。…という。用例大納言の御女なくなり給ひぬ―（更級）。②音声が聞こえていることを表す。…の声が聞こえる。用例秋ののに人松虫の声す―（古今・秋上）。③周囲の状況から判断し推定する意を表す。…のようだ。…らしい。用例明けはてぬ―。帰りなむ（枕・故殿の御服のころ）。

**なり** ㊀（接助）①《動詞の連体形に付いて》ある動作・作用のすぐあとで、次の動作・作用が行われる関係を示す。…すると、すぐ。as soon as 用例部屋にはいる―、叫んだ。②《完了の助動詞「た」に付いて》ある動作・状態が継続したまま他の動作が行われる意を表す。用例テレビをつけた―、行ってしまった。㊂（副助）《種々の語に付く》①どれか一つを選ぶ意を表す。用例行く―、帰る―、好きなように。参考並立助詞とする説もある。②他に適当なものがあるかもしれないという気持ちで、事物を取り出して示す。用例わたくしに―相談してくれたらよかったのに。参考係助詞とする説もある。

**なり-あがり【成(り)上がり】**《見下げる気持ちでいう》成り上がったこと・人。upstart

**なり-あが・る【成(り)上がる】**（五自）身分の卑しい者が上の地位にのぼる。貧乏から金持ちになる。rise from the ranks

**なり-いし【鳴(り)石】** 振るとガラガラと音をたてる石。岩の団塊の内部が収縮して、外殻と離れたためにできたもの。鈴石。

**なり-おお・せる【成(り)▽果せる】**（下一他）すっかりそのものになりきる。

**なり-かか・る【成り掛(か)る・成掛(か)る】**（五自）今にもなろうとする。途中までなってきた。なりかける。be on the verge of

**なり-かたち【▽形▽姿】** すがたかたち。身なり。なりふり。personal appearance

**なり-かつよう【ナリ活用】** 文語の形容動詞活用の一つ。「静かなり」は「なら・なり(に)・なり・なる・なれ・なれ」と活用する。比較タリ活用。

**なり-かわ・る【成り代(わ)る・成代(わ)る】**（五自）代わる。代理する。take one's place 用例親に―・って。

**なり-かわ・る【成り変(わ)る・成変(わ)る】**（五自）変わる。変化する。change 用例淵は瀬に―。

**なり-き【▽生り木】** 果物のなる木。

**なりき-ぜめ【成(り)木責め・▽生(り)木責め】** 小正月に行われる行事の一つ。年男が果樹を祝い棒などでたたき、秋の豊作を祈願するもの。木呪い。

**なり-き・る【成(り)切る】**（五自）すっかりそうなる。become... through-and-through 用例役に―。

**なり-きん【成(り)金】** ①将棋で、銀・桂・香・歩が敵陣に入って成ること。それぞれ本来の性能は消えて金将と同じ働きとなる。②《転じて》急に金持ちになること。また、その人。upstart

**なり-さが・る【成(り)下がる】**（五自）おちぶれる。be reduced to

**なり-すま・す【成(り)済ます】**（五自）実際はそうでないのに、そうであるように見せかける。すっかりそのものになる。なりきったふりをする。successfully impersonate 用例画家に―。

**なりた【成田】**〈市〉千葉県北部の市。成田山新勝寺の門前町として発展。新東京国際空港がある。人口七万九五〇五（一九八八）。

**なりた-くうこう【成田空港】** 新東京国際空港の通称。

**なりた-さん【成田山】** 新勝寺の通称。

**なりた-そうきゅう【成田▼蒼▼虬】**（一七六一～一八四二）江戸後期の俳人。金沢の人。高桑闌更の門に入る。芭蕉堂二世。天保三大家の一人。句集『対塔庵蒼虬句集』など。

**なり-たち【成(り)立ち】** ①できあがり。成立。completion ②成立するまでの経過・順序。history ③なり始め。origin ④成分。要素。component elements

**なり-た・つ【成(り)立つ】**（五自）①できあがる。成立する。be formed ②できている。構成される。consist of ③世に出る。立身する。make a rise in the world

**なり-たて【成(り)立て】** そのものになったばかりであること。soon after one becomes … 用例中学生に―のころ。

**なりた-ふどう【成田不動】** 新勝寺の別称。

**なり-て【成り手】** …になろうとする人。one who is willing to become … 用例悪役に―がない。

**なり-と**（副助）《種々の語に付く》①例示して、他に適当なものがあるかもしれぬが、という気持ちを言外に表す。でも。なり。用例わたしに―言ってもらいたかった。②最小の望みを表す。…だけでも。用例声―聞きたい。

**なり-どし【▽生り年】** 果物がたくさん実る年。用例ことしはモモの―だ。

**なり-は・てる【成(り)果てる】**（下一自）おちぶれて、そうなる。be reduced to…

**なり-ひび・く【鳴(り)響く】**（五自）①音が響きわたる。resound ②名声が広く聞こえる。be widely known

**なりひら【▽業平】** ↓ありわらのなりひら（在原業平）

**なりひら-だけ【▽業平竹】** タケの一種。観賞用。稈は直立し高さ約五m、径約三cm。稈面は紅緑色。一節から数本の短い枝を出す。葉は披針形で上面は緑、下面は白緑色。↓タケ 写

**なり-ふり【▽形振り】** 服装や態度。身なり。かっこう。personal appearance

**形振り構わず** 身なりや態度を、いっさい気にかけない。一つのことに没頭して、はたから見た見苦しさなどは全く顧みない。do not care about how one looks 類似形にも振りにも構わず。

**なり-もの【▽生り物】** ①田畑にできるもの。②果物のなる木。果物。

**なり-もの【鳴(り)物】** ①楽器の総称。②一般に三味線以外の楽器の合奏で、囃子の別名。とくに歌舞伎などで、打楽器や笛ではやすこと。

**なりもの-いり【鳴(り)物入り】** ①芝居・歌舞などに楽器の伴奏を入れて拍子をとったり、にぎやかにすること。musical accompaniment ②大げさな宣伝。flourish of trumpets

**なり-ゆき【成(り)行き】** 物事が移り変わって行くようす・経過・結果。course; consequence 用例―を見守る。―次第。

**なりゆき-ちゅうもん【成(り)行き注文】** 委託売買などの注文で、価格をとくに指定せず、その時の相場にしたがった価格で売買をまかせるやり方。market order

**なりゆき-ねだん【成(り)行き値段】** 市場の相場の成り行きのままに成立した値段。market price

**なりわ【成羽】**〈町〉岡山県西部、高梁市西隣の町。旧城下町・宿場町。今は農業と商業中心。人口六八四九（一九八八）。

**なり-わい【▽生▽業】** ①生活のための職業。家業。calling; ocupation ②古語耕作のわざ。農業。また、その作物。用例―は天下の大きなる本なり（日本書紀・崇神）。

**なり-わた・る【鳴(り)渡る】**(五自) ①鳴ってあたり一面に伝わる。resound ②名声が広く伝わる。be widely known

**ナリン[nalline]** ↓ナロルフィン

**なる【▼奈留】**〈町〉長崎県五島列島、奈留島などからなる町。アジ・サバ・イカなどの漁業がさかん。人口五二〇八(一九八八)。

**な・る【▽生る】**(五自) 実ができる。bear fruit 用例 リンゴが—。

**な・る【成る】** 一(五自) ①あらたにできあがる。完成する。accomplish 用例 なせば—。②果たされる。be achieved 用例 功—・り名遂ぐ。③組み立てられている。全体がつくられる。consist of 用例 水は水素と酸素とから—。④将棋で、王将・金将以外のこまが敵陣に入って、働きが変わる。用例 歩が—。飛車が—。⑤《「為る」とも》…の状態に変わる。become 対義 する。用例 商人に—。美しく—。⑥《「為る」とも》役立つ。serve 用例 苦労が薬に—。ために—。⑦《「為る」とも》その時がくる。達する。come 用例 夜に—。春に—。⑧《「為る」とも》我慢する。許せる。bear 用例 言っては—・らない。負けて—ものか。二(補動)《「お(ご)…になる」の形で》他人の動作を尊敬する意を表す。用例 お書きに—。ご覧に—。

**成らぬ内が楽しみ**(ならぬうちがたのしみ) 成しとげようと努力しているときのほうが、達成してしまったあとよりも楽しみがある。類似 待つ間が花。

**成らぬ堪忍するが堪忍**(ならぬかんにんするがかんにん)《「堪忍の成る堪忍は誰もする、成らぬ堪忍するが堪忍」の上略》我慢できないところを我慢することが、ほんとうの堪忍である。The real test of endurance lies in bearing the unbearable.

**成るか成らずに**(なるかならずに) ①ある時刻・時期や状態などに、なるかならないうちに。用例 五歳に—両親を亡くした。②ある物事が達成するかしないかのうちに。

**成るは厭也、思うは成らず**(なるはいやなり、おもうはならず) 成就したものは気に入らず、いいと思うものは成就しない。物事が思うようにまとまらないことをいう。

**為る様に為る**(なるようになる)《あきらめの気持ちでいう》じたばた、また、くよくよしても結果は同じである。必然的ななりゆきになるものだ。Let nature take its course.

**な・る【鳴る】**(五自) ①音がする。音が出る。sound 用例 鐘が—。②名声・評判が世に広まる。resound 用例 厳格をもって—。③はりきる。うずうずする。itch for action 用例 腕が—。④音がしたように感じる。ring 用例 耳が—。

**な・る【慣る・▼馴る】** 古語 (下二自) ↓なれる(慣れる) ↓なれる(馴れる)

**なる** 文語的 (助動)《助動詞「なり」の連体形》①状態などを示す。…な。用例 遠大—計画。②所在を示す。…にある。用例 信濃の—善光寺。③名称を示す。…という。用例 石川某—男。

**なる-かみ【鳴神】** 一雷の古称。二歌舞伎十八番の一つ。『雷神不動北山桜』の一場から独立。安田蛙文ほか合作、現行のものは岡鬼太郎の改訂。寛保二年(一七四二)初演。朝廷を恨む鳴神上人が竜神を滝壺に封じこめ干魃を招くが、雲の絶間姫の誘惑に負け、雨が降る。

**なるかみ-の【鳴神の】**[枕ことば]《雷は音がすることから》「音」などにかかる。用例 —音のみ聞きし巻向の檜原の山を今日見つるかも(万葉・七・一〇九二)。

**ナルキッソス[Narkissosギリシア]** ギリシア神話の美少年。泉にうつる自分の容姿に恋いこがれて死に、スイセンの花と化した。ナルシシズムの語源。ナルシス。

**なる-こ【鳴子】** 作物を荒らす鳥獣を追い払う道具。小さな板に木片などを下げたものを縄で連ね、遠くから引いて鳴らし驚かす。引き板。clapper ↓写

● 鳴子

**なるこ【鳴子】**〈町〉宮城県北西部の町。鳴子・鬼首など五つの温泉と、鳴子峡などの景勝地に恵まれた観光の町。こけしが有名。人口一万一四三六(一九八八)。

**なるこ-すげ【鳴子▼菅】** カヤツリグサ科の多年草。渓流沿いにはえる。高さ約三〇cm。葉は淡緑色で線形。五月、数個の花穂が鳴子のように連なって下がる。

**ナルコチン[narcotine]** ノスカピンの旧称。

**なるこ-ゆり【鳴子▽百▽合】** 山地の林の下などにはえるユリ科の多年草。茎は円柱状で高さ約一m。葉は卵状披針形で約一五cm。五〜六月に緑白色の花を下垂。

**ナルコレプシー[narcolepsy]** 異常睡眠の一種。昼間は耐えがたい眠気により数分から数十分の睡眠に陥り、夜は睡眠障害が見られる病気。脳幹網様体の覚醒・睡眠調節機構の障害が原因といわれる。

**なるさわ【鳴沢】**〈村〉山梨県南部、富士吉田市西隣の村。キャベツ・ダイコン・高冷地花卉栽培がさかん。人口二五五五(一九八八)。

**ナルシシズム[narcissism]**《ギリシア神話のナルキッソスに由来》①精神分析で、リビドー(性的エネルギー)が自分自身に向けられた状態。自己愛。②《転じて》自己陶酔。

**ナルシス[Narcisseフランス]** ↓ナルキッソス

**なるしま-りゅうほく【成島柳北】**(一八三七〜八四) 漢詩人・随筆家・新聞記者。本名、惟弘。江戸の人。幕府の会計副総裁。のちに朝野新聞社長として鋭い文明批評を展開。『花月新誌』を創刊。漢文随筆集『柳橋新誌』など。

**なるせ【鳴瀬】**〈町〉宮城県東部、石巻湾に臨む町。キュウリなどの野菜栽培、カキ・海苔の養殖を行う。人口一万二一一六(一九八八)。

**なるせ-じんぞう【成瀬仁蔵】**(一八五八〜一九一九) 教育家。女子高等教育の開拓者。山口県生まれ。日本女子大学校を創立、初代校長をつとめた。

**なるせ-みきお【成瀬▼巳喜▽男】**(一九〇五〜六九) 映画監督。東京生まれ。作品『めし』『浮雲』など。

**なるたき-じゅく【鳴滝塾】** シーボルトが長崎の鳴滝に設けた診療所兼学塾。文政七年(一八二四)開設。シーボルト自ら臨床講義と自然科学全般の講義を行い、高野長英ら多数の蘭学者を育成。

**なる-たけ【成る丈】**(副) できるだけ。なるべく。なるだけ。as… as possible

**ナルテックス[narthex]** 初期のキリスト教教会堂の回廊に囲まれた前庭に続く正面入り口の間。ざんげをする人または洗礼希望者のたまり場であった。

**なる-と【鳴▽門・鳴戸】** ①潮のみちひきのとき、流れがうずまいて鳴りひびく瀬戸。②「鳴門巻き」の略。③「ナルトミカン」の略。

**なると【鳴▽門】**〈市〉徳島県北東端、鳴門海峡に臨む市。中心の撫養は港町として発展。ワカメが特産。四国八十八か所一番札所霊山寺がある。人口六万五三七六(一九八八)。

**なるとう【成東】**〈町〉千葉県、九十九里平野にある町。稲作・落花生・野菜栽培などがさかん。モウセンゴケなど多種の食虫植物自生地がある。人口二万一五一六(一九八八)。

**なると-かいきょう【鳴▽門海峡】** 兵庫県淡路島南西端と徳島県鳴門市の間の海峡。幅一三五〇m。潮流が最大一〇ノットと速く、渦潮が有名。大鳴門橋が架かる。

**なると-まき【鳴▽門巻(き)】** かまぼこの一種。赤く着色した魚のすり身を白いすり身で巻いて蒸したもの。切り口に赤い渦巻きが見える。鳴門。

**なると-みかん【鳴▽門▼蜜▼柑】** ナツミカンの一種。淡路島原産。四〜七月に熟す。果実はやや酸味が強く、種子が多い。ナルト。

**ナルビク[Narvik]** ノルウェー北部、ベスト湾の湾奥にある港湾都市。不凍港で、スウェーデンのキルナ・エリバレの鉄鉱石の積み出し港。人口一・九万(一九八〇)。

**なるひと-しんのう【▽徳▽仁親王】**(一九六〇〜) 平成の皇太子。昭和三五年(一九六〇)二月二三日誕生。幼称浩宮。平成二年(一九九〇)立太子礼が行われる。

**なる-べく【成(る)▽可く】**(副) できるだけ。できるかぎり。なるたけ。as… as possible 用例 —早く来てください。—そうしない方がいい。

**なる-ほど【成(る)程】** 一(副) まことに。ほんとに。いかにも。indeed 二(感) 同意する意を表す。また、あいづちとしても用いる。I see.

**なれ【慣れ】** 慣れること。経験を積むこと。習熟。get accustomed to 用例 何事も—が大切だ。試合—。

**なれ【▼汝】** 古語 (代) おまえ。用例 朝井堤に来鳴く貌鳥—だにも(万葉・一〇・一八二三)。

**なれ-あ・う【▼馴(れ)合う】**(五自) ①親しみ合う。be intimate with ②悪だくみをするためにしめしあわせる。ぐるになる。conspire with

**ナレーション[narration]** ①語ること。語り。②舞台や場面などの進行を補う解説。③話術。話法。

**ナレーター[narrator]** 語り手。舞台や場面などの進行や解説をする人。

**なれこ-まい【▼馴(れ)子舞・▼馴(れ)▽講舞】** ①社寺の前を通る旅人が、手向けとして舞った舞。②親睦のため、寄り集まって歌舞を行い宴を開くこと。また、その舞。

**なれ-ずし【▼馴(れ)▼鮨・▽熟(れ)▼鮨】** 魚とご飯を重ねて漬けて、発酵させたすし。滋賀県のふなずし、青森県のにしんずしなど。

**なれ-そ・む【▼馴れ初む】** 古語 (下二自) なれ始める。なじみとなる。恋仲になる。用例 わたるとなしに身—・めけん(古今・恋五)。

**なれ-そめ【▼馴(れ)初め】** 恋し合ったはじめ。beginning of love

**なれっ-こ【慣れっこ】** すっかり慣れていること。familiarity

**なれ-ど**(接続) けれども。であるが。しかし。「なれども」

**なれ-ども**(接続) けれども。しかし。なれど。

**なれなれ-し・い【▼馴れ▼馴れしい】**(形) ①心やすそうだ。familiar ②礼儀も知らず、遠慮がない。ぶしつけだ。over familiar 派生 なれなれしげ(形動) なれなれしさ(名)

**なれ-の-はて【成れの果て】** おちぶれた結果。the wreck of one's former self

**な・れる【▼馴れる】**(下一自) ①親しみなつく。be intimate with 用例 人に—・れた犬。②珍しく思わないようになる。なじむ。become familiar with 用例 見—・れた人。③《「狎れる」とも》親しみすぎて礼を欠く。get too familiar with

**な・れる【慣れる】**(下一自) ①何回も繰り返したり、経験したりして、ふつうの気持ちでいられる。be accustomed to 用例 ひとり暮らしに—。先輩の悪口にも—・れた。②熟達する。become skillful 用例 仕事に—。自動車の運転に—。—・れた手つき。③使い続けているうちに、具合の悪いところがなくなる。become comfortable 用例 靴が足に—。

**な・れる【▽熟れる】**(下一自) ①混じり合って味がよくなる。熟成する。become seasoned 用例 よく—・れたすし。②衣服が古くよれよれになる。worn out 用例 —・れた服。

**ナロード[naródロシア]** 民衆。農民。用例 'V NARÓD!' と叫び出づるものなし(呼子と口笛・石川啄木)。

**ナロードナヤ-さん【ナロードナヤ山】**(Gora Narodnaya) ソ連、ロシア共和国中部、ウラル山脈北部の高峰。標高一八九四m。トナカイの牧場がある。

**ナロードニキ[narodnikiロシア]**《人民主義者、の意》一九世紀後半ロシアの革命運動の一派。農村共同体(=ミール)を基礎とする独自の共同体社会主義を主唱。「人民の中へ」運動から、テロリズムを容認する「人民の意志」派に発展。

**ナロルフィン[nalorphine]** 麻薬の一つ。モルヒネその他各種の麻薬に拮抗作用がある。麻薬の急性中毒の治療などに用いる。ナリン。

**なわ【縄・▽索】** ①わら・麻などをより合わせて、細長くし、縛ったり測ったりするのに使う具。rope ②罪人を縛る具。policeman's rope 数え方 一筋・一条・一本・一把。

**御縄を頂戴する**(おなわをちょうだいする)《罪人が、しばる側の役人を敬っていう》捕縛される。御縄を戴く。

**縄に掛かる**(なわにかかる) 犯罪人がつかまる。be arrested

**縄を入れる**(なわをいれる) 土地の測量のために、なわをはる。

**縄を打つ**(なわをうつ) ①罪人などを、縄をかけてしばる。arrest ②田畑を測量する。measure

**縄を掛ける**(なわをかける) ①物を縄でしばる。また、荷造りする。tie up with a rope ②罪人などをつかまえて、縄でしばり上げる。縄を打つ。arrest

**なわ【名和】**〈町〉鳥取県西部、大山北麓にある町。ブロイラーの飼育がさかん。名和神社は桜の名所。人口八四七七(一九八八)。

**なわ-あみ【縄編(み)】** 棒針編みの技法の一種。左右の編み目を交差させて、縄のよ

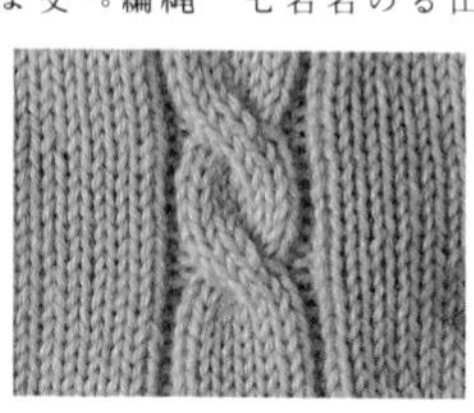
● 縄編み



↓ 行き先項目、図版・写真参照印。 JIS 日本工業規格情報交換用漢字符号コード(区点コード)。

うな捻れ合った組紐の模様を表現する。cable stitch →写

**なわ-しろ**【苗代】イネの種をまいて苗を育てる田。水苗代・畑苗代・折衷苗代などがある。苗代田。なえしろ。苗床。対義本田。

**なわしろ-いちご**【苗代▼苺】原野に自生するバラ科の落葉低木。茎の長さ約一・五m。葉は三枚の小葉からなる複葉。春に、淡紅色の五弁花が咲き、果実は赤熟して食用となる。日本全土に分布。サツキイチゴ。

**なわしろ-ぐみ**【苗代▼茱▼萸・苗代▼胡▼頽▽子】グミ科の常緑低木。高さ約二・五m。秋に開花し、果実は翌年の初夏に赤く熟し、食用となる。コタイシ。

**ナワ-ぞく**【ナワ族】ナワトル語を話す部族の総称。メキシコ中央高原を中心に居住。かつては狩猟、現在はトウモロコシ農耕に従事。Nahua

**なわ-つき**【縄付(き)】捕らえられたこと・人。罪人。criminal

**なわ-て**【▼畷・縄手】①まっすぐな長い道。long straight road ②畔道。たんぼ道。a footpath between rice fields

**なわ-とび**【縄跳び・縄飛び】回る縄を跳ぶ運動または遊び。自分で縄を回して一人で跳ぶものと、二人が両端をもって回し、他が跳ぶものなどがある。skipping rope

**なわ-ながとし**【名和長年】(?～一三三六) 南北朝時代の武将。伯耆国の名和の豪族。後醍醐天皇の隠岐脱出を援助し、建武政権で重用されたが、九州から再上洛する足利尊氏を京都で迎撃し敗死。

**なわ-ぬけ**【縄抜け】縛られた縄から抜けて、逃げること・人。また、その奇術。slip one's bonds

**なわ-のび**【縄延び】(名・サ変自) 土地台帳記載の面積よりも実際の面積のほうが多いこと。また、その増し分。本来は、検地に関する用語。竿延び。

**なわのり-の**【縄▽海▼苔の】[枕ことば]《「なわのり」は、海藻のウミゾウメンという。頭音が韻を踏むことから》「名」などにかかる。用例大海の沖に生ひたる——名はさね告らじ恋ひは死ぬとも(万葉・一二・三〇八〇)。

**なわ-のれん**【縄▽暖▼簾】①竹などを横棒にして、そこに縄を幾筋も垂らしてつくった暖簾。②縄暖簾を下げた居酒屋、一膳飯屋などの通称。

**なわ-ばしご**【縄▼梯子】縄で作り、一方のはしのかぎをひっかけて使うはしご。ropeladder

**なわ-ばり**【縄張(り)】①土地などに縄を張り回して境を定めること。②建築のさい、建物の位置を定めるため、図面通りに敷地に縄を張ること。rope off ③博徒・やくざ・暴力団などの親分の勢力範囲。④学問などの専門分野・領域。territory ⑤動物の個体あるいは集団が占有して生息する領域・領分。テリトリー。territory

**なわ-め**【縄目】①縄の結び目。knot ②縄で縛られること。arrest 用例——の恥。

**ナン**【男】7画 部首[田] 教育小1 JIS 3543
音ダン・ナン
訓おとこ
筆順↓ダン[男]
①おとこ。おのこ。お。対義女。「下男・善男善女・美男・老若男女」②むすこ。おとこの子。せがれ。対義女。「一男一女・三男・次男・長男」↓ダン[男]

**ナン**【南】9画 部首[十] 教育小2 JIS 3878
音ナン・ナ・ダン
訓みなみ
南 南 南 南 南
みなみ。みなみの方角。対義北。「東南」「南極・南蛮・南風・南洋」↓ナ[南]

**ナン**【納】10画 部首[糸] 教育小6 JIS 3928 【▼納】10画 旧字
音ノウ・ナッ・ナ・ナン・トウ・ド
訓おさめる・おさまる
筆順↓ノウ[納]
いれる。おさめる。いれておく。「納戸」↓トウ・ナ・ナッ・ノウ[納]

**ナン**【軟】11画 部首[車] 常用 JIS 3880 【▼輭】16画 異体字
音ナン・ゼン・ネン
訓やわらか・やわらかい
①やわらか。やわらかい。類似柔。対義硬。「柔軟」「軟化・軟禁・軟弱」②男女間のことを主にしたもの。「軟派・軟文学」

**ナン**【▼喃】12画 部首[口] JIS 5139 【▼諵】16画 部首[言] 異体字
音ダン・ナン
①しゃべる。かたる。ぺちゃくちゃはなす。また、その声。「喃々」②のう。もしもし。よびかける声。

**ナン**【▼楠】13画 部首[木] 人名用 JIS 3879
音ダン・ナン
クスノキ。クスノキ科の常緑高木。くす。

**ナン**【難】18画 部首[隹] 教育小6 JIS 3881 【▼難】19画 旧字
音ナン・ダン・ダ・ナ
訓かたい・むずかしい
難 難 難 難 難 難
①むずかしい。かたい。対義易。「困難」「難解・難渋・難題・難点」用例(名)易より——へ。《接頭的》——問題。《接尾的》住宅——。②くるしむ。くるしみ。わざわい。「苦難・災難・多難・盗難」「難破」用例(名)——をのがれる。③なじる。せめる。「非難・論難」④欠点。「難点」用例(名)——をいえば。

**難に臨んで遽かに兵を鋳る**《敵に攻められてから武器をつくる、の意から》危険がせまってから、あわてて準備をしても間に合わない、という戒めの語。類似盗人を見て縄を綯う。

**難を構える** 物事をむずかしくする。

**なん**【何】(代)「なに」の転。

**なん** 古語(係助・終助)↓なむ

**ナン**【nahn ヒンデイー】インドのパン。小麦粉を練って大きな楕円形にのばし、かまどの内側の壁にはりつけて焼く。

**なん-ア**【南ア・南▼阿】①南アフリカ(阿弗利加)の略称。South Africa 用例——戦争。②南アフリカ共和国の略称。

**なんア-きょうわこく**【南ア共和国】南アフリカ共和国の略称。

**なんア-せんそう**【南ア戦争】一八九九年イギリスによる南アフリカ侵略戦争。ボーア人系のトランスバール共和国支配を企図したイギリスに対し、同国はオレンジ自由国と同盟して抵抗したが、一九〇二年降伏。両国ともその植民地となった。ボーア戦争。ブール戦争。the Boar War

**なんア-れんぽう**【南ア連邦】南アフリカ共和国の旧称。

**なん-い**【南緯】赤道を零度とし、南極を九〇度として測った、南半球上の位置・緯度。south latitude 対義北緯。

**なん-い**【難易】①むずかしいことと、やさしいこと。hardness and easiness ②むずかしさ。difficulty

**なん-えつ**【南越】中国、秦の南海郡尉趙佗が広東・広西からベトナム北部地方を支配下におさめ、紀元前二〇三年に建てた国。番禺(広東)に都し、南海貿易で利をあげ栄えたが、前一一一年漢により滅亡。

**なん-エックスせん**【軟X線】波長が長く、薄い空気層でも容易に吸収されるほど透過能が小さいX線。波長領域は数千～数十マイクロメートルである。soft X-rays

**なん-えん**【南▼燕】中国、五胡十六国の一国。鮮卑の慕容徳が三九八年に建国。四〇〇年に帝位についたが、四一〇年、二代にして東晋の劉裕に滅ぼされた。

**なん-おう**【南欧】ヨーロッパの南部。南部フランス・スペイン・イタリア・ギリシアなど。南ヨーロッパ。Southern Europe 対義北欧。

**なん-か**【南下】(名・サ変自) 南方へ進むこと。go south 対義北上。

**なん-か**【南▼柯】南にさし出た枝。

**南柯の夢**《唐の淳于棼が庭の大木の下に寝て、二〇年の間国を治めた夢を見たという故事から》夢のようにはかないこと。

**なん-か**【軟化】(名・サ変自) 対義硬化。①やわらかくなること。soften ②態度などがおだやかになること。soften ③相場が下がりぎみになること。weaken

**なん-か**【軟貨】対義硬貨。①鋳造貨幣以外の通貨。紙幣。さつ。bill米; note英 ②国際金融上、金または金に裏づけられた外国通貨(とくに米ドル)と自由に交換できない通貨。soft currency

**なん-か**【何か】(副助)《「なにか」の転》ある事物を取り立てて、軽視・無視する意を表す。用例あの人——どうでもよい。

**なん-が**【南画】①江戸中期に始まる中国、明・清代絵画の影響を受けた画派の絵の総称。南宗画を源泉とし、独自な展開をみせた。文人画とよばれることもある。画家に池大雅・与謝蕪村など。②南宗画の略称。中国山水画の一様式。北宗画または北画に対する名称。↓写

**なん-かい**【南海】①南の海。southern sea ②「南海道」の略。用例——の雄。

**なん-かい**【難解】(名・形動) わかりにくいこと・さま。むずかしいこと・さま。difficulty 対義平易。

**なんがい**【南外】〈村〉秋田県中南部、大曲市西隣の町。稲作を中心にタバコ栽培・肉牛飼育などを行う。人口五三四六(一九八八)。

**なんかいききないほうでん**【南海寄帰内法伝】中国、唐代の僧義浄の著。広州から船でインドに留学、その帰途スマトラのシュ

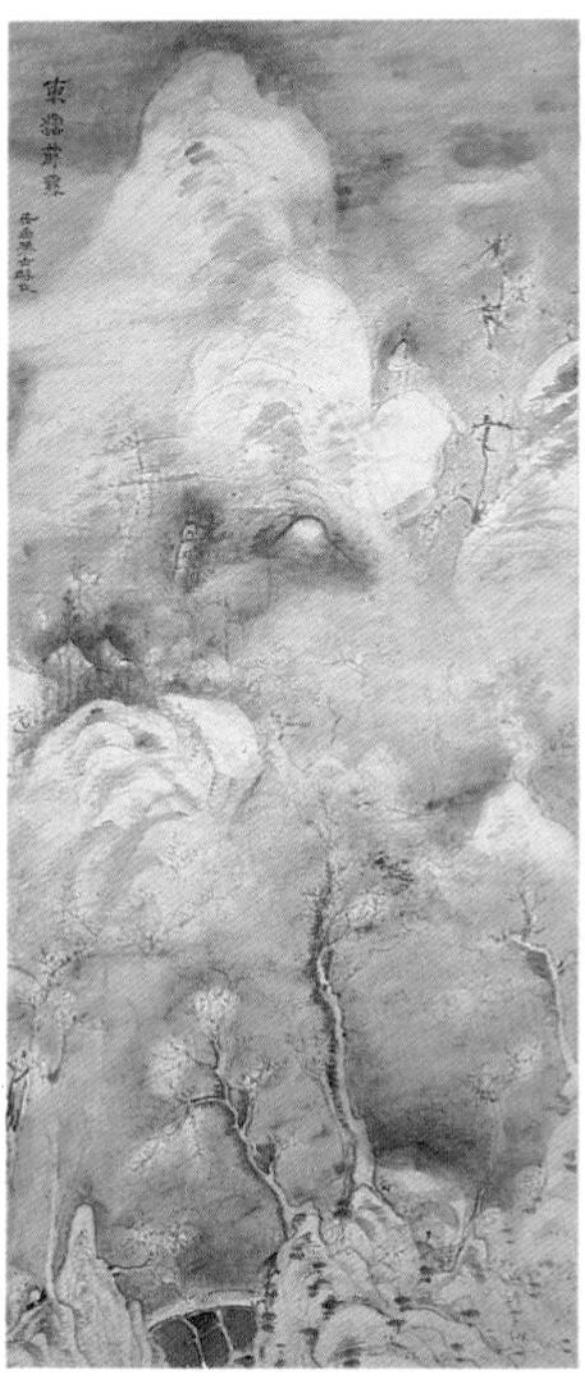

●南画①

池大雅『十便帖』「眺便図」。明和八年(一七七一)、川端記念会(神奈川県)。

与謝蕪村『十宜帖』「宜春図」。明和八年(一七七一)、川端記念会。

浦上玉堂『東雲篩雪図』。文化七年(一八一〇)ごろ、川端記念会。

▼常用漢字表外。　▽常用漢字表の音訓外。

リービジャヤに滞在して著した、インド・東南アジアの見聞記。南海寄帰伝。

**なんかい-じしん【南海地震】** 昭和二一年(一九四六)、潮岬沖を震源とし中部以西をおそった大地震。マグニチュード八・一。死者と行方不明者一四三二名。

**なんかい-かいじん【南懐仁】** ベルギーのイエズス会士フェルビーストの中国名。

**なんかい-でんきてつどう【南海電気鉄道(株)】** 大阪市難波を起点に、大阪府南部や和歌山県に路線をもつ鉄道会社。営業キロ数一六四・七km。明治二八年(一八九五)設立。

**なんかい-どう【南海道】** 七道の一つ。紀伊・淡路・阿波・讃岐・伊予・土佐の六か国。南海。

**なんかい-トラフ【南海トラフ】** フィリピン海プレートが、日本列島の下にもぐりこむことによる小規模な海溝。日本の南岸沖に、日本列島に沿って存在。

**なんがく-えじょう【南岳▽懐譲】**(六七七～七四四) 中国、唐代の禅僧。六祖慧能の門下の偉才で、日常生活に即した独自の禅風をたてた。

**なんがく-は【南学派】** 江戸初期、土佐におこった朱子学派。室町末期、南村梅軒が創始、門流に谷時中・野中兼山・山崎闇斎らがある。海南学派。海南朱子学。

**なんか-さいばい【軟化栽培】** 光を当てずに生育させ、根や茎が白くやわらかい野菜を得る栽培法。blanching culture

**なんかしんきょう【南華真経】**『荘子』の別称。

**ナンガ-パルバット【Nanga Parbat】** ヒマラヤ西部、カシミールにある、パンジャブヒマラヤの最高峰。標高八一二六m。

**なん-かん【難関】** ①通りにくい関所・所。barrier ②切り抜けるのに苦しい場面・事柄・事態。difficulty

**なん-かん【南漢】** 中国、五代十国の一国。後梁の南海王劉隠の弟劉龑が九一七年に建国。大漢と号した。交趾・占城を征し、南海貿易の利を収め威をふるったが、内紛や宦官の専横により乱れ、九七一年宋に滅ぼされた。

**なんかん【南関】**〈町〉 熊本県北西部の町。旧宿場町。古来交通の要地で、関所が置かれた。米・野菜栽培のほか、そうめんの生産がさかん。人口一万二八二九(一九八八)。

**なん-き【南紀】** 紀伊半島の南部の称。

**なん-ぎ【難儀】**(名・形動・サ変自) ①むずかしいこと・さま。めんどう。difficulty ②苦しむこと・さま。なやみ。迷惑。affliction

**なん-きつ【難詰】**(名・サ変他) 欠点をあげて、なじること。blame

**なんき-ぶんこ【南▼葵文庫】** 徳川頼倫が東京都港区麻布の自邸に旧紀州徳川家収蔵の図書を中心に設立、明治四一年(一九〇八)公開。現在は東京大学図書館所蔵の特殊文庫の一つ。

**なん-きゅう【軟球】** 軟式野球・軟式庭球などで用いる、軟らかく軽いゴム製のボール。soft ball; rubber ball 対義 硬球。

**なん-きゅう【難球】** 球技で、処理しにくいたま。用例 ―を軽くさばく。

**なん-きょう【難境】** むずかしい境地。苦境。

**なん-ぎょう【難行】** つらい修行。多く仏教の修行にいう。penance 対義 易行。

**なんぎょう-くぎょう【難行苦行】** ①種々のつらさ・苦しさに耐えて行う修行。多く仏道修行にいう。asceticism ②非常に苦労すること。hardship

**なんぎょう-どう【難行道】**《仏教語》自力で修行して、悟りに達する方法。対義 易行道。

**なんきょく【南曲】** 中国、明代中期以降に盛行した戯曲。北方の元曲を北曲とよぶのに対し、南方系音楽を基調とするので南曲という。明・清時代の脚本はふつう伝奇とよばれる。南宋のころ浙江省の民間に起こる。明初に高明の「琵琶記」が出て隆盛、「崑曲」が創始され南曲の主流となる。影響は清代後期の演劇にまでおよんだ。南戯・戯文・明曲ともいう。

**なん-きょく【南極】** 対義 北極。①南極点。South Pole ②地球の自転軸の南への延長が天球と交わる一端。③磁石の南方をさす端。④南極圏。⑤南極大陸とその付属諸島。Antarctic Continent

**なん-きょく【難曲】** 歌いにくい、また、演奏しにくい、むずかしい楽曲。difficult tune

**なん-きょく【難局】** さばきにくい場合・できごと。difficult situation 用例 ―打開。

**なんきょく-あざらし【南極▽海▼豹】** 南極周辺に生息するアザラシ類。ウェッデルアザラシ・ヒョウアザラシ・カニクイアザラシ・ロスアザラシ・ミナミゾウアザラシの五種がある。

**なんきょく-おきあみ【南極沖▼醤▼蝦】** 南氷洋に多いエビに似た甲殻類。体長約五cm。ヒゲクジラ類などの主食。

**なんきょく-かい【南極海】** 南極大陸をとり囲み、太平洋・インド洋・大西洋の南緯五〇～六〇度以南の海域。冬期は海氷におおわれる。南氷洋。Antarctic Ocean

**なんきょく-かんそく【南極観測】** 一九五七～五八年の国際地球観測年を契機としてはじめられた南極地域の観測。超高層大気現象研究への貢献と未知の大陸の解明という立場から取り組まれている。Antarctic research

**なんきょく-かんそくきち【南極観測基地】** 南極大陸やその周辺の自然現象などを国際協同観測するために設けられた基地。日本の昭和基地のほか、アメリカ・ソ連・フランス・イギリス・アルゼンチンなど一三か国の基地がある。

**なんきょく-く【南極区】** 動物の生物分布の一区分。南緯五〇度以南の海域と南極大陸を含み、クジラ類・アザラシ類・ペンギン類などがすむ。

**なんきょく-けん【南極圏】** 南極を中心に、南緯六六度三三分の緯線とその南の地域。夏至には太陽が一日以上地平線上に現れず、冬至には太陽は没しない。Antarctic Circle 対義 北極圏。

**なんきょく-じょうやく【南極条約】**(Antarctic Treaty) 一九五九年に日本・アメリカ・ソ連など一二か国が締結した、南極の領土権や平和利用についての条約。一九八七年現在、加盟三五か国。

**なんきょく-しょくぶつくけいかい【南極植物区系界】** 植物区系界の一つ。南半球の高緯度地方を含む。高等植物の種類は少なく、寒帯草本のカヤツリグサなど百数十種。Antarctic floral kingdom

**なんきょく-せい【南極星】** 中国の伝説で、人の寿命をつかさどるという星。竜骨座のα星カノープスの別名。

**なんきょく-たいりく【南極大陸】** 南極点を中心に広がる大陸。東半球側は古生代初期に形成された楯状地。西半球側は環太平洋造山帯の一部でアンデス山脈に連なる若い褶曲山地。推定面積約一三六〇万km²。大陸のほとんどは厚い氷河におおわれている。気候は寒冷。Antarctica

**なんきょく-てん【南極点】** 南緯九〇度の地点。地軸が地球南端の地表面と交わるところ。the South Pole 対義 北極点。

**なんきょく-はんとう【南極半島】**(Antarctic Peninsula) 南緯七五度付近から北に南緯六三度一五分の間に伸びる細長い半島。太平洋と大西洋を分ける。

**なんきょく-ろうじん【南極老人】** ①南極星の異称。②寿老人の別称。

**なんきん【南▽京】** ①(Nánjīng)中国、江蘇省の省都。揚子江右岸に沿う重化学工業都市。古く、呉・東晋・南朝の国都とされ、明代には国都北京に対して副都南京とよばれた。近代にも、辛亥革命の臨時政府、国民党政府などの所在地となる。人口二一二〇・七万(一九八四)。②カボチャ。トウナス。pumpkin ③《接頭的》昔、中国・東南アジア方面から渡来したものであることを表す語。用例 ―ネズミ。―米。

**なん-きん【軟禁】**(名・サ変他) 身体は自由にし、外部との接触を禁ずること。informal confinement 比較 監禁。

**なんきん-こくみんせいふ【南▽京国民政府】** 一九二七年四月、蔣介石が上海クーデターによって国民党右派と南京に樹立した政府。九月には左派の武漢政府を吸収し、翌年列国に承認された。

**なんきん-こざくら【南▽京小桜】** ハクサンコザクラの別名。

**なんきん-じけん【南▽京事件】** ①中国南京で、北伐中の一九二七年三月に起きた国際事件。南京撤退中の北方軍閥軍が外国領事館・居留地を攻撃、これに対しイギリス・アメリカ軍艦が市内を砲撃した。②昭和一二年(一九三七)南京を占領した日本軍による略奪虐殺事件。

**なんきん-じょう【南▽京錠】** 箱形の錠前。棒状や曲がったかんぬきの一方を箱に押し込むと、かけ金がかかり、錠が締まる。巾着錠。西洋錠。padlock ↓写

● 南京錠

**なんきん-じょうやく【南▽京条約】** 阿片戦争の結果、一八四二年南京でイギリス・清両国間に結ばれた条約。清はイギリスに対し、香港の割譲、広州など五港の開港、公行制度の廃止、賠償金支払いなどを承認。中国の半植民地化の発端となった。江寧条約。

**なんきん-せいふ【南▽京政府】** ①一九一二年成立の孫文を臨時大総統とする中華民国臨時政府。②一九二七年以降の蔣介石を首班とする国民政府。③一九三八～四〇年の梁鴻志を首班とする維新政府。④一九四〇～四五年の汪兆銘を首班とした国民政府。

**なんきん-だま【南▽京玉】** 首飾りや指輪などの材料にする、ガラス・陶器の小さい玉。glass beads

**なんきん-たますだれ【南▽京玉▼簾】** 手品の一つ。すだれ状の竹細工を、独得の口上をいいながらあやつって、いろいろな形を作る芸。↓写

**なんきん-ねずみ【南▽京▼鼠】** 実験・愛玩用に飼われる小形のネズミ。ハツカネズミの飼育変種。体長約七cm。生後約二か月で繁殖が可能。中国原産。

**なんきん-はぜ【南▽京▽黄▼櫨】** トウダイグサ科の落葉高木。葉は菱状卵形。初夏、総状に黄色の小花を開く。秋、果実は熟して開裂、種子を出す。種子のまわりの脂肪と種子をしぼった油脂をろうそく・せっけんなどの原料に用いる。ウキュウ。

**なんきん-ばと【南▽京▼鳩】** 家禽のハトの一品種。小形で、羽色は灰白色。中国原産。

**なんきん-まい【南▽京米】** 東南アジアや中国から輸入された米の俗称。

**なんきん-まめ【南▽京豆】** ↓らっかせい(落花生)

**なんきん-むし【南▽京虫】** ①トコジラミの別称。人畜の血を吸う。②《俗語》女性用小形の外国製時計。

**なん-く【難句】** わかりにくい俳句・文句。difficult phrase

**なん-くせ【難癖】** 悪い点。欠点。fault
**難癖を付ける** わざと欠点を見つけ出して、あれこれ言う。難癖付ける。find fault with

**なん-くん【難訓】** ①読み方がむずかしいこと。②漢字の訓読みがむずかしいこと。

**なん-け【南家】** 藤原四家の一つ。藤原不比等の長男、武智麻呂の子孫の家系。参照 藤原四家。

**なん-けん【難件】** 処理・解決のむずかしい事件。difficult case

**なん-げん【南限】** 生物が生息・繁殖できる南方の限界。the southern limit 用例 リンゴ栽培の―。

**なん-こ【何個・▽蔵・▼鉤】** 子どもの遊びの一つ。二人以上の者が小石などを握り、何個持っているか数を当てる。中国の漢時代に起こり、平安ごろ伝来。広く普及した。

**なん-ご【▼喃語】**(名・サ変他) ①ぺちゃくちゃしゃべること。chatter ②男女が仲よくささやき語ること。むつごと。lovers' talk ③《babblingの訳語》乳児が生後二～三か月から

● 南京玉簾

↓ 行き先項目、図版・写真参照印。 JIS 日本工業規格情報交換用漢字符号コード(区点コード)。

発するアーアーとかブブブというような繰り返し音。言語音の習得に先立って生理的に発せられる音声。

**なん-ご【難語】** わかりにくいことば。difficult word

**なん-こう【軟▼膏】** 脂肪・ワセリン・ろう・樹脂・高級アルコールを基剤に薬物を配合し、皮膚への塗布が容易なようにやわらかくつくった半固形の外用剤。皮膚の保護・炎症の緩和などの目的に用いる。ointment [対義]硬膏。[用例]ペニシリン―。

**なん-こう【軟鋼】** 炭素含有量が〇・一三〜〇・二〇%の炭素鋼。焼き入れはできない。船舶・車両用外板・亜鉛鉄板などに用いる。炭素量〇・一二%以下を極軟鋼、〇・二一〜〇・三五のものを半軟鋼という。mild steel [参照]硬鋼。

**なん-こう【難航】**(名・サ変自) ①むずかしい航海。rough voyage ②交渉・会議などの進行がはかどらないこと。tough going

**なんこう【南光】**〈町〉兵庫県西部、千種川に沿う町。農林業のほか、繊維・鉄工・電機などの工業がある。人口五〇九七(一九八八)。

**なん-こう【▼楠公】** 楠木正成の敬称。

**なんごう【南郷】**〈町〉宮城県北部、鳴瀬川下流の町。農業経営の先進地。稲作がさかん。イトミツバが特産。人口七九五七(一九八八)。

**なんごう【南郷】**〈町〉宮崎県南部、日南・串間両市の間の町。ミカン栽培中心の農業と漁業を営む。人口一万四一五〇(一九八八)。

**なんごう【南郷】**〈村〉青森県南東部、八戸市南隣の村。稲作のほか、果樹・タバコの栽培がさかん。人口七六〇五(一九八八)。

**なんごう【南郷】**〈村〉福島県南西部、伊南川に沿う村。稲作・トマト栽培などを行う。特産に茶櫃がある。人口三五五三(一九八八)。

**なんごう【南郷】**〈村〉宮崎県中北部、西都市北隣の村。茶・シイタケ・クリの栽培、肉牛の飼育を行う。人口三四五〇(一九八八)。

**なん-こうがい【軟口▼蓋】** 口蓋で、硬口蓋の後方の軟らかい部分。口腔と鼻腔の仕切りに口蓋垂があり、嚥下時に鼻孔をふさいで食物が鼻腔に入るのを防ぐ。soft palate; velum [対義]硬口蓋。

**なんこうがい-おん【軟口▼蓋音】** 音声学で調音位置による子音の分類の一つ。軟口蓋と後舌を用いてつくる。[k][g][x][ŋ][w]など。velar

**なんこう-ふらく【難攻不落】** 攻めるのがむずかしく、なかなか落ちないこと。impregnability [用例]―の城。

**なんこう-ほくてい【南高北低】** 日本付近の夏型の気圧配置。太平洋高気圧が広く日本付近をおおい、日本海の北部と大陸側が低圧部となる。

**なんこく【南国】**〈市〉高知県、高知平野東部の市。中心は後免。米の二期作発祥地。野菜の促成栽培がさかん。オナガドリの飼育地。人口四万七六四三(一九八八)。

**なん-ごく【南国】** 南方の国。southern country [対義]北国。

**なんごく-じょうちょ【南国情緒】** 南国らしい、明るくて、刺激の強い風光、特有の植物などのかもす気分。南国じょうしょ。southern atmosphere

**なん-こつ【軟骨】** 脊椎動物の骨のうち、やわらかく弾性に富む骨。骨格系を形成する支持組織の一つ。軟骨細胞と軟骨基質からなる。cartilage [対義]硬骨。

**なんこつ-ぎょ【軟骨魚】** 脊椎動物の一綱。サメ・エイ類など。骨格は軟骨からなり、うろこは楯状で、雄には交尾器があり、うきぶくろがない点などが硬骨魚と異なる。cartilaginous fish

**なんこつ-しゅ【軟骨▼腫】** 軟骨にみられる良性腫瘍。または増殖して軟骨状になった良性腫瘍。外傷が誘因となって発生することがある。chondroma

**なんこつ-そしき【軟骨組織】** 軟体動物の頭足類や脊椎動物にみられる支持組織の一種。きわめて弾力性に富み、軟骨細胞と軟骨基質とからなる。cartilage tissue

**なんさ-ぐんとう【南▼沙群島】** 南シナ海中部の珊瑚礁群。中国に属するが、フィリピン・ベトナムも領有権を主張。水産資源が豊富。ナンシャー群島。

**なん-ざん【南山】** ①南方の山。②高野山。③中国の終南山のこと。④長生きを祝う語。

**南山の寿** 長命を祝う語。

**なん-ざん【難産】**(名・サ変自) ①困難な出産。difficult delivery [対義]安産。②物事がたやすくできないこと。difficulty

**難産、色に懲りず** 苦しかったはずなのに、また繰り返して同じことをする。[類似]のど元過ぎれば熱さを忘れる。

**なん-し【難死】**(名・サ変自) 災難で死ぬこと。無意味な死。

**なん-し【南支】** 現在の中国の華南。南支那。

**なん-じ【何時】** 時刻を問うとき、また時刻を特定しないで言うときに用いる語。いくじ。what time [用例]―になっても帰らない。

**なん-じ【難字】** 読み書きのむずかしい文字。

**なん-じ【難事】** 処理のむずかしい事柄。difficult things

**なん-じ【難治】** ↓なんち(難治)

**なんじ【▼汝・▼爾・▽女】**(代)《「なむぢ」の転。同年ぐらいか年下に使う》おまえ。な。なれ。thou

**汝の敵を愛せよ**《新約聖書『マタイによる福音書』『ルカによる福音書』にあることば》自分に悪意や敵意を抱く者をこそ愛しなさい。より難しいことを、自ら求めて行えば、受ける報いも大きく、また、自分自身も高められる、という教えを背景とした語。

**汝の隣人を愛せよ**《西洋のことわざ》自分のまわりにいる人々を愛せよ。「己のごとく」に続き、あとに「されど垣根を取りのぞくなかれ」と続く。それらを含めると、なれなれしくなりすぎて、かえって仲が悪くなることへの警句。Thou shalt love thy neighbor as thyself.

**汝、自らを知れ**《ギリシアの格言》自らの無知をさとったうえで、真の知識を得よ。know thyself

**ナンシー【Nancy】** フランス北東部の商工業都市。ロレーヌ地方の文化・商工業の中心。人口九・九万(一九八二)。

**なん-しき【軟式】**「軟式野球」「軟式テニス」などの略。[対義]硬式。

**なんしき-テニス【軟式テニス】** 日本で考案された、軟球を用いるテニス。コートの大きさは硬式と同じで、種目はダブルスのみ。

**なんしき-やきゅう【軟式野球】** 軟球を用いる日本独特の野球。硬式より安全度が高く、一般に普及。

**なん-しちょう【難視聴】** テレビなどが見えにくかったり聞きにくかったりすること。[用例]―地区。

**なん-しつ【軟質】** やわらかな性質。soft

**なんしつ-ゴム【軟質ゴム】** ふつうの軟らかいゴム。soft rubber [対義]硬質ゴム。

**ナンシャー-ぐんとう【ナンシャー群島・南▼沙群島】**(Nánshā) ↓なんさぐんとう(南沙群島)

**なん-じゃく【軟弱】**(名・形動) ①やわらかい こと・さま。soft [用例]―なグラウンド。②弱々しいこと・さま。弱気。weak-kneed [対義]強硬。[用例]―外交。

**なんじゃ-もんじゃ** 関東地方で、その近辺にはみられない大木や珍しい木をさしていう語。千葉県香取郡神崎町神崎神社のクスノキ、茨城県筑波山のアブラチャン、東京都明治神宮外苑のヒトツバタゴなどが有名。

**なんじゃもんじゃ-ごけ【なんじゃもんじゃ▼苔】** 日本の北アルプスで発見されたコケ。高さ約一cm。葉は棍棒状で背腹の区別はない。もっとも原始的なコケ類と考えられる。

**なん-しゅう【南宗】** 中国の禅宗の一派。六祖慧能に始まる。江南を中心に活躍し、頓悟成仏を唱えた。[対義]北宗。

**なん-じゅう【難渋】**(名・形動・サ変自) ①苦しむこと・さま。難儀。suffering ②すらすらと進行しないこと・さま。しぶること・さま。retard

**なんしゅう-が【南宗画】** ↓なんが(南画)②

**なん-しょ【難所】** けわしくて、通行に困難な所。dangerous spot

**なんしょう【南▼昌】** 中国、江西省の省都。水陸交通の要地。米・綿花などの集散地で、電力・機械工業なども発達。一九二七年中国共産党が武装蜂起した土地。人口一〇八・九万(一九八四)。ナンチャン。

**なん-しょう【南詔】** チベット-ビルマ族の王国。七世紀中ごろ、雲南省の大理を中心に建国。九〇二年滅亡。

**なんじょう【南条】**〈町〉福井県中部、武生市南東隣の町。稲作、シイタケ・ナメコ栽培、繊維工業など。人口五七一八(一九八八)。

**なん-じょう【何条】**《「条」は当て字》どうして。なんで。いかで。[文語的](副)《反語。

**なんじょう-のりお【南条▽範▽夫】**(一九〇八) 小説家・経済学者。本名、古賀英正。東京生まれ。東大卒。歴史・推理・残酷ものなど多方面で活躍。作品『燈台鬼』『古城物語』など。

**なんじょう-ぶんゆう【南条文雄】**(一八四九〜一九二七) 梵語学者。真宗大谷派の学僧。岐阜県生まれ。イギリスに留学しマックス=ミュラーに師事、梵語・梵文仏典を研究。大谷大学学長。『大明三蔵聖教目録』(南条目録)の訳補などで知られる。

**なんしょう-ほうき【南▼昌▼蜂起】** 中国共産党最初の武装蜂起。第一次国共合作崩壊後、国民党の攻勢に対し、一九二七年八月一日南昌を攻略したが、国民党軍の攻撃で広州に撤退。この日は建軍記念日とされる。八・一起義。

**なん-しょく【男色】** 男性の同性愛。衆道。だんしょく。鶏姦。ホモ。homosexual

**なん-しょく【難色】** それはむずかしい、またはそれに不賛成だというような顔つき・ようす。disapproval [用例]―がある。―を示す。

**なん・じる【難じる】**(上一他) ↓なんずる(難ずる)

**なん-しん【南進】**(名・サ変自) 南方へ進むこと。南下。advance southward [対義]北進。

**なん-じん【南人】** 中国、元代における南宋の遺民の呼称。

**なんしん-ろん【南進論】** 日本が南方地域へ進出すべきであるという、第二次大戦前の議論。古くは明治時代から唱えられ、台湾領有や第一次大戦後の南洋諸島の委任統治のさいにも論じられた。さらに日中戦争開始後、陸軍が強硬に南方進出を主唱した。

**なん-すい【軟水】** 天然の水で、カルシウムイオン、マグネシウムイオンの含有量の少ない水。せっけんの泡立ちがよい。soft water [対義]硬水。

**なん・ずる【難ずる】**(サ変他) =難じる・難ず。①なじる。blame ②そしる。非難する。criticize

**なんすれ-ぞ【何▽為れぞ】** [文語的](副)《「なにすれぞ」の転》どうして。なぜ。

**なん-せ【何せ】**(副)《「なにせ」の転》なにしろ。anyhow

**なん-せい【南西】** 南と西の中間の方角。西南。ひつじさる。southwest [対義]北東。

**なん-せい【軟性】** やわらかい性質。softness [対義]硬性。

**なん-せい【南斉】** 中国、南北朝時代の南朝の一国。南朝宋の権臣蕭道成(=高帝)が四七九年建国。五〇二年七代で蕭衍に譲位して滅亡。

**なんせい【南勢】**〈町〉三重県南東部、熊野灘に臨む町。五ケ所湾は景勝地。真珠養殖がさかん。ミカンの産地。人口一万二四八一(一九八八)。

**なんせい-げかん【軟性下▼疳】** 軟性下疳菌の感染による性病の一種。はじめ外陰部に紅色の小さい丘疹ができ、しだいに潰瘍となる。鼠径リンパ節がはれて痛むことも多い。soft chancre

**なんせい-けんぽう【軟性憲法】** 憲法改正にあたって、他の一般の法律と同様の手続きだけですむ憲法。flexible constitution [対義]硬性憲法。

**なんせい-こうくう【南西航空(株)】** 沖縄周辺の離島便を中心とする日本の国内線航空会社。昭和四二年(一九六七)設立。SWAL。Southwest Airlines Co. Ltd.

**なんせい-しょとう【南西諸島】** 九州南端と台湾の間に連なる島群。鹿児島・沖縄両県に属する。ほぼ全域が亜熱帯。琉球列島。琉球弧。

**なん-せん【難船】**(名・サ変自) あらしなどで、船がこわれ、転覆または沈むこと。また、その船。難破船。shipwreck

**ナンセン【Fridtjof Nansen】**(一八六一〜一九三〇) ノルウェーの探検家・政治家。一八八八年グリーンランドを横断、九三年北極探検に向かい、北緯八六度一四分の地点に到達。のちに政治家となり、難民救済や軍縮に努力。一九二二年ノーベル平和賞受賞。

**なんせん-ざんみょう【南泉▼斬▽猫】** 禅宗で、悟りの手がかりとして与えられる公案の一つ。唐の南泉禅師が猫をとりあっていた弟子に問いを発し、即答できなかったので猫を切り殺したというもの。

**なんぜん-じ【南禅寺】** 京都市左京区南禅寺福地町にある、臨済宗南禅寺派の大本山。京都五山の一つ。もと亀山上皇の離宮で、正応四年(一二九一)無関普門の開山。

**なんせんしょう-そまひと【南▼杣笑▼楚▽満人】**(一七四九〜一八〇七) 江戸後期の戯作者。本名、楠彦太郎。江戸の人。黄表紙界に敵討ち

物の新風を導入。作品『敵討義女英』など。

**ナンセンス【nonsense】**(名・形動) 無意味なこと。たわいもないこと。ばかげたこと。また、そのさま。ノンセンス。

**なんせん-ほくば【南船北馬】**《中国で、南は川が多いので船で行き、北は陸続きなので馬で行く、の意から》絶えず方々を旅行していること。

**なん-ぞ【何ぞ】**《「なにぞ」の転》㊀文語的(連語) なにものか。なにごとか。用例哲学とは―。㊁(副) ①《反語的に用いる》どうして。なにゆえに。用例―知らん。②なにかしら。なんでも。用例―いうことはないか。㊂(副助)《種々の語に付く》など。なんか。用例彼―人間のくずだ。

**なん-そう【南▼宋】** 中国の統一王朝。一一二七年の靖康の変により江南に移った以後の宋朝をいう。

**なん-そう【南総】** 上総の別称。

**なんそうさとみはっけんでん【南総里見八犬伝】** 滝沢馬琴の読本。九八巻。文化一一～天保一三年(一八一四～四二)刊。仁・義・礼・智・忠・信・孝・悌の徳を象徴する八犬士が里見家の臣として活躍する、勧善懲悪思想の強い伝奇小説。江戸読本の最高峰。里見八犬伝。八犬伝。

**なん-だい【難題】** ①むずかしい問題・事件。knotty problem ②無理な言いがかり。unreasonable demand 用例―をふっかける。

**なんたい-さん【男体山】** 栃木県北西部にある火山。標高二四八四m。円錐形火山。山頂に二荒山神社奥宮がある。二荒山。

**なんたい-どうぶつ【軟体動物】** 動物界の一門。体は柔軟で体節が明らかでなく、頭部・足部・胴部・外套からなる。タコ・イカ・巻き貝・二枚貝など。mollusk

**なん-だ-か【何だか】**(副) ①なぜだかわからないが。somehow 用例―ようすがへんだ。②なんとなく。somewhat 用例―寒けがする。

**ナンダ-デビ【Nanda Devi】** インド中北部、中国とネパール国境に近いヒマラヤ山脈の高峰。標高七八一七m。

**なん-たる【何たる】**(連体)《とがめる気持ちでいう》なんという。どうした。用例―ことだ。

**なん-たん【南端】** 南のはし。southern end 対義北端。

**なんだん【南淡】**〈町〉兵庫県、淡路島南端の町。タマネギ・花卉栽培と漁業がさかん。中心は福良港。人口二万二〇二七(一九八八)。

**なん-ち【難治】** なおりにくいこと。なんじ。obstinacy 用例―のやまい。

**なん-ちゃくりく【軟着陸】** 宇宙船が着陸時の衝撃を避けるため、逆噴射ロケットなどを使って速度を落とし、天体上に静かに着陸すること。soft landing

**ナンチャン【南昌】**(Nánchāng) ↓なんしょう(南昌)

**なん-ちゅう【南中】** 太陽・星などの天体が天の子午線に到達すること。transit

**なんちゅう-こうど【南中高度】** 天体が真南にきたときの高度角。southing height

**なんちゅう-じ【南中時】** 天体が真南にきたときの時刻。southing time

**なんちゅう-の-なん【難中の難】**(連語) きわめてむずかしいこと。

**なん-ちょう【軟調】**(名・形動) ①やわらかな調子。対義硬調。②相場が下がりぎみなこと・さま。対義堅調。

**なん-ちょう【難聴】** ①聴覚の低下した状態。障害の部位により伝音難聴・感音難聴などに分けられる。hardness of hearing ②ラジオなどが聞きとりにくいこと。poor reception 用例―地域。

**なん-ちょう【南朝】** ①中国の南北朝時代、漢族が江南に立てた宋・斉・梁・陳の四王朝(四二〇～五八九)。②南北朝時代、吉野を中心に置かれた大覚寺統の朝廷。持明院統の北朝と対立。延元元年(一三三六)後醍醐天皇が吉野に移って以来、元中九年(一三九二)に南北両朝合一まで続く。吉野朝。

**なん-て【何て】** ㊀(副) なんとまあ。what; how 用例―美しい花だろう。㊁(副助)《種々の語に付く》①軽くみる意を表す。用例あの人―どうでもよい。②意外の気持ちを表す。用例これが一〇〇円で買える―。

**なん-で【何で】**(副) どうして。なんのために。なぜ。why 用例―そんなことをしたのか。

**なん-でい【軟泥】** ①湿原などにみられる、やわらかい泥質の土。②プランクトンなどの遠洋性生物の遺骸を三〇%以上含む軟らかい泥。石灰質軟泥と珪質軟泥に大別される。ooze

**なん-てき【難敵】** てごわい競争相手。formidable enemy

**なん-てつ【軟鉄】** 炭素の含有量がきわめて少なく、純鉄に近いもの。炭素が少ないため焼き入れができず、軟らかく加工しやすいが強さはない。電磁気材料に使われる。鍛鉄。soft iron

**なん-でも【何でも】**(副)《「なにでも」の転》①どういうことでも。すべて。anything; whatever 用例―ござれ。②どうしても。by any means 用例なにが―勝つ。③よくはわからないが。用例―、結婚したそうです。

**なんでも-かでも【何でも▽彼でも】**(副) ①なにもかも。すべて。なんでも。everything ②どうしても。by any means

**なんでも-な・い【何でも無い】**(形) ①たやすい。easy ②重要でない。insignificant

**なんでも-や【何でも屋】** ①一通りなんでもできる人。all-rounder ②なんにでも手を出す人。jack of all trades ③日用品などをいろいろ並べて売る店。general store

**なん-てん【南天】** ①南の空。②メギ科の常緑低木。高さ約二m。葉は羽状複葉。初夏に、茎頂に小さい六弁の白花を円錐状につける。果実は球形で赤色。庭木やいけばな、薬用などにする。③紋章名。ナンテンの葉と実を組み合わせて図案化。↓写

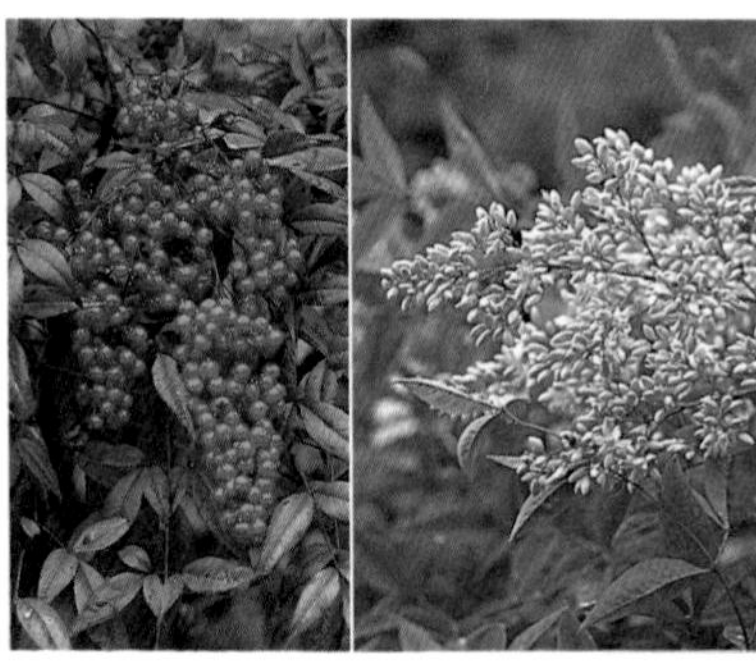

●ナンテン② 花(右)と実(左)。

**なん-てん【難点】** ①さばきにくい点。difficult point ②欠点。fault

**なん-でん【南殿】** 紫宸殿。なでん。

**なんでん-だいぞうきょう【南伝大蔵経】** セイロン上座部に伝わったパーリ語の原始仏教聖典『三蔵(ティピタカ)』の日本での呼称。若干の蔵外典籍を加えたものの日本語訳がある。全六五巻七〇冊。

**なんてん-はぎ【南天▼萩】** マメ科の多年草。山野にはえる。二枚の長楕円形の小葉からなる複葉が互生。初夏紅紫色の蝶形花を総序につける。タニワタシ。フタバハギ。

**なん-と【南斗】** 南天のいて座の主要部をなす六星を、「ひしゃく」に見立てたもの。観望好期は八～九月。南斗六星。

**なん-と【南都】** ①南方にある都。②奈良の別称。京都に対して言う。用例―七大寺。③奈良の興福寺。延暦寺を「北嶺」というのに対する。

**なん-と【何と】**《「なにと」の転》㊀(副) ①なんとまあ。なんて。用例―立派な建物でしょう。②《とがめる気持ちでいう》なにものか。なにごとと。what; how 用例―いう人か。③どのように。どう。what 用例―しよう。㊁(感)《驚きを表す》①まあ。what 用例―、―、これが噂の…。②呼びかけるのに使う。もし。用例―、そこの人。

**ナント【Nantes】** フランス西部、ロアール川下流の商工業都市。ブルターニュ地方の中心。中世の建造物が有名。一五九八年、フランス王アンリ四世が「ナントの勅令」を発した土地。人口二四・七万(一九八二)。

**なん-ど【何度】** ①不確かな回数。何回。②度数・目盛りなどを問う語。

**なん-ど【納戸】** ①衣類・調度・家具・寝具などを収納する部屋。かつては屋内の物置をいい、寝室としても使用した。おなんど。closet ②「納戸色」の略。

**なん-ど【難度】** 体操・新体操・フィギュアスケートなどの採点競技で、技の難しさの度合いを示す採点基準。degree of difficulty

**なん-ど**(副助)《「なにと」の転》↓など(等)

**なんど-いろ【納戸色】** ねずみ色を帯びたあい色。お納戸色。納戸。grayish blue

**なん-とう【南東】** 南と東の中間の方角。東南。たつみ。southeast 対義北西。

**なん-とう【軟投】**(名・サ変他) 野球で、投手がゆるい球種をいろいろ投げ分けること。

**なん-とう【南唐】** 中国、五代十国の一国。呉に仕えた李昪が睿帝から譲位され、九三七年に建国。都は金陵(=南京)。揚子江下流域から江西・湖南・福建を領し、繁栄したが、九七五年宋に降り三代で滅亡。

**なんとう【南島】**〈町〉三重県南部、熊野灘に臨む町。沿岸漁業と養殖漁業がさかん。ミカンなどを栽培。人口一万五九二(一九八八)。

**なんとう-ごぞく【南島語族】** アウストロネシア語族の別称。

**なんとう-ぼうえきふう【南東貿易風】** 南半球で、南東向きに吹く貿易風。southeast trade wind

**なん-とか【何とか】**(副) どうにか。somehow 用例―考えましょう。

**なん-どき【何時】** ①どのようなとき。いつ。when 用例いつ―。②なんじ。what time 用例今、―か。

**なん-どく【難読】** 読み方がむずかしいこと。difficult to read 用例―語。

**なんと-なく【何と無く】**(副) はっきりしないが。どことなく。for some reason or other

**なんと-なれば【何となれば】**(接続) なぜかというと。なぜなら。because

**ナント-の-ちょくれい【ナントの勅令】** 一五九八年、フランス王アンリ四世がナントで発した勅令。新教徒に信仰と礼拝の自由を認め、これによりユグノー戦争は終結。一六八五年ルイ一四世により廃止。Edict of Nantes

**なん-とも【何とも】**(副) ①どのようにも。どうであるか。not a bit 用例今のところ―言えない。②まったく。まことに。quite 用例―申し訳ない。

**なんど-やく【納戸役】** 江戸幕府の、金銀・器物・衣服の出し入れなどを扱った職。納戸方。

**なんと-ろくしゅう【南都六宗】** 奈良仏教諸宗の総称。華厳・法相・三論・律・倶舎・成実の六宗。

**なん-なく【難無く】**(副) たやすく。楽に。without difficulty 用例―すり抜ける。

**なん-なら【何なら】**(副) ①ことによると。できたら。if possible ②お望みなら。必要なら。if you like ③具合が悪ければ。if it's inconvenient

**なん-なり** 古語(連語) ↓ななり

**なんなり-と【何なりと】**(副) なんであろうと。anything 用例―お申し付けください。

**なん-なん【▼喃▼喃】**(形動トタル) むにゃむにゃ、ぺちゃくちゃ語るさま。用例喋喋―。

**なん-なんせい【南南西】** 南と南西の中間の方向。south-southwest 対義北北東。

**なん-なんとう【南南東】** 南と南東の中間の方向。south-southeast 対義北北西。

**なんなん-と・する【▽垂んとする】** 文語的(サ変自)《「なりなんとする」の転》もうすぐしようとする。まさになろうとする。用例真夜中に―時刻。

**なんなん-もんだい【南南問題】** 発展途上国間に生じる諸問題。資源に恵まれた国やニーズ(新興工業経済地域)と、他の資源のない諸国との経済力格差が原因。South-South problem 比較南北問題。

**なん-にち【何日】** ①日数がわからないときの語。いくにち。how many days 用例―かかってもやる。②どの日。what day 用例それは―でしたか。

**なん-にも【何にも】**(副) ①なににも。なにごとにも。nothing 用例それでは―ならない。②なにも。少しも。nothing 用例―知らない。

**なん-にょ【男女】** 男と女。男も女も。だんじょ。men and women 用例老若―。

**なん-にん【何人】**《「なにびと」「なんぴと」は別語》人数を問う語。how many people

**ナンニン【南寧】**(Nánníng) ↓なんねい(南寧)

**なんねい【南寧】** 中国、広西壮族自治区の首都。ベトナムに近く、水陸交通の要地。農産物の集散地。人口九〇・三万(一九八四)。ナンニン。

**なん-ねん【何年】** 年号・年数・学年を問う語。

**なんねん-かこう【難燃加工】** 火がついても燃え広がらない性質を繊維に与える加工。おもに、セルロース系の繊維を燐・塩素・臭



↓行き先項目、図版・写真参照印。　JIS日本工業規格情報交換用漢字符号コード(区点コード)。

素などを含む化合物で処理する。flame proof

**なん-の【何の】**㊀(連体)①どれほどの。少しの。any 用例 —おかまいもせず。②なんのための。what's for 用例 酒なくて—人生ぞ。㊁(副)あれこれ。とやかく。one thing or another 用例 行くの—と。㊂(感)《たいしたことでないという気持ち》どうして。いや。not at all 用例 —これくらい。

**何のこった**(なんのこった) ①《相手に問い返す語》どういうことだ。②《拍子抜け、の意》何だそれだけのことか。何たること。用例 —、心配するのではなかった。

**何の事は無い**(なんのことはない) 大したことはない。どれほどのこともない。あれこれ論ずる必要もない。

**何の変哲も無い**(なんのへんてつもない) とくに他と変わったところはない。代わり栄えがしない。凡庸である。ordinary 用例 —眺め。

**なんのう【南濃】**〈町〉岐阜県南西端、揖斐川に沿う町。稲作・畜産・ミカン栽培と、各種工業がある。人口一万七四三四(一九八八)。

**なんの-かの【何の▽彼の】**(副)なにやかや。あれこれと。this and that

**なんの-その【何の▼其の】**(連語)なんでもない。かまわない。not care about

**なん-ば【難場】**①難所。②難関。

**なんば【難波】**大阪市中央区から浪速区にかけての繁華街。諸鉄道が交差する交通の要地で、「ミナミ」の中心。

**なん-ぱ【軟派】**㊀(名)①軟弱な意見・主張の党派。対義 硬派。the moderate party ②異性に興味をもち、遊興にふける非行青少年。masher ③新聞・雑誌で、社会面や文学・芸能などの分野を担当する記者。㊁(名・サ変自)異性を誘って遊興にふけること。

**なん-ぱ【難破】**(名・サ変自)あらしなどで、船体がひどく壊れること。shipwreck

**ナンバー【number; No.】**《No.は数を意味するnumeroの略》①数字。番号。用例 自動車の—。カードに—をうつ。②定期刊行物などの号数。用例 バック—。③曲目。用例 タイトル—。

**ナンバー-スクール**《和製語》設立順の数字を校名に冠した一校から八校までの旧制高等学校。第一高等学校(所在地は東京、現在は東京大学)、以下、第二(仙台、東北大学)、第三(京都、京都大学)、第四(金沢、金沢大学)、第五(熊本、熊本大学)、第六(岡山、岡山大学)、第七(鹿児島、鹿児島大学)、第八(名古屋、名古屋大学)。

**ナンバー-プレート【number plate】**自動車・機械などにつける、登録番号を記した金属板。license plate →図

**ナンバー-ワン【number one】**①第一号。第一番。②もっともすぐれた人。第一人者。用例 卓球界の—。

●南蛮美術『秋草蒔絵螺鈿書見台』。一六世紀末～一七世紀前半、南蛮文化館(大阪府)。

**なんばら-しげる【南原▽繁】**(一八八九～一九七四) 政治学者。香川県生まれ。東大卒。内務省に入り日本最初の労働組合法案を起草。第二次大戦後の混乱期に東大総長を務める。貴族院議員・教育刷新委員会委員長として、大学教育改革に貢献。著書『国家と宗教』など。

**ナンバリング**《numbering machineの略》番号打ち出し器。番号器。

**なん-ばん【何番】**順序・順番・番数・番号を問う語。what number

**なん-ばん【南蛮】**①《南方の蛮人の意》中国で、南に住む異民族をさした語。対義 北狄。②シャム(=タイ)・ルソン(=フィリピン)・ジャワ(=インドネシア)など南方諸島の旧称。③《オランダ人を「紅毛」といったのに対して》近世、ポルトガル人・スペイン人をいった語。比較 紅毛。④唐辛子の異名。⑤「南蛮煮」の略。⑥《近畿で》トウモロコシのこと。⑦《接頭的。南方から来たので》ポルトガル・スペインから来た、また西欧風の、の意。用例 —漬け。—鉄。

**なんばん-え【南蛮絵】**→なんばんびじゅつ(南蛮美術)

**なんばん-がく【南蛮学】**戦国時代から江戸初期にかけて、ポルトガル人・スペイン人など、南蛮人によって移入された西洋の学術。

**なんばん-がらし【南蛮辛子】**唐辛子の異名。ナンバンゴショウ。

**なんばん-ギセル【南蛮▽煙▽管】**山野にはえ、ススキなどの根に寄生するハマウツボ科の一年草。秋、花茎に紅紫色でつぼ形の花をつける。オモイグサ。→写

**なんばん-きび【南蛮▼黍】**トウモロコシの異名。トウキビ。

**なんばん-げきぜつ【南蛮▼鴃舌】**《「鴃舌」はモズの鳴き声》外国人の言語を見下げて言う語。

**なんばん-じ【南蛮寺】**一六世紀後半、日本各地に建立されたキリシタン聖堂の俗称。豊臣秀吉の禁教により破壊。

**なんばん-じん【南蛮人】**室町末期から江戸時代、来日したポルトガル人・スペイン人などに対する異称。

**なんばん-せん【南蛮船】**南方から来た、西洋人の乗り組んだ外国船。

**なんばん-づけ【南蛮漬(け)】**魚などを油で揚げ、タマネギ・唐辛子などといっしょに合わせて酢につける料理。モロコ・ワカサギ・小アジなどを使う。油で揚げて用いることから、また、渡来の野菜を使うことからの名という。

**なんばん-てつ【南蛮鉄】**南蛮渡来の精錬された鉄。刀剣などに用いられた。

**なんばん-に【南蛮煮】**野菜・鶏肉などをそのまま、または油で揚げ、ネギ・唐辛子などといっしょに煮た煮物。

**なんばん-はこべ【南蛮▼繁▼縷】**ナデシコ科の多年草。山野にはえる。葉は卵形でとがる。晩夏、枝先に小さい白色の五弁花をつける。

**なんばん-びじゅつ【南蛮美術】**安土桃山時代から江戸時代初めにかけて流行した西洋風美術の総称。最盛期は一六世紀末から一七世紀初め。のち寛永年間(一六二四～四四)の禁教政策によって実質的な活動は終わる。作品は絵画・工芸に限られる。→写 →南蛮屏風写

**なんばん-びょうぶ【南蛮▼屏風】**近世初期来航した「南蛮人」の諸風俗を描いた屏風絵。南蛮船の入港、南蛮人一行の行進、教会風景などを描いた、六曲一双の金地濃彩画が多い。→写

**なんばん-ぶんか【南蛮文化】**安土桃山時代から江戸初期にかけて、ポルトガル・スペイン人の来航を通して移入されたヨーロッパの学術・文化の総称。

**なんばん-ぼうえき【南蛮貿易】**一六世紀中期以降の、主としてポルトガル人との間に行われた貿易。糸割符の施行、キリシタン禁制の強化により急速に衰退し、鎖国で途絶。

**なん-ぴと【何人】**文語的《「なにびと」の転。「なんにん」は別語》どういう人。いかなる人。用例 —といえども。

●ナンバンギセル

●南蛮屏風 狩野光信筆。江戸時代初期(一七世紀初め)、南蛮文化館(大阪府)。

**なん-びょう【難病】**原因不明、有効な治療法がない、慢性的で後遺症のおそれが多い、などの特徴をもった病気の総称。厚生省では特定疾患を指定して調査・研究している。スモン・再生不良性貧血など。intractable disease

**なん-ぴょうよう【南氷洋】**南極海の旧称。Antarctic Ocean 対義 北氷洋。

**なん-ぴん【難▽平】**《難、つまり損を平均化する意から》株式売買などで、相場の変動が予想に反し上がり下がりがあったときに、さらに買い増し売り増しして平均化をはかり、損失を少なくしようとすること。買い増しが難平買い、売り増しが難平売り。averaging

**なん-ぶ【南部】**①南の部分。southern part 対義 北部。②盛岡を中心として岩手・青森にまたがる、南部氏の旧領地。馬・鉄瓶などの産地として有名。

**なんぶ【南部】**〈町〉青森県南東部、馬淵川に沿う町。リンゴなどの果樹や、ナガイモ・食用のキクの産地。人口七二一二(一九八八)。

**なんぶ【南部】**〈町〉山梨県南西部、富士川に沿う山間の町。スギ・ヒノキを産し、茶の産地としても知られる。人口七三四三(一九八八)。

**なん-ぷう【南風】**①南から吹く風。はえ。south wind ②南方の勢力。

**南風競わず**(なんぷうきそわず) ①昔の中国で、南方の国々の勢力がふるわない。②中世の日本で、南朝(=吉野の朝)の勢力が、北朝に比べてふるわない。

**なん-ぷう【軟風】**①風力階級が三の風(毎秒三・四～五・四m)。木の葉や細い枝がたえず動く程度の風。そよかぜ。微風。gentle breeze ②海軟風と陸軟風の総称。

**なんぶ-うしおいうた【南部牛追(い)▼唄】**日本民謡。旧南部領の岩手県和賀郡・下閉伊郡地方の民謡。牛方が牛を追いながら歌う。牛方節。

**なんぶ-うま【南部馬】**岩手の南部地方とその周辺(青森・秋田)に産する日本在来馬。肩高一・三m内外。体質強健。

**なんぶ-ごよみ【南部暦】**奥州南部藩領で用いられた絵暦。文字の読めない人でもわかるように、すべてを絵で示した一枚刷りの暦。南部盲暦。

**なんぶ-そう【南部草】**メギ科の多年草。山野にはえ、高さ約三〇cm。葉は根生し、柄の先端に三枚からなる小葉をつける。夏に、花弁や萼のない小形の白花を穂状につける。東北以北に分布。→写

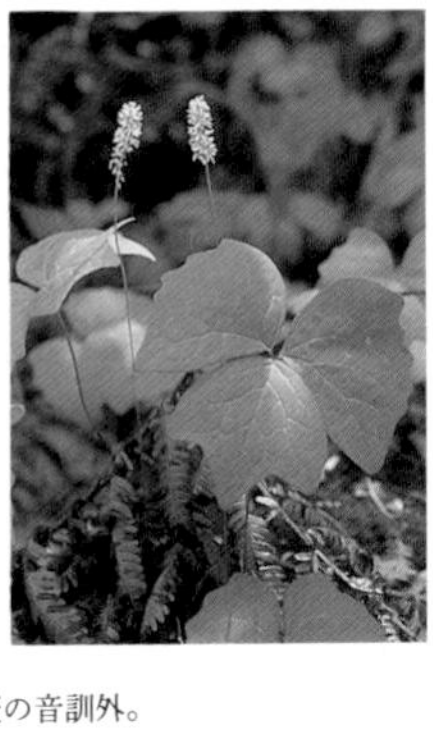

●ナンブソウ

**なんぶ-ちゅうへい【南部忠平】**(一九〇四～) 元陸上競技選手。北海道生まれ。早大卒。一九三二年(昭和七)ロサンゼルスオリンピックで三段跳びに優勝。

**なん-ぶつ【難物】**①処理のむずかしいもの。difficult matter ②扱いにくい人。困りもの。うるさがた。person who is hard to deal with

**なんぶ-てつびん【南部鉄瓶】**《「南部」は南部藩領の意》岩手県の盛岡市や水沢市で製造される鉄瓶。宝暦年間(一七五一～六四)、小泉仁左衛門が始めたという。

**なんぶ-はん【南部藩】**江戸時代、外様大名の一つ。藩主は鎌倉以来の豪族南部氏。藩

▼常用漢字表外。　▽常用漢字表の音訓外。

●ナンバープレート

色による分類

自動車の種類

| 分類番号 | 種類 |
|---|---|
| 1及び10〜19 | 普通トラック |
| 2及び20〜29 | 普通バス |
| 3及び30〜39 | 普通乗用 |
| 4及び40〜49<br>6及び60〜69 | 小型四輪トラック |
| 5及び50〜59<br>7及び70〜79 | 小型四輪乗用 |
| 8及び80〜89 | 特殊用途車 |
| 9及び90〜99 | 大型特殊車 |
| 0及び00〜09 | 大型建設機械 |

業態表示

| | |
|---|---|
| あいうえかきくけこを | 事業用 |
| さすせそたちつてとなにぬねのはひふほまみむめもやゆらりるろ | 自家用 |
| われ | レンタカー用 |

祖は南部利直。関ヶ原の戦いののち、徳川家康に所領安堵され、陸奥国岩手郡など一〇郡を支配。はじめ一〇万石、のち二〇万石に増封。盛岡藩。

**なんぶ-ふじ【南部富士】** 岩手山の異称。

**なんぶ-みんよう【南部民謡】** 岩手県中部以北、青森県八戸など旧南部領に属する地域の民謡の総称。盆踊り唄『なにゃどやら』『さんさ踊り』、『南部牛追い唄』など。

**なんぶ-よういちろう【南部陽一郎】** (一九二一) 理論物理学者。福井県生まれ。東大卒。シカゴ大教授。素粒子論において、「対称性の自発的破れ」の概念やカラー量子数の導入などで知られる。昭和五三年(一九七八)文化勲章受章。

**なん-ぶん【難文】** むずかしくて、わかりにくい文・文章。読解に苦しむ文章。difficult sentence

**なんぶん-がく【軟文学】** おもに恋愛・情事などを主題とした文芸作品。

**なん-べい【南米】** 南アメリカの別称。

**なん-べん【何遍】** 一(名) 度数を問う語。how many times 二(副) たびたび。many times 用例 ―言ったらわかるのか。

**なん-べん【軟便】** やわらかな大便。loose passage

**なん-ぼ【何ぼ】**(副)《俗語》=何ぼう。①どの程度。どのくらい。用例 お代は―ですか。②どんなに。いくら。たとい。

**なんぽ【南浦】** 北朝鮮(朝鮮民主主義人民共和国)、平安南道大同江河口の港湾・工業都市。平南工業地域にあり同国随一の良港。人口二四・一万(一九八二)。ナムポ。

**なん-ぼう【何ぼう】**(副)《俗語》↓なんぼ(何ぼ)

**なんぼう-そうけい【南坊宗啓】**(生没年未詳) 茶人。堺の人。千利休の高弟。著書に利休の言動を見聞きして記録した『南方録』全七巻がある。

**なんぽう-ぶっきょう【南方仏教】** 南インド・セイロン島やタイ・ビルマなど東南アジアに広まった仏教。一般に小乗仏教をさす。南伝仏教。上座部仏教。対義 北方仏教。

**なんぼう-ろく【南方録】** 千利休の茶の湯の教えについて伝える書物。南坊宗啓著。利休の高弟宗啓が、師の教えを聞き書きし、利休の認証を得たというもの。現在では、黒田藩士の立花実山の手が加わっていると考えられている。全七巻。

**なん-ぼく【南北】** 南と北。the north and the south

**なんぼく-かくさ【南北格差】** 北半球に属する先進工業国が繁栄し、南半球に属するアジア・アフリカ・ラテンアメリカの発展途上国が立ち遅れるという、南北間の不均衡な経済的関係。economic differentials of North-South

**なんぼく-せんそう【南北戦争】**(American Civil War) 一八六一〜六五年、アメリカ合衆国の北部と南部間に起こった内戦。農業を主とし奴隷制存続を主張する南部と、商工業を主とし奴隷制廃止を唱える北部が対立。一八六〇年、リンカーンの大統領当選とともに南部諸州が連邦を離脱し、これを機に開戦。南部はゲティスバーグで大敗して六五年に降伏。奴隷制は廃止された。

**なんぼくちょう-じだい【南北朝時代】** ①中国、五世紀前半から六世紀後半まで、南北それぞれに王朝が交代した時代。南朝は、東晋のあと漢族の建てた宋・斉・梁・陳と続き、北朝は、鮮卑族の北魏が東魏・西魏に分裂、さらに北斉・北周と続き、隋が受け継いで天下を統一。南北それぞれ特色ある文化が発展。②日本で、建武三年=延元元年(一三三六)後醍醐天皇が吉野山に南朝を開いてから元中九年=明徳三年(一三九二)後亀山天皇が京都に戻るまで、京都(北朝)と吉野(南朝)に二つの朝廷があって対立していた約六〇年間。吉野朝時代。

**なんぼくちょう-せいじゅんろん【南北朝正閏論】** 南北両皇統のどちらが正統であるかの議論。とくに、明治四四年(一九一一)国定教科書で南北両朝を対等に扱ったことが議会で問題となり、南朝を正統とするよう改訂させられたときのものをいう。

**なんぼく-もんだい【南北問題】** 南半球に多い発展途上国と北半球の先進国との間の大きな経済格差から生まれる政治的・経済的諸問題。North-South problem 比較 南南問題。

**なんぽ-じょうみょう【南浦紹明】**(一二三五〜一三〇八) 鎌倉時代の臨済宗の僧。正元元年(一二五九)入宋して径山寺の虚堂智愚に参禅。文永四年(一二六七)帰国し、崇福寺・建長寺などに住まう。純禅に徹して俊秀を輩出し、臨済宗興隆の基を開いたとされる。大応国師。

**なんぼ-なんでも【何ぼ何でも】**(副)《俗語。とがめる気持ちでいう》いくらなんでも。用例 ―ひどい。

**なんぽろ【南幌】**〈町〉 北海道、石狩平野中部の町。稲作中心で畜産も行う。札幌市のベッドタウン。人口五八四一(一九八八)。

**なんまいだ** 「なむあみだぶつ」の転。

**なんマンガン-こう【軟マンガン鉱】** マンガンの酸化鉱物。正方晶系。柱状・繊維状・塊状・粉状の結晶。金属光沢をもち、鉄黒色や青黒色。海底堆積物やマンガン鉱床などから産出する。pyrolusite

**なん-みん【難民】** ①貧しくて生活に苦しんでいる人々。the poor ②戦災・天災などで困っている人々。また、戦争や政治的・宗教的迫害などで、住んでいた土地を避難した人々。sufferers; refugees

**なんみん-じょうやく【難民条約】**(Convention Relating to the Status of Refugees) 一九五一年国連で採択され、五四年に発効した「難民の地位に関する条約」の通称。本国の庇護がおよばない難民の保護を規定した条約。日本は昭和五七年(一九八二)に加入。

**なん-めい【南溟】** 古語 (連語) 南方の大海。

**なん-めり** ↓なめり

**なん-めん【南面】**(名・サ変自) ①南方に向くこと。②《中国で、天子は南面して座ることから》帝位につくこと。対義 北面。

**なんめん-の-くらい【南面の位】** 帝位。

**なんもく【南牧】**〈村〉 群馬県南西部、長野県に接する村。農林業が主体。コンニャク・砥石・石灰石を産出。人口四九三六(一九八八)。

**なん-もん【難問】** 解答・解決がむずかしい質問・問題。difficult question

**ナンヤン【南陽】**(Nányáng) ↓なんよう(南陽)

**なんよう【南陽】**〈市〉 山形県南部、米沢盆地にある市。赤湯温泉が中心。ブドウの産地として知られる。人口三万七三五二(一九八八)。

**なんよう【南陽】** 中国、河南省南西部の都市。漢水の支流白河に臨み、古来交通の要地。人口二八・二万(一九八四)。ナンヤン。

**なん-よう【南洋】** ①太平洋中、赤道を境としてその南北に沿う海洋。South Seas 対義 北洋。②南洋諸島。

**なんよう-いにんとうちりょう【南洋委任統治領】** パリ講和会議(一九一九年)の結果、日本が国際連盟から統治を委任された赤道以北の南洋群島。もとドイツ領で、一九二〇年から第二次大戦終了まで日本の植民地となった。

**なんよう-ぐんとう【南洋群島】** ①ミクロネシア・マレー諸島など、日本の南方にある熱帯の島々の総称。②第二次大戦までの日本の南洋委任統治領の呼称。

**なんよう-ざい【南洋材】** 東南アジア・オセアニア地域に産する木材。ラワン・アピトン・チーク・コクタンなど。south sea timber; tropical wood

**なんよう-しょとう【南洋諸島】** 赤道の北にある太平洋の諸島。South Sea Islands

**なんよう-すぎ【南洋杉】** ↓アローカリア

**なんよう-はぎ【南洋剝】** ニザダイ科の海水魚。体は著しく扁平で、色は青、尾びれは黄色い。全長約三〇cm。珊瑚礁や岩礁域にすみ動きはすばやい。高知県以南の暖海に分布。

**なん-ら【何等】**(副) ①《「なんらの」の形で、下に打ち消しをともなって》どのような。any 用例 ―の処置もとらない。②《下に打ち消しをともなって》少しも。not at all 用例 ―困らない。

**なんら-か【何等か】**(副) なにか。いくらか。some

**ナンリム-さんみゃく【ナンリム山脈・狼林山脈】**(Nangrim) ↓ろうりんさんみゃく(狼林山脈)

**ナンリン-さんみゃく【ナンリン山脈・南嶺山脈】**(Nán Lǐng) ↓なんれいさんみゃく(南嶺山脈)

**なんれい-さんみゃく【南嶺山脈】** 中国南部、広東・広西・江西・湖南の四省にまたがり、華中と華南を分ける五山脈の総称。最高峰ユワンパオ山は標高二〇五〇m。ナンリン山脈。

**なん-ろ【難路】** けわしい道。rough road

**なん-ろう【軟鑞】** 約四〇〇℃以下の低融点の鑞付け合金。主として、はんだをさす。soft solder 対義 硬鑞。

**なん-ろん【軟論】** 弱気な意見や議論。weak argument 対義 硬論。

**なん-ろん【難論】** ①むずかしい議論。②議論で、相手を非難すること。論難。

# に ニ

**に【に・ニ】** 五十音図な行第二の仮名。平仮名「に」は「仁」の草体。片仮名「ニ」は「二」から。

**ニ** 2画 **【二】** 部首［二］ 教育小1 JIS 3883
5画 **【▼弍】** 部首［弋］ 異体字 JIS 4817
音 **ニ・ジ**
訓 **ふた・ふたつ**
一 二
①ふたつ。ふた。ふ。ふう。「無二」「二音・二世」 用例 (名)一たす一は―。②つぎ。つぐ。「二次・二世」 用例 (名)―の矢。③ふたたび。「二度」④別の。「二心」

**ニ** 4画 **【仁】** 部首［人・亻］ 教育小6 JIS 3146
音 **ジン・ニ・ニン**
筆順 ↓ジン【仁】
ひと。「仁王」↓ジン・ニン【仁】

**ニ** 5画 **【尼】** 部首［尸］ 常用 JIS 3884
音 **ニ・ジ**
訓 **あま**
あま。女の僧。対義 僧。「尼公・尼僧」 用例 《接尾的》修道―。

**ニ** 6画 **【弐】** 部首［弋］ 教育小6 →常用 JIS 3885
12画 **【▼貳】** 部首［貝］ 旧字 JIS 7640
11画 **【▼貮】** 部首［貝］ 異体字 JIS 7641
音 **ニ・ジ**
①ふたつ。②証書などの金額の数字に、二のかわりにかく字。「金弐拾万円」

**ニ** 7画 **【児】** 部首［儿］ 教育小5 →教育小4 JIS 2789
8画 **【▼兒】** 旧字 JIS 4927
音 **ジ・ニ・ゲイ**
筆順 ↓ジ【児】
こ。こども。おさなご。「小児科」↓ジ【児】

**に【▽丹】** ①赤い色の土。赤土。②赤い色。朱色。用例 ―塗りの鳥居。

**に【荷】** ①持ち運ぶ品物。荷物。burden 用例 ―を担ぐ。②《転じて》負担。責任。responsibility
**荷が重い** 能力にくらべて、責任や負担が大きい。be overloaded
**荷が下りる** 責任・負担がなくなる。be relieved from one's duty
**荷が勝つ** 仕事の量・責任が重すぎる。be too heavy a load for 類似 荷が重い。
**荷になる** 負担になる。邪魔になる。be a burden to one
**荷を刎ねる** 船荷の一部を捨てる。参照 打荷。

**に【煮】** 煮ること。また、その程度。用例 ―が足りない。

**に** 古語 (助動) 断定の助動詞「なり」の連用形。「にあり」「にて」などと用いる。用例 月の都の人―て、父母あり(竹取)。参照 なり。

**に** 一 (格助) 《体言に付く》①場所・方角を示す。用例 庭―いる。②時を示す。用例 六時―起きる。③行き着く所を示す。用例 東京―着く。④移動動作の目的を示す。用例 本を買い―行く。⑤よりどころを示す。用例 この本―よって調べる。⑥相手方を示す。用例 友人―会う。人―行かせる。⑦変化の結果を表す。用例 信号が青―なる。学者―なる。⑧並列や付け加える意を表す。用例 鉛筆―ノート―ペン先をください。参考 並立助詞とする説もある。⑨動作・作用の行われ方を示す。用例 あおむけ―倒れる。⑩割合を示す。用例 三人―ひとりの競争率。⑪原因を示す。用例 試験―苦しむ。⑫比較するとき、その基準となるものを示す。用例 父―似る。⑬《同じ語を重ねて》動作の継続・反復の意味を強調する。用例 走り―走った。二 古語 (接助) 《連体形に付く》①逆接の意を表す。が。けれども。のに。用例 庭の面はまだかわかぬ―夕立の(新古今・夏)。②原因・理由を表す。から。ので。用例 久しう見給はざりつる―、山の紅葉もめづらしうおぼゆ(源氏・東屋)。③事実を述べて下に続ける。…と。用例 あやしがりて寄りて見る―、筒の中光りたり(竹取)。

**に【似】** (接尾) 《体言に付いて》それに似ていること。用例 母親―の子。

**に-あ・う【似合う】** (五自) ふさわしい。配合がよい。suit

**に-あがり【二上がり】** 三味線の基本的な調弦の一種。本調子の第二弦を一全音(＝長二度)上げる。陽気な気分を表現する。比較 三下がり。

**にあがり-しんない【二上がり新内】** 俗曲の曲名。江戸後期に発生した流行歌。新内節的な気分を表現した二上がりの代表曲。

**に-あが・る【煮上がる】** (五自) 十分に煮える。煮え終わる。be cooked; be boiled

**に-あげ【荷揚げ】** (名・サ変自他) 船のつみ荷を陸にあげること。land; unload

**ニアサ-こ【ニアサ湖】** (Lake Niassa) マラウイ湖の旧称。

**に-あし【荷足】** ↓バラスト①

**に-あつかい【荷扱い】** 荷物の取り扱い。また、その扱い方。hand of freight 用例 ―が乱暴だ。

**ニア-フォール【near fall】** レスリングで、競技者が相手からフォールに近い状態にされること。また、相手をそうすること。

**ニア-ミス【near miss】** 航空機どうしが接近しすぎて、衝突しそうになること。異常接近。

**ニアメー【Niamey】** アフリカ中部、ニジェールの首都。ニジェール川東岸にある商業都市。皮革類・家畜の集散地。人口三九・九万(一九八六)。

**に-あわし・い【似合(わ)しい】** (形) ふさわしい。似つかわしい。suitable 派生 にあわしげ(形動) にあわしさ(名)

**にい【新】** (接頭) 新しい。用例 ―妻。

**にいがた【新潟】** 〈県〉 中部地方北部、日本海側の県。県庁所在地は新潟市。東・南を山岳に囲まれるが、中部に越後平野が広がり、沖合には佐渡島がある。典型的な日本海型気候で、豪雪地が多い。水田単作が主で、大穀倉地帯。天然ガス・石油も産出。面積一万二五七九km²、人口二四七万七二二二(一九八八)。

**にいがた【新潟】** 〈市〉 新潟県中部、日本海に臨む市。県庁所在地。本州日本海岸随一の港湾都市・臨海工業都市で、重化学工業などが発達。人口四六万九五二一(一九八八)。

**にいがた-じしん【新潟地震】** 昭和三九年(一九六四)六月の新潟市沖を震源とする地震。マグニチュード七・五。死者・行方不明者二六名。

**にいがた-へいや【新潟平野】** ↓えちごへいや(越後平野)

**にいかっぷ【新▽冠】** 〈町〉 北海道南部、太平洋に臨む町。競走馬の育成や酪農がさかん。人口七一一八(一九八八)。地名は、オヒョウの皮、の意のアイヌ語「ニカプ」に由来。

**にいかっぷ-ぼくじょう【新▽冠牧場】** 北海道南部、静内町にある牧場。面積一二・〇km²。農林水産省の乳牛種畜牧場。桜並木で知られる。

**にい-がん【▽根▽神】** 沖縄で村落の祭祀をつかさどる巫女。根家、すなわち村落の始祖の血筋の家の娘がこれに当たり、祝女の主宰のもとに宗教的儀式を執りおこなう。ねがみ。参照 祝女。

**にいざ【新座】** 〈市〉 埼玉県南端の市。交通の便に恵まれる、東京のベッドタウン。平林寺がある。人口一三万一三〇六(一九八八)。

**にいさと【新里】** 〈村〉 岩手県東部、宮古市西隣の村。農林業が主体。キリの産地として知られる。人口四五六二(一九八八)。

**にいさと【新里】** 〈村〉 群馬県東部、赤城山南麓の村。農林業が主体、キュウリやサトイモの栽培がさかん。武井寺跡など遺跡・史跡に富む。人口一万二八四〇(一九八八)。

**にい-さん【兄さん】** ①兄をよぶ敬称。②若い男。少年。また、その人をよぶ愛称。用例 魚屋の(お)―。

**ニージニ-タギル【Nizhny Tagil】** ソ連中部、ウラル山脈中東部の工業都市。同国有数の鉄鋼工業地であり、食品工業などもさかん。人口四二・三万(一九八六)。

**にい-じま【新島】** 東京都、伊豆諸島中部にある火山島。面積二二・八km²。建築材にする抗火石を産出。自衛隊のミサイル基地がある。

**にいじま-じょう【新島▼襄】** (一八四三～一八九〇) 教育家。同志社大学の創始者。安中藩出身。アメリカで神学を学び、キリスト教精神に基づいた教育事業に貢献。

**にいじまほんそん【新島本村】** 〈村〉 東京都伊豆諸島の新島と式根島を中心とする村。漁業が主体。「くさや」の干物が特産。観光地化が進む。人口三六一五(一九八八)。

**ニーシュ【Niš】** ユーゴスラビア、セルビア共和国南東部の商工業都市。鉄道交通の要地。人口二三・一万(一九八一)。

**ニース【Nice】** フランス南東部、コートダジュールの港湾都市。世界的な観光・保養地の一つ。人口三三・八万(一九八二)。

**ニーズ【needs】** 必要物。需要。お客の要望。

**ニーズ【NIES】** 《newly industrializing economiesの略》新興工業経済地域。韓国・シンガポール・台湾・香港など。従来のNICSにかわる呼称として、一九八八年の先進国首脳会議で採用された。

**にいぜき-りょうぞう【新関良▽三】** (一八八九～一九七九) 演劇学者・ドイツ文学者。山形県生まれ。東大卒。シラー研究、ギリシア・ローマ演劇研究に業績。

**ニー-ソックス** 《knee-high socksから》ひざのあたりまで届く、やや長めの靴下。ハイソックス。

**ニーダーザクセン【Niedersachsen】** 西ドイツ北部の州。州都ハノーバー。酪農を中心に農業がさかん。人口七二五・一万(一九八三)。

**にいたか-やま【新高山】** ↓ぎょくざん(玉山)

**ニーチェ【Friedrich Wilhelm Nietzsche】** (一八四四～一九〇〇) ドイツの哲学者。実存主義の先駆者で、「生の哲学」の典型的な主唱者の一人。神の死を宣告し、生の根底に権力への意志をおき、理想像としての超人を説いた。著書『ツァラトゥストラはかく語りき』『権力への意志』など。↓写

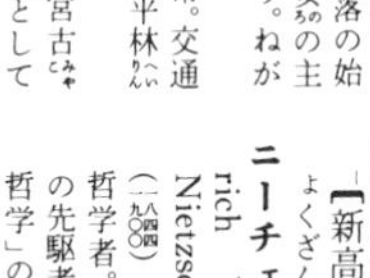

●ニーチェ

**にいち-スト【二・一スト】** 昭和二二年(一九四七)二月一日を期して計画されたゼネラルストライキ。官公庁労組を中心として産別会議・総同盟など六〇〇万人の参加が予定されていたが、占領軍の命令によって直前に中止。この中止によって労働戦線の統一が崩れ、分裂と対立を生んだ。にいてんいちスト。

**にいち-てんさく-の-ご【二一天作の五】** ①そろばんの九九の一つ。一(＝一〇)を二で割るとき、上のけたの五だまを一つおろすこと。②そろばんでの計算。

**にいつ【新津】** 〈市〉 新潟県中部、阿賀野川に沿う市。鉄道の集まる交通都市。農業も発達。新潟市のベッドタウン化。人口六万四七一八(一九八八)。

**にい-づま【新妻】** 結婚したばかりの妻。new wife

**にいつる【新▼鶴】** 〈村〉 福島県西部、会津盆地にある村。稲作を中心に、タバコ栽培・畜産などを行う。人口四六〇〇(一九八八)。

**ニードルポイント-レース【needlepoint lace】** 刺繡のようにニードル(縫い針)で刺してつくるレース。布のかわりに図案を描いた紙の上に糸を渡し、それにカットワークやドロンワークの手法で刺してつくる。↓レース写

**にいなめ-さい【新▼嘗祭】** 天皇がその年の新穀を諸神に供え、これを食する祭儀。皇室の行事の一つとして古くは陰暦一一月の中の卯の日、のちに同月の二三日に行った。現在は「勤労感謝の日」として国民の祝日の一つ。天皇即位後初めての新嘗祭を大嘗祭という。新嘗会。にいなめまつり。

**にいにい-ぜみ【にいにい▼蟬】** 体長約三・五cm内外の小形のセミ科の昆虫。体は暗黄緑色で黒斑があり、翅は透明で前翅に茶色の斑点がある。六月下旬から九月ごろまで現れ、ニーニーと鳴く。日本全土・朝鮮半島・中国・マレー・ボルネオなどに広く分布。↓セミ図

**にい-にいろく【二・二六】** 「二・二六事件」の略。

**にい-の-あま【二位尼】** (？～一一八五) 平清盛の妻。名は時子。建礼門院徳子の母。壇ノ浦の戦いで、孫の安徳天皇を抱いて入水。

**ニーバー【Reinhold Niebuhr】** (一八九二～一九七一) アメリカの神学者。ユニオン神学校教授。弁証法神学のアメリカ的展開を示した。著書『人間の本性と運命』ほか。

**にい-ばし【新▼箸】** 稲作の無事を祈る行事。六月下旬ごろ、ススキやスゲの青茎で箸を

▼常用漢字表外。 ▽常用漢字表の音訓外。

作り、新小麦で作った団子などを食べる。

**にいはま**【▽新居浜】〈市〉愛媛県東部、燧灘に臨む市。別子銅山の鉱石積み出し港に始まり、四国第一の重化学工業都市に発達。東予新産業都市の中核。人口一三万二九八四(一九八八)。

**にいはま-へいや**【▽新居浜平野】愛媛県東部、燧灘に臨む平野。水に恵まれ、農業・工業がさかん。

**にいはり**【新▽治】〈村〉茨城県南部、土浦市北西隣の村。稲作、果樹・促成野菜栽培、畜産などのほか、土砂採取業もさかん。人口九三三三(一九八八)。

**にい-ばり**【新▽治・新▽墾】新しくきりひらいた土地・田畑。

**にいはる**【新▽治】〈村〉群馬県北西部、谷川連峰南麓の村。農林業が中心。猿ケ京・法師など多くの温泉がある。人口八三二九(一九八八)。

**ニーベルソン**【Louise Nevelson】(一八九九〜一九八八)アメリカの女流彫刻家。ロシア生まれ。木箱と木片の集積を、黒や金で塗装した室内トーテム風の作品で知られる。

**ニーベルングのゆびわ**【ニーベルングの指輪】《原題 Der Ring des Nibelungen ドイ》ワーグナー作曲・台本の楽劇。彼の楽劇理念の総決算で、一九世紀ドイツ劇音楽最大の遺産。『ラインの黄金』『ワルキューレ』『ジークフリート』『神々の黄昏』からなる。四部作まとめては一八七六年バイロイト祝祭劇場で初演。

**ニーベルンゲンのうた**【ニーベルンゲンの歌】《原題 Das Nibelungenlied ドイ》中世ドイツの英雄叙事詩。一二〇〇年ごろの作。作者未詳。民族大移動期の史実をふまえ、古代ゲルマンの英雄伝説をもとに成立。ジークフリートの恋と死、その妻クリームヒルトの復讐とブルグント族の滅亡を描く。ゲルマン人の悲劇的な宿命観が全編をおおっている。

**にいぼ**【新穂】〈村〉新潟県佐渡島中部の村。稲作中心。柿の産地。トキの保護センターがある。潟上温泉は湯治場として知られる。人口五一四六(一九八八)。

**にい-ぼん**【新盆】↓あらぼん(新盆)

**にい-まくら**【新▼枕】男女が結婚してはじめて共寝すること。用例 ―をかわす。

**にいみ**【新見】〈市〉岡山県北西部、高梁川上流にある市。旧城下町。国道や鉄道の集まる交通の要地。石灰石の採掘とセメント工業がさかん。肉牛の千屋牛は名高い。人口二万八〇二六(一九八八)。

**にいみ-なんきち**【新▽美南吉】(一九一三〜一九四三)児童文学者。愛知県生まれ。素朴でヒューマンな作風。作品『ごん狐』『おぢいさんのランプ』など。

**ニーム**【Nîmes】フランス南部の商工業都市。ガール県の県都。機械・食品・繊維などの工業がさかん。古代ローマの遺跡で有名。ぶどう酒取引の中心地。人口一三万(一九八二)。

**ニール**【Alexander Sutherland Neill】(一八八三〜一九七三)イギリスの教育家。子どもの自発性に基づく教育を主張し、一九二五年サマーヒル学園を設立。著書『自由の子供』など。

**ニールセン**【A.C.Nielsen Co.】アメリカの国際的な市場調査・視聴率調査会社。一九二三年設立。

**ニールセン**【Kai Nielsen】(一八八二〜一九二四)デンマークの彫刻家。デンマークに近代彫刻を導入。作品『エバの創造』など。

**ニールセン-きょう**【ニールセン橋】アーチ橋の一種。橋床をつるすつり材を、垂直ではなく綾目状に組み、補強した橋。剛性が大きくなるので変形や振動が少ない。考案者の名にちなむ。↓写

●ニールセン橋　東京都多摩ニュータウン、弓の橋。

**にいる-ぴとう**【にいる▽人】沖縄の八重山列島で、「にらいかない」から祝福を与えに来臨するとされる神。また、陰暦六月の豊年祭に豊作の神として訪れる、仮面をつけ仮装した「赤また・黒また」の異称。参照 なまはげ。

**ニー-レングス**【knee length】ひざ丈ほどの長さの衣類の総称。ストッキング・ソックス・スラックスなど。

**ニーレンベルギア**【nierenbergia】↓ぎんぱいそう(銀盃草)

**に-いろ**【▽丹色】赤い色。

**に-いん**【二院】立法府である国会の、上院と下院。日本では、衆議院と参議院。両院。two chambers

**にいん-せい**【二院制】議会が、上院と下院の二つで構成される制度。両院が同等の権利をもつ完全二院制と、下院に優位権を認める不完全二院制とがあり、日本は衆議院優位の二院制をとる。両院制。bicameral system 比較 一院制。

**ニウエ-とう**【ニウエ島】(Niue Island)太平洋中南部、クック諸島西方の珊瑚礁島。ニュージーランド領。面積二五九km²。人口二三二〇(一九八〇)。

**に-うけ**【荷受(け)】(名・サ変自他)送られてきた荷物を受け取ること。receipt of goods 対義 荷送り。

**にうけ-にん**【荷受人】荷受けを指定された人。consignee 対義 荷送人。

**に-うごき**【荷動き】取り引きによる荷物の移動。また、その数量。freight movement 用例 ―が活発だ。

**に-うま**【荷馬】荷物を運ぶ馬。駄馬。pack-horse

**に-うめ**【煮梅】青梅や梅干しの、酸味をある程度抜いて、砂糖や蜜で甘く煮ふくめたもの。

**にうり-や**【煮売(り)屋】魚・野菜・豆などの煮たものを売る店・人。

**にえ**【▼錵】15画 部首［金］和製漢字 JIS 7906

**にえ**【▽沸・▼錵】日本刀の刃と地肌との境に現れる、きらきら輝いて見える模様。比較 におい。

↓にえ〔沸・錵〕

**にえ**【▼贄・▽牲】①神・朝廷などにたてまつる、その土地の産物。とくに、鳥や魚。そなえ物。②贈り物。進物。

**ニエーボ**【Ippolito Nievo】(一八三一〜一八六一)イタリアの小説家。ガリバルディの義勇軍に加わり、その途次、命を落とした。主著は自伝的小説『あるイタリア人の告白』。

**ニエオ**【NIEO】《New International Economic Order の略》新国際経済秩序。

**にえ-かえ・る**【煮え返る】(五自)①ぐらぐら煮える。boil ②ひどく腹が立つ。seethe 用例 腹が―。

**に-えき**【荷役】「にやく」の誤り。

**にえきらな・い**【煮え切らない】(形)態度がぐずぐずして、はっきりしない。indecisive 用例 ―性格。

**にえくり-かえ・る**【煮え繰(り)返る】(五自)①煮え立って、わき返る。煮えたぎる。boil ②怒りなどの感情が激しく起こる。seethe 用例 胸が―。

**ニェゴシュ**【Petar Petrović Njegoš】(一八一三〜一八五一)ユーゴスラビアのツルナゴラの国王兼主教、ロマン派最大の詩人。政治と文学で国の近代化に努めた。宗教的寓意叙事詩『小宇宙の光』など。

**にえ-たぎ・る**【煮え▼滾る】(五自)煮え返る。boil

**にえ-た・つ**【煮え立つ】(五自)↓にたつ(煮立つ)

**ニエプス**【Nicéphore Niepce】(一七六五〜一八三三)フランスの発明家。写真術ヘリオグラフィーを発明し、一八二六年世界ではじめての写真撮影に成功。

**ニェムツォバー**【Božena Němcová】(一八二〇〜一八六二)チェコスロバキアの女流小説家。近代散文の確立に貢献した。作品『おばあさん』など。

**にえもん-じま**【仁▽右▽衛門島】千葉県、鴨川市の太海海岸にある小島。観光の名所となっている。

**にえ-ゆ**【煮え湯】煮立った湯。熱湯。boiling water

**煮え湯を飲ませる**(にえゆをのませる)信頼をうらぎるなどして、相手にひどい仕打ちをする。betray

**に・える**【煮える】(下一自)①よく煮られた状態になる。そうして、物に熱がよく通る。be cooked ②ひどく腹が立つ。seethe 用例 腹が―。

**ニエロ**【niello イタリア】銀・銅・鉛に硫黄を化合させた黒色の合金。また、これを用いた工芸品。金・銀器の表面にこれを象眼する技術は、古代ギリシアからみられる。黒金。

**にえんき-さん**【二塩基酸】水溶液中で電離したとき、一分子から二個の水素イオンを生じる酸。dibasic acid

**にお**【▼鳰】13画 部首［鳥］和製漢字 JIS 8276

カイツブリの古名。カイツブリ目に属する鳥。におどり。用例 (名)―の浮き巣。

**にお**【▼堆・▽稲▽積】刈ったイネを、脱穀までの期間、円錐形に高く積み上げたもの。本来は田の神にささげる穂付きのままの供物としてのものであったと考えられている。稲叢。にゅう。

**にお**【仁尾】〈町〉香川県西部、燧灘に臨む町。旧城下町。ミカンの産地として知られる。人口八〇一〇(一九八八)。

**におい**【▼匂(い)】①嗅覚を刺激するもの。かおり。smell 用例 いい―。②それらしい感じ。気配。smack 用例 下町の―がする。③日本刀の刀身の面にとぎ出される、霧のようにほんのりと見える模様。比較 にえ。④古語《目に映る意が主》㋐美しいこと。つや。用例 この御―にはならびたまふべくもあらざりければ(源氏・桐壺)。㋑光。威光。用例 官位、世の中の―もなんとも覚えずなむ(源氏・椎本)。㋒染め色や襲の色目で、上を濃く、下のほうへいくに従って薄くした、ぼかし。対義 すそご。用例 蘇枋の下簾、―いときよらにて(枕・よき家の中門あけて)。⑤《「臭(い)」とも》くさみ。臭気。odor 用例 鼻をつく―。

**匂い松茸、味占地**(においまつたけ、あじしめじ)香りはマツタケがいちばんよく、味はシメジがよい。香り松茸、味占地。

**におい-あらせいとう**【▼匂▽紫▽羅▼欄▽花】アブラナ科の一年草。草丈約四〇cm。春から初夏に、黄色・橙色などの十字形花を穂状に開く。観賞用。南ヨーロッパ原産。gilly flower

**におい-ざくら**【▼匂桜】サクラの一種。八重咲きの花をつけ、花色は、やや紅色を帯びた白。芳香がある。

**におい-すみれ**【▼匂▼菫】スミレ科の耐寒性多年草。花壇・鉢植え・切り花用。葉は心臓状卵形。花は径約二cm。花色はすみれ色・桃色・白色など。バイオレット。sweet violet

**におい-づけ**【▼匂付(け)】蕉風俳諧の連句の理念。前句の余情を受けて、それにふさわしい付句をすること。

**におい-ねずみ**【▽臭▼鼠】北アメリカ産の水生のネズミ科の毛皮獣。体長約三〇cm。赤褐色。第二次大戦後、日本で野生化した。マスクラット。masked shrewmusk rat

**におい-のはな**【▼匂の花】連句で、名残の折の花の定座に詠みこむ花のこと。名残の花。

**におい-ばんまつり**【▼匂▼蕃▼茉▼莉】ナス科の常緑低木。温室栽培する。葉は短柄をもち楕円形。同じ枝にすみれ色と白色の花が混じって咲く。花は芳香がある。

**におい-ぶくろ**【▼匂(い)袋】錦や金襴でできた小さな袋に香料を入れたもの。懐中に持ったり、衣装のあいだに入れる。丁字・麝香・白檀などの香料が使われる。

**におい-やか**【▼匂いやか】(形動)つややかと美しいさま。はなやかな感じ。用例 ―な風情の人。

**におい-やぐるま**【▼匂矢車】キク科ヤグルマギク属の一種。高さ約七〇cm。花は黄・白・淡紅色。香気がある。スイートサルタン。sweet sultan

**におう**【▼匂】4画 部首［勹］和製漢字 JIS 3887

↓におう〔匂う〕

**に-おう**【仁王・二王】寺門または須弥壇前の両脇に安置された一対の金剛力士像。寺域の守護神。元来は一神だが、両脇を守るため二神となる。向かって右は口を開き(＝阿形)、左は口を閉じる(＝吽形)ものが一般的。右を密迹金剛、左を那羅延金剛ともいう。↓写(次ページ)

**にお・う**【▼匂う】㊀(五自)①よいかおりがただよう。よいにおいがする。smell sweet 用例 花が―。②色が、照りはえて美しく見える。glow 用例 朝日に―。③生き生きした美しさや魅力が、ただよって感じられる。glow 用例 若さが―。㊁古語(四自)①美しく色づく。用例 春されば花咲きををり秋されば黄葉―・ひ(万葉・一七・三九〇七)。②輝くように美しい。用例 筑紫なる―児ゆゑに陸奥の(万葉・一四・三四二七)。③恩恵をこうむる。栄える。用例 わが家までは―・ひ来ねど(源氏・少女)。㊂古語(下二他)美しく色づける。染める。用例 住吉の岸野の榛に―



↓行き先項目、図版・写真参照印。 JIS 日本工業規格情報交換用漢字符号コード(区点コード)。

●仁王 『金剛力士像』「吽形(右)、阿形(左)」。天平勝宝元年(七四九)以前、東大寺三月堂(奈良県)。

・ふれど(万葉・一六・三八〇一)。

**にお・う【▽臭う】**(五自) ①不快なくさみがする。臭気がただよう。stink 用例ガスが―。②なにか不正が行われた感じがする。うさんくさい。smell ③それらしい気配が感じられる。seem 用例下心が―。

**におう‐だち【仁王立ち】** いかめしく突っ立つこと。stand firm

**におう‐もん【仁王門】** 仁王の像を左右に安置した寺の門。

**にお‐がい【▼鳰貝】** 海岸の砂岩に穴をあけてすむニオガイ科の二枚貝。殻長約七㎝。殻表は白色。殻の前部のおろしがね状の刻みで岩を削る。日本全土の沿岸に分布。↓図

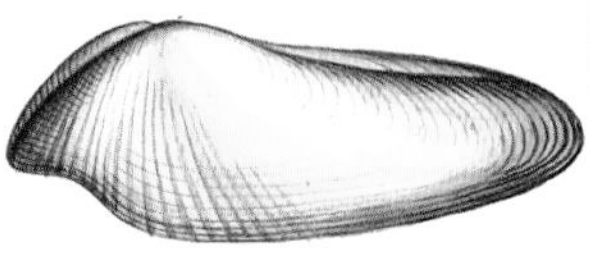
●ニオガイ

**に‐おくり【荷送(り)】**(名・サ変自) 相手に荷を発送すること。shipment of goods 対義荷受け。

**におくり‐にん【荷送人】** 荷を発送する人。consignor 対義荷受人。

**にお‐どり【▼鳰鳥】** カイツブリの古名。

**におどり‐の【▼鳰鳥の】**[枕ことば]《カイツブリの習性や状態から》「かづく・なづさふ」などにかかる。用例思ふにし余りにしかば―なづさひ来しを人見けむかも(万葉・一一・二四九二)。

**にお‐の‐うきす【▼鳰の浮(き)巣】** カイツブリがアシなどの草に作った巣。頼りないようすの意に使う。

**にお‐の‐うみ【▼鳰の海】** 琵琶湖の別称。

**ニオビウム[niobium]** ↓ニオブ

**ニオブ[Niobドイツ]** 金属元素。記号Nb 原子番号四一。原子量九二・九。灰白色で展性・延性に富み空気中で安定。コロンビウムともよばれた。耐熱合金・原子炉用材・超電導材料などに利用。niobium

**ニオベ[Niobēギリシア]** ギリシア神話のタンタロスの娘。レト女神を侮辱したため、レトの子のアポロンとアルテミスに子どもたちを殺され、嘆きのあまり石と化した。

**に‐おも【荷重】**(形動) ①荷が重いさま。overloaded ②責任が重すぎるさま。overloaded

**にお‐やか【▼匂やか】**(形動) ①よい香りのただようさま。かぐわしいさま。sweet-scented 用例―なバラの園。②つややかで美しいさま。色あざやかなさま。においやか。lustrous 用例―にほほえむ。

**におわ・す【▼匂わす】**(五他) ↓におわせる(匂わせる)

**におわ・せる【▼匂わせる】**(下一他) =におわす。①におうようにする。かおらす。scent ②かぐわしくする。give out a scent of … 用例あたりを―花畑。③ほのめかす。hint 用例出馬の意向を―。

**に‐か【二化】** 昆虫などについて、一年間に二世代経過すること。二化性。

**にか‐アルコール【二価アルコール】** 鎖式または脂環式炭化水素の二個の炭素原子に、二個の水酸基がそれぞれ結合したもの。グリコール。ジオール。dihydric alcohol

**に‐かい【二階】** ①二層になっている家の上の部屋。the upper story 用例―に居る。②建物が二層になっていること。two-storied house 用例―建て。③高層建築の、一階から数えた第二層。the second floor米; the first story英

**二階から目薬**(にかいからめぐすり) 思うようにいかず、じれったいことのたとえ。また、あまり効き目がないことのたとえ。むり、また、むだであること。fan the sun with a peacock's feather

**にが・い【苦い】**(形) ①舌にいやな味を感じる。苦味がある。bitter 用例―薬。②いとわしい。つらい。hard 用例―経験。③不機嫌である。不快だ。displeased 用例―顔をする。派生にがさ(名) にがみ(名)

**ニカイア[Nicaea]** イズニクの古称。

**にかい‐だて【二階建(て)】** 二階のある家の建て方。その家。two-story米; two-storey英

**にかい‐や【二階屋】** 二階を設けた家。two-story house

**にが‐うり【苦▼瓜】** ウリ科のつる性一年草。長さ四〜五m。葉は掌状、雌雄同株。夏に黄花をつける。果実は食用。ツルレイシ。レイシ。balsam pear ↓写

●ニガウリ

**に‐かえし【煮返し】** 煮返すこと。煮返したもの。warmed-over food

**に‐かえ・す【煮返す】**(五他) 一度煮たものを、もう一度煮る。warm over

**に‐がお【似顔】** 似せてかいた人の顔。

**にがお‐え【似顔絵】** ①ある人の顔に似せてかいた絵。肖像画。portrait ②浮世絵で、役者または美人の絵。

**にか‐かい【二科会】** 美術団体の一つ。大正三年(一九一四)石井柏亭ら洋画家により結成、新傾向の作家を吸収。のち彫刻部をおく。現在は絵画・彫塑・写真・商業美術の四部門。

**にが‐かしゅう【苦何首▼烏】** ヤマノイモ科のつる性多年草。大きな塊根をつける。葉は三角形。葉腋に丸いむかごがつく。

**にが‐き【苦木】** 山野にはえるニガキ科の落葉高木。高さ約一〇m。葉は羽状複葉。雌雄異株。夏に黄緑色の花が多数咲く。枝葉に苦味があり、エキスは胃薬。↓図

●ニガキ

**にが‐くさ【苦草】** シソ科の多年草。湿地にはえる。葉は披針形で短い柄をもつ。晩夏、淡紅色の小花からなる細長い花穂をつける。

**にが‐くりたけ【苦▼栗▼茸】** 倒木や切り株に群生する担子菌類モエギタケ科の毒キノコ。クリタケに似るがやや小形で、かさは径約五㎝。全体は黄緑色を呈し、苦味がある。

**にが‐さ【苦さ】** 苦いこと・程度。bitterness 比較苦み。

**にが・し【苦し】** 古語(形ク) ↓にがい(苦い)

**にが・す【逃がす】**(五他) ①逃げさせる。set free ②取り逃がす。取り損なう。miss 用例チャンスを―。

**逃がした魚は大きい**(にがしたさかなはおおきい) 手に入れかけながら逃がしてしまうと、それが、それほどたいしたものでなくても、大損をしたような気持ちになるものだ。釣り落とした魚は大きい。The fish that got away is always bigger. 類似逃がした物に小さい物無し。

**にか‐せんしょくたい【二価染色体】** 減数分裂の初期に、二本の相同染色体が対合したもの。四本の染色分体からなる。bivalent chromosome

**に‐かた【煮方】** ①ものを煮る方法。②日本料理で、煮物を担当する調理人。板前の次に重要な役。

**にが‐たけ【苦竹】** ①マダケの漢名。②メダケの別名。味のにがいところからの名。

**にが‐ちゃ【苦茶】** トウチャの別名。

**に‐がつ【二月】** 一年の第二の月。February 比較如月。

**二月は逃げて走る**(にがつはにげてはしる) 二月は、他の月よりも日数が少なく、正月が過ぎて一息ついていると、あっという間に過ぎ去ってしまう。

**にがつ‐かくめい【二月革命】** ①(Journées de Févrierフランス)一八四八年二月フランスに起きた革命。産業資本家と労働者階級が連合、七月王政を打倒。ブランら社会主義者をも加えた臨時政府を樹立し、第二共和政を宣言。その影響は全ヨーロッパにおよび、ウィーン体制を崩壊させた。②↓さんがつかくめい(三月革命)②

**にが‐つち【苦土】** 風化しないで植物に適さない土。

**にがつ‐どう【二月堂】** 東大寺境内、大仏殿の東にある堂。天平勝宝四年(七五二)実忠の創建。毎年陰暦二月一日から一四日まで修二会を行ったところからきた呼称。↓写

●二月堂

**にが‐て【苦手】** ①不得意。不得手。weak point 対義得意。②好ましくない相手。いやなやつ。difficult person to deal with

**にが‐な【苦菜】** 山野にはえるキク科の多年草。高さ約三〇㎝。茎が細く、切ると白い乳液を出す。葉は切れこみのある長卵形。初夏に径約一・五㎝の黄色の頭花を多数つける。日本全土・朝鮮半島・中国に分布。↓写

●ニガナ

**にがにが・し・い【苦苦しい】**(形) 実にいとわしい。ひどく不快である。unpleasant 派生にがにがしげ(形動) にがにがしさ(名)

**にが‐びゃくどう【二河白道】**《仏教語》貪欲を表す水の河と、瞋恚を表す火の河にはさまれた一筋の白い道を、浄土往生を願う信心にたとえたもの。善導の著『観経疏散善義』にあることば。

**にかほ【仁▽賀保】**〈町〉 秋田県南西部、日本海に臨む町。秋田県稲作の先進地。県営牧場がある。人口一万二三九〇(一九八八)。

**にが‐み【苦味】** ①苦い味。bitter taste ②苦い感じ。bitterness 比較苦さ。

**にがみ‐ばし・る【苦味走る】**(五自) 顔つきがきりっとひきしまっている。be stern and handsome

**にが・む【苦む】** 古語 ㊀(四自) 苦い顔をする。いやな顔をする。用例「暑きに」と―・み給へば、人々笑ふ(源氏・帚木)。㊁(下二他) しかめる。用例鼻を―・むる事に侍るなり(源平盛衰記・四)。

**にが‐むし【苦虫】** かめば苦かろうと思われる虫。

**苦虫を噛み潰した様**(にがむしをかみつぶしたよう) ひどく不機嫌な顔つき。苦りきった顔つき。make a sour face

**にか‐めいが【二化▼螟▼蛾】** メイガ科の小形のガ。開張二・五〜三㎝。前翅は淡黄褐色で後翅は黄白色。幼虫はニカメイチュウとよばれるイネの害虫で、年一、二回発生。イネの茎の中に食い入り、穂の出る茎に被害を与える。

日本全土・朝鮮半島・東南アジアなどに分布。snout moth

**にか-めいちゅう**【二化▼螟虫】ニカメイガの幼虫。

**に-かよ・う**【似通う】(五自) 互いによく似る。resemble closely

**にが-よもぎ**【苦▼艾】キク科の多年草。薬用に栽培される。高さ約一m。夏に小頭花を多数つける。全草に強臭があり、葉を胃薬、アブサンの香味付けに使う。ヨーロッパ原産。クガイ。wormwood ↓写

●ニガヨモギ

**ニカラグア**【Nicaragua】(Republic of Nicaragua) 中央アメリカの地峡部、西は太平洋、東はカリブ海に臨む共和国。首都マナグア。一八三八年スペインから独立。コーヒー・綿花栽培と牧畜がさかん。面積一三万km²。人口三三八万(一九八六)。正称ニカラグア共和国。

**ニカラグア-こ**【ニカラグア湖】(Lago de Nicaragua) ニカラグア南部、中央アメリカ最大の淡水湖。面積八〇〇〇km²。

**にがり**【苦▽塩・苦▽汁】海水から食塩をとったあとの溶液。主成分は塩化マグネシウム。マグネシウムの原料、また、豆腐の凝固剤などとしても用いられる。にがしお。くじゅう。bittern

**にがり-き・る**【苦り切る】(五自) ひどく不愉快そうな顔つきをする。look disgusted 用例 やりこめられて、—。

**にかわ**【▼膠】家畜・クジラ・魚類の皮・腱・骨を煮沸して得られる粗製のゼラチン。接着力が強く、製紙・染色などに広く使われる。glue

**に-がわせ**【荷為替】売り主が、荷物を担保に、買い主を支払人とする為替手形を振り出し、銀行を介して取り引きを行う仕組み。また、その為替手形。documentary bill

**にがわせ-てがた**【荷為替手形】貨物の売り主が、その荷物を担保に、買い主を支払人とし、取引銀行を受取人として振り出す為替手形。荷付き為替手形。荷為替。documentary bill

**にが-わらい**【苦笑い】(名・サ変自) 苦々しく思いながら、無理に笑うこと。また、その笑い。苦笑。wry smile

**にがんレフ-カメラ**【二眼レフカメラ】二本のレンズを、一本は撮影用、一本はファインダー用に使うレフレックスカメラ。六×六cmの画面サイズがふつう。二眼レフ。twin-lens reflex camera

**に-き**【二季】①春と秋。または、夏と冬。two seasons 用例 —咲き。②盆と暮れ。

**に-き**【二期】二つの期間。two terms

**にき**【仁木】〈町〉北海道西部、積丹半島の町。リンゴ・ブドウなどの果樹栽培がさかん。人口四八九二(一九八八)。

**に-き** 古語 (連語)《完了の助動詞「ぬ」の連用形に過去の助動詞「き」の付いたもの》…てしまった。用例 かしこまりゆるされて、もとのやうになり—(枕・うへにさぶらふ御猫は)。

**にぎ**【▽和】(接頭)《古くは「にき」》やわらかな。細かい。対義 荒。用例 —たえ。—みたま。

**ニキーチン**【Ivan Savvich Nikitin】(一八二四〜六一) ロシアの詩人。作品『御者の妻』など。

**にき-えつこ**【仁木悦子】(一九二八〜八六) 小説家・童話作家。本名、二日市三重。東京生まれ。本格推理小説を書いた。作品『猫は知っていた』『赤い猫』など。

**にき-かい**【二期会】オペラの研究・上演を目的に昭和二七年(一九五二)柴田睦陸らが結成した団体。すぐれた人材を集めて日本音楽界に貢献。

**にき-さく**【二期作】年に二回、同一の作物を同一の耕地に作ること。ふつう、イネについていう。比較 二毛作。

**ニキシュ**【Arthur Nikisch】(一八五五〜一九二二) ハンガリーの指揮者。ドイツで活躍。作曲者の指示を絶対視せず、指揮者の主観を作品上に投影した。

**にき-せい**【二期制】一年を二期に分ける制度。two-term system

**にきたつ**【▽熟田津】古代、伊予国の道後温泉付近の船着き場。にきたづ。

**にぎ-てき**【二義的】(形動) 根本的でないさま。二の次にしてもよいようなさま。secondary 対義 一義的。

**にぎ-にぎ**【握握】①《幼児語》㋐赤ん坊が手を、握ったり広げたりすること。㋑握りこぶし。㋒握り飯。②《俗語》わいろ。

**にぎにぎ-し・い**【▼賑▼賑しい】(形) たいへんにぎやかだ。prosperous

**にぎはやひ-の-みこと**【▼饒速日▽命・▼邇▽芸速日▽命】日本神話の神。天孫降臨に先立って河内国に降った。大和国の長髄彦の妹を妻としたが、神武東征にさいし、長髄彦を殺して帰順したとされる。

**にきび**【▽面▼皰・▼痤】毛孔に脂肪がつまって皮疹となったもの。思春期に顔・胸・背など皮脂の分泌の多い部位に多発する。尋常性痤瘡。acne vulgaris

**にきび-だに**【▽面▼皰▼蜱】俗に、にきびの原因とされるニキビダニ科のダニ。体長約〇・四mm。ふつうダニは楕円形だが、本種は胴の後部が伸びて蛆虫状。人の皮脂腺や毛嚢に寄生。にきびの原因ではないとされるが、病原性については不詳。follicle mite

**にぎ-みたま**【▽和▽御▽魂】穏和な神霊。神霊の働きの消極的な一面。にきみたま。対義 荒御魂。

**にぎ-やか**【▼賑やか】(形動) ①にぎわしいさま。さかんなさま。bustling ②人が陽気ではなやかなさま。gay 用例 —な人。—な笑い声。

**にぎやか-さ**【▼賑やかさ】にぎやかなこと・程度。

**に-きょう**【二教】《仏教語》教説の分類法の一つ。大乗教と小乗教、頓教と漸教、顕教と密教、聖道教と浄土教などの二種類の教え。

**に-ぎょう**【二業】芸者屋と料理屋の二つの営業。

**にきょう-ゆうずい**【二強雄▼蕊】↓にちょうゆうずい(二長雄蕊)

**にきょく-かん**【二極管】↓にきょくしんくうかん(二極真空管)

**にきょく-しんくうかん**【二極真空管】陰極と陽極とを一つの真空容器中に封入した電子管。陽極の電位が陰極より高いときだけ電流が流れる整流作用をもち、電源回路や検波回路に使う。二極管。diode

**にぎら・せる**【握らせる】(下一他) ①手に握るようにさせる。let a person take hold of ②金品を賄賂として、与える。つかませる。bribe

**にぎり**【握り】①握ること。また、その力。grasp 用例 —方。—が弱い。②握った太さ・長さ・分量。handful 用例 一—。③器物の握る所。柄。handle 用例 バットの—。かなづちの—。④「握りずし」の略。用例 —三人前。⑤「握り飯」の略。用例 お—。

**にぎり-きんたま**【握り金玉・握り▼睾▽丸】《俗語》懐手をして、何もしないこと。

**にぎり-こぶし**【握り▼拳】①握り固めたこぶし。げんこつ。clenched fist ②お金を持っていないこと。てぶら。empty-handed

**にぎり-し・める**【握り締める】(下一他) ①力を入れて握る。強く握る。hold firmly ②大切にして、手放さない。keep

**にぎり-ずし**【握り▼鮨】新鮮な魚介類や卵焼きなどをたねにして一口大に握るすし。江戸前ずし。握り。数え方 一個・一人前・一折り・一皿。

**にぎり-つぶ・す**【握り▼潰す】(五他) ①強く握って、つぶす。crush in the hand ②提出された計画・文書などを手もとに置いて、うやむやにする。公にしない。shelve

**にぎり-ぶと**【握り太】握って、太いと感じること・もの。

**にきり-みりん**【煮切(り)味▼醂】アルコール分を蒸発させたみりん。なべでみりんを煮立て、なべの中に火をつけてアルコール分を燃やす。にきり。

**にぎり-めし**【握り飯】飯をてのひらで丸・三角・俵形などの形に握ったもの。携帯食や軽食にする。おむすび。おにぎり。

**にぎり-や**【握り屋】《握って離さない、の意》けちんぼう。tightfisted person; miser

**にぎ・る**【握る】(五他) ①手の指を強く内側に曲げて固める。手の中につかむ。clasp 用例 ペンを—。②自分のものとする。hold 用例 政権を—。③握り飯・握りずしをつくる。用例 すしを—。

**にぎわい**【▼賑わい】にぎやかなこと。また、繁栄して豊かであること。用例 枯れ木も山の—。

**にぎわ・う**【▼賑わう】(五自) ①にぎやかになる。さかえる。繁盛する。prosper ②こみあう。be crowded

**にぎわし・い**【▼賑わしい】(形) 多くあって、はなやかだ。にぎやかだ。bustling; thriving 派生 にぎわしさ(名)

**にぎわ・す**【▼賑わす】(五他) ①にぎやかにする。make prosperous ②恵む。施す。give alms

**にぎわ・せる**【▼賑わせる】(下一他) ↓にぎわす(賑わす)

**にぎわわ・す**【▼賑わわす】(五他) ↓にぎわす(賑わす)

**ニク** 6画【肉】部首[肉] 教育小3 JIS 3889 →教育小2　4画【▼月】部首[月] 異体字

音 ニク・ジク

①しし。骨や種のまわりにある、やわらかい組織。対義 皮。「果肉・牛肉・魚肉・筋肉」「肉質・肉食」用例(名)—を食う。②じか。そのまま。直接。「肉眼・肉声・肉筆」③からだ。なま身。対義 霊。「肉体・肉弾・肉欲」用例(名)—の誘惑。④ものの厚み。「肉太・肉細」⑤からだの太さ。「中肉中背」⑥印肉のこと。「朱肉」「肉池」用例(名)—を貸してください。⑦血すじ。「肉親」参考 漢字の偏になると、月の形となる。

**肉が落ちる**(にくがおちる) 体がやせる。lose weight 用例 大病で、すっかり—。

**肉が付く**(にくがつく) 体が太る。肥える。put on weight 用例 腹のあたりに—。

**肉を斬らせて骨を斬る**(にくをきらせてほねをきる) 自分の体の肉を斬らせる危険をおかして、相手を骨まで斬って倒す。捨て身で敵に向かって勝つ。

**肉を付ける**(にくをつける) ①体を太らせる。make fat ②骨組みに実質を付け加える。内容をより豊かにし、厚みをつける。flesh out

**ニク** 7画【▼宍】部首[宀] JIS 2821

音 ジク・ニク

しし。ししむら。けものなどの肉。

**に-く**【二苦】《仏教語》内苦と外苦。四百四病などの内からの苦と、盗賊虎狼などの害、雨寒熱などによる災いの、外からの苦をいう。

**に・ぐ**【逃ぐ・▼遁ぐ・▼迯ぐ】古語 (下二自) ↓にげる(逃げる)

**にく・い**【憎い・▽悪い】(形) ①かわいげがない。憎らしい。hateful 用例 犯人が—。②《反語的に》感心だ。みごとだ。excellent 用例 —できばえ。—ことを言う。派生 にくが・る(五自) にくげ(形動) にくさ(名)

**にく・い**【▽難い・▽悪い】(接尾)《動詞の連用形に付いて形容詞をつくる》…するのがむずかしい。対義 やすい。用例 書き—。読み—。

**にく-いれ**【肉入れ】印肉を入れるもの。肉池。seal-padcase

**にく-いろ**【肉色】黄色を帯びた、薄紅色。肌色。

**にく-えん**【肉縁】血縁。

**にく-が**【肉芽】①腋芽の一種。芽に多くの養分を蓄え、イモのようになったもの。落ちて繁殖に役立つ。ヤマノイモなど。珠芽。むかご。broad bud ②《「肉芽組織」の略》きずのあとに新しくもりあがってくる組織。granulation

**にく-かい**【肉界】①身体と、その働きの及ぶ範囲。②宗教で、肉体の世界。対義 霊界。

**にく-かい**【肉塊】①肉のかたまり。lump of meat ②肉体。body

**にくが-そしき**【肉芽組織】線維芽細胞・組織球・各種白血球・リンパ球などからなる結合組織。傷が治るときにみえる紅色の顆粒で、組織の再生と病変に重要な働きをする。granulation tissue

**にくから-ず**【憎からず】(副) ①愛情がなくはない。feel tender ②かわいい。have a fancy for

**にく-が・る**【憎がる】(五自) 憎いと思う。hate

**にく-かん**【肉感】①身体の感覚。②性欲をそそられるような感じ。sensualness

**にく-がん**【肉眼】生まれつきの目。また、眼鏡や望遠鏡などの助けを借りない生来の視力。naked eye

に

**にくかん-てき【肉感的】**(形動) 性欲をそそるさま。sensual 用例 ―な女優。

**にく-ぎゅう【肉牛】** 肉を食用とする家畜牛。ヘレフォード・アバディーン-アンガス・黒毛和種などの品種がある。beef 比較 乳牛・役牛。

**にくきり-ぼうちょう【肉切(り)包丁】** 肉を切るのに使う包丁。刃渡りが長く、先端がとがっている。牛刀。

**にく-げ【憎げ】**(形動) 憎らしいさま。にくにくしいさま。hateful

**にく-けい【肉刑】** 身体の一部を傷つける刑。入れ墨をしたり、鼻の頭を切ったりするなど。身体刑。

**にく-けい【肉▼桂】** ↓にっけい(肉桂)

**にく-さ【憎さ】** 憎いこと・程度。hatred 比較 憎しみ。用例 かわいさ余って―百倍。

**憎さも憎し**(にくさもにくし) ひじょうに憎い。very hateful

**にくさ-げ【憎さげ】**(形動) いかにも憎らしいさま。

**にく・し【憎し】** 古語 (形ク)《「心にくし」と違う》①気に入らない。心に染まない。いやだ。用例 紫草のにほへる妹を―・くあらば(万葉・一・二一)。②醜い。見苦しい。用例 これは、この比やうの事なり。いと―(徒然・二〇八)。③無愛想だ。つれない。用例 文やるに、―・からず返りごとはしながら(宇治拾遺・三)。④感心だ。あっぱれだ。用例 ―・き剛の者かな(保元)。

**にく-じき【肉食】**(名・サ変自) 人間が、鳥・獣の肉を食べること。meat diet 比較 にくしょく。

**にくじき-さいたい【肉食妻帯】** 僧が肉を食べ、妻を持つこと。

**にく-しつ【肉質】** ①肉の多い性質。fleshiness ②肉のある部分。fleshy portion ③肉の善し悪し。quality of meat

**にくし-み【憎しみ】** 憎く思うこと・気持ち。憎悪。hatred 比較 憎さ。

**にく-しゅ【肉▼腫】** 悪性腫瘍のうち、筋肉・骨・血管など非上皮性のものの総称。増殖がさかんで転移が早い。sarcoma 比較 癌。

**にく-じゅう【肉汁】** ①肉からしぼりとった液。meat juice ②肉を煮出した汁。ブイヨン。スープ。broth ③肉を焼くとき出る汁。gravy

**にく-じゅばん【肉▼襦▼袢】** 俳優などが着る、肌にぴったりつく肉色の下着。肉ジバン。fleshings

**にく-しょく【肉食】**(名・サ変自) ①人間が動物、ことに鳥・獣の肉を食べること。にくじき。meat diet 対義 菜食。②動物が他の動物を食物とすること。flesh-eating 対義 草食・穀食。

**にくしょく-じゅう【肉食獣】** ↓にくしょくどうぶつ(肉食動物)

**にくしょく-せい【肉食性】** 主食として脊椎動物の肉をとる性質。広義には昆虫を主食とする虫食性なども含める。carnivorousness

**にくしょく-どうぶつ【肉食動物】** 動物質を食べる動物の総称。獲物を捕食するために、大きな口、鋭い歯や爪、鋭敏な嗅覚を備えたものが多い。肉食獣。carnivorous animal 対義 草食動物。

**にく-しん【肉親】** 身近な血族の人々。親子兄弟など。immediate relative

**にくすい-かじょ【肉穂花序】** 無限花序の一種。中軸が太い肉質となり、表面に柄のない花が密生したもの。マムシグサ・ミズバショウ・パイナップルなど。spadix ↓花序図

**にく-ずく【肉豆▼蔲】** ニクズク科の常緑高木。高さ約二〇m。葉は長楕円形。雌雄異株。芳香のある黄白色の花を開く。果実は洋ナシ形。種子をナツメグ、種子を包む仮種皮をメースといい、ともに香辛料・薬用とする。モルッカ諸島原産。シシズク。nutmeg tree ↓写

●ニクズク

**に-くずれ【荷崩れ】**(名・サ変自) 縄などが外れて、積み荷が崩れること。fall of the load from a truck 用例 トラックの―事故。

**に-くずれ【煮崩れ】**(名・サ変自) 煮ているうちに、煮物の形が崩れること。break into pieces while cooking

**にく-せい【肉声】** ラジオなどを通じて聞く声に対して、直接、人の口から出る声。natural voice

**ニクソン【Richard Milhous Nixon】**(一九一三) アメリカの政治家。一九六八年大統領に当選。対中国国交回復やベトナム戦終結など外交面で成果をあげた。七四年ウォーターゲート事件で辞任。

**にく-たい【肉体】** なま身のからだ。魂や精神に対して物質的なからだ。body; flesh 対義 精神・霊魂。

**にくたい-てき【肉体的】**(形動) ①肉体に関するさま。physical 用例 彼には―な仕事は向かない。②肉体を重視するさま。肉欲的。physical; sensual

**にくたいのもん【肉体の門】** 田村泰次郎の小説。昭和二二年(一九四七)発表。敗戦後の娼婦たちの生態を描き、「肉体文学」の語を生む因となった。

**にくたい-ぶんがく【肉体文学】** 人間活動のただ一つの根拠として肉体を重視し、その原始的要求の中に人間の真実を探り、そこから再出発しようとする文学。第二次大戦後に、田村泰次郎らによって首唱されたもの。

**にくたい-ろうどう【肉体労働】** 体力を使う労働。physical labor; manual labor

**にく-たらし・い【憎たらしい】**(形) いかにも憎い。hateful 派生 にくたらしげ(形動) にくたらしさ(名)

**にく-だん【肉弾】**《桜井忠温作の、日露戦争を扱った戦記物の題名から》肉体を弾丸の代わりとして敵陣に突入すること。用例 ―戦。

**にくだん-さんゆうし【肉弾三勇士】** 昭和七年(一九三二)上海事変中につくられた勇猛三兵士の逸話。敵陣に対し決死の作業を実施して戦死した三名の工兵を国民的英雄とし、将兵の士気高揚をはかった。爆弾三勇士。

**にく-ち【肉池】** 印肉を入れる器。肉入れ。

**にく-ちゅう【肉柱】** 二枚貝の左右の殻を閉じる筋肉。貝柱。閉殻筋。

**にく-づき【肉付き】** 肉のつき具合。太り具合。

**にく-づき【肉月】** 漢字を組み立てている部分の名。「肝・肥・育」などの「月・月」。

**にく-づ・く【肉付く】**(五自) 肉がつく。太る。put on flesh

**にく-づけ【肉付け】**(名・サ変自他) ①肉をつけること。put on flesh; model ②文章などに手を入れて、内容をさらに豊かにすること。flesh out

**にく-てい【憎体】**(名・形動) 憎らしいこと・さま。

**にく-てき【肉的】**(形動) 肉体・肉欲に関係するさま。対義 霊的。

**にく-なべ【肉▼鍋】** ①鳥・獣の肉を煮るなべ。②鳥・獣の肉を煮ながら食べる料理。③牛なべ。

**にくにくし・い【憎憎しい】**(形) ひどく憎らしい。hateful 派生 にくにくしげ(形動) にくにくしさ(名)

**にく-ばえ【肉▼蠅】** ニクバエ科に属する大形のハエの総称。腐敗した魚・肉類に集まる。体長約一cm。灰色。胸背に黒い縦縞がある。卵胎生。幼虫も腐肉につく。世界各地に分布。flesh fly

**にく-はく【肉薄・肉迫】**(名・サ変自)《「薄」は迫る、の意》①身をもって敵に近づくこと。接近すること。close in upon ②詰め寄ること。press hard

**にく-ばなれ【肉離れ】** 筋肉を構成している筋線維が損傷すること。また、その状態。急に激しい運動を行ったりして筋肉に過度の負担がかかったときに起こる。torn muscle

**にく-ひつ【肉筆】** 印刷でなく手で書かれた書画。handwriting 比較 直筆。

**にく-ぶと【肉太】**(名・形動) 文字を太く書いてあること・さま。bold-faced 対義 肉細。

**にく-ぶとん【肉布団・肉▼蒲団】** ㊀同衾する女性を布団になぞらえていう語。㊁《肉蒲団》中国の風俗小説。明末清初の李漁の作とされる。赤裸々な性描写のため、しばしば発禁となった。一名『覚後禅』。

**にく-ぼそ【肉細】**(名・形動) 文字を細く書いてあること・さま。light-faced 対義 肉太。

**にくまれ-ぐち【憎まれ口】** 人から憎まれるような言い方。悪口。offensive remark 用例 ―をたたく。

**にくまれっ-こ【憎まれっ子】** 人から嫌われる子ども・人。bad boy

**憎まれっ子、世に憚かる**(にくまれっこ、よにはばかる) 憎まれっ子のほうが、社会に出ると勢力をもつようになる。Ill weeds grow apace.

**にくまれ-やく【憎まれ役】** 人に嫌がられる役。ungracious part 用例 ―を買って出る。

**にくま・れる【憎まれる】**(下一自) 憎しみを受ける。be hated

**にく-まんじゅう【肉▼饅▽頭】** 小麦粉をこねて皮とし、味をつけたひき肉、きざんだ野菜などを包んで蒸したまんじゅう。にくまん。豚饅頭。steamed meat bun

**にく・む【憎む】**(五他) 憎いと思う。嫌う。hate 対義 愛する。

**にくめ-な・い【憎めない】**(形) 憎むことができない。かわいい。

**にく-よう【肉用】** 食用の肉を得る目的で飼う家畜類。for meat

**にくよう-しゅ【肉用種】** 肉を食用に使うために飼う、牛・鶏などの品種。breed for meat consumption

**にく-よく【肉欲・肉▼慾】** ①肉体上の欲情。②男女間の性的欲望。性欲。色欲。lust

**にくよく-てき【肉欲的】**(形動) 肉欲をそそるさま。sensual

**に-ぐら【荷▼鞍】** 荷をのせるために馬などに置くくら。packsaddle

**ニクラウス【Jack Nicklaus】**(一九四〇) アメリカのプロゴルファー。史上最年少の一九歳で全米アマチュア選手権に優勝。以降、全米オープン四回、全米プロ五回、全英オープン三回、マスターズ七回のタイトルを獲得。ニクラス。

**にくらし・い【憎らしい】**(形) ①かわいげがない。にくにくしい。hateful ②気にくわない。腹が立つ。hateful 派生 にくらしが・る(五自) にくらしげ(形動) にくらしさ(名)

**にく-りょうり【肉料理】** 肉を主材料にして作る料理。meat dish

**にく-るい【肉類】** 食用にする動物肉の総称。牛・豚・羊などの畜肉および鶏・七面鳥などの鳥肉をさすことが多い。meat

**に-ぐるま【荷車】** 荷物を運ぶための車。動力を用いず、人力や牛馬などの力で引くものをいう。力車。cart; wagon 数え方 一台・一両。

**ニグロ【Negro】** 黒人。とくにアフリカの黒人。

**ニグロ-スピリチュアルズ【negro spirituals】** ↓こくじんれいか(黒人霊歌)

**ニグロ-びじゅつ【ニグロ美術】** サハラ以南の黒人美術の総称。最古の黒人帝国クシュの建造物や彫刻(前七〜後三世紀)から、古王国イフェやベニンの青銅彫刻(一二〜一九世紀)をへて、近代の木製彫刻までを含む。彫刻が優勢で、絵画は比較的少ない。

**ニクロム【nichrome】** ニッケルを主体とする合金の一種。クロムを一〇〜三五%含み、電気抵抗が大きく耐熱性・耐酸化性にすぐれる。電熱線などに使用。

**にクロムさん-カリウム【二クロム酸カリウム】** 化学式$K_2Cr_2O_7$ 橙赤色の結晶。酸化剤・分析試薬・媒染剤・めっき・写真印刷などに利用。重クロム酸カリウム。potassium dichromate

**にクロムさん-ナトリウム【二クロム酸ナトリウム】** 化学式$Na_2Cr_2O_7$ 二水和物は赤色の結晶。八五℃で無水物となる。皮なめしなどに使用。重クロム酸ナトリウム。sodium dichromate

**ニクロム-せん【ニクロム線】** 発熱用抵抗線の一つ。ニッケルとクロムを主体とする合金でつくられている。nichrome wire

**に-ぐん【二軍】** スポーツ競技で、公式試合に出場しない予備チーム。また、養成期間中の選手が正選手になるまで属するチーム。ファームチーム。farm team

**ニケ【Nikē ギリシア】** ギリシア神話の勝利の女神。戦争だけでなく競技・技芸にも勝利を授ける。アテナ女神に従ってあらわれる場合が多い。ローマ神話ではウィクトリア。

**にげ【逃げ】** 逃げること。escape

**逃げも隠れもしない**(にげもかくれもしない) にげかくれするような、卑劣なまねはしない。正々堂々と相対する。will not flee, nor hide 用例 こうなったら―。

**逃げを打つ**(にげをうつ) ①逃げるという手段をとる。逃げを張る。take to flight ②責任のがれを言う。try to excuse oneself

**逃げを張る**(にげをはる) まえもって、逃げる用意をしておく。逃げる手だてをおこなう。逃げを打つ。

**にげ-あし【逃(げ)足】** ①逃げること。flight ②逃げる足どり。逃げる速さ。用例 ―がはやい。

**にげ-う・せる【逃(げ)▽失せる】**(下一自) 逃



▼常用漢字表外。 ▽常用漢字表の音訓外。

げて、行方をわからなくする。逃亡する。escape

**にげ-うま【逃(げ)馬】** 競馬で、レースの前半から先頭に立つ馬。また、そうしないと能力を発揮できない馬。比較 差し馬・先行馬・追い込み馬。

**にげ-かくれ【逃(げ)隠れ】**(名・サ変自) ①逃げて隠れること。run away and hide ②責任をのがれようとすること。evasion of responsibility

**にげ-き・る【逃(げ)切る】**(五自) 追いつかれないで、そのまま逃げおおせる。escape safely

**にげ-ぐち【逃(げ)口】** ①逃げる出口。way of escape 用例 —を失う。②責任のがれ。evasiveness 用例 —を言う。

**にげ-こうじょう【逃(げ)口上】** 責任などをのがれようとして口にすることば。excuse

**にげ-ごし【逃(げ)腰】** ①逃げ出そうとする腰つき・ようす。be ready to run away ②責任をのがれようとする態度。evasiveness

**にげ-こ・む【逃(げ)込む】**(五自) ①逃げて、入り込む。take refuge in ②競技などで、うまく相手を振り切って勝ちをにぎる。逃げ切る。

**にげ-じたく【逃(げ)支度】** 逃げ去る用意。preparation for flight

**にげ-だ・す【逃(げ)出す】**(五自) ①飛び出して逃げる。run away ②逃げ始める。begin to run away

**にげ-な・い【似気無い】**(形) ふさわしくない。用例 きみに—仕事だ。派生 にげなさ(名)

**にげ-の・びる【逃(げ)延びる】**(上一自) 遠くへ逃げて、捕まることをのがれる。make good one's escape

**にげ-ば【逃(げ)場】** ①逃げ道。way of escape ②逃げて行く所。refuge ③弁解の余地。言いわけの口実。excuse

**にげ-まど・う【逃(げ)惑う】**(五自) 逃げようとしてまごつく。逃げ迷う。run away helter-skelter

**にげ-まわ・る【逃(げ)回る】**(五自) あちこちを逃げて回る。run from place to place

**にげ-みず【逃(げ)水】**《近づこうとすると遠ざかってしまうことからの語》陸上に現れる蜃気楼の一種。日ざしの強い晴れた日、地面や道路面などに水たまりがあるかのように見える現象。地面が暖められ、光が異常屈折するために起こる。古く、武蔵野の名物とされた。road mirage

**にげ-みち【逃(げ)道・逃(げ)路】** ①逃げる方向。血路。way of escape ②責任をのがれる方法。means of escape

**に-けむ** 古語(連語)《完了の助動詞「ぬ」の連用形に過去の推量の助動詞「けむ」が付いたもの》きっと…たのだろう。…てしまったのだろう。用例 夜半も過ぎ—かし、風やや荒々しう吹きたるは(源氏・夕顔)。

**ニゲラ[nigellaラテ]** キンポウゲ科の半耐寒性一年草。草丈約五〇cm。葉は糸状に細裂し、夏、頂部に白花をつける。果実は球状の莢になり、黒い小形の種子を含んでいる。

**に-けらし** 古語(連語)《完了の助動詞「ぬ」の連用形に、過去の推量の意を表す「けらし」の付いたもの》…てしまったに違いない。…てしまったらしい。用例 ほのぼのと春こそ空にきーあまのかぐ山霞たなびく(新古今・春上)。

**に-けり** 古語(連語)《完了の助動詞「ぬ」の連用形に過去の助動詞「けり」の付いたもの》…てしまった。用例「船にのりて帰りき—」と殿に告げやりて(竹取)。

**に・げる【逃げる・遁げる・逬げる】**(下一自) ①のがれ去る。run away 用例 泥棒が—。②責任を避ける。evade 用例 嫌な仕事から—。③正しい位置からそれる。shrink 用例 腰が—。④競技で、追い着かれないで勝つ。sprint away 用例 三ゲーム差で—・げきる。

**逃げるが勝ち(にげるがかち)** その場から逃げ去ることのほうが、実は勝利をおさめることになる。無益な争いは避けるのが賢明である。He that fights and runs away may live to fight another day. 比較 負けるが勝ち。

**に-げん【二元】** ①二つのこと・ものから成り立っていること。duality ②すべてのものが、二つの違った原理からできていると考えるときの、二つの原理。陰と陽、理と気など。duality 対義 一元・多元。③数学で、未知数が二つあること。

**にげんいちじ-ほうていしき【二元一次方程式】** 二つの未知数の一次式と定数からなる方程式。equations of first degree with two unknowns

**にげん-きん【二弦琴・二絃琴】** 日本の撥弦楽器。八雲琴と、それを俗曲用に改良した東流二弦琴をいう。↓写

●二弦琴

**にげん-てき【二元的】**(形動) 二元論の見方に立つさま。dual 対義 一元的・多元的。

**にげん-ほうそう【二元放送】** 同時に二つの放送局を使ってする放送。

**にげん-ろん【二元論】** ①一般に対象を考察するのに二つの異なった原理でする考え方。dualism 対義 一元論・多元論。②哲学で、世界が二つの独立した根本原理から成り立っているとする考え方。精神と物質の二つの実体をみとめたデカルトの立場はその代表例。dualism 対義 一元論・多元論。③宗教で、世界を善悪二神の争いと見る考え方。ゾロアスター教・マニ教など。dualism

**に-ごい【似鯉・鯉】** 川の中・下流にすむコイ科の淡水魚。全長約四〇cm。口ひげがあり、コイよりも全体に細い。北海道を除く日本全土に分布。サイ。サイゾウ。↓図

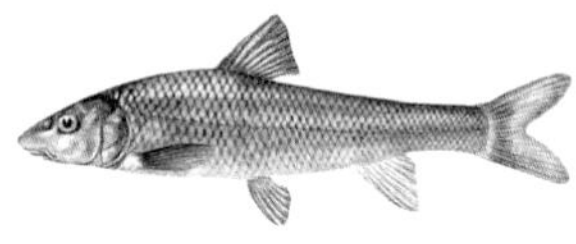
●ニゴイ

**に-こう【二更】** 昔、日没から日の出までの時刻を五つに分けた二番め。午後九時ごろから午後一一時ごろまで。亥の刻。乙夜。

**に-こう【尼公】** 高位の尼僧や、出家した貴婦人を言う敬語。あまぎみ。

**に-ごう【二号】** ①第二番目のもの・事柄。second 用例 —ホーマー。②《正妻を一号と見立てて》妾の俗称。concubine

**にこう-けいすう【二項係数】** $(a+b)^n$を展開したときの各項の係数。binomial coefficient

**にこう-しき【二項式】** 二つの項の和および差からなる整式。たとえば、$x+y$, $a-5$など。binomial

**にこう-じけん【尼港事件】** 日本のシベリア出兵中に起きた日本人殺害事件。大正九年(一九二〇)ニコライエフスク(尼港)駐屯の日本守備隊と居留民はパルチザンの攻撃をうけ降伏。翌月反撃に出て全滅し、捕虜となっていた人々も、のち全員殺害された。

**にこう-ていり【二項定理】** 二項式の$n$乗$(a+b)^n$の展開式が

$$\sum_{k=0}^{n}\binom{n}{k}a^{n-k}b^k$$

に等しいという定理。ここで$\binom{n}{k}=\frac{n!}{k!(n-k)!}$(!は階乗の記号)。binomial theorem

**にこう-ぶんぷ【二項分布】** 確率分布の一つ。一つの試行を複数回独立にくり返すとき、一つの事象が起こりうる回数の分布状態。binomial distribution

**にこ-げ【和毛・柔毛】**《「にこ」は、やわらかい・細かい、の意》①鳥・獣などのやわらかな短い毛。綿毛。うぶげ。downy hair ②新生児のやわらかな髪の毛。down

**に-こごり【煮凝り】** ①魚などの煮汁が、寒さで自然に固まったもの。congealed food ②ゼラチン質を含有する魚などを煮て箱に流し入れ、寒天やゼラチンで固めた食品。jelly

**ニコシア[Nicosia]** キプロスの首都。同国第一の商業都市。一五世紀以来の古都で、ゴシック様式の建造物が多い。人口一六・一万(一九九八)。

**に-ごしらえ【荷拵え】**(名・サ変自他) 荷物にまとめること。荷造り。packing

**にご・す【濁す】**(五他) ①濁るようにする。make muddy 対義 澄ます。②あいまいにする。equivocate 用例 お茶を—。ことばを—。

**ニコチン[nicotine]** タバコに含まれる淡黄色油状の有毒液体。中枢神経系・自律神経系・骨格筋に、少量で興奮作用をおこし精神活動がさかんになるが、大量では抑制作用にかわる。農業用殺虫剤に利用。

**ニコチンアミド-アデニン-ジヌクレオチド[nicotinamide adenine dinucleotide]** 多くの酸化還元酵素の補酵素。生体内での酸化還元反応のさい、水素を受けとる役目をする。NAD。

**ニコチン-さん【ニコチン酸】** 水溶性ビタミンB複合体の一つ。NADの成分となる。肝臓・肉・コムギなどに存在。ペラグラの予防・治療薬として使用。ナイアシン。nicotinic acid

**ニコチン-ちゅうどく【ニコチン中毒】** ニコチンによる中毒。自律神経が強く刺激される。大量喫煙、タバコの誤飲などによる急性中毒では重態となり、慢性中毒でも気管支・心臓・胃腸などに悪影響がある。ニコ中。nicotinism

**にこっ**(副) ↓にこり

**にこ-にこ**(副・サ変自) うれしそうにほほえむさま。smilingly

**に-こぼ・れる【煮零れる・煮溢れる】**(下一自) 煮えたって、鍋の中から汁などが外にあふれ出る。煮えこぼれる。boil over

**にこぽん-しゅぎ【にこぽん主義】**《俗語。にこにこして相手の肩をポンとたたく意。明治時代の首相桂太郎のやりかたを評した語》あいきょうをふりまいて、人を丸めこむ方法。

**ニコマコスりんりがく【ニコマコス倫理学】**《原題Ethica Nicomacheaギリシア》アリストテレスの著書。息子のニコマコスが編集したものといわれる。人間の性状や徳目などを論じた倫理学の書。

**に-こみ【煮込み】** 種々の材料を調味しただし汁とともに、弱火で長い時間煮込んだ料理。

**に-こ・む【煮込む】**(五他) ①いろいろまぜて煮る。cook together 用例 あれこれを—。②よく煮る。boil well 用例 じっくり—。

**にこ-やか**(形動) 明るく、にこにこしているさま。にこよか。smiling

**にこやか-さ** にこやかであること・程度。

**にこ-よん**《卑語。昭和二〇年代、公共職業安定所に登録された者がもらう日給が二四〇円だったことから》日雇い労働者の古い俗称。

**ニコラーエワ[Galina Evgeniyevna Nikolayeva]**(一九一一〜六三) ソ連の女流小説家。作品『収穫』『戦いはつづく』など。

**ニコライ[Nikolay]**(一八三六〜一九一二) ロシア正教会最初の駐日宣教師。大主教。聖人。日本ハリストス正教会の創立者。大聖堂ニコライ堂を建立。

**ニコライ〈一世〉[Nikolay I]**(一七九六〜一八五五) ロシア皇帝(在位一八二五〜五五)。デカブリストの乱を鎮圧。皇帝直属の秘密警察を創設して専制政治を行った。南下政策を企図し、ロシア–トルコ戦争、クリミア戦争を起こしたが失敗。

**ニコライ〈二世〉[Nikolay II]**(一八六八〜一九一八) 帝政ロシア最後の皇帝(在位一八九四〜一九一七)。一八九一年(明治二四)皇太子時代に来日、大津事件で負傷。極東進出を図り日露戦争に敗北。第一次大戦末期ロシア革命により一九一七年退位。シベリアで家族とともに処刑された。

**ニコライアー[Arthur Nicolaier]**(一八六二〜一九四五ごろ) ドイツの医学者。破傷風菌の発見者。北里柴三郎がその菌の純粋培養に成功して、破傷風の病原菌であることが証明された。

**ニコライエフスク[Nikolayevsk]** ソ連、ロシア共和国東部、アムール川河口の港湾都市。人口三万(一九七〇)。正称ニコライエフスク–ナ–アムーレ。

**ニコライ-どう【ニコライ堂】** 東京都千代田区神田駿河台にある日本ハリストス正教会の本部。東京復活大聖堂の通称。明治二四年(一八九一)ロシア人宣教師ニコライが建立。

**ニコラウス-クザーヌス[Nicolaus Cusanus]**(一四〇一〜六四) ドイツの哲学者・神学者。神をすべての矛盾の統一としてとらえ、科学的自然観の先駆をなした。

**ニコラエフ[Nikolayev]** ソ連南西部、ウクライナ共和国、黒海北西岸の港湾都市。南部造船業の中心として建設された。人口四八万(一九八四)。

**にごら・す【濁らす】**(五他) ①濁るようにする。濁らせる。make muddy ②曖昧にする。ごまかす。equivocate

**にこり**(副) うれしそうに笑みをうかべるさま。にっこり。にこっ。smile 用例 —ともしない。

**にごり【濁り】** ①濁ること。濁ったもの。muddiness ②汚れ。impurity ③欲望。④なまり。だみ声。hoarseness ⑤濁音の符号。濁点。「゛」。sonant mark

**にごり-え【濁り江】** 一水の濁った入り江。muddy creek 二《にごりえ》樋口一葉の

小説。明治二八年(一八九五)発表。東京の銘酒屋を舞台に、悲惨な死に至る酌婦お力の暗い情念の世界を描く。

**にごりご-おんせん【濁▽河温泉】** 岐阜県東部、御嶽山中腹の温泉。景勝地で、御嶽登山者やスキー客でにぎわう。

**にごり-ざけ【濁り酒】** しぼったり濾過したりはしないで、濁ったままを飲用する清酒。どぶろく。

**ニコル【Charles Jean Henri Nicolle】**(一八六六—一九三六) フランスの細菌学者。シラミが発疹チフスの媒介をすることを発見。発疹チフス・回帰熱など、伝染病の研究業績で一九二八年ノーベル生理学医学賞受賞。

**にご・る【濁る】**(五自他) 対義 澄む。①(自)㋐汚れて透き通らなくなる。become muddy 用例 水が—。㋑清らかでなくなる。けがれる。become impure 用例 心が—。㋒はっきりしなくなる。become dull 用例 頭が—。㋓濁音になる。be sonant 用例「さんぼん」と—・って読む。②(他)濁点を打つ。用例「は」は—と「ば」になる。

**ニコルズ【Mike Nichols】**(一九三一— ) アメリカの映画監督。作品『バージニア-ウルフなんかこわくない』『卒業』など。

**ニコルソン【Ben Nicholson】**(一八九四— ) イギリスの画家。モンドリアンの作風に近づき、純粋な抽象形体を追求。作品『浮彫』など。↓写

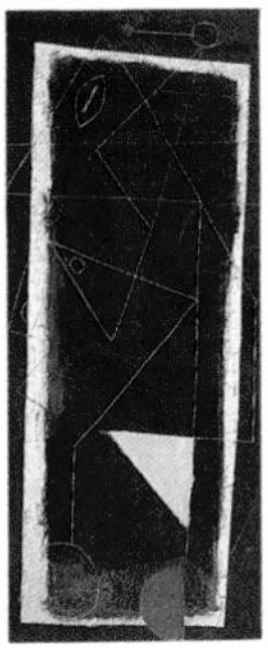

● B=ニコルソン 『コンポジション』。一九三三年、大原美術館(岡山県)。

**ニコルソン【Jack Nicholson】**(一九三七— ) アメリカの映画俳優。主演作『愛の狩人』『カッコーの巣の上で』など。

**ニコル-プリズム【Nicol's prism】** 方解石の複屈折を利用した偏光プリズム。イギリスの物理学者ニコルの発明。

**ニコレ【Aurèle Nicolet】**(一九二六— ) スイスのフルート奏者。明澄な音色と端正で知的な演奏様式をもつ。

**に-ころがし【煮転がし】** サトイモなどを、焦げつかないように転がしながら、汁のなくなるまで煮つめたもの。にっころがし。にころばし。

**に-ころばし【煮転ばし】** ↓にころがし(煮転がし)

**ニコン【(株)ニコン】** 高級機主体のカメラ・光学器械メーカー。大正六年(一九一七)日本光学工業として設立。昭和六三年(一九八八)改称。

**に-ごん【二言】** ①二度言うこと。言い直し。saying twice ②二枚舌を使うこと。うそ。用例 武士に—はない。

**ニザーミー【Nizāmī】**(一一四一—一二〇九) ペルシアの詩人。ロマンチックな叙事詩の第一人者。『五つの詩(ハムセ)』は新しいジャンルをつくる。

**にサイクル-きかん【二サイクル機関】** 二行程(＝ピストン一往復)のうちに、吸入・圧縮・爆発・排気のすべてを終える内燃機関。two-cycle engine

**に-さいぼうき【二細胞期】** 発生段階において受精卵が第一卵割を終え、二個の細胞になった状態。

**に-ざかな【煮魚】** 煮た魚。boiled fish

**にざ-だい【仁座▼鯛】** ニザダイ科の海水魚。体は団扇形で暗灰色、尾柄に黒色の骨性板が三～五個並ぶ。全長約四〇cm。吻はやや突出する。沖合いの岩礁域に群棲。食用。本州中部以南に分布。

**に-さばき【荷▼捌き】**(名・サ変自) ①荷物の始末。disposal of goods ②入荷品の売りさばき。sale of goods

**に-ざまし【煮冷まし】** 煮た食べ物を冷ますこと。冷ましたもの。

**に-さん【二三】** 二つか、三つ。いくらか。少し。a few

**ニザン【Paul Nizan】**(一九〇五—一九四〇) フランスの小説家。評論『アデン-アラビア』、小説『陰謀』など。

**にさん-えんき【二酸塩基】** 水溶液中で電離したとき、一分子の塩基から二個の水酸化物イオンを生じる塩基。diacidic base

**にさんか-いおう【二酸化硫黄】** 化学式$SO_2$ 無色で刺激臭がある有毒の気体。工業地帯での公害の原因物質の一つ。亜硫酸ガス。sulfur dioxide

**にさんか-けいそ【二酸化▼珪素】** 化学式$SiO_2$ 天然に石英などの結晶として存在。かたく、もろい。プリズム・理化学用器具・シリカゲルなどに利用。無水珪酸。シリカ。silicon dioxide

**にさんか-たんそ【二酸化炭素】** 化学式$CO_2$ 無色無臭で不燃性の気体。有機化合物の燃焼、呼吸などで発生。ドライアイス・清涼飲料水に利用。炭酸ガス。無水炭酸。carbon dioxide

**にさんか-ちっそ【二酸化窒素】** 化学式$NO_2$ 赤褐色の気体。水に溶けて硝酸となる。強い酸化作用をもち酸化剤に利用。nitrogen dioxide

**にさんかちっそ-ちゅうどく【二酸化窒素中毒】** 大気汚染物質の一つである二酸化窒素ガスの吸入による中毒。急性では肺水腫をおこし、呼吸困難に陥り重症となる。nitrogen dioxide intoxication

**にさんか-なまり【二酸化鉛】** 化学式$PbO_2$ 茶褐色の粉末。鉛蓄電池の正極板に利用。酸化鉛(Ⅳ)。lead dioxide 参照 酸化鉛。

**にさんか-マンガン【二酸化マンガン】** 化学式$MnO_2$ 天然には軟マンガン鉱として産出。灰黒色の粉末。乾電池の材料、マッチの製造に利用。酸化マンガン(Ⅳ)。manganese dioxide 参照 酸化マンガン。

**にし【西】** ①四方の一つ。日の沈むほう。南に向かって右のほう。西方。the west 対義 東。用例 日が—に傾く。②「西風」の略。③西方極楽浄土。

**西の海へさらり**《やっかいなものを西の海へ流してしまう、の意から》厄払いの末尾にいうことば。転じて、古いものをあっさり捨てさること。

**西も東も判らない** ①土地の事情・ようすがまるでわからない。また、地理にうとく、方角がわからない。be a complete stranger 用例 —町。②物事の道理を理解する能力がまったくない。分別がない。cannot tell black from white 用例 —子ども。

**にし【▼螺】** 巻き貝の別名。

**にじ【▼虹・▼霓】** にわか雨や雨あがりの日などに、太陽を背にしたときに空中に見える七色からなる円弧。大気中に浮遊している水滴により、太陽光線が屈折し分散してできる。主虹と副虹の二種類がある。rainbow ↓写

**虹が懸かる** にじが空にあらわれる。A rainbow appears. 類似 虹が立つ。虹吹く。

● 虹

**に-じ【二字】** ①二つの字。②《多く漢字二字からなるので言う》実名のこと。

**二字蒙った者**《名乗りをさずかった者、の意から》武士。

**に-じ【二次】** ①二番め。second 用例 —試験。②根本的なものに対して付随的であること。secondary 用例 —的な問題。③数学で、次数が二であること。quadratic 用例 —方程式。

**にしあいづ【西会津】**〈町〉 福島県北西部の町。旧宿場町。縄文期の敷石住居跡・土器・石器が豊富。人口一万七八三(一九八八)。

**にし-あかり【西明(か)り】** 日没後、しばらく西の空が明るいこと。

**にしあざい【西浅井】**〈町〉 滋賀県琵琶湖北岸の町。農・林・漁業が行われ、エンジン関係工業もある。人口五四一六(一九八八)。

**にし-アジア【西アジア】** アジア西部、パキスタンからアラビア半島、地中海東岸までの地域。乾燥地域が広がりイスラム教徒が多い。West Asia

**にしアジア-けいざいいいんかい【西アジア経済委員会】**(Economic Commission for Western Asia) 国連経済社会理事会の地域経済委員会の一つ。イランとイスラエル以外の西アジア一二か国が加盟し、一九七四年に発足。ECWA。

**にし-アフリカ【西アフリカ】** アフリカ西部、ギニア湾以北の地域。海岸地域はかつての奴隷貿易の中心地。West Africa

**にしアフリカしょこく-けいざいきょうどうたい【西アフリカ諸国経済共同体】**(Economic Community of West African States) 域内の関税撤廃、域外への共通関税設定などによる経済的結束の強化を目的とした西アフリカ一六か国による統合体。一九七六年発足。ECWAS。

**にし-あまね【西▽周】**(一八二九—一八九七) 明治の哲学者・啓蒙思想家。石見国津和野の人。江戸幕府の蕃所調所に出仕中、オランダに留学。明治六年(一八七三)明六社創立に参加、西洋哲学を紹介。「哲学」などの訳語をつくった。著書『百一新論』など。

**にしあらい-だいし【西新井大師】** 東京都足立区西新井にある真言宗豊山派の寺。正称は総持寺。弘仁一一年(八二〇)空海の開基といわれ、厄除け大師として尊崇される。

**にしありえ【西有▽家】**〈町〉 長崎県島原半島南東部の町。そうめんが特産。ミカンの産地。人口一万二一三(一九八八)。

**にしありた【西有田】**〈町〉 佐賀県西部、伊万里市南隣の町。果樹栽培がさかん。隣の有田町につぐ窯業の町。人口九九六六(一九八八)。

**にしあわくら【西▼粟倉】**〈村〉 岡山県北東端、兵庫・鳥取両県に接する村。杉材のほか林産物が多い。人口一九四四(一九八八)。

**にしいず【西▼伊豆】**〈町〉 静岡県、伊豆半島西岸の町。花卉栽培がさかん。漁港の田子はカツオ漁・鰹節生産で有名。景勝地堂ケ島がある。人口九一七八(一九八八)。

**にしいややま【西▽祖▽谷山】**〈村〉 徳島県西部、四国山地の村。祖谷渓・かずら橋・大歩危などの名勝がある。平家落人の村としても有名。人口二四五四(一九八八)。

**にし-イリアン【西イリアン】** ↓イリアンジャヤ

**にしインド-がいしゃ【西インド会社】**(West India Company) 一七世紀、東インド会社にならい、アメリカおよびアフリカ貿易の独占を図り設立された特許会社。オランダ西インド会社は一六二一年設立され、スペイン・ポルトガル植民地の襲撃に終始。フランス西インド会社は六四年設立。いずれも負債のため七四年解散した。

**にしインド-しょとう【西インド諸島】**(West Indies) 南北アメリカ大陸間、フロリダ半島沖からベネズエラ沖まで、弧状に三〇〇〇km連なる列島。バハマ・大アンティル・小アンティルの三諸島からなる。バハマ・キューバ・ジャマイカなど、一一の独立国がある。

**にしうみ【西海】**〈町〉 愛媛県南西部、西海半島南部を中心とする町。水産業主体。真珠養殖や漁業が活発。野生のサル・シカがいる鹿島や、防風のための石垣のある民家など、観光資源が多い。人口四六九一(一九八八)。

**にしうら-おんせん【西浦温泉】** 愛知県蒲郡市、三河湾に臨む温泉。湾の眺めがよい。

**ニジェール【Niger】**(Republic of Niger) 西アフリカの内陸にある共和国。首都ニアメー。国土の大半はサハラ砂漠で、農耕地は少ないが、ウラニウムの埋蔵量は豊富。面積一二六・七万km²。人口六七〇万(一九八六)。正称ニジェール共和国。

**ニジェール-がわ【ニジェール川】**(Niger) 西アフリカを流れるアフリカ第三の大河。長さ四二〇〇km。ギニアからマリ・ニジェール・ナイジェリアを経てギニア湾に注ぐ。

**にしお【西尾】**〈市〉 愛知県南部、矢作川下流の市。旧城下町。織物・鋳物工業が発達。抹茶の産地。人口九万二四九三(一九八八)。

**にし-オーストラリア【西オーストラリア】** ↓ウエスタンオーストラリア

**にしおこっぺ【西興▽部】**〈村〉 北海道北部、北見山地の村。酪農・林業・ミンク飼育・石灰石採掘がさかん。人口一三九二(一九八八)。

**にしお-すえひろ【西尾末広】**(一八九一—一九八一) 政治家。香川県生まれ。昭和二一年(一九四六)日本社会党書記長。党内での右派指導者であったが、同三五年(一九六〇)に脱党して民主社会党を結成、委員長に就任。

**に-しか** 古語(連語)《完了の助動詞「ぬ」の連用形に終助詞「しか」の付いたもの。下に「な」をともなって使われることが多い》自己の希望を表す。…たいなあ。にしが。用例 伊勢の海にあそぶあまともなり—(後撰・恋五)。参照 しかな。

**にじ-かい【二次会】** 会合または宴会が終わ



▼ 常用漢字表外。 ▽ 常用漢字表の音訓外。

ったあと、また別の所で開く酒宴など。a party after a major one

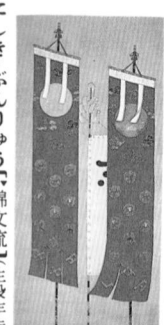

**にし-かぜ【西風】** 西のほうから吹いてくる風。せいふう。にし。the west wind

**にしかた【西方】**〈村〉 栃木県南西部、鹿沼市南東に接する村。イチゴ栽培などの園芸農業がさかん。工業も行われる。人口六七九八(一九八八)。

**にしかつら【西▼桂】**〈町〉 山梨県東部、都留・富士吉田両市に接する町。農業のほか甲州織の産地。人口四二二二(一九八八)。

**にしかわ【西川】**〈町〉 山形県中部、月山南東麓の町。稲作、ブドウなどの果樹栽培がさかん。人口八八七五(一九八八)。

**にしかわ【西川】**〈町〉 新潟市南西隣の町。蒲原穀倉地帯にあり、西川米の集散地。工業化も進む。人口一万一三八九(一九八八)。

**にし-がわ【西側】** ①西のほう。westward ②《ソ連の西にあることから》ヨーロッパの資本主義諸国。the West

**にしかわ-こいさぶろう【西川▼鯉▽三郎】** 日本舞踊家。名古屋西川流の家元。初世(一八二三〜一九〇九)が流風を大成。二世(一九〇九〜一九八三)は東京・京阪神に進出し活躍。

**にしかわ-こうじろう【西川光▽二郎】**(一八七六〜一九四〇) 明治後期の社会運動家。兵庫県生まれ。キリスト教社会主義者として活動。のち運動を離れ、精神修養家に転じた。

**にしかわ-じょけん【西川如見】**(一六四八〜一七二四) 江戸中期の天文学者。長崎の人。中国や西洋の天文暦算を研究。将軍徳川吉宗に招かれ、経世家としても活躍。著書『華夷通商考』『町人嚢』。

**にしかわ-すけのぶ【西川▼祐▽信】**(一六七一〜一七五〇) 江戸中期の浮世絵師。京都の人。上方浮世絵界の代表作家。大和絵の系統をひく美人画は有名。作品『百人女郎品定』など。

**にしかわ-せんぞう【西川仙蔵】**(一六九八〜一七五六) 日本舞踊西川流家元。歌舞伎の鳴物師、のち振付師になり西川流を立てる。二世以後扇蔵。

**にしかわ-やすし【西川▽寧】**(一九〇二〜一九八九) 書家・学者。東京生まれ。慶大卒。中国書道を研究、現代感覚に基づく書風を創始した。昭和六〇年(一九八五)文化勲章受章。著書『支那の書道』など。

**にしかわ-りゅう【西川流】** 歌舞伎舞踊の流派。元禄期に西川仙蔵(扇蔵)が創始。現在一〇世扇蔵が宗家。名古屋西川流と正派西川流の二別派がある。

**にじ-かんすう【二次関数】** 二次式 $f(x)=ax^2+bx+c$ で表される関数。そのグラフは放物線となる。quadratic function

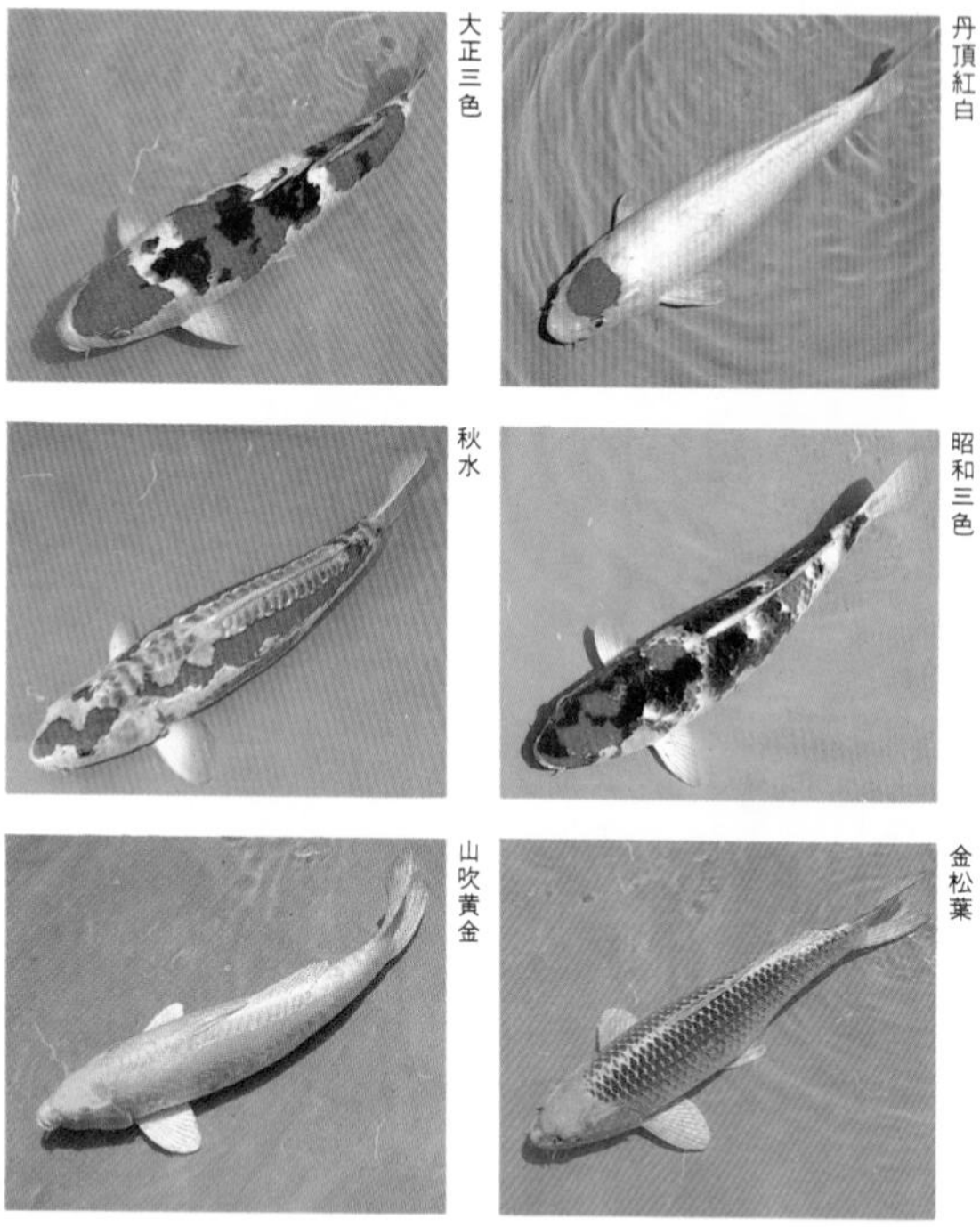

●ニシキゴイ

**にじ-かんせん【二次感染】** ある病原菌に感染して抵抗力の弱っている人が、さらにつづいて他の病原菌の感染を受けること。secondary infection

**にしき【▼錦】** ①色糸や金・銀糸などで複雑な模様を織り出した厚地絹織物。brocade ②高級で美しい紋様のある絹織物の総称。唐織物。③美しい紋様のたとえ。用例 もみじの―。→写

●錦① 『四騎獅子狩文錦』。

**錦を飾る** 成功して故郷に帰る。return home in glory

**錦を着て帰る** 立身出世して故郷へ帰る。return home in glory 類似 錦を飾る。

**錦を着て夜行くが如し** 《故郷に錦を着て夜帰る意》出世して故郷に帰っても、栄誉を人々に知られなければ甲斐がない。

**にしき【西木】**〈村〉 秋田県中部、田沢湖西岸の村。稲作を中心に畜産、シイタケ・ナメコ栽培、林業を行う。人口六九二五(一九八八)。

**にしき【西紀】**〈町〉 兵庫県東部、京都府に接する町。稲作・林業・茶の栽培などを行う。ヤマノイモが特産。人口四〇七〇(一九八八)。

**にしき【▼錦】**〈町〉 山口県東部、徳山市北東隣の町。農林業が行われ、ワサビ・コンニャクが特産。人口五二七〇(一九八八)。

**にしき【▼錦】**〈町〉 熊本県南部、人吉盆地にある町。稲作、スイカ・ナシ・モモ・茶を栽培。工業化も進む。人口一万一八二九(一九八八)。

**に-じき【二食】** 一日に二度だけ食事をすること。にしょく。two meals a day

**にしき-いも【▼錦芋】** カラジウムの和名。

**にしき-うつぎ【二色▽空木・▼錦▽空木】** スイカズラ科の落葉低木。葉は卵状楕円形で縁には細鋸歯。晩春、葉腋に白花を散房状につける。

**にしき-え【▼錦絵】** 多色摺りの浮世絵版画の呼称。一般に浮世絵版画をいう。明和二年(一七六五)鈴木春信らが多色摺りの技法を生み出した。色彩豊かなことから錦にたとえられた。江戸絵。

**にしき-えび【▼錦▽海▽老】** もっとも大きなイセエビ科のエビ。体長約五五㎝。暗緑色で、腹部各節の背側には黄褐色模様がある。食用。インド洋から太平洋の熱帯海域に多い。日本では三重県沿岸が分布北限だが、数は少ない。spiny lobster

**にしき-がい【▼錦貝】** イタヤガイ科の貝。ホタルガイに似るがはるかに小さい扇形の海生二枚貝。殻長約四㎝、殻高約四・五㎝。表面にはとげが多く、褐色地に白いジグザグ模様を装うが、白・黄・赤など変異が多い。房総半島以南の沿岸岩礁に付着。

**にしき-が-うら【▼錦ケ浦】** 静岡県熱海市南部、相模灘に臨む海岸。四〇mもの絶壁をなす景勝地。

**にしき-がわ【▼錦川】** 山口県東部の川。長さ一一〇㎞。莇ケ岳に発し、岩国市で広島湾に入る。錦帯橋がある。岩国川。

**にしき-ぎ【▼錦木】** ニシキギ科の落葉低木。山野にはえる。高さ約三m。枝にコルク質の翼がある。葉は楕円形で、秋の紅葉が美しく庭木として植栽される。五月に淡黄緑色の花が咲く。ゴシキギ。→写

●ニシキギ 花(上)と実(下)。

**にしき-ごい【▼錦▼鯉】** 美しい色彩をもつ、コイの品種。中国産のヒゴイやキゴイと普通の黒いマゴイとを交雑してつくる。体色によって紅色・黄金・大正三色・昭和三色などに区別。主産地は新潟県。イロゴイ。ハナゴイ。→写

**にしき-じそ【▼錦紫▼蘇】** →コリウス

**にしき-そう【▼錦草・▽地▼錦】** トウダイグサ科の一年草。茎は地をはい、長さ約二〇㎝。畑や路上にはえる。葉はゆがんだ長楕円形。茎の紅と葉の緑の対照が美しいので、この名がある。

**にし-きた【西北】** 西と北との中間の方角。北西。せいほく。いぬい。north-west

**にしき-たけ【▼錦▼茸】** 担子菌類ベニタケ科のキノコ。かさの径は約一〇㎝。夏から秋、ブナ・マツ林に発生する。色あざやかで美しい。食用。

**にしき-たまご【二色卵・▼錦卵】** 和風料理の一つ。ゆで卵を黄身と白身に分けて裏ごしし、巻きすで巻くか、押し枠に重ねて入れて押し、形を作って蒸したもの。

**にしき-づた【▼錦▼蔦】** ウコギ科キヅタの園芸品種。葉辺に白い斑が入る。

**にしき-の-みはた【▼錦の▽御旗】** ①朝敵征討のさい、官軍の標章として用いられた、赤い錦の布に金糸・銀糸で日・月を刺繡した旗。②天皇旗。③自分の行動や発言に対して、だれも反対できない口実。大義名分。→写

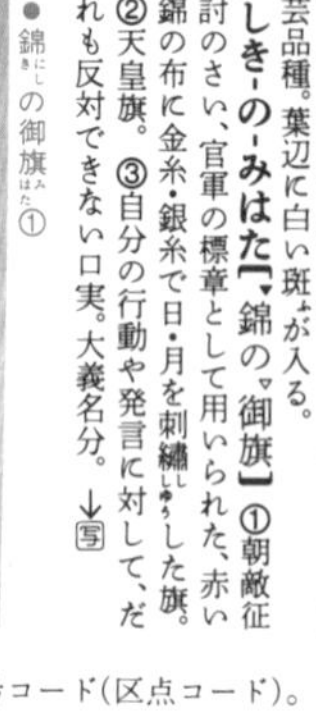
●錦の御旗①

**にしき-ぶんりゅう【▼錦文流】**(生没年未詳) 江戸前期の浄瑠璃・浮世草子作者。姓は山村。西鶴の門弟。浄瑠璃『本海道虎石』、浮世草子『棠大門屋敷』など。

**にしき-へび【▼錦蛇】** ①ボア科ニシキヘビ亜科のヘビ類の総称。体長約一〇mと大形。無毒。皮は皮革製品などに用いる。世界の熱帯・亜熱帯に分布。パイソン。python ②ヤマカガシの別名。→図

●ニシキヘビ①

**にしき-べら【▼錦▽遍羅】** 赤・青・緑の美しい色彩のベラ科の海水魚。全長約二〇㎝。日本中部以南の暖海に分布。

**にじ-きょくせん【二次曲線】** 二元二次方程式で表される平面曲線。楕円・双曲線・放物線・二直線などの総称。quadratic curve

**にじ-きょくめん【二次曲面】** 三元二次方程式で表される空間図形。楕円面・双曲面・放物面・二平面などの総称。quadratic surface →図(次ページ)

**にじ-ぐち【二字口】** 《「二」の字の形になっているところから》相撲で、土俵の東西の、段になっている上がり口。

**に-じげん【二次元】** 次元の数が二つであること。長さと幅だけの広がり。平面の広がり。two dimensions 対義 一次元・三次元・四次元。

**にし-げんぽ【西玄▼甫】**(?〜一六八四) 幕府の医官。長崎の人。最初オランダ語通訳、のち医術をフェレイラに学ぶ。江戸前期の蘭方外科の名医として有名。



↓ 行き先項目、図版・写真参照印。 JIS 日本工業規格情報交換用漢字符号コード(区点コード)。

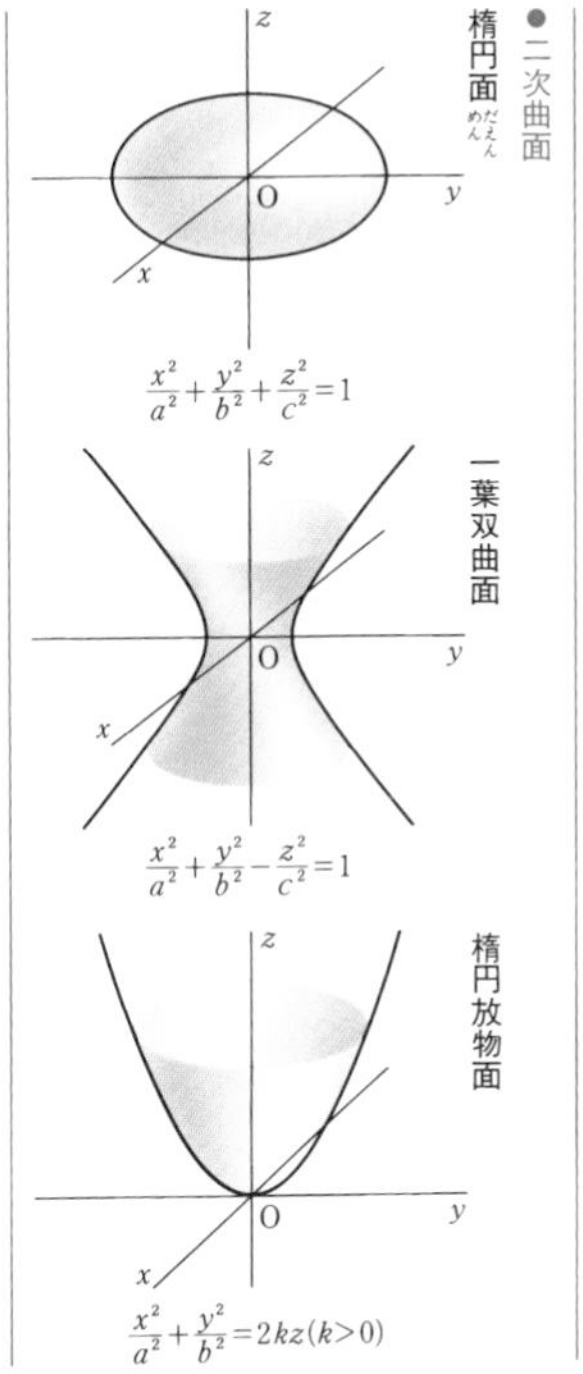

楕円面
$\frac{x^2}{a^2}+\frac{y^2}{b^2}+\frac{z^2}{c^2}=1$
一葉双曲面
$\frac{x^2}{a^2}+\frac{y^2}{b^2}-\frac{z^2}{c^2}=1$
楕円放物面
$\frac{x^2}{a^2}+\frac{y^2}{b^2}=2kz(k>0)$

●二次曲面

**にしごう【西郷】**〈村〉福島県南部、白河市西隣の町。農・工業が行われる。甲子温泉郷で知られる。人口一万五二五五(一九八八)。

**にじ-こうがい【二次公害】** 副次的に発生する公害。たとえば、公害病治療のために用いた薬物が、さらに引き起こした、別の新しい公害。

**にしごうし【西合志】**〈町〉熊本市北隣の町。稲作、タバコ・スイカなどの栽培がさかん。宅地化が進む。人口二万一一一一(一九八八)。

**にしゴート-ぞく【西ゴート族】** ゲルマンの一部族。四世紀後半フン族の圧迫を受け、黒海北岸からローマ帝国領に入り、民族大移動の発端をなした。五世紀にイベリア半島に王国を建国、八世紀まで存続。Visigoth

**にし-サハラ【西サハラ】**(Western Sahara) アフリカ北西部、旧スペイン領サハラ。大部分が砂漠。一九七六年サハラ-アラブ民主共和国が独立を宣言したが、領有権を主張するモロッコと紛争中(一九八九年現在)。人口一六・四万(一九八二)。

**にし-サモア【西サモア】**(Western Samoa) 南太平洋、ポリネシア南東部の小島群からなる国。首都アピア。一九六二年ニュージーランドから独立。火山島と珊瑚礁の島々で、コプラ・ココア・バナナが主産物。面積二八〇〇km²。人口一六万(一九八六)。

**にしざわ-いっぷう【西沢一風】**(一六六五〜一七三一) 江戸中期の浮世草子・浄瑠璃作者、本屋。大坂の人。浮世草子界の重鎮となり、また豊竹座の座付き作者となる。浮世草子『御前義経記』、著書『今昔操年代記』など。

**にしざわ-いっぽう【西沢一▼鳳】**(一八〇二〜一八五二) 江戸後期の歌舞伎脚本作者・随筆作者。大坂の人。一風の曾孫。随筆『伝奇作書』など。

**にしざわ-じゅんいち【西沢潤一】**(一九二六〜) 電子工学者。仙台市生まれ。東北大卒。東北大工学部教授。ほとんど損失なしで交流を直流に変換する半導体のpnダイオードの開発者として知られる。光通信の分野での業績も大きい。著書『十年先を読む技術』など。

**にじ-さんぎょう【二次産業】**↓だいにじさんぎょう(第二次産業)

**にじ-しき【二次式】** 次数が二次の整式。quadratic expression

**にしシベリア-ていち【西シベリア低地】**(Zapadno-Sibirskaya Nizmennost) ソ連シベリア西部、ウラル山脈からエニセイ川までの広い低地。中央をオビ川が流れる。

**にじ-しょうひしゃ【二次消費者】** 食物連鎖で、消費者のうち、バッタなどの一次消費者を食べて生活するような小形の肉食動物。カエルなど。secondary consumer

**にし-じん【西陣】** ①《応仁の乱に、西軍の山名宗全が本陣をおいて「西陣」と称したことから》京都市上京区の堀川から西、一条通りから北の地区。平安時代から絹織物業がさかん。②「西陣織」の略。

**にしじん-おり【西陣織】** 京都市西陣地区産出の高級で精巧な絹織物の総称。伝統があり、技術がすぐれ、他の地方の追随を許さない。西陣。↓写

●西陣織

**にし・する【西する】**(サ変自) 西のほうへ行く。対義 東する。

**にじ-せいちょう【二次成長】**↓ひだいせいちょう(肥大成長)

**にじ-せいちょう【二次性徴】**↓だいにじせいちょう(第二次性徴)

**にじ-せんい【二次遷移】** 極相、または遷移の途中の段階にある植物群落が、人為的に破壊されたあとに進行する遷移。土壌に種子や根株が残っている耕作跡地・伐採跡地などにあらわれる。secondary succession

**にしせんぼく【西仙北】**〈町〉秋田県中部、雄物川沿いの町。かつて河港として栄えた。大綱引きが有名。人口一万二六七三(一九八八)。

**にしそのぎ-はんとう【西▽彼▼杵半島】** 長崎県大村湾の西にある半島。サツマイモ・ミカンの栽培、真珠養殖がさかん。

**にしだ-きたろう【西田幾多郎】**(一八七〇〜一九四五) 哲学者。石川県生まれ。東大選科卒。京大教授。仏教哲学をはじめとする東洋的思想の伝統の上にカント・ヘーゲルらの西洋哲学を摂取し、独自の西田哲学を樹立。昭和一五年(一九四〇)文化勲章受章。著書『善の研究』『無の自覚的限定』など。↓写

●西田幾多郎

**にし-たけいち【西竹一】**(一九〇二〜一九四五) 馬術競技選手。軍人・男爵。東京生まれ。一九三二年ロサンゼルスオリンピックで馬術大賞典障害飛越に優勝。第二次大戦中、硫黄島で戦死。

**にしだ-しゅうへい【西田修平】**(一九一〇〜) 元陸上競技選手。和歌山県生まれ。一九三六年(昭和一一)ベルリンオリンピックで棒高跳び二位となる。

**にしだ-てんこう【西田天香】**(一八七二〜一九六八) 一灯園の創始者。滋賀県生まれ。明治三八年(一九〇五)京都に道場を創立。光明祈願による新生活を提唱。著書『懺悔の生活』。

**にしだ-みつぐ【西田▽税】**(一九〇一〜一九三七) 右翼運動家。元陸軍少尉。鳥取県生まれ。北一輝に共鳴し猶存社に参加、国家改造運動を指導。二・二六事件に連座し死刑。

**にしづか-やすとみ【西塚▽泰▽美】**(一九二三〜) 生化学者。愛知県出身。京大卒。酵素など生理活性物質に対する細胞の調節機能の解明に業績を上げ、国際的に高い評価を得ている。昭和六三年(一九八八)文化勲章受章。

**にじっ-せいき【二十世紀】** ①西暦一九〇一年から二〇〇〇年までの一〇〇年間。the twentieth century ②ナシの品種の一つ。日本ナシの栽培種で、明治三一年(一八九八)に千葉の松戸覚之助の園内で偶発実生として発見されたもの。収穫量が多く、味・香りともすぐれている。

**にじっせいきフォックス【二十世紀フォックス】**(Twentieth Century-Fox Film Corporation) アメリカの映画会社。一九三五年設立。七二年自主配給を中止。

**に-して** 文語的(連語) であって。にて。用例 簡—要を得た説明。

**にじ-でんち【二次電池】** 蓄電池のこと。これに対して、放電のあと、ふたたび蓄電できない電池を一次電池という。secondary battery

**にしドイツ【西ドイツ】** ドイツ連邦共和国の通称。西独。West Germany

**にしとさ【西土佐】**〈村〉高知県南西部、四万十川に沿う村。林業中心で、木材・林産物の産が多い。人口四六二四(一九八八)。

**にしなすの【西▼那▼須野】**〈町〉栃木県北部、那須野原西部の町。農林業が主体。塩原温泉の入り口。人口三万三六四四(一九八八)。

**にしな-よしお【仁▽科▽芳雄】**(一八九〇〜一九五一) 物理学者。岡山県生まれ。東大卒。コンプトン散乱の断面積(クライン-仁科の式)を導く。原子核・宇宙線などの新しい物理学の研究グループを育てた。理化学研究所所長。昭和二一年(一九四六)文化勲章受章。

**ニジニ-ノブゴロド**(Nizhny Novgorod) ゴーリキー(市)の旧称。

**にし-にぶん【二至二分】** 二至は、夏至と冬至。二分は、春分と秋分。

**にしにほん-かざんたい【西日本火山帯】** 日本の火山帯を、火山岩の岩質などから東と西に大別したとき、中部以西に連なる火山帯。

**にしにほん-てつどう【西日本鉄道(株)】** 福岡・北九州両市を中心に路線がある鉄道会社。営業キロ数一三三・八km。明治四一年(一九〇八)設立。西鉄。

**にしね【西根】**〈町〉岩手県北西部の町。稲作や酪農が中心。特別天然記念物の焼走り溶岩流は有名。人口一万九二三二(一九八八)。

**にし-の-うち【西の内】** 茨城県山方町西野内原産のコウゾを原料とした厚い生漉き紙。参照 泉貨紙。

**にしのおもて【西▼之表】**〈市〉鹿児島県種子島北部の市。旧城下町。畑作・酪農中心で漁業もさかん。人口二万一八六〇(一九八八)。

**にしのきょう【西ノ京】** 奈良市西部一帯の呼称。狭義には西ノ京町。薬師寺をはじめ唐招提寺・垂仁天皇陵がある。

**にしのしま【西ノ島】**〈町〉島根県隠岐諸島、西ノ島を中心とする町。肉牛飼育や、底引き網・養殖漁業が行われる。人口四八一二(一九八八)。

**にしのしま-しんとう【西▼之島新島】** 東京都小笠原諸島、父島北西の西之島の近くにできた火山島。

**にじ-の-まつばら【▼虹ノ松原】** 佐賀県北部、唐津湾に臨む松原。長さ約五km。慶長のころ唐津城主寺沢広高の植林と伝えられる。

**にしのみや【西宮】**〈市〉兵庫県南東部、大阪湾に臨む市。西宮神社の門前町として栄え、江戸時代酒造地として有名になった。臨海部は工業地区、山の手は住宅・文教地区として発展している。人口四一万二二六七(一九八八)。

**にしのみや-じんじゃ【西宮神社】** 兵庫県西宮市社家町にある旧県社。祭神は西宮大神蛭子命ほか三神。一月一〇日の初戎(十日戎)で知られる。

**にしはら【西原】**〈町〉沖縄県、沖縄島南部、中城湾に臨む町。サトウキビの産地。都市化も進む。人口二万四一五七(一九八八)。

**にしはら【西原】**〈村〉熊本県北部、阿蘇外輪山の俵山西麓の町。タバコ栽培・畜産などが行われる。人口五二〇四(一九八八)。

**にしはる【西春】**〈町〉名古屋市北隣の町。近郊農業の町から、工業・住宅の町へ変化している。人口三万二一二五(一九八八)。

**にし-はんきゅう【西半球】** 地球の西経〇から一八〇度までの半分。南北アメリカ大陸をふくむ半球。the western hemisphere 対義 東半球。

**にし-び【西日】** 西に傾いた日。その日ざし。夕日。入り日。afternoon sun

**にしびわじま【西▼枇▼杷島】**〈町〉名古屋市北西隣の町。電気機械器具をはじめとする各種工業がさかん。人口一万七二二三(一九八八)。

**にじ-ふとうしき【二次不等式】** 二次式によってつくられている不等式。inequality of second order

**にしフランク-おうこく【西フランク王国】**(Francia Occidentalis) 九世紀にベルダン条約、メルセン条約によりフランク王国が三分して成立した王国。フランスの前身。カロリング朝が支配したが、直系断絶により九八七年カペー朝に交替。

**にし-ベルリン【西ベルリン】** ベルリンの西半分を占める西ドイツ最大の工業都市。電機・機械・繊維工業が発達。人口一八五・三万(一九八五)。West Berlin

**にし-ベンガル【西ベンガル】**(West Bengal) インド東部の州。州都カルカッタ。ガンジス川河口の大デルタ地域を占める。ベンガル族が居住。人口五四四八・六万(一九八一)。

**にじ-ほうていしき【二次方程式】** 二次式によってつくられている方程式。quadratic equation

**にし-ほんがんじ【西本願寺】** 京都市下京区堀川通花屋町下ル本願寺門前町にある浄土真宗本願寺派の本山。覚信尼の創建した東山大谷の祖廟を起源とし、天正一九年(一五九一)現在地に移転。山号は竜谷山。本派本願寺。お西。対義 東本願寺 ↓写

**にじ-ます【▼虹▼鱒】** サケ科の淡水魚。全長約五〇cm。青褐色から青緑色の地に黒い小斑点が散在し、またにじ色の帯状の部分が体側の中央を走る。降海型は一m以上になる。口は大きく、昆虫などの小動物を捕食する。北米太平

洋側の河川が原産地。日本の各地で大量に養殖される。rainbow trout

●ニジマス

**にしまわり-かいせん**【西▼廻り▼廻船】江戸時代の主要航路の一つ。日本海沿岸の諸港から西へ向かい、関門海峡・瀬戸内海を通って大坂に達する航路。寛永年間(一六二四～四四)加賀藩により開かれ、寛文一二年(一六七二)河村瑞賢の航路改修により本格化。西廻り海運。西廻り航路。

**にじみ・でる**【▼滲み出る】(下一自) ①液体が外へしみ出る。ooze out ②感情・人柄・経験などが表にあらわれる。reveal itself 用例 生活が顔に―。

**にし-みなみ**【西南】西と南との中間の方角。南西。せいなん。ひつじさる。the south-west

**にじ・む**【▼滲む】(五自) ①色などが染みて、広がる。spread ②涙などが、じわじわ出てくる。ooze; blur

**にしむら-しげき**【西村茂▽樹】(一八二八～一九〇二) 明治の道徳思想家。佐倉藩出身。明六社同人となり、のち日本弘道会を結成、修身運動をおこして国粋主義の先駆となる。著書『日本道徳論』など。

**にしむら-てんしゅう**【西村天囚】(一八六五～一九二四) 小説家・新聞記者。本名時彦。種子島生まれ。『大阪朝日新聞』主筆。小説『屑屋の籠』、研究『日本宋学史』など。

**にしむら-どうにん**【西村道▽仁】(生没年未詳) 安土桃山時代の釜師。芦屋釜の長所をとり、京釜をつくる。

**にしむら-ようきち**【西村陽吉】(一八九二～一九五九) 歌人。東京生まれ。本名辰五郎。生活派の歌人。多くの詩歌集を出版。歌集『都市居住者』など。

**に-しめ**【煮▽染め】しょうゆ・砂糖・みりんなどで、根菜類や豆腐などを、汁がしみ込み色づくまで煮たもの。また、その料理法。日持ちがよく、折り詰めや総菜に用いる。

**にしめ**【西目】〈町〉秋田県南西部、日本海に臨む町。農業がさかん。江戸時代後期の西目潟干拓は有名。人口七〇一二(一九八八)。

**にしめや**【西目屋】〈村〉青森県南西部、白神山地北麓の村。稲作・林業・リンゴ栽培などを行う。人口二五六一(一九八八)。

**にしめら**【西▽米▽良】〈村〉宮崎県西部、西都市西隣の村。稲作・シイタケ栽培・畜産を行う。ユズが特産。人口一九五八(一九八八)。

**に-し・める**【煮▽染める】(下一他) 肉・野菜などを、汁がしみ込むまで、よく煮る。cook hard

**に-しゃ**【二者】二つのもの・こと。two things

**にしゃ-さんにゅう**【二捨三入】数学で、端数の1・2は0に、3・4・6・7は5にし、8・9は10とすること。比較 四捨五入。

**にしゃ-たくいつ**【二者択一】二つの物事のうち、その一つをえらぶこと。二者選一。alternative

**にし-やま**【西山】京都市西部にある仁和寺背後の山地。東山・北山に対応するよび名で、『更級日記』や『蜻蛉日記』に登場。

**にしやま**【西山】〈町〉新潟県長岡市西隣、日本海に臨む町。かつて油田で栄えた。稲作・養鶏などを行い、工場進出もみられる。人口八一一九(一九八八)。

**にしやま-おんせん**【西山温泉】山梨県西部、早川町にある温泉。古くから湯治場として開け、ハイカーや南アルプス登山者の利用も多い。

**にしやま-すいしょう**【西山▼翠▼嶂】(一八七九～一九五八) 日本画家。京都生まれ。京都画壇の重鎮。昭和三二年(一九五七)文化勲章受章。作品『牛買い』など。

**にしやま-そういん**【西山宗因】(一六〇五～一六八二) 江戸前期の連歌師・俳人。肥後の人。談林俳諧の祖。連歌名宗因。俳名梅翁など。主家没落後浪人して連歌所宗匠となる。俳諧に手を染め、軽妙な作風で延宝期に談林俳諧の中心となったが、最晩年は連歌にもどった。著書『宗因千句』『梅翁宗因発句集』など。

**に-じゅ**【二▼豎】《病魔の二豎(＝ふたりの子)が良医に退治されるのを恐れて、膏と肓とに隠れたという、晋の景公の夢の故事から》①病魔。②病気。参照 病膏肓に入る。

**に-じゅう**【二重】①二つ重なること。ふたえ。double ②重複。duplication

**にじゅういちだい-しゅう**【二十一代集】『古今和歌集』から『新続古今和歌集』までの二一の勅撰和歌集の総称。

**にじゅういっかじょう-ようきゅう**【二十一箇条要求】大正四年(一九一五)大隈内閣が中華民国に強要した日本の権益拡大の要求。第一次大戦中、列強がアジアから後退した機会をとらえ、かつての南満州・内蒙古の支配、中国沿岸の独占的権益、政治・軍事・警察への日本の介入要求などを同国政府につきつけ受諾させた。

**にじゅう-うつし**【二重写し】①映画などで、一つの画面に別の画面を重ね、そのまま次の場面に移す方法。初めの画面はしだいに暗くなり、次の画面がそれにつれてはっきりとしてくる。オーバーラップ。overlap ②写真で、フィルムの同じ所に重ねて写すこと。

**にじゅう-うり**【二重売り】売る約束をして代金を受け取った物を、他に売ること。

**にじゅう-うん**【二重雲】高さの差が少しあって二重になっている雲塊や雲層。巻積雲・巻層雲・高積雲・層積雲に現れる。duplicatus

**にじゅう-かかく-せい**【二重価格制】一商品に二種以上の公定価格をつけること。その価格。輸出促進のための国内価格と輸出価格など。dual price system

**にじゅう-かぜい**【二重課税】同一の課税対象に重複して課税すること。法人の所得に対して法人税を課し、さらにその所得の配当である個人配当に対して所得税を課する場合など。double taxation

**にじゅう-けいざい**【二重経済】↓こんごうけいざい(混合経済)

**にじゅう-けつごう**【二重結合】二個の共有結合からなる化学結合。C＝C C＝N C＝Oなどと表す。単結合より強く、原子間の距離も短い。反応性が大きい。double bond

**にじゅう-こうぞう**【二重構造】近代的要素と前近代的要素が併存している日本特有の経済構造。大企業と零細企業の間に資本・収益・技術・賃金・労働条件などの格差があり、同じことが工業と農業などの産業間でもみられる。dual structure

**にじゅう-こくせき**【二重国籍】一人が同時に二つ以上の国籍をもつこと。重国籍。dual nationality

**にじゅうご-げん**【二十五弦・二十五▼絃】中国古代の弦楽器の一つ。二五本の糸を張る。

**にじゅうご-じ**【二十五時】《ルーマニアのゲオルギウの小説の題名から》いつまでも夜が明けない、の意。不安・絶望・虚無などを表す語。

**にじゅう-こんごう**【二重根号】根号の中にまた根号をふくむこと。たとえば、$\sqrt{a+2\sqrt{b}}$ のような形。double radical sign

**にじゅうさんや-まち**【二十三夜待ち】陰暦の二三日の夜、月待ちをすること。願いごとがかなうという俗信があった。

**にじゅうし-き**【二十四気】↓にじゅうしせっき(二十四節気)

**にじゅうしき-かざん**【二重式火山】カルデラまたは火口中に小さい火山をもつ火山。箱根山や阿蘇山など。double volcano

**にじゅうしくみ-どんや**【二十四組問屋】江戸時代の大坂の江戸積み問屋組織。一七世紀末ごろ結成。江戸の十組問屋の注文で集荷し、菱垣廻船で江戸に輸送。商品別に二四の問屋があった。

**にじゅうし-こう**【二十四孝】中国古来の孝子二四人。または、その伝記と詩を記した教訓書。

**にじゅうし-せっき**【二十四節気】春分点を基点として太陽の通る黄道を二四分し、一年の季節的な特徴となる語をあてた暦法上の区分。立春・雨水・啓蟄・春分・清明・穀雨・立夏・小満・芒種・夏至・小暑・大暑・立秋・処暑・白露・秋分・寒露・霜降・立冬・小雪・大雪・冬至・小寒・大寒。二十四節。二十四気。節気。

**にじゅうしのひとみ**【二十四の▼瞳】壺井栄の小説。昭和二七年(一九五二)刊。小豆島の岬の分教場を舞台に、若い女教師大石先生と一二人の教え子たちの半生を描く。

**にじゅう-しょう**【二重唱】二つの声音部で合唱すること。デュエット。duet

**にじゅう-じょう**【二重錠】混合による薬品どうしの変質を防ぐため、二層に分けて圧縮した錠剤。胃腸薬に多くみられる。

**にじゅう-じんかく**【二重人格】①心理学で、人格を統一する力を失って、二つに分裂し、前後矛盾する病的な人格。double personality ②一人の人間が複数の性格をもち、場合によって別人のように行動すること。また、その人。split personality; Jekyll and Hyde personality

**にじゅう-しんり**【二重真理】神学と哲学で主張される真理(＝信仰と理性)の間の矛盾や対立を避けるために、各々は独立したものとする説。一三世紀に行われたが、異端とされた。double truth

**にじゅう-せい**【二重性】電子などの微視的粒子や高い振動数の光が、粒子性と波動性という二つの性質をあわせもつこと。duality

**にじゅう-せい**【二重星】二つの恒星の見える方向がほぼ一致していて、肉眼では一つの星として見えるもの。三重星・四重星などもある。double star

**にじゅう-せいかつ**【二重生活】①同じ人間が、まったく違った二つの生活様式の中に生活すること。②家族が離れて別々に生活していること。double life

**にじゅう-そう**【二重奏】二つの独奏楽器による重奏。デュエット。duet

**にじゅう-ぞうえいほう**【二重造影法】レントゲン造影法の一つ。造影剤とともに発泡剤を服用して胃などを膨張させ、粘膜表面をこまかく観察する。日本で開発され、胃癌などの早期発見に威力がある。double contrast study

**にじゅう-そうなん**【二重遭難】登山などで遭難した人の救援のために出動した人が、また遭難すること。

**にじゅう-どり**【二重取り】(名・サ変他) 代金などを、重複して取ること。double charge

**にじゅう-どり**【二重撮り】(名・サ変他) 写真で、一度写し終えたフィルムの箇所に、重ねて写してしまうこと。double exposure

**にじゅう-なべ**【二重▼鍋】大きいなべに湯を張り、小さいなべに食品を入れるようにしたなべ。また、その二個を重ねて火にかけ、湯煎状にして加熱する方法。

**にじゅうに-しゃ**【二十二社】平安中期以降、とくに朝廷の崇敬の厚かった神社二二社。

●西本願寺　寺内の国宝建造物
白書院　典型的な書院造り様式。

黒書院　数寄屋風の手法をとりいれる。

伊勢・石清水・賀茂・松尾・平野・稲荷・春日・大原野・大神・石上・大和・広瀬・竜田・住吉・日吉・梅宮・吉田・広田・祇園・北野・丹生川上・貴船の各社。

**にじゅうねんもくとのかいげんじょう**【二十年目▼睹▼之怪現状】中国の風刺小説。清末の呉沃尭作。清末社会の種々相を、官僚批判を軸にして描く。

**にじゅう-ばし**【二重橋】東京都千代田区、皇居正門の内にある鉄橋の名称。江戸時代は木橋で、架設のさい、地勢と技術上の制約から橋の上に橋を重ねたのでこの名がある。一般には皇居前広場から正門に至る石橋を含める。

**にじゅうはっ-しゅく**【二十八宿】中国で、黄道付近の天球を二八に分けた区画。太陽・月と恒星の位置関係から季節を知ることができる。

**にじゅう-ひてい**【二重否定】否定したものをもう一度否定して、肯定を表すこと。「楽しくなくはない」など。double negative

**にじゅう-ほいく**【二重保育】昼間の保育所以外に、子供を保育所に送迎する人や、夜間などに他の施設に子供の保育を頼むこと。

**にじゅう-ぼいん**【二重母音】↓じゅうぼいん(重母音)

**にじゅう-まわし**【二重回し】《インバネス(inverness)の訳語》男の和服用の外套。とんび。

**にじゅう-もうけんほう**【二重盲検法】薬品の心理効果を除き客観的な効果を判定する試験方法。プラシーボ(＝偽薬)と基準薬を二つのグループに与え、統計的に判定する。double blind test

**にじゅう-もん**【二重門】二階造りの門のうち、上重・下重ともに屋根のあるもの。比較 楼門。

**にじゅうやほし-てんとう**【二十八星天道▽虫・二十八星▼瓢▽虫】テントウムシ科の甲虫。半球形で、体長約六mm。赤褐色の地に二八個の黒斑がある。ナス科植物の葉を食害する。関東以西に分布。twenty-eight-spotted ladybird beetle

**にじゅう-らせん**【二重▼螺旋】一九五三年に、ワトソンとクリックが提唱したDNAの分子構造モデル。糖と燐酸のつながった長い二本の鎖が、内側を塩基で橋渡しされた形でらせん状にのびていることから、この名がある。double helix

**にじゅうろく-せいじん**【二十六聖人】日本初のキリスト教殉教者。禁止令を発した豊臣秀吉によって、日本人二〇名を含む宣教師と信徒二六名が捕らえられ、慶長元年(一五九六)長崎で磔刑に処せられた。

**に-じょう**【二乗】㊀(名・サ変他)同じ数を二つかけあわせること。また、その数。$a$の二乗は$a^2$と書く。自乗。平方。square ㊁(名)《仏教語》①大乗と小乗。②声聞乗と縁覚乗。

**にじょう**【二丈】〈町〉福岡県西端、玄界灘に臨む町。稲作とミカン・イチゴ栽培の農業、また、タイの養殖や沿岸漁業を行う。人口一万一八二〇(一九八八)。

**にじょうがわらのらくしょ**【二条河原の落書】建武新政の時、京都の二条河原に立てられた落書。建武新政権によって混乱した社会や風俗を歌謡の形で風刺。『建武年間記』に収載。

**にじょう-き**【二畳紀】古生代を細分した場合の最後の時代。約二億八〇〇〇万年前～約二億四〇〇〇万年前。紡錘虫や三葉虫などの古生代の生物群がこの時代に絶滅した。ペルム紀。Permian Period

**にじょう-け**【二条家】①藤原北家九条家の分流。九条道家の子良実が祖。五摂家の一つ。②中世歌学の家。藤原定家の孫の為氏が祖。歌壇の主流として、代々、勅撰集の撰者を出す。

**にじょう-さぶつ**【二乗作仏】《仏教語》三乗のうち声聞・縁覚の二乗も成仏できるという、『法華経』で説く思想。

**にじょう-さん**【二上山】大阪府と奈良県の境、金剛山地北端の山。雄岳五一五m、雌岳四七四mの双頭峰。大津皇子の墓がある。

**にじょう-じょう**【二条城】京都市中京区にある近世の城。慶長八年(一六〇三)徳川家康が築城。江戸幕府の京都における拠点で、将軍上洛時の宿所。

**にじょう-ためよ**【二条▽為世】(一二五〇～一三三八)鎌倉末期の歌人。『新後撰和歌集』『続千載和歌集』の撰者。保守的な歌風・歌論で京極為兼と対抗。頓阿・兼好らの四天王以下多くの門人を指導。家集『為世集』(未刊)、歌論書『和歌庭訓』。藤原為世。

**にじょう-てんのう**【二条天皇】(一一四三～一一六五)第七八代天皇(在位一一五八～一一六五)。名は守仁。後白河天皇の第一皇子。治世中は後白河上皇が院政を行ったため、上皇と対立したという。

**にじょう-よしもと**【二条良基】(一三二〇～一三八八)南北朝時代の公卿・歌人。北朝に仕えて摂政となり政治・文芸に活躍。本領は連歌にあり、救済を師・協力者として連歌集『菟玖波集』編集と『応安新式』制定にあたり、連歌の興隆に努めた。歌論『愚問賢註』、連歌論『連理秘抄』『筑波問答』など。

**にし-ヨーロッパ**【西ヨーロッパ】①ヨーロッパ大陸の西部とイギリスを含めた地域。明確な範囲を示すものではない。西欧。Western Europe ②自由主義国家群を形成する地域。

**にしヨーロッパ-れんごう**【西ヨーロッパ連合】(Western European Union) 第二次大戦後の東西対立を背景に、西ヨーロッパ七か国によって結成された集団防衛組織。従来の西欧五か国同盟(イギリス・フランス・ベルギー・オランダ・ルクセンブルク)に西ドイツとイタリアを加えて一九五五年に成立。西欧同盟。WEU。

**にしよしの**【西▽吉野】〈村〉奈良県南西部、五條市南隣の村。梅・柿などの果樹や花卉の栽培がさかん。人口四八六三(一九八八)。

**にじり-ぐち**【▼躙り口】茶室における客の出入り口。高さ二尺二寸(約六七cm)、幅二尺一寸(約六四cm)が標準。通常、敷居と鴨居を取り付け、板戸をたてる。古くは「潜り」とも。にじりあがり。↓茶室図

**にじり-よ・る**【▼躙り寄る】(五自) 座ったまま、すり寄る。sidle up to

**にじ-りん**【二次林】伐採や火災などで森林が破壊されたあとに、自然に生育した森林。secondary forest

**に-しる**【煮汁】ものを煮た汁。にじる。broth

**にじ・る**【▼躙る・▼躪る】(五自他) ①(他)こするように押し付ける。trample down 用例 踏み—。②(自)座ったまま、じりじり動く。sidle up to

**にし-ローマていこく**【西ローマ帝国】三九五年、ローマ皇帝テオドシウス一世が帝国を東西に二分、二子に分与したうちの西帝国。次子のホノリウスが継承。四七六年、ゲルマンの傭兵隊長オドアケルにより滅亡。八〇〇年、フランク王国のカール一世(＝シャルルマーニュ)が西ローマ帝国の帝冠を教皇から受け、名目的に帝国を復活。The Western Roman Empire

**にしわき**【西▼脇】〈市〉兵庫県中部、加古川の上流、杉原川沿いの市。機業地で播州織の主産地。人口三万八七二二(一九八八)。

**にしわき-じゅんざぶろう**【西▼脇順▽三郎】(一八九四～一九八二)詩人・英文学者。新潟県生まれ。慶大卒。慶大教授。昭和初期の新詩運動を推進。超現実主義風の独自な叙情を主知的に構築した。詩集『Ambarvalia』『旅人かへらず』など。

**にしん**【▼鰊・▼鯡】冷水域にすむ回遊性のニシン科の海水魚。体長約三〇cm。体背面は青黒色、腹面は銀白色。春、沿岸に来遊し産卵。塩蔵品・身欠きにしん・燻製などに加工。卵は「数の子」にする。カド。ハルツゲウオ。カドイワシ。青魚。herring ↓図

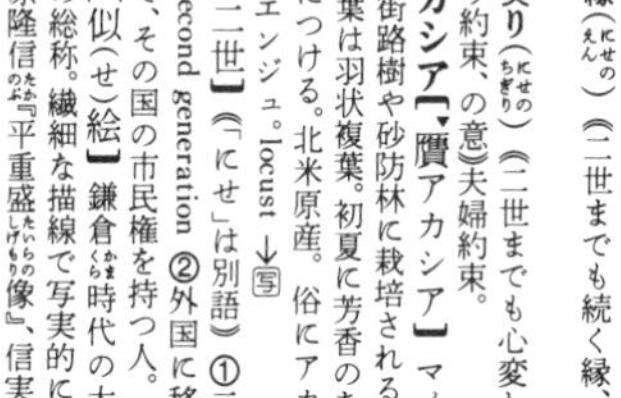

● ニシン

**に-しん**【二心・弐心】①背く気持ち。ふたごころ。duplicity 用例 —を抱く。②疑い。疑心。doubt

**に-しん**【二伸】《また申し上げる、の意》手紙の追って書きの書き出しに用いる語。追伸。追白。postscript; P.S.

**に-しん**【二審】第二審。上級裁判所での審理。retrial 対義 一審。

**ニジンスカ**【Bronislava Nizhinska】(一八九一～一九七二)ロシアの舞踊家。ニジンスキーの妹。ロシア-バレエ団に参加。

**ニジンスキー**【Vatzlav Nizhinsky】(一八八九～一九五〇)ポーランド系ロシアの舞踊家。近代バレエの名手として伝説的な存在。ロシア-バレエ団に参加。『春の祭典』の振り付けが有名。

**にしん-そば**【▼鰊▼蕎▽麦】汁そばの一つ。ゆでて臭みを抜いたニシンをしょうゆ・みりん・砂糖で煮て、かけそばにのせる。京都名物。

**に-しんとう**【二親等】法律で、親族の遠近を示す親等の一つ。自分からみて、祖父母・兄弟・姉妹・孫の関係。relation in the second degree 対義 一親等・三親等。

**にしん-ほう**【二進法】数の表記法の一つ。0と1の二つの数字で数を表し、二になったら上の位に上げる。二進法はコンピューターでの計算に利用される。binary system

**に・す**【似す】古語 (下二他) ↓にせる(似せる)

**ニス**《「仮漆」とも》「ワニス」の略。

**に-すい**【二水】漢字を組み立てている部分の名。「冷・凍」などの左にある「冫」。

**にせ**【偽・▼贋】ほんものに似せること・似せたもの。fake 用例 —札。

**に-せ**【二世】《仏教語。「にせい」は別語》現世と来世。この世とあの世。

**二世の縁**(にせのえん)《二世までも続く縁、の意》夫婦の縁。

**二世の契り**(にせのちぎり)《二世までも心変わりしないという約束、の意》夫婦約束。

**にせ-アカシア**【▼贋アカシア】マメ科の落葉高木。街路樹や砂防林に栽培される。高さ約一五m。葉は羽状複葉。初夏に芳香のある小花を房状につける。北米原産。俗にアカシアとも。ハリエンジュ。locust ↓写

**に-せい**【二世】《「にせ」は別語》①二代めの人。the second generation ②外国に移住した人の子で、その国の市民権を持つ人。

**にせ-え**【似(せ)絵】鎌倉時代の大和絵系肖像画の総称。繊細な描線で写実的に描く。作品に藤原隆信『平重盛像』、信実『後鳥羽上皇像』など。

**にせ-がね**【偽金・▼贋金】似せてつくったお金。counterfeit money 用例 —つくり。

**にせ-ぐすり**【偽薬】↓プラシーボ

**にせ-くろはつ**【▼贋黒初】担子菌類ベニタケ科のキノコ。かさは径五～一二cm、黒色。クロハツに似るが、肉は空気にふれて、赤変したのちは黒くならない。有毒。

**ニセコ**〈町〉北海道南西部、羊蹄山西麓の町。ジャガイモ・豆類・テンサイ栽培や酪農がさかん。人口四五七一(一九八八)。

**ニセコアンヌプリ** 北海道南西部、ニセコ連峰の主峰。標高一三〇九m。スキー場として知られ、付近に温泉も多い。

**にせ-さつ**【偽札・▼贋札】本物に似せた札。counterfeit bill

**にせたい-じゅうたく**【二世帯住宅】親と子の二世帯がそれぞれ独立した生活ができる一つの住宅。duplex house

**にせだい-ローン**【二世代ローン】住宅ローンなどで、借り手が高齢の場合に子どもが連帯保証し親子二代にわたって返済するローン。親子ローン。

**にせ-むらさき**【似(せ)紫】青色がかったくすんだ紫。紫根で染める本紫に似せた色の意で、江戸時代に流行した紫染めの一つ。

**にせむらさきいなかげんじ**【▼修紫田舎源氏】柳亭種彦作・歌川国貞画の合巻。文政一二～天保一三年(一八二九～四二)刊。『源氏物語』の翻案。お家騒動の中での恋愛話が華麗なさし絵とともに好評を得たが、天保の改革で中絶。

**にせ-もの**【偽物・▼贋物】本物に似せた物。fake 対義 本物。

**にせ-もの**【偽者・▼贋者】身分・職業などをいつわって他人になりすましている者。impostor

**に・せる**【似せる】(下一他) 似るようにする。まねてつくる。imitate; counterfeit 用例 蟹は甲羅に—・せて穴を掘る。

● ニセアカシア

▼ 常用漢字表外。 ▽ 常用漢字表の音訓外。

**にせん‐せき【二千石】**《漢代、郡の太守の禄が二〇〇〇石であったことから》地方長官の俗称。じせんせき。

**に‐そ【二▼鼠】** 白と黒の二匹のネズミ。仏教で、昼夜または日月にたとえる。

**二鼠、藤を噛む**《「二鼠」は昼夜、「藤」は命にたとえた語》この世は無常で、人は刻々と死に近づいている。

**に‐そう【尼僧】** あま。比丘尼。対義 僧。

**に‐そく【二足】** 履物二対。

**二足の草鞋を履く**《ばくち打ちが目明かしを兼ねることを言ったことから》同一人が相反した二種類の職業を兼ねる、また、異種類の、複数の仕事などをすることにいう。have two irons in fire

**にそく‐さんもん【二束三文・二足三文】**《二たばで、わずか三文、の意》数が多くても、価がたいへん安いこと。捨て値。for next to nothing 用例 ―で売る。

**にた【仁多】**〈町〉島根県東部、斐伊川上流の山間の町。亀嵩そろばんと仁多牛の産地として知られる。人口九七五二(一九八八)。

**に‐だ【荷駄】** 馬につけた荷物。horse load

**に‐だい【荷台】** 自動車・自転車などの、荷物を載せる部分。carrier

**にだいせいとう‐せい【二大政党制】** 議会制をとる国で、二つの大政党の間で政権交替が行われる政党政治。アメリカの共和党と民主党、イギリスの保守党と労働党など。two-party system

**に‐たき【煮炊き】**(名・サ変自) 食物を煮たり、炊いたりすること。炊事。cooking

**に‐だし【煮出し】** 煮出すこと。また、その汁。だし。boiling down; broth

**に‐だ・す【煮出す】**(五他) ①物を煮て、その味を汁に出す。boil down ②煮はじめる。begin to boil

**に‐た・つ【煮立つ】**(五自) 煮えて沸き立つ。煮え立つ。boil up

**に‐た・てる【煮立てる】**(下一他) 煮立つようにする。boil up

**にた‐にた**(副・サ変自) 声をたてずに、顔だけで不気味に笑うさま。grin

**にた‐もの【似た者】** 性格などがよく似ている人。用例 ―同士。

**似た者夫婦** 性格・嗜好などのよく似ている者同士からなる夫婦。また、一緒にいるために、性格・嗜好などが似るようになった夫婦。夫婦のむつまじさを誇張するときにも言う。Like man, like wife.

**に‐たり** 古語(連語)《完了の助動詞「ぬ」の連用形に完了の助動詞「たり」の付いたもの》…てしまっている。…てしまった。用例 変水求め白髪生ひ―(万葉・四・六二七)。

**にたり‐ぶね【荷足船】** 河川で荷物の運送・渡船・漁船などとして使用された船。荷足り。

**にたり‐よったり【似たり寄ったり】**(名・形動) ①互いに優劣のないこと・さま。much the same ②違いが少ないこと・さま。大同小異。much the same

**にだんかい‐かくめいろん【二段階革命論】** 後進国の革命は、まずブルジョワ民主主義革命、ついでプロレタリア社会主義革命と二つの段階を踏んで達成されるとする理論。レーニンやスターリンが唱えた。比較 永久革命論。

**にだん‐かつよう【二段活用】** 動詞の活用の型の一種。活用語尾が五十音図のイ・ウまたはエ・ウの二段に変化し、「る・れ」などを伴うもの。参照 上二段活用・下二段活用。

**にだん‐がまえ【二段構え】** 一度で駄目なら、次の手を打つように用意していること。keep an alternative up one's sleeve

**にだん‐ベッド【二段ベッド】** 二段になったベッド。子ども部屋・列車の寝台など、限られた空間を立体的に利用する。bunk beds

**にだん‐め【二段目】** ①二番目の段。②浄瑠璃の区切りの二番目。③相撲で、序二段。

**ニチ** 4画 **【日】** 部首[日] 教育小1 JIS 3892
音 ニチ・ジツ 訓 ひ・か
4画【▼日】旧字

①ひ。か。一昼夜。対義 月・年。「毎日・明日・命日」「日刊・日記・日時・日常・日進月歩」②ひを数えるのに用いる。用例(助数)三が―。③ひ。ひる。対義 夜。「日中・日直・日夜」④太陽。「日没・日輪」⑤日曜日のこと。「土日特売」⑥日本のこと。「親日・来日」「日米協会」⑦日向国のこと。「日豊」↓ジツ[日]

**にち‐いき【日域】** ①日の照る所。②日本。

**にち‐えい【日英】** 日本とイギリス。Japan and Great Britain

**にちえい‐きょくせん【日影曲線】** 水平な板に垂直な棒を立て、棒の影の先端を連ねた線。太陽の日運動を知る。

**にちえい‐どうめい【日英同盟】** 明治三五年(一九〇二)日本とイギリスの間に結ばれた攻守同盟条約。両国がロシアの南下牽制を目的として締結。大正一一年(一九二二)廃棄。

**にちがつとうみょう‐ぶつ【日月灯明仏】**『法華経』に登場する仏。過去世に出現して釈迦以前に『法華経』を説いたとされる。

**にち‐ぎん【日銀】**「日本銀行」の略。

**にちぎん‐けん【日銀券】**「日本銀行券」の略。

**にちぎん‐せいさくいいんかい【日銀政策委員会】** 日本銀行の業務・金融政策を決定し運営する最高機関。昭和二四年(一九四九)設置。

**にちげき‐ミュージックホール【日劇ミュージックホール】** 昭和二七年(一九五二)東京有楽町に開場した劇場。上品なヌードと踊りで長く人気を保ったが、昭和五九年(一九八四)に閉場。

**にち‐げつ【日月】** ①日と月。じつげつ。months and days ②つきひ。歳月。time

**にち‐げん【日限】** とくに決めた日。期限。期日。term

**にち‐こうさ【日▽較差】** 気温や湿度などの気象要素の一日中の最大値と最小値の差。daily range

**にち‐じ【日時】** 日付と時刻。date

**にち‐じょう【日常】** 普段。へいぜい。everyday

**にちじょう‐げんご【日常言語】** 自然言語の別称。

**にちじょう‐さはん【日常茶飯】**《毎日の食事、の意から》しょっちゅうあって、ありふれていること。とるにたらないこと。家常茶飯。everyday occurrences 用例 ―事。

**にち‐そし【二値素子】** 二つの安定状態をもち一ビットの情報を保持できる基本の素子。磁気コアなど。コンピューターのデジタル回路の回路素子に使用。binary cell

**にちどくい‐さんごくどうめい【日独▼伊三国同盟】** 日本・ドイツ・イタリアの軍事同盟。昭和一五年(一九四〇)九月、ベルリンで調印。アメリカ・イギリスとの関係を悪化させ、第二次大戦の一因となった。

**にちどくい‐ぼうきょうきょうてい【日独▼伊防共協定】** 昭和一一年(一九三六)締結の日独防共協定に、翌年イタリアが参加して結んだ協定。共産主義に対する共同防衛をうたい、ソ連を仮想敵国とし、三年後の日独伊三国同盟の前提となった。

**にちなん【日南】**〈市〉宮崎県南部、太平洋に臨む市。旧城下町。スギの産地。マグロ・カツオ漁業の基地。人口五万一五五七(一九八八)。

**にちなん【日南】**〈町〉鳥取県南西端、日野川上流の町。農林業中心。クロム鉱を採掘。古くはたたら製鉄の地。人口八五七七(一九八八)。

**にちなん‐かいがん【日南海岸】** 宮崎県南部の海岸。岬や湾が多く、観光地として青島・鵜戸神宮・都井岬などがある。

**にち‐にち【日日】** ひごと。毎日。ひび。every day

**日日、是好日** 毎日が、おだやかなよい日であること。

**にちにち‐か【日日花】** ニチニチソウの別名。

**にちにち‐そう【日日草】** キョウチクトウ科の春まきの一年草。切り花や鉢植えなどの観賞用。高さ約六〇cm。夏から秋にかけて桃・白などの五弁花をつける。西インド原産。ビンカ。ニチニチカ。Madagascar hedgehog ↓写

●ニチニチソウ

**にち‐のう【日農】**「日本農民組合」の略。

**にちはら【日原】**〈町〉島根県南西部、益田市南隣の町。ヒノキ・スギの造林がさかん。ワサビ・茶が特産。人口五三五三(一九八八)。

**にち‐ぶ【日舞】**「日本舞踊」の略。邦舞。対義 洋舞。

**にちべい‐あんぜんほしょうじょうやく【日米安全保障条約】** 日本とアメリカの軍事的関係を規定した条約。旧条約は昭和二六年(一九五一)サンフランシスコ講和条約とともに調印。現行条約は同三五年(一九六〇)に調印・発効し、日本および極東の平和と安全に脅威の生じたときの事前協議や武力攻撃に対する共通の対処行動などを規定している。安保。安保条約。US-Japan Security Treaty

**にちべいか‐ぎょぎょうじょうやく【日米加漁業条約】** 日本・アメリカ・カナダが北太平洋における漁業の保護措置を定めた国際条約。昭和二八年(一九五三)に発効。Fisheries Convention of Japan, USA and Canada

**にちべい‐ぎょうせいきょうてい【日米行政協定】** 昭和二七年(一九五二)日本とアメリカの間で締結・発効した行政協定。同三五年(一九六〇)の日米安保条約改定にともなって改定。米軍の日本駐留に関する施設・区域の提供や裁判権などについて規定している。日米地位協定。Japan-US Administrative Agreement

**にちべいごうどう‐いいんかい【日米合同委員会】** 日米行政協定の運用・解釈について討議するために設けられた、日本とアメリカの合同協議機関。US-Japan Joint Committee

**にちべい‐しゅうこうつうしょうじょうやく【日米修好通商条約】** 安政五年(一八五八)江戸幕府とアメリカ総領事ハリスとの間で調印された通商条約。神奈川・長崎・新潟・兵庫の開港、アメリカの領事裁判権を認め、日本に関税自主権がないなどの不平等条約。

**にちべい‐そうごぼうえいえんじょきょうてい【日米相互防衛援助協定】** 相互安全保障法(MSA)というアメリカ法により、アメリカが日本に防衛援助の供与を約束した協定。昭和二九年(一九五四)発効。MDA。Mutual Defense Assistance Agreement between Japan and the USA

**にちべい‐ちいきょうてい【日米地位協定】** 日米行政協定の別称。

**にちべい‐わしんじょうやく【日米和親条約】** 安政元年(一八五四)アメリカ艦隊の武力的圧力下に、日本が全権使節ペリーと締結した条約。下田・箱館の開港、薪水・食料の供給、最恵国待遇などを約束したもの。神奈川条約。

**にち‐へんか【日変化】** 気温や気圧などの一日ごとの変化。地球の自転にともない、一日の周期で変化するものについていう。diurnal variation

**にち‐ぼつ【日没】** 太陽が西に沈むこと。日の入り。sunset

**にち‐や【日夜】** ㊀(名) 昼と夜。day and night ㊁(副) いつも。always 用例 ―仕事に励む。

**にちゃ‐つ・く**(五自) ①ねばねばしてくっつく。にちゃにちゃする。②《俗語》男女が寄りそって戯れる。いちゃつく。

**にち‐よう【日用】** 毎日、ふだんに使うこと。daily use

**にち‐よう【日曜】**「日曜日」の略。

**にちよう‐がっこう【日曜学校】** キリスト教会などで、子どもの宗教教育を目的として日曜日ごとに開く学校。Sunday school

**にちよう‐しんぶん【日曜新聞】** 日曜日にだけ発行する新聞。一七九一年に創刊したイギリスの『オブザーバー』が現存紙中では最古。Sunday paper

**にちよう‐だいく【日曜大工】** ほかに専業をもつ人が、余暇を利用して行う大工・工作の仕事。また、その人。Sunday carpenter; DIY (do it yourself)

**にちよう‐び【日曜日】** 週の第一日。一般に学校・仕事などを休みとする日。日曜。Sunday

**にちよう‐ひん【日用品】** ふだん用いるこまごました品物。暮らしに必要なこまごましたもの。daily necessities

**にちよう‐ぶん【日用文】** ①日用の文章。②手紙の文章。

**にちょう‐ゆうずい【二長雄▼蕊】** 一つの花に雄しべが四本あり、うち二本が長く二本が短いもの。ホトケノザ・サギゴケなど。二強雄蕊。didynamous stamen

**にち‐りん【日輪】** 太陽。sun 対義 月輪。

**にちりん‐そう【日輪草】** ヒマワリの別名。

**にちれん【日▼蓮】**(一二二二〜八二) 鎌倉時代の僧。日

蓮宗の開祖。安房の漁師の子。清澄寺・比叡山などで修行し、建長五年(一二五三)『法華経』により開宗。『立正安国論』を著して幕府や他宗を批判し、伊豆・佐渡へ流罪。のち許されて身延山で教えを説いた。著書『観心本尊鈔』『開目鈔』など。立正大師。

**にちれん-しゅう【日▼蓮宗】** 日蓮が開いた仏教の一宗派。『法華経』を所依とする。身延山久遠寺を祖山とし、本門の本尊・題目・戒壇の三大秘法をたて、社会・国家全体の救済を強調する。法華宗。

**にちろう【日朗】**(一二四五〜一三二〇) 鎌倉時代の僧。日蓮門下六老僧の一人。下総の人。鎌倉の妙本寺、池上の本門寺に住した。

**にちろ-きょうしょう【日露協商】** 日露戦争後締結された、日本とロシアの極東分割の秘密協定。明治四〇〜大正五年(一九〇七〜一六)の間、四次にわたって締結。

**にちろ-ぎょぎょう【日▼魯漁業(株)】** 大手の総合水産会社の一つ。大正三年(一九一四)【設立。】

**にち-ろく【日録】** 日々の記録。日記。

**にちろ-せんそう【日露戦争】** 朝鮮・満州の支配権をめぐる日本とロシアの戦争。明治三七年(一九〇四)二月開戦。奉天大会戦・日本海海戦で日本が勝利ののち、同三八年(一九〇五)九月、アメリカ大統領ルーズベルトの仲介でポーツマス講和条約に調印。

**にちろ-わしんじょうやく【日露和親条約】** 安政元年(一八五四)下田で江戸幕府とロシア使節プチャーチンとの間に結ばれた条約。下田・箱館・長崎の開港、国境などを【確認。】

**にっ-か【日華】** 日本と中華民国。

**にっ-か【日課】** 毎日決めてする仕事。daily work

●ニッカーボッカーズ

**ニッカーボッカーズ【knickerbockers】** ひざ下で、バンドまたはボタンで絞った半ズボン。オランダ移民の子孫をニューヨークでニッカーボッカーといい、彼らの着用したズボンに由来。ニッカーズ。→図

**ニッカウイスキー【ニッカウ丼スキー(株)】** 日本の代表的ウイスキーメーカー。スコッチウイスキーの本格的生産技術をはじめて日本へ導入。創立昭和九年(一九三四)。

**にっか-じへん【日華事変】** 日中戦争。

**にっかつ【にっかつ(株)】** 映画製作・配給会社。大正元年(一九一二)大日本活動写真株式会社として発足。昭和四六年(一九七一)に製作・配給とも縮小。

**にっか-へいわじょうやく【日華平和条約】** 日本と台湾政府(=中華民国)との間の平和条約。昭和二七年(一九五二)締結。戦争状態の終了、日本の台湾に対する領土権の放棄、台湾政府側の対日賠償請求権の放棄などを内容とする。同四七年(一九七二)日本と中華人民共和国の日中国交正常化により、日本は政府見解としてこの条約の失効を表明した。

**に-つかわし・い【似つかわしい】**(形) 似合わしい。ふさわしい。suitable 派生 につかわしさ(名)

**にっ-かん【日刊】** 毎日刊行すること・もの。daily issue 比較 月刊・年刊。用例 ―紙。

**にっかん-かいだん【日▼韓会談】** 第二次大戦後の日本と韓国との国交関係を定めるために行われた外交交渉。昭和二六年(一九五一)に始められ、中断をへて同四〇年(一九六五)日韓基本条約を調印。

**にっかん-きほんじょうやく【日▼韓基本条約】** 昭和四〇年(一九六五)に調印された日本と韓国の基本的国交関係についての条約。日韓併合条約などの無効確認、韓国が南朝鮮における唯一の合法政府であることの確認などを規定。日韓条約。

**にっかん-ぎょぎょうきょうてい【日▼韓漁業協定】** 日本と韓国が相互の漁業専管水域や漁獲量をとりきめた協定。昭和四〇年(一九六五)の日韓条約の一部。

**にっかん-じょうやく【日▼韓条約】**「日韓基本条約」の略。

**にっかん-たいりくだなきょうてい【日▼韓大陸棚協定】** 日本と韓国が、両国間の大陸棚の開発と境界について結んだ協定。昭和四九年(一九七四)調印。

**にっかんへいごう-じょうやく【日▼韓併合条約】** 明治四三年(一九一〇)調印の「日韓併合に関する条約」。以後、朝鮮総督府による日本の植民地支配が本格化した。

**にっき**(「にっけい(肉桂)」の転)ニッケイの細根を束ねた駄菓子。cinnamon

**にっ-き【日記】** ①日々のできごとや感想を書いた記録。日誌。日録。diary 用例 ―をつける。②「日記帳」の略。用例 自由―。卓上―。

**にっき-ぶんがく【日記文学】** 筆者の行動や見聞を日付を追って記述し、生活感情や世界観、自然観などを文学的に表現したもの。また日記的素材を自伝的、回想録的にまとめた作品をもいう。『紫式部日記』などの王朝女流日記文学が名高い。

**にっ-きゅう【日給】** 一日を単位とする給料。daily wages 比較 日当。対義 月給・週給。

**にっ-きょうそ【日教組】**「日本教職員組合」の略。

**にっ-きん【日勤】**(名・サ変自) ①毎日つとめに出ること。daily service ②昼間のつとめ。day duty 対義 夜勤。

**に-つ・く【似付く】**(五自) ①よく似る。②似合う。よく調和する。

**ニックス【NICS】**《newly industrializing countries の略》新興工業国・中進国。香港・韓国・シンガポール・台湾・メキシコ・ブラジル・ギリシア・ポルトガルなど。先進国の保護主義の壁や自国の累積債務などの問題をかかえる。一九八八年以降はNIES(新興工業経済地域)とよばれている。ニクス。

**ニックネーム【nickname】** ①あだ名。②愛称。親しいよび名。用例 ロバートの―はボブ。

**に-づくり【荷造り・荷作り】**(名・サ変自他) 品物を運搬できるように、包んだり縄をかけたりすること。荷ごしらえ。packing

**に-つけ【煮付け】** ①魚・野菜などを、味付けした煮汁をほとんど残さないほどによく煮た煮物。総菜向き。②煮物の総称。

**にっ-けい【日系】** 日本人の血統をひくこと・人。of Japanese descent 用例 ―米人。

**にっ-けい【日計】** 毎日の計算。一日の総計。

**にっ-けい【肉▼桂】** ①クスノキ科の常緑高木。暖地にはえる。高さ約一〇m。葉は楕円形、革質で厚い。樹皮や葉から特有の精油がとれる。精油は薬用や香料になる。東南アジア原産。②ニッケイの根や樹皮。乾燥して生薬・香料などに用いる。桂皮。シナモン。ニクケイ。ニッキ。cinnamon →写

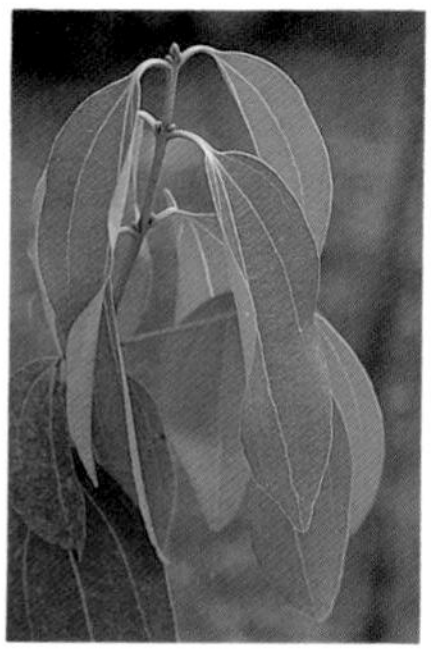

●ニッケイ① セイロンニッケイ

**にっ-けい【肉▼髻】**《仏教語》仏の三十二相の一つ。仏像の頭の頂上の隆起している部分で、仏の尊貴の象徴とされる。

**にっけい-じん【日系人】** 日本人の血統をひいている人。ハワイ・ブラジルなどへの移民とその子孫など。

**にっけい-ひょう【日計表】** 日計をあらわす表。

**にっ-けい-れん【日経連】**《「日本経営者団体連盟」の略》経済四団体の一つ。労使問題についての経営者間の連携をはかり情報収集や対策などを行っている。昭和二三年(一九四八)設立。

**ニッケル【nickel】** 金属元素。記号Ni 原子番号二八。原子量五八・七。比重八・八五。銀白色で展性・延性に富み、空気中では鉄より安定。めっき用・合金材料として広く用いられ、水素添加触媒としても重要。

**に-つ・ける【煮つける】**(下一他) 煮しめる。cook hard

**ニッケル-カドミウム-でんち【ニッケル―カドミウム電池】** 蓄電池の一種。ニッケルとカドミウムを電極として用いたアルカリ蓄電池。充電式電池。nickel-cadmium battery

**ニッケル-クロム-こう【ニッケル―クロム鋼】** 約二%のニッケルと約〇・八%のクロムを含む強靱鋼。靱性に富み、高級機械部品などに用いられる。nickel-chromium steel

**ニッケル-こう【ニッケル鋼】** ニッケルを加えた鋼。一般に靱性が大きい。低ニッケル鋼は強靱鋼、高ニッケル鋼はステンレス鋼として使用され、とくにニッケルが多いインバーは標準尺・振り子などに用いられる。nickel steel

**ニッケル-シルバー【nickel silver】** →ようぎん(洋銀)

**にっ-こう【日航】**「日本航空(株)」の略。

**にっ-こう【日光】** ①太陽の光。日の光。sunshine 用例 ―にあてる。②「日光菩薩」の略。

**にっこう【日光】**〈市〉 栃木県北西部の市。近世以来、日光山の門前町として発達。二荒山神社・東照宮・輪王寺などの社寺・文化財や、日光連山・華厳滝・中禅寺湖などがあり、日光国立公園の中心。金属工業・木工業がさかん。人口二万一二二六(一九八八)。

**日光を見ずして結構と言う勿れ**(にっこうをみずしてけっこうというなかれ)《「にっこう」と「けっこう」とを語呂あわせした語》日光東照宮の結構な建築を見ないうちは、結構ということばを使ってはいけない。東照宮の建築の美しさを強調して述べたもの。比較 ナポリを見て死ね。

**にっこう-かいどう【日光街道】** 江戸時代の五街道の一つ。日光と江戸を結ぶ幹線で、江戸・宇都宮間は奥州街道と重なる。日光道中。

**にっこう-かざんぐん【日光火山群】** 関東地方北部、鬼怒川と片品川との間にそびえる火山群。主峰は、白根山二五七八m、男体山二四八四mなど。

**にっこう-きすげ【日光黄▼菅】** 山地の草原に群生するユリ科の多年草。高さ約七〇cm。根出葉は線形。夏に黄花を花茎につける。ゼンテイカ。→写

**にっこう-こくりつこうえん【日光国立公園】** 栃木県北部から福島・群馬・新潟県にまたがる国立公園。社寺・文化財・自然美をもつ日光地区を中心に、尾瀬・那須高原地帯を含む。昭和九年(一九三四)日光・尾瀬地区指定。同二五年(一九五〇)那須・鬼怒川地区編入。

**にっこう-しょうけん【日興▼證券(株)】** 日本の四大証券会社の一つ。昭和一九年(一九四四)設立。

**にっこう-てんし【日光天子】** 密教の十二天の一つ。もとはインド神話の神で、太陽を神格化したもの。日天子。日宮天子。宝光天子。日天。

**にっこう-ぼさつ【日光▼菩▼薩】** 薬師如来の左の脇侍の菩薩。右の月光菩薩とともに、薬師如来の補処の地位にある。→写

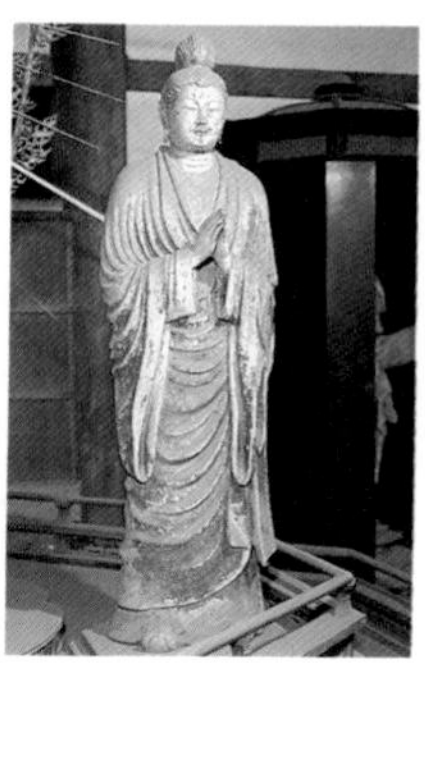

●日光菩薩 東大寺三月堂(奈良県)。

**にっこう-やよいまつり【日光▼弥▽生祭(り)】** 栃木県日光市二荒山神社で四月一三〜一七日に行われる春祭り。山車・花屋台が繰り出し、境内では各種の芸能を奉納する。

**にっこうゆもと-おんせん【日光湯元温泉】** 栃木県日光市、湯ノ湖岸の温泉。夏はキャンプ、冬はスキーが楽しめる。

**にっこう-よく【日光浴】** からだに日光をあびること。大気浴も兼ね鍛錬効果があるが、刺激が強すぎると悪影響にもなる。とくに、乳児には注意が必要。sunbath

**にっこう-れいへいし【日光例幣使】** 江戸時代、日光東照宮の四月大祭に朝廷から派遣された奉幣使。元和三年(一六一七)東照宮の落成に始まり、正保三年(一六四六)以後は毎年。

**にっこうわらく-おどり【日光和楽踊】**

●ニッコウキスゲ

(り)】栃木県日光市を中心に、県下に広くみられる盆踊り。大正二年(一九一三)足尾銅山清滝製銅所の従業員が、土地の盆踊りを大正天皇の天覧に供したのが始まり。

**にっこ-と**(副) にっこりと。にこっと。beamingly 用例 ―笑う。

**にっこり**(副・サ変自)《「にこり」の転》うれしそうな笑顔のさま。smile

**にっ-さん【日参】**(名・サ変自) ①毎日、社寺へ参拝すること。②頼みごとなどがあって、毎日一定の人のところへ行くこと。daily visit

**にっ-さん【日産】** 一日一日の生産高。daily output 対義 月産・年産。

**にっさん-コンツェルン【日産コンツェルン】** 昭和初期に鮎川義介が創設した新興財閥。日本産業を中心とする企業グループ。

**にっさん-じどうしゃ【日産自動車(株)】** トヨタ自動車とならぶ日本の世界的自動車メーカー。昭和八年(一九三三)設立。

**にっ-し【日子】** 日数。用例 ―を費やす。

**にっ-し【日誌】** 日々の記録。個人的な「日記」に対して公的な資料のための日記。journal 用例 航海―。

**にっし-じへん【日支事変】** 日中戦争の別称。

**にっしゃ-けい【日射計】** 日射の強さを測定する機器。銀盤日射計・ロビッチ日射計・エプリー日射計などがある。pyrheliometer

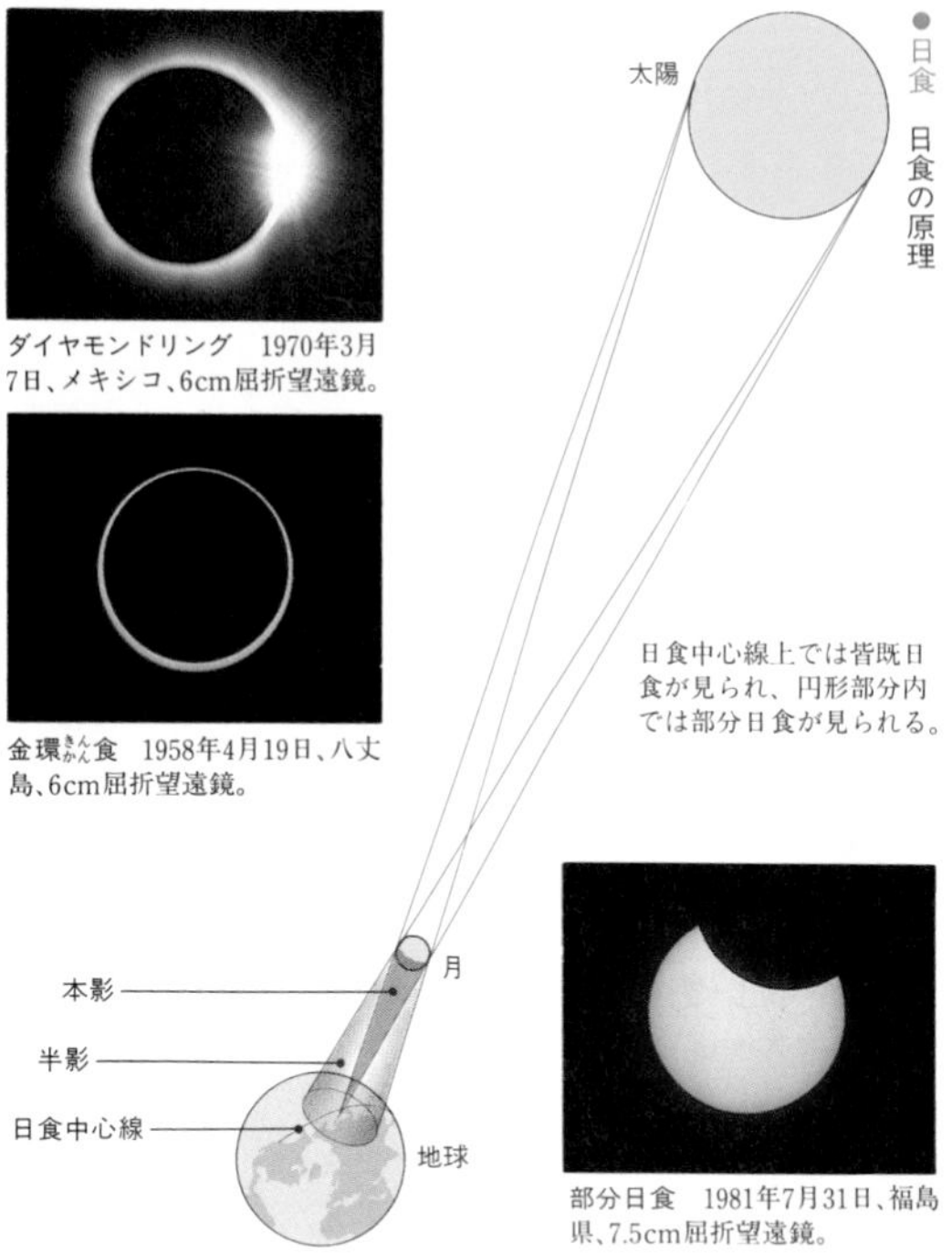


●日食 日食の原理

日食中心線上では皆既日食が見られ、円形部分内では部分日食が見られる。

ダイヤモンドリング 1970年3月7日、メキシコ、6cm屈折望遠鏡。

金環食 1958年4月19日、八丈島、6cm屈折望遠鏡。

部分日食 1981年7月31日、福島県、7.5cm屈折望遠鏡。

**にっしゃ-びょう【日射病】** 炎天の直射日光下におこる急性の病気。脱水状態からくる体温調節障害で、頭痛・高熱・意識障害などをおこす。かくらん。sunstroke 比較 熱射病。

**にっ-しゅう【日収】** 日々の収入。毎日のもうけ。daily income 対義 月収・年収。

**にっ-しゅう【日州】** 日向国の。

**にっしゅう-うんどう【日周運動】** 地球の自転のため、天球が東から西へまわってみえる、みかけの運動。diurnal motion ↓写

**にっ-しゅうき【日周期】** 生物体において一日を単位に繰り返される周期運動。多くの動物の覚醒と睡眠、植物の光合成などにみられる。daily periodicity

**にっしゅう-けん【日周圏】** 天体が日周運動でえがく円。天の赤道に平行な円。diurnal circle

**にっしゅう-へんか【日周変化】** 一昼夜を周期として、生物に現れる行動や反応の変化。日周リズム。daily periodicity

**にっ-しゅつ【日出】** 日の出。日の出の時刻。

**にっ-しょう【日入声】** 中国における漢字の四声の一つ。仄字に属する。日本の漢字音ではキ・ク・チ・ツ・フで終わる類。

**にっ-しょう【日商】** 「日本商工会議所」の略。

**にっ-しょう【日照】** 太陽の光が直接地上を照らすこと。とくに日かげ・日あたりを問題にする場合に用い、直射光の熱を問題とする場合は日射という。sunshine

●日周運動 カメラを固定すると星は円弧を描く。右の明るい線は北斗七星。北極星がほぼ中心。

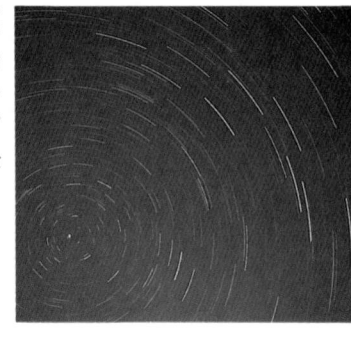

**にっしょう-いわい【日商岩井(株)】** 日本の代表的総合商社の一つ。昭和三年(一九二八)設立。

**にっしょう-き【日章旗】** 日の丸の旗。日本の国旗。sun flag

**にっしょう-けい【日照計】** 日照時間を記録する装置。感光紙上にできる焼跡線の長さで日照時間を表すジョルダン日照計など。sunshine recorder

**にっしょう-けん【日照権】** 太陽の光を享受する権利。高層ビルなどによって日当たりをさまたげられない権利。right of sunshine

**にっしょう-じかん【日照時間】** 太陽光が、雲や霧などにさえぎられることなく地表面に到達している時間。気象庁では、直射光の照射が約一二〇ワット以上あった時間としている。測定にはジョルダン日照計を用いる。duration of sunshine

**にっしょう-ちょうせい【日照調整】** 日射しのコントロール。日射しを冬は取り入れ、夏はさえぎるような建築設計上の調整。ブラインド・カーテン・ひさしなどを使用。sun control

**にっ-しょく【日食・日蝕】** 太陽が月によって隠される現象。太陽が完全に隠される皆既日食と、縁が環のように残る金環食がある。太陽が部分的に隠された状態が部分日食。solar eclipse 対義 月食。↓図

**にっ-しん【日新】** 古いことを改め、日々に新しくすること。

**にっしん【日進】**〈町〉 名古屋市東隣の町。農業の町からベッドタウンへと変化。自動車関連工業がある。人口四万四九九七(九八)。

**にっしん-げっぽ【日進月歩】** 日に月に、絶えず進歩すること。steady progress 用例 ―の世の中。

**にっしん-こうけい【日心黄経】** 太陽を座標原点とし、黄道と春分点を基準とした経度。惑星などの位置の記述に便利で左回りに測る。heliocentric ecliptic longitude

**にっしん-しゅうこうじょうき【日清修好条規】** 明治四年(一八七一)日本が中国(清)と結んだ最初の対等条約。同二八年(一八九五)廃棄。

**にっしん-せいふん【日清製粉(株)】** 日本最大手の製粉会社。明治四〇年(一九〇七)設立。

**にっしん-せんそう【日清戦争】** 朝鮮の支配権をめぐる日本と中国(清)との戦争。明治二七年(一八九四)朝鮮の東学党の乱に中国が出兵、続いて日本も出兵して開戦。黄海海戦で日本が勝利を収めて大勢を決し、同二八年(一八九五)四月、下関条約を締結。

**にっ-すう【日数】** 日の過ぎる数。ひかず。number of days

**にっせい-げきじょう【日生劇場】** 東京有楽町にある多目的ホール。昭和三八年(一九六三)開場。演劇・オペラ・ショーなど幅広い公演活動を行う。

**にっ-せき【日夕】** ㊀(名) ①昼と夜。②夕方。㊁(副) 絶えず。いつも。

**にっ-せき【日赤】** 「日本赤十字社」の略。

**にっ-ソ【日ソ】** 日本とソ連。Japan and the Soviet Union 用例 ―貿易。

**にっそう-ぼうえき【日宋貿易】** 平安中期から鎌倉中期にわたる、日本と宋との貿易。日本は金・真珠・硫黄・蒔絵・漆器・刀剣などを輸出、宋版の書籍・香料・高級織物・陶磁器・薬種類・宋銭などを輸入。

**にっソ-きょうどうせんげん【日ソ共同宣言】** 昭和三一年(一九五六)モスクワで締結された、日本とソ連の戦争状態終結と国交回復のための共同宣言。

**にっソ-ぎょぎょうきょうりょくきょうてい【日ソ漁業協力協定】** ソ連と日本が二〇〇海里漁業専管水域を採用したのにともない、両国の北西太平洋でのサケ・マス漁などについて新たに定めた協定。昭和五三年(一九七八)締結。同六〇年(一九八五)再締結。

**にっソ-ぎょぎょうじょうやく【日ソ漁業条約】** 日本とソ連が定めた漁業に関する条約。北西太平洋における漁業資源の保護と継続的な生産の維持を目的として昭和三一年(一九五六)に発効。同五二年(一九七七)ソ連の二〇〇海里漁業専管水域宣言にともない廃止。

**にっソ-けいざいごうどういいんかい【日ソ経済合同委員会】** シベリア極東開発への日本の経済協力や貿易拡大などのための日本・ソ連両国合同の協議機構。昭和四一年(一九六六)設置。

**にっソ-ちゅうりつじょうやく【日ソ中立条約】** 昭和一六年(一九四一)四月に締結された、日本・ソ連間の領土不可侵・中立維持を約した条約。同二〇年(一九四五)四月にソ連は破棄を通告、同年八月に宣戦し満州(現在の中国東北部)に侵入。

**にった【新田】**〈町〉 群馬県南東部、太田市西隣の町。稲作を中心に、キュウリなどの野菜も栽培。工業団地が造成され、工業もさかん。人口二万七三一三(九八)。

**にった-じろう【新田次郎】**(一九一二〜八〇) 小説家。本名藤原寛人。長野県生まれ。山岳小説で出発、推理・時代小説にも活躍。作品『強力伝』『武田信玄』など。

**にった-よしさだ【新田義貞】**(一三〇一〜三八) 南北朝時代の武将。上野国新田郡の人。元弘三年(一三三三)鎌倉を攻略、北条氏を滅ぼし建武の新政を実現。のち足利尊氏と戦って敗れ、さらに越前国藤島の戦いで戦死。

**にっちつ-コンツェルン【日窒コンツェルン】** 昭和初期に野口遵により創設された新興財閥。日本窒素肥料をはじめとする電気化学工業中心の企業グループ。野口財閥。

**にっちも-さっちも【二進も三進も】**(副)《下に打ち消しをともなって》どうにもこうにも。in a deadlock

**二進も三進も行かない**(にっちもさっちもいかない) 窮地に陥って、身動きが取れない。やりくりができない。be driven into a corner; have no way out 用例 借金がかさんで―。

**にっ-ちゅう【日中】** ①日のある間。昼間。daytime ②真昼。noon ③日本と中国。Japan and China

**にっちゅう-きょうどうせいめい【日中共同声明】** 昭和四七年(一九七二)田中角栄首相の訪中にともない、日本と中国の戦争状態の終了を確認し国交を正常化するために北京で発表された共同声明。このなかで日本は中国の正統政府が中華民国政府ではなく中華人民共和国政府であることを承認した。

**にっちゅう-ぎょぎょうきょうてい【日中漁業協定】** 日本と中国が黄海・東シナ海における漁業資源の保護と操業秩序の維持を目的として、昭和五〇年(一九七五)に締結した協定。

**にっちゅう-せんそう【日中戦争】** 昭和一二年(一九三七)七月七日の盧溝橋事件に始まる日本と中国との全面戦争。同二〇年(一九四五)ポツダム宣言を受諾し、日本は無条件降伏。日支事変。日華事変。支那事変。北支事変。

**にっちゅう-へいわゆうこうじょうやく【日中平和友好条約】** 日本と中国の平和友好関係を発展させるために締結された条約。昭和四七年(一九七二)の日中共同声明に基づき、同五三年(一九七八)に北京で調印された。

**にっちゅう-ゆうこうきょうかい【日中友好協会】** 日中友好・国交回復を目的として昭和二五年(一九五〇)日本で結成された協会。

**にっちょう-しゅうこうじょうき【日朝修好条規】** 明治九年(一八七六)日本と朝鮮との間で締結された条約。日本が優位に立った最初の不平等条約。日鮮修好条規。江華島条約。

**にっ-ちょく【日直】** ①日々の当直。daily duty ②昼の当直。day duty 対義 宿直。

**にっ-てい【日程】** ①一日の仕事の分量・予定。day's program ②国会などで日々審議すべき議事の順序。day's agenda ③日取り。スケジュール。schedule

**ニッティング-レース** 《和製語》棒針編みで作る透かし模様の入った編み物。クンストシュトリッケン。

**にっ-てん【日展】** 美術団体。また、その展覧会。明治四〇年(一九〇七)設立の文展から帝展・新文展をへて、昭和二一年(一九四六)に日本美術展覧会(日展)と改称。同三三年(一九五八)から社団法人日展となる。

**にっ-と**(副) ①ちょっと笑いを浮かべるさま。②ふいに現れるさま。ぬっと。

**ニット【knit】** 編むこと。編み物で作られた衣料のこともいう。

**にっ-とう【▽入唐】**(名・サ変自) 昔、中国へ行くこと、行ったこと。にゅうとう。用例『—求法巡礼行記』。

**にっ-とう【日当】** 一日の手当。daily allowance 比較 日給。

**にっ-とう【日東】** 日本国の美称。

**ニットウエア【knitwear】** 編み地で作った衣類の総称。手編みや機械編みで各部を成形し縫合するものと、編み地を裁断・縫合するものがある。参照 カットアンドソー。

**にっとう-はっけ【▽入唐八家】** 平安初期、唐に留学し、帰国後密教を広めた八人の僧。台密系の最澄・円仁・円珍、東密系の空海・円行・常暁・恵運・宗叡。真言八家。

**ニッパー【nipper】** ①鋼線などを切ったり、つかんだりする工具。ペンチやプライヤーに似たやっとこ。②↓ウエストニッパー

**にっ-ぱち【二八】** 二月と八月。商売のふるわない時期とされる。

**ニッパ-やし【ニッパ▼椰子】** ヤシ科の常緑低木。東南アジアの海辺・河岸にはえる。幹はなく、羽状葉が地表より叢出。果実は一〇cmほどで集合果。食用。花柄の乳汁は飲料・アルコール原料。葉で屋根をふく。正しくは、ニーパヤシ。nipa palm

**にっぱら【日原】** 東京都西端、奥多摩町北部の地域。多摩川支流の日原川流域で奥多摩観光の中心。日原鍾乳洞がある。

**にっ-ぱん【日販】** 「日本出版販売(株)」の略。

**にっ-ぽう【日報】** ①日々の報告・報道。daily report 対義 旬報・月報・年報。②新聞。daily newspaper

**にっぽう-ほんせん【日豊本線】** JR九州の鉄道幹線の一つ。北九州市小倉と鹿児島を結び、九州東岸を走る。長さ四六二・六km。昭和七年(一九三二)開通。

**にっぽじしょ【日▼葡辞書】** 《原題 Vocabulario da Lingoa de Iapam(ポルトガル)》日本語・ポルトガル語辞書。長崎学林のイエズス会宣教師たちの編で、約三万二八〇〇の日本語を採集、ポルトガル語で語釈を施し、出典・用法などを示す。慶長八年(一六〇三)刊。国語史上の重要資料。

**にっぽん【日本】** (Japan) アジア大陸東縁に弧状に連なる日本列島とその付属諸島からなる国。象徴としての天皇をもつ国民主権国家。首都東京。環太平洋造山帯に属し、火山の多い地震国で、亜熱帯から亜寒帯にわたり四季の区別がある。山地が多いため農耕適地が少なく、人口は平野部に集中。鉱物資源に恵まれないが、集約的な農業と重化学工業が発達、経済大国として発展している。面積三七・八万km²。人口一億二一八七万(一九八八)。にほん。正称、日本国。

**にっぽんえいたいぐら【日本永代蔵】** 井原西鶴作の浮世草子。貞享五年(一六八八)刊。富に関する世相を教訓を含めて描く。六巻六冊。短編三〇話。町人物の第一作。にほんえいたいぐら。

**にっぽん-がいし【日本ガイシ(株)】** 世界最大手の碍子メーカー。大正八年(一九一九)設立。

**にっぽん-かいはつぎんこう【日本開発銀行】** 政府金融機関の一つ。地域開発・産業開発促進のための長期資金を貸し出す。昭和二六年(一九五一)設立。開銀。

**にっぽん-ぎんこう【日本銀行】** 日本の中央銀行。金融政策を実施する政策当局。発券銀行、銀行の銀行、政府の銀行という三大機能をもつ。明治一五年(一八八二)創設。日銀。Bank of Japan

**にっぽんぎんこう-けん【日本銀行券】** 日本銀行が発行する銀行券。日銀券。

**にっぽん-こうかん【日本鋼管(株)】** 製鉄・造船・機械・プラントの総合メーカー。明治四五年(一九一二)設立。NKK。

**にっぽん-こうぎょうぎんこう【(株)日本興業銀行】** 最大手の長期信用銀行。債券発行を資金源とする長期資金の貸し付けが中心。明治三五年(一九〇二)設立。興銀。

**にっぽんさいけん-しんようぎんこう【(株)日本債券信用銀行】** 旧朝鮮銀行の残余資産をもとに設立された長期信用銀行。昭和三二年(一九五七)設立。日債銀。

**にっぽん-しゃかいとう【日本社会党】** ①明治三九年(一九〇六)堺利彦らによって結成された社会主義政党。翌年に解散。②昭和二〇年(一九四五)共産党以外の旧無産政党諸派が結成した社会民主主義政党。同二二年(一九四七)から翌年まで政権を担当し、以後分裂をくりかえしながら護憲平和路線を推進している。

**にっぽん-しんぱん【日本信販(株)】** クレジットカードなどによる信用販売をおもな事業とする会社。昭和二六年(一九五一)設立。

**にっぽん-すいさん【日本水産(株)】** 大手総合水産会社。昭和一八年(一九四三)設立。

**にっぽん-せんばいこうしゃ【日本専売公社】** タバコ・塩を独占的に製造・販売した公共企業体。昭和二四年(一九四九)設立。同六〇年(一九八五)に民営化され、日本たばこ産業(株)となった。

**にっぽん-ちょうきしんようぎんこう【(株)日本長期信用銀行】** 債券発行を資金源に企業設備・社会開発などへの長期金融を行う長期信用銀行。昭和二七年(一九五二)設立。長銀。

**にっぽん-テレビほうそうもう【日本テレビ放送網(株)】** 昭和二七年(一九五二)正力松太郎によって創設された日本最初の商業放送局。全国ネットワークをもつ。日本テレビ。NTV。

**にっぽん-でんき【日本電気(株)】** 世界的な通信・電子機器総合メーカー。明治三二年(一八九九)設立。NEC。

**にっぽん-でんしんでんわ【日本電信電話(株)】** NTTの正称。

**にっぽん-ばし【日本橋】** 大阪市中央区にある橋。紀泉街道が道頓堀川を越えるところに架かる。比較 にほんばし。

**にっぽん-ぶどうかん【日本武道館】** 東京都千代田区の北の丸公園にある体育館。スポーツ・武道関係の各種競技を行う施設として、東京オリンピック開催を機に昭和三九年(一九六四)建設。

**にっぽん-ほうそうきょうかい【日本放送協会】** NHKの正称。

**にっぽん-まる【日本丸】** わが国の代表的な練習用機帆船。老朽化した初代に代わり、昭和五九年(一九八四)に建造された。総トン数二五七〇トン、全長一一〇・一m。四本マストのバーク型帆船で、運輸省航海訓練所所属。初代の日本丸は、横浜港に永久保存されている。

**にっぽん-ゆしゅつにゅうぎんこう【日本輸出入銀行】** 政府金融機関の一つ。一般金融機関の輸出入と海外投資金融の補完・奨励を目的とする。昭和二五年(一九五〇)設立。輸銀。

**に-つま・る【煮詰(ま)る】**(五自) ①煮えて水分がなくなる。be boiled down ②問題などが解決に近づく。be boiled down

**に-づみ【荷積み】**(名・サ変他) 荷物を積むこと。loading

**に-つ・む【煮詰む】** 古語 (下二他) ↓につめる(煮詰める)

**に-つ・める【煮詰める】**(下一他) ①煮物で、煮汁が少なくなるまで加熱する。boil down ②検討・研究をつくして、結論を出す。boil down

**に-て** 文語的 (格助) 《体言に付く》 ①手段・材料を示す。用例 石—造る。②場所を示す。用例 京都—開く。③原因・理由を示す。…のために。用例 病気—欠席。

**にてい-ぜんしょ【二程全書】** 中国、北宋の学者、程顥・程頤兄弟の語録や詩文などを集めたもの。二程の書は宋学を学ぶ者に尊ばれ、もと別々に刊行されていたが、明の徐必達が一六〇六年に合刻した。

**ニテロイ【Niterói】** ブラジル東部、リオデジャネイロ対岸の近郊衛星都市。繊維・ガラス・化学工業などが発達。海水浴場が有名。人口三八・六万(一九八〇)。

**にてん-もん【二天門】** 左右に、一対の二王、または毘沙門天と持国天との像を安置してある門。

**に-と【二▼兎】** 二匹のウサギ。

**二兎を追う者は一兎をも得ず**(にとをおうものはいっとをもえず) 同時に両者を得ようとする者は、一つも得ることができないたとえ。He who runs after two hares will catch neither.

**に-と【二途】** 二つの道・方向。用例 命令—より来たる。言文—に分かれる。

**に-ど【二度】** 一(名) ①温度・目盛りの度数が二であること。two degrees ②二回。twice 二(副) 再び。また。again

**二度ある事は三度ある**(にどあることはさんどある) 二度あったことは、必ずもう一度おこる。物事が繰り返されることのたとえ。What happens twice will happen thrice.

**二度と再び**(にどとふたたび) もう決して。never again 用例 —いたしません。

**二度びっくり**(にどびっくり) 同じことに二度驚くこと。初めは意外さに、さらによく見聞きして、改めて、いっそうの異常さに驚いたときなどに言う。

**に-とう【二桃】** 二個のモモ。

**二桃、三士を殺す**(にとう、さんしをころす) 計略を用いて、人を自滅させる。斉の景公の部下、公孫接・田開疆・古冶子はともに戦功を誇ってほしいままに振る舞うことが多かったが、景公の下賜した二個のモモをめぐって互いに争い自滅したという『晏子春秋』の故事による。

**に-とう【二糖】** 二分子の単糖が縮合して生じた糖の総称。化学式 $C_{12}H_{22}O_{11}$ 加水分解で二分子の単糖を生じる。蔗糖など。disaccharide

**にとう-しん【二等親】** 二親等の旧称。

**にとう-だて【二頭立て】** 馬車などが二頭引きであること。carriage and pair

**に-とうぶん【二等分】** 二つに等しく分けること。divide into two equal parts

**にとう-へい【二等兵】** 軍隊の兵の階級の一つ。旧日本陸軍の兵の階級のいちばん下。

**にとう-りゅう【二刀流】** ①大刀と小刀とを右左に持って闘う剣道の流派。②酒も甘いものも好きな人。

**にど-ざき【二度咲き】** ①返り咲き。second blooming ②花が年に二回咲くこと。二季咲き。blooming twice 用例 —のバラ。

**にど-でま【二度手間】** 一度ですむことを、重ねて手間をかけること。take twice as much time and labor

**にど-なり【二度▽生り】** 一年に二度実を結ぶこと。

**にとべ-いなぞう【▽新渡▽戸稲造】**(一八六二〜一九三三) 農政学者・教育者。盛岡生まれ。札幌農学校卒。アメリカ・ドイツに留学。一高校長、東京女子大初代学長、国際連盟事務局次長など歴任。クエーカー教徒として国際平和につくす。著書『武士道』など。↓写

●新渡戸稲造

**にとものがたり【二都物語】** 《原題A Tale of Two Cities》ディケンズの小説。一八五九年刊。フランス革命を背景に、ロンドンとパリを舞台にして、親が敵同士の男女の恋、身代わりに処刑される青年を描く。

**ニトリル【nitrile】** シアン基を含む有機化合物の総称。カルボン酸などの合成原料。

**ニトロ【nitro】** ①《接頭的》亜硝酸イオン $NO_2^-$ の配位子としての呼称。②有機ニトロ化合物に含まれている一価の基 $-NO_2$ の呼称。ニトロ基。③ニトログリセリンなど硝酸エステルの俗称。

**ニトロ-か【ニトロ化】** 有機化合物にニトロ基を導入する反応。染料・医薬・農薬・爆薬の製造に重要。ニトロ置換。硝化。nitration

**ニトロ-かごうぶつ【ニトロ化合物】** ニト

▼常用漢字表外。 ▽常用漢字表の音訓外。

ロ基をもつ有機化合物。ニトロ基を多くもつものは爆薬の原料となる。nitro compound

**ニトロ-き【ニトロ基】** 化学式 $-NO_2$ 窒素原子一個と酸素原子二個からなる一価の原子団。還元するとアミノ基になる。nitro group

**ニトログリコール-ちゅうどく【ニトログリコール中毒】** ダイナマイトの原料であるニトログリコールによる中毒。狭心症のような発作が特徴。nitroglycol poisoning

**ニトログリセリン【nitroglycerin】** 化学式 $C_3H_5(ONO_2)_3$ 無色で油状の液体。きわめて爆発しやすい。ダイナマイトの主成分。

**ニトロソアミン【nitrosoamine】** 一般式 RR′NNO で表される化合物の総称。RとR′は炭化水素基。黄色で油状の液体。ハム・ソーセージなどの発色剤や防腐剤に使われる亜硝酸塩とアミンとが反応してできる発癌性物質。

**ニトロソ-き【ニトロソ基】** 化学式 $-NO$ 窒素原子一個と酸素原子一個からなる一価の原子団。有機ニトロソ化合物中に含まれる。nitroso group

**ニトロベンゼン【nitrobenzene】** 化学式 $C_6H_5NO_2$ ベンゼンにニトロ基が一つついた化合物。アニリンの原料として重要。

**にな【▼蜷・▽河▽貝▽子・▼蝸▼螺】** カワニナの異名。

**にない-て【担い手】** ①荷をかつぐ人。carrier ②仕事などを中心になって引き受ける人。person in charge

**にな・う【担う】**(五他) ①肩にかつぐ。背負う。shoulder ②一身に引き受ける。take a job upon oneself 用例 重責を―。

**に-な・し【二無し】** 古語(形ク) 二つとない。比類がない。用例 磯のたたずまひ―・くかき集め給へり(源氏・須磨)。

**に-なます【煮▼膾】** 魚介類や野菜などを、湯通しして下味をつけ、酢で和えたもの。

**ニナ-リッチ【Nina Ricci】**(一八八三―一九七〇) フランスの服飾デザイナー。イタリア生まれ。

**に-なわ【荷縄】** 荷物などにかけて、縛る縄。rope

**ににぎ-の-みこと【▼瓊▼瓊▼杵▽尊・▼邇▼邇▼藝命】** 日本神話の神。天照大神の孫。天忍穂耳尊の子。天照大神の命で、三種の神器を持ち多くの神を従えて、高天原から高千穂峰に降臨した。

**ににろく-じけん【二・二六事件】** 昭和一一年(一九三六)二月二六日の陸軍皇道派青年将校のクーデター事件。国家改造を要求して内大臣斎藤実・蔵相高橋是清・教育総監渡辺錠太郎を射殺し、侍従長鈴木貫太郎に重傷を負わせた。首相官邸など永田町一帯を占拠したが、二九日反乱軍として鎮圧された。↓写

**ににん-さんきゃく【二人三脚】** ①ふたりが横に並び、内側の足首を縛って走る競走。three-legged race ②ふたりが協力して一つの事にあたるたとえ。

**に-にんしょう【二人称】** 文法で、相手である聞き手・読み手をさす代名詞。「あなた・きみ・おまえ」など。第二人称。the second person 対義 一人称・三人称。

**ににん-ばおり【二人羽織】** 一枚の羽織に二人が入り、一人が顔を、もう一人が両腕を出して滑稽を演ずる余興の芸。

**に-ぬき【煮抜き】** ①水を多めに入れてたいた飯から取った、ねばっこい液。おねば。②「煮抜き卵」の略。

**にぬき-たまご【煮抜(き)卵】** ①《関西で》かたゆで卵。煮抜き。hard-boiled egg ②生卵を煮汁の中に割り入れて煮たもの。また、半熟卵を煮汁で煮たもの。または、茶わんに割り入れた卵を湯せん煮にしたもの。

**に-ぬし【荷主】** 荷物の持ち主・発送人。shipper

**に-ぬり【▽丹塗(り)】** 赤く塗ってあること・もの。red-painted

**ニネベ【Nineveh】** 古代アッシリアの首都。チグリス川左岸にあり、紀元前一二世紀ごろより繁栄。前七世紀のアッシュール=バニパル王の治下には、宮殿・神殿・図書館などを擁する大都市となったが、前六一二年カルデア人により破壊された。イラク北部のクユンジクにあり、一九世紀にイギリスの考古学者レヤードが発掘、アッシリア学を開拓した。

●二・二六事件 国会議事堂周辺の反乱軍。

**に-ねん【二念】** ①違った心。二心。②余念。

**に-ねん【二年】** ①一年の倍。two years ②一年の次の年。second year

**にねん-いちもうさく【二年一毛作】** 農作物が二年に一度とれること。ラッキョウなど。

**にねんせい-しょくぶつ【二年生植物】** ↓にねんそう(二年草)

**にねんせい-そうほん【二年生草本】** ↓にねんそう(二年草)

**にねん-そう【二年草】** 秋に発芽し、冬を越して生長、開花結実して、一年未満で枯死する草本。越年草。越年生一年草。biennial grass

**に-の-あし【二の足】** 二歩目に出す足。

**二の足を踏む** ためらう。しりごみする。have second thoughts

**に-の-うで【二の腕】** 腕の、肩とひじの間。上膊。upper arm ↓腕図

**に-の-かわり【二の替(わ)り】** ①顔見せ狂言の次に興行する狂言。②月の中で演目を入れかえた二回めの興行。

**に-の-く【二の句】** 次の句・ことば。

**二の句が継げない** あきれて、ことばがでない。be dumbfounded

**に-の-ぜん【二の▼膳】** 本式の日本料理で、本膳の次に出す膳。↓本膳料理図

**に-の-つぎ【二の次】** ①二番目。その次。the second ②あと回し。of secondary importance 用例 そんなことは―だ。

**に-の-とり【二の▼酉】** 一一月の第二の酉の日。その日に立つ酉の市。比較 一の酉・三の酉。

**にのへ【二▽戸】**〈市〉 岩手県北部、馬淵川中流にある市。酪農、リンゴ・ホップ栽培がさかん。人口三万五五(一九八八)。

**に-の-まい【二の舞】** ①舞楽の曲名。『安摩』の舞と組み合わせた曲。咲い面の老爺と腫れ面の老婆が、安摩の舞を真似て滑稽に舞う。②他人の、または自分の、前回と同じ失敗をくり返すこと。用例 ―を演ずる。

**に-の-まち【二の町】**《「町」は区分の意。上の町(=上流階級)に対して》①二番目の町。②第二位。二流。

**に-の-まる【二の丸】** 城の本丸の外側の城郭。対義 本丸・三の丸。↓城図

**にのみや【二宮】**〈町〉 栃木県南東部の町。農業の町で、米・麦や野菜・イチゴの栽培のほか、畜産も行われる。町名は二宮尊徳にちなむ。人口一万七六六九(一九八八)。

**にのみや【二宮】**〈町〉 神奈川県中南部、相模湾に臨む町。近郊農業がさかん。宅地化が進む。人口二万九三〇九(一九八八)。

**にのみや-けいさく【二宮敬作】**(一八〇四―一八六二) 江戸末期の蘭方医。宇和島藩の藩医。長崎でシーボルトに師事して西洋流外科医術を学んだ。

**にのみや-そんとく【二宮尊徳】**(一七八七―一八五六) 江戸後期の農政家。通称金次郎。相模の人。独特の仕法で各地の農村復興を指導。節倹・陰徳を説き、報徳社運動として全国に展開。

**に-の-や【二の矢】** ①二番目に射る矢。おと矢。②二度目に打つ手段。用例 ―がつげぬ。

**にばい-しんどう【二倍振動】** 基本振動数の二倍の振動数をもつ振動。楽器の出すある基本音に対する倍音の振動など。

**にはい-ず【二杯酢】** 酢としょうゆを合わせた調味料。なます・酢の物、タコ・カニ・塩焼きの魚などに用いる。合わせ酢。比較 三杯酢。

**にばい-たい【二倍体】** 二対の染色体をもつ個体の総称。一般的に、生殖細胞は一対、体細胞は二対の染色体をもつ。diploid

**にはい-ちゅう【二▼胚虫】** マダコの腎嚢中に寄生するニハイチュウ科の小動物。体長一㎜弱。名は二つの型の幼生(胚虫)をもつことによる。↓図

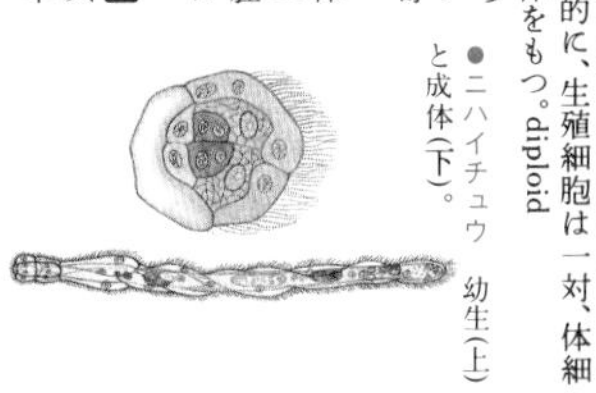

●ニハイチュウ 幼生(上)と成体(下)。

**に-はち【二八】**《二×八から》一六歳。娘ざかりの年ごろ。

**に-ばな【煮▽端・煮花】** 煎じたての、かおりのよい茶。でばな。the first infusion of tea

**に-ばん【二番】** 一番の次の番。the second

**にばん-ご【二番子】** その年の二回目に生まれたひな・かいこ。

**にばん-せんじ【二番▼煎じ】** ①入れ替えないで二度せんじた茶・薬。the second infusion ②前の繰り返しで新味がないこと。repetition of what has been done

**にばん-だし【二番出し】** 鰹節と昆布で取るだし汁。一番だしを取ったあと、さらに煮出すもの。みそ汁や煮物などに使う。

**にばん-ていとう【二番抵当】** すでに抵当に入っている物件を、さらに他の抵当に入れること。second mortgage

**にばん-どり【二番▽鶏】** 明け方、一番鶏の次に鳴くニワトリ。

**にばんめ-もの【二番目物】** 五番立ての能の番組で二番目に演じる曲。討死にし修羅道に堕ちて苦しむ武人が現れ、生前を回想して語る筋立て。『敦盛』『清経』など。修羅物。

**にび-いろ【▽鈍色】** 濃いねずみ色。昔、喪服に用いた。にぶいろ。dark gray

**に-びき【荷引き】** 生産地からその産物を持ってくること。

**に-びたし【煮浸し】** 川魚などを白焼きにしたものや、葉野菜などを薄味の煮汁でゆっくりと煮上げたもの。

**にひゃくさん-こうち【二〇三高地】** ①中国旅順(現、旅大市の一部)北西の標高二〇三mの丘陵。日露戦争における旅順攻防戦最大の激戦地。爾霊山。②日露戦争後に流行した女性の髪型の一種。

**にひゃく-とおか【二百十日】** 雑節の一つで、立春から二一〇日目の日。九月一日ごろにあたり、このころは台風の襲来が多い。

**にひゃく-はつか【二百二十日】** 雑節の一つで、立春から二二〇日め。九月一〇日ごろ。二百十日とともに、台風の多く襲来する時期とされている。

**に-びょうし【二拍子】** 音楽で、一小節を二つに数え、単位とする拍子。二分の二拍子、四分の二拍子など。duple time

**ニヒリスチック【nihilistic】**(形動) 虚無的。すてばち。ニヒリスティック。

**ニヒリスト【nihilist】** 虚無主義者。

**ニヒリズム【nihilism】** 虚無主義。

**ニヒル【nihil ラテン】** ㊀(名)①虚無。無価値。②「ニヒリスト」「ニヒリズム」の略。㊁(形動)虚無的。無関心で冷酷なさま。用例 ―な表情。

**に-ぶ【二部】** 二つの部・部分。two parts

**にぶ・い【鈍い】**(形) 対義 鋭い。①よく切れない。blunt 用例 ―刃物。②弱い。はっきりしない。dim 用例 ―光線。③頭や勘の働きがよくない。dull 用例 ―男。④動きがのろい。用例 太って動作が―。テンポが―。派生 にぶさ(名)

**にぶ-がっしょう【二部合唱】** 音楽で、高音部と低音部とに分かれて歌う合唱。chorus in two parts

**にぶ-がっそう【二部合奏】** 二種の楽器による合奏。duo 用例 琴と尺八の―。

**にぶかわ-おんせん【鈍川温泉】** 愛媛県高縄半島、玉川町にある温泉。玉川の渓流沿いに近代的温泉旅館が並ぶ。

**に-ふく・める【煮含める】**(下一他) 味がじゅうぶんしみこむように煮る。

**にぶ-けいしき【二部形式】** 全体が二部分からなる音楽形式。A–A(反復)・A–B(対照)・A–A′(修飾的反復)などの型がある。

**ニプコー【Paul Gottlieb Nipkow】**(一八六〇―一九四〇) ドイツの技術者。テレビジョンの画面を機械的方式で走査する装置(ニポー円板)を発明。

**にぶ-さく【二部作】** 独立している二つの作品が、また同時に相寄って一つのものとなっている作品。two-part work

**にぶ・し【鈍し】** 古語(形ク) ↓にぶい(鈍い)

**にぶ-じゅぎょう【二部授業】** 小・中学校などで教室や教員が不足したとき、児童・生徒を午前・午後の二部にわけて授業したこと。double sessions

**に-ふだ【荷札】** あて先と荷送り人の名を書いて荷物につける札。tag

**にふつひめ-じんじゃ【▽丹▽生都比▽売神社】** 和歌山県伊都郡かつらぎ町上天野にある旧官幣大社。祭神は丹生都比売神ほか三神。天野大社。丹生神社。にうつひめじんじゃ。

**に-ぶね【荷船】** 荷物を運送する船。cargo boat

**ニブヒ-ぞく【ニブヒ族】** サハリンのタライカ湾以北およびアムール川下流域に住む古アジア諸族に属する種族。漁業に従事。かつてはギリヤークの名で知られた。Nivkh

**にぶ・る【鈍る】**(五自) にぶくなる。become dull 用例 腕が—。

**に-ぶん【二分】**(名・サ変他) ①二つに分けること。division in two parts 用例 天下を—する。利益を—する。②半分であること。half

**にぶん-おんぷ【二分音符】** 音楽で、全音の二分の一の長さの割合を表す符号。「𝅗𝅥」で表す。にぶおんぷ。half note

**にぶんにじょう-ほうしき【二分二乗方式】** 夫婦に対する所得課税の方法の一つ。夫婦を一つの課税単位とし、合算された所得の二分の一について税率表を適用したうえで、その額を二倍した額を税額とする方法。欧米で採用。夫婦合算課税。split taxation

**にべ【▼膠・▼鰾・▼膠・▼鮸▼膠】** ①ニベなどの浮きぶくろから作ったにかわ。粘着力が強い。にべにかわ。②愛想。世辞。

**膠もしゃしゃりも無い** 愛想もそっけもない。おもしろみがないこと。類似 味もそっけもない。

**膠も無い** そっけない。すげない。flat

**にべ【▼鮸】** 近海の泥底にすむニベ科の海水魚。全長約七〇cm。青灰色の地を淡褐色斑が多数斜走する。うきぶくろを使って発音。冬季美味。かまぼこの材料。松島湾以南に分布。グチ。↓図

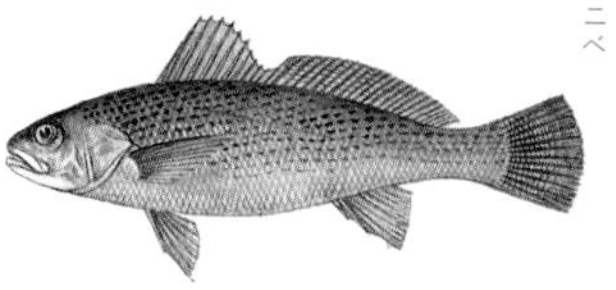
●ニベ

**に-ぼし【煮干し】** カタクチイワシなどの雑魚を、薄い塩水で煮て干したもの。だしじゃこ。いりこ。

**にほ・ふ【▼匂ふ】** 古語(四自) ↓におう(匂う)

**に-ほん【二本】** 長いものが二つあること。

**に-ほん【二▽品】** 親王・内親王の第二の位階。

**にほん【日本】** ㊀↓にっぽん(日本)。㊁明治時代の有力日刊紙。明治二二年(一八八九)陸羯南らが政論新聞として創刊。『時事新報』『国民新聞』などとともに独立新聞とよばれた。大正三年(一九一四)廃刊。

**にほん-アルプス【日本アルプス】** 中部地方の飛驒(北アルプス)・木曽(中央アルプス)・赤石(南アルプス)の三大山脈の総称。三山脈とも三〇〇〇m級の峰を連ね、日本最高の山岳地帯。明治初年、英人ガウランドが現在の北アルプスを、ヨーロッパアルプスになぞらえたのがはじまり。

**にほん-いがくかい【日本医学会】** 日本医師会に包括され、医学に関する科学・技術の研究および関係事業を行う学会。明治三五年(一九〇二)設立。

**にほん-いくえいかい【日本育英会】** 国が行う育英事業を実施する特殊法人。昭和一八年(一九四三)、大日本育英会として創立、同二八年(一九五三)から現名称。

**にほん-いしかい【日本医師会】** 全国の開業医を会員とする任意加入の団体。大正一二年(一九二三)法定医師会として発足。

**にほん-いち【日本一】** 日本中で一番であること。No.1 in Japan 用例 あっぱれ。おのれは—の剛の者(平家・七・実盛)。

**にほん-いやくじょうほうセンター【日本医薬情報センター】** 薬品の効果と副作用の情報を集める財団法人。薬品メーカー二五社が昭和四七年(一九七二)に設立。

**にほん-エアシステム【日本エアシステム(株)】** 日本の国内線航空会社。東亜航空と日東・富士・北日本航空の各社が合併し、昭和四六年(一九七一)に東亜国内航空として設立。同六三年(一九八八)現社名に改称。JAS。Japan Air System Company

**にほんえいたいぐら【日本永代蔵】** ↓にっぽんえいたいぐら(日本永代蔵)

**にほん-えいほう【日本泳法】** 武技の一つとして発達した日本独特の泳法。多数の流派が生まれたが、形や動作の芸術性に重点がおかれ、競技には発展しなかった。↓写

**にほんえんげきし【日本演劇史】** 書名。①伊原青々園(敏郎)著。慶長～宝暦期の歌舞伎史。②高野辰之著。上代～元禄期の演劇史。③河竹繁俊著。上代～昭和期の演劇史。正しくは、日本演劇全史。

**にほんおうじょうごくらくき【日本往生極楽記】** 仏教書。日本最初の往生伝。寛和年間(九八五～九八七)に成立。慶滋保胤の著。聖徳太子ら四五人の事績を収録。

**にほん-おおかみ【日本▼狼】** 本州・四国・九州にすんでいた日本特産のオオカミ。オオカミ中最小。明治後期に絶滅。地方によっては、本種とヤマイヌを同一視した。

**にほん-オープンゴルフ【日本オープンゴルフ】** ゴルフの日本オープン選手権。わが国でもっとも権威のある競技会。第一回大会は昭和二年(一九二七)神奈川県の程ケ谷で開催。

**にほん-おんがく【日本音楽】** 狭義には、いわゆる日本伝統音楽をさす。雅楽、声明、能楽、人形浄瑠璃(義太夫節)・歌舞伎音楽(長唄・常磐津節・清元節など)、地歌・箏曲、琵琶音楽、尺八音楽、民俗芸能の音楽など。広義には、日本人により作曲されるすべての音楽をさす。邦楽。

**にほん-おんがくちょさくけんきょうかい【日本音楽著作権協会】** 音楽の著作権に関する仲介業務を行う社団法人。昭和一四年(一九三九)設立。JASRAC。

**にほん-が【日本画】** 日本の伝統的な絵画。顔料は主として岩絵の具を用い、にかわを媒剤とし、紙・絹に描く伝統的な技法・形式・様式による肉筆画・毛筆画のこと。明治以後、洋画とくに油彩画に対して使われる言葉。対義 洋画。

**にほん-かい【日本海】** アジア大陸と日本列島の間に位置する縁海。面積一〇〇・八万$km^2$。最深三七二五m、アジア大陸東の縁海中最深。島は比較的少なく、海岸線も単調。

**にほんかい-かいせん【日本海海戦】** 日露戦争における日本・ロシア両海軍の最大の海戦。明治三八年(一九〇五)五月二七～二八日、司令長官東郷平八郎の率いる連合艦隊が、対馬沖でバルチック艦隊を撃滅。

**にほんかいがんしき-きこう【日本海岸式気候】** 日本の日本海側に特有の気候。とくに冬、北西季節風が日本海上で水蒸気を含んで湿り、中央の山脈で上昇気流となるため、曇天がつづき、降雪も多い。裏日本式気候。参照 太平洋岸式気候。

**にほん-かいこう【日本海溝】** 日本列島の東方に八九〇kmにわたってのびる海溝。北は襟裳岬沖で千島—カムチャッカ海溝と接し、南は房総半島南東で伊豆—小笠原海溝に続く。最深は八四一二m。Japan trench

●日本泳法

**にほんがいし【日本外史】** 江戸後期の歴史書。二二巻。頼山陽著。文政一〇年(一八二七)成立。源平以後徳川に至る武家の興亡を漢文体で史論風に叙述、幕末の尊王思想を鼓吹した。

**にほんかいぞうほうあんたいこう【日本改造法案大綱】** 北一輝の著。天皇を奉じた日本の国家社会主義的改革計画を説いた著作で、大正八年(一九一九)上海で執筆。急進派青年将校に大きな影響を与えた。

**にほんかいちゅうぶ-じしん【日本海中部地震】** 昭和五八年(一九八三)五月二六日、秋田・青森沖約一〇〇kmに発生したマグニチュード七・七の地震。

**にほん-かいはつぎんこう【日本開発銀行】** ↓にっぽんかいはつぎんこう(日本開発銀行)

**にほんかい-ぶんか【日本海文化】** 日本海沿岸の日本・ソ連(沿海州)・朝鮮半島・中国東北部にまたがる古代文化。旧石器時代以来の大陸と日本列島との交流を日本海文化圏としてとらえようとする史論。

**にほん-かいりゅう【日本海流】** 日本列島南岸を東に流れる暖流。黒潮。Japan Current

**にほん-かがくぎじゅつじょうほうセンター【日本科学技術情報センター】** 内外の科学技術情報を収集・提供する半官半民の特殊法人。昭和三二年(一九五七)設立。JICST。

**にほん-がくしいん【日本学士院】** 学術上功績のある科学者を優遇するための日本最高の栄誉機関。明治一二年(一八七九)創設の東京学士会院に始まり、昭和二二年(一九四七)から現名。会員数は一五〇名。終身制で、年金が支給される。また、毎年、院賞と恩賜賞を授与する。

**にほん-がくじゅつかいぎ【日本学術会議】** 日本の科学者の内外に対する代表機関。内閣総理大臣の所管。科学の向上発達と、行政・産業・国民生活への寄与を目的とし、昭和二四年(一九四九)に創立。

**にほん-がくじゅつしんこうかい【日本学術振興会】** 学術振興の目的で、昭和四二年(一九六七)に設定された文部大臣所管の特殊法人。

**にほん-かぼちゃ【日本▽南▼瓜】** ウリ科の一年草。ふつうの食用カボチャの一系統。三〇〇年前に渡来。葉は大きく浅裂。夏、黄花を開き、扁球形・ひょうたん形の果実をつける。

**にほん-がみ【日本髪】** 日本独特の伝統的な髪型の総称。狭義には婦人の髪型。銀杏返し・島田髷・丸髷など。対義 洋髪。↓図

**にほん-かもしか【日本▼羚▽羊】** ↓かもしか(羚羊)

**にほん-かもつこうくう【日本貨物航空(株)】**(Nippon Cargo Airlines) 日本の国際貨物専門の航空会社。昭和五三年(一九七八)設立。NCA。

**にほん-かんぎょうぎんこう【日本勧業銀行】** 農工業の改善・発達のための長期資金の供給を目的として明治三〇年(一八九七)に設立された特殊銀行。昭和二五年(一九五〇)普通銀行に改組、同四六年(一九七一)第一銀行と合併して第一勧業銀行となった。

**にほんぎ【日本紀】** ①『日本書紀』の異称。②『日本書紀』以下の六国史のこと。

**にほん-きいん【日本棋院】** 囲碁の発展と普及を目的とする財団法人。大正一三年(一九二四)創立。棋士の養成、各種の棋戦、大手合いの運営、段位の認定などを行う。

**にほん-きょうさんとう【日本共産党】** 科学的社会主義を理論的基礎とする日本の政党。大正一一年(一九二二)創立。天皇制廃止などをスローガンとして活動したため、徹底的弾圧をうけ組織を破壊された。昭和二〇年(一九四五)再建。議会制民主主義を通じて、独立民主の日本から社会主義へと進むことを目的としている。機関誌『赤旗』。

**にほん-きょうしょくいんくみあい【日本教職員組合】** 昭和二二年(一九四七)結成の教職員の組合。教職員の経済的・政治的地位の確立、教育の民主化と研究の自由、民主国家の建設などを目的とする。日教組。

**にほん-キリストきょうかい【日本▽基▽督教会】** 日本のプロテスタント教会最古の教派。カルバン主義に立ち、長老制度をとる。日本基督公会を前身とし、昭和一六年(一九四一)日本基督教団に合同。第二次大戦後離脱。

**にほん-キリストきょうだん【日本▽基▽督教団】** 日本で最大のプロテスタント教会。昭和一六年(一九四一)、宗教団体法の規制を受けて三十余教派が合同し、成立。同二九年(一九五四)独自の信仰告白を定め、一教会として

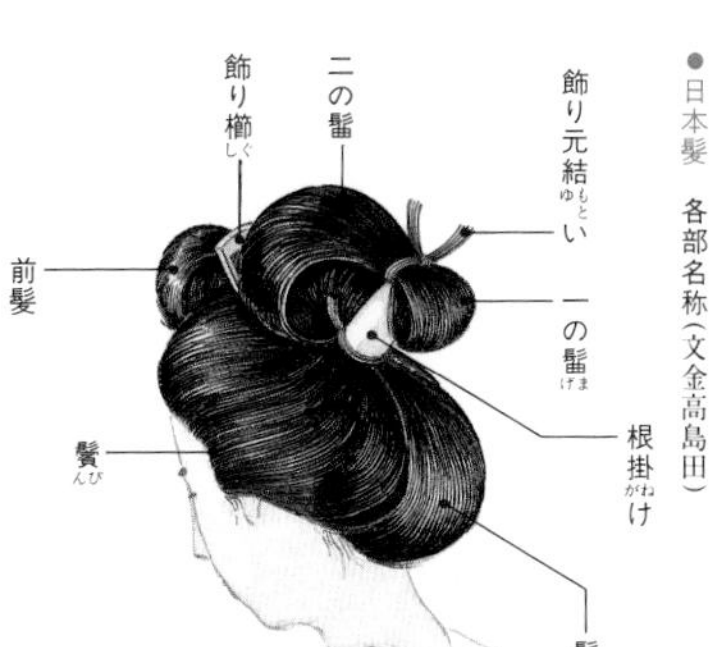

●日本髪 各部名称(文金高島田)

の性格を明確化した。

**にほんきりゃく【日本紀略】** 平安後期の歴史書。三四巻。撰者未詳。神代から後一条天皇までの史実を編年体で略記。日本紀類。

**にほん-ぎんこう【日本銀行】** ↓にっぽんぎんこう(日本銀行)

**にほん-きんだいぶんがくかん【日本近代文学館】** 日本近代文学関係資料の収集・展示・閲覧センター。東京都目黒区駒場に昭和四二年(一九六七)開館。図書館・展示室などがある。

**にほん-けいえいしゃだんたいれんめい【日本経営者団体連盟】** 日経連の正称。

**にほん-けいざいしんぶん【日本経済新聞】** 経済記事に重点をおく日刊全国紙。明治九年(一八七六)「中外物価新報」として創刊。昭和二一年(一九四六)改称。日経新聞。

**にほん-げいじゅついん【日本芸術院】** 功績顕著な芸術家を優遇するための機関。昭和一二年(一九三七)に置かれた帝国芸術院を同二二年(一九四七)に改称。院長と会員一〇〇名余で組織、恩賜賞と院賞を授与する。Japan Art Academy

**にほん-げきじょう【日本劇場】** 東京有楽町にあった劇場。通称、日劇。昭和九年(一九三四)開場。日劇ダンシングチーム(NDT)のショーなどで知られた。同五七年(一九八二)取り壊された。

**にほん-けん【日本犬】** 日本在来のイヌ。短毛で、耳が立ち、尾は巻きあがる。大・中・小の三系統がある。大形犬は秋田犬で、小形犬は柴犬で代表され、アイヌ犬・甲斐犬・紀州犬・四国犬などは中形犬。古くから猟犬とされ、現在、天然記念物のものが多い。

**にほん-げんしりょくけんきゅうじょ【日本原子力研究所】** 原子力基本法に基づき、昭和三一年(一九五六)に設立された特殊法人。原子力の基礎・応用研究、原子炉の開発、研究者・技術者の養成、アイソトープの生産・購入などを行う。原研。JAERI。

**にほん-げんしりょくはつでん【日本原子力発電(株)】** 原子力発電の商業化のため、電力九社と電源開発などが設立した会社。昭和三二年(一九五七)設立。原電。

**にほん-ご【日本語】** 日本民族が用いている言語。形態的には膠着語に属し、朝鮮語・アルタイ諸語と共通の特徴がみられるが、音節構造は比較的単純で、その系統は不明である。語彙は和語(大和ことば)・漢語・外来語に分かれる。漢語は歴史的に定着し、とくに文化語彙に多い。Japanese

**にほん-こうかん【日本鋼管】** ↓にっぽんこうかん(日本鋼管)

**にほんこうき【日本後紀】** 平安初期の勅撰史書。四〇巻。六国史の三番目。承和七年(八四〇)成立。撰者は藤原緒嗣ら。『続日本紀』に続く桓武天皇から淳和天皇までの編年体正史。

**にほん-こうぎょう【日本鉱業(株)】** 日本最大手の非鉄金属採掘・精錬企業。昭和四年(一九二九)設立。

**にほん-こうぎょうきかく【日本工業規格】** JISの正称。

**にほん-こうぎょうぎんこう【日本興業銀行】** ↓にっぽんこうぎょうぎんこう(日本興業銀行)

**にほん-こうぎょうクラブ【日本工業▾倶楽部】** 工業家の親睦団体。社団法人。団琢磨を初代理事長として大正六年(一九一七)設立。

**にほん-こうくう【日本航空(株)】**(Japan Air Lines) 国際線を主体とする日本の航空会社。昭和二六年(一九五一)民間企業として設立。同二八年政府も出資する特殊法人に改組、同六二年再び完全民営化。日航。JAL。

**にほん-こうこくしんさきこう【日本広告審査機構】** 広告に対する苦情の処理などを行う広告業界の自主規制組織。昭和四九年(一九七四)設立。JARO。Japan Advertising Review Organization

**にほん-こうつうこうしゃ【日本交通公社】**(Japan Travel Bureau) 日本の代表的旅行会社。明治四五年(一九一二)外人観光客の誘致のため国際旅行客奨励会として設立。昭和二〇年(一九四五)財団法人となる。同三八年(一九六三)に営業部門が独立して、株式会社となり、他は財団法人となった。JTB。

**にほんご-きょういく【日本語教育】** 主として外国人のために、日本語を教えること。teaching Japanese

**にほんこくげんざいしょもくろく【日本国▾見在書目録】** 平安前期、日本に存在していた漢籍の総目録。藤原佐世の撰。一巻。寛平三年(八九一)ごろの成立。

**にほんこく-けんぽう【日本国憲法】** 日本の現行憲法。国民主権主義・恒久平和主義・基本的人権尊重主義を基本原理とする。昭和二一年(一九四六)公布。翌年、大日本帝国憲法に代えて施行。the Constitution of Japan

**にほん-こくさいしんきろく【日本国際新記録】** 日本国内で開催される陸上や水泳などの競技会で、日本国籍をもたない選手が日本記録を破ってたてた記録。

**にほん-こくゆうてつどう【日本国有鉄道】** 日本の国有鉄道事業を行うため、昭和二四年(一九四九)設立された公共企業体。鉄道・連絡船・自動車運送事業などを営んだ。同六二年(一九八七)四月一日より民営化。JR東日本旅客鉄道など、旅客関係六社と貨物関係一社に分かれた。国鉄。

**にほん-ザーネンしゅ【日本ザーネン種】** ヤギの一品種。古く中国・朝鮮半島から伝わった日本在来種をスイス原産のザーネン種で改良したもので、現在日本のヤギの大部分を占める。白色で無角。乳用種で、一頭の年間乳量四〇〇〜五〇〇kg。

**にほん-さいけんしんようぎんこう【日本債券信用銀行】** ↓にっぽんさいけんしんようぎんこう(日本債券信用銀行)

**にほん-ざし【二本差(し)】** ①《刀とわきざしを差すことから》武士の俗称。二本棒。②相撲で、もろざし。③《串を二本差すことから》焼き豆腐、また田楽豆腐。

**にほん-ざる【日本猿】** 日本特産のオナガザル科のサル。もっとも高緯度にすむサルとして有名。体長五〇〜六〇cm。体毛が長く密生し、顔と尻が赤く尾が短い。本州・四国・九州に分布。Japanese macaque ↓写

●ニホンザル

**にほん-さんけい【日本三景】** 日本の代表的な三つの景勝地の総称。宮城県の松島、京都府の天橋立、広島県の厳島をさす。

**にほんさんだいじつろく【日本三代実録】** 平安中期の勅撰史書。五〇巻。六国史の六番目。延喜元年(九〇一)成立。撰者は藤原時平ら。清和・陽成・光孝天皇三代の編年体正史。

**にほんざん-みょうほうじ【日本山妙法寺】** 日蓮宗系の新宗派。大正七年(一九一八)藤井日達が創始。唱題修行を根本とし、仏舎利塔建立運動、不殺生・非武装の平和運動で知られる。

**にほん-し【日本史】** 日本の歴史。一般に社会経済構成上から時代区分を原始、古代、中世・近世(封建)、近代・現代とし、あるいは奈良時代・平安時代・鎌倉時代などのように政権所在地を基準として捉える。

**にほん-し【日本紙】** コウゾ・ガンピ・ミツマタの樹皮を原料にして、昔から日本に伝わる方法ですいた紙。和紙。対義 洋紙。

**にほん-じか【日本▾鹿】** 日本全土・朝鮮半島・中国にすむシカ科の動物。体高約九〇cm、角長約七〇cm。角の形状は三叉四尖。夏毛は褐色に白斑があり、冬毛は暗褐色。

**にほん-しき【日本式】** 日本固有のやり方・方式。Japanese way

**にほんしき-ローマじつづりかた【日本式ローマ字▾綴り方】** 日本語をローマ字で書くときのつづり方の一つ。シをsi,フをhu,ジ・ズをzi・zu,チ・ヅをdi・du,ヲをwoと書く。明治一八年(一八八五)に田中館愛橘が提唱したもの。現在でも一部で行われている。比較 訓令式ローマ字綴り方・ヘボン式ローマ字綴り方。

**にほん-ししゅう【日本刺▾繍】** 日本独自の刺繍の総称。布地を刺繍台にはり、多彩な絹の色糸で、花鳥・人物・風景などの図柄を刺したもの。Japanese embroidery ↓写

**にほん-じっしんぶんるいほう【日本十進分類法】** 日本の図書館で用いられている標準的な図書分類法。デューイの十進分類法を参考に、森清が考案、昭和四年(一九二九)発表。NDC。

**にほん-じてんしゃしんこうかい【日本自転車振興会】** 自転車競技会の指導を通し、競輪の公正・円滑な運営を業務目的とする特殊法人。自転車競技法により設立。

**にほん-しば【日本芝】** イネ科シバ属のうち、日本にはえるノシバ・コウライシバ・ヒメシバの総称。

**にほん-しほんしゅぎろんそう【日本資本主義論争】** 日本革命の戦略と日本資本主義の性格規定をめぐる論争。昭和二年(一九二七)から約一〇年間にわたり、講座派と労農派の間で展開された。

**にほん-しゃかいとう【日本社会党】** ↓にっぽんしゃかいとう(日本社会党)

**にほん-しゅ【日本酒】** とくに、米から造る日本固有の酒。清酒。対義 洋酒。

**にほん-じゅうけつきゅうちゅう【日本住血吸虫】** 人間その他の哺乳類の門脈系血管に寄生する住血吸虫科の扁形動物。体長雄七〜一二mm、雌一二〜二三mm。

**にほんじゅうけつきゅうちゅう-びょう【日本住血吸虫病】** アジアにおける重要な寄生虫病。ミヤイリガイを媒介とする日本住血吸虫が皮膚から体内に入り、下痢・血便などの急性消化器症状をおこし、さらに肝硬変・脾腫・腹水などをもたらすこともある。日本でのおもな発生地は、広島県片山地方・甲府盆地・筑後川流域。schistosomiasis japonica

**にほん-じゆうとう【日本自由党】** 昭和二〇年(一九四五)鳩山一郎を総裁として結成された保守政党。翌年の総選挙で第一党となり、日本進歩党と連立で吉田内閣を組織。同二三年(一九四八)民主自由党となり、同三〇年(一九五五)に自由民主党に発展。

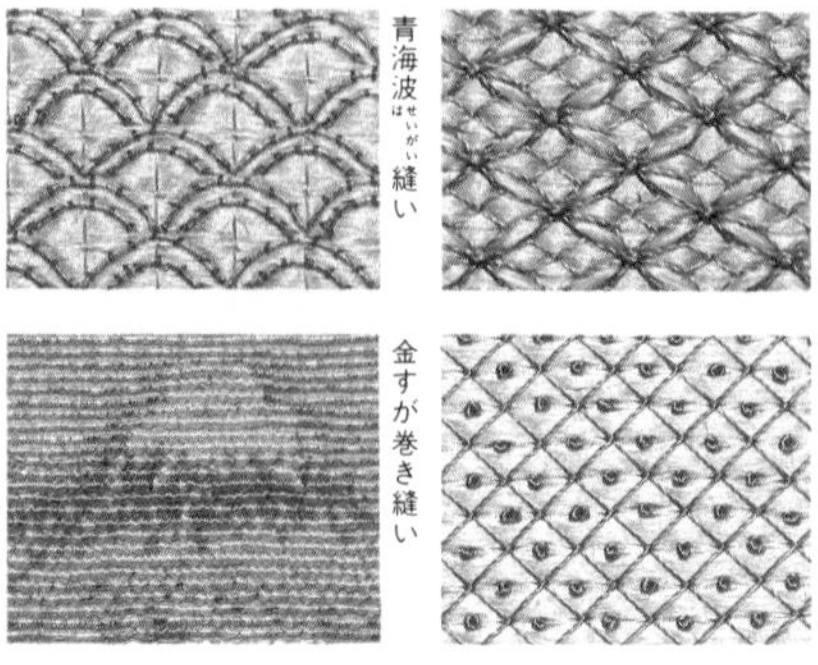

●日本刺繍 飾り縫いの図柄

七宝縫い 青海波縫い 疋田鹿の子縫い 金すが巻き縫い

**にほん-しゅっぱんはんばい【日本出版販売(株)】** 出版流通業界の大手取次会社。昭和二四年(一九四九)設立。日販。

**にほん-しょうぎれんめい【日本将棋連盟】** 将棋の普及と発展を目的とする社団法人。創立は大正一三年(一九二四)。新聞・放送棋戦、段位の認定などを行う。

**にほん-しょうこうかいぎしょ【日本商工会議所】** 経済四団体の一つ。商工業の振興に寄与するため国内各地の商工会議所を統合・調整する中央機関。日商。JCCI。

**にほんしょき【日本書紀】** 日本最初の勅撰の歴史書。三〇巻。六国史の第一。養老四年(七二〇)完成。舎人親王らが編纂。神代から持統天皇に至る漢文の編年体正史。日本紀。書紀。

**にほん-じょしだいがく【日本女子大学】** 明治三四年(一九〇一)成瀬仁蔵によって創設された私立女子大学。昭和二三年(一九四八)現制。東京都文京区目白台。

**にほん-シリーズ【日本シリーズ】** プロ野球で、パシフィック・セントラル両リーグの優勝チームが、その年度のプロ野球日本一を争う選手権試合。Japan Series

**にほん-じん【日本人】** 法的には、日本国籍をもつ人。一般的には、日本列島に居住し、文化・言語・風俗を共有する民族。蒙古人種中のアジア系黄色人種に属し、言語はウラル－アルタイ系とされる日本語。南方アジア系、北方アジア系、中国大陸系の三系統の混血による、

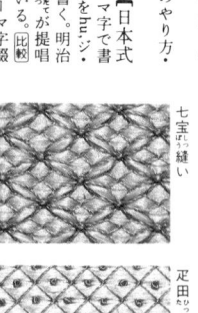

多元的な起源をもつ民族と考えられている。倭人。Japanese

**にほん-しんきろく【日本新記録】** 陸上や水泳などの記録を争う競技で、従来の日本記録を破り、国内の所属する競技連盟から公認された記録。Japan record

**にほん-しんぱん【日本信販】** ↓にっぽんしんぱん(日本信販)

**にほん-しんぶんきょうかい【日本新聞協会】** 新聞・通信・放送各社の業界団体。社団法人。会員各社の倫理水準の向上と共通の利益の擁護を目的とする。昭和二一年(一九四六)設立。

**にほん-しんぽとう【日本進歩党】** 昭和二〇年(一九四五)大日本政治会を中心に結成された保守政党。翌年の総選挙で第二党となり、日本自由党と連立して吉田内閣を組織。同二二年(一九四七)解党して日本民主党結成に参加。

**にほん-しんわ【日本神話】** 主として『古事記』『日本書紀』にみられる、日本の国土や国家の起源などについての物語。七~八世紀の古代国家成立過程において、支配体制強化のため体系化されたものとされる。

**にほん-スピッツ【日本スピッツ】** イヌの一品種。肩高約三〇㎝。純白の長毛。愛玩用。ドイツスピッツを日本で改良したもの。スピッツ。

**にほん-すもうきょうかい【日本相撲協会】** 大相撲を企画・運営する団体。財団法人。年寄・力士・行司・呼び出しなどで構成される。江戸以来の相撲会所が移り変わりを経て、大正一四年(一九二五)大阪の協会と合併、大日本相撲協会となり、昭和三三年(一九五八)現在の名称となった。

**にほん-せいこうかい【日本聖公会】** イギリス国教会系の日本のプロテスタント教会。イギリス聖公会とアメリカ聖公会の協力により明治二〇年(一八八七)成立。立教大学・聖路加病院などを設立。

**にほん-せいさんせいほんぶ【日本生産性本部】** 財界の寄付金、および政府・アメリカの補助金を財源として生産性向上運動を推進する財団法人。昭和三〇年(一九五五)設立。JPC。

**にほん-せいめいほけん【日本生命保険(相)】** 最大手の生命保険会社。明治二二年(一八八九)設立。日生。

**にほん-せきじゅうじしゃ【日本赤十字社】** 国際赤十字活動の一環として救護活動を行う特殊法人。明治一〇年(一八七七)創立の博愛社がその前身。災害救援・医療・看護婦養成などの社会事業を行う。日赤。JRCS。

**にほん-せきゆ【日本石油(株)】** 日本最大手の石油会社。明治二一年(一八八八)設立。日石。

**にほん-セメント【日本セメント(株)】** 大手セメント会社の一つ。もとの浅野セメント。大正元年(一九一二)設立。

**にほん-せんしゅけん【日本選手権】** ①スポーツ・ダンスなどで、その分野の日本一を争う試合・競技・コンテスト。全日本選手権。②とくに、全国社会人ラグビー大会と全国大学選手権ラグビーの優勝者同士が行う日本一決定戦。第一回は昭和三九年(一九六四)。毎年一月一五日に国立競技場で開催される。

**にほん-ダービー【日本ダービー】** 中央競馬で、五大クラシックレースの一つ。牝・牡四歳馬のナンバーワンを決める競走で、毎年五月、東京競馬場で開催。距離二四〇〇m。正式名称は東京優駿競走。

**にほん-たいいくきょうかい【日本体育協会】** 財団法人。日本のアマチュアスポーツの統轄団体。加盟団体は各競技の国内統轄団体(競技連盟)と都道府県体育協会。明治四四年(一九一一)設立、昭和二一年(一九四六)から現在の名称となる。体協。JASA。Japan Amateur Sports Association

**にほん-だいがく【日本大学】** 私立総合大学の一つ。前身は明治二二年(一八八九)創立の日本法律学校。昭和二四年(一九四九)現制。本部は東京都千代田区九段南。

**にほん-たいがんきょうかい【日本対ガン協会】** 癌撲滅を目標にかかげた民間団体。昭和三三年(一九五八)設立。癌の予防と治療に携わる学者の研究助成、癌に関する一般知識の普及などの事業を行う。JCS。Japan Cancer Society

**にほんだいら【日本平】** 静岡市と清水市の境にある有度山(標高三〇八m)山頂付近の称。富士山や三保ノ松原の展望台として名高く、茶の産地でも知られる。

**にほん-たちばな【日本▼橘】** ↓たちばな(橘)

**にほん-タバコさんぎょう【日本たばこ産業(株)】** タバコの独占的製造権をもち、塩の販売なども行う会社。昭和六〇年(一九八五)日本専売公社を民営化して設立。

**にほん-たんかくしゅ【日本短角種】** 和牛の一品種。肉用種。東北や地方の在来種にショートホーン種を交配したもの。東北や北海道に多い。

**にほん-ちゅうおうけいばかい【日本中央競馬会】** 中央競馬の開催、競走馬の育成、騎手の養成などの事業を行う特殊法人。昭和二九年(一九五四)設立。

**にほん-ちゅうしょうきぎょうだんたいれんめい【日本中小企業団体連盟】** 中小企業の振興をはかり、連絡・調整や調査などを行う社団法人。昭和二三年(一九四八)設立。日中連。中団連。

**にほん-ちょうきしんようぎんこう【日本長期信用銀行】** ↓にっぽんちょうきしんようぎんこう(日本長期信用銀行)

**にほん-つううん【日本通運(株)】** 自動車運送業・通運事業を主とする総合物流業者。全国的な営業網のほか、海外の輸送業者とも提携。昭和一二年(一九三七)設立。

**にほんづつみ【日本堤】** 東京都台東区の北東部、浅草の北にある地区。商業・住宅地。かつて、吉原遊郭通いの道としてにぎわった。

**にほん-てき【日本的】(形動)** ①日本にふさわしいさま。日本特有。Japanese ②古い日本になずむさま。義理・人情を主とするさま。

**にほん-テレビ【日本テレビ】** ↓にっぽんテレビほうそうもう(日本テレビ放送網)

**にほん-でんき【日本電気】** ↓にっぽんでんき(日本電気)

**にほん-でんしんでんわこうしゃ【日本電信電話公社】** 国内の電話・電信事業を取りあつかった公共企業体。電電公社。昭和二七年(一九五二)設立。同六〇年(一九八五)民営化され日本電信電話(株)(＝NTT)となった。

**にほん-とう【日本刀】** 日本で製作された刀剣類の総称。鉄を鍛造して作ったものにかぎる。↓図

**にほん-とうき【日本当帰】** 芳香をもつセリ科の多年草。山地の岩間にはえるが、薬用としても栽培。葉は複葉。晩夏、多数の小白花を開く。干した根は強壮剤。

**にほん-どうろこうだん【日本道路公団】** 高速道路・一般有料道路と、それに付属する駐車場・休息所などの建設・管理を行う特殊法人。昭和三一年(一九五六)設立。道路公団。

**にほん-なし【日本▼梨】** バラ科ナシ属の真正ナシ品種の一つ。果皮の色で赤ナシと青ナシに大別される。長十郎・幸水・八雲など。

**にほん-ねこ【日本猫】** 日本在来のイエネコの総称。小形のイエネコで、尾の長短は不定。毛色や斑紋もさまざま。

**にほん-のうえん【日本脳炎】** 日本脳炎ウイルスによる急性感染症。八~九月に多く、おもな症状は、高熱・頭痛・嘔吐・意識障害など。アカイエカによって媒介される。法定伝染病。Japanese encephalitis

**にほんのうえん-ウイルス【日本脳炎ウイルス】** 日本脳炎の病原体となるRNAウイルス。アカイエカなどの体内で増殖し、ヒトはそのカに刺されて感染する。Japanese encephalitis virus

**にほん-のうみんくみあい【日本農民組合】** ＝日農。①大正一一年(一九二二)賀川豊彦らの指導で設立された日本最初の全国組織の農民組合。昭和三年(一九二八)全国農民組合に改組。②昭和六年(一九三一)日本農民組合総同盟と全国農民組合が合同して設立した組織。③昭和二一年(一九四六)結成され、第二次大戦後の農民運動をになった全国組織。内部対立と分裂を繰り返したが、同三三年(一九五八)全日農に発展。

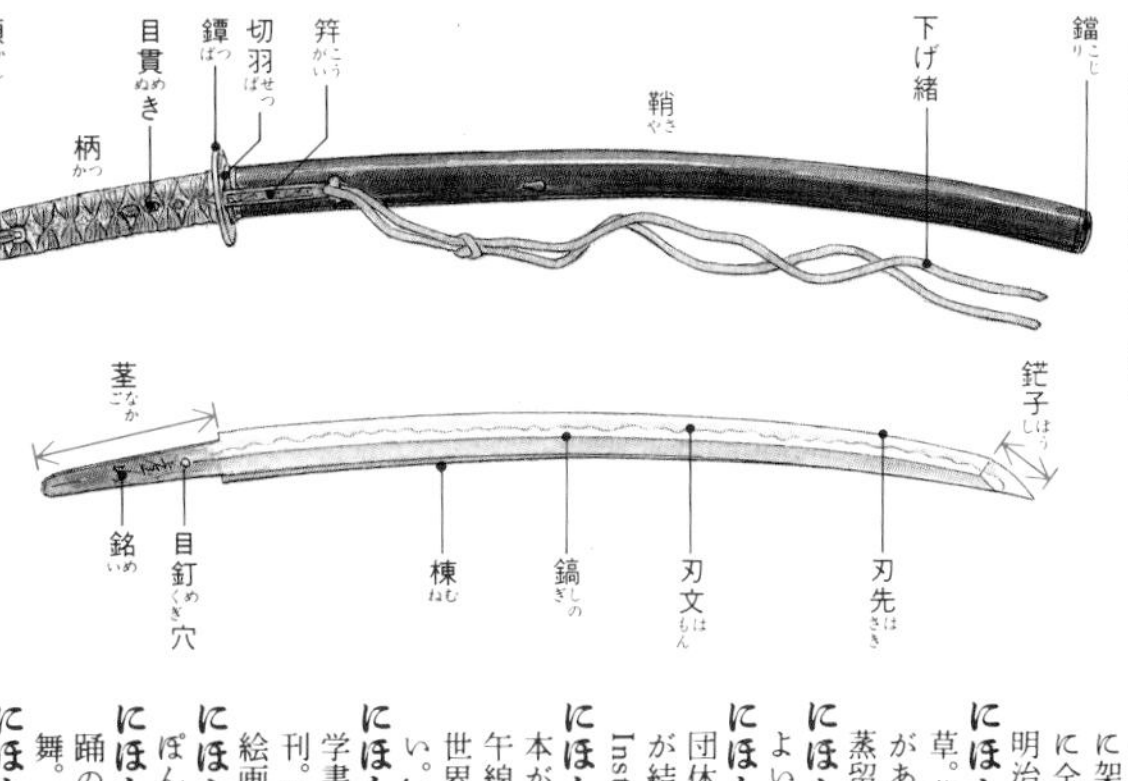



●日本刀　江戸時代の日本刀

**にほん-のうりんきかく【日本農林規格】** ↓ジャス(JAS)

**にほんのかそうしゃかい【日本▼之下層社会】** 横山源之助著。明治中期の貧民・職人・労働者・小作人などの生活・労働状態を調査し記録した書。明治三二年(一八九九)刊。

**にほん-の-やね【日本の屋根】** 飛驒山脈(北アルプス)のこと。穂高岳・槍ケ岳など、三〇〇〇m級の山が連なる。

**にほん-は【日本派】** 正岡子規を中心とする俳句の流派。明治二五年(一八九二)から新聞『日本』によって写生主義を提唱。内藤鳴雪・高浜虚子・河東碧梧桐らが属した。根岸派。

**にほん-はくしょくしゅ【日本白色種】** 毛肉兼用の大形のウサギ。毛色は白。毛皮は、質と面積の大きい点で世界的な声価をえている。↓ウサギ写

**にほんばし【日本橋】** 東京都、中央区北部にある地区・橋名。橋は慶長八年(一六〇三)に架設。東海道など五街道の起点で、橋の中央に全国に至る里程元標がある。現在の橋は明治四四年(一九一一)架設。

**にほん-はっか【日本薄荷】** シソ科の多年草。北半球に分布。高さ約六〇㎝。全草に短毛があり、夏、淡紫色の花を開く。茎葉を水蒸気蒸留して、薄荷脳や薄荷油をとる。

**にほん-ばれ【日本晴(れ)】** 晴れわたった、よい天気。にっぽんばれ。ideal weather

**にほん-びじゅついん【日本美術院】** 美術団体。明治三一年(一八九八)岡倉天心らが結成。その展覧会を院展という。Japan Art Institute

**にほん-ひょうじゅんじ【日本標準時】** 日本が使用している標準時。東経一三五度の子午線における平均太陽時を一二時とする。世界時(＝グリニッジ標準時)より九時間早い。Japanese standard time

**にほんふうけいろん【日本風景論】** 山岳文学書。志賀重昂著。明治二七年(一八九四)刊。日本の山水美の優越性を科学的・文学的・絵画的に表現。

**にほん-ぶどうかん【日本武道館】** ↓にっぽんぶどうかん(日本武道館)

**にほん-ぶよう【日本舞踊】** 日本の伝統的舞踊の総称。一般的に歌舞伎舞踊をさす。邦舞。

**にほん-ぶんげいかきょうかい【日本文芸家協会】** 文学者の著作権の確立と保護を目的に、昭和二〇年(一九四五)に発足した文芸家の団体。

**にほん-ペンクラブ【日本ペンクラブ】** 国際ペンクラブの日本支部。文学を通じて諸国民の相互理解を深め、表現の自由を擁護することを目的とする。昭和一〇年(一九三五)設立。同二二年再発足。

**にほん-ぼう【二本棒】** ①垂らした鼻汁。また、鼻汁を垂らした子ども。②妻に甘い夫、また間の抜けた者をあざけっていう語。③↓にほんざし(二本差し)①

**にほん-ぼうえきしんこうかい【日本貿易振興会】** JETROの正称。

**にほん-ほうそうきょうかい【日本放送協会】** ↓にっぽんほうそうきょうかい(日本放送協会)

**にほん-ま【日本間】** 日本風の部屋。和室。Japanese-style room 対義 洋間。

**にほん-まい【日本米】** 日本産の米。内地米。homegrown rice

**にほん-まち【日本町】** 一七世紀初期から鎖国まで、東南アジアに日本人が集団的に居住した地域。フィリピンのマニラのディラオ、インドシナ交趾のフェフォ、シャムのアユタヤなど。日本人町。

**にほんまつ【二本松】**〈市〉福島県中部、安達太良山東麓の市。旧城下町・宿場町。家具が特産。人口三万五〇〇二(一九八八)。

**にほん-まる【日本丸】**↓にっぽんまる(日本丸)

**にほん-みんえいてつどうきょうかい【日本民営鉄道協会】** 民営鉄道会社相互の連絡や、事業経営の調査・研究を行う社団法人。昭和二三年(一九四八)発足。

**にほん-みんかんほうそうれんめい【日本民間放送連盟】** 日本の民間放送全社が加盟している社団法人。放送各社の親睦をはかり、民間放送の基本的方向を決定する。昭和二六年(一九五一)設立。民放連。

**にほん-みんげいかん【日本民芸館】** 機能的で健康な生命感と美をもつ民芸品のみを対象とし、日本各地の伝統的工芸品をはじめ、東洋・欧米の作品を常置陳列。昭和一一年(一九三六)柳宗悦を中心として、大原孫三郎の援助によって開館。東京都駒場にある。

**にほん-みんしゅとう【日本民主党】** ①昭和二二年(一九四七)芦田均を総裁に、日本進歩党を主体として結成された保守政党。翌年芦田内閣を組織したが同二四年(一九四九)分裂・解体。②昭和二九年(一九五四)鳩山派と改進党とが合同して結成した政党。左右両派社会党の支持により鳩山内閣を組織。翌年の総選挙で第一党となり、自由党との保守合同を進めて自由民主党を結成。

**にほん-みんよう【日本民謡】** 日本で、うたいつがれてきた歌謡。歴史的には、古代までさかのぼるが、現在の民謡の多くは江戸時代に成立したとみられる。労作歌・祭歌・祝歌・踊歌・座敷歌・子守歌・わらべ歌など種類は多い。

**にほん-メソジストきょうかい【日本メソジスト教会】** 日本のプロテスタント教会の一つ。アメリカとカナダのメソジスト三派が協力し、明治四〇年(一九〇七)合同設立。青山学院・関西学院で聖職者を養成した。昭和一六年(一九四一)日本基督教団へ合流。

**にほん-モンキーセンター【日本モンキーセンター】** 愛知県犬山市にあり、各種のサルを飼育している動物園。

**にほん-やちょうのかい【日本野鳥の会】** 鳥とそれをとりまく自然保護を目的とした民間団体。民俗学者の柳田国男や鳥類研究家の中西悟堂らによって、昭和九年(一九三四)設立。鳥類および環境の調査・研究・啓蒙活動などを行っている。

**にほん-やっきょくほう【日本薬局方】** 医薬品の品質に関する国の法令。品質・純度・強度・製法・性状・常用量・極量・使用に関する基準を定める。Japanese pharmacopeia

**にほん-ゆうせん【日本郵船(株)】** 日本の代表的外航船会社。世界の主要航路に配船。明治一八年(一八八五)設立。

**にほん-ゆしゅつにゅうぎんこう【日本輸出入銀行】**↓にっぽんゆしゅつにゅうぎんこう(日本輸出入銀行)

**にほん-ライン【日本ライン】** 木曽川中流の景勝地。岐阜県可児市から下流一一kmの間。ドイツのライン川にあやかって命名。川下りで知られる。

**にほん-リーグ【日本リーグ】** サッカー・バレーボール・バスケットボールなどの各連盟で、加盟チームがシーズンを定め、リーグ戦形式で行っている公式戦。

**にほんりょういき【日本霊異記】** 平安前期の日本最古の仏教説話集。三巻。僧景戒撰著。弘仁一三年(八二二)ごろ成立。正しくは『日本国現報善悪霊異記』。民間の古伝承・因果応報説話など一一六話を年代順に配列。中国説話の翻案・記紀説話を含む。文章は変体漢文。にほんれいいき。れいいき。

**にほん-りょうり【日本料理】** 日本の伝統料理のこと。良質の水に恵まれ、四季の魚介類・野菜が豊富なので季節感のある献立が組める。器、盛り付けを工夫し、包丁さばきを重視。

**にほん-れっとう【日本列島】** アジア大陸の東縁に連なる弧状列島。北海道・本州・四国・九州と南西諸島からなる。環太平洋造山帯に属する。the Japanese Islands

**にほん-ろうどうきょうかい【日本労働協会】** 労働問題の研究・調査や教育事業を行う特殊法人。昭和三三年(一九五八)設立。

**にほん-ろうどうくみあいそうどうめい【日本労働組合総同盟】** 昭和二一年(一九四六)戦前の日本労働総同盟を再建して発足した労働組合の全国中央組織。穏健な労働組合主義をかかげ、同三九年(一九六四)同盟結成に合流。総同盟。

**にほん-ろうどうくみあいそうれんごうかい【日本労働組合総連合会】**↓れんごう(連合)

**にほん-ろうどうくみあいそうひょうぎかい【日本労働組合総評議会】**↓そうひょう(総評)②

**にほん-ろうどうそうどうめい【日本労働総同盟】** 第二次大戦前最大の労働組合全国組織。前身の友愛会が大正一〇年(一九二一)に改称して成立。その後の分裂で左派・中間派を除名し右翼労働組合となる。その後中間派を合同したが再分裂し、昭和一五年(一九四〇)解散。総同盟。

**にほん-ろうのうとう【日本労農党】** 中間派無産政党。大正一五年(一九二六)日本労働総同盟と全日本農民組合のそれぞれ一部が提携して結成。昭和三年(一九二八)日本農民党などと合同して日本大衆党を結成。

**にほん-ろうまんは【日本浪▾曼派】** 昭和一〇年代初めに活躍した文学流派、また、その機関誌(一九三五～三八年)。保田与重郎・亀井勝一郎・神保光太郎・太宰治・檀一雄らが同人。新しいロマンティシズムの樹立を標榜した。やがて、日本の古典・古美術への関心を深め、保田の近代否定の思想は国粋主義の一端をになうこととなった。

**にま【仁摩】**〈町〉島根県中部、大田市西隣の町。稲作・畜産・シイタケ栽培・底引き網漁業を営む。人口五七二九(一九八八)。

**にまい-おち【二枚落ち】** 将棋で、一方が飛車と角とを抜きにして勝負すること。

**にまい-おろし【二枚下ろし】** 魚のおろし方の一つ。上身と、中骨をつけた下身の二枚に切り分けること。頭を落として、背側に包丁を入れる。↓図

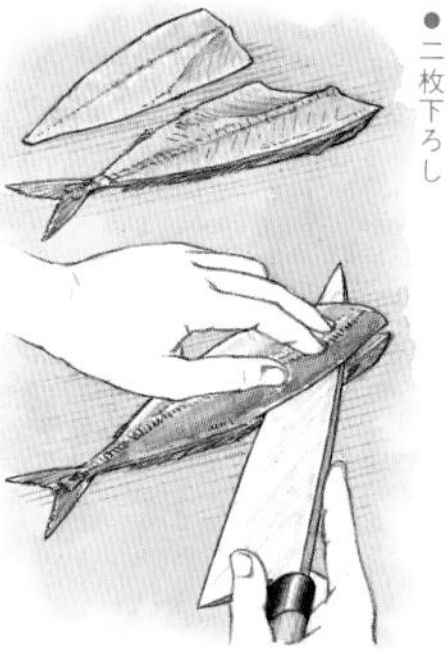

● 二枚下ろし

**にまい-がい【二枚貝】** 斧足綱に属する軟体動物の総称。軟体をおおう殻を左右二枚もつ貝類。体と外套のあいだに鰓がある。後方に出・入水管がある。現存するのは約二万五〇〇〇種。日本産約一五〇〇種。ハマグリ・アサリなど。bivalve

**にまいがい-るい【二枚貝類】**↓おのあしるい(斧足類)

**にまい-げり【二枚▾蹴り】** 相撲の決まり手の一つ。四ょつに組んだとき、下手のほうへひねりながらその側の足で相手の向かいあった足のくるぶしのあたりを内側へける技。

**にまい-ごし【二枚腰】** ①相撲や柔道で、ねばり強くて、くずれない腰。②勝負強いこと。

**にまい-じた【二枚舌】** ①うそをつくこと。double-dealing ②前後の食い違うことを言うこと。double-dealing; double-faced 用例 ―を使う。

**にまい-め【二枚目】** ①《芝居の番付で二番目に書かれたことから》美男役。role of a beau ②やさおとこ。美男子。handsome man 比較 三枚目。

**に-まめ【煮豆】** 砂糖・しょうゆなどで煮しめた豆。

**ニミッツ**〔Chester William Nimitz〕(一八八五～一九六六) アメリカの海軍軍人。第二次大戦中、太平洋艦隊司令長官。元帥。戦後、海軍作戦部長。

**にめい-ほう【二名法】** 生物の種を分類する国際的命名法。学名は属名と種小名を並べて書くことから、二名法という。種小名のあとに命名者の姓を書くのがふつう。リンネによって一七三五年に確立された。同じ生物でも各国によってその名が違うが、これを世界共通の名にしたのが学名である。binomial nomenclature

**にもう-さく【二毛作】** 同一の耕地にほぼ一年間に二種類の作物を順次に作付けすること。水田のイネとムギ、畑のサツマイモとムギなど。ふたけさく。double-cropping 比較 二期作・一毛作・三毛作。

**にも-かかわらず【にも▿拘らず】**(接続) 前とつりあわないことを示す語。であるのに。それなのに。in spite of

**に-もつ【荷物】** ①運んだり送ったりする品物。荷。load 用例 ―をまとめる。数え方 一個・一箱・一包み・一駄・一荷。②《俗語》負担となる物事。やっかい者。用例 みんなのお―になる。

**に-もの【煮物】** 味をつけただし汁で煮た料理。食品の柔らかさとうま味を引き出す。一般に関東は汁気が少なくて味がこく、関西はその反対。

**ニヤーヤ-は【ニヤーヤ派】** インド六派哲学の一つ。論理学を主とし、正しい認識による解脱をめざす。開祖はガウタマ。根本聖典は『ニヤーヤ-スートラ』。Nyaya

**に-やき【煮焼(き)】** 煮たり焼いたりすること。

**ニャク** 8画【若】 部首[艹] 教育小6 JIS 2867

音 ジャク・ニャク・ニャ

訓 わかい・もしくは

筆順 ↓ジャク[若]

わかい。としがわかい。「老若」↓ジャク[若]

**に-やく【荷役】**(名・サ変自) 貨物の移動や保管にあたる貨物移動作業。また、その作業員。鉄道・自動車・航空機などの陸上荷役と、船舶貨物の港湾荷役に分かれる。loading and unloading

**にゃくおうじ-じんじゃ【若王子神社】** 京都市左京区若王子町にある神社。祭神は伊奘諾尊。

**にや・ける**(下一自) めかしこんで男らしくなくなる。be effeminate

**ニャチャン**〔Nhatrang〕 ベトナム南部、ホーチミン市北東の港湾都市。農産物の取り引き・集散地。漁業がさかん。ニャトラン。

**に-やっかい【荷厄介】**(名・形動) 負担になって、もてあますこと・さま。burdensome

**にや-にや**(副・サ変自) 声をたてずに、顔だけで笑うさま。ひややかに、また、意味ありげに、ひとりで笑うさま。にやり。にたにた。smirk

**にやり-と**(副) 声をたてずに、顔だけで笑うさま。皮肉っぽく、また、意味ありげに笑うさま。にやにや。にたにた。grin

**ニャンニャン-びょう【▿娘▿娘▾廟】** 中国で道教系の女神を祭った廟。眼病・疱瘡などの治癒、子授け、安産・福寿を授けるものなど種類はさまざまである。

**に・ゆ【煮ゆ】** 古語(下二自) ↓にえる(煮える)

**ニュアンス**〔nuance フランス〕 ことば・色・音・調子・感情などの微妙な違い・持ち味。また、その陰影。用例 ―に富む表情。

**ニュウ** 2画【入】 部首[入] 教育小1 JIS 3894

音 ニュウ・ジュウ・ジュ・ニッ

訓 いる・いれる・はいる

入 入

①いる。はいる。対義 出・退。「加入・参入・収入」「入会・入学」②いれる。おさめる。「納入・輸入」「入庫」③必要である。「入費・入用」④入学のこと。「入試」⑤輸入のこと。「入超」⑥入声のこと。「平・上・去・入」

**ニュウ** 8画【乳】 部首[乙・乚] 教育小6 JIS 3893

8画【▾乳】 旧字

音 ニュウ・ジュ・ニュ

訓 ちち・ち

乳 乳 乳 乳 乳 乳

①ちちしる。ちち状の液。「牛乳・粉乳・母乳」「乳液・乳酸・乳酪」②ちのみご。「乳歯・乳児」③ちぶさ。「乳頭」

**ニュウ** 9画【柔】 部首[木] 常用 JIS 2932

音 ジュウ・ニュウ

訓 やわらか・やわらかい

よわい。やさしい。対義 剛。「柔弱・柔和」↓ジュウ[柔]

**ニュー【N・ν】** ギリシア字母の第一三字。ヌー。nu

**ニュー**〔new〕 新しいこと・もの。

**ニューアーク**〔Newark〕 アメリカ北東部、ニュージャージー州最大の都市。工業都市。ニューヨーク市郊外の陸海空交通の要地。人口三二・九万(一九八〇)。

**ニューアイルランド-とう【ニューアイルランド島】**(New Ireland) ニューギニア島北東、ビスマーク諸島第二の細長い火山島。面積九八五〇km²。パプアニューギニア領。人口六・六万(一九八〇)。

**にゅう-いん【入院】**(名・サ変自) ①病気で一定期間病院にはいること。hospitalization



↓行き先項目、図版・写真参照印。 JIS 日本工業規格情報交換用漢字符号コード(区点コード)。

[対義] 退院。②《仏教語》寺の住職となること。

**ニュー-イングランド**【New England】 アメリカ北東部の地方名。現在のメーン・ニューハンプシャー・バーモント・マサチューセッツ・ロードアイランド・コネティカットの六州を含む地域。一六二〇年清教徒の移住以来、アメリカ発展の原動力となった地域。人口一二三四・八万(一九八〇)。

**にゅう-えい【入営】**(名・サ変自) 兵士になり兵営にはいること。入隊。enrollment; enlistment [対義] 除隊。

**にゅう-えき【乳液】** ①乳細胞や乳管から分泌される白色の液体。乳。milk ②基礎化粧品の一つ。栄養クリームをミルク状にし、動物性油脂・グリセリン・ビタミン類を加えたもの。肌の保護、化粧下に用いる。milky lotion

**にゅう-えん【入園】**(名・サ変自) ①動物園・植物園・遊園地などにはいること。[用例] ―料。②幼稚園・保育園に園児となってはいること。

**ニュー-オーリンズ**【New Orleans】 アメリカ南部、ルイジアナ州南東部の港湾都市。フランス系移民が開拓。ミシシッピ河口に近く、陸海空の交通の要地。人口五五・七万(一九八〇)。

**ニューオーリンズ-ジャズ**【New Orleans Jazz】 今世紀初頭から一九一〇年代のニューオーリンズで、黒人やクリオール(白人と黒人の混血)たちのブラスバンドなどが演奏した、初期の素朴なジャズ演奏。

**にゅう-か【入荷】**(名・サ変自) 店に商品がはいること。fresh supply of goods [対義] 出荷。

**にゅう-か【乳化】**(名・サ変自他) 互いに混じり合わない二つの溶液の一方を細粒にして、他方の中へ分散させること。また、その現象。emulsification [用例] ―剤。

**にゅう-か【乳菓】** 牛乳を入れた菓子。

**にゅう-かい【入会】**(名・サ変自) 会にはいること。会員になること。admission [対義] 退会・脱会。

**にゅうか-き【乳化機】** ↓ホモジナイザー

**にゅう-かく【入閣】**(名・サ変自) 国務大臣として閣内に連なること。enter into the Cabinet

**にゅう-がく【入学】**(名・サ変自) 学生・生徒・児童としてその学校にはいること。entrance into a school [対義] 卒業。[用例] ―式。

**にゅうがく-きん【入学金】** 入学のさい、手数料や設備費として授業料とは別に納めるお金。entrance fee

**にゅうがく-しき【入学式】** 児童・生徒・学生の入学を祝って、各学校で行われる式典。entrance ceremony

**にゅうがく-しけん【入学試験】** 学校への入学者を、志願者の中から選抜するための試験。entrance examination

**にゅうがく-なん【入学難】** 志願者が多くて入学がむずかしいこと。

**にゅうか-ざい【乳化剤】** 安定な乳濁液をつくるために加える物質。界面活性剤が使われることが多い。マーガリン・アイスクリームなどに用いられる。emulsifying agent

**ニュー-カスケード-トンネル**【New Cascade Tunnel】 アメリカ、ワシントン州シアトル北東のカスケード山脈を通る鉄道トンネル。同国最長の一二・六km。一九二九年開通。

**ニュー-カッスル**【Newcastle】 オーストラリア南東部ニューサウスウェールズ州中東岸の港湾都市。鉱工業都市。人口四一・四万(一九八三)。

**ニュー-カッスル-アポン-タイン**【Newcastle upon Tyne】 イギリス、イングランド北部、タイン川沿岸の工業都市。造船業、金属・機械工業が発達。人口二七・八万(一九八一)。ニューカッスル。

**ニュー-カッスル-びょう**【ニューカッスル病】 おもにニワトリやシチメンチョウに起こるウイルスによる伝染病。せき・くしゃみ・下痢・肺炎・麻痺などの症状を呈し、伝染力はきわめて強く、極急性ではほとんど死亡する。家畜法定伝染病。Newcastle disease

**ニュー-カマーズ**【newcomers】 新来住者。大都市近郊の町に新しく住宅を構えて来住した人々。

**ニュー-カレドニア**【New Caledonia】 〈州〉カナダ西部、ブリティッシュコロンビア州の旧称。

**ニューカレドニア-とう**【ニューカレドニア島】(New Caledonia) 太平洋南西部の細長い火山島。面積一・六万$km^2$。中心都市ヌーメア。世界有数のニッケルの産地。フランス領。ヌーベルカレドニー。

**にゅうかわ【▽丹▽生川】**〈村〉岐阜県北東部、高山市北隣の村。稲作を中心にホウレンソウなどの野菜栽培を行う。乗鞍スカイラインのある観光地。人口四七三二(一九八八)。

**にゅう-かん【入棺】**(名・サ変他) 死体を棺に納めること。納棺。

**にゅう-かん【乳管】** 植物体にみられる乳液を分泌する管。白色や黄褐色の乳液を含む。タンポポ・トウダイグサ・タケニグサなど。laticiferous vessel

**にゅう-がん【入眼】**(名・サ変自) ↓かいげん(開眼)

**にゅう-がん【乳▼癌】** 乳腺に発生する癌。中年の婦人に多い。breast cancer

**ニュー-ギニア**【New Guinea】 パプアニューギニア北部の地区。中心都市ラエ。ニューギニア島北東部とビスマーク諸島・ブーゲンビル島などからなる。一九七五年、オーストラリアから独立。

**ニューギニア-とう**【ニューギニア島】(New Guinea) 太平洋南西部に位置し、グリーンランドにつぐ世界第二の大島。面積七七・二万$km^2$。西部はインドネシア領イリアンジャヤ。東部はパプアニューギニア領。

**ニューギニアとう-みん**【ニューギニア島民】 ニューギニア島およびその周辺の島の原住民。ネグリト人種とメラネシア人種からなり、言語もパプア語とメラネシア語を使用。タロイモ・ヤムイモなどの栽培、ブタの飼育などに従事。New Guinean

**にゅう-ぎゅう【乳牛】** おもに乳を生産するために飼養するウシ。ホルスタイン種・ジャージー種・ガーンジー種などがある。dairy cattle [比較] 肉牛・役牛。

**にゅう-きょ【入居】**(名・サ変自) はいって住むこと。move in [用例] アパートに―する。

**にゅう-きょ【入▼渠】**(名・サ変自) 船などが修理のためにドック入りすること。dock

**にゅう-ぎょ【入御】**(名・サ変自) ↓じゅぎょ(入御)

**にゅう-ぎょ【入漁】**(名・サ変自) 他の人や共同体が権利を持つ漁場で漁業をすること。[用例] ―料。

**にゅう-きょう【入京】**(名・サ変自) ①都にはいること。enter the capital [対義] 退京。②京都にはいること。

**にゅう-ぎょう【乳業】** 牛乳を加工して飲用牛乳・バター・チーズ・練乳・粉乳やカゼインなどの乳製品をつくる産業。dairy industry

**にゅう-ぎょく【入玉】**(名・サ変自) 将棋で、王将が相手の陣(三段目以内)にはいること。

**にゅうぎょ-けん【入漁権】** 特定の区画漁業権の及ぶ漁場にはいって漁業を営む権利または共同漁業権。fishing rights

**にゅうぎょ-りょう【入漁料】** 他の人や共同体が権利を持つ漁場で、魚を捕ったり、釣りをしたりするとき払うお金。

**にゅう-きん【入金】**(名・サ変自) ①金銭がはいること。また、はいった金銭。receipt of money [対義] 出金。②内金を払い込むこと。part payment

**ニュー-クリティシズム**【New Criticism】 「新批評」派。二〇世紀前半のアメリカの文芸批評の一派。文学作品をそれ自体で独立・完結した一つの言語世界と考え、作品の客観的分析によって評価しようとする。ランサム・ブルックス・テートら。

**にゅう-こ【入庫】**(名・サ変自他) ①倉庫に品物を入れること。warehouse [対義] 出庫。②電車・自動車などが車庫にはいること。enter the shed

**にゅう-こう【入坑】**(名・サ変自) 坑道の中にはいること。enter a mine

**にゅう-こう【入貢】**(名・サ変自) 外国からの使者がみつぎ物を持って来ること。来貢。

**にゅう-こう【入▼寇】**(名・サ変自) 外敵が攻めて来ること。来寇。

**にゅう-こう【入港】**(名・サ変自) 船が港にはいること。入船。arrival in port [対義] 出港。

**にゅう-こく【入国】**(名・サ変自) ①他国にはいること。entry into a country [対義] 出国。[用例] 密―。②昔、領主が自分の領地にはいったこと。入部。入府。お国入り。

**にゅう-ごく【入獄】**(名・サ変自) 服役のため監獄にはいること。imprisonment [対義] 出獄。

**ニューコメン**【Thomas Newcomen】(一六六三〜一七二九) イギリスの発明家。排水用蒸気機関を改良、一七一二年ごろ鉱山などで実用され約六〇年後のワットによる改良まで使用された。

**にゅう-こん【入魂】** =じゅこん。①物事に精神をつぎこむこと。②あるものに魂を入れること。③心やすいこと。親密。じっこん。

**にゅう-ざい【乳剤】** 互いに混和しない液体の一方を微細な粒子として、他方の液中に均等に分散させたもの。調製には乳化剤が用いられる。emulsion

**ニュー-サイラン** 《原産地のニュージーランドを「新西蘭」と書いたことからの名》ユリ科の多年草。剣状の硬い葉を多数叢生する。原産地のマオリ族は繊維植物として利用。ニュージーランドアサ。マオラン。

**ニュー-サウス-ウェールズ**【New South Wales】 オーストラリア南東部の州。同国経済・文化の中心。州都シドニー。一七八八年最初の植民地建設以来の大陸開発の拠点。人口五三七・八万(一九八三)。

**にゅう-さつ【入札】**(名・サ変自) 商取引の一方の当事者になるため、複数の者が文書で価格や内容を競い合うこと。いれふだ。tender; bid [対義] 落札。

**ニュー-サマー-オレンジ**【new summer orange】 ヒュウガナツの別名。

**にゅう-さん【乳酸】** 化学式$CH_3CH(OH)COOH$ 筋肉中や酸敗した牛乳中に存在する有機酸。染色・皮革の脱灰・乳酸飲料に利用。lactic acid

**にゅう-ざん【入山】**(名・サ変自) ①山にはいること。登山。②僧が寺に住職としてはいること。

**にゅうさん-いんりょう【乳酸飲料】** 脱脂乳を乳酸菌により発酵させ、砂糖・香料を加え、加熱殺菌した飲料。濃縮されているのがふつう。lactic acid beverage

**にゅうさん-きん【乳酸菌】** 糖類を乳酸に変える作用をする細菌の総称。多くは嫌気性。球菌と桿菌がある。乳製品の製造や熟成・整腸剤に利用。lactic acid bacteria

**ニューサンス**【nuisance】 汚水・騒音・煤煙などによって、他人の財産や健康・安楽・便益を侵害する行為。不法行為の一類型として英米法上で発達してきた概念。生活妨害。不法妨害。安居妨害。

**にゅうさん-はっこう【乳酸発酵】** 乳酸菌により糖から乳酸を生成する発酵。動物の組織内で起こるのをとくに解糖という。ヨーグルトなど酪農品・しょうゆ・みその製造に利用。lactic fermentation

**にゅう-し【入試】** 「入学試験」の略。

**にゅう-し【乳歯】** ある時期に一度だけ歯がぬけかわる性質のある哺乳類において、その最初にはえる歯。ヒトでは生後六か月ごろからはえ、三歳前後で計二〇本がはえそろう。脱落歯。deciduous tooth [対義] 永久歯。

**にゅう-じ【乳児】** 出生直後から満一歳ごろまでの子どもの呼称。このうち、生後四週未満を新生児という。ちのみご。嬰児。baby; suckling

**ニュー-ジーランド**【New Zealand・新西蘭】 南太平洋、オーストラリア南東方の島国。首都ウェリントン。一九四七年イギリスから独立。北島は火山が多く高原が広い。南島は山地が多く氷河やフィヨルドが発達。羊毛・肉類やバター・チーズの生産が多い世界的な酪農国。面積二六・九万$km^2$。人口三二五万(一九八六)。

**ニュージーランド-あさ**【ニュージーランド麻】 ニューサイランの別名。

**にゅうじ-いん【乳児院】** 児童福祉法により、親や家庭の都合で乳児を入院させ、養育するための施設。ふつう満一歳未満だが、必要に応じて満二歳まで継続できる。nursery

**にゅうじ-えいようしっちょうしょう【乳児栄養失調症】** 乳児の体重が、標準より二〇%以上減少している状態。栄養の過誤と不適、難治性下痢・慢性感染症・吸収不全症候群などによる。malnutrition of infant

**にゅうじ-き【乳児期】** 生後一年ごろまでの、新生児期を含む期間。泣き声・表情などで感情を伝え、手でものに触る。babyhood

**にゅうじ-げりしょう【乳児下痢症】** 満一〜二歳の乳児に多くみられる下痢症。急性消化不良症とよばれ、重症のものは消化不良性中毒症という。おもな原因として大腸菌などの細菌性のもの、ウイルス性のもの、中耳炎など腸管以外の感染症によるものがある。infantile diarrhea

**にゅうじ-しっしん【乳児湿▼疹】** 生後四か月ごろから顔・四肢の内側・臀部などにできるがんこな湿疹。かゆみが強く、発赤・湿潤・乾燥を繰り返す。infantile eczema

**にゅうじ-しぼうりつ【乳児死亡率】** 生後一年未満の乳児の死亡数を出生数一〇〇〇に対する率で示したもの。地域・国の環境水準を端的に示すとされる。infant death rate

**にゅうじ-たいそう【乳児体操】** 乳児の運動機能の発達を助け、体の発育と欲求を満た

すための体操。生後二か月ごろから始め、日光浴や入浴のさいに軽く手足を動かしてやる。赤ちゃん体操。

**にゅう-しち【入質】**(名・サ変他) お金を借りるために質屋に品物を預けること。質に入れること。pawn

**にゅう-しつ【入室】**(名・サ変自) ①部屋に入ること。enter a room ②研究室などの一員となること。

**にゅう-しつ【乳質】** ①ちちなどの品質・性質。②乳状をした性質。quality of milk

**ニュー-シネマ【new cinema】** 一九六〇年代末からの新傾向のアメリカ映画の呼称。現実を鋭くえぐり、タブーに挑み、個性にあふれる作品を産んだ。代表作『俺(おれ)たちに明日はない』『イージー＝ライダー』など。

**にゅう-しゃ【入社】**(名・サ変自) 会社の社員となること。join a company 対義退社。

**にゅう-しゃ【入舎】**(名・サ変自) 住むために寄宿舎などにはいること。

**にゅう-しゃ【入射】**(名・サ変自) ある媒質の中を進む光・電磁波などが、他の媒質の面に達すること。投射。incidence

**ニュー-ジャージー【New Jersey】** アメリカ北東部、大西洋に臨む州。独立当時の一三州の一つ。州都トレントン。ニューヨーク大都市圏とフィラデルフィア都市圏の中間地域で、メガロポリスを構成。化学工業は全米第一。人口七三六・五万(一九八〇)。

**ニュー-ジャーナリズム【new journalism】** 客観報道を重視する従来のジャーナリズムに対し、取材対象との個人的かかわりのなかから真実を発見し、ノンフィクションとして描きだす手法。また、その潮流。一九六〇年代のアメリカで始まった。

**にゅうしゃ-かく【入射角】** 波が媒質の境界面に入射するとき、波の入射方向と境界面の法線とのなす角。投射角。angle of incidence ↓屈折率図

**にゅう-じゃく【入寂】**(名・サ変自) 僧が死ぬこと。入滅。入定(にゅうじょう)。death of a saint

**にゅう-じゃく【柔弱】**(名・形動) 気力・体力が弱いこと・さま。じゅうじゃく。weakness 対義剛健。

**にゅうしゃ-こうせん【入射光線】** ある媒質中を伝播(でんぱ)し、他の異なる媒質との境界面にはいってくる光線。投射光線。incident ray

**ニュー-ジャズ【new jazz】** 前衛的モダンジャズの総称。一九五九年アルトサックス奏者・コールマンがさきがけとなった。フリージャズ。

**にゅう-しゅ【入手】**(名・サ変他) 自分の所有とすること。手に入れること。acquisition 用例原本の―は難しい。

**にゅうしゅう-じ【乳臭児】** ①ちちくさい子ども。②青二才。

**にゅうしゅつりょく-そうち【入出力装置】** データや命令をコンピューターに供給し、処理結果の取り出しを行うもの。I／O(アイオー)装置。input-output unit; I/O device

**にゅう-しょ【入所】**(名・サ変自) ①研究所・訓練所など「所(しょ)」の付く施設の一員となること。entrance ②服役のため刑務所にはいること。imprisonment 対義出所。

**にゅう-しょう【入賞】**(名・サ変自) 展覧会・競技会などで、賞にはいること。win a prize

**にゅう-じょう【入定】**(名・サ変自)《仏教語》①無心の境地にはいること。禅定(ぜんじょう)。②僧が死ぬこと。入滅。入寂。

**にゅう-じょう【入城】**(名・サ変自) ①城の中にはいること。entry into a castle ②占領した敵の城に本軍がはいること。triumphal entry into a castle

**にゅう-じょう【入場】**(名・サ変自) 会場・競技場・構内などにはいること。entrance 比較登場。対義出場・退場。

**にゅう-じょう【乳状】** ちちのように白くて、どろりとした状態。milky 用例―の液体。

**にゅうじょう-ぜい【入場税】** 間接消費税の一つ。劇場・娯楽施設・競輪場などへの入場者に課される国税。消費税の創設にともない、平成元年(一九八九)に廃止された。

**にゅう-しょく【入植】**(名・サ変自) 植民地・開拓地に移り住むこと。settlement

**にゅうし-りつ【乳脂率】** 牛乳に含まれている乳脂肪の含有率。乳牛の品種により異なる。乳脂率の高い牛乳は、濃厚牛乳やバター生産用になる。milk fat percentage

**にゅう-しん【入信】**(名・サ変自) 信仰の道にはいること。come to believe in

**にゅう-しん【入神】** 神技のようにすぐれていること。divineness 用例―の技。

**ニュース【news】** ＝ニューズ。①新しいできごと。用例今年の十大―。②知らせ。報道。情報。用例いい―がある。③ラジオ・テレビの報道番組。用例七時の―。

**ニュース-アナリスト【news analyst】** ニュース解説者。

**にゅう-すい【入水】**(名・サ変自) ①水の中にはいること。douse oneself ②水中に身を投げて自殺すること。じゅすい。commit suicide by jumping into the water

**にゅうすい-かん【入水管】** 二枚貝のもつ二本の水管のうち前腹側にあるもの。長く太く、入り口には触手など多数あり、有機物をえらに送る。inhalent siphon

**ニューズウイーク【Newsweek】** アメリカの代表的ニュース週刊誌の一つ。一九三三年創刊。

**ニュース-えいが【ニュース映画】** 時事性のある事件などを撮影・編集し、上映する映画。newsreel

**ニュース-キャスター【newscaster】** ニュース番組に出演し、解説・論評を加えながら番組を進行させる人。

**ニュース-ショー【news show】** スタジオの司会者が、現場からの中継やゲストとの対談などを交えながら、時事的な話題を多角的に構成して報道するテレビ番組。

**ニュース-ソース【news source】** ニュースの情報源。取材先。

**ニュー-ステーツマン【The New Statesman】** イギリスの週刊誌。労働党左派の意見を代表。一九一三年創刊。

**ニュース-バリュー**《和製語》ニュースとしての値打ち。報道価値。newsworthy

**にゅう-せいひん【乳製品】** 牛乳など乳類の加工品の総称。食品衛生法で規定されている。バター・チーズ・クリーム・練乳など。dairy products

**にゅう-せき【入籍】**(名・サ変自他) 結婚・養子縁組みなどで、他家の戸籍にはいること。entry in the family register

**ニュー-セラミックス【new ceramics】** 高度の機能をもつ新しい窯業(ようぎょう)製品の総称。耐熱性があり、硬く、錆(さ)びない。化学製品・人工鉱物など純度の高い原料から製造する。誘電材料・磁性材料・ロケット部品などに利用。↓写

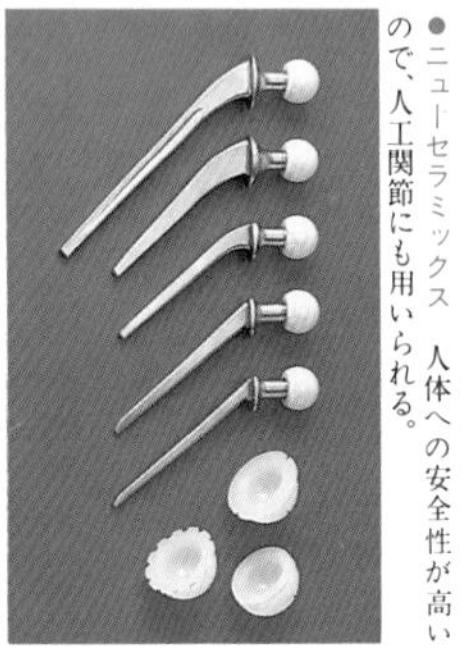

●ニューセラミックス 人体への安全性が高いので、人工関節にも用いられる。

**にゅう-せん【入選】**(名・サ変自) 作品などが選にはいること。合格。当選。be selected 対義落選。

**にゅう-せん【入線】**(名・サ変自) 列車が始発駅で指定のホームに入ること。用例―時刻。

**にゅう-せん【乳▼腺】** 哺乳(ほにゅう)類にみられる皮膚腺。胸腹部に数対並ぶ。ヒトでは左右に一対あり、思春期以後の女性に発達。mammary gland

**にゅうぜん【入善】**〈町〉富山県東部、黒部(くろべ)川河口にある町。稲作・黒部スイカ栽培・紡績工業などが行われる。人口三万一〇四(一九八八)。

**にゅうせん-えん【乳▼腺炎】** 細菌感染による乳頭の炎症。授乳期の婦人に多い。乳房の腫脹(しゅちょう)、痛みがあり膿瘍(のうよう)をつくることもある。授乳は中止する。mastitis

**にゅうせん-しょう【乳▼腺症】** 三〇歳から更年期の女性の乳腺に腫瘤(しゅりゅう)ができる疾患(しっかん)。性ホルモンの平衡失調が原因といわれる。多くの場合両側に生じ、疼痛(とうつう)を伴う。マストパチー。mastopathy

**にゅう-たい【入隊】**(名・サ変自) 軍隊など「隊」のつく団体の一員となること。対義除隊。

**ニュー-タウン【new town】** ①新しく計画的に開発された職場と住宅の接近した都市。②近隣に職場をもたない大規模郊外住宅。

**にゅうだく-えき【乳濁液】** ↓エマルジョン

**にゅう-だん【入団】**(名・サ変自) 楽団・球団など「団」のつく団体の一員となること。対義退団。

**にゅう-ちょう【入朝】**(名・サ変自) 外国の使臣などが来て、朝廷に参内(さんだい)すること。

**にゅう-ちょう【入超】**「輸入超過」の略。

**にゅう-てい【入廷】**(名・サ変自) 裁判の関係者が法廷にはいること。admission to a courtroom 対義退廷。

**ニュー-ディール【New Deal】** 一九三三年以降、アメリカのフランクリン＝ルーズベルト政権が実施した大恐慌克服策と諸改革の総称。産業復興法、農業調整法を柱に、各方面に積極的な経済介入を実施。

**ニュー-デリー【New Delhi】** インドの首都。ヤムナ川の西岸、デリー(＝オールドデリー)の南に位置する。一九三一年建設の近代的都市で、中央政府の諸機関が集中。インド北部最大の商業・工業の中心地。人口三七・一万(一九七〇推定)。

**にゅう-でん【入電】**(名・サ変自) 電報が来ること。その電報。telegram received

**にゅう-とう【入党】**(名・サ変自) 政党などの党員となること。join a political party 対義脱党。

**にゅう-とう【入唐】**(名・サ変自) ↓にっとう(入唐)

**にゅう-とう【入湯】**(名・サ変自) ①湯にはいること。take a bath ②温泉に行って保養すること。hot-spring cure

**にゅう-とう【乳糖】** ガラクトースのD型とブドウ糖からなる二糖の一つ。哺乳(ほにゅう)類の乳汁中に存在。乳製品添加物・乳酸発酵原料として利用。ラクトース。milk sugar

**にゅう-とう【乳頭】** ちぶさの先。乳首(ちくび)。nipple

**にゅう-どう【入道】** ㊀(名・サ変自) 仏門にはいって頭をそること。また、そった人。㊁(名) ①坊主頭の人を悪く言う語。②坊主頭の化け物。用例一つ目―。

**にゅうどう-いか【入道▼烏▼賊】** 胴長二m余にも達するツメイカ科の巨大なイカ。胴幅約四〇cm。腕は胴長の半分の長さ。北海道以北の北太平洋に分布。

**にゅうとう-おんせんきょう【乳頭温泉郷】** 秋田県東部、岩手県境の烏帽子岳(えぼしだけ)(乳頭山)西麓(せいろく)の温泉群。黒湯・鶴ノ湯(つるのゆ)など。

**にゅうどう-ぐも【入道雲】** 発達した積乱雲の俗称。日射で白く輝く部分と雲底などの暗い部分がある。

**にゅうとう-しゅ【乳頭▼腫】** 良性腫瘍(しゅよう)の一種。病変部はいぼ状・絨毛(じゅうもう)状・樹枝状になり、皮膚・口腔(こうこう)・食道・胃などによく生じる。papilloma

**にゅうとう-ぜい【入湯税】** 目的税の一つ。鉱泉浴場の入浴者に課される市町村税。bath tax

**にゅうとうふたい-しょう【乳糖不耐症】** 先天性あるいは二次的に乳糖を分解する酵素が不足して下痢が続くもの。便がすっぱい臭いになる。lactase deficiency

**ニュー-トラディショナル【new traditionals】** アメリカの伝統的なアイビースタイルに、自由な着こなしのコンチネンタルスタイルを加味したファッション。

**ニュートラル【neutral】** ①中立。②自動車でエンジンの回転が車輪に伝わらない状態にしたギア。

**ニュートリノ【neutrino】** 放射性原子核や中性子のベータ崩壊のさいに、電子とともに放出される電気的に中性な素粒子。質量はほとんどない。物質粒子ときわめて反応しにくいため、太陽内部の熱核反応、星の爆発などで発生するものが地上で観測される。中性微子。

**ニュートリノ-てんもんがく【ニュートリノ天文学】** ニュートリノ(＝中性微子)を対象にする天文学。neutrino astronomy

**ニュートリノ-ぼし【ニュートリノ星】** 中性子星直前の段階にある恒星。ニュートリノの拡散で中性子星へ進化する。neutrino star

**ニュートロン【neutron】** ↓ちゅうせいし(中性子)

**ニュートン【newton】** 力の単位。質量一kgの物体にはたらいて一メートル毎秒毎秒の加速度を生じるときの力。一ニュートンは$10^5$ダイン。物理学者ニュートンにちなむ。記号N。

**ニュートン【Isaac Newton】**(一六四三〜一七二七) イギリスの数学者・物理学者・天文学者。力学体系の確立、万有引力の法則の発見、微積分法の発明、光の分散の発見などの業績がある。主著『プリンキピア』『光学』。↓写

●ニュートン

**ニュートン-りきがく【ニュートン力学】** 物体の運動状態の時間的変化と作用する力の関係を、ニュートンの運動法則によって記述する力学体系。光速度よりはるかに小さな速度の運動や、量子効果の現れない場合に有効で、狭い意味での古典力学に対応する。Newtonian mechanics

**ニュートン-リング【Newton ring】** 平面ガラス板と平凸レンズの凸面を接し、これに垂直に光をあてたとき生じる同心円状の干渉環。ニュートン環。

**にゅうない-すずめ【入内▼雀】** ハタオリドリ科の小鳥。スズメに近縁で、かつスズメによく似るが顔に黒斑はない。全長約一五cm。本州中部以北の林で繁殖し、秋にスズメの群れにまじって中部以南の水田や畑に飛来。ときにイネを食害。

**にゅう-ねつ【乳熱】** 泌乳能力の高い乳牛に起こる代謝異常。分娩後三日間に多発し、不全麻痺・体温の低下・呼吸の切迫などの症状を示す。milk fever

**にゅう-ねはん【入▼涅▼槃】** ↓にゅうめつ(入滅)

**にゅう-ねん【入念】**(名・形動) 念入り。elaborate 対義 疎略。用例 ―に仕上げる。

**にゅう-ばい【入梅】** ①梅雨にはいること。また、その日。暦のうえでは、太陽が黄経八〇度を通る日。六月一一日または一二日にあたる。つゆいり。ついり。②《関東・東北で》梅雨。

**にゅうはく-しょく【乳白色】** ちちのような白さの色。ミルクいろ。milky white

**にゅう-ばち【乳鉢】** 固体を粉砕したり、二種類以上の粉末を混ぜたりするための鉢。乳棒と組み合わせて用いる。磁製やガラス製のものなどがある。mortar ↓図

●乳鉢

**ニュー-ハンプシャー【New Hampshire】** アメリカ北東部の州。独立当時の一三州の一つ。州都はコンコード。氷河地形の景勝地・行楽地が多い。人口九二万(一九八〇)。

**ニューハンプシャー-しゅ【ニューハンプシャー種】** ニワトリの一品種。卵肉兼用でブロイラーにも使用。羽毛は褐色、卵殻は赤褐色。New Hampshire ↓図

●ニューハンプシャー種雄。

**にゅう-ひ【入費】** かかり。費用。expense 比較 出費。

**にゅうび-かん【乳▼糜管】** 腸管および腸間膜に分布するリンパ管。乳白色の脂肪球を多く含んだリンパ液が流れ、胸管を通り静脈にはいる。chyle vessel

**にゅう-ふ【入夫】**(名・サ変自) 旧民法で、女戸主の家にはいって、その夫となること。marry an heiress 比較 入り婿。用例 ―婚姻。

**にゅう-ふ【入府】**(名・サ変自) ↓にゅうこく(入国)②

**にゅう-ぶ【入部】**(名・サ変自) ①部員になること。admission to a club ②↓にゅうこく(入国)②

**ニュー-ファミリー【new family】** 本来は、アメリカでヒッピーなど反体制的若者が試みた共同生活。日本では、若い夫婦と子どもの新しい暮らし方をさす。

**ニューファンドランド【Newfoundland】** イヌの一品種。肩高約七〇cm。長毛で、ふつう黒色。体つきが頑丈で、しかも活動的。セントバーナードに似る。水難救助用など。ニューファンドランド島原産ではあるが、主としてイギリスで改良。

**ニューファンドランド【Newfoundland】**〈州〉カナダ南東部の州。州都セントジョンズ。ニューファンドランド島とラブラドル半島の一部からなる。人口五六・八万(一九八一)。

**ニューファンドランド-とう【ニューファンドランド島】**(Newfoundland) カナダ東部、セントローレンス湾の湾口にある島。沖合いの大陸棚は世界で有数の大漁場。イギリスがカナダに開いた初の植民地。人口五三・六万(一九八一)。

**ニュー-フェース**《和製語》おもに映画俳優の新人。新顔。a new star

**ニュー-ブランズウィック【New Brunswick】** カナダ東部セントローレンス湾沿いの州。全土の八〇%が森林。州都フレデリクトン。人口六九・六万(一九八一)。

**ニュー-ブリテン-とう【ニューブリテン島】**(New Britain) ニューギニア島北東、ビスマーク諸島最大の火山島。面積三・七万km²。パプアニューギニア領。人口七・四万(一九八〇)。

**ニュー-プリマス【New Plymouth】** ニュージーランド、北島西岸の港湾都市。酪農品の集散加工、輸出がさかん。人口四・七万(一九八六)。

**ニューヘブリディーズ-しょとう【ニューヘブリディーズ諸島】**(New Hebrides) 太平洋南西部、メラネシアのソロモン諸島南東に連なる八〇の火山島群。一九八〇年バヌアツ共和国として独立。人口一一・七万(一九八〇)。

**ニュー-ヘブン【New Haven】** アメリカ北東部、コネティカット州南岸の港湾・商工業都市。イェール大学がある。人口一二・六万(一九八〇)。

**にゅう-ぼう【乳房】** 哺乳類の雌の胸部にある隆起。中央に乳頭があり、分娩後一定期間乳を分泌する。ちぶさ。mamma

**にゅう-ぼう【乳棒】** 乳鉢に固体を入れて粉末にしたり、二種類以上の粉末を混合するときに用いる棒。pestle 参照 乳鉢。↓乳鉢図

**にゅうぼう-うん【乳房雲】** 乳房のように下部にたれ下がった形の雲。巻雲・巻積雲・高積雲・高層雲・層積雲・積乱雲に現れる。mamma

**にゅうぼう-えん【乳房炎】** 乳牛やヤギに多発する乳房の病気。乳腺が炎症を起こし、乳量は減り異常乳を出す。消毒不良・外傷からの細菌感染が原因。mastitis

**ニュー-ポート【Newport】** イギリス、ウェールズ南東部、アスク川河口の港湾都市。重工業都市。人口一三万(一九八三)。

**にゅう-まく【入幕】**(名・サ変自) 力士が幕内にはいること。

**ニューマン【Alfred Newman】**(一九〇一～七〇) アメリカの映画音楽作曲家・指揮者。作品『聖処女』『慕情』など。

**ニューマン【John Henry Newman】**(一八〇一～九〇) イギリスの神学者。イギリス国教会オックスフォード運動の指導者の一人。のちカトリックに改宗し枢機卿となる。著書『アポロギア』。

**ニューマン【Paul Newman】**(一九二五～) アメリカの映画俳優。主演作『傷だらけの栄光』『明日に向って撃て!』『評決』など。

**ニュー-ミュージック**《和製語》一九七〇年ごろから日本独自のものとして定着しはじめたフォーク系の歌謡曲。

**ニュー-メキシコ【New Mexico】** アメリカ南西部、ロッキー山脈南端の州。州都サンタフェ。石炭・石油・天然ガス・ウランなどの主産地で、原子力産業が発達。人口一三〇・三万(一九八〇)。

**にゅう-めつ【入滅】**(名・サ変自)《仏教語。涅槃にはいること》釈迦や高僧の死。入寂。入涅槃。

**ニュー-メディア【new media】**《新しい媒体の意》エレクトロニクスを中心とした技術革新による新しい多様化した情報伝達手段の総称。CATV・衛星放送・キャプテンシステムなど。

**にゅう-めん【▽煮▼麺・入▼麺】** ゆでたそうめんを、具といっしょに、みそ汁や出し汁で煮込むもの。

**ニュー-モード【new mode】** 新型。新しい流行。

**にゅう-もん【入門】** 一(名・サ変自) ①門内にはいること。用例 ―証。②弟子となること。entrance into a private school 二(名) 初学者のための解説書。手引き。guide 用例 文法―。

**にゅう-よう【入用】** 一(名・形動) 必要なこと・さま。いりよう。所用。necessity 二(名) かかり。入費。費用。expense

**にゅう-ようじ【乳幼児】** 乳児と幼児。学齢前の子どもの総称。人間はこの期間に運動機能・言語・情緒の分化・生活習慣などの基本が確立するとされている。infant

**にゅうようじ-きゅうししょうこうぐん【乳幼児急死症候群】** 生後六か月以内の乳幼児にみられる死因不明の突然死。健康な乳幼児が睡眠中に苦しむようすもなく急死する。死後の解剖でも死因が実証できない。sudden infant death syndrome

**にゅうようじ-けんしん【乳幼児健診】** 保健所が行う乳幼児の健康診査。発育状態・栄養状態・精神の発達・視覚・聴覚の異常を調べる。medical examination of infant

**にゅうようじ-はいえん【乳幼児肺炎】** 乳幼児がかかる肺炎。油断できない疾患で、とくに細菌性の場合は症状が重くなる恐れがある。発熱・せき・呼吸困難・チアノーゼを起こす。pneumonia of infant

**にゅうよう-しゅ【乳用種】** ちちをとるために飼う、ウシ・ヤギの種類。for milk

**ニュー-ヨーク【New York・紐育】**〈州〉アメリカ北東部にある州。独立当時の一三州の一つ。州都オールバニー。大都市ニューヨークを含み、アメリカ経済の中心地。人口一七五五・八万(一九八〇)。

**ニュー-ヨーク【New York・紐育】**〈市〉アメリカ北東部、ニューヨーク州、ハドソン川河口にある世界有数の大都市。ウォール街、摩天楼に象徴される資本主義世界の中枢。人口七〇七・二万(一九八〇)。

**ニューヨークシティー-バレエだん【ニューヨークシティーバレエ団】**(New York City Ballet) アメリカの代表的バレエ団。一九四八年創立。前衛的作品が多く、アブストラクトバレエが特徴。

**ニューヨーク-しょうけんとりひきじょ【ニューヨーク証券取引所】**(New York Stock Exchange) マンハッタンのウォール街にある世界最大の証券取引所。一八一七年設立。NYSE。

**ニューヨーク-しょうひんとりひきじょ【ニューヨーク商品取引所】**(Commodity Exchange Inc.) ニューヨークにある商品取引所。金・銀・銅を上場商品の中心とする。COMEX。

**ニューヨーク-タイムズ【New York Times】** アメリカの代表的日刊紙の一つ。中立的な立場の高級紙。一八五一年創立。

**ニューヨーク-フィルハーモニック【New York Philharmonic Orchestra】** アメリカ最古の交響楽団。前身は一八四二年創立。一九二八年に今日の形になる。明快で華麗な音色、精緻で完璧なアンサンブルを誇る。ニューヨークフィル。

**ニューヨーク-ヘラルドトリビューン【New York Herald Tribune】** アメリカの共和党系日刊高級紙。一九二四年創刊。六六年廃刊。

**にゅう-よく【入浴】**(名・サ変自) ふろにはいること。take a bath

**にゅう-らい【入来】**(名・サ変自) こちらの家へはいって来ること。じゅらい。来訪。visit 用例 御―とはめずらしい。

**にゅう-らく【入▼洛】**(名・サ変自) 京都にはいること。じゅらく。比較 上洛。

**にゅう-らく【乳酪】** 牛乳の加工品。牛酪。バター・チーズ・クリームなど。チーズは、とくに乾酪という。dairy products

**にゅう-りょく【入力】**《input の訳語》対義 出力。①電気用語で、信号を回路に送り込むこと。input ②コンピューターで、情報やデータをメモリーなどに入れること。

**にゅうりょく-そうち【入力装置】** コンピューターに外部のデータを読み込ませる装置。紙カード読み取り装置・光学式文字読み取り装置・音声入力装置など。input device; input unit

**ニュー-ルック【new look】** 最新流行の服装のこと。一九四七年ディオール発表のロマンティックな服型をアメリカでそうよんだことに始まる。

**ニュー-レフト【new left】** ↓しんさよく(新左翼)

**にゅう-ろう【入▼牢】**(名・サ変自) 牢屋へ入れられること。じゅろう。imprisonment

**ニューロ-コンピューター【neuro-computer】** パターン認識・学習・連想などといった脳の働きをモデル化し、高度情報処理の実現をめざすコンピューター。並列分散処理を基本とする基礎研究がつづけられている。

**ニューロン【neuron】** 神経組織の構成単位となるもの。細胞体・樹状突起・軸索(＝軸索突起)からなる。ノイロン。神経単位。

**にゅう-わ【柔和】**(名・形動) 性質・顔つきがやさしいこと・さま。温和。gentleness

**にゅっ-と**(副) ①不意に現れたり、突き出したりするさま。ぬっと。emerge suddenly 用例 ―顔を出す。②とくに高く、または長く突き出たさま。にょっきり。用例 ―突き出た煙突。

**ニュルンベルク【Nürnberg】** 西ドイツ南東部の商工業都市。バイエルン北部の経済・文化の中心。第二次大戦後、ナチス戦犯の裁判が行われた。中世の建造物が多い。人口四六・六万(一九八五)。

**ニュルンベルク-さいばん【ニュルンベル**

ク裁判】(Nürnberg trials) 第二次大戦におけるドイツの戦争指導者二四人の犯罪行為を追及した国際軍事裁判。一九四五年一一月から約一年間、ドイツのニュルンベルクで開廷。審理中にナチスの残虐行為が明らかにされて全世界に衝撃を与え、ゲーリングやカイテルら一二人に絞首刑が宣告された。

**ニュルンベルクのめいかしゅ【ニュルンベルクの名歌手】**《原題 Die Meistersinger von Nürnberg ドイツ》ワーグナー作曲・台本の楽劇。一八六八年初演。一六世紀の名歌手ザックスを中心に、歌合戦と恋とを織りなした作品。前奏曲が有名。

**ニョ** 3画【女】 部首［女］ 教育小1 JIS 2987
音 **ジョ・ニョ・ニョウ**
訓 **おんな・め**
筆順 ↓ジョ［女］
おんな。め。対義 男。「信女・善男善女・天女」「女性・女人」↓ジョ・ニョウ［女］

**ニョ** 6画【如】 部首［女］ 常用 JIS 3901
音 **ジョ・ニョ**
①そのまま。そのもの。すがた。「一如・真如」「如法・如来」②ごとし。おなじ。「不如意」「如意」↓ジョ［如］

**にょ-い【如意】** ①思うままになること。as one likes 対義 不如意。②《仏教語》僧の持ち物の一つ。手の形に柄の付いたもの。

**にょい-すみれ【如意▼菫】** ツボスミレの別名。

**にょい-ほうじゅ【如意宝珠】**《仏教語》思うままに願いがかなうという、不思議な玉。摩尼珠。

**にょいりん-かんのん【如意輪観音】** 六(七)観音の一つ。人々の苦を救い願いをかなえるという観音。一般に、六臂で、右膝を立てて座り、手に如意宝珠・宝輪などを持つ姿で表される。↓写

**にょ-いん【女院】** ↓にょういん(女院)

● 如意輪観音　観心寺(大阪府)。

**ニョウ** 3画【女】 部首［女］ 教育小1 JIS 2987
音 **ジョ・ニョ・ニョウ**
訓 **おんな・め**
筆順 ↓ジョ［女］
おんな。め。「女院・女御・女房」↓ジョ・ニョ［女］

**ニョウ** 7画【尿】 部首［尸］ 常用 JIS 3902
音 **ニョウ**
いばり。ゆばり。小水。小便。血液中の不要物をのぞくために腎臓で生成され、体外に排泄される液体。対義 糞。「血尿・検尿・排尿・糞尿」「尿意・尿毒症」

**ニョウ** 18画【▼繞】 部首［糸］ JIS 6969
音 **ジョウ・ニョウ**
①まとう。まつわる。②めぐる。めぐらす。かこむ。「囲繞」③漢字をくみたてている、字の下または左から下へかけての部分の総称。「進・近」などの「辶」、「延・廷」などの「廴」、「起・趣」などの「走」など。↓ジョウ［繞］

**に-よう【二様】** 二通り。両様。two ways

**にょう-い【尿意】** 小便をしたい感じ。have the urge to urinate 用例 ―を催す。

**にょう-いん【女院】** 昔、天皇の生母・内親王などで上皇に準じる待遇を受ける女性に対する尊号。また、それを受けた人。にょいん。

**にょう-かん【女官】** 昔、宮中に仕えた女の役人。官女。参考 後世、上級の女官を「にょかん」、下級の女官を「にょうかん」とよんで区別したという。

**にょう-かん【尿管】** 腎臓の腎盤から膀胱に尿を導く長い管。輸尿管。ureter ↓腎臓図

**にょうかん-けっせき【尿管結石】** 腎臓にできた結石が尿管まで下がってきたもの。腎結石といわれるものの多くはこれである。独特の疝痛と血尿がみられる。ureter stone

**にょう-き【尿器】** 老人や病人が寝床のそばにおいて使う小便用器。しびんの類。urinal

**にょう-けんさ【尿検査】** 基礎的な臨床検査項目の一つ。尿を調べること。尿は体内の老廃物を排出するので、体の様子がかなりよくわかる。urine analysis

**にょう-ご【女御】** 昔、天皇の寝所に仕えた高位の女性。皇后・中宮の次に位する。にょご。

**にょう-さいかん【尿細管】** 腎小体からの原尿を集合管まで運ぶ曲がりくねった細い管。必要な物質を原尿から再吸収する。細尿管。renal tubule

**にょう-さん【尿酸】** 分子式$C_5H_4N_4O_3$ 肉食動物や人の尿中に存在する無味無臭で白色の結晶。人の血液中に過度にたまると痛風になる。uric acid

**にょう-しっきん【尿失禁】** 尿を自分の意志で排泄することができない状態。自律神経障害などが原因。失禁。urinary incontinence

**にょうせき-しょう【尿石症】** 尿路内に結石ができる病気の総称。男子に多く、結石のできる位置は尿管が多い。urolithiasis

**にょう-そ【尿素】** 化学式$CO(NH_2)_2$ ヒト、その他の哺乳類の尿中に存在し、たんぱく質の最終の分解生成物。尿中に排出される窒素の主要な形。工業的にはアンモニアと二酸化炭素を高温高圧のもとで反応させてつくる。肥料・飼料・合成樹脂・医薬などの原料。urea

**にょうそ-じゅし【尿素樹脂】** 尿素とホルムアルデヒドを縮合して得られる熱硬化性樹脂。自由に着色でき、耐アーク性・耐溶剤性・耐油性に優れる。成形材料・接着剤など。ユリア樹脂。urea resin

**にょう-どう【尿道】** 膀胱にたまった尿を体外に排出する管。長さの男女差が著しく、男では一六～一八cm、女では三～四cm。urethra ↓生殖器図

**にょうどう-えん【尿道炎】** 尿道の炎症。性病の一つである淋菌性と、ブドウ球菌などによる非淋菌性に分かれる。主症状は排尿痛。urethritis

**にょうどう-けっせき【尿道結石】** 尿道に結石ができる病気。男子に多く、排尿痛・排尿困難・血尿などの症状がある。urethral calculi

**にょうどく-しょう【尿毒症】** 腎機能の低下によって、尿成分が血中にたまるために起こる症状群。意識障害・精神症状・痙攣など。uremia

**にょう-はち【▼鐃▼鈸】**《仏教語》法会に使う、二枚の皿形の銅製の打楽器。にょうばつ。↓写

● 鐃鈸　耕雲寺(東京都)。

**にょう-へい【尿閉】** 膀胱内の尿を排出できない状態。結石・異物・末梢神経の障害などが原因。urinary retention

**にょう-ぼう【女房】**《女官の部屋(=房)を与えられた高位の女官の意》①昔、宮中で一つの部屋を与えられた高位の女官。また、貴族に仕えた女性。court lady ②中・近世での婦人、女性の呼称。woman ③妻。内儀。wife

**女房の妬く程亭主もてもせず**《思い過ごしで嫉妬するさまをからかった句》女房は、何かにつけてすぐやきもちをやくが、亭主は、女房がやくほど、もててはいない。

**女房の悪いは一生の不作**《農作物の不作は一年間であることに対比させて、大げさに表現した語》妻が悪いと一生苦労をする。悪妻は百年の不作。

● 女房装束　平安時代の女房装束

**にょうぼう-ことば【女房▽詞】** 隠語の一種。室町時代初めごろから宮中の女官が使い始めた、おもに日常の食物や着物に関したことば。「おあし・おかちん・かもじ・すもじ」など。

**にょうほう-しょう【尿崩症】** 大量のうすい尿を排出する病気。とつぜん起こり、一日に七～一〇ℓもの尿を排出するので高度の脱水症状を呈する。diabetes insipidus

**にょうぼう-しょうぞく【女房装束】** 平安時代以降、宮中に仕えた身分の高い女官の正装。男子の束帯にあたる。はじめは単・袿に裳・唐衣を重ねて張袴をつけ、さらに表着・打衣を重ねて物具姿としたが、時代が下るにしたがって装束も簡略化された。↓図

**にょうぼう-ぶんがく【女房文学】** 主として平安時代に女房層が作者・享受者となった文学。作品『源氏物語』『枕草子』『和泉式部日記』『栄花物語』など。

**にょうぼう-ほうしょ【女房奉書】** 古文書の一形式。天皇や上皇の意を受けて側近の女官が出した文書。平仮名の散らし書きで、鎌倉時代に始まる。

**にょうぼう-やく【女房役】** そばにいて、その人の仕事を助ける役・人。assistant; right-hand man

**にょう-まく【尿膜】** 脊椎動物の羊膜類における胚膜の一種。尿嚢を形成する。allantoic membrane

**にょ-かん【女官】** ↓にょうかん(女官)

**にょき-にょき**(副) 細長いものが、つづいて突き出るさま。shoot up one after another 用例 竹の子が―はえる。

**にょ-ご【女御】** ↓にょうご(女御)

**にょご-が-しま【女護が島】** ①女だけが住むという伝説上の島。井原西鶴の『好色一代男』、滝沢馬琴の『椿説弓張月』などにみられる。八丈島をさすともいう。女護国。②女だけのいる場所の称。江戸時代の大奥や吉原などの遊里。

**にょ-じつ【如実】** ①ありのままであること。truly; faithfully 用例 ―に物語る。②《仏教語》絶対不変の真理。真如。

**にょ-しょう【女性】** おんな。じょせい。woman

**にょ-ぜ【如是】**《仏教語。かくのごとく、このように、の意》ありのまま、あるがままの姿のこと。『法華経』の「十如是」が有名。

**にょぜ-がもん【如是我聞】**《「このように私は聞いた」の意》仏教経典の冒頭におかれることば。釈迦の教えを正しく聞き信順することを示す。

**にょ-たい【女体】** ①女のからだ。woman's body ②能の三体の一つ。婦人の風体。

**ニョッキ【gnocchi イタリア】** イタリア料理の一つ。小麦粉・卵・チーズなどをこねて作るパスタの一種。ジャガイモやカボチャを加えることもある。グラタンにしたり、ソースをかけたりして食べる。↓写

● ニョッキ

**にょっ-と**(副) ↓ぬっと

**によど【仁▼淀】**〈村〉高知県西部、愛媛県に接する村。林業がさかん。茶・ソバ・シイタケなどを産する。人口三三一六(一九八八)。

**によど-がわ【仁▼淀川】** 愛媛県から高知県にかけて流れる川。長さ一三〇km。石鎚山に発し、高知平野で土佐湾に注ぐ。発電所が多い。上流に名勝の面河渓がある。

●ニラ

**にょ-にん**【女人】おんな。女性。woman

**にょにん-きんぜい**【女人禁制】仏教や修験道などで、特定の聖地・霊域などに女性の立ち入りを禁ずること。また、その地域。明治時代にほとんど廃止されたが、現在でもごく一部に残る。にょにんきんせい。closed to women

**にょにん-けっかい**【女人結界】《仏教語》女人禁制の区域。

**にょにん-じょうぶつ**【女人成仏】女性が仏になること、また浄土に往生すること。古来インドでは女は成仏できないとされていたが、大乗仏教では女性が男身に変じて成仏・往生すると説く。

**にょ-ほう**【如法】《仏教語》仏の説いた法にかない、理にかなったこと。教団の規則や風儀にかなったこと。

**にょほう-あんや**【如法暗夜】まっくらがり。真のやみ。

**にょ-ぼさつ**【如▼菩▼薩】菩薩のように優しいこと。用例 外面—、内心如夜叉。

**にょ-ぼん**【女▽犯】《仏教語》僧侶が女性と交わって邪淫戒を犯すこと。

**にょ-やしゃ**【如夜▼叉】夜叉のように恐ろしいこと。用例 内心—。

**にょ-らい**【如来】《tathāgata梵の漢訳。真理の世界から来たもの・真理に到達したもの、の意》仏の尊称。仏の十号の一つ。

**如来掛けて**(にょらいかけて) 仏にちかって。神かけて。

**にょらいじゅりょうぼん**【如来寿量▽品】『法華経』の第十六品。本門の中心をなし、仏の命の永遠であること、すなわち、久遠の本仏の思想を説く。寿量品。

**にょらい-ぞう**【如来蔵】《仏教語》凡夫の煩悩におおわれた心のなかに内在している、如来(仏)になりうる可能性。仏性。

**に-より**【似寄り】よく似ていること。similarity 用例 —の品。

**ニヨルド**【Njörd】北欧神話の内海の神。風を支配し、海をしずめる力をもつ。バナ神族の一人。オーディンらのアサ神族と戦ったが、のちその一員となった。

**にょろ-にょろ**(副) 細長いものが、くねりながら進むさま。にょろり。wriggle 用例 ウナギが—と泳ぐ。

**に-よん-ディー**【2,4-D】《2,4-dichlorophenoxyacetic acid の略》除草剤の一種。吸収移行型で、選択性があり、イネ科植物には無効だが、広葉雑草にはよく効く。

**にら**【▼韮】ユリ科の多年草。ネギ類の一種で食用に栽培される。葉は細長く扁平で、鱗茎から束生。特有の刺激臭がある。夏に長い花梗の頂に、白い小花を多数開く。葉は食用。コミラ。ふたもじ。leek; scallion ↓写

**にらい-かない** 沖縄など南西諸島で、海の彼方にあると考えられている聖地。神々はそこから来訪するとされる。他界。

**にらさき**【▼韮崎】〈市〉山梨県北西部、釜無川に沿う市。旧宿場町。農業と繊維工業が発達。人口二万八五五九(一九八八)。

**にらま・える**【▼睨まえる】(下一他) にらむ。

**にらみ**【▼睨み】①目をいからして見ること。glare ②他を押さえ付ける力。押し。authority 用例 —がきく。③建築で、つりあい。対照。

**睨みを利かせる**(にらみをきかせる) 他の者を威圧して、押さえ付ける。勝手なまねをさせない。have authority over

**にらみ-あい**【▼睨み合い】対立。敵対。enmity

**にらみ-あ・う**【▼睨み合う】(五自) 向かい合って身構える。glare at each other

**にらみ-あわ・せる**【▼睨み合(わ)せる】(下一他) 比べて考え合わせる。in consideration of

**にらみ-つ・ける**【▼睨み付ける】(下一他) 強くにらむ。ねめつける。glare at

**にら・む**【▼睨む】(五他) ①目をいからして見つめる。glare ②不都合な人として、警戒の目で見る。keep an eye on 用例 社長に—・まれる。③ねらう。見当をつける。estimate 用例 この辺と—・んだが。

**にらめっ-こ**【▼睨めっこ】(名・サ変自) ①子どもの遊戯の一つ。睨み合って、目をそらさず顔の表情などを変えて、相手を笑わせようとする遊び。先に笑った方が負けとなる。睨み競く。にらめくら。②眼前のものから目を離さず、気持ちを集中しているようす。用例 字引きと—。

**にら・める**【▼睨める】(下一他) 見据える。にらむ。

**にらやま**【▼韮山】〈町〉静岡県伊豆半島北部の町。北条氏発祥の地、源頼朝の挙兵の地。幕末に、江川太郎左衛門によってつくられた反射炉が有名。イチゴ栽培で知られる。人口一万七三三四(一九八八)。

**にらやま-がさ**【▼韮山▼笠】紙縒を編んで黒漆を塗った、小形で平たい笠。幕末、砲術調練のさいに武士が使用したもので、韮山代官の江川太郎左衛門の考案による。↓図

●韮山笠

**にらんせい-そうせいじ**【二卵性双生児】二個の卵子が別々に同時に受精し、発育したもの。性別は一卵性の同性とはちがい、同性と異性がまちまち。dizygotic twins 対義 一卵性双生児。

**ニリダゾール**【niridazole】住血吸虫の駆除薬。日本住血吸虫・マンソン住血吸虫・ビルハルツ住血吸虫のいずれにも有効。

**にりつ-はいはん**【二律背反】《Antinomieドイツの訳語》論理学で、相互に矛盾する命題が同等の妥当性をもって主張され、両立しえない関係に立つこと。アンチノミー。

**に-りゅう**【二流】腕前・人物などが一流におよばず、平凡なこと。second-rate 対義 一流。

**にりゅうか-たんそ**【二硫化炭素】化学式 $CS_2$ 無色の液体で、きわめて引火性が強く有毒。木炭と硫黄を熱すると生成。殺虫剤、溶剤、人絹・セロハンの合成などに用いる。carbon disulfide

**にりん-しゃ**【二輪車】車輪が二つある乗り物。自転車・オートバイなど。two-wheeled vehicle

**にりん-そう**【二輪草】山野の林下にはえるキンポウゲ科の多年草。観賞用にも栽培。高さ約一五cm。根出葉は掌状に深裂。春に萼が花弁状の白花を一～三個つける。ガショウソウ。↓写

●ニリンソウ

**にる**【似る・▽肖る】(上一自)《語幹と語尾に分けられない》形・性質などが近い。同じようだ。resemble 用例 母親に—。よくにた兄弟。

**似て非なり**(にてひなり) 見かけは似ているが、本質が違う。

**似ても似つかぬ**(にてもにつかぬ) いっこうに似ていない。まったく違う。quite different

**似れば似るもの**(にればにるもの) 実によく似ている。非常に似ている。生き写しである。bear a close resemblance

**にる**【煮る・▼烹る】(上一他)《語幹と語尾に分けられない》水などを加え、火にかけて熱を通す。boil 比較 炊く。用例 野菜を—。

**煮て食おうと焼いて食おうと**(にてくおうとやいてくおうと) どのようにしようとも。どのようなひどいことをしようとも。いかに取り扱おうとも。用例 —好きにしてくれ。

**煮ても焼いても食えない**(にてもやいてもくえない) したたかで、手に負えず、こちらが持て余す。始末に困る。be hard to manage

**に-るい**【二塁】野球で、走者が一塁の次に進む塁。セカンド。セカンドベース。second base

**ニルガイ**【nilgai】疎林のある草原にすむウシ科の動物。インド最大のレイヨウ。褐色で体高約一・四m。たてがみのほか喉の下に毛の束がある。ウマカモシカ。

**ニルソン**【Märta Birgit Nilsson】(一九一八) スウェーデンのドラマチック-ソプラノ歌手。とくにワーグナー歌手として現代最高といわれる。

**にれ**【▼楡】ニレ科の落葉高木。山地にはえ、高さは三〇m以上になる。葉は卵形。早春に黄緑色の小花を枝上に多数つける。果実に軍配状の翼がある。板材となる。ハルニレ。elm tree ↓写

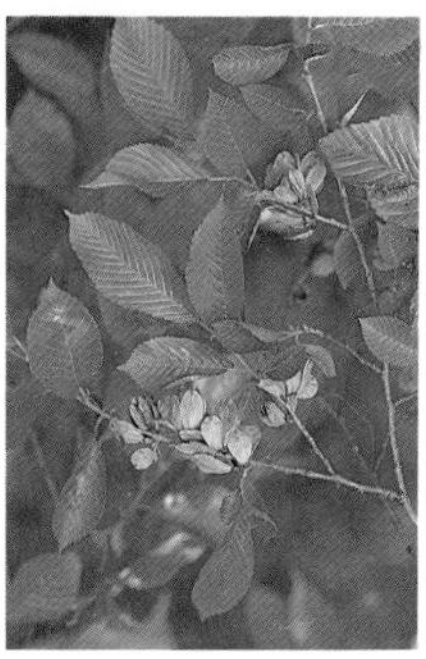
●ニレ　ハルニレ

**にれ-か・む**【▼齝む】(五自) 牛・羊などが、一度飲み込んだ食物を、また口に出してかむ。反芻する。にれがむ。にげかむ。

**にれんぜん-が**【尼連禅河】《Nairañjanā梵の音写》インドのビハール州を流れる、現在のパルガ川のこと。ガンジス川の一支流で、この河畔の仏陀伽耶の菩提樹の下で、釈迦が悟りを開いたとされる。

**ニレンバーグ**【Marshall Warren Nirenberg】(一九二七) アメリカの分子生物学者。遺伝情報の解読に成功。一九六八年ノーベル生理学医学賞受賞。

**に-ろう**【二浪】大学の入学試験に失敗した二年目であること。また、その人。

**にろくじ-ちゅう**【二六時中】(名・副)《もと、一日を一二の時に分けたことから》終日。常に。比較 四六時中。

**にろく-しんぽう**【二六新報】明治二六年(一八九三)秋山定輔によって創刊された報道中心の日刊新聞。センセーショナルな記事で知られた。昭和一五年(一九四〇)廃刊。

**にわ**【庭】①広い場所。broad place ②門内の空き地。また、そこに植物を植え、築山や池を設けた所。庭園。garden ③農家などの土間。dirt floor ④物事を行う場所。place 用例 学びの—。⑤家庭。home 用例 —の教え。⑥広い海面。wide sea level

**にわ-いし**【庭石】庭園に風趣をそえるため用いる石の総称。日本庭園では自然石を使うことが多く、産出する場所により、山石・沢石・川石・海石に大別される。garden stone

**にわ-うめ**【庭梅】庭などに植えられるバラ科の落葉低木。高さ約二m。葉は卵形。春に新葉とともに淡紅色の花を開く。果実は球形で食用・薬用。リンショウバイ。イクリ。

**にわ-うるし**【庭漆】ニガキ科の落葉高木。庭木などに栽培。高さ約一〇m。葉は羽状複葉。夏に白緑色の小花を房状につける。中国原産。シンジュ。tree of heaven

**にわか**【▼俄(か)】㊀(形動) だしぬけのさま。突然。sudden 用例 —にかき曇る。—の出来事。㊁(名)《「仁輪加」とも》「にわか狂言」の略。

**にわか-あめ**【▼俄(か)雨】急に激しく降り出して、じきにやんでしまう雨。夕立など。shower

**にわか-きょうげん**【▼俄(か)狂言・仁輪加狂言】江戸時代末期から明治初期にかけて流行した、即興の寸劇。おどけた即興の狂言。元禄ごろから京都・大坂の廓などで素人が演じはじめ、明治年間、大阪俄か曾我廼家劇などの喜劇へと発展した。茶番狂言。仁輪加。

**にわか-じこみ**【▼俄(か)仕込み】必要にせまられて、大いそぎで覚えること。hastily acquired

**にわか-づくり**【▼俄(か)造り】急に造ること・もの。急ごしらえ。hurriedly prepared; makeshift

**にわ-かまど**【庭▼竈】①土間につくりつけてある竈。②江戸時代の奈良の正月の行事。三が日の間、入り口の土間に新しい竈をつくり、家中の者が集まって飲食して遊んだ風習。庭いろり。

**にわ-き**【庭木】庭に植える木。庭に植えてある木。garden tree

**にわ-きど**【庭木戸】庭の出入り口の小さな門。garden gate

**にわ-くさ**【庭草】①ホウキギの古名。②

庭にはえている草。

**にわ-ぐち**【庭口】 庭の出入り口。garden entrance

**にわ-げた**【庭下▽駄】 庭を歩くためのげた。garden clogs

**にわ-さき**【庭先】 庭の縁側に近いあたり。縁先。around the garden

**にわさき-そうば**【庭先相場】 農家が農産物を自宅で売りわたす値段。農産物の生産地相場。

**にわ-ざくら**【庭桜】 バラ科の落葉低木。ニワウメの変種。花は八重咲きで大きく、花弁の先が紅色、中辺より下が淡紅色。庭木・鉢植え。果実は食用。種子は薬用。

**にわ-し**【庭師】 庭に草木を植え、手入れをし、泉石を整える職人。庭造り。gardener

**にわし-どり**【庭師鳥】 ニワシドリ科の鳥の総称。繁殖期の雄は、葉や小枝を敷きつめた踊り場や、小屋状のものをつくって、そこで踊る。ツグミ大からカラス大までの大きさがある。ニューギニア・オーストラリアに約一八種が分布。bowerbird

**にわ-ぜきしょう**【庭石▼菖】 アヤメ科の多年草。北米原産の帰化植物。道端や草地にはえ、高さ約二〇cm。葉は線形。春に青紫か白紫色の小花をつける。blue-eyed grass ↓図

●ニワゼキショウ

**にわ-たうえ**【庭田植(え)】 年の初めに、庭先で田植え作業を模して豊作を願う予祝儀礼。おもに東北地方で小正月に行われる。

**にわたし-さしずしょ**【荷渡(し)指図書】 ①運送品の引き渡しを指図する証券。②商品を寄託した者が、それを売るため保管者に引き渡しを指図する証書。delivery order

**にわ-たずみ**【庭▼潦】 古語 ①雨が降って地上にたまった水。また、それがあふれて流れる水。用例はなはだも降らぬ雨ゆゑ―(万葉・七・一三七〇)。②[枕ことば]「流る・川」などにかかる。用例み立たしの島を見る時―流るる涙止めそかねつる(万葉・二・一七八)。

**にわ-つくり**【庭作り】 ①庭をつくること。gardening ②庭師。gardener

**にわ-づたい**【庭伝い】 ある庭から直接よその庭を通って、その家へ行くこと。

**にわ-つ-とり**【庭つ鳥】 ①《「つ」は「の」の意の格助詞》庭で飼う鳥。ニワトリ。用例朝明には侘びて鳴くなり―さへ(万葉・一二・三〇九四)。②[枕ことば]「かけ(鶏)」にかかる。用例さ野つ鳥雉はとよむ―鶏は鳴く(古事記・上)。

**にわ-とこ**【▽接▽骨▽木】 スイカズラ科の落葉低木。山地にはえ、庭木にもされる。高さ約五m。葉は羽状複葉で対生。春に白花を多数開く。茎・花・葉は薬用、材は細工物などに用いる。セッコツボク。elder ↓写

●ニワトコ

**にわ-とり**【鶏】 キジ科の家禽。世界中でもっとも多く飼養される。卵用・肉用・卵肉兼用・愛玩用・闘鶏用に多くの品種がある。翼は弱く、あまり飛べない。頭の上に赤いとさかがあり、あごの下にも肉垂がある。原種は東南アジア産のセキショクヤケイといわれる。古名、クタカケ。ナガナキドリ。fowl; chicken ↓写

**鶏を割くに焉んぞ牛刀を用いん** 小事を処理するのに、大げさな手段は要らない。手段が大規模すぎて、適正さを欠くことのたとえ。

**鶏を割くに牛刀を用いる** 「鶏を割くに焉んぞ牛刀を用いん」と同意。

**にわ-なずな**【庭▼薺】 アリッサムの和名。

**にわ-ななかまど**【庭七▼竈】 バラ科の落葉低木。葉は羽状複葉で対生。七月、枝先に純白五弁の小花を円錐状につける。庭木・切り花。チンシバイ。

白色レグホン

プリマスロック

チャボ

●ニワトリ

**にわ-に-たつ**【庭に立つ】 [枕ことば]《庭にはえている、の意》「麻」にかかる。用例―麻手刈り干し布さらす東女を忘れたまふな(万葉・四・五二一)。

**にわのちぐさ**【庭の千草】 《原題 The last rose of summer》アイルランド民謡。咲き残ったバラにたとえて孤独の寂しさを歌う。フロトーがオペラ『マルタ』の中で使った。

**にわ-ばん**【庭番】 ①庭園の番人。②江戸幕府の職名の一つ。若年寄に属し、奥庭の掃除や遊歩中の将軍の護衛にあたる。密偵の役も果たし、諸国を探って将軍に情報を提供。御庭番。隠密。

**にわ-び**【庭火・庭▼燎】 ①庭でたくかがり火。②宮中で、神楽のときなどにたくかがり火。

**にわ-ふじ**【庭▼藤】 マメ科の落葉小低木。葉は羽状複葉で狭卵形。晩春、長さ約二〇cmほどの総状花序をなして、紅紫色の蝶形花を開く。庭木。イワフジ。

**にわ-ふみお**【▽丹羽文雄】(一九〇四) 小説家。三重県生まれ。早大卒。風俗小説の代表作家と目される。昭和五二年(一九七七)文化勲章受章。作品『鮎』『厭がらせの年齢』『親鸞』『蓮如』など。

**にわ-ほこり**【庭▼埃】 イネ科の一年草。茎は細く、葉は線形で高さ一〇～三〇cm。どこにでも見られる。灰紫色の小穂をつけた花序が、遠くからほこりのように見えるので、この名がついた。

**にわみ-ぐさ**【庭見草】 ①ハギの異名。②バショウの異名。

**にわ-も**【庭▽面】 庭の表面。

**にわ-やすじろう**【▽丹羽▽保次郎】(一八九三～一九七五) 電気工学者。三重県生まれ。東大卒。昭和三年(一九二八)NE式写真電送装置を発明。昭和三四年(一九五九)文化勲章受章。

**にわ-やなぎ**【庭柳】 タデ科の一年草。日本全土にみられる雑草。茎は叢生。葉は長楕円形。夏、葉腋に数個の花を束生する。薬用。ミチヤナギ。↓写

●ニワヤナギ

**ニン** 2画 【人】 部首[人] 教育小1 JIS 3145

音ジン・ニン 訓ひと 筆順↓ジン[人]

①ひと。「悪人・商人・他人・天人」「人間・人相・人非人」用例《接尾的》苦労―。相続―。②ひとがら。性質。用例(名)―見て法説け。③ひとを数えるのに用いる。用例(助数)百―。何―。↓ジン[人] 比較名。

**ニン** 3画 【▽刃】 部首[刀] 常用 JIS 3147

3画 【▼刄】 旧字

3画 【▼双】 異体字 JIS 4967

音ジン・ニン 訓は

刀できる。ころす。「刃傷」↓ジン[刃]

**ニン** 4画 【▽仁】 部首[人・亻] 教育小6 JIS 3146

音ジン・ニ・ニン 筆順↓ジン[仁]

さね。果実の種。「杏仁」↓ジン・ニ[仁]

**ニン** 6画 【任】 部首[人・亻] 教育小5 JIS 3904

音ニン・ジン 訓まかせる・まかす

任 任 任 任 任 任

①まかせる。まかす。「委任・一任・放任」「任意」②つとめ・役につく。また、つかせる。対義免・解。「兼任・自任・辞任・責任・専任」「任期・任務・任命・任免」用例(名)―におもむく。

**任重くして道遠し** 《責任と義務の大事を説いたことば》なすべきことは多く、前途は多難である。任務が重く、遂行する道は遠い。

**ニン** 7画 【妊】 部首[女] 常用 JIS 3905

9画 【▼姙】 異体字 JIS 5312

音ニン・ジン

はらむ。みごもる。「懐妊・不妊」「妊娠」

**ニン** 7画 【忍】 部首[心] 常用 JIS 3906

7画 【▼忍】 旧字

音ニン・ジン 訓しのぶ・しのばせる

①しのぶ。こらえる。我慢する。「隠忍・堪忍」「忍耐」②むごい。「残忍」③こっそりする。しのび。「忍者・忍術」

**忍の一字** ただひたすら、こらえること、がまんすることのたいせつさを誇張して言ったもの。Endurance is the only way. 用例ここはひとつ―で。

**ニン** 10画 【▼荵】 部首[艹] JIS 7227

音ジン・ニン

シノブ。シノブ科の夏緑性シダ植物。しのぶぐさ。

**ニン** 14画 【認】 部首[言] 教育小6 JIS 3907

14画 【▼認】 旧字

音ニン 訓みとめる

認 認 認 認 認 認

①みとめる。ゆるす。「自認・承認・否認・黙認」「認証・認知」②みわける。みきわめる。「確認・誤認」「認識」③みとめ。日常つかう印。みとめ印。④したためる。㋐かきしるす。㋑食事をする。㋒処理する。用意する。

**にんあん**【▽仁安】 平安末期の年号。永万から改元。元年(一一六六)八月二七日～四年(一一六九)四月八日。次に、嘉応に改元。

**にん-い**【任意】(名・形動) 心のままにまかせること・さま。随意。option; voluntary

**にんい-いんたいせんしゅ**【任意引退選手】 プロ野球で、所属球団の拘束を一部残したまま現役を引退した選手。他球団で再びプレーする場合は、もとの所属球団の了解を必要とする。比較自由契約選手。

**にんい-しゅっとう**【任意出頭】 捜査官が被疑者・参考人をよび出すこと。出頭・退去は自由、答弁も強制されない。

**にんい-そうさ**【任意捜査】 強制手段によらずに行われる捜査。

**にんい-だいりにん**【任意代理人】 本人の意思に基づいて代理権が生じる代理人。対義法定代理人。

**にんい-つみたてきん**【任意積立金】 会社が定款の規定や株主総会の決議に基づいて積み立てる利益部分。法律で義務づけられたものではない。任意金。対義法定準備金。

**にんい-どうこう**【任意同行】 警察官が職務質問をしようとする者を最寄りの派出所・



↓行き先項目、図版・写真参照印。 JIS 日本工業規格情報交換用漢字符号コード(区点コード)。

警察署などへ相手の同意に基づいて連行すること。

**にんい-ひょうほん【任意標本】** 母集団のどの要素も等確率で標本に入るように抽出された標本。無作為標本。ランダムサンプル。random sample

**にんいひょうほん-ほう【任意標本法】** ↓ランダムサンプリング

**にんい-ほけん【任意保険】** 加入が当事者の自由意志にまかされる保険。任意加入の自動車保険をさすことが多い。voluntary insurance 対義 強制保険。

**にん-か【認可】**（名・サ変他）①よいとして許すこと。approval ②当事者の法律上の行為に行政庁が介入することにより、その効力を成立させること。学校の設置や私鉄運賃の認可など。authorization; permission

**にん-が【人我】**《仏教語》われわれのうちにあると妄想される実体的な我。我執。

**にん-かい【▽仁海】**（九五一〜一〇四六）平安中期の真言宗の僧。真言宗小野流の祖。山城国小野に曼荼羅寺を創建。祈雨の法を修して霊験があり、雨僧正とよばれた。小野僧正。にんがい。

**にん-がい【人外】** 人の道にもとること・人。ひとでなし。

**にん-がい【人界】**《仏教語》十界の一つ。人間の住む世間。人間の世界。じんかい。

**にん-かん【任官】**（名・サ変自）官職に任ぜられること。appointment 対義 退官。

**にん-き【人気】** ①世間の気受け。人々からの受け。popularity 用例 ―が高い。―者。②土地の気風。じんき。morale of the people 用例 この地域は―が悪い。

**にん-き【任期】** その職務を務める、あらかじめ定められた期間。one's term of office 用例 ―が切れる。

**にんき-かぶ【人気株】** 人気がよくて、売買の多い株式。花形株。popular stock

**にんき-しょうばい【人気商売】** 人気を必要とする職業。役者・芸能人など。

**にんき-とうひょう【人気投票】** 歌手・俳優・運動選手などについて、一般の投票により、人気の順位をきめること。popularity vote

**にんき-とり【人気取り】** 人気を取ろうとすること。それのうまい人。claptrap

**にん-ぎょ【人魚】** 想像上の動物。海生草食獣のマナティーやジュゴンがモデルともいわれ、ふつう上半身が人の女性、下半身が魚の形をしているとされる。マーメイド。mermaid

**にん-きょう【任▼俠・▽仁▼俠】**（名・形動）弱い者を助け、強い者をくじく気だて。おとこぎ。男だて。chivalry

**にん-ぎょう【人形】** ①人の形をしたもの。おもちゃ・かざり・芝居などに用いる。doll 数え方 一体。②人のいいなりになっている人。puppet ③男物長着の袖付止まりから袖下までの約一〇㎝。あけないで縫いふさぐ。④「人形仕立て」の略。

**にんぎょう-おくり【人形送り】** 害虫や疫病をはらうため、疫鬼に見立てた藁人形を村境まで送ったり、川へ流したりする行事。

**にんぎょう-げき【人形劇】** 人形をあやつって芝居をさせる演劇。文楽・ギニョールなどの手遣い、マリオネットなどの糸操り人形などがある。puppet show

**にんぎょう-じたて【人形仕立(て)】** 人形の衣装の仕立て方。本来は有職雛用の衣装を装束に準じて、襟・裾・袖口に何枚か切れを重ねて重ね着をしているようにしたもの。

**にんぎょう-しばい【人形芝居】** 人形を操ってする芝居。操り芝居。puppet show

**にんぎょう-じょうるり【人形浄▼瑠▼璃】** 浄瑠璃に合わせて人形を操りながら演じる芝居。近松門左衛門と竹本義太夫の共同で大いに発展した。今、文楽座のものがもっとも著名である。

**にんぎょう-つかい【人形遣い】** 人形芝居の人形を操る人。puppeteer

**にんぎょう-とうげ【人形峠】** 鳥取・岡山県境、倉吉市と津山市を結ぶ交通路の峠。標高七三五m。ウラン鉱発見で有名になった。

**にんぎょうのいえ【人形の家】**《原題 Et dukkehjem ノルウェー》イプセンの戯曲。一八七九年初演。女主人公ノラの生き方を通して、家庭婦人の地位の本質を掘り下げて、女性解放運動に大きな影響を与えた。

**にんぎょう-ぶり【人形振り】** 歌舞伎で、役者が人形浄瑠璃の人形のように背後の黒子に操られている動作をする演出法。『櫓のお七』のお七、『日高川』の清姫など。

**にんぎょう-やき【人形焼(き)】** 人形の形に焼いたカステラ風の菓子。小麦粉・砂糖・水あめ・卵・みりんなどを溶き、焼き型に入れ、じか火で焼く。あん入りもある。

**にん-く【忍苦】**（名・サ変自）苦しみをこらえること。endurance

**にん-げん【人間】** ①ひと。人類。human being 対義 自然。②人物。人柄。character 用例 ―ができている。

**人間、到る所青山有り** 「じんかん、到る所青山有り」と同意。

**人間の皮を被った獣** 人間の形をしてはいるが、心は獣と同じである。人の道にはずれた言動を行う者をののしっていう語。人面獣心。人でなし。a beast of a man

**人間は万物の霊長** 人間はあらゆる生物の中にあって、もっともすぐれたものである。万物の霊長。Man is the lord of creation. 類似 人は万物の霊。

**人間は病の器** 「人は病の器」と同意。

**人間万事、金の世の中** この世の中は、すべて、金が支配する。物事は金さえあればすべて片がつく。Money talks.

**人間万事、塞翁が馬** 「塞翁が馬」と同意。

**にんげん-あい【人間愛】** 人間としての人間に対する愛情。human love

**にんげん-かい【人間界】** ①人間の住むこの世界。the human world 対義 自然界。②《仏教語》十界の一つ。人界。

**にんげん-がく【人間学】** 人間の本質を解明しようとする哲学的研究。カントは形而上学・道徳論・宗教の三領域を総括する学として提唱。anthropology

**にんげん-かん【人間観】** 人間的存在についての統一的な見方・考え方。view of human being

**にんげんかんきょう-せんげん【人間環境宣言】**（Statement for Human Environmental Quality）一九七二年にストックホルムで開かれた、国連人間環境会議で採択された人間環境の保全と向上のための宣言。ストックホルム宣言。

**にんげん-きかいろん【人間機械論】** 哲学用語。精神の自立的な存在を否定する哲学上・科学上の立場。人間の身体を、一つの精密な機械として解明できると考えるもので、ラ＝メトリの著書『人間機械論』によって確立。theory of human machine

**にんげん-きげき【人間喜劇】**《原題 La Comédie humaine フランス》バルザックが自己の全小説作品の集大成に付した総題。約九〇編の長・短編を含む。

**にんげん-ぎょらい【人間魚雷】** 旧日本海軍が考案・使用した特別攻撃兵器。大型魚雷を改造し、乗員一名が操縦して敵艦に体当たりするもの。実戦では「回天」と命名された。

**にんげん-ぎらい【人間嫌い】**《原題 Le Misanthrope フランス》↓ミザントロープ

**にんげん-こうがく【人間工学】**《human engineeringの訳》機械や道具を人間にとって使いやすく設計するため、医学や心理学および工学などの境界領域に生まれた新しい学問。エルゴノミックス。

**にんげん-こくほう【人間国宝】** 文化財保護法により指定された演劇・音楽・工芸技術などの重要無形文化の技能にすぐれ、保持者として認められた人。「重要無形文化財保持者」の通称。living national treasure

**にんげんしさん-かいけい【人間資産会計】** 人的資源会計の別称。

**にんげん-せい【人間性】** ①人間としての本性。人間らしさ。人間に特有の本性。human nature 対義 神性・動物性。用例 かれの―が人をひきつけるのだ。②人間だけがもつ当為・理想。ヒューマニズム。humanism 用例 完全な―をめざした学問。

**にんげん-せんげん【人間宣言】** 昭和二一年（一九四六）一月一日に発表された、天皇の神格否定の詔書の通称。昭和天皇みずから現人神であることを否定し、神話の観念から絶縁することを宣言。

**にんげん-ぞう【人間像】** 性格・容貌・思想・言動などすべてをふくめて、人間を総合的にとらえたすがた。用例 理想の―。

**にんげん-そがい【人間疎外】** 人間性が損なわれ人間らしい生き方をなくしてしまうこと。人間のために役立つはずのものが、逆に人間をふりまわす状態。人間が機械文明や巨大な社会組織・産業組織などに組み込まれ、高度に管理化・情報化された社会で生じやすい。alienation

**にんげん-てき【人間的】**（形動）①人間らしいさま。行為・感情に人間性が現れているさま。人道的。道義的。ヒューマニスティック。humane ②人情味があるさま。humane

**にんけん-てんのう【▽仁賢天皇】** 記紀で第二四代天皇。名は億計王・大脚。履中天皇の皇子市辺押磐の王子。父が雄略天皇に殺され、弟（＝顕宗天皇）とともに播磨に逃れたが、のち迎えられて弟に次いで即位したと伝えられる。

**にんげん-ドック【人間ドック】** 平素健康に生活している人について、一定期間の入院で全身の総合的な健康診断を行い、健康な生活のための指導をすること。病気の早期発見と予防が目的。medical check up

**にんげん-なみ【人間並(み)】** ふつうの人間と同じ程度であること。ひとなみ。ordinary 用例 ―の扱いを受ける。

**にんげんのじょうけん【人間の条件】**《原題 La Condition humaine フランス》マルローの小説。一九三三年発表。上海のクーデターを背景に、革命活動と孤独な死を描く。

**にんげん-み【人間味】** 人間として自然に備わった、あたたかい情合い。人情。touch of humanity 用例 ―あふれる。

**にんげん-らし・い【人間らしい】**（形）①人並なようすである。average 用例 ―生活をする。②人間として必然的にせねばならぬさまである。humane 用例 ―行為。③人間の知・情・意において、とくに情において人間味があふれているようすである。humane 用例 ―同情をそそぐ。

**にんげん-わざ【人間業】**《多く、下に打ち消しをともなって》人間の力でできること。対義 神業。用例 ―とは思えない。

**にんこう-てんのう【▽仁孝天皇】**（一八〇〇〜一八四六）第一二〇代天皇（在位一八一七〜一八四六）。名は恵仁。光格天皇の第四皇子。

**にん-ごく【任国】** ＝にんこく。①昔、国司として任命された国。②大使・公使・領事などが赴任する国。ambassador's place of appointment

**にんさん-ばけしち【人三化け七】**《人間が三割、化け物が七割、の意》たいへん醜い女。

**にん-さんぷ【妊産婦】** 妊婦と産婦。pregnant women and nursing mothers

**にんじ【▽仁治】** 鎌倉中期の年号。延応から改元。元年（一二四〇）七月一六日〜四年（一二四三）二月二六日。次に、寛元に改元。

**にん-しき【認識】**（名・サ変他）①みとめ知ること。recognition ②物事をはっきり知り、その意義を正しく理解する作用。その結果である知識。knowledge ③哲学で、対象を感覚し知覚して、さらに記憶・思考にいたる意識の作用・働き。episteme

**にんしき-ぶそく【認識不足】**（名・形動）①よくは知らないこと・さま。lack of knowledge 用例 ―なことをいうな。②正しい判断を下すのに認識がたりないこと・さま。lack of understanding

**にんしき-ろん【認識論】** 哲学で、認識の起源、構造、真理性などを考察する分野。ロックが初めて問題を提起。形而上学、存在論とともに、哲学の基本的な部門をなす。epistemology

**にん-じゃ【忍者】** 忍術を使う者。実像は明らかではないが、南北朝時代から江戸時代にかけて、武家や幕府の手先として働いた忍び・すっぱなどがそれと考えられる。忍びの者。忍び。隠密。参照 甲賀者・伊賀者。

**ニンシャホイツー-じちく【ニンシャホイツー自治区・▽寧▽夏▽回▽族自治区】**（Níngxià Huízú）↓ねいかいぞくじちく（寧夏回族自治区）

**にんじゅ【▽仁寿】** 平安初期の年号。嘉祥から改元。元年（八五一）四月二八日〜四年（八五四）一一月三〇日。次に、斉衡に改元。

**にん-じゅう【忍従】**（名・サ変自）我慢して従うこと。submission 用例 ―の生活。

**にん-じゅつ【忍術】** 日本独特の密偵術。変装・読心・速歩・跳躍などの技を用い、人目をあざむいて行動する術。戦国時代にもっとも発達した。甲賀流・伊賀流などが知られる。しのびの術。忍法。

**にん-しょう【人称】** 文法で、話し手・相手・第三者の表し方の別。person

**にん-しょう【人証】** ↓じんてきしょうこ（人的証拠）

**にん-しょう【認証】** 法律で、一定の事実を公に証明すること。

**にんしょう【忍性】**（一二一七〜一三〇三）鎌倉時代の律宗



▼常用漢字表外。 ▽常用漢字表の音訓外。

の僧。鎌倉に極楽寺を建立して施薬院をおくなど貧民救済、福祉活動に尽力、医王如来とよばれた。

**にん-じょう【人情】** 人間的な感情。情け。humanity 対義 義理。

**にん-じょう【▽刃傷】**(名・サ変他) 刃物で人をきずつけること。bloodshed

**にんしょう-かん【認証官】** 任免にあたって天皇の認証が必要となる官職。国務大臣・宮内庁長官・侍従長・最高裁判所判事・高等裁判所長官・検事総長・会計検査院の検査官・侍従長・人事官・特命全権大使など。

**にんじょう-ざた【▽刃傷▼沙▼汰】** 刃物で人に切りつけるなどの騒ぎ。affair of bloodshed

**にんしょう-だいめいし【人称代名詞】** 代名詞の一つ。人をさす。第一人称(自称)・第二人称(対称)・第三人称(他称)に分ける。「わたし・あなた・あのかた・どなた」など。人代名詞。personal pronoun 対義 指示代名詞。

**にんじょう-ばなし【人情▼噺・人情▼咄】** 笑いを主体としないで、市井の人たちの人情を題材とする落語。「落ち」のないものが多い。

**にんじょう-ぼん【人情本】** 近世後期、江戸で流行した小説の一種。書型から「中本」、内容から「泣本」ともいわれた。文政期に町人男女の恋愛を書いたものから始まり、天保期に為永春水が出て全盛、天保の改革で下火となったが、幕末から明治初期まで続いた。曲山人『仮名文章娘節用』、春水『春色梅児誉美』など。

**にんじょう-み【人情味】** その人間に自然に備わった他人に対するいつくしみの情。情味。human warmth

**にん・じる【任じる】**(上一自他) ↓にんずる(任ずる)

**にん-しん【妊娠】**(名・サ変自) 哺乳類の受精卵が子宮内に着床し、母体と機能的に結合して成長し、出産に至るまでの状態。身持ち。懐妊。懐胎。pregnancy

**にん-じん【人▽参】** 一①セリ科の一、二年草。原産地はヨーロッパ。春、長い花茎の先に大形の複散形花序をつける。根は長円錐形で、カロチンを含み、赤または黄色。食用。carrot ②チョウセンニンジンの異称。二《にんじん。原題Poil de Carotte仏》ルナールの小説。一八九四年発表。そばかすと赤毛の少年「にんじん」は、父母と心が通わず、家中の笑い者だが、最後は父によって救われる。↓図

**人参飲んで首縊る**《高価な朝鮮人参で病気はなおったものの、その支払いに苦しむ、の意から》物事は、前後を考えないとかえって悪い結果となる。

**人参で行水**《高価な朝鮮人参を浴びるほど用いることから》医薬のすべてをつくして治療することのたとえ。

**にんしん-せん【妊娠線】** 妊娠中に腹壁・大腿・乳房の皮膚に現れる青赤色の線。皮膚が急速に伸びるため皮下組織が断裂したもの。出産後は銀白色に変化し、そのまま残る。striae gravidarum

**にんしん-ちゅうどくしょう【妊娠中毒症】** おもに妊娠後期にみられるむくみ・たんぱく尿・高血圧などの症状群。症状の程度で重症度が分類される。妊娠中の定期検診による早期発見が大切。toxemia of pregnancy

**にんしん-はんのう【妊娠反応】** 妊婦の尿中に排出されるいろいろな化学物質を利用して妊娠を診断する方法。HCG(=ヒト絨毛性ゴナドトロピン)の抗原抗体反応を利用する方法が広く行われている。pregnancy test

**にんじん-ぼく【人▽参木】** クマツヅラ科の落葉低木。観賞用に栽培される。高さ約三m。葉はニンジンの葉に似て掌状複葉。夏、花穂に淡紫色の小花を多数つける。↓図

**にん-ず【人数】** ↓にんずう(人数)

**にん-ずう【人数】** =にんず。①人のかず。number of persons 用例 —がそろう。②多くの人。many people 用例 —を繰り出す。

● ニンジンボク

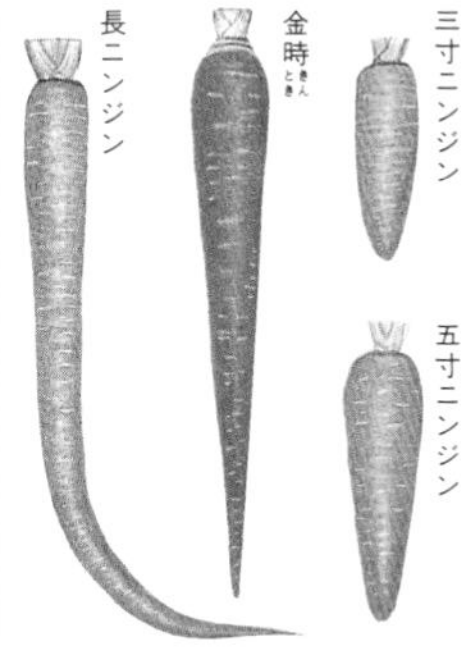

● ニンジン 一①

**にん・ずる【任ずる】**(サ変自他) =任じる・任ず。①(自)㋐自分の任務として引き受ける。assume 用例 責めに—。国政に—。㋑いい気になる。自任する。profess 用例 天才をもって—。②(他)人にある官職を与える。appoint 用例 文部大臣に—。

**にんせい【▽仁清】** ↓ののむらにんせい(野々村仁清)

**にん-そう【人相】** 人の顔形。容貌。looks

**にんそう-がき【人相書(き)】** 失踪者や犯罪者などをさがすために、姓名・出身地・年齢・衣服・顔や身体的特徴などを記して配布する書き付け。personal description

**にんそう-み【人相見】** 人相によって、人の運勢などを占う職業・人。physiognomist

**にん-そく【人足】** ①力仕事をする労働者の旧称。laborer米; labourer英 ②人をこばかにしていう語。用例 半—。

**にんそく-よせば【人足寄(せ)場】** 江戸幕府が寛政の改革で設けた収容所兼授産所。寛政二年(一七九〇)江戸石川島に設置。無宿人・刑了者らを収容し、大工・建具などの技術を修得させたり、人足として労働に従事させた。

**にん-たい【忍耐】**(名・サ変他) こらえること。たえしのぶこと。しんぼう。perseverance

**にんたい-りょく【忍耐力】** 忍耐できる強さ。perseverance

**にん-ち【任地】** 任務を果たすために住む土地。one's post 用例 —におもむく。

**にん-ち【認知】**(名・サ変他) ①事象について知ること。knowledge ②心理学で、対象に気づいてそのものの意味を知る過程の総体。cognition ③法律で、婚姻外でもうけた子を、父または母が自分の子であると認める意思表示。affiliation

**にんち-かがく【認知科学】** 人間の情報処理のしくみを、いろいろの観点から研究する総合科学。知覚・記憶・思考・推理などの高度な情報処理機構の解明をめざす。cognitive science

**にん-ちくしょう【人畜生】** 畜生のような人間。人でなし。

**にん-ちゅう【人中】**《「ひとなか」は別語》鼻の下の溝。じんちゅう。

**にん-てい【人体】**《「じんたい」は別語》①人の姿。②人がら。人品。

**にん-てい【認定】**(名・サ変他) みとめて、それと決めること。acknowledgment 用例 資格を—する。

**にんてい-しぼう【認定死亡】** 火災その他の事変によって死体確認はできないが死亡したことが確実な場合、公の機関の死亡報告によって死亡の認定を行うこと。

**にん-でん【人天】**《仏教語》人間と天人。人間界と天上界。

**にん-どう【忍冬】** スイカズラの別名。また、その葉を乾燥させた生薬。

**にんとう-ぜい【人頭税】** ↓じんとうぜい(人頭税)

**にんどう-もん【忍冬文】** つる草を図案化した唐草文の一種。ギリシアから西アジアに伝わり、仏教とともに中国・日本に伝来。法隆寺の「玉虫厨子」などに見られる。忍冬唐草。honeysuckle ornament

**にん-とく【人徳】** その人のもっている人望。じんとく。one's natural virtue

**にんとく-てんのう【▽仁徳天皇】** 記紀で第一六代天皇。応神天皇の皇子。難波に都し、外交や農業に尽力したと伝えられる。

**にんとくてんのう-りょう【▽仁徳天皇陵】** 大阪府堺市大仙町にある古墳時代中期の古墳。日本最大の前方後円墳で、全長四八六m、高さ三五m。百舌鳥耳原中陵。大山古墳。↓写

● 仁徳天皇陵

**にんな【▽仁和】**《「にんわ」の変》平安初期の年号。元慶から改元。元年(八八五)二月二一日〜五年(八八九)四月二七日。次に、寛平に改元。

**にんな【任▼那】** 任那の別読み。

**にんな-じ【▽仁和寺】** 京都市右京区御室大内にある真言宗御室派の総本山。光孝天皇の勅願により、仁和四年(八八八)宇多天皇が創建。御室御所。

**にんなみ-どうはち【▽仁▼阿▼弥道八】** ↓たかはしどうはち(高橋道八)

**にん-にく【忍▽辱】**《仏教語》苦しみなどを耐え忍び、心を動かさないこと。六波羅蜜の一つ。

● ニンニク

**にん-にく【▼葫・▽大▼蒜・▼蒜】** ユリ科の多年草。茎は円筒形で高さ約一m。葉は広線形で扁平。夏に白紫色の小花を茎頂につける。全草に特有の強臭がある。食用。地下の鱗茎は数個の小球からなり、香辛料・強壮剤にする。ひる。おおびる。にもじ(女房詞)。ガーリック。garlic ↓図

**にん-にょう【人▼繞】** 漢字を組み立てている部分の名。「免・充」などの「儿」。人足。

**にん-にん【人人】** めいめい。各人。

**にん-のう【人皇】** 神武天皇以後の天皇の称。対義 神代。

**にんのう-ぎょう【▽仁王経】** 護国三部経の一つ。鳩摩羅什訳『仁王般若波羅蜜経』、不空訳『仁王護国般若波羅蜜多経』の略称。仁王般若経。

**にん-ぴ【認否】** 認めることと、認めないこと。認めるか、認めないかということ。approval or disapproval 用例 —を問う。

**ニンヒドリン-はんのう【ニンヒドリン反応】** たんぱく質の呈色反応。試料の中性溶液に一%ニンヒドリン水溶液を少量加えて熱すると、青紫色に呈色する。アミノ酸検出にも用いる。ninhydrin reaction

**にん-ぴにん【人非人】**《仏教語。人にして人にあらず、の意》人間の姿をしていながら、人間の心をもたないもの。ひとでなし。brute of a man

**にんびょう【▽仁平】** 平安末期の年号。久安から改元。元年(一一五一)一月二六日〜四年(一一五四)一〇月二八日。次に、久寿に改元。にんぺい。

**ニンフ【nymph】** ①ギリシア神話の妖精。若く美しい女性の姿をし、山や森、平野・泉・川、町に住む。踊りや歌を好み、牧場や花園に緑をもたらし、薬効ある泉・家畜・狩人などを守る。②美しい少女。③不完全変態をする昆虫の幼虫。若虫。

**にん-ぷ【人夫】**《卑語》力仕事をする労働者「の旧称。

**にん-ぷ【妊婦】** 妊娠している女性。pregnant 比較 産婦。



↓行き先項目、図版・写真参照印。 JIS 日本工業規格情報交換用漢字符号コード(区点コード)。

**にんぺい【▽仁平】**↓にんびょう(仁平)

**にん-べつ【人別】**①ひとりひとりに割り当てること。各人。②戸籍。用例―帳。③人口。

**にんべつ-あらため【人別改(め)】**江戸時代の戸籍調査。幕府・諸藩が享保一一年(一七二六)以後六年ごとに人口調査を行い、各種の課役徴発の基礎とした。

**にんべつ-ちょう【人別帳】**江戸時代の戸籍帳簿。享保一一年(一七二六)以降、六年ごとに作成。これに記載のない者は無宿者とし、罪を犯した者は除籍した。

**にん-べん【人偏】**漢字を組み立てている部分の名。「仁・仏・化」などの左にある「亻」。

**にん-ぽう【忍法】**↓にんじゅつ(忍術)

**ニンポー【寧波】**(Níngbō)中国浙江省東部、杭州湾口南方の都市。人口六一・六万(一九八四)。

**にんまり**(副・サ変自)思いどおりになったと、満足の笑いをうかべるさま。smile with satisfaction

**にんみょう-てんのう【▽仁明天皇】**(八一〇〜八五〇)第五四代天皇(在位八三三〜八五〇)。名は正良。深草帝ともいう。嵯峨天皇の第二皇子。

**にん-む【任務】**与えられて、しなければならない務め。仕事。役目。duty 用例―を果たす。

**にん-めい【任命】**(名・サ変他)官職・役に任ずること。役につくことの命令。appointment

**にん-めん【人面】**人の顔。じんめん。face

**にん-めん【任免】**(名・サ変他)任ずることと免ずること。appointment and dismissal

**にんめん-じゅうしん【人面獣心】**顔は人であるが、心はけだもののようにむごくて、情けを持たないこと。ひとでなし。人非人。じんめんじゅうしん。

**にん-よう【任用】**(名・サ変他)職務を与えて使うこと。employment

**にん-よう【認容】**(名・サ変他)認めて許すこと。容認。acknowledgment

# ぬ
# ヌ

**ぬ【ぬ・ヌ】**五十音図な行第三の仮名。平仮名「ぬ」は「奴」の草体。片仮名「ヌ」は「奴」の右。

**ぬ【▽野】**古語 のはら。用例千葉の―の児手柏の含まれど(万葉・二〇・四三八七)。参考「野」にあてられている万葉仮名「努」「怒」などを、江戸時代の国学者が「ぬ」と訓読したもの。用例の歌の表記は「奴」で、これは一説に上代東国方言としている。

**ぬ【▽寝】**古語(下二自)↓ねる(寝る)

**ぬ** 文語的(助動)《「ず」の連体形》打ち消しを表す。…ない。用例見知ら―人。あら―方。

**ぬ** 古語(助動 ナ変型)《用言の連用形に付く》①動作や作用が完了する意を表す。…た。…てしまった。用例はや、舟に乗れ、日も暮れ―(伊勢・九)。②《多く推量の助動詞「む・らむ・べし」などをともなって》きっと…にちがいない。用例風も吹き―べし(土佐)。③《命令形で》強調や念を押す意を表す。きっと…。さあ…。用例月もいと明かければ「おりね」としひてのたまへば(和泉式部日記)。④《中世以後》動作や作用を並列する意を表す。…たり…たり。用例なき―わらひ―ぞし給ひける(平家・一〇・藤戸)。

**ヌアー-ぞく【ヌアー族】**スーダン南部のナイル川上流に住むナイロート系民族。牛の放牧・狩猟・漁労に従事。ヌエル族。Nuer

**ヌアクショット【Nouakchott】**アフリカ北西部、モーリタニアの首都。大西洋岸に位置し、生ゴム・岩塩などの集散地。人口一三・五万(一九七六)。

**ぬい-あげ【縫(い)揚げ】**(名・サ変他)子どもの着物の肩や腰にひだをとって縫い止めておくこと。あらかじめ大きめにつくっておき、成長に対処するための方法。縫い揚げる場所によって、肩揚げや腰揚げなどという。揚げ。

**ぬい-あ・げる【縫(い)上げる】**(下一他)縫い終える。finish sewing

**ぬい-いと【縫(い)糸】**裁縫用の糸の総称。布地・縫い方・針に応じて、素材・太さを選ぶ。管巻きのミシン糸と紙カード巻きの手縫い糸がある。sewing thread

**ぬい-かえ・す【縫(い)返す】**(五他)①縫ってあったものをほどき、改めて縫う。縫い直す。sew anew ②縫い終わったとき、逆の方向に少し縫って、糸が抜けないようにする。

**ぬい-かた【縫い方】**①縫う方法。how to sew ②縫う係の人。sewer

**ぬい-ぐるみ【縫(い)▽包み】**①動物などに扮するためにかぶる、そのものの形をした袋状の衣装。animal costume ②動物などの形に縫った袋に詰め物をした玩具や装飾品。stuffed toy

**ぬい-こ・む【縫(い)込む】**(五他)①縫い合わせた布の端が、縫い目の奥に隠れるように縫う。sew in ②中にものを入れて縫う。包み込んで縫う。

**ぬい-しぼり【縫(い)絞り】**絞り染めの方法の一つ。模様の輪郭や曲線などにそって糸で縫い、糸を引き締めて染色する。

**ぬい-しろ【縫(い)代】**衣服の構成上、縫い合わせ、または揚げのために必要な布のゆとり。表にはあらわれないで、ほとんどが裏側に縫い込まれる。seam allowance

**ぬい-とり【縫(い)取り】**(名・サ変他)布地の上に、色糸で模様を縫い表すこと。また、そのもの。刺繡。embroidery

**ぬい-なおし【縫(い)直し】**縫ってある物を一度ほどいて、改めて縫うこと。また、そのもの。resew

**ぬい-なお・す【縫(い)直す】**(五他)縫ってあるものをほどいて、改めて縫う。縫い返す。remake one's clothes

**ぬい-はく【縫(い)▼箔】**①刺繡と摺箔で模様を表す技法。また、その染織品。②①の技法を用いた能装束の一つ。参照摺箔。

**ぬい-ばり【縫(い)針】**衣服その他の物を縫うために用いる針。鋼鉄製。手縫い針は和裁用と洋裁用に大別される。needle

**ぬい-め【縫(い)目】**①縫い合わせたさかい。seam ②縫った糸の目。stitch

**ぬい-もの【縫(い)物】**①衣服などを縫うこと。裁縫。sewing 用例―ができない。②縫った物。仕立物。needlework 用例―を届ける。③縫い取りをすること。また、縫い取りをするものや縫い取りをしたもの。embroidery

**ぬい-もよう【縫(い)模様】**縫い取りにした模様。

**ぬい-もん【縫(い)紋】**刺繡であらわした紋。羽織や長着に、一つ紋・三つ紋の略式紋あるいはしゃれ紋として入れる。対義染め抜き紋・描き紋。

**ぬ・う【縫う】**(五他)①糸のついた針で布と布をつなぎ合わせる。sew 用例洋服を―。②縫い取りをする。embroider 用例花模様を―。③外科で、傷口を糸のついた針でとじ合わせる。用例三針―。④物と物との間を曲がりくねって通りぬける。thread one's way 用例人波を―・って進む。

**ヌー【gnu】**アフリカの草原に群棲するウシ科のレイヨウ。肩高約一・三m。体重約二五〇kg。ウシレイヨウ。ウシカモシカ。ワイルドビースト。↓写

● ヌー

**ヌース【nūs ギリシア】**《古代ギリシア哲学の用語。精神・心・理性の意》最初に用いたアナクサゴラスでは世界の原理の意。プラトン・アリストテレスは人間の魂、理性の意で用いた。nous

**ヌー-チアン【怒江】**(Nù Jiāng)↓どこう(怒江)

**ぬうっ-と**(副)①のろい動作で薄気味悪く、不意に現れるさま。creepy 用例部屋に―入ってくる。②のっぺりとしたさま。

**ヌーディスト【nudist】**裸で暮らすのがもっとも自然で美しいという主張をもち、実践している人たち。アメリカでは一九五〇年代の後半、ヌーディストクラブが公認されている。裸体主義者。

**ヌード【nude】**はだか。とくに、芸術作品の裸体画・裸体像。

**ヌード-しゃしん【ヌード写真】**裸体を撮影した写真。女性ヌード写真は他の造形芸術と異なる映像表現を成立させた。nude photo

**ヌード-ショー**《和製語》女性の裸体を見せるショー。昭和二二年(一九四七)東京新宿で「額縁ヌードショー」が行われ、モデルが十数秒静止したまま裸体を見せたのがはじまり。striptease

**ヌード-スタジオ**《和製語》写真撮影とか絵を描くという名目で、入場料をとって女性の裸体を見せるところ。

**ヌード-マウス【nude mouse】**全身無毛のマウス(ハツカネズミの飼育品種)の一系統。先天的に胸腺不全なので、免疫反応における胸腺の役割や腫瘍の研究に欠かせない実験動物。

**ヌートリア【nutria】**カプロミス科の水生の齧歯類。体長約四〇cm。茶褐色。後脚に水かきがある。夜行性で草食性。毛皮獣で、日本でも野生化。南米原産。カイリネズミ。↓写

**ヌードル【noodle】**めん類、とくに押し出し方式でつくられた帯状のめん。日本農林規格では、マカロニ類のうちの帯状のもの。

● ヌートリア

**ヌーベル-クリティック【nouvelle critique フランス】**フランスの新しい文学批評。作品のテーマや構造分析を通して批評の自立をめざす。プーレ・リシャール・バルトなど。

**ヌーベル-バーグ【nouvelle vague フランス】**《新しい波、の意》一九五〇年代後半のフランス映画界の新しい映画運動の呼称。青年監督たちが、旧来の映画作法にとらわれない個性的な作品を発表したが、この現象は数年で消滅した。ゴダール・トリュフォーなど。

**ヌーボー【nouveau フランス】**㊀(名)《「アールヌーボー式」の略。新しい、の意》曲線的で、装飾性に富んだ美術様式。Art Nouveau 参照アールヌーボー。㊁(形動)《音の感じから使う語》とらえどころがないさま。vague

**ヌーボー-ロマン【nouveau roman フランス】**一九五〇年代以来のフランスの前衛小説の一群に与えられた名称。従来の小説への方法的懐疑に基づき、大胆な実験的手法で世界の「意味」を重層的多角的に追求する。ロブ=グリエ・ビュトール・サロート・シモンなど。アンチロマン。

**ヌーメア【Nouméa】**太平洋南西部、ニューカレドニア島南部の港湾都市。人口六万(一九八九)。

**ぬえ【▼鵺・▼鵼】**①トラツグミの別名。②源頼政が退治したといわれる伝説上の怪物。頭部はサル、胴はタヌキ、尾はヘビ、手足はトラに似ていたという。③態度や考え方などがよくわからない人・物のたとえ。

**ぬえこ-どり【▼鵺子鳥】**①トラツグミの別名。②〔枕ことば〕《トラツグミの鳴き声が悲しげなことから》「うら泣く」にかかる。用例村肝の心を痛み―うらなけ居れば(万葉・一・五)。

**ヌエット【Noël Nouët】**(一八八五〜一九六九)フランスの詩人・エッセイスト。来日し日仏文化交流に尽くす。詩集『無限に渇える心』など。

**ぬえ-てき【▼鵺的】**(形動)正体が不明であるさま。あいまい。鵺の様。mysterious 用例―存在。

**ぬえどり-の【▼鵺鳥の】**〔枕ことば〕《「ぬえ



▼常用漢字表外。　▽常用漢字表の音訓外。

どり」は、トラツグミの異名。その鳴き声が悲しげなことから》「片恋」などにかかる。用例—片恋嬬(かたこひつま)朝鳥の通はす君が夏草の思ひ萎(しな)えて(万葉・二・一九六)。

**ぬか【▼糠】**①玄米などを精白するとできる果皮・種皮・胚芽(はいが)の砕粉物。一般には米ぬか。肥料・飼料・ぬか漬けなどや、洗顔・つや出しに使う。rice bran ②《接頭的》細かい・はかない・頼りないなどの意を表す。vain 用例—喜び。

**糠に釘(ぬかにくぎ)** 手ごたえ・反応や効果・効き目のないたとえ。It's like water off a duck's back. 類似豆腐に鎹(かすがい)。暖簾(のれん)に腕押し。

**糠を舐りて米に及ぶ(ぬかをねぶりてこめにおよぶ)** 外からだんだんと害が中心におよんでくるたとえ。

**ぬか【▽額】** 古語 ①ひたい。用例—をつき祈り申す(更級)。②ぬかずくこと。用例うちおこなひたる暁の—など、いみじうあはれなり(枕・あはれなるもの)。

**ぬ-か** 古語(連語)《上代語。打ち消しの助動詞「ず」の連体形に終助詞「か」の付いたもの。多く「…も…ぬか」の形で》願望の意を表す。…てくれないかなあ。…てほしい。用例わが命も常にあらぬか昔見し(万葉・三・三三二)。

**ヌガー【nougat(フラ ンス)】** キャンデーの一種。砂糖・水あめ・アルブミン・ゼラチン・各種ナッツ類を原料として作る。昔はアーモンドとはちみつで作った。nougat

**ぬか-あめ【▼糠雨】** ぬかのように細かい雨。霧雨。〇・二～〇・五㎜ほどの雨粒が、低い連続した濃い層雲から降る。こぬか雨。drizzle

**ぬか-えび【▼糠▼蝦】** 淡水産のヌマエビ科のエビ。体は褐色または暗褐色で、体長約三㎝。佃煮(つくだに)・釣りえさに利用。本州中部に分布。

**ぬか-か【▼糠蚊】** ヌカカ科のカの総称。体長約二㎜。蚊帳(かや)の網目も通過し、吸血する。幼虫は水生。本州・四国・九州に分布。

**ぬか-ご【▽零▽余子】** ムカゴの別名。

**ぬか・す【▽吐かす】**(五他)《俗語》人のいうことばを見下げていう語。いいやがる。用例生意気を—な。

**ぬか・す【抜かす】**(五他)①抜いて取り去る。漏らす。omit 用例遅れた人を—。②間をとばす。skip 用例二ページ—。

**ぬが・す【脱がす】**(五他)他人の身につけているものをとる。また、そのようにさせる。strip

**ぬか-ずき【▽酸▼漿】** ホオズキの異名。

**ぬか-ず・く【▽額突く】**(五自)①ひたいを地につけて拝む。用例神前に—。②丁寧にお辞儀する。make a deep bow

**ぬかた【▽額田】**〈町〉愛知県東部、岡崎市東隣の町。林業が中心で、杉・ヒノキ材やシイタケ・シメジなどを産出。人口九六八五(一九八八)。

**ぬかた-の-おおきみ【▽額田▽王】**(生没年未詳)『万葉集』初期の代表的宮廷女流歌人。父は鏡王(かがみのおおきみ)。大海人皇子(おおあまのおうじ)(天武天皇)に愛され十市皇女(とおちのひめみこ)を産み、のち天智(てんじ)天皇に召される。豊かな情感と確かな技巧をもち、『万葉集』に長歌・短歌合わせて一二首を残す。

**ぬか-づけ【▼糠漬(け)】** ↓ぬかみそづけ(糠味噌漬け)

**ぬか-どこ【▼糠床】** ↓ぬかみそ(糠味噌)

**ぬかびら-おんせん【▼糠平温泉】** 北海道中部、上士幌(かみしほろ)町の温泉。大雪(たいせつ)山系の山ふところ、糠平湖畔の原生林に囲まれた温泉。

**ぬか-ぶくろ【▼糠袋】** 米ぬかを入れた布袋。美容上の目的で入浴・洗顔などに用いたり、木床や柱のつや出しに使用する。

**ぬか-ぼ【▼糠穂】** 道ばたにはえるイネ科の多年草。高さ約四〇㎝。葉は線形で、五～六月に円錐(えんすい)形の花穂を立て、緑色ときに紫色の小穂を多数つける。

**ぬか-ぼし【▼糠星】** ①大空に、ぬかのように散らばって光る、たくさんの小さな星。②兜(かぶと)の鉢の小さな突起。

**ぬか-みそ【▼糠味▼噌】** 野菜類を漬けるため、米ぬかに塩水などをまぜて練り、発酵させたもの。ぬかどこ。

**糠味噌が腐る(ぬかみそがくさる)** 《多く、あざけっていう》歌声が悪声である。また、歌が調子はずれである。poor song

**ぬかみそ-くさ・い【▼糠味▼噌臭い】**(形)①ぬかみそのにおいがする。②所帯じみている。a frumpy housewife

**ぬかみそ-づけ【▼糠味▼噌漬(け)】** ぬかみそに漬けた漬け物。関西ではどぶ漬け。ぬかづけ。

**ぬ-かも** 古語(連語)《上代語。打ち消しの助動詞「ず」の連体形に終助詞「かも」の付いたもの》願望の意を表す。…であってほしいなあ。…ないかなあ。用例わが家(へ)の園(その)にありこせ—(万葉・五・八一六)。

**ぬか-よろこび【▼糠喜び】**(名・サ変自)当てがはずれて、喜んだかいがなくなること。premature joy

**ぬからぬ-かお【抜からぬ顔】** ①抜け目のない顔つき。②そしらぬふりの顔つき。

**ぬかり【抜かり】** 抜かること。手落ち。油断。blunder 用例準備に—が無い。

**ぬか・る【抜かる】**(五自)油断して、しくじる。用例—なよ。

**ぬか・る【▽泥▼濘る】**(五自)道がどろんこになる。be muddy

**ぬかる-み【▽泥▼濘】** ぬかった所。どろ道。mud

**ぬき【抜き】** ①抜くこと。omission 用例朝食—。②ふつう入れてあるものを入れないこと。without 用例わさび—のすし。③ドジョウの骨を抜くこと。

**ぬき【▽貫】** 垂直の柱と柱を貫いてつなげる横木。住宅の柱の太さがほぼ定まった最近では、柱を固めるための、できあいの薄い木板の建築用材をいう。↓鳥居図 ↓和風住宅図

**ぬき【▽緯】** 横糸。ぬきいと。対義縦。

**ぬき-あし【抜(き)足】** 音のしないようにそっと足を上げて歩くこと。stealthy step

**抜き足差し足(ぬきあしさしあし)** 他人や相手に気づかれないなどのために、そっと歩くようす。with stealthy steps 用例—忍び足。

**ぬき-あわ・せる【抜き合(わ)せる・抜合(わ)せる】**(下一他)両方が刀を抜いて向き合う。

**ぬき-いと【抜き糸】** 縫い物をほどいて抜き取った糸。

**ぬき-いと【▽緯糸】** 織物の横糸。対義縦糸。

**ぬき-うち【抜(き)打ち】** ①刀を抜くと同時に斬りつけること。slash at ②不意に行うこと。without notice

**ぬきうち-かいさん【抜(き)打ち解散】** 政府が自分の都合のよい時期をねらって、前触れなく急に行う衆議院の解散。対義予告解散。

**ぬきうち-スト【抜(き)打ちスト】** 法律や労働協約で定められている予告期間を無視して、抜き打ち的に行われるストライキ。surprise strike

**ぬき-えもん【抜(き)▽衣紋】** 和服の後ろ襟を背側におし下げ、襟足を多く見せるように着ること。抜き襟。

**ぬき-えり【抜(き)襟】** ↓ぬきえもん(抜き衣紋)

**ぬき-がき【抜(き)書き】**(名・サ変他)ところどころを書き抜くこと。書き抜いた文章。extract

**ぬぎ-か・ける【脱(ぎ)掛ける】**(下一他)①服を脱いで物の上にかける。②身につけているものを脱ぎ始める。一部分を脱ぐ。脱ぎかかる。

**ぬき-さし【抜き差し】** ①抜き取ることと差しこむこと。②始末。処置。

**抜き差しならない(ぬきさしならない)** どうにもならない。のっぴきならない。fall into a fix

**ぬき-さ・る【抜(き)去る】**(五他)①抜いて取り除く。すっかり抜く。pull out ②追い越して先に進む。pass 用例一気に五人—。

**ぬぎ-す・てる【脱(ぎ)捨てる】**(下一他)脱いでそのままにしておく。throw off

**ぬき-ずり【抜(き)刷り】**(名・サ変自他)雑誌や論文集の印刷のさい、ある部分だけを、別に増し刷りすること。その印刷物。

**ぬき-だ・す【抜(き)出す】**(五他)①抜いて出す。draw out ②選び出す。select ③抜き始める。

**ぬき-つ・れる【抜(き)連れる】**(下一他)大勢が一度に刀を抜く。抜きつらねる。

**ぬき-て【抜(き)手】** 日本古来の泳法の一種。頭は水面上に出したまま、左右の手で交互に水をかいて水面上に腕を抜き出し、脚はあおり足を用いる。overarm stroke

**抜き手を切る(ぬきてをきる)** 抜き手で泳ぐ。

**ぬきとり-けんさ【抜(き)取り検査】** 品質管理の方法の一つ。製品からサンプルを抜き取って判定基準と比較し、合格・不合格を決める検査。sampling inspection

**ぬき-と・る【抜(き)取る】**(五他)①一部を抜いて、または選んで取り出す。pull out ②中身を引き抜いて盗む。盗み取る。pilfer

**ぬきな-かいおく【▽貫名海屋】**(一七七八～一八六三)江戸後期の儒者・書家・画家。阿波(あわ)の人。名は苞(しげる)。晩年は菘翁(すうおう)。幕末の三筆の一人で、山水画もよくした。書『白玉井銘』など。

**ぬき-に【抜(き)荷】** ①商品の中から、こっそりと抜き取って売ること。また、その品。pilfered goods ②抜け荷。smuggled goods

**ぬき-はな・つ【抜(き)放つ】**(五他)一気に刀を抜く。unsheathe

**ぬき-み【抜(き)身】** さやから抜いた刀。白刃(しらは)。

**ぬき-よみ【抜(き)読み】**(名・サ変他)とばして必要な部分だけを読むこと。

**ぬきん・でる【抜きんでる・▽抽んでる・▼擢んでる】**(下一自)飛び抜けている。ひいでる。excel

**ぬ・く【抜く】**(五他)①一部分を引いて取り出す。引き出す。pull out ②とりのける。用例渋を—。毒気を—。草を—。③省く。へらす。omit 用例手を—。食事を—。④負かす。追い越す。outrun 用例三人—・いた。⑤攻め落とす。take by storm 用例城を—。⑥選び出す。select 用例必要な部分だけ—。⑦《動詞の連用形に付いて》㋐あくまで…し通す。fight it out 用例やり—。㋑すっかり…する。fight it through 用例困り—。

**抜く手も見せぬ(ぬくてもみせぬ)** ①刀を抜く手の動きも見せないところから、剣の腕のすばらしさを言う。②目にもとまらぬ早わざを言う。

**抜けば玉散る氷の刃(ぬけばたまちるこおりのやいば)** 研ぎすまされた白刃の、ぶきみなまでに冷たい光をはなつさま。

**ぬ・ぐ【脱ぐ】**(五他)衣服・帽子・履物などを身からはなす。take off 用例上着を—。

**シャッポを脱ぐ(シャッポをぬぐ)** ↓シャッポ

**一肌脱ぐ(ひとはだぬぐ)** ↓ひとはだ(一肌)

**ヌクアロファ【Nuku'alofa】** 太平洋中南部、トンガ王国の首都。政治・経済・文化の中心地。コプラ・バナナを輸出。人口二・八万(一九八四)。

**ぬく・い【▽温い】**(形)あたたかい。ぬくとい。

**ぬぐ・う【▼拭う】**(五他)①ふき取る。wipe out 用例泥を—。②清める。すすぐ。cleanse 用例汚名を—。

**口を拭う(くちをぬぐう)** ↓くち(口)

**ぬく・し【▽温し】** 古語(形ク)↓ぬくい(温い)

**ヌクテー【勒犬 朝】**(nug-dai)↓チョウセンオオカミ

**ぬくと・い【▽温とい】**(形)《方言》ぬくい。あたたかい。派生ぬくとさ(名)

**ぬく-ぬく【▽温▽温】**(副・サ変自)①あたたかいさま。warmly ②あたたまって、不足のないさま。comfortably warm ③ずぶとく平気なさま。ぬけぬけ。impudently

**ぬくま・る【▽温まる】**(五自)あたたまる。ぬくもる。warm oneself

**ぬくみ【▽温み】** あたたかい感じ。あたたかみ。warmth

**ぬく・む【▽温む】** 古語(下二他)↓ぬくめる(温める)

**ぬく・める【▽温める】**(下一他)あたためる。warm

**ぬくもり【▽温もり】** 触れて感じるあたたかみ。warmth 用例肌の—。

**ぬくも・る【▽温もる】**(五自)あたたまる。ぬくまる。warm oneself

**ヌクレアーゼ【nuclease】** 核酸やヌクレオチド(有機塩基・糖・燐酸(りんさん)の各一分子ずつの化合物)に分解する酵素。

**ヌクレオシド【nucleoside】** 糖とプリン、またはピリミジン塩基からなる化合物の総称。これに燐酸(りんさん)が結合したものがヌクレオチド。

**ヌクレオチド【nucleotide】** 遺伝情報物質である核酸を構成する単位。塩基・糖・燐酸(りんさん)の各一分子からなる。

**ぬけ【抜け】** ①落ち。もれ。omission ②知恵が足りないこと・人。dunce

**ぬけ-あが・る【抜け上がる】**(五自)髪がはげて、額の生えぎわが上に上がる。はげ上がる。be bald at the forehead

**ぬけ-あな【抜け穴】** ①通り抜けられる穴。tunnel ②人に知られていない逃げ道。secret passage ③のがれる手段。loophole 用例法律の—。

**ぬけ-うら【抜け裏】** 通り抜けのできる裏道。ぬけみち。byway

**ぬけ-がけ【抜け駆け】**(名・サ変自)①そっと陣を抜け出して、先駆けすること。②出し抜いて、他より先に何かをすること。steal a march on

**抜け駆けの功名(ぬけがけのこうみょう)** 抜け駆けして立てた手柄。steal a march

**ぬけ-がら【抜け殻】** ①セミ・ヘビなどの脱皮した殻。cast-off skin ②いなくなったあと。もぬけの殻。quite empty ③本心を失って、ぼん

ぬ

やりした人。mere shadow of oneself 用例 魂の—。

**ぬけ-かわ・る**【抜け替(わ)る】(五自) 古いものが抜けて新しいものと替わる。shed 用例 歯が—。

**ぬけ-げ**【抜け毛】 抜け落ちる毛。抜けた毛。fallen hair

**ぬけ-さく**【抜け作】《「まぬけ」を人名化した俗語》ばか。とんま。のろま。抜け。

**ぬけ-さんぐう**【抜(け)参宮】 抜け参りの別称。

**ぬけ-じ**【抜け字】 抜けた字。脱字。omitted letter

**ぬけ-だ・す**【抜け出す】(五自) ①こっそり逃げだす。slip out of ②抜け始める。begin to fall

**ぬけ・でる**【抜け出る】(下一自) ①はなれて出る。②高く現れて出る。③他よりすぐれている。抜きんでる。excel ④そっと出る。steal out 用例 会場から—。

**ぬけ-に**【抜け荷】 江戸時代の密貿易。その商品。抜き荷。

**ぬけぬけ-と**(副) しらばくれるさま。平気なさま。厚かましいさま。impudently

**ぬけ-まいり**【抜(け)参り】 江戸時代、青少年や奉公人が、親や主人に無断で伊勢参りをすること。帰ってからも叱責されることはなかった。抜け参宮。

**ぬけ-みち**【抜け道】 ①間道。逃げ道。secret path ②言い逃れ。口実。excuse 用例 —を用意する。

**ぬけ-め**【抜け目】 ①欠けたところ。もれ。②てぬかり。

**抜け目無い**(ぬけめない) 不利を避け、利を得るのに、てぬかりがない。抜け目が無い。not miss a trick

**ぬ・ける**【抜ける】(下一自) ①定着していたものが離れる。取れる。用例 毛が—。あくが—。②あるべきものが見えない状態である。落ちている。fall off 用例 要点が—。急行の運行が一本—。③欠けている。なくなる。用例 気が—。においが—。④せまい所を通って向こうがわに出る。pass through 用例 路地を—。目から鼻に—。⑤あるまとまりから離れる。そっといなくなる。逃げる。escape 用例 会議を—。⑥知恵が足りない。be stupid 用例 —・けた男。⑦力がなくなる。用例 腰が—。⑧透き通ったようにきれいになる。limpid 用例 —ような青空。⑨布地が弱って薄くなる。用例 ズボンのひざが—。

**ぬ・げる**【脱げる】(下一自) 衣服などが、自然にはなれ落ちる。come off

**ぬける-よう**【抜ける様】(連語) ①雲一つなく青空の広がっているさま。用例 —な青空。②非常に色の白いさま。be as fair as can be 用例 —な白い肌。

**ぬさ**【▽幣】 神道で、神に祈るときに奉る布帛の類。のちに転じて、祓いのときに神主が手にささげ持つ具となった。みてぐら。ごへい。へいはく。

**ぬし**【主】 ㊀(名) ①主人の敬称。②所有者。owner ③夫。女から愛人を言う。④古くからいて、事情に詳しい人。old-timer 用例 会社の—。⑤山や川などにすみついて、霊があるとされる動物。guardian spirit ㊁(代) ①《敬意を表して》あなた。おぬし。②女性が親しい男性をよぶ語。用例 —さん。

**主有る詞**(ぬしあることば) 名手が詠んだすぐれたことばで、後世の人が歌に詠み入れるのを禁じられたもの。

**主有る花**(ぬしあるはな) 嫁入り先のすでにきまっている若い女のたとえ。

**ぬ-し**【塗師】 ↓ぬりし(塗り師)

**ぬ-しま**【▽沼島】 兵庫県淡路島の南、紀伊水道にある島。面積二・六$km^2$。かつて淡路漁業の中心、帆船時代の風待ち港。

**ぬし-や**【塗師屋】 漆器を製造する家。また、それを販売する店。漆器を製造する人、あるいは販売する人をさすこともある。

**ヌジャメナ**[N'Djamena] ↓ンジャメナ

**ぬすっ-と**【盗▽人】《俗語。「ぬすびと」の転》ぬすびと。ぬすと。

**盗人猛猛しい**(ぬすっとたけだけしい) 「盗人猛猛しい」と同意。

**盗人に追い銭**(ぬすっとにおいせん) 「盗人に追い銭」と同意。

**ぬす-びと**【盗人】 盗みをする人。泥棒。ぬすっと。thief

**盗人猛猛しい**(ぬすびとたけだけしい) 悪事をしながら、いっこう平気で、さらにそれ以上の悪事をしようとするさま。ぬすっと猛猛しい。evildoers' audacity

**盗人に追い銭**(ぬすびとにおいせん) 損の上に損を重ねるたとえ。泥棒に追い銭。ぬすっとに追い銭。throw good money after bad

**盗人に鍵を預ける**(ぬすびとにかぎをあずける) それと知らずに、悪事のもとになる者を助長し、被害を大きくしてしまう。類似 盗人に蔵の番。

**盗人にも三分の理**(ぬすびとにもさんぶのり) つけようと思えば、どんな理屈でもつけられるということ。泥棒にも三分の道理。Even a thief has his reasons.

**盗人の後の棒乳切り木**(ぬすびとのあとのぼうちぎりぎ)《「乳切り木」は、物を担ぐための棒だが、喧嘩などにも使った。賊が逃げたあとへ棒を持ってかけつける、の意から》適当なころあいにおくれては効果のないたとえ。類似 盗人逃げての向こう鉢巻き。

**盗人の上前を取る**(ぬすびとのうわまえをとる)《非常にたちの悪いことのたとえにいう》盗品の一部を、さらにかすめ取る。悪人にも、上には上がある。

**盗人の逆恨み**(ぬすびとのさかうらみ) 自分が悪事を働きながら、発覚すると逆に、被害者などをうらむこと。take a commission from a thief

**盗人の隙は有れども守り手の隙は無い**(ぬすびとのひまはあれどもまもりてのひまはない)《泥棒は、泥棒をするとき以外はひまだが、守る方は常に見張っていなければならない、の意から》ぬすっとを防ぎきるのは困難である。

**盗人の昼寝**(ぬすびとのひるね) 泥棒は夜に悪事を働くため、昼は寝ている。転じて、いかなる行為にも、それなりの意図や理由があるというたとえ。

**盗人を捕らえて見れば我が子也**(ぬすびとをとらえてみればわがこなり)《盗人を捕まえたところ、自分の子どもだったということから》事が意外で、その処置に窮するたとえ。The thief caught turn out to be my own son.

**盗人を見て縄を綯う**(ぬすびとをみてなわをなう) ↓どろなわ(泥縄)

**ぬすびと-の-あし**【盗人の足】 オニノヤガラの別名。

**ぬすびと-はぎ**【盗人▼萩】 マメ科の多年草。野原にはえる。高さ約一m。葉は三小葉複葉。夏に淡紅色の小花をつける。果実はかぎ形の毛を密生し衣服につく。↓図

●ヌスビトハギ

**ぬすみ**【盗み】 人の物をこっそり奪い取ること。ごまかし。theft 用例 —を働く。

**ぬすみ-あし**【盗み足】 音のしないように、そっと歩くこと。忍び足。stealthy steps

**ぬすみ-ぎき**【盗み聞き】(名・サ変他) 気付かれないように人の話を聞くこと。立ち聞き。eavesdropping

**ぬすみ-ぐい**【盗み食い】(名・サ変他) ①盗んできて食べること。eat by stealth ②隠れて、こっそり食べること。つまみ食い。eat secretly

**ぬすみ-どり**【盗み撮り】(名・サ変他) 人に気づかれないように撮影すること。かくしどり。sneak shot

**ぬすみ-み**【盗み見】(名・サ変他) わきなどから、こっそり見ること。steal a glance

**ぬすみ-よみ**【盗み読み】(名・サ変他) 知られないようにこっそりと、また、わきなどからこっそりと読むこと。surreptitious reading

**ぬす・む**【盗む】(五他) ①人の物をこっそり奪い取る。steal 用例 金を—。②こっそりと何かをする。ごまかす。do secretly 用例 人目を—。③やりくりして利用する。make shift 用例 ひまを—・んで勉強する。④ひそかに学ぶ。learn secretly from another 用例 先輩の技術を—。

**ぬた**【▼饅】 魚介類・野菜などを、からし酢みそであえたあえ物。マグロ・アサリ・ハマグリなどを使う。

**ぬ-た** 8画 【▽垈】 部首[土]つち 和製漢字 JIS 5218 ぬかった土地。泥ぶかい田。ぬまた。地名や姓氏にも用いられる。

**ぬた-うなぎ**【▽沼田▼鰻】 目は皮下に埋もれて外部から見えないヌタウナギ科の海生動物。円口類の一種。全長約六〇cmで、茶褐色。尾びれしかない。名は体表から多量の粘液を分泌することによる。夏に美味。本州中部以南の浅海に分布。

**ぬた-く・る**(五他) むやみやたらに塗る。へたな字や絵などをかく。ぬりたくる。

**ぬっ-と**(副) 不意に現れたり、立ち上がったりするさま。にゅっと。loom up suddenly

**ぬ-で**【▽白▼膠▽木】 ヌルデの別名。

**ヌドラ**[Ndola] アフリカ中南部、ザンビア中北部の都市。ザイールの南部国境付近の銅鉱山地域にある。人口二八・二万(一九八〇)。

**ぬなみ-けいおん**【▽沼波▼瓊音】(一八七七-一九二七) 俳人・国文学者。本名武夫。名古屋生まれ。東大卒。著書『俳論史』、句集『瓊音句集』など。

**ぬ-なり** 古語 (連語) ㊀《完了の助動詞「ぬ」の終止形に伝聞・推定の助動詞「なり」の付いたもの》①完了の伝聞を表す。…てしまったということだ。…てしまったらしい。用例 また聞けば、侍従の大納言の御女なくなり給ひ—(更級)。②完了の推定を表す。…たようだ。…てしまったらしい。用例 鐘の声かすかにひびきて、明け—と聞こゆるほどに(源氏・椎本)。㊁《打ち消しの助動詞「ず」の連体形に断定の助動詞「なり」の付いたもの》…ないのだ。用例 笛をいとをかしく吹き澄まして、過ぎ—(更級)。

**ぬの**【布】 ①織物の総称。きれ。cloth 用例 —を織る。②絹に対して、アサ・カズラなどの繊維で織った織物。近世以来、木綿も含む。また、のちに、木綿だけをさしていう場合もある。hemp or cotton cloth

**ぬのおき-ししゅう**【布置(き)刺▼繡】 日本刺繡の技法の一種。西洋刺繡のアップリケに当たる。図柄の形に切った別布を基布にのせていろいろなステッチで縫い押さえる。appliqué

**ぬの-ぎれ**【布切れ】 布の切れはし。ぬのきれ。a piece of cloth

**ぬの-こ**【布子】 木綿地の綿入れ。古くは、麻布の袷や綿を入れた衣服をいった。

**ぬの-じ**【布地】 衣服に仕立てる前の織物。また、その切れはし。きれ地。たんもの。cloth; texture 数え方 一ヤール・一メートル・一反・一疋。

**ぬの-びき**【布引き】 ①布をさらすために広げて引っぱること。②人々が引き続いて絶え間のないこと。

**ぬのびき-の-たき**【布引滝】 神戸市中央区北部、生田川にかかる滝。雄滝と雌滝があり、古くから歌にも詠まれている。

**ぬの-め**【布目】 ①布地のたて・よこの織り目。また、そのような模様。布目はたて糸・よこ糸が直交するのがよい。texture ②日本料理の材料の切り方で、全体に細かく斜めまたはたてよこに包丁を入れること。鹿の子切り。

**ぬば-たま**【▽射▽干玉】 ヒオウギの円くて黒い種子。うばたま。むばたま。

**ぬばたま-の**【▽射▽干玉の】[枕ことば]《「ぬばたま(ヒオウギの実)」が黒いこと、また、転じて黒色や暗いことなどに関連することから》「黒・夜・夕べ・髪・月・夢」などにかかる。用例 —夜の更けゆけば久木生ふる清き川原に千鳥しば鳴く(万葉・六・九二五)。

**ぬはり-ぐさ** ツクバネソウの別名。

**ぬ-ひ**【▽奴▼婢】 ①下男と下女。②古代の賤民の一つ。五賤の最下位。奴は男、婢は女で、公奴婢と私奴婢の二種類。家族生活が許されなかった。

**ヌビア**[Nubia] アフリカ北東部、スーダン北部からエジプト南部にかけての地域の総称。紅海とリビア砂漠に囲まれ、大部分は砂漠。古代エジプトの黄金・奴隷の供給地。

**ヌビア-さばく**【ヌビア砂漠】(Nubian Desert) アフリカ北東部、スーダン北東部、ナイル川と紅海の間の砂漠。

**ぬ-べし** 古語 (連語)《完了の助動詞「ぬ」の終止形に推量の助動詞「べし」の付いたもの》①強意の推量を表す。…てしまいそうだ。きっと…に違いない。用例 黒き雲にはかにいできぬ。風吹き—(土佐)。②可能、または可能の推量の意を表す。たしかにできる。…することができよう。用例 今の世のありさま、昔になぞらへて知り—(方丈記)。③強い意志を表す。…してしまおう。…してしまうつもりだ。用例 われはかくて閉じこもりぬべきぞ(更級)。④当然の意を表す。…しそうだ。用例 妹が見し棟の花は散り—(万葉・五・七九八)。

**ヌボー**[Germain Nouveau](一八五一-一九二〇) フランスの詩人。象徴派の先駆者の一人。詩集『愛の教義』『バランティーヌ』など。

**ぬ-ぼく**【▽奴僕】 しもべ。下男。servant

**ぬま**【沼】 くぼみに水をたたえたところ。泥深く、周辺の水草が中央付近まで進出している。湖とは明確な区別はない。pond; marsh 比較 池・湖。

**ぬま-えび**【沼▼蝦】 ヌマエビ科の汽水、淡水



▼常用漢字表外。 ▽常用漢字表の音訓外。

産のエビ。体長約三㎝。本州以南に分布。つくだ煮・釣りえさに利用。

**ぬま-がい**【沼貝】 湖沼の泥底にすむイシガイ科の大形の二枚貝。ドブガイの一種。殻長約一三㎝、殻高約八㎝。楕円形で黒色。幼生は魚類に付着してのちに底生に移る。日本全土・朝鮮半島・中国大陸に分布。

**ぬま-がえる**【沼▼蛙】 本州中部以南の池沼・水田にすむアカガエル科のカエル。体長五㎝内外。背面は暗褐色か灰褐色で、黒褐色の斑紋があり、大小の短い棒状の隆起が散在。日本以外に中国・東南アジアなどに分布。

**ぬま-がや**【沼▼茅・沼▼萱】 イネ科の多年草。山地や高山の湿原にはえる。稈の高さ約一m。葉は硬い線形。八～一〇月に散開した円錐花序に黄褐色の小穂をつける。

**ぬま-がれい**【沼▼鰈】 体表一面にぶつぶつのある、湖沼や沿岸にすむカレイ科の魚。目は体の左側にある。全長約四〇㎝。目のある側は暗黄緑色で、背びれ・尻びれ・尾びれには黒い条紋がある。北日本の河口に多いので別名カワガレイ。食用。福井県小浜・東京以北に分布。

**ぬまくま**【沼▼隈】〈町〉 広島県南東部、福山市南隣の町。備後表(畳表)発祥の地。ブドウ栽培がさかん。人口一万四二六五(一九八八)。

**ぬま-すぎ**【沼杉】 ラクウショウの別名。

**ぬまた**【沼田】〈市〉 群馬県北部、赤城山北西の市。旧城下町。商工業がさかん。リンゴの産地。尾瀬・奥日光などへの入り口。人口四万七六三三(一九八八)。

**ぬまた**【沼田】〈町〉 北海道石狩平野北端の町。農業が中心。人口五三九四(一九八八)。

**ぬま-だ**【沼田】 泥深い田。

**ぬま-だいこん**【沼大根】 キク科の多年草。湿地にはえ、高さ約七〇㎝。葉は卵形で鋸歯をもつ。秋に、茎の上部に頭花が散房状につく。

**ぬまた-ぼんち**【沼田盆地】 群馬県北部、利根川と片品川の合流点付近の盆地。かつては湖であった。

**ぬま-ち**【沼地】 泥深くて、じめじめした土地。swampy place

**ぬまづ**【沼津】〈市〉 静岡県東部、駿河湾に臨む市。旧城下町・宿場町。機械・電線などの工業が発達。ミカン栽培や漁業・水産加工もさかん。人口二一万一九五六(一九八八)。

**ぬま-とらのお**【沼▼虎尾】 サクラソウ科の多年草。沼や川辺にはえる。匍匐枝でひろがり、葉は倒披針形。総状花序は直立し、花は四方に開く。ヌマハギ。↓写

**ぬま-はぎ**【沼▼萩】 ヌマトラノオの別名。

**ぬま-もりかず**【▽沼間守▽一】(一八四三～九〇) 明治の政治家。江戸の人。嚶鳴社を結成し、自由民権運動に活躍。東京横浜毎日新聞社をおこし国会開設を提唱。

**ぬみ-くすね**【▼枸▼杞】 クコの古名。

**ぬみ-ぐすり**【▼枸▼杞】 ①シャクヤクの古名。②クコの古名。

**ヌミディア**【Numidia】 アフリカ北岸、現アルジェリア北部にあった古王国。紀元前三世紀初めマッシニサにより統一。前四六年ローマの属州となり、五世紀まで繁栄。

**ぬめ**【▼絖】 繻子織りの絹織物の一種。生糸のまま織り、あとから精練した練り絹。薄手で光沢があり、絵絹・袱紗や帽子裏や造花材料に使われる。

**ぬめ**【▽滑】 ①古銭の裏の文字のないほう。なめ。②溝のないしきい・かもい。

**ぬめ-ぬめ**【▽滑▽滑】(副・サ変自) なめらかで光沢があるさま。また、ねばりけのあるものに触れたときの気持ちの悪い感じをいう。ぬらぬら。ぬるぬる。wet and glistening

**ぬ-めり** 古語(連語)《完了の助動詞「ぬ」の終止形に推量の助動詞「めり」の付いたもの》…てしまったようだ。用例 日も暮れ方になり——(更級)。

**ぬめり-いぐち**【▽滑▼猪口】 担子菌類イグチ科のキノコ。かさは径五～一四㎝、表面は暗赤褐色で著しい粘液におおわれる。マツ林内に発生。食用。

**ぬめり-ぐさ**【▽滑草】 イネ科の一年草。湿った土地にはえる。稈の高さ約四〇㎝。葉は緑色線形。晩夏に、円柱形の花穂をたて、多数の小穂をつける。もむと粘りがあるのでこの名がついた。

**ぬめり-ごち**【▽滑▼鯒】 ↓ネズッポ

**ぬめ・る**【▽滑る】(五自) ①ぬらぬらする。すべる。be slippery ②なめらかである。be smooth

**ぬら-くら**(副・サ変自) ①なめらかで、つかみにくいさま。ぬらぬら。②怠けて、だらしのないさま。のらくら。③態度のはっきりしないさま。

**ぬら・す**【▼濡らす】(五他) ぬれるようにする。しめらす。wet 用例 涙で、ほおを——。

**ぬら-つ・く**(五自) ねばっこくぬるぬるする。ぬらぬらする。be slimy

**ぬら-ぬら**(副・サ変自) ねばりけがあって、すべりやすく、見た感じ、触った感じが気持ち悪いさま。slimy

●ヌマトラノオ

**ぬ-らむ** 古語(連語)《完了の助動詞「ぬ」の終止形に現在の推量の助動詞「らむ」の付いたもの》きっと…てしまっているだろう。用例 都の山は色づき——(万葉・一五・三六九九)。

**ぬらり-くらり**(副・サ変自) とらえどころのないさま。evasively

**ぬらり-と**(副) ①なめらかで滑るさま。ぬらぬら。greasily ②しまりがなくつかみどころのないようす。ぬらりくらり。evasively

**ぬり**【塗り】 ①塗ること。塗った具合・状態。coating ②漆塗り。japanning

**ぬり-え**【塗(り)絵】 玩具の一種。色鉛筆やクレヨンなどを使って色を塗って遊べるように、輪郭だけが線で描いてある絵。coloring book

**ぬり-おけ**【塗(り)▼桶】 ①漆塗りのおけ。②おけの形の道具。真綿を、引き伸ばすのに使う。

**ぬり-か・える**【塗(り)替える】(下一他) 新しく塗り直す。repaint

**ぬり-かく・す**【塗(り)隠す】(五他) ①塗って見えなくする。cover with paint ②偽りや誤り、都合の悪いことなどを、人に知られないようにする。hide

**ぬり-がさ**【塗(り)▼笠】 薄板に紙を張り、漆を塗った、頭にかぶるかさ。↓写

●塗り笠 鷹匠笠。紙の博物館(東京都)。

**ぬり-ぐすり**【塗(り)薬】 薬物を含んだ水溶液・ゼリー・軟膏などを皮膚患部や粘膜などに直接塗り、薬効を発揮させる薬剤。ointment

**ぬり-げた**【塗(り)下▽駄】 漆を塗った下駄。よそゆきなどに履く。

**ぬり-ごめ**【塗(り)▼籠め・塗▼籠】 寝殿造りの一室。土蔵のように壁を厚くぬりこめた閉鎖的な部屋。納戸。

**ぬり-こ・める**【塗(り)▼籠める】(下一他) 中に物を入れて、その上から塗り固める。すき間なく塗る。seal up

**ぬり-し**【塗(り)師】 漆器をつくる人。塗り物師。ぬし。lacquerer

**ぬり-たく・る**【塗りたくる】(五他) やたらに塗る。べたべた塗りまくる。ぬたくる。paint heavily

**ぬり-たて**【塗(り)立て】 塗ったばかりであること。freshly painted

**ぬり-た・てる**【塗(り)立てる】(下一他) ①きれいに塗る。paint beautifully ②むやみに塗る。paint thickly ③厚化粧をする。powder heavily

**ぬり-つ・ける**【塗(り)付ける】(下一他) ①塗って付ける。なすりつける。smear ②罪・責任を人に負わせる。なすりつける。put blame upon

**ぬり-つぶ・す**【塗(り)▼潰す】(五他) すきまのないように一面に塗る。paint out

**ぬりで**【▽白▼膠▽木】 「ぬるで」の転。

**ぬり-ばし**【塗(り)▼箸】 漆塗りを施した箸。

**塗り箸で素麺を食う**(ぬりばしでそうめんをくう) 《ぬりばしでそうめんをはさもうとすると思うようにはさめないことから》物事が思うようにできないことのたとえ。

**ぬり-もの**【塗(り)物】 漆塗りを施した器物。椀・盆・重箱・硯箱など。水分・直射日光などを嫌う。漆器。lacquer ware

**ぬりもの-し**【塗(り)物師】 ↓ぬりし(塗り師)

**ぬ・る**【塗る】(五他) 物の表面に、液状のものをなすりつける。paint 用例 ペンキを——。壁を——。おしろいを——。

**ぬ・る**【▼濡る】 古語(下二自) ↓ぬれる(濡れる)

**ぬる・い**【▽温い】(形) ①水などが少しあたたかい。あまり熱くない。lukewarm 用例 ——お茶。②厳しくない。ゆるやかだ。lenient 用例 なま——。て——。

**ぬる・し**【▽温し】 古語(形ク) ↓ぬるい(温い)

**ぬるで**【▽白▼膠▽木】 ウルシ科の落葉小高木。山野の陽地などにはえる。高さ約五m。雌雄異株。葉は羽状複葉、秋に、紅葉が美しい。夏に白色の小花を穂状につける。葉の虫こぶから五倍子をとる。フシノキ。ヌデ。ヌリデ。↓写

**ぬる-ぬる**(副・サ変自) ねばりけがあって、すべりやすくつかもうとしてもすり抜けていく感じのさま。また、その感じの気持ち悪いさま。slimy; slippery 用例 ——すべる。

**ヌルハチ**【Nurhaci・奴児哈赤】(一五五九～一六二六) 中国、清朝初代皇帝(在位一六一六～二六)。廟号は太祖。姓は愛新覚羅。建州女真の出身。中国東北部の女真諸部を統一。一六一六年ハン(汗)位につき後金を建国。一九年明軍を破って遼東を収めた。八旗制度の創設、満州文字の制定など王朝の基礎を確立。

**ぬるま-ゆ**【▽微▽温湯】 温度の低い湯。ぬるい湯。lukewarm water

**微温湯に浸かる**(ぬるまゆにつかる) 「微温湯に浸る」と同意。

**微温湯に浸る**(ぬるまゆにひたる) 現在の楽な境遇に甘んじて、のうのうとしている。take it easy

**ヌルミ**【Paavo Johannes Nurmi】(一八九七～一九七三) フィンランドの陸上競技選手。アントワープ・パリ・アムステルダムの各オリンピックで五〇〇〇m・一万mなどに出場、計九個の金メダルを獲得。

**ぬる・む**【▽温む】 ㊀(五自) あたたかみが加わる。ぬるくなる。用例 水——北国の春。㊁ 古語(四自) 病気で熱が出る。用例 御身も——・みて御心地もいと悪しけれど(源氏・若菜下)。

**ぬるめ** 中部山岳地方などの高冷地の水田で、灌漑用水を田の周囲に迂回させて、水温を高めるようにしたもの。よせ水。ひよせ。

**ぬる・める**【▽温める】(下一他) 熱いものの温度をいくぶん下げる。ぬるくする。cool

**ぬるゆ-おんせん**【▽温湯温泉】 青森県黒石市南東部の温泉。古い湯治場。温湯こけしが有名。

**ぬるり-と**(副) ぬらぬら・ぬるぬるするさま。ぬるっと。slippery

**ヌレエフ**【Rudolf Nureyev】(一九三八～) イギリスの男性舞踊家・振付師。ソ連生まれ。一九六

●ヌルデ 雄花(右)と葉の紅葉(左)。

●ヌレエフ



↓ 行き先項目、図版・写真参照印。 JIS 日本工業規格情報交換用漢字符号コード(区点コード)。

一年亡命。欧米各国で活躍。↓写

**ぬれ-えん【▼濡(れ)縁】** 家の外側に設けられる雨ざらしの縁側。榑縁と切り目縁がある。

**ぬれ-がみ【▼濡(れ)紙】** 水でぬれた紙。水でぬらした紙。湿った紙。

**濡れ紙を剝がす様**(ぬれがみをはがすよう) しずかに扱うようす。like peeling off damp paper

**ぬれ-がみ【▼濡(れ)髪】** 洗って、まだ乾かない髪。newly-washed hair

**ぬれ-ぎぬ【▼濡(れ)▽衣】** ①ぬれた服。②身に覚えのない罪・評判。false accusation

**濡れ衣を着せる**(ぬれぎぬをきせる) ①事実無根の浮き名を流す。②ありもしない疑いをかける。無実の罪におとしいれる。charge a person unjustly

**ぬれ-ごと【▼濡(れ)事】** ①歌舞伎などで、恋愛や情事の演技。また、その場面・演目。love scene ②情事。恋愛沙汰。love affair

**ぬれごと-し【▼濡(れ)事師】** ①情事を演ずる役者。②恋の手管のうまい人。

**ぬれ-しょぼ-た・れる【▼濡れしょぼたれる】**(下一自) ぬれて、ぐしょぐしょになる。ひどくぬれる。

**ぬれ-そぼ・つ【▼濡れそぼつ】**(五自) びしょびしょにぬれる。get thoroughly drenched

**ぬれ-て【▼濡(れ)手】** ぬれた手。wet hand

**濡れ手に粟**(ぬれてにあわ) 《濡れ手には、粟がたくさん、たやすくつくところから》苦労もしないで利益を得るたとえ。濡れ手で粟。make easy money

**ぬれ-ねずみ【▼濡(れ)▼鼠】** 水にぬれたネズミ。転じて、衣服を着たまま、全身びしょぬれになるようす。get drenched to the skin

**ぬれ-ば【▼濡(れ)場】** 劇中で、男女の情愛場面の強いところ。一般に情事の場面。濡れごと。love scene

**ぬれば-いろ【▼濡(れ)羽色】** 水にぬれたカラスの羽のように、しっとりして、つややかな黒色。用例 髪はカラスの——。

**ぬ・れる【▼濡れる】**(下一自) ①水がかかった状態になる。水分がしみこむ。get wet 用例 雨に——。涙に——。②《俗語》情事を行う。用例 しっぽりと——。

**濡れぬ先こそ露をも厭え**(ぬれぬさきこそつゆをもいとえ) 《ぬれる前は露さえ気にしていたのが、一度ぬれてしまうとどんなにぬれてもかまわなくなる、ということから》一度悪事を犯すと、もっとひどいことも平気になる。

# ね ネ

**ね【ね・ネ】** 五十音図な行第四の仮名。平仮名「ね」は「禰」の草体。片仮名「ネ」は「禰」の左。

**ネ** 19画【▼禰】 部首[示](しめすへん)
音 デイ・ナイ・ネ
18画【▼禰】 部首[ネ](しめすへん) 異体字 JIS 3909
9画【▼祢】 部首[ネ](しめすへん) 異体字 JIS 3910
10画【▼袮】 部首[ネ](ころもへん) 異体字 JIS 7457
①父のみたまや。父の廟。②「禰宜」は、宮司の下の神職。神主に次ぐ神職。また、神職の総称。

**ね【▽子】** ①十二支の第一。②昔の時刻の名。今の午前零時およびその前後の二時間。③方角で、北。

**ね【音】** ①「おと」に対して、楽器などの鳴る音や、鳥・虫の声など、美しい感じの音響を言う語。sound 用例 鐘の——。虫の——。②人の泣き声。用例 忍び——。

**音に立てて鳴く**(ねにたててなく) 声をたてて鳴く。chirp

**音に泣く**(ねになく) 声をあげて泣く。

**音を上げる**(ねをあげる) 泣き事を言う。弱音を吐く。complain

**音を泣く**(ねをなく) ①声をあげて泣く。音に泣く。②鳥や虫などが鳴く。

**ね【値】** 値段。あたい。price 用例 ——が出る。

**値が張る**(ねがはる) 値段が高い。be expensive

**値にする**(ねにする) 値段を見積もって金に替える。

**値を付ける**(ねをつける) 値段をきめる。価値を評定する。put a price on 用例 商品に——。

**ね【根】** ㊀(名) ①シダ植物・種子植物の栄養器官の一つ。ふつうは地下にあって水・養分を吸収し、植物体の支持を行う。先端の生長点に根冠をもつ。root ②根もと。下部。root; base 用例 歯の——。③事の起こり。原因。origin; cause 用例 紛争の——。④性質。根性。nature 用例 ——は明るい人。⑤はれもののかたい部分。nucleus ⑥心の底に残るわだかまり。㊁(接尾) 名詞にそえる語。用例 岩——。垣——。

**根が生える**(ねがはえる) 動かないことのたとえ。take root

**根に持つ**(ねにもつ) 恨んで、いつまでも忘れない。bear a grudge against

**根も葉も無い**(ねもはもない) なんの根拠もない。completely groundless

**根を下ろす**(ねをおろす) ①地中に根をはる。take root ②居すわる。be rooted ③確かな位置を占め、ゆるぎないものになる。take firm root

**根を切る**(ねをきる) 《もとになる根を切ることから》①病気を根治する。②根こそぎ改革する。

**根を差す**(ねをさす) ①根がつく。②原因となる。根差す。

**根を生やす**(ねをはやす) 長く一つの場所にいる。その場に腰を落ちつける。take root

**根を張る**(ねをはる) ①地中に深く、根を広げる。take root ②確かな位置を広く占めて、動かしがたいものにする。take root

**ね【寝】** 寝ること・程度。眠り。sleep 用例 ——につく。

**ね**(感) =ねえ。①よびかけの語。用例 ——、一緒に行こうよ。②念を押す。用例 ——、そうでしょ。

**ね** 古語(助動)《完了の「ぬ」の命令形》…しなさい。…してしまいなさい。用例 とく帰り給ひ——(源氏・東屋)。

**ね** ㊀(終助)《体言および終止形に付く》①感動を表す。用例 ああ、美しい——。②念を押したり強めていったりする。用例 わかった——。③問いかけに用いる。用例 どうだ——。元気か——。④古語《動詞および動詞型活用の助動詞の未然形、また終助詞「そ」に付いて》他に対して頼み望む意を表す。…してほしい。…してください。用例 この岳に菜摘ます児家聞かな告らさ——(万葉・一・一)。㊁(間助) 語勢をそそる。用例 あれは——、鳥の声だよ。

**ね-あか【根明】**(名・形動)《俗語》性格が明るいこと。また、根っから明るいこと。対義 根暗。用例 ——人間。

**ね-あがり【値上がり】**(名・サ変自) 値段が高くなること。rise in price 対義 値下がり。

**ね-あがり【根上がり】** 木の根が地上に現れ出ること。用例 ——の松。

**ねあがり【根上】**〈町〉石川県南部、日本海に臨む町。古くは製塩地。織物工業・金属工業などがさかん。人口一万四五二五(一九八八)。

**ね-あげ【値上げ】**(名・サ変他) 値段を高くすること。rise in price 対義 値下げ。

**ね-あせ【寝汗・▽盗汗】** 睡眠中の発汗。正常な状態でもみられ、小児では多い。病的なものでは結核患者に特徴的に現れる。night sweat 用例 ——をかく。

**ね-あらい【値洗い】** 証券取引所で、その日の株価の変動に応じて高低まちまちの約定値段を一定の標準値段に引き直し、差額をやりとりしたうえで取り引きを続けること。相場の急変で決済不能におちいることを防ぎ、決済のさい計算しやすくするのが目的。mark to the market

**ネアンデルタール-じん【ネアンデルタール人】** 化石人類の一つ。旧人の代表的なものとされる。一八五六年ドイツのネアンデルタールで化石人骨を最初に発見。同種の化石はアフリカ・西アジアなどの旧大陸各地にも出土。大きな頭蓋、眼窩上隆起の発達などが特徴。Neanderthal man

**ネイ** 7画【▼佞】 部首[人・亻](にんべん) JIS 5304
8画【▼佞】 異体字 JIS 5305
音 デイ・ネイ
①おもねる。へつらう。「便佞」「佞臣」②よこしま。心がまがっている。「奸佞・姦佞」

**ネイ** 14画【寧】 部首[宀](うかんむり) 常用 JIS 3911
14画【▼寗】 旧字
音 ネイ・デイ・ニョウ
①やすらか。やすい。ねんごろ。「安寧・丁寧」「寧日」②むしろ。いっそ。どちらかといえば。

**ネイ** 17画【▼嚀】 部首[口](くちへん) JIS 5170
音 デイ・ネイ
ねんごろ。気配りをしながらたのむことば。「叮嚀」

**ネイ** 17画【▼濘】 部首[氵](さんずい) JIS 6331
音 デイ・ネイ
ぬかる。ぬかるみ。どろどろの道。「泥濘」

**ネイ** 18画【▼檸】 部首[木](きへん) JIS 6106
音 ドウ・ネイ
「檸檬」は、レモン。ミカン科の常緑小高木。

**ネイ** 20画【▼聹】 部首[耳](みみへん) JIS 7068
音 デイ・ネイ
「耵聹」は、みみあか。みみくそ。みみかす。

**ネイ【nay】** ↓ナイ

**ねい-あく【▼獰悪】**(名・形動)「どうあく」の誤り。

**ねいかいぞく-じちく【寧夏回族自治区】** 中国北西部の民族自治区。イスラム教徒が多い。北西部を黄河が北流。区都、銀川。米・小麦などの灌漑農業や牧畜のほか、工業がさかん。人口三九八万(一九八四)。ニンシヤホイツー自治区。

**ねい-かん【▼佞▼奸・▼佞▼姦】**(名・形動) 心がねじけていること・人。また、そのさま。wicked 用例 ——邪知。

**ね-いき【寝息】** 寝ているときの呼吸。breathing of a sleeping person 用例 ——を立てる。

**寝息を窺う**(ねいきをうかがう) ねむっているかどうか、たしかめる。悪事などをしようとするさまにいう。make sure that someone is fast asleep

**ネイ-こ【ネイ湖】**(Lough Neagh) イギリス、北アイルランド中部にある同国最大の湖。面積約四〇〇km²。湖中に多くの島がある。淡水漁業がさかん。

**ネイサンズ【Daniel Nathans】**(一九二八～) アメリカの微生物学者。サル腫瘍ウイルスのDNAの構造を解明した。一九七八年ノーベル生理学医学賞受賞。

**ねい-じつ【寧日】** 安らかな日。無事な日。peaceful day

**ねい-しん【▼佞臣】** 主君にこびへつらう臣下。flatterer

**ね-いす【寝▼椅子】** おとなが横になって休めるほどの長さのあるいす。ソファーのように背もたれ部分のあるものと、ないものがある。couch

**ねいは【寧波】** ↓ニンポー

**ネイメーヘン【Nijmegen】** オランダ南東部、ワール川沿いの工業都市。鉄道・運河の要地。ローマ時代からの同国最古の都市で、中世にはハンザ同盟都市として繁栄。人口一四・七万(一九八六)。

**ね-いも【根芋】** サトイモなどの子イモで、芽生えを食用にするもの。

**ねい-もう【▼獰猛】**(名・形動)「どうもう」の誤り。

**ねいり-ばな【寝入(り)▽端】** 寝入ったばかり。in one's first sleep 用例 ——を起こされる。

**ね-い・る【寝入る】**(五自) ①眠りにつく。fall asleep ②深く眠る。fall fast asleep

**ネイル-エナメル【nail enamel】** 爪の化粧として色を付けるために用いる各色のエナメル。

**ネイル-ファイル【nail file】** 爪の形を整えるのに用いるやすり。鋼鉄製と紙製のものがある。

**ね-いろ【音色】** 聴覚上の音の特性。強さと高さが等しくても、楽器や人によって、それぞれ違う音や声の感じを与える。その相違は音波の波形、上音の分布の違いによる。おんしょく。tone

**ネヴァ-がわ【ネヴァ川】**(Neva) ↓ネバがわ(ネバ川)

**ネヴァダ【Nevada】** ↓ネバダ

**ネヴェリスク【Nevel'sk】** ↓ネベリスク

**ね-うお【根魚】** 海藻の茂みや岩礁の周りなどにすみ、あまり移動しない魚。メバル・カサゴなど。

▼常用漢字表外。　▽常用漢字表の音訓外。

**ね-うち**【値打(ち)】①値段を決めること。estimation ②あたい。値段。price ③品位。品格。dignity 用例 人間の ― が下がる。④価値。value 用例 一見する ― がある。

**ね-うち**【寝撃ち】(名・サ変自) 腹ばいになって銃を撃つこと。対義 立ち撃ち・ひざ撃ち。

**ネウマ**【neuma ラテン】西洋中世の聖歌に使われた記譜法の音符を示す記号。

**ねえ**(感・終助) ↓ね(感) ↓ね(終助)

**ネーグリ**【Ada Negri】(一八七〇〜一九四五) イタリアの女流詩人・小説家。詩集『マーラの書』、自伝小説『暁の星』など。

**ねえ-さん**【姉さん】①姉をよぶ敬称。②年ごろの女子。また、その人をよぶ愛称。用例 隣のお ― 。③《「姐さん」とも》旅館や料理屋で、女中や芸者などをよぶ語。

**ネーサン**【George Jean Nathan】(一八八二〜一九五八) アメリカの演劇批評家。オニールらの新しい演劇運動を擁護した。劇評集『年間演劇』など。

**ネーサン**【Robert Nathan】(一八九四〜一九八五) アメリカの小説家。ファンタジーやロマンスを書いた。作品『牧師の妻』『ジェニーの肖像』など。

**ねえさん-かぶり**【姉さん▽被り】↓あねさんかぶり(姉さん被り)

**ネーチャー**【nature】自然。

**ネーデルラント**【Nederland】オランダの現地名。歴史的には、現在のベルギー南部からフランス北部一帯のフランドル地方をさす。

**ネーデルラント-がくは**【ネーデルラント楽派】フランドル楽派の別称。

**ネーデルラント-せんそう**【ネーデルラント戦争】一六六七年、フランス国王ルイ一四世が、スペイン領ネーデルラントに対する王妃マリア＝テレジアの相続権を要求して起こした戦争。オランダがイギリス・スウェーデンと結んで阻止。War of Devolution

**ネーピア**【Napier】ニュージーランド、北島東岸の港湾都市。ニュージーランドのリビエラともいわれる保養地。人口四・八万(一九八〇)。

**ネーピア**【John Napier】(一五五〇〜一六一七) イギリスの数学者。スコットランドの貴族。対数を考案し、一六一四年に発表。のち、10を底とする常用対数表を作製した。

**ネービー-ブルー**【navy blue】《イギリス海軍の水兵の制服の色から》こい紺色。

**ネーブル-オレンジ**【navel orange】ミカン科オレンジの一種。果実の心皮が、二重、三重に形成されるためにネーブル(へそ)がある。比較的矮性。酸味があるが甘く果汁が多く、芳香がある。代表品種はワシントンネーブル。ネーブル。へそかん。へそみかん。↓写

**ネープルス**【Naples】ナポリの英語名。

**ネーミング**【naming】名を付けること。用例 あれはいい ― だ。

**ネーム**【name】名。名称。

**ネーム-バリュー**《和製語》名が世間に知られているために生じる、値打ち。名声。established reputation

**ネーム-プレート**【name plate】名札。表札。

**ネール**【Nehru】↓ネルー

**ネール**【Louis Eugène Félix Néel】(一九〇四〜) フランスの物理学者。反強磁性およびフェリ磁性に関する研究で、一九七〇年ノーベル物理学賞受賞。

**ネール-おんど**【ネール温度】反強磁性体が、反強磁性から常磁性に変わるときの温度。Néel temperature

**ねお**【根尾】〈村〉岐阜県西部、揖斐川支流根尾川に沿う村。農林業を行う。根尾谷断層が有名。人口二九九六(一九八八)。

**ネオ**【neo-】(接頭) 新。最新。

**ね-おき**【寝起き】㊀(名) 眠りから覚めること。そのときの気分。wake 用例 ― のいい子。㊁(名・サ変自) 寝ることと起きること。生活すること。起き伏し。daily living 用例 ― を共にする。

**寝起きが悪い**(ねおきがわるい) 起きぎわの機嫌がよくない。be fretful on waking

**ネオ-クラシシズム**【neo-classicism】↓しんこてんしゅぎ(新古典主義)

**ネオ-ゴシック**【Neo-Gothic】一八世紀後半から一九世紀中ごろのヨーロッパに行われた建築様式。ロマン主義の風潮と結合し、教会や世俗建築に復興した新しいゴシック様式。

**ネオ-コロニアリズム**【neo-colonialism】↓しんしょくみんちしゅぎ(新植民地主義)

**ね-おし**【寝押し】(名・サ変他) 寝床の下に衣類をしき、しわを伸ばし折り目をつけること。

**ネオジム**【Neodym ドイツ】希土類元素の一つ。元素記号Nd 原子番号六〇。原子量一四四。淡黄白色の金属。化合物・イオンとも赤紫色。ガラスの紫色着色剤に利用。neodymium

**ネオ-ダーウィニズム**【neo-Darwinism】ダーウィンの進化論を修正したアウグスト＝ワイスマンの説。進化は自然選択だけによって起こるとし、獲得形質の遺伝を否定。自然淘汰説。

●ネーブルオレンジ　花(上)と実(下)。

**ねお-だに**【根尾谷】岐阜県西部、揖斐川の支流根尾川にある谷。根尾谷断層で有名。

**ねおだに-だんそう**【根尾谷断層】明治二四年(一八九一)の濃尾地震のとき、岐阜県の根尾谷にできた大断層。垂直に約六m、水平に約二mずれた。

**ネオテニー**【neoteny】幼形成熟。

**ネオ-ナチズム**【neo-Nazism】第二次大戦後もドイツ内外でナチズムを信奉し、その復活をはかる運動の総称。一九六〇年後半に進出したドイツ国家民主党など。

**ネオ-ピカレスク-しょうせつ**【ネオ-ピカレスク小説】一九五〇年代以降のイギリスの一連の小説。国家の組織に組み込まれることを拒否し、冒険と落伍者の道を選ぶ反社会的人物を主人公とした小説。ウェイン・エーミス・マードックの初期の作品など。neo-picaresque novel

**ネオピリナ**【Neopilina】もっとも原始的な貝類の一種。殻は笠形で、殻高一・二cm内外。一九五二年(昭和二七)パナマ沖・アメリカ西海岸沖の深海から一〇種が発見された。

**ネオ-ファシズム**【neo-fascism】第二次大戦後に復活したファッショ政党や、その指導下に展開された政治・社会運動。イタリアのネオ－ファシスト党(イタリア社会運動)がその典型。

**ネオプトレモス**【Neoptolemos ギリシア】ギリシア神話のアキレウスの子。トロヤ戦争に出陣しトロヤ王プリアモスを殺し、敵将ヘクトルの妻アンドロマケを奴隷とした。戦後アポロンの怒りを受け殺された。Neoptolemus

**ネオプレン**【Neoprene】アメリカのデュポン社製の特殊合成ゴムの商標名。クロロプレンを主とする重合体。塗料・接着剤のほかケーブル被覆用やゴムベルトなどに広く利用される。

**ネオマイシン**【neomycin】放線菌の産生する抗生物質の総称。結核菌やその他の細菌にもストレプトマイシンと同じように効果がある。

**ネオ-レアリズモ**【neo-realismo イタリア】①第二次大戦直後イタリアに起こったリアリズム映画の総称。民衆の立場から現実を直視し、人々の姿を写実的に描いた。ロッセリーニ『戦火のかなた』、デ＝シーカ『靴みがき』など。イタリアン－リアリズム。②第二次大戦後のイタリアの、新しいリアリズムの文学。パベーゼ・ビットリーニなど。

**ネオ-ロマンティスム**【néo-romantisme フランス】新ロマン主義。

**ネオン**【neon】①希ガス元素の一つ。元素記号Ne 原子番号一〇。原子量二〇・二。他の元素と全く反応しない不活性気体。放電管・ネオンサイン(赤色)などに利用。②「ネオンサイン」の略。

**ネオン-かん**【ネオン管】放電管の一種。ネオンガスの入った管を放電させて発光させる光源。広告灯に使う。neon tube

**ネオン-サイン**【neon sign】特有のガス放電灯を利用して、光色や点滅により人目を引くようにした広告・看板類。ネオン。↓図

●ネオンサイン　色の種類

| 光の色 | 封入ガス | ガラス管 |
|---|---|---|
| 赤 | ネオン | 透明管 |
| 青 | アルゴンと水銀 | 透明管 |
| 橙 | ネオン | 緑色蛍光管 |
| 桃 | ネオン | 青色蛍光管 |
| 薄桃 | アルゴンと水銀 | 赤色蛍光管 |
| 緑 | アルゴンと水銀 | 緑色蛍光管 |
| 青白 | アルゴンと水銀 | 青白色蛍光管 |
| 薄紫 | アルゴンと水銀 | 紫色蛍光管 |
| 白 | アルゴンと水銀 | 白色蛍光管 |
| 黄 | アルゴンと水銀 | 黄色着色管 |
| 濃緑 | アルゴンと水銀 | 緑色着色管 |

**ネオン-テトラ**【neon tetra】カラシン科の熱帯性淡水魚。体は青と赤に輝く。全長三〜四cm。一九三六年発見。アマゾン川上流に分布。

**ネオン-ランプ**【neon lamp】ガラス球内に一対の電極を入れ、低圧のネオンを封入したグローランプ。指示ランプ・終夜灯などに使う。

**ネガ**《「ネガティブ」の略》写真で、陰画。白黒では明暗が逆、カラーでは色相が補色の関係にある原版。対義 ポジ。

**ねがい**【願い】①願うこと。願う内容。wish 用例 ― をこめる。― がかなう。②願書。application 用例 入学 ― 。

**願いましては**(ねがいましては) そろばんの読みあげ算で、読みあげる者が、数字を読みあげる前に言うことば。

**ねがい-あ・げる**【願い上げる】(下一他) 丁寧にお願いする。

**ねがい-ごと**【願い事】①願い望んでいること。one's desire 用例 ― を聞き届ける。― がある。②神仏に願う事柄。prayer

**ねがい-さげ**【願い下げ】①前に願ったことを取り下げること。withdrawal of petition ②頼まれても受け入れたくないこと。refusal 用例 そんな役は ― だ。

**ねがい-でる**【願い出る】(下一他) 願いを申し出る。apply

**ねがい-ぬし**【願い主】願い出る人。applicant

**ねが・う**【願う】(五他) ①そうなるように望む。こうあってほしいと思う。expect 用例 子の幸せを ― 。②祈る。pray 用例 家内安全を ― 。神仏に ― 。③こうしてほしいと頼む。beg 用例 ご起立 ― ・います。よろしくお ― ・いします。④買っていただく。用例 この品はお安く ― ・っております。

**願ったり叶ったり**(ねがったりかなったり) 先方の意思が、こちらの願いに合致して、たいへん好都合なさま。It's like a wish come true.

**願っても無い**(ねがってもない) 好都合で、この上もなくありがたい。couldn't ask for a better...

**ね-がえり**【寝返り】(名・サ変自) ①寝ていて、体の向きを変えること。turn over while sleeping in bed ②裏切ること。double-crossing; betrayal

**寝返りを打つ**(ねがえりをうつ) ①ねがえる。②裏切る。turn over in bed

**ね-がえ・る**【寝返る】(五自) ①寝ていて、体の向きをかえる。②裏切る。

**ね-がお**【寝顔】ねむっているときの顔。one's sleeping face

**ね-がさ**【値▾嵩】値段が高いこと。high-priced 用例 ― がはる。

**ねがさ-かぶ**【値▾嵩株】値の高い株式銘柄のこと。高位株。high-priced stock

**ねかし-つ・ける**【寝かし付ける】(下一他) 子どもなどを、ねむらせる。寝付くようにする。put a person to sleep

**ねか・す**【寝かす】(五他) ＝寝かせる。①ねむらせる。send to bed ②横にする。lay ③商品・資金などを、活用しないでおく。④麹・納豆などを室に入れて熟成させる。ferment ⑤調理の過程で材料を、しばらくそのままおいておく。let it stand

**ねか・せる**【寝かせる】(下一他) ↓ねかす(寝かす)

**ね-かた**【根方】根もと。下のほう。

**ね-かた**【寝方】寝る姿勢・方法。the way to sleep

**ネガチブ**【negative】(名・形動) ↓ネガティブ

**ネガティブ**【negative】対義 ポジティブ。㊀(形動) 否定的。消極的。㊁(名) ①陰電気。②写真で、陰画。ネガ。



↓行き先項目、図版・写真参照印。　JIS 日本工業規格情報交換用漢字符号コード(区点コード)。

●ネギ

**ね-かぶ【根株】** 切り株。木などを切って残った株。stump

**ね-から【根から】**(副) =根っから。①はじめから。もともと。by nature 用例 ― 嫌いだ。②《下に打ち消しをともなって》全然。いっこう。not at all 用例 ― 働く気がない。

**ねがわく-は【願わくは】**(副) 願うことには。どうか。願わくば。I hope

**願わくは我に七難八苦を与え給え**(ねがわくはわれにしちなんはっくをあたえたまえ) 《山中鹿之助のことば》私に多くの試練をあたえてください。困難に立ち向かう強い意気ごみを表したもの。

**ねがわし-い【願わしい】**(形) 望ましい。このましい。desirable 派生 ねがわしさ(名)

**ね-かん【寝棺】** 死体を寝かして入れる棺おけ。対義 座棺。

**ねぎ【▼葱】** ユリ科の多年生野菜。葉は円筒状中空で、葉鞘は堅く重なりあう。地下に肥大しない鱗茎とひげ根を生じる。晩春に、とう立ちし、花球(=ネギ坊主)をつける。地中の軟白部を食べる根深ネギと軟らかい緑葉を食べる葉ネギに大別。ネブカ。→図

**ね-ぎ【▼禰宜】** ①神職の総称。②昭和二一年(一九四六)制定の神職制度で宮司、権宮司に次ぐ神官。③昔の神官の位で、神主の下、祝の上。

**ねぎ-ごと【▽祈ぎ事】** いのり、願うこと。

**ねぎし【根岸】** ①神奈川県、横浜市中区と磯子区にまたがる地区。住宅地だが、石油精製などの工業地域でもある。日本初の近代的競馬場があった。②東京都台東区にある地名。正岡子規の旧宅や、書道博物館などがある。

**ねぎし-たんかかい【根岸短歌会】** 東京根岸にあった正岡子規宅で開いた歌会をもとに結成された短歌結社。明治三二年(一八九九)第一回。万葉風の写実主義を特色とした。子規没後、伊藤左千夫が中心となり、『馬酔木』『アカネ』『アララギ』を機関誌とし、斎藤茂吉・島木赤彦・古泉千樫らも参加した。

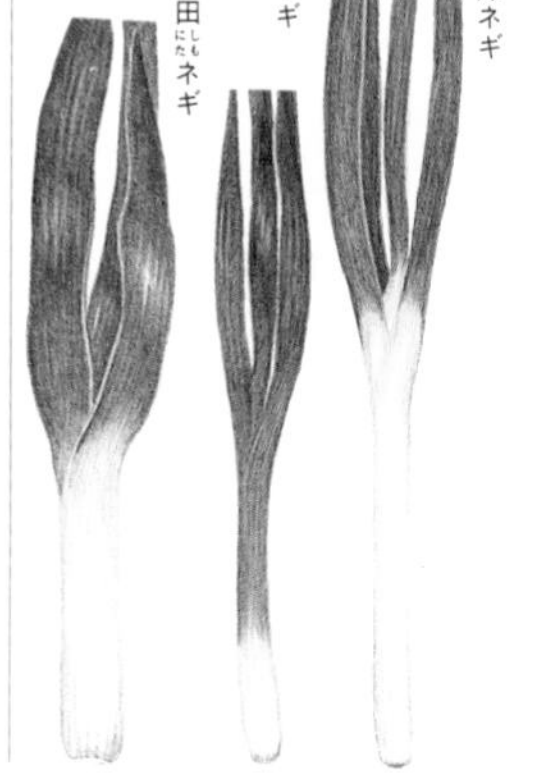


**ね-ぎたな-い【寝▼穢い】**(形) ねむったら、なかなか目覚めない。嫌なほどよく寝る。いぎたない。派生 ねぎたなさ(名)

**ねぎ-ぼうず【▼葱坊主】** ネギが晩春に茎の先端につける白色・球形の小花。

**ねぎ-ま【▼葱▼鮪】** ①マグロとネギをぶつ切りにして煮た鍋料理。②《「ねぎま椀」の略》マグロとネギを用いた汁物。ねぎま汁。

**ねぎら-う【▽労う・▼犒う】**(五他) 苦労を慰める。苦労に感謝の意を表す。いたわる。thank ... for one's trouble

**ね-きり【根切り】** ①根を切ること。②根切り虫。

**ねきり-の-いわい【根切(り)の祝い】** 山の木を伐り始めるときの祝い。山の神に供物を供えて祭る。根切りは山の立ち木の根元に斧を入れること。斧立て。斧始め。山始め。

**ねきり-むし【根切虫】** 農作物や苗木などの根を食害する昆虫の総称的俗称。コガネムシ類の幼虫や、ヤガ科などのガの幼虫であることが多い。ねきり。cutworm

**ね-ぎ・る【値切る】**(五他) 値段を安くさせる。値段を負けさせる。bargain; haggle

**ね-ぎわ【寝際】** ①寝るすぐ前。用例 ― に酒をのむ。②寝てすぐの時。用例 ― を起こされる。

**ね-ぐさ・い【寝臭い】**(形) ①寝たあとのにおいがある。用例 ― 部屋。②仕入れた品がいつまでも売れ残っている。

**ねぐされ-びょう【根腐れ病】** 植物の根が腐る病気。ネグサレセンチュウなどによって、サトイモ・ダイコン・ゴボウ・イチゴなどが被害を受ける。

**ね-くずれ【値崩れ】**(名・サ変自) 供給が需要を上回りすぎたため、価格が急に安くなること。price collapse

**ネクセ【Martin Andersen Nexö】**(一八六九～一九五四) デンマークのプロレタリア小説家。作品『勝利者ペレ』『赤いモルテン』など。

**ね-ぐせ【寝癖】** ①寝ている間に、髪の毛が押しつぶされて形が崩れること。②寝ている間に、夜具を乱すくせ。③幼児の、寝るときに添い寝をしたり歌をうたったりしてもらわないと眠らないくせ。④寝ているのがあたりまえになること。

**ネクター【nectar】** 果肉飲料の一つ。果実のピューレを水でうすめ、砂糖・香辛料などを加えて調製。ギリシア神話のネクタルに由来。

**ネクタイ【necktie】** 首または襟まわりに巻いて前で結ぶ帯状の布やひもの総称。ふつう男子がワイシャツの襟元に用いる。一般的な結び下げ型と蝶ネクタイがある。タイ。数え方 一本。

**ネクタイ-ピン【necktie pin】** ネクタイをワイシャツに止めるための、装飾を兼ねた金具。タイタック・タイバー・タイクリップなど。タイピン。

**ネクタリン【nectarine】** バラ科の落葉高木。モモの栽培種。果実はモモよりやや小さく、無毛で黄赤色。果肉は黄色で、種子から離れやすい。中国原産。ズバイモモ。ユトウ。ツバイモモ。→写

●ネクタリン 花(上)と実(下)。

**ネクタル【nektar ギリシア】** ギリシア神話の神々の酒。蜜より甘く、飲めば不老不死となる霊酒。香りがよく、香水としても使用されたといわれる。

**ねくたれ-がみ【寝▽腐れ髪】** 寝ている間に乱れた髪。ねみだれがみ。

**ネクトン【nekton】** 海や川の中を自力で自由に遊泳しながら生活する生物の総称。魚類・爬虫類・水生昆虫など。遊泳生物。

**ね-くび【寝首】** 寝ている人の首。

**寝首を掻く**(ねくびをかく) 《寝ている人の首を切り取る、の意から》油断している人を、おとしいれる。murder a sleeping person; stab ... in the back

**ね-くら【根暗】**(名・形動) 《俗語》明るさを装っているが、根は暗いこと・さま。根っから暗いこと・さま。対義 根明。用例 ― 人間。

**ね-ぐら【▼塒】** ①鳥の寝る所。とや。roost ②俗に、自分の家のこと。home

**ネクラーソフ【Nikolay Alekseyevich Nekrasov】**(一八二一～一八七七) ロシアの民衆詩人。ロシア市民派の代表。ロシア詩を革新し、民衆愛をうたった。叙事詩『ロシアは誰に住みよいか』『デカブリストの妻』など。

**ネクラーソフ【Viktor Platonovich Nekrasov】**(一九一一～一九八七) ソ連の小説家。「雪どけ」派の代表。作品『スターリングラードの塹壕にて』、紀行『大洋の両岸にて』など。

**ネグリート【Negrito】** 黒色人種のうち、アフリカのピグミーと、インド洋のアンダマン諸島民・マレー半島・フィリピン・ニューギニアなどの背丈の低い民族の総称。とくに後者をさす。

**ネグリジェ【négligé フランス】** 婦人用寝巻き。身ごろのゆったりした丈長の薄手のワンピース型が一般的。negligee

**ネグリチュード【négritude フランス】** 《被抑圧民族であるアフリカ黒人の精神的風土、固有の文化的特質を示す用語》黒人であることを誇りとし、黒人の文化に脈打つ精神を強調すること。一九三〇年代前半のパリでセザール・サンゴールらが提唱し、フランスへの同化を拒んでアフリカ文化の優越を主張する運動を展開。黒人精神。

**ネグ・る**(五他) 《「ネグレクト」の下を略して、動詞化した俗語》無視する。

**ね-ぐるし・い【寝苦しい】**(形) 暑さなどのために、寝つきにくい。寝つかれない。cannot sleep well 派生 ねぐるしげ(形動) ねぐるしさ(名)

**ネグレクト【neglect】**(名・サ変他) ①問題にもしないこと。無視。②あなどること。軽視。

**ネグロイド【Negroid】** 黒色人種。

**ネグロ-がわ【ネグロ川】**(Rio Negro) 南アメリカ北部の川。長さ二二五〇km。ギアナ高地から、ブラジル北部を南東に流れ、アマゾン川に注ぐ。

**ネグロス-とう【ネグロス島】**(Negros) フィリピン中部、ビサヤ諸島中部の島。北西部は広い海岸平野で、米・コプラ・タバコ・サトウキビなどを栽培。面積一・三万km²。

**ネグンド-かえで【ネグンド▼楓】** カエデ科の落葉高木。葉は羽状複葉。小葉は鋸歯のある楕円形。葉の出る前に黄緑色の小花をつける。観賞用に栽植。box elder

**ネゲブ【Negev】** イスラエル南半部の三角形をなす砂漠地域。古代には聖書の舞台となり早くから定住地が開けた。

**ねこ【猫】** ①ネコ科の哺乳動物。主として愛玩用に飼育される。爪・歯は鋭く捕食生活に適応。ペルシアネコなどの長毛種と、シャムネコなどの短毛種に大別される。カイネコ。イエネコ。cat 数え方 一匹。②《猫の皮を張ったところから》三味線の異称。③《三味線を使うところから》芸妓・芸者の異称。④足をあたためる土製の器。⑤「猫車」の略。→写

**猫に鰹節**(ねこにかつおぶし) 好物を近くに置いては、安心できないことのたとえ。猫にかつ節。To set the wolf to keep the sheep.

**猫に紙袋**(ねこにかんぶくろ) 《猫に紙袋をかぶせると、前へ進まず、後ろへさがるところから》あとずさりすること。

**猫に九生有り**(ねこにきゅうしょうあり) 《猫にはたくさんの命があって、何度でも生まれかわってくる、といわれていることから》猫は執念深く、なかなか死なないことにいう。

**猫に小判**(ねこにこばん) 価値あるものの価値がわからないたとえ。無駄なこと。To cast pearls before swine. 類似 豚に真珠。対義 猫に木天蓼。

**猫に木天蓼、御女郎に小判**(ねこにまたたび、おじょろうにこばん) ひじょうに効果のあることのたとえ。

**猫の首に鈴を付ける**(ねこのくびにすずをつける) 《『イソップ物語』から出た語》猫の来るのがすぐわかるようにと、ネズミが考えだした知恵。さんざん論議した末の案を実行に移す段になって、いったいだれがやるのかが決められない。至難のわざのたとえ。bell the cat

**猫の子一匹居ない**(ねこのこいっぴきいない) 人がまったくいないことのたとえ。Not a soul to be seen. 用例 ― 道。

**猫の手も借りたい**(ねこのてもかりたい) たいへん忙しいことのたとえ。be as busy as a bee

**猫の額**(ねこのひたい) 狭いこと・場所のたとえ。a tiny strip of land 用例 ― ほどの庭。

**猫は三年の恩を三日で忘れる**(ねこはさんねんのおんをみっかでわすれる) 猫は三年間飼われた恩を、わずか三日間で忘れてしまう。猫は恩を忘れやすく、飼い主に忠実でない。比較 犬は三日飼えば三年恩を忘れぬ。

**猫も杓子も**(ねこもしゃくしも) だれもかれも。だれでもみんな。every Tom, Dick and Harry

**猫も跨いで通る**(ねこもまたいでとおる) 《魚が好きな猫でさえも、またいで通りすぎる、の意》味の悪い、あるいは活きの悪い魚をいう。また、身ひとつ残っていないほど、きれいに食べられ、骨だけになった魚をいう。猫跨ぎ。

**猫を被る**(ねこをかぶる) =猫被り。①本性を隠して、おとなしく見せる。play the hypocrite ②知らないふりをする。feign innocence

**ねこ-あし【猫足】** 猫の足に形を似せた、机などの足。→写

●猫足

**ねこあし-こんぶ【猫足昆布】** 褐藻植物コンブ科の海藻。葉は帯状で、



▼常用漢字表外。 ▽常用漢字表の音訓外。

●ネコ①

ペルシアネコ

ヒマラヤン

アメリカンショートヘアー

エジプシャンマウ

シャムネコ

ジャパニーズボブテール

長さ約三m、幅約一〇㎝で厚い。基部の両側に耳状の突起があり、ここから葉が新生。食用。根室から千島にかけて分布。

**ね-ご・い【寝濃い】**(形) 寝坊だ。眠ったらなかなか起きない。いぎたない。

**ねこ-いた【猫板】**《猫がそこに乗ることを好むことから》長火鉢の端の上に渡した細長い板。

**ねこ-いらず【猫いらず】** 黄燐または亜砒酸を含む殺鼠剤の商標名。rat poison

**ねこ-かぶり【猫▽被り】** 本性を包み隠すこと・人。猫っかぶり。hiding one's claws; hypocrisy

**ねこ-かわいがり【猫可▽愛がり】**(名・サ変他)《「可愛」は当て字》甘やかして、かわいがること。盲愛。doting on

**ね-こぎ【根▽扱ぎ】** 草や木を、根のついたまま引き抜くこと。

**ねこ-ぐるま【猫車】** 土砂を運ぶ一輪車。箱の前部に車輪があり、後部の柄を押して行く。ねこ。wheelbarrow

**ね-ごこち【寝心地】** 寝たときの気分。one's snugness in bed

**ね-ござ【寝▼茣▼蓙】** 寝るときにしくござ。sleeping mat

**ねこ-ざめ【猫▼鮫】** 沿岸の海底にすむネコザメ科の海水魚。全長約一・二m。暗褐色で七本の黒い横縞がある。臼歯状の強い歯でサザエなどをかみ砕く。本州中部から朝鮮半島南部に分布。サザエワリ。borned shark

**ねこ-じた【猫舌】** 猫のように熱いものを飲食できないこと・人。tongue too sensitive to heat

**ねこ-しで【猫四手】** ウラジロカンバの別名。果穂を猫の尾に見たてた名称。

**ねこ-じゃらし【猫じゃらし】** エノコログサの別名。

**ね-ごしらえ【根▼拵え】**(名・サ変他) 樹木の移植の準備として、根のまわりを整理すること。ねまわし。

**ねこ-ぜ【猫背】** ↓えんばい(円背)

**ね-こそぎ【根▼刮ぎ】**(副) そっくり。残らず。completely

**ねこ-だ** ①わらやなわを編んだ大型のむしろ。②わらを編んで作った背負い袋や、背負いかごに用いるわら製の背当て。ねこ。ねこ座。

**ね-ごと【寝言】** ①眠っているときに無意識に言うことば。talk in sleep ②わけのわからないことば。たわごと。nonsense

**ねこ-ながし【猫流し】** 古く佐渡金山などで行われた、原始的な比重選鉱法。ゆるく傾斜した浅い樋の底にむしろを敷き、その上から砂金を含む砂を水とともに流して、むしろの目に残る砂金を採取する。

**ねこなで-ごえ【猫▼撫で声】** 人の機嫌をとろうとして出す、優しく甘えるような声。しいて優しさを装った声。in a coaxing voice

**ねこ-の-した【猫の舌】** キク科の多年草。海岸の砂地に自生する。葉は厚く剛毛がありざらつき、猫の舌を感じさせることからこの名がある。晩夏に黄色の頭花をつける。ハマグルマ。

**ねこ-の-ちち【猫の乳】** クロウメモドキ科の落葉高木。高さ約一〇m。葉は長楕円形で先がとがる。晩春に、葉腋に黄緑色の小花をつける。果実は黒色の長楕円形で、その形が猫の乳頭に似ることからの名。

**ねこ-の-め【猫の目】**《猫のひとみが、周囲の明るさによって敏感に形を変えるところから》変化・移り変わりの激しいことのたとえ。be as fickle as a weathercock 用例 ― のように順位が変わる。

**ねこのめ-そう【猫目草】** ユキノシタ科の多年草。谷間の湿地にはえる。高さ約二〇㎝。茎は長くはってから立ち上がり、葉は幅広の卵形。春に、淡黄緑色の花を茎頭につける。↓写

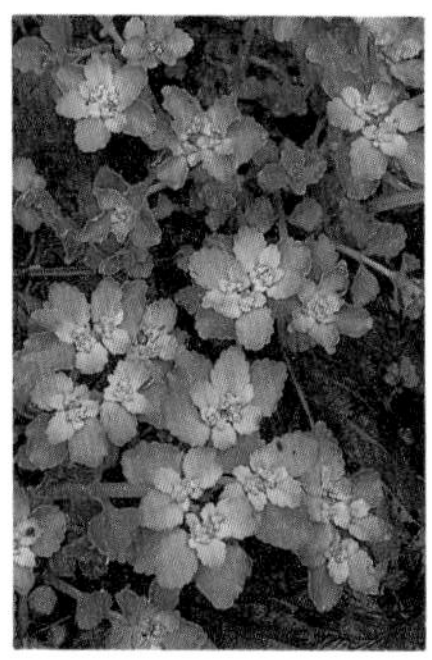

●ネコノメソウ

**ねこ-はぎ【猫▼萩】** マメ科の多年草。日当たりのよい草地にはえる。茎は地面をはってひろがる。葉は三出複葉。夏に、小さい白色の蝶形花が咲く。

**ねこ-ばば【猫▼糞】**(名・サ変自他)《猫が、ば(=ふん)に土をかけて隠すことから》拾い物などをしても、知らん顔をしていること。pocket 用例 ― をきめこむ。

**ね-こぶ【根▼瘤】** マツなどの根もとが、ふくれてこぶ状になったもの。

**ねこまが-たけ【猫魔ケ岳】** 福島県北部、磐梯山の西隣にある火山。標高一四〇四m。山麓にスキー場がある。

**ねこ-また【猫又・猫▼股】** 年をとった猫で、尾が二つに分かれ、よく化けるといわれるもの。

**ねこ-またぎ【猫▼跨ぎ】**《魚が好きな猫でさえも、またいで通り過ぎる、の意》まずい魚。

**ね-こみ【寝込み】** 寝ている最中。in sleep 用例 ― を襲う。

**ね-こ・む【寝込む】**(五自) ①ぐっすり寝入る。fall asleep ②病気で長く床につく。be confined to one's bed 用例 かぜで三日も ―。

**ねこめ-いし【猫目石】** 金緑石のなかで、猫の瞳孔を思わせる光条がある宝石。キャッツアイ。cat's-eye

**ねこ-やなぎ【猫柳】** ヤナギ科の落葉低木。川辺などにはえる。高さ一～二m。若枝や葉に絹状の毛がある。早春のころ、銀白色の細い毛におおわれた長円形の花穂をつける。エノコロヤナギ。カワヤナギ。pussy willow ↓写

**ね-ごろ【値▼頃】** ちょうどよい値段。reasonable price

**ねごろ【根▽来】** 和歌山県の和泉山地南麓の地域。古くから交通の要地として、また塗り物の産地としても有名。根来寺がある。現在の那賀郡岩出町付近をいう。

**ねごろ-じ【根▽来寺】** 和歌山県那賀郡岩出町根来にある新義真言宗の総本山。長承元年(一一三二)覚鑁が高野山に創建した大伝法院を、正応元年(一二八八)頼瑜が現地に移したもの。元亀元年(一五七〇)一向宗と組んで織田信長と戦い、天正一三年(一五八五)豊臣秀吉に焼き討ちされた。慶長年間(一五九六～一六一五)に再興。

**ねごろ-しゅう【根▽来衆】** 紀伊の根来寺の僧兵を中心とする軍事集団。南北朝時代以降、強勢を誇り、戦国時代には、鉄砲隊を組織して織田信長・豊臣秀吉に対抗。天正一三年(一五八五)秀吉に攻められ壊滅。根来法師。

**ねごろ-ぬり【根▽来塗】** 漆器の一種。上塗りの朱漆がはげ、下地の黒漆が斑紋のようにみえるのが好まれる。本来は、一三世紀後期から天文一三年(一五四四)まで和歌山の根来寺に住んだ僧が作った日用の漆器をいうが、一般には朱漆塗りの器物もさす。

**ね-ころ・ぶ【寝転ぶ】**(五自) ごろりと横になる。寝そべる。lie down

**ね-さがり【値下がり】**(名・サ変自) 値段が安くなること。fall in price 対義 値上がり。

**ね-さげ【値下げ】**(名・サ変他) 値段を安くすること。値引き。reduction in price 対義 値上げ。

**ね-ざけ【寝酒】** 寝るときに飲む酒。寝つきをよくするために飲む酒。nightcap 比較 晩酌。

**ね-ざさ【根▼笹】** イネ科の常緑のタケ。山野に群生し、稈は高さ約三m。節から数本の枝を出し、二～一〇片の披針形の葉をつける。本州西南部以南に分布。

●ネコヤナギ　雄花。

**ね-ざし【根挿し】** 植物の挿し木法の一つ。若い根を短く切り取り、土中に斜めに埋めて発根・発芽させるもの。root cutting ↓挿し木図

**ね-ざ・す【根差す】**(五自) ①根がつく。take root ②もとづく。originate ③深く定着する。be fully rooted

**ね-ざめ【寝覚め】** 眠りから覚めること。目覚め。wake from sleep 対義 寝付き。

**寝覚めが悪い**(ねざめがわるい) ①眠りから覚めたあとの気分が悪い。②過去の行いが反省されて、良心に責められる。feel remorseful

**ねざめのとこ【寝覚ノ床】** 長野県南西部、木曽川にある景勝地。花崗岩の河床が浸食されて、奇景を呈する。

**ね-ざや【値▼鞘】** ①同一銘柄の、旧株と新株との値段の開き。margin ②東京と大阪の取引所間でみた、同一銘柄の株価の開き。difference ③各銘柄間の株価の相違。difference ④売値と買値の開き。spread

**ねじ【▼螺子・▼捻子・▼捩子・▼螺▽旋】** ①しめつけて物を固定するための部品。円筒または円錐の側面にらせん状の突起(ねじ山)をつけた雄ねじと、それにちょうど合うように円筒の内側に溝をつけた雌ねじとがある。スクリュー。screw ②時計などのぜんまいを巻く装置。spring ③緊張。しまり。strain

**螺子が緩む**(ねじがゆるむ) 気持ちがたるんでいる。be loose

**螺子を巻く**(ねじをまく) 強く注意して、緊張させる。get... moving

**ねじ-あ・げる【▼捩(じ)上げる】**(下一他) ねじって上へ上げる。ひねり上げる。ねじり上げる。twist hard

**ねじ-あっしゅくき【▼螺子圧縮機】** 互いにかみ合い、相互に逆回転する二つのスクリューによって、ケーシング(容器)とローターの間の空気を圧縮する装置。スクリュー圧縮機。screw compressor

**ねじ-あやめ【▼捩▼菖▼蒲】** アヤメ科の多年草。庭にうえる。葉は剣状でねじれる。春、アヤメに似た淡碧紫色の花を開く。中国原産。バリン。

**ねじ-がい【▼捩貝】** イトカケガイの別名。

↓行き先項目、図版・写真参照印。　JIS 日本工業規格情報交換用漢字符号コード(区点コード)。

**ねじ-き**【▼捩木】山地にはえるツツジ科の落葉小高木。高さ五～六ｍ。幹はややねじれる。葉は卵形。六月ごろに鐘形の白花をたくさん下向きにつける。

**ねじ-きり**【▼螺子切り】ボルトの材料にねじの溝をつける作業。また、その工具。thread cutting

**ねじ-き・る**【▼捩(じ)切る】(五他) ねじって切り離す。twist off

**ねじ-くぎ**【▼螺子▼釘】足の部分が雄ねじになっている釘。ねじまわしなどでねじ込む。screw

**ねじ-く・れる**【▼捩くれる・▼拗くれる】(下一自) ①ねじけて曲がる。②ひねくれる。

**ねじ・ける**【▼捩ける・▼拗ける】(下一自) ①曲がりくねる。be twisted ②ひがむ。get perverse

**ねじ-こ・む**【▼捩(じ)込む】(五自他) ①(他)ねじって、無理に入れる。screw in ②(自)相手の落ち度につけこんで責める。苦情を言う。protest against

**ね-しずま・る**【寝静まる】(五自) 人々がみな眠ってしまって、静かになる。fall asleep

**ネジド**【Nejd】↓ナジド

**ね-しな**【寝しな】寝るとき。寝ぎわ。just before going to bed

**ねじ-はぐるま**【▼螺子歯車】歯がらせん状にねじれている歯車。二軸が平行でなく、かつ交わらない場合の動力伝達に用いるもの。screw gear

**ねじ-はちまき**【▼捩じ鉢巻(き)・▼捩鉢巻】《威勢よく見せるために、また、懸命なときなどにする》ねじって頭に巻きつける手ぬぐい。また、そのようにしたさま。一所懸命なようす。ねじり鉢巻き。↓図

●捩じ鉢巻

**ねじ-ばな**【▼捩花】《花が、花穂上にねじれて並ぶことからの名》ラン科の多年草。日本全土の日当たりのよい草地にはえる。葉は根生し、広線形で、長さ一〇㎝内外。初夏に約一〇㎝の花穂を一本だし、らせん状に淡紅色の小花を多数つける。ヒダリマキ。モジズリ。↓写

**ねじ-ふ・せる**【▼捩(じ)伏せる】(下一他) 腕をねじって組み伏せる。twist one's arm

**ねじ-ま・げる**【▼捩(じ)曲げる】(下一他) ①ねじってまげる。twist ②物事を、故意にゆがめる。無理にまげる。distort 用例 事実を―。

**ねじ-まわし**【▼螺子回し】ねじを締めたりゆるめたりするのに用いる工具。ドライバー。screw driver

**ねじ-む・ける**【▼捩(じ)向ける】(下一他) 無理にねじって、向かせる。twist toward

**ね-じめ**【音締(め)】琴・三味線などの糸をまき、締めて、音の調子を合わせること。その結果の音のさえ。用例 いきな―。

**ね-じめ**【根締(め)】①植えた木の根もとの土をかためること。②庭木、鉢植えの木の根もとに植える小草。③生け花で、さした草花の根もとの形をととのえるために、さしそえる草花。

**ねじめ**【根占】〈町〉鹿児島県大隅半島にある、鹿児島湾に臨む町。サヤエンドウ・ミカン栽培がさかん。人口八一九二(一九八)。

**ねじ-やま**【▼螺子山】ねじの、らせん状の突起。screw thread; ridge ↓ボルト図

**ね-しょうがつ**【寝正月】正月にどこへも外出をしないで過ごすこと。

**ね-しょうべん**【寝小便】眠っているうちに漏らす小便。bed-wetting

**ねじり-あみ**【▼捩り編み】手編みの技法の一つ。一つ一つの編み目をねじりながら編むもの。ふつうの編み方のときの編み目よりも固く仕上がり、伸縮性が減る。twist stitch

**ねじり-しけん**【▼捩り試験】材料試験の一種。材料の剪断抵抗・ねじり強さ・弾性率などを求めるために、試料にねじりモーメントを加え、応力やひずみを測定する。torsional test

**ねじり-ばかり**【▼捩り▼秤】金属や石英の細い糸の、ねじれに対する復元力を利用して、微小な力を測定する装置。torsion balance

**ねじり-はちまき**【▼捩り鉢巻(き)】↓ねじはちまき(捩じ鉢巻き)

**ねじ・る**【▼捩る】(五自) ①両端をつかんで、互いに逆の方向に回す。また、片端を固定して、もしくは、片端の固定された他方を一つの方向にだけ回す。ひねる。twist 用例 手ぬぐいを―・って鉢巻きにする。栓を―。②ひねり曲げる。用例 からだを―。

●ネジバナ

**ねじれ**【▼捩れ】①ねじれること。②一端を固定した柱状の弾性体に偶力を作用させたときに生じる変形。torsion

**ねじれ-ばね**【▼撚▼翅】ハチやウンカなどに寄生する特殊な微小昆虫群。撚翅目を構成。雄は体長二～三㎜、前翅は退化して棍棒状、後翅は膜質で飛べる。雌は蛆状で肢も翅もなく、宿主から一生離れない。世界に約三〇〇種、日本に約一〇種がいる。strepsipteron ↓図

●ネジレバネ　エダヒゲネジレバネ

**ねじ・れる**【▼捩れる・▼拗れる】(下一自) ①くねり曲がる。よじれる。twist 用例 ネクタイが―。②ひねくれる。become perverse 用例 心が―・れている。

**ね-じろ**【根城】①本拠とする城。stronghold 対義 出城。②経営などの活動のもととなる所。根拠地。base of operations

**ね・す**【寝す】古語 (下二他) ↓ねせる(寝せる)

**ねず**【▼杜▽松】ヒノキ科の常緑針葉高木。西日本の山地にはえる。高さ約一〇ｍ。葉は針状で三本輪生。雌雄異株。球果は杜松子といい、薬用。材は建築用。ムロ。ネズミサシ。↓図

●ネズ

**ねず**【▼鼠】①ネズミ。用例 ―公。②「ねずみ色」の略。用例 銀―。

**ねず-が-せき**【▽念▽珠ケ関・▼鼠ケ関】古代、奥羽三関の一つ。北陸道から出羽への入り口で、日本海に面したところにあった関所。現在、山形県西田川郡と新潟県岩船郡との境の鼠ケ関に跡がある。

**ね-す・ぎる**【寝過ぎる】(上一自) ①普通の時間以上に寝る。sleep too much ②起きるはずの時刻を過ごす。寝過ごす。oversleep

**ネス-こ**【ネス湖】(Loch Ness) イギリス、スコットランド北部、モア峡谷にある細長い淡水湖。面積五七㎢。水深二三〇ｍ。首長竜に似た動物が生息するといわれるが、未確認。

**ねず-こ**【▼鼠子】クロベの別名。

**ね-すご・す**【寝過(ご)す】(五自) ↓ねすぎる(寝過ぎる)②

**ねずっ-ぽ**【▼鼠▽坊】浅海の砂泥底にすむネズッポ科の海水魚の総称。また、その一種。体長約一六㎝。背側は灰褐色で、黒・白の斑点が散在。底引き網で漁獲。てんぷら・煮つけなどにして食用。日本全土に分布。ヌメリゴチ。↓図

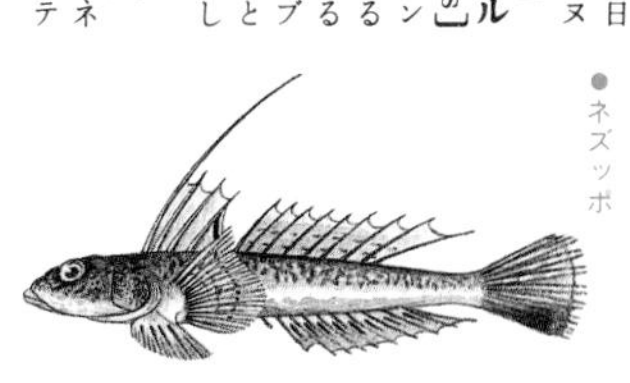
●ネズッポ

**ネスト-テーブル**【nested tables】同形・同デザインでサイズの異なる三、四個からなる組み合わせテーブル。使用しないときには入れ子にして収納できる。

**ネストリウス**【Nestorius】ネストリオスのラテン名。

**ネストリオス**【Nestórios】(?～四五一ごろ) コンスタンチノープルの総主教。ネストリオス派の祖。キリストの人性を強調したために、キリストの神性の信仰を弱体化したとして異端宣告を受け、エジプトに追放されて客死。ネストリウス。

**ネストリオス-は**【ネストリオス派】コンスタンチノープル総主教ネストリオスのキリスト論を継承し、異端宣告を受けたキリスト教の一派。ペルシア・アラビア・インドへ伝えられ、中国では景教と称した。Nestorianism

**ネストル**【Nestōr ギリシア】ギリシア神話のピュロスの王。トロヤ戦争ではギリシア軍の最年長で、相談役として争いを調停したりする。

**ネストル-ねんだいき**【ネストル年代記】『ロシア原初年代記』の別名。

**ネストロイ**【Johann Nepomuk Nestroy】(一八〇一～六二) オーストリアの喜劇作家・俳優・歌手。民衆劇の代表者。作品『ユーディットとホロフェルネス』など。

**ねず-の-ばん**【寝ずの番】寝ないで番をすること・人。不寝番。all-night watch

**ねずみ**【▼鼠】①ネズミ科の哺乳動物。体長五～三五㎝。体毛は灰色・黒褐色など。生涯伸びつづける一対の門歯と三対の大臼歯をもつ。繁殖力が旺盛。器物をかじり、農作物・食料品を食いあらし、病菌のなかだちをする。便宜上、クマネズミなどのイエネズミ、ハタネズミなどのノネズミに分類する。全世界に分布。rat ②「ねずみ色」の略。dark gray ③ひそかに害をなす悪人。④いたずらもの。↓写

**鼠が塩を引く**(ねずみがしおをひく) ほんの少しずつでも積み重なって大量になる。鼠が塩を嘗める。

**鼠、壁を忘る、壁、鼠を忘れず**(ねずみ、かべをわする、かべ、ねずみをわすれず) ネズミは、壁をかじって穴をあけたことを忘れているが、壁についた跡は消えずに残っている。害を加えたものは、とっくに忘れてしまっていても、加えられたほうはいつまでも覚えている。

**ねずみ-いらず**【▼鼠入らず】ネズミが入らないように作った、食物や食器用の棚。meat safe

**ねずみ-いろ**【▼鼠色】青色をおびた薄黒い色。また、灰色。ねずみ。ねず。gray米; grey英

**ねずみ-がえし**【▼鼠返し】ネズミの侵入を防ぐための装置。穀倉の床下の柱などにわたした横板など。

**ねずみ-がや**【▼鼠▼茅】イネ科の多年草。やや日陰の草地・路傍にはえる。草丈約二〇㎝。稈の基部は少し地をはってから立ち上がる。葉は線形で柔らかい。小穂がネズミの尾に似ていることからの名。

**ねずみ-きど**【▼鼠木戸】江戸時代、興行場の木戸などに取り付けた、小さなくぐり戸。

**ねずみ-こう**【▼鼠講】鼠算式に会員を増やすことを条件にして、会員に大きな利益を与える、金銭の融通を目的とした組織。無限連鎖講。昭和五四年(一九七九)禁止される。

**ねずみこぞう-じろきち**【▼鼠小僧次▽郎吉】(?～一八三二) 江戸後期の盗賊。武家屋敷だけを襲い、盗んだ金は貧民に与えたという義賊伝説で有名。獄門に処された。

**ねずみ-さし**【▼鼠刺】杜松の別名。

**ねずみ-ざめ**【▼鼠▼鮫】ネズミザメ科の海水魚。胴が太めで、全長約三ｍ。全体は赤黒い感じで、腹面に黒褐色の斑点が散在する。背びれと尾びれの上部を海面上に出して遊泳するという。食用。北太平洋に分布。モウカ。ラクダザメ。mackerel shark

**ねずみ-ざん**【▼鼠算】①和算で、一月に一対のネズミが一二匹の子を生み、二月に親子それぞれが一二匹ずつ生むということを、一二月まで繰り返せば何匹になるかという等比級数的計算問題。geometric progression ②急にはげしくふえることのたとえ。rapid increase

**ねずみ-じか**【▼鼠▼鹿】↓まめじか(豆鹿)

**ねずみ-せん**【▼鼠銑】破断面が灰色の銑鉄。組織中に多量の黒鉛を含み、鋳造性・被切削性にすぐれる。gray pig iron

**ねずみ-たけ**【▼鼠▼茸】ホウキタケの別名。

**ねずみ-とり**【▼鼠取り・▼鼠捕り】①ネズミを捕らえる道具や薬剤。道具には、ばね仕掛けでネズミを捕らえるもの、針金製の籠で、入ったら出られない仕組みのものなどがある。rattrap ②ネズミを取って殺すこと。③アオダイショウの別称。④《俗語》スピード違反の取り締まりのこと。

**ねずみ-なき**【▼鼠鳴き】(名・サ変自) ①ネズミの鳴く声。②口をすぼめて出す、「チュッ」という声。ねず鳴き。

**ねずみ-の-お**【▼鼠の尾】イネ科の多年草。道ばたや荒地にはえる。茎の高さ約六〇㎝。少数の葉が根生。秋に、茎頂に長さ約三〇㎝で緑色の小穂を密につける。

**ねずみ-のみ【▼鼠▼蚤】** ネズミに寄生するノミの総称。多くの種類があるが、衛生害虫としてとくに有名なのはケオプスネズミノミ。これは人からも吸血し、ペストを媒介する。mouse flea

**ねずみのよめいり【▼鼠の嫁入り】** 昔話の一つ。ネズミの夫婦が天下一の婿を求め歩き、最後に同じ仲間のネズミを選ぶ話。

**ねずみ-はなび【▼鼠花火】** 花火の一種。紙縒の中に火薬を詰め、輪の形にしたもの。端に点火すると、ネズミのように地面を走り回る。

**ねずみ-もち【▼鼠▼黐】** モクセイ科の常緑低木。山地にはえ、庭植えもされる。高さ約五m。葉は卵形で対生。初夏に白花をつける。果実は黒紫色で、ネズミの糞に似る。ヒメツバキ。タマツバキ。テラツバキ。↓写

●ネズミモチ

**ネスラー-しやく【ネスラー試薬】** ネスラーが発見したアンモニアの検出・定量用の試薬。アンモニアと反応して橙色から赤褐色の沈殿を生じる。Nessler's reagent

**ね-ぜり【根▼芹】**《根を食用とすることからの名》セリの別名。

**ね・せる【寝せる】**(下一他) 寝させる。寝かす。put...to sleep

**ね-ぞう【寝相】** 寝ている姿。one's sleeping posture 用例 ―が悪い。

**ね-そび・れる【寝そびれる】**(下一自) 眠ろうとしても時機を失って、眠ることができない。寝はぐれる。fail to get to sleep

**ね-そべ・る【寝そべる】**(五自) 体を伸ばして、腹ばいになったり、横になったりする。lie sprawled

**ねた**《俗語。「たね」の倒語》①新聞記事などの材料。②証拠。用例 ―はあがっている。③手品のしかけ。用例 ―がわれる。④料理の材料。用例 すし―。

**ね-だ【根太】** 建物の床板を支えるため床下にわたす横木。floor-joist ↓和風住宅図

**ね-だい【寝台】** 寝るときに使う台。長方形で四本の足をもち、木製または金属製。しんだい。ベッド。bed

**ねた-きり【寝たきり】** 病気や老衰などで起きられず、長く寝たままであること。bedridden 用例 ―老人。

**ねた-こ【寝た子】** 寝ている子。sleeping child

**寝た子を起こす**(ねたこをおこす) 余計なことをして、悪い結果をきたす。つまらぬことをしたために、せっかく収まっていたところに騒ぎをひき起こしたり、忘れられかけていたものを思い出させたりする。waking a sleeping dogs

**ねた・し【▼妬し・▼嫉し】** 古語(形ク) ①《他人に対して》ねたましい。うらやましい。用例 この君の、いたうまめだち過ぐして、常にもどき給ふが―・きを(源氏・紅葉賀)。②《自分に対して》くやしい。残念だ。用例 かへさまに縫ひたるも―(枕・ねたきもの)。

**ね-だに【根▼蜱】** コナダニ科のダニ。体は楕円形で、胴長〇・七mm内外、無色半透明。ラッキョウやタマネギのほか観賞用植物の球根に加害。世界各地に分布。

**ねた-ば【▽寝刃】** 鈍くなった刃。

**寝刃を合わせる**(ねたばをあわせる) ①刀の刃をとぐ。②こっそり悪事をたくらむ。

**ね-タバコ【寝タバコ】** 寝ながらタバコを吸うこと。また、そのタバコ。smoke in bed

**ねたまし・い【▼妬ましい・▼嫉ましい】**(形) うらやましく、くやしい。envious 派生 ねたましがる(五自) ねたましげ(形動) ねたましさ(名)

**ねたみ【▼妬み・▼嫉み】** ねたむこと。しっと。そねみ。jealousy

**ねた・む【▼妬む・▼嫉む】**(五他) ①他人のよいことを、うらやみ、くやしく思う。be jealous of ②うらむ。

**ね-だやし【根絶やし】** ①草木を抜き取って、後に根が残らないようにすること。②物事をすっかりなくしてしまうこと。根絶。eliminate 用例 害虫を―にする。

**ねだり【▽強▽請り】** ねだること。

**ねだり-がまし・い【▽強▽請(り)がましい】**(形) ねだるようである。

**ねだ・る【▽強▽請る】**(五他) 無理を言って、ほしがる。せがむ。せびる。importune

**ね-だん【値段】** 品物の値打ちをお金で表したもの。価格。値。price 用例 ―がはる。

**ね-ちが・える【寝違える】**(下一自) 寝方が悪かったので、筋を違えて首や肩が痛む。have a wrick in one's sleep

**ねちっ-こ・い**(形) ねちねちしている。しつこい。くどい。persistent 用例 ―性格。派生 ねちっこさ(名)

**ねち-ねち**(副・サ変自) ①ねばりけがあって気持ち悪いさま。ねばりつくさま。ねとねと。ねばねば。べとべと。sticky ②性格などが、くどくてしつこいさま。persistent 用例 ―した話ぶり。

**ネツ** 10画 **【▼捏】** 部首[扌](てへん) JIS 5752

音 デッ・ネチ・ネツ

①こねる。こねあわす。②でっちあげる。無いことを有るようにつくりあげる。「捏造(ねつぞう・でつぞう)」

12画 **【▼揑】** 異体字

**ネツ** 10画 **【▼涅】** 部首[氵](さんずい) JIS 6226

音 デッ・ネツ・ネ

①くろつち。黒いねば土。②くろめる。黒く染める。③「涅槃(ねはん)」は、梵語(ぼんご) nirvāṇa の音訳。究極の悟りの境地。また、仏・僧が死ぬこと。

**ネツ** 15画 **【熱】** 部首[灬](れっか) 教育小4 JIS 3914

音 ネツ・ゼッ・ネチ

訓 あつい

熱 熱 熱 熱 熱 熱

①あつい。あつさ。対義 冷(れい)。「炎熱」「熱気・熱帯・熱湯・熱風(ねっぷう)」②のぼせる。夢中。はげしい関心。「熱意・熱演・熱狂・熱心・熱望・熱烈」用例 (名) ―がさめる。《接尾的》登山―。③物理で、物体を構成する分子・原子の振動エネルギー。温度を高めたり低めたりする。「加熱・地熱(ちねつ・じねつ)・余熱」「熱機関・熱源・熱量」用例《接頭的》―エネルギー。《接尾的》太陽―。放射―。④体温。「発熱・平熱」「熱病」用例 (名) ―が出る。⑤ねつの出る病気。用例《接尾的》回帰―。デング―。

**勝手な熱を吹く**(かってなねつをふく) 言いたいことをしゃべり散らす。自慢する。say what one likes; argue heatedly 比較 気炎をあげる。

**熱が有る**(ねつがある) ①平熱より高い。have a fever ②一所懸命だ。enthusiastic

**熱が籠る**(ねつがこもる) 物事に対して熱意をもって行う。熱意をこめて、事に当たる。気合いがみなぎるさま。be filled with enthusiasm

**熱が冷める**(ねつがさめる) 熱気がなくなる。冷静になる。one's passion cools

**熱と意気**(ねっといき) 熱心と、張り詰めた気持ち。

**熱に浮かされる**(ねつにうかされる) ①高熱で正気をうしなう。delirious with fever ②夢中になる。be crazy about

**熱を上げる**(ねつをあげる) 一所懸命になる。夢中になる。のぼせる。become enthusiastic

**熱を吹く**(ねつをふく) 気勢をあげる。用例 勝手な―。

**ねづ【根津】** 東京都文京区東部の地区。不忍池(しのばずのいけ)の北につづく低地。根津神社がある。

**ねつ-あい【熱愛】**(名・サ変他) 猛烈に愛すること。ardent love

**ねつ-い【熱意】** 熱心さ。意気込み。zeal

**ねつ・い**(形) =ねっこい。①変に熱心である。しつこい。くどい。②ねばりづよい。

**ねつ-うん【熱雲】** 火山噴火にともなって高温の岩塊や火山灰が一団となって山腹を流れ下りる現象。小規模の火砕流に同じ。一九〇二年のプレー火山噴火のさいに発生した火砕流に命名。破壊力が大きく、被害は甚大である。glowing cloud

**ねつ-うんどう【熱運動】** 物体を構成している原子や分子などの行う不規則な運動。熱運動の激しさが、その物体の温度を決める。thermal motion

**ねつ-エネルギー【熱エネルギー】** 物体のもつ内部エネルギーの一種。物体の構成粒子の熱運動・熱振動のエネルギー。thermal energy

**ねつ-えん【熱演】**(名・サ変他) 芝居・講談などを、力を出しつくして演ずること。enthusiastic performance

**ねつ-おうりょく【熱応力】** 熱膨張や熱変形しようとする物体を、外力などにより束縛するとき物体の内部に生じる応力。thermal stress

**ねつ-おせん【熱汚染】** 火力および原子力発電所から放出される温廃水のために、その付近の水域が汚染されること。水域の生態系を変化させ、海流にも異変をもたらす。thermal pollution

**ねっか【熱河】** 中国、河北・遼寧(りょうねい)省と内モンゴル自治区にまたがる地域。かつては承徳(しょうとく)を省都とする一つの省であった。参照 承徳。

**ねづ-かいちろう【根津▼嘉一郎】**(一八六〇〜一九四〇) 実業家。山梨県生まれ。東武鉄道社長。貴族院議員。私鉄を中心として多くの事業に関係し、育英事業や根津美術館設立でも知られる。

**ねつ-かいらい【熱界雷】** 気団の境界で発生した雷(界雷)に、強い日射の熱的原因による雷(熱雷)が加わって発生する雷。夏の雷に多い。hot thunderstorm

**ねつ-かがく【熱化学】** 化学変化や融解・蒸発・溶解などの状態変化にともなう熱的状態量と化学平衡との関係を扱う物理化学の一部門。thermochemistry

**ねつかがく-ほうていしき【熱化学方程式】** 化学変化において発生または吸収する熱量を、化学反応式に記入したもの。thermochemical equation

**ねつ-がく【熱学】** 熱現象を研究する物理学と化学の一部門。熱力学と統計力学を含む。theory of heat

**ねつ-かくはんのう【熱核反応】** 熱平衡の状態にある原子核の融合反応。一億℃以上の超高温が必要。thermonuclear reaction

**ねっか-さくせん【熱河作戦】** 日本陸軍の中国熱河省への侵攻事件。昭和八年(一九三三)関東軍が満州(まんしゅう)国に隣接する熱河省を同国の版図としてその確保を強行。

**ねつ-かそせい【熱可塑性】** 常温では塑性を示さないが、加熱すると塑性変形しやすくなる性質。金属・ガラスおよびある種の合成樹脂などにみられる。thermoplasticity

●ネズミ① クマネズミ

ドブネズミ

ハタネズミ

カヤネズミ

**ねつかそせい-じゅし【熱可塑性樹脂】** 熱可塑性をもった樹脂の総称。鎖状高分子物質が示す特性で、加工が容易。ポリスチレン・ナイロン・ポリエチレンなど。thermoplastic resin

**ネッカチーフ【neckerchief】** 首に巻いたり頭をおおったりする長方形・正方形・三角形の布。保温・装飾用。一般にはスカーフより小形のものをさす。

**ねっ-から【根っから】**(副)「根から」の転。

**ねつ-がん【熱願】**(名・サ変他) 熱心に願うこと。熱心な願い。ardent desire

**ねっかん-かこう【熱間加工】** 金属の再結晶温度以上の温度で行う圧延・鍛造などの塑性加工。加工硬化を生じない。hot working; warm processing 対義 冷間加工。

**ねっ-き【根っ木】**《「根木」または「念木」などからの転か》江戸時代末からの子どもの遊び。先をとがらせた木の枝を、地面に投げて突き刺し、相手の枝を倒して取る。鉄の釘などを使うこともある。ねっくい。ねっくいうち。めき。めっき。

**ねっ-き【熱気】** ①暑さ。暑気。heat ②高熱。heat 用例 —消毒。③奮い起こした意気。血気。enthusiasm

**熱気にも冷えにも立たぬ**(ねつきにもひえにもたたぬ) どちらともつかぬなまはんか。中途半端。熱気にも寒さにも立たぬ。

●熱帯果実

**ね-つき【根付き】** ①根づくこと。take root ②根がついている草木。用例 —のよい木。plants with roots

**ね-つき【寝付き】** 眠りに入ること。fall asleep 対義 寝覚め。用例 —がいい。

**ね-つぎ【根接ぎ】** 接ぎ木の方法の一つ。根を台木とし、これに接ぎ穂をつぐ方法。また、根を、木に接ぐ方法もある。root grafting

**ね-つぎ【根継ぎ】** 木の柱や土台の腐った部分を取って、他の材木を継ぎ足すこと。

**ねつき-うお【根付魚】** 岩礁の間や海藻の茂みなどに定住する海水魚。ベラ・アイナメ・メバル・カサゴなど。体色の鮮やかなものが多い。ねうお。

**ねつ-きかん【熱機関】** 熱エネルギーを継続的に機械的エネルギーに変換する原動機の総称。内燃機関・蒸気機関・ガスタービンなど。heat engine

**ねつ-ききゅう【熱気球】** 直径十数メートルの気球の中の空気をバーナーで加熱膨張させて、外気との比重の差で浮揚させる気球。スポーツとしてさかん。hot-air balloon

**ねつ-きぐ【熱器具】** ガス・電気・石油などの熱を利用する器具。こんろ・ストーブなど。heater

**ねつ-きでんりょく【熱起電力】** 二種類の金属を二点で接触させ、二つの接点を異なる温度に保つとき、接点間に生じる起電力。thermoelectromotive force

**ねっ-きょう【熱狂】**(名・サ変自) ひどく興奮してじっとしていられないほど夢中になること。enthusiasm

**ねっきょう-てき【熱狂的】**(形動) 熱狂するさま。enthusiastic

**ねっきょう-ぶり【熱狂ぶり】** 熱狂しているようす。enthusiasm

**ねっき-よく【熱気浴】** 熱気療法の一つ。加熱した空気や蒸気を、硬直した関節などに作用させ、治療を行うこと。luminous heat therapy

**ネック【neck】** ①首。②襟の線。③《bottleneckの略》物事の障害になること・もの。隘路。難関。

**ね-つ・く【寝付く】**(五自) ①眠りにつく。寝入る。fall asleep ②病気で床につく。寝込む。be laid up with illness

**ね-づ・く【根付く】**(五自) ①根がついて育つ。take root ②物事が定着する。

**ネック-ポイント** 洋裁で、首のつけ根の部分で、襟ぐり線と肩線の合う点。

**ネックライン【neckline】** 襟ぐり線の総称。衣服の身ごろと首との境目の線。↓図

**ネックレス【necklace】** 首から胸元を飾るひも状の装身具。広義にはペンダント・ロケットも含まれ、材料・形状はさまざま。首飾り。

**ね-つけ【根付(け)】** ①きんちゃく・タバコ入れなどのひもの端に付けて、帯にはさむもの。帯ばさみ。②腰ぎんちゃく。

**ねつ-け【熱気】** 体温がふだんより高いこと。発熱ぎみ。feverish 用例 —がある。

**ねっ-けい【熱型】** 体温の上がり下がりのいろいろな型。

**ねっ-けつ【熱血】** 血がわくほどの激しい情熱。熱烈な意気。hot blood 用例 —男児。

**ネッケル【Jacques Necker】**(一七三二〜一八〇四) フランスの財政家。ルイ一六世のもとで財務総監として国家財政再建を図ったが、特権身分の反対で失敗。一七八九年三部会の召集で局面打開を図ったが、これがフランス革命の直接的契機となった。

**ねつ-けん【熱圏】** 地表からの高度八〇㎞から数百キロメートルまでの領域。上層ほど高温で、高度一五〇㎞で約一〇〇〇℃になる。この領域の大気は電離状態にあり、電離層が存在する。温度圏。thermosphere

**ねつ-げん【熱源】** 熱を供給する源。熱力学では、自身の温度を一定に保ちながら、熱の出し入れをする物体をいう。heat source

**ねっ-こ【根っこ】**《俗語》①根。切り株。②ねもと。

**ねつ-こ・い**(形) →ねつい

**ねつ-こうかせい【熱硬化性】** プラスチックなどの重合体で、加熱すると硬化する性質。この状態に達すると、さらに温度を上げても軟化しなくなる。thermosetting

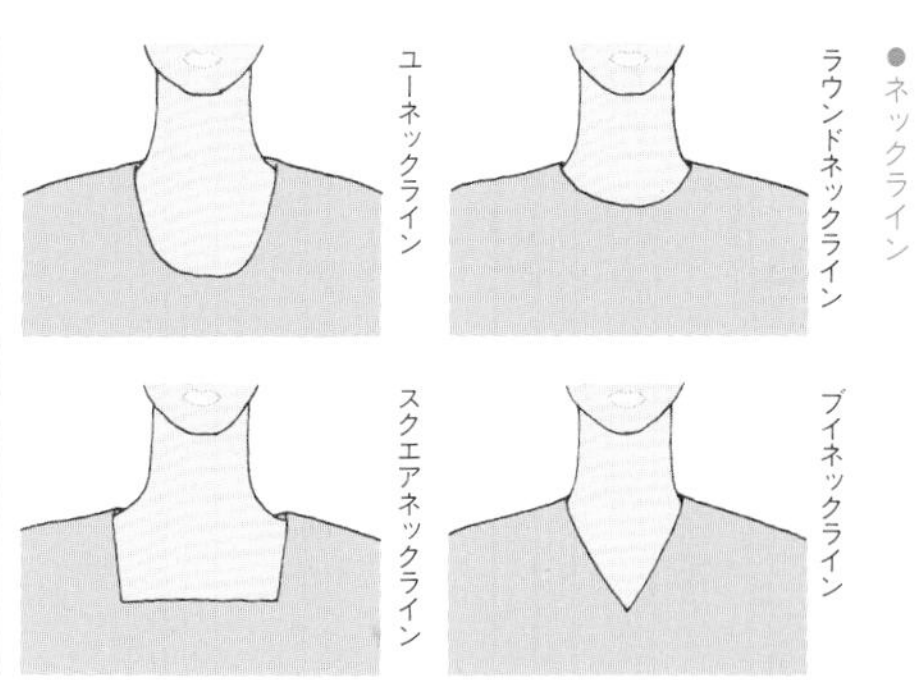

●ネックライン

**ねつこうかせい-じゅし【熱硬化性樹脂】** 熱硬化性をもった樹脂の総称。尿素樹脂・メラミン樹脂・フェノール樹脂・エポキシ樹脂など。thermosetting resin

**ねつ-こうりつ【熱効率】** 供給または発生した熱のうち、熱機関が行った仕事の割合。thermal efficiency

**ねっ-さ【熱砂】** 日に焼けた熱い砂。焼けた砂。hot sand

**ねつ-さまし【熱冷まし】** 体温の上がったのを下げる薬。解熱剤。antifebrile

**ねつ-ざんりゅうじき【熱残留磁気】** マグマが冷えて固まるとき、マグマの中の鉄分が地磁気によって帯磁し、永久磁石になる性質。thermoremanent magnetization

**ねっしゃ-びょう【熱射病】** 異常な高温多湿の環境のために、体の熱が逃げにくく体温が上昇して起こる病気。頭痛・めまい・意識混濁・発熱などの症状が起こる。heatstroke 比較 日射病。

**ねっ-しょう【熱傷】** 熱湯や火炎のような高熱に触れて起きた皮膚や粘膜の障害。やけど。burn

**ねつ-じょう【熱情】** ①激しい愛情。passion ②熱心な気持ち。ardor

**ねつ-しょり【熱処理】** 金属などの性質・状態を目的のものにするための加熱・冷却処理。焼き入れ・焼き戻し・焼きなまし・焼きならしなどがある。heat treatment

**ねっ-しん【熱心】**(名・形動) 物事に深く心を傾けること・さま。物事に励むこと・さま。zeal 用例 仕事に—な人。

**ねっすい-こうしょう【熱水鉱床】** 海洋底から噴出する揮発性成分に富む熱水により長年月の間に形成された鉱床。沈殿や交代作用によって生じる。金・銀・銅・鉛などの鉱床はこれに属する。hydrothermal deposit

**ねっ・する【熱する】**(サ変自他) ①(他)熱を加える。熱くする。heat 対義 冷やす。②(自)㋐熱くなる。㋑夢中になる。のぼせる。get excited

**熱し易く冷め易い**(ねっしやすくさめやすい) 物事にすぐ熱中する者は、冷めるのも早いものである。get excited easily but cool down soon

**ネッスル【Nestlé SA】** スイスの世界的食品会社。一八六六年設立。

**ねっ-せい【熱性】** ①かっとなりやすい性質。excitable disposition ②高熱をともなう性質。feverish diathesis

**ねっ-せい【熱誠】** 心からのまこと。赤誠。

**ねっせい-けいれん【熱性▼痙▼攣】** 体温が急にあがったときに起こる全身性の痙攣。六か月から四歳ぐらいまでの子どもに多く、脳波は正常。ふつう自然治癒するが、真性てんかんへの移行もみられる。febrile convulsion

**ねっ-せん【熱戦】** 熱のこもった激しい戦い。競り合い。hard fight

**ねっ-せん【熱線】** ①可視光より波長の長い側の電磁波。物質に吸収されると、分子の熱運動をさかんにし、物質の温度を上昇させる。赤外線。heat rays ②皮膚に感じる熱い光線。

**ねっせんきゅうしゅう-ガラス【熱線吸収ガラス】** 赤外線を吸収・遮断するためつくられたガラス。三二酸化鉄や銅などを入れたもの。自動車・建築物の窓ガラス、映写機のフィルム保護などに使用。heat absorbing glass

**ねっせん-ふうそくけい【熱線風速計】** 熱した白金線の抵抗が冷却によって変化することを利用した風速計。空気の乱流や境界層の研究に用いる。hotwire anemometer

**ねつ-ぞう【▼捏造】**(名・サ変他)《「でつぞう」の慣用読み》でっち上げること。でっち上げ。fabrication

**ねっそ-せつ【熱素説】** 一八世紀中ごろ、ラボアジエが提示した熱現象に関する説。熱素(=カロリック)という質量のない実体を考え、それが物質から離れて熱になるとした。一九世紀中ごろ、熱力学が確立して、否定された。

**ねっ-たい【熱帯】** 赤道を中心とし、ほぼ南北両回帰線にはさまれた気候帯。高温多湿で、最寒月の月平均気温が一八℃以上。昼と夜の気温の差は大きい。年中、雨の多い熱帯雨林気候

区と、雨季と乾季のあるサバナ気候区に分けられる。tropical zone [対義]温帯・寒帯。

**ねったい-うりん【熱帯雨林】** 熱帯雨林気候帯にみられる森林。常緑広葉樹を主とし、着生植物・つる性植物など樹木の種類が多く、密生していて優占種はとくにない。熱帯多雨林。tropical rain forest

**ねったいうりん-きこう【熱帯雨林気候】** 熱帯気候の一つ。一年じゅう高温で雨が多く、熱帯雨林が繁茂する。赤道付近のアフリカ大陸・南米大陸・スマトラ・ボルネオなどにみられる。tropical rain forest climate

**ねったい-かじつ【熱帯果実】** 熱帯地方に産する果物。バナナ・パイナップル・パパイア・マンゴスチン・ドリアンなど。tropical fruit ↓[写](前ページ)

**ねったい-きこう【熱帯気候】** 赤道を中心とした低緯度地方にみられる気候の総称。地球上でもっとも高温の地域で、年間の気温変化はきわめて少なく、季節は降雨量によって雨季と乾季とに分ける。植生分布などにともない、熱帯雨林気候・サバナ気候・熱帯高地気候などの気候区がある。tropical climate

**ねったい-ぎょ【熱帯魚】** ①熱帯地方にすむ魚の総称。②熱帯産の観賞魚。色や形の美しいものが多い。エンゼルフィッシュ・グッピーなど。日本には約二〇〇〇種が輸入されている。tropical fish ↓[写]

●熱帯魚②

**ねったいこうち-きこう【熱帯高地気候】** 熱帯気候の一つ。年間の気温の変化は少なく、高地のため温帯に近い気候が続く。アンデス山脈・メキシコ高原・エチオピア高原などにみられる。tropical highland climate

**ねったい-しゅうそくたい【熱帯収束帯】** 赤道付近で、両半球の貿易風が吹き込み、大気の収束する領域。風は弱いが、強い雷雨がある。赤道収束帯。intertropical convergence zone

●熱帯スイレン

**ねったい-すいれん【熱帯水▾蓮】** スイレン科スイレンのうち熱帯圏に自生するものに対する園芸上の名称。代表種セントルイス。↓[写]

**ねったい-そうげん【熱帯草原】** ↓サバナ

**ねったい-たうりん【熱帯多雨林】** ↓ねったいうりん(熱帯雨林)

**ねったい-ちょう【熱帯鳥】** ネッタイチョウ科の海鳥の総称。アジサシに似るが一対の尾羽が長い。全長八〇〜一〇〇cm。アカオネッタイチョウ・シラオネッタイチョウなど。tropic bird ↓[図]

●ネッタイチョウ　アカオネッタイチョウ

**ねったい-ていきあつ【熱帯低気圧】** 熱帯地方の海上に発生する低気圧の総称。発達すると激しい暴風雨をともなう。地域により、台風・ハリケーン・サイクロンなどとよばれる。tropical cyclone; typhoon; hurricane

**ねったい-とうふう【熱帯東風】** 亜熱帯高気圧から赤道に向かって吹く東風。貿易風。tropical easterly

**ねったい-びょう【熱帯病】** 高温多湿な熱帯地方に特有な疾病の総称。マラリア・アメーバ赤痢(せきり)・黄熱・デング熱・コレラ・睡眠病など。tropical disease

**ねったい-モンスーンきこう【熱帯モンスーン気候】** 熱帯気候のうち、弱い乾季があり、雨季には海から吹く季節風の影響で、多量の雨が降る気候。インド・インドシナ両半島西岸、アラビア海沿岸などにみられる。tropical monsoon climate

**ねったい-や【熱帯夜】** その日の最低気温が二五℃以上の夜。非常に寝苦しく、夏の暑さを示す一つの指標となる。

**ねっ-ちゅう【熱中】**(名・サ変自) 精神を一つのことに集中すること。夢中になってすること。enthusiasm

**ねっちゅう-しょう【熱中症】** 高温環境下の労働で、発汗による水分や塩分の損失、体温上昇などによって起こる症状。痙攣(けいれん)・血圧低下・ショックなどが現れる。

**ねっ-ちゅうせいし【熱中性子】** 重水(じゅうすい)や黒鉛の中で減速され、周囲の分子の熱運動と同程度の速さ(平均秒速二・二km)になった中性子。質量数二三五のウラン原子核に熱中性子をあてると、原子核につかまりやすく核分裂反応を起こす確率が大きくなる。thermal neutron

**ねっちり**(副) 性格などが、くどくてしつこいさま。ねちねち。persistent

**ねっ-ぽ・い【熱っぽい】**(形) ①発熱しているようである。feverish ②熱がこもっている。enthusiastic [用例] ―まなざし。[派生] ねつっぽさ(名)

**ねつでん-おんどけい【熱電温度計】** 二種類の金属線の両端を接合した熱電対に生じる起電力から、温度を測る装置。thermoelectric thermometer

**ねつでん-こうか【熱電効果】** 金属または半導体で、熱と電気が同時に関係している現象の総称。温度勾配(こうばい)のある金属線に電流を流したときの熱の吸収・発生(トムソン効果)、接合した異種の金属線に電流を通じたときの熱発生(ペルティエ効果)など。thermoelectric effect

**ねつ-でんし【熱電子】** 高温に熱せられた金属の表面から飛び出す電子。熱電子は高温ほど放射されやすい。真空管などで使われる。thermoelectron

**ねつでんし-ほうしゅつ【熱電子放出】** 高温に熱せられた固体の導体や半導体の表面から、電子が放出される現象。thermoelectronic emission

**ねつてんしゃ-プリンター【熱転写プリンター】** コンピューターやワープロの印字機の一種。文字や描線部分が発熱する印字ヘッドが、印字リボンの固体カラーインクを溶かし、溶けた部分のインクが紙に転写される。thermal printer

**ねつでん-そし【熱電素子】** 熱エネルギーと電気エネルギーの変換を行う素子。熱電発電や電子冷凍に使用。thermoelectric element

**ねつ-でんつい【熱電対】** 熱起電力を得るために、二種類の金属導体を環状に二点接続した回路。二種の金属としては銅とコンスタンタン、白金と白金ロジウム合金などが用いられる。熱電温度計に応用。thermocouple

**ねつ-でんどう【熱伝導】** 物質中を高温部分から低温部分に熱が伝わる現象。conduction of heat

**ねつ-てんびん【熱天▾秤】** 物質を徐々に熱していく途中の化学変化を質量の変化としてとらえる天秤。結晶水の定量などに利用。thermobalance

**ねつ-でんりゅう【熱電流】** 熱起電力によって生じる電流。異なる二種類の金属を両端で互いに接触させ、両接触部に温度差を与えるときに生じる。thermoelectric current

**ネット【net】** ①網。とくに、テニスやバレーボールなどで中央に張る仕切りの網。②髪をおさえる網。③正味。純益。④ゴルフで、総打数(=グロス)からハンディキャップを差し引いた正味の打数。

**ねつ-ど【熱度】** ①熱の程度。②熱心の程度。

**ネット-あみ【ネット編み】** 鉤針(かぎばり)編みの模様編みの一種。細編みと鎖編みを用いて、ネットのような編み地を作り出す。ショール・手袋・ケープ・家具のおおいなどに用いる。net pattern crochet

**ネット-イン**《和製語》球技で、ボールがネットに触れた後に、相手コート内に落ちること。サーブのときのネットインは、競技によって無効またはやり直しとなる。netball falling in

**ねっ-とう【熱湯】** 煮え立っている熱い湯。boiling water

**ネット-プライス【net price】** 正価。

**ネット-プレー【net play】** テニス・卓球・バレーボールなどで、ネットに近いところで打球を処理する技。

**ねっとり**(副・サ変自) ①ねばりけがあるさま。ねばりつくさま。ねとねと。ねばねば。べとべと。sticky [用例] ―するまで煮つめる。②からみつき、まとわりつくようにしつこいさま。濃密なさま。ねちねち。persistent [用例] ―とした視線。

**ネットワーキング【networking】** ①人と人とが比較的ゆるやかな相互関係を結ぶこと。②いくつかの市民・住民運動組織が、互いの自主性を重んじながら連帯すること。

**ネットワーク【network】** ①網状に連絡した組織。②ラジオ・テレビの放送網。各地の放送局が同じ番組を放送するしくみ。その組織の中心となるキー局をさすこともある。

**ねつ-の-しごととうりょう【熱の仕事当量】** 一カロリーの熱量が何ジュールの仕事量に相当するかを表す定数。値は一カロリー当たり約四・二ジュール。mechanical equivalent of heat

**ねつ-ばいたい【熱媒体】** 熱を輸送するための流体。装置の温度を一定に維持するために利用される。水や有機物などの液状熱媒体、空気や過熱水蒸気などのガス状熱媒体がある。heating medium

**ねっ-ぱ【熱波】** 高温な気団によって広い地域がおおわれ、地上の気温が異常に高くなる現象。高温気団内の下降気流などで起こり、温帯地方の夏や熱帯地方に現れる。heat move

**ねっ-ぱつ【熱発】**(名・サ変自) 病気などで、体温が高まること。発熱。fever

**ねつ-びょう【熱病】** 高い熱を出す病気の総称。チフス・肺炎など。fever

**ネップ【nep】** 紡績中に生じる小さな繊維のかたまりやそれによる節。好ましくないものだが、故意にネップを作って織る布もある。

**ネップ【NEP】**《Novaya Ekonomicheskaya Politika(ロシア)の略》新経済政策。ロシア革命直後の戦時共産主義にかえて一九二一年からソ連

が実施した、社会主義への過渡的な経済政策の体系。市場経済をある程度認めて国民経済の回復をめざした。

**ねっ-ぷう【熱風】** 熱い風。砂漠やフェーン現象による。中央アジアのスホベイ、アメリカのサンタアナ、エジプトのハムシンなど。hot wind 対義 寒風。用例 砂漠の—。

**ねっぷう-ろ【熱風炉】** 溶鉱炉に高温空気を送るため、空気を予熱する炉。炉内の燃焼温度・燃焼速度を高め、生産効率をあげる。hot-blast stove

**ねつ-ぶんかい【熱分解】** 熱の作用によって起こる分解反応。実験室的にも工業的にも重要。thermal decomposition

**ねつ-ぶんせき【熱分析】** 加熱や冷却などの熱的変化にともなう物理的性質・熱力学的性質をもとにした分析法。示差熱分析など。thermal analysis

**ねつ-へいこう【熱平衡】** 温度差のある二つの物体を接触放置したとき、エネルギーの移動がもはや起こらなくなった状態。また、一定の環境下に放置した孤立系で、圧力・温度などの巨視的な量が変化しなくなった状態。thermal equilibrium

**ねつ-べん【熱弁・熱▼辯】** 熱心に話すこと。熱のこもった演説。fervent speech 用例 —をふるう。

**ねつ-へんせいがん【熱変成岩】** 貫入したマグマの熱で変質した岩石。接触変成岩。thermal metamorphic rock

**ねつ-ぼう【熱望】**(名・サ変他) 熱心に希望すること。ardent wish

**ねつ-ほうしゃ【熱放射】** 熱せられた物質が電磁波のかたちでエネルギーを放出する現象。また、その電磁波。thermal radiation 参照 熱線。

**ねつほうしゃ-でんぱ【熱放射電波】** 電波領域の熱放射。物体の表面一cm²あたりの電磁波の放射エネルギー量およびエネルギーの波長分布状態は、物体の種類と温度によって決定される。thermal radio emission

**ねつ-ぼうちょう【熱膨張】** 物体の体積が温度上昇によって増大する現象。thermal expansion

**ねつ-ポンプ【熱ポンプ】** 低温側から高温側に熱を移動させる装置。暖房・熱の回収などに利用。低温物体の熱吸収を目的とする場合は、冷凍機という。heat pump

**ね-づもり【値積(も)り】**(名・サ変他) 値段をつけること。値踏み。

**ね-づよ・い【根強い】**(形) ①根本が、しっかりしている。基礎がかたくて、たやすく動じない。firmly-rooted 用例 —人気。②原因が深い。deep-rooted 派生 ねづよさ(名)

**ねつ-ようりょう【熱容量】** 物体を単位温度だけ上昇させるのに必要な熱量。物体の比熱に、質量をかけたもので表す。heat capacity

**ねつ-らい【熱雷】** 夏に、積乱雲の発生につれて起こる雷。熱的界雷。heat thunderstorm

**ねつ-りきがく【熱力学】** 熱現象を、物質の微視的な構造に立ち入らずに、巨視的な立場から論ずる学問。thermodynamics

**ねつりきがく-の-ほうそく【熱力学の法則】** 熱力学の理論体系の基礎になる法則。熱平衡を定め温度の存在を保証する第零法則の他に、熱はエネルギーであるとする第一法則、高温から低温に流れる熱は不可逆で、逆にするためにはエネルギーが必要とした第二法則、絶対零度ではエントロピーが零になるとする第三法則がある。laws of thermodynamics

**ねつ-りょう【熱量】** 熱を表すエネルギーの量。単位はカロリー。記号cal 栄養学では、その一〇〇〇倍の大カロリー(Cal)を用いる。thermal quantity

**ねつりょう-けい【熱量計】** 比熱や反応熱などの熱量を測定する装置。カロリーメーター。calorimeter

**ねつ-るい【熱涙】** 感激して流す涙。hot tears

**ねつ-れつ【熱烈】**(形動) 感情が高ぶるさま。ardent

**ね-ていとう【根抵当】** 継続的な取引関係から生じる変動する債権を担保するために、あらかじめ決めた最高額の限度内で設定される抵当権。

**ネディム【Ahmet Nedim】**(一六八一〜一七三〇) オスマン帝国時代の代表的詩人。ペルシア語の影響から離脱した純粋なトルコ語で詩作した。

**ねて-も-さめても【寝ても覚めても】**(連語) いつも。たえず。night and day

**ね-どい【根問い】**(名・サ変自他) つきつめて根本まで問いただすこと。

**ねどい-はどい【根問い葉問い】**(名・サ変自他) 根掘り葉掘り問いただすこと。

**ね-とうしん【▽子灯心】** 子祭りで、とくに、甲子の日に売られた灯心。これをともすと、その家は繁栄するといわれる。

**ね-どこ【寝床】** 寝るための床。bed 用例 —を延べる。

**ねと-ねと**(副・サ変自) ねばりけがあるさま。ねばりつくさま。ねっとり。ねばねば。べとべと。sticky 用例 口の中が—する。

**ね-とぼ・ける【寝▼惚ける】**(下一自) ↓ねぼける(寝ぼける)

**ね-とまり【寝泊(ま)り】**(名・サ変自) 泊まること。宿泊。lodging

**ね-とり【音取(り)】** 雅楽で、管弦・舞楽などの演奏に先立って行われる一、二分の曲。楽器の調子を調べる方法が様式化したもの。

**ね-とり【寝鳥】** ねぐらで寝ている鳥。宿鳥。

**寝鳥を刺す**(ねとりをさす) 寝ている鳥を捕らえたり、殺したりする。無抵抗なものに害を加える。容易なこと、無慈非なことのたとえ。

**ね-と・る【寝取る】**(五他) 他人の夫または妻、あるいは他人の恋人または愛人と情を通じ、自分のものにする。

**ね-なし【根無し】** ①根のついてないこと。rootless ②よりどころのないこと。groundless

**ねなし-かずら【根無▼葛】** ヒルガオ科の一年草。山野にはえるつる性の寄生植物。クロロフィルがなく、全体は黄褐色。夏に小さい白花を穂状につける。↓図

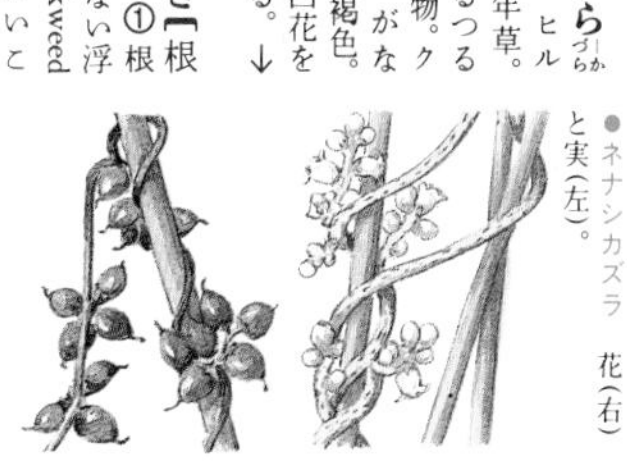
●ネナシカズラ 花(右)と実(左)。

**ねなし-ぐさ【根無(し)草】** ①根のついていない浮き草。duckweed ②根拠のないこと。groundlessness ③寄る辺のないこと・人。someone fickle and unsettled

**ねなし-ごと【根無(し)言】** つくりごと。デマ。unfounded report

**ねぬなわ-の【根▼蓴▽菜の】**［枕ことば］(「ぬなわ」は、ジュンサイの古名。ジュンサイの長い根を繰って取る、の意。また、頭音を繰り返すことから)「繰る・来る・苦し・寝ぬ・ねたし」などにかかる。用例 —苦しかるらむ人よりも我ぞます田のいけるかひなき(拾遺・恋四)。

**ね-の-くに【根の国】** 古代日本人の他界観の一つ。死者のおもむく世界(黄泉の国)、地底・海上はるかかなたの遠くにある国などを意味した。

**ね-の-ひ【▽子の日】**「子の日の遊び」の略。

**ねのひ-の-あそび【▽子の日の遊び】** 昔、正月の最初の子の日に行った長生きの祝い。野山に出て小松を抜いたり、若菜を摘んで食べた。とびひき。小松引き。ねのひ。

**ねのひ-の-えん【▽子の日の宴】** 宮中で、正月の最初の子の日に催した宴。

**ね-は【根葉】** 根と葉。

**根葉になる**(ねはになる) うらみの種になる。

**根葉に持つ**(ねはにもつ) 根にもつ。うらみを抱く。

**ねば【粘】** ①ねばいこと。ねばいもの。用例 ごはんのお—。②「粘土」の略。

**ねば【根羽】**〈村〉長野県南西端の村。林業・畑作などが中心。人口一六七四(一九八八)。

**ネバー-マインド【Never mind!】** 気にかけるな。かまわない。

**ネパール【Nepal】**(Kingdom of Nepal) インド北部、ヒマラヤ山脈中部の王国。首都カトマンズ。北部にヒマラヤ山脈系の高山があり、山麓や南部丘陵が生産活動の中心。主産物は米・トウモロコシ・小麦・ジュート。面積一四・一万km²。人口一七一三万(一九八六)。正称ネパール王国。

**ネパール-せんそう【ネパール戦争】** 一八一四〜一六年、国境問題をめぐるネパールとイギリスとの戦争。ネパールのグルカ政府のインド国境侵犯に端を発して開戦。イギリスはネパールを降し、カトマンズへのイギリス領事館設置を承認させた。グルカ戦争。

**ねば・い【粘い】**(形) 粘りけが多い。

**ネバ-がわ【ネバ川】**(Neva) ソ連北西部、ラドガ湖からレニングラード市内を西に流れ、フィンランド湾に注ぐ川。長さ七四km。

**ね-はぐ・れる【寝はぐれる】**(下一自) 寝そびれる。

**ネバダ【Nevada】** アメリカ西部の州。大部分が砂漠と山地。州都カーソンシティ。ラスベガスやリノなどの歓楽街や多くの景勝地をもち、観光収入が州の経済の中心。人口七九・九万(一九八〇)。

**ねば-つ・く【粘つく】**(五自) ねばねばする。be sticky

**ねばっ-こ・い【粘っこい】**(形) ①粘りがある。ねばねばした感じである。sticky ②しつこい。persistent 派生 ねばっこさ(名)

**ねば-つち【粘土】** ねばねばする土。ねば。ねんど。clay

**ねば-ならぬ**(連語)《動詞の未然形について》…すべきである。…しなければならない。ねばならない。must

**ねば-ねば【粘粘】** 一(副・サ変自) よく粘るさま。ねとねと。sticky 二(名) ねばっているもの。

**ね-はば【値幅】** 高値と安値の差。price range

**ねばり【粘り】** 粘ること。また、その程度。stickiness

**ねはり-あずさ【根張▼梓】** ①根を張ったアズサ。②①でつくった弓。

**ねばり-け【粘り気】** 粘る強さ。ねばり。adhesiveness

**ねばり-つ・く【粘り着く】**(五自) ねばって物にくっつく。粘着する。be sticky

**ねばり-づよ・い【粘り強い】**(形) ①粘り気が多い。very sticky ②がんばりがきいて、根気が続く。persevere

**ねばり-ぬ・く【粘り抜く】**(五自) 根気強く、最後までやり通す。persevere

**ねばり-のぎらん【粘▼芒▼蘭】** ユリ科の多年草。高山の草地にはえる。高さ約三〇cm。披針形の葉は根生。夏に、黄緑色で粘りのある花穂をつける。

**ねば・る【粘る】**(五自) ①べっとりしていてやわらかく、物によくくっついたりする。be sticky ②根気よくする。hold out

**ねはん【▼涅▼槃】**《仏教語。nirvāṇa梵の音写。意》①煩悩を滅して苦がなくなった究極的な悟りの境地。滅度。②釈迦・聖者の死。入滅。入寂。

**涅槃に入る**(ねはんにいる) ①悟りの境地に入る。②釈迦または、聖者が死ぬ。転じて、広く、人が死ぬことにもいう。

**ねはん-え【▼涅▼槃会】**《仏教語》陰暦二月一五日を釈迦の入滅の日とし、その死をしのんで行う仏教法会。仏教三大行事の一つ。常楽会。涅槃忌。

**ねはん-ぎょう【▼涅▼槃経】** 釈迦が入滅する直前に説いたとされる経典。小乗の涅槃経と大乗の南本・北本二種の涅槃経がある。北本では法身不滅、仏性の遍在を説く。大般涅槃経。

**ねはん-ず【▼涅▼槃図】** 釈迦が沙羅双樹の下で入滅するときのようすを描いた絵。頭を北に向け、右脇を下にして臥す釈迦の周囲で、仏弟子・天竜・鬼畜などが泣き悲しんでいる姿が描かれる。涅槃像。↓写

●涅槃図 部分。四天王寺(大阪府)。

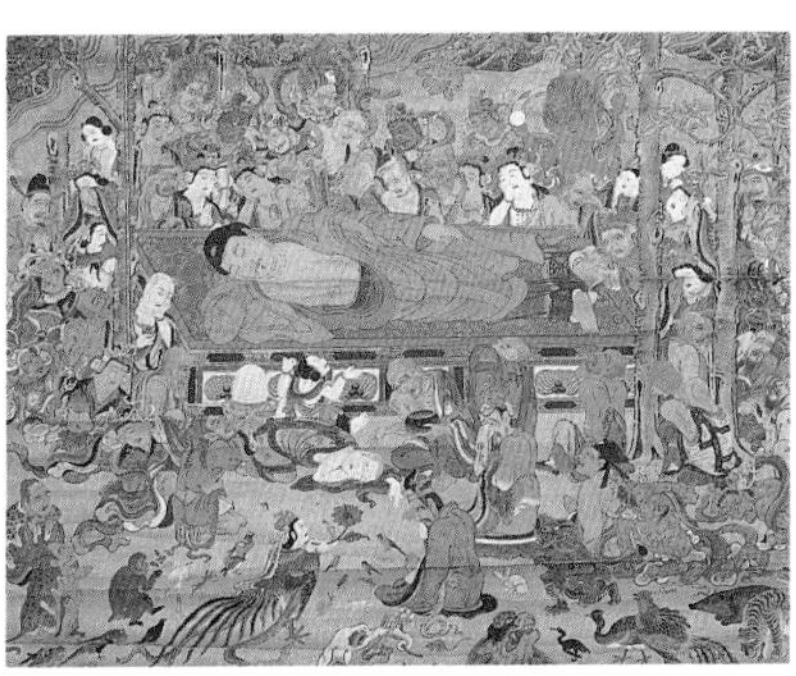

**ねはん-にしかぜ【▼涅▼槃西風】** 釈迦入滅の日の涅槃会が営まれる陰暦二月一五日ごろ(春の彼岸のころ)に吹く西風。涅槃吹き。彼岸西風。

**ねはん-ぶき【▼涅▼槃吹き】** 涅槃西風の別称。

**ね-びえ【寝冷え】**(名・サ変自) 眠っているうちに、からだが冷えること。風邪や腹痛の原因となる。chill caught in asleep

●ねぶた 青森市。

**ねびえ-しらず【寝冷え知らず】** 幼児の寝巻きの一種。寝冷えを防ぐための、胸掛け・腹掛け兼用のもの。
**ね-びき【値引(き)】**(名・サ変他) 値を安くすること。reduction in price
**ね-びき【根引き】**(名・サ変他) ①草木の根を引いて抜くこと。②遊女などを身請けすること。
**ね-びらき【値開き】** 同じ品物についての値段の違い。高値と安値の差。また、売り値と買い値との差。difference in prices
**ね-びる【▽沢▼蒜】** ノビルの異名。
**ね・びる【▽老▽成る】**(上一自) 年のわりに、おとなびる。用例 ―・びた子。
**ねぶ【▽合▽歓】** ↓ねむのき(合歓の木)
**ね・ぶ** 古語(上二自) ①年をとっている。用例 ―・び給ふままに、ゆゆしきまでなりまさり給ふ御ありさまかな(源氏・紅葉賀)。②年よりもふけている。老成している。用例 御年の程よりはるかに―・びさせ給ひて(平家・一一・先帝身投)。
**ね-ぶか【根深】** ①ネギの別名。②「根深ネギ」の略。
**ね-ぶか・い【根深い】**(形) ①根が深くまではいっている。deeprooted ②原因が古くから強くある。inveterate 用例 ―恨み。派生 ねぶかさ(名)
**ネブカドネザル**〈二世〉**【Nebuchadnezzar II】**(?～BC五六二) 新バビロニア国王(在位BC六〇四～BC五六二)。アッシリアを滅ぼし、シリア・パレスチナを征服、バビロン捕囚を行い、首都バビロンを復興。ジッグラト・空中庭園・神殿などを建設。
**ねぶか-ねぎ【根深▼葱】** ネギの品種の一つ。株分かれはほとんどしない。白くやわらかい葉鞘部を食用とする。ネブカ。↓ネギ図
**ね-ぶくろ【寝袋】** ↓シュラーフザック
**ね-ぶそく【寝不足】** 寝足りないこと。睡眠不足。lack of sleep
**ね-ふだ【値札】** 商品に値段を書いて付ける、小さな札。price tag
**ねぶた** 青森県津軽地方で、八月一～七日にかけて行われる七夕の行事。また、木や竹で作った枠に紙を張った大きな灯籠のこと。この灯籠を町内中練り回し、最終日にねぶり流しといって海や川へ流す。青森市のものが有名。ねぶたまつり。↓写
**ねぷた** 弘前市でいう「ねぶた」のこと。扇ねぷた。参照 ねぶた。
**ネプチューン【Neptune】** ①↓ネプトゥヌス。②海王星。
**ネプツニウム【neptunium】** 超ウラン元素の一つ。元素記号Np 原子番号九三。質量数二三七。銀白色の金属。ウランの核反応で生成する。
**ね-ぶと【根太】**(《「ねだ」は別語》)癰の一種。太ももなどにできる根の大きいはれもの。boil
**根太は敵に押させよ**(ねぶとはかたきにおさせよ) ねぶとのうみを出すときは、思いきり強くおさなければならない。類似 根太は仲の悪るなるほど押すべし。
**ネプトゥヌス【Neptunus ラテン】** 古代ローマの古い水の神。ギリシア神話のポセイドンと同一視される。配偶神の泉の女神サラキアとともに祭られた。Neptune
**ネフド-さばく【ネフド砂漠】**(Nafūd) サウジアラビア北部の砂漠。中部アラビアの大砂漠の延長で、標高七〇〇～一〇〇〇mの赤砂地。ナフド砂漠。
**ねぶ-の-き【▽合▽歓の木】** ネムノキの異名。
**ね-ぶみ【値踏み】**(名・サ変他) 見積もって値段をつけること。評価。値づもり。appraisal
**ネブラスカ【Nebraska】** アメリカ中部の州。州都リンカーン。大半がプレーリーに属する農牧業州。人口一五七万(一九八〇)。
**ねぶ・る【▼舐る】**(五他) しゃぶる。なめる。lick
**ねぶ・る【▽眠る・▽睡る】** 古語(四自) ねむる。また、目をつぶる。用例 夜居にさぶらひて―・りたる(源氏・総角)。
**ネフローゼ【Nephrose ドイツ】** 腎臓の糸球体濾過膜の異常により起こる病気。尿中に多量のたんぱく質が排出され、全身、とくに顔面にむくみが現れる。尿量が減り、血液中のコレステロールが増加する。nephrosis
**ネフロレピス【nephrolepis】** ウラボシ科タマシダ属の総称。暖地にはえるタマシダのほか、ヤンバルタマシダなど。温室観葉植物として栽培されるものにスコットタマシダ・ボストンタマシダがある。
**ネフロン【nephrone】** 腎臓の構造・機能上の最小単位。腎小体と細尿管からなる。腎小体では濾過、細尿管では、糖や水の再吸収が行われ、尿素・塩イオンが分泌される。ヒトでは約一〇〇万個。腎単位。
**ネベーロフ【Aleksandr Sergeyevich Neverov】**(一八八六～一九二三) ソ連の小説家。作品『タシケントはパンの町』『ボリシェビークのマリア』など。
**ネベリスク【Nevelsk】** ソ連、サハリン(=樺太)南西部、日本海沿岸の港湾都市。大規模な漁港をもち、水産加工などがさかん。不凍港。人口二・一万(一九七〇)。旧称本斗。
**ね-ぼう【寝坊】**(名・形動・サ変自)《「朝寝坊」の略》朝、遅くまで寝ていること・人・さま。
**ね-ぼけ【寝▼惚け】** 睡眠中、とつぜん起き上がり、変な行動をすること。oversleep; a late riser 対義 早起き。
**ね-ぼ・ける【寝▼惚ける】**(下一自) =寝とぼける。①目が覚めても、まだぼんやりしている。be half asleep ②訳のわからないことを言ったり、したりする。talk nonsense
**ね-ほしょう【根保証】** 将来の債務に対する保証。継続的取引関係から生じる変動する債務の保証と、将来発生するかもしれない債務の保証の二つがある。
**ネポス【Cornelius Nepos】**(BC九九ごろ～BC二四ごろ) 古代ローマの伝記作者。『名士伝』のうち『外国名将伝』『カトー伝』『アッティクス伝』などが現存。
**ねぼ-すけ【寝▽坊助】**《俗語》「ねぼう」を人名のようにいった語。
**ネポチズム【nepotism】** 縁者びいき。同族登用。情実。
**ねほり-はほり【根掘り葉掘り】**(副) 事細かに問いただすこと。根問い葉問いするさま。すっかり。何から何まで残らず。inquisitively
**ね-ほん【根本】** 歌舞伎の正本(脚本)の京坂での呼称。台詞・ト書・舞台書などからなる。江戸では台本・正本。
**ね-ま【寝間】** 寝る部屋。寝室。bedroom
**ねまがり-だけ【根曲竹】** イネ科の多年生常緑のササ。本州中部から北海道の山地に群生。横走する根茎から茎は曲がってのび、高さ一～二m。枝は各節から一個ずつ出る。葉は枝端に数個つき、長楕円形。タケノコは食用。チシマザサ。↓写 ↓ササ写

●ネマガリダケ

**ね-まき【寝巻(き)・寝間着】** 就寝用の衣服。和服形式は対丈の単の着物。洋服形式はパジャマ(ズボン型)とネグリジェ(ワンピース型)がある。寝間着。sleeping wear
**ね-まち【寝待ち】** ①眠ってその事のなるのを待つこと。②「寝待ちの月」の略。比較 居待ち・立ち待ち。
**寝待ちの月**(ねまちのつき)《月の出が遅いので寝て待つ月、の意》陰暦一九日の月。伏し待ちの月。ねまち。比較 居待ちの月。立ち待ちの月。
**ね-まつり【▽子祭(り)】** 陰暦一一月の子の日に行われる大黒天の祭り。ネズミの子が増えるように商売が繁昌するよう祈願する。とくに、一一月の甲子の日を甲子祭りといって重んじる風習がある。
**ネマトーダ【Nematoda ラテン】** 線虫類の異名。回虫・蟯虫・鉤虫などの人体寄生虫もこの仲間。このような動物寄生種のほか、体長一mm以下の植物寄生種や自由生活種を含むが、とくに植物寄生種をさすことが多い。
**ねま・る** 古語(四自) ①横になる。寝る。座る。用例 涼しさをわが宿として―なり(奥の細道)。②平伏する。ひれ伏す。用例 これ軍右衛門が―・り申して手をつかへる(浄瑠璃・心中宵庚申)。
**ね-まわし【根回し】**(名・サ変他) ①植物の移植前にあらかじめ根をある長さで切断し、そこから細根が生じたら移植する方法。root-pruning prior to transplanting ②交渉や会議がうまく運ぶように、事前に手を打つこと。下工作。maneuver behind the scenes
**ね-まわり【根回り】** 木の根のまわり。また、そこに植える草や木。
**ねみだれ-がみ【寝乱れ髪】** 寝たために乱れた髪。ねくたれがみ。sleep-tousled hair
**ね-みだ・れる【寝乱れる】**(下一自) 寝たために、着ているものや髪の毛などが乱れる。sleep-tousled 用例 ―・れた姿。
**ね-みみ【寝耳】** 寝ている間の耳。また、夢うつつに聞くこと。
**寝耳に入る**(ねみみにいる) 眠っている間に、聞こえてくる。転じて、思いがけず手にはいる。hear while one is asleep
**寝耳に水**(ねみみにみず) 不意で驚くことのたとえ。a bolt from the blue 類似 寝耳に入る。
**ネミロビチ-ダンチェンコ【Vladimir Nemirovich-Danchenko】**(一八五八～一九四三) ソ連の演出家。一八九八年、スタニスラフスキーとともにモスクワ芸術座を創立。古典・新作の演出に名作を残す。
**ねむ【▽合▽歓】** ↓ねむのき(合歓の木)
**ねむ・い【眠い】**(形) 眠りたい気持ちだ。眠たい。sleepy 用例 早起きしたので―。派生 ねむが・る(五自) ねむけ(名) ねむげ(形動) ねむさ(名)
**ねむ-け【眠気】** 眠たい気分。sleepiness 用例 ―を催す。
**ねむけ-ざまし【眠気覚まし】** 眠けを覚ます方法・もの。keep awake
**ねむた・い【眠たい】**(形) 眠いと思う。sleepy 派生 ねむたが・る(五自) ねむたげ(形動) ねむたさ(名)
**ねむ-ちゃ【▽合▽歓茶】** カワラケツメイの別名。茎葉を摘んで茶の代用とするのでこの名がある。マメチャ。ハマチャ。
**ねむ-の-き【▽合▽歓の木】** マメ科の落葉高木。山野にはえる。高さ六～一〇m。葉は二回羽状複葉。夜間は葉をとじる。夏の夕方ごろ、雄しべの長い紅花が咲く。樹皮は薬用。材は器具用。ネム。ネブ。ネブノキ。ゴウカン。silk tree ↓写

●ネムノキ

**ね-むらさき【根紫】** ムラサキの異名。ムラサキの根を紫染めに使用することによる。
**ねむら・す【眠らす】**(五他) ↓ねむらせる(眠らせる)
**ねむら・せる【眠らせる】**(下一他) =眠らす。①眠るようにする。put into sleep ②《俗語》殺す。kill
**ねむり【眠り・▽睡り】** ①眠ること。睡眠。sleep 用例 ―が浅い。②死ぬこと。用例 永遠の―につく。③カイコが脱皮前、桑を食べないでじっとしていること。みん。
**ねむりきょうしろうぶらいひかえ【眠狂四郎無頼控】** 柴田錬三郎の時代小説。昭和三一～三三年(一九五六～五八)発表。円月殺法の剣技をもつニヒルな浪人が活躍する物語。
**ねむり-ぐさ【眠草】** オジギソウの別名。葉が刺激に感応して開閉運動をするのでこの名がある。
**ねむり-ぐすり【眠り薬】** ①眠れるようにす



↓行き先項目、図版・写真参照印。 JIS 日本工業規格情報交換用漢字符号コード(区点コード)。

る薬。催眠剤。sleeping pill ②麻酔薬。anesthetic

**ねむり-こ・ける【眠りこける】**(下一自) ぐっすりと眠る。fall fast asleep

**ねむり-こ・む【眠り込む】**(五自) よく寝入る。ぐっすり眠る。sleep deeply

**ねむり-ながし【眠り流し】** 七夕に、灯籠を川や海へ流す行事。秋の収穫期の前に、仕事の妨げとなる「ねむり(=眠む気)」を払う意味で、形代を海など へ流して神送りをする。東北・関東にみられる習俗。ねぶた流し。

**ねむり-びょう【眠り病】** ↓トリパノソーマしょう(トリパノソーマ症)

**ねむ・る【眠る・▽睡る】**(五自) ①目がとじられ、心身の活動がやんで、無意識の状態になる。sleep [対義]さめる。[用例]たっぷり―。②活動を一時やめた状態である。lie idle [用例]地下に―財宝。③死ぬ。永眠する。pass away [用例]山に―友。

**ねむれるもりのびじょ【眠れる森の美女】**《原題 Spyashchaya krasavitsa [ロシア]》バレエ作品。チャイコフスキー作曲。プティパ振り付け。一八九〇年初演。ペローの童話による古典バレエの代表作。作曲者自身が抜粋・編曲した組曲は有名。

**ねむろ【根室】**〈市〉北海道東部、根室半島にある市。イワシ・サケ・マスなど北洋漁業の中心。コンブ産地。人口三万八九六九(一九八八)。

**ねむろ-かいきょう【根室海峡】** 北海道と国後島の間の海峡。タラ・イカなどの漁場だが浅く、大型船航行不能。

**ねむろ-はんとう【根室半島】** 北海道東端の半島。先端に納沙布岬。放牧・沿岸漁業が中心。花咲半島。

**ねむろ-ほんせん【根室本線】** JR北海道の鉄道幹線の一つ。道央の滝川と道東の根室を結ぶ。長さ四四六・八km。大正一〇年(一九二一)開通。

**ネメシス【Nemesis [ギリシア]】** ギリシア神話の女神。人間の無礼な行為に対する神の怒りと罰を擬人化した神とされる。

**ねめ-つ・ける【▼睨め付ける】**(下一他) にらみつける。glare at

**ね・める【▼睨める】**(下一他) にらむ。glare

**ねもころ【▽懇ろ】** [古語]《「ねんごろ」の古形》㊀(副) 心から。熱心に。[用例]―見れど飽かぬ川かも(万葉・九・一七二二)。㊁(形動) ↓ねんごろ(懇ろ)

**ね-もと【根本・根元】** ①草木の根のもと。root ②物事のいちばんもと。source

**ね-ものがたり【寝物語】**《多く夫婦・愛人の間で》寝ながらする話。talk in bed

**ネモフィラ【nemophila】** ハゼリソウ科の一年草。よく枝分かれし、直径約二cmの濃青・紫・白色の花を密生。草丈が低く毛氈花壇用。秋まきと春まきがある。北米原産。

**ね-や【▼閨】**《寝屋の意》寝る部屋。寝室。bedroom

**ねやがわ【寝屋川】**〈市〉大阪府北東部、淀川に沿う市。住宅・学園地区が広がるほか、工業もさかん。人口二五万六一六八(一九八八)。

**ね-ゆき【根雪】** 降ったあととけないで積もり、春または初夏まで残っている雪。continuous snow cover

**ねらい【▼狙い】** ①ねらうこと。aim ②目的。aim

**狙いを付ける**(ねらいをつける) ①的や目標に命中するように、見当をつける。aim at ②対象を選んで、決める。また、得ようとする対象に向けて、計画や行動を的確に合わせる。aim at

**ねらい-うち【▼狙い撃ち】**(名・サ変他) 目標を定めて撃ったり、攻撃したりすること。sharp-shooting

**ねらい-すま・す【▼狙い澄ます】**(五他) よくねらいを定める。take careful aim at

**ねらい-どころ【▼狙い所】** ねらうべき点。もっともだいじな目標。the point aimed at

**ねら・う【▼狙う】**(五他) ①めざすものに当てようとする。aim [用例]的を―。②めざすものを得ようとする。watch for [用例]優勝を―。③なにかをするチャンスをうかがう。watch for [用例]留守を―。すきを―。

**ねり【練り】** ①《「煉る」とも》練ること。練ったもの。knead ②↓ねりぎぬ(練り絹)。③《「邌る」とも》行列などが静かに歩くこと。行道。march

**ねり-あ・げる【練(り)上げる】**(下一他) ①よく練り固める。knead well ②よく考えてつくる。ponder(over) [用例]計画を―。

**ねり-ある・く【練(り)歩く・▼邌(り)歩く】**(五自) 列をつくって、ゆっくり歩く。parade

**ねり-あわせ【練り合(わ)せ・練合(わ)せ】** 練り合わせること。練り合わせたもの。

**ねり-あわ・せる【練り合(わ)せる・練合(わ)せる】**(下一他) 二種類以上のものを火にかけ、または、こねまぜて、一つにする。とかして、こね合わせる。knead together

**ねり-あん【練(り)▼餡】** 小豆を煮てつぶし、こして砂糖を入れ、火にかけ、こねた食品。knead together

**ねり-いと【練(り)糸】** 生糸に含まれる硬たんぱく質のセリシンを除去し、特有の白い光沢と柔らかい手ざわりを出した絹糸。除去されたセリシンの程度で、半練り糸、本練り糸に分類。練り絹。degummed yarn

**ねり-うし【練(り)牛】** ゆっくりと歩く牛。牛の歩みの遅いこと。

**練り牛も淀迄**(ねりうしもよどまで)《「淀」は京都南郊の地名》遅速の差はあるが、帰りつくところは同じであることのたとえ。[類似]早牛も淀、遅牛も淀。

**ねり-うに【練(り)▽雲▽丹】** ウニを加工した食品。塩漬けしたウニの卵巣をすりつぶし、砂糖などの調味料およびアルコールを添加して攪拌して作る。

**ねり-え【練(り)▼餌】** ①ぬか・魚粉・さなぎ粉と、小麦粉またはふかし芋などを練り合わせた釣りのえさ。ねりえさ。paste bait ②↓すりえ(擂り餌)

**ねり-おしろい【練(り)▽白▽粉】** おしろいの粉末原料を水・油脂・保湿剤などで練り合わせたもの。舞台用の厚化粧や襟化粧に用いる。

**ねり-おりもの【練(り)織物】** 練り糸で織った織物。銘仙・博多織など。

**ねり-がき【練(り)▼柹】** 渋を抜いたカキ。

**ねり-がし【練(り)菓子】** 和菓子のうち、練り固めてつくったものの総称。ようかん・ういろうなど。

**ねり-かた・める【練(り)固める】**(下一他) 練って固くする。練って固める。knead into a stiff dough

**ねり-ぎぬ【練(り)絹】** 精練して、光沢と柔らかさを出した生糸。また、それで織った絹布。[対義]生絹。

**ねり-きり【練(り)切り】** 練り菓子の一つ。白あんに、求肥やヤマノイモなどを加えて練りあげたもの。形を整え、彩色したりして仕上げる。↓[写]

練り切り

**ねり-ぐすり【練(り)薬】** 蜂蜜・水あめなどで練り合わせて固めた薬。練薬。electuary

**ねり-くよう【練(り)供養】** ①二十五菩薩の来迎の姿で仮装してねりあるく仏教法会。横川の源信の創始という。五月一四日の奈良県当麻寺のものなどが有名。来迎会。迎接会。②仏事のさいの行列。

**ねり-こう【練(り)香】** 香道の薫き物の一種。鑑真が伝えた中国の合わせ香を基本にして、日本人の感覚に合わせて調合されたもの。沈香・白檀・麝香を基調とし、松煙と蜜で丸く黒い粒に練り上げた香。

**ねり-せいひん【練(り)製品】** 水産加工品の一種。魚肉をすりつぶし、食品添加物を加えて形をつくり、加熱して固める。かまぼこ・ちくわなど。fish-paste product ↓[写]

**ねり-なおし【練(り)直し】** 練り直すこと。練り直したもの。reexamination [用例]―を命じられる。

**ねり-なお・す【練(り)直す】**(五他) ①もう一度よく練る。knead again ②もう一度よく考え、工夫する。examine again

**ねり-ぬき【練(り)▽貫】** 生糸を縦糸、練り糸を横糸として織った絹布。

**ネリネ【nerine】** ヒガンバナ科の夏植え球根草。半耐寒性で初秋に葉と花茎を伸ばし、先端に六〜八個の花をつける。花色は豊富。南アフリカ原産。

**ねり-はみがき【練(り)歯磨き】** チューブに入れたペースト状の歯磨き剤。主成分は沈降炭酸カルシウム。toothpaste

**ねり-べい【練(り)塀】** 瓦とねった土を交互に積み重ねて築き上げ、上を瓦でふいた土塀。↓塀[写]

**ねりま-だいこん【練馬大根】** ダイコンの代表的な品種。根は太く長く、肉がしまり甘味がある。葉は深裂し、地に伏すように出る。東京都練馬区原産。↓ダイコン[図]

**ねり-みそ【練(り)味▼噌】** みそに砂糖・酒・だしなどを加え、弱火で練り上げたもの。ゆずみそ、木の芽みそなどを作る。

**ねり-もの【練(り)物】** ①《「煉り物」とも》練り固めた物の総称。とくに、生菓子のあん、魚肉のすり身を練り混ぜて作るかまぼこなど、練った加工食品。②《「煉り物」とも》さんご・宝石などを人工的に作ったもの。float [用例]―師。③《「邌り物」とも》祭礼などのときに、練って歩く、山車・かざり物・行列など。

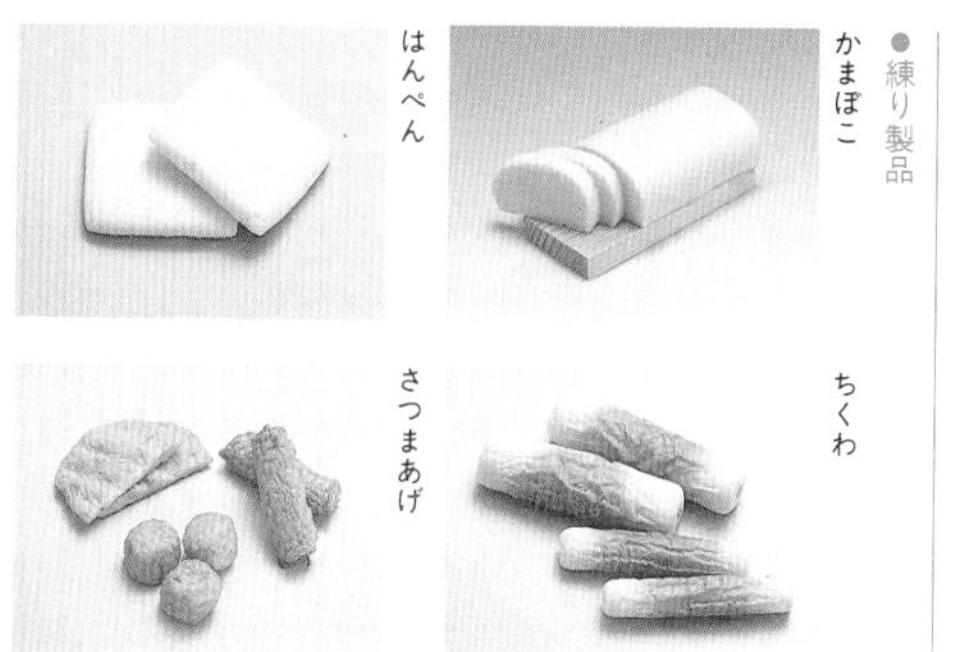


練り製品

**ねり-ようかん【練(り)羊▼羹】** 和菓子の一つ。あん・砂糖・寒天を練りながら煮詰め、金属箔の容器などに流し込んで固めたもの。

**ね・る【練る】**(五自他) ①(他)㋐絹を灰汁で煮て、セリシンを除いてやわらかくする。gloss [用例]絹を―。㋑詩文や計画の内容・表現をよくしようと努める。polish [用例]案を―。㋒《「煉る」とも》火にかけて、こね固める。temper [用例]あんを―。㋓《「錬る」とも》きたえる。訓練する。train [用例]身心を―。技を―。㋔《「捏る」とも》こねる。knead [用例]粉を―。②(自)《「邌る」とも》列を組んで、ゆっくり歩く。march [用例]みこしが町を―・って行く。

**ね・る【寝る】**(下一自)《語幹と語尾に分けられない》①横になる。lie down [用例]診察台に―。②横にたおれた状態になる。lie down [用例]台風で稲が―。③眠る。sleep ④病気で床につく。be laid up with illness [用例]風邪で―。⑤こうじが熟する。ferment ⑥金や商品が活用されない状態になる。lie idle [用例]金が―・ている。⑦《俗語》男女が情を交わす。同衾する。be in bed [用例]女と―。

**寝て花をやる**(ねてはなをやる)《こうじをむろにねかせて花(こうじかび)を咲かせることから》寝て楽しい夢をみることのたとえ。

**寝る子は育つ**(ねるこはそだつ) よく寝る子は、健康で、大きく丈夫に育つものである。Sleep brings up a child well.

**寝る程楽は無かりけり**(ねるほどらくはなかりけり) この世の中、のんびり寝ていることほど楽なことはない。寝るは極楽。There is nothing better than sleeping.

**寝れば一畳、起きれば半畳**(ねればいちじょう、おきればはんじょう) どんな人でもひとりで占められる畳は、寝ているときで一畳、起きているときで半畳という、わずかな広さである。身のほどをわきまえ欲を張るなという戒め。起きて半畳、寝て一畳。[類似]千畳にも一畳。

**ネル**《「フランネル」の略》平織りか綾織りで、両面に少し起毛した織物。柔軟性・保温性があり、肌着や寝巻きなどに使用される。毛織りの本ネルと綿製の綿ネルがある。flannel

**ネルー【Jawaharlal Nehru】**(一八八九〜一九六四) インドの政治家。イギリス留学後、インド国民会議派左派として、ガンジーの下で独立反英闘争に参加。一九四七年独立後初代首相。議会制民主主義の育成と非同盟外交を推進。アジア-アフリカ会議で中心的役割を果たした。ネール。↓[写]

**ネルーダ【Pablo Neruda】**(一九〇四〜一九七三) チリの詩人。近代派・シュールレアリスムを経て社会性の強い詩風に移行。一九七一年ノーベル文学賞受賞。作品『地上のすみか』『大いなる歌』な

●ネルー　右はインディラ＝ガンジー。

ど。

**ネルソン【nelson】** レスリングの技の一つ。背後から相手の脇に手を入れ、首のうしろへ回して固める。首攻め。

**ネルソン【Nelson】** ニュージーランド、南島北部、クック海峡に臨むタスマン湾の港湾都市。果樹・園芸地域の中心。人口三・三万(一九八二)。

**ネルソン【George Nelson】**(一九〇八〜) アメリカのデザイナー。金属を使った家具のデザインで注目された。また、実験住宅を発表。グラフィックデザインもてがけ、理論家として著作活動もする。

**ネルソン【Horatio Nelson】**(一七五八〜一八〇五) イギリスの提督。フランス革命中は地中海で活躍。一七九八年アブキール湾の海戦でフランス艦隊を撃滅。一八〇三年以降ツーロン港を封鎖、一八〇五年脱出したフランス艦隊をトラファルガー沖で撃破したが、戦死。

**ネルダ【Jan Neruda】**(一八三四〜一八九一) チェコスロバキアの小説家。リアリズム文学の基礎を築く。短編集『小地区の物語』、詩集『金曜日の歌』など。

**ネルチンスク【Nerchinsk】** ソ連、ロシア共和国中部、アムール川支流沿岸の都市。一六八九年、ロシアと中国の清朝がネルチンスク条約を結んだ地。人口二万(一九八三)。

**ネルチンスク-じょうやく【ネルチンスク条約】** 一六八九年ネルチンスクで締結されたロシア・清国間の条約。アルグン川・外興安嶺を国境と定め、通商規定、逃亡者処理に関する規定などが成立。清が西欧諸国と結んだ最初の対等的条約。Treaty of Nerchinsk

**ネルトリンゲン【Nördlingen】** 西ドイツ南部、ロマンティック街道に沿う都市。中世の城郭や門が残り、中世都市の姿をとどめていることで有名。人口一・九万(一九八一)。

**ネルバル【Gérard de Nerval】**(一八〇八〜一八五五) フランス後期ロマン派の詩人・小説家。神秘的・幻想的な作風により象徴派やシュールレアリスムの先駆者とされる。詩集『幻想詩集』、短編集『火の娘』、小説『オーレリア―夢と人生』など。

**ネルボ【Amado Nervo】**(一八七〇〜一九一九) メキシコの詩人。感覚的な詩から透明で霊的な詩風に移る。作品『黒い真珠』『静けさ』など。

**ネルンスト【Walter Hermann Nernst】**(一八六四〜一九四一) ドイツの物理化学者。熱力学の第三法則を発見。電気化学をはじめ、物理化学全般にわたって大きく貢献。

**ネレウス【Nēreus ギリシア】** ギリシア神話の老いたる海神。五〇人の娘たち(ネレイデス)の父で、海底に住む。知恵深く、予言能力をもつ。

**ね-れる【練れる】**(下一自) よくできる。円熟する。become mellowed 用例 ―・れた人。

**ネロ【Franco Nero】**(一九四一〜) イタリアの映画俳優。主演作『続・荒野の用心棒』『哀しみのトリスターナ』など。

**ネロ【Nero Claudius Caesar Augustus Germanicus】**(三七〜六八) ローマ皇帝(在位五四〜六八)。初めセネカなどの後見のもとに善政を行ったが、のち暴政にはしり、六四年、ローマの大火の責任をキリスト教徒に負わせ大虐殺を行った。のち各地に反乱が起こり自殺。暴君の典型とされる。

**ネワ-がわ【ネワ川】**(Neva) ↓ネバがわ(ネバ川)

**ね-わけ【根分け】**(名・サ変他) 根を分けて移し植えること。

**ね-わざ【寝技・寝業】** ①柔道・レスリングで二人が床に倒れ込んだ状態のまま、相手を攻める技の総称。柔道では、袈裟固めなどの抑え技、十字絞めなどの絞め技などがある。lying-down trick ②裏のかけひき。裏工作。secret manipulation

**ねわざ-し【寝業師】** 裏面工作にたけている人。用例 政界の―。

**ね-わす・れる【寝忘れる】**(下一自) 寝過ごす。oversleep oneself

**ね-わら【寝▼藁】** 家畜の寝床に敷くわら。litter

**ネン【年】** 6画 部首[干]かん 教育小1 JIS 3915

年 年 年 年 年 年

音 ネン　訓 とし

①時間の、とし。太陽が春分点に対して天球を一周する周期。約三六五・二四二二日。比較 歳。対義 月・日。「去年・新年・毎年・明年」用例(接尾的)太陽―。回帰―。「年鑑・年季・年始・年度」用例(名)―に三回。②年季のこと。用例(名)―が明ける。③としを数えるのに用いる。用例(助数)五―。④人間の、とし。よわい。比較 歳・齢。「成年」「年功・年齢」⑤みのる。みのり。「祈年祭」

**ネン【念】** 8画 部首[心]こころ 教育小4 JIS 3916

念 念 念 念 念 念 念 念

音 ネン

①おもう。いつももつ、おもい。「観念・記念・残念・信念」「念頭・念仏・念力」用例(名)―をいだく。②おぼえ。後日の証拠。「念書」用例(名)―のため。③仏教で、きわめて短い時間。「一念」「念々」

**念が入る**(ねんがいる) 注意が行き届いている。きちょうめんである。非常にていねいである。用意周到である。elaborate

**念が残る**(ねんがのこる) あきらめきることができない。未練がのこる。

**念が晴れる**(ねんがはれる) 心のこりがなくなる。思いが晴れる。

**念には及ばぬ**(ねんにはおよばぬ) 念を押すまでもない。心配は無用である。no use worrying

**念には念を入れよ**(ねんにはねんをいれよ) よくよく注意して、丁寧にせよ。念には念を入れ。Make assurance double sure. 類似 念の上にも念。

**念の上にも念**(ねんのうえにもねん) 「念には念を入れよ」と同意。

**念の過ぐるは無念**(ねんのすぐるはぶねん) 念入りも、あまりにすぎると、かえって、大事なことに注意がいきとどかない結果となる。比較 過ぎたるは猶及ばざるが如し。

**念の為**(ねんのため) わざわざ言ったり、したりするまでもないが。確かめる意味で。just to make sure

**念も無い**(ねんもない) ①分別がない。②おもいもかけない。とほうもない。もってのほか。③おもしろみがない。ものたらない。④無念である。くやしい。

**念を入れる**(ねんをいれる) 細心の注意をする。丁寧にする。pay attention

**念を押す**(ねんをおす) 確かめるために問う。make sure of

**ネン【▼拈】** 8画 部首[扌]てへん JIS 5732

音 デン・ネン

ひねる。ねじる。また、つまむ。「拈出」

**ネン【▼捻】** 11画 部首[扌]てへん JIS 3917

音 ジョウ・デン・ネン

①ひねる。ねじる。「捻挫」②無理をする。「捻出」

**ネン【粘】** 11画 部首[米]こめへん 常用 JIS 3920

**【▼黏】** 17画 部首[黍]きび 異体字 JIS 8354

音 ネン・デン　訓 ねばる

ねばる。ねばねばする。「粘液・粘菌・粘性・粘着・粘土・粘膜」

**ネン【▼棯】** 12画 部首[木]きへん JIS 6012

音 ジン・デン・ネン

果実の名。

**ネン【▼然】** 12画 部首[灬]れっか 教育小4 JIS 3319

音 ゼン・ネン　筆順 ↓ゼン[然]

そのままなさま。「自然・天然・本然」↓ゼン[然]

**ネン【▼撚】** 15画 部首[扌]てへん JIS 3918

音 デン・ネン

ひねる。ねじる。よる。より。

**ネン【燃】** 16画 部首[火]ひへん 教育小5 JIS 3919

燃 燃 燃 燃 燃 燃

音 ネン・ゼン　訓 もえる・もやす・もす

もえる。もやす。もす。「可燃性」「燃焼・燃料」

**ネン【▼鯰】** 19画 部首[魚]うおへん 和製漢字 JIS 8248

音 ネン

ナマズ。ナマズ目に属する淡水魚。

**ねん-あけ【年明け】** 年季が終わること。その奉公人。年明き。

**ねん-いり【念入り】**(形動) 注意が行き届くさま。careful

**ねん-えき【粘液】** ①ねばりけのある液体。viscous liquid ②生物体内で生成される粘りのある液の総称。mucilage; slime; mucus

**ねんえき-さいきん【粘液細菌】** 原核菌類に属する一群。名は、細胞が粘液層に包まれ、すべるように動くことによる。黄や赤の子実体は腐植土に多いが、魚・藻にも寄生。

**ねんえき-しつ【粘液質】** 冷静で勤勉、感情の起伏が少なく、粘り強い気質。ヒポクラテスの四体液説に基づく分類の一つ。phlegm

**ねんえき-しゅ【粘液▼腫】** 灰白色ゼリー状の粘液組織からなる、多くは良性の腫瘍。皮下・骨膜・腹腔内などでもみられるが、典型は心臓内部に発生する。myxoma

**ねんえき-すいしゅ【粘液水▼腫】** 臨床的に明らかな甲状腺機能低下症。皮膚が冷たく乾燥し、ざらざらして厚くむくんだようになる。myxedema

**ねんえき-せん【粘液▼腺】** 消化管・気道・卵管などにみられる粘液分泌腺。粘膜の表面をなめらかにし、かつ保護する。mucous gland

**ねん-が【年賀】** ①新年の祝い。また、新年を祝って訪問、あいさつすること。New Year's greeting ②賀の祝い。③俳諧で、正月吉日に開く歳旦開き。

**ねん-かい【年会】** 一年に一度の集会。annual meeting

**ねん-がく【年額】** 一年間の額・総額。annual amount

**ねんが-じょう【年賀状】** 年始の祝賀状。年賀状を書く風習は平安時代からあるが、今日の年賀郵便の形態は、明治初期に郵便はがきが発行されてからのもの。New Year's card

**ねん-がっ-ぴ【年月日】** ①年と月と日。date ②はがき・手紙などの日付。date

**ねんが-とくべつゆうびん【年賀特別郵便】** 郵便物特殊取扱の一つ。年末の一定期間に出された年賀状を、翌年一月一日の日付にして元日から配達するもの。

**ねんが-はがき【年賀葉書】** 年賀状用の葉書。一般には、昭和二四年(一九四九)暮れから郵政省が売り出した、お年玉つきのものをいう。

**ねんがら-ねんじゅう【年がら年中】**(副) 一年じゅう、いつも。年百年じゅう。all the year round

**ねん-かん【年刊】** 一年に一回の刊行。annual 比較 日刊・週刊・月刊・季刊。

**ねん-かん【年官】** 平安中期以降、朝廷が特定の人に任官者の推挙権を与え、任料などの利益獲得を認めた制度。売官の一種。年給。

**ねん-かん【年間】** 一年間。a year 用例 ―計画。

**ねん-かん【年鑑】** 一定の項目・分野ごとに一年間のできごと・統計・調査などをまとめ、解説を加えた年一回の定期刊行物。イヤーブック。yearbook; almanac

**ねん-がん【念願】**(名・サ変他) いつも心にかけて願うこと。その望み。one's heart's desire

**ねん-き【年忌】**《仏教語》人の死後、年を経てまわってくる忌日。この日、仏事供養が行われる。一回(周)忌・三回忌・五十回忌など。回忌。用例 ―の法要を営む。

**ねん-き【年季】** ①奉公人などを使う年限。一年を一季とする。apprenticeship ②「年季奉公」の略。

**年季が明ける**(ねんきがあける) ①年季奉公の期限が終わりになる。年季明けになる。年が明く。年が明ける。②縁が切れる。

**年季が入る**(ねんきがはいる) 長い間の修練で、熟練している。be experienced in

**年季を入れる**(ねんきをいれる) 修練を積む。have long experience

**ねん-き【年期】** 一年を単位と決めた期間。term 用例 ―小作。

**ねんき-ぼうこう【年季奉公】** 年限を定めて奉公すること。徳川幕府は元和二年(一六一六)年季の年限を三年と規定し、のち一〇年に延長、これが慣例となった。apprenticeship

**ねんき-むこ【年期婿・年季▼聟】** 婚姻成立後、婿が一定の年限を決めて嫁方のために労働し、その年限を勤めあげてから妻を自分の家に迎える習慣。出帰り婿。

**ねん-きゅう【年休】** 「年次有給休暇」の略。



↓行き先項目、図版・写真参照印。　JIS 日本工業規格情報交換用漢字符号コード(区点コード)。

**ねん-きゅう【年給】** ①一か年の俸給。年俸。annual salary 対義 月給・週給・日給。②↓ねんかん(年官)

**ねん-ぎょ【年魚】** ①寿命が一年の魚。ふつう、アユのこと。②サケの古称。サケも産卵後死ぬので、寿命が一年と思われたらしい。

**ねん-きん【年金】** 老齢・障害・死亡などについて、有資格者に対し定期的に一定金額を給付する制度。また、その金銭。公的年金・私的年金に大別される。pension; annuity

**ねん-きん【粘菌】** ↓へんけいきんしょくぶつ(変形菌植物)

**ねんきん-ききん【年金基金】** 年金制度の加入者から集められ、年金支払いの元手となる資金。信託銀行と生命保険会社が運用する。pension fund

**ねんきん-こうさい【年金公債】** 利子と元金の一部の支払いが年金の形で行われる公債。annuity bond

**ねんきんふくし-じぎょうだん【年金福祉事業団】** 厚生年金・国民年金などの被保険者と受給権者の福祉施設を設置運営し、そのための資金貸し付けなどの事業を行う特殊法人。昭和三六年(一九六一)設立。

**ねんきん-ほけん【年金保険】** 保険金が一時払いでなく、年金として被保険者の死亡まで、または一定期間、毎年一定額ずつ支払われる生命保険。定期年金保険。annuity insurance 対義 資金保険。

**ねん-ぐ【年貢】** ①平安末期以降、領主によって農民に課された租税。米納、または絹・布・塩・鉄などを貢納。一三世紀後半以降、しだいに銭納化。②明治以降、小作料のこと。
**年貢の納め時**(ねんぐのおさめどき)《年貢の滞納を清算すべきとき、の意から》長く悪事を続けていた者が、とうとう捕らえられて、罪に服し、悪事のつぐないをすべき時期。転じて、あることに見限りをつけて、観念すべきとき。The game is about to be over.

**ねんぐ-まい【年貢米】** 年貢として納める米。一年ごとの貢租の米。

**ねん-げつ【年月】** 年と月。としつき。光陰。years and months

**ねんけつ-せい【粘結性】** ①石炭のもつ性質の一つ。乾留したときに軟化溶融し、粒子相互が粘り着き、同時に発生する分解ガスで膨張し変形する性質。粘着性。coking property ②石炭が良質のコークスになるかどうかという適性。コークス化性。

**ねんけつ-たん【粘結炭】** 乾留すると軟化溶融する性質(=粘結性)の石炭。溶融後、揮発成分を発生し多孔質のコークスとなる。coking coal

**ねんげ-みしょう【▼拈華▽微笑】** 禅宗で、ことばを用いないで仏法の真理を師から弟子へ伝えること。釈迦が霊鷲山で説法し華を拈ってみせたとき、迦葉ひとりがその意を悟り微笑したので、仏法の真髄を授けたとされる故事による。

**ねん-げん【年限】** いつまでと決めた年の期限。term 用例 修業—。

**ねん-こう【年功】** ①長年の手柄・功労。long service 用例 —による昇進。②長年の熟練。long experience 用例 —を積む。

**ねん-こう【▼拈香】** 《仏教語》①香を指でつまんで香炉に入れ、たくこと。焼香。②「拈香文」の略。

**ねん-ごう【年号】** 年につける名。中国では漢の武帝の建元に始まり、日本は孝徳天皇の大化が最初。中国では明代以後、日本では明治から一世一元となる。元号。↓図

**ねん-こうさ【年▽較差】** 気温や湿度などの気象要素の一年中の最大値と最小値の差。annual range

**ねんこう-じょれつ【年功序列】** 学歴・年齢・勤続年数などの序列を昇進と昇給のおもな判定基準とする制度。永年勤続者の功労度を重視する日本の雇用慣習。seniority

**ねんこうじょれつ-きゅう【年功序列給】** 年功序列を重視する賃金体系。seniority order wage system

**ねんこう-ぶん【▼拈香文】** 《仏教語》禅宗で、僧が死者に哀悼の意を表して朗読する文章。

**ねんごろ【懇ろ】**(形動)《「ねもころ」の転》①大事にするさま。丁寧。courteous ②むつまじいさま。friendly ③男女が情を通じているさま。intimate

**ねん-さ【年差】** 地球の公転軌道が楕円であるため、太陽からの引力が増減し、それによっておこる月の軌道の変化。annual equation

**ねん-ざ【▼捻▼挫】**(名・サ変自) 無理な力が加わったため、関節周囲の靱帯や関節包などが損傷し、出血・はれ・痛みがあるもの。sprain

**ねん-さい【燃▼犀】**(名・形動)《東晋の温嶠がサイの角をもやした火で深淵を照らしたところ、水中の異形のものが見えたといわれる故事から》物事を深く見抜く見識のあること・さま。用例 —な調査報告。

**ねん-さん【年産】** 一年間の生産高・産出高。yearly output 対義 月産・日産。

**ねん-し【年始】** ①年のはじめ。年頭。beginning of the year 対義 年末。②年賀。New Year's greeting 用例 —回り。

**ねん-し【年歯】** とし。よわい。年齢。

**ねん-し【▼撚糸】** 糸を二本以上合わせて撚りをかけること。また、撚りをかけた糸。

**ねん-じ【年次】** ①年の順序。②毎年。annual 用例 —計画。

**ねん-しき【年式】** 自動車などの、製造年による型式。model

●年号 年号一覧

| 時代 | 年号 | 西暦年代 |
|---|---|---|
| | 大化 | 645~650 |
| | 白雉 | 650~654 |
| | 朱鳥 | 686 |
| | 大宝 | 701~704 |
| | 慶雲 | 704~708 |
| | 和銅 | 708~715 |
| | 霊亀 | 715~717 |
| | 養老 | 717~724 |
| | 神亀 | 724~729 |
| | 天平 | 729~749 |
| 奈良時代 | 天平感宝 | 749 |
| | 天平勝宝 | 749~757 |
| | 天平宝字 | 757~765 |
| | 天平神護 | 765~767 |
| | 神護景雲 | 767~770 |
| | 宝亀 | 770~780 |
| | 天応 | 781~782 |
| | 延暦 | 782~806 |
| | 大同 | 806~810 |
| | 弘仁 | 810~824 |
| | 天長 | 824~834 |
| | 承和 | 834~848 |
| | 嘉祥 | 848~851 |
| | 仁寿 | 851~854 |
| | 斉衡 | 854~857 |
| | 天安 | 857~859 |
| | 貞観 | 859~877 |
| | 元慶 | 877~885 |
| | 仁和 | 885~889 |
| | 寛平 | 889~898 |
| | 昌泰 | 898~901 |
| 平安時代 | 延喜 | 901~923 |
| | 延長 | 923~931 |
| | 承平 | 931~938 |
| | 天慶 | 938~947 |
| | 天暦 | 947~957 |
| | 天徳 | 957~961 |
| | 応和 | 961~964 |
| | 康保 | 964~968 |
| | 安和 | 968~970 |
| | 天禄 | 970~973 |
| | 天延 | 973~976 |
| | 貞元 | 976~978 |
| | 天元 | 978~983 |
| | 永観 | 983~985 |
| | 寛和 | 985~987 |
| | 永延 | 987~989 |

| 時代 | 年号 | 西暦年代 |
|---|---|---|
| | 永祚 | 989~ 990 |
| | 正暦 | 990~ 995 |
| | 長徳 | 995~ 999 |
| | 長保 | 999~1004 |
| | 寛弘 | 1004~ 12 |
| | 長和 | 1012~ 17 |
| | 寛仁 | 1017~ 21 |
| | 治安 | 1021~ 24 |
| | 万寿 | 1024~ 28 |
| | 長元 | 1028~ 37 |
| | 長暦 | 1037~ 40 |
| | 長久 | 1040~ 44 |
| | 寛徳 | 1044~ 46 |
| | 永承 | 1046~ 53 |
| | 天喜 | 1053~ 58 |
| | 康平 | 1058~ 65 |
| | 治暦 | 1065~ 69 |
| | 延久 | 1069~ 74 |
| | 承保 | 1074~ 77 |
| | 承暦 | 1077~ 81 |
| | 永保 | 1081~ 84 |
| | 応徳 | 1084~ 87 |
| | 寛治 | 1087~ 94 |
| | 嘉保 | 1094~ 96 |
| 平安時代 | 永長 | 1096~ 97 |
| | 承徳 | 1097~ 99 |
| | 康和 | 1099~1104 |
| | 長治 | 1104~ 06 |
| | 嘉承 | 1106~ 08 |
| | 天仁 | 1108~ 10 |
| | 天永 | 1110~ 13 |
| | 永久 | 1113~ 18 |
| | 元永 | 1118~ 20 |
| | 保安 | 1120~ 24 |
| | 天治 | 1124~ 26 |
| | 大治 | 1126~ 31 |
| | 天承 | 1131~ 32 |
| | 長承 | 1132~ 35 |
| | 保延 | 1135~ 41 |
| | 永治 | 1141~ 42 |
| | 康治 | 1142~ 44 |
| | 天養 | 1144~ 45 |
| | 久安 | 1145~ 51 |
| | 仁平 | 1151~ 54 |
| | 久寿 | 1154~ 56 |
| | 保元 | 1156~ 59 |
| | 平治 | 1159~ 60 |
| | 永暦 | 1160~ 61 |
| | 応保 | 1161~ 63 |
| | 長寛 | 1163~ 65 |
| | 永万 | 1165~ 66 |
| | 仁安 | 1166~ 69 |
| | 嘉応 | 1169~ 71 |

| 時代 | 年号 | 西暦年代 |
|---|---|---|
| | 承安 | 1171~ 75 |
| | 安元 | 1175~ 77 |
| | 治承 | 1177~ 81 |
| 平安時代 | 養和 | 1181~ 82 |
| | 寿永 | 1182~ 85 |
| | 元暦 | 1184~ 85 |
| | 文治 | 1185~ 90 |
| | 建久 | 1190~ 99 |
| | 正治 | 1199~1201 |
| | 建仁 | 1201~ 04 |
| | 元久 | 1204~ 06 |
| | 建永 | 1206~ 07 |
| | 承元 | 1207~ 11 |
| | 建暦 | 1211~ 13 |
| | 建保 | 1213~ 19 |
| | 承久 | 1219~ 22 |
| | 貞応 | 1222~ 24 |
| | 元仁 | 1224~ 25 |
| | 嘉禄 | 1225~ 27 |
| | 安貞 | 1227~ 29 |
| | 寛喜 | 1229~ 32 |
| | 貞永 | 1232~ 33 |
| | 天福 | 1233~ 34 |
| | 文暦 | 1234~ 35 |
| | 嘉禎 | 1235~ 38 |
| | 暦仁 | 1238~ 39 |
| | 延応 | 1239~ 40 |
| | 仁治 | 1240~ 43 |
| | 寛元 | 1243~ 47 |
| 鎌倉時代 | 宝治 | 1247~ 49 |
| | 建長 | 1249~ 56 |
| | 康元 | 1256~ 57 |
| | 正嘉 | 1257~ 59 |
| | 正元 | 1259~ 60 |
| | 文応 | 1260~ 61 |
| | 弘長 | 1261~ 64 |
| | 文永 | 1264~ 75 |
| | 建治 | 1275~ 78 |
| | 弘安 | 1278~ 88 |
| | 正応 | 1288~ 93 |
| | 永仁 | 1293~ 99 |
| | 正安 | 1299~1302 |
| | 乾元 | 1302~ 03 |
| | 嘉元 | 1303~ 06 |
| | 徳治 | 1306~ 08 |
| | 延慶 | 1308~ 11 |
| | 応長 | 1311~ 12 |
| | 正和 | 1312~ 17 |
| | 文保 | 1317~ 19 |
| | 元応 | 1319~ 21 |
| | 元亨 | 1321~ 24 |
| | 正中 | 1324~ 26 |
| | 嘉暦 | 1326~ 29 |

| 時代 | 年号 | 西暦年代 |
|---|---|---|
| | 元徳(南朝) | 1329~ 31 |
| | 元徳(北朝) | 1331~ 32 |
| | 元弘(南朝) | 1331~ 34 |
| | 正慶(北朝) | 1332~ 33 |
| | 建武(南朝) | 1334~ 36 |
| | 建武(北朝) | 1334~ 38 |
| | 延元(南朝) | 1336~ 40 |
| | 暦応(北朝) | 1338~ 42 |
| | 興国(南朝) | 1340~ 46 |
| | 康永(北朝) | 1342~ 45 |
| | 貞和(北朝) | 1345~ 50 |
| | 正平(南朝) | 1346~ 70 |
| | 観応(北朝) | 1350~ 52 |
| | 文和(北朝) | 1352~ 56 |
| | 延文(北朝) | 1356~ 61 |
| 南北朝時代 | 康安(北朝) | 1361~ 62 |
| | 貞治(北朝) | 1362~ 68 |
| | 応安(北朝) | 1368~ 75 |
| | 建徳(南朝) | 1370~ 72 |
| | 文中(南朝) | 1372~ 75 |
| | 天授(南朝) | 1375~ 81 |
| | 永和(北朝) | 1375~ 79 |
| | 康暦(北朝) | 1379~ 81 |
| | 永徳(北朝) | 1381~ 84 |
| | 弘和(南朝) | 1381~ 84 |
| | 元中(南朝) | 1384~ 92 |
| | 至徳(北朝) | 1384~ 87 |
| | 嘉慶(北朝) | 1387~ 89 |
| | 康応(北朝) | 1389~ 90 |
| | 明徳(北朝) | 1390~ 94 |
| | 応永 | 1394~1428 |
| | 正長 | 1428~ 29 |
| | 永享 | 1429~ 41 |
| | 嘉吉 | 1441~ 44 |
| | 文安 | 1444~ 49 |
| | 宝徳 | 1449~ 52 |
| | 享徳 | 1452~ 55 |
| | 康正 | 1455~ 57 |
| | 長禄 | 1457~ 60 |
| | 寛正 | 1460~ 66 |
| | 文正 | 1466~ 67 |
| 室町時代 | 応仁 | 1467~ 69 |
| | 文明 | 1469~ 87 |
| | 長享 | 1487~ 89 |
| | 延徳 | 1489~ 92 |
| | 明応 | 1492~1501 |
| | 文亀 | 1501~ 04 |
| | 永正 | 1504~ 21 |
| | 大永 | 1521~ 28 |
| | 享禄 | 1528~ 32 |
| | 天文 | 1532~ 55 |
| | 弘治 | 1555~ 58 |
| | 永禄 | 1558~ 70 |

| 時代 | 年号 | 西暦年代 |
|---|---|---|
| | 元亀 | 1570~ 73 |
| | 天正 | 1573~ 92 |
| | 文禄 | 1592~ 96 |
| | 慶長 | 1596~1615 |
| ——安土桃山時代 | 元和 | 1615~ 24 |
| | 寛永 | 1624~ 44 |
| | 正保 | 1644~ 48 |
| | 慶安 | 1648~ 52 |
| | 承応 | 1652~ 55 |
| | 明暦 | 1655~ 58 |
| | 万治 | 1658~ 61 |
| | 寛文 | 1661~ 73 |
| | 延宝 | 1673~ 81 |
| | 天和 | 1681~ 84 |
| | 貞享 | 1684~ 88 |
| | 元禄 | 1688~1704 |
| | 宝永 | 1704~ 11 |
| | 正徳 | 1711~ 16 |
| | 享保 | 1716~ 36 |
| | 元文 | 1736~ 41 |
| | 寛保 | 1741~ 44 |
| 江戸時代 | 延享 | 1744~ 48 |
| | 寛延 | 1748~ 51 |
| | 宝暦 | 1751~ 64 |
| | 明和 | 1764~ 72 |
| | 安永 | 1772~ 81 |
| | 天明 | 1781~ 89 |
| | 寛政 | 1789~1801 |
| | 享和 | 1801~ 04 |
| | 文化 | 1804~ 18 |
| | 文政 | 1818~ 30 |
| | 天保 | 1830~ 44 |
| | 弘化 | 1844~ 48 |
| | 嘉永 | 1848~ 54 |
| | 安政 | 1854~ 60 |
| | 万延 | 1860~ 61 |
| | 文久 | 1861~ 64 |
| | 元治 | 1864~ 65 |
| | 慶応 | 1865~ 68 |
| | 明治 | 1868~1912 |
| | 大正 | 1912~ 26 |
| | 昭和 | 1926~ 89 |
| | 平成 | 1989~ |

各年号の末年は改元の年も含む
大化以前と655~685年、687~700年は年号なし
平安時代末期の寿永は安徳天皇が、元暦は後鳥羽天皇が用いたもの

**ねん-しゃ【念写】** 心霊現象の一つ。心に思い浮かべた内容を写真のフィルムなどに感光させるというもの。psychoexposure

**ねん-しゃ【念者】** 念入りな人。

**念者の不念**(ねんしゃのぶねん) いつも念を入れる人が、ときに不注意なことをするということ。

**ねん-しゃく【年爵】** 平安時代以降行われた売官の一種。第三者の栄爵を申請した皇族や貴族が、爵を得た者から利益を得る制度。

**ねん-じゅ【念珠】** じゅず。ねんず。rosary

**ねん-じゅ【念▼誦】**(名・サ変他)《仏教語》心に念じて、口に仏名・経文を唱えること。ねんず。

**ねん-しゅう【年収】** 一年間の収入。annual income 対義 日収・月収。

**ねん-じゅう【年中】** ㊀(名) 一年の間。all the year round ㊁(副) いつも。絶えず。あけくれ。always

**ねんしゅう-うんどう【年周運動】** 一年を周期として繰り返す見かけの運動。地球の公転のために起こる太陽のみかけの運動など。annual motion

**ねんじ-ゆうきゅうきゅうか【年次有給休暇】** 一定日数以上勤務した者に与えられる年度ごとの有給休暇。annual paid holiday

**ねんじゅう-ぎょうじ【年中行事】** ↓ねんちゅうぎょうじ(年中行事)

**ねんしゅう-しさ【年周視差】** 地球の公転にともない、恒星の見かけの位置が一年を周期として変化する現象。その結果、恒星の位置は楕円を描くように見える。また、このずれを角度で表した量。三角視差。annual parallax

**ねん-じゅく【▼稔熟】**(名・サ変自) ①穀物が十分に実ること。②充実する。また、盛んになること。

**ねん-しゅつ【▼捻出・▼拈出】**(名・サ変他) ①ひねり出すこと。squeeze out ②考え出すこと。案出。contrive ③無理にやりくりして出すこと。raise 用例 費用を―する。

**ねんじゅ-も【念珠藻】** 藍藻植物ネンジュモ目の藻類。半透明の寒天質に包まれた細胞が集まり、数珠のように連なった糸状形で群体をつくる。ジュズモ。↓図

●ネンジュモ

**ねん-しょ【年初】** 年の初め。年始。年頭。biginning of the year

**ねん-しょ【念書】** ①書物を読むこと。読書。reading ②後日の証拠とするため、念のために作成して相手にわたす書き付け。memorandum 用例 ―を取る。

**ねん-しょう【年少】**(名・形動) 年の若いこと・さま・人。young 対義 年長。用例 ―者。

**ねん-しょう【燃焼】**(名・サ変自) ①もえること。物質が酸素(あるいは弗素や塩素)と反応して光と熱を発生する化学変化。高温で発光する部分を炎という。burn; combustion ②情熱・肉体のすべてをかけてうちこむこと。ferror; zeal

**ねんしょう-ねつ【燃焼熱】** 物質の燃焼反応にともなって発生する熱。heat of combustion

**ねんしょう-ろうどう【年少労働】** 社会問題または労働保護法規の対象となる少年・少女の労働。労働基準法などで、一五歳未満の使用は原則的に禁止。参照 児童労働。

**ねん・じる【念じる】**(上一他) ↓ねんずる(念ずる)

**ねん-ず【念▼珠】** ↓ねんじゅ(念珠)

**ねん・ず【念ず】**(サ変他) ①↓ねんずる(念ずる)。②古語 こらえる。堪え忍ぶ。用例 つらきことありとも―・じて、なのめに思ひなりて(源氏・帚木)。

**ねん・ず【▼拈ず】** 古語(サ変他) ひねる。つまむ。用例 法を説き給ひし時、一枝の花を―・じ給ひしに(太平記・二四)。

**ねん-すう【年数】** 年のかず。the number of years 用例 ―がたつ。

**ねん・ずる【念ずる】**(サ変他) =念じる・念ず。①こうありたい、または、こうあってほしいと思う。祈る。pray 用例 無事を―。②心の中で仏の名などを唱える。wish 用例 観音を―。

**ねん-せい【粘性】** ①ねばりけ。stickiness ②流体中を動く物体に働く抵抗。また抵抗を示す流体の性質。viscosity

**ねん-せい【▼稔性】** 植物の花が咲き受精によって種子が生ずること。fertility 対義 不稔性。

**ねんせい-りつ【粘性率】** 粘性の大きさを示す尺度。流体中に速度の違いがあるとき、その境界面に沿って応力(=接線応力)が現れ、その応力の大きさは接線応力と流れに垂直な方向の速度勾配に比例する。その比例定数をいう。粘度。coefficient of viscosity

**ねん-そ【燃素】** ↓フロギストン

**ねん-だい【年代】** ①過ぎ去った時代。era ②時代。age

**ねんだい-がく【年代学】** 文献的・考古学的資料を用い、史実年代を決定する学問。史料批判によるほか物理・化学的方法や天文学的方法など種々の方法がある。chronology

**ねんだい-き【年代記】** 人の一生や、時代に関する史実を年代順に記した記録。chronicle

**ねんだい-そくてい【年代測定】** 過去の地層や化石および遺物などの年代を決めること。放射性核種の量から測定する放射性年代測定法を多く用いる。age determination

**ネン-チアン【嫩江】**(Nèn Jiāng) ↓のんこう(嫩江)

**ねん-ちゃく【粘着】**(名・サ変自) ねばりつくこと。adhesion

**ねんちゃく-きしつ【粘着気質】** 癲癇気質の別称。

**ねんちゃく-ざい【粘着剤】** ねばりつく性質をもつ物質。圧するだけでよく付着し、力を加えるとはがれる。ゴム系・アクリル系などがある。ラベルやテープなどに塗布して使用。adhesive compound

**ねんちゃく-りょく【粘着力】** ねばりつく力。adhesive power

**ねん-ぢゅう【年中】**(名・副) ↓ねんじゅう(年中)

**ねんちゅう-ぎょうじ【年中行事】** 毎年、時を同じくして繰り返される伝承的な営み。正月行事と盆行事がその中核となっている。ねんじゅうぎょうじ。annual event

**ねん-ちょう【年長】**(名・形動) 年が上であること・さま・人。seniority 対義 年少。

**ねん-てん【▼捻転】**(名・サ変自) ねじれて向きが変わること。distortion 用例 腸―。

**ねん-ど【年度】** 事務・会計などの便宜のため区分した一か年の期間。会計年度・米穀年度など。year; term

**ねん-ど【粘土】** ねばりけのある土。石や鉱物が風化したり変成作用を受けたりしてできた〇・〇〇二mm以下の微細な粒子の集合体で、湿らせると粘性や可塑性を生ずる。陶磁器・れんがなどの原料。へなつち。clay

**ねん-ど【粘度】** ↓ねんせいりつ(粘性率)

**ねん-とう【年頭】** 年の始め。年始。beginning of the year 用例 ―の辞。

**ねん-とう【念頭】** 心。思い。mind

**念頭に置く**(ねんとうにおく) 気にとめる。覚えておく。keep in mind

**ねん-とう【燃灯・然灯】**《仏教語》供養のためにたくさんの灯明をともすこと。

**ねんとう-きょうしょ【年頭教書】** 一般教書の別称。

**ねんとう-じょう【年頭状】** 年の始めのあいさつ状。新年を祝う書状。年賀状。

**ねんとう-ぶつ【燃灯仏】**《仏教語》過去世に出現して、釈迦が未来に必ず仏陀となるであろうことを予言したという仏。

**ねんど-かく【粘土▼槨】** 古墳の内部構造の一つ。古墳の盛り土の中に石室をもうけず直接木棺を埋める場合、棺周囲を粘土で厚くつつむもの。

**ねんど-がわり【年度替(わ)り】** 年度の替わる時。the change of the fiscal year

**ねんど-がん【粘土岩】** 堆積岩の一つで、粘土粒子が堆積してできた岩石。泥岩・頁岩などの中で細粒のものの総称。claystone

**ねんど-けい【粘度計】** 流体の粘性率を測定する計器の総称。細管粘度計・気泡粘度計・回転粘度計・振動粘度計・落球粘度計などがある。viscometer

**ねんど-こうぶつ【粘土鉱物】** 粘土を構成する特徴的な鉱物の総称。大部分は〇・〇〇二mm以下の微細な層状珪酸塩で、代表的鉱物にカオリナイト・モンモリロナイト・イライトなどがある。clay mineral

**ねんど-はじめ【年度初め】** 新年度の初め。beginning of the fiscal year

**ねんどばん-ぶんしょ【粘土板文書】** 古代メソポタミアなどで、おもに楔形文字を記す材料として用いられた粘土板の総称。現在までに約四〇万枚が発見され、考古学上の貴重な資料となっている。clay tablet

**ねん-ない【年内】** その年のうち。within the year

**ねんない-りっしゅん【年内立春】** 陰暦で立春が一二月中に来ること。

**ネンニ【Pietro Sandro Nenni】**(一八九一〜一九八〇) イタリアの政治家。社会党書記長。副首相・外相などを歴任。一九六六年統一社会党委員長に就任したが、六九年の分裂で社会党にもどった。

**ねん-ね** ㊀(名・サ変自)《幼児語》眠ること。㊁(名)《俗語》①あかご。②世間知らず。

**ねんねこ** 「ねんねこ半天」の略。

**ねんねこ-ばんてん【ねんねこ半天】** 赤ん坊を背負った上から着る綿入れの半天。ねんねこ。

**ねん-ねん【念念】** ①《仏教語》瞬間瞬間。時々刻々。②心に起こるさまざまの思い。

**ねん-ねん【年年】**(副) 年ごとに。毎年。としどし。year after year 用例 生産高が―伸びる。

**ねんねん-さいさい【年年歳歳】** 毎年毎年。yearly

**年年歳歳花相似たり、歳歳年年人同じからず**(ねんねんさいさいはなあいにたり、さいさいねんねんひとおなじからず)《唐の劉廷芝の詩『白頭を悲しむ翁に代わる』の中の句》花は毎年同じように咲くが、人は年ごとに変わっていき、生まれる者あれば死ぬ者もありだ。人の世の移り変わって、はかないさまを、不変の自然に対比させたもの。People do not remain in the same place.

**ねん-ぱい【年配・年輩】** ①年のころ。年格好。age ②世の中の経験を積んだ年ごろ。中年。elderly person

**ねんばらい-ほけん【年払(い)保険】** 保険の掛け金(保険料)の払い込みが年一回の保険。

**ねん-ばらし【念晴(ら)し】** 執念や疑いを晴らすこと。

**ねん-ばん【年番】** 一年ごとに交替する勤番。また、その番の人。

**ねんばん-がん【粘板岩】** 泥岩や頁岩などが広域変成作用を受けて、硬く緻密になった岩石。灰黒や黒色。中生代や古生代の地層に多い。薄板状にはがれやすい性質をもつ。建築材や石盤・碁石用。slate

**ねん-ぴ【燃費】**(「燃料消費率」の略)ある仕事をするのに消費する燃料の量。自動車では、一ℓあたりの走行距離数で示す。rate of fuel consumption

**ねんぴゃく-ねんじゅう【年百年中】**(副) 一年じゅう。いつも。年がら年じゅう。

**ねん-ぴょう【年表】** 歴史上の事柄を、時間的な推移に従って書き並べた表。chronological table

**ねん-ぷ【年賦】** 金額を、一年いくらと割り当てて払うこと。yearly installment 比較 月賦。

**ねん-ぷ【年譜】** ある個人の履歴を、活動・事業・著作など年月日順に簡略に記した記録。個人の年代記。chronological record

**ねん-ぶつ【念仏】**《仏教語》①仏の姿や功徳を心に念ずること。②浄土教で、阿弥陀仏の名をとなえること。称名念仏。

**ねんぶつ-おうじょう【念仏往生】** 一心に念仏を唱えて、極楽往生をとげること。

**ねんぶつ-おどり【念仏踊(り)】** 念仏や和讃をとなえながら踊る集団舞踊。空也や一遍が称名念仏とともに始めたものが芸能化・娯楽化した。踊り念仏。空也念仏。↓写

●念仏踊り　滝宮天満宮(香川県)。

**ねんぶつ-こう【念仏講】** 念仏信者の集まり。毎月当番の家に集まって念仏を修し、掛け金を積み立てて諸行事の費用とした。

**ねんぶつ-ざんまい【念仏三▼昧】** 一心に念仏をとなえること。

**ねんぶつ-しゅう【念仏宗】** 念仏によって、極楽往生を求めようとする仏教諸派の総称。融通念仏宗・浄土宗・浄土真宗・時宗など。

**ねん-ぽう【年俸】** 一年を単位として定めた給料。年給。annual salary

**ねん-ぽう【年報】** 事業や研究の業績などについて年ごとに出す報告書。また、一年間に起こった事柄の報告・報告書。annual report 対義日報・週報・旬報・月報。

**ねん-まく【粘膜】** 消化管・気道・泌尿器・生殖器など、中空性器官の内面をおおう膜。上皮と粘膜下組織からなり、血管・リンパ管・神経が通っている。mucous membrane

**ねん-まつ【年末】** 年の暮れ。歳暮。year-end 対義年始・年初。

**ねんまつ-ちょうせい【年末調整】** 年間所得が確定する年末に、給与所得の源泉徴収義務者(企業など)が一年間の所得税額と源泉徴収分との過不足を調整すること。yearly tax adjustment

**ねん-よ【年余】** 一年あまり。more than a year

**ねん-らい【年来】**(名・副) 数年このかた。for years

**ねん-り【年利】** 一年を単位に決めた利息・利率。annual interest 比較月利・日歩。

**ねん-りき【念力】** ①一心に思いをこめる精神の力。②離れた所から、精神の力によって、人や物を動かすという超心理学的現象の一つ。サイコキネシス。PK。psychokinesis

**思う念力、岩をも通す**(おもうねんりき、いわをもとおす) ↓おもう(思う)

**ねん-りつ【年率】** 一年を単位として計算した比率・利率。annual rate 用例—七%。

**ねん-りょう【燃料】** 燃焼させてエネルギーを利用するための物質の総称。薪・石炭などの固体燃料、石油などの液体燃料、天然ガスなどの気体燃料、ウランなどの核燃料がある。fuel

**ねんりょう-こうしょう【燃料鉱床】** 燃料資源を産出する鉱床の総称。一般的には石炭の鉱床・石油鉱床・天然ガス鉱床をさす。fuel deposit

**ねんりょう-しょうひりつ【燃料消費率】** ↓ねんぴ(燃費)

**ねんりょう-でんち【燃料電池】** 正極に酸素、負極に水素・メタノールなどを用い、その酸化によって生じる化学エネルギーを直接電気エネルギーとして取り出す気体電池の一種。この原理は火力発電に利用されている。fuel cell

**ねんりょう-ぼう【燃料棒】** ウラン・プルトニウムなどの原子炉用の核燃料をジルカロイの管につめ、安全に、しかも取り扱いが便利なように加工したもの。fuel rod

**ねん-りりつ【年利率】** 一年間における、利息の元金に対する割合。年利。rate of interest per year

**ねん-りん【年輪】** ①木の幹の横断面にみられる同心円状の層。寒暖の差による形成層のはたらきの違いで粗・密が生じる。annual ring ②魚のうろこに現れる輪状の成長線。annual ring ③技芸などの積み重ね。experience; years 用例—を重ねる。↓木材図

**ねん-れい【年齢】** 生まれてからの経過年数。数え方により、一二か月たって一歳ふえる満年齢と、出生時に一歳となり、正月のたびに一歳増える数え年とがある。とし。よわい。age 参考俗に、「年令」とも書く。

**ねんれい-かいていせい【年齢階▼梯制】** 文化人類学の概念で、集団の全成員ないしは男子がいくつかの年齢段階に区分され、特定の役割を担う制度。特定の時期に特定の通過儀礼を経て次の段階に移る。戦士集団・結社・長老政治組織などの形成と関連。age-grade system

**ねんれい-きゅう【年齢給】** 労働者の年齢に応じて支給される賃金。年齢の増加とともに増額される。wage by age

**ねんれい-そう【年齢層】** 年齢によって区分けした階層。age group 用例若い—に支持される。

# の ノ



**の【の・ノ】** 五十音図な行第五の仮名。平仮名「の」は「乃」の草体。片仮名「ノ」は「乃」の部分。

**の【野】** ①草や木のはえた広い平地。野原。field 対義山。用例春の—。②広い田畑。field 用例—に出て働く。③《接頭的》野生の意。wild 用例—ウサギ。—バラ。

**野暮れ山暮れ**(のくれやまくれ) 野で一日をくらし、また、山で夕暮れを迎えること。旅路のながいことに言う。

**野となれ山となれ**(のとなれやまとなれ) あとはどうなろうとかまわないというたとえ。After us the deluge!

**野に伏し山に伏す**(のにふしやまにふす) 旅の途中で苦労を重ねるたとえ。

**野の行幸**(ののぎょうこう) 鷹狩りなどのため、天皇が郊外に外出すること。

**の【▼箆】** ①ヤダケの古名。②竹でつくった矢のじく。矢がら。用例—深に射させて(平家)。↓矢図

**の** ㊀(格助) ①連体修飾語をつくる。用例川—流れ。②述語が連用形で下に続くときの主語または対象の語を示す。用例わたし—書いた手紙。水—飲みたい人。③《連体形に付いて》上の語句に体言の資格を与える。用例書く—を嫌う。④《「だ」「です」で受けて》明確な断定・説明を表す。用例最後のチャンスだった—だ。⑤《体言に付いて》「…のもの」の意を表す。用例これはぼく—だ。参考③〜⑤は準体助詞ともいわれる。⑥並列の意を表す。用例鉛筆だ—ノートだ—を買う。行く—行かない—と、わけのわからないことを言う。参考副助詞また並立助詞とする説もある。⑦「ようだ」で受けて、「ようだ」の内容を表す。用例山—ようだ。⑧古語「…のように」の意を表す。用例日暮るるほど、例—集りぬ(竹取)。㊁(終助) ①問いの意を表す。用例どうする—。②断定の気持ちを柔らげて表現するのに用いる。用例ええ、そうな—。

**の【▽幅】**(助数) 布のはばを数える語。鯨尺で八、九寸〜一尺。約三〇〜三七cm。用例三—。四—。

**ノア【Noah】** 旧約聖書『創世記』の洪水伝説「ノアの箱舟」の主人公。

**ノアイユ【Anna de Noailles】**(一八七六〜一九三三) フランスの女流詩人。ルーマニアの貴族出身。詩集『無数の心』『日々の影』など。

**の-あざみ【野▼薊】** 山野にはえるキク科の多年草。高さ六〇〜九〇cm。葉は互生して羽状に切れこみ、とげがある。初夏に径三cmほどの紅紫色の頭花をつける。

**の-あそび【野遊び】** 野に出て自然を楽しむこと。また、狩りをすること。outing

**ノア-の-はこぶね【ノアの箱舟・ノアの▽方舟】** 旧約聖書『創世記』にある伝説の一つ。神が人類の堕落を怒って洪水を起こしたとき、ノアは、神に命じられたとおり四角の船を造って乗りこみ、家族や動物たちとともに助かった、その船。Noah's ark

**の-あらし【野荒(ら)し】** 田畑の作物をあらすこと・人・けもの。damage a crop

**ノイエ-タンツ【Neue Tanz ドイ】** 第一次大戦後ドイツに興った新舞踊。モダンダンスのジャンルに属する。ダンカンが出発点で、ウィグマン・クロイツベルクらによって発展。

**ノイエチューリヒャー-ツァイトゥング【Neue Zürcher Zeitung ドイ】** スイスの有力紙。ドイツ語の高級朝刊紙。一七八〇年創刊。

**ノイズ【noise】** ①物音。騒音。雑音。②必要とする信号に混じって、有効な通信を妨害する電気的な乱れ。

**のいち【野市】**〈町〉 高知県中東部の町。江戸時代、野中兼山が開田。穀倉地帯。人口一万三八九〇(〇八)。

**の-いばら【野▼薔▼薇・野▼茨】** バラ科の落葉低木。日本全土の山野に多い。葉は五〜七枚の羽状複葉で裏面に毛がある。枝はつる状でとげがある。初夏に、径二cmぐらいの白色または淡紅色の五弁花が咲く。ノバラ。wild rose ↓写

●ノイバラ

**ノイマン【Johann Ludwig von Neumann】**(一九〇三〜一九五七) アメリカの数学者。ハンガリー生まれ。プリンストン大学教授。数学基礎論から理論物理学にいたる幅広い領域で活躍。とくに計算機科学において多大の貢献をした。ゲームの理論・オペレーションズリサーチのほか、現在広く利用されているノイマン型コンピューターを提案。

**ノイマンがた-コンピューター【ノイマン型コンピューター】** プログラムとデータが主記憶装置に内蔵されていて、プログラムの命令・データを逐次読み出し実行していく形式のコンピューター。ジョン=フォン=ノイマンが提案した。対義非ノイマン型コンピューター。

**ノイローゼ【Neurose ドイ】** 精神的な打撃・心理的葛藤により生じる心的障害。精神病に比べ軽症で、回復も容易。神経症。neurosis

**ノイロン【Neuron ドイ】** ニューロンの別称。

**ノウ** 9画 **【▼衲】** 部首[衤] JIS 7453
音ドウ・ノウ
①ころも。僧の衣服。「衲衣」 ②つづる。補い縫いあわせる。

**ノウ** 10画 **【▼娚】** 部首[女] JIS 5319
音ナン・ノウ
なぶる。もてあそぶ。

**ノウ** 10画 **【悩】** 部首[忄] 常用 JIS 3926 ／ 12画 **【▼惱】** 旧字 JIS 5629
音ノウ
訓なやむ・なやます
なやむ。なやみ。なやましい。「懊悩・苦悩・煩悩」「悩殺・悩乱」

**ノウ** 10画 **【能】** 部首[月] 教育小5 JIS 3929
音ノウ・ドウ・ダイ
能
①できる。そうするはたらき。「可能・多能・知能・不可能・無能」「能吏・能力」用例(名)—ある鷹。理数の—がない。②うまい。上手。「堪能」「能筆・能弁」③薬などのききめ。力。「効能・放射能」用例(名)—書き。④わざ。技芸。「芸能」用例(名)—を付かんとする人(徒然・一五〇)。⑤能楽のこと。謡によって、舞を主体に表現する舞台芸術。鎌倉時代の田楽・猿楽から、室町時代、大和猿楽の観阿弥・世阿弥父子によって大成された。「能狂言・能面」用例(名)—を楽しむ。⑥能登国のこと。「加越能」「能州」

**能有る鷹は爪を隠す**(のうあるたかはつめをかくす) 実力のあるものは、それをことさらに示してみせるようなことはしないたとえ。Who knows most speaks least.

**能が無い**(のうがない) 能力がない。また、才能がない。くふうや機転がきかない。取り得がない。incompetent 用例ずいぶん—方法だ。

**許りが能ではない**(ばかりがのうではない) ある一つのことばかりしていては駄目だ。It is not everything to.... 用例勉強する—。

**ノウ** 10画 **【納】** 部首[糸] 教育小6 JIS 3928

▼常用漢字表外。 ▽常用漢字表の音訓外。

●脳① 人の脳の各部名称

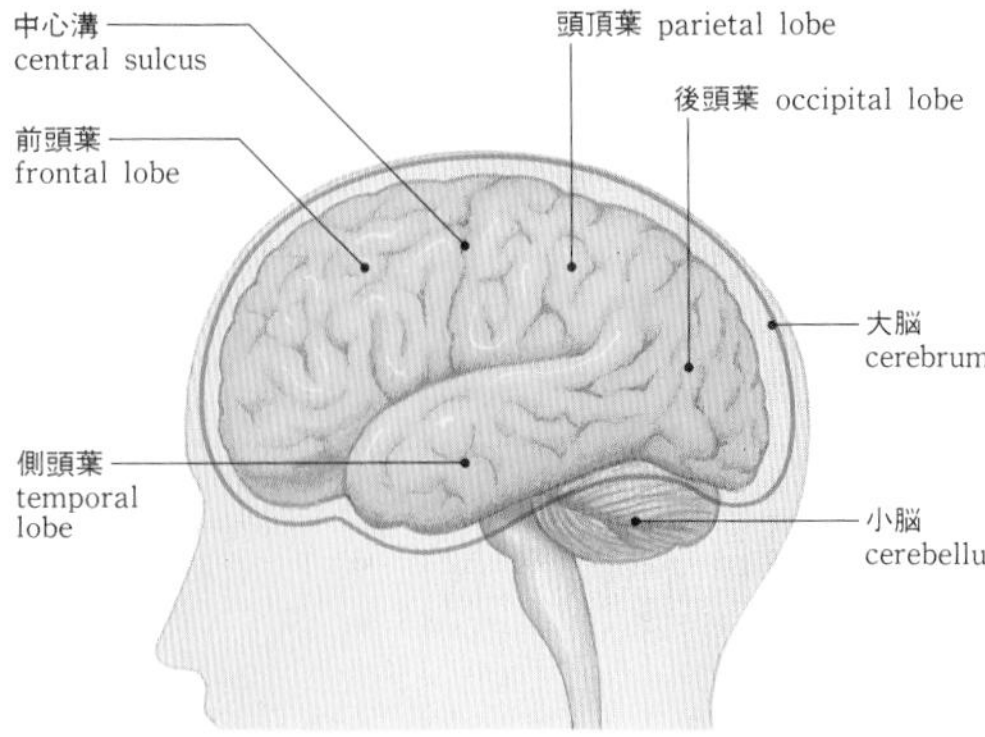


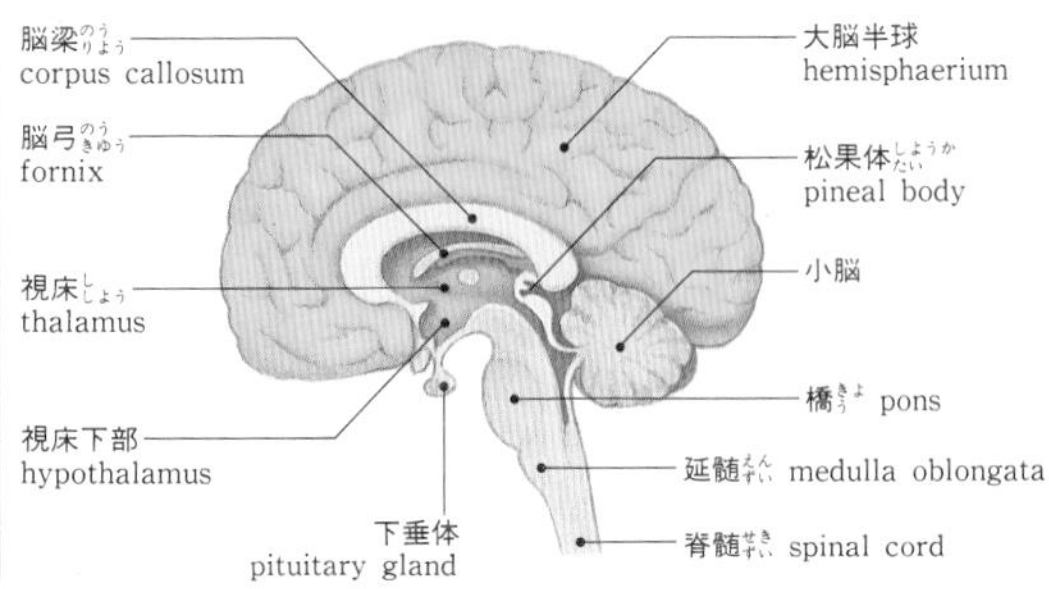


10画【▼納】旧字
[音]ノウ・ナッ・ナ・ナン・トウ・ドウ
[訓]おさめる・おさまる

納納納納納納

おさめる。さしだす。いれる。うけいれる。「完納・献納・受納・収納・奉納」「納金・納税・納付」
↓トウ・ナ・ナッ・ナン【納】

**ノウ** 11画【脳】部首[月]教育小6 [JIS]3930
[音]ノウ・ドウ

13画【▼腦】旧字 [JIS]7110

脳脳脳脳脳脳

①のうみそ。脊椎動物の頭蓋骨の中にある神経系の中枢。無脊椎動物では、一般に頭神経節をいう。「間脳・小脳・大脳・中脳」「脳出血・脳髄・脳貧血」②あたま。あたまのはたらき。「頭脳」「脳天・脳裏」[用例](名)―が弱い。③かしら。主となる人。「首脳」④草木の心。「樟脳」↓[図]

**ノウ** 13画【▼瑙】部首[王] [JIS]6479
[音]ドウ・ノウ

14画【▼碯】部首[石] 異体字 [JIS]6685

「瑪瑙」は、宝石の一つ。石英・玉髄・蛋白石などが混合したもの。

**ノウ** 13画【農】部首[辰] 教育小3 [JIS]3932
[音]ノウ・ドウ

農農農農農農

①たがやす。田畑で作物を生産する仕事。「酪農」「農園・農家・農閑期・農業・農場・農村・農地・農民」[用例](名)―をきらう。②たがやす人。農家や農民のこと。「豪農・士農工商・篤農・老農」[用例]《接尾的》小作―。自作―。

**ノウ** 15画【▼儂】部首[人・イ] [JIS]4915
[音]ドウ・ノウ
われ。わし。わたくし。

**ノウ** 16画【濃】部首[氵] 常用 [JIS]3927
[音]ノウ・ジョウ
[訓]こい
①こい。こってりした。こまやかな。[対義]淡・薄。「濃厚・濃紺・濃縮」②美濃国のこと。「濃州・濃尾」

**ノウ** 17画【▼膿】部首[月] [JIS]3931
[音]ドウ・ノウ
うみ。うみじる。はれものなどからでる汁。うむ。「化膿」「膿汁」

**ノウ** 22画【▼囊】部首[口]
[音]ノウ

18画【▼嚢】異体字 [JIS]3925

ふくろ。ものいれ。「行嚢・砂嚢・詩嚢・図嚢・土嚢・氷嚢」

**のう**【▽能生】〈町〉新潟県西部、日本海に臨む町。旧宿場町。沿岸漁業がさかん。人口一万二六六二(一九八八)。

**のう**【▼喃】㊀[古語](感)呼びかけるときなどに使う。[用例]―、そのことばも、こなたは耳にとまるものを(謡曲・隅田川)。㊁(終助)《方言や古風な語法で》感動の意。なあ。ねえ。[用例]みごとだ―。

**ノヴァ-スコシア**【Nova Scotia】↓ノバスコシア

**のう-あみ**【能▼阿▼弥】(一三九七～一四七一)室町中期の画家・連歌師。名は真能。阿弥派の開祖。足利将軍の同朋衆。『君台観左右帳記』『蔭涼軒日録』などを編纂。水墨画にも長じ、『白衣観音図』など。

**のう-い**【▼衲衣】僧のころも。また、僧。

**のう-いっけつ**【脳▼溢血】↓のうしゅっけつ(脳出血)

**のういん**【能因】(九八八～一〇五八ごろ)平安中期の歌人。俗名は橘永愷。中古三十六歌仙の一人。藤原長能に歌を学ぶ。歌枕にあこがれ、旅と歌を愛し、多くの逸話を残す。家集『能因法師集』、私撰集『玄々集』、歌論書『能因歌枕』。

**のう-え**【▼衲▽衣】①古びた破れ布をつづり合わせた衣。②僧の着る物。③《転じて》僧。

**ノヴェール**【Noverre】↓ノベール

**のうえ-ぶし**【のうえ節】静岡県三島市の民謡。もとは、幕末に流行した俗謡。「野毛の山からのうえ」と始まり、開国当時の横浜の風俗をうたう。ノーエ節。農兵節。

**のう-えん**【能縁】《仏教語》対象となるものを認識する主観作用。[対義]所縁。

**のう-えん**【脳炎】脳実質の炎症性疾患の総称。代表的なものは、脳炎ウイルスによる日本脳炎。encephalitis

**のう-えん**【農園】おもに園芸作物を栽培する農場。plantation; farm

**のう-えん**【濃▼艶】(形動)あでやかで美しいさま。charming; enchanting

**ノヴォクズネツク**【Novokuznetsk】↓ノボクズネツク

**ノヴォシビルスク**【Novosibirsk】↓ノボシビルスク

**のう-か**【農家】①農業を主な生計とする世帯。また、その家屋。farm family; farmhouse ②古代中国の学派である諸子百家の一つ。農政中心の思想を説く。

**のう-か**【濃化】(名・サ変自他)こくなること。こくすること。thicken

**のう-かい**【納会】①その年の最後にする会。納めの会。last meeting of the year ②取引所で、月末にする立ち会い。closing session of the month [対義]発会。

**のう-かい**【農会】明治三二年(一八九九)公布の農会法にもとづき、農事改良を目的に設立された農民団体。

**のう-がき**【能書き】①薬の効き目などを書いた文。効能書。statement of virtues ②自分の長所を並べた文句。自己宣伝。self-advertisement [用例]―を並べる。

**のう-がく**【能楽】謡をうたいながら、笛・太鼓などのはやしに合わせて演ずる芸能。面をつけるものが多い。室町時代に観阿弥・世阿弥によって大成された。能。[数え方]一番。↓[図]

**のう-がく**【農学】農業の原理や方法を研究する学問。化学・生物学・地学・経済学などの原理を応用する自然科学の一分野。the science of agriculture

**のう-がく**【農楽】朝鮮半島の農村で、豊作祈願や災厄退散を目的に演じる民俗舞踊。男たちが胸につるした太鼓を打ちながら激しく跳躍・回転し、鉦打ち・笛役も加わる、勇壮な群舞。プンムル。

**のうがく-し**【能楽師】能を演ずる人。能役者。

**のうがく-どう**【能楽堂】能・狂言の専用劇場。屋根つきの能舞台と観客席を屋内に設けたもの。

**のう-かすいたい**【脳下垂体】↓かすいたい(下垂体)

**のうかすいたい-ホルモン**【脳下垂体ホルモン】脳下垂体から分泌されるホルモンで、成長ホルモン・子宮収縮ホルモン・抗利尿ホルモンなどがある。下垂体ホルモン。hypophysis hormone

●能楽 能舞台

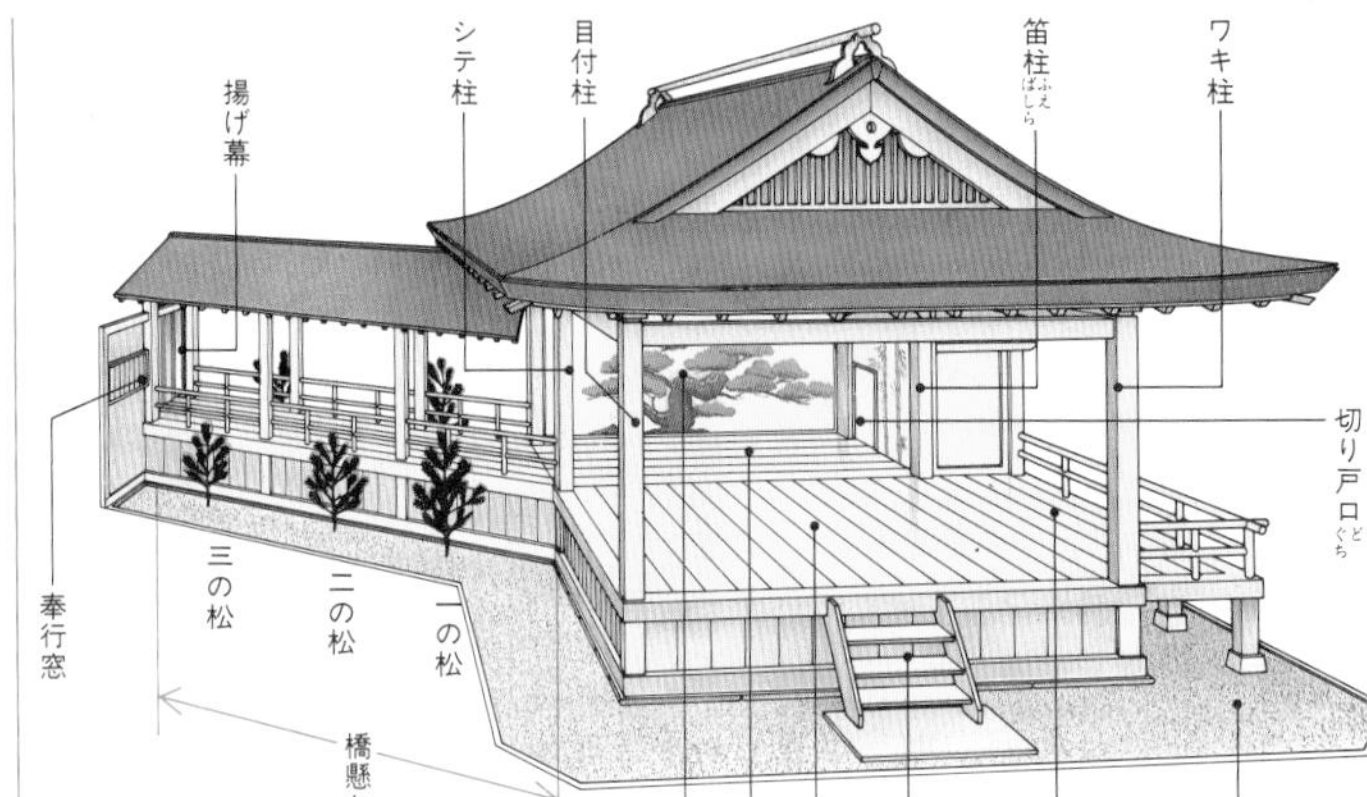

後座の囃子方 右から、笛、小鼓、大鼓、太鼓の四拍子。

地謡座 謡の地の部分を受け持つ地謡方。





↓行き先項目、図版・写真参照印。 [JIS]日本工業規格情報交換用漢字符号コード(区点コード)。

**のうがた【▽直方】**〈市〉→のおがた(直方)

**のう-かん【納棺】**(名・サ変他) 死体を棺に納めること。入棺。coffin

**のう-かん【能管】** 日本の管楽器。能楽に用いる七孔の横笛。雅楽用の竜笛に類似し、能の表現上の要求から竜笛が変化したものとされる。

**のう-かん【脳幹】** 脳から大脳半球と小脳を除いた残りの部分。間脳・中脳・橋・延髄に区分される。知覚・運動・意識・生命の保持などにとってきわめて重要である。brain stem

**のうかん-き【農閑期】** 農作業のひまな時期。farmers slack season 対義 農繁期。

**のう-き【納期】** 商品・税金などを納める時期・期日・期限。appointed day of delivery; time for payment

**のう-き【農期】** 農作業の忙しい時期。農繁期。farming season

**のう-きぐ【農機具】** 農作業に使用する機械や器具。farming machines and implements

**のう-きょう【納経】** ①《仏教語》追善供養や祈願のために経文を書き写し、諸国の霊場や寺社に納めること。また、それらの経巻。②巡礼が経文のかわりに金品を寺社に納めること。→写

● 納経① 平家納経。厳島神社(広島県)。

**のう-きょう【農協】**「農業協同組合」の略。

**のう-きょう【▼膿胸】** 胸腔内に化膿性の胸水がたまる状態。急性と慢性があり、肺炎・肺結核に合併するものが多い。pyothorax

**のう-ぎょう【農業】** 農作物の栽培や家畜の飼育により、有用な生産物を合理的・経済的に獲得する産業。agriculture

**のうぎょう-いいんかい【農業委員会】** 農業委員会法に基づいて、市町村におかれる農政担当の行政機関。農地移動の調整、農業振興計画などを行う。

**のうぎょう-きかい【農業機械】** 農作業に用いる機械。耕耘機・脱穀機・もみすり機・農薬散布機・精米機など。agricultural machine

**のうぎょう-きほんほう【農業基本法】** 日本の農業の目的と基本方針を定めた法律。他産業との生産性の格差是正および従事者の所得増大・安定化などを目的とし、農業全般のあり方を規定。昭和三六年(一九六一)公布。

**のうぎょう-きょうこう【農業恐慌】** 資本主義のもとで、農産物の過剰生産から農産物価格が大暴落し、農民が窮乏・没落する現象。agricultural crisis

**のうぎょう-きょうさいくみあい【農業共済組合】** 農業災害補償法にもとづいて設立される共済事業機関。市町村ごとに設立され、国庫補助と農家の掛け金によって運営される。agricultural mutual aid association

**のうぎょう-きょうどうくみあい【農業協同組合】** 農民の経済的な相互扶助を目的とする協同組合。技術指導、営農資金の貸与、肥料・種子・種苗・農薬などの提供を行い、農家経営に深く結びついている。農協。agricultural cooperative

**のうぎょうきょうどうくみあい-ちゅうおうかい【農業協同組合中央会】** 農業協同組合の組織・事業・経営を指導し、その利益を代表して農政活動を行う組織。全国農業協同組合中央会(全中)と各都道府県農業協同組合中央会とに分かれる。昭和二九年(一九五四)制度化。農協中央会。

**のう-きょうげん【能狂言】** ①能楽の間に行う狂言。狂言。②能と狂言。

**のうぎょう-さいがいほしょう【農業災害補償】** 農産物・家畜などが不慮の事故によって受ける損害を補うこと。

**のうぎょうさいがいほしょう-ほう【農業災害補償法】** 災害による農産物や家畜などの損害を補償する農業共済制度を定めた法規。昭和二二年(一九四七)に制定。

**のうぎょう-しけんじょう【農業試験場】** 農業技術の改良・発展のための試験・研究および普及指導を行う機関。agricultural experiment station

**のうぎょうしゃ-ねんきん【農業者年金】** 農業者年金基金法により昭和四六年(一九七一)に設けられた農業者に対する年金制度。経営移譲年金と農業者老齢年金の二本立て。

**のうぎょう-せいさんしすう【農業生産指数】** 日本の農業についての総合指数。農林水産省が第一次産業について発表している農林水産業生産指数のなかの一つ。

**のうぎょう-せいさんほうじん【農業生産法人】** 農地の所有や賃借が許される農業法人。

**のうぎょう-センサス【農業センサス】** 世界農業センサス。国連食糧農業機関(FAO)が一〇年ごとに実施する世界的な農業統計調査。日本では中間の五年ごとにも農林水産省が独自の農林業国勢調査を行っている。World Census Agriculture

**のうぎょう-ぜんしょ【農業全書】** 江戸初期の農学書。一〇巻。宮崎安貞著。元禄一〇年(一六九七)刊。明の『農政全書』をもとに、著者の体験や見聞を加え、農業全般について叙述。

**のうぎょうちょうせい-いいんかい【農業調整委員会】** 昭和二三～二六年(一九四八～五一)の間、食糧の供出・増産計画のために作られた機関。

**のうぎょう-てがた【農業手形】** 農協が米の供出代金を見返りとして、米麦生産の経営資金を融通するために振り出す手形。agricultural bill

**のうぎょう-ほうじん【農業法人】** 農業とそれに付帯する事業を営む法人。昭和三七年(一九六二)法制化。

**のうぎょう-ほけん【農業保険】** 災害による農産物などの損失を補塡する保険制度。現在は、農業災害補償がこれに代わった。agricultural insurance

**のう-きん【納金】**(名・サ変自) 金銭を納めること。また、その金銭。payment

**のう-ぐ【農具】** 手に持つか、あるいは馬・牛に引かせて用いる簡単な構造の農器具。鍬・鎌・鋤など。farming implement

**のう-げ【能化】**《仏教語。古くは「のうけ」》他をよく教化するもの。仏・菩薩。対義 所化。

**のう-げい【農芸】** ①農業に関する技術。agricultural technology ②穀物・果樹・花卉などの栽培。farming and gardening

**のうげい-かがく【農芸化学】** 農業生産および生産物の利用などを化学を利用して研究する学問。土壌学・植物栄養学・農産製造学・醸造学などで構成される。agricultural chemistry

**のうけっかん-さつえい【脳血管撮影】** 頸動脈や椎骨動脈から造影剤を注入して行うX線撮影。脳内血管の閉塞・狭窄などの異常をしらべる。cerebral angiography

**のう-けっせん【脳血栓】** 脳の動脈に生じた血栓(血液凝塊)によって血流が悪くなり、脳に障害(軟化)が起こる病気。脳卒中の一つであり、経過は緩慢で、半身麻痺・失語・半盲などがみられる。cerebral thrombosis

**のう-こう【農工】** ①農業と工業。agriculture and industry ②農夫と工員。

**のう-こう【農耕】** ①田畑をたがやすこと。農作。farming 用例 ―民族。②植物を栽培し、自ら食物を生産する生業体系。agriculture

**のう-こう【濃厚】**(形動) ①こいさま。こってりしているさま。dense ②見込みが強いさま。certain 用例 水泳の優勝が―になる。③愛情が深いさま。ardent 用例 ―な場面。

**のうこう-ぎれい【農耕儀礼】** 農耕の過程で、作物の豊穣を祈願し、または収穫を感謝する諸儀礼。しばしば生命や性に関する神秘的な力に対する信仰をともなう。とくに播種・田植え・収穫の儀礼などは重要。agricultural rites

**のうこう-しりょう【濃厚飼料】** 水分や粗繊維が少なく、たんぱく質・脂肪・炭水化物など栄養分に富む飼料。穀類・ぬか・油粕など。concentrated feed

**のう-こうそく【脳▼梗▼塞】** 脳血栓症・脳塞栓症などで脳動脈の血流が遮断され、その血管の流域下の脳組織が死滅すること。脳軟化症。cerebral infarction

**のうこう-ぶんか【農耕文化】** 農耕を基盤として発生した文化。農耕は、中石器時代末から新石器時代初めに発生、温帯・熱帯地方に広く分布。地域的に麦・稲・玉蜀黍・芋栽培の四文化類型に分けられる。安定した生活の上に生産・製作技術が発達、都市や国家の形成をもたらす。agricultural civilization

**のう-こつ【納骨】**(名・サ変自他) 遺骨を墓・堂に納めること。deposit the ashes

**のう-こん【濃紺】** 濃く深い紺色。dark blue

**のう-さい【納▼采】** 嫁入り婚において、婚約が整ったしるしに酒肴・衣類・金銭などをとり交わす儀礼。ふつう、婿方から仲人の手によって嫁方に届けられる。現在は皇室の結納をいう。結納。

**のう-さい【能才】** 物事を行うのに十分な才能。それのある人。ability

**の-うさぎ【野▼兎】** ①ウサギ科ノウサギ属の動物の総称。多くは開けた草地にすむ。体長四〇～六〇cm。イエウサギに比べ耳介が短く、後脚は長い。多雪地帯のものは、冬に耳介先端の黒色部を除き全身白色になる。ノウサギ・ユキウサギなど。hare ②野生のウサギの総称。→写

● ノウサギ① 冬(上)と夏(下)。

**のう-さぎょう【農作業】** 田畑などで作物をつくる仕事。のら仕事。farming

**のうさく-ぶつ【農作物】** 田畑で生産される穀類や野菜などの総称。crops 比較 農産物。

**のう-ざしょう【脳▼挫傷】** 外力を受けて脳に損傷を生じた状態。一般には、肉眼でわかるような出血挫滅創を生じている場合をいう。cerebral contusion

**のう-さつ【悩殺】**(名・サ変他) 大いになやますこと。とくに、女性が性的魅力で男性の心を乱すこと。fascinate

**のう-さつ【納札】** 神社に参詣したしるしに姓名などを記した札を納めること。また、その札。おさめふだ。千社札。

**のうさん-ぶつ【農産物】** ひろく農業によって生産されるもの。酪農・果樹園芸などの生産物。agricultural products 比較 農作物。

**のうし【▽直▽衣】** 平安時代以来の公家の装束の一つ。束帯が公服であるのに対し、これは私服。→図

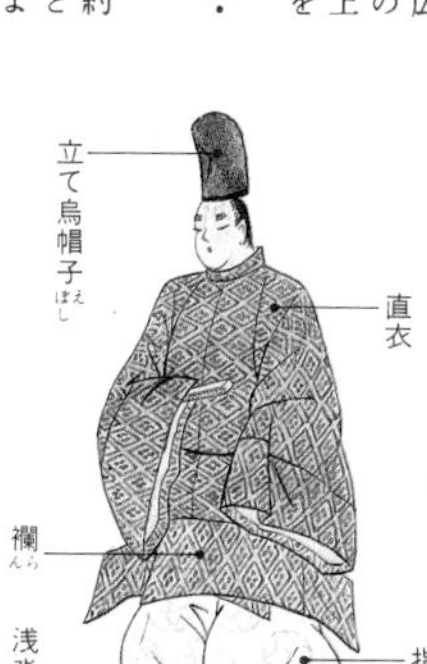


● 直衣 鎌倉時代の直衣

**のう-し【脳死】** 日本脳波学会により「大脳半球のみならず、脳幹を含む脳機能の回復不可能な喪失」と定義されている、死の状態。脳死判定基準も発表されたが、脳死をもって人間の死とするか否か、臓器移植との関連で大きな関心をよんでいる。brain death

**のう-じ【能事】** しなければならないこと。

**能事終われり** できるだけのことはした。

**のう-じ【農事】** 農業に関する事柄。農業の仕事。agricultural affairs

**のうし-きん【▼嚢子菌】** →しのうきんるい(子嚢菌類)

**のうじ-しけんじょう【農事試験場】** 農業技術の試験的研究を行う国立の機関。農業技術研究所の前身。agricultural experimental station

**のう-しつ【脳室】** 脳脊髄の内部にある髄液の入っている室。側脳室・第三脳室・第四脳室があり、互いにつながっている。cerebral ventricle

▼常用漢字表外。 ▽常用漢字表の音訓外。

**のう-しゃ【納車】**(名・サ変自他) 購入先に自動車などを納めること。delivery of a car

**のう-しゃ【農舎】** 作物の処理をする小屋。cottage

**のう-しゅ【▼嚢▼腫】** 肉眼的に嚢状をなしている腫瘍の総称。中にたまっている液体の性状により漿液性・膠質性・偽粘液性に区別される。卵巣に多い。cystoma

**のう-じゅ【納受】**(名・サ変他) ①受けて納めること。受納。acceptance ②神仏が人の願いを聞き入れること。

**のう-しゅう【能州】** 能登国の。

**のう-しゅう【濃州】** 美濃国の。

**のう-じゅう【▼膿汁】** うみ。うみじる。pus

**のう-じゅうけつ【脳充血】** 脳の血管に血がひどく増えて起こる病気。頭痛・耳鳴りがする。cerebral hyperemia

**のうじゅう-とし【農住都市】** 農業と住宅地が共存できるように構想された都市。

**のう-しゅく【濃縮】**(名・サ変他) 煮つめるなどして、濃くすること。concentrate 用例 ―ジュース。

**のうしゅく-ウラン【濃縮ウラン】** 天然ウラン中のウラン二三五の濃度を人為的に高めたウラン。気体拡散法や遠心分離法などを利用。原子核燃料用。enriched uranium 参照 天然ウラン。

**のう-しゅっけつ【脳出血】** 脳の中の血管が破れて出血が起こること。高血圧が重要な要因。脳溢血。cerebral hemorrhage

**のう-しゅよう【脳▼腫▼瘍】** 頭蓋の中に発生する腫瘍の総称。主症状は頭痛・吐き気・嘔吐・視力障害など。cerebral tumor

**のう-しょ【能所】**《仏教語》働く主体と、その働きを受ける客体。

**のう-しょ【能書】** 文字を上手に書くこと・人。能筆。達筆。のうじょ。skillful penmanship 対義 悪筆。

**能書、筆を択ばず**(のうしょ、ふでをえらばず) じょうずな文字を書く人は、筆のよしあしを問題にすることはしない。何でも、へたな人は、すぐに道具のせいにするものだ。類似 弘法、筆を択ばず。

**のう-しょ【農書】** 農作物の栽培技術や経営方法を内容とする書。農学書。agricultural book

**のう-しょう【脳症】** 重病や高熱で脳がおかされ、意識に障害をきたす病状。brain fever

**のう-しょう【脳▼漿】** ①脳の周囲や脳室内などを満たしている脳脊髄液。栄養を供給し、外部からの衝撃をやわらげている。cerebrospinal fluid ②考え。知能。idea; mental capacity 用例 ―をしぼる。

**のう-しょう【農相】** ①農林水産大臣の通称。農水相。②かつての農林大臣、また、その前身の農商務大臣の通称。

**のう-じょう【農場】** 農業の経営に必要な土地・建物・機械・器具を備え、農作業に従事する人々が生活する場所。farm

**のうしょうぞく【能装束】** 能で演者が身につける冠・▼鬘・着物・足袋の全部。面は除く。華麗で豪奢な着物が多く、そのほとんどが江戸期以前のもの。能衣装。

**のう-しんけい【脳神経】** 脊椎動物の脳から出る末梢神経。哺乳類では、知覚性・運動性・自律性などさまざまな機能をもった、嗅神経・視神経・動眼神経・滑車神経・三叉神経・外転神経・顔面神経・内耳神経・舌咽神経・迷走神経・副神経・舌下神経の一二対の神経からなる。また、これらを上から順に第一脳神経から第一二脳神経などとも呼称する。cranial nerves

**のうしんけい-げか【脳神経外科】** 外科の一分野。脳・脊髄および末梢神経の病気を手術的治療でなおそうとする学問。neurosurgery

**のう-しんとう【脳振▼盪】** 頭部の打撲などにより一時的に意識がなくなる軽い脳障害。脳の器質的障害もなく、多くは短時間で意識が回復して後遺症もないが、まれに意識喪失のまま死亡する例がある。cerebral concussion

**のう-ずい【脳髄】** 脊椎動物の脳。brain

**のう-すいしゅ【脳水▼腫】** ↓すいとうしょう(水頭症)

**のうすい-しょう【農水相】** 農林水産大臣の通称。

**のうすい-しょう【農水省】**「農林水産省」の略。

**のう-スキャン【脳スキャン】** 放射性同位体(ラジオアイソトープ)が腫瘍組織に集積する性質を利用して静脈内に注入し、シンチスキャニングで脳内の腫瘍や各種病変を知る方法。brain scan

**のう-せい【脳性】** 脳に関係のあること。cerebral 用例 ―麻痺。

**のう-せい【農政】** 農業についての政策や行政。agricultural administration

**のう-ぜい【納税】**(名・サ変自) 租税を納付すること。tax payment 対義 徴税。

**のうぜい-かんりにん【納税管理人】** 納税義務者が国内の納税地に現住していない場合、その人に代わって納税に関する事がらを処理させるための代理人。tax manager

**のうぜい-くみあい【納税組合】** 一定地域や職種の個人・法人が納税義務を完全に履行するために結成する団体。taxpayers' union

**のうぜい-こくち【納税告知】** 法定納期限までに未納の国税について、納税の金額・期限・場所などを指定して納付を請求すること。地方税については納入告知または納付告知という。notification for tax payment

**のうせい-しょうにまひ【脳性小児麻▼痺】** ↓のうせいまひ(脳性麻痺)

**のうぜい-しんこく【納税申告】** 納税者みずからが税務官庁に、税額計算の基礎となる金額と、それに課せられる税額の申告を行うこと。income tax return

**のうせい-ぜんしょ【農政全書】** 中国明代の農書。徐光啓著。全六〇巻。一六三九年刊。中国三大農書の一つ。

**のうぜいちょちく-くみあい【納税貯蓄組合】** 税金として納める資金を貯蓄するために個人・法人が自主的につくる組合。tax savings association

**のうぜい-の-ぎむ【納税の義務】** 個人・法人が、国や地方公共団体に租税を納付する義務。obligation to pay taxes

**のうせい-まひ【脳性麻▼痺】** 受胎から出生時までに脳の障害が原因で起こった運動機能の障害。発生頻度は一〇〇〇人に二人ぐらい。約五〇%は知能・言語・眼の障害をともなう。脳性小児麻痺。cerebral palsy

**のうせきずい-えき【脳▼脊髄液】** ↓ずいえき(髄液)

**のうせきずいまく-えん【脳▼脊髄膜炎】** 細菌・ウイルスの感染によって脳・脊髄を覆う膜が炎症を起こす病気。発熱・うわごと・意識障害などがあり、死亡率が高い。cerebrospinal meningitis

**のうぜん-かずら【▼凌▼霄花・▼紫▼葳】** ノウゼンカズラ科のつる性の落葉樹。長さ約六m。茎に吸着根があって、他のものをよじのぼる。羽状複葉。夏に黄赤色で漏斗状の花を開く。中国原産。↓写

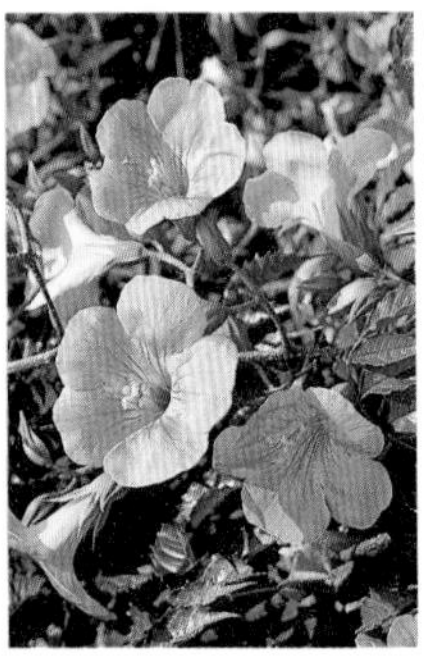

●ノウゼンカズラ

**のうぜん-はれん【▼凌▼霄葉▼蓮】** キンレンカの別名。

**のう-そ【▼曩祖】** 先祖。祖先。

**のう-そう【能相】** 動詞の受け身でない形。能動態。対義 所相。

**のう-そくせん【脳▼塞栓】** 血液の凝固した破片などが脳動脈をふさぎ、脳組織に障害をきたす病気。cerebral embolism

**のう-そっちゅう【脳卒中】** 脳の循環障害によって、急激に精神・神経症状が出現する状態。脳出血・脳血栓症・脳塞栓症・クモ膜下出血などが原因。卒中。cerebral apoplexy

**のう-そん【農村】** 農林業を営む人と、その世帯が中心の地域社会。farm village 比較 山村・漁村。

**のうそん-きょうこう【農村恐慌】** 昭和五～一〇年(一九三〇～三五)ごろ、全国的規模で起こった農業恐慌。生糸の下落とともに農産品が暴落、農村は疲弊し、身売り・親子心中・夜逃げなどがあいついだ。

**のうそん-こうぎょう【農村工業】** ①農村地域で、農民が農業のかたわら営む小規模で副業的な工業。織物・醸造・製紙などに従事することが多い。rural industry ②農村で農産物を加工する工業。rural industry

**のうそん-しゃかいがく【農村社会学】** 農村社会や農村生活を対象とする社会学の一分野。実態調査・農民意識調査などにもとづく実証的な分析を重視する。rural sociology

**のう-たん【濃淡】** ①濃い色と、薄い色。light and shade 用例 ―をつける。②こってりした感じと、あっさりした感じ。thick and thin

**のう-ち【農地】** 耕作を目的とする土地。農地法で、権利設定・移転などの制限を受け、賃借権が保護されている。farmland 比較 耕地。対義 宅地。

**のうち-いいんかい【農地委員会】** 昭和一三年(一九三八)農地調整法によって都道府県および市町村単位に設置された委員会。第二次大戦後、改組されて農地改革を推進し、昭和二六年(一九五一)農業委員会に統合された。

**のうち-かいかく【農地改革】** 農業用地の所有・利用関係を変える諸政策。ふつうは第二次大戦後、占領軍のもとに民主改革の一つとして行われたものをさす。政府が小作地を強制的に買収して小作農に売り渡すことで自作農を大量につくりだし、寄生地主制を解体した。農地解放。farmland reform

**のうち-ほう【農地法】** 日本の農地の諸制度を基本的に定めた法律。自作農をめざし、農地の取得ならびにその権利の保護、さらには、農地の利用調整などを内容とする。昭和二七年(一九五二)制定。

**のう-ちゅう【▼嚢中】** ①ふくろの中。②財布の中。懐中。

**嚢中の錐**(のうちゅうのきり) 《「錐の嚢中に処るが如し」の略》才能のある人は、やがて必ず世に認められるということのたとえ。錐、嚢中に処る。

**のう-て【農手】**「農業手形」の略。

**のう-てん【脳天】** 頭のてっぺん。crown of the head

**脳天から声を出す**(のうてんからこえをだす) かん高い声を出す。speak in a high-pitched voice

**のう-ど【農奴】** ヨーロッパ封建社会において、領主の強制的支配下におかれた農民。土地に束縛され、賦役・貢租の義務を負った。人格を認められた点で奴隷と異なるが、転住・転業などは禁止された。serf

**のう-ど【濃度】** ①溶液・混合ガス・固溶体など二つ以上の成分からなる相の中に含まれる成分の割合を示す量。重量比・容量比・モル分率・規定度などで表す。concentration ②色の深さ。depth of color ③集合論における基本的な概念の一つ。集合の要素の数を表す。集合Aと集合Bが一対一の対応をするとき、AとBは濃度が等しいという。基数。カージナル数。power

**のう-どう【能動】** 他に働きかけること。進んで事をすること。activity 比較 主動。対義 受動。

**のう-どう【農道】** 農作業のために使う道。path between fields

**のうどう-たい【能動態】** 文法で、行為をする側を主語に立てたとき、述語がとる表現形式。「字を書く」の「書く」など。active voice 対義 受動態。

**のうどう-てき【能動的】**(形動) 自分から他に働きかけるさま。積極的。active 対義 受動的。

**のうどうみゃくこうかせい-せいしんびょう【脳動脈硬化性精神病】** 脳動脈の硬化による脳組織の崩壊から起こる神経・精神症状。おもな症状は痴呆・うつ状態など。cerebral arteriosclerotic psychosis

**のうどう-ゆそう【能動輸送】** 細胞膜が物質の濃度の勾配や拡散に逆らって物質を取り入れたり排出したりする作用。エネルギー源にATPが使われる。active transport

**のうど-かいほう【農奴解放】** 農民の農奴的身分からの解放。封建社会から近代社会への転換期に行われた。とくに一九世紀初頭のプロイセン、一八六一年のロシアの農奴解放令が有名であるが、いずれも不徹底で、完全な解放には至らなかった。emancipation of serfs

**のうど-けい【濃度計】** 気体または液体の成分の組成を測定する計器の総称。比重・密度などの物理的特性を利用するものが多い。成分分析計。densitometer

**のうとこよみ【農と暦】**《原題 Erga kai Hemerai(ギリシア)》ヘシオドス作の教訓叙事詩。紀元前八世紀ごろの作。労働と正義を社会の基礎とするきびしい道徳律や格言、農耕上の暦などが内容。『仕事と日々』などの訳題もある。

**のうとみ-じゅどう【納富寿童】**(一八九五～一九七六) 琴古流尺八奏者。童窓会を結成し主軸となって活躍。重要無形文化財保持者。

**のう-なし【能無し】** ①役に立たないこと・人。good-for-nothing ②技能をもたないこと・人。incompetence

●能面

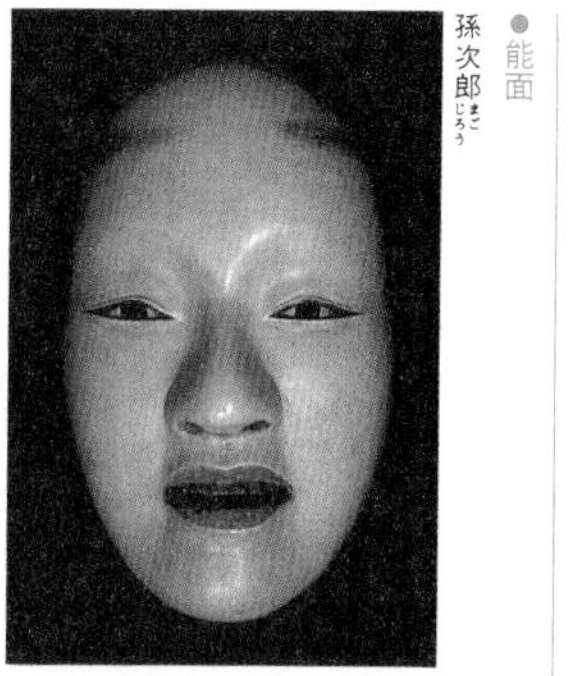
孫次郎

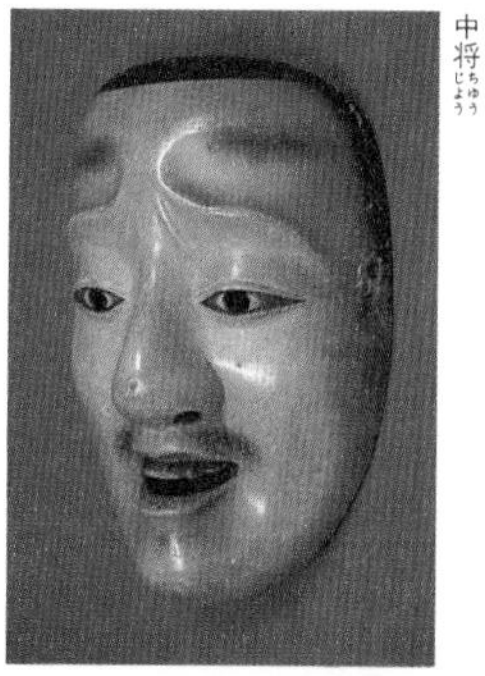
中将

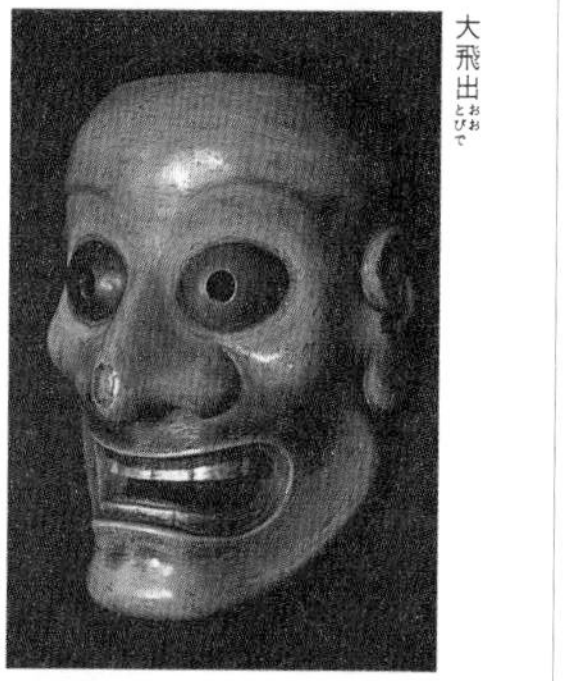
大飛出

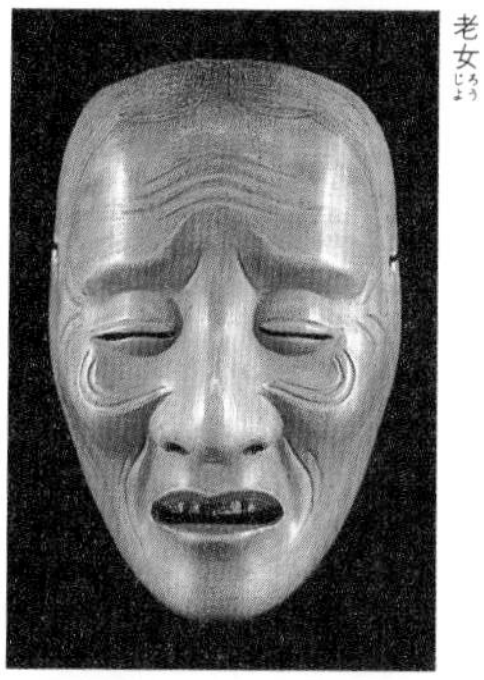
老女

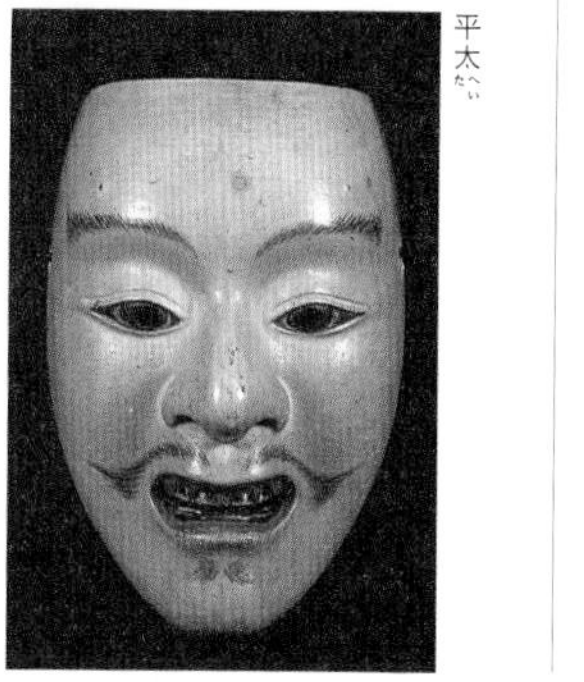
平太

癋見

**のうなんか-しょう【脳軟化症】** ↓のうこうそく(脳梗塞)

**のう-にゅう【納入】**(名・サ変他) 金や品物を納めること。payment

**のう-のう**(副) ゆったりしているさま。心配がなく、のんきなさま。のびのび。のんびり。carefree 用例 休日を――とすごす。

**のう-は【脳波】** 大脳内に発生する脳電流。また、その電位変動を、頭皮上に取り付けた電極によって取りだし独特の波形で記録したもの。とくに、てんかん・脳腫瘍・脳出血などの診断に有用。脳電図。electroencephalogram

**のう-はい【納杯・納▼盃】** ①宴会の納めのさかずき。②酒宴の終わり。

**のう-はい【▼嚢▼胚】** 後生動物の胚発生において胞胚のつぎの時期の胚。内外二層の壁をもち袋状の原腸という新しいくぼみができる。原腸胚。gastrula

**のう-ばいどく【脳梅毒】** 梅毒の第三期(ときには第二期)に髄膜・脳動脈・脳神経などが冒されることによって現れる精神神経障害の総称。麻痺性痴呆が典型例。cerebral syphilis

**ノウ-ハウ【know-how】** 物事のやり方や手順などについての専門知識や専門技術、こつ。ノーハウ。用例 ――を仕入れる。

**のうは-けい【脳波計】** 脳の活動電位を記録紙の上に波形として描き出す装置。電極を頭皮上におき、脳の活動を電気信号として増幅し記録する。electroencephalograph

**のうは-ぶんせきそうち【脳波分析装置】** 脳波を数学的に解析する電子装置。ふつう、脳波計に接続して用いる。脳波の波形を解析して、簡単な診断なども行う。brain wave tester

**のうはん-き【農繁期】** 田植え・稲刈りなど、農作業に忙しい時期。busy farming season 対義 農閑期。

**のう-ひ【能否】** できるか、できないか。

**のう-び【濃尾】** 濃州と尾州。

**のうび-じしん【濃尾地震】** 明治二四年(一八九一)一〇月二八日、濃尾地方(愛知・岐阜両県)に起こった大地震。死者七二〇〇人余、全壊家屋約八万戸。

**のうひ-しょう【▼膿皮症】** ブドウ球菌・連鎖球菌などの化膿球菌が皮膚に感染して、化膿性の変化を起こす病気の総称。癤・癰・汗腺炎・丹毒・とびひなど。pyoderma

**のう-ひつ【能筆】** 文字をじょうずに書くこと。また、その人。能書。skillful penmanship

**のうび-へいや【濃尾平野】** 岐阜県南西部・愛知県西部・三重県北東端に広がる平野。おもに木曽・長良・揖斐三川の堆積物で成立。農・工業地帯。

**のう-びょう【脳病】** 脳がおかされる病気の総称。brain disease

**のう-ひん【納品】**(名・サ変自他) 注文を受けた品物を納めること。また、その品物。delivery of goods

**のう-ひんけつ【脳貧血】** ショックなどで脳の動脈血流が急激に減少することによって生ずる症状。あくび、めまい感、目がかすむなど。頭を低くして安静にすれば自然に回復する。cerebral anemia

**のう-ふ【納付】**(名・サ変他) 国や役所などに金品を納め渡すこと。delivery

**のう-ふ【農夫】**《卑語》①農業に従事する男。plowman 対義 農婦。②農事に雇われる労働者。farm worker

**のう-ふ【農婦】**《卑語》農業に従事する婦人。「対義 農夫。

**のうふ-きん【納付金】** 国家的企業や国策的機関などの利益金の一部を政府に納付させる制度。また、その金銭。日銀納付金・日本中央競馬会納付金など。contribution

**のう-ふしゅ【脳浮▼腫】** 頭部外傷・脳腫瘍などにより、脳の防御機構である血液脳関門が破壊され、細胞内液が増して脳全体がはれる危険な状態。cerebral edema

**のうふ-しょう【農夫症】** 農作業を長年つづけていることが原因で起こる疲労症候群の一つ。主症状は肩こり、腰痛、手足のしびれ、めまいなどで、わが国の農業形態や農家の生活様式が原因と考えられている。peasant syndrome

**のう-ぶたい【能舞台】** 能楽を演ずる舞台。

**のう-ぶん【能文】**(名・形動) 文章がうまいこと・さま・人。比較 達文・名文。

**のう-へい【農兵】** ①平時は農耕をし、戦時に兵士になった人。②江戸末期、兵力不足を補うため、幕府・諸藩が農民より徴募して組織した兵隊。

**のう-べん【能弁・能▼辯】**(名・形動) 話し方のうまいこと・さま・人。eloquence 比較 雄弁。対義 訥弁。

**のう-ほう【農法】** 農作の方法・技術。method of farming

**のう-ほうしん【▼膿▼疱▼疹】** 急性の皮膚病。とびひ。pustular eruption

**のう-ほん【納本】**(名・サ変他) ①できあがった書物を納入すること。delivery of books ②新刊の書物を、発売前に官庁などに納めること。presentation of specimen copy

**のうほん-しゅぎ【農本主義】** 農業を国の経済の基礎とし、農民を民族の根幹であるとする思想。

**の-うま【野馬】** ①放し飼いにしてある馬。②野生の馬。wild horse

**のう-まく【脳膜】** 頭骨の内側にあって、脳を包む膜。髄膜。meninx

**のうまく-えん【脳膜炎】** ↓ずいまくえん(髄膜炎)

**のうみ【能▽美】**〈町〉 広島県南西部、能美島中部の町。草花・野菜栽培、カキの養殖などがさかん。人口七二五七(一九八八)。

**のうみ-じま【能▽美島】** 広島市の沖合いにある島。面積六一km²。地峡により東・西能美島に分かれ、江田島とも陸つづき。草花・ミカン栽培、カキ・真珠養殖などを行う。

**のう-みそ【脳味▼噌】**《俗語》脳。転じて、知力。

**脳味噌が足りない**(のうみそがたりない) 知恵が足りない。また、考えが浅い。愚かである。頭の働きがにぶいことにいう。dull-witted

**脳味噌を絞る**(のうみそをしぼる) あらんかぎりの知恵を出す。いっしょうけんめいに考える。rack one's brains

**のう-みつ【濃密】**(形動) 濃くて、こまやかなさま。濃厚。thick 対義 希薄。

**のうみつ-うん【濃密雲】** 雲の濃さがとくに濃い巻雲や高層雲などのこと。spissatus

**のう-みん【農民】** 農畜産物の生産を職業とする人。百姓。farmer 比較 漁民。

**のうみん-いっき【農民一▼揆】** 封建社会における農民の反領主運動。フス戦争やドイツ農民戦争、日本の土一揆・百姓一揆など。

**のうみん-うんどう【農民運動】** 農民が中心となって行う政治・社会運動。peasant movement

**のうみん-くみあい【農民組合】** 農民が自らの生活向上のために組織する農民運動の組織。peasant union

**のうみん-し【農民詩】** 農民の立場で農村をうたう詩。日本では農民文学やプロレタリア文学の一環として展開した。

**のうみん-せんそう【農民戦争】** 封建制崩壊過程において起きた大規模な農民反乱。とくに一五二四～二五年のドイツ農民戦争は有名。the Peasant's War

**のうみん-ぶんがく【農民文学】** 広義には農民を描いた文学、狭義には農民の立場に立って農村の諸問題を発展的にとらえた文学。長塚節『土』、小林多喜二『防雪林』、島木健作『生活の探求』、山代巴『荷車の歌』など。

**のう-む【農務】** ①農業の仕事。農事。farming ②農業に関係した事務・政務。agricultural administration

**のう-む【濃霧】** 濃くたちこめた霧。thick fog

**のう-めん【能面】** 能に用いる仮面。神・男・女・狂・鬼などに大別される。一つの面で喜怒哀楽のいずれにも応じるように工夫された中間的表情などが特色。おもて。↓写

**能面の様な顔**(のうめんのようなかお) 整っているが、無表情な顔。

**のうめん-うち【能面打(ち)】** 能面の製作者。

**のう-やく【農薬】** 農業で使われる薬剤の総称。農作物を害する細菌・ウイルス・昆虫・ネズミ・雑草などの防除に用いられる薬剤のほか、発芽剤・生長剤など。agricultural chemicals

**のう-やくしゃ【能役者】** 能楽を演じる役者。多くシテ方・ワキ方のほか、狂言方・囃子方もふくめる。能楽師。

**のう-よう【▼膿▼瘍】** 身体内部の限られたところに生じる化膿性炎症。うみが結合組織の被膜に包まれて組織内にたまる。abscess

**のう-らん【悩乱】**(名・サ変自) 心が乱れるほど悩むこと。worry

**のうらん-せいとく【納▼蘭性徳】**(一六五五～八五) 中国、清初の詞人。満州貴族の出身。独特の物悲しさを漂わせる。詞集『飲水詞』など。

**のう-り【能吏】** よく事務に通じた役人。有能な役人。able official

**のう-り【脳裏・脳▼裡】** 頭の中。心の中。one's mind

**脳裏に焼き付く**(のうりにやきつく) 見聞したことが、強い印象となって残る。また、いつまでも記憶にとどまる。be branded in one's memory

**のう-りつ【能率】** 一定時間にできあがる仕事の割合。仕事のはかどり方。efficiency

**のうりつ-か【能率化】**(名・サ変他) 能率を高めること。promotion of efficiency

**のうりつ-きゅう【能率給】** 作業能率に応じて賃金を支払う賃金形態。出来高を基礎にした出来高方式と、作業時間の短縮度を尺度とする時間割り増し方式とに大別される。業績給。efficiency wages 比較 能力給・固定給。

▼ 常用漢字表外。 ▽ 常用漢字表の音訓外。

●ノウルシ

**のうりつ-てき【能率的】**(形動) 能率のよいさま。efficient

**のうりゅうさん【濃硫酸】** 濃い硫酸。一般に濃度九〇%以上のものをさす。市販品は濃度九六%のものが多い。粘性と密度(約一・八三g/cm³)の大きい無色の液体。水と混ぜると多量の熱を発生する。熱濃硫酸は酸化力がある。有機合成・油脂精製・乾燥剤などに広く使われる。concentrated sulfuric acid

**のうりょう【納涼】** 夏の暑さを避けて涼をとること。古くは上流社会の習慣。江戸時代からは庶民も川開きの涼み船や花火見物など行うようになった。

**のうりょく【能力】** ①物事をなしうる力・働き。ability ②法律で個人としてあることを行使できる資格。legal capacity 用例 運動—。—がある。

用例 無—者。犯罪—。

**のうりょく-きゅう【能力給】** 個人の仕事に対する能力に応じて支払われる賃金形態。経験・学歴・技能・年齢などが決定の基準となる。pay according to ability 比較 能率給。対義 仕事給。

**のうりょく-しょうがい【能力障害】** 身心の機能の異常の結果、正常時の働きが低下した状態。disability 参照 機能障害。

**のう-りん【農林】** 農業と林業。agriculture and forestry

**のうりんぎょぎょう-きんゆうこうこ【農林漁業金融公庫】** 農林漁業金融公庫法に基づき、昭和二八年(一九五三)に設立された政府関係金融機関。

**のうりんすいさん-しょう【農林水産省】** 農林・畜産および水産業に関する国の行政事務を主管する中央行政機関。大正一四年(一九二五)に農商務省から分離した農林省が、昭和五三年(一九七八)に改称。農林水産大臣を長とし、外局として食糧庁・林野庁・水産庁がある。農水省。Ministry of Agriculture, Forestry and Fisheries

**のうりんすいさん-だいじん【農林水産大臣】** 国務大臣の一人。農林水産省の長。農水相。Minister of Agriculture, Forestry and Fisheries

**のうりん-だいじん【農林大臣】** ①農林水産省の前身である農林省の長。農相。②「農林水産大臣」の略。

**のうりん-ちゅうおうきんこ【農林中央金庫】** 農林水産業者のための協同組合系統の金融機関。農林中金。

**のうりん-ばんごう【農林番号】** 農林水産省の農業試験研究機関や、国の助成金を受けている都道府県の機関が育成した作物の品種につけられる、農林水産省の登録番号。

**の-うるし【野漆】** 湿原にはえるトウダイグサ科の有毒性多年草。高さ約四〇cm。茎に乳液を含む。葉は長楕円形。春、黄色の包葉の上に小花をつける。↓写

**のう-れん【暖簾】** のれん。

**暖簾を掛く** 破産する。身上がつぶれる。身代限りになる。のれんを掛ける。go bankrupt

**ノエシス【Noesis ドイ】** フッサールの現象学の重要概念で、意識のもつ作用と対象の二側面のうちの作用面。知覚・感情・想像・判断など。対義 ノエマ。

**ノエマ【Noema ドイ】** フッサールの現象学の重要概念で、意識のもつ作用と対象の二側面のうちの対象面。作用によって思念された観念的な存在。対義 ノエシス。

**ノエル【Noël フランス】** クリスマス。降誕祭。

**ノー【no】**《否定する意志を表す語》いいえ。いな。ないこと。対義 イエス。

**ノーエ-ぶし【ノーエ節】** ↓のうえぶし(のうえ節)

**ノーカーボン-し【ノーカーボン紙】** 感圧紙の一種。色素をマイクロカプセル化して塗布してあり、筆圧でカプセルが破壊されて、その部分に色があらわれる。non-carbon paper

**ノー-カウント**《和製語》スポーツ競技などで、カウントとして数えないこと。また、まだ数えはじめていないこと。no score

**のおがた【直方】**〈市〉福岡県、遠賀川流域の市。旧城下町。炭鉱町で栄えたが、閉山後は工業都市に転換。人口六万四九四一(一九八八)。

**のおがた-へいや【直方平野】** 福岡県北部、遠賀川中・下流が貫流している平野。かつて炭鉱地帯で栄えた。

**ノークラッチ-しゃ【ノークラッチ車】** 自動変速装置を装備しているため、クラッチペダルのついていない自動車。オートマチック車の旧称。ノークラ。automatic car

**ノー-ゲーム**《和製語》野球で、試合が無効になること。無効試合。

**ノー-コメント【no comment】** 返答をしないこと。説明無用。

**ノー-コン**《no control の略》野球で、投手に制球力がないこと。

**ノー-サイド【no side】**《敵味方なし、の意》ラグビーで試合終了のこと。

**ノーザン-テリトリー【Northern Territory】** オーストラリア中北部の連邦政府直轄地域。中心都市ダーウィン。ウラン・マンガンなどの鉱産資源に富む。人口一三・七万(一九八三)。

**ノーサンバーランド【Northumberland】** イギリス、イングランド最北部の県。山がちで牧羊がさかん。炭田があり、鉱工業が発達。人口三〇・一万(一九八五)。

**ノーサンプトン【Northampton】** イギリス南部、ニーン川に沿う工業都市。同名県の県都。人口一六・四万(一九八三)。

**ノースウエスト-こうくう【ノースウエスト航空】**(Northwest Airlines, Inc.) アメリカの航空会社。一九二六年設立。NWA。

**ノースウエスト-テリトリーズ【Northwest Territories】** カナダ最北部の準州。州都イエローナイフ。狩猟・漁業が主産業。住民の七五%がインディアンとエスキモー。人口四・五万(一九八一)。ノースウエスト。

**ノース-カロライナ【North Carolina】** アメリカ南東部、大西洋岸の州。州都ローリー。独立当時の一三州の一つ。繊維工業・タバコ栽培が主産業。人口五八七・四万(一九八〇)。

**ノーズ-クリップ【nose clip】** シンクロナイズドスイミングで、競技中に鼻をはさんでおくクリップ。鼻から水を吸いこまないための必需品。

**ノースクリフ【Alfred Harmsworth Northcliffe】**(一八六五―一九二二) イギリスの新聞経営者。大衆日刊紙『デーリーメール』の創刊によって成功し、イギリス新聞界に君臨した。

**ノース-ダコタ【North Dakota】** アメリカ中北部の農業州。州都ビスマーク。ドイツ系移民が多い。人口六五・三万(一九八〇)。

**ノー-スモーキング【no smoking】** 禁煙。

**ノー-スリーブ**《和製語》袖がついていない洋服のこと。袖無し衣服の総称。スリーブレス。sleeveless

**ノースロップ【John Howard Northrop】**(一八九一―一九八七) アメリカの生物化学者。トリプシン・ペプシンなどたんぱく質分解酵素の結晶化に成功し、これらの酵素の性質を明らかにした。一九四六年ノーベル化学賞受賞。

**ノーソフ【Nikolay Nikolayevich Nosov】**(一九〇八―七六) ソ連の児童文学者。ユーモラスな作風。作品『面白い話』など。

**ノー-ダウン**《和製語》野球で、イニング中に、まだアウトが一つも記録されていない状況。無死。ノーアウト。no outs

**ノー-タッチ**《和製語》(形動) ①さわらないこと。②仕事などに関係しないこと。

**ノータム【NOTAM】**《notice to airmen の略》航空情報。安全運航のために乗務員に対して出される、空港・運航業務・軍事演習などの情報。

**ノーチラス【nautilus】** ①オウムガイ。②《Nautilus で》アメリカの攻撃型原子力潜水艦。一九五四年史上初の原子力推進に成功、五八年北極点を潜航横断した。八〇年退役。

**ノート【note】** 一(名・サ変他) 書きとめること。筆記すること。用例 —をとる。—する。二(名) ①「ノートブック」の略。用例 —に書き写す。大学—。②注釈。③音楽で、音符・音調。用例 ハイ—。

**ノートブック【notebook】** 雑記帳。筆記帳。

**ノートルダム-がくは【ノートルダム楽派】** 一二〜一三世紀、パリのノートルダム聖堂を中心にして、初期多声音楽を隆盛させた楽派。代表的作曲家にレオナン・ペロタンなど。Notre Dame school

**ノートルダム-じいん【ノートルダム寺院】**(Notre-Dame フランス)《「ノートルダム」は、われらの姫君、の意で、聖母マリアをさす》一二世紀に聖母マリアのために献堂された、フランス各地のカトリック司教座聖堂。とくに、パリのノートルダム寺院が有名。

**ノートルダムドパリ【Notre-Dame de Paris フランス】** ユゴーの歴史小説。一八三一年刊。ジプシーの娘、せむし男、司教補佐らがおりなす物語。

**ノーノ【Luigi Nono】**(一九二四― ) イタリアの作曲家。セリー音楽の代表的作曲家の一人。作品『中断された歌』など。

**ノー-ハウ【know-how】** ↓ノウハウ

**ノー-ヒット-ノーラン**《和製語》野球で、相手チームに一安打も与えず、無失点に抑えて勝つこと。無安打・無得点試合。no hitter

**ノーフォーク【Norfolk】** アメリカ中北部、バージニア州南東岸の、チェサピーク湾に臨む港湾都市。アメリカ最大の海軍基地がある。人口二六・七万(一九八〇)。

**ノーフォーク【Norfolk】** イギリスの南東部、北海沿岸の県。県都ノリッジ。輪作・機械化などをとりいれたノーフォーク農法の発祥の地。人口七一・九万(一九八五)。

**ノーフォーク-ジャケット【Norfolk jacket】** 元来は、狩猟などのスポーツ用上着。背と胸の部分にある箱ひだをウエストベルトで押さえたジャケット。ツイード地などで作られ、男女とも着用。

**ノーブランド-しょうひん【ノーブランド商品】** ブランド名をつけず、内容量など必要事項だけを記して売り出す商品。包装の簡素化などによるコスト引き下げがねらい。general brand

**ノープリウス【nauplius】** 甲殻類の発生初期に現れる幼生。種類により形はさまざまであるが、三対の肢と頭部中央にある一眼が共通の特徴。プランクトンとして魚類などの食物となる。ナウプリウス。

**ノーブル【noble】**(形動) 上品なさま。高貴なさま。

**ノーベリウム【nobelium】** 超ウラン元素の一つ。元素記号No 原子番号一〇二。質量数二五九。寿命が短いので、性質はほとんどわかっていない。ノーベルにちなんで命名された。

**ノーベル【Alfred Bernhard Nobel】**(一八三三―九六) スウェーデンの工業化学者・発明家。ダイナマイトを発明し、世界の爆薬王となった。遺言によりノーベル賞を設定。

**ノーベル-しょう【ノーベル賞】** ノーベルの遺言で設けられ、人類に対して最大の貢献をした者に、ノーベル財団から授与される賞。ノーベルの命日の一二月一〇日にストックホルムで授賞式が行われる。物理学、化学、生理学医学、文学、平和、経済学の六分野で構成される。Nobel prize

**ノーボエ-ブレーミヤ【Novoe Vremya ロシア】**《新時代の意》ソ連の週刊誌。国内状況・外交政策・国際問題など政治的問題を専門にあつかう。一九四三年創刊。

**ノーボスチ-つうしんしゃ【ノーボスチ通信社】**(Agentstvo Pechati Novosti ロシア) ソ連の民間通信社。一九六一年創立。

**ノー-マーク**《和製語》注意、警戒をしないこと、また、そうしない対象のもの・人。

**ノーマライゼイション【normalization】**《標準化・正規化、の意》高齢者や障害者などハンディキャップをもつ人々を施設などに隔離せずに、日常生活のなかでともに助け合っていくのが正常な社会のあり方であるとする考え方。また、それに基づく政策。

**ノーマル【normal】**(形動) 普通であるさま。正常。対義 アブノーマル。

**ノーム【Nome】** アメリカ、アラスカ州西部の小都市。この地方の商業・観光の中心地。エスキモー工芸で有名。一八九六年、金が発見され、最盛期には三万人もの人口があった。人口〇・二万(一九八〇)。

**ノーメンクラトゥラ【nomenclatura ラテン】**《名簿・カタログ、の意から》ソ連など社会主義国の特権階級。

**ノーモア-ヒロシマ【No more Hiroshimas】** 広島への原爆投下を心に留め、ふたたび原爆の災厄をまねかないよう呼びかけるスローガン。

**ノーラッド【NORAD】**《North American Aerospace Defense Command の略》北米航空宇宙防衛司令部。北アメリカ大陸を戦略核攻撃から防衛するため、一九五七年に設置されたアメリカ・カナダ共同の軍事機構。

**ノーリッシュ【Ronald George Wreyford Norrish】**(一八九七―一九七八) イギリスの化学者。短時間

エネルギーパルス下での均衡擾乱による高速化学反応を研究。共同研究者のアイゲンおよびポーターとともに、一九六七年ノーベル化学賞受賞。

**ノール-みさき**【ノール岬】(Nordkapp) ノルウェー最北、マーゲレク島北端の岬。通常ヨーロッパ大陸の最北端とされる。北緯七一度一〇分。

**の-がい**【野飼い】①野に放して飼うこと。放し飼い。pasturing ②自然のままなこと。野育ち。be wild

**の-がけ**【野掛(け)・野駆(け)】①春秋の農耕作業を前に、野山で飲食をしてのんびりすごすこと。野遊び。②野外でたてる茶の湯。野点。

**のが・す**【逃す】(五他) 捕まえそこなう。逃げさせる。let pass

**のかみ**【野上】〈町〉和歌山県北西部、海南市東隣の町。柑橘類・ユズ酢が特産。ロープなどの工業もある。人口九六六九(一九八八)。

**のがみ-とよいちろう**【野上▽豊一郎】(一八八三〜一九五〇) 能楽研究家・英文学者。大分県生まれ。東大卒。夏目漱石門下。著書『能、研究と発見』など。

**のがみ-やえこ**【野上▼弥▽生子】(一八八五〜一九八五) 小説家。本名、ヤヱ。野上豊一郎の妻。大分県生まれ。明治女学校卒。ヒューマニズムの立場から、時代の苦悩を直視し表現した。夏目漱石に師事。昭和四六年(一九七一)文化勲章受章。作品『海神丸』『真知子』『迷路』『秀吉と利休』など。

**のがも**【野▼鴨】《原題 Vildanden》イプセンの戯曲。一八八四年作。写真師一家の平和な生活が破壊される悲劇。

**の-がりやす**【野刈安】山野に生じるイネ科の多年草。稈は叢生し、高さ約一m。葉は細い線形。秋に、紫がかった淡緑白色の小穂が密生する。サイトウガヤ。

**のが・る**【逃る】古語(下二自) ↓のがれる(逃れる)

**のが・れる**【逃れる】(下一自) ①にげる。escape 対義 捕まる。②免れる。助かる。get rid of 用例 災難を―。罪を―。

**の-がん**【野▼雁】草原や畑にすむノガン科の鳥。体は肥大し、首と足は長く、嘴は細く尖る。翼長約六〇cm。背は黄褐色地に黒斑があって、腹は白色。シベリアなどで繁殖し、冬季は中国南部・インドへ渡る。日本にはまれに渡来。Siberian bustard ↓図

●ノガン

**の-かんぞう**【野▼萱草】ユリ科の多年草。草地や川の土手などにはえる。高さ約七〇cm。葉は淡緑色で線形。夏に、黄赤色で径約七cmの花を茎頂に数個つける。↓写

●ノカンゾウ

**のき**【軒・▼簷・▼檐・▽宇】屋根の一部で、壁よりも外にさし出た部分。日照を調節し、雨露の侵入を防ぐ。eaves ↓和風住宅図

**軒の糸水**(のきのいとみず) 軒先から、糸のように細く流れおちる雨だれ。

**軒の玉水**(のきのたまみず) 軒先から流れ落ちるしずく。

**軒を争う**(のきをあらそう) 家がぎっしり建っている形容。軒を連ねる。

**軒を並べる**(のきをならべる) 軒を接するようにして、家がたてこんでいる。人家が密集しているようすを言う。軒を争う。軒を連ねる。stand side by side

**のぎ**【▼芒】イネ科植物で、花を包む外花穎の先端にある針状の突起。植物の形態を表す用語で、のぎの有無・形・長短は植物分類上の特徴となる。arista; awn ↓穎図

**のぎ**【野木】〈町〉栃木県南端、小山市南隣の町。稲作やレタスなどの栽培がさかん。工業化も進む。人口二万一〇六一(一九八八)。

**のき-あやめ**【軒▼菖▼蒲】ショウブの別名。端午の節句に軒に並べるのでこの名がある。

**の-ぎく**【野菊】①野に咲くキク。wild chrysanthemum ②キク科のなかで、ノコンギク・ヤマシロギク・イナカギク・ヨメナ・ユウガギクなど、キクに似た頭花をつけるものの総称。

**のぎくのはか**【野菊の墓】伊藤左千夫の小説。明治三九年(一九〇六)発表。千葉県矢切村の田園を舞台に、因習に引き裂かれる少年と少女の悲恋を回想風に描く。

**のき-さき**【軒先】軒の端。軒のあたり。edge of the eaves

**のき-した**【軒下】軒の下に当たる所。under the eaves 用例 ―で雨宿りする。ツバメが―に巣を作る。

**のき-しのぶ**【軒忍】ウラボシ科の常緑シダ。岩や樹上に着生。根茎から一〇〜二〇cmの細長い革質の葉を密生。裏に円形の胞子嚢が二列に並ぶ。八つ目蘭。八つ目草。マツフウラン。イツマデグサ。↓写

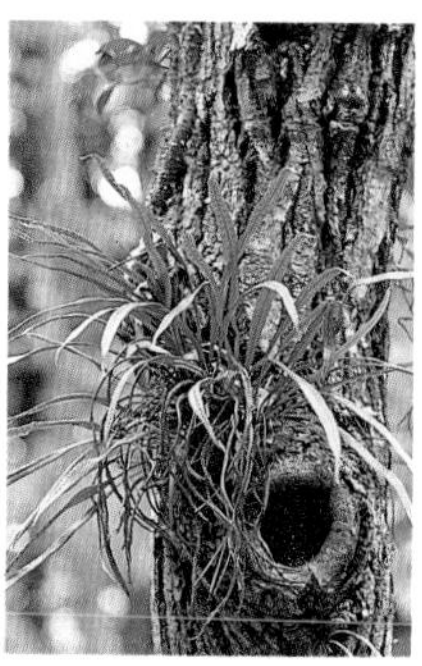
●ノキシノブ

**のぎしょうぐんでん**【▼乃木将軍伝】講談・浪曲の題名。日露戦争で英雄視された乃木希典の逸話を描いたもの。講談では「乃木将軍と辻占売り」、浪曲では「乃木将軍と孝行兵士」が有名。

**のぎ-じんじゃ**【▼乃木神社】東京都港区赤坂にある神社。明治天皇に殉死した乃木希典・静子夫妻を祭る。旧乃木邸の隣地に大正一二年(一九二三)創建。

**ノギス**《Nonius ドイツから》本尺にそってすべる副尺つきの金属製のものさし。球や穴の直径、物の厚さを測る。vernier caliper ↓写

**のき-たけ**【軒丈】地面から軒までの高さ。

**のき-なみ**【軒並(み)】[一](名) ①家がならんでいること。その家々。row of houses ②家ごとに。家々で。at every door [二](副) どこもかしこも。どれもこれも。用例 ―値上がりした。

**のき-ば**【軒端】①軒のはし。②軒に近い所。

**のぎ-へん**【ノ木偏】漢字を組み立てている部分の名。「私・和」などの、左にある「禾」。

**のぎ-まれすけ**【▼乃木▽希▽典】(一八四九〜一九一二) 明治時代の軍人。陸軍大将。長州藩出身。日露戦争で第三軍司令官として旅順攻囲戦を指揮。のち学習院院長。明治天皇の大葬の日、妻の静子とともに殉死。↓写

**のき-まわり**【軒回り】屋根の軒先と、それを支える柱の上部の組み物とを合わせた部分。eaves

●乃木希典

**のぎ-らん**【▼芒▼蘭】ユリ科の多年草。山地にはえる。黄緑色で倒披針形の葉が数個、根茎につく。約三〇cmの花茎は葉がなく、その頂に黄緑色で六弁の小花を穂状につける。

**のき-わり**【軒割(り)】寄付金などを、戸数に応じて割り当てること。

**の・く**【▽退く】(五自) ①あとへさがる。retreat ②その場所から動く。去る。move off ③身をひく。withdraw

**の-ぐさ**【野草】①野にはえている草。wild grass ②カヤツリグサ科の一年草。関東以西の海岸の湿地にはえる。稈は群生し、高さ約四〇cm。葉は狭線形で基部は茎を包む。夏に、紫褐色の小穂をつける。

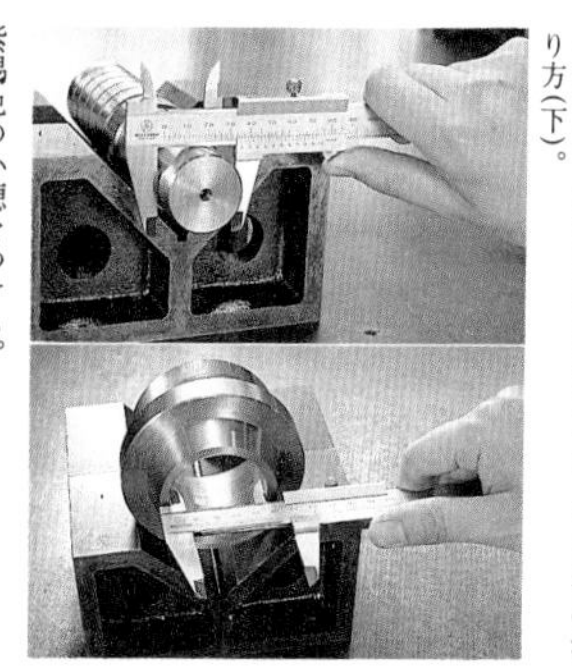
●ノギス 円筒の外径の測り方(上)、内径の測り方(下)。

**ノクターン**【nocturne】夜想曲。ふつう、ロマン派の自由な形式のピアノ小品をさす。表情豊かな旋律をもつ夢幻的な曲が多い。ショパンの作品など。

**ノグチ**【Isamu Noguchi】(一九〇四〜一九八八) アメリカの日系の彫刻家。父は詩人野口米次郎。簡素な純粋抽象の作風。デザイン・陶芸・造園分野でも活動。作品に、パリのユネスコ本部庭園など。

**のぐち-うじょう**【野口雨情】(一八八二〜一九四五) 詩人。本名、英吉。茨城県生まれ。東京専門学校中退。民謡・童謡の制作・普及につとめた。歌謡『波浮の港』、童謡集『十五夜お月さん』など。

**のぐち-かねすけ**【野口兼▽資】(一八七九〜一九五三) 能楽師。シテ方。宝生流。東京生まれ。味わい深い芸風をもつ。

**のぐち-げら**【野口▼啄▽木▽鳥】キツツキ科で一属一種の鳥。沖縄本島特産の世界的珍鳥。翼長約一五cm。暗赤褐色で、翼と尾は黒い。雄の頭上は赤い。沖縄県の県鳥で、特別天然記念物。個体数は約一〇〇羽。

**のぐちごろう-だけ**【野口五郎岳】富山・長野県境、飛驒山脈にある山。標高二九二四m。北西山腹にカール(=圏谷)がある。

**のぐち-ひでよ**【野口▽英世】(一八七六〜一九二八) 細菌学者。福島県生まれ。済生学舎卒。伝染病研究所に入り北里柴三郎に師事したのち、ロックフェラー医学研究所で梅毒病原体スピロヘータの純粋培養に成功。アフリカで黄熱病の研究中に死亡。

**のぐち-ふじお**【野口▼冨士▽男】(一九一一〜 ) 小説家。東京生まれ。本姓、平井。慶大中退。小説『風の系譜』『かくてありけり』、評伝『徳田秋声伝』など。

**のぐち-やたろう**【野口▼弥太郎】(一八九九〜一九七六) 洋画家。東京生まれ。関西学院卒。作品『セビラの行列』など。

**のぐち-よねじろう**【野口▽米次郎】(一八七五〜一九四七) 詩人。愛知県生まれ。イサム=ノグチの父。渡米し、英語の詩集を刊行、米英詩壇で認められる。帰国後、慶大教授。重厚な人道主義的詩風を示す。詩集『二重国籍者の詩』など。

**ノクトビジョン**【noctovision】赤外線暗視装置。赤外線を目的物に照射し、その反射像をイメージ管などで可視光線に変えて見る。軍事用、夜間の生物の観察などに使用。

**の-ぐるみ**【野▼胡▽桃】クルミ科の落葉高木。山地にはえる。葉は奇数羽状複葉。初夏に、黄緑色の穂状花序を直立する。球果状の果穂は約四cm。包が多数ある。材は建築用。樹皮はタンニンの原料。ノブノキ。

**の-げいとう**【野鶏頭】ヒユ科の一年草。本州中部地方以西でみられる。高さ約七〇cm。茎、葉ともに紅色。夏に、淡紅色の花を円柱状に密につける。栽培されるケイトウの原種にあたる。

**のけざま-に**【▽仰け様に】(副) あおむけになって。

**の-げし**【野▼芥子・▽苦▽菜】道ばたにはえるキク科の一年草。高さ六〇〜一〇〇cm。葉は羽状に切れこむ。春から夏に、黄色の頭花を十数個つける。若草は食用。ハルノノゲシ。チチグサ。sow thistle ↓写

●ノゲシ

**のけ-ぞ・る**【▽仰け反る】(五自) あおむけに反りかえる。bend oneself back

**のけ-もの**【▽除け物】数に入れない品物。things put aside

**のけ-もの**【▽除け者】相手にされない者。仲間はずれ。person left out in the cold

**の・ける**【▽退ける】[一](下一他) しりぞける。remove [二](補動)《「…てのける」の形で》ためらうことなく…してしまう。しおおせる。manage to; finish 用例 やって―。

**の・ける**【▽除ける】(下一他) のぞく。はぶく。除外する。take off

**のこ**【▼鋸】「のこぎり」の略。

**のご・う**【▼拭う】(五他) ぬぐう。ふく。

**のこ-ぎり**【▼鋸】木・石・金属などを切る工具。薄い鋼板の縁に多くの歯をつくり、焼き入れをして硬い刃とし、柄をつけたもの。のこ。両歯のこ・胴付きのこ・回し引きのこ・糸のこなどがある。saw 数え方 一丁。↓写

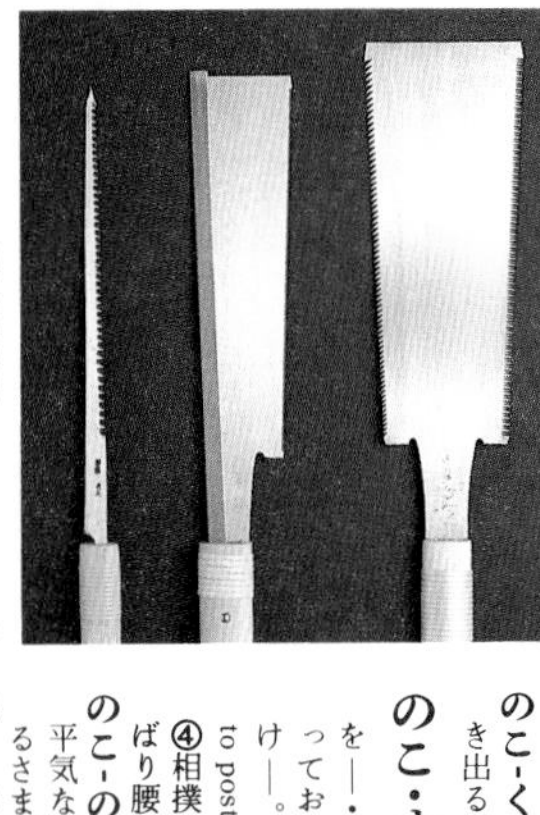
●鋸(のこぎり) 右から、両歯、胴付き、回し引き。

**のこぎり-えい【▼鋸▼鱝】** ノコギリエイ科の海水魚。体形はサメ形で、かつ吻(ふん)が著しく突出し、吻の両側に鋸歯(きょし)状突起がある。全長二m余。背面は灰褐色、腹面は白色。かまぼこの材料。南シナ海以南に分布。sawfish

**のこぎり-がざみ【▼鋸▼蝤▼蛑】** 海産のカニの一種。ガザミに似るが、甲の前縁のぎざぎざが著しい。はさみ脚も大きく、ガザミ類中最大。甲幅約二〇cmで、暗青色。食用。相模(さがみ)湾以南の内湾に分布。

**のこぎり-くわがた【▼鋸▼鍬形▽虫】** クワガタムシ科の甲虫。体長約四cm、大あごは約二cmで暗赤褐色。夏に出現し、クヌギ・ニレ・ヤナギなどの樹液に集まる。日本全土・朝鮮半島に分布。

**のこぎり-ざめ【▼鋸▼鮫】** ノコギリザメ科の海水魚。両側に鋭いとげのある剣状の口先をもつ。体長約一・五m。黄褐色で腹側の色は淡い。かまぼこの原料。南日本の沿岸に分布。Japanese saw shark ↓図


●ノコギリザメ

**のこぎり-そう【▼鋸草】** 山地にはえるキク科の多年草。高さ約六〇cm。葉は櫛(くし)の歯状に切れ込む。夏に、白い小頭花を茎頂に密生。園芸品種もある。ハゴロモソウ。↓写

**のこぎり-だい【▼鋸▼鯛】** 沿岸の岩礁(がんしょう)域にすむフエフキダイ科の魚。全長約二〇cm。淡紫褐色で、ひれはすべて淡紅色。目が大きい。肉は白身で食用。鹿児島県以南に分布。

**のこぎり-びき【▼鋸▼挽(き)】** 戦国時代の刑の一種。鋸で首を挽き切る刑。江戸時代には、挽き殺しはしないで、重罪人を磔(はりつけ)の前に肩まで土中に埋め、その脇に竹鋸を置く「晒(さら)し」をさした。

**のこ-くず【▼鋸▼屑】** のこぎりでひいたとき出る、くず。おがくず。

**のこ・す【残す】** (五他) ①あとにおく。とどめる。leave 用例 病人を―・して出かける。心を―。②あます。とっておく。save 用例 食事を―。一〇〇〇円だけ―。③《「遺す」とも》後世に伝える。leave to posterity 用例 名を―。偉大な足跡を―。④相撲で、相手の攻めを防いでしのぐ。用例 ねばり腰で―。

**のこ-のこ** (副) 周囲のことなど気にかけず、平気な顔で出歩くさま。また、そのように現れるさま。nonchalantly

**のこ-の-しま【▽能古島】** 福岡県博多(はかた)湾にある島。面積三・九km²。野菜栽培などの農業と、漁業が主。釣り・潮干狩り、また海水浴場としても著名。

**のこ-ばん【▼鋸盤】** のこぎり歯の回転・往復運動で材料を切る工作機械。円鋸(まるのこ)盤・帯鋸(おびのこ)盤は木工用に、弓鋸(ゆみのこ)盤は金工用に使用する。のこぎりばん。sawing machine

**の-ごま【野▼駒】** ヒタキ科の小鳥。翼長約七・五cm。全体が灰褐色。雄は喉(のど)が紅色。美声。日本では、北海道で夏鳥として繁殖、冬東南アジアに渡る。Siberian rubythroat ↓写

●ノゴマ

**のごめ-へん【ノ米偏】** 漢字を組み立てている部分の名。「釈・彩」などの、左にある「釆」。

**のこら-ず【残らず】** (副) みな。ことごとく。all 用例 ―賛成する。

**のこり【残り】** 残ること。残ったもの。remainder

**残りの月**(のこりのつき) 有り明けの月。残月。のこんの月。

●ノコギリソウ

**のこり-おお・い【残り多い】** (形) 残りおしい。心残りである。

**のこり-おし・い【残り惜しい】** (形) ①残念である。regretful ②別れるのがつらい。なごり惜しい。reluctant

**のこり-か【残り香】** その人がいなくなったあとに残るかおり。のこりが。比較 移り香。

**のこり-がく【残(り)楽】** 雅楽管弦(かんげん)の演奏法。楽曲を反復する間に、しだいに奏する楽器を減らして、最後に箏(そう)だけを残すもの。

**のこり-ずくな【残り少な】** (形動) 残りが少ないさま。run short

**のこり-すくな・い【残り少ない】** (形) 残っている部分が少ない。run short 用例 今年も―。

**のこり-なく【残り無く】** (副) すっかり。全部。all

**のこり-び【残り火】** 燃え残っている火。embers

**のこり-もの【残り物】** 余り物。leftovers 用例 ―には福がある。

**のこ・る【残る】** (五自) ①あとにとどまる。そのままになっている。remain 用例 雪が―。②あまる。be left 用例 ごちそうが―・った。③《「遺る」とも》後世に伝わる。be remembered 用例 名が―。④相撲で、まだ勝負が決しない状態にある。用例 かろうじて土俵ぎわで―・った。

**の-こんぎく【野紺菊】** 丘や山地の草原にはえるキク科の多年草。高さ約五〇cm。葉は卵状楕円(だえん)形で互生。夏〜秋に、青紫色の頭花を多数つける。↓写

●ノコンギク

**のこん-の-つき【残んの月】** (連語) 有り明けの月。残月。残りの月。

**のさか【野栄】** 〈町〉千葉県八日市場(ようかいちば)市南隣の、九十九里(くじゅうくり)浜にある町。野菜・植木栽培がさかん。人口一万二二八(一九八八)。

**のさか-あきゆき【野坂▽昭▽如】** (一九三〇―) 小説家。神奈川県生まれ。早大中退。独特の饒舌(じょうぜつ)体で自己の原点を追求。作品『火垂(ほた)るの墓』『エロ事師たち』など。

**のさか-さんぞう【野坂参▽三】** (一八九二―) 日本共産党の指導者。山口県生まれ。慶大卒。昭和六年(一九三一)共産党弾圧でソ連に亡命。同二一年(一九四六)帰国。同三三年(一九五八)中央委員会議長。同五七年(一九八二)名誉議長。

**の-さき【▽荷▽前・▽荷▽向】** 平安時代、毎年諸国から奉られる貢ぎ物のうち、その年の初物(はつもの)のこと。朝廷から伊勢(いせ)神宮や諸陵に献じ、残りを天皇が納めた。

**のざき-まいり【野崎参り】** 大阪府大東(だいとう)市野崎にある観音に参詣(さんけい)すること。川を船で行く参詣者と岸を行く参詣者の間で悪口を言い合う風習があり、それに勝つと一年は幸せであるという。

**ノサック【Hans Erich Nossack】** (一九〇一―七七) ドイツの小説家。人間の不安と孤独を独白体で追求。作品『死神とのインタビュー』『おそくとも一一月には』『弟』など。

**のさっぷ-みさき【▽納▼沙布岬】** 北海道根室(ねむろ)半島東端の岬。コンブ漁がさかん。北海道最古の灯台と、北方領土望郷の家がある。

**のさば・る** (五自) ①でしゃばって気ままをする。横柄にふるまう。act important ②物が広い場所をしめる。occupy

**の-ざらし【野▼晒し】** ㊀①野外で風雨にさらされたもの。②されこうべ。どくろ。㊁落語の題名。八五郎が隣の隠居のまねをして向島(むこうじま)に釣りに行き、野ざらしに回向(えこう)して女の幽霊(ゆうれい)を招くつもりが、幇間(ほうかん)が来てしまうという滑稽噺(こっけいばなし)。

**のざらしきこう【野ざらし紀行】** 松尾芭蕉(まつおばしょう)の俳諧(はいかい)紀行。貞享(じょうきょう)元年(一六八四)八月江戸出立、東海・近畿・木曽(きそ)・甲斐(かい)を経て翌年四月帰庵(きあん)までの旅の記。同四年(一六八七)成立。甲子(かっし)吟行。

**のざわおんせん【野沢温泉】** 〈村〉長野県北東部、飯山(いいやま)市東隣の村。歴史の古い温泉で知られ、スキー場・野沢菜でも有名。人口五〇一三(一九八八)。

**のざわ-きざえもん【野沢喜左▽衛門】** 義太夫(ぎだゆう)節三味線方の芸名。二世(一八九一―一九七六)は正確な技巧で人物を弾きわけ、理知的な芸風。重要無形文化財保持者。

**のざわ-な【野沢菜】** アブラナ科の一、二年草。長野県の野沢温泉を中心に信越地方で漬物用として栽培される。葉は約七〇cmで濃緑色。

**のざわな-づけ【野沢菜漬(け)】** 野沢菜を塩漬けにしたもの。

**のざわ-ぼんちょう【野沢凡兆】** (?―一七一四) 江戸中期の俳人。名は允昌(いんしょう)。金沢の人。京都で医を業とする。蕉門(しょうもん)に入り客観写生の句に力量を発揮。去来と『猿蓑(さるみの)』を編し、最多の四一句を入集。妻の羽紅(うこう)も俳人。

**のし【▽伸し】** ①のばすこと。②泳法の一つ。からだを横にのばし、あおり足で泳ぐ。

**のし【▼熨▽斗・▼熨】** ①「ひのし」の略。②「のしあわび」の略。③のしあわびを包んだ紙が形式化したもの。雛(ひな)人形の着物のような形に折り、進物に添える。④紋所の名。のしあわびを紋章化したもの。包み形と束ね形がある。↓図

**熨斗を付ける**(のしをつける) 喜んで差し上げる。present willingly

●熨斗(のし)④

一つ束ね熨斗

分銅(ふんどう)熨斗

**の-じ【野路】** 野の中の道。野道。

**のし-あが・る【▽伸し上がる】** (五自) ①のびあがる。stand on tiptoe ②地位・財産がぐんとあがる。rise in the world ③つけあがる。become arrogant

**のし-あ・げる【▽伸し上げる】** (下一他) ①伸び上がらせる。②地位を急に進ませる。財産を増やす。raise ③乗り上げる。

**のし-ある・く【▽伸し歩く】** (五自) 横柄な態度で歩く。闊歩(かっぽ)する。swagger

**のし-あわび【▼熨▽斗▼鮑】** 《今の「のし」のもとの形》アワビの肉を薄くそぎ、乾燥したもの。古くは、儀式用の肴(さかな)に用い、のちに、熨斗に添えるようになった。打ち鮑。

**のし-いか【伸(し)▼烏▽賊・▼熨▽斗▼烏▽賊】** 鯣(するめ)を調味液に浸したのち、薄く打ちのばしたもの。

**のし-うめ【▼乃し梅】** 山形市の名菓。梅肉を使った錦玉羹(きんぎょくかん)の一種。梅肉をつぶし砂糖と寒天でゼリー状に固めて短冊形に切り、竹の皮ではさんだもの。

**のし-かか・る【▽伸し掛(か)る】** (五自) ①からだを伸ばして、おおいかぶさる。bend over ②不快な状態などがおしかぶさってくる。weigh heavily 用例 不安が―。

**のし-がみ【▼熨▽斗紙】** 熨斗・水引を印刷した紙。贈答品の上にかけて用いる。

**のじ-ぎく【野路菊】** 海岸近くの山や崖(がけ)にはえるキク科の多年草。葉は羽状に切れこみ、裏に白毛を密生。秋に、白い頭花をつける。西日本に分布。

●ノジコ

**の-じこ【野▼鵐・野路子】** 雑木林や草地にすむホオジロ科の鳥。翼

長約七㎝。美声。本州・北海道で繁殖、暖地で越冬。↓図

**のし-ぶくろ【▼熨▽斗袋】** 熨斗・水引をつけた、または印刷した紙の袋。金銭を贈るときに用いる。

**のじま-ざき【野島崎】** 千葉県、房総半島南端の岬。明治二年(一八六九)点灯の歴史の古い灯台がある。

**のし-め【▼熨▽斗目】** ①縦に生糸、横に練り糸を用いて織った裂地の名称。②①の織物で作った衣服。袖の下部と腰のあたりに筋や格子を織り出している。武家の礼服として用いた。③能や狂言で用いられる衣装。④訪問着の模様。↓写

●熨斗目②『縅織熨斗目小袖』。東京国立博物館。

**のし-もち【▽伸(し)▼餅】** 平たく角形にのした餅。これを小さく切ったものが切り餅。

**のしゃっぷ-みさき【野▽寒布岬】** 北海道北端、稚内市にある岬。東の宗谷岬とともに、宗谷海峡をはさんで樺太と対する。

**の-じゅく【野宿】**(名・サ変自) 屋外で寝ること。camping

**の-しゅんぎく【野春菊】** ①ミヤコワスレの別名。②アズマギクの別名。

**のじり【野▼尻】**〈町〉宮崎県南西部、小林市東隣の町。農業主体。ピーマンやメロンの栽培がさかん。人口一万九四(一九八八)。

**のじり-こ【野▼尻湖】** 長野県北端にある湖。面積四・四㎢。最深三七m。斑尾山の噴火による堰止め湖。避暑地。芙蓉湖。

**のしろ【▽能代】**〈市〉秋田県北西部、米代川河口に臨む市。かつて港町として繁栄。杉の美林があり、日本屈指の製材都市に発達。人口五万八二一八(一九八八)。

**のしろ-へいや【▽能代平野】** 秋田県北西部、米代川下流に広がる平野。能代米の産地で知られ、果樹・野菜栽培もさかん。

**の・す【▽伸す】**(五自他) ①(他)㋐のばして、平らにする。smooth out ㋑《「熨す」とも》火のしをかける。iron ㋒なぐりたおす。のばす。knock down ②(自)㋐のびて広がる。stretch ㋑さらに進む。発展する。expand

**の・す【乗す・載す】** 古語(下二他) ↓のせる(乗せる) ↓のせる(載せる)

**の-ずえ【野末】** 野の果て。野。

**ノスカピン【noscapin】** 阿片に含まれているアルカロイドを用いたせき止め薬。神経に強く作用して、種々のせきを抑制する。連用しても習慣性・禁断現象などの副作用はない。ナルコチン。

**ノスタルジア【nostalgia】** ふるさとを懐かしむ、詩的な情緒。郷愁。ノスタルジー。

**ノストラダムス【Nostradamus】**(一五〇三〜一五六六) フランスの医師・星占い師。哲学・医学を学んだ。予言詩を書き、また、予言能力で王室などに重用された。

**の-すり【▼鵟】** ワシタカ科の中形の鳥。トビに似るが、飛翔時に尾の先端が扇状に開く。翼長約三六㎝。鳴き声はピーッと単調。日本全土に分布。留鳥。Japanese buzzard ↓写

**ノズル【nozzle】** 液体を噴射させるための、先端が細くなった管。噴射管。

**のせ【▽能▽勢】**〈町〉大阪府北西部、能勢山地にある町。稲作などの農業や林業が行われる。丹波栗の産地。人口一万七四六(一九八八)。

**のせ-あさじ【▽能▽勢朝次】**(一八九四〜一九五五) 国文学者・能楽研究家。京都生まれ。京大卒。演劇研究の基本的名著を残す。著書『能楽源流考』など。

**のせ-か・ける【乗せ掛ける・載せ掛ける】**(下一他) ①からだや物の重みを乗せるようにする。lean on ②口車に乗せる。おだてる。flatter

**のせがわ【野▽迫川】**〈村〉奈良県南西部、和歌山県に接する村。林業が主体。シイタケ・ワサビを栽培。人口八八九(一九八八)。

**の・せる【乗せる】**(下一他) ①運ぶために乗り物に移す。乗らせる。place on 用例馬に—。②仲間に加える。let join 用例一口—・せてください。③計略にかける。だます。take in 用例うっかり—・せられた。④うまく調子を合わせる。to the accompaniment of 用例三味線に—。⑤調子づかせる。elate 用例観衆を—。⑥伝達する。send 用例電波に—。

**の・せる【載せる】**(下一他) ①物を上に置く。place on 用例机の上に—。②書き記す。紙面に出す。publish 用例新聞に—。記録に—。

**のぞえ-てつお【野▽副鉄▽男】**(一九〇二〜) 化学者。宮城県生まれ。東北大卒。台北大学・東北大教授。タイワンヒノキから世界で初めて、共役二重結合をもつ七員環化合物のヒノキチオールを発見。トロポイド化学を開拓し、非ベンゼン系芳香族化合物の分野に貢献。昭和三三年(一九五八)文化勲章受章。

**のぞか・せる【▼覗かせる・▼覘かせる】**(下一他) ①ものの一部が現れるようにしておく。show part of 用例ポケットからハンカチを—。②ちらりと見せる。ちょっと見せる。reveal for a moment 用例素顔を—。

●ノスリ

**のぞき【▼覗き・▼覘き】** ①のぞくこと。peep ②「のぞき眼鏡」「のぞきからくり」の略。

**覗きを呉れる**(のぞきをくれる) のぞきこむ。のぞき見をする。peep into

**のぞき-からくり【▼覗き▽機▽関】** ↓のぞきめがね(覗き眼鏡)

**のぞき-まど【▼覗き窓】** 訪問者の確認などのために、ドアなどに付ける小さな窓。また、外から内側のものをのぞいて見るための小さな窓。peephole

**のぞき-み【▼覗き見】** すき間や穴などから、こっそりのぞくこと。peep

**のぞき-めがね【▼覗き眼鏡】** ①見世物の一種。長方形の箱に眼鏡を備え付け、中の絵を順次転換させながら、客にのぞかせる装置。江戸中期ごろさかんで、昭和初期まで存続。のぞき機関。peep show ②水中を見るための箱形の眼鏡。箱眼鏡。hydroscope

**のぞ・く【除く】**(五他) ①とりのける。take away 用例不安を—。②中に加えない。exclude 用例未成年者を—。③殺す。kill 用例邪魔者を—。

**のぞ・く【▼覗く・▼覘く】**(五自他) ①(他)㋐すきまから見る。うかがう。peep 用例ふし穴から—。㋑一部分を知る。少しばかり学ぶ。have smattering of 用例哲学を—。㋒低い所を見下ろす。look down 用例谷底を—。㋓ちょっと立ち寄る。drop in 用例本屋を—。②(自)一部分が外に現れる。show 用例すそから下着が—。

**の-そだち【野育ち】** ①野で育つこと。②しつけを受けずに育つこと・人。wild

**のそ-のそ**(副・サ変自) 動作のにぶいさま。きびきびしていないさま。のろのろ。sluggishly

**のぞまし・い【望ましい】**(形) 願わしい。そうあってほしい。desirable 派生のぞましさ(名)

**のぞみ【望み】** ①そうしたい、そうありたいという願い。こころざし。desire 用例—を果たす。②見込み。可能性。prospect 用例まだ—はある。③期待。人望。popularity 用例彼に寄せる—は大きい。

**望みの綱**(のぞみのつな) 望みがかなえられるための、頼みとするもの。また、最後のよりどころとするもの。the last hope 用例—が絶たれる。

**望みを託す**(のぞみをたくす) 自分の望みの達成を、他の人にゆだねる。また、希望をかける。expect a great deal of 用例我が子に—。

**のぞ・む【望む】**(五他) ①遠くをながめる。view 用例富士山を—。②そうしたい・そうありたいと願う。期待する。desire 用例平和を—。

**のぞ・む【臨む】**(五自) ①目の前にする。対する。face 用例海に—。困難に—。②その場所に行く。出席する。attend 用例開会式に—。③支配者として一般の者や下位の者に対する。reign; deal with 用例天下に—。④出会う。及ぶ。on the occasion of 用例別れに—・んで。

**のぞむらく-は【望むらくは】** 文語的(連語) 望むところは。どうか…であるように。

**のぞり-こ【野反湖】** 群馬県北西部の湖。面積一・八㎢。最深二五m。中津川上流の野反ダムの建設による人造湖。湖畔にキャンプ場がある。

**のだ【野田】**〈市〉千葉県北西部、利根川と江戸川にはさまれた市。江戸初期以来のしょうゆ醸造の町。人口一〇万八七六六(一九八八)。

**のだ【野田】**〈町〉鹿児島県北西部、八代海に臨む町。柑橘類の栽培がさかん。北東部はツルの飛来地。人口五二六四(一九八八)。

**のだ【野田】**〈村〉岩手県北東部三陸海岸、久慈市南隣の村。養豚、ホタテガイ・ワカメ養殖などを行う。人口五九〇二(一九八八)。

**の-だ**(連語)《格助詞「の」に断定の助動詞「だ」の付いたもの》断定あるいは命令の意を表す。用例そうな—。さっさと行く—。

**の-だいこ【野太鼓・野▼幇▽間】** 素人のたいこもち。転じて「たいこもち」を悪く言う語。

**のたうち-まわ・る【のたうち回る】**(五自) 苦しみもがいて転げまわる。writhe

**のた-う・つ**(五自) 苦しみもがいて、転がる。writhe

**のたう・ぶ【▽宣ぶ】** 古語(四他) ↓のとうぶ(宣ぶ)

**のだがわ【野田川】**〈町〉京都府北西部、宮津市西隣の町。丹後縮緬の主産地。農業もさかん。人口一万一四二四(一九八八)。

**のだ-きゅうほ【野田九浦】**(一八七九〜一九七一) 日本画家。本名、道三。東京生まれ。東京美術学校卒。歴史人物画が得意。作品『辻説法』など。

**のた-く・る**(五自他) ①(自)㋐からだをくねらせて進む。wriggle 用例ヘビが—。㋑のたうつ。writhe ②(他)文字・絵などを乱暴に書く。scrawl 用例ペンで—。

**の-だけ【野竹】** セリ科の多年草。高さ約一m。山野にはえる。葉は羽状複葉。葉柄は広がって茎を抱き、紫色。秋に、紫黒色の多数の細花が複散形花序になって開く。根は「前胡」とよばれ、薬用。

**の-だち【野太刀】** ①昔、野外に出るときなどにおびた、さやまきの刀。②衛府の官人のおびた刀。

**の-だち【野立ち】** ①貴人が野外で休むこと。②野外に物を立てること。用例—看板。

**の-だて【野立て】** ↓のだち(野立ち)

**の-だて【野▽点】**《千利休が催した「野掛け」に由来》野外で茶をたてること。また、その茶。自然の風物を背景とし、茶筵などを敷いて茶事を催す。outdoor tea ceremony ↓写

●野点 偕楽園(茨城県)。

**のだ-ひでお【野田▽英▽夫】**(一九〇八〜) 洋画家。アメリカ生まれ。ディエゴ=リベラに壁画技法を学ぶ。作品『都会』など。

**のたま・う【▽宣う】** 古語(四他)《「のりたまう」の略》①「言ふ」の尊敬語。おっしゃる。用例いよいよ恥づかしと思して、ものも—・はず(源氏・少女)。②《下位の者に対して》申し聞かせる。用例女に内侍—(竹取)。

**のたまわ-く【▽宣わく】** 古語(連語)《「く」は名詞化する接尾語》のたまうことには。おっしゃるには。用例御子—(竹取)。

**のたも・う【▽宣う】** 古語(四他) ↓のたまう(宣う)

**のたり-のたり**(副) ①ゆるやかにうねり、動くさま。undulate slowly 用例春の海ひねもす—かな(蕪村)。②何もしないでのんきに過ごすさま。のらりくらり。

**のたれ-じに【野垂れ死に】**(名・サ変自)《「野垂」は当て字》①行きだおれ。行路病死。die by the roadside ②おちぶれて、みじめに死ぬこと。die a dog's death

**のち【後】** ①時間的に、あと。later 対義先・前。用例晴れ、—曇り。②将来。未来。future

対義 前。用例 一〇年の―を期待する。③古語 ㋐子孫。用例 火酢芹命の―、諸々の隼人等(日本書紀・神代下)。㋑死後。用例 この人の―には、誰にか問はむ(徒然・一六八)。

**のち-ざん【後産】** →あとざん(後産)

**のち-じて【後ジテ・後仕手】** 能で、曲の中入り後に出る主役。あとジテ。対義 前ジテ。

**の-ぢしゃ【野▼萵▼苣】** オミナエシ科の一、二年草。帰化植物。ふたまたに分枝し、葉は対生でへら形。晩春に、薄青色の小花が枝先に集まって咲く。根出葉はサラダとして食べる。ヨーロッパ原産。corn salad

**のち-ずみ【後炭】** →ごずみ(後炭)

**のち-ぞい【後添い】** 後妻。後連れ。one's second wife

**の-ちどめ【野血止】** セリ科の多年草。暖地の野原にはえる。細い茎が横に走り、節からひげ根を出す。夏に、茎の前端が立ち上がり、白い小花の球状のかたまりをつける。

**のち-のち【後後】**(名・副) それより後。将来。after that; in the future 用例 ―困るよ。

**のち-の-つき【後の月】** 陰暦の八月一五日の月に対して、陰暦の九月一三日の名月。

**のち-の-ひな【後の▼雛】** 三月節句の雛人形に対して、八月朔日の八朔に飾る雛や、九月九日の重陽の菊雛のこと。

**のち-の-よ【後の世】** ①未来。future ②死後。あの世。the next world

**のち-の-わざ【後の業】** 死後の供養。葬儀。法事。

**のち-ほど【後程】**(名・副) あとで。後刻。later

**のつ【野津】**〈町〉 大分県南東部、大野川支流野津川に沿う町。農林業が主。風連鍾乳洞がある。人口一万一六三五(一九八八)。

**ノッカー【knocker】** ①玄関などの扉に取り付ける、ノック用の金属製や木製の器具。外来者はそれをたたいて来訪を知らせる。②野球で、守備の練習のためにボールを打つ人。

**のっ-かか・る【乗っ掛(か)る】**(五自) 「のりかかる」の転。

**のっか・る【乗っかる】**(五自)《俗語》乗る。ride

**ノッキング【knocking】** 内燃機関のシリンダー内で起こる異常燃焼で、金属をたたくような音を発する現象。爆燃。

**ノック【knock】**(名・サ変他) ①たたくこと。打つこと。②入室の許しを求めて、戸をたたくこと。③野球で、守備の練習にボールを打つこと。

**ノック-アウト【knockout】**(名・サ変他) ①ボクシングで、相手を打って、一〇秒以内に立ち上がらせなくすること。KO。カウントアウト。②野球で、打ちまくって投手を交替させること。③完全に打ち負かすこと。

**ノック-オン【knock-on】** ラグビーの反則の一つ。プレーヤーがパスを落球するなどして、ボールをからだに当て、相手ゴール方向に進めてしまった場合。

**ノックス【John Knox】**(一五〇五ごろ〜七二) スコットランドの宗教改革者。ジュネーブでカルバンの影響を受け、帰国後カトリック教会を攻撃、長老派教会を開いた。

**ノック-ダウン【knockdown】**(名・サ変他) ①ボクシングで、打ちたおされること。ダウン。②「ノックダウン輸出」の略。

**ノックダウン-ゆしゅつ【ノックダウン輸出】**《「ノックダウン」は、組み立て、の意》自動車・機械などを部品や半製品の形で輸出し、現地で組み立てて製品とし販売する方式。KD輸出。knockdown export

**のっけ**《俗語》最初。冒頭。用例 ―からおどろかされる。

**のつけ-ざき【野付崎】** 北海道東部、根室海峡に突出する岬。長さ約二八km。日本最大の分岐砂嘴。放牧地。ハクチョウの飛来地。

**のっ・ける【乗っける・載っける】**(下一他)《俗語》のせる。put on

**のっ-こみ【乗っ込み】** 魚が産卵のために浅い場所へ寄り集まってくること。

**のっし-のっし**(副)《「のしのし」の転。「のしのし」を強調した言い方》重々しく、しかもゆっくりと地面をふみしめて歩くさま。walk heavily 用例 力士が―と歩く。

**のっそり**(副)《「のそり」の転》動作がゆっくりしているさま。また、言動にあいそのないさま。sluggishly 用例 ―立ち上がる。

**ノッチド-カラー【notched collar】** →ノッチドラペル

**ノッチド-ラペル【notched lapel】**《「ノッチ」はV字形の切り目の意》襟型の一つ。ラペル(下襟)の先が自然に下がっている形。背広の襟型のもっとも一般的なもの。菱襟。ノッチドラペルカラー。ノッチドカラー。→図

●ノッチドラペル

**ノッティンガム【Nottingham】** イギリス、イングランド中部、トレント川に沿う工業都市。レース・洋品類生産がとくにさかん。人口二七・七万(一九八三)。

**のっ-と** 古語(副) 急にあらわれるさま。用例 むめが香に―日の出る山路かな(芭蕉)。

**ノット【knot・節】** 船の速さを表す単位。一ノットは一時間に一海里(一・八五二km)進む速さ。手用測程儀の測程索に付けた結び目(knot)に由来する。記号kt

**ノット-かいろ【NOT回路】** →ひていかいろ(否定回路)

**のっ-とり【乗っ取り】** ①乗っ取ること。capture ②企業を買収して経営を支配すること。takeover ③運航中の船や航空機を略取すること。ハイジャック。hijack

**の-つ-とり【野つ鳥】** [枕ことば]《野にいる鳥、の意。キジをさすことが多い》「きぎし(キジ)」にかかる。用例 ―雉はとよみ家つ鳥鶏も鳴くさ夜は明けこの夜は明けぬ(万葉・一三・三三一〇)。

**のっ・とる【▽則る・▽法る】**(五自)《「のりとる」の転》手本として従う。follow 用例 規則に―。

**のっ・とる【乗っ取る】**(五他)《「乗り取る」の転》①攻めて奪いとる。capture 用例 城を―。②無理に自分のものにする。take over 用例 会社を―。

**のつはる【野津▽原】**〈町〉 大分市西隣の町。稲作・畑作・畜産・シイタケ栽培などがさかん。都市化が進む。人口六一八九(一九八八)。

**のっぴき-ならぬ【▽退っ引きならぬ】**(連語) あとへ引けない。さけられない。inevitable 用例 ―立場。

**のっ-ぺい【▽能平・▽濃▼餅】** くず粉でとろみをつけた汁物。材料は油揚げ・サトイモ・シイタケ・ニンジン・ダイコンなど。のっぺい汁。

**のっぺら-ぼう** ㊀(名・形動) ①なめらかで、すべすべしていること・もの・さま。smoothness ②変化のないこと・もの・さま。flatness ㊁(名) 目・鼻・口のない化け物。

**のっぺり**(副・サ変自) 顔などが、平たいさま。平面的なさま。flat

**のっぽ**(名・形動) 背の高いこと・人・さま。対義 ちび。

**の-づみ【野積み】** 資材や品物を屋外に積むこと。pile up out in the open

**の-づら【野面】** 野の表面。野原。

**の-で** (接助)《用言の連体形に付く》理由・原因を示す。用例 月が出た―、明るくなった。参考 一般に「から」が、発言の根拠として主観性の強いのに比べ、「ので」は、客観的に事態を説明する。話しことばでは「んで」ともいう。

**ノディエ【Charles Nodier】**(一七八〇〜一八四四) フランスの小説家。幻想的な作品を発表。自宅サロンでロマン主義精神を鼓吹。作品『トリルビー』など。

**ノ-テウ【盧泰愚】**(No Ta'e-u)(一九三二〜) 韓国の軍人・政治家。陸軍士官学校卒。国軍保安司令官をへて内相・民主正義党代表委員などを歴任。全斗煥の後継者として一九八七年の大統領選挙に立候補し、金泳三・金大中らをおさえて当選。ろたいぐ。

**の-てん【野天】** 屋根のない所。野外。屋外。露天。

**のてん-ぶろ【野天風▼呂】** 野外でたてるふろ。また、野天にわき出ている温泉。野ぶろ。露天風呂。open-air bath

**のと【▽能登】** →のとのくに(能登国)

**のと【▽能都】**〈町〉 石川県北部、奥能登内浦に臨む町。漁業を主とする町で、中心は宇出津港。人口一万五一五二(一九八八)。

**のど【▼喉・▼咽】**《「飲み門」の転じた「のんど」の約》①口の奥。食道・気道と通じる部分。throat 用例 ―をうるおす。②首の前部。のどくび。neck 用例 ネコの―をさする。③歌う声。voice 用例 ―を聞かせる。④書物のとじめの部分。gutter 対義 小口。→本図

**喉が渇く** ①のどに水気がなくなり、水を飲みたく思う。be thirsty ②人のものをうらやましく思い、ほしがる。envy

**喉が鳴る** ひどく食べたい。のどを鳴らす。lick one's lip

**喉が引っ付く** のどがからからにかわく。be thirsty 用例 暑くて喉が引っ付きそうだ。

**喉から手が出る** 欲しくて、たまらない。covet 比較 喉が鳴る。

**喉を鳴らす** 飲食物を見て、物欲しげに、ごくりとつばを飲み込む音を立てる。転じて、何かを欲しがる。lick one's lips

**喉を扼して背を拊つ** 前と後ろとの両方から相手を攻めて、のがれる方策のないようにする。

**のと・ぶ【▽宣ぶ】** 古語(四他)《「のりたまふ」の転。「のたまふ」より尊敬の気持ちが弱い》「言ふ」の尊敬語。おっしゃる。おおせられる。のたまう。用例 きんぢが寮の頭の、去年よりいとせちに―ことのあるを(蜻蛉・下)。

**のど-か【▽長▽閑】**(形動) ①静かで、ゆったりしたさま。落ち着いているさま。のんびりしたさま。②空が晴れて、おだやかなさま。うららか。calm

**のどか-さ【▽長▽閑さ】** のどかなこと、また、その程度。のどけさ。calmness

**のとがわ【▽能登川】**〈町〉 滋賀県中部、愛知川下流にある町。農業中心だが、織物工業もさかん。人口二万一七八八(一九八八)。

**のど-ぐさり【▼喉腐】** 海水魚ネズミゴチの俗称。死魚はのどのあたりから腐り始めることに由来。ネズッポ。

**のど-くび【▼喉▼頸】** 首の前面の部分。neck

**のどけ-さ【▽長▽閑けさ】** →のどかさ(長閑さ)

**のど-け・し【▽長▽閑けし】** 古語(形ク) ①のどかだ。しずかだ。用例 久方のひかり―・き春の日に(古今・春下)。②落ち着いている。用例 よろづさりげなくて、久しく―・き御心おきてにこそありしか(源氏・匂宮)。

**のど-ごし【▼喉越し】** 飲食物が口からのどを通っていくこと。また、そのときの感じ。用例 ―のよいそば。

**のとじま【▽能登島】**〈町〉 石川県北部、七尾湾の能登島からなる町。稲作・畜産・養殖漁業がさかん。人口四一〇八(一九八八)。

**のど-じまん【▼喉自慢】** 歌声のよいのを自慢すること。声自慢。be proud of one's voice

**のど-ちんこ【▼喉ちんこ】** 口蓋垂の俗称。のどびこ。

**のと-の-くに【▽能登国】** 旧国名。現在の石川県北半部。北陸道の一国。「延喜式」では中国、四郡。国府・国分寺はともに七尾市国分町。明治四年(一八七一)廃藩置県により七尾県。同五年(一八七二)石川県に併合。能州。能登。

**のと-はんとう【▽能登半島】** 石川県北部、日本海に突出する半島。日本海側最大の半島で丘陵性山地が広く分布。農林業中心。早く大陸や京都から文化が伝わる。輪島塗が特産。海岸は景勝地が多い。

**のど-びこ【▼喉▼彦】** 口蓋垂の俗称。のどひこ。のどちんこ。

**のど-ぶえ【▼喉笛】** のどを通っている気管の部分。windpipe 用例 ―をかき切る。

**のど-ぼとけ【▼喉仏】** のどの中央部の甲状軟骨による突出部分。子どもや女子では不明瞭。アダムのりんご。のどぼね。Adam's apple →頭図

**のと-みんよう【▽能登民謡】** 石川県能登半島の民謡の総称。『能登麦や節』『舟漕ぎ唄』などが知られている。

**のど-もと【▼喉元】** のどのあたり。throat

**喉元過ぎれば熱さを忘れる** 苦しいことがあっても、時が過ぎ去ればすぐに忘れてしまう。苦難の再発を防止するための、反省や対策のないことのたとえ。Danger past and God forgotten. 比較 暑さ忘れて陰忘る。

**のど-やか【▽長▽閑やか】**(形動) ①動作がゆっくりしているさま。slow ②気持ちがのんびりしているさま。peaceful

**のど-よ・う** 古語(四自) 細々とした声を出して鳴く。用例 鵺鳥の―・ひ居るに(万葉・五・八九二)。

**ノトルニス【notornis】** バンに似たクイナ科の鳥。全長約五〇cm。つばさは退化して飛べない。嘴・脚は赤色、体は青紫色。ニュージーランドの水辺の草地にすむ。一時は絶滅したと考えられていた。

**のとろ-こ【▽能▽取湖】** 北海道北東部、網走市北部の湖。面積五八km²。最深二三・一m。海跡湖で砂州を隔ててオホーツク海に臨む。

**のど-わ【▼喉輪】** ①鎧の付属具。のどにかけて、首と胸を守るもの。②相撲で、相手ののど元に手を筈に当てて押し攻める技。

**ノナ【nona】**《接頭的》ギリシア語で、九の意。用例 ―ノール。

**の-なか【野中】** 野原の中。in the middle of a field

**のなか-けんざん【野中兼山】**(一六一五〜一六六三) 江戸初期の儒者。土佐藩家老。谷時中に南学を学ぶ。藩政改革のため新田開発・殖産興業に努めたが、強引な施策のため反感をかい、失脚。主著『室戸港記』など。

**ノナン【nonane】** 化学式$CH_3(CH_2)_7CH_3$ 炭素の数が九個の鎖状飽和炭化水素。常温でろう状の固体。天然には、石油や天然ガスの主成分として存在。

**の-に** (接助)《用言の連体形に付く。形容動詞や助動詞「だ」には、終止形に付く》①前にのべたことと逆の関係を示す。用例 行けというー、行かない。②《終助詞的に使う》惜しむ気持ちや詰問・後悔の意を表す。用例 あれほど注意しておいた―。よせばいい―。

**の-ねずみ【野▼鼠】** 山野で自然の生活を送る野生のネズミの総称。日本にはアカネズミ・ヒメネズミ・カヤネズミ・ハタネズミなど約二〇種が分布。field mouse 対義 家鼠。

**ののいち【野々市】**〈町〉石川県金沢市南西隣の町。稲作・野菜栽培などがさかん。工場・住宅が増加。人口三万四八五八(一九八八)。

**ののぐち-りゅうほ【野々口立▼圃】**(一五九五〜一六六九) 江戸前期の俳人。名は親重。京の人。松永貞徳に師事。心付けの付合を重んじ立圃風と称された。作法書『はなひ草』、発句集『そらつぶて』など。

**のの-さま【のの様】**《幼児語》①神。仏。②太陽。月。

**ののし・る【▼罵る】**㊀(五自) 人を悪く言う。口ぎたなくわめく。abuse ㊁古語(四自)①大声で言い騒ぐ。用例「われこそ死なめ」とて、泣き―事、いと耐へがたげなり(竹取)。②やかましく音をたてる。用例 里びたる声したる犬どもの出で来て―もいと恐ろしく(源氏・浮舟)。③さかんにうわさされる。評判の高い。用例 この世に―・りたまふ光る源氏(源氏・若紫)。④勢力がさかんである。用例 いきほひまうに、―・りたるにつけて(徒然・一)。

**ののむら-にんせい【野々村仁清】**(生没年未詳) 江戸初期の陶工。丹波の人。京焼の祖といわれる。優麗典雅、日本趣味豊かな色絵陶器を制作。茶器が多い。作品『月梅図壺』『藤花文茶壺』など。

**ノバーリス【Novalis】**(一七七二〜一八〇一) ドイツ初期ロマン派の代表的詩人・小説家。散文詩『夜の賛歌』、未完の小説『青い花』など。

**ノバ-イスパニア【Nova Hispania ラテ】**《新しいスペイン、の意》スペイン植民地時代のメキシコの称。一六世紀コルテスが征服したアステカ帝国の地をさしていったことに始まる。

**の-ばかま【野▼袴】** 裾にビロードなどで広い縁をつけた袴。江戸時代、武士が火事装束や旅行のときなどに用いた。

**のば・す【伸ばす】**(五他)①曲がっていたり縮んでいたりするのを、まっすぐにする。stretch 対義 かがめる・ちぢめる。用例 腰を―。針金を―。②成長させる。上達させる。develop; extend 用例 才能を―。勢力を―。髪を―。③《俗語》なぐり倒す。のす。knock down 用例 一発で―・してやる。

**のば・す【延ばす】**(五他)①時間や距離を長くする。②遅らせる。strech 用例 締め切りを―。滞在を―。postpone 用例 出発を―。

**ノバ-スコシア【Nova Scotia】** カナダ東部、大西洋に突出した同名の半島と、北東に接するケープブレトン島からなる州。州都ハリファックス。人口八四・七万(一九八二)。

**の-ばと【野▼鳩】** 野生のハト。dove

**の-ばなし【野放し】**①家畜などを放し飼いにすること。pasture ②勝手気ままにさせること。放任。noninterference

**の-はなしょうぶ【野花▼菖▼蒲】** アヤメ科の多年草。山中の湿地にはえる。葉は剣状で、根茎上に二列につく。花は紅紫色で、内花被片は小さくて直立。ハナショウブの原種。

**ノバヤゼムリャ-とう【ノバヤゼムリャ島】**(Novaya Zemlya) ソ連北西方、北極海中に北東から南西に弓状に延び、カラ海とバレンツ海を分ける大島。面積八・二万$km^2$。

**の-はら【野原】** 広い平地。野。原っぱ。field

**の-ばら【野▼薔▼薇】**①ノイバラの別称。②《原題 Heidenröslein ドイ》ゲーテの同名の詩による声楽曲。シューベルト(一八一五年作曲)・ウェルナー(一八二九年出版)・シューマン(一八四九年作曲)など。③三木露風作詞、山田耕筰作曲の歌曲。大正六年(一九一七)作。

**のはら-あざみ【野原▼薊】** キク科の多年草。日当たりのよい山地にはえる。高さ約一m。葉は羽状に深裂。秋に、紫紅色の頭花を開く。

**のび【伸び】**①伸びること。lengthen; growth 用例 ―が早い。②せのび。stretch oneself ③上達。improvement 用例 技の―。④手足を伸ばすこと。stretch 用例 大きく―をする。

**のび【延び】** 長くなること、また、その程度。lengthen

**の-び【野火】**㊀初春、野山に火をつけて枯れ草を焼くこと。その火。field fire ㊁大岡昇平の小説。昭和二三〜二六年(一九四八〜五一)発表。戦争の中で追いつめられた人間の倫理と狂気を描く。

**のび-あが・る【伸(び)上がる】**(五自) つま先立って背を高くする。stand on tiptoe

**の-びえ【野▼稗】** 野生のヒエの総称。

**ノビコフ【Nikolay Ivanovich Novikov】**(一七四四〜一八一八) ロシア最初のジャーナリスト。雑誌を発刊して社会風刺を行い、のちに投獄された。

**ノビコフ-プリボイ【Aleksey Silych Novikov-Priboy】**(一八七七〜一九四四) ソ連の小説家。日本海海戦に参加。作品『ツシマ』など。

**ノビ-サド【Novi Sad】** ユーゴスラビア中北部、セルビア共和国北部、ボイボディーナ自治州の州都。ドナウ川に臨む商工業と文化の中心地。人口二五・八万(一九八一)。

**の-びたき【野▼鶲】** ツグミ亜科の小鳥。体色は雌雄、夏冬で異なる。翼長約七cm。北海道・本州の草原に多く、冬は東南アジアへ渡る。stonechat →写

●ノビタキ

**のび-ちぢみ【伸び縮み】**(名・サ変自) 伸びたり縮んだりすること。また、その幅。expansion and contraction

**のびどめ-ようすい【野火止用水】** 武蔵野を北東流する用水。東京都小平市で玉川上水から引水、埼玉県新座市野火止を流れて新河岸川に注ぐ、かつての農業用水。

**のび-なやみ【伸(び)悩み】** 伸び悩むこと。fail to increase

**のび-なや・む【伸(び)悩む】**(五自)①伸びかねる。順調にはかどらない。容易にうまくならない。make little progress ②相場が足ぶみして値が上がらない。be held in check

**のび-のび【伸び伸び】**(副・サ変自)①すくすくと伸びるさま。grow fast ②ゆったりとくつろぐさま。feel at ease

**のび-のび【延び延び】**(形動) 物事が長びくさま。延引。用例 仕事が―になる。

**のび-やか【伸びやか】**(形動) 伸び伸びしているさま。feel at ease

**の-びる【野▼蒜】** ユリ科の多年草。山野にはえる。高さ五〇〜八〇cm。葉は細長く中空、断面は三角形。初夏に、淡紅紫色の小花が咲く。鱗茎は白色球形でネギのような臭気があり、葉とともに食用。ヒル。ネビル。→写

**の・びる【伸びる】**(上一自)①縮んだものがまっすぐになる。be stretched 対義 縮む。用例 腰が―。しわが―。②疲れたり、なぐられたりしてぐったりする。collapse 用例 暑さで―・びてしまった。③成長する。上達する。grow 用例 背が―。技量が―。④ふえる。豊かになる。develop 用例 輸出が―。⑤うすく広がる。spread 用例 クリームがよく―。⑥そば・うどんなどの弾力がなくなる。用例 そばが―・びてしまった。

**の・びる【延びる】**(上一自)①時間や距離が長くなる。extend 用例 線が―。期限が―。②遅れる。be prolonged 用例 開会が―。

**ノビレ【Umberto Nobile】**(一八八五〜一九七八) イタリアの探検家。一九二六年にアムンゼンとともに、飛行船ノルゲ号で北極探検を行った。

**の・ぶ【延ぶ・伸ぶ】** 古語 ㊀(上二自)→のびる(延びる)→のびる(伸びる)。㊁(下二他)→のべる(延べる)

**の・ぶ【述ぶ】** 古語(下二他)→のべる(述べる)

**ノブ【knob】** ドアなどの取っ手。握り。

**の-ぶか【▼箆深】** 古語(形動ナリ) 矢が深くささるさま。用例 引き合はせを―に射られて落ちにけり(保元)。

**の-ぶき【野▼蕗】** キク科の多年草。日陰の湿地にはえる。高さ約五〇cm。葉はフキに似て小形。夏から秋に、白色の小頭花が多数咲く。瘦果は粘毛をもち付着しやすい。

**ノブゴロド【Novgorod】** ソ連西部、レニングラード南南東約一六〇kmの古都。河港都市。一一〜一五世紀に繁栄。人口二二・四万(一九八六)。

**ノブゴロド-は【ノブゴロド派】** ソ連、レニングラードの南南東にあるノブゴロドを中心に栄えた画派。ビザンチン美術のロシア北方派を代表。一四世紀が全盛。イコン・壁画・建築に独自の様式を発展させた。Novgorod school

**の-ぶし【野伏(し)・野▼臥(し)】**①山伏。itinerant priest ②《「野武士」とも》一定の主人をもたない放浪武士や農民の武装集団。中世、敗軍の将兵を襲って、略奪したり、形勢をみて有力武将に加勢したりした。のぶせり。wandering samurai; free lance

●ノビル

**の-ぶせり【野伏せり・野▼臥せり】**①野伏し。②山野で野宿する者。

**の-ぶと・い【野太い】**(形)①ふてぶてしい。ずぶとい。audacious 用例 ―若者に成長した。②声が荒々しく太い。用例 ―声で話す。

**の-ぶどう【野▼葡▼萄】** ブドウ科のつる性落葉低木。山野にはえる。葉は円形、互生。夏に淡緑色の五弁花を開く。果実は球形、秋に白・紫・青色などに変化して熟す。食用にはならない。ampelopsis →写

●ノブドウ

**のぶとき-きよし【▽信時▽潔】**(一八八七〜一九六五) 作曲家。大阪生まれ。東京音楽学校卒。アカデミックで堅実な作風で、歌曲作家として高い評価を受けた。カンタータ『海道東征』、合唱曲『海行かば』、歌曲『沙羅』など。

**のぶ-の-き【▽化▽香の▽樹】** ノグルミの別名。

**のぶれ-ば【▽陳▽者】** 文語的(連語)《候文の手紙で、用件の書き出しに用いる》申し上げますと。用例 拝啓―…。

**のべ【延べ】**①ひらたくのばしたもの。lengthened thing ②同一のものでも、条件に合っていれば一単位として何回でも数に入れた総計。total 用例 ―人員。

**の-べ【野辺】** 野原。field

**野辺に送る**(のべにおくる) 遺骸を火葬場または埋葬場まで運ぶ。野辺の送りをする。bury

**野辺の煙**(のべのけぶり) 火葬のけむり。

**のべ-いた【延(べ)板】** 金属を打ち延ばして板の形にしたもの。sheet metal

**ノベール【Jean-Georges Noverre】**(一七二七〜一八一〇) フランスの舞踊家・振付師。多くのバレエ改革を行い、バレエの基礎を築いた功績者。ノヴェール。

**のべおか【延▼岡】**〈市〉宮崎県北東部、日向灘に臨む市。旧城下町。化学・繊維などの工業都市。人口一三万六九四四(一九八九)。

**のべ-がね【延(べ)金】**①鍛えて延ばし、平らにした金属。sheet metal ②貨幣などにするために、金銀を打ち延ばしたもの。gold or silver plate ③刀剣。sword

**のべ-がみ【延(べ)紙】** 縦七寸(約二一cm)、横九寸(約二七cm)の杉原紙。奈良県の吉野

地方から多く産し、江戸時代には上等なのり紙として用いられた。小杉延べ。延べ。

**のべ-ギセル【延べギセル】** 全体が金属のキセル。

**のべ-ごすう【延(べ)語数】** 一定の範囲の文章・作品などに用いられた単語の数の総和。同じ語が五回あれば五と数える。[比較]異なり語数。

**のべ-ざお【延(べ)▼竿】** 継ぎ合わせでない、一本の釣りざお。

**のへじ【野▽辺地】**〈町〉青森県東部、野辺地湾に臨む町。下北半島の入り口で、かつて南部藩の要港。人口一万八三七五(一九八八)。

**のべ-じんいん【延(べ)人員】** 多人数で日数のかかる仕事を、一日で完成したものと仮定して、その期間分を人員に換算した総計人員。たとえば、五日間かかる仕事に毎日一〇人動員した場合、延べ人員は五〇人になる。total number of workers

**のべつ**(副) 絶え間なくだらだらと続くさま。たえず。のべつに。continually

**のべつ-に**(副) ↓のべつ

**のべ-つぼ【延(べ)坪】** 建築物で、各階の床面積の合計を坪数で表したもの。延べ床面積。total floor space [参照]延べ床面積。

**のべつ-まくなし【のべつ幕無し】**(形動) 絶え間なく続くさま。without intermission

**のべ-にっすう【延(べ)日数】** 多人数で日数のかかる仕事を、ひとりで完成したものと仮定して、その人数分を日数に換算した総日数。たとえば、五日間で毎日一〇人ずつ動員された場合、延べ日数は五〇日になる。total number of days

**のべ-の-おくり【野辺の送り】** 死者を納棺し、埋葬地や火葬場まで運んでいくこと。また、その葬列。野辺送り。

**のべ-ばらい【延(べ)払い】** 代金の支払いの時期を延ばすこと。deferred payment

**のべばらい-ゆしゅつ【延(べ)払い輸出】** 金額の大きな輸出を行う場合、頭金以外の残りの支払いを一定期間猶予する輸出方式。外貨準備の少ない発展途上国へのプラント輸出に欠かせない方法。installment payment export

**のべ-ぼう【延(べ)棒】** ①金属を溶かしたり延ばしたりして棒状にしたもの。gold bar ②もちなどを平たく延ばす木製の棒。wooden bar

**のべやま-うちゅうでんぱかんそくじょ【野辺山宇宙電波観測所】** 国立天文台(旧東京天文台)の付属施設。口径四五mのミリ波望遠鏡と可動式一〇m望遠鏡五基からなる干渉計を備えた電波天文学の観測施設。昭和六三年(一九八八)七月より、国立天文台野辺山宇宙電波観測所に名称変更。

**のべやま-たいようでんぱかんそくじょ【野辺山太陽電波観測所】** 国立天文台(旧東京天文台)の付属施設。多素子干渉計用アンテナを備え、太陽から発せられるいろいろな波長の電波観測に当たる。昭和六三年(一九八八)七月より、国立天文台野辺山太陽電波観測所に名称変更。

**のべやま-はら【野辺山原】** 長野県東部、八ケ岳東麓の高原。高原野菜栽培・酪農がさかん。行楽・キャンプ地。野辺山駅はJR駅中の最高所(一三四六m)。野辺山高原。

**のべ-ゆかめんせき【延(べ)床面積】** 建築物の各階の床面積を合計した広さ。通常、平方メートルで表されるが、延べ坪も使われる。total floor space [参照]延べ坪。

**の・べる【延べる・伸べる】**(下一他) ①高くする。長くする。lengthen ②大きくする。広げる。spread ③遅らせる。defer ④寝床を敷く。make a bed [用例]床を—。

**の・べる【述べる】**(下一他) ①《「宣べる・陳べる・演べる・叙べる」とも》言う。語る。告げる。記す。describe [用例]先に—・べたとおり。②記述する。state [用例]体験を—・べた書物。

**ノベル【novel】** 散文の物語。写実的な長編小説。ノーヴェル。[対義]ロマンス。

**ノベルティ【novelty】** 広告手段の一つとして配布される、商品名や社名を記したボールペン・ライター・手帳などの品物。景品広告。実用品広告。

**の-ほうず【野放図】**(形動) ①しまりのないさま。wild ②場所柄も考えず、勝手にふるまうさま。arrogant

**ノボクズネック【Novokuznetsk】** ソ連中南部、クズネック炭田の中心都市の一つ。人口五八・三万(一九八六)。旧称スターリンスク―クズネック。

**ノボシビルスキー-しょとう【ノボシビルスキー諸島】**(Novosibirskiye Ostrova) ソ連東シベリア沖、北極海のラプテフ海と東シベリア海の間に連なる無人島群。マンモスの化石が出土。

**ノボシビルスク【Novosibirsk】** ソ連、西シベリア南部、オビ川沿岸の工業都市。クズネック重工業地域の一部をなす。シベリアの開発・交通の中心。人口一四〇・五万(一九八六)。

**のぼ・す【上す】** ㊀(五他) ↓のぼせる(上せる)。㊁[古語](下二他) ①上へ進ませる。高い所にあがらせる。[用例]高き木に—・せて(徒然・一〇九)。②身分の低い者を召し寄せる。参上させる。[用例]下しなるをも呼び—・せ(枕・職の御曹司の西面の)。③地方から都へ人や物を送る。[用例]田舎よりも国の物など—・せ(沙石集)。

**のぼせ【▽逆▽上せ】** のぼせること。上気。rush of blood to the head

**のぼせ-あが・る【▽逆▽上せ上がる】**(五自) すっかりのぼせる。have a rush of blood to the head; be beside oneself

**のぼ・せる【上せる】**(下一他) ＝上す。①提出する。submit [用例]議題に—。②食卓に出す。serve [用例]食膳に—。③書き載せる。record [用例]記録に—。

**のぼ・せる【▽逆▽上せる】**(下一自) ①頭に血が上って、ぼうっとなる。上気する。have a rush of blood to the head [用例]人いきれに—。②血迷う。夢中になる。理性を失う。be beside oneself [用例]野球に—・せて勉強が手につかない。

**の-ぼたん【野▼牡丹】** ノボタン科の常緑低木。沖縄・台湾などに分布、温室栽培もされる。高さ約一m。葉は楕円形で三本の葉脈が目立つ。夏に淡紫色の花を枝先に開く。↓[写]

●ノボタン

**の-ぼとけ【野仏】** 野中にたてられた仏像。野原に置かれた石の仏像。[用例]苔むした—。

**のぼの【▽能褒野】** 三重県鈴鹿・亀山両市にわたる地区。鈴鹿川上流域の台地で、日本武尊の病没の地と伝えられる。

**のほほん-と**(副) のんきで、こだわらないさま。

**のぼり【上り】** [対義]下り。①上ること。ascent [用例]船が川を—下りする。②上り坂。upward slope [用例]—にかかる。③地方から中央へ、とくに東京へ向かうこと。go up to Tokyo [用例]お—さん。④上り列車。up train [用例]九時の—で上京する。

**のぼり【登り】** [対義]下り。①登ること。ascent ②登り坂。upward slope

**のぼり【▼幟】** ①《「幟旗」の略》細長い布の上と長辺の一方に多くの乳をつけて竿を通したもの。flag [数え方]一本・一旒。②「鯉幟」の略。↓[写]

**のぼり-あゆ【上り▼鮎】** 春季、川をさかのぼっていく若鮎。

**のぼり-がま【上り窯・登り窯】** 陶磁器を焼く窯の一形態。傾斜地に焼成室を連結して作った窯。火力が下室から順次に上室に及ぶ。日本では桃山時代から用いられた。

**のぼり-ぐち【上り口・登り口】** 山や階段などの、のぼり始めの所。のぼりくち。starting point for ascent

●幟①

**のぼり-ざか【上り坂】** [対義]下り坂。①《「登り坂」とも》あがりになっている道。upward slope ②勢いなどがあがりつづけること。rise [用例]商売も—に向かっている。

**のぼり-しょむ【昇▼曙夢】**(一八七八〜一九五八) ロシア文学者。本名、直隆。鹿児島県生まれ。ロシア近代文学の翻訳が多い。著書『ロシヤ・ソヴェート文学史』など。

**のぼり-ちょうし【上り調子】** だんだん調子がよくなること。のぼりぢょうし。uptrend

**のぼり-つ・める【上り詰める】**(下一自) ①登り切る。ascend up to the top ②最高をきわめる。ascend up to

**のぼり-ふじ【昇り▼藤・上り▼藤】** 紋所の名。藤紋の一種で、二つの花房が上向きになって、向かい合っている形が多い。↓[図]

●昇り藤

**のぼりべつ【登別】**〈市〉北海道南西部、太平洋に臨む市。登別温泉ほか多くの温泉がある温泉都市。支笏洞爺国立公園の観光基地。人口五万七三一七(一九八八)。

**のぼり-りゅう【昇り竜】** 天にのぼって行く竜。また、その絵など。[用例]—の勢い。

**のぼ・る【上る】**(五自) ①[対義]下る。㋐上へ行く。ascend [用例]階段を—。㋑さかのぼる。go upstream [用例]川を—。㋒首府へ行く。go up to [用例]都へ—。②陸にあがる。go ashore [用例]船から陸に—。③ある数量になる。…にもなる。reach [用例]その数、一〇〇万に—。④出される。come up [用例]うわさに—。議事に—。

**のぼ・る【登る】**(五自) いちだんと高い場所に上がる。climb [対義]下りる・下る。[用例]山に—。

**のぼ・る【昇る】**(五自) ①高くあがる。rise [用例]天に—。②地位が進む。ascend [用例]位が—。③太陽が現れる。rise [対義]沈む。[用例]日が—。

**の-ぼろぎく【野▼襤▼褸菊】** キク科の一、二年草。ヨーロッパ原産の帰化植物。畑や道ばたにみられ、高さ約三〇cm。葉は不ぞろいに羽裂。春に、黄色の小頭花をつける。果実には白い冠毛があり、風に飛ぶ。groundsel

**ノボロシースク【Novorossysk】** ソ連南西部、黒海北東岸の港湾都市。同国セメント工業の一大中心地。人口一七・七万(一九八六)。

**のま-おい【野馬追(い)】** 福島県相馬市の中村神社・原町市の太田神社・小高町の小高神社の妙見三社で七月二三〜二五日に行われる神事。古くは雲雀ケ原に放牧されている野馬を追ったが、現在は神旗を奪い合う。相馬野馬追い。↓[写]

●野馬追い

**のま・す【飲ます】**(五他) ↓のませる(飲ませる)

**のま-せいじ【野間清治】**(一八七八〜一九三八) 講談社の創立者・初代社長。群馬県生まれ。群馬師範卒。大正一四年(一九二五)創刊の「キング」は、総合大衆雑誌として成功。雑誌を中心とする出版を通じて大衆文化の普及につとめた。

**のま・せる【飲ませる】**(下一他) ＝のます。①飲むようにしむける。let … drink [用例]馬に水を—。②人に酒などをごちそうする。[用例]一杯—。

**のま-ひろし【野間▼宏】**(一九一五〜) 小説家。神戸



↓行き先項目、図版・写真参照印。 JIS 日本工業規格情報交換用漢字符号コード(区点コード)。

市生まれ。京大卒。第一次戦後派の一人。人間のエゴイズムを執拗に追求。作品『暗い絵』『真空地帯』『青年の環』など。

**のま-ぶんげいしょう【野間文芸賞】** 講談社が初代社長野間清治を記念して設けた文学賞。昭和一六年(一九四一)創設。

**の-まめ【野豆】** ツルマメの異名。

**のま・れる【飲まれる】**(下一自) ①すっかり入り込む。be swallowed 用例波に―。②勢い・雰囲気などに押されて、縮まる。be overawed 用例雰囲気に―。

**のみ【▼蚤】** ノミ目に属する昆虫の総称。体長四㎜以下。雌は雄より大形で、俗に「ノミの夫婦」といわれる。翅はないが、発達した足でよく跳ねる。人獣の血を吸い、ペストなどを媒介。flea →図

●ノミ

**蚤の息も天に上がる**(のみのいきもてんにあがる) 弱い者やとるにたらない者でも、一心になって行えば、何事も成しとげることができるものだ。類似蟻の思いも天に届く。

**蚤の金玉**(のみのきんたま) 非常に小さいもののたとえ。類似蚤の卵。蚤の眼に蚊の睫。

**蚤の夫婦**(のみのふうふ) 夫より妻のほうが大柄な夫婦。Jack Sprat and his wife.

**のみ【▼鑿】** 木材などを削ったり(突き鑿)、穴をあける(叩き鑿)工具。chisel 数え方 一丁。参考 金属・石材に用いるのは鏨。→写

●鑿 右から、叩き鑿、叩き丸鑿、突き鑿、鎬鑿。

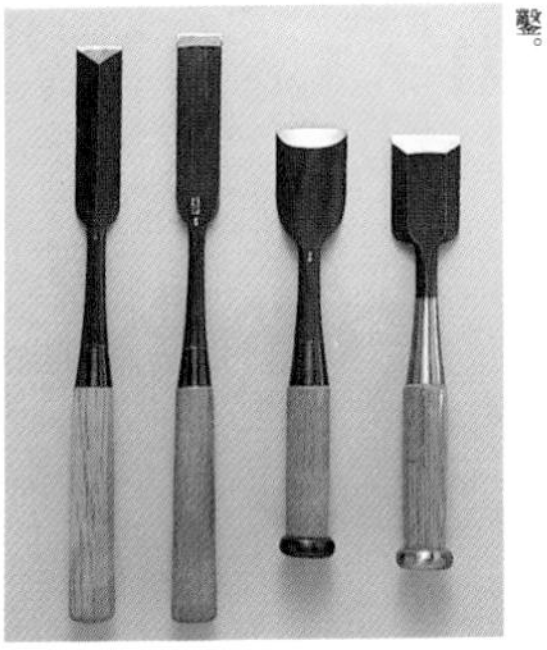

**のみ** □一(副助) それと限る意を表す。だけ。ばかり。用例それ―ならず。□二(終助)《漢文の文末助字「而已・耳」を「のみ」と訓じたところから》限定して、断定する意を表す。…だけだよ。用例あえて言わざる―。

**のみ-あか・す【飲み明(か)す・飲明(か)す】**(五他) 夜通し酒を飲みつづける。drink a night away

**のみ-かけ【飲(み)掛け】** 飲むのを中途でやめること。また、残った飲み物。用例―で席を立つ。

**のみ-くい【飲み食い】**(名・サ変他) 飲んだり食ったりすること。飲食。eat and drink

**のみ-ぐすり【飲(み)薬】** 内服薬。medicine for internal use 対義付け薬。

**のみ-くだ・す【飲(み)下す】**(五他) 飲み込む。gulp down

**のみ-くち【飲(み)口】** ①酒などを飲んだときの感じ。taste ②飲む口つき。manner of drinking ③酒好きの人。drinker ④杯・茶わんなどの、口に触れる部分。

**のみ-ぐち【▼呑(み)口】** たる・かめに入れてある酒・しょうゆなどを出すための口。tap

**のみ-こうい【▼呑(み)行為】** ①顧客から委託を受けた証券業者や商品仲買人が、取引所を通さずに決済する違法行為。顧客には正規の売買と同じように見せかけるか、直接、自分を相手方として売買しているもの。bucket ②法令で定められた以外の者が馬券や車券などを発売すること。呑み屋。bookmaking

**のみ-ごたえ【飲(み)▽応え】** 味がよく、また分量がある、てごたえ。飲みで。enough of a good drink

**のみ-こみ【飲(み)込み】** 理解すること。納得すること。understanding 用例―が早い。

**飲み込みが良い**(のみこみがいい) 理解力がある。すぐ納得する。わかりがはやい。また、物おぼえがいい。be quick to understand 用例何を言っても―人。

**のみこみ-にく・い【飲(み)込み▽難い】**(形) ①飲み込むのがむずかしい。②わかりにくい。difficult to understand

**のみ-こ・む【飲(み)込む】**(五他) ①飲んで、のどを通す。swallow ②理解する。納得する。understand

**のみ-さし【飲(み)▽止し】** 飲みかけ。

**のみ-しろ【飲(み)代】** 酒を飲む代金。さかて。drink money

**のみ-すけ【飲(み)助・▼呑(み)助】**《俗語》酒が好きで、よく飲む人。のんべえ。

**のみ-たお・す【飲(み)倒す】**(五他) ①酒を飲んで、その代金を払わない。bilk ②酒を飲んで財産をつかいはたす。drink away one's fortune

**の-みち【野道】** 野の中の道。path through a field 用例―を行く。

**のみ-つぶ・す【飲(み)▼潰す】**(五他) 酒を飲みすぎて財産をなくす。drink away one's fortune

**のみ-つぶ・れる【飲(み)▼潰れる】**(下一自) 酒にひどく酔って、たおれる。酔いつぶれる。be dead drunk

**のみ-て【飲(み)手】** 酒が好きで、飲める人。drinker

**のみ-で【飲(み)出】** 飲みごたえのあること。sufficient for a good drink

**のみとり-まなこ【▼蚤取(り)眼】**《ノミをとるときのような》きょろきょろした真剣に物を探す目つき。鵜の目鷹の目。eagle eyes

**のみ-ならず** 文語的 □一(接続) そのうえ。そのほか。□二(連語) だけでなく。用例日本―世界のためにもなる。

**のみならん-や**(連語) …だけであろうか。…だけではない。用例幸福は金―。

**ノミナリズム【nominalism】** →ゆいめいろん(唯名論)

**ノミナル【nominal】**(形動) 名義だけの。名目的。

**ノミネート【nominate】**(名・サ変他) 候補として指名、または推薦すること。

**のみ-の-いち【▼蚤の市】**《Marché aux pucesフランスの訳語》こまごました雑品を売買する古物市。パリ北郊の路上で開かれたのが起こりで、のちには一般に古物をあきなう市をいうようになった。flea market

**のみ-の-すくね【野見▽宿▼禰】** 日本神話の人物で、相撲の祖。垂仁天皇の命で当麻蹴速と力を争って勝つ。皇后死去のさい、殉死のかわりに埴輪を案出、土師臣の姓を賜ったという。

**のみ-の-つづり【▼蚤の▼綴】** ナデシコ科の二年草。ごくふつうにみられる。茎は細く、叢生。高さ約二〇㎝。葉は小さく卵形。夏に、五弁の白い小さな花を開く。

**のみ-の-ふすま【▼蚤の▼衾】** ナデシコ科の二年草。茎は高さ約二〇㎝。葉は柄が無く長楕円形で長さ約一㎝。初夏に、ハコベに似た白い小さな花を開く。

**のみ-ほ・す【飲(み)干す・飲(み)▽乾す】**(五他) からになるまで飲んでしまう。drink up 用例一気に―。

**のみ-まわし【飲(み)回し】**(名・サ変他) 飲み物を一つの器に入れて、順々に飲むこと。pass round a cup 用例濃い茶の―。

**のみ-みず【飲(み)水】** 飲むことのできる水。飲料水。drinking water

**のみ-もの【飲(み)物】** 飲むための液体。飲料。茶・コーヒー・ジュース・酒など。drinks 対義食べ物。用例―を用意する。

**のみ-や【▼呑(み)屋】** 競馬・競輪などで、法定の主催者以外に馬券や車券を売ったり、投票を募って闇賭博をしたりする胴元。bookmaker 参照呑み行為。

**のみ-や【飲(み)屋・▼呑(み)屋】** 手軽に酒を飲ませる店。居酒屋。saloon米; public house英

**のみやま-ぎょうじ【野見山暁治】**(一九二〇) 洋画家。福岡市生まれ。東京美術学校卒。東京芸大教授。作品『岩上の人』など。

**のみ-りょう【飲(み)料】** ①飲みしろ。酒代。drink money ②自分が飲むための分。one's share of drink

**の・む【飲む・▼呑む】**(五他) ①《「喫む」とも》かまずにのどを通す。drink 用例コーヒーを―。―・みに行こう。②酒をのむ。drink 用例一杯―。③《「喫む」とも》吸いこむ。smoke 用例タバコを―。④相手をみくびる。despise 用例相手を―・んでかかる。⑤要求・意見を受け入れる。accept 用例要求を―。⑥懐に隠し持つ。conceal 用例短刀を―。⑦外に出ようとするものをおさえる。用例息を―。声を―。

**飲む打つ買う**(のむうつかう) 酒を飲む、ばくちを打つ、女を買う、のことで、男の道楽の代表的なもの。用例―と三拍子そろった道楽者。

**飲めや歌え(の)**(のめやうたえ(の)) 酒を飲んで、大声で歌をうたってさわぐ。酒盛りの大さわぎを言う。

**の・む【▽祈む・▽求む】** 古語(四他) 神仏などにいのる。こい願う。用例天つ神仰ぎ乞ひ―・み地つ神伏して額づき(万葉・五・九〇四)。

**のむぎ-とうげ【野麦峠】** 長野・岐阜県境、乗鞍岳南麓にある峠。標高一六七二m。女工哀史の地として文学に登場。

**のむら【野村】**〈町〉愛媛県南西部、肱川上流の山間の町。林業や酪農がさかん。シイタケが特産。人口一万三二九六(九八)。

**のむら-かつや【野村克▼也】**(一九三五) プロ野球、南海・ロッテ・西武球団の元捕手。京都府生まれ。昭和五五年(一九八〇)引退。通算本塁打六五七本。最優秀選手五回。三冠王一回。首位打者一回。本塁打王九回。昭和四五〜五二年(一九七〇〜七七)まで、南海ホークスで選手と監督を兼任。リーグ優勝一回。最多出場試合三〇一七。

**のむら-きちさぶろう【野村吉▽三郎】**(一八七七〜一九六四) 海軍大将・外交官。和歌山県生まれ。外相・駐米大使として太平洋戦争直前の日米交渉に尽力。戦後は参議院議員。

**のむら-こどう【野村▼胡堂】**(一八八二〜一九六三) 小説家・音楽評論家。本名、長一。別号、あらえびす。岩手県生まれ。東大中退。作品『銭形平次捕物控』『池田大助捕物日記』など。

**のむら-しょうけん【野村▼證券(株)】** 日本の証券業界のトップで、世界有数の総合金融会社。大正一四年(一九二五)設立。

**のむら-ぼうとうに【野村望東尼】** →のむらもとに(野村望東尼)

**のむら-まんぞう【野村万蔵】** 能狂言師。和泉流三宅派。六世まで。六世(一八九八〜一九七八)は狂言の地位向上に貢献。重要無形文化財保持者。→写

**のむら-もとに【野村▽望▽東尼】**(一八〇六〜六七) 江戸末期の女流歌人・勤王家。「ぼうとうに」とも。名はもと。福岡藩士野村貞貫の後妻。夫の死後剃髪。大隈言道に師事、清新な秀歌を詠んだ。高杉晋作らと親交があり、捕らえられて姫島に流された。家集『向陵集』、『上京日記』『夢かぞへ』など。

**の-め・す**(五他) ①前へ倒す。転ばす。push down ②《動詞の連用形に付いて》すっかり…する。do completely 用例たたき―。

**のめ-のめ**(副) あつかましいさま。おめおめ。shamelessly

**のめり-こ・む【のめり込む】**(五自) ①抜け出せないほど深く前へ倒れ込む。go deep into ②すべてを忘れて熱中する。be completely absorbed in 用例宗教に―。

**のめ・る**(五自) 前へ倒れる。傾く。つんのめる。fall forward

**の・める【飲める】**(下一自) ①たくさん飲むことができる。drink much 用例あの人は―くちだ。②飲むことができる。can drink 用例自分で薬を―までに回復した。③飲んでおいしい。be good to drink 用例この酒は―。

**ノモグラフ【nomograph】** 早見計算表。計算図表。

**のもざき【野▽母崎】**〈町〉長崎県、長崎半島先端の町。漁業がさかんで、県下有数の遠洋漁業基地。人口九五八五(九八)。

**ノモス【nomosギリシア】**《法律・慣習・社会制度、の意》古代ギリシアで、伝来の慣例として守られていたもの。ソフィストによってフィシス(自然)に対立させられ、相対的・偶然的・主観的なものとされた。

**の-も-せ【野▽面】** 古語《「野も狭」から。野も狭いほどいっぱい、の意》野原一面。野づら。用例よられつる―の草のかげろひて(新古今・夏)。

**のも-はんとう【野▽母半島】** 長崎半島の別称。

**の-もり【野守】** 野の番人。禁猟の野を守る人。

**のもり-ぐさ【野守草】** ハギの異名。

●野村万蔵 六世。『茸』。

▼常用漢字表外。 ▽常用漢字表の音訓外。

**ノモンハン-じけん【ノモンハン事件】** 昭和一四年(一九三九)五月、満蒙国境(現在の中国東北部とモンゴルの境)のハルハ川付近で起きた日ソの武力衝突。日本軍はソ連の機械化部隊によって壊滅的な打撃を受け、以後対ソ開戦論は後退。

**の-やき【野焼(き)】** 新しい草がよく生えるように、早春に野を焼くこと。burning of a field

**のら** ①なまけること・人。のらくら。②身をもち崩すこと・人。

**のらをかわく** 仕事をおこたる。さぼる。なまける。のらをこく。類似 油を売る。

**の-ら【野良】**《「ら」は接尾語》①野。野原。field ②田畑。farm 用例 —仕事。

**ノラ【Nora】**《ノルウェーのイプセン作『人形の家』の女主人公》比喩的に、自我にめざめた近代的女性。

**のら-いぬ【野良犬】** 飼い主のない犬。宿なし犬。stray dog 対義 飼い犬。

**のら-え【野良▼荏】** シソの古名。

**のら-ぎ【野良着】** 田畑で農作業をするときに着る衣服。smock frock

**のら-くら**(名・副・サ変自) ①働かないで遊んでいること・さま・人。ぶらぶら。idleness ②態度がはっきりしないこと・さま・人。ぬらくら。vagueness

**のらくろ** 田河水泡作の子ども漫画・その主人公。野良犬黒吉が軍隊に入り活躍する物語。昭和六年(一九三一)から同一六年(一九四一)に『少年倶楽部』に連載。

**のら-ごえ【野良声】** 農夫が野で出すような、太くて高い声。vulgar thick voice

**のら-しごと【野良仕事】** 田畑や野山に出て仕事をすること。野働き。farm work

**のら-まめ【野良豆】** ①エンドウの古名。②ツルマメの異名。③ソラマメの異名。

**のら-むすこ【のら息子】** 働かないで遊びずきの息子。どらむすこ。

**のらり-くらり(と)**(副) ①怠けて、ぶらぶらしているさま。lazy ②態度がはっきりしないさま。つかまえどころのないさま。as slippery as an eel

**のり【▽法・▽式・▽規・▽則・▽憲・▽典・▽範・▼矩】** ①一定の道理。おきて。法則。law; rule ②手本。もはん。model ③さしわたし。その寸法。length 用例 内—。④《仏教語。「法」で》仏の教え。仏法。

**のり【乗り】** ㊀(名) ①乗ること。乗るもの。ride 用例 二人—。②おしろい・絵の具・染料・ペンキなどのなじみぐあい。spread 用例 —のよい板。③謡曲で、うたいと拍子の合わせ方。partnership ④芝居で、せりふを、三味線や相方の調子に合わせること。⑤他のものの調子にうまく合わせること。用例 若い人はリズムに—がいい。㊁(接尾)《人数を表す語に付いて》乗り物がその人数だけ乗ることができることを表す。用例 六〇人—のバス。

**乗りが来る**(のりがくる) 調子がでてくる。乗り気になる。

**のり【▽海▼苔】** ①食用とする藻類の総称。海藻のアサクサノリ・アオノリ・アマノリ、淡水藻のスイゼンジノリ・カワノリなど。栄養価が高い。②アサクサノリなどを漉いてかわかしたもの。数え方 一枚・一帖(一〇枚)・一箱・一缶。

**のり【▼糊】** ①水とでんぷんを熱してできるねばり気のある物質。接着、洗濯物や織物の仕上げ、捺染に用いる。でんぷんのり。paste ②接着剤の総称。adhesive agent

**糊が利く**(のりがきく) ①布などにのりがよくついていて、ぴんとしている。well-starched 用例 糊が利いたワイシャツ。②《転じて》緊張してかたくなる。しゃちほこばる。be tense

**糊と鋏**(のりとはさみ) 《切ることと、はることから》人の説を安直につぎはぎして述べるたとえ。

**のり-あい【乗(り)合い・乗合】** ①乗り物に一緒に乗ること。乗り合わせた人。fellow passenger ②「乗合自動車」「乗合馬車」などの略。

**のりあい-じどうしゃ【乗合自動車】** 一定路線を規定の運賃で走行する自動車。多数の客を乗せ、一定路線を規定の運賃で走行する自動車。バス。bus

**のりあい-ばしゃ【乗合馬車】** 一定路線を有料で運行する二頭立ての四輪馬車。鉄道馬車・乗合自動車の出現によって消滅。omnibus

**のりあい-ぶね【乗合船】** ㊀大勢の客を一緒に乗せる船。渡し舟や釣り船などにある。passenger boat ㊁歌舞伎舞踊。常磐津。本名題『乗合船恵方万歳』。天保一四年(一八四三)初演。

**のり-あ・げる【乗(り)上げる】**(下一自他) ①(自)船・車が進んでいて、物に当たってその上に上がる。run on ②(他)船・車を進めて何かの上に上がらせる。run on

**のり-あわ・す【乗(り)合(わ)す・乗合わす】**(五自) ↓のりあわせる(乗り合わせる)

**のり-あわ・せる【乗(り)合(わ)せる・乗合(わ)せる】**(下一自) =乗り合わす。①偶然その乗り物に乗る。take the same car ②同じ乗り物の中で出会う。share the car with 用例 偶然、かれと—・せた。

**のり-いれ【▼糊入れ】** 本来は、手漉き和紙をつくるときに、コウゾ繊維に米のりを加えること。現在の製紙は、機械生産で木材パルプや上質の廃紙に変性でんぷんなどを加える。参照 アート紙・生紙。

**のり-い・れる【乗(り)入れる】**(下一他) ①乗り物に乗ったまま、入っていく。drive in ②バス・電車が、他の路線やある地点まで延長される。run in 用例 バスが団地まで—。

**のり-うち【乗(り)打ち】**(名・サ変自) 馬やかごに乗ったまま、社寺・貴人の前を通り過ぎること。ride past

**のり-うつぎ【▼糊▽空木】** 山地にはえるユキノシタ科の落葉低木。高さ約三m。葉は楕円形で対生か輪生。夏に飾り花のある白い花が咲く。樹皮から製紙用ののりをとる。北海道ではサビタという。↓写

●ノリウツギ

**のり-うつ・る【乗(り)移る】**(五自) ①一つの乗り物から降りて他の乗り物に乗る。乗り換える。change ②神仏・霊魂が人間にとりつく。inspire

**のり-おく・れる【乗(り)遅れる】**(下一自) ①時間に遅れて乗れなくなる。miss ②人より遅れて乗る。get on after the others ③時代・環境や流行などの変化から、取り残される。

**のり-おり【乗り降り】** 乗ることと降りること。get on and off

**のり-かえ【乗(り)換え・乗換】** ①乗り換えること。transfer ②乗り換えのための予備の馬。spare horse ③心変わり。change of mind

**のりかえ-えき【乗換駅】** 別の路線に乗り換える駅。transfer station

**のり-か・える【乗(り)換える】**(下一他) ①ほかの乗り物、または別系統の路線に移る。transfer 用例 バスで来て、ここで地下鉄に—。②有利なほうに心を移す。くら換えをする。switch 用例 高配当の株に—。

**のり-かか・る【乗り掛(か)る・乗掛(か)る】**(五自) ①ちょうど乗ろうとする。be about to get on ②着手しようとする。set one's hand to

**乗り掛かった船**(のりかかったふね) いったん始めた以上、途中でやめられないたとえ。be in it with both feet

**のり-か・ける【乗(り)掛ける】**(下一自他) ①(自)乗ろうとする。be about to get on ②(他)乗ったままで、つっかける。ride against

**のり-き【乗(り)気】** しようと心がはずむこと。熱心。eagerness 用例 —になる。

**のり-き・る【乗(り)切る】**(五自他) ①(他)㋐乗ったままで進む。ride through ㋑困難を押し切る。難局を突破する。tide over ②(自)すっかり乗る。用例 あぶらの—・った年代。

**のり-くみ【乗(り)組み・乗組】** いっしょに乗ること。いっしょに乗った人。crew

**のりくみ-いん【乗組員】** 同じ船などに乗り合わせて仕事をする人々。crew 比較 搭乗員。

**のり-く・む【乗(り)組む】**(五自) 運航の仕事などのため、船などにいっしょに乗る。be on board

**のりくら-かざんたい【乗▼鞍火山帯】** 中部地方、立山大池付近から御嶽山にいたる火山帯。主峰は乗鞍岳・焼岳・御嶽山。

**のりくら-コロナかんそくじょ【乗▼鞍コロナ観測所】** 国立天文台(旧東京天文台)付属の観測所。乗鞍岳の海抜二八七六mのところにある。昭和六三年(一九八八)七月より、国立天文台乗鞍コロナ観測所に名称変更。

**のりくら-だけ【乗▼鞍岳】** 長野・岐阜県境、飛騨山脈南部にある火山。標高三〇二六m。二二の峰が連なり、コロナ観測所がある。

**のり-こ・える【乗(り)越える】**(下一自) ①乗ったまま通り越す。ride across ②物を越えて向こう側に行く。get over 用例 塀を—。③うちかって先へ行く。tide over 用例 苦難を—。④力量などで、上の人を追いぬく。outrun 用例 先達を—。

**のり-ごこち【乗(り)心地】** 乗った具合・気分。feel comfortable to ride in 用例 —は満点。

**のり-こし【乗(り)越し】**(名・サ変自) 所持している乗車券の区間より先の駅まで乗ること。ride past

**のり-こ・す【乗(り)越す】**(五自) ①乗ったまま目的地よりも先へ通り過ぎる。ride past 用例 下車駅を—。②物の上に乗って越す。乗り越える。get over 用例 塀を—。

**のり-こ・む【乗(り)込む】**(五自) ①乗り物に乗ったまま中へ入る。乗り入れる。drive into ②勢いよく入っていく。march into 用例 敵地に—。③乗り物の中に入る。join

**のり-しろ【▼糊代】** 紙などを張るとき、のりをつけるための部分。flap

**ノリス【Frank Norris】**(一八七〇〜一九〇二) アメリカの小説家。アメリカで最初の自然主義文学の傑作を残す。作品『マクティーグ』、三部作『たこ』『小麦取引所』(第三部は未完)、評論『小説家の責任』など。

**のり-すご・す【乗(り)過ごす】**(五自) 目的の駅より先の駅まで行ってしまう。乗り越す。ride past one's station

**のり-すて【乗(り)捨て】** 乗り捨てること。その乗り物。leave

**のり-す・てる【乗(り)捨てる】**(下一他) ①降りて乗り物を、そのまま放置する。leave ②降りて、さっさと行く。get off

**のり・する【▼糊する】**(サ変自) ①のりをつける。starch ②やっと暮らす。get one's living

**口を糊する**(くちをのりする) ①かゆをすする。eat gruel ②細々と暮らしを立てる。live from hand to mouth

**のり-ぞめ【▼糊染(め)】** のりで防染や着色する染色技法の総称。紅型・友禅・茶屋染めなどに利用。

**のり-だ・す【乗(り)出す】**(五自他) ①(自)㋐乗って出て行く。ride out ㋑進んで始める。set about 用例 新事業に—。②(他)前へ出す。lean over 用例 窓からからだを—。

**のり-ちゃ【▽海▼苔茶】**「のりちゃづけ」の略。

**のり-ちゃづけ【▽海▼苔茶漬(け)】** 焼きのりをのせた飯に熱い茶をかけたもの。のりちゃ。

**のり-つ・ぐ【乗(り)継ぐ】**(五他) 途中で別な乗り物に乗り換えて進む。change

**のり-づけ【▼糊付け】**(名・サ変自他) ①のりで付けること。paste 用例 ポスターを—する。②洗濯した布に、のりを付けること。starch

**のり-つ・ける【乗(り)付ける】**(下一自) ①乗りなれる。get used to riding ②乗り物に乗ったまま、玄関・戸口まで行く。drive up to

**のり-て【乗(り)手】** ①乗り物の客。乗る人。passenger ②馬などに、じょうずに乗る人。rider 用例 なかなかの—だ。

**のり-と【祝詞】** 祭祀のときに神前で唱えることば。文学史上は「延喜式」所載のものを中心とする古代祝詞をさす。のっと。のと。

**のり-と・る【乗(り)取る】**(五他) ↓のっとる(乗っ取る)

**のり-なら・す【乗(り)慣らす・乗(り)▼馴らす】**(五他) 車・馬などを、乗ってならす。自在に乗りこなすようにする。break in

**のり-にげ【乗(り)逃げ】**(名・サ変自) ①他人の乗り物に乗って逃げること。ride away with ②乗った代金を払わないで逃げること。bilk a ride

**のり-ば【乗(り)場】** タクシー・バスなど、乗り物に乗る所。car stop

**のり-まき【▽海▼苔巻(き)】** ①海苔にすし飯を広げ、かんぴょうやキュウリなどを細長くのせて巻きすで巻いたすし。②海苔で巻いたにぎり飯。

**のり-まわ・す【乗(り)回す】**(五他) 乗り物をあちこち走らせる。ride about 用例 外車を—。

**のり-まわ・る【乗(り)回る】**(五自) いろいろな乗り物に乗って回る。drive around

**のり-めん【▽法面】** 掘削または盛り土によってできた土の傾斜面。face of slope

**のり-もの【乗(り)物】** 人を乗せてはこぶもの。電車・バス・飛行機・船など。vehicle; vessel

**のりもの-よい【乗(り)物酔い】** 航空機・船・自動車など、乗り物に乗ったときに起こる症状。乗り物の揺れや加速度が内耳の前庭・半規管を刺激して引き起こされる。顔面蒼白・吐き気など。神経質な人に多い。動揺病。加速度病。motion sickness

**ノリリスク【Noril'sk】** ソ連、シベリア中北部の鉱業都市。世界最北部の都市の一つ。人口一八・一万(一九八六)。

**の・る【乗る】** (五自) ①人が物の上に上がる。climb 対義 おりる。用例 屋根に―。ひざに―。②乗り物にはいる。get on 対義 おりる。用例 電車に―。③相手になる。用例 相談に―。④だまされる。be deceived 用例 計略に―。口車に―。⑤よく調子が合う。be in harmony with 用例 三味線に―。リズムに―。⑥よくなじむ。spread well 用例 化粧が―。⑦あるものと一緒に動く。用例 風に―。時流に―。

**の・る【載る】** (五自) ①物が上に置かれる。be placed on 用例 机に―。②積まれる。be loaded on 用例 荷物がトラックに―。③書かれる。掲載される。be printed in 用例 新聞に―。

**の・る【▽宣る・▽告る】** 古語 (四他) 言う。述べる。用例 家聞かな名―らさね(万葉・一・一)。

**ノルアドレナリン【noradrenalin】** 交感神経末梢の伝達物質。アルテレノール。

**ノルウェー【Norway・諾威】** (Kingdom of Norway) スカンジナビア半島西半を占める立憲君主国。首都オスロ。国土の大部分はスカンジナビア山脈や高原で、海岸部は氷河の浸食を受けたU字谷やフィヨルドが発達。世界的な水産国で、海運や林業とアルミニウム・造船などの工業がさかん。面積三二・四万km²。人口四一七万(一九八六)。正称ノルウェー王国。

**のるか-そるか【▽伸るか反るか】** (連語) 成功するか、失敗するか。一か八か。whether one succeeds or fails

**ノルチェピング【Norrköping】** スウェーデン南東部、モタラ川河口の港湾都市。織物業の中心地。人口一一・九万(一九八五)。

**ノルデ【Emil Nolde】** (一八六七-一九五六) ドイツの画家。表現主義絵画を代表。版画も多い。「橋」派に参加。好んで宗教的主題を扱い、激しい色彩対比と荒々しい表現による画風を展開。作品『五旬節』など。→写

**ノルディック-きょうぎ【ノルディック競技】** ノルウェーで発達したスキー競技の総称。距離・リレー・ジャンプ・複合(距離一五kmと七〇m級ジャンプ)の四種目。ノルディック種目。Nordic events 比較 アルペン競技。

**ノルディック-しゅもく【ノルディック種目】** →ノルディックきょうぎ(ノルディック競技)

**ノルディック-セーター【Nordic sweater】** 雪の結晶・針葉樹・トナカイなどの北欧風な図柄を大胆に編みこんだセーター。

**ノルト-オストゼー-うんが【ノルト-オストゼー運河】** (Nord-Ostsee-Kanal) 西ドイツ北部、北海とバルト海を結ぶ運河。長さ九九km、幅一〇〇m。キール運河。

**ノルトビジョン【Nordvision】** ノルウェー・スウェーデン・デンマーク・フィンランド・アイスランドの北欧五か国の放送機関で構成される国際ネットワーク。

**ノルトライン-ウエストファーレン【Nordrhein-Westfalen】** 西ドイツ中西部の州。州都デュッセルドルフ。ルール炭田を控え、同国経済のもっとも重要な地域。人口一六七七・六万(一九八四)。

**ノルビット【Cyprian Kamil Norwid】** (一八二一-一八八三) ポーランドの詩人。貧窮のうちに死んだが、二〇世紀に入ってからようやく知的叙情詩人として評価された。作品『わが歌』『黒い花々』など。

**ノルマ【normaロシア】** ①基準。norm ②労働の責任量。norm

**ノルマ【Normaイタリア】** ベリーニ作曲のオペラ。二幕。一八三一年初演。ロマーニ台本。若い尼僧ノルマの悲劇。『清らかな女神よ』が有名。

**ノルマン-コンクェスト【Norman Conquest】** 一〇六六年、ノルマンディー公ウィリアムによるイングランド征服。イングランド王エドワードの死後、ウィリアムは王位を要求して侵入、ヘースティングズでハロルドを破ってノルマン朝を開き、ウィリアム一世となった。

●ノルデ『踊り子の絵のある静物』。一九一四年、パリ国立近代美術館。

**ノルマン-じん【ノルマン人】** (「ノルマン」は北方の人、の意)ゲルマン民族の一派。原住地は北欧。狩猟・漁労・海上交易に従事。ときに海賊行為に及んだ。ヨーロッパ各地に王国を建設。一一世紀、北米に航海。デーン人。Norman

**ノルマン-ちょう【ノルマン朝】** 中世イングランドの王朝。ノルマン-コンクェストにより、一〇六六年ウィリアム一世が創始。中央集権的封建制度を確立。一一五四年ヘンリー二世のプランタジネット朝創設をもって終わった。House of Normandy

**ノルマンディー【Normandie】** フランス北西部のイギリス海峡に臨む地方。中心都市ルーアン。九世紀よりノルマン人が侵入、一〇世紀ノルマンディー公国となるが、一三世紀にフランス領となった。第二次大戦における、英・米・加・仏連合軍の上陸作戦で知られる。

**ノルマンディー-こうこく【ノルマンディー公国】** 九一一年、ノルマンの首長ロロが西フランク王シャルル三世に封じられて建国。一〇六六年ノルマン-コンクェスト以後イギリス領となったが、一三世紀初めフランスに併合。Normandy

**ノルマンディー-じょうりくさくせん【ノルマンディー上陸作戦】** 第二次大戦の一九四四年六月、連合軍が決行した北フランス、ノルマンディーへの大規模な上陸作戦。Normandy Invasion

**ノルマントンごう-じけん【ノルマントン号事件】** 明治一九年(一八八六)イギリス船ノルマントン号が紀州沖で沈没のさい、イギリス乗員だけが脱出し、日本人乗客全員が死亡した事件。領事裁判の処置をめぐり、条約改正運動が高まった。

**ノルム【normeフランス】** 法則。規範。

**ノルン【Norn】** 北欧神話の運命の女神たち。ウルド、ベルダンディ、スクルドの三人姉妹。宇宙樹ユグドラシルの根本の泉に住し、糸を紡ぎながら、人間の運命を定める。ギリシア神話のモイラにあたる存在。

**の-れん【▽暖▼簾】** ①冬の寒さを防ぐため、すだれと重ねて、禅寺の入り口にかけた布。②商店の軒先に日よけ用につり、商標や屋号を記して看板の役もさせる布。③室内の目隠し・間仕切り・装飾用にたらす布。④店の格式や信用。数え方 一枚・一張り・一垂れ。→写

**暖簾が古い**(のれんがふるい) 古くからの店である。be an old shop

**暖簾に腕押し**(のれんにうでおし) 少しも手ごたえがないたとえ。be as useless as beating the air 類似 糠に釘。

**暖簾に疵が付く**(のれんにきずがつく) 店の格式や信用、また、家の名誉が損なわれること。injure the reputation of a shop

●暖簾②

**暖簾を下ろす**(のれんをおろす) ①店が商売をやめる。店じまいする。close down ②店がその日の商売を終える。closing of the day

**暖簾を汚す**(のれんをけがす) 店の信用・名誉を傷つける。disgrace the credit of a shop 類似 暖簾に疵を付ける。

**暖簾を分ける**(のれんをわける) 長年よくつとめた奉公人に、別に店を持たせ、同じ屋号を名のるのを許す。set a... up in the same business

**のろ【▽鈍】** のろいこと。のろま。dunce

**のろ【▼麞・▼麇・▼獐】** 三本枝の小さな角をもつ小形のシカ。肩高約七〇cm。夏毛は赤褐色、冬毛は灰褐色。しりに大きな白斑。林や草原にすむ。インドを除くユーラシア大陸に分布。ノロジカ。roe deer

**のろ【▽祝▽女】** 琉球王朝治下の奄美・沖縄地方で村の神事をつかさどっていた女性司祭者。世襲制で、今も伝統的な祭りに関与する。→写

●祝女

**のろい【▼呪い・▼詛い】** のろうこと。そのまじない。curse

**のろ・い【▽鈍い】** (形) ①動きが遅い。遅い。slow 対義 速い。用例 動作が―。②頭の働きがにぶい。dull 対義 はしこい。③女に迷いやすい。spoony 派生 のろさ(名)

**のろ・う【▼呪う・▼詛う】** (五他) 相手に災いがあるように祈る。curse

**人を呪わば穴二つ**(ひとをのろわばあなふたつ) 人を呪うと、自分もよくないめに遭うということ。Curses, like chickens, come home to roast.

**のろ-えいたろう【野▼呂栄太郎】** (一九〇〇-一九三四) マルクス経済学者。北海道生まれ。慶大卒。日本共産党の理論的指導者として講座派の中心となったが獄死。著書『日本資本主義発達史』など。

**のろ-かいせき【野▼呂介石】** (一七四七-一八二八) 江戸後期の文人画家。名は隆。紀州の人。典雅な水墨山水を描き、画論も著す。

**のろ-かじめ【野▼呂▼搗▽布】** コンブ科の海藻。茎は円柱状で約二m。中空で分岐することなく、上端は葉に移行。葉は、羽状で皺はなく平滑。アラメに似る。ヨード採取。カジメ。

**のろ-くさ【▽鈍臭】** (副・サ変自) のろいさま。slowly; be slow

**のろ-くさ・い【▽鈍臭い】** (形) ①じれったく思わせる。irritate ②ぐずぐずしている。slow

**のろ・け【▼惚気】** のろけること。その話。おのろけ。用例 ―を聞かせる。

**のろ・ける【▼惚気る】** (下一自) 自分の妻や夫などのよい点、よくしてくれることを人に話す。praise one's spouse

**のろ-げんじょう【野▼呂元丈】** (一六九三-一七六一) 江戸中期の本草学者・蘭医。名は実夫。伊勢の人。儒学・医学を修めてのち、本草学を学ぶ。幕命により各地を行脚、薬草を採集。著書『阿蘭陀本草和解』など。

**のろ-さん【野▼呂山】** 広島県呉市、川尻町・安浦町にまたがる山。標高八三九m。山頂からの眺めが雄大で瀬戸内海の展望台といわれる。

**のろし【▼狼▽煙・▼烽▽火】** 昔、戦いなどで合図に上げたけむり。飛ぶ火。ほうか。ろうえん。signal fire

**狼煙を揚げる**(のろしをあげる) ①合図のため、のろしのけむりを揚げる。light a signal fire ②世間に事を起こすことを知らせる。start a campaign

**のろ・し【▽鈍し】** 古語 (形ク) →のろい(鈍い)

**のろ-のろ** (副・サ変自) 動作がにぶく、てきぱきしてないさま。また、物事のはかどらないさま。slowly 用例 電車が―走る。

**のろ-ま【▽鈍間・野▼呂間・野▼呂▽松】** (名・形動) ①動作の遅いこと・人・さま。slowness ②気のきかないこと・人・さま。とんま。まぬけ。dull-witted

**鈍間の一寸、馬鹿の三寸**(のろまのいっすん、ばかのさんずん) 戸や障子を閉めたとき、一寸閉め残すのはのろま、三寸閉め残すのは愚か者。きちんと閉めなさいということ。



▼常用漢字表外。 ▽常用漢字表の音訓外。

**のろまつ-かんべえ【野呂松勘兵衛】**（生没年未詳）江戸前期の人形遣い。間狂言にのろま人形（道化人形）を遣い有名となる。

**のろま-にんぎょう【野呂間人形・野呂松人形】**浄瑠璃幕間の、人形劇に使われた道化人形。江戸の人形遣い野呂松勘兵衛が一七世紀後半ごろに遣ったのがはじめ。佐渡の郷土芸能として現存。

**のろわし・い【呪わしい】**（形）①のろいたい気持ちだ。would like to curse ②のろいがかかったような、不吉なようす。cursed 用例 ―家。派生 のろわしげ（形動）のろわしさ（名）

**の-わき【野分】**《野の草を吹き分ける、の意》①古くは、秋の初めに吹く激しい風。台風。のわけ。②秋の末から冬にかけて吹く風。こがらし。

**のわき-だ・つ【野分立つ】**古語（四自）野分の風が吹いてくる。用例 ―・ちて、にはかに肌寒き夕暮れのほど（源氏・桐壺）。

**の-わけ【野分け】**↓のわき（野分）

**ノン【non フランス】**（感）いいえ。いや。否。ノー。no 対義 ウイ。

**ノン【non】**（接頭）…でない。…しない。用例 ―フィクション。

**のん-き【呑気・暢気・暖気】**（名・形動）①心配や苦労がないこと・さま。carefree 用例 ―な身分。②気が長いこと・さま。leisurely ③平気なこと・さま。indifferent

**ノン-キャリア**《和製語》上級職試験に合格していない中央省庁の国家公務員。

**のんこう**（一五九九～一六五六）江戸初期の京都の陶工。楽家三代目道入の俗称。楽焼き随一の名工といわれ、茶碗・水差し・香合などを作る。

**のん-こう【嫩江】**中国東北地区北部、黒竜江省中部を流れる川。大興安嶺北部から南に流れ、大安の下流で松花江に注ぐ。長さ八〇〇km。ネンチアン。

**ノンシャラン【nonchalant フランス】**（形動）①だらしないさま。②のんきなさま。③熱意のないさま。無関心。

**ノン-スーツ**《和製語》背広の形をしていないスーツの総称。サファリスーツやシャツスーツなどがその代表。レジャースーツ。

**ノンストップ【nonstop】**途中で止まらないこと。無停車。無着陸。用例 ―飛行。

**ノン-セクション**《和製語。nonsectionalの略》区分けしないこと。領域を限らないこと。

**ノン-セクト**《和製語。nonsectarianの略》学生運動などで、特定の党派に属さずに行動すること。また、その人。

**ノンセンス【nonsense】**（名・形動）↓ナンセンス

**ノンタイトル-マッチ【non-title match】**プロボクシングなどのチャンピオンが、選手権をかけずに行う試合。

**のん-だくれ【飲んだくれ】**①ひどく酒に酔うこと・人。酔いどれ。get dead drunk ②大酒飲み。のんべえ。drunkard

**ノンちゃんくもにのる【ノンちゃん雲に乗る】**石井桃子の童話。昭和二二年（一九四七）刊。池に落ちて気を失ったノブ子が、夢の中で人間としてのあり方を教えられる。

**のん-ど【喉・咽】**《「飲み門」の転》↓のど（喉）

**ノン-トロッポ【non troppo イタリア】**音楽で、速度を示す標語。ほどよく。適度に。

**のんびり**（副・サ変自）ゆったりしているさま。心配がなく、くつろいでいるさま。のうのう。のびのび。leisurely 用例 ―昼寝をする。

**ノンフィクション【nonfiction】**虚構、作り物（フィクション）でなく、事実に基づいた作品。伝記、ルポルタージュなど。

**ノンブル【nombre フランス】**書物のページづけ。また、ページを表す数字。

**ノンプロ**《和製語。nonprofessionalの略》職業的・専門的でないこと。実業団選手などにいう。用例 ―の出身。

**ノンプロ-やきゅう【ノンプロ野球】**↓しゃかいじんやきゅう（社会人野球）

**のん-べえ【飲ん兵衛・呑ん兵衛】**大酒飲み。のんだくれ。のんべ。drunkard

**のんべん-だらり**（副）なにもせず、むだに日を送るさま。

**ノンポリ**《和製語。nonpoliticalの略》政治問題や社会問題に関心をもたないこと。また、その人。

# は ハ

**は【は・ハ】**五十音図は行第一の仮名。平仮名「は」は「波」の草体。片仮名「ハ」は「八」から。濁音は「ば」「バ」。半濁音は「ぱ」「パ」。

**ハ【巴】** 4画 部首［己］ 人名用 JIS 3935

音 ハ

①うずまき。へビがとぐろをまいているさま。②中国の地名。現在の四川省の重慶付近。③ともえ。㋐鞆（＝弓を射るとき、左うでにつける丸い革製のふくろ）にかいた絵模様。㋑うずまき状の形・模様。

**ハ【把】** 7画 部首［扌］ 常用 JIS 3936

音 ハ・ワ

①つかむ。とる。「把握・把持・把捉」②にぎり。柄。つか。とって。③たば。たばねたもの。④《前にくる音によって、「ワ・バ・パ」になる》たばねたものを数えるのに用いる。「一把・三把・十把」用例（助数）葱七―。↓ワ【把】

**ハ【坡】** 8画 部首［土］ JIS 5219

音 ハ・ヒ

①つつみ。どて。堤防。②さか。かたむき。さかみち。

**ハ【怕】** 8画 部首［忄］ JIS 5570 ／ 7画【怕】 異体字

音 ハ・ハク

おそれる。心配をする。

**ハ【杷】** 8画 部首［木］ JIS 3939

音 ハ

①さらい。さらえ。くまで。土をならしたり、穀物や落ち葉をかきあつめたりする農具。②にぎり。柄。つか。とって。

**ハ【波】** 8画 部首［氵］ 教育小3 JIS 3940

波波波波波波

音 ハ

訓 なみ

①なみ。水面にできた高低が移り動く現象。類似 浪。「金波・銀波・風波・余波」「波紋」②なみ状のもの。音や電気などの振動が伝わる現象。「音波・周波数・短波・中波・電波」「波長」用例《接尾的》電磁―。③動くものがつづく。「波及」用例《接尾的》第三―。

**ハ【爬】** 8画 部首［爪］ JIS 6408

音 ハ

①かく。つめでひっかく。「掻爬」②はう。はいまわる。手と足を地面につけて、すすむ。「爬虫類」

**ハ【派】** 9画 部首［氵］ 教育小6 JIS 3941 ／ 9画【派】 旧字

派派派派派派

音 ハ・ハイ

①わかれる。わかれ。一つのもとからわかれたもの。一つ一つわかれたなかま。「党派・分派・流派」「派生・派閥」用例（名）二つの―にわかれる。《接尾的》主流―。②つかわす。わかれていかせる。「派遣・派出」

**ハ【玻】** 9画 部首［王］ JIS 6464

音 ハ

「玻璃」は、水晶。仏教で、七宝の一つ。また、ガラス。

**ハ【破】** 10画 部首［石］ 教育小5 JIS 3943

破破破破破破

音 ハ

訓 やぶる・やぶれる

①やぶれる。やぶる。こわす。比較 敗。「打破・突破・難破・論破」「破壊・破産・破損・破談」②つきぬける。みとおす。しとげる。「看破・読破」③道にはずれる。「破戒・破格」④雅楽・能楽などで、三部構成の第二。変化の多くなる部分。用例（名）序―急。

**ハ【笆】** 10画 部首［竹］ JIS 6786

音 ハ

①いばらだけ。とげのある竹。②かき。かきね。ませ。ませがき。「笆籬」

**ハ【耙】** 10画 部首［耒］ JIS 7050

音 ハ

まぐわ。まんが。牛馬にひかせて使用する農具。田畑をすきかえした後、土くれをかきならすもの。

**ハ【菠】** 11画 部首［艹］ JIS 7242

音 ハ・ホウ

「菠薐草」は、アカザ科の一、二年草。

**ハ【葩】** 12画 部首［艹］ JIS 7261

音 ハ

はな。はなびら。また、はなやかなさま。

**ハ【琶】** 12画 部首［王］ JIS 3942

音 ハ

「琵琶」は、撥でならす弦楽器の一つ。四弦のものが多く、まれに五弦。

**ハ【跛】** 12画 部首［足］ JIS 7676

音 ハ・ヒ

足の不自由なこと・人。「跛行」

**ハ【碆】** 13画 部首［石］ JIS 6678

音 ハ・バ

①いぐるみの糸につける石。②やじり。石のやじり。また、やじりにする石。

**ハ【頗】** 14画 部首［頁］ JIS 3192

音 ハ

①かたよる。かたむく。不公平。「偏頗」②すこぶる。㋐やや。すこし。㋑よほど。かなり。㋒はなはだ。非常に。

**ハ【播】** 15画 部首［扌］ JIS 3937

音 ハ・バン

①しく。ちらす。あまねくおよぼす。「伝播」②まく。種をまく。「播種」↓バン【播】

**ハ【皤】** 17画 部首［白］

音 ハ

①しろい。髪がしろい。色がしろい。②腹が大きくふとったさま。

**ハ【簸】** 19画 部首［竹］ JIS 4086

音 ハ

ひる。箕で穀物などをふって、ぬか・ごみなどをのぞく。

**ハ【覇】** 19画 部首［西］ 常用 JIS 3938 ／ 19画【覇】 旧字

音 ハ

①武力や計略を中心とすること。それで成功した、はたがしら。「制覇・争覇・連覇」「覇気・覇業・覇権・覇者・覇道」用例（名）―を唱える。―を争う。②その世界で中心となること・人。優勝。優勝者。

**ハ【霸】** 21画 部首［雨］ JIS 5917

音 ハク・ハ

武力や計略を中心とすること。それで成功した、はたがしら。

**は【垪】** 9画 部首［土］ 和製漢字 JIS 5226

地名や姓氏に用いられる。

**は【刃】**刃物の、ものを切る、薄く鋭い部分。edge 用例 ―がこぼれる。―をとぐ。

**は【羽】**㊐（名）①鳥のはね。feather 用例 ―

風。—音。②矢ばね。feather 用例 白—の矢。三(助数)→わ(羽)

**羽が利く**(はがきく) 勢力がある。はぶりがいい。be influential

**は【葉】** 植物体を構成する栄養器官の一つ。多くは葉柄・葉身・托葉よりなり、ふつう茎に側生する。葉肉における光合成、気孔での蒸散、ガス交換などを行う。leaf 数え方 一枚・一葉。→図 →蘚苔植物図

**葉を欠いて根を断つな**(はをかいてねをたつな) 枝や葉を切り落として、大事な根まで枯らしてしまうようなことはするな。

**は【歯】** ①鳥類を除く脊椎動物の口のなかにあって、食物をかみくだく器官。ヒトや哺乳類では上下の顎骨に生える。ヒトでは、はじめ乳歯(上下一〇本ずつ計二〇本)が生え永久歯(ふつう三二本)に変わる。永久歯は切歯(門歯)八本、犬歯四本、小臼歯八本、大臼歯八～一二本からなる。いずれも硬い石灰化組織でできている。tooth ②器具・機械などで、細かく並んだ刻み目。cog ③下駄の下についた板。→図 →下駄図

**歯が浮く**(はがうく) ①歯が歯ぐきから浮いた感じがして、かむと痛む。set one's teeth on edge ②言行・態度などが、安っぽく、そのうえに軽薄である。

**歯が立たない**(はがたたない) ①硬くて、かめない。too hard to eat ②対抗できない。be beyond one's ability

**歯に合う**(はにあう) かむことができる。転じて、その人に適する。

**歯に衣を着せない**(はにきぬをきせない) 思ったままを、かざらずに言う。call a spade a spade

**歯の抜けた様**(はのぬけたよう) まばらでふぞろいなために、寂しいさま。be sparse

**歯の根が合わない**(はのねがあわない) 寒さや恐れで、がたがたふるえる。one's teeth chatter with

**歯の根も食い合う**(はのねもくいあう) たいへん親密な間柄になることのたとえ。

**歯の根を鳴らす**(はのねをならす) 歯をかみしめて怒る。

**歯亡び舌存す**(はほろびしたそんす) 強固なものが早く滅び、軟弱なものがかえって長く残ることのたとえ。

**歯を噛む**(はをかむ) くやしさ・腹立たしさなどに耐える。

**歯を食い縛る**(はをくいしばる) つらさ・くやしさ・痛みなどを、こらえる。clench one's teeth

**歯を切す**(はをせっす) 「歯を食い縛る」と同意。

**歯を出す**(はをだす) 歯をむき出しにして、しかる。大いに怒る。

**歯を見せる**(はをみせる) 楽しそうに、しゃべったり笑ったりする。smile happily

● 葉 サクラの例

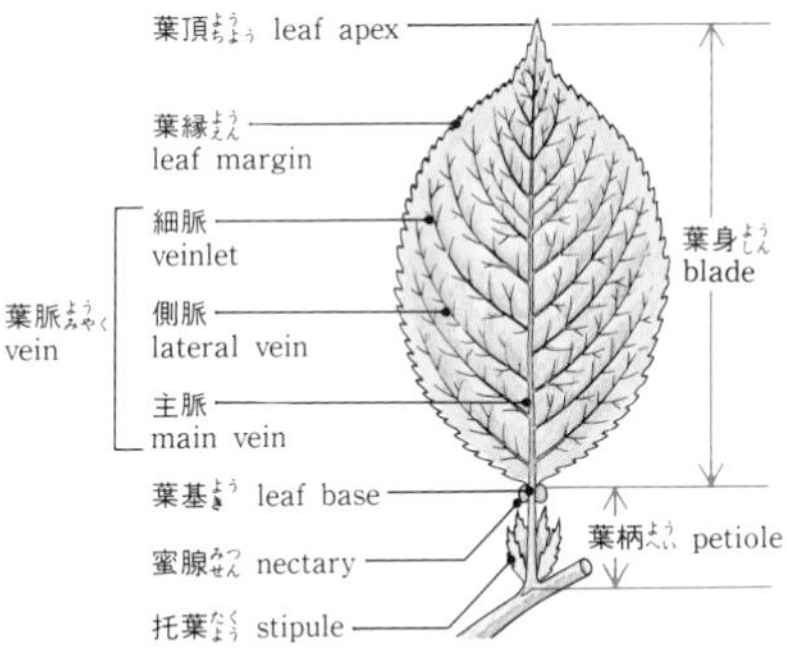


● 歯① 人の歯の構造

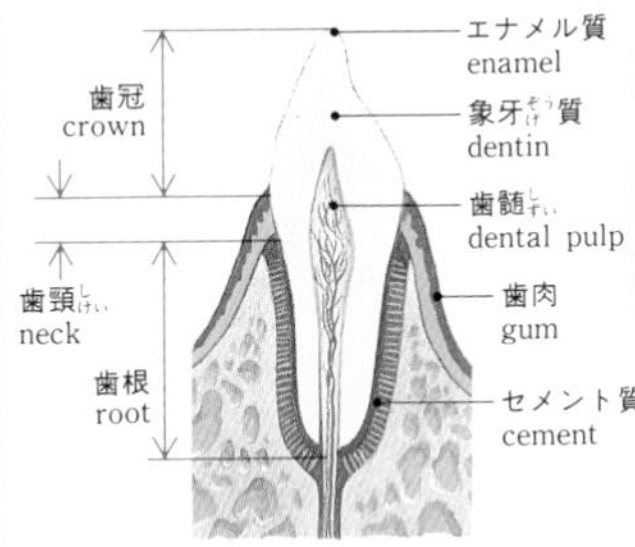


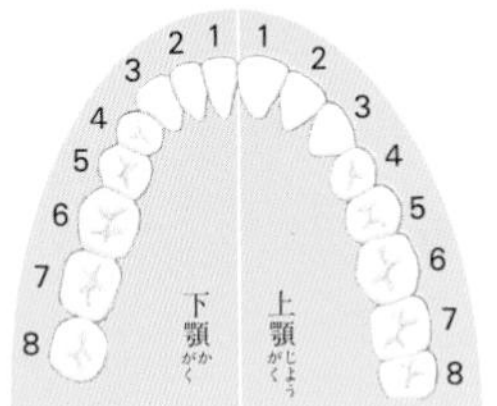


1 中切歯 central incisor
2 側切歯 lateral incisor
3 犬歯、糸切り歯 canine; cuspid
4 第一小臼歯 first premolar
5 第二小臼歯 second premolar
6 第一大臼歯 first molar
7 第二大臼歯 second molar
8 第三大臼歯、智歯、親知らず third molar; wisdom tooth

**は【端】** ①はし。すえ。edge 用例 山の—。②はした。fraction 用例 —数。

**は** (係助)《種々の語や用言の連用形に付く。「ワ」と発音する》①述べる題目となるものを示す。用例 象—鼻が長い。②とりたてて言うのに用いる。用例 わたし—いやです。行き—しない。③「…したからには」「…した上は」の意を表す。用例 そうなってしまって—、もうおそい。④「…のたびごとに」の意を表す。用例 寄せて—返す波。

**ば【ば・バ】** →は【は・ハ】

**バ** 7画 **【▼芭】** 部首[艹] JIS 3946
音 ハ・バ
①「芭蕉」は、バショウ科の多年草。②はな。はなびら。

**バ** 10画 **【馬】** 部首[馬] 教育小2 JIS 3947
音 バ・メ・マ 訓 うま・ま

ウマ。ウマ科の哺乳動物。「騎馬・弓馬・牛馬・乗馬・落馬」「馬脚・馬耳東風・馬車・馬術・馬場・馬力」

**バ** 11画 **【婆】** 部首[女] 常用 JIS 3944
音 バ・ハ・ホ
①ばば。年をとった婦人。「老婆」②女の人。婦人。「産婆」③梵語hā・bなどの音訳字。「娑婆」「婆羅門」

**バ** 15画 **【▼罵】** 部首[罒] JIS 3945
音 バ
ののしる。悪口をいう。悪口。「罵倒」

**ば【場】** ①物事の行われる場所。いどころ。席。place ②場合。occasion ③演劇などで、構成する単位としての場面。scene 用例 二幕三—。④取引所の立会場。session ⑤心理学で、㋐知覚の範囲。㋑意識の流れの現実的内容。㋒生物、とくに人間とその環境をふくむ全体。場面。field ⑥物理学で空間のある領域の各点で、ある物理的な量Aが与えられているとき、その領域をAの場という。力の場・電場・磁場など。field

**場を外す**(ばをはずす) 席をはずす。会合の席などから、途中で引き上げる。leave one's seat

**ば** 一(接助)《現代語ではすべて仮定形に、文語では仮定の条件を表す場合は未然形に、既定の条件を表す場合は已然形に付く》①仮定の順接条件を示す。if 用例 もし雨が降れ—、行かない。②ある条件が備われば、常にある事柄の起こる場合の条件を示す。when 用例 春が来れ—、花が咲く。③並べたてる意を表す。and 用例 英語もできれ—、ドイツ語もできる。④古語 ㋐理由・原因を示す。…ので。…から。用例 船はゆりあげゆりすゑただよへ—、扇もくしに定まらず(平家・一一・那須与一)。㋑偶然の条件を表す。…ところ。用例 音羽山けさ越えくれ—ほととぎす梢はるかに今ぞ鳴くなる(古今・夏)。二古語(係助)《係助詞「は」が格助詞「を」のあとに付いて濁音化したもの》とりたてて述べる意を表す。用例 人くふ馬を—耳を切りて(徒然・一八三)。

**ぱ【ぱ・パ】** →は【は・ハ】

**パ【pas フランス】** 《バレエ用語》①「歩み」「ステップ」の意で、踊り手の重心が片足から他方の足に移動する動き。②「踊り」の意。用例 —・スル(独舞)。—・ド・ドゥ(二人の踊り)。

**はあ**(感) ①あらたまって応答するときに発する語。②あいづちをうつときの語。③《しり上がりの調子で》㋐聞き返すときの語。㋑ことの意外さに驚く声。

**ばあ**(感) 乳幼児をあやすときの語。

**バー【bar】** ①棒。横木。②走り高跳びや棒高跳びや平行棒の横木。また、バレエの練習でつかまる棒。手すり。③《イギリスの酒場で、客の馬をつなぐ横木から》カウンターがあり酒類や食べ物を供する西洋式の酒場。居酒屋。④ショウジョウバエの優性突然変異の一つ。複眼を構成する小眼が極端に少ない。棒状眼。

**ぱあ** ①じゃんけんで、片手を開いた形。紙。ぐう(=石)に勝ち、ちょき(=はさみ)に負ける。②《俗語》ばか。fool 用例 —じゃないのか。③《俗語》もとに戻すこと。帳消し。無になること。cancellation 用例 —にする。

**パー【par】** ①等価値。等位。②ゴルフコースでホールごとに定められている基準打数。二五〇ヤード(二二九m)以下がパー三でショートホール、四七〇ヤード(四三一m)以上がパー五でロングホール、その中間がパー四でミドルホール。③→へいか(平価)③

**パー【PER】** 《price-earnings ratio の略》株価収益率。

**ば-あい【場合】** ①おり。とき。occasion; case 用例 雨の—中止。②事情。事態。circumstances 用例 時と—によっては行く。

**パーカ【parka】** ①エスキモー人が着るフードつきの毛皮ジャケット。②ヤッケ。アノラック。③フードつきの上着やコート。パルカ。

**バーカー【George Granville Barker】**(一九一三〜) イギリスの詩人。終始自己の精神の解明に努めた。詩集『哀惜と勝利』『エロスとドグマ』など。

**パーカー【Charlie Parker】**(一九二〇〜五五) アメリカの黒人ジャズ-アルトサックス奏者。モダンジャズの先駆者。ガレスピーらと新しい演奏スタイル、バップを創造。

**ハーカーニー【Khāqānī】**(一一二一〜九九) ペルシアの詩人。宮廷頌詩詩人。叙事詩『二つのイラクの贈り物』『獄中詩』など。

**パーカッション【percussion】** ドラム・ティンパニ・マラカスなどの打楽器の総称。

**バーガンディー【burgundy】** 産地の名でよばれるぶどう酒「ブルゴーニュ」の英語名。ロマネコンティはとくに有名。

**バーキット-リンパしゅ【バーキットリンパ▼腫】** アフリカの小児に多い顎骨上部の癌。原因はヘルペス型ウイルス。進行は速いが放射線や化学療法でほとんど治る。名称は、この病気を系統的に調査したイギリス人医師バーキットにちなむ。Burkitt's lymphoma

**ハーキュリーズ【Hercules】** →ヘラクレス

**パーキン【William Henry Perkin】**(一八三八〜一九〇七) イギリスの化学工業家・化学者。最初の人造染料モーブを発見。合成染料工業を創始。合成香料工業にも貢献。

**パーキング【parking】** 車をとめること・場所。駐車場。ふつう、略記号「P」で示す。

**パーキング-エリア【parking area】** 自動車専用道路などに設けた駐車場。休憩施設や売店などがある。

**パーキング-メーター【parking meter】** 利用者から駐車料金を徴収する機器。路上や有料駐車場に設置され、駐車時間と駐車料金が自動的に示される。昭和三四年(一九五九)東京で初めて設置。

**パーキンソン-の-ほうそく【パーキンソンの法則】** 政治や行政の運営・決定が非合理的心情や惰性によることをいうことば。イギリスの歴史・政治学者パーキンソンが発見した事例に基づく。Parkinson's law

**パーキンソン-びょう【パーキンソン病】** 四肢や身体のふるえ・硬直などを特徴とする神経系の難病。前屈姿勢で小刻みな独特の歩行を示す。大脳での神経伝達物質ドーパミンの減少によるといわれる。高年齢層に多い。イギリスの病理学者パーキンソンが明らかにした。Parkinson's disease

**は-あく【把握】**(名・サ変他) ①手ににぎること。hold ②しっかりと理解すること。grasp 用例 実情を—する。

**ハーグ【The Hague】** オランダ南西部の都市。実質的な首都。王室や各種行政機関が集中し、国際司法裁判所や各国の出先機関がある政治都市。人口六七・五万(一九八六)。スフラーフェンハーへ。デンハーフ。

**バーク【Edmund Burke】**(一七二九〜九七) イギリスの政治家・思想家。ホイッグ党員。近代保守主義の祖とされ、ジョージ三世の専制に反対、フランス革命の過激化を批判した。著書『フランス革命に関する考察』など。

**バーグ【Paul Berg】**(一九二六〜) アメリカの化学者。核酸の研究者として、異種生物のDNAをつなぎ合わせることに成功し、遺伝子工学発

展の基礎を開いた。一九八〇年ノーベル化学賞受賞。

**パーク**【park】㊀(名) 公園。㊁(名・サ変自) 駐車すること。

**パークウエー**【parkway】①街路樹や芝生のある大通り。②公園や緑地帯の中にある乗用車の専用道路。

**ハーグ-きょうてい**【ハーグ協定】インドネシアの独立をオランダが認めた協定。一九四九年国連の仲介によりオランダのハーグで締結された。Hague Agreement

**バークシャー**【Berkshire】イギリス南部、テムズ川上流の州。州都レディング。人口七〇・七万(一九八三)。

**バークシャー-しゅ**【バークシャー種】イギリス、バークシャー地方原産の中形のブタの品種の一つ。全身が黒く、鼻・足先・尾は白い。成長が早く、肉質がよい。Berkshire

**パークス**【Harry Smith Parkes】(一八二八〜八五) イギリスの外交官。慶応元年(一八六五)駐日公使として来日。討幕派の薩長を支援。維新後も明治一六年(一八八三)まで在任し日本外交を指導。

**パークス-でんぱかんそくじょ**【パークス電波観測所】オーストラリアの電波観測所。電波星の偏波や中性水素線の観測で有名。Parkes Radio Observatory

**バーク-ホワイト**【Margaret Bourke-White】(一九〇六〜七一) アメリカの女流報道写真家。鋭い描写で社会・文明を批判。『ライフ』創刊以来のスタッフ。作家コールドウェルの妻。

**バーグマン**【Ingrid Bergman】(一九一五〜八二) アメリカの映画女優。スウェーデン生まれ。知的な美貌と演技力で大スターとなる。主演作『カサブランカ』『ガス灯』『追想』『オリエント急行殺人事件』など。↓写

●バーグマン 『カサブランカ』。右はハンフリー=ボガート。

**ハーグ-みっしじけん**【ハーグ密使事件】一九〇七年(明治四〇)、ハーグの万国平和会議で、朝鮮の李太王派遣の密使が日韓保護条約の無効を訴えようとして会議参加を拒否された事件。

**バークラ**【Charles Glover Barkla】(一八七七〜一九四四) イギリスの物理学者。原子によるX線散乱実験を行う。X線の偏りや固有X線を発見。一九一七年ノーベル物理学賞受賞。

**バークリー**【Berkeley】アメリカ西部、カリフォルニア州、サンフランシスコ湾東岸の住宅都市。カリフォルニア大学がある。人口一〇・四万(一九八〇)。

**バークリー**【George Berkeley】(一六八五〜一七五三) イギリスの哲学者。アイルランド生まれ。主観的観念論の代表的存在。ものの存在は単に知覚されていることにすぎないと主張、物質的世界の客観的実在性を否定した。著書『人間知識の原理』など。

**ハーグリーブズ**【James Hargreaves】(一七四五ごろ〜七八) イギリスの発明家。一七六七年ごろジェニー紡績機を発明。織布機の発達による綿糸不足を解消、産業革命を推進。

**バークリウム**【berkelium】超ウラン元素の一つ。元素記号Bk 原子番号九七。質量数二四七。一九四九年カリフォルニア大学でサイクロトロンによってつくられた。

**バークレイズ-ぎんこう**【バークレイズ銀行】(Barclays Bank PLC) イギリス有数の商業銀行。一八九六年設立。

**ハーケン**【Hakenドイツ】登山用具の一つ。頭部に穴のある釘で、岩の割れ目に打ち込み、カラビナをかけザイルを通す。足場にもなる。

**バーゲン**【Candice Bergen】(一九四六〜) アメリカの映画女優。主演作『砲艦サンパブロ』『パリのめぐり逢い』など。

**バーゲン-セール**【bargain sale】期間や数量を限って商品を安く売ること。大安売り。特売。投げ売り。廉売。バーゲン。グランドセール。

**ハーゲンベック**【Karl Hagenbeck】(一八四四〜一九一三) ドイツのサーカス所有者、動物園長。ハーゲンベック動物園を創設し、それまでになかった放養式を考案。日本の動物園の見本となる。

**バー-コード**【bar code】商品などの種類や価格などの情報を白と黒の線(バー)で表示したもの。参照 POS。

**パーゴラ**【pergola】日照調節をするために設けられた棚状のもの。住宅のテラスの上などに作られ、一般に木製でフジやツタなど蔓性の植物をからませたり、おおいをかける。

**パーコレーター**【percolator】濾過器。とくに、コーヒーをいれるためのガラス製濾過器。ポットと、濾過装置があるじょうご状容器とからなり、アルコールランプか電熱で加温してコーヒーをいれる。

**バーサ**【Bhāsa】三〜四世紀ごろのインドの劇作家。サンスクリット古典劇の先駆者。劇『夢に現れたバーサバダッター』の作者と推定される。

**パーサー**【purser】船舶や旅客機の乗務員のうち、船内や機内の事務を管理する事務長。主席旅客係。

**は-あざみ**【葉▼薊】アカンサスの代表的品種。

**ばあ-さん**【▽祖▽母さん】父母の母をよぶ語。grandmother 対義 祖父さん。

**ばあ-さん**【▽婆さん】おばあさん。老女を親しんで呼ぶ語。old woman 対義 爺さん。

**パージ**【purge】追放すること。用例 レッド―。

**ハーシー**【John Richard Hersey】(一九一四〜) アメリカの小説家・ジャーナリスト。小説『アダノの鐘』、記録『ヒロシマ』など。

**ハーシェイ**【Alfred Day Hershey】(一九〇八〜) アメリカの分子生物学者。ファージ遺伝学の研究から、ファージの遺伝物質がDNAであることをつきとめた。一九六九年ノーベル生理学医学賞受賞。

**バージェス**【Anthony Burgess】(一九一七〜) イギリスの小説家・批評家・作曲家。小説『時計じかけのオレンジ』『エンダビーの内側』『世界の終りのニュース』など。

**ハーシェル**【Frederick William Herschel】(一七三八〜一八二二) イギリスの天文学者。ドイツ生まれ。音楽家であったが、反射望遠鏡を自作し、天王星や土星の衛星などを発見した。

**バージナル**【virginal】鍵盤つき撥弦楽器。一五〜一八世紀イギリスを中心に流行。一七世紀末まではチェンバロの総称で、以降はスピネットと同義。参照 スピネット。

**バージニア**【Virginia】アメリカ南部、大西洋岸の州。独立当時の一三州の一つ。州都リッチモンド。タバコ栽培、化学・繊維工業がさかん。人口五三四・六万(一九八〇)。

**バージニア-しょくみんち**【バージニア植民地】一六〇七年、イギリスが北アメリカに建設した最初の永続的植民地。名は処女王エリザベス一世に由来。ワシントン・ジェファーソンらアメリカ独立革命の指導者を輩出。Virginia Colony

**ハーシム-け**【ハーシム家】アラビアのメッカの支配階級クライシュ族の一系。ムハンマドの生家。アッバース朝やシーア派イマーム、現在のヨルダンやモロッコなどの王家はこの家系に属する。House of Hāshim

**バージャー-びょう**【バージャー病】おもに青壮年男子の下肢に起こる慢性閉塞性動脈疾患。動脈がつまり、痛みで足を引きずったりする。とくに日本人に多く、原因は不明。ビュルガー病。Buerger's disease

**パーシャル-フリージング**《和製語》冷蔵庫で、食物を完全に冷凍しないで保存すること。冷凍するより新鮮な状態で保存できる。

**ハーシュバック**【Dudley Hershbach】(一九三二〜) アメリカの物理化学者。化学反応の精密なようすや放出エネルギーなどの観察・解析方法を開発した業績で一九八六年ノーベル化学賞受賞。

**バージライン-システム**《和製語》内陸水路や内海・湾内で、多数のバージ(はしけ)を連結して船団を編成、プッシャー(押し船)で押して運航する貨物輸送方式。

**バージン**【virgin】処女。ヴァージン。

**パーシング**【Pershing】アメリカの地対地中距離核ミサイル。Ⅱ型は射程一八〇〇km、核弾頭五〜五〇キロトン、CEP(キャップ)三〇mの命中精度。

**バージン-しょとう**【バージン諸島】(Virgin Islands) 西インド諸島、プエルトリコ島東方の一〇〇の島群。北部はイギリス領(面積一五二km²)、南部はアメリカ領(面積三四四km²)。

**ハース**【Ernst Haas】(一九二一〜八六) アメリカの報道写真家。オーストリア生まれ。作品『ザ・クリエーション』など。

**ハース**【Walter Norman Haworth】(一八八三〜一九五〇) イギリスの有機化学者。糖化学全体にわたり基礎研究を行う。また、ビタミンCの構造を決定、合成にも成功。一九三七年ノーベル化学賞受賞。

**バース**【John Barth】(一九三〇〜) アメリカの小説家。反リアリズムの前衛小説を書く。作品『酔いどれ草の仲買人』『キマイラ』など。

**パース**【purse】お金を入れて持ち歩く小袋・財布・がま口。小形のハンドバッグをさすこともある。

**パース**【Perth】オーストラリア西部、ウエスタンオーストラリア州の州都。金鉱発見以来急速に発展。スワン川河口に景観の美しい外港フリマントルがある。人口九六・九万(一九八三)。

**パース**【Charles Sanders Peirce】(一八三九〜一九一四) アメリカの数学者・哲学者。プラグマティズムの創始者。記号論理学でも先駆的な存在とされる。

**バース-コントロール**【birth control】産児制限。受胎調節。

**バースデー**【birthday】誕生日。用例 ―ケーキ。

**バースデー-カード**【birthday card】誕生祝いのことばを記したカード。日本では初誕生以外は誕生日を祝う習慣がなかったが、若者を中心に祝う習慣が定着し、カードが利用されるようになった。

**ハースト**【William Randolph Hearst】(一八六三〜一九五一) アメリカの新聞経営者。センセーショナルな記事に重点をおく方針をとり、多くの新聞社を買収してマスコミ界に君臨した。

**バースト**【burst】①太陽から放射される電波のうち、太陽表面の爆発により瞬間的に強い電波が観測される現象。②宇宙線の観測で電離箱内に一瞬多くの荷電粒子が発生する現象。超高エネルギー宇宙線の原子核衝突による粒子多重発生による。

**バース-とう**【バース党】アラブ諸国の国際政党。正称はアラブ復興社会党。一九五三年アラブ復興党とシリア社会党が合併して結成。アラブ統一と社会主義社会実現が目標。本部はダマスカス。

**パースニップ**【parsnip】セリ科の二年草。葉は奇数羽状複葉で長さ約六〇cm。根はニンジンのように肥大。二年めに緑黄色の花が開く。根に香気があり、食用。アメリカボウフウ。

**パースペクティブ**【perspective】↓えんきんほう(遠近法)

**パーセク**【parsec】天文学で用いる距離の単位。天体の年周視差が、角度の一秒に見えるときの距離。一パーセクは約三〇・八兆kmでほぼ三・二六光年に等しい。

**パーセプトロン**【perceptron】視覚と脳の機能をモデル化した学習機械。学習・知的動作機能をもつパターン認識の機械として、アメリカのローゼンブラットが作製した。

**バーゼル**【Basel】スイス北部、ライン川に沿う商工業都市。フランス・西ドイツとの国境に接し、ライン川航路の終点。人口一七・五万(一九八五)。

**パーセル**【Edward Mills Purcell】(一九一二〜) アメリカの物理学者。核磁気共鳴吸収法により原子核の磁気モーメントを測定する方法を開発。ブロッホとともに一九五二年ノーベル物理学賞受賞。

**パーセル**【Henry Purcell】(一六五九ごろ〜九五) 二〇世紀以前のイギリス最大の作曲家。エリザベス朝時代のポリフォニーの諸要素とフランス・イタリア音楽を融合した様式をもつ。オペラ『ディドーとエネアス』、教会音楽など。

**バーセルミ**【Donald Barthelme】(一九三一〜八九) アメリカの小説家。長編『雪白姫』、短編集『都市生活』など。

**ハーゼンクレーファー**【Walter Hasenclever】(一八九〇〜一九四〇) ドイツの劇作家・詩人。表現主義の戯曲『息子』、『アンティゴネー』など。

**パーセンテージ**【percentage】↓ひゃくぶんりつ(百分率)

**パーセント**【percent】《百あたり、の意》①百分率を示す単位。記号%。②百分率・百分比。

**パーソナリティー**【personality】①個人の独自な行動や考え方の、統一的で持続的な性質や傾向。人格。個性。②ディスクジョッキーなどの司会者。

**パーソナル**【personal】(形動) 個人の。個人的。

**パーソナル-コミュニケーション**【personal communication】個人間の意思疎



↓行き先項目、図版・写真参照印。 JIS 日本工業規格情報交換用漢字符号コード(区点コード)。

通。会話や手紙などのように直接一対一で行われるコミュニケーション。［対義］マスコミュニケーション。

**パーソナル-コンピューター**〔personal computer〕個人用のプログラム内蔵型コンピューター。プログラム言語としておもにベーシックや簡易言語を使用し、小企業の事務合理化、個人の情報処理などに使用。パソコン。

**パーソナル-ファウル**〔personal foul〕バスケットボールの反則のうち、身体的接触を行って相手のプレーを妨害する反則の総称。［比較］テクニカルファウル。

**パーソナル-むせん**【パーソナル無線】登録すればだれでも自由に使える無線。昭和五七年(一九八二)の電波法改正で許可され、周波数九〇〇メガヘルツ帯で出力五ワットまでの交信が可能。

**バーソロミュー-ディアス**〔Bartholomeu Dias〕→ディアス

**パーソンズ**〔Talcott Parsons〕(一九〇二〜七九)アメリカの社会学者。現代理論社会学の代表者の一人。ウェーバー社会学をアメリカに導入し、社会システム論・構造機能分析などを確立した。著書『社会的行為の構造』など。

**パーソントリップ-ちょうさ**【パーソントリップ調査】人の移動に関する調査。都市の統合交通体系の実態を把握する一つとして行う。person trip survey

**バーター**〔barter〕物品と物品との直接交換。物々交換。

**バーター-ぼうえき**【バーター貿易】二国間の貿易で、輸入と輸出を物々交換の形で行う方式。barter trade

**パーター-リン**〔八達嶺〕(Bādá Lǐng)→はったつれい(八達嶺)

**バーダラーヤナ**〔Bādarāyana〕紀元前一世紀ごろのインドの哲学者。六派哲学の一つベーダーンタ派の開祖とされる。

**ば-あたり**【場当(た)り】①演劇などで、その場の機転で、かっさいを得ること。grand-stand play ②その場の思いつきで処理すること。claptrap ［用例］―主義。

**パータン**〔Patan〕ネパール中部、首都カトマンズの南にある古都。中世にマルラ王朝の主要都市として繁栄。宝石細工が発達。

**バーチェット**〔Wilfred Burchett〕(一九一一〜八三)オーストラリアのジャーナリスト。広島の原爆被害や朝鮮戦争・ベトナム戦争などの報道で知られる。著書『ふたたび朝鮮で』など。

**バーチカル-ブラインド**〔vertical blind〕ブラインドの一種。羽根(スラット)が縦に取り付けられているもの。間仕切りやカーテンのように用いられる。［比較］ベネシアンブラインド。

**パーチメント**〔parchment〕獣皮で作られた書写材料。ヒツジなどの獣皮を乾燥させ、滑石かっせきで磨いて光沢をつけたもの。西洋で古代から中世まで使用した。羊皮紙。

**パーチメント-ペーパー**〔parchment paper〕→りゅうさんし(硫酸紙)

**バーチュシコフ**〔Batyushkov〕→バーテュシコフ

**パーツ**〔parts〕自動車・家電製品などの部分品。機械部品。

**ハーディ**〔Thomas Hardy〕(一八四〇〜一九二八)イギリスの小説家・詩人。故郷ウェセックスを舞台とした小説で知られる、ビクトリア朝末期の文豪。宇宙と人間の意志の対立という主題で、暗い悲劇的陰影の濃い作品が多い。作品『ダーバビル家のテス』『日陰者ジュード』、詩劇『覇王はおうら』など。

**バーディー**〔birdie〕ゴルフで、そのホールの基準打数(パー)よりも一打少ない打数。また、その打数でボールをホールに入れること。

**パーティー**〔party〕①社交を目的とした会合の総称。結婚披露ひろう・歓送迎・誕生祝い・晩餐会ばんさんかい・レセプションなどいろいろなかたちがある。②登山・探検などのさいに編成する集団。

**パーティー-ドレス**〔party dress〕種々の社交上の集まりに出席するときの服装。イブニングドレス・カクテルドレス・アフタヌーンドレスなど、パーティーの内容によって異なる。

**バーディーン**〔John Bardeen〕(一九〇八〜)アメリカの物理学者。トランジスターの発明などにより、一九五六年に、また超電導現象の理論的解明により七二年にノーベル物理学賞受賞。

**ハーディー-ガーディ**〔hurdy-gurdy〕外形がリュートに似た擦弦楽器。松やにを塗った回転板で弦に振動を与え、音程を鍵盤けんばんで操作する。中世から一八世紀ごろに隆盛。

**パーティクル-ボード**〔particle board〕木の細片に樹脂接着剤を用いて熱圧成形した板材料。小片の形状によって三層または多層構造をとる。家具・音響キャビネットなどに使用。

**ハーディー-ワインベルグ-の-ほうそく**【ハーディー-ワインベルグの法則】集団遺伝子学の法則の一つ。個体群の維持に直接影響を与えない遺伝子や形質は、何代にもわたって常に一定の割合で群内に存在し続けるという説。Hardy-Weinberg's law

**ハーテビースト**〔hartebeest〕大形のレイヨウ。肩高一・一〜一・五m。顔が細長く、雌雄とも一、二回曲がった角をもつ。草原に群れですむ。アフリカに分布。

**バーテュシコフ**〔Konstantin Nikolayevich Batyushkov〕(一七八七〜一八五五)ロシアの詩人。享楽的な恋愛詩を書く。作品集『詩と散文の試み』など。

**ハーデン**〔Arthur Harden〕(一八六五〜一九四〇)イギリスの生化学者。ヤングとともにアルコール発酵を研究、補酵素の存在を明らかにした。一九二九年ノーベル化学賞受賞。

**バーテン**《和製語》「バーテンダー」の略。

**バーデン**〔Baden〕西ドイツ南西部、バーデンビュルテンベルク州のライン川右岸に沿う地方。中心都市カールスルーエ。

**バーデン-がくは**【バーデン学派】新カント学派の一派。認識論を基礎として、歴史科学の方法論を中心とした。ウィンデルバント・リッケルト・ラスクらが代表的。西南ドイツ学派。Baden school; Southwest German school

**バーテンダー**〔bartender〕酒場でカクテルを作るなど酒類の調合をする人。バーテン。

**バーデン-バーデン**〔Baden Baden〕西ドイツ南西部、シュワルツワルト北西麓ほくせいろくの都市。国際的な温泉保養地。人口四・九万(一九八一)。

**バーデン-ビュルテンベルク**〔Baden-Württemberg〕西ドイツ南西部の州。州都シュトゥットガルト。商工業がさかん。ライン川沿岸のブドウ栽培が有名。人口一〇九六・五万(一九八三)。

**ハート**〔heart〕①心。感情。②心臓。③トランプのふだの一つ。

**ハート**〔Francis Bret Harte〕(一八三六〜一九〇二)アメリカの小説家。地方色豊かな短編を書く。短編集『ロアリング-キャンプの福の神』など。

**ハート**〔William Hart〕(一八七〇〜一九四六)アメリカの映画俳優。初期の西部劇で活躍。主演作『悪人の掟おきて』など。

**ハード**〔hard〕(名・形動)①厳しいこと・さま。つらいこと・さま。［用例］―なスケジュール。②勢いのはげしいこと・さま。［用例］―パンチャー。③固いこと・さま。［用例］―カバー。

**バート**〔BART〕《Bay Area Rapid Transit の略》アメリカのサンフランシスコとその近郊を高速の自動運転で結ぶ高速鉄道。駅業務も自動化。長さ一二〇km。

**バード**〔bird〕鳥。

**バード**〔Richard Evelyn Byrd〕(一八八八〜一九五七)アメリカの海軍軍人・探検家。一九二六年飛行機で北極点上を往復。のち、大西洋横断飛行や南極の探検調査でも活躍。

**バード**〔William Byrd〕(一五四三〜一六二三ごろ)イギリスのエリザベス朝最大の作曲家。王室礼拝堂のオルガニスト。ラテン語によるミサ曲・モテット、イギリス国教会のための楽曲、世俗マドリガル・鍵盤けんばん楽器のための変奏曲・舞曲など。

**パート**〔part〕①部分。区分。章。②受け持ち。役割。［用例］めいめいの―が決まる。③音楽で、楽曲構成の部分。また、声部。④「パートタイム」「パートタイマー」の略。［用例］―で働く。

**パート**〔PERT〕《program evaluation and review technique の略》インダストリアル-エンジニアリングの一分野。人員・設備をもっとも効率よく使うための生産日程を、矢線で作業手順を示した図を用いて解明する技法。アメリカ海軍が一九五〇年代後半に開発。

**バード-ウイーク**《和製語》愛鳥週間。毎年五月一〇日から一週間行われる。

**ハードウエア**〔hardware〕コンピューターの機械そのもの。回路素子・機器・装置などコンピューターを構成する機械部分の総称。一般にも、機械そのものをさしていう。［対義］ソフトウエア。

**バード-ウオッチング**〔bird-watching〕野鳥を観察すること。ポイントは大きさ・数・形・色・鳴き声・姿勢・飛び方や歩き方など。双眼鏡・筆記用具をつかう。探鳥。

**バード-オブ-パラダイス**〔bird of paradise〕フウチョウの英語名。

**バード-カービング**〔bird carving〕鳥の形態をリアルに表した木彫もくちょう。また、それを作ること。アメリカで発達し、学術資料やインテリアとして用いられる。［参照］デコイ。

**ハート-かずら**かずら【ハート▼蔓】ガガイモ科のつる性観葉植物。葉は約二cmの心臓形で、多肉。細いつるに対生する。花は約二cmの筒状で暗桃色。南アフリカ、ナタール原産。

**ハードカバー**〔hardcover〕堅くて厚い表紙の本。丈夫なクロースや紙を使った本格的な装丁の書籍。［比較］ペーパーバック。

**パート-げんぜい**【パート減税】妻がパートタイムで働いた場合、一定限の収入金額以内なら夫の配偶者控除が適用される制度。

**ハード-コピー**〔hard copy〕コンピューターからブラウン管に表示された情報などを、プリンターで紙に印刷したもの。［対義］ソフトコピー。

**バード-サンクチュアリ**〔bird sanctuary〕鳥の聖域あるいは禁猟区。地域開発から鳥の生息場所を守るため、各地で愛鳥家が中心となって設置を進めている。

**パート-タイマー**〔part-timer〕パートタイムで勤務する人。パート。

**パート-タイム**《part-time jobから》随時契約により、その職場の労働者の正規の就業時間より短い時間だけ働くこと。パート。［対義］フルタイム。

**バード-デー**《和製語》愛鳥日。五月一〇日。バードウイークの最初の日。

**ハードトップ**〔hardtop〕乗用車の車体の一形式。もともとは、着脱可能な金属またはプラスチック製の屋根をもつもの。また現在では、着脱できなくても、センターピラーがなく窓を開けると前後の窓と屋根だけになるものもいう。→自動車［図］

**ハード-トレーニング**〔hard training〕猛練習。猛訓練。

**パートナー**〔partner〕①組をつくる相手。②仕事などを共同でする人。③配偶者。

**バードバス**〔birdbath〕小鳥の水浴び用の水鉢。銅や石材などで作られる。

**ハートフォード**〔Hartford〕アメリカ、コネティカット州の州都。商工業都市。保険・金融業の本拠地。人口一三・六万(一九八〇)。

**ハード-ボイルド**〔hard-boiled〕《固ゆで卵、の意》人間や出来事を、あくまで突き放した非情な態度と文体で描く手法。ヘミングウェーの文体をいったことに由来。とくに推理小説で、ハメット・チャンドラー・スピレーンらは、ハードボイルド派の作家といわれる。

**ハード-ボード**〔hard board〕木材・竹などの植物繊維質をパルプ状とし、加熱・圧縮して板状に固めたもの。外装用。硬質繊維板。

**ハートライン**〔Haldan Keffer Hartline〕(一九〇三〜)アメリカの生理学者。視神経について化学的・生理学的に研究。一九六七年ノーベル生理学医学賞受賞。

**ハートランド**〔heartland〕世界の心臓地帯。地政学用語で、具体的にはユーラシア北部のソ連一帯をさす。

**ハートリー**〔Leslie Poles Hartley〕(一八九五〜一九七二)イギリスの小説家。倫理的作風を示す。作品『ユースタスとヒルダ』『顔の正義』など。

**ハードル**〔hurdle〕①陸上競技のハードル競走に用いられる障害物。上部の横木のほかは金属でできている。②「ハードル競走」の略。

**ハードル-きょうそう**【ハードル競走】陸上競技で、走路上のハードルを跳び越えて行う競走。一〇〇mハードル(女子)・一一〇mハードル(男子)・二〇〇mハードル(男子)・四〇〇mハードル(男女)の種目がある。障害競走。ハードルレース。なお、水濠すいごう障害もある男子三〇〇〇m障害物競走を含めていうこともある。hurdle race

**パートレ**〔Pátrai〕ギリシア中部、コリント湾南岸入り口にある港湾都市。人口一四・二万(一九八一)。パトラス。

**バートン**〔Derek Harold Richard Barton〕(一九一八〜)イギリスの化学者。分子の立体配座の概念の導入と解析に業績。オッド=ハッセルとともに一九六九年ノーベル化学賞受賞。

**バートン**〔Richard Burton〕(一九二五〜八四)イギリスの舞台・映画俳優。主演作『聖衣』『クレオパトラ』『いそしぎ』など。

**バートン**〔Richard Francis Burton〕(一八二一〜九〇)イギリスの探検家・学者。インド・中近東・アフリカを探検。晩年は文筆に専念し、『千

▼常用漢字表外。　▽常用漢字表の音訓外。

夜一夜物語』の英訳は「バートン版」として知られる。

**バートン**[Robert Burton](一五七七～一六四〇) イギリスの牧師・文筆家。憂鬱の原因と結果を探究した奇書『憂鬱の分析』で有名。

**バーナー**[burner] ①ガスまたは気化した液体を燃焼させて加熱に用いる装置。石油バーナー・オイルバーナーなどがあるが、ふつうはガスバーナーをさす。②ガスランプなどのもえ口。

**バーナード**[Chester Irving Barnard](一八八六～一九六一) アメリカの実業家・経営学者。アメリカ電話電信会社・ベル電話会社社長などを歴任。組織の一般理論を確立した。主著『経営者の役割』。

**バーナード・せい**[バーナード星]《発見者のバーナードにちなむ名称》現在知られている中で最大の年間固有運動角で移動している恒星。太陽系に二番目に近い。距離六光年、実視等級九・五等。Barnard's star

**バーナリゼーション**[vernalization] ↓しゅんかしょり(春化処理)

**バーニー**[Fanny Burney](一七五二～一八四〇) イギリスの女流小説家。女性を主人公とした家庭小説を書く。作品『エベリーナ』『カミラ』など。

**パーニニ**[Pāṇini] 古代インドの文法学者。紀元前四世紀ごろ、サンスクリット(梵語)の文法を整理し、世界最古の文典『アシュターディヤーイー』を著した。

**バーニヤ**[vernier] 長さや角度を測る本尺の一目盛りをさらにこまかく読むための補助目盛り尺。副尺。

**バーネット**[Frances Eliza Burnett](一八四九～一九二四) アメリカの女流児童文学者。イギリス生まれ。作品『小公子』『小公女』『秘密の花園』など。

**バーネット**[Frank Macfarlane Burnet](一八九九～一九八五) オーストラリアの病理学者。後天的な免疫耐性(免疫学的寛容)の研究でクローン選択説を提唱。ペーター=メダウォーとともに一九六〇年ノーベル生理学医学賞受賞。

**ハーバ**[Alois Hába](一八九三～一九七三) チェコスロバキアの作曲家。微分音による作曲を創始。作品に四分音によるオペラ『母』など。

**ハーバー**[Fritz Haber](一八六八～一九三四) ドイツの化学者。アンモニア合成のほか、物理化学・電気化学関係で業績多数。一九一八年ノーベル化学賞受賞。

**バーバー**[barber] 理髪店。理容店。

**バーバー**[Samuel Barber](一九一〇～八一) アメリカの作曲家。甘美でロマンチックな作風。作品『交響曲第二番』など。

**ハーバート**[George Herbert](一五九三～一六三三) イギリスの詩人。形而上詩の流れをくむ典雅な宗教詩を書く。詩集『聖堂』。

**ハーバード・だいがく**[ハーバード大学](Harvard University) アメリカの私立総合大学。所在はマサチューセッツ州ケンブリッジ。一六三六年、宣教師ハーバードの蔵書と遺産を基礎に設立された牧師養成機関が起源。アメリカ最古の伝統と最高の学問水準を誇る。

**ハーバー・ボッシュ・ほう**[ハーバー=ボッシュ法] 窒素と水素からアンモニアを製造する方法。ドイツにおいて、フリッツ=ハーバーの基礎研究をカール=ボッシュが工業化した。Haber-Bosch process

**ハーバーラント**[Gottlieb Harberlandt](一八五四～一九四五) ドイツの植物生理学者。ハンガリー生まれ。植物ホルモンの存在を提唱し、組織培養の先駆者となった。

**バーバスカム**[verbascum] ゴマノハグサ科モウズイカ属の植物の総称。とくに、ビロードモウズイカをさす。草の姿はタバコに似て、葉は大きな長楕円形。黄色の花穂をつける。↓写

● ハーブ　おもなハーブの特徴と使い方

| 名称(別名) | 科名 | 特徴と使い方 |
| --- | --- | --- |
| アニス | セリ科 | 甘い香りで、アニス酒が有名。種子を菓子類に、生葉をサラダの風味づけに使う |
| ウオータークレス(クレソン) | アブラナ科 | ピリッとした辛味が特徴。生葉を肉料理のつけ合わせやサラダ、おひたしに使う |
| オレガノ | シソ科 | 強い風味はトマトやニンニクを使うイタリア料理に不可欠。花は花材にもよい |
| カミルレ(カミツレ、カモミール) | キク科 | 乾燥させた花をハーブティーやポプリ、沐浴剤、化粧水、染色材料などに使う |
| キャラウエイ | セリ科 | 種子に強い香りがあり、ライ麦パンやザウアークラウト、ピクルスなどに使用 |
| コリアンダー(コエンドロ、香菜) | セリ科 | 生葉を東南アジア料理やメキシコ料理に。種子はピクルスやポプリに利用 |
| セージ(サルビア) | シソ科 | 肉や内臓類の臭み消しに使うほか、ハーブティー、沐浴剤、ヘアリンスに利用 |
| タイム | シソ科 | ほとんどの西洋料理に合い、ブーケガルニの主材料。ハーブティーにもよい |
| タラゴン(エストラゴン) | キク科 | 鳥、魚介類、野菜などと相性がよく、酢や油に香りを移してソースに使う |
| チャイブ(シブレット) | ユリ科 | アサツキに似ており、みじん切りにして料理の薬味に使う。乾燥花は花材によい |
| チャービル(セルフィーユ) | セリ科 | シダに似た繊細な葉で、甘い香りがする。生葉を料理のあしらいやソースに使う |
| ディル(イノンド) | セリ科 | 種子と生葉を魚料理やピクルスの風味づけ、スープなどに使う。花は花材によい |
| バジル(バジリコ) | シソ科 | 食欲をそそる香りはトマトによく合いイタリア料理に使う。油漬けで保存する |
| パセリ | セリ科 | ビタミンやミネラルの豊富なハーブ。シチューの風味づけや料理の添えに使う |
| フェンネル(ウイキョウ) | セリ科 | 「魚のハーブ」として有名。生の茎はサラダに、種子は魚料理などに使う |
| ベイ(ゲッケイジュ、ローリエ) | クスノキ科 | 生や乾燥した葉を、ソースやシチュー、マリネ、薫製材料、沐浴剤に利用 |
| ベルガモット(タイマツバナ) | シソ科 | 葉や花びらはハーブティーやサラダに使う。美しい花は観賞用に植えてもよい |
| ボリジ(ルリヂサ) | ムラサキ科 | 葉にキュウリのような香りがあり、サラダやパンチに。青い花は砂糖菓子にする |
| マージョラム(マヨラナ) | シソ科 | 上品な香りで肉料理やサラダ、スープなどに使う。ハーブティーや花材にもなる |
| ミント(ハッカ) | シソ科 | さわやかな香りは料理以外にも、ハーブティー、ポプリ、沐浴剤、染色に利用 |
| ラベンダー | シソ科 | すばらしい芳香が特徴で、ポプリ、沐浴剤、ハーブティー、花材などに広く利用 |
| ルバーブ(ダイオウ) | タデ科 | 酸味のある茎を使って、ジャムやパイなどを作る。葉は銅や銀の食器磨きに使う |
| レモンバーム(メリッサ) | シソ科 | レモンの香りが特徴で、ハーブティーが美味。サラダ、ポプリ、沐浴剤にもよい |
| ローズマリー(マンネンロウ) | シソ科 | 森の香りがする葉を、肉料理の臭み消しに使うほか、ポプリ、沐浴剤に利用 |

● バーバスカム

**ハーバラー**[Gottfried von Haberler](一九〇〇～) アメリカの経済学者。オーストリア生まれ。ハーバード大教授。国際貿易・景気変動論の権威。著書『景気変動論』など。

**バーバリー**[Burberry] 防水加工をした綿ギャバジン、およびそのレーンコートをいう。本来はロンドンのバーバリー商会の登録商標。

**バーバリー・エイプ**[Barbary ape] オナガザル科のサル。体長約六〇cm。尾は一～二cmで、ないに等しい。ニホンザルに近縁。北アフリカとジブラルタルに分布。

**バーバリー・シープ**[Barbary sheep] 北アフリカ産の角の大きなウシ科の野生ヒツジ。体長一m内外。褐色で、のど・胸・前足には長いふさ毛がある。乾燥した岩山にすむ。日中は岩かげなどで休み、夜間活動する。草食性。乾燥には強い。

**バーバリズム**[barbarism] 野蛮。無作法。

**バーバンク**[Luther Burbank](一八四九～一九二六) アメリカの育種家。交配法など独特の方法を考案し、ジャガイモの品種改良をはじめ多くの作物について優良種を作った。著書『方法と発見』など。

**パーヒューム**[perfume] 芳香。匂い。香り。香水。

**ハーフ**[half] ①半ば。②混血児。③「ハーフバック」の略。

**ハーブ**[herb] 本来は草本の意味だが、とくに古くから用いられてきた薬用・香料植物をさす。ラベンダー・ミント類、ローズマリーなど、多くの種類がある。香草。↓図

**ハープ**[harp] 撥弦楽器の一つ。四七本の弦を張り、両手の指で弦をはじく。七本のペダルで半音変化を行う。↓写

**ハーフィズ**[Hāfiz](一三二六ごろ～九〇) ペルシアの代表的詩人。叙情詩の第一人者。『ディーワーン(個人詩集)』は民衆に愛誦されている。

**ハーフウエー・ハウス**[halfway house]《病院と家との中間にある施設、の意》病院での治療終了後も家庭復帰が困難な老人の機能を回復させるために設けられた施設。ハーフウエーホーム。

**パーフェクト・ゲーム**[perfect game] ①野球の完全試合。②ボウリングの試合で、一ゲーム中毎回の投球がすべてストライクであったもの。得点は三〇〇点。

**パーフォレーション**[perforation] ロールフィルムや映画フィルムの縁に、一定間隔で連続的に開けられた、フィルムを送るための穴。

**ハーフ・コート**《和製語》ひざ上丈のコート。半コート。three-quarter; top coat

**ハーフサイズ・カメラ**[half size camera] 三五mm判の半分の画面サイズ(二四×一八mm)で撮影するカメラ。

**ハープシコード**[harpsichord] チェンバロの英語名。

**ハーフ・スイング**[half swing] 野球で、打撃の最中に、振りかけたバットを途中でとめること。

**ハーフタイム**[halftime] サッカー・バスケットボールなどで、試合の前半と後半のあいだの休憩時間。競技により、長さは異なる。

**ハーブ・ティー**[herb tea] ハーブ(香草)を乾燥させ、茶として飲むもの。カモミール(西洋のキク)・ボダイジュ・ミント(はっか)などおもなものでも二〇種類以上ある。

**ハーフ・トーン**[half-tone] 明暗の中間の調子。

**ハーフバック**[halfback] サッカー・ラグビーなどのフォーメーションで、フォワードの後方、バックスのいちばん前に位置するプレーヤー。中衛。ハーフ。HB。

**ハーフ・メード**《和製語》既製品とイージーオーダーの中間にあたる、七分どおりできあがった洋服。注文で体に合わせて仕上げる。

**バーブル**[Bābur](一四八三～一五三〇) インド、ムガール帝国の創設者(在位一五二六～三〇)。パーニーパットの戦いでロディー朝を倒し、デリーとアーグラを支配。帝国の基礎を築いた。

**パープル**[purple]《古代、紫色の染料をとったプルプラ貝に由来する名》赤みがかった紫色。

**ハーベー**[William Harvey](一五七八～一六五七) イギリスの生理学者。近代生物学・生理学の開祖とい

● ハープ



↓ 行き先項目、図版・写真参照印。 JIS 日本工業規格情報交換用漢字符号コード(区点コード)。

われる。人体の構造・機能を研究し、とくに血液循環説を唱え、『血液循環の原理』を著した。

**バーベキュー**[barbecue]《アメリカ、インディアンのバーバコア(たな・わく)に由来》野外の炉で獣肉などをくし刺しにして焼く料理。また、それをかこむ野外宴会。

**バーベナ**[Verbena] ①クマツヅラ科クマツヅラ属の植物の総称。熱帯、亜熱帯アメリカに分布。②園芸品種バーベナヒブリダの通称。高さ約二〇㎝。花はサクラに似て、散房状に多数つく。花色は豊富。ビジョザクラ。

**バーベリ**[Isaak Emmanuilovich Babel](一八九四～一九四一) ソ連の小説家。短編の名手。粛清されたが、死後に名誉回復。短編集『騎兵隊』『オデッサ物語』『私の鳩と小屋の話』など。

**バーベリー**[Barberry] メギ科の低木。枝に深いみぞがあり、葉の基部に三本のとげがある。五月黄花を開く。長円形で紫色の果実が垂下し、ジャムにする。ヨーロッパで栽培。

**バーベル**[barbell] 重量挙げやウエートトレーニングなどで用いる、鉄棒の両端に車輪状のおもりをつけた用具。

**バーボン-ウイスキー**[bourbon whiskey] 蒸留酒の一つ。トウモロコシが主原料。内部を焦がしたたるに詰めて熟成させる。アメリカ、ケンタッキー州のバーボンが原産地。

**パーマ** →パーマネントウエーブ

**パーマー**[Harold Palmer](一八七七～一九四九) イギリスの音声学者・言語学者。大正一一年(一九二二)文部省外国語教育顧問として来日、英語教授研究所を開設。オーラルメソッドによる新教授法を提唱、日本の英語教育に影響を与えた。

**パーマストン**[Henry John Temple Palmerston](一七八四～一八六五) イギリスの政治家。トーリー党からホイッグ党に転じ、外相をへて一八五五年首相。大陸の自由主義運動を援助。クリミア戦争に勝利を得るなど、イギリスの権益拡張に尽力。

**パーマネント-ウエーブ**[permanent wave]《「パーマネント」は、永久の、の意》化学薬品や電熱を用いて、毛髪に長い期間消えないウエーブをつけること。また、その髪型。パーマ。パーマネント。

**パーマネント-プレス**[permanent press] 布地の樹脂加工法の一種。洗ってもひだが消えず、小じわや縫い目のひきつれも防ぐ。

**パーマロイ**[Permalloy]《商標名》ニッケルを三五～八〇%含み、磁性をもつ鉄合金の総称。磁心材料に使用。

**ハーマン**[Woody Herman](一九一三～一九八七) アメリカのジャズ-バンドリーダー・アルトサックス奏者・クラリネット奏者。一九四〇年代に、ビッグバンドを率いて活躍。

**バーミキュライト**[vermiculite] 雲母の風化した粘土鉱物。単斜晶系。黄・緑・褐色などを呈する。酸で容易に分解。陽イオン交換能力が大きい。水を含み、熱すると膨張。断熱剤・軽量骨材・園芸用などに利用。

**バーミヤーン**[Bamiyan] アフガニスタンのヒンズークシ山脈中の地名。五世紀前後建造の石窟寺院遺跡で有名。二大石仏や壁画がある。→写

●バーミヤーン 石窟摩崖仏。

**バーミューダ-グラス**[Bermuda grass] イネ科の多年草。ゴルフ場のグリーンやフェアウエーに用いられる細かい芝。伸長がよいため、庭園には不向き。代表品種ティフトン。

**バーミューダ-ショーツ**[Bermuda shorts] ひざ上丈の、ぴったりした半ズボン。リゾート用などに用いる。

**バーミューダ-しょとう**[バーミューダ諸島](Bermuda Islands) 大西洋北西部、アメリカ、ノースカロライナ州南東一一〇〇kmの海上に連なる小島群。三〇〇以上の珊瑚礁島からなる。避寒・避暑地。イギリス領。

**バーミリオン**[vermilion] 朱色。また、その色の顔料。

**パー-ミル**[per mill] 千分率を示す単位。一パーミルは〇・一パーセント。プロミル。記号‰

**バーミンガム**[Birmingham] アメリカ南部、アラバマ州の工業都市。近郊で石炭・鉄鋼を産し、鉄鋼業がさかん。人口二八・四万(一九八〇)。

**バーミンガム**[Birmingham] イギリス、イングランド中部の工業都市。ウェストミッドランド重工業地域の中心で、交通の要地。人口一〇一・三万(一九八三)。

**パーム-シベット**[palm civet] ジャコウネコ科に属する動物の総称。また、その一種のマレージャコウネコをさす。ハクビシンと近縁で、多くは半樹上生活を営み、小鳥・小動物・果実などを食べる。東南アジア・アフリカに分布。

**パームチット**[permutite]《商標名》合成ゼオライト。主成分はアルミノ珪酸ナトリウム。硬水を軟化するのに使用。

**パーム-ボール**[palm ball] 野球で投手が投げる変化球の一種。曲がり方が不規則で、スピードが落ちるためチェンジアップに利用される。

**パーム-ゆ**[パーム油] →やしゆ(椰子油)

**ハーメルン**[Hameln] 西ドイツ北部、ウェーザー川中流右岸の都市。ルネサンス様式の古建築が多い。人口五・八万(一九八〇)。

**バー-モー**[Ba Maw](一八九三～一九七七) ビルマの政治家。早くから反英独立運動に加わり、一九三七年インドから分離後の初代首相。第二次大戦中は日本に協力。のち日本に亡命。送還後政界に復帰。

**ハーモニー**[harmony] ①調和。②和音。和声。

**ハーモニウム**[harmonium] リードオルガン属の楽器。足踏み式で空気を吹き出して音を出す。

**ハーモニカ**[harmonica] リードオルガン属の最小楽器。発音源が真鍮の薄片(リード)である長方形の楽器で、音穴に口をあて、吹いたり吸ったりして音を出す。ハモニカ。

**ハーモニカ-ながや**[ハーモニカ長屋] ハーモニカの音穴のように、小さな棟がいくつも横に並んだ細長い長屋。とくに第二次大戦後の安普請の棟割り長屋をいう。

**バーモント**[Vermont] アメリカ北東部の州。州都モントピーリア。大理石・花崗岩の産地として有名。人口五六・二万(一九九〇)。

**ばあ-や**[▽婆や] ①年とったお手伝いさん。②うば。

**パーラー**[parlor] ①応接間。談話室。②茶の間。居間。③日本で、軽い飲食物などを主とする食堂。用例フルーツ—。

**ハーラー-ダービー**《「ハーラー」は、投手の意》プロ野球での最多勝投手のタイトルを競うこと。

**パーライト**[pearlite] ①フェライトとセメンタイトの薄片が交互に層をなす、もっとも安定な鋼の組織。顕微鏡で見ると真珠のような光沢を示すのでこの名がある。②コンクリート・モルタル用の軽量骨材。

**バーラタ-ナティアム**[bharata nāṭyam 梵] 南インドのダンジョールを中心に、寺院の踊り子により受け継がれた、もっとも古典的な舞踊。宗教的で神秘的な女性の独舞。

**バーラル**[bharal] ウシ科の動物。チベットやその近隣の山岳地帯にすむ野生ヒツジ。肩高約九〇㎝。ヤギのように後方へ曲がった角をもつ。アオヒツジ。

**は-あり**[羽▼蟻] 交尾期で翅の生じたアリ。交尾後、雄は死に、雌は翅を落として女王アリとなる。翅をもつシロアリについてもいうことがある。winged ant

**バーリ**[Bari] イタリア南東部、プーリア州のアドリア海に臨む都市。食品・石油化学工業などが発達。人口三六・六万(一九八五)。

**ハーリー**[爬竜]《中国語から》沖縄本島各地で五月四日に行われる舟競漕行事。村を東西に分け、「さばに」という伝統的な小舟に数人が乗り、海を一巡して勝敗を決める。豊漁と航海の安全を祈願する神事。ハーレー。→写

**パーリ-ご**[パーリ語・▼巴利語]《「パーリ」は、聖典の意》古代インドの言語。サンスクリットに対して、プラークリットと総称されるインドの俗語の一つ。インド-ヨーロッパ語族のインド-イラン語派に属し、南方仏教の経典用語として使われた。Pali

**バーリン**[Irving Berlin](一八八八～一九八九) アメリカの作詞・作曲家。シベリア生まれ。ミュージカル・映画に多くのヒット曲を書き、「歌曲王」とよばれる。作品『ホワイト-クリスマス』、ミュージカル『アニーよ銃をとれ』など。

**バーリントン-インダストリーズ**[Burlington Industries, Inc.] アメリカ最大手の繊維製品メーカー。一九三七年設立。

**バール**《crowbarの略》→かなてこ(鉄梃)

**バール**[bar] 圧力の単位。一㎡に一〇万ニュートンの力が加わるのに等しい圧力。記号bar

**バール**[Baal] 古代セム人の崇拝した、自然の豊穣を具現した神。雨や嵐をおこし、植物に生命を与え、豊作をもたらすとされた。

**バール**[Hermann Bahr](一八六三～一九三四) オーストリアの小説家・評論家。評論『自然主義の克服』、小説『劇場』など。

**パール**[pearl] 真珠。

**パール-あみ**[パール編み] 棒針編みの編み方の一種。表裏が同じ編み目で、縦方向に伸縮性がある。ガーター編み。purl stitch

**ハールーン-アッラシード**[Hārūn al-Rashīd](七六三～八〇九) アッバース朝第五代カリフ(在位七八六～八〇九)。小アジア遠征を行い、フランク王国のカール一世(大帝)と使節を交換。学芸・文化を保護し、王朝の最盛期を現出した。

**バール-がわ**[バール川](Vaal) 南アフリカ共和国北東部から内陸を南西に流れ、キンバリー南西方でオレンジ川に注ぐ川。長さ一二〇〇km。

●爬竜 沖縄県、具志川市久米島。

**ハールグ-とう**[ハールグ島](Khārg Island) イラン、ペルシア湾北東部の島。イラン最大の原油積み出し港。カーグ島。

**パール-ハーバー**[Pearl Harbor] アメリカ、ハワイ州、オアフ島南部の軍港。一九四一年一二月八日に、日本海軍航空隊が奇襲攻撃を行った。真珠湾。

**パール-バック**[Pearl Buck] →バック

**バールベク**[Baalbek] レバノン北東の観光都市。ギリシア名はヘリオポリス。ローマ時代の宗教的中心地で遺跡が残る。

**ハールレム**[Haarlem] オランダ西部の古都。北ホラント州の州都。チューリップなどの花卉栽培の中心地。造船・機械・化学工業などもさかん。人口一五万(一九八六)。

**バーレーン**[Bahrain](State of Bahrain) 西アジア、ペルシア湾南部の、バーレーン島などからなる首長国。首都はバーレーン島のマナーマ。一九七一年イギリスから独立。石油と中継貿易が経済の中心。面積六八〇㎢。人口四一万(一九八六)。バハレーン。正称バーレーン国。

**ハーレキン**[Harlequin] イギリスのパントマイムに登場する、若い魔術師・恋人役の定型。コロンビーヌに恋をする。イタリアのコメディアデラルテの道化役の定型「アルレッキーノ」からきており、フランスでは「アルルカン」という。ハーレクイン。

**バーレスク**[burlesque フランス] ①大衆芸能の一種。滑稽な寸劇・音楽劇・物まねなど。本来は、風刺的に戯画化・改作するもの。②裸ショーなどを含むショー。

**パーレビー-ちょう**[パーレビー朝] →パハレビーちょう(パハレビー朝)

**ハーレム**[harem] →ハレム

**ハーレム**[Harlem] ニューヨーク市マンハッタン北東部にあるスラム街。住民の多くは黒人やプエルトリコ人の下層労働者で、暴力・犯罪の多発地区。

**バーレル**[barrel] ①《樽の意》ヤード-ポンド法の容積の単位。液体・野菜・果実などの容積をはかる。イギリス・アメリカとも国際的には認めていない。その容積の基準は国によって異なり、アメリカでは液体の場合、一バーレルは四二米ガロン、約一五九ℓ。記号bre 参照ガロン。②胴のふくれた樽。

**ハーン**[Lafcadio Hearn] →こいずみやくも(小泉八雲)

**ハーン**[Otto Hahn](一八七九～一九六八) ドイツの化学者・物理学者。トリウム・アクチニウムを発見。また、ウランの原子核分裂を発見。一九四四年ノーベル化学賞受賞。

**バーン**[barn] 原子核物理学で、原子核や素粒子の衝突の確率を表す断面積の単位。$10^{-24}cm^2$のこと。記号b。



▼常用漢字表外。 ▽常用漢字表の音訓外。

**ばあんざん【馬鞍山】** 中国、安徽省南東、揚子江右岸の鉱工業都市。中国屈指の鉄鉱山をもつ鉄鋼業の中心地。人口三五・八万(一九八四)。マーアンシャン。

**バーン-ジョーンズ【Edward Burne-Jones】**(一八三三〜一八九八) イギリスの画家。ラファエル前派の一人。装飾美術分野にも活躍。作品『黄金の階段』など。

**バーンズ【Robert Burns】**(一七五九〜一七九六) イギリスの詩人。方言や民話を用いて詩を書いたスコットランドの国民詩人。詩集『主としてスコットランド方言による詩集』、詩『なつかしい昔』『シャンターのタム』など。

**バーンスタイン【Leonard Bernstein】**(一九一八〜) アメリカの指揮者・作曲家。一九五七〜六九年ニューヨーク-フィル常任指揮者。国際的に活躍。現代を代表する大指揮者の一人。ミュージカル『ウエスト-サイド物語』などを作曲。

**バーン-ダンス【barn dance】** 一九世紀初期アメリカに興った社交ダンスの一つ。スクエアダンスの変形。

**ハーンパー【Pentti Haanpää】**(一九〇五〜一九五五) フィンランドの小説家。日常語を駆使して喜劇的な社会風刺を描出。小説『原野と兵舎』など。

**ハイ 7画【吠】** 部首[口] JIS 4342
音 ハイ・バイ・ベイ
ほえる。犬がなく。

**ハイ 7画【坏】** 部首[土] JIS 5215
音 ハイ
①おか。やま。②まだやいてない瓦。③かべ。ふさぐ。④つき。飲食物をもる器。

**ハイ 7画【沛】** 部首[氵] JIS 6179
音 ハイ
①水がさかんにながれるさま。「沛然」②雨が強い勢いでふるさま。「沛然」③ものごとの盛大なさま。「沛然」④たおれる。つまずく。「顚沛」⑤さわ。草のはえている湿地。⑥中国の江蘇省の県名。

**ハイ 8画【佩】** 部首[人・亻] JIS 4848
音 ハイ
①おびだま。帯などにつける飾り玉。②おびる。はく。身につける。「佩剣・佩刀・佩用」③心にとどめる。しるす。「感佩」

**ハイ 8画【拝】** 部首[扌] 教育小6 JIS 3950 — 9画【拜】 部首[手] 旧字 JIS 5733
音 ハイ
訓 おがむ
①おがむ。お辞儀をする。つつしんでする。「参拝・崇拝・礼拝」「拝礼」㋐《手紙に用いる》「拝具・拝啓」㋑《差出人の名の下に付ける》「木村拝」㋒《自分の動作を表す語の上に付ける》「拝見・拝察」②さずける。さずかる。「拝命」

**ハイ 8画【梻】** 部首[木] — 8画【柿】 異体字
音 ハイ
こけら。こっぱ。けずりくず。うすくそいだ板。

**ハイ 8画【杯】** 部首[木] 常用 JIS 3953 — 9画【盃】 部首[皿] 異体字 JIS 3954
音 ハイ
訓 さかずき
①さかずき。酒をのむ器。「乾杯・献杯・祝杯・賞杯」「杯洗」用例(名)——をあげて祝う。《接尾的》優勝——。会長——。②器にもったもの・イカ・船などを数えるのに用いる。用例(助数)酒五——。

**ハイ 9画【背】** 部首[月] 教育小6 JIS 3956
音 ハイ
訓 せ・せい・そむく・そむける
①せ。せなか。うしろ。うらがわ。比較 脊。対義 胸・腹。「紙背・腹背」「背景・背後」②そむく。そむける。せなかをむける。対義 向。「違背・向背」「背日性・背信・背水・背任」

**ハイ 9画【胚】** 部首[月] JIS 7085
音 ハイ
①はらむ。みごもる。妊娠。「胚胎」②多細胞生物の初期発生段階。動物では、卵割開始直後から独立するまでの個体。植物では、種子中の受精卵がある程度生長した幼植物。「胚芽・胚子・胚珠・胚乳」

**ハイ 9画【肺】** 部首[月] 教育小6 JIS 3957 — 8画【肺】 旧字
音 ハイ
①両生類以上の脊椎動物が空気呼吸をする器官。「肺炎・肺活量・肺臓」②まごころ。心の奥底。「肺肝」③飛行機のエンジン。「片肺飛行」 ↓呼吸器系図

**ハイ 10画【俳】** 部首[人・亻] 教育小6 JIS 3948
音 ハイ
①わざおぎ。役者。「俳優」②俳諧や俳句のこと。「雑俳・連俳」「俳壇・俳文」

**ハイ 10画【悖】** 部首[忄] JIS 5603
音 ハイ・ボツ
もとる。道理や道にそむく。たがう。さからう。「悖徳・悖反・悖理」

**ハイ 10画【旆】** 部首[方] JIS 5852
音 ハイ
はた。大将のたてるはた。また、はたの総称。「大旆」

**ハイ 10画【珮】** 部首[王] JIS 6467
音 ハイ
おびだま。帯などにつける飾り玉。

**ハイ 10画【配】** 部首[酉] 教育小3 JIS 3959
音 ハイ
訓 くばる
①くばる。わりあてる。わける。「手配・分配」「配給」②とりしまる。したがえる。「差配・支配」「配下」③つりあう。つりあわせる。つれあい。「交配」「配偶者・配合・配色」④刑罰として遠くへながす。「配所・配流」⑤としごろ。「年配」

**ハイ 11画【徘】** 部首[彳] JIS 5549
音 ハイ
さまよう。あるきまわる。たちもとおる。ぶらつく。「徘徊」

**ハイ 11画【排】** 部首[扌] 常用 JIS 3951
音 ハイ
①おしのける。おしだす。「排撃・排出・排除・排水・排斥・排日・排便」②つらねる。ならべる。ならぶ。「排列」

**ハイ 11画【敗】** 部首[攵] 教育小4 JIS 3952
音 ハイ
訓 やぶれる
①まける。やぶれる。比較 破。対義 勝。「勝敗・惜敗」「敗訴・敗退」用例(名)——をとる。②まけを数えるのに用いる。用例(助数)三勝一——。③やりそこなう。しくじる。対義 成。「失敗・成敗」④くさる。「腐敗」

**ハイ 12画【廃】** 部首[广] 常用 JIS 3949 — 15画【廢】 旧字 JIS 5506
音 ハイ
訓 すたれる・すたる
①すたれる。すたる。用いない。対義 興。「荒廃・退廃」「廃屋・廃品」②やめる。すてる。対義 存。「改廃・全廃・撤廃」「廃棄・廃業・廃止」③《癈とも》なえる。だめになる。不治のやまい。また、その人。「廃疾・廃人・廃兵」

**ハイ 12画【湃】** 部首[氵] JIS 6260
音 ハイ
「澎湃」は、①水がみなぎり、広く波うつさま。②強く起こり、広がるさま。

**ハイ 12画【牌】** 部首[片] — 13画【牌】 異体字 JIS 3955
音 ハイ
①ふだ。名ふだ。②立て板。看板。③メダル。「賞牌」④死者の法名をかいたふだ。「位牌」

**ハイ 12画【琲】** 部首[王] JIS 6474
音 ハイ・ヒ
①つらぬく。つきとおす。②たまのお。ひもに玉をとおした飾り。③「珈琲」は、コーヒー(coffee)。

**ハイ 13画【碚】** 部首[石] JIS 6680
音 ハイ・バイ
「碚礧」は、つぼみ。花のまだひらかないもの。

**ハイ 13画【稗】** 部首[禾] — 14画【稗】 異体字 JIS 4103
音 ハイ
①ヒエ。イネ科の一年草。②こまかい。ちいさい。「稗官・稗史」

**ハイ 14画【裴】** 部首[衣] JIS 7474
音 ハイ
①衣服の丈の長いさま。②「裴回」は、たちもとおる。ぶらつく。徘徊。

**ハイ 14画【誖】** 部首[言]
音 ホッ・ハイ
①もとる。道理や道にそむく。たがう。さからう。②みだれる。みだす。

**ハイ 15画【輩】** 部首[車] 常用 JIS 3958 — 12画【輩】 異体字
音 ハイ
①なかま。ともがら。「軽輩・弱輩・先輩・同輩」用例(名)我が——。小人の——。②つづく。ならぶ。「輩出」

**ハイ 15画【霈】** 部首[雨] JIS 8030
音 ハイ
おおあめ。雨がさかんにふるさま。

**ハイ 16画【憊】** 部首[心] JIS 5664
音 ハイ
つかれる。つかれはてる。「困憊」

**ハイ 17画【癈】** 部首[疒] JIS 6583
音 ハイ
なえる。だめになる。不治のやまい。また、その人。「癈疾・癈人・癈兵」

**ハイ 18画【擺】** 部首[扌] JIS 5820
音 ハイ
①ひらく。おしひらく。②ふるう。ゆする。ふりおとす。

**はい【灰】** 燃焼のあとに残る粉末状の物質。金属の灰はその酸化物。陸上植物の灰は肥料となる。ash
**灰返る**(はいかえる) 染め物の色がさめる。とくに、紫色があせるのに言う。灰後る。
**灰になる**(はいになる) ①燃えてなくなる。be reduced to ashes 類似 灰燼に帰す。②火葬にされる。be cremated
**灰になる迄**(はいになるまで) 死ぬまで。until one dies

**はい【蠅】** 「ハエ」の転。

**はい**(感) ①名を呼ばれたとき、電話を受けるときなどに、改まって応答する語。certainly ②承知・肯定の語。Yes 対義 いいえ・いえ。③注意をうながす語。用例 ——、これをあげます。④馬を進ませる、かけ声。whoa

**ハイ【high】**《接頭的》対義 ロー。①高い。用例 ——ヒール。②高級な。用例 ——クラス。③速い。用例 ——スピード。

**バイ 7画【売】** 部首[士] 教育小2 JIS 3968 — 15画【賣】 部首[貝] 旧字 JIS 7646
音 バイ・マイ
訓 うる・うれる
うる。あきなう。対義 買。「競売・専売・発売・販売」「売却・売店・売買」

**バイ 7画【貝】** 部首[貝] 教育小2 →教育小1 JIS 1913 — 13画【蛽】 部首[虫] 異体字
音 ハイ・バイ
訓 かい
①かい。かいがら。「貝貨・貝葉」②エゾバイ科の軟体動物。殻高約七cm。卵形。殻表に紫褐色の斑紋がある。北海道南部から九州・朝鮮半島・中国に分布し、浅海の砂泥底にすむ。

**バイ 8画【枚】** 部首[木] 教育小6 JIS 4371
音 マイ・バイ
筆順 ↓マイ【枚】
くちき。昔、夜襲などで、声をださないように、

兵馬が口にくわえたもの。用例(名)—をふくむ。↓マイ[枚]

**枚を銜む**(ばいをふくむ) 沈黙して、息を凝らす。

**バイ** 8画 【▾沫】 部首[氵](さんずい)

音バイ・マイ

ほのぐらい。うすぐらい。

**バイ** 10画 【倍】 部首[人・亻](にんべん) 教育小4→教育小3 JIS3960

倍 倍 倍 倍 倍 倍

音バイ・ハイ

①ます。くわえる。二つ分の数量にする。「倍加・倍額・倍旧」用例(名)前より—もかかった。②同じ数を何度もくわえること。用例(助数)三—。幾層—。

**バイ** 10画 【▾唄】 部首[口](くちへん) JIS1720

音バイ

①仏徳をたたえるうた。声明(しょうみょう)の一種。また、そのうたをとなえること。「梵唄(ぼんばい)」②うた。民謡。俗謡。

**バイ** 10画 【▾苺】 部首[艹](くさかんむり) JIS7186 ／ 8画 【▾苺】 異体字 JIS7185

音バイ・マイ

いちご。①イチゴ。バラ科の多年草。オランダイチゴ。ヘビイチゴ。②クサイチゴ。バラ科の半常緑小低木。わせいちご。③キイチゴ。バラ科の落葉低木。もみじいちご。さがりいちご。

**バイ** 10画 【梅】 部首[木](きへん) 常用→教育小4 JIS3963 ／ 11画 【▾梅】 旧字 ／ 13画 【▾楳】 異体字 JIS3964

音バイ

訓うめ

梅 梅 梅 梅 梅 梅

①ウメ。バラ科の落葉高木。また、ウメの花・実。「観梅・紅梅」「梅林」②つゆ。つゆどき。ウメの実るころ。「入梅」「梅雨」③「梅毒」は、性病の一つ。かさ。黴毒(ばいどく)。

**バイ** 10画 【▾狽】 部首[犭](けものへん) JIS3966

音ハイ・バイ

①想像上の動物で、オオカミの一種。前足が短く、後足が長くて、自分ではあるけずに、オオカミの後部にのってあるくという。②「狼狽(ろうばい)」は、うろたえあわてること。

**バイ** 11画 【培】 部首[土](つちへん) 常用 JIS3961

音バイ・ハイ・ホウ

訓つちかう

そだてる。やしなう。つちかう。「啓培・栽培」「培養」

**バイ** 11画 【陪】 部首[阝](こざとへん) 常用 JIS3970

音バイ・ハイ

①おともで…する。したがう。はべる。「陪従・陪乗・陪食・陪審・陪席」②またげらい。直接の家来でないこと。「陪臣」

**バイ** 12画 【媒】 部首[女](おんなへん) 常用 JIS3962

音バイ

なこうど。なかだち。なかをとりもつ。「触媒・虫媒」「媒介・媒材・媒酌・媒体」

**バイ** 12画 【買】 部首[貝](かい) 教育小2 JIS3967

音バイ

訓かう

買 買 買 買 買 買

かう。お金でかう。対義売(ばい)。「競買(きょうばい)・故買・購買・売買」「買価・買収」

**バイ** 13画 【▾煤】 部首[火](ひへん) JIS3965

音バイ・マイ

すす。油煙。すみ。石炭。「煤煙」

**バイ** 15画 【賠】 部首[貝](かいへん) 常用 JIS3969

音バイ・ハイ

うめあわせる。つぐなう。「賠償」

**バイ** 15画 【▾醅】 部首[酉](ひよみのとり)

音ハイ・バイ

①もろみざけ。にごりざけ。どぶろく。わささ。かすごめ。②かもす。発酵をする。醸造をする。

**バイ** 22画 【▾霾】 部首[雨](あめかんむり) JIS8042

音バイ

①つちふる。大風でまきあげられた土砂が、ふってくる。②つちぐもり。大風でまきあげられた土砂で、空がくもること。

**バイ** 23画 【▾黴】 部首[黑](くろ) JIS8364

音ビ・ミ・バイ

①かび。アオカビ・コウジカビなどの糸状菌類。「黴菌」②かびる。かびがはえる。かびですける。③「黴毒」は、性病の一つ。かさ。梅毒。

**バイ**(感)《「グッドバイ」の略》心安い仲間どうしの別れのあいさつ。バイバイ。

**パイ**【牌中】(pái) 麻雀(マージャン)用の駒(こま)。象牙(ぞうげ)・練り物などの表面に文字や絵を彫ったもの。通常、字牌・数牌計三四種類一三六枚で一組。四種類一六枚の花牌を加えることもある。麻雀牌。はい。

**パイ**【Π・π】①ギリシア字母の第一六字。pi ②《小文字で》数学で、円周率を表す記号。pi

**パイ**[pie] 小麦粉にバターをまぜて薄くのばし、果物や肉を包んで焼いた菓子または料理。アップルパイ・ミートパイなど。

**バイア**[Bahia] ブラジル北東部の州。州都サルバドル。ブラジル高原を占め、農牧業が中心。人口一〇五〇・四万(一九八四)。

**はい-あが・る**【▾這い上がる・▾這上(が)る】(五自) ①はって上にあがる。はいのぼる。creep up ②困難な状況から、苦労して抜け出し、ある水準に達する。climb to a high position 用例貧乏から—。

**バイアス**[bias]《斜め、の意》①布目に対し斜めに裁った布。また、斜め使いの布。直角交錯の布目に対し四五度の角度で裁断したものを「正バイアス」といい、もっとも伸長率が高く、よじれない。バイヤス。②「バイアステープ」の略。③増幅回路や変調回路に用いる電子管・トランジスターの動作状態を設定するため、それらの制御電極に加える、定常的な直流電圧。

**バイアス-テープ**[bias tape] 裁縫で、縫い代の始末、縁取り、玉縁などに用いる、斜め地で作った細長いテープ。バイアス。

● バイアスロン

**バイアスロン**[biathlon] スキー競技の一つ。距離走と射撃を組み合わせた二種競技。スキーの途中で射撃を行い、距離の所要時間と射撃の正確さとを合わせて勝敗を競う。↓写

**バイ-アメリカン**[Buy American] アメリカ政府が、ドル防衛策の一つとしてとる、自国製品の優先的購入政策。

**ハイ-アライ**[jai alaiスペイン] 三方が壁面のコートで、手に付けたセスタという細長い籠(かご)を使って、二人で交互にボールを壁にあてて打ち合い、点数を競うスポーツ。スペイン・メキシコなどで人気がある。

**はい-あん**【廃案】 上程されないことになった議案。採用されなかった考案。draft withdrawn

**はい-い**【廃位】(名・サ変他) 君主をその地位から去らせること。dethronement

**はいい-けつごう**【配位結合】 一方の原子が二個の電子を提供し、他方の原子と共有結合をつくる特殊な化学結合。提供結合。coordinate bond

**はいい-し**【配位子】 錯体のなかで、中心になる金属イオンと結合して、その周囲に配置されている原子・分子・イオンなどのこと。$[Cu(NH_3)_4]^{2+}$中の$NH_3$など。ligand

**はいい-すう**【配位数】 錯体において、中心となる金属イオンと結合している配位子の数。coordination number

**はい-いろ**【灰色】 ①灰のように薄黒い色。白と黒の中間にある無彩色の総称。ねずみ色。グレー。gray米; grey英 ②所属や主義のはっきりしないこと。in-between ③犯罪の有無(黒白)がはっきりしないこと。suspicious 用例—高官。④希望がもてず、つまらないこと。ゆううつなこと。dreary 用例—の青春。

**はいいろかび-びょう**【灰色▾黴病】 ボトリチス菌によるキュウリ・トマト・イチゴなどの病気。灰色のカビがはえ、茎葉や花・果実がおかされる。gray mold

**はいいろ-がん**【灰色▾雁】 ガンカモ科の代表的な鳥。全長約八〇cm。マガンに似るが全体に淡色で、より大きい。ユーラシア北部で繁殖し、冬は北アフリカ・東南アジアに渡る。日本では迷鳥。Eastern greylag goose

**はいいろ-ぐま**【灰色▾熊】 灰褐色の獰猛(どうもう)な大グマ。体長約二m。前足の爪が長い。北アメリカ西部に分布。grizzly bear

**はい-いん**【敗因】 負けた原因。cause of defeat 対義勝因。

**ばい-いん**【売▾淫】(名・サ変自)《俗語》↓ばいしゅん(売春)

**バイイング-パワー**[buying power] 大規模小売業、とくに量販店の仕入力・購買力のこと。

**ばい-う**【梅雨・▾黴雨】《梅の実をみのらせる季節にあたることからの名》六月中旬から七月中旬まで続く、日本や東アジア特有の雨季。春から夏への気候の変わり目に相当。つゆ。さみだれ。

**ハイウエー**[highway] 高速道路。

**ハイ-ウエスト**[high waist] 洋服で、ふつうの位置より高いウエストライン。胸高。対義ローウエスト。

**ばいう-ぜんせん**【梅雨前線】 梅雨を起こす停滞前線。オホーツク海気団と小笠原気団のあいだに発生する。七月中旬まで日本の南岸付近に東西にのびて停滞し、その後、北方に去る。

**はい-えい**【背泳】 泳法の一種。水面にあお向けになって、クロールと逆の動作で泳ぐ。公式の競泳種目としては、男女とも一〇〇m・二〇〇mがある。バックストローク。背泳(せおよ)ぎ。backstroke

**はい-えき**【廃液】 実験室や工場などで使用後、不用になり廃棄される液体。有害物質を含む場合が多い。waste liquid

**ハイエク**[Friedrich August von Hayek](一八九九〜一九七四) 経済学者。オーストリア生まれ。オーストリア学派の正統的後継者として独自の貨幣的景気理論を展開。自由主義的な社会理論でも知られる。一九七四年ノーベル経済学賞受賞。著書『価格と生産』など。

**はい-えつ**【拝謁】(名・サ変自) 貴人に会うこと。audience

**ハイエナ**[hyena] ハイエナ科の肉食獣の総称。体長一〜一・三m。群れで狩りをし、また死肉をあさる。ブチハイエナ・カッショクハイエナ・シマハイエナの三種がある。インド・アフリカに分布。↓写

● ハイエナ　ブチハイエナ

**バイエラ**[Baieraラテン] 裸子(らし)植物。イチョウの祖先系で、約二億年前の中生代に多産。葉が多数の裂片に分かれているのが特徴。時代とともに裂片の数は減じ、現在の無分裂にいたる。

**バイエル**[Beyer] ①↓バイヤー。②フェルディナント=バイヤーによる『バイエルピアノ教則本』の通称。

**バイエル**[Bayer AG] 西ドイツの三大総合化学会社の一つ。一八六三年設立。

**ハイエルマンス**[Herman Heijermans](一八六四〜一九二四) オランダの劇作家。社会の悲惨さを写実的に表現した。戯曲『ユダヤ人街』など。

**バイエルン**[Bayern] 西ドイツ南東部の州。州都ミュンヘン。一九二〇年以降ナチス発展の中心地となった。人口一〇九六・六万(一九八四)。ババリア。

**はい-えん**【肺炎】 肺の、感染性の炎症。一般に、肺炎双球菌・ブドウ球菌・緑膿(りょくのう)菌などの細菌、マイコプラズマなどのウイルスの感染によって起こる。症状は高熱・胸痛・咳(せき)・痰(たん)・呼吸困難などで、治療には化学療法剤の投与と対症療法がある。pneumonia

**はい-えん**【排煙】 □一(名・サ変自) こもって

▾ 常用漢字表外。　▿ 常用漢字表の音訓外。

いるけむりを外に出すこと。disperse smoke ㊂(名) はき出されるけむり。smoke

**はい-えん【廃園】** 荒れ果てた庭園。neglected garden

**ばい-えん【梅園】** ウメの木を多く植えた庭園。

**ばい-えん【▼煤煙】** ㊀大気汚染物質の一つ。燃焼により発生する煤・灰分・粉塵・ガスが混合したもの。smoke ㊁森田草平の小説。明治四二年(一九〇九)発表。青年と、自我にめざめた新しい女との苦い恋愛の顚末を描く。

**はいえん-そうきゅうきん【肺炎双球菌】** 多糖体の莢膜に包まれているグラム陽性菌。ヒトの上気道に常住し、他の病気に便乗して体内に侵入、肺炎・髄膜炎などの化膿性炎症を起こす。肺炎球菌。pneumococcus

**バイオ-インダストリー【bio-industry】** 遺伝子の組み換えや細胞融合・核移植などにより新生物種を開発する産業。遺伝子産業。

**バイオエシックス【bioethics】** ↓せいめいりんり(生命倫理)

**バイオーム【biome】** 降水量や気温などの気候条件によって区分された、一定の地域にすむ生物群集の単位。生物群系。

**はい-おく【廃屋】** 人の住めないほど、いたんだ家。あばらや。dilapidated house

**ハイ-オクタン【high-octane】** ガソリンのオクタン価が高いこと。

**バイオクリーン-ルーム【bioclean room】** ほこりと細菌をしめ出し、無菌環境下で、これまで達成できなかった高い治療効果をあげようという部屋。新生児室・未熟児室・整形外科手術室などに適応。無菌病室。

**バイオ-コンピューター【bio-computer】** 生体物質の機能を利用するコンピューター。従来のシリコンチップに代わり、バイオチップ(バイオ素子)で構成する。

**はい-おさえ【灰押(さ)え】** 香道具の一つ。扇子を閉じた形で、香炉に生けた香炭団を灰でおおって、その灰を形よく押さえるためのもの。

**バイオセラミックス【bioceramics】** 生体内に埋入して機能させるセラミック材料の総称。人工歯(歯根)・人工骨・人工関節・骨折用固定具などに利用される。

**バイオ-チップ【bio chip】** たんぱく質や有機化合物などで構成されたコンピューター素子。たんぱく質の三次元構造を利用して、より高度な方式での情報認識・処理が可能であるとされる。バイオ素子。

**バイオテクノロジー【biotechnology】** 広く、生命現象・生物機能そのものを人為的に操作する技術の総称。遺伝子の組み換え、細胞融合などの技術をもとに育種・医療・公害防止など、多様な分野への応用がめざされている。生命工学。

**はい-おとし【灰落(と)し】** タバコの灰を落とし入れる道具。灰皿。ashtray

**バイオトロン【biotron】** 光・温度・湿度などの環境条件が調節されたなかで、生物を育てる装置。

**パイオニア【pioneer】** 開拓者。先駆者。草分け。

**パイオニオス【Paionios】** 紀元前五世紀後半ごろのギリシアの彫刻家。フェイディアスとともに前期クラシックを代表。オリンピアの『飛走するニケ』が有名。

**バイオニクス【bionics】** ↓せいたいこうがく(生体工学)

**バイオプシー【biopsy】** 切開あるいは穿刺針で臓器の組織片を採取し、病気の進行状態や治療経過をしらべる方法。生検。

**バイオマイシン【viomycin】** 抗生物質の一つ。結核性疾患に有効。

**バイオマス【biomass】** 《生態学で、一定空間内に存在する全生物を有機物に換算した量、の意》有機物資源として活用できる生物体エネルギー資源。

**バイオリアクター【bioreactor】** バイオテクノロジーの技術の一つ。生体の細胞内で営まれている生化学反応を、人工の容器のなかで行う装置。

**バイオリズム【biorhythm】** 広義には、全生物がもっている生理的周期のこと。狭義には、人間の精神的・身体的な活動力が一定周期で変動するという説。生物時計。体内時計。参考 体温・心拍数・血圧などは約一日の変動周期をもっており、これをサーカディアンリズム(概日性リズム)という。

**バイオリニスト【violinist】** バイオリンの演奏家。

**バイオリン【violin】** 擦弦楽器。弦楽器中でもっとも主要なもの。音は豊かで、幅広い音色変化が出せる。全長約六〇cm。四弦。馬の尾毛を張った弓で弦をこすり、奏する。提琴。ビオロン。数え方 一丁。↓図

**バイオレーション【violation】** バスケットボールの反則のうち、パーソナルファウルとテクニカルファウルを除く反則の総称。

**バイオレット【violet】** ①スミレ属の一般的英名。園芸では、ニオイスミレをさす。②すみれ色。③リキュールの一つ。カクテル用。

**バイオレンス【violence】** ①激しさ。②暴力。

**ばい-おん【倍音】** 基本音の整数倍の振動数をもつ音。振動数が $n$ 倍ならば、$n$ 倍音という。楽器の音は、基本音とその倍音からなる。調和倍音。harmonic

**はい-か【配下】** 支配下にある者。てした。部下。followers

**はい-か【廃家】** ①あばらや。廃屋。dilapidated house ②相続人がなくて、その家が絶えること。その家。extinct family

**はい-が【▼胚芽】** 種子の胚の幼芽。胚の部分をばくぜんとさすこともある。

**はい-が【俳画】** 俳諧的詩情を描いた墨画や淡彩画。俳諧の句意を描き、それに俳句で賛したものが多い。与謝蕪村が俳味ある作風を完成。

**はい-が【拝賀】**(名・サ変自) ①目上の人に祝いを述べること。congratulations ②新年に天皇・皇后に祝詞を述べること。朝賀。

**ばい-か【売価】** 売り値。selling price 対義 買価。

**ばい-か【買価】** 買い値。buying price 対義 売価。

**ばい-か【▽貝貨】** 貝殻の貨幣。

**ばい-か【倍加】**(名・サ変自他) ①二倍にふえること。二倍にふやすこと。double ②非常に増加すること。increase a great deal

**ばい-か【梅花】** ①ウメの花。②練り香の名。六種の薫き物の一種。宮中四季の薫き物として、春にたかれるもの。

**ハイカー【hiker】** ハイキングをする人。

**ばいか-あまちゃ【梅花甘茶】** ユキノシタ科の落葉低木。暖地の谷間にはえる。葉は対生し、長楕円形で鋸歯をもつ。夏、ウメに似た白花が咲く。アマチャに似た木であることから、この名がある。

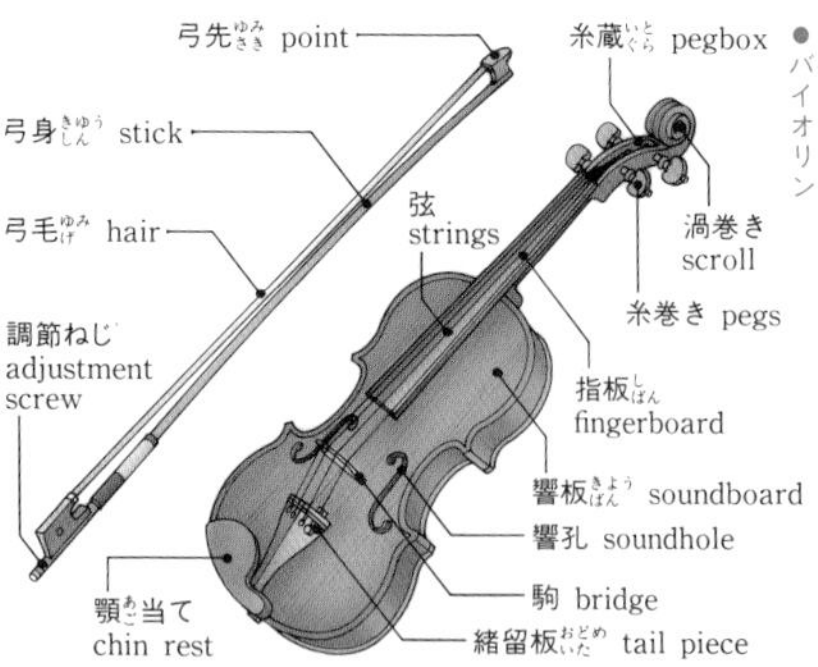

● バイオリン

**はい-かい【俳▼諧・▼誹▼諧】** 《たわむれ・滑稽、の意の漢語》①庶民詩の一様式。狭義には「俳諧連歌」の略。広義には、俳句・連句・俳文・俳論などを含めた総称で「俳文学」の意。純正な本格的連歌に対して、滑稽・機知を特色とする「俳諧連歌」が独自に成長。俳諧は、江戸時代に庶民文芸として独立・発展した。比較 連歌・俳句。②「俳諧歌」の略。

**はい-かい【▼徘▼徊】**(名・サ変自) 当てもなく歩き回ること。うろつくこと。loiter

**はい-がい【灰貝】** 内湾の泥底にすむフネガイ科の二枚貝。殻長約五cm。殻は白色で厚く、灰褐色の殻皮でおおわれ、凸状のすじが放射状にはしる。食用。瀬戸内海・有明海などに分布。

**はい-がい【拝外】** 外国の人物・思想・生活様式などを尊ぶこと。対義 排外。

**はい-がい【排外】** 外国の人物・思想・生活様式などを退けること。anti-foreign 対義 拝外。用例 ―的。

**ばい-かい【媒介】**(名・サ変他) ①両方の間に立って、はしわたしをすること・もの。なかだち。とりもち。きもいり。intermediate ②ヘーゲル哲学で、あるものが他のものによって関係づけられて存在すること。用例 ―思想。

**ばい-かい【売買い】** 《取引用語》取引所での特殊な売買方式。会員が同一銘柄について、同じ受け渡し期限・数量・値段の売りと買いを帳簿のうえで同時に行い、取引所で売買した形にすること。昭和四二年(一九六七)廃止。

**はいかい-か【俳▼諧歌】** ①和歌の一体。滑稽味に富んだもの。ざれごとうた。はいかいうた。②狂歌。参考 多く「バイカイ」と書く。

**はいかい-さいじき【俳▼諧歳時記】** 滝沢馬琴著の歳時記。享和三年(一八〇三)刊。季語二千六百余を四季別・月順に分類して解説、例句を加える。江戸中心に編まれた最初の歳時記。

**はいかい-し【俳▼諧師】** 俳諧をつくる人。俳諧の巧みな人。俳諧の点者。俳人。

**はいかいしちぶしゅう【俳▼諧七部集】** 蕉門の俳諧選書中、松尾芭蕉の俳風を代表する七部の書。佐久間柳居が撰定。享保一七年(一七三二)ごろの成立。『冬の日』『春の日』『曠野』『ひさご』『猿蓑』『炭俵』『続猿蓑』の七編。芭蕉七部集。

**はいがい-しゅぎ【排外主義】** 外国の事物や思想を排斥しようとする態度や考え方、または行動。偏狭な民族主義。exclusionism

**はいかい-の-れんが【俳▼諧連歌】** 文芸様式の一つ。滑稽な連歌。のちに純正な連歌に対するものとして独立する。俳諧之連歌。

**ばいかい-へんすう【媒介変数】** 二つの変数 $x$、$y$ の関係を $y=f(x)$ と表さないで、$x=f(t)$、$y=g(t)$ と間接的に表すときの変数 $t$ のこと。三つ以上の変数についても同様。助変数。パラメーター。parameter

**ばいか-うつぎ【梅花▽空木】** ユキノシタ科の落葉低木。山地にはえ、庭木としても植える。葉は卵形で互生。初夏に、総状の集散花序を出し、白色四弁花を一〇個内外つける。サツマウツギ。

**ばいか-おうれん【梅花黄▼蓮】** キンポウゲ科の常緑多年草。山地にはえる。葉は根生で叢生し、長柄で掌状に五裂する。春、茎頂に白色の花を一個つける。

**はい-かき【灰▼掻き】** ①火ばちの灰を整えならす道具。②焼け跡の灰をかたづけること・人。

**はいか-きょう【拝火教】** ゾロアスター教の別称。

**ばい-がく【倍額】** 二倍の量・金額。double the price

**はい-かぐら【灰神楽】** 火の気のある灰の中に湯水をこぼして、灰が舞い上がること。用例 ―があがる。

**はい-ガス【排ガス】** 自動車などの内燃機関から排出されるガス。大気の汚染源の一つ。一酸化炭素・窒素酸化物・鉛化合物などを含む。exhaust gas

**はい-かつぎ【灰▽被ぎ】** 陶磁器を窯で焼くとき、灰をかぶったため釉の発色が変化したもの。とくに中国宋代の建窯産の天目茶碗の一部についていう。

**ばいか-つつじ【梅花▼躑▼躅】** 山野の林中にはえる落葉低木。高さ約二m。葉は広楕円形。初夏に、白色で上面に紫斑のある花をひらく。

**はいかつ-りょう【肺活量】** もっとも強く息を吸い込み、もっとも強く息を吐き出したときの、その空気量。ふつう、成人男子三〇〇〇〜四〇〇〇cc、女子二五〇〇〜三五〇〇cc。lung capacity

**はいが-まい【▼胚芽米】** 精白米の一つ。外皮だけを除いて胚芽を残した米。ビタミン $B_1$・E、カルシウムなどの含有量が多い。

**ばいか-も【梅花藻】** 清流中にはえるキンポウゲ科の多年草。茎の高さ約五〇cm。葉は糸状に分裂して水中に沈む。六〜八月に、水面に白色五弁花をひらく。↓写

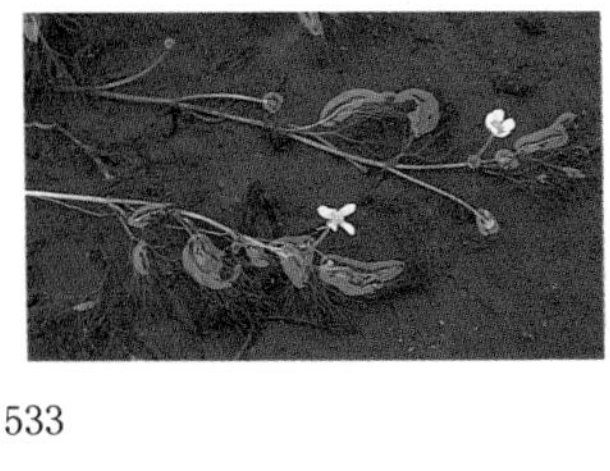
● バイカモ

**ハイカラ**(名・形動) 《和製語。highとcollarから》①洋風を好むこと・人・さま。western-style lover ②新しがること・人・さま。stylish fellow



↓ 行き先項目、図版・写真参照印。 JIS 日本工業規格情報交換用漢字符号コード(区点コード)。

**パイカル**【白乾児中】(báigānr) 中国北部でつくられるコーリャン酒(高粱酒)の一種。無色透明で、独特の香りがある。アルコール分六〇%前後。

**バイカル-こ**【バイカル湖】(Ozero Baykal) ソ連、東シベリア南部の湖。面積三・二万km²。水深は一七四二mで世界最深。アンガラ川が流出する。

**はい-かん**【拝観】(名・サ変他) 見ることの謙譲語。用例 —料。

**はい-かん**【肺肝】①肺臓と肝臓。②心の奥底。心底。

**肺肝を砕く**(はいかんをくだく) 苦心する。心の限りを尽くして、考える。

**肺肝を披く**(はいかんをひらく) 心の中を打ち明ける。

**はい-かん**【配管】(名・サ変自) ガス管・水道管などを配置すること。plumbing

**はい-かん**【廃刊】(名・サ変他) 新聞・雑誌の刊行をやめること。cease to publish 比較 創刊・発刊。

**はい-かん**【▼稗官】①昔、中国で、世情のようすを知らせるために民間の伝承などを集めて天子に申し上げた役。②小役人。petty official ③民間の伝説。小説。稗文。

**はい-がん**【拝顔】(名・サ変自)《人に会うことの謙譲語》お目にかかること。比較 対顔。用例 —の栄に浴する。

**はい-がん**【肺▼癌】肺および気管支に発生する癌の総称。血痰・胸痛・呼吸困難などの症状をともなう。lung cancer

**ばい-かん**【陪観】(名・サ変他) 目上の人につき従って、見物すること。

**はいかん-りょう**【拝観料】神社や寺、またはそこにある宝物などを観覧するために支払う料金。志納の形式をとる場合もある。admission fee

**はい-き**【排気】(名・サ変自) ①中の空気を取り去ること。exhaust ②内燃機関で、燃焼が終わってはき出される蒸気・ガス。また、それを出すこと。exhaust gas

**はい-き**【廃棄】(名・サ変他) 不用として捨てること。abolition

**ばい-き**【▽貝器】貝殻を原材とする利器・容器・装身具などの総称。中国では旧石器時代後期の周口店山頂洞遺跡で装身具が出土。仰韶文化期・竜山文化期の新石器時代には貝庖丁・貝製鎌・貝製垂飾などが認められる。日本では縄文時代には早期から貝輪などがみられ、弥生時代には貝輪・釧などのほかに、アワビを原材とする貝庖丁などが製作された。蚌器。

**はいき-ガス**【排気ガス】→はいガス(排ガス)

**はい-きしゅ**【肺気▼腫】肺組織が弾力性を失って、呼気が十分にできず、肺が異常にふくらんでいる状態。中年以上の男性に多い。主症状は息切れで、喫煙による気管支の炎症などが原因とされる。pulmonary emphysema

**ばい-きゃく**【売却】(名・サ変他) 売り払うこと。sale

**ばいきゃく-るい**【倍脚類】節足動物の一綱。体は、やや平たい円筒形。体節は二〇～二〇〇個で、腹部の体節に二対ずつの歩脚がある。ヤスデ類。diplopod

**はい-きゅう**【配球】野球で、投手が投げる球種・緩急・コース・投球間隔など投球内容の組み立て。pitching strategy

**はい-きゅう**【配給】(名・サ変他) 物資を、割り当てて与えること。distribution 用例 救援物資を—する。

**はい-きゅう**【排球】→バレーボール

**ばい-きゅう**【倍旧】前よりも程度が増すこと。redouble 用例 —のお引き立てを。

**はい-きゅうちゅう**【肺吸虫】人畜の肺に寄生する吸虫。長さ一〇mm内外で、楕円形。中間宿主のモクズガニ・サワガニを生で食べると感染。肺結核と似た症状を示すが、脳などに迷入・寄生すると危険。東南アジアに分布。肺臓ジストマ。lung fluke

**はい-きょ**【廃▼墟】建物・市街の、荒れ果てたあと。ruins

**はい-ぎょ**【肺魚】肺魚目に属する淡水産の魚類の総称。えらのほかに、うきぶくろで空気呼吸。乾季には泥中で休眠。オーストラリア・アマゾン川流域・アフリカなどに六種が分布する。lungfish →図

●ハイギョ　ネオセラトダス

**はい-きょう**【背教】①おもに宗教の、教えにそむくこと。apostasy ②キリスト教で、信者が信仰をやめたり改宗したりすること。conversion

**はい-ぎょう**【廃業】(名・サ変自他) 商売や職業をやめること。close one's business; retire 用例 力士を—する。比較 休業・閉業。

**ばい-ぎょうしん**【梅▼尭臣】(一〇〇二～一〇六〇) 中国、北宋の詩人。字は聖兪。宣城の人。平淡を信条とし欧陽修らと新しい宋詩の基を開く。詩文集『宛陵先生集』。

**はいきょう-と**【背教徒】宗教の教義にそむいた信者。とくに、キリスト教で信仰を捨てた人。apostate

**はいき-りょう**【排気量】エンジンやポンプなどで、シリンダー中のピストンが一行程で押し出す気体の体積。displacement

**はい-きん**【拝金】金銭を、無上のものとして尊重すること。money-worship 用例 —主義。

**はい-きん**【背筋】背中の筋肉。上腕の運動のときに働く僧帽筋・広背筋など浅層の筋肉と、脊柱の運動を行う深層の筋肉との総称。dorsal muscle

**ばい-きん**【▼黴菌】①病原菌・腐敗菌などの俗称。germ; bacteria ②《転じて》有害なもの。きたないもの。

**ハイキング**【hiking】(名・サ変自) 徒歩旅行。自然を楽しみながら、山野を歩きまわること。身体の訓練、教養の向上、レクリエーションなどが目的。

**バイキング**【Viking】①八世紀から一一世紀にかけてスカンジナビアに原住し、ヨーロッパ各地に活躍したノルマン人の別称。航海術にすぐれ、商業を主としたが、各地を略奪したために海賊を意味するようになった。②「バイキング料理」の略。

**バイキング-けいかく**【バイキング計画】アメリカの火星探査計画。火星の生物や気象・地質の調査が目的。一九七九年に、探査機一号・二号が火星への軟着陸に成功。しかし、生物の存在の確認はできなかった。Viking project

**ハイキング-コース**【hiking course】ハイキングに適した道。またその道順。

**バイキング-りょうり**【バイキング料理】前菜からデザートまで一通りあり、一定の料金を払えば、好きなものを好きなだけ食べられる方式の料理。smorgasbord

**はいきん-りょく**【背筋力】背中の筋肉が発揮する力。背筋力計によって測定した力。back muscular strength

**はい-く**【俳句】日本独特の短詩形式の一種。五・七・五の一七音形式(定型)で、季節を表す季語(季題)や切れ字をよみこむ。もとは「俳諧の連歌(俳諧)」の発句(=第一句)をさし、明治二〇年代に正岡子規が新しい独立の詩形式として「俳句」の称を用いた。伝統俳句に対立して口語・非定型(自由律)・無季俳句などがある。比較 俳諧。数え方 一句。

**ハイク**【hike】ハイキング。用例 ヒッチ—。

**はい-ぐ**【拝具】《謹んで申し上げる、の意》手紙の終わりに置くあいさつ語。敬具。

**バイク**【bike】《bicycleの短縮形》①オートバイ。②エンジンをつけた自転車。モーターバイク。数え方 一台。

**はいぐう-し**【配偶子】有性生殖にあずかる生殖細胞の卵や精子のこと。動く配偶子を「遊走子」という。gamete

**はいぐう-しゃ**【配偶者】婚姻関係にある者の一方からみたときの他方。夫からみた妻、妻からみた夫。親等のない親族で、つねに相続権をもつ。つれあい。spouse

**はいぐう-たい**【配偶体】藻類・シダ植物など、世代交代をする植物で、配偶子を生じる世代の植物体。gametophyte →蘚苔植物図

**ハイ-クラス**【high-class】(名・形動) 高級・一流であること・さま。用例 —な生活。

**はい-ぐん**【敗軍】戦いに負けること。負けた軍隊。defeat; lost battle

**敗軍の将は兵を語らず**(はいぐんのしょうはへいをかたらず) 失敗した者は、そのことについて語る資格がない。また、失敗した者は言い訳をすべきでない。敗軍の将は兵を談ぜず。A defeated general should not talk of the battle.

**はい-けい**【拝啓】《謹んで申し上げる、の意》手紙の書き出しに用いる語。

**はい-けい**【背景】①後ろのほうの景色。後景。background 対義 前景。②絵や写真などで、題材の背後の空間。後景。background 対義 前景。③舞台の奥にかかれた景色。書き割り。stage-setting 対義 前景。④背後の勢力。また、うしろだてとするもの。バック。back ⑤出来事の裏にある事情。用例 事件の—。

**ばいけい-そう**【梅▼蕙草】ユリ科の多年草。高山の湿地にはえる。高さ約一・五m。葉は広楕円形で無柄。夏、淡緑色の小花が円錐状に咲く。根茎は有毒。花はウメに、葉はケイランに似る。

**はい-げき**【排撃】(名・サ変他) 非難して、退けようとすること。denounce 用例 進言を—される。

**はい-けっかく**【肺結核】結核菌が肺に感染して起こる慢性伝染病。おもに、患者の咳やくしゃみから伝染する。微熱・咳・痰がみられ、悪化すれば喀血も起こる。化学療法の進歩で、近年は死亡率が著しく低下している。lung tuberculosis

**はいけつ-しょう**【敗血症】感染病巣から病原菌が血流にのって全身にひろがり、種々の臓器・組織に定着して激しい全身症状を示す病態。sepsis

**はいげつてい**【拝月亭】中国、元の戯曲。四幕。元の関漢卿の作。金末の動乱期に二組の男女が変転の末に結ばれる話。

**はい-けん**【▼佩剣】腰につける刀剣。帯剣。

**はい-けん**【拝見】(名・サ変他)《見ることの謙譲語》つつしんで見ること。用例 お手並み—。

**はい-ご**【背後】①後ろ。rear ②表面に現れない、陰の部分。back

**はい-ご**【廃語】すたれて、まったく使われなくなった語。obsolete word 比較 死語。

**はい-こう**【廃坑】掘ることをやめた炭鉱・鉱山の坑道。dead mine

**はい-こう**【廃校】(名・サ変他) 学校を廃止すること。また、廃止された学校。abolition of a school

**はい-こう**【廃鉱】(名・サ変他) 炭鉱・鉱山での採掘をやめること。また、採掘をやめた炭鉱・鉱山。abandoned mine

**はい-ごう**【俳号】俳句をつくる人が用いる雅号。

**はい-ごう**【配合】(名・サ変他) 取り合わせること。組み合わせること。combination 用例 薬を—する。

**はい-ごう**【廃合】(名・サ変他) 廃止と合併。用例 部課の—。

**はいごう-きんき**【配合禁忌】薬品の配合で、避けるべき組み合わせ。配合される薬品により種々の化学的変化を生じ、目的の効果を発現できないか、危険をともなう場合に行われる。incompatibility

**はいごう-しりょう**【配合飼料】家畜の栄養を満たすなどの目的で、計画的に数種類の単体飼料を配合調整した飼料。formula feed

**はいこう-せい**【背光性】→はいじつせい(背日性)

**はいごう-ひりょう**【配合肥料】窒素・燐酸・カリウムの肥料三要素のうち、二成分以上を化学的な操作を施さないで混合・加工する肥料。混合・加工により、化学反応を起こさせることもある。mixed fertilizer

**はいご-かんけい**【背後関係】表面に現れていない、陰でのつながり。background 用例 —を洗う。

**はい-こきゅう**【肺呼吸】陸上の脊椎動物が行う肺による外呼吸。肺は酸素を吸入し、肺胞でガス交換し、炭酸ガスを排出する。pulmonary respiration

**ばい-こく**【売国】自国の内情・秘密を敵国に知らせて自分の利益をはかること。betrayal of one's country

**ばいこく-ど**【売国奴】売国行為をする人をののしっていう語。traitor

**バイコヌール**【Baykonyr】ソ連中南部、カザフ共和国中部の宇宙基地。ロケット発射基地がある。

**ばい-ごま**【▽貝▽独▽楽】バイの貝殻に似せて作った、鉛や鉄製の小さな独楽。もともとは天然のバイの殻を用いた。茣蓙や布を桶などにかけてへこませた席盆の上で回し、相手の独楽をはじき飛ばして遊ぶ。べいごま。→写

●貝独楽

**バイコロジー**【bicology】《bi-

▼常用漢字表外。　▽常用漢字表の音訓外。

cycle-とecologyの合成語》アメリカの市民運動で、車を拒否して自転車に乗り、大気汚染を減らそうというもの。

**はい-こん【背根】** ↓こうこん(後根)

**はい-ごん【俳言】** 俳諧に用い、和歌や連歌には用いない俗語・漢語などの称。おもに貞門俳諧でいう。はいげん・俗言。

**ハイサーグラフ【hythergraph】** 縦軸に月平均気温、横軸に月降水量をとり、それぞれの交点を結んでできるグラフ。気候によって、特徴的な形となり気候型が判断できる。

**はい-ざい【配剤】**(名・サ変他) ①薬品を調合すること。compound medicines ②適切に取り合わせること。dispensation 用例 天の—。

**はい-ざい【廃材】** 不用になった材木や材料。scrap wood

**ばい-ざい【媒材】** なかだちの役目をする材料。油絵の具を溶くテレピン油など。medium

**はい-さつ【拝察】**(名・サ変他) 推察することの謙譲語。用例 御胸中、さぞかしと—いたします。

**はい-ざら【灰皿】** タバコの吸いがらや灰を入れる器。金属製・ガラス製・陶製などがあり、形も多様。ashtray

**はい-ざん【敗残】** ①戦いに負けて生き残ること。survival after defeat 用例 —兵。②↓はいざん(廃残)

**はい-ざん【廃残】** 落ちぶれること。wreck 用例 —の身。

**はい-ざん【廃山】** 鉱山の操業を廃止すること。また、その廃止された鉱山。abandoned mine

**はい-し【胚子】** ↓はい(胚)

**はい-し【俳誌】** 俳句の雑誌。句誌。

**はい-し【廃止】**(名・サ変他) 今までやってきたことをとりやめること。行わないこと。abolition 対義 存置。

**はい-し【稗史】** 昔、中国で稗官が書きとめた民間の物語・伝説。また広く小説のこと。

**はい-じ【拝辞】**(名・サ変自他) ①辞退することの謙譲語。対義 拝受。②いとまごいすることの謙譲語。

**はい-じ【廃寺】** ①住職がいなくて荒れ果てた寺。②廃止された寺。

**ハイジ【Heidi】** スイスの女流小説家スピリの少女小説。一八八一年刊。アルプスの山小屋で祖父と暮らす少女ハイジの物語。

**バイシェーシカ-は【バイシェーシカ派】** インド六派哲学の一つ。六種の原理を立てて世界の構造を説明するもの。開祖はカナーダ。根本聖典は『バイシェーシカ-スートラ』。Vaisheshika

**パイジェルロ【Giovanni Paisiello】**(一七四〇〜一八一六) イタリアの作曲家。一八世紀後半のナポリ楽派で、喜歌劇にすぐれた業績を残す。作品『セビリアの理髪師』など。

**はい-じく【胚軸】** 種子の胚で、子葉をつけている茎にあたる部分。hypocotyl

**はい-しつ【肺疾】** 肺病。肺患。肺結核。lung disease

**はい-しつ【廃疾・癈疾】**《卑語》回復が望めない病気。また、回復不能の病人。disablement

**ばい-しつ【媒質】** 波動を伝える物質または空間。音波を伝える空気や水はその例。光のような電磁波は空間自身を媒質として伝わると考えられる。medium

**はいじつ-せい【背日性】** 植物で、屈性の一つ。植物の根が光に対して反対の方向へ屈曲したりねじれたりする性質。負の屈光性。背光性。negative heliotropism

**は-いしゃ【歯医者】** 歯の病気を治療する医者。歯科医。dentist

**はい-しゃ【拝謝】**(名・サ変自) 礼を述べることの謙譲語。

**はい-しゃ【背斜】** 褶曲した地層の山の形になった部分。anticline 対義 向斜。

**はい-しゃ【配車】**(名・サ変自) 車両を割り振りすること。allocation of cars

**はい-しゃ【敗者】** 負けた者。loser 対義 勝者。用例 —復活戦。

**はい-しゃ【廃車】** 役に立たなくなって廃棄された自動車・車両。disused car

**バイシャ【vaiśya梵】** 古代インド四種姓の第三。商・農・牧畜業に従事するよう規定されていたが、のち商業者に集中。

**はい-しゃく【拝借】**(名・サ変他) 借りることの謙譲語。

**ばい-しゃく【媒酌・媒妁】**(名・サ変他) 結婚の仲立ちをすること・人。go-between

**ばいしゃく-けっこん【媒酌結婚】** 仲人の世話で結婚すること。

**ばいしゃく-にん【媒酌人】** 媒酌をする人。仲人。go-between

**はいしゃ-こうぞう【背斜構造】** 地層の背斜を含む地質構造。anticline

**ハイジャック【highjack】** ①運航中の航空機・船・バスなどを不法に奪取すること。②輸送中の財貨を強奪すること。

**ハイ-ジャンプ【high jump】** ↓はしりたかとび(走り高跳び)

**はい-しゅ【胚珠】** 種子植物の雌性の胞子器。胚嚢・珠心・珠皮からなり、受精後は種子になる。被子植物では子房内にあるが、裸子植物では葉状の心皮に直接ついて裸出する。ovule ↓花図

**はい-じゅ【拝受】**(名・サ変他) 受けること・引き受けることの謙譲語。対義 拝辞。

**ばい-しゅう【買収】**(名・サ変他) ①買い取ること。purchase 用例 土地—。②こっそり利益を与えて、味方に引き入れること。bribery 用例 反対派の—。

**ばい-じゅう【陪従】**(名・サ変自) 高い身分の人につきしたがうこと・人。

**はい-しゅつ【輩出】**(名・サ変自他) すぐれた人物がぞくぞく世に出ること。用例 大物選手の—。

**はい-しゅつ【排出】**(名・サ変他) ①外へおし出すこと。discharge ②生物が消化や物質交代などで生じた不要物や体内に生じた有害物質を体外へ捨てること。excretion

**はいしゅつ-きかん【排出器官】** 動物の体内で、最終的に生じた不要物質を体外に運び出す器官。人体解剖学上は泌尿器という。excretory organ

**はいしゅつ-きじゅん【排出基準】** 公害防止のため、条例などで特定施設から排出される汚染物質について設けた規制基準。standard of waste

**はいしゅつ-ぶつ【排出物】** 生物体内において、窒素化合物の分解によってできたアンモニアや尿素・尿酸などの有害な物質で、排出器を通して体外に排出されるもの。食べ物が消化されてできる排泄物とは区別するのがふつう。excreta

**ばい-しゅん【売春】**(名・サ変自) 女性が報酬とひきかえに不特定の相手と性交すること。昭和三一年(一九五六)の売春防止法で規制された。売笑。売淫。prostitution

**はい-じゅんかん【肺循環】** 血液が心臓から肺動脈・肺・肺静脈を経て心臓に戻る血管系。循環経路の途中、肺胞表皮と毛細管内皮細胞を通して炭酸ガスを酸素と交換し、酸素飽和度を高める。小循環。pulmonary circulation

**ばいしゅん-ふ【売春婦】** 売春を業とする女性。売笑婦。淫売婦。

**ばいしゅん-ぼうしほう【売春防止法】** 売春行為を防止するための法律で、売春の勧誘・助長の行為に対して処罰を規定する。昭和三一年(一九五六)公布。

**ばいしゅん-やど【売春宿】** 売春婦をかかえ、売春をさせる家。また、そのようなところ。淫売宿。

**はい-しょ【肺書】** ↓しょはい(書肺)

**はい-しょ【俳書】** 俳句・俳諧の本。

**はい-しょ【配所】** 刑罰として流された所。配流の地。用例 —の月。

**はい-じょ【排除】**(名・サ変他) 押し退けること。取り除くこと。exclusion 用例 暴力を—する。

**はい-じょ【廃除】**(名・サ変他) 推定相続人に非があった場合、被相続人の意思に基づいて家庭裁判所の審判により推定相続人の相続権を喪失させること。旧民法では廃嫡といった。

**はい-しょう【拝承】**(名・サ変他)《聞くこと、承知することの謙譲語》うけたまわること。

**はい-しょう【拝誦】**(名・サ変他)《読むことの謙譲語》つつしんで読むこと。拝読。用例 貴翰—。

**はい-しょう【敗将】** 戦いに負けた将軍・指揮官。defeated general

**ばい-しょう【売笑】** ↓ばいしゅん(売春)

**ばい-しょう【焙焼】** 鉱石を溶融しない程度に加熱して酸化反応や塩化反応を起こさせ、以後の製錬工程を容易にするための操作。roasting process

**ばい-しょう【賠償】**(名・サ変他) ①他に与えた損害をつぐなうこと。compensation ②法律上、他人の権利を毀損した者がその損害を補うこと。compensation ③国際法上の平時賠償と戦時賠償。compensation 用例 —金。

**ばい-じょう【陪乗】**(名・サ変自) 貴人に従って同じ車に乗ること。

**ばい-じょう【枚乗】**(?〜BC一四〇) 中国、前漢の文人。淮陰の人。漢の新しい賦の形式を生んだ「七発」で有名。

**ばいしょう-せいきゅうけん【賠償請求権】** 債務不履行・不法行為などから生じた損害を補って損害がなかった状態にすることを求める権利。損害賠償請求権。right to demand compensation

**ばいしょうせきにん-ほけん【賠償責任保険】** 損害保険の一つ。偶然の事故で生じた賠償責任を果たすことにともなう経済的損失を補う保険。責任保険。liability insurance

**はいじょう-たい【杯状体】** ゼニゴケの葉状体の上に生じるカップ形のもの。中に多くの無性芽があり、これがこぼれて繁殖する。cupule ↓蘚苔植物図

**はい-じょうみゃく【肺静脈】** 肺循環の一部を担当する静脈。ガス交換によって酸素の含有量がもっとも高くなった血液を、左右の肺門から二本ずつの静脈で左心房へ運ぶ。pulmonary vein ↓呼吸器系図 ↓心臓図

**ばいしょう-ろ【焙焼炉】** 鉱石の焙焼に用いる炉。roasting furnace

**ばいしょうろん【梅松論】** 南北朝時代の歴史書。二巻。著者不詳。正平四年(一三四九)。

●配色　赤を基準にした配色例

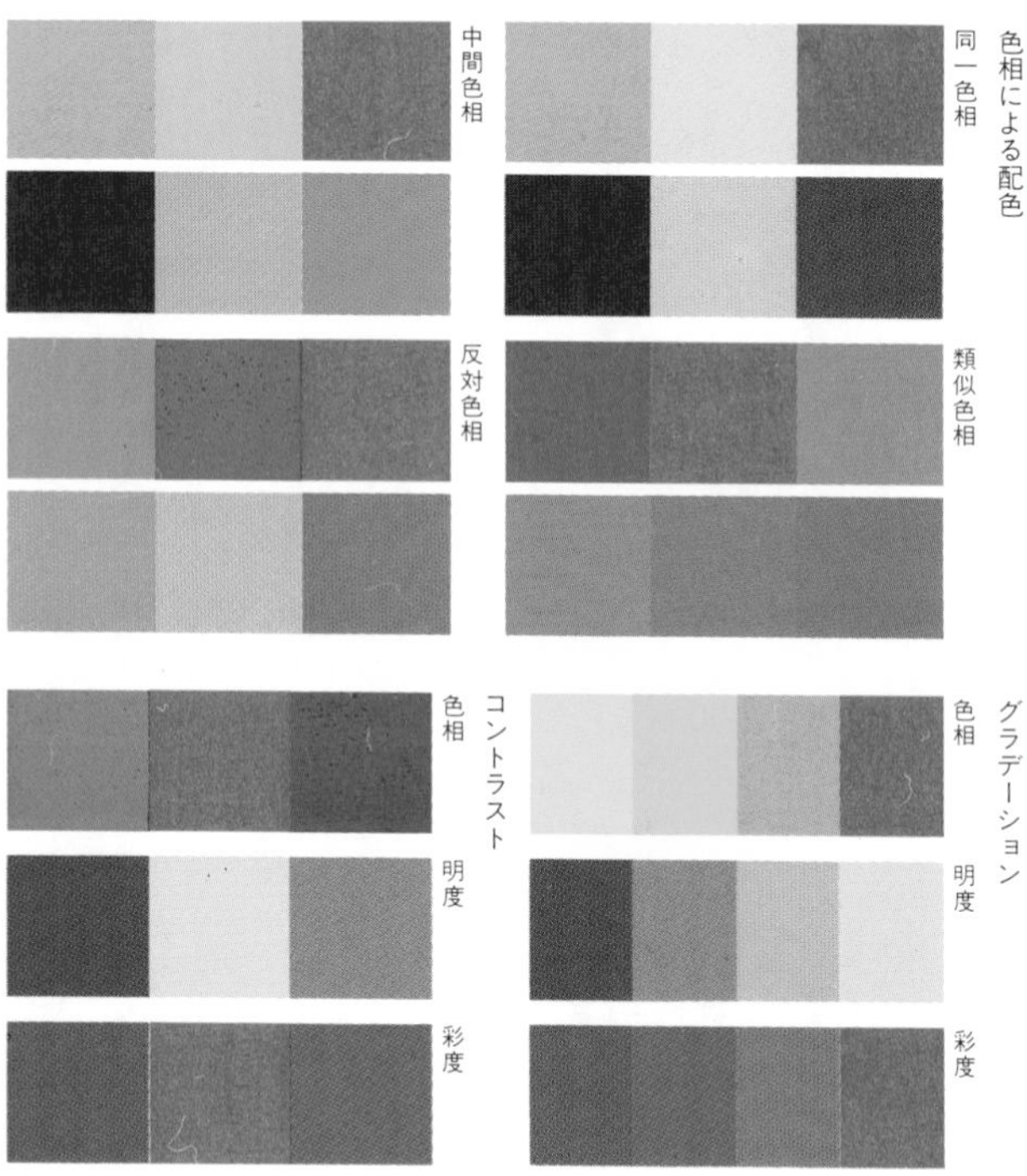


は



↓行き先項目、図版・写真参照印。　JIS 日本工業規格情報交換用漢字符号コード(区点コード)。

ごろ成立。北条(ほうじょう)執政から足利(あしかが)氏の繁栄までを老僧の談話形式で叙述。

**はい-しょく【配色】**(名・サ変他) 色の取り合わせ。color combination →図(前ページ)

**はい-しょく【敗色】** 負けそうな気配。敗勢。負け色。signs of defeat

**ばい-しょく【陪食】**(名・サ変自) 貴人といっしょに食事をすること。用例 ―をおおせつけられる。

**はい-しん【背信】** 信義にそむくこと。裏切り。infidelity

**はい-しん【背進】**(名・サ変自) 前向きのまま後ろへさがること。後退。

**はい-じん【俳人】** 俳句をつくる人。俳句にすぐれた人。比較 歌人・詩人。

**はい-じん【廃人・▼癈人】** 病気などでふつうの生活のできなくなった人。disabled person

**ばい-しん【陪臣】** ①家来の家来。又家来(またげらい)。又者(またもの)。rear vassal ②江戸時代、諸大名の家臣のこと。旗本(はたもと)・御家人(ごけにん)に対する呼称。対義 直参(じきさん)。

**ばい-しん【陪審】** ①裁判の審理に参加すること。②一般人によって構成される陪審員が事実問題の決定(=小陪審)または証拠の審査や起訴すべきか否かの決定(=大陪審)を行う裁判制度。日本では大正一一年(一九二二)制定されたが、昭和一八年(一九四三)以後は行われていない。陪審制度。jury

**ばい-じん【▼煤▼塵】** 大気汚染物質の一つ。燃焼過程から発生するすす・燃えがら・酸化鉄・セメントダストおよびその他の粉塵(ふんじん)などの混合物。soot

**ばいしん-いん【陪審員】** 陪審の制度による裁判で、裁判官のほかに国民から選ばれて、裁判に立ち会い、事実認定について答申を行う人。jury

**はいしんきん-しょう【肺真菌症】** 肺に病原性の低い黴(かび)の一種の真菌が感染した病気。抗生物質の使用などで、体の免疫力が弱ったときに起こる。アスペルギルス症・カンジダ症が代表的。pulmonary mycosis

**はいしん-こうい【背信行為】** ①相手の信頼を裏切る行為。breach of faith ②戦時に作戦を有利にするため、相手国を誤らせる虚偽の行為。白旗や赤十字旗を掲げて奇襲を行うなど。戦時国際法で禁止されている。breach of faith

**はい-しんじゅん【肺浸潤】** 結核菌による肺の病巣から、炎症がまわりの組織に広がっていく状態。胸部X線写真で見ると、境界不鮮明な陰影が見られる。pulmonary infiltration

**ばい-しんどう【倍振動】** 振動体がもつ固有の振動である基本振動の整数倍の振動数をもつ振動。すべての振動は基本振動と倍振動からなっている。harmonic

**はい-すい【背水】** ①水を背にすること。②河川や水路で、下流の流路の状態が、上流の水面や水位に影響を与える現象。ダム・堰(せき)・水門などによる。堰上げ背水。バックウオーター。backwater

**背水の陣**(はいすいのじん)《漢の韓信(かんしん)のとった戦術から》①川や海などを後ろにして自らの退路を絶ち、もうこれ以上負けられないという陣立て。用例 ―を敷く。②決死の覚悟で、一か八(ばち)かの最後の勝負をすること。burn one's boats

**はい-すい【配水】**(名・サ変自) 水道など有用な水を配給すること。supply of water 用例 ―管。

**はい-すい【排水】**(名・サ変自) ①不用な水を他に流すこと。また、その水。drainage 用例 家庭―。②水に浮かんだ物体が、水中に沈んでいる量と同じ体積の水をおしのけること。displacement 用例 ―量。

**はいすい-きじゅん【排水基準】** 排出水の汚染状態についての基準。カドミウムなど有害物質と化学的酸素要求量などについての基準を設定。standard of waste water

**はい-すいしゅ【肺水▼腫】** 肺の血管や肺胞壁から血液や組織液を含む液体が、肺胞内にたまった状態。呼吸困難となり、あわ状の痰(たん)や血痰がでる。pulmonary edema

**はいすい-トン【排水トン】** 船の排水量を英トンまたはメートルトンで表したもの。おもに軍艦の大きさを表すのに用いられる。displacement tonnage

**はいすい-りょう【排水量】** 船舶の全重量。水に浮かべたとき、船体の水中に沈んだ部分が押しのける水の重量に等しい。displacement

**はい-すう【拝▼趨】**(名・サ変自) ①《人を訪ねることの謙譲語》目上の人の所などをたずねること。参上。②貴人の前に進み出ることの謙譲語。

**ばい-すう【倍数】** 整数または整式 $a$ が整数または整式 $b$ で割りきれるとき、$a$ は $b$ の倍数であるという。multiple 対義 約数。

**ばいすう-せい【倍数性】** 一組の基本となる染色体数を $n$ とするとき、$n$ の整数倍の染色体数をもつ現象。一般の生物は二倍体($2n$)である。polyploidy

**ばいすう-たい【倍数体】** 体細胞のもつ染色体の数が、基本数の倍数の関係にあるもの。polyploid

**ばいすうひれい-の-ほうそく【倍数比例の法則】** 二種類の元素からなる化合物が二種類以上あるとき、一方の元素の一定量と化合する他の元素の量は、簡単な整数比となるという法則。一八〇五年ごろドルトンが提唱。law of multiple proportion

**ハイ-スクール【high school】** ①高等学校。②アメリカの公立の中等学校。小学校に続くもので、日本の中学・高校にあたる。この場合、前者をジュニア-ハイスクール、後者をシニア-ハイスクールという。

**ハイ-スピード【high speed】** きわめてはやい速度。高速度。

**はい-ずみ【掃墨・灰墨】**《「はきずみ」の音便。「灰」は当て字》ごま油・菜種油の油煙からはきおとしたもの。墨・塗料の材料。

**はい・する【拝する】**(サ変他) =拝す。①頭を下げて礼をする。おがむ。bow ②謹んで見る。拝見する。③うやうやしく受ける。

**はい・する【排する】**(サ変他) =排す。①押しあける。push open ②押し退(の)ける。除く。push aside 用例 万難を―。③並べる。配列する。arrange

**はい・する【配する】**(サ変他) =配す。①配置する。くばる。distribute ②とりあわせる。配合する。arrange ③流刑にする。exile 用例 佐渡に―。④対(つい)にする。めあわす。夫婦にする。pair 用例 ―に二女をもってす。⑤下につかせる。place under

**はい・する【廃する】**(サ変他) =廃す。①やめて用いない。捨てる。abolish ②地位から退かせる。dethrone 用例 帝を―。

**はい-ず・る【▼這いずる】**(五自) はいながらずって動く。crawl

**ばい・する【倍する】**(サ変自他) =倍す。①(自)倍になる。ふえる。double 用例 旧に―。②(他)㋐二倍にする。double ㋑増やす。increase

**ハイゼ【Paul Johann Ludwig von Heyse】**(一八三〇～一九一四) ドイツの小説家・劇作家。一九一〇年ドイツ人作家として最初のノーベル文学賞受賞。短編『ララビアータ』など。

**はい-せい【背勢】** 書道で、文字の中央部が締まり、上下が開いた字形。各点画がそむき合い、ひきしまった印象を与える。対義 向勢(こうせい)。

**はい-せい【俳聖】** 俳諧(はいかい)にすぐれた人。とくに、松尾芭蕉(まつおばしょう)をいう。

**はい-せい【敗勢】** 負けそうな気配。敗色。signs of defeat 対義 勝勢。

**はいせい-しん【肺性心】** 肺の疾患によって肺内の血管の抵抗が増すために、心臓が過労となり胸が苦しくなる状態。気管支喘息(ぜんそく)・肺水腫(すいしゅ)・肺線維症などが原因。

**はい-せいせい【▼裴世清】**(生没年未詳) 隋(ずい)の日本への使節。推古(すいこ)一六年(六〇八)遣隋使小野妹子(おののいもこ)の帰国に伴い来朝。翌年帰国。

**はい-せき【排斥】**(名・サ変他) 人を押しのけること。退けること。rejection

**ばい-せき【陪席】** ㊀(名・サ変自) 貴人と同席すること。㊁(名)「陪席裁判官」の略。

**ばいせき-さいばんかん【陪席裁判官】** 合議制をとる裁判所で裁判長以外の裁判官。associate judge

**はい-せつ【排▼泄】**(名・サ変他) ①内から外にもらし出すこと。excretion ②生物が代謝によって生じる不要物・有害物などを体外に排除する作用。排出。excretion

**はい-せつ【排雪】**(名・サ変自) 雪を取り除くこと。除雪。

**はい-ぜつ【廃絶】**(名・サ変自他) ①(他)やめて、なくすこと。abolition 用例 核兵器―。②(自)すたれて、あとがたえること。extinction

**はい-せん【杯洗・▼盃洗】** さかずきをすすぐ器。酒席で他人と酒をやりとりするときに用いる。

**はい-せん【肺▼尖】** ①肺の上部のとがった部分。pulmonary apex ②「肺尖カタル」の略。

**はい-せん【配船】**(名・サ変自) 必要な港へ船を割り当て、くばること。

**はい-せん【配線】**(名・サ変自) 電気機器・通信設備などに、電力または電気信号を伝送する電線を敷設(ふせつ)すること。また、それらの機器内の各部品間を電線などで接続し、回路を構成すること。また、そのときに用いる導線。wiring

**はい-せん【敗戦】**(名・サ変自) 戦争・試合などに負けること。負けいくさ。defeat

**はい-せん【廃船】** 使えなくなった船を船籍から除いたり、廃棄したりすること。その船。scrapped vessel

**はい-せん【廃線】**(名・サ変他) 鉄道・バスなどの営業をやめること。また、その路線。discontinued line

**はい-ぜん【配▼膳】**(名・サ変自) ①膳をお客の前に配り置くこと・人。②会席料理で二の膳・三の膳まである場合、膳を配置すること。

**はい-ぜん【▼沛然】**(形動トタル) ①雨がさかんに降るさま。②物事のさかんなさま。

**ばい-せん【媒染】** 繊維に直接染めつかない染料を固着させる染色法。あらかじめ媒染剤で繊維を処理する方法。mordanting

**はい-せんいしょう【肺線維症】** 肺の中に広く線維結合組織が増殖し、肺が硬化・縮小・荒廃している状態。種々の肺疾患から起こる。pulmonary fibrosis

**はいせん-カタル【肺▼尖カタル】** 肺尖の炎症や肺結核の初期症状。catarrh of the pulmonary apex

**ばいせん-ざい【媒染剤】** 染料が繊維などに染めつくのを助ける薬剤。染料と結合して不溶性化合物をつくる。タンニン剤、鉄・クロム・アルミニウムの塩など。mordant

**はいせん-ず【配線図】** 電気回路の接続状況を示した図。素子は記号で示すのが一般的だが、素子の形状を用いて表現する実体配線図もある。wiring diagram

**ばいせん-せんりょう【媒染染料】** 媒染剤を介して繊維に固着させる染料。茜(あかね)による木綿の染料など、天然染料は、多くがこれに属する。日光や洗濯に強い。mordant dye

**はいせん-とうしゅ【敗戦投手】** 野球の試合で、敗戦にもっとも責任のあった投手。通常は最終的な勝ち越し点を与えた投手。終始、相手の得点が先行していた試合では先取点を与えた投手。losing pitcher

**はいぜん-にん【配▼膳人】** ①正式の宴会で仲居(なかい)から受け取った料理を客前に運び、礼法にしたがって配膳する人。京都に見られ、服装は色紋付きに袴(はかま)。下足(げそく)・携帯品を預かる係を兼ねる。②ホテルの宴会場などに出向して、作法にしたがい食器の配膳を行う人。waiter

**ハイゼンベルク【Werner Karl Heisenberg】**(一九〇一～一九七六) ドイツの理論物理学者。量子力学の確立にもっとも貢献した一人。不確定性原理の提唱で知られる。一九三二年ノーベル物理学賞受賞。

**はい-そ【敗訴】**(名・サ変自) 訴訟に負けること。lose one's suit 対義 勝訴。

**はい-そう【背走】**(名・サ変自) あとしざりの姿勢で後方に走ること。run backward

**はい-そう【配送】**(名・サ変他) 荷物や注文の品などの配達と発送。delivery

**はい-そう【敗走】**(名・サ変自) 戦いに負けて逃げること。rout

**はい-ぞう【肺臓】** 肺。lungs

**ばい-ぞう【倍増】**(名・サ変自他) 二倍にふえること。二倍にふやすこと。double 用例 所得―。

**はいぞう-ジストマ【肺臓ジストマ】** 肺吸虫の旧称。

**はい-ぞく【配属】**(名・サ変自他) ①それぞれの部署に分かれて所属すること。assignment ②人を分けて各方面の部署に振り当てること。assignment

**はい-そくせんしょう【肺▼塞栓症】** 血流に乗って流れてきた血栓が肺動脈をふさいで起こる病気。血栓が大きければ呼吸困難に陥り、危険な状態となる。pulmonary embolism

**ハイ-ソサエティー【high society】** 上流社会。上流の社交界。

**ハイ-ソックス**《和製語》ひざ下までの長さの靴下。knee socks

**バイソン【bison】** →やぎゅう(野牛)②

**は-いた【歯痛】** 歯が痛むこと。その痛み。しつう。toothache

**はい-た【排他】** 仲間でないものを、すべて退けること。exclusion 用例 ―的。

**ばいた【売▽女】**《俗語》①売春婦。②不貞な女をののしっていう語。

**バイダーベック【Bix Beiderbecke】**(一九〇三～一九三一) アメリカの白人ジャズ-トランペット奏者。ク

ールで個性的な奏法で後進に影響を与えた。

**はい-たい【胚胎】**(名・サ変自他) ①身ごもること。妊娠。conception ②物事の起こる要因をはらむこと。根ざすこと。origination

**はい-たい【敗退】**(名・サ変自) 負けて退くこと。retreat

**はい-たい【廃退・廃頽】**(名・サ変自) ①行われなくなって衰えること。退廃。decay ②道徳・気風などが乱れること。decadence

**ばい-たい【媒体】** ①仲立ちをするもの。medium ②物理的な変化を一つの場所から他の場所へ伝えるもの。媒質。medium ③広告などで、伝達の手段として使われるもの。新聞・雑誌・ラジオ・テレビなど。media

**ばい-だい【倍大】** 二倍の大きさ。

**はい-たか【鷂】** ワシタカ科の鳥。翼長二〇～二五cm。雄の体背面は灰青色、雌は灰黒色。日本全土の低山帯の林に分布。↓写

●ハイタカ

**はい-だ・す【這(い)出す】**(五自) ①はって出る。はいでる。creep out ②はい始める。start crawling

**はい-たたき【蠅叩き】** ↓はえたたき(蠅叩き)

**はい-たつ【配達】**(名・サ変他) くばり届けること・人。delivery 用例新聞―。

**はいたつ-しょうめい【配達証明】** 郵便物の特殊扱いの一つ。一定の郵便物を配達・交付した事実を証明すること。また、その制度。delivery certification

**はい-だて【膝甲・脛楯・佩楯】** 甲冑の一具足で、大腿部の防御のために用いるもの。

**はいたてき-けいざいすいいき【排他的経済水域】** 領海の外側の一定範囲で、沿岸国に資源の探査・開発に関する主権的権利が認められる海域。沿岸から二〇〇海里の水域を指定している国が多い。経済水域。exclusive economic zone

**ばいたら-よう【貝多羅葉】** 古代インドで経文を書写した多羅樹の葉。乾燥させた葉の表面に文字を刻みつけたもの。貝葉。貝多羅。

**はいた-りつ【排他律】** 物理で、半整数スピンの同一粒子からなる系で、二個以上の粒子がまったく同じ状態を占めることはできないという原理。パウリの原理。exclusion principle

**バイタリティー【vitality】** 活力。元気。活動力。生活力。

**バイタル-サイン【vital signs】** 脈拍・呼吸・体温・血圧のこと。病人を診るうえでの基本的な観察項目。生命徴候。

**はい-だん【俳談】** 俳諧・俳句についての談話。

**はい-だん【俳壇】** 俳句をつくる人の仲間。俳人の社会。比較歌壇。

**はい-ち【背馳】**(名・サ変自) そむくこと。反対になること。食い違うこと。

**はい-ち【配置】**(名・サ変他) 人や物を、適当な位置に分けておくこと。また、その位置。arrangement 用例―転換。

**ハイチ【Haiti】**(Republic of Haiti) 西インド諸島、イスパニオラ島西部の共和国。首都ポルトープランス。一八〇四年フランスから独立し、世界初の黒人国家となる。コーヒー・サイザル麻・サトウキビ栽培やボーキサイトを産出。面積二・八万km²。人口五三六万(一九八六)。正称ハイチ共和国。

**ばい-ち【培地】** 細菌・真菌・原虫などを増殖させるために必要な栄養成分を混ぜ合わせてつくった液状・固形物質。culture medium

**はいち-せい【背地性】** ↓くっちせい(屈地性)

**はいち-てんかん【配置転換】** 企業内で従業員の職務や職場・勤務地を換えること。配転。reshuffle

**ハイチ-とう【ハイチ島】**(Haiti) イスパニオラ島の旧称。

**はい-ちゃく【廃嫡】**(名・サ変他) ↓はいじょ(廃除)

**パイ-ちゅうかんし【π中間子】** 素粒子の一つ。質量がほぼ一四〇メガ電子ボルト(電子の約二七〇倍)、スピン0、負パリティをもつ。電荷が正・負・中性の三種類がある。核力を説明するため湯川秀樹によって予言された。強い相互作用をするハドロンであるが、自由状態では不安定で、荷電粒子は一億分の二・六秒でミューオンとミューニュートリノに、中性粒子は千兆分の八・九秒で二個の光子に崩壊する。パイオン。pion; pi-meson

**はいちゅう-りつ【排中律】** 形式論理学の基本原理。矛盾するものどうしには中間の第三者が存在しないという主張。「AはAであるか、非Aであるかのいずれかである」の形式。排中原理。law of excluded middle

**はい-ちょう【拝聴】**(名・サ変他) 聞くことの謙譲語。

**はい-ちょう【蠅帳】** ①食物を入れる台所用の小さい戸棚。ハエが入らないように、また通風をよくして保存性を高めるため、三方または四方に網を張ってある。fly-net cupboard ②食品の上にかぶせてハエのたかるのを防ぐかさ状の道具。紗・金網などで作る。↓写

●蠅帳①

**ばい-ちょう【陪塚・陪冢】** 大形墳(=主墳)に近接してある小古墳。古墳時代中期に多い。人体埋葬の例は少なく、遺物だけを納めたものもある。

**はいちょう-きん【腓腸筋】** 「ひちょうきん」の誤り。

**ハイツ【heights】** ①高台。高地。②高台の住宅地。

**はい-つくば・う【這(い)蹲う】**(五自) 伏してうずくまる。平伏する。grovel

**はい-つくば・る【這(い)蹲る】**(五自) ↓はいつくばう(這い蹲う)

**はい-てい【拝呈】**(名・サ変他) ①《贈ることの謙譲語》謹んで差し上げること。②手紙の書き出しに用いる語。拝啓。

**はい-てい【廃帝】** 他から迫られて位を退いた皇帝・天子。dethroned emperor

**ハイ-ティーン** 《和製語》一六～一九歳ごろの人。in one's late teens 対義ローティーン。

**ばいてい-きんが【梅亭金鵞】**(一八二一～九三) 幕末・明治文明開化期の戯作者。本名は瓜生政和。江戸生まれ。滑稽本『七偏人』が有名。のち雑誌『団団珍聞』主筆としても活躍。

**ハイ-テク** 《和製語》「ハイテクノロジー」の略。

**ハイテク-さんぎょう【ハイテク産業】** 先端技術産業。

**ハイ-テクノロジー【high technology】** ①高度先端技術。エレクトロニクス・光通信・新素材・バイオテクノロジーなど、高水準の産業技術。②技術を追究した、装飾性のない工業製品。

**ハイデッガー【Martin Heidegger】**(一八八九～一九七六) ドイツの哲学者。キルケゴール・フッサールなどの影響のもとに、古来の存在論を問いなおし、基礎的存在論という独自の実存哲学を創唱。主著『存在と時間』など。

**ハイデラバード【Hyderabad】** パキスタン南部、インダス川下流左岸の商工業都市。鉄道交通の要地。綿花・米・小麦などの集散・加工地。繊維工業もさかん。人口七九・五万(一九八一)。

**ハイデラバード【Hyderabad】** インド南部、アンドラプラデシュ州の州都。デカン高原における商工業の中心。イスラム系住民が多い。旧ハイデラバード王国の首都。人口二五二・八万(一九八一)。

**はい・でる【這(い)出る】**(下一自) はって出る。crawl out

**ハイデルベリー【Heidelberry】** ツツジ科コケモモ類の一種。ヨーロッパで栽培。果実は熟すると黒紫色で、白っぽい果粉をかぶる。酸味が強く、ジャム・ジュースにする。

**ハイデルベルク【Heidelberg】** 西ドイツ南西部、ネッカー川に沿う都市。ドイツ最古の大学と古城で有名。人口一三・四万(一九八三)。

**ハイデルベルク-げんじん【ハイデルベルク原人】** 化石人類の一つ。原人に属す。一九〇七年、ドイツのハイデルベルク南方、マウエルで完全な下顎化石骨を発見。Homo Heidelberg

**はい-てん【配転】**(名・サ変他) 「配置転換」の略。

**はい-でん【拝殿】** 神社の本殿の前にある、拝礼のための建物。front shrine 対義本殿・本宮

**はい-でん【配電】**(名・サ変自) 送電線路から需要家に電力を供給すること。power distribution

**ばい-てん【売店】** 駅・劇場・公園・病院などの中で、品物を売る店。stand

**はいでん-せん【配電線】** 配電用変電所から工場や家庭などの需要家へ引きこまれるまでの電線。service wire 参照送電線・給電線。

**はいでん-ばん【配電盤】** 電力の分配を行う装置。遮断器・ヒューズ・諸計器・継電器などをまとめて取りつけてある。switchboard

**バイト** 《Arbeit ドイから》「アルバイト」の略。

**バイト【beitel オランダ】** 工具の一つ。柄の先端につけられ、旋盤や平削り盤などに使用される刃物。

**バイト【byte】** 情報量の単位。二進法を用いたコンピューターで、$2^8$すなわち二五六通りの情報量を表すものを一単位としたもの。比較ビット。

**はい-とう【佩刀】**(名・サ変自) 腰に刀をつけること。また、つけた刀。帯刀。wearing sword

**はい-とう【配当】**(名・サ変他) ①くばり分けること。割り当て。allotment ②会社が株主・出資者などに利益を分配すること。配当金を支払う現金配当と株券交付による株式配当がある。利益配当。dividend ③法律で、差し押さえ財産や破産財団を債権者に割り当てて弁済すること。

**ハイドゥ【Khaidu】**(?～一三〇一) オゴタイハン国の君主。オゴタイの孫。元朝のフビライと三十余年間抗争、帝国の分裂を招いた。海都。

**はいとう-おち【配当落ち】** 決算期をすぎてから株主や出資者になったため、その期の配当を受ける権利がないこと。dividend off

**はいとう-かんじ【配当漢字】** 「学年別漢字配当表」にある漢字。現在は、もとの教育漢字に一一五字を加えた九九六字。平成四年(一九九二)から新しい配当に基づく一〇〇六字になる。

**はいとう-しょとく【配当所得】** 株式の利益配当、出資にかかわる剰余金の分配などによる所得。dividend income

**はいとう-たい【配糖体】** ブドウ糖などの糖類と、アルコールなどの水酸基をもつ有機化合物とが結合した化合物の総称。天然には植物界に広く分布し、人体に強い生理作用をもつものが多い。ジギタリスやサポニンなど。グリコシド。glycoside

**はい-どうみゃく【肺動脈】** 肺循環の動脈で、内部を静脈血が流れる。右心室から左右肺門に流れ、分枝して肺小葉内に入り、肺胞壁でガス交換を行う。pulmonary artery ↓呼吸器系図 ↓心臓図

**はいどうみゃくべん-きょうさくしょう【肺動脈弁狭窄症】** 先天性心疾患の一つで、肺動脈の流出路が狭くなっているもの。とくに生命にかかわることはないが、狭窄の程度でチアノーゼなどの症状が現れる。pulmonary valvular stenosis

**はいとう-りつ【配当率】** 企業が株主に支払う年間配当金総額を平均払い込み資本金で割ったもの。日本では、株式一株あたりの年間配当金の額面金額に対する比率をさすことが多い。dividend rate

**はいとう-れい【廃刀令】** 軍人・警察官らの制服着用時以外に帯刀を禁じた太政官布告。明治九年(一八七六)公布。神風連の乱など不平士族反乱の一契機となった。

**はい-とく【背徳・悖徳】** 道徳にそむくこと。immorality

**はい-どく【拝読】**(名・サ変他) 《読むことの謙譲語》つつしんで読むこと。拝誦。

**ばい-どく【梅毒・黴毒】** トロポネーマーパリズムの感染による性病の一種。性的接触による直接感染で、ばら疹、扁平コンジロームなど多彩な症状を示す。慢性の伝染病。ペニシリンによる治療が有効。syphilis

**ばいどく-けっせいはんのう【梅毒血清反応】** 梅毒罹患の有無を免疫学的に検査する方法。ワッセルマン反応などがある。serological test for syphilis


↓行き先項目、図版・写真参照印。 JIS 日本工業規格情報交換用漢字符号コード(区点コード)。

**ハイド・パーク**【Hyde Park】 イギリス、ロンドン中央部、テムズ川左岸のウェストミンスター区にある公園。面積一・五$km^2$。

**ハイドランジャ**【hydrangea】 ユキノシタ科の落葉低木。アジサイを欧米で改良したもの。花色は白・紫・紅色など。↓[写]

● ハイドランジャ

**ハイドロキノン**【hydroquinone】 ↓ヒドロキノン

**ハイドログラフ**【hydrograph】 河川の流量の時間的変化を示す曲線。縦軸に流量、横軸に時間をとって表す。量水曲線。流量時間曲線。

**ハイドロサルファイト**【hydrosulfite】 亜二チオン酸ナトリウムまたはそのホルマリン誘導体の総称。還元剤・漂白剤・酸素吸収剤など。

**ハイドロプレーニング**【hydroplaning】 自動車が高速で雨中を走るとき、タイヤと路面のあいだに入り込む水が瞬間的に板状になり、走行も制動も効かない危険な状態になること。ハイドロプレーン現象。

**ハイドロホイル**【hydrofoil】 ↓すいちゅうよくせん(水中翼船)

**ハイドン**【Franz Joseph Haydn】(一七三二〜一八〇九) オーストリアの作曲家。ウィーン古典派を代表する一人。あらゆる分野に作品を残したが、とくに交響曲と弦楽四重奏曲などの形式性確立に寄与。ソナタ形式を完成した。作品は一〇〇あまりの交響曲や弦楽四重奏曲、オラトリオ『天地創造』など。↓[写]

● ハイドン

**パイナップル**【pineapple】 パイナップル科の常緑多年草。高さ約一m。葉は剣状で乾燥に強い。茎の頂点に紫紅色の花が咲き、大きな松かさ状の果実がつく。熟すと香気高く、多汁美味。ブラジル原産。アナナス。パイン。↓アナナス[写]

**パイナップル・レース**【pineapple lace】 鉤針編みレースの一種。パイナップルまたは松かさのような模様をいう。

**はい・ならし**【灰▽均し】 火鉢などの灰をかきならして灰の表面を整える道具。

**ハイナン**【海南】〈省〉(Hǎinán) ↓かいなん(海南)

**ハイナン・とう**【ハイナン島・▽海南島】(Hǎinán) ↓かいなんとう(海南島)

**ばいにく・ず**【梅肉酢】 調味料の一つ。梅干しを裏ごしし、酒やだし汁でのばしたもの。ハモの洗いなどに添えるほか、あえ物用。

**はい・にち**【排日】 外国人が日本の国民・製品・勢力などを退けること。anti-Japanese [対義]親日。

**はい・にゅう**【▼胚乳】 種子内にあって、発芽に必要なでんぷん・脂肪・たんぱく質などの養分を貯蔵する組織。albumen

**はい・にょう**【排尿】(名・サ変自) 膀胱内の尿を尿道を通して体外に排出すること。ヒトでは三〇〇〜四〇〇mlの尿がたまると尿意を感じる。urination

**はい・にん**【背任】(名・サ変自) ①任務にそむくこと。breach of trust [比較]責任。②公務員、団体や会社の役員や職員などが、自分または第三者の個人的利益をはかるために、任務にそむいてその団体や会社に損害を与えること。misfeasance in office [用例]—横領。

**ばい・にん**【売人】《俗語》品物の売り手。とくに、麻薬など密売品の売り手。seller; secret trader

**バイニング**【Elizabeth Gray Vining】(一九〇二〜) アメリカの女流児童文学者。第二次大戦後来日し、今上天皇に英語を教えた。

**はいにん・ざい**【背任罪】 他人のために事務を処理する者が、自己または第三者の利益をはかる目的でその任務にそむく行為をし、委任者に財産上の損害を与えることによって成立する罪。

**ハイネ**【Christian Johann Heinrich Heine】(一七九七〜一八五六) 一九世紀ドイツ最大の詩人の一人。青年ドイツ派。せつなく激しい叙情としんらつな風刺で、ドイツ語から新しい生命を引き出した。詩・紀行文集『旅の絵』、詩集『歌の本』、評論『ロマン派』『ドイツ宗教・哲学史』、長詩『アッタ・トロル』『ドイツ、冬物語』、晩年の詩集『ロマンツェーロ』など。↓[写]

● ハイネ

**はい・ねず**【▼這▼杜▽松】 ヒノキ科の常緑低木。砂浜にはえる。茎は砂上をはい、葉は針形で、三個輪生。紫黒色球形の果実を結ぶ。海岸砂防用・庭木用。

**ハイ・ネックライン**【high neck-line】 襟型の一つ。首のつけ根より高い襟ぐりの総称。ハイネック。↓[図]

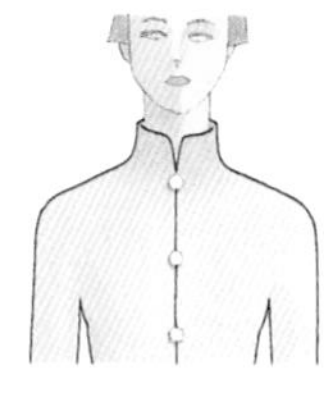

● ハイネックライン

**はい・のう**【背▼嚢】 物を入れて背負う方形のかばん。皮・ズックなどで作る。軍隊で使用されたものをいうことが多い。ランドセル。knapsack

**はい・のう**【▼胚▼嚢】 種子植物の雌性生殖器管。子房の胚珠内にあり、受精した卵細胞からは胚、極核からは胚乳を生じる。embryo sac

**はい・の・き**【灰の木】 山地にはえるハイノキ科の常緑高木。高さ五〜一〇m。樹皮は暗褐色。葉は互生し、狭卵形。五月ごろ葉の付け根に総状花序を付け、花冠の五裂する白色花をひらく。近畿以西に分布。

**ハイパー・インフレーション**【hyper inflation】 短期間に起こる激しい物価上昇。戦争や大災害のあとのように生産が需要に追いつかないとき生じる。超インフレーション。急上昇インフレーション。

**ハイパーソニック**【hypersonic】 ①《航空などで、極超音速の意》ふつう、音速の五倍以上の速度をさしていう。②《音響などで、極超音波の意》音波・振動などが一〇〇キロヘルツ以上をいう。

**ハイ・ハードル**【high hurdles】 ↓こうしょうがい(高障害)

**はい・はい**【▼這い▼這い】(名・サ変自)《幼児語》はうこと。crawl

**はい・はい**(感)《「はい」を重ねた語》①よびかけに応じる語。また、承知したときの語。②相手に注意をうながすときの語。③馬を御するときの掛け声。

**ばい・ばい**【売買】(名・サ変他) 売り買いすること。当事者の一方が相手方に財産権を移転し、相手方がその代金を支払うこと。あきない。trade

**バイ・バイ**【bye-bye】《俗語》㊀(感) 親しい間柄の者、また幼児語として、別れのあいさつに言う。さよなら。グッドバイ。㊁(名・サ変自) 別れること。[用例]もう—しましょう。

**バイパス**【bypass】 都市の市街地など交通量の多い地域を迂回して設けられる道路。輸送の合理化を目的に建設される。

**バイパス・しゅじゅつ**【バイパス手術】 重要な動脈などがつまったときに、迂回路をつくって通りをよくする手術。bypass operation

**ハイ・パック**《和製語》証券会社の発売する国債組み合わせ貯蓄。国債の利息を公社債投信などで運用するもの。銀行の国債定期口座に対抗した商品。総合複利口座。

**ハイバック・チェア**【high-backed chair】 背もたれの高い椅子。

**はいばら**【▼榛原】〈町〉 静岡県中南部、駿河湾に臨む町。茶・ミカンの栽培がさかん。人口二万四六九五(一九八九)。

**はいばら**【▼榛原】〈町〉 奈良県北東部、宇陀川の谷あいの町。町域の半ば以上が山林。スギ・ヒノキ材を産する。大阪への通勤者も増加。人口一万八六七〇(一九八八)。

**はい・はん**【背反・▼悖反】(名・サ変自) ①そむくこと。互いにあいいれないこと。contradiction ②哲学・論理学などで、推理などが互いにあいいれないこと。antinomy [用例]二律—。

**はい・はん**【背▼叛】 そむきはむかうこと。反逆すること。

**はい・ばん**【杯盤・▼盃盤】 さかずきと、さら・小ばちの類。酒宴の道具。

**はい・ばん**【▼胚盤】 鳥卵・魚卵など脊椎動物の卵で、のちに卵割によって多くの細胞に分かれ、胚を形づくる部分。blastodisc ↓卵[図]

**はい・ばん**【廃盤】 製造をやめたレコード。レコードの製造をやめること。record out-of-production

**はいはん・じしょう**【排反事象】 二つの事象A、Bがけっして同時には起こらないとき、A、Bは排反事象であるという。exclusive event

**はいはん・ちけん**【廃藩置県】 明治四年(一八七一)中央集権化のため郡県制度をしき、藩を廃して一使三府三〇二県を置いた明治政府の改革。同年末には一使三府七二県となった。

**はいばん・ろうぜき**【杯盤▼狼▼藉】(名・形動トタル) 酒宴のあと、杯や皿鉢の乱れていること・さま。酒宴の乱れていること・さま。

**はい・び**【拝▼眉】(名・サ変自)《人に会うことの謙譲語》お目にかかること。拝顔。

**はい・び**【配備】(名・サ変他) 手配りして用意をすること。arrange

**ハイ・ヒール**【high heel】 靴の、高いかかと。また、かかとの高い靴の総称。

**ハイビジョン**《和製語》↓こうひんいテレビ(高品位テレビ)

**ハイビスカス**【hibiscus】 アオイ科の熱帯性の常緑低木。高さ二〜五m。花は大きく、色は緋・紅・黄。筒状になった多数の雄しべが長い雌しべを包む。ヒビスカス。ブッソウゲ。↓[写]

**はい・びゃくしん**【▼這▼柏▼槙】 ソナレの別名。幹枝が匍匐して地面をおおうことからの名。

**はい・びょう**【肺病】 肺結核の俗称。lung disease

**はい・ひん**【廃品】 役に立たなくなった物。廃物。junk

**ばい・ひん**【売品】 売る品物。article for sale [対義]非売品。

**ばい・ひん**【陪賓】 主賓とともに招かれた客。

**パイピング**【piping】 洋裁の技法。バイアステープの二つ折りを、二枚の布のはぎ目にはさんでとめ、パイプ状に形作り、装飾的に布端・切り替えなどを始末すること。毛糸・コード・白もなどを芯にして丸みをつけることが多い。

**はい・ふ**【肺▼腑】 ①肺臓。lungs ②心の奥底。bottom of one's heart ③重要な点。急所。vital point

**肺腑を抉る**(はいふをえぐる) ＝肺腑を突く。①急所を突く。hit the vitals ②深く感じさせる。appeal to the heart

**はい・ふ**【配付】(名・サ変他) めいめいに配ること。distribute

**はい・ふ**【配布】(名・サ変他) 広く配って行き渡らせること。distribution [用例]注意書きを—する。

**はい・ぶ**【背部】 せなか。後ろのほう。back

**バイフ**【Jean-Antoine de Baïf】(一五三二〜一五八九) フランスの詩人。詩・音楽アカデミーで、綴字の改革と詩風革新を試みた。格言詩『世態人情』など。

**パイプ**【pipe】 ①気体・液体などを導くための管。導管。管。②間に立って両者の意志疎通などをする働き・人。③西洋風の刻みタバコを吸うための喫煙具。④巻きタバコを差して吸うための器具。

**ハイファ**【Haifa】 イスラエル北部、地中海岸の港湾都市。海運・貿易の中心。同国第一の工業都市。人口二二・六万(一九八九)。

**ハイ・ファイ**【hi-fi】《high fidelity(高忠実度)の略》放送あるいはレコードをできるかぎり原音に近い形で再現すること。

**ハイファイ・そうち**【ハイファイ装置】 原音の忠実な再生を目的とする高品質の音響再生装置。hi-fi equipment

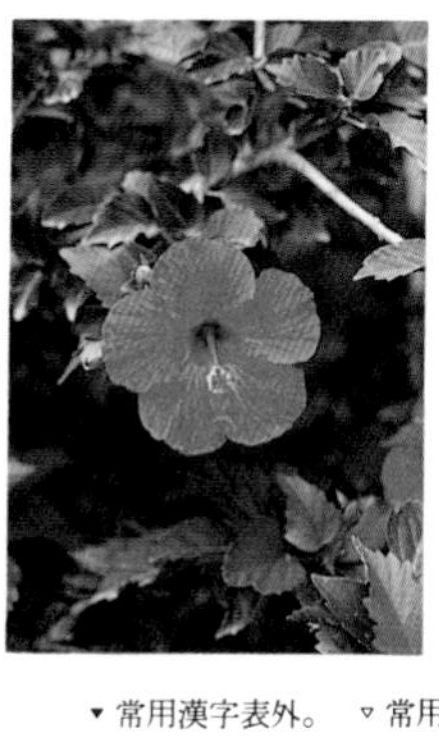

● ハイビスカス

**はい-ふう【俳風・▼誹風】** ①俳諧・俳句の作風。②俳諧の趣をもっていること。

**はいふうすえつむはな【▼誹風末摘花】** 江戸中期の川柳集。安永五～享和元年(一七七六～一八〇一)刊。似実軒酔茶編。末番の句、すなわち好色な句を集録。

**パイプ-うに【パイプ▽海▽胆】** ナガウニ科の海産動物。殻径約八cm。とげは太くて堅く赤褐色で、先端に白い帯状の模様がある。パイプなどに加工される。紀伊半島以南のサンゴ礁に分布。

**はいふうやなぎだる【▼誹風柳多留】** 江戸中・後期の川柳集。明和二～天保九年(一七六五～一八三八)刊。一六七編。柄井川柳の「万句合」中の、付け句のみで独立する佳句を集めたもの。

**ハイフェッツ【Jascha Heifetz】**(一九〇一～八七) アメリカのバイオリン奏者。ロシア生まれ。卓越した技巧と構成力、さえざえとした音色が特徴。

**パイプ-オルガン【pipe organ】** 鍵盤楽器。全楽器中最大の機構をもつ。風で発音するパイプを発音体としてもつ。ストップ(=音栓)と手鍵盤・足鍵盤の組み合わせにより、音を変化させる。↓写

●パイプオルガン　サントリーホール(東京都)。

**ハイフォン【Haiphong】** ベトナム北部にある同国最大の港湾・工業都市。ハノイの外港でもあるが、水深は浅い。人口一二七・九万(七九)。

**パイプ-カット**《和製語》男性の不妊手術の一つ。精子を運ぶ精管を途中で切断、または、糸で縛って精子が出ないようにする手術。精管切除術。vasectomy

**はい-ふき【灰吹き】** 煙草盆の付き物で、キセルで吸ったタバコの吸い殻を灰皿に叩き入れる筒。多くは竹製。吐月峰。↓写

●灰吹き

**灰吹きから蛇が出る** 小さなこと、または予想しないことから意外な結果が生じる。

**はいふき-ほう【灰吹(き)法】** 金・銀を分離する古い方法。金・銀を含む鉛の合金を溶融し、牛などの骨灰を厚く塗った灰吹き皿で鉛を酸化・灰化・吸収させる方法。cupellation

**はい-ふく【拝復】**《謹んで返事をする、の意》返書の書き出しに用いる語。

**パイプステム-シルエット【pipestem silhouette】** 男女のズボンやスラックス、とくに男子のズボンの型。パイプの軸のように細く長い直線的なシルエット。

**はい-ぶつ【廃物】** 役に立たなくなった品。scrap; junk 用例 ―利用。

**はいぶつ-きしゃく【廃仏▼毀釈・排仏棄釈】** 明治初年に起こった仏教排斥運動。明治元年(一八六八)の神仏判然令をはじめとする明治新政府の神仏分離策により、全国で仏寺・仏像・経巻などが破壊された。

**はいぶつ-ろん【廃仏論・排仏論】** 仏教排斥の思想運動。中国では北魏太武帝・北周武帝・唐武宗・後周世宗による三武一宗の法難、日本では明治維新の際の廃仏毀釈など。

**パイプ-ばな【パイプ花】** ウマノスズクサ科の常緑つる性低木。葉は長い柄をもち心臓形。花はパイプに似たらっぱ状で下垂。長さ約八cm、紫褐色で白斑。観賞用。ブラジル原産。パイプカズラ。

**パイプライン【pipeline】** 石油や天然ガスなどの輸送用配管。一端からポンプで圧力をかけて送り、長距離の場合は要所に加圧ポンプを設置する。送油管。

**ハイブラウ【highbrow】**(名・形動)《額の広い人、の意》①知識や教養のあること・人・さま。知識人。②知識・教養を鼻にかけて上品ぶること・人・さま。

**ハイブリッド【hybrid】** ①動植物の雑種。混血。②異なるものの組み合わせ。混成。

**ハイブリッド-コイル【hybrid coil】** 同一鉄心上に巻かれた三巻き線変成器。長距離電話回線の四線式回線と二線式回線の接続に用いる。

**ハイブリッド-コンピューター【hybrid computer】** アナログ型とデジタル型のコンピューターを組み合わせたコンピューター。ハイブリッド計算機。

**バイブル【Bible】** ①キリスト教の経典。聖書。②いつも身近に置いて、指針として繰り返し読む大切な本。用例 経営学の―。

**はい-ふるい【灰▼篩】** 灰の中に混じり込んでいる異物を取り除くために用いる道具。

**バイブレーション【vibration】** ①振動。②ふるわせて出す声や音。

**バイブレーター【vibrator】** 振動を発生させる機械。

**バイ-プレーヤー**《和製語》主役を助けて演ずる人。助演者。わき役。supporting actor

**ハイフン【hyphen】** 英語などで、語と語をつないだり、語の構成を示したりするときの、短い線。連語記号。「-」。

**はい-ぶん【拝聞】**(名・サ変他)《聞くことの謙譲語》つつしんで聞くこと。拝聴。

**はい-ぶん【俳文】** 機知・滑稽・洒脱・軽妙といった、俳諧の精神・味わいをもつ文章。松尾芭蕉の『奥の細道』・横井也有の『鶉衣』・一茶の『おらが春』など。

**はい-ぶん【配分】**(名・サ変他) 割り当てて配ること。分配。distribute

**ばい-ぶん【売文】** 文章をつくり、それを売って得た収入で生活すること。多く、文筆家の自嘲の語として使われる。literary hackwork 用例 ―の徒。

**はいぶんいんぷ【▼佩文韻府】** 中国、清朝の康熙帝の勅命でつくられた韻書。一〇六巻・拾遺一〇六巻。張玉書らの編。一七一一年成立。経書・史書・古人の詩文などの語彙を集め一〇六韻に分類。作詩用の書。

**はいぶんさいしょがふ【▼佩文斎書画譜】** 中国の書画関係の文献集。全一〇〇巻。一七〇五年清の康熙帝の勅命で編集。

**ばいぶん-しゃ【売文社】** 明治四三年(一九一〇)社会主義者の生計維持のために堺利彦が創立した会社。大杉栄・荒畑寒村らが参加。原稿の代作・翻訳などを業とし、雑誌『新社会』や堺らの著作を刊行。

**はい-へい【廃兵・▼癈兵】** 戦争で負傷し、身体障害者となり再び従軍できなくなった兵士。

**ハイベルグ【Gunnar Heiberg】**(一八五七～一九二九) ノルウェーの劇作家。作品『ウルリッケおばさん』『恋愛悲劇』など。

**はい-べん【排便】**(名・サ変自) 直腸の糞便を体外に出すこと。直腸の内圧が水銀柱で二〇～五〇mmに高まると便意をもよおす。脱糞。defecation

**ばい-べん【買弁・買▼辦】** 中国で、外国商社・銀行の取引業務を請け負った中国商人のこと。のち、外国資本に従属して私利を得、国益を抑圧する者に対する蔑称とされた。

**ばいべん-しほん【買弁資本】** 植民地や発展途上国に進出する外国資本に支配され、それに奉仕することによって利益を得る土着の資本。comprador capital 対義 民族資本。

**ハイポ【hypo】**《写真で定着剤として用いるときの通称》チオ硫酸ナトリウム。

**はい-ほう【肺胞】** 肺の中で気管支の枝がしだいに分かれて細くなり袋状になった場所。ここで空気と血液のガス交換が行われる。alveolus ↓呼吸器系図

**はい-ほう【敗報】** 負けた知らせ。news of defeat 対義 勝報。

**はい-ぼう【敗亡】**(名・サ変自) 戦争に負けてほろびること。

**ハイボール【highball】** ウイスキーをソーダ水・ジンジャーエールなどで割った飲料。

**はい-ぼく【敗北】**(名・サ変自)《「北」は、逃げる、の意》①戦いに負けて逃げること。defeat ②戦い・試合に負けること。defeat 対義 勝利。

**ばい-ぼく【売▼卜】** お金を取って、占うこと。用例 ―者。

**はい-ほん【配本】**(名・サ変自他) ①書籍を配達すること。また、その本。②全集物や予約出版の本を購読者に配ること。また、その本。distribution of books 用例 第一回―。

**ハイマート【Heimatドイ】** ふるさと。郷里。

**はい-まく【▼胚膜】** 胚に付属する種々の膜の総称。胚の保護・栄養供給・呼吸・排出などに重要な役割を果たす。昆虫類や脊椎動物の羊膜や漿膜など。embryonic membrane

**はい-まくら【俳▼枕】**「歌枕」に対して、俳句における名所。たとえば、芭蕉の「荒海や佐渡によこたふ天河」の「佐渡が島」。

**ばい-まし【倍増し】**(名・サ変他) 二倍に増すこと。

**はい-まつ【▼這松】** マツ科の常緑針葉低木。高山や北地にはえる。幹・枝は地面をはい、高さ約二m。葉は五本が束生。球果は卵形で長さ約五cm。中部以北に分布。↓写

**はい-まつわ・る【▼這(い)▼纏わる】**(五自) はってからみつく。creep around

**はい-まゆみ【▼杜▽仲】** ①トチュウまたはマサキの古名。②木綿。

**ハイマンス【Corneille Heymans】**(一八九二～一九六八) ベルギーの生理学者・医師。呼吸中枢調節に対する大動脈小体・頸動脈小体の働きを発見した。一九三八年ノーベル生理学医学賞受賞。

**はい-み【俳味】** 俳句の独特の味わい。洒脱で俳句的な情趣。

**ハイ-ミス**《和製語。「オールドミス」の言い換え》若くない独身女性。old maid; spinster

●ハイマツ

**ハイミナール【Hyminal】** 睡眠薬メサクアロンの商標名。非バルビツル酸誘導体の睡眠薬で、速効性で長時間の睡眠をもたらす。

**はい-みょう【俳名】** ↓はいめい(俳名)

**ハイム【Georg Heym】**(一八八七～一九一二) ドイツの詩人。トラークルらとドイツの初期表現主義文学を代表。詩集『永遠の日』『生の影』など。

**はい-めい【拝命】**(名・サ変他) 命令を受けること・任命されることの謙譲語。

**はい-めい【俳名】** 俳人としての名。俳号。はいみょう。

**ばい-めい【売名】** 自分の名前を自分で世間に広めようとすること。self-advertisement 用例 ―行為。

**バイメタル【bimetal】** 熱膨張率の異なる二種の薄い金属板を張り合わせたもの。温度変化によって湾曲の程度が変わる。温度計や温度調節装置などに使われる。

**バイメタル-おんどけい【バイメタル温度計】** バイメタルを使った温度計。bimetal thermometer

**はい-めつ【敗滅】**(名・サ変自) 負けてほろびること。

**はい-めつ【廃滅】**(名・サ変自) すたれてほろびること。decay

**はい-めん【背面】** ①後ろの方面。そとも。back 対義 前面。②小鼓の後ろの部分。裏革。↓鼓図

**はいめん-とび【背面跳び】** 走り高跳びの跳び方の一つ。踏み切り後、背を下に向けて頭のほうからバーを越える。Fosbury-back flop

**ハイモ【hymo】** 衣服の芯地。麻糸と梳毛糸・綿と毛の交織織物がある。薄地で柔らかく、腰があり、ウールや厚手絹物に最適。

**ばい-も【▽貝▽母】** ユリ科の多年草。高さ約五〇cm。茎は直立し、細い葉が一部輪生し、先端は巻きひげ状になることが多い。花は鐘形で

●バイモ

淡黄緑色、葉腋に下向きにつく。鱗茎は薬用となる。アミガサユリ。↓写

**はい-もう【廃▽忘・敗亡】** 文語的 (名・サ変自) ①忘れてしまうこと。②うろたえること。

**パイモウグ【白蘑菇中】**(báimó-gu) 担子菌類キシメジ科のキノコ。かさの径五〜一二cm、茎は太く短い。ひだは白色。モンゴル地方などに分布し、中国料理に用いられる。

**はい-もん【肺門】** 肺の内側で心臓に接する、やや上の部分。気管支・動脈・静脈が一本ずつ入り込んでいる。pulmonary hilum

**はいもん-リンパせん【肺門リンパ▼腺】** 解剖学でいう気管支肺リンパ節の俗称。肺門部の気管支リンパ節と肺リンパ節の総称。

**ハイヤー** 《hired carから》営業用の自動車で、営業所などで待機し、客の要望に応じて派遣される運転手つきの乗用車。比較 タクシー。

**バイヤー【buyer】** ①買い手。②外国から来た貿易買い付け人。

**バイヤー【Adolf von Baeyer】**(一八三五〜一九一七) ドイツの化学者。インジゴの合成や有機合成上の業績で有名。一九〇五年ノーベル化学賞受賞。

**バイヤー【Ferdinand Beyer】**(一八〇三〜六三) ドイツの作曲家。彼の『バイエル-ピアノ教則本』は、日本のピアノ教育の初歩の段階で広く用いられている。

**バイヤー【Herbert Bayer】**(一九〇〇〜八五) アメリカのグラフィック-デザイナー。オーストリア生まれ。広告・装丁・写真などに広く活躍。

**バイヤーズ-クレジット【buyer's credit】** 海外の輸入業者に対する信用供与の形態の一つ。輸出国の銀行が、輸出業者を通さず相手国の輸入業者に直接信用を供与したり融資したりすること。

**バイヤー-ほう【バイヤー法】** 純アルミナを製造する方法。加熱したボーキサイトを水酸化ナトリウム溶液に溶解して薄め、これを希釈・加水分解して水酸化アルミニウムを沈殿させる。その沈殿物を水洗後、回転炉で一二〇〇℃以上で焼成する。Bayer process

**はい-やく【背約】**(名・サ変自) 約束にそむくこと。違約。

**はい-やく【配役】** 役を割り当てること。その役割。キャスト。cast

**ばい-やく【売薬】** 調剤して売り出される薬。patent medicine

**ばい-やく【売約】**(名・サ変自) 売る約束。sales contract

**ばいやく-ずみ【売約済(み)】** すでに売約が成立していること。sold

**はいや-しょうえき【灰屋紹益】**(一六〇七〜九一) 江戸初期の豪商。京都の人。本名、佐野重孝。紺灰を扱う商人で、紺灰座を支配、京都町衆として活躍。本阿弥光悦と交流があり、和歌・茶の湯・蹴鞠など諸芸に通じた。

**バイヤス【bias】** ↓バイアス

**はいや-ぶし【はいや節】** 日本各地の海沿いの地にある民謡の曲名。漁港の酒宴の席で三味線・太鼓・鉦に合わせてうたう騒ぎ唄。「ハイヤエー」とうたい出す。とくに九州の漁港に多く残る。『田助ハイヤ節』『島原ハイヤ節』『ハンヤ節』など。

**バイヤン【Roger Vailland】**(一九〇七〜六五) フランスの小説家。作品『奇妙な遊び』『掟』など。

**はい-ゆ【廃油】** 使って、もう役に立たない油。waste oil

**はい-ゆう【俳優】** ①演劇で劇行為を演じる人。役者。actor; player ②一般に、演劇・映画などに出て演技することを職業としている人。actor; player

**はいゆう-ざ【俳優座】** 新劇の劇団の一つ。東京六本木に劇場(現在、劇団とは別組織)をもつ。昭和一九年(一九四四)青山杉作・千田是也・東野英治郎・東山千栄子・小沢栄太郎らが結成。幅広い翻訳劇や創作劇を上演。

**はい-よう【▼佩用】**(名・サ変他) 勲章などを身につけること。

**はい-よう【▼胚葉】** 多細胞動物の嚢胚を構成する二層または三層の細胞層。germ layer

**はい-よう【肺葉】** 哺乳動物の肺の構成部分名。人では右肺は上・中・下の三肺葉、左肺は上・下の二肺葉からなる。lobe of the lung

**ばい-よう【▽貝葉】** 「貝多羅葉」の略。

**ばい-よう【培養】**(名・サ変他) ①養い育てること。②微生物や組織細胞などを分裂増殖させること。寒天などの培地に微生物や細胞を接種し、最適温度環境に一定時間放置する。culture

**ばいよう-き【培養基】** 細菌・細胞などを培養するために用いるもの。肉汁・寒天など。培地。culture medium

**バイヨン【baião ポルトガル】** ブラジルのダンスリズム。二拍子。元来は北東部のフォーク-ダンス。一九五〇年代に世界に広まった。曲例に『デリカード』など。

**ハイライト【highlight】** ①絵・写真で、もっとも強く明るい部分。②放送・芸能・スポーツなどで、もっとも興味のある場面・部分。圧巻。

**ハイライト-ばん【ハイライト版】** 印刷に用いる写真版で、白色部分にある網点を取り除いて明るさを強調した版。highlight half-tone

**バイ-ライン【by-line】** 《英文でby… と著者名を明記するところから》新聞や雑誌の署名記事。

**バイラス【virus】** ↓ウイルス

**ハイラックス【hyrax】** ↓いわだぬき(岩狸)

**ハイラル【海拉爾中】**(Hăilār) 中国、内モンゴル自治区北東部の都市。大興安嶺西部草原地域の中心。人口一七・三万(一九八四)。

**はい-らん【排卵】**(名・サ変自) 哺乳動物の卵巣で卵胞が破れて成熟卵を排出する現象。ヒトでは月一回、一個。ovulation

**ハイランズ【The Highlands】** イギリス、スコットランドのオークニー諸島とシェトランド諸島を除いた地方。山地と高原からなる。

**ばい-らんほう【梅▼蘭芳】** ↓メイランファン(梅蘭芳)

**はいらん-ゆうはつざい【排卵誘発剤】** 女性の排卵を促し、妊娠をたやすくするホルモン剤。過剰排卵にともなう多胎妊娠の問題が残されている。排卵促進剤。ovulation inducer

**はい-り【背理・▼悖理】** ①道理にそむくこと。②パラドックス。

**はい-り【背離】**(名・サ変自) そむき、はなれること。

**はいり-ぐち【入り口・▼這入り口】** 中にはいる所。はいりくち。いりぐち。entrance

**はいり-こ・む【入り込む】**(五自) 中のほうへ入る。奥深く入る。go into

**はい-りつ【排律】** 中国の近体詩の一体。多くは五言の対句を六つ以上、偶数句にして並べたもの。全体では一〇句以上、長いものは四〇句・六〇句もある。長律。

**はい-りつ【廃立】**(名・サ変他) 臣下が勝手に君主を廃し、別に君主を立てること。

**ばい-りつ【倍率】** ①拡大または縮小されたものと、もとのものとの比。物理での倍率は、望遠鏡などでいう光学系の角倍率をさす。magnification ②ある数値が基準の数値の何倍かを表す数。合格率など。competitive odds

**はいり-ほう【背理法】** 命題を証明するために、その命題の「結論が偽である」と仮定すると矛盾がでることを示すことによって、もとの命題が正しいことを示す証明法。reductio ad absurdum

**はい-りょ【配慮】**(名・サ変他) 人のためにいろいろ気を遣うこと。心遣い。consideration 用例 ご―をわずらわす。

**はい-りょう【拝領】**(名・サ変他) 《もらうことの謙譲語》目上の人からものをいただくこと。

**ばい-りょう【倍量】** ある量の、二倍の量。double amount

**ばい-りん【梅林】** ウメの林。plum grove

**バイリンガル【bilingual】** ①流暢に二か国語を話せること。②二か国語で書かれていること。また、話されていること。

**はい-る【配流】**(名・サ変他) 流罪にすること。島流し。

**はい・る【入る・▼這入る】**(五自) 《「はいいる」の約》①中へ進み込む。enter 対義 出る。用例 部屋に―。よく風が―。②区切られた場所へ移動して来る。come into 用例 電車がホームに―。③収められる。have a capacity 用例 物がよく―カバン。頭に―。④組織・団体などの一員になる。join 用例 会に―。⑤入学する。あがる。enter 対義 出る。用例 大学へ―。⑥加えられる。数量がふえる。be added 用例 塩がだいぶ―・ってますね。⑦そえられる。add 用例 先生の手が―・った絵。⑧自分のものになる。get 用例 大金が―。⑨取り付けられる。設備される。be installed 用例 ガスが―。⑩その時期になる。set in 用例 梅雨に―。⑪耳や目に触れる。come to 用例 ちらと目に―。⑫ある状態へ移る。begin 用例 独走に―。⑬酒を飲んで酔った状態になる。用例 一杯―・っている。

**パイル【pile】** ①タオル地やビロード地などの輪奈やけば。②「パイル織り」の略。③土木や建築の基礎工事用の杭。④《atomic pileから》原子炉。

**パイル-おり【パイル織り】** タオルのように輪奈のあるものと、ビロードのように繊維が密生しけばだつものがある。添毛織物。pile fabric

**はい-いれ【歯入れ】** 下駄の歯を入れること。用例 ―屋。

**はい-れい【拝礼】**(名・サ変自他) 神仏などに向かって、頭を下げておがむこと。

**ハイ-レグ** 《和製語。high leg cutから》女性の水着やレオタードに使われる、またの部分の切れ込みの深いカット。脚の付け根の部分を腰の辺まで極端に高くし、脚線を美しく見せる。

**ハイレ-セラシエ〈一世〉【Haile Selassie I】**(一八九二〜一九七五) エチオピア皇帝(在位一九三〇〜七四)。一九三六年イタリアの侵攻によりイギリスに亡命。四一年復位したが、七四年の革命で退位。

**はい-れつ【配列・排列】**(名・サ変他) 順序よく並べること。また、その並び。arranging 用例 項目の―。

**パイレックス-ガラス【Pyrex glass】** 《商標名》耐熱ガラス。

**ばいろ【陪▼臚・倍▼臚】** 雅楽の管弦と舞楽の曲名。左方、平調。舞楽では舞人は四人で面はつけずに舞う。音楽構成も複雑で変化に富む。

**バイロイト【Bayreuth】** 西ドイツ南東部、バイエルン州北東部の都市。作曲家ワーグナーが活躍したことで有名。ワーグナーの家や墓、祝祭劇場などがある。毎年夏にバイロイト音楽祭が開かれ、ワーグナーの楽劇が上演される。人口七万(一九八七)。

**バイロイト-おんがくさい【バイロイト音楽祭】** ワーグナーの楽劇だけを、彼自身が建てた西ドイツのバイロイト祝祭劇場で毎夏上演する音楽祭。一八七六年開始。第二次大戦後は一九五一年復活。Bayreuth Festivals

**パイロット【pilot】** 一(名) ①船の、水先案内人。②航空機の操縦士。飛行士。用例 テスト―。 二(接頭) 試験的の意。

**パイロット-ファーム【pilot farm】** 一定の計画のもとに設けられる実験農場。

**パイロット-プラント【pilot plant】** 小型の実験用装置から大規模な工場生産プラントの建設にかかる前に製造される、中間規模の設備。実験室で得た結果をもとに、生産プラントの適切な設計と操作の資料を得ることが目的。

**パイロット-ボート【pilot boat】** 水先案内人を乗せて入港船・出港船の誘導にあたる小型船。水先案内船。

**パイロット-ランプ【pilot lamp】** 装置や配電盤などに通電されていることを示す豆電球。最近では発光ダイオードも使われている。

**はい-ろん【俳論】** 俳諧・俳句についての文学論。蕉風興隆以後に本質論が確立した。

**バイロン【George Gordon Byron】**(一七八八〜一八二四) イギリス-ロマン派の代表的詩人。憂愁と憧憬、冷笑と情熱にみちた奔放な詩風。欧州大陸を放浪、ギリシア独立戦争に参加し病死。物語詩『チャイルド=ハロルドの遍歴』『ドン=ジュアン』、詩劇『マンフレッド』など。↓写

●バイロン

**パイロン【pylon】** ①古代エジプト神殿の正面にそびえる石積みの塔門。②飛行場の目標塔。③高圧線用の鉄塔。

**はい-わ【俳話】** 俳句についての話。

**パイン【pine】** ①マツ。マツの木。②「パイナップル」の略。用例 ―ジュース。

**ハインズ【Earl Hines】**(一九〇五〜八三) アメリカのジャズ-ピアニスト。ジャズ-ピアノの父と称される名プレーヤー。

**ハインゼ【Johann Jakob Wilhelm Heinse】**(一七四六〜一八〇三) ドイツの小説家。作品『アルディンゲロと至福の島々』など。

**バインダー【binder】** ①書類のとじ込み用の表紙。②イネ・ムギなどを刈り取って束ねる



▼常用漢字表外。 ▽常用漢字表の音訓外。

機械。刈り取り結束機。

**パイント**【pint】ヤード-ポンド法における容積の単位。一パイントは一ガロンの八分の一で、イギリスでは〇・五七ℓ、アメリカでは〇・四七ℓ。記号pt

**ハインリヒ**〈一世〉【Heinrich Ⅰ】(八七六〜九三六) ドイツ王(在位九一九〜九三六)。ザクセン朝を創始。オットー一世(大帝)の父。東部・北部に多数の城塞を築き国境を固めた。都市建設王。

**ハインリヒ**〈三世〉【Heinrich Ⅲ】(一〇一七〜一〇五六) 神聖ローマ皇帝(在位一〇三九〜一〇五六)。一〇四六年三教皇が対立した教皇庁を粛正し、初のドイツ人教皇クレメンス二世を擁立。学芸を保護し、王権強化に努めた。黒王。

**ハインリヒ**〈五世〉【Heinrich Ⅴ】(一〇八一〜一一二五) ザリエル朝最後の神聖ローマ皇帝(在位一一〇六〜一一二五)。父ハインリヒ四世に反して即位。一一二二年教皇カリストゥス二世とウォルムスの協約を結び、叙任権闘争を終結させた。

**ハインリヒ**〈六世〉【Heinrich Ⅵ】(一一六五〜一一九七) 神聖ローマ皇帝(在位一一九〇〜一一九七)。対立していたハインリヒ獅子公と和解。ナポリ・シチリアを征服したが、帝国世襲計画は諸侯の反対で失敗。

**ハインリヒ**〈獅子公〉【Heinrich der Löwe】(一一二九〜一一九五) ザクセン公・バイエルン公。リューベックなど諸都市の建設、東方開拓に尽力。帝権強化に貢献したが、のち神聖ローマ皇帝フリードリヒ一世と対立、反逆罪で領土を没収された。

**ハインリヒ**〈フェルデケの〉【Heinrich von Veldeke】(一一四〇ごろ〜一二〇〇ごろ) ドイツ中世の叙事詩人。格調高い韻律・詩語を確立。ドイツ宮廷叙事詩の創始者。作品『エネイーデ』など。

**は・う**【▼這う】(五自) ①手と足と、また腹を地面につけて進む。地に伏して行く。crawl ②腹ばう。sprawl ③獣・虫・貝などが、地にからだをすりつけるように進む。creep ④伸びていく。はびこる。trail

**這えば立て、立てば歩めの親心**(はえばたて、たてばあゆめのおやごころ) わが子の成長を、心待ちにする親の心。

**這っても黒豆**(はってもくろまめ)《黒い丸い物を見つけて黒豆だと言った人が、それが動き出してもまだ黒豆だと言い張ったという話から》自明のことを認めず、強情を張って自説をまげないこと。また、そのような人。

**は・う**【▽延う】 古語 (下二他) ①二つのものの間に渡して張る。はわせる。引きのばす。 用例 墨縄を——・へたる如く(万葉・五・八九四)。②心を寄せる。恋しい気持ちを相手に届かせる。 用例 尊は繰り——・へけく知らに(古事記・中)。

**バウアー**【Otto Bauer】(一八八一〜一九三八) オーストリアの社会主義者。社会民主党の指導者。一九一八年外相。社会主義インターナショナル左派を指導し、三四年のウィーン一揆後チェコに亡命。

**パウエル**【Cecil Frank Powell】(一九〇三〜一九六九) イギリスの物理学者。粒子検出用感光エマルジョン法を考案し、宇宙線からパイ中間子を発見。一九五〇年ノーベル物理学賞受賞。

**ハウエルズ**【William Dean Howells】(一八三七〜一九二〇) アメリカの小説家・批評家。アメリカ-リアリズム文学の理論家で実践者。作品『ありふれた事件』『サイラス＝ラパムの向上』、評論『批評と小説』など。

**はうくず-の**【▼這う▼葛の】[枕ことば]《葛のつるが長くのびることから》「絶えず・行方」などにかかる。 用例 ——絶えず偲はむ大君の見しし野辺には標結ふべしも(万葉・二〇・四五〇九)。

**ハウサ-ご**【ハウサ語】スーダン-ギニア語群に属するハウサ族の言語。西アフリカでの共通語として他の種族にも用いられる。ナイジェリア北部州を中心にサハラ砂漠南縁に分布。Hausa

**ハウサ-ぞく**【ハウサ族】ナイジェリア最大の民族。大部分はイスラム教徒。雑穀中心の農耕に従事。かつては首長国が分立し、都市が繁栄。商才にたけ、古来商人として活躍したことで知られる。Hausa

**パウサニアス**【Pausanias】(生没年未詳) 二世紀のローマ帝政期ギリシアの旅行家。『ギリシア案内記』を著した。

**ハウジング**【housing】①住宅の供給。また、住宅の計画・施工など住宅供給についての全般。②機械装置などを囲む箱形のおおい。

**ハウス**【house】①家。住宅。建物。②「ビニールハウス」の略。③《接頭的》家・住宅などの意を表す。 用例 ——キーパー。④《接尾的》「…のための家」の意を表す。 用例 レスト——。

**ハウス-オーガン**【house organ】企業がPRを目的として顧客や従業員を対象に発行する刊行物。一般に無料。

**ハウス-キーパー**【housekeeper】①家事を主に行う人。家政婦。②住宅や事務所の管理人。

**ハウス-キーピング**【housekeeping】家事。家庭管理。

**ハウス-さいばい**【ハウス栽培】ビニールやポリエチレンの透き通った、薄い膜を利用して造った温室を使って、野菜・草花・果樹などを栽培すること。早生・促成栽培に利用されている。

**パウストフスキー**【Konstantin Georgiyevich Paustovsky】(一八九二〜一九六八) ソ連の小説家。自然美を描いた散文詩人。小説『カラ-ブガス』『森の物語』、自伝『生涯の物語』など。

**ハウスドレス**【housedress】家庭内で女性が着用する衣服の総称。丈夫で、明るく爽やかなイメージをもつもの。家庭着。

**ハウス-ビル**【house bill】社内手形。ある企業の本店と支店の間で振り出される為替手形。海外支店と内地本店間の例が多く、おもに輸出代金決済に用いられる。

**ハウス-マヌカン**《ハウス(house)は店、マヌカン(mannequinフランス)はモデル、の意》モデルをかねて販売するブティックの女性店員。自社製品を身につけ、客に着こなしなどについて助言をする。

**ハウスマン**【Alfred Edward Housman】(一八五九〜一九三六) イギリスの詩人。簡潔な言葉でストイックな人生観を表現した。詩集『シュロップシャの若者』『最後の詩集』など。

**バウ-スラスター**【bow thruster】船を速く旋回させて操縦を容易にする補助装置。船首近くの船底に横方向のトンネルを作り、その中にプロペラを取り付けたもの。

**は-うた**【端▼唄・端歌】江戸時代の三味線音楽の種目名。①江戸端唄は、幕末に行われた短編芸術歌謡。うた沢・小唄の源流となる。②上方端歌は、地歌の一種。

**パウダー**【powder】①粉。②おしろい。③《baking powderの略》ふくらし粉。④火薬。

**は-うちわ**【羽▽団▽扇】鳥の羽毛で作ったうちわ。

**はうちわ-かえで**【羽▽団▽扇▼楓】カエデ科の落葉高木。葉は円形で、掌状に浅裂。紅葉が美しい。北海道・本州の山地に分布。名は葉を天狗の羽団扇にみたてたことから。メイゲツカエデ。↓カエデ 写

**はうちわ-まめ**【羽▽団▽扇豆】↓ルピナス。

**ハウ-ツー**【how-to】《どのように、の意》どうしたら上手になれるかの、こつ・方法を教えること。 用例 ——もの。

**ハウツー-もの**【ハウツー物】入門書。案内書。実用書。how-to book

**ば-うて**【場打て】その場のようすにのまれて気おくれすること。 用例 ——がする。

**バウハウス**【Bauhaus】一九一九年、ドイツのワイマールに創設された国立総合造形学校。美術と工芸を統一し、新しい建築や工芸の創造をめざした。建築・工芸・絵画・モダンデザインに強い影響を与えた。三三年解散。

**ハウフ**【Wilhelm Hauff】(一八〇二〜一八二七) ドイツの小説家・童話作家。ロマン派。童話集『隊商』、小説『皇帝の肖像』など。

**ハウプトマン**【Gerhart Hauptmann】(一八六二〜一九四六) ドイツの劇作家・小説家。自然主義からロマン主義的な傾向に傾いた。一九一二年ノーベル文学賞受賞。戯曲『日の出前』『沈鐘』『アトレウスの一族』、小説『ソアーナの異教徒』など。

**ハウプトマン**【Herbert Aaron Hauptman】(一九一七〜) アメリカの化学者。カールとともに、結晶構造の決定法を開発。一九八五年ノーベル化学賞受賞。

**バウマイスター**【Willi Baumeister】(一八八九〜一九五五) ドイツの画家。ドイツ抽象画の指導者となる。洞窟壁画を主題に特異な世界を描いた。作品『壁画』など。

**バウムガルテン**【Alexander Gottlieb Baumgarten】(一七一四〜一七六二) ドイツの哲学者。美学の祖で命名者でもある。感性的認識としての美学と、合理的認識としての論理学とを総合。著書『美学』など。

**バウムクーヘン**【Baumkuchenドイツ】円筒状のケーキ。太い棒に菓子のたね(小麦粉・バター・卵など)を何層にも塗りながら焼くので、切り口は年輪状になる。

**パウリ**【Wolfgang Pauli】(一九〇〇〜一九五八) スイスの物理学者。パウリの原理といわれる排他律を発見。量子電磁気学の基礎をつくる。また、ニュートリノの存在を予言。一九四五年ノーベル物理学賞受賞。

**パウリ-の-げんり**【パウリの原理】多数の電子を含んでいる系で、二個以上の電子は同時に同じスピン状態をとることはできないという法則。排他律。禁制原理。Pauli's principle

**ハウリング**【howling】スピーカーの音波が増幅器またはマイクロホンに影響して、特定の振動数のうなりを生じる現象。

**パウル**【Hermann Paul】(一八四六〜一九二一) ドイツの言語学者。『言語史原理』で一九世紀の言語学を理論的に集大成。

**バウルー**【Bauru】ブラジル東部、サンパウロ州中部の都市。交通の要地で商業がさかん。日本人移住者が多い。人口一八・七万(一九八〇)。

**パウロ**【Paulosギリシア】(生没年未詳) キリスト教最初の伝道者。一世紀の人。熱烈なユダヤ教徒としてキリスト教徒迫害におもむく途中、イエス＝キリストの声を聞いて回心。生涯をかけて異教世界で伝道し、各地に教会をたてた。ローマで殉教。

**パウロ-の-てがみ**【パウロの手紙】『新約聖書』中、パウロが書いた一三通の手紙の総称。四大書簡・獄中書簡・牧会書簡などに分類される。The Letters of Paul

**パヴロフ**【Pavlov】↓パブロフ

**パヴロワ**【Pavlova】↓パブロワ

**ハウンズフィールド**【Godfrey Newbold Hounsfield】(一九一九〜) イギリスの技術者。コンピューター制御によるX線断層撮影装置(CT)を開発した。一九七九年ノーベル生理学医学賞受賞。

**バウンド**【bound】(名・サ変自) ①ボールがはずむこと。②車体などがはずむこと。

**パウンド**【Ezra Pound】(一八八五〜一九七二) アメリカの詩人・批評家。二〇世紀英米の新文学運動の主動力となる。簡潔な詩形と硬質なイメージをもつ革新的詩風を打ちだし、イマジズムの詩運動を唱道。長詩『キャントーズ』、評論『ロマンスの精神』など。

**パウンド**【Roscoe Pound】(一八七〇〜一九六四) アメリカの法学者。法とは諸利益の対立の調整によって社会を統制する過程である、と主張した。著書『英米法の精神』など。

**パウンド-ケーキ**【pound cake】《小麦粉・バター・砂糖をそれぞれ一ポンド(＝パウンド)ずつ用いることから》↓バターケーキ

**ハウンドトゥース-チェック**【hound's-tooth check】《「ハウンドトゥース」とは猟犬の牙、の意》千鳥格子の一種。犬の牙のようなとがった形の連続によって構成された格子。紳士・婦人用の服地の柄。

**はえ**【映え】映えること。華やかなようす。brilliancy

**はえ**【栄え】①ほまれ。光栄。面目。glory 用例 ——ある勝利。②《接尾的》外観がりっぱなこと。good show 用例 見——。

**はえ**【▼鮠】↓はや(鮠)

**はえ**【▼蠅】①双翅目イエバエ科および近縁の科に属する昆虫の総称。翅はふつう二枚の前翅のみ。前脚に味覚器をもつ。人家付近で見られるのはイエバエ・キンバエなど。伝染病菌をなかだちする。はい。fly ②人にうるさがられ、きらわれる人。とるに足りない人。disliked person ↓図

●ハエ① イエバエ(上)、オビキンバエ(下)。

**はえ**【▽南▽風】①夏の南からの季節風に対する地方的な呼び名。中国・九州・四国地方で使われる。②沖縄で、南の方位。

**はえ-かび**【▼蠅▼黴】ハエなどに寄生する接合菌類ハエカビ目のカビ。ケカビに似た有性生殖を行い、菌糸の先にできる分生子を飛ばす。ハエを殺したり、木の葉に付着して白粉化する。

**はえ-かわ・る**【生え変(わ)る】(五自) 前に生えていたものに代わって新しく生える。be replaced by new growth 用例 歯が——。

**はえ-ぎわ**【生え際】毛が生えている部分と生えていない部分の境目。額・もみ上げ・襟足の線を形づくる。hairline ↓頭図





↓行き先項目、図版・写真参照印。 JIS 日本工業規格情報交換用漢字符号コード(区点コード)。

**はえ-ざ**【▼蠅座】南天の小星座。日本からは一部しか見られない。五月二六日ごろの午後八時ごろに南中。面積一三八平方度。Musca

**はえ-じごく**【▼蠅地獄】モウセンゴケ科の食虫植物。高さ一〇～四〇cm。葉縁に刺毛状の長毛をもち、虫がこの毛に触れると葉身はただちに閉じて虫を捕らえる。夏に白花をつける。北米産。ハエトリソウ。campion →写

●ハエジゴク

**バエズ**[Joan Baez]（一九四一）アメリカの女性フォークソング歌手。清純なソプラノで人気がある。

**はえ-たたき**【▼蠅▼叩き】止まっているハエをたたいて殺す道具。はいたたき。flyswatter

**はえ-ちょう**【▼蠅帳】→はいちょう（蠅帳）

**はえどく-そう**【▼蠅毒草】山野の林下にはえるハエドクソウ科の多年草。高さ約七〇cm。葉は対生し、卵形。夏に淡紫色の小さな唇形花を横向きにつける。有毒植物。

**はえ-とり**【▼蠅取り】ハエをとること。また、ハエを捕らえる道具。餌を入れた容器で、中に入ったハエが出られないよう工夫したものや、はえたたき・はえ取りリボンなど。fly-catcher; flytrap

**はえとり-ぐも**【▼蠅取▼蜘▼蛛】ハエトリグモ科のクモの総称。網をはらずに歩き回り、飛びついて昆虫を捕食。日本に約八〇種。世界に約三五〇〇種。jumping spider →図

●ハエトリグモ

**はえとり-そう**【▼蠅取草】ハエジゴクの別名。

**はえとり-たけ**【▼蠅取▼茸】テングタケの別名。

**はえとり-なでしこ**【▼蠅取▼撫子】ムシトリナデシコの別名。

**はえとり-むし**【▼蠅取虫】カマキリの別名。

**はえとり-リボン**【▼蠅取りリボン】ハエを捕らえるために、天井などからつり下げる粘着テープ。flypaper

**パエドルス**[Phaedrus]→ファエドルス

**はえ-なわ**【▽延（え）縄】一本の幹縄に多数の枝縄を付け、その先端に釣り針を付けた釣り漁具。横に長く敷設。浮き延え縄・中層延え縄・底延え縄など。マグロ・タラ・タイなどを漁獲する。つなづり。longline 用例 マグロ——漁。→図

**はえ-ぬき**【生え抜き】①その土地に生まれて、そこで育ったこと。生粋。native-born ②初めから同じ勤め先、担当でいること。working for ... from the start

**はえばえ-し**【映え映えし・栄え栄えし】古語（形シク）①輝いて見える。華やか。用例 いみじう興ありてうちわらひたるはいと——（枕・正月一日は）。②面目をほどこしたさま。名誉である。用例 講師も——・しくおぼゆるなるべし（枕・説経の講師は）。

**はえばる**【▽南▽風▽原】〈町〉沖縄県、沖縄島南部の町。サトウキビ栽培がさかん。琉球絣などの産地。那覇市に接し宅地化が進む。人口二万五七七二（一九八八）。

**ハエマンサス**[Haemanthus]ヒガンバナ科ハエマンサス属の球根草。球根は鱗茎。南アフリカ原産。マユハケオモト・センコウハナビなどがあるが温室栽培。

**パエリャ**[paella（スペイン）]《正しい発音は「パエジャ」》スペインの米料理。鶏肉・魚介・ソーセージをオリーブ油でいため、サフランを加えて炊く。

●包

**は・える**【生える】（下一自）①草や木の芽が出る。grow 用例 草が——。②成長して内部から外面に出てくる。grow 用例 歯が——。③植物が根付き、生きている。grow 用例 公園にはたくさんの木が——・えている。

**は・える**【栄える】（下一自）①りっぱに見える。目だつ。look attractive 用例 和服が——人。いたって——・えない男だ。②調和して美しく見える。ひきたつ。look better 用例 緑に——つつじの赤。この着物にはこの帯が——。

**は・える**【映える】（下一自）光を受けて輝く。shine 用例 夕日に——・えて雲が赤く染まる。

**ば-えん**【馬遠】（生没年未詳）中国、南宋中期の画院画家。字は欽山。南宋院体山水画の代表者で、南宋四大家の一人。室町時代漢画の形成に与えた影響は大。

**パオ**【包 中】（bāo）モンゴル人のテント型移動式家屋。モンゴル語ではゲル。木の骨組みの上をフェルトでおおう。径四～五m、高さ二・五mぐらい。数百人収容できるものもある。→写

**は-おう**【覇王】①覇者と王者。最高の権力者。②諸侯を率いて天下を治める人。

**はおう-じゅ**【覇王樹】サボテンの異名。

**はおう-べっき**【覇王別▽姫】中国京劇の代表的戯曲。豪将項羽と美女虞姫の悲劇。

**は-おく**【破屋】あばらや。廃屋。

**パオズ**【包子 中】（bāo-zi）肉入り・あん入りの中華まんじゅう。軽食用。中に何も入らないのは饅頭。→点心写

**バオ-ダイ**[Bao Dai]（一九一四～）ベトナム、阮朝第一三代の皇帝（在位一九二六～四五）。一九四九年ベトナム民主共和国に対抗するため、フランスの要請で南ベトナム国家主席に就任。五五年国民投票に破れて引退。

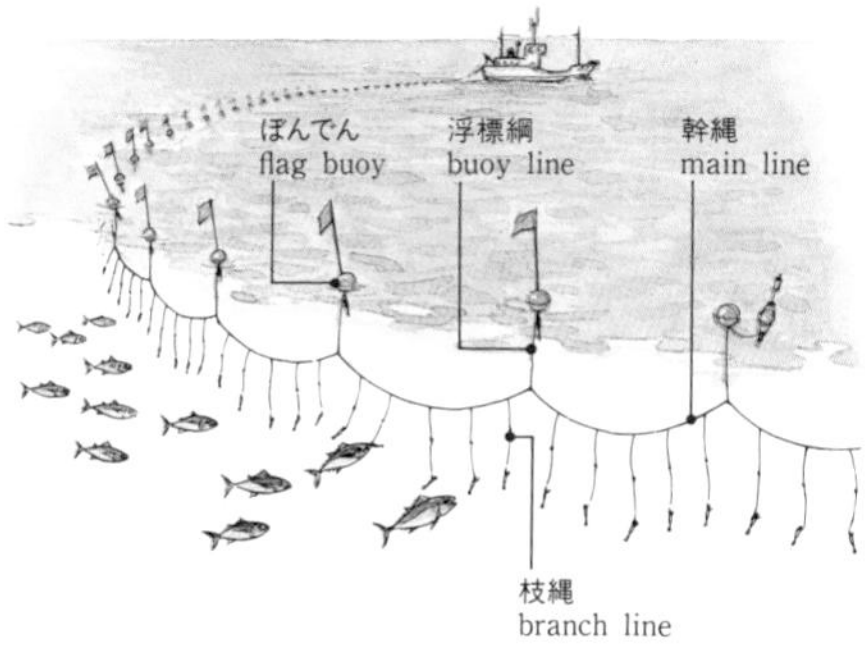



●延え縄 浮き延え縄

**パオチン**【保定】（Bǎodìng）→ほてい（保定）

**は-おと**【羽音】①鳥が翼を打つ音。flap of wings ②虫のはねの音。buzz ③射た矢のはねが風をきって飛ぶ音。whistle of an arrow

**は-おと**【葉音】葉がふれ合ったり、物にふれたりして出す音。葉ずれ。

**パオトウ**【包頭】（Bāotóu）中国、内モンゴル自治区中部、黄河湾曲部の北側にある重工業都市。華北地区と西北地区を結ぶ交通の要地。

**バオバブ-の-き**【バオバブの木】キワタ科の落葉高木。熱帯アフリカ原産で、五〇〇〇年の寿命を保つといわれる。高さ約二〇m。幹が太く、径一〇m近くになる。葉は掌状複葉で、乾季に落葉。baobab →写

●バオバブノキ

**は-おり**【羽織】①和服の一種。襟を折った短い丈のもので、着物の上にはおる。襟は裾までつき、胸前に乳をつけ、羽織ひもを通して結ぶ。数え方 一枚・一領。→図 ②《「羽織芸者」の略。羽織を着て客席に出たことから》近世、意気をもって聞こえた江戸の深川芸者の俗称。

**はおり-はかま**【羽織▼袴】①羽織と袴。②改まった服装。よそ行き。full dress

**はおり-ひも**【羽織▼紐】羽織の留め具。前があかないよう胸の位置で結ぶ紐。装飾の機能が大きく、自分で結ぶものと、すでに結んであるものとがある。

**は-お・る**【羽織る】（五他）着物の上に引っ掛けて着る。put on

**はか**【▽計・▽量・▽果】①イネを植え、刈るときの区分けの単位。②めあて。あてど。用例 ——がつかない。③《「捗」とも》仕事などの進み具合い。はかどり。progress

**捗が行く**（はかがいく）仕事などの進み具合がよい。はかどる。make good progress

**はか**【墓】死者をほうむった所。そのしるしとして立てる石や木の柱。つか。おくつき。墳墓。grave; tombstone 用例 ——石。——参り。

**墓に布団は着せられぬ**（はかにふとんはきせられぬ）《やっても甲斐がない、の意》孝行は、親が生きているうちにせよ。親孝行をしそこなってくやむことのないように、ふだんから心がけよ。類似 親孝行し度い時には親は無し。

**は-か**【破▼瓜】①《「瓜」の字が二つの「八」の字から出来ているとして、八と八とで》㋐女子の一六歳の称。思春期に入る年ごろ。用例 ——期。㋑《八の八倍で》男の六四歳。②性交で処女膜が破れること。

**は-か**【▽薄荷】ハッカの漢名。

**はが**【▽芳賀】〈町〉栃木県東部、宇都宮市の東、五行川沿いの町。農業と工業の町で、ナシの産地として知られる。御料牧場がある。人口一万七八五六（一九八八）。

**はが**【波賀】〈町〉兵庫県西部の町。農林業が主で、米・杉材などを産出。引原ダム・戸倉スキー場がある。人口五五九二（一九八八）。

**ばか**【馬▼鹿・▼莫▼迦】（名・形動）《当て字。moha 梵（愚か、悟れない迷い）の音写「慕何」の転という》①愚かなこと・人・さま。あほう。fool 用例 ——な人。②役に立たないこと・さま。useless 用例 釘が——になる。③つまらないこと・さま。nonsense 用例 ——な目に合う。④《多く、名詞の上に付けて、接頭的にも用いる》程度がふつうではないこと・さま。法外な。excessive 用例 ——に安い。——さわぎ。

**馬鹿と鋏は使い様**（ばかとはさみはつかいよう）はさみが使い方次第でよく切れるように、愚か者も使い方いかんでは役に立つ。ばかとはさみは使いようで切れる。Everything comes in handy when rightly used.

**馬鹿な子程可愛い**（ばかなこほどかわいい）親にしてみれば、賢い子よりも愚かな子のほうがふびんさ

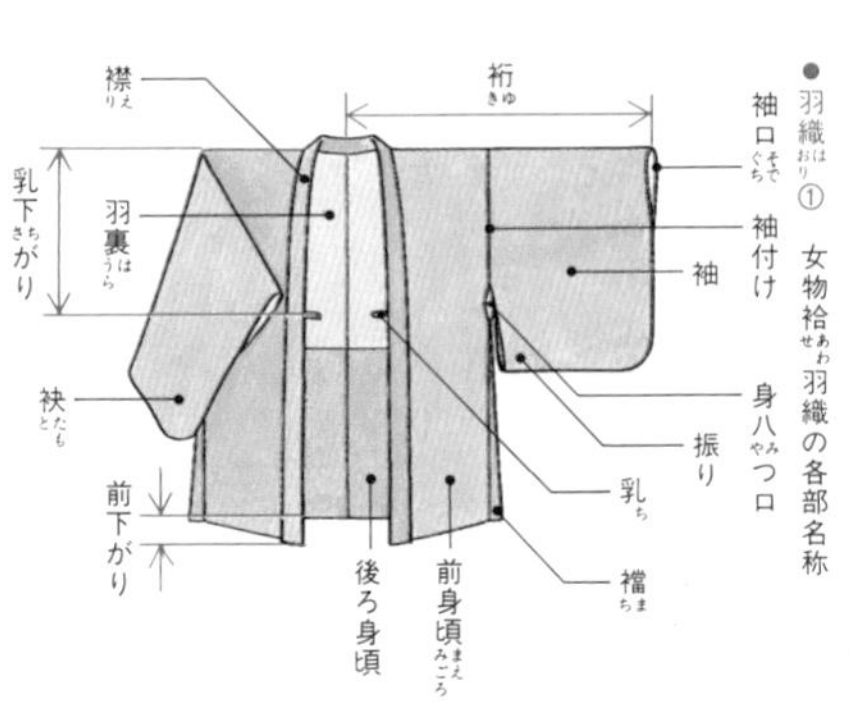



●羽織① 女物袷羽織の各部名称

がつのって、かえってかわいく感じられる。love a slow child more than a smart child

**馬鹿にする**(ばかにする) たいしたことではない、と見くびる。さげすむ。make a fool of 用例 まったく人をばかにして。

**馬鹿に付ける薬は無い**(ばかにつけるくすりはない) 愚か者を治す方法はない。A born fool is never cured. 類似 馬鹿は死なゝきゃ治らない。

**馬鹿にならない**(ばかにならない) うかつに無視したり、軽んじたりできない。by no means to be trifled with

**馬鹿になる**(ばかになる) 本来の機能が失われて、役に立たなくなる。ねじなどが利かなくなる。won't work; be broken

**馬鹿の一つ覚え**(ばかのひとつおぼえ) 一つだけ覚えたのを得意がって、何かにつけて振り回すこと。He that knows little often repeats it.

**馬鹿は死なゝきゃ治らない**(ばかはしなゝきゃなおらない) 「馬鹿に付ける薬は無い」と同意。

**馬鹿も休み休み言え**(ばかもやすみやすみいえ) 馬鹿なことばかりを口にするな。つまらないことをいつまでもしゃべるな。Stop talking nonsense!

**馬鹿を言え**(ばかをいえ) 馬鹿なことを口にするな。相手の意見を強く否定するときに言う。Nonsense!

**馬鹿を見る**(ばかをみる) 自分にとって、ばかばかしいこととなる。つまらない経験をする。損な目にあう。feel like a fool

**パカ**【paca】 シカに似た斑のあるパカ科の齧歯類。体長六〇〜八〇㎝。顔はモルモットに似る。中南米の水辺や湿地に近い森林にすむ。

**ばか-あたり**【馬▼鹿当(た)り】(名・サ変自) 当たりぐあいがたいへんよいこと。とくに、興行や商品の売れ行きが、とびぬけた成績をあげること。great hit

**ハガード**【Henry Rider Haggard】(一八五六〜一九二五) イギリスの小説家。南アフリカが舞台の物語を書いた。作品『ソロモン王の宝庫』など。

**はか-あな**【墓穴】 死者を埋葬するための穴。grave

**は-かい**【破戒】 □《仏教語》僧が戒律を破ること。対義 持戒。用例 —僧。□島崎藤村の小説。明治三九年(一九〇六)刊。自我に目ざめ、出生の秘密を告白する青年教師の心的葛藤をたどり、青春の苦悩を描く。自然主義文学の先駆。

**破戒の出家は牛に生まるる**(はかいのしゅっけはうしにうまるる)《破戒僧は、次の世には牛になる意》僧の行いを戒める語。

**は-かい**【破▼潰】(名・サ変自他) こわれ、くずれること。また、やぶりくずすこと。

**は-かい**【破壊】(名・サ変自他) こわれること。こわすこと。destruction 対義 建設。用例 建物を—する。組織を—する。

**は-がい**【羽交い】 ①鳥の左右のはねの重なったところ。②鳥のはね。つばさ。

**はかいかつどう-ぼうしほう**【破壊活動防止法】 暴力主義的破壊活動を行った団体に対する規制措置を定め、刑罰規定を補充した法律。昭和二七年(一九五二)公布。破防法。

**はか-いし**【墓石】 墓のしるしに立てる石。死者の戒名・俗名・死亡年月日などを刻む。石塔。tomb

**はがい-じめ**【羽交い締め】 両手を人の後ろからわきの下を通して入れ、首のあたりで組んで、動けないようにすること。pinion

**はかい-しゅぎ**【破壊主義】 破壊のあとの建設を考えないで、破壊だけをめざす立場。destructionism

**はかい-てき**【破壊的】(形動) ぶちこわすような傾向・さま。destructive 対義 建設的。用例 —意見。

**はかい-むざん**【破戒無▼慙】(名・形動)《仏教語》戒律を破っても良心に恥じないこと・さま。

**は-がえ**【羽替え】(名・サ変自) 鳥のはねが抜け替わること。用例 —期。

**ばか-がい**【馬▼鹿貝・馬▼珂貝】《殻からだらりと赤い足を出すようすが、ばか者が舌を出すのに似ているところに由来するという》バカガイ科の二枚貝。内湾の細砂底にすむ。殻長約八・五㎝。黄褐色。貝柱・肉は食用。日本全土・朝鮮半島・中国に分布。殻を取ったものが、アオヤギ。↓図

●バカガイ

**は-がき**【葉書・端書】 ①「郵便はがき」の略。postal card 数え方 一枚・一葉・一通(書いたもの)。②《「端書」で》紙片などにしるす覚え書き。メモ。memo; notes

**は-かく**【破格】 先例・きまりを破ること。例外。特別。exception 用例 —の昇級。

**ば-かく**【馬革】 馬の皮をなめしたもの。

**馬革に屍を裹む**(ばかくにしかばねをつつむ)《戦死者の死体を馬のかわでつつむ、の意から》戦場で戦って死ぬことのたとえ。また、死ぬ覚悟で従軍する。馬革にかばねを裹む。

**ばか-くさ・い**【馬▼鹿臭い】(形) つまらない。absurd 派生 ばかくさげ(形動) ばかくさ(名)

**は-がくれ**【葉隠れ】 □草木の葉のあいだに隠れること。□《葉隠》江戸中期の武士の修養書。正称は『葉隠聞書』。一一巻。享保元年(一七一六)成立。鍋島藩士山本常朝の談話を田代陳基が筆録。葉隠論語。鍋島論語。

**は-かげ**【葉陰・葉▼蔭】 木の葉の陰。under the leaves

**ばか・げる**【馬▼鹿げる】(下一自) つまらなくみえる。look foolish

**ばか-さわぎ**【馬▼鹿騒ぎ】(名・サ変自) 度をすごして大騒ぎすること。どんちゃんさわぎ。horseplay

**はか-し**【▼佩▽刀】《多く「みはかし」の形で》貴人の佩刀。はかせ。

**ばかし**(副助) ↓ばかり(許り)

**はがし-ごよみ**【▼剝がし暦】 柱や壁にかけておき毎日一枚ずつはがしていく暦。

**はか-しょ**【墓所】 墓のある所。墓場。

**ばか-しょうじき**【馬▼鹿正直】(名・形動) 正直すぎて気がきかないこと・さま。愚直。simple honesty

**はか・す**【▼捌かす】(五他) ①よく流れるようにする。drain 用例 水を—。②売りつくす。sell away 用例 残品を—。

**はが・す**【▼剝がす】(五他) くっついているものをはいで取る。ひきむく。tear off

**ばか・す**【化かす】(五他) 人の心を迷わせる。だます。たぶらかす。bewitch 用例 キツネに—・される。

**ば-かず**【場数】 ①多くの場所。many places ②経験の度数。experiences

**場数を踏む**(ばかずをふむ) 経験を積み重ねる。場に慣れる。get a lot of practical experience

**はか-せ**【博士】 ①学問・学識に通じた学者・物知り。learned man ②律令制下、専門の学問を教授し、学生の課試などを行った官職。大学寮・陰陽寮・典薬寮などにおかれた。③↓はくし(博士)②

**は-かぜ**【羽風】 ①飛ぶ鳥や虫のはねによって起こる風。②舞を舞う人の、袖によって起こる風。

**は-かぜ**【葉風】 草木の葉を動かして、音をたてる風。

**はかせ-け**【博士家】 平安時代以来、大学寮などの博士に代々任ぜられる家柄。

**はかた**【▽博多】 ①福岡市内の、那珂川以東の市街地。古くは大宰府の外港で遣隋・遣唐使の発着地、貿易港として繁栄。博多織・博多人形が名産。②福岡市の区の一つ。博多区。③「博多織」「博多帯」の略。

**はかた**【▽伯方】〈町〉 愛媛県北東部、伯方島を町域とする町。海運・造船業のほかミカン栽培など。大三島橋がある。人口九五五〇(一九八八)。

**は-がた**【歯形・歯型】 ①歯でかんだあとに残る形。tooth-mark ②歯に似た形。dentiform ③《「歯型」で》歯並びの形を石膏などにうつしとったもの。tooth-mark

**はかた-あげ**【▽博多揚(げ)】 博多帯の柄のように、色の違う二、三種類の材料を重ねて揚げた料理。

**はかた-おび**【▽博多帯】 博多織の帯。献上博多帯・独鈷入り博多帯の単帯が有名。本博多。本筑前。博多。

**はかた-おり**【▽博多織】 横畝をはっきり出した厚地の絹織物。福岡県博多原産。帯・袴・袋物用。博多。

**はかた-ぎおんやまがさ**【▽博多▼祇▽園山▼笠】 福岡県福岡市の櫛田神社で七月一〜一五日に行われる夏祭り。丈の高い飾り山笠が町内を練り歩く。最終日の山笠をかついで速さを競う「追い山」が有名。↓写

●博多祇園山笠

**はかたこじょろうなみまくら**【▽博多小女郎波▼枕】 浄瑠璃世話物。通称『毛剃』。近松門左衛門作。享保三年(一七一八)初演。遊女小女郎恋しさで海賊毛剃の一味に加わった小町屋惣七の悲劇。

**はかた-じま**【▽伯方島】 愛媛県北部、瀬戸内海の芸予諸島中の島。面積一九・三㎢。大三島と大三島大橋で結ばれる。

**はかた-ドンタク**【▽博多ドンタク】 ↓ドンタク

**はかた-にわか**【▽博多▼俄(か)】 福岡市博多地方で行われる俄狂言。目かずらをつけ、庶民の雑事を風刺した方言たっぷりの即興の寸劇で、天保年間ごろより寺社の境内などで興行された。

**はかた-にんぎょう**【▽博多人形】 福岡県博多産の土人形。慶長年間(一七世紀初めごろ)、瓦師が粘土で人形を作ったのが始まり。写実的で繊細な姿態に洗練された彩色がほどこされている。↓写

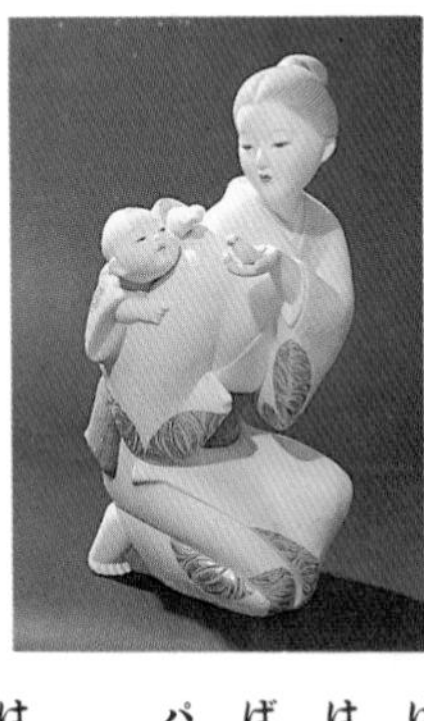
●博多人形

**はかた-ぶし**【▽博多節】 民謡。明治中期山陰地方から流行した博多節と、大正一〇年(一九二一)ごろ、博多の花柳界で作った『正調博多節』とがある。

**は-がため**【歯固め】 ①正月三が日に餅・かち栗・大根など固いものを食べる行事。歯は齢の意で、齢をかため、健康と長寿を祝う。②歯がはえる前の乳児にしゃぶらせて、歯茎を強くするためのおもちゃ。

**ばか-たれ**【馬▼鹿たれ】《「馬鹿」を強めていう語》馬鹿者。馬鹿野郎。

**はかた-わん**【▽博多湾】 福岡県北西部、海ノ中道と能古島に囲まれた湾。福岡湾の東部分。東西一七㎞、南北五㎞。湾沿いに福岡市がある。

**ばか-ぢから**【馬▼鹿力】《やや、あきれた気持ちをこめていう語》なみはずれた強い力。enormous strength

**は-がつお**【歯▼鰹】 カツオに似るが、口が大きく、歯も大きいサバ科の海水魚。全長五〇㎝〜一m。藍青色の背側を数本の黒色縦帯が走る。沿岸の海面近くを群れをなして泳ぐ。食用。本州中部以南の日本海・太平洋に分布。

**ばか-づら**【馬▼鹿面】 まのぬけた顔つき。foolish face

**ばか-ていねい**【馬▼鹿丁寧】(名・形動) 丁寧すぎること・さま。excessive politeness

**はか-ど・る**【▼捗る・▽果取る】(五自) 仕事などがすらすら進む。はかがいく。progress

**はか-な・い**【▽果無い・▽果▽敢無い・▼儚い】(形) ①もろい。無常。fleet ②頼みにならない。unreliable ③つまらない。trifling 派生 はかなげ(形動) はかなさ(名)

**儚くなる**(はかなくなる) 死ぬ。

**ばかなえ-びょう**【馬▼鹿苗病】 馬鹿苗病菌によるイネの病気。イネの茎が極端に伸び、のちに枯死する。

**はか-なぎ**【墓▼薙ぎ】 盂蘭盆に先祖の墓を掃除すること。墓払い。なぬかび。七日盆。盆はじめ。

**はかな・し**【▽果無し・▽果▽敢無し・▼儚し】 古語 (形ク) ↓はかない(果無い)

**はかな・む**【▽果無む】(五自) 定めなく頼りなく思う。despair of

**ばか-に**【馬▼鹿に】(副) むやみに。ひどく。awfully 用例 —忙しそうだ。

**パガニーニ**【Niccolò Paganini】(一七八二〜一八四〇) イタリアのバイオリン奏者・作曲家。超絶的な技巧を駆使、希代のバイオリンの巨匠と称される。作品『二四の奇想曲』など。

**は-がね**【鋼・刃金】 ①刃物の刃とする鉄。②

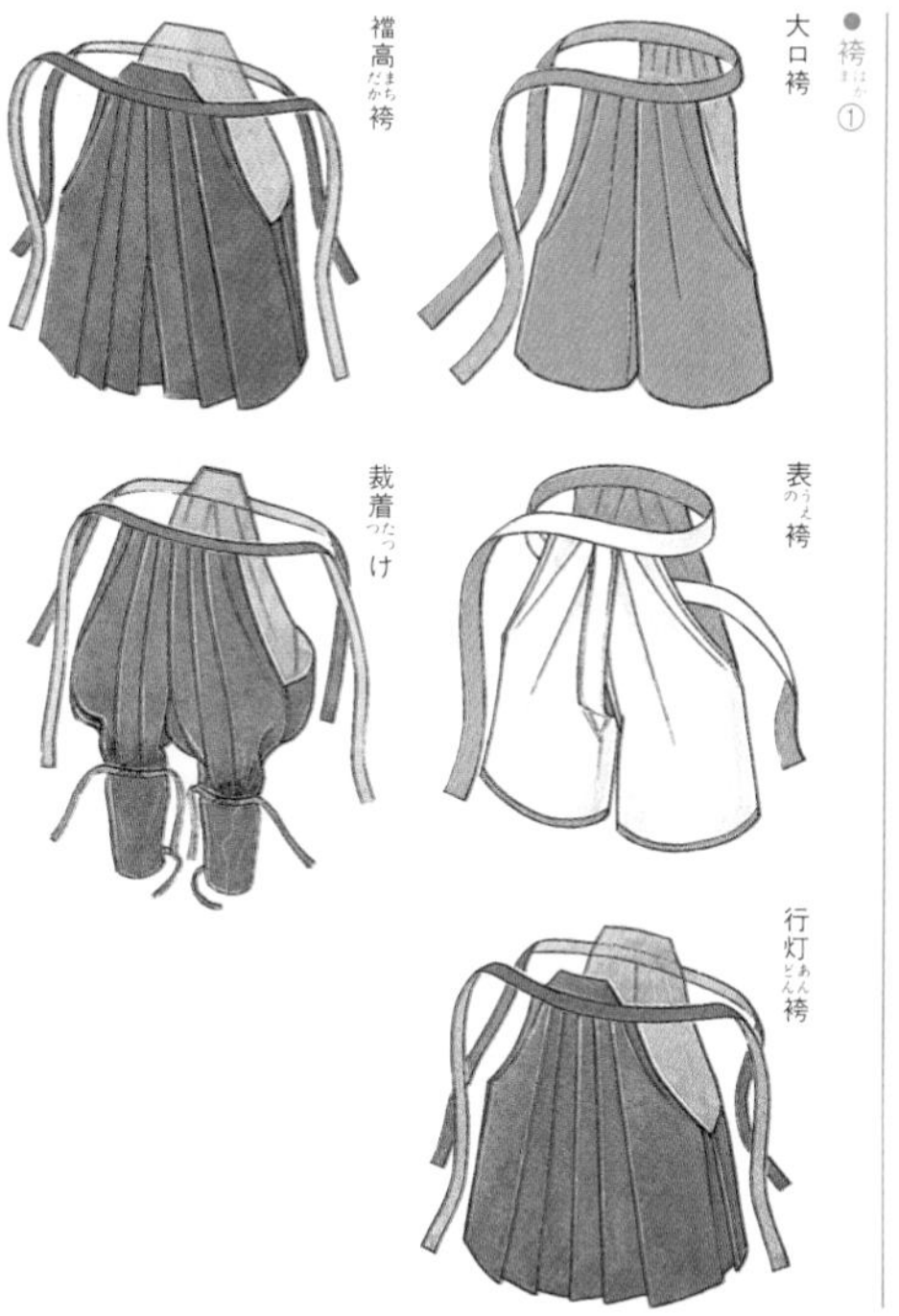


炭素を二・〇〜〇・一%含む強靱な鉄のこと。刃物の刃、とくに刀に使われる。鋼鉄。こう。

**刃金を鳴らす**（はがねをならす） 武力の盛んなことを示す。

**ばか-ねん【馬▼鹿念】** 必要以上に念を入れること。用例—を押す。

**はか-ば【墓場】** 墓のある所。墓地。graveyard

**はかばか・し【▽果▽果し】** 古語（形シク）①どんどんはかどるさま。用例—・しう、はかなきことをだに、また仕うまつる人もなきに（源氏・総角）。②はっきりしている。用例—・しうもののたまはせやらず（源氏・桐壺）。③しっかりしている。頼もしい。用例—・しく、したたかなる御後ろ見は（源氏・帚木）。④おもてだっている。公的である。用例うるはしだちて、—・しき方に見れば（源氏・若菜上）。

**はかばか-し・い【▼捗▼捗しい・▽果▽果しい】**（形）①どんどんはかどるさま。rapid ②物事がよいほうに進むさま。favorable 用例病状が—・くない。派生はかばかしげ（形動）はかばかしさ（名）

**ばかばか-し・い【馬▼鹿馬▼鹿しい】**（形）①ひどくばからしい。つまらない。absurd 用例—話。②はなはだしい。excessive 用例—さわぎ。派生ばかばかしげ（形動）ばかばかしさ（名）

**バガバッドギーター【Bhagavadgītā梵】**《神の歌、の意》ヒンズー教の根本聖典。古代インドの大叙事詩『マハーバーラタ』第六巻の中の哲学的な会話体の歌で、神への信愛の道を説く。

**ばか-ばなし【馬▼鹿話】** つまらない話。くだらない話。silly talk 用例—に興ずる。

**ばか-ばやし【馬▼鹿▼囃子】** 江戸の祭礼囃子の一種。山車などの上で、大太鼓・締め太鼓・鉦・笛で奏する。屋台ばやし。

**はか-びょう【破▼瓜病】** 女性特有の精神分裂病の一つ。不眠・妄想・憂鬱などから始まり、しだいに高度の精神荒廃におちいる。破瓜期（＝思春期）に多く発病するので名づけられた。hebephrenia

**は-かぶ【端株】** ①商法上、持ち株に比例して株主に新株式を発行するさいなどに生じる、一株未満の株式。odd lot ②証券取引法上、売買取引単位に満たない端数の株式。odd lot

**ばがぼん【▽薄▼伽▼梵・婆▼伽▼梵】**《仏教語。bhagavat梵の音写で、尊い、の意》諸仏の尊称。有徳・世尊などと漢訳。婆伽婆。

**バガボンド【vagabond】** 放浪者。ヴァガボンド。

**はかま【▼袴】** ①和服で、腰から下を包むゆるやかな衣服。前後二部からなり、下部は筒状で左右に分かれ、両足を通す形が多い。上部にはひもをつける。数え方一腰・一具・一下げ。②植物の茎、ドングリの実などをおおう包葉や殻。用例つくしの—。③酒の徳利をすえる器。→図

**はか-まいり【墓参り】**（名・サ変自）墓に行って、拝むこと。墓参。visit a grave

**はかま-かずら【▼袴▼蔓】** マメ科の常緑つる性植物。海岸近くの林にはえる。円心形の葉の先端が深裂する形を袴にみたてた。夏に淡黄緑色の花を多数つける。和歌山県から沖縄にかけて分布。

**はかま-ぎ【▼袴着】** 幼児に初めて袴をつける儀礼。男子五歳の祝。正装は肩衣袴。江戸時代以降、七・五・三の祝いとして定着。着袴の儀。

**はかま-ごし【▼袴腰】** はかまの後ろの腰に当たる部分。男子のには腰板を入れる。

**はかま-のう【▼袴能】** 能楽で、全部の出演者が、面・装束などを着けず、紋付き・はかま姿で演ずる能。多く、盛夏の演能に行う。

**は-がみ【歯▼噛み】**（名・サ変自） 上下の歯をかみ合わせること。歯ぎしり。grind one's teeth

**はか-もり【墓守】** 墓の番人。grave keeper

**はが-やいち【▽芳賀矢一】**（一八六七〜一九二七） 国文学者。福井県生まれ。東大卒。東大教授。ドイツ文献学を移入、近代国文学の基礎を築く。国語教育にも功績。著書『国文学史十講』など。

**ばか-やろう【馬▼鹿野郎】**《人をののしっていう語》ばか者。You fool!

**は-がゆ・い【歯▼痒い】**（形） 思うようにいかず、いらいらする。じれったい。もどかしい。feel impatient 派生はがゆが・る（五自） はがゆげ（形動） はがゆさ（名）

**バカラ【baccarat】** トランプゲームの一種。バンカーとプレーヤーの両サイドに二枚または三枚のカードを配り、合計点の下一けたの数を争う。数はバカラ（零）がもっとも弱く、ナチュラルナイン（九）がもっとも強い。

**はからい【計らい】** 計らうこと。取り扱い。arrangement

**はから・う【計らう】**（五他） ①考えて処置する。決める。arrange 用例適当に—。よきに—・え。②相談する。consult 用例両親に—・って。③手加減する。take into consideration

**ばか-らし・い【馬▼鹿らしい】**（形） ばかげている。absurd 派生ばからしげ（形動） ばからしさ（名）

**はからず-も【計らずも・図らずも・▽不▽図も】**（副） 思いもよらず。思いがけなく。unexpectedly

**バカラック【Burt Bacharach】**（一九二八〜） アメリカのポピュラー作曲家・作詞家・指揮者。映画『明日に向かって撃て！』の主題歌など。

**はかり【量り・計り・測り】** ます・はかり・ものさしなどではかること。その量や大きさ。measure; weight 用例—にかける。

**はかり【▼秤・▽衡】** 重さをはかる器具の総称。棹秤・天秤・台秤・ばね秤など。衡器。balance

**秤に掛ける**（はかりにかける） 物事を比べて利害・得失を考えてみる。てんびんに掛ける。weigh … against

**ばかり【▽許り】**（副助） ①だいたいの程度を表す。about; around 用例五〇〇〇円—ある。②それと限る意を表す。only 用例自分のこと—いう。笑って—いる。③…してもない意を表す。just 用例今、来た—です。今、出た—だ。④今にもそうだ、の意を表す。⑤それだけが原因・理由で、の意を表す。用例泣かん—に頼む。用例うんと言った—に。

**はかり-うり【量り売り】**（名・サ変他） 買い手の望む量をはかって売ること。sell by measure; sell by weight

**はかり-きり【量り切り】** はかった量のままで、おまけなどを加えないこと。

**はかり-ごと【▽謀・▽策】**《「計り事」の意》①考えて決めた計画。計略。plan ②たばかること。もくろみ。plot

**謀は密なるを良しとす**（はかりごとはみつなるをよしとす）《中国の兵書『三略』にある語》計略は、秘密にしなければ成功しない。Secrecy is the soul of strategy.

**はかり-こ・む【量り込む】**（五他） はかると き、決められた量よりも余計に入れる。

**はかり-ざお【▼秤▼竿】** さおばかりの、はかり目を刻んだ棒。balance beam

**はかり-しれな・い【計り知れない】**（形）《量の大きいことにいう》だいたいのことさえ知ることができない。おしはかることができない。immeasurable 用例—損害。

**はかり-べり【量り減り】** はかりではかっていくうちに、全体量が不足すること。

**はかり-め【▼秤目・▽衡目】** ①はかりざおの目盛り。scale on a beam balance ②はかる量。量目。amount of weight

**はか・る【図る・▽慮る】**（五他） ①方法を考える。くふうする。計画する。plan 用例再建を—。親睦を—。②そうしようと努力する。用例利益を—。

**はか・る【計る】**（五他） ①時間・長さなどを、調べ確かめる。measure 用例時間を—。身長を—。②数をかぞえる。計算する。count 用例間合いを—。③みはからう。推定する。time 用例ころあいを—・って酒を出す。④計画する。plan 用例会の将来を—。

**はか・る【量る・測る】**（五他） ①ものさし・はかり・ますなどの器具を使って、重さ・体積・長さ・深さ・広さなどの程度を知る。measure; weigh 用例目方を—。②おしはかる。推量する。推測する。guess 用例真意を—・りかねる。

**はか・る【謀る】**（五他） よくない計略をめぐらす。たくらむ。contrive 用例暗殺を—。悪事を—。

**はか・る【諮る】**（五他） 他に意見を問う。相談する。consult 用例審議会に—。

**はが・れる【▼剝がれる】**（下一自） ついていた物がとれる。はげ落ちる。fall off

**バカロレア【baccalauréatフランス】** フランスの後期中等教育修了と大学入学資格を示す学位。また、資格取得の試験。国立大学が試験によって認定。

**ばか-わらい【馬▼鹿笑い】**（名・サ変自） 笑うようすが、ばかげて見えること。やたらと大声で笑うこと。horselaugh 用例—は失礼に当たる。

**は-がん【把▼玩】**（名・サ変他） 手にとって、もてあそぶこと。

**は-がん【破顔】**（名・サ変自） 顔をほころばせること。にこにこ笑うこと。give a broad smile

**ばかん【馬関】**《もと、赤馬関といったことから》下関の旧称。古代から海上交通の重要拠点。

**ばかん【馬▼韓】** 三韓の一つ。古代朝鮮の西南部、現在の京畿道南部から忠清南北道、全羅南北道にあった五四の部族国家の総称。

**はがん-いっしょう【破顔一笑】**（名・サ変自） 顔をほころばせて、にっこり笑うこと。smile broadly

**バカンス【vacancesフランス】** まとまった休日。休暇。バケーション。vacation

**パガン-ちょう【パガン朝】** ビルマ最初の統一王朝。アノーラータが一〇四四年パガンを都として建国。イラワジ川流域を支配。小乗仏教を採用して多くの仏塔・寺院を造営し、建寺王朝と異称される。中国では宋代に蒲甘国、元代には緬国と称された。一二八七年元により滅亡。Pagan Kingdom

**は-き【破棄・破▼毀】**（名・サ変他） ①やぶりすてること。こわすこと。destruction ②契約・約束などを取り消すこと。reversal ③裁判で、判決の事後審査をする上級裁判所が、上訴の理由を認めて原判決を取り消すこと。reversal

**は-き【覇気】** ①進んで他を征服し勝利を得ようとする意気。勝ち気。aspiration 用例—がない。②野心。野望。やまけ。ambition 用例—に満ちた男。

**はき【▼杷木】**〈町〉 福岡県南東部、筑後川右岸の町。稲作・果樹栽培がさかんで、製材・竹細工も行う。原鶴温泉がある。人口九九九八（一九八八）。

**はぎ【▽接ぎ】** はぐこと。はいだ所。用例つぎ「—」。

**はぎ【▼脛】** ひざとくるぶしの間。すね。shin

**はぎ【▼萩】** ①マメ科ハギ属の総称。多年草または落葉低木。秋の七草の一つ。葉は楕円形の三小葉をもつ複葉。秋にチョウに似た形の

●ハギ① ヤマハギ

紅紫色・白色などの小花を穂状につける。マハギ。アキハギ。ニワミグサ。ノモリグサ。ハツミグサ。コソメグサ。②襲の色目の名。表は蘇芳、裏は青。↓写

**はぎ【萩】**〈市〉山口県の日本海側の市。毛利氏の旧城下町で、その景観をとどめる観光都市。維新史跡・萩焼窯などが知られる。人口五万一一〇三(一九八八)。

**はぎ-あわ・せる【接ぎ合(わ)せる】**(下一他) つぎ合わせる。はぎ合わす。join together

**バギー-カー**《和製語》砂地や不整地の走行が可能な自動車。通常、四輪駆動。all-terrain vehicle; sand buggy

**バギー-パンツ【baggy pants】** ズボンの一種。股上が深く、ヒップから裾にかけてとくに太く作ってある。↓図

●バギーパンツ

**バギオ【Baguio】** フィリピン、ルソン島北西部、標高一四〇〇mの高原にある保養都市。アメリカ領時代、避暑地として開発された。人口一一・九万(一九八〇)。

**はき-きよ・める【掃(き)清める】**(下一他) 掃いてきれいにする。sweep

**はき-くだし【吐(き)下し・嘔(き)下し】**(名・サ変自他) 吐くことと、下すこと。吐いたり下したりすること。吐瀉。vomit and diarrhea

**はき-け【吐(き)気・嘔(き)気】** ①むかむかして、胃の内容物が逆流するような感じ。異物感・食道や胃部の不快感などをともない、嘔吐を起こすことがある。悪心。むかつき。nausea ②物事をいみ嫌うときの気持ちを言い表すことば。nausea

**吐き気を催す**(はきけをもよおす) ①胸がむかついて吐きそうになる。嘔吐しそうになる。feel nauseated ②《転じて》他人の言動などによって、非常に不快な気持ちにさせられる。be made sick

**は-ぎしり【歯軋り】**(名・サ変自) ①歯を強くきしませて音をたてること。深い睡眠の直前に発生。部分的に歯に圧力がかかるので、歯が磨耗することがある。歯がみ。grate one's teeth ②怒り、くやしがること。切歯。grind one's teeth

**田作の歯軋り**(ごまめのはぎしり) ↓ごまめ(田作)

**ハギス【haggis】** イギリス、スコットランド地方の料理。羊・子牛などの臓物をきざみ、オートミールや香辛料とともに胃袋につめて煮込んだもの。

**パキスタン【Pakistan】**(Islamic Republic of Pakistan) 南アジア、インド亜大陸北西部の回教共和国。首都イスラマバード。一九四七年イギリスから独立したが、七一年東パキスタンはバングラデシュとして分離。北西部に山地、南部に大インド砂漠があり、インダス川が貫流する。小麦・綿花が主要作物で、綿工業も発達。面積八〇・四万$km^2$。人口九九一六万(一九八六)。正称パキスタン回教共和国。

**はき-す・てる【吐(き)捨てる】**(下一他) ①口から吐き出して捨てる。spit out ②吐き出すように言う。spit out

**はき-そうじ【掃き掃除】**(名・サ変自他) 掃いて掃除すること。拭き掃除に対していう。sweeping

**はぎだいみょう【萩大名】** 狂言。無教養な田舎大名が京の萩見物のさい、歌を詠むことを所望され、太郎冠者の苦肉の策もむなしくさんざん恥をかく話。

**はきだし-まど【掃(き)出し窓】** 室内のごみをはき出すために、下部を床や畳と同じ高さにつくった小さな窓。open to sweep dirt out

**はき-だ・す【吐(き)出す】**(五他) ①腹や口の中にあるものを吐いて外へ出す。vomit ②内がわにたまったものを勢いよく外へ出す。discharge ③蓄えた金品を支出する。pay out ④怒りなどをことばに出す。speak out 用例 うっぷんを—。

**はき-だ・す【掃(き)出す】**(五他) 掃いて外へ出す。sweep out

**はき-たて【掃(き)立て】** ①そうじをして間もないこと。newly-swept ②毛蚕を、蚕卵紙から掃き取って他の紙へ移すこと。

**はき-だめ【掃(き)溜め】** ごみ捨て場。ごみため。rubbish heap

**掃き溜めに鶴**(はきだめにつる) つまらない所に、りっぱな人が来る、また、いるたとえ。a jewel in a dunghill

●ハキダメギク

**はきだめ-ぎく【掃溜菊】** キク科の一年草。帰化植物で、世界中に広がっている。高さ約二〇cm。葉は対生、卵形で有毛。春から秋まで次々に小形の頭花が咲く。↓写

**はき-ちが・える【履(き)違える】**(下一他) ①履物をとりちがえて履く。wear another's shoes ②意味を取り違える。思い違いをする。misunderstand

**はぎ-と・る【剝(ぎ)取る】**(五他) ①はがして取る。はいで取る。tear ②他人の着ているものなどを奪い取る。strip off

**はぎの-よしゆき【萩野由之】**(一八六〇-一九二四) 国史・国文学者。佐渡生まれ。東大卒。和歌改良論を唱えた。著書『日本史講話』など。

**はぎ-の-らん【萩の乱】** 明治九年(一八七六)山口県萩で起こった士族の反乱。前原一誠らが、武士の特権維持や征韓断行を要求して蜂起したが、広島鎮台が鎮圧した。

**はき-はき**(副・サ変自) ①明敏で、態度がはっきりしているさま。briskly ②はっきりと、ものを言うさま。clearly

**はぎ-め【接ぎ目】** はぎ合わせた部分。joint

**はき-もの【履物】** 足の保護や装飾のため、足に履いて歩くものの総称。げた・ぞうり・靴・長靴など。foot wear 数え方 一足。

**はぎ-やき【萩焼】** 山口県萩市松本と長門市深川に産する陶器。白濁釉彩の茶器が主で茶碗が名高い。釉調から御本手・玉子手・鬼萩手などという。文禄・慶長の役ののちに帰化した李兄弟が慶長九年(一六〇四)ごろ始めた。

**ば-きゃく【馬脚】** 馬の足。

**馬脚を露す**(ばきゃくをあらわす) 隠していたことがばれる。本性が出る。betray oneself 類似 鍍金が剝げる。用例 ついに—。

**は-きゅう【波及】**(名・サ変自) ①物がつぎつぎに広がっていくこと。spread ②影響がおよぶこと。influence

**バキューム【vacuum】** 真空。ヴァキューム。

**バキューム-カー**《和製語》真空ポンプとタンクを備えた自動車。屎尿などを汲み取り運搬する。honey wagon

**バキューム-クリーナー【vacuum cleaner】** 吸い込み式の電気掃除器。

**は-きょう【破鏡】** ①壊れたかがみ。②夫婦が離別すること。

**破鏡の嘆**(はきょうのたん) 夫婦の離別の悲しみ。破鏡の嘆き。grief of divorce

**破鏡、再び照らさず**(はきょう、ふたたびてらさず) 一度破れた物事は、再びもとの状態になることがない。夫婦が離縁することなどに言う。類似 覆水盆に返らず。

**は-ぎょう【覇業】** 天下に覇を唱えること。武力などで他をおさえて、支配者になること。

**は-きょく【破局】** ①行き詰まって事がやぶれること。collapse ②悲惨な結末。カタストロフィー。catastrophe

●ハキリバチ オオハキリバチ

**はきり-ばち【葉切蜂】** ハキリバチ科のハナバチの総称。体長一〜二cm。葉を丸く切り取って運び、巣を作るものが多い。日本全土に分布。leaf-cutter bee ↓写

**はぎり-ばん【歯切(り)盤】** 歯車の歯を素材から削り出す工作機械。gear cutter

**は-ぎれ【歯切れ】** ①歯でかみ切るときの感じ。feel of biting off ②ことばの発音・調子のぐあい。way of speaking 用例 —がいい。

**は-ぎれ【端切れ】** はんぱな布ぎれ。scrap

**はぎわら【萩原】**〈町〉岐阜県中央部、飛騨川沿いの町。旧宿場町。飛騨南部の中心地で、商業・農林業がさかん。人口一万一五九九(一九八八)。

**はぎわら-おとひこ【萩原乙彦】**(一八二六-一八八六) 幕末・明治の俳人・戯作者。本名、森語一郎。江戸生まれ。『俳諧新聞誌』創刊。戯作『東京開化繁昌誌』。

**はぎわら-きょうじろう【萩原恭次郎】**(一八九九-一九三八) 詩人。群馬県生まれ。アナーキズムの詩誌『赤と黒』を創刊、詩集『死刑宣告』で詩壇に衝撃を与えた。

**はぎわら-さくたろう【萩原朔太郎】**(一八八六-一九四二) 詩人。前橋市生まれ。平明な詩語による感情の率直な表現を主張、近代的な口語自由詩を日本の詩風土に定着させた。詩集『月に吠える』『青猫』『純情小曲集』『氷島』、詩論『詩の原理』、アフォリズム集『新しき欲情』『虚妄の正義』など。

**はぎわら-ひろみち【萩原広道】**(一八一五-一八六三) 幕末の国学者。岡山の人。本居宣長に私淑。著書『源氏物語評釈』など。

**はぎわら-ゆうすけ【萩原雄祐】**(一八九七-一九七九) 天体力学者。大阪生まれ。東大卒。惑星や小惑星の運動の天体力学を研究。電波天文学につながる宇宙科学の基礎をきずく。昭和二九年(一九五四)文化勲章受章。

**はきん【巴金】**(一九〇四- ) 中国の小説家。本名は李尭棠。字は芾甘。四川省生まれ。小市民階級の心理を精細に描写する。作品『家』『憩園』『寒夜』など。

**ハク 5画【白】** 部首[白] 教育小1 JIS 3982

音 ハク・ビャク 訓 しろ・しら・しろい

白 白 白 白

①しろ。しろい。対義 黒・紅。「紅白・純白」「白衣・白砂・白紙・白人・白髪・白米」②はっきりしている。あきらか。「明白」「白日・白昼」③きよい。きよらか。「潔白」④なにもない。まったくの。「白紙・白痴」⑤いう。もうす。「建白・告白・自白」「白状・白話」⑥白居易(楽天)のこと。「白氏文集」⑦ベルギー(白耳義)のこと。↓ビャク【白】

**ハク 7画【伯】** 部首[人・イ] 常用 JIS 3976

音 ハク・ハ

①年上のきょうだい。対義 仲・叔・季。「伯父・伯母」②一芸にすぐれた人。「画伯」③爵位の第三位。伯爵のこと。用例 (名)公侯—子男。《接尾的》伊東—。④伯耆国のこと。「雲伯」「伯州」⑤ブラジル(伯剌西爾)のこと。

**ハク 8画【佰】** 部首[人・イ] JIS 4849

音 ハク・ビャク・ヒャク

①おさ。かしら。百人の長。②数のひゃく。もも。百。

**ハク 8画【岶】** 部首[山] JIS 5415

音 ハク・ヒャク

①草木が密なさま。②さこ。山あい。谷のゆきづまり。地名や姓氏にも用いられる。

**ハク 8画【帛】** 部首[巾] JIS 5471

音 ハク

①きぬ。厚い白絹。「竹帛・布帛・裂帛」②ぬさ。神にいのるとき、ささげる絹。「幣帛」

**ハク 8画【迫】** 部首[辶] 常用 JIS 3987

9画【迫】 部首[辶] 旧字

音 ハク・ヒャク 訓 せまる

①ちかづく。せまる。比較 薄。「近迫・緊迫・切迫」「迫真」②くるしむ。くるしめる。おいつめる。「圧迫・窮迫」「迫害」③さこ。せこ。せまい谷。

**ハク 8画【拍】** 部首[扌] 常用 JIS 3979

音 ハク・ヒョウ

①うつ。手をたたく。「一拍」「拍車・拍手」②こ

とばのリズムの一番小さい単位。③音楽で、リズムの単位。用例(助数)一—半。↓ヒョウ【拍】

**ハク** 8画 【泊】 部首[氵]さんずい 常用 JIS 3981
音**ハク** 訓**とまる・とめる**
①船がとまる。とめる。「仮泊・停泊」「泊地」②とまる。宿をとる。「外泊・宿泊・漂泊・夜泊」③とまる数を数えるのに用いる。用例(助数)三—四日。④あっさりしている。「淡泊」

**ハク** 8画 【▼狛】 部首[犭]けものへん JIS 2593
音ハク
こま。こまいぬ。魔よけのために、社寺の前におかれる、一対の獅子ににた獣の像。

**ハク** 9画 【▼陌】 部首[阝]こざとへん JIS 7989
音バク・ハク・ヒャク
①みち。あぜみち。田畑のあいだの東西の通路。②まち。市中の街路。③数のひゃく。もも。百。

**ハク** 9画 【▼柏】 部首[木]きへん JIS 3980
10画 【▼栢】 異体字 JIS 1992
音ハク
①ヒノキ・コノテガシワなど、ヒノキの類の常緑樹の総称。②カシワ。ブナ科の落葉高木。もちがしわ。

**ハク** 9画 【▼珀】 部首[王]たまへん JIS 6465
音ハク・ヒャク
「琥珀」は宝石の名。きいろい石。地質時代の樹脂が地中にうもれ、固まって石のようになったもの。

**ハク** 10画 【▼亳】 部首[亠]なべぶた JIS 4824
音ハク・バク
中国古代の地名。殷の湯王の都。現在の河南省にあった。

**ハク** 10画 【▼剝】 部首[刂]りっとう
10画 【▼剥】 異体字 JIS 3977
音ハク
はぐ。むく。はがす。はげる。「剝奪・剝落」

**ハク** 11画 【▼粕】 部首[米]こめへん JIS 3984
音ハク
かす。①さけかす。醪から酒をしぼりとってしまった、のこり。「糟粕」②のこり。おとったもの。くず。「糟粕」

**ハク** 11画 【舶】 部首[舟]ふねへん 常用 JIS 3985
音**ハク**
①ふね。おおぶね。「船舶」②ふねにのせる。「舶載・舶来」

**ハク** 12画 【博】 部首[十]じゅう 教育小4 JIS 3978
12画 【▼博】 旧字
13画 【▼愽】 異体字 部首[忄]りっしんべん JIS 5641
音**ハク・バク**
①ひろい。はばひろい。ゆきわたる。「該博」「博愛・博学・博士・博識・博覧・博覧会」②博士のこと。「医博・工博・文博」③博覧会のこと。「万国博・平和博」↓バク【博】

**ハク** 13画 【▼搏】 部首[扌]てへん JIS 5783
音ハク
①うつ。たたく。「脈搏」②とる。とらえる。つかむ。つかまえる。

**ハク** 13画 【▼雹】 部首[雨]あめかんむり JIS 8027
音ハク・ホク
ひょう。あられ。氷雨。

**ハク** 14画 【▼膊】 部首[月]にくづき JIS 7114
音ハク
①ほじし。たたいて平らにして干した肉。②うで。肩から手首までの部分。「下膊・上膊」

**ハク** 14画 【▼箔】 部首[竹]たけかんむり JIS 3983
音ハク
①金・銀・銅・錫などの金属を、紙のように薄く平たくのばしたもの。「金箔」②ねうち。貫禄。用例(名)—が落ちる。
**箔が付く**(はくがつく) 世間に認められ重みがつく。gain prestige
**箔を付ける**(はくをつける) 貫禄や重み、ねうちなどをつける。add ... to one's value 比較格好をつける。

**ハク** 15画 【▼魄】 部首[鬼]おに JIS 8216
音ハク・タク
①たましい。たま。「魂魄」②おちぶれる。「落魄」

**ハク** 16画 【薄】 部首[艹]くさかんむり 常用 JIS 3986
16画 【▼薄】 旧字
音**ハク** 訓**うすい・うすめる・うすまる・うすらぐ・うすれる**
①うすい。すくない。対義厚い・濃い。「浅薄」「薄謝・薄弱」②心のこもらない。考えがたりない。対義厚い。「軽薄・浮薄」「薄情」③せまる。ちかづく。比較迫る。「肉薄」「薄暮」④ススキ。イネ科の大形多年草。おばな。

**ハク** 16画 【▼璞】 部首[王]たまへん JIS 6489
音ハク
あらたま。ほりだして、まだ、みがきあげられていない玉。「璞玉渾金」

**ハク** 16画 【▼駮】 部首[馬]うまへん JIS 8148
音ハク
①まだら。ぶち。②まじる。まじっている。③是非を論ずる。反対する。④マユミ。ニシキギ科の落葉低木。やまにしきぎ。

**ハク** 17画 【▼擘】 部首[手]て JIS 5806
音ハク・ヘキ
①おやゆび。おおゆび。転じて、かしらだつ人。すぐれた人。「巨擘」②さく。つんざく。二つにわる。

**ハク** 17画 【▼檗】 部首[木]き JIS 6101
20画 【▼蘗】 異体字 部首[艹]くさかんむり JIS 6102
音ハク・バク
キハダ。ミカン科の落葉高木。きわだ。

**は・く【吐く】**(五他) ①口や胃の中の物を外に出す。vomit ②中のものを外へ出す。belch; breathe out 対義吸う。用例煙を—。③いう。ほざく。utter 用例大言を—。

**は・く【▼佩く】**(五他) 刀などを、腰に帯びる。

**は・く【▼穿く】**(五他) ①はかま・ズボンなどを、腰から下につける。wear 用例はかまを—。②靴下などを足につける。put on 用例靴下を—。

**は・く【掃く】**(五他) ①ほうきでごみなどをとり除く。そうじする。sweep 用例座敷を—。②蚕の掃き立てをする。gather silkworms ③《「刷く」とも》紅・眉墨などを塗る。brush over 用例眉を—。
**掃いて捨てる程**(はいてすてるほど) あり余るほどあるさま。きわめて多いさま。a dime a dozen 用例歌手志望者は—いる。

**は・く【履く】**(五他) 下駄・靴などを足先につける。wear; put on 用例靴を—。

**は・ぐ【▼矧ぐ】**(五他) 竹に羽をつけて矢を作る。

**は・ぐ【▼剝ぐ】**(五他) ①付いているものをはなす。はがす。peel off ②裸にする。strip ③奪う。没収する。deprive

**は・ぐ【▽接ぐ】**(五他) つぎ合わせる。つぐ。join

**バク** 7画 【麦】 部首[麦]むぎ 教育小2 JIS 3994
11画 【▼麥】 旧字 部首[麥]むぎ JIS 8346
音**バク** 訓**むぎ**
ムギ。イネ科の一、二年草。五穀の一つ。「精麦・米麦」「麦芽・麦秋」

**バク** 10画 【▼莫】 部首[艹]くさかんむり JIS 3992
音ボ・モ・バク・マク
①ない。しない。なかれ。「莫逆」②ひろい。おおきい。「莫大」③むなしい。しずか。「索莫・寂莫・落莫」↓ボ【莫】

**バク** 12画 【博】 部首[十]じゅう 教育小4 JIS 3978
12画 【▼博】 旧字
13画 【▼愽】 異体字 部首[忄]りっしんべん JIS 5641
音**ハク・バク**
筆順↓ハク【博】
①ばくち。ばくちをする。「賭博」「博徒」②「博労」は、㋐牛馬の優劣をみわける人。伯楽。㋑家畜仲買人。↓ハク【博】

**バク** 13画 【▼寞】 部首[宀]うかんむり JIS 5375
音バク・マク
さびしい。しずか。ものしずか。

**バク** 13画 【幕】 部首[巾]はば 教育小6 JIS 4375
音**マク・バク**
筆順↓マク【幕】
①将軍の指揮所。「帷幕」「幕営・幕府・幕僚」②武家の政権。幕府のこと。「佐幕・倒幕」「幕臣・幕政・幕末」③とばり。テント。「幕営」↓マク【幕】

**バク** 13画 【漠】 部首[氵]さんずい 常用 JIS 3989
音**バク・マク**
①すなはら。「砂漠」②ひろい。はてしない。「広漠・茫漠」「漠々」③はっきりしないさま。「空漠」「漠然」用例(形動)—とした不安。④さびしい。しずか。「索漠・寂漠」

**バク** 13画 【▼貉】 部首[豸]むじなへん JIS 7627
音カク・バク
えびす。中国古代、北方の異民族。↓カク【貉】

**バク** 13画 【▼貊】 部首[豸]むじなへん JIS 7629
音バク
えびす。中国古代、北方の異民族。

**バク** 14画 【▼駁】 部首[馬]うまへん JIS 3993
音ハク・バク
①まだら。ぶち。②まじる。まじっている。「雑駁」③是非を論ずる。反対する。「反駁」

**バク** 15画 【暴】 部首[日]ひ 教育小5 JIS 4329
音**ボウ・バク**・ホウ・ホク・ボク 訓**あばく・あばれる**
筆順↓ボウ【暴】
《曝とも》さらす。あらわす。あばく。「暴露」↓ボウ【暴】

**バク** 16画 【縛】 部首[糸]いとへん 常用 JIS 3991
16画 【▼縛】 旧字
音**バク**・ハク 訓**しばる**
しばる。くくる。いましめ。なわめ。「自縄自縛・就縛・束縛・捕縛」用例(名)—につく。
**縛に就く**(ばくにつく) 罪人として、縛られる。be arrested

**バク** 17画 【▼藐】 部首[艹]くさかんむり JIS 7324
音ビョウ・バク
①はるか。かすか。とおい。②うつくしい。③ムラサキ。ムラサキ科の多年草。むらさきぐさ。↓ビョウ【藐】

**バク** 17画 【▼貘】 部首[豸]むじなへん JIS 7634
13画 【▼貘】 異体字 部首[犭]けものへん JIS 6451
音バク・ミャク
①ウマ目に属する哺乳動物。草食。アジア産のマレーバク(体長約二・四m)と南米産のアメリカバク(体長約一・九m。三種いる)とがいる。長い鼻をもち、森林にすむ。夜行性。②想像上の動物。クマににていて、歯がつよく、銅・鉄をもたべ、また、人間の悪夢をたべるという。↓写
**貘は夢を食う**(ばくはゆめをくう) バクは、人がみた悪い夢をたべてくれるという俗説。このため、悪夢をたべてくれるようにと枕や枕屏風にバクの絵がよく描かれた。

●バク① マレーバク



▼常用漢字表外。 ▽常用漢字表の音訓外。

**バク** 18画【▼邈】部首[辶] 
音 バク・マク
はるか。かすか。とおい。

**バク** 18画【▼瀑】部首[氵] JIS 6338
音 ボウ・ボク・バク
①にわかあめ。急にはげしくふりだす雨。②たき。高いところから急に落下する流れ。「瀑布」

**バク** 19画【▼曝】部首[日] JIS 3988
音 ホク・ボク・バク
さらす。あらわす。日にあてる。「曝書・曝露」

**バク** 19画【爆】部首[火] 常用 JIS 3990
音 バク・ホウ・ハク
①さける。はじける。はぜる。「空爆・自爆・盲爆」「爆撃・爆砕・爆死・爆心地・爆弾・爆発・爆薬・爆裂」②爆弾のこと。「原爆・水爆」③はじけるように。「爆笑」

**バク** 20画【▼驀】部首[馬] JIS 8162
音 バク
①のる。馬にのる。②こえる。のりこえる。③まっしぐら。一目散に。たちまちに。「驀進」

**ば-ぐ**【馬具】馬につける用具。くら・くつわ・あぶみ・むながいなど。horse equipment ↓図

**パグ**【pug】鼻がつぶれ、額にしわのある小形犬。肩高約三三cm。愛玩用。中国原産。

● 馬具　鎌倉時代の馬具

**はく-あ**【白亜・白▼堊】《「はくあく(白堊)」の慣用読み》①しらかべ。white wall 用例 ―の殿堂。②石灰岩の一種。化学成分は炭酸カルシウム。白墨などの原料。チョーク。chalk

**はく-あい**【博愛】だれでも平等に愛すること。philanthropy

**はくあい-しゅぎ**【博愛主義】国家や人種・民族などの違いを超えた愛によって人類のすべてが結びつくことをめざす考え方。philanthropism

**はくあ-かん**【白亜館】「ホワイトハウス」の訳語。

**はくあ-き**【白亜紀】中生代を三分した場合の、最後の時代。約一億四〇〇〇万年前～約六四〇〇万年前。海進と大海退を特徴とする時代。後半に被子植物が出現し、末期には、恐竜やアンモナイトが絶滅。Cretaceous Period

**はく-い**【白衣】①白い上っぱり。white robe ②看護婦・医師などの白い衣服。対義 黒衣。びゃくえ。white gown 用例 ―の天使。

**はくい**【羽▼咋】〈市〉石川県中北部、能登半島の基部に位置する市。繊維工業がさかん。美しい砂浜の千里浜がある。人口二万八六八一(一九八八)。

**はく・い**(形)《俗語。「舶来」の転か》①よい。上等である。②美しい。用例 ―女。

**はくい-しゅくせい**【伯▼夷叔斉】中国周代の聖人兄弟。孤竹国の王子。父の死後、互いに譲りあって国を受けず、周の武王が殷を討つのを不義とし、ともに首陽山に隠遁、ワラビのみを食し、ついに餓死して節を守ったという。

**はく-いん**【博引】(名・サ変他)広く例を引用すること。

**はくいん**【白隠】(一六八五～一七六八)江戸中期の臨済宗の僧。臨済宗中興の祖。駿河の人。名は慧鶴。正受老人の法をつぎ、のちに妙心寺第一座となったが、諸国を遊歴、教化につとめ、禅の民衆化に尽くした。著書『語録』『遠羅天釜』『夜船閑話』など。

**はくいん-ぼうしょう**【博引▼旁証】(名・サ変他)広く書物をあさって、多くの例や証拠をあげて論ずること。用例 ―の立論。

**はく-う**【白雨】①夕立。にわか雨。②昔、雹。

**ばく-う**【麦雨】さみだれ。

**バクー**【Baku】ソ連南西部、アゼルバイジャン共和国の首都。カスピ海西岸の重要な港湾都市。ソ連の主要産油地域の一つ。人口一六六・一万(一九八四)。

**パグウォッシュ-かいぎ**【パグウォッシュ会議】核兵器廃絶のための、科学と国際問題に関する会議。世界の科学者が集まる。一九五七年、ラッセル・アインシュタインらの提唱によりカナダのパグウォッシュで第一回会議が開かれ、以後、世界各地で開催されている。Pugwash Conference; Conference on Science and World Affairs

**バクーニン**【Mikhail Aleksandrovich Bakunin】(一八一四～一八七六)ロシアの無政府主義者・革命家。貴族出身。一八四八年以来多くの革命運動に参加。シベリア流刑中に脱走、ロンドンに亡命。第一インターナショナルに加盟したが、マルクスと対立して除名。スイスで没。主著『神と国家』。

**バクー-ゆでん**【バクー油田】(Bakinsky Neftyanoy Rayon)ソ連南西部、アゼルバイジャン共和国東部の油田。ソ連最古で、最大産出量の油田であったが、近年は停滞。

**はく-うん**【白雲】白い雲。white clouds

**はくうん-せき**【白雲石】苦灰石の別称。

**はくうん-ぼく**【白雲木】エゴノキ科の落葉高木。高さ六～一二m。葉は円形で裏面は白色。初夏に、径約二cmの白花が咲く。果実は卵形。オオバヂシャ。↓写

● ハクウンボク

**ばく-えい**【幕営】天幕を張りめぐらした陣営。また、そこで野営すること。

**はく-えん**【白煙・白▼烟】白いけむり。white smoke

**はくえん-こう**【白鉛鉱】鉛の炭酸塩鉱物。鉛の代表的鉱石。斜方晶系。板状や錐状および針状の結晶。金属光沢をもつ。無色から白・灰色、ときに黒・青・緑色。cerussite; white lead

**はく-おし**【▼箔押し】(名・サ変自)金・銀・色箔を器物などの表面に押してつけること。蒔絵や、本の背・表紙などに文字や模様を入れるのに用いる。stamp ↓写

● 箔押し　鉛筆用箔押し機(右)、箔押しされた鉛筆(左)。

**ばく-おん**【爆音】①爆発したときの激しい音。explosion ②飛行機・オートバイなどの発動機の音。buzzing

**はく-が**【白画】↓はくびょう(白描)

**はく-が**【博雅】(名・形動)広く物事を知っていて、行いの正しいこと・さま・人。博識。用例 ―の士。

**ばく-が**【麦芽】オオムギの子実、また、その他の穀類の種子に水分と温度を与えて発芽させたもの。多量のアミラーゼを含み、ビール・水あめの製造に用いられる。モルト。malt

**ばく-が**【麦▼蛾】幼虫が貯蔵穀類を食害する小さなガ。開張約一・五cm。灰褐色。成虫は初夏から晩秋に出現し、灯火に飛来する。世界各地に分布。↓図

● バクガ

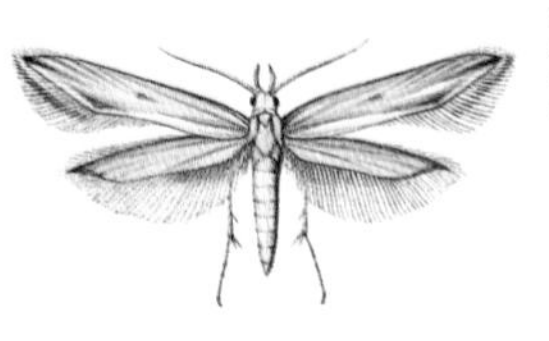

**はく-がい**【迫害】(名・サ変他)政治的、社会的に害を加えて苦しめること。persecution

**はく-がく**【博学】(名・形動)広くいろいろな学問に通じていること・さま。erudition

**ばくが-とう**【麦芽糖】化学式は $C_{12}H_{22}O_{11}$。二個のブドウ糖からなる二糖類。でんぷんの構成単位で水あめの主成分。甘味料に利用。マルトース。malt sugar; maltose

**はくが-の-さんみ**【博雅三位】源博雅の別称。

**はく-がん**【白眼】①白目。white of the eye ②《中国、魏の阮籍が、相手によって青眼と白眼を使い分けたという故事から》人を冷たく迎えるときの目つき。look of indifference 対義 青眼。

**はくがん-し**【白眼視】(名・サ変他)冷たい目で見ること。冷遇すること。frown on

**はく-き**【白起】(?～BC二五七)中国、戦国時代の秦の将軍。趙の大軍を破るなど武功高く、昭襄王に信任されたが、宰相范雎と不和となって王の信を失い、自殺。

**は-ぐき**【歯茎】歯の根元を包んでいる固い粘膜層。歯肉。歯齦。gum

**はぐき-おん**【歯茎音】音声学で調音位置による子音の分類の一つ。舌先と上の前歯の歯茎とを用いて発音する。[t][d]など。alveolar

**ばく-ぎゃく**【▼莫逆】↓ばくげき(莫逆)

**はく-ぎょ**【白魚】①シラウオ。体の白い魚。②本や衣などにつく虫。シミ。③ニゴイの異名。

**はく-きょい**【白居易】(七七二～八四六)中国、中唐の詩人。字は楽天。号は香山居士。下邽(河南省)の人。李白・杜甫・韓愈と「李杜韓白」と称される。若いとき社会批判の「新楽府」を提唱。のちに詩風は変わったが、その平易な詩は一世を風靡し後世に大きな影響を及ぼした。日本でも愛読され平安朝文学に影響した。詩文集『白氏文集』。

**はくぎょく-こんきん**【▼璞玉▼渾金】《「璞」は粗玉、「渾」は粗金》まだ磨いてない玉と精錬してない金。転じて、人の性質の純真でかざりけのないことのたとえ。

**はくぎょく-ろう**【白玉楼】《唐の詩人李賀の臨終のさい、天使に、「天帝の白玉楼が完成したので、その記を書いてもらうために召す」と伝えられ、やがて死んだという故事から》文人墨客が死後に行くという御殿。

**白玉楼中の人となる**(はくぎょくろうちゅうのひととなる) 文人墨客が死ぬ。

**はく-ぎん**【白銀】①銀。しろがね。②江戸時代、贈答・儀礼用の銀貨。銀を楕円・隅丸矩形に延ばして紙で包んだもの。包み銀。

**はく-ぐう**【薄遇】(名・サ変他)つめたくあしらうこと。そまつな待遇。冷遇。

**は-ぐく・む**【▼育む】(五他)《「羽含む」の意》①親鳥がひなを羽の下に抱いて育てる。cover ②養い育てる。bring up 用例 才能を―。③

慈しみ守る。foster

**はくげい【白鯨】**《原題Moby-Dick》メルビルの小説。一八五一年刊。巨大な白鯨に片脚をもぎとられたエイハブ船長は復讐を試み、敗北する。人間の運命への挑戦を象徴的に描く。

**はく-げき【迫撃】**(名・サ変他) 敵にちかよって撃つこと。close attack 用例 ―砲。

**ばく-げき【▼莫▽逆】** 意見の衝突などがなく、きわめて親しいこと。ばくぎゃく。

**莫逆の友**(ばくげきのとも) 心に少しもさからうことのない友。気が合って親しい友。ばくぎゃくの友。

**ばく-げき【爆撃】**(名・サ変他) 飛行機から爆弾などを投下して攻撃すること。bombing

**ばくげき-き【爆撃機】** 爆弾投下をおもな任務とする軍用機。bomber

**はくげき-ほう【迫撃砲】** 口径六〇～二四〇㎜で砲身の短い軽火砲。近距離用。曲射弾道で、山や建造物の背後の攻撃に適する。mortar

**はく-げん【博言】** 多くの言語に通じること。用例 ―家。

**はくげん-がく【博言学】** 言語学の旧称。

**はくけん-でんき【▼箔検電器】** 帯電体を近づけたときに薄い金属箔が開く装置。帯電体の電荷の種類や大きさの程度を知ることができる。foil electroscope

**はく-こうかん【白行簡】**(七七六～八二六) 中国、中唐期の文人。字は知退。下邽の人。白居易の弟。詩文にすぐれ、伝奇小説『李娃伝』『三夢記』の作者として名高い。

**はくごう-しゅぎ【白豪主義・白▼濠主義】** オーストラリアで有色人種の入国移民を排斥・制限する立場や政策。一九〇一年の移民制限法で徹底化したが、六六年同法は廃止。White Australianism

**はく-さ【白砂】** →はくしゃ(白砂)

**は-ぐさ【▼莠】** 田に生えて、イネに害を与える雑草の総称。

**はく-さい【白菜】** アブラナ科の一、二年草。葉は根出葉の倒卵形で、幅広い中肋と多数の支脈をもつ。ビタミンCに富み、食用野菜として栽培。中国原産。Chinese cabbage →写

●ハクサイ

**はく-さい【舶載】**(名・サ変他) ①船にのせて運ぶこと。②外国から船で運んでくること。舶来。

**はく-ざい【白材】** 木材の樹皮に近い部分で、軟らかく白っぽい材。幹の中心に近い心材にくらべ、材質はよくない。しらた。辺材。sapwood →木材図

**ばく-さい【博才】** ばくちの才能。be good at gambling 用例 ―にたける。

**ばく-さい【爆砕】**(名・サ変他) 爆撃や爆薬などでうちくだくこと。

**はく-さん【白山】** 岐阜・石川県境にある火山。標高二七〇二m。信仰の山として知られる。白山火山帯の主峰で白山国立公園の中心。

**はくさん【白山】**〈町〉 三重県中部、雲出川上流の町。布引山地東麓にあり、農林業が主。青山高原で知られ、東海自然歩道が通る。人口一万四六五四(一九八八)。

**はくさん-いちげ【白山一華】** キンポウゲ科の高山性多年草。高さ約二〇㎝。根出葉は掌状深裂。夏に、径約二㎝の白い花が咲く。中部以北に分布。→写

●ハクサンイチゲ

**はくさん-かざんたい【白山火山帯】** 中部地方北西部から九州北部にいたる火山帯。大山・別府・雲仙岳など温泉・景勝地が多い。大山火山帯。

**はくさん-こくりつこうえん【白山国立公園】** 白山を中心に岐阜・石川・福井・富山の四県にまたがる山岳国立公園。高山植物が多く、渓谷美、山岳信仰の寺社などで知られる。昭和三七年(一九六二)指定。

**はくさん-こざくら【白山小桜】** サクラソウ科の多年草。高山の湿地にはえ、高さ約一五㎝。根出葉はさじ形。七～八月に、花冠の五裂する紅紫色の花が咲く。ナンキンコザクラ。→写

**はくさん-しゃくなげ【白山石南▽花】** 亜高山にはえるツツジ科の常緑低木。葉は革質長楕円形で基部がくびれる。夏に、白色に緑斑のある花が咲く。→シャクナゲ写

**はくさん-じんじゃ【白山神社】** 白山比咩神社の別称。

**はくさん-ちどり【白山千鳥】** ラン科の多年草。高山の草地にはえ、高さ一〇～四〇㎝。葉は広線形で三～六枚を互生。六～八月に、紅紫色または白色の花が咲く。→写

**はくさん-ふうろ【白山風露】** 高地の草原にはえるフウロソウ科の多年草。葉は掌状に五～七裂。夏に、濃桃色の花が咲く。本州中部以北に分布。→写

●ハクサンコザクラ

**はく-し【白紙】** ①なにも書いてない白い紙。blank paper ②先入観をもたないこと。have no bias 用例 ―で臨む。③なにもなかったときの状態。clean state

**白紙に返す**(はくしにかえす) 「白紙に戻す」と同意。

**白紙に戻す**(はくしにもどす) もとの状態に返す。白紙に返す。start afresh

**はく-し【博士】** ①学問・芸道に深く通じた人。深い知識・高い識見をもつ人。はかせ。doctor ②学位の一つ。学術・文学・教育学・神学・社会学・法学・政治学・経済学・商学・経営学・理学・医学・歯学・薬学・保健学・工学・農学・獣医学・水産学の一九種類。大学院を置く大学の教授会が審査し、学長が授与する。ドクター。doctor

●ハクサンチドリ

●ハクサンフウロ

**はく-し【薄志】** ①弱い意志。②わずかな謝礼。薄謝。寸志。

**はく-じ【白磁】** 胎土が白色または象牙色の磁器。高熱で焼成。中国の邢州窯・景徳鎮窯などが有名。日本には朝鮮から製法が伝わり、江戸初期から有田で焼成。比較 青磁。→写

**ばく-し【爆死】**(名・サ変自) 爆撃・爆発で死ぬこと。death from bombing

**はくし-いにんじょう【白紙委任状】** 委任事項や委任する相手方などの項を、空白にして作成された委任状。決定をまかされた人が、後に空欄を補充して使用する。carte blanche

**はくし-かてい【博士課程】** 博士の学位を与える大学院の課程。修業年数は、修士課程と合わせて五年以上とされる。ドクターコース。doctor course

**はく-しき【博識】**(名・形動) 広く物事を知っていること・さま・人。博学。extensive knowledge

**はくし-じゃっこう【薄志弱行】** 意志が弱く、物事を行う気力に乏しいこと。

**はく-しつ【白質】** 脊椎動物の中枢神経系で、有髄神経線維からなり、白色にみえる部分。神経興奮の伝導路を含む。white matter

**はく-じつ【白日】** ①曇りのない太陽。bright sun 用例 青天―。②ひるひなか。白昼。broad daylight

**白日の下に晒す**(はくじつのもとにさらす) 明るく輝く太陽の下に引き出す。物事を、だれの目にも明らかなようにさらけだす。また、秘密をあばく。bring to light

**はくじつ-む【白日夢】** 白昼夢。daydream

**はくしもんじゅう【白氏文集】** 中国、中唐期の白居易の詩文集。自撰の集でもと七五巻、現存は七一巻。八二四年に友人の元稹が『白氏長慶集』五〇巻を編み、それに後集・続後集を加えて八四五年に成る。平安時代にわが国に伝わり「文集」「集」とよばれて親しまれ、わが国の文学に大きな影響を与えた。

**はく-しゃ【白砂】** 白く美しいすな。はくさ。white sand

**はく-しゃ【拍車】** 乗馬用の靴に付ける金具の歯車。spur

**拍車を掛ける**(はくしゃをかける)《拍車で馬の腹を打つ、の意から》いちだんと速度・勢いを増す。拍車を加える。expedite

**はく-しゃ【薄謝】** ①わずかな謝礼。small consideration ②謝礼を出すときの謙譲語。

**ばく-しゃ【幕舎】** テント張りの営舎。camp

**はく-しゃく【伯爵】** 五等爵の第三位の爵位。count; earl

**はく-じゃく【薄弱】**(名・形動) ①身体・意志が弱々しいこと・さま。weakness 用例 意志―。②確かでないこと・さま。あいまいなさま。flimsiness 用例 理由が―だ。

**はくしゃ-せいしょう【白砂青松】** 白砂と、青々とした松原の、美しい海岸の景色。

**はく-しゅ【拍手】**(名・サ変自) 両手のてのひらを打ち合わせること。両手のてのひらを、繰り返し打ち合わせること。神を拝んだり、賞賛・賛成の意を表す。hand clapping 用例 ―を送る。万雷の―。

**はく-じゅ【白寿】**《白は「百」の字から一をとったかたちであることから》九九歳。また、九九歳の年祝い。参照 賀の祝い。

**はく-しゅう【伯州】** 伯耆国。

**はくしゅう【白州】**〈町〉 山梨県北西端、長野県境の町。農林業が主。駒ケ岳・尾白川渓谷・塩沢温泉がある。人口四三三八(一九八八)。

**ばく-しゅう【麦秋】** →むぎあき(麦秋)

**はくしゅ-かっさい【拍手喝▼采】**(名・サ変自) 拍手して褒めたたえること。clapping and cheering 用例 ―を博す。

**はく-しゅく【伯叔】** ①兄と弟。②父母の兄弟。

**はく-しょ【白書】**《イギリス政府が白表紙の報告書として刊行したことから》経済・社会の実態や行政活動の現状・問題点などを国民に知らせるため、各省庁が一年ごとに発表する政府刊行物。white paper 比較 青書。用例 経済―。

**ばく-しょ【▼曝書】**(名・サ変自他) 書物の虫干しをすること。

**はく-じょう【白状】**(名・サ変他) 自分の罪や、隠していたことを申し立てること。confession 比較 告白。

**はく-じょう【薄情】**(名・形動) ①義理・人情にうすいこと・さま。cold-heartedness ②思いやりや愛情のないこと・さま。非人情。heartlessness

**ばく-しょう【爆笑】**(名・サ変自) 大勢でどっとわらうこと。roar of laughter 用例 ―につつまれる。

**ばく-しょう【爆傷】**(名・サ変自) 爆発や爆撃などによって負傷すること。また、そのきず。

**はく-しょく【白色】** 白い色。white

●白磁 『白磁鳳首壺』。唐代(七～八世紀)、東京国立博物館。



▼常用漢字表外。 ▽常用漢字表の音訓外。

**はくしょく-しんこく【白色申告】** ↓しろいろしんこく(白色申告)

**はくしょく-じんしゅ【白色人種】** 人類を黄色人種・黒色人種とともに三種類に大別したときの一つ。皮膚が白色・赤白色のヨーロッパ人のほかに、褐色のアラビア人・インド人も含む。波状の毛髪、狭く高い鼻は共通点。コーカサス人種。コーカソイド。Caucasoid

**はくしょく-たい【白色体】** 植物細胞の中にみられる、色素をもたない白色の色素体。表皮・地下茎・斑入り葉の白色部に含まれている。leucoplast

**はくしょく-テロル【白色テロル】**《「白色」は、フランス王権の表徴が白百合だったことに由来》為政者が反政府運動または革命を抑えようとして行う暴力行為。白色テロ。White Terror 対義 赤色テロル。

**はくしょく-レグホン【白色レグホン】** ニワトリの一品種。羽毛は白色で、脚と嘴は黄色。強健で発育が早く、多産。卵用種で、日本でもふつうに飼育されている。イタリア原産。white leghorn ↓写

●白色レグホン　雌(手前)と雄。

**はくしょく-わいせい【白色▼矮星】** 質量は太陽程度だが半径がその約一〇〇分の一の小さい高密度の恒星。比較的質量の小さい恒星の終末段階。white dwarf

**は-くじら【歯鯨】** 歯のあるクジラ類。最大のマッコウクジラ(体長約一八m)を除けば、中形ないし小形のクジラで、そのうち、体長四m以下で吻のあるものを一般にイルカとよぶ。鼻孔は一個。一夫多妻で、群泳する。イカや小魚などを捕食。世界に約八〇種が分布し、大部分が海産。

**はく-しん【迫真】** 真にせまること。true to life 用例 ―力。―の演技。

**はく-じん【白人】** 皮膚の白い人種。その人間。white race; white man

**はく-じん【白刃】** 抜き身の刀。しらは。drawn sword

**白刃踏む可し**(はくじんふむべし) 勇気があるようすを言う。

**白刃、前に交われば流矢を顧みず**(はくじん、まえにまじわればりゅうしをかえりみず) 大きな災難にであったときは、小さな災難を顧みる余裕がない。『など。

**ばく-しん【幕臣】** 幕府の臣下。旗本・御家人など。

**ばく-しん【爆心】** 爆撃された地域の中心。center of bombing 用例 ―地。

**ばく-しん【▼驀進】**(名・サ変自) まっしぐらに進むこと。dush for 用例 優勝への道を―する。

**はくすい【白水】**〈村〉 熊本県北東部、阿蘇カルデラ内の南郷谷の村。米・肉牛・タバコなどを生産。人口五〇五七(一九八八)。

**ハクスリー【Aldous Leonard Huxley】**(一八九四〜一九六三) イギリスの小説家・思想家。ジュリアン=ソレル=ハクスリーの弟。現代への懐疑と幻滅を冷笑的に表現した。作品『恋愛対位法』『みごとな新世界』『ガザに盲いて』など。

**ハクスリー【Andrew Fielding Huxley】**(一九一七〜 ) イギリスの生理学者。オルダス=ハクスリーの弟。神経細胞膜に現れたイオン機構の研究業績で、ホジキン・エックルズとともに一九六三年ノーベル生理学医学賞受賞。

**ハクスリー【Julian Sorell Huxley】**(一八八七〜一九七五) イギリスの生物学者。オルダス=ハクスリーの兄。おもに鳥類の行動学などの研究で知られる。また、科学の啓蒙的活動家として有名。ユネスコ事務局長を歴任。

**ハクスリー【Thomas Henry Huxley】**(一八二五〜九五) イギリスの動物学者・解剖学者。進化論者。ヒトとサルの比較解剖学を研究、ヒトの進化をはじめて論じた。

**はく・する【博する】**(サ変他) 占める。得る。博す。gain; win 用例 好評を―。

**ばく・する【▼駁する】**(サ変他) 人の言や説に反対して攻撃する。反論する。駁す。refute

**ばく・する【縛する】**(サ変他) ＝縛す。①しばる。縛す。bind ②自由をうばう。束縛する。confine

**はく-せい【▼剝製】** 鳥獣などの外部形態を半永久的に保存するために作られる乾燥標本。動物の皮を剝ぎ、内臓・肉を除去し、代わりに綿などを詰め、防腐などの処理をして、ふたたび縫い合わせる。stuffed animal ↓写

**ばく-せい【幕政】** 幕府の政治。

**はく-せき【白▼皙】** 皮膚の色の白いこと。white 用例 ―人種。

**ばくせきざん-せっくつ【麦積山石▼窟】** 中国、甘粛省天水県の南東にある石窟寺院。窟龕と磨崖仏が現存。時代は北魏から明までにわたる。仏教美術史上貴重な遺跡。

**はくせつ【拍節】** リズムの一種。詩の韻律に由来し、音楽では一定の時間的な単位に基づいて構成する、アクセントの周期的反復のこと。meter

**ばく-せつ【▼駁説】** 他説に対して非難攻撃の意見を述べること。また、その説。反論。駁論。

**はく-せん【白扇】** 文字や絵のない白い地紙のおうぎ。white fan

**白扇、逆しまに懸かる**(はくせん、さかしまにかかる) 富士山が雪をかぶって立つ姿を言う。

**はく-せん【白銑】** 破面が白色の銑鉄。黒鉛を含まず、炭素が鉄と化合した状態のセメンタイト($Fe_3O$)組織のもの。硬度が高く、製鋼原料に利用。white pig iron

**はく-せん【白線】** 白い筋。white line 用例 帽子の―。

**はく-せん【白▼癬】** 白癬菌という一種のカビが皮膚に寄生して起こる皮膚病の総称。頭部ではしらくも、体幹では頑癬、銭田虫、手足では水虫という。trichophytid

**はく-ぜん【白▼髯】** 白いほおひげ。

**ばく-ぜん【漠然】**(形動トタル) ぼんやりしているさま。はっきりしないさま。漫然。vague 用例 説明が―としている。

**は-くそ【歯▼糞・歯▼屎】** 歯に付いたかす。impurities on the teeth 参照 歯垢。

**ばく-そう【爆走】**(名・サ変自) 自動車・オートバイなどが、はげしい音をたてて疾走すること。roar

**ば-ぐそく【馬具足】** 軍馬に着せる鎧。頭部から首、尻にかけておおう。布に方形の鉄札か革札を綴じつけたもの。うまよろい。

**はくそんこう-の-たたかい【白村江の戦い】** 天智二年(六六三)朝鮮半島南西部の白村江で、百済救援のための日本軍が唐・新羅の連合軍に敗れた海戦。この結果百済は滅亡、日本は朝鮮から撤退。はくすきのえのたたかい。

**はくた【伯太】**〈町〉 島根県北東部の町。稲作中心の農業の町で、茶の産地。比婆山の陰陽竹は天然記念物。人口六〇四二(一九八八)。

●剝製　イリオモテヤマネコ(手前)とニホンオオカミ。

**バグダード【Baghdād】** イラクの首都。同国中部、チグリス川中流に位置、古代メソポタミア以来、経済・文化の中心。八世紀アッバース朝の都となり、以後東西交易の中心として繁栄。バグダッド。人口三二一九万(一九七七)。

**バグダード-じょうやく【バグダード条約】** 一九五五年にトルコ・イラク・イラン・パキスタン・イギリスの五か国間で締結された集団防衛条約。五九年イラクが脱退し、中央条約機構(CENTO)に改組。中東条約。Baghdad Pact

**バグダード-てつどう【バグダード鉄道】** 一九世紀末、ドイツが三B政策の中心としてトルコから得た鉄道利権。狭義には一九〇三年建設を始めたコニヤ〜バグダード〜ペルシア湾の鉄道。第一次大戦のため未完成に終わり、戦後はトルコ・シリア・イラクの共同管理となった。Baghdad Railway

**はく-たい【▽百代】**《「はく」「たい」ともに漢音》長い年月・時代。ひゃくだい。

**百代の過客**(はくたいのかかく) 《芭蕉の『奥の細道』にある語》永遠の旅人。月日のこと。

**はく-だい【博大】**(名・形動) 学問・知識が広く大きいこと・さま。

**ばく-だい【▼莫大】**(名・形動) 非常に大きいこと・さま。非常に多いこと・さま。enormous 用例 ―な遺産。

**はく-だく【白濁】**(名・サ変自) 白く濁ること。溶液中に不溶性の白色物質が生成したり、液体をかき混ぜることにより細かい無数の泡が生じて起こる。cloudiness

**はく-だつ【▼剝脱】**(名・サ変自他) はげて落ちること。はがし、ぬがすこと。fall off; strip off 用例 塗料が―する。

**はく-だつ【▼剝奪】**(名・サ変他) ①はがして取ること。strip off ②官職・権利などを取り上げること。deprive

**バグダッド【Baghdād】** ↓バグダード

**はく-たん【白炭】** 表面の白い、かたい木炭。しろずみ。

**ばく-だん【爆弾】** ①爆発力によって施設を破壊したり人を殺傷したりする兵器。核エネルギーを利用する核爆弾と、爆薬などを利用する通常爆弾などがある。爆裂弾。bomb ②人を驚かすような発表などのたとえ。用例 ―宣言。―声明。

**はく-ち【白痴】** 一脳の障害や病気のため、ふつうより極度に知能が劣っている人をいった。精神薄弱のうちもっとも重いもの。知能指数は二〇以下。言語は多少わかる程度で、衣食にも介添えを必要とし、肢体が不自由なことが多い。idiocy 二《原題Idiotロシ》ドストエフスキーの小説。一八六八年発表。純粋無垢な主人公ムイシキンをめぐる奇怪な恋と殺人の物語。

**はく-ち【白▼雉】** ①白色のキジ。②孝徳朝の年号。大化から改元。元年(六五〇)二月一五日〜五年(六五四)。

**はく-ち【泊地】** 港内において船舶が停泊する所定の場所(バース)、およびバース待ちや検疫などのために仮に停泊する水域。anchorage

**ばく-ち【博▽打・博▼奕】** ①勝負に金銭などを賭けること。賭博。gamble ②大成功を期待した危険な試み。risk 用例 大―を打つ。

**ばくち-うち【博▽打打ち】** 賭博を業とする者。博徒。gambler

**ばく-ちく【爆竹】** 古くから中国で行われている音響花火。竹筒(現在はほとんどが紙筒)に火薬を詰めたもの。大きな爆発音が悪霊を退治すると信じられた。firecracker

**はく-ちず【白地図】** 大陸や島の輪郭、また国境や県境などのみが描かれている地図。後から地理的事象を記入したり、色分けしたりするためのもの。白図。暗射地図。blank map

**ばくち-の-き【博▽打の木】** バラ科の常緑高木。暖地にはえる。高さ約一五m。葉は大形の長楕円形で薬用とする。初秋に、小さな白花を密な穂状につける。樹皮がうろこ状にはげ落ち、その跡は紅黄色になる。ビランジュ。↓写

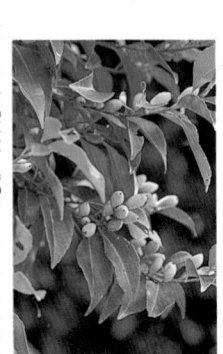

●バクチノキ

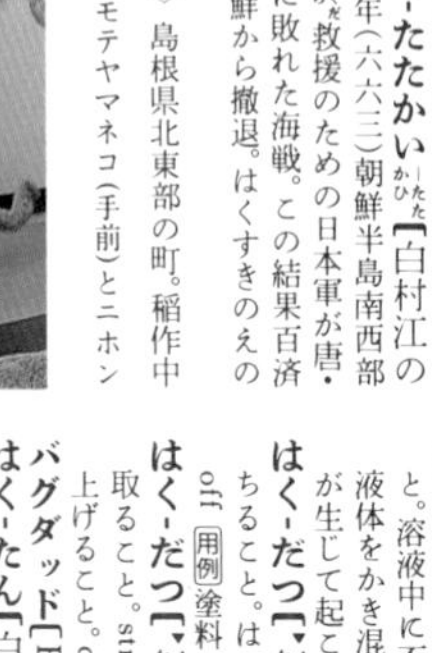

**ばくち-ば【博▽打場】** ばくちをする所。鉄火場。gambling place

**はく-ちゅう【白昼】** まひる。ひるひなか。白日。broad daylight

**はく-ちゅう【伯仲】** 一(名) 長兄と次兄。first son and second son 二(名・サ変自) よく似ていて優劣のないこと。equally matched; even

**伯仲の間**(はくちゅうのかん) 力量などが同程度であるため、優劣を決めにくいこと。

**はくちゅう-む【白昼夢】** 覚醒時にあらわれる、夢に似た意識状態。空想よりも現実的な内容をもつ。子供や分裂病者に多くみられる。白日夢。daydream

は

**パクチョイ**【白菜中】(báicài) 結球しないアブラナ科の中国野菜。日本のハクサイ(白菜)の仲間で広東地方が主産地。葉は濃緑色で、茎は肉厚で白い。

**はく-ちょう**【白丁・白張】①白い狩衣を着た仕丁。②神事・神葬などで物をはこぶ人夫。③律令制下、社会的身分の一つ。良民のうち貴族・有位者の下の平民で、一般の農民のこと。人口の大部分を占め、課役負担の義務を負った。はくてい。

**はく-ちょう**【白鳥】ガンカモ科の大形の水鳥。翼長五三～六〇cm。白色。水草を食べる。ユーラシア北部で繁殖し、冬季日本に渡来。コハクチョウ・オオハクチョウなど。天然記念物の一つ。クグイ。シラトリ。白鳳。鵠。スワン。swan →写

**はくちょう-げ**【白丁▿花】アカネ科の常緑小低木。狭楕円形の小さな葉が対生につき、初夏に白色または淡紅紫色の花が咲く。生け垣にも使用。→写

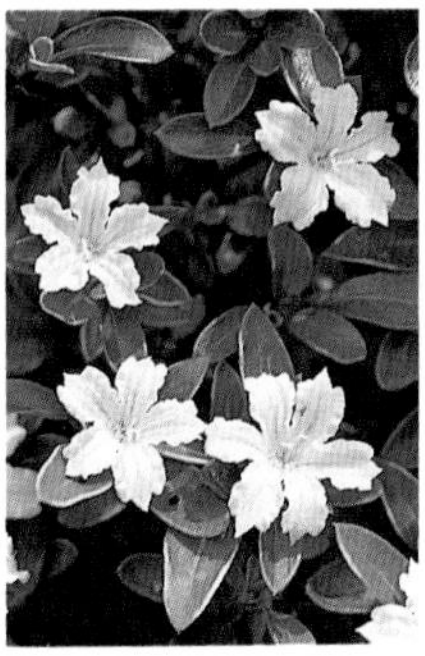

●ハクチョウゲ

**はくちょう-ざ**【白鳥座】北天の星座。夏の天の川の中にあり、大きな十字形に並ぶ星の配列が見事。一等星デネブがα星。β星アルビレオは色の対比の美しい二重星として小望遠鏡での好対象。九月二五日ごろの午後八時ごろに南中。面積八〇五平方度。北十字。Cygnus →図

●白鳥座

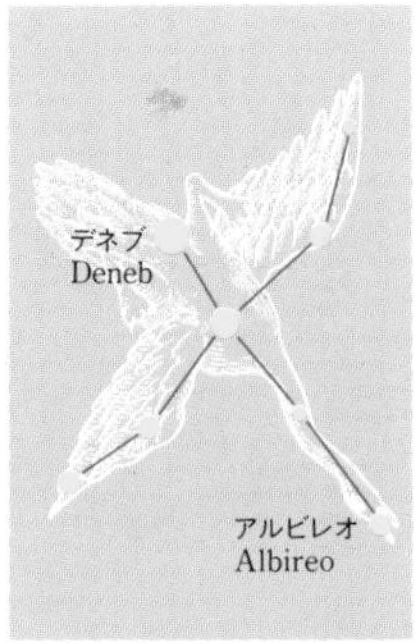



**はくちょうしょじょ-せつわ**【白鳥処女説話】白鳥が乙女の姿となって現れ、鳥となって飛び去るという、世界各地に類型がみられる伝説。羽衣伝説も、この一つ。

●ハクチョウ オオハクチョウ

**はくちょう-の-うた**【白鳥の歌】㊀《死に瀕した白鳥がもっとも美しく歌うという言い伝えから》人がなくなる前、最後につくった詩歌・歌曲など。㊁《原題 Schwanengesangドイ》一八二八年シューベルト作曲、ハイネらの詩による歌曲集。全一四曲。『美しき水車小屋の娘』『冬の旅』とともに彼の三大歌曲集の一つ。

**はくちょうのみずうみ**【白鳥の湖】《原題Lebedinoe ozeroロシ》古典バレエの傑作。チャイコフスキー作曲。一八七七年初演。オデット姫と王子の恋物語。チャイコフスキーの代表的バレエ音楽。

**ばく-ちん**【爆沈】(名・サ変自他) ①(自)艦船が爆発によって沈むこと。sink by explosion ②(他)爆弾・魚雷などで艦船を沈めること。blow up

**ぱく-つ・く**(五自) 大口をあけて食べる。さかんに食べる。

**バクテリア**【bacteria】細菌。

**バクテリオクロロフィル**【bacteriochlorophyll】光合成細菌(紅色細菌・紅色硫黄細菌など)に存在するクロロフィル。光エネルギーをとらえて細菌の光合成に関与。一般の植物のクロロフィルとはやや構造が異なる。

**バクテリオファージ**【bacteriophage】細菌に感染して、菌を溶かしながら増殖していくウイルスの一群。細菌ウイルス。ファージ。

**はく-ど**【白土】①白色の土。white earth ②カオリンやモンモリロナイトなどからなる白色の粘土。顔料・窯業原料・土木材料・医薬品などに利用。clay

**ばく-と**【博徒】ばくち打ち。gambler

**はく-とう**【白桃】①白い花の咲くモモ。②モモの栽培品種の一つ。果実は白地に淡く紅色が入り、短毛が密生。果肉は白く、多汁で甘い。明治三四年(一九〇一)岡山県で発見された。シロモモ。→モモ写

**はく-とう**【白陶】中国、殷文化後期の白色硬質の土器。器形・文様は同時代の青銅器に近似。墳墓以外からの出土例はなく、副葬品または祭祀用具と考えられる。

**はく-とう**【白頭】しらがあたま。

**はく-どう**【白道】地球の中心からみて、月が天球上を運動していく大円。月の軌道面の延長と天球との交線のこと。moon's path

**はく-どう**【白銅】銅にニッケルを二〇～二五%加えた銀白色の合金。加工が容易で、耐食性があり、海水用パイプ・貨幣などに使用される。cupro-nickel

**はく-どう**【拍動・▾搏動】心臓が全身に血液を循環させるための収縮と拡張運動。pulsation

**はくとう-おう**【白頭翁】ムクドリの別名。

**はくとう-さん**【白頭山】中国と北朝鮮(朝鮮民主主義人民共和国)国境の長白山脈の主峰。標高二七四四m。白色の石灰岩でおおわれる。長白山。ペクトゥサン。チャンパイシャン。

**はく-とうゆ**【白灯油】無色の精製灯油。家庭用の暖房・厨房用の燃料にする。kerosene

**はくとう-わし**【白頭▾鷲】頭部と尾が白色のワシタカ科の鳥。全長約八〇cm。アメリカの国鳥。海岸や湖沼の近くにすみ魚類などを捕食。北アメリカに分布。bald eagle →写

**ばくと-して**【漠として】(副) ①広々としてぼんやりしたさま。はっきりしないさま。vaguely 用例 真意が―捕らえがたい。②とりとめのないさま。inconherently

**バクトリア**【Bactria】中央アジア、アムダリヤ中流域、ヒンズークシ山脈北麓地方の古地名。東西交通の要地。紀元前二五五年ごろ自立、ギリシア系植民国家として栄えたが、前一三九年トハラ族に征服された。

●ハクトウワシ

**はく-ないしょう**【白内障】眼球中の水晶体が混濁する病気。霧がかかったように視力が低下する。白底翳。cataract

**ハクニー-しゅ**【ハクニー種】イングランド地方の在来馬にアラブ種・サラブレッド種などを交配した種。乗用・馬車用。Hackney

**ばく-にょう**【▾麦▾繞】漢字を組み立てている部分の名。「麴・麵」などの「麦」。

**はく-ねつ**【白熱】(名・サ変自) ①物体が極度に熱せられて、白い光を放つこと。incandescence ②状況が最高潮に達すること。climax 用例 ―戦。

**はくねつ-てき**【白熱的】(形動) 物事が、この上もない状態に高まるさま。most exciting

**はくねつ-でんきゅう**【白熱電球】真空またはは不活性ガス入りのガラス球に封入してあるタングステンフィラメントを白熱し、発光させる電球。incandescent lamp

**ばく-ねん**【爆燃】→ノッキング

**ばく-の-ふだ**【▾獏の札】悪夢を食うという動物の獏の絵を描いた札。悪夢を避け、邪気を払うとされ、初夢のときなど寝床に敷いた。

**はく-ば**【白馬】毛色の白いウマ。白駒。あおうま。

**白馬は馬に非ず**(はくばはうまにあらず) 馬は馬であり、白馬は白馬である、それゆえ白馬は馬ではない。白馬非馬。詭弁のたとえ。

**はくば**【白馬】〈村〉長野県北西部、白馬岳東麓の村。豪雪地だが白馬登山・八方尾根のスキーなど観光の村として発展。人口八三一〇(一九八八)。

**ばく-は**【爆破】(名・サ変他) 爆薬で破壊すること。blast

**はく-ばい**【白梅】白い花の咲くウメ。また、その花。しらうめ。white Japanese apricot

**バグパイプ**【bagpipe】空気袋にリードつきの管を数本取りつけた管楽器。ヨーロッパ・近東諸国の古い民族楽器で、スコットランド衛兵の使用が有名。バッグパイプ。

**はくば-かい**【白馬会】明治時代の美術団体。明治二九年(一八九六)黒田清輝らが結成。洋画界の主流となった。同四四年に解散。

**はく-はく**【白白】(形動トタル) 明白。はっきりしたさま。clear 用例 明々―。

**ばく-ばく**【漠漠】(形動トタル) ①遠くはるかなさま。用例 ―たる荒野。②ぼんやりして、とりとめのないさま。用例 空々―。

**ぱく-ぱく**(副) ①口を大きく開けたり、とじたりするさま。gape 用例 コイが口を―させる。②物のつぎ目がはがれて、開いたりとじたりするさま。gape open and shut 用例 靴の

●幕府②

鎌倉幕府将軍

| 代 | 将軍名 | 在位 | |
|---|---|---|---|
| 1 | 源頼朝 | 建久3年～正治1年 | 1192～1199 |
| 2 | 源頼家 | 正治1年～建仁3年 | 1199～1203 |
| 3 | 源実朝 | 建仁3年～承久1年 | 1203～1219 |
| 4 | 藤原頼経 | 嘉禄2年～寛元2年 | 1226～1244 |
| 5 | 藤原頼嗣 | 寛元2年～建長4年 | 1244～1252 |
| 6 | 宗尊親王 | 建長4年～文永3年 | 1252～1266 |
| 7 | 惟康親王 | 文永3年～正応2年 | 1266～1289 |
| 8 | 久明親王 | 正応2年～延慶1年 | 1289～1308 |
| 9 | 守邦親王 | 延慶1年～正慶2年 | 1308～1333 |

室町幕府将軍

| 代 | 将軍名 | 在位 | |
|---|---|---|---|
| 1 | 足利尊氏 | 延元3年～正平13年 | 1338～1358 |
| 2 | 足利義詮 | 正平13年～正平22年 | 1358～1367 |
| 3 | 足利義満 | 正平23年～応永1年 | 1368～1394 |
| 4 | 足利義持 | 応永1年～応永30年 | 1394～1423 |
| 5 | 足利義量 | 応永30年～応永32年 | 1423～1425 |
| 6 | 足利義教 | 永享1年～嘉吉1年 | 1429～1441 |
| 7 | 足利義勝 | 嘉吉2年～嘉吉3年 | 1442～1443 |
| 8 | 足利義政 | 宝徳1年～文明5年 | 1449～1473 |
| 9 | 足利義尚 | 文明5年～延徳1年 | 1473～1489 |
| 10 | 足利義稙 | 延徳2年～明応2年 | 1490～1493 |
| 11 | 足利義澄 | 明応3年～永正5年 | 1494～1508 |
| 12 | 足利義稙* | 永正5年～大永1年 | 1508～1521 |
| 13 | 足利義晴 | 大永1年～天文15年 | 1521～1546 |
| 14 | 足利義輝 | 天文15年～永禄8年 | 1546～1565 |
| 15 | 足利義栄 | 永禄11年 | 1568 |
| 16 | 足利義昭 | 永禄11年～天正1年 | 1568～1573 |

* 10代義稙と同一人

江戸幕府将軍

| 代 | 将軍名 | 在位 | |
|---|---|---|---|
| 1 | 徳川家康 | 慶長8年～慶長10年 | 1603～1605 |
| 2 | 徳川秀忠 | 慶長10年～元和9年 | 1605～1623 |
| 3 | 徳川家光 | 元和9年～慶安4年 | 1623～1651 |
| 4 | 徳川家綱 | 慶安4年～延宝8年 | 1651～1680 |
| 5 | 徳川綱吉 | 延宝8年～宝永6年 | 1680～1709 |
| 6 | 徳川家宣 | 宝永6年～正徳2年 | 1709～1712 |
| 7 | 徳川家継 | 正徳3年～享保1年 | 1713～1716 |
| 8 | 徳川吉宗 | 享保1年～延享2年 | 1716～1745 |
| 9 | 徳川家重 | 延享2年～宝暦10年 | 1745～1760 |
| 10 | 徳川家治 | 宝暦10年～天明6年 | 1760～1786 |
| 11 | 徳川家斉 | 天明7年～天保8年 | 1787～1837 |
| 12 | 徳川家慶 | 天保8年～嘉永6年 | 1837～1853 |
| 13 | 徳川家定 | 嘉永6年～安政5年 | 1853～1858 |
| 14 | 徳川家茂 | 安政5年～慶応2年 | 1858～1866 |
| 15 | 徳川慶喜 | 慶応2年～慶応3年 | 1866～1867 |

底が―する。③勢いこんで食べるさま。もりもり。scoff; gobble 用例 ごちそうを―食べる。

**はくば-じ【白馬寺】** 中国河南省洛陽の郊外にある中国最初の仏教寺院。六七年あるいは七五年に後漢の明帝が建立したという。唐代まで訳経事業の中心となった。↓写

**はく-はつ【白髪】** しらが。gray hair

**白髪三千丈**(はくはつさんぜんじょう) 心配のあまりしらがの長くなることを、詩的に誇張した語。

**ばく-はつ【爆発】**(名・サ変自) ①急激な体積増加や発熱により、爆発音を発したり破壊的作用を引き起こす現象。explosion ②急に破裂すること。explosion

**ばくはつがた-ふんか【爆発型噴火】** 火山ガスの急膨張により、マグマや火山ガスが急激に放出される噴火。explosive eruption

**ばくはつ-せいけい【爆発成形】** 爆発の圧力を利用して、金属板の圧接、金属部品の加工などを行うこと。explosive forming

**ばくはつ-はんのう【爆発反応】** 心理学用語。ささいなことですぐに怒り出し、人を攻撃したり、衝動的に自殺をはかったりする行動。explosive reaction

●白馬寺 斎雲塔。

**ばくはつぶつとりしまり-ばっそく【爆発物取締罰則】** 治安を乱したり人の身体・財産を害する目的での爆発物の製造・使用などに対する処罰を定めた法律。明治一七年(一八八四)布告。

**ばくは-やく【爆破薬】** 岩石や土壌などの爆破に用いる爆薬。ダイナマイト・硝安爆薬・カーリットなど。blasting explosive

**はく-はん【白斑】** ①白いまだら。white spot ②医学で、しろなまず。vitiligo ③太陽面の周辺部に、不規則に発生する白く輝いて存在する斑点状の領域。その周囲より一・三倍ほど明るく、強い磁場が観測されている。どのような原因で発生するものかは、まだ解明されていない。facula

**ばくはん-たいせい【幕藩体制】** 江戸時代の政治支配機構。一七世紀前半に完成した封建支配体制で、幕府が各藩大名を支配し、幕府・諸藩は領主として農民から米納年貢を徴収した制度。

**はく-び【白眉】**《昔中国で、馬家五兄弟のうち、もっともすぐれていた長兄、馬良の眉に白毛があったことから》多くの中でもっともすぐれたもの。出色。the best

**はく-び【伯備】** 伯耆国と、備前・備中・備後の各国の総称。

**はくひ-しょう【白皮症】** 先天性メラニン欠乏症。生まれつきメラニン色素がないため、皮膚は紅白色、毛髪は白色か黄色、目の虹彩はピンクまたは青色にみえる。体質が日光に過敏なため、皮膚炎をおこしやすい。albinism

●白鳳時代

『薬師如来像』(中)、『日光菩薩像』(右)、『月光菩薩像』(左)。薬師寺(奈良県)。

『阿弥陀浄土図』(部分)。法隆寺金堂壁画(奈良県)。

『旧山田寺仏頭』。天武一四年(六八五)、興福寺(奈良県)。

高松塚古墳西壁面の女子像(奈良県)。

法隆寺五重塔(奈良県)。

**はく-びしん【白鼻心】** ジャコウネコ科の食肉類。体長約五〇㎝。頭は黒く、鼻すじに明瞭な白帯がある。肉食だが果実も好む。台湾・中国・日本に分布する。masked palm civet ↓写

●ハクビシン

**はく-ひょう【白票】** ①国会で議案を採決するとき、賛成の意思表示として投じる票。起立による賛否認定が困難な場合か、出席議員の五分の一以上の要求があるときに行う。white ballet 対義 青票。②何も記載しないで白紙のままで投じられた票。blank ballet

**はく-ひょう【薄氷】** うすく張った氷。thin ice

**薄氷を履む**(はくひょうをふむ) 非常に危険な情況にのぞむこと。tread on eggs

**はく-びょう【白描】** 彩色をせず、墨の描線だけで完成する絵画の様式。中国では唐代にすでに存在し、日本では鎌倉時代の図像や絵巻物に作例をみる。『鳥獣戯画』など。白画。白描画。↓写

**ばく-ふ【幕府】** ①古く中国で、出征中の将軍の幕営。将軍の邸宅の呼称。②鎌倉時代から江戸時代に至る、征夷大将軍を長とする武家政治の政庁・政権。↓図(前ページ)

**ばく-ふ【瀑布】** がけから流れ落ちる水。滝。waterfall

**ばく-ふう【爆風】** 火薬などの爆発のさい生じる強い風圧。空気中を伝播するときは、ふつうの衝撃波と異なり、減衰は非常に速い。blast

**ばくふ-せん【瀑布線】** 滝線の別称。

**はく-ぶつ【博物】** ①広く物事を知っていること。②「博物学」の略。

**はくぶつ-がく【博物学】** 動物・植物・鉱物などの自然物について研究する学問。natural history

**はくぶつ-かん【博物館】** 歴史・芸術・民俗・産業・自然科学などに関する資料を収集・保管し、常時展示して一般に供するための施設。museum

**はく-ぶん【白文】** ①注釈などのない漢文。②送り仮名・返り点などの付いていない漢文。

**はく-ぶん【博聞】** 物事を広く聞き知っていること。wide information

**はくぶん-かん【博文館】** 出版社。明治二〇年(一八八七)大橋佐平が創立。総合雑誌『太陽』や教科書・日記帳などの出版で知られた。

**はくぶん-きょうき【博聞強記】** 広く聞き知って、よく覚えていること。比較 博覧強記。

**はく-へい【白兵】**《「兵」は兵器の意》刀・剣・槍など、斬ったり突いたりする機能をもつ兵器の総称。白刃。

**はくへい-せん【白兵戦】** 戦場で敵味方が肉薄し、銃剣や刀など(=白兵)を用いて戦う戦闘。hand-to-hand fight

**はく-へき【白璧】** ①白い玉。②貴重なもののたとえ。

**白璧の微瑕**(はくへきのびか) りっぱなものに、わずかな欠点のあるたとえ。類似 玉に瑕。

**はく-べら【繁蔞・蘩蔞・蔞】** ハコベの古名。

**はく-へん【剝片】** ①はがれたかけら。flake ②「剝片石器」の略。

**はくへん-せっき【剝片石器】** 石核より剝ぎとられた剝片を利用した石器。多くは二次加工して刃部をつけるが、そのまま利用されるものもある。剝片。フレーク。flake

**はく-ぼ【薄暮】** ゆうぐれ。たそがれ。dusk

**はく-ほう【白鳳】** ①白い羽の鳳(想像上の鳥)。②孝徳～天武の五朝の間の逸年号。

**はくほう-じだい【白鳳時代】** 美術史の時代区分の一つ。天武朝を中心とする七世紀後半の時代、大化の改新(六四五年)から平城遷都(七一〇年)まで。飛鳥時代と天平時代の中間。この時代の活気に満ちた清新な文化を白鳳文化という。彫刻では奈良興福寺の仏頭、絵画では法隆寺金堂壁画などが知られる。↓写

**はくほう-どう【(株)博報堂】** 大手の広告会社。明治二八年(一八九五)創業。出版物広告の取り次ぎから始まって総合広告会社に発展。

**はく-ぼく【白墨】** 焼き石膏や白亜の粉末を水で練り、棒状に固めたもの。黒板などに書くためのもの。チョーク。chalk

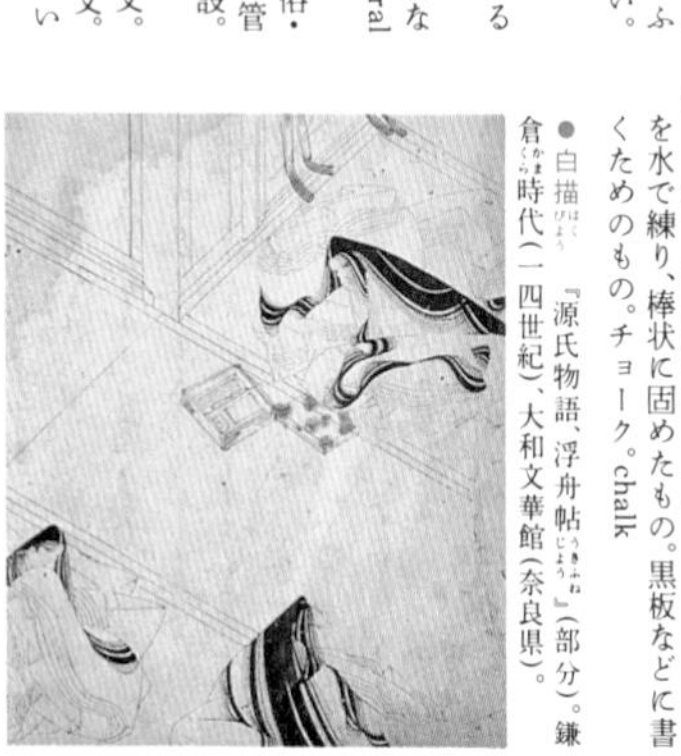
●白描 『源氏物語、浮舟帖』(部分)。鎌倉時代(一四世紀)、大和文華館(奈良県)。

**はく-ぼく【白▼樸】**(一二二六〜八五) 中国、元代の劇作家。字は仁甫。真定の人。玄宗と楊貴妃の悲劇を題材とした戯曲「梧桐雨」など。

**はく-ま【白魔】** 被害を与えるような大雪の「たとえ」。

**は-ぐま【▽白▼熊】** 中国産のヤクの白い尾毛。旗・やりの装飾、払子などに用いる。

**はく-まい【白米】** 精白米の一つ。外側のぬか層および胚芽をほぼ完全に除いた米。polished rice 対義 玄米。

**はく-まく【薄膜】** 表面積に対して厚さが無視できるほど小さい層・膜。thin film

**ばく-まつ【幕末】** 江戸幕府の末期。

**は-ぐみ【葉組(み)】** 生け花の一手法。水仙・杜若・花菖蒲などの、葉を組んで生ける。葉を組む花材を組み葉物とよぶ。

**はく-めい【薄命】** ①ふしあわせ。不幸な運命。sad fate ②短命。short life 用例 美人—。

**はく-めい【薄明】** ①うすあかり。twilight ②日の出前や日没後、太陽の光を反射して空がうす明るい状態。twilight

**ばくめい-き【爆鳴気】** 水素と酸素を容積で二対一の割合で混ぜた気体。点火すると爆発して水を生じる。また、水素と塩素を容積で一対一の割合で混ぜた気体(＝塩素爆鳴気)もいう。detonating gas

**はく-めん【白面】** ①色の白い顔。②すがお。③年が若くて経験に乏しいこと。未熟。用例 —の書生。

**はくもうじょ【白毛女】** 中国の新歌劇。五幕。一九四四年初演。魯迅芸術学院の集団制作。映画・バレエ化。貧農の娘が革命軍兵士の婚約者に救われる話。

**はく-もくれん【白木▼蓮】** モクレン科の落葉高木。高さ一〇〜一五m。葉は大きく長楕円形。春、葉に先立って肉質の白い大花を開き、芳香を放つ。中国原産。yulan →写

● ハクモクレン

**ばくもんどう【麦門冬】** 生薬の一つ。ユリ科ジャノヒゲの塊茎を水洗いしたあと、天日で乾燥したもの。解熱・慢性気管支炎・咽喉炎・肺結核などに用いる。

**はく-や【白夜】** →びゃくや(白夜)

**ばく-やく【爆薬】** 火薬類のうち、破壊のための爆発に使われるもの。ダイナマイト・ニトログリセリンなど。火薬。explosive

**はく-よう【白▼楊】** ハコヤナギ・ドロノキの別称。

**はくよう-きゅう【白羊宮】** 十二宮の一つ。春分の日に太陽はこの宮に入る。現在では、魚座付近にあたる。

**はく-らい【舶来】**(名・サ変自) 外国から船で来ること。また、その品物。舶載。imported article 対義 国産。用例 —品。

**ばく-らい【爆雷】** 潜航中の潜水艦攻撃用の爆弾。艦艇または航空機から投下し、あらかじめ設定した深度で、また磁気を感応することによって爆発する。対潜兵器の発達により現在ではほとんど使われない。depth bomb

**はぐら-か・す**(五他) ①はぐれるようにする。give the slip ②問いをうまくはずす。言いまぎらす。ごまかす。evabe

**はく-らく【伯楽】**《昔中国で、馬の優劣を見分けた人の名から》①馬の良否を見分ける人。ばくろう。②人物を見抜く力のある人。

**はく-らく【▼剝落】**(名・サ変自) はげ落ちること。peel off

**はくらくてん【白楽天】** →はくきょい(白居易)

**はく-らん【白▼蘭】** ランの中で白い花をつけるもの。ビャクラン。

**はく-らん【博覧】**(名・サ変他) ①広く書物を見て物事をよく知っていること。wide reading 比較 博聞。②広く一般の人々が見ること。

**はくらん-かい【博覧会】** いろいろな商品・産物・模型などを集めて展示し、一般の人々に知ってもらうことで産業の振興と文化の普及をはかる催し。exposition

**はくらん-きょうき【博覧強記】** 広く書物を読んで、よく記憶していること。

**はく-り【▼剝離】**(名・サ変自他) はがれて、離れること。peel off 用例 網膜—。

**ばく-り【幕吏】** 幕府の役人。

**ぱくり** ㊀(名)《俗語》①商品などをすばやく盗み取ること。②預かった代金を着服すること。㊁(副) ＝ぱっくり。①口を大きく開いて食べたり、飲みこんだりするさま。用例 カエルが—とハエを飲みこむ。②割れ目が大きく開くさま。

**はくりき-こ【薄力粉】** たんぱく質含量の低い、粘りけの少ない小麦粉。製菓材料やてんぷら粉として用いる。weak flour

**はくり-し【▼剝離紙】** 紙面にシリコーンを塗布した紙。くっつかないので、粘着性物質を保護するために使う。

**はくり-たばい【薄利多売】** 利益を少なくして数多く売ること。small profits and quick returns

**バグリツキー**［Eduard Georgiyevich Bagritsky］(一八九五〜一九三四) ソ連の詩人。叙事詩『オパナスの唄』、詩集『南西』など。

**ぱくり-や【ぱくり屋】** 資金の融資や手形の割引などの話をもちこんで、手形や保証金を持ち逃げしたり、おどしやたかりで不法な礼金をとったりする者。swindler

**ばくりゅう-しゅ【麦粒▼腫】** まぶたの汗腺・毛包・瞼板腺に細菌が侵入しておこる炎症。黄色ブドウ球菌によることが多い。俗称ものもらい。hordeolum

**はくりゅう-せき【白▼榴石】** カリウムとアルミニウムの珪酸塩鉱物。正方晶系。二四面体の白や灰色結晶。ガラス光沢がある。カリウムに富む塩基性火山岩中に産する。柘榴石に似た外形。leucite

**ばく-りょう【幕僚】** ①本営で君主・将軍などを補佐して謀議をめぐらすもの。②軍司令部に直属する参謀将校や副官で、軍機に参画するもの。staff officer

**ばく-りょう【▼曝涼】** 秋などの空気の乾燥した時期に、書物・衣類などに風を通し、日にさらすこと。虫干し。

**はくりょう-たい【▼柏▼梁体】** 中国の詩体の一種。一句が七言で句ごとに脚韻をふむもの。前漢の武帝が柏梁台を築いたとき、群臣と一句ずつ連句した詩に基づく。

**はく-りょく【迫力】** 人の心に強くせまる力。force

**はぐ・る**(五他) めくり返す。turn up 用例 暦を—。

**ぱく・る**(五他)《俗語》①大きく口をあけて食べる。②人に知られないようにすばやく盗む。かっぱらう。③犯人などを捕まえる。

**は-ぐるま【羽車】** 腰輿の一種。御霊代を移すときなどに用いられた輿で、二本の長柄の上に屋形をのせ、腰で支え手で持って運ぶ。御羽車。

**は-ぐるま【歯車】** ㊀車の周辺に多数の歯を規則正しく刻んだもの。組み合わせて、回転や動力の伝達に用いる。平歯車・斜歯歯車・傘歯車・ウォーム歯車・ねじ歯車など。ギヤ。toothed wheel ㊁芥川竜之介の小説。昭和二年(一九二七)遺稿として発表。時代に敗れた知識人の絶望と不安を描く。

**歯車が噛み合わない** 意見や行動がくいちがって、ことが順調に運ばない。ぎくしゃくする。be out of gear

**ばく-れつ【爆裂】**(名・サ変自) 爆発して破裂すること。explosion

**ばくれつ-かこう【爆裂火口】** 水蒸気爆発のような激しい爆発により、火山体の一部が破壊、飛散してできるくぼ地。地下水がマグマに接触する機会の多い火山島の周辺部などに多い。explosion crater

**ばくれつ-だん【爆裂弾】** →ばくだん(爆弾)

**はぐ・れる**(下一自) ①連れの人を見失う。go astray 用例 親に—。②《動詞の連用形に付いて》…しそこなう。そびれる。用例 食い—。

**はく-れん【白▼蓮】** 白いハスの花。びゃくれん。

**ばく-れん【▼莫連】** 世なれて、ずるがしこい女。あばずれ女。すれっからし。

**はく-ろ【白露】** ①白い露。しらつゆ。white due ②二十四節気の一つ。秋分の一五日前。九月八日ごろ。秋の気配が強くなり、白く露の結び始めるころ。

**はぐろ【羽黒】**〈町〉 山形県北西部の町。稲作・畜産がさかん。観光の町。羽黒山参詣の門前町として知られる。人口一万四四二二(一九八八)。

**ばく-ろ【暴露・▼曝露】**(名・サ変自他) ①悪事・秘密などが明るみに出ること。また、それらをあばくこと。disclosure 用例 陰謀を—する。②風雨にさらされること。exposure

**はく-ろう【白▼蠟】** 外観をよくするため、日光にさらして漂白した純白色の蜜蠟。化粧品・つや出し用などに利用。white wax

**ばく-ろう【博労・馬▼喰・▽伯▽楽】** 牛馬のよしあしを鑑定したり、売買の仲介などを業とする者。伯楽は、獣医の意味にも用いられた。

**はくろう-びょう【白▼蠟病】** 農林労働者など振動工具を使う人の手に突発的に現れる職業病の一つ。手の振動、寒さなどで誘発される末梢神経の痙攣による血行障害。振動病。Raynaud's disease

**はぐろ-さん【羽黒山】** 山形県西部、出羽山地の山。標高四三六m。出羽三山の一つで、修験者の道場として知られる。

**はくロシア-きょうわこく【白ロシア共和国】**(Belorusskaya SSR) ソビエト連邦を構成する共和国の一つ。首都ミンスク。ソ連西部にあり、西方はポーランドと国境を接する。湿地・森林が多く、農牧業のほか、機械・自動車工業がさかん。面積二〇・八万km²。人口一〇〇〇・一万(一九八六)。ベロルシア共和国。正称白ロシアソビエト社会主義共和国。

● ハゲイトウ

**はぐろ-そう【葉黒草】** キツネノマゴ科の多年草。山林にはえる。夏から秋にかけ、二個の苞葉の間に紫紅色の花が咲く。関東以西に分布。

**はぐろ-とんぼ【▼翅黒▼蜻▼蛉・▽鉄▼漿▼蜻▼蛉】** 夏に小川付近でみられる翅の黒いカワトンボ科の昆虫。後翅約四cm。飛び方はゆるやか。本州・四国・九州に分布。→写

● ハグロトンボ

**ばく-ろん【▼駁論】**(名・サ変他) 人の説に反対して論ずること。反論。

**はく-わ【白話】** 中国で、口語体のこと。対義 文言。時文・文言。

**はくわ-しょうせつ【白話小説】** 中国で、白話で書かれた小説。『水滸伝』『西遊記』『紅楼夢』など。

**はくわ-ぶんがく【白話文学】** 中国で、口語体で書かれた文学。一九一七年の胡適らによる文学革命以後、口語が文章表現として定着した。

**はぐん-せい【破軍星】** 北斗七星の七番目の星。柄の先端にあることから、陰陽道では剣先に見立て、そのさす方角を万事に凶として忌んだ。剣先。破軍。

**はけ【▼捌け】** ①水が流れ通ること。drainage 用例 水—が悪い。②売れること。売れゆき。sale 用例 品物の—がいい。

**は-け【▽刷毛・▽刷▽子】** ①塗料やのりなどを塗ったり、よごれを払ったりする道具。獣毛・合成繊維を、木製・プラスチックの柄に植え、先端を切りそろえたもの。ブラシ。brush 用例 —でぬる。②髻の先端。はけさき。

**はげ【▼禿(げ)】** ①髪の毛が抜け落ちること。また、その部分。baldness 用例 頭に—ができた。②「はげあたま」の略。③山などに木・草がないこと。baldness 用例 —山。

**はげ【▼剝げ】** 塗り物などのはがれ落ちたあと。fall off

**はげ-あが・る【▼禿(げ)上がる】**(五自) 頭の上のほうまで、ずっとはげる。recede

**はげ-あたま【▼禿(げ)頭】** 髪の毛のぬけ落ちた頭。はげ。bald head

**は-げいとう【葉鶏頭】** ヒユ科の一年草。高さ一〜二m。初秋に、長方形の葉が黄・紅色に色づく。花は淡緑色で小さい。移植を好まない。カマツカ。ガンライコウ。アマランサス。Joseph's-coat →写

**バケーション**［vacation］ 休暇。バカンス。

**はけ-ぐち【▼捌け口】**(名) ①水が流れ出る道。outlet ②商品などの売れ先。売れ口。market ③精力・努力などを発散させる対象。out-



▼常用漢字表外。 ▽常用漢字表の音訓外。

let 用例 感情の—。

**はげ‐こう【▼禿▼鸛】** 頭から頸にかけて皮膚が裸出したコウノトリ科の鳥の総称。嘴と脚が非常に長い。三種があり、全長一〜一・五m。食物は主として腐肉だが、カエルなども捕らえて食べる。熱帯アフリカ・熱帯アジア・中南米に分布。adjutant stork ↓写

●ハゲコウ

**はげし・い【激しい・▽劇しい・▽烈しい】**（形）①勢いが強い。violent 用例 風が—。②厳しい。きつい。severe 用例 暑さが—。気性が—。③はなはだしい。extreme 用例 変化が—。競争が—。④しきりに起こる。frequent 用例 往来が—。派生 はげしさ（名）

**はげ‐たか【▼禿▼鷹】** 頭部に羽毛を欠くハゲワシ類・コンドル類の俗称。

**はげ‐ちゃびん【▼禿（げ）茶瓶】**《俗語》はげ頭の人をからかっていう語。

**はげ‐ちょろ【▼禿げちょろ】**（名・形動）《俗語》色や塗料、毛髪などがところどころはげて、醜いこと・さま。

**バケツ[bucket]** 水などを入れる手さげ型容器。明治時代にブリキ製のバケツが輸入され、次第に手おけや水おけにとって代わった。現在ではプラスチック製が多い。

**はけ‐ついで【▽刷毛▽序】**《はけで塗るついで、の意》あることをしたときの、ついで。

**バケット[bucket]** 液体および土砂などを受ける容器。水車の外輪についている水受け部やバケットコンベヤの荷受け部など。

**バゲット[baguetteフランス]** ①代表的なフランスパン。長い棒状で外皮が固くぱりぱりしている。②建築における小さな半円形のえぐり穴。

**ばけ‐の‐かわ【化けの皮】** 本性・真相を隠している外見。disguise
**化けの皮を現す** 正体を見せる。化けの皮が剝げる。show one's true colors
**化けの皮を剝ぐ** 隠されていた、他人の素性や実態を暴く。また、自分からすすんで、あらわにする。unmask

**はげま・す【励ます】**（五他）①励むようにする。力づける。encourage ②激しくする。強くする。intensify 用例 声を—して。

**はげみ【励み】** 励むこと。意気込み。また、励ますもの。encouragement 用例 —になる。

**はげ・む【励む】**（五自）①元気を出す。奮い立つ。stir up one's spirit ②精出す。骨折って働く。strive

**はけ‐め【▽刷毛目】** はけを使ったあと。traces of brushing

**ばけ‐もの【化（け）物】** 異様な姿に化けて現れた物。お化け。妖怪。変化。specter

**はげ‐やま【▼禿（げ）山】** 草木のはえていない山。bald mountain

**はげやまのいちや【▼禿山の一夜】**《原題 Ivanova noch na lisoy goreロシ》ムソルグスキー作曲の交響詩。一八六七年作。地下の精霊の夜中の宴を描く、標題音楽の代表的傑作。

**は・ける【▼捌ける】**（下一自）①とどこおることなく流れる。flow smoothly ②よく売れる。sell well 用例 商品が—。

**は・げる【▼禿げる】**（下一自）①頭の毛が抜け落ちる。become bald ②山などの木がなくなる。become bare

**は・げる【▼剝げる】**（下一自）①取れて落ちる。peel off ②色があせる。fade; discolor

**ば・ける【化ける】**（下一自）①怪しい力をもったものが姿を変えて、別の形になる。transform oneself 用例 タヌキが—。②別人のふりをする。変装する。disguise oneself 用例 運転手に—。③きれいに化粧して別人のようになる。put on makeup ④まったく別のものになる。be turned into 用例 給料が飲み代に—。

**はげ‐わし【▼禿▼鷲】** ワシタカ科の大形ワシ。後頸部に羽毛がなく皮膚が裸出。翼長約八〇cm。死肉をあさる。アジア・欧州に分布。俗称ハゲタカ。クロワシ。cinereous vulture

**は‐けん【派遣】**（名・サ変他）命じて出向かせること。dispatch 用例 使節を—する。

**は‐けん【覇権】** ①覇者の権力。②最高の栄誉。hegemony
**覇権を握る** ①他を征服して、旗頭となる。覇者となって、権力を手に入れる。secure supreme power ②優勝する。win a championship

**は‐げん【波源】** 波を送り出す源となる振動源。一点の場合に点波源という。音では音源、光では光源という。wave source

**ば‐けん【馬券】** 競馬の主催者が、競馬場内・外で発売する的中予想の投票券。正称は勝馬投票券。単勝式・複勝式・連勝単式・連勝複式の四種類がある。betting ticket 比較 車券。

**ば‐げん【▼罵言】** 相手をののしることば。abuse

**はけん‐しゅぎ【覇権主義】** 自国の覇権を世界で確立しようとする考え方。一九七二年の米中共同声明で初めて用いられ、中国は米ソ二大大国による覇権主義に反対の立場を表明した。hegemonism

**はこ【箱・▼函・▼筥・▼匣・▼筐】** 一（名）①物を収納しておくための入れもの。ふつう、角形で木・紙・竹などで作られるが、布や紙で飾ったり携帯用に工夫したものもある。box 数え方 一個・一箱・一合。②三味線。③客車。passenger car 用例 この—に乗ろう。二（助数）箱に入れたものを数える語。

**は‐ご【羽子】** 羽根つきに用いるはね。ムクロジの実の種子に穴をあけ、数枚の鳥の羽をさしこんで作ったもの。羽根。shuttlecock

**はご‐いた【羽子板】** 羽根つきに用いる、長方形で柄のついた板。押し絵羽子板など、飾り物や縁起物として用いられることも多い。

●羽子板市　浅草寺（東京都）。

**はごいた‐いち【羽子板市】** 羽子板を専門に商う市。毎年、年の暮れに開かれる。↓写

**はこ‐いり【箱入り】** ①箱に入れてあること・物。②「箱入り娘」の略。

**はこいり‐むすめ【箱入（り）娘】** 大切に育てて、めったに外へ出さない娘。well-protected daughter

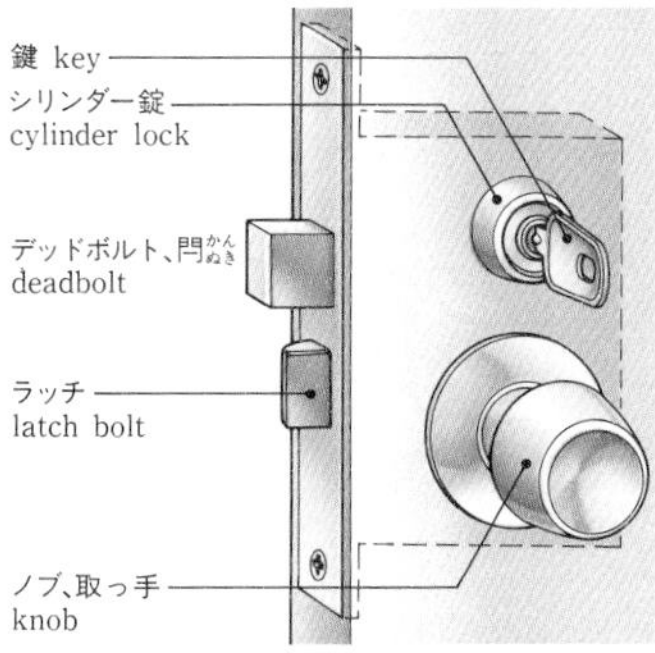


●箱錠　箱錠を内蔵した玄関ドア

**は‐こう【▼跛行】**（名・サ変自）①片足を引きずるように歩くこと。limp ②病気が原因でおこる歩行の異常。急性灰白髄炎でみられる麻痺性跛行、脳性麻痺での痙性跛行など。claudication ③つりあいのとれないこと。imbalance 用例 —相場。④順調でないこと。unfavorable progress

**ば‐こう【馬耕】** 馬を使ってする田畑の耕作。

**ば‐こうせん【場口銭】** 株式市場で証券取引所が取引業者から受けとる手数料。

**はこ‐がき【箱書（き）】** 書画・陶器などの美術品類を収めた箱に作品名などを記し、署名押印したもの。権威者・鑑定家などが署名押印などしてその作品を保証することもある。

**はこ‐がまえ【▼匚構え】** 漢字を組み立てている部分の名。「匡・匠」などの「匚」。比較 隠し構え。

**はこ‐がめ【箱▼亀】** イシガメ科の陸生のカメの一群。腹側の甲が蝶番状になっており、箱にふたをするように体の前後を隠す。アジア・アメリカに分布。日本には石垣島と西表島にいるセマルハコガメが有名。box turtle ↓図

●ハコガメ　ニシキハコガメ

**は‐ごく【破獄】**（名・サ変自）脱獄。牢やぶり。jail-breaking

**はこげた‐きょう【箱▼桁橋】** 主桁に箱桁を用いた構造の橋。箱桁は鋼板やコンクリート製、その断面が中空箱形で、曲げやねじりに強い。box girder bridge

**はこざき‐ぐう【▼筥崎宮】** 福岡市東区箱崎にある旧官幣大社。祭神は応神天皇・玉依姫命・神功皇后。筑前国の一の宮。筥崎八幡宮。

**はこ‐し【箱師】** 電車・バスなど乗り物のなか専門の掏摸の俗称。

**はこ‐じょう【箱錠】** 錠として必要な機構を金属製の箱におさめた錠前。rim lock ↓図

**はこ‐ずし【箱▼鮨】** 箱形の押し枠にたねとすしめしを入れて押して作るすし。大阪ずしが代表的。押しずし。

**はこ‐せこ【▼筥▽迫・▼筥▽狭子】** 和装のときに用いるアクセサリーの一つ。礼装のとき女子がふところにはさむ箱形をした紙入れ。

**はこ‐ぜん【箱▼膳】** 食器収納を兼ねた膳。ふたがあり、中に食器をしまう。ふたを返して膳にする。昔、使用人などが使ったもの。切り溜め。

●パゴダ①　ビルマ、シャウェダゴンパゴダ。

**パゴダ[pagoda]**《もとはペルシア語またはインド語》①ビルマ・タイ地方に数多くみられる仏塔。②ヨーロッパで、東洋の寺の塔をさす。↓写

**は‐ごたえ【歯▽応え】** ①物をかんだときの反応。そのときの感じ。hard to chew ②《転じて》反応。張り合い。response 用例 —のある作品。

**はこだて【▼函▽館】**〈市〉北海道南西部、渡島半島南部の市。港は天然の良港。道南の政治・経済の中心、また、本州とを結ぶ陸海空の交通の要地として発展。水産業が主。明治以前は「箱館」と記した。人口三二万一五九一（'89）。

**はこだて‐せんそう【箱▽館戦争】** ↓ごりょうかくのたたかい（五稜郭の戦い）

**はこだて‐へいや【▼函▽館平野】** 北海道南西部、函館市の北にひらけた小平野で、亀田川・大野川によってつくられた沖積平野。水田・果樹園が多い。

**はこだて‐ほんせん【▼函▽館本線】** JR北海道の鉄道幹線の一つ。函館と旭川を結ぶ。長さ四六五・七km。明治三八年（一九〇五）開通。

**はこだて‐やま【▼函▽館山】** 函館市南部にある火山。標高三三四m。函館市街と砂州でつながり、函館半島を形成。山頂からの夜景が美しい。

**はこ‐ぢょうちん【箱▽提▽灯】** 上下に円形で平たいふたがあり、畳むとふたの中にすべてがおさまる、筒形の提灯。tube-shaped paper lantern

**はこ‐づめ【箱詰（め）】** ①箱に物を詰めること。その詰めたもの。encase ②ぎっしりと詰めること。jam-pack

**はこ‐てん【箱点】** 麻雀で、相手にあがられて点を取られ、持ち点を示す点棒を入れる箱がからになること。箱割れ。



↓ 行き先項目、図版・写真参照印。　JIS 日本工業規格情報交換用漢字符号コード（区点コード）。

**はこ-にわ**【箱庭】浅い箱に土砂を入れ、小さな草木を植えたり、人形や家・橋などの模型を置いて、庭園・山水などに模したミニチュアの飾りもの。

**はこにわ-りょうほう**【箱庭療法】カルフが確立した精神療法。患者が、砂を入れた箱の中に玩具を置いて、心の中の世界を表現することにより、患者の中にある自己治癒力を働かせて治療を行う方法。sandplay technique

**はこね**【箱根】〈町〉神奈川県南西部、箱根外輪山内側にある町。温泉のある観光・保養地。江戸時代の関所跡が残る。人口一万八九八三(一九八八)。

**はこね-うつぎ**【箱根▽空木】海岸近くにはえるスイカズラ科の落葉低木。花は初夏に開き、白色ののち紅色となる。観賞用にも栽培され、果実は円柱形で、先端は割れる。↓写

●ハコネウツギ

**はこね-かざん**【箱根火山】二重の外輪山と中央火口丘群からなる複式火山。最初は円錐形の成層火山であった。

**はこね-こめつつじ**【箱根米▼躑▼躅】ツツジ科の常緑小低木。富士火山帯周辺の岩場などに限り、岩面をおおうようにはえる。花は八㎜ぐらいの白い筒形で、先端が五裂。盆栽樹。

**はこね-ざいく**【箱根細工】箱根の観光土産などとして売られている木製の工芸品。寄せ木細工などが主。↓写

●箱根細工

**はこね-さんしょううお**【箱根山▼椒魚】山地の渓流近くの石の下や草むらにすむサンショウウオ科の両生類。全長約一六㎝。紫褐色の背に朱色帯が縦に走る。昆虫などを捕食。渓流の岩の間などに産卵。近畿以東の本州・四国に分布。↓サンショウウオ図

**はこね-しちとう**【箱根七湯】神奈川県南西部、箱根温泉郷にある湯本・塔ノ沢・宮ノ下・堂ケ島・底倉・芦ノ湯・姥子(または木賀)の七つの温泉の総称。

**はこね-じんじゃ**【箱根神社】神奈川県足柄下郡箱根町元箱根にある旧国幣小社。祭神は瓊瓊杵尊のほか二神。箱根権現。

**はこね-そう**【箱根草】ウラボシ科の常緑多年草。葉柄は針金状でもろく、葉身はイチョウの葉を小形にした形。芽立ちは赤紫色をおびる。暖地の山中にはえる。観賞用。江戸時代オランダ館医師ケンペルによって箱根で発見された。ハコネシダ。

**はこね-だいがくえきでん**【箱根大学駅伝】関東学生駅伝競走の通称。東京～箱根間往復二一三・九㎞を一〇区間に分け、二日間にわたってリレーする。関東の大学一五校が出場、例年正月に開かれ、第一回は大正九年(一九二〇)。駅伝競走として最古の歴史がある。

**はこね-だけ**【箱根竹】イネ科のタケ。箱根山周囲に多い。節間は長く、節ごとに枝を密生。線状葉が最先端の小枝に二列につく。春に紫緑色の花を開く。

**はこね-とうげ**【箱根峠】神奈川・静岡県境、箱根外輪山南部にある旧東海道の峠。標高八四九ｍ。富士山・芦ノ湖などの眺望で知られる。

**はこね-の-せき**【箱根の関】江戸時代、東海道の箱根山中芦ノ湖の畔に置かれた関所。小田原藩主が警衛にあたり、「入り鉄砲に出女」をとくに厳重に取り締まった。

**はこね-はちり**【箱根八里】箱根路の一つで江戸幕府が開いた官道。旧東海道の箱根越えの道。三島～箱根間の約三里二〇町、箱根～畑宿～小田原間の約四里一〇町をあわせて箱根八里とよんだ。

**箱根八里は馬でも越すが越すに越されぬ大井川**《江戸時代、道中の馬子や川人足などが歌った俗謡》箱根路は険しいとはいっても、なんとか越すこともできるが、大井川は大きくて深いうえに増水などでしばしば川止めにあうので、容易に越すことができないということ。

**はこね-やま**【箱根山】神奈川・静岡県境にある大型の複式火山。最高点は神山一四三八ｍ。火口原に芦ノ湖があり、温泉・史跡にも恵まれた観光地。富士箱根伊豆国立公園箱根地区の中心地。

**はこねゆもと-おんせん**【箱根湯本温泉】神奈川県箱根町、早川沿いにある温泉。箱根七湯の一つで、箱根の玄関口でもある。

**はこね-ようすい**【箱根用水】静岡県箱根の芦ノ湖から、外輪山をくり抜いて引いた灌漑用水。延長七㎞。一三四二ｍのトンネルで黄瀬川と結ぶ。寛文一〇年(一六七〇)導水開始。深良用水。

**はご-の-き**【羽子の木】ツクバネの別名。果実を羽根つきの羽根に見たてたもの。

**パゴ-パゴ**【Pago Pago】南太平洋、ポリネシア西部のツツイラ島にある、アメリカ領東サモアの首都。南太平洋屈指の良港。軍港。人口一・七万(一九八〇)。パンゴパンゴ。

**はこ-ばしゃ**【箱馬車】箱形の馬車。比較幌馬車。

**はこび**【運び】①物事の進みぐあい。progress 用例 仕事の―が遅い。②歩行・表現などの方法。pace 用例 筆の―。③はかどり。順序。stage 用例 完成の―に至る。

**運びとなる**(はこびとなる) 物事が進んで、ある状態・段階に達する。物事の段取りがつく。用例 開店の―。

**はこ-ひだ**【箱▼襞】↓ボックスプリーツ

**はこ-ひばち**【箱火鉢】木製の箱形火鉢。金属板を内側に張り、灰を入れ炭火で暖をとる。

**はこ・ぶ**【運ぶ】(五自他) ①(自)物事がはかどる。物事が進む。progress 用例 話がすらすらと―。仕事がうまく―。②(他)㋐物などを他の場所に移す。運送する。carry 用例 荷物を―。㋑物事を進める。おし進める。advance 用例 事を―。話を―。

**はこ-ふぐ**【箱▽河▽豚】体が硬い甲でおおわれたハコフグ科の海水魚。全長約四〇㎝。黄褐色の地に白斑が散在。体の横断面は四角形。無毒で食用とすることもある。本州中部以南の日本沿岸に分布。↓図

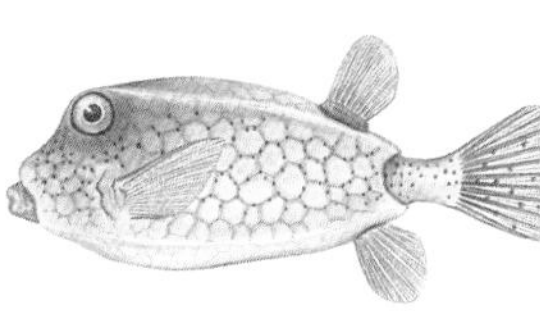
●ハコフグ

**はこ-ぶね**【箱船・▽方舟】四角い形の船。ark 用例 ノアの―。

**はこべ**【▼蘩▼蔞・▽繁▼縷】ナデシコ科の一、二年草。道ばた・畑などにはえる。高さ約二〇㎝。茎はよく分枝。葉は卵形で対生。枝先に多数の白色の五弁小花が咲く。春の七草の一つ。食用・小鳥のえさ用。ハコベラ。ハクベラ。アサシラゲ。↓図

●ハコベ

**はこべ-ら**【▼蘩▼蔞・▽繁▼縷】ハコベの別名。

**は-こぼれ**【刃▼毀れ】(名・サ変自) 刃が欠けること。nick 用例 ―した刀剣。

**はこ-まくら**【箱▼枕】箱形の木製の枕。台形の箱の上に、小さな括り枕をのせ、その上に当て紙を重ねて、結んで用いる。↓写

●箱枕

**はこ-めがね**【箱眼鏡】水中・水底を透視するための眼鏡。防水した箱の底部にガラスまたはレンズがはめこんである。water glass ↓写

●箱眼鏡 新潟県、佐渡のわかめ採り。

**は-ごも**【葉▽薦】マコモの葉を粗く編んだ莚。

**はこ-や**【箱屋】①箱を作り、それを売る店。また、それを職業とする人。box maker ②三味線の入った箱を持ち、御座敷に出る芸妓の供について歩く男。箱回し。箱。

**はこ-やなぎ**【箱柳】《箱を作ることから》ヤナギ科の落葉高木。高さ約五ｍ。山野にはえる。葉は互生し、広卵形。基部に蜜腺があり、葉柄は平たく長い。春は葉の出る前にひも状の花穂を出す。街路樹・防風林用。材は軽く柔らかい。ヤマナラシ。

**はこや-の-やま**【▼藐▼姑▽射の山】①中国の神仙説による想像上の山。仙人が住むという。姑射山。②上皇の御所。仙洞。

**バコロド**【Bacolod】フィリピン中部、ネグロス島北西岸の都市。同国最大のサトウキビ栽培地域の中心地。人口二六・二万(一九八〇)。

**は-ごろも**【羽衣】㊀①天人が空を飛ぶために着るという非常にうすく軽い衣。あまのはごろも。あまごろも。②ハゴロモ科の昆虫の総称。前翅は三角形で、開張約二㎝。ベッコウハゴロモは作物や果樹などを加害。日本全土に分布。㊁①能の曲名。三番目物。作者不明。羽衣伝説に取材した曲。三保の松原で天女が漁夫にとられた羽衣を返してもらい、そのお礼に東遊びを舞い、天に昇っていく。②謡曲『羽衣』による三味線音楽。長唄・一中節・常磐津など。↓写

●羽衣㊁①

**はごろも-かんらん**【羽衣甘▼藍】↓ケール

**はごろも-ぐさ**【羽衣草】高山にまれにはえるバラ科の多年草。高さ約三〇㎝。根出葉は長柄をもち腎臓形。夏茎の頂に黄緑色の小花を密生。

**はごろも-そう**【羽衣草】ノコギリソウの別名。

**はごろも-でんせつ**【羽衣伝説】天女が水浴中に男にみつかって羽衣を隠され、しばらく妻として生活するが、のちに羽衣を得て天に帰る話。天人女房の昔話と類似する。

**はごろも-ぼたん**【羽衣▼牡丹】ハゴロモカンランの別名。

**はごろも-も**【羽衣藻】スイレン科の多年生水草。茎は水中に長く伸び、水中の葉は対生し、腎臓形で深裂。夏、水面上に白小花が咲く。俗名キンギョモで、金魚鉢に入れて観賞する。

**は-こん**【破婚】(名・サ変自) 婚約・結婚関係をなくすこと。破鏡。離婚。

**はさ**【▽稲▽架】刈り取ったイネを乾かすために掛けておくもの。いなかけ。はざ。

**ば-さ**【婆▼娑】(形動トタル)《当て字》①舞うそでのひるがえるさま。②あちこちするさま。影などのちらつくさま。fluttering ③竹の葉などに雨や風があたって鳴るさま。rustle

**バザー**【bazaar】①公共団体や慈善団体などが資金集めを目的に、無料で提供をうけた品物を展示即売する市。慈善市。②↓バザール①

**ハザード**【hazard】ゴルフコースの中の障害地域。バンカーや池・川・海などをいう。

**バザーリ**【Giorgio Vasari】(一五一一～七四) イタリアの画家・建築家・美術史家。ミケランジェロに師事。著作『イタリア美術家列伝』は最初の

美術史的文献として名高い。

**ハザール**【Khazar】 カフカス山脈の北方、ボルガ川とドン川に囲まれた地域に拠ょった遊牧系民族。七世紀に強大な国家を建設。東西交通の要路を占め繁栄したが、九世紀にオグズ、一〇世紀後半にロシアの侵攻を受け、一一世紀初めにビザンチンとロシアにより滅ぼされた。

**バザール**【bāzārペルシア】 ①イスラム文化圏で、市場。バザー。②《転じて》市場。③商店などの安売り。

**は-さい**【破砕・破▼摧】(名・サ変自他) くだけ壊れること。くだき壊すこと。

**パサイ**【Pasay】 フィリピン、ルソン島南西部の都市。マニラに南接し、大マニラ圏の一部をなす。人口二八・八万(一九〇八)。

**はさい-き**【破砕機】 鉱石など塊状の固体原料を必要な大きさに砕く機械。粉砕機。クラッシャー。crusher

**はさい-たい**【破砕帯】 ①構造線の一つ。断裂や圧砕などの作用により、岩が砕かれてできる割れ目が一定の幅で帯状をしているもの。fracture zone ②土木工事で、水が激しく吹き出て、岩などがくずれるところ。

**ハサウェー**【Donny Hathaway】(一九四五〜七九) アメリカの黒人歌手・歌曲作家・編曲者。多彩な活躍で新しい黒人意識を示した。

**はざかい-き**はざかひ-【端境期】 ①九〜一〇月ごろの古米と新米との交替期。between-crop season ②その年の産物が、前年の産物に代わって出始めようとする時期。between-crop season ③ものごとの入れ替わりの時期。off-crop season

**は-さき**【刃先】 刀剣などの刃の先端。きっさき。the point of a sword ↓日本刀図 ↓包丁図

**はさき**【波崎】〈町〉 茨城県南端、利根ねと川河口の町。漁業基地で、水産加工業がさかん。北部は鹿島臨海工業地域の一部。人口三万六七九九(一九八八)。

**は-ざくら**【葉桜】 花が散って若葉が出始めたころの桜。

**は-ざし**【ハ刺し】《縫い目がハの字形になるところから》洋裁の技法。斜め仕付けを繰り返して、テーラード仕立ての身頃みごろや襟に芯しんをすえるために用いる。

**ば-さし**【馬刺(し)】 馬肉の刺身さしみ。

**はさつ-おん**【破擦音】 音声学で、破裂音と摩擦音が結合した、一つの単音とみなされる音。「ツ」や、語頭の「ズ」などの出だしの子音、[ts][dz]など。affricate

**ばさ-つ・く**(五自) =ばさばさする。①乾いたものが触れ合ってばさばさ音がする。rustle ②髪に油けがなく乱れている。dry and loose hair

**パサディナ**【Pasadena】 アメリカ西部、カリフォルニア州南部、ロサンゼルス北東の住宅都市。人口一二・八万(一九〇〇)。

**ばさ-ばさ**(副・形動・サ変自) すっかり乾いてしまっているさま。また、乾き切って乱れたさま。

**ぱさ-ぱさ**(副・形動・サ変自) 水気・油気が少ないさま。乾ききったさま。ぼそぼそ。be all dried out 用例 —の髪。

**はさま**【▽迫】〈町〉 宮城県北部、迫川に沿う町。稲作・畜産が主。西部の長沼、ハクチョウの飛来する伊豆ずい沼一帯は低湿地。人口二万二七九〇(一九八八)。

**はさま**【▼挾間】〈町〉 大分県中部、大分・別府市に接する町。農業がさかん。住宅団地造成などで都市化が著しい。由布ゆふ川峡谷がある。人口一万三四一二(一九八八)。

**はざま** 12画 【▼硲】 部首[石]いしへん 和製漢字 JIS 4003
↓はざま[狭間・迫間]②

**はざ-ま**【▽狭間・▽迫間】 ①物と物に挟まれた、せまい所。interval ②《「峡」「硲」とも》谷あい。谷間。gorge ③弓矢を射、鉄砲などを撃つために城壁などに設けた穴。さま。銃眼。loophole

**はさま-がわ**はさまがは【▽迫川】 宮城県北部を流れる川。長さ八六km。栗駒くりこま山南東麓なんとうろくに発し、篦岳ののだけ丘陵東方で北上川に合流。

**はさま・る**【挟まる】(五自) ①物と物との間に入る。get between ②両者の間に立つ。

**はさみ**【挟み・▽挿み】 挟むこと・もの。用例 紙—。

**はさみ**【▼鋏・▼剪▽刀】 ①二枚の刃をすり合わせて、てこの原理でものを切断する道具。洋ばさみとにぎりばさみ(和ばさみ・日本ばさみ)の型式に分かれる。scissors 数え方 一丁。②パンチ。punch 用例 切符に—を入れる。③じゃんけんで、石に負け紙に勝つ形。scissors

**鋏を入れる**(はさみをいれる) ①はさみで切る。cut with scissors 用例 開通式でテープに—。②樹木を剪定せんていする。trim ③乗車券・入場券などに穴をあけたり、きざみ目をつける。punch

**はさみ**【▼螯・▼鉗】 カニ・エビ・サソリなど節足動物の大きな前足で、鋏はさみ状になった部分。えさなどを、はさんで運ぶ。鉗脚かんきゃく。claws

**はさみ**【波佐見】〈町〉 長崎県、佐世保させぼ市東隣の町。一帯が近世以来の窯業地ようぎょうちで、波佐見焼で知られる。人口一万五九一八(一九八八)。

**はさみ-うち**【挟み撃ち】(名・サ変他) 敵を中間において、両面から攻めうつこと。attack from both sides

**はさみ-ことば**【挟(み)▽詞・▽挿(み)▽語】 江戸時代、花柳界で用いられた隠語の一種。ことばの各音の下にその音と同列のカ行の音をはさんで、聞きとりにくい言い方にするもの。「しつこい」を「しキつクこコいキ」などという。のち児童のことば遊びにもなった。唐言からとど。

**はさみ-こみ**【挟み込み】 中に挟み入れたもの。insertion

**はさみ-こ・む**【挟み込む】(五他) ものの間に入れる。ものの間に挟む。挟み入れる。insert

**はさみじょう-かかくさ**【▼鋏状価格差】 ↓きょうじょうかかくさ(鋏状価格差)

**はさみ-しょうぎ**【挟み将棋】 将棋の遊び方の一種。双方が盤の端に九枚の駒こまを横一列に並べ、相手の駒を自分の駒二枚で、前後・左右から挟んで取る。相手から駒を取り尽くすと勝ちとなる。

**はさみ-ばこ**【挟み箱】 昔、着替えの衣服などを入れ、棒の先につけて従者に担がせた箱。

**はさみ-むし**【▼鋏虫・▼蠼▼螋】 腹部末端にはさみがあるハサミムシ科の昆虫。体は黒褐色で、翅はねは退化。体長二・三cm内外。母虫が卵や幼虫を保護する。世界各地に分布。earwig ↓写

● ハサミムシ

**はさ・む**【挟む・▽挿む】(五他) ①物と物との間に入れる。さしこむ。put between 用例 しおりを—。②間に入れて落ちないようにする。nip 用例 はしで—。③間におく。hold between 用例 川を—。道を—。④文章・話などの中途に、さらに文章・話を入れる。put in 用例 口を—。⑤聞きこむ。hear 用例 うわさを小耳に—。⑥心の中にある考えを浮かべ持つ。用例 疑いを—。⑦両側から強くおさえる。be caught in 用例 ドアに手を—。

**はさ・む**【▼剪む・▼鋏む】(五他) はさみで切る。つむ。snip 用例 枝を—。

**ばさら**【婆▼娑羅】《室町時代の流行語》①遠慮なくふるまうこと。乱暴。②はでに飾りたてて、いばること。だて。③しどけなく乱れること。用例 —髪。

**バサロキック-えいほう**【バサロキック泳法】 背泳ぎの泳法の一つ。スタート直後から水中に潜り、そろえた脚のキックで進む。アメリカの個人メドレー泳者バサイオが考案したもの。ソウル五輪後、スタート後一〇m以上は禁止となった。underwater kick

**は-さん**【破産】(名・サ変自) ①財産全部をすっかりなくすこと。bankruptcy ②債務者が債務を完済できなくなったとき、債務者の総財産から債権者全員に公平に弁済するための裁判上の手続き。bankruptcy

**は-さん**【破算】 ↓ごはさん(御破算)

**ばさん**【馬山】 韓国かんこく南東部、慶尚南道けいしょうなんどう釜山ふざんの西方にある港湾都市。農水産物の集散地で、工業化も進展している。人口四四・九万(一九八五)。旧称合浦がっぽ。マサン。

**バザン**【Hervé Bazin】(一九一一〜) フランスの小説家。作品『蝮まむしを手に』『愛せないのに』など。

**バザン**【René Bazin】(一八五三〜一九三二) フランスの小説家。農民や地方労働者の生活を描く。作品『イソンキの汚点』『滅びゆく土地』など。

**はさん-かんざいにん**【破産管財人】 裁判所に任命され、その監督の下に破産者の財産を管理・処分する者。bankruptcy administrator

**はさん-さいけん**【破産債権】 破産手続きにおいて破産財団から平等な弁済を受けることができる債権。claim in bankruptcy

**はさん-ざいだん**【破産財団】 破産宣告を受けた者の財産。破産管財人の管理下におかれる。estate in bankruptcy

**はさん-せんこく**【破産宣告】 破産手続きを開始する旨を言い渡す裁判所の決定。adjudication of bankruptcy

**はし**【端】 ①へり。ふち。はじ。edge 用例 机の—。②一部分。断片。part 用例 ことばの—をとらえる。③初め。起こり。beginning 用例 —から始める。④いらないものとして切り捨てた一部分。broken piece 用例 木の—。布の—。⑤書物などの初めのほう。beginning 対義 奥。用例 —書き。

**はし**【▼箸】 二本一対の棒状の食事用具。中国文化の影響を受けて発達。祝い箸、懐石の利休箸、調理用の真魚まな箸・菜箸、取り箸のほか菓子箸、割り箸がある。材料は木材・竹・骨角など。chopsticks 用例 —をつかう。数え方 一膳ぜん・一組み・一揃そろい・一具。

**箸が転んでも可笑しい年頃**(はしがころんでもおかしいとしごろ) 日常のちょっとしたことでもおかしく感じる年のころ。思春期の娘にいう。

**箸が転んでも笑う**(はしがころんでもわらう) ほんのちょっとしたことでも笑う。be ready to laugh at anything

**箸が進む**(はしがすすむ) おいしくてたくさん食べる。so delicious that one eats a lot

**箸で含める様**(はしでふくめるよう) 十分にわかるよう、言い聞かせるさま。類似 嚙んで含める様。

**箸と箸で物を遣り取りするな**(はしとはしでものをやりとりするな) 火葬場で骨を拾うとき、箸と箸で挟み合うところから、箸で食物をやりとりすることを忌み嫌っていう。箸で挟み合うものでない。

**箸にも棒にも掛からない**(はしにもぼうにもかからない) 持て余すたとえ。be difficult to handle

**箸の上げ下ろし**(はしのあげおろし) 《こまかなことまで取り上げて、文句を言うときに用いる語》日常の、ほんのちょっとした動作。こまかな一挙一動にいう。every little thing one does

**箸より重い物を持った事が無い**(はしよりおもいものをもったことがない) 箸よりも重い物は持ったことがないくらい労働の経験がない。また、過保護に育てられることのたとえ。

**箸を下ろす**(はしをおろす) 食べはじめる。

**箸を付ける**(はしをつける) はしで食べかける。食べはじめる。

**箸を取る**(はしをとる) 食事をはじめる。

**箸を持って食う許りに**(はしをもってくうばかりに) それ以上はできないほどに、世話のよく行き届いているさま。

**はし**【▼嘴・▼觜】 くちばし。用例 鶍いすかの—の食い違い。

**はし**【橋】 ①河川・海峡・道路などの上を横断して架設する構造物。人や車、鉄道の交通路とするものが多い。橋梁きょうりょう。bridge 数え方 一本。②かけわたすもの。仲介。媒介。go-between ↓図

**橋が無ければ渡られぬ**(はしがなければわたられぬ) 目的を達するには、手段が必要であるたとえ。

**橋を架ける**(はしをかける) 関係をつける。橋を渡す。

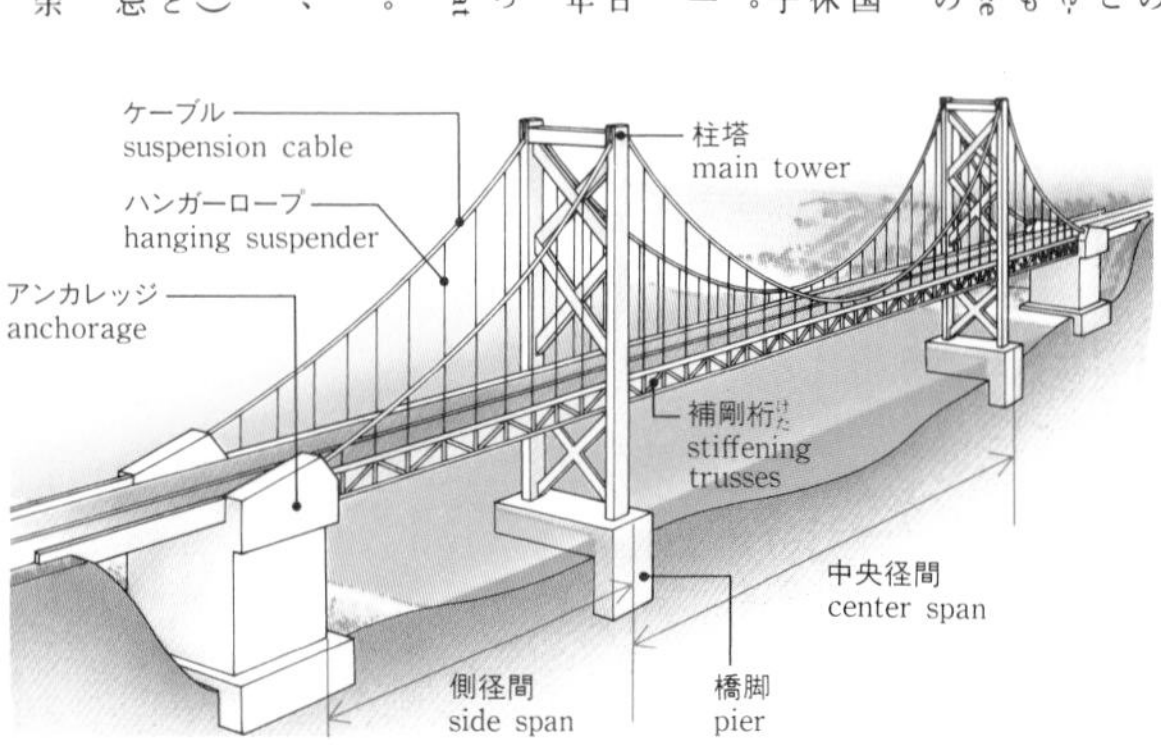

● 橋① 吊り橋の各部名称

は

**橋を渡す**(はしをわたす) ①橋を架ける。build a bridge ②わたりをつける。仲介する。橋わたしをする。intermediate
**はし【波▼斯】** 中国、六朝・隋・唐時代のペルシアの呼称。波斯国。
**はじ【恥・▽辱】** ①面目・名誉を失うこと。体面を損なうこと。はずかしめ。shame; disgrace 用例 ―を受ける。②恥ずかしいことを恥ずかしいと思う心。honor
**恥有り**(はじあり) 恥を知る。名誉を重んじる。
**恥隠る**(はじかくる) 恥をかかないで済む。恥が人に知られないで済む。
**恥無し**(はじなし) ①恥ずかしくない。立派だ。②恥をわきまえない。厚かましい。
**恥の上の損**(はじのうえのそん) 恥をかいただけでなく、さらに損をすること。
**恥の上塗り**(はじのうわぬり) 恥をかいたうえに、さらに恥をかくこと。
**恥の掻き上げ**(はじのかきあげ) 「恥の上塗り」と同意。
**恥の恥**(はじのはじ) 「恥の上塗り」と同意。
**恥も外聞も無い**(はじもがいぶんもない) 恥ずかしいと感じる気持ちもなければ、世間がどう見るかなどということもいっこうに気にしない。ある目的のためにはなりふり構わず行うさまにいう。without caring about appearances
**恥を掻く**(はじをかく) 人前で、恥ずかしい思いをする。be put to shame
**恥を晒す**(はじをさらす) ①人前で、恥ずかしいことをしてしまう。恥さらしをする。disgrace oneself ②秘めていた恥を、人にうちあける。
**恥を知る**(はじをしる) 恥ずべきことを、わきまえる。have a sense of shame
**恥を雪ぐ**(はじをすすぐ) 失った名誉を取り返す。雪辱する。wipe away the disgrace
**恥を捨つ**(はじをすつ) 恥を気にしない。
**恥を恥とも思わぬ**(はじをはじともおもわぬ) 恥ずべきことを恥とも思わない。まったく恥を知らない。厚顔無恥である。have no sense of shame 用例 ―所業。
**はじ【▽端】** ↓はし(端)①
**はじ【▽黄▼櫨・▼櫨】** ①ハゼノキの別名。②「はじ色」の略。③襲の色目の名。表は赤で、裏は黄。また、表は黄で、裏は萌黄。④ヤマウルシの古名。
**はじ【▽土師】** 古代の氏族。埴輪・土器などを作って朝廷に仕えた氏。土師部を率いた伴造。はにし。
**は-じ【把持】** ㊀(名・サ変他) 手に握り持つこと。㊁(名) 心理学で、記憶が潜在的に心に残っていること。
**ばし** 古語 (副助)《体言・助詞に付く。多く疑問・推量・禁止・仮定などの表現とともに》強調する意を表す。用例 是―出し参らすな(平家・六・小督)。参考 鎌倉・室町時代に主として用いられた。

**パジ**(baji朝) 朝鮮の衣服で、ズボン状の袴の総称。とくに男子の下ばきをいう。正倉院御物の袴にも同型のものがあり、騎馬民族の衣服に由来するという。
**はし-あらい【▼箸洗い】** 口直しの吸い物。懐石料理で、強肴の次、八寸の前に出される。一口吸い物。小吸い物。
**バシー-かいきょう【バシー海峡】**(Bashi Channel) フィリピン北端、バタン諸島と台湾の間にある海峡。幅一五〇km。台風の針路に当たることで有名。
**はし-いた【橋板】** 橋に敷く板。plank of a bridge
**はじ-い・る【恥じ入る】**(五自) 深く恥じる。be deeply ashamed
**はじ-いろ【▽黄▼櫨色・▼櫨色】** 茶色がかったくすんだ黄色。ハゼノキの心材からとる染料の色で、日本の伝統色の一つ。
**はし-うら【橋▽占】** 橋のたもとに立って、通行人の話を聞いて、吉凶を占うもの。橋は、霊魂が往来するところとされたため。
**ハシェク【Jaroslav Hašek】**(一八八三～一九二三) チェコスロバキアの小説家。愚直な兵士の受難を通して戦争の狂気を批判した『兵士シュベイクの冒険』は有名。
**パジェス【Léon Pagès】**(一八一四～一八八六) フランスの外交官。日本研究家。在中国フランス公使館勤務中、日本に興味をもち、キリシタン史研究に不可欠の書物を残した。『日本文典』と『日葡辞書』の仏訳『日仏辞書』でも知られる。著書『日本図書目録』『日本切支丹宗門史』など。
**はし-おき【▼箸置(き)】** 食卓で箸先をのせておくための小さな具。箸台。箸枕。chopstick rest
**はしか【▽麻▼疹】** ウイルスによる小児の急性伝染病。一〇日ほどの潜伏期ののち、発熱・発疹を生じる。伝染力は強いが終生免疫を得る。ましん。measles
**はし-がかり【橋懸(か)り】** 能舞台で、舞台の左手奥からのびて鏡の間をつなぐ橋。演者・囃子方の舞台への通路でもあるが、演技の場でもある。↓能楽図
**はし-がき【端書(き)】** ①書物などの一番初めに、その内容などに関したことを書き記した文。序。preface 対義 後書き。②手紙文の終わりに書き添える文。追って書き。postscript
**はしかみ【▽階上】**〈町〉青森県南東端、八戸市南隣の町。平地が少なく、畜産や畑作農業が主。八戸市への通勤者も多い。人口一万二一三二(一九八八)。
**はじかみ【▼椒】** サンショウの古名。
**はじかみ【薑】** ショウガの古名。
**はしか-ワクチン【▽麻▼疹ワクチン】** はしか予防のワクチン。現在は弱毒生ワクチンの一回接種が行われ、永久免疫となる。ましんワクチン。measles vaccine

**はしかん-ぼく【波志干木】** ノボタン科の低木。葉は対生し、有柄で卵形。夏、紅色の四弁花を多数つける。花弁は菱形。鹿児島・沖縄の林内にはえる。
**はじき【▽弾き】** ①はじくこと・力。②おはじき。③《俗語》ピストル。
**はじ-き【▽土師器】** 古墳時代から平安時代ごろまで用いられた赤褐色の素焼き土器。弥生式土器の系統をつぐ。↓写

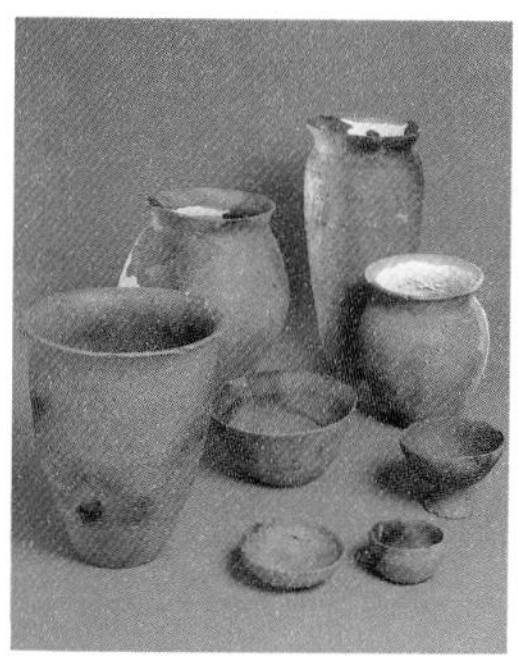

●土師器 古墳時代後期。東京都、船田遺跡出土。八王子市郷土資料館。

**バシキール-じちきょうわこく【バシキール自治共和国】**(Bashkirskaya ASSR) ソ連中西部、ウラル山脈南西麓、ロシア共和国に属する自治共和国。首都ウファー。ボルガ-ウラル油田地域の東部にあり、石油・化学・冶金などの工業がさかん。面積一四・四万$km^2$。人口三八五万(一九八五)。正称バシキール自治ソビエト社会主義共和国。

**はじき-だ・す【▽弾き出す】**(五他) ①はじいて外へ出す。spring out ②のけものにする。drive out ③そろばんをはじいて、やりくりの計算をする。

**はじき-まめ【▽弾き豆】** ハジケマメの別名。

**はじ・く【▽弾く】**(五他) ①反発力で物を打つ。はねるようにして打つ。flip 用例 指で―。②はねて受けつけない。repel 用例 油紙が水を―。③そろばんで計算する。用例 そろばんを―。④楽器の弦をつまびいて鳴らす。pluck 用例 弦を―。⑤野球で、ボールを身体に当てて取りそこなう。fumble 用例 ピッチャーゴロを―。

**はし-ぐい【橋▼杭・橋▼杙】** 橋げたを支えるためのくい。橋脚。

**はしくい-いわ【橋▼杭岩】** 和歌山県南端、串本町にある巨岩群。海岸から対岸の大島へ向かい大小三十余の杭状の岩が一列に並ぶ。天然記念物。

**はしぐち-ごよう【橋口五葉】**(一八八一～一九二〇) 版画家・洋画家。本名、清。鹿児島県生まれ。東京美術学校卒。美人風俗版画を描く。装丁にも活躍。作品『浴後の裸女』『髪すき』など。

**はし-くよう【橋供養】** 橋を架けるための工事が完了したときに行う供養。橋の上で、渡り初めの前に工事で犠牲になった人の冥福と橋の安全を祈るもの。
**はし-くれ【端くれ】** ①切れはし。fag end 用例 布の―。②たくさんあるうちの、つまらないもの。末。a piece 用例 男の―。
**はしけ【▼艀】** 港内・内海・河川などで、また沖に停泊中の本船と波止場との間で、旅客や貨物を運ぶのに使われる小舟の総称。平底で船幅が広いのが特徴。はしけ舟。barge
**はし-げた【橋▼桁】** 橋の上部構造で、橋脚の上にわたして道路や鉄道の路盤となる部分。bridge girder
**はじけ-まめ【▽弾け豆】** 煎るとはじける豆。また、そのはじけた豆。ハジキマメ。
**はじ・ける【▽弾ける】**(下一自) ①割れた勢いで、はねてとぶ。spring off ②さけて割れる。burst open ③熟して割れる。split open
**はし-ご【▼梯子・▼梯・▽階子】** ①立てかけて高い所へ登るための道具。二本の長い材木などに、足がかりの横木をいくつも付けたもの。ladder 用例 ―をのぼる。②「はしご段」の略。③「はしご酒」の略。用例 ―をする。
**はしこ・い【▽敏▼捷い】**(形) 動作がすばやい。挙動がはやい。はしっこい。quick 対義 のろい。派生 はしこさ(名)
**はしごがた-しんけいけい【▼梯子形神経系】** 集中神経系の一種。体の左右に縦に並ぶ数対の神経節を横に結び、いわゆる梯子形を形成する。環形動物および節足動物にみられる。ladder-like nervous system
**はしご-ざけ【▼梯子酒】** 場所を変えて、酒を飲み歩くこと。はしご飲み。はしご。bar-hopping
**はしご-しゃ【▼梯子車】** 消火や救助用の長くのびるはしごをそなえた消防自動車。hook-and-ladder truck
**はしご-だん【▼梯子段】** 段ばしごの階段。また、はしごの一段一段の横木。
**はしご-のり【▼梯子乗り】** 直立したはしごの上に乗り、さまざまな曲芸をすること・人。消防の出初め式などで行われる。
**はじ-さらし【恥▼曝し】**(名・形動) 恥を世間に広く知られること・さま・人。disgrace 用例 いい―だ。
**はじ-しらず【恥知らず】**(名・形動) 恥を恥とも思わないこと・さま・人。鉄面皮。shameless
**はじ-せいじ【▽土師清二】**(一八九三～一九七七) 小説家。本名、赤松静太。岡山県生まれ。大衆時代小説で一家をなす。作品『砂絵呪縛』『あばれ熨斗』など。
**はし-ぞめ【▼箸初め】** ↓くいぞめ(食い初め)
**はした【▽端】** ①どちらともつかないこと。はんぱ。odd 用例 ―仕事。②ちょうどの数に対して不足または余分であること。fraction 用例 ―は切りすてる。
**はした-がね【▽端金】** わずかな金銭。はんぱの小銭。はんぱがね。odd money
**はしたか-の【▼鷂の】**［枕ことば］《「はしたか」は、タカの一種。はいたか。「とがえる(毛が抜けかわる)」の「と」、また、タカの羽という意で同音を含むことから》「外山・端山」などにかかる。用例 ―は山がくれの露なれや知られぬ恋におつる涙は(新続古今・恋一)。
**はしだ-くにひこ【橋田▽邦▼彦】**(一八八二～一九四五) 医学者・生理学者・教育行政家。鳥取県生まれ。東大教授。旧制一高校長。近衛・東条両内閣の文相。第二次大戦終了後、戦犯指定を受け、服毒自殺。文化勲章制定に努力。
**はした-な・い**(形) 慎みがない。下品である。ill-mannered
**はした-な・し** 古語 (形ク) ①中途半端だ。不つりあいだ。用例 ふるさとにいと―・くてありければ(伊勢・一)。②間が悪い。みっともない。用例 ―・きもの、こと人を呼ぶに、我ぞとてさし出でたる(枕・はしたなきもの)。③つれない。そっけない。用例 ―・くも、なさし放ち給ひそ(源氏・常夏)。④激しい。きびしい。用例 野分―・う吹いて、紅葉みな吹きちらし(平家・六・紅葉)。
**はした-め【▽端女】** 身分の低い召し使いの女。
**はし-ぢか【端近】** 家の中の、端に近い所。家の上がり口や縁に近い所。
**はしっ-こ【端っこ】**《俗語》すみ。はし。はじっこ。end
**はしっこ・い**(形) はしこい。quick 派生 ―っこさ(名)
**ハシッシュ【Hashish アラビア】** インドタイマの樹脂に含まれる麻薬。マリファナ同様の作用がある。吸煙で精神的作用が、飲食では身体的作用が強く現れる。ハシシ。
**はし-づめ【橋詰(め)】** 橋のたもと。
**はしどい** 山地にはえるモクセイ科の落葉小

●ハシドイ

は

高木。高さ約一〇mに達する。葉は対生し、広卵形。初夏に、白色の小花を円錐状に密生。種子は扁平で翼をもつ。材はかたく細工用。↓写

**ばじ-とうふう【馬耳東風】**《李白の詩から。東風(=春風)は人には心地よいが、馬の耳にはなんの感じも与えない、の意》人の意見や批評などを聞き流すこと。馬の耳に念仏。utter indifference; It's like talking to the wall.

**は-じとみ【▽半▼蔀】** 下半分には格子や板をはめこみ、上半分を外側へ釣り上げられるようにしたしとみ。こじとみ。

**はしなく-も【端無くも】**(副) 思いがけなく。はからずも。偶然に。ふと。ゆくりなく。

**はし-ぬい【端縫い】** 布の端のほつれを防ぐために、細く折り返して縫うこと。は縫い。

**はじ-の-き【▽黄▼櫨・▼櫨】** ハゼノキの異名。

**はし-はか【▼箸墓】** 奈良県桜井市にある三世紀の大形前方後円墳。全長約二八〇m。奈良盆地最古式の古墳の一つ。『日本書紀』に造墓に関する記載があり、倭迹迹日百襲姫命の墓・大市墓とされるが、邪馬台国の卑弥呼の墓に擬する説もある。はしのはか。箸中山古墳。

**はし-ばこ【▼箸箱】** はしを入れておく長方形の箱。はしの保存用や、弁当用に携帯する。塗り物・プラスチック製など。chopstick case

**はし-ばし【端端】** ①あちこちの端。odds and ends ②すみずみ。every nook and corner

**はしば-ひでなが【羽▼柴▽秀長】**(一五四一～九一) 安土桃山時代の武将。豊臣秀吉の異父弟。政権の枢要にあって秀吉をよく助けた。大和国郡山一〇〇万石を領し、大和大納言と呼ばれた。

**はしばみ【▼榛】** カバノキ科の落葉低木。山野にはえる。高さ約五m。葉は広卵形で先端はとがる。春に、枝先に雄花を、その下に雌花をつける。かたい果実は食べられる。hazel ↓写

●ハシバミ

**はし-ひめ【橋姫】** 橋を守るという女神。玉姫。

**はしびろ-がも【▼嘴広▼鴨】** 嘴が大きくて平たいガンカモ科の鳥。全長約五〇cm。背は黒褐色、胸は白く、腹は栗色。北半球の中北部で繁殖し、冬は南下。日本へは冬鳥として全国の沿岸・河口などに渡来。shoveler

**はしびろ-こう【▼嘴広▼鸛】** ハシビロコウ科の水辺の鳥。コウノトリにやや似るが、頭が大きく、嘴が幅広くて大きい。全長約一・五m。全身灰色。浅瀬で魚やカエルなどを捕食。中央アフリカの白ナイル流域に分布。shoebill

**パシフィック-リーグ** 日本のプロ野球連盟の一つ。昭和二四年(一九四九)日本野球連盟の分裂で結成。平成元年(一九八九)現在、近鉄・日本ハム・ロッテ・西武・オリックス・ダイエーの六球団が所属。

**はしぶと-がらす【▼嘴太▼鴉】** 嘴が太いカラス科の鳥。全長約五七cm。全身黒色。雑食性。ハシボソガラスとともに日本全土でふつうに見られる留鳥だが、ハシボソガラスよりも都会的環境への対応性が強い。↓カラス図

**はじ-べ【▽土師▽部】** 古代の品部の一つ。一定地域の家族集団・職能集団からなり、埴輪や土器の製作に従事。

**はしぼそ-がらす【▼嘴細▼鴉】** 嘴が細く短いカラス科の鳥。全長約五〇cm、全身黒色。雑食性。日本全土でふつうに見られる留鳥。山村・漁村などの人家付近を好む。↓カラス図

**はしま【羽島】**〈市〉 岐阜県南部、木曽川と長良川にはさまれた市。愛知県の尾西織物地帯に接する毛織物業地。人口六万一二八八(一九八八)。

**は-しま【端島】** 長崎県、長崎半島西方の小島。かつては海底炭田で栄えたが閉山。コンクリートで囲まれた島の形から軍艦島ともいわれる。

**はじまら-ない【始まらない】**(連語) …しても むだだ。しかたがない。用例 いまさら後悔しても―。

**はじまり【始まり】** 始め。起こり。beginning 対義 終わり。

**はじま・る【始まる】**(五自) ①新しく起こる。開始する。begin 対義 終わる。用例 試合が―。②いつもの癖が出る。start again 用例 また、子どもも自慢が―った。

**はし-ミシン【端ミシン】** 洋裁の始末の仕方の一つ。縫い割った縫い代の端を細く折り、その折り山のきわにミシンをかけること。薄地の布端始末に適する。

**はじ・む【始む】** 古語(下二他) ↓はじめる(始める)

**はし-むかう【▼箸向かう】**［枕ことば］《二本のはしのように兄弟が相対する意。「はし」は「愛し」の意とも》「おと(弟)」にかかる。用例 父母が成しのまにまに―弟の命は朝露の消やすき命(万葉・九・一八〇四)。

**はし-め【▼箸目】** 香道で、香をたく作法の手順の一つ。香炉の灰を調え、香火箸で灰に筋目をつけること。

**はじめ【初め】**(名・副) 時間の最初。最初のころ。beginning 対義 末。用例 年の―。―そう思った。

**初めから長老には成れず** 物事には順序というものがあって、一足飛びにはいかない。

**初めの煌き** 物事の、初めだけ華やかで、あとが続かないこと。

**初めの囁き、後のどよめき** 初めはひそひそされていたうわさも、のちには世に広く知られて騒がれること。

**はじめ【始め・▽元】** ㊀(名) ①始めること。手始め。beginning 用例 ―からやり直す。②最初。起こり。発生。origin 対義 終わり・末。用例 国の―。③《「…をはじめ」の形で》最初として。用例 会長を―、幹部全員。④《接尾的》物事をしはじめること。用例 御用―。㊁(副) まえ。以前。at first 用例 ―別人かと思った。

**始め有らざる無し、克く終わり有る鮮し** 事を始めるのはだれでもするが、終わりまでする者は少ない。

**始め有るものは必ず終わり有り** 永久不変のものはない。

**始めちょろちょろ中ぱっぱ赤子泣くとも蓋取るな** 始めのうちはとろ火で、中ごろは強火にして、そして、途中ではどんなことがあってもかまのふたを取らないことが大切だ。じょうずにごはんを炊くこつを説いたもの。

**始めの一歩、末の千里** 少しばかりの努力でも、それを積み重ねていけば、やがては大きな成果が得られるということ。

**始めは処女の如く終わりは脱兎の如し** 最初はおとなしくしていて、終わりになって大いに力を発揮するたとえ。

**始め良ければ終わり良し**《ローマの詩人ホラティウスの『書簡集』にあることば》始めが順調にいけば、最後までうまくゆくことが約束されたようなものだ。取りかかりを注意深くしっかりやれば、すべてがうまくいく。A good beginning makes a good ending.

**ハシ-メサウド【Hassi-Messaoud】** 北アフリカ、アルジェリア北東部、サハラ砂漠にある石油開発の中心地。一九五四年に油井が発見され、主としてフランスに輸出されている。

**はじめ-て【初めて・始めて】**(副) ①最初に。用例 ―お目にかかります。②そのとき新しく。新たに。あらためて。for the first time 用例 病気になって、―健康のありがたさを知った。

**はじめ-ね【始め値】** 取引所の午前または午後の最初の取り引きでついた値段。とくに午前のものをさす。寄り付き。opening price 対義 終わり値。



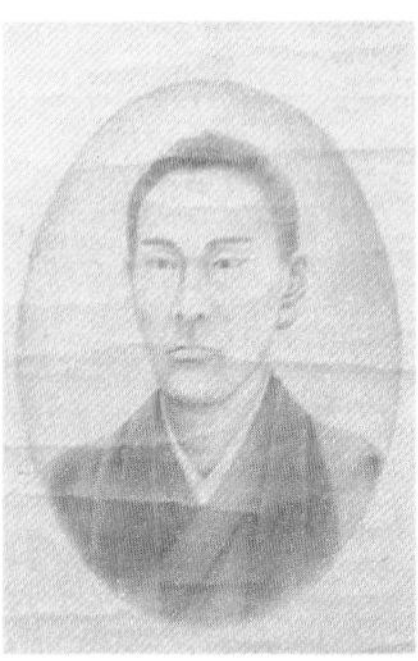
●橋本左内　個人蔵

**はじめ-まし-て【初めまして・始めまして】**(連語) 初対面の人にする、あいさつ語。How do you do?

**はじ・める【始める・▽創める・▼肇める】**(下一他) ①新しく起こす。やり出す。begin 対義 終える。用例 練習を―。②いつものくせを出す。start again 用例 小言を―。③《動詞の連用形について》…しだす。用例 泣き―。読み―。

**はしもと【橋本】**〈市〉 和歌山県北東端、紀ノ川に沿う市。旧河港町で交通の要地。かつて塩の市として栄えた。柿・ブドウの栽培や釣りざおなど竹製品の生産地。人口四万二二〇四(一九八八)。

**はしもと-うたろう【橋本宇太郎】**(一九〇七～) 囲碁棋士。大阪府生まれ。第二・五・六期本因坊。号は昭宇。昭和二五年(一九五〇)関西棋院独立の主役。

**はしもと-えいきち【橋本英吉】**(一八九八～一九七八) 小説家。本名白石亀吉。福岡県生まれ。作品『炭坑』『富士山頂』など。

**はしもと-がほう【橋本雅邦】**(一八三五～一九〇八) 日本画家。本名、長郷。江戸の人。岡倉天心・狩野芳崖らと明治の新日本画建設につとめた。日本美術院創立に参加。作品『白雲紅樹図』『竜虎図屏風』など。↓写

**はしもと-かんせつ【橋本関雪】**(一八八三～一九四五) 日

●橋本雅邦『白雲紅樹図』。明治二三年(一八九〇)、東京芸術大学。

本画家。神戸生まれ。老練な筆技で作域が広い。作品『玄猿』など。

**はしもと-きんごろう【橋本▼欣五郎】**(一八九〇～一九五七) 陸軍大佐。岡山県生まれ。桜会を組織し、昭和六年(一九三一)の三月事件・十月事件を企図するなど国家主義運動を推進。第二次大戦後、極東軍事裁判でA級戦犯、終身禁錮刑。

**はしもと-くにひこ【橋本国▼彦】**(一九〇四～四九) 作曲家。東京生まれ。東京音楽学校卒。『交響曲』などのほか、歌曲にすぐれ、『お菓子と娘』などがある。

**はしもと-さない【橋本左内】**(一八三四～五九) 幕末の志士。越前藩士。緒方洪庵に医学・蘭学を学ぶ。藩主松平春嶽に認められ、藩政改革に参加。雄藩連合による統一国家を構想、将軍継嗣問題で一橋派として活躍したが、安政の大獄で処刑。↓写

**はしもと-しのぶ【橋本忍】**(一九一八～) 脚本家。兵庫県生まれ。作品『羅生門』『七人の侍』『砂の器』など。

**はしもと-しんきち【橋本進吉】**(一八八二～一九四五) 国語学者。福井県生まれ。東大教授。上代特殊仮名遣いの研究や、学校文法の基礎となった文法体系の確立に業績を残す。著書『国語学概論』など。

**はしもと-そうきち【橋本宗吉】**(一七六三～一八三六) 江戸後期の科学者。号は曇斎。大坂の人。江戸で大槻玄沢に医学・蘭学を学ぶ。エレキテル実験の先駆者。著書『和蘭陀始制エレキテル究理原』。

**はしもと-たかこ【橋本多佳子】**(一八九九～一九六三) 俳人。本名、多満。東京生まれ。杉田久女、ついで山口誓子に師事。俳誌『七曜』主宰。句集『海燕』『紅糸』『命終』など。

**はしもと-びょう【橋本病】** 橋本策が報告した慢性の甲状腺炎。中年の女性に多い自己免疫疾患。Hashimoto's disease

**はしもと-へいはち【橋本平八】**(一八九七～一九三五) 彫刻家。三重県生まれ。独創的な木彫を制作。作品『裸形少年像』『牛』など。

**はしもと-めいじ【橋本明治】**(一九〇四～) 日本画家。島根県生まれ。東京美術学校卒。法隆寺金堂壁画模写に従事。昭和四九年(一九七四)文化勲章受章。作品『まり千代像』など。

**はじ-もみじ【▽黄▼櫨紅葉】** ①ハゼノキの葉の紅葉したもの。②ハゼノキの紅葉の色目の名。表は濃い蘇芳で、裏は黄。③襲の色目の名。

**は-しゃ【覇者】** ①権力・武力によって天下を治めようとする者。supreme ruler 対義 王者。②諸侯の首領。leader ③競技などで優勝した者。champion

**は-じゃ【破邪】**《仏教語》誤った判断やとらわれを打ち破ること。用例 ―の剣。

**ば-しゃ【馬車】** 馬にひかせる車。陸上交通機



↓行き先項目、図版・写真参照印。　JIS 日本工業規格情報交換用漢字符号コード(区点コード)。

関の一種。古代オリエント時代からみられ、当初は戦車として発達。その後、駅馬車など輸送用に転化し、現在は観光用のものが多い。carriage; coach

**馬車馬の様**(ばしゃうまのよう)《「馬車馬」は、馬車をひかせる馬》わき目もふらずに励むたとえ。work like a horse

**パシャ**[paşa トルコ] オスマン帝国で、高官に対する尊称。

**はしゃ・ぐ**【ᐁ燥ぐ】(五自) =はしやぐ。①調子にうかれて、ふざけさわぐ。frolic ②乾いて、反ったり、はねたりする。dry up 用例 板が—。

**は-じゃく**【羽尺】 大人用の羽織を仕立てるための長さの反物。長さ約九・四m。羽尺地。対義 着尺。

**は-じゃく**【端尺】 織物で、規定の寸法に足りないこと。その反物。

**ば-しゃく**【馬借】 中世の運送業者。馬で米などを輸送。多く問丸の統制下にあり、山城・京都・奈良など交通の要地に分布。しばしば土一揆の先鋒を担った。

**ばしゃく-いっき**【馬借一▼揆】 室町時代に、馬借が先鋒となって蜂起した土一揆。職業上の地域連合性と集団機動性とから、しばしば馬借が一揆の中心となったもの。

**はじゃく-じ**【羽尺地】 ↓はじゃく(羽尺)

**はじゃ-けんしょう**【破邪顕正】《仏教語》邪説を打ち破って、真理をあらわし広めること。

**はし-やすめ**【▼箸休め】 口直しの料理。酢の物やあえ物・つくだ煮などをいう。しる粉など甘いものに添える漬物もさす。

**ばしゃ-てつどう**【馬車鉄道】 軌道上を走る馬車で、旅客や貨物を輸送する交通機関。日本では明治一五年(一八八二)東京馬車鉄道の開業が営業の最初。

**パジャマ**[pajamas]《本来は、中近東のゆったりしたズボンをいう》上着とズボンからなる寝巻き。吸湿性・通気性に富むタオル・ネル・ゆかた地などの木綿が主材質。ピジャマ。

**は-しゅ**【▼播種】 作物の種子をまくこと。種まき。sowing

**ば-しゅ**【馬手】 馬の口取り。

**ば-しゅ**【馬主】 馬の持ち主。うまぬし。owner of a horse

**ば-しゅ**【馬首】 ①馬の首。neck of a horse ②馬の向かう方角。direction of a horse

**は-しゅつ**【派出】(名・サ変他) 出向かせること。

**ば-じゅつ**【馬術】 ①馬を乗りこなす術。②《「馬術競技」の略》乗馬の技術を競うスポーツ。馬場馬術・障害飛越・総合馬術の三種目があり、採点にしたがって順位を競う。horsemanship ↓図

**はしゅつ-じょ**【派出所】 ①本部からさしむけられた人がつとめている、小さい事務所。branch office ②巡査が交替で勤務している巡査派出所。police box 対義 本署。

**はしゅつ-ふ**【派出婦】 出張して、家事を手伝うことを職業とする婦人。家政婦。charwoman

**はじゅん**【波旬】《仏教語。pāpiyas梵の転》悪魔。魔王。用例 天魔—。

**ば-しょ**【場所】 ①ところ。place 用例 物を置く—。②いどころ。用例 いい—をとる。③相撲を興行する所・期間。用例 夏—。

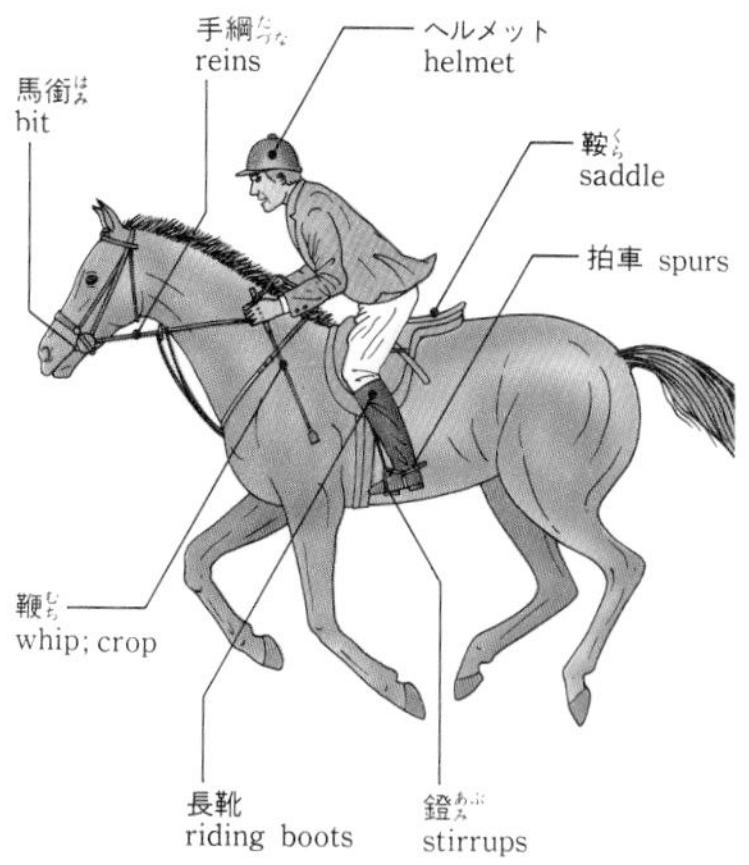

● 馬術② 障害飛越の服装と用具

**場所を勤める**(ばしょをつとめる) 相撲興行に出場する。

**場所を踏む**(ばしょをふむ) 何度も出場して、経験をつむ。場数を踏む。gain experience

**ばしょ-いり**【場所入り】 相撲で、力士が興行場にはいること。

**は-じょう**【波状】 ①波のようであること。波のように、うねること。wavelike ②きまった間をおいて、同じ事を繰り返すこと。in waves 用例 —攻撃。

**ば-しょう**【▼芭▼蕉】 バショウ科の大形多年草。高さ五m。葉は、長さ二mの長楕円形で、破れやすい。夏に、黄白色の花を穂状につける。中国原産。観賞用。ニワミグサ。↓写

● バショウ 花。

**ばしょう**【▼芭▼蕉】 ↓まつおばしょう(松尾芭蕉)

**ば-じょう**【馬上】 ①馬の背の上。horseback ②馬に乗っていること。乗馬。riding 用例 —の人。

**ばしょう-あん**【▼芭▼蕉▼庵】 松尾芭蕉の草庵。江戸深川、隅田河畔にあった。天和二年(一六八二)焼失し、翌年再建。

**はじょう-うん**【波状雲】 雲の下部(=雲底)に、波に似た起伏のある雲。または、雲片が波状に配列している雲。高積雲や巻積雲などにできる。undulatus

**ばしょうおうぎょうじょうき**【▼芭▼蕉翁行状記】 八十村路通編の俳諧撰集。元禄八年(一六九五)刊。松尾芭蕉の生涯・臨終などを記し、追悼の句を収める追悼集。

**ばしょう-かじき**【▼芭▼蕉▼梶木】 マカジキ科の海水魚。カジキマグロの一種。上顎は長く、槍のように突き出る。体は細長く、全長約三m、体重五〇kg前後。青紫色に黒色の斑紋がある、バショウの葉ほどの巨大な背びれをもつ。食用。インド洋・太平洋に分布。sailfish

**ばしょう-き**【▼芭▼蕉忌】 松尾芭蕉の忌日。陰暦一〇月一二日。時雨忌。

**ばじょう-さん**【馬上▼盞】 馬に乗ったまま酒を飲むときに使う杯。杯の下部が高くなっていて、持ちやすいように作られている。馬上杯。

**ばしょうしちぶしゅう**【▼芭▼蕉七部集】 ↓はいかいしちぶしゅう(俳諧七部集)

**ばしょう-ふ**【▼芭▼蕉布】 バショウの葉脈繊維で織った布。かたくて、通気性に富む。沖縄地方・奄美大島の特産。夏の衣料。↓写

**はしょう-ふう**【破傷風】 破傷風菌が傷口から侵入・増殖して、おもに脊髄を侵す病気。伝染病の一種。致命率が高いので予防接種・消毒などの予防が大切。tetanus

**はしょうふう-きん**【破傷風菌】 破傷風の病原菌。嫌気性で土壌中に広く分布する。きず口などから体内へ侵入。発病した場合は抗毒素血清を注射する。tetanus bacillus

**バジョーフ**[Pavel Petrovich Bazhov](一八七九〜一九五〇) ソ連の児童文学者。民話の再創造に貢献。作品『ウラル民話』『石の花』など。

**ばしょ-がら**【場所柄】 ①その場のようす。character of a place 用例 —がよい。②その場所として当然のこと。occasion 用例 —をわきまえる。

**は-しょく**【波食・波▼蝕】 波が陸地をけずること。海食。wave erosion 用例 —作用。

**はしょく**【▼巴▼蜀】 中国、四川省の旧称。「巴」は、現在の四川省重慶地域、「蜀」は成都地域。「天府の国」といわれた豊かな地方。

**ば-しょく**【馬食】(名・サ変他) 馬のように、たくさん食べること。heavy eating 用例 牛飲—。

**ば-しょく**【馬▼謖】(一九〇〜二二八) 中国、三国時代の蜀の将軍。諸葛孔明に重用されたが、街亭の戦いで、軍令に違反したため魏軍に大敗し、斬刑に処せられた。

**泣いて馬謖を斬る**(ないてばしょくをきる) 情として忍びないが、規律のためにやむをえず罰する。Be just before you are generous.

**はしょく-だい**【波食台】 波の浸食と風化作用とがあいまって形成された、水平または海側にゆるく傾斜した岩礁。海食崖の下などに見られる。wave-cut platform

**バジョット**[Walter Bagehot](一八二六〜一八七七) イギリスのジャーナリスト・社会思想家。『エコノミスト』誌の経営者・編集者として幅広い評論活動を行った。著書『英国の国家構造』『ロンバード街』など。

**ばしょ-ふさぎ**【場所▼塞ぎ】 場所を占めて邪魔になるもの。ばしょふさげ。obstruction

**はしょ・る**【端▽折る】(五他)《「はしおる」の転》①着物のすそをからげて、帯にはさむ。tuck up ②省いて、簡単にする。cut short

**ばしょ-わり**【場所割(り)】 広場や会場などでの、場所の割り当て。席割り。allotment of seats 用例 見学者の—。

**はしら**【柱】 ㊀(名) ①建造物の、屋根や床の荷重を支える垂直の部材。column; pillar 用例 テントの—。②骨組みの中心となるもの。prop; support 用例 物価対策の—。③たよりになる人。④貝柱。㊂(助数) 神・遺骨などをかぞえる語。用例 二—の神。

● 芭蕉布

**はじ・らう**【恥じらう・▼羞じらう】(五自) 恥ずかしがる。はにかむ。blush; be shy 用例 花も—。

**はしら-かけ**【柱掛(け)】 柱に掛けて装飾にするもの。はしらがくし。

**はしら-ごよみ**【柱暦】 暦の一種。江戸時代に、柱などに掛けるのに便利なように、半紙半分ぐらいの大きさの紙に印刷された略暦。

**はしらサボテン-るい**【柱サボテン類】 葉のまったくないものが多く、茎節の形は円柱状または球状で、数多くの稜があるサボテン。アメリカ南西部やメキシコの乾燥地の景観をつくる。torch cactus ↓サボテン 写

**はしら・す**【走らす】(五他) ↓はしらせる(走らせる)

**はしら・せる**【走らせる】(下一他) =走らす。①走るようにする。かけさせる。make run 用例 馬を—。②急いで、遣る。dispatch 用例 使いを—・せた。③逃げさせる。rout 用例 賊を—。④気持ちよく動かす。drive 用例 ペンを—。

**はしら-たいまつ**【柱▽松▽明】 ①柱の先にたいまつをつけたもの。古く祭場の照明として用いた。柱松。②京都市の清涼寺で三月一五日の夜に行われる修二会の行事。お松明式。

**はしら-どけい**【柱時計】 掛け時計。wall clock

**はしら-ま**【柱間】 建築物の柱と柱との間。また、その間の距離。column spacing

**は-じらみ**【羽▼虱・羽▼蝨】 ハジラミ目に属する昆虫の総称。鳥類に外部寄生する。体長一〜一〇mm。羽をかじるもの、吸血性のものなど。ハムシ。jumping plant louse ↓図

● ハジラミ　ニワトリハジラミ

▼常用漢字表外。　▽常用漢字表の音訓外。

**はしり【走り】** ①なめらかに走ること。走ったときの調子。running 用例ペンの―がいい。②季節のはじめに出る魚・野菜・果物など。はつもの。はしりもの。first product 比較旬。用例―のサンマ。③物事の始まりを思わせるもの。beginning 用例梅雨の―。

**はしり-い【走り井】** 勢いよくわき出て流れる清水。

**バシリカ【basilica】** ＝バジリカ。①ローマ時代に、裁判所・商取引所・集会所に用いられた長方形の公共の建築物。②①の基本構造をまねて造られた初期キリスト教の聖堂の建築様式。↓写

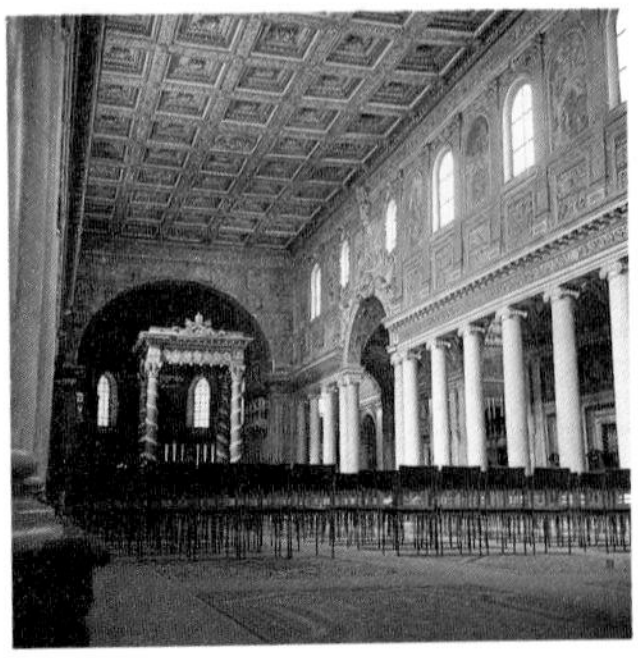
●バシリカ② ローマのサンタ-マリア-マッジョーレ教会堂。

**バジリカータ【Basilicata】** イタリア南部、タラント湾に臨む州。州都ポテンツァ。人口六一・五万(一九八三)。

**はしり-かか・る【走り掛(か)る】**(五自) 走り寄って、とびかかる。spring on

**はしり-がき【走り書き】** 字・文を急いで書くこと。その書いたもの。running script 比較殴り書き。

**バジリコ【basilicoイタリア】** ↓バジル

**はしり-こ・む【走り込む】**(五自) ①走って入る。run into 用例ゴールに―。②走る練習を十分にする。十分に走って足腰をきたえる。用例レースにそなえて―。

**バシリスク【basilisk】** ①イグアナ科のトカゲ。全長約八〇cm。背中に帆状の突起がある。森林の水辺に生息し、短時間だが、後肢で水上を走る。熱帯アメリカに分布。②(「バジリスク」)ギリシア-ローマ伝説上の怪物。トカゲやヘビまたは竜の類とされ、その呼気にふれたり、見られただけでたちまち死ぬといわれる。

**はしり-たかとび【走り高跳び】** 陸上競技で、跳躍種目の一つ。助走から踏み切って、支柱にかけられたバーを跳び越し、その高さを競うもの。ハイジャンプ。running high jump ↓写

●走り高跳び

**はしり-づかい【走り使い】** 走り回って用事をすること・者。errand

**はしり-づゆ【走り梅雨】** 五月下旬ごろ、梅雨の前ぶれのようにぐずつく天候。

**はしり-どころ【走▽野▽老】** 山地にはえるナス科の多年草。高さ約六〇cm。葉は長楕円形。春に、紅紫色の鐘形花が咲く。有毒植物であるが、根茎は「莨菪根」とよばれ、薬用。本州・四国・九州に分布。↓写

●ハシリドコロ

**はしり-ぬ・く【走り抜く】**(五自) 最後まで走る。完走する。走りきる。run the whole distance

**はしり-はばとび【走り幅跳び】** 陸上競技で、跳躍種目の一つ。助走から、踏み切り板を片足で踏み切って跳び、その跳んだ距離を競うもの。running long jump

**はしり-よみ【走り読み】** いそいで、ざっと読むこと。skim through

**はし・る【走る】**(五自) ①人や動物が、駆け足で、速く進む。run 用例選手が―。駅まで―。②乗り物が、速く進む。rush 用例列車が―。③逃げる。flee 用例敵方に―。④川や道が通っている。run 用例南北に―道。⑤(「奔る」とも)ある方向に傾く。turn 用例悪事に―。⑥(「奔る」とも)ほとばしる。gush out 用例血が―。⑦すべり出る。glide 用例刀がさやから―。⑧急に現れる。瞬間的に通過する。run 用例肩に痛みが―。⑨意のままに動く。move freely 用例ペンが―。⑩開通する。be opened 用例バスが―ことになった。

**は・じる【恥じる・▼羞じる・▼愧じる】**(上一自他) ①面目ないと思う。恥ずかしく思う。be ashamed of 用例良心に―。無知を―。②ひけをとる。負けない。be not worthy of 用例名に―・じない。

**バジル【basil】** シソ科の一年草。甘い香りとかすかな辛味のある香辛料。イラン・イラク原産。メボウキ。バジリク。バジリコ。

●バジル 若い葉。

**はし-わたし【橋渡し】**(名・サ変他) ①橋をかけること。lay a bridge across ②仲をとりもつこと・人。仲立ち。mediation

**ば-しん【馬身】**(助数)《競馬で、順位の差を表す語》馬の、鼻先から尻までの長さ。用例二―差の三着。

**はす【▽斜】** ななめ。はすかい。すじかい。slant

**はす【▼蓮】** スイレン科の多年草。池や水田などで栽培。泥中を地下茎が横走し、葉は地下茎より出て長柄をもち、盾状。夏の早朝、水面につき出る茎に淡紅色・白色の一花を開く。地下茎のれんこん・種子は食用。ハチス。lotus ↓図

●ハス(蓮) 花

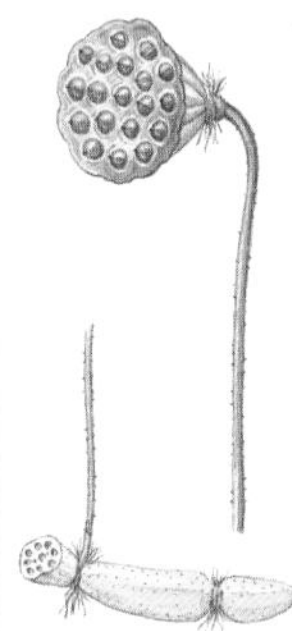
種子の入った花托と地下茎

**はす【▼鰣】** コイ科の淡水魚。オイカワに似るが、大形。全長約三〇cm。横から見た口は「へ」の字形。食用。琵琶湖、近畿地方の河川に分布。↓図

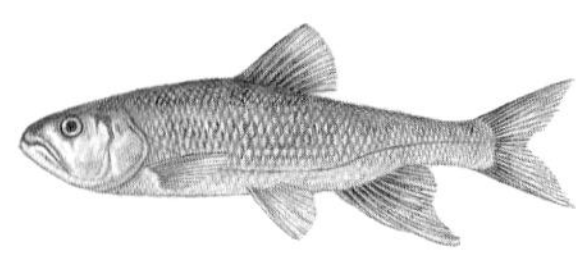
●ハス(鰣)

**は-ず【▼巴豆】** トウダイグサ科の常緑小高木。中国南部・東南アジアに分布。高さ約五m。葉は有柄、卵形。雌雄同株で、春秋二回、花が咲く。種子は「巴豆」として下剤に用いられる。croton

**はず【▼筈】** ①矢の、弓のつるにかける所。やはず。nock ②(「弭」とも)弓の、つるを受ける所。弓の両端部。ゆはず。nock ③相撲の技の一つ。親指と他の四本の指をやはずの形に開き、その手を相手のわき下に当てて押す型。筈押し。④《形式的に言う語》㋐当然そうあるべき道理。わけ。ought to 用例できる―がない。そんな―はない。㋑予定。約束。確信。be supposed to 用例こんな―ではなかった。正午に戻る―です。

**はず【▼幡豆】**〈町〉愛知県南部、三河湾に臨む町。綿布生産・漁網製造・機械工業などが主産業。展望のよい三ケ根山がある。人口一万三七七八(一九八八)。

**は・ず【恥ず】** 古語(上二自) ↓はじる(恥じる)

**ハズ** 「ハズバンド」の略。

**バス【Bassドイツ】**《低音の意》＝ベース。①男声の最低音域。また、その音域の歌手。②「コントラバス」の略。③同種の楽器のなかで低音域のもの。バスクラリネットなど。④楽曲中の最低声部。女声合唱にはない。↓声楽図

**バス【bath】** ①シャワーのついた洋風の浴室。バスルーム。②「バスタブ」の略。

**バス【bus】** 旅客の輸送を目的とする大型の乗り合い自動車。路線バス・高速バス・観光バスなどがある。

**バスに乗り遅れる** 世間などの新しい動き・風潮などから取り残される。チャンスを逸する。miss the boat

**パス** 「カリパス」の略。

**パス【PAS】**《p-aminosalicylic acidの略》抗結核薬パラアミノサリチル酸の略称。

**パス【pass】** ㊀(名・サ変自他) ①合格。試験を通過すること。②バスケットボール・サッカーなどの球技で、ボールの味方どうしの受け渡し。③野球で、キャッチャーが投球を受けそこなうこと。④トランプなどの遊びで、自分の順番のとき一回とばしてもらうこと。転じて、かかわらないで他の人に回すこと。㊁(名) ①バス・電車などの乗り物の定期乗車券。②特定の施設や場所に出入りできる者であることをあかす証明書。

**パス【Octavio Paz】**(一九一四) メキシコの詩人・批評家。シュールレアリスム風の詩と、博識犀利な批評で知られる。詩集『言葉のかげの自由』、評論集『孤独な迷宮』など。

**は-すい【破水】**(名・サ変自) 出産経過中に、胎児とその周囲の羊水を包んだ卵膜が破れて羊水が出ること。また、その羊水。rupture of bag

**ばすい-ぼく【馬酔木】**(「アセビ」の音読み) ウマがこの葉を食べると苦しむことに由来する名。

**はす-いも【▼蓮芋】** ①サトイモ科の多年草。塊根は小さくて食べられない。葉柄は二mほどで、生で、または煮て食べる。シロイモ。②サトイモの別名。

**は-すう【波数】** 波動において、単位長の中に含まれる波の数。波長の逆数で、係数として二倍のπをかけて表すことが多い。wave number

**は-すう【端数】** はんぱの数。はしたの数。fraction 用例―を切りすてる。

**バズーカ-ほう【バズーカ砲】** 携帯式の筒形ロケット弾発射砲。肩にかついで近距離から射撃する。おもに対戦車用。bazooka

**バスーン【bassoon】** 二枚リードをもつ最低音域の木管楽器。ファゴット。

**は-ずえ【葉末】** ①葉の先。②子孫。

**ば-すえ【場末】** 都会地のはしのほう。町はずれ。outskirts 対義盛り場。

**ばすえ-まち【場末町】** 江戸時代の城下町で、計画的な町づくりが行われたところの周辺部に、無秩序に拡大した下層民の居住域。

**はず-おし【▼筈押し】** 相撲の技の一つ。手のひらを矢筈のかたちに開いて、相手の脇の下に当てて押すもの。

**バス-ガール**《和製語》バスの女性車掌。

**はす-かい【▽斜交い】** ①ななめ。slant ②すじかい。crossing aslant

**バス-かいきょう【バス海峡】**(Bass Strait) オーストラリア大陸南東部とタスマニア島間の海峡。幅一二〇～二四〇km。

**はずか・し【恥ずかし】** 古語(形シク) ①こちらが気がひけるほど、相手がりっぱだ。尊敬に値する。用例―・しき人にものいはんとするに、先に立つ(枕・人ばへするもの)。②気がおかれる。気づまりである。用例程へて見るは―・しからぬかは(徒然・五六)。③↓はずかしい(恥ずかしい)

は



↓行き先項目、図版・写真参照印。 JIS 日本工業規格情報交換用漢字符号コード(区点コード)。

**はずかし・い**[はづかしい]【恥ずかしい】(形) ①自分の能力や状態が劣っていることを、不名誉に感じて、気おくれする。きまりが悪い。ashamed 用例 ほめられすぎて―。出来が悪くて―。②体裁が悪い。面映ゆい。shy 用例 人前で話すのは―。派生 はずかしさ(名) はずかしげ(形動) はずかしが・る(五自)

**はずかし-がり**[はづかしがり]【恥ずかしがり】 恥ずかしがること・人。はずかしがりや。shy person

**はずかし-が・る**[はづかしがる]【恥ずかしがる】(五自) 恥ずかしそうなようすをする。きまり悪がる。be shy

**はずかし・める**[はづかしめる]【辱める】(下一他) ①恥をかかせる。put to shame ②地位・名誉を汚す。disgrace 用例 会社の名を―・めないように。③女性を犯す。rape

**パスカル**[pascal] 国際単位系の圧力および応力の単位。パスカルは一㎡当り一ニュートンの大きさ。「パスカルの原理」の発見者パスカルの名にちなむ。記号Pa

**パスカル**【PASCAL】 アルゴル系統の高水準万能プログラム言語。スイス工科大学で開発。簡素だが、よく整理されている。コンピューターの学術論文の記述にもよく用いられる。数学者パスカルにちなむ。比較 コボル・フォートラン・ベイシック。

**パスカル**[Blaise Pascal](一六二三〜六二) フランスの数学者・物理学者・哲学者。円錐(えんすい)曲線論・確率論・流体力学などで業績を残した。パスカルの原理を発見。人間は無に等しい存在だが「考える葦(あし)」という点で偉大な存在であり、これを救うものはキリスト教であると主張。実存主義の先駆者とされる。主著『パンセ』。

**パスカル-の-げんり**【パスカルの原理】 一六五三年にパスカルが発見した流体の圧力伝達の法則。密閉容器内の静止した流体は、一部分に受けた圧力を流体内のあらゆる部分に同じ圧力で伝達する。Pascal's law

**パスカル-の-さんかくけい**【パスカルの三角形】 $(a+b)^n$の展開式で各項の係数をnの順に縦にならべて、三角形の形にしたもの。順々に係数を求めるのに便利。Pascal's triangle →図

**パスカル-の-ていり**【パスカルの定理】 二次曲線に内接する六辺形において、三対の対辺の交点は一直線上にあるという定理。Pascal's theorem

**ハスキー**[husky] 一(名) イヌの一品種。肩高約五五㎝。目の上、口辺が白く、オオカミに似る。ソリ引き用。シベリア原産。二(形動) かすれた声であるさま。しゃがれているさま。用例 ―な歌声。

**ハスキー-ボイス**[husky voice] しわがれていて、魅力のある声。しゃがれ声。

**パスキン**[Jules Pascin](一八八五〜一九三〇) エコール-ド-パリの画家。ブルガリア生まれ。アメリカ国籍。淡い色調と独特の素描が特徴。作品『ビーナスとアモール』など。

**ハスキンス**[Sam Haskins](一九二六〜) 写真家。南ア共和国生まれ。ロンドン在住。作品『五人の娘たち』など。

**バスク**[Basque] ピレネー山脈西部、フランスとスペインの国境にまたがる地域。特異な言語、習慣をもつバスク人が住む。バスコンガダス。

**バスク-ご**【バスク語】 バスク人の用いる言語。周辺の諸言語と系統を異にし、「言語の島」をなすことで知られる。Basque

**バスク-じん**【バスク人】 大西洋岸のフランス・スペイン国境地帯の住民。ヨーロッパ諸民族中、最古といわれる民族の一つ。バスク語は系統不明の言語で知られる。風俗・信仰に独自性をもち、ベレー帽はその一つとしてとくに有名。Basque

**バスケット**[basket] ①竹や籐(とう)などで編んだ、手さげのついたかご。軽く、通気性がよく丈夫。ピクニック用などの食料品を入れるのによく使う。②バスケットボールで、ゴールに用いる底のないあみ。③「バスケットボール」の略。

**バスケットボール**[basketball] 球技の一つ。五人ずつの二チームがボールを取り合い、相手コートの高さ三・〇五mに設けられているバスケットに投げ入れ、点数を競う。一般に試合時間は前・後半各二〇分。籠球(ろうきゅう)。→図

**バスコ-ダ-ガマ**[Vasco da Gama](一四六九〜一五二四) ポルトガルの航海者。一四九七年リスボンを出帆、アフリカ南端の喜望峰(きぼうほう)を回航してアラビア海からインドのカリカットに到着、インド航路を発見した。晩年はインド総督。

**パスコリ**[Giovanni Pascoli](一八五五〜一九一二) イタリアの詩人。幼いとき、目の前で父親が殺される事件に遭遇した。田園の美、憂愁、追憶、失われた家族との魂の交感をうたう。詩集『ミリーチェ』など。

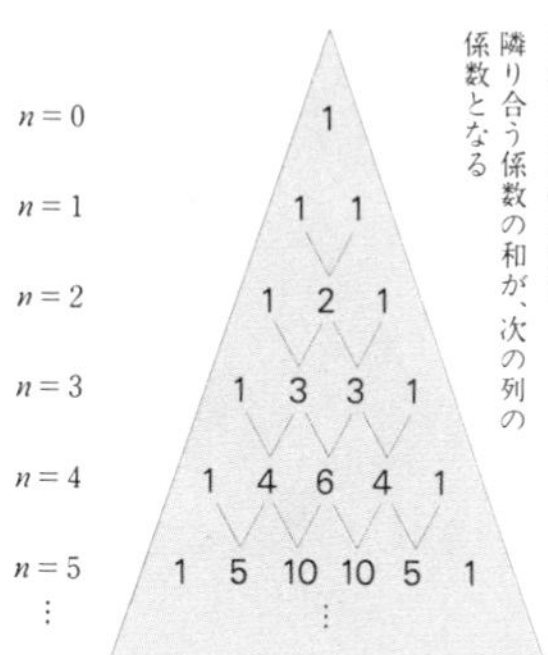


●パスカルの三角形
隣り合う係数の和が、次の列の係数となる

**はず・す**[はづす]【外す】(五他) ①ボタン・錠(じょう)など掛けてあるものをはなす。undo 対義 掛ける。用例 かぎを―。時計を―。②捕らえ損なう。miss 用例 チャンスを―。ボールを―。③避ける。よける。そらす。evade 用例 ねらいを―。④退く。はなれる。leave 用例 席を―。⑤任務・予定事項から除く。out of 用例 議題から―。

**はすだ**【▼蓮田】〈市〉 埼玉県東部、大宮市北東隣の市。ナシの産地。東北自動車道が通り、宅地化・工場進出が著しい。人口五万六八六六(一九八八)。

**パスタ**[pasta イタリア] イタリアのめん類の総称。種類が多く、百くらいに及ぶ。スパゲティ・マカロニ・ラビオリ・ニョッキなど。→写

**バスター** 《bastard(にせ物)からきたことば》 野球で、バントの構えから突然ヒッティングに出る攻撃戦法。野手が前進してくるのをみて強打に切りかえ、野手の間を抜く。fake bunt

**バス-ターミナル**[bus terminal] バス路線が集中する総合発着所。高速道路の発達で、都市間路線と市内路線を集中的に連絡させる必要から設けられた。

**バス-タオル**[bath towel] 湯上がりに体をふく大形のタオル。湯上がりタオル。

**パスタ-ざい**【パスタ剤】 油脂性軟膏(なんこう)を基剤に粉末剤を多量に混合した泥状の軟膏。乾燥性の皮膚病に塗る。paste

**バスタブ**[bathtub] 洋風の浴槽。湯を入れ、中でからだを横たえて洗う。陶製・琺瑯(ほうろう)製・プラスチック製などがある。

**バス-ダンス**[basse danse フランス] ルネサンス後期の代表的な宮廷舞踊。宮廷の社交舞踊または社交舞曲として発達し、徐々に消滅した。

**バスチーユ**[Bastille] 一四世紀にパリ東部のサンタントワーヌに築かれた城塞(じょうさい)。一七世紀以後牢獄(ろうごく)に転用。一七八九年蜂起(ほうき)したパリ市民が圧制の象徴として襲撃・占拠し、フランス革命の発端となった。

**パスツール**[Louis Pasteur](一八二二〜九五) フランスの化学者・微生物学者。有機酸の結晶の形と光学活性との関係の研究から、立体化学の先駆けとなる。アルコール発酵などが微生物の働きによることを明らかにし、微生物学を創始。低温殺菌法を開発。家畜の伝染病である炭疽病(たんそびょう)や狂犬病のワクチンを開発し、免疫学の創始者となる。→写

●パスツール

**パスツール-けんきゅうじょ**【パスツール研究所】 (L'Institut Pasteur) ルイ=パスツールの業績をたたえ、一八八八年にパリに設立された医学研究所。生物化学・細菌学をはじめとする基礎部門と臨床・治療部門をもつ。

**はすっ-ぱ**【▼蓮っ葉】(名・形動) 《女性についていう》言動の、軽はずみで下品なさま。また、その人。vulgar

**パステル**[pastel] ①粉末顔料(がんりょう)と白粘土を固めた棒状絵の具。②「パステル画」の略。

**パステル-が**【パステル画】 パステルで描いた絵。一五〜一六世紀のイタリア、一八世紀のフランスで大いに流行。一九世紀のドガやルノワールのパステル画は有名。pastel

**パステルカラー**[pastelcolor] パステルのような柔らかい中間色。パステルトーン。

**パステルナーク**[Boris Leonidovich Pasternak](一八九〇〜一九六〇) ソ連の詩人・小説家。孤高の詩精神で革命後の激動に耐えぬいた。一九五八年のノーベル文学賞を辞退。詩集『雲の中の双生児』『わが妹　人生―一九一七年夏』『シュミット大尉』『一番列車にて』、長編小説『ドクトル-ジバゴ』、自伝『安全通行証』など。

**バスト**[bust] ①胸像。②洋裁で、胸周り。胸部。

**バストパッド**[bustpad] 婦人が胸を美しく見せるために使う詰め物。パッド。

**バスト-ポイント**[bust point] 洋服の製図用語。胸のいちばん高い所、すなわち乳首の位置。婦人服作製上重要な位置。略記号はBP。

**パストラル**[pastoral] 一(形動) 牧歌的・田園風であるさま。二(名) ①笛などを使う牧

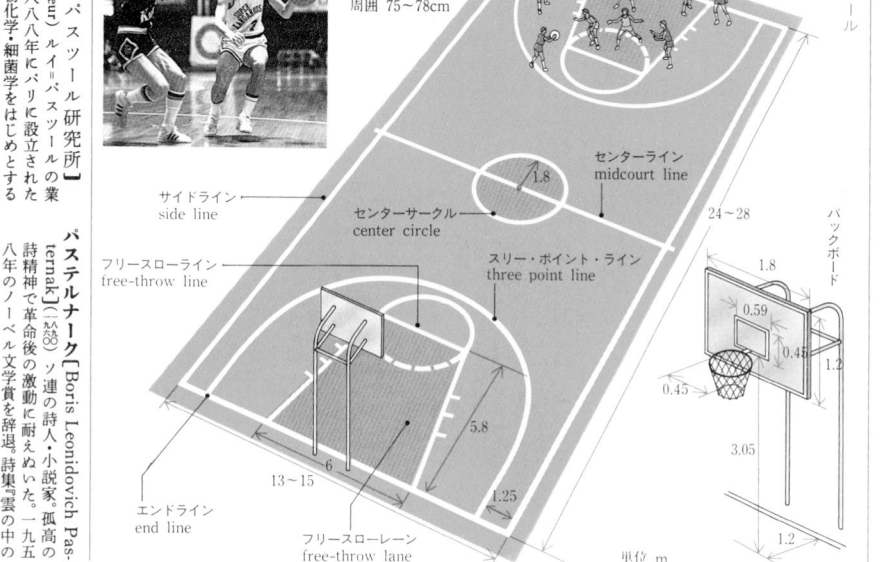

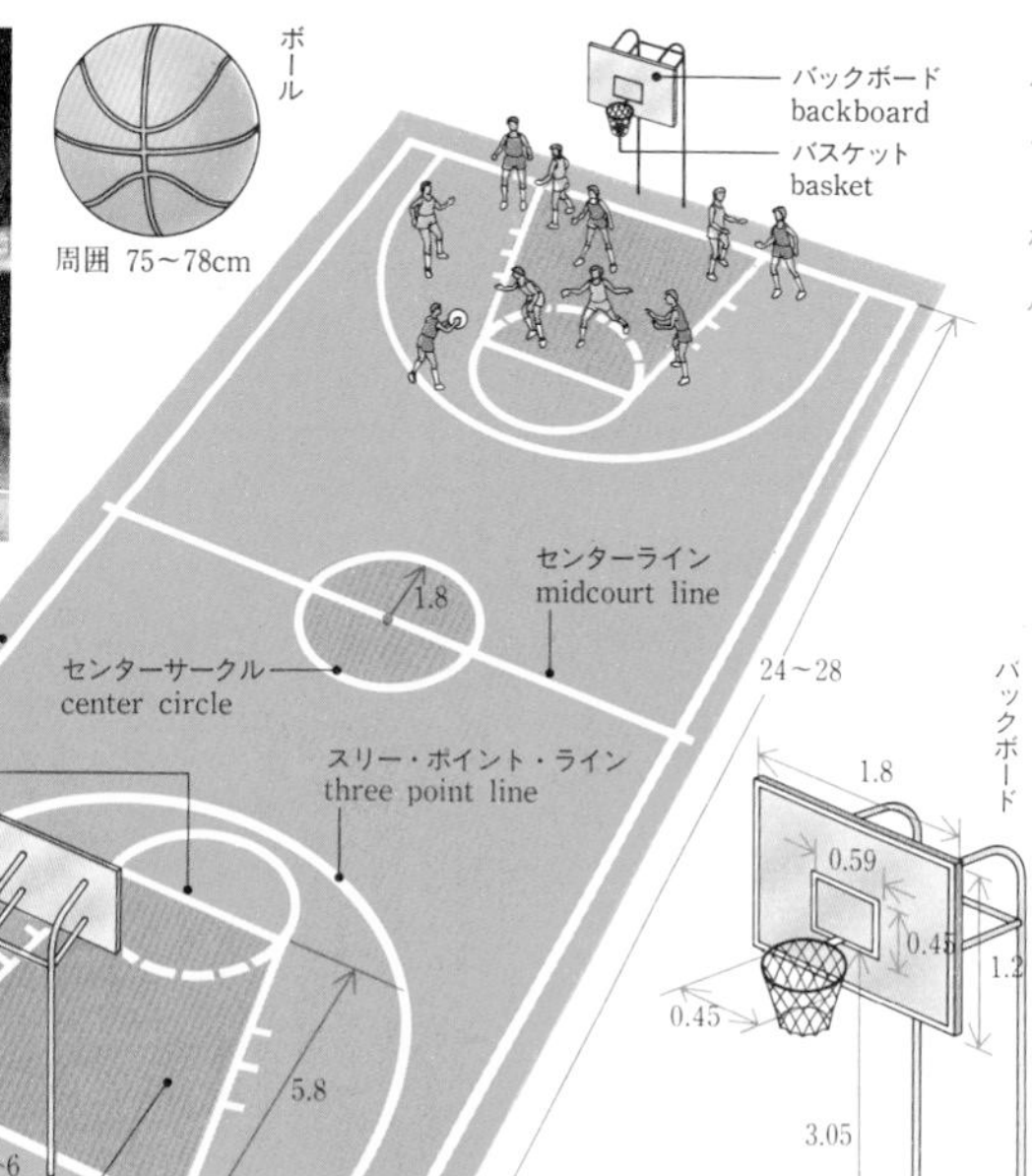


●バスケットボール

●パスタ
ロングパスタ類 細いものから中空管状、棒状、板状のものなどいろいろ。緑色はほうれん草入り。

ショートパスタ類 色や形が豊富なカットマカロニ。スープの具にしたり、ソースであえたりする。

童の音楽に似せた牧歌的・田園風な楽曲。②牧歌的・田園風な情緒を主題とした詩文学。

**はすぬま**【▼蓮沼】〈村〉千葉県北東部、九十九里平野にある村。野菜の栽培がさかん。海水浴場で知られる。人口四七六一(一九八八)。

**はす-の-うてな**【▼蓮の▽台】仏・菩薩や極楽往生した念仏者がすわる、ハスの花の台。

**はすのは-かずら**【▼蓮の葉▼葛】ツヅラフジ科の常緑つる性植物。葉は互生、有柄広卵形。夏、葉腋に淡緑色の小花が多数咲く。果実は朱赤色に熟す。中部以西の海浜にはえる。イヌツヅラ。

**はすのは-ぎり**【▼蓮の葉▼桐】ハスノハギリ科の常緑高木。葉は広卵形で革質。花は白色で、散房花序をなす。黒い核果は浮き袋状の淡緑色の総包に包まれ、浮遊する。防風・防潮林として植える。

**はすは-おんな**【▼蓮葉女】①江戸時代、上方の問屋で客の接待をした女。②はすっぱな女。

**はすば-はぐるま**【▽斜歯歯車】円筒状または円錐状の金属材の外周に軸に対して斜めにきざんだ歯をもつ歯車。helical gear

**ハズバンド**【husband】夫。ハズ。対義 ワイフ。

**バスバンドゥ**【Vasubandhu】インドの僧世親の梵語名。

**パス-ピエ**【passe-pied フランス】ルイ一四世・一五世時代の陽気な宮廷舞踊。バッハやラモーらが舞曲を作品中に取り入れている。

**バスフ**【BASF AG】→ビーエーエスエフ

**パスポート**【passport】①旅券。②特定の場所に出入りできる許可証。③《転じて》地位などを保証してくれるもの。用例 重役への―。

**パス-ボール**《passed ballから》野球で、捕手が投手の投球を捕りそこなうこと。走者の進塁を許したときに記録される。失策とは記録されない。捕逸。catcher's error

**はずま・す**【弾ます・▽勢ます】(五他) ↓はずませる(弾ませる)

**はずま・せる**【弾ませる・▽勢ませる】(下一他) 弾むようにする。弾ます。stimulate 用例 声を―。

**バス-マット**【bath mat】ふろ場の出入り口に置いてある足ふき用敷物。

**はすみ**【羽▼須▽美】〈村〉島根県南東部、江の川上流の村。イチゴ・タデの種子の産地。人口二七八九(一九八八)。

**はずみ**【弾み・▽勢み】①弾むこと。はね返る力。spring 用例 ―の悪いボール。②調子づくこと。impetus ③物事のなりゆき。force of circumstances 用例 ものの―。④機会。とたん。chance 用例 転んだ―に足をくじく。

**弾みが付く** 物事が勢いづく。また、調子づく。gather momentum 用例 攻撃に―。

**弾みに掛かる** 「弾みが付く」と同意。

**弾みを食う** 他のものの動きの余波を、思わず受ける。思いがけずに他の動きの余勢をこうむる。

**はずみ-ぐるま**【弾み車・▽勢み車】クランク軸にとりつけた外周の重い車。軸にかかる力が増減してもそれを緩和し、安定な回転を与える。fly-wheel

**はず・む**【弾む・▽勢む】(五自他) ①(自)㋐反動ではね返る。bound 用例 まりが―。㋑調子づく。be stimulated 用例 話が―。㋒息が荒くなる。pant 用例 息が―。㋓気持ちがうきうきする。cheer up 用例 心が―。―・んだ声。②(他)気前よく金品を出す。pay generously 用例 祝儀を―。こづかいを―。

**バスラ**【Basra】イラク南東部、シャトルアラブ川右岸にある港湾都市。七世紀にアラブの砦として建設された。精油所がある。人口三三・四万(一九七〇)。

**ハズリット**【William Hazlitt】(一七七八〜一八三〇) イギリスの批評家・随筆家。ロマン主義批評の代表的存在。作品『シェークスピア劇の性格』など。

**は・する**【派する】(サ変他) 出向かせる。出張させる。派す。

**はず・る**【外る】古語(下二自) ↓はずれる(外れる)

**パズル**【puzzle】考え物・判じ物などの知恵をしぼる遊びの総称。クロスワードパズル・知恵の輪(=パズルリング)などが代表的。

**バスルーム**【bathroom】洋風の浴室。便器・シャワー・バスタブなどが設けてある。風呂場。参照 浴室。

**はずれ**【外れ】①外れること。miss 対義 当たり。②ある地域・物事から少し外に出た所。端。end 用例 町の―。

**は-ずれ**【葉擦れ】草・木の葉が互いに擦れあうこと・音。rustle of leaves 用例 木枯らしに―わびしく。

**バスレーン**【buslane】路線バスの運行のために、とくに区分された車線。時間帯によって専用レーン、あるいは優先レーンとなる。

**はず・れる**【外れる】(下一自) ①はまっていたものがはなれて外へそれる。抜け出る。come off 用例 ねじが―。②わきへそれる。miss 用例 矢が的を―。③食い違う。disagree 用例 当てが―。④背く。astray from 用例 人の道に―・れた行為。

**バスローブ**【bathrobe】湯上がりに使用するガウン。バスタオルの代用にも使用。

**バスロケーション-システム** バスの走行位置を通信装置などでセンターがつねに把握し、コンピューターを利用して運行を正常に保つ方法・仕組み。

**パスワード**【password】①合いことば。②コンピューターのデータファイルに付けられている暗号。

**はせ**【▽初瀬・▽泊瀬・▽長▽谷】奈良県桜井市の初瀬川に臨む地域。雄略天皇の泊瀬朝倉宮などが置かれた地で、近くに大神神社や、牡丹で知られる長谷寺がある。古称「はつせ」。

**はせ**【▽長▽谷】〈村〉長野県南部、三峰川沿いの村。赤石山脈と伊那山地との谷間にあり、南アルプスの登山口となっている。人口二二五五(一九八八)。

**はぜ**【▼沙▽魚・▼鯊・▼蝦▼虎▽魚】ハゼ科に属する魚の総称。多くは全長二〇cm以下。主として水底にすむ。一般に肉食性。汽水域から浅海を中心に世界の全水域に千数百種が分布。マハゼは釣り魚で全長約二五cm。北海道南部から九州に分布。goby ↓図

**はぜ**【▽黄▼櫨・▼櫨】ハゼノキの別名。

**は-せい**【派生】(名・サ変自) ある根源から、分かれて新しい物事が出てくること。また、その物事。derivation

●ハゼ(沙魚)
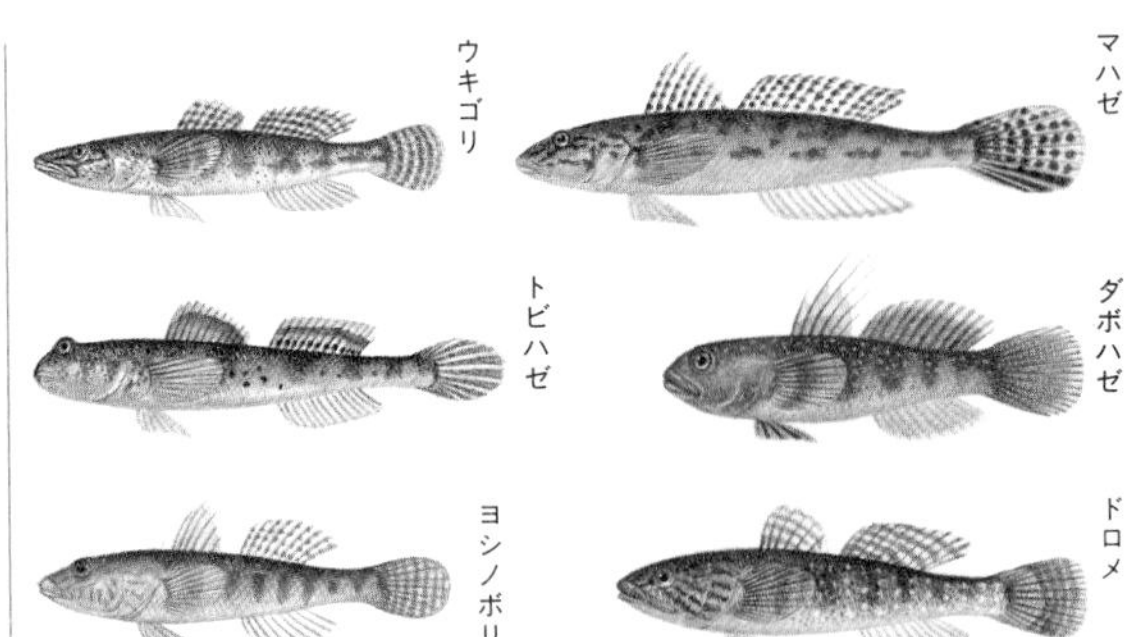


**ば-せい**【▼罵声】ののしる声。口汚なく騒ぐ声。jeers 用例 ―を浴びせる。

**はせい-おん**【派生音】《abgeleitete Töne ドイツの訳語》幹音に嬰記号・変記号を付けて半音変化させた音。今日の鍵盤楽器の黒鍵にあたる音。嬰ホ・嬰ロ・変ハ・変ヘ音などは、白鍵でも臨時記号により派生音という。

**はせい-ご**【派生語】ある語の語形が変化したり、接辞(接頭語・接尾語)が付いたりして、派生的にできた語。「大きさ・走り・寒げ・春めく・か細い・あなたがた」は、「大きい・走る・寒い・春・細い・あなた」の派生語。derivative 比較 複合語。

**はせい-じゅよう**【派生需要】それ自体の有用性によってではなく、その生産する最終財に対する需要から派生した、生産要素に対する需要。derived demand

**バセイン**【Bassein】ミャンマー南部、イラワジ川の分流バセイン川に臨む河港都市。米の積み出し港。人口一三・八万(一九七七)。

**はぜ-うるし**【▽黄▼櫨漆】ハゼノキの別名。

**バゼーヌ**【Jean Bazaine】(一九〇四〜) フランスの画家。非具象主義の作風で、評論面でも活躍。作品『散歩する人とバルコニーの裸婦』など。

**はせがわ-かずお**【▽長▽谷川▽一▽夫】(一九〇八〜一九八四) 映画俳優。前名、林長二郎。美男スターとして人気を博す。主演作『雪之丞変化』『源氏物語』『地獄門』など。昭和五九年(一九八四)国民栄誉賞受賞。

**はせがわ-かんべえ**【▽長▽谷川勘▽兵▽衛】江戸(東京)の歌舞伎大道具師。現在一七世まで。初世(?〜一六五九)は江戸大道具師の祖。八世(?〜一七八五)は大道具と小道具を区分、舞台機構を発達させた。一一世(一七七九〜一八四一)は長谷川家中興の祖。三方迫り上げなどを工夫。『東海道四谷怪談』の戸板返し・提灯抜けなどを考案し、怪談劇の発展に寄与。

**はせがわ-きよし**【▽長▽谷川▽潔】(一八九一〜一九八〇) 版画家。横浜生まれ。パリに在住。古銅版画を研究し独自の技法をつくり、国際的評価を受ける。作品『卓上の小鳥』など。

**はせがわ-さぶろう**【▽長▽谷川▽三郎】(一九〇六〜一九五七) 洋画家。山口県生まれ。東大卒。日本の抽象画の先駆者。作品『蝶の軌跡』など。

**はせがわ-しぐれ**【▽長▽谷川時雨】(一八七九〜一九四一) 女流劇作家。本名、康子。東京生まれ。新作舞踊・小説に活躍。雑誌『女人芸術』創刊。戯曲『操』など。

**はせがわ-しん**【▽長▽谷川伸】(一八八四〜一九六三) 小説家・劇作家。本名、伸二郎。横浜生まれ。股旅物と実録物で大衆文壇の代表的な一人。戯曲『瞼の母』『一本刀土俵入』、小説『荒木又右衛門』、実録『日本捕虜志』など。

**はせがわ-たい**【▽長▽谷川泰】(一八四二〜一九一二) 明治の医学者。新潟県生まれ。大学東校(現東大医学部)の開設に尽力。内務省衛生局長として衛生行政に貢献。済生学舎を創設した。

**はせがわ-てんけい**【▽長▽谷川天渓】(一八七六〜一九四〇) 評論家。本名、誠也。新潟県生まれ。東京専門学校卒。自然主義文学を理論づけ、推進した。評論集『自然主義』など。

**はせがわ-とうはく**【▽長▽谷川等伯】(一五三九〜一六一〇) 安土桃山時代の画家。能登の人。狩野派に対抗し、長谷川派を開く。水墨画が多いが、濃彩画もある。作品『松林図屏風』『枯木猿猴図』など。↓写 ↓障屏画写

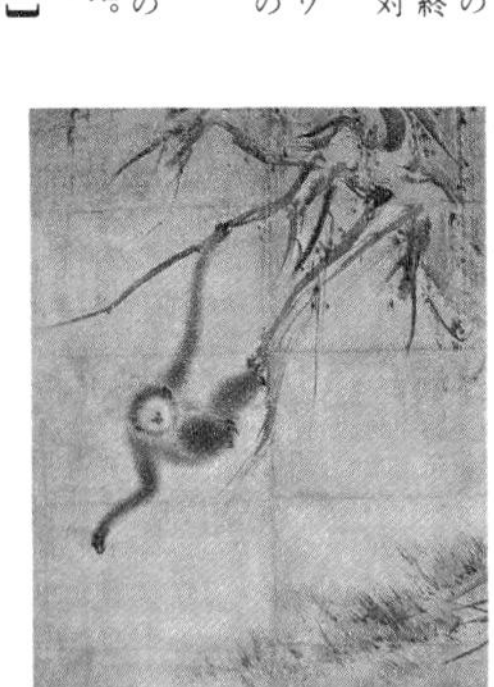
●長谷川等伯『枯木猿猴図』(部分)。妙心寺竜泉庵(京都府)。

**はせがわ-としゆき【▽長▽谷川▽利行】**(一八九一〜一九四〇) 洋画家。京都生まれ。フォービスム風の作品を描く。作品『ノアーノア』、歌集『木葦』など。

**はせがわ-にょぜかん【▽長▽谷川如是閑】**(一八七五〜一九六九) 評論家・ジャーナリスト。本名は万次郎。東京生まれ。東京法学院(現在の中央大)卒。自由主義的な文明批評で知られる。昭和二三年(一九四八)文化勲章受章。

**はせがわ-まちこ【▽長▽谷川町子】**(一九二〇〜) 漫画家。佐賀県生まれ。家庭生活を素材に漫画の一典型を確立。作品『サザエさん』など。

**はせがわ-ろか【▽長▽谷川路可】**(一八九七〜一九六七) 日本画家。神奈川県生まれ。東京美術学校卒。ローマ近郊の修道院に壁画『日本二十六聖人』を描く。

**はせ-かんのん【▽長▽谷観音】** 鎌倉市長谷にある浄土宗系の単立寺院、新長谷寺の通称。本尊は奈良の長谷寺の十一面観音と同木で、天平時代の徳道上人の作とされる。坂東三十三所第四番の札所。

**はせくら-つねなが【▽支倉常長】**(一五七一〜一六二二) 江戸初期の仙台藩士。慶長一八年(一六一三)藩主伊達政宗の遺欧使節としてスペイン・ローマに赴き、通商条約締結をはかったが失敗。元和六年(一六二〇)帰国。→写

●支倉常長 仙台市博物館。

**はせ-さん-じる【▼馳(せ)参じる】**(上一自) 馬で走って参上する。急いでかけつける。hasten to join

**はせ-つ-ける【▼馳(せ)着ける】**(下一自) 大急ぎでかけつける。hasten to

**バセット-ハウンド【basset hound】** イヌの一品種。肩高約三五cm。胴長・短足で、大きな頭に大きな垂れ耳がある。黒・白・褐色のぶち。獣猟犬または愛玩犬。フランス原産。

**パセティック【pathetic】**(形動) 悲壮なさま。感動的。感傷的。

**バセテール【Basseterre】** カリブ海東部、小アンティル諸島中のセントクリストファーネイビスの首都。港湾都市で、製糖業がさかん。人口一・八万(一九八〇)。

**はせ-でら【▽長▽谷寺】** 奈良県桜井市初瀬にある真言宗豊山派の総本山。天武天皇のとき道明が草創、のち徳道が伽藍を建立したという。本尊の十一面観音、ボタンの名所で知られる。西国三十三所第八番の札所。本長谷寺。泊瀬寺。初瀬寺。ちょうこくじ。

**バセドー【Karl Adolph von Basedow】**(一七九九〜一八五四) ドイツの医師。甲状腺の機能異常によるバセドー病を発見。

**バセドー-びょう【バセドー病】** 目に特有な症状をともなう甲状腺機能亢進症。原因不明で、眼球突出・動悸・発汗・脱力・ふるえ・色素沈着などがみられる。Basedow's disease

**はぜとり-うた【▽黄▼櫨取(り)▼唄】** 愛媛県の民謡。八幡浜付近で、高い木に登りハゼの実を採集しながらうたう唄。

**はぜ-の-き【▽黄▼櫨・▼櫨】** ウルシ科の落葉高木。暖地にはえる。高さ約一〇m。ウルシに似て、葉は羽状複葉で、秋に紅葉が美しい。初夏に黄緑色の小花をつけ、果実は蠟の原料。コウロ。ハゼウルシ。ハニシ。ハジモミジ。ロウノキ。ハジノキ。ハゼ。→写

**はせべ-ことんど【▽長▽谷▽部言▽人】**(一八八二〜一九六九) 人類学者。東京生まれ。東大に人類科を創設。明石人骨を研究。

**はせ-むか・う【▼馳(せ)向かう】**(五自) 馬を走らせておもむく。急いで行く。かけつける。hasten to

**パセリ【parsley】** セリ科の二年草。高さ三〇〜六〇cm。葉は三出羽状複葉。花は黄緑色で径約二mm。全体に香気があり、料理のそえ物・食用。地中海沿岸原産。オランダゼリ。→写

●パセリ

**は・せる【▼馳せる】**(下一自他) ①(自)走る。run ②(他)㋐走らせる。drive 用例 車を—。㋑名を広める。spread 用例 悪名を—。

**は・ぜる【▽爆ぜる】**(下一自) はじけて開く。はじける。burst open 用例 豆の—音。

**は-せん【波線】** 波状の線。波罫。「〰〰」。wavy line

**は-せん【破船】** 事故などで船を破壊すること。また、難破した船。難破船。

●ハゼノキ

**は-せん【破線】** 同じ間隔で切れ目の入った線。「- - - -」。broken line

**は-せん【端銭】** とるに足りないわずかなお金。はしたがね。

**ば-せん【場銭】** ①劇場・演芸場などの席料。admission fee ②露店を出すさいの場所代。所場代。selling booth fee ③賭場で賭けられている金銭。bet

**ば-ぜん【馬前】** 馬に乗っている人の前。貴人の前のたとえ。用例 殿の—。

**ば-せんざん【馬占山】**(一八八四〜一九五〇) 中国の軍人。東北軍閥の一人。満州事変に敗れ、満州国に帰服したが、のち反満抗日軍を組織。敗れてソ連へ逃亡したが、帰国して抗日戦に従事。国共内戦後、人民解放軍に参加。

**はそう【▼䑶】** 小形壺型の土師器または須恵器の胴部に孔をあけたもの。竹管を差し込んで液体を注ぐのに用いたと思われる。

**は-そく【把▼捉】**(名・サ変他) 意味などを、しっかりとらえること。把握。

**は-そく【波束】** ある時刻に限られた領域にかたまっている波。量子力学では粒子を確率の波として扱うが、局在している粒子は、波束として表す。wave packet

**ば-ぞく【馬賊】** 中国・満州(現在の中国東北部)で、清末以降活躍した騎馬の群盗。権力に反抗、政治的に活動したものも多かった。

**パソコン** →パーソナルコンピューター

**ばそ-とう【馬祖島】** 中国福建省、閩江河口の北東約三〇kmの沖合いにある島。金門島とともに国民党政府軍が軍事基地として重要視。マーツー島。

**パソドブレ【paso doble スペイン】** スペインの行進曲風の舞曲。八分の六拍子の特徴あるリズムで、闘牛のさいなどに行進曲として演奏される。

**バソフ【Nikolay Gennadiyevich Basov】**(一九二二〜) ソ連の物理学者。マイクロ波・電波分光学の研究を行う。メーザーの発明で、一九六四年ノーベル物理学賞受賞。

**ば-そり【馬▼橇】** 馬に引かせるそり。horse-drawn sleigh

**パゾリーニ【Pier Paolo Pasolini】**(一九二二〜一九七五) イタリアの詩人・小説家・映画監督。小説『生命ある若者』、映画『アポロンの地獄』『デカメロン』など。

**バソリス【batholith】** 花崗岩や花崗閃緑岩からなる深成岩の巨大な貫入岩体。周囲の岩石との境は複雑な形が多い。岩体の底は大きく広がり、底盤ともいう。

**は-そん【破損】**(名・サ変自他) 破れ痛むこと。破りこわすこと。damage 用例 器物の—。

**はた【畑】** 9画 部首[田] 教育小3 和製漢字 JIS 4010

訓 はた・はたけ

畑 畑 畑 畑 畑 畑

→はた[畑・畠]

**はた【▼畠】** 10画 部首[田] 和製漢字 JIS 4011

→はた[畑・畠]

**はた【畑・▼畠】** 水をたたえないで作物を栽培する耕地。野菜や穀物などをつくる。はたけ。field 対義 水田・田。用例 田—。焼き—。—仕事。—地。

**はた【▽側・▽傍】** わき。そば。outside; others 用例 —迷惑。

**はた【旗】** 布地や紙などで作り、竿などにつけてかかげ、標識・儀礼・祝賀・装飾・宣伝などに使うもの。flag; banner 数え方 一旒・一本・一流れ。

**旗を揚げる**(はたをあげる) ①戦争を起こす。rise in arms ②物事を始める。start

**旗を振る**(はたをふる) 労働運動・政治活動などで、集団の先頭に立って活動する。wave a flag

**旗を巻く**(はたをまく) 降参する。手をひく。

**はた【端】** へり。ふち。edge 用例 池の—。

**はた【機】** 布を織る手動式の機械。織機。loom

**はた【▼幡】**《patākā 梵の音写》仏・菩薩の威徳を示すために、寺の境内や本堂の中に立てる飾り。ばん。

**はた【羽太】** ハタ科に属する一群の海水魚。大形で全長約一m。口が大きく肉食性。世界の暖海の磯にすみ、日本産はマハタ・クエなど約三〇種。モロコ。grouper →図

●ハタ マハタ

**はた【波田】**〈町〉 長野県中部、松本市の西に接する町。農林業が主体で、山林種苗の産地。松本電鉄が通り、宅地化・工業化も著しい。人口一万二六七〇(一九八八)。

**はた【▽将】** 文語的 (副) それともまた。あるいは。or 用例 夢か—現実か。

**はだ【肌・▽膚】** ①からだの表面。皮膚。はだえ。skin 用例 —があれる。②ものの表面。うわかわ。surface 用例 山の—。③きめ。grain 用例 木—。④気質。気性。disposition 用例 —が合わない。学者—。

**肌が合う**(はだがあう) たがいの気質や考え方がよく調和する。気が合う。また、気に入る。馬が合う。can get along well; be congenial to 用例 —仕事。

**肌で感じる**(はだでかんじる) 直接体験して、感知する。experience

**肌に粟を生ずる**(はだにあわをしょうずる) 恐れや寒けなどで、肌に粟粒状のぶつぶつが出る。get goose pimples 類似 鳥肌が立つ。

**肌を合わせる**(はだをあわせる) ①心を合わせる。示し合わせる。②男女が肉体関係を結ぶ。

**肌を汚す**(はだをけがす) ①婦人が、操を破る。②婦人の操を破る。

**肌を脱ぐ**(はだをぬぐ) ①肌脱ぎになる。strip oneself to the waist ②身を入れて力を尽くす。lend a helping hand

**肌を許す**(はだをゆるす) 女が男に身をまかせる。

**バター【butter】** 牛乳から分離したクリームを攪拌し、脂肪球を塊状に集め練りあげた乳製品。乳脂肪分が八〇%以上で、ビタミンAとDが多い。発酵バターと非発酵バター、加塩バターと無塩バターに分けられる。牛酪。

**バターか大砲か**(バターかたいほうか) 国民生活の安定か、軍備の充実か。guns or butter

**パター【putter】** ゴルフのクラブの一種。ヘッドがL字形で打面が平らになっているパット用のもの。

**はだ-あい【肌合(い)】** ①気だて。性質。気まえ。disposition 用例 —の違った人。②手ざわり。touch

**バター-イエロー【butter yellow】** 黄色色素。マーガリンの着色料であったが、強い発癌性があることがわかり、肝癌発生の実験に用いられている。パラジメチルアミノアゾベンゼン。

**はた-あげ【旗揚げ】**(名・サ変自) ①新たに兵をあげること。raise an army ②事業をおこすこと。launch of business

**バター-ケーキ【butter cake】** バターをたっぷり加えたケーキ。パウンドケーキ・バウムクーヘンなど。

**ばた-あし【ばた足】** 水泳に用いる足の動作の一つ。水面に伏した状態で、伸ばした脚を交

●ハタオリドリ

互に上下させて、水を打って進む。flutter kick

**バター-ナイフ**【butter knife】バターをパンに塗るためのナイフ。ふつうのナイフより、刃幅がやや広く、厚く短い。

**パターナリズム**【paternalism】父親の子どもに対する関係。またはこの関係にみられるような支配や保護の特質をもつ社会関係。企業における温情主義的管理などがその例。

**バター-ロール**【butter roll】ロールパンの一つ。バターの配合をふやしたアメリカ風のもの。

**パターン**【pattern】①模範。見本。②かた。模型。③がら。図案。用例テスト——。④洋裁で、型紙または服地の見本。

**パターン-にんしき**【パターン認識】異なる音声・文字などを識別する人間の知覚能力に代わって、コンピューターなどに図形・文字・音声などを識別させること。OCR・MICRなどで用いられている。図形認識。pattern recognition

**バターン-はんとう**【バターン半島】(Bataan) フィリピン北部、ルソン島南西部、マニラ湾西岸の半島。西半部は密林で、東岸に人口が集中。第二次大戦時の激戦地。

**ば-たい**【馬体】馬のからだ。馬のからだつき。用例——重量。

**ば-だい**【場代】場所を使う料金。席料。場銭。the charge for a seat

**バタイユ**【Georges Bataille】(一八九七〜一九六二) フランスの思想家・小説家・詩人。ニーチェの無神論をふまえつつ、神なき現代人の連帯の可能性を探究。小説『C神父』『空の青』、評論『無神学大全』など。

**バタイユ**【Henry Bataille】(一八七二〜一九二二) フランスの劇作家。恋愛劇『結婚行進曲』など。

**はた-いろ**【旗色】戦争・勝負事などのなりゆき・ようす。situation

**旗色が悪い**(はたいろがわるい)《「旗色」は、戦場での軍旗の翻るようすで、それにより戦況を知ろうとしたことから》形勢がよくない。分が悪い。be at a disadvantage

**はだ-いろ**【肌色】人間の肌の色。それに似せた色。flesh color

**はた-え**【二十重】物が幾重にも重なること。twenty fold 用例十重——。

**はだ-え**【肌・膚】皮膚。はだ。skin

**はた-おり**【機織(り)】(名・サ変自) ①機で布を織ること・人。weave ②《「機織虫」の略》キリギリス。

**はたおり-どり**【機織鳥】ハタオリドリ科の鳥の総称。全長一五cm内外。草の茎などで、樹の枝から垂れ下がるような形に巣をつくる。大半はアフリカに分布。一部は東南アジアにも分布。weaver ↓写

**はたおり-むし**【機織虫】キリギリスの古名。

**はだか**【裸】①全身の肌が現れていること。裸体。naked body ②おおう物のないこと。むき出し。naked 用例——電球。③財産や持ち物のないこと。no preparations 用例商売に失敗して——になる。④包み隠すことなく、ありのままであること。frank 用例——のつきあい。

**裸で物を落とす例無し**(はだかでものをおとすためしなし) はじめから何も持たないものは、損害を受けることがない。

**はだか-いっかん**【裸一貫】自分のからだのほか、資本となるものをなにも持っていないこと。have nothing to start with

**はだか-いわし**【裸鰯】外形がカタクチイワシに似たハダカイワシ科の深海魚。イワシの仲間ではない。鱗は大きくてはがれやすい。全長約一〇cm。暗褐色。目の前に大きな発光器があるほか、体の各部に多数の発光器をもつ。練り製品の原料にする。本州の太平洋岸・フィリピン海域・インド洋に分布。lantern-fishes

**はだか-うま**【裸馬】鞍を置いてない馬。unsaddled horse

**はた-がしら**【旗頭】①旗の上部。upper part of a flag ②一地方の諸侯の長。③一方のかしら。首領。

**はだか-まいり**【裸参り】祈願の方法の一つ。病気平癒などを祈願するため、寒中などに水垢離をとり、裸で神社や寺に参詣すること。

**はだか-まつり**【裸祭(り)】若者たちが裸でもみあったり、水中に飛び込んだりする行事を伴う祭りの通称。正月の修正会、六月の川祭り、夏越祭りなどで行われることが多い。↓写

**はだか-むぎ**【裸麦】イネ科の一、二年草。オオムギの一系統。子実を包むもみがらが離れやすい。耐寒性が弱いので中部以西の暖地で栽培。食用・馬の飼料。ボウズムギ。

**はだか-むし**【裸虫】①羽や毛をもたない虫の総称。caterpillar ②衣服などのない、貧しい人。

**はだか・る**【開かる】(五自) ①着物が乱れて、開き広がる。②手足を開いて立つ。用例立ち——。

**はたき**【叩き】①家具や器物のちりをはらう道具。和紙・絹・ナイロンなどを裂いて束ね、竹や合成樹脂の棒の先にくくりつけたもの。ちりはらい。duster ②「叩き込み」の略。

**はだ-ぎ**【肌着】肌に直接つける衣類。肌じゅばん・シャツの類。下着。肌衣。肌付き。underwear

**はたき-こみ**【叩き込み】相撲の決まり手の一つ。突き合い・押し合いのとき、とっさに体を開き相手の肩や背をはたいて土俵にはわせる技。

**はた-ぎょうれつ**【旗行列】勝利などを祝って、大勢が小旗を振って行進すること。その行列。flag procession

**はた・く**【叩く】(五他) ①たたく。beat ②ほこりなどを払う。brush ③すっかり出す。なくす。empty 用例財布を——。

**ば-たく**【馬鐸】馬の胸に下げた青銅製の装飾具。断面が扁円形の筒状で舌をもつ。日本では五〜六世紀ごろから作られた。

**バタ-くさ・い**【バタ臭い】(形) 西洋風である。西洋かぶれしている。

**はた-ぐも**【旗雲】山頂から風下に旗のようになびいている停滞性の雲。笠雲がなびいた場合にもいう。banner cloud

**はたけ** 9画【畑】部首[田] 教育小3 和製漢字 JIS 4010

訓はた・はたけ

筆順↓はた[畑]

●裸祭り 愛知県、稲沢市国府宮。陰暦一月一三日。

↓はたけ[畑・畠]

**はたけ** 10画【畠】部首[田] 和製漢字 JIS 4011

↓はたけ[畑・畠]

**はたけ**【畑・畠】①はた。水をひかないで、農作物を栽培する耕地。field 対義水田・田。用例——仕事。段々——。②仕事などの範囲・種類。専門とする分野。field 用例——がちがう。技術——。

**畑に蛤**(はたけにはまぐり) 求めても無理なことのたとえ。また、見当違いなことのたとえ。

**はたけ**【疥・乾・瘡】学童期の男女の顔面によくできる皮膚病。ほおやあごの皮膚が小指の爪大に白く、色素が抜けたようになる。ビタミン欠乏が原因とされる。scab

**はたけ-いね**【畑稲】陸稲の異名。

**はたけ-おんせん**【畑毛温泉】静岡県東部、伊豆半島基部の函南町にある温泉。

**はたけ-ちがい**【畑違い】専門とする分野・方面が違うこと。その部門。out of one's line

**はたけ-な**【畑菜】アブラナの一品種。京都を中心に古くから栽培。葉は大きく、切れ込みが深い。葉質は柔らかい。

**はたけやま-しげただ**【畠山重忠】(一一六四〜一二〇五) 鎌倉初期の武将。武蔵国の畠山荘の人。はじめ源頼朝と敵対したが、のち帰服。源義仲追討などに戦功をあげる。北条氏に謀られ、北条義時と戦って敗死。

**はたけやま-まさなが**【畠山政長】(一四四二〜一四九三) 室町中期の武将。幕府管領。畠山持国の養子となったが、実子義就が誕生したため家督を争う。細川勝元と結んで、義就と戦い、応仁の乱の発端をつくった。

**はたけやま-よしなり**【畠山義就】(?〜一四九〇) 室町中期の武将。持国の子。持国の養子政長と家督を争う。山名宗全と結んで政長と戦い、応仁の乱の発端をつくった。

**はだ・ける**【開ける】(下一自他) 着物の合わせ目が開きひらく。また、開け広げる。open 用例裾が——。胸を——。

**はた-ご**【旅籠】①昔、旅のときに馬の飼料を入れた籠。②旅行中に食料や身の回りの品を入れて携行する籠。また、その中に入れたもの。③「旅籠屋」の略。

**はたご-せん**【旅籠銭】宿の宿泊料と食費。やどちん。

**パタゴニア**【Patagonia】南アメリカ大陸南端部、ほぼ南緯三九度、リマイ川・ネグロ川以南からホーン岬までの地域。アンデス山脈を境に東はアルゼンチン領、西はチリ領。アルゼンチン領のみをさす場合が多い。

**はたご-や**【旅籠屋】江戸時代の庶民の旅宿。中期以後発達。まかない・入浴つきの平旅籠、留女・飯盛り女を置く飯盛り旅籠も出現。

**はた-ざお**【旗竿】旗をかかげるさお。flagstaff

**はた-さく**【畑作】畑に豆や野菜などの作物を作ること。また、その作物。dry field farming

**はた-さし**【旗指(し)・旗差(し)】戦場で主人・大将の旗を持つ武士。また、その旗。

**はた-さしもの**【旗指(し)物】↓さしもの(指し物)②

**はた-さはちろう**【秦佐八郎】(一八七三〜一九三八) 細菌学者。島根県生まれ。ドイツの細菌学者エールリヒの協力者として、一九一〇年(明治四三)、最初の化学療法剤六〇六号(サルバルサン)を創製。北里研究所設立に参加。

**はだ-さむ・い**【肌寒い】(形) 肌に寒さを感じる。はだざむい。chilly 派生はださむさ(名)

**はだ-ざわり**【肌触り】①肌に触れたときの感じ。touch ②人から受ける感じ。impression 用例——のいい人。

**はた-し**【秦氏】古代の有力氏族。中国から機織りの技術を伝えたとされる渡来系の一族で、畿内一帯で活躍した。

**はだし**【跣・跣足・裸足】《「肌足」の約》①なにも履かないで地面を歩くこと。その足。barefoot 比較すあし。②《接尾的》かなわないこと。及ばないこと。用例玄人——。参考

**跣で逃げる**(はだしでにげる)《くつもはかずに、逃げる意》相手が強くて、とてもかなわないことのたとえ。

**はたし-あい**【果(た)し合い】互いに恨みのある者が、決闘すること。duel

**はた-しごと**【畑仕事】畑でする仕事。farm

**はたし-じょう**【果(た)し状】果たし合いを申しこむ書状。letter of challenge

**はたし-て**【果(た)して】(副) ①思ったとおりに。案のじょう。just as one expected 用例——失敗した。②ほんとうに。実際に。really 用例——成功するか。③ついに。at last

**はたして-しからば**【果(た)して然らば】文語的(副) まことその通りならば。それに違いなければ。if it's true

**はだし-まいり**【跣参り】はだしで神社・寺に参詣し祈願すること。参照百度。

**はだ-じゅばん**【肌襦袢】直接肌に着けるじゅばん。さらし木綿の単やガーゼの袷で作り、掛け襟をつける。

**はたしょう**【秦荘】〈町〉滋賀県、琵琶湖東側の町。農業と工業の町で、秦荘紬などの伝統工芸がある。人口八〇〇二(一九八八)。

**はた-じるし**【旗印・旗標】①古く戦場で目印として立てる旗に描いた紋所や文字、その他の文様。banner ②政治的・思想的な主義・主張。slogan

**はた・す**【果(た)す】(五他) ①なしとげる。ful-

fill 用例 初志を—。目的を—。②《動詞の連用形について》すっかり…してしまう。finish 用例 お金を使い—。敵を討ち—。

**パタス-モンキー**【patas monkey】 四肢が長いオナガザル科のサル。体長、尾長とも七〇cm内外。草原に好んですみ、木登りはしない。ライオンなどに追われると、長い四肢を使って高速(時速五〇kmほど)で逃げる。アフリカに分布。

**はたせる-かな**【果(た)せる▼哉】(連語) 思った通り。やっぱり。as expected 用例 —、大成功だ。

**はたた-がみ**【▼霹▼靂神】《はたたく(激しい音のする)かみ(雷)の意》かみなり。激しい雷。

**はたたて-だい**【旗立▼鯛】 サンゴ礁や岩礁にすむチョウチョウウオ科の海水魚。全長約二〇cm。白い体側を二条の黒色帯が横切り、背びれ第四棘が糸状に長く伸びる。本州中部以南に分布。イトヒキ。ホタテ。pennant coralfish

**はた-ち**【二十・二十歳】 ①にじゅう。twenty ②二〇歳。twenty years of age

**はた-ち**【畑地】 畑になっている土地。farmland

**ば-たち**【場立ち】 証券取引所の立会場で、取り引きの当事者である会社を代表して実際に売買を担当する者。立会場代表者。floor representative

**はだ-つき**【肌付き】 ①直接に肌につけること。②肌のようす。③性質。用例 気まえのよい—。

**ばた-つ・く**(五自) =ばたばたする。①忙しく動きまわる。bustle about ②ばたばた音がする。flap

**はた-つ-もの**【畑つ物】 畑でできるもの。対義 穀。

**はた-つ-もり**【畑つ守】 リョウブの古名。

**はた-と**【▼礚と】(副) ①物に物が当たって音を立てるさま。with a slap ②急に。suddenly 用例 —思い当たる。③強くにらむさま。はったと。glaringly

**はた-とせ**【▽二▽十▽歳】 二〇年。はたち。

**はた-とよきち**【▼秦▽豊吉】(一八九二～一九五七) 興行者・演出家・随筆家。東京生まれ。東大卒。筆名、丸木砂土。帝劇社長。東宝国民劇をおこす。

**はた-なす**【畑▼茄子】《方言。「ナシ」と区別するために》東北地方の南部で、ナスのこと。

**は-だに**【葉▼蜱・葉▽壁▼蝨】 ハダニ科のダニの総称。体長一mm以下。赤色のものが目立ち、俗称アカダニ。樹木・果樹・野菜に大きな被害を与える。red spider

**はだ-ぬぎ**【肌脱ぎ】 着物を脱いで上半身をあらわすこと。bare to the waist

**はた-ねずみ**【畑▼鼠】 山林や耕作地に大害を与えるネズミ科の動物。体長約一〇cm。地下に坑道を掘る。恙虫病を媒介。本州・九州に分布。vole →ネズミ 写

**はたの**【畑野】〈町〉 新潟県、佐渡島南東部の町。歴史の古い町で、条里制遺跡などが残る。稲作中心の農業のほか漁業・工業も行う。人口五九九五(一九八八)。

**はだの**【▼秦野】〈市〉 神奈川県中西部、秦野盆地にある市。タバコの産地。宅地・工業化が著しい。丹沢登山の基地。人口一四万四三六四(一九八八)。

**はた-の-かわかつ**【▼秦河勝】(生没年未詳) 古代の渡来人系の山城の豪族・官人。推古天皇のころから大化にかけて朝廷に仕え、聖徳太子から授かった仏像を安置するため、広隆寺を創建したと伝える。

**はたの-せいいち**【波多野精一】(一八七七～一九五〇) 哲学者。長野県生まれ。東大卒。京大教授。キリスト教的立場から独自の宗教哲学を形成。著書『宗教哲学』『時と永遠』など。

**はだの-ぼんち**【▼秦野盆地】 神奈川県中西部、大磯丘陵と丹沢山地の間にある断層盆地。中心都市は秦野市。

**は-タバコ**【葉タバコ】 取り入れて乾燥しただけのタバコの葉。葉のままで、刻んでいないタバコ。leaf tobacco

**はたはた** 21画 【▼鰰】 部首[魚] 和製漢字 JIS 8264

↓はたはた[鰰・鱩・鱗魚]

**はたはた** 24画 【▼鱩】 部首[魚] 和製漢字

↓はたはた[鰰・鱩・鱗魚]

**はた-はた**【▼鰰・▼鱩・▼鱗▽魚】 ハタハタ科の海水魚。深海の砂泥底にすむ。全長約二二cm。背側は黄褐色で黒褐色斑がある。食用。秋田・山形の名産。卵はぶりこ。カミナリウオ。シロハタ。sandfish →図

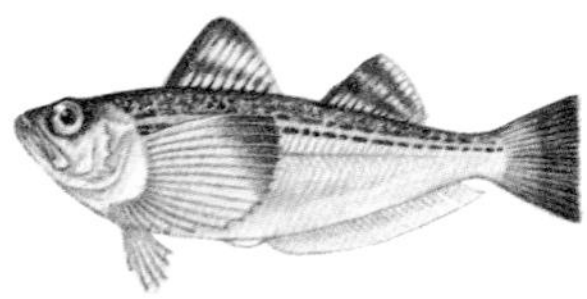

● ハタハタ

**はた-はた**(副) ①続けざまにものの当たる音、また、たたく音。flap ②旗などが風にひるがえる音。flap ③厳しいさま。用例 —と取りまく敵勢。

**ばた-ばた**(副・サ変自) ①続いて物にあたるさま。flap 用例 —と的にあたる。②続いて落ちたり倒れたりするさま。one after another 用例 貧血で—とたおれる。③走って足音を立てるさま。pit-a-pat 用例 —走る。④鳥のはばたく音。flap ⑤物事がはかどるようす。quickly 用例 —と仕事をかたづける。

**ぱた-ぱた**(副) 「ばたばた」の軽い感じをいう語。

**はた-び**【旗日】 国旗をあげる祝日。国民の祝日。national holiday

**バタビア**【Batavia】 インドネシアの首都ジャカルタの旧称。一六一九年オランダ人が建設、総督をおき、東方の根拠地として発展。バタビヤ。

**バタビア-きょうわこく**【バタビア共和国】(République Batave フランス) 一七九五年、フランス革命軍がオランダに成立させた共和国。一八〇六年ナポレオン一世が弟ルイをオランダ王とし、共和国は消滅。

**バタビアじょうにっし**【バタビア城日誌】 オランダのバタビア(=ジャカルタ)総督府でまとめた日誌。内容は一六二一年から一八〇八年にわたるオランダ東インド会社商館の報告で、アジア各地の政治・経済事情を記述。

**バタビヤ-しんぶん**【バタビヤ新聞】 官板バタビヤ新聞の略称。

**バタフライ**【butterfly】 ①チョウ。②泳法の一種。腕はチョウがはばたくように左右同時に水をかき、足はドルフィンキックを用いる。公式の競泳種目としては、男女とも一〇〇m・二〇〇mがある。③蝶ネクタイ。④ストリップショーなどで、踊り子の局部をおおう小さな三角布。

**はた-また**【▽将又】 文語的 (接続) それともまた。あるいはまた。もしくは。or 用例 人か、—妖怪か。

**はだ-まもり**【肌守り】 肌につけていつも持っているお守り。はだもり。

**はだ-み**【肌身】 肌。からだ。body

**肌身離さず** いつもしっかり持っているさま。carry about oneself

**肌身を汚される** 女性が貞操を奪われる。

**はた-め**【▽傍目】 人の見た目・感じ。another's eyes

**はた-めいわく**【▽傍迷惑】(名・形動) そばの人々の迷惑になること・さま。近所迷惑。nuisance to others

**はた-め・く**(五自) 旗などが、はたはたと鳴る。flutter

**はた-もと**【旗本】 ①古く、陣において大将のいる所。本陣。また、本陣を守る兵士。②江戸時代、将軍直属の武士のうち一万石未満、五〇〇石以上の格式で将軍に拝謁できた身分のもの。

**はたもと-はちまんき**【旗本八万騎】 徳川将軍が直属として動員できる兵力を、俗に称したもの。旗本・御家人とその家来とで、ほぼ八万になる。

**はたもと-やっこ**【旗本▽奴】 江戸前期の無頼化した旗本・御家人の称。組を作り江戸市中を徘徊、しばしば町奴と衝突。

**はた-や**【機屋】 機織りを業とする家・人。weaver

**ばた-や**【ばた屋】《卑語》廃品回収業者。くずひろい。

**はだやき-こう**【肌焼(き)鋼】 ↓しんたんこう(浸炭鋼)

**はだら**【▼斑】 古語 (名・形動ナリ) 雪や霜がまばらに降ること・さま。まだら。ぶち。用例 庭も—にみ雪ふりたり(万葉・一〇・二三一八)。

**はたらか・す**【働かす】(五他) ①働くようにさせる。動かす。work 用例 機械を—。②活用させる。use 用例 知恵を—。

**はたらき**【働き】 ①活動。仕事。work 用例 —に出る。②作用。機能。function 用例 電気の—。③てがら。骨折り。achievement 用例 大した—だ。④動作。動き。action 用例 —が鈍い。⑤才能。機転。ability 用例 頭の—。⑥効能。効き目。effect 用例 薬の—。⑦生活能力・収入。breadwinning 用例 —のある人。⑧功績。services 用例 —を認める。⑨《「活き」とも》文法で、活用。conjugation 用例 動詞の—。

**働きが無い** ①仕事をして生活を支える能力がない。かせぎがない。poor provider ②事を行う才能がない。効果や功績がない。平凡である。shiftless

**はたらき-あり**【働き▼蟻】 アリ社会でみられる産卵能力のない雌。女王アリに比べてはるかに小さく、一生翅をもたない。営巣・育児・食物採集・防衛などの仕事を行うが、とくに大顎が発達して防衛・攻撃にあたるものを兵アリという。シロアリ社会でも同じような仕事をするものがみられる。worker ant

**はたらき-か・ける**【働き掛ける】(下一自) 他に対して、動作を仕掛ける。appeal to

**はたらき-かた**【働き方】 働くさま・方法。way of working

**はたらき-ざかり**【働き盛り】 人の一生のうちでもっとも心身が充実し活動のできる年ごろ。the prime of life

**はたらき-て**【働き手】 ①よく働く人。働き者。man of ability ②一家の中心になって、生計を立てる人。breadwinner

**はたらき-ばち**【働き▼蜂】 アシナガバチ・スズメバチ・ミツバチなどの社会でみられる産卵能力のない雌。女王バチにくらべてはるかに小さい。営巣・育児・食物採集・防衛などにあたる。これらのハチの社会ではほとんどすべてが働きバチ。worker bee

**はたらき-もの**【働き者】 ①よく働く人。hard worker 対義 なまけ者。②腕前のある人。able man

**はたら・く**【働く】(五自他) ①(自)㋐仕事をする。work 用例 会社で—。㋑作用する。work 用例 引力が—。㋒精神・才能などが、活動する。be active 用例 頭が—。㋓効用が現れる。take effect 用例 薬効が—。㋔《「活く」とも》文法で、活用する。conjugate 用例 五段に—。②(他)悪事などを行う。commit 用例 盗みを—。悪事を—。

**バタリー**【battery】 ニワトリを一羽ずつ入れて飼育するための、多段式の一連の鳥かご。用例 —飼育。

**はた-りす**【畑▼栗▼鼠】 穴居生活をするリス科の動物。ふつうのリスに似るが、四肢が短く、尾と耳介も短い。体長一四～三八cm。乾燥地帯やツンドラにすみ、草食。穴掘りがたくみで、冬は穴の中に食物を大量に貯えて冬眠する。約一五種がユーラシア・北アメリカに分布。ground squirrel

**はた・る**【▽徴る・▽債る】(五他) 責める。催促する。

**はだれ**【▼斑】 古語 □一(形動ナリ) ↓はだら(斑)。□二(名) 「はだれ雪」の略。

**はだれ-ゆき**【▼斑雪】 まばらに降る雪。薄く積もった雪。

**は-たん**【破▼綻】(名・サ変自) ①ほころびること。やぶれ。break ②物事が駄目になること。破局。failure 用例 —をきたす。③商店・会社などの支払い停止。破産の原因になる。bankruptcy

**は-だん**【破談】 ①約束を取り消すこと。cancellation ②いったん決まった縁談を取り消すこと。break off one's engagement

**ば-たん**【▼巴丹】 頭に冠羽のあるオウム科の鳥の一群。翼長二四～三〇cm。人のことばをよくまねる。オーストラリア・ニューギニアなどに分布。→図

● バタン　コバタン

**パダン**【Padang】 インドネシア、スマトラ島西岸の港湾都市。中部スマトラの中心で交通の要地。人口四八・一万(一九八〇)。

**はたん-きょう**【▼巴▼旦▼杏】 ①アーモンドの漢名。②↓スモモ

**パタンジャリ**【Patañjali】 インドの文法学者。パーニニの文典の注釈により古典サンスクリットの文法を大成した。紀元前二世紀ないし前一世紀の人。

**ハチ** 2画 【八】 部首[八] 教育小1 JIS 4012

音 ハチ・ハツ

訓や・やっつ・やっつ・よう

①やっつ。やつ。や。「四苦八苦・尺八」「八景・八十八夜・八分」用例(名)— の数は縁起がいい。②おおい。「四通八達・四方八方」

**一か八か**(いちかばちか) うまくいくか、それとも大失敗か、とにかくやってみる。のるかそるか。sink or swim

**ハチ** 13画【鉢】 部首[金] 常用 JIS 4013

音ハチ・ハツ

①《梵語 pātra の音写「鉢多羅」の略》僧がほどこしをうける器。僧の食器。②皿よりも深く、上がひらいた入れ物。「植木鉢・金魚鉢」「鉢物」③植木鉢のこと。「鉢植え」用例(助数)菊が五—。④頭蓋骨。「鉢巻き」⑤かぶとの山の部分。↓ハツ[鉢]

**鉢を開く**(はちをひらく) 托鉢をする。

**はち【蜂】** アリ類を除く膜翅目の昆虫の総称。雌の産卵管は毒針を兼ね、防御や狩りに役立つものもある。体長一mm以下のコバチから七cmをこすベッコウバチまで世界各地に一〇万種以上が分布。bee ↓図

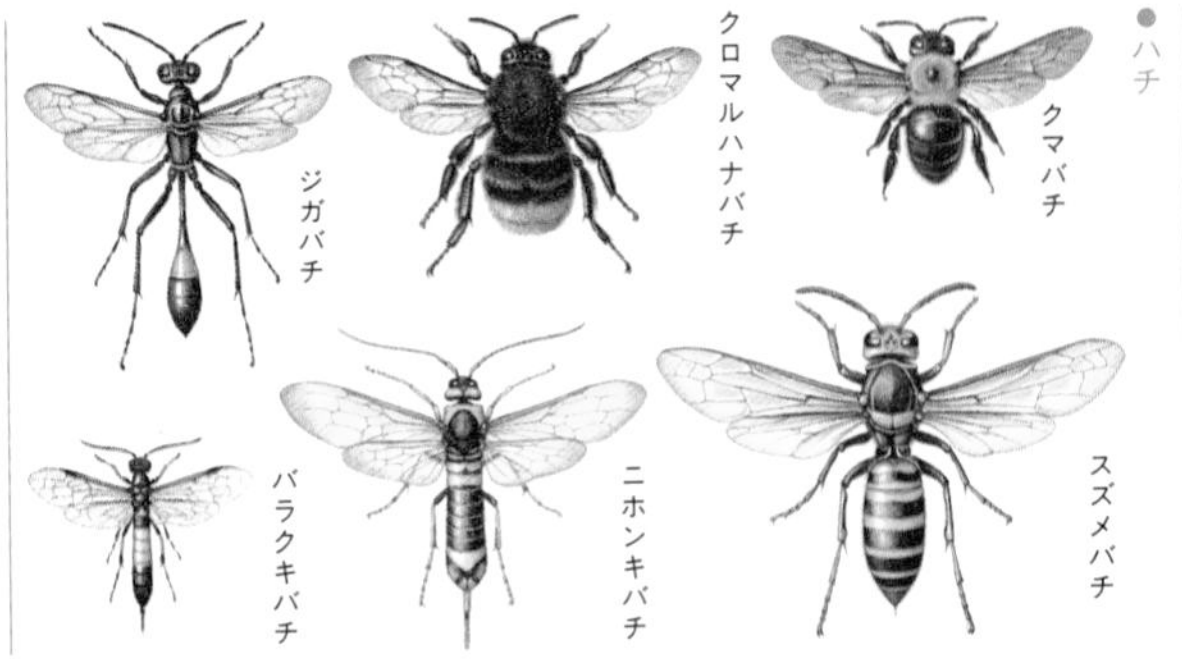

●ハチ

**バチ** 14画【罰】 部首[罒] 常用 JIS 4019 15画【罸】 異体字 JIS 7015

音バツ・バチ・ハツ

神や仏が人間のした悪事に対してくだす、こらしめ。悪事のむくい。「仏罰」用例(名)— 当たり。↓バツ[罰]

**罰が当たる**(ばちがあたる) 悪事やおごりのために、神仏にこらしめられる。be visited with divine punishment

**罰は目の前**(ばちはめのまえ) 悪事をすれば、すぐにその報いがあるということ。

**バチ** 15画【撥】 部首[扌] JIS 5791

音ハツ・バチ

三味線・琵琶などの糸をかきならす道具。用例(名)— の音がさえる。↓ハツ[撥]

**ばち** ①メバチの異称。②ゴカイ科のイトメが行う生殖のための群泳。成熟すると体の前方三分の一が生殖物で充満し、生殖期の一〇～一二月の大潮の夜いっせいに海面に浮上、群泳し、放卵・放精して受精する。

**ばち【桴・枹】** 太鼓・どらなどを打つ棒。drumstick

**ばち-あたり【罰当(た)り】** 罰が当たるような言動をすること・者。be cursed

**はち-あわせ【鉢合(わ)せ】**(名・サ変自) ①頭と頭とを打ち合わせること。bump of heads ②思いがけなく出会うこと。encounter

**はちいち-せんげん【八・一宣言】** 一九三五年八月一日発表の中国共産党と中華ソビエト政府との抗日共同声明「抗日救国のため全同胞に告ぐる書」。内戦の即時停止、国民政府と抗日連合軍の即時編成を提案。

**はち-うえ【鉢植(え)】** 植木鉢に植えること。また、その植物。potted plant

**バチェラー**[bachelor] ①独身の男性。②学士。英米で、大学卒業生に与えられる称号。

**バチェラー**[John Batchelor](一八五四〜一九四四) イギリスのアイヌ研究家・宣教師。明治一〇年(一八七七)来日。アイヌへの伝道と民俗研究に傾注。著書『アイヌ・英・和辞典』『アイヌとその民俗』。

**ばち-えり【撥襟】** 女物長着や長じゅばんの襟型の一種。襟肩から襟先に向かうにつれて襟幅が自然に広がる襟。

**ば-ちえん【馬致遠】**(生没年未詳) 中国、元代初期の劇作家。元曲四大家の一人。号は東籬。大都の人。巧みな構成と独特な歌詞を特色とし、典雅な作風。現存戯曲は七編。『漢宮秋』『青衫涙』など。

**はちおうじ【八王子】**〈市〉 東京都西部の市。都下最大の商工業都市。伝統の機業は衰えたが、近年再興への努力がなされている。住宅団地の造成が進み、区部から移転した大学も多い。人口四三万二七三二(一九八八)。

●バチカン市国 円形のサン-ピエトロ広場の正面がサン-ピエトロ大聖堂、その右手に方形のバチカン宮殿がある。

**はちおうじ-せんにんぐみ【八王子千人組】** 江戸幕府の役職の一つ。老中支配下の鎗奉行に所属。武田氏の遺臣や諸浪人など約一〇〇〇人を八王子付近に土着させ、甲州口の守りとした。八王子千人同心。

**ばち-おと【撥音】** ばちで楽器をかなでる音。

**はちかい【八開】**〈村〉 愛知県西端、木曽川東岸の輪中で知られる村。稲作のほか根菜類の栽培を行う。人口五一〇六(一九八八)。

**ば-ちがい【場違い】** ①ふさわしい場所でないこと。out of place 用例 — の発言。②本場の産でないこと。not genuine

**はち-がけ【八掛(け)】**《一〇分の八をかける、の意》全体の八割。二割引き。20% discount 用例定価の —。参照掛け。

**はち-がしら【八頭】** 漢字を組み立てている部分の名。「公・兮・兌」などの「ハ」。

**はちかずき【鉢かづき】** 室町時代の御伽草子。のちに『鉢かつぎ』とも。母の臨終に鉢をかぶせられた姫が継母に虐待されて家出し、山蔭中将の末子と結婚する。『住吉物語』に始まる継子いじめ物の代表作。

**はち-がつ【八月】** 一年の第八番の月。秋涼。August 比較葉月。

**バチカン-きゅうでん【バチカン宮殿】** バチカン市国にあるローマ教皇の宮殿。サン-ピエトロ大聖堂の北側にある。the Vatican

**バチカン-こうかいぎ【バチカン公会議】** 第二バチカン公会議の別称。

**はち-かんじごく【八寒地獄】**《仏教語》寒さで苦しめられる八種の地獄。頞部陀・尼刺部陀・頞哳陀・臛臛婆・虎虎婆・嗢鉢羅・鉢特摩・摩訶鉢特摩の八つ。

**バチカン-しこく【バチカン市国】**(Vatican City State) イタリアの首都ローマ市内、バチカン丘上にある世界最小の国。首都バチカン。一九二九年イタリアから独立。ローマ教皇庁の所在地で、キリスト教カトリックの大本山サン-ピエトロ大聖堂がある。面積〇・四四km²。人口一〇〇〇(一九六八)。↓写

**バチカン-びじゅつかん【バチカン美術館】** バチカン宮殿にある大美術館。美術館・図書館・聖遺物館・礼拝堂などに分かれている。一七七三年に一般公開。ミケランジェロの『天地創造』『最後の審判』や、彫刻・絵画・古文書などの多彩な所蔵品で知られる。Vatican Museums and Galleries

**はち-ぎゃく【八虐・八逆】** 大宝・養老律に定められた特別の重罪。謀反・謀大逆・謀叛・悪逆・不道・大不敬・不孝・不義を総称。

**はち-き・れる【はち切れる】**(下一自) ①中身がいっぱいで、裂ける。burst ②みちあふれる。be brimful 用例 — 若さ。

**は-ちく【破竹】** ①竹を割ること。②《竹は、最初の一節が割れれば、あとはわずかの力で一気に割れてしまうことから》勢いが激しく、途中で押えられないこと。

**破竹の勢い**(はちくのいきおい) 激しく、止めがたい勢力。irresistible force

**は-ちく【淡竹】** イネ科の多年生常緑竹。タケの一種。日本各地で栽培。稈は径三〜一〇cmの中空円筒形で節があり、表面に白粉がついている。中国原産。精巧な細工用。竹の子は食用。クレタケ。

**はち-くい【蜂食】** ハチクイ科に属する小鳥の総称。くちばしと尾は長く、美しい。ハチ・アブなどを食べる。約二四種が主にアフリカに分布。bee-eater ↓図

●ハチクイ

**はち-くま【蜂熊】** ハチの幼虫やさなぎを好んで食べるワシタカ科のタカ。全長約五五cm。体上面は黒褐色、下面は白から黒褐色まで個体により変わる。ハチの襲撃を防ぐため、顔の羽毛が鱗状になっている。日本では夏鳥で、山地の森林にすむ。ユーラシアで繁殖し、冬は南方に渡る。honey buzzard

**はちくらげ-るい【鉢水母類】** 腔腸動物の一群。大形で浮遊性のクラゲ(狭義のハチクラゲ。大きなものはかさの径一m以上)と小形で着生性のポリプ(＝ハチポリプ)の二型をもち、この二型の間で世代の交代をする。マミズクラゲを除いて海産。刺されると危険なものもある。ビゼンクラゲやエチゼンクラゲは食用。

**ぱちくり**(副・サ変他) おどろいたりあきれたりしたときに、目を大きくしばたたくさま。blink 用例目を — させる。

**はち-こう【八公】** 落語などで、きわめて庶民的な男の呼び名。

**はち-さいぼうき【八細胞期】** 動物の初期発生段階において受精卵が第三の卵割を終え、八個の細胞になった状態。ウニでは、割球が等割だが、カエルでは不等割。

**はちじっしゅ-ごう【八十種好】**《仏教語》仏の身体に具わる八十の瑞相。人間とは異なる仏の八十の特徴のこと。八十随形好。八十随好。随形好。

**はちじゅうはち-かしょ【八十八箇所】** 真言宗で、四国地方にある八八の空海の霊場。はちじゅうはっかしょ。

**はちじゅうはち-の-いわい【八十八の祝(い)】** 八八歳の祝い。米寿。参照賀の祝い。

**はちじゅうはち-や【八十八夜】** 雑節の一つ。立春から数えて八八日目。五月二日ごろにあたり、これ以後は霜がなく、農作業、茶摘みなどを始める時期とされる。

**はち-じょう【八丈】** ①「八丈島」の略。②「八丈絹」の略。

**はちじょう【八丈】**〈町〉 東京都伊豆諸島、八丈島と八丈小島を町域とする町。花卉栽培がさかんで黄八丈の産地。史跡・民俗芸能も多く保存されている。八丈島空港がある。人口九九一二(一九八八)。

**はちじょう-かりやす【八丈刈安】** ↓こぶなぐさ(小鮒草)

**はちじょう-ぎぬ【八丈絹】** ①一匹の長さが八丈の絹織物。②八丈島特産の平織りの絹織物。刈安などの植物染料で、黄・鳶・黒などに染めた生糸で、縞や格子に織ったもの。八丈。

**はちじょう-ぐわ【八丈桑】** クワ科の落葉高木。伊豆七島に分布する。葉は卵状披針形で二重鋸歯、先端は尾状。春、淡黄緑色の小花の密生した花序を垂れ下げる。

**はちじょう-じま【八丈島】** 東京都、伊豆諸島南部の火山島。面積六八・二二km²。黄八丈の産地。富士箱根伊豆国立公園の一部。八丈。

**はちじょうじま-みんよう【八丈島民謡】** 東京都八丈島の民謡。歌詞その他に、離島の歴史的・地理的特質が表現されている。『春山節』『ショメ節』など。

**はちしょう-じん【八将神】** 陰陽道で、暦の吉凶をつかさどるとされる八つの神。太

歳・大将軍・大陰・歳刑・歳破・歳殺・黄幡・豹尾の各神。八将軍。はっしょうしん。

**はちじょう-そう**【八丈草】アシタバの別名。八丈島に多いことからの名。

**はちす**【▼蓮】《蜂の巣、の意》ハスの古名。花托がハチの巣に似る。

**はちす-おり**【▼蜂巣織(り)】布面にハチの巣形の凹凸を織り出した織物。皮膚に密着せず、吸水性に富む。木綿のシーツ・タオルなどに利用。枡織り。honeycomb fabric

**バチスカーフ**【bathyscapheフランス】深海観測用の潜水船の一種。有人の耐圧ゴンドラにガソリンフロートをつけ、極深海まで潜水して観測する。

**はちすか-ころく**【▼蜂▼須▽賀小六】(一五二六〜八八) 安土桃山時代の武将。名は正勝。はじめ尾張の小土豪の首領で、斎藤道三・織田信秀に仕え、織田信長の美濃の攻めでは、木下藤吉郎(豊臣秀吉)に従った。のち徳島城主。

**ハチソン**【Francis Hutcheson】(一六九四〜一七四六) イギリス啓蒙期の哲学者。アイルランド生まれ。直観的な道徳感覚にもとづく倫理学を説いた。著書『道徳哲学の体系』など。

**はちだい-こんごうどうじ**【八大金剛童子】不動明王の使者の八童子の総称。慧光・慧喜・阿耨達・指徳・烏倶婆伽・清浄比丘・矜迦羅・制吒迦。八大童子。

**はちだい-さんじん**【八大山人】中国、明末清初の文人画家朱耷の号。

**はちだい-じごく**【八大地獄】《仏教語》熱によって亡者を苦しめる八種の地獄。等活・黒縄・衆合・叫喚・大叫喚・焦熱・大焦熱・無間の八つの称。八熱地獄。

**はちだい-しゅう**【八代集】平安前期から鎌倉初期までの八つの勅撰和歌集の総称。『古今集』『後撰集』『拾遺集』『後拾遺集』『金葉集』『詞花集』『千載集』『新古今集』。

**はちだい-にんがく**【八大人覚】《仏教語》仏道修行者が、悟りにいたるための道として自覚し、従い守る八つの教え。少欲・知足・遠離・精進・正念・正定・正慧・不戯論。

**はちだい-ぼさつ**【八大▼菩▼薩】仏法・衆生を守る八菩薩。一般には観自在・弥勒・虚空蔵・普賢・金剛手・文殊師利・除蓋障・地蔵の八尊をさす。

**はちだい-りゅうおう**【八大竜王】『法華経』に説く仏法を守る八竜王の総称。難陀・跋難陀・娑羯羅・和修吉・徳叉迦・阿那婆達多・摩那斯・優鉢羅の王。八大竜神。

**はち-たたき**【鉢▼叩き】空也念仏のこと。その僧。ひょうたんと鉦をたたき、念仏を唱える。

**はち-どう**【八道】①律令制で、畿内と七道を合わせた称。②日本全国を八つの地域に大別したものの総称。東海道・東山道・北陸道・山陰道・山陽道・南海道・西海道の七道と北海道。北海道は明治二年(一八六九)に加わった。③朝鮮半島の京畿・江原・咸鏡・平安・黄海・忠清・慶尚・全羅の八道の総称。

**はち-どり**【▼蜂鳥】ハチドリ科に属する鳥の総称。翼長三cm程からスズメ大まで三〇〇種以上。主食は小昆虫だが、羽ばたきながら空中にとどまって、長い管状のくちばしで花蜜も吸う。北米・南米に分布。hummingbird →写

● ハチドリ

**はち-なん**【八難】《仏教語》仏に会うことも、仏法を聞くこともできない八つの境界。地獄・餓鬼・畜生・長寿天・辺地・盲聾瘖瘂・世智弁聡・仏前仏後の八つ。

**はちねつ-じごく**【八熱地獄】八大地獄の別称。

**はちのき**【鉢木】能の曲名。四番目物。放浪の僧に身をやつした北条時頼を、秘蔵の盆栽を薪にしてもてなした佐野源左衛門常世の話。礼として、旧領を取り戻し、梅・桜・松の名のついた土地を賜る。

**はち-の-こ**【▼蜂の子】ハチの幼虫で食用にされるもの。ふつうはクロスズメバチの幼虫やさなぎで、油でいためたり、醤油で味付けしたり、飯にたきこんだりして食べる。信州(長野県)の特産。

**はち-の-こ**【鉢の子】→はち(鉢)①

**はち-の-す**【▼蜂の巣】ハチが、幼虫を育てたり、食糧とする花粉・花蜜を貯えておいたりするための巣。土でつくる小さな壺状のもの、正六角の柱状の巣房が集まった形のもの、それが幾層にも重なっているものなど、さまざまな種類がある。→写

**蜂の巣を突ついた様**(はちのすをつついたよう) 大騒ぎになって止めようのないさま。be in utter confusion

**はちのすじょう-うん**【▼蜂の巣状雲】巻積雲や高積雲の比較的薄い雲に丸い穴がたくさんあいて、ハチの巣の形のようになった雲。まれに層積雲に現れる。lacunosus

**はちのへ**【八▽戸】〈市〉青森県南東部、太平洋に臨む市。もと南部氏の城下町。現在は水産工業都市。人口二四万二六三八(一九八八)。

**はち-はち**【八八】花札の遊びの一つ。八八点が点数の原点で、それ以上の得点を勝ちとして、一二回行い勝負を決める。明治時代に完成されたもの。

**ぱち-ぱち**(副) ①まばたきを繰りかえすさま。②手をたたいたり、物がはぜたりするときの音。また、そろばん・碁などの音にもいう。lap; crackle

**はちはち-かんたい**【八八艦隊】アメリカを仮想敵国とした、日露戦争後の旧日本海軍の建艦計画。戦艦・巡洋艦各八隻を基幹とする構想であったが、ワシントン会議の結果中止。

**ばち-びん**【▼撥▼鬢】男子の髪型の一種。江戸中期に流行。両鬢が三味線の撥先のような形で、おもに奴などが行った。→図

● 撥鬢

**はち-ひんし**【八品詞】西欧文法で通常行われる品詞の分類。名詞・代名詞・動詞・形容詞・副詞・接続詞・前置詞・感動詞をいう。

**はち-ぶ**【八分】①一分の八倍。②一〇〇分の八。八%。eight percent ③一〇分の八。八分目。大部分。eight-tenths 用例 ―通り。④「村八分」の略。

**はちぶ-おんぷ**【八分音符】→はちぶんおんぷ(八分音符)

**はちぶ-しゅう**【八部衆】仏法を守護する八神。天・竜・夜叉・乾闥婆・阿修羅・迦楼羅・緊那羅・摩睺羅迦の八部。天竜八部衆。

**はちぶ-め**【八分目】八分くらいにすること。控え目にすること。はちぶんめ。eight-tenths; moderation 用例 腹―。

**はちぶん-おんぷ**【八分音符】音楽で、全音の八分の一の長さを表す音符。「♪」で表す。はちぶおんぷ。eighth note米; quaver英

**はちぶんぎ-ざ**【八分儀座】南天の星座。日本からは見られない。一〇月二二日ごろの午後八時ごろに南中。面積二九二平方度。Octans

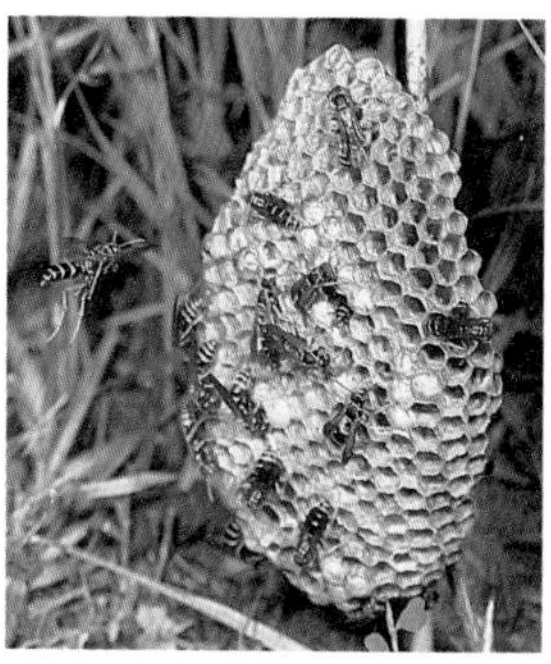

● 蜂の巣 フタモンアシナガバチの巣。

**はち-まき**【鉢巻(き)】①頭の鉢に手ぬぐいなどの布を巻くこと。また、その布。鎌倉時代以降の呼称。古くは抹額といい、武装の一つ。用例 ねじり―。②土蔵の軒下の壁で、横にいちだんと厚く土をぬった部分。

**はち-まん**【八▼幡】㊀(名) 八幡神・八幡宮の略称。㊁(副)《八幡の神に誓って、の意》①ほんとうに。まったく。②《否定の語をともなって》断じて。決して。

**はちまん**【八▼幡】〈町〉岐阜県中部、長良川上流域の町。旧城下町。北部美濃の中心地で盆踊りは有名。通称は郡上八幡。人口一万八四二四(一九八八)。

**はちまん-ぐう**【八▼幡宮】応神天皇を祭神とする神社の称号。大分県宇佐市にある宇佐神宮を本宗とする。武家の守護神として尊崇された。日本の神社でもっとも数が多い。

**はちまん-ざ**【八▼幡座】《八幡神の宿る所、の意》かぶとの鉢の中央の穴。

**はちまん-しせん**【八万四千】仏教で、無数、無量の数の多いことを表す語。八万四千の法門・八万四千の煩悩など。

**はちまん-じん**【八▼幡神】八幡宮の祭神。比売神・気長足姫尊(神功皇后)とともに全国の八幡神社に祭られる。弓矢の神として崇敬をあつめた。発祥の地大分県宇佐より京都男山の石清水に勧請されて以来、誉田別尊(応神天皇)であるとの信仰が広まった。やわたがみ。

**はちまん-せん**【八▼幡船】→ばはんせん(八幡船)

**はちまん-たい**【八▼幡▽平】秋田・岩手県境にある火山。標高一六一四m。十和田八幡平国立公園の主要部。一般には八幡平高原を含めた総称。

**はちまん-だいぼさつ**【八▼幡大▼菩▼薩】《神仏混交から生まれた語》八幡神。

**はちまんたろう-よしいえ**【八▼幡太郎▽義家】《石清水八幡宮で、元服したことから》源義家の通称。

**はちまん-づくり**【八▼幡造(り)】切り妻造り平入りの神殿を前後に二つ並べた神社建築様式。両殿の軒の接するところに共通の樋を設ける。大分県の宇佐神宮本殿など。

**はちみ-じおうがん**【八味地黄丸】漢方薬の一つ。地黄・桂枝・山薬など八種類の生薬からなる。泌尿生殖器の機能が衰え、疲れやすい場合に、強壮・補血剤として使用。

**はち-みつ**【▼蜂▼蜜】ミツバチが集めた花の蜜。甘味度は砂糖の八〇%でブドウ糖を多く含む。花の種類により風味が異なる。食用・薬用。honey

**はち-ミリ**【八ミリ】フィルムの幅が八mmのカメラ・映画。そのフィルムを使う撮影機。

**はちむし-るい**【鉢虫類】腔腸動物の一綱。海生の鉢クラゲ類。いわゆるクラゲの大部分を占める。無性生殖をするポリプの世代と、有性生殖をするクラゲの世代とが交代するものが多い。

**はち-めん**【八面】①八つの顔。eight faces ②八つの平面。eight planes ③四方と四すみ。八方。four sides and four corners ④各方面。all sides

**はちめん-たい**【八面体】八個の平面で囲まれた立体。octahedron

**はちめん-れいろう**【八面▼玲▼瓏】①どこから見ても美しいこと。用例 ―の富士。②心にわだかまりがなく、円満なこと。用例 ―の人物。③誰に対してもあたりがよいこと。

**はちめん-ろっぴ**【八面六▼臂】《仏像の三面六臂から》八つの顔と六つの腕を持っていること。転じて、あらゆる仕事を、ひとりでたくみに処理する手腕・力量のあること。competence in all fields 用例 ―の大活躍。

**はち-もの**【鉢物】①鉢にもって出す料理。food served in bowls ②鉢植えにして仕立てた草や木。盆栽。potted plant

**はちもり**【八森】〈町〉秋田県北西端、日本海に臨む町。農林業と漁業の町で、岩館海岸は景勝地で知られる。人口五五一七(一九八八)。

**はち-もんじ**【八文字】①八の字。また、その形。②遊女が道中のときにする歩き方。つま先を内に向けて八の字を描くのを内八文字(島原風)、いったん内に向けたつま先を、さらに外方に向けて八の字を描くのを外八文字(江戸風)といった。

**はちもんじ-じしょう**【八文字自笑】(?〜一七四五) 江戸中期の浮世草子作者・書店主。安藤氏、通称、八左衛門。京都の人。江島其磧を専属作者とし、連名で「八文字屋本」と総称される役者評判記・浮世草子類を出版した。

**はちもんじや-ぼん**【八文字屋本】江戸中期、京都の書店八文字屋から出版された本。広くは同時代の浮世草子一般を含める。江島其磧の気質物などにより、西鶴没後の小説界に活気を与え、広く愛読された。

**はち-や**【鉢屋】中世、茶筅など竹細工を売り歩きながら施しをうけた人、または鉦や瓢を叩いて念仏して物乞いした念仏僧。茶筅売り。鉢たたき。

**は-ぢゃ**【葉茶】若葉を摘んで作った茶。はちゃ。対義 ひき茶。

**はちや-がき**【▼蜂屋▼柿】渋柿の一品種。岐阜県美濃加茂市蜂屋の原産。果実は大きな長楕円形。種子は少なく、干し柿に適する。→柿写

▼常用漢字表外。 ▽常用漢字表の音訓外。

**ハチャトゥリヤン**【Aram Ilich Khachaturian】(一九〇三〜七八) ソ連の作曲家。生地アルメニアの民族的個性を生かした変化に富む技法が特徴。バレエ音楽『ガイーヌ』など。

**はちゃ-めちゃ**(名・形動)《俗語》まったく筋の通らないこと・さま。滅茶苦茶。

**はちゅう-るい**【▾爬虫類】 脊椎動物門の一綱。皮膚は表皮性のうろこでおおわれる。肺呼吸。変温動物で卵生または卵胎生。カメ・トカゲ・ヘビ・ワニ類など、世界の温帯から熱帯に約六〇〇〇種が生息。reptile

**は-ちょう**【波長】 ①波動の山の頂点から次の隣り合う山の頂点までの距離。または、隣り合う谷と谷の距離。波長に振動数をかけたものが波の速さになる。wavelength ②他人との気心の通じ具合。

**は-ちょう**【破調】 ①調和がくずれていること。out of harmony ②リズムをはずすこと。out of tune

**はちょう-けい**【波長計】 高周波電波が空間を伝播するときの波長を測定する計器。wavemeter

**パチョリ**【patchouli】 シソ科の常緑低木。高さ約七〇cm。葉は広楕円形で鋸歯。花は淡紫色の唇形花。葉を蒸留して精油(=パチョリアルコール)を採る。東南アジアで栽培。

**はちりゅう**【八竜】〈町〉 秋田県北部、八郎潟干拓地の北に接する町。砂丘地を利用したスイカ・プリンスメロンの生産がさかん。人口八一八六(一九八八)。

**バチルス**【Bazillus ドイツ】 好気性の桿菌の総称。病原性の強い炭疽菌、非病原性のセレウス菌などが含まれる。

**はちろう-がた**【八郎潟】 秋田県北西部、男鹿半島基部にある潟湖。干拓以前は琵琶湖につぐ大湖。大部分が陸化され四八km²の調整池(淡水)が残る。八郎潟干拓地。

**はちろうがた**【八郎潟】〈町〉 秋田県西部、八郎潟干拓地の東に接する町。稲作がさかんで、耕地のほとんどが水田。一日市の盆踊りは有名。人口八二九一(一九八八)。

**はちろ-ぐん**【八路軍】 日中戦争における中国共産党の主力部隊。中国国民革命軍第八路軍の略称。一九三七年編成。軍長は朱徳。果敢な遊撃戦により日本軍を悩ます。一九四七年人民解放軍と改称。

**ぱちんこ** ①玩具の一種。Y字形の柄に張った細いゴムに、小石などをはさんで飛ばすもの。slingshot米; catapult英 ②拳銃の異称。pistol ③(「パチンコ」で)ゲームマシンを使う遊技の一種。鋼製の小球を、箱状のゲーム機の中にばねではじきこみ、釘の間を抜けて当たり穴に入ると、多くの球が出て、景品と交換できる。日本独特の大衆的娯楽で、時代とともに機械の進歩も著しい。pinball game

**ハッ** 8画【法】 部首[氵]さんずい 教育小4 JIS 4301 21画【▾灋】 異体字

音 **ホウ・ハッ・ホッ**

筆順 ↓ホウ[法]

おきて。きまり。のり。「法度」 ↓ホウ・ホッ[法]

**はっ**(感) かしこまってする返事の声。はい。【は。

**ハッ** 5画【▾叭】 部首[口]くちへん JIS 5060

音 ハツ・ハ

①こえ。口をひらく。②「喇叭」は、口からまっすぐ前に構えて吹く金管楽器。

**ハッ** 5画【▾癶】 部首[癶]はつがしら JIS 6602

音 ハツ・ハチ

①ゆく。あしぶみをする。②そむく。背をむける。③部首の一つ。はつがしら。

**ハッ** 6画【▾杁】 部首[木]きへん 和製漢字 JIS 5921

音 ハツ・ヘチ

地名や姓氏に用いられる。「いり・えぶり・いぶり」などとも。

**ハッ** 9画【発】 部首[癶]はつがしら 教育小3 JIS 4015 12画【▾發】 旧字 JIS 6604

音 **ハツ・ホツ・ホチ**

①はなつ。矢・たまをはなつ。「不発・乱発・連発」「発射・発砲」 ②うったまを数えるのに用いる。用例(助数)三―。 ③でかける。たつ。対義着。「始発・出発・先発」「発車・発進」用例《接尾的》東京―。 ④信号などを、だす。対義受。「発信・発注」用例《接尾的》ロンドン―。 ⑤ひらいて、だす。でる。あばく。「発音・発火・発覚・発掘・発言・発行・発売・発露」 ⑥おこる。生じる。「再発・突発」「発現・発生」 ⑦芽をひらかせる。能力をそだてる。そだつ。「開発・啓発」「発育・発揮・発達」 ⑧《潑とも》はねる。元気のよいさま。「活発」 ⑨《醱とも》かもす。酒をつくる。「発酵」 ↓ホッ[発]

**ハッ** 10画【▾捌】 部首[扌]てへん JIS 2711

音 ハツ・ハチ・ベツ

さばく。品物をうりこなす。また、ものごとをうまく処理する。さばける。さばき。

**ハッ** 10画【▾秡】 部首[禾]のぎへん JIS 6733

音 ハツ

いたむ。穀物がいたむ。

**ハッ** 10画【▾釟】 部首[金]かねへん JIS 7860

音 ハツ・ヘチ

きたえる。金属をうちきたえる。

**ハッ** 13画【鉢】 部首[金]かねへん 常用 JIS 4013

音 **ハチ・ハッ**

①僧がほどこしをうける器。僧の食器。「托鉢・鉄鉢」 ②僧の道。僧が代々うけつぐもの。「衣鉢」 ↓ハチ[鉢]

**ハッ** 14画【髪】 部首[髟]かみかんむり 常用 JIS 4017 15画【▾髮】 旧字 JIS 8191

音 **ハツ**

訓 **かみ**

かみ。かみのけ。頭にはえる毛。「金髪・銀髪・散髪・断髪・調髪・怒髪・洋髪・理髪」

**ハッ** 15画【▾撥】 部首[扌]てへん JIS 5791

音 ハツ・バチ

①はねる。はねかえす。はじく。「反撥」「撥音」 ②おさめる。「撥乱」 ↓バチ[撥]

**ハッ** 15画【▾潑】 部首[氵]さんずい 12画【▾溌】 異体字 JIS 4014

音 ハツ

①そそぐ。水をふりかける。②はねる。元気のよいさま。「活潑」「潑剌」

**ハッ** 19画【▾醱】 部首[酉]ひよみのとり 16画【▾醗】 異体字 JIS 4016

音 ハツ

かもす。発酵させる。酒をつくる。「醱酵」

**はつ**【初】 ㊀(名) はじめ。最初。the first 用例―のたより。 ㊁(接頭) ①生まれてはじめて。用例―恋。 ②その年・季節はじめての。用例―物。

**は・つ**【果つ】 古語(下二自) ↓はてる(果てる)

**ハツ**《heartの転訛》牛・豚・鶏など食用動物の心臓の俗称。焼き鳥・焼き肉に用いる。↓牛肉図 ↓豚肉図

**バッ** 5画【末】 部首[木]き 教育小4 JIS 4386

音 **マツ・バツ**

訓 **すえ**

筆順 ↓マツ[末]

すえ。しも。最後。「末子・末席」 ↓マツ[末]

**バッ** 6画【伐】 部首[人・亻]にんべん 常用 JIS 4018

音 **バツ**

①きる。きりたおす。「盗伐」「伐採・伐木」 ②うつ。敵をうつ。「征伐・討伐」 ③あらく、きびしい。「殺伐」

**バッ** 7画【抜】 部首[扌]てへん 常用 JIS 4020 8画【▾拔】 旧字 JIS 5722

音 **バツ**・ハツ

訓 **ぬく・ぬける・ぬかす・ぬかる**

①ひきぬく。ぬきだす。「選抜」「抜剣・抜歯・抜粋」 ②ぬきんでる。「海抜」「抜群」

**バッ** 8画【▾妺】 部首[女]おんなへん

音 バツ・マツ

「妺嬉」は、中国の夏の桀王の妃。桀とともに享楽にふけり、夏を滅亡させたという。

**バッ** 8画【▾帕】 部首[巾]はばへん

音 バツ・ハ・バク・ハク

はちまき。頭巾。

**バッ** 10画【▾袙】 部首[衤]ころもへん JIS 7458

音 ハ・バツ

①はちまき。頭巾。②あこめ。㋐婦人や童女のはだ着。㋑男子が装束のとき、単衣の上、下襲の下に着た小袖。参考 衵の誤用。

**バッ** 11画【▾菝】 部首[艹]くさかんむり

音 ハツ・バツ

「菝葜」は、サルトリイバラ。ユリ科のつる性落葉低木。

**バッ** 12画【▾筏】 部首[竹]たけかんむり JIS 4021 10画【▾栰】 異体字 部首[木]きへん

音 ハツ・バツ

いかだ。木材や竹をむすびあわせて、水をわたるもの。木材をはこび、また、簡易な交通機関ともなる。

**バッ** 12画【▾跋】 部首[足]あしへん JIS 7677

音 ハツ・バツ

①ふむ。ふみにじる。②こえる。わたる。あるく。「跋渉」 ③もとる。はびこる。「跋扈」 ④あとがき。おくがき。書物のおわりにかく文。対義序。「題跋」「跋語・跋文」

**バッ** 14画【罰】 部首[罒]あみがしら 常用 JIS 4019 15画【▾罸】 異体字 JIS 7015

音 **バツ・バチ**・ハツ

①悪いおこないに対する、とがめ。むくい。とがめる。罪する。対義賞。「刑罰・処罰・天罰」「罰金・罰則」用例(名)―を受ける。 ②悪行に対して神仏がくだす、むくい。「神罰・天罰・仏罰」 ↓バチ[罰]

**バッ** 14画【閥】 部首[門]もんがまえ 常用 JIS 4022

音 **バツ**・ハツ

①出身や利害関係でつながった、なかま。「学閥・軍閥・財閥・派閥」用例(名)この会社には出身校の―がない。②いえがら。「門閥」「閥族」

**バッ** 15画【▾魃】 部首[鬼]きにょう JIS 8217

音 ハツ・バツ

①ひでりの神。②ひでり。長いあいだ雨がふらず、水が欠乏すること。「干魃」

**ばつ** その場での調子。調和。situation; coherence

**ばつが悪い**(ばつがわるい) ①その場の調子や都合が悪い。②他人に対してぐあいが悪い。きまりが悪い。feel embarrassed 用例つまみ食いを見られて―。

**ばつを合わせる**(ばつをあわせる) その場に応じて、うまく調子を合わせる。say the right thing at the right moment 類似辻褄を合わせる。

**ばつ** 打ち消し・伏せ字などの意味を表す、「×」のしるし。ばってん。ぺケ。cross

**バツ**【Batu・抜都】(一二〇七〜五五) キプチャクハン国の建国者。チンギス=ハンの長子ジュチの次子。一二三六年ヨーロッパ遠征を指揮し、東欧からフランスへ進攻。四二年オゴタイの死により軍を返し、サライでキプチャクハン国を創始。

**はつ-あき**【初秋】 秋のはじめ。しょしゅう。

**はつ-あらし**【初▾嵐】 七月末から八月にかけて、台風期にはいる前ぶれのような強い風が、はじめて吹くこと。

**はつ-あん**【発案】(名・サ変自他) ①考え出すこと。また、その考え。propose ②議案を提出すること。motion

**はつあん-けん**【発案権】 議案を提出する権利。国会では、法律案については政府と両院議員が、予算案については政府が発案権をもつ。initiative

**はつ-い**【初▾亥】 その年の最初の亥の日。摩利支天に参詣する風習がある。

**はつ-い**【発意】(名・サ変自他) ①意見や計画を思い立つこと。発案。plan ②↓ほつい(発意)

**はつ-いく**【発育】(名・サ変自) 成長し、だんだん大きくなること。成育。growth

**はついく-ふぜん**【発育不全】 ①身体の形態的成熟が十分でないこと。subnormal growth ②子どもの身長や体重が、平均に達していない状態。undergrowth

**はつ-うし**【初▾丑】 夏の土用で最初の丑の日。鰻を食べたり、この日の湯を丑湯といい病を防ぐとして入浴する風習をもつ地方もある。土用の丑の日。

**はつ-うま**【初▿午】 二月の最初の午の日。また、その日の行事。古くから稲荷信仰と結びつき、稲荷の祭日とする所が多い。

**はつう-もうで**【初▾卯▾詣(で)】 正月の最初の卯の日に、東京は亀戸の妙義神社、大阪では住吉神社に参詣すること。一年の息災を願って卯の札を受けてくる。

**はつ-えき**【発駅】 列車・電車などの出発する駅。また、荷物・貨物を送り出す駅。starting station 対義着駅。

**はつ-えん**【発煙・発▾烟】 けむりを出すこ



↓行き先項目、図版・写真参照印。 JIS 日本工業規格情報交換用漢字符号コード(区点コード)。

と。emit smoke 用例 ―筒。

**はつえん-しょうさん【発煙硝酸】** 二酸化窒素を含む濃硝酸。赤褐色の液体で酸化力が大きい。空気中で発煙するのでこの名がある。酸化剤・ニトロ化剤など。fuming nitric acid

**はつえん-とう【発煙筒】** 信号用や煙幕用の煙を発生させるための道具。亜鉛と四塩化炭素を主剤とする混合物などを円筒につめて点火剤をつけたもの。smoke pot

**はつえん-りゅうさん【発煙硫酸】** 濃硫酸に多量の三酸化硫黄を吸収させたもの。空気中で発煙するのでこの名がある。スルホン化剤・火薬・染料に利用。fuming sulfuric acid

**はつ-おん【発音】**(名・サ変他) 音、とくに言語の音声を出すこと。また、その音や音声。pronunciation 用例 きれいな―。

**はつ-おん【▼撥音】** 日本語の音節の一つ。語中や語尾におかれ、一音節をつくる鼻音。かなでは「ん(ン)」で表す。

**はつおん-き【発音器】** 動物のもつ発音のための器官。哺乳類の声帯、鳥類の鳴管、セミの腹部の鼓膜、スズムシの摩擦器など。鳴器。sounding organ

**はつおん-きかん【発音器官】** ことばや音声を出すときに関係する器官の総称。のどの声帯・気管・口腔・舌・鼻腔など。speech organ

**はつおん-きごう【発音記号】** ことばの音を音声学的に表記するための記号。国際音声文字(万国音標文字)など。発音符号。phonetic symbol

**はつ-おんびん【▼撥音便】** 音便の一つ。「死にて」が「死んで」、「摘みて」が「摘んで」、「飛びて」が「飛んで」となる類。参照 音便。

**はっ-か【白禍】**(《「はくか」の変》)有色人種に対する白色人種の圧迫。対義 黄禍。

**はっ-か【発火】**(名・サ変自) 火がつくこと。燃えだすこと。着火。ignition

**はっ-か【薄荷】** ①シソ科の多年草。高さ一m内外。茎は四角柱。葉は長卵形で両面に油腺がある。花冠は四裂して小さく、淡紫ないし白。茎葉から精油がとれる。②①の夏から秋にかけての茎葉を蒸留した生薬。メントールを含み、ハッカ水・健胃薬・清涼剤・罨法剤などに用いる。ハカ。用例 ―パイプ。③ペパーミント。セイヨウハッカ。peppermint →写

**ハッカ【客家中】**(Kè Jiā)《広東系の客家語音》中国南部に住む漢民族の一支派。「客」は他郷から来た移住者という意味で、非漢民族系の先住民が自分たちと区別した別称。大多数が農耕に従事。

**はつ-か【二十日・▼廿日】** ①その月の二〇日め。the twentieth ②一日の二〇倍の日数。二〇日間。twenty days

**はつ-が【発芽】**(名・サ変自) 草木が芽を出すこと。芽ぐむこと。種子・胞子・珠芽から芽を出し、新植物体の生長が始まる現象。種子の場合、水・酸素・温度・光などの条件が満たされれば発芽する。germination

**ばっ-か【幕下】**(《「ばくか」の変》) ①陣営。②手下。旗本。③将軍・大将の尊称。

**ハッカー【hacker】**(《hackは、切り刻むの意》)他のコンピューターへ電話回線を通じて無断侵入し、データやプログラムを改変したり消去したりする人。

**ハッカー-しょうこうぐん【ハッカー症候群】** コンピューター以外に何の興味も示さないコンピューター中毒患者。ロビンフッド症候群。hacker syndrome

**はっ-かい【八戒】** 在家仏教信者が、出家者の生活にならって、六斎日の一日一夜を限って守る八つの戒め。八戒斎。八斎戒。八禁。

**はっ-かい【発会】**(名・サ変自) ①はじめて会合を開くこと。open a meeting 用例 ―式。②取引所で、その月の最初の立ち会いをすること。the first meeting 対義 納会。

**はっ-かい【白海】**(Beloye More) ソ連北西部、バレンツ海南部のコラ半島とカニン半島に囲まれた湾入。

**はつ-がい【初買い】** 一月二日、新年になって、はじめての買い物。買いぞめ。

**はっかい-さん【八海山】** 新潟県南東部の山。標高一七七八m。駒ケ岳・中ノ岳とともに越後三山の一つ。古来信仰の山として知られる。

**はつかいち【▼廿日市】**〈市〉 広島県南西部、広島市に隣接。旧宿場町。木材業・木工業がさかん。広島市のベッドタウン。人口五万六二八八(一九八八)。

**はっかい-バルトかい-うんが【白海―バルト海運河】**(Belomorsko-Baltysky Kanal) ソ連北西部、白海とオネガ湖を結ぶ運河。長さ二二三〇km。一九三三年完成。

**はつか-えびす【二十・▼戎・二十日恵比▼須】** 陰暦一〇月二〇日に行う恵比須講。主として商家が商売繁盛を祈って祝宴を催す。関西では、十日戎といい一月一〇日に行う。

**はつ-かおあわせ【初顔合(わ)せ】** ①相撲・映画・演劇などで、はじめての対戦・共演。②共同の仕事のため、関係者がはじめて集まること。

● ハッカ①

**はっ-かく【八角】** シキミ科の常緑小高木。果実のさやと種子とを薬用や中国料理の香辛料とする。ダイウイキョウまたはスターアニスともいう。パーチャオ。→写

● 八角

**はっ-かく【発覚】**(名・サ変自) 秘密・罪悪がばれること。exposure 比較 暴露。

**ばっ-かく【麦角】**(《「ばくかく」の変》)ライムギ・オオムギなどの穂に寄生する麦角菌の菌糸のかたまり(菌核)。これに含まれる麦角アルカロイドは、子宮の収縮剤や止血剤として古くから医薬に用いられる。ergot

**はっかく-えんどう【八角円堂】** 八角形に建てた仏堂。奈良、法隆寺の夢殿、興福寺の北円堂など。八角堂。

**ばっかく-きん【麦角菌】** イネ科植物のムギ類・ササ類・カモジグサなどに寄生する子嚢菌類。

**はつか-ぐさ【二十日草】** ボタンの別名。

**はっ-かけ【八掛(け)】**(《「はちかけ」の転》)袷長着・綿入れの袖口と裾の部分につける裏布。裾回し。↓着物図

**はつか-しょうがつ【二十日正月】** 陰暦の正月二〇日。昔は、正月の祝い納めの日として仕事を休んだ。

**はつ-がしら【発頭】** 漢字を組み立てている部分の名。「発・登」などの上にある「癶」。

**バッカス【Bakchosギリシア】** ギリシア神話の酒の神ディオニュソスの別名「バッコス」の英語読み。ローマ神話ではバッカス。

**はつか-だいこん【二十日大根】** アブラナ科の一、二年草。ダイコンの一変種。四季をとわず種をまき、二〇日ほどで収穫できる。色・形はさまざま。ラディッシュ。radish ↓ダイコン図

**はつ-がつお【初▼鰹】** 青葉のころの、とれはじめのカツオ。

**はっ-か-てん【発火点】** ①物質を熱すると き、点火しなくても火を発して燃焼をはじめる最低温度。発火温度。着火点。ignition point ②事件の起こる時機。flash point

**はっか-とう【薄荷糖】** はっかを入れた砂糖菓子。peppermint

**はつか-ねずみ【二十日▼鼠】** ネズミ科の小動物。体長約七cm。家屋内やその周辺の農耕地にすむ。体は灰黒色か灰褐色。糞尿には独特のにおいがある。ナンキンネズミは本種を家畜化したもの。愛玩用・医学実験用。mouse

**ハッカバック【huckaback】** 縦糸が数本浮き出て、小さな凹凸の地模様が織り出された平織りの織物。綿・麻糸を使用。バスタオル・敷布などに利用。浮き織り。

**はつか-ぼん【二十日盆】** 陰暦七月二〇日に行われる盆。東北地方では門火や藁人形を焚いて祖先の霊を祭る。

**はつ-がま【初▼釜】** ①茶を点てるため、新年になってはじめて釜をかけること。②各茶家が新年を祝って正月に催す茶会。初寄。点て初め。

**はつ-かり【初▼雁】** その年はじめて渡って来る雁。

**はつが-りつ【発芽率】** 種子の発芽試験で、種子全体の数に対する発芽した種子の割合。germination rate

**バッカル【buccal】** 内服すると分解されて無効になる薬品を口中の粘膜から吸収させるため、臼歯とほおの間に挿入して用いる錠剤。ホルモン剤などに用いる。舌下錠。

**はっ-かん【白▼鷴】** 体が白く尾の長いキジ科の鳥。翼長約二二cm。中国では五〇〇年以前から愛玩用などとして飼育されている。中国南部・東南アジアに分布。

**はっ-かん【発刊】**(名・サ変他) 書籍・雑誌を発行すること。publication 比較 廃刊・休刊。

**はっ-かん【発汗】**(名・サ変自) あせをかくこと。sweat

**はっ-かん【発艦】**(名・サ変自) 航空機が航空母艦などから飛び立つこと。

**ばっ-かん【麦▼稈】**(《「ばくかん」の変》)むぎわら。

**ばっかん-さなだ【麦▼稈▽真田】** さなだひものように編んだ麦わら。夏帽子などを作る。straw plait

**はつがん-せい【発▼癌性】** がんを発生させる性質。cancer-causing

**はつがん-ぶっしつ【発▼癌物質】** 正常細胞を癌細胞に変える性質をもつ物質の総称。ベンゾピレン・ジメチルアミノアゾベンゼンなどの化学物質、ホルモンやビタミンD、各種放射性物質など。carcinogen

**はっかん-りょうほう【発汗療法】** 薬物や全身熱気浴などを利用して多量の発汗をおこさせる治療法。慢性浮腫などに利用。sweating treatment

**はっ-き【八旗】** 中国、清朝の軍事・行政組織。軍編成の標識に黄・白・紅・藍の四色の旗を用い、それぞれに正旗(ふちどりのない旗)と鑲旗(ふちどりをした旗)の二種類を定め、計八旗とした。男三〇〇人を一ニル、五ニルを一ジャラン、五ジャランを一グサ(旗)とする。一六一六年ヌルハチが制定。

**はっ-き【白旗】**(《「はくき」の変》) ①白色の旗。源氏の旗印。しらはた。white flag ②降伏の意思表示または軍使の標識として用いられる白色の旗。white flag

**はっ-き【発揮】**(名・サ変他) ①表し出すこと。display 用例 実力を―する。②奮い起こすこと。arouse

**はつ-ぎ【発議】**(名・サ変自) 意見・議案を出すこと。ほつぎ。proposal

**は-づき【葉月】** 陰暦八月の異称。

**はつき-とうば【葉付(き)塔婆】** 先に枝葉を残した生木の塔婆。三十三回忌など最後の年忌である弔い上げのときに立てるもの。祭り終いの塔婆。

**はっ-きゅう【白球】**(《「はくきゅう」の変》)野球などの白いボール。

**はっ-きゅう【発給】**(名・サ変他) 発行して与えること。交付。issue 用例 旅券の―。

**はっ-きゅう【薄給】**(《「はくきゅう」の変》)少ない給料。安月給。small salary 対義 高給。

**バッキュリデス【Bakchylidēs】** 紀元前五世紀前半ごろのギリシアの叙情詩人。賛歌・競技祝勝歌が多い。文体は明快流麗で会話的要素が強い。

**はっ-きょう【発狂】**(名・サ変自) 精神に異常をきたすこと。go mad

**はっきょう-びょう【白▼殭病】** 昆虫類、とくにカイコの硬化病の一種。糸状菌の寄生による。死後、体が硬直する。

**はっきり**(副・サ変自) ①他と紛れないさま。あきらか。clearly 用例 ―見える。態度を―させる。②はきはきしているさま。briskly 用例 ―答える。③あいまいでなくたしかであるさま。obvious 用例 病状が―しない。④気持ちのすがすがしいさま。さわやか。clear 用例 頭が―する。気分が―する。

**はっ-きん【白金】**(《「はくきん」の変》) ①周期表第8族の代表的な貴金属元素。元素記号Pt 原子番号七八。原子量一九五。比重二一・四五。化学的に安定で融点が高いので、化学実験用器材のほか、触媒・宝石細工などに利用。プラチナ。platinum ②銀のこと。

**はっ-きん【発禁】**(《「発売禁止」の略》)風俗・思想面で社会的秩序をみだす恐れがあるとみなされた刊行物に対する、発売禁止または発行禁止の行政処分。言論弾圧の一手段。prohibition of publication

**ばっ-きん【罰金】** ①刑罰として徴収する金銭。fine ②罰金刑。fine

**はっきん-アスベスト【白金アスベスト】** アスベスト(石綿)に白金海綿を付着させたもの。塩化白金酸溶液にアスベストを浸してから焼いてつくる。酸素や水素をよく吸収し、触媒として利用。platinized asbestos

▼常用漢字表外。　▽常用漢字表の音訓外。

**はっきん-かいめん【白金海綿】** 黒色で海綿状の白金。塩化白金(Ⅳ)酸アンモニウムを高温で焼いてつくる。水素や酸素をよく吸収する。酸化還元反応の触媒として利用。platinum sponge

**バッキンガム-きゅうでん【バッキンガム宮殿】**(Buckingham Palace) ロンドンにあるイギリス王室の宮殿。一七〇三年建造のバッキンガム公爵邸を六一年にジョージ三世が買いとり、増改築を経て一八三七年以降は常住の王宮となった。↓写

●バッキンガム宮殿

**パッキング【packing】** ＝パッキン。①荷造り。包装。②品物を保護するため、箱と品物のあいだの空間に詰めるもの。詰め物。③金属管などのつぎ目に詰め入れて液体・空気のもれを防ぐもの。④回転や往復運動部分の密封に用いるシール。

**ばっきん-けい【罰金刑】** 財産刑の一つ。金銭を取り立てることによって処罰する刑。amercement

**はっきん-こく【白金黒】** 塩化白金酸溶液を還元するとき沈殿する黒色の微粉状白金。強力な酸化還元用の触媒。platinum black

**はっきん-じ【白金耳】** 微生物を少量取り扱うのに使う道具。酸化・腐食しない白金を直径二〜三㎜の輪にしてガラス棒の先につけたもの。platinum loop

**はっきんぞく-げんそ【白金族元素】** 周期表第8族に属する白金・イリジウム・オスミウム・パラジウム・ロジウム・ルテニウムの六元素の総称。美しい銀白色で、代表的な貴金属。化学的に安定。触媒・装身具などに広く使用。elements of platinum group

**はっ-く【八苦】** ①《仏教語》八種の苦。生・老・病・死の四苦と、愛別離苦・怨憎会苦・求不得苦・五陰盛苦の四苦。②いろいろな苦しみ。用例七難――。

**はっ-く【白・駒】**《「はくく」の変》①白馬。②日の光。光陰。つきひ。

**白駒、隙を過ぐ**(はっくげきをすぐ)《白馬が走り過ぎるのを壁の隙間から見るように、の意》年月の過ぎ去ることの速いたとえ。

**バック【back】** 日(名) ①後ろ。背。背後。対義フロント。②背景。③支持者。後援者。④後衛。曰(名・サ変自) 後退すること。

**バック【Pearl Buck】**(一八九二〜一九七三) アメリカの女流小説家。中国農民の生活を深い理解と共感をもって描いた。一九三八年ノーベル文学賞受賞。作品『大地』『息子たち』『分裂した家』など。↓写

●バック

**バッグ【bag】** 物を入れて持ち歩くものの総称。ハンドバッグ・手提げ・袋・財布などの類。

**パック【pack】**(名・サ変自) ①包むこと。また、その包み。用例真空――。②美顔術の一種。肌の美化のため、溶剤などを肌に塗り、清浄と同時に栄養を与える。

**パック【puck】** アイスホッケーに用いる硬化ゴム製の小円盤。厚さ約二・五㎝、直径約七・六㎝、重さ一五六〜一七〇g。

**パック【Puck】** いたずら好きな小妖精。ロビン＝グッドフェローとかホブゴブリンとよばれ、シェークスピアの『真夏の夜の夢』にも登場する。

**バックアップ【backup】** ①人のうしろだてになって援助すること。②スポーツ競技で、他の選手の守備を、その後方にまわって補助すること。カバー。

**バック-ウオーター【back water】** ↓はいすい(背水)

**バックギャモン【backgammon】** 盤上遊戯の一種。一五の持ち駒をさいころで進ませ、先に全部自分の陣地に集めたほうが勝ちというゲーム。西洋双六。

**バックグラウンド【background】** ①背景。②個人の経歴。

**バックグラウンド-ミュージック【background music】** 背景音楽。BGM。①映画・演劇・放送などで、内容を効果的に印象づけるために背景的に流される音楽。②職場などで流す音楽。

**ハック-こう【ハック耕】**《Hackbauドイツの訳語》原始農耕の一種。掘り棒や手鍬で耕す。新石器時代に行われたが、アフリカのサバナ地帯では今日でもみられる。

**バックスイング【backswing】** 野球やゴルフなどで、ボールを打つ前にバットなどを後方へ引いたり振り上げたりする準備動作。また、投擲や野球などで、投げる前に腕を後方に振り上げる準備動作。

**バックスキン【buckskin】** ①牡鹿の皮。②子牛・ヤギのなめし皮の肉面をこすり、ビロード状にした皮革。③②に似せて仕上げた布。

**バック-スクリーン**《和製語》野球場で、センター後方のスタンド内にある暗緑色の壁。打者が投手の投球を見やすくするために設けてある。

**バックステッチ【backstitch】** 返し縫い。まず右から左へ一目すくい、その針目の半分戻った所に針を刺して次の一目をすくう。洋和裁のほか、刺繡・アップリケにも使う。

**バックストレッチ【backstretch】** 陸上競技場の、トラックでゴールが設けられていない側の直走路部分。比較ホームストレッチ。

**バックストローク【backstroke】** ①背泳。②↓バックハンド①

**ハックスリー【Huxley】** ↓ハクスリー

**パックス-ルッソアメリカーナ【Pax Russo-Americanaラテン】** ソ連とアメリカの勢力の均衡によってようやく維持されている平和。

**パックス-ロマーナ【Pax Romanaラテン】**《ローマの支配による平和、の意》ローマ帝政の初め、アウグストゥス帝から五賢帝時代までの、約二〇〇年間にわたるローマの黄金時代。

**はっ-くつ【発掘】**(名・サ変他) ①地中に埋まっている遺物や遺跡を掘り出すこと。excavation ②すぐれたものを見つけ出すこと。find 用例人材の――。

**バック-ドロップ【back drop】** プロレスで、相手の腰に後ろから両腕を巻き、自分の体を後方に反らせて相手を頭越しに後ろに投げつける技。岩石落とし。

**バック-ナンバー【back number】** ①雑誌の既刊の号。②運動選手の背番号。

**はつくにしらす-すめらみこと【始・馭天下之天皇・御・肇国天皇】** ①《「始馭天下之天皇」で》《初めて国を統治した天皇、の意》第一代神武天皇。②《「御肇国天皇」で》第一〇代崇神天皇。

**バック-ネット**《和製語》野球場で、ボールを止めるために本塁後方に張る網。規定では本塁からの距離六〇フィート(一八・二八m)以上が必要。backstop; back screen

**バッグパイプ【bagpipe】** ↓バグパイプ

**バックハウス【Wilhelm Backhaus】**(一八八四〜一九六九) ドイツのピアニスト。超人的テクニックと知的で堂々とした演奏で「鍵盤の獅子王」といわれた。

**バックパッキング【backpacking】** アルミ製の背負子に取りつけたリュックサック状の袋を背負って、登山をしたり、徒歩旅行すること。

**バックハンド【backhand】** ①テニス・卓球などで、ラケットを持つ手の逆方向にきたボールを打つ打ち方。バックストローク。②野球の逆シングル。

**バックファイアー【backfire】** ①内燃機関で、燃焼室の炎が吸気管や気火器にまで逆流して吹き出す現象。逆火。②《Backfireで》ソ連の可変後退翼式爆撃機TU-22Mに対する西側の呼称。性能は、最高速度マッハ二・二、最大搭載量一二t、戦闘行動半径五五〇〇㎞と推定される。空中発射巡航ミサイル(ALCM)を装備。

**バックボーン【backbone】** ①背骨。②しっかりした信念。

**ハックマン【Gene Hackman】**(一九三〇〜) アメリカの映画俳優。主演作『フレンチ-コネクション』『ポセイドン-アドベンチャー』など。

**バック-ミラー**《和製語》自動車の運転席の斜め上方などに取りつけてある、後方を見るための鏡。rearview mirror

**ばっく-よらく【抜苦与楽】**《仏教語》仏・菩薩が衆生の苦しみをとりさって、福楽を与えること。

**バックラム【buckram】** のり・にかわ・ゴムなどでかたくした布。書物の装丁や洋裁の芯などに用いる。硬布。

**ぱっくり**(副) ↓ぱくり二

**バックル【buckle】** ベルト・靴などにつける留め金、または留め具。留める機能があるものと装飾が目的のものとがある。

**バックル【Henry Thomas Buckle】**(一八二一〜六二) イギリスの歴史家。政治史偏重の旧史学に対して気候・風土を重視し、文化史研究に新分野を開拓。明治期の日本史学にも大きな影響を与えた。主著『イギリス文明史』。

**ハックルベリー-フィンのぼうけん【ハックルベリー＝フィンの冒険】**《原題Adventures of Huckleberry Finn》マーク＝トウエーンの小説。一八八四年刊。野性の少年ハックと逃亡奴隷ジムの冒険物語。

**は-づくろい【羽繕い】**(名・サ変自) 鳥が飛ぶ前に、そのはねを整えること。はねつくろい。preen

**ばつ-ぐん【抜群】**(名・形動) 群をぬいて、すぐれていること・さま。preeminence 用例――の成績。

**はっ-け【八・卦】** ①易による占いの八種類の基本的図形。乾・坤・震・巽・坎・離・艮・兌をいう。これを組み合わせたものが六四卦。算木を用いてこれらの形を得る。②《転じて》占い。用例当たるも――、当たらぬも――。

**はっ-けい【八景】** 特定の地域の景勝地八か所を選んだもの。中国湖南省の瀟湘八景にならって、わが国でも近江八景、金沢八景などが生まれた。

**はっけい-ロシアじん【白系ロシア人】** 一九一七年の十一月革命後、ソビエト政権に反対して亡命したロシア人。対ソ干渉戦争時の反革命軍(白衛軍)の将士・資本家・知識人などで、総数二〇〇万人にのぼった。

**パッケージ【package】** 包装すること。荷造り。とくに、商品を包装する材料・容器。

**パッケージ-ツアー【package tour】** 旅行業者が目的地・日程・旅費など旅行計画をたて、参加者を募集する旅行。旅行業法では主催旅行とよばれる。パックツアー。

**パッケージ-プログラム【packaged program】** 特定の業務のために作られた一組の汎用プログラム。ソフトウエア会社などが不特定多数の利用者のために提供する。

**はっけ-しんとう【伯家神道】** 寛徳三年(一〇四六)神祇伯となった白川伯王家所伝の神道。白川家は神祇官の長として、明治維新まで宮中祭祀をつかさどった。白川神道。

**はっ-けっきゅう【白血球】** 血球成分の一種。顆粒球・リンパ球・単球からなる。体外から侵入した細菌を殺して感染防御にあたるなど、生体内でさまざまな機能をはたす。血液一$mm^3$中に五〇〇〇〜八〇〇〇個存在する。leucocyte 対義赤血球。

**はっけっきゅうげんしょう-しょう【白血球減少症】** さまざまな原因により、白血球が血液一$mm^3$中四〇〇〇個以下に減少している症状。感染を受けやすい危険な状態。leukopenia

**はっけっきゅうぞうた-しょう【白血球増多症】** 白血球が血液一$mm^3$中八五〇〇個以上に増加している症状。急性白血病をはじめ、感染症・中毒・心筋梗塞など、重要な病気の疑いがある。leukocytosis

**はっけつ-びょう【白血病】** 造血臓器で、白血球系に属する細胞が無制限・無秩序に増殖する悪性腫瘍性疾患。骨髄性白血病・リンパ性白血病・単球性白血病に大別される。なお、白血球数が正常あるいはそれ以下の非白血性白血病もある。leukemia

**バッケッリ【Riccardo Bacchelli】**(一八九一〜一九八五) イタリアの小説家。歴史的視野と深い学識の持ち主。流麗な文体で多方面に活躍した。代表作は長編『ポー河の水車小屋』。

**はっけ-よい**(感) 相撲で、行司が土俵の上で力士へかける掛け声。用例――、残った、残っ



↓ 行き先項目、図版・写真参照印。 JIS 日本工業規格情報交換用漢字符号コード(区点コード)。

た。

**はっ-けん【白▼鍵】**《「はくけん」の変》ピアノ・オルガンなど、鍵盤楽器の白い鍵。white key 対義黒鍵。

**はっ-けん【発見】**(名・サ変他) まだ知られていない物事を初めて見つけ出すこと。discovery 比較発明。用例アメリカ大陸の―。新種を―する。

**はっ-けん【発券】**(名・サ変他) 銀行券・社債券・乗車券などを発行すること。note issuing

**はつ-げん【発言】**(名・サ変他) ことばを出すこと。意見を述べること。utterance

**はつ-げん【発現】**(名・サ変自他) ある現象が、現れ出ること。現し出すこと。appear

**ばっ-けん【抜剣】**(名・サ変自) 剣をさやからぬくこと。ぬいた剣。draw a sword

**バッケン【Backen ドイツ】** スキー板に靴を固定させるための金具。

**はっけん-ぎんこう【発券銀行】** 銀行券を発行する銀行。一八四四年以降世界各国で中央銀行制度が確立されて銀行券の発行は各国の中央銀行に集中されたため、ふつうは中央銀行と同義。bank of issue

**はつげん-けん【発言権】** 会などで意見を述べることのできる権利。right to speak

**はっけん-ざん【八剣山】** 奈良県南部、紀伊山脈の最高峰。標高一九一五m。修験道で知られる大峰山脈の一つ。原始林が残され天然記念物に指定されている。仏経ケ岳。

**はっけんでん【八犬伝】**『南総里見八犬伝』の略称。

**はつ-ご【初子】** はじめて生まれた子。ういご。the first child

**はつ-ご【発語】** ①ことばを出すこと。発言。utterance ②文章・話のはじめに用いる語。「さて・それ・いざ・そもそも」など。

**ばっ-こ【▼跋▼扈】**(名・サ変自) 思うままにふるまうこと。勢力をふるうこと。rampage 用例跳梁―。

**ばつ-ご【▼跋語】** 書物の終わりに書く文。あと書き。

**はつ-こい【初恋】** はじめての恋愛。one's first love

**はっ-こう【八荒】** 国の八方のはて。国のすみずみ。全世界。

**はっ-こう【白光】**《「はくこう」の変》①白い光。white light ②皆既食のとき、太陽の回りから出る銀色の光。コロナ。corona

**はっ-こう【白▼虹】**《「はくこう」の変》白いにじ。武器や兵乱の象徴とされる。

**白虹、日を貫く**(はっこう、ひをつらぬく)《「日」は君主のこと》白虹が太陽を貫いてかかる。昔、中国で、謀反・内乱の起こる前兆とされた。

**はっ-こう【発光】**(名・サ変自) 光をはなつこと。radiation

**はっ-こう【発向】**(名・サ変自) 目的地に向かって出発すること。

**はっ-こう【発行】**(名・サ変他) ①図書・新聞などを印刷して世の中に出すこと。publication 用例―所。②紙幣・債券・証明書などを出し通用させること。issue 用例定期券を―する。

**はっ-こう【発効】**(名・サ変自) 条約・法律・証券・文書などの効力が発生すること。come into effect

**はっ-こう【発酵・▼醱酵】**(名・サ変自) 微生物が酵素作用により有機物を分解し、人間に有用な代謝産物をつくる現象。アルコール発酵・乳酸発酵・酢酸発酵など。fermentation

**はっ-こう【薄幸・薄▼倖】**(名・形動)《「はくこう」の変》不幸。不運。ふしあわせ。unhappy

**はっこう-いちう【八▼紘一宇】**《「八紘」は四方と四隅。「一宇」は一つの家屋。『日本書紀』に基づく語》全世界が一家のようであること。太平洋戦争時、日本の海外侵略を正当化する標語として用いられた。

**はっこう-かん【発酵管】** 細菌や酵母菌などの無気呼吸(発酵のこと)が、温度やpHなどで、どのように変わるかを調べるためのガラス実験器具。U字形のガラス管で副室をもつものが広く用いられる。fermentation tube

**はっこう-き【発光器】** 生物発光のための特別な器官。昆虫のホタル、ホタルイカ・深海魚などにある。発光動物でも、発光細胞が体表全面に分布するウミサボテンなどには、単細胞の夜光虫や発光細菌の場合と同様に、発光器はない。luminous organ

**はっこう-きん【発酵菌】** 発酵作用のある微生物。乳酸菌・プロピオニバクテリア・サルモネラ菌・プロテウス菌など多数ある。ferment

**はっこう-きん【発光菌】** キノコ・カビなどの菌類のうち、子実体や菌糸が光を発するもの。ツキヨタケなど。光は青白色のものが多い。luminous fungi

**はっこう-こうそ【発光酵素】**↓ルシフェラーゼ

**はっこう-さいきん【発光細菌】** 細菌植物門の、発光を行う細菌の総称。海産のものが多く、イカ・魚類などが暗所で発光するのはこの菌による。luminous bacteria

**はっこう-しょくぶつ【発光植物】** 生物発光する植物。細菌類と菌類の一部に存在。ヒカリモやヒカリゴケなど。luminous plant

**はっこう-スペクトル【発光スペクトル】** 原子または分子が、励起された状態からエネルギーの低い状態に変わるときに放出する光のスペクトル。分子の場合は蛍光または燐光という。emission spectrum

**はっこう-せいうん【発光星雲】** 星間雲が付近の高温星の放射をうけて励起され、発光するもの。おもに電離した水素ガスで輝く。emission nebula

**はっこう-せいぶつ【発光生物】** 発光現象を示す生物。動物では発光細菌の共生による二次発光もある。熱の発生をともなわない冷光である。photogenic organism

**はっこう-そ【発光素】**↓ルシフェリン

**はっこう-たい【発光体】** 自ら光を発する物体。太陽などの恒星、各種電灯、化学反応の炎など。luminophor

**はっこう-ダイオード【発光ダイオード】** 電流によって発光するダイオード。発光画素など計器類の表示、光通信用の光源などに使用。LED。light emitting diode

**はっこうだ-さん【八甲田山】** 青森県中部の火山群の総称。最高峰は大岳一五八五m。十和田八幡平国立公園に属し、紅葉の美しさで有名。明治三五年(一九〇二)青森歩兵第五連隊遭難の地。

**はっこう-どうぶつ【発光動物】** 生物発光する動物。化学的に発光するもの(夜光虫・ホタル・ウミボタル・ホタルイカなど)、発光細菌の共生により発光するもの(ヒカリキンメダイなど)がある。luminous animal

**はっこう-とりょう【発光塗料】** 光や電子線の刺激で燐光や蛍光を発する顔料を主成分とした塗料。蛍光塗料・夜光塗料・蓄光塗料がある。luminous paint

**はっこう-にゅう【発酵乳】** ウシなどの乳を乳酸菌、または乳酸菌と酵母菌の併用で発酵させて作る乳製品。前者によるものを酸乳、後者によるものをアルコール発酵乳という。ヨーグルト・乳酸飲料など。fermented milk

**はっこう-ぶんこうぶんせき【発光分光分析】** 励起された原子が放出する光の波長と強度から定性・定量分析を行う方法。emission spectrochemical analysis

**はつ-ごおり【初氷】** その冬はじめて張った氷。the first ice of the year

**はつ-ごち【初▽東▽風】** 新年になってはじめて吹く東風。

**はっ-こつ【白骨】**《「はくこつ」の変》風雨にさらされて、白くなった骨。white bone

**はっこつ-の-おふみ【白骨の▽御文】** 蓮如の『御文章』のなかの法語。無常観を述べたものとして知られる。

**はっこ-ぶん【八▼股文】** 中国、明・清代の科挙(官吏登用試験)の答案に用いられた文体。経書中から出題された章句を敷衍するための独特な形式がある。

**バッコ-やなぎ【バッコ柳】** ヤナギ科の落葉高木。葉は互生し、長楕円形で鋸歯がある。表は濃緑色、裏は白色綿毛が密生。近畿以北の山地にはえる。ヤマネコヤナギ。

**はっ-さい【髪菜】** 藍藻植物ネンジュモ科の淡水藻。寒天質に包まれた糸状の群体で、太さ約一mm、長さ約一〇cm。硬質で黒褐色。中国黄河上流に産し、広東料理にもちいる。

**ばっ-さい【伐採】**(名・サ変他) 山林の樹木や竹を切り出すこと。fell

**パッサカリア【passacaglia イタリア・スペイン】** スペイン起源のゆるやかな三拍子の舞曲による変奏曲。バロック音楽の一形式。バッハのオルガン曲『パッサカリア、ハ短調』など。

**はっ-さく【八▼朔】**《「八月朔日」の略》①陰暦八月一日。農家で田実の節としてその年の収穫を祝う日。②広島県因島原産の柑橘類の一種。果実は扁球形。果皮は黄橙色でむきやすい。一二月末～一月に収穫。↓柑橘類 写

**はっさく-にんぎょう【八▼朔人形】** 陰暦八月一日、八朔の節句に供える人形。米の粉などでつくる。八朔びな。

**ばっさり**(副) ①一刀のもとに切るさま。with one stroke of the sword ②思い切って捨てたりするさま。resolutely

**はっ-さん【発散】**(名・サ変自他) ①外へ散ること。外へ散らすこと。dispersion; emission 用例においが―する。情熱を―する。②数学で、数列や級数が収束しないこと。divergence ③物理で、光の束が末広がりになっていること。divergence 対義集束。

**はつ-ざん【初産】** はじめて子どもを産むこと。ういざん。primiparity

**ばつざん-がいせい【抜山▼蓋世】**《楚の項羽の詩から》力は山をぬき、気は世をおおうほど強く大きいという、気宇の壮大さの形容。

**ばっ-し【末子】** いちばん下の子。季子。すえっこ。youngest child 対義長子。用例―の士。

**ばっ-し【抜糸】**(名・サ変自) 手術で縫合された傷口が治ったとき、縫い合わせた糸を抜き取ること。take out the stitches

**ばっ-し【抜歯】**(名・サ変自) 歯を抜くこと。歯の治療や義歯の挿入などのために行う。tooth extraction

**バッジ【badge】** 記章。

**バッジ【BADGE】**《base air defense ground environment の略》航空自衛隊の自動警戒管制組織。領空に接近する目標の発見・識別、迎撃兵器の決定と誘導などをコンピューターを使って処理する。昭和四四年(一九六九)から全面運用を開始。バッジシステム。

**はつ-しお【初潮】** ①製塩のときはじめてくむ海水。②潮の満ちてくる時刻に、最初にさしてくる潮。陰暦八月一五日の大潮。

**パッシオン【passion フランス】**↓パッション

**はっ-しき【八識】**《仏教語》唯識説で説く八種の意識作用。眼識・耳識・鼻識・舌識・身識・意識・末那識・阿頼耶識の八つ。

**はっし-と【発止と】**(副)《「発止」は当て字》①投げられたものを、しっかり受けとめたり力強く打ち返すさま。②かたいものがぶつかる音。③矢が突き刺さる音。

**パッシブ【passive】**(形動) 受動的。受け身の。対義アクチブ。

**はつ-しま【初島】** 静岡県熱海市に属する小島。面積〇・四km²。江戸時代から戸数制限が行われ、島民が共同の農・漁業を営んできた。近年は観光地化。

**はつ-しま【初島】** 福岡県大牟田市沖合いの円形の人工島。直径一三五m、海底からの高さ一一m。面積〇・〇一四km²。三井三池鉱業所が有明海海底炭の採掘用に築造した。

**はつ-しも【初霜】** その年の秋、はじめておりた霜。the first frost of the year

**はっ-しゃ【発車】**(名・サ変自) 汽車・電車・バスなどが動き始めること。start 対義停車。

**はっ-しゃ【発射】**(名・サ変他) 矢・弾丸などを撃つこと。shoot; fire

**はっしゃ-やく【発射薬】** 弾丸などを飛ばすための銃砲用の火薬。薬室内で燃焼させたとき発生する高温高圧ガスを利用する。無煙火薬などを用いる。推進薬。gunpowder

**はっ-しゅう【八州】** ①日本の古称。大八州の意。本州・四国・九州・淡路・壱岐・対馬・隠岐・佐渡の八島からなるという。②《「関八州」の略》旧国の関東八か国。

**はっ-しゅう【八宗】** 平安時代の仏教の八宗派。天台・倶舎・成実・律・法相・三論・華厳・真言。

**はっしゅう-けんがく【八宗兼学】** ①仏教で、広く八宗の教義を学び修めること。②広く学識に通じていること。

**はっしゅうこうよう【八宗綱要】** 仏教の入門書。凝然著。南都六宗と天台・真言の八宗の歴史・教義などを概括したもの。二巻。文永五年(一二六八)成立。

**はっ-しょう【八姓】**↓やくさのかばね(八色の姓)

**はっ-しょう【八省】** 律令制下、太政官の中におかれた八つの中央官庁。中務・式部・治部・民部・兵部・刑部・大蔵・宮内。

**はっ-しょう【発祥】**(名・サ変自) ①めでたいしるしを現すこと。②王または王の祖先の誕生。③起こり。起源。

**はつ-じょう【発条】**↓ばね(発条)

**はつ-じょう【発情】**(名・サ変自) ①情欲が起こること。sexual excitement ②哺乳類にみられる、生理学的に交尾可能な性的興奮状態。rut; heat; estrus

**ばっ-しょう【▼跋▼渉】**(名・サ変自) 山野や各地を歩き回ること。踏破。

▼ 常用漢字表外。　▽ 常用漢字表の音訓外。

**はっしょう-いも【八升芋】** ①ジャガイモの異称。②キクイモの異称。

**はつじょう-き【発情期】** 哺乳類が、交尾可能な生理状態にある時期。おもに雌について いい、卵巣の卵胞が成熟し排卵がはじまり、発情ホルモンの分泌がさかんになる。mating season

**はっしょうじん【八笑人】** ↓はなごよみはっしょうじん(花暦八笑人)

**はっしょう-ち【発祥地】** 物事のはじめて起こった土地。birthplace 用例 文明の―。

**はっしょう-どう【八正道・八▽聖道】**《仏教語》悟りに至るための八種の基本的な実践徳目。正見・正思惟・正語・正業・正命・正精進・正念・正定。

**はっしょう-まめ【八升豆】** マメ科のつる性一年草。花は黒紫色。さやは短毛におおわれて、黒熟。豆は長さ二cmで灰白色。豆を食用、植物体は飼料や緑肥。

**はっ-しょく【発色】**(名・サ変自) ①色を出すこと。bring out the color 用例 ―剤。②カラーフィルム・染め物などの色の仕上がり。color

**はっしょく-だん【発色団】** 化合物の色の原因となる不飽和結合を含む原子団。アゾ基・ニトロ基など。chromophore

**パッション〔passion〕** ①情熱。激情。②キリストの受難曲・劇。パッシオン。

**パッションフラワー〔passionflower〕** トケイソウの別名。

**パッションフルーツ〔passionfruits〕** トケイソウ科のつる性多年草。花弁・萼ともに白また は淡紫色。果実は甘酸っぱく食用。ジャムやジュースにも利用。クダモノトケイソウ。

**はっ-しん【発信】**(名・サ変自他) 郵便・電信などを出すこと。dispatch 対義 着信・受信。

**はっ-しん【発振】**(名・サ変自) 電気回路が直流電源からエネルギーを供給され、周期性をもつ信号を持続的に発生すること。oscillation

**はっ-しん【発▼疹】**(名・サ変自) 皮膚にできる小さな粒状のふきでもの。病変の最初の現れを原発疹、その変化したものを続発疹という。ほっしん。eruption

**はっ-しん【発進】**(名・サ変自) 航空機などが基地を出発して前進すること。take off; departure

**はっ-しん【八神】** 律令制下、神祇官の八神殿に祭られた、天皇を守護する八柱の神。神産巣日神・高御産巣日神・玉積産日神・生産日神・足産日神・大宮売神・事代主神・御食津神の総称。

**はっしん-チフス【発▼疹チフス】** リケッチアープロバツェキの感染によって起こる法定伝染病。コロモジラミが媒介する。高熱と全身の発疹が特徴。日本では昭和二三年(一九五八)以後発生していない。ほっしんチフス。epidemic typhus

**はっしん-にん【発信人】** 郵便、電報などを出す人。sender 対義 受信人。

**はっしん-ねつ【発▼疹熱】** リケッチアームーゼリの感染によって起こる急性伝染病。症状は発疹チフスに似ているが、比較的軽症。ネズミノミが媒介する。ほっしんねつ。endemic typhus

**ばっ-すい【抜粋・抜▼萃】**(名・サ変他) 多くの中から必要部分を抜き出すこと。抜き出したもの。extract; excerpt

**はつ-すがた【初姿】** 新年の着かざった姿。

**はっ-する【発する】**(サ変自他) =発す。①(自)㋐そとへ現れる。appear ㋑起こる。生じる。arise ㋒出ていく。旅だつ。start 用例 新東京国際空港を―。②(他)㋐そとへ現す。show 用例 いかりを―。㋑起こす。生じさせる。give out 用例 音響を―。㋒つかわす。send 用例 使いを―。㋓うち出す。発射する。shoot 用例 魚雷を―。㋔発表する。issue 用例 声明を―。

**ハッスル〔hustle〕**(名・サ変自) 張り切ってすること。元気よくやること。

**ばっ・する【罰する】**(サ変他) 罰を与える。罪する。punish

**バッスル〔bustle〕** ヒップや腰の背側でスカートをふくらますためのファンデーション(基礎下着)。また、その服装のシルエット。フランス語ではトゥールニュール。↓写

● バッスル　揚州周延『小学唱歌之略図』より。

**はっ-すん【八寸】** ①懐石料理で杯事の肴として出される料理。八寸角の杉木地の盆に生臭物と精進物の二種を盛って出す。取り肴。②会席料理で口代わりと同じ。

**はつせ【初瀬・▽泊瀬】** 奈良県桜井市、初瀬川に臨む地域の古称。雄略天皇の泊瀬朝倉宮などが置かれたところ。現在は「はせ(長谷・初瀬)」とよばれる。近くには大神神社、桜・牡丹の名所として知られる長谷寺がある。

**はっ-せい【発生】**(名・サ変自) ①起こり生じること。occurrence 用例 事件が―する。②生まれ出ること。generation 用例 害虫が―する。③生物で、多細胞生物が卵から成長を開始、成体になるまでの個体発生。広義には、生物の進化の過程である系統発生も含む。development

**はっ-せい【発声】**(名・サ変自) ①声を出すこと。喉頭、または、口腔・鼻腔内の振動によって生じた音を口腔・鼻腔から大気中に放射する一連の動作。vocalization ②和歌の会で、歌をよみあげる役。また、その人。③大ぜいの中で音頭をとること。lead a cheer 用例 市長の―で万歳を三唱する。

**はっせい-がく【発生学】** 生物の個体の発生を研究する学問。発生生理学・分子発生学・比較発生学などを含む。embryology

**はっせい-はんぷくせつ【発生反復説】** 生物の個体発生は、それが属する種の進化(=系統発生)の道すじを反復再現するという説。一八六六年、ヘッケルが提唱。theory of recapitulation

**はっせい-ほう【発声法】** 発音器官の使用法。自然に与えられた声帯を訓練して、目的の声を出すようにすること。vocalization

**はっせい-よさつ【発生予察】** 作物の病虫害に対し適切な防除を行うため、発生の時期・程度などを推測すること。forecast of occurrence of disease

**はっせいろ-ガス【発生炉ガス】** 発熱量の低い燃料用ガスの一つ。コークス・石炭などの燃料床に空気または空気と水蒸気の混合気を吹き込み、不完全燃焼させて得る。主成分は一酸化炭素と窒素。producer gas

**はつせ-がわ【初瀬川】**「枕ことば」《大和国を流れる初瀬川の流れがはやいことから》「早し」にかかる。用例 ―はやくのことは知らねども今日の逢ふ瀬に身さへ流れぬ(源氏・玉鬘)。

**はっ-せき【発赤】**(名・サ変自) 皮膚などが赤くなること。ほっせき。

**ばっ-せき【末席】** すえの座席。しもざ。まっせき。bottom

**末席を汚す**《会合に出ることをけんそんしていう語》出席・同席させていただく。まっせきを汚す。

**はつ-ぜっく【初節句】** 生後、初めて迎える節句。女子は三月三日、男子は五月五日の節句。

**ハッセル〔Odd Hassel〕**(一八九七～一九八一) ノルウェーの化学者。バートンとともに、分子の立体配座の概念の導入と解析に業績。一九六九年ノーベル化学賞受賞。

**はっ-せん【八仙】** 中国の民間伝説の八人の仙人。鍾離権・張果老・韓湘子・李鉄拐・曹国舅・呂洞賓・藍采和・何仙姑。

**はっ-せん【八専】** 陰暦の壬子の日から癸亥の日までの一二日のうち、丑・辰・午・戌を間日として抜いた八日間。一年に六回あり、そのあいだは雨が多く、干支が同性になるので嫁取りによくないという。

**ばっ-せん【抜染】** 捺染法の一つ。あらかじめ抜染のりで模様などを印捺した布を、染色後印捺部を蒸気処理などで抜色させる染色法。白色抜染・着色抜染・半抜染がある。

**はっせん-たろう【八専太郎】** 暦注の一つ。八専の最初にあたる壬子の日。この日の晴雨で八専の間の天候を占う。

**はっ-そう【発走】**(名・サ変自) 陸上競技・競馬・競輪などで、走り出すこと。スタート。start

**はっ-そう【発送】**(名・サ変他) 手紙や荷物などを送り出すこと。send off

**はっ-そう【発想】**(名・サ変他) ①思いつくこと。suggestion ②考え・思想などを、ある意図・気分のもとに表現すること。conception ③音楽で、楽曲のもつ気分などを演奏によって表現すること。expression

**はっそう-きごう【発想記号】** 音楽で、発想を指示する記号。カンタービレ(うたうように)など。expression mark

**はっそう-ほう【発想法】** 発想のしかた。way of thinking

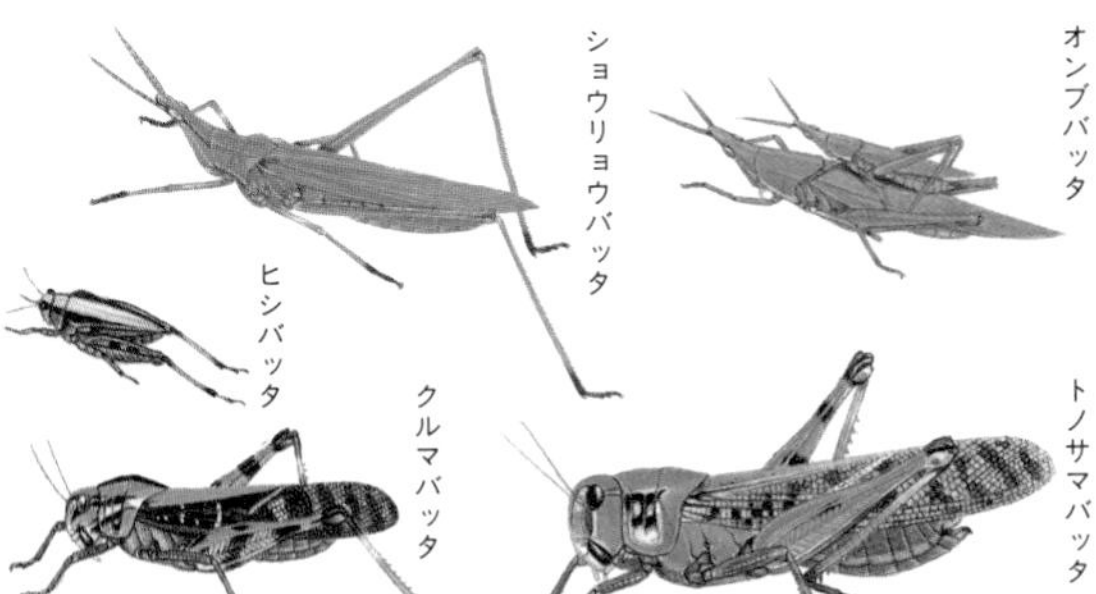


● バッタ

**はっ-そく【発足】**(名・サ変自) =ほっそく。①出かけること。旅立つこと。出発。start ②新しく活動を開始すること。inauguration

**ばっ-そく【罰則】** 命令・禁止などに違反した者を罰することを定めた規定。刑罰と行政罰がある。penal regulations

**ばつ-ぞく【閥族】** ①高貴の家がら。family of good stock ②閥をつくっている一族。clan

**はつ-ぞら【初空】** 元日の朝の空。はつそら。sky of New Year's Day

**ばっ-そん【末孫】** 子孫。まっそん。

**はった【八田】**〈村〉山梨県中央部、甲府盆地北西の村。果樹栽培中心の農業と工業の村で、ころ柿の産地。人口五九二五(一九九八)。

**はつ-だ【発▼兌】**(名・サ変他) 図書を印刷し発売すること。発行。

**ばった【▽飛▼蝗・▼蝗▽虫・▼蝗】** バッタ科とその近縁科の昆虫の総称。後脚は発達し跳躍に適す。一般に草原にすみ農作物の害虫も多い。世界に約五〇〇〇種、日本に約四〇種いる。grasshopper ↓図

**バッター〔batter〕** ↓だしゃ(打者)

**バッター-ボックス〔batter's box〕** 野球で、打者が打撃を行う位置。本塁の左右に白線でえがかれた幅四フィート(一・二二m)、長さ六フィート(一・八二m)の長方形の枠内。打席。

**はっ-たい【▼糗・▼麨】** 大麦・裸麦などを煎って粉末にしたもの。砂糖をまぜて、そのまま、または湯で練って食べる。菓子材料。むぎこがし。香煎。

**はつ-だいし【初大師】** その年の最初の弘法大師の縁日。一月二一日。川崎大師(神奈川県)や京都の東寺のそれが有名で、大師堂にお参りする人でにぎわう。

**はつ-たけ【初▼茸】** ベニタケ科のキノコ。かさは径五～一五cmで表面は淡赤褐色。アカマツに菌根をつくる。初秋に発生する。食用。↓キノコ写

**はった-せん【八田線】** 動物地理学上の分布境界線。両生類・爬虫類および淡水産の無脊椎動物の研究から、八田三郎が宗谷海峡に設定したもの。宗谷線。

**はっ-たつ【発達】**(名・サ変自) ①心身が成長していくこと。growth 用例 体の―。②そのものの規模が大きくなること。growth 用例 台風が―する。③より高度になること。進歩すること。development 比較 発展。用例 技術の―。

**はったつかそく-げんしょう【発達加速現象】** 身長や性的成熟などの身体的発達が、世代を追うごとに早熟化する現象。acceleration of body development

**はったつ-かだい【発達課題】** 人間が各発達段階において習得しておかなければならな

いとされる課題。身体的成熟、自我や人格の形成など。アメリカの心理学者ハビガーストの命名したもの。developmental task

**はったつ-しんりがく【発達心理学】** 精神の発達の諸現象を研究対象とする心理学の一分野。狭義には、人間の個体発達的アプローチをさす。developmental psychology

**はったつ-れい【八達▼嶺】** 中国、北京市の北西方、太行山脈の支脈、軍都山脈の山。モンゴル高原へ通ずる要路で、峻険の地。標高一〇一五m。パーターリン。

**はった-と【▼礚と】**(副)《「はたと」を強めていう語》大きく目を見開いてにらむさま。glare at 用例 ―にらみつける。

**はった-とものり【八田▽知▽紀】**(一七九九〜一八七三)江戸末期の歌人。薩摩藩士。香川景樹に学ぶ。維新後、宮内省歌道御用掛。家集『しのぶ草』など。

**ばった-や【ばった屋】**《俗語》正常の流通経路を外れて、極端に安く仕入れた商品を廉価で売る商売・人。

**はったり** 人を脅かすための大げさな言動。bluff 用例 ―をきかす。

**ばったり**(副)①急に落ちたり、倒れたりするさま。fall with a thud 用例 ―とたおれる。②突然、とだえるさま。cease suddenly 用例 手紙が―来なくなる。③思いがけず出会うさま。run into 用例 友人に―出会う。

**はったん【八端】**「八端織り」の略。

**はったん-おり【八端織(り)】** 絹織物の一種。縞や格子柄に織った厚い絹地。ふとん地用。八端。

**ハッチ[hatch]** ①貨物の出し入れや人の出入りのための甲板の開口部の総称。倉口。昇降口。艙口。②室内の壁面や間仕切りに作られた開口部。

**パッチ**《朝鮮語で袴の意の「パチ」の転》足首まであるももひき。木綿・絹で作られるが、江戸では絹製を、関西では素材に関係なくパッチと称した。→写

**ばっち・い**(形)「きたない」の幼児語。ばばっちい。用例 ―おてて。

● パッチ

**バッチ-しょり【バッチ処理】** コンピューターで、一定の期間までデータをまとめておき、のち同一種類の処理を一括して行うデータ処理方式。一括処理。batch processing 対義 リアルタイム処理。

**ハッチバック[hatchback]** 乗用車の車体の一形式。車体後部に、上下に開閉できる扉をもつ。

**パッチ-ポケット[patch pocket]** 雨ぶたのない貼り付けポケット。エプロンなど洗濯をよくする衣服に、実用と装飾をかねて用いられる。

**はっ-ちゃく【発着】**(名・サ変自)出発することと到着すること。arrival and departure

**はっ-ちゅう【発注・発▼註】**(名・サ変他)注文すること。send an order 対義 受注。

**はっ-ちょう【八丁・八▼挺】**《少し卑しめて言う語》巧みなこと。よく動くこと。skillful 用例 口も―、手も―。

**はっちょう-あらし【八丁荒(ら)し】** 人気絶頂の芸人をさすことば。その芸人の出演する寄席の周囲八丁以内にある寄席では、客を取られて商売にならなくなるというたとえ。

**はっちょう-とんぼ【八丁▼蜻▼蛉】** 世界最小種のトンボ。体長約一・八cm、後翅長約一・五cm。成熟した雄は真紅色、雌は黄色と褐色の斑紋をもつ。本州以南に分布。→写

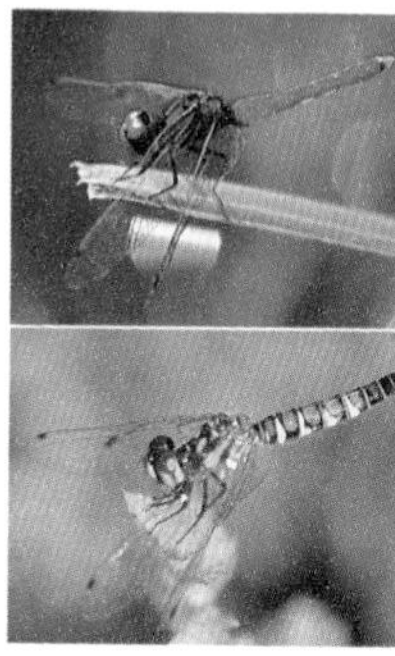

● ハッチョウトンボ　雄(上)と雌(下)。

**はっちょう-ぼり【八丁堀】** 東京都中央区の地区。地名は江戸時代につくられた掘り割りの名にちなむ。町奉行配下の与力・同心の居住地があった。

**はっちょう-みそ【八丁味▼噌】** 豆みその一種。豆を直接こうじにするため、濃厚で独特の風味がある。愛知県岡崎市の特産。

**ばっちり**(副)ぬかりなく、十分なさま。満足に行われるさま。perfectly 用例 ―カメラにおさめる。

**ぱっちり**(副・サ変自)目もとがはっきりしているさま。目を大きく見開いたさま。wide open 用例 ―と大きな目。

**パッチワーク[patchwork]** さまざまな色柄の小布をはぎ合わせて一つの面を形づくる手芸の技法。→写

**ばっ-てい【末弟】** すえの弟。まってい。the youngest brother 対義 長兄。

**バッティング[batting]** 野球で、打者がバットで投球を打つこと。打撃。

**バッティング[butting]** ボクシングで反則の一つ。頭や肩・肘などを相手の身体にぶつける行為。

**バッティング-オーダー[batting order]** 野球の打撃を行う順番。ラインアップ。打順。

**バッティング-センター**《和製語》野球の打撃練習をさせて料金をとる遊技場。客は、ピッチングマシンを使って、ネットの中で料金分の球数だけ打つ。batting cage

**バッティング-ピッチャー**《batting practice pitcherから》野球で、打撃練習のために打者に対して投球を行う人。またプロ野球で、それを専門職として雇われている投手。

**ばっ-てき【抜▼擢】**(名・サ変他)選び出して重く用いること。えりぬくこと。選抜。pick out

**バッテラ[bateira ポルトガル]**《「ボート」の意のバッテーラの転》サバの棒ずし。関西地方の呼称。本来は、コノシロの半身をのせたすしの形をいったもの。名は、その形がバッテーラに似ていたところから。

**バッテリー[battery]** ①蓄電池。②野球で、投手と捕手。用例 ―を組む。

**はっ-てん【発展】**(名・サ変自)①勢い・力などが、伸び広がっていくこと。extension 比較 進歩・発達。用例 海外に―する。②低い段階から、より高い段階へ進むこと。development 用例 文化が―する。③《俗語》酒色などにふけること。dissipation 用例 ―家。④哲学で、それ自身のもつ量的な変化が、ある段階に達して、質的な変化に至ること。development

**はつ-でん【発電】**(名・サ変自)電気を起こすこと。力学エネルギーや熱エネルギーなどを電気エネルギーに変える。水力・火力・原子力をはじめ、地熱・風力・太陽熱・潮力などを利用。generation

**ばっ-てん【罰点】** ①誤り・不可・消去などを示す「×」の形のしるし。ばつ。cross ②競技などで反則の程度や回数を示す減点。demerit mark

● パッチワーク

**はつでん-き【発電器】** 発電魚にそなわる電気を放出する特別な器官。筋肉が変化したもので、神経からの刺激で数十〜数百ボルトの起電力を発生。electric organ

**はつでん-き【発電機】** 電磁誘導を利用して、機械的エネルギーを電力に変換する機械。直流発電機と交流発電機がある。ダイナモ-ゼネレーター。ダイナモ。electric generator →写

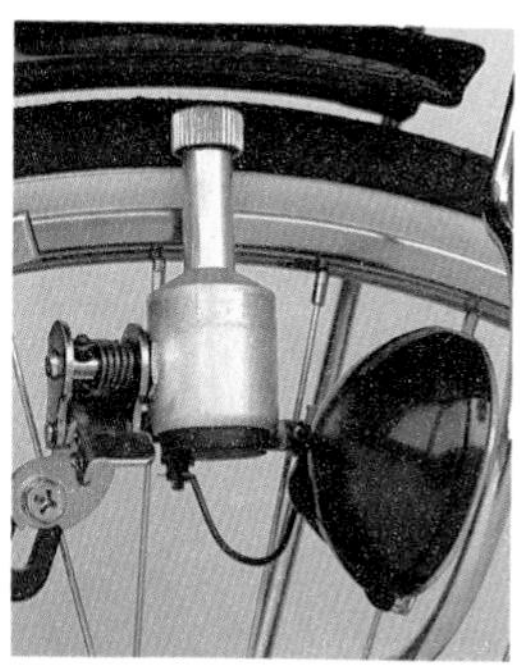

● 発電機　自転車の発電機。六ボルト、三ワット程度の起電力を持つ。

**はつでん-ぎょ【発電魚】** 発電器官をもつ魚類の総称。デンキウナギ・デンキナマズ・シビレエイなど。デンキウオ。electric fish

**はつでん-し【発電子】** 発電機の中の回転体。ここに起電力が生じるので、これを整流子を通して外部に取り出す。電機子。armature

**はつでん-しょ【発電所】** 発電機を備え、電力をつくり出す施設のある所。エネルギーの違いにより水力・火力・原子力などの発電所がある。generating station

**はつ-てんじん【初天神】** ㊀毎年正月二五日に行われる、新年最初の天満宮の縁日。㊁落語の題名。子どもを連れて初天神に出かけた父親が、子どもの計略にかかり、あめや団子などを買わされてしまうはなし。

**はってん-せい【発展性】** 発展する性質。possibilities 用例 ―のない議論はやめよう。

**はってん-てき【発展的】**(形動)さらに高い、よいところに進むさま。developmental 用例 ―に解消する。

**はつでん-でんどうき【発電電動機】** 発電機と電動機の両方に使用できる電気機械。電車や揚水発電所などで使われる。generator-motor

**はってんとじょう-こく【発展途上国】** 経済発展がおくれ、国民一人あたりの実質所得の低い諸国。アジア・アフリカ・中南米の国がほとんど。開発途上国。LDC。developing country 対義 先進国。

**はっ-と【法度】** ①法律。おきて。law 用例 武家諸―。②禁令。禁制。prohibition 用例 ご―。

**はっ-と**(副・サ変自)①不意のことにおどろくさま。be startled ②急に思い当たるさま。be suddenly reminded 用例 ―気が付く。

**ハット[hat]** クラウン(山部)とブリム(縁)のあるかぶりもの。また、帽子の総称。シルクハット・チロリアンハット・テンガロンハットなど。比較 キャップ。→帽子図

**ぱっ-と**(副)①急に起こるさま。一度に事を起こすさま。suddenly ②火が急に燃え上がるようす。up ③勢いよく四方に広がるさま。like wildfire 用例 ちりが―立つ。④派手で人目につくさま。strikingly 用例 ―目をひく。

**バット[bat]** 野球・ソフトボール・クリケットなどで、球を打つための木製または金属製の棒。

**バット[vat]** 浅くて底が平らな容器。料理の下ごしらえなどに用いる。四角形が一般的。楕円形もある。

**バット【VAT】**《value-added tax の略》付加価値税。

**ぱっ-と** ㊀(副)物事がきわめて短時間に行われ、または変化するさま。all at once 用例 花が―さく。㊁(副・サ変自)《否定的に用いることが多い》見ばえのするさま。distinguished 用例 ―しない服装。

**パット[putt]** ゴルフで、グリーン上でカップをねらい、パターでボールを打ち、ころがすこと。パッティング。

**パッド[pad]** ①型や形を整えるための詰め物。②衣服につける肩台や、ファンデーション(基礎下着)のバストパッド・ヒップパッドなど。

**はっ-とう【法▽堂】** 禅宗寺院で、仏殿の後方に建ち、住持が説法する道場。他宗の講堂にあたる。

**はっとう【八東】**〈町〉鳥取県東部、千代川支流八東川流域の町。米・二十世紀ナシ・シイタケなどを産出。重要文化財の矢部家(一七世紀後期建造)がある。人口六五六六(八八)。

**はつ-どう【発動】**(名・サ変自他)①動きだすこと。②特定の権力を行使すること。③動力を起こすこと。motion; exercise

**ばっ-とう【抜刀】**(名・サ変自)刀をぬきはなつこと。さやからぬいた刀。draw one's sword

**はつどう-き【発動機】** ①動力をつくる機械。ガソリン・重油などをエネルギー源としたエンジン。engine 数え方 一台・一基。②原動機。

**はっ-とうしん【八頭身・八等身】** 頭部の長さが身長の八分の一であること。均整のとれたからだをいう。用例 ―の美人。

**ハット-トリック**【hat trick】サッカーやアイスホッケーなどで、一試合に一人で三点以上得点すること。クリケットで三連続三振を奪った投手に、賞として帽子(ハット)を贈ったことからの名。

**バッドマーク-システム**【bad mark system】レスリング競技での競技方式の一つ。減点法による勝ち残り方式。各競技者は持ち点六がなくなると失格、最後まで残った三人でリーグ戦を行い優勝者を決める。

**はっとり-しそう**【▽服▽部▼之総】(一九〇一 一九五六) 歴史学者。島根県生まれ。東大卒。講座派に属し、唯物史観に基づく日本近代史学、とくに明治維新史の開拓者として知られる。著書『明治維新史』など。

**はっとり-セイコー**【(株)▽服▽部セイコー】世界最大手の時計販売会社。商標SEIKOで知られる。大正六年(一九一七)設立。

**はっとり-とほう**【▽服▽部土芳】(一六五七 一七三〇) 江戸前期の俳人。本名、保英。伊賀の人。芭蕉に師事し、その没後は伊賀蕉門の中心。俳論『三冊子』、著書『蓑虫庵集』など。

**はっとり-なかつね**【▽服▽部中▽庸】(一七五六 一八二四) 江戸後期の国学者。伊勢松坂の人。本居宣長の門人で古学を修めた。著書『三大考』。

**はっとり-なんかく**【▽服▽部南郭】(一六八三 一七五九) 江戸中期の儒者。京都の人。荻生徂徠に古文辞学を学ぶ。詩文にすぐれ、柳沢吉保に仕えた。著書『唐詩選』『国字解』『南郭文集』など。

**はっとり-らんせつ**【▽服▽部▼嵐雪】(一六五四 一七〇七) 江戸前期の俳人。名は彦兵衛。江戸の人。蕉門の古参で榎本其角と並び称された。江戸蕉門を守って雪門の祖とされる。温雅で叙情的な句風。編著『其袋』、句集『玄峯集』など。

**はっとり-りょういち**【▽服▽部良一】(一九〇七 ) 作曲家。歌謡ブルース路線をしき、のちにブギのリズムでヒット曲を書く。作品『別れのブルース』『青い山脈』など。

**バットレス**【buttress】①壁を補強・安定させるため、壁のところどころに直角に突出させた横幅の短い壁。控え壁。②岩山などの突出部。

**は-づな**【端綱】馬の口に付けて引く綱。

**はつ-なぎ**【初▼凪】元日に風がなく海が穏やかになぎ渡ること。

**はつ-なつ**【初夏】夏のはじめ。しょか。

**はつ-なり**【初▽生り】果実が、その年はじめてなること、その果実。the first fruits

**はつ-に**【初荷】①商家の新年の仕事始めの行事。正月二日に、車などに積んだ初出荷の商品を飾り立てて送り出すこと。また、その商品。②季節的な商品を、その季節に初出荷すること。また、その商品。

**はつ-ね**【初音】その年はじめてのウグイス・ホトトギスなどの鳴き声。はつこえ。

**はつ-ねつ**【発熱】(名・サ変自) ①熱が出ること。熱を出すこと。generation of heat 用例 —反応。②種々の病的な刺激で、体温が平熱を超えた状態になること。また、その状態。fever

**はつねつ-はんのう**【発熱反応】熱の発生をともなう化学反応。酸塩基反応、金属と酸の反応、有機化合物の燃焼など。exothermic reaction

**はつねつ-りょう**【発熱量】物質を完全燃焼させたときに発生する熱量。とくに燃料のときにいう。燃焼熱。calorific value

**はつねつ-りょうほう**【発熱療法】人為的にワクチン注射や漸増高温浴などによって発熱させ、熱で病原菌を殺す治療法。進行性麻痺によく効く。fever therapy

**はつ-のぼり**【初上り】①はじめて上京すること。②新船ではじめて川を上ること。

**はつ-のり**【初乗り】①開通した電車・バスなどに初日に乗ること。the first ride on the opening day ②電車・バス・タクシーなどの運賃区分の最初の区間。basic fare 用例 —料金。

**はつ-ば**【発馬】(名・サ変自) 競馬で、馬が走り出すこと。発走。

**はっ-ぱ**【葉っぱ】葉。leaf

**はっ-ぱ**【発破】鉱山・採石場・土木工事などで爆薬を使って岩石などを破壊すること。また、それに使用する火薬類。blast

**発破を掛ける**(はっぱをかける) ①火薬をしかけて、爆発させる。blow up with dynamite ②《俗語》強くよびかけて、励ますこと。けしかける。

**バッハ**【Johann Sebastian Bach】(一六八五 一七五〇) ドイツの作曲家。バロック音楽最後の巨匠として、その技法的集大成を行い、古典派の出発点ともなる。作品に約二〇〇曲の教会カンタータ、『マタイ受難曲』『ヨハネ受難曲』『クリスマス-オラトリオ』『ロ短調ミサ曲』などの声楽曲、『ブランデンブルク協奏曲』『平均律クラビア曲集』『フーガの技法』ほかの多くの器楽曲がある。↓写

● バッハ　聖トマス教会(東ドイツ)。

**はつ-ばい**【発売】(名・サ変他) 売り出すこと。put on sale

**ばっ-ぱい**【罰杯・罰▼盃】罰として、無理に飲ませる酒。

**はつばい-きんし**【発売禁止】出版物などの発売を差し止める行政処分。発禁。prohibition of sale

**はっ-ぱく**【八白】九星の一つ。東北を本位とし、土星に属する。

**はつ-ばしょ**【初場所】大相撲の本場所の一つ。毎年一月に東京で行われる興行。一月場所。参照 本場所。

**ぱっぱ-と**(副) ①手早く勢いよく行うさま。quickly 用例 —すませる。②金品をおしげもなく使いはたすさま。generously 用例 —金を使う。③遠慮なくしゃべるさま。without reserve 用例 思ったことを—いう。

**はつ-はな**【初花】①その年・季節に最初に咲く花。②その草木に最初に咲いた花。③はじめての月経。初潮。

**バッハマン**【Ingeborg Bachmann】(一九二六 一九七三) オーストリアの女流詩人・小説家。詩集『猶予の時』、小説集『三十歳』など。

**はつ-はる**【初春】春のはじめ。新年。新春。しょしゅん。the New Year

**はつ-ひ**【初日】元日の朝の太陽。rising sun of New Year's Day 用例 —を拝む。

**はっ-ぴ**【法被・▽半被】①印半纏。②武家の中間が着た羽織風のもの。半纏より格が上で、袖は広袖が多い。③禅宗で椅子を包む布。④能装束の一つ。

**ハッピー-エンド**《happy endingの略》小説・映画・芝居などの幸福な結末。めでたしめでたし。

**はつ-ひな**【初▼雛】女児誕生後はじめての節句に飾る雛人形。また、初節句の祝い。雛人形を贈ってくれた里方や親戚・知己などを招待したり、菱餅などを贈る。初節句。

**はつ-ひので**【初日の出】元旦の日の出。初日。the first sunrise of the year 用例 —を拝む。

**はっぴゃくや-ちょう**【八百八町】江戸の町数の多いこと。江戸市中全体。

**はつ-びょう**【発病】(名・サ変自) 病気の症状が出ること。病気になること。be taken ill

**はっ-ぴょう**【発表】(名・サ変他) 事実・考え・作品・技能などを表向きに知らせること。announcement 用例 合格—。新作の—。

**ばつ-びょう**【抜▼錨】(名・サ変自) 船がいかりを上げて出航すること。出帆。対義 投錨。

**はっ-ぷ**【発布】(名・サ変他) 法令などを世の中に広く知らせること。公布。promulgation 用例 憲法—。

**バップ**【bop】ジャズ用語。初期モダンジャズのスタイル。従来のスイング-ジャズの重厚な演奏に代わる軽妙な新しいリズム・メロディー・ハーモニーが特徴。一九四五年から五〇年代をバップ時代という。チャーリー=パーカーやディジー=ガレスピーがその中心。

**パップ**【pap(オランダ)・巴布】粉末状の医薬品と香りのよい精油成分を含ませた泥状の外用剤。湿布剤の一つで、皮膚にはりつけて鎮痛・消炎作用や分泌物の吸収に使用する。カオリンパップ型がよく知られている。ハップ。poultice 参照 パスタ剤。

**バッファロー**【buffalo】①↓すいぎゅう(水牛)。②↓アメリカやぎゅう(アメリカ野牛)

**バッファロー**【Buffalo】アメリカ、ニューヨーク州、エリー湖東端の港湾都市。水陸交通の要地で商工業が発達。人口三五・八万(一九八〇)。

**はつ-ぶたい**【初舞台】はじめて舞台で演技すること。デビュー。debut

**はっぷ-ちゅうどう**【八不中道】《仏教語》不生不滅・不断不常・不一不異・不去不来の八つの否定で縁起を説明し、その実践としての中道を説くもの。竜樹の『中論』に説かれ、三論宗で重んじられた。

**はつ-ふどう**【初不動】その年で最初の不動尊の縁日。一月二八日。千葉県成田市の新勝寺のものなどが有名。

**ハッブル**【Edwin Powell Hubble】(一八八九 一九五三) アメリカの天文学者。銀河を研究し、ハッブルの法則を発見。

**ハッブル-の-ほうそく**【ハッブルの法則】銀河の後退速度が距離に比例して増加するという法則。宇宙は膨張の途中にあるという膨張宇宙論を説明するもの。Hubble's law

**はっ-ぷん**【八分】漢字の書体の一つ。今の隷書の異称。八分隷。

**はっ-ぷん**【発憤・発奮】(名・サ変自) 大いにやろうと、心をふるい起こすこと。be inspired 用例 あまりのことに—する。

**ばつ-ぶん**【▼跋文】書物の本文のあとにある文章。あとがき。跋。対義 序文。

**はっ-ぺい**【八病】中国詩の作詩上の技法。南北朝期の南斉の時代、沈約が唱えた四声説に基づき、詩句中の韻律の調和について避けるべき八つの禁。初唐に近代詩が成立する基礎となった。

**はつ-ほ**【初穂】=はつお。①その年の最初に出た穂。②その年になってはじめて実った稲の穂。③その年になってはじめてとれた穀物・野菜・果物・魚など。また、神仏・朝廷に最初に奉ったそれらのもの。④③の代わりに神仏に捧げた、金銭・食物・酒など。お初穂。初穂料。⑤はじめて食べる食物。

**はっ-ぽう**【八方】①八つの方角。東・西・南・北・北東・北西・南東・南西。eight directions ②方々。多方面。all directions 用例 四方—。

**八方、手を尽くす**(はっぽう、てをつくす) すべての方向・方角に手わけして、さがす。また、できる限りの手段を講じる。try every possible means 用例 八方手を尽くしたがみつからない。

**はっ-ぽう**【発泡】(名・サ変自) あわだつこと。foam 用例 —スチロール。

**はっ-ぽう**【発砲】(名・サ変自) 銃・砲を撃つこと。fire

**ばっ-ぽう**【罰俸】懲戒処分の一つ。俸給を減らすこと。

**はっぽう-おね**【八方尾根】長野県北西部、飛驒山脈の後立山連峰から東へのびる山稜。スキーのメッカとして知られる。

**はっぽう-さい**【八宝菜】《「八宝」は、多くの好材料、の意》中国料理の一つ。肉類・魚介類・卵・野菜などの材料を取り合わせていため、しょうゆ味で調味し、とろみをつける。

**はっぽう-さんご**【八放▼珊▼瑚】装飾サンゴなどの属する海産の着生動物の一群。腔腸動物の仲間。多数の個体(個虫)が集まって群体を形成。名は個虫の羽状の触手が八本であることに由来。アカサンゴ・モモイロサンゴなどのほか、羽毛状のウミエラ、発光するウミサボテンなどを含む。

**はっぽう-しゅ**【発泡酒】発酵して生じた炭酸ガスを、そのまま保たせるか、人工的に炭酸ガスを加えて発泡性をもたせた酒。代表的なのはシャンパン。sparkling wine

**はっぽう-じゅし**【発泡樹脂】発泡剤を混ぜた素材を発泡成形したプラスチック。ポリウレタンフォーム・発泡スチロールなど。防音・断熱材やクッション材として利用。プラスチックフォーム。plastic foam

**はっぽう-じょう**【発泡錠】二酸化炭素を発生する成分を含む錠剤。水に投入すると清涼飲料水のような液剤となり、飲みやすい。胃腸薬などに使用。

**はっぽう-スチロール**【発泡スチロール】細かな泡を含んだスポンジ状のスチレン樹脂。断熱・防音材、包装用型物、ポリスチレンペーパーなどに使用。Styrofoam

**はっぽう-だし**【八方出し】だし汁に薄味をつけたもの。煮物やそば・てんぷらのつゆなどに幅広く使用できる。八方汁。八方地。八方づゆ。

**はっぽう-にらみ**【八方▼睨み】①あらゆる方面に注意すること。watch all sides ②画像などが、どの方向から見ても、こちらをにらんでいるように見えること。stare at all sides

**はっぽう-びじん**【八方美人】誰に対しても、如才ないこと・人。everybody's friend

**はっぽう-ふさがり**【八方▼塞がり】どの方面にも、差し障りがあって動きのとれないこと。be blocked in all directions

**はっぽう-やぶれ**【八方破れ】どの方面も、すきだらけのこと。すてばちであること。be



↓行き先項目、図版・写真参照印。 JIS 日本工業規格情報交換用漢字符号コード(区点コード)。

open to attack from all sides; desperate 用例 ―の構え。

**はつ-ぼく【▼潑墨】** 水墨山水画の一技法。墨を画面にそそぎ、一気に山や樹石の形態を描く。筆は補助的に使用。中国、唐代中ごろにおこる。

**ばつ-ぼく【伐木】**(名・サ変自) 立ち木を切り倒すこと。

**はつ-ぼん【初盆】** 過去一年以内に新仏(にいぼとけ)の出た家で迎える盂蘭盆(うらぼん)。新仏を祭るしるしとして高灯籠(たかどうろう)を立てたり、軒先に提灯(ちょうちん)を出したりする。新盆(にいぼん・あらぼん)。

**ばっ-ぽん【抜本】** 根本の原因をぬき去ること。eradication

**ばっぽん-そくげん【抜本▼塞源】** 根本にさかのぼって、弊害をなくすこと。

**ばっぽん-てき【抜本的】**(形動) 根本的に改めるさま。radical 用例 ―解決。

**はつ-まいり【初参り】** 新年になってはじめて神仏に参ること。初詣(はつもう)で。

**はつ-まご【初孫】** はじめてできた孫。うい孫。the first grandchild

**はつみ-ぐさ【初見草】** マツ・ウノハナ・フユギク・ハギなどの異名。

**はつ-みみ【初耳】** はじめて聞くこと。その話題。hear for the first time 用例 それは―だ。

**はつ-めい【発明】** ㊀(名・サ変他) 新しく考え出し、また作り出すこと。invention 比較 発見。用例 新しい機械の―。㊁(形動) かしこいさま。clever 用例 ―な子。

**はつ-もうで【初▼詣(で)】** 正月に、神社や寺にその年の最初のお参りをすること。初参り。

**はつ-もの【初物】** ①その年・季節にはじめてできた穀物・野菜類。the first product of the season ②その年はじめて食べる物。the first thing to eat 用例 ―食って七五日の長生き。③《俗語》処女、または童貞。

**はつ-もん【発問】**(名・サ変自) 問いを出すこと。質問を発すること。ask a question

**はつ-やく【初役】** 役者がはじめてつとめる役。first role

**はつやま-しげる【初山▽滋】**(一八九七～一九七三) 童画家。東京生まれ。雑誌『コドモノクニ』『おとぎの世界』で活躍。詩情ある絵で独自の世界を開拓。

**はつ-ゆ【初湯】** ①うぶゆ。baby's first bath ②新年にはじめて入る、ふろ。正月二日の入浴。the first bath of the New Year

**はつ-ゆき【初雪】** ①冬になって最初の雪。その日を雪の初日という。富士山では、その年の最高気温が出てからのち、初めての雪。the first snowfall ②新年の最初に降る雪。

**はつゆき-そう【初雪草】** トウダイグサ科の一年草。花壇用。高さ約六〇cm。葉は長楕円(ちょうだえん)形をなし淡緑色。上方の葉は花弁状になり白い縁が鮮やか。花は目立たない。

**はつ-ゆめ【初夢】** 新年にはじめて見る夢。時代や地域により異なるが、元日あるいは二日の夜に見た夢。夢によって吉凶を占う。

**はつ-ゆるし【初許し】** 琴・生け花・茶の湯などで、初歩の免許。対義 奥(おく)許し。

**はつ-よう【発揚】**(名・サ変他) 威勢・名声などをさかんにすること。奮い起こすこと。elevation 用例 国威―。

**はつ-らつ【▼潑▼剌・▼潑▼溂】**(形動トタル) きびきびして元気のよいさま。活発。alive

**はつらつ-さ【▼潑▼剌さ】** はつらつとしていること・程度。liveliness

**はつ-らん【▼撥乱】**《「撥」は治める意》乱れた世の中を治めること。

**はつり【▽削り・▼斫り】** 石やコンクリートの表面をたがね・のみなどでけずること。

**はつ・る【▽削る】**(五他) ①少しずつけずり取る。そぐ。②うわまえをはねる。

**はつ-れい【発令】**(名・サ変自他) 法令・辞令・警報などを出すこと。official announcement

**はつ-ろ【発露】**(名・サ変自) 現れ出ること。manifestation 用例 友情の―。

**はつ-わ【発話】** 言語学で、現実に音声を発してものを言う行為。また、その音声で伝えられる一区切りのことば。utterance

**はて【果て】** ①《「涯て」とも》終わり。かぎり。end 用例 議論の―。②いちばん端の所。end 用例 世界の―。③《多く悪くなった場合に使う》物事の行きつくところ。end 用例 なれの―。

**はて**(感) 疑わしいことを考えてみるときに発する語。はてな。Let me see. 用例 ―なんだろう。

**は-で【派手】**(名・形動) 対義 地味。①身なり・かたち・色あいなどが華やかなこと・さま。けばけばしいこと・さま。showy 用例 ―な洋服。―ごのみ。②態度・行動などが大げさなこと・さま。exaggerated 用例 ―な身振り。―に泣きわめく。

**パテ【pâté フランス】** 肉や魚をすりつぶし、香辛料・洋酒で風味をつけ、型に詰めて焼いた料理。パイ生地で包み焼きもする。西洋料理の前菜。↓写

●パテ

**パテ【putty】** 接合剤の一つ。炭酸カルシウムや酸化亜鉛などを、ボイル油などでかたく練り合わせてつくったゴム状の物質。ガラス板の取り付け、水槽などの割れ目・穴ふさぎなどに用いる。

**パテ【Charles Pathé】**(一八六三～一九五七) フランスの映画製作者。一八九六年パテ会社を創立。フランス映画界草創期の大立て者。

**バティ【Gaston Baty】**(一八八五～一九五二) フランスの演出家。演出を重視した演劇理論を主張。おもにモンパルナス座で活躍。晩年は人形劇に専念。

**ば-てい【馬丁】**《俗語》①馬の口取り。馬手。②競馬で、厩務(きゅうむ)員の旧称。

**ば-てい【馬▼蹄】** 馬のひづめ。horse's hoof

**ハディース【hadīth アラビア】** イスラム教で、ムハンマドとその教友の言行として伝わる伝承、およびその集成。Hadith(s)

**バティスティ【Lucio Battisti】**(一九四三～) イタリアのカンツォーネ歌手・作曲家。フォークロックをとり入れたスタイルで人気を博した。

**パティスリー【pâtisserie フランス】** 小麦などのこねた生地(きじ)を使ったパン菓子。ペストリー。

**パティニール【Joachim Patinir】**(一四八〇ごろ～一五二四) フランドルの画家。宗教画の風景部分に描写力をみせる。作品『聖ヒエロニムス』など。

**バディム【Roger Vadim】**(一九二八～) フランスの映画監督。作品『大運河』『悪徳の栄え』など。

**パテール【Jean Baptiste Pater】**(一六九五～一七三六) フランスの画家。師ワトーの伝統を伝え、ロココ美術の爛熟(らんじゅく)期に活躍。作品『田園の宴(うたげ)』など。

**はて-さて**(感) 「はて」を強めた言い方。Let me see. 用例 ―困った。

**はて-し【果てし】**《「し」は強意の助詞》果て。終わり。かぎり。end 用例 ―がない。

**ハデス【Hādēs ギリシア】** ギリシア神話の冥府(めいふ)の王。地下の富の所有者でプルトン(=富める者)ともよばれる。陰気で無慈悲な性格だが、正義の神でもあり、悪行を懲罰(ちょうばつ)する。デメテル女神の娘ペルセフォネを冥府にさらって妃(きさき)とした。

**はですがたおんなまいぎぬ【▼艶▽容女舞▽衣】** 人形浄瑠璃(じょうるり)・歌舞伎(かぶき)世話物(せわもの)。竹本三郎兵衛(たけもとさぶろべえ)らの合作。安永(あんえい)元年(一七七二)初演。大坂千日(せんにち)墓地での三勝(さんかつ)と半七の心中事件を脚色。通称、酒屋。

**はて-な**(感) ↓はて

**はてなし-さんみゃく【果無山脈】** 和歌山県南東部、奈良県最南部の境を東西に走る山脈。最高峰は安堵(あんど)山一一八四m。

**はてなし-ばなし【果て無し話】** 笑い話の一種。特別な話の筋がなく、単調な文句を繰り返す型の話。きりなく話をせがむ子を、飽きさせて眠らす場合などに用いられた。

**はで-やか【派手やか】**(形動) はでなさま。華やかなさま。showy

**はでやか-さ【派手やかさ】** はでであること・程度。showiness

**は・てる【果てる】**(下一自) ①終わる。つきる。end 用例 宴が―。②死ぬ。die 用例 切腹して―。③《動詞の連用形に付いて》その極に達する。すっかり…する。用例 あきれ―。つかれ―。

**ば・てる**(下一自)《俗語》へたばる。

**はてるま-じま【波照間島】** 沖縄県八重山列島の島。面積一二・七km²。隆起珊瑚礁(さんごしょう)からなり、サトウキビ・鰹節(かつおぶし)などを産する。

**パデレフスキ【Ignacy Jan Paderewski】**(一八六〇～一九四一) ポーランドのピアニスト・作曲家・政治家。ショパン演奏の模範を残した。一九一九年ポーランド共和国初代首相、同年引退後は音楽生活に復帰。

**バテレン【伴天連】**《padre ポルトガル の転。父の意》①キリスト教が日本に伝来した当時の外国人宣教師の呼称。②キリスト教、宗徒の俗称。

**は-てんこう【破天荒】**(名・形動)《天荒は、天地がわかれる前の渾沌(こんとん)とした状態、それを破りひらくことから》誰もなしえなかったことをすること・さま。未曾有(みぞう)。前代未聞(みもん)。unprecedented

**パテント【patent】** 特許。専売特許。特許証。特許品。

**バテン-レース**《battenberg lace から》紐(ひも)や糸などをかがり合わせて模様を表したレース。ブレード(紐)レース。

**はと【▼鳩・▼鴿】** ①ハト科の鳥の総称。翼長一〇～四〇cm。頭は小さく、嘴(くちばし)は短い。日本にすむ野生種は、シラコバト・キジバトなど。カワラバトを改良した飼育品種のドバトは、通信用・愛玩(あいがん)用など。平和の象徴。pigeon; dove ②ハトを図案化した紋章名。↓図

●ハト①

**鳩が豆鉄砲を食った様**(はとがまめでっぽうをくったよう) 「鳩に豆鉄砲」と同意。

**鳩に三枝の礼有り**(はとにさんしのれいあり) 《子バトが、親バトより三本下の枝に止まるということから》礼儀を重んずべきことのたとえ。

**鳩に豆鉄砲**(はとにまめでっぽう) 突然の事にひどく驚くさま。鳩が豆鉄砲を食った様。look amazed

**鳩吹く**(はとふく) 猟人がシカをおびき寄せるとき、両手を合わせてハトの鳴き声をまねること に言う。

**鳩を憎み豆を作らぬ**(はとをにくみまめをつくらぬ) ささいなことにこだわるあまり肝心なことをしないで、そのためかえって自らや世間に不利益・損害をまねいてしまうことに言う。

**は-とう【波頭】** ①波の上。海上。on the sea 用例 ―はるかな旅路。②波がしら。crest of a wave 用例 白く砕ける―。

**は-とう【波▼濤】** 大きな波。billows 比較 怒濤。

**は-どう【波動】** ①波。波に似た動き。wave motion ②空間の一点に起こった物理的状態変化が、つぎつぎに一定の速さで周囲に伝わる現象。波動を伝えるものを媒質という。wave

**は-どう【覇道】** 中国の政治思想。実力者の行う武断政治をいう。対義 王道。

**ばとう【▽抜頭・▽髪頭・▼撥頭・馬頭】** 雅楽の曲名。唐楽、太食(たいしき)調。左方舞と右方舞がある。舞人は一人、髪をたらした高鼻の朱の面をつけ、桴(ばち)を持って舞う。『宗妃楽』。

**ば-とう【▼罵倒】**(名・サ変他) 口汚くののしること。abuse

**ばとう【馬頭】**〈町〉栃木県東部の町。町域の約四分の三が林野。江戸初期からのタバコ栽培は減り、養蚕(ようさん)・酪農などが主。人口一万五三五〇(一九八八)。

**バトゥーミ【Batumi】** ソ連南西部、グルジヤ共和国、アジャール自治共和国の首都。黒海沿

岸の貿易港、保養地。人口一二・九万(一九八六)。バッーム。

**はどう-かんすう【波動関数】** 波動を時間と位置座標の関数として表したもの。とくに量子力学では、電子などの粒子の状態がシュレーディンガーの波動方程式で記述され、粒子性と同時に波動性をもつことが保証される。wave function

**ばとう-かんのん【馬頭観音】** 六(七)観音の一つ。頭上の宝冠に馬頭をいただいた三面の忿怒(ふんぬ)の相の観世音菩薩(かんぜおんぼさつ)。馬の保護神として信仰された。馬頭明王(みょうおう)。

**ばとう-きん【馬頭琴】** モンゴルの擦弦(さつげん)楽器。リュート属で二弦。さおの頭部に馬頭をかたどった装飾がある。台形の胴にウマなどの皮を張り、ウマの尾の毛の弓で奏する。アラビアのラバーブの一種。

**ばとう-せいうん【馬頭星雲】** オリオン座の三つ星の南東部にある暗黒星雲。その形が馬の頭に似ていることから名づけられた。Horse-head nebula

**はどう-せつ【波動説】** 光はあらゆる物質を通過しうる波動であるという説。ホイヘンスが提唱し、光の反射・屈折現象を説明した。

**はどう-ほうていしき【波動方程式】** 弦の振動、光の伝播(でんぱ)など、波が伝わるさまを表現する方程式。wave equation

**はどう-りきがく【波動力学】** シュレーディンガーの提唱した量子力学の形式。粒子、とくに電子の運動状態を表現するために考え出された。粒子の波動性に対応する粒子系の状態を、空間的なひろがりをもった波動関数で表す。wave mechanics

**パト-カー** 「パトロールカー」の略。

**バドガオン[Bhadgaon]** ネパール中部、首都カトマンズの東約一〇kmにある古都。中世マルラ王朝時代の都。人口四・五万(一九八七)。バクタプール。

**はとがや【▼鳩ケ▽谷】〈市〉** 埼玉県南東部、市域のほとんどを川口市に囲まれた市。東京近郊の住宅都市として発展。人口五万五二二四(一九八八)。

**はと-ぐるま【▼鳩車】** 郷土玩具(がんぐ)の一つ。木・土・蔓(つる)などでハトの形に細工し、車を付けて動くようにしたもの。長野県野沢温泉産のアケビの蔓で作ったものなどが知られる。↓写

●鳩車(はとぐるま)

**はとこ【▽再▽従▽兄▽弟・▽再▽従▽姉▽妹】** 親がいとこどうしの、子どもと子どもの関係。またいとこ。second cousin

**はと-ざ【▼鳩座】** 南天の星座。二月一〇日ごろの午後八時ごろに南中。面積二七〇平方度。Columba

**パトス[pathos(ギリシア)]** 《受動の意》①ロゴスの対立原理とされ、人間の非理性的な側面をさす。②快楽または苦痛をともなう一時的で強烈な感情をいう。情感。情念。激情。苦悩。

**ハドソン[Henry Hudson]**(一五五〇—一六一一) イギリスの探検家・航海家。北アメリカ東岸から北方を探検した。ハドソン川・ハドソン湾は彼の名に由来。

**ハドソン[William Henry Hudson]**(一八四一—一九二二) イギリスの博物学者・小説家。アルゼンチン生まれ。故郷南米の自然・鳥類への深い愛に満ちた作品を残した。小説『緑の館(やかた)』など。

**ハドソン-がわ【ハドソン川】**(Hudson River) アメリカ北東部、ニューヨーク州東部の川。アディロンダック山地から南に流れ、大西洋に注ぐ。長さ四九〇km。河口のニューヨークからトロイまで外洋船が航行。

**ハドソン-わん【ハドソン湾】**(Hudson Bay) カナダ北東部に食いこむ広大な湾。幅九六〇km、長さ一三六〇km。タラ・サケの好漁場。

**パドック[paddock]** 競馬場に付属する施設で、レース前に出走馬を引き回し、観客にその日の馬のようすを見せるための場所。下見所。

**はと-どけい【▼鳩時計】** 時刻を知らせるのに作り物のハトがすがたを見せ、鳴き声の数で示すしかけの掛け時計。cuckoo clock

**パトナ[Patna]** インド東部、ガンジス川南岸、ビハール州の州都。交通の要地。古代マウリア朝の都で、人口九一・六万(一九八一)。古称パタリプトラ。

**バトナ-ひょうが【バトナ氷河】**(Vatnajokull) アイスランド南東部、ヨーロッパ最大の氷河。面積八四〇〇km²。

**はと-は【▼鳩派】** 外交政策などで、穏健派。soft-liner; dove 対義 鷹派。

**はと-ば【波止場・波戸場】** 波をよけ、船をつなぎ、荷物の積みおろしをするなどのために、港に造った突堤。また、港。埠頭(ふとう)。wharf

**パドバ[Padova]** イタリア北部、ベネチア西方約三五kmの古都で文化都市。一三世紀設立の大学が有名。人口二二・一万(一九八八)。

**はとば-いろ【▼鳩羽色】** 黒みがかった、うすい青みどり色。

**はと-バス** 株式会社はとバスが運行するバスの通称。定期観光や貸し切りバスなどの事業を行い、東京都内定期観光バスの代名詞として、一般に親しまれている。

**パドバ-は【パドバ派】** 一五世紀後半、北イタリアのパドバを中心に栄えた絵画の流派の名称。工房を組織したスクァルチオーネにはじまる。厳正で鋭い写実的画風を形成。マンテーニャら。Paduan school

**はと-びん【▼鳩便】** 伝書鳩に通信文や報道写真などをつけて送り届けること。実用通信距離約二〇〇km、平均分速約一km。send by carrier pigeon

**はと-ぶえ【▼鳩笛】** ①ハトの鳴き声のような音の笛。猟師が鳥を呼びよせるのに用いた。②郷土玩具(がんぐ)の一つ。ハトの姿に似せた素焼きの笛。各地にあるが、青森県弘前(ひろさき)や鹿児島県国分(こくぶ)のものなどが有名。↓郷土玩具写

**はとふく-かぜ【▼鳩吹く風】** 《両方のてのひらを合わせて吹き鳴らす、鳩吹きに似た音を出す風、の意》秋の西風。

**はとま-ぶし【▼鳩間節】** 沖縄県八重山地方の民謡。鳩間島の中森という丘からの風景や収穫のよろこびをうたったもの。

**バドミントン[badminton]** 球技の一つ。中央にネットを張ったコートでシャトルコック(羽根)をラケットで打ちあう。男女のシングルス・ダブルスと混合ダブルスの五種目がある。↓図

**はと-むぎ【▼鳩麦】** イネ科の一年草。高さ約一・五m。葉は細長い披針形で下部は鞘(さや)となって茎を包む。夏秋、数珠玉(じゅずだま)に似た花を開く。薬用・食用。adley

**はと-むね【▼鳩胸】** ①ヒトの胸部の前面下部が前方に突出していること。胸腔(きょうこう)が左右に狭くなっており、病気が原因のこともある。pigeon chest ②三味線のさおが胴に接する部分の張り出た所。③鐙(あぶみ)で、前方に丸くそり返った所。↓三味線図

**はと-め【▼鳩目】** ①靴・紙ばさみ・テントなどのひもを通す丸い穴。また、その穴につける環状の金具。eyelet ②洋裁で、鳩目のみであけたひも通しの小穴。穴の周囲は、鳩目穴かがりで放射状にかがるか、鳩目金具をつける。eyelet ↓帽子図

**は-どめ【歯止め】** ①とめてある車輪の回転を防ぐ装置。drag ②制動機。ブレーキ。brake ③物事が行き過ぎないように止める手段。brake 用例 地価高騰に—をかける。

**パトモア[Coventry Kersey Dighton Patmore]**(一八二三—一八九六) イギリスの詩人。長詩『家庭の天使』、叙情詩集『未知のエロス』など。

**はとやま【▼鳩山】〈町〉** 埼玉県中部の町。丘陵地に囲まれた農業と住宅の町で、鳩山ニュータウンがある。人口一万五七九二(一九八八)。

**はとやま-いちろう【▼鳩山一郎】**(一八八三—一九五九) 政治家。東京生まれ。東大卒。犬養(いぬかい)・斎藤(さいとう)両内閣で文相となり、京大滝川事件を起こした。昭和二九年(一九五四)日本民主党総裁として首相。同三一年(一九五六)自由民主党総裁。日ソ国交回復を成功させ、日本の国連加盟に道を開いた。

**バトラー[Samuel Butler]**(一六一二—一六八〇) イギリスの詩人。ピューリタンの偽善を攻撃する風刺詩を書いた。詩『ヒューディブラス』。

**バトラー[Samuel Butler]**(一八三五—一九〇二) イギリスの小説家。社会的不正を風刺したユートピア小説『エレホン』と、自伝的教養小説『万人の道』で知られる。

**パトラス[Patras]** パートレの別称。

**パトランせんせい【パトラン先生】** 《原題 Maître Pierre Pathelin(フランス)》フランス笑劇の傑作。一四六四年ごろの作。作者未詳。韻文体。無能で滑稽(こっけい)な弁護士の話。

**はとり【▽服▽部】** 《「機織(はたおり)」の転》機を織ること。また、それを仕事とする人。

**ハドリアヌス[Publius Aelius Hadrianus]**(七六—一三八) ローマ皇帝(在位一一七—一三八)。五賢帝の一人。先帝トラヤヌスの外征策から転じて内治の整備に努めた。ブリタニアに築いた長城は有名。

**バドリオ-せいけん【バドリオ政権】** 《「バドリオ」はBadoglio》一九四三年ムッソリーニ失脚後、バドリオを首班に成立したイタリアの臨時政権。四四年共産党を含めた新内閣に改造、連合国に無条件降伏。

**ハトル[Hathor]** エジプト神話で、空と愛と音楽の女神。ハトホルとも。

**パドル[paddle]** カヌーを漕(こ)ぐための、軽量で小形の櫂(かい)。

**バトル-ジャケット[battle jacket]** 男性用の戦闘服型の上着。ウエスト丈までで、ふた付きポケットのあるジャケット。アイゼンハワージャケット。

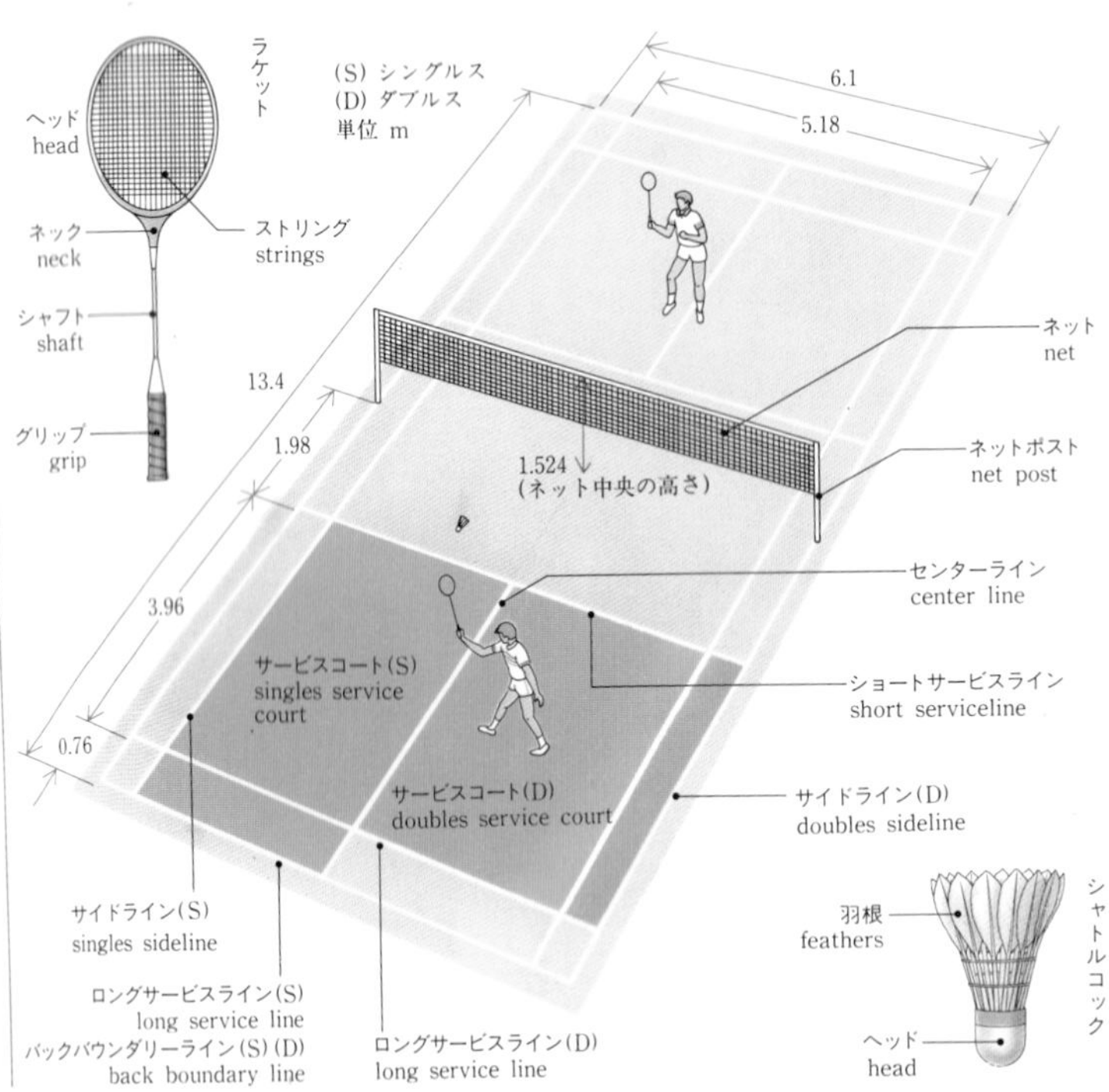


●バドミントン



↓ 行き先項目、図版・写真参照印。 JIS 日本工業規格情報交換用漢字符号コード(区点コード)。

●花① 各部名称と花冠の種類

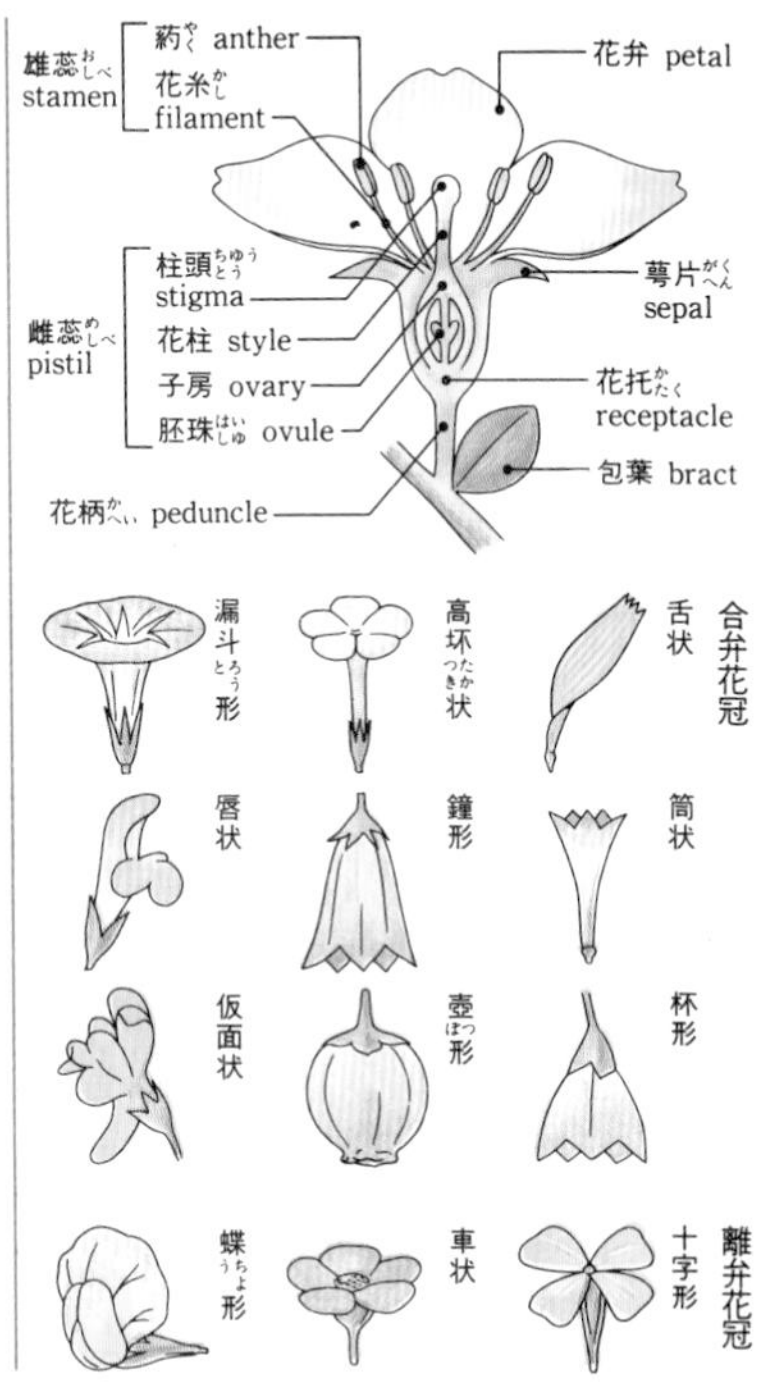


**バトルロイヤル-マッチ**《battle royalから》プロレスの試合形式の一つ。十数名のレスラーが同時にリング上にあがり、最後の一人が勝ち残るまで互いに戦い合う。

**パトローネ**【Patroneドイ】三五㎜ロールフィルムの金属製円筒容器。露光下で、そのままカメラに装塡できる。

**パトロール**【patrol】(名・サ変自)《巡回の意》警官が受け持ち区域を巡視すること。その警官。

**パトロール-カー**【patrol car】超短波無線機を備えた、警察の巡回自動車。パトカー。

**ハドロン**【hadron】素粒子のうち、強い相互作用をもつものの総称。陽子・中性子・シグマ(Σ)粒子・デルタ(Δ)粒子のバリオン族と、パイ(π)・カッパ(Κ)・イータ(η)の中間子族とに二分される。強粒子。

**パトロン**【patron】①経済上の後援者・保護者。②芸人などの生活のめんどうをみる人。転じて、芸者などの旦那。

**ハトロン-し**【ハトロン紙】《「ハトロン」はPatronenpapierドイから》化学パルプを原料とする褐色で丈夫な紙。事務用封筒・包装用などにする。クラフト紙。kraft paper

**バトン**【baton】①リレー競走で、走者から走者へ渡される木の筒。②指揮棒。タクト。

**バトンを渡す**(バトンをわたす)後継者に権力・責任を譲り渡す。hand over

**バトン-ガール**《和製語》↓バトントワラー

**バトン-タッチ**《和製語》リレー競走で、走者が次の走者にバトンを渡すこと。バトンパス。baton pass

**バトン-トワラー**【baton twirler】音楽隊の行進の先頭に立って指揮棒(＝バトン)を振る人。若い女性が行うことが多い。バトンガール。

**バトン-ルージュ**【Baton Rouge】アメリカ、ルイジアナ州の州都。ミシシッピ川東岸の商工業都市。フランス系移民が開拓した土地。石油化学・アルミニウム工業がさかん。人口二二万(一九八〇)。

**はな**【花・華】①顕花植物の有性生殖器官。萼片・花弁・雄しべ・雌しべからなる。花弁が癒合するか独立するかで合弁花・離弁花、雄しべと雌しべの一方だけか両方があるかで単性花・両性花に区別。咲いて実がなり、種ができる。フラワー。flower; blossom 用例 ―が散る。数え方 一つ・一輪・一枚・一本・一把・一束。②美しいこと。楽しいこと。栄えていること。また、その時期。prime 用例 ―の都。人生の―。③真髄・精粋などのたとえ。用例 武士道の―。④サクラの花。古くはウメの花。cherry blossom 用例 ―見。⑤「生け花」の略。用例 ―を習う。⑥「花札」の略。用例 ―を引く。⑦《「纏頭」とも》芸能人などに与える祝儀。チップ。tip 用例 ―をはずむ。↓図

**花が咲く**(はながさく)①開花する。bloom ②時節がめぐり来て、栄える。flourish ③にぎやかで、さかんになる。grow lively 用例 おしゃべりに―。

**花と散る**(はなとちる)↓ちる(散る)

**花に嵐**(はなにあらし)好い事には障害が多いことのたとえ。類似 月に叢雲、花に風。

**花に風**(はなにかぜ)「月に叢雲、花に風」の上略。

**花は折り度し梢は高し**(はなはおりたし こずえはたかし)花を手に入れたいけれども、高くてとどかない。理想と現実とがかけ離れているたとえ。

**花は桜木、人は武士**(はなはさくらぎ、ひとはぶし)花は桜が、人では武士がいちばんすぐれているということ。

**花は根に鳥は故巣に**(はなはねにとりはふるすに)《花は、その草や木の根元に散り落ちてやがて肥料となり、鳥は自分の古巣に帰るという意》すべての物はその根源に帰っていく、また、ふるさとは忘れられないというたとえ。

**花も恥じらう**(はなもはじらう)《花も引け目を覚えるの意から》若い女性の美しさを言うことば。sweet

**花も実も有る**(はなもみもある)名実ともに兼ね備えているたとえ。また人情みのあるたとえ。kind and useful

**花より団子**(はなよりだんご)①名声より実利を尊ぶたとえ。Pudding before praise ②風流を解しないたとえ。Bread is better than songs of birds. 比較 詩を作るより田を作れ。

**花を折る**(はなをおる)《花を折ってかざす意から》容姿を美しく飾る。容姿が美しい。

**花を咲かせる**(はなをさかせる)①成功する。社会的に活躍する。flourish 用例 最後の―。②にぎやかにする。merrymaking 用例 思い出話に―。

**花を添える**(はなをそえる)美しさ・華やかさを加える。美しいものにさらに美しいものを加え、華やかさを増す。add luster to 用例 錦上、―。

**花を散らす**(はなをちらす)①風などが花を枝から落とす。scatter ②美しいものをだいなしにする。また、若者を死なせる。spoil ③仏教の法会で、紙で作った五色の蓮華の花びらをまく。散華する。④けんかや合戦で激しくわたり合う。火花を散らす。fight furiously

**花を持たせる**(はなをもたせる)相手を目立たせるようにする。相手に有利になるように勝利・手柄などを譲る。save one's face

**花をやる**(はなをやる)華美をきわめる。ぜいたくを尽くす。派手にふるまう。

**はな**【▼洟】鼻汁。鼻水。snivel 用例 ―をかむ。

**洟も引っ掛けない**(はなもひっかけない)見向きもしない。まったく相手にしない。ignore completely

**はな**【鼻】㊀①哺乳類の顔の中央に突出し、呼吸気道として重要な器官。嗅覚をつかさどり、発声にも関与する。構造的に外鼻・鼻腔・副鼻腔からなる。nose ②臭覚。sense of smell 用例 ―がよい。㊁芥川竜之介の小説。大正五年(一九一六)発表。長い鼻をもつ禅智内供の心理の揺らぎを描く。作者の出世作。

**鼻うそやぐ**(はなうそやぐ)おかしさをこらえたり、おだてられたりして、鼻がむずむずする。

**鼻が胡坐をかく**(はながあぐらをかく)低くて横に広がり、鼻孔がやや上を向いている鼻を言ったもの。

**鼻が利く**(はながきく)①臭覚が敏感である。have a good nose ②利にさとい。金もうけに、抜け目がない。be clever at making money

**鼻が高い**(はながたかい)誇りに思う。得意である。be proud of

**鼻が凹む**(はながへこむ)相手にやりこめられる。

**鼻から提灯を出す**(はなからちょうちんをだす)鼻汁を風船のようにふくらませながら、いねむりしているようす。

**鼻突き合わせる**(はなつきあわせる)狭い場所に、大ぜいの人が集まっている。きわめて近くに寄り合う。また、いつも同じ人が顔を寄せ合う。crowded, face-to-face

**鼻突く**(はなつく)主君が家来をしかる。勘当する。鼻を突く。

**鼻であしらう**(はなであしらう)相手にまともに返事もせず、冷たい態度をとる。鼻先であしらう。treat with scorn

**鼻で笑う**(はなでわらう)ふんと鼻先で笑う。軽蔑したり、ばかにしたときの笑い方。sneer at

**鼻に掛かった**(はなにかかった)声が鼻を通して発せられることを言う。nasal 用例 ―甘え声。

**鼻に掛ける**(はなにかける)自慢する。boast of 類似 鼻にぶら下げる。

**鼻に付く**(はなにつく)①飽きていやになる。get sick and tired of 用例 あの言い方が、どうも―。②いやなにおいがする。stink

**鼻にぶら下げる**(はなにぶらさげる)《「鼻に掛ける」のさげすんだ言い方》自慢する。

**鼻の差**(はなのさ)《競馬で使われることばで、ゴールでの差がウマの鼻先しかないことから》わずかの差を言う。

**鼻の下が長い**(はなのしたがながい)女に甘い。be spoony on a woman

**鼻の下が干上がる**(はなのしたがひあがる)《「鼻の下」は、口のことから》生計の道を失う。暮らせせなくなる。

**鼻の下の建立**(はなのしたのこんりゅう)寄進を募るのが、実は社寺のためではなくて、募る人自身の生活のためであること。

**鼻の下を伸ばす**(はなのしたをのばす)女に対して甘い態度を示す。また、そのような性格がみえる。色香に迷う。鼻の下を長くする。be spoony on a woman

**鼻の下を養う**(はなのしたをやしなう)《「鼻の下」は口のことから》食ってゆく。また、生きてゆく。

**鼻びしびしに**(はなびしびしに)鼻水で鼻がつまり、ぐずぐずいわせているさま。また、鼻水をすすりあげているさま。

**鼻も動かさず**(はなもうごかさず)とりすました顔つきのさま。

**鼻を明かす**(はなをあかす)出し抜く。outwit

**鼻を蠢かす**(はなをうごめかす)さも得意そうなようすをする。また、自慢するさまに言う。be puffed up with pride

**鼻を折る**(はなをおる)相手の高慢な心をくじく。humble one's pride

**鼻を欠く**(はなをかく)大きな損をする。得るところが少なく、失うところが多い。

**鼻を挫く**(はなをくじく)相手の高慢な態度や自信、向こう気をうち砕く。鼻柱を折る。

**鼻を高くする**(はなをたかくする)①自慢する。be proud of ②面目をほどこす。

**鼻を突く**(はなをつく)①悪臭などが、臭覚をつよく刺激する。stink ②きわめて近く寄り合う。同じ人が、いつも顔をよせあう。always closeby 比較 鼻突き合わせる。③はげしくしかる。勘当する。鼻突く。

**鼻を撮まれても分からぬ**(はなをつままれてもわからぬ)まったくのくらやみで、一寸先も見えない。

**鼻を鳴らす**(はなをならす)甘えた声を出す。甘える。snort at; coo at

**鼻を放る**(はなをひる)くしゃみをする。

**鼻をへし折る**(はなをへしおる)「鼻を折る」を強めて言ったことば。

**はな**【▽端】①物事のはじめ。しょっぱな。beginning 用例 寝入り―。②物のはし。はずれ。先端。edge ③物のつき出た所。projecting part

**パナ**【PANA】《Pan Asia Newspaper Alliance の略》パナ通信。アジアを中心に世界のニュース写真などを配信する通信社。本社は香港。一九四九年設立。

**はな-あおい**【花▼葵】タチアオイの別名。

**はな-あかり**【花明(か)り】桜が満開で、夜でもそのあたりが明るく見えること。

**はな-あぶ**【花▼虻】ハナアブ科の昆虫の総称。その一種ハナアブは体長約一・五㎝。体は黒褐色に黄褐色の斑紋。花に集まる。幼虫は汚水にすむオナガウジ。hover fly ↓図

●ハナアブ

**はな-あぶら**【鼻脂】鼻の頭や小鼻のあたりから分泌するあぶら。はなのあぶら。

**鼻脂引く**(はなあぶらひく)十分に準備する。

**はな-あやめ**【花▼菖▼蒲】①アヤメの別名。②襲の色目の名。表は白、裏は萌葱。

**はな-あらし**【花▼嵐】①花どきに吹く強い風。②サクラの花がさかんに散ること。比較 花吹雪。

**はな-アレルギー**【鼻アレルギー】鼻の粘膜におこるアレルギー。くしゃみ・鼻じる・鼻

▼常用漢字表外。 ▽常用漢字表の音訓外。

づまりなどの症状が発作的に繰り返しおこる。花粉や動物の毛などが原因。アレルギー性鼻炎。nasal allergy 参照 花粉症。

**はな-あわせ**【花合(わ)せ】 ①平安時代、貴族のあいだで流行した遊び。二組みに分かれ、花(おもに桜)を持ち寄り、また、その花に和歌を詠みそえて優劣を競った。花くらべ。花いくさ。②花札を用いた遊び。同種の花の札を集め点数の多い少ないを競う。

**はな-いかだ**【花▼筏】 ①ミズキ科の落葉低木。山地の樹陰にはえる。高さ約一・五m。葉は楕円形で長さ五～一〇cm。雌雄異株。初夏に淡緑色の小花が葉の中央に咲く。果実は秋に

ハナイカダ①

熟し、若芽とともに食用。ママッコ。②紋所の名。いかだに桜や山吹の花が置かれたものなど。③花びらが水面に散って連なり流れているのを、いかだに見立てた語。↓図

花筏②

**はな-いかり**【花▼碇】 リンドウ科の二年草。日当たりのよい山地にはえる。茎は方形で、長楕円形の葉がつく。九月に、淡黄色で、花冠が四裂するいかり形の花が咲く。シベリア・サハリン・朝鮮半島・中国・日本などに分布。

**はな-いき**【鼻息】 ①鼻でする息。snort ②御機嫌。③意気ごみ。high spirit

**鼻息が荒い**(はないきがあらい) 意気込みが激しい。be self-assertive

**鼻息を窺う**(はないきをうかがう) 用心して、相手の意向や機嫌をそっと探る。consult another's pleasure

**はな-いくさ**【花▽軍】 ①サクラの花の枝で打ち合う遊び。②花合わせ。

**はな-いけ**【花生け・花▽活け】 ①花を生けること。flower arrangement ②花を生ける器。花瓶・花器。花入れ。vase

**はないずみ**【花泉】〈町〉 岩手県最南端、宮城県境の町。磐井牛の主産地として知られる。蝦島貝塚・杉山古墳群がある。人口一万七五六九(一九八八)。

**はな-いちもんめ**【花一匁】 子どもの遊びの一つ。二手に分かれて向かい合い、歌をうたいながら、お互いに相手方の一人を指名し、じゃんけんして勝った方がその子を加え、人数を増やしていく。

**パナイ-とう**【パナイ島】(Panay) フィリピン、ビサヤ諸島の島。面積一・二万km²。中心都市はイロイロ。

**はな-いばら**【花▼茨】 花の咲いている、いばら。花うばら。

**はな-いれ**【花入れ】 ①花を生けること。花生け。flower arrangement ②花を入れる器。茶道では「花は野にあるように」入れるという茶花の手法から、一般に花入れと総称。花生け。vase

**はな-いろ**【花色】 ①花の色。②はなだ色。うすいあい色。用例 ―もめん。

**はな-うた**【鼻歌・鼻▼唄】 鼻にかかった低い声でうたうこと。その歌。hum

**はなうた-まじり**【鼻歌交じり】 鼻歌をうたいながら事をすること。気楽なさま。hum a tune

**はな-うど**【花▽独▽活】 セリ科の多年草。河岸の草地などにはえ、大形。茎は太く中空で、葉は羽状複葉。初夏に大形の散形花序に白花をつける。若葉は食用。

**はな-お**【鼻緒・花緒】 下駄や草履などにすげる細いひも。また、そのうち、親指と次の指ではさむ部分。前緒。↓下駄図

**はなおか-こうざん**【花▼岡鉱山】 秋田県北東部、大館市にある日本有数の黒鉱鉱床の鉱山。銅・亜鉛・硫化鉄などを産出。

**はなおか-せいしゅう**【華▼岡青▼洲】(一七六〇～一八三五) 江戸末期の医師。紀伊の人。麻沸湯という麻酔剤を開発し、世界初の全身麻酔を施し、乳癌手術に成功した。

**はな-おこぜ**【花▼虎▽魚・花▼鰧】 流れ藻についているイザリウオ科の海水魚。全長約二〇cm。黄色地に褐色斑が全体に散在。体は著しく扁平で、各ひれからとげが突出する。胸びれ・腹びれは肉質で手足のように見える。本州中部以南に分布。sargassum fish

**はな-おち**【花落ち】 花が落ちてからまもなく食べる、キュウリ・ナスの若い実。

**はな-かいどう**【花海▼棠】 ↓かいどう(海棠)

**はな-かえで**【花▼楓】 ↓はなのき(花の木)

**はな-がさ**【花▼笠】 ①花でかざられた笠。②造花などでかざった祭り笠。神霊がやどるとされる。中世以来、各地に華麗な花笠を競う踊りが増えたのはその風流化。

**はながさ-おどり**【花▼笠踊(り)】 花笠をかぶって踊る民俗舞踊。また、その民謡。山形県のものが有名。

**はながさ-まつり**【花▼笠祭(り)】 山形県山形市で八月六～八日に行われる夏祭り。花で飾った笠を手に隊列を組み、花笠音頭に合わせて大通りを踊り歩く。東北の代表的な祭りの一つ。↓写

花笠祭り

**はな-かずら**【花▼鬘】 ①その季節の花を、かんざしとして挿すもの。②造花で飾ったかずら。

**はな-かぜ**【鼻風邪】 かぜの一つの症状。おもに鼻に症状が現れた場合。鼻の乾いた感じやむずむずした感じがあり、くしゃみを連発し、発熱などの全身症状をともない、鼻じる・鼻づまりが現れてくる。coryza

**はな-がた**【花形】 ①花の形・模様。floral pattern ②人気のある人・俳優。スター。star 比較 立て役者。③いちばん活動して目立つもの。favorite 用例 時代の―。

**はながた-かぶ**【花形株】 証券市場で人気がある株式銘柄。人気株。popular stock

**はな-かたばみ**【花▽酢▼漿▽草】 カタバミ科の多年草。秋に直径約三cmの美しい紅色の花が咲く。アフリカ喜望峰地方原産。

**はな-がたみ**【花▼筐】 花かご。

**はな-がつお**【花▼鰹】 かつおぶしを、薄く削ったもの。

**はな-がみ**【鼻紙】 鼻汁などをかむとき使う紙。ちり紙。tissue paper

**はな-かつみ**【花勝見】 マコモの古名。

**はな-かみきり**【花▽天▽牛】 カミキリムシ科の甲虫の一群。中形から小形で体は細い。多くは花に集まり、花粉を食べる。日本産は約一二〇種。

**はな-かめむし**【花▼亀虫】 草間や草上・樹上などにすむハナカメムシ科に属する小昆虫の総称。体長数ミリメートルのカメムシ類。アブラムシやズイムシなどを捕食するものがある。日本に一〇種以上が分布。flower bug

**はな-ガルタ**【花ガルタ】 ↓はなふだ(花札)

**はな-かんざし**【花▼簪】 ①造花などで飾ったかんざし。②キク科の一年草。高さ約五〇cm。葉は線形。直立した茎に淡紅か白色の頭状花を一個つける。オーストラリア原産。アクロクリニウム。「別名。

**はな-かんらん**【花甘▼藍】 カリフラワーの

**はな-ぎ**【鼻木】 牛の鼻に通す木の輪。

**はな-キャベツ**【花キャベツ】 ↓カリフラワー

**はな-きりん**【花▼麒▼麟】 トウダイグサ科の多肉植物。茎は暗褐色。葉の基部に一対のとげ。葉は長楕円形。春～秋、紅色の花が咲く。園芸品種が多い。マダガスカル原産。

**はな-きんぽうげ**【花金▼鳳▽花】 ラナンキュラスの別名。

**はな-ぐすり**【鼻薬】 ①鼻全般の疾患に用いられる薬物。点鼻・吸入・塗布などによって鼻腔内に作用させる。medicine for the nose ②子どもなどをなだめすかすための菓子など。soothing sweets ③わずかの賄賂。petty bribe 用例 ―をきかす。

**鼻薬を嗅がせる**(はなぐすりをかがせる) 賄賂を贈る。give a bribe

**はな-くそ**【鼻▼糞・鼻▼屎】 ①鼻汁に、ほこりや細菌が混じって固まったもの。nose mucus ②《比喩的》無価値なもの。worthless thing

**鼻糞丸めて万金丹**(はなくそまるめてまんきんたん) 《「万金丹」は万病に効くという丸薬》①効きめのない薬をあざけって言う語。②鼻くそをほじっている子をはやしたてることば。

**はな-くばり**【花配り】 いけばなの根元を花瓶に安定させるための留め木・留め具。とくに根元の乱れを嫌う格花では、流儀によって種々工夫された。又木配り・薬研配りなどがある。

**はな-ぐま**【鼻▼熊】 アライグマ科の食肉類。体長約五〇cm。鼻づらが長い。森林にすみ木登りが巧み。雑食性。北米から南米に分布。coati ↓写

ハナグマ

**はな-ぐもり**【花曇(り)】 桜の咲くころの薄曇りの空模様。

**はな-くよう**【花供養】 ↓かんぶつえ(灌仏会)

**はな-ぐわい**【花▽慈▼姑】 オモダカの別名。

**はな-ぐわし**【花▽細し】 [枕ことば]《「くわし」は、美しい意。その花が美しいことから》「桜・葦」などにかかる。用例 ―葦垣越しにただ一目相見し児ゆゑ千遍嘆きつ(万葉・一一・二五六五)。

**はな-げ**【鼻毛】 鼻の中に生えている毛。hairs in the nostrils

**鼻毛が長い**(はなげがながい) 女にうつつをぬかしているさまに言う。

**鼻毛で蜻蛉を釣る**(はなげでとんぼをつる) 鼻毛をのばしていることに言う。参照 阿呆の鼻毛で蜻蛉を繋ぐ。

**鼻毛を数える**(はなげをかぞえる) 「鼻毛を読む」と同意。

**鼻毛を抜かれる**(はなげをぬかれる) 出し抜かれる。だまされる。be outwitted

**鼻毛を抜く**(はなげをぬく) 出し抜いたり、たぶらかしたりする。outwit

**鼻毛を伸ばす**(はなげをのばす) 女の言うままになる。be spoony on 比較 鼻の下を伸ばす。

**鼻毛を読む**(はなげをよむ) 女が、甘い男をもてあそぶ。trifle with

**はなご**【花子】 狂言の曲名。情人の花子の所から帰宅した男が、妻を太郎冠者と思い込み、小歌まじりにのろけ、ひどい目にあう。歌舞伎舞踊化されたものが『身替座禅』。

**はな-こうじ**【花▼柑子】 花の咲いているコウジミカン。また、その花。

**はな-ごえ**【鼻声】 ①甘えたり、風邪をひいたりしたときなどの、鼻にかかった声。nasal voice ②涙などで、鼻のつまった声。nasal voice

**はな-ごおり**【花氷】 中に花を入れてつくった、氷の柱や塊。

**はな-ごけ**【花▼苔】 高山または寒地に群生するハナゴケ科ハナゴケ属の地衣類。高さ約一〇cm。密に分枝して、樹枝状となる。全体は灰白色。日本にはミヤマハナゴケなど数十種ある。reindeer moss ↓図

ハナゴケ

**はな-ごころ**【花心】 変わりやすい心。浮気。

**はな-ござ**【花▼茣▼蓙・花▼蓙】 イグサで色模様を織り出したうすべり。花むしろ。

**はな-ことば**【花言葉・花▽詞】 種々の花にその特質に基づいて意味をもたせたことば。花に意味をもたせて人に贈る風習は中世の騎士にはじまり、一九世紀に一般に広まった。バラは「恋」、月桂樹は「光栄」など。

**はな-ごよみ**【花暦】 季節の順に、咲く花とその花の名所とを書いた暦。

**はなごよみはっしょうじん**【花暦八笑人】 滑稽本。五編。文政三～嘉永二年(一八

二〇〜四九)刊。四編まで滝亭鯉丈(りゅうていりじょう)作。江戸の八人ののらくら者が花見などで茶番を演じ、趣向の失敗を重ねる滑稽を描く。

**はな-ごろも【花衣】** ①桜襲(さくらがさね)の衣服。表は白だが、裏は花色・濃いえび色などの諸説がある。②華やかな衣。

**はな-さ【鼻差】** 競馬で、馬の鼻づらの分ほどの着差。差をいうときのことばの中でもっとも微少な差を示す語で、タイム差はない。by a nose

**はなさかじじい【花咲▾爺】** 昔話の一つ。正直者のおじいさんが、小犬の手引きで宝物を掘りあてたり、枯れ木に花を咲かせたりするという物語。

**はな-ざかり【花盛り】** ①花が咲き乱れていること・ころ。flowers at their best ②物事の勢いがさかんなこと・ころ。the heights ③女性の、もっとも美しい年ごろ。妙齢。the bloom of youth

**はな-さき【鼻先】** ①鼻の先。the tip of the nose ②目の前。手近。under one's nose 用例 完成が―に近づく。③《「端先」とも》物の先端。tip

**鼻先であしらう**(はなさきであしらう) 相手をばかにして、軽く応対する。鼻であしらう。turn up one's nose at

**鼻先で笑う**(はなさきでわらう) 相手をいかにもばかにしたようにして、笑う。軽蔑したように笑う。鼻の先で笑う。sneer at

**はなさき-がに【花咲▾蟹】** 異尾類タラバガニ科の甲殻類。ヤドカリ類に近縁。甲は暗赤紫色で、甲幅長とも約一五cm。甲・脚に多数の突起がある。浅海にすむ。食用。ベーリング海・オホーツク海などに分布。↓図

● ハナサキガニ

**はな-ざくら【花桜】** サクラの花。

**はな-ささげ【花▾豇▿豆】** ベニバナインゲンの方言。

**はな-サフラン【花サフラン】** クロッカスの別名。

**はなさんじん【鼻山人】**(一七九一〜一八五八) 江戸後期の戯作者。本名、細川浪次郎。別号は東里山人。山東京伝の門に入り、洒落本・合巻・人情本を手がけた。作品『花街鑑』など。

**はなし** 16画【▾噺】 部首[口]くちへん 和製漢字 JIS 4024
↓はなし[話]②⑤

**はなし【話】** ①話すこと。おしゃべり。談話。story 用例 おもしろい―。②《「噺」とも》物語。story; tale 用例 母は毎晩、古い日本の―を聞かせてくれた。③うわさ。事情。rumor 用例 近く外国へ行くという―だ。④相談。talk 用例 ―に乗る。⑤《「咄」・「噺」とも》落語。小話。⑥言うだけで実行しないこと。all talk and no deed 用例 ―にすぎない。⑦わけ。こと。reason 用例 そういう―なら考えましょう。

**話が落ちる**(はなしがおちる) 話の内容が下品になる。talk wildly and indecently

**話が付く**(はなしがつく) 話し合いがまとまる。come to an agreement

**話が弾む**(はなしがはずむ) 互いに興味のある話題で意気投合する。次から次へさまざまな話がでて、活気をおびる。have a lively conversation

**話が解る**(はなしがわかる) 世事や人情に通じていて、人の言うこと、思うことをよく理解してくれる。understanding

**話に尾鰭が付く**(はなしにおひれがつく) 話がおおげさになる。

**話にならない**(はなしにならない) ①話す値打ちがない。not worth ②問題にならない。あきれてものが言えない。out of the question; impossible

**話に花が咲く**(はなしにはながさく) 次から次へといろいろな話題が出て話がはずむ。have a lively conversation about

**話に実が入る**(はなしにみがはいる) 話に夢中になる。be absorbed in conversation

**話の腰を折る**(はなしのこしをおる) 話が興に乗ったところで中断させる。話を中途でさえぎる。interrupt

**話の種**(はなしのたね) 話の材料。話題。用例 ―をさがす。

**話の継ぎ穂**(はなしのつぎほ) 話を続けたり、つなげたりするきっかけ。また、話の手がかり。

**話を付ける**(はなしをつける) ある事柄について、相手と話し合って、決着をつける。negotiate

**ぱなし【放し】**(接尾) そのままにする、の意。用例 やりっ―。

**はなし-あい【話(し)合い】** 相談。consultation

● ハナシノブ

**はなし-あいて【話(し)相手】** 話をする相手。また、話をするのに気の合う相手。someone to talk to

**はなし-あ・う【話(し)合う】**(五他) ①互いに話す。talk with ②相談する。discuss

**バナジウム【vanadium】** 金属元素。記号V。原子番号二三。原子量五〇・九。比重五・八。銀白色で空気中で安定。主要鉱石はカルノー石。超電導材料・高張力鋼・触媒(五酸化バナジウム)などに用いる。バナジン。

**バナジウム-こう【バナジウム鋼】** 微量のバナジウムを添加して強度を増した鋼。工具鋼・磁石鋼などに用いられる。vanadium steel

**はなし-か【▾咄家・▾噺家】** 落語を演ずることを職業とする人。落語家。

**はなし-がい【放し飼い】** ①家畜をつながないで飼うこと。野飼い。放牧。はなちがい。pasturage ②仏教で、放生会(ほうじょうえ)のこと。

**はなし-か・ける【話(し)掛ける】**(下一他) ①相手に話をしかける。address ②話を始める。begin to talk

**はなし-ことば【話(し)言葉】** 文字によらず、音声によって口から耳に伝えられる言語。日常の生活で用いられることば。緩急や音調が重要な役割を演じ、身振り・表情・場面が表現と理解を助ける。対義 書き言葉。

**はなし-こ・む【話(し)込む】**(五自) 話に夢中になる。長い時間をかけて話す。be deep in talk

**はなし-じょうず【話(し)上手】**(名・形動) 話のうまいこと・さま・人。good talker 対義 聞き上手。

**話上手は聞き上手**(はなしじょうずはききじょうず) 話をするのがじょうずな人は、人の話を聞くのもじょうずなものだ。

**はなしずめ-の-まつり【▿鎮▿花祭(り)】** ↓ちんかさい(鎮花祭)

**はなし-て【話(し)手】** 話をする人。話者。speaker 対義 聞き手。

**はな-じどうしゃ【花自動車】** 祝祭日などに造花その他で飾りたてて運転する自動車。

**はな-しのぶ【花忍】** ハナシノブ科の多年草。高さ約八〇cm。葉は奇数羽状複葉で、小葉は対生し、夏、紫色の五弁花が咲く。九州にみられる。ミヤマハナシノブなど変種が多い。↓写

**はなし-はんぶん【話半分】** 話はとかく誇張されるものだから、事実はその半分くらいと思ってよいこと。take a story with a grain of salt 比較 針小棒大。

**はなし-ぼん【▾咄本・▾噺本】** 江戸時代に出版された笑話を集めた本。軽口本。落咄本。

**はな-しゅくしゃ【花縮砂】** ↓ジンジャー①

**はな-じゅんさい【花▾蓴菜】** アサザの異名。水面に浮かぶ葉がジュンサイに似る。

**はな-しょうぶ【花▾菖▾蒲】** アヤメ科の多年草。地下茎からつるぎ状の葉を出し、高さ約八〇cm。湿地や水辺に広く栽培される。六月ごろ、白・淡紅・紫紅などの大形の花が咲く。江戸系・伊勢系・肥後系がある。↓写

**はな-じる【鼻汁】** 鼻から出る粘り気のある液体。はなしる。mucus

**はな-じろ・む【鼻白む】**(五自) 意外なことが起こって興ざめた顔つきをする。気後れした顔つきをする。look daunted

**はな・す【放す】**(五他) ①解放する。自由にする。set free 用例 池にコイを―。②空高く行かせる。飛ばす。let go 用例 鳥を―。③持っていたり、握っていたりするのをやめる。let go 用例 手を―。ハンドルを―。④汁などに入れて散らばらせる。scatter 用例 ナスを水に―。⑤《動詞の連用形に付いて》㋐そのままにほうっておく。㋑その状態を続ける。用例 開け―。

**はな・す【話す】**(五他) ①しゃべる。言う。語る。speak 用例 おかしく―。電話で―。②述べ合う。相談する。converse 用例 ―に足りない。③言って納得させる。explain 用例 ―・せばわかる。④ある言語を使う。speak 用例 中国語を―。

**はな・す【離す】**(五他) ①くっついていたものを解き分ける。はなればなれにする。separate 用例 握った手を―。②間をあける。遠ざける。keep apart 用例 机と机を―。五メートル―・してゴールインする。

**目を離す**(めをはなす) 注意を怠る。take one's eyes off

**はな-ずおう【花▾蘇▿芳】** マメ科の落葉小高木。高さ約四m。庭木などに栽培。葉は円形で互生。四月に、紅紫色の蝶形(ちょうけい)花が咲く。中国原産。↓写

● ハナズオウ

**はな-すげ【花▾菅・▿知▿母】** ユリ科の多年草。葉は根生で狭線形、スゲに似る。夏約九〇cmの花茎に淡紫色の小花を穂状につける。根茎は「知母(ちも)」といい、解熱剤。中国原産。ヤマシ。

**はな-すじ【鼻筋】** 眉間(みけん)から鼻の先までの線。ridge of the nose

**鼻筋が通る**(はなすじがとおる) 眉間から鼻の先までの線がまっすぐである。顔だちが、すっきり整っているさまに言う。with a shapely nose

**はな-すすき【花▿薄】** ①穂の出たススキ。②[枕ことば]《「穂」と同音を含むことから》「ほに出(い)づ・ほのか」にかかる。用例 ―ほにいでてこひば名をおしみしたゆふひものむすぼほれつつ(古今・恋三)。

**はな-ずもう【花相撲】** 本場所以外の相撲興行。勝負は、力士の番付や給金に関係がなく、本場所には見られない余興なども行われる。巡業・引退・慈善などの興行。

**はな-ぜきしょう【花石▾菖】** ユリ科の多年草。山地の湿った岩上にはえる。高さ一四〜三〇cm。根出葉は線形。七月ごろ、白花を花茎に多数つける。関東以西に分布。

**はな・せる【話せる】**(下一自) ①話すことができる。can speak 用例 英語が―。②話がよ

● ハナショウブ

町娘(江戸系)

藤袴(伊勢系)

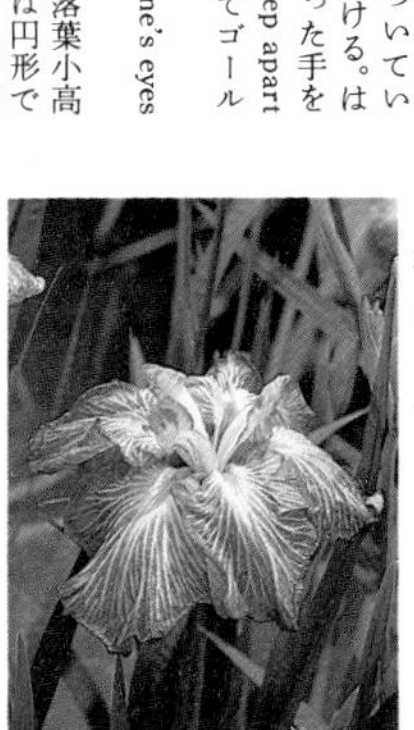
舞扇(肥後系)

▾ 常用漢字表外。 ▿ 常用漢字表の音訓外。

くわかる。話しがいがある。話す値打ちがある。sensible 用例 彼は―男だ。

**はな-ぞの【花園】** 花の咲く草木を植えた庭。flower garden

**はなぞの【花園】** 京都市右京区、衣笠山南麓の地区。南北朝時代、花園天皇の勅願で創建された妙心寺や、竜安寺・仁和寺などがある。

**はなぞの【花園】**〈町〉埼玉県北西部、熊谷市の西方にある町。荒川沿いの農業の町で、花卉栽培がさかん。人口一万一四一一(一九八八)。

**はなぞの【花園】**〈村〉和歌山県北部、有田川最上流部にある村。昭和二八年(一九五三)の大水害後過疎化。高野竜神スカイラインが通る。人口六六八(一九八八)。

**はなぞの-おどり【花園踊(り)】** 京都の北郊、花園村(現左京区岩倉花園町)周辺で盆に行われた念仏踊りの一種。少年少女や新婦が、大きな灯籠を頭に乗せ、笛・太鼓に合わせて念仏を唱えながら踊る。

**はなぞの-てんのう【花園天皇】**(一二九七〜一三四八) 第九五代天皇(在位一三〇八〜一八)。伏見天皇の第二皇子。持明院統に属した。和歌をよくし『風雅和歌集』の撰者。日記『花園天皇宸記』は鎌倉末期の重要史料。

**はなだ【縹】**《「縹色」の略》薄いあい色。pale blue

**はな-だい【花代】** 芸・娼妓などを揚げる料金。壇ノ浦の合戦で生き残った女官たちが山野で花を摘み、花を売ると同時に春をひさいだことからという。玉代。線香代。

**はな-だいこん【花大根】** アブラナ科の多年草。高さ約八〇cm。長楕円形の葉が互生。春、芳香のある淡紫色の十字花が開く。ヨーロッパ原産。明治初年に渡来した。観賞用として栽培。

**はな-たうえ【花田植(え)】** 中国地方山間部で五月下旬〜六月中旬に行う田植え行事。古風な囃子をともない、飾りつけた花牛が代掻きをしたあと、早乙女が田植え歌を歌い苗を植える。広島県山県郡千代田町壬生のものは有名。囃子田。

**はな-たかだか【鼻高高】**(形動) たいへん得意なさま。very proud

**はなだ-きよてる【花田清輝】**(一九〇九〜七四) 文芸評論家。福岡市生まれ。京大卒。マルクス主義と前衛芸術の総合につとめた。評論『復興期の精神』、小説集『鳥獣戯話』など。

**はなだ-ぐさ【縹草】** ツユクサの異名。

**はな-たけ【鼻茸】** 鼻腔中にできる炎症性のはれもの。鼻づまりがひどく、完全に通らなくなることもある。上顎癌などとの鑑別が必要。鼻ポリープ。びじょう。nasal polyp

**はな-たちばな【花橘】** ①タチバナの花の美称。②襲の色目の名。表は朽ち葉、裏は青。四、五月用。

**はな-たて【花立て】** ①花をさす器。花生け。②墓前の花生け。

**はな-たで【花蓼】** タデ科の一年草。葉は狭卵形、黄緑色で互生。秋、枝の先に細い花穂を出し、淡紅色の花をつける。

**はな-たば【花束】** 何本もの花を束ねたもの。ブーケ。bouquet; bunch of flowers

**はな-だより【花便り】** 花の咲いている様子を知らせる便り。花信。tidings of blossoms

**はな-たらし【洟垂らし】** ＝洟っ垂れ・洟垂れ。①いつも、鼻汁を垂らしていること・子ども。sniveler ②若者や経験の浅い者をあざけっていう語。kid

**はな-たれ【洟垂れ】** ↓はなたらし(洟垂らし)

**はな-ぢ【鼻血】** 鼻腔または副鼻腔からの出血。また、その血。原因は外傷・炎症・血管腫・悪性腫瘍のほか、血液疾患・循環器疾患など。nosebleed

**はなち-いで【放ち出で】** ↓こざしき(小座敷)②

**はなち-がい【放ち飼い】** ↓はなしがい(放し飼い)①

**はな・つ【放つ】** 文語的 (五他) ①解き放す。自由にする。用例 虎を野に―。②捨てる。追放する。用例 罪人を島に―。③《「発つ」とも》発射する。出す。用例 悪臭を―。④あらわす。用例 異彩を―。⑤火をつける。用例 野に火を―。⑥送り出す。用例 密偵を―。show

**はな-づくし【花尽(く)し】** ①種々の花の名をあげること。②種々の花を描いた模様。

**はな-づな【鼻綱】** 牛をつなぐために鼻輪につけた綱。鼻がい。

**はなっ-ぱし【鼻っぱし】** 見かけの元気。負けん気。はなっぱしら。

**はなっ-ぱしら【鼻っ柱】** きかん気。向こう気。はなっぱし。はなばしら。

**鼻っ柱が強い**(はなっぱしらがつよい) 頑固で主張を曲げない。強情だ。defiant

**鼻っ柱をへし折る**(はなっぱしらをへしおる) 負けまいとして張り合う相手の、自信・高慢な心を屈伏させる。鼻柱を折る。鼻を折る。take a person down a peg

**はな-つまみ【鼻摘み】**《鼻をつまんで、くさいにおいを避けることから》嫌われ者。disgusting fellow

**はな-づまり【鼻詰(ま)り】** 鼻の中がはれたり、鼻汁がたまったりして、鼻で呼吸することができないこと。nasal obstruction

**はな-つめくさ【花詰草】** シバザクラの別名。

**はな-づら【鼻面】** 鼻先。鼻のはし。muzzle

**鼻面を引き回す**(はなづらをひきまわす) 他人を、自分の思うままに支配する。lead a person by the nose 用例 亭主の―。

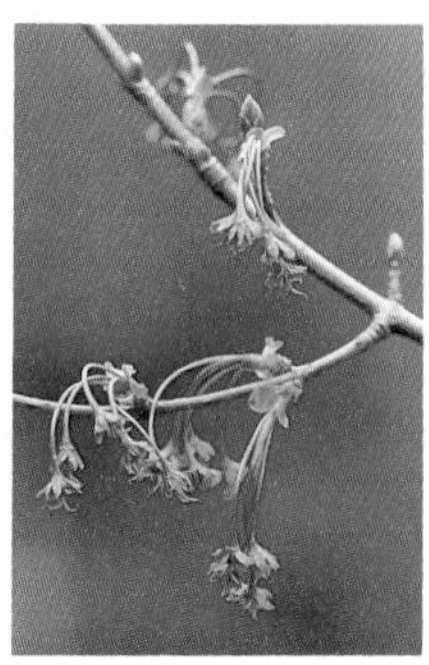
●ハナノキ 雌花。

**はな-つんぼ【鼻聾】** 鼻がにおいを感じないこと。

**はな-でんしゃ【花電車】** ①祝い事や記念日などのパレードのために、周囲を造花などで美しく飾って走る電車。streetcar float ②カンザシウミウシ科の海生動物。刺激を受けると青白い光を放つ。

**はな-どき【花時】** 春、種々の花、とくに、サクラの花の咲く時期。

**はな-どけい【花時計】** ①円形を一二等分して、開花期の違う花を右回りに順に植えた花壇。②文字盤を花壇にした時計。花壇に時計を内蔵させて、花壇上で大きな針を回転させて時刻を示す。flower clock

**はなと-こばこ【花登筐】**(一九二八〜八三) 劇作家・演出家・小説家。滋賀県生まれ。同志社大卒。関西を題材とする劇で有名。喜劇『番頭はんと丁稚どん』など。

**はな-とらのお【花虎尾】** ↓フィソステギア

**バナナ【banana】** バショウ科の多年草。品種は多い。高さ一mから数メートル。地下茎から長大な偽茎を出す。葉は大きな楕円形。雌雄同株。果実は食用となり栄養に富む。東南アジア原産。数え方 一房・一本。↓写

●バナナ

**バナナ-せせり【バナナ挵蝶】** 大形のセセリチョウ。開張約六cm。幼虫の食草はバナナなどバショウ科の植物。東洋熱帯に分布。沖縄でも繁殖。

**はな-にら【花韮】** ユリ科の耐寒性球根草。葉は広線形、灰緑色で根生。春夏に、星形で、白に淡青色を帯びる花を開く。ニラに似た臭気がある。南米原産。庭園用。

**はなの-あに【花の兄】** ウメの雅称。

**はなの-おう【花の王】** ボタンの雅称。

**はなの-おとと【花の弟】** キクの雅称。

**はなの-き【花の木】** カエデ科の落葉高木。山間の湿地にまれにはえる。高さ約一二m。葉は浅く三裂し、秋に、紅葉。雌雄異株。春、新葉に先だって紅色の花が咲く。ハナカエデ。↓写

**はなの-ごしょ【花の御所】** 室町幕府三代将軍の足利義満が、京都室町に造った新邸宅。永和四年(一三七八)完成。庭園に多くの草花を植えたことによる呼称。室町殿。室町幕府の称はこの室町殿の名に由来。

**はなの-さいしょう【花の宰相】** シャクヤクの雅称。

**はなの-じょうざ【花の定座】** 連歌・連句の一巻で、花の句を詠むべきところ。

**はなの-みやこ【花の都】** 栄えて華やかな都会。用例 ―パリ。

**はなの-もと【花の下】** 鎌倉期の地下層の連歌愛好者の称。のち、連歌の宗匠の尊称となり、室町期に、将軍から公認された連歌界最高の指導者の称号となった。

**はなの-やど【花の宿】** ①花の美しい宿。②りっぱな宿。

**はな-ばさみ【花鋏】** 花や木の小枝を切るはさみ。florist's scissors

**はな-ばしら【鼻柱】** ①鼻の左右の穴を分けている中央の肉。bridge of the nose ②鼻を隆起させている骨。nasal bone 比較 鼻筋。③↓はなっぱしら(鼻っ柱)

**はな-はずかし・い【花恥ずかしい】**(形) ①花もはじらうほどういういしい。charmingly naive 用例 ―年ごろ。②年若い女性がはじらっているようすである。shy

**はなはだ【甚だ・太だ】**(副) 非常に。大層。大変。extremely

**はな-ばたけ【花畑】** 草花を栽培する畑。flower garden

**はなはだ-し・い【甚だしい・太だしい】**(形) 程度を過ぎている。ひどい。extreme 用例 非常識も―。派生 はなはだしさ(名)

**はなはだ-もって【甚だ以て】**(連語)《「甚だ」の強意》まことに。まったく。すこぶる。greatly 用例 ―遺憾に思う。

**はな-ばち【花蜂】** 花に集まるミツバチ上科のハチの総称。一般に雌に花粉採集用の毛が発達。花粉や蜜で幼虫を育てる。ミツバチ・ヒメハナバチなど。bumblebee

**はなばな-し・い【花花しい・華華しい】**(形) 非常にりっぱだ。はでやかだ。glorious 用例 ―く火花が散る。派生 はなばなしさ(名)

**はな-び【花火・煙火】** 黒色火薬類を調合して玉や筒などに詰めたもの。それが空中で火花を放ったり音響を発生したりするのを観賞する。打ち上げ花火・仕掛け花火・玩具花火(線香花火など)など多種。fireworks

**はな-びえ【花冷え】** 春、サクラの花の咲くころに来る一時的な寒さ。

**はな-びし【花菱】** ①文様の一種。四つの菱形を構成して花のように見せたもの。奈良時代から平安時代にかけて流行。格調高く優美。②紋所の名。①を紋章化したもの。↓図

●花菱②

**はなびし-あちゃこ【花菱アチャコ】**(一八九七〜一九七四) 漫才師。本名、藤木徳郎。大阪生まれ。横山エンタツとのコンビで人気を得、関西漫才を代表した。第二次大戦後は幅広い芸能人として活躍。

**はなびし-そう【花菱草】** ケシ科の観賞用の多年草。高さ約五〇cm。葉は糸状に細裂し柔らかい。初夏に、大形の黄花を開く。北米原産。カリフォルニアポピー。California poppy ↓写

●ハナビシソウ

**はなび-せんこう【花火線香】**《方言》関西などで、線香花火。

**はな-びら【花弁・花瓣】** 花冠をつくっている薄片。花被の内側にある内花被が大きくなり、色素が集積して着色し、美しくなったもの。かべん。petal 数え方 一枚・一ひら。

**はなひりのき【嚏の木】** ツツジ科の落葉低木。中部以北にはえる。葉は長楕円形で毛状の鋸歯をもつ。夏、淡緑色壺状の花を垂らす。葉は有毒で、殺虫剤に使う。葉の粉末で、くしゃみが出ることからの名。



↓ 行き先項目、図版・写真参照印。 JIS 日本工業規格情報交換用漢字符号コード(区点コード)。

**はな・ひる【▼嚔る】** 古語 (上一自) くしゃみをする。用例 正月一日に最初に——・ひたる人(枕・したり顔なるもの)。参考 上代は「はなふ」で上二段活用。

**はな-ぶえ【鼻笛】** ①鼻で笛をふくこと。また、そうして施しを請うこじき。②鼻歌。③呼び子の笛。

**鼻笛を吹く**(はなぶえをふく) ①鼻歌をうたう。②得意『になったようす。

**はな-ぶさ【花房】** ①植物の蕚。calyx ②フジの花などのように房状にさく花。

**はなぶさ-いっちょう【▽英一▼蝶】**(一六五二〜一七二四) 江戸前・中期の画家。初名は多賀朝湖。京都の人。江戸で狩野安信に学ぶ。幕府の忌諱に触れ、三宅島へ流罪。軽妙な風俗画で有名。作品『朝暾曳馬図』など。↓写

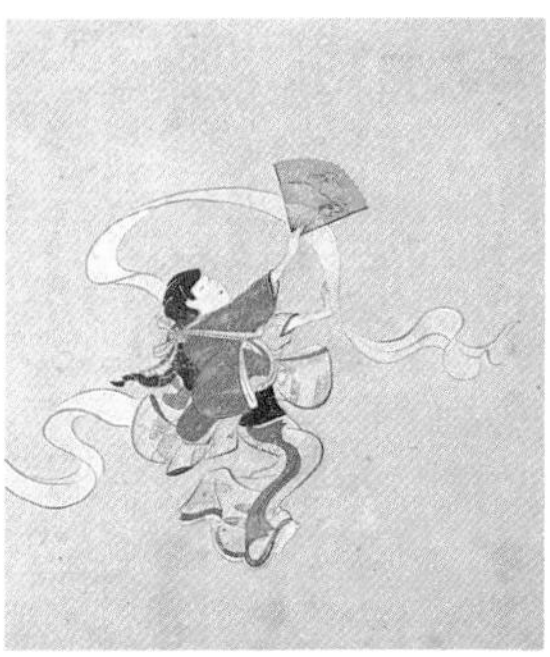
●英一蝶『布晒舞図』(部分)。江戸時代中期、遠山記念館(埼玉県)。

**はなぶさそうし【▽英草紙】** 近路行者作の読本。五巻。寛延二年(一七四九)刊。中国小説の翻案。和漢混交文体で、読本の祖といわれる。

**はな-ふだ【花札】** 花合わせに用いるカルタ。江戸時代に考案されたといわれる。一月から一二月までの各月に、松・梅・桜・藤・杜若と菖蒲・牡丹・萩・薄と月・菊・紅葉・柳と雨・桐をあて、各四枚計四八枚からなる。花ガルタ。

**はな-ふぶき【花吹雪】** サクラの花びらが乱れ散るさまを、吹雪にたとえた語。比較 花あらし。

**はな-へん【鼻偏】** 漢字を組み立てている部分の名。「鼾」などの左にある「鼻」。

**パナマ【panama】** ①「パナマ草」の略。②「パナマ帽」の略。

**パナマ【Panama・巴奈馬】**(Republic of Panama) 南北アメリカを結ぶパナマ地峡部の共和国。首都パナマ。一九〇三年大コロンビアから分離し独立。国土の中央部にパナマ運河があり、アメリカからの運河使用料が大きな収入源。面積七・七万km²。人口二三三万(一九八六)。正称パナマ共和国。

●花祭り① 護国寺(東京都)。

**パナマ【Panama】**〈市〉 パナマの首都。太平洋岸、パナマ運河入り口の港湾都市。国際商業都市。一六世紀初めから一八世紀中ごろまで、ペルーとスペインの貿易中継地として繁栄。人口三八・九万(一九八〇)。

**パナマ-うんが【パナマ運河】**(Panama Canal) パナマ中部のパナマ地峡にあり、太平洋と大西洋(カリブ海)を結ぶ閘門式運河。一九一四年アメリカ工兵隊の手で完成。長さ六七・五km。現在アメリカが管理しているが、一九九九年末にパナマへ返還される予定。

**パナマうんが-ちたい【パナマ運河地帯】**(Panama Canal Zone) パナマ運河の両側各八kmの地域。現在アメリカの租借地となっている。

**はな-まがり【鼻曲(が)り】**《俗語》①鼻が曲がっていること。bent nose ②つむじ曲がり。へそまがり。perverse fellow ③秋に川をのぼる雄ザケで、生殖期のため上あごが鉤状に曲がっているもの。

**はなまき【花巻】**〈市〉 岩手県中部、北上川沿いの市。農林業・工業がさかん。花巻温泉郷で知られる。宮沢賢治の生地。人口六万九九三六(一九八八)。

**パナマ-クロス【panama cloth】** 粗い目で織ってある毛織物。薄地で軽く、硬い感じで通気性に富む。また、木綿物は婦人帽子の芯に使用。パームビーチ。

**パナマ-そう【パナマ草】** 南米原産のヤシに似たパナマソウ科の多年草。葉は掌状で径約一m。葉柄の長さ約四m。繊維作物として知られ、若葉でパナマ帽などを編む。パナマ。Panama hat palm

**はな-まち【花街】** 料亭・揚げ屋などが集まっている町。色町。色里。red-light district

**パナマ-ちきょう【パナマ地峡】**(Isthmus of Panama) 中央アメリカのパナマ中部、パナマ運河がある狭い陸地。もっとも狭い所で幅五五km。

**はな-まつり【花祭(り)】** ①灌仏会の通称。②愛知県北設楽地方で、年末から正月にかけて行われる神事。湯立ての神楽を奉納し、生命の復活と五穀豊穣を祈願するもの。↓写

**パナマ-ぼう【パナマ帽】** 中南米産のパナマ草を細くし漂白した繊維で編んだ夏用の帽子。化繊やヤシ科の繊維でも作る。パナマ。panama hat

**はな-み【花見】** 花、とくにサクラの花をながめながら、飲食し楽しむこと。春の耕作開始に先だつ神祭で、特定の日に行われたが、のち行楽化。↓写

**はな-み【花実】** 花と実。名と実。name and reality 用例 死んで——が咲くものか。

**花実が咲く**(はなみがさく) 栄誉に輝く。よい結果を得る。bear fruit

**は-なみ【歯並(み)】** 歯のならんだ形。歯ならび。dentition

**はなみ-こそで【花見小▼袖】** 昔、花見に婦女が着た派手な小袖。桜の木の間に掛け渡して仮の幕とし、その前で酒宴を催した。

**はな-みず【鼻水】** 水っぽい鼻汁。mucus

**はな-みずき【花水木】** 庭木などに栽培されるミズキ科の落葉小高木。高さ約五m。葉は広楕円形で対生し、秋に紅葉。春に、花弁状の白または淡紅色の総苞を四枚つける。アメリカヤマボウシ。アメリカハナミズキ。American dogwood ↓写

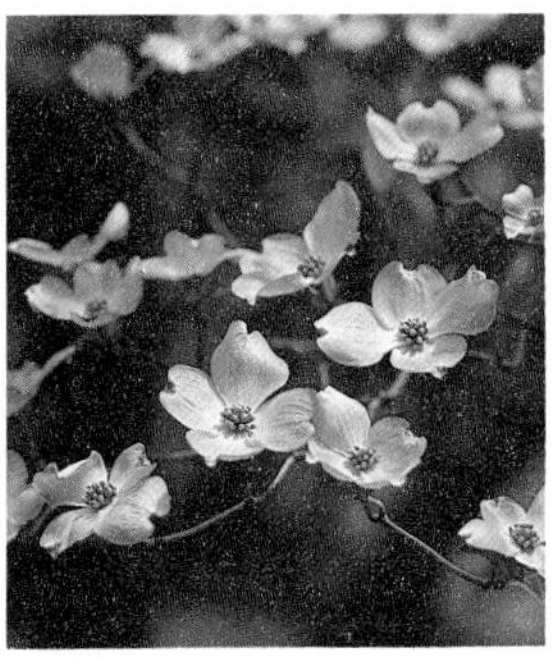
●ハナミズキ

**はな-みぞ【鼻溝】** 鼻の下から上くちびるの上にかけて、縦にくぼんだ部分。人中。

**はな-みち【花道】** ①歌舞伎劇場独特の舞台設備。舞台に向かって観客席の左側を通る通路。おもに俳優の舞台の出入りに使われる。②相撲で力士が土俵へ出入りする通路。③はなばなしい働きをした人などが引退する時期。用例 人生の——。↓歌舞伎図

**はなみ-づき【花見月】** 陰暦三月の異称。

●花見 上野公園(東京都)。

**はな-みどう【花▽御堂】**《仏教語》四月八日の灌仏会のときに、釈迦誕生の立像を安置し、花で飾った小さい堂。

**はな-みょうが【花▼茗荷】** ショウガ科の多年草。暖地の林中にはえる。高さ約五〇cm。広披針形のショウガに似た数枚の葉をつける。夏、茎頂に白色で紅色の斑入りの花を穂状につける。種子は胃薬。

**はな-むぐり【花▽潜】** 花に集まるコガネムシ科の甲虫。体長約二cm。濃緑色の体に小白斑と淡褐色の毛がある。春から夏に出現。日本全土に分布。↓写

●ハナムグリ

**はな-むけ【▼餞・▼贐】**(「馬の鼻向け」の意。旅立つ人の安全を祈って、その行く先のほうへ馬の鼻を向けた風習から) ①旅立つ人に金品や詩歌などを贈ること。その品。餞別。②旅立つ人のために送別の宴を行うこと。

**はな-むけ【鼻向け】** においをかぐために、鼻をその方に向けること。

**鼻向けもならぬ**(はなむけもならぬ) くさくてたまらない。いやらしく、汚らわしくて、見るにたえない。我慢ができない。be disgusted with

**はな-むこ【花婿・花▼聟・花▼壻】** 婿の美称。新郎。bridegroom 対義 花嫁。

**はな-むしろ【花▼筵・花▼蓆】** イグサで織った敷物。色を染めたイグサで織り合わせ模様を作る。カーペットのように使用。花茣蓙。

**はな-むすび【花結び】** ①ひもの結び方の一つ。二本のひもの、一方の端を引けば簡単にほどける結び方。対義 小間結び。②丸打ちの組みひもをいろいろな花の形に結ぶこと。また結んだ物。また、花結びを職業とする人。

**はな-めがね【鼻眼鏡】** ①鼻筋をはさんでかける、つるのない眼鏡。pince-nez ②ずりおちて鼻先にかかった眼鏡。glasses fallen low on his nose

**はな-もうせん【花毛▼氈】** 花模様を織り出した毛氈。花氈。figured carpet

**はな-もじ【花文字】** ①ローマ字で、文や固有名詞などの初めに使う飾り字体の大文字。ornate initial ②かしら文字。大文字。capital letter ③花を文字の形に植えたもの。

**はな-もち【鼻持(ち)】** くさみを我慢すること。

**鼻持ちならない**(はなもちならない) ①我慢できないほど、くさい。stink ②言動などが気障・嫌味で、我慢できない。intolerable

**はなもち-の-き【花▼餅の木】** 小正月に飾られる、小さく切った餅・団子などを飾った木の枝。また、それに使うミズキなどの木。餅花。繭玉。

**はな-もつやく【花▽没薬】** 樹木の枝に寄生したラックカイガラムシの樹脂状分泌物。染料・止血薬・塗料などに利用。ラック。シコウ。lac

**はなもと-じあん【鼻元思案】** あさはかな考え。

**はな-もの【花物】** いけばな・園芸などで、主として花を観賞する植物。flowering plant 対義 葉物・実物。

**はな-もも【花桃】** モモのなかで、花木として栽培されるものの総称。花は一重または八重咲き。花色は桃・白など。↓モモ写

**はな-もよう【花模様】** ①花の形の模様。floral pattern ②美しい模様。beautiful pattern

**はな-もり【花守】** 花を守る人。花の番人。

●ハナヤギ

は

flower guard

**はな-やか【花やか・華やか】**(形動) ①はでやかできらびやかなさま。gaudy 用例 —な服装。②輝かしいさま。きわだつさま。brilliant 用例 —な活動。

**はなやか-さ【花やかさ・華やかさ】** はなやかなこと・程度。brilliance

**はな-やぎ【花▽海▼楊】** 潮間帯下の岩礁に付着する八放サンゴ。高さ約二〇cm。体は樹枝状で深紅色。ポリプが密生。房総以南の太平洋岸に分布。↓写(前ページ)

●花柳寿輔 三世。『紀州道成寺』。

**はなやぎ-じゅすけ【花▽柳寿▼輔】** 日本舞踊花柳流の家元。初世(一八二一〜一九〇三)は立振付師として劇界・舞踊界に君臨。二世(一八九三〜一九七〇)は初世の次男で重要無形文化財保持者。三世(一九三五〜)は二世の長女。↓写

●花柳章太郎

**はなやぎ-しょうたろう【花▽柳章太郎】**(一八九四〜一九六五) 新派俳優。新派の女形芸を完成。東京生まれ。喜多村緑郎門下。新生新派結成。重要無形文化財保持者。↓写

**はなやぎ-ぶようけんきゅうかい【花▽柳舞踊研究会】** 花柳流の研究会。大正一三年(一九二四)二世花柳寿輔が設立。

**はなやぎ-りゅう【花▽柳流】** 日本舞踊の一流派。初世花柳寿輔が創始。

**はな-や・ぐ【花やぐ・華やぐ】**(五自) ①はなやかになる。be gaudy ②若々しくなる。become rejuvenated 用例 気持ちが—。③栄える。be prosperous

**はな-やさい【花▼椰菜】** ↓カリフラワー

**はな-やしき【花屋敷】** 多くの草花を栽培して公衆に見せる庭園。比較 植物園。

**はな-やすり【花▼鑢】** ハナヤスリ科のシダ植物の総称。山野にはえる。高さ五〜四〇cm。一、二本の小柄をもつ長卵形の栄養葉と線形の胞子葉をつける。

**はなやま【花山】**〈村〉 宮城県北西部、栗駒山南東麓の村。栗駒山国定公園に属し温泉・スキー場がある。人口一九三四(一九八八)。

**はな-ゆ【花▼柚】** ユズの一種。果面は黄色で凹凸が多く粗い。木は小さく早くから結実。花も調理に用いる。

**はな-よめ【花嫁】** 嫁の美称。新婦。対義 花婿。

**はなよめ-いしょう【花嫁衣装】** 結婚式に花嫁の着る衣装。白無垢・打ち掛け(かいどり)・色直しの振り袖など。白無垢の式服は室町末期にはじまる。wedding dress

**はなよめ-ごりょう【花嫁御寮】** 花嫁の敬称。

**は-ならび【歯並び】** 歯のならんだ形。歯なみ。dentition 用例 —のきれいな人。

**はな・る【放る・離る】** 古語 (下二自) ↓はなれる(放れる)↓はなれる(離れる)

**はなれ【離れ】** ①離れること。separation ②《接尾的。「…ばなれ」の形で》そのものから離れる意を表す。用例 乳—。③「離れ座敷」の略。対義 母屋。

**ば-なれ【場慣れ・場▼馴れ】**(名・サ変自) ①その場所になじむこと。be at home ②そういう場合に慣れていること。experience 用例 —した態度。

**はなれ-うま【放れ馬】** つないである所や人の手から逃げ出した馬。放れ駒。runaway horse

**はなれ-きょうげん【離れ狂言・放れ狂言】** 初期の歌舞伎で演じられた、一番ずつが関連のない簡単な歌舞伎狂言。のち二幕続き、三幕続きなどの続き狂言になった。

**はなれ-ざしき【離れ座敷】** 母屋から構造的に分離した座敷。通常、敷地内に別棟で建てられた茶室・書斎などもいう。離れ。

**はなれ-じま【離れ島】** 陸地から遠く離れた島。remote island

**はなれ-ばなれ【離れ離れ】**(名・形動) 一つだったものが分かれること・さま。ばらばらになっていること・さま。ちりぢり。scattered

**はな・れる【放れる】**(下一自) ①束縛から自由になる。get free 用例 馬が綱から—。②発射される。be shot 用例 矢が弦を—。

**はな・れる【離れる】**(下一自) ①分かれる。quit 対義 合う。用例 列から—。親元を—。②間があく。part from 用例 足が地を—。③隔たりができる。遠ざかる。keep away 対義 寄る。用例 人心が—。駅から四キロ—。④官職を去る。leave office 用例 職を—。

**はなれ-わざ【離れ技・放れ業】** 人々を驚かす、大胆な技芸。また、ふるまい。feat

**はな-わ【花輪・花▽環】** 生花、または造花を集めて輪のように作った物。祝事・凶事用。wreath 数え方 一基・一対。

**はな-わ【鼻輪】** 牛をつなぐために鼻柱に通す輪。はなかん。nose ring

**はなわ【▼塙】**〈町〉 福島県南部、久慈川沿いの町。コンニャク栽培がさかん。杉の美林で知られ、湯岐・谷川温泉がある。人口一万二一八五(一九八八)。

**はなわ-ぎく【花輪菊】** キク科の一年草。シュンギクに似る。八重咲きで、舌状花は濃紅色、基部に紫色の斑が入り、蛇の目に見える。花壇・鉢植え用。サンシキカミツレ。↓写

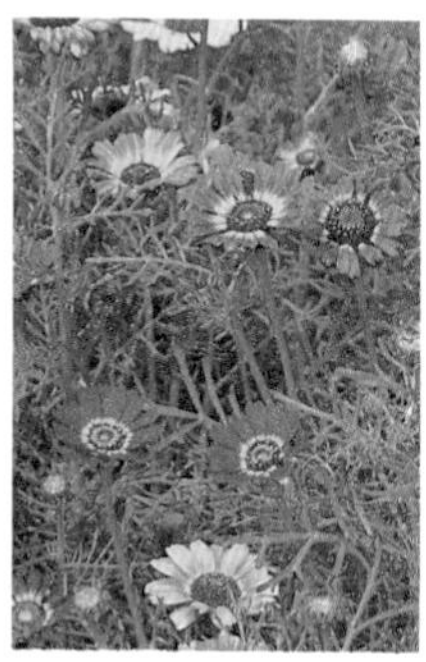

●ハナワギク

**はなわ-ほきいち【▼塙保己一】**(一七四六〜一八二一) 江戸後期の国学者。名は保木野一。号は温古堂。武蔵の人。七歳で失明。賀茂真淵らに国学を学ぶ。総検校。『群書類従』の編纂と刊行、続編の刊行企画と準備は、学術研究の発展に幅広く寄与した。幕府の援助を得て和学講談所を開設し、和学振興に尽力。『史料』『武家名目抄』なども編纂。

**はなわ-ぼんち【花輪盆地】** 秋田県北東部、米代川上流部の小盆地。大湯温泉があり、遺跡の大湯環状列石は有名。

**はな-わらび【花▼蕨】** ハナワラビ科のシダ植物の総称。高さ約五〇cm。毎年一本の柄を出し、羽状複葉の栄養葉と胞子葉をつける。↓写

●ハナワラビ

**はに【▼埴】** きめの細かい黄赤色の粘土。古代では、瓦・陶器などの原料に、また衣に摺りつけ模様を描くのに用いた。ねばつち。へな。

**ハニー[honey]** ①はちみつ。②妻・恋人によびかけるときのことば。

**バニー-ガール[bunny girl]**《アメリカのプレーボーイクラブのホステスの呼称から》クラブやバーなどでバニー(ウサギ)をかたどったセクシーな姿で客の接待をする女性。

**パニエ[panier フランス]**《かごの意》服飾でスカートを広げるためのペチコート、または腰枠。↓写

**はにか・む【▽含▼羞む】**(五自) 恥ずかしがって内に引きこもろうとする。きまり悪がる。bashful 用例 —んで隠れる。

**ハニカム-コイル[honeycomb coil]** 分布容量を増さないよう十文字交差して多層巻きにした小形で高インダクタンスのコイルの一種。形状がハチの巣に似ている。

**ハニカム-ボード【honeycomb board】** 紙・アルミなどで作ったハチの巣状の心材の両側に合板・石綿セメント板などをはったもの。軽量で、断熱性・強度にすぐれる。

**ば-にく【馬肉】** 馬の肉。たんぱく質が多く、脂肪分が少なく独特の甘味がある。馬刺しとして生で食するほか、桜鍋・缶詰などにする。桜肉。horsemeat; horseflesh

**はに-ごろう【羽仁五郎】**(一九〇一〜一九八三) 歴史家。進の父。もと子の女婿。群馬県生まれ。東大卒。第二次大戦後、参議院議員。著書『ミケルアンヂェロ』『都市の論理』など。

**はにし【▽黄▼櫨】** ヤマハゼの別名。

**バニシング-クリーム[vanishing cream]** 化粧用クリームの一種。ステアリン酸を主成分とした無脂油性クリーム。肌の水分を補い肌を保護する。洗顔後、または化粧下などに用いる。

**はに-すすむ【羽仁進】**(一九二八〜) 映画監督。五郎の子。もと子の孫。東京生まれ。自由学園卒。記録映画『教室の子どもたち』、劇映画『不良少年』『初恋・地獄篇』など。

**パニック[panic]** ①経済で、ひどい不景気。恐慌。②あわてふためくこと。用例 —をきたす。

**バニティー[vanity]** 虚栄。虚栄心。ヴァニティ。

**バニティー-ケース[vanity case]** 化粧品・化粧用具を入れる箱や手提げ。

**はに-もとこ【羽仁もと子】**(一八七三〜一九五七) 教育家。青森県生まれ。明治女学校卒。夫羽仁吉一とともに『家庭之友』(のち『婦人之友』)を創刊。自由学園を創設し、キリスト教に基づく自治的生活教育を実践。

**はにやす-の-いけ【▼埴安の池】** 大和国の天香具山の北西のふもとにあった池。

**はにや-ゆたか【▼埴▽谷▽雄高】**(一九一〇〜) 小説家・評論家。本名、般若豊。台湾生まれ。日大予科中退。特異な形而上的主題を雄大な構想で展開。小説『死霊』など。

**バニヤン[John Bunyan]**(一六二八〜一六八八) イギリスの宗教家・物語作家。豊かな想像力と力強く簡潔素朴な表現で、深い信仰心を的確に表現した。寓意物語『天路歴程』など。バンヤン。

●パニエ パニエを用いたスカート。ブーシェ『ベルジュレ夫人』より。

**はにゅう【▼埴▽生】** 焼き物の原料となる埴のある土地。埴土。埴。clayey land

**埴生の宿** ㊀土間にむしろを敷いて寝るような、みすぼらしい家。埴生の小屋。参照 とま屋。㊁ビショップが一九世紀初めに作曲した、「ホーム-スイート-ホーム」の邦訳名。家庭のよさをたたえた名曲。日本でも古くから小学唱歌として採用。

**はにゅう【羽▽生】**〈市〉 埼玉県北東部、利根川南岸の市。江戸時代からの青縞生産の伝統をうけつぐ被服生産地。人口五万二三六五(一九八八)。

**ばにゅう-がわ【馬入川】** 相模川の河口付近の名称。

**パニョル[Marcel Paul Pagnol]**(一八九五〜一九七四) フランスの劇作家。笑いと風刺と感傷にみちた風俗喜劇を書く。戯曲『トパーズ』『マリウス』など。

**バニラ[vanilla]** ラン科のつる性常緑多年草。葉は楕円形で多肉質。花は径約四cmで黄緑色。果実は褐色に熟す。香料・食用。中南米の熱帯地方原産。ワニラ。↓写

●バニラ 乾燥した果実。

**バニラ-エッセンス[vanilla essence]** 香料の一つ。バニラの果実から抽出した精油をアルコールに溶かしたもの。現在はほとんど合成品。

**バニリン[vanillin]** 芳香のある白色針状結晶。バニラ豆などに含まれ、バニラエキスの主成分。食品香料に利用。ワニリン。

**はに-わ【▼埴輪】** 古墳の盛り土に立て並べられた土製品。筒形をした円筒埴輪と、人・動物・

●発条①

電気機関車のスプリング

おもちゃのぜんまい

トラックの板ばね

家屋・器財などをかたどった形象埴輪がある。

**は-にんじん【葉人▽参】** 若い葉を食用とする秋のニンジン。

**は・ぬ【▼刎ぬ】** 古語 (下二他) ↓はねる(刎ねる)

**は・ぬ【▼跳ぬ・▼撥ぬ】** 古語 (下二自他) ↓はねる(跳ねる)↓はねる(撥ねる)

**バヌアツ【Vanuatu】**(Republic of Vanuatu) 南太平洋、メラネシアのニューヘブリディーズ諸島からなる共和国。首都ポートビラ。一九八〇年英・仏の共同統治から独立。大部分は火山島で、高温多湿。コプラ・カカオ栽培や漁業が主産業。面積一・五万km²。人口一四万(一九八六)。正称バヌアツ共和国。

**バヌアレブ-とう【バヌアレブ島】**(Vanua Levu) 太平洋中南部、フィジー諸島第二の大島。火山島。面積五五〇〇km²。

**は-ぬい【端縫い】** ①布端のほつれを防ぐために細く折り返して縫うこと。clean finish ②和服を解いて洗い、伸子張りで仕上げるために、反物状に縫い合わせること。

**ハヌマン-ラングール【hanuman langur】** ラングール(別名ヤセザル)の一種。体長約七五cm、尾長約九五cmの地上生活をするサル。毛色は白っぽい。インド・スリランカの草原に群棲。インドで聖獣視され、寺院の庭などにも多い。

**はね** スズキの幼魚の俗称。

**はね【跳ね】** ①跳ねること。jump 用例 ―飛ぶ。②飛び散った水・どろ。splashes of mud 用例 ―があがる。③その日の興行が終わること。end

**はね【▼撥ね】** ①はねること。leap ②漢字などを書くとき、筆先をはらいあげること。その部分。

**は-ね【羽・羽根】** ①鳥の羽毛。feather 用例 ―ぶとん。②鳥やコウモリの、飛ぶための器官。つばさ。wing 用例 鶏が―をばたばたさせる。③《「翅」とも》昆虫類の胸部にある、飛ぶための器官。④機械・器具などに取りつける、羽の形の部品。blade 用例 扇風機の―。⑤矢の頭につける羽。矢ばね。⑥《「羽根」で》ムクロジの種子などに穴をあけ、羽毛を数枚差しこんだもの。羽子板でこれをつきあげて遊ぶ。はご。用例 ―をつく。↓図

**羽が有れば飛んで行き度い** その場所へ、一刻もはやく行きたい。遠くはなれた所にいる恋人などに対する、切実な気持ちを表す語。

**羽が生えた様** 商品が見ているうちにどんどん売れてゆくさま。また、物や金銭などが、どんどんなくなるさま。羽が生えて飛ぶ。

**羽を交わす** 夫婦が仲むつまじく情愛の深くこまやかなことに言う。

**羽を交わせる鳥** 情愛こまやかで、仲むつまじい夫婦のたとえ。比翼の鳥。

**羽を垂る** 身を低くする。相手に降伏したさまに言う。

**羽を並べる** ①男女が深い愛情で結ばれ、仲よく暮らす。②臣下が一致協力して主君を補佐する。

**羽を伸ばす** 自由に伸び伸びと振る舞う。go on the loose

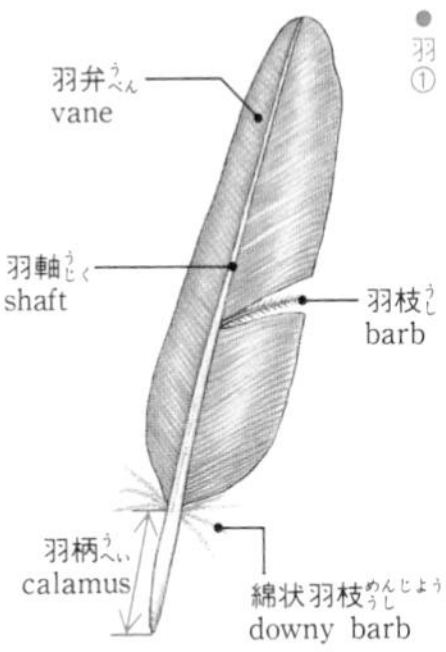


●羽①

**ばね【▽発▽条・▼撥▽条・▽弾▽機】**《「はね(跳)」の転》①機械の部品の一つ。鋼などの弾性を利用してエネルギーを蓄積、または吸収させるぜんまい。はつじょう。スプリング。spring ②はねる力。弾性力。クッション。spring; bounce 用例 ―が強い。全身、これ―だ。↓写

**はね-あがり【跳ね上がり】** ①とびあがること。jumping ②おてんば。でしゃばり。跳ね返り。tomboy 用例 ―者。

**はね-あが・る【跳ね上がる】**(五自) ①とびあがる。②泥などが上へはねる。splash ③値段が急に上がる。rise suddenly

**はね-あ・げる【▼撥ね上げる】**(下一他) ①はねて上へあげる。splash ②物の値段などを大幅に高くする。raise

**はね-お・きる【跳ね起きる】**(上一自) とび起きる。jump up

**はね-かえ・す【跳ね返す】**(五他) ①跳ねて裏返す。②つっ返す。repulse 用例 申し出を―。③勢いよく元に戻す。bounce back

**はね-かえり【跳ね返り】** ①跳ね返ること。rebound ②軽はずみなこと・人。precipitancies ③おてんば。はねっかえり。tomboy ④反発。反動。repercussion 用例 運賃値上げの―。

**はね-かえ・る【跳ね返る】**(五自) =跳ね返る。①当たって元に返る。rebound ②影響が元へ戻ってくる。recoil on ③勢いよくとび跳ねる。bounce

**はね-かくし【羽隠】** 短い鞘状の前翅の下に、膜質の後翅を折りたたんで隠す、ハネカクシ科の小甲虫類。体長三～一〇mm、細長く扁平。腹部の大部分は翅外に露出。ごみや落ち葉の下にすむが、糞・キノコ・花などにも集まる。肉食性。アオバアリガタハネカクシは体液中に有毒物質ペデリンを含み、人の皮膚に炎症をおこす。世界に約二万種、日本に約八〇〇種がいる。rove beetle

**はね-か・ける【跳ね掛ける】**(下一他) ①跳ねて水・泥を掛ける。splash ②罪を人になすりつける。blame on

**はね-か・す【▼撥ねかす】**(五他) ①はねるようにする。splash ②飛び散らす。はねかける。spatter 用例 泥水を―。

**はね-ぐるま【羽根車】** 水車・タービン・送風機・ポンプなどの回転部についた羽根形のもの。これに水や蒸気を受け、その衝撃力で車を回転させる。impeller 参照 水力タービン。

**ばね-じかけ【▽発▽条仕掛(け)】** ばねの力で運動する器械装置。ぜんまいじかけ。

**はねず【▽唐▼棣・▼棠▼棣】** ニワウメの古名。ニワザクラ・モクレン・フヨウ・ヤマナシという説もある。

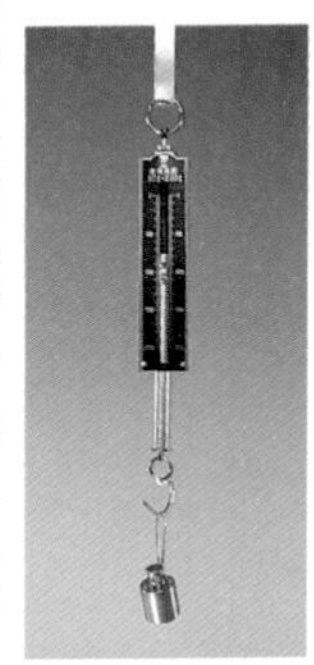

●発条秤

**はね-ずみ【跳ね炭】** 火にはぜて、とぶ炭。はしり炭。

**はねだ【羽田】** 東京都大田区南東端、多摩川の三角州上にある地区。東京国際空港(羽田空港)がある。

**はねだ-くうこう【羽田空港】** 東京国際空港の通称。

**はねだ-とおる【羽田▼亨】**(一八八二～一九五五) 東洋史学者。京都生まれ。東大卒。京大総長。中央アジア史および西域文明の研究を開拓。昭和二八年(一九五三)文化勲章受章。著書『西域文明史概論』『西域文化史』など。

**はね-つき【羽根突き】** 正月の婦女子の遊びの一つ。羽子板で羽根を一人で突き上げ、連続回数を競う「揚げ羽根」と、二手に分かれて羽根を突き合う「追い羽根」がある。羽子。

**はね-つ・ける【▼撥ね付ける】**(下一他) ①はね返す。repel ②受け付けない。断る。reject 用例 要求を―。

**はね-つるべ【▼撥ね釣▽瓶】** 柱の上に横木を渡し、一方の端につるべを、他の端に石の重石を付け、この重石を利用して水をくみ上げるようにしたもの。shadoof ↓写

●撥ね釣瓶 『一遍聖絵』より。

**ばね-ていすう【▽発▽条定数】** ばねの弾性定数。ばねの伸びが加えた力に比例するときの比例係数をいう。spring constant

**パネトーネ【panettone イタリア】** イタリアでクリスマスに食べるパン菓子の一種。卵・ミルクを入れた生地を発酵させて、干しぶどうなどを入れ、円筒形の型で焼いたもの。

**はねのかむろ【羽根の▼禿】** 歌舞伎舞踊。長唄による五変化舞踊『春昔由縁英』の一つ。天明五年(一七八五)初演。

**はね-の・ける【▼撥ね▽除ける】**(下一他) ①取り出して除き去る。get rid of ②勢いよく向こうへ押しやる。push aside

**ばね-ばかり【▽発▽条▼秤】** ばねの弾性力を利用したはかり。つるまき状ばねの一端を固定し、他端に物体をつるし、その伸びから質量を知る。ばねはかり。ぜんまいばかり。spring scale ↓写

**はね-ばし【跳ね橋・▼撥ね橋・▼刎ね橋】** ①城門の入り口などで、不用のとき上につり上げておく橋。drawbridge ②船が通るとき、一部または全部が跳ね上がるか上方に引き上げられる構造の橋。drawbridge 参照 釣り橋・可動橋。↓写

●跳ね橋② アムステル河のマヘレ橋(オランダ)。

**ばね-ひざ【▽発▽条▼膝】** ひざ関節を屈伸するとき、ある角度でガクンと伸びたり、曲がったりすること。半月損傷・十字靭帯損傷・外傷・外骨腫などによる。弾発膝。snapping knee

**はね-ぶとん【羽布団・羽根布団】** 鳥の羽毛を入れて作った布団。軽くて暖かい。down quilt

**はね-ぼうき【羽▼箒】** 鳥の羽で作った卓上用の箒。消しゴムのかすを払ったり作画の折に用いる。feather duster

**はね-まわ・る【跳ね回る】**(五自) あちこちをとび回る。jump about

**ハネムーン【honeymoon】** ①新婚旅行。②結婚後の一か月間。蜜月。

**はね-もの【▼撥ね物】** きずなどがあって、悪いとされた品・器。rejected goods

**はね-もの【▼撥ね者】** 仲間から嫌われた人。

のけ者。person left out in cold

**ばね-ゆび【▽発▽条指】** 指の屈筋の障害。一定の角度に達した指をさらに曲伸すると、ガクンと曲がったり、伸びたりすること。snapping finger

**パネリスト[panelist]** パネルディスカッションの対論者。一般の関心を高めるために、聴衆の前で問題を提起する人。パネラー。

**は・ねる【▼刎ねる】**(下一他) 首を斬り落とす。behead

**は・ねる【跳ねる】**(下一自) ①はずみをつけて高くとぶ。おどりあがる。jump; leap 用例馬が—。魚が—。②とび散る。splash 用例水が—。③はじける。sputter 用例クリが火の中で—。④勢いよく上にむく。用例八の字にひげが—。⑤その日の興行が終わる。finish 用例芝居が—。

**は・ねる【▼撥ねる】**(下一他) ①文字の線の末尾をはらい上げる。用例筆を—。②取り除く。不合格にする。eliminate 用例不良品を—。③はじき飛ばす。flip 用例車に—・ねられる。④かすめ取る。take 用例うわまえを—。⑤ことわる。はねつける。reject 用例要求を—。⑥「ん(ン)」の発音をする。用例「かみて」を「かんで」と—・ねていう。

**パネル[panel]** ①建築に使用する鏡板・壁板などの大形の板。②婦人服で、スカートなどのわきに装飾用に入れ、または、たらす布。③展示用に写真や図表などを張りつけた板。④配電盤。⑤油絵の画板。⑥「パネルディスカッション」の略。

**はねる-おん【▼撥ねる音】** ↓はつおん(撥音)

**パネル-こうぞうけんちく【パネル構造建築】** 主要構造を木・コンクリート・金属などのパネルで構成したプレハブ建築。パネル工法。panel construction

**パネル-スカート[panel skirt]** スカートの上に、さらに縦長の別布を重ねて垂れ下げたスカート。一般に優雅な雰囲気をもっている。

**パネル-ディスカッション[panel discussion]** 集団討論形式の一種。対立意見の代表者たちと聴衆による討論。

**パネル-ヒーター**《和製語》パネル面から放熱させる電気暖房器具。オイル式と乾式がある。安全性が高い。panel heating

**パネル-ヒーティング[panel heating]** 床や壁などに配管して、温水・蒸気・電熱などで三五℃程度に加熱し、その放熱で室内を暖める暖房方式。

**パネル-ラジエーター[panel radiator]** 薄い板状の放熱器。この中に温水や蒸気を通し、熱を放散させ室内を暖房する。

**ハノイ[Hanoi]** ベトナムの首都。トンキンデルタのほぼ中央に位置し、同国の政治・経済・文化の中心。第二次大戦まで、フランス領インドシナの首都。一九五四年ベトナム民主共和国の首都となり、ベトナム戦争を経て、一九七六年南北ベトナムの統一によるベトナム社会主義共和国の首都となる。人口二五七・一万(一九九九)。

**はのうら【羽ノ浦】**〈町〉徳島県東部、那賀川下流の町。農林業と工業の町で、宅地化も著しい。人口一万一九〇四(一九九八)。

**ハノーバー[Hannover]** 西ドイツ北部、ニーダーザクセン州の州都。商工業の中心地。人口五一・一万(一九八四)。

**ハノーバー-ちょう【ハノーバー朝】** イギリスの王朝。現王室ウィンザー家の祖。一七一四年ドイツのハノーバー家出身のジョージ一世が開祖。ビクトリア女王まで六代続いた。Hanover House 「称。

**ハノーファー[Hannover]** ハノーバーの別

**パノーワ[Vera Fyodorovna Panova]** (一九〇五〜七三) ソ連の女流小説家。作品『道づれ』『四季』『セリョージャ』など。

**パノフスキー[Erwin Panofsky]**(一八九二〜一九六八) アメリカの美術史学者。ドイツ生まれ。解釈学としての美術史を主張。著書『イコノロジー研究』『視覚芸術の意味』など。

**パノラマ[panorama]** 背景を描いた壁の前に、草木・家屋の模型や人形などを配置して実景のようにみせたもの。

**パノラマ-しゃしん【パノラマ写真】** 横に長く広がった景色などを一目で見られるようにした写真。ふつう何枚かに分割撮影した印画をつなぎ合わせる。panoramic photograph

**ば-の-りょうしろん【場の量子論】** 粒子間に働く相互作用が、力を媒介する場との相互作用によるという立場から、量子化した場と粒子との相互作用を扱う理論体系。量子力学では、素粒子も場として扱われ、統一的に記述される。quantum theory of fields

**はは【母】** 一 ①自分の親である女性。女親。mother 対義父。②物事を生み出すもと。配偶者の母をいうこともある。mother 用例必要は発明の—。二《原題Mat'《ロシア》》ゴーリキーの小説。一九〇六〜〇七年作。労働運動で逮捕投獄された息子への母性愛から、革命意識にめざめる母を描く。プロレタリア文学最初の作品。

**はば** 11画 **【▼捹】** 部首［扌］てへん 和製漢字 JIS 5762 手(=人工的)で、自然をかえること。土手をきずく、がけをなおす、など。地名にも用いられる。

**はば【幅・▼巾】** ①横の長さ。多く、物の短いほうの長さ。width ②はぶり。威勢。power ③自由にできる余地。ゆとり。room 用例仕事に—をもたす。④高値と安値との差。difference 用例値—。

**幅が利く**(はばがきく) 勢力がある。はぶりがよい。

**幅を利かせる**(はばをきかせる) 自分を大きく見せようとする。威勢をふるう。幅をする。幅を取る。幅を利かす。lord it over

**幅をする**(はばをする) 「幅を利かせる」と同意。

**幅を取る**(はばをとる) ①広い場所を独り占めする。have a large space to oneself ②「幅を利かせる」と同意。

**ばば【▽婆】** ①老女。old woman 対義爺。②うば。nurse ③トランプの「ばば抜き」で、ジョーカー。joker

**ばば【▼糞・▼屎】**《幼児語》①くそ。大便。用例ねこの—。②汚ないもの。用例—っちい。

**ばば【▽祖▽母】** 父母の母。そぼ。おおば。ばあ。grandmother 対義祖父。

**ば-ば【馬場】** 乗馬の練習・競技・競馬を行う所。riding ground

**馬場退け**(ばばのけ)《馬場にいる人を追い払うときに言う語》そこをどけ。

**パパ[papa]**《幼児語》お父さん。対義ママ。

**は-はあ**(感) 思いあたったり、納得したときの語。はは。

**バハーイ-きょう【バハーイ教】** 一九世紀後半のイランで、イスラム改革のバーブ運動から発展した新宗教。人類は本来一つであるとして、世界平和の実現をめざす。Bahaism

**パバーヌ[pavane フランス]** 一六〜一七世紀ヨーロッパで流行した宮廷舞踊。二拍子系でゆっくりした威厳のある踊り。また、その舞曲。

●パパイア

**パパイア[papaya]** 熱帯で産するパパイア科の草本状の小高木。茎は単生し、まれに分枝。掌状の大きな葉をつけ、切り口から白乳を出す。花は白色。果実は倒卵形、朱橙色で大きく、美味。パパイヤ。↓写 ↓熱帯果実写

**パパイヤ[papaya]** ↓パパイア

**パパイン[papain]** パパイアの果汁にあるたんぱく質分解酵素。消化剤・ビールの混濁防止剤などに利用する。

**はは-うえ【母上】** 母をいう敬語。対義父上。

**はは-おや【母親】** 親の女のほう。女親。mother 対義父親。

**ははおや-がっきゅう【母親学級】** 成人教育の一つ。児童・生徒の母親を対象に、学校または学級単位に行う学習講座。motherhood school

**ははか【波波▼迦】** ウワミズザクラの古名。

**はは-かた【母方】** 母の血筋に属したほう。mother's side 対義父方。

**はばかり【▼憚り】** ①はばかること。恐れ慎むこと。遠慮。hesitation ②便所。lavatory

**はばかり-さま【▼憚り様】** ①助力を感謝することば。おそれいります。②《皮肉として》おあいにくさま。お気の毒さま。

**はばかり-ながら【▼憚り▼乍(ら)】**(副) ①おそれおおいが。It is with due respect ... ②言いにくいことだが。I venture to say ... ③生意気な言い分だが。I dare say ... 用例—、わたしも文学者のつもりです。

**バハ-カリフォルニア-ノルテ[Baja California Norte]** メキシコ北西部、アメリカのカリフォルニア州に接する州。州都メヒカリ。農作物の栽培、エビなどの水産加工がさかん。人口一二八・九万(一九八三)。

**はばか・る【▼憚る】** 一(五自他) ①(自)㋐幅がいっぱいに広がる。spread ㋑幅をきかす。lord it over 用例憎まれっ子世に—。②(他)恐れる。遠慮する。be afraid of 用例他聞を—。二古語(四自) 妨げられて進めない。行き悩む。用例白雲もい行き—・り時じくそ雪は降りける(万葉・三・三一七)。

**はばき【▼脛▼巾・▽行▼纏・▼脛▽衣】** 中世、旅行や外出時に、すねに巻きつけたもの。後世の脚絆に当たる。

**はば-き【幅木】** 床と接する壁の基部にはる横板。base board

**ははき-ぎ【▼帚木】** ホウキギの別名。

**はば-きき【幅利き】** はぶりのよいこと・人。influential

**ははき-ぐさ【▼帚草】** ホウキギの異名。

**はは-ぎみ【母君】** 母上。対義父君。

**はは-くり【▽貝▽母】** アミガサユリの古名。バイモ。

**はは-ご【母御】** 相手の母をいう敬語。対義父御。

●ハハコグサ

**ははこ-ぐさ【母子草】** キク科の二年草。畑や道ばたにはえる。高さ約三〇cm。茎も葉も白い綿毛におおわれ、春から夏にかけて、黄色の小頭花をつける。春の七草のゴギョウは本種。葉は食用。ホウコグサ。↓図

**ばば-こちょう【馬場孤▼蝶】**(一八六九〜一九四〇) 英文学者・随筆家。本名、勝弥。辰猪の弟。高知市生まれ。明治学院卒。慶大教授。西欧文芸の翻訳・紹介に業績を残す。著書『明治文壇回顧』など。

**ばば-さじゅうろう【馬場佐十郎】**(一七八七〜一八二二) 江戸後期のオランダ通詞・蘭学者。長崎の人。志筑忠雄からオランダ語、ゴローニンからロシア語を学び、幕府の蕃書和解御用の中心として翻訳活動に従事。

**はは-じま【母島】** 東京都小笠原諸島、父島の南にある山岳島。面積二〇・八km²。父島とともに小笠原国立公園の中心地。

**はは-じゃ-ひと【母者人】**《「者」は当て字。「母である人」の意》子が母を親しんでよんだ語。

**パパス[Irene Papas]**(一九二九〜) ギリシアの映画・舞台女優。主演作『ナバロンの要塞』『その男ゾルバ』など。

**ははそば-の【▼柞葉の】**[枕ことば]《「ははそ」は、ナラやクヌギなどの古名。同音を繰り返すことから》「母」にかかる。用例ちちの実の父の命—母の命おおぼろかに情尽くして(万葉・一九・四一六四)。

**は-ばた・く【羽▽撃く・羽▼搏く】**(五自他) 鳥が翼を広げて上下に動かす。flap

**ばば-たつい【馬場▼辰▼猪】**(一八五〇〜一八八八) 明治初期の思想家・政治家。孤蝶の兄。土佐藩出身。慶応義塾に学び、イギリス留学より帰国後、自由民権思想の普及に尽力。のち渡米して客死。

**ばばだに-おんせん【▽祖▽母谷温泉】** 富山県東部、黒部川支流の祖母谷にある温泉。宇奈月町に属し、白馬岳への登山基地として知られる。

●ハバチ　ニホンカブラハバチ

**は-ばち【葉▼蜂】** ハチ目広腰亜目ハバチ科およびそれと近縁の昆虫の総称。体長一cm内外。胸部と腹部の間はくびれない。幼虫は芋虫形で植物を食害。sawfly ↓図

**は-ばつ【派閥】** 主義・主張や利害関係、または出身や縁故などの共通性から生まれる排他的な集団。clique

**はばった・い【幅ったい】**(形) ①幅がある。幅が広い。wide ②くちはばったい。presumptuous

**ばばっち・い**（形）「きたない」の幼児語。ばっちい。

**ばば-つねご【馬場▽恒▼吾】**（一八七五〜一九五六）ジャーナリスト。岡山県生まれ。東京専門学校中退。政治・人物評論などに活躍。『ジャパンタイムズ』編集長。読売新聞社社長。

**はは-とじ【母▽刀自】** 文語的 母をいう敬語。

**はば-とび【幅跳び】** ①距離を長く跳ぶことを競う陸上競技。走り幅跳びと立ち幅跳びがある。②「走り幅跳び」の略。long jump 比較 高跳び。

**ハバナ【La Habana】** キューバの首都。メキシコ湾に臨む港湾都市。スペイン風建物と近代的ビルが調和する西インド諸島中最大の都市。葉巻きタバコの製造で有名。人口一九二・二万(一九八四)。

**ハバナ-けんしょう【ハバナ憲章】** ↓こくさいぼうえきけんしょう(国際貿易憲章)

**ばば-ぬき【▽婆抜き】** トランプゲームの一種。二人以上数人で行い、順番に隣の者の手札から一枚を抜き、同じ数が二枚そろったら捨てる。持ち札が早くなくなれば勝ち。ジョーカー(婆(ばば))を最後まで持っていた者が負けになる。Old Maid

**ハバネラ【habanera スペイン】** キューバの舞踊・舞曲。四分の二拍子のゆっくりした曲で、リズムにはタンゴと同じ特徴がある。

**はは-の-ひ【母の日】** 子が母に感謝する日。五月の第二日曜日。カーネーションなどを送る。一九一四年にアメリカではじまり、日本には第二次大戦後に伝わって定着した。Mother's Day

**はば-のり【幅▽海▼苔・羽葉▽海▼苔】** 潮間帯の岩礁上で冬に繁茂するカヤモノリ科の海藻。長さ一〇〜二〇cmでササの葉状。香味があり食用。本州以南の温海域に分布。

**ばば-ばじゅつ【馬場馬術】** 馬術競技で、馬の体力・能力・優雅さの調和的発達を競う競技。縦六〇・横二〇mの馬場内で、規定の課目を順次演技する。dressage

**はば-びろ【幅広】**（形動）ふつうより幅が広いさま。はばひろ。broad 用例 —のネクタイ。

**はば-ひろ・い【幅広い】**（形）①ふつうより幅が広い。wide ②関係している範囲が広い。wide 用例 —活動。

**ババブーティ【Bhavabhūti】**（生没年未詳）八世紀ごろのインドの劇作家。作品『ウッタララーマチャリタ』『マーラティーマーダバ』。

**ばば-ぶんこう【馬場文耕】**（一七一八〜一七五八）江戸中期の講釈師。伊予(いよ)の人。本名、中井文右衛門。美濃八幡(みのはちまん)の金森家の騒動を口演したため政道批判の咎(とが)で死罪獄門の刑をうけた。著書『近世江都著聞集』など。

**はば-へん【▼巾偏】** 漢字を組み立てている部分の名。「帆・帳」などの左にある「巾」。きんべん。

**バハマ【Bahamas】**（Commonwealth of the Bahamas）西インド諸島北部、バハマ諸島の島々からなる国。首都ナッソー。一九七三年イギリスから独立。珊瑚礁(さんごしょう)島が大部分で一年中温暖。観光産業が中心。面積一・四万$\mathrm{km}^2$。人口二四万(一九八六)。正称バハマ国。

**バハマ-しょとう【バハマ諸島】**（the Bahamas）西インド諸島北西部、キューバ島の北方にある諸島。約七〇〇の島と約一〇〇〇の珊瑚礁(さんごしょう)からなる。バハマ領。

**はば・む【阻む・▼沮む】**（五他）①防ぎ止める。prevent 用例 敵の攻撃を—。②妨げる。obstruct 用例 道を—落石。

**はは-もの【母物】** 母性愛を扱った劇・映画・小説など。

**はば-よせ【幅寄せ】**（名・サ変自）自動車を道路わきに寄せること。走行中にこれをして他の車の邪魔をすることにもいう。

**ババリア【Bavaria】** ↓バイエルン

**バハレーン【Bahrain】** ↓バーレーン

**パハレビー-ちょう【パハレビー朝】** イランの王朝。レザー＝シャー＝パハレビーが一九二五年国民議会の推戴(すいたい)で創始、三五年国号をペルシアからイランに改称。第二次大戦後、民主的傾向を志向し近代化を推進したが、七九年イラン革命で崩壊。パーレビー朝。Pahlavi dynasty

**ババロア【bavarois フランス】** ドイツのバイエルン(英語名ババリア)地方で創案された冷菓。砂糖・卵黄・ゼラチンに熱い牛乳を入れて冷やし、泡立てた卵白と生クリームを加えて型に入れ、さらに冷やし固める。

**ハバロフスク【Khabarovsk】** ソ連、ロシア共和国東部、アムール川とウスリー川の合流点にある河港都市。極東最大の都市で陸海空の交通の要地。機械工業が発達。人口五六・八万(一九八四)。

**ば-はん【▽八▼幡】** ①戦国時代から江戸時代の海賊行為のこと。倭寇(わこう)の別称。②「八幡船」の略。

**ばはん-せん【▽八▼幡船】** ①戦国時代、中国・朝鮮半島の沿岸で略奪を行った日本の海賊船。倭寇(わこう)の船。ばはんぶね。ばはん。②江戸時代、密貿易船。

**バビアナ【Babiana ラテン】** アヤメ科の多年草。葉は白毛のある剣状。早春に、紫・桃・白などの漏斗(ろうと)状の花が咲く。鉢植え・切り花用。南アフリカ原産。

**ハビアン【Fabian】**（生没年未詳）安土(あづち)桃山・江戸初期の日本人ヤソ会士。日本名未詳。慶長(けいちょう)一〇年(一六〇五)『妙貞問答(みょうていもんどう)』を書きキリスト教の教義を説いたが、のち棄教し、『破提宇子(はでうす)』を著してキリスト教を排撃。

**パピーニ【Giovanni Papini】**（一八八一〜一九五六）イタリアの小説家・評論家。第一次大戦前後に文化の革新を叫んだが、のち体制の秩序に身をよせた。評論『哲学者の黄昏(たそがれ)』、小説『尽きた男』など。

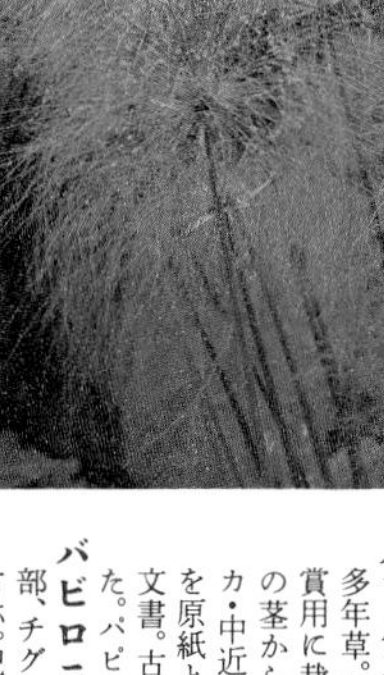

● パピルス①

**パピエ-コレ【papier collé フランス】**《張り紙の意》一九一一年ごろ、ピカソやブラックがはじめたキュビスムの技法。絵の具で描くかわりに新聞紙や切手・布・砂などを画面に張り付ける。参照 コラージュ。

**は-びき【刃引(き)】** 刃をつぶして切れなくした刀剣。

**はびきの【羽▼曳野】**〈市〉大阪府南東部の市。住宅都市。ブドウの産地。飛鳥(あすか)時代の応神(おうじん)天皇陵と伝えられるものなどを含む古市(ふるいち)古墳群がある。人口一一万二五〇六(一九八九)。

**はびこ・る【▼蔓▽延る】**（五自）①草木などが広がり茂る。grow thick ②一面に広がる。spread ③悪人が、勢いを振るう。増長する。become powerful

**ば-ひつ【馬匹】** ウマの異名。

**バビッチ【Babits Mihály】**（一八八三〜一九四一）ハンガリーの詩人・小説家。詩人アディ没後、文壇の中心的存在となる。小説『死の息子たち』など。

**バビット【Irving Babbitt】**（一八六五〜一九三三）アメリカの批評家。一九二〇年代の新ヒューマニズム運動を指導、古典主義を強調。著書『ルソーとロマン主義』など。

**バビット-メタル【Babbitt's metal】**《バビットは発明者の名》軸受け合金。錫(すず)を主体に、アンチモンと銅を少量含む。高速回転・高荷重用でおもに内燃機関に使用。参照 減摩合金。

**パピヨット【papillote フランス】** 肉・魚介類などを包んで焼くための紙。硫酸紙・アルミ箔(はく)・和紙など。転じて、それを用いた料理。

**パビリオン【pavilion】**《ラテン語のpapilio(＝蝶(ちょう))が語源。蝶が翅(はね)をひろげた形から》博覧会場などの展示館。もとは野営用の大テントをさした。

**バビルサ【babirusa】** 牙(きば)が異常に伸びたイノシシ科の哺乳(ほにゅう)類。体長約一m。雄は、上下両顎(がく)の犬歯が牙となって上方に伸び、とくに上あごの牙は、顔の皮膚を突き抜けて伸び後方に曲がっているので、角のようにみえる。湿地林や川辺などにすむ。セレベス島に分布。

**パピルス【papyrus ラテン】** ①カヤツリグサ科の多年草。湿地にはえる。高さ約二m。現在は、観賞用に栽培。前二四〇〇年ごろ、エジプトでこの茎から紙に似たものを作った。北東アフリカ・中近東に分布。カミカヤツリ。②パピルスを原紙とした筆写材料。また、それに書かれた文書。古代、エジプト・ギリシアなどで使われた。パピルス文書。↓写

**バビロニア【Babylonia】** メソポタミア南部、チグリス・ユーフラテス両川の下流地方の古称。紀元前三〇〇〇年ごろから前二〇〇〇年ごろまでのシュメール・アッカド時代ののち、バビロン第一王朝、ハンムラビ時代(前一八世紀)の古典時代、アッシリア時代を経て、前七世紀には新バビロニア王国が興起。

**バビロン【Babylon・巴比倫】** メソポタミアの古代都市。紀元前一八世紀からオリエント文明の中心をなした。アッシリアにより破壊されたが、新バビロニア時代に再建。ネブカドネザル二世建設のマルドゥクの大聖塔・神殿・王宮などの遺跡がある。

**バビロン-の-ほしゅう【バビロンの捕囚】** 新バビロニアのネブカドネザル二世が、紀元前五九七と前五八六年の二回にわたり、ユダ王国のエルサレムを破壊、ユダヤ人四万五〇〇〇人を約六〇年間バビロニアに捕虜としてとどめた事件。前五三八年新バビロニア滅亡で解放。The Babylonian Captivity

**バビンスキー-げんしょう【バビンスキー現象】** 足底を針で刺激すると足の拇指(ぼし)がそりかえる病的反射。運動神経の障害をしらべるときに利用。一八九六年フランスの神経学者バビンスキーが発見。Babinski's reflex

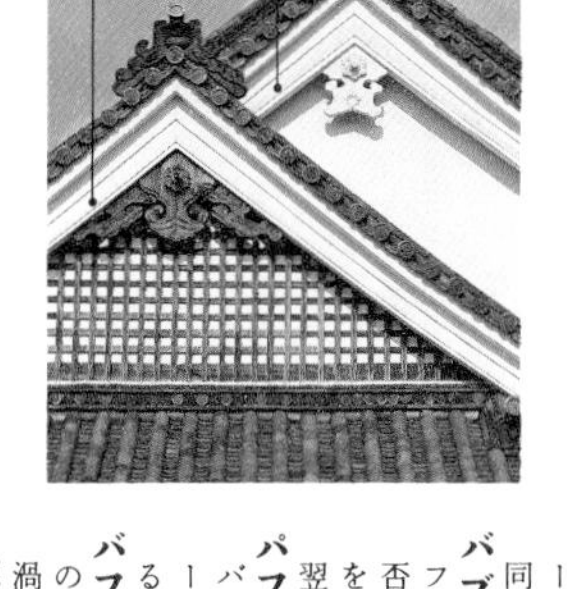


● 破風(はふ)

**は-ふ【破風・▼搏風】** 屋根の切り妻についている山形の板。また、その場所。gable ↓写 ↓屋根図 ↓神社建築図

**はぶ【波布・▽飯▼匙▼倩】** クサリヘビ科の毒ヘビの一種。全長約二m。体は黄褐色の地に鎖状の暗褐色の斑紋(はんもん)。頭部は三角形で毒腺(どくせん)が発達。動きがすばやく、攻撃的。奄美(あまみ)諸島・沖縄諸島などに分布。↓図

● ハブ

**パフ【puff】** 化粧用具の一種。おもにパウダーをつけるのに用いるもの。材質は純綿・ポリエステル・アクリルなど。

**パブ【pub】**《「パブリック-ハウス」の略》食事もできるイギリス風の大衆酒場。

**パプア-じん【パプア人】** 主としてニューギニアの大部分に分布する、パプア諸語を話す民族。掘り棒による焼き畑耕作と家畜の飼育、狩猟採集に従事。パプア諸族。Papuan

**パプア-ニューギニア【Papua New Guinea】** 南太平洋、ニューギニア島東半部と周辺の六百余の島々からなる共和国。首都ポートモレスビー。一九七五年オーストラリアから独立。コプラ・コーヒーなどが主産物。ブーゲンビル島では鉱物資源も開発されている。面積四六・二万$\mathrm{km}^2$。人口三四〇万(一九八六)。

**パフィオペディルム【Paphiopedilum ラテン】** 洋ランの一種。葉は革質で剣状。冬期に、花柄をのばし、特異な形の花をつける。花色は白・黄・桃・茶・緑。パフィオ。↓ラン写

**バフィン-とう【バフィン島】**（Baffin Island）カナダ北部、ノースウェストテリトリーズ東部の島。面積四七・六万$\mathrm{km}^2$、世界第五位、同国最大の島。

**バブーフ【François-Noël Babeuf】**（一七六〇〜一七九七）フランス革命期の革命家・思想家。私有財産を否定、武装蜂起(ほうき)による革命的独裁権力樹立を唱え、一七九六年政府転覆を企てたが発覚、翌年処刑。

**パフェ【parfait フランス】** デザートの一つ。イチゴ・バナナ・ミカンなどを器に盛り、ホイップクリーム・チョコレート・アイスクリームを添える。

**バフェッティング【buffeting】** 突風や乱流の中にある物体が、衝撃波やうしろに生じる渦のために受ける不規則振動。航空機では尾翼に起こる。

**パフォーマンス【performance】** ①機械などの性能。②自分に期待された役割を実行し、所属する集団の目標達成を促進すること。③現代芸術の表現形式の一つ。身体的行為をそのまま芸術表現とするもの。④肉体を使った自己主張。⑤音楽・演劇・舞踊などの公演の

総称。

**はぶ・く【省く】**（五他）①取りのける。減らす。cut down 用例 無駄を―。②言わないでおく。omit 用例 説明を―。③簡単にする。節約する。reduce 用例 手間を―。

**はぶ-げんせき【▽土▽生玄▼碩】**（一七六八～一八五四）江戸末期の眼科医。安芸吉田生まれ。将軍家侍医。シーボルトに師事し、白内障手術法を学ぶ。シーボルト事件に連座、五〇日の刑を受けた。

**は-ぶし【歯節】**①歯のつけね。はぐき。②歯。

**歯節へ出す**（はぶしへだす）口に出して言う。

**パプスト[Georg Wilhelm Pabst]**（一八八五～一九六七）ドイツの映画監督。オーストリア生まれ。作品『三文オペラ』『審判』など。

**ハプスブルク-け【ハプスブルク家】**神聖ローマ帝国およびオーストリア帝国の王家。一二七三年ルドルフ一世が初めて神聖ローマ皇帝となり、一四八三年以降ほぼ一貫して帝位を占めた。一六世紀にカール五世がスペイン王も兼ね最盛。一八〇六年神聖ローマ帝国消滅以降はオーストリア皇帝となったが、一九一八年第一次大戦後の革命でカール一世が退位、没落。House of Habsburg

**パフ-スリーブ[puff sleeve]**袖型の一つ。ギャザーやタックでふっくらとふくらませた袖の総称。若々しくかわいらしさが表現できる。↓図

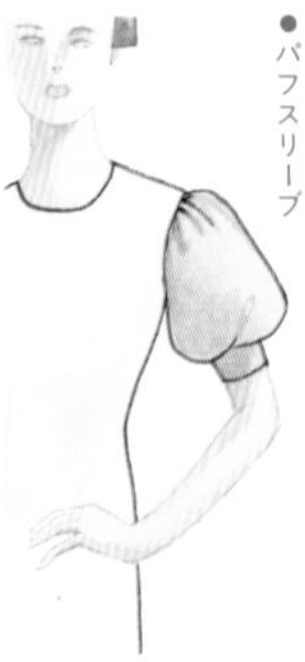
●パフスリーブ

**はぶ-そう【波布草】**マメ科の一年草。高さ約一m。葉は羽状複葉。夏に黄色五弁花を開く。薬用として栽培。葉や種子を茶の代用にして、健胃・整腸薬。中国原産。senna ↓写

**は-ぶたえ【羽二重】**絹織物の一種。たて・よこに良質の撚りのない生糸を用いて平織りにし、精練した純白のもの。きめがこまかく、つやがあり、柔らかい。多くは、礼服用。数え方 一疋。

**バフタラン[Bakhtārān]**イラン西部、ケルマンシャーハン州の州都。イスラム教徒のクルド族の中心地。人口五三・一万(一九九一)。旧称ケルマンシャー。

**はぶ-ちゃ【波布茶】**ハブソウやエビスグサの種子を乾燥して炒った薬用茶。便通をよくし、健胃・利尿の作用がある。

**バフチン[Mikhayl Mikhaylovich Bakhtin]**（一八九五～一九七五）ソ連の文芸学者。フォルマリズム理論を発展させた。著書『ドストエフスキー論―創作方法の諸問題』『フランソワ=ラブレーの作品と中世―ルネサンスの民衆文化』。

**はふ-づくり【破風造(り)】**棟を山形に作り、その両端に破風を設けた屋根の造り。

**バプテスト-きょうかい【バプテスト教会】**プロテスタント最大教派の一つ。一六〇八年イギリスのジョン=スミスが組織。幼児洗礼を認めず、成人の自覚的信仰告白に基づく浸礼を重視。浸礼教会。Baptist Church

**バプテスマ[báptisma ギリシア]**《浸すことの意》洗礼の原語。baptism

**バプテスマ-の-ヨハネ**↓ヨハネ②

**ハフナー-こうきょうきょく【ハフナー交響曲】**《原題Haffner-Symphonie ドイツ》モーツァルトの交響曲第三五番、ニ長調、K三八五。一七八三年ウィーン初演。

**ハフニウム[hafnium]**金属元素。記号Hf 原子番号七二。原子量一七八。比重一三・三。灰色で性質はジルコニウムに似る。

**ハプニング[happening]**①偶発的な事件。思いがけない出来事。②新しい芸術運動の一つ。作家の制作行為自体を表現とみなし、目の前にイベントを発生させ、それを鑑賞者に直接体験させる一種の実演。一九五九年、詩人アラン=カプローがニューヨークで始めた。

**バフ-ばん【バフ盤】**つや出し加工をする工作機械。細かい研摩材を付けた車を回転し工作物の表面に押しつける。buffing machine

**はぶ-みなと【波浮港】**東京都伊豆諸島、大島南端の漁港。三原山の火口の一部が波に浸食され小湾を形成した地形。

**は-ブラシ【歯ブラシ】**歯の汚れを除くのに用いる小形ブラシ。ブラシ部分はプラスチック製が多いが猪・豚の毛もある。toothbrush

**ハブランサス[habranthus]**ヒガンバナ科の一属。春植え球根草。葉は細い線形。花は赤色系統で初夏に咲く。鉢植え・花壇植え用。

**はふり【▽祝】**①神に奉仕する職。狭義には、禰宜の下で神事にたずさわる役。②古代からの神職の呼称。諏訪・鹿島・大三島などの古社で、神社に縁深い者が任ぜられた。

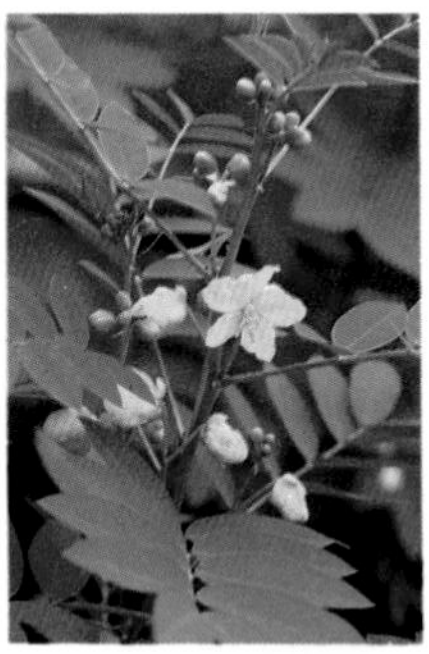
●ハブソウ

**は-ぶり【羽振り】**①羽ばたき。flap ②羽のようす。plumage ③社会的な地位・勢力・人望。influence 用例 ―が悪い。

**羽振りが好い**（はぶりがいい）世間でその地位が認められ、威勢が盛んである。大きな顔をして世間を渡る。事業などに成功して、調子がいい。商売がうまくいっている。羽振りが利く。influential 類似 幅が利く。

**羽振りを利かせる**（はぶりをきかせる）地位・勢力などを利用して、思うように振る舞う。have great influence over

**パプリカ[paprika]**香辛料の一つ。ナス科のパプリカのさやを乾燥させて碾き、パウダー状にする。あざやかな朱色。甘唐辛子。↓写

●パプリカ

**パブリシティー[publicity]**《もとは宣伝手段の意》①大衆に広く知らせること。②政府・企業・団体や個人が自己宣伝の情報を報道機関に提供し、記事や写真にさせる広報活動。

**パブリック[public]**（形動）公共的。公衆の。対義 プライベート。

**パブリック-スクール[public school]**①イギリスの全寮制私立中等学校。上流階級の子弟を対象に大学進学のための教育を行う。②アメリカの公立学校。

**パブリック-リレーションズ[public relations]**↓ピーアール（PR）

**はふ・る【▼溢る】**古語（下二・四自）水が満ちあふれる。用例 射水川雪消―・りて逝く水の（万葉・一八・四一一六）。

**はふ・る【▽放る】**=はぶる。㊀（五他）↓ほうる（放る）。㊁古語（四他）追放する。用例 王を島に―・らば（古事記・下）。㊂古語（下二他）①さすらう。さまよう。流浪する。用例 いかなるさまに―・れ給はむとすらん（源氏・玉鬘）。②落ちぶれる。用例 かくものはかなき目も見つべかりける身の、さは―・れずなりにけるにこそ（源氏・東屋）。

**はふ・る【▼屠る】**古語（四他）↓ほふる（屠る）

**はぶ・る【▽葬る】**古語（四他）①埋葬する。ほうむる。用例 百済の原ゆ神葬り―・りいまして（万葉・二・一九九）。②火葬にする。茶毘にふす。用例 薪を積みて―・りて（古今著聞集・二）。

**バブル-げんしょう【バブル現象】**《「バブル」はbubbleで、泡の意》泡沫現象。実質的な条件のともなわない予想に基づく行動から生じる現象。とくに、投機行為などが原因で起きる好景気や異常な相場。

**バブル-チェンバー[bubble chamber]**↓あわばこ（泡箱）

**パブロフ[Ivan Petrovich Pavlov]**（一八四九～一九三六）ソ連の生理学者。消化生理に関する研究を行い、生理学・心理学に新分野を開拓。さらに犬を使って条件反射を研究。一九〇四年ノーベル生理学医学賞受賞。

**パブロワ[Anna Pavlova]**（一八八一～一九三一）ロシアのバレリーナ。『白鳥の湖』『瀕死の白鳥』などに名演技をみせた。

**ば-ふん【馬▼糞】**馬のくそ。まぐそ。horse dung

**ばふん-うに【馬▼糞▽海▽胆】**浅海の岩礫底にすむオオバフンウニ科のウニ。殻径約四cm、殻高約二cm。通常、暗緑色で、とげは細く短い。食用。北海道南部以南の日本各地に分布。↓ウニ図

**ばふん-し【馬▼糞紙】**ボール紙の一種で、裏打ち・紙箱などに使う下等な紙。ワラなどを原料とした黄板紙。

**は-へい【派兵】**（名・サ変自他）軍隊を派遣すること。dispatch of troops 用例 海外―。

**パベーゼ[Cesare Pavese]**（一九〇八～一九五〇）イタリアの詩人・小説家。ビットリーニと並びネオレアリズモの立役者。アメリカ文学の導入にもつとめた。詩集『働き疲れて』、小説『月とかがり火』など。

**パペエテ[Papeete]**太平洋南東部、タヒチ島の港湾都市。フランス領ポリネシアの首都。経済・政治・文化の中心地。人口七・九万(一九八三)。

**はべ・り【▽侍り】**古語 ㊀（ラ変自）①神・天皇・貴人のおそばに控えている。伺候する。用例 うしろざまに、「誰々か―・る」と問ふこそをかしけれ（枕・殿上の名対面こそ）。②「あり・居り」の謙譲語。いさせていただく、の意。おります。用例 もの恐ろしき夜のさまなめるを、宿直人にて―・らむ（源氏・若紫）。③「あり・居り」の丁寧語。あります。ございます。用例 なにがし寺といふ所に、かしこき行ひ人―・る（源氏・若紫）。㊁（補助 ラ変）①《動詞の連用形に付いて》かしこまった気持ちを込めて、自己の動作を丁重に表現する。…あります。…ございます。用例 今までとまり―・るがいと憂きを（源氏・桐壺）。②《形容詞・形容動詞・助動詞の連用形に付いて》その状態を丁寧な表現にする。…あります。…ございます。用例 この都も近く、天も近く―・る（竹取）。

**はべ・る【▽侍る】**文語的（五自）貴人のそばにいる。ある席にかしこまっている。attend; wait on 参照 侍り。

**バベル-の-とう【バベルの塔】**①旧約聖書『創世記』に記されている高塔。世界のことばがまだ一つだったころ、人々は天に達する高塔を建てようとしたが、ヤハウェはその思いあがりを憎み、ことばを混乱させて建造を中止させたという。バビロンの塔。the Tower of Babel ②実現できそうもない空想的な計画。

**は-へん【破片】**こわれたかけら。fragment

**は-へん【歯偏】**漢字を組み立てている部分の名。「齢・齣」などの左にある「歯・歯」。用例 ガラスの―が飛び散る。

**は-ぼう【破帽】**破れた帽子。用例 弊衣―。

**は-ぼうき【羽▼箒】**香道具の一つ。香炉の灰を、灰押さえで整えたあと、香炉の内側と、縁をはらい清めるために用いる。

**はぼう-ほう【破防法】**「破壊活動防止法」の略。

**は-ぼく【破墨】**水墨山水画の技法の一つ。淡墨を主にして素地の白さを生かし、あるいは淡墨に濃墨を加えたりして、山や樹石を描く。中国で八世紀中ごろに成立。日本には室町時代に伝わる。

**は-ぼたん【葉▼牡丹】**アブラナ科の二年草。キャベツを改良し観賞用に栽培。径一〇～三〇cmの球状葉をもち、降霜期から中心葉が赤・白・黄・紫などに変化。多肉の葉が美しい。ヨーロッパ原産。ボタンナ。カンラン。タマナ。

**はぼまい-しょとう【▽歯舞諸島】**北海道東部、根室半島の北東方沖合いに散在する小島群。カニ・コンブなどの宝庫。参照 北方領土問題。

**はぼろ【羽▼幌】**〈町〉北海道北西部、日本海に臨む町。炭鉱の閉山、漁業の不振などで過疎化が進む。人口一万一九〇一(一九八九)。

**ハボローネ[Gaborone]**アフリカ南部、ボツワナ共和国南東部にある同国の首都。人口七・九万(一九八四)。ガボローネ。

**は-ほん【端本】**一そろいの全集・叢書などで完全にそろわないもの。また、わずかの巻数しかない書物。零本。対義 完本・丸本。

**はま【浜】**①海・湖の水ぎわに沿った平地。浜辺。beach 対義 沖。②河岸。riverbank ③囲んで取った相手の碁石。あげ石。あげはま。

**浜の真砂**（はまのまさご）無数・無限であることのたとえ。

**ハマ[Hamāh]**シリア西部、オロンティース川中流左岸の商業都市。農産物の集散地。聖書時代からの古都で、中世の灌漑用の大水車が有名。人口一七・七万(一九八一)。

**ハマーショルド[Dag Hjalmar Agne Carl Hammarskjöld]**（一九〇五～一九六一）スウェーデンの経済学者・政治家。一九五三年第二代国連事務総長に就任し、スエズ動乱の休戦などで活躍。コンゴ問題解決のため奔走中、飛行機事故のため六一年アフリカで墜死。同年ノーベル平和賞受賞。ハマルシェルド。

**ハマースタイン〈二世〉[Oscar Hammerstein II]**（一八九五～一九六〇）アメリカのミュージカル台

本作者・作詞家。『オクラホマ！』『南太平洋』『王様と私』など。

**ハマースリー-さんち【ハマースリー山地】**(Hamersley Range) オーストラリア州北西部、ウェスタンオーストラリア州北西部からギブソン砂漠に連なる山地。最高峰ブルース山は標高一二三五m。

**はま-うつぼ【浜▼靫・浜▽空穂】** 海岸にはえ、カワラヨモギ類に寄生する一年草。高さ一〇～三五cm。全体は黄褐色で鱗片葉をもつ。五～七月に、淡紫色の小花が咲く。↓写

●ハマウツボ

**はま-うど【浜▽独▽活】** 海岸にはえるセリ科の多年草。高さ一～一・五m。四～六月、白色の小花を開く。シシウドの近縁種。少し小形でアシタバに似る。

**はま-えんどう【浜▼豌豆】** 海岸の砂地にはえるマメ科の多年草。茎は横にのび、偶数羽状複葉をつけ、先端は巻きひげ。五月ごろ、紅紫色の大きな蝶形花をつける。

**はまおか【浜▼岡】**〈町〉 静岡県南西部、遠州灘に臨む町。砂丘地帯で、イチゴなどの園芸農業がさかん。原子力発電所がある。人口二万一五四〇(一九八八)。

**はま-おぎ【浜▼荻】** ①浜辺に生えるオギ。②アシまたはヨシ。用例 難波の葦は伊勢の―。

**はま-おもと【浜▽万▽年▽青】** ハマユウの別名。

**はま-おり【浜降り】** 祭礼の前に海辺で身を清める禊。また、神輿が海浜に渡御する祭り。浜降り祭り。浜出神事。

**はま-かぜ【浜風】** 浜に吹く風。浜から吹く風。潮風。浦風。sea breeze

**は-まき【葉巻】**《「葉巻タバコ」の略》タバコの葉をそのまま巻いて作ったタバコ。ハバナ葉のものが著名。細巻きのものをシガリロという。シガー。cigar 数え方 一本・一箱。

**はまき-が【葉巻▼蛾】** ハマキガ科のガの総称。成虫は開張二～五cm。幼虫は木の葉を巻いて中にすみ、農業・園芸上の害虫も多い。日本産は約一〇〇種。leaf roller moth

**はま-ぎく【浜菊】** キク科の多年草。高さ約一m。茎の下部は低木状。葉は肉質でへら形。上部に鋸歯があり密生。秋、径約六cmの白色の頭花を一個つける。関東から東北地方の太平洋側の海岸にはえる。

**はまきた【浜北】**〈市〉 静岡県西部の市。輸送機械関連工業がさかん。植木・苗木の産地。桜の名所岩水寺がある。人口七万九九〇一(一九八八)。

**はまき-むし【葉巻虫】** 食草の葉を巻いてその中にひそんでいる、ハマキガ科に属するガの幼虫の総称。leaf roller

**はま-くさぎ【浜臭木】** クマツヅラ科の落葉小高木。葉は広卵形、鋸歯があり先端はとがる。強い臭気がある。六月、枝先に淡黄色の唇形花が多数咲く。

**はまぐち-おさち【浜口雄幸】**(一八七〇～一九三一) 政治家。高知県生まれ。東大卒。昭和四年(一九二九)立憲民政党総裁として組閣、緊縮財政・金解禁を断行。ロンドン海軍軍縮条約の調印が統帥権干犯として軍部・右翼の反発をかい、右翼に狙撃されて重傷、翌年死亡。↓写

●浜口雄幸

**はまぐち-ようぞう【浜口陽▽三】**(一九〇九～) 版画家。和歌山県生まれ。東京美術学校中退。国際画壇で活躍。メゾティントによる銅版画で知られる。作品『桜桃』『一九と一つの桜桃』など。

**はま-ぐり【▼蛤・▽文▼蛤・▼蚌】**《「浜栗」の意》マルスダレガイ科の二枚貝。内湾の砂泥底にすむ。殻長約八・五cm。光沢のある黄褐色の殻に褐色・紫色の斑紋。肉は食用。殻は胡粉・碁石などの材料。北海道南部以南の日本各地・朝鮮半島などに分布。clam 数え方 一個・一籠。↓図

●ハマグリ

**はまぐりごもん-の-へん【▼蛤御門の変】** 元治元年(一八六四)長州藩兵と幕府軍が衝突した事件。尊王攘夷派の勢力回復を期して上洛した長州勢は、会津・薩摩両藩の兵と京都御所西側の蛤御門付近に戦って敗北した。禁門の変。

**はまぐり-なべ【▼蛤▼鍋】** ハマグリのむき身と、豆腐・ネギなどをみそで煮ながら食べるなべ料理。浜なべ。

**はま-ぐるま【浜車】** ネコノシタの別名。

**バマコ【Bamako】** 西アフリカ、マリ共和国の首都。同国南西部、ニジェール川左岸に位置し、商業の中心地。人口四〇・四万(一九七六)。

**はま-ごう【▼蔓▼荊】** クマツヅラ科の落葉低木。海岸の砂地に群生し、高さ二〇～六〇cm。葉は長楕円形で対生。夏に、紫色の花が円錐状に咲く。ハマボウ。↓写

●ハマゴウ

**はまさか【浜坂】**〈町〉 兵庫県北西端、日本海に臨む町。但馬地方の漁業の中心地。伝統の針製造もさかん。山陰海岸国立公園の一部。人口一万二七一一(一九八八)。

**はま-ざくら【浜桜】** 高山にはえるツツジ科の常緑小低木。茎は地中を走り、地上に高さ一〇～一五cmの枝を出す。夏に、つぼ状の白い小花が咲く。

**はま-さじ【浜▼匙】** 海浜にはえるイソマツ科の二年草。へら状長楕円形の根出葉が群生。秋、よく枝分かれした花茎の先に多数の小穂をつける。花冠は深裂し黄色。

**はま-しおん【浜紫▼苑】** ウラギクの別名。

**はま-しぎ【浜▼鷸】** 干潟や河口に多い小形のシギ科の鳥。全長二〇cm内外。夏と冬で羽色が異なる。夏は頭と背面は赤褐色地に黒斑があり、白い胸に一大黒斑があるが、冬は背面は灰色で胸の黒斑を欠く。北半球北部で繁殖し、冬は南下。北日本では旅鳥であるが、本州中部以南では冬鳥。Eastern dunlin

**はま-しきみ【浜▼樒】** ハマゴウの別名。

**はまじま【浜島】**〈町〉 三重県、志摩半島南部の町。遠洋漁業の基地。真珠養殖・水産加工業がさかん。志摩観光の要地。人口七一四八(一九八八)。

**はま-すがな【浜▼菅菜】** ハマボウフウの古名。

**はま-すげ【浜▼菅】** 砂地にはえるカヤツリグサ科の多年草。細い地下茎の先に塊茎をつくりふえる。葉は線形で硬い。夏、濃赤褐色の花が咲く。塊茎は薬用。クグ。

**はま-ぜり【浜▼芹】** 海浜にはえるセリ科の二年草。茎は基部より分かれて斜めに上る。根出葉は羽状複葉。夏、白色の五弁小花を密生。円形の果実は蛇牀子で薬用。ハマニンジン。

**はまだ【浜田】**〈市〉 島根県西部の市。旧城下町。港湾都市で、山陰有数の漁港がある。水産加工業・木工業がさかん。人口四万九四〇六(一九八八)。

**ハマダーン【Hamadān】** イラン中西部、テヘラン西南西二八〇km、標高二〇〇〇mの高原にある商業都市。古くからの避暑地。人口二三・四万(一九八二)。

**はま-だい【浜▼鯛】** 腹側は淡く背側が鮮紅色のフエダイ科の海水魚。尾びれの上下が長く伸びているので別名オナガ。全長一m余。目が大きい。白身で美味。本州中部以南に分布。

**はま-だいこん【浜大根】** アブラナ科の一、二年草。高さ約五〇cm。葉は互生し、羽状に分裂。春、総状花序をつけ、淡紅紫色の十字花を開く。ダイコンの野生化したもので、海岸の砂地にはえる。↓写

●ハマダイコン

**はまだ-くにまつ【浜田国松】**(一八六八～一九三九) 政治家。三重県生まれ。政友会に属し、衆議院議長などを歴任。昭和一二年(一九三七)の軍部を批判した「はらきり問答」で知られる。

**はまだ-こうさく【浜田耕作】**(一八八一～一九三八) 考古学者。号は青陵。大阪生まれ。京大総長。日本にはじめて科学的な考古学研究を導入。著書『通論考古学』など。

**はまだ-しょうじ【浜田▼庄司】**(一八九四～一九七八) 陶芸家。川崎市生まれ。本名、象二。柳宗悦・河井寛次郎らと民芸運動を起こす。昭和四三年(一九六八)文化勲章受章。

**はまだ-ちめい【浜田知明】**(一九一七～) 版画家。熊本県生まれ。東京美術学校卒。銅版画シリーズ『初年兵哀歌』など。

**はまだ-ひこぞう【浜田▼彦蔵】**(一八三七～一八九七) 幕末・明治の通訳・貿易商。播磨の人。漂流中アメリカ船に救助され渡米。帰化してジョセフ＝ヒコと改名。安政六年(一八五九)帰国しアメリカ領事館通訳。元治元年(一八六四)横浜で英字新聞を訳した『海外新聞』を発行。

**はまだ-ひろすけ【浜田広▽介】**(一八九三～一九七三) 児童文学者。山形県生まれ。早大卒。叙情的な幼年童話で有名。作品『黄金の稲束』『竜の目の涙』『泣いた赤鬼』『むく鳥の夢』など。

**はまたま【浜玉】**〈町〉 佐賀県北西部、唐津市の東に接する町。ミカンの産地で、虹ノ松原・鏡山の観光で知られる。人口一万四七八八(一九八八)。

**はまだ-やひょうえ【浜田▼弥兵▽衛】**(生没年未詳) 江戸初期の貿易商。長崎代官末次平蔵配下の船長。寛永五年(一六二八)台湾で日本の貿易を妨害したオランダ総督に武力で対抗、貿易を再開させた。

**はまだら-か【羽▼斑蚊・▼翅▼斑蚊】** 双翅目カ科ハマダラカ属の昆虫の一群。体長五mm内外。多くは翅に暗色斑。体の後部を斜めに上げてとまる。マラリアを媒介する種もある。世界に約三〇〇種、日本には約一〇種が分布。anopheles

**はまち【▼鰤】** 体長四〇cmほどのブリの若魚のこと。また、養殖ブリのことをいう。

**はま-ぢしゃ【浜▼萵▼苣】**《海浜にはえて若い茎葉を食用とすることから》ツルナの別名。

**はま-ちりめん【浜▽縮▼緬】** 滋賀県長浜市付近に産する厚地の上等な縮緬。長浜縮緬。

**はま-て【浜手】** 浜のほう。浜辺。対義 山の手。

**はまとんべつ【浜▼頓別】**〈町〉 北海道北部、オホーツク海に臨む町。ケガニ・サケの沿岸漁業と酪農・林業がさかん。人口五九八六(一九八八)。

**はまなか【浜中】**〈町〉 北海道東部、釧路市と根室市の中間に位置する町。コンブ漁業の町で酪農もさかん。霧多布湿原・湯沸岬がある。人口八八八八(一九八八)。

**はまな-こ【浜名湖】** 静岡県南西部にある汽水湖。面積六九$km^2$、最深一二・二m。ウナギ・スッポンの養殖がさかん。湖岸一帯は観光地。

**はま-なし【浜▼梨】** ハマナスの異名。

**はま-なす【浜▼茄子】**《浜梨のなまった語》

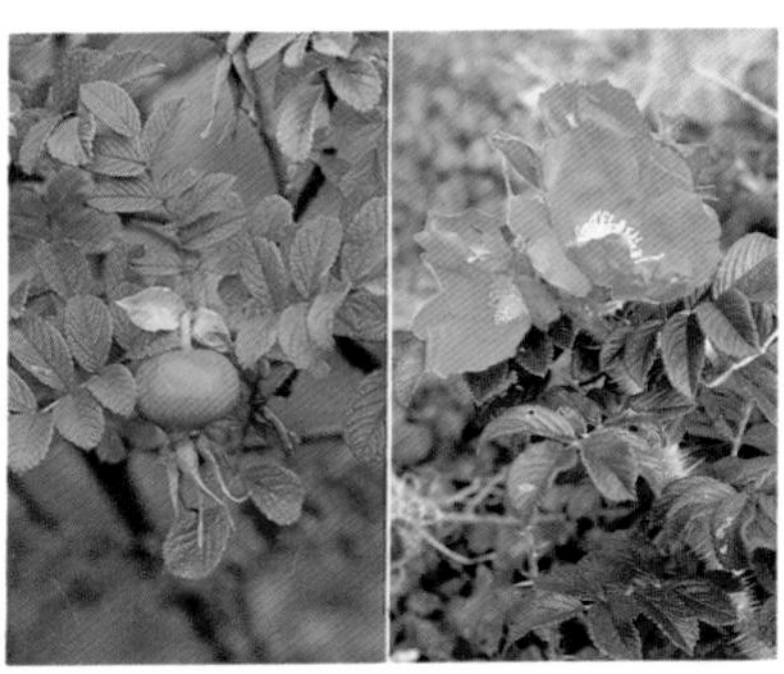
●ハマナス　花(右)と実(左)。



▼常用漢字表外。▽常用漢字表の音訓外。

バラ科の落葉低木。海岸の砂地に群生。高さ約一・五m。枝にとげが密生。夏に紅紫色、まれに白色の花が咲く。根から染料をとる。果実は黄赤色で、食べられる。茨城・島根両県以北、北海道の海岸に分布。ハマナシ。↓[写]

**はま‐なっとう【浜納豆】** 大豆のこうじをつくり、風で乾かし、塩水中で熟成させたもの。暗黒色で濃厚なうま味がある。浜松市の名物。大徳寺納豆。

**はま‐なつめ【浜▼棗】** 暖地の海岸にはえるクロウメモドキ科の落葉低木。葉は卵形で基部にとげがある。夏、淡緑色の五弁小花が咲く。果実は半球形。

**はま‐なでしこ【浜▼撫子】** 海岸の岩上にはえるナデシコ科の多年草。葉は厚く、卵形。夏、ナデシコに似た紫・紅色の花が咲く。観賞用。フジナデシコ。

**はま‐にがな【浜苦菜】** キク科の多年草。海岸の砂地にはえる。根茎が地中をはい、葉は厚く、深裂の複葉。夏、黄色の花が咲く。葉がイチョウに似ているのでハマイチョウの名もある。

**はま‐にんじん【浜人▽参】** ハマゼリの別名。

**はま‐びし【浜▼菱】** ハマビシ科の一年草。茎は毛をもち、匍匐する。葉は偶数羽状複葉。夏、葉腋に黄色い小花が咲く。果実は熟すると、五個の分果に分かれる。分果に二本のとげがあり、ヒシの実に似る。薬用。

**はま‐ひるがお【浜昼顔】** 海岸の砂地にはえるヒルガオ科の多年草。茎はつる性で長く、葉は腎臓状の円形で光沢がある。初夏に、淡紅色の径約五cmの花が咲く。sea bells ↓[写]

●ハマヒルガオ

**はま‐べ【浜辺】** 浜のほとり。海辺。the beach

**はまべ‐の‐くろひと【浜辺黒人】**(一七一七〜九〇) 江戸中期の狂歌師。本名、斯波孟雅。通称、三河屋半兵衛。江戸の人。狂歌集『初笑不琢玉』を出版。天明狂歌の先駆の一人。

**はま‐ぼう【▽黄▼槿】** アオイ科の落葉低木。暖地の海辺にはえる。葉は倒卵状で細鋸歯。葉の裏面に黄白色の毛を密生。初夏、枝先に黄色のムクゲに似た花が咲く。

**はま‐ぼうふう【浜防風】** セリ科の多年草。

●ハマボウフウ

海浜の砂地にはえ、高さ約三〇cm。根は深く、葉は羽状複葉、果実は倒卵形。若芽はさしみのつま。根は薬用。ヤオヤボウフウ。ハマスガナ。↓[写]

**はま‐ぼっす【浜▽払子】** サクラソウ科の二年草。海岸にはえ、葉はへら形で肉質、つやがある。初夏、五弁の白花が総状につく。

**はまます【浜▽益】**〈村〉 北海道中部、石狩湾に臨む村。かつてはニシン漁で栄えた。沿岸漁業と稲作・畜産などの農業を行う。人口三二〇六(一九八八)。

**はままつ【浜松】**〈市〉 静岡県西部、遠州灘に臨む市。東海道の宿場町で、一六世紀徳川家康の築城以降、城下町として発達。遠州地方の中心的商工業都市で、楽器・輸送機械・綿織物工業などがさかん。人口五二万二二九九(一九八八)。

**はままつ‐たこがっせん【浜松▼凧合戦】** 静岡県浜松市で、毎年五月三〜五日に行われる五月節句の行事。町内会ごとに大凧を揚げて凧糸を切り合う。↓[写]

**はままつちゅうなごんものがたり【浜松中納言物語】** 平安後期の物語。原題『御津の浜松』。全六巻のうち首巻を欠く。菅原孝標女の作と伝える。源中納言を主人公に、左大将の娘大君との悲恋、渡唐して知った第三皇子の母后との恋の物語から成る。転生・夢告など神秘的色彩が濃い。

**はまむら‐おんせん【浜村温泉】** 鳥取県中部、日本海に臨む気高町にある温泉。

**はま‐も【浜藻】** ①海藻。②ホンダワラの異名。

**はま‐や【浜屋】** 浜辺の家。

**はま‐や【破魔矢】** ①破魔弓につがえる矢。魔障を払い除くものとして正月の縁起ものに用いる。②上棟式で、破魔弓とともに屋上にたてる矢の形をした飾り物。

**はま‐やき【浜焼(き)】** ①とった魚介を浜で焼いて食べる料理。②とりたてのタイを製塩用のかまで蒸し焼きにすること。また、したもの。兵庫・岡山の塩田で行われたのが始まり。

**はまや‐ひろし【▼濱▽谷▼浩】**(一九一五) 報道写真家。東京生まれ。重厚な民俗的主題が多い。作品集『雪国』など。

**はま‐ゆう【浜▽木▽綿】** ヒガンバナ科の常緑多年草。暖地の海岸にはえる。観賞用にも栽培。高さ三〇〜一〇〇cm。夏に太い花茎を出し、純白の花を密生。関東以西に分布。和歌で、重なりやみだれる心などの形容に用いる。ハマオモト。↓[写]

**はま‐ゆみ【破魔弓】** ①破魔矢を用いて的を射るのに用いる弓。むかし、悪気をはらうといって、正月に男児があそんだ小弓。今は五月の節句に飾る。②上棟式のとき、破魔矢とともに屋根の上に立てる、木や竹で作った二つの弓の形をした飾り物。

**はま‐よもぎ【浜▼艾】** キク科の二年草。海岸の川口付近に群生。高さ約五〇cm。葉は長柄があり、羽状に深裂。秋、白色の頭花を、多数円錐状につける。

**はま‐りきゅう【浜離宮】** 東京都中央区にある回遊式庭園。旧甲州松平家別邸。明治以来皇室の離宮となったが、第二次大戦後一般に公開。

**はまり‐やく【▼嵌(ま)り役】** その人にもっとも適した役・役目。適役。well-fitting role

**はま・る【▼嵌(ま)る・▼填(ま)る】**(五自) ①穴に物が、物に輪が、ちょうどよくおさまる。fit in ②あてはまる。fit [用例]役に—。③だまされる。be beguiled [用例]敵の術中に—。④色香におぼれる。lose oneself in ⑤落ちる。fall into [用例]池に—。

**ハマルシェルド【Hammarskjöld】** ↓ハマーショルド

**はま‐れんげ【浜▼蓮華】** ウルップソウの別名。

**はみ【▽馬▼銜】** ①馬のくつわの、口に当たる部分。②荒馬の口に縄をかませて、頭の上で縛ること。その縄。

**はみ【▼蝮】** マムシの古名。

●浜松凧合戦

●ハマユウ

**ハミ【哈密】**(Hāmì) 中国新疆ウイグル自治区東部のオアシス都市。古来東西交通の要地。メロンが特産。人口二六・六万(一九八四)。

**パミール‐こうげん【パミール高原】**(Pamir) 中央アジア、ソ連タジク共和国を中心にアフガニスタン・インド・パキスタン・中国にまたがる標高四〇〇〇m前後の大高原。アルプス‐ヒマラヤ造山帯に属し、古来シルクロードの難所。

**は‐みがき【歯磨(き)】** 歯を磨くこと。それに用いる練りはみがきなど。brush the teeth

**はみ‐だ・す【▽食み出す】**(五自) 収まりきれずに、一部が範囲や制限から出る。はみ出る。protrude

**はみ‐で・る【▽食み出る】**(下一自) はみ出す。protrude

**ハミルトン【Hamilton】** カナダ、オンタリオ湖西端の工業都市。湖港があり、鉄鋼業の中心。人口三〇・六万(一九八一)。

**ハミルトン【Hamilton】** ニュージーランド北島中北部の都市。農牧業が中心。人口一六万(一九八一)。

**ハミルトン【Alexander Hamilton】**(一七五五〜一八〇四) アメリカの政治家。独立戦争に活躍ののち、ワシントンのもとで初代財務長官として新国家財政の基礎を固めた。フェデラリスト党首脳として活躍、ジェファーソンと対立。政敵バーとの決闘で死亡。

**ハミング【humming】**(名・サ変自) 唇を閉じて、鼻音を共鳴させながらメロディーを歌うこと。

**は・む【▽食む】** 〔一〕(五他) ①食物を食べる。くう。かむ。[用例]牛がのんびりと草を—・んでいる。②俸禄を受ける。[用例]禄を—。〔二〕[古語](四他) ①害する。損なう。[用例]小さき虫ありて、鼻より入りて脳を—といへり(徒然・一四九)。②魚などが、口を水面に出してぱくぱく呼吸する。[用例]潮吹き立てて—・みて来たる(源平盛衰記・四三)。

**は・む【▼嵌む】** [古語](下二他) ↓はめる(嵌める)

**ハム【ham】** ①《本来はブタのもも肉》豚肉を塩づけにしたのち薫煙した食肉加工品。もも肉の骨付きハム・ボンレスハム、肩肉のショルダーハム、背肉のロースハム、魚肉を入れたプレスハムなど。②《アメリカの俗語》アマチュア無線技師。アマチュア無線家。

**ハム【hum】** ラジオの雑音。

**ば・む**(接尾) 《体言などに付いて動詞をつくる。五段型》そのようすを帯び、また、そのようすが現れる意。[用例]汗—。黄—。

**ハム‐エッグ** 《ham and eggsから》薄切りのハムに卵を落とし、目玉焼きにしたもの。アメリカ・イギリスの代表的な朝食料理。

**は‐むか・う【歯向かう・刃向かう】**(五自) ①歯をむき出して向かう。bite at [用例]両者相—闘犬。②てむかう。反抗する。oppose [用例]領主に—。

**ハムギョン‐ナムド【咸鏡南道】**(Hamgyŏng Namdo) ↓かんきょうなんどう(咸鏡南道)

**ハムギョン‐プクド【咸鏡北道】**(Hamgyŏng Pukdo) ↓かんきょうほくどう(咸鏡北道)

**ハム‐ごぞく【ハム語族】** 北アフリカに分布する語族の一つ。一八八七年、ミュラーがエジプト‐コプト語・リビア‐ベルベル語に付した名称。現在はセム語族などとあわせてアフロ‐アジア語族という。Hamitic languages

**ハム‐サラダ** 《和製語》野菜サラダにハムをあしらった料理。

**は‐むし【羽虫】** ↓はじらみ(羽虱)

**は‐むし【葉虫・▽金▽花虫】** ハムシ科の昆虫の総称。多くは体長一cm弱。成虫・幼虫とも草木の葉を食べ、ウリハムシなど農林業害虫も多い。世界に約三万五〇〇〇種、日本に約五〇〇種分布。leaf beetle

**は‐むしゃ【端武者・葉武者】** 取るに足りない武者。雑兵。木っ端武者。

**ハムスター【hamster】** 実験用・愛玩用に飼われるキヌゲネズミ科の齧歯類。体長約一七cm。背面は赤橙色、腹面は白色。野生種は東欧・西アジアに分布。↓[写]

●ハムスター

**ハムスン【Knut Hamsun】**(一八五九〜一九五二) ノルウェーの小説家。大自然の中の人間の内面生活を叙情的文体で描く。一九二〇年ノーベル文学賞受賞。作品『飢え』『大地の恵み』など。

**ハム‐セム‐ごぞく【ハム‐セム語族】** セム‐ハム語族の別称。

**バム-てつどう【バム鉄道】**《「バム」はBaikal-Amur Magistralの略》ソビエト連邦のシベリアを走る鉄道。ウスチクートとコムソモリスクの間三二〇〇㎞を結ぶ。東シベリア開発の原動力となっている。一九八四年完成。第二シベリア鉄道。BAM railroad

**ハムフン【咸興】**(Hamhŭng) ↓かんこう(咸興)

**は-むら【葉▼叢】** 重なり茂った葉。

**はむら【羽村】**〈町〉東京都北西部の町。農村地区だったが、工場が進出し宅地化が著しい。東京都の多摩川給水系の取水口がある。人口四万八九五二(一九八八)。

**ハムラビ-ほうてん【ハムラビ法典】**↓ハンムラビほうてん(ハンムラビ法典)

**ハムレット【Hamlet】** シェークスピア四大悲劇の一つ。一六〇一年ごろの作。デンマーク王子ハムレットが、父を毒殺し王位と母を奪った叔父に復讐(ふくしゅう)をとげるが、自分も毒刃にたおれる。主人公は内省的性格の典型とされる。

**ハムレット-がた【ハムレット型】** ハムレットのように、考え込みがちで決断力のない性格。優柔不断型。Hamlet type 対義ドン=キホーテ型。

**はむろ-ときなが【葉室時長】**(生没年未詳) 平安末・鎌倉(かまくら)初期の貴族。藤原氏。『保元物語』『平治物語』などの作者といわれるが、未詳。

**は-め【羽目】** ①同一平面上に板を縦、または横に並べて張った壁。板張り壁。wood panel; wainscot ②《「破目」とも書いて》困った立場。苦しい境遇。embarrassing situation 用例苦しい—に陥る。

**羽目を外す**(はめをはずす) 興にのって、限度をこえる。be on the spree

**はめ-いた【羽目板】** 羽目張り用の板。wainscot

**はめ-こみ【▼嵌め込み・▼塡め込み】** はめ込むこと。はめ込む仕組みになったもの。inlaying

**はめ-こ・む【▼嵌め込む・▼塡め込む】**(五他) はめて入れ込む。inlay

**はめ-ごろし【▼嵌め殺し】** 開閉できないように枠にガラスなどを固定すること。また、そうした建具。fixed fitting

**は-めつ【破滅】**(名・サ変自) 破れほろびること。ruin 用例身の—を招く。

**ハメット【Dashiell Hammett】**(一八九四〜一九六一) アメリカの推理小説家。ハードボイルド派の第一人者。作品『赤い収穫』『マルタの鷹(たか)』など。

**はめ-もの【▼嵌め物】** 上方落語で、はなしの途中に入るお囃子(はやし)。

**は・める【▼嵌める・▼塡める】**(下一他) ①わくや穴などにぴったり合うように入れこむ。put into; fit; button 用例障子を—。ボタンを—。②さしこんで、からだにつける。put on 用例手袋を—。③うまくだます。かつぐ。beguile 用例わなに—。

**は-めん【波面】** 波が伝わるときに、位相の等しい点を連ねてできる面。点波源では球面になる。wave front

**ば-めん【場面】** ①場所。place ②その場のようす。光景。scene ③舞台・映画の一景。シーン。scene ④心理学で、一定の瞬間に有機体に働く刺激の全体。主体が行動する環境。話し手と相手を含む全体。また、主体の意識内容をさすこともある。場。field

**はも【▼鱧】** ①浅海の砂泥底にすむハモ科の海水魚。ウナギに似て、円筒形で長く、うろこはない。体長約二m。背側は灰褐色、腹側は銀白色。口は大きく、魚・エビ・カニを捕食。夏に美味。本州中部以南の各地に分布。古名、ハム・ハミ。conger eel 数え方一本。②北日本ではアナゴを言う。↓図

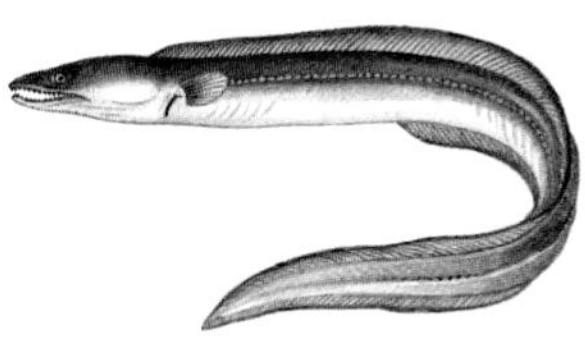
●ハモ①

**鱧も一期、海老も一期**(はももいちご、えびもいちご) 身分・境遇は違っても、人の一生はだいたい似たようなものである。

**は-も** 古語(連語)《上代語。係助詞「は」に係助詞「も」の付いたもの》強い感動や詠嘆を表す。…よなあ。…よ。用例今日(けふ)今日と吾(あ)を待たすらむ父母(ちちはは)ら—(万葉・五・八九〇)。

**はもち【羽▽茂】**〈町〉新潟県、佐渡(さど)島南西部の町。稲作中心で、おけさ柿(がき)と佐渡みその産地でもある。人口五一一六(一九八八)。

**ハモニカ【harmonica】**↓ハーモニカ

**は-もの【刃物】** 刃をつけて鋭利にし、材料を切断したり削ったりする道具。ナイフ・包丁・小刀(こがたな)の類。cutlery

**は-もの【葉物】** ①生け花・園芸などで、葉を主として観賞する植物。対義花物・実物(みもの)。②野菜の、主として葉を食べるもの。

**は-もの【端物】** ①半端もの。はしたもの。odd thing ②短編・断片の浄瑠璃(じょうるり)。対義段物。

**はもの-ざんまい【刃物三▼昧】** 刃物を持ち出して暴れること。用例—に及ぶ。

**は-もん【刃文】** 日本刀の刃の部分に沿ってみられる模様。刃先に平行してまっすぐなものは直刃(すぐは)、波形のものは乱刃(みだれは)という。↓日本刀図

**は-もん【波紋】** ①一点から輪のように広がっていく波の模様。ripple ②つぎつぎと関連する影響。influence 用例政界に—を投げた。

**波紋を投げる**(はもんをなげる) 《何事もない静かなところに波を立たせる意から》反応や変化など、影響が広く及んでいく。create a stir 類似波紋を投ずる。

**波紋を広げる**(はもんをひろげる) 影響がつぎつぎに及んで、広がっていく。creat a stir

**は-もん【破門】**(名・サ変他) ①門人の籍から除名すること。expulsion ②宗門から除名すること。excommunication

**ハモンド-オルガン【Hammond organ】**《商標名》電気楽器。一九二九年にアメリカの発明家ハモンドが発明。パイプオルガンの代用として、また軽音楽でも用いられる。

**はや** 19画 **【▼鮩】** 部首[魚](うおへん) 和製漢字

↓はや【鮠・鮩】

**は-や【▽甲矢・▽兄矢・▽早矢】** 二本の矢のうち、はじめに射る矢。対義乙矢(おとや)。

**はや【▼鮠・▼鮩】** コイ科の淡水魚のなかで、流線形の細長い体形をし、早瀬を敏速に泳ぐ魚の俗称。オイカワ・ウグイ・モツゴなど。はえ。

**はや【早】** 一 文語的(副) ①もうすでに。すでに。もはや。用例—七〇歳を過ぎた。②はやく。用例都に行きて—帰り来む(万葉・二〇・四四三二)。二(接頭) 早い、の意。用例—起き。—合点。

**はや**(感動) あきれたり、とまどったりして発する語。いやはや。用例何とも—、困りましたね。

**は-や** 古語(連語)《上代語。係助詞「は」に間投助詞「や」の付いたもの》強い感動や詠嘆を表す。…はなあ。…なあ。用例あづま—(古事記・中)。

**ばや** 古語(終助)《動詞・助動詞の未然形に付く》自分が希望する意を表す。…したいなあ。用例少し見—(源氏・帚木)。

**ば-や** 古語(連語)《接続助詞「ば」に係助詞「や」の付いたもの》①《未然形に付いて》もし…ならば…だろうか。用例心あてに折ら—折らむ初霜の(古今・秋下)。②《已然形に付いて》…ので…なのだろうか。用例もみぢすれ—てりまさるらむ(古今・秋上)。

**はや-あがり【早上がり】** ①すごろくなどで早く上がること。②早生まれで小学校に入学すること。

**はや-あし【早足】** 速い足どり。quick pace 対義駆け足・並み足。

**はや-あし【速▽歩】** 馬術で馬の歩法の一つ。右前・左後肢(こうし)、左前・右後肢をおのおの同時に移す二歩調の歩法。トロット。trot

**はや・い【早い】**(形) ①時間的に、短くてすむさま。すみやかである。quick 対義遅い。用例—・く仕上がる。②敏捷(びんしょう)である。quick 対義遅い。用例変わり身が—。③まだその時期ではない。too early 対義遅い。用例行くには—。④時間が前である。early 用例朝—・く起きる。⑤始まってからまもなくである。beginning 用例わがチームは—回に得点した。派生はやさ(名) はやめ(名)

**気が早い**(きがはやい) 短気だ。quick temper

**早いとこ**(はやいとこ) すばやく、簡単に。早い所。quickly 用例—片付けよう。

**早い話が**(はやいはなしが) 簡単にいうと。つまり。早い話。in short

**はや・い【速い・▽疾い】**(形) 速度・動きがすみやかだ。fast; quick 対義遅い・のろい。用例足が—。派生はやさ(名) はやめ(名)

**はやいもの-がち【早い者勝ち】**(名) 先にした人が利益を受けること。First come, first served.

**はや-うし【早牛】** 歩くのが速い牛。

**早牛も淀、遅牛も淀**(はやうしもよど、おそうしもよど) 《牛はあゆみの早い牛でも遅い牛でも結局は同じところにつく意から》物事はあわててもしかたがない。

**はや-うち【早打ち】** ①太鼓などを早く続けざまに打つこと。fast drumming; fast beating ②昔、馬を走らせて急を告げること・使者。dispatch by a horse ③《「早撃ち」とも》ピストルなどを早く撃つこと。quick shot

**はや-うま【早馬】** 昔、急使が乗る馬。

**はや-うまれ【早生(ま)れ】** 《入学児童について》一月一日から四月一日までに生まれること。その間に生まれた人。比較早上がり。対義遅生まれ。

**はや-うり【早▼瓜】** ふつうのウリよりも早く熟すウリ。また、その季節のはじめてのウリ。

**はや-お【早緒】**(はやを) ①櫓(ろ)を漕(こ)ぐとき、櫓腕の先にかける綱。櫓綱。②そり・車などにつけて引く綱。引き綱。

**はや-おき【早起き】**(名・サ変自) 朝早く起きること・人。朝起き。wake up early 対義寝坊。

**早起きは三文の徳**(はやおきはさんもんのとく) 早起きは、なんらかの利益があるものだ。The early bird catches the worm.

**はや-おけ【早▼桶】**(はやをけ) 《死者が出たときに急いで作ることから》江戸時代の粗末な棺桶(かんおけ)で、円筒形の座棺。

**はや-がえり【早帰り】**(はやがへり)(名・サ変自) ①決まった時刻より早く帰ること。②朝帰り。

**はや-かご【早▼駕▼籠】** 昔、急を告げる使者が乗るかご。

**はや-がてん【早合点】**(名・サ変自) よく聞かないで承知すること。早のみこみ。早がってん。hasty conclusion 用例あわて者の—。

**はや-がね【早鐘】** 火事などの、急を知らせるため、激しく打ち鳴らす鐘。alarm bell

**はや-かわ【早川】**(はやかは) 神奈川県を流れる川。芦ノ湖(あしのこ)に発し、小田原市南部で相模(さがみ)湾に注ぐ。長さ二一㎞。流域には温泉が多い。

**はやかわ【早川】**(はやかは)〈町〉山梨県南東部、富士川の支流早川沿いの町。農林業が主。発電所が多く、県の電源地帯となっている。人口二六七六(一九八八)。

**はやかわ-せっしゅう【早川雪▼洲】**(はやかはー)(一八八九〜一九七三) 映画俳優。千葉県生まれ。ハリウッドスターとなり国際的に活躍。主演作『タイフーン』『戦場にかける橋』など。

**はやかわ-の【早川の】**(はやかはの) [枕ことば]《川の水の速く流れていくことから》「行く」にかかる。用例波雲の愛(うつく)し妻と語らはず別れし来れば—行くも知らに衣手(ころもで)の反(かへ)るも知らに(万葉・一三・三二七六)。

**はやかわ-よしお【早川▽良雄】**(はやかはよしを)(一九一七〜) グラフィックデザイナー。大阪生まれ。モダンで粋(いき)な絵画的表現に独特な作風をもつ。

**はや-がわり【早変(わ)り・早替(わ)り】**(はやがはり)(名・サ変自) ①姿や職業などを急変させること。②歌舞伎(かぶき)などで、ひとりの役者がたちまち扮装(ふんそう)を変えて、他の役に変わること。

**はやきた【早来】**〈町〉北海道南西部、勇払(ゆうふつ)平野にある町。乳製品の産地で、遠浅(あさ)と地区には典型的な酪農郷がある。人口五八一六(一九八八)。

**は-やく【破約】**(名・サ変他) ①約束を守らないこと。break a promise ②契約を取り消すこと。解約。cancel

**は-やく【端役】** 重要でない役・人。minor roll

**はやく【早く】**(副) ①急いで。すばやく。quickly ②すでに。とっくの昔に。以前。already 用例—父を失う。③古語《「夙く」とも》もともと。元来。用例—跡なきことにはあらざめりとて(徒然・五〇)。④古語《文末に「けり」をともなって》驚いたことに。おやまあ。用例—しりを結ばざりけり(枕・ねたきもの)。

**はや-くち【早口】** 物のいい方が早いこと。はやことば。rapid speaking

**はやく-も【早くも】**(副) ①早いとしても。at the earliest ②もう。もはや。already

**はやくち-ことば【早口言葉】** いいにくいことばを、早口にいう遊び。そのことば。「ぼうずがびょうぶにじょうずにぼうずのえをかいた」の類。tongue twister

**はや-さ【早さ】** 早いこと・程度。quickness 比較早め。

**はや-さ【速さ】** ①速いこと・程度。quickness 比較速め。②速力。スピード。speed

**はや-ざき【早咲き】** その花の咲く季節よりも早く咲くこと。その花。early flowering 対義遅咲き。

は



▼常用漢字表外。 ▽常用漢字表の音訓外。

**はやし【林】**《「生やし」の意》①いろいろの樹木が集まり生えているところ。wood ②物事の多く集まったもの。用例ことばの―。煙突の―。

**はやし【囃子・囃】**①歌や踊り・芝居・動作などを引き立てるために、にぎやかにはやしたてる音楽や言葉、また、その演奏者。②能で、囃子はつけるが、扮装しないで演ずる演出形式。

**はや・し【早し・速し】**古語(形ク)↓はやい(早い)↓はやい(速い)

**はやし-かた【囃子方】**能の楽器の奏者の総称。また、長唄の囃子担当奏者の総称。いずれも楽器は、笛・小鼓・大鼓・太鼓の四種。↓能楽図

**はやし-がほう【林鵞峰】**(一六一八〜八〇) 江戸初期の儒者。羅山の子。鳳岡の父。京都の人。幕府の儒官となり父羅山とともに『本朝通鑑』などを完成。

**はやし-ことば【囃子詞】**歌の調子をよくするために途中や終わりに入れることば。意味には関係がない。「ヨイヨイ」「ヨサコイ」「コリャ」「ソーラン」など。

**はやし-しずえ【林倭衛】**(一八九五〜一九四五) 洋画家。長野県生まれ。作品『サンジカリスト』など。

**はやし-しへい【林子平】**(一七三八〜九三) 江戸中期の経世家。江戸の人。号は六無斎。蝦夷地を探険、『海国兵談』を著してロシア南下の脅威など説いたが、没収され禁固処分をうけた。寛政の三奇人の一人。

**はやし-じゅっさい【林述斎】**(一七六八〜一八四一) 江戸後期の儒者。美濃の国岩村藩主の子。幕命により林家の養子となり、寛政の改革で教学の改革に参加。林家の中興といわれる。

**はやし-せんじゅうろう【林銑十郎】**(一八七六〜一九四三) 陸軍大将・政治家。石川県生まれ。朝鮮軍司令官・教育総監・陸相をへて、昭和一二年(一九三七)組閣。臨戦体制の確立を図ったが、四か月で総辞職。

**はやし-だ【囃子田】**広島地方で行われる花田植えの呼称。

**はやし-たけし【林武】**(一八九六〜一九七五) 洋画家。東京生まれ。フォービスムを基調に独自の画面構成をもつ重厚な作風。昭和四二年(一九六七)文化勲章受章。作品『梳ずる女』など。

**はやし-ただいち【林唯一】**(一八九五〜一九七二) 挿絵画家。香川県生まれ。写実的で親しみやすい画風。

**はやし-た・てる【囃し立てる】**(下一他) ①いいたてる。jeer ②そばから大勢で、盛んに冷やかす。jeer

**はやし-どうしゅん【林道春】**林羅山の法名。

**はや-じに【早死に】**(名・サ変自) 若いうちに死ぬこと。夭折。die young 対義長生き。

**はやし-ひろもり【林広守】**(一八三一〜九六) 雅楽家。笙の名手。大坂の人。明治三年(一八七〇)雅楽局開設と同時に大伶人になり、のち伶人長。『君が代』の作曲者とされる。

**はやし-ふさお【林房雄】**(一九〇三〜七五) 小説家・評論家。本名、後藤寿夫。大分市生まれ。東大中退。マルクス主義作家として出発、転向後は国家主義的傾向を示した。小説『青年』、評論『大東亜戦争肯定論』など。

**はやし-ふぼう【林不忘】**(一九〇〇〜三五) 小説家。本名、長谷川海太郎。新潟県生まれ。三つの筆名を使いわけて大衆文学界に活躍。林不忘の名で『丹下左膳』、谷譲次の名で『テキサス無宿』、牧逸馬の名で『この太陽』など。

**はやし-ふみこ【林芙美子】**(一九〇三〜五一) 小説家。本名、フミコ。下関市生まれ。貧しかった半生の体験をもとに共感をこめて庶民の生活を描く。作品『放浪記』『晩菊』『浮雲』など。

**はやし-ほうこう【林鳳岡】**(一六四四〜一七三二) 江戸中期の儒者。鵞峰の子。江戸の人。幕府の学問所の一切を統轄する大学頭に初めて任じられた。以後代々林家がこれを世襲。

**はやしま【早島】**〈町〉岡山県南部、児島湾干拓地の町。イグサ栽培の中心地で、伝統の早島表など畳表・花むしろの産地。人口一万一五一四(一九八八)。

**はや-じまい【早仕舞(い)】**(名・サ変自) いつもより早く仕事を終わること。店を早く閉めること。early closing

**はや-じも【早霜】**秋、例年より早くおりる霜。対義遅霜。

**はやし-もの【囃子物】**①狂言の謡の一種。特殊なリズムにより、小鼓・大鼓・太鼓をともなう。②祭礼の風流などに用いられる囃子・歌謡。③中世芸能の一種。笛・鼓・太鼓の囃子に、せりふ・歌・ものまね・舞踊などをともなう。

**はやしや-しょうぞう【林家正蔵・林屋正蔵】**《四代までは林屋》落語家。今日までに八代。初代(一七八一〜八四二)は、初代三笑亭可楽門下。文化年間に怪談噺を創始。八代(一八九五〜九八二)は本名、岡本義。古典落語の再演に努力し、初代の芸風の復活をめざした。

**ハヤシ-ライス**《ハッシュドビーフ hashed beef rice にヒントを得た和製語》細切りの牛肉、タマネギをいため、トマトソースなどで煮込み、米飯にかけた洋風料理。日本で考案された。

**はやし-らざん【林羅山】**(一五八三〜一六五七) 江戸初期の儒者。法名は道春。鵞峰の父。京都の人。はじめ建仁寺の僧となるが、のち藤原惺窩に師事。徳川家康以下四代の将軍の侍講となる。上野忍ケ岡に学問所を建て、幕府文教制度の基を築いた。編著書『本朝通鑑』など。

**はや・す【生やす】**(五他) 生えるようにする。生えさせる。伸ばす。grow 用例ひげを―。

**はや・す【囃す・称す・揚す】**(五他) ①声を出して調子をとる。keep time ②はやしを奏する。③ひやかしたり、からかうために声をたてる。banter ④ほめる。称揚する。applaud

**はやすい-せと【速吸瀬戸】**↓ほうよかいきょう(豊予海峡)

**はや-ずし【早鮨・早鮓】**小魚を塩と酢でよくしめ、熱いご飯と交互に重ねて一晩で発酵させたすし。コハダ・イワシ・アジなど。一夜ずし。

**はや-せ【早瀬】**川の、流れの速い所。rapids

**はや-だち【早立ち】**(名・サ変自) 朝早く旅行などに出かけること。early departure

**はやた-ぶんぞう【早田文蔵】**(一八七四〜一九三四) 植物分類学者。新潟県生まれ。東大教授。植物分類に解剖学・組織学の必要を説く。台湾や東南アジアの植物も研究。著書『植物分類学』『富士山植物帯論』など。

**はやちね-うすゆきそう【早池峰薄雪草】**キク科の多年草。岩手県早池峰山の蛇紋岩地にだけはえる。花茎は叢生し約二〇cm、線状披針形の葉が出る。苞葉が星形をなし、四〜八個の頭花が密生。

**はやちね-さん【早池峰山】**岩手県中部、北上高地の最高峰。標高一九一四m。日本では数少ない老年期地形の残丘といわれ、高山植物群落は特別天然記念物。

**はやて【疾風・早手】**《「て」は風の意》急に激しく吹き起こる風。多くは、寒冷前線にともなう突風。雨や雹をともなうときもある。

**はや-で【早出】**(名・サ変自) ①いつもより早く出かけること。early departure ②交替勤務の早番で、早く出勤すること。また、その番。early shift 対義遅出。

**はや-てまわし【早手回し】**事前にきちんと物事を準備・処置しておくこと。quick preparation

**はや-と【隼人】**《「はやひと」の転》①古代、九州南部に居住した民族。しばしば中央政権に抗して反乱。養老四年(七二〇)後はほぼ平定。②薩摩国(鹿児島県)の男子。用例薩摩―。

**はやと【隼人】**〈町〉鹿児島県のほぼ中央、鹿児島湾に臨む町。農業が主で、水蜜桃は日本一早い出荷をほこる。人口三万二九一一(一九八八)。

**はやと-うり【隼人瓜】**ウリ科のつる性多年草。果実は洋ナシ状。果肉は白または緑色。つけ物や汁の具によい。熱帯アメリカ原産。chayote ↓写

**はや-とちり【早とちり】**(名・サ変自) 早がてんして、しそんじること。jump to a conclusion

**はやと-まい【隼人舞】**九州の隼人族が伝承する舞。五世紀ごろ大和朝廷に服属して以来、帰順のしるしに舞を献じ、大嘗会などには必ず演じられた。

**はやとも-の-せと【早鞆ノ瀬戸】**関門海峡の最狭部。幅が六〇〇mあまりのため、関門橋など本州と九州を結ぶ鉄道・道路交通の要所となっている。近くに壇ノ浦がある。

**はや-なわ【早縄】**罪人を捕らえて縛る縄。捕り縄。捕縄。

**はや-ね【早寝】**(名・サ変自) 早く寝ること。go to bed early 用例―早起き。

**はやの-はじん【早野巴人】**(一六七六〜一七四二) 江戸中期の俳人。名は忠義。別号宗阿・夜半亭など。下野の人。榎本其角・服部嵐雪に師事。与謝蕪村の師。句集『夜半亭発句帖』。

**はや-のみこみ【早呑(み)込み】**(名・サ変自) 早合点。hasty conclusion

**はや-ば【早場】**米・まゆ・生糸などが、他より早くとれる地方。対義遅場。

**はやば-まい【早場米】**収穫期の早い早稲を栽培する地方の米。九月頃、市場に出回る。

**はや-はや【早早】**(副) ①早く。すみやかに。promptly ②すでに。とっくに。already

**はや-ばや【早早】**(副) ①たいそう早く。very early 用例―と出かける。②事が始まって、時のたたないうちに。さっそく。soon

**はや-ばん【早版】**一日に何回も記事を差し替えて発行する新聞の、早いほうの版。

**はや-ばん【早番】**一日の出勤時刻が二通りあるとき、その早いほうに当たっていること。early shift 対義遅番。

**はや-びきゃく【早飛脚】**急用を知らせるための特別な飛脚。近世では毎月定期に書状をとりまとめ、昼夜兼行で送ったが、とくに急ぐものは、依頼を受けるとすぐ出発した。はやづかい。早便。隼脚。

**はや-びけ【早引け・早退け】**(名・サ変自) 定刻より早く帰ること。早引き。早退。early leaving

**はや-ひる【早昼】**定刻より早い昼飯。はやびる。early lunch

● ハヤトウリ

**はや-ぶさ【隼・鶻】**①ハヤブサ科の中形猛禽。体背面は青灰色、腹面は灰黒色の横斑。飛翔力が強く、ハトやカモを急降下して捕らえる。日本へは旅鳥または渡り鳥として渡来。雌はかつて鷹狩りに使用。②ハヤブサ科の鳥の総称。世界に約六〇種、日本ではチョウゲンボウなど六種が知られる。falcon ③《「隼」で》旧日本陸軍が第二次大戦で使用した代表的戦闘機の名称。昭和一六年(一九四一)一式戦闘機として制式採用。一〜三型があり、三型は一一五〇馬力、最高時速五五五km。↓写

● ハヤブサ①

**はや-ぶね【早舟・早船】**①速く走る小舟。②軍船の一種。二〇丁立てから八〇丁立てのものまである。

**は-やま【端山】**連山のはしの山。人里に近い山。外山。対義奥山・深山。

**はやま【葉山】**〈町〉神奈川県、三浦半島西岸の町。湘南の別荘地であったが、現在は宅地化が進んでいる。日本ヨットレース発祥の地。人口二万九九二四(一九八八)。

**はやま【葉山】**〈村〉高知県中西部、須崎市の北西に接する村。杉・ヒノキ材、ミカン、茶、ショウガなどを産出。津野城址がある。人口五一七二(一九八八)。

**はや-まき【早蒔き】**ふつうより早い時期に種をまくこと。early sowing 対義遅蒔き。

**はやま-よしき【葉山嘉樹】**(一八九四〜一九四五) 小説家。福岡県生まれ。早大中退。プロレタリア文学運動初期の代表的作家。作品『セメント樽の中の手紙』『海に生くる人々』など。

**はや・まる【早まる】**(五自) ①時間が早くなる。be advanced 用例開会が―。予定が―。②時間をかけないで、または、よく考えないで判断する。be hasty 用例判断を―・ってはいけない。

**はや・まる【速まる】**(五自) 動き・速度が速くなる。speed up 用例回転が―。

**はや-み【早見】**簡単で、すぐ見分けることができること・もの。apprehension at a glance 用例―表。

**はやみ-ぎょしゅう【速水御舟】**(一八九四〜一九三五) 日本画家。東京生まれ。日本美術院同人。斬新

●速水御舟『炎舞』(部分)。大正一四年(一九二五)、山種美術館(東京都)。

な表現を追求し、古典様式を近代化した。作品『炎舞』『名樹散椿』など。↓写

**はや-みち【早道】** ①近道。shortcut ②便利な方法。easy way ③急いで道を行くこと。quick pace ④飛脚。

**はや-みみ【早耳】** うわさなどを早く聞きつけること・人。quick ears

**はや・む【早む】** 古語(下二他)↓はやめる(早める)

**はや-め【早め】** 定刻より少し早いこと。a little earlier 比較早さ。対義遅め。

**はや-め【速め】** スピードが少し速いこと。a little faster 比較速さ。対義遅め。

**はや・める【早める】**(下一他) 時間的に早くする。make earlier 用例時期を—。

**はや・める【速める】**(下一他) 動き・速度を速くする。急がせる。quicken 用例足を—。

**はやら・す【▽流▽行らす】**(五他) はやらせる。popularize

**はやら・せる【▽流▽行らせる】**(下一他) はやるようにする。流行させる。はやらす。popularize

**はやり【▽流▽行】** ①はやること。はやっているもの。popular 対義すたり。用例—病。②世間や時代の好み。りゅうこう。fashion

**流行物は廃り物**(はやりものはすたりもの) 流行しているものは、いずれはすたって消えてしまう。時代の好みは、一時的なもので、長続きするものではない。

**はやり-うた【▽流▽行歌】** その時代の好みに合い、大衆に広くうたわれる歌。りゅうこうか。popular song

**はやり-お【▽逸り雄】** ①気が進み、はやること。せっかち。②血気にはやる若者。

**はやり-かぜ【▽流▽行風邪】** 流行性感冒。インフルエンザ。influenza

**はやり-ぎ【▽逸り気】** 勇み立つ気持ち。せきこむ気分。impatient

**はやり-すたり【▽流▽行廃り】** はやることと、すたれること。changes in fashion

**はやり-た・つ【▽逸り立つ】**(五自) たいそう勇み立つ。興奮して勢いこむ。be impatient 用例—心を押さえる。

**はやりっ-こ【▽流▽行っ子】** 人気のある芸人。売れっ子。favorite

**はやり-め【▽流▽行目】** ↓りゅうこうせいかくけつまくえん(流行性角結膜炎)

**はや・る【▽流▽行る】**(五自) ①広く世に行われる。流行する。be prevalent ②人気がある。もてはやされる。flourish ③繁盛する。thrive 用例—っている店。④多くの人々に伝染する。prevail 用例風邪が—。

**はや・る【▽逸る】**(五自) ①勇み立つ。be in high spirits 用例—心。②せきこむ。いらだつ。せく。be impatient ③あらだつ。be hot-blooded 用例馬が—。

**はや-わかり【早分(か)り】** ①のみこみが早いこと。quick understanding ②手軽に覚えられるようにつくった書物など。easy guide 用例英会話—。

**はや-わざ【早技・早業】** すばやく、巧みな技術。quick work

**は・ゆ【生ゆ】** 古語(下二自)↓はえる(生える)

**は・ゆ【映ゆ】** 古語(下二自)↓はえる(映える)

**はゆ-ま【▽駅・▽駅馬】** 古語《「はやうま」の転》奈良時代、官用のため宿場に置かれた馬。はいま。伝馬。用例—下れり里もとどろに(万葉・一八・四一一〇)。

**はよう【早う】**(副)《「はやく」の転》①急いで。すばやく。quickly ②むかし。ずっと以前に。already ③古語↓はやく(早く)③④

**はよう-こ【▼鄱陽湖】** 中国、江西省北部にある同国第二の湖。面積三〇〇〇km²。贛江など省内の河川が流入、九江付近で揚子江に注ぐ。ポーヤンフー。

**はら【原】** ①平らで広い土地。plain ②耕作しない平地。野原。wilderness 用例ススキの—。

## はら【腹】

①胃・腸などの内臓をおさめている部分。また、胃や腸。おなか。belly 対義背。用例太りすぎて—が出る。②物の中央のふくらんだ部分。belly 用例指の—。③母の胎内。また、そこから生まれた子。womb 用例—違いの子。④《「肚」とも》㋐心。考え。intention 用例—を探る。㋑きもったま。度量。胆力。courage ㋒気持ち。feelings

**腹が癒える**(はらがいえる) 恨み・怒りが晴れる。be wreaked

**腹が治まらない**(はらがおさまらない) 腹が立って、また、しゃくにさわって、がまんできない。立腹する。気持ちをおさえられない。

**腹が来た**(はらがきた) 腹が減った。

**腹が北山**(はらがきたやま) 空腹になってきた。

**腹が下る**(はらがくだる) 下痢をする。have loose bowels

**腹が空く**(はらがすく) 「腹が減る」と同意。

**腹が据わる**(はらがすわる) 物事に動じない。覚悟する。resolute

**腹が立つ**(はらがたつ) しゃくにさわる。怒る。be angry

**腹が出来る**(はらができる) ①食べ物をとって満腹になる。be full ②覚悟ができる。考えがしっかりまとまる。have made up one's mind

**腹が無い**(はらがない) ①度胸が据わっていない。coward ②度量が小さい。be a man of poor caliber

**腹が張る**(はらがはる) たくさん食べて、腹がいっぱいになる。また、病変などで、腹に膨満感がある。feel heavy in the stomach

**腹が膨れる**(はらがふくれる) ①たくさん食べて、腹がいっぱいになる。have eaten one's fill ②いいたいこともいわないので、不満がつのる。③妊娠する。become pregnant

**腹が太い**(はらがふとい) ①度量が大きい。be generous ②横着である。be lazy

**腹が減っては軍は出来ぬ**(はらがへってはいくさはできぬ) 空腹では、思うように活動ができない。An army marches on its stomach.

**腹が減る**(はらがへる) 空腹になる。腹が空く。get hungry

**腹に一物**(はらにいちもつ) 《「腹に一物、背中に荷物」の下略》心の中に、何かたくらみを抱いていること。胸に一物。have an evil end in view

**腹に一物、背中に荷物**(はらにいちもつ、せなかににもつ) 《「腹に一物」の「いちもつ」に語呂を合わせて「にもつ」と言ったもの》「腹に一物」と同意。

**腹に落ちる**(はらにおちる) 納得する。合点がいく。

**腹に据え兼ねる**(はらにすえかねる) 我慢ができない。be out of patience

**腹の内**(はらのうち) 《「腹の内部」の意味から転じて》胸中。また、心の中。one's mind 用例—をあかさない。

**腹の皮が突っ張れば目の皮が弛む**(はらのかわがつっぱればめのかわがたるむ) 腹がいっぱいになると眠くなる。また、飽食すると怠惰になる。

**腹の皮を縒る**(はらのかわをよる) おかしくて我慢ができず、大笑いする。split one's sides with laughter

**腹の筋を縒る**(はらのすじをよる) 「腹の皮を縒る」と同意。

**腹の底**(はらのそこ) 心の奥深いところ。心の中で思っていること。bottom of one's heart 用例—が知られない人物。

**腹は借り物**(はらはかりもの) 生まれた子の貴賤はその母にではなく、父によるということ。

**腹八分目**(はらはちぶんめ) 「腹八分」と同意。

**腹膨るる業**(はらふくるるわざ) いいたいことをいわないため不満であること。

**腹も身の内**(はらもみのうち) 腹も自分の身体の一部である。暴飲暴食を戒めるたとえ。Moderation is its own medicine.

**腹を合わせる**(はらをあわせる) ①協力する。collaborate ②ぐるになる。conspire

**腹を痛めた子**(はらをいためたこ) 自分が生んだ子。実子。her own child

**腹を癒やす**(はらをいやす) 怒りや恨みを晴らす。

**腹を抉る**(はらをえぐる) ①刀などを腹に突き立ててかき回す。②人の心の中を見通してするどく問いつめる。

**腹を抱える**(はらをかかえる) 大笑いをする。hold one's sides with laughter

**腹を貸す**(はらをかす) 正妻でない女性が子を宿す。参照腹は借り物。

**腹を固める**(はらをかためる) 「腹を決める」と同意。

**腹を決める**(はらをきめる) 覚悟を決める。決心する。make up one's mind

**腹を切る**(はらをきる) ①切腹する。commit harakiri ②《転じて》責任をとる。用例おれが腹を切って辞職すれば済むことだ。③おかしさを我慢できず、大笑いする。腹を抱える。

**腹を括る**(はらをくくる) どんな結果がでても驚かないように、心を決める。prepare oneself for the worst

**腹を拵える**(はらをこしらえる) 腹をいっぱいにする。事を行う前に食事をして、満腹にしておく。have a meal to fortify oneself

**腹を壊す**(はらをこわす) 腹を悪くする。下痢をする。食べ過ぎ、飲み過ぎで胃や腸を悪くする。upset one's stomach

**腹を探る**(はらをさぐる) 相手の考えていることを、それとなく知ろうとする。search one's real intentions

**腹を据える**(はらをすえる) 覚悟を決める。make up one's mind 類似肝を据える。

**腹を立てる**(はらをたてる) 怒る。get angry

**腹を見られる**(はらをみられる) 自分の心中を見やぶられる。

**腹を召す**(はらをめす) 切腹・自害をなさる。

**腹を捩る**(はらをよじる) 「腹の皮を縒る」と同意。

**腹を読む**(はらをよむ) 相手の心の中を推しはかる。fathom one's thoughts

**腹を縒る**(はらをよる) 「腹の皮を縒る」と同意。

**腹を割る**(はらをわる) 本心を打ち明ける。speak frankly

**はら【原】**〈村〉長野県中部、茅野市の南に接する村。八ケ岳西麓の農村で高原野菜・花卉栽培がさかん。人口六四九六(一九八八)。

**ばら【▽散】** ①ばらばらになったこと・物。組・束になっていない一つ一つ。pieces 用例—で売る。②ばら銭。小額のお金。small change

**ばら【▼荊▼棘】** ↓いばら(茨)

**ばら【▼薔▼薇】** バラ科バラ属植物の総称。つる性のものもあり、枝・葉柄などにとげがある。葉は羽状複葉。一重咲き・半八重咲き・八重咲きなどがあり、花の色も多様。園芸品種が多く、観賞用・香料用などに栽培される。rose ↓写

**ばら【▽輩・原】**(接尾)《人に関する語に付いて》複数を表す語。たち。ども。ら。用例やつ—。

**パラ【Pará】** ブラジル北部の州。州都ベレン。アマゾン河口部から下流一帯を含む広い地域。熱帯林の密林が大部分。人口四三三・七万(一九八六)。

**パラ【para】**(接頭) ①越えて、反対側に、の意味。②ベンゼン置換体の二個の置換基が向かい合ったもの。比較オルト・メタ。

**ハラー【Albrecht von Haller】**(一七〇八〜七七) スイスの医学者・詩人。のちに生気論の基礎となった刺激感応説を樹立するなど、近代生理学の始祖。

**はら-あ・し【腹▽悪し】** 古語(形シク) ①怒りっぽい。短気である。用例良覚僧正と聞えしは、極めて—・しき人なりけり(徒然・四五)。②気性が悪い。腹黒い。用例—・しく言葉多かるものにて(源氏・東屋)。

**バラージュ【Balázs Béla】**(一八八四〜一九四九) ハンガリーの小説家・映画理論家。著書『映画の精神』、映画脚本『ヨーロッパのどこかで』、童話『ほんとうの空色』など。

**はら-あて【腹当て】** ①胸と腹をおおうだけの簡単な鎧。身軽に行動できるので、多く雑兵が用いた。また、大鎧の下に着用した。②腹掛け。

**バラード【ballade】** ①㋐吟遊詩人トルバドゥールの舞踏歌から発展した中世の詩形式。三つの詩節に反歌をともない、同じ畳句で終わる。ビヨンのバラードが有名。㋑伝説・民話を歌う近代の詩形式。物語詩。譚詩。ballad ②音楽で、「語りもの」的な歌。シューベルトの声楽曲やショパンのピアノ曲など。

**バラーニー【Robert Bárány】**(一八七六〜一九三六) オーストリアの医学者。平衡感覚をつかさどる内耳三半規管の生理・病理を研究して、内耳疾患の診断に貢献した。一九一四年ノーベル生理学医学賞受賞。

**パラアミノ-あんそくこうさん【パラアミノ安息香酸】** ニコチン酸やチアミンなどと同じくビタミンB群の一種。これが欠乏すると、皮膚炎を起こしやすい。para-aminobenzoic acid

**ハラーレ【Harare】** アフリカ南部、ジンバブエの首都。標高一四五五mにある高原都市。南部アフリカの政治・文化・交通の中心の一つ。人口六五・六万(一九八二)。旧称ソールズベリー。

**はらあわせ-おび【腹合(わ)せ帯】** 表と裏に別の種類の布地を用いて仕立てた女ものの帯。昼夜帯。鯨帯。

**はらい【払い】** ①金を払うこと。支払い。payment 用例前—。—のいい客。②売り払うこと。disposal 用例—下げる。③除き去ること。sweep 用例煤—。

▼常用漢字表外。 ▽常用漢字表の音訓外。

**はらい**【▼祓(い)】「はらえ」の転。

**はらい**【波羅▼夷】《仏教語。pārājika梵 の音写》戒律のうち、罪のもっとも重いもので、たとえば小乗の比丘の場合、邪淫戒・偸盗戒・殺生戒・妄語戒の四重罪。これを犯すと教団を追放された。四重。四重禁戒。

**はらい-きよ・める**【▼祓い清める】(下一他) 神に祈って、罪・汚れなどを清める。

**はらい-ごし**【払(い)腰】柔道の投げ技の一つ。相手をななめ前に吊るようにしてくずし、上体を腰にのせ片方の脚で相手の脚を払い上げるように投げる技。sweeping hip

**はらい-こみ**【払(い)込み】払い込むこと。payment

**はらい-こ・む**【払(い)込む】(五他) 金銭を支払い納める。pay in

**はらい-さげ**【払(い)下げ】払い下げること。払い下げたもの。disposal

**はらい-さ・げる**【払(い)下げる】(下一他) 官公庁などの不要になった物件を、民間に売り渡すこと。sale of government property

**はら-いせ**【腹▽癒せ】怒り・恨みを、他のことではらすこと。retaliation

**ハライソ**〔paraisoポルトガル〕《キリシタン用語》楽園・天国。パラダイス。paradise

**はら-いた**【腹痛】胃や腸が痛むこと。stomachache

**バライタ-し**【バライタ紙】写真印画紙の原紙。良質のパルプを原料とした平滑な紙に、硫酸バリウムを含むゼラチン液を塗ったもの。baryta paper

**はらい-だ・す**【払(い)出す】(五他) ①金銭を支払う。pay ②払いのける。追い出す。drive away

**はら-いっぱい**【腹一杯】(名・副) ①腹に満ちているようす。bellyful ②思う存分。腹さんざん。to one's heart's content

**はらい-の・ける**【払(い)▽除ける】(下一他) 払うようにして取り除く。除き去る。brush away 用例 クモの巣を—。災難を—。

**パライバ**〔Paraíba〕ブラジル北東部、大西洋に臨む州。州都ジョアンペソア。乾燥気候で、しばしば旱魃に見舞われる。人口三〇六・一万(一九九六)。

**はらい-もど・す**【払(い)戻す】(五他) ①清算して余った金銭を返す。pay back ②預貯金を預けた人に払い渡す。pay back

**はらい-もの**【払(い)物】いらなくなったために売り払う物。discarded article

**ばら-いろ**【▼薔▼薇色】①紫がかった鮮やかな赤。赤系統のバラの花の色に由来する。ローズ。ローズレッド。rose; rose red ②うすくれないの色。淡紅色。rosy 用例 —のほお。③前途が明るい状態。希望に満ちているようす。bright 用例 —の人生。—の青春。

**はら・う**【払う】(五他) ①《「掃う」とも》振るったり切ったりして取り除く。取り去る。sweep 用例 ほこりを—。枝を—。②《「除う」とも》除き去る。remove 用例 分母を—。③賃金・代金などを渡す。支払う。pay 用例 給料を—。④いらない物を売り払う。sell out 用例 古物を—。⑤必要以外の人を、その場から去らせる。remove 用例 人を—。先を—。⑥横ざまに激しく手や足を動かして邪魔を除く。wield sideway 用例 足を—。敵の刀を—。⑦尊敬・注意などの気持ちを向ける。pay 用例 敬意を—。苦心を—。⑧すっかりない状態にする。clean out 用例 人が出—。地を—。

**はら・う**【▼祓う】(五他) 神に祈って罪・汚れ・災難を除き去る。

**はらえ**【▼祓(え)】=はらい。①神道で、災い・穢れ・罪などを除き、心身を清めること。その儀式。おはらい。はらえ。②持ち物を捨てることで罪や汚れをはらう古くからの習俗。比較 みそぎ。

**はらえ-づき**【▼祓(え)月】陰暦三月の異称。

**バラエティー**〔variety〕①変化に富んでいること。多様性。用例 —に富んだ内容。②曲芸・寸劇・歌・踊りなど、いろいろな種類の演芸を次々に見せるショー。また、そのような形式のテレビ番組など。バラエティーショー。

● バラ

新雪

羽衣

ピース

スーパースター

イエローメイアンディナ

チャールストン

**バラエティー-ストア**〔variety store〕日用品を中心とする多様な品目の量販小売店。

**パラオ-しょとう**【パラオ諸島】(Palau Islands) 太平洋西部、カロリン諸島西端にある約二〇〇の島群。アメリカ施政権下の国連信託統治領であったが、一九八一年パラオ(ベラウ)共和国として自治政府が発足。行政の中心はコーロール島。

**パラオしょとう-みん**【パラオ諸島民】パラオ諸島の原住民。現在のパラオ(ベラウ)共和国を構成。インドネシア語群に属するパラオ語を使用。漁労やココヤシ・タロイモの栽培に従事。Palauan

**はら-おび**【腹帯】①寝冷えを防ぐために腹に巻く帯。腹巻き。stomach band ②妊婦が妊娠五か月目から腹に巻くさらし木綿の帯。岩田帯。obstetrical binder ③馬具の一種。馬の背に鞍をつけるため、馬の腹に締める帯。はるび。girth ↓馬具図

**はら-がけ**【腹掛(け)】①職人の労働着の一つ。めくらじまの木綿製。胸と腹をおおい、ひもを背でたすきにする。前面下部にどんぶり(物入れ)つき。②子供の寝冷え予防の腹当て。stomach band

**はら-から**【▽同▽胞】=どうほう。①同じ母から生まれた兄弟姉妹。brothers and sisters ②同じ国の人民。compatriot

**はら-がわり**【腹変(わ)り】腹違い。half-blood

**はら-ぎたな・い**【腹汚い・腹▼穢い】(形) 心の中が汚い。根性が悪い。black-hearted 派生 はらぎたなさ(名)

**はら-きり**【腹切り】↓せっぷく(切腹)

**バラキレフ**〔Mily Alekseyevich Balakirev〕(一八三七〜一九一〇) ロシアの作曲家。「五人組」を結成、指導者として国民楽派の大成に貢献。交響詩『タマーラ』、ピアノ曲『イスラメイ』など。

**はら-ぐあい**【腹具合】胃や腸の調子。stomach condition 用例 —が変だ。

**パラグアイ**〔Paraguay〕(Republic of Paraguay) 南アメリカ中部の内陸にある共和国。首都アスンシオン。一八一一年スペインから独立。国土の大部分はグランチャコ平原で、耕地に恵まれ農牧林業がさかん。面積四〇・七万km²。人口三八一万(一九九六)。正称パラグアイ共和国。

**パラグアイ-がわ**【パラグアイ川】(Rio Paraguay) 南アメリカ中部の川。ブラジルのパレシス山地から南に流れ、パラグアイを貫流し、アルゼンチンとの国境をへてパラナ川に注ぐ。長さ二五五〇km。

**パラグアイ-ちゃ**【パラグアイ茶】マテチャの別名。

**はら-くだし**【腹下し】㊀(名) 便通をよくするための薬。下剤。laxative ㊁(名・サ変自) 下痢をすること。loose bowels

**はら-くだり**【腹下り】(名・サ変自) 下痢。はらくだし。loose bowels

**パラグライダー**〔paraglider〕特殊な長方形のパラシュートで、滑空を楽しむスポーツ。斜面をかけ降りて風をはらませて浮上し、滑空する。

**パラグラフ**〔paragraph〕文章の節・項。段落。

**はら-ぐろ・い**【腹黒い】(形) 心に悪だくみを持っている。陰険だ。意地が悪い。wicked 派生 はらぐろさ(名)

**はら-げい**【腹芸】①せりふをいわずに思い入れで心情を表すこと。②度胸・経験で判断・処理すること。③軽業の一つ。あおむけに寝た人の腹の上で行う曲芸。④絵を描いた腹を動かしてする芸。

**パラケルスス**〔Philippus Aureolus Paracelsus〕(一四九三〜一五四一)《本名ホーエンハイム。Theophrastus Bombastus von Hohenheim》ルネサンス期スイスの医学者・自然哲学者。人体を小宇宙、自然を大宇宙とする自然観を主張。錬金術に明るく、鉛・銅など金属の入った内服薬やチンキ剤を初めて治療に使った。医化学の先駆者とされる。

**はら-ご**【腹子】①魚類の卵巣(=真子)、またそれを塩漬けにした食品。鰤子。はらこ。roe ②鶏の腹の中にある卵。腹卵。きんかん。はらみご。

**はら-ごしらえ**【腹▼拵え】(名・サ変自) 何か事をする前に、まず食事をしておくこと。have a meal

**はら-ごなし**【腹▽熟し】(名・サ変自) 食べた物の消化を助けるためにする運動。exercise to help digestion 用例 —に散歩する。

**パラゴム-の-き**【パラゴムの木】トウダイグサ科の落葉高木。高さ約三〇m。葉は長楕円形。花は黄白色で雌雄異花。高温多雨を好み、天然ゴム採取用にインドネシアなどで栽培。Para rubber tree

**パラサイコロジー**〔parapsychology〕↓ちょうしんりがく(超心理学)

**パラジウム**〔palladium〕白金族の金属元素。記号Pd 原子番号四六。原子量一〇六。比重一二・一六。銀白色で展性・延性に富み銀に似る。水素をよく吸蔵するため還元触媒として多用。そのほか装飾用・歯科合金などに用いられる。

**パラシオ-バルデス**〔Armando Palacio Valdés〕(一八五三〜一九三八) スペインの小説家。地方色豊かな写実主義的作風。作品『ホセ』『修道女サン-スルピシオ』など。

**パラジクロロベンゼン**〔paradichlorobenzene〕化学式$C_6H_4Cl_2$ ジクロロベンゼン



↓ 行き先項目、図版・写真参照印。 JIS 日本工業規格情報交換用漢字符号コード(区点コード)。

の異性体の一つ。染料の合成、殺虫剤、衣類の防虫剤に利用。

**パラジメチルアミノアゾベンゼン**【para-dimethylaminoazobenzene】 黄色色素バターイエローの化合物名。

**ばらじゅうじ-だん**【▾薔▾薇十字団】(Rosenkreuzer ドイツ) 一七世紀初頭ドイツに興り、その後ヨーロッパ・アメリカに展開した知識人の秘密結社。古代キリスト教とルネサンス魔術の総合をめざした。Rosicrusian

**パラシュート**【parachute】 空気抵抗を利用して物体の落下速度を減少させる、かさ状のもの。落下傘。

**はらじゅく**【原宿】 東京都渋谷区東部、明治神宮の表参道付近一帯の地名。ファッションの街、若者の街として有名。周辺は高級住宅地。

**ばら-しん**【▾薔▾薇▾疹】 エンドウ豆大から爪甲大ぐらいの紅色の発疹。梅毒性薔薇疹と腸チフス薔薇疹が代表的。roseola

**はら・す**【晴らす】(五他) ①晴れるようにする。make clear ②不快な気分やわだかまりを取り除いて、すっきりさせる。dispel 用例 恨みを―。疑いを―。

**はら・す**【▾腫らす】(五他) はれるようにする。はれさせる。cause to swell 用例 目を―。

**ばら・す**(五他) ①ばらばらにする。break into pieces ②《俗語》㋐殺す。㋑売り払う。sell ㋒秘密を暴く。disclose

**バラス**《ballastの転》↓バラスト③

**はら-すじ**【腹筋】 腹の筋肉。

**腹筋を縒る** おかしくてたまらない。類似 腹筋を切る。

**ばら-ずし**【▿散▾鮨】 五目ずし。とくに関西でのよび方。

**バラスト**【ballast】 ①船体の重心を下げて安定を保つために、船底に積む重量物。水・油・砂礫などが使われる。古くは石が使われた。荷足。②潜水艦や気球で、浮沈・昇降を調節するために積み込む水・砂・鉛などの重量物。③道路・線路などに敷く砂利や小石。バラス。

**パラセール**【parasail】《「パラシュートーセーリング」の略》パラシュートをつけ、ロープで自動車やモーターボートに引かせて空に舞い上がるスポーツ。パラセーリング。

**はら-せきてい**【原石▾鼎】(一八八六―一九五一) 俳人。本名鼎。島根県生まれ。感性的作風で知られる。句集『花影』など。

**はら-せつこ**【原節子】(一九二〇―) 映画女優。横浜市生まれ。清潔な個性と美貌でスターとなる。主演作『新しき土』『晩春』『山の音』など。

**ばら-せん**【▾茨線】 とげの立った鉄線。有刺鉄線。

**ばら-せん**【▿散銭】 はしたがね。ばら。こぜに。small change

**ばら-せんそう**【▾薔▾薇戦争】 イギリスの内乱。ランカスター家とヨーク家が王位を争い、一四五五年に戦乱勃発。それぞれの家紋が赤バラ、白バラであったことに由来。六一年以後ヨーク家が覇権を握ったが、八五年ランカスター系のヘンリー(七世)が即位、ヨーク家のエリザベスと結婚して終結。封建貴族の勢力は衰退し、絶対王政の時代へと入った。War of the Roses

**パラソル**【parasol】 洋風の日よけ用の傘。西洋では一七〜一八世紀に普及。わが国では明治以後に使用されるようになった。日傘。

**パラダイス**【paradise】 楽園。天国。

**パラダイス-ナット**【paradise nut】 サガリバナ科の高木。直径三〇㎝余の大きな果実をつけ、それが熟すると上部が開き、三㎝位の種子が多数でる。ブラジルナットより美味。ブラジル原産。

**パラダイス-フィッシュ**【paradise fish】 キノボリウオ科の観賞用淡水魚タイワンキンギョの俗称。体長約八㎝。各ひれの先が長く伸びる。青い地に幾本もの赤の横縞が入り、尾びれは赤い。雄がつくった気泡の浮き巣に産卵。台湾・中国南部の原産。ゴクラクウオ。

**パラダイム**【paradigm】 ある時代およびある集団での、支配的なものの見方、考え方をいう。アメリカの科学史家のトマス=クーンが初めて用いた。

**はらだ-かい**【原田▿甲▾斐】(一六一九―七一) 仙台藩の家臣。伊達騒動の中心的人物。伊達宗勝と結び藩政を牛耳ったが、その非違を幕府に訴えた伊達安芸を大老酒井邸で斬殺、その場で殺された。

**はら-たかし**【原▿敬】(一八五六―一九二一) 明治・大正の政治家。南部藩出身。新聞記者をへて外務次官、大阪毎日新聞社社長、逓相・内相を歴任、政友会総裁となる。大正七年(一九一八)平民宰相として初の政党内閣を組織した。在任中、東京駅の駅頭で刺殺された。

**はら-たけ**【原▾茸】 芝生や草原に発生するハラタケ科のキノコ。マッシュルームの野生種として知られる。かさの径は約一〇㎝。茎につばがあり、ひだは白色から淡紅・黒褐色に変わる。人工栽培して食用。西洋マツタケ。シャンピニヨン。↓写

**はら-だたし・い**【腹立たしい】(形) しゃくにさわる。irritating 派生 はらだたしげ(形動) はらだたしさ(名)

**はら-だ・つ**【腹立つ】(五自) 怒る。憤る。立腹する。get angry

**はらだ-とよきち**【原田▿豊吉】(一八五九―九四) 地質学者。江戸・小石川生まれ。一四歳でドイツに留学。帰国後、日本人で最初の東大地質学教授となり、日本独自の地質構造論を提唱してナウマンのフォッサマグナ説を批判した。

**はらだ-なおじろう**【原田直次郎】(一八六三―九九) 洋画家。江戸生まれ。画塾鍾美館を開く。明治美術会会員。ドイツ系写実主義を移植。作品『靴屋の親爺』など。

**ばら-だま**【▿散弾】 ①一発ずつ発射するたま。shot ②さんだん。shrapnel

**はらだ-まごしちろう**【原田孫七郎】(生没年未詳) 安土桃山時代の貿易商。豊臣秀吉の命をうけ、文禄元年(一五九二)ルソンへ来貢を求めて派遣された。

**はら-たみき**【原民喜】(一九〇五―五一) 詩人・小説家。広島市生まれ。慶大卒。広島での原爆体験を描いた小説『夏の花』『心願の国』などで反響をよんだが、のち自殺。

**パラチオン**【Parathion ドイツ】 有機燐系の殺虫剤。毒性が強く現在は使用禁止。商標名ホリドール。

**はら-ちがい**【腹違い】 父が同じで母が違うこと。その兄弟姉妹。half brother; half sister 対義 種違い。用例 ―の妹。

**パラチフス**【Paratyphus ドイツ】 パラチフス菌の経口感染によって起こる法定伝染病の一つ。腸チフスに似た病気で、高熱や急性胃腸炎などの症状を示す。paratyphoid fever

**パラチフス-きん**【パラチフス菌】 パラチフスを発病させる病原体。嫌気性で、腸チフス菌と同じサルモネラ菌属に属する。paratyphoid bacillus

**バラック**【barrack】 ①仮小屋。②一時しのぎの粗末な木造建築。③兵舎。

**ばら-つ・く**(五自) ①雨・あられなどが、ばらばらと降ってくる。sprinkle ②ばらばらにある。be taken to pieces

**ぱら-つ・く**(五自) ①雨・あられなどが、ぱらぱら降る。sprinkle ②髪の毛などがちょっと乱れる。come loose

**はら-つづみ**【腹鼓】 ①腹を打って鼓の音をまねること。②じゅうぶん食べて満足なようすであること。

**腹鼓を打つ** ①タヌキが、腹を打ち鳴らす。②腹いっぱい食べて、自分の腹を打ち鳴らす。生活が満ち足りて安楽なさま。eat one's fill

● ハラタケ　ザラエノハラタケ

**はら-づつみ**【腹鼓】 参照 鼓腹撃壌「はらつづみ」の誤ったいい方。

**はらっ-ぱ**【原っぱ】 原。あき地。field

**ハラッパー**【Harappā】 パキスタン、パンジャブ州にあるインダス文明の都市遺跡。一九二〇年から調査。住居・城門・製粉所・穀倉などの建物跡や墳墓が確認され、彩文土器・青銅器・石器・土製地母神像・印章などが出土。

**ばら-づみ**【▿散積み】(名・サ変他) ばらばらのまま積むこと。bulk 用例 石炭の―。

**ばらづみ-かもつせん**【▿散積み貨物船】 石炭・穀物などをばら積みして運搬する専用船。bulk carrier

**はら-づもり**【腹積(も)り】 事を起こすに当たって、心の中で予定したおおよその計画。心づもり。ready plan; intention

**はらづる-おんせん**【原▾鶴温泉】 福岡県南東部、筑後川中流沿いの杷木町にある温泉。桜・ホタルの名所で、鵜飼いも有名。

**パラディ**【George Emil Palade】(一九一二―) アメリカの細胞学者。ルーマニア生まれ。イェール大教授。RNA顆粒の分離など細胞の構造・機能を研究し、細胞生物学の発展に貢献した。一九七四年ノーベル生理学医学賞受賞。

**バラトゥインスキー**【Yevgeny Abramovich Baratynsky】(一八〇〇―四四) ロシアの詩人。詩集『たそがれ』など。

**はら-どけい**【腹時計】 腹のすきぐあいで推測する時刻や時間。one's inner clock

**パラドックス**【paradox】 逆説。背理。

**バラドン**【Suzanne Valadon】(一八六五―一九三八) フランスの女流画家。ユトリロの母。画家のモデルとなり、ドガらのすすめで裸婦・静物画などを描く。作品『浴後』など。

**バラトン-こ**【バラトン湖】(Balaton) ハンガリー西部、東西に細長い湖。面積六〇〇㎢。中央ヨーロッパ最大の湖。沿岸は保養地として有名。

**パラナ**【Paraná】 ブラジル南部、パラグアイと接する州。州都クリチバ。土壌は肥沃で、コーヒー生産ほか、農牧業がさかん。人口八一五万(一九八六)。

**パラナ**【Paraná】 アルゼンチン中東部、パラナ川中流の河港都市。同名州の州都で、商工業の中心地。人口一六万(一九八〇)。

**パラナ-がわ**【パラナ川】(Rio Paraná) 南アメリカ中東部から南部を流れる大河。長さ三三〇〇㎞。ラプラタ水系の主流。

**バラナシ**【Varanasi】 インド中北部、ガンジス川中流沿岸の商業都市。交通の要地。ヒンズー教第一の聖地。人口七九・四万(一九八一)。ベナレス。

**ばら-にく**【▾肋肉】 肋骨の部分の肉。煮込み料理に用いるほか、豚肉ではベーコンに加工される。三枚肉。ばら。ribs

**パラノイア**【paranoia】 精神障害の一つ。論理的にはすじの通った妄想を長期にわたり抱きつづける。知能障害や人格の変化は認められない。偏執病。妄想病。

**ばらのきし**【▾薔▾薇の騎士】《原題Der Rosenkavalier ドイツ》リヒャルト=シュトラウス作曲の喜歌劇。三幕。ホフマンスタール台本。一八世紀半ばのウィーンの貴族社会を描く。一九一一年初演。二〇世紀初期の傑作。

**ばらのせい**【バラの精】《原題Le spectre de la rose フランス》バレエ作品。ゴーティエの詩による。音楽はウェーバーの『舞踏への勧誘』。一九一一年初演。

**はら-の-たし**【腹の足し】 少しの食べ物。間に合わせの食事。light meal

**はら-の-なか**【腹の中】 ①腹の内部。abdomen ②心の中。内心。mind

**はら-の-むし**【腹の虫】 ①回虫。roundworm ②腹の立つ気持ちを、腹の中にうごめく虫にたとえた語。anger

**腹の虫が治まらない** 腹立たしくて、我慢ができない。しゃくにさわる。cannot contain one's anger

**バラバ**【Barabbâs ギリシア】『新約聖書』中の人物。イエスの裁判のさい、ピラトによりイエスに代わって釈放された殺人強盗犯。

**はら-ば・う**【腹▾這う】(五自) ①腹を地につけて寝そべる。lie on one's stomach ②手足ではっていく。sprawl

**はら-はちぶ**【腹八分】 控え目に食べること。腹八分目。be temperate in eating

**はら-はら**(副・サ変自) ①気がかりなさま。feel nervous ②木の葉・涙などが続いて落ちるさま。fluttering down

**ばら-ばら** ㊀(副) あられなどが急に落ちてくるようす。また、その音。pattering 比較 ぱらぱら。㊁(形動) 散らばるさま。乱れ散らばっているさま。scattering

**ぱら-ぱら**(副) ①雨・あられなどの少し降るさま。また、その音。pattering ②軽く、また少しであるさま。thinly 用例 塩を―とまく。③はなればなれであるさま。

**はら-びらき**【腹開き】 魚の切り方の一つ。小魚の腹を、頭の下から尾まで開くこと。干物やてんぷらにするときに用いる。

**はら-ひろむ**【原▾弘】(一九〇三―八六) グラフィックデザイナー。長野県生まれ。東京府立工芸学校卒。タイポグラフィーの研究、雑誌・書籍のデザインにすぐれた業績を残す。

**パラフィン**【paraffin】 ①↓アルカン。②パラフィンろう(石蠟)のこと。主として直鎖の飽和炭化水素からなるろう状の固体。ろうそく・パラフィン紙・クレヨンなどの原料。

**パラフィンけい-たんかすいそ**【パラフィ

ン系炭化水素】↓アルカン

**パラフィン-し【パラフィン紙】** グラシンペーパー・模造紙などの表面にパラフィン液を塗るか、しみ込ませて耐水性を与えた紙。蠟紙。paraffin paper

**パラフレーズ**［paraphrase］(名・サ変他) ①わかりやすくいい替えること。注釈。②音楽で、もとの曲より華やかに技巧的に編曲したもの。

**はら-ぺこ【腹ぺこ】**《俗語》非常に空腹であること。

**パラボラ-アンテナ**［parabolic antenna］回転放物面の反射器とその焦点にあるアンテナ素子をもつマイクロ波アンテナ。指向性が鋭く利得も大きい。通信用・レーダー用。↓写

● パラボラアンテナ　長野県、野辺山宇宙電波観測所の電波望遠鏡。直径四五m。

**パラマールタ**［Paramārtha］↓しんたい(真諦)

**パラマウント**［Paramount Pictures Inc.］アメリカの映画会社。一九一六年創立。六六年ガルフ-アンド-ウエスタン社と合併。

**はら-まき【腹巻(き)】** ①綿布や毛糸で筒形につくり、冷えを防ぐために腹に巻くもの。腹当て。はらおび。belly band ②甲冑の一種。元来は略式武装で、冑・大袖などを省いたもの。ときには装束などの下に着込んだ。↓図

**ばら-ま・く【▽散▼蒔く】**(五他) ①散らしてまく。scatter ②金品を大勢の人に分け与える。give money freely

**パラマス**［Kostís Palamás］(一八五九〜一九四三) ギリシアの詩人。新アテネ派を樹立し、指導的役割を果たした。作品『祖国の歌』など。

**はらまち【原町】**〈市〉福島県北東部、太平洋に臨む市。浜通り地方北部の一中心地。七月下旬に行われる相馬野馬追祭は有名。人口四万四八〇(一九八八)。

**パラマリボ**［Paramaribo］南アメリカ北東部スリナムの首都。スリナム川河口から二五km上流にあり、同国第一の貿易港。人口六・八万(一九八〇)。

**はら-マルチノ【原マルチノ】**(生没年未詳) 天正遣欧使節の副使。肥前の人。天正一〇年(一五八二)ローマ教皇に謁見、同一八年(一五九〇)帰国。ラテン語をよくし、翻訳・出版に活躍。元和二年(一六一六)マカオへ追放された。

**はらみつ【波羅▼蜜】** ①《仏教語。pāramitā梵の音写。彼岸に至る、完成の意》悟りに至るため菩薩の行うべき実践修行の徳目。布施・持戒・忍辱・精進・禅定・智慧の六波羅蜜など。度。到彼岸。波羅蜜多。②クワ科の常緑高木。パンノキの一種。葉は互生で、長楕円形。熟果は黄褐色の円筒状で、長さ約五〇cm、径約一五cm。表皮に柔らかい突起。果肉は甘い。種子は球形で、でんぷんが多い。材は建築用。

**はらみった【波羅▼蜜多】**↓はらみつ(波羅蜜)①

**はらみ-ばし【▼孕み▼箸】** 中央部が、両端より太く削られている箸。正月の祝いの食膳などで用いる。

**はら・む【▼孕む】**(五自他) ①胎内に子がやどる。子をやどす。妊娠する。conceive ②ふくむ。ふくらむように物を入れる。be filled with 用例 帆が風を―。③芽や穂がふくらむ。

**パラムシル-とう【パラムシル島】**(Paramushir) ソ連、クリル(千島)列島北部の島。面積二〇〇〇$km^2$。旧称幌筵島。

**パラメーター**［parameter］①変数間の関数関係を規定するのに補助的に用いる変数または可変定数。助変数。媒介変数。パラメータ。パラメーター。②汎用プログラムの、個々の仕事に適用する場合に必要な数値情報。

**パラメディカル**［paramedical］医師の診療部門を補助する分野。臨床検査・X線検査・言語療法など。総合的診断に不可欠。

**パラメトリック-ぞうふくき【パラメトリック増幅器】** マイクロ波の固体増幅器の一種。低雑音特性を利用して衛星通信などの増幅器に用いられる。parametric amplifier

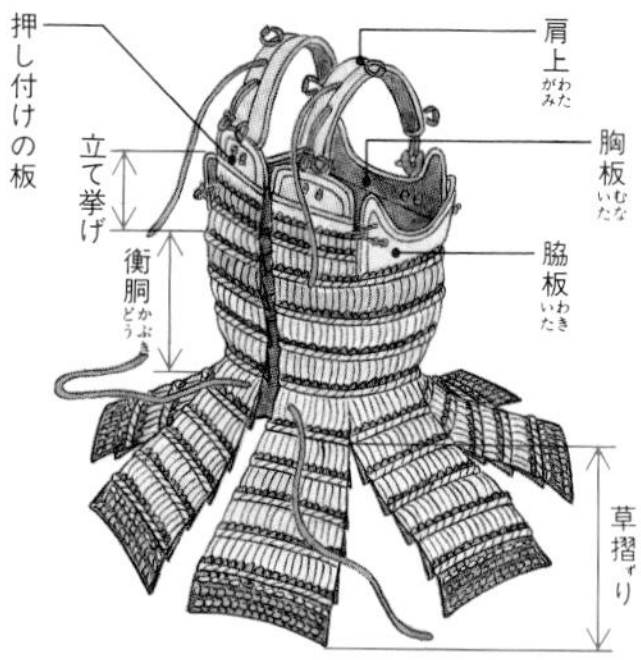



● 腹巻き②　室町時代の腹巻き

**パラメトロン**［parametron］環状フェライトの磁心にコイルとコンデンサーを組み合わせた共振回路をもつ電気回路素子。初期の電子計算機の記憶・演算回路に使用された。

**はら-もち【腹持(ち)】** 食物の消化に時間がかかり、腹がなかなかすかないこと。stay long in a stomach 用例 餅は―がいい。

**ばらものがたり【▼薔▼薇物語】**《原題 Roman de la Rose フランス》一三世紀フランスの寓意・教化文学の傑作。ギヨーム=ド=ロリス作の第一部とジャン=ド=マン作の第二部からなる。一二二五〜八〇年ごろ発表。第一部は宮廷風恋愛観の集大成で、第二部は結婚や社会制度について百科全書的論議を展開する。

**ばら-もみ【▼茨▼樅】** ハリモミの別名。

**バラモン【婆羅門】**《brāhmaṇa梵の音写で、浄行の意》①インドで、カーストの最高の身分。僧侶・祭司階級またそれに属するもの。ブラーミン。②バラモン教の僧。

**バラモン-きょう【バラモン教】** 古代インドでバラモン階級を中軸として形成されたインドの民族宗教。ヒンズー教の前身で、ベーダ聖典にもとづく祭式を重視。汎神論的多神教。Brahmanism

**バラモン-じん【婆羅門▽参】**「の別名。

**ばら-ゆ【▼薔▼薇油】** バラの花から抽出した天然芳香油。香水の原料などとなる。rose oil

**バラライカ**［balalaykaロシア］ソ連の民俗音楽に使われる撥弦楽器。リュート属。三角形の木製胴で、三本のガット弦または金属弦をギターのように指で奏する。balalaika

**パララックス**［parallax］=視差。①天文学で、天体の一点を地上の二点から見たときの方向の違い。②写真機のファインダーとレンズの視差。

**はらり-と**(副) 軽い物が落ちたり、散ったり、解けたりするさま。fall gently 用例 ―なみだをこぼす。

**ばらり-と**(副) 乱れて垂れ下がったり、散らばったりするさま。danglingly;scatteringly

**ぱらり-と**(副) 小さな物が落ちたり、紙がめくれたりするさま。flip; sprinkle 用例 ―本をめくる。用例 前髪が―顔にかかる。

**パラリンピック**［the Paralympics］身体障害者の国際スポーツ大会。国際ストークマンデビル競技会の別称。一九六〇年以降、オリンピック開催年にその地でオリンピックにひき続き開かれる。

**パラレル**［parallel］㊀(名・形動) 平行なこと・さま。㊁(名) ①電気の並列回路。②スキーで、両方のスキー板を平行に保ったまま滑る技術。

**はら-わた【▽腸】** ①大腸と小腸の総称。intestines ②内臓。guts ③心。性根。heart 用例 ―の腐ったやつ。

**腸が腐る**(はらわたがくさる) 精神や心構えが堕落している。depraved

**腸が千切れる**(はらわたがちぎれる) 悲しみ・怒りなどが大きくて、それに堪えられない。

**腸が煮え返る**(はらわたがにえかえる) 腹立たしくて我慢ができない。boil with anger

**腸が見え透く**(はらわたがみえすく) 考えていることが、手にとるように知れる。

**腸に沁みる**(はらわたにしみる) ①冷や水や酒などを飲んだとき、腹部に感じる快い刺激をいう。pleasant feeling after drinking cold drink ②強い感動をおぼえる。greately impressed

**腸を切る**(はらわたをきる) おかしくて大笑いをすることのたとえ。

**腸を断つ**(はらわたをたつ) 悲しさに堪えられない。断腸の思い。feel heartbroken

**は-らん【波▼瀾・波乱】** ①大波と小波。waves ②騒ぎ。もめごと。disturbance ③物事に起伏・変化のあること。ups and downs 用例 ―に富む。

**は-らん【葉▼蘭】** ユリ科の常緑多年草。鉢植え、生花などの観賞用。葉は長柄をもつ卵状披針形で、白斑や白ぼかしのあるものなどがある。暖地の半日陰地でよく生育する。根は利尿・強壮剤。中国原産。aspidistra

**バランキーヤ**［Barranquilla］コロンビア北部、マグダレーナ川河口近くの港湾都市。商工業都市。同国最大の貿易港。人口八九万(一九八五)。

**バランシン**［George Balanchine］(一九〇四〜一九八三) アメリカの舞踊家・振付師。ロシア生まれ。アブストラクト-バレエの創作で有名。バランチン。

**バランス**［balance］つりあい。平均。均衡。用例 ―をとる。

**バランス-オブ-テラー**［balance of terror］恐怖の均衡。

**バランス-オブ-パワー**［balance of power］勢力均衡。

**バランス-シート**［balance sheet］貸借対照表。

**バランチン**［Balanchine］↓バランシン

**はらん-ばんじょう【波乱万丈】** 事件が変化に富むこと。full of ups and downs

**はり【張り】** ㊀(名) ①ひきしまっていること。たるみのないこと。tension 用例 ―のある肌。②ひっぱること。tension ③意地。will power 用例 心に―のある男。④心を満たすもの。はりあい。inducement 用例 仕事に―がある。㊁(助数) 弓・幕・蚊帳・提灯などを数える語。用例 蚊帳一―。

**はり【針】** ①布地や皮などをぬう、鉄製の具。一方のはしに糸を通す穴がある。needle 用例 ―でぬう。②裁縫。おはり。needle work 用例 ―仕事。③細くて先のとがったもの。needle: hand 用例 時計の―。④レコードの溝を走らせる細長いもの。stylus 用例 ―をおろす。⑤とげ。thorn 用例 バラの―。⑥相手の心を傷つけることば。stinging words ⑦《「鉤」とも》魚をつるときえさを付ける、曲がって、とがったもの。つりばり。hook 用例 ―にえさをつける。

**針刺す許り**(はりさすばかり) 針がどうにか突き立つほどの、非常に小さな物事のたとえ。

**針の穴から天覗く**(はりのあなからてんのぞく) 狭い見識で大きな事柄を判断するたとえ。

**針の有る言葉**(はりのあることば) 人を不快にさせる言い方。毒舌。とげのあることば。stinging words

**針の先で突いた程**(はりのさきでついたほど) ほんのわずかなこと。用例 ―にも感じない。

**針の山**(はりのやま) 地獄にあって、罪人などを追い込んで苦しみを与えるといわれる、針の植えてある山。苦しい境遇を誇張していう語。crown of thorns

**針程の穴から棒程の風が来る**(はりほどのあなからぼうほどのかぜがくる) 戸や障子のわずかなすきまから吹きこんでくる風が、寒くて身にこたえる。すきま風のつらさをいったもの。

**針程の事を棒程にいう**(はりほどのことをぼうほどにいう) ささいなことを大げさにいう。針小棒大。

**針を蔵に積みても溜まらぬ**(はりをくらにつみてもたまらぬ) いくら節約して小金をためてみても、小金ではなかなか蓄えができるものではない。

**針を含む**(はりをふくむ) 相手の心を傷つけようとする気持ちをもつ。害意・悪意をもつ。刺を含む。biting 用例 ことばに―。

**針を以て地を刺す**(はりをもってちをさす) 狭い了見で見当違いな判断を下すたとえ。また、不可能なことを企てるたとえ。

**はり【▼梁】** 柱の上に、桁と直角に、横にわたして屋根をささえる材木。beam ↓民家図

**はり【▼榛】** ハンノキの古名。

**はり【▼鍼・針】** 鍼術に用いる医療用具。また、その治療法。鍼術。acupuncture

**はり【▼玻▼璃】** ①水晶。②ガラス。

**は-り【▼笆▼籬】** 間垣。籬垣。

**ばり【▽尿】**《「ゆばり」の略》小便。にょう。

**ば-り【▼罵▼詈】**(名・サ変他) ののしること。罵倒。abuse 用例 ―雑言。

**ばり【張り】**(接尾) ①弓の強さをいう語。用例 三人―。②まねること。似せること。用例 団十郎―の芸。

**バリ**［Alida Valli］(一九二一〜) イタリアの映画女優。主演作『第三の男』『夏の嵐』『かくも長き不在』など。

**パリ**［Paris・巴里］フランスの首都。同国北



↓行き先項目、図版・写真参照印。　JIS 日本工業規格情報交換用漢字符号コード(区点コード)。

部、セーヌ川とマルヌ川の合流点の下流六km付近に位置。同国の政治・経済・文化の中心であり、世界の芸術・流行の中心の一つ。人口二一七・六万(一九八二)。

**ハリアー**[Harrier] 世界最初の垂直離着陸軍用機。イギリスのホーカーシドレー社が開発。戦術攻撃型・複座練習型などがある。

**はり-あい**【張(り)合い】①張り合うこと。競い合うこと。competition ②努力のかいがあること。worth doing 用例 仕事に―がない。

**パリア-いぬ**【パリア犬】南アジアになかば野生の状態で分布しているイヌの一品種。肩高約五〇cm。古いタイプのイヌ。体色は淡黄色か赤黄色で、短毛。ほおが張り、耳は小さくて立つ。尾は長く垂れるが、巻くこともある。pariah dog

**はりあい-ぬけ**【張(り)合い抜け】(名・サ変自) がっかりすること。期待はずれ。拍子抜け。discouragement

**はり-あ・う**【張(り)合う】(五自他) 競争する。対抗し合う。rival with

**はり-あ・げる**【張(り)上げる】(下一他) 声を高く大きく出す。raise

**はりあな-しゃしんき**【針▽孔写真機】→ピンホールカメラ

**はり-い**【▼鍼医・針医】鍼を使って治療する医者。acupuncturist

**ハリー**[Halley] →ハレー

**バリー**[Antoine Louis Barye](一七九六～一八七五) フランスの彫刻家。ロマン的異国的な動物が主題。作品『休息する獅子』など。

**バリー**[James Matthew Barrie](一八六〇～一九三七) イギリスの小説家・劇作家。感傷とユーモアを交えた作劇術で人気を博する。戯曲『あっぱれクライトン』『ピーター=パン』など。

**バリー**[Philip Barry](一八九六～一九四九) アメリカの劇作家。喜劇『フィラデルフィア物語』など。

**はり-いか**【針▼烏▽賊】胴後端から甲の先端が針状に突出したイカ。コウイカに似るがはるかに小さく、胴長約八cm。食用。東京湾以西に分布。

**はり-いた**【張(り)板】洗濯した布や、すき終わった紙などを張りつけて乾かす板。和服の洗い張りなどに用いられる。

**パリーニ**[Giuseppe Parini](一七二九～九九) イタリアの詩人。啓蒙主義の影響のもとで、詩を社会との関係においてとらえ、現実の問題をうたった。代表作は長詩『一日』。

**ハリウッド**[Hollywood・聖林] アメリカ、カリフォルニア州ロサンゼルス市北西部の地区。映画産業、テレビ・ラジオ放送の中心地。

**はり-うなぎ**【針▼鰻】ウナギの幼魚。南方から日本列島沖合いに達した柳葉状の仔魚レプトセファルスが変態して親魚と同じ体形になったもの。全長約五cm。河口をのぼってくるところを捕獲、養殖する。シラスウナギ。elver

**バリウム**[barium] アルカリ土類金属の一つ。元素記号Ba 原子番号五六。原子量一三七。銀白色のやわらかい金属。合金として利用。硫酸バリウムは、胃腸管のX線診断用に造影剤として用いられる。

**バリェ-インクラン**[Ramón María del Valle-Inclán](一八六六～一九三六) スペインの詩人・小説家・劇作家。鋭い現実風刺の作風。散文詩的な『四季の曲』など。

**バリエーション**[variation] =ヴァリエーション。①一つのものの基本的性格を変えずに、他のものに変化させること。②音楽で、主題の骨格に頼りながら変わった音の形をつくっていく技法。また、それによってつくられた曲。変奏。変奏曲。

**バリェホ**[César Vallejo](一八九二～一九三八) ペルーの詩人。戦闘的な政治的詩人。詩集『黒い使者たち』、社会小説『タングステン』など。

**はり-えんじゅ**【針▼槐】ニセアカシアの別名。

**はり-おうぎ**【張(り)扇・▼貼(り)扇】外側を紙で包んだ扇。講談師・浪曲家などが台を打つのに使う。

**はりお-じま**【針尾島】長崎県佐世保市に属し、佐世保湾と大村湾との間にある島。面積三四・六km²。早岐瀬戸・針尾瀬戸に橋がかかる。

**バリオス**[Eduardo Barrios](一八八四～一九六三) チリの小説家。心理分析や地方生活の描写にすぐれる。作品『愛に狂った子供』など。

**パリ-オペラざ**【パリ-オペラ座】(Théâtre national de l'Opéra, Paris フランス) フランスの代表的歌劇場。一七世紀後半に創設。現在の建物は一八七五年開設。

**パリオペラざ-バレエだん**【パリオペラ座バレエ団】(Le Corps de ballet de l'Opéra de Paris フランス) フランスの代表的バレエ団。国立劇場パリオペラ座に所属。世界最古の歴史をもち、一六七一年ルイ一四世の王立舞踊アカデミーに始まる。

**パリ-おんがくいん**【パリ音楽院】(Conservatoire national supérieur de musique de Paris フランス) フランス最古の音楽学校で、世界でも名門校の一つ。一七九五年、王立歌唱学校と国立音楽学校が合体されて創立。参照 コンセルバトワール。

**パリおんがくいん-かんげんがくだん**【パリ音楽院管弦楽団】(Conservatoire Orchestre de Paris フランス) フランス最古の管弦楽団。一八二八年パリ音楽院の教授・卒業生などで結成。一九六七年パリ管弦楽団に改組された。

**はり-か・える**【張(り)替える】(下一他) ①古い物を取り去って新しく張る。re-paper ②着物などの洗い張りをする。

●針供養 浅草寺(東京都)。

**はり-がね**【針金】①金属を細く長く伸ばしたもの。wire ②紅藻植物オキツノリ科の海藻。外海に面する岩礁上に生育する。あらく分枝した暗紅色の針金状の体枝をもつ。糊の料として利用。

**はりがね-かずら**【針金▼蔓】ツツジ科の常緑低木。茎は細く、地上をはう。葉は倒卵形。夏に、白色の鐘形花を開き、白色の果実を結ぶ。中部以北の針葉樹林下にはえる。

**はりがね-むし**【針金虫】線形虫類ハリガネムシ目に属する動物の一群。体は堅く針金状で体長数センチメートルから一m余。幼虫は水生昆虫を第一宿主とし、これを食べたカマキリなどを第二宿主とする。horsehair worm

**はり-がみ**【張(り)紙・▼貼(り)紙】①のりで張りつけた紙。sticker ②紙に知らせたい事柄を記して人目につくように張り出した紙。張りふだ。notice ③注記や意見などを書いて書類に張る紙。付箋。label

**バリカン**[Barriquand フランス] 頭髪を刈る道具。手動式と電動式がある。日本では最初にフランスのバリカン-エーマール社製を使用したのでこの名がある。hair clippers

**ば-りき**【馬力】①馬に引かせる荷車。荷馬車。②強い体力。用例 ―がある。③工学で、仕事率の単位。メートル法で一馬力は、毎秒七五キログラム-メートルの仕事量にあたる。人間の仕事率は約一〇分の一馬力。horsepower

**馬力を掛ける**(ばりきをかける) いちだんと精を出して仕事をする。馬力を出す。put a spurt on 用例 最後の仕上げに―。

**バリキャップ**[varicap] 静電容量の変化するダイオード。ダイオードのpn接合部の静電容量が加える電圧によって変わる。

**パリ-きょうてい**【パリ協定】①西ヨーロッパ防衛体制に再軍備した西ドイツを組み入れる目的で、ブリュッセル条約を修正し同条約機構を拡大した諸協定の総称。一九五四年調印。Paris Agreement ②ベトナムにおける停戦と平和を確保するため、一九七三年アメリカ、南・北ベトナム、南ベトナム臨時革命政府の間で合意された協定。ベトナム和平協定。Paris Peace Agreement

**はり-ぎり**【針▼桐】ウコギ科の落葉高木。山地にはえる。高さ約二〇m。枝にとげがあり、葉は掌状。五月に、黄緑色の小花を多数つける。材は器具、家具などに用いる。センノキ。

**はり-き・る**【張(り)切る】(五自) ①十分に張る。stir up ②元気に満ちている。be full of vitality ③緊張する。be tense

**はり-くよう**【針供養】毎年、二月と一二月の事八日の両方、またはいずれかの日に、針を使うのを休み、古針を豆腐などに刺して供養する行事。→写

**はり-ぐわ**【針桑・▼柘】クワ科の落葉小高木。枝には鋭いとげがあり、葉は卵形。六月、淡黄花を頭状花序につける。集合果は秋に赤熟。クワの代わりにカイコに与える。中国原産。

**バリケード**[barricade] 防備や交通止めのためのとりで・障害物。

**ハリケーン**[hurricane] 東経一八〇度以東の太平洋・大西洋にある熱帯低気圧のうち、風速の激しいもの。ただし、北半球でしか発生しない。日本では多く、北大西洋発生の強い熱帯低気圧を言う。比較 台風。

**バリケン**[bergeend オランダ・蕃鴨] 樹上生活をするガンカモ科の鳥。全長約八〇cm。暗緑色で顔は裸出し、嘴の基部に肉質瘤がある。熱帯アメリカ原産であるが、世界各地で肉用に飼育。飼育種の羽色は白か黒白のまだら。タイワンアヒル。ブラジルアヒル。

**はり-こ**【張(り)子】①木型に紙を張り重ね、乾いてから型を抜き去った造形物。張り抜き。②木や竹で組んだ上に、紙を張り重ねた箱。③見かけばかりで弱いもの。張り抜き。papier mâché

**張り子の虎**(はりこのとら) ①張り子で、トラの形に作ったおもちゃ。②実力もないくせにからいばりする人のたとえ。③何事にもうなずく人をあざけっていう語。

**パリ-こうわかいぎ**【パリ講和会議】一九一九年一月パリ市内のフランス外務省で行われた、第一次大戦の講和のための会議。その結果、六月ベルサイユ条約として調印された。Paris Peace Conference

**パリ-こくりつぎんこう**【パリ国立銀行】(Banque Nationale de Paris) フランス最大の商業銀行。政府が株式のほとんどを保有。一九六六年設立。BNP。

**はり-ごち**【針▼鯒】体側にとげが一列縦走するコチ科の海水魚。日本近海には数種あり、全長二〇cm内外。体は黄褐色で、著しく上下に平たい。頭も扁平で幅広い。かまぼこの材料。南日本に分布。

**ハリコフ**[Kharkov] ソ連南西部、ウクライナ共和国北東部の工業都市。機械工業が発達。交通の要地。人口一五六・七万(一九八六)。

**パリ-コミューン**(Commune de Paris フランス) 一八七一年三月一八日～五月二八日、パリに成立した革命的自治政権。市民と国民軍が、屈辱的な対プロイセン講和を結んだ政府に反発、コミューンを組織したが、政府軍の攻撃で崩壊。コミューン。

**はり-こ・む**【張(り)込む】(五自他) ①(自)力を入れる。りきむ。be eager 用例 仕事に―。②(他)㋐いっぱいに満たす。fill 用例 水槽に水を―。㋑気ばって散財する。おごる。treat 用例 上等の時計を―。㋒犯人などが現れそうな所で、見張りながら待機する。keep watch 用例 犯人を―。

**パリ-コレクション**[Paris collection] パリのオートクチュール組合に属する高級衣装店の新作発表会。世界モード界の指針となる。

**バリ-コン**《variable condenserから》電気容量が可変なコンデンサー。ラジオの同調用などに用いられる。

**パリ-さい**【パリ祭】(le Quatorze-Juillet フランス) フランスの革命記念日。七月一四日。一七八九年フランス革命の発端をなしたバスチーユ襲撃の日を記念。ルネ=クレール監督の映画『七月一四日』(一九三三年)の邦訳題名にちなむ日本での呼称。共和祭。

**パリサイ**[Pharisaios ギリシア] ①「パリサイ派」の略。②形式主義者。偽善者。用例 ―の徒。

**パリサイ-は**【パリサイ派】(Pharisaios ギリシア) 極端な律法主義をとるユダヤ教の一派。紀元前二世紀にハシディズムから分離、紀元前後にサドカイ派と対立。

**はり-さ・ける**【張(り)裂ける】(下一自) ①いっぱいにふくれて裂ける。burst ②悲しみ・怒りなどで、胸がいっぱいになって耐えられない。break

**はり-さし**【針刺(し)】裁縫用具の一つ。針を整理するためのもの。布の中に毛糸・すき毛・ぬかなどを包み込んで、これに針を刺して用いる。針山。ピンクッション。pincushion

**バリサン-さんみゃく**【バリサン山脈】(Pegunungan Barisan) インドネシア西部、スマトラ島を北西から南西に連なる山脈。最高峰クリンチ山は標高三八〇五m。

**ばり-ざんぼう**【▼罵▼詈▼讒▼謗】さかんに悪くいうこと。大きな声でののしり散らすこと。abuse

**パリシー**[Bernard Palissy](一五一〇ごろ～九〇) フランスの陶工・科学者。釉陶の新技法を完成。著書『確実な道』『森羅万象賛』。

は

**パリジェンヌ**【Parisienne フランス】 生粋のパリ育ちの女性。パリ娘。

**はり-しごと**【針仕事】 縫いもの。裁縫。needlework

**パリジャン**【Parisien フランス】 生粋のパリ育ちの男。パリっ子。

**パリ-じょうやく**【パリ条約】 パリで締結された条約。①一七六三年、七年戦争の講和条約。②一七八三年、アメリカ独立戦争の講和条約。③一八一四年、対仏大同盟諸国とフランスの間の条約。翌年、百日天下後に同当事者国間で第二次条約締結。④一八五六年、クリミア戦争の講和条約。⑤一八九八年、アメリカ-スペイン戦争の講和条約。⑥一九四七年、連合国と枢軸五か国間に結ばれた第二次大戦の講和条約。

**ハリス**【Frank Harris】(一八五六～一九三一) アメリカの小説家。アイルランド生まれ。イギリス世紀末の名士たちの私生活を暴露。回想記『わが生と愛』など。

**ハリス**【Townsend Harris】(一八〇四～一八七八) アメリカの外交官。安政三年(一八五六)初代駐日総領事として下田に着任。同五年(一八五八)日米修好通商条約を調印。翌年公使となる。

**パリス**【Paris】 ギリシア神話のトロヤの王子で美青年。三人の女神の美の審判官となり、アフロディテを選んだ代わりにスパルタの王妃ヘレネを得たが、それがトロヤ戦争の原因となった。この戦いでフィロクテテスの矢にあたって死んだ。

**バリスカン-ぞうざんうんどう**【バリスカン造山運動】 古生代後半にヨーロッパ主要部に起こった造山運動。ほぼ同時代の世界各地の造山運動をさすこともある。ヘルシニア造山運動。Variscan orogeny

**はり-すげ**【針▼菅】 山地の木の下にみられるカヤツリグサ科の多年草。根茎はなく、細い葉と稈が密にはえる。高さ約二五cm。葉は毛状で茎より細く平滑。初夏に開花。茎の頂部に花穂を一つつける。

**バリスター**【varistor】《variableとresistorからの造語》電圧-電流特性が非直線的な抵抗素子。加える電圧を増加すると抵抗値が急激に減少する。定電圧装置・異常電圧の吸収・接点保護などに使用。

**ハリストス-せいきょうかい**【ハリストス正教会】 東方正教会系教会の日本での呼称。

**ハリスバーグ**【Harrisburg】 アメリカ北東部、ペンシルベニア州の工業都市。同州の州都。付近に炭田・鉄鉱山がある。人口五・三万(一九八〇)。

**はり-せんぼん**【針千本】 フグに近い体表全面に長いとげのあるハリセンボン科の海水魚。全長約四〇cm。驚くと腹をふくらませ、とげが直立。世界の暖海域に分布。食用にもなる。針河豚。近似種にイシガキフグがある。porcupine fish ↓図

ハリセンボン

**ばり-ぞうごん**【▼罵▼詈雑言】 いろいろな悪口を浴びせること。いろいろにののしること。その悪口。

**ハリソン**【Ross Granville Harrison】(一八七〇～一九五九) アメリカの動物学者。組織培養法の創始者。移植実験など実験発生学にも貢献。

**パリ-だいがく**【パリ大学】(Universités de Paris I à XIII フランス) フランスで最古・最高の権威をもつ国立総合大学。一二世紀ごろの創設でヨーロッパの大学の原型となった。文・理学部は、通称ソルボンヌ大学。一九六八年、一三の新制大学に再編された。

**はり-たお・す**【張(り)倒す・▽撲(り)倒す】(五他) なぐって倒す。knock down

**パリ-ダカール**【Paris-Dakar】 パリからアフリカ西海岸のダカールまで、サハラ砂漠を越え一万数千キロメートルを走破する、もっとも過酷な自動車レース。毎年一月に開催され、二輪車から大型トラックまで多種の車が参加する。旧称パリ-ダカール-ラリー。

**はり-だし**【張(り)出し】 ①《「貼り出し」とも》はり紙。poster ②建築で、壁より外へ突き出た部分。jut 用例 ―窓。③相撲で、番付の欄外に書くこと・力士。用例 ―横綱。

**はり-だ・す**【張(り)出す】(五自他) ①(自)㋐外へ出っぱる。project ㋑広がる。spread out 用例 高気圧が―。②(他)㋐張って外に出す。stretch out ㋑《「貼り出す」とも》注意・意見などを書いた、紙きれや札をみんなに見えるように掲げる。put up

**バリタ-すい**【バリタ水】 水酸化バリウムの水溶液。アルカリの標準溶液として二酸化炭素の検出・定量に使用。重土水。baryta water

**はり-ちょうせき**【▼玻▼璃長石】 火山岩中に産出するガラス質の長石。sanidinite

**はり-つ・く**【張(り)付く・▼貼(り)付く】(五自) ぴったりとくっついた状態になる。cling

**はり-つけ**【▼磔】 刑罰の一つ。罪人を柱などにくくりつけて、やりで突き殺したもの。crucifixion

**はりつけ-ポケット**【張(り)付けポケット】 衣服の表面に、切り込みを入れず、別につくって縫いつけたポケット。patch pocket

**はりつけ-もざえもん**【▼磔茂左▽衛門】(?～一六八六) 江戸前期の義民。上野の人。沼田藩主真田氏の暴政を将軍に直訴。真田氏は領地没収、茂左衛門は磔の刑に処された。

**はり-つ・ける**【張(り)付ける・▼貼(り)付ける】(下一他) ものを広げて、のりやピンで他のものにつける。stick

**はりつつみ-いす**【張(り)包み▼椅子】 おもに座および背もたれ部に詰め物をし、座・背・肱の全部を織物や革などで張り包んだ椅子。

**ばりっ-と**(副) やや厚みのある物をはがしたり、割ったりするさま・音。

**ぱりっ-と**(副) ①衣服などが新しくて整っているさま。dashing 用例 ―した身なり。②付着したものをはがすさま・音。rip 用例 シールを―はがす。

**はり-つ・める**【張(り)詰める】(下一自) ①十分に張る。いっぱいに詰める。cover all over 用例 一面に―・めた氷。②緊張する。strain 用例 ―・めた心。

**はり-て**【張(り)手・▽撲(り)手】 相撲で、相手の顔面を平手で横ざまに打つこと。

**パリティ**【parity】 ①量や質などが等しいこと。等質。等価。②数学で、0と1の組み合わせの数列のなかで、「1」の数が偶数個か奇数個かを表す語。偶数個のときパリティは1という。③量子力学系の波動関数において、空間座標を反転すると、もとと同じになるか、符号を変えるかのいずれかになる性質。不変なときパリティは偶または正、変わるときパリティは奇または負という。偶奇性。

**パリティー-けいさん**【パリティ計算】 二つ以上の要素について、ある時点での比率などの相関関係を、基準となる時点でのそれに等しくたもつ計算法。parity account

**パリティー-しすう**【パリティ指数】 農業パリティ指数。農業生産に要した経費や購入消費財の物価の上昇率。parity index

**パリティー-チェック**【parity check】 二進数データの転送のさいの誤りの検査方式。転送データに余分の一ビットを付加し、受信のときその奇偶をチェックして誤りを検出。奇偶検査。

**パリ-てんもんだい**【パリ天文台】(Observatoire de Paris フランス) フランスの総合天文台。一六六七年創設。

**バリ-とう**【バリ島】(Bali) インドネシア南部、小スンダ列島西端の火山島。面積五六〇〇km²。一五世紀までモジョパイト王国の一部。独特の文化を残す観光地。人口二四七万(一九八〇)。

**バリとう-みん**【バリ島民】 インドネシア、バリ島を中心に居住する民族。言語はバリ語を使用。イスラム文化圏にあって、ヒンズー教と土着宗教の融合した固有の宗教や文化をもつ。Bali

**はり-とば・す**【張(り)飛ばす・▽撲(り)飛ばす】(五他) なぐって飛ばす。平手で激しくなぐる。

**バリトン**【Bariton ドイツ】 ①バスとテノールの中間の男声音域。また、その音域の歌手。②バリトン音域の楽器。バリトン-サックスなど。③一八世紀の擦弦楽器の一種。ビオル属。↓声楽図

**バリニャーノ**【Alessandro Valignano】(一五三九～一六〇六) 安土桃山時代のイタリアのイエズス会修道士。天正七年(一五七九)以来三度来日、日本布教の基礎を固めた。遣欧少年使節の実現のほか、教育、キリシタン版の出版などにより日本文化に貢献。著書『日本巡察記』。ワリニャーノ。

**はり-ぬき**【張(り)抜き】 張り子。

**はり-ねずみ**【針▼鼠】 ハリネズミ科の哺乳動物。体長約三〇cm。体は濃褐色で針状の毛におおわれる。夜行性で草の根・昆虫・ミミズなどを食べる。ユーラシア・アフリカに分布。hedgehog ↓写

ハリネズミ

**パリのアメリカじん**【パリのアメリカ人】《原題An American in Paris》ガーシュウィンが、一九二八年、パリ旅行の印象をもとに書いた管弦楽曲。

**はり-の-き**【▼榛の木】 ハンノキの古名。

**はり-の-むしろ**【針の▼筵】 まったく気が安まらない場所・境地。be on thorns 用例 ―にすわらせられた気分。

**はり-ばこ**【針箱】 裁縫用具入れ。sewing box

**はり-はり** 「はりはり大根」「はりはり漬け」の略。

**ばり-ばり**(副) ①仕事をどしどしかたづけるさま。energetically 用例 ―働く。②のりのきいた物が音を立てるさま。③紙や板などの裂ける音。ripping sound ④かたいものをかみ砕く音。crunch

**ぱり-ぱり**(名・副) ①勢いのよいこと・さま。はぶりのよいさま・人。powerful 用例 若手の―。②新しいさま。brand-new 用例 ―の洋服。③歯切れよくかむ音。

**はりはり-だいこん**【はりはり大根】 ↓はりはりづけ(はりはり漬け)

**はりはり-づけ**【はりはり漬け】《食べるとハリハリと音がすることから》漬物の一種。丸干し・割り干し・切り干しなど、干した大根を刻んで酢としょうゆに漬けたもの。たかのつめや昆布を加えたりする。

**はり-ばん**【張(り)番】(名・サ変自) 見張って番をすること・人。番人。

**はり-ぶき**【針▼蕗】 ウコギ科の落葉低木。深山の針葉樹林の下にはえる。全草に鋭いとげが密生。葉は長柄で掌状に分裂。初夏、緑白色の小花が穂状に咲く。果実は赤熟。

**はり-ふだ**【張(り)札・▼貼(り)札】(名・サ変自) 注意などを書いて掲げた札。notice

**はり-ぼて**【張りぼて】 竹などで編んだものに紙を張り重ね、着色して作った造形物。芝居の小道具や祭礼の飾り物などに用いる。張り子。ぼて。papier-mâché

**パリ-ぼんち**【パリ盆地】(Parisien Bassin) フランス北部のセーヌ川流域に広がる盆地。東西四〇〇km、南北三五〇km。肥沃な農業地域で工業もさかん。

**はりま**【▼播磨】 ↓はりまのくに(播磨国)

**はりま**【▼播磨】〈町〉 兵庫県南部、明石・加古川市間の町。播磨工業地域の一角をしめ、紡績・化学工業などがさかん。人口二万九六六七(一九八八)。

**はりますい-しゅじゅつ**【▼鍼麻酔手術】 ある特定のつぼに打った数本の鍼で知覚を一時的に失わせて行う手術。中国で開発。operation by acupuncture

**はりま-なだ**【▼播磨▼灘】 瀬戸内海東部、淡路島・小豆島間の海域。明石海峡で大阪湾に、鳴門海峡で紀伊水道に結ぶ。沿岸は埋め立てられ、工業地化が著しい。

**はりま-の-くに**【▼播磨国】 旧国名。現在の兵庫県南西部。山陽道の一国。「延喜式」では大国、一二郡。国府は姫路市城東町、国分寺は同市国府寺町。明治四年(一八七一)廃藩置県により兵庫・姫路二県に。のち姫路県は飾磨県と改称、同九年(一八七六)兵庫県に併合。播州。播磨。

**はりまのくにふどき**【▼播磨国風土記】 古風土記の一つ。播磨国の地誌。一巻。和銅六年(七一三)元明天皇の命を受けて播磨国が編集。霊亀元年(七一五)以前の成立。一部分欠。民間伝承を多く記す。播磨風土記。

**はりま-ぶし**【▼播磨節】 江戸初期、上方古浄瑠璃の一派である井上播磨掾が創始した浄瑠璃節。後世の義太夫節は、この節を取り入れている。

**はりま-へいや**【▼播磨平野】 兵庫県南西部、播磨灘沿岸の沖積平野。穀倉地帯で、臨海部は播磨工業地区。姫路平野・播州平野。

**はり-め**【針目】 針で縫った所。縫い目。seam

**はり-めぐら・す**【張(り)巡らす】(五他) 回りに全部張る。張り回す。stretch around

**バリモア**【Barrymore】 アメリカの俳優一家の家名。ライオネルLionel(一八七八～一九五四)、その妹エセ

は

ル Ethel(一八七九～一九五九)、弟ジョン John(一八八二～一九四二)の三人のほか、父モーリス Maurice(一八四七～一九〇五)、母ジョージアナ Georgiana(一八五六～一九三二)も俳優で、舞台や映画で活躍。

**はり-もぐら【針▽土▽竜】** ハリモグラ科の動物。原始的な卵生の哺乳類。三亜種あり、体長三五～五〇cm。体は毛の変化したとげでおおわれる。食虫性。卵は母親の育児嚢で孵化。オーストラリア・タスマニア・ニューギニアに分布。echidna →写

● ハリモグラ

**はりもと-いさお【張本▽勲】**(一九四〇～) プロ野球、東映・日拓・日本ハム・巨人・ロッテの元外野手。大阪府生まれ。通算打率〇・三一九。通算安打三〇八五。最優秀選手一回。首位打者七回。広角打法で知られた。

**はり-もの【張(り)物】** ①布を洗い糊を付けて、板や伸子に張りつけて乾かすこと。また、その布。②芝居の道具の一つ。木や竹の骨組みに布を張って、岩・樹木などに形どったり、背景の絵を描いたりしたもの。decor

**はり-もみ【針▼樅】** 庭木として栽培されるマツ科の常緑針葉高木。葉は針状で硬い。六月に開花。球果は卵形。建材・パルプ材。福島県以南に分布。バラモミ。

**バリモント【Konstantin Dmitriyevich Balmont】**(一八六七～一九四二) ロシア初期象徴派の詩人。詩集『北方の空の下で』『太陽のごとくなろう』など。

**ハリヤーナ【Haryana】** インド北西部の州。州都チャンディーガル。ヒンズー教徒が多い。灌漑農業による綿花・サトウキビ・トウモロコシなどの栽培がさかん。人口一二八五・一万(一九八一)。

**バリャドリード【Valladolid】** スペイン北部の商工業都市。一五～一六世紀カスティリア王国の首都。人口三三万(一九八一)。

**はり-やま【針山】** ↓はりさし(針刺し)

**バリュー【value】** ＝ヴァリュー。①価値。数値。用例 ニュース―。②濃い・薄いの色あい。

**バリュー-アナリシス【value analysis】** 価値分析。

**バリュー-エンジニアリング【value engineering】** 価値工学。VE。①商品の製造コストを最低限におさえるための技術や方法。②↓かちぶんせき(価値分析)

**ば-りょう【馬糧】** 馬の飼料。用例 ―倉庫。

**はりょく-はつでん【波力発電】** 海の波のエネルギーを利用する発電。波の上下運動によってブイを上下させ、発電機を回転させる。wave power generation 比較 潮汐発電。

**は-りん【破倫】** 人の守るべき道に背くこと。道徳に反すること。

**バリン【valine】** 必須アミノ酸の一つ。L型は大部分のたんぱく質、とくに植物性たんぱく質に多量に含まれる。

**ハリントン【James Harrington】**(一六一一～一六七七) イギリスのユートピア思想家。財政均衡の上に共和制の諸制度を構想し、のちに北米諸州の憲法やヨーロッパの社会主義者に影響を与えた。主著『オシアナ共和国』。

**パリントン【Vernon Louis Parrington】**(一八七一～一九二九) アメリカの批評家・歴史家。文学の社会的・経済的要素を重視した。著書『アメリカ思想の主流』など。

**はる【春】** ①四季の一つ。北半球では、三・四・五月、南半球では、九・一〇・一一月。天文学では、春分から夏至まで。二十四節気では立春から立夏まで。陰暦の一・二・三月。spring 対義 秋。②新春。正月。New Year ③人生・運命の盛りのとき。prime 用例 人生の―。④青春期。puberty ⑤色情。

**春立つ**(はるたつ) 春になる。春がくる。

**春の目覚め**(はるのめざめ) 青春期になって、性欲を感ずる情態になること。春機発動。puberty

**春を売る**(はるをうる) 売春する。sell her chastity

**春を鬻ぐ**(はるをひさぐ) 「春を売る」と同意。

**は・る【張る】**(五自他) ①(自)㋐広がり伸びる。spread 用例 根が―。㋑ふくれる。inflate 用例 腹が―。㋒芽が出る。sprout 用例 木の芽が―。㋓一面におおう。form 用例 氷が―。㋔筋肉がこる。grow stiff 用例 肩が―。㋕ひきしまる。tense 用例 気が―。㋖高額になる。かさむ。be dear 用例 値が―。②(他)㋐延べ広げる。spread 用例 テントを―。㋑つき出す。stretch 用例 ひじを―。胸を―。㋒《「貼る」とも》布などを平たいものにつけて、しわを伸ばす。spread 用例 のりづけして―。㋓一面に満たす。fill 用例 おけに水を―。㋔催す。行う。hold 用例 宴を―。㋕さかんにする。増やす。extend 用例 勢力を―。㋖押し通す。persist 用例 強情を―。㋗奮い起こす。strain 用例 気を―。㋘見張る。keep watch 用例 入り口で―。㋙勝負事に金銭などをかける。stake 用例 一〇〇〇円―。㋚張り抜きにつくる。make of papier-mâché 用例 木型に―。㋛平たく打ちつける。cover 用例 板を―。㋜はりあう。対抗する。compete 用例 向こうを―。論陣を―。㋝しっかり保つ。hold 用例 横綱を―。㋞《「貼る」とも》のりで他の物につける。stick 用例 紙を―。㋟《「撲る」とも》手で打つ。なぐる。slap 用例 ほおを―。㋠《俗語》女を得ようと争う。用例 一人の女を―。

**は・る【晴る】** 古語(下二自) ↓はれる(晴れる)

**は・る【▼腫る】** 古語(下二自) ↓はれる(腫れる)

**ハル【Hull】** イギリス東部、ハンバー川河口の港湾都市。漁業根拠地で、植物性油脂の製造でも知られる。人口二六・二万(一九八五)。正称キングストン-アポン-ハル。

**ハル【Cordell Hull】**(一八七一～一九五五) アメリカの政治家。フランクリン＝ルーズベルト政権の国務長官として善隣外交や日米開戦前の対日交渉で活躍。また国際連合設立のため尽力。一九四五年ノーベル平和賞受賞。

**ば・る**(接尾)《特定のことばに付いて動詞をつくる。五段型》そのことが一段と著しいようすである。用例 形式―。

**バル【BAL】**《British Anti-Lewisite の略》重金属の解毒剤として用いるジメルカプロールの別名。

**はる-あき【春秋】** ＝しゅんじゅう。①春と秋。②年月。年齢。用例 いく―。

**はる-あらし【春▼嵐】** 春の嵐。日本海を低気圧が発達して進むと強い南風が吹き、海山が荒れ、またフェーン現象を起こす。春荒れ。

**はる-あれ【春荒れ】** 春嵐の別称。

**はる-いち【春一】** ↓はるいちばん(春一番)

**はる-いちばん【春一番】** 早春のころ、その年初めて吹く強い南風。冬の季節風が弱まり、気温が上がって春らしくなる。はるいち。

**バルール【valeur フランス】** 色価。同じ色相ないし異なる色相間の明度・彩度の関係、あるいは寒・暖の関係。とくに近代以降の絵画における配色の重要な要素。

**バルーン【balloon】** 風船。軽気球。

**バルーン-スカート【balloon skirt】** ウエストと裾にギャザーをとって風船のようにふくらませたスカート。パーティードレスなどに多い。

**はるえ【春江】**〈町〉 福井県、福井市北隣の町。福井機業の中心地の一つで、絹織物業がさかん。福井空港がある。人口一万九七六二(一九八八)。

**はる-おみなえし【春▽女▽郎▽花】** カノコソウの別名。

**はる-か【▼遥か】**(副・形動) ①時間・へだたりが、遠い。far 用例 ―な山。―昔。②違いの甚だしいさま。段違い。by far 用例 ―にすぐれている。

**バルガ【Evgeny Samoylovich Varga】**(一八七九～一九六四) ソ連の経済学者。ハンガリー生まれ。世界経済・世界政治の現状分析の開拓者。著書『二〇世紀の資本主義』など。

**はる-がすみ【春▼霞】** ①春のかすみ。②[枕ことば]《同音を繰り返すことから》「春日」などにかかる。用例 ―春日の里の植子水葱苗なりといひし枝はさしにけむ(万葉・三・四〇七)。

**バルガス-リョサ【Mario Vargas Llosa】**(一九三六～) ペルーの小説家。全体小説の信奉者。作品『都会と犬ども』『緑の家』『ラ-カテドラルでの対話』など。

**はる-かぜ【春風】** 春に南または東から吹く暖かい風。spring wind

**バルカナイズド-ファイバー【vulcanized fiber】** 原紙を塩化亜鉛溶液にひたして表面を膠状にし、水洗い後乾燥したもの。数枚重ねたものもある。絶縁材・事務用品などに用いる。バルカンファイバー。

**はる-がや【春▼茅】** 多年生の帰化植物。明治初期に輸入した牧草が野生化したもの。高さ八〇cm余で香りがある。初夏、小穂を密生する柱状花序をつける。ヨーロッパからシベリアに分布。

**バルカロール【barcarolle フランス】** 舟歌。ベネチアのゴンドラ乗りの歌。それに由来する器楽・声楽。一般に遅い速度の八分の六拍子か八分の一二拍子。

**バルカン【Balkan】** ヨーロッパ南東部、バルカン半島地域の総称。第二次大戦までは、各国の支配権争奪と解放闘争の舞台となり、「ヨーロッパの火薬庫」といわれた。

**バルカン-きょうしょう【バルカン協商】** 一九三四年、ユーゴスラビア・ルーマニア・ギリシア・トルコが共同防衛と共同利益を目的として結んだ政治的機構。ドイツの侵略によって四〇年に崩壊。Balkan Pact

**バルカン-さんみゃく【バルカン山脈】**(Balkan Mountains) スターラプラニナ山脈の別称。

**バルカン-せんそう【バルカン戦争】** 第一次大戦の導火線となったバルカン諸国間の紛争。①一九一二年、ブルガリア・セルビア・モンテネグロ・ギリシア(バルカン同盟)がトルコに宣戦。トルコは二か月で敗北。Balkan War ②一九一三年、トルコからの獲得領土をめぐる、ブルガリアとセルビア・ギリシア・モンテネグロ・ルーマニア・トルコとの間の戦争。ブルガリアは敗北。Balkan War

**バルカン-はんとう【バルカン半島】**(Balkan Peninsula) ヨーロッパ南部、地中海東部に突き出た三角形状の半島。西はアドリア海・イオニア海、東は黒海・マルマラ海・エーゲ海に囲まれる。ギリシア・アルバニア・ブルガリアのほかユーゴの大部分、ルーマニアとトルコの一部を含む。

**バルカン-ファイバー**《vulcanized fiber から》↓バルカナイズドファイバー

**バルカン-ほう【バルカン砲】** 航空機用にアメリカで開発された機関砲。口径二〇mm、電動式と油圧駆動式があり、回転する六本の銃身から毎分四〇〇〇発以上の発射が可能。M61。Vulcan gun

**バルカン-もんだい【バルカン問題】** 一九世紀後半～二〇世紀初め、トルコの支配力の後退でバルカン諸民族の独立運動が進み、それにヨーロッパ列強の対立が複雑に結合した国際問題。その現れであるサラエボ事件は第一次大戦の直接的原因となった。Balkan problem

**はる-ぎ【春着】** ①春に着る衣服。春服。spring wear ②新春に着る新調の着物。③よそゆき。晴れ着。Sunday best

**バルキー-セーター**《和製語。「バルキー」は、かさばった、肉厚の、の意》バルキーヤーンなどを用いて、ふっくらと編んだセーター。

**バルキー-ヤーン【bulky yarn】** 繊維の形状を変化させ、かさばり・すきまを増した糸の総称。柔らかで保温・伸縮性に富む。かさ高糸。

**バルキシメート【Barquisimeto】** ベネズエラ北西部、ララ州の州都。同国有数の商工業都市で、農畜産物取引の中心地。人口四九・七万(一九八一)。

**はる-きた【春▽北▽風】** 春に吹く北寄りの風。日本海低気圧が北海道沖に抜けると一時的に春寒の北寄りの風が吹き、ときに雪をともなう。

**バルキテリウム【baluchitherium ラテン】** サイ科の化石哺乳類。かつて現れた陸生の哺乳類のなかで最大とされる。体長八～八・五m。漸新世から中新世にかけて、中央アジア、モンゴルに分布。

**はる-くさ【春草】** 春になって芽を出す草。若草。spring grass

**はるくさ-の【春草の】** [枕ことば]《春の草の愛らしいこと、また、生い茂ることから》「愛づらし・繁し」にかかる。用例 ―繁きわが恋大海の辺にゆく波の千重に積りぬ(万葉・一〇・一九二〇)。

**パルグレーブ【Francis Turner Palgrave】** ↓ポールグレーブ

**ハルゲイサ【Hargeisa】** アフリカ、ソマリア北西部、標高一二〇〇mの高地にある都市。イギリス領時代の首都。人口四〇万(一九八六)。

**はる-け・し【▼遥けし】** 古語(形ク) 遠い。はるかだ。久しい。用例 霍公鳥鳴く音―し里遠みかも(万葉・一七・三九八八)。派生 はるけさ(名)

**はる-ご【春▽蚕】** 春に飼うカイコ。対義 夏蚕・秋蚕。

**パルコ【parco イタリア】** ①公園。広場。②多くの専門店が入ったデパート形式の販売店。

**はる-こう【春荒】** ↓しゅんこう(春荒)

**はる-ごえ【春肥】** 春から初夏にほどこす肥料。新芽の発生をうながすので芽出し肥ともいう。

**はる-ごと【春事】** 近畿・中国地方で二月から四月ごろにかけて行われる春の節日。野

山で遊んだり、御馳走を作って食べたりして過ごす。事祭り。春の事。梅若忌。

**バルコニー**【balcony】＝バルコン。①洋風建築で建物の階上から戸外に張り出した床の部分。屋根がなく手すりで囲まれている。露台。②劇場の二階以上の客席。

**はる-ごま**【春▾駒】①春の野原で走り回る馬。②正月に作り物の馬を腰につけ、民家を訪れて祝言を唱えて踊る門付け芸。馬に乗って歳神が来訪するとの信仰と、馬が蚕の守護神で、邪気を払う霊力をもつとの伝承が背景にある。新潟・山梨・沖縄に残る。③子どもの玩具の一種。馬の頭の形に作ったものの下に、下端に車輪のある竹の棒を差し、またがって遊ぶ。

**バルコン**【balcon フランス】↓バルコニー

**バルサ**【balsa】アオギリ科の常緑高木。高さ約一五m。五～七裂した葉を互生。花は黄または黄褐色で大形。中・南米に分布。材は非常に軽く、救命具・模型飛行機などに使用。

**パルサー**【pulsar】一定の短い周期で規則正しくパルス状電波を放射している星。高速で回転する磁場をもつ中性子星で、高速度星と考えられている。パルスの間隔については、一九八七年現在、〇・〇〇一一秒から四秒以上のものまで知られている。

**はる-さき**【春先】春の初め。早春。初春。early spring

**はる-さく**【春作】春から初夏に収穫できる農作物。spring crops

**バルザック**【Honoré de Balzac】（一七九九～一八五〇）フランスの小説家。リアリズム文学の祖。豊かな空想力と創造力で現実社会の全貌を小説群のうちにとらえ、全作品の総題を「人間喜劇」とよんだ。作品『あら皮』『絶対の探究』『ゴリオ爺さん』『谷間の百合』『従妹ベット』など。↓写

●H＝バルザック

**バルザック**【Jean Louis Guez de Balzac】（一五九七～一六五四）フランスの文学者。『書簡集』で模範的な散文作家とされた。

**バルサム**【balsam】樹幹から分泌する流動状の樹脂、および精油と天然樹脂の混合物の総称。粘性の液体またはのり状。松脂・カナダバルサムなど。

**バルサム-の-き**【バルサムの木】マツ科の常緑高木。カナダと北米東部にはえる。高さ約二五m。葉は線形で、先端がわずかに二裂。球果は約六cmで長楕円形。樹脂からカナダバルサムが得られる。バルサムファー。balsam fir

**はる-さめ**【春雨】㊀①春の暖かいころに、しとしとと降る雨。spring drizzle 対義 秋雨。②緑豆・芋などのでんぷんから作る、すきとおった糸状の食品。なべ物・酢の物・吸い物などに用いる。bean-starch vermicelli ㊁端唄・うた沢の曲名。柴田花守作詞。作曲は長崎の丸山の遊女といわれる。端唄の代表曲。

**はるさめ-あげ**【春雨揚(げ)】カニ・エビ・鶏肉などに小麦粉をまぶして卵白をつけ、短く切った春雨をまぶして油で揚げた料理。

**はるさめものがたり**【春雨物語】上田秋成の読本。一〇編。寛政一二～文化六年（一八〇〇～〇九）ごろ成立。前期読本の傑作。

**はる-さんばん**【春三番】春、サクラの花が散るころに吹く南風。サクラの咲くころが春二番。

**はる-じおん**【春紫▾苑】ハルジョオンの別名。

**はる-しぐれ**【春時雨】春のしぐれ。断続して降る春のにわか雨で、ときに春雷をともなう。

**パルシファル**【Parsifal】中世の『アーサー王伝説』で「聖杯」を探しに出かけた騎士の名。中世以来、彼を主題に多くの芸術作品がつくられた。

●ハルシャギク

**ハルシャ-ぎく**【波▾斯菊】キク科の春まき一年草。花壇に群植され、高さ三〇～一〇〇cm。花色は多く、黄・赤など。クジャクソウ。ジャノメソウ。↓写

**ハルシャ-バルダナ**【Harṣa-vardhana】（生没年未詳）古代インドのバルダナ朝の創始者（在位六〇六～六四七）。カナウジを都に北インドの大部分を支配。仏教を信奉し、文芸を保護奨励した。漢訳は戒日王。

●ハルジョオン

**はる-じょおん**【春女▾苑】キク科の二年草。北アメリカ原産の帰化植物。高さ六〇cm。葉は長楕円形で互生し、毛がある。晩春、茎上に多数の頭花を開く。ヒメジョオンに似るが、つぼみが垂れるので区別され、花期も一か月早い。ハルジオン。Philadelphia fleabane ↓図

**ハルス**【Frans Hals】（一五八〇ごろ～一六六六）オランダ最大の肖像画家。対象の性格を鋭くとらえた個人や集団の肖像画を描く。作品『聖ヨーリスの士官たちの祝宴』『ボヘミア女』など。↓写

**パルス**【pulse】①ごく短時間に流れる衝撃的な電流または電圧。また、その波形。②脈搏。

**パルス-かいろ**【パルス回路】パルスを発生・整形・変形する電子回路。データ通信・交換器などに使用。pulse circuit

**パルス-ジェット**《pulse-jetengineから》ジェットエンジンの一種。空気の圧縮装置をもたず、燃焼室に噴射される燃料を継続的に爆発させ、発生した燃焼ガスを大気中に噴射して推力を得るエンジン。

**はる-すすき**【春▾薄】ヤナギの異名。

**パルス-は**【パルス波】急な立ち上がりと降下をもつ波形の波。パルス波に変調した電波には、振幅を変えるものとパルスの継続時間を変えるものがあり、通信に利用。pulse wave

**パルスふごう-へんちょう**【パルス符号変調】↓ピーシーエム（PCM）

**ハルスマン**【Philippe Halsman】（一九〇六～一九七九）アメリカの写真家。ロシア生まれ。モード・広告・報道と多才。『ライフ』誌の表紙が多い。

**はる-ぜみ**【春▾蟬】四～六月ごろ発生するセミ科の昆虫。雄は体長約三cm、雌は約二・五cm。黒褐色で翅は透明。松林にすみ、「ギーギー」と鳴く。本州・四国・九州に分布。マツゼミ。

**バルセロナ**【Barcelona】スペイン北東岸、カタルーニャ地方の商工業都市。地中海に臨む同国一の貿易港。人口一七五・五万（一九八一）。

**バルダ**【Agnès Varda】（一九二八～）フランスの女流映画監督。ベルギー生まれ。作品『幸福』『五時から七時までのクレオ』など。

**バルダイ-きゅうりょう**【バルダイ丘陵】（Valdayskaya Vozvyshennost'）ソ連西部、モスクワ北西の丘陵。標高一八〇～三〇〇m。ボルガ川・ドニエプル川などの水源地。

**はる-たうち**【春田打(ち)】田遊びの一種。年の初めに、稲作作業を模擬的に演じる行事。

**はる-たま**【春玉】スイゼンジナの別名。

**バルダマーナ**【Vardhamāna】（生没年未詳）ジャイナ教の教祖。釈迦と同時代の自由思想家。六師外道の一人。ニガンタ＝ナータプッタ。マハービーラ。ジナ。大雄。

**バルタン**【Sylvie Vartan】（一九四四～）フランスの女性シャンソン歌手。一九六三年以来高い人気がある。ヒット曲『アイドルを探せ』など。

**パルダン**【Jacob Paludan】（一八九六～一九七五）デンマークの小説家・批評家。古典派の重鎮で、翻訳や文芸双書の編集にもたずさわった。作品に叙事詩的小説『ユルゲン＝スタイン』など。

●ハルス『聖ヨーリスの士官たちの祝宴』（部分）。一六一六年、フランス＝ハルス美術館（オランダ）。

**パルチア**【Parthia】カスピ海南東岸地方に、紀元前二四八年イラン系のアルサケスが創始した王国。首都はクテシフォン。前二世紀中葉に最盛。ローマと抗争を続け、ササン朝ペルシアにより二二五年滅亡。アルサケス朝。漢訳は安息。

**パルチザン**【partisan フランス】労働者・農民などで組織され、ゲリラ活動を行う不正規兵。遊撃兵。別働隊員。

**バルチスタン**【Baluchistan】パキスタン南西部からイラン高原東部にかけての地域名。乾燥地域で、農業も未発達で人口も少ない。ベルチスタン。

**バルチック-かんたい**【バルチック艦隊】バルト海に配置された帝政ロシアの主力艦隊。日露戦争中、東洋艦隊支援のため極東に派遣され、明治三八年（一九〇五）の日本海海戦で、日本の連合艦隊により壊滅的打撃を受けた。Baltic Fleet

**ハルツーム**【Khartoum】アフリカ中東部、スーダンの首都。白ナイル川と青ナイル川の合流点に位置。河川交通の要地。人口四七・六万（一九八三）。カルツーム。

**はるつげ-うお**【春告魚】ニシンの異名。

**はるつげ-どり**【春告鳥】ウグイスの異名。

**ハルツ-さんち**【ハルツ山地】（Harz）東西ドイツ国境の中ほどにまたがる山地。ゲーテの『ファウスト』の舞台となった。最高峰ブロッケン山は標高一一四二m。

**パルテノン**【Parthenon】古代ギリシアの女神アテネの神殿。前四四七～前四三八年に、アテネのアクロポリスに建てられたドーリア式の建築物。↓写 ↓ギリシア美術写

**バルト**【Karl Barth】（一八八六～一九六八）プロテスタント神学者。スイス生まれ。弁証法神学運動の推進者。ナチズムに反対しドイツ告白教会を指導。著書『教会教義学』など。

**バルト**【Roland Barthes】（一九一五～一九八〇）フランスの文芸批評家・記号学者。新批評の第一人者。作品を意味構造の総体として把握しようとした。著書『零度のエクリチュール』『モードの体系』『文学の記号学』など。

**バルドゥング**【Hans Baldung-Grien】（一四八四ごろ～一五四五）ドイツ・ルネサンスの画家。デューラーに学び、色彩的な画風で、祭壇画や裸婦を配した幻想的寓意画を描いた。作品『死と少女』など。

**バルドー**【Brigitte Bardot】（一九三四～）フランスの映画女優。のち、熱心な動物愛護運動家。愛称べべ（BB）。主演作『素直な悪女』『私生活』など。↓写（次ページ）

**バルトーク**【Béla Bartók】（一八八一～一九四五）ハンガリーの作曲家。おもに東欧の民族音楽と独自の現代的技法とを結合した、両大戦間最大の作曲家の一人。作品『弦楽器・打楽器とチェレスタのための音楽』など。

**バルト-かい**【バルト海】（Baltic Sea）北ヨーロッパ、大西洋の付属海。北海東方の大湾。東部はフィンランド湾、北部はボスニア湾に続き、海岸線は複雑で湾入が多い。面積四二万km²。

**バルト-ごは**【バルト語派】インド-ヨーロッパ語族の一つ。スラブ語派ともっとも近く、

●パルテノン　写真中央がパルテノン神殿。



↓行き先項目、図版・写真参照印。 JIS 日本工業規格情報交換用漢字符号コード（区点コード）。

●バルドー『私生活』。左はマルチェロ=マストロヤンニ。

バルト海沿岸のリトアニア語・ラトビア語、一七世紀に死滅した古プロイセン語を含む。Baltic languages

**バルト-さんごく【バルト三国】** 第一次大戦後に帝政ロシアから独立したバルト海東岸のエストニア・ラトビア・リトアニア三国の総称。一九四〇年ソ連に編入。

**はるとしゅら【春と修羅】** 宮沢賢治の詩集。大正一三年(一九二四)刊。作者に映じた風景や心象を、独自のスタイルで宇宙的・仏教的交感のうちに描きだす。

**バルト-たてじょうち【バルト▾楯状地】** 北欧一帯にひろがる、ほとんどが先カンブリア時代の地層からなる安定地域。Baltic shield

**パルド-バサン【Emilia Pardo Bazán】**(一八五一〜一九二一) スペインの女流小説家。自然主義の普及に貢献。作品『ウリョーアの館』など。

**バルドビネッティ【Alesso Baldovinetti】**(一四二五〜九九) イタリアのフィレンツェ派の画家。風景描写にすぐれた。作品『聖母子』など。

**ハルトマン〈アウエの〉【Hartmann von Aue】**(一一六五ごろ〜一二一五ごろ) ドイツ中世の叙事詩人。騎士物語『エーレク』『イーワイン』、宗教伝説『グレゴリウス』『哀れなハインリヒ』など。

**ハルトマン【Nicolai Hartmann】**(一八八二〜一九五〇) ドイツの哲学者。現象学の影響のもとに、認識論の基礎としての批判的存在論を創唱。

**はる-とらのお【春▾虎尾】** タデ科の多年草。山地の樹下にはえる。根茎は地上をはい、葉は卵形で長柄をもつ。春、白色の六弁小花が穂状に咲く。

**バルドル【Baldr】** 北欧神話の春光の神。主神オーディンの息子。神々の中でもっとも美しく知恵があり万人に愛されたが、邪神ロキの奸計のため、盲目の兄弟である冬の神ホドルによって殺され、神々の運命が傾きだす。

**バルトルス【Bartolus de Saxoferrato】**(一三一三〜一三五七) イタリアの法学者。ペルージア大学教授。国際私法の祖。スコラ哲学の演繹法を用いて法の体系化を行い、後期注釈学を創設した。

**バルトロ-ひょうが【バルトロ氷河】**(Baltoro Glacier) パキスタン領カシミール東部、カラコルム山脈南斜面の大氷河。長さ五五km。

**バルトロメオ【Fra Bartolommeo】**(一四七二〜一五一七) イタリアのフィレンツェ派の画家。微妙な陰影をもつ荘重な画風。作品『ピエタ』など。

**はる-な【春菜】** 春に芽を出す草のうち、とくに食用になるもの。セリ・ナズナ・ハコベなど。若菜。

**はるな【▾榛名】**〈町〉 群馬県中西部、榛名山南麓の町。畜産・養蚕・果樹栽培が主で、ナシの生産がさかん。人口二万一七六〇(一九八八)。

**バルナ【Varna】** ブルガリア北東部、黒海に臨む港湾都市。ブルガスと並ぶ重要な貿易港。保養地としても有名。人口四六・七万(一九八四)。

**はるな-こ【▾榛名湖】** 群馬県中西部、榛名山山頂部にある火口原湖。面積一・二$km^2$。最深一三・三m。冬はワカサギの穴釣りで知られる。

**はるな-さん【▾榛名山】** 群馬県中西部の複式火山。標高一四四九m(掃部ケ岳)。中央火口丘は榛名富士(標高一三九一m)とよばれる。火口原湖の榛名湖がある。上毛三山の一つ。

**パルナシアン【Parnassiens フランス】** 高踏派。

**パルナソス-さん【パルナソス山】**(Parnassós) ギリシア南部の山。標高二四五七m。神話のアポロンとミューズの居住地とされる。南西麓にデルフォイがある。

**ハルナック【Adolf von Harnack】**(一八五一〜一九三〇) ドイツの神学者・教会史家。ベルリン大学教授。著書『教理史教本』など。

**パルナッス【Parnasse フランス】**《神話で、パルナソス山の意》詩壇。Parnassus

**はる-にれ【春▾楡】** ニレの別名。

**バルネラビリティ【vulnerability】** 脆弱性。こわれやすさ。

**はるの【春野】**〈町〉 静岡県西部の町。林業の町で、木材パルプ工業発祥の地。火祭りで名高い秋葉神社がある。人口七七七九(一九八八)。

**はるの【春野】**〈町〉 高知県中部、仁淀川河口の町。平野と水利に恵まれた先進農業地域で、園芸農業がさかん。人口一万五九五九(一九八八)。

**はるのうみ【春の海】** 宮城道雄作曲の箏と尺八の二重奏曲。昭和四年(一九二九)作。新日本音楽の代表的作品で、のどかな海辺を描く。

**ハル-ノート【Hull Note】** 太平洋戦争直前の日米交渉で、米国務長官ハルによって提示された米側最終案。日本軍の中国・仏印からの撤退、諸外国との不可侵条約締結、中国重慶政府の承認などを提示。これによって東条内閣は対米開戦を決意。

**はるのさいてん【春の祭典】**《原題Vesna Svashennaya ロシア》ストラビンスキー作曲のバレエ作品。二場。ニジンスキー振り付け。一九一三年パリ初演。古代ロシアの春を喜ぶ感謝と犠牲の祭典を描き、音楽・バレエともに斬新さで論議をよんだ。

**はる-の-ななくさ【春の七草】** 正月七日に食べる七草粥に入れる若菜。芹・薺・御形(母子草)・繁蔞・仏座(田平子)・菘(蕪)・蘿蔔(大根)の七種をいう。対義 秋の七草。↓写

●春の七草

**はる-の-のげし【春の野▾芥子】** ノゲシの別名。

**はるのひ【春の日】** 山本荷兮編の俳諧撰集。貞享三年(一六八六)刊。尾張蕉門しょもんの連句と発句を収録。『波留濃日』とも。『俳諧七部集』の第二集。

**はるのめざめ【春の目ざめ】**《原題Frühlingserwachen ドイツ》ウェデキントの戯曲。一九〇六年初演。思春期の少年少女の性の問題と社会道徳の虚偽性を告発する。

**はるのや-おぼろ【春▾廼▿舎▾朧】** 坪内逍遥の別号。

**ハルハ【Khalkha・喀爾喀】** 中国、明代以降史上に出現したモンゴルの一部族。ハルハ川流域に拠っていたが、清に服属。現在のモンゴル人民共和国住民の多くを占める。

**バルハシ-こ【バルハシ湖】**(Ozero Balkhash) ソ連中南部、カザフ共和国の湖。面積一・九万$km^2$。西部のイリ川河口付近は淡水、東部は塩水。

**はる-ばしょ【春場所】** 大相撲の本場所の一つ。毎年三月に大阪で行われる興行。三月場所。参照 本場所。

**バルバドス【Barbados】** 西インド諸島東端の島国。首都ブリッジタウン。一九六六年イギリスから独立。製糖と観光産業が中心。面積四三〇$km^2$。人口二五万(一九八六)。

**はるはな-の【春花の】**[枕ことば]《春の花が美しく咲きほこる意、散る意、また、春の花をめでる意、などから》「盛り・移ろふ・貴し・めづらし」などにかかる。用例 ― 盛りもあらむと待たしけむ時の盛りそ(万葉・一八・四一〇六)。

**はる-はやち【春▿疾▿風】** ↓はるはやて(春疾風)

**はる-はやて【春▿疾▿風】** 春、急に激しく吹く風。日本海を低気圧が発達して進むとき、強い南風と寒冷前線通過時の疾風が吹く。春はやち。

**バルバラ【Barbara】**(一九三〇〜) フランスの女性シャンソン歌手・作詞家・作曲家。自作を独特の声で詩的に歌う。作品『黒い鷲』など。

**バルパライソ【Valparaíso】** チリ中部、太平洋岸の港湾都市。同国最大の貿易港。アンデス横断鉄道の起点。人口二六・七万(一九八三)。

**はる-ばる(と)【▾遥▾遥(と)】**(副) ①はるかに遠いさま。at a great distance ②遠くから来る、また、遠くへ行くさま。all the way

**バルバロイ【barbaroi ギリシア】**《わけのわからないことを話す人、の意》古代ギリシア人の非ギリシア人に対する呼称。ローマでは主としてゲルマン人をさした。

**はるひ【春日】**〈村〉 愛知県北西部、名古屋市の北西に位置する村。産業は農業と工業で、都市化が著しい。人口六九三六(一九八八)。

**はるび【▿腹▿帯】** 馬のはらおび。↓馬具図

**バルビゾン-は【バルビゾン派】** フランスの画派。一九世紀中ごろ、パリ近郊フォンテンブローの森の一寒村バルビゾンに居住した写実的な風景画家の一派。自然への復帰を主張。静かな自然風物を素朴に、詩情豊かに描出。ミレー・テオドル=ルソー・ドービニー・コローら。一八三〇年派。フォンテンブロー派。Barbizon school

**バルビタール【barbital】** バルビツル酸誘導体の睡眠薬。一九〇三年にドイツで開発された。長時間作用型。

**バルビツル-さん【バルビツル酸】** 化学式$C_4H_4N_2O_3$ 水に可溶の無色結晶。この酸の誘導体は、睡眠薬として用いられる。barbituric acid

**バルビツルさん-ゆうどうたい【バルビツル酸誘導体】** バルビツル酸を基本構造とする合成睡眠薬。大脳皮質や脳幹部に対する抑制作用が強く、連用すると蓄積作用や耐性を生じる。barbituric acid derivative

**はるひ-の【春日の】**[枕ことば]《春の日のかすむ意で、「かすむ」と同音を含むことから》「春日かす」にかかる。用例 ― 春日の国に麗くはし女めを有りと聞きて宜よろし女めを有りと聞きて(日本書紀・継体)。

**バルビュス【Henri Barbusse】**(一八七三〜一九三五) フランスの小説家。社会主義文学運動をおこした。作品『地獄』『砲火』『クラルテ』など。

**ハルビン【哈爾浜】**(Hārbīn) 中国黒竜江省の省都。松花江に沿い、交通・商工業の要地。一八九八年ロシアが東清鉄道の敷設基地として以来発展。日本統治時代に拡大。人口二五九・二万(一九八四)。

**バルブ【bulb】** ①球根。②電球。③カメラで、シャッターの目盛りの一つ。

**バルブ【valve】** ①配管内の流体の流れを調節する部品。弁。②真空管。↓自転車図

**パルプ【pulp】** 木材、その他の繊維原料を機械的または化学的に処理してとり出したセルロース繊維。製紙・化学繊維の原料。

**バルフォア【Arthur James Balfour】**(一八四八〜一九三〇) イギリスの政治家。保守党指導者。一九〇二〜〇五年首相。第一次大戦中外相。一九一七年「バルフォア宣言」を発表。

**バルフォア-せんげん【バルフォア宣言】** 第一次大戦中の一九一七年、イギリス外相バルフォアが、ユダヤ人の戦争協力を期待してパレスチナにユダヤ民族国家建設を約束した宣言。アラブ人に約した「マクマホン宣言」と矛盾し、ユダヤとアラブの対立を惹起じゃっき。Balfour Declaration

**パルプ-マガジン【pulp magazine】** 安価なざら紙で作られた低俗な雑誌。

**バルベー-ドールビイ【Jules-Amédée Barbey d'Aurevilly】**(一八〇八〜八九) フランスの小説家。最後のロマン主義者。短編集『魔に憑かれた女』など。

**ハルマ【波留麻】**《オランダのフランソワ=ハルマの『蘭仏辞書』をもとにしてつくったことから》蘭日辞書。『ハルマ和解』(『江戸ハルマ』)や、『和蘭字彙』(『ズーフハルマ』)、あるいは『長崎ハルマ』)の通称。

**パルマ【Parma】** イタリア北部、アペニン山脈北麓近くの文化・商業都市。パルメザンチーズの産地。人口一七・七万(一九八五)。

**パルマ【Ricardo Palma】**(一八三三〜一九一九) ペルーの作家。植民地時代の史実と口承に取材した『ペルー伝説集』で高く評価される。

**バルマー-けいれつ【バルマー系列】** スイスの数学者・物理学者バルマーが発見した水素原子のスペクトル系列。高い励起状態の水素原子が、主量子数二のエネルギー準位状態に移るとき放出される光のスペクトル。Balmer series

**バルマカーン-コート【balmacaan coat】** 男性用オーバーコートの一種。ゆるやかなフ

●バルマカーンコート

レアのあるラグラン袖で小さな襟のついたもの。スコットランドの地名から名づけられた。↓[図]

**はる-まき【春巻(き)】** 中国料理の点心の一種。豚肉や野菜のせん切りをいため、薄い小麦粉の皮で、細長く包み、低温の油で揚げる。本来は新春の料理。spring roll; pancake roll

**はる-まき【春▾蒔き】** 春に植物の種をまくこと。[対義]秋蒔き。

**ハルマゲドン【Harmagedōn ギリシア】** 聖書の黙示録で、世界の終末にあたり善と悪とが決戦をする場所。転じて、最終的な大決戦。アーマゲドン。armageddon

**ハルマッタン【harmattan】** アフリカの西海岸に特有な東風。一一〜三月の乾季にサハラ砂漠地方から吹いてくるため、非常に乾燥し、多量の砂塵をともなう。

**はる-まつり【春祭(り)】** ①春季に行われる祭り。農作業の開始にあたり豊穣を祈ったり、疫神や悪霊を払おうとして行われる。spring festival ②岩手県下で二月に行う呪術的行事。門口に人形を立て、病魔の侵入を防ごうとする。

**パルマ-デ-マヨルカ【Palma de Mallorca】** 地中海西部、スペイン領マヨルカ島の港湾都市。ヨーロッパの代表的保養地のひとつ。人口三〇・四万(一九八一)。

**パルマ-ベッキオ【Palma Vecchio】**(一四八〇ごろ〜一五二八) イタリアの画家。ベネチア派。本名ヤコポ=ダントニオ=ニグレッティ。豊満なブロンドの婦人像を描き、田園風景にも巧み。作品『聖バルバラ』など。

**ハルマわげ【ハルマ和解】** 日本最初の蘭日辞書。二七巻。稲村三伯編。寛政八年(一七九六)刊。オランダ人ハルマの蘭仏辞書の和訳。オランダ商館長ズーフ編の『和蘭字彙』の通称である『長崎ハルマ』に対し、『江戸ハルマ』ともいう。波留麻和解。

**バルマン【Pierre Balmain】**(一九一四〜一九八二) フランスの服飾デザイナー。

**はるみ【晴▾海】** 東京都中央区南端の埋め立て地。埠頭があり東京港の中心。常設の国際見本市会場などのある東京国際貿易センターや、高層住宅群がある。

**パルミジャニーノ【Parmigianino】**(一五〇三〜一五四〇) イタリアの画家。マニエリズモを代表する一人。繊細優美な人体描写に独特な味わいをもつ。作品『長い頸の聖母』など。↓マニエリズモ[写]

**パルミチン-さん【パルミチン酸】** 化学式 $C_{15}H_{31}COOH$ 代表的な脂肪酸。白色の結晶。グリセリドとして動植物油中に存在。palmitic acid

**パルミラ-やし【パルミラ▾椰子】** タラジュの別名。

**パルムのそういん【パルムの僧院】**《原題 La Chartreuse de Parme フランス》スタンダールの小説。一八三九年刊。作者晩年の代表作。イタリア貴族の息子が恋に殉じ僧院で死ぬまでを描く。

**パルメ【Olof Palme】**(一九二七〜一九八六) スウェーデンの政治家。一九六九年社会民主党党首となり、七六年まで首相。八二年首相に復帰したが、在任中暗殺された。八一年「パルメ委員会」委員長。

**パルメ-いいんかい【パルメ委員会】**(Palme Committee) 東西の核軍縮と緊張緩和をはかり、相互の信頼のための討議を行う国連機関。一九八〇年創設。名称は、委員長だったパルメにちなむ。

**はる-め・く【春めく】**(五自) 春らしくなる。become spring-like

**パルメザン-チーズ【Parmesan cheese】** 超硬質チーズ。すりおろして使う。イタリアのパルマ地方産。グラナ。↓チーズ[図]

**パルメット【palmetto】** 唐草模様の一つ。スイカズラに似たつる草を文様化したもので、エジプト起源とされる。ギリシア・ローマから西域・中国をへて日本に伝来、飛鳥美術に多く用いられた。忍冬文。

**パルメニデス【Parmenidēs】** 紀元前五世紀のギリシアの哲学者。エレア学派の祖。真実在の不生・不滅・不動を説き、変化するもの一切を単なる仮象にすぎないとみなした。哲学詩『自然について』の断片が残存。

**はる-やなぎ【春柳】** [枕ことば]《春に芽を出しはじめたヤナギの枝を鬘にすることから》「かづら」にかかる。[用例] ―蘰に折りし梅の花誰か浮べし酒坏の上に(万葉・五・八四〇)。

**はるやま-の【春山の】** [枕ことば]《春の山は木の葉が茂り合って、ようすがはっきりしないことから》「おぼつかなし」などにかかる。[用例]水鳥の鴨の羽の色の― おぼつかなくも思ほゆるかも(万葉・八・一四五一)。

**はるやま-ゆきお【春山行▾夫】**(一九〇二) 詩人・随筆家。名古屋市生まれ。『詩と詩論』を創刊、超現実主義詩論を紹介し、モダニズム運動の中心として活躍。詩集『植物の断面』など。

**ハルラ-サン【漢拏山】**(Halla San) ↓かんなさん(漢拏山)

**バルラハ【Ernst Barlach】**(一八七〇〜一九三八) ドイツ表現派の彫刻家・画家・劇作家・詩人。簡潔で堅固な形態を通して、人間の苦悩など熱烈な感情を表現。ケルンの『戦没者記念碑』など。

**はる-りんどう【春▾竜▾胆】** リンドウ科の二年草。日当たりのよい山野にはえる。根出葉はロゼット状。春、花茎を出し、頂に紫色の筒状鐘形の花が一個咲く。↓[写]

●ハルリンドウ

**はれ【晴(れ)】** ①気象上、雲量が二から八までで、降水のない天気。晴天。fine [対義]雨・曇り。②正式。おおやけ。表向きの時・場所。年中行事や冠婚など特別の儀礼の行われる日を晴れの日といい、晴れ着を着て、酒・魚などの特別な食事をとり、言行に注意する。[対義]褻。③表立って晴れがましいこと。[用例]―の試合。④疑いがとけること。[用例]―の身となる。

**晴れの舞台(はれのぶたい)**《大劇場の晴れやかな舞台、また、ひのき舞台から転じて》華々しい場所。名誉ある会合・会席。formal occasion

**はれ【▾腫れ・▾脹れ】** ①打撲や化膿で皮膚がふくれること。swelling ②むくみ。swelling

**ハレ【Halle】** 東ドイツ南西部、ザーレ川右岸の商工業都市。作曲家ヘンデルの生地。中世の古建築が多い。人口二三・六万(一九八五)。

**パレ【Ambroise Paré】**(一五一〇〜一五九〇) フランスの外科医。軟膏による銃弾傷治療や血管結紮による下肢切断など、戦場外科学を中心に新しい外科療法を開拓した。

**ハレアカラ-さん【ハレアカラ山】**(Haleakala) アメリカのハワイ州、マウイ島南部の楯状火山。標高三〇五五m。世界最大の噴火口がある。

**はれ-あが・る【晴れ上がる】**(五自) 晴れわたる。clear up [用例]―・った秋空。

**はれ-あが・る【▾腫れ上がる】**(五自) はれてふくれる。ひどくはれる。swell up [用例]まぶたが―。

**バレアレス-しょとう【バレアレス諸島】**(Isles Baleares) 地中海西部、イベリア半島東部のマヨルカ島を中心とする島群。スペイン領。アーモンドの産地。

**ば-れい【馬鈴】** 青銅製の馬の装飾具。球形あるいは楕円形の鈴。中国の馬鐸が朝鮮・日本に伝えられたもの。

**ば-れい【馬齢】** 自分の年齢をいう謙譲語。

**馬齢を重ねる(ばれいをかさねる)** 無駄に年をとる。馬齢を加える。pile up an insignificant years

**馬齢を加える(ばれいをくわえる)** 「馬齢を重ねる」と同意。

**ばれい-しょ【馬鈴▾薯】** ジャガイモの別名。

**はれ-いしょう【晴(れ)衣装】** 晴れの場所に着ていく衣服。晴れ着。よそいき。one's best clothes

**ハレー【Edmund Halley】**(一六五六〜一七四二) イギリスの天文学者。王室天文官。周期的に出現する彗星があることを発見し、一七五八年に出現する彗星(のちにいう「ハレー彗星」)の存在を予言。恒星の固有運動と月の長年加速度を確認・発見し、また、ニュートンの『プリンキピア』の出版を援助。ハリー。

**バレエ【ballet フランス】** ①劇が台詞のかわりに踊りによって進行する、舞踊劇芸術。一六〜一七世紀フランス宮廷で発達。独舞・組舞・群舞で構成され、音楽・文学・美術・照明・衣装を含む舞台総合芸術。クラシックバレエとモダンバレエがある。②スキーのフリースタイル種目の一つ。音楽に合わせて、ジャンプ・スピン・宙返りなどを織りまぜながら滑走、審判の採点により優劣を競う。

**バレー** 「バレーボール」の略。

**バレエ-シアター【Ballet Theatre】** アメリカの代表的バレエ団。一九三九年結成。五七年アメリカン-バレエ-シアターと改称。

**ハレーション【halation】** 写真で、強い入射光が乳剤層を通過してフィルムベース面で反射し、画像のまわりの乳剤に光線がにじむように感光する現象。光暈。

**バレーズ【Edgar Varèse】**(一八八三〜一九六五) アメリカの作曲家。フランス生まれ。つねに前衛的な素材を駆使し、未知の音響世界を開拓。『イオニザシオン』など。

**ハレー-すいせい【ハレー▾彗星】** 海王星族の彗星。周期七六・〇三年の楕円軌道を公転。ハレーが一七五八年の出現を予想し、彼の死後パリッチが発見。一九八六年の回帰のさい、本体は凍った雪で七×七×一五㎞の大きさ、表面の反射率は四%ほどで、太陽系の内でもっとも黒いことがわかった。ハリー彗星。Halley's comet

**バレエ-ダクシオン【ballet d'action フランス】** 一八世紀の舞踊家ノベールによるバレエの一形式。一貫した筋を踊りと黙劇により展開する。

**パレート【Vilfredo Pareto】**(一八四八〜一九二三) イタリアの経済学者・社会学者。パリ生まれ。ローザンヌ大教授。選択行動理論の先駆者で、厚生経済学の発展に大きく貢献した。著書『経済学綱要』など。

**パレード【parade】** ①観兵式。②祝賀や祭礼などのときに行う儀式的効果をねらった、はなやかな行進。また、その行列。

**パレート-さいてき【パレート最適】**《提唱者の名から》資源の最適配分状態。社会の他の構成員を現状より不利にすることなしには、その社会のいかなる人をも、現状より有利にすることができないときの資源配分。Pareto optimum

**バレーボール【volleyball】** 球技の一つ。二チームが、ネット越しにボールを手で打ち合い、相手コートにボールを落として点数を競う。国際的には六人制だが九人制もある。排球。バレー。↓[図](次ページ)

**バレーラ【Juan Valera】**(一八二四〜一九〇五) スペインの小説家・批評家。古典主義的な作風。小説『ペピータ-ヒメネス』など。

**はれ-おとこ【晴(れ)男】** その人の外出のときは、いつも晴れるといわれる男。[対義]雨男。

**はれ-がまし・い【晴れがましい】**(形) ①表立って華やかで、はればれした気分である。cheerful [用例]―儀式。②あまり表立っていて、恥ずかしく、きまりが悪い。awkward [用例]そんな―ことはできません。[派生]はれがましげ(形動) はれがましさ(名)

**はれ-ぎ【晴(れ)着】** 公の場所や晴れの場所に改まって着る衣服。礼服や祝い着をはじめ、祭りのそろい浴衣、早乙女の田植え着、正月の晴れ着などを含む。晴れ衣装。よそゆき。Sunday best [対義]ふだん着。

**バレス【Jules Vallès】**(一八三二〜一八八五) フランスの小説家・ジャーナリスト。プロレタリア擁護の論客。三部作『ジャック=バントラース』など。

**バレス【Maurice Barrès】**(一八六二〜一九二三) フランスの小説家。三部作『自我礼拝』、三部作『国民的エネルギーの小説』など。

**パレス【palace】** ①宮殿。殿堂。②娯楽のための大きな建物。[用例]アイス―。

**はれ-すがた【晴(れ)姿】** ①晴れ着を着た姿。appearance in one's best ②晴れの場所に出ている姿。appearance in one's moment of triumph

**パレスチナ【Palestina】**《語源はヘブライ語に由来し、ペリシテ人の国の意》西アジア、地中海南東岸の地方名。古くはカナンとよばれ、聖書の主要な舞台。紀元前一二〇〇年ごろ、モーセに率いられたヘブライ人がエジプトから到来し、イスラエル王国を建設。その後サラセン帝国・オスマン帝国領などをへて、一九二三年イギリスの委任統治領。第二次大戦後の四八年、イスラエル共和国が成立し、中東戦争が勃発。イスラエルとヨルダンに分割された。[参照]パレスチナ問題。

**パレスチナ-かいほうきこう【パレスチナ解放機構】**(Palestine Liberation Organization) イスラエルに奪われたパレスチナの解放やパレスチナ人の民族自決権を目的に、パレスチナ人を政治的に統合する正統な機関として一九六四年結成された機構。PLO。

●バレーボール　六人制バレーボール

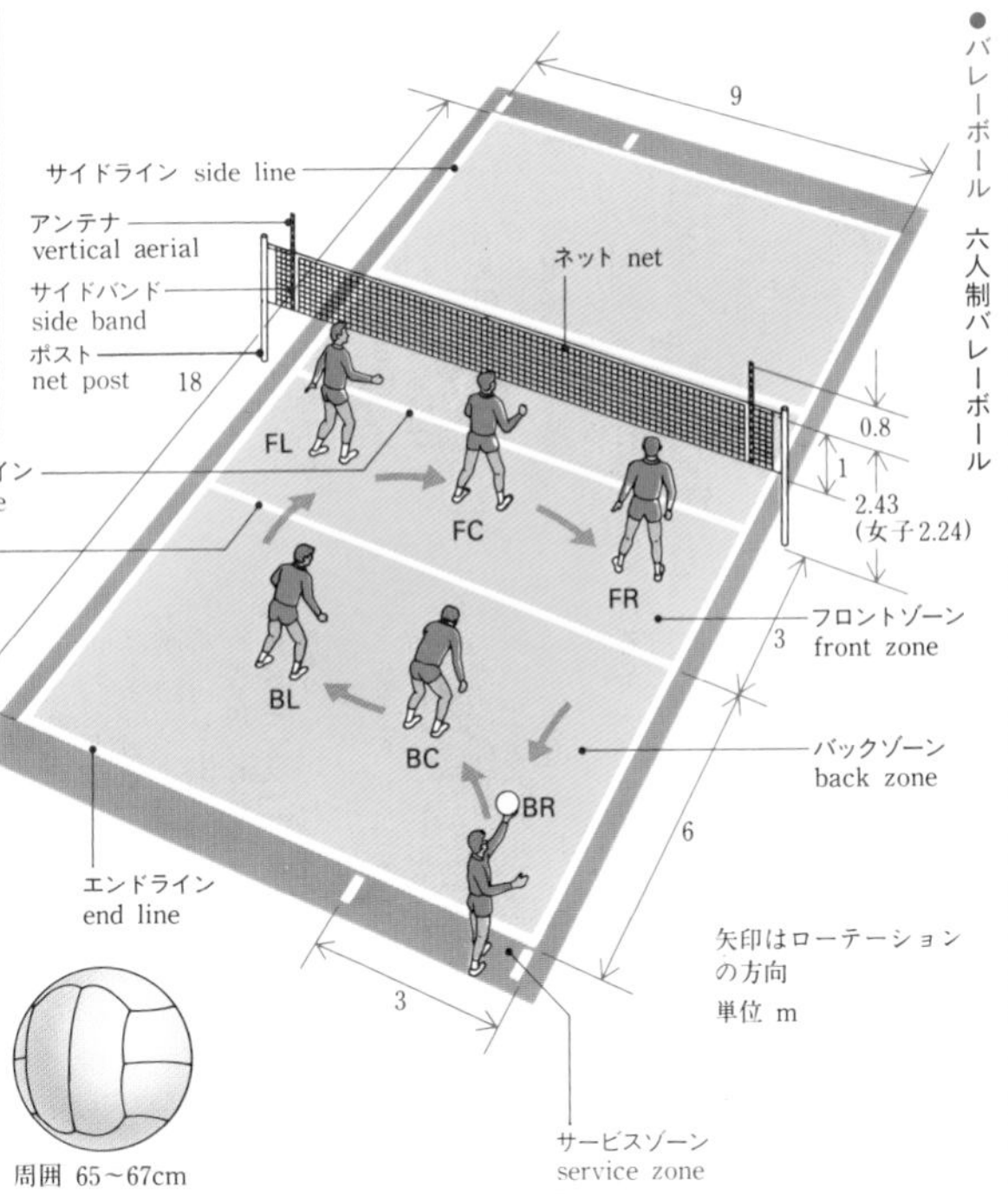

**パレスチナかいほう-じんみんせんせん**【パレスチナ解放人民戦線】→ピーエフエルピー(PFLP)

**パレスチナ-せんそう**【パレスチナ戦争】一九四八年の第一次中東戦争に対するアラブ側からの呼称。イスラエルでは独立戦争という。アメリカの援助によってイスラエルに優位に進行し、パレスチナ難民一〇〇万人が生じた。Palestine Liberation

**パレスチナ-もんだい**【パレスチナ問題】パレスチナをめぐるユダヤ・アラブ両民族間の紛争。イギリスが一九一五年のマクマホン宣言、一七年のバルフォア宣言で、それぞれアラブ人・ユダヤ人にパレスチナでの建国を約するという矛盾した政策を行ったため、両民族の対立が激化。第二次大戦後ユダヤ人はイスラエル共和国を建国。以後パレスチナ戦争などの武力抗争を惹起(じゃっき)。Palestine problem

**パレストリーナ**【Giovanni Pierluigi da Palestrina】(一五二五ごろ～一五九四) イタリアの作曲家。ローマ楽派。ルネサンスのア-カペラ様式の宗教合唱音楽の最高峰を築いた。作品はミサ曲・典礼曲・マドリガルなど。

**バレ-ダオスタ**【Valle d'Aosta】イタリア北部、スイスとフランスの国境沿いの州。人口一一・三万(一九八一)。

**は-れつ**【破裂】(名・サ変自) ①内部の圧力でやぶれ、さけること。burst ②相談などが成立しないこと。rupture

**はれつ-おん**【破裂音】音声学で、唇・舌・声門などで息を閉鎖し、これを勢いよく開放させて出す音をいう。日本語では、有声子音[b][d][g]、無声子音[p][t][k]がある。閉鎖音。plosive

**バレッタ**【Valletta】地中海中部、マルタの首都。港湾都市で同国の商業の中心。軍港。人口九・三〇〇(一九八五)。

**パレット**【palette】絵の具の色を混ぜ整えるための板。調色板。

**パレット**【pallet】貨物を一定数量単位で効率的に扱うための荷台。フォークリフトのフォークを受けやすくした平板など。

**パレット-しゃ**【パレット車】鉄道で、貨物の格納や運搬のための荷台が設置されている特殊な貨車。pallet car

**パレット-ナイフ**【palette knife】しなやかな鋼鉄製のへら。絵の具を混ぜたり、削ったりする。

**はれ-て**【晴れて】(副) 公然と。正式に。openly 用例 ―夫婦になる。

**パレ-デ-ナシオン**【Palais des Nations(フランス)】スイス、ジュネーブの国連ヨーロッパ委員会事務局が置かれている建物。ヨーロッパ第二の大建築物。

**はれ-ばれ**【晴れ晴れ】(副・サ変自) かげりがなく、気持ちの明るい様子。cheerfully

**はればれ-し・い**【晴れ晴れしい】(形) ①よく晴れている。fine ②心にかげりがない。さっぱりしている。lighthearted ③華やかだ。splendid

**はれ-ぼった・い**【▼腫れぼったい】(形) はれて少しふくらんでいる。somewhat swollen 用例 ―目。

**はれ-ま**【晴(れ)間】①《「霽(れ)間」とも》雨や雪などのやんでいるあいだ。fine interval ②雲の切れ間。rift in the cloud

**ハレム**【harem】＝ハーレム。①《禁じられた場所、の意》イスラム教国の貴人・金持ちの妻妾(さいしょう)の居室。②女ばかりのいる所。③哺乳(ほにゅう)動物の繁殖集団の一形態。一頭の雄と多数の雌からなる集団。オットセイなど。

**ハレム-パンツ**【harem pants】イスラム教国のハレムの婦人たちが用いたパンツ。足首丈のだぶだぶのズボンで、裾口(すそぐち)がしぼってある。→図

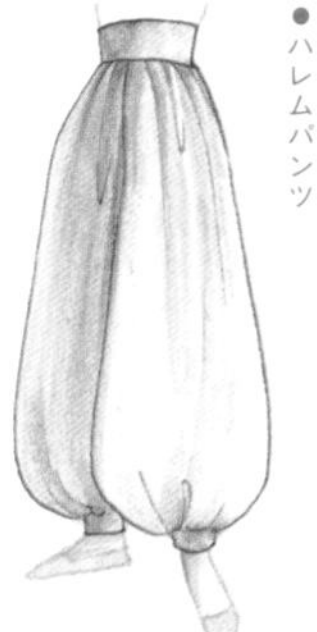

●ハレムパンツ

**はれ-もの**【▼腫れ物】できもの。swelling

**腫れ物に触る様**(はれものにさわるよう) 気難しい人などを、おそるおそる扱うたとえ。with utmost care

●パレンケ遺跡　太陽の神殿。

**はれ-やか**【晴れやか】(形動) ①晴れわたっているさま。clear ②晴れ晴れと気持ちのよいさま。cheerful 用例 心も―に旅立った。③華やかなさま。showy 用例 ―に装う。

**バレリー**【Paul Valéry】(一八七一～一九四五) フランスの詩人・批評家・思想家。象徴主義の最後を飾る大詩人で、今世紀前半の最高の知識人の一人。小説『テスト氏との一夜』、長詩『若きパルク』、詩集『魅惑』、評論集『バリエテ』、戯曲『わがファウスト』、『手帖(てちょう)』など。

**バレリーナ**【ballerina(イタリア)】①一般に、バレエの女性舞踊手。②主役を演じ、ソロを踊ることのできる最高位の女性舞踊手。

**は・れる**【晴れる】(下一自) ①《「霽れる」とも》空に雲・霧などがなくなる。雨や雪がやんで天気がよくなる。clear 対義 曇る・降る。用例 空が―。②心にかげりがなくなる。心がさわやかになる。be refreshed 用例 心が―。気が―。③疑いがなくなる。be dispelled 用例 疑いが―。

**は・れる**【▼腫れる・▽脹れる】(下一自) 皮膚がふくれ上がる。swell

**ば・れる**(下一自)《俗語》悪事・秘密などが、見つけられる。露見する。発覚する。be disclosed

**バレル**【barrel】→バーレル

**パレルモ**【Palermo】イタリア南部、シチリア島北岸の港湾都市。フェニキア人の建設による古い港で、多くの民族の侵略にさらされた歴史を持つ。人口七二万(一九八五)。

**ハレルヤ**【hallelūyāh(ヘブライ)】《主をほめたたえよ、の意》旧約聖書『詩篇』に多出する賛美のことば。キリスト教会の賛美歌に用いられ、喜びや感謝を表す。アレルヤ。Halleluijah

**はれ-わた・る**【晴れ渡る】(五自) ①一面に晴れる。すっかり晴れる。clear up 用例 ―・った大空。②心がすがすがしくなる。be refreshed

**ば-れん**【馬▼楝・馬連】木版画を刷り出す用具。竹皮繊維を渦巻き形にした芯(しん)と円形の宛(あ)て板とを竹の皮で包んだもの。これで版木の上にあてた紙をこする。printing pad

**ば-れん**【馬▼簾】まといの回りに下げる革・布・紙などの細長い飾り。

**パレンケ-いせき**【パレンケ遺跡】メキシコ南東部の密林中に残るマヤ文化古典期の遺跡。神殿・大納骨室などの遺構のほか、翡翠(ひすい)の仮面などが出土。Palenque site →写

**バレンシア**【Valencia】ベネズエラ中北部、海岸山脈の谷にある商工業都市。人口六一・六万(一九八一)。

**バレンシア**【Valencia】スペイン中東部、地中海に臨む港湾都市。同名州の州都。紀元前二世紀以来の都市。造船・石油・化学工業が発達。周辺は豊かな農業地帯。人口七五・二万(一九八一)。

**バレンシアガ**【Christóbal Balenciaga】(一八九五～一九七二) 服飾デザイナー。スペイン生まれ。スペイン内乱でパリに移り、自国の伝統を生かした個性的で貴族的な作風で活躍。

**バレンタイン-デー**【St. Valentine's day】三世紀ごろ殉教したローマのキリスト教徒聖バレンタインを記念する祭日。二月一四日。この日には、女性の方から思いをよせている男性に、贈り物やカードを送ってもよいとされている。

**は-れんち**【破廉恥】(名・形動) 対義 廉恥。①恥を恥とも思わず、平気でいること・さま。恥知らず。shamelessness ②不正・不徳をすること・さま。infamy 用例 ―な行為。

**はれんち-ざい**【破廉恥罪】道徳や人道にいちじるしく反した犯罪。殺人・強姦(ごうかん)・窃盗・詐欺などの懲役刑はほとんどこれに属する。infamous crime

**バレンツ-かい**【バレンツ海】(Barents Sea) 北極海の一部で、ノルウェーとソ連北西部沖の海域。面積一四〇万km²。名称は一六世紀にオランダのバレンツが航行したことにちなむ。

**バレンティノ**【Rudolph Valentino】(一八九五～一九二六) アメリカの映画俳優。イタリア生まれ。一九二〇年代前半の美男スター。主演作『黙示録の四騎士』『血と砂』など。

**パレンバン**【Palembang】インドネシア、スマトラ島東部の都市。シュリービジャヤ王国の首都。精油業が発達。水上居住の家屋がみられる。人口七八・七万(一九八〇)。

**ばれんりょう**【馬連良】(一九〇一～一九六一) 中国京劇の名優。馬派の開祖。京劇の改良や新作に意欲を示した。主演作『打魚殺家(だぎょさつか)』『甘露寺』など。

**バロ**【ballo(イタリア)】さまざまな舞踊・舞曲の呼称。一五世紀には宮廷舞踊や舞曲を、一六世紀には舞曲集を、一六世紀末には二部形式でテン

ポが速い軽快な曲をさした。

**は-ろう【波浪】** 海面または湖面に起こる波のうち、主として、風によって発生する波。直接水面上を吹く風によって起こる風浪と、風浪が発生域の外に伝播したうねりとに大別する。波濤。wave

**は-ろう【破・牢】**(名・サ変自) 牢獄から逃げること。牢破り。脱獄。prison breaking

**ハロウィーン【Halloween; Hallowe'en】**《万聖節前夜祭、の意》イギリスやアメリカの年中行事の一つ。一〇月三一日。古代ケルト人に起源をもつ新年と冬を迎える祭りで、夜には死者の霊が家に帰るといわれる。アメリカではカボチャの提灯を飾り、仮装した子供たちが町を練り歩き家々から菓子をもらう。

**ハロー【halo】** 太陽や月のまわりに現れる光輪。成因は雲をつくる氷の粒(氷晶)による光の屈折。暈。

**ハロー【harrow】** 砕土・地ならし・覆土・除草などに使用する農機具。日本の馬鍬にあたるもの。トラクターなどで引く。

**ハロー【Harrow】** イギリス、大ロンドン市北西部の住宅衛星都市。一五七一年創立のパブリックスクールがある。人口二〇・一万(一九九五)。

**ハロー【hello】**(感) 呼びかけ・あいさつの語。もしもし。おや。まあ。あら。

**バロー【Barrow】** アメリカ、アラスカ州にある北米最北端の村。極地気象研究所がある。

**バロー【Jean-Louis Barrault】**(一九一〇) フランスの俳優・演出家。幅広い演目に新境地を開き、戦後フランス劇壇の中心的存在。

**ハロー-こうか【ハロー効果】** 心理学で、人物にある面で好感をもつと、他の面までよくみえてくるという傾向。ハローは暈・光輪のこと。後光効果。halo effect

**バローズ【Edgar Rice Burroughs】**(一八七五〜一九五〇) アメリカの小説家。『猿人ターザン』で人気作家となる。宇宙科学小説も多い。

**バローズ【William Seward Burroughs】**(一九一四) アメリカの小説家。麻薬体験をもとに荒廃した精神と内的恐怖を描く。作品『裸のランチ』など。

**ハロー-ドーリー【Hello Dolly】** アメリカのミュージカル。原作ソーントン=ワイルダーの喜劇『結婚仲介人』。作詞作曲ハーマン。一九六四年初演。

**バロー-ハ-イ-ネッシ【Pío Baroja y Nessi】**(一八七二〜一九五六) スペインの小説家。現代社会のゆがみを虚飾のない文体で描く。作品『ある活動家の記録』『知恵の木』など。

**バロー-みさき【バロー岬】**(Barrow Point) アメリカ、アラスカ州最北端の岬。北米最北端の村バローがあり、極地気象研究所がある。

**パロール【parole(フランス)】** ことば。スイスの言語学者、フェルディナン=ド=ソシュールの用語では、特定の個人によって特定の場に使用された言語。個人の集団によって保たれる社会的所産の体系であるラング(言語)を運用したものとされる。

**ハロゲン【halogen】** 弗素・塩素・臭素・沃素・アスタチンの総称。化学的に活発で、金属などと塩をつくりやすい。ハロゲン族元素。

**ハロゲン-か【ハロゲン化】** 付加反応または置換反応によって、有機化合物中にハロゲンを導入する反応。halogenation

**ハロゲンか-ぎん【ハロゲン化銀】** 銀のハロゲン化物。一般に感光性があるため、写真の感光材料に利用。塩化銀など。silver halide

**ハロゲン-でんきゅう【ハロゲン電球】** 白熱電球の一種。封入ガスとしてアルゴン・クリプトンなどの不活性ガスを用い、さらに微量のハロゲン物質の沃素・塩素などを入れた電球。tungsten halogen lamp

**バロチェ-ぞく【バロチェ族】** ザンビアを中心に住むバンツー系の部族。農耕やウシの飼養が中心。ロージー族。Barotse

**パロチン【parotin】** 唾液腺から分泌されるホルモン。骨・軟骨の形成・発達をうながす。唾液腺ホルモン。

**バロック【baroque(フランス)】**《ポルトガル語もしくはスペイン語で歪んだ真珠の意の「バローコ」に由来するとされる》一六世紀末から一八世紀初めのヨーロッパの美術様式。のち、同時代の芸術・文学などの時代様式名として用いられる。比較 ロココ・ゴシック。

**バロック-おんがく【バロック音楽】** 一七世紀から一八世紀中ごろまでの西洋音楽をさす。独唱歌唱声部と通奏低音で構成された音楽の展開、協奏様式や器楽曲の発展、調性の確立などを特色とする。イタリアのモンテベルディ・コレルリ・ビバルディ、ドイツのシュッツ・バッハ・ヘンデル、フランスのリュリ・クープラン、イギリスのパーセルらの音楽。Baroque music

**バロック-びじゅつ【バロック美術】** 一六〇〇年ごろから一七一五年ごろにかけてヨーロッパで行われた美術様式。合理的で調和・安定・簡潔などを特徴とするルネサンス美術に対し、感覚的で、強烈な感動表現、激しい動勢、絢爛たる装飾性などを特徴とする絵画的性格の強い美術。彫刻のベルニーニ、絵画のカラバッジョやルーベンス・ベラスケス・レンブラントらが代表作家。Baroque art →写

**ハロッド【Roy Forbes Harrod】**(一九〇〇〜一九七八) イギリスの経済学者。ケインズ理論を動学化し経済成長理論の基礎を築いた。著書『動態経済学序説』など。

**パロディー【parody】** ①著名な作家・作品の思想や作風や文体をもじり、内容をつくりかえ、風刺化・滑稽化した作品。②広く世相・絵画などを風刺した作品。

**はろ-ばろ【▼遥▼遥】** 古語 (形動ナリ)《上代語》はるばる。久々に。はるかに。はろはろ。用例 ―に別れし来れば(万葉・二〇・四四〇八)。

**パロマさん-てんもんだい【パロマ山天文台】**(Palomar Observatory) カリフォルニア州パロマ山頂にある天文台。口径五〇八cm反射望遠鏡、一二六cmシュミットカメラなどを設置。現在は、ウィルソン山天文台とあわせて、ヘール天文台とよぶ。

**パロマ-しゃしんせいず【パロマ写真星図】** パロマ山天文台でつくられた写真星図。赤と青のフィルターを用いてシュミットカメラで撮影した九三五枚の写真からなる。Palomar Sky Survey Atlas

**バロメーター【barometer】** ①晴雨計あるいは気圧計のこと。②指針。③標準。基準。

**バロワ-ちょう【バロワ朝】** カペー朝に続くフランスの王朝。一三二八年バロワ伯フィリップ六世に始まる。百年戦争、黒死病の流行など激動期を経て、一五八九年アンリ三世の死で断絶。Valois dynasty

**ハロン-ぼう【ハロン棒】** 競馬場の走路に、ゴールから逆算して約二〇〇mごとの地点に立てられた標識。一ハロンは八分の一マイル(約二〇〇m)。furlong pole

**パワー【power】** ①力。②権力。③兵力。

**パワー【Tyrone Power】**(一九一四〜一九五八) アメリカの映画俳優。主演作『快傑ゾロ』『愛情物語』など。

**パワー-アンプ**《power amplifier の略》電力増幅器。とくにオーディオの分野では、スピーカーを鳴らすために必要な電力をつくりだす増幅器をいう。メーンアンプ。

**パワー-ウエイト-レシオ**《和製語。power は「馬力」、weight は「重量」、ratio は「比率」の意》自動車の性能をあらわす数値。車体重量をエンジンの出力で割った値。小さいほど性能がよい。記号kg/ps

**パワー-エリート【power elite】** 社会の主要な制度の頂点で意思決定や政策遂行などを行う権力者集団。チャールズ=ミルズの同名の書で一般化された概念。

**パワー-エレクトロニクス【power electronics】** 大電力を扱う分野に用いられるエレクトロニクス技術。発電・変電などを扱う。電力用電子工学。

**パワー-シャベル【power shovel】** 油圧または鋼索で動くバケットで、土砂の掘削・積み込みを行う建設機械。動力シャベル。

**パワー-ステアリング【power steering】** 自動車で、動力による操舵装置。油圧・圧縮空気などを利用して操縦系統を動かし、ハンドル操作を楽にする。パワステ。

●バロック美術

バチッチャ『イエスの御名の勝利』。一六七二〜八五年、イル-ジェズ聖堂天井画。

『サン-ピエトロ大聖堂』内部(バチカン)。

ベルニーニ『サン-ピエトロ大聖堂の司教座』。一六五七〜六六年。

ルーベンス『マリー-ド=メディシスのマルセイユ上陸』。一六二二〜二五年、ルーブル美術館。

ベルニーニ『アポロンとダフネ』。一六二二〜二五年、ボルゲーゼ美術館(ローマ)。

**ハワード**【Sidney Coe Howard】(一八九一〜一九三九)アメリカの劇作家。戯曲『彼らは何が欲しいか知っていた』『銀のひも』など。

**パワー・ポリティックス**【power politics】軍事力を基盤にして展開する政治や外交。

**パワー・リフティング**【power lifting】バーベルを挙げる力の強さを競うスポーツ。スクワット・ベンチプレス・デッドリフトの三種目がある。比較ウエートリフティング。

**はわい**【羽▽合】〈町〉鳥取県北東部、倉吉市の北東に接し、日本海に臨む町。農業が主で、稲作のほか果樹栽培も行う。浅津温泉が有名。人口七一一〇(一九八八)。

**ハワイ**【Hawaii・布哇】北太平洋のハワイ島を中心とするハワイ諸島からなるアメリカの州。州都ホノルル。火山島・珊瑚礁島からなり、史跡・景勝地に富み、観光客が多い。一九世紀末までポリネシア人のハワイ王国が支配。太平洋交通の拠点で、アメリカ海軍基地がある。「太平洋の人種のるつぼ」といわれ、日系人が多い。人口九六・五万(一九八〇)。

**ハワイアン**【Hawaiian】①「ハワイアン音楽」の略。②《接頭的》ハワイふう。用例―ギター。

**ハワイアン-おんがく**【ハワイアン音楽】ハワイ諸島の音楽。一般に、ジャズなどの影響も受けた現代ハワイのポピュラー音楽をいう。Hawaiian music

**ハワイアン-ギター**【Hawaiian guitar】チター型の電気ギター。スチールギター。

**ハワイ-がん**【ハワイ▼雁】ハワイ諸島特産のカモ科のガン。全長約六〇cm。ハワイ島の溶岩地帯にすむ。マウイ島のものは絶滅。国際保護鳥。ネネ。

**ハワイしき-ふんか**【ハワイ式噴火】粘性の小さい玄武岩質溶岩が、火口からあふれ出るような噴火。マウナロア・キラウエア両火山に代表される。Hawaiian eruption

**ハワイ-しょとう**【ハワイ諸島】(Hawaii Islands)アメリカ、ハワイ州を構成する群島。北太平洋中部にある一三〇の火山島・珊瑚礁島群。面積一・七万km²。旧称サンドウィッチ諸島。

**ハワイ-とう**【ハワイ島】(Hawaii Island)アメリカ、ハワイ州最大の火山島。面積一万km²。中心都市ヒロ。かつてハワイ王国の発祥地。西岸のコナはコーヒーの産地。人口九・二万(一九八〇)。

**は-わたり**【刃渡り】①刃物の刃の長さ。length of a blade ②刀剣の上を素足で渡る芸当。↓包丁図

**ハン** 3画【凡】 部首［几］ 常用 JIS 4362 3画【▼凢】旧字
音ボン・ハン
おおよそ。あらまし。おしなべて。「凡例」↓ボン［凡］

**ハン** 4画【反】 部首［又］ 教育小3 JIS 4031
音ハン・ホン・タン・ヘン 訓そる・そらす
①かえす。かえる。かえって。あべこべ。逆。対義正。「反撃・反射・反対・反応・反復」用例(接頭)―道徳。―作用。②《叛とも》そむく。さからう。「違反・離反」「反軍」用例(名)―をはかる。③反切のこと。かえし。用例(名)麗は郎計の―。↓タン・ホン［反］

**ハン** 5画【半】 部首［十］ 教育小2 JIS 4030 5画【▼半】旧字
音ハン 訓なかば
①わける。なかば。まんなか。対義一・全。「過半数・折半・前半・夜半」「半額・半減」②時間で三〇分。用例(名)五時―。③おおよそ。あらまし。大体。「大半」「半永久的」④わずか。不完全。「一言半句・一知半解」「半可通」⑤ちいさい。「半弓・半鐘」⑥奇数。対義丁。

**ハン** 5画【▼氾】 部首［氵］ JIS 4037
音ハン
①はびこる。ひろがる。水があふれる。「氾濫」②ひろい。あまねく。

**ハン** 5画【犯】 部首［犭］ 教育小5 JIS 4040
音ハン・ボン 訓おかす
おかす。罪・きまりをおかす。つみ。つみびと。比較冒。「違犯・共犯・侵犯・防犯」「犯行・犯罪・犯人」用例《接尾的》凶悪―。政治―。知能―。

**ハン** 6画【帆】 部首［巾］ 常用 JIS 4033 6画【▼颿】旧字
音ハン 訓ほ
ほ。ほかけ舟。ほをあげてはしる。「帰帆・孤帆・出帆」「帆船・帆走」

**ハン** 6画【▼汎】 部首［氵］ JIS 4038
音ハン
ひろい。あまねく。すべての。また、パン(pan)にあてる。「汎用」用例(接頭)―神論。―アメリカ。

**ハン** 7画【伴】 部首［人・亻］ 常用 JIS 4028 7画【▼伴】旧字
音ハン・バン 訓ともなう
ともなう。ついていく。つれていく。とも。つれ。「随伴・同伴」「伴侶」↓バン［伴］

**ハン** 7画【判】 部首［刂］ 教育小5 JIS 4029 7画【▼判】旧字
音ハン・バン・ホウ
①印。みとめ。「印判」「判子」用例(名)―を持参せよ。②わける。わかつ。みさだめる。みわける。さばき。「公判・裁判・批判」「判決・判断・判定・判別」用例(名)―を下す。③はっきりする。「判然・判明」④紙・本などの大きさ。「A5判・B6判」用例(名)―の大きさ。⑤昔の金貨。「大判・小判」↓バン［判］

**判で押した様**(はんでおしたよう) いつも同じ。きまりきっている。はんこで押した様。stereotyped

**ハン** 7画【坂】 部首［土］ 教育小3 JIS 2668
音ハン・バン 訓さか
①さか。傾斜している土地・道。「急坂・登坂」②つつみ。どて。↓バン［坂］

**ハン** 7画【▼阪】 部首［阝］ JIS 2669
音ハン
①さか。傾斜している土地・道。②つつみ。どて。③大阪のこと。「京阪神」

**ハン** 7画【▼釆】 部首［釆］ JIS 4048
音ハン・ベン
①わける。わかれる。②部首の一つ。のごめへん。

**ハン** 8画【▼范】 部首［艹］ JIS 7187
音ハン
①草の名。②ハチ。ハチ目に属する昆虫。③いがた。鋳造に用いる型。④のり。規則。法律。

**ハン** 8画【▼拌】 部首［扌］ JIS 5734
音ハン
①かきまぜる。まぜあわせる。「攪拌」②わる。さく。③すてる。なげうつ。

**ハン** 8画【板】 部首［木］ 教育小3 JIS 4036
音ハン・バン 訓いた
①いた。薄く平らにしたもの。「甲板・鉄板」②昔、木のいたをほって、印刷に用いたもの。はんぎ。比較版。「板木・板本」↓バン［板］

**ハン** 8画【▼泛】 部首［氵］ JIS 6202
音ハン・ホウ
①うかぶ。うかびただよう。うかべる。②ひろい。あまねく。

**ハン** 8画【▼泮】 部首［氵］
音ハン
①とける。氷がとける。②わける。わかれる。また、なかば。

**ハン** 8画【版】 部首［片］ 教育小5 JIS 4039
音ハン
①いた。はんぎ。印刷に用いるいた。「鉛版・木版」「版画」用例《接尾的》写真―。グラビア―。②印刷し発行する。「再版・出版・初版・絶版」「版権」用例(名)―を重ねる。《接尾的》限定―。豪華―。③住民の名簿。戸籍簿。「版籍・版図」

**版を重ねる**(はんをかさねる) 書物などを、同じ版を用いて二度以上出版する。増刷する。重版する。go through several editions

**ハン** 8画【▼粄】 部首［米］ JIS 6866
音ハン
①獣の足のうら。たなごころ。②デカメートル(décamètreフランス)。メートル法の長さで、一mの一〇倍。一〇m。

**ハン** 9画【▼叛】 部首［又］ JIS 4032
音ハン・ホン
そむく。さからう。はなれる。「離叛」「叛軍・叛乱」

**ハン** 9画【▼胖】 部首［月］ JIS 7086
音ハン
①ふとる。ふとっている。②ゆたか。のびやか。おおきい。

**ハン** 10画【班】 部首［王］ 教育小6 JIS 4041
音ハン
①くみ。グループ。「同班」「班長」用例(名)―ごとに固まる。②くみの名・順序に付けて用いる。用例(接尾)第二―。会計―。③わける。わけてくばる。「班田」

**ハン** 10画【畔】 部首［田］ 常用 JIS 4042 10画【▼畔】旧字
音ハン
ほとり。みずぎわ。「河畔・湖畔・池畔」

**ハン** 10画【般】 部首［舟］ 常用 JIS 4044
音ハン
同じようなものごと。ことがらの種類。「一般・今般・諸般・先般・全般」

**ハン** 10画【▼袢】 部首［衤］ JIS 7459
音ハン・バン
①はだぎ。あせとり。②「襦袢」は、和服用の下着。肌じばん。

**ハン** 11画【▼笵】 部首［竹］ JIS 6791
音ハン
①かた。竹でつくった鋳型。②のり。手本。規則。法律。

**ハン** 11画【▼絆】 部首［糸］ JIS 6911
音ハン・バン
①きずな。ほだし。馬などをつなぎとめる綱。また、人やものをつなぎとめるもの。「羈絆・脚絆」②つなぐ。つなぎとめる。ほだす。「絆創膏」

**ハン** 11画【販】 部首［貝］ 常用 JIS 4046
音ハン
うる。あきなう。ひさぐ。比較頒。「共販・市販」「販売・販路」

**ハン** 12画【▼斑】 部首［文］ JIS 4035
音ハン
①まだら。ぶち。「斑点」②一部分。「一斑」

**ハン** 12画【▼鈑】 部首［金］ JIS 7871
音ハン
①いたがね。金属を板のように薄くのばしたもの。②ふだ。金属片。

**ハン** 12画【飯】 部首［食］ 教育小4 JIS 4051 13画【▼飯】旧字
音ハン・ボン 訓めし
めし。いい。「残飯・炊飯・赤飯・米飯」「飯台・飯場・飯米」

**ハン** 13画【搬】 部首［扌］ 常用 JIS 4034
音ハン
はこぶ。うつす。類似運。「運搬」「搬出・搬送・搬入」

**ハン** 13画【▼斒】 部首［文］
音ハン
まだら。ぶち。いろいろの色がいりまじっていること・もの。

▼常用漢字表外。 ▽常用漢字表の音訓外。

**ハン** 13画【煩】 部首［火］ 常用 JIS 4049
音ハン・ボン 訓**わずらう・わずら**わす
①わずらわしい。面倒くさい。「煩瑣・煩雑」用例(名)―をいとわず。②わずらう。なやむ。「煩悶」③わずらわす。面倒・手数をかける。↓ボン【煩】

**ハン** 13画【頒】 部首［頁］ 常用 JIS 4050
音**ハン**
わける。くばる。わけひろめる。比較販。「頒価・頒布」

**ハン** 14画【靽】 部首［革］
音ハン
きずな。ほだし。馬などをつなぎとめる綱。

**ハン** 15画【墦】 部首［土］
音ハン
はか。つか。

**ハン** 15画【幡】 部首［巾］ JIS 4008
音ハン・ホン・バン・マン
①はた。のぼり。②ひるがえる。ひらひらする。また、ひっくりかえる。「幡然」↓バン【幡】

**ハン** 15画【蕃】 部首［艹］ JIS 4057
音ハン・バン
しげる。草木がしげる。ふえる。「蕃殖」↓バン【蕃】

**ハン** 15画【樊】 部首［木］ JIS 6072
音ハン
かこい。かき。まがき。

**ハン** 15画【潘】 部首［氵］ JIS 6315
音ハン
①しろみず。米のとぎ水。とぎ汁。②うずまき。うずをまく水の流れ。③あふれる。一杯になって、こぼれる。

**ハン** 15画【瘢】 部首［疒］ JIS 6577
音ハン
きず。きずあと。あと。「瘢痕」

**ハン** 15画【範】 部首［竹］ 常用 JIS 4047
音**ハン**
①かた。きまり。のり。てほん。「規範・師範・模範」「範例」用例(名)―をたれる。②区ぎり。しきり。「範囲」

**ハン** 16画【膰】 部首［月］ JIS 7124
音ハン
ひもろぎ。ひぼろぎ。宗廟・社稷のまつりにそなえる、やき肉。

**ハン** 16画【燔】 部首［火］ JIS 6388
音ハン
①やく。あぶる。②ひもろぎ。ひぼろぎ。宗廟・社稷のまつりにそなえる、やき肉。

**ハン** 16画【繁】 部首［糸］ 常用 JIS 4043 ｜ 17画【繁】 旧字
音**ハン**
①《蕃とも》しげる。草木がしげる。ふえる。比較茂。「繁殖・繁茂」②さかえる。にぎやか。対義閑。「繁栄・繁華・繁盛」③おおい。わずらわしい。対義簡。「頻繁」「繁簡・繁雑・繁多」

**ハン** 18画【藩】 部首［艹］ 常用 JIS 4045
音**ハン**
①かこい。かき。まがき。「藩屏・藩塀」②江戸時代の大名の領地・家中の総称。「脱藩・廃藩置県・雄藩」「藩校・藩主・藩邸」用例(名)―をすくう。《接尾的》長州―。

**ハン** 18画【旛】 部首［方］ JIS 5857 ｜ 16画【旙】 JIS 5858 異体字
音ハン・バン
はた。のぼり。しるしばた。はたじるし。

**ハン** 18画【繙】 部首［糸］ JIS 6970
音ハン・ホン
ひもとく。①巻物や帙などのひもをとく。②書物をよむ。「繙読」

**ハン** 18画【蟠】 部首［虫］ JIS 7422
音ハン・バン
①わだかまる。とぐろをまく。心中にしこりがある。「蟠踞」②めぐる。まがる。まがりくねる。③ワラジムシ。ワラジムシ目に属する節足動物。

**ハン** 19画【攀】 部首［手］ JIS 5821
音ハン
①よじる。よじのぼる。つかまってあがる。「登攀」②すがる。とりつく。たよる。

**ハン** 20画【蘩】 部首［艹］
音ハン
シロヨモギ。キク科の多年草。

**ハン** 20画【鐇】 部首［金］ JIS 7932
音ハン
ちょうな。鍬のかたちをした斧。大工道具の一つ。

**ハン**［Khan・汗］↓カガン

**バン** 3画【万】 部首［一］ 教育小3 JIS 4392 →教育小2 ｜ 12画【萬】 部首［艹］ 旧字 JIS 7263
音**マン・バン**
筆順↓マン【万】
①よろず。はなはだおおい。沢山。すべて。「千差万別・千変万化」「万感・万国・万策・万事・万障・万難・万人・万能・万物」②完全に。絶対に。「万全」③くれぐれも。十分に。用例(副)―、遺漏なきを期す。④どうしても。用例(副)―やむをえず。↓マン【万】
**万、遺漏無きを期す**（ばん、いろうなきをきす） すべてに手落ちのないように心がける。mind everything go smoothly
**万、止むを得ず**（ばん、やむをえず） どうしようもなくて。unavoidably

**バン** 7画【伴】 部首［人・亻］ 常用 JIS 4028 ｜ 7画【伴】 旧字
音**ハン・バン** 訓**ともなう**
ともなう。つきしたがう。主をたすける。対義主。「相伴」「伴食・伴奏」↓ハン【伴】

**バン** 7画【判】 部首［刂］ 教育小5 JIS 4029 ｜ 7画【判】 旧字
音**ハン・バン・ホウ**
筆順↓ハン【判】
紙・本などの大きさ。「大判・小判・半紙判」用例(名)―が大きい。↓ハン【判】

**バン** 7画【坂】 部首［土］ 教育小3 JIS 2668
音**ハン・バン** 訓**さか**
筆順↓ハン【坂】
足柄峠・碓氷峠のこと。「坂東」↓ハン【坂】

**バン** 8画【板】 部首［木］ 教育小3 JIS 4036
音**ハン・バン** 訓**いた**
筆順↓ハン【板】
①いた。薄く平らにしたもの。「看板・黒板・平板」用例《接尾的》回覧―。掲示―。投手―。②黒板のこと。「板書」③野球の投手板のこと。「降板・登板」④かわりがない。「平板」↓ハン【板】

**バン** 10画【悗】 部首［忄］ JIS 5604
音バン・ボン
まどう。まよう。↓ボン【悗】

**バン** 10画【挽】 部首［扌］ ｜ 11画【挽】 JIS 4052 異体字
音バン
①ひく。ひっぱる。「挽回」②ひつぎをひく。「挽歌」

**バン** 12画【晩】 部首［日］ 教育小6 JIS 4053 ｜ 11画【晩】 旧字
音**バン** 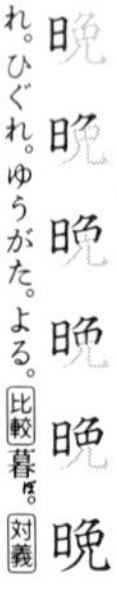
①くれ。ひぐれ。ゆうがた。よる。比較暮。対義朝・暁。「今晩・昨晩・明晩」「晩鐘」用例(名)あすの―あおう。②おそい。あと。比較遅。対義早。「早晩・大器晩成」「晩学・晩秋・晩年」
**晩に火遊びすれば寝小便垂れる**（ばんにひあそびすればねしょうべんたれる）「火遊びをすれば寝小便をする」と同意。

**バン** 12画【番】 部首［田］ 教育小2 JIS 4054
音**バン**・ハン 
①かわるがわる。順序。「順番・当番・輪番」「番組」用例(名)わたしの―です。②順序や等級を示すのに用いる。用例(接尾)八―。③みはり。「夜番」「番犬・番台・番頭・番人」用例(名)店の―をしろ。④粗末なもの。ふだん用いるもの。「番傘・番茶」⑤試合や勝負のくみあわせを数えるのに用いる。用例(助数)三―勝負。

**バン** 12画【蛮】 部首［虫］ 常用 JIS 4058 ｜ 25画【蠻】 JIS 7439 旧字
音**バン**
①《昔、中国で、南方の民族を軽蔑して用いた》えびす。未開人。「南蛮」「蛮語・蛮地・蛮風」②非文化的で、あらあらしい。「野蛮」「蛮カラ・蛮行・蛮声・蛮勇」

**バン** 14画【槃】 部首［木］ JIS 6049
音ハン・バン
①たらい。ひらたい木鉢。②たのしむ。ゆったりする。③とどまる。とどこおる。すすまない。

**バン** 14画【輓】 部首［車］ JIS 7746
音バン
①ひく。車や舟をひっぱる。②ひつぎをひく。③ひきあげる。人をひきあげ用いる。「推輓」④おそい。また、ちかい。「輓近」

**バン** 15画【幡】 部首［巾］ JIS 4008
音ハン・ホン・バン・マン
仏教寺院で用いる仏や菩薩の威徳を表すための荘厳具。布・金銅・紙などでつくり、法会などのとき、境内や本堂に立てる。↓ハン【幡】

**バン** 15画【蕃】 部首［艹］ JIS 4057
音ハン・バン
①えびす。未開人。「蕃習・蕃人・蕃族・蕃地」②外国。「蕃書・蕃神・蕃人・蕃別」↓ハン【蕃】

**バン** 15画【播】 部首［扌］ JIS 3937
音ハ・バン
播磨国のこと。「播州平野」↓ハ【播】

**バン** 15画【盤】 部首［皿］ 常用 JIS 4055
音**バン**・ハン
①おおざら。大きくて平たい鉢。「水盤」②台。ものをのせる平たいもの。「円盤・碁盤」③レコード。「音盤」用例《接尾的》ヒット―。④《磐とも》いわ。いわお。大きいいわ。「盤石」⑤《蟠とも》わだかまる。とぐろをまく。心中にしこりがある。「盤踞」⑥めぐる。まがる。まがりくねる。「盤根錯節」

**バン** 15画【磐】 部首［石］ JIS 4056
音ハン・バン
①いわ。いわお。大きいいわ。「磐石」②磐城国のこと。「常磐」「磐州」

**バン** 20画【礬】 部首［石］ JIS 6709
音ハン・バン
硫酸をふくんだ鉱物。「明礬」

**バン** 23画【鷭】 部首［鳥］ JIS 8329
音ハン・バン
クイナ科の水鳥。翼長約一七cm。みずかきはないが、巧みに遊泳する。額から嘴の基部にかけて赤く、嘴の先端は黄色。人間の笑い声のような鳴き方をする。日本全土に分布。↓図

● バン

**バン** 24画【矕】 部首［目］
音バン
①目がうつくしいさま。②みる。ながめる。③きる。身につける。

**ばん** 21画【鑁】 部首［金］ 和製漢字 JIS 7939
「鑁阿」は、鎌倉時代の武将、足利義兼の法名。鑁阿寺は、彼が創建した寺。栃木県足利市にある。

**バン【VAN】**《value added networkの略》公共電気通信網とコンピューターを結び付け、情報の蓄積・検索・変換・交換など付加価値の高いサービスを提供するネットワーク。付加価値通信網。

**パン**(名・サ変自)《panningから》撮影機を左右に動かして、風景をなめるように写すこと。

**パン【pan】** ㊀(名) 浅く口径の大きな平なべ。フライパンなど。㊁(接頭) すべての。全。[用例] ―アメリカニズム。

**パン【pão ポルトガル・麵麭】** ①小麦粉または他のでんぷんを水で練り、イーストを加えて発酵させて、焼いたもの。食パン・フランスパン・黒パンなど。bread ②物質的生活にたとえる語。bread [用例] 人は―のみにて生くるものにあらず。

**パン【幇・幫 中】**(bāng) 革命以前の中国で、同郷出身者や同業者などが組織していた相互扶助的な団体。宗教・政治的秘密結社や犯罪組織も含む。

**パン【Pan ギリシア】** ギリシア神話の牧神。上半身は人間で、ヤギの足・耳・角をもつ。自然や狩人・牧童・家畜を守る。昼は洞窟にかくれ、月の夜あし笛を吹く。

**はんアフリカ-しゅぎ【▼汎アフリカ主義】** 政治的統合によってアフリカを植民地主義から解放しようとする思想と運動。一九世紀末から説かれ始め、第二次大戦後はエンクルマがその主導権を握った。Pan-Africanism

**はんアメリカ-しゅぎ【▼汎アメリカ主義】** 南北アメリカ大陸諸国間の安全・通商・善隣を進めるための政策と運動。一八八九年の米州諸国会議で具体化し、第二次大戦後は米州機構(OAS)を中心に展開している。パンアメリカ主義。Pan-Americanism

**パンアメリカン-ハイウエー【Pan-American Highway】** アメリカが中南米で建設している交通システムの全体を表す名称。未開通、未舗装の部分もある。アラスカの北端、バローからアルゼンチンの南端都市ウスワイアまで直線距離にして約三万km。

**バンアレン-たい【バンアレン帯】**《発見者バン=アレンにちなむ》地球磁場の勢力範囲内にあって、地球をドーナツ状にとり巻く高エネルギーの荷電粒子の層。地上約三六〇〇kmと二万kmのところにある。放射帯。バンアレン放射能帯。Van Allen belt

**はん-い【犯意】** 犯罪を行おうとする意思。criminal intent

**はん-い【▼叛意】** そむこうとする気持ち。rebellious spirit

**はん-い【範囲】** ①一定の限られた場所。区域。limits [用例] ―をこえる。②広さに限りのある領域。scope; area [用例] 交際の―が広い。③統計で、観測値の最大値と最小値の差。分布の散らばりの程度を示す数値の中では、もっとも簡単に得られる。range

**はんい-ご【反意語】** ある語の正反対の意味の語。反対語。対義語。アントニム。antonym [対義] 同意語。

**はんイスラム-しゅぎ【▼汎イスラム主義】** 一九世紀後半、イスラム教国が結束してヨーロッパのキリスト教国の侵略に対抗しようとした主張と運動。トルコ帝国がこの理論を逆用してアラブ独立運動の弾圧政策に利用した。Pan-Islamism

**はん-いんよう【半陰陽】** 男女の性別がはっきりしないものの総称。卵巣と精巣の両方をもつ真正半陰陽と、生殖器の発育異常である仮性半陰陽に分けられる。hermaphroditism

**ばん-うたい【番謡】** 一番(一曲)の謡曲を全部謡うこと。囃子の伴奏がつく番囃子と、無伴奏の素謡とがある。

**はん-うちゅう【反宇宙】** 通常の物質を構成する素粒子の反粒子から構成される反物質のつくる宇宙。物理法則は粒子と反粒子について、ほとんどの場合、対称となっていることから想定される。anti-universe

**ばん-え【蛮絵】** 日本古代の袍の模様の名称。舞楽の装束や調度につけられた鳥や獣や草花の円形染織文様または織文。盤絵。

**はん-えい【反映】**(名・サ変自他) ①反射してうつること。reflection [用例] 夕日が湖水に―する。②照りはえること。glowing [用例] 朝日に山々の新緑が―する。③影響が及んで現れること。influence [用例] 時代精神を―した小説。

**はん-えい【半影】** 大きさのある光源に照らされてできた物体の影のうち、光源が広がっているために影のうすくなっている部分。半陰影。half shadow →日食[図]

**はん-えい【繁栄】**(名・サ変自) 栄えること。繁盛。prosperity

**はん-えいきゅう【半永久】** 永久に近いこと。semipermanence [用例] ―的。

**はん-えり【半襟・半▼衿】** 汚れ防止と装飾を兼ね、じゅばんの襟に重ねて付ける半幅、一m丈の布。女物は白の塩瀬羽二重がふつう、男物は正式には白だが色羽二重が多い。[数え方] 一枚。

**はん-えん【半円】** 円を一つの直径で二つに分けたうちの一方。semi-circle

**はん-おん【半音】** ①音楽で、全音階を構成する音程の最小単位。全音(=長二度)の半分の音程値で、一オクターブは一二の半音からなる。semitone [比較] 全音。②印刷で、促音の「っ」、拗音の「ゃ」「ょ」などの小字。

**はん-おんかい【半音階】** 一二の半音からなる音階。the chromatic scale [対義] 全音階。

**はん-か【反歌】** 長歌のあとにつけ加えられた歌。短歌形式で一首または数首。かえしうた。

**はん-か【半価】** 定価の半分。半値。

**はん-か【頒価】**《多く商品でないものにいう》ものを分け与える値段。実費。

**はん-か【繁華】**(名・形動) 人が多くて、にぎやかなこと・さま。bustling [用例] ―街。

**はん-が【版画】** 版を用いて紙などに刷る一種の間接的絵画の総称。木版・銅版・石版・シルクスクリーンなど。版の形式から凸版・凹版・平版・孔版に分けることもある。print

**ばん-か【▼挽歌・▼輓歌】**《中国で、葬送のとき、ひつぎを乗せた車を挽く人たちがうたう哀悼歌、の意》①人の死、過ぎた昔などを悲しみ嘆く詩歌。悼歌。dirge ②雑歌・相聞とともに『万葉集』の三大部立の一つ。広く人の死に関する歌。

**ばん-か【晩夏】** ①夏の末。late summer ②陰暦六月の異称。

**ばん-か【▼蕃▼茄】** トマトの別名。

**ハンガー【hanger】** 衣服の形をくずさないようにぶら下げる道具。小物置きのついているスタンド式、和服用えもんかけなど。洋服かけ。

**バンカー【bunker】** ゴルフのコース内に設けられている障害(=ハザード)の一つ。芝のはえていない窪地で、通常は砂が入っている。

**ハンガー-ストライキ【hunger strike】** 抗議の断食を続けることにより、相手側に道義的責任を負わせて屈服させようとする争議手段。ハンスト。

**はん-かい【半開】**(名・サ変自他) ①なかばひらくこと。はんびらき。half-open [対義] 全開。②文明が少し進んだこと。はんびらけ。semi-civilized

**はん-かい【半壊】**(名・サ変自) なかばこわれること。partial destruction [対義] 全壊。[用例] ―家屋。

**はん-かい【▼樊▼噲】**(?～BC一八九) 中国、漢の高祖の功臣。挙兵時から高祖に従い、功をたて、鴻門の会で高祖の危機を救った。

**ばん-かい【▼挽回】**(名・サ変他) 取り返すこと。もとへ戻すこと。回復。recovery [用例] 勢力を―する。

**ばん-がい【番外】** 番組のほか。飛び入り。extra

**はん-がえし【半返し】** 贈られた金品の礼として半額相当を返すこと。結納で婿方が「御帯料」を贈ると、嫁方は後日「御袴料」として半額を返納するなど。また、香典なども半額相当の品物を返す風習がある。

**はんがえし-ぬい【半返し縫い】** 和裁の縫い方。返し縫いの一種。縫い目を丈夫にするために、前の針目の約半分をあともどりしながら進んでゆく方法。

**はん-かがくしゅぎ【反科学主義】** 科学万能主義や現在の科学のあり方を批判する思想や主張。科学・技術の発展が公害などを生み、人間の生存をおびやかすようになったことから生まれた。antiscientism

**はん-かく【反核】** 核兵器や原子力発電所その他の原子力設備すべての実験・製造・配備・使用に反対すること。また、その主張や運動。antinuclear movement [用例] ―声明。―運動。

**はん-がく【半額】** 決まった金額・料金の半分。half the amount [対義] 全額。[用例] 子どもの入場料は―。

**はんがく【板額】** ①鎌倉初期の勇婦。越後の城一族の女。建仁元年(一二〇一)甥の城資盛が越後で挙兵したさい、ともに奮闘して勇名をはせた。②《転じて》男まさりの醜い女の称。

**はん-がく【藩学】** 江戸時代、藩士の子弟の教育のために藩が設けた学校。藩校。

**はん-がく【▼潘岳】**(二四七～三〇〇) 中国、西晋の文人。字は安仁。滎陽中牟の人。華麗な美文は六朝屈指といわれ、哀傷の詩にすぐれた。亡妻をうたった「悼亡詩」が著名。詩文集『潘黄門集』。

**ばん-がく【番楽】** 秋田・山形地方で伝承される神楽。山伏が布教の手段に演じたもので、「権現舞」とよぶ悪魔払いの獅子舞や『曾我兄弟』などの舞曲がある。

**ばん-がく【晩学】** 年をとってから学び始めること。learn late in life

**はんか-くさ・い【半可臭い】**(形) ばかばかしい。あほらしい。愚かである。

**はん-かくめい【反革命】** 革命政権や革命運動の転覆をはかり、旧体制にもどそうとする攻勢的な動きや運動。他国が介入する場合もある。counter-revolution

**ばん-がさ【番傘】**《商家が番号をつけて客に貸したことから》竹の骨に和紙を張り油引きした和風の差し傘で、丈夫な日常用のもの。→[写]

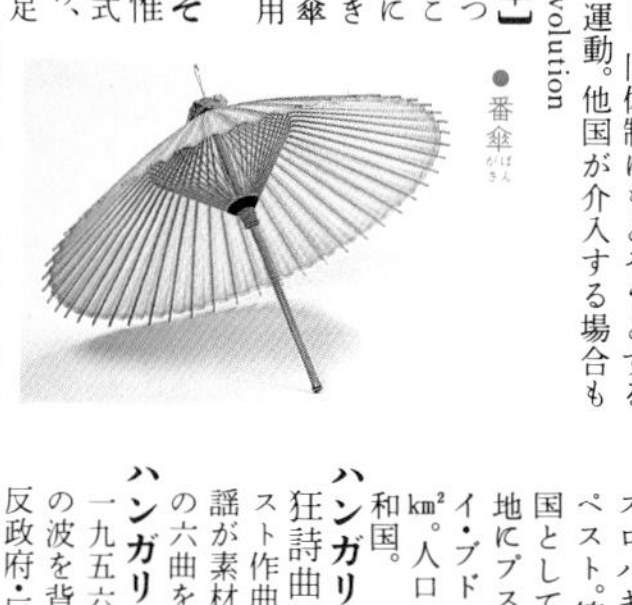

●番傘

**はんかしゆい-ぞう【半▼跏思▼惟像】** 仏像の形式の一つ。腰をかけ、右足をまげて左足の上に載せ、右手を頬にあてて思考する姿の仏像。奈良、中宮寺の菩薩半跏像など。

**ばん-かず【番数】** ①番組の数。②大相撲で、取組みの数。

**はん-かた【半肩】** 片方の肩。
**半肩担ぐ** ①相棒となって、いっしょに荷をかつぐ。②仲間に加わる。加担する。

**ばん-かた【番方】** 江戸幕府の職名。幕営や殿中の警衛をつかさどった。番衆。[対義] 役方。

**ばん-がた【晩方】** 日の暮れ方。夕方。evening [対義] 朝方。

**ハンカチーフ【handkerchief】** 手ふき・汗ふきや衣服の装飾にも使う方形の布。江戸末期に伝来。ハンカチ。ハンケチ。[数え方] 一枚・一ダース(=一二枚)。

**はんか-ちょう【犯科帳】** 江戸時代、長崎奉行所の判決記録。一〇巻。寛文六～慶応三年(一六六六～一八六七)までの刑事裁判の記録。

**ばん-かつ【盤割】** 部分割型に属する、動物卵の卵割様式の一つ。胚が卵の端にありかつ卵黄部分が多い場合にみられる。卵割は動物極付近だけで行われ、卵黄はほとんど分裂しない。discoidal cleavage

**はんか-つう【半可通】**(名・形動) よく知らないくせに、知ったかぶりをすること・人。また、そのさま。smatterer

**バンカ-とう【バンカ島】**(Pulau Bangka) インドネシア西部、スマトラ島南東方の島。面積一・二万km²。錫の世界的な産地。

**はんか-ふざ【半▼跏▼趺▼坐】** インドの坐法の一つ。結跏趺坐の略式の坐法で、片足を他の足のももの上に載せてすわる坐法。菩薩坐。

**ばん-カラ【蛮カラ】**(名・形動)《「野蛮」の「蛮」と「ハイカラ」の「カラ」をもじった語》服装・ことば・行動が、荒っぽいこと・さま・人。

**ハンガリー【Hungary・洪牙利】**(Republic of Hungary) 東ヨーロッパの内陸部、チェコスロバキアの南に隣接する共和国。首都ブダペスト。第二次大戦後、一九四九年に社会主義国として独立。ドナウ川流域のハンガリー盆地にプスタの温帯草原が広がり、小麦・テンサイ・ブドウなどを集団経営する。面積九・三万km²。人口一〇六三万(一九八六)。正称ハンガリー共和国。

**ハンガリーきょうしきょく【ハンガリー狂詩曲】**《原題Ungarische Rhapsodie ドイツ》リスト作曲のピアノ曲集。ハンガリーの舞曲・民謡が素材。一八三九～八五年作曲。全一九曲中の六曲を編曲した管弦楽曲が一般的。

**ハンガリー-どうらん【ハンガリー動乱】** 一九五六年、社会主義圏での非スターリン化の波を背景に、ハンガリーで起きた大規模な反政府・反ソ民衆暴動。ナジを首相とする新政権が一党独裁の廃止や出動していたソ連軍の撤兵などを約束して収拾しようとしたが、ソ連軍が介入して武力鎮圧。Hungarian Revolution

▼常用漢字表外。 ▽常用漢字表の音訓外。

**ハンガリー-ぶきょく【ハンガリー舞曲】**《原題Ungarische Tänze（ドイ）》ブラームス作曲のピアノ連弾曲。ハンガリー-ジプシーの音楽を素材とする二一曲の舞曲。ふつう管弦楽用編曲が知られる。第五番がとくに有名。

**ハンガリー-ぼんち【ハンガリー盆地】**(Hungarian Basin) ハンガリーを中心とする、ユーゴスラビア北部からルーマニア西部にかけての盆地。肥沃でヨーロッパ最大の農業生産地。

**ハンガリー-りょうり【ハンガリー料理】**ハンガリーに伝わる伝統料理。牧畜がさかんで、肉加工品・生クリーム・サワークリームなどを使う料理が多い。また、生産量世界一のパプリカもよく使う。

**バンガロー**[bungalow] ①《インドのベンガル地方独特の木造住宅から》屋根の傾斜がゆるく軒の深い、ベランダのある平家建ての木造住宅。②キャンプ用の簡易な山小屋。

**バンガロール**[Bangalore] インド南西部カルナータカ州の州都。高原都市。インド重工業地帯の中心地の一つ。人口二九一・四万(一九八一)。

**はん-かん【反間】**①敵情をさぐって知らせること・人。スパイ。②敵のスパイを利用して敵の裏をかくこと。③敵どうしの仲を割く計画をすること。離間。

**反間苦肉の策**(はんかんくにくのさく) 自分を犠牲にして敵をだまし、仲間割れをさせようとする計略。

**はん-かん【反感】**相手に逆らう気持ち。相手を憎む心。antipathy 用例—をもつ。

**反感を買う**(はんかんをかう) 相手に逆らい、また、憎む感情を起こさせる。反抗心・反発心を抱かせる。provoke a person's antipathy 用例出しゃばって—。

**はん-かん【繁簡】**繁雑なことと簡略なこと。

**はん-かん【▼范寛】**(生没年未詳) 中国、北宋初期の山水画家。宋初三大家の一人。主となる岩山を画面中央に大きく配した高遠山水を描く。作品『秋山行遊図』など。

**はん-がん【半眼】**目をなかば開いていること。half-opened eyes

**はん-がん【判官】**①裁判官。②↓ほうがん(判官)

**はん-がん【▼斑岩】**斑状組織を示す中粒の火成岩。鉱物組成によって、花崗斑岩、石英斑岩などという。porphyry

**ハン-ガン【漢江】**(Han Gang) ↓かんこう(漢江)

**ばん-かん【万感】**いろいろさまざまの感じ。flood of emotions 用例—こもごも至る。

**万感、胸に迫る**(ばんかん、むねにせまる) さまざまな感情・感慨が、次々に浮かんできて、胸が一杯になる。胸に迫る。A thousand emotions crowd in on me. 用例昔を思い返すと、—ものがある。

**はん-かんせいゆ【半乾性油】**空気にふれても完全には固化しない脂肪油。沃素価一〇〇〜一三〇。大豆油・綿実油・ごま油・ぬか油など。semi-drying oil

**はんかん-はんみん【半官半民】**政府と民間とが共同で出資して経営する事業形態。semigovernmental 用例—会社。

**はんがん-びいき【判官▼贔▼屓】**＝ほうがんびいき。①源義経(＝九郎判官)を不運な英雄として惜しみ同情すること。②《転じて》弱者・敗者に対していだく、第三者の同情的な気持ち。

**はんかんぷ【藩▼翰譜】**江戸初期の各藩の年譜。一三巻。新井白石著。元禄一五年(一七〇二)成立。慶長五〜延宝八年(一六〇〇〜八〇)の大名三三七家の伝記・沿革・系図を編纂。

**はん-き【反旗・▼叛旗】**主君や政府にそむいて立てる旗。standard of revolt

**反旗を翻す**(はんきをひるがえす) そむく。反抗する。revolt against

**はん-き【半季】**①一つの季節の半分。②半年。③昔の、奉公の期限。三月または九月はじめから半年。

**はん-き【半期】**一年・一期の半分。half term

**はん-き【半旗】**弔旗の一つ。国家的な人物などの死にさいして、弔意を示す意味で国旗などを旗竿の先端より三分の一ほど下げて掲揚すること。fly a flag at half-mast

**はん-ぎ【版木・板木】**文字や図画などを彫刻した木材の刷り板。印刷に使う。ヒノキ・サクラ・ツゲなどを使用。block

**ばん-き【万機】**①種々の秘密。secrets ②天下の政治。政治上の重要なことがら。all state affairs

**万機、公論に決す可し**(ばんき、こうろんにけっすべし)《慶応四年(一八六八)の「五箇条の御誓文」の一条にあることば》天下の政治は、世論の動向に従って決定し、行うのがよい。また、政治的な大事なことの多くは、広く世にはかって決めよ。

**ばん-き【晩期】**①晩年の時期。one's last years ②終わりの時期。末期。the last stage

**ばん-ぎ【板木】**寺院などで、たたいて合図などに用いる板。吊るした厚い板を木槌で打つ。

**バンギ**[Bangui] 中央アフリカ共和国の首都。商業都市。同国南部ウバンギ川右岸に位置。人口四七・四万(一九八四)。

**はん-きかん【半規管】**↓さんはんきかん(三半規管)

**ばん-ぎく【晩菊】**おそ咲きのキク。

**はん-きせい【半寄生】**植物で、葉緑素があり、光合成を行いながらも、他の植物に寄生して水分や栄養を補うこと。ツクバネ・カナビキソウ・ヤドリギなど。semiparasitism

**ばんき-せい【晩期星】**スペクトル型がK・M・S・Cなどの恒星で、表面温度の低い星。晩期型星。late-type star

**はん-ぎゃく【反逆・▼叛逆】**(名・サ変自) 権力や権威にさからうこと。そむくこと。むほん。treason

**はんぎゃく-じ【反逆児】**①反逆を起こした人。むほん人。rebellious person ②世間の風習に逆らう人。ひねくれ者。perverse person

**はん-きゅう【半弓】**大弓の半分ほどの長さの弓。座って射ることもできる。small-size bow 対義大弓。

**はん-きゅう【半休】**半日の休暇。half holiday 比較半ドン。

**はん-きゅう【半球】**①地球の半分。南半球と北半球。また、東半球と西半球。hemisphere ②数学で、球を二分した一つ。hemisphere

**はんきゅう-けい【半球形】**球を、球の中心を通る平面で二つに分けたうちの一方の形。semisphere

**はんきゅう-でんてつ【▼阪急電鉄(株)】**大阪市梅田を中心に、京阪神一円に路線がある鉄道会社。営業キロ一四一・一km。明治四〇年(一九〇七)設立。

**はん-ぎょ【半漁】**生計のなかばを漁業で立てていること。用例半農—。

**ばん-きょ【盤▼踞・▼蟠▼踞】**(名・サ変自) ①とぐろを巻いてうずくまること。わだかまること。②広い土地をもって勢力があること。hold sway 用例豪族の—。

**はん-きょう【反共】**共産主義思想や共産主義国・共産党に反対する政治的立場。anticommunism 対義容共。

**はん-きょう【反響】**(名・サ変自) ①音波が物に当たり反射して聞こえること。こだま。echo ②影響されて起こる動き。反応。repercussion 用例—をよぶ。

**はんきょう-じせい【反強磁性】**各原子の磁気モーメントが個々には存在しながら、互いに打ち消しあい、全体として磁化がゼロとなっている磁気的性質。antiferromagnetism

**はんきょうじせい-たい【反強磁性体】**反強磁性を示す物質。鉄・マンガン・クロムの酸化物・塩化物など。antiferromagnetic substance

**はん-ぎょく【半玉】**《玉代が半分のところから》まだ一人前でない芸者。

**はんきり-がみ【半切(り)紙】**手紙用の横長の和紙。もとは杉原紙を横に二つに切ったが、のちに、この形にすき上げた。これを継いで巻紙にする。はんきれ。

**パンきり-ナイフ【パン切りナイフ】**パンを切るための専用ナイフ。刃の部分が山形になっている。

**はん-きれ【半切れ】**①一切れの半分。②↓はんきりがみ(半切り紙)

**はん-きん【半金】**全金額の半分。half the sum

**ばん-きん【万▼鈞】**《千鈞より重い意》物のたいへん重いこと。

**ばん-きん【板金・▼鈑金】**①金銀を板のように、薄く打ち延ばしたもの。いたがね。sheet metal ②金属板の加工。sheet metal processing

**ばん-きん【▼輓近】**(名・副) 近ごろ。最近。近年。

**ばんきん-かこう【板金加工】**金属板を曲げたり、絞ったりする塑性加工法。一般に板の厚さを変えずに行う。板金。sheet metal forming

**バンキング-システム**[banking system] ↓オンラインバンキングシステム

**ばんきん-こう【板金工】**金属の薄い板を加工したり、屋根ふきや樋などの取り付け工事を行ったりする職人。sheet-metal worker

**はん-く【半句】**①一句の半分。hemistich ②少しのことば。a few words 用例一言—。

**バンク**[bank] ①銀行。②自転車や自動車の競技場などで、走路の外側へ向けてつけられたすり鉢状の登り傾斜。カント。③大陸棚の隆起したところ。堆。

**バング**[Herman Bang](一八五七〜一九一二) デンマークの小説家。世紀末文学の代表的作家の一人。作品『希望なき世代』『白い家』など。

**パンク**(名・サ変自)《punctureから》①タイヤが破損すること。②物がふくれすぎて破れること。bursting ③許容能力をこえたためにその機能がまひすること。用例電話回線が—する。④破産の俗称。

**パンク**[punk]《くず・不良、の意から》①一九七〇年代後半以降ロンドンの若者たちを中心に起こった、既成社会への反抗を基調とする風俗。奇抜な髪型・服装(パンクファッション)や、独特の強烈なロック音楽(パンクロック)によって自己を表現する。②「パンクファッション」「パンクロック」の略。

**バンクーバー**[Vancouver] カナダ太平洋岸南端の港湾都市。カナダの西の門戸で太平洋貿易の拠点。人口四一・四万(一九八一)。

**バンクーバー-とう【バンクーバー島】**(Vancouver Island) カナダ南西部、太平洋岸の島。バンクーバー市と狭い海峡をへだてて対する。面積三・二万km²。

**バンク-オブ-アメリカ**[Bank of America] アメリカの世界有数の商業銀行。本店はサンフランシスコ。一九〇四年設立。BOA。

**ハング-グライダー**[hang glider] アルミニウムなどの金属フレームに、帆布を張った三角形の翼の下にぶら下がり、空を滑空するスポーツ。また、その用具。カイトグライダー。↓写

**バング-スタイル**[bang style] 額に前髪を下げた髪型。フリンジバング・スリークバング・スターバングなど。

**ばんぐ-せつ【万愚節】**↓エープリルフール

**バンク-ディーリング**[bank dealing] 都市銀行などの金融機関が、不特定多数の者を相手に公社債を売買すること。

**パンクハースト**[Emmeline Pankhurst](一八五八〜一九二八) イギリスの婦人参政権運動家。娘たちと女性社会政治同盟を組織し、戦闘的な運動を展開した。

**はん-ぐみ【版組(み)】**(名・サ変自) 並べた活字をページに組むこと。typesetting

**ばん-ぐみ【番組】**放送・演芸・勝負事などの順序・組み合わせ。それを書いたもの。また、その構成する一つ一つ。プログラム。program 用例放送—。スポーツ—。

**ばんぐみ-しんぎかい【番組審議会】**放送番組の適正化をはかるため、放送法により全放送事業者に設置することが義務づけられている機関。

**ばんぐみ-へんせい【番組編成】**ラジオ・テレビ局が放送番組の種類・内容・放送時間や配列などを決めること。programming

**パンクラチウム**[pancratium] ヒガンバナ科の球根草。球根はスイセンに似る。葉は幅広の長楕円形。七月、白色筒状の花を数個つける。香りが高い。南アメリカ原産。

**バングラデシュ**[Bangladesh](People's Republic of Bangladesh) インド亜大陸東部の人民共和国。首都ダッカ。もと東パキスタンで、一九七一年パキスタンから分離し独立。ブラマプトラ・ガンジス両川下流のデルタ上の熱帯モンスーン気候地域にあたり、米・ジュートの生産が多い。面積一四・四万km²。人口一億六二万(一九八六)。東パキスタン。正称バングラデシュ人民共和国。

**ハングリー**[hungry](形動) 空腹であるさま。飢えたさま。

**ハングリー-スピリット**《和製語》むさぼるように求めてやまない精神。

●ハンググライダー

● ハングル　字母と綴字例

| 子音字 | | 子音字 | | 母音字 | | 母音字 | |
|---|---|---|---|---|---|---|---|
| ㄱ | [k,g] | ㅌ | [tʻ] | ㅏ | [a] | ㅚ | [we] |
| ㄴ | [n] | ㅍ | [pʻ] | ㅐ | [ɛ] | ㅛ | [jo] |
| ㄷ | [t,d] | ㅎ | [h] | ㅑ | [ja] | ㅜ | [u] |
| ㄹ | [r,l] | ㄲ | [kʼ] | ㅒ | [jɛ] | ㅝ | [wɔ] |
| ㅁ | [m] | ㄸ | [tʼ] | ㅓ | [ɔ] | ㅞ | [we] |
| ㅂ | [p,b] | ㅃ | [pʼ] | ㅔ | [e] | ㅟ | [wi] |
| ㅅ | [s] | ㅆ | [sʼ] | ㅕ | [jɔ] | ㅠ | [ju] |
| ㅇ | [-,ŋ] | ㅉ | [tʼʒ] | ㅖ | [je] | ㅡ | [ɯ] |
| ㅈ | [tʃ,dʒ] | | | ㅗ | [o] | ㅢ | [ɯi] |
| ㅊ | [tʃʻ] | | | ㅘ | [wa] | ㅣ | [i] |
| ㅋ | [kʻ] | | | ㅙ | [wɛ] | | |

綴字例

| | | |
|---|---|---|
| ㅎ+ㅏ+ㄴ=한 | ㄱ+ㅡ+ㄹ=글 | 한글 [hangɯl] ハングル |
| ㄱ+ㅣ+ㅁ=김 | ㅊ+ㅣ=치 | 김치 [kimtʃʻi] キムチ |
| ㅈ+ㅓ=저 | ㄱ+ㅗ=고　ㄹ+ㅣ=리 | 저고리 [tʃɔgori] チョゴリ |
| ㄱ+ㅜ+ㄱ=국 | ㅂ+ㅏ+ㅂ=밥 | 국밥 [kukpap] クッパ |
| ㅅ+ㅓ=서 | ㅇ+ㅜ+ㄹ=울 | 서울 [sɔul] ソウル |

**ハングル**(hangŭl朝)《大いなる文字、の意》朝鮮民族固有の表音文字。一四四三年、李朝(りちょう)の世宗(せいそう)が漢字に代わるものとして制定し、俗に諺文(オンモン)と称した。母音字母、子音字母とそれらの合成文字によって構成され、組み合わせによって音節を表す。朝鮮文字。チョソングル。↓図

**ばん-くるわせ**【番狂(くる)わせ】①思いがけないことで順序が狂うこと。unexpected result ②勝負などが、予想外の結果になること。upset

**パンクレアチン**【pancreatin】ウシやブタなどのすい臓から抽出された脂肪分解酵素の総称。おもに、リパーゼを含むがトリプシンやアミラーゼも含む。

**パンクロ**《panchromaticから》↓パンクロマチックフィルム

**バンク-ローン**【bank loan】プラントなどの輸出国の金融機関が、輸入資金を発展途上国など輸入先の国の銀行に貸し出す直接借款(しゃっかん)。

**バンクロフト-しじょうちゅう**【バンクロフト糸状虫】ヒトのリンパ管にすむ線虫類に属する寄生虫。体長約一〇cmの細長い糸状の虫で、いわゆるフィラリアの一種。多数寄生されると、熱発作を繰り返し、乳糜(にゅうび)尿・象皮病・陰嚢(いんのう)水腫(しゅ)などを起こす。カ、とくにアカイエカによって媒介される。世界の熱帯・亜熱帯に分布し、日本では南日本に多い。bancroftian filaria

**バンクロフトしじょうちゅう-しょう**【バンクロフト糸状虫症】↓フィラリアしょう(フィラリア症)

**パンクロマチック-フィルム**【panchromatic film】紫から赤まで、可視領域全体にわたって、肉眼と同様の明暗の度合いで感光する性質の乳剤をぬった白黒写真フィルム。パンクロ。

**はん-ぐん**【反軍】①軍部に反対すること。戦争に反対すること。反戦。antimilitary ②《「叛軍」とも》反乱軍。rebel army

**はん-げ**【半夏】①生薬(しょうやく)の一つ。初夏のころ、カラスビシャクの塊茎の皮を取ったのち、天日乾燥したもの。ホモゲンチジン酸などを含み、吐き気・嘔吐(おうと)などを抑える。②《仏教語》夏安居(げあんご)の結夏(けちげ)と夏解(げあき)の中間。

**パンゲア**【Pangaea】《全大陸の意》古生代末期までの分裂以前の大陸。ウェーゲナーが大陸移動説を提唱したときに想定した名前。

**はんげ-あめ**【半夏雨】半夏生(はんげしょう)の七月二日ごろに降る雨。このころは梅雨末期にあたり、雨が降りやすい。

**はん-けい**【半径】円または球の中心と円周または球面上の一点をむすぶ線分。また、その長さ。直径の半分。radius ↓円図

**はん-けい**【判型】図書・雑誌、紙加工品の仕上がり寸法のこと。用紙の大きさに由来し、洋紙の場合、A判(A列本判)・B判(B列本判)・四六判・菊判などの系列がある。format ↓図

**ばん-けい**【晩景】夕方。夕方のけしき。evening scene

**ばんけい**【盤▼珪】(一六二二~一六九三)江戸前期の臨済宗の僧。号は永琢。播磨(はりま)の人。寛文(かんぶん)元年(一六六一)郷里の播磨浜田に竜門寺を開創し、民衆仏教をめざして不生禅(ふしょうぜん)を説いた。著書『仮名法語』。

**ばんけい-おんせん**【▼蟠渓温泉】北海道南西部、壮瞥(そうべつ)町にある温泉。長流(おさ)川沿いの行楽地。

**パンケーキ**【pancake】小麦粉に牛乳と卵を加え、パン(=平なべ)で焼いた柔らかいケーキ。ホットケーキ・クレープなど。

**はん-げき**【反撃】(名・サ変自)①追って来る敵を引き返して攻めること。counterattack ②攻撃に転ずること。反攻。counterattack

**はん-げき**【繁劇】ひどく忙しいこと。多忙。繁忙。対義 閑散。

**はんげこうぼく-とう**【半夏厚朴湯】漢方薬の一つ。気分の沈みをとりのぞく。不安・めまいなどを目標に神経症・ぜんそくなどに応用。成分は半夏・厚朴(=ホオノキの樹皮)など。

**はんげ-しょう**【半夏生】①《半夏(カラスビシャク)が芽を出す時期、の意》雑節の一つ。夏至(げし)から一一日めに当たる日。②ドクダミ科の多年草。水辺にはえる。高さ約七〇cm。葉は互生し、長卵形。夏に白色の小花を密生。半夏生のころ茎の上部の葉が白くなる。カタシログサ。↓写

**ハンケチ**↓ハンカチーフ

**はん-けつ**【判決】(名・サ変他)裁判所が訴訟について行う主要な裁判。民事では、原則として口頭弁論を行ったのち、判決書の言い渡しによって成立。刑事では、口頭弁論を要し、宣告により成立。judgment 比較 論告。用例 ――を下す。

**はん-げつ**【半月】①一か月の半分。はんつき。half month ②半円の形。また、その月。弓張り月。half moon

● ハンゲショウ②

**はんげつ-ぎり**【半月切(り)】おもに大根・ニンジンなどの野菜を、半円形に薄切りにすること。

**はんげつ-べん**【半月弁】心臓の左右両心室から動脈への出口にある半月状の三枚の弁膜。血液が動脈幹から心室内に逆流するのを防ぐ。semilunar valve

**はんゲルマン-しゅぎ**【▼汎ゲルマン主義】ドイツ帝国のもとにすべてのゲルマン民族を糾合(きゅうごう)し、世界帝国を実現しようとする思想および運動。中欧・バルカン支配をめざし、汎スラブ主義と対立。その主張はナチス-ドイツに継承された。Pan-Germanism

**はん-けん**【版権】①著作権の旧称。②↓しゅっぱんけん(出版権)

**はん-げん**【半▼舷】軍艦の乗務員を左右に分けた、その一方。用例 ――上陸。

**はん-げん**【半減】(名・サ変自他)半分にへらすこと・へること。用例 事故が――した。

● 判型

カッコ内の数字は縦×横の寸法。単位mm

**ばん-けん**【番犬】見張りをさせるために飼う犬。watchdog

**ばんけん**【万県】中国、四川(しせん)省東部、揚子江(ようすこう)左岸の河港都市。四川省東部と貴州省北部の農林産物の集散地。とくに桐油(とうゆ)の出荷で知られる。人口二七・七万(一九八四)。ワンシエン。

**はんげん-き**【半減期】放射性原子核などの原子数が崩壊によって二分の一に減少するまでの時間。核種によって一定で、たとえばウラン二三五は七・一三億年。half life

**はん-けんこう**【半健康】疲労やストレスなどがたまっている状態。いろいろと体の不調を訴えるが、実際の診察・検査では異常が認められない。

**はん-げんぱつ**【反原発】原子力発電や原子力発電所の建設に反対すること。

**はん-こ**【判子】《「はんこう(版行)」の転。当て字》①一枚摺(ず)りの版木。②印鑑。印形。判。seal

**はん-こ**【班固】(三二~九二)中国、後漢の歴史家。父の遺志を継ぎ『漢書』を編述。外戚(がいせき)の将軍竇憲(とうけん)の罪に連座して獄死。未完の『漢書』志類は妹の班昭が完成。ほかに『白虎通義』の著がある。

**はん-ご**【反語】①ことばの上では褒めて、実は反対の意味を表す言い方。ばかだと言いたいのを、「まったくきみは利口だよ」と言う場合など。アイロニー。irony ②意味を強めるために、反対のことを疑問の形で述べ、実は決してそうならないことを強調しようとする表現法。「どうしてそんなことが考えられようか」は、決して考えられない、の意。rhetorical question

**ばん-こ**【万古】①永久。永遠。eternity ②「万古焼」の略。

**ばん-こ**【盤古・盤固】中国神話の神。太古の混沌(こんとん)の中に生まれ、背が一日に一丈、約三mずつ伸びるにつれて天地が引き離され、一万八〇〇〇年ののちに天地が分かれたという。

**ばん-ご**【蛮語】①野蛮人のことば。barbarian language ②外国語。とくに、昔、スペイン語・ポルトガル語を、日本でこうよんだ。南蛮鴃舌(げきぜつ)。

**パン-こ**【パン粉】フライの衣に用いる粉。パンを乾燥したものを砕いたもの。bread crumbs

**はん-こう**【反抗】(名・サ変自)逆らうこと。敵対。resistance

**はん-こう**【反攻】(名・サ変自)守る一方にあったものが、攻撃に転ずること。counter offensive 用例 ――作戦。

**はん-こう**【犯行】犯罪行為。crime 用例 ――を認めない。

**はん-こう**【版行・板行】(名・サ変他)①出版物を印刷して売り出すこと。刊行。発行。pub-

▼常用漢字表外。▽常用漢字表の音訓外。

lish ②版木。③印判。はんこ。seal

**版行で押した様**(はんこうでおしたよう) 形式的に同じことをくりかえすさま。判で押した様。stereotyped

**はん-こう【藩侯】** 大名。藩主。諸侯。

**はん-こう【藩校】** 江戸時代、諸藩が藩の子弟教育のために設立した学校。藩学。

**ハンコウ【漢口】**(Hànkǒu) ↓かんこう(漢口)

**はん-ごう【飯▾盒】** アルミニウムなどでつくった底の深い携帯用の炊飯器具。登山やキャンプなど野外活動で使う。元来は戦場で兵士が用いる個人用炊飯具と弁当箱を兼ねたもの。mess kit

**ばん-こう【蛮行】** 野蛮な行為。barbarity

**ばん-ごう【番号】** 順番を表す符号・数字。number 用例 ― 順。

**はんこう-き【反抗期】** 子どもが発達の過程で、自我意識の形成により周囲の大人に対し反抗を強く示す時期。第一反抗期(=三～四歳の幼児期)と第二反抗期(=一二～一四歳の青年初期)がある。rebellious age

**ばん-こうけい【伴▾蒿▾蹊】**(一七三三～一八〇六) 江戸中期の歌人・国学者。名は資芳。近江の人。歌人として平安四天王の一人。家集『閑田詠草』、著書『近世畸人伝』『閑田耕筆』など。

**はん-ごうせいせんい【半合成繊維】** セルロースなどの天然高分子物質の一部を化学反応で変化させ、紡糸した繊維の総称。アセテート繊維など。semisynthetic fiber

**はんこう-てき【反抗的】**(形動) 反抗する傾向であるさま。resistant

**はん-コート【半コート】** 羽織より長めの婦人の外出用和服上衣。また、洋服用の短い外套。ハーフコート。half-length coat

**ハン-こく【ハン国・▾汗国】**(「ハン」は Khan)モンゴル・トルコなど北方遊牧民の首長、ハン(=汗)が統治した国。かんこく。

**はん-ごく【反獄】** 無実の罪で刑の定まった者を調べて無罪とすること。

**ばん-こく【万国】** 世界のすべての国。all the nations in the world 用例 ― 旗。「―の涙」

**ばん-こく【万▾斛】** 非常に多い分量。用例 ―

**バンコク【Bangkok】** タイの首都。メナム川下流の左岸にあり、対岸の旧都トンブリとともに首都圏を形成し、大バンコクという。バンコク港は米・チーク材などの積み出し港。東南アジアにおける国連活動の中心地でもある。人口五四四・七万(一九八五)。

**ばんこく-おんぴょうもじ【万国音標文字】** ↓こくさいおんせいきごう(国際音声記号)

**ばんこく-き【万国旗】** 世界各国の国旗。the flags of all nations

**ばんこく-こうほう【万国公法】** 国際法の「旧称」。

**バンコク-ちょう【バンコク朝】** タイの現王朝。一七八二年チャオプラヤー=チャクリがバンコクに都を移して創始。一九世紀後半以降、近代国家建設を目標に独立を守った。一九三二年立憲君主制を施行。チャクリ朝。Chakkri dynasty

**ばんこく-ちょさくけんじょうやく【万国著作権条約】**(Universal Copyright Convention) 一九五二年に成立した著作権保護に関する国際条約。アメリカを中心とする諸国の著作権保護方式とベルヌ条約加盟国の方式との統合をはかったもの。

**ばんこく-はくらんかい【万国博覧会】** 国際博覧会条約に基づき、世界各国が人類の文化と産業の成果を展示して相互の理解と交流を深めるために開く国際的博覧会。万国博。エキスポ。international exposition

**ばんこく-ひょうじゅん-じ【万国標準時】** グリニッジ天文台標準時を、各国共通の標準時として定めたもの。universal standard time

**ばんこく-へいわかいぎ【万国平和会議】** ロシア皇帝ニコライ二世の提唱によってハーグで開催された国際会議。第一回(一八九九年)では国際紛争処理条約、陸戦法規に関する条約を、第二回(一九〇七年)では戦争法規などの諸条約を採択。ハーグ国際平和会議。The International Peace Conference

**ばんこく-ゆうびんれんごう【万国郵便連合】**(Universal Postal Union) 各国の郵便事業を統一し、国際協力を推進する国連専門機関の一つ。一八七五年に設立。七八年より現名。UPU。

**はん-こつ【反骨・▾叛骨】** 政府・権力者や因習などにはむかう気力。rebellious spirit 用例 ― 精神。

**ばん-こつ【万骨】** 多くの人の骨。

**一将功成りて万骨枯る**(いっしょうこうなりてばんこつかる) ↓いっしょう(一将)

**バンコック【Bangkok】** ↓バンコク

**パンゴパンゴ【Pangopango】** パゴパゴの別称。

**ばんこ-ふえき【万古不易】** 永久に変わらないこと。万代不易。eternity

**はんご-ほう【反語法】** 修辞法の一つ。反語を用いた強調表現。irony

**パン-こむぎ【パン小麦】** イネ科の多年草。コムギの普通系に分類される植物。世界で栽培されているコムギの九割がこの種。また、日本ではすべてがこの種。wheat

**ばん-ごや【番小屋】** 見張り番のいる小屋。guardhouse

**ばんこ-やき【万古焼】** 江戸中期に伊勢桑名の沼浪弄山が創始した陶磁器。西洋図柄の赤絵陶器・銅緑釉の青磁を古万古、のち江戸で作ったものを江戸万古という。

**はん-ごろし【半殺し】** 殴るなどして、もう少しで死ぬほどの状態にすること。half-kill 用例 ― にする。― のめにあわせる。

**はん-こん【▾瘢▾痕】** 腫れものや傷が治ったときに残るあと。細胞成分や毛細血管が少なく、密でかたい線維性結合組織。きずあと。scar

**ばん-こん【板根】** 根が扁平な板状に発育して地表にみえるもの。熱帯雨林内の高木やマングローブなどに多い。buttress root

**ばん-こん【晩婚】** 年をとってからの結婚。late marriage 対義 早婚。

**はんごん-こう【反魂香】** 一亡き人の霊魂を呼び返して、その姿を煙の中に現出するという中国の想像上の香。漢の武帝が夫人の死後、その香をたき、亡き夫人に会うことができたという。二落語の題名。隣家の浪人が反魂香をくべて遊女高尾の幽霊を呼び出すのを知った八五郎が、腹痛の薬、反魂丹をくべて失敗する、怪談めいたなかにおかしさを盛ったはなし。

**ばんこん-さくせつ【盤根錯節】**《わだかまった根と、入り組んだ節、の意》こみいって解決しにくい事件・事情。

**はんごん-そう【反魂草】** キク科の大形多年草。山地にはえる。高さ約二m。葉は互生し、羽状深裂。夏に、散房状に多数の黄色の頭花を密生。本州中部以北に分布。タツミアガリ。

**はん-さ【煩▾瑣】**(名・形動) ①細かくてわずらわしいこと・さま。troublesomeness ②入り組んでいて、難しいこと・さま。繁雑。troublesomeness

**はん-ざ【半座】** ①一つの座席の半分。②会合などの途中。

**半座を分く**(はんざをわく) 自分の席を半分ゆずって、他の人といっしょにすわる。

**パンサー【panther】** ピューマまたはヒョウ。ときにはクロヒョウをさす。

**はん-さい【半裁・半▾截】**(名・サ変他) 半分に断ち切ること。また、その布・紙。はんせつ。cut into two

**はん-さい【半歳】** 一年の半分。半年。

**はん-ざい【犯罪】** 刑罰の対象とされる行為。crime

**犯罪の陰に女在り**(はんざいのかげにおんなあり) 犯罪の動機には、女性問題がからんでいることが多い。また、犯罪の表には出てこない部分には、必ず女が存在しているものだ。

**ばん-ざい【万歳】** 一(名) ①いつまでも生きて栄えること。live long 用例 聖寿の ― をことほぐ。②めでたいこと。congratulation 用例 成功すれば ― だ。③《忌みことば》貴人の死。用例 主君 ― ののち。二(感) 祝福を表すために両手をあげて唱える語。用例 ― 三唱。三(名・サ変自)《俗語》①どうしようもないこと。おてあげ。用例 ― するより仕方ない。②野球で打球を取り損なって頭上を越されること。

**ばん-ざい【晩材】** ↓しゅうざい(秋材)

**ばんざい-じけん【万歳事件】** 三・一独立運動の別称。

**はんざい-しょうねん【犯罪少年】** 一四歳以上二〇歳未満の罪を犯した少年少女。比較 触法少年。

**はんざいにん-めいぼ【犯罪人名簿】** 罰金刑以上の犯罪をおかした前歴がある者の氏名を記載した名簿。市区町村役場に備えてある。

**はんざいひがい-ほしょう【犯罪被害補償】** 犯罪行為によって被害をうけた人を公的資金で救済すること。

**ばん-さいぼう【伴細胞】** 師管に接着している細胞。師管と連絡し栄養を与える。companion cell

**はん-ざき【半割・半裂】** オオサンショウウオの異名。名は体を半分に裂いても生きているとの俗説に由来。

**はん-さく【半作】** 平年の半分の取り入れ高。half a crop

**ばん-さく【万策】** あらゆる方法・手段。every means 用例 ― 尽きて降参する。

**はんさく-どうぶつ【半索動物】** 原索動物門の一綱。海産のギボシムシの類。雌雄異体。体はやわらかいミミズ状で、吻・襟・胴の三部からなる。擬索類。hemichordate

**はん-さつ【藩札】** 江戸時代、諸藩が財政窮乏打開、通貨不足の補充のため、領内用に発行した不換紙幣。

**はん-ざつ【煩雑】**(名・形動) こまごまと入りまじって、わずらわしいこと・さま。complicated 対義 簡略。

**はん-ざつ【繁雑】**(名・形動) 事が多くてごたごたしていること・さま。complicated 対義 簡略。

**はんさ-てつがく【煩▾瑣哲学】** スコラ哲学の通称。Scholasticism

**ハンザ-どうめい【ハンザ同盟】** 中世の北欧商業圏を支配した北ドイツ中心の都市同盟。一二四一年、リューベック・ハンブルク間に最初の同盟が成立。リューベックを盟主に一三七〇年ごろに最盛となり、加盟都市はほぼ九〇。ほとんど独立の主権国家としての権限をもち、貿易の特権を掌握。Hanseatic League

**ハンサム【handsome】**(形動) 男性の顔付きの美しいさま。美男子であるさま。

**はん-さよう【反作用】** 物体どうし、あるいは物体と場のあいだで、AがBに力(=作用)をおよぼしたとき、同時に同じ大きさでBがAにおよぼす力。reaction 比較 反動。

**はんざん【飯山】**〈町〉 香川県北部、坂出市南隣の町。果樹栽培中心の農業の町で、讃岐富士といわれる飯野山と、三谷寺で知られる。宅地化も進展。人口一万四九一五(一九八八)。

**ばん-さん【晩▾餐】** 夕食。とくに、改まってする豪華な夕食。dinner 用例 ― 会。

**はん-し【半死】** ①死にかかっていること。②余命のないこと。

**はん-し【半紙】**《延べ紙の半分、の意》もと、延べ紙を半分に切って用いたが、のちには最初から縦二四～二六cm、横三二～三五cmの大きさにすいた日本紙。ふつうの日本紙。数え方 一枚・二帖(=二〇枚)・一束・一締め。

**はん-し【判詞】** 歌・句の優劣・可否を判定したことば。

**はん-し【範士】** ①武道家の称号の一つ。明治中期に定められ、教士・錬士の上。②全日本剣道連盟などで用いられている称号の最上位。段位・年齢などの資格を満たし、一定の審査を経た者に与えられる。

**はん-し【藩士】** 藩に属する武士。大名の家来。

**はん-じ【判事】** 裁判官の官名の一つ。高等裁判所・地方裁判所・家庭裁判所に配属される。裁判官一般をさす場合もある。judge 対義 検事。

**ばん-し【万死】** ①何回も死ぬこと。用例 罪、― に値する。②とても助かる見込みのないこと。九死。

**万死に一生を得る**(ばんしにいっしょうをえる) 危うく助かる。九死に一生を得る。have a narrow escape

**ばん-し【番士】** 昔、殿中の宿直や諸所の警衛に当たった兵士。

**ばん-じ【万事】** すべてのこと。everything

**万事休す**(ばんじきゅうす) もはや、どのような手段も残されていない。All is up.

**パンジー【pansy】** スミレ科の秋まき二年草。高さ約一五cm。花期は暖地で一二～五月、寒地で春～秋。観賞用で、大輪系・中輪系・小輪系など、品種が多い。サンシキスミレ。↓写(次ページ)

**パンジー-いろ【パンジー色】** 三色すみれの花に似た濃い青紫色。すみれ色。バイオレット。deep violet

**はんじ-え【判じ絵】** 判じ物の一種。絵の中に、文字や物の形などを分からないように書き、それをあてさせる遊び。

**はんし-おん【半歯音】** 中国音韻学における声母(頭子音)の分類の一つ。

**はん-しき【版式】** 印刷に用いる版の様式。凸版・平版・凹版・孔版など。

**はん-じせい【反磁性】** 外部磁場を加えると、その反対方向に磁化される性質。有機物質など、電子スピンによる常磁性の効果がない物質にみられる。一般に磁化は弱いが、ビスマスは、大きな反磁性をもつ。diamagnetism

● パンジー

大輪系

小輪系

**はん-じせいたい【反磁性体】** 磁場に比例して磁場と逆向きにわずかに磁化する磁性体。磁性原子を含まない物質。銅・芳香族有機化合物など。diamagnetic substance

**はん-した【版下】** ①版木を彫るための文字や書画の下書き。薄い和紙に描き、裏返して版木にはりつける。②印刷の写真製版用に作成した原稿。原画。block copy

**ばんじ-ばんざぶろう【▼磐次▼磐▽三郎】** 神を助けた狩人の伝説。磐次と磐三郎の兄弟が日光二荒山の神を助け赤城山の神を破り、その功により山を司ることを許される。同様の話は全国に多い。万次万三郎。

**はんし-はんしょう【半死半生】** 今にも死にそうなありさま。be half-dead 用例 —— のていたらく。参照 大満小満。

**はんじ-ほ【判事補】** 裁判官の官名の一つ。判事の前段階として、司法修習を終えた者が任命される。

**はんじ-もの【判じ物】** なぞときの一種。絵・図・文字などの中に、ある意味を分からないように隠し、それを解かせる遊び。

**はん-しゃ【反射】**(名・サ変自他) ①波や音または光が、物にあたってはねかえってくる現象。波動が伝播速度の異なる二つの媒質の境界面に入射し、入射波が進行方向を変えて入射側の媒質にもどってくること。入射角と反射角が等しいとき、これを鏡面反射または正反射という。reflection ②生体が、意識や意志とは関係なく、一定の刺激に特定の反応をすること。条件反射と無条件反射がある。後者は、生まれながらにもっていて生命維持と深い関係がある。reflex ↓図

● 反射① 正反射

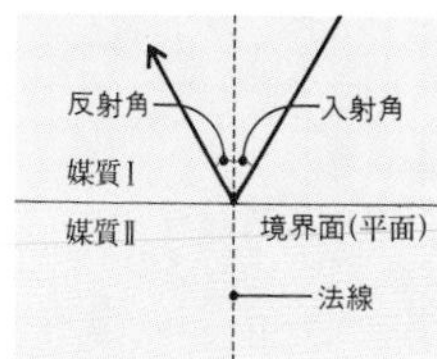


**はん-じゃ【判者】** ①物事の優劣・可否を判定する人。judge ②歌合わせで、和歌の優劣を定める役。はんざ。

**ばん-しゃ【万謝】**(名・サ変自) ①厚く感謝すること。a thousand thanks ②深くわびること。a thousand apologies 用例 暴言 ——。

**ばん-しゃ【蛮社】**《「蛮学社中」の略》南蛮(=西洋)のことを学ぶ仲間。

**はんしゃ-うんどう【反射運動】** 生体への刺激に、意識の介入なしに反射的に反応する運動。眼前をかすめる虫によって無意識にまばたきをするのは一例。反射行動。reflex

**はん-しゃかいしゅうだん【反社会集団】** 社会の標準的価値体系に反して、直接・間接に犯罪と結びつく行動をとる集団。antisocial group

**はんしゃ-かく【反射角】** 波動が異なる媒質の境界面で反射するとき、反射波の方向と境界面の法線とのなす角。大きさは入射角に等しい。angle of reflection ↓反射図

**はんしゃ-きゅう【反射弓】** 受容体から感覚神経、運動神経、作動体(筋肉)へいたる反射の興奮伝達の神経経路。reflex arc

**はんしゃ-きょう【反射鏡】** 光を反射させるために、光学器械などにとりつけられた鏡。凸面鏡・凹面鏡など。reflecting mirror

**ばん-しゃく【晩酌】**(名・サ変自) 夕食の時に酒を飲むこと。また、その酒。evening drink 比較 寝酒。

**ばん-じゃく【▼磐石・盤石】** ①大きな石。大岩。huge rock ②非常に安定していること。firmness

**はんしゃ-こうせん【反射光線】** 光線が異なる媒質の境界面に入射したとき、反射して元の媒質中を進行する光線。reflected ray

**はんしゃ-せいうん【反射星雲】** 近くにある恒星から放射する光を反射してみえる、ガスや塵でできた星雲。星雲のスペクトルに光源となる恒星の特徴がみられる。reflection nebula

**はんしゃ-そっかくき【反射測角器】** 物体の二つの結晶面による反射光線間の角を測定して、結晶の面角をはかる器具。reflection goniometer

**はんしゃ-てき【反射的】**(形動) すぐ反応を示すさま。reflective

**はんしゃ-のう【反射能】** 入射光に対する反射光の割合。アルベド。albedo

**ばんしゃ-の-ごく【蛮社の獄】** 天保一〇年(一八三九)、蘭学者のグループ尚歯会に対する幕府の弾圧事件。渡辺崋山・高野長英らを幕府批判の罪で逮捕・断罪。

**はんしゃ-の-ほうそく【反射の法則】** 異なる媒質の境界面で波動が反射するとき、反射角の大きさは入射角の大きさに等しいという法則。law of reflection

**パンジャブ【Punjab】** インド北西部の州。州都チャンディーガル。五河地方として、インド史上重要な地域。シーク教徒が多い。重要な農業地帯。人口一六六七万(一九一)。

**パンジャブ-ちほう【パンジャブ地方】** (Punjab) インダス川上流、パキスタンとインドにまたがる地方。インダス川の五支流サトレジ・ジェーラム・チェナブ・ビアス・ラビ川が流れる。古代インダス文明発祥地。五河地方。

**はんしゃ-ぼうえんきょう【反射望遠鏡】** 対物鏡に凹面鏡を用いた望遠鏡。副鏡の種類によりニュートン式・クーデ式などに区別される。reflecting telescope ↓写

● 反射望遠鏡 口径九一cm。国立天文台堂平観測所。

**はんしゃ-ぼうしまく【反射防止膜】** 光の反射をできるだけ防止する目的でレンズ表面につけられた薄い膜。コーティング。antireflection coating

**はんしゃ-りつ【反射律】** 数学で同値の関係を規定する性質の一つ。ある集合の二つの元a、bの間に、ある関係KがあるときaKbで表す。この関係KがaKaをみたすとき、Kは反射律をみたすという。図形の合同・相似、数の相同など。reflective law

**はんしゃ-りつ【反射率】** 境界面の一定面積に入射する光のエネルギーと反射するエネルギーとの比。金属のような導体では大きい。reflectance

**バンジャルマシン【Banjarmasin】** インドネシア中部、カリマンタン島南部、バリト川とマルタプラ川の合流点にある都市。ゴム・コプラ・木材などの生産地。人口三八・一万(一九〇)。

**はんしゃ-ろ【反射炉】** 焚き口で熱せられた熱が、溶解室の天井や壁に反射し、その熱で原料を溶かすしかけの炉。金属の精錬・溶解用の炉。日本では幕末に海防充実の必要から鉄製の大砲製造のため各地に造られた。reverberating furnace ↓写

**はん-しゅ【藩主】** 江戸時代、藩の領主。大名。「藩侯。

**はん-じゅ【半寿】**《「半」の字を分解すると、八十一になるので》八一歳のこと。また、その祝い。比較 米寿。

**はん-じゅ【藩儒】** 藩主に仕える儒者。

**ハン-シュイ【漢水】**(Hàn Shuǐ) ↓かんすい(漢水)

**はん-しゅう【半周】**(名・サ変自) ①周囲の半分。また、それを回ること。semicircle ②円の周囲の半分。semicircle

**はん-じゅう【半獣】** ①体の半分がけものであること。②けものじみていること。

**ばん-しゅう【晩秋】** ①秋の終わりごろ。late autumn; late fall 対義 早秋。②陰暦九月の異称。

**ばん-しゅう【蛮習・▼蕃習】** 野蛮な習慣。barbarous customs

**ばん-しゅう【▼播州】** 播磨国。

**ばん-しゅう【▼磐州】** 磐城国。

**はん-しゅうきょうかいかく【反宗教改革】** 一六世紀から一七世紀にかけ、宗教改革に対して行われたカトリック教会内部の自己刷新運動。イエズス会が中心となり、アジア・アフリカなどに対する宣教活動を展開。Counter Reformation

**はんじゅう-しん【半獣神】** ギリシア神話の牧神。パン。Pan

**ばんしゅう-へいや【▼播州平野】** 播磨平野の別称。

**はん-じゅく【半熟】** ①食物がよく煮えていないこと。half-boiled ②ゆで卵が、じゅうぶん固まらない状態。half-boiled ③実がよく熟していないこと。half-ripe 比較 未熟。

**ばん-じゅく【晩熟】** おくれて成熟すること。おくて。late maturity 対義 早熟。

**はんじゅく-たまご【半熟卵】** 白身や黄身が軟らかいゆで卵。soft-boiled egg

**はん-しゅつ【搬出】**(名・サ変他) 持ち出すこと。運び出すこと。carry out 対義 搬入。

**バンジュル【Banjul】** 西アフリカ、ガンビアの首都。ガンビア川河口にある港湾都市。旧称バサースト。人口四・四万(一九四)。

● 反射炉 伊豆韮山の反射炉。

**ばん-しゅん【晩春】** ①春の終わりごろ。late spring 対義 早春・浅春。②陰暦三月の異称。

**はん-しょ【▼范▼雎】**(生没年未詳) 中国、戦国時代の政治家。魏の人。秦の昭襄王に仕えて宰相となり、遠交近攻策を献策、韓・趙など六国を併合した。

**はん-じょ【班女】** 中国、漢の成帝の愛妾である班婕妤のこと。

**班女が閨** 《班婕妤が、君寵の衰えたのを嘆いた故事から》男に捨てられた女の寝所。「と。

**ばん-しょ【板書】**(名・サ変他) 黒板にかくこと。

**ばん-しょ【番所】** ①番人・番兵の詰め所。guard house ②江戸の南・北町奉行所。

**ばん-しょ【▼蕃書】** 江戸時代、欧米の書物の称。

**ばん-しょ【▼蕃▼藷】** サツマイモの異名。

**はん-しょう【反証】**(名・サ変他) ①反対の証拠。また、それを示すこと。disproof ②訴訟において、立証責任のない当事者が、立証責任を負う相手方当事者の主張内容を否定するために提出する証拠。disproof 対義 本証。

**はん-しょう【反照】**(名・サ変自) ①照り返すこと。照り返し。reflection ②夕映え。the evening glow

**はん-しょう【半焼】**(名・サ変自) 火事で建物などが、半分ぐらい焼けること。half burnt 対義 全焼。

**はん-しょう【半鐘】** 合図・警報などに使う小さい釣り鐘で、竜頭のつり手をつけ、火見櫓などにつるし、撞木でたたいた。水難・盗難などのさいにも用いた。fire bell

**はん-しょう【▼汎称・▼泛称】** 広くひっくるめていうこと・名。広く使われる名。common name

**はん-しょう【▼斑晶】** 火成岩を構成する鉱物のうち、目だって大きく見える鉱物粒。小さいほうの結晶の集まりを石基といい、石基中に斑晶を多く含む火成岩の組織を斑状という。phenocryst

▼ 常用漢字表外。 ▽ 常用漢字表の音訓外。

**はん-しょう【班昭】**（四九ごろ 一二〇ごろ） 中国、後漢の女流文人。字は恵姫。曹大家とも。兄の班固が著した『漢書』の欠落を補う。女子の教訓書『女誡』の著者。

**はん-じょう【半畳】** ①一畳の半分。②昔、芝居の観客が敷いた、小さなたたみ・ござ。

**半畳を入れる**（はんじょうをいれる）《昔、芝居の観客が役者のへたな演技に不満なとき、敷いている半畳を舞台に投げつけたことから》他人の言動を非難する。やじる。半畳を打つ。hiss

**半畳を打つ**（はんじょうをうつ）「半畳を入れる」と同意。

**はん-じょう【繁盛・繁▼昌】**（名・サ変自） にぎわい栄えること。さかること。prosperity

**ばん-しょう【万象】** あらゆる形・もの。the universe 用例 森羅——。

**ばん-しょう【万障】** さまざまなさしさわり。all hindrances 用例 ——お繰り合わせの上、ご出席ください。

**ばん-しょう【晩鐘】** 夕方につくかね。いりあいのかね。evening bell

**ばん-じょう【万丈】** ①一丈の一万倍。②非常に高いこと。unfathomable height 用例 ——の山。③非常に多いこと。large amount 用例 波乱——。④意気のさかんなこと。enthusiasm 用例 ——の気を吐く。

**ばん-じょう【万乗】**《「乗」は、車を数える助数詞。昔中国で、天子は戦時に兵車一万台を出したことから》天子。その位。比較 千乗。用例 一天——の君。

**ばん-じょう【番匠】** ①奈良時代のころ、飛驒国などから京へ上って、交替で勤務した大工。②のちに一般の大工のこと。

**ばんしょう-ぎょうしゅう【万松行秀】**（一一六六 一二四六） 中国、南宋の曹洞宗の僧。著書『従容録』で知られる。万松老人。

**はんじょう-し【▼斑状歯】** 歯を形成中の細胞が石灰化を障害されたときに起こるエナメル質形成不全。多くは弗素の過剰摂取による。mottled teeth

**ばんじょう-せつり【板状節理】** 板を重ねたように現れる岩石の割れ目。マグマの冷却面に平行に発達する。platy joint

**はんじょう-そしき【▼斑状組織】** 火山岩の構造のようす。粗粒の鉱物（＝斑晶）が細粒またはガラス質の石基の中に散在。

**はんしょう-だいめいし【反照代名詞】** 再帰代名詞。

**はんしょう-づる【半鐘▼蔓】**《花の形が、半鐘に似ていることから》山地の林縁などにはえるキンポウゲ科の多年生つる植物。葉は対生で、三小葉。春に紅紫色の鐘形花が咲く。↓写

**はんしょう-どろぼう【半鐘泥棒】**《俗語。火の見やぐらの半鐘が盗めるくらい背が高い、の意》のっぽ。

**バンジョー【banjo】** リュート属の撥弦楽器。アメリカ民謡の伴奏などに使う。四～九弦で前面だけ皮を張った円形のわくに長い棹が付く。ギターのように指または爪で演奏。↓写

●バンジョー

**はん-しょく【半食】** 飯の分量が、ふつうの盛る量にくらべて半分であること。半ライス。

**はん-しょく【繁殖・▼蕃殖】**（名・サ変自） 動植物がふえること。propagation

**ばん-しょく【伴食】**（名・サ変自） ①貴人の食事のしょうばんをすること。陪食。②その職に就いていても実力・実権のともなわないこと。

**ばん-しょく【晩食】** ①夕方の食事。夕食。supper ②おそく食事をすること。have late supper

**はんしょく-き【繁殖期】** 動物が求愛・交尾・出産・育児などの繁殖活動を行う時期。季節と関連して周期性をもつものが多い。breeding season

**ばんしょく-だいじん【伴食大臣】** 大臣の職に就いてはいるが、実力や実権がともなわず、他人のなすがままになっていること。また、その人。伴食宰相。

**はん-しょくみんち【半植民地】** 主権をもちながら他国の勢力に抑えられ、なかば植民地のような状態にある地域。semicolony

**ばんしょ-しらべしょ【▼蕃書調所】** 幕末、幕府が設立した洋学校。外交文書や洋書の翻訳も行った。安政四年（一八五七）開所。のち洋書調所、さらに開成所と改称。

●ハンショウヅル

**ばんしょわげ-ごよう【▼蕃書和解御用】** 蘭書を翻訳した江戸幕府の役所。文化八年（一八一一）天文方に置かれた。のち独立して洋学所、さらに蕃所調所となる。

**はん・じる【判じる】**（上一他） ↓はんずる（判ずる）

**はんし-るい【半▼翅類】** 半翅目に含まれる昆虫の総称。多くの種類よりなる。植物の汁液などを吸うのに適した管状の口をもち、翅は二対。セミ・ウンカ・カイガラムシなどを含む同翅亜目と、カメムシ・アメンボなどを含む異翅亜目に大別。hemipteran

**ばんじろう** グワバの和名。

**はん-しん【反臣・▼叛臣】** むほんを企てた臣下。逆臣。traitor

**はん-しん【半身】** ①からだの上下または左右の半分。half the body ②上半身。the upper half of one's body 用例 ——像。

**はん-しん【▼阪神】** 大阪と神戸。

**ばん-しん【▼蕃神】** インド・中国・朝鮮半島などから渡来した神。

**ばん-じん【万人】** よろずの人。すべての人。まんにん。ばんにん。all men

**ばん-じん【蛮人】** 野蛮人。未開人。barbarian

**ばん-じん【▼蕃人】** ①未開人。蛮人。②外国人。

**はんしん-こうぎょうちたい【▼阪神工業地帯】** 大阪市を中心に神戸市以西まで広がる工業地帯。京浜に次ぐ日本の中心工業地帯で、西は明石・姫路へ、北は京都を経て琵琶湖沿岸へ、南は泉南・和歌山市へと拡大している。重化学工業が主であるが、電気機器などの機械工業も多い。

**はんしん-こうそくどうろ【▼阪神高速道路】** 大阪市と神戸市を結ぶ都市内高速道路網。大阪～池田線など四主要路線がある。

**はん-しんせいがん【半深成岩】** 深成岩と火山岩との中間的な組織をもつ火成岩。一般に斑状組織を示す。花崗斑岩や輝緑岩など。岩床や岩脈を形成。hypabyssal rock

**はんしん-でんきてつどう【▼阪神電気鉄道（株）】** 大阪と神戸を結ぶ鉄道会社。甲子園球場なども経営。営業キロ四〇・一km。明治三二年（一八九九）設立。

**はんしん-はんぎ【半信半疑】** なかば信じ、なかば疑って迷うこと。half in doubt

**はんしん-ふずい【半身不随】** 片麻痺のこと。脳出血の後などに起こる。hemiplegia

**はんしん-ろん【▼汎心論】** すべてのものに心があると考える立場。物活論。panpsychism

**はんしん-ろん【▼汎神論】** 哲学で、神は万物であり万物は神であるとして、神と宇宙を一体とみなす考え。スピノザやゲーテの思想など。pantheism 比較 有神論・理神論。

**はん-すい【半睡】** なかば眠っていること。be half-asleep

**ばんずいいん-ちょうべえ【▼幡随院長▽兵▽衛】**（生没年未詳） 江戸初期の侠客。肥前の人。江戸の町奴の頭領。旗本奴の水野十郎左衛門と争い、殺された。

**はん-すう【反▼芻】**（名・サ変他） ①いったん胃に入れた食物を再び口に戻し、かみなおすこと。シカ・キリン・ウシ・ラクダなどの偶蹄類にみられる。rumination ②くり返し味わったり、考えたりすること。rumination; meditation 用例 師のことばを——してみる。

**はん-すう【半数】** ①全体の半分の数。half the number ②配偶子および配偶体がもつ一組の染色体数。減数分裂によって半減した染色体数に等しい。一倍数。haploid number

**はんすう-い【反▼芻胃】** ウシなどの反芻類にみられる胃。四室に分かれ、前胃（瘤胃・網胃）に入った食物は細菌で分解されたのち、口に戻されかみ直して本来の胃（葉胃・皺胃）で消化される。ruminant stomach ↓図

●反芻胃 ウシの反芻胃

**はんすう-るい【反▼芻類】** 食物を摂取するとき反芻を行う草食性の偶蹄類。シカ・キリン・ウシなど。ラクダも反芻するが、分類上は反芻亜目には含めない。ruminant

**ハンスウルスト【Hanswurst ドイツ】** ドイツ演劇の道化の名。ウルスト（＝腸詰め）のような太っちょ野郎の意。一六世紀に登場、一八世紀初めに定着した。

**ハン-スト**「ハンガーストライキ」の略。

**はん-ズボン【半ズボン】** 膝の位置より短い丈のズボン。shorts

**はんスラブ-しゅぎ【▼汎スラブ主義】** 帝政ロシアの主導下に全スラブ民族を統合しようとする政治思想。汎ゲルマン主義と対立。オーストリア・トルコの支配からの独立運動に発展。Pan-Slavism

**ハンスリック【Eduard Hanslick】**（一八二五 一九〇四） オーストリアの音楽学者・批評家。音楽それ自体に美を求め、反ワーグナーでシューマン・ブラームスを擁護。著書『音楽美について』。

**はん・する【反する】**（サ変自） ＝反す。①反対である。oppose ②もとる。be contrary to ③違う。違反する。infringe ④《「叛する」とも》そむく。rebel

**はん・ずる【判ずる】**（サ変他） ＝判じる・判ず。①見分ける。make out ②判断する。judge ③推し量る。推察する。guess ④考えて意味を解く。solve

**パンセ【Pensées フランス】** パスカルの遺著。一六七〇年刊。晩年書いた断片的なノートを、死後、編集したもの。人間性の矛盾についての根本的思索とキリスト教に関しての洞察が示されている。『瞑想録』。

**はん-せい【反省】**（名・サ変他） ①自分の行いをかえりみること。reflection 比較 内省。②心理学で、自分で自分を観察すること。reflection

**はん-せい【半生】** 人生の半分。half one's life

**はん-ぜい【反▼噬】**（名・サ変自） ①動物が飼い主にかみつくこと。②恩人にはむかうこと。

**はん-ぜい【半▽済】** 荘園の年貢の半分を配下の武士に与えて徴税させた法。南北朝動乱のさい、室町幕府が軍費調達のために始めた。

**ばん-せい【万世】** 永久。永世。万代。用例 ——一系。

**ばん-せい【伴星】** 二重星または連星系のうち、光度が低い天体のこと。companion

**ばん-せい【晩生】** ①おくて。late maturity ②後輩が、先輩に対して自分をさす語。小生。対義 早生。

**ばん-せい【晩成】**（名・サ変自） ①おそくできあがること。late completion ②年をとってから成功すること。belated success 用例 大器——。

**ばん-せい【蛮声】** 荒っぽく下品な大声。coarse voice 比較 胴間声。用例 ——をはりあげる。

**ばんせい-いっけい【万世一系】** 永久に同一系統が続くこと。天皇家の血統が有史以来続いていることが記紀神話を基に主張され、明治以降、天皇制の一典拠とされた。

**ばんせい-いでん【伴性遺伝】** 性染色体上にある遺伝子による遺伝。遺伝のしかたや遺伝形質が雌雄により異なる。ヒトの色盲や血友病など。十文字遺伝。sex-linked inheritance

**はん-せいすう【半整数】** 整数に〇・五を加えるか減じるかして得られる数。奇数の半分の数。

**ばんせい-せつ【万聖節】** キリスト教会で、全聖人の完徳と偉大さを記念する祝日。一一月一日。諸聖徒日。諸聖人の祝日。All Saints' Day

**はん-せいだい【▼范成大】**（一一二六 一一九三） 中国、南宋の政治家・詩人。号は石湖居士。呉郡の人。南宋四大家の一人で「四時田園雑興」の連作は有名。紀行文にもすぐれた。詩集『石湖詩集』。



↓ 行き先項目、図版・写真参照印。 JIS 日本工業規格情報交換用漢字符号コード（区点コード）。

**はんぜい-てんのう【反正天皇】** 記紀で第一八代天皇(在位四〇六〜四一〇)。仁徳天皇の第三皇子。名は多遅比瑞歯別。『宋書』「倭国伝」に記載された倭の五王の珍(弥)とされる。
**はん-せいひん【半製品】** なかばまでできている品物。加工が途中までで、まだ完成してない品物。half-finished goods
**はん-せき【犯跡】** 犯罪の証拠。罪跡。用例 —をくらます。
**はん-せき【版籍】** ①領土と戸籍。territory and register ②土地と人民。land and people
**はんせき-ほうかん【版籍奉還】** 明治初頭、諸藩主による土地(=版)と人民(=籍)の朝廷への返還。明治二年(一八六九)維新政府が中央集権化のため実施。廃藩置県の前提となる。
**はん-せつ【反切】** 中国で、ある漢字の字音を他の二字の音を借りて表す方法。求める音と同頭音の字を先に、同韻の字を次におく。たとえば「東」は「徳紅反(または、徳紅切)」で示し、「徳」(de)の[d]と「紅」(hong)の[ong]で「東」の[dong]を表す。かえし。
**はん-せつ【半切・半▼截】** ①半分に切ること。cut into two ②唐紙・画仙紙などの全紙を縦半分に切ったもの。それにかいた書画。
**ばん-せつ【晩節】** ①晩年。②晩年の節操。用例 —を全うする。
**はんぜつ-おん【半舌音】** 中国音韻学における声母(頭子音)の分類の一つ。[l]の音。
**はん-せん【反戦】** 戦争に反対すること。anti-war 比較 厭戦。
**はん-せん【半銭】** ①明治時代の銅貨の一つ。一銭の二分の一。五厘。②少しばかりのお金。
**はん-せん【帆船】** 帆で風を受けて風力で走る船の総称。帆のつけ方でいろいろに区別される。帆掛け船。帆前船。sailing ship; sailboat ↓図

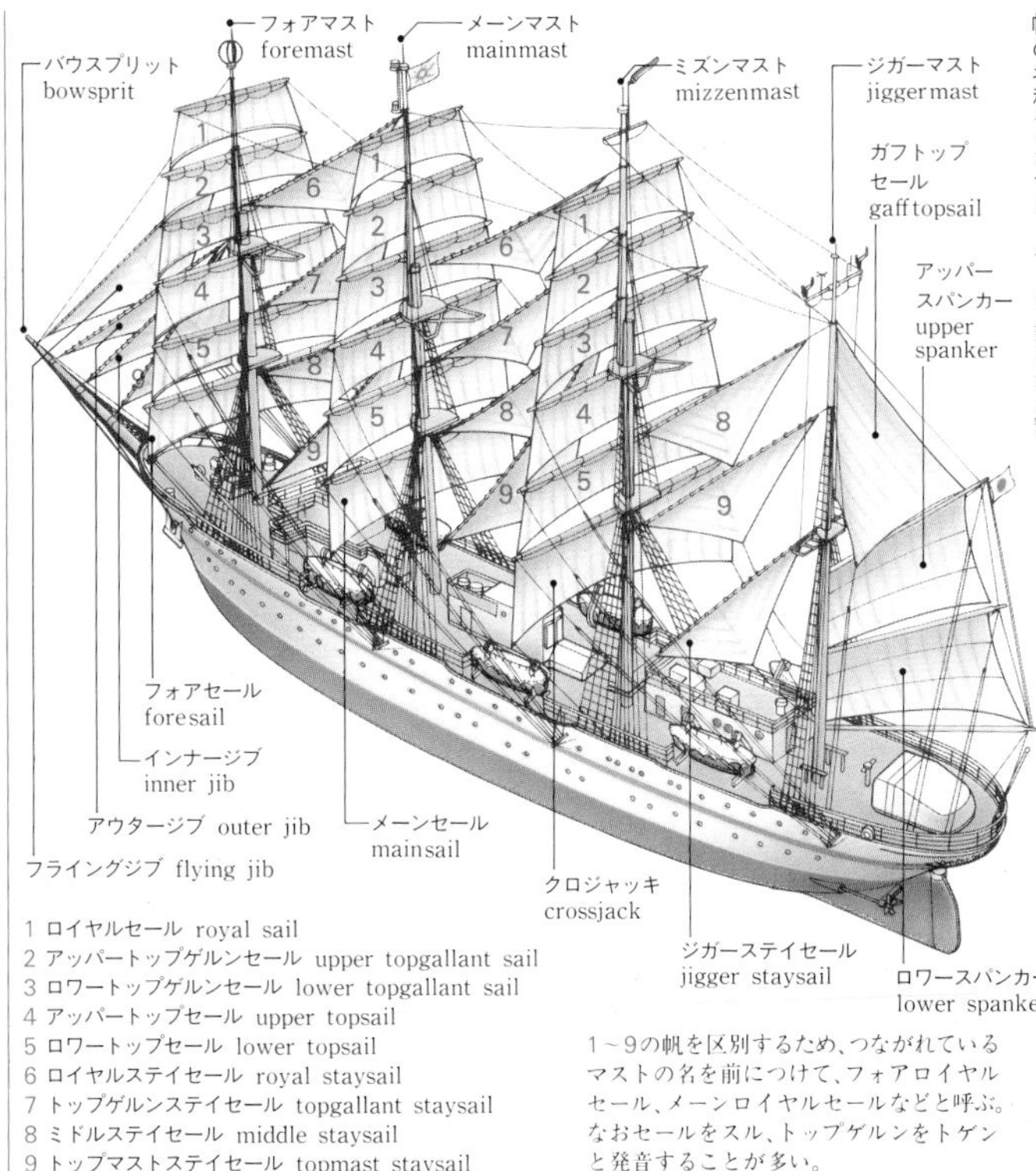


●帆船 帆の名称(4本マストバーク『新日本丸』)

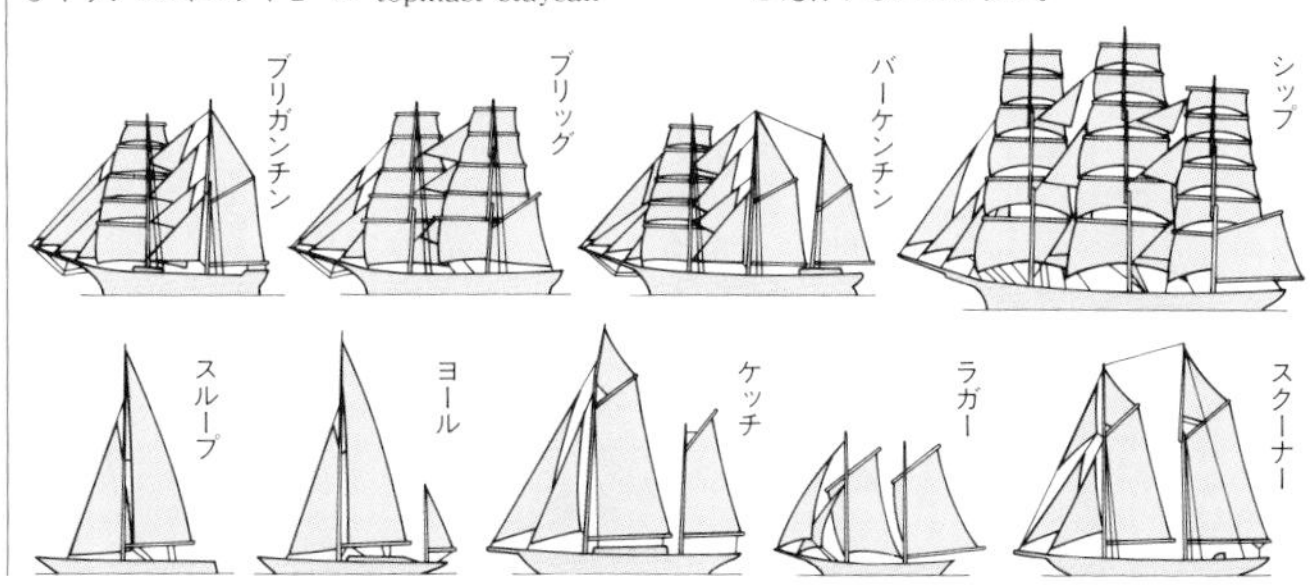


帆装様式

**ハンセン【Alvin Harvey Hansen】**(一八八七〜一九七五) アメリカのケインズ派を代表する経済学者。ハーバード大教授。長期停滞理論を唱えた。著書『財政政策と景気循環』など。
**ハンセン【Armauer Gerhard Hansen】**(一八四一〜一九一二) ノルウェーの医学者。ライ菌を発見。ハンセン病はその名にちなむ。ベルゲン病院院長としてハンセン病絶滅にも尽力。
**ハンセン【Emil Christian Hansen】**(一八四二〜一九〇九) デンマークの植物学者。酵母菌の純粋培養法を考案。ビール醸造・酵母工業に貢献。
**ハンセン【Martin Hansen】**(一九〇九〜一九五五) デンマークの小説家。グロテスクな作風が特徴。作品『蛇と牡牛』など。
**はん-ぜん【▼幡然】**(形動トタル) 軽くひるがえるさま。心などががらりと変わるさま。翻然。
**はん-ぜん【判然】**(形動トタル・サ変自) はっきりとよくわかること・さま。明らか。distinct

**ばん-せん【番船】** ①港口や関所などで警備にあたる船。ばんぶね。②新綿や新酒を大坂から江戸に運ぶ到着順を競った年中行事の回船(新綿番船・新酒番船)。
**ばん-せん【番線】** ①もと、針金の太さを表した単位。今は、ミリメートルで表す。用例 八—で、さくを結う。②駅のホームの、番号をつけた線路。
**ばん-ぜん【万全】**(名・形動) 全く手落ちのないこと・さま。completeness 用例 —の策を講ずる。
**はんせん-うんどう【反戦運動】** 戦争に反対する運動。戦争開始に反対するもの、戦争の拡大に反対するもの、停戦をもとめるものなどさまざまな内容がある。平和運動。antiwar movement
**ハンセン-びょう【ハンセン病】**《菌がノルウェーの医学者ハンセンによって発見されたことからの名》ライ菌による慢性伝染病。菌が皮膚の傷から入り、皮膚と末梢神経を冒す。感染力は弱い。かつては不治の病といわれたが、現在はスルフォン剤などの内服で完治する。leprosy; Hansen's disease
**はんせん-ろん【反戦論】** 戦争に反対する論。pacifism 比較 非戦論。対義 主戦論。
**はん-そ【反訴】**(名・サ変自) 民事訴訟の被告が原告を相手どり、進行中の訴訟(=本訴)と併合して審理することを求めて起こす訴え。counter claim
**はん-そう【半双】** 二つで一組みとなるものの一方。対のものの片方。一双の半分。
**はん-そう【帆走】**(名・サ変自) ①船が帆に風を受けて航行すること。sailing ②大気の流れを利用して飛行すること。滑空。gliding
**はん-そう【搬送】**(名・サ変他) 交通手段・電波などを用いて運び送ること。conveyance
**はんぞう【▼楾】** 13画 部首[木]きへん 和製漢字 JIS 6025
↓はんぞう[匜・半挿・楾]
**はん-ぞう【▼匜・半挿・▼楾】** ①湯や水を注ぐための道具。柄が器の中に挿しこまれていて、湯は柄の中の穴をとおって注がれる。はぞう。はにぞう。②口や手を洗ったり、お歯黒をつけるときに用いる角だらい。みみだらい。
**はん-ぞう【▼范増】**(?〜BC二〇四) 中国、楚の項羽の謀臣。戦功をたて信任されたが、鴻門の会で劉邦刺殺に失敗。
**ばん-そう【伴走】**(名・サ変自) いっしょについて走ること。
**ばん-そう【伴奏】**(名・サ変自) 主旋律や主要声部の補佐・強調・和声づけを目的とする声部および演奏。一般には、声楽や器楽に合わせて、他の楽器で補助的に演奏すること。accompany
**ばん-そう【晩霜】** ↓おそじも(遅霜)

**ばんそう-こう【▼絆創▼膏】** 傷口の保護や、つけた薬・包帯の固定に用いる医薬品。布・紙などに粘着剤をぬったもの。牽引にも用いる。adhesive plaster
**はんそう-つうしん【搬送通信】** 多数の音声通話路信号をおのおの異なる周波数の搬送波で送信し、送受端のフィルターでそれぞれ選別して対応する方式の通信。carrier frequency communication
**はん-そく【反則・犯則】**(名・サ変自) ①法令や規則に違反すること。infringement 用例 —を犯す。②ゲーム・競技などのルール違反をすること。ファウル。foul 用例 —負け。
**はん-そく【反側】**(名・サ変自) 寝返りをうつこと。turn over in bed 用例 展転—。
**はん-ぞく【反俗】** 世間並みなことには従わないこと。通俗なことに逆らうこと。resistance to convention 用例 —精神。
**ばん-ぞく【蛮族・▼蕃族】** 文明の開けていない種族。savage tribe
**ばん-そつ【番卒】** 番をする兵士。番兵。
**はん-そで【半▼袖】** ひじまでの長さの袖。その衣服。half sleeves 対義 長袖。
**パンソリ**(P'ansori朝)《「パン」は人の集まる場所、「ソリ」は音の意》朝鮮の伝統的な歌唱芸。歌い手が鼓手の伴奏にあわせて自然や物語をうたいあげる。
**はんそん-しゅ【▼汎存種】** 地球上の広い範囲にわたり分布・自生する動植物の種。ふつう二大陸以上にわたるものをさす。cosmopolitan
**はん-た【煩多】**(名・形動) 物事のわずらわしく多いこと・さま。troublesomeness
**はん-た【繁多】**(名・形動) 用事が多くて忙しいこと・さま。pressure of business 用例 御用—の身。
**はんだ【半田・▽盤▼陀】** 軟鑞の一種。金属接合用の錫と鉛の合金。しろめ。はくろう。solder; pewter
**はんだ【半田】**〈市〉 愛知県知多半島東岸にある市。衣浦臨海工業地域の中心であり、食酢などの醸造業や知多木綿でも知られる。人口九万五一四一(一九八八)。
**はんだ【半田】**〈町〉 徳島県西部、吉野川中流の町。農林業が主で、そうめん・敷物の産地としても知られる。人口七二三八(一九八八)。
**ばん-た【番太】**《「番太郎」の略》江戸時代、都市での夜番や、町村での水門の警戒・火の番にあたった者。江戸で番小屋に住んだ者は、小商いをしながら任にあたった。
**ばん-だ【万▼朶】**《「朶」は垂れさがった枝、または花》多くの花の枝。多くの花。用例 —の桜。
**バンダ【vanda】** ラン科の属名の一つ。約三〇



▼常用漢字表外。 ▽常用漢字表の音訓外。

種知られる。花は径五〜一〇cmで、色や形は変化に富む。葉は扁平または棒状。観賞用に温室で栽培。↓ラン 写

**バンダ**【Julien Benda】(一八六七〜一九五六) フランスの哲学者・小説家・文明批評家。徹底した主知主義に立ち感性を排した。著書『聖職者の背任』など。

**パンダ**【panda】《もと、ネパール語》①アライグマ科とクマ科の双方の特徴を備えた原始的な哺乳類。現存種はジャイアントパンダとレッサーパンダの二種があるが、一般にはジャイアントパンダをさし、高山の竹林などにすみ、笹や竹の葉が主食。大熊猫。②↓レッサーパンダ

**ハンター**【hunter】①猟師。かりゅうど。②あさり求める人。探し回る人。用例 ラブ—。

**ハンター-キラー**【Hunter Killer】潜航中の潜水艦を探知し、撃沈するための作戦。また、それに参加する対潜哨戒機・ヘリコプター・艦艇など。

**はん-たい**【反対】㊀(名・形動)《位置・方角・順序などが》あべこべ。さかさま。逆。reverse 用例 子どもが靴を左右— にはく。㊁(名・サ変自) 逆らうこと。opposition 対義 賛成。用例 —を唱える。

**はん-だい**【飯台】①ちゃぶ台。数人でかこむ食事用の台。②箱膳。

**ばん-だい**【万代】いつまでも続くこと。永久。よろずよ。万世。eternity

**ばん-だい**【番台】ふろ屋などで、見張りをする人が座る台。また、その人。watch stand

**ばん-だい**【盤台】さかな屋が使う、浅く大きな長円形の木製たらい。はんだい。oval tub

**ばんだい**【▼磐▼梯】〈町〉福島県北西部、磐梯山南西麓の町。稲作が中心。日橋川流域には発電所・工場がある。山地は磐梯朝日国立公園の一部。人口四五〇〇(一九八八)。

**ばんだいあさひ-こくりつこうえん**【▼磐▼梯朝日国立公園】新潟・山形・福島の三県にまたがり、磐梯・吾妻、出羽三山・朝日山地、飯豊山地を含む広大な国立公園。面積一八九七km²。原始林と山岳景観で知られる。昭和二五年(一九五〇)指定。

**ばんだいあずま-こうげん**【▼磐▼梯▼吾妻高原】福島県北部、磐梯山の北側一帯の名称。五色沼などの景勝で知られ、磐梯朝日国立公園に属する。裏磐梯。

**ばんだいあずま-スカイライン**【▼磐▼梯▼吾妻スカイライン】福島県の高湯温泉と土湯峠を結ぶ観光有料道路。長さ二八・八km。昭和三四年(一九五九)開通。

**ばんだいあたみ-おんせん**【▼磐▼梯▽熱▽海温泉】福島県郡山市北西部、安達太良山南麓にある温泉。国道四九号に沿う保養・行楽地。

**ばんだい-きのり** 高山の樹上にはえるサルオガセ科の地衣。全体は灰白色または淡褐色。高さ約八cm。体表はやや平ら。食用となり、北海道を除く日本全土に分布。↓図

●バンダイキノリ

**はんたい-きゅうふ**【反対給付】一つの給付があると、それにみあう反対方向の給付があるという経済原理。または、反対に給付されるもの。売買契約で引き渡された商品に対する代価など。performance in return

**はんたい-ご**【反対語】対義語。antonym

**ばんだい-さん**【▼磐▼梯山】福島県北部、猪苗代湖北方の火山。標高一八一九m。明治二一年(一八八八)に大爆発し、北側に檜原湖や五色沼などの湖沼群ができた。磐梯朝日国立公園の一部。会津富士。

**はんたい-じんもん**【反対尋問】証人に対し、証人申請をした者が最初に行う尋問の後に、反対の当事者がなす尋問。cross-examination

**はん-たいせい**【反体制】①統一的な秩序をもった社会の全体的構造を否定すること。根本的な変革を要求する社会運動を提起する。antiestablishment ②時の政治支配体制に反対すること。antiestablishment 用例 — 知識人。

**ばんだいなごんえまき**【伴大納言絵巻】応天門の変に基づいた絵巻物。一二世紀後半、常盤光長の作とする。絵所の本格的な作風を示す。自由な描線と彩色が調和し、群衆描写がすぐれている。伴大納言絵詞。

**ばんだい-ふえき**【万代不易】↓ばんこふえき(万古不易)

**バン-ダイン**【S.S. Van Dine】(一八八八〜一九三九) アメリカの推理小説家。美術評論家ライトの筆名。緻密な構成、衒学的作風で知られる。作品『グリーン家殺人事件』など。

**パンタクール**【pantacourtフランス】《「パンタロン」と、短いの意の「クール」を合わせた語》膝下程度の短い丈のズボン。ガウチョパンツ。

**はん-だくおん**【半濁音】は行のかなに半濁点をつけて表す音。頭子音は[p]。江戸時代初期、外国人宣教師が日本語表記の手引きとしてつくった『落葉集』に、その早い使用例がある。対義 清音。

**はん-だくてん**【半濁点】は行のかなの右肩に付けるしるし。頭子音が[p]であることを示す「゜」。比較 濁点。参考「カ゜」のようにして、か行の鼻濁音を示すことがある。

**パンタグラフ**【pantograph】①電車・電気機関車の集電器。ひし形の装置で屋根の上に取り付け架線から電流を導く。②拡大縮小図を作る器具。

**パンタグリュエル**【Pantagruel】ラブレー作の物語。『ガルガンチュア』の続編。四巻。一五三二〜六四年刊。巨人王ガルガンチュアの子パンタグリュエルの冒険中心の物語。

**はんだ-こうげん**【飯田高原】大分県西部、九重火山群の北に広がる大草原。標高八〇〇〜一二〇〇m。温泉が多く、別府・阿蘇道路が通る。

**バンダナ**【bandana】《ヒンズー語のバンドニュ(=絞り染め)が語源》更紗染めの大きく、派手なハンカチーフ。首に巻いたり、頭にかぶったりする。↓写

●バンダナ

**パン-だね**【パン種】パンを作るときに入れるイースト。ふくらませ、かおりをつける。yeast

**バンタム-おうこく**【バンタム王国】インドネシアのジャワ島西部のバンタムを中心としたイスラム教国。ハサヌディンが一五五六年に建国。一時繁栄したが、一六世紀末以降はオランダに圧迫され、一七五二年その保護国となった。

**バンタム-きゅう**【バンタム級】体重制競技の階級の一つ。アマチュアボクシングは五一〜五四kg、プロボクシングは五二・一〜五三・五kg。bantamweight

**はんだゆう-ぶし**【半太▽夫節】古浄瑠璃の曲種名。江戸半太夫が始祖。河東節の祖ともいわれ、地歌・長唄・義太夫節などにとり入れられている。

**バンダラナイケ**【Sirimavo Bandaranaike】(一九一六〜) スリランカの政治家。首相であった夫が暗殺されたのち、自由党総裁に選任。一九六〇年の総選挙の結果、世界最初の女性首相。六五年まで在任。

**はんだ-りょうへい**【半田良平】(一八八七〜一九四五) 歌人。栃木県生まれ。東大卒。終生教職にたずさわり、批評的な人事の歌に特色がある。歌集『野づかさ』『幸木』など。

**バンダル-アッバース**【Bandar 'Abbās】イラン南部、ホルムズ海峡に臨む港湾都市。人口八・九万(一九七六)。

**バンダル-スリブガワン**【Bandar Seri Begawan】東南アジア、ブルネイの首都。ブルネイ湾に臨み、近代化が著しい。ゴム交易の中心地。人口六・四万(一九八一)。

**バンダル-ぞく**【バンダル族】ゲルマン民族の一派。バルト海沿岸から南下し、四世紀には現在のハンガリー地方に定住。民族大移動にさいしイベリア半島から北アフリカへ入り、王国を建設。六世紀中ごろビザンチン帝国により滅亡。Vandal

**バンダル-ホメイニ**【Bandar-e Khomeynī】イラン南西部の港町。イラン革命後、宗教指導者名に改められた。旧称バンダルシャープール。

**パンタ-レイ**【panta rheiギリシア】《すべてのものは流転する、の意》ヘラクレイトスの思想をあらわした語。世界の真理を、永遠の理法たるロゴスに支配される万物の生成変化に見たもの。万物流転。

**ばん-たろう**【番太郎】↓ばんた(番太)

**パンタロン**【pantalonフランス】《ズボンの意》①裾広がりの、おもに女性用の長ズボン。②一九世紀の婦人用の下着ズボンまたは長ズロース。

**ハンタン**【邯鄲】(Hándān) ↓かんたん(邯鄲)

**はん-だん**【判断】(名・サ変他) ①真偽・善悪・可否などを考えて決めること。judgment ②論理学で、いくつかの概念の間の関係を肯定または否定する働き。概念と並ぶ思考の根本形式。定言的・仮言的・選言的の三判断に分かれる。判断を言語で表現したものを命題という。judgment

**ばん-たん**【万端】あらゆる物事・手段。everything 用例 用意— 怠りなし。

**ばん-だんえもん**【▼塙団▽右▽衛門】(一五六七〜一六一五) 安土桃山・江戸初期の武将。本名は塙直之。文禄の役に従軍し、関ケ原の戦いののち小早川秀秋・福島正則に仕えた。慶長一九年(一六一四)豊臣方につき大坂入城。翌年の夏の陣で戦死。

**はんだん-ちゅうし**【判断中止】判断停止。エポケーの訳語。suspension of judgment

**はんだんりょくひはん**【判断力批判】《原題Kritik der Urteilskraftドイツ》カントの三批判書の一つ。美や生命の合目的性を主観の先験的形式によって解釈したもの。一七九〇年刊。

**はん-ち**【半知】江戸時代、藩財政の困窮を打開するために実施された法。家臣の俸禄・知行を削減する借り上げのうち、削減が半分に達するものをいった。

**ばん-ち**【番地】地籍を示すため、市町村の土地を細分してつけた番号。用例 所—。

**ばん-ち**【蛮地・▼蕃地】未開人の住む土地。savage land

**パンチ**【punch】①ボクシングで、相手を打つこと。②相手を圧倒する勢いがあること。用例 —のきいた歌い方。③はさみで、切符・カードなどに、穴をあけること。また、そのはさみ。用例 —を入れる。④《古代インド語のポンシュ、ペルシア語のパンジから。ともに五つ、の意》水・酒・レモン・砂糖・香料の五種類を混ぜたカクテル。現在は五種類にこだわらない。

**パンチ**【Punch】イギリスで広く親しまれている野外人形劇『パンチとジュディー』の喜劇的主人公。誇張された粗暴さで笑いをよぶ。

**パンチェン-ラマ**【Pan-chen Bla-maチベット】ラマ教の活仏の通称。チベット西部の政治・宗教両権の首長としてダライ-ラマに次ぐ地位にあった。阿弥陀如来の化身とされる。

**パンチ-カード**【punch(ed) card】情報を穴の位置や組み合わせによって表示するカード。電子計算機の入出力に使われるもの、分類・集計・統計などに使われるものなど。

**パンチカード-システム**【punched card system】穴をあけたカードを入出力媒体に用いたデータ処理システム。分類機・照合機・集計機などの単能機で事務処理を行う。PCS。

**はんち-がく**【▼汎知学】《pansophiaラテンの訳語》一六〜一七世紀のヨーロッパで展開された精神運動。聖書にかわって自然のすべての事物から神意を読みとろうとする。薔薇十字運動などの思想背景の一つ。pansophy

**はん-ちく**【半ちく】《俗語》中途はんぱ。

**はん-ちちゅうしょくぶつ**【半地中植物】休眠芽の位置による生活形の分類で、地上部が枯れたとき、芽(=冬芽)が地表面のすぐ下にある植物。タンポポ・スミレ・ワレモコウ・オオマツヨイグサ・シバなど。hemicryptophyte

**パンチ-パーマ**《和製語》男性の髪型の一つ。コールドパーマとアイロン技術を併用して、短い毛を縮らせた髪型。↓図

●パンチパーマ

**ばん-ちゃ**【番茶】せん茶をつんだあとの硬くなった葉で作る葉茶。可溶成分が少ない。

**番茶も出花**(ばんちゃもでばな) 番茶も入れたてはおいしいことから、器量のよくない娘でも年ごろは色気があってかわいいというたとえ。Even a weed has its time of flowering.

**パンチャー**【puncher】①カードなどに穴をあける機械・人。②「キーパンチャー」の略。

**パンチャシラ**【Pancasilaインドネシア】《五原則の意》インドネシアの建国綱領の五つの原則。一九四五年スカルノが提唱。神への信仰、人道主義、民族主義、民主主義と社会正義。

**パンチャタントラ**【Pañcatantra】《五編の書、の意》サンスクリットで書かれた古代イン

ドの説話集。原作者・成立年代ともに未詳。最古の形の伝本の成立は前三〜後六世紀の間。「友の離反」「戦争と平和」などの五編からなり、散文に格言的な詩句をまじえる形をとる。

**はん-ちゅう【範▼疇】**《『書経』の「洪範九疇」という語から西周がつくった訳語》↓カテゴリー

**はん-ちゅう【藩中】** ①藩の内部。②同藩の武士。③大名の家来。

**はん-ちゅうえん【▼范仲▼淹】**(九八九〜一〇五二) 中国、北宋の政治家。仁宗に仕えて西夏防衛に功をたて、登用された。諸改革事項を上奏したが反対派により挫折。士大夫の理想とされ、范文正公と称された。同族扶助のため設けた范氏義荘は有名。

**はん-ちゅうせいし【反中性子】** 中性子の反粒子。電荷は0、質量とスピンは中性子と同じ、磁気モーメントは符号が反対。antineutron

**バンチュラ[Lino Ventura]**(一九一九〜八七) フランスの映画俳優。主演作『現金に手を出すな』『ラムの大通り』など。

**はん-ちょう【班長】** 班の責任者・指揮者。group leader

**はん-ちょう【班超】**(三二〜一〇二) 中国、後漢の武将。班固の弟。七三年匈奴討伐に功を挙げ、以後三〇年間西域経営に従事。九一年西域都護となり、定遠侯に列せられた。部下の甘英を大秦に派遣。

**ハンチョウ[杭州]**(Hángzhōu) ↓こうしゅう(杭州)

**ばん-ちょう【番長】** おもに中学生や高校生の学校内での非行集団のリーダー。

**はんちょく-せん【半直線】** 直線を二分したときの片方の直線。half line

**ハンチョン[漢中]**(Hànzhōng) ↓かんちゅう(漢中)

**はん-ちん【藩鎮】** 節度使の別称。

**ハンチング** [hunting] =ハンティング。①狩り。②《「ハンチングキャップ」「ハンチングベレー」の略》前びさし付きの平たい帽子。鳥打帽。↓図

●ハンチング②

**バンチング[Banting]** ↓バンティング

**ハンチントン[Ellsworth Huntington]**(一八七六〜一九四七) アメリカの地理学者・探検家。中央アジアを探検。気候が人類に及ぼす影響を重視した。著書『気候と文明』は有名。

**パンツ[pants]** ①《pantaloonsから》丈の長いズボン。②スポーティーな運動用のズボン。③肌着用の下ばき。用例トレーニング—。

**バンツー-けい-しょぞく【バンツー系諸族】** バンツー語族の言語(スワヒリ・ズールーなど)を使用する諸民族。黒色人種。サハラ以南に広く居住。農耕・狩猟・牛飼養に従事。Bantu

**バンツー-ごぞく【バンツー語族】** アフリカの下ギニア・コンゴ盆地・ボツワナ・南アフリカ共和国の北東部など、広大な地域に分布する諸語族の総称。六〇〇以上の言語を含み、代表的なものにスワヒリ語・ズールー語・ルガンダ語などがある。Bantu languages

**バンツー-ホームランド[Bantu Homeland]** 南アの人種隔離政策の中心をなす、アフリカ人(バンツー語族)指定居住地。同国面積の一三%で大部分がやせ地。旧称バントゥースタン。

**はん-つき【半月】** 一か月の半分。half a month

**はん-つき【半▼搗き】** 栄養分を失わないように、玄米の外皮を、半分ほど残すように精白すること。用例—米。

**ばん-づけ【番付・番▽附】** ①順番・番号や、それを記したもの。また、建築の用材などに、組み合わせの合い印として書く記号・文字。②大相撲で力士・行司・年寄の階級や地位を列記したもの。現在は、本場所の初日の一三日前に協会が発表する。相撲番付。official ranking list ③狂言・芝居・演芸などの番組や役付けを記したもの。program ④相撲にならって地位などの順序を示した表。graded list 用例長者—。

**ばん-て【番手】** ①城の警固にあたる武士。②糸の太さを表す単位。紡績糸に用い、恒重式つまり標準重量に対する糸の長さで表示。番手の数が多いほど糸は細い。count ③《接尾的》陣立ての隊列の順序を表す語。また、競技の順番もいう。用例三—。

**はん-てい【判定】**(名・サ変他) ①判断して決めること。judgment ②ボクシング・レスリング・柔道などで、試合の最後まで決定的な技が決まらない場合に、審判員の採点あるいは判断に基づいて勝負を決定する方法。decision

**はん-てい【藩邸】** 江戸にあった大名の屋敷。

**ハンディ** ↓ハンディキャップ

**ハンディ[William Handy]**(一八七三〜一九五八) アメリカの黒人ブルース作曲家。「ブルースの父」とよばれる。作品『セントルイス-ブルース』など。

**ハンディ[handy]**(形動) 手軽。軽便。

**パンティー[panties]** 股下の短い、腰部にぴったりした婦人用下着。また上丈や股下が極端に短いものはスキャンティーといって区別する。ショーツ。

**パンティー-ガードル[panty girdle]** 婦人用下着の一種。筒形でなく、パンティー形式のガードルのこと。伸縮性に富み、補整力を備えて、軽快なのが特徴。

**パンティー-ストッキング**《和製語》ストッキングにパンティーをつないだ形の靴下。panty hose

**はんてい-がち【判定勝ち】** 判定で得た勝利。

**ハンディキャップ[handicap]** =ハンディ。ハンデ。①優秀者に課する負担。とくにゴルフで、プレーヤーの力量のちがいによる成績の差を少なくするために与えられる数。実際の打数から各人のハンディキャップを引いたスコアで勝敗を争う。②不利な条件。また、身心の機能障害によって活動能力が低下し、社会的に不利な立場におかれた状態。参照機能障害・能力障害。

**バンディクート[bandicoot]** バンディクート科の有袋類。外形はネズミに似る。体長三〇cm内外。夜行性で、虫などを食べる。オーストラリア・ニューギニアなどに分布。

**ハンディ-トーキー[handy talkie]** 携帯用小型無線送受信機の商標名。参照ウオーキートーキー・トランシーバー。

**バンデイラ[Manuel Bandeira]**(一八八六〜一九六八) ブラジルの詩人。近代派を代表する一人。詩集『放縦』など。

**はん-ていりつ【反定立】** 論理学で、ある主張(=定立)に反対して立てられる、もうひとつの主張。ヘーゲル弁証法の論理的三重構造における二番目の段階。正反合の反に対応する。アンチテーゼ。反立。antithesis 対義定立。

**バンティング[Frederick Grant Banting]**(一八九一〜一九四一) カナダの医学者。マクラウド・ベストらとともに膵臓の内分泌物を研究し、一九二一年インシュリンを発見。二三年ノーベル生理学医学賞受賞。

**バンデージ[bandage]** ボクシングで、選手がグローブをはめるとき手首から親指に巻く包帯状の布。こぶしや手首を保護し、パンチの威力を増すためのもの。

**パンテオン[Pantheon]**《万神をまつる神殿の意》①ローマにある半円形のドームをもつ神殿。紀元前二七年創建。②一八世紀後半に建てられたパリの聖ジュヌビエブ教会。一九世紀以降、国家功労者と偉人をまつる廟となった。↓写

**バンデッロ[Matteo Bandello]**(一四八五〜一五六一) イタリアの小説家。代表作は二一四編の『短編集』で、当時の宮廷や貴族社会のありさまを精細に描く。そのなかに『ロミオとジュリエット』の原作も含まれている。

**バン-デ-ベルデ[Henry Clemens van de Velde]**(一八六三〜一九五七) ベルギーの建築家・デザイナー。アールヌーボーの代表作家として活躍。

**バン-デル-メール[Simon van der Meer]**(一九二五〜) オランダの物理工学者。確率冷却法を発明。W粒子・Z粒子を生成する反陽子と陽子の衝突に使う高エネルギーの反陽子を貯蔵することに成功した。一九八四年ノーベル物理学賞受賞。ヴァン=デル=メール。

**バン-デル-メルシュ[Maxence Van der Meersch]**(一九〇七〜五一) フランスの小説家。人道主義的社会主義の作家。作品『砂丘の家』『神の烙印』など。

**はん-てん【反転】**(名・サ変自他) ①ころぶこと。roll ②ひっくり返ること。turn over ③方向などが、くるりと変わること。reversal ④写真で、陽画を陰画に、またはその逆にかえること。また、カラーからモノクロにすること。solarization

**はん-てん【半天】** ①空の半分。②なかぞら。中空。用例—に輝く月。

**はん-てん【半▼纏・半天・▼袢▼纏】** ①羽織に似るが、丈が短く襟の折り返しや襠や胸ひものない和服。仕事着や防寒着。②印半纏。

**はん-てん【▼斑点】** まだら。ぶち。spot

**はん-てん【飯店】** 中国料理店の名につけられる語。菜館より大きい本格的な店のこと。参考中国では、ホテルの意味もある。

**はん-でん【班田】** 班田収授法によって口分田を班ち与えたこと。

**バンテン[banteng]** ジャワ・ボルネオの森林に野生し、バリ島などで家畜化されているウシ。黒褐色で四肢の下部と尻が白い。体長約一・九m。

**はんでんしゅうじゅ-の-ほう【班田収授の法】** 律令体制下の土地政策。唐の均田法にならい、六歳以上の男女に口分田を支給した。良民の男は二段、女はその三分の二、奴婢は良民の三分の一。

**はんてん-ずけい【反転図形】** 同一の図形でありながら、図柄と地が反転して二種以上の異なった形が見える図形。ルービンの盃と横顔の図形などが有名。reversible figure

**はんでん-せい【班田制】** 耕作田割り当てに関する制度。中国の唐の均田法、日本の律令制下の班田収授法をいう。

**バンデンバーグ-くうぐんきち【バンデンバーグ空軍基地】** アメリカ、カリフォルニア州南部にある空軍基地。人工衛星の実験基地。

●パンテオン① ハドリアヌスによる代表的ドーム建築。

**バンデンバーグ-けつぎ【バンデンバーグ決議】**(Vandenberg Resolution) アメリカが集団安全保障に参加する基本条件を決めた上院決議。一九四八年採択。同盟国の防衛力強化を義務づけた。バンデンバーグは、当時の上院外交委員長の名。

**はんてん-フィルム【反転フィルム】** 現像で直接陽画の得られる写真フィルム。また、反転現像によって得られる陽画フィルム。reversal film

**はんてん-ぼく【半▼纏木】**《葉の形が半纏に似ていることから》ユリノキの別名。

**はん-と【反徒・▼叛徒】** 反逆を起こした者。rebels

**はん-と【半途】** ①行く道の途中。②仕事・学業のなかば。中途。

**はん-と【版図】**《戸籍と地図、の意》領土。

**ハント[hunt]**(名・サ変他) ①狩りをすること。②探し求めること。用例ボーイ—。

**ハント[James Henry Leigh Hunt]**(一七八四〜一八五九) イギリスの批評家・詩人。ロマン派詩人を擁護した。詩集『リミニ物語』『自叙伝』など。

**ハント[William Holman Hunt]**(一八二七〜一九一〇) イギリスの画家。ラファエル前派の主要メンバーの一人。宗教的画題が多い。作品『灯明をもつキリスト』など。

**ハンド[hand]** 手。対義フット。

**バント[bunt]**(名・サ変他) 野球で、打者がバットを振らずボールに当てるだけで、内野に緩いゴロを転がすこと。セーフティーバントと犠牲バントがある。

**バンド[band]** ①皮・布でつくった洋服用の帯。ベルト。②吹奏楽団。また、軽音楽の楽団。③《文化人類学の用語》物質文化が単純で狩猟採集経済に依存し、季節的移動などの生活様式をともなう単純な社会組織。

**パント[punt]** ↓パントキック

**はん-とう【反騰】**(名・サ変自) 下降を続けていた証券や為替の相場が、一転して上昇に向かうこと。sharp rally 対義反落。

**はん-とう【半島】** 海や湖に長く突き出た陸地。半島の先端や突出部分を岬・崎・鼻などという。peninsula

**はん-どう【反動】** ①力の作用やある動き・傾向に対して起こる反対方向への動き。比較反作用。②歴史の流れに逆らい、社会的変革を否定して旧体制の維持・復活をめざす風潮や思想、または行動。ふつう旧特権階層の復古的な行動様式をさす。reaction 比較保守。

**ばん-とう【番頭】** 商家の使用人で、仕入れや販売などのほか、主人に代わって店の業務を行うもの。丁稚・手代を勤めあげたのちに得られる地位。

**ばん-とう【晩冬】** ①冬の末。二月の末ごろ。

▼常用漢字表外。 ▽常用漢字表の音訓外。

late winter ②陰暦一二月の異称。

**ばん-とう【晩稲】** 収穫期の遅いイネ。おくて。late-growing rice 対義 早稲。

**ばん-どう【▽坂東】** 駿河と相模の国境の足柄峠の坂から東の国。関東。

**バントゥースタン【Bantustan】** バンツーホームランドの旧称。

**はんどう-けいせい【反動形成】**《精神分析の用語》内的な感情や欲求とは正反対の態度を示すこと。防衛機制の一つ。reaction formation

**はんどう-こう【▼斑銅鉱】** 銅の硫化鉱物。立方体または一二面体結晶。銅鉱床に広く分布し、銅の鉱石鉱物。bornite

**ばんどう-さんじゅうさんしょ【▽坂東三十三所】** 坂東にある三三か所の観音霊場。↓図

**はんとう-せい【半透性】** 溶液や混合気体中のある成分を選択的に通過させる性質。semi-permeability

**はんどう-せいりょく【反動勢力】** 歴史の流れに逆らい、旧体制を維持または復活させようとする勢力。reactionary influence

**はんどう-タービン【反動タービン】** 高速流体が回転羽根を通過するさいのエネルギーを利用して回転力を得るタービン。reaction turbine 参照 水力タービン。

●坂東三十三所

| 番号 | 寺名 | 宗派 | 所在地 |
| --- | --- | --- | --- |
| 一 | 杉本寺 | 天台 | 鎌倉市二階堂 |
| 二 | 岩殿寺 | 曹洞 | 逗子市久木 |
| 三 | 安養院 | 浄土 | 鎌倉市大町 |
| 四 | 長谷寺 | 浄土 | 鎌倉市長谷 |
| 五 | 勝福寺 | 真言 | 小田原市飯泉 |
| 六 | 長谷寺 | 真言 | 厚木市飯山 |
| 七 | 光明寺 | 天台 | 平塚市南金目 |
| 八 | 星谷寺 | 真言 | 座間市座間 |
| 九 | 慈光寺 | 天台 | 埼玉県都幾川村 |
| 一〇 | 正法寺 | 真言 | 東松山市岩殿 |
| 一一 | 安楽寺 | 真言 | 埼玉県吉見町 |
| 一二 | 慈恩寺 | 天台 | 岩槻市慈恩寺 |
| 一三 | 浅草寺 | 聖観音 | 東京都台東区 |
| 一四 | 弘明寺 | 真言 | 横浜市南区 |
| 一五 | 長谷寺 | 天台 | 群馬県榛名町 |
| 一六 | 水沢寺 | 天台 | 群馬県伊香保町 |
| 一七 | 満願寺 | 真言 | 栃木市出流町 |
| 一八 | 中禅寺 | 天台 | 日光市中宮祠 |
| 一九 | 大谷寺 | 天台 | 宇都宮市大谷町 |
| 二〇 | 西明寺 | 真言 | 栃木県益子町 |
| 二一 | 日輪寺 | 天台 | 茨城県大子町 |
| 二二 | 佐竹寺 | 真言 | 常陸太田市天神林町 |
| 二三 | 観世音寺 | 曹洞 | 笠間市笠間 |
| 二四 | 楽法寺 | 真言 | 茨城県大和村 |
| 二五 | 大御堂 | 真言 | 茨城県筑波町 |
| 二六 | 清滝寺 | 真言 | 茨城県新治村 |
| 二七 | 円福寺 | 真言 | 銚子市馬場町 |
| 二八 | 竜正院 | 天台 | 千葉県下総町 |
| 二九 | 千葉寺 | 真言 | 千葉市千葉寺町 |
| 三〇 | 高蔵寺 | 真言 | 木更津市矢那 |
| 三一 | 笠森寺 | 天台 | 千葉県長南町 |
| 三二 | 清水寺 | 天台 | 千葉県岬町 |
| 三三 | 那古寺 | 真言 | 館山市那古 |

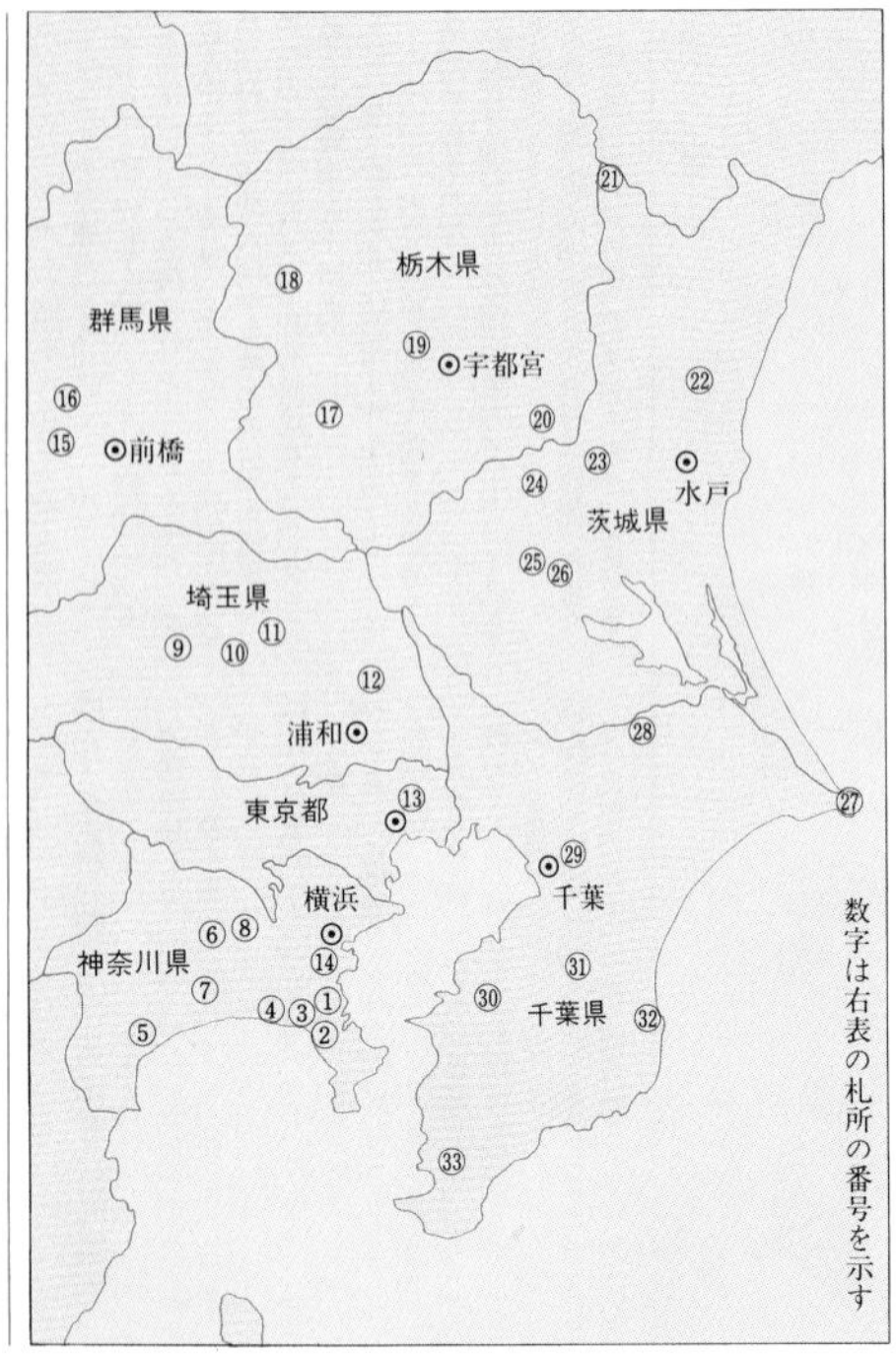

数字は右表の札所の番号を示す

**はん-どうたい【半導体】** 導電率が導体と絶縁体の中間程度の値をもつ物質。低温ではほとんど電気を通さず、高温になると電気を通す。電気伝導のにない手が電子であるn型と正孔であるp型がある。ゲルマニウム、セレン、テルル、重い金属の酸化物など。エレクトロニクス機器の素子などに利用。semiconductor

**はんどうたい-せいりゅうき【半導体整流器】** 半導体どうしあるいは半導体と金属との接触面の整流作用を利用した整流器。semiconductor rectifier

**はんどうたい-レーザー【半導体レーザー】** 半導体を用いるレーザー。p型とn型の半導体を接合し、p型からn型に電流を流すと、電子の密度が増加し、レーザー発振が得られる。小型で高能率なので光通信などに応用。semiconductor laser

**ばんどう-たろう【▽坂東太郎】** ①利根川の異称。坂東にある一番の川の意で、筑紫二郎(筑後川)、四国三郎(吉野川)とともに使われる。②《江戸語》夏の、雲の峰。

**ばんどう-つまさぶろう【▼阪東妻▽三郎】**(一九〇一〜五三) 映画俳優。東京生まれ。愛称阪妻。味わいのある演技で大衆に親しまれた。主演作『影法師』『無法松の一生』『王将』など。

**はんどう-てき【反動的】**(形動) 進歩を妨げ、歴史の流れに逆らうさま。reactionary 比較 保守的。

**ばんどう-ひこさぶろう【▽坂東▼彦▽三郎】** 歌舞伎俳優。屋号音羽屋(三世から)。現在八世まで。初世(一六九三〜一七五一)は市村座四天王の一人。実事・武道を得意とした。三世(一七五四〜一八二八)は時代物にすぐれた。五世(一八三二〜七七)は幕末・明治初期の名優として活躍。芸域が広く、あらゆる役柄に適した。

**はんとう-まく【半透膜】** 混合気体や溶液中に混入しているある成分だけを選択的に透過させる膜。セロハン膜・卵膜・膀胱膜など。透析や浸透圧の測定に利用。semipermeable membrane

**ばんどう-みつごろう【▽坂東三津五郎】** 歌舞伎俳優。屋号大和屋。現在九世まで。三世(一七七五〜一八三一)は文化文政期江戸の名優。舞踊は坂東流の祖。四世(一八〇〇〜六三)は和事・実事・舞踊にすぐれた。七世(一八八二〜一九六一)は歌舞伎舞踊の名人。重要無形文化財保持者。八世(一九〇六〜七五)は芸域の広い立役。重要無形文化財保持者。

**ばんどう-むしゃ【▽坂東武者】** 関東で生まれ育った武士。平安後期、関東が強力な武士団の発生した地方であったために起こった呼称。勇猛果敢で知られ、鎌倉幕府成立の原動力となった。東国武士。

**はんとうめい-うん【半透明雲】** 雲を通して太陽や月の位置がわかるくらいに薄い雲。高積雲・高層雲・層積雲・層雲などに現れる。translucidus

**ばんどう-りゅう【▽坂東流】** 日本舞踊の一流派。流祖は三世坂東三津五郎。上方風に対し江戸風を創始、確立した。八世没後二派に分かれる。

**バンドー【bandeau】** ①頭や額に巻く細いリボンやヘアバンド。参考 フランス語ではその形の冠をさすこともある。②幅の狭いブラジャー。

**はん-とき【半時】** ①一時の半分。今の約一時間。②しばらくの間。short time

**パント-キック【punt kick】** サッカー・ラグビー・アメリカンフットボールなどで、手から球を落とし、地面に着く前に蹴るキック。パント。比較 ドロップキック。

**はん-どく【判読】**(名・サ変他) 意味や文字を察して読むこと。判じ読み。decipherment

**はんどく【▼槃特】** ①↓しゅりはんどく(周梨槃特)。②愚か者。

**槃特が愚痴も文殊の知恵**《「槃特」は周梨槃特のこと》愚かな者であっても修行に励めば、知恵ある者と同じように、悟りを得るということ。

**はん-どく【▼繙読】**(名・サ変他) 書物を開いて読むこと。ひもとくこと。

**パントグラフ【pantograph】** ↓パンタグラフ②

**ハンド-クリーム【hand cream】** 手の荒れを防ぐためのクリーム。

**はん-とし【半年】** 一年の半分。はんねん。half a year

**バンドじょう-うん【バンド状雲】** 梅雨前線などに沿って帯状に長く連なった雲。気象衛星の雲の写真に見られる。

**パントテン-さん【パントテン酸】** ビタミンB複合体の一つ。食品中に広く分布。糖質や脂質の代謝に不可欠な補酵素の成分。pantothenic acid

**ハンド-トラクター【hand-tractor】** 歩行用小型トラクター。耕耘などの農作業に使用される。ガーデントラクター。

**ハンド-ドリル【hand drill】** ハンドルを手で回転させる穴あけ工具。比較 電気ドリル。

**バンド-ネオン【bandoneón スペイン】** アコーディオンの一種。ボタン式の鍵盤をもつ。アルゼンチン-タンゴの主要楽器。

**ハンド-バッグ【handbag】** 婦人が化粧品などを入れて携帯する小形の手下げかばん。かかえ型・肩からつり下げる型などさまざまある。

**ハンド-ブック【handbook】** 手引き。便覧。案内書。

**ハンド-ヘルド-コンピューター【hand-held computer】** 電池で作動する、携帯用のパーソナルコンピューター。電源を切ってもメモリーは消えない。

**ハンド-ボール【handball】** 球技の一つ。二チームに分かれボールを手でパスまたはドリブルして進め、相手のゴールに投げ入れて得点を競う。一チームは七人制が主流。送球。↓図(次ページ)

**パントマイム【pantomime】** 無言劇・黙劇。せりふを用いず、身ぶり・表情によって行為や感情を表現する演劇。また、その技術。マイム。

**バンド-マスター【bandmaster】** 楽団の指揮者・首席演奏者。

**パンドラ【Pandōra ギリシア】** ギリシア神話で、ゼウスが火の神ヘファイストスに作らせた人類最初の女性。参照 パンドラの箱。

**はんトラスト-ほう【反トラスト法】** 私的独占、不当な取引制限、不公正な競争方法などを禁止したアメリカの法律の総称。日本の独占禁止法の基礎となった。アンチトラスト法。Anti Trust Act

**パンドラ-の-はこ【パンドラの箱】** ゼウスがすべての悪と災難を封じ入れてパンドラに与えた禁断の箱または壺。これをあけたため、中から貪欲・中傷・虚栄などの諸悪が飛び出し、あとには希望だけが閉じこめられたという。Pandora's box

**はん-とり【判取(り)】** ①同意者・加入者などの証印を求めること。②「判取り帳」の略。

**ばん-どり【▽羽鳥】** ①肩から背をおおう肩蓑の一種。晴雨ともに着用する。②山形・秋田・新潟の一部で、背負い運搬のときの背中当て。わらで細かく編み、美しい模様をつけたものも多い。

**パントリー【pantry】** 家庭用の食料貯蔵室。また、ホテルなどの食器室。

**はんとり-ちょう【判取(り)帳】** 金品受け取りの証拠として印判を押してもらっておく帳面。判取り。

**ハンドリング【handling】** ①自動車のハンドル操作技術。ハンドルワーク。また、自動車の操縦安定性。②㋐ラグビー・ハンドボールなどの球技で、ボールの手さばき。㋑サッカーで、ゴールキーパー以外の選手がボールに手を触れる反則。③取り扱い。扱い方。

**ハンドル【handle】** ①取っ手。にぎり。②手でにぎって操作する機械や器具の部分。用例 ―さばき。↓自転車図

**はん-ドン【半ドン】**《「ドン」は、「ドンタク(休み)」の略》①午前中だけ勤務する日。half holiday ②土曜日。Saturday

**バンドン【Bandung】** インドネシア、ジャワ島西部の都市。標高七二〇m。気候温和で同国の学術・文化の中心。熱帯高地の保養地。人口一四六・三万(一九八〇)。

**バンドン-かいぎ【バンドン会議】**《インドネシアのバンドンで開かれたことから》アジアーアフリカ会議の別称。

**バンドン-せいしん【バンドン精神】** 一九五五年バンドン会議で打ち出された平和十原則を中心とする、アジアーアフリカ諸国間の連帯精神。基本的人権や主権の尊重、人種平等、内政不干渉、紛争の平和的解決など。Bandung spirit 参照平和十原則。

**はんなま-がし【半生菓子】** 生菓子と干菓子の中間の、水分を含む菓子。栗まんじゅう・茶通・最中など。

**はんなり**(副)《方言》関西地方で、上品ではなやかなさま。はでなさま。

**はんなん【▼阪南】**〈町〉大阪府南西部、和泉山脈北西麓の町。農工業の町で、紡織工業が主。宅地開発もさかん。人口五万二四四〇(一九八八)。

**ばん-なん【万難】** 多くの困難・故障。all difficulties

**万難を排して**(ばんなんをはいして) どんなに困難があろうと。あくまで。断じて。surmount all difficulties

**はん-にち【半日】** 一日の半分。はんじつ。half a day

**ハンニバル【Hannibal】**(BC二四七〜BC一八三) カルタゴの将軍。第二ポエニ戦争ではイタリア各地でローマ軍を撃破したが、紀元前二〇二年ザマの戦いで大敗。東方に逃れ反抗を続けたが、小アジアで自殺。

**はんにゃ【般▽若】**《prajñā梵、paññā巴利の音写で、真実の知恵、の意。智慧と訳す》①《仏教語》煩悩を断って悟りにいたるためのもととなる真実・最高の知恵。②能面の一つ。女性の嫉妬を表した恐ろしい顔つきの鬼女。↓写

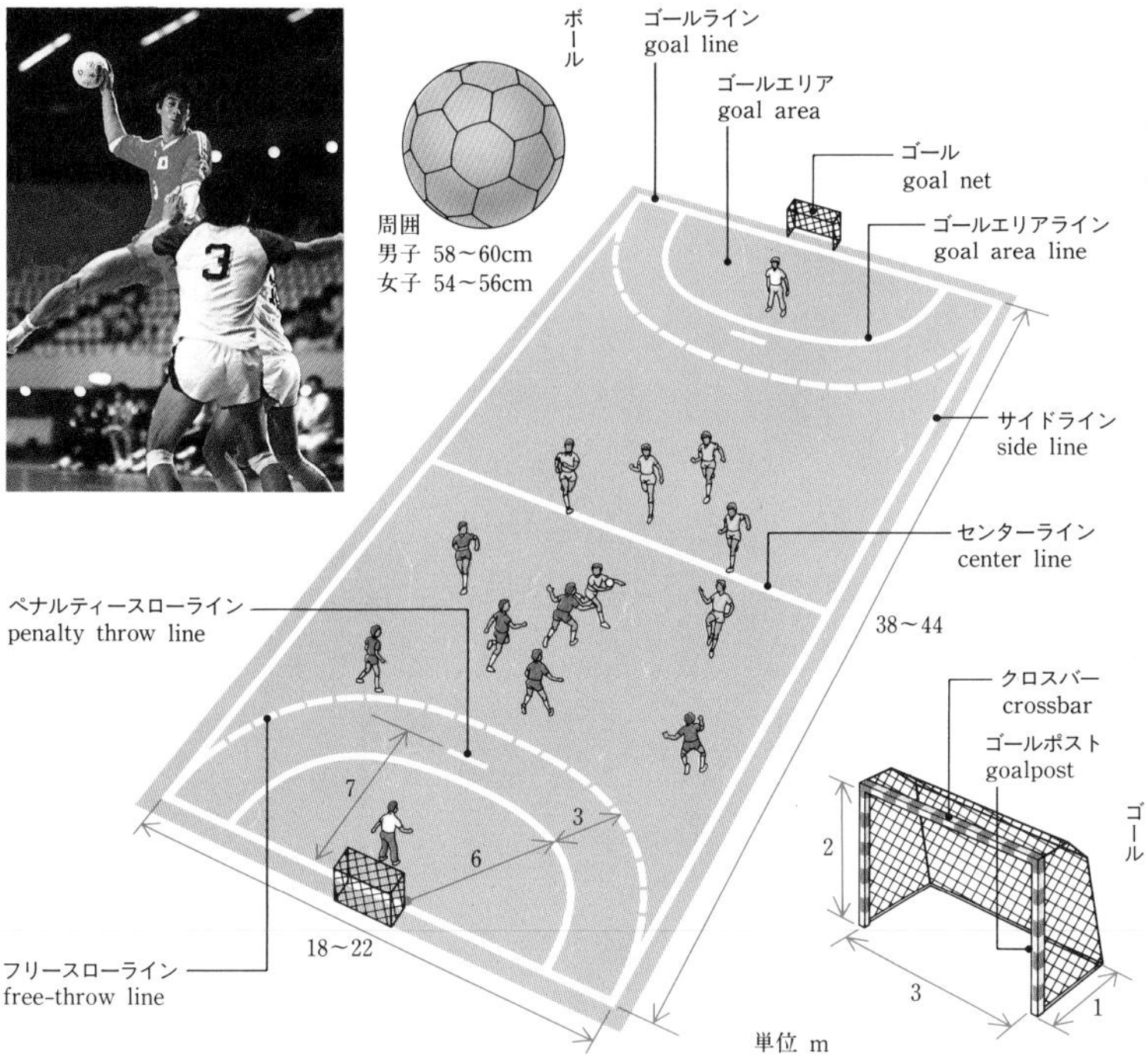

● ハンドボール

● 般若②

**はんにゃ-きょう【般▽若経】** 仏教で般若波羅蜜の思想を説く諸経典の総称。空の思想が中心となる。『大品般若経』『小品般若経』『金剛般若経』など。

**はんにゃ-しんぎょう【般▽若心経】**『般若経』の中心思想を圧縮して簡潔にまとめた経典。一巻。漢訳は七種あるが、玄奘訳が一般的。心経。般若波羅蜜多心経。

**はんにゃ-とう【般▽若湯】** 寺院で、酒の隠語。

**はんにゃ-はらみつ【般▽若波羅▼蜜】**《仏教語。prajñā-pāramitā梵の音写》六波羅蜜の一つ。他の五つの波羅蜜の基本となるもの。また、それらの完成された深い知恵。般若波羅蜜多。

**はんにゃ-りしゅきょう【般▽若理趣経】** ↓りしゅきょう(理趣経)

**はん-にゅう【搬入】**(名・サ変他) 運び入れること。carry in 対義搬出。

**はん-にん【犯人】** 罪をおかした当の者。犯罪者。criminal 比較罪人。

**ばん-にん【万人】** すべての人々。ばんじん。all people

**万人の万人に対する戦い**(ばんにんのばんにんにたいするたたかい)《イギリスの哲学者ホッブズのことば》人類は自然の状態では能力的には平等で、そのため人を不信の目で見て戦いが生じ、それぞれ万人を敵として互いに争うものである。

**ばん-にん【番人】** 番をする人。見張りをする人。watchman 用例山小屋の—。

**はんにん-かん【判任官】** 旧憲法下の最下級の官等。勅任官・奏任官の下で、各官庁の長によって任命された。比較高等官。

**はんにんぞうとく-ざい【犯人蔵匿罪】** 罰金以上の刑にあたる罪を犯した者や拘禁中逃走した者を、事情を知りながらかくまうなどして、官憲による発見・逮捕を妨げる罪。charge of harboring

**はんにん-まえ【半人前】** ①一人前の半分。fledgeling ②一人前の働きができないこと。immature work

**はん-ね【半値】** 定価の半分。half the price 用例—で売る。

**はん-ねり【半練り】** やわらかに練ってあること・もの。対義固練り。

**はん-ねん【半年】** 一年の半分。はんとし。half a year

**ばん-ねん【晩年】** 一生の終わりの時期。老年。老後。one's late years

**はん-のう【反応】**(名・サ変自)《「はんおう」の変》①手ごたえがあること。効き目。response ②心理学で、刺激に応じて起こる運動。response ③物質間に起こる化学変化。chemical reaction

**はん-のう【半農】** 生計のなかばを農業で立てていること。対義全農。用例—半漁。

**はんのう【飯能】**〈市〉埼玉県南部、入間川沿いの市。農林産物の集散地で、繊維・木工業がさかん。奥武蔵観光の拠点。人口六万八八八〇(一九八八)。

**ばん-のう【万能】**(名・形動) ①すべての物事に効き目のあること・さま。omnipotence 用例—薬。②種々の物事に巧みなこと・さま。なんでもできること・さま。universality 用例—選手。

**万能足りて一心足らず**(ばんのうたりていっしんたらず) 諸芸などあらゆることに熟達しているものの、ただ一つ、心の修養が足りない。

**はんのう-そくど【反応速度】** 化学反応の起こる速さ。単位時間に生じる生成物の量で表す。reaction velocity

**ばんのう-ねぎ【万能▼葱】** 関西に多い九条ネギを通常よりも早く収穫した葉ネギをいう。薬味に使う。

**はんのう-ねつ【反応熱】** 化学反応にともない、物質系に出入りする熱量。熱の発生する場合を発熱反応、熱が吸収される反応を吸熱反応とよぶ。heat of reaction

**はんのう-はんぎょ【半農半漁】** 漁業のほかに農業も営むこと。日本の漁村に多い。

**パン-の-かい【パンの会】**《「パン」はギリシア神話の牧神》明治末期の耽美派芸術家の懇話会。詩人木下杢太郎・北原白秋・吉井勇・高村光太郎らと、画家石井柏亭・山本鼎らが集まる。近代都会情緒と江戸趣味とをあわせた独特の享楽主義・耽美主義の母胎となった。

**はん-の-き【▼榛の木】** カバノキ科の落葉高木。山野の湿地にはえる。高さ約一五m。葉は楕円形。雌雄同株。果実は染料に用いる。材は建築用。ハリ。ハリノキ。↓写

**パン-の-き【パンの木】** クワ科の熱帯性常緑高木。高さ約二〇m。葉は長楕円形で三〜九の深い切れこみがあり、長さ約五〇cm。雌雄同花。果実は径約二〇cmの楕円形で、食用。ミクロネシア原産。breadfruit ↓写

**パン-の-ふえ【パンの笛】** 古代ギリシアの原始的な管楽器。長さの違う数本の閉管縦笛をいかだ形につなぎ、上端の切り口を吹く。ギリシア神話の牧神パンが用いたことによる。シリンクス。syrinx

**ばん-のぶとも【伴▽信友】**(一七七三〜一八四六) 江戸後期の国学者。若狭小浜藩士。本居宣長没後の門人。実証的学風で国文・国史の考証に業績を残す。著書『長等の山風』『比古婆衣』など。

**はん-ば【飯場】**《俗語》土木・建築や鉱山などの現場に設けられる労働者の宿泊・給食施設。第二次大戦前は労働者の全生活が飯場頭に支配され、過酷な強制労働が横行した。関西では納屋という。bunkhouse

**はん-ぱ【半端】**(名・形動) ①数の足りないこと・さま。はした。はすう。odd ②どっちつかずであること・さま。③気のきかないこと・さま・人。まぬけ。half-wittedness

**ばん-ば【▼輓馬】** 車を引かせる馬。用例—競走。

**パンパ【Pampasスペイン】** アルゼンチンの大草原地域。北をグランチャコ、東をパラナ川、西をアンデス山脈に囲まれ、面積六〇万km²。アルゼンチンの五分の一を占め、年降水量五〇〇mmを境に、東部の湿潤パンパと西部の乾燥パンパに分ける。パンパス。

**バンパー【bumper】** 自動車や車両の前後に取り付けた緩衝器。↓自動車図

**ハンバーガー【hamburger】** 丸いパンにハンバーグステーキをはさんだ軽食。

● ハンノキ

● パンノキ



▼常用漢字表外。 ▽常用漢字表の音訓外。

**ハンバー-きょう【ハンバー橋】**(Humber Bridge) イギリス、イングランド中北部のハンバー川下流部にかかる吊り橋。長さ一・四㎞。一九八一年完成。

**ハンバーグ-ステーキ【hamburger steak】**《ドイツの都市ハンブルクの名から》ひき肉にパン・卵・野菜などをまぜてこね、平たく円形にして焼いたもの。ハンブルク地方の家庭料理がアメリカの代表的料理となった。

**はん-ばい【販売】**(名・サ変他) 商品を売りさばくこと。sale 対義 購入。

**バンパイア【vampire】** ①チスイコウモリ。②吸血鬼。③バンプ。

**はんばい-カルテル【販売カルテル】** カルテルの一つ。加盟企業が販売地域の割り当てを協定し、市場の独占をはかるもの。

**はんばい-きょうてい【販売協定】** 競合する企業どうしが、競争による価格低下をふせぎ利潤を確保するために結ぶ、販売行動についての取り決め。

**はんぱ-いせき【半▼坡遺跡】** 中国陝西省西安市東郊の仰韶文化期の集落遺跡。遺跡は約五万㎡に及び、多数の住居址・墓が発見された。住居は竪穴式で、炉のあるものが多い。人面・動物の形象的幾何学文を描いた土器・石器・骨角器などが出土。

**はんばい-そくしん【販売促進】** 広告から販売活動まで、会社が製品などの需要を維持・拡大するために行う活動。sales promotion

**はん-ばく【反▼駁】**(名・サ変自他) 他の意見・非難に反対して論じること。反論。refutation

**はん-ぱく【半白・▼斑白・頒白】** しらがまじりの髪の毛。また、その人。ごましお頭。grizzled hair

**パンパス【pampas】** ↓パンパ

**パンパス-グラス【pampas grass】** イネ科の多年草。葉は束生して高さ約三m。秋に、銀白色、羽毛状の大きな花穂をつける。南米原産。観賞用。↓写

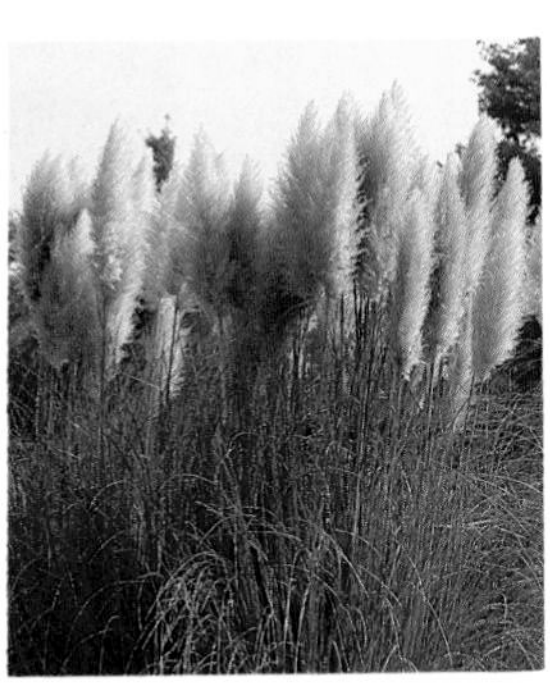
●パンパスグラス

**はん-ばつ【藩閥】** 明治期、同じ藩の出身者が政府の要職を独占し、他藩の出身者を排斥してその登用を妨げること。また、その政治的派閥。

**はん-ぱつ【反発・反▼撥】**(名・サ変自他) ①はね返すこと。はね返ること。repulsion ②他人の言動などが気に入らず、すぐ反対すること・気持ち。repulsion ③下がった相場が、また上がること。recovery

**はんばつ-せいふ【藩閥政府】** 明治維新以後、薩長土肥四藩出身者、とくに薩長二藩で政治権力を独占した政府。大正一三年(一九二四)の加藤高明内閣成立まで存続。

**はん-はば【半幅・半▼巾】** 並幅の半分の幅。

**はんはば-おび【半幅帯】** 並幅の半分の幅(約一八㎝)の帯。羽織下帯・子供帯用。

**はんぱ-もの【半端物】** 必要とされる数にまとまらないため、役に立たない品物。odds and ends 「い者。blockhead

**はんぱ-もの【半端者】** 一人前の役に立たな

**ばん-ばやし【番▼囃子】** 能一曲を仕舞を抜いて、着座したまま囃子と謡だけを独立させる略式の演奏。

**ばんばやし-みつひら【伴林▽光平】**(一八一三〜六四) 幕末の国学者・歌人。河内の人。天誅組に参加し、捕らえられ刑死。記録『南山踏雲録』を獄中で執筆。

**はん-ばり【半張り】** 靴の底革を、前の半分だけ張りかえること。half sole

**はん-はん【半半】** 半分ずつ。五分五分。fifty-fifty

**ばん-ばん【万万】**(副) ①よく。十分に。まったく。fully 用例 ―承知。②決して。万が一にも。never 用例 ―手ぬかりはあるまい。③はるかに。非常に。enormously 用例 まさること―。 「般。all things

**ばん-ぱん【万般】** いろいろの方面・物事。百

**パンパン** 《語源不詳》第二次大戦後、日本の大都市の街頭に現れた、進駐軍相手の売春婦。昭和二二年(一九四七)には六大都市で推定四万人。パンパンガール。

**ばん-ばんざい【万万歳】**(名・感) 「ばんざい」を強めた語。

**はん-ぴ【反比】** 比$a:b$に対して、前項と後項を入れかえて得られる比$b:a$。逆比。reciprocal ratio 対義 正比。

**はん-ぴ【反▽鼻】** 生薬の一つ。マムシの皮と内臓を除去して乾燥したもの。解毒・強精・強壮に有効。

**はん-ぴ【半▼臂】** 束帯姿のとき袍の下、下襲の上に着る袖の短い上衣。↓束帯図

**バンビ【Bambi】**《原題Eine Lebensgeschichte aus dem Walde》オーストリアの小説家ザルテンの動物小説。一九二三年刊。子鹿のバンビが成長していく姿を描く。映画化された。

**はんび-しゅぎ【▼汎美主義】** あらゆる存在物はその程度に応じて神性を宿し、そのかぎり美である、とする考え方。pancalism

**はん-びょうにん【半病人】** 心身が弱って病人のようであること・人。sickly person

**バンビル【Théodore de Banville】**(一八二三〜九一) フランスの詩人。高踏派に属する。詩集『女人像』『綱渡りのオード』など。

**ばんぴ-るい【板皮類】** 体が甲皮でおおわれている絶滅魚類。顎骨をもった最初の脊椎動物。シルル紀に現れ二畳紀に絶滅。デボン紀が最盛期。現在の魚類との直接の関係はない。

**はん-ぴれい【反比例】** 二変数$x$、$y$の一方が二倍、三倍、…となるとき、他方が二分の一倍、三分の一倍、…となるような関係。$y=a/x(a\neq0)$で表される。逆比例。reciprocal proportion 対義 正比例。

**はんぶ【藩部】** 中国、清代における蒙古・青海・新疆・チベット地方の総称。自治的性格をもった間接統治が行われ、理藩院が統轄。

**はん-ぷ【帆布】** 縦・横とも、太番手を二本以上より合わせた糸で密に織った、厚地の平織りの織物。ズック。ダック。カンバス。canvas; duck

**はん-ぷ【頒布】**(名・サ変他) 広く配り分けること。配布。distribution

**ばん-ぷ【万夫】** 多くの男子・武士。many men

**バンプ【vamp】** 男たらし。妖婦。

**はん-ファシズム【反ファシズム】** ファシズムやそれをまねくような動向に反対・抵抗する政治的立場と運動。antifascism

**ばん-ぷう【蛮風】** 野蛮な風習。barbarous custom

**バンプー【蚌阜】**(Bèngbù) ↓ぼうふ(蚌阜)

**はんぷう-し【半風子】**《「虱」の字は、「風」の字の半分であるとして》シラミの異名。

**パン-フォーカス【pan focus】** 映画で、近景から遠景までの画面全体に焦点を合わせる撮影技法。

**はん-ぷく【反復】**(名・サ変他) 繰り返すこと。何度も行うこと。repetition

**はん-ぷく【反覆】**(名・サ変自他) ①裏返すこと。裏返ること。reverse ②裏切ること。betrayal ③繰り返すこと。反復。repetition

**はん-ぷく【▼叛服】** そむくことと、服従すること。

**叛服常無し**(はんぷくつねなし) そむいたり、また、従ったりで、その態度が定まらず、はっきりしない。

**ばん-ぷく【万福】** 幸福の多いこと。まんぷく。用例 貴下の―を祈る。

**はんぷく-きごう【反復記号】** 楽曲中のある個所を反復して、二度またはそれ以上演奏することを指示する記号。repeat mark

**はんぷく-せつ【反復説】** 個体発生は系統発生の繰り返しであり、それが時間的に短縮されたものにすぎない、とするヘッケルの説。theory of recapitulation

**はんぷく-ほう【反復法】** 修辞法の一つ。同一語句、類似の語句を繰り返す強調表現。repetition

**ばん-ぶくろ【番袋】** ①武士が宿直するときの用意に、衣服や寝具を入れた大きな布袋。宿直物袋。②いろいろなものをいっしょくたに入れる袋。

**バンフ-こくりつこうえん【バンフ国立公園】**(Banff National Park) カナダ南西部、ロッキー山脈中の国立公園。面積一・二万㎢。

**ハンプシャー【Hampshire】** イギリス、イングランド南部、イギリス海峡に臨む県。県都ウィンチェスター。人口一五二・四万(一九八五)。

**ハンプシャー-しゅ【ハンプシャー種】** イギリス産ウェセックス種を米国で品種改良した肉用ブタ。黒毛に白帯が走る。気候風土への適応性が高い。Hampshire ↓ブタ写

**パンプス【pumps】** ひも・留め金・ベルトなどを使用しないで、甲部を深くくった形の婦人靴の総称。かかとの高さはいろいろ。舞踏用の靴が一般化したもの。↓写

●パンプス

**ばん-ぶつ【万物】** 宇宙にあるすべてのもの。万有。all things under the sun

**万物の霊長**(ばんぶつのれいちょう)《すべてのものの、不思議な力をもつかしら、の意》人間。人類。the lord of creation

**はん-ぶっしつ【反物質】** 反陽子・反中性子・陽電子などの反粒子からつくられている、仮想の物質。ふつうの物質に出合うと、莫大なエネルギーを放出して消滅すると考えられている。antimatter 「イ」の訳語。

**ばんぶつ-るてん【万物流転】** 「パンタ・レ

**ハンプトン【Lionel Hampton】**(一九一五〜) アメリカのジャズ-ビブラフォン奏者。バイブ演奏のパイオニア的存在として活躍。スイング感に満ちた名演奏に定評。

**ばんぷ-ふとう【万夫不当】** 万夫が当たっても勝てないほど強いこと。一騎当千。unsurpassed prowess

**パンフョーロフ【Fyodor Ivanovich Panfyorov】**(一八九六〜一九六〇) ソ連の小説家。作品『ブルスキー』『平和のための戦い』など。

**ハンフリー【Doris Humphrey】**(一八九五〜一九五八) アメリカの舞踊家。アメリカのモダンダンスの先駆者の一人。

**ハンブルク【Hamburg】** 西ドイツ北部、エルベ川下流部の港湾都市。同国最大の貿易港。一三世紀にハンザ同盟の中心地として繁栄。産業革命以後は、世界的な貿易港として発展。聖ミヒャエル教会・市庁舎など歴史的建造物が残る。人口一六一・八万(一九九三)。

**バン-ブレック【John Hasbrouck van Vleck】**(一八九九〜一九八〇) アメリカの理論物理学者。磁性体と無秩序系の電子構造の研究で、一九七七年ノーベル物理学賞受賞。ヴァン=ヴレック。

**パンフレット【pamphlet】** 仮とじの小冊子。

**はん-ぶん【半分】** 一(名) 二等分したものの一つ。二分の一。なかば。half 用例 費用を―にする。二(接尾) なかば…の気持ちで。用例 ふざけ―。おもしろ―。

**はんぶん-じょくれい【繁文▼縟礼】** 規則・礼式などがこまごましていて、わずらわしいこと。

**はん-ぶんすう【繁分数】** 分数の、分母または分子、または双方が分数である分数。complex fraction

**はん-べい【▼汎米】** 南北両アメリカ。米州。Pan-American 用例 ―会議。

**はん-ぺい【藩▼屏】** ①かき。まがき。②直轄の領地。③天子を守護すること。また、その人。藩翰。 「哨。sentinel

**ばん-ぺい【番兵】** 警戒・見張りをする兵。歩

**はんべい-しゅぎ【▼汎米主義】** 南北アメリカ大陸諸国の経済・軍事・文化の連帯強化をめざす運動または主義。一八八九年ワシントンで開催の汎米会議以来、アメリカが主導権を掌握、ラテンアメリカ政策の基本路線となった。Pan-Americanism

**ばんぺいゆ【▽晩▽白▼柚】** ミカン科、ブンタンの一種。昭和初期に導入。大果で直径約三〇㎝、三㎏余。果皮は厚く、内面は綿状。果肉は多汁で、酸味が強い。種子が多い。↓柑橘類写

**はん-べつ【判別】**(名・サ変他) ①見分けること。discrimination ②区別すること。distinction

**ばん-べつ【▼蕃別】** 平安初期成立の諸氏系譜書『新撰姓氏録』の分類の一つ。皇別・神別に対する称で、渡来人の子孫とされる氏族のこと。漢氏・秦氏など。

**はんべつ-しき【判別式】** $n$次方程式の解の状態を判別するための条件式。とくに実係数の二次方程式の解については、異なる実数解・重解・虚数解のいずれかであるかが判別できる。discriminant 「(侍り)

**はん-べ・り【▽侍り】** 古語 (ラ変自) ↓はべり

**はん-ぺん【半片・半▽平】** 練り製品の一つ。サメのすり身に山の芋と卵白とを混ぜてこね、ゆでた食品。気泡がたくさんふくまれているので、口あたりが軽い。↓練り製品写

**はん-ぽ【反▼哺】**(名・サ変他)《「哺」は、口中の食物、の意》①カラスの子が成長して、親に口移しに食物を食べさせること。②《転じて》親の、養育の恩に報いること。
**反哺の孝**（はんぽのこう） 親が育ててくれた恩に報いること。
**はん-ぼいん【半母音】** 子音の一種であるが、母音に近い性質をもつ音。調音の仕方が[i][u]に近い。ヤ・ワ行の頭子音など。
**はん-ぼう【繁忙・煩忙】**(名・形動) ひどく忙しいこと・さま。多忙。busyness 用例 ―期。
**はん-ぽう【藩法】** 江戸時代、大名が家臣団の統制、領民支配のために制定・施行した法令。藩士の心得、藩政の要綱などを定めた家訓・条目などの基本法と、町方・村方のおきてや諸役所の規則などの施行法とからなる。
**ばん-ぽう【万邦】** すべての国。万国。all countries 用例 ―無比。
**はん-ぽん【版本・板本】** 板木を彫って印刷した書物。木版本。対義 写本。
**はん-ま【半間】**(名・形動) ①そろわないこと・さま。はんぱ。oddness ②気のきかないこと・さま・人。まぬけ。bungle 用例 ―なやつ。
**ハンマー【hammer】** ①釘などの打ち付け用工具。つち。鉄づち。②ピアノの弦などをたたく小づち。③ハンマー投げ用の、ピアノ線のついた金属球。
**ハンマークラビア【Hammerklavier ドイ】** ①ハンマーを用いたクラビア(鍵盤のある弦楽器)、ピアノの意。②ベートーベン作曲のピアノ-ソナタ、第二九番、変ロ長調、作品一〇六の曲名。一八一九年作。壮大な構想の作品。
**ハンマー-なげ【ハンマー投げ】** 陸上競技、投擲種目の一つ。ハンマー(鉄線つきの金属球。七・二六〇kg以上)をサークル内から投げ、その飛距離を競う。男子のみの種目。hammer throw ↓写

● ハンマー投げ

**はん-まい【飯米】** 食用にする米。rice
**はんまい-のうか【飯米農家】** 自家で使う程度の量の米しか作れない小規模農家。
**ばん-まつり【▼蕃▼茉▼莉】** ナス科の常緑低木。温室栽培の花木。高さ約五〇cm。葉は長楕円形。色が淡紫青から白に変わる小輪花を多数つける。南アメリカ原産。
**はん-み【半身】** ①相撲・剣道などで、相手に向かって、からだを斜めにした構え。②二枚におろした魚肉の片側の半分。片身。
**はん-みち【半道】** ①一里の半分。②道のりの半分。halfway
**はん-みょう【▼斑▽猫・▼斑▼蝥】** 山間の路上などにみられるハンミョウ科の甲虫類。体は金緑色・金赤色などで、美しい。体長約二cm。本州・四国・九州に分布。人が歩く前方へ飛ぶので、一名ミチオシエ。↓写

● ハンミョウ

**ばん-みん【万民】** すべての臣民。多くの民。all the people 用例 一君―。
**ハンムラビ【Hammurabi】** バビロン第一王朝第六代の王(在位BC一七二八～BC一六八六)。バビロニアを再統一。エラム・アッシリア・シリアを支配。ハンムラビ法典を制定するなど、バビロニア文化の黄金期を築いた。
**ハンムラビ-ほうてん【ハンムラビ法典】** ハンムラビ王が制定した現存最古の成文法典。楔形文字法の基本。先行諸法典の集大成で刑法・民法・訴訟法二八二条よりなる。一九〇一年スーサで出土した法典碑は、上部に王が太陽神から法典を授かるところを浮き彫りで表し、下部の表裏に約三〇〇〇行の楔形文字が刻されている。高さ二二二cm。ハムラビ法典。Code of Hammurabi ↓メソポタミア写
**パンムンジョム【板門店】**(P'anmunjŏm) ↓はんもんてん(板門店)
**はん-めい【判明】**(名・サ変自・形動) はっきりとわかること・さま。はっきりと、明らかであること・さま。become clear
**ばん-めし【晩飯】** 夕食。晩ごはん。supper 対義 朝飯。
**はん-めん【反面】** 一(名) ①反対の面。他面。opposite side 対義 一面。②片がわ。一方。other side 二(副) …する一方。その一方で。while 用例 律義な―気が利かない。
**はん-めん【半面】** ①顔の半分。half the face 用例 ―像。②一方の面。other side 比較 ・面。用例 ―の真理。
**ばん-めん【盤面】** ①碁・将棋などの盤の表面。また、碁石・こまのならんだようす。その優劣の形勢。②レコードの表面。face of a record
**はんめん-きょうし【反面教師】** 否定的なことを示すことによって、肯定的なものをいっそう明らかにするのに役立つこと・人。one from whose bad example another can learn
**はん-も【繁茂】**(名・サ変自) 草木などが生いしげること。grow thick
**はん-もう【反毛】** ①反毛機械で、糸・織物のくずを繊維状にすること。recarding ②毛織物・毛メリヤス・毛糸などの再製羊毛。下級織物の原料。reclaimed wool
**はんもう-しょう【半盲症】** 視神経の障害により、視野の片側半分だけが見えなくなる状態。片目だけが見えなくなるものとは異なる。hemianopsia
**はん-もく【反目】**(名・サ変自) 仲が悪い状態であること。にらみ合い。対立。antagonism 用例 根深い―。
**ハンモック【hammock】** 柱や樹木の間につるす寝具。綿・麻・ナイロンなどのひもを編んだ網状のものと、麻布製のものとがある。つりどこ。↓写
**はん-もと【版元・板元】** 出版もと。発行所。publisher
**はん-もん【反問】**(名・サ変自他) 問い返すこと。ask back
**はん-もん【判文】** 判決文。裁判の判決を書いた文。decision
**はん-もん【▼斑紋・▼斑文】** まだら。その模様。speckle
**はん-もん【煩▼悶】**(名・サ変自) 悩みもだえること。考え苦しむこと。agony
**はんもんてん【板門店】** 北朝鮮(朝鮮民主主義人民共和国)の開城地区、北緯三八度線の南五kmにある地区。朝鮮戦争の休戦会談開催地。現在も連絡会議・南北会談などを開催。パンムンジョム。
**はん-や【半夜】** ①よなか。夜半。②一夜を二分した、その一方。用例 ―交替。
**ばん-や【番屋】** 江戸時代、番太のいた小屋。番小屋。
**パンヤ【panha ポルト・木綿・斑枝花】** インドワタノキの別名。カポックと混同されることもあるが、別種。
**はん-やく【反訳】**(名・サ変他) ①翻訳。②翻訳されたものを、もとのことばに戻すこと。③速記文字の記録を、普通の文字に直すこと。
**はん-やけ【半▽自▽棄】** なかば捨てばちな気持ちになること。
**はん-やけ【半焼け】** ①火事で、なかば焼けること。half-burnt 対義 丸焼け。②じゅうぶん焼けていないこと。なま焼け。half-roasted
**ハンヤン【漢陽】**(Hànyáng) ↓かんよう(漢陽)

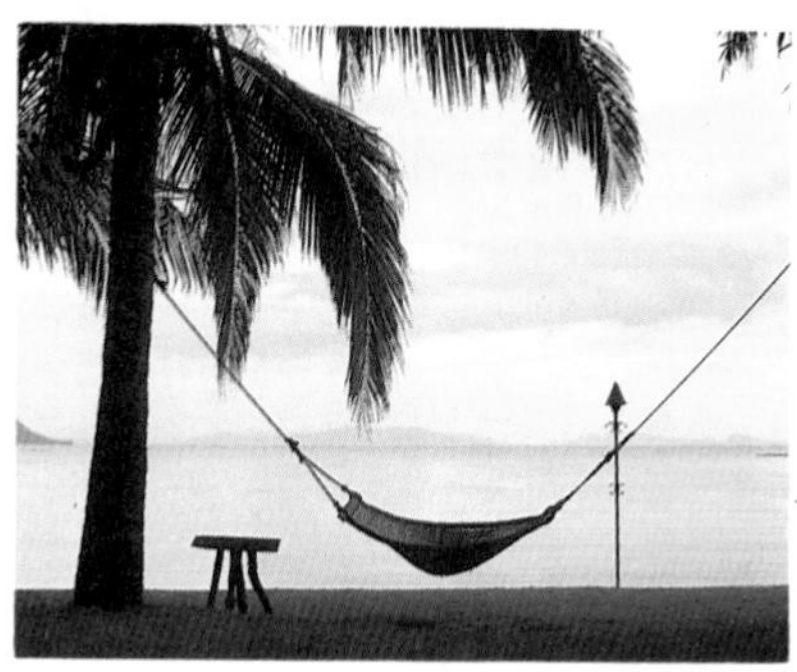
● ハンモック

**バンヤン【Bunyan】** ↓バニヤン
**バンヤン-の-き【バンヤンの木】** クワ科イチジク属の木。インド原産。葉は大形の卵形。枝や幹から多数の気根が生じ、これが地面に達して支柱根となる。ただ一株で林をつくる。神聖な木とされる。果実は食用。葉は皿の代用。バンヤン。バニヤン。banyan tree
**ばん-ゆう【万有】** 万物。万象。all things
**ばん-ゆう【蛮勇】** 向こう見ずの勇気。reckless valor 用例 ―をふるう。
**ばんゆう-いんりょく【万有引力】** 質量をもつ物体の間にはたらく力。ニュートンが発見。universal gravitation
**ばんゆういんりょく-ていすう【万有引力定数】** 万有引力の法則に現れる比例定数。二つの単位質量の物体が単位距離を隔てておよぼし合う引力のことで、普遍定数である。値(記号G)は、$6.6720 \times 10^{-11} N \cdot m^2 / kg^2$となる。gravitational constant
**ばんゆういんりょく-の-ほうそく【万有引力の法則】** 二質点の間にはたらく引力は二質点を結ぶ直線上にあり、大きさは質量の積に比例し、質点間の距離の二乗に反比例するという法則。law of universal gravitation
**はんユダヤ-しゅぎ【反ユダヤ主義】** 近代ヨーロッパに起こったユダヤ人迫害の思想と運動。フランスのドレフュス事件、第二次大戦中のナチズムなど。anti-Semitism
**はん-よう【▼汎用】**(名・サ変他) いろいろの方面に広く用いること。general purpose 用例 ―品。
**はん-よう【繁用】** 用事が多いこと。多用。多事。多忙。busy
**はん-よう【藩窯】** 江戸時代、藩直営の陶磁器製造の施設。
**はんよう-コンピューター【▼汎用コンピューター】** 事務計算・科学計算を問わず、広範囲の種類の問題解決に適用できる電子計算機。general-purpose computer
**はん-ようし【反陽子】** 質量・スピン(=量子数)は陽子と同じで、負電荷を帯びる粒子。陽子と一対になって、生成されたり消滅したりする。antiproton
**はん-ら【半裸】** はだかに近いこと。半裸体。half-nakedness
**ばん-らい【万雷】** 多くのかみなり。また、さかんに鳴る音。deafening peals of thunder 用例 ―の拍手。
**ばん-らい【万▼籟】** 風のために、いろいろの物が鳴る音。比較 急霰。
**はん-らく【反落】**(名・サ変自) 騰貴し続けていた証券や為替の相場が、一転して下降に向かうこと。reactionary fall 対義 反騰。
**はん-らん【反乱・▼叛乱】** 内乱を起こすこと。revolt
**はん-らん【▼氾濫・▼汎濫】**(名・サ変自) ①水があふれること。大水。②ものがいっぱい出回ること。多く好ましくないものに使う。flood 用例 同種の本が―している。
**はんらん-げん【▼氾濫原】** 河川の両側の平野のうち、洪水時に河川からあふれる水で冠水する低平地。砂礫や泥土が堆積する。flood plain
**ばん-り【万里】** 非常に遠い距離。thousands of miles 用例 懸軍―。
**万里一条の鉄**（ばんりいちじょうのてつ）《仏教語。万里のあいだをずっと貫いている一本の鉄、の意から》あらゆる事物は常に変わっていくが、真理は変わることなくいつまでも続いていくこと。また、とぎれたりとだえたりすることなく、物事が続くたとえ。
**万里の客**（ばんりのきゃく） 遠方から来た客人。
**ばんり-どうふう【万里同風】** 天下太平のたとえ。
**ばんり-の-ちょうじょう【万里の長城】** 中国、戦国時代から明代までの間に、辺境防御のために築かれた城壁。戦国諸国が匈奴防衛のため築いたのに始まり、秦の始皇帝が大修築を加えた。南北朝時代、北方民族の侵入の激化により現在の位置まで南に後退。明代に現在の規模となった。東は河北省の山海関から西は甘粛省の嘉峪関に至る全長約二四〇〇km。長城。↓写
**はん-りゅうし【反粒子】** 電荷などの粒子を特徴づける量子数が、すべてその粒子とは逆の粒子。粒子と同じ質量・スピンをもち、荷電共役で互いに入れかわる。電子に対する陽電子、陽子に対する反陽子など。antiparticle
**はん-りょ【伴▼侶】** 友。連れ。仲間。compan-

●万里の長城

ion 用例 人生の—。

**ばん-りょう【盤領】** 袍・水干・狩衣などの、襟ぐりを丸く仕立てたもの。まるえり。対義 方領。

**はんりょう-せん【半両銭】** 「半両」の文字を刻した中国秦・漢時代の古銭。円形で方孔を有し、周郭がない。

**ばん-りょく【万緑】** 見渡す限り緑色であること。myriad green leaves

**万緑叢中、紅一点(ばんりょくそうちゅう、こういってん)** 《王安石の詩にある語。緑の草木の中に、赤い花が一つ目立っている意から》多くの男の中に、女がひとりいるたとえ。紅一点。

**ばん-りょく【蛮力】** むやみにいきりたって出す力。無法な腕力。

**はん-りん【半輪】** ①一輪の半分。半円形。②半月。

**はん-るい【煩累】** わずらわしく、うるさいこと・もの。

**はん-れい【凡例】** 書物のはじめに、その本の編集方針・使い方などを掲げたもの。ぼんれい。introductory remarks

**はん-れい【判例】** 以前の裁判でなされた判決の実例。類似の事例に対する拘束力はきわめて強い。判決例。precedent

**はん-れい【範例】** 規範・手本となる例。example

**はん-れい【▼范▼蠡】**(生没年未詳) 中国、春秋時代の越王勾践の臣。会稽で敗れた勾践を助け、呉王夫差を滅ぼした。のち斉に行き鴟夷子皮と称して巨富を築き、陶でふたたび巨万の富を得、陶朱公と称された。

**はんれい-がん【▼斑▼糲岩】** カルシウムを含む斜長石や輝石が主成分の、粗粒で完晶質の塩基性火成岩。玄武岩質マグマがゆっくり冷えてできる深成岩。黒御影。gabbro

**ばん-れいし【▼蕃▼茘枝】** 熱帯地方で栽培されるバンレイシ科の小低木。高さ約五m。葉は長披針形。花は白または黄を帯びた緑色六弁で、花後に球形の果実を結ぶ。その熟したものは多汁で甘い。soursop

**はんれい-ほう【判例法】** 同じような判決がくり返されることによって法的効力をもつようになった規範。英米法では主要な法源であるが、日本は成文主義のため法源とすることに諸論がある。case law

**ばんれき【万暦】** 中国、明第一四代神宗朝の年号。一五七三〜一六一九年。まんれき。

**ばんれき-てい【万暦帝】**(一五六三〜一六二〇) 中国、明朝第一四代皇帝(在位一五七二〜一六二〇)。廟号は神宗。はじめ張居正の補佐を得て内政に努めたが、その死後は奢侈にふけり、また万暦の三大征の軍費調達のため財政が窮乏。党争も激化し、明朝滅亡の原因を醸成した。

**はん-ろ【販路】** 品物の売り先。商品のはけ口。outlet

**はん-ろう【煩労】** 心身をわずらわし、疲れさせること。わずらわしい労力。骨折り。

**バン-ローン【Hendrik Willem Van Loon】**(一八八二〜一九四四) アメリカの著述家。オランダ生まれ。平易な歴史物語で有名。著書『聖書物語』など。ヴァン=ローン。ファン=ローン。

**はん-ろん【反論】**(名・サ変自他) 反対して、論じること。反駁。counterargument

**はん-ろん【▼汎論】** 全体にわたって論ずること。そのように論じたもの。通論。general remark

**はんろんり-しゅぎ【▼汎論理主義】** 哲学で、世界・自然のすべてをロゴス(理性)の表れとみる形而上学的立場。ヘーゲル哲学がその代表。汎理論。panlogism

# ひ ヒ

**ひ【ひ・ヒ】** 五十音図は行第二の仮名。平仮名「ひ」は「比」の草体。片仮名「ヒ」は「比」の片方。濁音は「び」「ビ」、半濁音は「ぴ」「ピ」。

**ヒ** 2画 **【▼匕】** 部首[匕] JIS 5024
音 ヒ
①さじ。しゃくし。スプーン。②あいくち。短刀。③部首の一つ。ひ。

**ヒ** 4画 **【比】** 部首[比] 教育小5 JIS 4070
音 ヒ・ビ
訓 くらべる
①くらべる。くらべられるなかま。「対比・無比」「比較・比肩」用例(名)同日の—ではない。②くらべたわりあい・関係。「比重・比率・比例」用例(名)底辺と高さの—。③ならぶ。ならべる。「比翼・比隣」④フィリピン(比律賓)のこと。「比島」⑤『詩経』の六義の一つ。ものごとにたとえて、その意をのべる歌。

**ヒ** 5画 **【▼丕】** 部首[一] JIS 4803
音 ヒ
①おおきい。さかん。立派な。②はじめ。もと。

**ヒ** 5画 **【皮】** 部首[皮] 教育小3 JIS 4073
音 ヒ
訓 かわ
①かわ。動植物その他のからだをおおいつつむもの。対義 肉。「外皮・樹皮・真皮・脱皮・表皮・面皮」「皮下注射・皮革・皮膚」②うわべ。表面。「皮相」

**ヒ** 6画 **【▼圮】** 部首[土]
音 ヒ
やぶる。やぶれる。くずれる。

**ヒ** 6画 **【妃】** 部首[女] 常用 JIS 4062
音 ヒ・ハイ
きさき。きさい。皇后の次の位にあたる夫人。皇族の配偶者。「王妃・皇太子妃」「妃殿下」

**ヒ** 7画 **【否】** 部首[口] 教育小6 JIS 4061
音 ヒ・フ
訓 いな
いな。いなむ。そうでない。うちけす。比較 非。対義 可・諾。「安否・可否・拒否・賛否」「否決・否定」用例(名)—とするもの多数。

**ヒ** 7画 **【▼妣】** 部首[女] JIS 5306
音 ヒ
なきはは。死んだ母。対義 考。「先妣」

**ヒ** 7画 **【▼屁】** 部首[尸] JIS 5391
音 ヒ
へ。おなら。ガス。「放屁」

**ヒ** 7画 **【▼庇】** 部首[广] JIS 4063
音 ヒ
①おおう。おおいまもる。かばう。「庇護」②かげ。おかげ。援助。「高庇」③ひさし。家の軒下にかけだした小屋根。

**ヒ** 7画 **【批】** 部首[扌] 教育小6 JIS 4067
音 ヒ・ヘイ
①判断をする。品定めをする。よい、わるいをきめる。「批判・批評」②天子が上奏にこたえること。「批准」

**ヒ** 8画 **【▼帔】** 部首[巾]
音 ヒ
①もすそ。すそ。②むしのたれぎぬ。市女笠のまわりにたらした薄い布。平安・鎌倉時代のころ、婦人の外出のときに用いた。

**ヒ** 8画 **【彼】** 部首[彳] 常用 JIS 4064
音 ヒ
訓 かれ・かの
①かれ。あの人。対義 我。「彼我」②あれ。あちら。かなた。対義 此。「彼岸・彼此」③かの。あの。

**ヒ** 8画 **【▼陂】** 部首[阝] JIS 7988
音 ヒ・ハ
①つつみ。どて。堤防。②さか。かたむき。さかみち。

**ヒ** 8画 **【披】** 部首[扌] 常用 JIS 4068
音 ヒ
ひらく。ひらいてみる。あけてみせる。「開披・直披」「披見・披講・披瀝・披露」

**ヒ** 8画 **【肥】** 部首[月] 教育小5 JIS 4078
音 ヒ
訓 こえる・こえ・こやす・こやし
①こやす。ふとる。肉づきがよくなる。対義 痩。「肥大・肥馬・肥満」②こやし。こえ。「魚肥・施肥・追肥」「肥料」③地味がこえる。「肥土・肥沃」④肥前国・肥後国の総称。「土肥」「肥州」

**ヒ** 8画 **【泌】** 部首[氵] 常用 JIS 4071
音 ヒツ・ヒ
にじむ。しみでる。「分泌」「泌尿器」
↓ヒツ[泌]

**ヒ** 8画 **【▼狒】** 部首[犭] JIS 6433
音 ヒ
「狒々」は、①オナガザル科の哺乳動物。マントヒヒやマンドリルなどの総称。②年老いたサル。③好色な人。

**ヒ** 8画 **【非】** 部首[非] 教育小5 JIS 4083
音 ヒ
①わるい。あやまり。つみ。欠点。対義 是。「是非・前非・理非」「非違・非行・非礼」用例(名)—をあばく。—をみとめる。②そしる。せめる。悪口をいう。「非難」③あらず。そうでない。比較 否・不。「非運・非業・非常・非情・非凡」用例(接頭)—公開。—合法。—常識。④うまくゆかないこと。不利な状態にあること。用例(名)形勢は日に—なり。

**非の打ち所が無い(ひのうちどころがない)** 《欠点がない、の意から》非常にりっぱである。be faultless

**非を打つ(ひをうつ)** 悪いところを指摘して、非難する。

**ヒ** 9画 **【▼卑】** 部首[十] 常用 JIS 4060 ｜8画【▼卑】旧字
音 ヒ
訓 いやしい・いやしむ・いやしめる
①《鄙とも》対義 尊。㋐いやしい。いやしめる。「男尊女卑・野卑」「卑怯・卑語・卑俗・卑劣」㋑へりくだる。「卑屈・卑下」②ちかい。身ぢかな。「卑近」

**ヒ** 9画 **【▼胐】** 部首[月] JIS 5912
音 ヒ
みかづき。陰暦の毎月第三日めにでる月。陰暦の月はじめにみえる月。

**ヒ** 9画 **【▼毘】** 部首[比] JIS 4091 ｜9画【▼毗】異体字
音 ヒ・ビ
①へそ。人間のへそ。②たすける。助力する。
↓ビ[毘]



↓ 行き先項目、図版・写真参照印。 JIS 日本工業規格情報交換用漢字符号コード(区点コード)。

**ヒ** 9画 【▼砒】 部首[石] JIS 6671
音 ヘイ・ヒ
元素の一つ。砒素。ヒ素。また、砒素をふくむもの。「砒酸・砒石」

**ヒ** 9画 【▼秕】 部首[禾] JIS 6730
10画 【▼粃】 部首[米] 異体字 JIS 6867
音 ヒ
①しいな。皮ばかりで実のない穀物。②わるい。また、けがれる。「秕政」

**ヒ** 9画 【飛】 部首[飛] 教育小4 JIS 4084
音 ヒ
訓 **とぶ・とばす**
飛 飛 飛 飛 飛
①空中にとぶ。はねる。とばす。比較 跳。「飛行・飛散・飛鳥・飛躍」②はやい。はやくはしる。「飛脚・飛電」③いさましくいく。「雄飛」④将棋のこまの一つ。飛車のこと。用例(名)—をとる。⑤飛驒国のこと。「飛州」

**ヒ** 10画 【▼俾】 部首[人・亻] JIS 4876
音 ヒ・ヘイ
①しむ。せしむ。させる。②しもべ。めしつかい。③したがう。

**ヒ** 10画 【▼剕】 部首[刂]
音 ヒ
あしきる。あしきり。ひざ骨をきってしまう刑罰。

**ヒ** 10画 【▼匪】 部首[匚] JIS 4059
音 ヒ
①あらず。そうでない。②わるもの。悪人。「土匪」「匪賊」

**ヒ** 10画 【疲】 部首[疒] 常用 JIS 4072
音 **ヒ**
訓 **つかれる・つからす**
つかれる。くたびれる。おとろえる。つかれ。「疲弊・疲労」

**ヒ** 10画 【秘】 部首[禾] 教育小6 JIS 4075
10画 【▼祕】 部首[示] 旧字 JIS 6716
音 **ヒ**
訓 **ひめる**
秘 秘 秘 秘 秘
①おくふかい。「神秘」「秘術」②ひめる。大切にして、かくす。人にしらせない。「厳秘・極秘」「秘蔵・秘伝・秘法・秘密」用例(名)—中の—。《接尾的》部外—。

**ヒ** 10画 【▼紕】 部首[糸] JIS 6903
音 ヒ
①くむ。組みひもをつくる。②かざる。糸でふちかざりをつける。③あやまり。まちがい。

**ヒ** 10画 【被】 部首[衤] 常用 JIS 4079
音 **ヒ**
訓 **こうむる**
①される。こうむる。うける。「被害・被疑者・被告・被災」用例(接頭)—選挙権。②おおう。きる。かぶる。「外被」「被服」

**ヒ** 11画 【▼埤】 部首[土]
音 ヒ・ヘイ
①おぎなう。つけたす。②かき。低い垣。③ひくい。低くて湿り気のある土地。↓ヘイ【埤】

**ヒ** 11画 【▼婢】 部首[女] JIS 5325
音 ヒ
はしため。めしつかいの女。対義 僕・奴。「下婢・奴婢・僕婢」

**ヒ** 11画 【▼菲】 部首[艹] JIS 7243
音 ヒ
うすい。すくない。粗末な。「菲才」

**ヒ** 11画 【▼悱】 部首[忄]
音 ヒ
いいなやむ。もだえる。いらだつ。

**ヒ** 12画 【悲】 部首[心] 教育小3 JIS 4065
音 **ヒ**
訓 **かなしい・かなしむ**
悲 悲 悲 悲 悲 悲
①かなしむ。かなしい。かなしみ。対義 喜・楽。「悲哀・悲惨・悲嘆・悲痛」②なさけぶかい。あわれみ。「慈悲・大慈大悲」

**ヒ** 12画 【扉】 部首[戸] 常用 JIS 4066
12画 【▼扉】 旧字
音 **ヒ**
訓 **とびら**
とびら。ひらき戸。「開扉・門扉」

**ヒ** 12画 【▼斐】 部首[文] 人名用 JIS 4069
音 ヒ
あや。うつくしいあや。あやのあるさま。

**ヒ** 12画 【▼昲】 部首[日] JIS 5883
音 ヒ
意義未詳。

**ヒ** 12画 【▼脾】 部首[月] JIS 7103
音 ヒ
五臓の一つ。胃の下にあり、血液の循環量を調節したり、古くなった赤血球を破壊したりする。脾臓。「脾腹」

**ヒ** 12画 【▼腓】 部首[月] JIS 7104
音 ヒ
こむら。こぶら。ふくらはぎ。すねのうしろの肉づきのよい部分。「腓骨」

**ヒ** 12画 【▼痞】 部首[疒] JIS 6561
音 ヒ
つかえ。①腹の中にかたまりのようなものがつかえていて、いたむ病気。②胸がつまるようで苦しいこと。

**ヒ** 12画 【費】 部首[貝] 教育小4 JIS 4081
音 **ヒ**・フツ
訓 **ついやす・ついえる**
費 費 費 費 費 費
①ついやす。ついえる。かかる。「空費・消費・乱費・浪費」②ついえ。かかり。「学費・経費・出費」「費目・費用」用例《接尾的》接待—。人件—。交通—。

**ヒ** 13画 【▼蓖】 部首[艹] JIS 7279
音 ヘイ・ヒ
「蓖麻」は、トウゴマ。トウダイグサ科の一年草。

**ヒ** 13画 【▼痺】 部首[疒]
13画 【▼痹】 異体字 JIS 6567
音 ヒ
しびれる。しびれ。「麻痺」参考 痺は、ウズラのめすの意で、もとは、痹とは別の字。

**ヒ** 13画 【▼裨】 部首[衤] JIS 7475
音 ヒ
①おぎなう。布をつぎたして、つくろう。②たすける。力をそえる。補佐する。「裨益」

**ヒ** 13画 【▼賁】 部首[貝]
12画 【▼賁】 異体字 JIS 7644
音 ヒ・フン・ホン
かざる。かざり。あや。模様がうつくしい。

**ヒ** 14画 【▼鄙】 部首[阝] JIS 7833
音 ヒ
①ひな。いなか。ひなびた。「都鄙・辺鄙」「鄙俗」②いやしい。いやしめる。「鄙語・鄙劣・鄙猥」③自分のことをへりくだっていうのに用いる。「鄙見・鄙言」

**ヒ** 14画 【▼榧】 部首[木] JIS 6050
音 ヒ
カヤ。イチイ科の常緑針葉高木。かえ。

**ヒ** 14画 【碑】 部首[石] 常用 JIS 4074
13画 【▼碑】 旧字
音 **ヒ**
いしぶみ。記念にのこすためにたてた石。「歌碑・句碑・石碑・墓碑」「碑文」用例(名)故人の—をたてる。《接尾的》記念—。表徳—。

**ヒ** 14画 【▼緋】 部首[糸] 人名用 JIS 4076
音 ヒ
①あかいねり絹。②あか。あかるくて、濃いあか色。「緋縅・緋鯉」

**ヒ** 14画 【▼翡】 部首[羽] JIS 7039
音 ヒ
カワセミ。ブッポウソウ目に属する鳥。おすを翡、めすを翠という。「翡翠」

**ヒ** 14画 【▼蜚】 部首[虫] JIS 7384
音 ヒ
①ゴキブリ。ゴキブリ目に属する昆虫。あぶらむし。②とぶ。空中にとぶ。「蜚語」

**ヒ** 14画 【▼鞁】 部首[革] JIS 8059
音 ヒ
馬のひきづな。また、むながい。馬の胸から鞍にかける組み緒。

**ヒ** 15画 【罷】 部首[罒] 常用 JIS 4077
音 **ヒ**・ハイ
①やめる。中止する。やめさせる。「罷業・罷免」②つかれる。くたびれる。③まかる。

**ヒ** 15画 【▼誹】 部首[言] JIS 4080
音 ヒ
そしる。悪口をいう。そしり。非難。「誹議・誹謗」

**ヒ** 16画 【避】 部首[辶] 常用 JIS 4082
17画 【▼避】 部首[辶] 旧字
音 **ヒ**・ビ
訓 **さける**
さける。よける。そらす。「回避・退避・逃避・不可避」「避暑・避難」

**ヒ** 16画 【▼篦】 部首[竹]
音 ヒ
かたみ。はこ。かご。竹製の四角のかご。

**ヒ** 16画 【▼霏】 部首[雨] JIS 8034
音 ヒ
①雨や雪などがふりしきるさま。「霏々」②きり。もや。

**ヒ** 17画 【▼嚊】 部首[口] JIS 5171
音 ヒ
①いき。はないき。あらいいき。②かか。かかあ。おっかあ。妻の俗称。

**ヒ** 17画 【▼臂】 部首[月] JIS 7130
音 ヒ
①うで。かいな。肩から手首までの部分。「猿臂」②ひじ。うでの関節の外側の部分。

**ヒ** 17画 【▼貔】 部首[豸] JIS 7632
11画 【▼豼】 異体字 JIS 7633
音 ヒ
トラやヒョウににた猛獣。昔、ならして、戦争に用いたという。

**ヒ** 18画 【▼髀】 部首[骨] JIS 8179
音 ヒ・ヘイ
もも。足の膝から腰までの部分。「髀肉」

**ヒ** 19画 【▼羆】 部首[罒] JIS 7017
音 ヒ
ヒグマ。クマ科の哺乳動物。あかぐま。しぐま。

**ヒ** 19画 【▼鯡】 部首[魚] JIS 8244
音 ヒ
①はらこ。はららご。魚の卵塊。②ニシン。ニシン科の海水魚。かど。

**ヒ** 19画 【▼鵯】 部首[鳥] JIS 8311
音 ヒ・ヒツ
ひよ。ヒヨドリ。スズメ目に属する鳥。

**ヒ** 20画 【▼譬】 部首[言] JIS 7602
音 ヒ
たとえる。かりに、別の例にあてはめて、いう。たとえ。「譬喩」

**ヒ** 21画 【▼贔】 部首[貝] JIS 7661
音 ヒ・ヒイ
①いかる。おこる。②「贔屓」は、特に好意をよせ、力をそえること。また、そうする人。

**ヒ** 22画 【▼轡】 部首[車] JIS 2305
音 ヒ
①たづな。馬のくつわにつけて、馬をあやつる綱。②くつわ。くつばみ。馬の口にはめて、たづなをつける器具。

**ひ**【干】①乾いていること。用例—物。②海水が引くこと。ebb tide 用例 満ち—。潮—。

**ひ**【日】①《「陽」とも》太陽。その光・熱。sun 対義 月。用例—がのぼる。—がかげる。—が弱い。②天気のようす。day 用例 晴れて、いい—だ。③ひるま。day 対義 夜。用例—が長い。④一昼夜。一日。天文学では、



▼常用漢字表外。 ▽常用漢字表の音訓外。

日の出から次の朝の日の出までの二四時間。時間の単位としての記号はd。day 対義 月。用例 —に三度。⑤特別な日。特定の日。用例 母の—。次の会合の—。⑥日数。day 用例 —がたつ。⑦日限。date 用例 —が決まる。⑧《「…した日には」の形で》場合。when 用例 失敗した—には目もあてられない。⑨とき。時代。one's days 用例 若き—。

**日が好い**(ひがいい) 暦のうえで、何事をするにもよいという日である。日柄がよい。吉日である。黄道吉日。

**日が込む**(ひがこむ) 日数がかかる。

**日が高い**(ひがたかい) 太陽が空に高く上がっている、その時間。用例 —内に洗濯を終わらせる。

**日が長い**(ひがながい) 昼間の時間が長い。日が暮れるのが遅い。用例 一年じゅうで夏至がいちばん—。

**日が短い**(ひがみじかい) 昼間の時間が短い。日が暮れるのが早い。用例 一年じゅうで冬至がいちばん—。

**日が悪い**(ひがわるい) 暦のうえで、何事をするにも運勢が悪いという日である。日柄が悪い。用例 —から、外出はよそう。

**日暮れて道遠し**(ひくれてみちとおし) ①年とって、まだなすべき仕事がたくさん残っている。The day is short, and the work is much. ②期日は迫っているが、目的の仕事ができあがらない。My goal is still a long way off.

**日に三度吾が身を省みる**(ひにみたびわがみをかえりみる) 《『論語』学而篇にある語。一日に三度は反省する、の意から》わが身を正しく保つためには、常に、たびたび反省することが必要である。You must always reflect yourself.

**日に焼ける**(ひにやける) ①日の光に当たって、物が変色する。discolor 用例 衣服が—。②日の光に当たって、皮膚の色が黒くなる。日焼けする。get tanned 用例 海に行って—。

**日の当たる場所**(ひのあたるばしょ) 恵まれた地位・環境。

**日没する処**(ひぼっするところ) 《日の入るところ、つまり、日本から見て西にある国、の意》中国のこと。

**日や月が笠を被れば明日は雨**(ひやつきがかさをかぶればあすはあめ) 太陽や月のまわりに暈ができるのは、翌日雨が降る前ぶれである。

**日を改めて**(ひをあらためて) 別の日を選んで。another day

**日を追って**(ひをおって) 日がたつにしたがって。日一日と。また、だんだんと。day by day

**日を同じくして論ず可からず**(ひをおなじくしてろんずべからず) 比べものにならないほど差が大きいことに言う。同日の論ではない。

**ひ【火】** ①物が燃える現象。fire 用例 —がつく。②ほのお。flame 用例 —がゆれる。③炭火。charcoal fire 用例 —をおこす。④火事。fire 用例 —を出す。⑤煮炊きするために、加える熱。heat to cook 用例 —を通す。⑥激しい感情。passion 用例 胸の—。⑦タバコの火。light 用例 —を拝借。

**火危うし**(ひあやうし) 《昔、宮中などで夜番の役人が、警戒をうながすために呼び歩いた語》火の用心。

**火が付く**(ひがつく) ①火が燃え始める。火が燃え移る。catch fire ②事件の発端となる。provoke ③事件が波及する。他に影響されて何かが起こる。catch fire from

**火が降る**(ひがふる) きわめて貧しい様子を言う。生活苦にある。火の車である。

**火に油を注ぐ**(ひにあぶらをそそぐ) 勢いの強いものに、いっそう勢いを加えることに言う。add fuel to the flames

**火に入る虫**(ひにいるむし) 夏の夜に、灯火に飛んで来て身を焼く虫。自分から進んで危険の中に飛び込むことのたとえ。a moth flying into the flame

**火の海**(ひのうみ) 辺り一面燃えているさまを、海にたとえて言ったもの。sea of flames

**火の消えた様**(ひのきえたよう) 急に寂しくなるさま。as still as death

**火の付いた様**(ひのついたよう) ①あわただしいようす。tremendous uproar ②赤ん坊などの泣き声の激しいさま。cry wildly

**火の出る様**(ひのでるよう) ①恥ずかしさに、顔の赤くなるさま。blush 用例 —な思い。②非常に激しいさま。また、一生懸命になっているさま。frantic 用例 —な努力。

**火の無い所に煙は立たない**(ひのないところにけむりはたたない) 多少でもその事実がなければ、うわさの立つはずがない。There is no smoke without some fire.

**火の中へ髪や爪をくべてはいけない**(ひのなかへかみやつめをくべてはいけない) 各地で忌み嫌って言われていること。

**火の中、水の底**(ひのなか、みずのそこ) 苦しみや困難でつらい境遇のたとえ。

**火を挙ぐ**(ひをあぐ) 火を燃やす。転じて、生活する。

**火を落とす**(ひをおとす) 調理の火を消す。調理場の仕事が終了する。

**火を易う**(ひをかう) 忌服の終わった日などに、汚れた火をかえて清めることに言う。

**火を掛ける**(ひをかける) 放火する。火を放つ。用例 敵の城に—。

**火を失す**(ひをしっす) 誤って火事を起こしてしまう。失火する。

**火を摩る**(ひをする) 外見とは異なり、内実は不和である。

**火を散らす**(ひをちらす) 論争・争いなどが激しいことに言う。火花を散らす。

**火を付ける**(ひをつける) ①点火する。火をたく。ignite; fire(up) ②放火する。set fire ③騒ぎ・争いのきっかけをつくる。また、他人を刺激して、怒らせたりする。instigate

**火を通す**(ひをとおす) 調理などで、熱を加える。heat

**火を吐く**(ひをはく) ①火を吹き出す。breathe (emit) fire ②激しく弁論をたたかわすたとえ。heated discussion

**火を放つ**(ひをはなつ) 放火する。set fire to

**火を吹く**(ひをふく) ①激しく燃えだす。in flames ②火をおこすために、強く息を吹きかける。fan the fire with one's breath

**火を吹く力も無い**(ひをふくちからもない) まったく元気がない。また、非常に貧しい。

**火を見たら火事と思え**(ひをみたらかじとおもえ) 何ごとも、いくら警戒してもしすぎるということはないたとえ。

**火を見るよりも明らか**(ひをみるよりもあきらか) 疑う余地のないほど、はっきりしている。as clear as day

**ひ【氷】** ①こおり。ice 用例 —室。②雹。hail

**ひ【灯】** あかり。ともしび。light 用例 遠くの村の—。

**ひ【杼・梭】** 機織りの付属具の一つ。舟形のもので、横糸を通す。↓筬 写

**ひ【樋】** ①水を通す管。とい。water pipe ②水門。sluice

**ひ【曾】**(接頭) 血縁関係をいう語について、それより一代はなれていることを示す。ひい。用例 —まご。

**び【び・ビ】** ↓ひ【ひ・ヒ】

**ビ** 7画 **【尾】** 部首［尸］ 常用 JIS 4088
音 ビ 訓 **お**
①お。しっぽ。うしろ。おわり。対義 首。「後尾・首尾・接尾語・末尾・竜頭蛇尾」「尾行・尾翼」②つるむ。動物がまじわる。「交尾」③尾張国のこと。「濃尾」「尾州」④魚を数えるのに用いる。匹。用例 (助数)六—の魚。

**ビ** 8画 **【弥】** 部首［弓］ 人名用 JIS 4479　17画 **【彌】** 旧字 JIS 5529
音 ビ・ミ
①ひさしい。ながい。とおい。②わたる。つらぬく。③あまねし。ゆきわたる。④いや。いよいよ。ますます。⑤「弥縫」は、㋐ぬいつくろう。㋑とりつくろう。過失をごまかす。↓ミ［弥］

**ビ** 8画 **【枇】** 部首［木］ JIS 4090
音 ヒ・ビ
「枇杷」は、バラ科の常緑高木。また、その果実。

**ビ** 9画 **【弭】** 部首［弓］ JIS 5525
音 ビ・ミ
①ゆはず。ゆみはず。弓の両はしの、つるをかける部分。②やめる。とめる。おわりとする。

**ビ** 9画 **【毘】** 部首［比］ JIS 4091　9画 **【毗】** 異体字
音 ヒ・ビ
梵語 peti・vai などの音訳字。「茶毘」「毘沙門天・毘盧舎那仏」↓ヒ［毘］

**ビ** 9画 **【眉】** 部首［目］ JIS 4093
音 ビ・ミ
まゆ。まゆげ。「焦眉・白眉・柳眉」「眉宇・眉間・眉目」

**ビ** 9画 **【美】** 部首［羊］ 教育小3 JIS 4094
音 **ビ**・ミ 訓 **うつくしい**

①うつくしい。うるわしい。みめよい。比較 真・善。対義 醜。「華美・優美」「美学・美人・美声」用例 (名)天然の—。《接尾的》健康—。《接頭的》—少女。②よい。立派な。ほめる。「賛美」「美称・美徳・美風」用例 (名)有終の—。③うまい。味がよい。「甘美」「美酒・美食・美味」用例 (名)その味の—を喜ぶ。

**ビ** 11画 **【梶】** 部首［木］ JIS 1965
音 ビ
①こずえ。木の幹や枝の先。②かじ。㋐カジノキ。クワ科の落葉高木。㋑ろ・かいなど舟をすすめる道具。㋒舟の方向をきめる器具。㋓人力車や荷車などのひっぱるための長い柄。

**ビ** 12画 **【備】** 部首［人・亻］ 教育小5 JIS 4087
音 **ビ** 訓 **そなえる・そなわる**

①そなえる。用意する。そなえ。「守備・準備・常備・整備・設備・防備」「備考・備品・備忘」②そなわる。「完備・具備・兼備」③吉備地方のこと。備前・備中・備後・美作の総称。「伯備」

**ビ** 12画 **【媚】** 部首［女］ JIS 5327
音 ビ
①こびる。へつらう。なまめく。「媚態」②うつくしい。あいらしい。「風光明媚」

**ビ** 12画 **【寐】** 部首［宀］ JIS 5371
音 ビ
ねる。ねむる。いぬ。やすむ。「夢寐」

**ビ** 12画 **【嵋】** 部首［山］ JIS 5443
音 ビ
「峨嵋山」は、中国の山の名。四川省にある。

**ビ** 12画 **【琵】** 部首［王］ JIS 4092
音 ヒ・ビ
「琵琶」は、撥でならす弦楽器の一つ。四弦のものが多く、まれに五弦。

**ビ** 13画 **【微】** 部首［彳］ 常用 JIS 4089　13画 **【微】** 旧字
音 **ビ**・ミ
①きわめてこまかい。比較 細。「顕微鏡」「微細・微小」用例 (名)—にいり、細をうがつ。《接頭的》—生物。—粒子。②かすか。ほのか。わずか。「機微・軽微」「微雨・微笑・微熱・微風・微妙・微禄」③めだたない。ひそかに。こっそり。「微行・微服」④身分がひくい。いやしい。「微賤」⑤おとろえる。「式微・衰微」⑥自分を謙遜していうのに用いる。「微意・微衷・微力」

**微に入り細を穿つ**(びにいりさいをうがつ) 非常に細かいことにまで、気を配る。go into the minutest details

**ビ** 13画 **【楣】** 部首［木］
音 ビ
①のき。ひさし。屋根の下はしの部分。②まぐさ。門・戸・窓などの上に、横にかけわたす梁。

**ビ** 14画 **【鼻】** 部首［鼻］ 教育小3 JIS 4101　14画 **【鼻】** 旧字
音 **ビ**・ヒ 訓 **はな**

①はな。呼吸と臭覚をつかさどる器官。「耳鼻科」「鼻孔」②はじめ。「鼻祖」

**ビ** 16画 **【薇】** 部首［艹］ JIS 7315
音 ビ
①ゼンマイ。ゼンマイ科の多年草。夏緑性のシダ植物。②「薔薇」は、バラ。バラ科の落葉または常緑の低木。つる性のものもある。

**ビ** 16画 **【糒】** 部首［米］ JIS 6885
音 ヒ・ビ
ほしいい。ほしい。かれいい。ほして、たくわえておく飯。水や湯にひたし、軟らかくして食べる。

**ビ** 17画 **【糜】** 部首［米］ JIS 6886
音 ビ
①かゆ。おかゆ。②ただれる。皮膚がやぶれ、

ひ

くずれる。「縻爛」

**ビ** 17画【▼縻】部首［糸］ JIS 6959
音 ビ
①きずな。つな。なわ。②つなぐ。しばる。

**ビ** 17画【▼麋】部首［鹿］ JIS 8340
音 ビ・ミ
おおじか。なれしか。トナカイの類。シカ科の哺乳動物。

**ビ** 19画【▼襣】部首［衤］
音 ヒ・ビ
ふんどし。したばかま。たふさぎ。

**ビ** 19画【▼靡】部首［非］ JIS 8351
音 ビ・ミ・ヒ
①なびく。したがう。「風靡」「靡然」②ない。なし。

**ビ** 19画【▼鞴】部首［革］ JIS 8070
音 ヒ・ビ・フク
ふいご。ふいごう。かわ袋から風をおくりだして、火をおこす道具。

**ビ** 20画【▼瀰】部首［氵］ JIS 6348 ｜ 17画【▼濔】異体字 JIS 6330
音 ビ・ミ
みちる。はびこる。水がみちひろがるさま。「瀰漫」

**ぴ**【ぴ・ピ】→ひ【ひ・ヒ】

**ピア**【Pierre】アメリカ中北部、サウスダコタ州、ミズーリ川に沿う都市。同州の州都。インディアン保留区に囲まれる。人口一・二万（一九八〇）。

**ビアード**【Charles Austin Beard】（一八七四〜一九四八）アメリカの歴史学者・政治学者。歴史学に経済的解釈を与えることを強調。関東大震災後来日、東京の市政調査に貢献。外交・政治評論も行い、ニューディール政策を批判。

**ひ-あい**【悲哀】かなしく、あわれなこと。哀切。悲愁。哀愁。sorrow 用例 ―の情にひたる。

**ピアウイ**【Piauí】ブラジル北東部の州。州都テレジーナ。農牧業がさかん。人口二四八万（一九八六）。

**ひ-あが・る**【干上がる・▽乾上がる】（五自）①すっかり乾く。用例 貯水池が―。②金がなくなって生活できなくなる。用例 顎が―。

**ひ-あき**【火明き・▽忌明き】①産の忌みが明ける日。生児・産婦それぞれにあって、日取りは地方により異なる。産明き。産明け。②死忌の明ける日。四十九日。忌明け。

**ひ-あし**【日足・日脚】①太陽が空を移動する速さ。②昼間の時間。用例 ―が延びる。

**ひ-あし**【火足・火脚】火事の燃え広がる速さ。

**ひ-あじ**【火味】香をたく作法の中で、香炉の火加減。また、それを見る動作。用例 ―を見る。

**ピアジェ**【Jean Piaget】（一八九六〜一九八〇）スイスの心理学者。知能の発達過程についての研究を行った。子供の思考の特徴である「自己中心性」の概念を提唱、概念形成の発達段階を分析し、発生的認識論の研究を行った。著書『幼児における言語と思考』『知能の心理学』など。

**ヒアシンス**【hyacinth】→ヒヤシンス

**ビアス**【Ambrose Bierce】（一八四二〜一九一四ごろ）アメリカの小説家。短編構成の技巧にすぐれる。著書『悪魔の辞典』ほか、短編集『いのちの半ばに』など。

**ピアス**《pierced earring から。「ピアス」は、刺し通す・貫く、の意》耳に小さい穴をあけ、そこに通して用いるイヤリング。

**ピアストル**【piastre】エジプト・シリア・レバノン・スーダン・トルコの通貨単位。一ピアストルは一〇〇分の一ポンド。

**ビアズリー**【Aubrey Beardsley】（一八七二〜一八九八）イギリスの画家。一九世紀末の唯美主義を代表する異才。文学雑誌の挿絵に活躍。ペン画による黒と白の繊細で神経的な美の世界を描く。作品『サロメ』など。→写

●ビアズリー 『サロメ』「孔雀の裳裾」。一八九四年、ハーバード大学フォッグ美術館（アメリカ）。

**ひ-あそび**【火遊び】①火をいじって遊ぶこと。play with fire ②遊び半分の恋愛・情事。play with love

**火遊びをすれば寝小便をする**（ひあそびをすればねしょうべんをする）子供が火遊びをすることを戒めていう語。

**ピアソラ**【Astor Piazzola】（一九二一〜）アルゼンチンの作曲家・編曲者・バンドネオン奏者・楽団指揮者。前衛的な演奏で知られるモダンタンゴの第一人者。

**ピアソン**【Karl Pearson】（一八五七〜一九三六）イギリスの数理統計学の創始者。優生学・生物統計学の研究を行い、進化論の数学的研究に業績をあげた。

**ひ-あたり**【日当（た）り・▽陽当（た）り】日光が当たること・所。exposure to the sun

**ピアツェッタ**【Giovanni Battista Piazzetta】（一六八二〜一七五四）イタリアの画家。バロック的な強い明暗表現から、軽快な装飾的表現に移行した。作品『聖ドメニコの勝利』など。

**ひあっしゅくせい-りゅうたい**【非圧縮性流体】密度変化を無視できる流体。縮まない流体。多くの液体は非圧縮性流体である。incompressible fluid

**ピアティゴルスキー**【Gregor Piatigorsky】（一九〇三〜一九七六）アメリカのチェロ奏者。ロシア生まれ。一九四二年に市民権を得る。艶やかな演奏で、独奏・室内楽に活躍。

**ひ-あな**【火穴】土間に掘った、火を燃やす穴。

**ピアニシモ**【pianissimo イタリア】音楽で、強弱記号の一つ。もっとも弱く。記号 *pp* 対義 フォルティシモ。

**ピアニスト**【pianist】ピアノで演奏する音楽家。

**ピアノ**【piano】《pianoforte の略》①鍵盤付き打弦楽器。音域は楽器の中でもっとも広い。鍵をたたくとハンマーが弦を打ち、音を出す。一七〇九年イタリアのクリストフォリが発明。グランドピアノ（平型）とアップライトピアノ（竪型）がある。数え方 一台。②音楽で、強弱記号の一つ。弱く。記号 *p* 対義 フォルテ。→図

**ピアノ-せん**【ピアノ線】引っ張り強さ一平方ミリメートルあたり一五〇〜三五〇kgの高炭素鋼線。ピアノ用の弦に使用されたためこの名がある。ばね・ワイヤロープなどに利用。piano wire

**ピアフ**【Edith Piaf】（一九一五〜一九六三）フランスの代表的女性シャンソン歌手。ヒット曲『バラ色の人生』『愛の賛歌』など。

**ビアフラ**【Biafra】アフリカ、ナイジェリアの旧東部州。一九六七年分離独立して「ビアフラ共和国」を宣言したが、内戦に敗れ、七〇年消滅。

**ひ-あぶり**【火▼炙り・火▼焙り】昔の刑の一つ。火で焼き殺す刑。火刑。焚刑。burning to death

**ビアラール**【Paul Vialar】（一八九八〜）フランスの詩人・劇作家・小説家。作品『死は始まり』など。

**ピアリー**【Robert Edwin Peary】（一八五六〜一九二〇）アメリカの海軍軍人・探検家。グリーンランドを調査・探検し、そののち一九〇九年、最初の北極点到達者となる。

**ヒアリング**【hearing】→ヒヤリング

**ひ-あわい**【▼廂▽間】家のひさしが両方から出ている所。家と家との間の路地。

**ひい**【▽一】数をかぞえるとき、「ひ」を延ばしていう語。ひとつ。いち。one 用例 ―、ふう、みい、よう。

●ピアノ① グランドピアノの各部名称

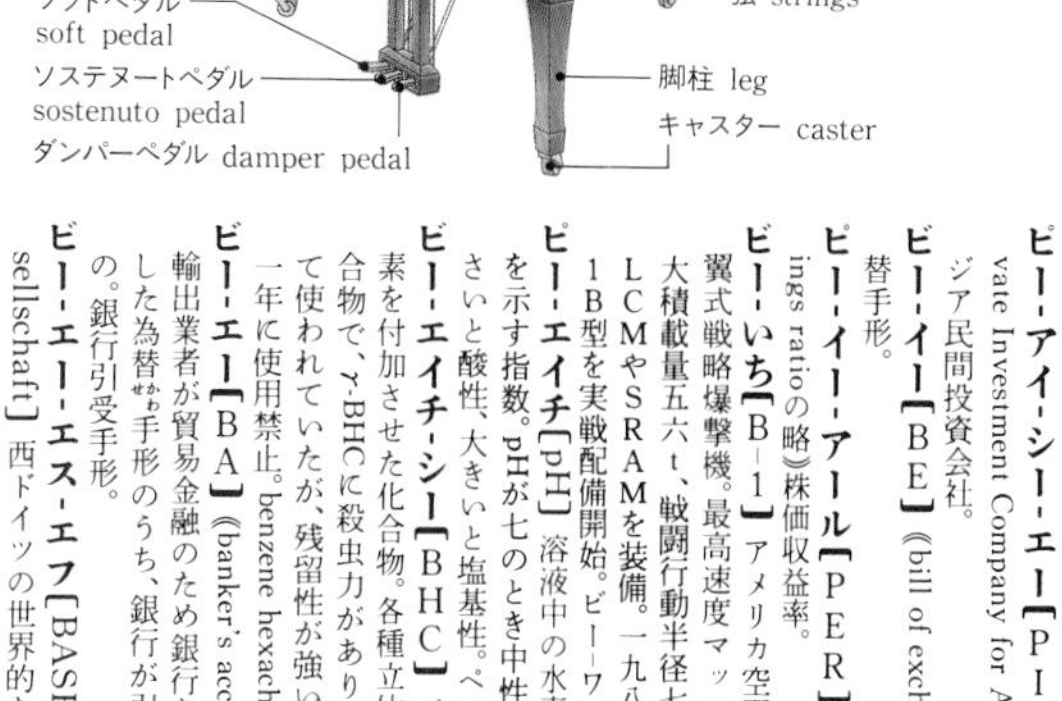


**ひ-い**【非違】法に背くこと・行為。違法。用例 ―をただす。

**び-い**【微意】自分の気持ちをけんそんしていう語。寸志。

**ビー**【B・b】①アルファベットの第二文字。②《大文字で》硼素（boron）の元素記号。③《大文字で》音楽で、英米音名の一つで、ハ長調第七音のシ音、日本音名ではロ音。④《大文字で》鉛筆の芯の黒さの濃度（black）を表す記号。数が多くなるほど、濃く、柔らかくなる。⑤《大文字で》地階（basement）の記号。⑥《大文字で》胸まわり（bust）の記号。バスト。⑦血液型の一つ。B型。⑧「B判」の略。

**ピー**【P・p】①アルファベットの第一六文字。②《大文字で》燐（phosphorus）の元素記号。③《大文字で》駐車場（parking lot）を示す記号。

**ピー-アール**【PR】《public relations の略》官公庁や企業などが事業の発展をはかるために、その施策や事業内容・製品などについて人々の理解を深め好意的態度を得るために行う活動の総称。パブリックリレーションズ。

**ビー-アール-ディー**【BRD】《Bundesrepublik Deutschland ドイツ の略》ドイツ連邦共和国。西ドイツ。西独。

**ビー-アイ-エス**【BIS】《Bank for International Settlements の略》国際決済銀行。

**ピー-アイ-シー-エー**【PICA】《Private Investment Company for Asia の略》アジア民間投資会社。

**ビー-イー**【BE】《bill of exchange の略》為替手形。

**ピー-イー-アール**【PER】《price-earnings ratio の略》株価収益率。

**ビー-いち**【B-1】アメリカ空軍の可変後退翼式戦略爆撃機。最高速度マッハ一・二五、最大積載量五六t、戦闘行動半径七五〇〇km。ALCMやSRAMを装備。一九八六年からB-1B型を実戦配備開始。ビーワン。

**ピー-エイチ**【pH】溶液中の水素イオン濃度を示す指数。pHが七のとき中性で、七より小さいと酸性、大きいと塩基性。ペーハー。

**ビー-エイチ-シー**【BHC】ベンゼンに塩素を付加させた化合物。各種立体異性体の混合物で、γ-BHCに殺虫力があり、殺虫剤として使われていたが、残留性が強いため、一九七一年に使用禁止。benzene hexachloride

**ビー-エー**【BA】《banker's acceptance の略》輸出業者が貿易金融のため銀行あてに振り出した為替手形のうち、銀行が引き受けたもの。銀行引受手形。

**ビー-エー-エス-エフ**【BASF Aktiengesellschaft】西ドイツの世界的な総合化学会社。一九五二年設立。バスフ。ベーアーエスエフ。

**ピー-エー-エル**【PAL】《Philippine Airlines の略》フィリピン航空。

**ビー-エー-ティー-インダストリーズ**【B.A.T. Industries p.l.c.】イギリスのタバコ会社。ケントやラッキーストライクなどの銘柄をあつかう。一九七六年設立。

**ピー-エス**【PS】①《Parti Socialiste フランス の略》フランス社会党。②《Pferdestärke ドイツ の略》馬力。メートル馬力。一PSは七三・五五kg・m/s

**ピー-エス**【P.S.】《postscript の略》手紙の、追って書き。追伸。二伸。

**ピー-エス-アイ**【PSI】《Partito Socialista Italiano イタリア の略》イタリア社会党。

**ピー-エス-コンクリート**【PSコンクリート】引っ張り強さを増加させ、曲げに対しての抵抗を増大させた鉄筋コンクリート。高張力鋼などを両端から引っ張り、それをコンクリートで固める。プレストレストコンクリート。prestressed concrete

**ピー-エス-じかん**【PS時間】地震波のP波が到着してからS波が到着するまでの時間。震源からの距離に比例して大きくなる。PS時間からおおよその震源距離が求められる。

**ピー-エックス**【PX】《post exchange の略》

アメリカ軍の基地内に設けられた売店・酒保。日用品のほか飲食物なども販売。

**ピーエヌ-せつごう【pn接合】** 半導体中で正孔の数が自由電子より多いp領域と自由電子の数が正孔より多いn領域が接して、障壁を形成しているもの。ダイオードやトランジスターの動作の基本となる。pn junction

**ピーエフエルピー【PFLP】**《Popular Front for the Liberation of Palestineの略》パレスチナ解放人民戦線。ファタハに次ぐパレスチナ解放機構(PLO)の第二勢力で、急進的な路線をとる武装組織。

**ピーエム【PM】**《phase modulationの略》位相変調。

**ピーエム【p.m.; P.M.】**《post meridiemの略》午後。対義 a.m.

**ビーエムイーダブリューエス【BMEWS】**《ballistic missile early warning systemの略》↓ビーミューズ(BMEWS)

**ビーエムディー【BMD】**《Ballistic Missile Defenseの略》戦略核ミサイルを迎撃して破壊する防御体系。

**ビーエル【BL】**《bill of ladingの略》船荷証券。

**ピーエルエー【PLA】**《Palestine Liberation Armyの略》パレスチナ解放軍。パレスチナ解放機構(PLO)の正規軍。

**ピーエルオー【PLO】**《Palestine Liberation Organizationの略》パレスチナ解放機構。

**ピーエル-きょうだん【PL教団】**《PLはPerfect Libertyの略》昭和二一年(一九四六)に発足した神道系の新宗教。御木徳一の始めた「ひとのみち教団」を受けついで御木徳近が改称し、開教。

**ピーエルシー【PLC】**《product life cycleの略》製品ライフサイクル。

**ビーエルマーク-せいど【BLマーク制度】**《BLはbetter livingの略》優良住宅部品認定制度。デザイン・性能・アフターサービスが良く、適切な価格の住宅部品を建設大臣が認定する。

**ビーオーエー【BOA】**《Bank of Americaの略》↓バンク-オブ-アメリカ

**ビーオーエーシー【BOAC】**《British Overseas Airways Corporationの略》旧イギリス海外航空会社の略称。一九七四年、合併統合により英国航空となる。

**ピーオーエス【POS】**↓ポス

**ビーオーディー【BOD】**《biological oxygen demandの略》生物学的酸素要求量。

**ピーオー-とりひき【PO取引】**《POはprivate offeringの略》証券取引所が大口の売買によって相場が大きく変動すると判断したとき、証券会社と相手方が市場外で行う取引。

昭和四二年(一九六七)廃止。

**ピーオーピー-こうこく【POP広告】**《POPはpoint of purchaseの略》小売店に設けられたすべての広告物。顧客のもつ商品名の印象や記憶を店頭で想い起こさせて、購買するよう誘導する。店頭広告。P.O.P. advertising

**ビーカー【beaker】** 化学実験で液体や溶液を入れる容器。材質としては並ガラス・硬質ガラス・ポリエチレンなど。↓図

●ビーカー

**ビーがた-かんえん【B型肝炎】** B型肝炎ウイルスの感染により起こる肝炎。血清肝炎ともよばれ、輸血と注射による感染が多いが、唾液や性交渉などによる感染もある。成人は一過性感染の、乳幼児は持続感染の経過をとることが多い。医療施設内での事故感染が問題となっているが、ワクチン・γ-グロブリン注射による予防策が進展しつつある。hepatitis B

**ピーがた-はんどうたい【p型半導体】** 正孔の数が自由電子の数より多く、正孔の移動によって電気伝導が行われる半導体。p-type semiconductor 参照 n型半導体。

**ひい-かわ【斐伊川】** 島根県を流れる川。長さ一五三km。中国山地に発し、宍道湖に注ぐ。八岐大蛇の伝説で知られる。古称簸の川。

**ひい-き【贔屓・贔負】**《「ひき」の転》㊀(名・サ変自他) とくに好意を寄せること。support ㊁(名) とくに力を添えてくれる人。後援者。patron 用例 ―筋。

**贔屓の引き倒し** ひいきをしすぎて、かえって、ひいきされた人が迷惑するたとえ。make a victim of one's favor 比較 有り難迷惑。

**ひいき-め【贔屓目】** 好意をもってみる見方。see with favorable eye

**ひ-いく【肥育】**(名・サ変他) 肉用の家畜を一定期間、良質の飼料を多く与えて養い、肉量の増加と肉質の改善を図ること。fattening

**び-いく【美育】** 美や芸術に対する関心・教養を高め、豊かな人間形成をめざす目的で行う教育。美的教育。

**ピーク【peak】** ①山の頂。峰。②物事の最高「潮。頂点。

**ピーク【Wilhelm Pieck】**(一八七六〜一九六〇) 東ドイツの政治家。スパルタクス団員としてドイツ革命に参加。一九三三年亡命。第二次大戦後再建共産党の委員長。四六年社共合同のドイツ社会主義統一党を創立。四九年ドイツ民主共和国初代大統領に就任。

**ピークド-ラペル【peaked lapel】** 襟型の一つ。男子のダブルの背広服に多く見られる襟。ラペル(下襟)の先が上に向いて鋭角になった形の襟。剣襟。

**ビーグル【beagle】** イヌの一品種。肩高約三五cm。たれ耳、短足で、黒・黄褐・白色のぶち。小形だが持久力に富み、ウサギ猟用。近年では愛玩用・実験用。イギリス原産。

**ビーグル-かいきょう【ビーグル海峡】**(Beagle Channel) 南米大陸南端、フエゴ島の南にある海峡。名称は一八三二年にダーウィンが調査船ビーグル号で発見したことから。

**ビーグルごうこうかいき【ビーグル号航海記】**《原題Zoology of the voyage of H.M.S. "Beagle"》ダーウィンが『種の起原』を発表する一四年前に刊行し、進化論を提唱するもとになった著作。イギリスの海軍測量船ビーグル号に乗船し、南半球を約五年間にわたって周航(一八三一〜一八三六)したときの動植物・地質などを観察した日記。

**ピーケー【PK】**「サイコキネシス」の略。

**ピーケー-せん【PK戦】** サッカーのトーナメントで、試合時間内で同点の場合の勝者決定法。両チーム同数のキッカーを出し、ゴールキーパーと一対一のペナルティキックを行い、成功数の多いチームが勝者となる。penalty kick match

**ピー-コート【pea coat】** 船員服で六分丈のダブル前のジャケット。現在は若者用の街着。大形ボタン、深いベンツ、濃紺厚手生地が多いなどが特徴。↓図

●ピーコート

**ビー-ごじゅうに【B-52】** アメリカ空軍の戦略爆撃機。最高速度マッハ〇・九五。最大積載量二四t、戦闘行動半径七四〇〇km。ALCMやSRAMを装備。

**ピーコック【peacock】** クジャク。

**ピーコック【Thomas Love Peacock】**(一七八五〜一八六六) イギリスの小説家・詩人。特異な空想的小説と、社会風刺小説を書く。小説『夢魔寺院』など。

**ピーコック-グリーン**《和製語》クジャクの羽に見られるような鮮やかな緑。

**ピーコック-ブルー【peacock blue】** クジャクの羽に見られるような鮮やかな青。

**ビーご-はん【B5判】** 紙の寸法の一つ。縦二五七mm、横一八二mm。B列5番。↓判型図

**ビーコン【beacon】** ①ラジオビーコンの略称。②水路や空路の交通標識。③信号所。灯台。

**ビー-さいぼう【B細胞】**《Bはbone marrow(骨髄)の略》T細胞とともに、血液中のリンパ球を構成し、免疫反応をつかさどる細胞の集団。骨髄内で分化し、末端のリンパ組織へ移行する。B cell 参照 T細胞。

**ピーサレフ【Dmitry Ivanovich Pisarev】**(一八四〇〜一八六八) ロシアの批評家。文学上の極端な功利主義を主張した。評論『リアリスト』『美学の破壊』など。

**ピー-さんシー【P-3C】** アメリカが開発した対潜哨戒機。目標探知装置・大型コンピューターと各種攻撃兵器などを搭載。通称オライオン。

**ビーシー【BC】** ①《before Christの略。B.C.》西暦紀元前。対義 A.D. ②《bill for collectionの略》代金取立手形。外国為替銀行が取立ての委任を受けた為替手形・小切手・預金証書などのこと。

**ビージー【BG】**《和製語business girlの略》女子事務員。近年はオーエル(OL)が使われるようになる。

**ピーシー【PC】** ①「プレストレストコンクリート」の略。②「プレキャストコンクリート」の略。

**ピーシーアイ【PCI】**《Partito Comunista Italianoの略》イタリア共産党。

**ピーシーエス【PCS】**↓パンチカードシステム

**ピーシーエフ【PCF】**《Parti Communiste Françaisの略》フランス共産党。

**ビージーエム【BGM】**《background musicの略》背景音楽。映画や放送、病院や職場などで、その場にふさわしい雰囲気づくりのために流す音楽。

**ピーシーエム【PCM】**《pulse code modulationの略》アナログ信号をパルスの有無およびその組み合わせ(デジタル信号)に変換すること。パルス符号変調。

**ピージーエム【PGM】**《precision-guided munitionの略》精密誘導兵器。

**ピーシーエム-ほうしき【PCM方式】** 音声や映像などの電気信号をデジタル化して、伝送・蓄積する方式。雑音の影響が少なく、高品質な情報の伝達・記録が可能なので、ハイビジョンに利用。

**ピーシー-こうざい【PC鋼材】** コンクリートに引っ張り強さを与えるために用いる高張力鋼など。steel material for prestressed

**ビーシージー【BCG】**《bacille de Calmette-Guérinの略》結核予防のために用いる生ワクチン。現在は乾燥ワクチンとして保存し、必要に応じて溶解して使う。

**ビーシーディー【BCD】**《binary coded decimalの略》二進化十進数。十進数を二進数四ビットで表したもの。

**ピーシービー【PCB】** ①《polychlorinated biphenylの略》ポリ塩化ビフェニル。②《printed circuit boardの略》プリント配線回路用基板。

**ビーシー-へいき【BC兵器】**《BCはbiologicalとchemicalの頭文字》生物化学兵器。

**び-いしき【美意識】** ①美を感じとる心の働き。aesthetic sense ②美と醜さとを判別する心の働き。sense of beauty

**ひい-じじ【曾祖父】** そうそふ。great-grandfather

**ピーシャン【碧山】**(Bì Shān) ↓へきざん(碧「山)

**ヒース【heath】** ①エリカまたはエリカ属の総称。②ヒースなどのはえた荒れ地。荒野。③ツツジ科の常緑低木。高さ一五〜七五cm。八〜九月に淡紅色から白色のエリカに似た花が咲く。ギョリュウモドキ。カルーナ。

**ヒース【Edward Richard George Heath】**(一九一六〜) イギリスの政治家。オックスフォード大卒。保守党史上初の下院議員による公選で選出された党首。一九七〇〜七四年首相。労働問題や北アイルランド紛争のさいは強硬姿勢を貫いた。

**ビーズ【beads】** 装飾に用いる小さな穴あき玉の総称。ビーズ編み・ビーズ細工のほか、首飾りや、袋物・ドレスの装飾に用いる。素材はガラス・ビニール・真珠など。

**ピース【peace】** 平和。

**ピース-キーパー【Peace Keeper】** アメリカの大陸間弾道ミサイル(ICBM)。五〇〇キロトン弾頭一〇個のMIRVを装備、射程八〇〇〇km。ミニットマンの後継として開発された。開発中の仮称はMX。

**ビーズ-でんこう【ビーズ電光】** 雷放電で、線状の電光が消えたあと、点々とビーズのように明るい部分が残って見えるもの。

**ビースバーデン【Wiesbaden】** 西ドイツ中部、ヘッセン州の州都。古代ローマ時代から知られた温泉保養地。人口二七・三万(一九八三)。

**ひいずる-くに【日出ずる国】**《日の昇る国、の意》日本国の美称。

**ヒースロー-くうこう【ヒースロー空港】**(Heathrow Airport) イギリスのロンドン西郊にある国際空港。面積一一km²。一九四六年開設。

**ピーセムスキー【Aleksey Feofilaktovich Pisemsky】**(一八二一〜一八八一) ロシアの小説家。作品『千人の農奴』『荒れ騒ぐ海』、戯曲『悲運』など。

**ヒーター【heater】** 暖房器・暖房装置の総称。

**ピーターソン【Oscar Peterson】**(一九二五〜) ア

メリカの黒人ジャズ-ピアニスト。カナダ生まれ。洗練されたテクニックで名声を得る。

**ピーター-たいてい【ピーター大帝】** ピョートル一世の英語読みによる別称。

**ピーターとおおかみ【ピーターと▼狼】**《原題Petya i volkロシア》プロコフィエフ作曲の語り手と管弦楽のための交響的物語。一九三六年作。登場人物や動物を特定の楽器で表現。

**ピーター-パン【Peter Pan】** ジェームズ=バリーの作品。一九〇四年に劇として執筆、のち散文に改作。永遠の少年ピーター=パンが少女ウェンディーとともに海賊と戦う空想物語。

**ピーターパン-シンドローム【Peter Pan Syndrome】** 童話に出てくる永遠の少年ピーター=パンのように、いつまでも大人になりたくない青年たちにみられる、さまざまな精神的症候。一九八三年、米国の心理学者ダン=カイリーが命名したもの。

**ビーダーマイアー【Biedermeierドイツ】** 一八一五年から四八年の三月革命までの時代のドイツとオーストリアの家具・美術・文学などの様式。初めは簡素で実用的な家具などを示すことばとして使われた。アイヒロートの詩に由来。

**ビー-だま【ビー玉】**《「ビー」はガラスの意の「ビードロ」から》小さなガラス製の球。明治時代から製造され、色などが入って美しいものが多い。相手の玉に当てたりして遊ぶ。marble

**ピータン【皮蛋中】**(pídàn) 中国料理の前菜の一つ。アヒルの卵を、石灰などを含む泥ともみ殻につけ、中身を変化させたもの。黄身は黒く、白身は茶色のゼリー状となる。

**ビーチ-ウエア【beach wear】** 海岸で着る服およびそのアクセサリーの総称。色・形の規定はなく、大胆で派手なものが多い。

**ひいちにち-と【日一日と】**(副) 日ごとに。一日一日。日ましに。day by day

**ビーチ-パラソル**《和製語》海水浴場の砂浜などに立てる大形の日除(ひよ)け傘(がさ)。beach umbrella

**ビーチ-バレー**《beach volleyballの略》砂浜で行うバレーボール。正式競技は二人制で行い、ルールは六人制に準拠する。

**ビーチャム【Thomas Beecham】**(一八七九〜一九六一) イギリスの指揮者。多くの管弦楽団を組織し広範に活動。一九四六年ロイヤル-フィルを創立。

**ビーチュー【米酒中】**(mǐjiǔ) 台湾で一般的な蒸留酒。白米を蒸し、カビと酵母を繁殖させたべイカ(白糀(こうじ))と水を加えて発酵させる。

**ビーツ【beets】** →ビート(beet)

**ひい-て【▽延いて】**(副) 引き続いて。そのために。

**ピー-ティー-エー【PTA】**《Parent-Teacher Associationの略》父母と先生の会。学校単位で設立され、学校と家庭が協力して教育効果の向上にあたる。一九世紀末アメリカにはじまる。

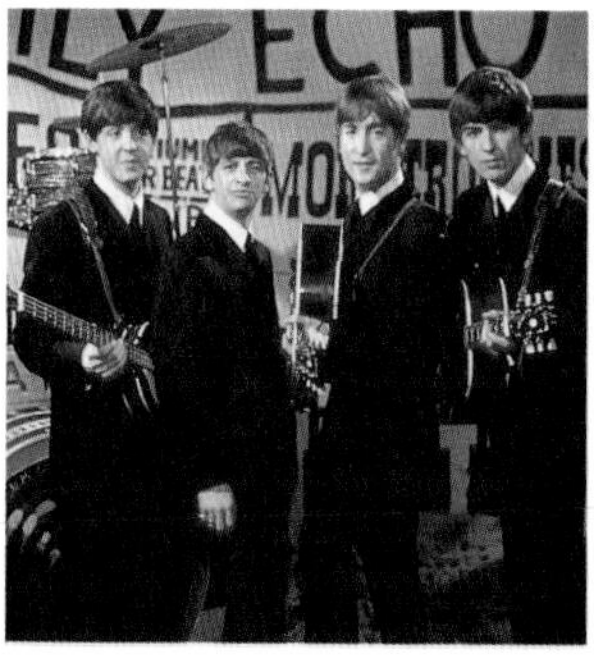

●ビートルズ 右からジョージ=ハリソン、ジョン=レノン、リンゴ=スター、ポール=マッカートニー。

**ピー-ティー-エス-ほう【PTS法】** 作業標準時間設定の手法の一つ。作業を基本動作に分解し、各基本動作について前もって定められた時間値をあてはめるもの。predetermined time standard method

**ひいて-は【▽延いては】**(副) それが原因で。consequently

**ひい・でる【秀でる・▽英でる】**(下一自) ①ぐんとすぐれる。ぬきんでる。be eminent 用例 衆に―・でた才能。②ぬきんでてうるわしい。beautiful 用例 ―・でた目鼻だち。

**ピー-てん【P点】** スキーのジャンプ競技で、ランディングバーン(=着地斜面)に示された飛距離標準点。雪面に青色の線で示される。比較 K点。→ジャンプ競技図

**ビート【beat】** ①音楽で、拍子。②水泳で、ばた足。

**ビート【beet】** アカザ科の一、二年草。根出葉は柄があり、長卵形。一mほどの花茎に黄緑色の小花を多数つける。根は球形で、外皮は紅、白などがあり、食用。日本ではサトウダイコンをさす場合もある。カエンサイ。ビート。ビーツ。

**ビート-ジェネレーション【Beat Generation】** 一九五〇年代後半にニューヨーク・サンフランシスコで活躍した文学集団。社会に背を向け、禅への関心を示し、新しい可能性を模索した。詩人ギンズバーグ・小説家ケロアックなど。

**ヒート-ポンプ【heat pump】** →ねつポンプ(熱ポンプ)

**ビートル【beetle】** カブトムシなどの甲虫。

**ビードル【George Wells Beadle】**(一九〇三〜八九) アメリカの遺伝学者。アカパンカビの突然変異の実験から、一つの遺伝子は一つの酵素の合成を支配しているという「一遺伝子一酵素説」を提唱した。一九五八年ノーベル生理学医学賞受賞。

**ビートルズ【The Beatles】** イギリスのロックグループ。ジョン=レノン・ポール=マッカートニー・リンゴ=スター・ジョージ=ハリソンの四人がメンバー。ロック界に新風を起こし、一九六〇年代以後の新しいポピュラー音楽の発展に決定的役割を果たした。一九六二年結成、七〇年解散。作品『抱きしめたい』『イエスタデー』『ヘイ-ジュード』など。→写

**ビードロ【vidroポルトガル】** ガラスあるいはガラス製の器物の古称。室町末期、長崎に来航したオランダ人が製法を伝え、江戸時代までこの称が用いられた。ギヤマン。ビイドロ。玻璃(はり)。glass

**ひいな【▼雛】** ひな。ひな人形。

**ビーナ【vīnā梵】** インドの撥弦(はつげん)楽器。余韻のあるゆれる音が特徴。北インドのビン(=チター属)、南インドの七弦のビーナ(=リュート属)が代表的。後者は南インド古典音楽の代表楽器。

**ビーナス【Venus】** ローマの小女神で、のちギリシア神話の愛と美の女神アフロディテと同一視された。ラテン名ウェヌスの英語読み。

**ビーナス-ライン** 長野県茅野(ちの)市と和田峠を結ぶ観光道路。蓼科(たてしな)有料道路(三五・二km)と霧ヶ峰(きりがみね)有料道路(四〇km)からなる。

**ピーナッツ【peanut】** 落花生。南京豆。

**ピーナッツ-バター【peanut butter】** 落花生をいり、すりつぶし、食塩などを加え、ペースト状にしたもの。

**ビー-にじゅうく【B-29】** アメリカ空軍の戦略爆撃機。第二次大戦末期、日本本土空襲、広島・長崎への原爆投下に使用。

**ビーニッヒ【Gerd Binnig】**(一九四七〜) 西ドイツの物理学者。走査型トンネル電子顕微鏡の開発に貢献した業績で、一九八六年ノーベル物理学賞受賞。

**ピー-は【P波】**《Pはprimary(第一の)の略》地震波の初期微動を起こす波。疎密波であり、すべての物の中を伝わる。P wave; primary wave

**ビーバー【beaver】** ビーバー科の水生動物。大形の齧歯(げっし)類。体長約八〇cmで褐色。体は遊泳に適し、後肢にみずかきをもつ。尾は上下に扁平(へんぺい)。川や湖沼にすみ、切り倒した木などでダムを作る。夜行性。毛皮は貴重。ユーラシア・北米両大陸の北部に分布。カイリ。ウミダヌキ。→写

●ビーバー

**ビーバーブルック【William Maxwell Aitken Beaverbrook】**(一八七九〜一九六四) イギリスの新聞経営者・政治家。カナダ生まれ。有力大衆紙デーリー-エクスプレスなどを買収して政治的にも利用した。航空生産相・兵站(へいたん)相などを歴任。

**ヒーバオア-とう【ヒーバオア島】**(Hiva Oa) 南太平洋、マルキーズ諸島南部の島。フランス領。面積二〇〇km²。旧称ドミニカ島。

**ひい-ばば【▼曾▽祖▽母】** そうそぼ。great-grandmother

**ビー-ばん【B判】** ①日本標準規格による紙の仕上がり寸法の一つ。一〇三〇mm×一四五六mmを基本のB列0番とし、長辺を半截(はんさい)したものを一番とする。以下同様に七番までと、二〇取・三六取・四〇取・四八取と十二番とがあり、書籍・雑誌にはB5・B6が多用される。比較 A判。②紙の原紙寸法の一つ。七六五mm×一〇八五mm。比較 A判。

**ビー-ピー【BP】**《The British Petroleum Company PLCの略》→ブリティッシュ-ペトロリアム

**ピー-ビー【PB】**《private brandの略》→プライベート-ブランド

**ピー-ピー【PP】**《producer's priceの略》生産者価格。

**ピー-ピー-エム【ppm】**《parts per millionの略》一〇〇万分比を表す単位。パーミル以下の微量の含有量を表すときに使う。

**ビー-ビー-シー【BBC】**《British Broadcasting Corporationの略》イギリス放送協会。同国の代表的放送機関で客観的報道に定評がある。一九二七年設立。

**ピー-ピー-ビー【ppb】**《parts per billionの略》一〇億分比を表す単位。微量に含まれる物質の濃度や成分比を表すのに用いる。

**ピー-ピー-ピー【PPP】**《polluter pays principleの略》汚染者負担原則。

**ピー-ピー-ビー-エス【PPBS】**《planning-programing-budgeting systemの略》一九六一年からアメリカで導入された予算編成の方式。適切なプログラムを組むことによって長期計画と短期の予算編成を効果的に結びつけ、資源配分を合理的に行おうとしたもの。一九七三会計年度の予算から廃止。

**ヒーブ【HEIB】**《home economist in businessの略》企業内エコノミスト。消費者からの苦情処理、消費者の声をとりいれた商品の開発や消費者教育などにあたる。

**ビーフ【beef】** 牛肉。ぎゅう。

**ピー-ブイ-オー【PVO】**《Protivovozdushnaya oborona stoyanyロシアの略》ソビエト防空軍。

**ビーフ-シチュー【beef stew】** 西洋料理の代表的な牛肉の煮込み料理。イギリス風はシェリー酒を、フランス風は赤ワインを使う。

**ピープス【Samuel Pepys】**(一六三三〜一七〇三) イギリスの政治家。当時の世相と自己の内面を克明かつ赤裸々に綴(つづ)った『日記』は、文学作品として、また史料として評価されている。

**ビーフステーキ【beefsteak】** 牛肉を厚く平らに切り、両面をフライパンで焼いたり、直火(じかび)であぶり焼く料理。焼き方はレア、ミディアム、ウェルダンなど。ビフテキ。ステーキ。

**ビーフン【米粉中】**(mǐfěn) うるち米で作った乾燥めん類。細くて白い。熱湯でもどして、いためたり揚げたりスープに入れたりする。中国・台湾が主産地。

**ひい-まご【▼曾孫】**「ひまご」の転。

**ピーマン【pimentフランス】** トウガラシの一種。果実は大きく、内部は三、四室に分かれて空洞状。果皮は濃緑色で厚く柔らかい。辛みは少ない。サラダ・煮物・いため物・つめ物用など。アマトウガラシ。セイヨウトウガラシ。→図

●ピーマン

**ビーミューズ【BMEWS】**《ballistic missile early warning systemの略》弾道ミサイル早期警戒システム。NORADノラッドの管轄。レーダーでICBMによる攻撃を探知する。

**ビーム【beam】** ①建築物の、梁(はり)。②光・電子の流れの束。用例 レーザー―。

**ビーム【BIEM】**《Bureau International de l'Edition Mécaniqueフランスの略》国際レコード著作権協会事務局。西ヨーロッパの近代音楽の著作権を管理する組織。

**ビーム-アンテナ【beam antenna】** 単位アンテナを平面上に並べて同位相に合成し、一つのアンテナにしたもの。鋭い指向性と高利得をもつ。

**ビーム-シューティング【beam shooting】** →ビームライフル

**ビーム-へいき【ビーム兵器】** SDIのミサイル迎撃手段の一つとして開発中の兵器。荷電粒子または中性粒子を照射し目標を破壊するもの。粒子ビーム兵器。

**ビーム-ライフル【beam rifle】** 光線を発射するレジャー用の銃。光線が的(まと)に当たるとコンピューターが得点を計算する遊び。ビームシューティング。

**ビーよん-ばん【B4判】** 紙の寸法の一つ。縦三六四mm、横二五七mm。B列4番。→判型図

**ビー-ワン【B-1】** →ビーいち(B-1)

ひ

▼常用漢字表外。 ▽常用漢字表の音訓外。

**ひいらぎ**【▾柊・▾疼木】①モクセイ科の常緑小高木。葉は対生し、卵形で革質、縁に鋭い鋸歯をもつ。雌雄異株。晩秋、葉腋に白い小花を密生。暗紫色の実を結ぶ。葉と実はクリスマスの飾り用。材は印材・器具用。日本では節分の夜、枝をイワシの頭と共に門口にさし、鬼よけのまじないとした。holly ②沿岸にすむヒイラギ科の海水魚。全長約一四cm。体は左右にうすく卵形。うすい銀色。名は、樹木のヒイラギの葉に似たとげがあることから。本州中部以南に分布。③紋所の名。ヒイラギの葉を図案化したもの。丸に並びの柊・三つ追い柊など。↓図

●ヒイラギ①

●ヒイラギ②

●柊③　丸に並びの柊

三つ追い柊

**ひいらぎ-がし**【▾疼木▾樫】リンボクの別名。

**ひいらぎ-なんてん**【▾疼木南天】メギ科の常緑低木。高さ約一m。葉は羽状複葉で、小葉がヒイラギに似て枝先に傘状につく。春に、黄色の小花を開く。観賞用として栽培。↓写

**ひいらぎ-もくせい**【▾疼木木▾犀】モクセイ科の常緑低木。ヒイラギとギンモクセイの雑種といわれる。葉は光沢のある革質で、あらい鋸歯をもつ。白い十字花が葉のつけ根にかたまって開く。庭木・生け垣用。

**ひいらぎ-もち**【▾疼木▾黐】モチノキ科の常緑高木。葉はヒイラギに似て、革質で光沢があり、縁に鋭い鋸歯がある。果実は光沢のある赤い球形。クリスマスの飾りに使う。セイヨウヒイラギ。holly

**ヒーラ-さいぼう**【ヒーラ細胞】一九五二年以来、ヒトの子宮頸癌から組織培養され、現在までガラス器内で増殖をつづけている細胞。名称は細胞提供者の氏名の略称(HeLa)に由来。strain HeLa cells of Gey

**ヒール**【heel】かかと。また、靴のかかとの部分に突出した台状のもの。用例 —キック。ハイ—。↓写 ↓靴

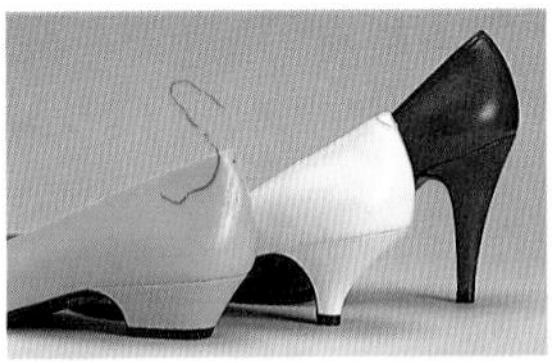
●ヒール　右からハイヒール、中ヒール、ローヒール。

図

**ビール**【bier オランダ・麦酒】大麦の麦芽を主原料に、ホップを加えて発酵させた醸造酒。生ビール・ラガービール・黒ビールなど。アルコール分三・五〜八%。麦酒。beer 数え方 一杯・一本・一缶・一瓶・一樽・一ダース(一二本)。

**ヒール-アウト**【heel out】ラグビーで、スクラムの中から、ボールを足で味方の方へかき出すプレー。

**ビールーニー**【al-Bīrūnī】(九七三〜一〇四八)ペルシアの科学者・歴史学者。ガズナ朝に仕え、『インド誌』『マスウード宝典』などすぐれた著作を残した。

**ビールス**【virus】↓ウイルス

**ビール-むぎ**【ビール麦】ビールを醸造する原料となる二条種のオオムギ。明治初年、ヨーロッパから輸入され改良された。ヤバネムギ。two rowed barley

**ひ-いれ**【火入れ】㊀(名・サ変自)①山野の肥料とする目的で草を焼くこと。grass burn ②清酒の製造工程の一つで、腐敗を防止するために加熱すること。heat ③溶鉱炉などにはじめて点火すること。initial kindling ㊁(名)タバコに火をつけるための火種を入れる器。fire pan

**ひ-いろ**【火色】①火・ほのおの色。②鉄などが高熱によって真っ赤になって光る色合い。

●ヒイラギナンテン

③紅花で染めた深紅の色。

**ヒーロー**【hero】①英雄。勇士。②スポーツなどで活躍し、賞賛の的となる男性。③小説などの、男の主人公。対義 ヒロイン。

**ビーろく-ばん**【B6判】紙の寸法の一つ。縦一八二mm、横一二八mm。ほぼ四六判と同じ大きさ。B列6番。

**ひ-いん**【▾庇▾蔭】㊀(名)ひさしのかげ。㊁(名・サ変他)かばって助けること。

**び-いんこう**【鼻▾咽▾腔】《医学では、「びいんくう」》鼻腔の奥にあり、左右の吸気が合一する場所。汚れや細菌が付着して炎症をおこしやすい。nasopharynx

**ビーン-ボール**【bean ball】野球で、投手が故意に打者の頭近くをねらって投げる球。投げた場合、審判の判定により一回目は警告、二回目はただちに退場とされている。

**び-う**【▾眉宇】まゆ。まゆのあたり。用例 決意を—に浮かべる。

**び-う**【微雨】細かに降る雨。雨の強さで分けたとき、一時間雨量一mm以下、一日五mm以下の雨。a little rain

**ビヴァレッジ-ほうこく**【ビヴァレッジ報告】↓ベバリッジほうこく(ベバリッジ報告)

**ひ-うお**【氷魚】《氷のようにすきとおっていることから》アユの稚魚の異名。半透明で体長約二〜三cm。秋から冬にかけて琵琶湖でとれたものが有名。ヒオ。ヒノイオ。コオリノイオ。

**ひ-うち**【火打(ち)】①火打ち石で火を出すこと。また、その道具。②建築で、土台などの直交する二材を組み合わせて角をつくる場合、その角に強度をもたせる斜め材や板。horizontal angle brace

**ひうち-いし**【火打(ち)石・▾燧石】発火する道具の一種。石英の一種の燧石を使用。石どうしを打ち合わせたり鋼鉄片(火打ち金)と打ち合わせたりして発火させる。flint

**ひうち-かえ**【火打(ち)替え】死や出産の穢れを浄めるため、かまどや囲炉裏の火を替えて新しくすること。また、年末などに炉の火を替えて新しくすること。火替え。

**ひうち-が-たけ**【▾燧ケ岳】福島県南西端にある火山。標高二三五六m。この山の噴火が只見川を堰止め、尾瀬沼・尾瀬ケ原をつくった。

**ひうち-ざい**【火打(ち)材】部材の直交する部分を補強するために取り付けた斜め材。horizontal angle brace

**ひうち-なだ**【▾燧▾灘】愛媛県、東予地方沖合いの海域。北は備後灘につづく瀬戸内海の七つの灘の一つ。

**ピウラ**【Piura】ペルー北西部、ピウラ川流域の都市。付近は同国最大の油田地域・大綿作地帯。一五三二年にスペイン人により建設された同国最古の都市。人口一八・六万(一九八二)。

**ビウレット-はんのう**【ビウレット反応】たんぱく質の呈色反応の一つ。たんぱく質を含む溶液に水酸化ナトリウム水溶液を加えて希塩基性にし、硫酸銅溶液を数滴加えると青紫色ないし赤紫色になる。biuret reaction

**ひ-うん**【非運・否運】運が開けないこと。ふしあわせ。不運。対義 幸運。

**ひ-うん**【悲運】かなしい運命。不幸な運命。misfortune

**ひうん-かく**【飛雲閣】京都の西本願寺にある国宝の建物。豊臣秀吉が造営した聚楽第の一部を移築したもので、三階の楼閣建築。↓写

**ひえ**【冷え】①つめたくなること・程度。become cold ②腰から下がつめたくなること。ailment caused by coldness 用例 —性。

**ひえ**【▾稗・▾穇】イネ科の一年草。高さ一〜一・五m。穂は紡錘形・円筒形など多種ある。耐旱性が強く、子実にはうるちと、もちがある。食用または飼料用とする。barnyard millet ↓図

●ヒエ

**びえい**【美▾瑛】〈町〉北海道中部、上川・富良野両盆地の中間の町。稲作とテンサイ・ジャガイモ・アズキなどの栽培がさかん。人口一万三六一二(一九八八)。

**ひえい-ざん**【比▾叡山】①京都市北東部、滋賀県との境の山。標高八四八m。日枝山。日吉山。②延暦寺の山号。

**ひえ-いた**【冷え板】つめたい板の間。

**冷え板を暖む**(ひえいたをあたたむ) 冷たい板敷の上にすわる。

**ひ-えき**【▾裨益・▾埤益】(名・サ変自他) 役立つこと。助けとなること。

●ピエタ　ミケランジェロ『ピエタ』。一四九八〜九九年、サン-ピエトロ大聖堂(イタリア)。

●飛雲閣

**ひえ-きる**【冷(え)切る】(五自) すっかり冷える。be chilled

**ひえ-こむ**【冷(え)込む】(五自) ①急に気温が下がる。become very cold ②寒さが身にしみる。feel very cold

**ひえ-しょう**【冷え症・冷え性】身体の一部が異常に冷えやすい症状。また、その体質。手・足・下半身に冷えを感じる。自律神経の機能失調で、その部分が血行不良になるために生じる。oversensitive to the cold

**ひえ-じんじゃ**【日▿吉神社】日吉大社の旧称。

**ひえ-じんじゃ**【日▿枝神社】東京都千代田区永田町にある旧官幣大社。祭神は大山咋神ほか三神。太田道灌が江戸城築城のさいに川越の日吉神を勧請したもの。徳川家の産土神とされた。山王権現。山王社。

**ひえ-しんとう**【日▿吉神道】山王一実神道の別称。

**ピエゾ-でんき**【ピエゾ電気】↓あっでんき(圧電気)

**ピエタ**【Pietà イタリア】《敬虔な哀悼、の意》キリスト教美術で、聖母マリアが刑死したキリストを膝に抱いて悲しむ光景を表現した作品。中世末期にドイツで独立した図像として成立し、やがてヨーロッパ各地に広まる。ミケランジェロの『ピエタ』(ローマ、サン-ピエトロ大聖堂)など。↓写

**ひえ-たいしゃ**【日▿吉大社】滋賀県大津市坂本にある旧官幣大社。比叡山を神体とする古社で、祭神は大山咋神と大己貴神。延暦寺の守護神とされる。近江国一の宮。日吉神社。

**ひえだ-の-あれ【▼稗田▼阿▽礼】**（生没年未詳）大和・奈良時代の人。天武天皇側近の舎人。抜群の記憶力をもち、天皇の命により帝紀や旧辞を誦習。これを太安万侶が撰録して『古事記』が成った。

**ひえづ【日▽吉津】**〈村〉鳥取県北西部、美保湾に臨み、三方を米子市に囲まれる村。園芸農業がさかんで、花卉・野菜などを産出。人口二八九八（一九八八）。

**ひえつき-ぶし【▼稗▼搗(き)節】**民謡の曲名。ヒエをつきながら歌った作業唄。各地にあったが、現在は宮崎県椎葉村のものが有名。

**ひえ-づくり【日▽吉造(り)】**神社建築様式の一つ。切り妻造りの正面と左右に庇をつけたもの。大津市坂本の日吉大社が代表例。

**ビエニアフスキ［Henryk Wieniawski］**（一八三五〜八〇）ポーランドのバイオリン奏者・作曲家。パガニーニに続くバイオリンの名手。作品『バイオリン協奏曲』など。

**ひえ-びえ【冷え冷え】**（副・サ変自）①空気などが冷たく感じられるさま。用例 ——した山の大気。②むなしいさま。さびしいさま。用例 ——とした関係。

**ひえ-まき【▼稗▼蒔(き)】**盆栽で、鉢にヒエを蒔いて発芽させ、青田に見立てるもの。

**ひえ-まつり【日▽吉祭(り)・比▼叡祭(り)】**滋賀県大津市の日吉大社の例祭。三月一日の神輿あげに始まり、四月一四日の例大祭、神輿の琵琶湖上渡御、一五日の酉の神事まで、一か月半にわたりさまざまな神事が続く。山王祭り。

**ひえ-もの【冷え物】**つめたい物。ひえた物。**冷え物で御座い**（ひえものでございい）《江戸時代、銭湯の湯ぶねに入るときにする、あいさつのことば》体が冷えていて、せっかくの湯がさめますが、ごめんなさい。

**ピエモンテ［Piemonte］**イタリア北部、ポー川上流域の州。州都トリノ。東部の平野部は大工業地域、丘陵部ではぶどう酒の生産がさかん。人口四三九・四万（一九八五）。

**ヒエラルキー［hierarchy］**→ヒエラルヒー

**ヒエラルヒー［Hierarchieドイツ］**位階制。階層性。上位・下位関係に整序されたピラミッド型の秩序や組織。軍隊組織・官僚制組織など。ヒエラルキー。hierarchy

**ヒェラン［Kielland］**→シェラン

**ひ・える【冷える】**（下一自）①つめたくなる。become cold 用例 足が——。②寒くなる。become cool 用例 夜に入って——・えてきた。③密接だった関係がうまくいかなくなる。cool down 用例 両国関係が——。二人の仲が——。

**ピエルネ［Gabriel Pierné］**（一八六三〜一九三七）フランスの作曲家・指揮者。軽やかな作風。作品『少年十字軍』、バレエ曲など。

**ビエレグリファン［Francis Viélé-Griffin］**（一八六四〜一九三七）フランス象徴派の詩人。アメリカ生まれ。詩集『白鳥』『いのちの光』など。

**ピエロ［pierrotフランス］**ヨーロッパの道化の一種。演劇やサーカスに登場。独特の扮装を特徴とする。道化役者。道化師。

**ヒエログリフ［hieroglyph］**象形文字。一般にエジプト古王朝の碑文に用いられたものをさす。フランスのシャンポリオンがロゼッタ石により解読。ハイエログリフ。聖刻文字。神聖文字。→象形文字図

**ピエロ-デラ-フランチェスカ［Piero della Francesca］**（一四一五〜九二）一五世紀イタリアのウンブリア派の画家。理知的な空間構成、豊かな量体表現・明るい色彩により、初期ルネサンス絵画の形成に貢献。作品にアレッツォの『聖十字架伝説』のフレスコ画連作など。→写

**ヒエロニムス［Eusebius Sophronius Hieronymus］**（三四七ごろ〜四一九/二〇）古代教会のラテン教父の一人。聖人。ラテン語訳聖書『ウルガタ』作成で知られる。ジェローム。

**ヒエロニムス［Hieronymus von Prag］**（一三六五ごろ〜一四一六）ボヘミアの宗教改革者。コンスタンツ公会議でフスを弁護し、異端者として処刑。

**ひ-えん【飛▼燕】**飛んでいるツバメ。用例 ——の早技。

**び-えん【鼻炎】**鼻腔内の炎症。鼻づまりや鼻じるを主症状とする。鼻かぜなどの急性鼻炎、その繰り返しの慢性鼻炎、アレルギー性鼻炎などがある。鼻の中のはれの著しいものを肥厚性鼻炎という。鼻カタル。rhinitis

**ひえん-そう【飛▼燕草】**キンポウゲ科の一年草。切り花用。高さ約九〇cm。初夏に、青紫・桃・白などの一重または八重の花を穂状につける。南ヨーロッパ原産。チドリソウ。デルフィニウム。ラークスパー。larkspur →写

●ヒエンソウ

**ビエンチャン［Vientiane］**ラオスの首都。メコン川上流の左岸にあり、同国の政治・経済・文化の中心。農産物の集散地で、工業は未発達。人口三七・七万（一九八五）。

**ビエンナ［Vienna］**→ウィーン

●ピエロ＝デラ＝フランチェスカ 『聖十字架伝説』「シバの女王とソロモンの会見」（部分）。一五世紀半ば、サン-フランチェスコ聖堂（アレッツォ、イタリア）。

**ビエンナーレ［biennaleイタリア］**《二年に一度、の意》国際的な美術展など、恒例の行事に利用される隔年制の開催形式。ベネチア-ビエンナーレ、東京国際版画ビエンナーレ展など。

**ビエン-ホア［Bien Hoa］**ベトナム、ホーチミン市北東、ドンナイ川沿岸の都市。ゴム・農産物の集散地。

**ひ-お【氷▽魚】**アユの稚魚の異名。ひうお。

**ひ-おい【日▽覆い】**「ひおおい」の転。

**ビオイ-カサーレス［Adolfo Bioy Casares］**（一九一四〜）アルゼンチンの小説家。愛を幻想的な雰囲気の中で描く。作品『モレルの発明』『脱獄計画』など。

**ひ-おう【秘奥】**たやすくは知りえないこと。奥義。

**ひ-おうぎ【▼檜扇】**①ヒノキの薄板二十数枚を白糸でとじた扇。衣冠や直衣などの服飾品とし、また、笏の代用とした。女性用は彩色した衵扇。②アヤメ科の多年草。高さ約一m。観賞用として栽培。葉は広剣状で長さ約四〇cm。夏、黄赤色に赤色の斑点の六弁花が咲く。黒色の種子を「ぬばたま」という。カラスオウギ。→写 →女房装束図

**ひおうぎ-あやめ【▼檜扇▼菖▼蒲】**アヤメ科の多年草。高さ五〇〜八〇cm。山地の湿原にはえる。葉は剣状、幅約二cm。夏に、青紫色で径約八cmの花が一〜三個咲く。園芸品種が多い。

**ひおうぎ-がい【▼緋扇貝】**イタヤガイ科の扇形の二枚貝。浅海の岩礁に足糸で付着する。殻長約一三cm、殻高約一二cm。殻は褐色が多く、黄・赤・紫色をおびているものは観賞用。殻表にはもり上がった太いすじが放射状に走る。肉は食用。房総半島以南に分布。

**ひおうぎ-ずいせん【▼檜扇水仙】**ワトソニアの別名。

**びおう-きゅう【▽未央宮】**中国、漢の高祖が長安城内に造営した宮殿。唐代長安城では禁苑（＝宮中の庭園）中に置かれた。

**ビオー［Théophile de Viau］**（一五九〇〜一六二六）フランスの自由思想の詩人。韻文悲劇『ピラムスとチスベ』など。

**ひ-おおい【日覆い】**日光をさえぎるための覆い。日よけ。ひおい。

**ひ-おけ【火▼桶】**木製で、筒形の火鉢。wooden brazier

**ビオコ-とう【ビオコ島】**（Bioko）アフリカ、ギニア湾奥の火山島。面積二〇〇〇km²。一九六八年リオムニとともにスペインから独立、赤道ギニア共和国を構成する。旧称フェルナンド・ポー島。

**ビオ-サバール-の-ほうそく【ビオ-サバールの法則】**定常電流のまわりに生ずる磁場の大きさと向きを決定する法則。Biot-Savart's law

**ビオチン［biotin］**ビタミンB複合体の一つ。炭酸固定および炭酸転移反応の補酵素。腸内細菌によって合成されるので、皮膚炎などの欠乏病はおきにくい。ビタミンH。

**ビオッティ［Giovanni Battista Viotti］**（一七五五〜一八二四）イタリアのバイオリン奏者・作曲家。作品はバイオリン協奏曲・弦楽四重奏曲など。

**ひ-おどし【▼緋▼縅・火▼縅】**まっかな糸や皮で、よろいの札をつづること。そのよろい。

**ひおどし-ちょう【▼緋▼縅▼蝶】**タテハチョウ科のチョウ。開張約六・五cm。赤橙色の地に黒斑がある。食草はエノキ・ヤナギなど。日本全土に分布。→図

●檜扇① 彩絵檜扇 厳島神社。

●ヒオウギ② 花（右）と実（左）。

●ヒオドシチョウ

**ピオネール［pionerロシア］**ソ連の共産主義少年団。コムソモールの指導下に一〇〜一五歳の少年少女で組織し、キャンプなど学校外の集団的な自由活動を系統的に行う。一九二二年創立。ピオニール。pioneer

**ビオラ［violaイタリア］**①ルネサンス・バロック期に擦弦楽器（ビオル属、バイオリン属）の総称として用いられた語。②現代の擦弦楽器の一つ。バイオリン属で、バイオリンの下の音域を受けもつ。バイオリンよりやや大きく、音は五度低い。→写

**ビオラ-ダ-ガンバ［viola da gambaイタリア］**→ビオル

**ビオラ-ダモーレ［viola d'amoreイタリア］**擦弦楽器。形はビオルに似るが、奏法はバイオリンと同じ。優美な音色で一七〜一八世紀に広く使用。

●ビオラ②

**ビオル**【viol】擦弦(さつげん)楽器の総称(＝ビオル属)だが、ふつうビオラ-ダ-ガンバをさす。外見はバイオリンに似るが、相違点も多く、ひざの間にはさんで弾く。一五世紀末～一八世紀中ごろにさかんに奏された古楽器。バス-ビオルは低音楽器。↓写

●ビオル

**ビオロン**【violon(フランス)】バイオリン。

**び-おん**【美音】きれいな音。美声。sweet voice

**び-おん**【微温】①なまぬるいこと。tepidity ②にえきらないこと。てぬるいこと。irresolution

**び-おん**【鼻音】①鼻にかかった声。nasal voice ②音声学で、呼気が鼻腔(びこう)を通り、その共鳴をともなう有声子音。[m][n][ŋ]など。nasal

**ビオン**【Bion】紀元前一〇〇年ごろ活躍したギリシアの牧歌詩人。主題はおもに愛、文体は平易でことばは素朴。作品『アドニス哀悼(あいとう)歌』など。

**びおん-てき**【微温的】(形動)①物事が中途半端なさま。tepid ②態度がはっきりしないさま。irresolute

**びおん-とう**【微温湯】ぬるま湯。

**ピオンボ**【Sebastiano del Piombo】(一四八五ごろ～一五四七)イタリアの画家。ベネチア派だが、堅固な構成と量感ある人物描法を加味。作品『ピエタ』など。

**ひ-か**【皮下】皮膚の下にある層。皮下組織。under the skin 用例 ―出血。

**ひ-か**【悲歌】①悲しい歌。哀歌。エレジー。elegy ②悲しんで歌うこと。

**ひ-が**【非我】自我に対する外的世界で、環境・自然など。自我以外のもの。nonego; not-self 対義 自我。

**ひ-が**【彼我】かれとわれ。相手と自分。

**ひが**【▼僻】(接頭)道理に合わない。まちがいの。用例 ―ごと。

**び-か**【美化】(名・サ変他)美しくすること。きれいにすること。beautification 用例 校内―運動。

**ピカ**【pica】↓いしょくしょう(異食症)

**ひ-がい**【被害】害を受けること。damage 対義 加害。

**ひがい**【▼鰉】水のきれいな砂礫(されき)底を好むコイ科の淡水魚。全長約二〇cm。春、雌は産卵管を伸ばして、二枚貝内に卵を産みつける。本来は愛知県以西の本州と九州の分布であるが、現在では、移殖により関東・東北にも分布。美味。明治天皇が賞味したので「鰉」の字が当てられたという。↓写

●ヒガイ(鰉)

**ひ-がい**【▼梭貝】ウミウサギガイ科の巻き貝。浅海の砂泥底にすむ。長さ約一〇cm、幅二・五cm。紡錘形の殻は上下が嘴(くちばし)状に細く伸びる。殻の色は淡桃色で、房総(ぼうそう)半島以南に分布。

**ひがい-しゃ**【被害者】①天災などで損害を受けた人。sufferer ②他人の不法行為や犯罪によって、権利の侵害や脅威・損害を受けた者。victim 対義 加害者。

**ひがい-ち**【被害地】天災などを受けた地域。damaged area

**ぴか-いち**【▽光一】①花札のゲームで、八八(はちはち)の手役の一つ。七枚の手札のうち一枚だけが二〇点札、残りが「かす」札か「雨」の組み合わせ。二〇点札は「光り物」とよばれ俗に「ぴか」という。②多数のなかで際立って優れた存在。ナンバーワン。number one

**ひがい-もうそう**【被害妄想】自己が不当な迫害を受けているという妄想。病的なものは、関係妄想と結びつくことが多い。精神分裂病のもっとも典型的な症状。delusion of persecution

**ひか・う**【控う】古語(下二自他)↓ひかえる(控える)

**ひかえ**【控え】①書き留めておくもの。覚え書き。memo 用例 ―を取る。②急な必要のために用意しておくもの・人。reserve 用例 ―の選手。③出番・順番がくるまで待つこと。また、待つための場所。用例 ―の間。―の力士。

**ひかえ-しつ**【控(え)室】待つために控えている部屋。waiting room

**ひかえ-め**【控え目】(形動)①遠慮深いさま。reserved ②少なめにするさま。内輪。moderate

**ひ-がえり**【日帰り】(名・サ変自)一日で往復すること。day's trip 用例 ―の出張。

**ひか・える**【控える】(下一自他)①(自)㋐とどまって待つ。wait 用例 次の間に―。㋑そばにいる。attend 用例 主君のそばに家来が―。②(他)㋐引き止める。keep back 用例 そでを―。㋑見合わせる。中止する。give up 用例 旅行を―。歌舞音曲を―。㋒少なめにする。reserve 用例 出費を―。酒を―。㋓書き留める。note 用例 要点を―。㋔すぐ近くにある。near at hand 用例 眼前に大島を―・えた港。㋕すぐあとにせまっている。be close 用例 出発を一週間後に―。年の瀬を―。

**ひかかく-きょうそう**【非価格競争】市場競争のうち、製品の高品質化や広告宣伝、販売・サービス網の整備など、価格以外の条件によるもの。寡占的大企業の間に特徴的に現れる。non-price competition 対義 価格競争。

**ひ-かがみ**【▼膕】ひざの後ろのくぼんだ部分。↓足図

**ひ-かき**【火▼搔き】①かまどやストーブの灰をかき出すための具。小さなシャベル型のおきかき。②十能(じゅうのう)。

**ひ-がき**【▼檜垣】薄いひのき板を網代(あじろ)のように編んだ垣根。

**ひがき-かいせん**【▼菱垣▼廻船】《荷が落ちないよう舷側(げんそく)にヒノキの角材で菱(ひし)形の垣を作ったことから》江戸時代、大坂・江戸間の貨物輸送にあたった回船。樽(たる)廻船とともに二大回船の一つ。↓写

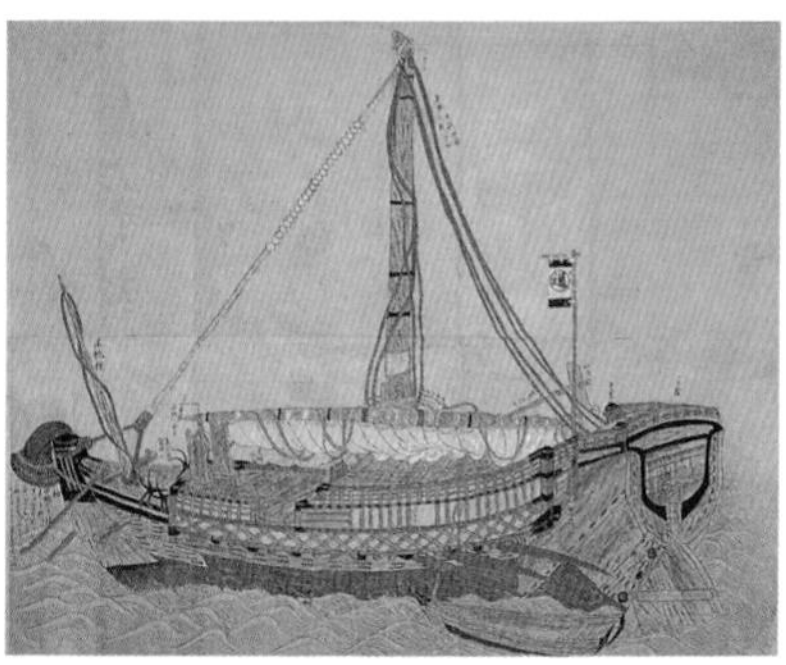

●菱垣廻船(ひがきかいせん)

**ひ-かく**【比較】(名・サ変他)比べあわせること。comparison 用例 ―の対象。

**ひ-かく**【皮革】①なま皮。②動物の皮をなめして得られる製品。皮のうち真皮(しんぴ)層が用いられる。衣料・はきもの・装身具などに広く利用。革。leather

**ひ-かく**【皮殻】皮とから。skin and shell

**ひ-かく**【非核】核兵器を否定すること。nonnuclear

**ひ-がく**【碑学】中国、清(しん)代におこった書道の主張。法帖(ほうじょう)を根拠とする帖学に対し、真跡に近い碑の拓本を学ぶべきだという碑学がおこる。篆(てん)・隷(れい)・楷(かい)を主体に表現した作品が多い。日本では明治初年楊守敬(ようしゅけい)の来朝以来、書道界の主流を占める。

**び-がく**【美学】①芸術、または自然や人生の上にひろく感じとられる美について、その本質や法則を明らかにする学問。aesthetics ②個々人に特有の美意識。taste for beauty

**ひかく-きゅう**【比較級】西欧語で、形容詞・副詞の変化形のうち、普通に比べて程度の強いことを表す形。comparative degree 対義 原級・最上級。

**ひかく-げいじゅつがく**【比較芸術学】諸民族・諸地域の芸術を相互に比較し、それぞれの様式に現れる民族性・風土性・世界観などの特性を明らかにする学問。comparative science of art

**ひかく-げんごがく**【比較言語学】言語学の一分野。二つ以上の言語を、構造や音韻組織、語彙(ごい)にわたって比較研究するもの。狭義には諸言語の系統を論じ、共通祖語の再構築を目的とする比較文法をさす。comparative linguistics

**ひかく-けんぽう**【非核憲法】核兵器の製造・持ち込みや核廃棄物の投棄などの全面禁止を明文化した憲法。一九八一年にパラオ諸島自治政府によってはじめて制定された。

**ひかく-さんげんそく**【非核三原則】核兵器は「持たず、作らず、持ち込ませず」という日本独特の方針。昭和四三年(一九六八)佐藤(さとう)内閣が表明し、同四七年(一九七二)の国会で決議された。non-nuclear constitution

**ひかく-しそう**【比較思想】種々の文化圏における思想をその差異・類似、あるいは成立・発展・伝播(でんぱ)・影響などに関して比較し、それらの間の関係を研究する学問。

**びかく-しだ**【▼麋角▽羊▽歯】ウラボシ科の熱帯性着生シダ。掌状に裂ける長さ二〇～四〇cmの胞子葉と扇形に広がる保水葉をもつ。観賞用として栽培。原産地はオーストラリア。↓図

●ビカクシダ

**ひ-がくしゃ**【非学者】①無学な者。②《仏教語》大乗・小乗の学を行わない者。

**非学者、論に負けず**(ひがくしゃ、ろんにまけず)学のない者は、理屈に合わないことを言って、かえって議論に負けない。

**ひかく-しゅうきょうがく**【比較宗教学】宗教学の一部門。種々の宗教を相互に比較研究する学問で、一九世紀以降本格的に始まったもの。

**ひかくせいさんひ-せつ**【比較生産費説】国際分業と貿易がなぜ行われるのかを説明する理論。各国が他国に比べて安く生産できる財を輸出し、逆に高くつく生産物を輸入しあうことが有利になるとする。リカードが提唱。比較優位説。theory of comparative costs

**ひかく-ちたい**【非核地帯】↓ひかくぶそうちたい(非核武装地帯)

**ひかく-てき**【比較的】(副)わりあいに。comparatively 用例 ―やさしい。

**ひかく-てつがく**【比較哲学】諸哲学、とくに東洋と西洋の哲学の比較研究を通して、人類共通の課題をさぐろうとする学問。一九二三年フランスのマソン＝ウルセルが初めて用いたことば。comparative philosophy

**ひかく-びがく**【比較美学】①諸種の芸術ジャンルを比較検討し、その独自性や共通性などを明確にすることで新しい芸術体系を構成しようという美学的研究。comparative aesthetics ②比較芸術学のこと。comparative aesthetics

**ひかく-ぶんがく**【比較文学】ある文学思潮や運動や個人作家などの、横への広がり、他国の文学への影響関係を研究しようとする学問。comparative literature

**ひかくぶそう-ちたい**【非核武装地帯】核兵器の製造・貯蔵・実験・配置・行使を禁止した特定の地域。非核地帯。nuclear-free zone

**ひ-かげ**【日陰・日▼蔭】①日光の当たらない所。shade 対義 日向(ひなた)。②「日陰者」の略。

**日陰の花**(ひかげのはな)《日の当たらないところにひっそりと咲いている花、の意から》世をかくれ、しのぶように生きている女性のたとえ。とくに、めかけなどを言う。日陰者。

**日陰の身**(ひかげのみ)日陰者。

**ひ-かげ**【日影】①日の光。ひなた。sunlight ②日あし。

**ひ-かげ**【火影】火の光。ほかげ。light

**ひ-かげ**【▽光陰】時間。月日。用例 ―惜しみて励みなば。

**ひ-がけ**【日掛(け)】毎日一定額ずつ、お金を積み立てること。daily installment 用例 ―貯金。

ひ



↓行き先項目、図版・写真参照印。 JIS日本工業規格情報交換用漢字符号コード(区点コード)。

**ひかげ-ちょう**【日陰▼蝶】林間の草地にいるジャノメチョウ科のチョウ。開張約五・五㎝。灰黄褐色。翅の裏に眼状紋がある。食草はタケやササなど。本州・四国・九州に分布。ナミヒカゲ。→図

●ヒカゲチョウ

**ひかげ-つつじ**【日陰▼躑▼躅】ツツジ科の常緑低木。暖地の山地にはえる。葉は長楕円形で全縁。夏、枝先に淡黄色の花を数個横向きに開く。生け花・盆栽用。関東から九州に分布。

**ひかげ-の-かずら**【日陰の▼蔓・日陰の▼葛】ヒカゲノカズラ科の常緑シダ植物。山地に広く分布する。茎は地上を長くはい、線形の葉を密生。観賞用として栽培。胞子を石松子といい、散布薬・防腐剤に用いる。

**ひかげ-もの**【日陰者】公然とは世間に出られない人。世を忍ぶ人。前科者・めかけなど。social outcast

**ひ-かげん**【火加減】火を用いる程度。火力の強さ。火力の調節。強火・中火・弱火など。heat control

**びか-ご**【美化語】ものごとを美しく上品に言う語。ふつう丁寧語に含めるが、異質な面があり、「美化語」とよんで区別することがある。「お絞り・おやつ・おすそわけ」など。

**ひか-こうがい**【悲歌▼慷慨】悲壮な歌をうたい、不義・不正などをいきどおり嘆くこと。

**ひが-ごと**【▼僻事】事実や道理とちがった事柄。道にそむいたこと。まちがったこと。

**ひ-がさ**【日傘】日ざしをさけるための傘。和傘と洋傘(パラソル)がある。婦人に一般化したのは、江戸中期に髪型の変化で笠が不便になったため。parasol 対義 雨傘。

**ひ-がさ**【日▼暈】→ひのかさ(日の暈)

**ひかさ・れる**【引かされる】(下一自) 気持ちがひきつけられる。ほだされる。be tied by 用例 情に―。

**ひがし**【東】《「ひむかし」の約》①四方の一つ。日の出るほう。南に向かって左のほう。東方。the east 対義 西。用例 ―を向く。②「東風」の略。こち。east wind 用例 ―が吹く。

**東は東、西は西**《イギリスの詩人・作家キプリングの詩句から》東洋と西洋ではすべてが根本的に異なっているので、両者は相いれないということ。East is East, and West is West.

**ひ-がし**【干菓子】菓子の一種。せんべい・らくがんなど、かわいた菓子の総称。対義 生菓子

**ひがし**【東】〈村〉福島県南東部、白河市の東に接する村。稲作のほか果樹栽培がさかん。人口五九七二(一九八八)。

**ひがし**【東】〈村〉沖縄県沖縄島北東部、名護市の北東に接する村。パイナップル栽培が中心。山原茶の産地。マングローブ林がある。人口二一七八(一九八八)。

**ひがし-アジア**【東アジア】アジアのもっとも東側の地域。日本・朝鮮半島・中国など。East Asia

**ひがしアフリカ-きょうどうたい**【東アフリカ共同体】(East African Community) 東アフリカの旧イギリス領、ケニア・ウガンダ・タンザニアの三国が結成した協力機構。一九六七年成立、七七年解体。EAC。

**ひがしあわくら**【東▼粟倉】〈村〉岡山県北東端の村。農林業が主。霊山として知られる後山がある。人口一五一九(一九八八)。

**ひがしいず**【東▼伊豆】〈町〉静岡県伊豆半島東岸の町。中心の稲取は沿岸漁業基地。ナツミカンの産地で、温泉も多い。人口一万六七七四(一九八八)。

**ひがしいずも**【東▽出▽雲】〈町〉島根県北東部、松江市の東南、中海に臨む町。農業と農機具製造などの工業を行う。ハクチョウの渡来で知られる下意東白鳥海岸がある。人口一万一六四二(一九八八)。

**ひがしいちき**【東市来】〈町〉鹿児島県薩摩半島西部の町。薩摩焼の本場で、農業もさかん。鹿児島市への通勤者も多い。人口一万四五一六(一九八八)。

**ひがしいややま**【東▽祖▽谷山】〈村〉徳島県西部の村。四国山地の村で、秘境として知られる。林業が主。人口三二一七(一九八八)。

**ひがしインド-がいしゃ**【東インド会社】一七〜一九世紀、東洋貿易と植民地経営を独占的に行ったヨーロッパ諸国の会社。とくに一六〇〇年に設立され、一八世紀末には全インドを植民地として支配したイギリス東インド会社と、一六〇二年に創設され、東インド諸島・東南アジアで香辛料貿易を独占支配したオランダ東インド会社が活躍。East India Company

**ひがしインド-しょとう**【東インド諸島】(East Indies) アジア大陸南東部とオーストラリア大陸の間にある島群。大小スンダ列島・モルッカ諸島・フィリピン群島など。マレー諸島。

**ひがしうら**【東浦】〈町〉愛知県知多半島北東部の町。知多木綿の産地。各種農業が行われ、住宅団地の造成もさかん。人口四万二〇六(一九八八)。

**ひがしうら**【東浦】〈町〉兵庫県、淡路島北部の町。花卉・ミカン・海苔・かわらなどを産出。人口八六〇一(一九八八)。

**ひがしおおさか**【東大▼阪】〈市〉大阪市東隣の市。布施・河内・枚岡三市の合併で誕生。大阪東部工業地域の中心地で、機械・繊維工業などがさかん。東大阪流通センターや、各種の企業団地があり住宅地としても発展。人口五〇万二八九三(一九八八)。

**ひがしかぐら**【東神楽】〈町〉北海道中央部、旭川市の南東の町。稲作中心の農業が主で、アスパラガスなどの栽培もさかん。旭川空港がある。人口五六四九(一九八八)。

**ひがし-かぜ**【東風】東の方から吹いてくる風。とうふう。ひがし。こち。east wind

**ひがしカリブかいしょこく-きこう**【東カリブ海諸国機構】(Organization of Eastern Caribbean States) カリブ共同体(CARICOM)の下部機関的性格の地域経済統合機構。ドミニカ・グレナダなど六か国と英領モントセラーが参加。一九八一年設立。OECS。

**ひがしかわ**【東川】〈町〉北海道中央部、旭川市の南東の町。上川盆地の水田地帯で、稲作がさかん。天人峡・旭岳温泉・スキー場などがある。人口七四七一(一九八八)。

**ひがしくしら**【東▼串▽良】〈町〉鹿児島県東部、志布志湾に臨む町。畑作・畜産・稲作が行われる。人口八四三八(一九八八)。

**ひがしくに-なるひこ**【東久▼邇▼稔▼彦】(一八八七〜一九九〇) 元皇族。昭和二〇年(一九四五)八月一七日、皇族内閣を組閣し、終戦処理にあたった。同年一〇月総辞職。

**ひがしくびき-きゅうりょう**【東▼頸▽城丘陵】新潟県中部から南西部、高田平野と信濃川にはさまれた丘陵。傾動地塊山地で地すべり地帯。

**ひがしくるめ**【東久留▽米】〈市〉東京都北部、埼玉県に隣接する市。ひばりが丘団地などの大団地があいついで造成されてから急速に発展した。人口一一万一二二一(一九八八)。

**ひがしゴート-ぞく**【東ゴート族】ゲルマン民族の一部族。四世紀初めドニエプル川流域に定住。四九三年イタリアに王国を建国したが、五五五年ビザンチン帝国に滅ぼされた。Ostrogoth

**ひがししな-かい**【東支▼那海・東シナ海】(East China Sea) 中国本土と九州・南西諸島・台湾に囲まれる海域。広大な大陸棚があり好漁場。東海。

**ひがししらかわ**【東白川】〈村〉岐阜県南東部の村。農業と林業の村で、東濃ヒノキ・白川茶の産地で知られる。人口三五六〇(一九八八)。

**ひがし・する**【東する】(サ変自) 東のほうへ行く。対義 西する。

**ひがしせふり**【東▼脊振】〈村〉佐賀県北東部、福岡県境の村。脊振山の南東麓にあり、農林業が主。千石山のサザンカは天然記念物。人口五三七二(一九八八)。

**ひがしそのぎ**【東▽彼▼杵】〈町〉長崎県北東部、大村湾の東側にある町。農業が主で、彼杵茶の産地。人口一万三八二二(一九八八)。

**ひがしたいへいよう-かいぼう**【東太平洋海膨】太平洋の中央海嶺の一つ。太平洋の南東を北上し北米大陸からアラスカに達する。East Pacific rise

**ひがしちちぶ**【東▽秩父】〈村〉埼玉県中西部、比企丘陵と秩父山地の接点に位置する村。農林業が主で、伝統の手すき和紙も生産。人口四六六六(一九八八)。

**ひがしつの**【東津野】〈村〉高知県西部の村。農林業が主。北部に天狗高原があり、国道一九七号・四三九号が通る。人口三二七七(一九八八)。

**ひがし-ドイツ**【東ドイツ】ドイツ民主共和国の通称。東独。East Germany

**ひがしどおり**【東通】〈村〉青森県、下北半島北東端の村。農漁業のほか石灰石も産出。佐京沼は観光地。人口九九〇七(一九八八)。

**ひがしなるせ**【東成瀬】〈村〉秋田県南東部の村。林業が主体で畜産も行う。大柳沼・天正の滝がある。人口三八四三(一九八八)。

**ひがしにいがた-ガスでん**【東新潟ガス田】新潟市街地の東約一〇㎞、日本海沿岸から沖合いに広がるガス田。

**ひがしにほん-かざんたい**【東日本火山帯】日本の火山帯を、火山岩の岩質などから東と西に大別したとき、中部以東に連なる火山帯。

**ひがしね**【東根】〈市〉山形県中部、山形盆地にある市。さくらんぼう・モモなどの果樹栽培がさかん。東根城址・東根温泉がある。人口四万二三九八(一九八八)。

**ひがしの**【東野】〈町〉広島県南部、芸予諸島大崎上島の北東部を主に生野島など一一の島からなる町。ミカン栽培・造船業がさかんで、観光資源も豊富。人口三九九六(一九八八)。

**ひがし-パキスタン**【東パキスタン】バングラデシュ人民共和国の旧称。East Pakistan 参考 バングラデシュ。

**ひがし-はんきゅう**【東半球】地球の東経〇度から一八〇度までの半分。アジア・アフリカ・ヨーロッパをふくむ。the eastern hemisphere 対義 西半球。

**ひがしひろしま**【東広島】〈市〉広島県中部、広島市東隣の市。酒造で知られる西条が中心。工業地化・宅地化が進む。人口八万六三五四(一九八八)。

**ひがしフランク-おうこく**【東フランク王国】八四三年のベルダン条約、八七〇年のメルセン条約により、フランク王国が三分して成立した王国。ドイツの前身。カロリング朝のルードウィヒ二世が初代国王。Francia Occidentalis

**ひがし-ベルリン**【東ベルリン】東ドイツの首都。第二次大戦後ベルリン市は米・英・仏・ソの共同管理下に置かれ、その後ソ連の管理下の東半部は東ドイツ成立と同時に同国の首都となる。人口一二〇・三万(一九八五)。East Berlin

**ひか-しぼう**【皮下脂肪】皮下組織にある脂肪細胞の集まり。栄養分の貯蔵、体温の発散防止などの役割がある。厚さには個人差・部位差がある。subcutaneous adipose tissue

**ひがし-ほんがんじ**【東本願寺】京都市下京区烏丸通七条にある真宗大谷派の本山。慶長七年(一六〇二)教如が徳川家康から東六条に一寺を授かり、東本願寺と称したことに始まる。お東。大谷派本願寺。対義 西本願寺。

**ひがしまつうら-はんとう**【東松浦半島】佐賀県の北西部、玄界灘に突出した半島。沿岸は変化に富むリアス式海岸で、景勝地が多い。玄海国定公園の一部。

**ひがしまつやま**【東松山】〈市〉埼玉県中部の市。工業・住宅団地が多い。横穴古墳の吉見百穴など遺跡が多い。人口七万四〇一三(一九八八)。

**ひがしまわり-かいうん**【東▼廻り海運】江戸時代の重要航路の一つ。日本海沿岸から津軽海峡を経て太平洋岸を南下、江戸にいたる。寛文一一年(一六七一)河村瑞賢が江戸への直航路を確立。東廻り航路。

**ひがしむらやま**【東村山】〈市〉東京都中北部、狭山丘陵東端の市。狭山茶の産地。住宅団地の造成で都市化が進む。人口一二万八〇四一(一九八八)。

**ひがしもこと**【東藻琴】〈村〉北海道東部、網走市の南に接する村。藻琴山北麓にあり、畑作・畜産がさかん。温泉とスキー場がある。人口三一七五(一九八八)。

**ひがし-やま**【東山】京都盆地の東側に南北に連なる山地の通称。大文字山をはじめなだらかな山容を示し、名所旧跡が多い。

**ひがしやま**【東山】〈町〉岩手県南部、一関市に隣接する町。農業が主であるがセメント工業や機械工業もある。石灰岩の浸食による猊鼻渓の奇観は有名。人口九三〇一(一九八八)。

**ひがしやま-おんせん**【東山温泉】福島県、会津若松市東部、湯川沿いにある温泉。近くに背炙山など景勝地も多い。

**ひがしやま-かいい**【東山▼魁▼夷】(一九〇八〜) 日本画家。横浜生まれ。本名、新吉。東京美術学校卒。昭和四四年(一九六九)文化勲章受章。作品『残照』『光昏』など。

**ひがしやま-じだい**【東山時代】室町中期、応仁の乱後の足利義政の時代。義政が東山山荘(銀閣寺)に住み、東山殿とよばれた

ところからの呼称。

**ひがしやま-ちえこ【東山千▽栄子】**(一八九〇〜一九八〇) 新劇女優。千葉市生まれ。学習院女学部卒。俳優座創立に参加。『桜の園』などに好演。

**ひがしやま-てんのう【東山天皇】**(一六七五〜一七〇九) 第一一三代天皇(在位一六八七〜一七〇九)。名は朝仁。霊元天皇の第四皇子。長く行われなかった立太子礼・大嘗祭を再興。

**ひがしやまと【東大和】**〈市〉 東京都中北部、狭山丘陵南部の市。新興住宅地として発展。北部に多摩湖(村山貯水池)がある。人口七万三一九九(一九八八)。

**ひがしやま-どうしょくぶつえん【東山動植物園】** 名古屋市東山公園にある施設。面積五七・五ha。昭和一二年(一九三七)開園。同四三年(一九六八)、動物園と植物園が合併。日本最初のライオン放飼場や大温室などがある。

**ひがしやま-ぶんか【東山文化】** 一五世紀後半、室町中期の足利義政の東山山荘(銀閣寺)を中心に栄えた文化。禅の影響を受けた枯淡幽玄の芸術で、公家と武家の文化が融合。

**ひか-しゅっけつ【皮下出血】** 皮膚表面に近い皮下組織の血管が切れて皮下組織中に出血すること。その部分が赤紫色から黄褐色となる。

**ひがしゆり【東由利】**〈町〉 秋田県南部、本荘市の東に接する町。高瀬川の源流部にあり、農・林業が中心だが、工業の誘致にも力を入れている。人口六〇三一(一九八八)。

**ひがし-ヨーロッパ【東ヨーロッパ】** ①ヨーロッパ大陸の東部地域。東欧。Eastern Europe ②社会主義国家群を形成する地域。ソ連の西部および、ポーランド・チェコスロバキア・ルーマニア・ハンガリーなど。

**ひがしヨーロッパ-けいざいそうごえんじょかいぎ【東ヨーロッパ経済相互援助会議】** ↓コメコン(COMECON)

**ひがしヨーロッパ-へいげん【東ヨーロッパ平原】**(Eastern Europe Plain) ヨーロッパ大陸北東部、ウラル・カフカス・カルパチア山脈に囲まれた広大な平地。ほぼ中央にモスクワがある。ロシア台地。

**ひがしよか【東与▽賀】**〈町〉 佐賀県南東部、佐賀市の南に接する町。有明海に臨む中世以来の干拓地で、稲作のほか、海苔の養殖も行う。人口七一〇六(一九八八)。

**ひがしよしの【東▽吉野】**〈村〉 奈良県南部の山間の村。林業が主で、良質のスギ・ヒノキを産出。人口四六五一(一九八八)。

**ひがしりしり【東利▼尻】**〈町〉 北海道利尻島の東半分を占める町。漁業と観光の町で、利尻礼文サロベツ国立公園に属する。人口五五七一(一九八八)。

**ひがしローマ-ていこく【東ローマ帝国】** ビザンチン帝国の別称。

**ひか・す【引かす・▽落▽籍す】**(五他) 遊女・芸者の借金を払ってやって引き取る。

**ひ-かず【日数】** ①日の数。the number of days ②日を重ねること。

**ひ-かすう【被加数】** 足し算(加法)で、加えられるほうの数。summand 対義 加数。

**ひかぜい-しょとく【非課税所得】** 税法上、所得のうち所得税の課税対象とならない分。遺族年金・恩給や雇用保険給付金など。non-taxable income 比較 免税所得。対義 課税所得。

**び-かせき【微化石】** 顕微鏡下でなければその形態や構造を観察することができないほど微小な化石。放散虫・有孔虫・珪藻などの化石がその例。地層の対比、堆積環境の推定に有効。microfossil

**ピカソ[Pablo Ruiz y Picasso]**(一八八一〜一九七三) スペインの画家。彫刻・版画・陶器も制作。ブラックとともにキュビスムを創始。青の時代・ばら色の時代から、立体派、新古典主義的傾向、幻想的画風へと次々に作風を革新し、つねに二〇世紀美術の中心として活躍した。作品『アビニョンの娘たち』『ゲルニカ』など。↓写 ↓キュビスム写

●ピカソ『ゲルニカ』。一九三七年、プラド美術館(スペイン)。

**ひか-そしき【皮下組織】** 脊椎動物の皮膚(表皮と真皮からなる)の下にある組織で、真皮と筋肉・骨の間を満たしている部分。柔軟で融通性に富み、鳥類や哺乳類では、脂肪が沈着して皮下脂肪組織となる。皮下。subcutaneous tissue

**ひかた【干潟】**〈町〉 千葉県北東部、九十九里平野北部の町。江戸時代の干拓地、干潟八万石で知られ、各種農業がさかん。人口九一八八(一九八八)。

**ひ-がた【干潟】** 遠浅で潮が引くと現れ出る所。tideland

**ピカタ[piccataイタリア]** イタリアの肉料理。子牛や豚の肉の薄切りに、小麦粉・とき卵をつけ、少量の油で黄金色に焼く。

**び-カタル【鼻カタル】** ↓びえん(鼻炎)

**ひか-ちゅうしゃ【皮下注射】** 注射法の一つで、薬液を皮下組織のなかに注射すること。薬液はリンパ管を経て血管に入り、全身に作用する。hypodermic injection

**びか-ちょう【鼻下長】** 女に甘いこと・男。女好き。be soft on woman

**ピカディリー[Piccadilly]** イギリス、ロンドン中部のピカディリーサーカスからハイドパーク南東端まで一五〇〇mの繁華街。

**ぴか-どん** 《俗語》原子爆弾。

**ひがな-いちにち【日がな一日】**(連語) 朝から晩まで。一日じゅう。all day long 対義 夜がな夜っぴて。

**ひ-がね【日金】** ①日歩計算で、毎日利子を支払う約束で貸し借りする金銭。からす金。②毎日はいる現金。日銭。

**ひ-がのこ【▼緋▼鹿の子】** 緋色のかのこしぼり。

**びが-はいき【尾芽▼胚期】** 動物の発生において、嚢胚・神経胚に続く段階。嚢胚期は球形だが、神経が形成される神経胚になると、胚はいくぶん前後に伸び、丸みを帯びた魚型となる。そして、後端に尾びれ状の尾芽が現れる。tail bud stage

**ピカビア[Francis Picabia]**(一八七九〜一九五三) フランスの画家。ダダイスム・シュールレアリスム・抽象絵画などの前衛運動に積極的に参加。作品『ウッドニ』『ゴム』など。

**ぴか-ぴか**(副) ①光りかがやくさま。shine; glitter 用例 ——の靴。②繰り返しかがやくさま。

**ひがひが・し【▼僻▼僻し】** 古語(形シク) ①ひねくれている。用例 ——・しく聞こえなす人ありとも、ゆめ心おきたまふな(源氏・若菜下)。②ふつうでない。へんだ。用例 年ごろかく埋もれて過ぐすに、耳などもすこし——・しくなりにたるにやあらむ(源氏・若菜下)。

**ひかみ【氷上】**〈町〉 兵庫県北東部、加古川上流の町。農林業が主。山陰側と山陽側を分ける分水界のある町として知られる。人口一万九二八五(一九八八)。

**ひがみ【▼僻み】** ひがむこと。ひがんだ心。卑屈なものの見方。warp 用例 ——根性。

**ひが-みみ【▼僻耳】** 聞き違い。聞きそこない。mishearing

**ひが・む【▼僻む】**(五自) すなおに考えない。自分の卑屈さから、逆に他人を悪く考える。warp

**ひが-め【▼僻目】** ①斜視。squint ②見損ない。error of sight

**ひ-がら【日柄】** ①その日の縁起のよしあし。the luck of the day ②日数。the number of days

**ひ-がら【日▼雀】** シジュウカラ科の鳥。シジュウカラに似るがさらに小さい。翼長約五・八cm。背面は青灰色、腹面は淡黄褐色。山地の林にすみ、ツッピンとさえずる。ユーラシア中部に分布。coal tit ↓図

●ヒガラ

**ひから-か・す【光らかす】**(五他) 自慢げに振る舞う。ひけらかす。

**ひから・す【光らす】**(五他) =光らせる。①つやを出させる。shine ②厳しく見る。keep a sharp watch 用例 警戒の目を——。

**ひから・せる【光らせる】**(下一他) ↓ひからす(光らす)

**ひ-から・びる【干▼涸びる・▽乾▼涸びる】**(上一自) ①すっかりかわく。dry up ②古くさくなる。stale 用例 ——・びた思想。

**ひかり【光】** ①目に感じて見ることができるもの。光ること・もの。light 対義 陰。②一定の波長領域にある電磁波をいう。狭義には人の視覚に感じる領域。可視光は波長約三八〇〜七八〇ナノメートル。light ③光明。希望。hope ④ほめられて光栄なこと。glory ⑤人をおそれさせる力。威光。authority 用例 徳の——。

**光を放つ**(ひかりをはなつ) ①光り輝く。give off light ②他よりすぐれた才能・能力などを、周囲に表し示す。ひときわ目立つ。display one's ability

**光を和らぐ**(ひかりをやわらぐ) 「光を和らげ塵に同ず」の略。和光。

**光を和らげ塵に同ず**(ひかりをやわらげちりにどうず) 『老子』にある「和光同塵」の読み下し。すぐれた才能や徳性を隠して世俗にまじりあう。

**ひかり【光】**〈市〉 山口県南東部、瀬戸内海沿岸の市。旧軍需工業都市。周南工業地域の一角をなし、医薬品・鉄鋼工業が主。人口四万九二五二(一九八八)。

**ひかり【光】**〈町〉 千葉県北東部、太平洋に臨む町。九十九里平野にあり、稲作・園芸農業・養豚などを行う。鬼来迎で知られる広済寺がある。人口一万一九一五(一九八八)。

**ひかり-かがく【光化学】** ↓こうかがく(光化学)

**ひかりかがく-はんのう【光化学反応】** 物質が光(とくに紫外線)を吸収することにより、高いエネルギー状態になり、その結果起こる化学反応。photochemical reaction

**ひかり-かがや・く【光り輝く】**(五自) ①美しいほどに光る。shine ②他と比べて、際立って立派に見える。look excellent

**ひかり-きでんりょく【光起電力】** 半導体のpn接合部や金属と半導体の接合部に光を照射したときに発生する起電力。光電効果の一種で、光電池に利用される。こうきでんりょく。photoelectromotive force

**ひかり-けいさんき【光計算機】** ↓ひかりコンピューター(光コンピューター)

**ひかり-けんぱ【光検波】** 光変調され搬送された光から情報を取り出すこと。光電効果を用いて入力光を電気信号に変換。光電管・光進行波管などに使用。photo detection

**ひかり-こうおんけい【光高温計】** 高温物体の温度を、標準電球と物体の輝度の比較により測定する装置。optical pyrometer

**ひかり-ごうせい【光合成】** ↓こうごうせい(光合成)

**ひかり-ごけ【光▼蘚】** ヒカリゴケ科の蘚苔類。洞穴の入り口や大樹の根もとに群生する。高さ約一cm。全体は淡緑色で二列に葉をつけ、雌雄異株。原糸体細胞の上部はレンズ状で、入射光を反射して光る。

**ひかり-コンピューター【光コンピューター】** 光信号で働く光素子を利用するコンピューター。従来のコンピューターに比べて演算や記憶・再生の速度が著しく速く、消費エネルギーの小さいものがつくれる可能性がある。optical computer

**ひかり-さんぎょう【光産業】** これまで電子工学がはたしてきた機能を光電子工学(=オプトロニクス)に置きかえてなり立つ産業。光通信を中心に将来性の大きな分野。オプトロニクス産業。optoronics industry

**ひかりじき-ディスク【光磁気ディスク】** ↓ひかりディスク(光ディスク)

**ひかりしゅうせき-かいろ【光集積回路】** 薄い基板上の透明薄膜内に光導波路を作成し、発光素子・光スイッチ素子・受光素子などを集積化した光回路。光コンピューター用。optical integrated circuit

**ひかり-センサー【光センサー】** 光を検知する装置。実用化されているものに赤外線センサーがあり、温度測定・自動ドアなどに利用されている。optical sensor

**ひかり-ダイオード【光ダイオード】** 半導体のpn接合を用いて、光を電流に変換する光学素子。光の検出や光学式マーク読み取り装置、高速・高感度の光通信などに利用。フォトダイオード。photo-diode

**ひかり-つうしん【光通信】** 映像・音声・データなどの電気信号をレーザー光の強弱に変換して伝送する通信。電気信号を光信号に変換する発光ダイオード、光信号を伝送する光ファイバー、伝送された光信号をもとの電気信号にもどす光ダイオードなどで構成される。従来の無線・同軸ケーブル通信より大量の情報伝達が可能。light communication

**ひかり-ディスク【光ディスク】** デジタル化した画像・文字・データなどの情報を、レーザー光線で記録・再生するレコード状の円盤。音楽用のコンパクトディスク、映像用のビデオディスクなど。光磁気ディスク。optical disc

**ひかり-てこ【光▼梃子】** 薄片の厚さや長さの微小変化を測定する装置。三脚台の上に自由回転できる平面鏡を垂直に設置し、一脚のねじの下に試料を挿入したときの平面鏡の傾きを光学的に拡大して測る。optical lever

**ぴかり-と**(副) 一瞬強く光るさま。flash 用例 —フラッシュが光る。

**ひかり-トランジスター【光トランジスター】** ↓フォトトランジスター

**ひかり-ファイバー【光ファイバー】** 光の信号を送るための透明度の非常に高いガラス繊維。一端から入射した光を他端に効率よく伝える。一本で多量の情報を遠方へ無中継で送ることができる。optical fiber

**ひかり-へんちょう【光変調】** 光を用いた情報伝達において、情報に応じて光の強度やパルスの周期を変化させること。optical modulation

**ひかり-ほうわ【光飽和】** ↓こうほうわ(光飽和)

**ひかり-ぼや【光▽海▼鞘】** 発光プランクトンの一種。原索動物門。群体は約二〇cmになるが、個虫は三～八mm。温・熱帯海域に分布。

**ひかり-も【光藻】** 池などに生育する黄色の球状単細胞藻。一本の鞭毛をもち水中を遊泳するが、鞭毛を失って球形になると水面に浮上して被膜をつくり、光を反射して金色に光る。luminous weed

**ひかり-もの【光り物】** ①光る物。とくに、流星・いなずまなど。luminous object ②金銀貨。金属類。metal ③握りずしで、コハダ・サバ・キスなど、魚の皮の光るもの。

**ひか・る【光る】**(五自) ①光を放つ。輝く。glitter 用例 星が—。②とくにすぐれている。めだつ。eminent 用例 —・った存在。③見張りがきびしい。cautious 用例 親の目が—。

**ひかる-きみ【光君】** ↓ひかるげんじ(光源氏)

**ひかる-げんじ【光源氏】**『源氏物語』の主人公。桐壺帝の第二皇子で母は桐壺の更衣。美貌と才智の持ち主で栄華を極めるが、晩年は寂しく出家を思う。光君。源氏の君。

**ピカルディー[Picardie]** フランス北西部の旧州名。パリ盆地北部の地域。小麦・サトウダイコンの大農耕地。

**ピカレスク-しょうせつ【ピカレスク小説】** 悪者(=悪漢)小説。一六世紀のスペイン文学におこった、ピカロを主人公とする生涯物語で、ヨーロッパ小説に大きく影響。『ラサリーリョ=デ=トルメスの生涯』がその始まり。picaresque novel

**ひかれ-もの【引かれ者】** 縛られて連行されて行く者。刑場へ引かれて行く者。

**引かれ者の小唄**(ひかれもののこうた)《引かれ者が、平気を装って歌うことから》負け惜しみの強いたとえ。pretended nonchalance

**ひか・れる【引かれる・▼曳かれる】**(下一自) ①引き寄せられる。be attracted ②心が寄る。魅せられる。be charmed

**ひかわ【▼斐川】**〈町〉島根県東部、宍道湖西岸の町。散村景観で知られる県の穀倉地帯。人口二万五二一一(一九八)。

**ひかわ-じんじゃ【氷川神社】** 埼玉県大宮市高鼻町にある旧官幣大社。祭神は素戔嗚尊ほか二神。出雲大社から勧請したものと伝えられ、武運長久の神として尊崇された。武蔵国一の宮。

**ひかわ-まる【氷川丸】** 第二次大戦で残った唯一の外航客船。現在、横浜港に係留、博物館・ホテルになっている。一万一六二五総トン。

**ひ-がわり【日替(わ)り】** 出し物や売る品目が毎日ことなること。daily special 用例 —定食。

**ひ-かん【被官・被管】** ①律令制下、上級官庁に直属する下級官庁。②中世、上級武士の家来・奉公人。③「被官百姓」の略。

**ひ-かん【悲観】**(名・サ変自他) 対義 楽観。①物事が思うようにならなくて、望みがもてないこと。失望。落胆。disappointment ②事態のなりゆきなどについて、否定的な暗い見方をすること。厭世。pessimism

**ひ-かん【避寒】**(名・サ変自) 一時転地して、冬の寒さをさけること。対義 避暑。

**ひ-がん【彼岸】** ①《仏教語》悟りを得た理想の世界。涅槃。対義 此岸。②「彼岸会」の略。用例 暑さ寒さも—まで。

**ひ-がん【悲願】** ①《仏教語》仏・菩薩が大慈悲心から起こす誓願。②必ず実現させたいと、心から念じている願い。悲壮なまで思いつめた願いごと。用例 優勝の—を達成する。

**び-かん【美感】** ①美に対する感覚。aesthetic sense ②美を味わう快感。sense of beauty

**び-かん【美観】** 美しいながめ。beautiful sight 用例 —を損なう。

**び-がん【美顔】** ①美しい顔。beautiful face ②顔を美しくすること。facial care 用例 —水。

**ひがん-あれ【彼岸荒れ】** 彼岸のころに強い風が吹いて荒れること。ふつう、春の彼岸ごろの西風をいう。南風のこともある。

**ひがん-え【彼岸会】** 仏教法会の一つ。春分と秋分の日をはさみ、読経・墓参などを中心に各七日間行われるもの。平安初期から行われ、江戸時代に庶民化した日本独自の仏教行事。おひがん。

**ひ-かんざくら【▼緋寒桜】** バラ科の落葉高木。高さ約七m。二～三月、葉の出る前に、緋紅色で鐘状の五弁花を下垂する。台湾や中国では自生。暖地の庭木用。カンヒザクラ。↓写

●ヒカンザクラ

**ひがん-ざくら【彼岸桜】** バラ科の落葉小高木。高さ約五m。本州中部以西に植栽。春に、葉に先立って淡紅色の五弁花が咲く。観賞用。コヒガンザクラ。コザクラ。

**びがん-じゅつ【美顔術】** 美容法の一つ。顔にマッサージやパックを施して血液の循環をよくし、栄養を与える。facial treatment

**ひかんぜい-しょうへき【非関税障壁】** 関税以外の方法で行われる輸入制限政策。国内産業補助政策、輸入割り当て制度、厳格な輸入規格や検査手続きなど。NTB。non-tariff barrier 対義 関税障壁。

**ひかん-てき【悲観的】**(形動) 物事を悪いほうに見がちなさま。pessimistic

**ひがん-にし【彼岸▽西▽風】** 涅槃西風の別称。

**ひがん-ばな【彼岸花・▽石▼蒜】** ヒガンバナ科の多年草。高さ約四〇cm。田のあぜや土手などにはえる。葉は線形。秋に、花茎の頂部にしべの長い赤花が多数咲く。白花のものもある。鱗茎は有毒だが、薬などに利用。マンジュシャゲ。シビトバナ。ユウレイバナ。↓写

●ヒガンバナ

**ひかん-びゃくしょう【被官百姓】** 戦国・江戸時代の隷属農民。有力地主に身分的・経済的に従属。その土地の付属物として農耕に従事し、すべてに拘束された。名子。

**ひがん-まいり【彼岸参り】** 春秋の彼岸の期間中に、墓参りや寺参りをすること。秋田地方では墓でわらや苧殻をたき、精霊迎えのことばを唱える。彼岸詣で。

**ヒキ** 4画 **【▽匹】** 部首[匚] 常用 JIS 4104 旧字 4画 **【▼疋】**

音 ヒツ・ヒキ

訓 ひき

《『常用漢字表』では、訓扱い》①獣・鳥・魚・虫などを数えるのに用いる。比較 頭。用例 (助数)三—の魚。②布二反をまとめて数えるのに用いる。用例 (助数)絹二十—。③昔のお金の単位。銭一〇文。または、二五文。用例 (助数)金百—。↓ヒツ[匹]

**ひき【引き】** 一(名) ①引くこと。引いたもの。pull 用例 —が強い。②力を添えること。ひいき。つて。favor 用例 社長の—。③写真をとるとき、カメラを後ろへ下げる余地。用例 —がない。二(接頭) 動詞の意味を強める語。用例 —返す。

**ひ-き【悲喜】** 悲しみと喜び。joys and sorrows

**悲喜交交**(ひきこもごも) 悲しみと喜びとを、交互に味わうこと。悲しみと喜びとが同時に湧くこと。また、悲しむ人と喜ぶ人とが混在しているさま。用例 —至る。

**ひき【▼蟇】** ヒキガエルの異名。

**ひ-ぎ【非議・▼誹議】**(名・サ変他) 論じそしること。

**ひ-ぎ【秘技】** ①他人にまねのできない技術。secret technique ②めったなことでは人前に出さない秘密のわざ。secret technique

**ひ-ぎ【秘儀】** 秘密に行う儀式。

**び-き【美▽姫】** 美しいひめ・女。美人。beauty

**び-ぎ【美技】** みごとなわざ。すばらしい演技。ファインプレー。fine play

**び-ぎ【美▼妓】** 美しい芸者・舞子。

**ひき-あい【引(き)合い・引合】** ①引き合うこと。pull against each other ②例に引くこと。例にした証拠。引証。reference ③《「引合人」の略》参考人。証人。witness ④取り引き。その前の照会。deal

**引き合いに出す**(ひきあいにだす) 参考資料や証拠などとして、例を挙げる。refer to

**ひき-あ・う【引(き)合う】**(五自他) ①(他)互いに引く。pull against each other ②(自)㋐取り引きする。約束する。用例 手を—。make a deal with ㋑損得がつりあう。割に合う。profitable

**ひき-あけ【引(き)明け】** 夜明け。明け方。dawn

**ひき-あげ【引(き)揚げ】** 海外にいる日本人が日本に帰ってくること。

**ひきあげせん-だい【引(き)上げ船台】** 修理などのため、船を陸上に引き上げる装置。レールの上の台車に船を載せ、ウインチなどで引き上げる。海岸や河川の斜面に沿って設置する。slipway

**ひき-あ・ける【引(き)開ける】**(下一他) 引っ張って開ける。無理に開ける。pull open

**ひき-あ・げる【引(き)上げる】**(下一他) ①引いて高い所・地位に上げる。pull up 用例 課長に—。沈没船を—。②値段を高くする。raise ③回収する。take back 用例 貸した車を—。

**ひき-あ・げる【引(き)揚げる】**(下一自) 出向いた所からもとの所に戻る。withdraw

**び-きあつけい【微気圧計】** 気圧の微小な変動を測る器械。高感度の気圧計の一種。microbarograph

**ひき-あて【引(き)当て・引当】** ①引き当てること。②特定の支出に当てるために見積もった金額を用意すること。③担保。かた。security

**ひきあて-きん【引当金】** 将来予想される特定の費用または損失を見越して計上する貸方項目上の金額。貸し倒れ引当金・退職給与引当金など。allowance; reserve; provision

**ひき-あ・てる【引(き)当てる】**(下一他) ①当てはめる。引き合わせる。compare ②くじ引きで、当てる。win by drawing lots

**ひき-あみ【引(き)網・▼曳(き)網】** 引きまわして魚をとる網。袋網・そで網などからなる。船引き網・地引き網などに用いる。dragnet

**ひき-あわ・す【引き合(わ)す・引合(わ)す】**(五他) ↓ひきあわせる(引き合わせる)

**ひき-あわせ【引き合(わ)せ・引合(わ)せ】** ①引き合わせること。照合。紹介。introduction ②よろいの胴の右わきにあって前後

▼常用漢字表外。 ▽常用漢字表の音訓外。

を合わせて締める所。③《「引き合わせ紙」の略》しわのない檀紙。

**ひき-あわ・せる**【引き合(わ)せる・引合(わ)せる】(下一他) =引き合わす。①合わせる。draw together ②照合する。compare ③紹介する。introduce

**ひき-い・ず**【引き▽出ず】古語(下二他) ①ひっぱって出す。引き出す。また、表面に出す。用例単衣の袖をあまたたび―・でつつ泣かるれば(蜻蛉・下)。②引き起こす。しでかす。用例さるまじきあやまちを―・でて(源氏・柏木)。③差し出す。贈る。用例女はまめやかなる物を―・でけると(落窪・二)。④引用する。また、例としてあげる。用例楊貴妃のためしも―・でつべうなり行くに(源氏・桐壺)。

**ピギー-バック-ゆそう**【ピギーバック輸送】鉄道の無蓋車にトレーラーを載せて輸送する方法。長距離輸送に適しているため、アメリカで発達。piggyback system

**ひき-い・る**【引き入る】古語 ㊀(四自) ①引っ込む。奥の方に引き下がる。用例―・りて大殿ごもりけるを(源氏・蛍)。②引きこもる。人から隠れる。用例山林に―・りつつまじらむこと(源氏・真木柱)。③心の中におしつつむ。遠慮がちにする。用例ひとへにものづつみし、―・りたる方はしも、あり難うものしたまふ人になむ(源氏・末摘花)。④息が絶える。息がつまる。用例まさしき最後にて―・らせ給ひにけり(愚管抄)。㊁(下二他) ①深くかぶる。用例烏帽子を―・れたりければ(徒然・二二五)。②↓ひきいれる(引き入れる)

**ひき・いる**【率いる】(上一他) ①従えて行く。lead 用例生徒を―。②大ぜいの人の上に立って、指図する。統率する。command 用例大軍を―。

**ひき-い・れる**【引(き)入れる】(下一他) ①引いて内へ入れる。引き込む。pull in ②仲間に誘い込む。win over

**ひき-いわい**【引(き)祝い】芸妓などが、客に身受けされて廃業するのを祝って披露する宴。

**ひき-う・く**【引(き)受く】古語(下二他) ↓ひきうける(引き受ける)

**ひき-うけ**【引(き)受け・引受】①自分が責任をもって仕事を受け持つこと。undertake ②為替手形の支払人がその手形の支払義務を負うこと。underwrite ③有価証券発行のさい、それを売り出す目的で全部または一部を買い取る契約をすること。underwrite

**ひきうけ-にん**【引受人】引き受ける人。guarantor

**ひき-う・ける**【引(き)受ける】(下一他) ①責任を持って請け負う。take on ②あとを受け継ぐ。succeed ③相手になって応ずる。accept ④保証に立つ。guarantee ⑤為替手形の支払人が、手形金額の支払人として署名する。accept

**ひきうけ-わたし**【引(き)受け渡し】荷為替取引における荷物引き渡しの条件の一つ。荷為替手形を送付された取り立て銀行が、支払人の手形を引き受けるだけで船積み書類を引き渡すもの。D.A. documents against acceptance 対義支払い渡し。

**ひき-うす**【▼碾(き)▼臼・▼挽(き)▼臼】穀物を砕いて粉を調製する道具。平たい二個の円筒形の石を合わせた面に放射状に溝を切ってある。上部の石をまわすと臼穴から落としこまれた穀物が溝ですり合わされ、粉になって臼の外側におくり出される。主として手動。hand mill ↓臼写

**ひき-うた**【引(き)歌】古歌を、歌や文などに引用すること。また、その古歌。

**ひき-うつし**【引(き)写し】引き写すこと。写したもの。copy

**ひき-うつ・す**【引(き)写す】(五他) ①書画を紙の下にしいて、その上から写しとる。しき写す。copy ②ほかの文章などを、そのまま写しとる。copy

**ひき-うつ・る**【引(き)移る】(五自) 移転する。引っ越す。remove

**ひき-おこし**【引起】山地にはえるシソ科の多年草。高さ約一m。茎は四角柱状。葉は広卵形で対生。秋に淡紫色の小花が円錐状に咲く。全草に苦味があり健胃薬とする。エンメイソウ。↓図

●ヒキオコシ

**ひき-おこ・す**【引(き)起(こ)す・引起(こ)す】(五他) ①引っ張って立てる。raise up ②事件を起こす。惹起する。cause 用例問題を―。

**ひき-おとし**【引(き)落(と)し・引落(と)し】①ローンや公共料金の支払いなどを、預貯金の口座から差し引いてすませること。②大相撲の決まり手の一つ。突いてくる相手の腕または前回しをつかんで、手前へ引いて倒す技。frontal pull-down

**ひき-おと・す**【引き落(と)す・引落(と)す】(五他) ①引っ張って落とす。引きおろす。pull down ②帳簿の上で、支払いのために差し引く。automatically debit 用例預金口座から―。

**ひき-おろ・す**【引(き)下ろす】(五他) ①引っ張って、下ろす。pull down ②預貯金を下ろす。withdraw

**ひき-かえ**【引(き)換え・引換】(名) 引き換えること。交換。exchange

**ひきかえ-けん**【引換券】引き換えの保証となる券。exchange ticket

**ひき-かえし**【引(き)返し】①引き返すこと。turn back ②すそ回しが表と同じ布の和服仕立て。

**ひき-かえ・す**【引(き)返す】(五自) もとに戻る。turn back

**ひき-か・える**【引(き)換える】(下一自他) ①(他)取り替える。交換する。exchange 用例現物と―。②(自)反対になる。あべこべになる。reverse 用例それに―・え。

**ひき-がえる**【▼蟇・▼蛙・▼蟾▼蜍】ヒキガエル科の大形カエル。体長八～一五cm。灰褐色の体背面に多数のいぼ状突起をもつ。大きな耳腺をもち、背面のいぼから乳白色のガマ毒を分泌。卵塊は寒天質でひも状。本州から沖縄に分布。ガマガエル。ガマ。イボガエル。センジョ。ヒキ。toad ↓図

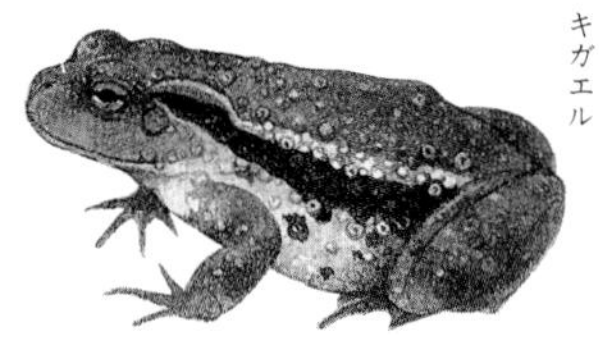

●ヒキガエル　ミヤコヒキガエル

**ひき-がし**【引(き)菓子】引き出物として婚礼・法事などに出す菓子。

**ひき-がたり**【弾(き)語り】①自分で三味線を弾きながら、浄瑠璃などを語ること。②ギター・ピアノなどを弾きながら、歌ったり語ったりすること。

**ひき-かなぐ・る**【引きかなぐる】古語(四他) 荒っぽく引きのける。用例荒らかにも―・らめ(源氏・帚木)。

**ひき-がね**【引(き)金・引(き)▽鉄】①ピストル・小銃などの弾丸発射装置の一部。指をかけて引く金具。trigger ②物事をひき起こすきっかけ。誘因。cause; origin 用例父の死が―となった。↓火縄銃図

**ひきがわ**【日▽置川】〈町〉和歌山県南部、日置川河口の太平洋に臨む町。林業・製材業が主で農・漁業も行われる。日置川茶の産地。人口六〇八二(一九八八)。

**ひき-ぎわ**【引(き)際】いまついている職務・地位から引退する時期。when to quit 用例―をきれいに。

**ひき-く**【引(き)句】①例に引いてくる文句。②引用する俳句。③平曲で節を付けて語ること・部分。対義語り句。

**ひき-ぐ・す**【引き具す】古語(サ変他) ①引き連れる。ともなう。用例中将、人々―・して帰りまゐりて(竹取)。②すぐれた才能を備える。用例いかでからのみ―・しけむ(源氏・薄雲)。

**ひき-くら・べる**【引(き)比べる】(下一他) 他のものと照らし合わせて、優劣・異同を調べる。compare 用例我が身に―。

**ひ-きげき**【悲喜劇】①悲劇と喜劇の要素がまじり合った劇。tragicomedy ②悲喜が同時に来る事がら。tragicomedy

**び-きこう**【微気候】地表面にごく近い大気層の気候。地面の状態や植物群などの影響で生じる。人間の生活環境や農作物の生育などと関係が深い。microclimate

**ひきこみ-せん**【引(き)込み線・引込線】①幹線から屋内に引き込む電線。incoming line ②駅・工場などの構内に引き込む線路。railway siding

**ひき-こ・む**【引(き)込む】(五自他) ①(他)㋐引き寄せて入れる。pull in ㋑誘い入れる。win over ㋒風邪を引く。catch cold ②(自)↓ひっこむ(引っ込む)

**ひき-こも・る**【引(き)▼籠る】(五自) 退いて、とじこもる。stay in

**ひき-ころ・す**【▼轢(き)殺す】(五他) 車輪でひいて殺す。轢殺する。run over and kill

**ひき-さが・る**【引(き)下がる】(五自) ①退く。withdraw ②仕事から手を引く。withdraw oneself from the business

**ひき-さ・く**【引(き)裂く】(五他) ①強く引っ張って破る。tear up ②親しい者どうしを、無理に離れさせる。separate

**ひき-さ・げる**【引(き)下げる】(下一他) ①手に下げて持つ。引っ下げる。carry in one's hand ②引っ張ってずりおろす。③引き連れる。take in company ④退かせる。put back ⑤値段などを下げる。lower ⑥とりさげる。とり消す。withdraw

**ひき-さ・る**【引(き)去る】(五他) ①引っ張ってほかへ行く。carry away ②へらす。deduct

**ひき-ざん**【引(き)算】ある数や数式からある数や数式を引いて、その差を求める計算。減算。減法。subtraction 対義足し算。

**ひき-しお**【引(き)潮・引(き)▼汐】海岸線が沖のほうへ移動していくこと。満潮から干潮へと向かうこと。入り潮。落ち潮。干潮。下げ潮。ebb tide 対義満ち潮・さし潮。

**ひき-しぼ・る**【引(き)絞る】(五他) ①弓に矢をつがえて、弦を強く張る。draw a bow to the full ②声を無理に出す。strain

**ひき-しま・る**【引き締(ま)る・引締(ま)る】(五自) ①強く締まる。tighten ②緊張する。be strained ③相場で、値段が上がる。firm up

**ひき-し・める**【引(き)締める】(下一他) ①強く締める。tighten ②緊張させる。brace 用例気持ちを―。③規模を縮小する。用例金融を―。

**ひぎ-しゃ**【被疑者】↓ようぎしゃ(容疑者)

**び-きしょう**【微気象】地表面から約二mぐらいまでの微細スケールの気象現象。地形・建物・植生などのちがいによって影響を受ける。micrometeorological phenomena

**ひき-す・える**【引(き)据える】(下一他) 捕まえて、そこに座らせる。force to sit

**ひき-ずみ**【引(き)墨】①封じ目に墨で「〆」と書くこと。②まゆをそったあとに、墨でまゆをかくこと。

**ひき-ずり**【引(き)▼摺り】①引きずること。drag ②《すそを引きずる、の意》美しい服を着ていて、働かない婦人を悪くいう語。お引きずり。lazy woman

**ひきずり-こ・む**【引(き)▼摺り込む】(五他) ①引きずって入れる。drag in ②無理に仲間に入れる。drag into

**ひきずり-だ・す**【引(き)▼摺り出す】(五他) 引きずって外へ出す。無理やり引っ張り出す。drag out 対義引き摺り込む。

**ひきずり-まわ・す**【引(き)▼摺り回す】(五他) あちこち、強引に引っ張り回す。drag about

**ひきずり-もち**【引(き)▼摺り▼餅】①賃餅の一種で、何人かで餅つきの道具を持参し、注文に応じて餅をついて回ること。②七歳の紐解き祝いの風習。臼を縄で縛り、神社まで引きずりながら餅をついていくもの。

**ひき-ず・る**【引(き)▼摺る】(五他) ①地面をすっていく。draggle ②垂れ下がって地面をする。trail ③強引に引っ張っていく。drag ④長びかせる。prolong

**ひき-そば・む**【引き▽側む】古語 ㊀(四他) 引き寄せて隠すようにする。用例―・みつつ持て参る御文どもを(源氏・藤袴)。㊁(下二他) ①引き寄せて、見られないように隠す。用例―・めて急ぎ書き給ふは(源氏・松風)。②引き寄せて構える。用例旗ざを共―・め(平家・二・教訓状)。

**ひき-ぞめ**【引(き)染め】布の染色法の一つ。布面にはけで染め液をひいて染めること。また、その染め物。友禅・小紋などの地に使われる。

**ひき-ぞめ**【弾(き)初め】①新年にはじめて楽器を弾くこと。②新しい楽器を弾くこと。

**ひき-たお・す**【引(き)倒す】(五他) ①引いて倒す。②強い力を加えて倒す。

**ひき-だし**【引(き)出し・▽抽▽斗】①引き出すこと。draw ②机・たんすなどに取り付けた箱形の容器で、引き出して用い、抜きとることができる整理用品。drawer

**ひき-だ・す**【引(き)出す】(五他) ①引いて外へ出す。draw out ②誘い出す。invite out ③預金をおろす。withdraw ④資金を出させる。

get money out of

**ひき-たつ【引(き)立つ】**(五自) 見ばえがする。いちだんとよく見える。look better

**ひき-たて【引(き)立て】**①人をめだつようにすること。foil 用例 ―役。②ひいき。patronage 用例 お―にあずかる。

**ひきたて-やく【引(き)立て役】**他の人や物を目立つようにする役。foil

**ひき-た・てる【引(き)立てる】**(下一他) ①連れて行く。haul 用例 罪人を―。②励ます。cheer up ③目をかける。favor 用例 友人を―。④見ばえがするようにする。set off

**ひきちがい-ど【引(き)違い戸】**引き戸の一種。和風住宅の襖や障子のように、二枚以上の戸を溝やレールで横にすべらせて開閉する。double sliding door

**ひき-ちぎ・る【引(き)千切る】**(五他) 引っ張って、無理にちぎる。乱暴にちぎる。tear off

**ひき-ちゃ【▼碾(き)茶・▼挽(き)茶】**緑茶の一種。良質の葉をひいて粉にした茶。まっ茶。対義 葉茶。

**ひき-つ・ぐ【引(き)継ぐ】**(五他) ①あとを受け継ぐ。succeed ②あとの人に受け渡す。hand over

**ひき-づくり【引(き)作り】**刺身の切り方の一つ。包丁を垂直にあて、手前に引いて切る。切ったものは右へ送らず、次々に切る。

**ひき-つけ【引(き)付け・引付】**①手もとへ引きつけること。keep at hand ②発作性のけいれん。とくに、小児におこる発作性全身けいれんをさす。convulsion ③後日の判例とするために書きとどめておく文書。④鎌倉・室町幕府の裁判機関。

**ひきつけ-しゅう【引付衆】**鎌倉・室町幕府で、評定衆を助けて裁判・記録などを扱った職。

**ひき-つ・ける【引(き)付ける】**(下一自他) ①(自)子どもがけいれんを起こす。have a convulsive fit ②(他)㋐近くへ引っ張る。近寄せる。draw ㋑誘い寄せる。charm ㋒かこつける。

**ひき-つづき【引(き)続き】**㊀(名) 続いていること・もの。続き。㊁(副) ①すぐ続いて。in succession ②続けざまに。continuously

**ひき-つづ・く【引(き)続く】**(五自) ①前のもののすぐあとに続く。continue ②前の状態が切れず、そのままで続く。last

**ひき-づな【引(き)綱】**物に付けて引く綱。towline; pulley rope

**ひき-つ・る【引(き)▼攣る】**(五自) ①皮膚がちぢれる。twitch ②けいれんを起こす。have a cramp ③かたくこわばる。become stiff

**ひき-つ・れる【引(き)連れる】**(下一他) 連れて行く。ともなう。take in company

**ひき-つ・れる【引(き)▼攣れる】**(下一自) ひきつったようになる。twitch 用例 顔が―。

**ひき-て【引(き)手】**①障子・襖・戸などの開閉のさいに、指先をかけるための金具や緒。pull; catch ②綱などでものを引く人。puller ③さそう人。手引きする人。seducer

**ひき-て【弾(き)手】**楽器を弾く人。player

**ひきて-ぢゃや【引(き)手茶屋】**江戸時代、吉原などの遊郭で、客に遊女のあっせんをした茶屋。

**ひきで-もの【引(き)出物】**宴会で主人から招待客に出す贈り物。古く、馬を引き出して贈ったことにはじまる。

**ひき-ど【引(き)戸】**溝やレールにはめて水平方向に開閉する戸。遣り戸。sliding door 対義 開き戸。

**ひき-どき【引き時・▽退き時】**身を引くによい潮時。比較 ひけ時。

**ひき-と・める【引(き)止める】**(下一他) ①手・手綱などを引いて止める。detain ②思いとどまらせる。detain

**ひき-と・る【引(き)取る】**(五自他) ①(自)その場を下がる。leave 用例 お―りください。②(他)㋐手元に受け取る。take over 用例 遺体を―。㋑息が絶える。死ぬ。die 用例 息を―。

**ビギナー【beginner】**初心者。

**ひき-なお・す【引(き)直す】**(五他) ①一度引いたものを再び引く。redraw 用例 線を―。②風邪をもう一度引く。catch cold again ③直す。また、もとのように改める。correct

**ひき-なわ【引(き)縄・▼曳(き)縄】**①物を引くための縄。②釣り糸と釣り針をもつ漁具を船で引き回して漁獲する漁法。trawl line

**ビキニ【bikini】**極端に短いショーツとブラジャーとからなる女性用の水着。

**ビキニ-かんしょう【ビキニ環礁】**(Bikini Atoll) 太平洋西部、マーシャル群島北端の環礁。一九四六年から五八年までアメリカの核実験地。一九五四年日本の第五福竜丸が被爆。

**ひき-にく【▼挽(き)肉】**肉ひき器で牛・豚・鶏などの肉をひいたもの。二種類の肉を合わせたものを合いびき肉という。ground meat

**ひき-にげ【▼轢(き)逃げ】**(名・サ変自) 自動車などで人をひいて、そのまま逃げ去ること。hit-and-run

**ひき-ぬき【引(き)抜き】**①引いて抜くこと。抜いたもの。pull out ②他に属している人を、よい待遇で呼び寄せること。entice away 用例 スターの―。③芝居などで、衣装のしかけの一つ。演技中の俳優・踊り手が、帯を中心に、上下に衣装を振り落として下の着付けを出すこと。

**ひきぬき-かこう【引(き)抜き加工】**型孔を通して金属材料を引っ張り、目的の断面・形状をもつ製品とする加工法。棒・管・線などの製造に用いる。draw

**ひき-の・ける【引(き)▽退ける】**(下一他) ①引っ張って取り除く。②引き離す。また、二つのものを互いに遠ざける。

**ひき-のばし【引(き)伸ばし】**①長く引っ張ること。延期すること。postpone ②小型陰画あるいは陰画の一部から拡大した印画を作ること。enlargement

**ひき-のば・す【引(き)伸ばす】**(五他) ①引っ張って長くする。draw out ②写真などを原板より拡大して焼き付ける。enlarge

**ひき-のば・す【引(き)延ばす】**(五他) ①時間をかけて遅らせる。delay 用例 議事を―。②延期する。put off

**ひきのひたい-ぐさ【▼蟇額草】**サイシンの異名。

**ひき-はが・す【引(き)▼剝がす】**(五他) 引っ張ってはがす。無理にはがす。ひっぱがす。tear off

**ひき-は・ぐ【引(き)▼剝ぐ】**(五他) ↓ひっぱぐ(引っ剝ぐ)

**ひき-はな・す【引(き)離す】**(五他) ①引っ張って離す。draw apart ②無理に離す。pull apart ③後続との距離を大きくあける。outdistance

**ひき-はら・う【引(き)払う】**(五他) 取り払って他へ移る。退去する。vacate 用例 家を―。東京を―。

**ひき-ふだ【引(き)札】**①開店・売り出しの宣伝びら。ちらし。②くじ引きの札。

**ひき-ぶね【引(き)船・▼曳(き)船】**①大型船を所定の場所まで引っ張ってゆく推力の強い小型船。タグボート。tugboat ②芝居で舞台正面の二階にはり出したさじき。

**ひきふね-まつり【▼曳(き)船祭り】**船形の飾り物をつけた山車をひいて祭列を組む祭りの総称。

**ひき-へぎ【引(き)▽倍木】**昔、宮中に仕えた者の夏の装束。下着の裏地をとって着た裏なしの衣。ひへぎ。

**ひき-まく【引(き)幕】**横に開閉する舞台の幕。curtain 対義 緞帳。

**ひき-また【▼蟇▼股】**①祝いのときの昆布の切り方。夫婦を祝うためのときのもの。②《方言》高知県地方で、熊手のこと。③鏃の先を二股にして、その内側に刃をつけたもの。

**ひき-まど【引(き)窓】**綱で横に開閉する天窓。skylight 比較 回転窓。

**ひき-まゆ【引(き)▼眉】**墨でかいたまゆ。作りまゆ。penciled eyebrows

**ひき-まわし【引(き)回し】**①引き回すこと。②そでがなく、すその広いかっぱ。丸がっぱ。③江戸時代の刑の一つ。死刑になる罪人を、みせしめのため処刑前に馬に乗せ、市中を引き回した。

**ひき-まわ・す【引(き)回す】**(五他) ①引っ張り回す。draw around ②あちこち連れて歩く。take around ③指導する。guide

**ひきみ【匹見】**〈町〉島根県南西部、広島県境の町。冠山山地にある農業の町で、ワサビの産地。匹見峡は清流で知られる。人口二四二九(一九八八)。

**ひきめ-かぎはな【引(き)目▼鉤鼻】**大和絵独特の面貌表現の一方法。男女とも目は細い一線、鼻は鉤状に小さく描く。↓写

●引き目鉤鼻

**ひきめ-の-しんじ【▼蟇目の神事】**神社で行う、鏑矢を射て妖怪や魔物を降参させようとする神事。

**ひきもきらず-に【引きも切らずに】**(副) 絶え間なく。ひっきりなしに。continuously

**ひき-もど・す【引(き)戻す】**(五他) 引っ張って戻す。pull back

**ひき-もの【引(き)物】**①引き出物。②膳に特にそえて出す料理・菓子。③引いて仕切りにする物。とばり・きちょうの類。

**ひ-きゃく【飛脚】**信書・金銭・小貨物などを遠方に運ぶ人夫。律令制の駅馬に始まる。鎌倉時代には騎馬。江戸時代には幕府公用の継飛脚、諸大名の大名飛脚のほか、民間に町飛脚もでき、江戸〜大坂間を六日で走った。

**ひ-ぎゃくたいじ【被虐待児】**虐待を受けている児童。主として、児童福祉法に列挙されている禁止事項を受けている児童をさす。

**ひぎゃくたいじ-しょうこうぐん【被虐待児症候群】**親の虐待により、子どもの体にあざ、骨折・栄養失調などがみられる症状。親は虐待の事実をかくしていることが多いので、医療者がこれらの背景を見抜く必要がある。battered child syndrome

**ひきゃく-どんや【飛脚問屋】**江戸時代、民間の飛脚業務を請け負った問屋。初期は信書郵送のみ。のち金銀郵送・為替送金を扱う。明治四年(一八七一)廃止。

**ひきやま-まつり【▼曳(き)山祭り】**飾り物をつけた山車をひいて練り歩く祭りの総称。

**ひ-きゅう【飛球】**野球で、空中に上がった打球。フライ。fly 対義 匍球。

**ひ-きゅう【▼貔▼貅・▼豼▼貅】**①古代中国で、戦争に使ったという猛獣。貔はその雄、貅はその雌。②この獣を描いて兵車などに立てた軍旗。③勇猛な兵士。

**び-きょ【美挙】**りっぱな行い・企て。praiseworthy undertaking

**ひ-きょう【比況】**①比べたとえること。②文法で、動作・状態などを、他のものにたとえて表す言い方。助動詞「ようだ」「ごとし」などを用いる。「花のような顔」「百年も夢のごとし」など。

**ひ-きょう【比興】**古語 (名・形動ナリ) ①かこつけて、おもしろがること・さま。用例 一座の―にて侍りき(沙石集)。②道理にはずれたこと。いやしいこと・さま。用例 なんとで―な事をば言はしもぞ(史記抄)。

**ひ-きょう【卑▼怯】**(名・形動) 《「比興」の当て字か》 ①おくびょうであること・さま。cowardice ②正々堂々としていないこと・さま。卑劣。meanness

**ひ-きょう【秘教】**①密教。②秘密の儀式を重んじる宗教。

**ひ-きょう【秘境】**人のめったに行かない、世間に知られていない土地。land of mystery

**ひ-きょう【悲況】**かなしいありさま。悲惨な状況。sad circumstances

**ひ-きょう【悲境】**かなしい境遇。不運な身の上。distressing circumstances

**ひ-ぎょう【罷業】**①仕事をやめること。②《「同盟罷業」の略》ストライキ。

**ひ-きょく【秘曲】**秘伝の曲。比較 秘事。

**ひき-よしかず【比企▽能▽員】**(?〜一二〇三) 鎌倉初期の武将。娘は二代将軍源頼家の妻。頼朝挙兵以来の功臣・外戚として権勢をふるったが、北条氏により謀殺。

**ひき-よ・せる【引(き)寄せる】**(下一他) 引いて近づける。近づかせる。draw near

**ひき-よもぎ【引▼艾】**ゴマノハグサ科の一年草。山地にはえる。高さ約五〇㎝。葉はヨモギに似る。晩夏に、黄色の唇形花を開く。

**ひ-きょり【飛距離】**①野球・ゴルフなどで、打ったボールの飛んだ距離。carry ②スキーのジャンプ競技で、空中を飛んだ距離。leap

**ひきょり-てん【飛距離点】**スキーのジャンプ競技で、飛んだ距離に対して与えられる得点。飛型点との合計で勝負を競う。point of distance

**ひ-きり【火▼鑽り】**かれたヒノキの木口に棒を当て、激しくもんで火を出すこと。また、その道具。火鑽り臼と火鑽り杵。

**ひ-ぎり【日切り・日▽限】**日数を限ること。日限。

**ひ-ぎり【▼緋▼桐】**クマツヅラ科の落葉低木。

高さ約一m。葉は大形でキリに似る。夏から秋に、緋紅(ひこう)色の五弁花がつぎつぎに咲く。観賞用として栽培。トウギリ。

**ひき-りょう【引(き)両・引(き)領・引(き)▼輛】** 紋所の名。数条の太い線を横または縦に平行に並べた形。線の数で、二つ引き両・三つ引き両などという。丸で囲んだ、丸に引き両が多い。↓図

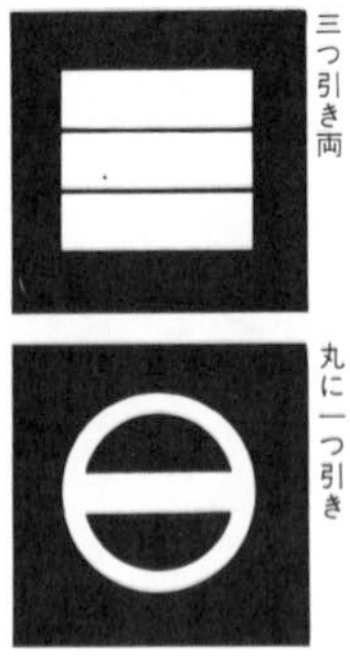
●引き両
三つ引き両　丸に一つ引き

**ひき-わけ【引(き)分け】** 引き分けること。勝負なしとすること。drawn game

**ひき-わ・ける【引(き)分ける】**(下一自他) ①(他)引き離して分かれさせる。pull apart ②(自)勝負がつかず、中止する。tie

**ひき-わた【引(き)綿】** もめん綿の上に、薄くかぶせるまわた。

**ひき-わた・す【引(き)渡す】**(五他) ①物を張り渡す。stretch ②自分側の人や物を他人の手に渡す。hand over

**ひき-わり【▼挽(き)割り】** 木材を、のこぎりでひいて分けること。ひいて分けた木材。

**ひき-わり【▼碾(き)割り】** ①穀類を臼でひいて割ること。grind ②粗くひいた大麦。ひき割り麦。ground barley

**ひ-きん【卑近】**(名・形動) 手近なこと・さま。だれにもわかること・さま。familiarity 対義 高遠。用例 —なたとえで話す。

**び-ぎん【微吟】**(名・サ変他) 低い声で詩歌をうたうこと。

**ビギン【beguine】** 西インド諸島フランス領マルティニーク島起源の民俗舞曲とそのリズム。スローーボルカに近い二拍子。

**ビギン-ザ-ビギン【Begin the Beguine】** コール=ポーターが一九三五年、ミュージカル『ジュビリー』のために作詞・作曲。昔の恋を回想する歌。

**ひ-きんぞく【非金属】** ガラスや高分子物質など、金属以外の物質の総称。金属結晶をつくらない元素を非金属元素という。nonmetal

**ひ-きんぞく【卑金属】** 大量に産出し、容易に酸化・溶解する金属。鉄・亜鉛・アルカリ金属など。base metal 対義 貴金属。

**ひきんぞく-げんそ【非金属元素】** 金属の性質をもたない元素。単体として非金属を形成する。一般にその酸化物は酸性で、電気的には陰性である。希ガス元素・水素・炭素・塩素など約二〇種類。nonmetal element

**ひきんぞく-こうしょう【非金属鉱床】** 非金属資源を産出する鉱床の総称。石灰岩・珪石(けいせき)・硫黄・燐(りん)鉱・カリ鉱などがある。nonmetallic deposit

**ひ・く【引く】** (五自他) ①(他)⑦《「牽く」とも》近くへ寄せる。引っ張る。pull 対義 押す。用例 綱を—。④えらんでとる。draw out 用例 くじを—。⑦引き付ける。attract 用例 注意を—。㊀管などでみちびき入れる。lay on 用例 ガスを—。電話を—。㊁引用する。cite 用例 例を—。㊄多くのものの中から探し出す。look up 用例 辞書を—。㊅《「控く」とも》減らす。差し引く。reduce 対義 足す。用例 月給から—。値を—。㊆もとの位置に戻す。draw back 用例 手を—。㊇風邪にかかる。catch 用例 風邪を—。㊈のばして塗り付ける。apply 用例 のりを—。㊉長く書く。draw 用例 線を—。㊊職をやめる。引退する。retire 用例 会社を—。㊋《「曳く」「牽く」とも》前から力を加えて、車などを進める。pull 用例 荷車を—。あとを—。㊌続いたものを受ける。用例 血を—。㊍そっと持ち去る。take away 用例 ねずみが餅(もち)を—。㊎引きずる。drag 用例 すそを—。②(自)⑦《「退く」とも》後ろへ下がる。後退する。retreat 用例 あとへ—。④もとの状態になる。なくなる。recover 用例 はれが—。⑦引き潮になる。ebb 対義 満ちる・差す。用例 潮が—。

**引くに引かれず**(ひくにひかれず) 退きたくても、退けない。can't back out

**引くの山の**(ひくのやまの) 物事の多忙で、ごたごたしているようす。

**ひ・く【▼挽く】**(五他) ①のこぎりを使って切りはなす。saw ②ろくろを使って器物をつくる。turn

**ひ・く【弾く】**(五他) 弦楽器・鍵盤(けんばん)楽器を鳴らす。play 用例 琴を—。

**ひ・く【▼碾く】**(五他) うすなどで、細かにする。用例 うすで—。

**ひ・く【▼轢く】**(五他) 車・電車などが人や動物を下敷きにして通る。run over 用例 自動車が少年を—・いた。

**びく【▽比▽丘】**《bhikṣu梵の音写。乞(こ)い求める、の意》出家し、具足戒を受けた二〇歳以上の男子。僧。対義 比丘尼(びくに)。

**びく【▽魚▼籠・▽魚▼籃】** 釣った魚を入れる道具。竹のかごで水中に浸しておき、魚を生かしておく。creel

**ひく・い【低い】** (形) 対義 高い。①上端と下端とのへだたりが少ない。low; short 用例 山が—。背が—。②地位・身分が卑しい。humble 用例 地位が—。③程度・数量が甚だしくない。low 用例 評価が—。カロリーが—。④声や音の振動数が少ない。low 用例 —声で話す。派生 ひくさ(名) ひくみ(名) ひくめ(名・形動)

**ひくい-どり【火食鳥・▽食▽火▽鶏】**(ひくいどり) ヒクイドリ科の鳥。森林にすみ、ダチョウに似る。体高約一・五m。飛べないが走力は強い。オーストラリア北西部・ニューギニアなどに分布。cassowary

**ひ-くいな【▼緋▼秧▽鶏・▼緋▽水▽鶏】**(ひくいな) クイナ科の鳥。全長約二三cm。顔から腹にかけ赤褐色、背面は暗緑褐色。インド・東南アジアなどに分布し、日本へは夏鳥として渡来・繁殖する。全土の沼や水田付近の茂みにすむ。繁殖期の「キョッキョッ」という朝夕の鳴き声は古来「門の戸をたたく」と形容される。ruddy crake

**ピグー【Arthur Cecil Pigou】**(一八七七〜一九五九) イギリスの新古典派経済学者。ケンブリッジ大教授。厚生経済学を創始した。主著『厚生経済学』。

**ピグー-こうか【ピグー効果】**《提唱者の名から》流動資産の実質価値の変化が、需要の変化を通じて有効需要に与える影響。実質手持ち資金効果。Pigou effect

**ビクーナ【vicuna】** 南アメリカ産のラクダ科の動物。肩高約七五cm。グアナコやラマに近縁。毛は絹状で、前胸に白い長毛がある。毛は高級織物の原料。アンデス山脈中の荒地に小群ですむ。ビキューナ。ビクニア。

**ひくき【低き】** 文語的《「ひくし」の連体形》低い所。また、身分の卑しい人。対義 高き。用例 水の—につくがごとし。

**ひく・し【低し】** 古語(形ク) ↓ひくい(低い)

**び-くしょう【微苦笑】**《久米正雄(くめまさお)の造語》微笑とも苦笑ともつかない笑い。

**ビクセル【Wicksell】** ↓ウィクセル

**ピクセレクール【René-Charles-Guilbert de Pixérécourt】**(一七七三〜一八四四) フランスの劇作家。「メロドラマの父」といわれる。戯曲『ビクトール』など。

**ヒクソス【Hyksos】** 紀元前一八世紀末から約一五〇年間エジプトを支配した民族。インド-ヨーロッパ系とセム系諸民族の複合体。前一五八〇年ごろ、エジプト第一八王朝により排除された。

**ひ-ぐち【火口】** ①火をつける口。burner ②火事の火の燃えはじめ。その所。origin of a fire

**ひぐち-いちよう【▼樋口一葉】**(一八七二〜九六) 小説家・歌人。本名、なつ。東京生まれ。半井桃水(なからいとうすい)に師事。東京を舞台に若い女の生き方を浪漫(ろうまん)的情趣をこめて描いた。肺を病み早世。作品『大つごもり』『にごりえ』『十三夜』『たけくらべ』『わかれ道』『日記』など。↓写

●樋口一葉(ひぐちいちよう)

**ピクチャー【picture】** ①絵。絵画。用例 —パズル。②映画。映像。

**ひ-くつ【卑屈】**(名・形動) いやしく、いくじのないこと・さま。自分を無力として相手に迎合すること・さま。servility

**びく-つ・く**(五自) びくびくする。怖がり、恐れる。fear

**びくっ-と**(副) 驚き・恐怖のため、一瞬身を震わせるさま。with a start

**ひく-て【引く手】** 誘いかける人。引き手。inviter

**ひくて-あまた【引く手▽数多】**(連語) 誘う人の多いこと。be in great demand

**ピグトウ-がい【ピグトウ貝】**(ピグトウがい) イシガイ科の淡水産の二枚貝。北米ミシシッピ川上流にすむ。殻長約六・五cm。殻は厚くシジミ形。養殖真珠の核やボタンの材料となる。ブタノツメガイ。

**びくとも-しない**(連語) ①少しも動かない。stand firm 用例 押しても引いても—。②少しも驚かない。少しも動揺しない。be not disturbed

**ビクトリア【Victoria】** カナダ南西部、太平洋岸バンクーバー島南東岸の港湾都市。ブリティッシュ-コロンビア州の州都。人口六・四万(一九八一)。

**ビクトリア【Victoria】** セイシェルの首都。インド洋南西部、セイシェル諸島のマヘー島北部にある。漁業基地。人口一・六万(一九七七)。

**ビクトリア【Victoria】** オーストラリア南東部の州。州都メルボルン。農牧業、鉱工業が発達。人口四〇五・三万(一九九三)。

**ビクトリア【Tomás Luis de Victoria】**(一五四八〜一六一一?一五五〇ごろ) スペインの作曲家。厳格な対位法書式の作風により宗教音楽を作曲。作品『レクイエム』など。

**ビクトリア【Victoria】**(一八一九〜一九〇一) イギリス女王(在位一八三七〜一九〇一)。夫アルバートやグラッドストン・ディズレーリなどの補佐により、国民の敬愛を受け、王室の地位を確立。六四年間のその治世はイギリス王として最長で、もっとも繁栄した時期であった。↓写

**ビクトリア【Victoria】** ローマ神話の勝利の女神。ウィクトリア。

**ビクトリア-がわ【ビクトリア川】**(ビクトリアがわ)(Victoria) オーストラリア中北部ノーザンテリトリー北西部を流れ、チモール海に注ぐ川。長さ六四〇km。

**ビクトリア-くんしょう【ビクトリア勲章】**(Victorian Order) イギリス最高の武功勲章。一八五六年ビクトリア女王が制定。青銅のマルタ十字形。

**ビクトリア-こ【ビクトリア湖】**(Victoria) 東アフリカ、タンザニア・ウガンダ・ケニアにまたがる大湖。面積六・九万$km^2$。

**ビクトリア-じだい【ビクトリア時代】** イギリスのビクトリア女王の治世。イギリス史上もっとも繁栄した時代で、強力な経済力と軍事力を背景に世界を支配した一八四〇〜七〇年代をさす。Victorian Age

**ビクトリア-たき【ビクトリア滝】**(Victoria Falls) アフリカ南部、ザンベジ川上流の世界有数の滝。幅一七〇〇m、落差一一〇〜一二〇m。一八五五年リビングストンが発見、英女王にちなみ命名。↓写

●ビクトリア滝

**ビクトリア-ランド【Victoria Land】** 南極大陸ロス海西岸の氷でおおわれた台地。東経一六四度を中心に、南緯七〇度三〇分〜七八度付近の地域。

**ビクトリア-ローン【Victoria lawn】** ↓かんれいしゃ(寒冷紗)

**びく-に【▽比▽丘尼】**《bhikṣuṇī梵の音写。乞い求める、の意》出家し、具足戒を受けた二〇歳以上の女子。尼(あま)。対義 比丘。

**ビクニア【vicuna】** ↓ビクーナ

**ピクニック【picnic】** 野山・海辺などに弁当を持って遊びに出掛けること。野遊び。遠足。

**ひく-ひく**(副) 弱くけいれんするさま。twitching

**びく-びく**(副) ①怖がって落ち着かないさま。timidly ②細かくけいれんするさま。ぴくぴく。trembling

**ぴく-ぴく**(副) 細かくけいれんするさま。

●ビクトリア　イギリス女王。

↓行き先項目、図版・写真参照印。 JIS 日本工業規格情報交換用漢字符号コード(区点コード)。

twitchingly

**ひ-ぐま【▾羆】** クマ科の哺乳動物。体長二m前後。褐色から黒色。河川近くの森林を好む。果実・川魚・蜂蜜などを食べる。ユーラシア・北米に分布し、日本では北海道にすむ。亜種のエゾヒグマは、わが国最大の肉食獣。brown bear →写

●ヒグマ

**ピグマリオン【Pygmalion】** バーナード＝ショーの喜劇。一九一三年作。アメリカでミュージカル『マイ＝フェア＝レディ』として長期興行された。自分が育てあげた女性に恋をする物語。

**ひく-まる【低まる】**(五自) 低くなる。become lower

**ひく-み【低み】** 低い所。low place 対義高み。

**ピグミー【Pygmy】** 赤道アフリカおよびコンゴ盆地の熱帯降雨林に住む身長の低い民族。男子の平均身長一五〇cm以下。いくつかの部族を形成。ムブティ＝ピグミーは、その最大の集団として知られる。狩猟・採集に従事。

**ピグミー-チンパンジー【pygmy chimpanzee】** ショウジョウ科の類人猿。チンパンジーとは別種。成長した雄の体重は三〇kg内外。チンパンジーに比べて細くてきゃしゃで、顔が黒い。ザイール川(コンゴ川)とカサイ川にはさまれた比較的狭い地域に分布。

**ひく-め【低め】**(名・形動) 少し低いこと・所。a little lower 対義高め。

**ひく・める【低める】**(下一他) 低くする。lower 対義高める。用例声を—。

**ひ-ぐらし【日暮らし】**(名・副) 一日じゅう。ひねもす。用例—すずりに向かひて(徒然・序)。

**ひ-ぐらし【▾蜩・▾茅▾蜩】** セミ科の昆虫。早朝や夕方にカナカナと鳴く。体長約四cm。体は赤褐色で、緑と黒の斑紋。翅は透明。日本全土・朝鮮半島に分布。カナカナ。→セミ図

**ぴくり-と**(副) 一瞬、小さく動くさま。twitch 用例うきが—動く。

**ピクリン-さん【ピクリン酸】** 化学式$C_6H_2(OH)(NO_2)_3$。黄色の結晶。急熱または衝撃で爆発。医薬・分析用試薬。2,4,6-トリニトロフェノール。picric acid

**ピクル【picul】** 大貨物の重量を示す単位。主として海運で用いる。一ピクルは六〇kg。

**ピクルス【pickles】** ①香辛料を添加した酢に野菜を漬けこむ西洋式の漬物。②鳥獣魚肉・野菜・果物を漬ける塩水。

**ひ-ぐるま【日車】** ヒマワリの別名。

**ひ-ぐれ【日暮(れ)】** 夕方。暮れ方。sunset

**び-くん【微▾醺】** ほろ酔い。slight intoxication 用例—をおびる。

**ひけ【引け】** ①《「退け」とも》引けること。退出。close ②負けること。後れ。defeat ③肩身が狭いこと。気後れ。feel small 用例—目。④《「大引け」の略》最終の値段。closing price

**引けを取る**(ひけをとる) 後れを取ったり、劣ったりする。負ける。be inferior to

**ひげ【▾髭・▾鬚・▾髯】** ①成人男子の顔に生える、硬い毛。風俗的に流行があり、そったりたくわえたりする。moustache; beard; whisker 参照「髭」は口ひげ、「鬚」はあごひげ、「髯」はほおひげのこと。②動物の口の周りに生える長い毛や、昆虫の触角の俗称。palp

**髭食い反らす**(ひげくいそらす) 口にくわえるようにして生やしたひげの、その先端部を反らす。いばったようすなどにいう。

**髭の塵を払う**(ひげのちりをはらう) 上役などにこびへつらう。

**髭を蓄える**(ひげをたくわえる) 髭を生やす。grow a beard 用例鼻の下に—。

**鬚を撫でる**(ひげをなでる) 得意げな顔・ようすをする。stroke one's beard; be proud of

**ひ-げ【卑下】**(名・サ変自他) ①へりくだること。humility ②いやしむこと。contempt

**卑下も自慢の中**(ひげもじまんのうち) 「卑下自慢」と同意。

**ピケ** 「ピケット」の略。用例—を張る。—隊。

**ピケ【piqué フランス】** 平織り地に縦畝を表した織物。材質は綿が主で、夏の服地・帽子・家具カバーなどに使われる。

**ピケ【piquée フランス】**《刺す、の意》肉の間に脂身を刺したり、縫い込む調理法。料理にこくやうま味を加える。

**ひ-けい【秘計】** 人に隠して考えている計略。secret plan

**び-けい【美形】** 顔の美しいこと・人。美人。beauty

**び-けい【美景】** 美しい景色。beautiful scenery 用例高原の—。

**び-けいすう【微係数】** →びぶんけいすう(微分係数)

**ひけい-てん【飛型点】** スキーのジャンプ競技で、助走・踏み切り・空中・着地の姿勢あるいは動作に与えられる得点。飛距離点との合計で勝敗を競う。art point

**ひげ-かび【▾鬚▾黴】** 藻菌類ケカビ目の菌類。光に向けてひげ状に長く伸び、銀緑色。雌雄配偶体が接合し、接合子をつくる。油粕や家畜の糞などに発生する。大きさはカビの中で最大。

**ひ-げき【悲劇】** ①人生における荘重悲哀なものを対象とし、受難と破局に至る過程を厳粛にとらえる文学・演劇の一ジャンル。トラジディ。tragedy 対義喜劇。②いたましいできごと。tragedy

**ひげき-てき【悲劇的】**(形動) 対義喜劇的。①悲劇であるさま。いたましいさま。tragic ②起伏と悲惨に満ちたさま。tragic

**ひけ-ぎわ【引け際・▿退け際】** ①仕事のしまいに近い時分。closing hour ②退出する間際。closing time ③職務などから身を引く間際。ひき際。

**ひげ-くじら【▾鬚鯨】** 歯がない代わりにクジラひげをもつクジラ類。史上最大の動物であるシロナガスクジラをはじめ、ほとんどが大形種。鼻孔は左右二個。一夫一婦で大群はつくらない。世界の海洋に一一種が分布。whalebone whale

**ひげ-けっしょう【▾髭結晶】** 非常に細い繊維状または針状の結晶。弾性限界がふつうの結晶に比べてはるかに大きい。whisker

**ひ-けし【火消(し)】** 江戸時代に設けられた消防と非常警備のための組織。また、それに所属し消火作業などを行う人。幕府直属の定火消し、各大名の大名火消し、江戸・大坂の町火消しがあった。fireman

**ひけし-つぼ【火消(し)▾壺】** おき・炭火などを入れて消すためのつぼ。消しつぼ。炭つぼ。charcoal extinguisher

**ひげ-じまん【卑下自慢】** 卑下した言い方で、実は自慢すること。卑下も自慢の中。Too much humility is pride. 比較慇懃無礼。

**ひけ-そうば【引(け)相場】** →ひけね(引け値)

**ひげ-そり【▾髭▾剃り】** ひげを剃ること。また、ひげを剃るのに用いる道具。シェービング。shaving; shaver

**ひけた【引田】**〈町〉 香川県東端の町。旧宿場町。漁業がさかんで、安戸池はハマチ養殖の先進地として知られる。人口一万五二二二(一九八八)。

**ひげ-だい【▾鬚▾鯛】** イサキ科の海水魚。体は黒く、吻がとがる。全長約五〇cm。下顎の腹面には肉質ひげが密生する。食用。本州中部以南に分布。

**ひげ-だいもく【▾髭題目】** 日蓮宗の、南無妙法蓮華経の題目の字の先を、ひげのように長く伸ばして書いたもの。また、その題目の俗称。

**ひ-けつ【否決】**(名・サ変他) 議案を成立させないと決めること。rejection 対義可決。

**ひ-けつ【秘▾訣】** 秘密の法。奥の手。秘伝。secrets

**ひ-けつ【秘結】**(名・サ変自) 大便がつまって出ないこと。便秘。

**ピケット【picket】** ストライキのとき、一部の組合員や非組合員、または他組合の労働者が就労することを妨げるため、事業所の入り口などに組合員を配置して監視し入場を阻止しようとすること。ピケ。ピケッティング。用例—を張る。

**ピケット-ライン【picket line】** ストライキ中の工場や作業所にスト破りが侵入するのを防ぐためにピケットを張る労働者の隊列。また、その場所。ピケライン。用例—をしく。

**ひげ-づら【▾髭面】** ひげが多く生えている顔。その人。ひげっつら。bearded face

**ひけ-どき【引け時・▿退け時】** 退出時刻。closing time 比較引き時。

**ひけ-ね【引(け)値】**《「大引け値段」の略》取引所の最終の立ち会いの値段。引け相場。closing quotations

**ひげ-ね【▾鬚根】** 茎の下部から群がって出る多数の細い根。イネ科・カヤツリグサ科など単子葉植物にみられる。fibrous root

**ひけ-め【引け目】** ①肩身の狭い思い。feeling of inferiority ②欠点。弱点。weak point

**ひけら-か・す**(五他)《俗語》自慢して見せびらかす。

**ひ・ける【引ける】**(下一自) ①《「退ける」とも》仕事が終わって、退出する。leave 用例役所が—。②気後れがする。be ill at ease 用例気が—。③取引所で相場がある値段で終わる。用例五五〇円で—。

**ひ-けん【比肩】**(名・サ変自) 肩を並べること。優劣をつけにくいこと。匹敵。be comparable with

**ひ-けん【披見】**(名・サ変他) 文書をあけて見ること。perusal

**ひ-けん【卑見・▾鄙見】** 自分の意見をけんそんして言う語。対義高見。

**ひ-げん【▾鄙言】** ①粗野なことば。②田舎ことば。③自分のことばをけんそんして言う語。

**び-げん【微減】** わずかにへること。a little decrease

**ひ-げんぎょう【非現業】** 現場の仕事でない、一般的な事務。対義現業。用例—官庁。

**ひけん-しゃ【被験者】** 実験の対象とされる人。subject

**ひ-げんすう【被減数】** 引き算(減法)で、引かれるほうの数。minuend

**ひこ【▾彦】**《「日子」の意》男子の美称。対義姫。

**ひ-こ【▾曾▿孫】** 孫の子。ひこまご。great-grandchild 比較ひまご。

**ひご【▾籤】** 竹を細く割って削ったもの。bamboo splinters

**ひ-ご【▾庇護】**(名・サ変他) だいじにかばってやること。保護。patronage

**ひ-ご【卑語】** ①品格を欠く野卑なことば。下品なことば。スラング。②使用を慎んだほうがよいことば。vulgar word

**ひ-ご【飛語・▾蜚語】** 根のないうわさ。groundless rumor 用例流言—。

**ひ-ご【▾鄙語】** いなかことば。ひなびたことば。

**ひご【肥後】** →ひごのくに(肥後国)

**ひご【肥後】**(生没年未詳) 平安末期の女流歌人。肥後守藤原定成の娘。『金葉集』以下の勅撰集に入集。家集『肥後集』。

**ビゴ【Georges Fernand Bigot】**(一八六〇〜一九二七) フランスの画家。一八八二〜九九年(明治一五〜三二)在日、版画風刺画で活躍。作品集『トバエ』など。

**ビゴ【Jean Vigo】**(一九〇五〜一九三四) フランスの映画監督。前衛的・社会的作品にすぐれた。作品『ニースにて』『アタラント号』など。

**ピコ【pico フランス】**(接頭) 単位で、一兆分の一$(10^{-12})$を表す。記号p。

**ひ-ごい【▾緋▾鯉】** コイの一品種。観賞用の赤いコイ。ヒゴイおよびキゴイとふつうのコイ(マゴイ)とを交雑して各種の色ゴイ(ニシキゴイ)が得られる。red carp; golden carp

**ひ-こう【比高】** 近接した二地点間の高度差。たとえば、麓から山頂までを示す高さなど。relative height

**ひ-こう【非行】** ①社会規範から逸脱した行為。正しくない行い。②一九四八年制定の少年法による二〇歳未満の犯罪行為・触法行為・虞犯行為。delinquency

**ひ-こう【披講】**(名・サ変他) 詩歌の会で、詩歌を読み上げること・役・人。

**ひ-こう【飛行】**(名・サ変自) 空中を飛ぶこと。flight 用例低空—。

**ひ-こう【飛▾蝗】** アジア・アフリカ大陸などで発生・移動するバッタ。大群が通過した土地の作物はもちろん、すべての植物は食べつくされてしまう。トノサマバッタまたはその近似種が高温多湿、密度過剰などの条件下で育つと、形や色が変わって飛蝗になるとされる。flying locust

**ひ-こう【罷工】** 工員の罷業。ストライキ。

**ひ-ごう【非業】** ①《仏教語》前世の業因によらないこと。②不運なこと。

**非業の最期を遂げる**(ひごうのさいごをとげる) 災難で死ぬ。非業の死を遂げる。die an unnatural death

**非業の死**(ひごうのし) 前世から定められている寿命が終わらないうちの死。思いがけない災難などによる死。非業の最期。unnatural death

**び-こう【尾行】**(名・サ変自他) 人のあとをつけて行くこと。shadow

ひ

**び-こう【備考】** 参考のために付け加えること。その事柄。note

**び-こう【備荒】** 凶年に対する準備。

**び-こう【微行】**(名・サ変自) ひそかに外出すること。忍び歩き。incognito travelling

**び-こう【鼻孔】** 鼻のあな。

**び-こう【鼻▼腔】**《医学では、「びくう」という》鼻の中で鼻中隔で左右に分けられた空間。前方は鼻の穴、後方は気道の始まる部分に当たる。呼吸のさい、肺に入る空気を温め、湿り気を与える。嗅覚器がある。びくう。nasal cavity ↓呼吸器系図

**ひ-こうかい【非公開】** 一般に見せたり聞かせたりしないこと。closed-door 対義公開。

**ひ-ごうかん【▼緋合歓】** ベニゴウカンの別名。

**ひこう-き【飛行機】** 固定翼によって生じる揚力で自分の重量を支え、プロペラ・ジェットなどの推進装置で空気中を飛ぶ航空機。airplane 数え方一機。

**ひこうき-ぐも【飛行機雲】** 飛行機が飛行するとき、機の後方に発生する白いすじ状の雲。排気ガス中の微粒子を核として水蒸気が凝結してできる。vapor trail

**びこう-さくもつ【備荒作物】** 凶作に備えて栽培する作物。ヒエ・アワ・ソバ・サツマイモなど。救荒作物。

**ひこう-し【飛行士】** 航空機を操縦する人。パイロット。pilot 用例宇宙―。

**ひ-こうしき【非公式】**(名・形動) 表向きでないこと・さま。unofficial 対義公式。

**ひこう-じょう【飛行場】** 航空機の安全な発着のための設備をもつ定められた区域。空港。エアポート。airfield; airport

**ひこう-しょうねん【非行少年】** 社会規範に違反する行為をひんぱんに行い、それが性癖となっている青少年。法律的には犯罪少年・虞犯少年・触法少年の総称。juvenile delinquent

**ひこうせい-びえん【肥厚性鼻炎】** 慢性鼻炎の一種。粘膜組織が増殖し、鼻腔内の血管壁が肥厚して、不快感・鼻づまり・閉鼻声などをおこす。hypertrophic rhinitis

**ひこう-せん【飛行船】** 水素・ヘリウムなど、空気より軽い気体を船体に詰め、その浮力で浮揚し、推進装置で飛行する航空機。airship ↓写

**ひこう-てい【飛行艇】** ボート状の胴体で水上を滑走して離着水する水上飛行機。flying boat

**ひこう-びん【飛行便】** 手紙や荷物を飛行機で送ること。航空便。エアメール。airmail

**ひ-ごうほう【非合法】**(名・形動) 法律に違反すること・さま。illegal 対義合法。

**ひごうほう-かつどう【非合法活動】** 既成の法の枠を超えて秘密のうちに行われる活動。とくに革命運動などについていうことが多い。illegal activity

**ひ-ごうり【非合理】**(名・形動) 知性で捕らえることができないこと・さま。理性でなくて、本能・直観などによって世界の本質をつかもうとすること・さま。illogicality 比較不合理。対義合理。

**ひごうり-しゅぎ【非合理主義】** 世界は理性によってはとらえられないとする思想的立場。直観・感情・愛などを世界の根本原理と考える。生の哲学・実存主義はその代表。非理性主義。irrationalism 対義合理主義。

**ひごうり-てき【非合理的】**(形動) 合理的でないさま。論理に合わないさま。illogical 対義合理的。

**ひ-こく【被告】** ①民事および行政訴訟の第一審で訴えられた方の当事者。defendant 対義原告。②「被告人」の略。

**ひこく-にん【被告人】** 刑事訴訟で裁判所に起訴された者。accused

**ひ-こくみん【非国民】** 国民としての義務・本分を守らない者。第二次大戦中、戦争遂行に非協力的な人に対して使用。

**ひこ-さん【▽英▼彦山】** 福岡・大分県境にある山。標高一二〇〇m。耶馬渓台地が浸食されてできたもの。山伏の修験道場で知られる。えひこさん。

**ひこさんごんげんちかいのすけだち【▼彦山権現誓助▽剣】** 人形浄瑠璃時代物。梅野下風・近松保蔵合作。天明六年(一七八六)初演。女丈夫を主人公にした仇討ち物。九段目毛谷村がしばしば歌舞伎でも上演される。

**ひこさん-じんぐう【▽英▼彦山神宮】** 福岡県田川郡添田町の英彦山上にある旧官幣中社。祭神は天忍骨命(天忍穂耳命の別名)ほか二神。三大修験道場の一つとしてさかえた。えひこやまじんじゃ。

● 飛行船

**ひこ-しま【▼彦島】** 山口県下関市、関門海峡西口にある島。面積八・六km²。金属・造船などの工場が集中。近郊農業もさかん。

**ひご-すみれ【肥後▼菫】** エイザンスミレの近縁種。白色の花を単生し、葉身はほとんど全裂。日当たりのよい山地を好む。

**ひご-たい【▽平▽江帯】** キク科の多年草。暖地にはえる。茎は太く、アザミに似た葉が出る。秋に、濃紺の小花が集まった球状の頭花が咲く。

**ひ-こつ【▼腓骨】** 下腿の外側を脛骨と並行する細長い骨。上端から腓骨頭・腓骨体・外果(=外くるぶし)に区分され、両端部が大きくふくれている。fibula

**び-こつ【尾骨】** 脊柱の下端の骨。尾てい骨。coccyx

**び-こつ【鼻骨】** 鼻の主部をなす骨。長四角形、左右一対で内方で結合する。上方は前頭骨に、下方は鼻中隔軟骨に、側方は上顎骨につづく。nasal bone ↓頭蓋図

**ピコット【picot フランス】**《正しくはピコ》小さな環状の飾り。編み物・レース・リボン・カットワークなどの縁飾りに用いる。

**ピコ-デルラ-ミランドラ【Giovanni Pico della Mirandola】**(一四六三～一四九四) イタリアールネサンスの人文主義者。新プラトン派の哲学者。カバラ思想をキリスト教と結びつけて神秘主義の哲学を展開。著書『人間の尊厳について』。

**ひ-ごと【日▽毎】** 毎日。日々。everyday 対義夜ごと。用例―に励む。

**ひこね【▼彦根】**〈市〉 滋賀県東部、琵琶湖に臨む市。井伊氏の旧城下町。湖東平野の商工業中心地。彦根城址など史跡・名勝が多い。人口九万六三七四(一九八八)。

**ひこね-びょうぶ【▼彦根▼屏風】** 旧彦根藩主井伊家所蔵の六曲屏風一双。江戸、寛永年間(一六二四～四四)の作で、遊里の男女の室内図・戸外遊行図を金地濃彩で描く。狩野派画家の作とされる。国宝。

**ひご-の-かみ【肥後▽守】** 鉄製の柄に「肥後守」の銘がある、折り込み式の安価なナイフ。

**ひご-の-くに【肥後国】** 旧国名。現在の熊本県。西海道の一国。「延喜式」では大国、一四郡。国府・国分寺はともに熊本市出水。明治四年(一八七一)廃藩置県により熊本・八代の二県。同五年(一八七二)熊本県は白川県と改称し、同六年(一八七三)八代県を併合。同九年(一八七六)熊本県に復す。肥州。肥後。

**ひこ-ばえ【▼蘖】** 刈りとった草木の根株から出た芽。

**ひこ-ぼし【▼彦星】** わし座のα星。光度一等級、距離約一六光年。たなばたに祭る牽牛星。アルタイル。Altair

**ひこほでみ-の-みこと【▼彦火火出見▽尊・日子穂穂出見▽命】** 日本神話の神。海幸山幸の山幸彦として知られる。瓊瓊杵尊の第三子で母は木花之開耶姫。火遠理命。

**ひこ-まご【▼曾孫】** ↓ひこ(曾孫)

**ひ-ごよみ【日暦】** 日めくりのこよみ。block calendar

**ひ-ごろ【日▼頃】**(名・副) ①普段。平生。usually ②近ごろ。このごろ。recently 比較月頃・年頃。

**ひごろも-そう【▼緋衣草】** サルビアの和名。明治中期に渡来したころは、この名でよばれていた。

**ピコン【Gaëtan Picon】**(一九一五～) フランスの批評家。著書『作家とその影』など。

**ひ-さ【飛砂】** 砂浜や砂漠の砂が風に飛ばされて移動する現象。また、その砂。blown sand

**ひざ【▼膝】** ①大腿(もも)と下腿(すね)を連結する関節の表側の部分。②ひざがしら。knee 用例―をすりむく。②ひざがしらから股までの部分。大腿。thigh 用例―まくら。母の―。↓足図

**膝が流れる**(ひざがながれる) 膝が弱って足がふらつく。膝に力のないさまにいう。

**膝が抜ける**(ひざがぬける) ①衣服の、ひざの当たる部分がすり切れる。②膝の力が抜けて、立ったり歩いたりがうまくできない。

**膝が笑う**(ひざがわらう) 膝の力が抜けたように、がくがくした感じがするのをいう。One's knees are about to give way.

**膝とも談合**(ひざともだんごう)《自分の膝をさえ相談相手とする、の意から》いよいよ困れば、役に立ちそうもない人とでも相談する。また、どんな人とでも、相談してみれば、それなりの甲斐はあるものだ。

**膝の皿から火が出る**(ひざのさらからひがでる) ひどい貧乏をしているたとえ。

**膝を打つ**(ひざをうつ) 思い当たる。また、同感する。「膝を叩く」。realize

**膝を折る**(ひざをおる) =膝を屈める。①膝を曲げて座る。sit down on one's knees ②恐れて従う。obey

**膝を屈める**(ひざをかがめる) =膝を折る。①膝を折って座る。bend one's knees ②屈服する。bow

**膝を崩す**(ひざをくずす) 楽な姿勢で座る。

**膝を屈する**(ひざをくっする) 屈服する。yield to

**膝を組む**(ひざをくむ) ①あぐらをかく。sit with one's legs crossed ②席を同じくする。

**膝を進める**(ひざをすすめる) =膝を乗り出す。①前へにじり出る。相手に近づいて行く。draw closer to ②ある事に、乗り気になる。身を乗り出す。be drawn into

**膝を抱く**(ひざをだく) 膝をだきかかえる。嘆願するさま、孤独なさまを表す。

**膝を叩く**(ひざをたたく) 感心したり、おもしろいと思ったり、思い当たることがあったりしたときなどにするしぐさにいう。膝を打つ。occur to one's mind

**膝を正す**(ひざをただす) 行儀よく座ることから、改まった態度をとる。

**膝を突き合わせる**(ひざをつきあわせる)《互いの膝が触れ合うほど近づく、の意から》①相手と親しく懇談する。have a heart-to-heart talk 類似膝を交える。②すきまなくくっついて、非常に混み合っている。be crowded with; be congested with

**膝を突く**(ひざをつく) 転んで、あるいは相手に敬意を表すために、膝頭を、床や地面などにつける。go down on one's knees

**膝を乗り出す**(ひざをのりだす) =膝を進める。①前へにじり出る。go ahead ②ある事柄などに興味を感じて、乗り気になる。be drawn into 用例もうけ話に―。

**膝を交える**(ひざをまじえる) 打ち解けて話し合う。have a familiar talk 類似膝を突き合わせる。

**ビザ【visa】** 外国人の入国許可証明。外国への入国に原則として必要。渡航先の国の駐在公館が旅券所持人の渡航資格と理由を承認し、旅券に裏書きする。査証。

**ピサ【Pisa】** イタリア中西部、アルノ川の河口近く、観光・商業都市。トスカナ地方の古都。教会や寺院など、歴史的建造物が多く、ピサの斜塔は有名。ガリレイの生地。人口一〇・四万(一九八九)。↓写

● ピサ　ピサ大聖堂。

**ピザ【pizza イタリア】** ↓ピッツァ

**ピサーノ【Andrea Pisano】**(一二九〇ごろ～一三四八) イタリアの彫刻家・建築家。作品にフィレンツェ洗礼堂扉と大聖堂鐘楼の浮き彫りがある。

**ピサーノ【Giovanni Pisano】**(一二五〇ごろ～一三一四ごろ) イタリアールネサンス黎明期の彫刻家・建築家。作品にピサ大聖堂説教壇浮き彫りなど。

**ピサーノ【Nicola Pisano】**(一二二〇ごろ～一二八四ごろ) イタリアの彫刻家・建築家。古代美術を研究し、ルネ

ひ

●ヒサカキ

サンスへの新しい造形性を確立。ピサ派を開く。作品にピサ洗礼堂説教壇浮き彫りなど。

**ひ-さい【非才・▼菲才】** ①才能のないこと。incapacity ②自分の才能をけんそんしていう語。用例 浅学―。

**ひ-さい【被災】**(名・サ変自) 災難を受けること。罹災。suffering 用例 ―者。

**ひさい【久居】**〈市〉三重県、津市南隣の市。伊勢平野中部にあり県下屈指の穀倉地帯。苗木栽培でも知られる。西部に榊原温泉。人口三万九三七二(一九八八)。

**び-さい【微細】**(名・形動) 非常に細かいこと・さま。minuteness 対義 巨大。

**びさい【尾西】**〈市〉愛知県北西端の市。尾西毛織物工業地域の中核をなし、流行に即応できる小規模経営が特色。人口五万六〇〇〇(一九八八)。

**び-ざい【微罪】** ごく軽い罪。petty offense 対義 重罪。

**ひ-ざいく【非細工】** 細工のへたなこと・人。

**非細工の小刀減らし**(ひざいくのこがたなべらし)《細工のへたな者は、小刀をすりへらすばかりで細工ができ上がらないことから》労力に比して、成果が挙がらないことのたとえ。

**びさい-こうぞう【微細構造】** 原子・分子のエネルギー準位を細かく分けたもの。電子のスピンの相互作用で、スペクトルが何本かの多重線に分かれる。fine structure

**びざい-しょぶん【微罪処分】** 軽微な罪を犯した者について、処罰の必要がないとき行われる不起訴処分。

**ひさいた-えいじろう【久板栄▽二郎】**(一八九八〜一九七六) 劇作家。宮城県生まれ。東大卒。第一次大戦前プロレタリア演劇運動を推進。新協劇団創立に参加。シナリオも多い。戯曲『北東の風』など。

**ひさい-べんさい【非債弁済】** 本来債務が存在しないのに弁済すること。誤って弁済した場合には返還請求ができる。money paid under mistake

**ひざ-うち【▼膝撃ち・▼膝▽射ち】**(名・サ変自) 片ひざを立てて銃を撃つこと。kneel shooting 対義 寝撃ち・立ち撃ち。

**ビサオ【Bissau】** アフリカ西端、ギニアビサオの首都。同国第一の要港。人口一〇・九万(一九七九)。

**ひざ-おくり【▼膝送り】**(名・サ変自) ひざを動かして順に座席を詰めること。move over a little

**ひさお-じゅうらん【久生十▼蘭】**(一九〇二〜五七) 小説家。本名、阿部正雄。北海道生まれ。上質で巧緻な通俗小説を発表。作品『鈴木主水』『母子像』など。

**ひ-さかき【▼柃】** ツバキ科の常緑低木。山野にはえる。高さ約四m。葉は長楕円形。雌雄異株。春に、淡黄色の小花が葉腋に数個ずつ咲く。サカキの代用。ヒササキ。↓写

**ひざ-かけ【▼膝掛(け)】** 保温のため、ひざにかける布・毛布など。lap robe

**ひざ-がしら【▼膝頭】** ひざの関節のところの前面。膝小僧。kneecap ↓足図

**膝頭で江戸へ行こうとする**(ひざがしらでえどへいこうとする)《いざって江戸へ行こうとすることから》労力に比して、効果が挙がらないことのたとえ。

**ひさかた-の【久方の・久堅の】**［枕ことば］《語義・かかりかたとも未詳》「天・雨・月・雲・雪・空・夜・星・光・都」などにかかる。用例 ―月の桂も秋は猶もみぢすればやてりまさるらむ(古今・秋上)。

**ひさかた-ぶり【久方振り】** 久しぶり。after a long time

**ひ-ざかり【日盛り】** 太陽のもっとも強く照る時分。日中。high noon

**ひさ-ぎ【▼楸・比佐岐・久木】** アカメガシワの古名。

**ひさぎ-め【▼鬻女・▽販▽婦・▽販女】** 女性の行商人。古代末期から、主として自分の家で採集・生産した生活物資などを、頭上にのせ町を売り歩いた京都近郊の主婦。ひさめ。

**ひ-さく【秘策】** 秘密の策略。秘計。secret plan

**ひさ・ぐ【▼鬻ぐ・▽販ぐ】**(五他) 売る。商う。

**春を鬻ぐ**(はるをひさぐ) 売春する。prostitute oneself

**ひざ-ぐみ【▼膝組(み)】**(名・サ変自) ①あぐらをかくこと。あぐら。sit cross-legged ②膝をつきあわせること。対座。sit opposite

**ひざ-くりげ【▼膝▼栗毛】** 一《ひざを、くり毛の馬と見立てて》歩いて旅をすること。二十返舎一九作の『東海道中膝栗毛』の略称。

**びさく-るい【尾索類】** 原索動物の一群。ホヤ類・サルパ類・オタマボヤ類がある。ホヤ類の成体は着生生活、その他は浮遊生活。被嚢類。tunicate

**ひさげ【▽提・▽提▽子】** 酒器の一種。つると注ぎ口のついた小鍋形の器。祝言や酒宴の席に、酒を入れて杯に注ぐのに使う。↓写

**ひさご【▼瓠・▼瓢】** ①ユウガオ・ヒョウタンなどの総称。②ヒョウタンを中空にし、乾燥させて容器としたもの。酒・茶や丸薬入れにしたり、また縦半分に割り、ひしゃくとした。ふくべ。③紋所の名。↓写

●瓢(ひさご)②

**ひさご** 浜田珍碩(洒堂)編の俳諧撰集。元禄三年(一六九〇)刊。近江の蕉門の歌仙五巻を収める。『おくのほそ道』後の新風を示す。『俳諧七部集』の第四集。

**ひざ-こぞう【▼膝小僧】** 膝頭。

**ひさ-さき【▼柃】** ヒサカキの異名。

**ひざ-さら【▼膝皿】** ひざの関節の前部にある、皿のような骨。膝蓋骨。ひざざら。ひざのさら。kneecap

**ひさし【▼庇・▼廂】** ①建物の出入り口・窓などの上部外壁につける片流れの差し掛け屋根。lean-to roof ②寝殿造りの母屋と外側のすのこ縁の間の細長い部分。ひさしの間。対義 母屋。③ひさしに似た形のもの。帽子の額の上に突き出した部分。visor ↓和風住宅図

**庇を貸して母屋を取られる**(ひさしをかしておもやをとられる) ①一部を貸したために、やがてその全部を取られてしまう。Give him an inch and he'll take an ell. ②恩をあだで返される。be requited with evil for one's kindness

**ひさ・し【久し】** 古語(形シク) ↓ひさしい(久しい)

**ひ-ざし【日差(し)・▽陽▽射(し)】** 日光がさすこと・程度・ぐあい。日光。sunlight

**ひさし・い【久しい】**(形) ①時日などが長くたつ。long 用例 別れて―。②久しぶりに会ったときのあいさつ語。have not seen for a long time 用例 お―・ゅうございます。参考 「幾久しくお幸せに」などと未来についていうこともある。派生 ひさしさ(名)

●提(ひさげ)

**ひさし-がみ【▼庇髪】** ①束髪の一種。前と側方の髪をひさしのように突き出させて結ったもの。明治時代、女優の川上貞奴が西洋の髪型を模して考案。②女学生の異称。明治の末から大正の初めに女学生のあいだで庇髪が流行したため。

**ひさし-ぶり【久し振り】** 久しくたったあと。しばらくぶり。after a long time 用例 ―の再会。お―です。

**ひさだ-け【久田家】** 茶道流派で、表千家の茶家の一つ。久田宗栄を祖とする。利休の茶の流れをくみ、堀内家とともに代々表千家の茶職となっている。参照 堀内家。

**ひ-さつ【飛札】** 急ぎの手紙。飛書。

**ひざ-づめ【▼膝詰(め)】** 相手とひざをつき合わせること。knee to knee

**ひざづめ-だんぱん【▼膝詰(め)談判】** つめ寄って強く迫る談判。direct negotiation

**ピサネロ【Antonio Pisanello】**(一三九五ごろ〜一四五五ごろ) イタリアの画家。ゴシック風の装飾的かつ優雅な作品を残す。肖像画にすぐれ、風俗描写も巧み。メダル制作者としても有名。作品『ジネブラ＝デステの肖像』『聖ジョルジョ』など。↓写

●ピサネロ 『ジネブラ＝デステの肖像』。一四三五〜三九年、ルーブル美術館(フランス)。

**ひざ-の-さら【▼膝の皿】** ↓ひざさら(膝皿)

**ピサ-の-しゃとう【ピサの斜塔】** 北イタリア、トスカナ州の古都ピサの大聖堂付属の鐘塔。一三五〇年竣工。高さ約五五m、垂直線から約五m傾斜。ガリレオの落体の実験で有名。the leaning tower of Pisa cathedral

**ピザ-パイ【pizza pie】** ↓ピッツァ

**ひさ-びさ【久久】** 久しぶり。after a long time

**ひざ-びょうし【▼膝拍子】** ひざをたたいて拍子をとること。その拍子。beating time by patting one's knee

**ひさべつ-ぶらく【被差別部落】** 封建社会から伝承された偏見によりいわれなき差別を受けている地区。未解放部落。

**ひざ-まくら【▼膝▼枕】** 人のひざをまくらにして寝ること。sleep with one's head in another's lap

**ひざ-まず・く【▼跪く】**(五自) 両ひざを地につけてかがむ。kneel down

**ひさまつ-せんいち【久松潜一】**(一八九四〜一九七六) 国文学者。愛知県生まれ。東大卒。東大教授。近代国文学の大成者で、業績の中心は和歌史・文学評論史。著書『日本文学評論史』など。

**ひさみ-ぐさ【久見草】** マツの異名。

**ひ-さめ【氷雨】** ①雹と霰の古名。また、冬の冷たい雨。雪まじりの雨。②みぞれ。

**ひざ-もと【▼膝元・▼膝下】** ①ひざのそば。手もと。身辺。near one's knee ②《上に「お」を付けて》皇居・幕府・城などのある町。capital

**ビサヤ-しょとう【ビサヤ諸島】**(Visayas) フィリピン、ルソン島とミンダナオ島の間にある諸島。パナイ・ネグロス・セブ・ボホル・レイテなどの島。フィリピンでもっとも早く開け、人口密度の高い地域。

**ひさやま【久山】**〈町〉福岡県北部、三郡山地と福岡市との間の町。農業が主だが、食品などの工場もある。人口七六二六(一九八九)。

**ひ-ざら【火皿】** ①きせる・パイプなどの、タバコを詰める所。がん首。the bowl ②火縄銃の、点火薬を盛る所。pan ↓火縄銃図

●ヒザラガイ

**ひざら-がい【▼膝▽皿貝・火皿貝・▽石▼鼈】** 潮間帯の岩礁につくヒザラガイ綱の動物。体長約六cm。小判形で黒っぽい。背面に八枚の殻が縦に並ぶ。ジイガセ。↓図

**ピサロ【Camille Pissarro】**(一八三〇〜一九〇三) フランスの画家。モネ・シスレーとともに印象派を代表。田園生活に取材した温和な風景画を描く。

●C＝ピサロ 『赤い屋根』。一八七七年、オルセー美術館(フランス)。

作品『ポントワーズの庭』など。↓写 ↓印象派美術写

**ピサロ**【Francisco Pizarro】(一四七五ごろ～一五四一) スペインの探検家。コンキスタドーレスの一人。一五三三年、約一八〇人の遠征隊でインカの首都クスコを占領、皇帝アタワルパを処刑。

**ひ-さん**【▾砒酸】化学式$H_3AsO_4$ 砒素化合物の一つ。砒素または三酸化二砒素を濃硝酸と煮沸して得られる無色の板状結晶で有毒。色素工業で利用。オルト砒酸。arsenic acid

**ひ-さん**【飛散】(名・サ変自) 飛び散ること。scatter

**ひ-さん**【悲惨・悲酸】(名・形動) 悲しく、痛ましいこと・さま。むざん。misery 用例 —なできごと。

**びさん-しょとう**【備▾讃諸島】瀬戸内海東部、小豆島、直島諸島など約五〇の島の総称。瀬戸内海国立公園の一中心。

**びさん-せと**【備▾讃瀬戸】瀬戸内海東部、岡山・香川両県に挟まれた海域。島が多く、海底地形も複雑で海難が多い。本州四国連絡橋が通る。

**ビザンチウム**【Byzantium】紀元前七世紀ドリス系のメガラ人が建てた植民市。三三〇年コンスタンチヌス一世がここに遷都してコンスタンチノープルと改称。現在のイスタンブール。

**ビザンチン-ていこく**【ビザンチン帝国】三九五年テオドシウス一世のローマ帝国分割により成立した東の帝国。首都コンスタンチノープルの旧称ビザンチウムに由来する呼称。中央集権的官僚制を基礎とする皇帝専制国家で、六世紀のユスティニアヌス帝治下に最盛。一二〇四年ラテン帝国成立により一時断絶。一二六一年に再興したが、その後オスマントルコの侵入などで衰亡、一四五三年滅亡。東ローマ帝国。Byzantine Empire

**ビザンチン-びじゅつ**【ビザンチン美術】ビザンチン帝国の勢力圏内で、首都ビザンチウムを中心に五～六世紀から一五世紀ごろまで続いた東方キリスト教美術。新興のキリスト教の理念と古代の地中海的およびオリエント的伝統を基盤とし、帝国の宮廷の力に支えられて発展した。聖堂建築やモザイク・イコン(=板絵)などが発達。聖像破壊運動を経て図像芸術が復興した。Byzantine art ↓写

**ビザンチン-ぶんか**【ビザンチン文化】東ローマ帝国の文化。ギリシア文化を受けつぎ、建築・美術の様式でルネサンス期のヨーロッパに影響を与えた。Byzantine culture

●ビザンチン美術

『サン-ビターレ聖堂』。五二六～五四七年ごろ、(ラベンナ、イタリア)。

サン-ビターレ聖堂祭室のモザイク。五四七年ごろ。

『聖ソフィア大聖堂』内部。五三七年、(イスタンブール、トルコ)。

モザイク『ユスティニアヌス帝と随臣たち』(部分)。五四七年ごろ、サン-ビターレ聖堂。

『キリストのイコン』。一二～一三世紀、オシオス-ルカス修道院(フォキス、ギリシア)。

象牙彫刻『アルバビルの三連板』。一〇世紀、ルーブル美術館(フランス)。

**ひさん-なまり**【▾砒酸鉛】農業用殺虫剤。成分は酸性砒酸鉛。作物への残留度が高いため、日本では使用禁止。lead arsenate

**ひし**【▾菱・▾芰】①池や沼にはえるヒシ科の一年草。茎の先端に菱形の葉を放射状につけ、葉は水面に浮く。夏秋に白い四弁花を開く。果実は食用。②菱形。③紋所の名。菱形を紋章化したもの。菱持・割菱など。↓図

**ひ-し**【皮脂】真皮中にある皮脂腺から分泌される半流動性で油状の物質。sebum

**ひ-し**【秘史】世に隠された歴史。人に知られていない史実。裏面史。secret history

**ひ-し**【悲史】痛ましい歴史。歴史上の哀れな話。

**ひ-し**【彼▾此】(代) あれとこれ。あれこれ。

**ひじ**【▾肘・▾肱・▾臂】①上腕と前腕を連結する関節の部分。また、その外側の部分。elbow ②曲がってつき出しているもの。elbow 比較 ひざ。↓腕図

**肘折る**(ひじおる) 肘を折ったように曲げる。

**ひ-じ**【非時】《仏教語》①正午以後、翌朝未明まで僧が食事をしてはいけないと定められた時間。また、その時間に食事をとること。また、その食事。②法事で出される食事。

**ひ-じ**【秘事】秘密の事柄。secret 比較 秘曲。

**秘事は睫**(ひじはまつげ) 秘事といっても、えてして身近なところにあるので、自分のまつげと同じように、ふだんは気がつかないだけであるということ。

**ひじ**【日▿出】〈町〉大分県中部、別府市北隣の町。木下氏の旧城下町。農漁業が主であるが、大分・別府市への通勤者も多い。人口二万三三四四(一九八八)。

**び-じ**【美辞】美しい文句。巧みなことば。flowery words 用例 —麗句で飾る。

**ビシー-せいけん**【ビシー政権】一九四〇年対独降伏後のフランスの親独政権。中部フランスのビシーにペタンを首班として成立。対独協力と国民革命を推進。四四年フランス解放により崩壊。

**ビジェ-ルブラン**【Marie-Elisabeth-Louise Vigée Lebrun】(一七五五～一八四二) フランスの女流画家。多くのマリー=アントワネットの肖像で知られる。

**ひしお**【▾醬・▾醢】①なめみその一種。大豆と小麦のこうじに食塩を入れて、塩漬けのナス・キュウリなどを加えて醸造したもの。②《「醢」で》肉・魚の塩漬け。昔は、塩漬けのなめものの総称。しおから。ししびしお。

**ひじおり-おんせん**【▾肘折温泉】山形県月山の北東部、最上川支流の銅山川(鳥川)に臨む温泉。

**ひし-かく・す**【秘し隠す】(五他) ひた隠しにする。

**ひじ-かけ**【▾肘掛(け)】①ひじを曲げてかけること・所。armrest 用例 —いす。②脇息。elbow rest

**ひし-がた**【▾菱形】①ヒシの実のような形。②四辺の長さがすべて等しい平行四辺形。りょうけい。rhombus; rhomb

**ひじかた-としぞう**【▿土方▿歳▿三】(一八三五～一八六九) 幕末の剣客。武蔵の人。近藤勇とともに文久三年(一八六三)新撰組を結成し、副長となる。維新後、官軍に抗し、箱館五稜郭の戦いで戦死。

**ひじかた-よし**【▿土方与志】(一八九八～一九五九) 演出家。東京生まれ。新劇運動の開拓者。築地小劇場を設立。第二次大戦後は新劇再興に尽力。

**ひし-がに**【▾菱▾蟹】ヒシガニ科のカニ。甲が菱形に近く、はさみ脚が大きい。甲長約四cm。淡赤紫色で、いぼ状突起が多数密生。四対の歩脚は小さい。水深三〇～二〇〇mの海底にすむ。房総以南に分布。

**ひじ-がね**【▾肘金】①開き戸に、壺金と組み合わせて用いる金物。折れくぎのように曲げた頭部を壺金の環状部に押し込む。②籠手のひじの部分の金具。

**ひしかり**【▾菱刈】〈町〉鹿児島県北部、大口盆地にある町。県下有数の稲作地帯。湯之尾温泉がある。近年、金山が発見されたことで有名。人口一万九八八九(一九八八)。

**ひじ-かわ**【▾肱川】愛媛県中部を流れる川。長さ一〇三km。県西の宇和町北端に発し、

●ヒシ①

●菱③

菱持

割菱

大きく屈曲したのち伊予灘に注ぐ。

**ひじかわ【▼肱川】**〈町〉愛媛県、大洲市南東に位置する町。肱川上流にあり農林業が中心。鹿野川ダムの完成により、観光開発も進む。人口三六八六(一九八八)。

●菱川師宣『見返り美人』(部分)。江戸時代(一七世紀末)、東京国立博物館。

**ひしかわ-もろのぶ【▼菱川▽師▽宣】**(一六一八ごろ〜一六九四)江戸前期の浮世絵師。安房の人。名は吉兵衛。版画を一枚摺りとして独立させ、普及の端緒を開いた浮世絵版画の祖。版本の挿絵・絵本の作画が多く、美人画・風俗図など各種の題材をこなす。作品に版画『吉原の躰』、肉筆画『見返り美人』など。↓写

**ひじき【▼鹿▽尾▽菜・▽羊▼栖▽菜】** ホンダワラ科の海藻。長さ二〇〜一〇〇cm、黄褐色。潮間帯下部に群生する。小円柱状の葉をつけて分枝し、樹状を呈する。食用。ヒジキモ。↓図

●ヒジキ

**ひじ-き【▼肘木】**①社寺建築の組み物において斗や桁を支える水平材。斗栱の一部。②ひき臼の取っ手。

**ひし・ぐ【▼拉ぐ】**(五他)①おしつぶす。crush ②勢いをくじく。overpower 用例 鬼をも—。

**ひし-くい【▼菱▼喰・▼鴻】** ガンカモ科の鳥。マガンに似るが少し大きい。全長約八〇cm。背面は暗褐色、腹面は淡灰色。草食性で、とくにヒシを好むという。天然記念物。ユーラシア大陸北部で繁殖し、冬は南下。日本へは冬鳥として海浜・湖沼などに渡来し、本州中・北部で越冬。

**ひし・げる【▼拉げる】**(下一自)①おされてつぶれる。ひしゃげる。be squashed ②勢いなどがくじける。be discouraged

**ひしこ【▼鯷・▼鯷▽魚】** カタクチイワシの古名・地方名。宮城・愛知などでいう。

**ビジコン【vidicon】** 光量に応じて電導度の変わる性質を利用した撮像管。小型軽量なため工業用テレビなどに使用。

**ひし-しょくぶつ【被子植物】** 種子植物のなかで、胚珠が子房の中にできるもの。単子葉植物と双子葉植物に大別。angiosperms 対義 裸子植物。

**ひし-せん【皮脂▼腺】** 毛嚢に付属し、真皮中にある小さい腺。分泌物を、毛根に沿って体表に出す。sebaceous gland

**ビジター【visitor】**《訪問者・来客、の意》①ゴルフ場・テニスクラブなど会員制の設備場で、会員以外の利用者。②プロ野球で、他チームの本拠地の球場で試合をするチーム。先攻でベンチは三塁側。ビジティングチーム。比較 ホームチーム。

**ひしだ-しゅんそう【▼菱田春草】**(一八七四〜一九一一)日本画家。長野県生まれ。本名、三男治。東京美術学校卒。日本美術院結成に参加。明治画壇の新日本画創造運動に功績を残す。写実と装飾の調和をはかりながら詩情に富んだ清新な様式を確立した。作品『落葉』『黒き猫』など。↓写

**ひじ-ちょうもく【飛耳張目】**①遠くの物事までよく見たり聞いたりすること・人。②観察の鋭いこと・人。

**ひ-しつ【皮質】** 副腎・腎臓・大脳などの器官を構造や働きから内と外の二層に分けた場合の外層。大脳皮質・副腎皮質など。cortex 対義 髄質。

**ひ-しつ【卑湿】**(名・形動)低くてしめっていること・さま・土地。

**び-しつ【美質】** すぐれたよい性質。virtue

**ひ-じつきゅう【皮日休】**(八三四ごろ〜八八三)中国、晩唐の文人。襄陽の人。古文と楽府で鋭い政治批判を行う。詩文集『皮子文藪』など。

**びしっ-と**(副)①物が折れたり割れたりするときの音・さま。強く打ったりするときの音・さま。びしりと。crack 用例 —枝を折る。②はげしかったり、きびしかったりするさま。sternly 用例 —鍛える。

**ぴしっ-と**(副)①かたい物が折れたり割れたり、また、しなやかな物ではげしく打ったりするときの、高くするどい音。そのようす。ぴしりと。crack 用例 —むちを当てる。②すきがなく整っているさま。tightly 用例 —ひざをそろえる。背すじを—伸ばす。③言動などがきびしかったり、はげしかったりするさま。ぴしりと。sternly 用例 —教える。

**び-してき【微視的】**(形動)①顕微鏡によって見分けられる程度の大きさであるさま。人間の感覚では見分けられない程度であるさま。microscopic ②細かなところに注意して観察するさま。microscopic 対義 巨視的。

**びしてき-けいざいがく【微視的経済学】**↓ミクロけいざいがく(ミクロ経済学)

**ひじ-てつ【▼肘鉄】**「ひじでっぽう」の略。用例 —を食わせる。

**ひじ-でっぽう【▼肘鉄砲】**①ひじでつくこと。nudge ②求愛・誘いなどをはねつけること。肘鉄。give a rebuff

●菱田春草『落葉』(部分)。明治四二年(一九〇九)。永青文庫(東京都)。

**肘鉄砲を食わせる**(ひじでっぽうをくわせる) 多く、男が言い寄るのを女が拒絶することに言う。ひじを食わせる。ひじにする。refuse bluntly

**ひし-と【▽緊と・▼犇と】**(副)①強く引き締めるさま。ぴったりと。firmly 用例 —抱き締める。②厳しいさま。keenly 用例 忠告が—胸にこたえる。

**ビジネス【business】** 仕事。事務。商売。

**ビジネス-エリート【business elite】** 現代の主要企業の中枢にあって企業組織の意思決定や運営にあたる専門的な経営幹部。経営エリート。

**ビジネス-ガール**《和製語》↓ビージー(BG)

**ビジネス-サーベイ【business survey】** 景気動向調査。景気の動向について企業者の予想を調査・集計して景気動向の判断に利用し、企業の経営活動や経済全体の諸指標を分析するもの。日本では経済企画庁や日銀が実施。

**ビジネス-スクール【business school】** 経営大学院。専門的な経営者の養成を目的とした大学院。一九世紀末からアメリカで設立されはじめ、ハーバード大学のものなどが有名。

**ビジネス-センター【business center】** 商業中心街。

**ビジネス-ホテル**《和製語》宿泊施設の一種。主として、出張などの仕事で利用するビジネスマンを対象にしたもの。一人部屋が多く、料金も一般のホテルより安い。

**ビジネスマン【businessman】**①実業家。②実務家。事務員。

**ビジネスライク【businesslike】**(形動)事務的。能率的。

**ひし-ばった【▼菱▼蝗▽虫】** ヒシバッタ科の土色のバッタ。畑や荒地にすむ。体長七〜一〇mm。背面は菱形。前翅は短い。日本全土に分布。↓バッタ図

**びし-びし**(副)厳しいさま。ぴしぴし。severely 用例 —しかる。

**ぴし-ぴし**(副)↓びしびし

**ひしひし-と【▽緊▽緊と・▼犇▼犇と】**(副)①すきまなく迫るさま。tightly ②身に強くこたえるさま。keenly

**ひじ-ほうもん【秘事法門】**《仏教語》浄土真宗で、異安心とされる一派。教えがひそかに伝えられることから言う。土蔵秘事、光明秘事・隠し念仏などがある。

**ひじ-まくら【▼肘▼枕】** 自分のひじを折り曲げてまくらの代わりにすること。rest one's head on one's arm

**ひし-めき【▼犇めき】** ひしめくこと・音。jostle

**ひし-め・く【▼犇めく】**(五自)押し合って騒ぐ。混雑する。jostle

**ひし-もち【▼菱▼餅】** 桃の節句に飾る菱形のもち。紅・黄・緑などに着色したもちを菱形に切り、三枚または五枚重ねにする。

**ひし-もどき【▼菱▽擬】** ゴマ科の多年生水草。茎は長く伸び、水上に腎臓形の葉を浮かべる。夏、花柄を出し、淡紅色で筒状唇形の花を水上に開く。

**ひ-しゃ【飛車】** 将棋の駒の一つ。縦横なら一ぺんにいくつでも進め、敵陣に入ると竜王(竜)となり、さらに斜めに一ます動けるようになる。

**ビシャー【Marie-François-Xavier Bichat】**(一七七一〜一八〇二)フランスの医学者。組織病理説を説き、病気による症候は侵された組織の変化によるとした。

**ひしゃかい-しんど【被写界深度】** ピントを合わせた被写体の前後の、ぼけないではっきり写せる範囲。絞り込むと被写界深度は大きくなる。depth of field 比較 焦点深度。

**ひ-しゃく【▽柄▼杓・▼杓】** 湯・水などをくむ用具。筒またはわん状の容器に柄をつけたもの。dipper 数え方 一本。↓茶道具図

**び-じゃく【微弱】**(名・形動)かすかで弱いこと・さま。weak 用例 —な電波。

**ひしゃく-たて【▽柄▼杓立て】** 茶の湯の道具。茶柄杓を立てておくためのもの。

**ひしゃ・げる【▼拉げる】**(下一自)《俗語》おされて、つぶれる。ひしげる。

**ひしゃ-たい【被写体】** 写真で、うつされるもの・人。object for photographing

**ピジャマ【pyjamas】**↓パジャマ

**びしゃもん-てん【▼毘▼沙門天】**《仏教語》四天王・七福神の一人。仏法の守護神で、北方を守る。一般に、右手に宝棒、左手に宝塔をもつ姿で表される。多聞天。↓七福神図 ↓四天王写

**ぴしゃり-と**(副)①物をいきおいよく打ちつける音・さま。ぴしゃん。slam 用例 ふすまを—しめる。ほおを—たたく。②きっぱり拒絶するさま。flatly 用例 —ことわる。

**ひ-しゅ【▼脾▼腫】** 脾臓が病的にはれた状態。感染症・鬱血・血液疾患・代謝疾患などが原因。脾臓は体内最大のリンパ組織なので、造血器系の病変に敏感に反応する。splenomegaly

**び-しゅ【美酒】** うまい酒。良酒。good wine 用例 優勝の—に酔う。

**ビジュアル【visual】**(形動)視覚的なさま。用例 —な表現。

**ビジュアル-コミュニケーション【visual communication】** ビジュアルメッセージ(視覚情報)を伝えること、またそのための表現一般をもさす。

**ひ-しゅう【悲愁】** かなしみとうれい。悲哀。grief

**ひ-しゅう【肥州】**①肥前国。②肥後国。

**ひ-しゅう【飛州】** 飛騨国。

**ひ-じゅう【比重】**①物質の質量の、それと同体積の標準物質の質量に対する比。標準物質として、ふつう四℃の純水を用いる。気体では標準状態の空気を用いる。specific gravity ②事柄の他に対する重み。重要度。ウエイト。weight

**び-しゅう【美醜】**①美しさとみにくさ。beauty and ugliness ②顔のよしあし。personal appearance

**び-しゅう【尾州】** 尾張国。

**び-しゅう【備州】**①備前国。②備中国。③備後国。

**びしゅう-け【尾州家】** 尾張徳川家の通称。

**ひじゅう-けい【比重計】** 固体・液体・気体の比重を測定する計器。液体用の浮き秤をさすことが多い。densimeter

**ひ-しゅうしょくご【被修飾語】** 修飾語によって、意味内容を修飾されている語句。「美しい花」「速く歩く」「もっと右」の「花・歩く・右」など。対義 修飾語。

**ひじゅう-せんこう【比重選鉱】** 有用鉱石を鉱粒の比重および粒度の差を利用して分離する方法。gravity concentration 参照 重液選鉱。

▼常用漢字表外。 ▽常用漢字表の音訓外。

**ひじゅう-びん【比重瓶】** 液体や固体の比重(＝密度)測定用の容器。ピクノメーター。pycnometer

**びしゅ-かこう【美酒・嘉・肴】** うまい酒と、おいしいさかな。good wine and good food

**ひ-じゅつ【秘術】** ①隠して人に知られない術。secret art ②奥義。奥の手。last resort 用例 ―を尽くす。

**び-じゅつ【美術】** 造形活動を通じて視覚や触覚に訴える芸術。建築・彫刻・絵画・工芸など。fine art

**びじゅつ-かいぼうがく【美術解剖学】** 人体・動物などの写実的表現のため、基礎知識として骨・筋肉などの構造・形態・機能などを研究する学問。

**びじゅつ-かん【美術館】** 絵画・彫刻などの美術品を収集・保管し、研究・鑑賞のために公開する施設。museum

**びじゅつ-きょういく【美術教育】** 美術の創作・鑑賞の能力を養い育てることを目的とした教育。

**びじゅつし-がく【美術史学】** 造形芸術の歴史的研究のこと。study of art history

**びじゅつ-しゃしん【美術写真】** 絵画・彫刻・工芸などの美術品を対象に撮影した写真。artistic photograph

**びじゅつ-だんたい【美術団体】** 美術家の集まり。制作の主張を同じくするものと、友誼・親睦のために結成され、作品発表を同じくするものの二つがある。第二次大戦後は後者の性格が強い。

**びじゅつ-ひひょう【美術批評】** 美術作品のできばえ・意義を評価判定し、作家への示唆や鑑賞者への手引きや規準を与えること。art criticism

**ビシュヌ【Visnu梵】** ヒンズー教三大神の一つ。ベーダ神話では太陽神だが、のちに慈悲の神、宇宙維持の神となる。クリシュナなど一〇種の化身をもつ。Vishnu ↓写

**ビシュヌ-は【ビシュヌ派】** ヒンズー教の有力な一派。ビシュヌを最高神とし、クリシュナをビシュヌの権化として同一視する。Vaishnavism

●ビシュヌ　ニューデリー美術館。

**ビシュバリク【Bishbalik・別失八里中】** 天山北路東部にあったオアシス都市。突厥碑文にみえるのが最初で、トルコ語で五つの城の意。唐の北庭都護府が置かれ、八世紀以降元代初めまで、ウイグル族の都城として繁栄したが、明代に廃絶。

**ヒジュラ【Hijraアラビア】** 《出発・移住、の意》六二二年七月一六日、ムハンマドがメッカからメジナにのがれたこと。イスラム教ではこの年をイスラム暦元年とする。ヘジラ。

**ひ-じゅん【批准】** (名・サ変他) ①上奏について許可すること。ratification ②国家の代表が署名した条約について、国家がそれに同意する意思を最終的に確認すること。日本では内閣が国会の承認を得て行う。ratification

**ひ-しょ【秘書】** ①秘蔵の書物。treasured book ②上役に直属して、機密の文書・事務を扱う職・人。private secretary

**ひ-しょ【避暑】** (名・サ変自) 一時転地して、夏の暑さをさけること。summering 対義 避寒。

**び-じょ【美女】** 美しい女性。beauty 対義 醜女。

**ひ-しょう【卑小】** (名・形動) 取るに足りないこと・さま。pettiness

**ひ-しょう【卑称】** 自分または相手の動作・状態などをいやしめていう言い方。「うぬ・やつがれ」など。depreciatory name

**ひ-しょう【飛・翔】** (名・サ変自) 高く舞い上がること。flight

**ひ-しょう【悲傷】** かなしみいたむこと。grief

**ひ-しょう【費消】** (名・サ変他) 金品を使い果たすこと。spend 比較 消費。

**ひ-じょう【非常】** 一(名) ①ふつうでないこと。異常。unusual; emergency 用例 ―のさい。②《仏教語》無常。二(形動) はなはだしいさま。extreme 用例 ―にうれしい。

**ひ-じょう【非情】** 一(名) 《仏教語》精神作用をもたないもの。感情や意識のないもの。草木・石など。inanimate 対義 有情。二(名・形動) いつくしみや思いやりなどの情のないこと・さま。heartless

**び-しょう【美称】** 褒めていう呼び方・言い方。eulogistic name

**び-しょう【微小】** (名・形動) 非常に細かく、小さいこと・さま。minuteness

**び-しょう【微少】** (名・形動) 非常に少ないこと・さま。very small amount

**び-しょう【微笑】** (名・サ変自) ほほえむこと。ほほえみ。smile

**び-しょう【微傷】** かすりきず。slight wound 比較 軽傷。

**び-じょう【尾錠】** ベルトの端に付け、他方をはめこんで、締める留め金。バックル。buckle

**びしょう-かん【微小管】** 細胞にみられる微小な管。鞭毛・紡錘体・細胞骨格などを構成し、細胞の運動や形の保持に関係。チューブリンというたんぱく質からできている。microtubule

**ひ-じょうきん【非常勤】** 毎日でなく、ある限られた日数・時間数だけ勤めること。part time 対義 常勤。

**ひじょう-ぐち【非常口】** 火災など災害時の避難のための出口。emergency exit

**ひじょう-けいかい【非常警戒】** 重大事件が発生した場合、あるいはそのおそれがある場合に、特定地域をとくに厳重に警戒すること。special guard

**ひじょう-こしゅう【非常呼集】** 軍隊で、緊急事態にさいし、兵を速やかに武装・集合させること。emergency call-up

**ひじょう-じ【非常時】** 対義 平時。①通常の状態ではないとき。変事の起こったとき。emergency 用例 ―持ち出し。②戦争・災害など国家的・国際的に重大な危機に直面している時期。第二次大戦中、戦争体制の強化・挙国一致をはかるためにとくに用いられた。

**ひ-じょうしき【非常識】** (名・形動) 常識にはずれていること・さま。常識のないさま。lack of common sense

**ひしょう-じけん【非訟事件】** 裁判所の処理する事件のうち、訴訟事件を除いたもの。後見人の選任監督、社債の監督など。non-contentious case

**びしょう-じしん【微小地震】** 人に感じられないほどの小規模の地震。マグニチュード三以下。micro earthquake

**ひじょう-じたい【非常事態】** ただごとではない事柄・状態。事変。state of emergency

**ひしょう-しつ【非晶質】** 物質をつくる原子の配列に周期性のないもの。結晶に対することば。無定形質。ガラス質。アモルファス。amorphous

**ひしょうしつ-きんぞく【非晶質金属】** ↓アモルファスきんぞく(アモルファス金属)

**ひしょうしつ-はんどうたい【非晶質半導体】** ↓アモルファスはんどうたい(アモルファス半導体)

**ひじょう-しゅだん【非常手段】** 非常の事態に応ずる処置。emergency measures

**び-しょうじょ【美少女】** 顔かたちの整った美しい少女。beautiful young girl

**ひじょう-じょうこく【非常上告】** 刑事判決が確定したのち、その判決前の訴訟手続きや裁判が法令に違反していたことを理由として、検事総長が最高裁判所に申し立てる非常救済手続き。

**ひじょう-しょうしゅう【非常召集】** ①戦時または事変にさいして、予備役などの在郷軍人を召集すること。emergency call ②地震などの緊急時にさいして特別に人を呼び集めること。

●ビジョザクラ

**ひじょう-しょく【非常食】** 天災・凶作・遭難・戦争などの非常時用の食品。軽く、携帯に便利で保存がきき、栄養に富むことが必要。emergency rations

**ひ-じょうすう【被乗数】** 掛け算(乗法)で掛けられるほうの数。multiplicand 対義 乗数。

**ひじょう-せん【非常線】** 重大犯罪や火災などの非常事態が発生したとき、犯人逮捕や立ち入り制限のために一定の区画を限定して行う警戒態勢。また、その区画を囲む線。cordon

**ひじょうにん-りじこく【非常任理事国】** 国連安全保障理事会の常任理事国以外の一〇か国。任期二年。国連総会の投票で、三分の一を獲得した国が選ばれる。再選はない。non-permanent members of the Security Council 対義 常任理事国。

**び-しょうねん【美少年】** 顔かたちが整った美しい少年。good-looking boy 用例 紅顔の―。

**び-じょうふ【美丈夫】** りっぱな男子。きれいな若者。fine figure of a man

**びしょう-りゅう【美笑流】** 華道流派の一つ。流祖は、戦国期の上杉氏の家臣、美笑軒道覚とされるが、実質的創流者は、江戸中期後半の分慎斎一卜。江戸時代にさかん。

**ひしょ-かん【秘書官】** 大臣などに直属し、機密の部分も含めて仕事をする公務員。minister's secretary

**ひ-しょく【非職】** ①現職でないこと・人。②官吏の地位にあって、職務がないこと・人。

**び-しょく【美食】** (名・サ変自) ぜいたくな食べ物。また、それを食べること。dainty food 対義 悪食・粗食。

**びしょく-か【美食家】** 好んで美食をする人。グルメ。epicure

**ひしょく-けい【比色計】** 肉眼による濃度の測定装置。濃度のわからない試料溶液と標準溶液を入れた二個のガラス容器に光をあてて比較する。colorimeter

**ひしょく-しゃ【被食者】** 生態系の食物連鎖において、捕食動物の食物となる動物。prey

**ひしょく-ぶんせき【比色分析】** ①溶液の色の濃さや色調を標準溶液と比較して、物質を定量する分析法。比色計を用いる。colorimetric analysis ②物質が吸収する光の強さを測定して、その物質を定量する分析法。吸光光度分析。colorimetric analysis

**びじょ-ざくら【美女桜】** クマツヅラ科の一年草。花壇・鉢植え用。高さ二〇～三〇㎝。晩春から秋に赤・桃・紫・青などの五弁花をつける。南米原産。バーベナ。↓写

**ひじょ-すう【被除数】** 割り算(除法)で、割られるほうの数。divident

**ビショップ【bishop】** キリスト教会の高位聖職。日本では、司教(カトリック)、主教(東方正教会・聖公会)、監督(プロテスタント)と教会により呼称が異なる。

**ビショップ【Henry Rowley Bishop】**(一七八六〜一八五五) イギリスの作曲家・指揮者。劇音楽が多い。オペラ『クラリ』に『埴生の宿』の曲がある。

**ビショップ-かん【ビショップ環】** 火山の爆発後、太陽の周囲にみえる赤褐色の光輪。火山から噴き上げられた火山灰などの微塵が原因。発見者の名にちなむ。Bishop's ring

**ビショップ-スリーブ【bishop sleeve】** 袖型の一つ。ビショップ(＝キリスト教の司教)の着る僧服の袖に似たもの。長袖で手首に向かうにつれてふくらみ、袖口にギャザーを寄せ、バンドでしめたりする。↓図

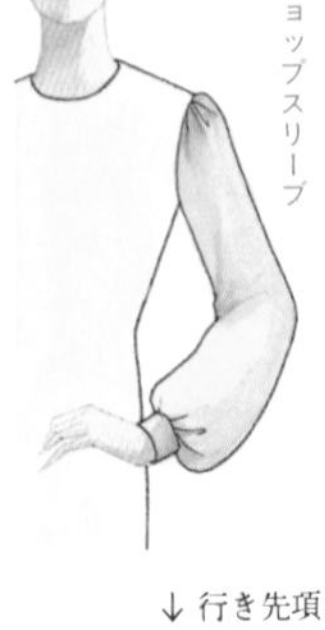

●ビショップスリーブ

**びしょ-ぬれ【びしょ・濡れ】** ひどくぬれること。ずぶぬれ。wet to the skin

**びしょ-びしょ** 一(形動) ひどくぬれるさま。be drenched 用例 服が―になる。二(副) 雨が絶えまなく降るさま。pour 用例 ―降る雨。

**ビジョン【vision】** ①視覚。視力。②想像力。直観力。③まぼろし。夢想。空想。④かなりはっきりした理想像。未来の構想。

**ひじり【聖】** 《日知り、の意》①世の中の物事をよく知る人。凡人よりすぐれた人。②天子・天皇の敬称。③学芸・徳望のすぐれた人。その分野でとくにすぐれた人。master ④一般に、僧侶の敬称。高僧・僧。priest ⑤寺を離れて、隠遁または遊行する高僧。

**ひじりのゆうかく【聖遊・廓】** 洒落本。作者未詳。宝暦七年(一七五七)大坂で刊。李



↓行き先項目、図版・写真参照印。 JIS 日本工業規格情報交換用漢字符号コード(区点コード)。

白（はく）が経営する揚屋で孔子・老子・釈迦が遊ぶという話。初期洒落本の代表作。

**ひ-じわ【ひじ】** メヒシバの異名。

**び-しん【美神】** 美の神。ビーナス。

**び-しん【微臣】** ①身分・地位の低い臣。②臣下が主君に対して、自分をけんそんしていう語。

**び-しん【微震】** 震度階で震度一の地震。とくに敏感な人が感じる程度。slight shock

**び-じん【美人】** ①美女。beautiful woman ②昔中国で、才徳のすぐれた君主。

**ピジン-イングリッシュ【pidgin-English】**《「ピジン」は、英語のビジネスの中国なまり》中国人がイギリス人との取り引きのさい用いた混成語。英語の語尾変化の脱落や性・数の無視などが特徴。広義には、異言語話者の接触で生まれる同様の混成語一般をさす。

**びじん-が【美人画】** 女性の美を強調して描いた絵画。とくに日本画や浮世絵で使われることばで、江戸時代以降一つのジャンルとして発展した。↓写

●美人画　上村松園『序の舞』。昭和一一年（一九三六）、東京芸術大学。

**ひしん-けい【披針形】** 葉や花弁などの形を表す語の一つ。竹の葉などのように、細長くて先がとがり、中ほどから下部がややふくらむ形。lanceolate

**ビシンスキー【Andrey Yanuaryevich Vyshinsky】**（一八八三〜一九五四）ソ連の政治家・法律家。スターリン時代の検事総長。第二次大戦後、外相・国連代表を歴任し、法学界の支柱だった。著書『刑事訴訟法教程』など。

**びじん-そう【美人草】** ヒナゲシの別名。

**ヒス** 「ヒステリー」の略。用例 ―を起こす。

**ヒス【Wilhelm His】**（一八三一〜一九〇四）ドイツの解剖学者・発生学者。スイス生まれ。胎児の神経系発生について研究をかさね、人類胎生学の祖とされる。

**ひ-ず【氷頭】** サケの頭から目のあたりにかけての氷のように透きとおった軟骨。食べるとこりこりする。氷頭なますは新潟県・富山県などの郷土料理。

**ビス【vis フランス】** ねじ。ねじくぎ。screw

**ビス【BIS】**《Bank for International Settlementsの略》国際決済銀行。

**ひ-すい【翡翠】** ①カワセミ。kingfisher ②緑色の不透明から半透明のかたく緻密な宝石。古くから装飾用として愛好された。細工物に適し、磨くとつやが出て深みを増す。jade

**び-すい【微酔】**（名・サ変自）酒に少し酔うこと。ほろ酔い。

**ひすい-の-たたかい【淝水の戦い】** 三八三年、中国、前秦の苻堅の大軍を、東晋の謝玄らが淝水（安徽省）で破った戦い。華北は混乱し、南北分立が決定的となった。

**ピスカートル【Erwin Piscator】**（一八九三〜一九六六）ドイツの演出家。政治演劇を実践、ブレヒトの叙事詩的演劇などに影響を与えた。戦後は「記録演劇」確立に努める。演出作『神の代理人』など。

**ビスカイノ【Sebastian Vizcaino】**（一五五一ごろ〜一六一五）スペインの探険家。慶長一六年（一六一一）メキシコ副王の大使として来日、二年後支倉常長の船に便乗してメキシコへ帰還。日本の太平洋沿岸を測量、地図を作成。

**ビスカチャ【viscacha】** 草原の地中で生活するチンチラ科の齧歯類。茶色から暗灰色で、体長約六〇cm。草食性。アルゼンチンに分布。

**ひ-すがら【日すがら・終日】** 朝から晩まで一日じゅう。ひねもす。all day long 対義 夜すがら。

**ビスカリア【Viscaria】** ナデシコ科の一属。園芸ではムシトリビランジをいう。茎は直立し有節。葉は披針状線形。花は五弁で、紅色または紫色。花壇・切り花用。

**ビスク【bisque フランス】** エビ・カニなどのクリームスープ。とくにエクルビス（ザリガニ）のスープが有名。

**ビスクラ【Biskra】** 北アフリカのアルジェリア北東部、サハラアトラス山脈南麓のオアシス都市。観光・保養地。人口一〇万（一九八〇）。

**ビスケー-わん【ビスケー湾】**（Bay of Biscay）フランス南西部からスペイン北部にかけての湾。湾奥部をフランスではガスコーニュ湾という。

**ビスケット【biscuit】** 小麦粉に油脂・卵・砂糖・牛乳・香料などを加えて焼いた洋菓子。ハード・ソフト・ファンシーなどがある。

**ビスコース【viscose】** パルプに水酸化ナトリウムと二硫化炭素を作用させて得られる粘性の液体。ビスコース人絹やセロハン製造の原液。セルロースキサントゲン酸ナトリウム液。

**ビスコース-じんけん【ビスコース人絹】** 再生セルロース繊維の一つ。ビスコースを、硫酸や硫酸ナトリウムなどを含む水溶液中に押し出して紡糸したもの。染色性・吸湿性に優れ、安価。ビスコースレーヨン。viscose rayon

**ビスコース-レーヨン【viscose rayon】** ビスコース人絹の別名。

**ビスコンティ【Luchino Visconti】**（一九〇六〜七六）イタリアの映画監督・演劇演出家。重厚な演出でリアルな人間像を描いた。作品『夏の嵐』『山猫』『ベニスに死す』など。

**ビスコンティ-け【ビスコンティ家】** 一三〜一五世紀にイタリアのミラノを支配した名家。ミラノ大司教オットーネが始祖。一四世紀のジャン＝ガレアッツォはミラノ聖堂の造営など芸術保護者として有名。一四四七年で断絶。Visconti family

**ピスターシュ【pistache フランス】** ピスタチオの堅果。ケーキの飾りに使われる。ピスタチオナッツ。

**ビスタ-カー**《和製語》二階に展望室を設けた鉄道車両。vista dome car

**ピスタチオ【pistachio】** ウルシ科ピスタシア属の落葉小高木。西アジア原産。花は、緑褐色五弁の風媒花。果実は長楕円形の核果で赤黄色に熟す。種子は食用。↓写

●ピスタチオ　実。

**ビスタ-ビジョン【Vista Vision】** 大型映画の一つ。アメリカのパラマウント社が開発。縦・横の比が一対一・八五の方式。

**ヒスタミン【histamine】** 動植物組織に広く存在するアミンの一つ。炎症やアレルギー反応の発現に重要なかかわりがあるといわれ、血圧低下、毛細血管の透過性亢進、胃液分泌亢進などの作用がある。

**ヒスチジン【histidine】** アミノ酸の一つ。大部分のたんぱく質に含まれ、とくにヘモグロビンに多い。必須アミノ酸ではないが、小児では補給が必要。

**ビスツラ-がわ【ビスツラ川】**（Vistula）ビスワ川の別称。

**ヒステリー【Hysterie ドイツ】**《ギリシア語hystero（子宮）から》①さまざまな精神症状と身体症状を示す神経症の一つ。ヒス。②病的な興奮状態。感情をおさえきれず、怒ったりわめいたりすること。

**ヒステリー-せいかく【ヒステリー性格】** 自己抑制が弱くヒステリーを起こしやすい性格。虚栄心が強く、自己中心的・気分本位で暗示にかかりやすい、などの特徴をもつ。hysterical personality

**ヒステリシス【hysteresis】** 物質の性質が、それ以前の状態の履歴に依存する場合に見られる現象。磁気ヒステリシス・弾性ヒステリシスなどがある。履歴現象。

**ヒステリック【hysteric】**（形動）ヒステリーぎみの。ヒステリカル。

**ヒストグラム【histogram】** 統計図表の一つ。度数分布を柱状のグラフで表し、変量に対応して度数が変化するありさまを示したもの。度数柱状図。柱状グラフ。

**ピストル【pistol】** ①片手で射撃できる小型の銃。軍用・護身用・射撃競技用などがある。拳銃。短銃。②射撃競技のうち、ライフル射撃競技の種目の一つ。拳銃で標的を射ち点数を競う。フリーピストル、ラピッドファイアピストルなど。

**ビストロ【bistro】** 小規模で気軽に入れる酒場・居酒屋・レストランなどの総称。

**ヒストン【histone】** 動物の細胞核に検出される単純たんぱく質の一つ。アルギニン・リジンに富む塩基性たんぱく質。

**ピストン【piston】** ①内燃機関・ポンプ・圧縮機などのシリンダー内を内壁にそって往復運動する円筒形の栓。活塞。②金管楽器の調声弁装置の部品。

**ピストン-ゆそう【ピストン輸送】** 車や船を休みなく往復させて、人や物をどしどし送ること。shuttle

**ピストン-リング【piston ring】** ピストンの外周部にはめ、ピストンとシリンダー壁とのあいだから水や蒸気の漏れを防ぐ環。

**ひず-なます【氷頭膾・氷頭鱠】** サケの頭の氷頭（＝軟骨）を薄切りにして、せん切り大根とニンジンを合わせた酢の物。

**ヒスパニオラ-とう【ヒスパニオラ島】**（Hispaniola）↓イスパニオラとう（イスパニオラ島）

**ビスピアンスキ【Stanisław Wyspiański】**（一八六九〜一九〇七）ポーランドの劇作家・画家。同国近代演劇の確立に貢献。戯曲『婚礼』『十一月の夜』など。

**ビスマーク【Bismarck】** アメリカ、ノースカロライナ州の州都。ミズーリ川沿岸の都市。農畜産物の集散地で、農業機械・光学機械工業なども発達。付近はドイツ系移民が多い。人口四・四万（一九八〇）。

**ビスマーク-しょとう【ビスマーク諸島】**（Bismarck Archipelago）ニューギニア島北東の二〇〇の火山島群。主島ニューブリテン島。パプアニューギニア領。

**ビスマス【bismuth】** 金属元素。記号Bi 原子番号八三。原子量二〇九。比重九・八。すこし赤みをおびた銀白色で、常温ではもろい。ヒューズ・可融合金・活字合金などに利用。

**ビスマルク【Otto von Bismarck】**（一八一五〜九八）ドイツの政治家。ユンカー出身。プロイセン首相として小ドイツ主義を主唱。普墺戦争・普仏戦争に勝ってドイツを統一。一八七一年ドイツ帝国成立とともに宰相に就任。フランスの孤立を図る同盟外交を推進。内政ではカトリック教会、社会主義を弾圧。九〇年ヴィルヘルム二世と衝突して辞職。鉄血宰相。↓写

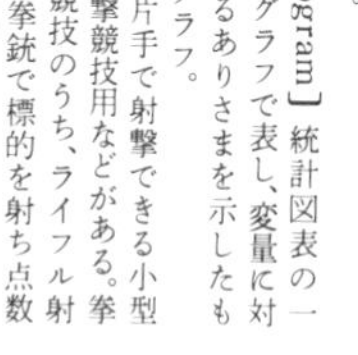

●ビスマルク

**ひずみ【歪み】** ①物体が外力を受けたときに現れる形や体積の変化。変形。力を除くとすぐ消える部分を弾性歪み、他の部分を残留歪みという。時間がたっても消えない部分は塑性歪みという。strain ②経済や社会などで、成長その他の差によって起こるゆがみ。strain; deformation

**ひずみ-けい【歪み計】** 歪みゲージのこと。

**ひずみ-ゲージ【歪みゲージ】** 細い金属線が歪みをうけると電気抵抗が変わることを利用した歪み測定器。圧力計としても利用。strain gauge

**ひず・む【歪む】**（五自）曲がって、いびつになる。ゆがむ。be distorted

**ひ-ずめ【蹄】** ↓ひづめ（蹄）

**ひ・する【比する】**（サ変他）くらべる。なぞらえる。比す。compare

**ひ・する【秘する】**（サ変他）隠す。秘密にする。秘す。keep a secret

**ビスワ-がわ【ビスワ川】**（Wisła）ポーランドを縦断する同国最長の川。長さ一一〇〇km。カルパチア山脈からクラクフ・ワルシャワ・トルーニを経て、グダニスク湾に注ぐ。ビスツラ川。ウィスラ川。

**ひ-せい【批正】**（名・サ変他）批評し訂正すること。用例 ご―をこう。

**ひ-せい【非勢】** 形勢がよくないこと。inferior position 用例 ―おおいがたいものがある。

**ひ-せい【秕政・粃政】** 悪い政治。悪政。失政。

**び-せい【美声】** よい声。beautiful voice

**び-せい【鼻声】** 俗にいう「はなごえ」。鼻腔の開閉異常でおこり、開鼻声と閉鼻声がある。nasal voice

**びせい【美星】**〈町〉岡山県南西部の山間の町。農業のほか酪農もさかん。弥生後期の竪穴住居群、中世の山城跡、鬼ケ岳温泉がある。人口六六四五（一九八八）。

**びせい-ちゅうい-さんまんしょう【鼻性注意散漫症】** 鼻の病気の一つ。とくに、慢性副鼻腔炎や臭鼻症のとき、鼻汁が多いなどの症状により、精神的・肉体的機能が低下する。nasal aprosexia

**びせい-の-しん【尾生の信】**（連語）《中国

▼常用漢字表外。　▽常用漢字表の音訓外。

で、橋の下で人を待って増水で死んだという尾生の故事から》①約束をかたく守ること。②愚直なこと。

**ひせいふかん-こくさいきこう【非政府間国際機構】**「非政府組織」の別称。INGO。international non-governmental organization

**ひせいふ-そしき【非政府組織】** 政府によらず民間の国際協力で設立された組織。国連専門機関のユネスコ・ユニセフなどをはじめ、アムネスティ-インターナショナルなどのボランティア団体や多国籍企業などの営利団体まで含む。非政府間国際機構。非政府機構。NGO。non-governmental organization

**び-せいぶつ【微生物】** 顕微鏡でなければ観察できないような微小な生物の総称。細菌・原生動物やプランクトンなどで、〇・一㎜以下のもの。microorganism

**びせいぶつ-いでんがく【微生物遺伝学】** 原生動物・藻類・カビなどの微生物の遺伝現象を扱う学問。微生物は高等生物とくらべて生活環が早く完結し、遺伝に関する解析が短時間で可能なため、この分野の研究は著しく進んだ。本質的には高等生物のそれと同一と確認されている。microbial genetics

**びせいぶつ-センター【微生物センター】** 昭和五五年(一九八〇)に、理化学研究所に設置された微生物系統の保存施設。大腸菌・酵母をはじめ重要な微生物株を世界中から集めて保存し提供。

**ビゼー【Georges Bizet】**(一八三八〜一八七五) フランスの作曲家。とくにオペラで知られ、代表作『カルメン』によりフランス国民歌劇を樹立した。管弦楽曲『アルルの女』など。

**ひ-せき【▼砒石】** 砒素・硫黄・鉄からなる鉱石。猛毒。arsenious anhydride

**ひ-せき【飛跡】** 電荷をもった粒子や電子が通過した跡。ウィルソンの霧箱や、泡箱・原子核乾板などによって観測できる。track

**ひ-せき【秘跡・秘▼蹟】** ↓サクラメント

**ひ-せき【碑石】** ①石碑の材料となる石。②石碑。stone monument

**び-せきぶん【微積分】** 微分と積分。differential and integral

**ひ-せつ【秘説】** 秘密にして人に知らせない説。世に知られてない説。secret theory

**ひ-ぜに【日銭】** ①毎日の入金。ひがね。daily income in cash ②毎日少しずつ返してもらう約束で貸すお金。日なしがね。money paid by daily installments

**ひ-ぜめ【火攻め】** 火をつけて攻めること。焼き討ち。fire attack 対義水攻め。

**ひ-ぜめ【火責め】** 火を使ってする拷問。fire torture 対義水責め。

**ひ-せん【卑・▼賤・▼鄙・▼賤】**(名・形動) 地位・身分が低くいやしいこと・さま。微賤。humble 対義高貴。用例―の身。

**ひ-せん【飛銭】** 中国、唐・宋時代の送金手形制度。重い銅銭の代わりに政府機関が現金納入者に交付した証書が起源。宋代に交子という為替手形に発展。

**ひ-ぜん【皮▼癬】** 皮膚病の一種。かいせん。scabies

**ひぜん【肥前】** ↓ひぜんのくに(肥前国)

**ひぜん【肥前】**〈町〉 佐賀県北西部、東松浦半島にあり、向島・竹ノ子島などを含む町。壱岐水道に臨む農・漁業の町で、海岸線の美しさで知られる。人口一万一三五六(一九八八)。

**び-せん【備戦】** 戦争に備えること。

**び-せん【微・▼賤】**(名・形動) 身分や地位が低く、いやしいこと・さま。卑賤。humbleness

**び-ぜん【美・▼髯】** みごとな、ほおひげ。fine whiskers 用例―より身をおこす。

**びぜん【備前】** ↓びぜんのくに(備前国)

**びぜん【備前】**〈市〉 岡山県南東部、瀬戸内海に臨む市。備前焼の産地として有名。耐火れんがの生産も昔から知られる。人口三万二一〇三(一九八八)。

**び-ぜん【▼靡然】**(形動トタル) なびき従うさま。

**ひせんきょ-けん【被選挙権】** 対義選挙権。①選挙される権利。eligibility for election ②選挙によって一定の公職につくことのできる権利。参議院議員や知事は満三〇歳以上、他は満二五歳以上。eligibility for election

**びぜん-くらげ【備前▽水▽母】** 寒天質の厚いビゼンクラゲ科の腔腸動物。淡青色か青藍色のかさは、直径約五〇㎝の半球状。中国料理に使用。房総半島以南の太平洋岸に分布。↓クラゲ図

**ひせんけいば-の-りろん【非線形場の理論】** 非線形な基本方程式を満たす場の理論。theory of nonlinear fields

**ひぜん-だに【皮▼癬▼蜱】** ヒトの指の、つけ根や鼠蹊部などの皮膚にくいこんで繁殖し、疥癬(=皮癬)を起こすダニ。体長約〇・三㎜。全世界に分布。カイセンチュウ。itch mite

**ビセンテ【Gil Vicente】**(一四七〇ごろ〜一五三六ごろ) ポルトガルの劇作家。同国国民劇の創始者。詩劇『インド』『イネース=ペレイラ』など。

**びぜんてい-えん【鼻前庭炎】** ↓かんそうせいぜんびえん(乾燥性前鼻炎)

**ひ-せんとういん【非戦闘員】** ①軍隊の構成員のうち、軍医・通訳などの戦闘以外の業務に従事する人員。noncombatant ②交戦国の、非武装の一般市民。civilian

**ひぜん-の-くに【肥前国】** 旧国名。現在の佐賀県と、壱岐・対馬を除く長崎県。西海道の一国。「延喜式」では上国、一一郡。国府・国分寺はともに佐賀県佐賀郡大和町。明治四年(一八七一)廃藩置県により伊万里・長崎二県に。伊万里県は同五年(一八七二)佐賀県と改称、佐賀県は同九年(一八七六)三潴県を経て、長崎県に併合。同一六年(一八八三)佐賀県を再設。肥州。肥前。

**びぜん-の-くに【備前国】** 旧国名。現在の岡山県南東部。山陽道の一国。「延喜式」では上国、六郡。国府は岡山市高島、国分寺は赤磐郡山陽町馬屋。明治四年(一八七一)廃藩置県により岡山県。備州。備前。

**ひぜんふどき【肥前風土記】** 古代肥前の地誌。一巻。和銅六年(七一三)の詔命による風土記の一つ。奈良時代初期の成立か。抄本が残る。肥前国風土記。

**びぜん-もの【備前物】** 備前国で作られた刀の総称。平安から室町末期にかけての、古備前・一文字・長船の各派のものを言う。

**びぜん-やき【備前焼】** 岡山県備前地方(備前市伊部など)産の陶器。無釉の炻器質陶で、日用雑器・茶器・置き物などが作られた。胡粉彩色した色絵備前もある。伊部焼。↓写

●備前焼『備前緋襷水指』。桃山時代(一六世紀)、畠山記念館(東京都)。

**ひせん-ろん【非戦論】** 戦争を非とする論。anti-war argument 比較反戦論。対義主戦論。

**ひ-そ【▼砒素】** 周期表5B族の元素。元素記号As 原子番号三三。原子量七四・九。亜砒酸をはじめ化合物は猛毒のものが多い。合金・薬剤に利用。arsenic

**び-そ【鼻祖】** 元祖。始祖。先祖。founder

**び-そ【鼻▼疽】** 鼻疽菌による、ウマやロバの家畜法定伝染病。急性では高熱を発し、鼻粘膜や肺に膿瘍ができ、敗血症で死亡する。日本には常在しない。馬鼻疽。glanders

**ひ-そう【皮相】** ㊀(名) うわべ。うわつら。表面。outward look 用例―のみで判断する。㊁(形動) 考え・見方などが浅いさま。あさはかなさま。表面的。superficial

**ひ-そう【皮層】** 植物を構成する組織系の一つ。根や茎の表皮と中心柱の間に位置し、光合成、でんぷんの貯蔵、体の支持などいろいろな働きをする組織を含む。cortex

**ひ-そう【悲壮】**(名・形動) かなしく勇ましいこと・さま。

**ひ-そう【悲・▼愴】** ㊀(名・形動) かなしく、いたましいこと・さま。pathetic ㊁(名) ①《原題sonata pathétique フランス》ベートーベン作曲のピアノ-ソナタ第八番、ハ短調。一七九八〜九九年作。②《原題Patjetičjeskaja ロシア》チャイコフスキー作曲の交響曲第六番、ロ短調。一八九三年作。作曲者最後の作品。

**ひ-ぞう【秘蔵】**(名・サ変他) 大切にしまっておくこと・もの。ひそう。treasure

**ひ-ぞう【▼脾臓】** 血液循環系中にある扁平で長楕円の器官。リンパ球を形成し、古い血球を破壊して鉄代謝を調節するのがおもな機能。spleen

**び-ぞう【微増】**(名・サ変自) わずかにふえること。small increase

**びそう-じゅつ【美・▼爪術】** 手や足のつめを化粧する技術。マニキュアとペディキュア。

**ひ-そうぞくにん【被相続人】** 財産上の地位を相続される人。ancestor 対義相続人。

**ひぞうっ-こ【秘蔵っ子】** ↓ひぞっこ(秘蔵っ子)

**ひそ-か【▽密か・▽窃か】**(形動) 人目を避けるさま。こっそり。secret

**ひ-そく【秘▽色】** 中国、浙江省の越州窯、とくに余姚上林湖畔の秘色窯で唐代以降産した青磁。日本では、青磁の異名として知られた。

**ひ-ぞく【卑俗】**(名・形動) いやしく下品なこと・さま。vulgar 対義高雅。

**ひ-ぞく【卑属】** 血族のうち、当人より後の世代にあたる人。子・孫・甥・姪などを言う。descendant 対義尊属。用例直系―。

**ひ-ぞく【▼匪賊】** 徒党を組んで暴動・殺戮・略奪などを行う賊のこと。とくに、日中戦争中、抗日ゲリラの称に日本軍が用いた。bandit

**ひ-ぞく【▼鄙俗】**(名・形動) ①田舎びていること・さま。rural ②卑俗。vulgar

**び-そく【鼻息】** =はないき。①鼻でする息。②ごきげん。③意気ごみ。

**鼻息を仰ぐ**(びそくをあおぐ) 「鼻息を窺う」と同意。

**鼻息を窺う**(びそくをうかがう) 相手の意向・機嫌をのぞき見て、気をつかいながら、事を行う。顔色を窺う。鼻息を仰ぐ。

**び-ぞく【美俗】** うるわしい風俗。よいならわし。good custom 用例良風―。

**ビソケータトリ-さんち【ビソケータトリ山地】**(Vysoké Tatry) タトラ山地の別称。

**ひそしき-しゅうだん【非組織集団】** ↓みそしきしゅうだん(未組織集団)

**ひぞっ-こ【秘▽蔵っ子】** =ひぞうっこ。①たいせつにして、かわいがっている子。one's dear child ②目をかけている弟子・部下。one's favorite disciple

**ヒソップ【hyssop】** シソ科の常緑低木。披針形の葉を輪生し、夏秋に、青花を開く。葉に芳香があり、食用。また、切り花・花壇用。ヤナギハッカ。

**ひそ-ひそ**(副) 小さい声でささやくさま。whisper 用例耳もとで―話す。

**ひそま・る【潜まる】**(五自) ①隠れる。hide oneself ②静まる。become quiet 用例あたりが―。③眠る。sleep

**ひそみ【▼顰み・▼嚬み】** まゆをひそめること。knitted brows

**顰みに倣う**(ひそみにならう) 《「西施の顰みに倣う」の上略。昔、中国の美女西施が病気でしかめた顔が美しかったので他の女たちがまねた、という故事から》=顰に倣う。①考えもなく人のまねをする。②《人のまねをするときに、けんそんして言う語》まねをさせていただく。用例先生のひそみにならいました。

**ひそ・む【潜む】** ㊀(五自) ①隠れている。hide oneself ②内にあって、外に現れない。lurk ㊁古語(下二自) ↓ひそめる(潜める)

**ひそ・む【▼顰む】** 古語 ㊀(四自) ①ゆがむ。用例もどき、口―・み聞こゆ(源氏・総角)。②べそをかく。泣き顔になる。用例みづから―・み御覧ぜられ給ふと(源氏・夕顔)。㊁(下二他) ↓ひそめる(顰める)

**ひそ・める【潜める】**(下一他) ①隠す。hide 用例身を―。②外に表さないようにする。subdue 用例鳴りを―。

**ひそ・める【▼顰める・▼嚬める】**(下一他) 《嫌なことがあって》まゆのあたりに、しわを寄せる。しかめる。knit

**ひそ-やか【▽密やか】**(形動) ①こっそり事をするさま。ひそか。secret ②もの静かなさま。quiet

**ひそやか-さ【▽密やかさ】** ひそやかであること・程度。

**ひ-ぞ・る【干反る・▽乾反る】**(五自) ①板などが乾燥して、そりかえる。②ひがんで腹を立てる。すねる。

**ひた【日田】**〈市〉 大分県北西部の市。木材の集散地で、木材加工業がさかん。玖珠川沿いの水郷で知られ、史跡も多い。人口六万五七一九(一九八八)。

**ひた【▽直】**(接頭) ひたすら。いちず。まったく。用例―むき。

**ひだ【▼襞】** ①衣服や布などにつけられた細長い折り目。pleat; drape 用例スカートの―。②細長い折り目のようにみえるしわや凹凸の連続。fold 用例山の―。

**ひだ【飛・▼騨】** ↓ひだのくに(飛騨国)

**びた【▼鐚】**「鐚銭」の略。

**ビダー【King Vidor】**(一八九四〜一九八二) アメリカの映画監督。作品『ハレルヤ』『白昼の決闘』『戦争と



↓行き先項目、図版・写真参照印。 JIS日本工業規格情報交換用漢字符号コード(区点コード)。

平和』など。

**ビターズ**【bitters】ゲンチアン・キナ・ニッケイなどの草根木皮から作った苦い酒。カクテルの風味づけや菓子の材料に用いる。アルコール分三〇〜五〇%。

**ひたい**【額】顔の一部。髪の毛の生え際と、まゆの間。おでこ。forehead 用例 ― のしわ。↓頭図

**額垂る**(ひたいたる)《「垂る」は「剃る」をきらっていう語》額を剃る。

**額に汗する**(ひたいにあせする)進んで努力する。一生懸命働く。with the sweat of one's brow

**額に毛抜きを当てる**(ひたいにけぬきをあてる)昔、元服前の男子が、額の生え際の髪を角張るように抜き上げたことをいう。額に角を入れる。

**額に角を入れる**(ひたいにすみをいれる)「額に毛抜きを当てる」と同意。

**額には立つとも背に箭は立たず**(ひたいにはたつともそびらにやはたたず)前に進んで前傷は受けても、逃げて後ろ傷は受けない。敵に背を見せない。武人のあるべき態度をたとえていう。

**額を集める**(ひたいをあつめる)集まってよく相談する。鳩首。lay heads together

**額を合わせる**(ひたいをあわせる)額と額がくっつくほど、近くに寄りあう。

**ひ-だい**【肥大】(名・サ変自)①ふとって大きいこと。fat ②ある組織や臓器の容積が、増え大きくなること。妊娠時の子宮のように生理的なものと、心臓肥大などの病的なものとがある。hypertrophy

**び-たい**【▼媚態】①こびるようす。なまめかしいようす。coquetry 用例 ― を示す。②人に取り入ろうとするようす。flattery

**び-だい**【尾大】本体よりも末のほうが大きいこと。

**尾大掉わず**(びだいふるわず)下の者のほうが強大で、上の者がうまく制御できない。

**ひたい-ぎわ**【額際】額の、髪の毛の生え際。hairline

**ひだい-せいちょう**【肥大成長】植物の茎や根が、形成層の分裂活動によって太さを増すこと。二次成長。thickened growth

**びた-いちもん**【▼鐚一文】ごくわずかのお金。even a penny 用例 ― も出さない。

**ひたい-つき**【額付き】額のようす。

**ひだい-てんらい**【比田井天来】(一八七二〜一九三九)書家。長野県生まれ。中国碑法帖の研究・刊行普及に努め、書道界に貢献。

**ひた-おし**【▽直押し】ひたすら押すこと。しゃにむに押すこと。press hard 用例 ― に押す。

**ひた-おもて**【▽直面】①じかに向かい合うこと。face to face ②能で、面をつけないこと。ひためん。

**ひだか**【日高】〈町〉北海道南部、日高山脈の北西麓にある町。林業が主で、製材工場が多い。沙流川渓谷・沙流川温泉がある。人口二八九三(一九八八)。

**ひだか**【日高】〈町〉埼玉県南西部、飯能市北隣の町。八世紀に高麗人が集団移住。現在は宅地化が進む。人口五万四四七(一九八八)。

**ひだか**【日高】〈町〉兵庫県北部、円山川沿いの町。但馬国府・国分寺が置かれた歴史のある町。製鋼・製糸工業が主。人口一万九四三四(一九八八)。

**ひだか**【日高】〈町〉和歌山県中部、御坊市の北に位置する町。稲作と柑橘類の栽培がさかん。紀伊水道に臨み、きんちゃく網漁法は有名。人口七二一九(一九八八)。

**ひだか**【日高】〈村〉高知県北西部、土佐市の北に接する村。稲作・野菜栽培が中心で、宅地化も著しい。人口六五三六(一九八八)。

**ひだか-がわ**【日高川】和歌山県中部を流れる川。長さ一二〇km。護摩壇山に発し、御坊市で紀伊水道に注ぐ。蛇行で有名。

**ひた-かくし**【▽直隠し】ひたすら隠すこと。cover up 用例 事件を ― にする。

**ひだか-さんみゃく**【日高山脈】北海道南部、狩勝峠から襟裳岬にいたる山脈。氷食地形カールなども見られる、道内最大のアルプス型褶曲山脈。最高峰は二〇五二mの幌尻岳。

**ひだか-ぞうざんうんどう**【日高造山運動】白亜紀末期から第三紀前期にかけて日高山脈に起こった造山運動。いちじるしい褶曲と深成および変成作用をもつ、典型的なアルプス型造山運動とみることができる。

**ひた-かぶと**【▽直▼兜】そろって、よろいかぶとに身を固めること。そのように、身を固めた兵士。

**ひだか-へんせいたい**【日高変成帯】日高山脈の中軸を占める低圧型変成帯。片麻岩と花崗岩が同山脈の中心部を占めている。中生代後期ごろに形成。

**ひだかみ-の-くに**【日高見国】古代の蝦夷の居住地の一地方。北上川下流地域をさす。

**ひだ-がわ**【飛▼驒川】乗鞍岳南面に発し、飛驒山地を貫流して、岐阜県美濃加茂市付近で木曽川に合流する川。長さ一五〇km。上流は益田川ともよばれる。

**ひたき**【▼鶲・火▽焼】《鳴き声が火打ち石の音に似ることからの名》ヒタキ科の一群の鳥の呼称。翼長七〜九・五cm。美しい種類が多い。オオルリ・キビタキなど。ひたきどり。flycatcher ↓写

●ヒタキ　ルリビタキ

**び-だくおん**【鼻濁音】鼻にかけて発音される濁音で、とくにカ行の濁音をいう。「かがく(科学)」の「が」、「よぎり(夜霧)」の「ぎ」など。nasal voiced sound

**ひだく-けい**【比濁計】水の濁りを測定する装置。いくつかの標準液と比較して行うのが一般的。各種の比色計がこれに転用される。濁度計。turbidimeter

**ひだく-ぶんせき**【比濁分析】濁った溶液中を通過する光の散乱を利用して、溶液中の粒子の濃度を測定する方法。溶液を通過した光の強さの減少度を測定する。turbidimetric analysis

**ひだ-ぐんだい**【飛▼驒郡代】江戸幕府の役職の一つ。勘定奉行の支配のもと、飛驒国高山に本陣をおき、美濃・飛驒・加賀・越前などの幕領約一〇万石の民政一般を管轄。

**ひ-だこ**【火▼斑】こたつ・ストーブなどの火気に長時間接していたために現れる、血行障害による皮膚の紋様。大理石様皮斑。marbled skin

**ひだ-こうち**【飛▼驒高地】岐阜県北部から富山県南部にかけての高地。標高一〇〇〇〜一五〇〇m。飛驒山脈と両白山地に挟まれた地域で、高山・白川郷がある。飛驒高原。

**ピタゴラス**【Pythagoras】紀元前六世紀ごろのギリシアの哲学者・数学者。南イタリアに宗教兼学術集団のピタゴラス学派を創設。数を万物の根本原理とし、ピタゴラスの定理を発見。ピュタゴラス。

**ピタゴラス-がくは**【ピタゴラス学派】ピタゴラスを祖とする神秘主義的な宗教的・学術的団体。オルフェウス教の説く霊肉二元論や輪廻を信じて禁欲生活を送り、魂を浄化するものとして音楽と数学を研究した。Pythagorean

**ピタゴラス-の-ていり**【ピタゴラスの定理】↓さんへいほうのていり(三平方の定理)

**ひだ-さんみゃく**【飛▼驒山脈】日本のほぼ中央部を南北に走る山脈。壮年期の山容を示し氷食地形も残る。主峰穂高岳をはじめ立山・乗鞍岳など三〇〇〇m以上の高山が連なり「日本の屋根」といわれる。北アルプス。

**ひたし-もの**【浸し物】野菜をゆでて、合わせじょうゆなどに浸した料理。切りごま・削り節などをそえる。お浸し。

**ひた-す**【浸す】(五他)①水・液体などに物を入れる。つける。soak ②しめす。ぬらす。dip

**ひた-すぎ**【日田杉】杉の美林で知られる大分県日田地方に産する杉材。

**ひた-すら**【▼只▽管・▽一▽向】(副)ただそればかり。いちずに。ひたぶるに。intently

**びた-せん**【▼鐚銭】《表面の文字のすりへったお金、の意》=びた。①質の悪いお金。②室町中期以後、日本で私鋳された粗悪な硬貨。③江戸末期の鉄製の硬貨。

**ひだ-たい**【飛▼驒帯】地質学で、飛驒山地の北部から隠岐にかけて分布する広域変成帯。片麻岩類と花崗岩類からなる。日本列島の基本的な構造区分の一つ。Hida belt

**ひた-たれ**【▽直垂】方領で、袖括りのある衣服。平安時代後期には室内着であったが、鎌倉時代以後は、武士の日常服や礼服となった。↓図

●直垂　江戸時代の直垂

**ひたち**【▽常▽陸】↓ひたちのくに(常陸国)

**ひたち**【日立】〈市〉茨城県北部、太平洋岸に臨む市。県下最大の工業都市で、かつては日本鉱業の精錬所があり発展、現在は日立製作所とその系列会社などが集まる。発電機などの重電気製品や家庭用電気機器の生産がさかん。人口二〇万四〇八八(一九八八)。

**ひ-だち**【肥立ち】①日ごとに成長すること。growth ②日一日と病気や体の調子がよくなること。convalescence 用例 産後の ― がよい。

**ひたちおおた**【▽常▽陸▽太田】〈市〉茨城県北部、阿武隈高地南端の市。ナシなどの果樹栽培や稲作がさかんで、日立市への通勤者も多い。西山荘など徳川光圀ゆかりの史跡がある。人口三万八〇七二(一九八八)。

**ひたち-おび**【▽常▽陸帯】茨城県鹿島神宮の祭礼のさい、思う男・女の名を帯に記して神前に供え、神主がそれを結び合わせて縁を占った風習。帯占。鹿島の帯。

**ひたち-こうざん**【日立鉱山】茨城県北部、日立市にあった鉱山。明治三八年(一九〇五)に創設され、日本四大銅山の一つとして産出量を誇った。

**ひたち-せいさくしょ**【(株)日立製作所】世界有数の総合電機メーカー。大正九年(一九二〇)設立。

**ひたち-ぞうせん**【日立造船(株)】大手造船会社の一つ。機械類・プラントも手がける。昭和九年(一九三四)設立。

**ひたち-の-くに**【▽常▽陸国】旧国名。現在の茨城県の大部分。東海道の一国。「延喜式」では大国、一一郡。国府・国分寺はともに石岡市石岡。明治四年(一八七一)廃藩置県により茨城・新治二県に。同八年(一八七五)新治県を千葉・茨城両県に分割編入。常州。常陸。

**ひたち-の-みや**【▽常▽陸宮】(一九三五〜)昭和天皇の第二皇子正仁親王。また、その宮号。称号義宮。昭和三九年(一九六四)結婚し、宮家を創立。

**ひたち-ふうりゅうもの**【日立風流物】茨城県日立市神峰神社の祭礼に、ひき回される機巧人形山車。五月三〜五日の日立祭りで使われる。六層からなる城郭式の山車が舞台になり、趣向を凝らした人形芝居が演じられる。

**ひたちふどき**【▽常▽陸風土記】古代常陸の地誌。一巻。和銅六年(七一三)の詔命による風土記の一つ。養老年間(七一七〜七二四)に成立か。抄本が残る。常陸国風土記。

**びだつ-てんのう**【▽敏達天皇】記紀で第三〇代天皇。名は訳語田渟中倉太珠敷尊。欽明天皇の皇子。

**ひだ-てんもんだい**【飛▼驒天文台】京都大学理学部付属の天文台。昭和四三年(一九六八)惑星観測を目的として設立。

**ひた-と**【▽直と】(副)①じかに。ぴったり。しっかり。directly ②突然。急に。suddenly ③固いもので打つ音。用例 ― 打つ。

**ひ-だね**【火種】①炭火などをおこす、もととなる火。kindling coal ②事件・争乱などのもととなるもののたとえ。

**ひだ-の-くに**【飛▼驒国】《古くは「斐陀国・斐太国」。和銅元年(七〇八)ごろ「飛驒国」と改称》旧国名。現在の岐阜県北部。東山道の一国。「延喜式」では下国、三郡。国府は現在の吉城郡国府町広瀬とも高山市上岡本町ともいわれ、国分寺は同市総和町にあった。明治元年(一八六八)美濃国の笠松裁判所管下から、笠松県を経て、飛驒県を設置し、高山県と改称。同四年(一八七一)筑摩県に併合され、同九年(一八七六)岐阜県に編入。飛州。飛驒。

**ひだ-の-たくみ**【飛▼驒の▽匠・飛▼驒の▽工】律令制下、飛驒国から公役に従事した大工。庸・調のかわりに、一里ごとに一〇人を匠丁として、一年交代で上京させた。

**ひた-ばしり**【▽直走り】休まずに走ること。一心に走り続けること。ひたはしり。run without stopping 用例 ― に走る。

▼常用漢字表外。　▽常用漢字表の音訓外。

**ひた-ひた** ㊀（形動） 入っている物がかろうじてかくれる程度に、水があるさま。cover barely 用例 なべの水かげんは―に。㊁（副） ①波などが、物に当たる音。lap 用例 船べりを波が―たたく。②みずかさが増してくるように、じわじわ迫ってくるさま。slowly but steadily 用例 敵が―と押し寄せる。

**ひたぶる-に【▽一▽向に・▼頓に】**（副） ひたすら。むやみに。

**ひた-ぼんち【日田盆地】** 大分県西部、筑後川上流の玖珠川流域にひらけた盆地。中央部には水田があり、周辺山地は日田杉で知られる。遺跡・古墳が多い。

**ひ-だま【火玉】** ①玉のような形をして、飛んでいる火。火の玉。will-o'-the-wisp ②キセルの火皿につめたタバコの、火となったかたまり。

**ひ-だまり【日▼溜（ま）り】** 日光が当たって、暖かい場所。sunny place 用例 ―の猫。

●ビタミン　おもなビタミン

| 分類 | 名称（化学名） | 欠乏症 | 1日の所要量*1 | 多く含まれる食品 |
|---|---|---|---|---|
| 脂溶性ビタミン | ビタミンA（レチノール） | 夜盲症、皮膚の異常乾燥、皮膚・粘膜の角質化 | 2000IU*2 | ウナギ、卵黄、レバー、大根の葉、ホウレンソウ、ノリなど |
| | ビタミンD（カルシフェロール） | くる病（乳幼児）、骨軟化症、運動障害 | 400IU*2（幼児、妊婦）<br>100IU | レバー、卵黄、バター、イワシ、カツオ、ブリ、サバ、サンマ、スズキ、さつま揚げなど |
| | ビタミンE（トコフェロール） | 不妊症（ネズミ）、脂質の過酸化に関与 | 規定なし | 小麦、大豆油、落花生、卵、レバー、ベーコン、サケなど |
| | ビタミンK*3（フィロキノン） | 血液凝固能力低下 | 記載なし | アルファルファ、キャベツ、エンドウ、ホウレンソウなど |
| 水溶性ビタミン | ビタミン$B_1$（チアミン） | 脚気、神経痛、筋肉・関節の痛み | 1.0mg | 玄米、小麦胚芽、豆類、スッポン、落花生、肉類など |
| | ビタミン$B_2$（リボフラビン） | 口内炎、舌炎、皮膚炎 | 1.4mg | 卵、魚介類、アーモンド、レバー、豆類、チーズなど |
| | ニコチン酸 | 皮膚炎、消化器障害 | 17mg | レバー、魚介類、肉類、ゴマ、落花生、豆類、玄米など |
| | 葉酸 | 貧血、口内炎、下痢 | 規定なし | 酵母、レバー、肉類、卵黄、牛乳、胚芽、豆類など |
| | ビタミン$B_6$*3（ピリドキシン） | けいれん、貧血、皮膚炎 | 規定なし | レバー、じん臓、肉類、酵母、豆類、穀類など |
| | パントテン酸*3 | 食欲不振、末梢神経の機能障害 | 記載なし | レバー、酵母、牛乳、豆類、粉乳など |
| | ビタミン$B_{12}$（コバラミン） | 悪性貧血 | 規定なし | レバー、卵黄、魚類、肉類、チーズ、貝類など |
| | ビタミンC（アスコルビン酸） | 壊血病、歯肉出血 | 50mg | パセリ、ピーマン、ミカン、イチゴ、キウイなど |
| | ビオチン*3 | 剝離性皮膚炎 | 記載なし | 大豆、トウモロコシ、卵黄、トマト、肉類、レバー、野菜など |

*1 厚生省編『日本人の栄養所要量』（1984）による。所要量の数値は成人男子、女子は約2割減
*2 IU＝国際単位。ビタミンAの1IUは3/10000mg、ビタミンDの1IUは1/4000mg
*3 いずれも体内の細菌により合成されるため、欠乏症は起こりにくい

**ビタミン【vitamin】**《生命に必要なアミン、の意》栄養素の一種。微量で、生理機能を調節し、代謝を円滑にさせる物質群。生体内では合成されないので、外界から摂取しなければならない。ヴィタミン。↓図

**ビタミンけつぼう-しょう【ビタミン欠乏症】** ビタミンの不足によっておこる病気。夜盲症・かっけ・壊血病・くる病など。vitamin deficiency

**ビタミン-ざい【ビタミン剤】** 医薬用に製剤したビタミン。ビタミン欠乏症の予防・治療用。単一剤、数種を配合した複合剤、主要ビタミンをすべて含む総合剤など。

**ひた-むき【▽直向き】**（形動） 物事に熱中するさま。いちず。earnest

**ひた-めん【▽直面】** ↓ひたおもて（直面）②

**ひ-だら【干▼鱈】** マダラおよびスケトウダラの乾燥品の総称。棒だら・開きだら・すき身だらなどの種類がある。

**ひだり【左】** ①南に向かって東のほう。また、ふつう心臓のある側。left 対義 右。用例 向かって―。②左の手。左手。Left 対義 右。用例 ―利き。③急進的であること。左党。左翼。the Left 用例 ―がかっている。④よく酒を飲むこと。左党。⑤日本の昔の官職で、同じ地位のうち上位のほう。用例 ―の大臣。

**左鮃右鰈**（ひだりひらめみぎかれい） 両目が体の左側に付いているのがヒラメで、右側に付いているのがカレイ。ヒラメとカレイの見分け方をいったもの。

**ひだり-うちわ【左▽団▽扇】** 安楽に暮らすたとえ。be at ease and live in luxury

**ひだり-うで【左腕】** 左のうで。さわん。left arm 対義 右腕。

**ひだり-がき【左書き】** 文字を左から右に書いていくこと。write from left to right

**ひだり-きき【左利き】** ①左手のほうがよく利くこと・人。左ぎっちょ。left-hander; southpaw ②酒飲み。酒好き。drinker

**ひだり-ぎっちょ【左ぎっちょ】** ↓ひだりきき（左利き）①

**ひだり-じんごろう【左甚五郎】**（一五九四～一六五一） 江戸初期の名工。播磨の人。各地を巡歴し、伝説が多い。東京上野の寛永寺鐘楼『登り竜』、京都知恩院の鶯張りなどが彼の作と伝えられる。

**ひだり・する【左する】**（サ変自） 左のほうへ行く。左に折れる。対義 右する。用例 ―・すべきか右すべきか。

**ひだり-づま【左▼褄】** ①着物の長裾の左の端の部分。②《座敷着の褄を左手で持ち上げて歩くことから》芸者の異称。

**左褄を取る**（ひだりづまをとる） 芸者づとめをする。芸者になる。

**ひだり-て【左手】** ①左の手。left hand ②左のほう。left side 対義 右手。

**ひだりて-けい【左手系】** 空間における直交座標の定め方の一つ。左手の親指、人差し指、中指を互いに垂直にし、親指がx軸の正の方向、人差し指がy軸の正の方向、中指がz軸の正の方向になる座標系。left-hand system

**ひだりて-の-ほうそく【左手の法則】** 磁場内を流れる電流におよぼす力の向きを表す法則の一つ。左手の中指・人差し指を電流の方向・磁場の方向に向けると、電流の流れている導線の微小部分に働く力は、垂直に向けた親指の方向を向く。右手の法則と合わせフレミングの法則という。参照 フレミングの法則。

**ひだり-とう【左党】** 酒好きの人。さとう。drinker

**ひだり-ふうじ【左封じ】** 書状の包み紙の封じ目を左前にすること。凶事などに用いる。

**ひだり-まえ【左前】** ①着物の右の衽を左の衽の上に重ねて着ること。死者の装束に用いる。ふつうは右前。②運が悪くなること。downward course ③家計が苦しくなること。be badly off

**左前に着物を着るな**（ひだりまえにきものをきるな） 遺体に経帷子を着せるとき、左前にして着せるのが作法なので、これを忌んでいう。

**左前になる**（ひだりまえになる） 物事が順調にいかなくなる。商売や金回りなどがうまくいかなくなる。go downhill; be badly off 用例 店が―。

**ひだり-まき【左巻（き）】** ①左へ巻くこと。anticlockwise ②《俗語》頭の働きが少しおかしいこと・人。craziness

**ひだりまき-まいまい【左巻▼蝸▽牛】** オナジマイマイ科のカタツムリ。左巻きの殻をもち、殻高約三cm、殻径約四・五cm。殻表は黄色で黒色帯をめぐらす。軟体はネズミ色。平地の林野にすみ、地上の落葉や草間に多い。関東や中部地方に多い。

**ひだり-まわり【左回り】** ①時計の針と反対の方向に回ること。counterclockwise ②思うようにならなくなること。The tide turns against one.

**ひだり-よつ【左四つ】** 相撲で、互いに左を差して四つに組んだ体勢。両者ともに右上手・左下手となるかたち。left-handed grip 対義 右四つ。

**ひた・る【浸る】**（五自） ①水の中に入る。つかる。be soaked ②物事にふける。おぼれる。be absorbed 用例 酒に―。③ある心の状態になりきる。be steeped 用例 喜びに―。

**ひ-だる・い【▼饑い】**（形） 腹が減って元気がない。ひもじい。派生 ひだるげ（形動） ひだるさ（名）

**ビダル-ド-ラ-ブラーシュ【Paul Vidal de La Blache】**（一八四五～一九一八） フランスの地理学者。パリ大学教授。人文地理学の発展に大きな足跡を残した。

**ひ-だるま【火▽達磨】** 全身に火が燃えついたようす。be covered with flames

**ひ-たん【悲嘆・悲▼歎】**（名・サ変自） かなしみ、なげくこと。grief

**悲嘆に暮れる**（ひたんにくれる） 悲しみに打ちひしがれる。悲しみ嘆く。be crushed with grief

**び-だん【美談】** りっぱで感心するような内容の話。admirable story

**び-だんし【美男子】** 容姿の美しい男。びなん。びなんし。handsome man

**ひだんせい-しょうとつ【非弾性衝突】** エネルギー損失が起こるか、物体の種類や数が変わるような衝突。運動量・角運動量・電荷などは保存される。inelastic collision

**ピチカート【pizzicato イタリア】** バイオリンなど弓奏の擦弦楽器を演奏するときに、弦を指ではじく奏法。

**ひ-ちく【肥▼筑】** 肥前・肥後・筑前・筑後の四か国の総称。

**び-ちく【備蓄】**（名・サ変他） 万一にそなえて、たくわえておくこと。reserve 用例 ―食糧。

**ひち-くど・い【ひち▼諄い】**（形） ひどくくどい。しつこい。しちくどい。

**ひち-しゃ【被治者】** おさめられる者。統治される者。the ruled 対義 治者。

**ひちそう【▽七宗】**〈町〉 岐阜県南部、飛驒川流域の町。林業が主体で、木材・マツタケ・茶などを産出。飛水峡には甌穴群がある。人口六四〇一（一九八八）。

**ぴちっ-と**（副） 食い違うところやすきまがなく、ぴったり合うさま。ぴたっと。tight 用例 からだに―合ったズボン。

**ぴち-ぴち**（副・サ変自） ①魚などが勢いよくはねるさま。また、生きのよいさま。sprightly 用例 タイが―はねる。②若々しくて生き生きしているさま。fresh; lively 用例 ―した少女。

**ひ-ちゃくしゅつし【非嫡出子】** 婚姻関係にない男女間に生まれた子。婚外子。illegitimate

**びちゃ-びちゃ**（副・形動） 水などにひどくぬれるさま。be drenched

**ぴちゃ-ぴちゃ**（副） ①物が液体に当たって小さな音を立てるさま。splash ②平手で続けてたたく音。③音を立てて飲食するさま。

**ひ-ちゅう【秘中】** 秘密のうち。secret

**秘中の秘**（ひちゅうのひ） もっとも秘密であること。非常に大事な秘密。top secret

**び-ちゅう【微衷】** 自分の真心をけんそんしていう語。

**ひ-ちょう【飛鳥】** 飛んでいる鳥。flying bird 用例 ―の身軽さ。

**飛鳥尽きて良弓蔵めらる**（ひちょうつきてりょうきゅうおさめらる）《鳥がいなくなれば弓はしまわれる、の意から》必要がなくなれば捨てられるたとえ。

**ひ-ちょう【秘▼帖】** 秘密の事柄を記した手帳。また、そのための帳面。

**ひちょう-きん【▼腓腸筋】** ふくらはぎにあって、足の先を曲げる働きをする筋肉。ひふくきん。こむら。

**ひち-りき【▼篳▼篥】** 雅楽用の管楽器。竹製で、表に七孔、裏に二孔をもつ、複簧（リード）が二枚）の縦笛。音が大きく強い。日本には奈良時代に雅楽とともに中国から伝来。

**ひ-ぢりめん【▼緋▽縮▼緬】** 真っ赤なちりめん。

**ひっ【引っ】**（接頭）《「ひき」の転》勢いよくするさま。用例 ―ぱたく。

**ヒツ** 4画 **【匹】** 部首［匚］かくしがまえ 常用 JIS 4104
音 ヒツ・ヒキ
訓 ひき
4画 **【▼疋】** 旧字



↓ 行き先項目、図版・写真参照印。 JIS 日本工業規格情報交換用漢字符号コード（区点コード）。

**ヒツ** 5画【必】 部首[心] 教育小4 JIS 4112
音 ヒツ
訓 **かならず**
必 ソ 必 必 必
かならず。きっと。どうしても。「必見・必死・必勝・必然・必中・必読・必要」

**ヒツ** 5画【▼疋】 部首[疋] JIS 4105
音 ショ・ソ・ガ・ヒツ
ひき。①獣・鳥・魚・虫などを数えるのに用いる。②布二反をまとめて数えるのに用いる。③昔のお金の単位。銭一〇文。または、二五文。

**ヒツ** 8画【▼苾】 部首[艹]
音 ヒツ
かんばしい。かおる。かおり。

**ヒツ** 8画【泌】 部首[氵] 常用 JIS 4071
音 **ヒツ・ヒ**
にじむ。しみでる。「分泌」「泌尿器」 【↓ヒ[泌]】

**ヒツ** 11画【▼偪】 部首[人・亻]
音 ヒョク・ヒツ・フク
せまる。さしせまる。ちかづく。

**ヒツ** 11画【▼畢】 部首[田] JIS 4113
音 ヒツ
①あみ。鳥獣をとらえる長い柄のついた網。②おわる。おえる。「畢竟・畢生」③ことごとく。のこらず。みな。

**ヒツ** 12画【▼弼】 部首[弓] JIS 4111
音 ヒツ
①ゆだめ。弓のゆがみをただす道具。②ただす。ためる。ただしくする。③たすける。たすけ。「輔弼」④すけ。律令制で、弾正台の次官。

**ヒツ** 12画【筆】 部首[竹] 教育小4 →教育小3 JIS 4114
音 **ヒツ**
訓 **ふで**
筆 筆 筆 筆 筆 筆
①ふで。字や絵をかく道具。「鉛筆・万年筆・毛筆」②かく。かくこと。かいたもの。「悪筆・直筆・絶筆・能筆・末筆・乱筆」「筆写・筆者・筆順・筆跡・筆舌」用例(名)この書はA氏の――です。伝定家――。③能筆家のこと。「三蹟三筆」④墨つぎの回数。用例(助数)一――書き。⑤字画を数えるのに用いる。⑥土地面積の項目ごとの記録。「分筆」

**ヒツ** 13画【▼逼】 部首[⻌] ―― 12画【▼逼】 部首[⻌] 異体字 JIS 4115
音 ヒョク・ヒツ
①せまる。さしせまる。ちかづく。「逼迫」②「逼塞」は、㋐おちぶれて、世にかくれてくらすこと。㋑江戸時代、武士と僧侶に科した外出禁止の刑罰。

**ヒツ** 17画【▼篳】 部首[竹] ―― 16画【▼篳】 異体字 JIS 6842
音 ヒツ・ヒチ
①まがき。ませがき。しば竹を編んでつくった垣根。②「篳篥」は、雅楽に用いる九穴の管楽器。

**ヒツ** 17画【▼謐】 部首[言] JIS 7577
音 ビツ・ヒツ
しずか。ひっそりとした。また、やすらかな。 【「静謐」】

**ヒツ** 18画【▼蹕】 部首[足] JIS 7711
音 ヒツ
さきばらい。さきおい。貴人の通行のとき、前方の人をおいはらうこと。「警蹕」

**ひ・つ**【▽漬つ・▼沾つ】古語《近世以降「ひづ」》□一(四自) 水につかる。ぬれる。ひたる。用例袖も――・ちてむすびし水のこほれるを(古今・春上)。□二(上二自) 水につかる。ぬれる。用例袖――・つる時をだにこそ嘆きしか(蜻蛉・中)。□三(下二他) 水につける。ぬらす。用例桂川袖を――・てても渡りぬるかな(土佐)。

**ひつ**【▼櫃】 ①ふたのある大形の箱。chest ②《上に「お」を付けて》ごはんを入れておく器。

**ひつ-あつ**【筆圧】 ペンや筆などを使って文字を書くとき、筆記具を通して紙面にかかる圧力。

**ひつ-い**【筆意】 ①ものを書くときの心がまえ。文章のおもむき。touch ②筆の運びぐあい。筆づかい。way of handling a brush

**び-つい**【尾▼椎】 脊柱の末端で、仙椎より後方にあるいくつかの椎骨。ふつう尾を形成するが、ヒトなどでは癒合して小さな尾骨となり、尾として外部に現れない。

**ひ-つう**【悲痛】(名・形動) かなしくいたましいこと・さま。heartrending 用例――な叫び。

**ひっ-か**【筆禍】 発表した文章のために受ける災難・制裁。indictment for one's article 比較舌禍。用例――を招く。

**ビッカーズ**【Vickers P. L. C.】 イギリス最大の重工業グループ。ロールスロイスの自動車部門と印刷・軍事・事務機器製造などが中心。一八六七年設立。

**ひっ-かか・る**【引っ掛(か)る】(五自) ①突き出た物にかかって止まる。be caught 用例袖が、釘に――。②さえぎられる。be caught 用例非常線に――。③だまされる。be taken in ④掛かり合う。関係する。get entangled ⑤しっくりしない。気を悪くする。

**ひっ-かきまわ・す**【引っ▼掻き回す】(五他) ①ひどくかきまわす。また、かきまわして中の物をめちゃめちゃにする。rummage ②混乱させる。秩序を乱す。upset

**ひっ-かく**【筆画】 文字の画。字画。

**ひっ-か・く**【引っ▼掻く】(五他) つめや先のとがったもので強くかく。scratch

**ひっ-か・ける**【引っ掛ける】(下一他) ①突き出た物に止めるようにする。hook 用例帽子をくぎに――。②出ばった物に当てる。bump 用例車を電柱に――。③掛けて垂らす。hang ④だます。あざむく。cheat 用例女を――。⑤代金を払わないでおく。⑥ひと息に飲む。have a drink 用例酒を――。⑦ちょっと着る。肩に掛ける。throw on 用例上着を――。⑧浴びせる。splash 用例水を――。

**ひっか-じけん**【筆禍事件】 言論統制のもとで新聞・雑誌・著作物の内容が法的規制に触れ、法的・行政的処分を受ける事件。

**ひっ-かつ・ぐ**【引っ担ぐ】(五他) 無造作にかつぐ。shoulder facilely

**ひっ-かぶ・る**【引っ▽被る】(五他) ①無造作にかぶる。put on ②他人の責任をしょいこむ。take upon oneself

**ひっ-き**【筆記】(名・サ変他) 書きしるすこと。しるしたもの。writing

**ひ-つき**【火付き】 火の付きぐあい。

**ひつ-ぎ**【▽棺・▼柩】 死体を入れて葬る箱。かんおけ。coffin

**ひ-つぎ**【日▽嗣】 天皇の位。あまつひつぎ。

**ひっき-しけん**【筆記試験】 答えを紙に書いて出す試験。written examination 対義口述試験。

**ひっき-たい**【筆記体】 書体の一つ。筆記するときの字形。aに対する *a* など。script 対義活字体。

**ひっき-ちょう**【筆記帳】 筆記するための帳面。ノートブック。notebook

**ひつぎ-の-みこ**【日▽嗣の▽御子】《日嗣(天皇の位)を継承する御子、の意》皇太子の尊称。

**ひっ-きょう**【▼畢▼竟】(副)《「畢」も「竟」も終わる意》つまり。しょせん。結局。after all

**ひっきり-なし**【引っ切り無し】(形動) 絶え間がないようす。立て続け。continuously 用例――に自動車が通る。

**ビッグ**【big】 ①大きいこと。②重要。

**ピック**【pick】 →ピックこう(ピック膏)

**ピック-アップ**【pick-up】□一(名・サ変他) ひろいあげること。選抜。□二(名) ①レコード針の振動を電気信号に変換する装置。②ラグビーの反則の一つ。スクラムやラックのなかのボールを手で拾いあげること。

**ビッグ-アップル**【Big Apple】《リンゴがニューヨークの象徴であることから》ニューヨーク市の愛称。

**ピックオフ-プレー**《pick-offから》野球で、塁から大きくリードをとった走者を守備側が事前にしめし合わせ、不意に送球してアウトにしようとするプレー。

**ひっ-くく・る**【引っ▽括る】(五他) 勢いよく、ものをしばる。bundle 用例犯人を――。

**ピック-こう**【ピック▼膏】 サリチル酸・カンフルと少量のアルコールを、硬膏・蜜蠟・薬用せっけん・植物油と混ぜ合わせ固めたもの。角質化したいぼの治療に効果的。ピック。Pick's plaster

**ビッグ-サイエンス**【big science】 数多くの科学者や技術者、研究機関などを動員して行う大規模な研究。原子力や宇宙開発などが代表例。巨大科学。

**ビッグ-シルエット**【big silhouette】 洋服の大きくてゆったりしたシルエット。オーバーサイズやレイヤード(=重ね着)、ギャザー、タック、ドレープ(=ゆるやかなひだ)などによって表現される。

**ヒックス**【John Richard Hicks】(一九〇四〜一九八九) イギリスの新古典派経済学者。オックスフォード大教授。理論経済学のひろい分野にわたって業績を残す。一九七二年ノーベル経済学賞受賞。主著『価値と資本』。

**ビッグ-ニュース**《和製語》価値の高い大ニュース。特種。スクープ。hot news

**ビッグ-バン**【big bang】 現在の膨張宇宙のはじまりにあたる大爆発。一九四六年にガモフにより提唱された。

**ビッグ-バンド**【big band】 比較的多人数で構成されるジャズなどの楽団。一〇人以内のコンボに対して用いられる。

**ビッグ-ビジネス**【big business】 大企業のなかでも、とくに資本や市場支配力が大きい有力企業。多国籍企業の形をとるものが多い。巨大企業。

**ピックフォード**【Mary Pickford】(一八九三〜一九七九) アメリカの映画女優。カナダ生まれ。無声映画時代最大のスター。主演作『農場のレベッカ』『小公女』など。

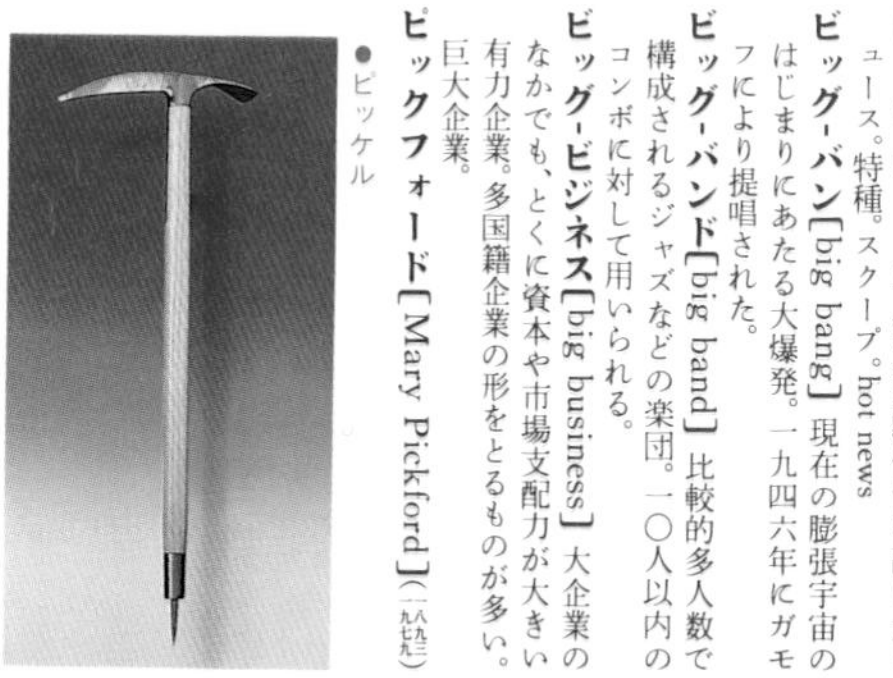
●ピッケル

**ビッグ-ベン**【Big Ben】 イギリス国会議事堂の上にある高さ九五mの時計塔。重量一三・五tの鐘が時を告げる。

**ビッグホーン**【bighorn】 ウシ科の哺乳動物。野生ヒツジの一種。肩高約一m。体は灰褐色。北米大陸の山岳地帯にすむ。オオツノヒツジ。

**びっくり**【▼吃▽驚・▽喫▽驚】(名・サ変自)《「びくり」の転》思いがけないことに驚くこと。be surprised

**ひっくり-かえ・す**【引っ繰り返す】(五他) ①さかさまにする。裏返す。turn inside out ②立っているものを倒す。③逆の関係にする。reverse 用例形勢を――。④書いてあることをさがして、本などのページをめくる。

**ひっくり-かえ・る**【引っ繰り返る】(五自) ①さかさまになる。倒れる。become upside down ②逆の関係になる。be reversed 用例攻守が――。

**びっくり-ぎょうてん**【▼吃▽驚仰天】(名・サ変自) ひどく驚くこと。be astounded

**びっくり-ばこ**【▼吃▽驚箱】 玩具の一種。ふたを開くと、突然、中から動物や人形などがばね仕掛けで飛び出す。江戸時代末期に創案、明治期に流行。jack-in-the-box

**ピックルス**【pickles】 →ピクルス

**ひっ-くる・める**【引っ▽括める】(下一他) 一つにまとめる。どれもこれも一つにする。lump together

**ひ-つけ**【火付け】 火を付けること。付けた人。つけび。放火。set fire

**ひ-づけ**【日付】 文書・手紙などにその作成・提出の年月日を記すこと。その年月日。date

**ひっ-けい**【必携】 ①かならず持っている必要があること・もの。indispensability 用例生徒――。②ハンドブック。handbook

**ひつけとうぞく-あらため**【火付(け)盗賊改め】 江戸幕府の職名。老中の配下で、江戸市中と近郷を警邏して、窃盗・放火などを取り締まり、それらの犯人の裁判も扱った。

**ひづけへんこう-せん**【日付変更線】 平均太陽時の日付の始まりの線(経度一八〇度付近)。この線の西側では、東側より日付が一日増す。date-line

**ひつけ-やく**【火付け役】 ①火を付ける役目。②事件・改革のきっかけをつくる役・人。instigator

**ピッケル**【Pickel ドイツ】 登山道具の一つ。先がつるはしに似ていて氷雪地帯の足場切りや足場の確保、雪渓でのグリセードなどに使う。→写

**ひっ-けん**【必見】 かならず見なければいけ

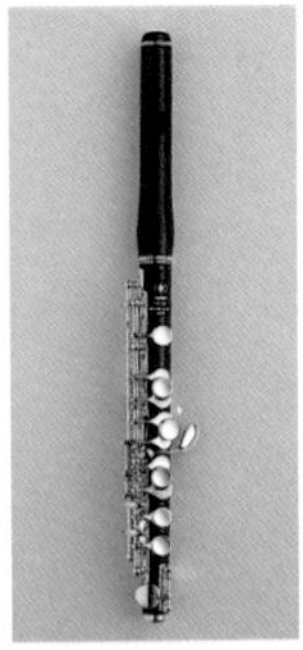
●ピッコロ

ないこと。また、そのもの。a must 用例 —の番組。

**ひっ-けん【筆▼硯】** ①筆とすずり。②手紙文で、文筆家の生活について述べる語。用例 —ますます御多祥、大慶至極に存じ上げます。③文章を書くこと。文筆。

**びっこ【▼跛】**《卑語》①足が正常でないため、片足をひきずるように歩くこと・人。limp ②対のものの一方が欠けたりしてそろっていないこと。odd

**ひっ-こう【筆耕】** ①ものを書き写してお金を受けること。②文筆で生計を立てること。

**ひっ-こし【引っ越し】**(名・サ変自) 引っ越すこと。転居。移転。move

**ひっこし-そば【引っ越し▼蕎▽麦】**《おそばに長く、の意》引っ越しのとき、引っ越し先の近所に配るそば。江戸時代以来の風習。

**ひっ-こ・す【引っ越す】**(五自) 住居を移す。転居する。move

**ひっこ-ぬき【引っこ抜き】** ごぼう抜き。引き抜き。pull up

**ひっこ-ぬ・く【引っこ抜く】**(五他) 引っ張って抜き取る。pull up

**ひっ-こみ【引っ込み】** ①引いて中に入れること。withdrawal ②意見・要求などを取り下げること。手を引くこと。retreat ③歌舞伎や能で役者が退場すること。また、そのときの所作。

**引っ込みが付かない**(ひっこみがつかない) ①途中で身を引いたり、関係を絶ったりすることができない。②行き掛かり上、意見などを変えたり、取り下げたりできない。go too far to retreat

**ひっこみ-がち【引っ込みがち】**(形動) ①あまり外出しないさま。be apt to stay-at-home 用例 病気で—だ。②進んでしようとしないさま。diffident 用例 —な人。

**ひっこみ-じあん【引っ込み思案】** 進んで物事をしようとする気が少ないこと・人。消極的な考え。内気。backward

**ひっ-こ・む【引っ込む】**(五自) ＝引き込む。①こもって外へ出ない。keep indoors ②しりごみする。hesitate ③くぼむ。fall in

**ひっ-こ・める【引っ込める】**(下一他) ①退かせる。pull back ②取り下げる。withdraw 用例 議案を—。③縮める。draw in 用例 頭を—。

**ヒッコリー【hickory】** 北アメリカ中東部産のクルミ科の樹木。また、その材。材は淡褐色で重く硬く、強靭。器具材・家具材・車両材・運動具など。かつてはスキーに使われた。

**ピッコロ【piccolo】** 木管楽器の一つ。フルートの一オクターブ高いもので奏法は同じ。音質は鋭く透明で、よく響く。↓写

**ひっ-さく【筆削】**(名・サ変他) 書き加えたり、けずったりして文章を改めること。添削。

**ひっ-さ・げる【引っ提げる】**(下一他) ①手にさげて持つ。たずさえる。carry in one's hand ②引き連れる。take along 用例 部下を—・げておもむく。③掲げる。present 用例 要求を—・げて出向く。④無理にする。用例 病身を—・げて戦う。

**ひっ-さつ【必殺】** ねらった相手を必ず殺すこと。そうした意気込み。deadly 用例 —業。

**ひっ-さつ【筆札】** ①筆と紙。②筆跡。③文書。手紙。

**ひっ-さら・う【引っ▼掠う・引っ▼攫う】**(五他) 奪い取る。つかみ取る。かっさらう。snatch

**ひっ-さん【筆算】**(名・サ変他) ①書くことと数えること。文筆と算術。算筆。②数字を紙に書いて計算すること。do sums on paper 比較 暗算・珠算。

**ひっ-し【必死】**(名・形動)《「必至」と違う》①死を覚悟して行うこと・さま。決死。desperation 用例 —の形相。②将棋で、どのような受け方をしても、王将が詰みになる形。用例 —の手。

**ひっ-し【必至】**(名・形動)《「必死」と違う》きっとそうなること・さま。必然。inevitable 用例 没落は—だ。

**ひっ-し【筆紙】** ①筆と紙。②文章。sentence

**筆紙に尽くし難い**(ひっしにつくしがたい) 文章ではとうてい表現できない。be beyond description 類似 筆舌も及ばず。

**ひつじ【▽未】** ①十二支の第八。②昔の時刻の名。今の時間で、午後二時および、その前後の二時間。③方角で、ほぼ南々西。

**ひつじ【羊】** ①ウシ科ヒツジ属の家畜。メリノ一種などの毛用種、リンカーン種などの肉用種のほか、毛肉兼用種・毛皮用種・乳用種などがある。メンヨウ。sheep ②漢字の字形の部分の名。群・美・義などの「⺷」、「⺶」。↓写

**羊の歩み**(ひつじのあゆみ)《「屠所の羊」から》①力のない歩き方。死がだんだん近づくこと。類似 羊の屠所に赴くが如し。②歳月。

**羊の屠所に赴くが如し**(ひつじのとしょにおもむくがごとし)《屠殺場にひかれて行くヒツジのような、の意から》①死期が刻々と迫っていることのたとえ。②不幸に直面して気力も衰え、悲しみに打ちひしがれているさま。屠所の羊。類似 贄に赴く羊。

●ヒツジ①

**ひつじ-かい【羊飼(い)】** 羊の番人。shepherd

**ひつじ-ぐさ【▽未草】** スイレン科の多年生水草。花は白色で大形。未の刻(午後二時ごろ)に開花することからの名称。

**ひつじ-ぐも【羊雲】** 羊の群れのように並んだ団塊状の雲。おもに高積雲で、積雲や層積雲のこともある。

**ひつじ-さる【▽未▽申】** 南西の方角。

**ひっ-しゃ【筆写】**(名・サ変他) 書き写すこと。copy

**ひっ-しゃ【筆者】** ①書く人。書いた人。書き手。writer ②文章の作者。著者。author

**ひっ-しゅ【必▼須】** ↓ひっす(必須)

**ひつ-じゅ【必需】** かならず必要なこと・もの。necessity 用例 —品。

**ひつ-じゅ【筆授】**(名・サ変他) 秘伝などを書いて、さずけること。対義 口授。

**ひっ-しゅう【必修】** かならず学んで修得しなければならないこと・学科。required 用例 —課目。

**ひつ-じゅつ【筆述】**(名・サ変他) 文章に書いてのべること。write 対義 口述。

**ひつ-じゅん【筆順】** 字を書くとき、点画を組み合わせて字形を完成していくための一定の順序。

**ひっ-しょう【必勝】** きっと勝つこと。sure victory

**ひつ-じょう【必定】** 一(名) ①きっとそうなること。確かであること。certainty ②《仏教語》かならず成仏すると決まっていること。二文語的(副) きっと。必ず。

**ひっ-しょく【筆触】** 筆づかい。タッチ。

**びっしょり**(副) ひどくぬれるさま。ぐっしょり。be drenched 用例 —汗をかく。

**びっしり**(副) すきまなく並んでいるさま。いっぱい詰まっているさま。be closely packed 用例 人で—うまる。

**ひつ-じん【筆陣】**《「戦陣」にたとえて》文章によって論戦するかまえ。用例 —を張る。

**ひっ-す【必▼須】**《「須」は、用いる、の意》きっと用いなければならないこと。なくてはならないこと。必要。ひっしゅ。ひっすう。indispensable 用例 —の条件。

**ひっす-アミノさん【必▼須アミノ酸】** 動物の生命維持・発育に必要なアミノ酸のうち、体内で合成されないか、または合成されにくいもの。食物中より摂取しなければならないアミノ酸。essential amino acid

**ひっす-げんそ【必▼須元素】** 人体の構成に必要で、栄養上不可欠な元素。酸素・炭素など一七種類ほどがある。essential element

**ひっす-しぼうさん【必▼須脂肪酸】** 体内で合成されない高級不飽和脂肪酸。発育促進・皮膚栄養などに必要な脂肪酸のうち、植物油に多く含まれる、リノール酸・リノレン酸など。essential fatty acid

**ひっ・する【必する】**(サ変自他) ＝必す。①(自)必ずそうなる。②(他)そうなるようにかたく心に決める。

**ひっ-せい【▼畢生】** 一生。終生。one's life 用例 —の大事業。

**ひっ-せい【筆生】** ①字を書き写す業・人。②明治時代、政府機関の書記・秘書。

**ひっ-せい【筆勢】** 筆の勢い。筆力。

**ひっ-せき【筆跡・筆▼蹟】** 書いた文字のあと・特徴。字の書きぶり。handwriting

**ひっせき-がく【筆跡学】** 筆跡により、性格や心理を判断しようとする学問。または、筆跡鑑定など筆跡についての実用的学問。graphology

**ひっせき-かんてい【筆跡鑑定】** 文字がだれによって書かれたかを判定すること。配字形態・筆圧などの比較による。裁判で重視され、警察でも犯罪捜査に利用されている。judgment of handwriting

**ひつ-ぜつ【筆舌】**《「筆」と「舌」から》文章に書くことと話すこと。words written and spoken

**筆舌に尽くし難い**(ひつぜつにつくしがたい) 「筆舌も及ばず」と同意。

**筆舌も及ばず**(ひつぜつもおよばず) 筆にも口にも、どう表しようもない。be beyond description 類似 筆紙に尽くし難い。

**ひっ-せん【筆洗】** 使った筆の穂を洗う器。筆洗い。数え方 一個。

**ひっ-せん【筆戦】** ①文章によって議論を戦わせること。②文章・文字の優劣を争うこと。

**ひつ-ぜん【必然】** 当然そうあるべきこと。それ以外はありえないこと。necessity; inevitability 対義 偶然。用例 死は—である。

**ひつぜん-せい【必然性】** 必ずそうなるより以外に、ありえないこと。necessity 対義 偶然性。

**ひつぜん-てき【必然的】**(形動) かならずそうなるさま。inevitable 用例 —な結果。

**ひつぜん-ろん【必然論】** 宇宙のあらゆるできごとは、特定の条件や法則により、かならずそうなるよりほかないように、前もって決まっているという考え方。偶然・自由などは否定される。決定論。necessitarianism

**ひっ-そく【▼逼▼塞】** 一(名・サ変自) おちぶれて、世に隠れて暮らすこと。fall into reduced circumstances 二(名) 江戸時代、武士と僧侶に科した刑の一つ。門を閉じ、昼間の出入りを禁じた。閉門より軽い。

**ひっそり**(副) しんと静かで、さびしいさま。人目をさけて静かに、また、ひそかに事を行うさま。quietly 用例 —暮らす。

**ヒッタイト【Hittite】** 紀元前二〇〇〇年ごろ小アジアを支配したインド・ヨーロッパ語族の一派。馬・馬車・鉄器の使用で前一四世紀にはオリエント最大の国を成立させた。首都ボガズキョイ。前一二世紀ごろ急速に衰亡。ハッティ。

**ヒッタイト-ご【ヒッタイト語】** インド・ヨーロッパ語族に属する古代のヒッタイト族の言語。楔形文字と象形文字が使われた。前一五〇〇～前一二〇〇年の楔形文字碑文が、一九〇六年トルコのボガズキョイから出土、チェコのフロズニーが解読。Hittite language

**ひった-かのこ【▼疋田▼鹿の子】** ↓ひったしぼり(疋田絞り)

**ひっ-たく・る【引っ手繰る】**(五他) 他人が手に持つ物を、力ずくで奪い取る。snatch

**ひった-しぼり【▼疋田絞(り)】** 絞り染めの一種。鹿の子絞りのうちで、やや大型の四角形の絞りのこと。疋田鹿の子。

**ひっ-た・てる【引っ立てる】**(下一他) ①罪人などを捕らえて、連れて行く。walk off ②引き起こして立たせる。raise up

**ぴったり**(副・サ変自) ①すきまなくくっついていて、離れないさま。tightly ②よく合って、適当なさま。fitly

**ひっ-たん【筆端】** ①筆の先。②絵画や文章の勢い。

**ひつ-だん【筆談】**(名・サ変自) 口で話す代わりに、紙に書いて意思を伝えること。conversation by writing

**ひっ-ち【筆致】** 文字・文章・絵などのかきぶり。

**ピッチ【pitch】** ①ボートなどで、一分間オールをこぐ回数。また、緩急の度合い。②仕事・作業の能率。③音の高低の度合い。④野球で、投手の投球。また、「ピッチャー」の略。⑤コールタール・石油原油などの精製後に残る、黒い物質。防水剤・舗装用。⑥ねじを一回転させたとき、軸方向に進む距離。⑦プロペラ・スクリューなどが一回転したとき、軸方向に進む距離。⑧歯車の歯と歯の間隔。↓ボル

ひ

ト図

**ピッチを上げる**(ピッチをあげる) ①オールでこぐ回数を増す。②作業能率を高める。quicken one's pace ③速度を増す。speed up

**ピッチアウト**[pitchout] 野球で、投手が意識的に、打者が打ちにくい遠いコースに投球すること。走者の盗塁やヒットエンドランなどを防ぐため、捕手の送球がしやすいように、行うことが多い。ウエストボール。

**ヒッチコック**[Alfred Hitchcock](一八九九〜一九八〇) アメリカの映画監督。イギリス生まれ。スリラー・サスペンス映画の第一人者。作品『レベッカ』『断崖』『裏窓』『鳥』など。

**ピッチ-そうほう**【ピッチ走法】 陸上競技などで、歩幅を狭くし、歩数を多くする走りかた。trot running 比較 ストライド走法。

**ヒッチハイク**[hitchhike] 通りがかりの自動車に無料で便乗させてもらい、乗り継ぎながら、徒歩旅行を続けること。

**ピッチブレンド**[pitchblende] 閃ウラン鉱の一変種。おもに、非晶質で塊状またはコロイド状のもの。北アメリカに産出。ウランの原料鉱物とする。瀝青ウラン鉱。

**ピッチャー**[pitcher] 野球の投手。守備のときに、相手チーム打者に対して投球を行う選手。

**ピッチャーズ-プレート**[pitcher's plate] →とうしゅばん(投手板)

**ひっ-ちゃく**【必着】(名・サ変自) かならず着くこと。着かなければならないこと。

**ひっ-ちゅう**【匹▼儔】 同じたぐい。仲間。

**ひっ-ちゅう**【必中】(名・サ変自) かならず当たること。hit the target without fail 用例 一発―。

**ひっ-ちゅう**【筆▼誅】(名・サ変他) ①罪悪・過失を書きたてて、厳しくとがめること。denounce... in writing 用例 ―を加える。②修正の筆を加えること。revise; correct

**びっちゅう**【備中】 →びっちゅうのくに(備中国)

**びっちゅう**【備中】〈町〉 岡山県西端の町。成羽川に沿う農・林業の町。過疎化が著しい。新成羽川ダムがある。人口三九三八(一九八八)。

**びっちゅう-ぐわ**【備中▼鍬】 二本から五本(通常は三本)の歯のある鍬。水田や粘土の荒起こしに用いる。くまでぐわ。→鍬図

**びっちゅう-の-くに**【備中国】 旧国名。現在の岡山県西部。山陽道の一国。「延喜式」では上国、九郡。国府は総社市金井戸、国分寺は同市上林。明治四年(一八七一)廃藩置県により深津県。同五年(一八七二)小田県と改称、同八年(一八七五)岡山県に併合。備州。備中。

**ひっちょう-か**【▼蓽澄▼茄】 コショウ科のつる性常緑小木。葉は広披針形。花房が葉腋につく。果実は黒熟し、多汁。未熟の果実はスパイスまたは薬用。インドネシアで栽培。

**ぴっちり**(副・サ変自) すきまなく密着しているさま。ぴったり。tightly 用例 ドアを―しめる。

**ヒッチング**[George Hitchings](一九〇五〜) アメリカの薬理学者。癌細胞内の核酸合成抑止剤、ヘルペスウイルス感染症治療薬の開発など。エリオンとともに一九八八年ノーベル生理学医学賞受賞。

**ピッチング**[pitching] ①縦揺れ。船舶や航空機の首部と尾部が交互に上下する運動。対義 ローリング。②野球で、投手が打者に向かって投球すること。

**ピッチング-マシン**[pitching machine] 野球の打撃練習などの際に用いられる、自動的に打者にボールを投げる機械。

**ピッチンニ**[Niccolò Piccinni](一七二八〜一八〇〇) イタリアの作曲家。オペラ-ブッファを得意とした。オペラ『チェッキーナ』など。

**ピッツァ**[pizzaイタリア] 代表的なイタリア料理の一つ。小麦粉を主とした生地を薄い円盤状にし、トマト味のピッツァソースをかけ、さまざまな具とチーズをのせて焼く。ピザ。ピザパイ。

**ひっ-つか・む**【引っ▼摑む】(五他) 勢いよくつかむ。手荒につかむ。seize

**ひっ-つ・く**【引っ付く】(五自) ①ぴたりと付く。粘りつく。stick to ②《俗語》親密になって夫婦になる。男女がひそかに通じる。くっつく。flirt with

**ピッツバーグ**[Pittsburgh] アメリカ北東部、ペンシルベニア州西部の重化学工業都市。鉄鋼業がとくにさかんで、「鉄の町」の名がある。人口四二・四万(一九八〇)。

**ひっ-つめ**【引っ詰め】 ①女性が髪の毛を後ろで束ね、ふくらみをつけずに結わえること。また、その髪型。②島田髷の前後を同じぐらいの長さにして、中間を平元結で強く締めつけた髪型。締め付け島田。

**ひっ-つり**【引っ▼攣り】 やけどのあとなどの、ちぢんで、つれた皮膚。ひきつれ。scar

**ヒッティング**[hitting] 野球の攻撃作戦の一つ。打者が投球を積極的に打って出ること。

**ひっ-てき**【匹敵】(名・サ変自) 対等であること。つりあうこと。match

**ヒット**[hit](名・サ変自) ①当たること。大当たり。用例 ―ソング。②野球で、安打。

**ビット**[bit]《binary digitの略》情報量の最小単位。二進法の0または1の状態をいう。八ビットを一バイトという。

**ピット**[pit] 自動車レース場で、走路わきに設けられたスペース。競技車が燃料補給・タイヤ交換・応急修理などを行うために停車する。

**ピット**[William Pitt, 1st Earl of Chatham](一七〇八〜一七七八) イギリスの政治家。国務相として七年戦争を指導。一七五七〜六一年首相。フランスとの植民地争奪戦に勝利を収め、大英帝国拡大の基礎を築いた。大ピット。

**ピット**[William Pitt](一七五九〜一八〇六) イギリスの政治家。大ピットの次男。一七八三年首相となり、財政改革に功績をあげる。対仏大同盟を主唱しナポレオンに対抗。小ピット。

**ひっ-とう**【筆筒】 筆を入れておくつつ。筆づつ。筆立て。

**ひっ-とう**【筆答】(名・サ変自) 書いて答えること。また、その答え。対義 口答。

**ひっ-とう**【筆頭】 ①筆の先。②書き出し。③連名の中での第一番。その人。用例 戸籍―者。

**ヒット-エンド-ラン**[hit and run] 野球の攻撃戦法の一つ。走者は盗塁と同じように次塁へ向かってスタートし、打者はヒッティングを試みる。エンドラン。

**ひつ-どく**【必読】 どうしても読まなければならないこと。must book 用例 ―書。

**ヒット-チャート**[hit chart] レコードのヒット曲の売り上げ表。チャート。

**ヒット-パレード**[hit parade] 現在ヒットしている曲をならべて演奏する番組。おもにラジオ・テレビの場合をいう。

**ひっ-とら・える**【引っ捕(ら)える】(下一他) しっかりつかまえる。catch

**ビットリーニ**[Elio Vittorini](一九〇八〜一九六六) イタリアの小説家。パベーゼと並びネオレアリズモの立役者。代表作は『シチリアの会話』『人と人にあらざるものと』。

**ビットリオ-エマヌエレ**〈二世〉[Vittorio Emanuele II](一八二〇〜一八七八) イタリア王(在位一八六一〜一八七八)。一八四九年サルデーニャ王となり、カブールを登用して諸改革を断行、六一年イタリア王国を建設、初代国王に即位。七〇年統一を完了。

**ビットリオ-エマヌエレ**〈三世〉[Vittorio Emanuele III](一八六九〜一九四七) イタリア王(在位一九〇〇〜一九四六)。第一次大戦後の混乱期にムッソリーニによるファシズム政権の出現を許し、第二次大戦後その責任を問われ退位。

**ひっ-ぱが・す**【引っ▼剝がす】(五他) 引っ張ってはがす。無理にはがす。ひきはがす。ひっぱぐ。tear off

**ひっ-ぱく**【▼逼迫】(名・サ変自) ①さしせまること。impendence ②金回りが苦しくなること。窮迫。tightness

**ひっ-ぱ・ぐ**【引っ▼剝ぐ】(五他) 引っ張ってはぐ。ひっぱがす。ひきはぐ。strip

**ひっ-ぱた・く**【引っ▼叩く】(五他) 強く打つ。力をこめてたたく。slap

**ひっぱり-こ・む**【引っ張り込む】(五他) 引っ張って中へ入れる。無理に仲間に引き込む。drag into

**ひっぱり-しけん**【引っ張り試験】 細長い試験片を両端で引っ張り、その材料の伸び、極限の荷重などの引っ張り強さを測定する試験。tension test

**ひっぱり-だこ**【引っ張り▼凧】 多くの人々が争って欲しがること・物・人。be in great demand

**ひっぱり-もち**【引っ張り▼餅】 兄弟など二人の人が一つの餅を引っ張り合って食べる食い別れの風習。葬式のあと、四十九日ごろまでに行われるもので、日常は忌まれる行為。

**ひっ-ぱ・る**【引っ張る】(五他) ①強く引く。pull 用例 貨車を―。②引き伸ばして張る。stretch 用例 布地にのりをつけて―・って干す。③誘う。勧誘する。invite 用例 仲間に―。④期限や間を延ばす。put off 用例 支払いを―。語尾を―。⑤無理に連れて行く。用例 犯人を警察に―。⑥野球で、右打ちがレフトへ、左打ちがライトへ球を打つこと。pull 対義 流す。用例 外角球を三塁線に―。

**ヒッパルコス**[Hipparchos](BC一四六〜BC一二七ごろ) ギリシアの天文学者。恒星表の作成、離心円による太陽運動の説明などで知られる。

**ヒッパロス-の-かぜ**【ヒッパロスの風】 インドとアラビア半島および地中海の航海に利用された季節風。紀元前一世紀に、ギリシア人船長のヒッパロスが発見したという伝承による。Hippalos' wind

**ヒッピー**[hippie] 既成の社会体制・文化・習慣などからぬけ出し、自分の好むままに生きることを信条とする人々。一九六七年ごろから、まずアメリカに現れ、世界的に影響をおよぼした。

**ひっ-ぷ**【匹夫】 ①身分の低い男。lowly man ②ものの道理のわからない男。uncultured man 対義 匹婦。

**匹夫の勇**(ひっぷのゆう) あさはかで、血気にはやる勇気。brute courage

**匹夫も志を奪う可からず**(ひっぷもこころざしをうばうべからず) たとえ匹夫であっても、志がしっかりしていれば、誰もそれを動かすことはできない。

**ひっ-ぷ**【匹婦】 ①身分の低い女。lowly woman ②道理のわからない女。uncultured woman 対義 匹夫。

**ヒップ**[hip] ①尻。腰。②腰回りの寸法。洋服の製図では、Hの略記号で表す。

**ビップ**[VIP]《very important personの略》重要人物。要人。

**ぴっぷ**【▽比布】〈町〉 北海道中央部、上川盆地の北東にある町。石狩川上流に沿う農業の町で、米のほかメロン・イチゴも産出。スキー場がある。人口五二〇八(一九八八)。

**ひっぷ-ひっぷ**【匹夫匹婦】 身分の低い男女。教養のない者たち。lowly men and women

**ヒップボーン**[hipbone] ①腰骨。②ウエストラインから五〜六㎝下の、腰骨の位置で支え止めてはくスカートやスラックス。

**ひっ-ぽう**【筆法】 ①筆の運び方。書法。style of penmanship ②物事のしかた。方法。manner

**ひっ-ぽう**【筆▼鋒】 ①筆の穂先。②文字・文章の勢い。筆勢。effect of writings

**ひつ-ぼく**【筆墨】 ①筆とすみ。②文字を書いたあと。

**ヒッポリュトス**[Hippolytus] ギリシア神話のアテネ王テセウスの子。父の後妻パイドラに恋されるがこれを拒絶、パイドラは事実を偽った遺言を残して自殺。父は海神に彼の死を願い、彼は父の呪いによって死ぬ。

**ひ-づめ**【▼蹄】 爪の一種。ウシやウマなどの有蹄類で、趾骨の先端を包むように発達した角質のかたい形成物。hoof →馬図

**ひつ-めい**【筆名】 文筆家などが用いる名。雅号。ペンネーム。pen name 対義 本名・実名。

**ひつ-めつ**【必滅】(名・サ変自) かならずほろびること。mortality 用例 生者―。

**ひつ-よう**【必用】 かならず使わなければならないこと。

**ひつ-よう**【必要】(名・形動) なくてはならぬこと・さま。need 対義 不要。用例 ―条件。―品。―なものをそろえる。

**必要にして十分な条件**(ひつようにしてじゅうぶんなじょうけん) 必要条件であるとともに十分条件であること。同等・同値であるための条件のこと。必要十分条件。a necessary and sufficient condition

**必要は発明の母**(ひつようははつめいのはは) その物事の必要があったから、発明がなされる。物事が発明・創造されるのは、そのことが強く必要とされ、求められていたからこそである。必要・希求や切迫の度合いが強ければ、よいアイデアも生まれるものである。Necessity is the mother of invention.

**ひつよう-けいひ**【必要経費】 所得税法上、売上原価・販売費・一般管理費など、収入を得るために必要とされる費用の額。necessary expenses

**ひつようじゅうぶん-じょうけん**【必要十分条件】 必要にして十分な条件。AがBの必要かつ十分条件であるとき、BもAの必要十分条件といい、両者は等価の関係にある。necessary and sufficient condition

**ひつよう-じょうけん**【必要条件】 ①目的遂行・実現のために、満たしていることが必要である条件。②命題「AならばBである」が成り立つとき、BをAの必要条件という。necessary condition 対義 十分条件。

**ひつよう-ろうどうじかん**【必要労働時間】 労働時間のうち、労働者が受け取る賃金に相当する価値を生むとみなされる部分。

▼常用漢字表外。 ▽常用漢字表の音訓外。

necessary labor hours

**ひつ-りょく【筆力】** ①書かれた文字の勢い。strength of the brush stroke ②書かれた文章から感じられる力。文章の勢い。ability to write 用例人を動かす—がある。

**筆力、鼎を扛ぐ**（ひつりょく、かなえをあぐ）《筆の力が、重い鼎を持ちあげるぐらいである、の意》文章の力強いことの形容。

**ビデ【bidet フラ】** 陶製の婦人用局部洗浄器。器内底部から水や適温の湯が噴出する機構で、通常浴室内に設置される。

**ひ-てい【比定】**（名・サ変他）①他の似かよったものと比べて、それがなにか推定すること。②→アイデンティティ

**ひ-てい【否定】**（名・サ変他）対義肯定。①打ち消すこと。denial ②論理学で、主語と述語の結びつきを妥当でないとすること。negation

**ひてい-かいろ【否定回路】** 0と1だけの二種類の値で行われる論理演算の一つで、入力に1が入ると出力に0が、逆に入力に0が入ると出力に1が出る回路。ノット（NOT）回路。NOT circuit

**ひていけいーせいしんびょう【非定型精神病】** 発病の原因が不明な内因性精神病のうち、分裂病とも躁鬱病とも区別しがたいもの。atypical psychosis

**びてい-こつ【尾▼骶骨】** →びこつ（尾骨）

**ひてい-てき【否定的】**（形動）否定に近いさま。negative 対義肯定的。用例—な回答。

**ビティレブー-とう【ビティレブー島】**（Viti Levu）太平洋中南部、フィジーの主島。火山島。面積一万km²。同国の首都スバがある。コプラ・バナナなどを生産。

**ビデオ【video】** ①映像。画像。②「ビデオテープ」「ビデオテープレコーダー」の略。

**ビデオカセット【videocassette】** テレビなどからの映像信号と音声を記録する磁気テープをおさめた小箱。

**ビデオカメラ【videocamera】** 固体撮像素子を内蔵し、映像を電気信号に変換するカメラ。

**ビデオディスク【videodisk】** 音声・画像をデジタル信号で記録した円盤。レーザー光を使う非接触方式と、磁気による接触方式がある。プレーヤーを通しテレビに音と映像を再生する。

**ビデオテープ【videotape】** ①音と映像信号を記録する磁気テープ。②「ビデオテープレコーダー」の略。

**ビデオテープ-レコーダー【videotape recorder】** 磁気テープを使ってテレビ映像と音声を記録・再生する装置。ベータ方式とVHS方式があり、八ミリビデオも商品化されている。VTR。

**ビデオテックス【videotex】** テレビ受像機と外部の情報センターを電話回線で結び、利用者の要望する情報を受像機に表示させる方法。

**ビデオ-パッケージ**《和製語》テレビ番組や映画などをビデオテープ・ビデオディスクに記録し、広く一般に配布する新しい映像情報システムの総称。

**ビデオ-マガジン**《和製語》映像誌として定期刊行されるビデオソフト。出版界を中心に昭和六一年（一九八六）ごろから売り出され、内容も自動車・音楽・ファミコンゲーム・ビジネス情報など多岐にわたる。

**ビデ-カセ**「ビデオ-カセット」の略。

**ピテカントロプス【pithecanthropus】**《ピテカントロプス-エレクトゥス（直立した猿人）の略》化石人類の一つ。原人に属す。一八九一年ジャワ島中央部トリニールでデュボアが化石骨を発見。現在は他の原人とともにホモ-エレクトゥス（直立歩行のヒト）という。直立猿人。ジャワ原人。

**び-てき【美的】**（形動）美に関すること。美という意識で物事に対するさま。aesthetic

**びてき-せいかつ【美的生活】** 美を人生の理想としてそれを求めようとする生活。aesthetic life

**ひてつ-きんぞく【非鉄金属】** 鉄以外の金属の総称。主要なものはアルミニウム・銅・亜鉛・鉛・錫など。厳密な分類ではないが比重の大小によって重金属と軽金属に分類、また特殊なものを貴金属という。nonferrous metal

**ひてつきんぞく-こうぎょう【非鉄金属工業】** 鉄以外の諸金属の精錬・加工を行う産業。中心は銅とアルミニウム。nonferrous metals industry

**ビテプスク【Vitebsk】** ソ連西部、白ロシア共和国北東部の工業都市。西ドビナ川流域にあり、繊維・家具工業などがさかん。一一世紀以来の古都。人口三四万（一九八六）。

**ひ-でり【日照り・▼旱】** ①晴天続きで水がかれること。かんばつ。drought ②《他の語に付けて》そのものが不足すること。用例女—。

**ひでり-あめ【日照（り）雨】** 日がさしているのに降る雨。狐の嫁入り。天気雨。そばえ。

**ひでり-ぐも【日照（り）雲】** 日照り続きのときにでる雲。巻雲や夕方の積雲など。

**ひでり-こ【日照子】** カヤツリグサ科の一年草。田の畔にはえる。茎の高さ約四〇cm。葉は細く平たい。夏〜秋に、茎の先端に二mmほどの球形の小穂が多数出る。イネとともに分布する。

**ひ-てん【批点】** ①詩文を訂正・批評すること。それに加える点数。②詩文の要所・妙所に打つ傍点。③訂正すべき箇所。欠点。

**批点を打つ**（ひてんをうつ）①詩文に評点を加える。②欠点を指摘する。非難する。

**ひ-てん【飛天】** 天空を飛んで仏陀を礼賛する天人。仏教美術で、しばしば散華や奏楽の姿で表現される。中国の隋唐以後優雅な女性の姿として表現され、天女ともよばれた。その後、伝説の仙女像に似せて描かれるようになった。↓写

●飛天 『雲中供養菩薩像』。平安時代中期（一一世紀）、平等院鳳凰堂（京都府）。

**ひ-でん【飛電】** ①いなずま。lightning ②電報。telegraph

**ひ-でん【秘伝】** ①容易に人に伝えない秘密の事柄。secret ②秘密の伝授。

**ひ-でん【悲田】**《仏教語》三福田の一つ。貧者・病者など、困窮状態にあってあわれみ救うべきとされる人のこと。

**び-てん【美点】** すぐれている点。よいところ。merit

**び-でん【美田】** よく肥えた田地。肥田。fertile field

**ひでん-いん【悲田院】** 上代、貧困者・病人・孤児などを救うために設けた施設。養老七年（七二三）、奈良興福寺内に設けられたのが初めといわれる。平安京では施薬院の別所として置かれた。

**ひ-でんか【比電荷】** 電子や陽子など荷電粒子の、電気量の質量に対する比。荷電粒子線が電場および磁場から受ける曲がりの大きさから実験的に求められる。specific charge

**ひ-でんか【妃殿下】** 皇族の妃に対する敬称。

**ひ-でんかいしつ【非電解質】** 溶液にしたときイオンに解離しない物質。メタノール・蔗糖などの水溶性の有機化合物など。nonelectrolyte

**ひでん-けい【皮電計】** 皮膚の電気抵抗をはかる装置。鍼灸でつぼをさがすのに使う。dermometer

**ひてん-しゅうさ【非点収差】** 一点から発した光が球面に斜めに入射すると、屈折、反射のあとは光が一点に収束しなくなる現象。ザイデルの五収差の一つ。astigmatism

**ひと【一】** ①いち。一つ。one ②《接頭的》㋐一つの。一回の。用例—続き。㋑ある…。用例—ころ。㋒ちょっと。用例—眠り。—走り。

**ひと【人】** ①二本足で直立し、手を使う動物。知能があり、ことばを持ち、道具を作り使用する。人間。人類。human being 用例天は—の上に—をつくらず。②世間の人。世人。people 用例—の目がうるさい。③他人。others 用例—のまねをする。④おとな。成人。adult 用例—となる。⑤人物。性質。nature ⑥ひとびと。みんな。用例—も知る。⑦すぐれた人物。man of talent 用例この会社には—がいない。⑧自分。用例—の気も知らないで。⑨特定の人をさす語。㋐ある人。person 用例ちょっと—をたずねる。㋑必要な人手。hand 用例—を求める。㋒恋人。lover 用例いい—。㋓夫。husband 用例うちの—。

**人悪しかれ**（ひとあしかれ）《自分にだけはよいように、の気持ちで》自分以外の、ほかの人は、悪いようになるとよい。人を悪しかれ。

**人、至って賢ければ友無し**（ひと、いたってかしこければともなし）あまりにりこうすぎると、他人からは敬遠され、親しまれもしないので、友達ができることもない。

**人、衆ければ天に勝つ**（ひと、おおければてんにかつ）天の力にかなうはずがない人の力も、その数が多く、勢いがあるときには、一時的に天の道理に勝つことがある。

**人が好い**（ひとがいい）気立てがよい。好人物である。また、お人好しである。good natured 用例—だけが取り柄。

**人が変わった様**（ひとがかわったよう）同一人物とは思えないほどの、以前とはまったく変わった態度・行動の形容。be not what one was

**人必ず自ら侮りて然る後に人之を侮る**（ひとかならずみずからあなどりてしかるのちにひとこれをあなどる）自分で自分を侮る者は、必ず世間の人からも侮られるようになる。

**人が悪い**（ひとがわるい）①性質が悪い。人柄がよくない。意地悪である。ill-natured ②いたずら好きだ。

**人と入れ物は有り次第**（ひとといれものはありしだい）人と器物はあればあるで、また、なければないで用が足りる。

**人と成る**（ひととなる）①成長して、一人前になる。grow up ②正気に返る。come to oneself

**人と屏風は直ぐには立たず**（ひととびょうぶはすぐにはたたず）《屏風は、曲げなければ立てることができないように》人は、ときには意志を曲げ、妥協することを知らないと、世の中を渡っていくことはできない。また、正しい道理を言うばかりでも、世間に暮らしてはいけない。

**人には添うて見よ馬には乗って見よ**（ひとにはそうてみよ うまにはのってみよ）つきあってみなければ、その人の本性はわからない。

**人の頭の蝿を追う**（ひとのあたまのはえをおう）他人事に、あれこれ干渉する。interfere

**人の一生は重荷を負うて遠き道を行くが如し**（ひとのいっしょうはおもにをおうてとおきみちをゆくがごとし）《徳川家康の遺訓の一つとされる》人生は、苦しく長い道のりであるから、これを立派に歩み通すには不断の努力と忍耐が必要である。

**人の海**（ひとのうみ）人が大勢いることを、海に見立てて言ったもの。人海。

**人の噂も七十五日**（ひとのうわさもしちじゅうごにち）うわさは一時のことで、長続きしないこと。

**人の皮を被る**（ひとのかわをかぶる）《人の姿はしているが人間ではないもの、の意から》人間らしい心のかけらももっていない者を、ののしって言う語。用例人の皮をかぶった犬畜生め。

**人の尻馬に乗る**（ひとのしりうまにのる）《「尻馬」は、他人の乗った馬の後ろに乗ること》他人のすることに便乗して、行動する。他人をまねて、軽率な言動をとる。follow suit

**人の尻を拭う**（ひとのしりをぬぐう）他人の失敗や不始末・非行などの後始末をする。尻拭いをする。make up for a person's mistake

**人の疝気を頭痛に病む**（ひとのせんきをずつうにやむ）自分に関係のない事を心配する。

**人の宝を数える**（ひとのたからをかぞえる）人の持つ宝を数える。自分にとってなんの益にもならないことをすることを言う。

**人の蝿を追うより己れの蝿を追え**（ひとのはえをおうよりおのれのはえをおえ）他人のことに口出しする前に、まず自分のことを省みよ。人事言わんより我が頭の蝿を逐え。Mind your own business.

**人の風見て我が風直せ**（ひとのふりみてわがふりなおせ）他人の行状のよしあしを見て、自分の行状を反省せよ。One man's fault is another's lesson.

**人の褌で相撲を取る**（ひとのふんどしですもうをとる）他人の物を利用して自分の利益をはかる。benefit oneself at the expense of another

**人の将に死なんとするや、其の言や善し**（ひとのまさにしなんとするや、そのげんやよし）人の死に際に残すことばには真実があって、胸に迫るものがある。

**人は一代、名は末代**（ひとはいちだい、なはまつだい）人間は一生で終わるが、名は後代に残る。Worthy men shall be remembered.

**人は落ち目が大事**（ひとはおちめがだいじ）①他人がおちぶれたときに、同情や助けを与えるのが、本当の友情だということ。②おちぶれたときは、とくに言動に注意して、再び立ち上がれるよう努力しなければならないということ。

**人は善悪の友に因る**（ひとはぜんあくのともによる）人は、つき合う友だちの善しあしによって、善くなったり悪くなったりもする。仲間からの影響・感化の小さくないことを言ったもの。

**人は其の友に依って知られる**(ひとはそのともによってしられる) 人は、その交際している友人によって、どのような人物であるかがわかる。[類似]その子を知らざればその友を見よ。
**人は互い**(ひとはたがい) 人は、互いに助け合っていかなくてはならない。
**人は情け**(ひとはなさけ) 人は、互いに思いやることが大切である。One good turn deserves another.
**人はパンのみにて生くるものに非ず**(ひとはパンのみにていくるものにあらず) 人は物質的生活だけを目的に生きるものではなく、精神的生活が大切である。Man shall not live by bread alone.
**人は人、我は我**(ひとはひと、われはわれ) 他人がどうであろうと、自分の思いどおりにせよ。going one's own way
**人は見掛けに因らぬもの**(ひとはみかけによらぬもの) 人の本性は、外見だけではわからない。A man is not to be judged by his appearance.
**人は眉目より唯心**(ひとはみめよりただこころ) 人は容姿の美しさより、心の美しさが大切である。
**人は病の器**(ひとはやまいのうつわ) 人が病気にかかりやすいことのたとえ。
**人、木石に非ず**(ひと、ぼくせきにあらず) 人には、木や石と異なり必ず喜怒哀楽の感情がある。Man is made of flesh and blood.
**人増せば水増す**(ひとませばみずます) 家族の人数が多ければ、出費もまた多くなる。
**人我に辛ければ、我又人に辛し**(ひとわれにつらければ、われまたひとにつらし) 他人が自分につらく当たれば、自分もその人につらく当たる。
**人を悪しかれ**(ひとをあしかれ) 「人悪しかれ」と同意。
**人を射んとせば先ず馬を射よ**(ひとをいんとせばまずうまをいよ) 相手を打ち負かすには、まず、相手が頼りにしているものを、打ち負かすことである。If you wish to win someone's heart, you should win over those around him first.
**人を怨むより身を怨め**(ひとをうらむよりみをうらめ) 他人をうらむ前に、わが身をふりかえって、よく反省せよ。何かにつけて、他のせいにすることを戒めることば。Everyone is the son of his own works.
**人を思うは身を思う**(ひとをおもうはみをおもう) 他人に情けをかけてやれば、それはやがて自分に返ってきて、人の情けを受けることになる。[類似]情けは人の為ならず。
**人を食う**(ひとをくう) 人をこばかにする。make a fool of
**人を逸らさない**(ひとをそらさない) 人の心をたくみに引き付けて、注意がほかへ移らないようにする。attract one's attention
**人を立てる**(ひとをたてる) ①使者・代理人として、人を差し向ける。send ②仲裁のために、当事者の間に人を立ち入らせる。call ③自分が退いて、他人によい立場を与えたり、上位に据えたりする。pay due respect to a person
**人を使うは苦を使う**(ひとをつかうはくをつかう) 他人を使うということは、とても苦労がいるものである。
**人を呑む**(ひとをのむ) 相手を見下す。人をばかにしたり、軽蔑したりして大胆に振る舞う。人を食う。make light of [用例]人を呑んでかかる。
**人を呪わば穴二つ**(ひとをのろわばあなふたつ) 他人を呪えば、結局自分もその報いで、呪われる。A curse will rebound on yourself as well.
**人を馬鹿にする**(ひとをばかにする) 人を愚か者のように扱う。人を見下し、また、あなどりさげすむ。look down on
**人を人とも思わぬ**(ひとをひとともおもわぬ) 相手をあなどり、いばり返ったさま。disdain
**人を見たら泥棒と思え**(ひとをみたらどろぼうとおもえ) 人を軽々しく信用してはいけない。Don't trust a stranger.
**人を見て法を説く**(ひとをみてほうをとく) 人に働きかけるときは、相手をよく見て、その人にふさわしい手段方法を選ぶことが大切である。Suit your speech to the audience.
**人を見る目**(ひとをみるめ) 人物・能力などを見抜くこと・能力。good judge of character
**人を以て言を廃せず**(ひとをもってげんをはいせず) つまらない人の言ったことでも、その内容がすぐれていればとり上げるべきである。
**ひ-と【費途】** お金の使い道。使途。
**ひ-ど【肥土】** ①こえた土。②ローム。
**ひと-あか【人▼垢】** ①肌やものについた、人のあか。②他人のあか。
**人垢は身に付かぬ**(ひとあかはみにつかぬ) 他人から奪い取ったものは、一時的にしか自分のものにならない。
**ひと-あし【一足】** ①一歩。step ②少しの時間。second [用例]—違い。
**ひと-あし【人足】** 人々の行き来。traffic [用例]—が絶える。
**ひと-あじ【一味】** その食品を際立たせている微妙な味わい。[用例]—違う。—足りない。
**ひと-あしらい【人あしらい】** 人のもてなし方・応対のしかた。handling people [用例]—がうまい。
**ひと-あせ【一汗】** ひとしきり汗をかくこと。sweat
**一汗かく**(ひとあせかく) ①ひとしきり汗を流す。work up a sweat ②精を出して仕事をする。work hard
**ひと-あたり【一当(た)り】**(名・サ変自) 一通り目当てとする人みんなに、かけあって見ること。[用例]—当たってみる。
**ひと-あたり【人当(た)り】** 人に与える感じ。人に対する応対ぶり。attitude toward others [用例]—がよい。
**ひと-あな【人穴】** 火山のふもとなどにある、固まった溶岩にできた洞穴。溶岩の表面が冷えて固まったあとで、内部のやわらかい部分のガスが抜け出してできたもので、昔、人が住んだとされた。[用例]富士の—。
**ひと-あめ【一雨】** 一度雨が降ること。ひとしきり降る雨。a fall of rain [用例]—欲しい。—ごとに暖かくなる。
**一雨有りそうだ**(ひとあめありそうだ) 何か一騒ぎがなければ、済みそうにないことのたとえ。impending trouble
**ひと-あれ【一荒れ】**(名・サ変自) ①雨・風などがひとしきり荒れること。a storm [用例]—来そうだ。②機嫌が悪くて人に当たりちらすこと。rage
**ひと-あわ【一泡】** 一つの泡。驚きあわてて、口から吹き出す泡。転じて、不意で、あわてること。
**一泡吹かせる**(ひとあわふかせる) 人の不意をついて、あわてさせる。give a blow
**ひと-あんしん【一安心】**(名・サ変自) ひとまず安心すること。feel relieved for a time [用例]まずは—。
**ひど・い【▽酷い・非▽道い】**(形) ①むごい。残酷である。cruel [用例]—仕打ち。—目にあう。②甚しい。激しい。severe [用例]—風。—寒さ。③たいへん悪い。awful [用例]—成績。—でき。[派生]ひどさ(名)
**ひと-いき【一息】** ①ひと呼吸。a breath ②途中で休まずにすること。一気。at a stretch [用例]—に仕上げる。③一休み。rest [用例]—つこう。④わずかの時間・努力。[用例]もう—だ。
**一息入れる**(ひといきいれる) 一呼吸する。一休みする。take a rest [用例]坂の途中で—。
**ひと-いきれ【人▽熱れ・人▼熅れ】** 人がおおぜい集まっていて、熱気でむんむんしていること。stuffy
**ひと-いちばい【人一倍】**(名・副) 《人の倍、の意から》人並みはずれて激しく。more than others [用例]—働く。
**ひと-いれ【人入れ】** 江戸時代、大名・旗本屋敷に雇い人を斡旋した業者。また、その行為。人入れ業。
**ひと-いろ【一色】** ①一つの色。a color ②一つの種類。a kind
**ひ-とう【秘湯】** あまり人に知られていない温泉・温泉地。remote spa [用例]陸奥の—。
**ひ-とう【比島】** フィリピン諸島のこと。
**ひ-とう【▼緋桃】** 鮮紅色の花の咲くモモ。
**ひ-どう【非道】**(名・形動) ①道理・人情にはずれていること・さま。injustice ②思いやりに欠けていて、むごいこと・さま。cruelty [用例]極悪—。
**び-とう【尾灯】** 電車や自動車などの後部につける赤い標示ランプ。テールランプ。tail lamp
**び-どう【美童】** みめかたちの美しい少年。
**び-どう【微動】**(名・サ変自) かすかに動くこと・さま。a slight movement [用例]—だにしない。
**ひと-うけ【人受け】** 人の評判・感じ。受け。popularity [用例]—が良い。
**ひと-うけ【人請け】** 身元保証。
**ひとう-せい【被投性】** 《ハイデッガーの用語。Geworfenheit(ドイ)の訳語》哲学で、投企とともに現存在の存在性格を示すもので、投企としての可能性、一定の状況の中に投げ出されていることをいう。
**ひと-うち【一打ち】**(名・サ変自) 一度打つこと。a stroke
**一打ちにする**(ひとうちにする) 一打ちで倒す。vanquish at a single stroke
**びとう-にしゅう【尾▼藤二▼洲】**(一七四五〜一八一三) 江戸中期の儒者。名は孝肇。伊予の人。古学から朱子学へ転ずる。「寛政異学の禁」を発案。寛政三博士の一人。著書『正学指掌』など。
**ひどうめい-しゅぎ【非同盟主義】** 東西両陣営のどちらとも同盟を結ばないという外交路線。独立・平和共存・反植民地主義が原則。一九六一年、第三世界諸国の非同盟諸国会議で定式化された。nonalignment policy
**ひどうめい-しょこく【非同盟諸国】** 非同盟主義を外交の基調とする諸国。インド・エジプト・ユーゴ・アルジェリア・キューバなどが中心。nonaligned nations
**ひどうめいしょこく-しゅのうかいぎ【非同盟諸国首脳会議】**(Nonaligned Summit Conference) 非同盟諸国の元首や政府首脳が集まって開く会議。一九六一年の第一回会議にはチトー・ネール・スカルノ・ナセルなどの二八か国首脳が参加、以後三年ごとに開催。非同盟諸国会議。
**ひと-え【一重】** ①重ならないで、一枚であること。single [用例]壁—。②花びらが重なり合っていないこと。single [用例]—咲き。
**ひと-え【▽単・▽単▽衣】** ①「単物」の略。②「単衣」の略。
**ひとえ-おび【▽単帯】** 裏なしの帯。普通は女帯の夏季用。博多織・つづれ織りなどが多く用いられる。→女房装束[図]
**ひとえ-ぎぬ【▽単▽衣】** =単。①裏地のない衣服。②古く、装束の下につける広袖の肌着。のち、白小袖の上に重ねた。
**ひとえ-ぐさ【一重草】** 緑藻植物ヒトエグサ属の海藻。高さ約一五cmで葉状体の縁にひだが多い。冬から春にかけて、潮間帯上部に生育する。ノリの佃煮や「青海苔」の原料。
**ひとえ-に【▽偏に】**(副) ただそれだけであるさま。ひたすら。すべて。solely [用例]—皆様のおかげです。
**ピトエフ【Georges Pitoëff】**(一八八四〜一九三九) フランスの演出家・俳優。ロシア生まれ。チェーホフ・ストリンドベリ・ピランデッロなどの作品をフランスに紹介。
**ひとえ-まぶた【一重▼瞼】** まぶたに横しわのないもの。一皮のまぶた。single-edged eyelid
**ひとえ-もの【▽単物】** 裏地のついていない衣服。初夏から初秋に着る単の和服。ひとえぎぬ。単。[対義]袷。
**ピトー-かん【ピトー管】** ベルヌーイの定理を応用した流速の測定装置。フランスの物理学者・工学者アンリ=ピトーが、一七二八年に考案。Pitot tube
**ひと-おじ【人▽怖じ】**(名・サ変自) 幼児などが、知らない人を見てこわがること。また、はにかんでしりごみすること。timidity in the presence of a stranger [用例]—をしない子。
**ヒトーパデーシャ【Hitopadeśa梵】** 古代インドの説話集『パンチャタントラ』の伝本の一つ。ナーラーヤナ作。一〇世紀ごろ成立。
**ひとおもい-に【一思いに】**(副) いっそ。思いきって。断然。resolutely [用例]—死のうか。
**ひと-かい【人買い】** 女・子どもをだまして売買する者。
**ひとがえし-れい【人返し令】** 江戸時代の帰農政策。天保の改革で、水野忠邦が実施。農民の都市流出を禁じ、移住者を帰郷させることにより、農村再建をはかった。
**ひと-かかえ【一抱え】** 両手を広げて、抱えられる程度の大きさ。armful
**ひと-がき【人垣】** 垣根のように、大勢の人が立ち並ぶこと。throng
**ひと-かげ【人影】** ①人の姿。figure ②ものに映った人の影。shadow of a person
**ひと-かさね【一重ね】** 和服などの、一そろい。[参照]重ね。
**ひと-かず【人数】** ①にんずう。number of people ②一人前に取り扱うこと。人並み。like others [用例]—に扱われる。
**ひと-かせぎ【一稼ぎ】**(名・サ変自) 一回の稼ぎ・仕事。
**ひと-がた【人形】** →かたしろ(形代)
**ひと-かたけ【一片▽食】** [文語的]《「かたけ」は、朝夕二食のうちの一方、の意》一回の食事。
**ひとかた-ならず【一方ならず】**(副) ひととおりでなく。大いに。甚だ。very
**ひと-かたまり【一塊】** ①一つの塊。a lump ②一群れ。a group
**ひと-かど【一角・一▽廉】** =いっかど。①すぐれていること。superiority [用例]—の人物。②一人前。full-fledged [用例]—の役に立つ。
**ひと-かぶ【一株】** ①草木の株一つ。②株券一枚。③一財産。一身代。

一株立てる 資産をつくって一家をおこす。

**ひとかぶ-うんどう【一株運動】** 市民が企業の株を一株ずつもち、株主として総会に出席して抗議・告発を行う運動。アメリカの弁護士ラルフ＝ネーダーの提案によって始められ、日本でも公害企業や軍需企業を対象にした市民運動の有力な戦術となったが、昭和五六年（一九八一）の商法改正により不可能となった。

**ひと-がま・し【人がまし】** 古語（形シク）人並みらしい。用例 ―・しくやおぼしめされむ（謡曲・胡蝶）。

**ひと-がら【人柄】** ①性格・教養などが自然に言行に表れたもの。人格。人品。性質。用例 ―をしのばせる。character ②《上に「お」を付けて》りっぱな人柄。good-natured 用例 お―で皆に信頼される。

**ひと-かわ【一皮】** ①一枚の皮。②飾った表面。a veneer

一皮剥く うわべのものを取り去る。おおい隠している、外面の虚飾を取り払って、本当の姿を見る。take a veneer off

**ビトキエビチ【Stanisław Ignacy Witkiewicz】**（一八八五〜一九三九）ポーランドの劇作家・小説家・画家。芸術・哲学の論文も多い奇矯の文人。戯曲『狂人と尼僧』『母親』『靴職人』、小説『秋の別れ』『非充足』など。

**ひと-ぎき【人聞き】** 人に聞かれること。外聞。reputation 用例 ―が悪い。

**ひと-ぎらい【人嫌い】** 人に会うことを嫌うこと・人。misanthropy

**ひと-きり【一切り】** ①一段落。period ②ひところ。いちじ。once

**ひときり-ぼうちょう【人切(り)包丁・人▼斬(り)▼庖丁】**《「菜切り包丁」のもじり》刀を悪く言う語。

**ひと-きれ【一切れ】** 一つの切れ端。一片。a slice

**ひと-きわ【一際】**（副）いっそう。いちだんと。conspicuously 用例 ―美しい。

**ひ-とく【秘匿】**（名・サ変他）ひそかに隠しておくこと。concealment

**び-とく【美徳】** ①りっぱな徳。virtue 対義 悪徳。②よい行い。good deed

**ひとくい-ざめ【人食(い)▼鮫】** 貪食で性質が荒く、時に人をも襲うことのあるサメの俗称。サメ類は全世界に約二五〇種いるが、人間に危害を与えるのは二〇種ほど。ホオジロザメ・アオザメ・イタチザメなどが代表。

**ひとくい-じんしゅ【人食(い)人種】** 人の肉を食う風習のある未開民族。食人種。cannibal tribe

**ひと-くくり【一▽括り】** 一つにまとめること。まとめたもの。一括。a bundle

**ひと-くさ・い【人臭い】**（形）①人のいる気配がする。②人間らしいようすをしている。

**ひと-くさり【一▼齣・一▼闋】** ①話のまとまった、一区切り。passage 用例 天下分け目の大合戦の―。②ひとしきり話すこと。用例 いつもの自慢話を―したところだ。

**ひと-くせ【一癖】** ①一つの癖。②ふつうの人とくらべて変わった感じの性格。peculiarity

一癖も二癖も有る 人並みでなく、扱いにくい。be hard to deal with

**ひと-くだり【一▽行】** ①いちぎょう。②文章の、ある一つの部分。

**ひと-くち【一口】** ①いっぺんに食べること。mouthful ②少し飲食すること。a morsel ③まとめて短く言うこと。in short 用例 ―に言えば。④少し言うこと。一言。a word ⑤寄付などの一単位。unit 用例 ―一〇〇〇円。

一口に言うと 手短に言うと。簡単にまとめて言えば。in short

**ひとくち-ばなし【一口話・一口▼咄・一口▼噺】** 短くておもしろい話。小咄などよりさらに短いもの。笑話。conte

**ひと-くふう【一工夫】** ①一つの工夫。a contrivance ②ある工夫。③ちょっとした工夫。something more

**ひと-くろう【一苦労】**（名・サ変自）苦労すること。ちょっとした苦労。take pains 用例 かれのために―してみるか。

**ひと-け【人気】** 人がいるようす・気配。human presence

**ひ-どけい【日時計】** 太陽の日周運動による影の移動で時刻を知る時計。多くの種類がある。sundial →写

●日時計　横浜市、野毛山公園の日時計。

**ひと-ごえ【人声】** 人の話す声。voice

**ひと-ごこち【人心地】** ①人間らしい心持ち。②生き返ったような気持ち。正気。feel relieved

人心地が付く 生きているという気持ちがよみがえる。興奮・苦痛・気絶などの状態から、平常の意識に戻る。feel relieved

**ひと-ごころ【人心】** ①人間の心。②人情。③正気。

**ひとこし-ちりめん【一越(し)▽縮▼緬】**《「一越し」はより方向の異なる横糸を交互に織るところから》縮緬の一種。しぼが細いのが特徴。

**ビドゴシュチ【Bydgoszcz】** ポーランド中部の商工業都市。運河に臨む交通の要地。電気・機械・化学工業などが発達。人口三六・一万（一九九五）。

**ひと-こと【一言】** ＝いちごん。①一つのことば。a word 用例 その―が聞きたかった。②少し言うことば。いちごん。a word 用例 ―言わせて欲しい。

一言多い 話の中などに、言わなくてもよいような余計なことを、ちょっと言う。speak too much 用例 何かにつけて―人。

**ひと-ごと【人事・▽他▽人事】** 人のこと。自分にかかわりのないこと。転じて、他人のうわさ話。other people's affairs

人事言わば筵敷け 人のうわさをすると、きまってその人がやって来るものであり、そのため、その人の席を用意しておかなくてはならないほどである。うわさ話は、それぐらいのつもりでせよということ。

人事で無い 自分には関係ない他人のことである、と見なしているだけではすまされない。いずれは、自分にもかかわってくる事柄である。cannot be indifferent

**ひとことぬし-の-かみ【一言主神】** 奈良県の葛城神社の祭神。言意を実現する威力をもつ言霊の神とされる。

**ひとこぶ-らくだ【一▼瘤▼駱▼駝】** 背中に脂肪のこぶが一個あるラクダ。肩高二m内外。アフリカ・アラビア・南アジアで飼育される家畜で、野生種は残っていない。dromedary

**ひと-こま【一▼齣】** 続いているものの中の、一場面。a shot

**ひと-ごみ【人込み】** 人が大勢こみ合うこと・所。crowd

**ひと-ころ【一▼頃】** ①以前のある時期。once ②あるとき。at one time

**ひと-ごろし【人殺し】** 人を殺すこと。殺人者。murder; murderer

**ひと-さし【一差(し)・一指(し)】** 将棋などの一局。また、舞・相撲などの一回、一番。用例 ―舞う。

**ひとさし-ゆび【人差(し)指・人指(し)指】**《人をさす指、の意》親指と中指の間の指。第二指。食指。forefinger; index finger

**ひと-ざと【人里】** 人家の多くある所。human habitation

**ひとざと-しょくぶつ【人里植物】** 路傍・あき地・農道・庭など、絶えず人間の作用の加わる土地に生育する植物。

**ひと-さま【人様】** 他人を言う敬語。用例 ―に迷惑をかけるな。

**ひと-さまざま【人様様】** 人によって違うこと。matter of taste

**ひと-さらい【人▼攫い】** 子どもなどをだまして連れ去ること・人。誘拐。kidnapping

**ひと-さわがせ【人騒がせ】**（名・形動）つまらないことで、人を驚かし騒がすこと・さま。sensational

**ひと・し【等し】** 古語（形シク）→ひとしい（等しい）

**ひとし・い【等しい・▽斉しい・▽均しい】**（形）二つ以上の物の間に性質・量・程度の違いがない。同一だ。equal 用例 二辺の長さが―。

**ひと-しお【一▽入】** ㊀（名）染め物を液に一回つけること。㊁（副）いっそう。ひときわ。いちだん。especially

**ひと-しお【一塩】** 魚・野菜などの材料に、薄く塩を振ったりまぶしたりすること。余分な水分を除く効果がある。浅塩の魚を一塩ものという。用例 ―ニシン。

**ひと-しきり【一▽頻り】**（副）しばらく続くさま。一時さかんなさま。for a while 用例 ―吹く風。

**ひとしく【等しく・▽斉しく】**（副）①いっせいに。そろって。all at once ②…とすぐに。…と同時に。as soon as 用例 着くと―かけだした。

**ひと-しずく【一滴・一▼雫】** 一滴の水のしたたり。a drop 用例 ―の涙。

**ひと-じち【人質】** ①恭順・同盟などの約束を保証するための担保として、相手方に自分の近親者をあずけておくこと。その人。hostage ②身の代金や一定の要求の実現を目的に不法に監禁された人。hostage

**ひとし-なみ【等し並(み)】**（形動）ふつうと同じさま。

**ひと-じに【人死に】** 事故で死者が出ること。loss of life

**ひと-しれず【人知れず】**（副）人にわからないように、そっと。自分ひとりで。secretly 用例 ―悩む。

**ひと-しれぬ【人知れぬ】**（連体）人にはわからないような。unknown to others 用例 ―苦心をはらう。

**ひと-ずき【人好き】** 人から好かれること。attractive 用例 ―のする顔。

**ひと-ずくな【人少な】**（形動）人手が少ないさま。

**ひと-すじ【一筋】** ㊀（名）細長い物の一本。a line 用例 ―の滝がかかる。㊁（形動）それだけに専心するさま。wholehearted 用例 芸道―に生きる。

**ひとすじ-しまか【一▽条▼縞蚊】** 黒い胸部の背面の正中線にそって、一本の白い筋のあるカ科の昆虫。体長約四・五mm。もっともふつうのヤブカ。墓地の花立て、竹の切り株、防火用水などの雨水溜りに発生する。デング熱を媒介。本州以南・東南アジアに分布。

**ひとすじ-なわ【一筋縄】** ①一本の縄。②ふつうの手段。ordinary means

一筋縄では行かない ふつうのやり方では、思うように操れない。be very hard to deal with

**ひと-ずれ【人擦れ】**（名・サ変自）人中でもまれて性質が悪くなっていること。悪く世間なれしていること。sophistication

**ひと-せいちょうホルモン【人成長ホルモン】** 下垂体前葉ホルモンの一種。分泌過剰では巨人症や末端肥大症となり、分泌低下では下垂体性小人症となる。このホルモンは遺伝子組み換えにより、人工的につくることができる。human growth hormone

**ひと-そろい【一▼揃い】** 必要なもの全部。一組み。a set

**ひと-だかり【人▽集り】**（名・サ変自）人が集まり群がっていること。また、その群集。throng

**ひと-だすけ【人助け】** 困っている人を救うこと。help a person 用例 これも―だ。

**ひと-たち【一太刀】** ①太刀で一度切ること。a stroke of sword 用例 ―あびせる。②一度めの切りつけ。一の太刀。

**ひと-だのみ【人頼み】** 人を当てにすること。人に頼ること。人任せ。rely on others

**ひと-たび【一度】**（名・副）いっぺん。いちど。once

**ひと-だま【人▽魂】** ①肉体から抜け出すという霊魂。spirit of a dead person ②尾を引いて浮遊するという青白い火の玉。死者の霊。will-o'-the-wisp

**ひと-たまり【一▼溜(ま)り】** しばらく持ちこたえること。

一溜まりも無い わずかの間も、持ちこたえることができない。簡単に崩されてしまう。very easily 用例 攻撃されたら―。

**ひと-ちがい【人違い】**（名・サ変自他）＝人違え。①別の人をその人と間違えること。take a person for another 用例 ―とんだ―をして失礼しました。②別人のように変わるこ

と。用例やつれて—したような顔。

**ひと-つ【一つ】**㊀(名)①数の初め。数の単位。いち。one 用例—、ふたつ。お—どうぞ。②一個。単一。one 用例母の手—で育てられた。③同じ。一体。same 用例心を—にする。海と空とが—になる。④一方。一面。one hand 用例—には…。⑤《最小の例としてあげる》でさえ。すらも。用例あいさつ—できない。⑥それだけにかかっている。用例きみの決心—だ。㊁(副)①ちょっと。試みに。用例—出かけてみるか。②まずは。用例—お願いいたします。

**一つとや**(ひとつとや)《数え歌で、はじめのひとつを歌いだすときのことば》最初は。一番めに。

**一つ屋根の下に住む**(ひとつやねのしたにすむ)同じ家で、いっしょに生活する。live in the same house 用例—仲。

**ひとつ-あな【一つ穴】**①同じ穴。same hole ②共謀すること。ぐる。be in cahoots

**一つ穴の狢**(ひとつあなのむじな)一見、別もののように見えても、実は同類である、多くの、悪い者たち。一味。同じ穴の狢。

**ひとつ-おぼえ【一つ覚え】**一つのことを覚えて、それだけを振りかざすこと。それだけで、融通がきかないこと。stick to only one thing 用例ばかの—。

**ひと-つがい【一▽番】**①組み合うこと。その一組み。a pair ②鳥獣の雌雄の一対。a pair

**ひと-づかい【人使い】**人を使う方法。人の使い方。treatment 用例—が荒い。

**ひとつ-がき【一つ書き】**最初に一を置いて書く箇条書き。その文章。itemization

**ひとつ-かま【一つ▼釜】**①同じかま。same pot ②いっしょに生活すること。live with 用例—の飯を食う。

**ひと-づき【人付き】**①人とのつきあい。人づきあい。association ②人の気受け。popularity

**ひと-づきあい【人付(き)合い】**人とのつきあい。交際。company 用例—が悪い。

**ひとっ-こ【人っ子】**「人」を強めた語。

**人っ子一人居ない**(ひとっこひとりいない)誰一人としていない。一人の人間もいない。人影がまったくない。empty 用例—裏通り。

**ひとつせ-がわ【一ツ瀬川】**宮崎県中部を流れる川。長さ九一km。九州山地に発し、西都市を貫流して日向灘に注ぐ。

**ひと-づて【人▽伝】**人を通じて、また人に頼んで伝えたり聞いたりすること。hearsay 用例—に聞く。

**ひとつ-ば【一つ葉】**ウラボシ科の常緑シダ。岩や樹上にはえる。根茎は長くはい、約四〇cmの長楕円形の単葉を群生。千葉県以西に分布。

**ひとつば-かえで【一つ葉▼槭】**カエデ科の落葉高木。山地にはえる。葉は倒卵状円形で、分裂しない。初夏、淡黄色の小花が上向きに咲く。果実の翼は鋭角に開く。マルバカエデ。

**ひとつ-ばし【一つ橋】**一本の丸木橋。

**ひとつばし【一橋】**東京都千代田区神田の一地区。皇居の北側にあたり、御三卿の一つ、一橋家のあったところ。一橋大学などの発祥の地でもある。

**ひとつばし-け【一橋家】**江戸時代、御三卿の一つ。元文五年(一七四〇)八代将軍徳川吉宗の子宗尹にはじまる。一一代将軍家斉、一五代将軍慶喜が出た。

**ひとつばし-だいがく【一橋大学】**国立大学の一つ。前身は明治八年(一八七五)設立の商法講習所。東京商科大学等をへて、昭和二四年(一九四九)より現制。東京都国立市。

**ひとっ-ぱしり【一っ走り】**ちょっと走ること。いちど走ること。ひとはしり。a run 用例—行ってくる。

**ひとつば-たご** モクセイ科の落葉高木。本州から九州の山野の湿りけのある場所にはえる。高さ一〇mから三〇m。葉は楕円形で厚い。初夏、新芽の先に白い花が円錐状に咲く。雌雄異株。ナンジャモンジャノキ。

**ひとつ-ばなし【一つ話】**①いつも得意になってする話。favorite gossip ②珍しい話。奇談。curious topic

**ひとつば-はぎ【一つ葉▼萩】**本州以南の山野にはえるトウダイグサ科の落葉低木。高さ約二m。葉は長楕円形。夏に、淡黄色の小花を葉腋に密生。↓図

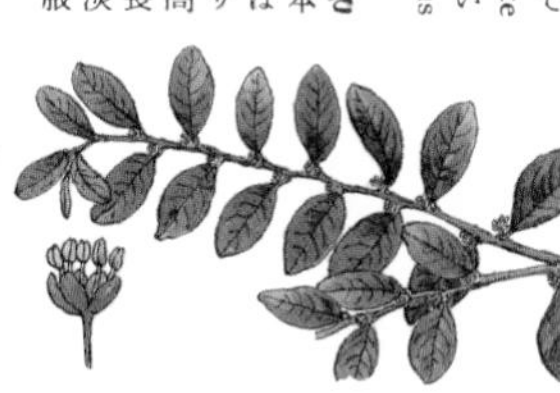
●ヒトツバハギ

**ひとつ-ひとつ【一つ一つ】**(名・副)いちいち。みな。one by one

**ひと-つぶ【一粒】**一つの粒。a grain; a drop

**ひとつぶ-えり【一粒▽選り】**多くの中からすぐれたものをよりぬくこと。よりぬいたもの。つぶより。pick

**ひとつぶ-こむぎ【一粒小麦】**コムギ属一粒系コムギのなかの古い栽培品種。小さい穂に一粒しか実らない。

**ひとつぶ-だね【一粒種】**ひとりっ子。an only child

**ひとつぶ-の-むぎ【一粒の麦】**他者のために自己を犠牲にする人をさすことば。新約聖書『ヨハネによる福音書』のイエスのことばによる。a grain of wheat

**ひと-づま【人妻】**①他人の妻。other's wife ②結婚して、妻となった人。妻。married woman

**ひと-つまみ【一▽撮み・一▼抓み】**(名・サ変自他)①一度つまむこと。その量。わずか。a pinch ②たやすく負かすこと。ひとひねり。easy victory

**ひとつ-み【一つ身】**《「一つ身裁ち」の略》背縫いのない一、二歳の幼児用の和服。また、その仕立て方。小裁ち。

**ひとつめ-こぞう【一つ目小僧】**額に目が一つしかない妖怪。東日本では事八日に現れると伝えられる。生け贄の動物などの片目を傷つけ、他と区別した習俗の影響などとされる。

**ひとつ-や【一つ家】**①一軒家。house; isolated ②同じ家。same house

**ひと-て【一手】**①片手。②ひとりじめ。独占。いって。用例—販売。③一回の技。④ひといろ。一種類。⑤一組み。一隊。

**ひと-で【人手】**①他人。another's hand 用例—に渡る。②他人の助け。aid 用例—を借りる。③働く人。働き手。hand 用例—がない。④人のわざ。man's doing

**人手に掛かる**(ひとでにかかる)人に殺される。be killed

**ひと-で【人出】**人が多く出て集まること。turnout

**ひと-で【▽海▽星・人手・▽海▽盤▽車】**ヒトデ綱に属する棘皮動物の総称。体は盤体から五本以上の腕がのびた平たい星形。浅海から深海の海底に約一五〇〇種が生息。養殖の貝類を食い荒らす。再生力が強い。star fish ↓図

**ひとで-なし【人で無し・▽人▽非▽人】**(名・形動)人間の値打のない者・さま。人情も義理も知らないやつ。にんぴにん。heartless brute

**ひと-とおり【一通り】**(名・副)①並であること。ふつうであること。ordinariness 用例—の努力ではない。②だいたいであること。あらまし。roughly 用例—見物した。③最初から終わりまでざっと。全部。all 用例—目を通す。

**ひと-どおり【人通り】**人の通行。行き来。traffic

**ひと-とき【一時】**=いっとき。①しばらく。a while ②あるとき。once ③昔の時間の単位。今の二時間。

**ひと-ところ【一所・一▽処】**①同じ場所。same place ②ある所。some place ③昔、貴人をよぶときの語。おひとり。

**ひと-とせ【一▽年】**①以前のある年。one year ②一か年。for a year

**ひととちょうじん【人と超人】**《原題Man and Superman》バーナード=ショーの喜劇。一九〇三年刊。哲学的喜劇の傍題をもち、宇宙の意志の「生命力」の哲学を語った傑作。

●ヒトデ

**ひと-となり【人となり・▽為▽人】**生まれつき。性質。nature

**ひと-なか【人中】**①大勢の人のいる中。in company ②世間。in public

**ひと-なかせ【人泣かせ】**(名・形動)人を苦しめ泣かせること・さま。また、その行為。trouble to other people

**ひと-なだれ【人雪崩】**群衆が押し合って、折り重なってたおれること。fall over like a lot of ninepins

**ひと-なつかし・い【人懐かしい】**(形)いちだんと人が懐かしく思われる。人恋しい。

**ひと-なつっこ・い【人懐っこい】**(形)人見知りしないでだれにでもなつく。ひとなつこい。amiable 用例—子。

**ひと-なぬか【一七日】**死後七日目の忌日。初七日。ひとなのか。

**ひと-なみ【人並(み)】**(名・形動)ふつうの人と同じであること・さま。尋常。commonness

**人並み勝れた**(ひとなみすぐれた)ふつうの人とは、かけはなれて優秀である。outstanding 用例—記憶力の持ち主。

**人並み外れた**(ひとなみはずれた)程度・状態・性質などが、ふつうの人とはかけはなれている。それらが平均的でない状態である。uncommon 用例—食欲の持ち主。

**ひと-なみ【人波】**大勢の人が押し合って、どよめき動くこと。そのようす。surging crowd 用例—をかき分ける。

**ひと-な・れる【人慣れる】**(下一自)①つきあいに慣れる。get sociable ②動物が人間に慣れ親しむ。be tamed

**ひと-にぎり【一握り】**①片手で握ること・分量。handful ②ほんのわずかなこと。handful ③たやすく負かすこと。

**ひとに-ざる【人似猿】**類人猿の異名。

**ひと-ねいり【一寝入り】**(名・サ変自)ちょっと眠ること。一眠り。a nap

**ひと-ねむり【一眠り】**(名・サ変自)ちょっとの間、眠ること。一寝入り。a nap

**ひと-の-くち【人の口】**(連語)世間のうわさ話。多くの人々が言っていること。gossip

**人の口に戸は立てられず**(ひとのくちにとはたてられず)人のうわさは、防ぎようがない。People will talk.

**ひと-の-くに【人の国】**古語①よその国。外国。用例—は知らず(源氏・常夏)。②都以外の地方。田舎。用例—よりおこせたるふみの物なき(枕・すさまじきもの)。

**ひと-の-こ【人の子】**①《多く、完全でない、弱い、また情けある存在であるとしていう》人間の子。また、人間。用例彼とて—だ。②イエスが、もっとも好んだ自称。the Son of Man

**ひと-ばしら【人柱】**①昔、架橋・築堤・築城など困難な工事のさい、わざわいをさけ、工事の安全と完成のため神の生け贄として人を生き埋めにしたこと。また、そうされた人。用例—をたてる。②事件・難工事などの犠牲となった人。

**ひと-はしり【一走り】**↓ひとっぱしり(一っ走り)

**ひと-はた【一旗】**一本の旗。a flag

**一旗揚げる**(ひとはたあげる)①兵を挙げる。②新しく事業などを始める。launch an enterprise

**ひと-はだ【一肌】**肌。

**一肌脱ぐ**(ひとはだぬぐ)本気になって人のために尽くす。助力する。片肌脱ぐ。give a helping hand

**ひと-はだ【人肌】**①人間の皮膚。skin of a human being ②体温ほどのあたたかみ。body warmth 用例—の燗。

**ひと-はな【一花】**①一輪の花。a flower ②一時のはなやかさ。temporary prosperity

**一花咲かせる**(ひとはなさかせる)成功して栄える。一時期、得意な時代をおくる。flourish

**ひと-ばらい【人払い】**(名・サ変自)密談

などのために、他の人々を遠ざけること。order to leave the room

**ひとはり-ぬき【一針抜き】** 基礎縫いの技法。一針ごとに針をひき抜きながら糸を締めていく縫い方。刺し縫い・一針縫いなどがある。

**ひと-ばん【一晩】** ①晩から朝までの間。all night ②夜遅くまでの間。till midnight ③ある晩。ひとよ。one evening

**ひと-ひ【一日】** ①いちにちじゅう。終日。②ある日。先日。

**ひと-びと【人人】** ①多くの人。people ②めいめいの人。each person

**ひと-ひねり【一▼捻り】**(名・サ変他) ①一度ひねること。②苦もなく打ち負かすこと。quick knockdown 用例 あんなやつ — さ。③見方・考え方を少し変えてくふうすること。working out 用例 — した説。

**ひと-ひら【一▽片・一▽枚】** 小ぶりで薄く、平らなものの、いちまい。a petal; a flake 用例 — の紙片。— の花びら。

**ひと-ふさ【一房・一▽総】** 花や実などの一か所に群がりついている一かたまり。a cluster

**ひと-ふし【一節】** ①一つの特徴。ひとかど。②竹・木・草などの節一つ。a joint ③音楽の一曲。歌の一くさり。舞踊の一きり。a tune

**ひと-ふで【一筆】** =いっぴつ。①墨をつがずに一気に書き上げること。write with one stroke 用例 — 書き。②てみじかに書くこと。a line

**ひとふで-がき【一筆書(き)】** ①墨をつがずに、一気にかくこと。また、そうしてかいた書・画。②与えられた図形を、かき始めたら筆を紙から離さず、また、同じ線上を通らずにかくこと。↓図

**ひと-ふゆ【一冬】** ①その年の冬。that winter ②ある年の冬全体。whole winter 用例 — 越す。

**ひと-べらし【人減らし】** 人数を少なくすること。とくに、会社などで、従業員の数を減らすこと。personnel cut; labor cut

**ひと-ほね【一骨】** ひとつの骨。骨一本。

**一骨折る**(ひとほねおる) ちょっと努力をする。また、精出して、取りかかる。make an effort

**ひと-ほり【一彫り】**(名・サ変他) ①いちど彫ること。②さっと、簡単に彫ってしまうこと。

**ひと-ま【一間】** 一つの部屋。a room 用例 — にとじこもる。

**ひと-ま【人間】** 古語 人の見ていない所。人目のないとき。用例 — にも月を見ては、いみじく泣きたまふ(竹取)。

**ひと-まえ**(ーまへ)**【人前】** ①人が見ている所。in public ②体裁。appearance 用例 — を飾る。

**人前を繕う**(ひとまえをつくろう) 体面・体裁(ていさい)をりっぱに整える。また、実質をかえりみないで、見かけだけよくする。keep up appearance 類似 人前を作る。用例 — ことばかり気にする。

**人前を憚らず**(ひとまえをはばからず) 人前であるのに何の遠慮もなくふるまう。without thinking of the people around 用例 — いちゃつく。

**ひと-まかせ【人任せ】** 自分のすべきことを、人にすっかり任せて、させること。leaving to others

**ひと-まく【一幕】** ①演劇の一区切り。one act ②事件などの一段落。a scene

**ひとまく-み【一幕見】** 歌舞伎(かぶき)などで、一つの芝居や一幕だけ見ること。まくみ。

**ひとまく-もの【一幕物】** 一幕で終わっている戯曲・演劇。one-act play

**ひと-まじわり**(ーまじはり)**【人交わり】** 他人とのつきあい。ひとづきあい。用例 — がへただ。

**ひと-まず**(ーまづ)**【一▽先ず・一▼旦】**(副) さしあたり。いちおう。まず。for the time being

**ひとまち-がお**(ーがほ)**【人待ち顔】** ①人の来るのを待っているらしい顔つき・ようす。look like waiting for someone 用例 — に座っている。②何かを期待している感じ。expectant look

**ひと-まとめ【一▼纏め】** ばらばらになっているものなどを、一つにすること。bundle 用例 持ち物を — にする。

**ひと-まね【人真▽似】**(名・サ変自) ①他人のまねをすること。imitation ②動物が人間のまねをすること。mimicry 用例 猿の —。

**ひとまる【人丸】** ↓かきのもとのひとまろ(柿本人麻呂)

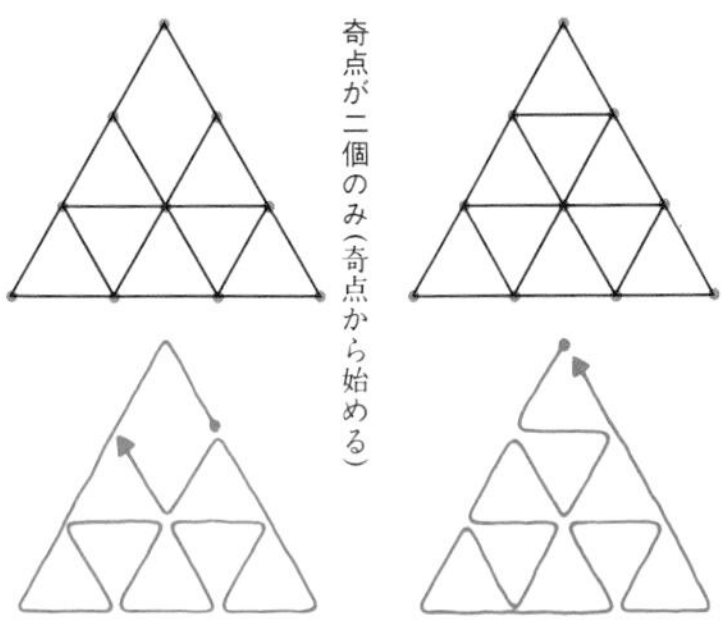

● 一筆書き② 図の成立する条件

すべて偶点(どの点から始めてもよい)

奇点が二個のみ(奇点から始める)

偶点　偶数個の線が出ている点

奇点　奇数個の線が出ている点

**ひと-まわり**(ーまはり)**【一回り】**(名・サ変自) ①一回まわること。ひとめぐり。a round ②十二支で、生まれ年が次にまわってくる年数。一二年。用例 — 若い。③両腕でかかえるほどの大きさ。ひとかかえ。an armful ④《副詞的》人物の度量・才能・手腕や、物の大きさなどがいちだんと大きいことを表す。greater capacity 用例 — 大きい人物。

**ひとみ【▼瞳・▼眸】** ①くろめ。瞳孔(どうこう)。pupil ②目。eye ↓頭図 ↓目図

**瞳を凝らす**(ひとみをこらす) じっと見つめる。目を凝らす。strain one's eyes

**ひとみ-きぬえ【人見絹江】**(一九〇七～三一) 陸上競技の選手。岡山県生まれ。一九二六年(大正一五)、スウェーデンで開かれた世界女子陸上競技大会で、走り幅跳びほかに優勝。一九二八年(昭和三)アムステルダムオリンピックで八〇〇m競走二位となる。

**ひとみ-ごくう【人身御▽供】** ①人間を生け贄(にえ)として神に供えること。また、供えられた人。human sacrifice ②他人の欲望を満足させるために犠牲的な立場や行為を強いられること。また、その人。victim

**ひと-みしり【人見知り】**(名・サ変自) 見なれない人を嫌い、避けること。多く、幼児が、見なれない人を恐れて泣いたり、嫌って逃れようとしたりすることをいい、生後七～九か月ごろからみられる。be afraid of strangers 用例 — しない赤ちゃんだ。

**ひと-むかし【一昔】** 今から一〇年ほどの過去。ちょっとした昔。a decade 用例 — 前の話。十年 —。

**ひと-むね【一棟】** ①一軒の家。a house ②同じ建物。the same building 用例 — 三戸。

**ひと-むら【一▼叢】** 群がってはえている、ひとかたまり。ひとむれ。

**ひと-むれ【一群れ】** 一つのむらがり。一つの集まり。一群。a group

**ひと-め【一目】** ①ちょっと見ること。a look ②一度に見渡せること。a glance 用例 — 会いたい。— 千本。

**ひと-め【人目】** 人の目につくこと。世人の注目。public notice 用例 — を引く。

**人目が煩い**(ひとめがうるさい) そのことを他人に見られると、余計なせんさくをされたりうわさされたりで、やっかいである。dislike attracting attention 用例 こんな所に二人でいては —。

**人目に余る**(ひとめにあまる) 目立ちすぎて、ひどいと感じさせる。

**人目にあらわれる**(ひとめにあらわれる) 隠そうとしても、人にわかってしまう。目立つ。be conspicuous

**人目に晒す**(ひとめにさらす) 広く世間の人々の目にふれるようにする。他人の前に、あらわに示す。bring to light 用例 家の恥を —。

**人目に立つ**(ひとめにたつ) とくに目だつ。人目を引く。人目に付く。attract a lot of attention 用例 — 服。

**人目に付く**(ひとめにつく) 人の注目を受ける。目だつ。be conspicuous 用例 — スタイルだ。

**人目を忍ぶ**(ひとめをしのぶ) 人の目につかないようにする。人に見られないように、心を配る。人に知られないよう、隠れる。in secret 用例 — 恋。

**人目を盗む**(ひとめをぬすむ) 他人の目につかないように、こっそりとする。do secretly

**人目を憚る**(ひとめをはばかる) 人に見られまいと用心する。人目を忍ぶ。shun the public eye

**人目を引く**(ひとめをひく) ようす・振る舞いなどが、他人の関心や注意を集める。attract a lot of attention 用例 — 行為。

**ひ-どめ【火止め】** 原油から引火しやすい成分を取りさり、引火しにくい石油にすること。その石油。

**ひとめ-おとし【一目落(と)し】** 縫い方の一種。表に出る針目を大きく、裏に出る針目を小さく、一針ずつ縫うこと。仕付けや伏せ縫いに適する。

**ひと-めぐり【一▽巡り・一▽周り】**(名・サ変自) ①一回まわること。a round ②人が死んでから一年たつこと。一周忌。the first anniversary of one's death

**ひと-もうけ**(ーまうけ)**【一▼儲け】**(名・サ変自) 一仕事して、一度にたくさんの利益を得ること。make a profit

**ひ-ともし【火▽点し】** 火をともすこと。あかりをつけること。

**ひと-もじ【一文字】** ①一つの文字。一字。one letter ②《女房ことば》ネギ。古く、葱(ねぎ)類は「キ」と一字でいわれたことから言う。③九州地方で、ワケギのこと。

**ひと-もじ【人文字】** 集団演技の一つ。広場や競技場のスタンドなどで、大勢がいっせいに並び方を変えたり、色分けした布やカードを一定パターンでかかげ、文字や文様を表す。↓写

**ひともし-ごろ【火▽点し▼頃】** 夕暮れ。夕方。

**ひと-もと【一本】** 木・草の一本・一株。用例 庭に — ナツメの木。

**ひと-もみ【一▼揉み】**(名・サ変他) ①さっともむこと。②軽く稽古(けいこ)をつけること。

**ひと-や【▽獄・▽囚▽獄】** 《「人屋」の意》ろう屋。

**ひと-やく【一役】** ①一つの役割・役目。比較 いちやく。②ちょっとした仕事。

**一役買う**(ひとやくかう) 仕事の一部を引き受ける。協力する。accept a part; bear a part

**ひと-やすみ【一休み】**(名・サ変自) 途中で、少し休むこと。a break

**ひと-やま【一山】** ①一つの山。鉱山。a mountain ②山全体。whole mountain ③野菜・果物などの、積み重ねた一かたまり。a heap 用例 — 五〇〇円。④一度の投機。

**一山当てる**(ひとやまあてる) 確率が低いとみられていることに成功をおさめ、ひともうけ、また大もうけする。make a hit

**一山越す**(ひとやまこす) ①困難をひとつ乗り越えて、一段落する。over the hump ②いちだん上手(うわて)である。ひとつ上に出る。surpass

**一山百文**(ひとやまひゃくもん) 数多くあって、珍しくもなく、値打が低いもののこと。二束三文(にそくさんもん)。

**ひと-やま【人山】** 多くの人が集まっているようす。用例 — を築く。

**ひと-よ【一夜】** =ひとよさ。①一晩。一晩中。all night ②ある夜。one evening

**ひとよ-ぎり【一▽節切(り)】** 尺八の一種。五孔一節なので一節切りという。竹製で管長一尺一寸一分(約三四cm)。室町中期にあらわれ、元禄時代以後は衰えた。

**ひとよ-さ【一夜さ】** ↓ひとよ(一夜)

**ひとよ-ざけ【一夜酒】** 《一晩でできることから》甘酒。

**ひとよし【人▽吉】**〈市〉熊本県南部、人吉(ひとよし)盆地西端の市。旧城下町。林業がさかんで、古くから農林産物の集散地。日本三大急流の一つ、球磨(くま)川下りで知られる。人口四万一七六九(一九八八)。

**ひとよし-ぼんち【人▽吉盆地】** 熊本県南部、球磨(くま)川中流の断層盆地。中心は人吉(ひとよし)市。農林業・焼酎(しょうちゅう)製造がさかんで、球磨焼酎の産地。

**ひと-よせ【人寄せ】** ①人を寄せ集めること。attraction ②そのための芸。アトラクション。

● 人文字

ひ

寄席。variety hall

**ひとよ-たけ【一夜▼茸】** 担子菌類ヒトヨタケ科のキノコ。かさは径五〜八㎝。寿命が短く、成熟すると、かさが黒い汁となって溶ける。

**ひとよ-づま【一夜妻】** ①一晩だけ共寝をした女。②遊女。③織女星。

**ヒドラ［hydra］** ①ヒドラ科の腔腸動物の一群。体長〇・五〜一㎝。口の周囲に五〜八本の触手がある。淡水産で池や沼の水草・枯れ葉に付着。②《Hydraで》ギリシア神話に登場する九頭をもつ巨大な海蛇。↓図

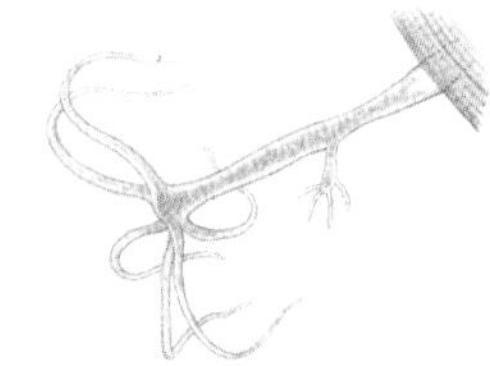

●ヒドラ①

**ヒトラー［Adolf Hitler］**（一八八九〜一九四五）ドイツの政治家。オーストリア出身。第一次大戦に従軍。一九一九年ドイツ労働者党に入党。二一年ナチスと改称、党首となる。二三年ミュンヘン一揆に失敗して投獄されたが、出獄後党勢を拡大。三三年首相、翌年総統となり独裁権を掌握。反ユダヤ主義とゲルマン民族の優越性を標榜し、侵略政策を強行、第二次大戦を惹起した。四五年四月ベルリン陥落直前に自殺。著書『わが闘争』。↓写

●ヒトラー

**ヒトラー-ユーゲント［Hitler-Jugend ドイツ］** ナチス-ドイツの青少年団。一九二六年ファシズム体制への順応・奉仕を目的として、一四〜一八歳の男子を対象に創設された。

**ヒドラジン［hydrazine］** 化学式 $NH_2NH_2$ アンモニア臭をもつ無色の液体。きわめて有毒。還元剤・ロケット燃料に利用。

**ビトラック［Roger Vitrac］**（一八九九〜一九五二）フランスの劇作家。シュールレアリスムに加わり、前衛劇を上演。戯曲『愛の神秘』『ビクトール』など。

**ひと-り【一人】** 一個の人。いちにん。one person
**一人残らず**（ひとりのこらず） みんな。全員。all 用例 —帰ってしまった。

**ひと-り【独り】** ㊀（名）①自分だけであること。by oneself ②自分だけですること。alone 用例 この機械は—で組み立てた。㊁（副）《下に打ち消しをともなって》単に。simply 用例 —個人の問題ではない。
**独りを慎む**（ひとりをつつしむ） 人の見ていない所でも、道にはずれた行いをしないように気をつける。

**ひ-とり【火取（り）・火採（り）】** ①香をたくための香炉の一種。incense burner ②火を入れて他に移すのに使う道具。utensil for carrying live charcoal

**ひ-どり【日取（り）】** その日を決めること。期日。日程。date

**ひとり-あそび【一人遊び】** 子どもの遊びの分類の一つ。ほかに子どもがいてもまったく無関係に、別々の遊具で一人だけで遊ぶこと。play alone 参照 平行遊び。

**ひとり-あるき【一人歩き】**（名・サ変自）《人数に重点を置いた書き方》一人だけで歩くこと。walk by oneself 用例 夜道の—は危険だ。

**ひとり-あるき【独り歩き】**（名・サ変自）《自分だけでする、の意味に重点をおいた書き方》①人の助けなしに、子どもや老人などが歩くこと。walk by oneself ②独力でやっていくこと。stand on one's own feet ③《比喩的に》物事などが独立して動くこと。用例 新事業が、ようやく—をはじめる。④本来の趣旨から離れて、勝手に動いていくこと。用例 理屈だけが—する。

**ひとり-うらない【独り占い】** 自分で自分の運勢を占うこと。self-divination

●ヒトリガ

**ひとり-が【火取▼蛾】** 夜間、灯火に飛来するヒトリガ科のガ。開張約七・五㎝。前翅は黒褐色の地に白条、後翅は赤色の地に黒斑。幼虫はクマケムシで、クワ・タイマを食害。本州以北・ユーラシアに分布。tiger moth ↓写

●ヒトリシズカ

**ひとり-がてん【独り合点】**（名・サ変自） ひとりで承知すること。自分ではわかったつもりでいること。ひとりのみこみ。ひとりがってん。hasty conclusion

**ひどり-がも【▼緋鳥▼鴨】** 頭頂以外の頭・顔が赤褐色のガンカモ科の鳥。全長約四五㎝。ユーラシア北部で繁殖し、冬は南下。日本へは冬鳥として全土の河口・湖沼に群をなして来る。狩猟鳥。ヒガモ。アカガシラ。wigeon

**ひとり-ぎめ【独り決め・独り▽極め】**（名・サ変自） 自分だけの考えで決めること。自分でそう思いこむこと。独断。arbitrary decision

**ひとり-ぐち【一人口】** 一人で生計をたてること。
**一人口は食えぬが二人口は食える**（ひとりぐちはくえぬがふたりぐちはくえる） 独身で生計を営むより結婚して暮らすほうが、経済的に得だ。

**ひとり-ぐらし【独り暮（ら）し・一人暮（ら）し】** 家族がいなくて、ひとりきりで生活をすること。live alone 用例 —をのんびり楽しむ。単身赴任で—をする。

**ひとり-ご【一人子・独り子】** 兄弟姉妹のない子。ひとりっこ。only child

**ひとり-ごつ【独りごつ】** 古語（四自） ひとりごとをいう。用例 起きたる人もなければ、かへすがへす—・ちて臥したまへり（源氏・須磨）。

**ひとり-ごと【独り言】** 相手がいないのに物を言うこと・ことば。talk to oneself

**ひとり-ざる【独り猿】** 群れ生活を営むサルのなかで、群れから離れて単独でいるもの。ほとんどの雄は成長すると群れを離脱する。

**ひとり-じかんさ【一人時間差】** バレーボールの時間差攻撃で、おとりの役とアタッカーの役を一人で行うこと。

**ひとり-しずか【一人静】** センリョウ科の多年草。山野の樹陰にはえる。高さ一〇〜二〇㎝。葉は楕円形で、四枚が茎の上部に相接して対生。春に、茎頂に白い花が咲く。↓写

**ひとり-しばい【独り芝居・一人芝居】** ①相手がいないのに、自分ひとりで感情を高ぶらせて行動すること。②登場人物が一人だけの芝居。monodrama

**ひとり-じめ【独り占め】**（名・サ変他） 自分だけのものとすること。どくせん。monopoly

**ひとり-ずまい【独り住（ま）い】** ひとりきりで住んでいること。その暮らし。live alone

**ひとり-ずもう【独り相撲・一人相撲】** ①自分だけが勢いこむこと。battle against windmills ②力がちがいすぎて、問題にならないこと。no match ③精霊を相手に相撲を取り、その精霊を圧伏するさまを演じる神事。愛媛県越智郡大三島町の大山祇神社で、陰暦五月五日のお田植え祭りに行われたもの。

●雛壇① 一五人ぞろいの例



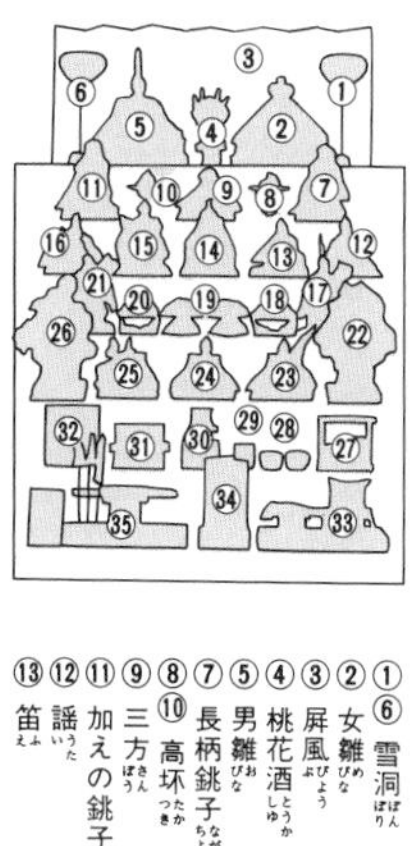

①⑥雪洞 ②女雛 ③屏風 ④桃花酒 ⑤男雛 ⑦長柄銚子 ⑧⑩高坏 ⑨三方 ⑪加えの銚子 ⑫謡 ⑬笛
⑭小鼓 ⑮大鼓 ⑯太鼓 ⑰左大臣 ⑱⑳膳 ⑲菱台 ㉑右大臣 ㉒桜 ㉓立傘 ㉔沓台 ㉕台笠
㉖橘 ㉗茶道具 ㉘丸火鉢 ㉙針箱 ㉚鏡台 ㉛長持 ㉜箪笥 ㉝御所車 ㉞重箱 ㉟駕籠

**ひとり-だち【独り立ち】**（名・サ変自） ①ひとりで立つこと。stand alone ②独力で仕事・生活をすること。一本立ち。どくりつ。independence

**ひとりっ-こ【一人っ子】** 兄弟姉妹のない子。only child 用例 甘やかされた—。

**ひとりで-に【独りでに】**（副） 自然に。おのずから。of itself

**ひとり-てんか【一人天下】** 自分だけ思う存分にふるまうこと。用例 社長の—。

**ひとり-ならず【一人ならず】**（連語） ひとりではなく、何人も。not one, but many 用例 反対は—ある。

**ひとり-のみこみ【独り▼呑み込み】**（名・サ変自） 自分だけわかった気持ちになること。自分かってに、物事を理解すること。ひとりがてん。

**ひとり-びとり【一人一人】**（名・副） =ひとりひとり。①各自。めいめい。each 用例 —が努力する。②順にひとりずつ。one by one 用例 列の—に手渡す。

**ひとり-ぶたい【独り舞台】** ①役者が、ひとりだけで演ずること。play by oneself ②舞台で、多くの中でひとりだけとくにすぐれて、また目だっていること。outshine the others ③他に比べ、きわだって自在に振る舞うこと。behave at will

**ひとり-ふたやく【一人二役】**「にやく（一人二役）」↓いちにん

**ひとり-ぼっち【独りぼっち】** ①ただひとりだけ残されること。その人。be alone ②友のいない寂しい人。孤独。loneliness

**ひとり-まえ【一人前】**↓いちにんまえ

ひ

（一人前）

**ひとり-み【独り身】** 結婚していない人。独身者。single

**ひとり-むし【火取(り)虫】** 夏、あかりや火に集まる蛾などの虫。

**ひとり-もの【独り者】** ①身寄りのない人。②夫や妻のない人。独身者。bachelor

**ひとり-よがり【独り善がり】**(名・形動) 自分だけでよいと思いこみ、他人の考えを聞き入れないこと・さま。また、そういう人。self-conceited

**ひ-どる【火取る】**(五他) 食品を火でさっとあぶる。用例のりを—。

**ヒドロキシル-き【ヒドロキシル基】** ↓すいさんき(水酸基)

**ヒドロキノン[hydroquinone]** 化学式$C_6H_4(OH)_2$ 無色の結晶。還元性が強い。写真の現像薬、抗酸化剤に利用。ハイドロキノン。

**ヒドロちゅう-るい【ヒドロ虫類】** 刺胞動物ヒドロ虫綱に属する動物の総称。ポリプ型あるいはクラゲ型をつくるものと、ポリプ型とクラゲ型との世代交代を行うものとがある。世界各地の淡水・海水に分布。hydrozoan

**ヒドロニウム-イオン[hydronium ion]** ↓オキソニウムイオン

**ひと-わたり【一渡り・一▽渉り】**(名・副) ひととおり。いちおう。in the main 用例あたりを—見渡す。

**ひと-わる【人悪】**(名・形動) 人が悪いこと・さま・人。意地が悪いこと・さま・人。

**ひな【▼鄙】** 田舎。地方。the country 用例—にはまれな美人。

**ひな【▼雛】** 孵化直後の鳥。ひなどり。ひよこ。chick

**ひな-あそび【▼雛遊び】** 雛の節句のこと。

**ひな-あらし【▼雛荒し】** 雛の節句に、子どもたちがいり豆などの供え物をもらい歩くこと。女性や若者が家々の雛を見に歩いて、饗応を受けることもいう。豆荒し。雛さんさらえ。

**ひな-あられ【▼雛▼霰】** 雛の節句に供える菓子の一つ。米粒や小さなもちをいって膨らませ、砂糖蜜をからめる。

**ひない【比内】**〈町〉 秋田県北東部、大館盆地の南に位置する町。稲作中心の農業と、スギの美林で知られる。大葛温泉がある。人口一万三九五三(一九八八)。

**ひない-はんのう【皮内反応】** 皮膚表面に一定量の抗原を注入し、一定時間後にその場所に生じた反応をみる検査。ツベルクリン反応など。intradermal test

**ひな-うすゆきそう【▼雛薄雪草】** 高山にはえるキク科の多年草。高さ約一〇cm。全体に白毛がある。根出葉は長さ約四cm。夏に、星形の総包の中に黄色い花が咲く。東北地方に分布。ミヤマウスユキソウ。

**ひな-うた【▼鄙歌】** 田舎でうたわれる歌。民謡。

**ひ-なか【日中】** ①ひるま。にっちゅう。daylight ②半日。half a day 用例—仕事。

**ひ-なが【日永・日長】** 春の日中の長いこと。その長い昼間。long day 対義夜長。

**ひな-がし【▼雛菓子】** 三月三日の節句の雛壇に供える菓子。菱餅・雛あられなど。

**ひな-がた【▼雛型】** ①実物を小さくかたどったもの。模型。model ②様式。書式。手本。form

**ひな-ぎきょう【▼雛▼桔▼梗】** キキョウ科の多年草。日当たりのよい野原や路傍に群生。葉はへら形か披針形で毛がある。夏から秋にかけて、小形のキキョウに似た鐘形花が一個咲く。

**ひな-ぎく【▼雛菊】** キク科の多年草。高さ約一〇cm。花色は赤・桃・白など。花径は大輪で約六cm、小輪で約二cm。春から秋ごろまで咲く。エンメイギク。デージー。daisy ↓写

●ヒナギク

**ひなぐ-おんせん【日▼奈久温泉】** 熊本県八代市南部、八代海沿いにある温泉。肥後藩営の温泉として、古くから知られる。

**ひな-げし【▼雛▼罌▼粟】** ケシ科の一、二年草。高さ約八〇cm。葉は羽状に裂け、有毛。五月ごろから紅・紅紫色などの四弁花が咲く。観賞用・薬用。グビジンソウ。ポピー。corn poppy ↓写

●ヒナゲシ

**ひ-なし【日▽済し】** 借金を毎日少しずつ返すこと。用例—で借りた金。

**ひなせ【日▽生】**〈町〉 岡山県南東端の町。漁業・海運業と耐火れんが・漁網製造が主。沿岸は瀬戸内海国立公園の景勝地。人口一万三四五(一九八八)。

**ひ-なた【日▽向】** 日光の当たる所。sunny place 対義日陰・陰。

**日向に氷**(ひなたにこおり) だんだんと消えて、なくなるもののたとえ。

**ひなた-くさ・い【日▽向臭い】**(形) 寝具・衣服などが日にさらされたにおいがする。smell of sundrying

**ひなた-ぼっこ【日▽向ぼっこ】**(名・サ変自) ひなたで暖まること。ひなたぼこり。bask in the sun

**ひなた-みず【日▽向水】** ひなたに置いて、なまあたたかくなった水。

**ひな-だん【▼雛壇・▼雛段】** ①雛祭りに、雛人形や調度を飾る階段式の壇。②歌舞伎の舞台の囃子方の席や、国会議事堂内の大臣席など、雛段に似たつくりのもの。↓図(前ページ)

**ひなつ-こうのすけ【日夏▼耿▼之▽介】**(一八九〇〜一九七一) 詩人・英文学者。本名、樋口圀登。長野県生まれ。早大卒。早大教授。ゴシック-ロマン体と称する神秘的・高踏的な象徴詩体を創始。詩集『転身の頌』、詩史『明治大正詩史』など。

**ひな-どり【▼雛鳥】** ①鳥の子。ひよこ。chick ②ニワトリのひな。その肉。chick

**ひな-にんぎょう【▼雛人形】** 内裏雛ならびに三月の節句に飾る人形の総称。平安時代には貴族の子どもの遊び道具。雛壇に飾るようになったのは江戸中期から。

**ひな-の-しゃくじょう【▼雛の▼錫▼杖】** ヒナノシャクジョウ科の多年草。暖地の樹陰にはえる。高さ三〜八cm。全体に白色で葉は鱗片状。夏に、白い小花が咲く。千葉県以西に分布。

**ひな-の-せっく【▼雛の節句】** 五節句の一つ。三月三日。女子の節句として、雛人形を飾り、白酒や桃の花を供える。上巳。桃の節句。三月の節句。雛祭り。↓写

**ひな・びる【▼鄙びる】**(上一自) 田舎びる。また、素朴な感じである。be countrified

**ひな-まつり【▼雛祭(り)】** ↓ひなのせっく(雛の節句)

**ひ-なみ【日並(み)・日▽次】** ①毎日すること。②日の順序。③日のよしあし。用例—を選ぶ。

**ひ-ならず【日成らず】**(副) 遠からず。近いうちに。まもなく。不日。日成らずして。in a few days

**ひならず-して【日成らずして】** 文語的(副)「日ならず」。

**ひ-なわ【火縄】** ①もめん糸などの縄に硝石をしみこませたもの。火縄銃やタバコの火つけなどに用いられた。match ②《「火縄売り」の略》芝居小屋などで、客のタバコの火用に火縄を売り歩いた者。

**ひなわ-じゅう【火縄銃】** 火縄で点火して発射した、旧式の鉄砲。↓図

**ひ-なん【非難・批難】**(名・サ変他) 責め、とがめること。blame 用例—を浴びる。

**ひ-なん【避難】**(名・サ変自) 災いをさけること。災害をさけて他の所に移ること。refuge 用例—民。

**び-なん【美男】** 顔かたちの美しい男。好男子。びだんし。handsome man

**ピナン[Pinan]** ↓ペナン

**びなん-かずら【美男▼葛】** サネカズラの別名。

**ひなん-ばしご【避難▼梯子】** 火災や災害のさい、難を逃れるために用いる梯子。fire ladder

**ビニー[Alfred de Vigny]**(一七九七〜一八六三) フランスの詩人・小説家。ロマン主義の時代に独自の厭世的な哲学詩を書いた。詩集『古今詩集』『運命』、小説『ステロ』など。

**ビニール[vinyl]**《「ビニール樹脂」の略》ビニル基をもつ原料からつくった合成樹脂。また、その製品の総称。耐水性が強く、染色しやすい。ビニル。

**ビニールシート-ゆかざい【ビニールシート床材】** 塩化ビニルを主材とした床材。色や柄が豊富で、断熱・保温・弾力性がある。vinyl sheet flooring

**ビニール-ハウス**《和製語》ビニールフィルムで作った簡易温室。トマト・キュウリ・イチゴ・花卉などを促成栽培する。plastic greenhouse

**ピニオン[pinion]** 二つの互いにかみ合う歯車のうち歯数の少ないほうの歯車。小歯車。

**ひ-にく【皮肉】** ㊀(名) 皮と肉。からだ。skin and flesh ㊁(名・形動) ①遠回しに意地悪く言うこと・さま。あてこすり。irony 用例—を言う。②都合が悪くうまくいかないこと・さま。用例—な運命。

●雛の節句　鳥取県、用瀬町。

**皮肉の見**(ひにくのけん) あさはかな考え。

**ひ-にく【▼髀肉・▼脾肉】** ももの肉。

**髀肉の嘆**(ひにくのたん)《中国の三国時代、蜀の劉備が久しく出陣しないため、ももの肉の太ったのをなげいた故事から》腕前を発揮する機会のないなげき。be impatient for a feat

**ひにく・る【皮肉る】**(五他) 皮肉をいう。make an ironical remarks

**ひ-にち【日日】** 日かず。日数。days

**ひに-ひに【日に日に】**(副) 日を追ってだんだんに。日ごとに。day by day

**ビニ-ぼん【ビニ本】** ビニール袋で包んで、立ち読みできないようにした露骨な裸体写真集。

**ひにゅう-のうりょく【泌乳能力】** 乳牛などが乳を生産する能力の総称。総乳量・泌乳期間・平均日量・総乳脂量・搾乳性など多くの形質が対象となる。milk performance

**ひにょう-き【泌尿器】** 腎臓・尿管・膀胱・尿道の総称。血液から老廃物や、余剰な水分を体外に出す排出路(=尿路)。urinary organ

**ひにょうき-か【泌尿器科】** 泌尿器(尿管・膀胱・尿道など)および男性生殖器を対象とする診療の一分科。女性の生殖器は婦人科で扱う。urology

**ビニル[vinyl]** ①「ビニル基」の略。②↓ビニール

**ビニル-き【ビニル基】** 化学式$CH_2=CH-$ エチレンから水素原子一個がとれた一価の原子団。不飽和結合があるため反応性に富む。エテ

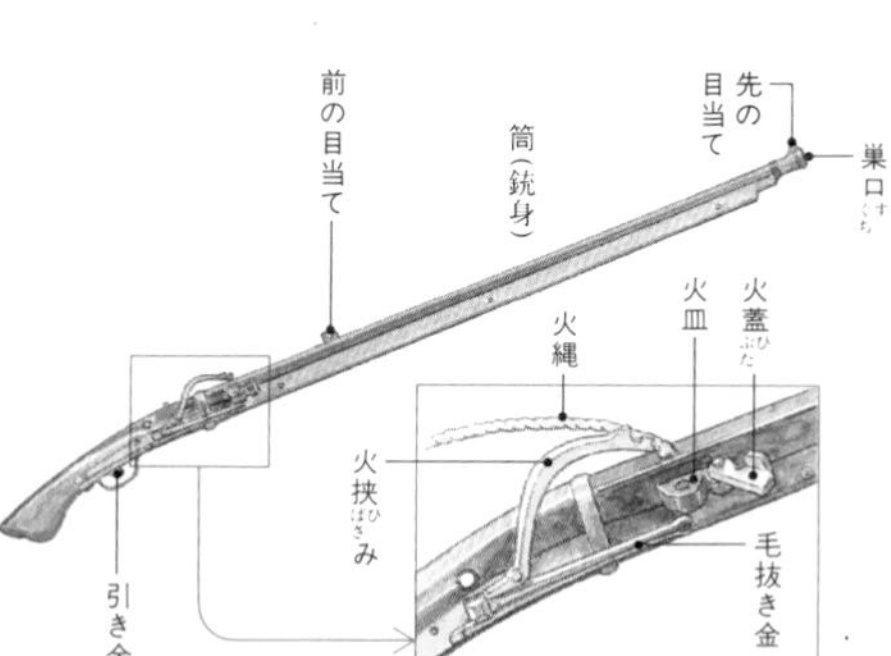


●火縄銃　江戸時代初期の火縄銃

ひ

ニル基。ビニル。vinyl group

**ビニル-じゅし【ビニル樹脂】** ビニル基をもつ化合物の重合によって得られる熱可塑性樹脂の総称。塩化ビニル樹脂、酢酸ビニル樹脂、スチレン樹脂などがある。ビニール樹脂。vinyl resin

**ビニロン** 《商標名。vinylon(vinylとnylonの合成語)》ポリビニルアルコールからなる合成繊維の総称。吸湿性があり、摩耗強度が大きい。ロープ・作業服などに使用。日本で開発された。

**ひ-にん【否認】**(名・サ変他) ある事柄を事実と認めないこと。denial 対義 是認。

**ひ-にん【非人】** ①《仏教語》夜叉・鬼神の類。また、鬼神などが、仮に人に姿を変えたもの。②江戸時代の身分制度による賤民の一つ。士農工商の下におかれ、刑場の雑役、遊芸などに従事。明治四年(一八七一)の「解放令」によって平民とされ、消滅。

**ひ-にん【避妊】**(名・サ変自) 人為的に妊娠しないようにすること。受胎調節。

**ひ-にんじょう【非人情】**(名・形動) ①人に対して温かさや思いやりがなく、冷たいこと・さま。inhumanity ②《夏目漱石の造語》人情から離れて、それにわずらわされないこと・さま。比較 不人情。

**ひにん-やく【避妊薬】** 避妊を目的として使用する薬物。経口避妊薬・局所適用避妊薬がある。contraceptive drug

**ひにん-リング【避妊リング】** 子宮内避妊具。直径二三〜二六㎜の円形ないし不正円形のポリエチレン製。挿入は専門医により行い、一〜二年で交換する。IUD。intrauterine device

**ひね【▽陳】** ①古くなった穀物・一年越しの野菜など。old stock of grains 用例 ―ショウガ。②《俗語》ませていること。

**ビネー【Alfred Binet】**(一八五七〜一九一一) フランスの心理学者。シモンとともに知能検査法を創案。著書『知能の実験的研究』など。

**ビネガー【vinegar】** 西洋の酢。ぶどう酒から作るワインビネガーが有名。他にリンゴが原料のアップルビネガー、穀物が原料のモルトビネガーなど。香草入りもある。

**ひねくり-まわ・す【▼捻くり回す】**(五他) ①手・指であれこれひねってまわす。twirl ②もてあそぶ。いじりまわす。twist

**ひね-く・る【▼捻くる・▼拈くる】**(五他) ①手先でもてあそぶ。ひねり回す。finger ②理屈をこね回す。split hairs

**ビネグレット-ソース【vinaigrette sauce フランス】** サラダ、肉・魚の冷製料理などのソース。サラダ油・ビネガー・マスタード・塩・こしょうを混ぜたもの。フレンチドレッシング。

**ひね-く・れる【▼捻くれる・▼拈くれる】**(下一自) 性質が、すなおでない。get twisted

**ひね-こ・びる【▽陳こびる】**(上一自) こましゃくれる。ませる。

**ひね-しょうが【▽陳生▼姜】** じゅうぶん成熟させてから収穫した根しょうが。薬味や香辛料として、料理・菓子・飲料などに用いる。

**ひ-ねつ【比熱】** 物質一gの温度を一℃上げるのに必要な熱量。加熱するときの条件によって、定圧比熱と定積比熱に分けられる。specific heat

**び-ねつ【微熱】** わずかの発熱。ヒトの場合、平熱よりやや高めの体温。三七〜三七・九℃あたりをいう。slight fever

**ひねもす【▽終▽日】**(副) 朝から晩まで。一日中。all day long

**ひねり【▼捻り・▼拈り】** ①ひねること。twist ②《上に「お」を付けて》祝儀・さい銭を紙で包み、口をひねった物。③相撲で、相手をひねって倒すわざ。用例 上手―。

**ひねり-だ・す【▼捻り出す・▼拈り出す】**(五他) ①苦労して考え出す。work out ②無理して費用をつくる。raise money

**ひねり-まわ・す【▼捻り回す・▼拈り回す】**(五他) ①いじり回す。twiddle ②くふうをこらす。devise

**ひね・る【▼捻る・▼拈る】**(五他) ①指の先でねじる。twirl ②ねじる。曲げる。bend ③くふうする。devise ④変わった趣向をこらす。think out ⑤簡単に負かす。defeat easily

**ひ・ねる【▽陳る】**(下一自) ①年を経る。古びる。antiquate ②ませる。be precocious

**ピネル【Philippe Pinel】**(一七四五〜一八二六) フランスの病理学者。精神病者の待遇改善ならびに観察に基づく疾病分類につとめ、近代精神医学の創始者といわれる。

**ピネロ【Arthur Wing Pinero】**(一八五五〜一九三四) イギリスの劇作家。イギリス近代劇の先駆者。戯曲『二度目のタンカレー夫人』など。

**ひ-ねん【比年】** 毎年。年々。

**ピネン【pinene】** 化学式$C_{10}H_{16}$ 二環性モノテルペンに属する炭化水素。テレビン油の主成分。無色・特異臭の液体。溶剤、香料・樟脳の合成原料など。

**ひの【日野】**〈市〉 東京都南西部の市。甲州街道の旧宿場町。工業都市として発達したが、宅地化が進み住宅都市となりつつある。人口一五万七一一六(一九八八)。

**ひの【日野】**〈町〉 滋賀県南東部、日野川上流の町。蒲生氏の旧城下町で、日野商人発祥の地。古くからの売薬製造が有名。人口二万二三六〇(一九八八)。

**ひの【日野】**〈町〉 鳥取県南西部の山間にある町。出雲街道の旧宿場町根雨と、関氏の旧城下町黒坂が中心。農林業がさかん。人口五五六四六(一九八八)。

**ひの-あしへい【火野▼葦平】**(一九〇七〜一九六〇) 小説家。本名は玉井勝則。北九州市生まれ。早大中退。兵隊物や自伝的作品を書いた。作品『糞尿譚』『麦と兵隊』『花と竜』など。

**ひノイマンがた-コンピューター【非ノイマン型コンピューター】** 同時に複数のプログラムが並列処理できるコンピューター。non-Neumann type computer 対義 ノイマン型コンピューター。

**ひ-の-いり【日の入り】** 太陽が沈むこと・ころ。日没。sunset 対義 日の出。

**ひ-の-え【▽丙】** 《「火の兄」の意》十干の第三。へい。

**ひのえ-うま【▽丙▽午】** 干支の四三番目。暦に対応させ、丙午にあたる年または日のこと。丙も午も五行の火に属することから、この年は火災が多いとか、丙午生まれの女子は気性が激しく夫を食い殺すという迷信があった。へいご。

**ひのえまた【▼檜▽枝▽岐】**〈村〉 福島県南西端、群馬・栃木・新潟の三県に接する村。会津駒ケ岳・尾瀬などへの探勝基地。人口六五三三(一九八八)。

**ひのかげ【日▼之影】**〈町〉 宮崎県北部、五ケ瀬川中流域の町。町域の大部分が山林で、スギ・ヒノキの林業がさかん。人口七二〇一(一九八八)。

**ひ-の-かさ【日の▼暈】** 巻層雲のような氷晶雲を通して太陽を見るとき、そのまわりに現れる大きな白い光の輪。ときに、やや色づいて見える。暈。ひがさ。solar halo

**ひの-かぶ【日野▼蕪】** ヒノナの別名。

**ひ-の-かみ【火の神】** 火を支配する神。古代の神話では軻遇突智神を、民間信仰では全国的に荒神を火の神としている。

**ひの-がわ【日野川】** 鳥取県西部を流れる川。長さ七七㎞。道後山に発し、米子市の東で美保湾に注ぐ。河口付近に皆生温泉がある。

**ひ-の-き【▼檜・▼檜木】** 《「火の木」の意という》ヒノキ科の常緑針葉高木。日本特産。山地に分布し、広く植林される。高さ三〇〜四〇m。樹皮は赤褐色、帯状に薄くむける。葉は鱗片状で先は鈍頭。雌雄同株。最良の建築材で、幹や葉からとれる精油は香料・薬用。園芸品種も多い。マキ。↓写

**ひのき-あすなろ【▼檜▽翌▼檜】** アスナロの変種。関東以北に分布。アスナロにくらべ、球果にほとんど角状の突起が見られない。

**ピノキオ【Pinocchio】** ↓ピノッキオのぼうけん(ピノッキオの冒険)

**ひのき-ごけ【▼檜▼苔】** 蘚類ヒノキゴケ科のコケ。山地の湿地に群生。やや褐色を帯びた濃緑色で、高さ約一〇㎝。葉は細長く、全体が動物の尾のような感じ。京都西芳寺のものが有名。

**ひのきば-やどりぎ【▼檜葉宿木】** ヤドリギ科の常緑低木。ツバキなどに寄生。枝は平たく、葉は鱗片状で対生。春から夏に、黄緑色の小花が咲く。

**ひのき-ぶたい【▼檜舞台】** ①ヒノキ材で張った舞台。能・歌舞伎などの舞台。②腕前を見せる、晴れの場所。limelight

**ひ-の-くに【火の国】** ①肥前・肥後両国の古称。②肥後国の別称。

**ひのくま-じんぐう【日▽前神宮】** 和歌山市秋月にある旧官幣大社。祭神は日前大神。紀伊国一の宮。同境内に国懸神宮があり、「日前国懸神宮」ともいわれる。

**ひ-の-くるま【火の車】** ①地獄にあるという、火が燃えている車。生前、悪事を犯した亡者を苦しめる。②経済状態が非常に苦しいこと。financial difficulties

**ひ-の-け【火の気】** ①火。火の気配。fire ②火の暖かみ。heat of fire ③火種。

**ひ-の-こ【火の粉】** 粉のように飛び散る火片。sparks 用例 ―をかぶる。

**ひ-のし【火▼熨▽斗】** 昔の裁縫用具の一つ。柄杓形の金属製容器の中に炭火を入れて、布のしわのばしや、ひだつけに用いる。iron ↓写

●火熨斗

**ひ-の-した【日の下】** あめのした。天下。

**ひのした-かいさん【日の下開山】** 相撲・武芸などで、天下に比べる者のないこと。天下無双。用例 ―横綱。

●ヒノキ

**ひの-すけとも【日野▽資▽朝】**(一二九〇〜一三三二) 鎌倉末期の公家。後醍醐天皇の側近として討幕計画に参与。正中元年(一三二四)発覚し(正中の変)、佐渡へ流されて斬殺された。

**ひの-そうじょう【日野草城】**(一九〇一〜一九五六) 俳人。本名は克修。東京生まれ。京大卒。モダンな作風で新興俳句の一翼をになう。『青玄』主宰。句集『花氷』『人生の午後』など。

**ひ-の-たま【火の玉】** ①火の塊。fireball ②夜、墓地などに現れる怪火。鬼火。人魂。will-o'-the-wisp ③激しく闘志を燃やすこと。用例 ―になる。参考 ②については、欧米で物理学的な研究がすすめられており、日本でも昭和六一年(一九八六)に火の玉観測情報センターが開設された。

**ピノッキオのぼうけん【ピノッキオの冒険】** 《原題Le Avventura di Pinocchio イタリア》イタリアの児童文学者コッローディの作品。一八八三年刊。木切れから作られた人形ピノッキオが人間の子に生まれ変わるまでを描いている。

**ひ-の-て【火の手】** 火の燃え上がる勢い。火勢。flames

**火の手が上がる(ひのてがあがる)** ①火がついて、炎が上がる。burst into flame ②紛争や争乱が起こる。また、反対意見が出る。break out

**ひ-の-で【日の出】** 太陽がのぼること。また、その時刻。sunrise 対義 日の入り。

**日の出の勢い(ひのでのいきおい)** 勢いがさかんであるたとえ。in the ascendant

**ひので【日の出】**〈町〉 東京都西部、秋川・青梅市に接する町。宅地化が進み都心への通勤者が増えている。植木栽培などもさかん。人口一万六〇二五(一九八八)。

**ひ-の-と【▽丁】** 《「火の弟」の意》十干の第四。てい。

**ひの-としもと【日野▽俊基】**(?〜一三三二) 鎌倉末期の公家。後醍醐天皇の側近として討幕計画に加わり(正中の変)、逮捕。一度許されたのち元弘元年(一三三一)再び討幕を計り、発覚して斬殺された。

**ひの-とみこ【日野富子】**(一四四〇〜一四九六) 室町幕府第八代将軍足利義政の妻。実子義尚の将軍継嗣問題で応仁の乱の一因をつくった。また賄賂、新関所の設置、米相場などで蓄財をはかった。

**ひのとり【火の鳥】** 《原題L'Oiseau de Feu フランス》バレエ作品。ストラビンスキー作曲。一九一〇年パリ初演。作曲家自身が編曲した組曲が有名。

**ひの-な【日野菜】** アブラナ科トキナシカブの一種。滋賀県蒲生郡原産。葉柄および葉脈は紅色。直根で上部は紫赤色、下部は白色。漬物用。アカナ。ヒノカブ。↓カブ図

**ひのはら【▼檜原】**〈村〉 東京都西部、秋川上流の山梨・神奈川県に接する村。山林が多く、数馬は奥多摩観光の玄関口。人口三八九七

(一八八九)。
**ひ-の-ばん【火の番】** 火災の予防、警戒をすること・人。
**ひ-の-べ【日延べ】**(名・サ変自) 期日を延ばすこと。延期。postpone 用例 運動会は―になった。
**ひ-の-まる【日の丸】** ①太陽をかたどった赤い丸。②白地に赤い丸を書いた旗。日章旗。rising-sun flag
**ひのまる-べんとう【日の丸弁当】**《「日の丸」に似ていることから》ご飯の真ん中に梅干しを入れただけの弁当。
**ひ-の-みこ【日の御子】**《日の神(天照大神)の御子、の意》天皇、または皇子の異称。
**ひ-の-みさき【日ノ御埼・日ノ岬】** 和歌山県西端、紀伊水道に突出する岬。
**ひ-の-みさき【日御碕】** 島根県の島根半島西端、大社町にある岬。付近の経島は天然記念物ウミネコの繁殖地。大山隠岐国立公園の一部。
**ひのみ-やぐら【火の見櫓】** 火事を発見したり、状況を判断するために設置される櫓。火の見。watchtower →写

●火の見櫓

**ひ-の-め【日の目】** 日光。
**日の目を見る**(ひのめをみる) 埋もれていたものが世に知られる。活動できるようになる。
**ひ-の-もと【日の本】**《日の出る所、の意》日本の美称。
**ひ-の-もと【火の元】** ①火のある所。place where there is a fire ②出火の元。火元。origin of a fire
**ひのもと-の【日の本の】**[枕ことば]《日の出るもとの国である日本、の意から》「大和」にかかる。用例 ―大和の国の鎮とも座す神かも宝とも生れる山かも(万葉・三・三一九)。
**ひ-ば【干葉・乾葉】** ①枯れ葉。②大根のくきや葉を陰ぼししたもの。
**ひ-ば【肥馬】** こえた馬。
**ひ-ば【檜葉】** ①ヒノキの葉。white-cedar leaf ②林業上はヒノキアスナロ。これにアスナロを加えてヒバということが多い。hiba arborbitae ③チャボヒバ・クジャクヒバ・シノブヒバなどヒノキ科の園芸植物の総称。

**ピバ[pivaイタリア]** 一六世紀イタリアの舞踊・舞曲。元来は農民舞踊。
**ピパ[Pipa]** コモリガエル。
**ビバーク[bivouacフランス]** 登山で露営すること。岩陰や樹の下、また積雪期には雪洞なども利用する。
**ビハール[Bihar]** インド東部の州。地下資源に恵まれ、重工業の中心地。州都パトナ。人口六九八二・三万(一九八一)。
**ひ-ばい【肥培】**(名・サ変他) こやしをやって、作物を育てること。fertilization
**びばい【美唄】**〈市〉 北海道中西部、石狩平野北東部の市。旧炭鉱都市。ベッド製品などの工業が進出。稲作もさかん。人口三万五六四二(一九八八)。
**ひばい-どうめい【非買同盟】** ボイコット。
**ひ-ばいひん【非売品】** 販売しない品物。見本品や、決まった人に配布する品。article not for sale 対義 売品。
**ひはかい-しけん【非破壊試験】** 試料を傷つけたり破壊したりせずに、欠陥の有無を調べること。放射線・超音波・磁気などを用いる。内部の傷を調べる場合は「探傷法」ともいう。非破壊検査。nondestructive testing
**ひ-ばかり【日計】** 水辺を好む小形のヘビ。全長約五〇cm。背面は褐色、腹面は淡黄緑色。名は、嚙まれると命はその日ばかり、の意からだが、実際は無毒で、穏和。本州・四国・九州と東アジアに分布。→図

●ヒバカリ

**ひ-はく【飛白】** ①刷毛でかすれたように書く漢字の書き方。神社などの額に用いられた。②かすり縞の模様・織物。かすり。
**ひ-ばく【被曝】**(名・サ変自) 人体が放射線を受けること。be exposed to radiation
**ひ-ばく【被爆】**(名・サ変自) ①爆撃されること。be bombed ②原水爆の被害を受けること。be A-bombed
**ひばく-しゃ【被爆者】** ①爆撃の被害者。②昭和二〇年(一九四五)八月、広島・長崎に投下された原子爆弾の被爆者。狭義には都道府県知事(広島・長崎市は市長)から被爆者手帳を受けた者。atomic bomb victim
**ひば-ご【卑罵語】** 他人をいやしめていうことば。「てめえ・野郎」など、動作では「言いやがる」「泣きくさる」など、また「じじいめ」なども。軽卑語。対義 尊大語・敬語。

**ひ-ばし【火箸】** 炭火をはさむ金属製のはし。tongs 数え方 一揃い・一具・一対。
**ひ-ばしら【火柱】** 火が柱のように高く燃えあがること。pillar of fire 用例 ―が立つ。
**び-はだ【美肌】** ①肌を美しくすること。②美しい肌。beautiful skin
**ひ-ばち【火鉢】** 木炭を燃料とし、手を暖めたり、湯茶などを沸かしたりするのに用いる道具。古くは、火桶・火櫃といった。丸木をくり抜いた丸火鉢・堅木の指物の箱火鉢・長火鉢、金属製・陶器製の丸火鉢など。
**び-はつ【美髪】** 美しい髪。美しく結った髪。beautiful hair
**ひ-ばな【火花】** ①飛び散る火。火の粉。spark 用例 つるはしが岩にぶつかって―が飛び散る。②放電で生じる光。spark 用例 スパークの青白い―。
**火花を散らす**(ひばなをちらす) ①太刀で激しく切り合う。combat ②互いに激しく争う。fight fiercely 用例 ―論戦。
**ひばな-スペクトル【火花スペクトル】** 気体中で、電極間に高電圧をかけて火花放電させたときに見られる光のスペクトル。イオン化した原子固有のスペクトルが現れる。spark spectrum
**ひばな-ほうでん【火花放電】** 通常よい絶縁体である気体が、強い電場によって絶縁性を失うときに起こる過渡的な現象。ふつう強い発光と音をともなう。エンジンの点火プラグなどに利用される。spark discharge
**ヒバ-ハンこく【ヒバハン国】** 中央アジア、アムダリア川下流域ヒバ地方にあった国。一六世紀前半、ウズベク族のイルバルスが建国。一九世紀前半、中央アジアに優位を占めたが、一八七三年ロシアの保護国、一九二〇年にホラズム共和国となり消滅。Khanate of Khiva
**ひば-また** 潮間帯上部の岩礁上に繁茂する海藻。全長一〇〜三〇cm。暗褐色で革質。ふさ状に分枝し、全体は扇形。
**ひ-ばら【脾腹】** 横腹。わき腹。flank
**ひばら-こ【檜原湖】** 福島県北部、磐梯山北側の堰止め湖。明治二一年(一八八八)磐梯山の爆発により形成。面積一〇・四km²、最深三〇・五m。
**ひばり【雲雀・告天子】** ヒバリ科の小鳥。翼長約一〇cm。雄は美声で春夏、さえずりながら高く舞い上がる。体は黄褐色で黒褐色の縦斑がある。地上で草の実や昆虫をとる。日本全土・ユーラシア・北アフリカに分布。テンリョウ。ラーク。skylark →写

●ヒバリ

**ひばり-ごち【雲雀東風】**《雲雀は日晴の意》周防大島あたりでいう、立春以後に吹く東風。晴天をもたらす。へばるごち。
**ビバルディ[Antonio Vivaldi]**(一六七八〜一七四一) イタリアの作曲家・バイオリン奏者。バロック後期を代表する大音楽家の一人。バロック時代の独奏・合奏協奏曲の様式を完成。バッハにも影響を与えた。合奏協奏曲『和声法とインベンションの試み』(一〜四番が有名な『四季』)、ミサ曲『グローリア』など。
**ひ-はん【批判】**(名・サ変他) ①事柄の正しさ・よしあしなどを批評し判断すること。criticism 比較 批評。②哲学で、㋐価値・正当性・妥当性などを理性をもって、種々の条件に照らし合わせて判断すること。criticism ㋑物事の存在する理論的基礎を明らかにすること。
**ひ-ばん【非番】** 当番や勤務でないこと・人。また、その日。off duty
**ひはん-しゅぎ【批判主義】**(Kritizismusドイツ) 哲学で、独断論や懐疑論におちいらないよう、人間の理性や認識の本性・限界を吟味することを目的とする考え方。
**ひはん-てき【批判的】**(形動) ①批判の精神があるさま。思想・主張・事柄を、うのみにしないで冷静に対するさま。critical ②いずれにも味方せず、その意義を疑うさま。critical
**ひはん-てつがく【批判哲学】**(kritische Philosophieドイツ) 理性の徹底的な自己認識において成立する批判主義の立場をとるカント哲学と、それを継承する哲学。
**ひ-ひ【狒狒】** ①オナガザル科のヒヒ属・ゲラダヒヒ属のサルの総称。口先が突出し、長大な犬歯をもつ。雄は凶暴。体長五〇〜一一〇cm。草原や岩山に群棲。雑食性。マントヒヒ・マンドリルなど八種がアフリカ・アラビアに分布。baboon ②好色な男をののしっていう語。satyr 用例 ―おやじ。
**ひ-ひ【霏霏】**(形動トタル) 雪や細かな雨などが降りしきるさま。
**ひび【皹・皸】** 寒さのためにできる、皮膚の細かいわれめ。chap 比較 あかぎれ。
**皹が切れる**(ひびがきれる) 寒さや水仕事などのためにひびができる。be chapped
**ひび【篊】** ①ノリ・カキなどの養殖施設として海中の干潟に張られた木や竹の枝・網など。幼生を成長させたり、胞子を付着・成長させる。②魚類を迷い込ませて漁獲するための装置。
**ひび【罅】** ①壁・ガラス・骨などの表面にできた細かい裂け目。②不和。
**罅が入る**(ひびがはいる) ①陶器や地面などの表面に、細かいわれめができる。crack ②比喩的に、心や体が健全な状態を保てなくなる。また、経歴に傷がつく。wreck ③対人関係で不和になる。be in discord 用例 友情に―。
**罅を入れる**(ひびをいれる) 安定した状態を壊す。支障を来たすようにする。

**ひ-び【日日】** 毎日。その日その日。every day 用例 ―の仕事。
**日日に新た也**(ひびにあらたなり) 日ごとに新しくなっていく。毎日進歩してとどまることがない。
**び-び【微微】**(形動トタル) かすかなさま。わずか。slight
**ビビエーナ[Bibiena]** 一七〜一八世紀のイタリアの芸術家の家名。バロック劇場の建築・舞台美術に業績を残す。フェルディナンドFerdinando(一六五七〜一七四三)は、遠近法を改良し対角遠近法を創案。その子ジュゼッペGiuseppe(一六九六〜一七五七)は、ドイツのバイロイト宮廷歌劇場を設計。
**ひびか・す【響かす】**(五他) =響かせる。①音や声を響くようにする。resound ②評判を世間に広める。make well known 用例 名声を―。
**ひびか・せる【響かせる】**(下一他) →ひびかす(響かす)
**ひびき【響き】** ①音や振動が伝わること。また、その音。sound ②こだま。反響。echo ③音の末尾。余韻。reverberation ④うわさ。評判。reputation ⑤影響。influence
**響きの声に応ずるが如し**(ひびきのこえにおうずるがごとし) 反応・応答が、すばやいさま。
**ひびき-なだ【響灘】** 福岡県北方、山口県西方にある海域。関門海峡の西にあり、玄界灘と接する。
**ひびき-わた・る【響き渡る】**(五自) ①大きな音響が広く遠くまでとどろく。resound ②広く世間に知れ渡る。
**ひび・く【響く】**(五自) ①音や振動が伝わる。用例 爆音が―。②こだまする。resound 用例 トンネルの中は、声がよく―。③音を長く引く。reverberate ④影響する。さしつかえる。affect 用例 生活に―。健康に―。⑤名・評判が広がる。be known 用例 世に名声が―。⑥心に通じる。感銘を受ける。用例 胸に―美しい笛の音。
**ビヒクル[vehicle]** 塗料中の、塗膜を形成する成分のこと。油性ペイント中のボイル油、水性ペイント中の粘着剤水溶液、エナメル中の油性ワニスなど。展色料。
**びび-し・い【美美しい】**(形) 華やかで美しい。beautiful 派生 びびしげ(形動) びびしさ(名)
**ヒビスカス[hibiscus]** →ハイビスカス
**ビビッド[vivid]** =ヴィヴィッド。㊀(形動) 生き生きとしたさま。真にせまったさま。

ひ



↓ 行き先項目、図版・写真参照印。 JIS 日本工業規格情報交換用漢字符号コード(区点コード)。

躍動的。三(名) 色彩で、もっとも高彩度の色。

**ひ-ひとひ【日一日】** 一(名) 一日じゅう。二(副) 日ましに。日ごとに。一日一日と。

**ひび-みどろ【▼皹味泥】** 単列糸状の緑藻類。淡水生または汽水生。水中の岩や杭に着生。大きな環帯状の葉緑体をもつ。冬から春にかけて多くみられる。

**ひびや【日比▽谷】** 東京都千代田区南東部の地区。皇居沿いに日比谷公園があり、劇場・映画館も多く、銀座につながる都心の歓楽地。

**ひびや-こうえん【日比▽谷公園】** 東京都千代田区にある公園。明治後期、練兵場跡に開園された洋式公園。日比谷公会堂・野外音楽堂がある。

**ひびや-やきうちじけん【日比▽谷焼打事件】** 明治三八年(一九〇五)九月、日露講和条約(＝ポーツマス条約)を屈辱とする群衆が、東京日比谷公園で国民大会後に起こした暴動。

**ひ-ひょう【批評】**(名・サ変他) ①事物の価値を検討、評価、批判すること。criticize 対義 鑑賞。用例 当否を―する。②文学の一ジャンルとしての文芸批評のこと。criticism

**ひ-びょういん【避病院】** 法定伝染病患者を収容する病院。伝染病院。isolation hospital

**ひひょう-がん【批評眼】** 批評できる見識。critical eye

**ひひょう-ぶんがく【批評文学】** 社会・作品の批評で、文学になるもの。

**びび・る**(五自) 気おくれして、ちぢこまる。quail

**ひび-わ・れる【▼皹割れる】**(下一自) ひびが入る。ひびが入って割れる。crack

**び-ひん【備品】** そなえつけてある物品。fixtures 比較 消耗品。

**ピピン【Pippin】**(七一四ごろ～七六八) フランク国王(在位七五一～七六八)。カロリング朝の始祖。父カール＝マルテルを継いで宮宰となり、メロビング朝を廃して即位。のちランゴバルドを討伐。即位認可の代償としてラベンナ地方を教皇ザカリアスに献じ、最初の教皇領とした。小ピピン。

**ビビンバ**(pibimpap朝) 朝鮮料理の一つ。ご飯の上に、いためた肉と野菜をのせたどんぶり物。調味に唐辛子みそを加える。

**ひ-ふ【皮膚】** 身体の表面をおおう被膜。触覚・圧覚・温覚・冷覚・痛覚などをつかさどる感覚器でもあり、体表の保護・排泄・体温の調節と維持、栄養分の貯蔵などにもあずかる。表皮・真皮・皮下組織の三層からなる。skin

**ひ-ふ【秘府】** ①貴重なものを保管しておく倉。②朝廷の書庫。

**ひ-ふ【被布・被風】** 着物の上に着る和装コートの一種。羽織に似ているが、前打ち合わせが深く、竪襟がつき、胸を組みひもで止める。茶人・婦人・女児用。

**ひ-ふ【▼蚍▼蜉】** 大きなアリ。

**蚍蜉、大樹を撼かす**(ひふ、たいじゅをうごかす) 自分の力のほどをわきまえないで、やたらと大きいことをしようとするたとえ。

**ひ-ぶ【日歩】** 元金一〇〇円に対する一日分の利息の割合を何銭何厘何毛と表したもの。daily interest per 100yen 比較 年利・月利。

**ひ-ぶ【日賦】** 借金などを毎日少しずつ返すこと。その借金。日なし。

**ひふ-いしゅくしょう【皮膚▼萎縮症】** 皮膚が薄く軟らかくなり、ちりめんじわができて汗や脂肪の分泌が減少する種々の病気。斑状特発性皮膚萎縮・老人性萎縮など。atrophia cutis

**ひふ-いしょく【皮膚移植】** やけど・外傷によって損傷した皮膚の修復。ふつう当人の他の部分の皮膚を用いる。植皮。skin grafting

**ビフィズス-きん【ビフィズス菌】**(bacillus bifidusラテ) 腸管内に生理的に繁殖する細菌。乳酸を産生して腸内の酸性度を高め、病原細菌の発育・増殖を防ぐ。

**ひ-ふう【悲風】** ①かなしさを催す風。②秋風。

**び-ふう【美風】** よい風俗。りっぱな風習。fine custom 対義 悪風。用例 ―良俗。

**び-ふう【微風】** かすかに吹く風。そよ風。breeze

**ビフェニル【biphenyl】** 化学式$(C_6H_5)_2$ 無色または白色の鱗状結晶。伝熱媒体・染料・医薬品に利用。ジフェニル。

**ひふ-えり【被布襟】** 和装コートの襟型。襟あきを四角にし、襟肩に丸襟をつけ、前身ごろを竪襟に仕立てたもの。

**ひふ-か【皮膚科】** 皮膚に関する病気を取り扱う臨床医学の一分科。皮膚病・爪や毛髪の病気・淋病以外の性病などを対象とする。dermatology

**びふか【美深】**〈町〉 北海道北部、名寄市北隣の町。稲作の北限地。酪農・林業もさかん。人口七五二〇(一九八八)。

**ひふ-かんかく【皮膚感覚】** 皮膚が刺激されて起こる感覚を総称したもの。圧覚・触覚・温覚・冷覚・痛覚に区別される。cutaneous sense

**ひふき-だけ【火吹(き)竹】** 火をおこすために使う三〇～四〇cmほどの竹筒。一端の節を残して小さな穴があけてあり、竹筒の中に息を吹き込んで、この穴から空気を押し出す。吹き竹。吹き火筒。火起こし竹。

**ひふ-ぎんこう【皮膚銀行】** 移植用の皮膚を保存する機関。植皮術のさいに余った皮膚片を生理的食塩水で湿したガーゼで包み、試験管などに封入して四℃前後で保存する。

**ひ-ふく【被服】** 体をおおう衣服の総称。明治時代の軍人用語として一般に広まり、昭和三三年(一九五八)に、家庭科に被服という科目を設けてから公的用語として用いられてきた。衣服。衣類。clothing

**ひ-ふく【被覆】**(名・サ変他) おおいかぶせること。cover

**び-ふく【美服】** 美しい衣服。

**び-ふく【微服】**(名・サ変自) 人目につかないよう目立たない服装をすること。忍びの姿。

**ひふく-きん【▼腓腹筋】** →ひちょうきん(腓腸筋)

**ひふくげん-ちゅうしゅつ【非復元抽出】** 母集団から標本を抽出するときに、一度抽出した標本を母集団に戻さずに、次の標本を抽出する方法。

**ひ-ぶくれ【火膨れ・火▽脹れ】** やけどで皮膚がはれふくれること。blister

**ひ-ぶくろ【火袋】** ①石灯籠などの火をともす所。→灯籠図 ②暖炉で火を燃やす所。

**ひふ-こうはん【皮膚紅▼斑】** 放射線を照射したとき、やけどしたように皮膚が赤くなること。一回に数百レントゲン以上の放射線を受けたときに見られる。skin erythema

**ひふ-こきゅう【皮膚呼吸】** 皮膚を通して行う呼吸。皮膚から二酸化炭素を排出して、酸素をとり入れること。おもに水生無脊椎動物が行うが、ヒトでも一%以下は皮膚呼吸による。体表呼吸。cutaneous respiration

**ひぶそう-ちゅうりつ【非武装中立】** 日本社会党の安全保障問題に対する態度で、すべての武力的手段を排し外交上非同盟政策をとることによって中立を堅持する政策。昭和四一年(一九六六)の中央委員会で明確化。

**ひふ-そうようしょう【皮膚▼瘙▼痒症】** 皮膚に発疹などがなく、かゆみだけを訴える症状。かゆみは全身性と局所性があり、原因は種々で、しばしば全身性疾患の一症状として現れる。

**ひ-ぶた【火▼蓋】** 火縄銃の火皿の口をおおうふた。→火縄銃図

**火蓋を切る**(ひぶたをきる) 戦いや、ものごとを始める。行動を起こす。open fire

**ひ-ぶつ【秘仏】** 大切に秘蔵して開帳のときしか拝ませない仏像。

**ビフテキ【bifteckフラ】** ビーフステーキ。

**ひふ-びょう【皮膚病】** 皮膚が病的に変化した状態。皮膚の病気は、単に皮膚にとどまらず、全身または他の器官の障害の結果として現れ、また皮膚病の結果として全身の変化をともなうことも多い。dermatosis; skin disease

**ひふ-ぶんがきんしょう【皮膚分芽菌症】** 酵母菌に近いカビが起こす皮膚真菌症。カンジダ症が代表的で、水仕事の多い主婦の手の指のまたや爪の周囲などの炎症の原因。cutaneous blastomycosis

**ひ-ふみ【日文】** 神代文字の一つといわれる音節文字。後世に、朝鮮の古くからの文字をもとに改作したものであるとされている。

**ビブラート【vibratoイタ】**《ふるえる、の意》音高または音量の急速な変化を音に与える(細かくふるわせる)演奏技法。声楽・器楽で行われる。

**ビブラフォン【vibraphone】** 打楽器の一つ。鉄琴の一種で、おもに軽音楽で使用。澄んだ音質で余韻が長い。→写

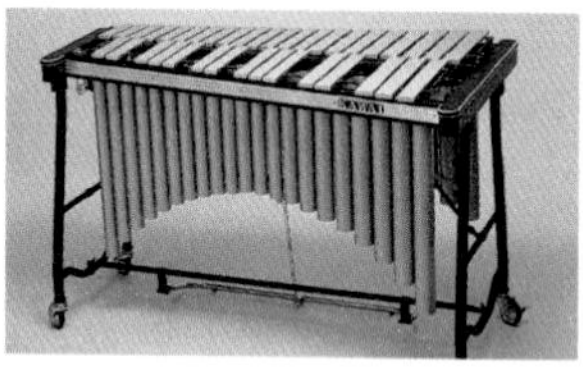

●ビブラフォン

**ビブリオ【vibrioラテ】** ビブリオ科の細菌の総称。グラム陰性でふつう嫌気性の桿菌。五種類の菌種のうち、コレラ菌と腸炎ビブリオがヒトに対し強い病原性をもつ。

**ビブリオフィルム【bibliofilm】** 図書の各ページをマイクロフィルムに写しとったもの。図書写真。

**ひぶり-しま【日振島】** 愛媛県西部、宇和海の島。宇和島市に属する。面積五$km^2$。畑作・漁業が主。一〇世紀の藤原純友の乱で知られる。

**ひ-ふん【悲憤】**(名・サ変自) 悲しみ、いきどおること。indignation 比較 憤慨。

**ひ-ぶん【非分】**(名・形動) ①身分に過ぎたこと・さま。過分。②道理に合わないこと・さま。非理。

**ひ-ぶん【碑文】** 石碑に彫ってある文章。epitaph

**び-ぶん【美文】** 文体の一つ。ことばを美しく飾った文章。とくに、明治中期に流行した文体。elegant prose 比較 雅文。

**び-ぶん【微分】**(名・サ変他) ①関数の導関数を求めること。differential 対義 積分。②変数$x$が$\Delta x$だけ変化したときの、関数$f(x)$の変化$\Delta y=f(x+\Delta x)-f(x)$は$f'(x)\Delta x$に等しい。これを$f(x)$の微分という。$dy=f'(x)dx$とも書く。differential

**びぶん-おん【微分音】** 音楽で、半音程よりさらに小さい音(四分音・六分音など)の総称。microtone

**びぶん-がく【微分学】** 関数の導関数についての理論と、その応用を研究する解析学の基礎分野。differential calculus

**びぶん-かのう【微分可能】** 関数$f(x)$が$x=a$において微分係数をもつとき、$f(x)$は$x=a$において微分可能であるという。differentiable

**びぶん-きかがく【微分幾何学】** 平面および空間における曲線や曲面の性質を微分学・積分学の方法を用いて研究する数学の一分野。differential geometry

**びぶん-けいすう【微分係数】** 関数$f(x)$において、$x$が$a$に限りなく近づくとき、$(f(x)-f(a))/(x-a)$が一定の値に限りなく近づけば、その値を$f(x)$の$x=a$における微分係数といい、$f'(a)$で表す。微係数。differential coefficient

**ひふん-こうがい【悲憤▼慷慨】**(名・サ変自) 社会の不公平・政治の不正・自分の非運について、深く悲しみいきどおること。indignation

**ひぶん-しょう【飛▽蚊症】** 目のガラス体の混濁により、小さな虫や糸くずのようなものが動いて見える症状。myodesopsia

**びぶん-ちょう【美文調】** 写実よりも美文に流れていること。ornate style

**びぶん-ほう【微分法】** 与えられた関数の導関数を求める方法。differentiation

**びぶん-ほうていしき【微分方程式】** 未知関数、その導関数、独立変数の間の関係を与える関数方程式。未知関数の変数が一個のとき常微分方程式、二個以上のとき偏微分方程式とよぶ。differential equation

**ひ-へい【疲弊】**(名・サ変自) ①心身がつかれ弱ること。exhaustion ②国力や経済力が弱ること。窮乏。impoverishment

**ひべいかつどう-いいんかい【非米活動委員会】**(Committee on Un-American Activities) アメリカ下院の常任委員会の一つ。国内の非民主主義的・破壊的宣伝活動を調査し、適切な立法勧告を行う目的で一九四五年に設置。七五年廃止。UAAC。

**ひ-へいこうじょうたい【非平衡状態】** 可逆変化において、両方向に起こる変化の速さが異なる状態。non-equilibrium state

**ビベーカーナンダ【Vivekānanda】**(一八六三～一九〇二) インドの宗教改革者。ラーマクリシュナの後継者。ラーマクリシュナ教団を創立、師の教えを世界に広めた。

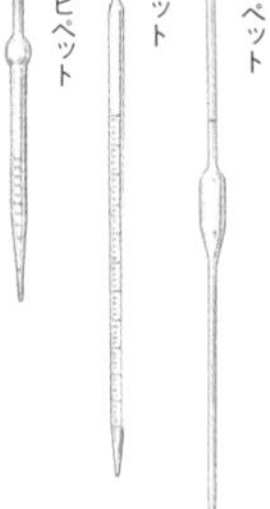

●ピペット

**ピペット【pipette】** 正確に一定体積の液体をはかりとるガラス器具。ホールピペット・メスピペット・ミクロピペット・メスピペットなど。→図

**ピペラジン【piperazine】** 塩基性の白色結

晶。枸櫞酸塩などを、人や動物の回虫・蟯虫の駆除に用いる。

**ビベロ**【Don Rodrigo de Vivero y Velasco】(?〜一六三六) スペインのフィリピン政庁長官。慶長一四年(一六〇九)メキシコへ向かう乗船が上総国岩和田に漂着。将軍徳川秀忠、駿府の徳川家康に謁見し、メキシコとの通商を約して翌年帰国。

**ひ-へん**【日偏】 漢字を組み立てている部分の名。「明・昭」などの左にある「日」。

**ひ-へん**【火偏】 漢字を組み立てている部分の名。「燃・焼」などの左にある「火」。

**ひ-ぼ**【悲母】 あわれみ深い母。慈母。ひも。

**び-ぼいん**【鼻母音】 音声学で、呼気が鼻に抜けて共鳴し、俗にいう「鼻にかかった」音色をもつ母音。nasal vowel

**ひ-ほう**【飛報】 急ぎの知らせ。急報。express message

**ひ-ほう**【秘方】 秘密にしている薬の処方。

**ひ-ほう**【秘宝】 人に見せない宝物。treasure

**ひ-ほう**【秘法】 ①秘密の方法。secret process ②〈仏教語〉真言宗で、秘密の祈禱法。

**ひ-ほう**【悲報】 かなしい知らせ。とくに、死の知らせ。sad news; death notice 対義 朗報。

**ひ-ぼう**【非望】 身のほど知らずの大それた望み。野望。inordinate ambition

**ひ-ぼう**【▾誹▾謗】(名・サ変他) 悪口を言うこと。中傷。slander

**び-ほう**【▾弥縫】(名・サ変他) ①縫い繕うこと。②取り繕うこと。ごまかし。

**び-ぼう**【美▾貌】 美しい顔かたち。beauty

**びほう-さく**【▾弥縫策】 一時逃れの方便。makeshift

**びぼう-じん**【▿未亡人】 →みぼうじん(未亡人)

**ひぼうりょくてき-ていこう**【非暴力的抵抗】 →サチャグラハ

**びぼう-ろく**【備忘録】 心覚えに書きとめておく帳面。控え。メモ。memorandum

**ヒポクラテス**【Hippokrates】(生没年未詳) 前五〜前四世紀ごろのギリシアの医師。西洋医学の父。医学を魔術や哲学から分離し、医師の道徳を「ヒポクラテスの誓い」として明確に規定。四体液説を提唱。

**ひ-ほけんしゃ**【被保険者】 ①損害保険で、保険事故の発生にさいし保険金の支払いを受ける権利をもつ者。insured ②生命保険で、その者の生死について保険がかけられている者。insured 対義 保険者。

**ヒポコンデリー**【Hypochondrieドイツ】 軽い病気に対して、大げさな不安・恐れをもつ精神症状。心気症。ゆううつ病。

**ひ-ぼし**【干▿乾し】 食べ物がなくて飢えること。be starved

**ひ-ぼし**【日干し・日▿乾し】 日光にさらして ほすこと。dry in the sun

**ひ-ぼし**【火干し・火▿乾し】 火にあぶって乾かすこと。乾かしたもの。dry by the fire

**ひぼし-れんが**【日▿乾し▾煉▾瓦】 粘土を成形し、天日で乾燥させた煉瓦。降雨が少ない地域では先史時代から広く用いられた。

**びほろ**【美▾幌】〈町〉 北海道北東部、網走川中流域の町。ジャガイモ・テンサイなどの生産地で農産加工業もさかん。阿寒国立公園の北の玄関。人口二万六三二九(一九八八)。

**びほろ-とうげ**【美▾幌峠】 北海道北東部、美幌・弟子屈町境の峠。標高五二五m。阿寒国立公園の網走側玄関で、雄大な展望で知られる。

**ひ-ほん**【秘本】 ①人に見せない大切な本。秘蔵の本。treasured book ②春本。

**ひ-ぼん**【非凡】(名・形動) 並はずれて、すぐれていること・さま・人。unusualness 対義 平凡・凡庸。

**び-ほん**【美本】 ①用紙・装丁・箱などのりっぱな本。beautifully-bound book ②傷んでいない古本。

**ひま**【▾隙】 物のすきま。すき。chink

**隙過ぐる駒** 「隙行く駒」と同意。

**隙の駒** 「隙行く駒」と同意。

**隙行く駒** 月日が速くたつことのたとえ。隙過ぐる駒。隙の駒。駒隙。

**ひま**【暇・▿閑】 ㊀(名) ①何かをするのに要する時間。time 用例 ——がかかる。②休み。leave ③主従・夫婦の縁を切ること。いとま。discharge; divorce ㊁(名・形動) やるべきことがなくて、時間にゆとりがあること・さま。手すき。spare time 用例 ——な時にやる。

**暇が明く** ひまになる。

**暇がいる** 時間がかかる。take up time

**暇に飽かす** 時間を惜しまずそのことに使う。make full use of one's leisure

**暇を欠く** 時間をつぶす。

**暇を出す** ＝暇を遣る。①休みを与える。give ... off ②使用人などをやめさせる。discharge ③妻を離縁する。divorce one's wife

**暇を潰す** 退屈なときやあいている時間などに、何かすることをみつけて、時間を費やす。また、時間を無駄に費やす。kill time 用例 映画を見て——。

**暇を取る** ①休暇をとる。take ... off; have leave ②使用人などが、自分のほうから申し出て仕事をやめる。quit ③妻のほうから離縁する。divorce one's husband

**暇を盗む** 忙しくて本来ならばとても無理な状況の中から、機会をとらえて時間をひねり出す。なんとかして、時間をつくる。

**暇を貰う** 「暇を取る」と同意。

**暇を遣る** 「暇を出す」と同意。

**ひ-ま**【▾蓖麻】 トウゴマの別名。

**ヒマーチャル-プラデシュ**【Himachal Pradesh】 インド北部、ヒマラヤ山岳地帯の州。州都シムラ。人口四二三・八万(一九八一)。

**ひまか-じま**【日間▿賀島】 愛知県知多半島先端沖合いの島。南知多町に属する。面積〇・七km²。農業・漁業が主。古墳も多く、海景が美しい。

**ひ-まく**【皮膜】 ①皮膚と粘膜。film ②皮のような膜。film

**ひ-まく**【飛膜】 鳥類を除いた脊椎動物が滑空・飛行に用いる皮膜。哺乳類ではムササビ・ヒヨケザル・コウモリなど前肢と後肢の間に体側に沿って形成される、爬虫類では中生代の翼竜、肋骨を広げて飛膜をつくるトビトカゲなどでみられる。flying membrane

**ひ-まく**【被膜】 おおっている膜。tunic

**ひ-まご**【▾曾孫】 孫の子。ひい孫。ひこ孫。great-grandchild

**ひま-さん**【▾蓖麻蚕】 ヤママユガ科のガ。シンジュサンの飼養品種の一つ。幼虫はトウゴマ(ヒマ)の葉を食べ良質の繭をつくる。インドで飼育。

**ひ-まし**【日増し】 日ごとに増すこと。

**ひまし-に**【日増しに】(副) 日がたつにつれて、だんだんと。day by day 用例 ——暖かくなる。

**ひまし-ゆ**【▾蓖麻子油】 トウダイグサ科トウゴマの種子から得られる無色透明の不揮発性油。主成分はリシノール酸のグリセリド。下剤・せっけんの原料。castor oil

●ヒマラヤ山脈

**ひま-じん**【暇人・▿閑人】 用事がなく暇のある人。有閑人。man of leisure

**ひ-まち**【日待ち】 ①特定の日に村内の同信者が集まり、神を祭り終夜お籠りして日の出を待ち、拝むこと。期日は一定しないが、一月・五月・九月の吉日に行う所が多い。②農繁期の終わったあと、皆で集まり飲食して楽しむ行事。

**ひ-まつ**【飛▾沫】 飛び散る水。しぶき。splash

**ひまつ-かんせん**【飛▾沫感染】 患者のくしゃみ・せき・会話などによって周囲に飛び散った病原体を吸入することによる感染。呼吸器系疾患に多い。droplet infection

**ひま-つぶし**【暇▾潰し】 ①暇な時間をまぎらす手段。kill time ②時間をむだに費やすこと。waste of time

**ひ-まつり**【火祭(り)】 ①火災のないことを祈る祭り。鎮火祭。②大火をたくことを中心の行事とする祭り。火は神の送迎・浄化・霊力強化などの意味をもち、全国に火をともなう祭りがみられる。一〇月二二日に行われる京都府の鞍馬山の由岐神社火祭りなど。③出雲大社の元旦の神事。火鑽臼・火鑽杵を祭る。

**ひま-ど・る**【暇取る】(五自) 時間がかかる。てまどる。take much time

**ひま-ひま**【▾隙▾隙・暇暇】 ①すきますきま。あいだあいだ。②用事のない折々。ひまなつど。in one's leisure hours 用例 ——にかたづける。

**ひまもる-かぜ**【▾隙▾洩る風】《(ひま(すきま)をもる(通って出る)風の意》すきま風のこと。

**ヒマラヤ-ぐま**【ヒマラヤ▾熊】 →つきのわぐま(月の輪熊)

**ヒマラヤ-さんみゃく**【ヒマラヤ山脈】(Himalayas) チベット高原とヒンドスタン平原を画して西北西から東南東へ湾曲して連なる大山脈。エベレスト山(八八四八m)をはじめ八〇〇〇m級の峰々をもつ世界最高の山脈。→写

**ヒマラヤ-すぎ**【ヒマラヤ杉】 マツ科の常緑針葉高木。高さ約三〇m。樹形は円錐状、葉は針状。雌雄同株。秋に開花。球果は卵形で長さ約六cm。生長が速く、木の形が美しいので庭園などに栽培される。ヒマラヤシーダー。deodar →写

**ヒマラヤン**【Himalayan】 ネコの一品種。ペルシアネコとシャムネコの交配による長毛種で、体形・顔形・被毛はペルシアネコに、毛色や目の色はシャムネコに似る。性質はおとなしい。→ネコ写

**ヒマルチュリ-さん**【ヒマルチュリ山】(Himalchuli) ネパール中部、ヒマラヤ山脈中のマナスル山群の一峰。標高七八六四m。

**ひまわり** 日本の静止気象衛星の愛称。赤道上空高度三万五八〇〇kmにあって、インド洋から西太平洋までの気象変化を観測する。平成元年(一九八九)現在三号が活躍中。

**ひ-まわり**【▿向▿日▾葵】 キク科の一年草。高さ約二m。葉は心臓形で互生。夏に径約三〇cmの頭花をつける。舌状花は鮮黄色、筒状花は褐色。種子は食用で油もとる。北アメリカ原産。ニチリンソウ。ヒグルマ。sunflower →写

●ヒマワリ

**ひ-まん**【肥満】(名・サ変自) からだが太ること。get fat; gain weight

**び-まん**【▾弥漫・▾瀰漫】(名・サ変自) ①水がみなぎること。②考え方・風潮などが広がりはびこること。

**ひまん-さいぼう**【肥満細胞】 結合組織中にある顆粒に富む丸い細胞。顆粒中にヒスタミン・ヘパリン・セロトニンを含む。マスト細胞。mastocyte

**ひまん-じ**【肥満児】 体重が標準体重を二〇%以上うわまわる児童。原因のほとんどは過食と運動不足である。obese child

**ひまん-しょう**【肥満症】 美食・飲酒・運動不足などで皮下脂肪組織が異常に増加した状態。各臓器の機能障害を起こしやすい。obesity

**ひまん-りょうほう**【肥満療法】 食欲不振者・未熟児などに対し、体重の増加をはかる治療法。食事中の糖質・脂質・たんぱく質を増し、必要に応じインシュリンを併用する。forced

●ヒマラヤスギ

alimentation

**ひみ【氷見】**〈市〉富山県北西部、能登半島の入り口にある市。ブリ・イワシなどの定置網漁業がさかん。海水浴客も多い。人口六万二八二一(一九八八)。

**び-み【美味】**(名・形動) 味のおいしいこと・さま。その食べ物。deliciousness 対義 不味。

**ひみこ【卑▼弥呼】**「魏志倭人伝」にみえる邪馬台国の女王。使節を魏におくり「親魏倭王」の称号と印綬を受けた。三世紀半ばごろ没。

**ひ-みず【日▽不▽見】** 山林にすむモグラ科の動物。体長約一〇cm。モグラに似るがシャベル状の手ははるかに小さい。地中や落葉層中にすむ。日本特産。↓写

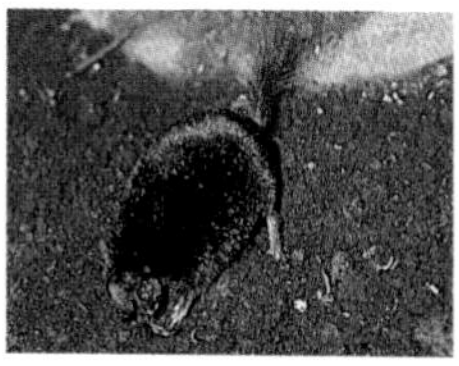
●ヒミズ

**ひ-みず【火水】** ①火と水。fire and water ②きわめて仲の悪いこと。discord

**火水も厭わず**(ひみずもいとわず) どんな苦しみも苦にしない。go through fire and water

**ひみず-もぐら【日▽不▽見▼鼹▼鼠】** ↓ひみず(日不見)

**ひ-みつ【秘密】**(名・形動) ①隠して人に知らせないこと・さま。こっそり行うこと・さま。内証。secrecy 用例 ―を守る。②公開しないこと・さま。private 用例 ―会議。③奥の手。秘術。secret art 用例 ―の手段。④未知のことがら。神秘。mystery 用例 大宇宙の―。⑤《仏教語》真言の教え。真言陀羅尼。

**ひみつ-かい【秘密会】** 傍聴が禁じられ公開されない会議。日本の国会は公開が原則だが、本会議については出席議員の三分の二以上の賛成、委員会については出席議員の過半数の賛成で秘密会にできる。closed-door session

**ひみつ-けいさつ【秘密警察】** 国内の治安対策や内外の情報収集を行う特殊な警察組織。任務の性質上、活動を秘密にすることからいわれる。シークレットポリス。secret police

**ひみつ-けっしゃ【秘密結社】** 宗教・政治・犯罪などについて特定の目的を達成するために、組織の存在やメンバーの氏名を社会から隠している非合法の結社・団体。secret society

**ひみつ-さいばん【秘密裁判】** 非公開で行われる裁判。secret trial 対義 公開裁判。

**ひみつ-せんきょ【秘密選挙】** 選挙人がどのように投票したかを秘密にする選挙。無記名投票による選挙。secret ballot

**ひみつ-つみたてきん【秘密積立金】** 貸借対照表上に公表されない秘密の積立金。棚卸資産の過小評価、減価償却費や引当金の過大計上などによってなされるが、意識的に行うことは許容されない。secret reserve

**ひみつほご-ほう【秘密保護法】**《「日米相互防衛援助協定等に伴う秘密保護法」の略》アメリカから受ける情報や装備品などの秘密を守ることに関する法律。昭和二九年(一九五四)公布。

**ひみつろうせつ-ざい【秘密漏▼泄罪】** 医師・弁護士・公証人などの職にある者、またはあった者が、業務上知り得た他人の秘密を漏らす罪。

**び-みょう【美妙】**(形動) 何とも言われぬほど美しいさま。

**び-みょう【微妙】**(形動) ①味わいの深くすぐれているさま。fine ②細かく複雑で言い表すことも難しいさま。デリケート。subtle

**ひ・む【秘む】** 古語 (下二他) ↓ひめる(秘める)

**ひむかし【▽東】** 古語 ひがし。ひんがし。用例 ―の野に炎の立つ見えて(万葉・一・四八)。

**ヒムラー【Heinrich Himmler】**(一九〇〇〜四五) ナチス-ドイツの政治家。全ドイツ警察長官をへて一九四三年内相となり、東部占領地域でユダヤ人虐殺を指令。四五年自殺。

**ひ-むろ【氷室】** 冬期の氷を夏まで蓄えておくための室や穴。かつては、陰暦六月一日にこの氷を宮中の群臣に賜る氷室の節会や、氷餅を将軍に献上する氷室の節句が行われた。

**ひ-むろ【▽姫▼榁】** ヒノキ科の常緑高木。サワラの園芸品種の一つ。枝が多く、全体が灰白色。

**ひむろ-の-せっく【氷室の節句】** 陰暦六月一日に、前年の雪氷でつくった折餅や氷餅を食べて祝う、江戸時代の行事。

**ひめ【姫・▼媛】** ①貴人の娘。princess 用例 ―君。②《接尾的》未婚の女子の敬称。対義 彦。用例 白雪―。織り―。③《接頭的》小さくて、かわいらしい、の意。用例 ―鏡台。―ゆり。参照 姫。

**ひめ-あかたては【姫赤立羽▼蝶】** タテハチョウ科のチョウ。開張約五・五cm。黒褐色の地に赤橙色などの斑紋がある。幼虫の食草はゴボウなど。ときに大群で海を渡る。世界各地に広く分布。painted lady ↓図

●ヒメアカタテハ

**ひ-めい【非命】** 災難・事故による死。非業。対義 天命。

**ひ-めい【悲鳴】** ①驚き、また、困って叫ぶ声。scream ②哀れな鳴き声。whimper ③泣きごと。弱音。complaint 用例 ―を上げる。

**ひ-めい【碑銘】** 石碑に刻んだ銘。epitaph

**び-めい【美名】** ①よい評判。名声。fame ②体裁のいい名目。fair name

**美名に隠れる**(びめいにかくれる) 下劣な行いを、りっぱな名目でごまかす。under the veil of

**ひめ-いい【姫▽飯・▼編▼糅】** 釜で軟らかく炊いた飯。かゆと、こわめしとの中間くらいのもので、今のふつうの飯に同じ。ひめ。

**ひめ-いえばえ【姫家▼蠅】** イエバエに似るが体がやや小さく細長いハナバエ科のハエ。体長約六mm。汚物やごみためなどから発生。春秋に人家内に侵入し、電灯の笠やコードなどにとまる。日本全土に分布。

**ひめ-ういきょう【姫▼茴香】** ↓キャラウェイ

**ひめ-うこぎ【姫▽五▽加木】** ウコギの別名。

**ひめ-うつぎ【姫▽空木】** ユキノシタ科の落葉低木。関東以西の山地の岩上にはえる。葉は薄く、上面は鮮緑色。花は白色鐘形の五弁花。ウツギより小形。

**ひめうらなみ-じゃのめ【姫裏波蛇目▼蝶】** 日本各地でふつうに見られるジャノメチョウ科のチョウ。開張約四・五cm。淡黒褐色の地に眼状紋がある。雑草の間を低く飛び、花にも集まる。食草はチヂミザサ・シバなど。

**ひめ-うり【姫▼瓜】** マクワウリの変種の一つ。径約六cmの黄色扁球形の実をつける。食用とせず、目鼻を描いて雛として遊ぶ。

**ひめ-えぞぼら【姫▼蝦▼夷▽法▼螺】** 浅い海の岩礁にすむエゾバイ科の巻き貝。殻高約九cm。褐色から紫褐色。唾液腺にテトラミンを含み多く食べると酔ったようになる。北日本に分布。

**ひめ-おどりこそう【姫踊子草】** シソ科の一、二年草。各地で雑草化し群生。下部の葉は丸い卵形、上部の葉は三角状の卵形で、紅紫色。高さ一〇〜三〇cm。春に、オドリコソウの花に似た小形で淡紫紅色の花が咲く。

**ひめ-かいどう【姫海▼棠】** ズミの別名。

**ひめ-かいどう【姫街道】** 江戸時代、東海道の脇往還の一つ。浜名湖の北岸を回り本坂峠をへて御油か吉田にでる本坂通りのこと。今切の渡し・新居の関を嫌った婦人が多く通行したことによる呼称。

**ひめ-かがみ【姫▽鑑】** スズサイコの古名。

**ひめ-がき【姫垣】** 低い垣根。

**ひめ-かつおぶしむし【姫▼鰹節虫】**「ヒメマルカツオブシムシ」の略。

**ひめ-かわ【姫川】** 長野県・新潟県を流れる川。長さ六〇km。北アルプスの鑓ケ岳に発し、糸魚川市で日本海に注ぐ。流域には発電所が多い。

**ひめ-ぎふちょう【姫▽岐▼阜▼蝶】** アゲハチョウ科の小形のチョウ。開張約五cm。黄色の地に黒い条があり、後翅に赤斑がある点など、ギフチョウに似るが、やや小形。幼虫の食草はウスバサイシンなど。本州中部地方以北から北アジアに分布。

**ひめ-きょうだい【姫鏡台】** 小型の鏡台。整理箪笥や机の上などに置くことができる。

**ひめ-くいな【姫▽水▽鶏・姫▼秧▽鶏】** クイナ科の小形の鳥。全長約二〇cm。背面が褐色の地に黒斑と白斑が散在。水辺の茂みにすむ。アジア東北部で繁殖し、冬は南下。日本へは夏鳥として渡来し、北海道と本州で繁殖。Baillon's crake

**ひめ-くぐ【姫▼莎▽草・▽水▼蜈▼蚣】** カヤツリグサ科の多年草。暖地の湿地に群生。高さ約三〇cm。葉は軟らかく、狭線形。夏秋に、緑色球状の小穂が出る。乾して草履表にする。

**ひ-めくり【日▼捲り】** 毎日一枚ずつはぎとる暦。日暦。pad calendar

**ひめ-こがね【姫黄金】** 成・幼虫とも作物を食害するコガネムシ科の小甲虫。体長約一・五cm。楕円形で体色は緑・青・褐色などいろいろ。各種作物の葉、とくにダイズ・ブドウを好食。幼虫は体長約三cm、淡黄白色で、作物の根を食害。日本全土に分布。

**ひめ-コスモス【姫コスモス】** キク科の一年草。高さ約四〇cm。春、径約二cmの輪形花が多数咲く。花色は青・桃などで、花弁の基部に白が入る。オーストラリア原産。ブラキカム。ヒメヨメナ。

**ひめ-ごぜ【姫御▽前】** ＝ひめごぜん。①貴人の娘をいう敬語。②若い女をいう敬語。

**ひめ-ごと【秘め事】** 秘密の事柄。ないしょごと。secret

**ひめ-こばんそう【姫小判草】** イネ科の一年草。稈の高さ約三〇cm。線形葉が数枚出る。夏、長さ五mmほどの卵形の小穂を下垂する。ヨーロッパ原産。スズガヤ。

**ひめ-こぶし【姫▽辛▼夷】** シデコブシの別名。

**ひめ-こまつ【姫小松】** ゴヨウマツの一型または別名。

**ひめ-さゆり【姫▽早▽百▽合】** オトメユリの別名。

**ひめじ【▽比▽売知】** 沿岸の砂泥底にすむヒメジ科の海水魚。全長約二〇cm。背面は赤く、腹面は白い。下あごの一対のひげで砂中のえさを探す。煮つけ・かまぼこの材料。世界中の温・熱帯に広く分布。goatfish ↓写

●ヒメジ

**ひめじ【姫路】**〈市〉兵庫県南部、播磨平野中央部の市。中世の赤松氏以来の城下町で、明治以後は軍都として繁栄。第二次大戦後臨海地区を中心に工業化が進む。鉄鋼・機械・食品などの工業がさかん。交通の要地。人口四五万三七四(一九八八)。

**ひめ-しじみ【姫▽小▽灰▼蝶】** 山地の草原に多いシジミチョウ科のチョウ。開張約三cm。雌は黒褐色、雄はるり色。食草はキク科とマメ科の植物。日本全土・アジア・ヨーロッパに分布。

**ひめじ-じょう【姫路城】** 兵庫県姫路市に現存する近世の城。一七世紀初頭、池田輝政が以前より城の置かれていた地に建造。典雅雄大な日本有数の城。白鷺城。↓写

●姫路城

**ひめ-しば【姫芝】** イネ科の多年草。東南アジアに広く分布。葉は小形の針形で内側に巻く。ゴルフ場のグリーンに用いられる。ジシバリ。

**ひめじ-へいや【姫路平野】** 播磨平野の別称。

**ひめしま【姫島】**〈村〉大分県国東半島の沖、姫島全島を村域とする村。漁業が中心で、クルマエビ養殖がさかん。人口三三七八(一九八八)。

**ひめ-しゃが【姫射▽干】** アヤメ科の常緑多年草。林中の斜面に群生。葉は剣状で二列に密に互生。花茎は高さ約三〇cm。花は径約五cmで淡青紫色。外花被片の縁に細歯がある。

**ひめ-しゃくなげ【姫石南▽花】** 寒地の湿原にはえるツツジ科の常緑小低木。高さ約五〇cm。茎は横にはい、葉は線形で革質。夏に、枝先に壺状の淡紅色花が数個咲く。

**ひめ-しゃじん【姫▼沙▽参】** 高山にはえるキ

キョウ科の多年草。高さ約五〇cm。葉は細い長卵形。八〜九月に、鐘形の青紫色花を総状につける。本州中部以北に分布。

**ひめ-しゃら【姫▼沙羅】** 山地にはえるツバキ科の落葉高木。樹皮は平滑で薄くはげる。葉は長楕円形。初夏に、白色の五弁花が咲く。庭木用。

**ひめ-しょうぶ【姫▼菖▼蒲】** アヤメ科の多年草。高さ約一m。葉は長い線形で、茎に二列に並ぶ。夏、黄赤色の漏斗状花が穂状に咲く。観賞用。南アフリカ原産。

**ひめ-じょおん【姫女▼苑】** キク科の二年草。道端に多い。北米原産の帰化植物。高さ三〇〜一〇〇cm。根出葉は卵形、茎につく葉は長楕円形。夏秋に、径約一cmの白い頭花が咲く。daisy fleabane →図

●ヒメジョオン

**ひめ-しろちょう【姫白▼蝶】** 山地の草原に多いシロチョウ科の白いチョウ。開張約五cm。食草はマメ科のツルフジバカマ。北海道・本州・九州などに分布。

**ひめ-だい【姫▼鯛】** 体が長い紡錘形で紫赤色のフエダイ科の海水魚。全長一m余。両眼の間に紫褐色点が散在し、各ひれは淡赤褐色。白身で美味。南日本・沖縄などに分布。

**ひ-めだか【▼緋目高】** メダカの飼育品種。体色は淡い黄赤色。全長二〜三cm。観賞用・実験用とされる。

**ひめ-ちゃまだらせせり【姫茶▼斑▼挵▼蝶】** 北海道日高山地・大雪山などで見られるセセリチョウ。幼虫の食草はキンロバイ。北海道、アジアからヨーロッパに分布。

**ひめ-つげ【姫▽黄▼楊】** ツゲ科のツゲの変種。自生はなく庭植え。高さ約六〇cm。葉は小形で長楕円形。春に、淡黄緑色の小花が多数咲く。

**ひめ-つばき【姫▼椿】** ①サザンカの異名。②ネズミモチの古名。

**ひめど【姫戸】**〈町〉 熊本県、天草上島東端の町。農・漁業を中心とするが、林野が多く耕地は少ない。石灰石の採掘なども行う。人口四一五一(一九八八)。

**ヒメネス**[Juan Ramón Jiménez](一八八一〜一九五八) スペインの詩人。外面的装飾を捨てた純粋詩をめざす。一九五六年ノーベル文学賞受賞。散文詩『プラテーロとわたし』、詩集『石と空』など。

**ひめ-ねずみ【姫▼鼠】** ネズミ科の山林に多い小形の野ネズミ。体長約九cm。地下道を掘ってすむ。また木に登って小鳥の巣を荒らす。日本全土に分布。

**ヒメノカリス**[hymenocallis] ヒガンバナ科の球根草。花壇・鉢植え用。カラティーナ・サザニユリなどの種類がある。中南米原産。

**ひめ-のぼたん【姫野▼牡丹】** ノボタン科の多年草。近畿以西の草原にはえる。高さ約五〇cm。茎葉に剛毛。葉は広披針形でとがる。晩夏、紅紫色の四弁花が咲く。

**ひめ-のり【姫▼糊】** 飯粒で作ったのり。洗い張りのときに使う。

**ひめ-はぎ【姫▼萩】** 山野にはえるヒメハギ科の常緑多年草。高さ約二〇cm。茎は根元で分枝。葉は楕円形。春に、紫色の花が葉腋に咲く。↓図

●ヒメハギ

**ひめ-ばしょう【姫▼芭▼蕉】** カラテアの和名。

**ひめ-ばち【姫▼蜂】** ヒメバチ科に属する昆虫の総称。すべて寄生性。宿主はチョウやガの幼虫や蛹が多い。世界に約六万種、日本に数千種。ichneumon fly

**ひめ-はるぜみ【姫春▼蟬】** シイやカシの林で夏に鳴くセミ科の昆虫。全長約三・五cm。林そのものが鳴くように多数がいっせいに鳴き出す。本州以南に分布し、茨城県片庭・千葉県鶴枝・新潟県能生の三か所のセミは、分布北限地として天然記念物。↓セミ図

**ひめ-ひおどし【姫▼緋▼縅】** タテハチョウの一種、コヒオドシの異名。

**ひめ-びし【姫▼菱】** ヒシ科の一年生水草。葉は卵状ひし形で鋸歯がある。葉は茎の上部で四方に広がり、水面に浮く。葉柄に気嚢がある。夏に、白花が咲く。

**ひめ-ひまわり【姫▽向▽日▼葵】** キク科の一年草。北米原産で明治末渡来。観賞用。高さ約二m。茎葉に短い剛毛。夏秋に、ヒマワリに似た径約八cmほどの頭花が咲く。

**ひめ-ぼたる【姫▼蛍】** ホタル科の小形の昆虫。体長約六mm内外。黒色で、前胸は淡赤色。雌は後翅が退化し飛べない。幼虫は湿地にすみ、

●ヒメユリ

カタツムリを捕食。卵・幼虫とも発光。本州以南に局地的に分布。

**ひめ-ます【姫▼鱒】** ベニザケの陸封型。全長約四〇cm。背側は灰青色、腹側は銀白色。肉は赤い。明治以降十和田湖など各地の湖に移植。阿寒湖・チミケップ湖が原産。↓図

●ヒメマス

**ひめ-まつたけ【姫松▼茸】** 担子菌類ハラタケ科のキノコ。かさは径約七cm、表面に鱗片を生じる。食用。

**ひめまる-かつおぶしむし【姫円▼鰹節虫】** カツオブシムシ科の甲虫。幼虫は毛織物・動物標本などの害虫。成虫は体長約三mm。赤褐色。春、マーガレットの花に多い。日本全土に分布。ヒメカツオブシムシ。↓図

●ヒメマルカツオブシムシ

**ひめ-みや【姫宮】** 内親王。皇女。ひめみこ。

**ひめ-むかしよもぎ【姫昔▼艾】** キク科の二年草。北米原産の帰化植物。高さ約一m。葉は細長い披針形。秋に、茎の上部に白色の小頭花が多数咲く。テツドウグサ。

**ひめ-ゆり【姫▽百▽合】** ユリ科の多年草。高さ五〇〜一〇〇cm。茎も葉も細く、葉は互生し、夏、朱色で径約五cmの花が数個咲く。山野にはえ、観賞用にも栽培。近畿以西に分布。↓写

**ひめゆり-の-とう【ひめゆりの塔】** 沖縄県糸満市にある、沖縄戦で集団自決したひめゆり部隊の慰霊碑。

**ひめゆり-ぶたい【ひめゆり部隊】** 第二次大戦末期、沖縄で悲劇的最期をとげた野戦看護婦隊の呼称。昭和二〇年(一九四五)米軍の沖縄上陸を前に、県立第一高女、師範学校女子部の職員生徒二百余人で編成された。

**ひめ-よもぎ【姫▼艾】** キク科の多年草。高さ約一m。葉はヨモギに似ているが細く、裏に白毛がある。秋、褐色鐘状の小頭花が多数咲く。

**ひ・める【秘める】**(下一他) 隠して見せない。keep to oneself

**ひめ-わらび【姫▼蕨】** ワラビに似たウラボシ科の落葉多年生シダ。日当たりのよい山野にはえる。高さ約一mで、広卵形、三回羽状複葉を密にはやす。宮城県以南に分布。

**ひ-めん【罷免】**(名・サ変他) 職務をやめさせること。免職。dismissal

**ひめん-けん【罷免権】** 内閣総理大臣が他の国務大臣をやめさせる権限。right to dismiss

**ひも【▼紐】** ①物を束ねたり、結んだり、縛ったり、つないだりする細長い線状のもの。素材は繊維類・紙・皮・プラスチックなど。string; cord 数え方 一本・一筋・一条。②《俗語》女を働かせて収入をしぼりとる情夫。pimp 用例 あの男は彼女の—だ。③条件をつけるなど、かげで支配しているもの。用例 —付きの援助。

**ひもがた-どうぶつ【▼紐形動物】** 潮間帯や浅海の砂泥の中などにすむ、やや平たい紐状の伸縮性に富む動物群。紐形動物門を構成。体長はふつう五〜三〇cm(最大数メートル)。体色の鮮やかなものが多い。体内に長い吻を収め、それを体外に反転して小動物を捕食。世界に約六〇〇種があり、寒海に種類が多い。紐虫類。ヒモムシ。nemertean

**ひも-かわ【▼紐革】** ①かわのひも。strap ②「ひもかわうどん」の略。

**ひもかわ-うどん【▼紐革▼饂▼飩】** 平たく作ったうどん。関東でのよび方。名古屋地方の名産きしめんは、ひもかわをやや細くしたもの。

**ひ-もく【皮目】** 樹木の幹や根のコルク層にあって、呼吸の働きをしている隆起した組織。lenticel

**ひ-もく【費目】** 支出の名目。費用の名目。「item of expenditure

**び-もく【▼眉目】** ①まゆと目。eyes and eyebrows ②顔かたち。みめ。looks

**びもく-しゅうれい【▼眉目秀麗】**(名・形動) 男のみめうるわしいこと・さま。handsome 用例 —な若武者。

**ひもじ【▼緋文字】** ↓ひもんじ(緋文字)

**ひもじ・い**(形)《「ひだるし」の女房ことば「ひ文字」を活用させた語》空腹である。ひだるい。hungry 派生 ひもじが・る(五自) ひもじげ(形動) ひもじさ(名)

**ひ-も-すがら【▽終▽日】**(副) 一日じゅう。ひねもす。all day long 対義 夜もすがら。

**ひ-もち【日持ち・日▽保ち】** 食べ物などを何日も保存できること。用例 —がいい。

**ひ-もち【火持ち・火▽保ち】** 火の消えずにいる時間の程度。

**ひも-つき【▼紐付き】** ①ひもが付いていること。その着物。②《俗語》情夫のあること。その女。③条件付き。いわくつき。conditioned

**ひもつき-ゆうし【▼紐付(き)融資】** ↓タイドローン

**ひ-もと【火元】** ①火のある所。fire ②出火した元。origin of a fire

**ひも-と・く【▼繙く・▼紐解く】** 〓(五他) 《書物の帙の紐を解く、の意》書物を開く。本を読む。read 〓古語(四自)《「紐解く」で》①つぼみが開く。用例 ももくさの花の—秋の野に(古今・秋上)。②衣服のひもを解く。とくに下ひもを解く。用例 —・かず丸寝をすれば(万葉・九・一七八七)。

**ひ-もの【干物・▽乾物】** 魚介類を日光や熱風などで乾燥させ、日持ちをよくした食品。素干し・煮干し・塩干し・調味干し・焼き干し・生干しがある。dried fish

**ひも-むし【▼紐虫】** ↓ひもがたどうぶつ(紐形動物)

**ひもろぎ【▽神▼籬】** 古代、神霊が宿るとされた森・山・老木の回りに常磐木を植え、玉垣を巡らした所。のち、それに似せて室内や庭に作り、神の宿る神聖な所とする。ひもろき。

**び-もん【鼻紋】** ウシの鼻づらにある凹凸の紋様。人の指紋と同じく、それぞれ異なり、一生不変。インキをつけ、紙に写し取り、個体識別に使う。muzzle print

**ひもんじ【▼緋文字】**《原題The Scarlet Letter》ホーソーンの小説。一八五〇年刊。一七世紀中期、姦通を犯した女主人公ヘスターをめぐり、罪の意識を追求する。ひもじ。

**ひ-や【火矢・火▼箭】** 城や館などに放火するための矢。矢先に油をひたした布や火薬をつけ、火をつけて射るもの。

**ひや【冷や】** ①つめたい水。用例 お—をどうぞ。②燗をしていない酒。用例 —で一杯。③《接頭的》つめたい、寒いの意を表す。用例 —飯。

**ひや-あせ【冷や汗】** 恥・恐れ・緊張などのためににじみ出る汗。cold sweat
冷や汗を搔く(ひやあせをかく) 恥・恐れ・不安や相手への気遣いなどで、はらはらする。be in a cold sweat

**ビヤール**[Vuillard] ↓ビュイヤール

**ビヤ-ガーデン**[beer garden] 屋外や屋上などに設けられた、おもにビールを飲ませる飲食店。ビールがよく売れる夏の間だけ開くものが多い。

**ひや-か・す【冷(や)かす・▽素▽見す】**(五他) ①からかう。なぶる。banter ②見たり、値段を聞いたりするだけで買わない。

**ヒャク** 6画 **【百】** 部首[白]しろ 教育小1 JIS 4120

音 ヒャク・ハク

百 百 百 百 百 百

①数の単位。十の一〇倍。「二百」「百分比」 用例(名) —では足らない。②おおい。沢山。もも。「凡百」「百貨店」・百害・百出・百姓「百発百中」 用例(名) —も承知。③十分。例外なしに。「百方」

**百も承知**(ひゃくもしょうち) ちゃんと心得ていること。



↓ 行き先項目、図版・写真参照印。 JIS 日本工業規格情報交換用漢字符号コード(区点コード)。

in the full knowledge

**ひ-やく【非役】** 勤め・役目がないこと。役目をやめさせられること。

**ひ-やく【飛躍】**(名・サ変自) ①とびあがること。jump ②順序・段階を経ないこと。jump of logic 用例 きみの結論は―している。③急に進歩すること。rapid progress

**ひ-やく【秘薬】** ①調合を秘密にした薬。secret medicine ②よく効く薬。妙薬。specific

**ビャク** 5画 **【白】** 部首[白] 教育小1 JIS 3982
音 **ハク・ビャク**
訓 **しろ・しら・しろい**
筆順↓ハク[白]
しろ。しろい。「黒白」「白衣・白虎」↓ハク[白]

**び-やく【▼媚薬】** 相手に恋慕の情や性欲を催させる惚れ薬・催淫剤などの総称。大部分は心理的効果をねらった民間薬。兎糸子・山薬・鹿茸など。aphrodisiac

**びゃく-い【白衣】** ↓びゃくえ(白衣)

**白衣の天使**(びゃくいのてんし) 「びゃくえの天使」と同意。

**ひゃく-いん【百韻】** 連歌や俳諧で、発句から挙句までの一巻が一〇〇句からなるもの。

**びゃく-え【白▽衣】** =びゃくい。①白い衣服。はくい。white robe ②白い小袖の下着姿。③僧に対して、ふつうの人。

**白衣の天使**(びゃくえのてんし) 看護婦の美称。はくいの天使。びゃくいの天使。

**びゃくえ-かんのん【白▽衣観音】**《仏教語》三十三観音の一つ。白衣を着て左手に白蓮華を持つ姿で表される観音。

**ひゃく-がい【百害】** 多くの弊害。much harm

**百害有って一利無し**(ひゃくがいあっていちりなし) 悪いことばかりで、よいことは一つもない。

**びゃく-ごう【白▼毫】**《仏教語》仏の三十二相の一つ。仏の眉間にあって、光明を放つという白いまき毛。

**びゃく-さん【白散】** 正月に飲む酒に入れる屠蘇散の一種。

**ひゃく-じ【百事】** あらゆること。万事。

**びゃく-し【白▼芷】** 漢方薬の一つ。ヨロイグサの根を干したもの。感冒・歯痛に用いる。

**ひゃくじつ-こう【百日紅】**《花期の長いことから》サルスベリの別名。

**びゃくし-ぶつ【▼辟支仏】**《仏教語》仏の教えによらず、自分で悟りを開き、他を教化することはしない者。縁覚。独覚。

**ひゃくしゃく-かんとう【百尺▼竿頭】** 長い長いさおの先。

**百尺竿頭、一歩を進める**(ひゃくしゃくかんとう、いっぽをすすめる) 最善をつくした上、さらにくふうをこらす。

**ひゃく-じゅう【百獣】** 多くの種類の、また、すべての種類のけもの。all kinds of animals

**百獣の王**(ひゃくじゅうのおう) 獣の中で、もっともすぐれた、また強いもの。とくにライオンをいう。king of animals; lion

**ひゃくしゅ-うた【百首歌】** 題を定め、または時を限って一〇〇首の歌をつくったもの。歌人の数も一人の場合、数人が一〇〇首ずつつくる場合がある。平安末から鎌倉初期に形式も整備され、さかんに行われた。のち、『堀川院御時百首和歌』で組題を加えた多人数類聚百首に発展。

**ひゃく-しゅつ【百出】**(名・サ変自) いろいろと出ること。arise in great numbers 用例 疑問―。

**ひゃく-しょう【百姓】** ①農民。farmer ②《卑語》田舎者。田舎の人。③中世では、荘園の名主および作人のこと。ひゃくせい。はくせい。④近世、検地で石高をつけられ、また領主の年貢を負う農民。

**ひゃくじょう-いいんかい【百条委員会】** 地方自治法第一〇〇条に基づいて、地方議会がみずからの行政事務について調査する必要があると判断した場合に設置する委員会。

**ひゃくしょう-いっき【百姓一▼揆】** 江戸時代、とくに一七世紀半ば以後、農民が幕府・大名など領主に対して悪政の廃止、重税の減免などを要求して、暴動・強訴・越訴・逃散などで、大規模に反抗した集団行動。比較 一向一揆・土一揆。

**ひゃくしょう-うけ【百姓請(け)】** 地下請けの別称。

**ひゃくじょう-えかい【百丈▽懐海】**(七二〇／七四九～八一四) 中国、唐代の禅僧。百丈山に住み、禅院の修行生活のための制度や規則を定めた『百丈清規』を著す。大智禅師。

**ひやく-じょうこく【飛躍上告】** ↓ちょうやくじょうこく(跳躍上告)

**ひゃくじょう-しんぎ【百丈▽清規】** 禅書。唐の禅僧百丈懐海が禅宗寺院の生活の規範を著したもの。当初のものは宋代までに散失。元代、勅命で復元改修した『勅修百丈清規』が伝わる。

**ひゃくしょう-だい【百姓代】** 江戸時代、村役人の一つ。名主・組頭とともに地方三役として、郡代や代官の下で村内を監督し、同時に村民を代表。

**ひゃくしょう-や【百姓家】** 農民の家。農家。farmer; farmhouse

**ひゃくしょう-よみ【百姓読み】** 漢字を、偏や旁などから推量して、誤って読むこと。その読み。「膏肓」を「こうもう」と読むなど。

**びゃく-しん【▼柏▼槙】** ヒノキ科の常緑針葉高木。海岸・山地などにはえる。高さ約一〇m。分枝が多く、葉は鱗片状または針状。雌雄異株。春に、開花。建築・器具材に利用。イブキ。

**ひゃく-せん【百戦】** たびたびの戦い。many battles

**ひゃくせんがっかい【百川学海】** 中国、宋代の左圭が編集した叢書名。一二七三年刊。随筆・詩話・書画・博物など約一〇〇点を収録。著名なために叢書の祖とみなされる。

**ひゃくせん-ひゃくしょう【百戦百勝】** 戦うたびに勝つこと。何をやってもうまくいくこと。invincibility

**ひゃくせん-れんま【百戦錬磨】** 何回も戦ううちにきたえられること。veteran

**ひゃく-たい【百態】** さまざまの状態・すがた。various phases

**ひゃく-だい【百代】** 長い年月・時代。はくたい。long time

**びゃく-だん【白▼檀】** ①熱帯地方に分布するビャクダン科の常緑高木。高さ約一〇m。葉は長楕円形で対生。花は内側が赤色、外側が黄色。材は香気があり、細工物に利用。香料。sandalwood ②センダンの異名。

**びゃくだん-ゆ【白▼檀油】** ビャクダンの材から得られる精油。淡黄色の粘液。インドが主産地。香料の原料に利用。sandalwood oil

**ひやく-てき【飛躍的】**(形動) 成長や発展が非常に速いさま。rapid 用例 科学技術の―進歩。

**ひゃく-ど【百度】** ①一〇〇回。hundred times ②温度の高さ。水の沸点。one hundred degrees ③《「百度参り」の略》㋐社寺の境内のある場所から神前・仏前までを一日に一〇〇回往復して、祈ること。お百度。㋑《転じて》目的をもって何度も通うこと。用例 お―を踏む。

**ひゃく-にち【百日】** ①一日の一〇〇倍。a hundred days ②多くの日々を経ること。経たこと。

**百日の説法、屁一つ**(ひゃくにちのせっぽう、へひとつ) 長い苦労も、一つの失敗で、無駄になるたとえ。

**ひゃくにち-かずら【百日▼鬘】** 歌舞伎で使う、髪の伸びたかつら。盗賊・囚人役用。

**ひゃくにち-ぜき【百日▼咳】** 百日咳菌による急性呼吸器系伝染病。小児に多い。痙攣性の咳発作が反復し、発作の終わりに笛を鳴らすような独特の吸気がある。ひゃくにちせき。whooping cough

**ひゃくにち-そう【百日草】**《花期が長いところから》キク科の一年草。高さは四〇～六〇cm。花は径一～二・五cm、赤・紫・黄など色も豊富で、初夏から晩秋まで咲く。観賞用。ジニア。zinnia

**ひゃくにち-てんか【百日天下】** 一八一五年、エルバ島を脱出したナポレオン一世が三月二〇日パリで帝位に復し、ワーテルローの戦いに敗れて退位した六月二九日までの約一〇〇日間の支配をいう。The Hundred Days of Napoleon's restoration

**ひゃくにん-いっしゅ【百人一首】** 歌人一〇〇人の秀歌を一首ずつ集めたもの。小倉百人一首がもっとも有名。

**ひゃくにん-ひゃくよう【百人百様】** 人はそれぞれ容姿・性格・好み・考え方などがみんな違っていること。十人十色。

**ひゃくにん-りき【百人力】** 一〇〇人分の力をもっていること。また、たいへん心強く思うこと。tremendous strength 用例 きみが加勢してくれれば―だ。

**ひゃく-ねん【百年】** ①一〇〇の年。一〇〇歳。a hundred years ②多くの年。many years ③一生。a life; for life

**百年、河清を待つ**(ひゃくねん、かせいをまつ) できる見込みのないたとえ。

**百年の計**(ひゃくねんのけい) 遠い将来を見越した計画。far-sighted policy

**百年の恋も冷める**(ひゃくねんのこいもさめる) 相手の悪い面を知ったりして、長い間抱いてきた恋心が、いっぺんに冷めてしまう。

**百年の不作**(ひゃくねんのふさく) 一生の失敗。

**ひゃくねん-さい【百年祭】** 起こった時から一〇〇年たった記念の祭り。centennial

**ひゃくねん-せんそう【百年戦争】** 一三三九～一四五三年の約一〇〇年間、イギリスとフランス間に断続的に行われた戦争。フランス国内のイギリス領と毛織物工業地帯のフランドルの支配をめぐる紛争が原因。一四三〇年ごろまではイギリスが優位にあったが、ジャンヌ＝ダルクの活躍によりフランスが攻勢に転じ、カレーを除く全土を回復。封建貴族の勢力は衰退し、王権が伸張した。Hundred Years' War

**ひゃくねん-め【百年目】** ①第一〇〇年にあたる年。the hundredth year ②のっぴきならない場合。it's all up with ... 用例 見つかったが―。

**ひゃく-パーセント【百パーセント】** ①一〇割。a hundred percent ②満足な状態。完全であること。満点。perfection 用例 宣伝効果―。

**ひゃく-はち【百八】** ①人間の煩悩の数。②《一〇八個の珠の数から》数珠のこと。③一年の十二月・二十四気・七十二候を合わせていう語。

**ひゃくはち-の-かね【百八の鐘】** 寺院で、大みそかの夜、百八煩悩をはらうためにつく鐘。除夜の鐘。

**ひゃくはち-の-じゅず【百八の数珠】**《「数珠」は「ずず」とも》ボダイジュの実などを珠にして、それを一〇八個つづって作った数珠。百八。また、単に数珠。

**ひゃくはち-ぼんのう【百八煩悩】**《仏教語》人間のもつあらゆる煩悩の総称。

**びゃく-ぶ【百部】** ビャクブ科の半つる性の多年草。薬用としても栽培され、高さ約八〇cm。葉は広楕円形。七月に、淡緑色の四弁花が咲く。根を薬用。中国原産。

**ひゃく-ぶん【百聞】** 何度も聞くこと。hear often

**百聞は一見に如かず**(ひゃくぶんはいっけんにしかず) 百聞するよりも、一度でも実地に見ることのほうがまさっている。Seeing is believing.

**ひゃくぶん-ひ【百分比】** ↓ひゃくぶんりつ(百分率)

**ひゃくぶん-りつ【百分率】** 全量の一〇〇分の一を単位として表した割合。記号%。百分比。パーセンテージ。パーセント。percent

**ひゃく-まん【百万】** ①一万の一〇〇倍。②数のたくさんなこと。millions

**ひゃくまん-げん【百万言】** 多くのことば。

**ひゃくまん-だら【百万▼陀羅】**(名・副) 同じことを何度も繰り返すこと・さま。幾回となく。repetitive complaint

**ひゃくまん-ちょうじゃ【百万長者】** 大金持ち。富豪。millionaire

**ひゃくまん-とう【百万塔】** 奈良時代、神護景雲四年(七七〇)に称徳天皇の勅によって、法隆寺をはじめ南都十大寺に一〇万基ずつ納められた木製の三重塔。国の安泰を祈念したもので、中に百万塔陀羅尼が納められている。現在、法隆寺に四万余基が残る。

**ひゃくまんとう-だらに【百万塔▼陀羅尼】** 日本に現存する世界最古の印刷物。百万塔に納められた四種の陀羅尼。無垢浄光大陀羅尼経の根本・自心・相輪・六度の四種の陀羅尼を木版または銅版で印刷したもの。

**ひゃくまん-べん【百万遍】** ①一〇〇万回。②一〇人の僧が念仏を称えながら、大数珠を一〇〇回繰りまわす京都知恩寺の仏事。百万遍念仏。③②から、京都知恩寺の通称。

**ひゃく-み【百味】** 多くの珍味・食べ物。all sorts of food and drink

**ひゃくみ-だんす【百味▼箪▼笥】** 漢方医が薬品を入れておくたんす。小さい引き出しがたくさんついている。

**ひゃくめ-ろうそく【百目▼蠟▼燭】** 一本約一〇〇匁(三七五g)の重さがある大きなろうそく。↓写

●百目蠟燭

▼常用漢字表外。 ▽常用漢字表の音訓外。

**ひゃく-めんそう【百面相】** ①顔つきをいろいろに変えて見せること。make comic faces ②寄席演芸の一つ。手ぬぐい・あごひげなど小道具を使って、下座の囃子につれて、種々の人物の相貌に似せてみせる芸。

**ひゃく-ものがたり【百物語】** 怪談を交代で語り、夜を過ごす遊び。また、その話。数人で集まり、ろうそくなど灯をたくさんともし、一話終わるごとに一つずつ消していく。最後の灯が消えると怪異が起こるとされた。

**びゃく-や【白夜】** 高緯度の場所で、夏の日没後から日の出前までみられる、薄明かりの状態。この間、太陽が水平線から大きく離れないで運行するために起こる。はくや。white night

**ひゃく-やく【百薬】** 多くの薬。all sorts of medicine

**百薬の長**(ひゃくやくのちょう) 酒の美称。the best medicine

**ひゃく-よう【百様】** さまざまなありさま。百態。

**百様を知って一様を知らず**(ひゃくようをしっていちようをしらず) 色々のことを一応は知っているが、真によく知っていることは一つもない。

**ひゃくよう-ばこ【百葉箱】** 温度や湿度および気圧などの観測用の箱。日射をさけ、通風をよくするため白色のよろい戸でかこう。計器が地上一・五mに位置するように入れてある。屋外に設置する。instrument shelter ↓図

**ひゃく-らい【百雷】** たくさんのかみなり。a hundred thunderclaps 用例 —のごとき爆音。

**ひゃく-り【百里】** 一里の一〇〇倍。

**百里を行く者は九十里を半ばとす**(ひゃくりをゆくものはきゅうじゅうりをなかばとす) 何事も、終わりのところの少しの部分をするのが困難なものなのだから、九分ぐらいのところでやっと半ばまで行ったと考えるのがよい。

**ひゃくり-けい【百里▼奚】**(生没年未詳) 中国、春秋時代の秦の宰相。虞の人。虞の滅亡時捕らえられたが、秦の穆公がその賢才を惜しみ、五枚の羖羊(黒羊)の皮で譲り受け、宰相にしたという。五羖大夫。

**ひゃく-りょう【百僚】** 多くの官吏。百官。

**ひゃくれい-びょう【百霊▼廟】** 中国、内モンゴル自治区の首都フフホト北西の都市。東西交通の要地として発展。チベット仏教の聖地。

**びゃく-れん【白▼蓮】** ①白いハスの花。white lotus ②心が清らかなこと。purity

**びゃく-れん【白▼蘞】** ブドウ科のつる性多年草。葉は掌状複葉。初夏に、長柄の淡黄色の小花が咲く。根は赤褐色の塊状。根を「白蘞」といい、解熱・解毒剤。カガミグサ。

**びゃくれん-きょう【白▼蓮教】** 中国の仏教的秘密結社。南宋初期に茅子元が創始。弥勒仏の下生による救済の信仰で結ばれ、祈禱と療病をもって民間に浸透。歴代王朝の禁圧政策に反発。元末の紅巾の乱、清中期の嘉慶の乱など、大小の農民反乱を起こした。

**びゃくれん-しゃ【白▼蓮社】** 中国、東晋時代の念仏者の宗教結社。四〇二年廬山の東林寺で僧慧遠が結成、浄土教興隆の発端となった。

**ひ-やけ【日焼け】**(名・サ変自) ①太陽の紫外線によって生じる皮膚変化。しみ・そばかすなどの原因。皮膚そのものの老化を早める。sunburn ②ひでりで田畑・井戸がかれること。drought

**ひやけ-どめ【日焼け止め】** 太陽の紫外線などから肌を守る方法。また、そのために効果のある化粧品。紫外線攪乱剤。sunscreen; anti-suntan lotion

**ひや-ざけ【冷や酒】** 燗をしない酒。対義 燗酒。

**ひやし-ちゅうか【冷(や)し中華】** 《「冷やし中華そば」の略》ゆでた中華そばを水にさらし、つゆをかけ、肉・野菜・錦糸卵などをのせたもの。

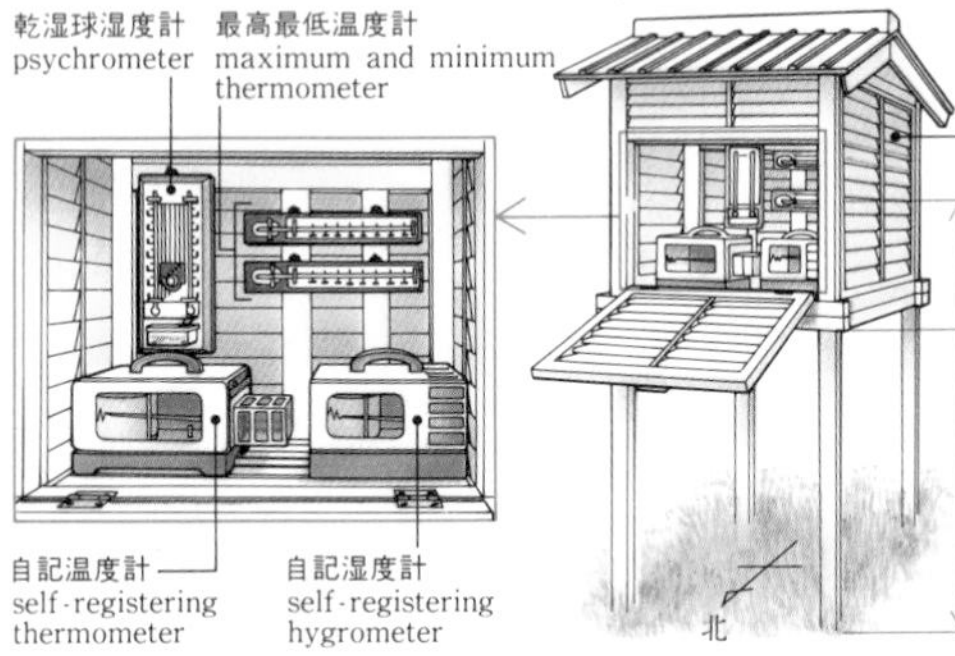


●百葉箱

**ヒヤシンス【hyacinth・風信子】** ユリ科の秋植え球根草。花壇用・鉢植え用・水栽培用。球根は大きく、春、葉を根生する。四月ごろから多数の小花が総状に咲く。色は白・黄・桃・青。中近東原産。ヒアシンス。↓写

●ヒヤシンス

**ひや・す【冷(や)す】**(五他) ①つめたくする。cool 対義 熱する。用例 ビールを—。②ふるえあがらせる。どきりとさせる。scare 用例 きもを—。③冷静にする。cool 用例 頭を—。

**ビヤ-だる【ビヤ▼樽】** 《「ビヤ」はbeer》①ビールの入ったたる。beer barrel ②《俗語》太った人。

**ひゃっ-か【百花】** 《「ひゃくか」の変》さまざまの花。万花。用例 —繚乱。

**ひゃっ-か【百科】** 《「ひゃくか」の変》多くの学科・科目。あらゆる方面。all kinds of subjects

**ひゃっ-か【百家】** 《「ひゃくか」の変》①多くの家。②多くの学者。用例 諸子—。

**ひゃっか-じてん【百科事典】** あらゆる分野の知識に関する事項を五十音など一定の順序に配列し、事項ごとに解説をつけた書物。encyclopedia

**ひゃっか-せいほう【百花斉放】** 中国共産党の文化政策のスローガンの一つ。文学・芸術における自由な様式の普及を意図し、「百家争鳴」とともに一九五六年から毛沢東によって提唱された。

**ひゃっか-ぜんしょ【百科全書】** ①ある体系によって百科の事物の知識を説明、解説した書物の全体。百科事典。encyclopedia ②《原題 Encyclopédie ou Dictionnaire raisonné des sciences, des arts et des métiers フランス》一七五一～七二年、フランスで刊行された百科叢書。全二八巻。ディドロとダランベールの監修のもとに刊行され、啓蒙思想の普及に貢献した。

**ひゃっかぜんしょ-は【百科全書派】**(Encyclopédistes フランス) フランス啓蒙思想を体現した『百科全書』に参画した、ディドロやダランベールらの思想家たち。アンシクロペディスト。

**ひゃっか-そうめい【百家争鳴】** 中国共産党の文化政策スローガンで、学問・思想界の自由討論を奨励するということ。一九五六年「百花斉放」とともに提唱された。

**ひゃっか-てん【百貨店】** 《「ひゃくかてん」の変》↓デパート

**ひゃっか-にち【百箇日】** 《「ひゃくかにち」の変》死後一〇〇日目。その日の法要。百日忌。

**ひゃっ-かん【百官】** 《「ひゃくかん」の変》多くの役人。すべての官吏。all the public officials 用例 文武—。

**ひゃっき-やこう【百鬼夜行】** 《「ひゃくきやこう」の変》＝ひゃっきやぎょう。①多くの化け物が夜歩き回ること。pandemonium ②多くの者が悪事を働くこと。disorderliness

**ひゃっ-けい【百計】** 《「ひゃくけい」の変》あらゆる計略。every possible means 用例 —尽きて降服する。

**びゃっ-こ【白▼狐】** 《「びゃくこ」の変》年を経て神通力があるという白い毛のキツネ。

**びゃっ-こ【白▼虎】** 《「びゃくこ」の変》四神の一つ。西方の神。対義 青竜・朱雀・玄武。

**ひやっこ・い【冷やっこい】**(形) 《「ひやこい」の転》つめたい。cold 派生 ひやっこさ(名)

**ひゃっ-こう【百行】** 《「ひゃくこう」の変》すべての行い。用例 孝は—の基。

**びゃっこ-たい【白▼虎隊】** 戊辰戦争に参加した会津藩の少年隊。慶応四年(一八六八)三月、藩の軍制改革により組織。会津戦争で官軍に敗れ、部隊の一部は飯盛山で自決。

**びゃっこつうぎ【白▼虎通義】** 中国、後漢の経書。班固撰。章帝が七九年(建初四年)宮中の白虎観に学者を集め、五経の異同をまとめさせたものを整理。四巻。白虎通。

**ひゃっぱつ-ひゃくちゅう【百発百中】** 《「ひゃくはつひゃくちゅう」の変》①撃った弾が、みんなあたること。excellent marksmanship ②計画が、すべてうまくゆくこと。infallibility

**ひゃっ-ぱん【百般】** 《「ひゃくはん」の変》いろいろ。さまざま。各方面。all

**ひゃっ-ぽう【百方】**(名・副) 《「ひゃくほう」の変》いろいろの方面。あらゆる方面・方法。every way 用例 —手を尽くす。

●ヒャッポダ

**ひゃっぽ-だ【百歩蛇】** 《かまれると、一〇〇歩も歩かないうちに倒れるといわれることから》マムシ科の毒ヘビ。全長約一・二m。体は太く尾は短い。頭部は三角形で口先は上に反る。台湾・中国南部・インドシナに分布。↓図

**ヒヤデス-せいだん【ヒヤデス星団】** おうし座のアルデバラン付近に見える散開星団。距離一三〇光年。地球に対し一定の方向に運動している、代表的な星団。Hyades cluster

**ひ-やとい【日雇(い)】** 《卑語》一日ごとの契約で雇うこと。雇われる人。自由労働者。day laborer

**ひやとい-ろうどうしゃ【日雇(い)労働者】** 一日ごとの契約で雇用される労働者。day laborer

**ひやといろうどうしゃ-けんこうほけん【日雇労働者健康保険】** 日雇い労働者とその扶養者に対する医療保険。昭和五九年(一九八四)健康保険に吸収された。

**ひや-ひや【冷や冷や】**(副・サ変自) ①つめたい感じがするさま。chilly 用例 夜気を—感じる。②心配して、気をもむさま。be scared 用例 落ちはしないかと—する。

**ヒヤ-ヒヤ**(感) 《Hear! Hear!から》①謹聴。静かに。②賛成。

**ビヤ-ホール【beer hall】** 生ビールを中心に酒類を提供する店。明治三二年(一八九九)七月、東京新橋および京橋に出現したのが最初。ビアホール。

**ひや-みず【冷や水】** つめたい水。cold water 用例 年寄りの—。

**ひや-むぎ【冷(や)麦】** うどんより細い乾麺。ゆでて、氷や水で冷やし、汁につけて食べる。夏の食品。

**ひや-めし【冷や飯】** さめて、つめたくなったご飯。

**冷や飯を食う**(ひやめしをくう) ①居候する。hanger-on ②冷遇される。be put out in the cold

**ひやめし-くい【冷や飯食い】** ①居候。食客。hanger-on ②次男以下の子をあざける語。

**ひやめし-ぞうり【冷や飯草履】** わらでつくった、粗末な草履。

**ひや-やか【冷(や)やか】**(形動) ①つめたいさま。cold ②同情のないさま。冷淡。cold-hearted ③無愛想なさま。curt

**ひややか-さ【冷(や)やかさ】** 冷ややかな程度。coldness

**ひや-やっこ【冷(や)▼奴】** 《「やっこ」は豆腐の大きな角切りのこと》冷やした豆腐を四角に切り、薬味・しょうゆで食べる料理。

**ひやり-と**(副・サ変自) ①つめたさを急に感じるさま。ひんやり。feel chilly 用例 —首筋をなでる風。②恐怖や危険を感じるさま。ひやっと。be terrified 用例 急に車が現れて—する。

**ヒヤリング【hearing】** ＝ヒアリング。①聞

き取ること。また、その練習。②意見聴取。

**ひゆ【▼莧】** 野菜として栽培されるヒユ科の一年草。高さ約一m。葉は広卵形。夏秋に、白緑色の小花が穂状に咲く。若芽や葉を食用。ヒユナ。ヒョウ。ヒョウナ。↓図

●ヒユ

**ひ-ゆ【比▼喩・▼譬▼喩】** ①他にたとえること。たとえ。comparison; simile; metaphor ②修辞法の一つ。他にたとえたり関係づけたりして印象を強くする表現法。直喩・引喩・隠喩・活喩・風喩などがある。figure of speech

**ひ・ゆ【冷ゆ】** 古語 (下二自) ↓ひえる(冷える)

**ヒュアキントス【Hyakinthos ギリシア】** ギリシア神話の美少年。アポロン神に愛されたが、彼の投げた円盤にあたって死に、流れた血からヒヤシンスが咲いた。

**ヒュイッシュ【Antony Hewish】**(一九二四〜) イギリスの電波天文学者。パルサーを発見。一九七四年ノーベル物理学賞受賞。

**ビュイヤール【Edouard Vuillard】**(一八六八〜一九四〇) フランスの画家。アンティミスムの代表作家。日常生活を温雅に描いた。作品『室内』など。

**ビュウ** 17画 **【▼繆】** 部首[糸] JIS 6957
音ビュウ・キュウ・リョウ・ボク
①まとう。まつわる。からまる。②あやまる。まちがう。あやまり。

**ビュウ** 18画 **【▼謬】** 部首[言] JIS 4121
音ビュウ
①あやまる。まちがう。あやまり。「帰謬法・誤謬」「謬見」②あざむく。いつわる。だます。

**ひゅうが【▽日▽向】** ↓ひゅうがのくに(日向国)

**ひゅうが【▽日▽向】**〈市〉 宮崎県北部、日向灘に臨む市。延岡市とともに臨海工業地域を形成する港湾・工業都市で、細島港より本州方面へフェリーが通じる。はまぐり製の白碁石が有名。人口五万九七八一(一九八八)。

**ひゅうが-なだ【▽日▽向▼灘】** 宮崎県東部沿岸の海域。黒潮が流れこむため、イワシ・カツオ・マグロ・トビウオなどが多く好漁場。

**ひゅうが-なつ【▽日▽向夏】** ミカン科の常緑低木。文政年間に宮崎市で発見。果皮は厚い。多汁で、甘味は中程度。酸味は少なく、ユズの香気がある。ニューサマーオレンジ。

**ひゅうが-の-くに【▽日▽向国】** 旧国名。現在の宮崎県。西海道の一国。「延喜式」では中国、五郡。国府・国分寺はともに西都市三宅と推定される。明治四年(一八七一)廃藩置県により美々津・都城の二県。同六年(一八七三)合併して宮崎県。同九年(一八七六)鹿児島県に編入されたが、同一六年(一八八三)再置。日州。日向。

**ひゅうが-み-けい【▽日▽向▽神渓】** 福岡県南部、矢部川にある峡谷。比高二〇〇mを超す溶岩台地を刻んだ奇岩絶壁が両岸にそびえる景勝地。

**ひゅうが-みずき【▽日▽向水木】** マンサク科の落葉低木。葉は広卵形で、波形の鋸歯がある。春に、葉に先立って淡黄色花が穂状に下垂する。本州中部・台湾に分布。イヨミズキ。↓写

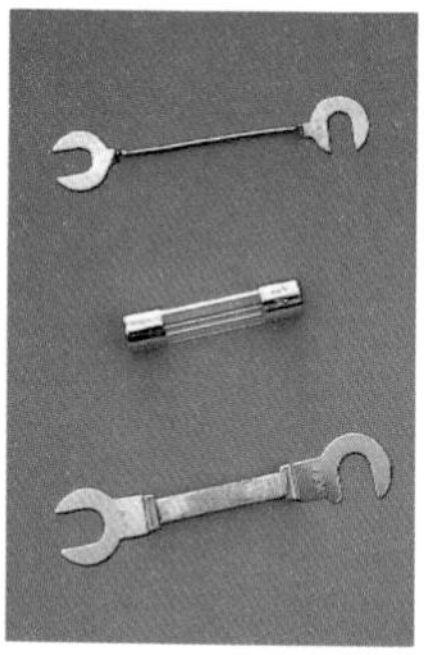
●ヒューズ　上から、つめ付き糸ヒューズ、筒形ヒューズ、つめ付き板ヒューズ。

●ヒュウガミズキ

**ビュー-カメラ【view camera】** 組み立て暗箱から発達した精密大型カメラ。レンズを取り付けるレンズボードと乾板などを着脱するカメラバックの間を蛇腹でつなぐ。レール上を前後に動かしてピントを合わせ、あおりが自由にきく。

**ひ-ユークリッドきかがく【非ユークリッド幾何学】** ユークリッド幾何学の平行線の公理が成り立たない幾何学。平行線が無数に存在するとするボヤイ・ロバチェフスキーの双曲的非ユークリッド幾何学と、平行な直線は一本も存在しないとするリーマンの楕円的非ユークリッド幾何学がある。non-Euclidean geometry

**びゅう-けん【▼謬見】** まちがった考え・意見。考え違い。wrong opinion

**ヒューズ【fuse】** 過大な電流が流れると、発生する熱で溶けて電流を切るもの。鉛と錫の合金などが用いられる。また、それを含む装置。フューズ。↓写

**ヒューズ【Langston Hughes】**(一九〇二〜一九六七) アメリカの黒人小説家。方言とジャズのリズムによる詩・小説を書き、黒人文学の先駆者となる。詩集『悲しきブルース』、小説『笑いなきにあらず』など。

**ヒューズ【Richard Hughes】**(一九〇〇〜一九七六) イギリスの小説家・劇作家。小説『ジャマイカの烈風』『屋根裏部屋の狐』など。

**ヒューズ【Ted Hughes】**(一九三〇〜) イギリスの詩人。一九八四年より桂冠詩人。詩集『雨のなかの鷹』『烏』など。

**ヒューストン【Houston】** アメリカ南部、テキサス州の港湾都市。石油精製・石油化学工業が発達。NASAの有人宇宙センターがある。人口一五五・五万(一九八〇)。

**ヒューストン【John Huston】**(一九〇六〜一九八七) アメリカの映画監督・俳優。作品『マルタの鷹』『黄金』『アフリカの女王』『白鯨』など。

**びゅう-せつ【▼謬説】** まちがった説。

**ビュータン【Henri Vieuxtemps】**(一八二〇〜一八八一) ベルギーのバイオリン奏者・作曲家。近代フランス-ベルギー派を代表するバイオリンの名手。

**ビューティー【beauty】**(接頭) 美、美しい、美人の意を表す。用例 ― コンテスト。

**ビューティー-スポット【beauty spot】** つけぼくろ。

**ビューティー-パーラー【beauty parlor】**(「パーラー」は客間風営業店の意)美容院の異称。

**ビューティフル【beautiful】**(形動) 美しいさま。

**ヒューバーマン【Leo Huberman】**(一九〇三〜一九六八) アメリカのマルクス経済学者・労働運動家。スウィージーとともに『マンスリー-レビュー』誌を編集。

**ビューフォート-ふうりょくかいきゅう【ビューフォート風力階級】** ↓ふうりょくかいきゅう(風力階級)

**ヒューベル【David Hunter Hubel】**(一九二六〜) アメリカの脳生理学者。カナダ生まれ。ハーバード大教授。大脳の視覚情報処理機構を解明。一九八一年ノーベル生理学医学賞受賞。

**ピューマ【puma】** ネコ科の肉食獣。森林や草原にすむ。体長一〜二m。赤褐色。夜行性でシカ類を捕食。北米・南米に分布。アメリカライオン。クーガー。↓写

**ヒューマニスティック【humanistic】**(形動) 人道主義的。人文主義的。

**ヒューマニスト【humanist】** 人道主義者。

**ヒューマニズム【humanism】** ↓じんどうしゅぎ(人道主義)

**ヒューマニゼーション【humanization】** 企業などで、人間関係を改善して仕事が円滑に進むようにすること。

**ヒューマニティー【humanity】** ①人間性。人間らしさ。②人道。③人類。④博愛。仁愛。

**ヒューマノイド【humanoid】** ↓アンドロイド

**ヒューマン【human】**(形動) 人間的。人間らしいさま。

**ヒューマン-ドキュメント【human document】** 人間性にみちあふれた記録。

**ヒューマン-リレーションズ【human relations】** 人間関係。とくに経営管理において組織の成員としての人と人の関係を重くみる考え方。HR。

**ヒューム【David Hume】**(一七一一〜一七七六) イギリスの哲学者・歴史家。経験主義的認識論を徹底させ、すべての観念は印象から生じると主張、因果法則の客観性を否定した。著書『人性論』『人間悟性の研究』など。

**ヒューム【Thomas Ernest Hulme】**(一八八三〜一九一七) イギリスの哲学者・批評家。反ロマン主義をかかげ、古典主義的芸術論を展開し、イマジズム詩運動をよびおこした。遺稿集『省察』。

**ヒューム-かん【ヒューム管】** 遠心力で締め固めた鉄筋コンクリート管。強度や水密性にすぐれ、上下水道管などに用いる。遠心力鉄筋コンクリート管。hume concrete pipe

**ピューリタニズム【Puritanism】** 清教徒主義。一六世紀後半から一七世紀にかけて、イギリス国教会に対し、純粋な信仰を求めて起こした清教徒(＝ピューリタン)の運動。民主主義・人権思想・信教の自由・社会契約説などを生み出した。

**ピューリタン【Puritan】** ①清教徒。②《①が宗教改革の徹底を主張したことから》自己にきびしくて清潔な人。

**ピューリタン-かくめい【ピューリタン革命】** 清教徒革命の別称。

**ピューレ【purée フランス】** 野菜・果実類などをすりつぶして裏ごししたもの。

●ピューマ

**ビューロー【bureau】** ①官庁の局・課。administrative unit of government ②事務所。事務局。編集局。案内所。office ③机と収納戸棚が一体となった家具。戸を手前に開くと机の甲板になるもの。書記机。ライティングデスク。writing desk

**ビューロー【Hans von Bülow】**(一八三〇〜一八九四) ドイツの指揮者・ピアニスト・作曲家。指揮は近代指揮法の典型といわれる。

**ビューロクラシー【bureaucracy】** 官僚主義。官僚制。官僚政治。

**ヒューロン-こ【ヒューロン湖】**(Lake Huron) アメリカとカナダの国境にある氷河湖。面積六万km²。五大湖の一つでスペリオル湖につぎ大きい。

**ひゆ-か【▼譬▼喩歌】**『万葉集』の表現方法による和歌の分類の一つ。本意を表に出さず、他の事物のたとえにより隠喩的に詠んだ歌。大部分は恋愛感情をうたう。たとえ歌。

**ヒュギエイア【Hygieia ギリシア】** ギリシア神話の健康の女神。医神アスクレピオスの娘または妻といわれる。父を助けて病人の看護にあたる。

**ピュグマリオン【Pygmaliōn ギリシア】** ギリシア神話の人物。①テュロスの王。財産をねらって妹の夫を殺した。②キュプロスの王あるいは彫刻家。象牙に彫った女人像に恋し、アフロディテは像に生命を与え、その妻にさせた。

**ピュジェ【Pierre Puget】**(一六二〇〜一六九四) フランス-バロックの彫刻家。ベルニーニらの影響を受け力作を残す。作品『クロトンのミロ』など。

**ピュジェット-わん【ピュジェット湾】**(Puget Sound) アメリカ西部、ワシントン州西部に複雑に入りこんだ湾。ファン-デ-フカ海峡で太平洋とつながり、北太平洋航路の拠点。

**ピュタゴラス【Pythagoras】** ↓ピタゴラス

**ヒュッシュ【Gerhard Hüsch】**(一九〇一〜一九八四) ドイツのバリトン歌手。オペラと歌曲の両分野に活躍。東京芸大・国立音大に招かれた。

**ヒュッテ【Hütte ドイツ】** 山小屋。

**ひゅっ-と**(副) 風を切って飛ぶさま。whistle

**ビュッフェ【buffet フランス】** 列車や駅構内の立食式簡易食堂。

**ビュッフェ【Bernard Buffet】**(一九二八〜) フランスの画家。鋭い線と単純な色彩構成で、現代具象画に新境地を開く。作品『サーカス』など。

**ビュッフォン【Georges-Louis Leclerc de Buffon】**(一七〇七〜一七八八) フランスの博物学者・哲学者。生物進化の思想を示唆した。大著『博物誌』を刊行。

**ひゆ-てき【比▼喩的】**(形動) そのものでなく、他にたとえて言うさま。figurative

**ビュトール【Michel Butor】**(一九二六〜) フラン

▼常用漢字表外。▽常用漢字表の音訓外。

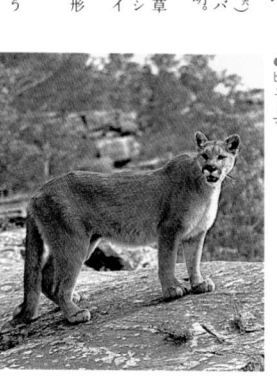

スの小説家。実験的手法を駆使する。一九五〇年代のヌーボー-ロマンの代表の一人。小説『時間割』『心変わり』、評論集『目録』など。

**ひゆ-な【▼莧菜】**↓ひゆ(莧)

**ピュビ-ド-シャバンヌ**【Pierre Cécile Puvis de Chavannes】(一八二四〜九八) フランスの画家。淡白な色調の詩情漂う作風で、装飾画家として活躍。作品『貧しき漁夫』など。

**ビュヒナー**【Georg Büchner】(一八一三〜三七) ドイツの劇作家。自然主義文学の先駆となる。戯曲『ダントンの死』『ウォイツェク』『レオンツェとレーナ』、小説『レンツ』など。

**ヒュペリオン**【Hyperīōn ギリシア】 ギリシア神話のティタン神族の一人。妹テイアを妻とし、太陽神ヘリオス、月の女神セレネ、曙の女神エオスの父となる。

**ヒュペルボレオイ**【Hyperboreoi ギリシア】 ギリシア神話上の伝説的な民族。北風のかなたの国に住むとされ、アポロン神を深く信仰し、その信任も厚い。後代では彼らの住む国は理想郷とみなされる。

**ヒュメーン**【Hymēn ギリシア】 ギリシア神話の結婚の神。Hymen

**ピュラモス**【Pyramos】 バビロンの青年で、恋人ティスベとの悲恋物語の主人公。オウィディウスの『転身物語』に語られる。

**ピュリスム**【purisme フランス】 純粋主義。二〇世紀前半の抽象芸術の一傾向。一九一八年、ル=コルビュジエとオザンファンが提唱。キュビスムの提出した造形性の問題を、より純粋に追求。簡潔な形体に美の基準を見いだし、普遍的な美を創造しようとした。

**ピュリッツァー-しょう【ピュリッツァー賞】**(Pulitzer Prize) ジャーナリズム・文学・歴史の分野ですぐれた作品に贈られるアメリカの賞。新聞経営者ピュリッツァーの遺志により一九一七年創設。

**ビュルガー**【Gottfried August Bürger】(一七四七〜九四) ドイツの詩人。物語詩『レオノーレ』、小説『ほらふき男爵の冒険』など。

**ビュルツブルク**【Würzburg】 西ドイツ南部、バイエルン州北西の都市。マイン川に臨み、ぶどう酒取り引きの中心地。人口一二・九万(一九八五)。

**ビュルテンベルク**【Württemberg】 西ドイツ、バーデンビュルテンベルク州東部の一地方。中心都市シュトゥットガルト。

**ヒュレー**【hylē ギリシア】 質料の原語。

**ビュレット**【burette】 目盛りとコックのついた細長いガラス製の液体体積計。おもに滴定用。五〇ml・二五ml・一〇mlがふつう。↓図

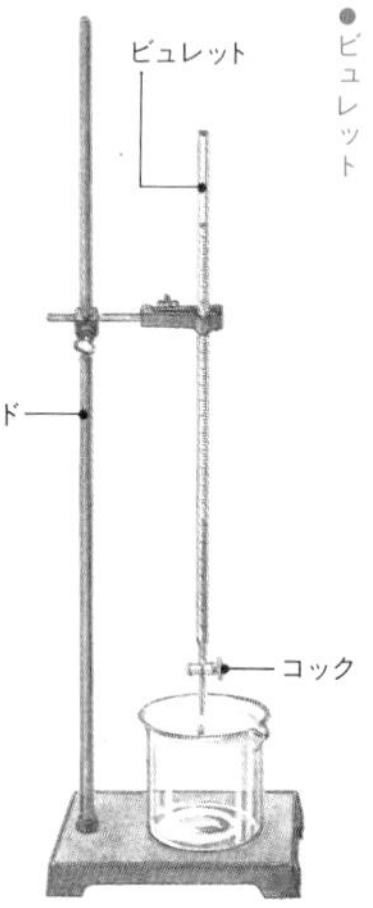

●ビュレット

**ピュロン**【Pyrrhon】↓ピロン

**ひょい-と**(副) ①思いがけず。不意に。suddenly ②軽々とするさま。

**ぴょい-と**(副) 身軽に跳び上がるさま。ぴょんと。nimbly 用例 ―枝にとびつく。

**ひょい-ひょい**(副) ①動作が身軽に行われるさま。lightly 用例 屋根の上を―歩く。②しばしば不意に現れるさま。ちょいちょい。frequently

**ヒョウ** 2画【▼冫】 部首[冫] JIS 4950
音 ヒョウ
①こおる。こおり。②部首の一つ。にすい。

**ヒョウ** 4画【▼灬】 部首[灬]
音 ヒョウ・カ
はげしい火。烈火。↓カ[火]

**ヒョウ** 5画【▼平】 部首[干] 教育小3 JIS 4231 ／ 5画【▼平】 旧字
音 ヘイ・ビョウ・ヒョウ・ベン
訓 たいら・ひら
筆順 ↓ヘイ[平]
漢字の四声の一つ。発音上の区別で、高さに変化のないもの。「平声・平仄」↓ビョウ・ヘイ[平]

**ヒョウ** 5画【氷】 部首[水] 教育小3 JIS 4125 ／ 6画【▼冰】 部首[冫] 異体字 JIS 4954
音 ヒョウ
訓 こおり・ひ

氷 氷 氷 氷 氷

①こおる。こおり。ひ。「結氷・薄氷・流氷」「氷河・氷結・氷山」 ②こおりのように。「氷解・氷釈」

**ヒョウ** 7画【兵】 部首[八] 教育小4 JIS 4228
音 ヘイ・ヒョウ
筆順 ↓ヘイ[兵]
①いくさ。たたかい。戦争。「兵法・兵糧」 ②つわもの。軍人。「軍兵・小兵・雑兵」↓ヘイ[兵]

**ヒョウ** 8画【▼凭】 部首[几] JIS 4963
音 ヒョウ
よる。もたれる。もたれかかる。

**ヒョウ** 8画【拍】 部首[扌] 常用 JIS 3979
音 ハク・ヒョウ
うつ。たたく。音の強弱の反復進行を、ある一定の法則をあたえて区ぎったもの。「拍子・四拍子」↓ハク[拍]

**ヒョウ** 8画【表】 部首[衣] 教育小3 JIS 4129
音 ヒョウ
訓 おもて・あらわす・あらわれる

表 表 表 表 表 表

①おもて。うえ。そとがわ。対義 裏。「意表・雲表」「表皮・表面・表裏」 ②あらわす。おおやけにすること・人。「代表・発表」「表記・表決・表現・表示・表明」 ③あらわれ。めあて。めじるし。てほん。「師表・前表」 ④みつけやすく、くらべやすいように、項目や数字をならべたもの。「図表・年表」「表示」用例(名)―に書き入れる。《接尾的》一覧―。統計―。成績―。 ⑤主君や役所などにさしだす文書。「辞表・上表」用例(名)出師の―。

**ヒョウ** 10画【俵】 部首[人・亻] 教育小5 JIS 4122
音 ヒョウ
訓 たわら

俵 俵 俵 俵 俵 俵

①たわら。穀物や炭などをいれる包み。「土俵」 ②たわらにいれたものを数えるのに用いる。用例(助数)米百―。

**ヒョウ** 10画【▼莩】 部首[艹]
音 フ・ヒョウ
うえじに。餓死する。↓フ[莩]

**ヒョウ** 10画【▼豹】 部首[豸] JIS 4131
音 ホウ・ヒョウ
ネコ科の哺乳動物。体には、黄の地色に黒の斑点がある。体長約一・五m。アジア・アフリカの森林にすみ、夜行性。木登りがたくみ。↓写

**豹は死して皮を留め、人は死して名を留む**(ひょうはししてかわをとどめ、ひとはししてなをとどむ) 「虎は死して皮を留め、人は死して名を残す」と同意。

**ヒョウ** 10画【▼髟】 部首[髟] JIS 8185
音 ヒョウ・ヒュウ
①長い髪がたれさがっているさま。②部首の一つ。かみかんむり。かみがしら。

**ヒョウ** 11画【▼彪】 部首[彡] JIS 4123
音 ヒュウ・ヒョウ
まだら。あや。あざやかな模様。

**ヒョウ** 11画【票】 部首[示] 教育小4 JIS 4128
音 ヒョウ

票 票 票 票 票 票

①かきつけのふだ。カード。小さなかきつけ。「軍票・伝票」用例(名)―を付ける。《接尾的》調査―。認識―。 ②選挙・採決などに用いるふだ。「開票・散票・投票」「票決」用例(名)―を読む。《接尾的》固定―。浮動―。 ③投票を数えるのに用いる。用例(助数)二―の差。

**ヒョウ** 12画【評】 部首[言] 教育小5 JIS 4130 ／ 12画【▼評】 旧字
音 ヒョウ・ヘイ

評 評 評 評 評 評

はかる。あげつらう。しなさだめ。ねうちや、よしあしをきめること・もの。「悪評・好評・世評・短評・定評・批評」「評価・評議・評釈・評点・評判・評論」用例(名)選者の―。《接尾的》下馬―。

**ヒョウ** 12画【▼馮】 部首[馬] JIS 8140
音 ヒョウ・フウ
①よる。もたれる。もたれかかる。②たのむ。たよる。たよりにする。③しのぐ。せりあう。おしわける。

**ヒョウ** 13画【▼僄】 部首[人・亻]
音 ヒョウ
かるい。はやい。すばやい。身軽な。「僄悍」

●ヒョウ

**ヒョウ** 13画【▼剽】 部首[刂] JIS 4987
音 ヒョウ
①おびやかす。おどす。②かすめる。かすめとる。ぬすむ。「剽窃・剽盗」 ③かるい。はやい。すばやい。身軽な。「剽悍」

**ヒョウ** 14画【▼嫖】 部首[女] JIS 5337
音 ヒョウ
①かるい。はやい。すばやい。身軽な。②みだらな。

**ヒョウ** 14画【▼慓】 部首[忄] JIS 5656
音 ヒョウ
かるい。はやい。すばやい。身軽な。「慓悍」

**ヒョウ** 14画【漂】 部首[氵] 常用 JIS 4126
音 ヒョウ
訓 ただよう
①ただよう。さすらう。「浮漂」「漂失・漂着・漂泊・漂流」 ②水にさらす。「漂白」

**ヒョウ** 15画【標】 部首[木] 教育小4 JIS 4124
音 ヒョウ

標 標 標 標 標 標

①しるし。めじるし。まと。「座標・商標・墓標・目標・門標」「標語・標識・標準・標題・標的」用例《接尾的》里程―。 ②しめす。「標本・標榜」

**ヒョウ** 15画【▼熛】 部首[火]
音 ヒョウ
①とびひ。ひのこ。飛び火する。火の粉が飛ぶ。②はやい。はやて。疾風。

**ヒョウ** 16画【▼憑】 部首[心] JIS 5665
音 ヒョウ
①よる。もたれる。もたれかかる。②たのむ。たよる。たよりにする。「信憑」 ③つく。のりうつる。

**ヒョウ** 16画【▼瓢】 部首[瓜] JIS 4127
音 ヒョウ
ひさご。ふくべ。①ヒョウタン。ウリ科のつる性一年草。「瓢簞」 ②①の果実のなかみをくりぬいて乾燥させた、酒などをいれる容器。「瓢簞」

**ヒョウ** 16画【▼瘭】 部首[疒]
音 ヒョウ
「瘭疽」は、指の先におこる、うみやすい炎症。はれて、はげしくいたむ。

**ヒョウ** 17画【▼縹】 部首[糸] JIS 6961

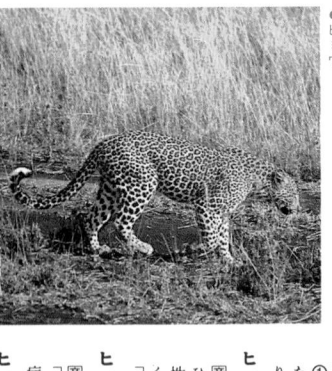

**ヒョウ** 20画【▼飄】 部首[風] JIS 8108 20画【▼飃】 異体字 JIS 8109
音ヒョウ
①はなだ。はなだいろ。薄いあい色。はないろ。②とおい。はるか。かすか。「縹渺」

**ヒョウ** 21画【▼飆】 部首[風] JIS 8110 21画【▼飇】 異体字
音ヒョウ
①つむじかぜ。つむじ。旋風。②はやて。疾風。③ひるがえる。ひるがえす。「飄々」④風にただよう。さまよう。「飄々」

**ヒョウ** 21画【▼驃】 部首[馬] JIS 8163
音ヒョウ
つむじかぜ。つむじ。旋風。暴風。「飆風」

**ヒョウ** 22画【▼鰾】 部首[魚] JIS 8268
音ヒョウ
①しらかげ。鹿毛に白い毛がまじった馬。②馬が疾走するさま。③つよい。いさましい。

**ヒョウ** 23画【▼鑣】 部首[金]
音ヒョウ
魚のうきぶくろ。ふえ。ほばら。魚の体内にある、一種のガスをみたした袋。水中でうきしずみを調節する器官。

**ヒョウ** 30画【▼驫】 部首[馬] JIS 8174
音ヒョウ
くつわ。くつばみ。馬の口にはめて、手綱をつける金具。

音ヒョウ・ヒュウ・シュウ
数多くの馬。数多くの馬がはしるさま。

**ひょう**【▼莧】 ヒユの転訛。

**ひょう**【▼雹】 氷のつぶ状のかたまり。多く、雷雨とともに降る。直径五㎜以上のもの。hail 比較あられ。

**ひ-よう**【日▼傭】 日雇い。また、その賃金。employment by the day

**ひ-よう**【飛揚】(名・サ変自) 高く舞い上がること。flying

**ひ-よう**【費用】 何かをするために必要なお金。出費。かかり。経費。expense 用例入院の――がかかる。

**ビョウ** 5画【平】 部首[干] 教育小3 JIS 4231 5画【▼平】 旧字
音ヘイ・ビョウ・ヒョウ・ベン
訓たいら・ひら
筆順↓ヘイ[平]
たいら。ひとしい。でこぼこがない。「平等」
↓ヒョウ・ヘイ[平]

**ビョウ** 8画【苗】 部首[艹] 常用 JIS 4136
音ビョウ・ミョウ
訓なえ・なわ
①なえ。「種苗・痘苗」②血すじ。すえ。「苗裔」③中国南西部にすむ民族。「苗族」

**ビョウ** 8画【▼杪】 部首[木] JIS 5934
音ビョウ
①こずえ。木の幹や枝の先。②すえ。はし。おわり。

**ビョウ** 9画【▼眇】 部首[目] JIS 6631
音ビョウ・ミョウ
①かため。片目がちいさいこと。片目がみえないこと。「眇目」②とおい。はるか。かすか。③ちいさい。こまかい。

**ビョウ** 9画【秒】 部首[禾] 教育小3 JIS 4135
音ビョウ
秒 秒 秒 秒 秒 秒
①時間の単位。一分の六〇分の一。「秒針・秒速」②角度・経緯度の単位。一分の六〇分の一。③わずか。かすか。「寸秒」

**ビョウ** 10画【病】 部首[疒] 教育小3 JIS 4134 10画【▼病】 旧字
音ビョウ・ヘイ
訓やむ・やまい
病 病 病 病 病 病
①やむ。やまい。比較傷。「看病・熱病」「病院・病気・病苦」②欠点。悪いところ。「病根・病癖」
↓ヘイ[病]

**ビョウ** 11画【描】 部首[扌] 常用 JIS 4133
音ビョウ
訓えがく
えがく。絵をかく。うつす。「線描・点描」「描写・描出」

**ビョウ** 11画【猫】 部首[犭] 常用 JIS 3913
音ビョウ・ミョウ
訓ねこ
ネコ。ネコ目に属する哺乳動物。「愛猫」「猫額大」

**ビョウ** 12画【▼淼】 部首[水]
音ビョウ
ひろい。水のはてしなくひろがるさま。

**ビョウ** 12画【▼渺】 部首[氵] JIS 6261
音ビョウ
とおい。はるか。かすか。水のはてしなくひろがるさま。「縹渺」「渺々・渺茫」

**ビョウ** 15画【▼廟】 部首[广] JIS 4132 11画【▼庿】 異体字
音ビョウ
①たまや。おたまや。「祖廟・霊廟」「廟宇・廟食」用例(名)頼朝の――。②朝廷。「廟堂」

**ビョウ** 15画【▼緲】 部首[糸] JIS 6945
音ビョウ・ミョウ
とおい。はるか。かすか。

**ビョウ** 15画【▼鋲】 部首[金] 和製漢字 JIS 4138
音ビョウ
①頭の大きいくぎ。ものをとめるもの。「画鋲」②画鋲のこと。

**ビョウ** 16画【▼錨】 部首[金] JIS 4137
音ビョウ
いかり。船がうごかないように、綱や鎖をつけて水底にしずめるおもり。「投錨・抜錨」

**ビョウ** 17画【▼藐】 部首[艹] JIS 7324
音ビョウ・バク
かろんずる。軽視する。↓バク[藐]

**びょう**【▽可う】 古語(助動)《「べし」の連用形「べく」の音便形》↓べし(可し)

**び-よう**【美容】 ①美しい顔かたち。beauty ②肉体の美を向上させるため、また容姿を美しく見せるための行為。化粧・整髪・装身法・美顔術・体操など。beauty culture 比較理容。用例――体操。

**ひょう-いつ**【▼飄逸】(名・形動) 世事を気にせず、のんきでいること。また、そのさま。脱俗。be relaxed

**ひょうい-もじ**【表意文字】 一字一字がそれぞれ一定の意味を表す文字。漢字や古代エジプト文字など。表語文字。意字。ideogram・対義表音文字。

**びょう-いん**【病因】 病気になった原因。cause of a disease

**びょう-いん**【病院】 多数の患者を収容し、長期診療の可能な医療施設。医療法では、患者二〇人以上を収容できるものをいう。hospital 比較診療所・医院。

**びよう-いん**【美容院】 美容師が、髪・皮膚の手入れ・化粧・着つけなどを営業として行う店。美容サロン。beauty parlor

**びょういん-せん**【病院船】 傷病者を治療・輸送する船。戦時下でも交戦国はこれを攻撃してはならない。船体は白で船腹に緑か赤の帯線があり、赤十字旗を掲揚。赤十字船。hospital ship

**びょういん-りょうほう**【病因療法】 病因に応じた治し方。etiological therapy 対義対症療法。

**びょういん-ろん**【病因論】 病気の原因を研究する学問。細菌、寄生虫、物理的・化学的刺激など生体外部から作用する外因と、遺伝・免疫などの内因とに分類。etiology

**びょう-う**【▼廟宇】 ①祖先や貴人の霊をまつる建物。宗廟。おたまや。みたまや。②社殿。神社。

**ひょう-え**【兵▽衛】 ①「兵衛府」の略。②兵衛府に属して宮門を守り、行幸の警備、市中の巡検などに当たった武官。

**びょう-えい**【苗▼裔】 子孫。末孫。

**ひょうえ-ふ**【兵▽衛府】 律令制で、宮城の警衛や巡検などを任務とした官司。左右二府からなる。比較衛門府・近衛府。

**ひょう-おん**【表音】 ことばの音を表すこと。phonetic notation

**ひょうおん-しゅぎ**【表音主義】 ことばを書き表すのに音を中心として書く立場。phoneticism

**ひょうおんてき-かなづかい**【表音的仮名遣い】 音韻をできるだけ忠実に書き表そうとする仮名の用い方。現代仮名遣いは純粋に表音的ではない。

**ひょうおん-もじ**【表音文字】 一字一字が音声を表す文字。音を表すだけで特定の意味を表さない。音素文字と音節文字に分かれる。前者はアルファベット、後者は仮名がその代表。音字。音標文字。phonogram 対義表意文字。

**ひょう-か**【氷菓】 果汁・ミルクなどに、甘味料を加えてこおらせてつくった菓子。アイスキャンデー・シャーベットなど。こおりがし。ice cream; ices

**ひょう-か**【▼苹果】 リンゴの実。へいか。

**ひょう-か**【▼馮河】 ①黄河を歩いて渡ること。②蛮勇。用例暴虎――。

**ひょう-か**【評価】(名・サ変他) ①品物の値段を決めること。appraisal ②人・物事の価値を決めること。その価値。evaluation 比較批判・批評。

**ひょう-が**【氷河】 陸上で堆積した氷が、重力によりたえず流動しているもの。南極大陸や高山では、積雪が年々堆積し、再結晶が進んで氷となり、これがある量に達すると、低地に向かってゆっくり流動しはじめる。glacier ↓写

**びょう-が**【病▼臥】(名・サ変自) 病気で寝ること。ill in bed

**びょう-が**【描画】(名・サ変自) 絵をかくこと。painting

**ひょう-かい**【氷海】 一面に凍りついた海。frozen sea

**ひょう-かい**【氷塊】 氷のかたまり。lump of ice

**ひょう-かい**【氷解】(名・サ変自) 氷がとけるように、疑問がすっかりとけること。be dispelled

**ひょう-がい**【▼雹害】 ひょうによる農作物などの害。damage from a hailstorm

**びょう-がい**【病害】 農作物などの病気による被害。damage by disease

**びょうがく-だい**【猫額大】 ネコのひたいほどの広さ。極めて狭い広さ。寸土。用例――の土地。

**ひょうが-こ**【氷河湖】 氷河の作用で形成された湖の総称。氷河の浸食によってできたくぼ地に水がたまったものや、堆石に堰止められたものなどがある。氷食湖。glacial lake

**ひょうが-じだい**【氷河時代】 世界的に寒冷気候が支配し、氷河のおおう面積が広がった時代。先カンブリア時代より現在までに、少なくとも三回ある。成因としては太陽活動の変動説や火山灰説などあるが、まだ定説はない。ice age

**ひょうが-ちけい**【氷河地形】 氷河の浸食作用(=氷食作用)や運搬・堆積作用で生じた地形。カール(=圏谷)・U字谷・モレーン(=堆石)・氷河湖など。glacial landforms ↓写

**ひょう-かつ**【表割】 部分割型に属する、動物卵の卵割様式の一つ。卵黄が中心部に存在する昆虫などの節足動物にみられ、卵表にある細胞質層だけが卵割する。superficial cleavage

**ひょう-かん**【▼剽▼悍・▼慓▼悍】(名・形動) 行動がすばしこくて、荒々しく強いこと・さま。

**びょう-かん**【病患】 病気。疾患。disease

**ひょう-き**【氷期】 大陸氷河が低緯度地帯にまで著しく拡大や前進をした時期。第四紀後半には、数万年の長さの氷期が少なくとも七回…

●氷河 ウンテラー-テオドゥール氷河(左)、ブライトホルン氷河(右)。(スイス)。

▼常用漢字表外。 ▽常用漢字表の音訓外。

●氷河地形 富山県、薬師岳のカール。

回あった。glacial period [参照]氷河時代。

**ひょう‐き【表記】**(名・サ変他) ①表面に書くこと。おもてがき。inscription on the face ②文字に書き表すこと。notation

**ひょう‐き【標記】**(名・サ変他) 目じるしとしてしるすこと。また、その記号。標号。marking; mark

**ひょう‐ぎ【評議】**(名・サ変他) 集まって相談すること。conference

**びょう‐き【病気】** ㊀(名・サ変自) 生体がもつ本来の健康な状態からみて、心身に異常が起こり正常に機能しない状態。やまい。disease ㊁(名) 悪いくせ。

**びょう‐ぎ【▼廟議】** 朝廷の評議。朝議。

**ひょうぎ‐いん【評議員】** ①評議に参加する人。councillor ②団体・会社などで、重要な運営事項の相談にあずかる役・人。trustee

**ひょうぎ‐かい【評議会】** ①意見を交換しあって相談するための機関。council ②《「日本労働組合評議会」の略》大正一四年(一九二五)労働農民党系組合の連合体として結成。昭和三年(一九二八)弾圧により解散。

**びよう‐きぐ【美容器具】** 美容のために用いる器具類。ドライヤー・鏡・くし・ブラシ・アイロン・カーラー・全身美容の器具など。

**ひょうき‐ほう【表記法】** 単語や文章を文字および符号で書き表す方法。[比較]正書法。

**ひょう‐ぎょくしょう【▼馮玉祥】**(一八八二〜一九四八) 中国の軍人・政治家。西北軍閥の首領。一九二六年国民党入党。北伐に参加して蔣介石と対立し、反蔣運動を起こしたが失敗。第二次大戦後内戦反対を唱え、一九四八年事故死。

**ひょう‐きん【▼剽▽軽】**(形動) ほがらかで、こっけいなさま。waggish

**びょう‐きん【病菌】** 病気の原因になる細菌。病原菌。virus

**ひょう‐ぐ【表具】** 紙・布を張って、巻物・軸物・書画帳・屛風・襖などにつくること。表装。

**びょう‐く【病苦】** 病気の苦しみ。suffer from illness [用例] ―と闘う。

**びょう‐く【病▼軀】** 病気にかかっているからだ。sick body

**ひょうぐ‐し【表具師】** 表具を業とする人。経師屋。

**ひょう‐けい【表敬】** 敬意を示すこと。courtesy [用例] ―訪問。

**ひょう‐けつ【氷結】**(名・サ変自) こおりつくこと。凍結。freeze

**ひょう‐けつ【表決】**(名・サ変他) 議案に対して可否の意思を表して決定すること。vote [用例] ―に付す。

**ひょう‐けつ【票決】**(名・サ変他) 投票で可否を決めること。put to the vote

**ひょう‐けつ【評決】**(名・サ変他) 相談して決めること。verdict

**びょう‐けつ【病欠】**(名・サ変自) 病気により欠席・欠勤すること。absence due to illness

**ひょう・げる【▼剽げる】**(下一自) おどけたことをする。ふざける。

**ひょう‐げん【氷原】** 一面に氷におおわれた地域。氷の原。ice field

**ひょう‐げん【表現】**(名・サ変自他) 感情・思想などを、表情・身ぶり・言語・絵画・彫刻・音楽など、他に伝えうる形に表すこと。また、表されたもの。表出。expression; representation [用例] 愛情の―。感情をすなおに―する。力強い―に満ちた詩。

**ひょう‐げん【評言】** 批評のことば。評語。critical remark

**びょう‐げん【病原・病源】** 病気の起こるもと。病気の原因。cause of a disease

**ひょうげん‐がた【表現型】** 生物が示す外面的な形態または内面的な生理的形質。phenotype [対義]遺伝子型。

**びょうげん‐きん【病原菌】** 病気の原因となる細菌。病菌。disease-causing germs

**ひょうげん‐しゅぎ【表現主義】** 二〇世紀初頭のドイツを中心に展開された芸術運動。芸術の本質を、主観の感情体験そのものの強烈な表出にみようとした。キルヒナー・カンディンスキーらの絵画に始まり、のち多くの芸術分野に波及した。Expressionism ↓[写]

**ひょうげんしゅぎ‐おんがく【表現主義音楽】** 二〇世紀初めドイツ・オーストリア中心におこった音楽の傾向の一つ。シェーンベルクやベルクの作品、ウェーベルンの中期作品などが代表例。極度の内的興奮・緊張、悪魔的幻想などを描く主情的な音楽。Expressionism

**びょうげん‐たい【病原体】** 病気の原因となる生物。原生動物・細菌・ウイルスなど。pathogenic germ

**ひょうけん‐だいり【表見代理】** 代理権のない者が代理人として行為をした場合、相手方がその人に代理権があるものと誤信して取り引きして成立したとき、その代理行為に効力を認める制度。

**ひょうげん‐の‐じゆう【表現の自由】** 憲法第二一条が保障する基本的人権の一つ。集会・言論・出版その他の手段を用いて思想や感情を外部に発表する自由。freedom of expression

**ひょう‐こ【▼瓢湖】** 新潟県中部、水原町にある小灌漑池。面積一㎢。ハクチョウが飛来することで有名。

**ひょう‐ご【評語】** ①批評のことば。評言。critical remark ②成績の等級を表す語。優・良・可など。the grades

**ひょう‐ご【標語】** 守るべきこと、すべきことなどを簡明に表した語句。モットー。スローガン。motto; slogan

**ひょうご【兵庫】** 兵庫県神戸市、神戸港の西にあった港とそのあたり一帯。古代から港として栄え、平清盛の福原遷都のさいに改修され、日宋貿易の拠点として繁栄した。一六世紀以降、堺の発展とともに衰退。

**ひょうご【兵庫】**〈県〉 近畿地方西部の県。県庁所在地は神戸市。北部は日本海に接し南は淡路島を含め瀬戸内海につらなる。気候は山陰・内陸・瀬戸内型と変化に富み、内陸部では稲作・肉牛の飼育がさかん。瀬戸内沿岸は阪神工業地帯の中心。面積八三七八㎢、人口五三〇万八四三二(一九八八)。

**びょう‐ご【病後】** 病気が治ったばかりのこと。やみあがり。convalescence [用例] ―の身をいたわる。

**ひょう‐こう【標高】** 平均海面からの高さ。日本では東京湾の平均海面を基準とする。海抜。altitude

**ひょうこう‐ねんど【氷▼縞粘土】** 断面に縞目がある、氷河湖底に堆積した粘土。夏期にできるやや粗粒で白色の夏縞と、冬期にできる細粒で暗色の冬縞が組になって一年を示す。一組の層の厚さは数ミリメートルから数センチメートル。varve clay

**びょう‐こん【病根】** ①病気のもと。病因。cause of a disease ②悪い習慣のもと。root of an evil [用例] ―を断つ。

**ひょう‐さ【漂砂】** ①風波・水流・潮流によって海浜の砂礫が移動する現象。また、その砂礫。drift sand ②地中で水を多量に含み流動しやすい砂。drift sand

**ひょう‐さくさん【氷酢酸】** 純度九八%以上の酢酸。寒期には氷状に固化することからの名。glacial acetic acid

**ひょう‐さつ【表札・標札】** 居住者を示すため、家の戸口や門にかかげる名札。門標。name plate

**ひょう‐ざん【氷山】** 氷河の末端が海に押し出されて分離してできた高さ五m以上の大きな氷塊。ふつうの海氷よりも大きく、硬度も大。全体積の八五〜九〇%は海面下にある。iceberg

**氷山の一角**(ひょうざんのいっかく) 大きな物事のほんの一部分が現れている、また、わかっていることのたとえ。tip of an iceberg

**ひょう‐し【拍子】** ①㋐音楽で、一定の数の拍の集まりで、リズムの骨組みとなるもの。ふつう強拍と弱拍とが規則的に繰り返され、一小節内の拍の数と強弱の関係から、二拍子・三拍子などの種類が生まれる。meter [用例] 手―。[参照]リズム。[数え方]一拍。㋑能楽で、拍または拍節のこと。使用する楽器のこと。足拍子のこと。②㋐はずみ。とたん。chance; moment [用例] 笑った―に足をふみはずした。㋑調子。ぐあい。condition ↓[図](次ページ)

**拍子に掛かる**(ひょうしにかかる) ①音楽の調子に合わせて物事をする。②調子に乗って得意になる。

**拍子を取る**(ひょうしをとる) ①楽器を鳴らしたり手を打ったりして、リズムや調子をとる。beat time ②調子を合わせることによって、物事がうまく進行するようにする。

**ひょう‐し【表紙】** 書物・帳面・巻物の外側になるところに付けて本体を保護・装飾する紙・布・皮など。書名・著者名などを記すことが多い。cover ↓巻子本[図]

**ひょう‐じ【表示】**(名・サ変他) ①表し示すこと。expression [用例] 意思―。②表で示すこと。tabulation [比較]図示。

**ひょう‐じ【標示】**(名・サ変他) しるしを付け

●表現主義

キルヒナー『街路』。一九〇七年、ニューヨーク近代美術館。

ノルデ『マリアのエジプト逃亡』。一九一二年、ハンブルク美術館。

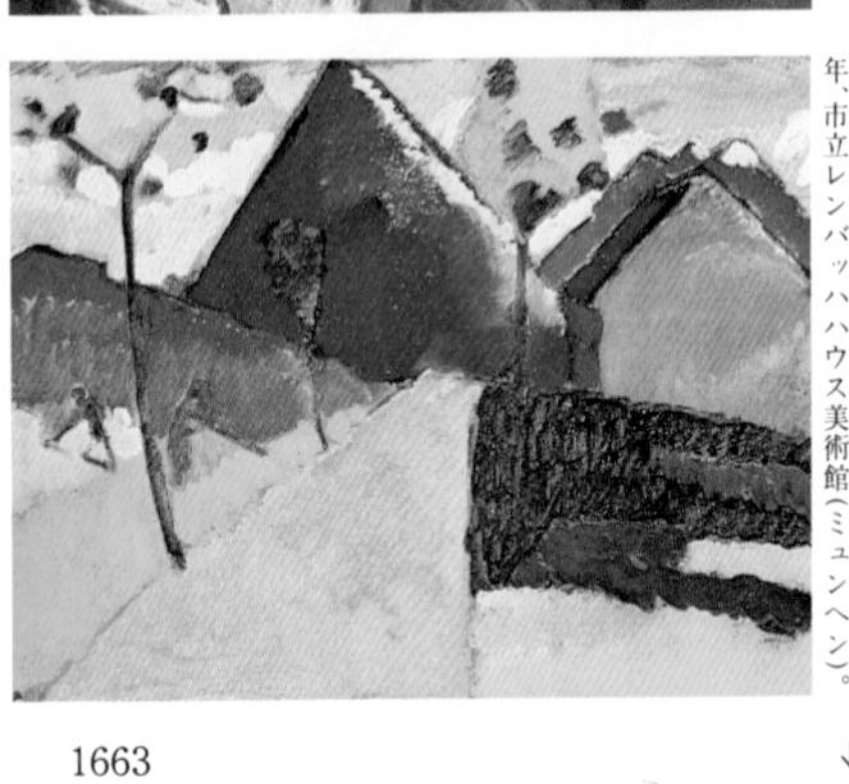

カンディンスキー『ムルナウでの習作』。一九〇九年、市立レンバッハハウス美術館(ミュンヘン)。

●拍子①㋐
拍子記号の例

て示すこと。そのしるし。marking

**びょう-し【病死】**(名・サ変自) 病気が原因となって死ぬこと。death from sickness

**びよう-し【美容師】** 美容術を職業とする者。所定の試験に合格し、知事の免許を得た者で、美容所の器具の清潔保持、健康診断の受診などの義務がある。beautician

**ひょう-しき【表式】** ①表示するきまり。form ②手本。model

**ひょう-しき【標識】** ①しるし。めじるし。mark; sign 用例交通―。安全―。②統計調査で、集団を構成する各単位に共通な性質。メルクマール。mark

**ひょうし-ぎ【拍子木】** 夜回りなどが打って鳴らす、二本の長方形の木。

**びょう-しき【病識】** 自分が病気であると自覚していること。とくに、精神分裂病患者では病識がないので、病識の有無が診断の指標となる。consciousness of disease

**ひょうしぎ-ぎり【拍子木切(り)】** 拍子木の形に似せて、四角柱に野菜などを切る切り方。↓図

●拍子木切り

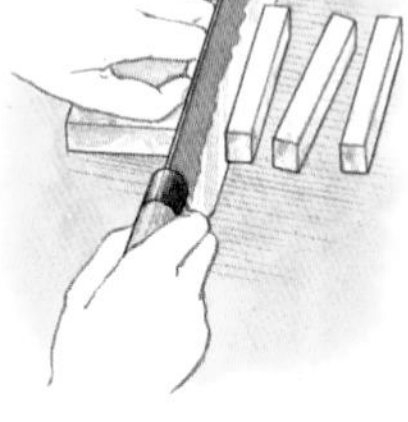

**ひょうし-きごう【拍子記号】** 楽譜の最初に記される楽曲の拍子を表す記号。2/4(四分の二拍子)、3/2(二分の三拍子)など。time signature

**ひょうしきさいほ-ほう【標識再捕法】** 生物個体に標識を付けて放し、一定時間後に捕獲したサンプル中の標本個体の割合から全個体数を推定する方法。記号放逐法。marking-and-recapture method

**ひょうしき-しょく【標識色】** 動物の色彩のうち、目だつことによりその機能を発揮するもの。警戒色・威嚇(いかく)色・認識色などがある。signal coloration

**ひょうしき-ちょう【標識鳥】** 渡りの経路などを調査するため足輪などの標識を付けられた鳥。これを再捕獲して移動状況を知る。banded bird

**ひょうしきてき-ぎたい【標識的擬態】** ↓ベーツぎたい(ベーツ擬態)

**ひょうしき-ほうりゅう【標識放流】** 水中生物の体に目印(=標識)をつけて放すこと。これらを再び捕獲してその生物の回遊・分布・成長などを調べる。liberation of tagged fish

**ひょう-しつ【氷室】** 氷を入れておく部屋。ひむろ。icehouse

**ひょう-しつ【氷質】** 氷の性質。quality of ice 用例スケートリンクの―。

**ひょう-しつ【漂失】**(名・サ変自) 水に流されて、なくなること。

**びょう-しつ【病室】** 病人を寝かせるための「部屋」。sickroom

**ひょうし-ぬけ【拍子抜け】**(名・サ変自) 張り合いがなくなること。disappointment

**ひょうしまい-もの【拍子舞(ひょうしまい)物】** 歌舞伎(かぶき)舞踊の一系統。拍子に合わせて舞う拍子舞が所作の一部に入っているもの。曲は長唄(ながうた)。

**ひょう-しゃ【評者】** 批評をする人。critic

**ひよう-しゃ【被用者・被▼傭者】** 雇用されている労働者。employee

**びょう-しゃ【病舎】** ①病室のある建物。病棟。hospital ②病室。sickroom

**びょう-しゃ【描写】**(名・サ変他) ことばや絵画・音楽などで、物事の状態を表現すること。その表現。description 比較記述・物語。用例自然―。

**びょうしゃ-おんがく【描写音楽】** 絵画的・劇的な主題や情景などを描写したり、暗示したりしようとする音楽。

**ひょう-しゃく【氷釈】**(名・サ変自) ①氷がとけてなくなること。②疑問・わだかまりなどがすっかりなくなること。氷解。

**ひょう-しゃく【評釈】**(名・サ変他) 詩文を解釈し、批評すること。したもの。

**びょう-じゃく【病弱】**(名・形動) からだが弱くて病気がちなこと・さま。weak 対義強健。

**びょうしゃ-せい【描写性】** 描写の性質。その上手・下手の程度。

**ひょう-しゅつ【表出】**(名・サ変自他) ①表し出すこと。expression ②心理学で、感情を外に表すこと。expression

**びょう-しゅつ【描出】**(名・サ変他) えがき出すこと。depiction

**ひょう-じゅん【標準】** ①比較・判断のよりどころとなるもの・めじるし。standard 用例自分を―として他人のことを考える。②規範・規準となるもの。手本。のり。norm 用例―以上の作品。③利益や利便が公正に得られるようにつくった、統一・単純化のとりきめ。standard 用例―タイプ。―サイズ。④平均的な度合い。普通の程度。average 用例―以上の体重。―的。

**ひょうじゅん-か【標準化】** 製品などの仕様や作業方法・業務手続きに標準を設定すること。standardization

**ひょうじゅんかかく-まい【標準価格米】** 政府が流通の管理をする政府米のうち、一般銘柄米を中心に、政府買入れ価格の安い二種類を混ぜ合わせたもの。比較自主流通米。

**ひょうじゅん-かせき【標準化石】** 特定の地質時代を代表し、生存年代を決定するのに役立つ化石。示準化石。index fossil

**ひょうじゅん-きかく【標準規格】** 工業製品の規格統一・品質保証のため形状・寸法・性能・検査方法などの基準を示す規定。西ドイツのDINや日本工業規格(JIS)など。standard specification

**ひょうじゅん-きかん【標準軌間】** 鉄道線路の軌間が一・四三五mのもの。これより広いものを広軌、狭いものを狭軌という。日本の新幹線は標準軌間を採用。在来線は狭軌で軌間は一・〇六七m。standard gauge

**ひょうじゅん-きんり【標準金利】** 市中銀行の貸出金利の標準となるもの。実質的には最優遇貸出金利をいい、プライムレートと通称することもある。standard money rate

**ひょうじゅん-けい【標準形】** 数学で、ある概念を表す式のうち、もっとも代表的でもっともその特徴がつかみやすい式。たとえば、$x^2/a^2+y^2/b^2=1$は、楕円(だえん)の標準形。normal form

**ひょうじゅん-げんか【標準原価】** 原材料費・労務費・経費など原価を構成する諸要素について、あらかじめ科学的・統計的に調査して設定された原価。standard cost

**ひょうじゅんげんか-けいさん【標準原価計算】** 標準原価と実際の原価とを比較して原価管理を行う方法。standard cost accounting

**ひょうじゅん-ご【標準語】** 国や社会で、音韻・語彙(ごい)・文法などの点で、規範となることばの体系。standard language 比較共通語。対義方言。

**ひょうじゅん-こうげん【標準光源】** 物体の光度や色を決めるさいに、測定の基準として用いられる光源。国際照明委員会では、白熱電球を代表させた光源A(色温度二八五六K のタングステン電球)と、これに液層フィルターをかけ、直射太陽光および昼光を代表させた光源B(四八七〇K)およびC(六七七〇K)を採用している。standard illuminant

**ひょうじゅん-じ【標準時】** 一国または一地方が文化生活に便利なように共通に常用する平均太陽時。日本標準時は東経一三五度の子午線をもとにきめた地方時で、世界時より九時間進んだ時刻。standard time

**ひょうじゅん-じたい【標準字体】** 配当漢字の手本となる字体。

**ひょうじゅん-しやく【標準試薬】** 化学分析用の試薬で、定量的操作の標準となるもの。比較的安定な化合物で、一〇〇%近い純度をもつ。日本ではJIS規格で定められており、容量分析用試薬としては、炭酸ナトリウム・銅・亜鉛など一〇種。standard reagent

**ひょうじゅん-じょうたい【標準状態】** 物質の性質を表示するために基準に選ばれた状態。気体の場合は、0℃、一気圧の状態をいう。NTP(normal temperature and pressure の略)。normal condition

**ひょうじゅんしんごう-はっせいき【標準信号発生器】** 標準信号を発生する可変周波数発振器。無線受信機・通信線などの特性測定に用いられる。standard signal generator

**ひょうじゅん-せいけいひ【標準生計費】** 一定の標準世帯が生活を維持するのに必要な各品目の数量を理論的に決定し、それの購入額を合計して算出した生計費。standard cost of living

**ひょうじゅん-たいい【標準体位】** ある集団における体格の水準。目的の集団の代表的生体計測値の平均と標準偏差とで示す。standard proportion

**ひょうじゅん-たいき【標準大気】** 大気について、平均状態をもとにその気圧・気温・密度の垂直分布を仮想的にきめたもの。大気の代表的な値として、種々の計算に使われる。standard atmosphere

**ひょうじゅん-でんきゅう【標準電球】** 測光標準のための電球。光度測定用・光束測定用・温度測定用がある。standard lamp

**ひょうじゅん-でんち【標準電池】** 電位差を測定するさいに基準として用いる電池。多少の電流では起電力が変化せず、気圧や温度によるその変化率が正確に知られているものを用いる。standard cell

**ひょうじゅん-でんぱ【標準電波】** 周波数の標準として、およびそれに標準時報信号をのせて発射される電波。日本では二・五～一五メガヘルツまでの五波と四〇キロヘルツの一波が茨城県の名崎無線送信所から発射されている。standard wave; standard frequency broadcast

**ひょうじゅん-どけい【標準時計】** 各国の天文台がその国の標準時をきめるために使う親時計。standard clock

**ひょうじゅんバスケット-ほうしき【標準バスケット方式】** いくつかの通貨の価値を加重平均して新しい価値単位をつくること。IMFの特別引き出し権(SDR)やヨーロッパ通貨単位(ECU)の算定法。standard basket system

**ひょうじゅん-ひしかんど【標準比視感度】** 人間の目に感じる光の強さについて定めた標準値。波長によって異なり、五五五ナノメートルにピークをもつ。standard relative visibility

**ひょうじゅん-へんさ【標準偏差】** 統計資料の分布の平均値からの散らばりの度合いを示す数値。分散の正の平方根をさし、ふつうσ(シグマ)で表す。SD。standard deviation

**ひょうじゅん-へんしょくひょう【標準変色表】** 水溶液のpH(ピーエイチ)を試験紙で測定する場合に使う標準色の表。標準色と比較して検液のpHを判定する。

**ひょうじゅん-ほうしゅう【標準報酬】** 健康保険・厚生年金保険などの掛け金や給付額の算定の基礎とするため、仮に定められた報酬金額。

**ひょうじゅん-ようえき【標準溶液】** 濃度が正確に知られている溶液で、滴定の標準に使用するもの。standard solution

**ひょうじゅん-レンズ【標準レンズ】** 写真画面の対角線にほぼ等しい焦点距離をもつ撮影用レンズ。三五ミリカメラで焦点距離五〇㎜前後。standard lens

**ひょう-しょう【氷晶】** 大気中でできた微小な氷の結晶。六角柱や六角板形のものが多い。成長して雪の結晶となる。ice crystal

**ひょう-しょう【▽平声】** 漢字の四声の一つ。平らな声調。対義仄声(そくせい)。

**ひょう-しょう【表象】**(名・サ変他) ①現れたすがた。形に表すこと。appearance ②哲学

で、知覚によって意識にもたらされる外界の対象の像。たとえば、机を現実に見たとき(知覚表象)、思い出したとき(記憶表象)、空想したとき(想像表象)など。presentation ③↓しんぞう(心像)

**ひょう-しょう【表彰】**(名・サ変他) ①表して明らかにすること。②善行・功労などを褒めて広く世に知らせること。commendation 用例—式。

**ひょう-じょう【兵▼仗】** ①昔、随身が持った護衛の武器。弓矢・太刀。②随身のこと。

**ひょう-じょう【表情】** ①感情を外に表すこと。表した顔つき・身ぶり。expression 用例—豊かな人。あかるい—。②実際のようす。phase 用例各地の—。現地の—。

**ひょう-じょう【評定】**(名・サ変他) 大勢が相談して決めること。相談。評決。conference 比較ひょうてい。

**びょう-しょう【病床・病▼牀】** 病人のねどこ。やまいのとこ。sickbed 用例—日誌。

**びょう-しょう【病症】** 病気の性質・現れ方。nature of a disease

**びょう-じょう【病状】** 病気の具合・経過。病態。condition of a disease 比較病勢。

**ひょうしょう-う【氷晶雨】** 氷晶が過冷却状態にある雲の中で成長し、落下途中でとけて水滴になって降る雨。freezing rain

**ひょうしょう-うん【氷晶雲】** 氷晶でできている雲。巻雲・巻積雲・巻層雲がこれにあたる。氷雲。

**ひょうじょう-きん【表情筋】** 顔と頭の皮下にある筋肉の総称。表情に関係し、眼輪筋・前頭筋・口輪筋などがある。mimetic muscle

**ひょうじょう-しゅう【評定衆】** 鎌倉幕府の職名。執権とともに最高政務を合議、裁決した。人員は一四、五名前後。室町幕府にも置かれたが、初期以降は一種の栄誉身分に過ぎなくなった。

**ひょうじょう-しょ【評定所】** 幕府の訴訟裁決機関。鎌倉幕府以来置かれているが、とくに江戸幕府では最高の裁判所として機能。重要事項の裁決にあたった。

**ひょうしょう-せき【氷晶石】** アルミニウムの電解精錬の融剤として重要な鉱物。$Na_3AlF_6$の組成をもつ。グリーンランドに産するが、現在では蛍石を原料に人工的にも合成。cryolite

**びょうしょうろくしゃく【病▼牀六尺】** 正岡子規の随筆。明治三五年(一九〇二)発表。病苦に屈せぬ子規の写生に徹した晩年の心境がこめられている。

**ひょう-しょく【氷食・氷▼蝕】** 氷河による浸食作用。岩石をもぎとる作用と、岩面を研磨する作用がある。glacial erosion

**びょう-しょく【▼廟食】**《「食」はまつられて供物を受けるの意》廟にまつられること。

**びよう-しょく【美容食】** 美容を目的とした食事、または食品。人工甘味料・大豆たんぱく・海藻食品・ビタミン添加食品・新鮮果汁・カルシウム強化食品などがある。food for beauty

**ひょうしょく-こ【氷食湖】** ↓ひょうがこ(氷河湖)

**びょう-しん【秒針】** 時計で、秒を示す針。the second hand 対義時針・分針。

**びょう-しん【病身】** 病気にかかっているからだ。病気がちなからだ。weak

**ひょう-する【表する】**(サ変他) あらわす。示す。表す。express 用例敬意を—。

**ひょう-する【評する】**(サ変他) 批評する。評す。criticize

**びょう-せい【病勢】** 病気の進みぐあい。condition of a disease 比較病状。用例—が進む。

**びよう-せいけい【美容整形】** 外科的手段によって容姿を整えること。形成外科の一部門である整容外科の俗称。cosmetic surgery

**ひょう-せき【標石】** 目じるしの石。道しるべなど。また、三角点に埋める石。

**ひょう-せつ【氷雪】** 氷と雪。ice and snow

**ひょう-せつ【評説】** ①批評を加えた解説。comment ②うわさ。評判。reputation

**ひょう-せつ【▼剽窃】**(名・サ変他) 人の文章などを盗み、自分のもののように発表すること。盗み書き。盗作。盗載。plagiarism

**ひょうせつ-きこう【氷雪気候】** 地球上でもっとも寒冷な気候。最暖月でも月平均気温が0℃以下で、年間を通して氷雪におおわれ、氷河が発達する。両極地方やグリーンランドにみられる。nival climate

**ひょうせつ-プランクトン【氷雪プランクトン】** 山岳の雪渓や残雪上などに生育する藻類の総称。氷や雪のわずかに溶けた部分に繁殖し、赤・黄・緑など、まだらの色模様を形成する。雪の華。氷雪藻。

**ひょう-ぜん【▼飄然】**(形動タルト) ①ふらふらしているさま。居所の定まらないさま。wandering ②ぶらりと来たり、去ったりするさま。aimlessly

**ひょう-そ【▼瘭▼疽】** 指先の部分に化膿菌が感染して起こる急性の炎症。指先は知覚神経が発達しているので、痛みが激しい。felon

**ひょう-そう【表装】**(名・サ変他) 書画を礼拝・鑑賞・保存のために装丁すること。形式は巻物・帖・掛軸・屏風・襖など。表具。

**ひょう-そう【表層】** ①土壌などの表面の層。outer layer ②うわべ。face

**びょう-そう【病巣・病▼竈】** 病気におかされている所。病気の中心部。focus

**ひょうそう-なだれ【表層雪崩】** 積雪の上層部だけが滑り落ちる雪崩。surface avalanche

**ひょう-そく【▼平▼仄】** ①中国の修辞法の術語。詩や駢文の中で、平声と仄声を一定の方式に従って用いて声調を整えること。②規則にかなった展開。つじつま。条理。用例—が合わない。

**びょう-そく【秒速】** 一秒間に進む距離で表した速さ。speed per second

**びょう-ぞく【苗族】** ↓ミャオぞく(ミャオ族)

**ひょう-だい【表題・標題】** 対義副題。①表紙に記した書名。title ②演説・談話の題目。title ③作品・演劇などの題目。title

**びょう-たい【病体】** 病気のからだ。sick body 比較病身。

**びょう-たい【病態】** 病気のぐあい。病状。condition of a disease

**ひょうだい-おんがく【標題音楽】** ある標題によって作品の内容を暗示する音楽。一四世紀以後に現れ、一九世紀ロマン派音楽で飛躍的に発展。ベルリオーズの『幻想交響曲』、リストの交響詩など。program music 対義絶対音楽。

**ひょう-たいせき【氷▼堆石】** ↓モレーン

**びよう-たいそう【美容体操】** 美容法の一つ。全身運動で内臓の働きを整え、各関節をほぐし、筋肉を強くする体操。callisthenics

**びょう-たる【▼渺たる】**(連体) ちっぽけな。

**ひょう-たん【氷炭】** 氷と炭火。

**氷炭相容れず**(ひょうたんあいいれず) 互いに性質が反対で調和しないたとえ。contradictory to each other 類似水と油。

**ひょう-たん【▼瓢▼箪】** ①ウリ科のつる性一年草。ユウガオの変種。全体に毛があり、葉は心臓形。夏に白花が咲く。果実にはくびれがあり、成熟すると果皮がかたくなる。熱帯原産。果実を観賞用・工芸用とする。②ヒョウタンの果実の中身を取り出したもの。酒などの入れ物とした。ひさご。ふくべ。↓写

**瓢箪から駒**(ひょうたんからこま) それにふさわしくないところから、思いもよらないものが現れ出ること。冗談に言ったことが事実となるたとえ。It is the unexpected that always happens.

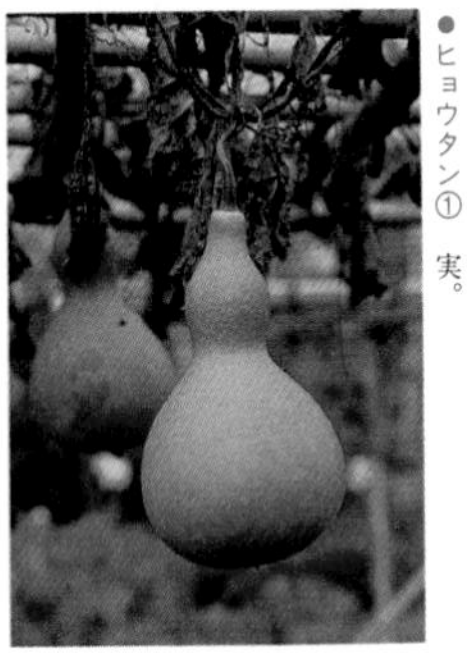

●ヒョウタン① 実。

**瓢箪で鯰を押さえる**(ひょうたんでなまずをおさえる) つかまえどころがなく、要領を得ないことのたとえ。

**瓢箪の川流れ**(ひょうたんのかわながれ)《水面に浮いて流れることから》浮きたってそわそわするようす、浮わついて落ちつきのないさまに言う。

**ひょう-だん【評壇】** 批評家・評論家の社会。論壇。critical circles

**ひょうたん-おくり【▼瓢▼箪送り】** かつて山口県で行われた、村でする制裁の一つ。五月の節句に牛をつかうなという禁忌を犯した者は、雨乞いのとき瓢箪を背負わされて村境まで追われた。

**ひょうたん-ごけ【▼瓢▼箪▼苔】** 窒素分の多い湿地に群生するヒョウタンゴケ科のコケ。蒴はひょうたん形。生理学・遺伝学の実験材料にされる。

**ひょうたん-なまず【▼瓢▼箪▼鯰】**《ひょうたんでナマズを押さえる、の意》つかまえどころのないこと。要領を得ないこと。as slippery as an eel

**ひょうたん-ぼく【▼瓢▼箪木】** キンギンボクの別名。

**びょう-ち【▼錨地】** 船がいかりをおろして、とまる所。停泊地。

**ひょう-ちゃく【漂着】**(名・サ変自) 流れつくこと。drift ashore

**ひょう-ちゅう【氷柱】** ①つらら。icicle ②室内に立て、涼味を添えるための氷のはしら。

**ひょう-ちゅう【評注・評▼註】** 批評して注釈すること。その批評・注釈。commentary

**ひょう-ちゅう【標注・標▼註】** 書物の欄外の注釈。頭注。head note 対義脚注。

**びょう-ちゅう【病中】** 病気である間。during one's illness

**びょうちゅう-がい【病虫害】** 植物が病気や昆虫によって害を受けること。

**ひょう-ちょう【表徴・標徴】** ①外に現れたしるし。②象徴。simbol

**ひょう-ちょう【漂鳥】** 季節によって比較的狭い地域内を移動する鳥。日本では秋季北日本から南日本へ、国内を移動するもの。アオジ・ウグイス・ウズラ・ムクドリなど。wandering bird 比較渡り鳥・迷鳥。

**ひょう-てい【評定】**(名・サ変他) ①相談して決めること。ひょうじょう。conference ②価格・品質・等級などを決めること。evaluation 用例勤務—。

**ひょう-てき【標的】** まと。目じるし。target

**びょう-てき【病的】**(形動) 健全でないさま。不自然。morbid 対義健全。用例—な心理。—な思想。

**ひょう-てん【氷点】** ①水の凝固点。水と氷が一気圧のもとで平衡状態にあるときの温度。セ氏温度の零点。freezing point ②一般に常温では液体または気体である物質の凝固点。freezing point 対義沸点。

**ひょう-てん【評点】** ①評語と批点。comments and marks ②批評して付ける点数。

**ひょう-でん【票田】** 選挙で、ある候補者または政党に多量の票が投じられると予測される地域。constituency

**ひょう-でん【評伝】** 評論を加えた伝記。critical biography

**ひょうてん-か【氷点下】** 水の凍る温度以下の温度。地表では0℃以下。below the freezing point

**ひょうてん-こうか【氷点降下】** ↓ぎょうこてんこうか(凝固点降下)

**ひょう-と** 古語(副) =ひょうど。①急な動きにいう語。突然。ひょっと。いきなり。用例ここにある人、—よりきていふ(蜻蛉・中)。②矢を射る音にいう語。ひゅうっと。用例鏑をとってつがひ、よっぴいて—はなつ(平家・一一・那須与一)。

**ひょう-ど【表土】** 土壌の最上層の部分。一般に風化が進み、有機物に富み、軟らかく、暗色または黒色をしている。土壌微生物の多くが生息し、作物の栽培に適している。surface soil

**ひょう-とう【▼剽盗】** おいはぎ。

**ひょう-どう【▼秤動】** 回転している天体体中の分子などが、ある平均位置を中心に行う振動的なふるまい。月の場合、月面が上下左右に揺れて見える。libration

**びょう-とう【病棟】** 病室の並んでいる一むねの建物。ward 用例小児—。

**びょう-どう【平等】**(名・形動) 一様にひとしく差別のないこと・さま。政治的・社会的平等の理念は、自由とならんで近代民主主義思想の中心をなす。equality

**びょう-どう【▼廟堂】** ①おたまや。②朝廷。

**びょうどう-いん【平等院】** 京都府宇治市にある天台宗の寺。平安時代、藤原道長が建てた別荘を子の頼通が仏寺とし、天喜元年(一〇五三)阿弥陀堂(鳳凰堂)を建立。↓写(次ページ)

**びょうどう-かん【平等観】**《仏教語》いっさいの存在は平等であるとみること。

**びょうどう-けん【平等権】** 基本的人権の一つ。国政において、すべての国民が政治的・社会的・経済的に平等なとりあつかいを受ける権利。right of equality

**ひょう-とく【表徳】** ①善行を世に広く知らせること。②善行をあらわす号である「表徳号」の略。また、雅号・別号など。

**びょう-どく【病毒】** ①病気の原因となる毒。virus ②社会に悪い影響を与えるもの。virus

**ひょうとく-ひ【表徳碑】** 表徳の文章を刻んだ石。

**ひよう-とり【日▼傭取(り)】** 日雇い労働者。day laborer

●平等院鳳凰堂(京都府)。

**ひょう-な【▼莧菜】** ヒユの異名。

**びょう-なん【病難】** 病にかかって苦しむこと。病気による災難。suffer from disease

**びょう-にん【病人】** 病気になっている人。病者。sick person 比較 患者。

**びょうにん-しょく【病人食】** 病人用に特別に作られた食事や食品。医学的・栄養学的に効果のあるもの。invalid diet

**ひょう-のう【氷▼嚢】** 患部をひやすために用いるゴム製またはビニール製などの袋。氷と水を入れて使用する。氷袋。icebag ↓写

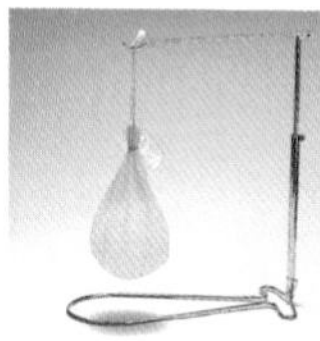

●氷嚢

**ひょう-の-せん【氷ノ▽山】** 兵庫・鳥取県境にある山。標高一五一〇m。中国地方では大山に次ぐ高峰で、スキー場としても有名。須賀ノ山。

**ひょう-はく【表白】**(名・サ変他)《「ひょうびゃく」は別語》表し述べること。

**ひょう-はく【漂白】**(名・サ変他) 繊維や食品などに含まれている有色の有機物を分解除去、または無色化して白くすること。紫外線を利用する天日さらし、酸化剤や還元剤を使った化学漂白、蛍光白色染料による蛍光漂白がある。bleach

**ひょう-はく【漂泊】**(名・サ変自) ①流れただようこと。漂流。drift ②さすらい歩くこと。wandering 用例 ―の旅。

**びょう-はく【▼錨泊】** 船舶が自船の錨だけで停泊すること。anchor

**ひょうはく-ざい【漂白剤】** 繊維などの漂白に用いる薬剤。過酸化水素・さらし粉・二酸化硫黄・蛍光染料など。bleaching agent

**ひょう-ばん【評判】** ①世の人々の評価。うわさすること。世評。rumor; reputation 用例 ―がいい。②世によく知られていること。有名。fame 用例 ―の美人。―になっている絵。

**ひょうばん-き【評判記】** ①ある物事の評判を書いた本。②江戸時代に行われた、各分野の批評や宣伝のための小冊子。遊女評判記・役者評判記や小説の評判記など。

**ひょう-ひ【表皮】** 動物や植物の表面をおおう組織。ヒトでは皮膚のいちばん外側の層をいう。epidermis 比較 真皮。↓維管束図

**ひょうひ-こうか【表皮効果】** 高周波電流や電磁場が導体の表面近くだけに局在して、内部に侵入していかない現象。skin effect

**ひょう-びゃく【表白】**(名・サ変他)《「ひょうはく」は別語》法会のとき、導師が法会の趣旨を記した文章を読むこと。ひょうひゃく。

**ひょう-ひょう【▼飆▼飆】**(形動トタル) 風の吹き荒れるさま。用例 朔風―。

**ひょう-ひょう【▼飄▼飄】**(形動トタル) ①風に吹かれてひるがえるさま。flutter ②行く先や足もとの定まらないさま。wandering ③性質などが世俗にこだわらないさま。aloof

**ひょう-びょう【▼縹▼渺・▼縹▼緲・▼縹▼眇】**(形動トタル) ①かすかではっきりしないさま。②果てしなく広いさま。

**びょう-びょう【▼渺▼渺】**(形動トタル) 広々と果てしのないさま。用例 ―たる大海。

**びょう-ぶ【▼屏風】** 室内で風や視線などをさえぎり、装飾具としても用いられる、折りたためる障屏具。folding screen 数え方 一架・一帖・一双(二架)。↓写

**ひょう-ふう【▼飄風・▼飆風】** つむじ風。

**びょうぶ-が-うら【▼屏風ケ浦】** 千葉県銚子市南部、太平洋に臨む海岸。高さ約六〇mの海食崖が屏風のようにつづく絶景で知られる。

**ひょうぶ-しょう【兵部省】** ①律令制の八省の一つ。軍事・武官のことを扱った役所。②明治初期の官庁の一つ。陸海軍を管轄した。

**びょうぶ-だおし【▼屏風倒し】** ばたりとあおむけに倒れること。fall backward

**びょう-へい【病弊】** 不健全な点。弊害。evil

**ひょう-へき【氷壁】** 氷でおおわれた岩壁。こおりついて岩壁のようになった所。ice wall

**びょう-へき【病癖】** 病的なくせ。bad habit

**ひょう-へん【氷片】** 氷のかけら。cake of ice

**ひょう-へん【▼豹変】**(名・サ変自)《ヒョウのまだらが、季節によって鮮やかに変わるように》態度・意見がはっきり変わること。sudden change 用例 君子は―す。

**びょう-ほ【苗▼圃】** なえどこ。

**ひょう-ほう【兵法】** ①戦いの方法。へいほう。tactics ②剣術。用例 生―。

**ひょう-ぼう【標▼榜】** 一(名) 看板。二(名・サ変他) 主義・主張を掲げ表すこと。advocacy

**びょう-ぼう【▼渺▼茫】**(形動トタル) 広々と果てしのないさま。vast 用例 ―たる海原。

**びょう-ぼつ【病没・病▼歿】**(名・サ変自) 病死。death from illness

**ひょう-ほん【標本】** =サンプル。①見本。型。sample ②学習・研究用の実物見本。sample ③ある物事の一部分で、その物事全体の性質を示すもの。sample ④統計で、集団全体の特性を推測するためにその集団から選び出された個々の要素。sample

**ひょうほん-ちゅうしゅつ【標本抽出】** ↓サンプリング

**ひょうほん-ちょうさ【標本調査】** 統計調査の方法の一つ。母集団の一部分を標本として選んで調査することにより全体の性質を知ろうとする方法。意識的に標本を選ぶ有意選出法と、確率論に基づいて標本を選ぶ任意抽出法がある。sample survey 対義 全数調査。

**ひょうほん-へいきん【標本平均】** 代表的な統計量の一つ。同じ母集団から抽出した $n$ 個の標本がとる値を加えてそれを $n$ で割った平均値。sample mean 比較 母平均。

**ひょうほん-むし【標本虫】** ヒョウホンムシ科に属する甲虫の総称。体長二～五㎜。乾燥した動植物質を食べ、穀類や昆虫標本にもつく。世界各地に分布。spider beetle

●屏風『四季屏風』。京都御所、清涼殿。

**びょう-ま【病魔】** 病気を起こすという悪魔。病気。disease 用例 ―におかされる。

**ひょう-む【氷霧】** 空気中に、水蒸気が凍結した細かい氷の結晶と過冷却状態の水滴がまじってたちこめる現象。ふつう水平視程が一㎞以下の状態をいう。ice fog

**ひょう-めい【表明】**(名・サ変他) 考え・態度などを明らかに表すこと。announce 用例 賛成を―する。

**びょう-めい【病名】** 病気の名前。name of a disease

**ひょう-めん【表面】** 対義 裏面。①おもてがわ。face ②うわべ。うわつら。appearance

**ひょうめん-か【表面化】**(名・サ変自) 表面に現れること。come to the surface

**ひょうめん-かっせい【表面活性】** ↓かいめんかっせい(界面活性)

**ひょうめん-かっせいざい【表面活性剤】** ↓かいめんかっせいざい(界面活性剤)

**ひょうめん-きんり【表面金利】** 金融機関から資金を借り入れるさいに約束した金利。nominal rate 対義 実効金利。

**ひょうめん-こうか【表面硬化】** 鋼の表面だけを硬化させる処理法。浸炭・窒化などの化学的方法と、高周波焼き入れ・火炎硬化法などの物理的方法とがある。surface hardening

**ひょうめん-しょり【表面処理】** 固体表面に、耐食性・耐摩耗性、あるいは装飾による美観などを与えるために行う物理的・化学的な仕上げ加工。めっき・酸化など。surface treatment

**ひょうめん-せき【表面積】** 立体の表面の面積。surface area

**ひょうめん-ちょうりょく【表面張力】** 静止した液体の表面はすべて、収縮してできるだけ小さな面積をとろうと引っ張り合う。その引っ張り合う力。分子間にはたらく引力と斥力の関係によって起こり、水滴が丸くなるのもこの現象。界面張力。surface tension ↓写

●表面張力 水の表面張力で浮く一円玉。

**ひょうめんちょうりょく-は【表面張力波】** 液体の表面を伝わる波のうち、とくに波長の短いもの。おもに表面張力が復元力として働くために起こる。さざ波。capillary wave

**ひょうめん-てき【表面的】**(形動) うわべばかりであるさま。形式的。superficial

**ひょうめん-は【表面波】** 媒質の表面または二つの媒質の境界面を伝わる波。伝播速度は媒質内部の波動のそれとは異なる。surface wave

**ひょう-もく【標目】** ①目じるし。mark ②目次。contents

**ひょう-もん【▽平文】** 漆器装飾の技法。漆塗りの上に金・銀・錫などの薄板による文様を貼り、さらに漆をかぶせ、研ぎ出すか、模様に合わせ漆を切り取る。中国、唐からの伝来で平脱ともいう。

**ひょうもん-ちょう【▼豹紋▼蝶】** タテハチョウ科のチョウ。夏、山地の草原に多い。開張約五㎝。赤みがかった橙色に黒斑が散在する。食草はワレモコウなど。本州中部以北・アジア・ヨーロッパに分布。ナミヒョウモン。↓図

●ヒョウモンチョウ

**ひょうもん-もどき【▼豹紋▽擬▼蝶】** タテハチョウ科のチョウ。赤みがかった橙黄色の地色に黒褐色の雲状紋が散在する。開張五～六㎝。食草はタムラソウ・ノアザミなど。アジア北部に広く分布するが、日本では本州中部に分布が限られる。

**びよう-やなぎ【▽未▽央柳】** オトギリソウ科の落葉低木。庭園に栽培され、高さ約一m。葉は日に透かすと多数の油点が見られる。六～九月に、黄色の五弁花が集散状に咲く。↓写

●ビヨウヤナギ

**びょう-ゆう【病友】** ①病気をしている友人。sick friend ②同じ病気の友人。③同じ病院などで療養している人。fellow patient

**ひょう-よみ【票読み】**(名・サ変自) ①投票の数を予想すること。②投票を読み上げること。

**びょう-よみ【秒読み】**(名・サ変自) あることの始まる、または終わる前のさしせまった時間を、秒単位で数えること。count down

**秒読みの段階**(びょうよみのだんかい) 物事の時機の差し迫った、かなりぎりぎりの所。countdown stage

**ひょう-り【表裏】** ㊀(名) おもてとうら。外見と内心。inside and outside ㊁(名・サ変自) うわべが実際と違うこと。うらはら。double-facedness

**表裏をなす**(ひょうりをなす) ①ひとつの物事の、表と裏との両面を、それぞれが形成する。両面合わせてひとつの事柄になる。two-faced ②二つの事柄が、離れがたい、深く密接な関係にある。

**びょう-り【病理】** 病気に関する理論。病気の原理。pathology

**ひょうり-いったい【表裏一体】** うらとおもての別がなく、一つになること。ぴったりしていて離せないこと。be one and indivisible

**びょうり-かいぼう【病理解剖】** 死後に病気の原因・経過・結果などを調べ、死因を追求するために行う解剖。autopsy

**びょうり-がく【病理学】** 医学の一分科。病気の原因・経過・結果など病的状態すべてを研究し、病気の本態をさぐる学問。pathology

**びょうりそしき-けんさ【病理組織検査】** 患者の臓器病変に対する直接検査。細胞診・手術切除検査・病理解剖などが含まれる。histopathological examination

**ひょうり-もの【表裏者】** うらぎり者。

**ひょう-りゅう【漂流】**(名・サ変自) ①船などが推進手段を失って流れただようこと。drift ②さすらい歩くこと。wandering

**ひょう-りょう【秤量】** ㊀(名・サ変他)《「しょうりょう」の慣用読み》①はかりで重さをはかること。weigh ②是非・曲直を決めること。㊁(名) そのはかりではかれる最大限の重さ。maximum weight 対義 感量。用例 ―一二〇kg。

**びょう-れき【病歴】** 個人がそれまでにかかった病気の経歴。case history

**ひょう-ろう【兵糧・兵粮】** ①軍隊の食糧。provisions ②一般に、食糧。food

**ひょうろう-ぜめ【兵糧攻め】** 敵の食糧の補給を断ち切って、その戦力を弱める攻め方。starvation tactics

**ひょうろう-まい【兵糧米】** ①兵糧とする「米」。②兵糧。

**ひょうろく-だま【表六玉・兵六玉】**《俗語》まぬけやろう。とんま。ひょうろく。

**ひょう-ろん【評論】**(名・サ変他) 批評し論ずること。criticism

**ひょうろん-か【評論家】** ①評論を職業とする人。critic ②批評だけしていて、実行に当たらない人。

**ピョートル**〈一世〉【Pyotr I】(一六七二～一七二五) ロシア皇帝(在位一六八二～一七二五)。西欧の技術文化の摂取、富国強兵に努めた。北方戦争でバルト海岸に進出。新都ペテルブルグを建設。官僚機構を整備、中央集権制を確立。農奴制度を強化し、官営諸工場を設置するなど産業育成にも尽力。啓蒙専制君主の典型。大帝と称された。ピーター大帝。

**ピョートルたいてい-わん【ピョートル大帝湾】**(Zaliv Petra Velikogo) ソ連、極東地方南端、日本海に臨む湾。東のウスリー湾と西のアムール湾に二分。湾奥にウラジオストク港がある。

**ひ-よく【比翼】** ①二羽の鳥が翼を並べること。wings abreast ②「比翼仕立て」の略。

**比翼の鳥**(ひよくのとり) ①中国の想像上の鳥。雌雄がそれぞれ一目一翼で、常に一体になって飛ぶという。②男女の、仲むつまじいことのたとえ。類似 連理の枝。

**ひ-よく【肥沃】**(名・形動) 土地がよくこえていること・さま。地味が豊かなこと・さま。fertility

**び-よく【尾翼】** 飛行機の機体の後部についている翼。水平尾翼と垂直尾翼がある。飛行中の機体の安定と操縦のために必要な装置。tail assembly

**び-よく【鼻翼】** 鼻の両端のふくれた部分。こばな。wings of the nose

**ひよく-じたて【比翼仕立(て)】** ①和裁で、襟・袖口・裾など、表から見える部分が二枚の着物を重ねたように見える仕立て方。②洋裁で、上前ボタンかけの部分を二重にし、ボタンやファスナーを隠すようにした仕立て方。fly front

**ひよく-そう【比翼草】** ゴマノハグサ科の多年草。日当たりのよい草地にはえる。高さ約五〇cm。葉は長卵形。初夏、淡紫色花の細長い総状の花序が対になってつく。

**ひよく-づか【比翼塚】**《中国で比翼の鳥が雌雄とも一目一翼で、常に一体となって飛ぶという伝説から》心中をした相思相愛の男女を、いっしょに葬った塚。

**ひよくな-みかづきちたい【肥沃な三日月地帯】** 中東の古代文明の発祥地帯。チグリス・ユーフラテス両川流域から、シリア・パレスチナにわたる三日月形の地帯。アメリカのエジプト学者ブレステッドの命名。Fertile Crescent

**ひよく-ひば【比翼檜葉】** ヒノキ科サワラの園芸変種。ヒノキに似ているが小枝は細長く下垂し、葉は鱗片状で粉白色。イトヒバ。

**ひよく-るい【皮翼類】** 哺乳類に属する特異な動物の一群。大きな飛膜をもち滑空する。草食性で、樹上にすみ夜行性。現存するのは、ヒヨケザル科の二種だけ。flying lemur 参照 ヒヨケザル。

**ひよく-れんり【比翼連理】**《「比翼の鳥」と「連理の枝」から》夫婦の仲むつまじいたとえ。男女のちぎりの深いこと。

**ひ-よけ【日除け】** ①直射日光をさえぎるもの。すだれ・カーテン・よしずなど。sunshade; blind ②日傘。parasol

**ひ-よけ【火除け】** ①火事の広がるのを防ぐこと。その設備。protection against fire ②火事除けの護符。

**ひよけ-ざる【日避猿】** ヒヨケザル科の動物。体側に発達した飛膜で長距離を滑空する。体長約四五cm。暗灰褐色に白斑が散在する。樹上にすみ夜行性。果実が主食。マレーヒヨケザルとフィリピンヒヨケザルの二種。colugo ↓図

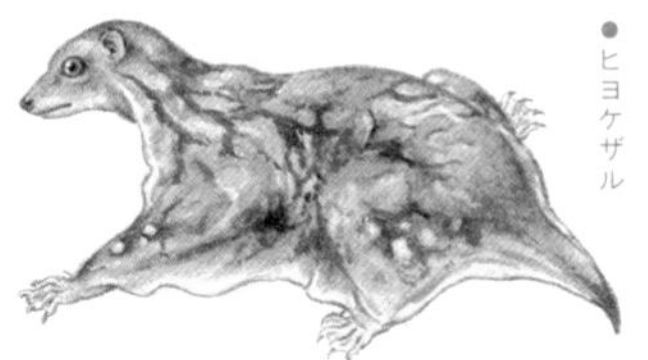

ヒヨケザル

**ひよ-こ【雛】** ①鳥の子。とくに、ニワトリのひな。chick ②未熟者・若者をののしる語。fledgeling 用例 ―のくせに何を言うか。

**ひょこ-ひょこ**(副) ①小刻みにはねたり、動いたりするさま。ぴょこぴょこ。lightly 用例 ―頭を下げる。②身軽に歩きまわるさま。lightly 用例 ―出歩く。

**ぴょこ-ぴょこ**(副・サ変自) ①小刻みにはねたり、動いたりするさま。ひょこひょこ。用例 カエルが―はねる。―頭を下げる。②次々に現れるさま。successively

**ひよこ-まめ【雛豆】** マメ科のつる性一年草。高さ約五〇cm。さやは約二cm。種子は先がとがり、ひよこの頭の形に似る。若いさやは野菜として食べる。種子は煮豆やあんの原料、コーヒーの代用ともなる。イラン原産。chick-pea

**ぴょこん-と**(副) ①軽く勢いよく動くさま。sprightly 用例 ―おじぎする。②不意に、ひとつだけあらわれるさま。come out suddenly 用例 土筆が―顔を出す。

**ひよし【日吉】**〈町〉 京都府中央部、丹波高地にある町。農林業の町で、丹波マツタケの主産地。肉牛や乳牛飼育もさかん。天若ダムがある。人口五九一七(一九八八)。

**ひよし【日吉】**〈町〉 鹿児島県薩摩半島北西部、甑海峡に臨む町。農業と、かわら・焼酎・漁網を生産する。人口六八九二(一九八八)。

**ひよし【日吉】**〈村〉 愛媛県南部、高知県境の村。村域ほとんどが山林で農林業が主体。ユズの産地で知られる。人口二二五一(一九八八)。

**ひよし【日義】**〈村〉 長野県南西部、伊那市の西に接する村。林業が主体。木曽駒高原がある。人口二五五〇(一九八八)。

**ヒヨス【hyos】** ナス科の一年草。高さ約一m。全体に粘毛がある。葉は羽状で、浅く裂け目が入っている。初夏に、鐘形の花が咲く。有毒植物だが葉は鎮痛剤となる。↓写

ヒヨス

**ひよっ-こ【雛】**「ひよこ」の転。

**ひょっこり**(副) 思いがけなく、出会ったり、現れたりするさま。ひょっくり。unexpectedly 用例 紛失物が―見つかる。

**ひょっ-と**(副・サ変自) ①不意に。②もしも。

**ひょっとこ**《「ひおとこ(火男)」の転か》①口をとがらせ曲げているこっけいな顔つきの仮面。里神楽・獅子舞・風流踊りなどに登場する。対義 おかめ。②男をののしっていうことば。↓写

ひょっとこ① 江戸里神楽。後ろは「もどき」。

**ひょっと-したら**(副) もしかしたら。あるいは。possibly

**ひょっと-して**(副) 偶然に。もしかして。by chance

**ひよ-どり【鵯・白頭鳥】** ヒヨドリ科に属するツグミ大の鳥。秋冬、山林や市街地でよく見られる。翼長約一二cm。青灰色。ヤツデ・ナンテンなどの実や昆虫などを食べる。ピーヨピーヨと鳴く。日本全土に分布。ひよ。ひえどり。black bulbul ↓写

**ひよどりごえ【鵯越】** 神戸市夢野から六甲山地を越え、坂本にいたる山道。源義経が山麓の一ノ谷の平氏の陣営を奇襲した、鵯越の逆落としとして知られる。

**ひよどり-じょうご【鵯上戸】** 山地にはえるナス科の多年草。全体に毛が多く、茎はつる状。果実は球形で光沢があり、赤く熟したものをヒヨドリが好む。

**ひよどり-ばな【鵯花】** キク科の多年草。山にはえ、高さ約一m。葉は卵形で対生。八～一〇月に、枝先に多数の白小花が密に咲く。果実は白い冠毛をもち風に飛ぶ。

**ぴよ-ぴよ**(副) 鳥のひなの鳴き声。tweet

**ひ-よみ【日読み】** 暦。

**ひよみ-の-とり【日読みの酉】** 漢字を組み立てている部分の名。「配・酸」などの左にある「酉」。

**ひよ-めき【顖門・顋門】** 乳児の前頂部の骨と骨がまだ完全に癒合しないで、脈がうつたびに動く部分。おどりこ。しんもん。

**ひ-より【日和】** ①空模様。天気。weather ②晴天。fine weather ③物事のなりゆき。形勢。situation ④「日和げた」の略。

**ひより-げた【日和下駄】** 晴れの日にはく、足駄より低い差し歯の下駄。現在はつま皮をつけて雨下駄としても用いる。

**ひより-まじ【日和南風】**《「まじ」は南風のこと》春、南から吹いてくる暖かい風。桜まじ。

**ひより-み【日和見】**(名・サ変自) ①天気を予測すること。weather forecast ②有利な側につこうと形勢を見ていて、態度を決めないこと。opportunism

**ひよりみ-かんせん【日和見感染】** エイズなどで、からだの免疫機能が極端に低下したときに、健康状態なら発病しないウイルス・真菌・原虫などによる病気にかかること。opportunistic infection

**ひよりみ-しゅぎ【日和見主義】** 対立抗争する勢力に対し、有利な方につこうと自分がどちらを支持するかを明らかにせず、形勢を傍観している立場。opportunism

**ひよ・る【日和る】**(五自) 日和見的態度をとる。態度をはっきり決めないで、自分に有

ヒヨドリ



↓行き先項目、図版・写真参照印。 JIS 日本工業規格情報交換用漢字符号コード(区点コード)。

利なほうにつこうとする。

**ビョルリング**【Jussi Björling】(一九一一〜一九六〇) スウェーデンのテノール歌手。とくにイタリアーオペラのレパートリーが広いことで知られる。

**ビョルンソン**【Björnstjerne Björnson】(一八三二〜一九一〇) ノルウェーの詩人・小説家。イプセンとともにノルウェー文学最盛期の担い手。国民の指導者的存在としても活躍。一九〇三年ノーベル文学賞受賞。国歌となった詩『しかり永遠にこの国を愛す』、小説『日向丘の少女』、戯曲『手袋』など。

**ひょろ-なが・い**【ひょろ長い】(形) ひょろひょろと長い。細長くて弱々しい。lanky

**ひょろ-ひょろ**(副・サ変自) ①ふらついて、たおれそうなさま。totter 用例 空腹をかかえて―歩く。②やせてひよわなさま。細長く、弱々しく伸びたさま。tall and thin 用例 ―のもやし。

**ひょろり-と**(副) ひょろひょろ。tall and lanky

**ひ-よわ**【ひ弱】(形動) 弱々しいさま。weak 用例 ―なからだ。

**ひ-よわ・い**【ひ弱い】(形) もろくて弱々しい。か弱い。weak 派生 ひよわさ(名)

**ビヨン**【François Villon】(一四三一〜?) フランス最大の叙情詩人の一人。切実な感情をこめた、完璧な詩法の傑作を残す。詩集『形見の歌』『遺言詩集』など。

**ピョンアン-ナムド**【平安南道】(P'yŏngan Namdo) →へいあんなんどう(平安南道)

**ピョンアン-プクド**【平安北道】(P'yŏngan Pukdo) →へいあんほくどう(平安北道)

**ぴょん-と**(副) 身軽に跳び上がったり、跳びこえたりするさま。ぴょいと。hop 用例 ―跳び上がる。

**ひょん-な**(連体) 思いもよらない。意外な。とんでもない。妙な。strange

**ひょん-の-き**【ひょんの木】 イスノキの別名。虫こぶのできた葉を笛にして吹くときの音からこの名がある。

**ぴょん-ぴょん**(副) 繰り返し身軽に跳び上がったり、跳びこえたりするさま。用例 子馬が―はねる。

**ピョンヤン**【平壌】(Pyeongyang) 北朝鮮(朝鮮民主主義人民共和国)の首都。朝鮮半島の北西部、大同江に沿う同国最大の商工業都市で、政府の特別直轄市。四二七年に高句麗の都となって栄えた古い歴史をもつ。人口一二八万(一九八二)。

**ひら**【平】㊀(名) ①たいらなこと・所。plain 用例 ―屋根。②ふつう。なみ。common 用例 ―の社員。③「ひらわん」の略。④建築で、「平入り」の略。⑤書籍の表と裏の平らな部分。㊁(接頭) ただいちずに、ひたすらの意を表す。→本図 →屋根図

**ひら**【曹白魚】 浅海にすむニシン科の魚。全長約五〇cm。体は著しく扁平で、背面は暗青色、腹部は銀白色。食用。南日本以南・インド洋に分布。

**ひら**【片・枚】㊀(名) 薄く平らなもの。用例 花の―。㊁(接尾) 薄く切ったもの、また平たく小さいものなどを表す語。用例 雪が一―、二―舞う。畳二―。

**びら**【片】 宣伝・広告のための文や絵を刷った紙片。ポスター。ちらし。用例 ―をはる。―をまく。

**ビラ**【villa】 別荘。別荘風の建物。ヴィラ。

**ビラ**【Vila】 太平洋南西部、ニューカレドニアの北東、エファーテ島にあるバヌアツの首都。メール湾に臨む良港でコーヒー・カカオなどの積み出し港。人口一・五万(一九八四)。

**ひら-あみ**【平編(み)】 棒針編みの基本的な編み方の一つ。編み地の片側がすべて表目、もしくはすべて裏目に仕上がる。機械編みでは天竺・ジャージー、手編みではメリヤス編みともいう。plain knitting

**ひら-あやまり**【平謝り】(名・サ変自) ただひたすらに謝ること。humble apology 用例 ―に謝る。

**ビラール**【Jean Vilar】(一九一二〜一九七一) フランスの俳優・演出家。アビニョンの演劇祭・国立民衆劇場を主宰。古典を現代化した。

**ビラールト**【Adrian Willaert】(一四九〇ごろ〜一五六二) イタリアの作曲家。フランドル生まれ。ネーデルラントの多声音楽とイタリアの響きを融合させ、ベネチア楽派の祖とよばれる。

**ひ-らい**【飛来】(名・サ変自) 飛んで来ること。come by air

**ひ-らい**【避雷】 雷を避けること。建物には避雷針を付けて雷電流を大地へ流す。

**ひらい-き**【避雷器】 落雷による被害を免れるための装置。電圧が急に上昇したとき、放電回路により電気機器を保護する。lightning arrester

**ひらい-しん**【避雷針】 落雷の被害をさけるため、屋上や煙突に設ける突針。導線で、落雷の大電流を直接大地に導く。保護範囲は突針を頂点とする頂角六〇度の円錐内。lightning rod

**ひらいずみ**【平泉】〈町〉 岩手県南西部、北上川と衣川が合流するところに開かれた町。奥州藤原三代にわたる平泉文化や源義経の史跡で知られる観光地。人口九七二七(一九八八)。

**ひらいで-いせき**【平出遺跡】 長野県塩尻市宗賀で発掘された古代集落址。縄文時代中期の住居址や古墳時代から平安時代初期にかけての遺構・遺物が発見された。

**ひら-いり**【平入り】 建物の大棟と平行な面(平側)に主要な出入口のある形式。日本の宮殿や寺院の主要な建物にこの形式がみられる。比較 妻入り。

**ひらいわ-ゆみえ**【平岩弓枝】(一九三二〜) 小説家。東京生まれ。日本女子大卒。庶民感情に密着した会話で人気を博す。作品『鏨師』『御宿かわせみ』など。

**ひら-うち**【平打ち】 ①ひもを平たく編むこと。plait ②金属などを平たく打つこと。打った物。plating ③かんざしの一種。花鳥・定紋を透かし彫りにしたもの。

**ひらお**【平生】〈町〉 山口県南東部、瀬戸内海沿岸の町。農漁業が主であるが、木材コンビナートなどもある。人口一万四一七四(一九八八)。

**ひらおか-じんじゃ**【枚岡神社】 東大阪市出雲井町にある旧官幣大社。祭神は天児屋根命ほか三神。河内国一の宮。

**ひらお-だい**【平尾台】 福岡県北九州市、小倉区南東端にある石灰岩台地。カルスト地形で、ドリーネや鍾乳洞などがみられる。

**ひら-およぎ**【平泳ぎ】 泳法の一種。水面に伏した状態で、両腕を開きながら円を描くように水をかく。脚はカエル足を用いる。公式の競泳種目としては、男女とも一〇〇m・二〇〇mがある。ブレスト。breast stroke

**ひら-おり**【平織(り)】 織物三原組織の一つ。縦・横糸が一本ごとに上下に交差している組織。また、その織物の総称。変化したものでは、畝織り・斜子織りがある。平地。タビー。plain weave →織物図

**ひらか**【平賀】〈町〉 青森県南部、黒石市南隣の町。西部は津軽平野、東部は十和田湖へつづく丘陵・山地。米・リンゴの産地。人口二万四二二一(一九八八)。

**ひらか**【平鹿】〈町〉 秋田県南東部、横手盆地中央部の町。中心は浅舞。稲作・リンゴ栽培がさかん。人口一万六七二三(一九八八)。

**ひらが-げんない**【平賀源内】(一七二八〜一七七九) 江戸中期の科学者・本草学者・戯作者。文名は風来山人・福内鬼外。高松の人。江戸に出てエレキテル(摩擦発電機)・寒暖計・石綿などを製作。のち戯作に没頭。誤って人を殺し獄死。著書『風流志道軒伝』など。

**ひらかた**【枚方】〈市〉 大阪府北東部、淀川左岸の市。大阪市の衛星住宅都市として発展したが、トラクターなどの機械工業もさかん。吉向焼の産地でもある。人口三八万五七三九(一九八八)。

**ひら-がな**【平仮名】 仮名の一種。音節文字で、漢字とともに現代の日本語表記の主流となっている。字源は万葉仮名の草体をもっと簡略にしたもので、一〇世紀に成立。一一世紀には、いろは四十七字に整理され、明治三〇年代に、教育上での標準の字体が定められた。対義 片仮名。

**ひらがなせいすいき**【ひらがな盛衰記】 浄瑠璃。時代物。文耕堂らの合作。元文四年(一七三九)初演。『源平盛衰記』に取材。源義仲の滅亡から一ノ谷合戦までの史実を、義仲の遺臣や梶原景時親子に焦点を当てて描く。のち歌舞伎化された。

**ひらが-もとよし**【平賀元義】(一八〇〇〜一八六五) 江戸末期の地方歌人。岡山藩士。賀茂真淵に私淑して万葉調の歌を残す。歌集『平賀元義歌集』。

**ひらかれたしょじょち**【開かれた処女地】《原題Podnyataya tselina(ロシア)》ショーロホフの小説。第一部は一九三二年、第二部は一九六〇年に発表。農村集団化のテーマを描く。

**ピラカンサ**【pyracantha】 バラ科トキワサンザシ属の総称。葉は披針形で、新しく出る短枝はとげになる。五〜六月に白色の花を開き、冬に橙紅色の扁球形の実をつける。南ヨーロッパから中国西部にかけて分布。日本では、タチバナモドキなどの三種が植栽され、いずれも常緑低木。トキワサンザシ。→写

●ピラカンサ　タチバナモドキ

**ひらき**【開き】 ①開くこと。あけること。opening ②開き戸。hinged door ③隔たり。差。difference ④《忌みことば》会が終わること。散会。closing 用例 お―。⑤魚を切り開いて干した食品。

**開きがつく**(ひらきがつく) ①二つの物事の間に隔たりができる。②生気が戻る。気が晴れる。我に返る。

**びらき**【開き】(接尾) ①開くこと・ものをあらわす。用例 両―の戸棚。②閉じていたものを開くことをあらわす。用例 プール―。③始めることをあらわす。用例 店―。

**ひらき-ど**【開き戸】 建具の竪框に取り付け、蝶番などによって開閉する戸。hinged door 対義 引き戸。

**ひらき-なお・る**【開き直る】(五自) ①急に改まった態度になる。いずまいを正す。turn grave ②観念して、いなおる。ふてぶてしい態度になる。take the offensive

**ひら-ぎぬ**【平絹】 平織りの絹織物。上質のものは生糸で、下級品は玉糸で織る。紅色・紺色などに染色。主として羽織裏に使用。へいけん。plain silk

**ひらき-ふう**【開き封】 半分封をした郵便物。開封。unsealed mail

**ひらき-まめ**【開き豆】 大豆を軟らかく水煮したもの。正月の祝儀用。

**ひら-く**【平句】 連歌や俳諧で、発句・脇・第三と挙句以外のすべての句の称。

**ひら・く**【開く】(五自他) ①(自)㋐閉じていたものが、あいた状態になる。あく。open 対義 閉じる・閉まる。用例 戸が―。㋑隔たる。differ 用例 差が―。実力が―。㋒《「発く」とも》花が咲く。bloom 用例 つぼみが―。㋓始まる。用例 人生の春が―。②(他)㋐閉じていたものを、あいた状態にする。あける。open 対義 閉じる・閉める。用例 包みを―。ふたを―。㋑始める。起こす。found 対義 閉じる。用例 店を―。流派を―。㋒《「拓く」とも》切り開く。open up 用例 道を―。山を―。㋓《「展く」とも》会などを催す。hold 対義 閉じる。用例 展覧会を―。㋔《「啓く」とも》教え導く。enlighten 用例 蒙を―。㋕数学で、平方根を求める。extract the square root

**ひらくき-な**【平茎菜】 ヒロシマナの別名。葉の中央脈が扁平なのでこの名がある。

**ひら-ぐけ**【平絎】 ①平らにくけること。②「平ぐけおび」の略。

**ひらぐけ-おび**【平絎帯】 しんを入れない、幅の狭い帯。

**ひら-くさ**【平草】 紅藻植物テングサ属の海藻。紫紅色で扁平な樹状体。テングサのなかでは大形で約一m。比較的暖かい深海に生育する。寒天の材料。イタイタグサ。

**ひら-ぐし**【平串】 ①平たく、やや幅のせまい串。②魚などを焼くときのくしの打ち方の一つ。まっすぐに打つ方法。

**ひらぐし-でんちゅう**【平櫛田中】(一八七二〜一九七九) 彫刻家。本名、倬太郎。岡山県生まれ。伝統的木彫技術を守る。昭和三七年(一九六二)文化勲章受章。作品『転生』『鏡獅子』など。

**ひら-くび**【平首】 馬の首の両がわ。

**ひら-ぐも**【平蜘蛛・扁蜘蛛】 ヒラタグモの異名。

**平蜘蛛の様**(ひらぐものよう) 平身低頭するようすに言う。用例 社長の前で―になる。

**ひらけずり-ばん**【平削(り)盤】 長大な工作物の平面を削る工作機械。機械部品の基準面やすべり面の切削に利用。鉋盤。光盤。planing machine

**ひら・ける**【開ける】(下一自) ①広く開いた状態になる。open 用例 海外交流が―。②見通しが明るくなる。open out 用例 前途が―。③展望が広がる。spread 用例 ながめが―。④《「拓ける」とも》生活しやすい状態になる。開発される。be cleared 用例 土地が―。⑤つ

▼常用漢字表外。　▽常用漢字表の音訓外。

**ひる‐ひなか【昼日中】** 真昼。日中。昼中。broad daylight

**ピルビン‐さん【ピルビン酸】** 化学式 $CH_3COCOOH$ 動物筋肉内などの解糖の過程において生じる代謝中間化合物の一つ。無酸素状態では還元されて乳酸となる。焦性ブドウ酸。pyruvic acid

**ヒルファーディング【Rudolf Hilferding】**(1877～1941) ドイツのマルクス経済学者。社会民主党の理論的指導者となり、蔵相をつとめた。ナチスに捕らえられ獄死。主著『金融資本論』。

**ビル‐ブローカー【bill broker】** 手形仲買人。金融機関どうし、または金融機関と商社などの間に入って手形割引やコールマネー取引などの仲介をする業者。

**ヒルベルト【David Hilbert】**(1862～1943) ドイツの数学者。その業績は幾何学基礎論・代数的整数論・ヒルベルト空間論・数学基礎論など多くの分野にわたる。また未解決の二三個の問題を提示し、そのいくつかは、未だに解決されていない。

**ヒルベルト‐くうかん【ヒルベルト空間】** 無限次元に拡張した線形空間の一つ。積分方程式やフーリエ級数の理論を統一的に展開するために、ヒルベルトが導入。量子力学でも重要。Hilbert space

**ひる‐ま【昼間】** 朝から夕方までの間。昼の間。日中。daytime

**ビルマ【Burma・緬甸】**(Union of Myanmar) 東南アジア、インドシナ半島西部の連邦共和国。首都ヤンゴン(ラングーン)。一九四八年イギリスから独立。北西部は山地で、イラワジ川がほぼ中央を貫流し、マルタバン湾に注ぐ。中央平原では米作がさかん。西部のシャン高原ではチーク材やコバルトなどを産出。面積六七・七万km²。人口三九四一万(1990)。正称ミャンマー連邦。

**ひる‐まえ【昼前】** 正午の前。午前。morning

**ひる‐まき【蛭巻(き)】** やり・なぎなたの柄、刀のさやなどを籐や金属でらせん状に巻いたもの。

**ビルマ‐ご【ビルマ語】** ビルマの国語。シナ-チベット語族チベット-ビルマ語派に属する。文字はインド系文字を改変したもの。Burmese

**ビルマ‐せんそう【ビルマ戦争】** イギリスがビルマに対して行った三回の植民地戦争。第一次は一八二四～二六年、第二次は一八五二年、第三次は一八八五年。その結果アラウンパヤー朝は滅び、イギリスはビルマ全土を占領、英領インドの一州に編入。英緬戦争。Anglo-Burmese Wars

**ビルマ‐ねこ【ビルマ猫】** ネコの一品種。シャムネコに似るが、顔や体つきに丸みがある。毛色は濃いこげ茶で、腹側でやや淡く、目は金色。性質は穏和。Burmese cat

**ビルマのたてごと【ビルマの竪琴】** 竹山道雄の小説。昭和二三年(一九四八)刊。第二次大戦末期のビルマで、水島上等兵が死者を弔うため僧侶となるまでを描く。

**ひる‐む【怯む】**(五自) 気後れする。くじける。弱る。flinch 対義 勇む。

**ひる‐むしろ【蛭蓆】** 水田や沼に群生するヒルムシロ科の水生多年草。浮葉は楕円形で、水中葉は披針形。夏に、黄緑色の小花を穂状に密集して開く。→図

●ヒルムシロ

**ひる‐めし【昼飯】** 昼の食事。ランチ。lunch

**ビル‐メンテナンス**《和製語。「メンテナンス」は、維持・保全の意》ビルの清掃・ネズミ駆除など保守・管理を行うこと。maintenance of office building

**ひる‐やすみ【昼休み】** ①会社や学校での、昼食をとるための休憩時間。lunch break; noon recess ②昼、眠ること。昼寝。午睡。nap; siesta

**ビルラ【Claudio Villa】**(1926～87) イタリアのカンツォーネ歌手。美声と劇的な歌唱で「カンツォーネの王者」といわれた。ヒット曲『グラナダ』など。

**ビルラ‐ざいばつ【ビルラ財閥】** インドの代表的財閥。商業・軽工業で支配的地位を占める。独立前ガンジーらに資金援助を行った。

**ひれ【鰭】** ①水生動物の体から膜状に突出した運動器官。背・胸・腹・尻・尾にある。魚類でよく発達しているが、イカ・ヤムシなどの無脊椎動物にも見られる。fin ②クジラの前肢。③料理で、魚のひれの近くの肉。④本体に付属するもの。addition 用例 話に—がついた。

**ひれ【領・巾・肩巾】** ①古代、虫害などを除く呪術に用いた布。②女性の服飾品で、項から肩にかけた薄く細長い布。大和時代から奈良時代にかけて用いられた。③儀礼用の矛に付ける小旗。

**ヒレ【filet】** 牛・豚の腰から背にかけての最上等の肉。脂肪が少なくて柔らかい。→牛肉図 →豚肉図

**ピレア【pilea】** イラクサ科ピレア属の総称。常緑の多年草で、約二〇〇種ある。おもに温室栽培される観葉種をさす。縮緬状の丸葉のインボルクラタ、花粉を射出する斑入りのカディエレイなどがある。

**ひれ‐あざみ【鰭薊・翼薊】** キク科の二年草。高さ約一m。日当りのよい山野にはえる。茎に鋸歯のある翼がある。アザミに似た葉で、頭花が咲く。

**ひれあし‐しぎ【鰭脚鷸】** ヒレアシシギ科の鳥の総称。三本の足指に弁状のひれがある水鳥。三種があり、全長一八～二四cm。嘴は細くて長い。夏、北半球北部や北極圏で繁殖し、冬は暖海域に南下。日本沿岸にはアカエリヒレアシシギ・ハイイロヒレアシシギが春秋二回旅鳥として立ち寄る。phalarope

**ひ‐れい【比例】**(名・サ変自) ①例をあげて比べること。comparison ②ある数または量が増加・減少するのに伴い、他の数または量が一定の割合で増加・減少する関係。正比例。direct proportion 対義 反比例。③物の形の各部分相互、または全体と部分との割合がつり合っていること。proportion

**ひ‐れい【非礼】**(名・形動) 礼儀にはずれること・さま。失礼。impoliteness; discourtesy

**び‐れい【美麗】**(名・形動) 美しいこと・さま。うるわしいこと・さま。beauty 用例 容顔まことに—。

**ひれい‐しき【比例式】** 比例関係を表す式。$a:b=c:d$ など。proportional expression

**ひれい‐じゃく【比例尺】** ある尺度を同じ割合で拡大または縮小した尺度。proportional scale

**ひれい‐じゅんび‐せいど【比例準備制度】** 銀行券発行制度の一つ。銀行券発行高に対して一定率以上の正貨準備の保有を義務づける制度。proportional reserve system 比較 最高発行額制限制度。

**ひれい‐ぜい【比例税】** 課税対象のすべてに対して同じ税率で課される税。法人税など。proportional tax 比較 累進税・累減税。

**ひれい‐だいひょう‐せい【比例代表制】** 得票数に比例して議席数を各党派に保障する選挙制度。死票を減少させる長所があるが、小党分立を助長するなどの欠点もある。日本では昭和五八年(一九八三)から参議院について拘束名簿式比例代表制を導入。proportional representation system

**ひれい‐ちゅうこう【比例中項】** $a:b=b:c$ のとき、$b$ を $a$ と $c$ の比例中項という。$b$ は $a$、$c$ の相乗平均である。比例中数。mean proportional

**ひれい‐ていすう【比例定数】** 変数 $x$、$y$ の関係が $y=ax(a\neq0)$ または、$xy=a(a\neq0)$ で表されるときの $a$ を比例定数という。比例常数。constant of proportion

**ひれい‐はいぶん【比例配分】** ある量を、与えられた比または連比に等しくなるように分けること。案分比例。proportional distribution

**ピレウス【Piraeus】** →ピレエフス

**ピレエフス【Piraiévs】** ギリシアの首都アテネ郊外の港湾都市。アテネの外港で同国の代表港。軍港。人口一九・六万(1981)。ピレウス。

**ひ‐れき【披瀝】**(名・サ変他) 隠さずにうち明けること。開陳。reveal 用例 胸中を—する。

**ひれ‐こだい【鰭小鯛】** 体が赤く、マダイに似たタイ科の海水魚。全長約四〇cm。背鰭の第三～五棘が糸状に伸びる。チダイに似た味で美味。マダイの代用品。南日本以南に分布。→図

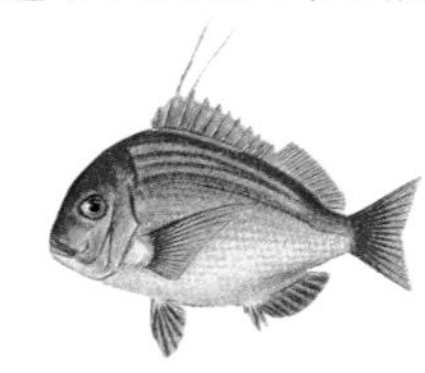

●ヒレコダイ

**ひれ‐ざけ【鰭酒】** 乾燥したフグなどのひれをあぶって、熱燗の酒にひたしたもの。

**ひ‐れつ【卑劣・鄙劣】**(名・形動) 性質・行いがいやしく、公明でないこと・さま。meanness

**ピレトリン【pyrethrin】** 除虫菊に含まれる殺虫成分。人畜には毒性が低く、昆虫の神経を麻痺させるため主として家庭用殺虫剤として使う。

**ピレネー‐さんみゃく【ピレネー山脈】**(Pyrénées) スペインとフランスの国境をなす山脈。最高峰はアネート山で標高三四〇四m。

**ひれ‐ふ‐す【平伏す】**(五自) からだを伏せ、頭を地につけるようにする。prostrate oneself

**ひれふり‐やま【領巾振山】** 鏡山の別称。

**ひ‐れん【悲恋】** かなしい結果に終わる恋。tragic love

**び‐れん【尾聯】** 中国の詩の詩体の一つ。律詩の第七・八句。あるいは排律の末尾の二句。

**ひ‐れんじゃく【緋連雀】** 尾の先端と風切り羽の先端が紅色のレンジャク科の鳥。全長約一八cm。頭上に長い冠羽がある。シベリア南東部で繁殖し、中国・日本全土で越冬。農耕地でまれに市街地にも現れる。果実などを食べる。Japanese waxwing

**ひろ【尋】**(名・助数) 日本の慣習的な長さの単位。一尋は、両手を左右にまっすぐ広げたときの指先から指先までの長さ。水深をいうのにも用いた。明治五年(一八七二)から一尋は曲尺の六尺、約一・八mとなる。

**ヒロ【Hilo】** アメリカ、ハワイ州ハワイ島東岸の港湾都市。観光都市。周辺はコーヒーの栽培地。人口三・五万(1980)。

**ひろい【拾い】** ①拾うこと。pick up ②歩くことの敬語。お拾い。

**ひろ‐い【広い】**(形) 対義 狭い。①面積・幅が大きい。wide; broad 用例 —部屋。—道路。②よく行きわたっている。spread 用例 顔が—。知識が—。③寛大である。ゆったりしている。こせつかない。generous 用例 心が—。派生 ひろが・る(五自) ひろさ(名) ひろめ(名) ひろやか(形動)

**ひろい‐あし【拾い足】** 泥道などで、よい所を選んで歩くこと。

**ヒロイズム【heroism】** ①英雄的行為を愛し、英雄をあがめる考え方。英雄主義。②英雄気どり。

**ヒロイック【heroic】**(形動) ①英雄的。②勇ましいさま。

**ひろい‐ぬし【拾い主】** 落とし物を拾った人。finder

**ひろい‐もの【拾い物】** ①拾った物。拾得物。found article ②思いがけないもうけ物。bargain

**ひろい‐や【拾い屋】**《俗語》捨てられた不用品を拾って回ること。また、その商売。くず拾い。rag-picker

**ひろい‐よみ【拾い読み】**(名・サ変他) ①通読しないで、あちこち飛び飛びに読むこと。read here and there ②文字を一字ずつたどって読むこと。

**ヒロイン【heroine】** 小説・映画・演劇などの、女主人公。対義 ヒーロー。

**ひ‐ろう【披露】**(名・サ変他) ①広くおおやけに知らせること。ひろめ。announcement 用例 開店—。②宝物や文書を開いて見せること。showing

**ひ‐ろう【卑陋・鄙陋】**(名・形動) ①身分が低いこと・さま。②心や行いがいやしいこと・さま。卑劣。③下品。

**ひ‐ろう【疲労】**(名・サ変自) ①肉体的または精神的な活動の継続によって生体の機能が低下する現象。肉体または精神の疲労感、能率の低下、生理機能の変調などが現れる。つかれ。fatigue 用例 —日の—。②固体材料に繰り返し力が加えられた結果、本来、耐えられる力より小さな応力で破壊する現象。fatigue 用例 金属—。

**ひろ‐う【拾う】**(五他) ①落ちた物を手に取る。pick up 対義 捨てる。用例 道端で万年筆を—。②選んで取り上げる。select 用例 秀句を—。③かろうじてとりとめる。have a narrow escape 用例 命を—。④タクシーなどを止めて乗る。pick up 用例 タクシーを—。⑤途中で見つけて車に乗せたりする。pick up 用例 客を—。⑥バレーボールなどで、ボールを落とさないでつなげる。receive 用例 —いまくって攻撃につなげる。⑦思いがけず手に入れる。gain by chance 用例 勝ちを—。

・さま。little power ②身分の低いこと。③自分の力量をけんそんしていう語。用例 ―で何もできませんが…。

**ビリルビン**[bilirubin] 化学式$C_{33}H_{36}N_4O_6$。黄褐色または赤橙色の結晶。胆汁色素の主要成分で、これが体内に蓄積すると黄疸になる。胆汁色素。

**ひ-りん**【比倫】 仲間。たぐい。並ぶもの。

**ひ-りん**【比隣】 すぐとなり。近所。

**ピリンけい-やくざい**【ピリン系薬剤】 解熱鎮痛剤のうち、アンチピリン・アミノピリン・スルピリンのようなピラゾロン誘導体のもの。即効性はあるが、体質によっては発疹(ピリン疹)をおこす。pyrazolone drug

**ひる**【昼】 ①朝から夕方までの間。昼間。day-time 対義 夜。用例 ―の日中。②正午。正午前後の時間。noon 用例 ―休み。③昼飯。lunch 用例 そろそろ―にしよう。

**昼を欺く**(ひるをあざむく) 昼間とまちがえるほどに明るい。

**ひる**【蛭】 ヒル綱に属する環形動物の総称。体長三〜一〇㎝。体は扁平で細長く、体の前後両端にある吸盤で動物の皮膚に付着して吸血するものが多い。雌雄同体。チスイヒルなどは医療に利用される。世界各地の淡水や陸上の湿地、海などにすむ。leech →写

●ヒル シマイシビル

**蛭に塩**(ひるにしお) 《ヒルは、塩をかけると萎縮することから》苦手なものの前で、縮こまるさまにいう。

**ひる**【蒜】 ①ネギ・ニンニク・ノビルなどユリ科の植物で食用とし、においのあるものの総称。②ニンニク・ネギ・アサツキの方言。

**ひ・る**【放る】(五他) 体外へ強く押し出す。ひり出す。leak 用例 屁を―。

**ひる**【干る・乾る】(上一自) 《語幹と語尾に分けられない》①かわく。dry ②海水が引いて海の底が出る。ebb 対義 満ちる。

**ひる**【簸る】(上一他) 《語幹と語尾に分けられない》箕で穀物をふるって、ごみ・くずを取る。

**ヒル**[Archibald Vivian Hill](一八八六〜一九七七) イギリスの生理学者。スポーツ生理学の草分け。筋肉のエネルギー代謝の研究で一九二二年ノーベル生理学医学賞受賞。

**ヒル**[David Octavius Hill](一八〇二〜七〇) イギリスの肖像写真家。絵画的構成の濃淡の美しい作品を残す。

**びる**(接尾) 《名詞、または形容詞の語幹などに付いて動詞をつくる。上一段型》…らしくなる。…のふうである。めく。用例 おとな―。古―。

**ビル** 《building の略》鉄筋コンクリートなどでつくった高層建築。用例 ―の屋上。

**ビル**[bill] ①勘定書き。請求書。②手形。③証券。証書。④張り札。ビラ。

**ピル**[pill] ①丸薬・錠剤のこと。②《the Pill で》経口避妊薬のこと。黄体ホルモンに卵胞ホルモンを加えたもの。排卵を抑える薬物。

**ひる-あんどん**【昼行灯】 《昼ともしてあるあんどん、の意で、何の役にもたたないところから》ぼんやりしている人、まぬけな人をあざけっていう語。

**ひ-るい**【比類】 比べるもの。たぐい。match 用例 ―なき功績。

**ひ-るい**【悲涙】 悲しんで流す涙。tears of sadness 用例 ―にむせぶ。

**びるい-かん**【鼻涙管】 内眼角(目がしら)深部の涙嚢にはじまり鼻腔内に開く管。涙が涙嚢から鼻腔に排出されるときの通路。nasolacrimal duct

**ひる-いし**【蛭石】 急激に熱するとヒルのように伸びる黒色の鉱物。黒雲母の風化物。中に含まれている多量の水が脱水するとき、層間を押し広げるために伸びる。vermiculite

**ひる-がえ・す**【翻す・飜す】(五他) ①裏返す。reverse ②旗などをひらひらさせる。wave ③身をおどらせる。dodge ④急に改め変える。change 用例 前言を―。

**ひるがえっ-て**【翻って】(副) 反対に。他面。さて。on the other hand

**ひる-がえ・る**【翻る】(五自) ①ひっくり返る。turn over ②ひらひらする。flutter ③急に変わる。change 用例 心が―。

**ひる-がお**【昼顔】 《花が昼咲き、アサガオに似ることから》ヒルガオ科のつる性多年草。野原などにはえる。地下茎は長く横にはう。葉は矢じり形で長さ七〜一〇㎝。夏に、径約五㎝の漏斗状で淡紅色の花が咲く。茎や葉は利尿薬。bindweed →写

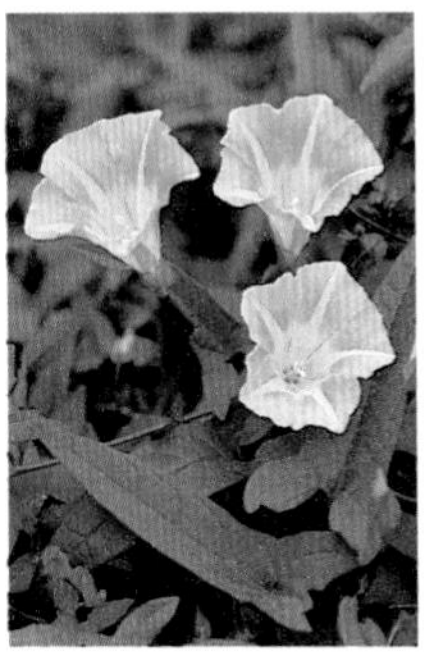
●ヒルガオ

**ひる-が-しま**【蛭ケ島】 静岡県田方郡韮山町にある古跡。旧狩野川流域の中州の一つで、平安末期、源頼朝の伊豆の配所地であったと伝える。蛭ケ小島。

**ビル-かぜ**【ビル風】 超高層ビルの周辺に生じる、局部的な強い風。ビルの間に風が集中して風速を増し、渦を巻いたりする。

**ひるかわ**【蛭川】〈村〉 岐阜県南東部、木曽川をはさんで恵那・中津川両市に接する村。畜産が主で、石材業も行う。杵振り祭は県の無形文化財。人口四〇四三(一九八八)。

**ひる-ぎ**【蛭木・紅樹】 ヒルギ科の常緑小高木の総称。高さ三〜一〇m。幹の下方から斜めに気根を出す。種子は樹上で発芽し、長い幼根を出してたれ下がる。熱帯の浅海や河口の泥中にはえ、マングローブを構成。日本では九州以南にオヒルギ・メヒルギ・ヤエヤマヒルギの三種が生育する。→写

●ヒルギ メヒルギ

**ひるぎ-だまし**【蛭木騙】 クマツヅラ科の常緑低木。葉は革質で楕円形。花は淡緑色、円筒形で径約五㎜。果実は球形、落下前に発芽。海岸にはえ、マングローブを構成。熱帯アジア・オーストラリアなどに分布する。

**ピルグリム-ファーザーズ**[Pilgrim Fathers] 一六二〇年、メイフラワー号で北アメリカのニューイングランドに移住したイギリスのピューリタンの一団。のちにプリマス植民地を建設。

**ひる-げ**【昼餉】 昼にとる食事。昼飯。lunch 比較 朝げ・夕げ。

**ひる-こ**【蛭子】 日本神話の神。伊奘諾尊・伊奘冉尊の二神の間の第一子。不具であったため海に流されたという。中世以降、七福神の恵比須として信仰された。蛭子の神。

**ひる-さがり**【昼下がり】 正午の少しあと。午後二時ごろ。early afternoon

**びるしゃな-きょう**【毘盧遮那経】 大日経の別称。

**びるしゃな-ぶつ**【毘盧遮那仏・毘盧舎那仏】 《仏教語。毘盧遮那はVairocana梵の音写で、輝くもの、の意》『華厳経』の本尊。太陽のように、光明があまねく世界を照らす、宇宙的存在としての仏。仏の智慧の広大無辺であることを象徴したもので、奈良の大仏はその代表的なものとして知られる。密教では大日如来に同じ。盧舎那仏。遮那。遍照。→写

●毘盧遮那仏 東大寺(奈良県)。

**ひる-すぎ**【昼過ぎ】 正午をまわったころ。午後。early afternoon

**ひる-せき**【昼席】 昼に行われる寄席の興行。対義 夜席。

**ひる-ぜん**【蒜山】 鳥取・岡山県境にある火山。上蒜山(標高一二〇〇m)・中蒜山・下蒜山がほぼ東西に並び、蒜山三座をなす。裾野が広く、肉牛の放牧地となっている。

**ピルゼン**[Pilsen] →プルゼニ

**ひるぜん-こうげん**【蒜山高原】 岡山県北部、蒜山山麓の高原。標高五〇〇〜六〇〇m。かやぶきの民家、高山植物などがみられる自然・民俗の宝庫。大山隠岐国立公園の一部。蒜山原。

**ビルタネン**[Artturi Ilmari Virtanen](一八九五〜一九七三) フィンランドの生化学者。根粒バクテリアの窒素固定の機構を明らかにし、とくに栄養と食糧資源の開発に関する研究をすすめた。一九四五年ノーベル化学賞受賞。

**ヒルチウス**[Aulus Hirtius](?〜BC四三) ローマの武将・政治家。カエサルの部下で、その死後統領となった。アウグストゥスと結んでアントニウスと抗争、ムティナ会戦で戦死。『ガリア戦記』に第八巻を補完した。ヒルティウス。

**ひる-つ-かた**【昼つ方】 文語的 《「つ」は「の」の意の格助詞》昼ごろ。

**ヒルティ**[Carl Hilty](一八三三〜一九〇九) スイスの法律家・哲学者・政治家。著書『幸福論』『眠られぬ夜のために』など。

**ビルディング**[building] →ビル

**ヒルデスハイマー**[Wolfgang Hildesheimer](一九一六〜) ドイツの小説家・劇作家。小説『詐欺師の楽園』『テュンセット』、戯曲『もう遅い』など。

**ヒルデブラント**[Adolf von Hildebrand](一八四七〜一九二一) ドイツの古典主義彫刻家。著書『造形芸術における形式の問題』で造形の視覚理論を展開。作品『ウィッテルスバッハの噴水』など。

**ヒルデブラント**[Bruno Hildebrand](一八一二〜七八) ドイツの経済学者・統計学者。歴史学派の代表者の一人として独自の経済発展段階説を提唱。著書『現在および将来の国民経済学』など。

**ヒルデブラントのうた**【ヒルデブラントの歌】 《原題 Hildebrandslied ドイ》古ドイツ語による頭韻形式の英雄叙事詩。ドイツ最古の文学的遺産で、八〇〇年ごろ筆写の断片により伝わる。父と子の決闘を描く。

**ヒルト**[Friedrich Hirth](一八四五〜一九二七) ドイツの中国学者。一八七〇年から九七年まで中国に住み、東西交流史研究などに新生面を開拓。中国名は夏徳。

**ビルト-イン**[built-in] 作りつけ。組み込んであること。内蔵。

**ビルトイン-スタビライザー**[built-in stabilizer] 自動安定装置。景気の変動に対応して財政規模が自動的に伸縮し、調整機能をはたすようにした仕組み。所得税・法人税はその典型。

**ひる-どき**【昼時】 ①正午ごろ。noon ②昼食の時分。lunchtime

**ビルド-ダウン**[build-down] 新兵器の配備と同時に、同等数またはそれ以上の旧式兵器を廃棄すること。

**ビルトツァイトゥング**[Bild-Zeitung ドイ] 西ドイツ最大の大衆朝刊紙。政治的には中立。一九五二年創刊。

**ビルドラック**[Charles Vildrac](一八八二〜一九七一) フランスの詩人・劇作家。庶民の平凡な生活の真実を戯曲に描く。すぐれた童話も残した。戯曲『商船テナシティ』『ミシェル=オークレール』『仲たがい』など。

**ヒルトン**[James Hilton](一九〇〇〜五四) イギリスの小説家。アメリカに帰化。作品『失われた地平線』『チップス先生さようなら』など。

**ひる-とんび**【昼鳶】 昼間、金品をさらって逃げる盗人。

**ひる-なか**【昼中】 ひるま。ひるひなか。day-time

**ひる-ね**【昼寝】(名・サ変自) ひるま寝ること。午睡。nap

**ビルバオ**[Bilbao] スペイン北部、ビスケー湾岸近くの商工業都市。付近は同国最大の鉄鉱産地で、湾岸に工業地域を形成。鉄鉱石・ぶどう酒などを輸出。人口四三・三万(一九八八)。

**ヒル-はんのう**【ヒル反応】 葉緑体の光合成で炭酸ガス以外の物質による光還元反応。イギリスの生化学者ヒルが、一九三九年に蓚酸鉄(Ⅲ)などを用いて発見した。Hill's reaction



↓ 行き先項目、図版・写真参照印。 JIS 日本工業規格情報交換用漢字符号コード(区点コード)。

して元の文章を原文といい、原文は平文・略号文・資料などからなる。

**ひらべった・い【平べったい】**(形)《俗語》「ひらたい」を強調した語。厚み・起伏がない。扁平(へんぺい)である。flat 用例—胸。

**ひら・まく【平幕】**①四方に柱を立て、幕を張って仮屋(かりや)を作るとき、その屋根として平らに張る幕。平張り。②大相撲の幕内力士で、横綱と三役を除いた力士の総称。前頭(まえがしら)。

**ひら・まさ【平政】**アジ科の海水魚。ブリに似るが、より平たく、また体側中央を黄帯が縦に走る。全長約1m。食用魚で夏に美味。日本の暖海部と黄海(こうかい)・朝鮮半島西側沿岸に多い。→図

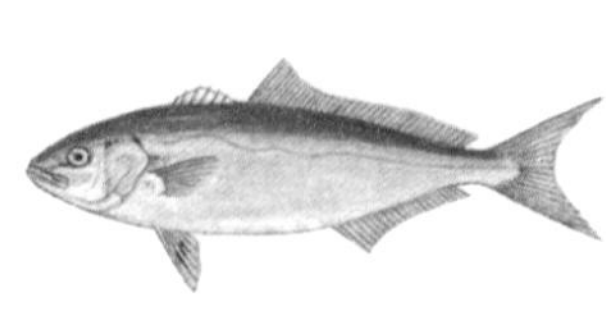
●ヒラマサ

**ひら・まめ【扁豆】**マメ科の一年草または二年草。草丈は二〇～五〇cm。茎は細く、葉も小形の複葉。花は白色または淡青色。さやには扁平(へんぺい)な豆が一個できる。豆は緑色・褐色・濃赤色などで、粉にしてスープにする。地中海沿岸原産。lentil

**ピラミッド【pyramid】**古代エジプトの巨大な石造の王墓。底辺が正方形の四角錐(しかくすい)。地下に棺(ひつぎ)を安置する玄室を設ける。古王国時代(前二八～前二三世紀)のものがもっとも代表的で、サッカラの階段式ピラミッドが最古とされる。最大はギゼーの第一ピラミッドで、底面の一辺約二三〇m、高さ約一五〇m。金字塔。

**ピラミッド・こむぎ【ピラミッド小麦】**コムギの一品種。ピラミッドから出土するので、この名がついた。乾燥に強く、早生。地中海東部でわずかに栽培。Egyptian corn wheat

**ひら・むぎ【平麦】**おし麦。対義 丸麦。

**ひら・め【鮃・平目・比目魚】**①海底にすむヒラメ科の海水魚。全長約八〇cm。長楕円(ちょうだえん)形で二眼とも体の左側にある。眼のある側は暗褐色で砂状の斑紋(はんもん)が散在。肉食性。肉は淡泊で食用。樺太(からふと)・千島(ちしま)以南から九州・朝鮮半島・中国までに分布。②ヒラメ類の総称。→図

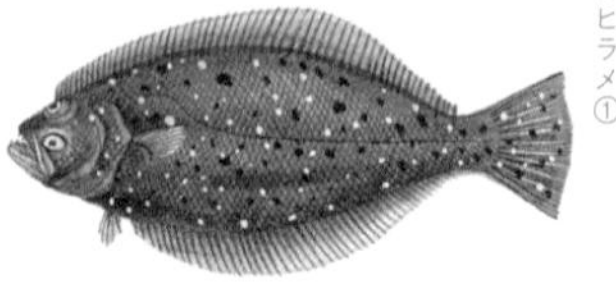
●ヒラメ①

**ひら・めか・す【閃かす】**(五他)①きらきら光るようにする。flash ②ひらひらさせる。flutter ③才能などの鋭い働きをちらりと示す。

**ひら・めき【閃き】**①ひらめくこと。flash ②旗などがひらひら動くこと。flutter ③頭の鋭い働き。また、ふと浮かんだ思いつき。flash

**ひら・め・く【閃く】**(五自)①きらっと光る。flash ②旗などがひらひらする。flutter ③ふと思いつく。flash ④才能の一部が現れる。flash

**ひら・もの【平物】**①キクの咲き方の一種。平咲き単弁のもの。比較 厚物(あつもの)。②歌舞伎(かぶき)の大道具の一つ。立木・石灯籠(いしどうろう)・建物などを厚紙・板などでその形に切って彩色し、舞台に立てるようにしたもの。切り出し。

**ひら・や【平屋・平家】**一階建ての建物。二階のない家。one-storied house

**ひらや【平谷】**〈村〉長野県南西部の村。村域のほとんどが山林で、農・林業が主体。国道一五三号が通る。人口五七七(八九)。

**ひらや・だて【平屋建(て)】**平屋造りであること。その家。one-storied house

**ひらやま・いくお【平山郁夫】**(一九三〇～)日本画家。広島県生まれ。東京美術学校卒。仏教伝説やオリエントの風物を描く。

**ひらゆ・おんせん【平湯温泉】**岐阜県北東部、乗鞍(のりくら)岳北麓(ほくろく)上宝(かみたから)村にある温泉。江戸時代からの温泉で、乗鞍岳バス登山の基地でもある。

**ひらら【平良】**〈市〉沖縄県、宮古(みやこ)島の北部を占める市。宮古列島の中心都市で、商業のほかサトウキビ栽培・漁業もさかん。人口三万三八四四(八九)。

**ヒラリー【Edmund Hillary】**(一九一九～)ニュージーランドの登山家。一九五三年イギリスのエベレスト登山隊に参加。シェルパのテンジンとともに、世界初登頂。五八年には初の南極横断に成功。

**ひらり・と**(副)身軽に、すばやく、からだを動かすさま。lightly 用例—身をかわす。

**ピラルクー【pirarucu】**世界最大級の淡水魚。全長約五m、体重二〇〇kgの記録がある。幼魚のうちは緑がかった黒色だが、成長するにしたがって赤くなる。アマゾン川流域に分布し、現地では重要な食用魚。

**ひら・ろ【平絽】**絽織りの一種。平織りのからみ織りのこと。横糸の数本に縦糸二本がからむ織り方で、すき間が多く薄地なのが特徴。

**ビラ・ロボス【Heitor Villa-Lobos】**(一八八七～一九五九)ブラジルの作曲家・指揮者。ブラジル現代音楽の先駆者。土俗的な旋律・リズムにヨーロッパ伝統音楽を融合させた。作品『ブラジル風のバッハ』など。

**ひら・わん【平椀】**浅く平たいわん。それに盛る料理。おひら。ひら。

**び・らん【糜爛】**(名・サ変自)①ただれること。乱れること。erosion ②粘膜や角膜の上皮層、皮膚の表皮層に生じるある広さをもった浅い欠損。さらに深部に及べば潰瘍(かいよう)となる。erosion

**びらんじ** ナデシコ科の多年草。高さ約三〇cm。山地の崖(がけ)にはえる。葉は披針形。夏、紅紫五弁花がまばらに咲く。萼(がく)に腺毛(せんもう)が密生。

**びらん・じゅ【毘蘭樹】**バクチノキの別名。

**ピランデッロ【Luigi Pirandello】**(一八六七～一九三六)イタリアの劇作家・小説家。個の疎外を主題にして革新的な作劇術で現代劇への道を開いた。一九三四年ノーベル文学賞受賞。戯曲『作者を探す六人の登場人物』『ヘンリー四世』、小説『故マッティア＝パスカル氏』など。

**ピランテル【pyrantel】**回虫・鉤虫(こうちゅう)・蟯虫(ぎょうちゅう)・東洋毛様線虫などの駆除剤。淡黄色の結晶性粉末。

**ひ・り【皮裏】**《皮膚の裏側、の意から》心のうち。心中(しんちゅう)。胸中。

**皮裏の陽秋(ようしゅう)** 《「陽秋」は史書の『春秋(しゅんじゅう)』のこと》心の中で是非や善悪を判断して、表だってことばには表さないこと。外には示さないが、胸中では厳しく批判していること。

**ひ・り【非理】**道理に合わないこと。理屈に合わないこと。

**びり** 《俗語》いちばん最後。びりっこ。けつ。the last

**ビリエ・ド・リラダン【Jean-Marie-Mathias-Philippe-Auguste Villiers de l'Isle-Adam】**(一八三八～八九)フランスの小説家。終生不遇のうちに高邁(こうまい)な理想主義を掲げ、現実を風刺した。短編集『残酷物語』、長編『未来のイブ』など。

**ピリオド【period】**①期間。時代。②終止符。③アイスホッケーで、競技時間の一単位。一ピリオド二〇分、三ピリオド合計で競技を行う。

**ピリオドを打(う)つ** 終わりにする。bring to an end

**ひ・りき【非力】**(名・形動)①力の弱いこと・さま。powerless ②実力のないこと・さま。incompetent

**ビリケン【Billiken】**①アメリカから伝わった、頭のとがった福の神の像。②頭のとがった人。

**ビリジャン【viridian】**青がかった濃い緑。クロム酸化物から作られる透明感のある緑の絵の具の色。ビリジアン。

**ピリジン【pyridine】**化学式$C_5H_5N$。塩基性有機化合物の一つ。コールタールの分留により得られる無色の液体で、特有の臭気がある。溶剤などに利用。

**ひり・だ・す【放り出す】**(五他)《俗語》便・屁(へ)などを体外に出す。

**ひ・りつ【比率】**二つ以上の数または量を比較した割合。比。rate

**ひり・つ・く**(五自)口の中・のど・傷口などがひりひりする。ひりひり痛む。smart

**びりっ・けつ【びりっ尻】**《俗語》いちばんあとであること。どんじり。

**ぴりっ・と**(副・サ変自)①一瞬、するどい刺激を感じるさま。ぴりりと。spicy 用例—辛い味。②態度などがきびしく、しっかりしているようす。resolute 用例—身をひきしめる。

**ピリドキシン【pyridoxine】**ビタミン$B_6$の別名。欠乏すると、皮膚に炎症が起こる。

**ピリニャーク【Boris Andreevich Pilnyak】**(一八九四～一九三七)ソ連の小説家。同伴者作家の一人。ソ連散文芸術の草分け。粛清されたが、死後に名誉回復。作品『裸の年』『消されない月の話』『イワン・モスクワ』など。

**ビリニュス【Vilnius】**ソ連西部、リトアニア共和国の首都。商工業・交通・文化の中心。古建築が多い。人口五五・五万(八六)。

**ひり・ひり**(副・サ変自)①日やけやすりむきなどにより、皮膚が痛みうずくさま。painful ②辛味で口の中が強く刺激されるさま。ぴりぴり。smart

**びり・びり** 一(形動)布・紙などが、あちこち裂けているさま。be ripped here and there 用例—のシャツ。二(副・サ変自)①布・紙などが裂ける音。ripping sound ②物が小刻みに振動するさま。rattle 用例 窓ガラスが—ふるえる。③刺激などを続けて強く感じるさま。feel sharply 用例—と感電する。

**ぴり・ぴり**(副・サ変自)①神経をひどく高ぶらせているさま。nervous; be on edge 用例 緊張で—する。②辛みや刺激などを続けて感じるさま。smart; burn 用例 口の中が—する。

**ピリミジン【pyrimidine】**化学式$C_4H_4N_2$。塩基性有機化合物の一つ。強い刺激臭のある結晶。核酸の構成成分として重要。

**ビリヤード【billiards】**布を張った長方形の台の上で球をキュー(突き棒)で突き、他の球に当てて得点を競う室内競技。撞球(どうきゅう)。玉突き。→写

**ひ・りゅう【飛竜】**＝ひりょう。①天をとびまわるという竜。②聖人が天子の位にあることをたとえていう語。用例—天に在り。

**びりゅう・うん【尾流雲】**雲底から雲粒が尾のようにたれ下がっている雲。降水は途中で蒸発して地表に達しない。virga

**び・りゅうし【微粒子】**非常に細かいつぶ。corpuscle

**びりゅうし・びょう【微粒子病】**カイコの伝染病の一種。病原体は原虫。母のガから胎内卵にも感染する。若い幼虫が感染すると、黒褐色の小斑点(しょうはんてん)を生じて死ぬ。

**ひりゅう・しゅ【稗粒腫】**皮膚のきわめて浅い層に発生した嚢腫(のうしゅ)。内容はケラチンからなる。白いあわ粒ほどの大きさで、目の周囲などに多くみられる。milium

**ひ・りょう【肥料】**植物の生育促進と収量増大のため、主として土壌にほどこす物質。窒素・燐酸(りんさん)・カリウムを肥料の三要素といい、古くは自給肥料が、近年は化学肥料が多用される。三要素を主成分とするもののほか、石灰肥料や複合肥料などがあり、化学的性質によってアルカリ性肥料と酸性肥料に分類。また、施肥時期により基肥(もとごえ)・追い肥・春肥などという。fertilizer 数え方 一袋・一叺(かます)。

**び・りょう【微量】**ごくわずかの量。a very small quantity

**び・りょう【鼻梁】**鼻筋。nose-bridge

**びりょう【檳榔】**ビロウの異名。

**びりょう・げんそ【微量元素】**植物の生育に必要な元素で微量なもの。鉄・マンガン・銅・硼素(ほうそ)・亜鉛・モリブデンなど。微量栄養元素。微量要素。micronutrient

**ひりょう・ず【飛竜頭】**＝ひりゅうず。《filhos(ポルトガル)から》①粳(うるち)と糯米(もちごめ)の粉を等分に混合して水で練り、ゆでて油で揚げたもの。②「がんもどき」の関西での呼び名。

**びりょう・ぶんせき【微量分析】**微量の試料を分析する方法の総称。顕微鏡による検鏡分析、有機化合物の元素分析など各種の方法がある。あるいは試料中の微量成分の分析をさすこともある。microanalysis

**びりょう・ようそ【微量要素】**→びりょうげんそ(微量元素)

**び・りょく【微力】**(名・形動)①力の弱いこと

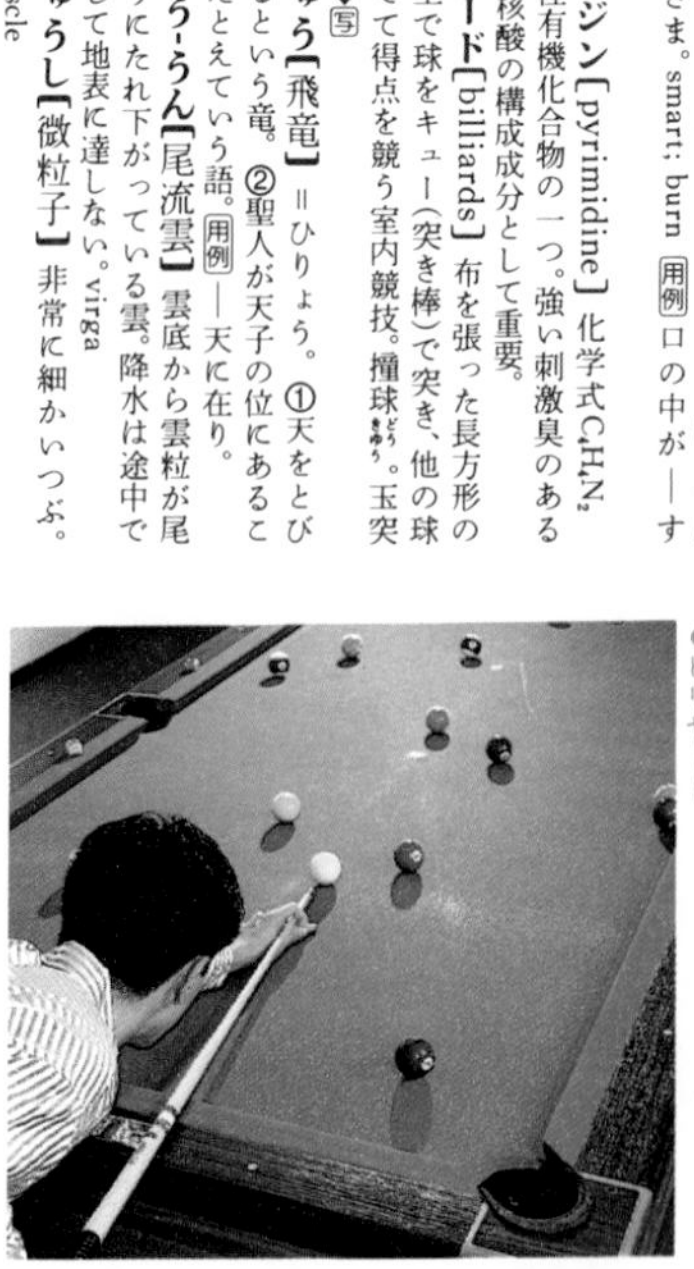
●ビリヤード

かえていたものがとれて気持ちよくなる。feel relief 用例 胸が—。⑥人情に通じ、新しいものにも理解がある。sensible 用例 —・けた老人。

**ヒラコテリウム**【Hyracotherium ラテ】ウマの最古の祖先。北アメリカとヨーロッパの始新世初期に生息。大きさはキツネくらいで、前肢は四指、後肢は三指。草食性。エオヒップス。

**ひら-ざら**【平皿】浅く平たい皿。flat dish

**ひら-ざむらい**【平侍】身分の低い侍。

**ひら-さんち**【比▽良山地】滋賀県西部、琵琶湖西岸を南北に走る地塁山地。最高峰は一二一四mの武奈ケ岳。近江八景の比良の暮雪は名高い。

**びら-しゃら**(副) なよなよと、なまめかしいさま。

**ひら-じろ**【平城】平野に築いた城。対義 山城。

**ひら-た**【平田】平らな田地。

**ひらた**【平田】〈市〉島根県東部、宍道湖北岸の市。旧市場町・港町。稲作が主だが、工場誘致もさかん。眼病に効験があるといわれる一畑薬師がある。人口三万一五六七(一九八八)。

**ひらた**【平田】〈町〉山形県北部、酒田市に接する町。最上川下流の農業の町で、稲作のほか養蚕・畜産なども行われる。人口八〇五六(一九八八)。

**ひらた**【平田】〈町〉岐阜県南端、長良・揖斐川間の輪中にある町。旧城下町。堤防に囲まれた穀倉地帯で、園芸農業もさかん。人口八七五二(一九八八)。

**ひらた**【平田】〈村〉福島県南東部、阿武隈高地の村。稲作・酪農などを行う。人口八七三五(一九八九)。

**ひらた-あつたね**【平田▽篤▼胤】(一七七六〜一八四三) 江戸後期の国学者。号は気吹舎。秋田の人。本居宣長の没後の門人を称するが、学風は宗教性を増し、神道説・古道説が中心となった。幕末の思想界に大きな影響を与える。著書『古道大意』『古史成文』『古史伝』『神字日文伝』など。

**ひらた-あぶ**【▼扁▼虻】花に集まり花蜜を吸うハナアブ科に属する一群の総称。吸血はしない。大部分は体長一・五cm以下の小形種で、腹部は扁平で橙黄色に黒、または、黒地に黄色の横紋や帯がある。幼虫はアブラムシを捕食する。日本に五〇種以上が分布。hover fly

**ひら-た・い**【平たい】(形) ①薄くて横に広い。flat ②でこぼこがない。level ③わかりやすい。平易である。easy 用例 —・く言えば…。派生 ひらたさ(名)

**ひらた-かねたね**【平田▼銕▼胤】(一七九九〜一八八〇) 江戸末期の国学者・神道家。伊予国の人。平田篤胤の養子。明治天皇の侍講も勤めた。著書『祝詞正訓』。

**ひらた-きくいむし**【▼扁木食虫】ヒラタキクイムシ科の甲虫。建築材や家具材に穴をあけ食害する。体は細長く平たい。体長二〜七mm。赤褐色。広く温帯、熱帯に分布。↓図

●ヒラタキクイムシ

**ひらた-ぐも**【▽平▼蜘▼蛛・▼扁▼蜘▼蛛】ヒラタグモ科のクモ。家屋内の壁などに丸くて平たい巣を造る。体長一cm内外。卵形の腹部背側は灰白色で、黒く縁どられ、中央に黒斑がある。夜行性。本州以南に分布。ヒラグモ。

**ひら-たけ**【平▼茸】担子菌植物キシメジ科のキノコ。かさは半円形で径約一〇cm、表面は灰褐色。若いときはシメジに似る。秋に、広葉樹の枯木に群生し、食用にも栽培。↓写

●ヒラタケ

**ひらた-ごうよう**【平田郷陽】(一九〇三〜一九八一) 人形作家。本名、恒雄。東京生まれ。芸術性の高い風俗人形を作る。重要無形文化財保持者。

**ひらた-し**【平たし】古語(形ク) ↓ひらたい(平たい)

**ひらた-どうにん**【平田道▽仁】(一五九一〜一六四六) 江戸初期の七宝師。美濃の人。平田派の開祖。金七宝による鐔を多く制作。作品『花雲形文七宝鐔』など。

**ひらた-とくぼく**【平田▼禿木】(一八七三〜一九四三) 英文学者・随筆家。本名、喜一郎。東京生まれ。東京高師卒。著書『文学界前後』など。

**ひらた-ぶね**【平田舟】(「平板舟」の転とも) 底が平たくて長い小舟。

**ひら-ち**【平地】平らな土地。へいち。level ground

**ひら-ぢょうし**【平調子】日本の俗箏(現行の箏)の基本的な調弦法。八橋検校以後使用。

**ひらつか**【平塚】〈市〉神奈川県中南部、相模川河口の市。湘南地方の中核をなす商工業都市。七月上旬の七夕祭りは有名。人口二三万四七〇四(一九八八)。

**ひらつか-うんいち**【平塚運一】(一八九五〜) 木版画家。松江市生まれ。創作版画運動に参加。アメリカに移住。作品『臼杵石仏』『斑鳩寺初秋』など。

**ひらつか-らいちょう**【平塚らいてう・平塚雷鳥】(一八八六〜一九七一) 婦人運動の先覚者。本名は奥村明。東京生まれ。雑誌『青鞜』を創刊し、婦人解放運動・婦人参政権運動を推進。著書は自伝『元始、女性は太陽であった』など。

**ひら-つ・く**(五自) ひらひらする。flutter

**ひら-づくえ**【平机】甲板と脚だけの机。わきに袖箱のつかない机。比較 片袖机・両袖机。

**ひら-づくり**【平作り】もっとも代表的な刺身の切り方。包丁を少し左に傾けて魚に入れ、切り身をそのまま右へ送って重ねる。

**ひらった・い**【平ったい】(形)「ひらたい」のくだけた語。平らで起伏がない。ひらべったい。flat

**ひら-づめ**【▼扁▼爪・平▼爪】湾曲していない、ほとんど平らなつめ。霊長類にみられる。

**ひら-て**【平手】①開いた手のひら。palm 用例 —打ち。②将棋で、こまを落とさない対等の手合わせ。

**ひら-でまえ**【平▽点前・平手前】茶道のもっとも基本的で初歩的な茶のたて方。風炉・釜以外の茶道具を水屋から運び出して行う。運び点前。

**ひらて-まさひで**【平手▽政▽秀】(一四九二〜一五五三) 戦国時代の武将。織田信秀の家老。織田信長の教育・後見にあたった。その振る舞いを改めるよう信長に諫言し自殺。

**ひらど**【平戸】〈市〉長崎県北西部、平戸島・度島を含む市。松浦氏の旧城下町で、ポルトガル船来航以来、オランダ商館が長崎へ移るまで貿易港として繁栄。平戸牛の産地。西海国立公園の一部で、史跡も多い。人口二万八二七七(一九八八)。

**ピラト**【Pontius Pilatos】二六〜三六年にユダヤを統治したローマの第五代総督。イエスの処刑を決定した。

**ひら-とじ**【平▼綴(じ)】製本で、背の近くを表側から裏側へ向かって綴じる方法。対義 中綴じ。

**ひらど-しま**【平戸島】長崎県北西部、平戸瀬戸を隔てて北松浦半島と相対する島。面積一六五km²。平戸市の主要部をなす。

**ひらど-つつじ**【平戸▼躑▼躅】ツツジの園芸種。長崎県平戸を中心に栽培される。ケラマツツジ・キシツツジなどの自然交雑で生じた大形の大輪種。

**ひら-どま**【平土間】舞台正面の、ます形に区切った見物席。parquet米; pit英

**びらとり**【▽平取】〈町〉北海道南部、沙流川沿いの町。日高アイヌ文化の中心地。稲作・牧畜・林業が主。人口七七四八(一九八八)。

**ひらない**【平内】〈町〉青森県中部、夏泊半島とその周辺を含む町。水産と観光の町で、ツバキの自生北限地がある。ハクチョウの渡来地。人口一万七六四九(一九八八)。

**ひら-なべ**【平▼鍋】浅く平たい鍋。pan

**ひら-に**【平に】(副) ひたすら。どうにか。なにとぞ。please…

**ピラニア**【piranha】カラシン科の淡水魚。全長約三〇cm。卵円形。背側は灰褐色、腹側は淡黄褐色で、体側に暗斑が散在する。硬い歯をもち、肉食性で凶暴なものがある。南米東部・西北部の河川に分布。↓写

●ピラニア

**ひらぬま-きいちろう**【平沼▼騏一郎】(一八六七〜一九五二) 政治家。岡山県生まれ。東大卒。国粋団体国本社を組織。昭和一四年(一九三九)一月組閣したが、同八月総辞職。第二次大戦後、A級戦犯として服役中病死。

**ピラネージ**【Giovanni Battista Piranesi】(一七二〇〜一七七八) イタリアの版画家・建築家。古代の建築や廃虚を題材に雄大な画面を構成。作品『ローマの景観』など。

**ひらの-くにおみ**【平野国▽臣】(一八二八〜一八六四) 幕末の尊攘派志士。福岡藩士。脱藩後、京都を中心に活動。文久三年(一八六三)但馬国生野で挙兵する(生野の変)が、逮捕され処刑。

**ひらの-けん**【平野謙】(一九〇七〜一九七八) 文芸評論家。本名、朗。京都生まれ。東大卒。『近代文学』同人として、政治と文学、私小説・昭和文学史に独自の見解を示す。評論『戦後文芸評論』『島崎藤村』『芸術と実生活』など。

**ひらの-じんじゃ**【平野神社】京都市北区平野宮本町にある旧官幣大社。祭神は今木神ほか三神。平安遷都に際し大和より勧請された。

**ひら-の-はっこうあれ**【比▽良の八講荒れ】琵琶湖西岸へ比良山地から吹き下りる春寒の強風。陰暦二月二四日の法華八講のころ吹く。比良八荒。

**ひら-ば**【平場】①平地。②平土間。

**ひら-はぐるま**【平歯車】円板外周に歯を切った歯車。平行な二軸間の回転伝動に用いる。spur gear

**ひらはた-せいとう**【平畑静塔】(一九〇五〜) 俳人。本名、富次郎。和歌山県生まれ。京大卒。俳誌『天狼』同人。句集『月下の俘虜』、評論集『俳人格』など。

**ひら-はっこう**【比▽良八荒】比良の八講荒れの別称。

**ひらばやし-たいこ**【平林たい子】(一九〇五〜一九七二) 小説家。本名、タイ。長野県生まれ。諏訪高女卒。第二次大戦前はプロレタリア作家として、戦後は持ち前の反逆的個性を生かして活躍。作品『施療室にて』『かういふ女』など。

**ひらばやし-はつのすけ**【平林初▼之▼輔】(一八九二〜一九三一) 文芸評論家。京都府生まれ。早大卒。初期プロレタリア文学の指導理論家として活躍、のちマルクス主義文学の政治的偏向に疑問を投げかけた。評論『文学理論の諸問題』など。

**ひらばる-いせき**【平▽原遺跡】福岡県糸島郡前原町で発掘された弥生時代の墳墓遺跡。不整方形の溝に囲まれた方形竪穴の中央に棺があり、四隅から人為的に割って納めたと思われる四二面の鏡が出土。

**ひら-び**【平日】漢字を組み立てている部分の名。「日」と区別して言う語。「曲・更」などの「日」。

**ひら-ひら** ㊀(名) 薄くて軽くひるがえるもの。frill 用例 —の付いた帽子。㊁(副・サ変自) 旗・紙・布など薄くて軽いものが、ひるがえるさま。また、チョウなどの飛ぶさま。flutter 用例 ハンカチを—させる。

**ピラフ**【pilaf】洋風の炊き込みご飯。米とタマネギのみじん切りをバターでいため、肉・魚貝・野菜などを加えて炊く。用例 カニ—。

**ひらふく-ひゃくすい**【平福百穂】(一八七七〜一九三三) 日本画家。アララギ派歌人。秋田県生まれ。本名、貞蔵。東京美術学校卒。晩年は南画風の情趣深い画境を示す。作品『荒磯』、歌集『寒竹』など。↓写

●平福百穂『荒磯』(部分)。大正一五年(一九二六)、東京国立近代美術館。

**ひら-ふで**【平筆】日本画で彩色に使う筆。穂が平らになっている。

**ひら-ぶん**【平文】ふつうの文章。暗号文に対

**び-ろう【尾▼籠】**(名・形動)《「おこ(痴)」の当て字「尾籠」を音読したもの》①人前ではばかること・さま。汚いこと・さま。vulgarity 用例 ―な話で恐縮ながら。②失礼。無礼。不敬。indecency

**びろう【▼檳▼榔・▼蒲▼葵】** 亜熱帯の海岸にはえシュロに似るヤシ科の常緑高木。高さ三～一〇m。葉は径一mほどの扇状で深裂する。五月に、黄花が多数咲く。果実は球形。葉は団扇・笠などに用いる。庭木・街路樹とする。九州から沖縄に分布。ビンロウジュとは別種。↓写

●ビロウ

**びろう-げ【▼檳▼榔毛】**「檳榔毛の車」の略。

**びろうげ-の-くるま【▼檳▼榔毛の車】** 牛車の一種。ビロウの葉を裂いてさらし、車の箱全体に張ったもの。上皇・親王・大臣など高位の貴人の乗用だった。檳榔車。びりょうのくるま。

**ひろう-こんぱい【疲労困▼憊】** くたくたに疲れること。be dead exhausted

**びろう-じま【▼枇▼榔島】** 鹿児島県大隅半島東岸、志布志湾内にある島。面積〇・二km²。全島に茂るビロウなどの亜熱帯植物は特別天然記念物。

**びろう-ながら【尾▼籠▼乍(ら)】**(連語) 話題が汚らしくて、失礼ではあるが。

**ひろ-えり【広襟】** 女物長着の襟の一種。表襟と裏襟からなる幅広のもの。襟肩あきの位置で二つ折りにし、体形に合わせて幅を広げる。

**ひろ-えん【広縁】** ①幅の広い縁。②広びさし。

**ひろお【広尾】**〈町〉 北海道南東部、太平洋に臨む町。産業はサケ・マス漁や酪農。十勝港は重要港湾。人口一万九二二二(一九八八)。

**ピロー-ケース【pillowcase】** 枕カバー。

**ビロード【veludoポルトガル・▼天▼鵞▼絨】** パイル(添毛)織物の一種。表面に短い毛羽や輪奈をつくった織物。柔軟な触感・光沢・保温力がある。ベルベット。velvet 参照 別珍。

**ビロード-きんくろ【▽天▼鵞▼絨金黒】** ほとんど全身が黒い、大形の肥満した海ガモ。全長約五五cm。嘴は鮮紅色で、鼻孔の上に黒い大きなこぶがある。目下と翼に白斑。ユーラシア北部で繁殖し、中部で越冬。日本へは全国の江湾に冬鳥として渡来。Eastern velvet scoter

**ビロード-らん【▽天▼鵞▼絨▼蘭】** シュスランの別名。葉の表面がビロードのような光沢をもつことによる。

**ピロール【pyrrole】** 化学式$C_4H_5N$ ポルフィリン・アルカロイドなどの構成成分となる化合物。

**ひろかみ【広神】**〈村〉 新潟県南東部の村。越後山脈と魚沼丘陵に挟まれ、豪雪地帯で知られる。人口九六〇〇(一九八八)。

**ひろがり【広がり・▽拡がり】** 広がった程度。範囲。extension

**ひろが・る【広がる・▽拡がる】**(五自) ①範囲が大きくなる。extend 用例 雲が―。②遠くまでひらけている。spread 用例 景色が―。③広く行われる。広まる。spread 用例 評判が―。波紋が―。④多くなる。はびこる。get around 用例 風邪が―。spread

**ピロカルピン【pilocarpine】** アメリカ産ミカン科の植物ヤボランジの葉に含まれるアルカロイド。副交感神経末梢興奮作用があり、瞳孔縮小・発汗に利用される。

**ピロガロール【pyrogallol】** 化学式$C_6H_3(OH)_3$ 白色結晶だが、空気中では灰色。写真の現像薬、染料・医薬品製造に利用。塩基性溶液は酸素の吸収剤。焦性没食子酸。

**ひろかわ【広川】**〈町〉 和歌山県北西部、有田市の南に位置する町。ミカン栽培のほか漁業もさかん。安政の津波後につくられた防潮林がある。人口八八八六(一九八八)。

**ひろかわ【広川】**〈町〉 福岡県南部、久留米市の南に接する町。農業が主で、久留米絣・竹細工などの伝統産業もさかん。人口一万七七七八(一九八八)。

**ひ-ろく【秘録】** 秘密の記録。一般に公開されない記録。secret notes

**ひろ・ぐ【広ぐ】** 古語 ①(四他) 広がる。広くする。②(下二他) ↓ひろげる(広げる)

**び-ろく【美▼禄】** ①よい給与。用例 ―を食む。②(「天の美禄」の形で)酒の美称。

**び-ろく【微▼禄】** 一(名) わずかな給与。薄給。poor salary 二(名・サ変自) おちぶれること。零落。ruin 用例 ―する。

**ひろ-くち【広口】** ①びんなどの口の広いこと・もの。wide mouth ②生け花用の口の広い器。水盤。

**ピロクテテス【Philoktētēsギリシア】** ↓フィロクテテス

**ひろ・げる【広げる・▽拡げる】**(下一他) ①範囲や規模を大きくする。広くする。enlarge 用例 家を―。事業を―。見聞を―。②たたんだり、とじたりしてあるものを開いてのばす。ひらく。open; spread 用例 傘を―。手を―。③物をいっぱいに並べる。spread 用例 引き出しの中身を―。

**ひろ-こうじ【広小路】** 道幅の広い街路。上野広小路や名古屋市の広小路通など。江戸時代に防火目的でつくられたもの。

**ひろ-さ【広さ】** 広いこと・程度。width 比較 広め。

**ひろさき【▼弘▽前】**〈市〉 青森県西部、津軽平野南部の市。津軽氏の旧城下町で、古くから津軽地方の中心地。日本有数のリンゴの産地で、集散・加工業がさかん。稲作も行う。津軽塗や八月のねぷた祭りが有名。人口一七万五八九三(一九八八)。

**ひろさわ-さねおみ【広沢▽真▽臣】**(一八三三―七一) 幕末の長州藩士。討幕運動に活躍。維新後、政府の要職につき版籍奉還に尽力したが、暗殺。

**ひろさわ-とらぞう【広沢▼虎造】** 浪曲師。現在三代まで。二代(一八九九―一九六四)は本名山田信一。東京生まれ。舞台・映画・放送に活躍。『清水次郎長伝』中の石松代参のくだりなど、独特の虎造節で一世を風靡した。

**ひろさわ-の-いけ【広沢池】** 京都市右京区の嵯峨野にある池。平安中期、寛朝僧正が遍照寺を開いたときに開削されたといわれる。観桜・観月の名所。

**ひろ・し【広し】** 古語(形ク) ↓ひろい(広い)

**ピロシキ【pirozhkiロシア】** ロシア料理の一つ。揚げまんじゅう風のもの。小麦粉・卵などをこねた皮で、肉・野菜・ジャムなどを包み、揚げるかオーブンで焼く。piroshki

**ひろしげ【広▽重】** ↓うたがわひろしげ(歌川広重)

**ひろしま【広島】**〈県〉 中国地方中部、瀬戸内海側の県。県庁所在地は広島市。大半は中国山地が占め瀬戸内海に面して平野が広がる。広島湾周辺・備後地区中心に石油化学・自動車工業が発展。広島湾ではカキの養殖、内陸部では牧畜や稲作がさかん。面積八四六六km²、人口二八二万四九五七(一九八八)。

**ひろしま【広島】**〈市〉 広島県南西部、広島湾に臨む市。県庁所在地。政令指定都市。中国地方の中心地。浅野氏の旧城下町。世界最初の原爆被災地として、再建後は国際平和文化都市宣言をした。海岸部は重工業地帯で、自動車・機械・造船工業が主。カキの養殖もさかん。人口一〇四万二六二九(一九八八)。

**ひろしま【広島】**〈町〉 北海道、札幌市の東南に接する町。千歳空港・苫小牧港に近いため都市化が進んでいる。農業のほか金属・化学などの工業も行われている。人口四万二四三七(一九八八)。

**ひろしま-な【広島菜】** アブラナ科の葉菜。広島地方の特産。葉は濃緑色で、切れこみはない。葉の中央脈は扁平で、結球しない。年末に収穫して、漬け物とする。ヒラクキナ。

**ひろしま-へいや【広島平野】** 広島県南西部、太田川の下流域にできた沖積平野。代表的な三角州で、広島市の市域が広がる。

**ひろしま-わん【広島湾】** 広島県南西部、瀬戸内海北西部の湾。大部分が水深三〇m以下の浅海で、湾内にはカキの養殖場が広がる。

**ひろせ【広瀬】**〈町〉 島根県東部の山間の町。旧城下町。戦国武将山中鹿之助ゆかりの地。シイタケ・ワサビの産地。酪農もさかん。人口一万六四一(一九八八)。

**ひろせ-いぜん【広瀬▼惟然】** ↓いぜん(惟然)

**ひろせ-がい【広瀬貝】** ギンタカハマガイの別称。

**ひろせ-がわ【広瀬川】** 宮城県中部を流れる川。長さ四〇km。奥羽山脈の船形山に発し、仙台市街を貫流して南の名取川に合流する。

**ひろせ-きょくそう【広瀬▼旭荘】**(一八〇七―六三) 江戸末期の漢学者・漢詩人。名は謙。豊後の人。淡窓の弟。漢詩集『梅墩詩鈔』など。

**ひろせ-じんじゃ【広瀬神社】** 奈良県北葛城郡河合町にある旧官幣大社。祭神は若宇迦売命ほか二神。竜田大社とともに五穀豊穣の神として崇敬される。

**ひろせ-たけお【広瀬▽武▽夫】**(一八六八―一九〇四) 海軍中佐。大分県生まれ。日露戦争で旅順港口閉塞隊を指揮中に戦死。軍神とされた。

**ひろせ-たんそう【広瀬淡窓】**(一七八二―一八五六) 江戸後期の儒者。名は建。豊後の人。豊後国日田に私塾咸宜園を創設し子弟を教育。門人に高野長英・大村益次郎ら人材を輩出。著書『約言』『迂言』など。

**ひろ-そで【広▼袖】** 和服で、袖口を袖丈いっぱいまであけた袖。ゆかた・丹前・半天・掻巻きなどに用いる。ひらそで。

**ひろた【広田】**〈村〉 愛媛県中部の山間の村。農・林業のほか陶石採掘・酒造業なども行う。人口一三九一(一九八八)。

**ひろた-こうき【広田▼弘▼毅】**(一八七八―一九四八) 政治家。福岡県生まれ。昭和一一年(一九三六)二・二六事件収拾の挙国一致内閣を組閣し、日独防共協定を締結。第二次大戦後、A級戦犯として死刑。↓写

●広田弘毅

**ひろた-じんじゃ【広田神社】** 兵庫県西宮市大社町にある旧官幣大社。祭神は天照大神之荒魂。和歌の神として尊崇された。

**ひろた-りゅうたろう【▼弘田竜太郎】**(一八九二―一九五二) 大正期の代表的作曲家。東京生まれ。東京音楽学校教授。童謡『靴が鳴る』『叱られて』、歌曲『小諸なる古城のほとり』など。

**ひろつ-かずお【広津▽和▽郎】**(一八九一―一九六八) 小説家・評論家。東京生まれ。柳浪の次男。早大卒。近代知識人の姿を鋭く描いた。第二次大戦後、松川裁判の批判に情熱を燃やした。小説『神経病時代』『風雨強かるべし』、評論『松川裁判』など。

**ひろっ-ぱ【広っぱ】**《俗語》広場。

**ひろつ-りゅうろう【広津柳浪】**(一八六一―一九二八) 小説家。本名直人。長崎市生まれ。和郎の父。硯友社に参加。人生の暗黒面を描く悲惨小説に活躍。作品『黒蜥蜴』『今戸心中』など。

**ピロティ【pilotisフランス】** 建物の一階または二階を列柱で支えてできた、壁のない空間。

**ひろなか-へいすけ【広中平▼祐】**(一九三一―) 数学者。懸案の特異点解消の問題・解析多様体の問題を解決。昭和四五年(一九七〇)フィールズ賞受賞。昭和五〇年(一九七五)文化勲章受章。

**ヒロネーリャ【José María Gironella】**(一九一七―) スペインの小説家。ある家族を通してスペイン内戦を描いた『糸杉は神を信ず』などが有名。

**ピロネマ【pyronema】**《ピロは、ギリシア語で火の意》子嚢菌類チャワンタケ目のカビ。たき火跡などに発生する。赤紅色の子嚢盤の集塊をつくるので赤く見える。

**ひろ-の【広野】** うちひらけた広い野。こうや。wide field

**ひろの【広野】**〈町〉 福島県東部、いわき市の北東に接し、太平洋に臨む町。日本最大のいわき沖ガス田からパイプラインが引かれている。人口五五〇三(一九八八)。

**ひろのみや-なるひと【▼浩宮▽徳▽仁】** ↓なるひとしんのう(徳仁親王)

**ひろ-ば【広場】** 広々とひらけた場所。美観をそなえ、集会など公共的な行事に使う空地。square 用例 共通の―。駅前―。参照 オープンスペース。

**ひろば-きょうふ【広場恐怖】** 病的恐怖の一つ。広場を一人きりで歩いたり、広場にとり残されたりすることに対する恐怖症。agoraphobia

**ひろはた【広畑】** 兵庫県姫路市西部、瀬戸内海に臨む地域。製鉄関係の工場が多く、造船業の相生市と播磨工業地区を形成。

**ひろ-はば【広幅】** 並幅よりも幅の広い反物。大幅。double width 対義 並幅。

**ひろはば-おびこう【広幅帯鋼】** 帯状の長い鋼板で、幅五〇cm以上二m未満のもの。

wide band steel 参照帯鋼。

**ひろはば‐だち【広幅裁ち】** 和裁で、洋服地のシングル幅・ヤール幅・ダブル幅などから和服を仕立てること。

**ひろは‐ひまわり【広葉▽向▽日▼葵】** チトニアの和名。メキシコヒマワリともいう。

**ひろは‐へびのぼらず【広葉蛇▽不▽登】** メギ科の落葉低木。山地にはえ、小枝に鋭いとげがある。葉は長楕円形で鋸歯がある。六月ごろ小黄花が咲き、液果は赤熟。

**ひろ‐びさし【広▼庇】** 寝殿造りで、母屋の外側に設ける吹き放しの細長い間。広縁。

**ひろひと【▽裕▽仁】**(一九〇一～一九八九) 第一二四代天皇。大正天皇の第一皇子。大正一〇年(一九二一)摂政、同一五年(一九二六)一二月二五日践祚し、昭和と改元。昭和天皇。

**ひろ‐びろ【広広】**(副・サ変自) うちひらけて、広いさま。spaciously

**ひろ‐ぶた【広▼蓋】**《もと、衣服の箱のふたの意》漆塗りで、縁のある大きなぼん。引出物・食物・衣服などをのせる具。

**ピロプラズマ‐びょう【ピロプラズマ病】** ダニの媒介でウシなどの赤血球に原虫が寄生して起こる病気。貧血を生じ、栄養状態・発育に大きな障害を起こす。家畜法定伝染病。piroplasmosis

**ヒロポン【Philopon】** メタンフェタミン塩酸塩の商標名。覚醒剤の一つ。連用により中毒症状をおこす。第二次大戦中より軍隊・工場で用いられ、戦後、覚醒剤取締法制定のきっかけとなった。

**ひろ‐ま【広間】** ①広い部屋。広い座敷。hall ②客室。saloon

**ひろ‐まえ【広前】** 神仏の前の空間の敬称。神前。とくに金光教において重用されることばで、教祖が信者と神を取り次ぐ空間のことをいう。

**ひろま・る【広まる・▼弘まる】**(五自) ①広くなる。broaden 用例勢力範囲が―。②広く行き渡る。広く知られる。spread 用例うわさが―。名が―。

**ひろみ【広見】**〈町〉愛媛県南部、山間の盆地にある町。松材を中心とした林業と、酪農・クリ栽培などがさかん。人口一万二五三六(一九八八)。

**ひろ・む【広む】** 古語(下二他) ↓ひろめる(広める)

**ひろ‐め【広め・▼弘め・披露目】**《「披露目」は当て字》①披露。announcement 用例お―。②広告。advertisement

**ひろ‐め【広め】** やや広いこと・程度。rather wide 比較広さ。

**ひろ‐め【広▽布】** コンブの古名。

**ひろめ‐や【広め屋】** ちんどん屋。

**ひろ・める【広める・▼弘める】**(下一他) ①範囲を広くする。broaden 用例知識を―。②広く知らせる。広く行き渡らせる。diffuse 用例店の名を―。仏法を―。

**ひろ‐やか【広やか】**(形動) 広々しているさま。vast

**ひろ‐らか【広らか】** 古語(形動ナリ) 広々としているさま。ひろやか。

**ピロ‐りんさん【ピロ▼燐酸】** 化学式$H_4P_2O_7$。燐酸を長時間熱して脱水縮合させたもの。ナトリウム塩は、工業用水処理・金属表面処理に使用。二燐酸。pyrophosphoric acid

**ピロン【Pyrrhon】**(BC三六〇ごろ～BC二七〇ごろ) 古代ギリシア末期の哲学者。懐疑論の祖とされる。一切の判断停止による心の静けさ(＝アタラクシア)を求めた。ピュロン。

**ピロン【Germain Pilon】**(一五三五ごろ～一五九〇) フランスの彫刻家。アンリ二世の墓碑彫刻(サンドニ聖堂)のほか、肖像作も多い。

**ひ‐ろんりてき【非論理的】**(形動) 筋道が整わないさま。非合理的。illogical 対義論理的。

**ひ‐わ【秘話】** 知られていない話。secret story

**ひ‐わ【悲話】** かなしい物語。sad story

**ひわ【▼鶸・▽金▼翅▼雀】** ①アトリ科の小鳥の総称。翼長七～八・五cm。円錐形の尖った嘴をもつ。マヒワ・カワラヒワ・ベニヒワの三種があり、冬、日本全土に渡来。マヒワは法定飼い鳥。②鶸色。↓図

●ヒワ① マヒワ

**ひわ【比和】**〈町〉広島県北東部、島根県境の町。稲作のほか肉牛飼育がさかん。景勝の吾妻山がある。人口二四九七(一九八八)。

**び‐わ【▼枇▼杷】** バラ科の常緑高木。高さ約一〇m。葉は濃緑で長楕円形。一一月頃に、総状花序に白花をつけ、翌年六月頃に卵形の果実が熟す。在来種・中国種などの品種があり、食用。葉と種子は薬用。loquat ↓写

●ビワ

**び‐わ【▼琵▼琶】** 中国・朝鮮半島・日本の撥弦楽器。木製で胴と棹があり、ふつう四弦または五弦。日本の琵琶は、糸倉が後ろに曲がり、四弦で撥ではじく。おもに雅楽の合奏と声楽の伴奏楽器として使われる。楽琵琶・盲僧琵琶・平家琵琶・薩摩琵琶・筑前琵琶がある。数え方一面。↓写

●琵琶 薩摩琵琶。

**びわ**〈町〉滋賀県北東部、姉川河口、琵琶湖に臨む町。稲作・果樹栽培・養蚕などの農業とアユ漁を行う。景勝の竹生島がある。人口八二九〇(一九八八)。

**ひ‐わい【卑▼猥・▼鄙▼猥】**(名・形動) 下品でみだらなこと・さま。obscenity

**ひわ‐いろ【▼鶸色】** ヒワの羽のような黄緑色。

**びわ‐うた【▼琵▼琶歌】** 琵琶に合わせてうたう歌。おもに薩摩琵琶・筑前琵琶に用いられる歌をいう。

**ひわき【▼樋▼脇】**〈町〉鹿児島県西部、川内市の東に接する町。農業が主で、果樹・タバコ栽培、畜産などを行う。市比野の温泉がある。人口八七三八(一九八八)。

**びわき【▼琵▼琶記】** 中国の戯曲。元末明初の高明の作。四二幕。北曲の『西廂記』と並称される南曲の代表的作品。後漢の蔡邕の妻趙五娘が苦労のすえ、宰相の娘むことなっていた夫と再会し、結ばれる物語。

**び‐わくせい【微惑星】** 原始太陽系で、原始星のまわりを回転している円盤状の星雲が、重力により分裂した結果誕生した小さい惑星。半径約一〇kmで、これが衝突・合体をくり返し原始惑星へと生長していく。地球もこの過程で誕生したとされる。planetasimal

**びわ‐こ【▼琵▼琶湖】** 滋賀県中央部にある湖。断層陥没湖で、日本最大の淡水湖。面積六七二・四km²。最深一〇三・八m。滋賀県はじめ京阪神地方の飲用・工業用の重要な水資源。名の由来は湖の形が楽器の琵琶に似ているところから。古名は近淡海、鳰海。↓写

**びわこう【▼琵▼琶行】** 中国、中唐の詩人白居易の長詩。八一六年作。八八句からなる七言歌行体の長編叙事詩。もと都の芸妓だった琵琶ひきの女性の生涯を詠じた。『長恨歌』とともに白居易の代表作。

**びわこ‐おおはし【▼琵▼琶湖大橋】** 琵琶湖岸の守山市と大津市堅田を結ぶ有料道路橋。湖西と湖東を連絡。長さ一三五〇m。昭和三九年(一九六四)完成。

**びわこ‐そすい【▼琵▼琶湖▼疏水】** 滋賀県大津市から、琵琶湖の水を京都市に送る運河。長さは第一・第二疏水を合わせ約一六kmで、明治二三年(一八九〇)完成。

**ひわさ【日和佐】**〈町〉徳島県南部、太平洋に臨む町。漁業と観光の町で、景勝の千羽海崖、ウミガメの産卵地大浜海岸がある。人口六七九一(一九八八)。

**ひ‐わだ【▼檜▽皮】** ①ヒノキの皮。②《「ひわだぶき」の略》屋根をひわだでふくこと。その屋根。

**ひ‐わたり【火渡り】** 修験者などの修行の術。燃える炭火の上を、呪文を唱えながら素足で渡る行。二月の節分の奈良市元興寺、四月一五日の埼玉県飯能市高山不動のものなどが有名。

**びわ‐ほうし【▼琵▼琶法師】** 琵琶による叙事詩の弾き語りを生業とした盲人の僧。鎌倉時代以降は軍記物、とくに『平家物語』を語った。

**びわ‐ます【▼琵▼琶▼鱒】** サケ科の淡水魚。全長約六〇cm。背部は青黒色、腹部は淡色で銀色を帯びる。食用。琵琶湖の特産種。

**びわ‐もどき【▼枇▼杷▽擬】** ビワモドキ科の中高木。葉は大形でビワに似る。花は径約二〇cm、白色。果実は球形で径約一五cm。肉質多汁で、生食のほか、ジャム・ゼリーに使用。

**ひ‐わり【日割(り)】** ①行事・仕事などを一日一日に割り当てること。make a daily schedule ②給料などを一日いくらと決めて計算すること。pay by the day ③日程。schedule

**ひ‐われ【干割れ】** 乾いて割れること。その割れ目。crack by drying

**ひ‐わ・れる【干割れる】**(下一自) 乾いて割れ目ができる。ひびが入る。dry and cracked

**ヒン【▼牝】** 6画 部首[牛]うしへん JIS 4438
音ヒン
めす。め。動物のめす。対義牡。

●琵琶湖 琵琶湖大橋付近。

**ヒン【品】** 9画 部首[口]くち 教育小3 JIS 4142
音ヒン・ホン 訓しな
品 品 品 品 品 品
しな。①しなもの。もの。「作品・商品・薬品」「品質・品種」用例《接尾的》輸入―。②しなずを数えるのに用いる。用例(助数)一―料理。③がら。ひとがら。たち。「気品・上品・上品」「品位・品格・品性」用例(名)―のよい人。↓ホン[品]

**ヒン【浜】** 10画 部首[氵]さんずい 常用 JIS 4145 ／ **【▼濱】** 17画 旧字 JIS 6332
音ヒン・ホウ 訓はま
①はま。はまべ。きし。「海浜・水浜」②横浜のこと。「京浜」参考浜は、「ホウ」で、もとは、濱とは別の字。

**ヒン【▼彬】** 11画 部首[彡]さんづくり 人名用 JIS 4143
音ヒン
①ならびそろうさま。外形と内容がそろって立派なさま。「文質彬々」②あきらか。模様がくっきりしているさま。

**ヒン【貧】** 11画 部首[貝]かい 教育小5 JIS 4147
音ヒン・ビン 訓まずしい
貧 貧 貧 貧 貧 貧
①まずしい。とぼしい。対義富裕。「じり貧・清貧」「貧家・貧困」用例(名)―にあまんじる。②すくない。たりない。「貧血・貧鉱・貧弱」↓ビン[貧]

**貧の盗みに恋の歌**《貧乏だと盗みをはたらきもし、恋をすれば歌を詠みもする、の意から》それが必要となったり、せっぱつまったりすれば、何でもしてしまうということ。

**貧は世界の福の神** 貧乏は、人を奮起させるものだから、将来の幸福をもたらす神だということ。

**ヒン【▼斌】** 12画 部首[文]ぶんにょう JIS 4144
音ヒン
うるわしい。文と武(内容と外形)がそろって立派なさま。

**ヒン【▼稟】** 13画 部首[禾]のぎ JIS 6740 ／ **【▼禀】** 13画 部首[示]しめす 異体字 JIS 6741
音ヒン・リン
①うける。上から命令をうける。「稟議」②俸禄。扶持。給与。③たち。さが。うまれつきの性質。「天稟・稟質・稟性」④もうす。

▼常用漢字表外。 ▽常用漢字表の音訓外。

上にもうしあげる。「稟請」↓リン【稟】

**ヒン** 15画【賓】部首[貝] 常用 JIS 4148 ｜14画【賓】旧字
音ヒン
①まろうど。お客。うやまいむかえるべき客。「貴賓室・迎賓・国賓・来賓」「賓客」②文法で、主に対するもの。「賓格」

**ヒン** 16画【儐】部首[人・亻]
音ヒン
①主人をたすけて、客を案内する人。②みちびく。手引きをする。③ひそめる。しかめる。

**ヒン** 17画【嬪】部首[女] JIS 5345
音ヒン
①したがう。夫につきしたがう。妻となる。②天子につかえる女官。そばめ。③ひめ。婦人の美称。「別嬪」

**ヒン** 17画【擯】部首[扌] JIS 5815
音ヒン
①しりぞける。おしのける。のけものにする。「擯斥」②みちびく。客を案内したり、もてなしたりする。

**ヒン** 17画【頻】部首[頁] 常用 JIS 4149 ｜16画【頻】旧字
音ヒン・ビン
たびたび。しばしば。しきりに。「頻度・頻発・頻繁・頻々」

**ヒン** 18画【臏】部首[月] ｜24画【髕】部首[骨] 異体字
音ヒン
①あわた。ひざがしらの骨。ひざのさら。②あしきる。あしきり。あしきりの刑罰。

**ヒン** 18画【殯】部首[歹] JIS 6150
音ヒン
かりもがり。もがり。あらき。死者を埋葬する前に、ひつぎにおさめて安置しておくこと。【「殯宮」

**ヒン** 19画【嚬】部首[口]
音ヒン
ひそめる。しかめる。まゆのあたりに、しわをよせる。ひそみ。

**ヒン** 19画【蘋】部首[艹] JIS 7332
音ヒン
①デンジソウ。デンジソウ科の多年草。夏緑性の水生シダ植物。かたばみも。②うきくさ。池や沼の水面にうかんでいる草。

**ヒン** 19画【瀕】部首[氵] ｜20画【瀕】JIS 4146 異体字
音ヒン
①みぎわ。ほとり。きし。はま。②そう。接する。水辺にそう。③せまる。ちかづく。「瀕死」

**ヒン** 20画【繽】部首[糸] JIS 6979
音ヒン
さかんなさま。おおいさま。みだれるさま。「繽紛」

**ヒン** 24画【顰】部首[頁] JIS 8094
音ヒン・ビン
ひそめる。しかめる。まゆのあたりに、しわをよせる。ひそみ。「顰蹙」

**顰に倣う**「ひそみに倣う」と同意。

**ひん**(接頭)《「引き」の転。動詞の上に付いて》勢いよくする意の俗語をつくる。用例 ―曲げる。―むく。

**ビン** 8画【岷】部首[山] JIS 5417
音ビン・ミン
①「岷山」は、中国の山の名。四川・甘粛両省の境にある。②「岷江」は、中国の川の名。岷山の北部からながれだし、揚子江に合流する。

**ビン** 8画【旻】部首[日] JIS 5865
音ビン・ミン
①あきぞら。秋のそら。②そら。おおぞら。天空。

**ビン** 8画【泯】部首[氵] JIS 6203
音ビン・ミン
ほろびる。つきる。なくなる。きえる。

**ビン** 9画【便】部首[人・亻] 教育小4 JIS 4256
音ベン・ビン・ヘン
訓たより
筆順↓ベン【便】
①よいついで。都合がよい。都合。「幸便」「便乗・便船・便覧」用例(名)次の―を待つ。②たより。てがみ。音信。「後便・先便・郵便」「便箋」用例(名)あとの―で送る。《接尾的》航空―。速達―。③おさめる。「穏便」↓ベン【便】

**ビン** 10画【敏】部首[攵] 常用 JIS 4150 ｜11画【敏】旧字
音ビン
さとい。はやい。きびきびした。とし。対義 鈍。「鋭敏・機敏・不敏」「敏活・敏感・敏速」用例(形動)機を見るに―な人。

**ビン** 10画【紊】部首[糸] JIS 6904
音ブン・ビン
みだれる。みだす。「紊乱」

**ビン** 10画【罠】部首[罒] JIS 7011
音ビン・ミン
①あみ。獣をとらえる網。②つる。魚をつる。③わな。㋐獣をとらえるしかけ。㋑人をおとしいれる策略。

**ビン** 11画【瓶】部首[瓦] 常用 JIS 4151 ｜13画【甁】旧字 ｜12画【缾】部首[缶] 異体字
音ビン・ヘイ・ビ ヨウ
①かめ。もたい。液体などをいれる、口の小さい器。「花瓶」「瓶詰」用例(名)花を―にいける。(助数)梅干しを二―もらった。数え方 一本。②湯や茶をわかす器。「鉄瓶・土瓶」↓ヘイ【瓶】

**ビン** 11画【貧】部首[貝] 教育小5 JIS 4147
音ヒン・ビン
訓まずしい
筆順↓ヒン【貧】
まずしい。とぼしい。比較 貪。「貧乏」↓ヒン【貧】

**ビン** 12画【閔】部首[門] JIS 7960
音ビン・ミン
①あわれむ。いたむ。あわれみ。②うれえる。気にやむ。うれい。

**ビン** 13画【愍】部首[心] JIS 5630
音ビン・ミン
あわれむ。いたむ。あわれみ。「不愍・憐愍」

**ビン** 13画【黽】部首[黽] JIS 8370
音ボウ・ビン・ベン・メン
つとめる。はげむ。精をだす。↓ボウ【黽】

**ビン** 14画【閩】部首[門]
音ビン
①中国の古代に、東南地方にすんでいた民族の名。②中国の福建省の古名。また、別名。

**ビン** 15画【僶】部首[人・亻]
音ビン
つとめる。はげむ。精をだす。

**ビン** 15画【憫】部首[忄] JIS 5666
音ビン・ミン
①あわれむ。いたむ。あわれみ。「不憫・憐憫」「憫察・憫笑・憫然」②うれえる。気にやむ。うれい。

**ビン** 15画【緡】部首[糸] JIS 6946
音ビン・ミン
①つりいと。魚をつる糸。②なわ。③さし。ぜにさし。穴あき銭にさしとおして、しばるひも。また、ぜにさしにさした銭。

**ビン** 18画【檳】部首[木] JIS 6107 ｜11画【梹】JIS 5978 異体字
音ヒン・ビン
「檳榔子」は、ヤシ科の常緑高木。びんろう。びんろうじゅ。びろう。

**ビン** 24画【鬢】部首[髟] JIS 8206 ｜14画【髩】異体字 ｜17画【鬂】異体字
音ヒン・ビン
頭の左右側面の耳ぎわの髪の毛。「鬢髪」
↓頭 図

**ピン**《pinta(ポルトガル)(点)から》①かるた・さいころの目の一の数。②はじめ。第一。対義 キリ。

**ピンからキリ迄**(ピンからキリまで) 始めから終わりまで。最上のものから最悪のものまで。from the best to the worst

**ピンを撥ねる**(ピンをはねる) 上前を取る。take off a percentage

**ピン【pin】** ①留め針・画鋲など。②機械部品の位置決め・固定・ゆるみ止めなどに用いる細長い棒状の部品。③ボーリングゲームの一〇本の標的。④ゴルフのホールに立てる標識の棒。

**ピン-アップ【pin-up】** ピンで壁に止める美人の写真。ピンナップ。

**ひん-い【品位】** ①備わっている威厳。気品。品格。dignity 用例 ―を保つ。②鉱石や地金・貨幣などに含まれている、ある金属の割合。

**ピンイン【拼音中】**(pinyin) 中国語のローマ字による表記法。中華人民共和国でウェード式にかわって、一九五八年から正式採用。

**ひんえいよう-こ【貧栄養湖】** 水中に、栄養塩類が少なく、生物も少ない湖。山間に多く、水深大で透明度五m以上。摩周湖・田沢湖など。oligotrophic lake

**ひん-か【貧家】** まずしい家。貧乏な家。

**ビンカ【Vinca】** ニチニチソウの別名。

**ピン-カール【pin curl】**(名・サ変自) 髪をセットする方法の一つ。取り分けた毛を指に巻いて輪をつくり、指をぬいた形のままピンで固定する。

**びん-かき【鬢搔き】** びんをととのえるための小さなくし。

**ひん-かく【品格】** ①品柄。品質。quality ②品位。気品。dignity

**ひん-かく【賓客】** 大切な客。ひんきゃく。guest

**ひん-かく【賓格】** 文法で、客語・目的語などの地位。対義 主格。

**ひんがし【東】**《「ひむかし」の転》ひがし。

**びん-がた【紅型】** 沖縄地方の染め物。一枚の型紙による多彩な色彩の型染めと、藍色で染めた藍型がある。花鳥山水の自然模様が多い。琉球王朝のころから行われ、友禅・更紗の技法を取り入れながら発達した。↓写

●紅型

**びん-かつ【敏活】**(名・形動) 行動や思考がすばやいこと・さま。alacrity 対義 遅鈍・不敏。

**びんが-の-こえ【頻伽の声】**(連語)《「迦陵頻伽の声」の略》美しい声。参照 迦陵頻伽。

**ビンガム【Bingham】** アメリカ西部、ユタ州北部ソルトレークシティ南西三五kmにある銅山町。世界的な露天掘り銅山として有名。金・銀・鉛なども産出。ビンガムキャニオン。

**ひん-かん【貧寒】**(名・形動) まずしくてみすぼらしいこと・さま。poor and mean

**ひん-がん【玢岩】** 安山岩や閃緑岩と同じ組成で両者の中間の粒度の火成岩。しばしば斜長石などの斑晶を含む。半深成岩として岩脈などを形成。porphyrite

**びん-かん【敏感】**(名・形動) 感じ方が、鋭いこと・さま。sensibility 対義 鈍感。

**ひん-ぎ【稟議】** ↓りんぎ(稟議)

**びん-ぎ【便宜】** 一(名・形動) 都合のよいこと・さま。べんぎ。convenience 二(名) 訪れ。便り。news

**ひん-きゃく【賓客】** ↓ひんかく(賓客)

**ひん-きゅう【貧窮】**(名・サ変自) まずしくて生活に困ること。貧困。poverty

**ひん-きゅう【殯宮】** 天皇・太皇太后・皇太后・皇后の崩御後、本葬までの間、ひつぎを安置する建物。あらきのみや。もがりのみや。かりもがりのみや。

**ひんきゅうもんどうか【貧窮問答歌】** 山上憶良の長歌および反歌。『万葉集』巻五にある。貧者の生活と苦しみを問答形式で訴えた作品。

**ピンキング-ばさみ【ピンキング鋏】** 裁縫用具の一つ。鋏の刃がぎざぎざになっていて、小さな山形を連ねたように切れる鋏。ほつ



↓ 行き先項目、図版・写真参照印。 JIS 日本工業規格情報交換用漢字符号コード(区点コード)。

●編木(びんざさら) こきりこ祭(富山県)。

れにくい素材の裁ち端などに用いる。pinking shears

**ひん-く【貧苦】** まずしくて苦しいこと。貧困。hardship of poverty 用例 ―にめげず節を守る。

**ピンク【pink】** ①うすもも色。②セキチク科ナデシコ属の植物の総称。ナデシコ・セキチク・カーネーションなどが含まれる。③色ごと。好色。用例 ―映画。―ムード。

**ピンク-サロン** 《和製語》ホステスが性的なサービスをする社交酒場。ピンサロ。

**ピンク-でんわ【ピンク電話】** 一般家庭用を兼ねた硬貨投入式の公衆電話。ピンク色で、昭和三五年(一九六〇)飲食店などの店内公衆電話として登場した。

**ピンク-フロイド【Pink Floyd】** イギリスのロックグループ。一九六六年結成。作品『原子心母』など。

**ひん-けい【▼牝鶏】** めんどり。hen

**牝鶏、晨す**(ひんけい、あしたす) 《めんどりが時を告げることから》女が、男にとって代わって、勢力をふるう。女が政治にかかわることなどを言う。

**ひん-けつ【貧血】** 血液中の赤血球数または血色素量が減少した状態。血液の酸素運搬が円滑に行われず、高度になると皮膚粘膜が蒼白になり、倦怠感・めまい・頭痛・耳鳴りなどをきたす。anemia

**びんご【▽備後】** →びんごのくに(備後国)

**ビンゴ【bingo】** 遊戯の一つ。ボールや矢などで数字を選び、その数字と手持ちカードの数字とを合わせる遊び。カードの該当する数字が縦・横・斜めに五つならべばよい。

**ひん-こう【品行】** 身持ち。行い。行状。conduct

**ひん-こう【貧鉱】** 金属含有量が低い鉱石。その鉱石を産する鉱山。対義富鉱。

**びんご-おもて【▽備後表】** 備後地方産の畳表。

**びんご-の-くに【▽備後国】** 旧国名。現在の広島県東部。山陽道の一国。「延喜式」では上国、一四郡。国府は府中市、国分寺は深安郡神辺町。明治四年(一八七一)廃藩置県により広島・深津の二県となる。深津県は同五年(一八七二)小田県と改称、同八年(一八七五)岡山県を経て、同九年(一八七六)広島県に編入。備州。備後。

**ひん-こん【貧困】**(名・形動) ①貧しさのため、精神的・肉体的に正常な生活を営みにくくなること・さま。poverty ②内容がたいへんとぼしいこと・さま。poor

**ひんこん-せん【貧困線】** それ以下では生存が困難になるとみなされる所得水準。貧乏線。poverty line

**びん-ざさら【▽編▽木・▽拍▽板】** 田楽用の楽器。薄板を多く合わせ、一端を糸でとじたもの。とじてないほうの両端の板を両手で持ち、打ち合わせて鳴らす。→写

**びん-さし【▼鬢差(し)】** 日本髪の鬢を張らせるために用いる器具。クジラのひげや細い鉄線で作る。びんはり。

**びん-さつ【▼憫察】**(名・サ変他) ①あわれんで思いやること。②《上に「御」を付けて》相手がこちらを思いやることの尊敬語。用例 ご―のほどを…。

**ひん-し【品詞】** 文法上の性質や働きから単語を分類した呼び名。日本語ではふつう、名詞・代名詞・動詞・形容詞・形容動詞・副詞・連体詞・接続詞・感動詞・助動詞・助詞にわける。part of speech

**ひん-し【▼瀕死】** 死にかかっていること。危篤。be on the death bed 用例 ―の重傷。

**ひん-じ【賓辞】** ①論理学で、主辞について述べる概念。「人間は動物だ」の「動物」など。賓位。対義主辞。②文法で、客語。

**ヒンシェルウッド【Cyril Norman Hinshelwood】**(一八九七〜一九六七) イギリスの物理化学者。反応速度論を実験的に研究。水素と酸素の爆発反応を連鎖反応の考えにより解説。一九五六年ノーベル化学賞受賞。

**びん-しけん【▼閔子▼騫】** 中国、春秋時代の儒者。孔門の十哲の一人。徳行で知られた。

**びんしさえん-の-かん【▼鬢糸茶▼烟の感】**(連語) 《「鬢糸」は、白くなった、びんの毛、の意》青年時に遊びふけった人が、老年になって、かれた人生を送ろうとする心境。

**ひん-しつ【品質】** 品物の性質。品柄。quality

**ひん-しつ【品▼騭】**(名・サ変他) 品定めすること。品評。

**ひん-しつ【▼稟質】** 生まれつきの性質。天性。稟性。nature

**ひんしつ-かんり【品質管理】** 生産管理の一つ。製品の品質チェック、不良品の除去とともに生産工程の欠陥是正を行い、品質水準の維持・安定をはかること。QC。quality control

**ひんしつ-ひょうじ【品質表示】** 製造業者や販売業者が商品の性質に関する情報をラベルや広告に表示すること。また、その表示。quality indication

**ひんしつ-ほしょう【品質保証】** 品質が所定の水準にあることを保証すること。QA。quality assurance

**ひんし-の-てんせい【品詞の転成】** 語の形がほぼ同じままで、他の品詞に変わること。そのとき、アクセントの変わることもある。複合語や、接辞の付いた派生語は、転成したものとはみない。「あれ(代名詞→感動詞)」、「がらがら(副詞→名詞)」など。

**ひんしのはくちょう【▼瀕死の白鳥】** 《原題La mort du cygne(フランス)》バレエ作品。音楽はサン＝サーンスが作曲。一九〇五年初演。

**ひんじ-も【品字藻】** ウキクサ科ウキクサの変種。水田や池に群生。葉状体が細長い楕円形で基部に長柄をもち、相互につながっている。

**ひん-じゃ【貧者】** まずしい人。the poor 対義富者。

**貧者の一灯**(ひんじゃのいっとう) 《「一灯」は、神仏にそなえる一つの灯明。「長者の万灯より」の下に続く語》まごころこそ尊いことのたとえ。widow's mite 類似貧女の一灯。

**ひん-じゃく【貧弱】**(名・形動) ①弱々しく、頼りないこと・さま。feebleness ②見劣りすること・さま。みすぼらしいこと・さま。poorness

**ぴん-しゃん**(副・サ変自) 年のわりに元気なさま。ぴんぴん。hale and hearty; lively 用例 まだ―としている。

**ひん-しゅ【品種】** ①種類。sort; kind ②家畜や作物で、特定の形質が同じ集団の単位。species; race ③生物学上、同一種中少しずつちがった形質をもつ一群の単位。species; race

**ひんしゅ-かいりょう【品種改良】** 農作物や家畜の既存の品種から交雑や突然変異など遺伝形質の改善によって新しい品種を作り出すこと。plant breeding; breed improvement

**ひん-しゅく【▼顰▼蹙】**(名・サ変自) 顔をしかめること。まゆをひそめること。frown

**顰蹙を買う**(ひんしゅくをかう) よくないとして、人々から嫌われ非難される。be frowned at

**ひん-しゅつ【頻出】**(名・サ変自) ①しきりに現れること。frequent appearance 用例 ―文字。②次々に事が起こること。occur frequently 用例 ―する事故。

**ひん-しょう【貧小】**(名・形動) 小さく見劣りすること・さま。貧弱。small and poor

**びん-しょう【敏▼捷】**(名・形動) すばしこいこと・さま。機敏。alacrity 対義鈍重。

**びん-しょう【▼憫笑】**(名・サ変他) あわれみわらうこと。比較冷笑。

**びん-じょう【便乗】**(名・サ変自) ①ついでの車・船などに相乗りすること。take passage in ②機をとらえ、うまく利用すること。take advantage of 用例 時勢に―する。用例 社長の車に―する。

**ひんし-るい【貧歯類】** 哺乳類の一目。歯がないか、または、あっても歯にエナメル質を欠く。現存種はアリクイ科・アルマジロ科・ナマケモノ科の三科。おもに中南米、一部は北米にも分布。

**ひんし-ろん【品詞論】** 語論とも。文法研究の一分野。語について、語義・語形・職能を明らかにし、品詞分類をしたり、品詞相互の関係を明らかにしたりする。

**ピン-ズ【餅子中】**(bing-zi) 麻雀牌のうち、表面に渦巻き模様が彫られた一から九までの数牌。筒子。品子。

**びん-ずい【便▽追・▽木▼鷚】** セキレイ科の鳥。翼長約八・五cm。樹上で尾を上下に振りながら美声で鳴く。北海道・本州・四国に分布。キヒバリ。→写

●ビンズイ

**ヒンズー-きょう【ヒンズー教】** インド固有の民族宗教の総称。バラモン教が民間信仰を摂取し、ジャイナ教や仏教の影響をも部分的に受けて、四世紀ごろに形成されたもの。数千年の歴史的背景があり、その様相も祖先崇拝・偶像崇拝・汎神論哲学など多種にわたり、多くの宗派に分かれる。インド教。Hinduism

**ヒンズーきょう-さんしん【ヒンズー教三神】** ヒンズー教の三主神。世界創造神ブラフマー・世界維持神ビシュヌ・世界破壊神シバ。宇宙の本体である最高のブラフマンがこの三神において顕現することを「三神一体」という。Trimurti

**ヒンズークシ-さんみゃく【ヒンズークシ山脈】**(Hindu Kush) アジア中部、パミール高原から南西に走る山脈。アフガニスタンの脊梁をなす。最高峰ティリチミール山は標高七六九〇m。

**ヒンズー-ぶんか【ヒンズー文化】** 紀元前一五〇〇年ごろインドに成立したヒンズー教を背景に興った文化。大部分のインド人の生活を規定。厳格な身分観念をもち、カースト制度をしく。

**びん-ずら【▽角▽髪】** 古代の男子の結髪の一つ。髪を真ん中から左右に分け、耳のあたりで輪にして束ねる。みずら。

**ひん・する【貧する】**(サ変自) 貧乏する。貧す。become poor

**貧すれば鈍する**(ひんすればどんする) 貧乏すると、その苦労のために頭の働きがにぶくなる。Poverty dulls the wit.

**ひん・する【▼瀕する】**(サ変自) 迫る。近づく。ひんす。be on the point of 用例 死に―。

**びんずる【▽賓頭▼盧】** 《仏教語。Pindola 梵の音写で、不動の意》釈迦の弟子で、十六羅漢の筆頭。バラモン族の出身。涅槃の境地に入らず、この世で衆生を助ける存在とされる。日本ではこの像をなでて病気平癒を祈る信仰で知られる。おびんずるさま。なでぼとけ。賓頭盧頗羅堕。

**ひん-せい【品性】** ①道徳的に見た性格。character ②人品。人柄。personality

**ひん-せい【▼稟性】** 持って生まれた性質。天性。稟質。nature

**ひん-せき【▼擯斥】**(名・サ変他) 卑しんで、のけものにすること。排斥。

**ピンセット【pincette】** V字形の金属製器具。小さな物をはさむのに使う。

**ひん-せん【貧▼賤】**(名・形動) まずしくて身分の低いこと・さま。poverty and meanness 対義富貴。用例 ―の徒。

**びん-せん【便船】** ちょうど都合よく出る船。

**びん-せん【便▼箋】** 手紙などを書くための用紙。レターペーパー。letter paper

**びん-ぜん【▼憫然・▼愍然】**(形動トタル) かわいそうなさま。pitiable

**ひん-そう【貧相】**(名・形動) ①貧乏たらしい顔つき・身なり。poor-looking 対義福相。②みすぼらしいこと・さま。貧弱。poorness

**びん-そぎ【▼鬢▽除(ぎ)・▼鬢▼枇・▼鬢▼曾木・▼鬢▽削(ぎ)】** 女子の成人儀礼として鬢先の毛をそぐこと。近世では、一六歳の六月一六日に行った。

**びん-そく【敏速】**(名・形動) すばやいこと・さま。alacrity 対義遅鈍。

**ピン-ぞろ【▽一▼揃】** 二個以上の賽を振ったとき、どの目もそろって一が出ること。

**ひん-だ【貧打】** 野球で、打撃がふるわないこと。用例 ―戦。

**びん-た** 《「鬢端」の末尾の「ん」、また「鬢たぶ」の「ぶ」の落ちた語という》①鬢の毛のびんの部分。②平手でほおを打つこと。slap 用例 ―を張る。

**ピンター【Harold Pinter】**(一九三〇〜) イギリスの劇作家。恐怖と滑稽との融合した劇を書く。戯曲『管理人』『昔の日々』など。

**ヒンターランド**【Hinterland ドイ】都市の経済的なはたらきと密接な関係をもつ周辺の地域。後背地。hinterland

**ピン-タック**【pin tuck】布を一定の間隔でつまみ縫いするタックのもっとも細いもの。ブラウスなどの装飾用。

**ピンダロス**【Pindaros】(BC五一八 BC四四八) ギリシアの叙情詩人・合唱歌詩人の第一人者。詩句の華麗さでは比類がない。祭典競技の勝利者をたたえる『競技祝勝歌』四巻などが現存する。

**ビンタン-とう**【ビンタン島】(Pulau Bintan) インドネシア、スマトラ島東岸にあるリアウ諸島の主島。面積一〇八〇km²。ボーキサイトを産出。

**ピンチ**【pinch】危機。難局。用例 ― を切り抜ける。

**ピンチ-コック**【pinch cock】ゴム管の留め具。管内の液体または気体の流れを止める時に使う。↓図

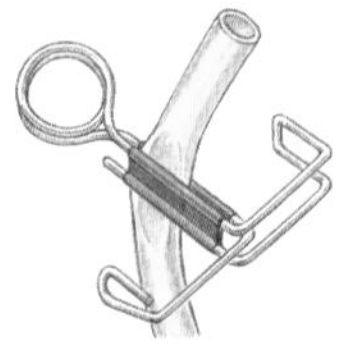

●ピンチコック

**ピンチ-ヒッター**【pinch hitter】↓だいだ(代打)

**ピンチョン**【Thomas Pynchon】(一九三七 ) アメリカの小説家。知識人の自己崩壊の過程を描く『V.』や『重力の虹』などがある。

**ピンチ-ランナー**【pinch runner】↓だいそう(代走)

**びん-つけ**【▼鬢付け】「鬢付け油」の略。

**びんつけ-あぶら**【▼鬢付(け)油】頭髪につける油の一種。菜種油と晒し木蠟および香料を混ぜたもの。日本髪で、おくれ毛を止め、髪型を固めるのに利用。

**びん-づめ**【瓶詰(め)・▼壜詰(め)】ガラスびんに食品を詰め、密封・加熱殺菌したもの。殺菌しないものは「びん入り」という。bottled

**ビンツロング**【binturong】樹上にすむジャコウネコ科の哺乳類。体長約九〇cm。ものに巻きつく長い尾がある。夜行性で雑食性。東南アジアに分布。

**ひん-てい**【浜堤】海岸に波が打ち上げた砂礫が、波打ちぎわ付近に堆積して堤状になって続いている地形。beach ridge

**ヒンディー-ご**【ヒンディー語】インド共和国の公用語。インド-ヨーロッパ語族インド-イラン語派に属する。ヒンドスターニー語から分岐したもので、サンスクリット語の影響を受ける。文字はナーガリ文字。Hindi

**ビンディング**【binding】スキー板に靴を固定するための締め具。

**ビンディング**【Rudolf Georg Binding】(一八六七 一九三八) ドイツの小説家。作品『身代り』など。

**ビンテージ**【vintage】①ワインの原料となるブドウの収穫年度。または、ブドウの当たり年に、定評ある醸造元でつくり、その年度をラベルに明示したワイン。ビンテージ物。②商品の製造年度・製作年代。

**ヒンデミット**【Paul Hindemith】(一八九五 一九六三) ドイツの作曲家。第一次大戦直後、新即物主義を旗印に、音そのものの動きの喜びを中心とした作風で、現代の代表的作曲家の一人となった。オペラと交響曲『画家マティス』など。

**びん-でん**【便殿】天皇・皇后などの休息所。べんでん。

**ヒンデンブルク**【Paul von Hindenburg】(一八四七 一九三四) ドイツの軍人・政治家。第一次大戦で戦功をたて元帥。敗戦後引退したが、一九二五年共和国大統領に就任。初めナチ党をおさえたが、三三年ヒトラー政権成立を許した。

**ヒント**【hint】問題を解くための手がかり。暗示。示唆。用例 ― を与える。

**ひん-ど**【頻度】繰り返して起こる度数。frequency 用例 ― 数。

**ぴん-と**(副) ①勢いよくそり返ったり、はね上がったりするさま。with a jerk 用例 ― はねる。②糸・布などがゆるみなく張っているさま。tight; taut 用例 釣り糸が ― 張る。③すぐに察知するさま。sense immediately 用例 第六感に ― くる。

**ピント**《brandpunt オランダから》①目やレンズの焦点。とくに写真機のレンズの焦点。focus ②《転じて》物事のいちばん大事な中心点。考えなどが集中する点。point

**ピントが外れる**(ピントがはずれる) ①レンズの焦点が合わず、像がぼける。be out of focus ②物事の肝心な点がはっきりしない。することが的からはずれ、ちぐはぐである。be off the point

**ひん-とう**【品等】①品位と等級。quality and grade ②批評して等級を決めること。その品位の等級。グレード。grade

**ヒンドゥークシ-さんみゃく**【ヒンドゥークシ山脈】(Hindu Kush) ↓ヒンズークシさんみゃく(ヒンズークシ山脈)

**ピントゥリッキョ**【Pinturicchio】(一四五四ごろ 一五一三) イタリア-ルネサンスの画家。装飾的な工夫をこらし諸聖堂の天井画や壁画を描く。

**ピンドス-さんみゃく**【ピンドス山脈】(Pindhos Oros) ギリシア北西部をアルバニア国境付近まで南北に走る山脈。標高二〇〇〇m。

**ヒンドスターニー-ご**【ヒンドスターニー語】インド-ヨーロッパ語族の近代インド語の一つ。北インド一帯で使用されたヒンズー教徒とイスラム教徒の共通会話用語。ヒンディー語・ウルドゥー語はこれから派生したもの。Hindustani language

**ヒンドスタン-へいげん**【ヒンドスタン平原】(Hindustan) インド北部、ヒマラヤ山麓に広がる大平原。狭義にはガンジス川・ブラマプトラ川流域をいい、インド最大の農業地帯で人口密度が高い。

**びん-なが**【▼鬢長】サバ科の海水魚。胸びれが長い小形のマグロ。全長約一・二m。全世界の暖海域に分布。肉は白身でシーチキンとよばれ、主として缶詰用。シビ。ビンチョウ。トンボ。albacore

**びん-な・し**【便無し】古語(形ク) ①つごうが悪い。時機が悪い。用例 今日はいと ― ・くなむはべるべき(源氏・若紫)。②けしからぬことだ。とんでもない。用例 ― ・きふるまひや現はれむと、人のためもいとほしく(源氏・帚木)。

**ピンナップ-ガール**【pin-up girl】壁などに飾る美人写真のモデル。

**ひん-にょう**【頻尿】排尿回数が異常に多い状態。膀胱炎・前立腺炎・尿道炎などの尿路系の障害のほか、糖尿病や神経の緊張でもおこる。pollakiuria

**ひんにょ-の-いっとう**【貧女の一灯】(連語)まごころこそ尊いということ。

**ひん-のう**【貧農】まずしい農家・農民。poor peasant 対義 富農。

**びんばしゃら**【▼頻婆▼娑羅】《Bimbisāra 梵の音写》古代インドのマガダ国王。釈迦に帰依し竹林精舎を建てたが、子の阿闍世に殺害された。ビンビサーラ。

**ひん-ぱつ**【頻発】(名・サ変自) よくない物事がしきりに起こること。続発。occur frequently

**びん-ぱつ**【▼鬢髪】びんの部分の髪の毛。

**ひん-ぱん**【頻繁】(名・形動) 繰り返し、また次々に起こること・さま。しきり。frequent

**びんぴ**【▼閔妃】(一八五一 一八九五) 朝鮮、李朝第二六代高宗(=李太王)の妃。大院君を排し、閔氏勢力の中心人物として内政外交を支配。日清戦争後は親露政策をとって日本を排斥したため、日本側の陰謀により暗殺された(=乙未事変)。

**ひん-ぴょう**【品評】(名・サ変他) 優劣を評し定めること。品定め。criticism

**ひん-ぴん**【頻頻】(形動トタル) 同じ物事が何度も起こるさま。frequent

**ぴん-ぴん**(副・サ変自) ①勢いよくはねるさま。張りがあるさま。flap 用例 エビが ― はねる。②健康で元気なさま。hale and hearty 用例 おかげさまで ― しています。③相手の気持ちなどが強く伝わりひびくさま。straight 用例 思いが ― 伝わる。

**ひん-ぷ**【貧富】貧しいことと、富み栄えること。貧乏と富裕。貧民と金持ち。the rich and the poor

**ひん-ぷん**【▼繽紛】(形動トタル) ①多くのものが入り乱れるさま。②多くてさかんなさま。

**びん-ぼう**【貧乏】(名・形動・サ変自) 暮らしが思うようにならないこと・さま。生活が苦しいこと・さま。まずしいこと・さま。poverty 用例 ― な暮らし。

**貧乏人の子沢山**(びんぼうにんのこだくさん) 貧乏で、財産が何もないのに、子供だけはたくさん持っているということ。また、貧乏な人には子沢山の人が多いということ。貧者に子沢山。Poor people have large families. 類似 貧乏柿に種多し。貧乏核柿。比較 律義者の子沢山。

**貧乏、暇無し**(びんぼう、ひまなし) 貧乏で生活に追われ、時間の余裕がないことを言う。Poor men have no leisure.

**びんぼう-かずら**【貧乏▼葛】ヤブガラシの別名。

**びんぼう-がみ**【貧乏神】①貧乏をもたらすという神。破れた渋団扇を持ち悲しそうに色青ざめ、やせた姿といわれる。貧鬼。窮鬼。deity of poverty ②不景気・不幸などの原因をもたらす人をたとえていうことば。Jonah ③《幕内力士と取り組むことが多く、割りに合わないことから》相撲の番付で、十両筆頭の力士。

**貧乏神に取り憑かれる**(びんぼうがみにとりつかれる) 貧乏で身動きがとれない状態にある。貧乏からどうにも抜け出せないでいるさまに言う。be poverty-stricken

**びんぼう-くじ**【貧乏▼籤】損な役割。不利な運命。bad lot

**貧乏籤を引く**(びんぼうくじをひく) 他にくらべて不利な籤を引く。転じて、いちばん損な役回りに当たる。貧乏籤を取る。draw a bad lot

**びんぼう-しょう**【貧乏性】①生活は楽なのに気分にゆとりのない性質・人。②物事にくよくよする性分。

**びんぼう-どくり**【貧乏徳利】注ぎ口の部分が長く、胴のふくらみの少ない陶製の徳利。ふつうの徳利よりも細くて貧相に見える。備前産より粗製だった備後徳利からの転ともいわれる。

**びんぼう-ゆすり**【貧乏揺すり】(名・サ変自) 膝などを、絶えず揺すること。貧乏ゆるぎ。nervous habit of shaking

**びんぼう-ゆるぎ**【貧乏揺るぎ】①貧乏揺すり。②わずかに揺れること。

**ピンホール-カメラ**【pinhole camera】暗箱の一方に〇・三〜〇・四mmの小孔(=ピンホール)をあけ、反対側に感光材料を挿入して撮影する簡易カメラ。全体にピントが合うが長時間の露出が必要。針穴写真機。

**ピンホール-カラー**【pinhole collar】ワイシャツの襟型の一つ。襟の前端にピンを渡して留められるようにした襟。アイレットカラー。↓ワイシャツ図

**ピン-ぼけ**(名・形動・サ変自)《「ピン」は「ピント」の略》①写真などで、ピントが合わず、画面がぼけていること・さま。その写真。out of focus ②問題の中心点からずれて言うこと・人・さま。off the point 用例 あの発言は少々 ― だ。

**ピン-ポン**【ping-pong】↓たっきゅう(卓球)

**ひん-まが・る**【ひん曲(が)る】(五自)《俗語。「ひん」は強意の接頭語》強くぐっと曲がる。bend

**ひん-ま・げる**【ひん曲げる】(下一他)《俗語。「ひん」は強意の接頭語》強く曲げる。ひどく曲げる。bend

**ひん-みん**【貧民】まずしい人々。細民。the poor

**ひんみん-くつ**【貧民▼窟】貧民が集まって住んでいる所。スラム街。貧民街。slums

**ひん-む・く**【ひん▼剝く】(五他)《俗語。「ひん」は強意の接頭語》手荒くはぐ。ひきはがす。tear off

**ひん-めい**【品名】品物の名前。name of an article

**ひんもう-るい**【貧毛類】環形動物の一綱。ミミズの類。体は長く、ほとんど等しい大きさの体節に分かれ、横断面は円形。各体節の体壁上に剛毛が並ぶ。雌雄同体。世界で約二八〇〇種が知られている。oligochaete

**ひん-もく**【品目】品物の目録・項目・種類。list of articles

**ひんやり**(副・サ変自) 冷たさ・涼しさを感じるさま。chilly 用例 ― とした夜風。

**びん-らん**【便覧】↓べんらん(便覧)

**びん-らん**【▼紊乱】(名・サ変自他)《「ぶんらん」の慣用読み》道徳・秩序をみだすこと。みだれること。disorder 用例 風紀 ― 。

●ビンロウジュ

**びんろう-じゅ**【▼檳▼榔樹】ヤシ科の常緑高木。高さ約二〇m。幹は直立し、輪紋がある。大きな羽状複葉が幹頂に叢生。果実は卵大で食用。種子は檳榔子で薬用・染料用。ビンロウ。マレーシア原産。betel plam tree ↓写

**びん-わん**【敏腕】(名・形動) 物事をてきぱきさばく腕前。腕利き。ability 用例 ― 家。

# ふ フ

ふ【ふ・フ】五十音図は行第三の仮名。平仮名「ふ」は「不」の草体。片仮名「フ」は「不」の略形。濁音は「ぶ」「ブ」、半濁音は「ぷ」「プ」。

フ 4画【不】部首[一] 教育小4 JIS 4152
音 フ・ブ・フウ・フツ・ヒ
不 不 不 不
①よくない。「不況・不評」用例(接頭)―景気。―所存。―届き。②…でない。…しない。比較 非・無。「不安・不意・不易・不得手・不可・不覚・不急・不具・不信・不足・不平・不利」用例(接頭)―一致。―必要。↓ブ[不]

フ 4画【▼仆】部首[人・亻] JIS 4829
音 フ・ホク
たおれる。たおれふす。前へのめり、ふす。

フ 4画【夫】部首[大] 教育小4 JIS 4155
音 フ・フウ・ブ
訓 おっと
夫 夫 夫 夫
①おっと。対義 妻・婦。「一夫多妻・匹夫匹婦・夫君・夫妻」②おとこ。対義 婦。「田夫野人・匹夫・凡夫」③はたらく男。対義 婦。「工夫・水夫・人夫・農夫」用例(接尾的)雑役―。④それ。かの。かな。↓フウ[夫]

フ 4画【父】部首[父] 教育小2 JIS 4167
音 フ・ホ
訓 ちち
父 父 父 父
①ちち。対義 子・母。「義父・厳父・慈父・実父・祖父・父兄」②としとった男。「田父・父老」

フ 5画【付】部首[人・亻] 教育小4 JIS 4153
音 フ
訓 つける・つく
付 付 付 付 付
①つける。つく。比較 附。「添付・付加・付近・付着」②わたす。さずける。あたえる。「下付・回付・還付金・給付・交付・送付・納付・付与」

フ 5画【布】部首[巾] 教育小5 JIS 4159
音 フ・ホ
訓 ぬの
布 布 布 布 布
①ぬの。きれ。おりもの。「絹布・敷布・湿布・綿布・毛布」②しく。ひろめる。ならべる。ゆきわたる。比較 敷。「公布・散布・発布・分布・布教・布告・布施・布置」

フ 7画【▼孚】部首[子] JIS 5353
音 フ
①たまご。たね。鳥の卵。植物の種子。②かえす。卵をかえす。③やしなう。はぐくむ。「孚育」④まこと。誠実。

フ 7画【▼巫】部首[工] JIS 5464
音 ブ・フ
みこ。かんなぎ。神をまつり、神楽をまい、神意をうかがう人。「巫祝・巫術・巫女」

フ 7画【▼芙】部首[艹] 人名用 JIS 4171
音 フ
①ハス。スイレン科の多年草。はちす。②「芙蓉」は、㋐ハスの花の別名。㋑アオイ科の落葉低木。木芙蓉。

フ 7画【扶】部首[扌] 常用 JIS 4162
音 フ
たすける。世話をする。「家扶・扶育・扶助・扶植・扶養」

フ 8画【▼咐】部首[口] JIS 5085
音 ホ・フ
いいつける。命令する。

フ 8画【▼坿】部首[土] JIS 5220
音 フ
①水晶。石英。②ます。つけたす。ふやす。

フ 8画【府】部首[广] 教育小4 JIS 4160
音 フ
府 府 府 府 府 府
①みやこ。まち。中心地。比較 都。「首府・城府」用例(名)学問の―。②役所。官庁。「政府・幕府」用例(名)文教の―。③くら。ものをしまっておく建物。「秘府・府庫」④地方公共団体の一つ。「府下・府庁」用例(名)都道―県。京都―。

フ 8画【▼苻】部首[艹] JIS 7188
音 フ
①クズにた草。②たねのかわ。さや。草の種をつつんでいるもの。

フ 8画【附】部首[阝] 常用 JIS 4177
音 フ・ブ
つく。つける。そえる。「附則・附属・附録」参考 法令以外では、多く付を用いる。

フ 8画【怖】部首[忄] 常用 JIS 4161
音 フ・ホ
訓 こわい
こわがる。おそれる。おじる。こわい。「畏怖・恐怖」

フ 8画【▼拊】部首[扌] JIS 5735
音 フ
①なでる。さする。なぐさめる。②たたく。うつ。かるくうつ。③つく。つける。

フ 8画【▼斧】部首[斤] JIS 4164
音 フ
おの。まさかり。「石斧・斧鉞・斧鑿・斧正」

フ 8画【歩】部首[止] 教育小2 JIS 4266 7画【▼步】旧字
音 ホ・ブ・フ
訓 あるく・あゆむ
筆順↓ホ[歩]
将棋のこまの一つ。歩兵のこと。用例(名)―を取る。↓ブ・ホ[歩]
**歩の無い将棋は負け将棋**(ふのないしょうぎはまけしょうぎ)《将棋で、強力な駒はあっても、歩兵の多くを失った側にまず勝目のないことから》どんな小さな役割でも、それを果たす者が存在しなければ、全体の力は機能しえないたとえ。

フ 8画【▼阜】部首[阜] JIS 4176 3画【▼阝】異体字 部首[阝]
音 フ
①おか。くが。大陸。②部首の一つ。おか。漢字の偏になると、省略形の阝となり、こざとへん。

フ 9画【▼俘】部首[人・亻] JIS 4858
音 フ
とりこ。捕虜。「俘囚・俘虜」

フ 9画【▼俛】部首[人・亻] JIS 4859
音 ベン・フ
ふせる。うつむく。下をむく。↓ベン[俛]

フ 9画【▼枹】部首[木] JIS 5952
音 ホウ・フ
ばち。太鼓・銅鑼などをうつ棒。↓ホウ[枹]

フ 9画【▼柎】部首[木] JIS 5953
音 フ
①うてな。はなぶさ。萼。②いかだ。木材をならべて、つなぎあわせ、水にうかべるもの。

フ 9画【▼畉】部首[田] JIS 6526
音 フ
たがやす。すく。田をたがやす。

フ 9画【▼罘】部首[罒] JIS 7009
音 フ
①あみ。特に、ウサギをとらえる網。②かさねる。

フ 9画【▼訃】部首[言] JIS 7530
音 フ
つげる。しらせる。しらせ。人が死んだというしらせ。「訃音・訃報」

フ 9画【負】部首[貝] 教育小3 JIS 4173 9画【▼負】旧字
音 フ・ブ
訓 まける・まかす・おう
負 負 負 負 負 負
①まける。まけ。対義 勝。「勝負」②おう。せおう。うける。「負債・負傷・負担」③いだく。たのむ。たのみとする。「自負・抱負」④数学で、ゼロより少ない数。マイナス。対義 正。「負号・負数」用例(名)―の数。⑤理科で、陰電気の性質。用例(名)―の電子。

フ 9画【赴】部首[走] 常用 JIS 4175
音 フ
訓 おもむく
おもむく。むかう。目的地へいく。「赴任」

フ 9画【風】部首[風] 教育小2 JIS 4187
音 フウ・フ
訓 かぜ・かざ
筆順↓フウ[風]
①すがた。様子。ならわし。土地がら。「風情・風土記」②病気の名。「中風」↓フウ[風]

フ 10画【▼俯】部首[人・亻] JIS 4877
音 フ
ふせる。うつむく。かがむ。対義 仰。「俯瞰・俯仰」

フ 10画【▼莩】部首[艹]
音 フ・ヒョウ
うすかわ。あまかわ。アシの茎の中にある、うすい白皮。↓ヒョウ[莩]

フ 10画【▼郛】部首[阝] JIS 7830
音 フ
くるわ。城の外まわりの囲い。城郭。

フ 10画【浮】部首[氵] 常用 JIS 4166 10画【▼浮】旧字
音 フ
訓 うく・うかれる・うかぶ・うかべる
①うく。うかぶ。うかべる。対義 沈。「浮上・浮標・浮揚・浮力」②ただよう。固定していない。「浮雲・浮動・浮遊・浮浪」③うき。うきぶくろ。ブイ。④かるがるしい。よりどころのない。「軽浮・浮言・浮説・浮薄」⑤うかれる。はしゃぐ。

フ 10画【▼釜】部首[金] JIS 1988 10画【▼釡】異体字 JIS 7861
音 フ
かま。食べ物を煮たきする道具。「釜中」

フ 11画【▼埠】部首[土] JIS 4154
音 ホ・フ
①はとば。船着き場。「埠頭」②おか。つか。高く盛った土。

フ 11画【婦】部首[女] 教育小5 JIS 4156 11画【▼婦】旧字
音 フ
婦 婦 婦 婦 婦 婦
①つま。よめ。対義 夫。「一夫一婦・主婦・新婦・貞婦」②おんな。対義 夫。「農婦・婦女・婦人」用例(接尾的)家政―。看護―。保健―。③看護婦のこと。「婦長」

フ 11画【▼桴】部首[木] JIS 5979
音 フ
①ばち。太鼓・銅鑼などをうつ棒。②いかだ。木材をならべて、つなぎあわせ、水にうかべるもの。

フ 11画【▼殍】部首[歹] JIS 6143
音 ヒョウ・フ
うえじに。餓死する。餓死者。

フ 11画【符】部首[竹] 常用 JIS 4168
音 フ
①わりふ。竹片や木片にしるしの文字や印をおし、二つにわったもの。別々にもっていて、後日の証拠とする。「割符・符節・符丁」②しるし。「音符・休符・勘合符・符号」③あう。ぴったりとあう。「符合」④ふだ。「切符・護符」⑤律令制の政治で、上級官庁が下級官庁にだした文書。

フ 11画【▼趺】部首[足] JIS 7671
音 フ
あしをくんですわる。あぐら。「結跏趺坐」

フ 12画【▼傅】部首[人・亻] JIS 4892
音 フ
①かしずき。もり。そばにつかえて養育する人。「師傅」②かしずく。つきそう。たすける。

ふ

▼常用漢字表外。 ▽常用漢字表の音訓外。

「傅育」

**フ** 12画【富】 部首[宀] 教育小5 JIS 4157 ／ 11画【冨】 部首[冖] 異体字 JIS 4158
音 **フ・フウ** 訓 **とむ・とみ**
とむ。ゆたか。とみ。対義 貧。「国富・豊富」「富貴・富強・富豪」↓フウ[富]

**フ** 12画【普】 部首[日] 常用 JIS 4165
音 **フ**・ホ
①ゆきわたる。あまねし。みな。「普及・普通・普遍」②プロシア(普魯西)のこと。「普仏戦争」

**フ** 12画【腑】 部首[月] JIS 7105
音 フ
はらわた。内臓。「臓腑・肺腑・六腑」
**腑に落ちない**(ふにおちない) 納得がいかない。cannot understand

**フ** 12画【跗】 部首[足]
音 フ
①あなひら。足の甲。②ものの台のあし。③くびす。きびす。かかと。

**フ** 12画【鈇】 部首[金]
音 フ
おの。まさかり。大形のおの。

**フ** 13画【溥】 部首[氵] JIS 6280
音 ホ・フ
①ゆきわたる。あまねし。みな。②ひろい。おおきい。

**フ** 13画【艀】 部首[舟] JIS 7157
音 フ
はしけ。はしけぶね。波止場と停泊中の船とのあいだを行き来する小ぶね。

**フ** 13画【蜉】 部首[虫] JIS 7374
音 フ
①「蚍蜉」は、オオアリ。アリ科の昆虫のうち、大形のもの。②「蜉蝣」は、カゲロウ。カゲロウ目に属する昆虫。短命なので、はかないことのたとえに引かれる。

**フ** 13画【鳧】 部首[鳥] JIS 8274 ／ 9画【凫】 異体字 JIS 8275
音 フ
①カモ。ガンカモ科の水鳥。②けり。㋐ケリ。チドリ科の鳥。㋑ものごとの結末。しめくくり。

**フ** 14画【孵】 部首[子] JIS 5359
音 フ
かえす。卵をかえす。「孵化・孵卵」

**フ** 14画【榑】 部首[木] JIS 6052
音 フ
くれ。①皮がついたままの材木。②へぎいた。そぎいた。うすい板。

**フ** 14画【腐】 部首[肉] 常用 JIS 4169
音 **フ**
訓 **くさる・くされる・くさらす**
①くさる。くさらす。「腐朽・腐食・腐敗・腐乱」②ふるい。ふるくさい。「陳腐」③苦心する。心をいためる。「腐心」④昔、中国で男子を去勢した刑。

**フ** 14画【誣】 部首[言] JIS 7556
音 ブ・フ
しいる。事実をまげていう。「誣言・誣告」

**フ** 15画【敷】 部首[攵] 常用 JIS 4163 ／ 15画【敷】 旧字
音 **フ**
訓 **しく**
①しく。ならべる。「敷設」②ひろめる。ひろげおよぼす。比較 布。「敷衍」

**フ** 15画【膚】 部首[月] 常用 JIS 4170
音 **フ**
はだ。はだえ。からだの表皮。「完膚・身体髪膚・皮膚」

**フ** 15画【賦】 部首[貝] 常用 JIS 4174
音 **フ**
①わりあて。とりたて。とりたてること・もの。「月賦・年賦」「賦課」②さずかる。さずける。あたえる。「天賦」「賦与」③のべる。漢詩をつくる。漢詩。「賦詠」④中国の韻文の一種。対句を用い、韻をふむもの。『楚辞』の系統をひく。漢代に完成された。用例(名)赤壁の—。⑤詩や歌。用例(名)早春の—。

**フ** 15画【麩】 部首[麦] JIS 8347 ／ 11画【麸】 部首[麦] 異体字 JIS 8348 ／ 16画【麬】 異体字
音 フ
①ふすま。小麦をひいたときにでる皮のくず。②小麦粉のグルテン(麩素)をとりだして加工した食品。蛋白質が豊富で消化もよい。

**フ** 16画【鮒】 部首[魚] JIS 4211
音 フ・ブ
フナ。コイ科の淡水魚。「轍鮒の急」

**フ** 17画【賻】 部首[貝] JIS 7650
音 フ
おくる。死者の家族に金品をおくる。また、その金品。

**フ** 19画【譜】 部首[言] 常用 JIS 4172 ／ 20画【譜】 旧字
音 **フ**
①音楽の曲を音符でかいたもの。「音譜・楽譜」「譜面」用例(名)—が読めない。②ものを順序だててかいたもの。「系譜・図譜・年譜」用例(名)梅花の—。《接尾的》百花—。③つぐ。ひきつぐ。「譜代」④碁・将棋の記録。用例(助数)第三—。

**フ** 19画【黼】 部首[黹] JIS 8369
音 フ・ホ
あや。ぬい。ぬいとり。刺繡。

**ふ**【生】 草木の生えている所。用例 芝—。
**ふ**【斑】 まだら。ぶち。斑点。spot
**ふ**【経】 古語(下二自)↓へる(経る)
**ふ** 古語(助動 四段型)《四段の動詞の未然形に付く》動作・作用の継続や反復の意を表す。用例 黄葉の散らふ山辺ゆ(万葉・一五・三七〇四)。参考 奈良時代に用いた。

**ぶ**【ぶ・ブ】↓ふ【ふ・フ】

**ブ** 4画【不】 部首[一] 教育小4 JIS 4152
音 **フ・ブ**・フウ・フツ・ヒ
筆順 ↓フ[不]
①よくない。用例(接頭)—器量。—作法。—調法。—用心。②…でない。…しない。「不祝儀・不精・不粋」↓フ[不]

**ブ** 4画【分】 部首[刀] 教育小2 JIS 4212
音 **ブン・フン・ブ**
訓 **わける・わかれる・わかる・わかつ**
筆順 ↓ブン[分]
①ぐあい。勝負のなりゆき・よしあしの形勢。用例(名)—が悪い。②あつみ。用例(名)—が厚い。③一割・一寸・一匁・一文の一〇分の一。用例(接尾)十文三—の足袋。八—の利子。④昔のお金の単位。一両の四分の一。↓フン・ブン[分]
**分が悪い**(ぶがわるい) 形勢が不利である。また、割りがよくない。損だ。be at a disadvantage 用例 このけんかは、こちらに—。

**ブ** 4画【毋】 部首[毋] JIS 6157
音 ブ・ム
①なかれ。…するな。禁止の意。②ない。…がない。否定の意。③部首の一つ。なかれ。

**ブ** 8画【侮】 部首[人・亻] 常用 JIS 4178 ／ 9画【侮】 旧字
音 **ブ**
訓 **あなどる**
ばかにする。あなどる。あなどり。「軽侮」「侮辱・侮蔑」

**ブ** 8画【奉】 部首[大] 常用 JIS 4284
音 **ホウ・ブ**
訓 **たてまつる**
つかえる。おおせをうける。「供奉」「奉行」
↓ホウ[奉]

**ブ** 8画【武】 部首[止] 教育小5 JIS 4180
音 **ブ・ム**
①軍事。兵事。対義 文。「文武」「武運・武官」用例(名)—をきそう。②いさましい。たけし。「威武・勇武」「武名・武勇」③武蔵国のこと。「西武」「武州」↓ム[武]

**ブ** 8画【歩】 部首[止] 教育小2 JIS 4266 ／ 7画【步】 旧字
音 **ホ・ブ・フ**
訓 **あるく・あゆむ**
筆順 ↓ホ[歩]
①わりあい。率。「日歩」用例(名)—が高い。②尺貫法の土地面積の単位。坪と同じ。約三・三一㎡。用例(名)五畝六—。③町・反などに添えて、端数のないことを示す。「十町歩」④いくさのためにあつめられた人足。他位の低い兵士。雑兵。夫。↓フ・ホ[歩]
**歩に首を提げられる**(ぶにくびをさげられる) 雑兵に首を打たれる。

**ブ** 11画【部】 部首[阝] 教育小3 JIS 4184
音 **ブ**・ホ
①わける。小わけ。区分したもの。「部首・部品・部分・部類」②組織の区分の一つ。比較 局・課。「学部」「部長」用例(名)—の統制がとれない。《接尾的》営業—。野球—。③分量。「大部」④漢字を字体の構成上から分類した区分。「部首」用例(名)水の—。木の—。⑤区分したものを数えるのに用いる。用例(助数)三—作。『平家物語』一—十二巻。⑥本・新聞などを数えるのに用いる。用例(助数)百—。⑦べ。氏族制度で、地域にまとめて支配した隷属民。

**ブ** 12画【葡】 部首[艹] JIS 4182
音 ホ・ブ
①「葡萄」は、ブドウ科の落葉性つる植物。また、その果実。「葡萄色・葡萄酒・葡萄糖」②ポルトガル(葡萄牙)のこと。「日葡辞書」

**ブ** 12画【無】 部首[灬] 教育小5 JIS 4421 ↓教育小4
音 **ム・ブ**
訓 **ない**
筆順 ↓ム[無]
ない。…がない。「無事・無勢・無難・無頼漢・無礼」用例(接頭)—愛想。—遠慮。—風流。↓ム[無]

**ブ** 15画【嘸】 部首[口] JIS 5163
音 ブ
さぞ。きっと。さだめて。さだめし。さぞかし。

**ブ** 15画【廡】 部首[广] JIS 5507
音 ブ
①ひさし。のき。②やね。家。

**ブ** 15画【蕪】 部首[艹] JIS 4183
音 ブ・ム
①あれる。雑草がおいしげって、あれる。「荒蕪地」②カブ。アブラナ科の一、二年草。かぶら。

**ブ** 15画【憮】 部首[忄] JIS 5667
音 ブ・ム
①いつくしむ。めでる。かわいがる。②がっかりする。心をうしなう。ぼんやりする。「憮然」③おどろく。「憮然」

**ブ** 15画【撫】 部首[扌] JIS 4179
音 フ・ブ
①なでる。さする。また、いつくしむ。かわいがる。「愛撫」「撫育」②おさえる。しずめる。「鎮撫」

**ブ** 15画【舞】 部首[舛] 常用 JIS 4181 ／ 14画【舞】 旧字
音 **ブ**
訓 **まう・まい**
①まう。まい。おどり。「歌舞・邦舞・洋舞・乱舞」「舞楽・舞曲・舞踊」②はげます。ちからづける。「鼓舞」

**ブ** 16画【鋲】 部首[金] 和製漢字 JIS 7907
音 ブ
「鋲力」は、錫をめっきした、うすい鉄板。

**ブ** 18画【鵐】 部首[鳥] JIS 8305
音 ブ
しとど。ホオジロ・ホオアカ・アオジ・クロジなどの総称。

**ぷ**【ぷ・プ】↓ふ【ふ・フ】

**ファー**【fur】 柔毛でおおわれた獣皮。また、その製品。保温性・耐久性に富むが、熱・湿気に弱く、虫害も受けやすい。毛皮。

**ファー・イースト**【Far East】 極東。ヨーロッパを中心に考えたさい、もっとも東に位置する地域。現在の東アジア諸国。

**ファージ**【phage】 ↓バクテリオファージ

**ファージョン**【Eleanor Farjeon】(一八八一〜一九六五) イギリスの女流児童文学者。ファンタジー作

家の第一人者。作品『ムギと王さま』など。

**ファース**[farce] →ファルス

**ファースト**[first] 一(接頭) 第一。最初。最高。 二(名)《first base; first baseman の略》野球で、一塁・一塁手。

**ファースト**[Howard Melvin Fast](一九一四-) アメリカの小説家。作品『アメリカ人』『スパルタカス』など。

**ファースト-クラス**[first class] ①第一級。最上等。②飛行機・船・列車などの客席ランクで、最上級の座席。対義 エコノミークラス。

**ファースト-フーズ**[fast foods] 注文すると、すぐにできあがってくる食品の総称。ハンバーガー・フライドチキンなど。

**ファースト-ラン**[first run] 映画の封切り。封切り興行。

**ファースト-レーン**[fast lane] アメリカなどの大規模スーパーマーケットに設けられている、買物品目の少ない客専用のレジ。日本でも一部で導入。

**ファースト-レディー**[first lady] 各界の最上席・最上位にある夫人。とくに、アメリカの大統領夫人。

**ファーティマ-ちょう**【ファーティマ朝】エジプトおよびシリアのイスラム王朝。シーア派のウバイド=アッラーが九〇九年にアッバース朝から自立してチュニジアに創始。九六九年エジプトを征服。首都カイロ。地中海貿易を独占して繁栄。アズハル大学を創設するなど文化も栄えたが、アイユーブ朝により一一七一年に滅ぼされた。Fatimid dynasty

**ファーブル**[Jean Henri Fabre](一八二三-一九一五) フランスの昆虫学者。中学教師のかたわら、たゆまぬ観察と絵画的文章によって多数の科学書を書いた。著書『昆虫記』。

**ファーム-チーム**[farm team] =ファーム。①アメリカで、大リーグの球団の資本系列に入り、マイナーリーグに所属する球団。②日本のプロ野球の二軍。

**ファーム-バンキング**[firm banking] 銀行が取引先企業に対して行う資金管理サービス。コンピューターや通信回線を利用して行う。

**ファーレンハイト**[Gabriel Daniel Fahrenheit](一六八六-一七三六) ドイツの実験物理学者。水点を三二度、沸点を二一二度とする華氏温度目盛りを定めた。また、水銀温度計を作り、各種物質の氷点・沸点を測定。

**ファイ**【Φ・φ】 ギリシア字母の第二一字。phi

**ぶ-あい**【歩合】 ①二つの量の比。割合。ratio ②手数料。分配高。commission

**ファイア**[fire] ①火。②たき火。用例 キャンプ―。

**ファイアマン**《消防士(fireman)から》野球で、救援投手をいう。relief pitcher

**ぶあい-ざん**【歩合算】 ある金額の元金に対する割合(歩合)の計算。預金利子の計算など。

**ぶあい-せい**【歩合制】 出来高給の一つ。売上高・契約高・水揚げ高などに応じて賃金支払額を決めるもの。commission system

**ぶ-あいそう**【無愛想】(名・形動) 愛想のないこと・さま。ぶあいそ。unfriendly

**ファイター**[fighter] ①闘志のさかんな人。戦士。②ボクシングで、接近戦が得意な攻撃型の選手。

**ファイト**[fight] 元気。気力。闘志。用例 ―を燃やす。

**ファイト-マネー**《和製語》プロボクサー・プロレスラーなどが、試合に参加することに対して受け取る報酬。purse

**ファイナル**[final] トーナメント形式で行われるスポーツ競技で、優勝を決める最後の試合。または、試合の勝敗を決める最後のセットなど。決勝戦。用例 ―セット。

**ファイニンガー**[Lyonel Feininger](一八七一-一九五六) アメリカの画家。直線の交錯と明暗の対比による幾何学的な構成様式を追求。作品『通路と橋』など。

**ファイバー**[fiber] ①繊維。②「バルカナイズドファイバー」の略。

**ファイバー-オプティクス**[fiber optics] ガラスや透明プラスチックの繊維を平行にたばねて、光または像を伝送する光学技術。胃カメラなどの内視鏡、レーザー光利用の光通信などに応用される。

**ファイバースコープ**[fiberscope] グラスファイバーを使った内視鏡の一つ。胃・腸・肺などの診断に用いる。非常に柔軟で患者に与える苦痛も少なく、臓器内の広範囲な観察ができる。↓写

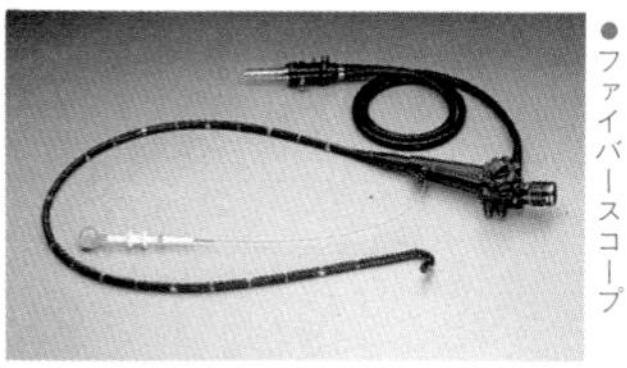
● ファイバースコープ

**ファイバーボード**[fiberboard] 繊維を主原料として熱圧成形した板材料の総称。大部分が木材質の植物繊維。繊維板。

**ファイユ**[faille フランス] 横畝のある絹織物。また、化繊もの。ポプリンに類似。生地に腰がある。

**ファイユーム**[El Faiyūm] エジプト中北部、カイロ南南西九〇kmの都市。オアシスの中心で、綿花・羊毛・小麦などの集散・加工地。人口一六・七万(七九)。

**ファイリング-システム**[filing system] 文書整理の方法の一つ。文書の保管だけでなく、利用度の低くなった文書の置きかえから廃棄までをシステム化したもの。

**ファイル**[file] 一(名) 書類とじ。 二(名・サ変他) つづりこんで整理すること。

**ファイン-ケミカル**[fine chemical] 付加価値が高く、複雑な構造の精密化学製品の総称。多品種少量生産、小資本で生産可能、特徴ある技術、商品性が高いなどの特徴がある。医薬品・香料・公害処理剤など多分野に及ぶ。これらを研究・開発する分野をファイン-ケミストリーとよぶ。

**ファイン-セラミックス**[fine ceramics] 高純度の無機化合物を原料とした窯業製品。耐熱・耐摩耗・耐食・電気絶縁性などに優れ、高温用機械材料・人工骨・電子部品などに応用。

**ファインダー**[finder] ①カメラで、撮影範囲や構図を決めるためののぞき窓。②大望遠鏡で、目標をあらかじめ視界内にとらえるため、平行に取り付けられた付属小型望遠鏡。

**ファイン-プレー**《和製語》スポーツ競技で選手が演じる、とくに見事なプレー。美技。妙技。good play

**ファインマン**[Richard Phillips Feynman](一九一八-一九八八) アメリカの物理学者。量子電磁気学を発展させつつ、朝永振一郎(ともながしんいちろう)とは別に、「くりこみ理論」を完成。一九六五年ノーベル物理学賞受賞。

**ファウスト**[Faust ドイツ] ①ゲーテの戯曲。第一部一八〇八年、第二部一八三二年刊。一六世紀ごろの錬金術師ドクトル-ファウストにまつわる伝説が素材。悪魔メフィストフェレスの助力で若返ったファウストと、少女グレートヘンとの愛、世界遍歴後、神のもとに導かれるファウストの物語。②グノー作曲のオペラ。五幕。バルビエほかの台本によるゲーテの戯曲の音楽化。一八五九年初演。

**ファウナ**[fauna] →どうぶつそう(動物相)

**ファウヌス**[Faunus] 古代ローマの森の神。森のざわめきを発し、予言の力をもつ。また牧人や家畜を守る。ギリシア神話のパンと同一視され、上半身は人間、下半身はヤギで角や蹄(ひづめ)のある姿で考えられている。

**ファウラー**[William Alfred Fowler](一九一一-) アメリカの天体核物理学者。宇宙における元素の生成に重要な核反応の理論的・実験的研究で、一九八三年ノーベル物理学賞受賞。

**ファウル**[foul] ①スポーツで、競技中のプレーヤーまたは関係者の規則に反する行為。反則。②「ファウルボール」の略。

**ファウルズ**[John Fowles](一九二六-) イギリスの小説家。作品『コレクター』『魔術師』『フランス海軍大尉の女』『幼虫』など。

**ファウル-チップ**[foul tip] 野球で、バットをかすり、そのまま捕手に捕球された球。ストライクであるが、捕球されなかった場合、ファウルボールとなる。

**ファウル-フライ**[foul fly] 野球で、ファウルグラウンド上に打ち上げられた飛球。邪飛(じゃひ)。

**ファウル-ボール**[foul ball] 野球で、フェアグラウンド外に落ちた打球。また、野手などに触れずに内野に落ちた後、一・三塁のベースより前でファウルグラウンドへ出た打球。対義 フェアボール。

**ファエドルス**[Gaius Julius Phaedrus](BC一五ごろ-AD五〇ごろ) 古代ローマの寓話(ぐうわ)詩人。解放奴隷(どれい)。簡潔に道徳を説き、寓話詩のジャンルを確立。

**ぶ-あく**【武悪】 ①狂言の作品の一つ。②狂言の面の一つ。目が大きく、口を曲げて食いしばり、恐ろしげだが、滑稽(こっけい)な感じを示す鬼や閻魔(えんま)大王に用いられる。↓写

● 武悪(ぶあく)②

**ファクシミリ**[facsimile] 文字・絵・写真などの静止画像を点などの画素(そが)に分解して、マイクロ波で電送する通信装置。国際電信電話諮問委員会による国際規格が定められている。ファックス。

**ファクション**《和製語。fact と fiction から》事実に虚構を交えた作品。

**ファクター**[factor] ①要因。要素。②因数。

**ファクタリング**[factoring] 債権買い取り業。企業の売り掛け債権を買い取り、みずからの危険負担で代金を回収する業務。銀行などもこの業務に進出している。

**ファクトリー-オートメーション**[factory automation] おもに機械工業や装置工業における工場で、コンピューターによる製造・生産システムの全自動化をはかること。FA。参照 オフィス-オートメーション。

**ファゴッティング-ステッチ**《fagot-stitch から。「ファゴット」は束ねる、の意》ドロンワークで抜いた後に残る糸を直角方向の糸で何本かずつ束ねて止める刺し方。

**ファゴット**[fagotto イタリア] 低音木管楽器。バスーン。

**ファサード**[façade フランス] 西洋建築の正面で、主な入り口のある面。

**ファジー-りろん**【ファジー理論】《「ファジー」は、ぼやけた、の意》真(1)か偽(0)かの二値論理を発展させ、0と1の間の連続数値を与えることで真偽の程度に幅をもたせた数学理論。視覚情報処理や種々のシステム制御などに応用されている。あいまい理論。fuzzy theory

**ファシスタ-とう**【ファシスタ党】 イタリアの行動的右翼政党。一九二一年「戦闘者ファッショ」を改組して成立。党首ムッソリーニ。民兵軍(=黒シャツ隊)を擁し暴力的運動を展開。二二年ローマ進軍を強行して政権を奪取、独裁制を確立。第二次大戦の敗北とともに解体。Fascist Party

**ファシスト**[fascist] ①イタリアのファシスタ党の党員。②ファシズムを信奉する人。

**ファシズム**[fascism] ①イタリアのムッソリーニの独裁政治。②反共的・独裁的で全体主義的・国家主義的な思想・運動・体制の総称。第一次大戦後の革命的状況に対する戦闘的な反革命運動として、世界的規模で発生。独裁と一党支配、思想統制による人権・自由の抑圧、恐怖政治、対外侵略政策などを特徴とする。

**ファス**[Fas] フェスの別称。

**ファスナー**[fastener]《「スライドファスナー」の略》衣服・袋物などに使用する開閉具。チャック。ジッパー。

**ファゼンダ**[fazenda ポルトガル] ブラジルの大土地所有制に基づく農園。また、その経営形態。移民や原住民が園主から土地・農具・住宅を借り、コーヒー・綿などを栽培する。

**ファタハ**[al-Fat'h アラビア] パレスチナ解放機構(PLO)最大の解放組織。議長はアラファト。一九五六年創設。六五年武装闘争を開始。アルファタ。

**ぶ-あつ・い**【分厚い・部厚い】(形) かなりの厚みがある。bulky 派生 ぶあつげ(形動) ぶあつさ(名)

**ファックス**[fax] ファクシミリの通称。

**ファッショ**[fascio イタリア]《束・団、の意》①イタリアのムッソリーニがひきいたファシスタ党の通称。その前身の組織名の「戦闘者ファッショ」から。②《転じて》ファシズム的なやり方・風潮・運動・体制。またはファシスト。

**ファッション**[fashion] 趣味・嗜好(しこう)などの流行一般。とくに、服飾の流行をいう。衣服を中心に、アクセサリー・髪型・化粧などの様式を含む。

**ファッション-コーディネーター**[fashion coordinator]《ファッションを統合し、調整する人、の意》装い全般の企画・演出を

する専門職。スタイリストなども含む。

**ファッション‐しゃしん【ファッション写真】** コマーシャル写真の一分野。服飾写真。モード写真。

**ファッション‐ショー**【fashion show】デザイナーや衣料メーカーなどが、シーズンごとの新しいデザインをショー形式で紹介する発表会。

**ファッション‐モデル**【fashion model】新型の衣装や服飾品を身につけて他人に紹介する職業の人。フランスではマヌカンという。

**ファデーエフ**【Aleksandr Aleksandrovich Fadeyev】(一九〇一〜五六) ソ連の小説家。プロレタリア系作家の中心的存在として活躍。「スターリン批判」で自殺。作品『壊滅』『ウデゲ族最後の者』『若き親衛隊』など。

**ファド**【fado ポルトガル】ポルトガルの代表的大衆歌曲。数種のギターを伴奏にもの悲しく歌われる。代表的なものに『暗いはしけ』など。

**ファドゥーツ**【Vaduz】ヨーロッパ中部、リヒテンシュタイン公国の首都。ライン川上流域の観光地。人口〇・五万(一九八五)。

**ファナチック**【fanatic】(形動) 気が狂ったように、興奮するさま。狂信的。

**ファニー‐フェース**【funny face】①おかしな顔。変わった顔。②個性的な顔。

**ファニチャー**【furniture】家具。備品。調度。ファーニチャー。

**ファノン**【Frantz Fanon】(一九二五〜六一) 黒人の革命思想家・精神科医。フランス領マルティニク島生まれ。アルジェリア革命にさいし民族解放戦線に身を投じ、暴力革命を主張。第三世界の革命運動に大きな影響を与えた。著書『地に呪われた者』など。

**ファブリアーノ**【Gentile da Fabriano】(一三六〇ごろ〜一四二七) イタリアの国際ゴシック様式の画家。写実と優美な装飾画風の混在した様式。作品『三王礼拝』など。

**ファブリオー**【fabliau フランス】一二世紀末から一四世紀初めにフランスで流行した、大小約一五〇編の韻文体小話の総称。作者はほとんど未詳。当時の町民・騎士・僧侶などを主人公に、その生態を滑稽に、時にわいざつに描いた笑話。中世フランスの現実主義文学を代表。

**ファブリキウス**【Hieronymus Fabricius ab Aquapendente】(一五三七〜一六一九) イタリアの解剖学者。静脈弁を発見。血液循環論のウィリアム=ハーベーなど多くの学者を育成した。

**ファベルジェ**【Carl Gustavovich Fabergé】(一八四六〜一九二〇) ロシアの宮廷金工家。宝石類を用いた復活祭の飾り卵・花・小動物、金細工小物で有名。

**ファマグースタ**【Famagusta】キプロス東部の港湾都市。ニコシアの外港で、観光・保養地。人口四万(一九八二)。

**ファミリア**【familiar】(形動) 親しみのあるさま。身近な。用例 ―な雰囲気。

**ファミリー**【family】①家族。用例 ―レストラン。②一族。一門。

**ファミリー‐ファンド**《和製語》株式投資信託の一つ。毎月募集・設定されるユニット型投資信託で、マザーとベビーの二つのファンドに分かれ、運用はマザーファンドで集中的に行って、受益証券をベビーファンドに組み入れるもの。

**ファミリー‐ライフサイクル**【family life cycle】家族周期。一つの家族の発生から消滅にいたるまでの全過程を段階づけたもの。

**ファヨール**【Henri Fayol】(一八四一〜一九二五) フランスの経営管理論の創始者。大企業の社長としての経験から得た知識を体系化し、管理学の基礎理論を展開した。フェイヨル。

**ファラオ**【Pharaoh】《大きい家、の意》古代エジプトの王の呼称。天空神ホルスの化身、太陽神ラーの子とされる。パロ。

**ファラズダク**【al-Farazdaq】(六四〇ごろ〜七三二ごろ) ウマイヤ朝を代表するアラブの大詩人。バスラ生まれ。語彙の豊富さと風刺の鋭さが特色。

**ファラデー**【Michael Faraday】(一七九一〜一八六七) イギリスの物理学者・化学者。多くの分野にたくさんの業績を残したが、とくに電磁気学の領域に顕著。電磁誘導・電気分解の法則、自己誘導の研究、反磁性の発見など。著書『ろうそくの科学』など。

**ファラデー‐こうか【ファラデー効果】** 磁場中に透明な物質を置き、磁場に平行に平面偏光を伝播させるとき、偏光面が回転する現象。Faraday effect

**ファラデー‐ていすう【ファラデー定数】** 電解質溶液の電気分解において、一グラム当量の物質を析出するのに必要な電気量。アボガドロ数と電気素量の積。96485クーロン毎モル。Faraday constant

**ファラデー‐の‐ほうそく【ファラデーの法則】** ①電気分解において、電解生成物の量は、それに用いた電気量に比例するという法則。一八三三年にファラデーが発見。電気分解の法則。Faraday's law of electrolysis ②電磁誘導の法則。Faraday's law of induction

**ファラド**【farad】MKSA単位系での電気容量の単位。一ファラドは、一ボルトの電位差を与えたとき、一クーロンの電荷がたまるようなコンデンサーの電気容量。ファラデーにちなむ名称。記号F。

**ファランドール**【farandole フランス】南仏プロバンス地方に起源する、八分の六拍子の集団輪舞踊。

**ファランヘ‐とう【ファランヘ党】**(Falange スペイン) スペインのファシズム政党。一九三三年結成。内乱中の三七年フランコ政権に吸収され、内乱後は七五年にフランコが死去するまでスペイン唯一の政党として政権を支えた。

**ファリャ**【Manuel de Falla】(一八七六〜一九四六) スペインの作曲家。二〇世紀前半スペイン音楽界最大の存在。アンダルシアの民族音楽を芸術音楽に昇華させた。バレエ曲『恋は魔術師』『三角帽子』など。

**ファルグ**【Léon-Paul Fargue】(一八七六〜一九四七) フランスの詩人。詩集『タンクレード』『パリの逍遥子』など。

**ファルクベルゲ**【Johan Falkberget】(一八七九〜一九六七) ノルウェーの小説家。おもに故郷レーロスの鉱山を舞台に描く。作品『第四夜直』など。

**ファルコネ**【Etienne-Maurice Falconet】(一七一六〜九一) フランスの彫刻家。優美な女性像や、ペテルブルグ(現レニングラード)の豪壮なピョートル大帝像を制作。

**ファルシー**【farcir フランス】フランス料理で、詰め物。また、詰め物をした料理。スタッフ。フィリング。

**ファルス**【farce フランス】笑劇。庶民生活の日常的事件を露骨な笑いで寸描した、フランス独特の滑稽劇。一般的には、たわいのない一幕物の喜劇をいう。ファース。

**ファルセット**【falsetto イタリア】《作り声・仮り声の意》男声の通常の声域を超えたときに出される高い声。うら声。

**ファルチャン‐カンリ**【Phalchan Kangri】→ブロードピーク

**ファルツ**【Pfalz】西ドイツ中西部の旧地方名。一九四六年合併してラインラント-ファルツ州となる。中世ファルツ伯領で、バイエルン地方の上ファルツを含んだが、三十年戦争で失う。

**プアー‐ルック**《和製語》粗末さ・みすぼらしさを表現した服装。素材にわざとしわ加工をしたり、破いたり、つぎはぎをしたりする。一九八〇年代に登場。

●ファン=アイク兄弟　ヤン=ファン=アイク『ニコラ=ロランの聖母』。一四三五年ごろ、ルーブル美術館(フランス)。

**ファルネーゼ‐げきじょう【ファルネーゼ劇場】**(Teatro Farnese イタリア) イタリアのパルマにある屋内劇場。アレオッティ設計。バロック劇場の最高傑作。一六一八年創設。

**ファレノプシス**【Phalaenopsis】コチョウランの別名。

**ファレル**【James Thomas Farrell】(一九〇四〜七九) アメリカの小説家。自然主義作家としてドライサーの後継者と目された。三部作『スタッズ=ロニガン』など。

**ファロー**【Mia Farrow】(一九四五〜) アメリカの映画女優。主演作『ローズマリーの赤ちゃん』『ジョンとメリー』など。

**ファロー‐じか【ファロー鹿】** ヘラジカとともにてのひら状の角をもつシカ。体長約二m。体色は、夏に淡灰色に白斑、冬に灰褐色となる。ヨーロッパから小アジアに分布。ダマジカ。fallow deer

**ファン**【fan】①送風機。扇風機。②《fanaticの略》熱心な愛好者・後援者。ファン。

**ふ‐あん【不安】**(名・形動) ①気がかりなこと・さま。心配。anxiety 対義 安心。用例 どうなるかと―でならない。②実存主義の基本的な概念。人間のおかれた現実的な存在が、その本質的な矛盾によって、常に孤独と絶望に規定されている状態。anxiety 派生 ふあんが・る(五自他) ふあんげ(形動)

**ファン‐アイク‐きょうだい【ファン=アイク兄弟】**(Van Eyck) フランドルの兄弟画家。兄フーベルト Hubert(一三七〇ごろ〜一四二六)と弟ヤン Jan(一三九〇ごろ〜一四四一)。フランドル画派の祖。油絵技法の確立者といわれる。ヘント市シントバーフ大聖堂祭壇画『神秘の小羊』(合作)、『アルノルフィニ夫妻』(ヤン)など。↓写

**ファンキー**【funky】《ジャズ用語。古臭い・素朴な、の意》白人にないフィーリング・旋律をもつ一九五〇年代の黒人モダンジャズをさしたが、七〇年代以降は、おもに黒人的なリズム・演奏をさすことばとして使われる。

**ファンクション**【function】①機能。働き。作用。②数学で、関数。

**ファンシー**【fancy】㊀(名) 空想。幻想。㊁(形動) 意匠をこらしたさま。風変わりなさま。

**ファンシー‐しょうひん【ファンシー商品】** ムードや好みを中心にした日用品・小物・文具・装身具・衣類など、若い女性向きの商品の総称。

**ファンシー‐ショップ**《和製語》ファンシー商品を専門に販売する店。アニメや漫画などの登場人物(キャラクター)が描かれた文具や小物・衣料・雑貨などに人気がある。

**ファンシー‐ヤーン**《和製語》太さ・色・繊維の異なる糸をより合わせた糸。スラブ・ネップなど特殊な形の装飾効果をもった糸。意匠糸。

**ふあん‐しんけいしょう【不安神経症】** 神経症の一種。漠然とした不安状態の持続や発作を主症状とする。一般に動悸・呼吸困難などを呈し、発作時には悪心・嘔吐・頻尿、また身体各部の疼痛などを訴える。anxiety neurosis

**ファン‐ダイク**【Anthony van Dyck】(一五九九〜一六四一) 一七世紀フランドル最大の画家。ルーベンスの弟子。肖像画家として名声を博す。チャールズ一世の宮廷画家。作品『家族の肖像』『チャールズ一世像』など。↓写

●ファン=ダイク　『チャールズ一世像』。一六三五年ごろ、ルーブル美術館(フランス)。

**ファンタジア**【fantasia イタリア】幻想曲。

**ファンタジー**【fantasy】①空想。幻想。②幻想曲。ファンタジア。

**ファンタスチック**【fantastic】(形動) 幻想的なさま。空想的なさま。

**ファンダメンタリズム**【fundamentalism】第一次大戦後アメリカに起こったプロテスタント内の保守的な神学運動。聖書を絶対化し、すべての記述を文字通り信じることが信仰の根本であると唱え、進化論など近代的な合理主義を排撃する。超保守主義。

**ファンダメンタルズ**【fundamentals】ある国の経済状態を示す基礎的な条件。経済成長率・物価上昇率・国際収支その他の主要な経済指標をまとめていう。

**ファンダンゴ**【fandango スペイン】スペインのアンダルシア地方の民族舞踊。また、その舞曲。一七世紀に起源をもち、フラメンコの代表的なもの。軽快なリズムの求愛舞踊。

**ファンタン‐ラトゥール**【Ignace-Henri-Jean-Théodore Fantin-Latour】(一八三六〜一九〇四) フランスの画家。肖像画と静物画が多く、室内描写にすぐれる。作品『ドラクロワ礼賛』など。

**ふ‐あんてい【不安定】**(名・形動) ①落ち着かないこと・さま。instability 用例 ―な気持ち。②しっかりしていないこと・さま。ぐらついていること・さま。unstable 用例 ―な立場。

**ファンデーション**〔foundation〕①土台。基礎。②婦人の体型を整え、洋装における基礎作りの機能をもつ下着の総称。③下地用化粧品。おしろい。

**ファン-デル-ワールス**〔Johannes Diderik van der Waals〕（一八三七―一九二三）オランダの物理学者。気体の状態方程式を導入し、毛管現象の熱理論・分子間力の解明などに貢献。一九一〇年ノーベル物理学賞受賞。

**ファンデルワールス-りょく**【ファンデルワールス力】二つの中性の安定な分子間にはたらく力。とくに遠くまで届く弱い引力部分。水素や二酸化炭素の液化・固化のさいにはたらくのはこの力である。分子間力。van der Waals' force

**ファント-ホフ**〔Jacobus Henricus van't Hoff〕（一八五二―一九一一）オランダの物理化学者。立体化学の基礎を築く。さらに、化学熱力学を研究し、物理化学の確立に貢献。一九〇一年ノーベル化学賞受賞。

**ファントホフ-の-ほうそく**【ファントホフの法則】希薄溶液の浸透圧は、絶対温度と溶質のモル数に比例するという法則。一八八七年ファント=ホフが発見。van't Hoff law of osmotic pressure

**ファンド-マネージャー**〔fund manager〕保険会社・金融機関・投資信託など機関投資家の運用担当者。株価・金利・為替相場の動向にたえず注意して、運用益を高める重要な任務を帯びている。

**ふ-あんない**【不案内】（名・形動）ようす・地理・道順などの、わからないこと・さま。ぶあんない。be a stranger

**ふあん-の-ぶんがく**【不安の文学】社会的不安や存在の不確実さを重視する文学上の傾向。日本では昭和九年（一九三四）のシェストフ『悲劇の哲学』の紹介を機縁に、河上徹太郎・小林秀雄らの評論により深められた。

**ファン-ヒーター**〔fan heater〕送風装置（ファン）つきの暖房器。

**ファンファーレ**〔fanfare〕①トランペットなどで吹奏される、短いはなやかな楽曲。儀式・祭典などで進行合図に使用。②フランスで、ブラスバンド。

**ファンフェルナンデス-しょとう**【ファンフェルナンデス諸島】（Islas Juan Fernández）太平洋南東部、チリ沖六五〇㎞の火山島群。チリ領。面積一八〇㎢。

**ファンブル**〔fumble〕野球で、野手がゴロなどをはじいたりグラブからこぼしたりすること。

**ファンヘ-ナムド**【黄海南道】（Hwanghae Namdo）→こうかいなんどう（黄海南道）

**ファンヘ-プクド**【黄海北道】（Hwanghae Pukdo）→こうかいほくどう（黄海北道）

**ファン-マヌエル**〔Don Juan Manuel〕（一二八二―一三四八）スペインの作家。カスティリア王家の王子。寓話集『ルカノール伯爵』など。

**ファン-レター**〔fan letter〕ひいきの芸能人・スポーツ選手などへ、ファンが書き送る手紙。

**ファン-ローン**〔Van Loon〕→バンローン

**ふい** 無駄・駄目になること。なくなること。be lost 用例 努力が―になる。

**ふいにする** なくす。皆無にする。すっかり駄目にする。また、捨てる。用例 まとまりかけた取り引きを―。

**ふ-い**【不意】（名・形動）思いがけないこと・さま。出し抜け。unexpected 用例 ―の来客。

**不意を打つ** 相手のすきを突いて、いきなり事をしかける。奇襲をかける。また、驚かす。不意を衝く。take... by surprise 用例 敵の―。

**不意を食う** 「不意打ちを食らう」と同意。

**不意を衝く** 相手に思いがけない攻撃をしかける。不意を打つ。take... by surprise

**ふ-い**【布衣】文語的 ①木綿の着物。②無官の人。庶民。ほい。

**布衣の交わり** 身分や地位に無関係に交際すること。また、庶民どうしの交わり。

**ぶ-い**【武威】武力による威勢。対義 朝権。

**ぶ-い**【部位】全体の中にその部分の占める位置。part

**ぶい**【武威】中国、甘粛省中部の都市。古来河西走廊地域の交通・貿易の要地。羊毛・皮革取り引きの中心地。人口一一万（一九八六）。ウーウェイ。

**ぶい**【▽浮▽標】三好十郎の戯曲。昭和一五年（一九四〇）初演。大戦に向かう暗い時代の典型的作品。肺を病む瀕死の妻を看護する転向洋画家の、死や戦争への抵抗を描く。

**ブイ**〔buoy〕①航路標識や漁業関係で用いられる水面上の浮標。うき。近年、海洋観測のために洋上の固定点としても多用されるようになった。②うきぶくろ。救命ぶくろ。

**ブイ**〔V・v〕①アルファベットの第二二文字。ヴィー。②《大文字で》バナジウム（Vanadium）の元素記号。③《大文字で》勝利（victory）の略号。④電圧の単位（volt）を示す記号。⑤ローマ数字の五を示す。⑥文法で動詞（verb）を示す記号。

**ブイ-アイ-ピー**〔VIP〕《very important personの略》要人。貴賓。ビップ。

**フィアット**〔Fiat SpA〕《Fiat は Fabbrica Italiana Automobili Torino（イタリア）の略》イタリアにある、フィアットやフェラーリなどの自動車メーカーグループの持ち株会社。一八九九年設立。

**フィアンセ**〔fiancé; fiancée（フランス）〕婚約者。いいなずけ。参考 女が相手をさすとき fiancé 男が相手をさすとき fiancée

**ブイ-イー**〔VE〕《value engineering の略》→バリューエンジニアリング

**ブイイー-デー**〔VE Day〕《VE は Victory in Europe の略》ヨーロッパ戦勝記念日。五月八日。一九四五年ドイツ軍が連合軍に降伏した日。

**フィージビリティ-スタディ**〔feasibility study〕企業化調査。採算可能性調査。工場建設・鉱山開発・石油化学プラント建設などのさい、事前にその事業化可能性や採算性を調べること。

**フィーダー**〔feeder〕①給電線。アンテナと送信機を接続する線。②テレビを受像するときの特殊コード。③給水器。給油器。

**フィーチャー**〔feature〕《呼び物・特徴、の意》①新聞・雑誌などの呼び物となる特別記事。フィーチャー-ストーリー。②映画館で併映される作品のうち、もっとも長い、または呼び物となる映画。③ジャズなどのグループ演奏で、ある楽器のソロを強調すること。

**フィート**〔feet・呎〕《「フート」の複数》ヤード-ポンド法の長さの基本単位。一フィートは、一二インチ。三分の一ヤード。約三〇・四八㎝。記号ft

**フィードバック**〔feedback〕（名・サ変他）①システムなどの出力（アウトプット）の制御や誤りの訂正のため、その一部または全部を入力（インプット）側に戻す循環作用。②ある行為の結果に関する情報を、次の行為の意思決定のため考慮に入れること。

**フィードバック-せいぎょ**【フィードバック制御】自動制御で、出力の結果を入力にもどし、常に偏差を最小に保つ方式。feedback control

**フィード-フォワード**〔feed-forward〕目標達成に向けて、将来の変化を予想しながら今までの方法を弾力的に変えていくこと。

**フィードラー**〔Arthur Fiedler〕（一八九四―一九七九）アメリカの指揮者。古典音楽の大衆化に貢献。一九三〇年以来ボストン-ポップス管弦楽団専任指揮者。

**フィードラー**〔Konrad Fiedler〕（一八四一―一八九五）ドイツの芸術学者。近代芸術学の先駆者。造形芸術を対象に、芸術固有の法則性の設定を志向した。著書『論文集』。

**フィーバー**〔fever〕㊀（名・サ変自）興奮。熱狂。㊁（名）発熱。熱病。

**フィービガー**〔Johannes Fibiger〕（一八六七―一九二八）デンマークの病理学者。人工的にネズミに癌を作ることに成功し、癌の発生と刺激との因果関係を提唱。一九二六年ノーベル生理学医学賞受賞。

**フィーリング**〔feeling〕感覚。感情。情操。

**フィールズ-しょう**【フィールズ賞】もっともすぐれた業績をあげた数学者二名に与えられる賞。トロント大学数学科教授フィールズの遺言による賞。数学のノーベル賞といわれ、四年に一度国際数学者会議上で発表・授与される。日本では、小平邦彦・広中平祐が受賞。Field's medal

**フィールディング**《fielding practice から》野球で、野手が捕球したり送球したりする一連の守備動作のこと。守り。守備。

**フィールディング**〔Henry Fielding〕（一七〇七―一七五四）イギリスの小説家。リチャードソンとともにイギリスの本格的近代小説の生みの親。人間性を洞察した豪放闊達な喜劇的小説世界が特徴。作品『トム=ジョーンズ』など。

**フィールド**〔field〕①野原。②陸上競技場のトラックの内側の部分。比較 トラック。③物理学・心理学・言語学などで、場。④分野。

**フィールド**〔John Field〕（一七八二―一八三七）アイルランドのピアニスト・作曲家。ノクターンの創始者で、ショパンに影響を与えたとされる。

**フィールド-アスレチック**《和製語。もと商標名》体力づくりを目的に、丸太やロープなどを利用して楽しむ野外スポーツ。→写

●フィールドアスレチック

**フィールド-きょうぎ**【フィールド競技】陸上競技のうちフィールド内で行う競技の総称。field events 比較 トラック競技。

**フィールド-ノート**〔field note〕実地調査記録。野外記録。

**フィールド-マネージメント**〔field management〕セールスマンの活動を管理すること。行動管理・業績管理やマニュアルによる管理など。

**フィールドワーク**〔fieldwork〕①研究に必要な資料を、研究室の外で採集・調査する作業。人類学・地質学・考古学・生物学・社会学などで重視される。野外調査。②教育上の目的で行う現場学習。

**ふい-うち**【不意打ち】①突然切りつけること。surprise attack ②油断を襲うこと。surprise

**不意打ちを食らう** 思いがけないときに、また突然に、事をしかけられる。taken by surprise 類似 不意を食う。

**フィウメ**〔Fiume〕リエーカの別称。

**ブイ-エイチ-エス**〔VHS〕《商標名。video home system の略》家庭用ビデオテープレコーダーの方式の一つ。比較 ベータ。

**ブイ-エイチ-エフ**〔VHF〕《very high frequency の略》周波数三〇～三〇〇メガヘルツ（波長一〇～一m）の電磁波。テレビ放送・FM放送などで使用。

**ブイ-エー**〔VA〕《value analysis の略》価値分析。

**ブイ-エー-ティー**〔VAT〕《value-added tax の略》付加価値税。

**ブイ-エス**〔vs.;vs〕《versus から》競技・対談などで、「…対…」の意に使う。against 用例 A組―B組。

**ブイ-エル-エス-アイ**〔VLSI〕《very large-scale integration の略》LSIよりもさらに大規模、高密度の集積回路。数ミリメートル角のシリコンチップに組み込まれた素子の数が一〇万から一〇〇万個のもの。超LSI。超大規模集積回路。

**ブイ-オー-アール**〔VOR〕《very high frequency omni-directional radio range の略》超短波全方位無線標識。地上局から超短波を発信して、飛行中の航空機に方向を知らせる地上航行援助施設。

**ブイ-オー-エー**〔VOA〕《Voice of America の略》アメリカ政府が運営する国際放送。共産圏諸国向けの宣伝としての役割が大きい。一九四二年設立。

**フィガロ**〔Le Figaro（フランス）〕フランスの有力日刊紙。穏健な共和派。一八五四年創刊。

**フィガロのけっこん**【フィガロの結婚】《原題Le nozze di Figaro（イタリア）》モーツァルト作曲のオペラ-ブッファ（喜歌劇）。四幕。ボーマルシェ原作、ダ=ポンテ台本。一七八六年ウィーン初演。アリア『もう飛ぶまいぞこの蝶々』『恋とはどんなものかしら』『喜びの時はすぎ去りて』などが有名。

**フィギュア-スケーティング**〔figure skating〕スケート競技で、滑りながら氷面に図形を描き、その正確さと音楽的表現の技術を競うもの。男女シングル・男女一組のペア・アイスダンスなどの種目がある。フィギュアスケート。→写

**ふ-いく**【▼孚育】（名・サ変他）養い育てること。

▼常用漢字表外。　▽常用漢字表の音訓外。

**ふ-いく【扶育】**(名・サ変他) 世話をして育てること。

**ふ-いく【▼傅育】**(名・サ変他) 貴人の子を大切に育てること。

**ぶ-いく【▼撫育】**(名・サ変他) かわいがって育てること。

**プイグ【Manuel Puig】**(一九三二) アルゼンチンの小説家。映画・SF・推理小説などのパロディーを得意とする。作品『リタ＝ヘイワースの背信』『蜘蛛女のキッス』など。

**フィクサー【fixer】** 陰で事件をもみ消したり、買収や裏取り引きをまとめる人。黒幕。

**フィクション【fiction】** ①小説などで、想像力によってつくった物事・筋。虚構。仮作。対義 ノンフィクション。②つくりごと。

**ふいく-りょう【扶育料】** 子をやしない育ててもらうためにかかる費用。養育料。expense for bringing up a child

●フィギュアスケーティング　女子シングル。

**ふい-ご【▼鞴・吹▽革】**《「吹き皮」の転》火をおこすための送風器。また、金属などの精錬加工に使われる簡単な送風装置。手動の差し鞴、足踏みの踏み鞴がある。たたら。ふいごう。bellows ↓写

●鞴　手動式の簡便なもの。

**ふい-ごう【▼鞴・吹▽革】** ↓ふいご(鞴)

**フィコエリトリン【phycoerythrin】** 紅藻・藍藻に含まれる紅色の色素たんぱく質。光合成の補助色素となる。

**フィコシアニン【phycocyanin】** 藍藻・紅藻類に含まれ光合成に関与する、青色の色素たんぱく質。

**ふいご-まつり【▼鞴祭(り)】** 陰暦一一月八日の京都市伏見稲荷のお火焚きの日に、鍛冶屋や鋳物師などふいごを使う職業の人が一日仕事を休んで、ふいごを清めて祝う祭り。踏鞴祭り。

**ぶい-さんみゃく【武▼夷山脈】** 中国、福建省と江西省の省境の山脈。主峰武夷山は標高一一五五m。福建省側の山麓はウーロン茶や竹の名産地。ウーイー山脈。

**フィジー【Fiji】**(Republic of Fiji) 南太平洋上、メラネシアの島国。首都スバ。一九七〇年イギリスから独立。火山島と環礁からなる熱帯雨林気候で、サトウキビ・バナナ・コプラを産出する。住民はメラネシア人、インド人。面積一・八万$km^2$。人口七〇万(一九八六)。正称フィジー共和国。

**フィジー-しょとう-みん【フィジー諸島民】** 南太平洋、フィジー諸島の住民の総称。漁労やココヤシ・タロイモなどの栽培に従事。メラネシア人とポリネシア人の混血。Fijians

**フィジカル【physical】**(形動) ①物理的。②物質的。③肉体的。

**ブイじ-こく【V字谷】** 横断面がV字形をしている河川の谷。谷の壁がくずれやすい岩石のときは、上に開いた幅の広いV字形になり、硬い岩石では狭いV字形になる。V-shaped valley ↓写

●V字谷　富山県黒部川の上流。

**フィシス【physisギリシア】**《自然の意》万物がそれから起こり、それへと帰りゆく根源であるもの。古代ギリシアで、ソフィストはこれをノモス(法律・慣習)と対立させた。フュシス。

**フィズ【fizz】** 発泡性飲料。また、ジンなどの蒸留酒をベースに、炭酸水で割った甘いカクテルの総称。ジンフィズ・カカオフィズ・バイオレットフィズなど。

**フィゾスチグミン【physostigmine】** アフリカ産カラバルマメの種子に含まれるアルカロイド。コリンエステラーゼ阻害剤で、縮瞳剤に使用。エゼリン。

**フィソステギア【physostegiaラテン】** シソ科の耐寒性多年草。草丈約一m。夏には淡紅色の小花を穂状につける。花壇・切り花用。北米原産。ハナトラノオ。

**ふい-ちょう【吹聴】**(名・サ変他) 言い触らすこと。announcement 用例 ―して回る。

**ふ-いつ【不一・不▽乙】**《手紙の終わりに用いる語》よく意を尽くしていませんが。不悉。不尽。不備。

**フィッシャー【Edwin Fischer】**(一八八六〜一九六〇) スイスのピアニスト・指揮者。ドイツ音楽を中心に古典的な演奏で知られる。

**フィッシャー【Emil Fischer】**(一八五二〜一九一九) ドイツの化学者。グルコースの立体構造解明、アミノ酸の分離・発見など広範な業績を残し、現代の有機化学および生化学の基礎を築いた。一九〇二年ノーベル化学賞受賞。

**フィッシャー【Ernst Fischer】**(一八九九〜一九七二) オーストリアの小説家・共産党指導者。詩集『心臓と旗』、評論『文学と解釈』など。

**フィッシャー【Ernst Otto Fisher】**(一九一八〜) 西ドイツの化学者。ウィルキンソンとともに、炭化水素の分野で過渡期の有機金属化学へ貢献。一九七三年ノーベル化学賞受賞。

**フィッシャー【Friedrich Theodor von Vischer】**(一八〇七〜一八八七) ドイツの美学者・詩人。ヘーゲル学派。著書『美学』など。

**フィッシャー【Hans Fischer】**(一八八一〜一九四五) ドイツの化学者。血色素・ピロール誘導体を研究し、ポルフィリン類の構造決定・合成に成功。一九三〇年ノーベル化学賞受賞。

**フィッシャー【Irving Fisher】**(一八六七〜一九四七) アメリカの経済学者・統計学者。イェール大教授。近代経済理論の開拓者の一人。著書『価値と価格の理論の数学的研究』など。

**フィッシャー【Ronald Aylmer Fisher】**(一八九〇〜一九六二) イギリスの統計学者・遺伝学者。今日の推測統計学の基礎を完成し、実験計画法を開発。また遺伝学に進化論を結びつけ数理遺伝学の創始者となった。著書『自然選択の遺伝学理論』など。

**フィッシャー-け【フィッシャー家】**(Vischer) 一五〜一六世紀に活動したドイツの鋳金師の一家。後期ゴシックからルネサンスに至るドイツ彫刻の展開を代表。初代大ヘルマン(一四二九ごろ〜一四八八)・その子大ペーター(一四六〇ごろ〜一五二九)・その子小ヘルマン・小ペーター・ハンスらが活躍。

**フィッシャー-ディースカウ【Dietrich Fischer-Dieskau】**(一九二五〜) ドイツのバリトン歌手。オペラ・歌曲にすぐれた音楽性を表し、今世紀を代表する歌手の一人といわれる。

**フィッシャーマン-セーター【fisherman's sweater】** アイルランドやイギリスの漁夫たちが着ていた生成りの手編みセーター。縄編みが特徴のアランセーターをはじめ、地方によってさまざまな色や形がある。↓写

**フィッシュ【fish】** 魚。

**フィッシュ-ペーパー【fish paper】** 電気絶縁紙の一種。原紙を塩化亜鉛溶液などで化学的に処理した加工紙。

**フィッシュ-ポンプ【fish pump】** 活魚槽や網の中の魚を太いホースで海水とともに吸い上げるポンプ。網漁業の補助または漁獲物の移動に用いる。

**フィッシング【fishing】** 魚釣り。

**フィッチ【Val Logsdon Fitch】**(一九二三〜) アメリカの実験物理学者。中性K中間子崩壊における対称性の破れを発見し、一九八〇年ノーベル物理学賞受賞。

**ふ-いっち【不一致】** 合わないこと。ふぞろいなこと。discord 用例 性格の―。

**フィッツ【Reginald Heber Fitz】**(一八四三〜一九一三) アメリカの医学者。虫垂炎(盲腸炎)など内臓の炎症性疾患の早期手術の道を開いた。

**フィッツジェラルド【Edward FitzGerald】**(一八〇九〜一八八三) イギリスの詩人。翻訳『オマル＝ハイヤームの四行詩集(ルバイヤート)』で有名。

**フィッツジェラルド【Ella Fitzgerald】**(一九一八〜) アメリカの女流ジャズ歌手。一九三八年以来、大歌手の名声を保つ。

**フィッツジェラルド【Francis Scott Key Fitzgerald】**(一八九六〜一九四〇) アメリカの小説家。「失われた世代」の代表的作家。はなやかだが哀感にみちた風俗喜劇的な小説を書く。作品『楽園のこちら側』『偉大なギャッビー』など。

**フィット【fit】**(名・サ変自)《ふさわしい・適合させる、の意》服飾で、衣服などがぴったり体や雰囲気に合っていること。また、よく似合うこと。

**フィットニア【Fittonia】** キツネノマゴ科の常緑多年草。茎は地上をはい、葉は丸く全縁で、葉脈は紅・白など鮮明で美しい。観葉植物。アミメグサ。

**フィットネス【fitness】** 健康増進のため各種の運動を行うこと。また、それにより体の健康状態が良いこと。

**フィディアス【Phidias】** ↓フェイディアス

**ブイ-ティー-アール【VTR】** ↓ビデオテープレコーダー

**フィデリオ【Fidelioドイツ】** ベートーベン作曲のオペラ。ブイイーの台本をゾンライトナーが訳し、トライチュケが改訂。一八〇五年初演。音楽は荘重で高い内容をもつ。

●フィッシャーマンセーター

**ふい-と**(副) 突然に。急に。abruptly 用例 ―すがたを消す。

**ぷい-と**(副) 無愛想・不機嫌な態度をとるさま。sulkily 用例 ―横を向く。

**ブイトール【VTOL】**《vertical take-off and landingの略》エンジンの推力の向きやプロペラの向きを離着陸時に垂直方向に向けることで発着する飛行機。滑走路はいらない。垂直離着陸機。ブトール。ビトール。参照 エストール。

**フィトクロム【phytochrome】** 植物の生長組織に含まれる色素たんぱく質。赤色光と近赤外光の照射によって性質が変化し、種子の発芽や花芽の形成を促進させる。

**フィトンチッド【phytoncide】** 樹木から発散される殺菌作用のある物質。主としてテルペン類の成分を含む。森の中を歩いてこれを吸うと身体によいとされる。

**フィナーレ【finaleイタリア】** 終幕。終曲。終楽章。大詰め。

**フィニッシュ【finish】** ①終わり。仕上げ。②競走の決勝ライン。ゴールライン。または、体操競技の着地。

**ブイ-ネックライン【V neckline】** 襟ぐりの型の一種。襟ぐりのあきが、V字形のもの。↓ネックライン図

**フィヒテ【Johann Gottlieb Fichte】**(一七六二〜一八一四) ドイツの哲学者。カント哲学を継承。絶対自我を中心とする知識学によって、主観的観念論を展開。著書『全知識学の基礎』など。

**フイフイ-きょう【フイフイ教・▽回▽回教】**《中国に回紇族を通して伝わったための名》イスラム教の別称。回教。

**フィブリノゲン【fibrinogen】** 肝臓でつくられる血漿たんぱく質の一つ。トロンビンの作用によりフィブリンとなり血液を凝固させる。繊維素原。

**フィブリン【fibrin】** 血液凝固のときに、血球を凝集させ血餅をつくるたんぱく質。繊維素。

**フィブロイン【fibroin】** 繊維状たんぱく質の一種。カイコなど多くの昆虫やクモ類が体外へ出す絹糸の主要構成分。

**ブイ-へいき【V兵器】** 第二次大戦で、ドイツがイギリスに向けて発射したミサイル。V1号とV2号があり、今日の地対地ミサイルの原型となった。

**ブイヤベース【bouillabaisseフランス】** サフランを入れた魚介類のスープ料理。フランスのマルセイユ地方の名物料理。

**フィヨルド【fjordノルウェー】** 氷河の浸食でつくられた谷が、氷河の消失後沈水してできた細長く深い入り江。陸地に深く入りこみ、両岸は急斜面をなす。ノルウェーの海岸など。峡湾。峡江。↓写(次ページ)



↓行き先項目、図版・写真参照印。　JIS 日本工業規格情報交換用漢字符号コード(区点コード)。

●フィヨルド　ノルウェー、ゲイランゲルフィヨルド。

**ブイヨン**【bouillon フランス】フランス料理の土台となるだし汁。肉・野菜などに塩を加え、長時間煮たのち、あくをとって漉す。参照フォン。

**フィラデルフィア**【Philadelphia】アメリカ北東部、ペンシルベニア州南東端、デラウェア川沿いの港湾都市。同州最大の都市で、商工業・文化の中心地。人口一六八・八万(一九八〇)。

**フィラデルフィア‐かんげんがくだん**【フィラデルフィア管弦楽団】(Philadelphia Orchestra)アメリカの管弦楽団。一九〇〇年発足。ニューヨーク‐フィル、ボストン交響楽団とともにアメリカ三大オーケストラに数えられる。

**フィラデルフィア‐せんげん**【フィラデルフィア宣言】一九四四年に国際労働機関(ILO)の総会で採択された、ILOの目的についての宣言。完全雇用・最低賃金制・団体交渉権などに関する総合的な考え方を表明。

**フィラメント**【filament】①抵抗線またはリボンでつくった陰極。②白熱電球内で加熱される金属線またはリボン。③麻などの長い繊維。

**フィラリア**【filaria】シジョウチュウ科の線虫の総称。体は糸状。犬・牛・馬などに寄生する多くの種類がある。バンクロフトシジョウチュウはヒトに、イヌシジョウチュウは犬に寄生して、フィラリア症を起こす。糸状虫。

**フィラリア‐しょう**【フィラリア症】①フィラリアがヒトのリンパ管に寄生しておこす病気。不定期の発熱発作・関節痛などが主症状。日本ではアカイエカが媒介。慢性化して象皮病となる。糸状虫症。filariasis ②犬の右心房室にフィラリアが寄生しておこる病気。犬心臓糸状虫症。

**ふ‐いり**【不入り】入場者が少ないこと。small audience 対義大入り。

**ふ‐いり**【▼斑入り】地の色とちがう色が、まだらに入っていること。また、そのもの。植物では、遺伝的である場合が多い。variegation

**ブイリーナ**【bylina ロシア】一一～一六世紀に作られたロシアの英雄叙事詩の総称。口承により伝えられる。ロシアに侵入する外敵と戦う英雄たちの事績をうたったもの。

**フィリップ**【Charles-Louis Philippe】(一八七四～一九〇九) フランスの小説家。貧しい人々の生活を誠実に描いた。小説『ビュビュ＝ド＝モンパルナス』、コント集『小さき町にて』など。

**フィリップ**【Gérard Philipe】(一九二二～一九五九) フランスの映画俳優。優雅な風貌と知的演技で知られた。主演作『肉体の悪魔』『赤と黒』『モンパルナスの灯』など。↓写

●G＝フィリップ　『モンパルナスの灯』。

**フィリップ**〈二世〉【Philippe II】(一一六五～一二二三) フランス王(在位一一八〇～一二二三)。第三次十字軍に参加。フランス領内のイギリス領をめぐり、イギリスと抗争、ノルマンディーを獲得。諸侯を抑え王権を強化。あだ名は尊厳王。

**フィリップ**〈四世〉【Philippe IV】(一二六八～一三一四) フランス王(在位一二八五～一三一四)。王権強化に努め、聖職者課税権をめぐり教皇と抗争。これを屈伏させ、一三〇九年、アビニョン幽囚を始めた。三部会を召集。テンプル騎士団を解散させるなど、教皇権に対する王権の優位を確立。あだ名は端麗王。

**フィリップ**〈六世〉【Philippe VI】(一二九三～一三五〇) フランス王(在位一三二八～一三五〇)。バロア朝の祖。その即位をめぐり、イギリスとの間に百年戦争が勃発。

**フィリップス‐きょくせん**【フィリップス曲線】賃金上昇率と失業率との関係をしめした曲線。イギリスの経済学者フィリップスが発見。スタグフレーションのもとでは当てはまらないとされる。Phillips curve

**フィリップス‐グロエランペンファブリケン**【Philips' Gloeilampenfabrieken NV】オランダにあるヨーロッパ最大手の弱電機器会社。一八九一年設立。一九一二年から現社名。

**フィリップ‐モリス**【Philip Morris Co., Inc.】アメリカの代表的タバコ会社。マールボロなどのブランドで知られる。一九一九年設立。

**フィリッポス**〈二世〉【Philippos II】(BC三八二～BC三三六) マケドニア王(在位BC三五九～BC三三六)。アレクサンドロス大王の父。富国強兵に努め、ギリシアに進出。カイロネイアでギリシア連合軍を撃破、コリント同盟を結成し、その盟主となった。ペルシア遠征準備中に暗殺された。

**フィリバスター**【filibuster】議事妨害。

**フィリピン**【Philippines・比律賓】(Republic of the Philippines) 東南アジア、フィリピン諸島など七千余の島々からなる共和国。首都マニラ。民族構成も複雑。一九四六年アメリカから独立。サトウキビ・ココヤシ・米・タバコの栽培がさかん。木材ではラワン材、鉱物資源では銅・鉄鉱石・クロム鉱を産出。面積三〇万km²。人口五五〇〇万(一九八六)。正称フィリピン共和国。

**フィリピン‐かい**【フィリピン海】(Philippine Sea) 北太平洋西部、フィリピン諸島東側の海域。西部に同名の海溝がある。

**フィリピン‐かいこう**【フィリピン海溝】(Philippine Trench) フィリピン諸島の東側を北北西から南南東にかけて横たわる海溝。最深点は一万四九九七mのケープジョンソン海淵で、世界最深の海溝の一つ。

**フィリピンかい‐プレート**【フィリピン海プレート】地球表面上を移動する地塊の一つ。伊豆小笠原海溝とマリアナ海溝と琉球海溝およびフィリピン海溝にかこまれた地殻に達する岩石の層。Philippine Sea Plate

**フィリピン‐こうくう**【フィリピン航空】(Philippine Airlines) フィリピンの航空会社。一九四一年設立。PAL。

**フィリピン‐わし**【フィリピン▼鷲】↓さるくいわし(猿喰鷲)

**フィリング**【filling】食品の間に詰めるもの。サンドイッチやケーキの間にはさむハムや野菜、クリームやジャムなど。

**フィルター**【filter】①濾過器。②カメラなどで、特定の光を透過・制限・遮断する特殊な色ガラス。③特定の周波数の信号だけを通過・阻止する回路。④紙巻きタバコの吸い口にあって、ニコチン・タールを取りのぞくもの。

**フィルダース‐チョイス**【fielder's choice】野球で、ゴロを捕った野手が、先行する走者をアウトにしようとして判断を誤り、打者とも生かしてしまうプレー。野手選択。野選。

**フィルダウシー**【Firdausī】(九四〇ごろ～一〇二〇ごろ) イランの偉大な民族詩人。イラン民族の神話・伝説に基づき、近世ペルシア語の大叙事詩『シャーナーメ』を完成。

**フィルハーモニー**【Philharmonie ドイツ】《「フィル」は、…を愛する、「ハーモニー」は、和声、の意。多く、楽団名に用いられる》音楽の好きなこと・人。

**フィルヒョー**【Rudolf Virchow】(一八二一～一九〇二) ドイツの医学者。細胞病理学の開祖。細胞学の発展、公衆衛生・人類学などに貢献。

**フィルポッツ**【Eden Phillpotts】(一八六二～一九六〇) イギリスの小説家。戯曲『農夫の妻』、推理小説『赤毛のレドメイン』『闇からの声』など。

**フィルム**【film】①薄い膜。②写真感光材料の一つ。アセチルセルロースなどのフィルムベースに感光乳剤を塗って乾燥させたもの。増感色素の種類により、オーソクロマチック・パンクロマチックなどがあり、形態からロールフィルム・シートフィルムに分けられる。さまざまな用途のものがある。数え方一本・一巻。③映画の通称。

**フィルム‐しょくひん**【フィルム食品】↓シートしょくひん(シート食品)

**フィルム‐バッジ**【film badge】放射線量を測定する特殊フィルムを収めたバッジ。作業衣などにつけて一定時間後に現像し、その黒化度によって人体の被曝量を知る。

**フィルム‐ライブラリー**【film library】フィルムを中心とする映画資料を収集・保存し、研究者・愛好家の便に供する機関。

**フィルモア**【Millard Fillmore】(一八〇〇～一八七四) アメリカの政治家。第一三代大統領(在任一八五〇～一八五三)。在任中、東インド艦隊長官ペリーを日本へ派遣、親書を送って開国を迫り、日米和親条約を締結。

**フィルモグラフィー**【filmography】映画作品を、その監督・撮影者・俳優・主題などの別に分類し、系統立てて編集したリスト。

**フィレ**【filet フランス】①魚を三枚、または五枚におろした身。②牛・豚肉の部位の一つ。背骨内側のわきにそった、細長い肉。ヒレ。

**フィレ‐レース**【filet lace】糸を結び網状にしたレースに、ダーニングステッチで刺繡をしたもの。↓レース写

**フィレンツェ**【Firenze】イタリア中部の都市。トスカーナ州の州都。ルネサンス文化の中心となった、史跡に富む観光地。人口四三・一万(一九八五)。フローレンス。

**フィレンツェ‐きょうわこく**【フィレンツェ共和国】中世末から一六世紀初めに繁栄したイタリアの共和制都市国家。メディチ家の学芸奨励によりルネサンス文化の中心となった。

**フィレンツェ‐は**【フィレンツェ派】(scuola Fiorentina イタリア) 一四～一六世紀、イタリアのフィレンツェを中心に活躍した美術家の総称。写実を基調とし、明暗法を重んじ対象の量感的表現を求めるとともに、透視図法を開拓、ルネサンス美術の原動力となり、広くヨーロッパに影響を及ぼした。ジョット・マサッチョ・レオナルド＝ダ＝ビンチ・ミケランジェロら。

**フィロクテテス**【Philoktētēs ギリシア】ギリシア神話の英雄。トロヤ遠征軍に参加して、蛇に嚙まれて一時は島流しとなったが、のちパリスを殺し、トロヤ攻略の大きな力となった。

**フィロソフィー**【philosophy】①哲学。②基本的な考え方。

**フィロデンドロン**【Philodendron】サトイモ科イモカズラ属の総称。観葉植物。多くはつる性で節から太い気根を出す。仏焔苞をもつ肉穂があり、芳香のあるものが多い。↓写

●フィロデンドロン

**ブイ‐ロボット**【buoy robot】海における気象や海のようすを観測するために、各種の観測器械などをおさめたブイ(浮標)。

**フィロン**【Philōn】(BC二〇ごろ～AD五〇ごろ) 古代のユダヤ人哲学者。アレクサンドリア生まれ。ユダヤ教とギリシア哲学の結合を試みた。新プラトン派の先駆者。

**ふ‐いん**【父音】↓しいん(子音)

**ふ‐いん**【▼訃音】死んだという知らせ。訃報。report of one's death

**ぶ‐いん**【無音】ぶさた。long silence 比較疎音。

**フィン‐ウゴル‐ごは**【フィン‐ウゴル語派】ウラル語族の一つ。北ヨーロッパからソ連にかけて分布。フィンランド語・ラップ語などを含むフィン語派と、ハンガリー語・オスチャーク語などを含むウゴル語派から成る。Finno-Ugric languages

**フィンガー**【finger】①指。②空港における送迎用デッキ。

**フィンガープリント**【fingerprint】指紋。

**フィンガー‐ボール**【finger bowl】西洋料理で、食事の途中に指先を洗うために出される小ばち。直接、手で食べる料理や果物が出る場合に使う。

**フィンガル‐どうくつ**【フィンガル洞▼窟】(Fingal's Cave) イギリス北西方、インナー

▼常用漢字表外。　▽常用漢字表の音訓外。

ヘブリディーズ諸島のスタファ島南岸にある洞窟。高さ二二・六m、奥行き六・九m。

**フィン-じん【フィン人】** フィンランド人。ヨーロッパ北部に定住し、フィン語系の諸言語を話す人々のうち、フィンランド語(＝スオミ語)を話す人をさすことが多い。Finn

**フィンステルアールホルン【Finsteraarhorn】** スイス中南部、ベルンアルプスの最高峰。標高四二七四m。

**フィンセン【Niels Ryberg Finsen】**(一八六〇〜一九〇四) デンマークの医学者。近代光線療法の開祖。フィンセン灯を発明し、皮膚結核(尋常性狼瘡)に対する光線療法を創始した業績で一九〇三年ノーベル生理学医学賞受賞。

**フィンチ【finch】** スズメ目のアトリ科とカエデチョウ科に属する小鳥類。前者に属する飼い鳥ではカナリヤが、後者ではジュウシマツやブンチョウが代表的。

**フィンランディア【Finlandia】** シベリウスの交響詩。一八九九年作曲。祖国フィンランドへの愛情に満ちた管弦楽曲で、ロマン的・民族的色彩が強い。

**フィンランド【Finland・芬蘭】**(Republic of Finland) 北ヨーロッパ、ボスニア湾とフィンランド湾に臨む共和国。首都ヘルシンキ。氷河湖や氷食地形が多い。国土の約七割は森林で、製材・製紙・パルプ工業が発達。北部にラップ族が居住。面積三三・七万km²。人口四九九二万(一九八六)。正称フィンランド共和国。

**フィンランド-わん【フィンランド湾】**(Gulf of Finland) バルト海東部、北をフィンランド、東と南をソ連に囲まれた湾。湾岸にヘルシンキとレニングラードなどの都市が発達。

**フウ** 4画 **【夫】** 部首[大] 教育小4 JIS 4155
音 フ・フウ・ブ
訓 おっと
筆順 ↓フ【夫】
①おとこ。おっと。「夫子・夫婦」 ②「工夫」は、かんがえて方法をみつけること。↓フ【夫】

**フウ** 9画 **【封】** 部首[寸] 常用 JIS 4185
音 フウ・ホウ
①とじる。ふさぐ。とじめ。手紙。「開封・厳封・密封」「封鎖・封書・封筒・封入」用例(名)—を切る。 ②「封度」は、ポンド(pound)。ヤード-ポンド法の重さの基本単位。英斤。一六オンス。約四五三・六g。↓ホウ【封】

**フウ** 9画 **【風】** 部首[風] 教育小2 JIS 4187
音 フウ・フ
訓 かぜ・かざ

風 風 風 風 風 風

①かぜ。「春風・台風・通風」「風雨・風速」 ②ならわし。「家風・校風」「風習・風俗」用例(名)昔の—。 ③みやびやか。「風韻・風雅・風流」 ④ありさま。様子。すがた。ふり。「歌風」「風格・風景・風光」用例(名)こんな—をしていた。知らない—をよそおう。《接尾的》商人—。学者—。 ⑤うわさ。「風説・風評・風聞」 ⑥変化するもの。「風潮」 ⑦病気の名。「中風・風邪・破傷風」「風邪」 ⑧なびかせる。「風化・風教」 ⑨《諷とも》ほのめかす。あてこする。「風刺」 ⑩仏教で、四大の一つ。用例(名)地水火—。 ⑪『詩経』の六義の一つ。各地の民謡。「国風」↓フ【風】

**フウ** 12画 **【富】** 部首[宀] 教育小5 JIS 4157
音 フ・フウ
訓 とむ・とみ
筆順 ↓フ【富】

11画 **【▼冨】** 部首[冖] 異体字 JIS 4158

とむ。とみ。対義 貧。「富貴」↓フ【富】

**フウ** 12画 **【▼殕】** 部首[歹] JIS 6145
音 フウ・フ
くさる。いたんで、わるくなる。

**フウ** 13画 **【▼楓】** 部首[木] 人名用 JIS 4186
音 フウ
①マンサク科の落葉高木。中国原産。葉は長柄で三掌状。とげに包まれた果実を結ぶ。 ②カエデ。カエデ科の落葉高木。

**フウ** 14画 **【▼瘋】** 部首[疒] JIS 6570
音 フウ
①頭痛。 ②精神障害者。「瘋癲」

**フウ** 16画 **【▼諷】** 部首[言] JIS 7569
音 フウ
①うたう。そらんずる。そらよみする。「吟諷」「諷詠」 ②ほのめかす。あてこする。「諷刺・諷諭・諷喩」

**ふう【▽二】** 数をかぞえるとき、「ふ」をのばして言う語。ふたつ。に。にい。two 用例 ひい、—、みい、よう。

**ふう-あい【風合(い)】** 布の手ざわりや肌ざわり、材質感、また見た目のよしあしなどを表現する語。感覚的な面から布を評価するときに使う。touch

**ふう-あつ【風圧】** 風にさらされた物体の面が風から受ける圧力。風速の二乗に比例する。wind pressure

**ふうあつ-ふうそくけい【風圧風速計】** 風が物体にあたるときに生まれる圧力から風速を測定する装置。板の傾きから風速を求める風圧板型風速計などがある。pressure anemometer

**ふう-い【風位】** 風向。wind direction

**ふう-いん【封印】**(名・サ変自) 封じ目に印を押すこと。その印。seal

**ふう-いん【風韻】** みやびやかな趣。風趣。

**ブーイング【booing】** 劇場・演奏会場・競技場などで、観客がそのプレーの内容や判定に対して「ブー」という声で不満を表すこと。

**ふういん-ぼく【封印木】** 古生代石炭紀に繁茂したシダ植物。現在のイワヒバ類にあたる。高さ二〇m以上。幹の表面に六角形の模様があり、それが印に似るためにこの名がある。

**ふう-う【風雨】** ①風と雨。wind and rain ②風速一〇m以上の雨まじりの風。gale and rain ③風とともに降る雨。あらし。rainstorm

**ふう-うん【風雲】** ①風と雲。winds and clouds ②大きく動こうとする気運。threatening situation 用例 —の志。

**風雲、急を告げる**(ふううん、きゅうをつげる) 大事が起こりそうな緊迫した状勢になる。The situation has grown tense.

**ふううん-じ【風雲児】** 機に乗じて頭角を現す人。lucky adventurer

**ブーエ【Simon Vouet】**(一五九〇〜一六四九) フランスの画家。イタリア風の華やかな装飾画を描く。ルイ一三世の宮廷画家として活躍。作品『信仰』など。

**ふう-えい【▼諷詠】**(名・サ変他) 詩歌などをよみ、また、吟ずること。用例 花鳥—。

**ふう-か【風化】**(名・サ変自) ①人を教え導き、徳に感化させること。influence ②岩石が日射や空気・水などの作用で、変質・分解しくずれていく現象。weathering ③人間の意志や記憶・感情などが、時の経過の中でしだいに失われていくこと。fade away

**ふう-か【富家】** 財産の多い家。ふか。ふけ。

**ふう-が【風雅】** 一(名) ①詩の六義の中の風と雅。 ②詩歌・文芸・書道などの道。 二(名・形動) 上品でおもむきのあること・さま。みやびやかなこと・さま。風流。elegant

**フーガ【fuga イタリア】** 遁走曲。対位法多声音楽のもっとも重要な形式で、声楽にも器楽にも用いられる。いくつかの声部(独立した旋律)の模倣技法により成り立つ。全声部が模倣しながら順次に現れる。バッハの『フーガの技法』が有名。fugue

**ふう-かい【風解】**(名・サ変自) 結晶水を含む固体が、大気中で水分を失って粉末になる現象。efflorescence

**ふう-かい【風懐】** 心中に思っていること。

**ふう-がい【風害】** 夏の台風や冬の季節風などの風による被害。wind damage

**ふう-かく【風格】** ①人がら。人品。品格。character ②詩や文章の品格。style

**ふうか-さよう【風化作用】** 岩石が地表やその近くで変質したり分解したりして、土砂になる過程。空気や水による物理的および化学的作用に起因する。weathering

**ふうが-しゅう【風雅集】**『風雅和歌集』の略称。

**フーガのぎほう【フーガの技法】**《原題Die Kunst der Fuge ドイツ》バッハの最後の大作。フーガ一五曲・カノン四曲からなる。対位法技術を集大成した記念碑的作品。未完。

**ふうがわかしゅう【風雅和歌集】** 南北朝初期の一七番目の勅撰和歌集。二〇巻。花園法皇の監修、光厳上皇の撰。貞和五年(一三四九)ごろ成立。『玉葉和歌集』を受け継ぐ京極派の歌集。歌数約二二〇〇首。おもな歌人は永福門院・伏見院など。風雅集。

**ふう-がわり【風変(わ)り】**(名・形動) ようす・性格などが、ふつうと異なっていること・さま。eccentric

**ふう-かん【封▼緘】**(名・サ変他) とじて封をすること。seal

**ふう-がん【風眼】** 淋菌性結膜炎。うみ状の分泌物を出す激しい急性症状を示し、失明することもある。

**ふう-き【風紀】** 男女の交際についての風俗上の規律。public moral 用例 —が乱れる。

**ふう-き【風鬼】**《仏教語》利欲・苦楽などによって人の心が動揺し、正しい教えにおちつけないことのたとえ。

**ふう-き【富貴】** 金持ちで、身分の高いこと。wealthy and noble 対義 貧賤。

**ふう-ぎ【風儀】** ①行儀作法。 ②習わし。風習。 ③男女間のしつけ。 ④姿。容姿。

**ふう-きょう【風狂】** ①風流に打ち込むこと・人。 ②狂人。

**ふう-きょう【風教】** ①徳による教化。 ②風俗と教化。

**ふうき-らん【富貴▼蘭】** フウランの異名。

**ふう-きり【封切(り)】**(名・サ変他) ①封を切ること。切ったばかりのもの。unseal ②新しい映画を最初に上映すること。release 用例 —館。 ③物事のしはじめ。beginning

**ふう-きん【風琴】** ①オルガン。 ②《「手風琴」の略》アコーディオン。

**ふうきん-ちょう【風琴鳥】** ホオジロ科フウキンチョウ亜科に属する鳥の総称。森林・果樹園にすむ。色・声の美しいものは飼い鳥にされる。アメリカ大陸の特産種。tanager ↓図

●フウキンチョウ　ゴクラクフウキンチョウ

**ブークレ【bouclé フランス】** ブークレ糸を用いて、表面に輪奈を出した布地や編み地。ブークレ糸は輪奈のある飾り撚糸の一種。

**フーケ【Friedrich de La Motte Fouqué】**(一七七七〜一八四三) ドイツ-ロマン派の小説家。多くの騎士文学を残す。童話『ウンディーネ』など。

**フーケ【Jean Fouquet】**(一四二〇ごろ〜一四八〇ごろ) フランスの画家。性格描写に卓越した肖像画・ミニアチュールを残す。幻想的な雰囲気の独自の様式を確立。作品『シャルル七世の像』など。

**ブーケ【bouquet フランス】** 生花や造花の小さな花束。手に持ったり、衣服・帽子の装飾にする。↓写

●ブーケ

**ふう-けい【風系】** まとまりをもった風の体系。小規模な山谷風や海陸風から、地域的規模の季節風、地球的な規模の貿易風などがある。wind system

**ふう-けい【風景】** ①ながめ。けしき。landscape ②ありさま。状態。scene

**ふうけい-が【風景画】** 外景を主題とした絵画。landscape painting

**ブーケ-ガルニ【bouquet garni フランス】** 香草の束。セロリの茎・パセリの茎・ベイリーフ・タイムで作る。スープや煮込み料理の風味づけなどに使う。

**ふう-けつ【風穴】** ↓かざあな(風穴)③

**ふう-げつ【風月】** ①風と月。wind and moon ②自然界の風物。beauties of nature ③自然を題材として詩歌をつくること。用例 —の才。

**風月を友とする**(ふうげつをともとする) 俗世間をはなれて、風流な生活を送る。converse with nature

**プーケット-とう【プーケット島】**(Ko Phuket) タイ南部、マレー半島西岸にある島。錫の産地で観光地としても知られる。面積八〇〇km²。人口七・六万(一九七〇)。

**ブーゲンビル-とう【ブーゲンビル島】**(Bougainville Island) 太平洋西部、ソロモン諸島北西部の火山島。パプアニューギニア領。面積一万km²。

**ブーゲンビレア【bougainvillea】** オシロイバナ科のつる性低木。葉は狭卵形。花は小さく、三枚の紅紫・橙・淡黄などの苞葉がある。観賞用に温室などで栽培される。ブラジル



↓行き先項目、図版・写真参照印。 JIS 日本工業規格情報交換用漢字符号コード(区点コード)。

●ブーゲンビレア

原産。イカダカズラ。→写

**ふう-こう【風光】** けしき。風景。scenery 用例 —明媚めいび。

**ふう-こう【風向】** 風の吹いてくる方向。地上風の方向は、ふつう、一六方位で示す。かざむき。かぜむき。wind direction

**ふうこう-けい【風向計】** 垂直な回転棒にとりつけた矢羽根により、風の向きを見たり、測定する装置。風信器。wind vane; anemoscope →写

●風向計

**フーコー【Jean Bernard Léon Foucault】**(一八一九～一八六八)フランスの物理学者。空気中と水中での光の速さの実験により、水中では光の速度は遅くなることを発見。水中の光速度は屈折率に反比例することを示し、光の波動説を実証。また、地球自転の存在をフーコーの振り子で証明した。

**フーコー【Michel Foucault】**(一九二六～一九八四)フランスの哲学者。コレージュ-ド-フランス教授。構造主義の代表的な思想家。著書『狂気の歴史』『言葉と物』『性の歴史』など。

**フーコー-の-ふりこ【フーコーの振り子】** 単振り子の振動面に対する地球自転の影響を調べるための大型の振り子。Foucault's pendulum

**ふう-こつ【風骨】** 姿。風姿。

**ふう-さ【封鎖】**(名・サ変他)①封じとざすこと。blockade米; block英 ②武力によりある国の港や海岸への交通を遮断すること。戦時封鎖と平時封鎖があり、ふつうは前者をさす。blockade 対義 開放。用例 海上—。③預金・貯金を自由に引き出させない処置。freeze

**ふう-さい【風采】** 姿。身なり。ようす。容姿。appearance

**風采が上がらない**(ふうさいがあがらない)容貌ようぼう・風姿がぱっとしない。風格に欠ける。do not look impressive; plain-looking 用例 —人物。

**ふうさ-けいざい【封鎖経済】** 外国と貿易をせず、自給自足している国の経済。closed economy 対義 開放経済。

**ふう-さつ【封殺】**(名・サ変他)→フォースアウト

**プーサン【Nicolas Poussin】**(一五九四～一六六五)一七世紀フランスの代表的画家。ローマで活躍。古代的モチーフを利用した厳格な構図の古典主義的作品を残す。作品『アルカディアの牧人』など。→写

**ふう-し【夫子】** ①徳の高い人。目上の人、先生などを言う敬語。②孔子こうしのこと。孔夫子。

**ふう-し【風姿】** すがた。身なり。風采ふうさい。appearance

**ふう-し【風刺・諷刺】**(名・サ変他)社会や人物の欠陥をユーモアに包んで批判すること。古くは落首らくしゅ・川柳せんりゅう・狂歌などにみられ、近代の文学・漫画・芸能などの重要な表現手段。satire

**ふう-じ【封事】** 密封して、直接君主にたてまつる意見書。

**フーシェ【Joseph Fouché】**(一七五九～一八二〇)フランスの政治家。フランス革命ではジャコバン派の指導者として活躍したが、ロベスピエールと対立、テルミドールの反動に暗躍。ブリュメール一八日のクーデターでナポレオンを支持。ルイ一八世の王政復古に協力。その打算的行動は「変節の政治家」として有名。

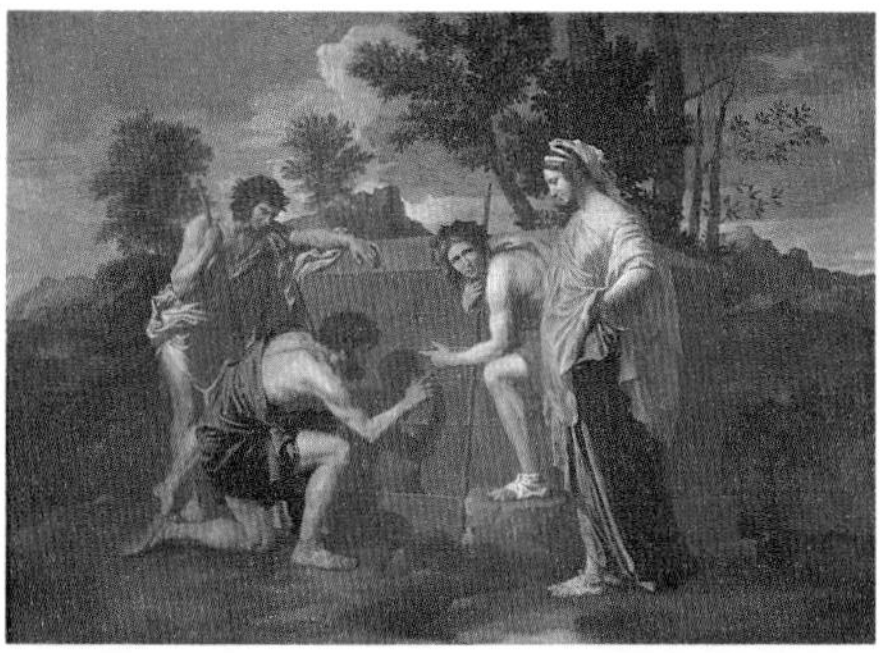

●プーサン『アルカディアの牧人』。一七世紀半ば。ルーブル美術館(フランス)。

●ブーシェ『浴後のディアナ』。一七四二年。ルーブル美術館(フランス)。

**ブーシェ【François Boucher】**(一七〇三～一七七〇)フランスの画家。ワトーとともにロココ絵画の代表者。宮廷生活のみやびやかな享楽のさまや神話画などを描く。作品『浴後のディアナ』など。→写

**ふうし-が【風刺画】** 社会または個人の過失・欠陥・不合理・罪悪などを批判、非難した絵画。とくに風刺性や寓意ぐうい性・暴露ばくろ性の強いものをいう。漫画の一分野としては政治漫画・思想漫画のジャンルを形成する。カリカチュア。caricature →写

**ふうしかでん【風姿花伝】**『花伝書』の正称。

**プーシキン【Aleksandr Sergeyevich Pushkin】**(一七九九～一八三七)ロシアの詩人・小説家。貴族出身で、近代ロシア文学・文章語の確立者。リアリズムを基調とする国民文学を創始。宮廷側近と対立し、決闘に倒れた。叙情詩のほか、叙事詩『ルスランとリュドミラ』、劇詩『ボリス=ゴドゥノフ』、散文作品『スペードの女王』『大尉の娘』、韻文小説『エヴゲニー=オネーギン』など。→写

●プーシキン

**ふうじ-こ・む【封じ込む】** 古語(下二他)→ふうじこめる(封じ込める)

**ふうじこめ-せいさく【封じ込め政策】** 共産圏を経済的・軍事的に包囲して勢力拡大を防止しようとするアメリカの外交政策。一九五〇年代にソ連、六〇年代には中国に対して適用したが、いずれも失敗。containment policy

●風刺画 北沢楽天『国際連盟の風刺画』(歩調がなかなか揃そろわない)。大正八年(一九一九)。大宮市立漫画会館。

**ふうじ-こ・める【封じ込める】**(下一他)①中に入れて封をする。seal ②神仏の通力によって悪魔の活動を押さえる。

**ふうじ-て【封じ手】** ①囲碁・将棋で、指し掛けになったときの最終着手。紙に書き封筒に入れて封じ、立会人または記録係がその封筒を預かり、対局再開まで保管する。sealed move ②武術などの格闘技で、使用を禁じられているわざ。禁じ手。foul

**ふうじ-め【封じ目】** 封をした所。

**ふう-しゃ【風車】** 風から動力を得る原動機。古くから製粉や揚水などに使われたが、蒸気機関の実用化ですたれた。最近、無公害の自然エネルギーの有効利用の一つとして見直され、風力発電の原動機として用いられたり、灌漑かんがいなどに利用されている。かざぐるま。windmill →写

**ふう-じゃ【風邪】** かぜ。感冒。cold

**ふうしゃ-ごや【風車小屋】** 風車を動力とする作業場。かつては製粉・精米作業などを行った。windmill

**ふう-しゅ【風趣】** おもむき。風韻。風致。

**ふう-じゅ【風樹】** 風にゆれる木。

**風樹の嘆**(ふうじゅのたん)《『韓詩外伝かんしがいでん』にある語「樹静かならんと欲すれども風止まず。子養わんと欲すれども親待たず」から》孝行をしようと思いたったときは、すでに親がなく、孝行ができないというなげき。類似 孝行をしたい時分に親は無し。

**ふう-しゅう【風習】** その土地のならわし。custom 比較 習慣・慣習。

**フージュロン【André Fougeron】**(一九一三～)フランスの画家。社会主義リアリズムの立場から労働者の生活を描く。

**フーシュン【撫順】**(Fushun)→ぶじゅん(撫順)

**ふう-しょ【封書】** 封をした手紙。sealed letter

**ふう-しょく【風色】** ①風光。景色。scenery ②晴れた天候。③人の顔色。

**ふう-しょく【風食・風▼蝕】**(名・サ変他)風による浸食作用。乾燥地域では、砂を含む風が岩石の表面に吹きつけ、茸岩きのこいわ・三稜石さんりょうせきなどを作り、また、砂塵さじんを吹きとばして凹地おうちを作る。wind erosion

**ふう-じる【封じる】**(上一他)=封ずる・封ず。①封をする。seal ②とじこめる。enclose ③ある方法を使えないようにする。prevent 用例 張り手を—。発言を—。

**ふう-しん【風▼疹】** ウイルス性の良性発疹ほっしん性伝染病。幼児には軽いが、母体が妊娠初期にかかると、先天異常児を高率で出産する危険がある。三日ばしか。rubella

**フーシン【阜新】**(Fuxin)→ふしん(阜新)

**ふう-じん【風神】** 風をつかさどる神。裸で風袋を担いでいる姿に描かれる。風天。風伯。ふうしん。

**ふう-じん【風▼塵】** ①風のために立つちり。dust ②わずらわしい世事。俗事。worldly affairs

**ふうしん-き【風信器】** →ふうこうけい(風向計)

**ふう-す【▽副▽寺・▽副▽司】** 禅寺で、監寺かんすを補佐し、出納をつかさどる役僧。

**ブース【booth】** ①小さく仕切った部屋やレストランなどの仕切り席。ボックス。②有料高速道路の料金徴収所。③仮設売店。屋台。④電話ボックス。

**ブース【Booth】** アメリカの俳優一家の名。ジュニアス=ブルータスJunius Brutus(一七九六～一八五二)はシェークスピア劇の名優。その子エドウィン=トーマスEdwin Thomas(一八三三～一八九三)も名優。その弟ジョン=ウィルクスJohn Wilkes(一八三八～一八六五)も俳

●風車 ダリウス型風車(右)、プロペラ型風車(左)。

優だが、むしろリンカーン大統領の暗殺者として名を知られる。

**ブース**【Charles Booth】(一八四〇〜一九一六) イギリスの社会調査家。貧困階層の分析・研究の先駆者。主著『ロンドン市民の生活と労働』。

**ブース**【William Booth】(一八二九〜一九一二) イギリスのキリスト教伝道家。貧しい人々に対する物心両面の救済を目標に、妻とともに救世軍を創立。

**ふうすい-がい**【風水害】 風害と水害。storm and flood damage

**ふうすい-せつ**【風水説】 土地に一種の神秘力を認め、その力が人間に及ぼす吉凶禍福を説く中国古来の理論。城・家屋・墓などはこの説にかなった建築を行うと幸運を招くとされる。

**ブースター**〔booster〕 システムの機能を一時的に高める補助装置の総称。航空機の離陸を助ける急加速用エンジン、ロケットの推力を補う補助推進装置、燃料タンクの液圧を高める加圧用補助タンク、受信機の増幅器など。

**ブースター-きょく**【ブースター局】 山間地などの難視聴地域のために設ける小出力のテレビ中継局。booster station

**フーズ-ヒー**〔who's he〕 人物評論。人物批評。

**フーズ-フー**〔Who's Who〕 人名年鑑。紳士録。現代名士録。物故者を収録した『フーウォズ-フー(Who was Who)』もある。

**ふう・する**【▼諷する】(サ変他) 遠回しに言う。ほのめかす。諷す。hint

**ふう・ずる**【封ずる】(サ変他) ↓ふうじる(封じる)

**ふう-せい**【風声】 ①風の音。 ②消息。たより。おとずれ。

**ふうせい-かくれい**【風声▼鶴▼唳】《風の音やツルの鳴き声、の意》ちょっとした物音にも敵かと思って恐れること。

**ふうせい-がん**【風成岩】 風で運ばれた岩石の砕けた粒子からなる堆積岩の総称。風成砂岩・黄土・風成火山灰などがある。

**ふう-せつ**【風雪】 ①風と雪。wind and snow ②ふぶき。snowstorm ③世の中の激しい苦難。hardships

**ふう-せつ**【風説】 うわさ。とりざた。風評。rumor

**ふう-せっぽう**【▼馮雪峰】(一九〇三〜一九七六) 中国の文芸批評家。浙江省出身。左翼文芸理論家として活躍。解放後『文芸報』主編者。著書『魯迅回憶』『雪峰文集』など。

**フーゼル-ゆ**【フーゼル油】 アルコール発酵の発酵液からエタノールを蒸留したあとの高沸点の留分。溶剤の原料。fusel oil

**ふう-せん**【風船】 ①紙・ゴムなどの袋に息や水素を吹き込んでふくらませて遊ぶもの。紙風船・ゴム風船など。balloon ②気球。balloon

**ふう-ぜん**【風前】 風が吹き当たる場所。

**風前の灯**(ふうぜんのともしび) 危機がせまって、生命などのあぶないたとえ。hang by a thread

**ふうせん-かずら**【風船▼葛】 ムクロジ科の観賞用の一年生つる草。長さ数メートル。夏に、白色の小花が咲き、緑色の風船状の果実をつける。↓写

● フウセンカズラ 実。

**ふうせん-ばくだん**【風船爆弾】 第二次大戦中、旧日本陸軍が考案した兵器。防水和紙製の風船に爆弾を結びつけて偏西風に乗せ、アメリカ本土爆撃を行ったが、ほとんど効果はなかった。

**ふうせん-むし**【風船虫】 コミズムシの俗称。水中で浮いたりもぐったりするようすが風船を連想させる。

**ふうせん-も**【風船藻】 湿った泥土上などに生育する緑色風船状の藻。地上部は二mmほどの球状体、地下部は無色で分岐して糸状に伸びる。全体に細胞の仕切りのない多核体。

**ふう-そう**【風葬】(名・サ変他) 死体を埋めないでさらし、自然の腐敗や鳥獣が食い荒らすにまかせる形式の葬制。シベリアやモンゴル・東アフリカで行われ、日本でも沖縄で行われた。aerial sepulture

**ふう-そう**【風霜】 ①風と霜。 ②世の中の厳しい困難。風雪。 ③年月。星霜。

**ふう-そう**【風騒】《『詩経』の「国風」と『楚辞』の「離騒」》 ①詩文などを作ること・遊び。 ②風流・風雅なおもむき。

**ふう-そく**【風速】 風の速さ。単位時間に空気の流れた距離。m/秒で表す。一〇分間の細かい変動を平均した平均風速と瞬間最大風速がある。wind speed 用例 ―計。

**ふう-ぞく**【風俗】 ①習わし。しきたり。customs ②装い。身なり。dress ③身のこなし。身ぶり。manner

**ふうぞく-うた**【風俗歌】《古くは「ふぞくうた」》主として平安朝貴族の遊宴などに用いられた歌謡で、東国民謡に由来するもの。素朴な恋の歌が大部分。

**ふうぞく-えいぎょう**【風俗営業】 飲食や遊びをともなう接客営業。キャバレー・麻雀屋・待合など。風俗営業取締法で規制される。

**ふうぞく-が**【風俗画】 さまざまな階層の現実生活の様態を直接の主題にした絵画。日本では安土桃山時代以降の近世になって絵画史の中に定着。江戸時代に浮世絵師や大津絵作家などの民衆画家が登場。西洋では一七世紀オランダで農民や市民の日常生活が主題とされ、すぐれた風俗画家が輩出した。genre painting

**ふうそく-けい**【風速計】 風速を測定する機械。プロペラや風杯の回転から一〇分間の風の移動量を測り、毎秒当たりの平均値を求める。風力計。アネモメーター。anemometer ↓写

● 風速計 飛行機型の風向風速計。

**ふうぞく-さんぎょう**【風俗産業】 風俗営業的な形態をとりながら、奇抜なアイディアなどで現代社会の大衆的な欲望をたくみにとらえ、収益をあげている業種の俗称。

**ふうぞく-しょうせつ**【風俗小説】 人間性の問題や心理の探究よりも、世態風俗の描写を主とした小説。

**ふうそく-の-たいすうほうそく**【風速の対数法則】 ふつう高度が増すほど風速は大きくなり、その関係は対数関数であるという法則。logarithmic law of wind speed

**ふうぞく-もの**【風俗物】 歌舞伎舞踊の一系統。江戸風俗を舞踊化したもの。天保から明治に続く。『かっぽれ』など。

● フウチョウ オオフウチョウ

**ふうぞくもんぜん**【風俗文選】 森川許六編の俳文集。宝永三年(一七〇六)刊。松尾芭蕉と蕉門俳人の文章を収録。『本朝文選』を改題。

**ふう-たい**【風体】 ↓ふうてい(風体)

**ふう-たい**【風帯】 ①掛け軸の上から垂れる、細長い二条の布・紙。 ②几帳の上から垂れる、細長い布。↓掛け軸図

**ふう-たい**【風袋】 ①はかりではかる物の外包み・容器。packing ②外見。appearance

**ふう-たく**【風▼鐸】 ①塔・仏堂などの、軒の四隅などに釣り下げてある、小さい鐘の形の鈴。宝鐸。 ②風鈴。↓五重の塔図

**ブータン**〔Bhutan〕(Kingdom of Bhutan) ヒマラヤ山脈南東麓を占める王国。首都チンプー。国土の大部分はヒマラヤ山系に属し、高峰が多い。米・小麦の栽培やヤギを飼育する自給自足農業。面積四・七万km²。人口一四五万(一九八六)。正称ブータン王国。

**ブーダン-ノアール**〔boudin noir フランス〕 豚の血液と脂とを調理して腸詰めにしたもの。ブラッドソーセージ。

**ふう-ち**【風致】 おもむき。風趣。taste

**フーチーク**〔Julius Fučík〕(一九〇三〜一九四三) チェコスロバキアの小説家。ナチス占領下に捕らえられ、獄中の記録『絞首台からのレポート』で有名。

**フーチエン**【福建】〈省〉(Fújiàn) ↓ふっけん「(福建)」

**ふうち-そう**【風知草】《茎のふしの位置で風の多い季節がわかるという》ウラハグサの別名。

**ふうち-ちく**【風致地区】 都市環境と自然環境とを調和させて都市のおもむきを維持するため、都市計画法によって定められた地域。scenic zone

**ふう-ちょう**【風鳥】 フウチョウ科の鳥の総称。ムクドリ大からカラス大まである。雄は美しい体色・飾り羽、また求愛行動で有名。主産地はニューギニアとその属島。ゴクラクチョウ。ヒヨクノトリ。bird of paradise ↓図

**ふう-ちょう**【風潮】 ①風が吹くにつれて流れる潮。tide ②時代のなりゆき。世間一般の傾向。trend

**フーチョウ**【福州】(Fúzhōu) ↓ふくしゅう(福州)

**ふうちょう-ざ**【風鳥座】 南天の星座。日本からは見えない。七月一八日ごろの午後八時ごろに南中。面積二〇六平方度。Apus

**ふうちょう-そう**【風▼蝶草】 フウチョウソウ科の一、二年草。茎は高さ約八〇cm、紫色。葉は掌状複葉。夏に、白花が穂状に咲く。

**ふうち-りん**【風致林】 名勝旧跡の周辺にあって、その景観をひきたて、保持するための保安林。forest grown for scenic beauty

**ふう-ちん**【風鎮】 掛け物の、軸の両端に掛けるおもり。↓掛け軸図

**ブーツ**〔boots〕 履き口がくるぶしより上にある靴の総称。↓写

**ブーツ**〔Bouts〕 ↓ボウツ

**ふうつう-おり**【風通織(り)】 重ね織りの一種。表組織と裏組織を所々入れ換えて、表裏に反対の色合で、同形の柄を出す織り方のこと。服地やカーテンに用いる。二重織り。

● ブーツ ショートブーツ。

**ふう-つき**【風付き】 身なり。格好。姿。appearance

**ふう-てい**【風体】 身なり。風采。ふうたい。

**ふう-でい**【封泥】 古代中国で、文書・物品を封緘するさいに用いた粘土。木簡・竹簡などを束ねたひもの結び目に粘土を張って捺印。漢代に盛行。

**ブーテナント**〔Adolf Butenandt〕(一九〇三〜　) ドイツの生化学者。各種のホルモンの結晶化と構造決定を行った。一九三九年ノーベル化学賞受賞。

**ふう-てん**【風▼癲】 ①定まった住居や職をもたず、ぶらぶら暮らしているような人。 ②昭和四二年(一九六七)夏、東京新宿駅前広場にたむろしていた若者たち。一見ヒッピー風だが、特別な主張や思想もなく無気力な生活を送っていた。フーテン族。

**ふう-てん**【▼瘋▼癲】 精神障害。精神病。

**フート**〔foot〕《足の大きさ、または歩幅に由来》ヤード-ポンド法における長さの単位。一フートは三分の一ヤードで、〇・三〇四八m。

**ふう-ど**【風土】 ①土地の地勢・気候。土地がら。climate ②人間の精神や思想にとっての文化的環境。地域により特色がある。cultural climate

**フード**〔food〕 食品。農産・畜産・水産のすべての食品の総称。用例 ―センター。

**フード**〔hood〕 ①頭から首の部分をおおう、頭巾状のかぶりもの。コートやジャケットにとり付けたり、また単独でかぶる。 ②煙やにおいなどを排出するために、天井や壁などに取りつけた換気装置。 ③写真を撮るときなどに不要な光線をさえぎるために、レンズにつける筒形のおおい。

**ふう-とう**【封筒】 手紙や文書を入れる紙袋。長形・角形・洋形(長手に口のある)に分かれる。特殊な封筒としては窓つき・現金書留用・航空郵便用などがある。envelope

ふ



↓ 行き先項目、図版・写真参照印。 JIS 日本工業規格情報交換用漢字符号コード(区点コード)。

**ふう-どう【風洞】** トンネル状の容器の中で人工的に一様な気流を作り出す装置。航空機などの空気力学的研究に用いられる。wind tunnel 用例 ―実験。
**ブードゥー-きょう【ブードゥー教】** 西インド諸島のハイチを中心とする黒人の宗教。神がかりと反白人が特徴。voodooism
**ふうとう-かずら(ーかづら)【風▼藤▼葛】** コショウ科のつる性常緑低木。暖地の海岸付近にはえる。葉は長卵形または心臓形。雌雄異株(しゅ)。初夏に黄色の小花が咲く。果実は球形。→図

●フウトウカズラ

**ふうど-びょう【風土病】** 地理・気候などからみて、一定地域に多発する病気。熱帯地方のマラリアなど。地方病。endemic disease
**フード-プロセッサー【food processor】** 食品を細かくしたり、練り混ぜたりする器具。電動式。フードカッター。ブレンダー。
**プードル【poodle】** イヌの一品種。肩高二五〜六〇cm。毛色は黒・濃褐色・ブルー・白などがあり、刈り込みで体型を整えることが多い愛玩(あいがん)犬。活発で利口。元来は猟犬。フランス原産。→イヌ 写
**プーナ【Pune】** インド中西部、マハラシュトラ州西部の商業都市。交通・文化の要地。旧マラータ王国の都。人口一六八・五万(一九八一)。
**フーナン【湖南】**〈省〉(Húnán) →こなん(湖南)
**ふう-にゅう【封入】**(名・サ変他) 中に入れて封をすること。enclosure 用例 写真を―する。
**ブーニン【Ivan Alekseyevich Bunin】**(一八七〇〜一九五三) ロシアの詩人・小説家。一九三三年、ロシア作家初のノーベル文学賞受賞。作品『村』『アルセーニエフの生涯』など。
**ふう-は【風波】** ①風と波。wind and waves ②風のために立つ波。rough seas ③争い。もめごと。discord
**フーバー【Herbert Clark Hoover】**(一八七四〜一九六四) アメリカの政治家。第三一代大統領(在任一九二九〜三三)。共和党。拡大経済を主唱したが、一九二九年の大恐慌打開策に失敗。第二次大戦後は行政機構改革などで活躍。
**フーバー【Robert Huber】**(一九三七〜) 西ドイツの生化学者。細菌による光合成の研究、光合成反応の三次元構造の決定などにより一九八八年ノーベル化学賞受賞。
**ブーバー【Martin Buber】**(一八七八〜一九六五) イスラエルの宗教哲学者。ウィーン生まれ。人間世界の「我＝汝(なんじ)」関係の重要性を強調。著書『我と汝 対話』など。
**フーバー-いいんかい【フーバー委員会】** 一九四七年設立のアメリカの行政機関再編制委員会の通称。フーバー元大統領を委員長とし、国内政策と対外政策に適応できる行政改革の勧告を行った。五二年には、その七〇%が達成された。Hoover Commission
**フーバー-ダム【Hoover Dam】** アメリカ南西部、コロラド川中流ブラック峡谷のダム。一九三六年完成。
**フーバイ【Jenö Hubay】**(一八五八〜一九三七) ハンガリーのバイオリン奏者・作曲家。四重奏団を組織し活躍。
**ふうばい-か【風媒花】** 花粉が風によって飛散し、受粉される花。一般に花弁が発達しないで花は目立たない。マツ・イチョウ・イネなど。anemophilous flower 比較 水媒花。
**ふうば-ぎゅう【風馬牛】**《「風」は、さかりのついた雌雄が呼び合う意。「風馬牛もあいおよばず」で、呼び合って遠方まで走る牛馬さえも会えないほど遠く離れている意から》①かけはなれていること。②自分とまったく無関係なこと。
**ふう-はつ【風発】**(名・サ変自) ①風が吹き起こること。②弁論などが勢いよく口をついて出ること。用例 談論―。
**ふう-ひ【封皮】** ①封をしたものの上にさらにかけたおおい。②二重封筒の外がわの包み。
**ふう-び【風▼靡】**(名・サ変他) なびき従わせること。dominate
**一世を風靡する**(いっせいをふうびする) その時代の主流となる。take the world by storm
**ブービー**《booby prizeから》ゴルフの競技会などで、最下位の一つ前の者に与えられる賞。本来は最下位の意。正式な競技会などにはない懇親的なもの。
**ふう-ひょう【風評】** 世間のうわさ・とりざた。風説。rumor
**ふう-ふ【夫婦】** 結婚した男女の一組み。婚姻届け出により法的に成立し、夫婦財産制の適用をうける。夫妻。めおと。つれあい。みょうと。married couple
**似た者夫婦**(にたものふうふ) 夫婦は互いに性質や趣味が似るということ。また、それらが似ている夫婦。似た夫婦。Like marries like.
**夫婦喧嘩は犬も食わない**(ふうふげんかはいぬもくわない) 夫婦のけんかは一時的なもので、すぐ仲よくなるものであるから、他人が口出しするのはばからしいことだ。One should not interfere in lover's quarrels.
**夫婦は合わせ物離れ物**(ふうふはあわせものはなれもの) 夫婦というものは、もともと他人が一緒になったもので、別れることがあってもしかたないことをいう。
**夫婦は二世**(ふうふはにせ) 夫婦の縁は来世まで続くということ。比較 親子は一世(いっせ)。主従は三世(さんぜ)。
**フーフ【Ricarda Huch】**(一八六四〜一九四七) ドイツ新ロマン主義の女流小説家・歴史家。小説『ルドルフ＝ウルスロイの回想』など。
**フープ【hoop】** 輪状の遊具。木や竹、金属や合成樹脂などが材料。転がしたり、くぐったりして遊ぶ。輪。リング。
**ふう-ふう**(副) ①苦しそうな息づかいをするさま。また、困難に出会ってあえぐさま。pantingly 用例 急な坂で―いう。②口をすぼめて息を吹きかけるさま。用例 熱い茶を―吹きながら飲む。
**ぶう-ぶう** ㊀(名)《幼児語。車の警笛の音を表すところから》自動車。㊁(副) 苦情・不平などを言いたてるさま。ぶつぶつ。complain 用例 ―文句をいう。
**ふうふがっさん-かぜい【夫婦合算課税】** →にぶんにじょうほうしき(二分二乗方式)
**ふうふざいさん-せい【夫婦財産制】** 夫婦の財産関係を規定する制度。婚姻届け提出前の夫婦財産契約によるものと、民法の規定によるものがある。matrimonial property system
**ふう-ぶつ【風物】** ①季節のもの。things in season ②四季おりおりの眺め。scenery ③けしき。scenery
**ふうぶつ-し【風物詩】** ①その季節の趣をよくあらわしている事物。用例 夏の―の一つ、朝顔市。②風景や季節をうたった詩。
**フープリン**《和製語》→わまわし(輪回し)
**ふう-ぶん【風聞】**(名・サ変他) うわさ。風説。風評。rumor
**フーペイ【湖北】**〈省〉(Húběi) →こほく(湖北)
**フーヘル【Peter Huchel】**(一九〇三〜) ドイツの詩人。詩集『国道、国道』など。
**ふう-ぼう【風防】** 風をよけること。かざよけ。protection against wind 用例 ―ガラス。
**ふう-ぼう【風▼貌・風▼丰】** 顔かたち。容姿。appearance
**ふう-ぼうりゅう【▼馮▽夢竜】**(一五七四〜一六四六) 中国、明(みん)末の文人。長洲の人。『三言』『平妖伝』『山歌』『笑府』などの編集校訂により小説・逸事・笑話など通俗文学に影響を残した。ふうぼうりょう。ふうむりゅう。
**ふう-み【風味】** ①味わい。taste ②上品な味。flavor ③気だて。気質。disposition
**ブーム【boom】** にわか景気。ばか景気。流行。用例 文庫本―。
**ブーメラン【boomerang】** 狩猟・戦闘用の飛び道具。U字形、十字形のものなどがあり、「く」の字形をして回帰性のあるものがとくに有名。これは薄い木板の一端を持って投げ、目標にあたらないと手元にもどってくる仕組みになっている。オーストラリア原住民が使用。→写

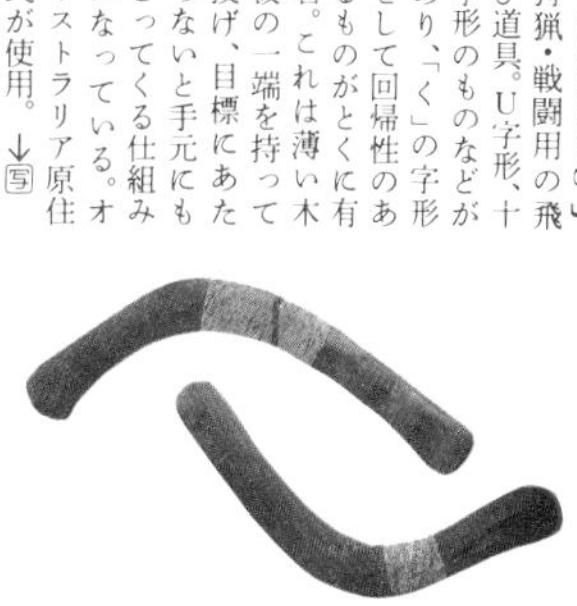
●ブーメラン

**ブーメラン-こうか【ブーメラン効果】**《ブーメランが投げた人の所にもどってくることから》先進国から援助を受けた開発途上国の産業が国際競争力をつけ、先進国の産業と競合するようになること。boomerang effect
**ふう-もん【風紋】** 砂丘などで、風が吹いてできる砂の模様。wind-wrought pattern on the sands
**ふう-ゆ【▼諷▼喩・風諭】**(名・サ変他) 遠回しにそれとなくさとすこと。
**ふうようわかしゅう【風葉和歌集】** 鎌倉(かまくら)中期の私撰(しせん)和歌集。後嵯峨(ごさが)天皇の中宮姞子(よしこ)の命により、約二〇〇種の物語中の歌を二〇巻(現存一八巻)に編んだ特異な歌集。撰者未詳(藤原為家(ふじわらのためいえ)か)。文永(ぶんえい)八年(一二七一)成立。歌数千四百余首。
**フーヨーハイ【芙蓉蟹中】**(fúróngxiè) カニ入りの卵焼き。かにたま。
**ふう-らい【風来】** ①風のようにどこからともなく来ること・もの。②気まぐれで、落ち着かないこと。
**ふうらい-さんじん【風来山人】** 平賀源内(ひらがげんない)の筆名。
**ふうらい-ぼう【風来坊】** ①どこの者ともわからない人。wanderer ②ふらりと来る人。vagabond ③気まぐれな人。capricious person
**ふう-らん【風▼蘭】** 樹木に着生するラン科の多年草。高さ五〜一〇cm。葉は硬い広線形。茎から気根を出す。夏に、純白の花が一花柄に五〜六輪咲く。フウキラン。→写
**プーランク【Francis Poulenc】**(一八九九〜一九六三) フランスの作曲家。「六人組」の一人。旋律の美しさはとくに歌曲で高く評価される。バレエ曲『牝鹿(めじか)』、歌曲集『動物詩集』など。
**プーリア【Puglia】** イタリア南部の州。州都バーリ。オリーブ油・ぶどう酒の生産地帯。人口三九四・七万(一九八二)。
**プーリー【pulley】** →かっしゃ(滑車)
**フーリエ【François-Marie-Charles Fourier】**(一七七二〜一八三七) フランスの空想的社会主義者。農業を主とし製造業を従とする生産・消費協同組合(ファランジュ)を共産主義的理想社会とみなし、その設立を主張した。著書『産業と協同社会の新世界』など。
**フーリエ【Jean-Baptiste-Joseph Fourier】**(一七六八〜一八三〇) フランスの数学者・物理学者。代数方程式の研究もあるが、フーリエ級数の創始者として著名。
**ふう-りゅう【風流】**(名・形動) ＝ふりゅう。①みやびやかなこと・さま。風雅。②俗事を離れて、詩歌・茶の湯などをたしなむこと・さま。③聖賢の残した美風。④日本文芸の美的理念の一つ。優美繊細、都会的超俗的な、洗練卓越した美意識や美的行為をいう。
**ふうりゅう-いんじ【風流韻事】** 自然に親しみ、詩歌などをつくって楽しむこと。みやびやかな遊び。
**ふう-りょく【風力】** ①吹く風の力。風のエネルギー。wind power ②風の速さの程度を表す語。wind force
**ふうりょく-かいきゅう【風力階級】** 風の速さを示すために定めた数。風速計のないとき、風速の程度を目測するのに利用。〇〜一二の一三階級に風速を区分。一八〇五年、ビューフォートが提唱。wind force scale →図
**ふうりょく-きごう【風力記号】** 風速に合わせて風力階級が決められ、風力を矢羽根の数で表す方法。symbol of wind force
**ふうりょく-けい【風力計】** →ふうそくけい(風速計)
**ふうりょく-はつでん【風力発電】** 風車を利用して発電機を回転させ、発電する方法。自然エネルギーの有効利用の一つ。wind power generation
**ふう-りん【風鈴】** 小さい釣り鐘形の鈴。軒先(のきさき)などにつるし、風に吹かれて出る音を楽しむ。金属・ガラス・陶器製などがある。

●フウラン

ふ

▼常用漢字表外。 ▽常用漢字表の音訓外。

**ふうりん-かざん【風林火山】** 戦国大名武田氏の軍旗の一つに書かれた「疾如風、徐如林、侵掠如火、不動如山」の略。また、その軍旗の通称。

**ふうりん-そう【風鈴草】** カンパニュラの一品種。高さ約八〇cm。初夏に、紫色または白色の大形の鐘形花が、やや上向きに咲く。

**ふうりん-ぶっそうげ【風鈴仏桑華】** アオイ科の常緑低木。アフリカ原産で温室栽培。葉は狭卵形で鋸歯きょしがある。夏に、長柄大形の赤色花が下垂して下向きに咲く。ハイビスカス。↓写

●フウリンブッソウゲ

**フール【fool】**《愚人の意》イギリス演劇で宮廷道化師のこと。おろかにみえるため放言が許され、それが王侯貴族に対する鋭い批判をも可能にした。シェークスピアが『十二夜』や『リア王』で活用。

**ブール【André-Charles Boulle】**（一六四二〜一七三二）フランスの工芸家。ルイ一四世様式の代表的作家で、華麗なブール家具の創始者。

**ブール【Pierre Boulle】**（一九一二〜）フランスの小説家。行動的冒険小説・SF的風刺小説を書く。作品『クワイ川の橋』『猿の惑星』など。

**プール【pool】** ㊀（名）人工的に作られた水泳場。競泳用プールには水泳連盟が設けた五〇m（長水路）と二五m（短水路）の公認規格がある。㊁（名・サ変他）物をためておくこと。

**ブールジェ【Paul Bourget】**（一八五二〜一九三五）フランスの小説家・批評家。評論集『現代心理論叢そう』、小説『弟子』『宿駅』など。

**フールス-キャップ【fool's cap】**《道化師の帽子の意》大判の西洋紙。本来はイギリスの筆記用紙で、道化師帽の模様の漉すき入れがあったのでこうよぶ。フールスキャップ判。

**プール-せい【プール制】** いくつかの同種の企業が集まって中央機関を作り、そこに利潤を集中してから各企業に分配する制度。pool system

**ブールデル【Émile-Antoine Bourdelle】**（一八六一〜一九二九）フランスの彫刻家。記念碑にすぐれる。構築的で簡潔雄壮な作風を築く。作品『弓を引くヘラクレス』など。↓写

**プール-ねつ【プール熱】** 咽頭いんとう結膜熱。子供がプールでうつることが多い。おもな症状は結膜炎・咽頭炎・発熱。pharyngoconjunctival fever

**ブールハーフェ【Herman Boerhaave】**（一六六八〜一七三八）オランダの医学者・植物学者・化学者。実地臨床医学研究制度を創始した。体温計・顕微鏡を最初に応用。世界的なライデン学派をつくった。主著『医学論』。

**ブールバール-えんげき【ブールバール演劇】**（théâtre de boulevard フランス）パリの娯楽本位の商業演劇。旧市街の城壁跡の大通り（ブールバール）に劇場や見世物小屋が並び、メロドラマやスペクタクル劇などが上演された。ブルジョア社会を描いた風俗喜劇が主流をなし、その伝統は現在まで続いている。

●風力階級　風力階級表

| 風力階級 | 地上10mでの風速（m/秒） | 陸上の状態 |
| --- | --- | --- |
| 0 | 0〜0.3未満 | 静穏。煙はまっすぐに昇る |
| 1 | 0.3〜1.6未満 | 風向は、煙のなびき方でわかるが風見には感じない |
| 2 | 1.6〜3.4未満 | 顔に風を感じる。木の葉が動く。風見が動き出す |
| 3 | 3.4〜5.5未満 | 木の葉や細い小枝がたえず動く。軽い旗が開く |
| 4 | 5.5〜8.0未満 | 砂ほこりが立ち、紙片が舞い上がる。小枝が動く |
| 5 | 8.0〜10.8未満 | 葉のあるかん木が揺れはじめる。池や沼の水面に波頭が立つ |
| 6 | 10.8〜13.9未満 | 大枝が動く。電線が鳴る。かさはさしにくい |
| 7 | 13.9〜17.2未満 | 樹木全体が揺れる。風に向かっては歩きにくい |
| 8 | 17.2〜20.8未満 | 小枝が折れる。風に向かっては歩けない |
| 9 | 20.8〜24.5未満 | 人家にわずかの損害が起こる（煙突が倒れ、かわらがはがれる） |
| 10 | 24.5〜28.5未満 | 内陸ではあまり起こらない。樹木が根こそぎになる。人家に大損害が起こる |
| 11 | 28.5〜32.7未満 | 広い範囲の破壊を伴う。めったに起こらない |
| 12 | 32.7以上 | — |

『気象庁風力階級表（ビューフォート風力階級表）』による

●ブールデル　『弓をひくヘラクレス』。一九〇九年、ブリヂストン美術館（東京都）。

**フールマノフ【Dmitry Andreyevich Furmanov】**（一八九一〜一九二六）ソ連の小説家。記録文学の基礎を築く。作品『チャパーエフ』『反乱』など。

**ブーレ【bourrée フランス】** 一七世紀フランスの宮廷舞踊・舞曲。男女が向きあって踊る組み舞。四分の二拍子。リュリのオペラ作品やバッハの組曲に作例がある。

**プーレ【Georges Poulet】**（一九〇二〜）フランスの批評家。ベルギー生まれ。文学作品中の時間・空間の概念の問題の解明につとめる。著書『人間的時間の研究』『円環の変貌へんぼう』など。

**ブーレーズ【Pierre Boulez】**（一九二五〜）フランスの作曲家・指揮者。セリー点描技法の応用により、抽象的印象主義とよばれる独自の感覚的世界をつくる。指揮者としても活躍。独唱と室内楽の『主なき槌つち』など。

**ふうれん【風連】**〈町〉北海道中北部、名寄なよろ盆地にある町。天塩てしお川に沿い、北限に近い稲作が中心。宗谷そうや本線が通る。人口六七七〇（一九八八）。

**ふうれん-こ【風▼蓮湖】** 北海道東部、根室市の西にある潟湖せきこ。面積五二・一km²、最深一三m。ハクチョウの飛来地で知られる。

**ふう-ろ【風炉】** ①茶の湯で使う炉。ふろ。②溶解用の小さいるつぼ。melting furnace

**ふう-ろう【封▼蠟】** 松脂まつやにシェラック・テレビン油・酸化マグネシウムなどを混ぜ、顔料で着色したもの。瓶びんの密封に使用。sealing wax

**ふう-ろう【風浪】** 風と波。また、海上の風で直接起こされた波。山脈に似て峰がとがり、きれぎれで不規則である。風波。wind waves

**ブーローニュ-の-もり【ブーローニュの森】**（Bois de Boulogne）フランス中北部、パリ西郊の大公園。競馬場、バラ園、池などがある市民の憩いの場所。面積九km²。

**ブーローニュ-ビヤンクール【Boulogne-Billancourt】** フランス中北部、パリ南西の近郊都市。ブーローニュの森に続く住宅都市であるが、自動車工業も行われる。人口一〇・三万（一九八二）。

**ふうろ-そう【風露草】** フウロソウ科の多年草の総称。葉は三〜七裂する。夏から秋に、五弁花が咲き、五裂する果実をつける。ゲンノショウコ・ハクサンフウロなど。

**ふ-うん【不運】**（名・形動）運の悪いこと・さま。ふしあわせ。misfortune 対義幸運。

**ふ-うん【浮雲】** ①空にういている雲。②はかないこと、とりとめのないことのたとえ。

**ぶ-うん【武運】** ①武人としての運命。②勝敗の運。用例―つたなく敗れ去る。

**ふえ【▼吭】** のどぶえ。

**ふえ【笛】** ①吹いて音を出す楽器の総称。②日本における管楽器の総称。一般に高麗笛こまぶえ・神楽笛かぐらぶえ・竜笛りゅうてきなど横吹きのもの。数え方一管・一本。③合図などに吹きならす小型の道具。ホイッスル。whistle

**笛吹けども踊らず**（ふえふけどもおどらず）《新約聖書『マタイによる福音書』中の「われら笛吹けども、なんじら踊らず」ということばから》手を尽くして誘い勧めても、人がそれに応じない。笛吹けど踊らず。We have piped unto you and ye have not danced.

**ふえ【▼鰾】** 魚類の腹にある浮き袋。

**ふ-え【不▽壊】** こわれないこと。堅固なこと。用例金剛こんごう―。

**フエ【Hue】** ベトナム中東部、フエ川沿岸の都市。一八〇二年以後、グエン王朝の都として繁栄した古都。人口一六・六万（一九七九）。ユエ。

**フェア【fair】** ㊀（名・形動）①公正。公平。②競技で、適法。用例―グラウンド。㊁（名）展示即売会。市いちや祭りなどの催し。用例ブック―。

**フェアウエー【fairway】** ゴルフコースで、ティーグラウンドからグリーンまでの間の、芝生しばふを短く刈り取ってプレーしやすくしてある区域。

**フェアディール-せいさく【フェアディール政策】**（Fair Deal）アメリカの大統領トルーマンが一九四九年の年頭教書で示した社会経済政策。ニューディールにならって命名・立案されたが、あまり実効をあげなかった。

**フェアバンクス【Douglas Fairbanks】**（一八八三〜一九三九）アメリカの映画俳優。無声映画時代の活劇スター。主演作『奇傑ゾロ』など。

**フェア-プレー【fair play】** スポーツ競技などで、規則を守って正々堂々と技を競うこと。用例―の精神。

**フェア-ボール【fair ball】** ①野球で、フェアグラウンドの中にある打球。また、野手などに触れずに内野に落ち、一・三塁のベース上、またはその後方からファウル地域に出た打球など。対義ファウルボール。②テニスなどで、規定のライン内に落ちた打球。

**フェアリー【fairy】** ラテン・ケルト系諸民族の民話に伝えられる仙女。妖精。

**フェアリーランド【fairyland】** 妖精の国。おとぎの国。

**ふ-えい【賦詠】** 詩歌をつくること。「の詩歌。

**ぶ-えい【武衛】** ①天子を側近くで守る武官。また、その②兵衛ひょうえ府の唐名。

●フェイジョア

**フェイジョア【feijoa】** フトモモ科の常緑小高木。葉は対生し楕円だえん形。六月ごろ、外側が白く内側が赤紫色の四弁花が咲く。果実は一〇月に成熟し、食用。果樹のほか、観賞用に栽培。南米原産。↓写

**ふ-えいせい【不衛生】**（名・形動）衛生的でないこと・さま。unsanitary

**フェイディアス【Pheidias】**（BC四九〇ごろ〜BC四三〇ごろ）古代ギリシアの彫刻家。ギリシア古典期の巨匠。パルテノン神殿の建設・彫像制作に活躍。作品『アテナ-パルテノス』。↓写

●フェイディアス　『アテナ-パルテノス（ローマ時代の模刻）』。前四四七〜前四三八年、アテネ国立考古学博物館。

**ふえいよう-か【富栄養化】** 窒素や燐りんを含む物質が、湖や内湾などの囲まれた水域に流入し、藻類やプランクトンなどが異常にふえ、水質が急激に悪化すること。eutrophication

**ふえいよう-こ【富栄養湖】** 栄養塩類が多い湖。湖水中に藻が繁茂はんもするなど生物生産がさかん。水深・透明度ともに浅い。eutrophic lake

**フェイル-セーフ【fail safe】** システムの一部に故障や誤操作があっても、安全装置がかならず働くようになっている機構。フェイルセーフシステム。

**フェイント**【feint】《見せかけ、陽動、牽制の意》スポーツで、相手の意表をつくこと。とくに球技や個人競技で、相手のタイミングを外し、こちらの攻撃を成功させるためのプレーをいう。用例 ―をかける。

**フェージン**【Konstantin Aleksandrovich Fedin】(一八九二〜一九七七) ソ連の小説家。新しい社会と個人の倫理の問題を追究。作品『都市と歳月』『最初の喜び』など。

**フェージング**【fading】無線通信において、電波の受信強度が、電離層や大気の状態の変化により変動する現象。とくに短波やマイクロ波に重大な影響がある。

**フェース**【face】①顔。用例 ニュー―。②面。表面。用例 ゴルフクラブの―。

**フェース**【Percy Faith】(一九〇八〜七六) アメリカのポピュラー音楽指揮者。カナダ生まれ。新しい感覚で編曲・演奏し、幅広い層に支持された。ヒット曲『夏の日の恋』など。

**フェーズ**【phase】①目に映るすがた・かたち・ありさま。②発展・開発の過程での、ある段階・局面・時期。用例 新しい―を迎える。③側面。用例 この問題には二つの―がある。④物理・化学で、不均一な物質系の中にある他と区別される均一な部分。固相・液相・気相など。⑤進行する波の、ある特定の位置。

**フェート**【Afanasy Afanasyevich Fet】(一八二〇〜九二) ロシアの詩人。詩集『夕べの灯』など。

**フェード-アウト**【fade-out】①映画・演劇などで、ある場面の終わりに画面・舞台がしだいに暗くなって消えていく手法。溶暗。FO。対義 フェードイン。②共同経営から徐々に手を引くこと。主として発展途上国の合弁会社などからの投下資本の引き揚げをいう。

**フェード-イン**【fade-in】映画・演劇などで、暗い画面・舞台からしだいに明るく鮮明になっていく、画面・場面の導入手法。溶明。FI。対義 フェードアウト。

**フェードー**【Georges Feydeau】(一八六二〜一九二一) フランスの劇作家。喜劇『アメリーを頼む』など。

**フェードル**【Phèdre】ラシーヌの悲劇。一六七七年初演。アテネの王妃フェードルの、義理の息子への邪恋が悲惨な結末をもたらす。

**フェートンごう-じけん**【フェートン号事件】《「フェートン」はPhaeton》文化五年(一八〇八)イギリス軍艦フェートン号が長崎に侵入、交戦国オランダの商館員をとらえて薪水を強要した事件。この事件以降、幕府は海防を強化。

**フェーリング-えき**【フェーリング液】アルデヒドおよび還元糖の検出・定量用の試薬。濃青色の試薬だが、反応して酸化銅(I)の赤色沈殿を生じる。一八四九年、フェーリングが発見。Fehling's solution

**フェーリング-はんのう**【フェーリング反応】還元糖などの検出や定量に利用される反応。還元性のある糖にフェーリング液を加えて熱すると、深青色の溶液から酸化銅(I)の赤色沈殿を生じる。Fehling's reaction

**フェーン**【Föhn ドイツ】《「風炎」とも当てる》湿った大気が山脈を越すことにより、乾いた熱風に変わって吹き下ろす現象。山間の盆地などに多く見られる。日本では夏季に日本海側に多く、火災が起こりやすい。

**ふ-えき**【不易】(名・形動) 変わらないこと・さま。すたらないこと・さま。不変。用例 万古―。

**ふ-えき**【扶▼掖】(名・サ変他) 助けること。扶助。

**ぶ-えき**【▽夫役・▽賦役】＝ふえき。①↓ぶやく(夫役)。②自治体で、労働の役務。

**ふえき-りゅうこう**【不易流行】蕉風俳諧の根本理念。「不易」は詩的生命の永遠性・不変性、「流行」は時代とともに変化する流動性をいい、両者は「風雅の誠」という一つの根元に帰すべきものとする。

**フエゴ-とう**【フエゴ島】(Tierra del Fuego) 南アメリカ大陸南端、マゼラン海峡で隔てられた島群。面積七・一万km²。東はアルゼンチン領、西はチリ領。

**ふえ-ざ**【笛座】能の舞台で、囃子の笛方のすわる席。

**フェザー**【feather】羽。羽毛。用例 ―タッチ。

**フェザー-カット**【feathercut】髪型の一つ。鳥毛の柔らかい重なりのようにカットした髪型。また、そのカット法。

**フェザー-きゅう**【フェザー級】体重制競技の階級の一つ。アマチュアボクシングでは五四〜五七kg、プロボクシングでは五五・三〜五七・一kg。featherweight

**フェス**【Fès】モロッコ中部、フェス州の州都。宗教都市。旧市街はイスラム教の聖地で、九世紀以降の数多くの壮大なモスクがある。人口五六・三万(一九八一)。フェズ。ファス。

**フェスティバル**【festival】祭り。

**ふえ-だい**【笛▼鯛】フエダイ科の海水魚。マダイに似るが、吻がやや突出する。全長約四〇cm。赤橙色で、腹方は淡い。ひれはすべて黄褐色。沿岸の岩礁帯にすむ。美味。本州中部以南に分布。

**ふえ-たけ**【笛竹】①竹の笛。bamboo flute ②管弦。音楽。music ③笛にする竹。ふえだけ。

**ふ-えつ**【▼斧▼鉞・▼鈇▼鉞】①おのとまさかり。②昔、中国で出征する将軍に君主が権威の象徴として授けた刑具。転じて、兵器や征伐をいう。③文章・詩歌などに手を入れること。修正。用例 ―を加える。

**ふ-えて**【不得手】(名・形動) ①得意でないこと・さま。unskillfulness 対義 得手。②たしなまないこと・さま。have no taste for

**フェティシズム**【fetishism】①呪物崇拝。②心理学で、異常性欲の一つ。異性の衣類などによって性的満足を得ること。

**フェデー**【Jacques Feyder】(一八八五〜一九四八) フランスの映画監督。一九三〇年代にルノワール・デュビビエと並称された巨匠。作品『外人部隊』『ミモザ館』『女だけの都』など。

**フェデレーション-カップ**【Federation Cup】テニスの国別対抗女子世界選手権大会。一九六三年から始まる。女子のデ杯戦といわれ、全参加国が主催国に集まりトーナメントを行う。

**フェドチェンコ**【Aleksei Pavlovich Fedchenko】(一八四四〜七三) ソ連の探険家。中央アジアの探険・旅行記を出版。スイスの氷河で遭難死。

**フェナセチン**【phenacetin】アニリン系の解熱鎮痛剤。神経痛・頭痛・不眠などに用いる。

**フェナントレン**【phenanthrene】化学式 $C_{14}H_{10}$ コールタールの蒸留によって得られる、ベンゼン核が三つつながった形の化合物。無色の結晶。染料・医薬の原料。

**フェニキア**【Phoenicia】古代地中海に発展した商業・航海民族およびその国家。セム族に属する。紀元前一五世紀、ウガリト・ビブロスなどを中心に繁栄。前一二世紀には中心はティルス・シドンに移り、地中海貿易を独占、その文化とともにフェニキア文字を西方に伝えた。本国諸市は前八世紀アッシリアにより滅亡。

**フェニキア-もじ**【フェニキア文字】フェニキア語を表した文字。現存のアルファベットの祖とされる。Phoenician alphabet

**フェニックス**【phoenix】①エジプトの伝説上の不死の霊鳥。不死鳥。フォイニクス。②ヤシ科フェニックス属の総称。アジア・アフリカに十数種が知られている。ナツメヤシ・カナリーヤシなど。↓写

●フェニックス② カナリーヤシ

**フェニックス**【Phoenix】アメリカ、アリゾナ州の州都。コロラド高原の南にあり、農業地域の中心地で商工業都市。冬の保養地。人口七九万(一九八〇)。

**フェニックス-しょとう**【フェニックス諸島】(Phoenix Islands) 太平洋中部、赤道付近の珊瑚礁島群。カントン・エンダベリー両島は米英共同統治領。他は英領。

**フェニルアラニン**【phenylalanine】必須アミノ酸の一つ。人体内で分解されてチロシンに変わるが、この代謝経路に異常があるとフェニルケトン尿症になる。

**フェニル-き**【フェニル基】化学式 $C_6H_5-$ ベンゼンから水素原子一個がとれた一価の原子団。phenyl group

**フェニルケトンにょう-しょう**【フェニルケトン尿症】遺伝性の先天性代謝異常症の一つ。ヒトに必要なアミノ酸の一つであるフェニルアラニンを分解する酵素を、生まれつきもっていないことが原因でおこる。放置すると知能障害などをまねくので、早期発見による治療が必要。phenylketonuria

**フェニルブタゾン**【phenylbutazone】ピリン系鎮痛消炎剤ブタゾリジンの化合物名。

**フェヌロン**【François de Salignac de la Mothe-Fénelon】(一六五一〜一七一五) フランスの文学者。大司教。著書『テレマックの冒険』は専制君主制を攻撃する寓意とされ、その後提唱した社会思想はフランス革命の先駆的役割を果たした。

**フェノール**【phenol】①↓フェノールるい(フェノール類)。②化学式 $C_6H_5OH$ 独特な刺激臭をもつ無色の結晶。皮膚をいためる。医薬品・香料などの合成原料。水溶液は消毒剤に利用。石炭酸。モノヒドロキシベンゼン。

**フェノール-じゅし**【フェノール樹脂】フェノール類とアルデヒドを重縮合した熱硬化性樹脂の総称。光沢・耐熱性・難燃性・電気絶縁性にすぐれる。商標名はベークライト。石炭酸樹脂。phenol resin

**フェノールフタレイン**【phenolphthalein】酸塩基指示薬の一つ。変色域はpH八・三〜一〇。酸性で無色、塩基性で赤色を呈する。

**フェノール-るい**【フェノール類】ベンゼン核やナフタレン核の水素が水酸基で置換された化合物の総称。弱酸性を示す。フェノール。phenol

**フェノール-レッド**【phenol red】酸塩基指示薬の一つ。変色域はpH六・八〜八・四。酸性で黄色、塩基性で赤色。フェノールスルホフタレイン。

**ブエノス-アイレス**【Buenos Aires】アルゼンチンの首都。ラプラタ川河口の港湾都市で、重要な貿易港として同国経済・文化の中心地。南半球有数の都市。南米のパリといわれる。人口二九〇・八万(一九八〇)。

**フェノバール**【phenoval】↓フェノバルビタール

**フェノバルビタール**【phenobarbital】バルビツル酸誘導体の一つで、長時間型鎮静催眠薬。てんかんの発作抑制、不安・緊張状態の鎮静、高血圧症・冠血管疾患・消化性潰瘍の治療などに用いられる。商標名ルミナール。フェノバール。

**フェノロサ**【Ernest Francisco Fenollosa】(一八五三〜一九〇八) アメリカの東洋美術史家。狩野芳崖・橋本雅邦に協力して新日本画運動を推進。岡倉天心と東京美術学校創立に尽力。著書『東亜美術史綱』など。

**フェビアニズム**【Fabianism】イギリスのフェビアン協会が展開した民主社会主義理論。また、一般に、漸進的な議会制民主主義により社会主義社会の実現をめざす考え方。

**フェビアン-きょうかい**【フェビアン協会】(Fabian Society) マルクス主義の社会民主同盟に対抗して、一八八四年結成されたイギリスの社会主義団体。議会主義による漸進的な社会主義の実現を主張。

**フェヒナー**【Gustav Theodor Fechner】(一八〇一〜八七) ドイツの哲学者・心理学者・物理学者。実験心理学の方法的基礎となった精神物理学を創始、刺激の度合いと感覚との関係を量的に測定しようとする「フェヒナーの法則」を提唱。著書『精神物理学提要』など。

**ふえふき-がわ**【笛吹川】山梨県を流れる川。長さ四六・五km。秩父山地に発し、甲府盆地の東を南西に流れて釜無川に合流し、富士川となる。

**ふえふき-だい**【笛吹▼鯛】フエフキダイ科の海水魚。体は赤みを帯びた紫褐色で、吻はやや突出する。全長約五〇cm。沿岸の岩礁帯にすむ。白身で美味。本州中部以南に分布。

**プエブラ**【Puebla】メキシコ南部の商工業都市で、同名州の州都。同国最古の都市の一つ。人口八三・六万(一九八〇)。プエブラ-デ-サラゴサ。

**プエブロ-インディアン**【Pueblo Indian】北米南西部のインディアンの一部族。定住して農耕に従事。かつて、北米インディアンのうちもっとも発達した文化を形成。

**フェミナ-しょう**【フェミナ賞】(prix Fémina フランス) フランスの文学賞。一九〇四年創設。女流文学者一二人によって、各年度のすぐれた小説が選ばれる。

**フェミニスト**【feminist】①女性差別に反対する人びと。一八三〇年代のフランスで生まれた女権拡張論者を起源とする。②《転じて》女性を尊重する男性。女にあまい男。

**フェミニズム**【feminism】女権拡張の思想

と運動。一八三〇年代のフランスに生まれて欧米に広がり、女性解放論から男女差別撤廃へと発展してきている。

**フェミニニティ-コントロール**[femininity control] スポーツ競技会への参加選手の性別を確認すること。女子選手にのみ実施される。セックスチェック。

**フェミニン-ルック**[feminine look] 女性の洋服のスタイルの一つ。女らしい装いのこと。肩線の丸み、バストのふくらみ、ウエストの細さなど、女性の美しさを生かしたスタイル。

**フェムト**[femto](接頭) 単位で、一〇〇〇兆分の一($10^{-15}$)を表す。記号 f。

**フェラーラ**[Ferrara] イタリア北部、ポー川下流域の都市。ルネサンス期にエステ家のもとで繁栄した。人口一五万(一九八一)。

**フェライト**[ferrite] ①鉄を含む酸化物で磁性をもつものの総称。$MO \cdot Fe_2O_3$(Mは、マンガン・コバルトなど二価の金属)で示される亜鉄酸塩。②体心立方構造の鉄で、α鉄の金属組織学上の名称。

**フェライト-じしゃく**【フェライト磁石】 鉄と他の酸化物(マンガン・コバルト・ニッケル)を材料とした磁石。エレクトロニクスに広く利用。ferrite magnet

**フェリー**[ferry] 「フェリーボート」の略。

**フェリーニ**[Federico Fellini](一九二〇〜) イタリアの映画監督。独自の世界を築く現代イタリア映画界の代表的存在。作品『道』『甘い生活』『8½』『そして船は行く』など。

**フェリーボート**[ferryboat] 旅客や貨物を自動車と一緒に運ぶ大型の連絡船。カーフェリー。フェリー。

**フェリシアンか-カリウム**【フェリシアン化カリウム】 ヘキサシアノ鉄(Ⅲ)酸カリウムの別名。

**フェリ-じせいたい**【フェリ磁性体】 結晶内に二種類の磁性原子があり、その磁気モーメントが互いに逆向きになっているとき、各群の磁性原子の数が異なるために、自発磁化が現れる磁性体。ferrimagnetic substance

**フェリペ**〈二世〉[Felipe Ⅱ](一五二七〜九八) スペイン王(在位一五五六〜九八)。父カール五世から本国のほかネーデルラント・ナポリ・シチリア・新大陸などにおよぶ大領土を相続。ポルトガル王をも兼ねた。新教徒を弾圧し、絶対主義体制を確立。レパントの海戦でトルコ海軍に大勝したが、オランダ独立戦争に敗れ、さらにイギリスとの戦いで無敵艦隊が壊滅、国勢衰退の原因をつくった。↓写

●フェリペ二世

**フェリペ**〈五世〉[Felipe Ⅴ](一六八三〜一七四六) スペイン王(在位一七〇〇〜二四・一七二四〜四六)。スペイン-ブルボン朝の始祖。即位をめぐりスペイン継承戦争が起こったが、王位を確保。子ルイスに譲位したが、その死で再度即位。宰相パティーニョの補佐を得て、啓蒙君主として名声を博した。

**ふ・える**【殖える】(下一自) 対義 減る。①財産などの、数量が多くなる。increase 用例 貯金が―。②養殖・繁殖などによって生物の個体数が多くなる。propagate 用例 ネズミが―。

**ふ・える**【増える】(下一自) 数や量が多くなる。ます。increase 対義 減る。用例 旅行者が―。水かさが―。予算が―。

**フェルウェー**[Albert Verwey](一八六五〜一九三七) オランダの詩人。詩集『現世』『新しき園』など。

**フェルガナ**[Ferghana] ↓だいえん(大宛)

**フェルガナ-ぼんち**【フェルガナ盆地】(Fergan Basin) ソ連の中央アジア、天山山脈西部に広がる、シルダリヤ中流域の山間盆地。

**フェルキッシャー-ベオバハター**[Völkischer Beobachter ドイ]《民族の観察者、の意》一九二〇年からナチスの中央機関紙となった新聞。本拠はミュンヘン。四五年廃刊。

**フェルディナント**〈一世〉[Ferdinand Ⅰ](一五〇三〜六四) 神聖ローマ皇帝(在位一五五六〜六四)。国内のカトリックとプロテスタント(ルター派)との仲裁に努め、一五五五年アウグスブルクの和議を成立させた。

**フェルディナント**〈二世〉[Ferdinand Ⅱ](一五七八〜一六三七) 神聖ローマ皇帝(在位一六一九〜三七)。ジェスイット派の教育を受け、宗教改革に反対。新教徒を迫害し、三十年戦争の原因をなした。

**フェルト**[felt] 羊毛などの獣毛に熱・湿気・圧力を加え、からみ合わせて膠着させ、布状にしたもの。弾性・保温性に富み、帽子・服飾・敷物・家具などに使用。

**フェルト-ペン**[felt pen] 筆記用具の一つ。ペン先にフェルトを用い、インクを、容器でもある軸に納めたもの。ペン先は太いもの・細いもの・鉛筆型・斜め切りなど各種あり、インクも、油性・水性や蛍光色の、各色がある。

**プエルト-リコ**[Puerto Rico] 西インド諸島中部、大アンティル諸島東部にあるアメリカの属領。住民にはアメリカ市民権があり、自由にアメリカに移住できる。人口三一九・七万(一九八〇)。

**フェルビースト**[Ferdinand Verbiest](一六二三〜八八) ベルギーのイエズス会士。一六五九年中国に派遣され、清朝に仕えて天文学の向上、暦法の改革に貢献。中国名は南懐仁。著書『坤輿全図』『永年暦法』など。ヴェルビースト。

**フェルマー**[Pierre de Fermat](一六〇一〜六五) フランスの数学者・物理学者。法律を学んで弁護士・地方議会の議員となったが、余暇に数学・光学などを研究。フェルマーの問題や光の屈折を説明したフェルマーの原理を残した。

**フェルマータ**[fermata イタ]《停止の意》音楽で、音符や休符の上や下に付け、その音や休みを延長することを示す記号。延音記号。

**フェルマー-の-げんり**【フェルマーの原理】 光が二点間を伝播するとき、その伝播に要する時間が極小になる道筋を通るという原理。フランスの数学者フェルマーが定式化し、光の屈折の法則を導きだした。Fermat's principle

**フェルマー-の-ていり**【フェルマーの定理】 ↓フェルマーのもんだい(フェルマーの問題)

**フェルマー-の-もんだい**【フェルマーの問題】 3以上の整数 $n$ に対して、方程式 $x^n+y^n=z^n$ $(x, y, z \neq 0)$ は、正の整数解をもたないという問題。一六三七年、フランスの数学者フェルマーが書き残した命題だが、三五〇年以上たった現在も未証明の難問として有名。フェルマーの定理。Fermat's problem

**フェルミ**[fermi] 素粒子・原子核などに用いる長さの単位。MKSA系においては、一フェルミは$10^{-15}$ m。湯川秀樹にちなんで、「ユカワ」ともいわれる。

**フェルミ**[Enrico Fermi](一九〇一〜五四) アメリカの物理学者。イタリア生まれ。原子に関する新しい統計法を樹立し、人工放射性元素をつくった。一九三八年ノーベル物理学賞受賞後アメリカに渡り、原子力の研究を指導し、世界最初の天然ウランを使った黒鉛原子炉を完成した。

**フェルミウム**[fermium] 超ウラン元素の一つ。元素記号Fm 原子番号一〇〇。質量数二五七。一九五二年の水爆実験の灰中から発見。

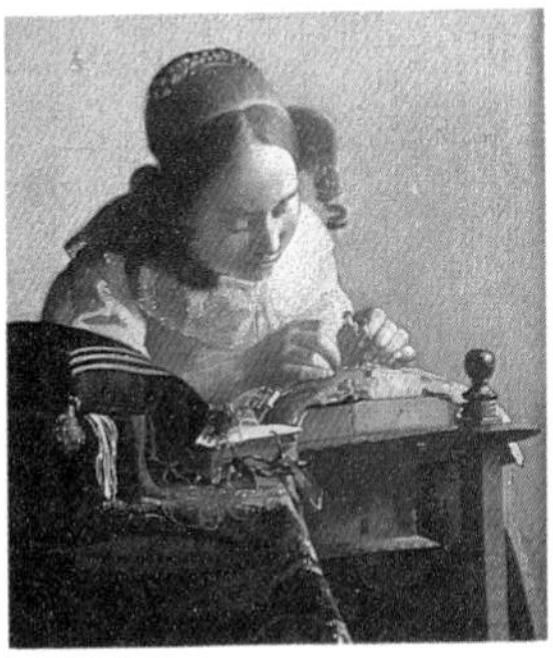
●フェルメール『レースを編む女』。一六六四年ごろ、ルーブル美術館(フランス)。

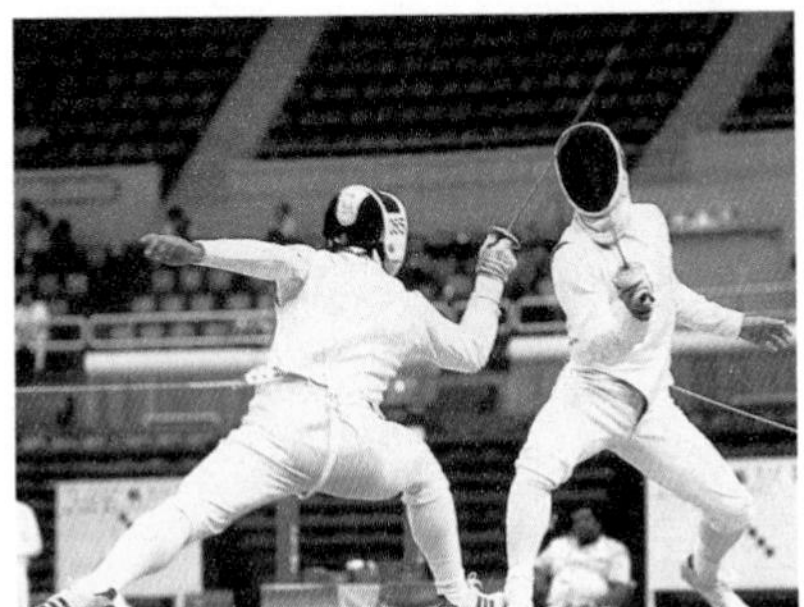
●フェンシング

**フェルミ-エネルギー**[Fermi energy] 絶対零度で金属中の電子がとりうるエネルギー準位のうち、もっとも高い準位のエネルギー。

**フェルミ-ディラック-とうけい**【フェルミ-ディラック統計】 二個以上の粒子が、同じ量子力学的状態を占めることができないような同種粒子の集合系が示す統計的性質。Fermi-Dirac's statistics

**フェルミ-めん**【フェルミ面】 結晶内の電子について、電子のエネルギーがフェルミエネルギーに等しい運動量空間内の面。Fermi surface

**フェルミ-りゅうし**【フェルミ粒子】 一つの量子状態には一個しか入りえないというフェルミ-ディラック統計に従う粒子。電子・陽子・中性子など。Fermi particle

**フェルメール**[Jan Vermeer](一六三二〜七五) オランダの画家。市民生活の室内情景やデルフトの風景を精妙に描く。作品『女衒の家にて』『ミルクをつぐ女』など。↓写

**フェレイラ**[Christovão Ferreira](一五八〇〜一六五〇) ポルトガル人のイエズス会士。日本名、沢野忠庵。キリシタン禁教下に来日するが、拷問をうけて転向。幕府のキリシタン取り締まりに協力。著書『顕偽録』。

**フェレット**[ferret] ヨーロッパケナガイタチの飼育品種。体長三一〜三五cm。毛皮用・医学実験用として飼われる。フィッチ。

**フェロー**[fellow] 仲間。同級生。学会の会員。

**フェロー-しょとう**【フェロー諸島】(Faeroes Islands) 大西洋北東部、イギリスとアイスランド間の火山島群。デンマーク領。

**フェロシアンか-カリウム**【フェロシアン化カリウム】 ヘキサシアノ鉄(Ⅱ)酸カリウムの別名。

**フェロタイプ**[ferrotype] 印画のつやだし。水洗完了した印画紙を、クロムめっきした鉄板にはりつけて加熱乾燥し、印画面に鏡のような光沢をつける。

**フェロモン**[pheromone] 動物の個体内で分泌・放出され、他の個体の行動や生理状態に作用をおよぼす微量物質。個体相互の認知・連絡、種集団の維持などにはたらく。

**フェン**[FEN] ↓エフイーエヌ(FEN)

**ふ-えん**【不縁】 ①縁が絶えること。離縁。divorce ②縁組みのまとまらないこと。unrealized marriage ③縁の遠いこと。distant relation

**ふ-えん**【敷▼衍・布▼衍・敷延】(名・サ変他) 意味・内容がよくわかるように、ことばを付け加えるなどして、詳しく説明すること。

**フェンシング**[fencing] 西洋の剣技。騎士の武技がスポーツ化したもの。競技は、男女フルーレ・男子エペ・男子サーブルの四種目。個人戦と団体戦があり、男子は六分間五本、女子は五分間四本勝負で勝敗を競う。↓写

**フェンス**[fence] 柵。塀。用例 ―直撃の二塁打。

**フェンダー**[fender] ↓どろよけ(泥除け)

**フエンテス**[Carlos Fuentes](一九二八〜) メキシコの小説家。長編『アルテミオ=クルスの死』『クリスパル=ノナート』、評論集『メキシコの時間』など。

**フェンネル**[fennel] ↓ういきょう(茴香)

**ぶ-えんりょ**【無遠慮】(名・形動) 遠慮しないこと・さま。impudence

**フォア**[four] ①四つ。四人。②《four oar から》ボート競技で、四人漕ぎのレース。また、それに用いる細長いボート。舵手(=コックス)付きフォアと舵手無しフォアがある。

**フォアアールベルク**[Vorarlberg] ↓フォルアールベルク

**フォア-グラ**[foie gras フランス] 特別飼育して太らせたガチョウの肝臓。また、その加工品。世界的な珍味とされる。↓写

●フォアグラ ムース。

**フォア-ハンド**[forehand] テニスやバドミントンで、ラケットを持った腕の側で球を打つこと。前打ち。対義 バックハンド。

**フォア-ボール**《和製語》野球で、打者に対して一打席中に四回ボールと判定された投球がなされること。打者の一塁出塁が認められる。四球。base on balls; walk

**フォイアマン**[Emanuel Feuermann]

●フォービズム　マティス『赤の食卓』一九〇八年、エルミタージュ美術館（ソ連）。

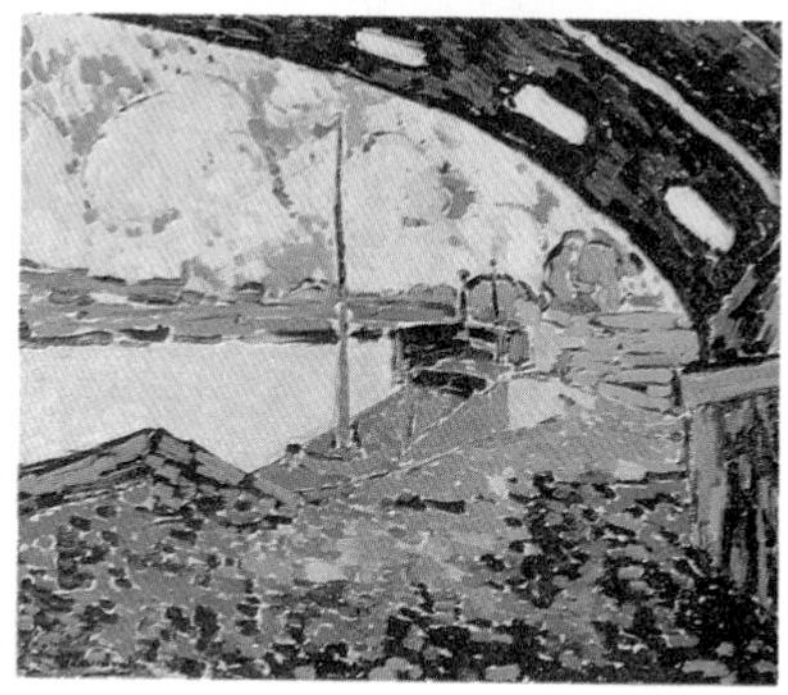

ブラマンク『シャトウの橋の下』一九〇五年、パールズ画廊（アメリカ）。

（一九〇二―一九四二）アメリカのチェロ奏者。オーストリア生まれ。知的で的確な演奏で、独奏・室内楽で活躍。

**フォイエルバッハ**【Anselm Feuerbach】（一八二九―一八八〇）ドイツの画家。アカデミックな雰囲気の理想主義的画風。作品『メディア』など。

**フォイエルバッハ**【Ludwig Feuerbach】（一八〇四―一八七二）ドイツの唯物論哲学者。ヘーゲル左派。キリスト教とヘーゲル哲学を批判して、人間学を提唱。マルクス・エンゲルスに大きな影響を与えた。著書『キリスト教の本質』など。

**フォイエルバッハ**【Paul Johann Anselm von Feuerbach】（一七七五―一八三三）ドイツの刑法学者。刑罰が法律に基づいて行われなければならないとする罪刑法定主義を基礎づけた。著書『現行ドイツ普通刑法教科書』など。

**フォイニクス**【Phoinixギリシア】①エジプトの伝説上の不死の霊鳥。アラビアの砂漠にすみ、数世紀の間生き続け、老いると巣に火をつけて焼け死んだのち、灰から生まれ変わるといわれる。太陽の象徴とみられる。英語でフェニックス。②アミュントルの子。ギリシアの英雄アキレウスの師傅ふしとしてトロヤ戦争に参加、アキレウスの短気を戒めることばで有名。

**フォイヒトワンガー**【Lion Feuchtwanger】（一八八四―一九五八）ユダヤ系ドイツ人の小説家。作品『みにくい公爵夫人』など。

**フォイルゲン-はんのう**【フォイルゲン反応】Feulgen's reaction　DNAの検出に用いられる呈色反応。

**ぶ-おう**【武王】（生没年未詳）中国、周王朝の開祖。弟の周公旦しゅうこうたん、太公望たいこうぼうの補佐を得て殷いんを滅ぼし、鎬京こうけいを都として王朝を開いた。一族、功臣を各地に封じ、封建制度を創始。

**ふおう-せんそう**【普▼墺戦争】一八六六年、ドイツ統一の主導権をめぐりプロイセンとオーストリアの間で行われた戦争。シュレスウィヒ-ホルシュタイン問題が原因。プロイセンの完勝に終わり、その覇権が確立。プロイセン-オーストリア戦争。

**フォーカス**【focus】①ピント。焦点。用例オートー。②主要点。

**フォーカルプレーン-シャッター**【focal-plane shutter】カメラのシャッター機構の一方式。フィルムの前面を二枚の膜が、ある間隔で上下または左右に走行して露光する。高速度が得られ、レンズ交換が容易。

**フォーキン**【Michel Forkine】（一八八〇―一九四二）アメリカの振付師。ロシア生まれ。モダンバレエの創始者の一人。振付作品の『瀕死ひんしの白鳥』は有名。

**フォーク**【fork】西洋料理で、食物をおさえたり、突きさして口に運ぶ用具。金属製がおもで、魚用・カキ用・果物用などがある。

**フォーク-ソング**【folk song】《民謡の意》一般にはアメリカ民謡をいい、伝承的な民謡と、ポピュラー音楽に含まれるような新しい創作民謡（＝モダンフォーク）がある。

**フォーク-ダンス**【folk dance】①世界各地で踊られる民俗舞踊。②レクリエーションとして行う集団の踊り。

**フォークナー**【William Cuthbert Faulkner】（一八九七―一九六二）アメリカの小説家。「失われた世代」の一人。南部家族の興亡と社会の退廃を、時間的推移を錯綜さくそうさせ、内的独白の技法を用いて描いた。一九四九年ノーベル文学賞受賞。作品『響きと怒り』『サンクチュアリ』『アブサロム、アブサロム！』『寓話ぐうわ』『自動車泥棒』など。

**フォーク-ボール**【fork ball】野球で変化球の一種。ボールはほとんど回転しないで打者の手前で不規則に落ちる。

**フォークランド-しょとう**【フォークランド諸島】(Falkland Islands) アルゼンチン南部から約五〇〇㎞沖の二島を中心とする諸島。イギリス領。一九八五年イギリスとアルゼンチン間で、領有をめぐり、紛争があった。人口一万（一九八〇）。マルビナス諸島。

**フォークリフト**【forklift】荷物の積みおろしをするフォーク状の装置を備えた荷役運搬車。フォークリフトトラック。

**フォークロア**【folklore】①民間伝承。②民俗学。

**フォークロア-ルック**【folklore look】洋服のスタイルの一つ。民俗調の服装。インディアンルック、ペザントルックなど民族衣装にヒントを得たエキゾチックなファッション。

**フォー-シャン**【仏山】(Fóshān) ↓ぶつざん（仏山）

**フォース-アウト**【force-out】野球で、次の塁に進まなければならない走者が、その塁に達する前に、塁にボールが届いてアウトとなること。封殺。

**フォースター**【Edward Morgan Forster】（一八七九―一九七〇）イギリスの小説家。イギリス社会や文明を鋭く冷静に観察し、人間性を探究した。作品『ハワーズ-エンド』『インドへの道』、評論『小説の諸相』など。

**フォース-プレー**【force play】野球で、塁上にいた走者が、後続打者の打撃により、次塁へ進まなければならないときに生じるプレー。

**フォード**【Ford Madox Ford】（一八七三―一九三九）イギリスの小説家・詩人・批評家。四部作小説『行進の終わり』など。

**フォード**【Gerald Rudolph Ford】（一九一三―　）アメリカの政治家。共和党員。一九七三年副大統領に就任。七四年ニクソンの辞任により第三八代大統領に昇格したが、七六年大統領選挙に敗北。

**フォード**【Henry Ford】（一八六三―一九四七）アメリカの自動車王。フォードシステムを創始して大量生産方式を確立。企業を社会奉仕機関とするフォーディズムを経営理念とした。

**フォード**【John Ford】（一五八六ごろ―一六四〇ごろ）イギリスの劇作家。情熱と倫理の相克を主題に恐怖悲劇を書いた。作品『あわれ彼女は娼婦しょうふ』など。

**フォード**【John Ford】（一八九五―一九七三）アメリカの映画監督。独特の詩情と郷愁をもち、西部劇映画の第一人者。作品『駅馬車』『怒りの葡萄ぶどう』『荒野の決闘』『静かなる男』など。

**フォード-ざいだん**【フォード財団】(Ford Foundation) アメリカの自動車王ヘンリー＝フォードとその子エドセルが設立した公益財団。教育・研究援助、国際援助などの事業を行う。一九三六年設立。本部ニューヨーク。

**フォード-システム**【Ford system】フォード社が開発した経営管理方式。製品の単純化、部品の標準化、分業の徹底、コンベヤの採用により大量生産を可能にした。

**フォード-モーター**【Ford Motor Company】アメリカの世界有数の自動車メーカー。一九一九年設立。

**フォートラン**【FORTRAN】《formula translation の略》コンピューターの高水準プログラム言語の一つ。科学技術計算用の言語としてアメリカのIBM社が開発。比較アルゴル・コボル・ベーシック。

**フォートリエ**【Jean Fautrier】（一八九八―一九六四）フランスの画家。アンフォルメル絵画の先駆者。作品『人質』など。

**フォート-ワース**【Fort Worth】アメリカ南部、テキサス州北部の商工業都市。農業・牧畜・油田地域の中心地で、交通の要地。人口三八・二万（一九八〇）。

**フォービスム**【fauvismeフランス】《野獣主義の意》二〇世紀初めにフランスの画家たちが起こした絵画運動。その画家を野獣派という。一九〇五年から一九〇七年ごろまで。原色系の鮮烈な色彩を太い筆触で大胆に並列し、作者の感動を爆発的に画面上に表現する。マティス・マルケ・デュフィ・ドラン・ブラマンク・バン＝ドンゲン・マンギャン・ブラックら。フォーブ。↓写

**フォーブ**【fauveフランス】↓フォービスム

**フォーマット**【format】①形式。書式。判型。②磁気テープやパンチカードの配列。③ラジオ・テレビ番組の形式・構成。

**フォーマリズム**【formalism】形式主義。

**フォーマル**【formal】（名・形動）格式ばっていること・さま。正式な。用例――な招待。――なドレス。

**フォーマル-ウエア**【formal wear】洋装の正式な礼服の総称。男子は燕尾えんび服・タキシード。女子はイブニングドレス・カクテルドレス・アフタヌーンドレスなど。礼装。夜会服。

**フォーマル-オーガニゼーション**【formal organization】公式組織。ある目的のために人為的につくられ、役割分担・命令系統などがはっきりしている組織。対義インフォーマルオーガニゼーション。

**フォーミュラ-カー**【formula car】自動車競技で、レースに出場できる単座席の公認規格車両。排気量・重量などにより、国際的にはF1・F3000・F3などの種別がある。

**フォーミュラ-プラン**【formula plan】環境などの変化を無視して一定の計画を立て、これにしたがって機械的・自動的に行う株式投資の方法。

**フォーム**【form】①形。型。すがた。用例美しい――で走る。②形態。形式。

**フォーム-ラバー**【foam rubber】ラテックスの配合物を泡立たせ、そのまま凝固させて加硫した多孔性ゴム。柔軟で振動をよく吸収する。クッション材・防音防振用材料・靴の中底などに利用。

**フォーメーション**【formation】《構成・編成、の意》バレーボールやラグビーなどで、相手チームに対する味方のプレーヤーの配置および、その展開作戦。

**フォーラム**【forum】①古代ローマにあった公共の広場。フォルム。②集会用の広場。③「フォーラム-ディスカッション」の略。

**フォーラム-ディスカッション**【forum discussion】討論形式の一つ。問題となっているテーマに対して全員が参加して討論するもの。公開討論会。フォーラム。

**フォール**【fall】レスリングで、相手の両肩を同時にマットにつけること。アマチュアでは一秒間、プロレスでは三秒間で勝ちとなる。

**フォール**【Elie Faure】（一八七三―一九三七）フランスの美術史家・評論家。著書『美術史』『形態の精神』など。

**フォール**【Paul Fort】（一八七二―一九六〇）フランス象徴派後期の詩人。象徴主義劇をおこした。詩集『フランスのバラード』など。

**フォールト**【fault】テニス・バドミントン・スカッシュなどにおけるサービスの失敗。

**フォーレ**【Gabriel-Urbain Fauré】（一八四五―一九二四）フランスの作曲家・音楽教育家。フランス近代音楽の先導者の一人で、ピアノ曲・声楽曲・室内楽曲に名作が多い。作品『レクイエム』など。

**フォガッツァーロ**【Antonio Fogazzaro】（一八四二―一九一一）イタリアの小説家・詩人。心理描写にすぐれた手腕をあらわした。小説『古い小さな世界』など。

**フォガラ**【foggara】北アフリカの砂漠地域に分布する地下水路式灌漑かんがい施設。離れた水源からトンネルで水を引き、飲料水や灌漑水に利用する。同様の施設をイランではカナート、アフガニスタンではカレーズという。

**フォション**【Henri Focillon】（一八八一―一九四三）フランスの美術史家。中世美術を研究。著書『西欧の芸術、ロマネスク・ゴシック』など。

**フォス**【Johann Heinrich Voss】（一七五一―一八二六）ドイツの詩人。ゲッティンゲン詩派。ホメロスの

▼常用漢字表外。　▽常用漢字表の音訓外。

翻訳で有名。田園詩『七〇歳の誕生日』など。

**フォスコロ**[Ugo Foscolo](一七七八〜一八二七) イタリアの詩人・小説家。時代の激しい政治的・社会的体験を文学に結実させ、ロマン主義期を代表する。小説『ヤコポ=オルティスの最後の手紙』、詩集『墳墓』など。

**フォスター**[Stephen Collins Foster](一八二六〜六四) アメリカの作曲家。素朴で親しみやすい旋律の歌曲は世界中で愛唱されている。『おおスザンナ』『故郷の人々』など。

**フォスフォリラーゼ**[phosphorylase] 生体内にあってグリコシド結合の可逆的加燐分解反応を触媒する酵素の総称。

**フォックス**[fox] キツネ。

**フォックス**[George Fox](一六二四〜九一) 宗教家。イギリスでキリスト教プロテスタントの一派、フレンド派(=クエーカー)を創設。「内なる光」の確信を得、制度的教会を否定した。

**フォックス-テリア**[fox terrier] イヌの一品種。肩高約三八cm。長毛種と短毛種があり、長い巻き毛のものがワイヤ(ヘアード-フォックステリアの名で有名。キツネ猟用だったが、現在では愛玩犬。イギリス原産。

**フォックス-トロット**[fox-trot] 二〇世紀前半のアメリカの代表的な社交ダンス。四分の四拍子でジャズ-リズム。

**フォックス-フェース**[fox face] ナス科の一年生低木。葉は大きな心臓形。葉脈にとげがある。花は紫色で花冠は細裂。果実は尖卵形で黄熟。生け花用。

**フォッサ**[fossa] ジャコウネコ科のマダガスカル島最大の肉食獣。体長約九〇cm。赤褐色。歯の数が少なく、出し入れできる鉤爪をもつネコ科の特徴と肛門部に臭腺があるジャコウネコ科の特徴を併せもつ。夜行性。

**フォッサ-マグナ**[Fossa Magna] 日本列島の中央部を南北に横断する大地溝帯。わが国の地質構造を東西に分ける。西縁は糸魚川-静岡構造線。東縁は第四紀火山噴出物におおわれるため不明。ナウマンが命名。

**フォッシュ**[Ferdinand Foch](一八五一〜一九二九) フランスの軍人。第一次大戦中、マルヌの戦い、ソンムの戦いを指揮して戦功をたてた。一九一八年連合軍総司令官。元帥。

**フォト**[photo] ①「フォトグラフ」の略。②照度の単位。CGS単位系において、一フォトは$10^4$ルクス。記号Ph ③《接頭的》写真の・映画の・光電子の・光の、などの意。

**フォト-エッチング**[photo etching] 写真の現像処理を応用した金属表面の精密加工技術。工作物の表面に感光性皮膜を塗り、必要部分を感光させ、未感光部分を腐食し、所要の形状とする。LSI、超LSIの製造に利用。

**フォトカプラー**[photocoupler] 発光素子と受光素子を一つのパッケージに収め、光を媒介にして信号の伝達を行う装置。

**フォトキナ**[Fotokina ドイツ] 写真・映画の機械・器具の国際見本市。西独ケルン市で一年おきに開催される。

**フォトグラフ**[photograph] 写真。フォト。

**フォトグラフィー**[photography] 写真術。

**フォトグラム**[photogram] 写真技法の一つ。カメラを使わず感光材料に直接物体を置き照明し感光させるもの。

**ぶ-おとこ**[醜男] 姿・顔だちのみにくい男。ugly man

**フォトジェニー**[photogénie フランス] 映画理論用語。映像化されて初めてそのものの真実や美を現す特殊な性質。

**フォトジャーナリズム**[photojournalism] アメリカの雑誌『ライフ』などのように写真に重点をおくジャーナリズム。また、その種の出版物の総称。

**フォト-スタジオ**《和製語》写真撮影所。スタジオ。

**フォトダイオード**[photodiode] ↓ひかりダイオード(光ダイオード)

**フォト-トランジスター**[photo-transistor] 光電変換素子。光検出用のトランジスター。pnp、npn接合をもち、光信号が入るとコレクター電流が変化することを利用して電気信号に変える。光電式読み取り機・ライトーペンに使われる。光トランジスター。

**フォトモンタージュ**[photomontage] 写真技法の一つ。フィルムの多重露光・印画合成などで写真を組み合わせ、合成する作画技法。

**フォトン**[photon] ↓こうりょうし(光量子)

**フォネーム**[phonème フランス] 音素。

**フォネティックス**[phonetics] 音声学。

**フォノグラフ**[phonograph] ↓ちくおんき(蓄音機)

**フォノン**[phonon] 結晶格子の振動波を量子化して粒子とみなしたもの。音子。

**フォブス**[FOBS]《fractional orbital bombardment system の略》部分軌道爆撃システム。核弾頭を衛星軌道に乗せ、一周しないうちに地上目標に落下させるもの。軌導爆弾。比較 モブス。

**フォマルハウト**[Fomalhaut]《魚の口の意のアラビア語から》みなみのうお座α星。中国名は北洛師門。実視光度一・二等。距離二二光年。観望好期は一〇月。秋の一つ星。

**フォリオ**[folio] 全紙を二つ折り四ページとした書物。書物のいちばん大きい形の名。

**フォルアールベルク**[Vorarlberg] オーストリア西部の州。ライン川に接し対岸はスイス。人口三〇・九万(一九八五)。

**フォルクスビューネ**[Volksbühne ドイツ] ドイツの観客組織・劇場。「民衆舞台」とも訳す。労働者階級に低料金でよい舞台を提供することを目的とする。一八九〇年創始の「自由民衆舞台」が母胎。一九一五年ベルリンに劇場建設。現在東西ドイツで観客組織として存続。

**フォルクスワーゲン**[Volkswagenwerk AG] 西ドイツにあるヨーロッパ最大手の自動車メーカー。一九三七年設立。

**フォルクローレ**[folklore スペイン]《民間伝承の意》①スペイン語圏の国に古くから伝わる作者不明の民謡曲。②郷土音楽の形式を用いたアルゼンチンを中心とする南米のポピュラー音楽のジャンル名。代表曲に『花祭』など。

**フォルスター**[Georg Forster](一七五四〜九四) ドイツの自然科学者・旅行家・文筆家。クックの世界一周に参加。著書『世界一周』など。

**フォルスタッフ**[Falstaff] シェークスピアの史劇『ヘンリー四世』などに登場する人物。人間的魅力にあふれる大酒飲みの老悪徳漢。

**フォルスト**[Willy Forst](一九〇三〜八〇) オーストリアの映画監督。作品『未完成交響楽』『ブルク劇場』『罪ある女』など。

**フォルスマン**[Werner Forssmann](一九〇四〜七九) ドイツの医学者。尿管カテーテルを静脈内に入れるのに初めて成功。この心臓カテーテル法成功の端緒となった業績で、一九五六年ノーベル生理学医学賞受賞。

**フォルタレザ**[Fortaleza] ブラジル北東部、セアラ州の州都。政治・経済の中心。海岸部は観光保養地。人口六四・九万(一九八〇)。

**フォルタンがた-すいぎんきあつけい**[フォルタン型水銀気圧計] 代表的な水銀気圧計。水銀柱の高さから気圧を測る。Fortin barometer

**フォルテ**[forte イタリア]《音楽で、強弱記号の一つ》強く、の意。記号 *f*。対義 ピアノ。

**フォルティシモ**[fortissimo イタリア]《音楽で、強弱記号の一つ》ごく強く、の意。記号 *ff*。対義 ピアニシモ。

**フォルトゥナ**[Fortūna] 古代ローマの豊穣多産の女神、また好運・僥倖の女神。ギリシア神話のテュケーにあたる。

**フォルム**[forme フランス] 形式。構造。フォーム。form

**フォルモサ**[Formosa] アルゼンチン北部、パラグアイとの国境近く、パラグアイ川沿岸にある都市。同名州の州都。人口九・五万(一九八〇)。

**フォルモサ**[Formosa]《ポルトガル語で、美しい国の意》台湾の別称。一六世紀に東洋に進出したヨーロッパ人が名づけた。フォーモサ。

**フォロー**[follow](名・サ変他) 追うこと。あとにつき従うこと。助けること。用例 絶妙な―。

**フォロー-スルー**[follow-through] 野球・テニス・ゴルフなど、主として球技でボールを打ったり投げたりしたとき、そのプレーの流れとして後まで続いていく体の動き。

**フォワード**[forward] サッカー・ラグビー・アイスホッケーなどのフォーメーションで、攻撃の最前線にいる数名のプレーヤー。FW。

**フォン**[fonds フランス] 西洋料理で、ソースや煮込みの土台にするだし汁。魚介料理には魚を、鶏肉料理には鶏を用いる。

**ふ-おん**[不穏](名・形動) おだやかでないこと・さま。険悪。threatening 用例 ―な空気。

**ふ-おん**[父音] ↓しいん(子音)

**フォン-オイラー**[Ulf Svante von Euler](一九〇五〜八三) スウェーデンの生理学者。ハンス=フォン=オイラー=ケルピンの息子。交感神経・副腎の作用物質ノルアドレナリンを発見した。一九七〇年ノーベル生理学医学賞受賞。

**フォンダ**[Henry Fonda](一九〇五〜八二) アメリカの映画俳優。主演作『怒りの葡萄』『十二人の怒れる男』『黄昏』など。

**フォンターネ**[Theodor Fontane](一八一九〜九八) ドイツ-リアリズムの小説家。作品『イェニー=トライベル夫人』『エフィ=ブリースト』など。

**フォンタナ**[Lucio Fontana](一八九九〜一九六八) イタリアの画家・彫刻家。アルゼンチン生まれ。カンバスをナイフで切ったり、穴をあけたりする手法で有名。

**フォンタネージ**[Antonio Fontanesi](一八一八〜八二) イタリアの画家。風景画にすぐれる。明治初期来日し、日本の美術教育に貢献。作品『不忍池』『風景』など。

**フォンダン**[fondant フランス] 洋菓子で使われる糖衣。

**フォンテーン**[Margot Fonteyn](一九一九〜九一) イギリスのバレリーナ。国際的プリマ-バレリーナとして有名。

**フォンデュ**[fondue フランス] 卓上料理の一つ。溶かしたチーズをパンにからめて食べるチーズフォンデュや牛肉を油で揚げるフォンデュブールギニョンヌなどがある。

**フォンデル**[Joost van den Vondel](一五八七〜一六七九) オランダの詩人・劇作家。高度なバロック劇をつくる。詩劇『ルシフェル』など。

**フォンテンブロー**[Fontainebleau] フランス中北部、パリ南東約六〇kmの小都市。美しい森がありパリ市民の憩いの場。人口一・七万(一九八二)。

**フォンテンブロー-きゅう**[フォンテンブロー宮](Fontainebleau Château フランス) 一六〜一七世紀にパリ南郊に建てられた離宮。フランソワ一世やアンリ四世時代の室内装飾がフランス-ルネサンスの傑作として有名。

**フォンテンブロー-は**[フォンテンブロー派] ①一六世紀フランスの絵画装飾の一派。イタリア-ルネサンスを導入し、優雅でマニエリズモ様式の絵画が中心。一六世紀前半フランソワ一世の保護でフォンテンブロー宮の装飾を主体に形成。イタリア人ロッソ=フィオレンティーノらが中心。同世紀の末、アンリ四世時代に第二の展開があった。School of Fontainebleau ②一九世紀の風景画派バルビゾン派の別名。

**ふ-おんとう**[不穏当](名・形動) 常識と違っていて、よくないこと・さま。穏当でないこと・さま。improper

**フォントネル**[Bernard Le Bovier de Fontenelle](一六五七〜一七五七) フランスの思想家。啓蒙思想の先駆者。評論『世界の多様性について』など。

**ぶ-おんな**[醜女] 姿・顔だちの、みにくい女。ugly woman

**フォンビージン**[Denis Ivanovich Fonvizin](一七四四〜九二) ロシアの劇作家。風刺喜劇『旅団長』『親がかり』など。

**フォンマン-ダム**[豊満ダム](Fēngmǎn) ↓ほうまんダム(豊満ダム)

**ふか**[鱶] ①大形のサメ類の俗称。②よく眠る人。sound sleeper

**ふ-か**[不可] ①してはいけないこと。よくないこと。用例 可もなく―もない。②試験などの、不合格の評点。

**ふ-か**[付加・附加](名・サ変他) ①つけ加えること。添加。addition ②二個の分子が直接結合して一個の化合物ができること。とくに多重結合をもつ化合物に水素・ハロゲン・水・アルコール・酸などが結合する場合。compound formation

**ふ-か**[府下] ①府の区域内。②京都府・大阪府の中で、京都市・大阪市以外の地域。

**ふ-か**[負荷] ①荷をかつぐこと。carry ... on ②責任を負わせること。重さをかけること。burden ③動力機械や電源などに接続し、電力を取り出し消費する装置。load

**ふ-か**[浮華・浮花](名・形動) ①見た目がはなやかなこと・さま。②うきうきして、軽薄なこと・さま。

**ふ-か**[富家] ↓ふうか(富家)

**ふ-か**[孵化](名・サ変自) 卵がかえること。卵内で発育を完了した動物の胚が卵膜または卵殻を破って外へ出ること。hatch

**ふ-か**[賦課](名・サ変他) 税金などを割り当てて負担させること。levy

**ふか**[深](接頭) ①深いの意。用例 ―情け。②重いの意。用例 ―手。

**ぶ-か**[部下] ある人の下に属し、その命令に従って働く者。てした。配下。subordinate

**ふか-あみがさ**[深編(み)笠] 顔を隠すように作った、深い編みがさ。↓虚無僧 図

**ふ-かい**[不快] 一(名・形動) ①気持ちが悪いこと・さま。sick ②おもしろくないこと・さま。不愉快。unpleasant 二(名) 病気。病。sickness

**ふ-かい【付会・附会】**(名・サ変他) ①付け加えること。addition ②こじつけること。forced interpretation 用例牽強—。

**ふか・い【深い】**(形) 対義浅い。①底や奥までが遠い。deep 用例—海。—谷。—箱。②密度が濃い。dense 用例霧が—。毛が—。草が—。③程度が甚だしい。profound 用例意味が—。学問が—。ねむりが—。欲が—。④時間や時節が十分な状態になっている。late 用例春が—。夜が—。⑤色が濃い。thick 用例—緑色。派生ふかさ(名) ふかみ(名)

**深い川は静かに流れる**《西洋のことわざ》実力のある人は落ち着いていて、みだりにさわぐことはない。Deep water runs still. 比較能有る鷹は爪を隠す。

**深い仲** 男女が、情交をもつほど親密な間がらになっていること。intimate relationship

**ぶ-かい【部会】** ①大きな集まりの中の、部門の会。section 用例国語審議会漢字—。②その部だけの会合。sectional meeting 用例編集部の—。

**ぶか・い【深い】**(接尾)《名詞や動詞の連用形に付いて形容詞をつくる》深いさま。程度の強いさま。用例毛—。情け—。

**ぶ-がい【部外】** 関係外であること。outside 対義部内。用例—者。

**ふかい-しすう【不快指数】** 気温・湿度・風速・日射などの気象要素を組み合わせ、人体の感じる不快の程度を示す数値。0.72×(気温＋湿球温度)＋40.6で計算する。七五で半数不快、八〇で全員不快が標準。D.I.; discomfort index

**ふがい-な・い【▼腑▽甲▼斐無い・不▽甲▼斐無い】**(形) いくじがない。役に立たない。cowardly 派生ふがいなさ(名)

**ふか-いり【深入り】**(名・サ変自) ①奥深くはいること。go deep into ②度を越して深く関係すること。be engrossed in 用例事件に—する。

**ふかうら【深浦】**〈町〉 青森県南西部、日本海に臨む町。深浦港は古くからの要港で、漁港と避難港を兼ねる。海岸には奇岩・怪岩が多い。人口一万九四五(一九八八)。

**ふかえ【深江】**〈町〉 長崎県、島原半島東岸の町。農業が主で、西部は雲仙天草国立公園の一部に含まれる。人口八三六〇(一九八八)。

**ふか-おい【深追い】**(名・サ変他) どこまでも追うこと。度を越して追うこと。chase too far

**ふかお-すまこ【深尾▼須磨子】**(一八八八〜一九七四) 詩人。兵庫県生まれ。社会批評性に富む情熱的な詩風が特色。詩集『深尾須磨子詩集』など。

**ふか-かい【不可解】**(名・形動) わけがわからないこと・さま。理解できないこと・さま。inexplicable 用例かれのあの発言はまったく—だ。

**ふか-かち【付加価値】** 商品の生産・流通の各段階で新しく付け加えられる価値。売上高から原材料費・減価償却費などを差し引いて得られる。value added

**ふかかち-ぜい【付加価値税】** 間接税の一つ。商品の製造・卸・小売の各段階で生まれる付加価値に対して課される。人件費・利子・利潤など。VAT。TVA。value added tax; tax on value-added

**ふかかち-せいさんせい【付加価値生産性】** 労働者一人あたりの付加価値額と、生産のために必要とした労働時間との比率。企業が純粋に生み出した価値として、生産要素の効率性を見る場合の指標となる。productivity of value-added

**ふかかち-つうしんもう【付加価値通信網】**→バン(VAN)

**ふかがわ【深川】** 東京都江東区、隅田川東岸の地区。旧深川区。埋め立てによる工場地帯で、地名は開拓者の深川八郎右衛門の名にちなむ。

**ふかがわ【深川】**〈市〉 北海道中西部、石狩平野北端の市。道央の穀倉地帯で、酪農・リンゴ栽培もさかん。人口三万一九六一(一九八八)。

**ふかがわ-まつり【深川祭(り)】** 東京都江東区富岡八幡宮で八月一五日を中心に行われる夏祭り。神輿の渡御のほか、舞や木遣りなど江戸情緒を残す。

**ふ-かぎゃく【不可逆】**(名・形動) もとの状態に戻せないこと・さま。irreversible 用例—反応。

**ふかぎゃく-へんか【不可逆変化】** もとにもどすことが不可能な変化。現実の熱力学的変化はすべて不可逆変化といえる。非可逆変化。irreversible change 対義可逆変化。

**ふか-きゅうふ【付加給付】** 企業が従業員に与える、本来の賃金以外の現金や現物給与および特典。退職金・企業年金・社宅・有給休暇など。fringe benefit

**ふ-かく【不覚】**(名・形動) ①意識のないこと・さま。unconscious 用例前後—に酔っぱらう。②油断して失敗すること・さま。unprepared 用例一生の—。—にも見落とした。③思わずすること・さま。unconscious 用例—の涙をこぼす。

**不覚を取る** 油断したために、思わぬ失敗をしたり、恥をかいたりする。suffer a defeat

**ふ-かく【▼俯角】** 伏角の旧称。

**ふ-がく【富岳・富▼嶽】** 富士山。

**ぶ-がく【舞楽】** 舞をともなう雅楽の演奏様式。唐楽系の舞楽(＝左方)と高麗楽系の舞楽(＝右方)に分かれる。↓写

●舞楽　四天王寺(大阪府)。

**ふかくさ【深草】** 京都市南部、伏見区の地区。住宅地。稲荷・桃山の中間にある山麓の傾斜地で、平安時代、歌によまれた鶉や月の名所。

**ふかくさ-しょうにん【深草上人】** 元政の通称。

**ふかくさ-の-しょうしょう【深草少将】** 平安時代、小野小町のもとに九九夜通ったという伝説上の人物。僧正遍照または藤原義宣のことといわれるが不詳。

**ふがくさんじゅうろっけい【富▼嶽三十六景】** 葛飾北斎の錦絵の連作。天保二年(一八三一)から同五年(一八三四)ごろに刊行。富士の諸景観を描いて卓抜な構図と雄渾な筆力をみせる。線刻を藍摺にした三六図と、追加刊行の墨摺の一〇図がある。

**ふ-かくじつ【不確実】**(形動) 確かでないさま。uncertain

**ふかく-じん【不覚人】** 古語覚悟のしっかりしていない人。おくびょう者。また、ひきょう者。用例忠清は昔より—とは承り及び候はず(平家・五・五節之沙汰)。

**ふ-かくだい【不拡大】** 事件などを、大きく広げないこと。non-expansion 用例戦闘—方針。

**ふか-ぐつ【深・▼沓・深靴】** ①足が深くはいる、革製で黒漆塗りのくつ。公卿・殿上人が雨や雪のときにはいた。対義浅沓。②雪国で用いる、わら製の長ぐつ。

**ふ-かくてい【不確定】**(名・形動) しっかり決まらないこと・さま。あやふや。uncertain

**ふかくていせい-げんり【不確定性原理】** 量子力学的世界では、位置と運動量のようにたがいに共役な二つの物理量は、同時に任意の精度で測定することができないという原理。ハイゼンベルクが提唱した。uncertainty principle

**ぶがく-めん【舞楽面】** 舞楽に用いる木製彩色の仮面。伎楽面より小さく、能面より大きい。蘭陵王・抜頭・納曾利などの種類がある。

**ふか-けい【付加刑・附加刑】** 主刑に付加してのみ科される刑罰。現在の刑法では、没収だけがこれにあたる。addition 対義主刑。

**ふかけいらん-ばいよう【▼孵化鶏卵培養】** 孵化鶏卵の尿膜腔・卵黄嚢などにウイルス・リケッチアなどを増殖させる特殊培養法。インフルエンザ・発疹チフスのワクチン製造に重要。chick-embryo technics

**ふか-けつ【不可欠】**(名・形動) どうしても必要であること・さま。なくてはならないこと・さま。indispensable 用例—の条件。

**ふかこう-りょく【不可抗力】** ①異常な天災や偶然の重複など、人の力では防止できないもの。irresistible force ②取り引き上、通常要求される程度の注意や予防方法では、それによる損害を防ぎえないもの。irresistible force

**ふかさく-きんじ【深作▼欣▽二】**(一九三〇〜) 映画監督。水戸市生まれ。日大卒。作品『軍旗はためく下に』『仁義なき戦い』など。

**ふか-ざけ【深酒】** 度をこして酒を飲むこと。heavy drinking

**ふかさ-ゲージ【深さゲージ】** 機械部品の溝や穴の深さを測る、副尺つきの測定器具。depth gauge

**ふかざわ-しちろう【深沢七郎】**(一九一四〜一九八七) 小説家。山梨県生まれ。伝承を素材にした幻想的な作風で知られる。作品『楢山節考』『笛吹川』など。

**ふか-し【不可視】** 肉眼で見ることができないこと。invisible 対義可視。

**ふかし【▽蒸し】** ふかすこと。ふかしたもの。steaming

**ふか・し【深し】** 古語(形ク)↓ふかい(深い)

**ふか-しぎ【不可思議】**(名・形動) ①とうてい考えられないようなこと・さま。不思議。wonder ②怪しいこと・さま。mystery

**ふかしょく-みん【不可触民】** インドの下層階級の総称。四姓(＝カースト)制度で四姓外とされた階層で、社会・経済的に圧迫を受けている。ガンジーらが差別撤廃運動を行ったが、現在もまだ解決されていない。アンタッチャブル。Untouchable

**ふか-しん【不可侵】** 侵害・侵略を許さないこと。inviolability

**ふかしん-じょうやく【不可侵条約】** 通常二国間で、互いの独立を尊重し相手の領土保全を約束する条約。一九三九年の独ソ不可侵条約など。nonaggression treaty

**ふか・す【吹かす】**(五他) ①タバコを吸って煙を出す。smoke ②それらしくふるまう。behave as… 用例大臣風を—。③自動車などのエンジンの回転をあげる。accelerate

**ふか・す【更かす】**(五他) 夜遅くまで起きている。sit up till late

**ふか・す【▽蒸す】**(五他) 強い蒸気で加熱する。むす。steam 用例芋を—。

**ふか-ぜい【付加税】** 地方公共団体が、国税または上位の地方公共団体の課する税に一定割合を掛けた額を租税として課した制度。また、その税金。昭和二五年(一九五〇)廃止。supertax

**ふか-だ【深田】** 泥の深い田。沼田。ふけだ。

**ふかだ【深田】**〈村〉 熊本県南部、球磨川に面した村。人吉盆地の農村で、稲作のほかタバコ・イグサ栽培、赤牛飼育などを行う。人口二二五七(一九八八)。

**ふかだ-きゅうや【深田久▼弥】**(一九〇三〜一九七一) 小説家・山岳紀行家。石川県生まれ。健康清新な作風。作品『津軽の野づら』『日本百名山』など。

**ふかだ-やすかず【深田▽康▽算】**(一八七八〜一九二八) 美学者。山形県生まれ。東大卒。京大教授。日本の美学の先駆者。ギリシア美学研究で知られる。

**ふか-ち【不可知】** 知ることができないこと。inconceivable

**プガチョフ-の-らん【プガチョフの乱】** 一七七三〜七五年ロシアに起きた農民戦争。ドン-コサック出身の農民プガチョフの指導でコサック・農民らが蜂起。土地解放などを要求、南ウラル一帯に勢力をふるったが鎮圧され、プガチョフは逮捕・処刑された。rebellion of Pugachov

**ふかち-ろん【不可知論】** 哲学で、人間の認識は有限であって、事物の本質や真の実在には達しえないとする考え。トマス＝ヘンリー＝ハックスリーがはじめて使用したことば。agnosticism

**ふ-かつ【賦活】**(名・サ変他) 反応や働きを活発にさせること。活性化させること。invigoration 用例—睡眠。

**ふかつか-ワクチン【不活化ワクチン】** 加熱またはホルマリンなどで処理し、免疫力を失わずに病原性だけを除いたワクチン。日本脳炎・ポリオなどのワクチン。inactivated vaccine

**ぶ-かっこう【不格好・不▼恰好】**(名・形動) 格好が悪いこと・さま。clumsy

**ふかっせい-ガス【不活性ガス】** 化学的に反応しにくい気体。ふつう希ガスをさすが、窒素などの気体を含めることもある。inert gas

**ふ-かっぱつ【不活発・不活▼潑】**(名・形動) 元気がないこと・さま。動きが鈍いこと・さま。inactivity 対義活発。

**ふか-づめ【深▼爪】** 肉のきわまで深くつめを切り取ること。cut a nail to the quick

**ふか-で【深手・深▽傷】** 重いきず。重傷。severe wound 対義浅手・薄手。

**ふか-とく【不可得】**《仏教語》一切の存在は空であるから、固定的な実体を求めても、とらえることができないということ。

**ふか-なさけ【深情け】** 異性に対するしつこ

ふ

▼常用漢字表外。　▽常用漢字表の音訓外。

い情愛。deep affection 用例 悪女の—。

**ふか-なべ【深▼鍋】** 深さが二〇cm以上あるなべ。ゆで物や汁の多い煮物に用いる。stew pot; stock pot

**ブカナン【James Buchanan】**(一七九一〜一八六八) アメリカの政治家。第一五代大統領(在任一八五七〜六一)。奴隷問題について明確な態度を示さず、南北戦争を回避できなかった。

**ふか-のう【不可能】**(名・形動) できないこと・さま。impossible 対義 可能。用例 実現—な計画。

**ふか-の-ひれ【▼鱶の▼鰭】** 大形のサメのひれを乾燥したもの。中国料理の材料。ツバメの巣とともに高級料理に使われる。

**ふか-はんのう【付加反応】** 二種類の化合物が結合して新しい化合物をつくる反応。おもに有機化学で用いる語。addition reaction

**ふか-ひ【不可避】**(名・形動) さけられないこと・さま。unavoidable 用例 国会の解散は—だろう。

**ブカブ【Bukavu】** アフリカ中部、ザイール共和国東部、キーブ湖南岸の交易都市。人口二〇・九万(一九七九)。旧称コスターマンスビル。

**ふか-ふか**(形動・副・サ変自) やわらかく軽やかにふくれているさま。ふわふわ。fluffy 用例 —の座ぶとん。

**ぶか-ぶか**(形動・副・サ変自) 中身よりも入れ物が大きいさま。帽子・服などが大きすぎるさま。far too big 用例 —の洋服。

**ぷか-ぷか**(副) ①軽いものが水面に浮いているさま。float 用例 木切れが—浮く。②タバコを、さかんにふかすさま。puff

**ふか-ぶか-と【深深と】**(副) いかにも深いさま。deeply

**ふか-ぶん【不可分】**(名・形動) 分けられないこと・さま。indivisible 対義 可分。用例 それとこれとは密接—な関係にある。

**ふか-ほうりゅう【▼孵化放流】** 魚を繁殖させるために、人工的に採卵・受精し、かえした稚魚を川・湖・海などへ放すこと。hatching liberation

**ふか-ま【深間】** ①水の深い所。②男女間の深い関係。用例 —にはまる。

**ふか-ま・る【深まる】**(五自) 深くなる。程度が進む。deepen 用例 愛情が—。

**ふか-み【深み】** ①深いこと・程度。deepness ②水や谷などの深い所。depth 用例 —にはまる。③深入りして、逃れることのできない状態や立場。depth

**ふかみ-ぐさ【深見草】** ボタンの異名。

**ふか-みどり【深緑】** 常緑樹の葉の茂みのような濃い緑色の総称。濃緑色。ディープグリーン。ホリーグリーン。deep green; holly green

**ふかみる-の【深▽海▽松の】**[枕ことば]《「ふかみる」は、海底にはえている海藻。同音を繰り返すことから》「深む・見る」にかかる。用例 玉藻なす靡き寝し児を—深めて思へど さ寝し夜はいくだもあらず(万葉・二・一三五)。

**ふか・む【深む】** 古語(下二他) ↓ふかめる(深める)

**ふか-め【深め】** ふつうより深いこと。be rather deep 用例 —のコップ。

**ふか・める【深める】**(下一他) 深くする。deepen 用例 愛情を—。

**ふかや【深▽谷】**〈市〉 埼玉県北部の市。上杉氏の旧城下町。農産物の集散地から内陸工業都市へ変容。深谷ネギ・陶管・瓦の産地で知られる。人口九万九六七(一九八八)。

**ふか-よみ【深読み】**(名・サ変他) 文章や物事の意味の解釈を深くしすぎること。用例 そう考えるのは—のきらいがある。

**ブカラマンガ【Bucaramanga】** コロンビア中北部、アンデス山脈東麓の商工業都市。農産物の集散地で自動車・石油関係工業も発達。人口三五・二万(一九八五)。

**ブカレスト【Bucharest】** ルーマニアの首都。同国南東部ワラキア地方にあり、商工業・交通・文化の中心。人口二一九・八万(一九八四)。ブクレシュティ。

**ふ-かん【付款・附款】** 条件・期限・負担など、法律行為から生ずる効果に一定の制限を加える事項。tack

**ふ-かん【▼俯▼瞰】**(名・サ変他) 高い所から見下ろすこと。overlook

**ぶ-かん【武官】** 軍事に専従する官吏。下士官以上の陸海軍の軍人。職業軍人。対義 文官。

**ぶ-かん【武鑑】** 江戸時代、民間業者の刊行した主要武家一覧。大名や旗本の氏名・系譜・官位・禄高・所領・居城・家紋などを記載。『正保武鑑』以下、『江戸鑑』『本朝武鑑』などが著名。

**ぶかん【武漢】** 中国、湖北省の省都。華中最大の商工業都市。揚子江と漢江の合流点に位置する武昌・漢口・漢陽の三市が統合されて成立。人口三三三・七万(一九八四)。ウーハン。

**ふかん-ぎんこうけん【不換銀行券】** 発券銀行が正貨との自由交換(=兌換)を保証しない銀行券。今日ではどの国の銀行券も不換銀行券に転換。inconvertible bank note 対義 兌換銀行券。

**ふかん-けん【不換券】**「不換銀行券」の略。

**ふかんざぜんぎ【普勧▼坐禅儀】** 仏教書。道元の著。一巻。安貞元年(一二二七)宋から帰国した道元の、立教開宗の書とされる。座禅の意義・功徳を説き、その実践を勧めるもの。

**ぶかん-さんちん【武漢三鎮】** 中国、華中地区北部、揚子江と漢水の合流点付近にあった武昌・漢口・漢陽の三地区のこと。現在は武漢市に統合。

**ふかん-しへい【不換紙幣】** 発行者である政府や中央銀行が正貨との兌換を保証しない紙幣。inconvertible note 対義 兌換紙幣。

**ふかん-しょう【不感症】** ①女性が性交時に、十分な快感を得られない症状。frigidity ②にぶくて物事に感じないこと。insensibility

**ふかんしょう-しゅぎ【不干渉主義】** 他国の内政にくちばしをいれず、自国の政治にもいれさせない政策・態度。nonintervention policy

**ふかん-ず【▼俯▼瞰図】** 高い所から見おろしたように立体的にかいた絵や地図。鳥瞰図。bird's-eye view

**ぶかん-せいふ【武漢政府】** 中国国民党の北伐のさい、一九二七年武漢に樹立した国共合作による臨時政府。首班は汪兆銘。蒋介石の南京政府と対立。のちに部内での国共の対立が激化し、国民党は共産党を排除し、九月南京政府と合体。

**ふかんせい-ゆ【不乾性油】** 空気にさらしても固まらない脂肪油。オレイン酸を多量に含み、沃素価一〇〇以下。オリーブ油・ツバキ油・落花生油など。食用油・頭髪油などに利用。non-drying oil 参照 油脂。

**ふ-かんぜん【不完全】**(名・形動) 足りなかったり欠けたりしていること・さま。imperfect 対義 完全。

**ふかんぜん-か【不完全花】** 萼・花冠・雄しべ・雌しべのいずれかの部分を欠く花。incomplete flower 対義 完全花。

**ふかんぜん-きょうそう【不完全競争】** 完全競争でも独占でもない競争形態の総称。imperfect competition 対義 完全競争。

**ふかんぜん-きん【不完全菌】** 菌類のうち、有性生殖の知られていないものの総称。imperfect fungi

**ふかんぜん-きんるい【不完全菌類】** 真菌植物群の一つ。菌の分類には、子嚢や担子器の形成がみられる有性生殖の有無が関係するが、その特徴がなく、分類のできない菌類の総称。イモチ病菌など。

**ふかんぜん-しゅうぎょう【不完全就業】** 労働者が労働意欲や能力を満たされないまま就業している状態。underemployment 比較 潜在失業。

**ふかんぜん-ねんしょう【不完全燃焼】** 可燃性の物質が酸素不足の状態で燃焼すること。incomplete combustion

**ふかんぜん-へんたい【不完全変態】** 昆虫の変態の一様式。さなぎの段階を経ることなく成虫となるもので、ゴキブリ・バッタ・トンボなどにみられる。incomplete metamorphosis 対義 完全変態。

**ふかんぜん-よう【不完全葉】** 葉身・葉柄・托葉のうち、どれかを欠く葉。キク・クワなどその例は多い。incomplete leaf 対義 完全葉。

**ふかんぜん-りこう【不完全履行】** 債務者が債務を一応履行したが、その内容が不完全であるため債務不履行となること。

**ふき【▼袘・▼袿】** 和服の袷や綿入れの袖口・裾の表側に裏布(=裾回し布)を折り返して縫い、縁のようにした部分。袖口ぶき・裾ぶきなど。ふき返し。↓着物図

**ふき【▼蕗・▼苳・▼款▽冬】** キク科の多年草。山地にはえる。雌雄異株。根出葉は円形で径約三〇cm、長い柄をもつ。早春に鱗片葉に包まれた花茎を出し、白色の頭花をつける。長い柄と、早春に生ずる若い花茎(ふきのとう)は、ともに食用・薬用。フフキ。↓写

●フキ

**ふ-き【不軌】** ①法律や規則を守らないこと。②反逆。謀反。用例 —をたくらむ。

**ふ-き【不帰】** 二度と帰らないこと。

**不帰の客となる**(ふきのきゃくとなる) 死ぬ。pass away

**ふ-き【不▼羈】**(名・形動) ①縛られないこと・さま。②才能がすぐれていて、並はずれであること・さま。非凡。

**ふ-き【付記・附記】**(名・サ変自) 付け加えて書くこと。また、書いた文。addition

**ふ-き【富貴】** ↓ふうき(富貴)

**ふ-ぎ【不義】** ①正しい道にはずれること。immorality ②男女間の道義にはずれた情交。密通。姦通。adultery 用例 —を働く。

**不義にして富み且つ貴きは浮雲の如し**(ふぎにしてとみかつたっときはふうんのごとし)《『論語』述而篇にみえる語》人の道にはずれた行いをして得た富や地位・名誉というものは、浮き雲のようにはかないものである。不義にして富みかつ貴きは浮かべる雲の如し。

**不義の富貴は浮雲の如し**(ふぎのふうきはふうんのごとし)「不義にして富み且つ貴きは浮雲の如し」と同意。

**ふ-ぎ【付議・附議】**(名・サ変他) 会議にかけること。bring up for discussion

**ふ-ぎ【▼溥儀】**(一九〇六〜六七) 中国、清朝第一二代皇帝(在位一九〇八〜一二)。宣統帝。三歳で即位。辛亥革命で退位。一九二四年(大正一三)日本に保護され、三二年満州国の執政、三四年皇帝となり、四五年同国の崩壊後はソ連に抑留。五〇年戦犯として裁判を受け五九年特赦。↓写

●溥儀

**ぶ-き【不器】**(名・形動) 不器用なこと・人・さま。clumsy

**ぶ-き【武器】** ①戦争に使う器具。兵器。arms ②相手を負かすための道具。weapon 用例 涙を—とする。

**ぶ-ぎ【武技】** 武術。武芸。military arts

**ブギ【boogie】**「ブギウギ」の略。

**ふき-あげ【吹(き)上げ】** ①噴水。fountain ②海風などが吹き上げること・所。blow up

**ふきあげ【吹上】**〈町〉 埼玉県北部、熊谷市の南東に接する町。大企業の進出がさかん。人口二万五九三九(一九八八)。

**ふきあげ【吹上】**〈町〉 鹿児島県、薩摩半島西岸の町。中心は伊作地区。農業がさかん。景勝の吹上浜がある。人口一万一三五八(一九八八)。

**ふきあげ-ごしょ【吹上御所】** 皇居の吹上御苑にあった、昭和天皇の住まい。

**ふきあげ-はま【吹上浜】** 鹿児島県薩摩半島西岸、東シナ海に臨む海岸。砂丘で知られる景勝地で、海水浴・キャンプなどでもにぎわう。

**ふき-あ・げる【吹(き)上げる】**(下一他) 風が物を高く舞い上がらせる。blow up

**ふき-あ・げる【噴(き)上げる】**(下一他) 水や蒸気などを強く高く上げる。spout up

**ふき-あ・れる【吹(き)荒れる】**(下一自) 風が激しく吹く。吹きすさむ。blow violently

**ふき-いた【▼葺き板】** 屋根をふく板。屋根板。

**ふき-いど【吹(き)井戸・噴(き)井戸】** 水の吹き出る井戸。掘り抜き。artesian well

**ブギ-ウギ【boogie-woogie】** ブルース演奏の一形式。一小節八拍のビートを用いる。一九二〇年代のシカゴで発達したピアノジャズ・スタイル。のちポピュラー化した。ブギ。

**ふき-おろし【▼葺(き)下ろし】** 屋根を、母屋から延長して、付属の建物まで及ぼすこと。また、その屋根。

**ふき-おろ・す【吹(き)下ろす】**(五自) 風が山上から下へ激しく吹く。blow down

**ふ-ぎかい【府議会】** 大阪府と京都府で、それぞれの住民が選んだ議員によって構成され、府の自治行政についての意思を決定する議決機関。

**ふき-かえ【▼葺(き)替え】** 屋根を新しくすること。reroofing 用例 わら屋根の—。

**ふき-かえ【吹(き)替え】** ①金属器具・貨



↓行き先項目、図版・写真参照印。 JIS 日本工業規格情報交換用漢字符号コード(区点コード)。

幣などを溶かして再び鋳ること。再び鋳た物。②映画・劇で、観客にわからないように代役すること・人。stand-in ③俳優の身代わりをつとめる人形。dummy ④外国映画・テレビなどで、画面の俳優とは別の人が、その国のことばでせりふを吹き込むこと。dubbing

**ふき-かえし**【吹(き)返し】 かぶとのまびさしの左右に耳のように出て、後ろへ反ったもの。↓大鎧図

**ふき-かえ・す**【吹(き)返す】(五自他) ①(自)風が今までと反対の方向に吹く。blow in the opposite direction ②(他)㋐風が吹いて、物を裏返す。㋑金具・貨幣などを鋳なおす。㋒生き返る。revive 用例 息を—。

**ふき-か・ける**【吹(き)掛ける】(下一他) ＝ ①強く吹きつける。blow upon ②しかける。provoke 用例 けんかを—。③値段を高くいう。overcharge

**ふき-き・る**【吹(き)切る】(五他) ↓ふっきる(吹っ切る)

**ふき-ぐさ**【▼葺草】 ①屋根を葺くのにもちいる草。②ショウブの別名。

**ふき-ぐち**【吹(き)口】 ①風などの吹きおこるはじめ。ふきはじめ。②笛などを吹く方法。③笛などの、息を吹きこむ穴。歌口。

**ふ-きげん**【不機嫌】(名・形動) 機嫌が悪いこと・さま。a bad humor 対義 御機嫌。

**ふき-こぼ・れる**【吹(き)▽零れる】(下一自) 湯などが吹き上がってこぼれる。boil over

**ふき-こ・む**【吹(き)込む】(五自他) ①(自)風や雨・雪などが吹いて、中に入ってくる。blow in ②(他)㋐教えこむ。inspire ㋑そそのかす。incite 用例 反逆精神を—。㋒レコードなどに録音する。record

**ふき-こ・む**【▼拭(き)込む】(五他) 光るほどに、よくふく。polish

**ふき-さらし**【吹(き)▼曝し】 おおい、さえぎるものがなくて、風の当たるままになっていること・所。be wind-swept

**ブギス**【Bugis】 スラウェシ(セレベス)島南西部の原住民。一七世紀以来イスラム教徒。水稲耕作と海上商業活動に従事。

**ふき-すさ・ぶ**【吹(き)▽荒ぶ】(五自) 風が吹き荒れる。rage; blow violently

**ふ-きそ**【不起訴】 検察官が被疑者について公訴を提起しない処分。事件が罪とならない場合や証拠不十分の場合、訴訟条件が整わない場合などになされ、起訴猶予とする場合も含めていう。不起訴処分。non-prosecution 比較 起訴猶予。

**ふき-そうじ**【▼拭(き)掃除】(名・サ変自) ぞうきんなどでふいて、きれいにすること。cleaning

**ふ-きそく**【不規則】(名・形動) 一定のきまりに従っていないこと・さま。まちまちなこと・さま。irregularity 対義 規則的。

**ふきそく-ぎんが**【不規則銀河】 はっきりした回転対称性をもたない銀河。星間ガスの量が多く、若い星が多い。質量は比較的小さい。irregular galaxy

**ふきそく-へんこうせい**【不規則変光星】 光度変化が量・周期ともに不規則な変光星。irregular variable star

**ふきそ-しょぶん**【不起訴処分】 ↓ふきそ(不起訴)

**ふき-たお・す**【吹(き)倒す】(五他) ①風が吹いて物を倒す。blow over ②大げさに話して相手を圧倒する。

**ふき-だけ**【吹(き)竹】《「火吹き竹」の略》口で吹いて、火をおこす竹づつ。

**ふき-だ・す**【吹(き)出す】(五自他) ①(自)風などが吹き始める。begin to blow ②(他)㋐吹いて外へ出す。blow out ㋑笛などを吹き始める。begin to play

**ふき-だ・す**【噴(き)出す】(五自他) ①(自)㋐勢いよく出る。spout 用例 温泉が—。㋑《「吹き出す」とも》こらえかねて笑い出す。burst into laughter ②(他)火・溶岩などを出す。blow off 用例 煙を—。

**ふき-だまり**【吹き▼溜(ま)り・吹▼溜(ま)り】 ①風に吹きつけられた雪・落ち葉などがたまった所。drift ②《比喩的に》落伍者が集まってきた場所。

**ふき-ちぎ・る**【吹(き)千切る】(五他) 風が吹いて、ものをねじ切る。

**ふ-きつ**【不吉】(名・形動) 縁起が悪いこと・さま。凶。ill omen

**ふきつけ-もの**【吹(き)付け物】 生け花で、現代花用の材料の一つ。表現意図にそった質感や色調を作りだすため、素材に塗料などを吹き付けたもの。

**ふき-つ・ける**【吹(き)付ける】(下一自他) ①(自)激しく吹き当たる。blow against ②(他)水・塗料などを霧のように吹いて、しめらす、または、塗る。spray

**ぶ-きっちょ**(名・形動)《俗語》「不器用」の転。

**ふき-つの・る**【吹(き)募る】(五自) 風がますます強く吹く。強い風が激しさを増して吹く。blow harder and harder

**ふきで-もの**【吹(き)出物】 皮膚にできる、小さいできもの。にきびなど。pimple

**ふき-で・る**【噴(き)出る】(下一自) 内にあるものが勢いよくほとばしり出る。spout

**ふき-とおし**【吹(き)通し】 風が吹いて抜けること・所。blow through

**ふき-どおし**【吹(き)通し】 風が吹き続けること。

**ふき-とば・す**【吹(き)飛ばす】(五他) ①吹いて物を飛ばす。blow off ②払いのける。dispel 用例 悲しみを—。③大げさなことを言って、人を驚かす。talk big

**ふき-と・る**【▼拭(き)取る】(五他) 表面の汚れをぬぐって取る。wipe off

**ふき-ながし**【吹(き)流し】 ①半円形の枠に長い絹布を何条もとり付けて、さおの先に結びつけた軍旗の一種。streamer ②五月節句に鯉幟とともに風になびかせる①に似せた外飾り。streamer ③風向きを知るために用いる①と似たかたちのもの。wind sock

**ふき-ぬき**【吹(き)抜き・吹(き)▽貫き】 ①風が吹き抜けること。また、その場所。ventilation ②吹き流しに似た旗の一種。pennant ③はだ着をつけず、着物を一枚だけ着ること。④屋根と柱だけで、壁のない建物。well ⑤建物の、上・下階または数階にわたって天井がなく突き抜けている構造の部分。ふきはなし。ふきぬけ。stairwell

**ふきぬき-やたい**【吹抜屋台】 大和絵の屋内描写の方法の一つ。斜め上方の視点から、屋根・天井を省いて屋内情景を描く。絵巻物などに多く利用され、『源氏物語絵巻』などにみられる。

**ふき-ぬ・ける**【吹(き)抜ける】(下一自) 風が吹いて通り過ぎる。blow through

**ふき-の-しゅうとめ**【▼蕗の▼姑】 フキノトウの異名。

**ふき-の-だい**【富貴の台・▼蕗の台】 結婚式の宴席に出される肴を盛り合わせた祝いの飾り物。必ずつくり物の蕗を立てる。

**ふき-の-とう**【▼蕗の▼薹】 早春、フキの根茎から伸びる花茎。はじめは大形の鱗状苞に包まれているが、その後、多数の頭花をつける。食用・薬用。フキノシュウトメ。↓写

●フキノトウ

**ふきはつ-せい**【不揮発性】 通常の温度で、液体が気体になりにくい性質。蒸気圧の小さな液体(硫酸など)がもつ性質。non-volatility

**ふき-ばった**【▼蕗▼蝗▽虫・▼蕗▼蝗】 フキを好食するバッタ科の昆虫。体長二・三cm内外。一見イナゴに似るが、翅が著しく退化し、飛ぶことはできない。東北地方以北に分布。

**ふき-はなし**【吹(き)放し】 建物の外壁がなく、外部に向かって開放された空間。ふきはなち。

**ふき-はら・う**【吹(き)払う】(五他) 吹いて、払いのける。blow off

**ふき-ぶり**【吹(き)降り】 強い風といっしょに雨が激しく降ること。driving rain

**ふき-ほんぽう**【不▼羈奔放】(名・形動) 才能・学識にすぐれていて、押さえつけにくいこと・さま。常識にとらわれないこと・さま。

**ふき-まく・る**【吹(き)▼捲る】(五自他) ①(自)風が強く吹き回る。blow about ②(他)思いきりほらをふく。brag

**ふき-まわし**【吹(き)回し】 ①風の吹き方。②そのときの調子。stroke of fortune 用例 どういう風の—か。

**ぶ-きみ**【不気味・無気味】(形動) 気味が悪いさま。uncanny

**ふき-みだ・れる**【吹(き)乱れる】(下一自) 風に吹かれて乱れる。be disarranged by the wind

**ふき-や**【吹(き)矢】 つつに小形の矢をこめて、息で発射させる狩猟具・武器。また、その矢。blowpipe

**ふきや-こうじ**【▼蕗▽谷▼虹児】(一八九八〜一九七九) 挿絵画家・詩人。新潟県生まれ。大正から昭和初期の叙情派を代表。『蕗谷虹児詩画集』。

**ブキャナン**【James Mcgill Buchanan】(一九一九〜) アメリカの経済学者。新たな政治経済学を追求し、一九八六年ノーベル経済学賞受賞。著書『財政理論』など。

**ふ-きゅう**【不休】 少しも休まないこと。without rest 用例 不眠—。

**ふ-きゅう**【不朽】 いつまでも滅びないこと。後世にまで伝わること。immortality 用例 —の名。

**ふ-きゅう**【不急】(名・形動) 急がなくても間に合うこと・さま。not pressing

**ふ-きゅう**【普及】(名・サ変自他) 広く行き渡ること。また、行き渡らせること。spread 用例 教育が—する。教育を—する。

**ふ-きゅう**【腐朽】(名・サ変自) くさってくずれること。

**ふきゅう-ばん**【普及版】 値段を安くして、より多くの人に読まれるようにした本。popular edition

**ふきゅう-ふよう**【不急不要】(名・形動) さしあたって必要のないこと・さま。不要不急。

**ぶきゆしゅつ-さんげんそく**【武器輸出三原則】 日本の武器輸出の基準。共産圏、国連の禁じた国、紛争当事国への武器輸出を禁止したもの。昭和四二年(一九六七)佐藤内閣が表明。同五一年(一九七六)三木内閣は、三原則に規定した地域以外へも武器輸出は慎む、関連設備も武器輸出に準じる、との三原則基準強化方針を打ち出した。

**ふ-きょう**【不▽孝】 ①「不孝」に同じ。②律令制の、八虐の一つ。③中世、親が子に対して相続などの親子関係を断つこと。義絶。勘当。cutting off relations

**ふ-きょう**【不況】 経済活動の沈滞状態。生産減退・失業増大・物価下落・利潤低落などが特徴。不景気。depression 比較 恐慌。対義 好況。

**ふ-きょう**【不興】 ①興のさめること。displeasure ②目上の人の機嫌を損じること。disgrace 用例 —を買う。

**ふ-きょう**【布教】(名・サ変他) 宗教を広めること。宣教。mission

**ふ-きょう**【富強】 ①富んで強いこと。wealth and power ②「富国強兵」の略。

**ふ-ぎょう**【▼俯仰】 地を見下ろすことと天をあおぐこと。look up and down

**俯仰、天地に愧じず**(ふぎょう、てんちにはじず) 自分の行動に少しもやましいところがない。

**ぶ-きよう**【不器用・無器用】(名・形動) 対義 器用。①手先の技がへたなこと・さま。ぶきっちょ。不器。clumsy ②物事の処し方がへたなこと。tactless

**ぶ-ぎょう**【奉行】 ㊀(名・サ変他) 主君の命令で物事を行うこと・人。magistrate ㊁(名) 武家時代の職名。命を受けて事務を担当した。鎌倉幕府以降、部局の長の職名に用いられた。

**ふきょう-カルテル**【不況カルテル】 特定商品の供給過剰などによる不況にさいし、生産調整や価格管理を行うための同業者間協定。公正取引委員会の認可により、独占禁止法の適用をうけない。anti-depression cartel

**ふ-ぎょうぎ**【不行儀】(名・形動) 行儀が悪いこと・さま。bad manners

**ふきょう-げ**【不興気】(形動) 不快なさま。不機嫌。displeased

**ぶぎょう-しょ**【奉行所】 中・近世、武家の職制で各種の政務担当者が事務を執った役所。奉行の執務する所。

**ふ-ぎょうじょう**【不行状】(名・形動) 品行が悪いこと・さま。不品行。misconduct

**ふ-ぎょうせき**【不行跡】(名・形動) よくない行状。身持ちが悪いこと・さま。misconduct

**ふぎょう-ほう**【▼俯仰法】 書道で、筆を運ぶ方向へ筆の軸頭を傾けながら書く筆法。左に運ぶときが俯、右が仰。

**ふきょうわ-おん**【不協和音】 ①音楽で、同時に出る二つ以上の音が、溶け合わない感じである音。協和音の美しさを引き立たせるために用いることもある。discord 対義 協和音。②二つ以上のものが、うまく溶け合わない感じ。discord

**ふ-きょく**【布局】 碁石を、碁盤の上に並べること。局面の配置。

**ふ-きょく**【負極】 ↓いんきょく(陰極)

**ぶ-きょく**【部曲】 上代、豪族に属した私有民。かきべ。

▼常用漢字表外。 ▽常用漢字表の音訓外。

**ぶ-きょく**【部局】①官庁や企業などの事務を分担する、局・部・課などの組織の総称。department ②一部分。局部。section

**ぶ-きょく**【舞曲】①舞と楽曲。②舞踏の伴奏音楽。また、舞踏のリズムや形式を借りて作った、舞踏を目的としない演奏用の楽曲。dance music

**ぶきよさらば**【武器よさらば】《原題A Farewell to Arms》〈ヘミングウェーの小説。一九二九年刊。第一次大戦時のアメリカの青年将校とイギリスの看護婦との恋愛を通して、戦争への幻滅と戦争の悲惨を描く。

**ふき-よせ**【吹(き)寄せ】①各種材料をとりあわせ、彩りよく吹き寄せられた落ち葉の感じを出した料理。ぎんなん・きのこ・湯葉などを用いる。前菜・口取り用。②数種類の食物を一つの折りに詰め合わせたもの。佃煮・菓子などにもいう。③種々の曲からぬき出して演ずること。

**ふきょ-ふくせい**【不許複製】(連語) 許可を得ずに、同じものをつくってはならないの意で、著作物の奥付けなどに載せることば。All rights reserved.

**ふ-ぎり**【不義理】(名・形動) ①義理にはずれること・さま。ingratitude ②借りたお金を返さないこと。welsh on

**ぶ-きりょう**【不器量・無器量】(名・形動) ①顔かたちが美しくないこと・さま。ugly ②才能・能力がないこと・さま。incompetent

**ふき-わ・ける**【吹(き)分ける】(下一他) ①風が吹いて物をあちこちに分ける。blow apart ②鉱物を溶かして含有物を分ける。smelt

**ふ-きん**【付近・附近】近く。あたり。近辺。近所。neighborhood 用例 この―。

**ふ-きん**【布▼巾】食器や食卓をふく小切れ。調理にも使う。麻・木綿・紙・不織布のものを使い分ける。dish towel

**ふ-ぎん**【▼諷▽経】《仏教語。「ぎん」は唐音》①声を出して経典を読むこと。②禅宗で、仏前の勤行。

**ふ-きんしん**【不謹慎】(名・形動) つつしみのないこと・さま。ふまじめ。indiscretion

**フク** 6画【伏】 部首[人・亻] 常用 JIS 4190

音 フク・ブク
訓 ふせる・ふす

①ふせる。ふす。かくれる。かくす。対義 起。「起伏・潜伏」「伏角・伏線・伏兵」②まけて、したがう。服従する。比較 服。「降伏・調伏」

**フク** 8画【服】 部首[月] 教育小3 JIS 4194 ―― 8画【▼服】旧字

音 フク

①きる。きるもの。きもの。「衣服・制服・粗服・洋服」「服飾・服装」用例(名)―を新調する。②したがう。比較 伏。「屈服・敬服・承服・心服」「服役・服従・服属・服務・服喪」③うちかつ。したがわせる。「克服・征服」④薬などをのむ。「頓服」「服薬・服用」⑤薬の包みや、茶・タバコなどをのむものを数えるのに用いる。用例(助数)一―いただく。⑥自分のものにする。「着服」

**フク** 11画【副】 部首[刂] 教育小4 JIS 4191

音 フク・フ

①ひかえ。つぎの。対義 正。「副業・副使・副手・副署・副将」用例《接頭的》―議長。②よけい。そえもの。つきもの。対義 主。「副因」用例《接頭的》―作用。―産物。―食物。

**フク** 11画【▼冨】 部首[勹] JIS 5022

音 ホク・フク

ふせる。ふす。はらばう。地面にふせる。「匍匐」

**フク** 11画【▼菔】 部首[艹] ―― 14画【▼蔔】異体字 JIS 7289

音 フク

ダイコン。アブラナ科の一、二年草。

**フク** 11画【▼袱】 部首[衤] JIS 7464

音 フク

ふくさ。ふろしき。「袱紗」

**フク** 12画【幅】 部首[巾] 常用 JIS 4193

音 フク
訓 はば

①はば。横のひろさ。面積。「振幅・全幅」「幅員」②へり。ふち。③うわべ。みかけ。「辺幅」④かけもの。「画幅」用例(名)結構な―ですね。⑤かけものを数えるのに用いる。用例(助数)一―の名画。⑥はば。はぶり。ゆとり。

**フク** 12画【復】 部首[彳] 教育小5 JIS 4192

音 フク

①ひきかえす。いった道をかえる。対義 往。「往復」「復路」②もとにもどる。「一陽来復・回復・本復」「復学・復活・復帰・復旧」③こたえる。もうす。「拝復」「復命」④くりかえす。ふたたびする。「反復」「復習・復唱」⑤しかえしをする。むくいる。「報復」「復讐」

**フク** 12画【▼愎】 部首[忄] JIS 5631

音 ヒョク・フク

もとる。そむく。さからう。意地をはる。

**フク** 13画【腹】 部首[月] 教育小6 JIS 4202

音 フク
訓 はら

①はら。おなか。対義 背。「空腹・満腹」「腹痛」②こころ。かんがえ。「剛腹・立腹」「腹案」③もののなかごろ。「山腹・中腹」④ふところ。「私腹・船腹」⑤生みの母。「異腹・同腹」

**フク** 13画【福】 部首[ネ] 教育小3 JIS 4201 ―― 14画【▼福】旧字 部首[示]

音 フク

しあわせ。さいわい。めでたい。対義 禍。「幸福・祝福」「福運・福徳」用例(名)―は内、鬼は外。
**福は内、鬼は外**《節分の夜、豆をまくときに唱えることば》幸福は家に入って来い、災いは家から出て行け。In with fortune! Out with demons!

**フク** 14画【▼箙】 部首[竹] JIS 6825

音 フク

えびら。やなぐい。矢を入れて背におう武具。

**フク** 14画【複】 部首[衤] 教育小5 JIS 4203

音 フク

①かさねる。かさなる。二重。対義 単。「重複」「単複」「複合・複雑」②二つ以上。二人以上。「複数・複々線」用例《接頭的》―比例。③テニス・卓球などで、ダブルス。対義 単。④ふたたびする。くりかえす。「複刻・複写・複製」

**フク** 15画【▼蝠】 部首[虫] JIS 7385

音 フク

①「蝙蝠」は、コウモリ。コウモリ目に属する哺乳動物。②マムシ。クサリヘビ科の爬虫類。

**フク** 15画【▼蝮】 部首[虫] JIS 7393

音 フク

マムシ。クサリヘビ科の爬虫類。

**フク** 16画【▼輹】 部首[車] JIS 7754

音 フク

とこしばり。軸しばり。車の車軸と輿を連結させるもの。

**フク** 16画【▼輻】 部首[車] JIS 7753

音 フク

や。車のや。車軸から放射状にでて、車輪をささえる多くの棒。「輻射・輻湊・輻輳」

**フク** 18画【覆】 部首[襾] 常用 JIS 4204 ―― 18画【▼覆】旧字

音 フク・フ・フウ
訓 おおう・くつがえす・くつがえる

①おおう。かぶせる。「被覆」「覆面」②くつがえす。ひっくりかえす。くつがえる。「転覆」「覆水」③もとの形のままをつくる。「覆刻」④くりかえす。比較 複。「反覆」「覆審」

**フク** 18画【▼馥】 部首[香] JIS 8138

音 フク

かおる。こうばしい。よいにおいがする。また、かおり。か。よいにおい。「馥郁」

**フク** 20画【▼鰒】 部首[魚] JIS 8256

音 フク

①アワビ。ミミガイ科の軟体動物。②フグ。フグ目に属する魚。

**ふ・く**【吹く】(五自他) ①(自)風が動く。blow 用例 ―風。②(他)㋐口から息を出す。breathe out 用例 ろうそくを―・き消す。㋑息を出して鳴らす。blow 用例 笛を―。㋒芽を出す。芽ぐむ。sprout 用例 ヤナギが芽を―。㋓粉やかびが表に出る。be coated with 用例 柿が粉を―。㋔金属を溶かして物を作る。鋳造する。smelt 用例 小判を―。㋕大げさなことを言う。brag 用例 ほらを―。
**吹けば飛ぶよな**《ちょっと風が吹いただけで飛んでしまいそうに》軽い。頼りない。また、身分がきわめて低く、能力も財産もないさまなどにも言う。吹けば飛ぶ様な。light; mere

**ふ・く**【噴く】(五自他) ①(自)勢いよく出る。spout 用例 水が―。②(他)勢いよく出す。emit 用例 火山が煙を―。

**ふ・く**【▼拭く】(五他) 布・紙などでこすって、汚れ・水分などを取り去る。ぬぐう。wipe 用例 汗を―。

**ふ・く**【▼葺く】(五他) ①かわら・板・トタンなどで屋根をおおう。roof ②草木などを軒に差し飾る。

**ふ・く**【更く】古語(下二自) ↓ふける(更ける)

**ふぐ**【▽河▽豚・▼鰒】フグ科および近縁の海水魚の総称。卵巣・肝臓・腸などに猛毒テトロドトキシンをもつものがある。食道の一部に特別な袋があり、水や空気を吸いこんで腹部を風船のようにふくらませる。食用。秋から春の産卵期前が旬。ふく。globe fish; puffer ↓図
**河豚食う無分別、河豚食わぬ無分別**フグには毒があるのにかまわず食うのは無分別だが、毒を恐れてフグの美味を賞味しないのもまた、分別のないことである。フグの毒の恐ろしさと、その身が美味であることとが併存していることをいったもの。
**河豚は食いたし命は惜しし**利益は欲しいが、危険な目にはあいたくない。

●フグ

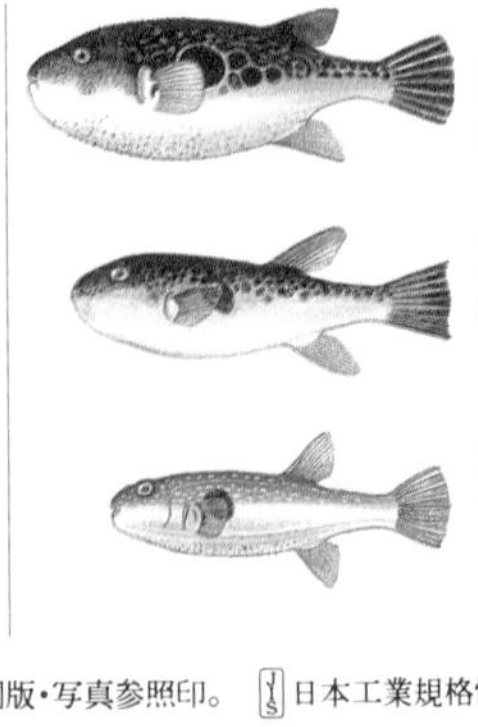

トラフグ　マフグ　クサフグ

**ふ-ぐ**【不具】①《卑語》身体の一部に障害のあること。deformity ②《文意を尽くさない、の意》手紙を終わるときの語。不一。不尽。

**ブク** 9画【▼茯】 部首[艹] JIS 7210

音 フク・ブク

「茯苓」は、サルノコシカケ科のブクリョウタケが形成する菌糸のかたまり。

**ぶ-ぐ**【武具】戦いの道具。とくに、よろい・かぶとのこと。

**ふく-あん**【腹案】あらかじめ心に持っている考え・案。plan 用例 ―をねる。

**ふく-い**【復位】(名・サ変自) もとの位置・地位に戻ること。

**ふく-い**【腹囲】腹のまわりの寸法。girth of the abdomen

**ふくい**【福井】〈県〉中部地方、北陸西部の県。県庁所在地は福井市。東部は両白山地で、九頭竜川などの流域に盆地・平野が開ける。福井平野では稲作・繊維工業などがさかん。西部はリアス式海岸の若狭湾で観光・漁業地域。原子力発電所が多い。面積四一九一km²、人口八一万八二一九(一九八八)。

**ふくい**【福井】〈市〉福井県北部、福井平野中央の市。県庁所在地。松平氏の旧城下町。羽二重を中心とした絹織物、人絹・合繊織物業もさかんな日本有数の機業地で、織物流通

の中心地。景勝の越前海岸、サクラ・ツツジの名所足羽山公園がある。人口二四万九一五四(一九八八)。

ふくい-いわかげいせき【福井岩陰遺跡】長崎県北松浦郡吉井町福井で発掘された岩陰遺跡。細石器と縄文草創期の土器が出土。先土器文化から縄文文化への過程を層位的に示す。

ふく-いき【覆域】覆っている地域。また、物事の働きなどがおよんでいる地域。coverage 用例レーダーの―。

ふくい-きゅうぞう【福井久蔵】(一八六七〜一九五一)国文学者。兵庫県生まれ。中世連歌の研究で著名。著書『大日本歌書綜覧』『連歌の史的研究』など。

ふく-いく【▼馥▼郁】(形動トタル)よいかおりのするさま。fragrant 用例―たるウメのかおり。

ふくい-けんいち【福井謙一】(一九一八)化学者。奈良県生まれ。京大卒。フロンティア電子理論を完成させ、昭和五六年(一九八一)ノーベル化学賞受賞・文化勲章受章。

ふくい-なおあき【福井直秋】(一八七七〜一九六三)音楽教育家。富山県生まれ。東京音楽学校卒。創成期の洋楽教育に大きく貢献。昭和四年(一九二九)武蔵野音楽学校を創設。

ふくい-へいや【福井平野】福井県北部、九頭竜川流域の沖積平野。最北部は隆起海岸平野。穀倉地帯で、都市部では絹織物工業がさかん。

ふくい-りきちろう【福井利吉郎】(一八八六〜一九七二)美術史家。岡山県生まれ。京大卒。論文『光琳考』など。

ふくいり-ぞうに【福入(り)雑煮】↓ふくわかし(福沸かし)②

ふく-いん【福音】①うれしい知らせ。②《キリスト教で「喜びのおとずれ」の意》『新約聖書』で、イエス=キリストの死と復活に結びついてもたらせられる人間の救い。gospel

ふく-いん【副因】二次的な原因。secondary cause 対義主因。

ふく-いん【幅員】道・船などの、横の長さ。はば。

ふく-いん【復員】(名・サ変自)対義動員。①軍隊を戦時の編制から平時の編制に戻し、召集した兵の軍務を解くこと。②召集された軍人が軍務から解放されて帰ること。

ふくいん-きょうかい【福音教会】一六世紀の宗教改革に由来するプロテスタントの諸教会。Evangelical Church

ふくいん-しゅぎ【福音主義】一六世紀の宗教改革の主要理念。聖書に記されているイエス=キリストの生涯とその言行、すなわち福音のみが唯一の規範であるとする思想。プロテスタンティズム。Evangelicalism

ふくいん-しょ【福音書】『新約聖書』中のイエス=キリストの生涯と言行の記録。マタイ・マルコ・ルカ・ヨハネによる四つの福音書。Gospel

ふくいん-しょう【復員省】軍の解体、復員事務を取り扱った官庁。昭和二〇年(一九四五)一二月設置。陸・海軍別に第一・第二復員省があった。同二一年(一九四六)復員庁へ改組。同二三年(一九四八)廃止。

ふくう【不空】(七〇五〜七七四)中国、唐代の僧。インドあるいは西域の出身。真言宗付法八祖の第六。四大訳経家の一人。金剛智に師事。七四一年セイロンに渡って多くの密教経典を中国にもたらし、漢訳した。不空金剛。

ふ-ぐう【不遇】(名・形動)才能がありながら報いられないこと・さま。misfortune

ふくうけんさく-かんのん【不空▼羂索観音】六(または七)観音の一つ。羂索で魚鳥を捕らえるように、慈悲でもって迷いの世界にいる衆生をもれなく救うという観音。ふくうけんじゃくかんのん。↓写

●不空羂索観音　東大寺三月堂(奈良県)。

ふくうじょうじゅ-にょらい【不空成就如来】五智如来の一つ。大日如来の成所作智を象徴するもので、北方に位置する。

ふく-うん【福運】①幸福と幸運。good fortune ②しあわせな運勢。good luck

ふくえ【福江】〈市〉長崎県、五島列島の福江島東部と属島、男女群島などを含む市。五島列島の中心都市で、西海国立公園の中心。人口三万六六三(一九八八)。

ふくえ【福▽栄】〈村〉山口県北部、萩市の北東に接する村。農林業が主で、白菜・シイタケなどを産出。佐々連鍾乳洞がある。人口三三〇八(一九八八)。

ふく-えき【服役】(名・サ変自)①兵役についていること。military service ②懲役についていること。penal servitude

ふくえ-じま【福江島】長崎県五島列島の主島。面積三二四km²。農漁業と牧牛の島で、五島牛の産地として知られる。

ふく-えん【復円】(名・サ変自)日食または月食が終わって太陽面または月面がもとの丸い姿にもどること。

ふく-えん【復縁】(名・サ変自)離縁・離婚した者が、もとの関係に戻ること。reinstatement 比較再婚。

ふく-えん【複塩】二種類以上の塩が結合してできた化合物。水溶液中では元の塩が出すイオンと同じイオンに分かれる。カリみょうばんなど。double salt

ふくおうじでん【福翁自伝】福沢諭吉の自叙伝。明治三一〜三二年(一八九八〜九九)発表。平易な口語体で、激動の時代に積極的にかかわった自己の生涯を肯定的に描く。

ふくおうひゃくわ【福翁百話】福沢諭吉の随筆集。明治三〇年(一八九七)刊。社会・教育・倫理などに関し晩年の円熟期の思想を示す。

ふくおか【福▼岡】〈県〉九州北部の県。県庁所在地は福岡市。中央部に山地、南北に平野がある。九州地方の政治・経済の中心。北部は筑豊炭田を背景に発達した北九州工業地帯で、鉄鋼・機械工業がさかん。南部の筑紫平野では米・果樹・野菜を栽培。面積四九六〇km²、人口四七二万四〇八九(一九八八)。

ふくおか【福▼岡】〈市〉福岡県西北部、博多湾に臨む市。県庁所在地。政令指定都市。古くからの大陸交通の要地博多と、黒田氏の旧城下町福岡の合体で誕生。商業・金融業が主で、水産業、食品・機械などの工業もさかん。博多織の産地。人口一一五万七一一一(一九八八)。

ふくおか【福▼岡】〈町〉富山県西北部、石川県境の町。農・工・商業が発達し、コイの産地でもある。古くから菅笠で知られる。人口一万二五〇九(一九八八)。

ふくおか【福▼岡】〈町〉岐阜県南東部、中津川市の北西に接する町。農林業が中心で、ヒノキの良材などを産出。人口七一七九(一九八八)。

ふくおか-くうこう【福▼岡空港】福岡市の南東三kmにある国際空港。昭和一九年(一九四四)陸軍飛行場として開設。昭和四七年(一九七二)米軍から返還。面積五・四km²。板付飛行場。

ふくおか-こくさいマラソン【福▼岡国際マラソン】福岡市平和台陸上競技場をスタート、市内を走るコースで毎年行われる、男子の国際マラソン大会。国際陸連の指定大会で、昭和二二年(一九四七)以来の朝日国際マラソンが前身。

ふくおか-たかちか【福▼岡▽孝▽弟】(一八三五〜一九一九)明治の政治家。土佐藩出身。維新政府の参与として五箇条の御誓文の草稿を修正。のち文部卿、枢密顧問官などを歴任。

ふくおか-へいや【福▼岡平野】福岡県北西部の博多湾に面した平野。南を三郡・背振山地で区切られた半円形状。那珂川などにより形成された沖積低地。

ふく-おん【複音】対義単音。①音声学で、母音と子音とが複合してできる音。polysyllable ②音楽で、二つ以上の音程の異なる音からなる重音。polytonality

ふく-おんがく【複音楽】↓ポリフォニー

ふく-が【伏▼臥】(名・サ変自)ふすこと。ねること。lie

ふく-かく【副殻】原子の核外電子が存在する電子殻(主殻)中にあるいくつかの殻(または軌道)。主殻K・L・M…に対し、副殻はs・p・d・fなどの記号で表す。sub shell

ふく-がく【副▼萼】がくの外側にあって二重のがくのように見えるもの。苞葉の変化したもの。ヘビイチゴ・フヨウなどに見られる。calycle

ふく-がく【復学】(名・サ変自)休学・停学していた学生が、また学校に戻ること。return to school

ふく-かげん【服加減】茶道で、茶の温度・濃淡。

ふく-かん【復刊】(名・サ変他)↓ふっかん(復刊)

ふく-がん【複眼】無数の個眼が集まって形成される目。節足動物の甲殻類や昆虫類などにみられる。compound eye 比較個眼。対義単眼。↓昆虫図

ふく-ぎ【福木】オトギリソウ科の高木。葉は革質の広楕円形。花は小さく黄色。沖縄・フィリピンなどに分布。樹皮は染料。

ふく-ぎょう【副業】本業以外の仕事。内職。sideline 対義本業。

ふく-ぎょう【復業】(名・サ変自)やめていた作業・職業に戻ること。

ふく-きん【腹筋】↓ふっきん(腹筋)

ふく-くう【腹▼腔】↓ふくこう(腹腔)

ふく-くっせつ【複屈折】光学的に異方性の結晶または圧力や電場の作用で異方性が生じた物質に光が入射したとき、境界面で二つの屈折光線が生ずる現象。double refraction

ふく-げん【復元・復原】(名・サ変自他)もとの形・位置に戻ること。また、戻すこと。restoration 用例金閣寺を―する。

ふくげん-ちゅうしゅつ【復元抽出】母集団から標本を抽出するときに、標本を抽出するごとにそれを元にもどし、前と同じ状態にしてから、次を抽出する方法。sampling with replacement

ふくげん-りょく【復元力】①船舶や航空機が不安定に傾いたとき、また、物体がつり合いの位置からずれたときに、もとの位置に戻すようにその物体にはたらく力。strength of stability ②物体が変形したとき、もとにもどそうとする力。restitutive power

ふく-こう【腹▼腔】《医学では、「ふくくう」》腹膜によりすきまなくおおわれた横隔膜より下の腔所。胃・肝臓・大腸・小腸・膀胱・子宮などを包み、それらの間に少量の腹膜液が存在している。ふっこう。abdominal cavity

ふく-ごう【複号】正と負の符号を合わせた記号。±または∓。double sign

ふく-ごう【複合】(名・サ変自)①いくつかのものが組み合わさって、できていること・もの。compound ②互いに区別できる部分より成り立っていること・もの。composite

ふくごう-おせん【複合汚染】《有吉佐和子の小説名から》二種以上の汚染物質が混じり合って、毒性が高められた汚染。combined pollution

ふくごう-か【複合果】二つ以上のめしべをもつため、一つの花に複数の実ができるもの。イチゴ・アケビ・キイチゴなど。aggregate fruit 比較巣果・集合果。

ふくごう-かぞく【複合家族】夫婦と複数の既婚の子、その配偶者や子どもなどで構成される家族。compound family

ふく-こうかんしんけい【副交感神経】自律神経系に属し、交感神経と拮抗しながら働く神経。脳から出て、動脈・顔面・舌咽・迷走・骨盤内臓の各神経を経て諸器官に分布している。また、膀胱・直腸へいく仙骨神経もある。parasympathetic nerves

ふくごう-きぎょう【複合企業】↓コングロマリット

ふくごう-きょうぎ【複合競技】スキーのノルディック競技の一つ。一五kmの距離スキーと七〇m級ジャンプを行い、得点の合計を競う。combined competition

ふくごう-ご【複合語】もともと単独でも使われる単語や語幹が、二つ以上結合して一語となったもの。前の語の語尾、あとの語の語頭の音が、変わることがある。「奥+深い=奥深い(形容詞)」「だ+が=だが(接続詞)」など。合成語。熟語。compound word 比較派生語。対義単純語。

ふくごう-こうそけい【複合酵素系】生体内で一連の代謝を完結させるのに必要な酵素の集団。multi-enzyme system

ふくごう-ざいりょう【複合材料】性質の異なる二つ以上の素材を組み合わせて、単独の素材よりすぐれた性質をもたせた材料。繊維強化プラスチック・繊維強化金属など。composite material

ふくごう-さんぎょう【複合産業】各種の産業の技術・商品・サービス・経営ノウハウなどを結合して構成される産業。電子産業と機械産業の技術を複合させたロボット産業など。compound industry

ふくごう-ししつ【複合脂質】脂肪酸とアルコールのほか、燐・窒素・硫黄・糖などを含

む脂質。細胞の膜構造に重要な役割を果たす。conjugated lipid

**ふく-こうじょうせん**【副甲状▾腺】 甲状腺の後ろ側に、上下一対ずつある米粒大の組織。上皮小体。parathyroid glands

**ふくこうじょうせん-ホルモン**【副甲状▾腺ホルモン】 副甲状腺から分泌されるパラソルモンとカルシトニンというホルモン。この二つが血中のカルシウム量を調節している。なお、カルシトニンは甲状腺から分泌されるとの説もある。parathormone

**ふくごう-しょうひん**【複合商品】 既存の単体商品を複数組み合わせて一体とした商品。ラジオとカセットテープレコーダーを組み合わせたラジカセなど。composite goods

**ふくごう-たんぱくしつ**【複合▾蛋白質】 アミノ酸のほかに他の有機化合物または有機原子団と結合しているたんぱく質の総称。conjugated protein 対義 単純たんぱく質。

**ふくごう-ちょうりきき**【複合調理機器】 一台で二、三役をこなす調理機器。電子レンジ・電気オーブン・ガスこんろを一体化したものなど。

**ふくごう-どうじゅん**【複号同順】 式の中に二つ以上の複号±があるとき、上から同じ順に使うということ。例えば、$(a\pm b)^2=a^2\pm 2ab+b^2$は左辺がプラスなら右辺もプラス、左辺がマイナスなら右辺もマイナスとする。double signs in same order

**ふくごう-ひりょう**【複合肥料】 窒素・燐酸・カリウムの肥料の三要素のうち、二成分以上を混合または反応させた肥料。配合肥料と化成肥料の総称。compound fertilizer

**ふく-こん**【腹根】 ↓ぜんこん(前根)

**ふく-こん**【複婚】 文化人類学の概念で、一人の人間が複数の異性を同時に配偶者とする婚姻制度。一夫多妻制と一妻多夫制の二種類。polygamy

**ふく-さ**【▾袱▾紗・▾帛▾紗・服▾紗】 ①糊をつけていない絹。略式の衣服などに用いた。②縮緬や絹を表裏二枚合わせ、または一枚で紋様をつけ、四角に作ったもの。進物の上に掛け、または包むのに用いる。掛け袱紗。③茶道で、茶器を拭い、茶碗を受けたりするのに使う四角の絹布。茶袱紗。数え方 一枚・一条。↓茶道具図

**ふく-ざ**【複座】 ふたり乗りの飛行機。複座機。対義 単座。

**ふく-ざい**【伏在】(名・サ変自) 隠れて存在すること。潜在。

**ふく-ざい**【服罪】(名・サ変自) 罪に服すること。服役。penal servitude

**ふくさき**【福崎】〈町〉 兵庫県中南部、姫路市の北にある町。柳田国男の出生地として知られる。人口一万八九八二(一九八八)。

**ふくさ-さばき**【▾袱▾紗▾捌き】 茶道で、茶杓や茶入れなど茶器を清めるときの、袱紗の取り扱い方。流派・器種によって捌き方に違いがある。

**ふく-ざつ**【複雑】(名・形動) 重なり、こみいること・さま。めんどうなこと・さま。complexity 対義 簡単・単純。用例 ―な事情。

**ふくざつ-かいき**【複雑怪奇】(名・形動) 複雑で、信じられないほど不思議なこと・さま。

**ふく-さよう**【副作用】 体内に入った薬物が本来の治療目的以外におよぼす作用。化学的親和力によるが、治療上好ましくないことが多い。side effect

**ふくさ-りょうり**【▾袱▾紗料理】 本膳料理を簡略にした料理。本膳と懐石の中間にあたる料理。

**ふくざわ-いちろう**【福沢一郎】(一八九八―) 洋画家。群馬県生まれ。日本にシュールレアリスム絵画を移植した。作品『牛』など。

**ふくざわ-ゆきち**【福沢諭吉】(一八三五―一九〇一) 明治の啓蒙思想家。慶応義塾の創設者。豊前中津藩出身。初め緒方洪庵の適塾で蘭学を学び、のち英学に転じて欧米への幕府使節に随行。『時事新報』を創刊。実学と独立自尊を説いた。著書『学問のすゝめ』『文明論之概略』など。↓写

●福沢諭吉

**ふく-さんぶつ**【副産物】 ①おもな生産物にともなって生産されるもの。by-product ②一つの物事につながって起こってくる物事。by-product

**ふく-し**【副子】 四肢の一側にあて、患部の固定・安静をはかる簡単なそえ木。ギブス固定より応変性があり、軽量、着脱簡便なので、機能改善の目的で多く用いられる。副木。splint

**ふく-し**【副使】 正使を補佐する使者。vice-envoy 対義 正使。

**ふく-し**【副詞】 品詞の一つ。活用のない自立語。おもに用言を修飾し、主語になることはない。情態の副詞、程度の副詞、陳述の副詞に分けられる。「はっきり見える」「たいへん寒い」「決して行かない」の「はっきり・たいへん・決して」など。adverb

**ふく-し**【復氏】 結婚や養子縁組みによって氏を改めた者が、離婚や離縁により元の氏にもどること。ふくうじ。resumption of the former surname

**ふく-し**【福祉】 ①さいわい。幸福。happi-ness ②人々が幸福で安定した暮らしができる環境。また、その実現のための施策。welfare 用例 社会―。

**ふく-し**【複視】 一つのものが二つに見えること。単眼での複視は水晶体脱臼のとき、両眼での複視は眼筋麻痺のときにそれぞれおこる。double vision

**ふく-じ**【服地】 洋服にする布地。material

**フクシア**【Fuchsia】 アカバナ科の低木状の園芸植物。高さ約六〇cm。葉は卵形で鋸歯をもつ。花は径三～六cmで下垂する。萼の下部は筒状で、上部は四裂して赤色。花弁・萼の色は豊富。ホクシャ。↓写

**ふく-しき**【複式】 二つ以上のものからなる形式・方式。compound 対義 単式。

**ふくしき-かざん**【複式火山】 幾重にもかさなった火山体からなる火山。二重式火山・三重式火山および四重式火山などがある。箱根・浅間山・三原山など。composite volcano 対義 単式火山。

**ふくしき-こきゅう**【腹式呼吸】 おもに、横隔膜の上下運動による呼吸形式。安静時の呼吸はこれによる。腹呼吸。abdominal type of respiration

**ふくしき-ぼき**【複式簿記】 すべての取り引きを借方・貸方の二面に対照させ、元帳の各勘定科目に貸借同額を記入する形式の簿記。記録の誤りを自動的に検証でき、期間損益や財政状態を導き出すことができる。double entry bookkeeping 対義 単式簿記。

**ふくし-こうじろう**【福士幸次郎】(一八八九―一九四六) 詩人。弘前市生まれ。明るい理想主義的な詩風を示し、日本語の音数律や民俗学研究にも業績を残し『原日本考』を刊行。詩集『太陽の子』など。

**ふくし-こっか**【福祉国家】 社会福祉の増大に政府が積極的な役割をはたす国家。完全雇用のもとに社会保障制度が行きわたった国。welfare state

**ふくし-しひょう**【福祉指標】 国民の生活や福祉の状態を、地方別や国際的に比較できるように数量化した数値。健康・教育・余暇・安全などの私的福祉と、環境・衛生・交通・通信・保安防災などの社会的福祉との大きさを表す。welfare index

**ふくし-じむしょ**【福祉事務所】 社会福祉事業法に基づいて、社会福祉行政を実施する機関。都道府県および市に設置。町村は任意設置。

**ふくし-しゃかい**【福祉社会】 社会保障制度や完全雇用政策などによって国民の福祉向上をめざす社会。welfare society

**ふくじ-てき**【副次的】(形動) 根本となるものに付いているさま。二次的。secondary

**ふくし-ねんきん**【福祉年金】 保険制度によらず租税を財源とし、掛け金を拠出しない年金。老齢福祉・障害福祉・母子福祉などの各年金。welfare pension

●フクシア

**ふくしま**【福島】〈県〉 東北地方南部の県。県庁所在地は福島市。山地が多いが、福島・郡山・会津などの盆地が開ける。農業がさかんで、果樹・野菜・タバコの全国屈指の産地。いわき・郡山市を中心に化学・機械工業も発達。面積一万三七八四km²、人口二〇九万七五三三(一九八八)。

**ふくしま**【福島】〈市〉 福島県北部、福島盆地にある市。県庁所在地。旧城下町。陸羽街道の旧宿場町で、生糸・織物業で発展。商業、機械・紡績・食品などの工業がさかん。近郊は日本有数の果樹栽培地。磐梯吾妻スカイラインの玄関口。人口二七万一二二六(一九八八)。

**ふくしま**【福島】〈町〉 北海道南西部、渡島半島南端、津軽海峡に臨む町。漁業が主。青函トンネルの北海道口がある。人口九一一〇(一九八八)。

**ふくしま**【福島】〈町〉 長崎県北部、伊万里湾内の福島を町域とする町。福島大橋で伊万里市に通じる。兼業農家が多く、米・ミカン・野菜などを産出。人口三八九〇(一九八八)。

**ふくしま-がた**【福島潟】 新潟県越後平野、阿賀野川下流にある潟湖。面積一・七km²。

**ふくしま-じけん**【福島事件】 自由民権運動の最初の激化事件。明治一五年(一八八二)福島県令三島通庸の圧政に対して河野広中ら自由党員と農民が抵抗運動を展開し、弾圧された。

**ふくしま-ぼんち**【福島盆地】 福島県北部、阿武隈川流域にある盆地。盆地の西側に扇状地があるが全体として低平。果樹栽培がさかん。

**ふくしま-まさのり**【福島正▽則】(一五六一―一六二四) 安土桃山時代の武将。尾張の人。豊臣秀吉に仕えたが、関ケ原の戦いでは徳川家康につき、安芸・備後五〇万石に封ぜられた。のち所領を没収され信濃に蟄居。

**ふく-しゃ**【複写】(名・サ変他) ①文書や絵などから、その複製物をつくること。複写機などが利用される。コピー。reproduction; duplication ②カメラで、文書・絵・写真など平面物を撮影すること。copy ③一度に二枚以上写してつくること。複写紙などが利用される。duplicate

**ふく-しゃ**【▾輻射】(名・サ変他) ①車輪の輻のように一点から周囲に射出すること。放射。radiation ②↓ほうしゃ(放射)③

**ふく-しゃ**【覆車】 車がひっくりかえること。また、その車。

**覆車の戒め**(ふくしゃのいましめ) 前人の失敗を見て、戒めとすること。覆轍。比較 前車の轍を踏む。

**ふぐ-しゃ**【不具者】《卑語》身体障害者。disabled person

**ふくしゃ-き**【複写機】 各種の文書・図面・写真・絵画などを複写する機械。透写式・反射式・間接静電方式によるものなどがある。duplicator; copying machine

**ふくしゃ-し**【複写紙】 複写用の紙。カーボン紙。copying paper

**ふくしゃ-せん**【▾輻射線】 物体から放出される熱線・可視光線・紫外線・X線などの総称。放射線。radiant ray

**ふく-しゅ**【副手】 ①仕事を助ける人。助手。assistant ②大学の研究室で、助手の下位の職。

**ふく-じゅ**【福寿】 幸福で長命なこと。

**ふく-しゅう**【復習】(名・サ変他) 習ったことを、繰り返し自分で勉強すること。おさらい。review 対義 予習。

**ふく-しゅう**【復▾讐】(名・サ変自) ①あだを討つこと。かたき討ち。revenge ②仕返し。返報。retaliation

**ふくしゅう**【福州】 中国、福建省の省都。閩江の下流に臨む港湾都市で、茶・木材・果実などの集散地。人口一一一六・五万(一九八四)。フーチョウ。

**ふく-じゅう**【服従】(名・サ変自) 人の命令・意志に従うこと。obedience

**ふく-じゅうじ**【複十字】 結核予防を表す、万国共通の旗じるし。赤色で「十」の字を重ねた「卄」の形に描く。

**ふく-しゅうにゅう**【副収入】 副業などで入る収入。extra income

**ふくじゅかい-むりょう**【福▾聚海無量】『法華経』「観世音菩薩普門品(=観音経)」にあることば。観音の慈悲が海のように広大無辺であるということ。

**ふくじゅ-そう**【福寿草】 キンポウゲ科の多年草。高さ一〇～三〇cm。葉は羽状複葉で、早春に黄金色の花をつける。山地にはえ、また正月の飾り花として鉢植えもされる。根は薬用。園芸品種では、花色・花形が多様。ツイタチソウ。ガンジツソウ。↓写(次ページ)

●フクジュソウ

**ふく-しょ【副書】** 原本の写し。副本。

**ふく-しょ【副署】**（名・サ変自） 旧憲法下で、天皇の親署に添えて、国務大臣が署名したこと。また、その署名。

**ふく-しょう【副将】** 主将を補佐する役・人。subcaptain

**ふく-しょう【副賞】** 正式の賞に添える金品。supplementary prize

**ふく-しょう【復唱・復▼誦】**（名・サ変他） ①繰り返し唱えること。recite ②与えられた命令を確認のために命令を与えた人に対して繰り返して言うこと。repeat

**ふく-しょう【複勝】**《「複勝式」の略》競馬・競輪などで、二着まで、あるいは三着までのいずれか一つを当てる方式。複。複式。place bet 対義 単勝。

**ふく-しょく【服飾】** ①衣服と装身具。dress and accessories ②衣服のかざり。accessories

**ふく-しょく【副食】** ご飯・パンなどの主食に添えて食べるもの。欧米では、主食・副食の区別はない。おかず。副食物。

**ふく-しょく【復職】**（名・サ変自） 休職していた人がもとの職に戻ること。reinstatement

**ふくしょく-ひん【服飾品】** アクセサリー。

**ふく-じょし【副助詞】** 助詞の一種。色々な語に付いて、副詞のように下にかかっていくもの。「八時までに行く」「これだけ(ぐらい)あればよい」の「まで・だけ・ぐらい」。その他、「さえ・しか・ずつ・など・ばかり・ほど・か・やら」など。

**ふく-しらが【福白髪】**《福があると縁起をかついで》若白髪。

**ふくし-ろっぽう【福祉六法】** 福祉に関する六つの法律の総称。生活保護法・児童福祉法・母子福祉法・老人福祉法・身体障害者福祉法・精神薄弱者福祉法。

**ふく-しん【副審】** スポーツで、主たる審判員を補佐する審判員。バレーボール・バスケットボール・卓球などの競技で置かれる。assistant umpire

**ふく-しん【腹心】** ①腹と胸。②心の奥底。bottom of one's heart ③深く信頼できる部下。one's confidant

**腹心を布く**（ふくしんをしく） 心中に思うところを、すっかり打ち明ける。腹心を披く。

**ふく-しん【腹診】** 漢方の診断法の一つ。腹部を触診する方法。おもに腹壁の厚薄、腹筋の緊張などをみて、虚実・陰陽を判断する資料とする。

**ふく-しん【覆審】** 上級裁判所で、下級裁判所の審理とは全く無関係に、新しく審理をやりなおすこと。

**フクシン**［fuchsine］ 赤から赤紫色の塩基性染料。アニリン・トルイジンなどから合成。緑色で光沢をもつ結晶。アルデヒドの検出（シッフ試薬）や染料に利用。

**ふく-じん【副▼腎】** 脊椎動物の内分泌器の一つ。腎臓の上に付着し、半月形。皮質と髄質からなり、生命維持に不可欠な代謝調節やホルモンの分泌を行う。adrenal glands →腎臓 図

**ふく-しんけい【副神経】** 脊椎動物の第一一脳神経。肩・頸・頭を複合して動かす首の筋肉および肩にある筋肉に分布する神経。accessory nerve

**ふくじん-づけ【福神漬(け)】**《七福神になぞらえていう》野菜のしょうゆ漬けの一種。ダイコン・ナス・ウリ・ナタマメ・シソ・れんこん・シイタケなど七種類の材料を細かくきざみ、みりんじょうゆで下漬けしたのち、煮つめる。明治一八年（一八八五）創製の東京名産。

**ふくじんひしつ-しげきホルモン【副▼腎皮質刺激ホルモン】** 下垂体前葉から分泌されるホルモン。副腎皮質を刺激し、糖質代謝ホルモンを分泌させる。ACTH。adrenocorticotropic hormone

**ふくじんひしつ-ホルモン【副▼腎皮質ホルモン】** 副腎皮質から分泌される重要なホルモン。塩類と糖類の代謝を調節し、結合組織を維持する。adrenal cortical hormone

**ふく・す【服す】**（五自他） →ふくする(服する)

**ふく・す【復す】**（五自他） →ふくする(復する)

**ふく-すい【腹水】** 腹腔内にたまった液体。結核性または癌性の腹膜炎・肝硬変・ネフローゼ型の腎炎・心不全などが原因。ascites

**ふく-すい【覆水】** ひっくり返った器からこぼれた水。

**覆水、盆に返らず**（ふくすい、ぼんにかえらず）《中国、周で、復縁を願ってきたかつての妻に呂尚（=太公望）が、盆から水をこぼしてみせ、その水を元に戻したならかなえてやろうと答えたという故事から》一度別れた夫婦は、二度と元のようにはならない。また、一度してしまったことは、取り返しのつかないたとえ。It is no use crying over spilt milk. 類似 破鏡、再び照らさず。落花、枝に返らず。

**ふくすい-き【復水器】** 蒸気タービンから排出される蒸気を冷却して凝結させるための装置。凝縮器。凝結器。コンデンサー。condenser

**ふく-すう【複数】** 対義 単数。①二つ以上あること。plural ②英語などの文法で、物の個数が二つ以上あることを示す語形。the plural

**ふく-すけ【福助】** 江戸中期に出現した、招福縁起物の人形。異常に大きい頭に髷を結び、裃姿で正座している。所願をかなえるとして「叶福助」ともいう。

**ブクステフーデ**［Dietrich Buxtehude］（一六三七〜一七〇七） ドイツの作曲家・オルガン奏者。幻想的なオルガン曲を多く残す。バッハやヘンデルに影響を与えた。

**ふく・する【伏する】**（サ変自他） =伏す。①(自)㋐かがむ。平伏する。stoop ㋑従う。obey ㋒隠れる。hide ②(他)㋐かがませる。bend ㋑従わせる。subdue ㋒ひそませる。隠す。hide

**ふく・する【服する】**（サ変自他） =服す。①(自)㋐従う。心服する。obey 用例 師の説に—。㋑従事する。つく。serve 用例 任務に—。②(他)㋐従わせる。つかせる。subdue ㋑茶・薬などを飲む。take 用例 薬を—。㋒衣服を着る。身につける。put on

**ふく・する【復する】**（サ変自他） =復す。①(自)返る。戻る。return 用例 原状に—。②(他)㋐返す。戻す。restore ㋑重ねてする。repeat ㋒答える。返答する。reply

**ふく-せい【復姓】**（名・サ変自） もとの姓に戻ること。return to one's former surname

**ふく-せい【複製】**（名・サ変他） ①もとの物と同じようなものをつくること。また、そのつくったもの。reproduction ②法律で、もとの著作物を思わせるつくりもの。また、その行為。copy; copying ③遺伝物質が、分裂して親の分子を鋳型としてまったく同じ内容のものをつくる現象。自己増殖。自己複製。replication

**ふく-せい【覆製】** 書誌学で、もとの形にまねて再製すること。また、その物。用例 —本。

**ふくせい-かざん【複成火山】** 休止期をはさんで、噴火活動を繰り返しながら形成された火山。polygenetic volcano

**ふくぜい-せいど【複税制度】** 多種類の租税で構成される租税制度。日本の現代の租税制度は、収得税・財産税・流通税・消費税によって構成されている。対義 単一税制度。

**ふく-せき【復席】**（名・サ変自） もとの席に帰ること。

**ふく-せき【復籍】**（名・サ変自） 離婚・離縁・復学などで、もとの戸籍・学籍に戻ること。return to the original domicile

**ふく-せん【伏線】** あとの事にそなえて、あらかじめ設けておくこと。また、その事柄。とくに、推理小説などで、あとに述べる事件などの準備として前もってほのめかしておくこと。foreshadow 用例 —を張る。

**ふく-せん【複占】** 寡占のもっとも単純な形。市場に同じ商品を供給する企業が二つしかなく、両者が競争を行っている状態。duopoly

**ふく-せん【複線】** 対義 単線。①二本またはそれ以上の線。plural lines ②「複線軌道」の略。

**ふくせん-きどう【複線軌道】** 上りと下りの列車の軌道が、平行して別々に設けられているもの。複線。double track 対義 単線軌道。

**ふく-せんきょ【複選挙】** 間接選挙の別称。

**ふく-そう【服装】** 衣服とその付属品の総称。衣服と人間の一体化を意味し、時代・民族・階級・職業・性別・年齢などを象徴する。よそおい。みなり。clothing

**ふく-そう【副葬】**（名・サ変他） 死者の生前愛用していた品などを、遺体とともにほうむること。

**ふく-そう【福相】** 福々しい人相。happy look 対義 貧相。

**ふく-そう【複相】** 染色体数が基本数（$n$）の二倍の状態であること。$2n$と表す。多くの生物の栄養体の核相である。diplophase 対義 単相。

**ふく-そう【▼輻▼湊・▼輻▼輳】**（名・サ変自）《車の輻が、こしきに湊まる、の意》多くのものが、一か所に寄り集まること。こみいること。雑踏。

**ふく-ぞう【腹蔵】** 自分の考えを心中に包み隠すこと。reservation

**ふくそう-ガラス【複層ガラス】** 二枚の板ガラスの間に乾燥空気を封入し、周囲を帯状金属で接合したもの。断熱・遮音・結露防止にすぐれる。double glazing

**ふくそう-しょくぶつ【複相植物】** 生活環の中で、核相が複相の世代だけをもつ植物。ミルやヒバマタなど数は少ない。diplont 対義 単相植物・単複相植物。

**ふくぞう-な・い【腹蔵無い】**（形） 隠し立てをしない。思いをすべて打ち明けるさま。without reserve

**ふくそう-ひん【副葬品】** 埋葬時に、棺や墓に納める品。生前に故人の愛用したもの、死後の世界で必要と考えられたものなどを入れる。古墳時代前期の鏡、中期の武器・武具、後期の須恵器・馬具など。grave goods

**ふく-そうり【副総理】** 内閣総理大臣に事故のあるとき、または欠けたとき、臨時にその職務を代行するよう指定された国務大臣の通称。vice prime minister

**ふくそかんしき-かごうぶつ【複素環式化合物】** 環状構造に炭素以外の原子を含む環式化合物の総称。ピリジンなど。heterocyclic compound

**ふく-ぞく【服属】**（名・サ変自） ①付き従うこと。②臣下・属国となること。

**ふくそく-るい【腹足類】** 軟体動物門の一綱。体の腹面は広く、筋肉が発達して足となる。らせん状の貝殻をもつものが多く、また多くは海産であるが、淡水産・陸産もある。巻き貝類。gastropod

**ふく-そすう【複素数】** 実数 $a$、$b$ と虚数単位 $i=\sqrt{-1}$ を用いて $a+bi$ と表される数。complex number

**ふくそ-へいめん【複素平面】** 複素数 $a+bi$ を平面上の直交座標（$a$, $b$）で表した平面。ガウス平面。complex plane

**ふく-たい【腹帯】** 妊婦の腹部に巻く帯。保温、子宮・胎盤の位置保持、腹壁弛緩の予防などを目的とする。岩田帯。belt

**ふく-だい【副題】** 表題のわきに添えた題。サブタイトル。subtitle 対義 表題・主題。

**ふ-ぐ-たいてん【不▼倶▼戴天】**《ともに天をいただかない、の意から》どうしてもあだを討たずにはおかれないこと。終生忘れられない恨みがあること。mortal enemy 用例 —の敵。

**ふく-たいりついでんし【複対立遺伝子】** 相同染色体の相対応する場所に位置し、少しずつ作用を異にする三つ以上の一群の対立遺伝子。ヒトのABO式血液型など。multiple allele

**ふくだ-ぎょうかい【福田行▼誡】**（一八〇六〜八八） 浄土宗の僧・歌人。江戸生まれ。諸宗を広く学び、明治維新時の宗教界を指導、仏教の復興につとめた。浄土宗管長。『校訂縮刷版大蔵経』を刊行。

**ふくだ-しげお【福田▽繁雄】**（一九三二〜 ） グラフィック-デザイナー。東京生まれ。独特な表現力をもち、おもちゃ・絵本なども製作。

**ふくだ-たけお【福田▼赳▽夫】**（一九〇五〜 ） 政治家。群馬県生まれ。東大卒。大蔵省主計局長をへて衆議院議員。農相・蔵相・外相を歴任。昭和五一〜五三年（一九七六〜七八）自民党総裁・首相。

**ふくだ-つねあり【福田▼恆▽存】**（一九一二〜 ） 評論家・劇作家・演出家。東京生まれ。東大卒。劇団「雲」「欅」を統率。シェークスピアの翻訳や、演出に活躍。戯曲『竜を撫でた男』など。

**ふくだ-とくぞう【福田徳▽三】**（一八七四〜一九三〇） 経済学者。東京生まれ。東京高商卒。イギリス新古典派の立場からマルクス主義を批判した。著書『厚生経済研究』など。



▼常用漢字表外。▽常用漢字表の音訓外。

**ふくだ-とよしろう【福田▽豊四郎】**（一九〇四〜一九七〇）日本画家。秋田県生まれ。作品『滝』など。

**ふくだ-ひでこ【福田▽英子】**（一八六五〜一九二七）婦人解放運動の先覚者。旧姓景山。岡山県生まれ。自由民権運動で活躍し、大阪事件で入獄。のち『世界婦人』を発刊。著書『妾の半生涯』など。

**ふくだ-へいはちろう【福田平八郎】**（一八九二〜一九七四）日本画家。大分市生まれ。昭和三六年（一九六一）文化勲章受章。作品『鯉』『雨』など。

**ふくだ-まさお【福田正▽夫】**（一八九三〜一九五二）詩人。神奈川県生まれ。東京高師中退。大正期の民衆詩派の一人で詩誌『民衆』を舞台に活躍。詩集『農民の言葉』など。

**ふくだ-よしゆき【福田▽善▼之】**（一九三一〜）劇作家。東京生まれ。東大卒。劇団青年芸術劇場を結成。戯曲『真田風雲録』など。

**フク-だん【フク団】**↓フクバラハップ

**ふくち【福地】**〈村〉青森県南東部、八戸市の南西に接する村。農業が主で、米のほかにリンゴ栽培がさかん。人口六五〇七（一九八八）。

**ふくち-おうち【福地桜痴】**福地源一郎の筆名。

**ふくち-げんいちろう【福地源一郎】**（一八四一〜一九〇六）明治初期の新聞記者・文筆家・歌舞伎作者。号は桜痴。長崎の人。『東京日日新聞』の主筆・社長。演劇改良運動をすすめる。

**ふく-ちじ【副知事】**知事を補佐する官職。また、その人。知事が議会の承認のもとに選任し、知事に事故のあるとき、または欠けたとき、臨時にその職務を代行する。assistant governor

**ふく-ちゃ【福茶】**若水をわかしていれた煎茶に、黒豆・山椒・小梅・結び昆布などを入れたもの。正月・節分・大晦日などに用いられる。

**ふくちやま【福知山】**〈市〉京都府北西部、福知山盆地にある市。丹波地方の中心的商工業都市で、丹波牛の集散地。人口六万五三八七（一九八八）。

**ふくちやま-おんど【福知山音頭】**京都府福知山地方の民謡。歌詞は明智光秀をうたったものが多く、毎年盆踊りでうたわれる。

**ふくちやま-ぼんち【福知山盆地】**京都府北西部、丹波高地にある断層盆地。中心は福知山市と綾部市。由良川沿いに水田・桑畑が多い。

**ふくちゃん【フクちゃん】**横山隆一の漫画の代表作・その主人公。昭和一一年（一九三六）一〇月から同一九年（一九四四）三月まで『朝日新聞』、戦後は『毎日新聞』に連載。

**ふく-ちゅう【腹中】**①はらの中。inside of an abdomen ②心の内。at heart 用例 ―を探る。③度量。用例 大―。

**ふく-ちょう【復調】**（名・サ変自他）①調子がもとにもどること。recovery ②送られてきた変調波から原信号を取り出すこと。検波。demodulation

**ふく-ちょうせいしつ【副調整室】**放送スタジオの隣で、ガラス窓からスタジオの動きを見ながら、放送の指図や録音などを行う部屋。

**ふぐ-ちり【▽河▽豚ちり】**フグの中落ちとあらのほかに、豆腐や春菊などを入れて煮るなべ料理。てっちり。

**ふ-くつ【不屈】**（名・形動）屈しないこと・さま。意気のくじけないこと・さま。fortitude 用例 不撓―。

**ふく-つう【腹痛】**腹部におこる痛みの総称。原因は種々。臓器自体には痛みを感ずる神経が直接分布していないので、自律神経を介して痛みが伝わる。abdominal pain

**ふくで【福▽田】**〈町〉静岡県西部、遠州灘に臨む町。別珍・コールテンの生産で知られる織物の町。温室メロンも産出。人口一万八三三八（一九八八）。

**ふく-てつ【覆▼轍】**《くつがえった車輪のあと、の意から》前人の失敗。失敗の前例。参照 覆車の戒め。

**ふくでんほう【福田方】**南北朝時代の代表的な医書。一二巻。常陸国の鹿島の東福寺開山の僧、有隣（？〜一四一〇）が和文で著したもの（一三六三年ごろ）。疾病別に整然と記述。

**ふく-ど【覆土】**（名・サ変自）まいた種子に土をかぶせること。また、その土。

**ふく-とく【福徳】**幸福と財産。happiness and prosperity 用例 ―円満。

**福徳の三年目**（ふくとくのさんねんめ）久しぶりで、幸運に恵まれること。

**ふく-どく【服毒】**（名・サ変自）毒を飲むこと。take poison 用例 ―自殺。

**ふぐ-どく【▽河▽豚毒】**フグの卵巣や肝臓に含まれる猛毒。筋肉と知覚の麻痺をおこし、最悪の場合は死をもたらす。鎮静薬として神経痛に用いる。テトロドトキシン。tetrodotoxin

**ふく-とくほん【副読本】**主となる教科書に添え、補助的に使う教科書。サイドリーダー。ふくどくほん。supplementary reader

**ふく-としん【副都心】**大都市の周辺に発展し、都心の副次的な役目を果たす中心地区。郊外への交通機関と都市内の交通機関の結節点にある場合が多い。東京における新宿・渋谷・池袋など。

**ふくとみ【福富】**〈町〉広島県中部、東広島市の北に接する山間の町。沼田川上流にあり、農業と畜産がさかん。人口三一六三（一九八八）。

**ふくどみ【福富】**〈町〉佐賀県南部、有明海に臨む町。中世以来の干拓地で、れんこんの産地で知られる。稲作・海苔の養殖もさかん。人口六三七二（一九八八）。

**ふくなが-たけひこ【福永▽武▼彦】**（一九一八〜一九七九）詩人・小説家。福岡県生まれ。東大卒。仏文学に詳しく、西欧二〇世紀文学の移植を試みた。作品『風土』『海市』『死の島』など。

**ふく-にゅう【副乳】**胸の乳房のほかに乳腺が退化しないで残ったもの。腋窩に多く現れ、乳汁の分泌はほとんどない。accessory mamma

**ふくの【福野】**〈町〉富山県西部、砺波平野中部の町。市場町として発展した町で、織物やアルミ加工などの工業がさかん。人口一万五四一一（一九八八）。

**ふく-の-かみ【福の神】**幸福を持って来るという神。ふくじん。the God of Wealth 対義 貧乏神。

**ふく-はい【復配】**（名・サ変自）株券などの配当を復活すること。resumption of dividends

**ふく-はい【腹背】**前と後ろ。前方と後方。back and front 用例 ―に敵を受ける。

**ふくはら【福原】**神戸市兵庫区東部の地区。新開地とならぶ西神戸の歓楽街で、かつて平清盛が遷都（一一八〇年）の地。

**ふくはら-しんぞう【福原信▽三】**（一八八三〜一九四九）アマチュア写真家。東京生まれ。日本のサロン写真を指導した。作品集『西湖風景』など。

**ふくはら-せんと【福原遷都】**治承四年（一一八〇）六月、平清盛が行った摂津国の福原への遷都。同年一一月には京都へ戻った。

**フクバラハップ【Hukbalahap Rebellion】**第二次大戦中結成されたフィリピンの抗日武装集団。正称は抗日人民軍。フクバラハップはそのタガログ語の頭文字による通称。戦後は人民解放軍（フクボン）と改称。一九五〇年代、政府の平定策でほとんど壊滅。フク団。

**ふくはら-りんたろう【福原▼麟太郎】**（一八九四〜一九八一）英文学者。広島県生まれ。東京高師卒。東京教育大教授。機知あふれる随筆でも有名。著書『叡知の文学』『トマス＝グレイ研究抄』など。

**ふく-びき【福引(き)】**①くじ引きのように金品を綱などにつけておいて引かせる正月の遊び。lottery ②宴会や商店の大売り出しなどのとき、くじ引きで景品をつけること。lottery

**ふくびくう-えん【副鼻▼腔炎】**副鼻腔におこる炎症。鼻づまり・鼻汁・頭重などがあり、とくに蓄膿という状態は上顎洞炎でよくみられる。蓄膿症。paranasal sinusitis

**ふく-びこう【副鼻▼腔】**《医学では、「ふくびくう」》鼻腔の周囲の骨内に発達した空気を含む腔所で、前頭洞・上顎洞・篩骨洞・蝶形洞に区分される。paranasal sinus

**ふく-ひれい【複比例】**二つ以上の比、たとえば一日の労働時間の比a:bと労働日数の比c:dで、ac:bdのことを複比といい、この複比が他の単比・複比と等しいことを複比例するという。compound proportion

**ふく-ぶ【腹部】**胴の胸部に続く部分。胸部のように肋骨などの骨格による保護がなく、軟らかい。なお背部の対語としても用いられる。腹。abdomen

**ふく-ふく**（副・サ変自）柔らかくふくらんださま。ふっくら。

**ぶく-ぶく**（副）①あわが水中から浮き上がる音。物が水の中に沈む音。また、そのさま。hubble-bubble; bubble 用例 ―あわをふく。②しまりなく肥え太るさま。水分を多く含んでふくれたさま。fat 用例 ―太る。

**ふくぶく-し・い【福福しい】**（形）顔がまるくて、おだやかな感じのするさま。plump and happy-looking 用例 ―顔つき。

**ふく-ふくせん【複複線】**複線を二組み並行して設けた鉄道線路。four-track line

**ふく-ぶくろ【福袋】**中に色々のものを詰めて、封をし、余興などで各人に選び取らせるもの。また、正月などにそれを安く売るもの。

**ふくぶ-げか【腹部外科】**腹部内臓の病気を取り扱う外科。消化管・肝臓・膵臓・脾臓・腹部大血管・泌尿生殖器の手術などを行う。abdominal surgery

**ふくぶ-ぼうまん【腹部膨満】**腹部が張ること。胃腸に内容物がいっぱい入っている感じで、ガス貯留・腹水によるものが代表例。abdominal distension

**ふく-ぶん【副文】**①手紙であとから付けた文。追って書き。二伸。post-script ②条約書・契約書などの正文に添えた、解釈の基準にならない文章。

**ふく-ぶん【復文】**①返事の文章。返事の手紙。②仮名交じり文になおした漢文を、またもとの漢文にすること。

**ふく-ぶん【複文】**構造の上から見た文の一種。主語・述語の関係が成り立っている文で、さらにその構成部分に主語・述語の関係が認められるもの。「子どもの泣く声が聞こえる」など。complex sentence 比較 重文。対義 単文。

**ふくべ【▼瓠・▼瓢】**①ウリ科ユウガオの変種。直径約三〇cm、重さ二〇kg余の大きな果実をつける。かんぴょうの原料。中身をくり抜いて容器とする。②ヒョウタンの果実の中身を抜いて容器としたもの。gourd

**ふくべ【福▽部】**〈村〉鳥取県北東部、鳥取市の北東に位置する村。日本海に臨み、鳥取砂丘がある。二十世紀ナシ・ラッキョウの産地。人口三四六五（一九八八）。

**ふく-へい【伏兵】**①相手の不意を襲うため、相手が気づかないところに隠れて待機している軍勢。伏せ勢。ambush ②《転じて》予期しない結果をもたらす人や障害。unexpected obstacle or a person ③陰陽道で、いくさや刑罰をつかさどる神。歳ごとに居所を変え、その方角への出師・行軍・修造を忌む。

**ふく-へき【腹壁】**腹腔の内壁。abdominal wall

**ふく-ほう【副砲】**軍艦に装備した、主砲以外の砲。ただし対空砲は含まない。secondary gun

**ふく-ほう【複方】**二種以上の薬品を調合すること。また、その薬剤。

**ふく-ぼく【副木】**↓ふくし(副子)

**ふく-ぼつ【覆没】**（名・サ変自）①船がひっくり返って沈むこと。②全く滅ぼされてなくなること。

**ふく-ほん【副本】**①原本のうつし。copy ②法律で、正本と同一事項を記載した文書。事務整理などのために作成される。duplicate 対義 正本。

**ふく-ほん【複本】**①一つの手形上の権利を表す、同内容の数通の手形証券。②副本。duplicate

**ふく-ほんい【複本位】**二種類以上の金属貨幣を本位貨幣と認める制度。ふつうは金と銀の二種からなる場合をさす。両本位。bimetallic standard 対義 単本位。

**ふくま【福間】**〈町〉福岡県北部、玄界灘に臨む町。福岡市と北九州市のほぼ中間に位置するため両市への通勤者が多い。人口三万五一二八（一九八八）。

**ふく-まく【腹膜】**腹腔と骨盤腔の壁や内腔に突き出た内臓の表面をおおっている薄い膜。漿膜。peritonaeum

**ふくまく-えん【腹膜炎】**腹膜の炎症。化膿性・結核性・癌性・外傷性などがあるが、急性は腹痛・嘔吐などの症状が激しく、早期の処置が必要。peritonitis

**ふくまく-かんりゅう【腹膜▼灌流】**腹膜透析のこと。

**ふくまく-とうせき【腹膜透析】**人工透析法の一つ。腎不全などで、体内に有害物質が蓄積したとき、半透膜の腹膜を利用して血液中の有害物質を除去する。腹膜灌流。peritoneal dialysis

**ふくませ【含ませ】**含め煮。

**ふくま-でん【伏魔殿】**①魔物の住むごてん。pandemonium ②悪人のいる所。悪だくみの根源地。pandemonium

**ふく-まめ【福豆】**節分にまくいり豆。大晦日に宮中で行われた追儺の儀式で、悪鬼を追い払い疫病を除くためにまいたものが起源。

**ふくま・れる【含まれる】**（下一自）含められている。中に入っている。be included

**ふくみ【含み】**①含むこと・もの。containing



↓行き先項目、図版・写真参照印。 JIS 日本工業規格情報交換用漢字符号コード(区点コード)。

②表面に表れない意味・内容。implication

**ふくみ-ごえ【含み声】** 口に音がこもっているような声。muffled voice

**ふくみ-しさん【含み資産】** 会社の資産の価値が帳簿上に表示されたものを上回っている場合の、その超過部分。hidden assets

**ふくみつ【福▽光】**〈町〉富山県西部、砺波平野南部の町。市場町として発達。スキーなどの運動用具の製造がさかん。人口二万二四二〇(一八九八)。

**ふく-みみ【福耳】**《耳たぶの大きいのは福相であると言い伝えられることから》耳たぶの大きな耳。

**ふくみ-わた【含み綿】** 奥歯の外に入れる綿。俳優などが、ほおのやせを目立たなくするのに使う。

**ふくみ-わらい【含み笑い】** 口をとじたままの、こもったような笑い。suppressed laugh

**ふく-む【服務】**(名・サ変自) 職務に従うこと。service 用例 ―規程。

**ふく・む【含む】**(五他) ①口の中に物を入れたまま飲み込まないで保つ。hold in one's mouth 用例 水を口に―。②全体の中にあわせ持っている。包含する。be included 用例 水分を―。③考えに入れる。hold 用例 きみの意向を―・んでおく。④恨みの気持ちを持つ。bear a grudge ⑤様子をわずかにおびる。have the air of 用例 憂いを―。⑥事情をよくのみこんで心にとめておく。用例 その点をお―・みおきください。

**含むところが有る**(ふくむところがある) 心中に考えや、また恨み・怒りをこっそりもっている。have something against...

**ふく-めい【復命】**(名・サ変他) 命令を果たして、その結果を報告すること。reporting

**ふくめい-てがた【複名手形】** 手形上の債務者(振出人・支払人・裏書人・引受人)が、二人以上手形面に記載されている手形。単名手形より支払担保力がある。double-name paper; two-name paper 対義 単名手形。

**ふく-めつ【覆滅】**(名・サ変自他) くつがえり、ほろびること。まったくほろぼすこと。

**ふくめ-に【含め煮】** 野菜などの材料を薄味の煮汁で、ゆっくり煮た煮物。煮含め。含ませ。

**ふく・める【含める】**(下一他) ①含むようにする。include ②意味・内容を織りこむ。③言い聞かす。instruct 用例 かんで―。contain

**ふくめ-わた【含め綿】** 綿入れの和服の袖口・振り・身八つ口などの部分に含ませた綿。綿が逃げるのを防ぐために前もって要所に綿を含ませておくもの。

**ふく-めん【覆面】**(名・サ変自) ①顔をおおい隠すこと・布。mask ②身分や正体を明らかにしないこと。disguise

**ふく-も【服喪】**(名・サ変自) 身内に死者が出たとき、一定の期間慎むこと。喪に服すること。mourning 対義 除喪。

**ふくもう-るい【腹毛類】** 袋形動物門の一綱に属するイタチムシの仲間。体長六〇～五四〇ミクロン。頭部には多数の剛毛がある。おもに淡水生で、一部は海水生。gastrotrichan

**ふくもと-かずお【福本▽和▽夫】**(一八九四～一九八三) 社会運動家。鳥取県生まれ。東大卒。日本共産党中央委員となり、福本イズムとよばれる理論で昭和初頭の党を指導。コミンテルンに批判され指導力を失う。在獄一四年。

**ふくもと-にちなん【福本日南】**(一八五七～一九二一) ジャーナリスト・史論家。本名は誠。福岡の人。司法省法学校中退。『日本』紙の記者として活躍し、アジア問題に関心が深かった。玄洋社機関紙『九州日報』の主筆・社長。著書『元禄快挙録』など。

**ふく-やく【服薬】** 一(名・サ変自他) 薬を飲むこと。服用。take medicine 二(名) 服用できるように調合した薬。prescribed medicine

**ふくやま【福山】**〈市〉広島県南東部、瀬戸内海沿岸の市。旧城下町。備後地方の中心的商工業都市。臨海部には鉄鋼業が集中。備後絣・備後表を産出。人口三六万三一二三(一九八八)。

**ふくやま【福山】**〈町〉鹿児島県、鹿児島湾の湾奥の町。天然発酵の米酢(福山酢)醸造、ミカン栽培・畑作・畜産などが行われる。人口七七六二(一九八八)。

**ふくやま-とんどぶし【福山とんど節】** 広島県福山地方の民謡。祭歌。とんどとは正月一四日夜にしめ飾りや門松を焼き払う行事。現在は五月第三週の金・土・日の三日間にわたって行われる「ばら祭り」で唄われる。

**ふくやま-へいや【福山平野】** 広島県南東部、芦田川下流域の三角州平野。イグサ栽培が知られる。臨海部の埋立地は工業地域。

**ふく-よう【服用】**(名・サ変他) 薬を飲むこと。服薬。take medicine

**ふく-よう【服▼膺】**(名・サ変他)《「服」は着ける、「膺」は胸、の意》心にとどめて忘れないこと。用例 拳々―する。

**ふく-よう【複葉】** 対義 単葉。①葉身の切れ込みが葉脈まで達し、何枚かの小葉に分かれた形。羽状複葉や掌状複葉などがある。compound leaf ②《「複葉機」の略》主翼が二枚ある飛行機。↓図

**ふく-よか**(形動) やわらかそうにふっくらとしているさま。ふくらか。plump

**ふく-らか**(形動) ↓ふくよか

**ふくらし-こ【膨らし粉】** 菓子やパンを作るときに用いる食品膨張剤。重曹・酒石酸など。ベーキングパウダー。baking powder

**ふくら・す【膨らす】**(五他) 膨らむようにする。膨らます。expand

**ふくら-すずめ【▽脹ら▼雀】** ①太って丸々とした子スズメ。②寒さをふせぐため全身の羽毛を立てて丸くなったスズメ。③近代の若い女性の帯の結び方の一つ。④江戸末期からの女性の髪の結い方の一つ。↓写

●脹ら雀③

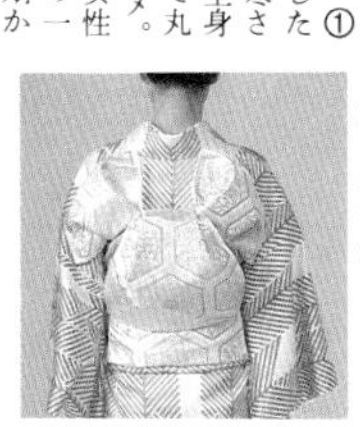

**ふくら・せる【膨らせる】**(下一他) 膨れるようにする。膨らす。expand

**ふくら-はぎ【膨ら▼脛・▽脹ら▼脛】** 下腿の後方のふくらんでいる部分。下腿三頭筋、とくに腓腹筋によるふくらみをいう。こむら。こぶら。calf ↓足図

**ふくらま・す【膨らます】**(五他) 膨らす。expand 用例 希望に胸を―。

**ふくらみ【膨らみ】** 膨らんだ所・程度。swelling

**ふくら・む【膨らむ】**(五自) ①中から盛り上がって大きくなる。膨れる。swell ②考えや計画が大きく広がる。get big 用例 夢が―。

**ふく-り【福利】** 幸福と利益。welfare

●複葉①

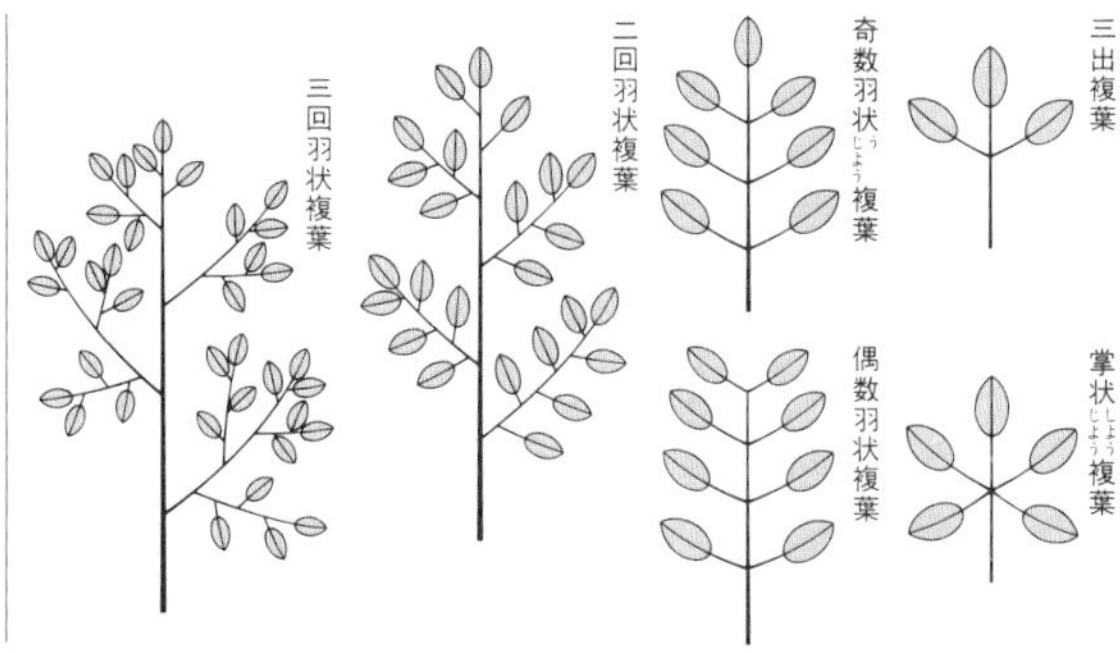


**ふく-り【複利】** 一定期間ごとに生じた利子を元金に繰り入れ、次期以降の利息を計算する方法。また、その利子。compound interest 対義 単利。

**ふぐり【▽陰・▼囊】** ①陰囊。きんたま。testis ②「まつふぐり」の略。まつかさ。

**ふくり-しせつ【福利施設】** 保健・衛生・娯楽などのための設備。welfare facilities

**ふくり-ひょう【複利表】** 複利法で計算した元利合計を利率や期間に応じて示す表。compound interest table

**ふくり-ほう【複利法】** 利息計算で、前期の利息を加算した元金に対して利息を計算する方法。compound interest system

**ふく-りゅう【伏流】**(名・サ変自) ①地上の水流が、ある場所で地下を流れること。また、その流れ。undercurrent ②ある物事の意味や動きが、表面に出ないところに存在していること。undercurrent

**ふくりゅう-えん【副流煙】** 火をつけたタバコから立ち上る煙。喫煙者が直接吸い込む主流煙より有害成分が多い。

**ふくりゅう-すい【伏流水】** 河川水が地下に浸透して地下水となり、河川敷または旧河床の下などを流れているもの。underflow water

**ぶく-りょう【▼茯▼苓】** 担子菌類サルノコシカケ科のキノコ。日本ではアカマツの根に寄生。球形で径約二〇cm。表面は暗褐色で、肉は白。鎮静・利尿剤の漢方薬として貴重。マツホド。

**ふく-りん【覆輪・伏輪】** ①馬のくら・刀のつば・茶わんなど器物のへりに保護と装飾を兼ねて金属をかぶせたもの。②女の着物の八つ口(=わきあけ)を、他の布で細く縁をとったもの。

**覆輪掛ける**(ふくりんかける) いっそうはなはだしくする。輪を掛ける。

**ふく・る【膨る】** 古語 (下二自) ↓ふくれる(膨れる)

**ふくれ-おり【膨れ織り】** 布面に浮き模様を現した二重織物。マトラッセ。

**ブクレシュティ【Bucureşti】** ↓ブカレスト

**ふくれっ-つら【膨れっ面】** 不満・怒りなどで現れた、むっとした顔つき。sulky look

**ふく・れる【膨れる・▽脹れる】**(下一自) ①中から盛り上がって大きくなる。swell 用例 風船が―。②不満・怒りで、不機嫌な顔をする。むくれる。get sulky 用例 ―・れてばかりいる。

**ふくろ【袋・▼囊】** ①物を入れるもの。布・紙・革などの柔らかい素材で作り、口を閉じられるようにしたもの。bag ②膨らんで物を入れる形のもの・所。用例 戸―。胃―。③ミカンなどの食べられる部分を包む薄い皮。segment ④あぶらげの中に、野菜や豚肉・しらたきなどを詰めたもの。

**袋の鼠**(ふくろのねずみ) 「袋の中の鼠」と同意。

**袋の中の鼠**(ふくろのなかのねずみ) 逃げ場のないたとえ。袋の鼠。like a rat in a trap

**ふく-ろ【復路】** 帰り道。one's way back 対義 往路。

**ふくろ-あみ【袋網】** 定置網の一部分で、袋の形をした部分。bag net

**ふくろい【袋井】**〈市〉静岡県南西部の市。薬品・電機・音響などの工業と、茶・温室メロン栽培がさかん。遠州三山の尊永寺・可睡斎・油山寺がある。人口五万一八二七(一九八八)。

**ふくろう【▼梟】** フクロウ科の鳥。全長約五〇cm。頭部は大きく、顔は円形。夜行性でノネズミ・ノウサギなどを捕食。聴覚が鋭敏。ユーラシア大陸の亜寒帯・温帯地方に分布。日本にも留鳥として北海道から九州まで生息。エゾフクロウ。一般に頭上に耳状羽のないものをフクロウ、あるものをミミズクという。owl ↓写

●フクロウ　エゾフクロウ

**ふくろう-ちょう【▼梟▼蝶】** フクロウチョウ科に属する巨大なチョウ。後翅の裏面にフクロウの目に似た大きな眼状紋がある。開張約一六cm。翅の表はくすんだ灰青色で、あまり美しくない。日中は森林の中に潜み、夕方飛び、果実などに集まる。幼虫はバナナの葉を食べる。南アメリカに分布。

**ふくろ-うに【袋▽海▽胆】** フクロウニ目に属する海生動物の総称。殻板の結合がゆるく柔軟なウニ。その一種イイジマフクロウニは殻径約一三cm。背面の棘は毒腺をもつ。相模湾以南に分布。

**ふくろ-おおかみ【袋▼狼】** タスマニア狼の別称。

**ふくろ-おび【袋帯】** 表裏を輪に織った袋状の帯。女帯の帯幅は約三〇cm。帯芯は入れない。丸帯に代わり正装・礼装に広く用いる。

**ふくろ-おり【袋織(り)】** 重ね織物に属し、表裏二枚分を、耳の部分で一重になるように、筒状に織ること。また、そのように織ったもの。hollow weave

**ふくろ-かけ【袋掛(け)】** 成熟前の小さい果

実に袋を掛ける作業。病虫害・薬害・日焼けなどを防ぐため、リンゴ・ナシ・モモなどに行う。bagging

**ふく-ろく【福▼禄】** ①幸福と俸給。②さいわい。幸福。③「福禄寿」の略。

**ふく-ろく-じゅ【福▼禄寿】** ①福と禄と寿命。②七福神の一つ。頭が長く背が低く、長いひげを生やし、人間の寿命を書いた巻き物をつけた杖を持ち鶴を連れている。寿老人と同体異名でよばれることもある。福・禄・寿の三徳をそなえているという。↓七福神図

**ふくろ-ぐま【袋▼熊】** コアラの和名。外形がクマに似た有袋類の意。

**ふくろ-こうじ【袋小路】** ①行き止まりの小路。dead-end ②どうしようもない行き詰まり。dead-end

**ふくろ-じ【袋地】** 池や沼、または、他人の土地に囲まれて公道に通じない土地。

**ふくろ-しだ【袋▽羊▽歯】** ウラボシ科の夏緑性シダ。山中の岩上に、葉を下垂させてはえる。二回羽状分裂の紡錘形の葉を密につける。袋状の包膜で胞子嚢を包む。

**ふくろだ-おんせん【袋田温泉】** 茨城県北部、大子町にある温泉。久慈川上流にあり、奥久慈渓谷観光の基地。近くに袋田ノ滝がある。

**ふくろ-たけ【袋▼茸・▽草▼菇】** 担子菌類テングタケ科のキノコ。かさは径五～一〇cm、灰褐色。ひだは帯紅色。食用。東南アジアや中国などで栽培される。

**ふくろ-だたき【袋▼叩き】** 大勢で取り囲んでなぐること。beat ... up

**ふくろ-だな【袋棚】** ①床の間の違い棚などの上につくる戸棚。袋戸棚。②茶道に用いる棚の一種で、大型で戸のついたもの。

**ふくろだ-の-たき【袋田ノ滝】** 茨城県北部、大子町にある滝。高さ一二七mで四段をなす。冬季氷結することでも知られる。奥久慈観光の中心で、近くに袋田温泉がある。

**ふくろ-づの【袋角】** シカの角のはえ始めにみられる若角。角心が皮膚をかぶり、こぶ状になっている。

**ふくろ-てながざる【袋手長猿】** ショウジョウ科の体が黒い大形のテナガザル。類人猿の一種。体長約六〇cm。のどに大きな袋があり、これをふくらまして大声で鳴く。森林に群棲し、樹上生活をする。マレー半島とスマトラに分布。シャーマン。

**ふくろ-ど【袋戸】** 袋戸棚のふすま戸。

**ふくろ-とじ【袋▼綴(じ)】** 製本の一つ。片面に印刷した紙の、文字面を表にして一枚ずつ折って重ね、折り目でない方を糸で綴じる。

**ふくろ-とだな【袋戸棚】** ↓ふくろだな(袋棚)①

**ふくろ-なでしこ【袋▼撫子】** シレネの品種の一つ。

**ふくろ-ぬい【袋縫い】** 《裁ち端が袋状にくるまれることから》裁縫で、縫い代の始末のしかたの一つ。外表に合わせた布の印より少し外側を縫い、布を中表に返して縫い代を包むようにして出来上がり位置を縫う。French seam

**ふくろ-ねこ【袋猫】** フクロネコ科の動物。一見ネコに似たところのある有袋類。体長四〇cm内外。口吻が突出し、四肢は短く、灰褐色の体には白斑が散在する。水辺近くの森林にすみ、木登りが巧み。夜行性で、小獣・鳥・昆虫などを捕食。オーストラリア・タスマニアに分布。dasyure

**ふくろ-ねずみ【袋▼鼠】** ↓オポッサム

**ふくろ-ふのり【袋布▽海▼苔】** 紅藻植物フノリ科の海藻。円柱状で不規則に分枝。内部は中空で、長さ約一〇cm。色は紫紅色で潮間帯の岩上に生育する。食用。

**ふくろ-みみ【袋耳】** ①一度聞いたら忘れないこと・人。対義ざる耳。②織物の耳(＝へり)を袋織りにしたもの。

**ふくろ-もぐら【袋▽土▽竜】** フクロモグラ科の動物。日本のモグラにそっくりな有袋類。体長一五～一八cm。前足は強大でショベル状になり、耳介と眼裂はない。半砂漠にすみ、地下にトンネルを掘って、地中の昆虫やミミズを捕食。恒常的なトンネルは作らない。オーストラリアに分布。marsupial mole

**ふくろ-もの【袋物】** ①袋に入れた品物。articles in a bag ②日常用品を納める袋状の入れものの総称。紙入れ・がま口・煙草入れ・手提げ・ハンドバッグなど。材質は、皮革・合繊・織物・紙の加工材など。bag; purse

**ふく-わかし【福沸(か)し】** ①一月一日に若水をくんで沸かすこと。②正月に年神に供えた鏡餅を、粥に入れて煮たもの。また、残り物を合わせて作る雑炊。京都では七日の七草粥をさした。福入り雑煮。

**ふく-わじゅつ【腹話術】** 大衆演芸の一つ。唇を閉じたまま音声を発する芸。寄席では一般に人形との対話形式をとる。ventriloquism

**ふく-わらい【福笑い】** 正月の遊びの一つ。おかめの輪郭を描いた紙の上に、目隠しした者がまゆ・目・鼻・口などの紙型を並べて顔を作る。江戸中期以降に流行した。暗闇細工。

**ふ-くん【夫君】** 人の夫をいう敬語。

**ふ-くん【父君】** 人の父をいう敬語。

**ぶ-くん【武勲】** 戦場・軍事上のてがら。戦功。military exploits

**ぶくん-し【武勲詩】** 「シャンソン-ド-ジェスト」の訳語。

**ふけ【▽雲▽脂・▽頭▼垢】** 頭の皮脂腺からの分泌物(＝皮脂)が、頭皮の角質化した細胞とまじって乾燥し、灰白色の鱗状となって付着したもの。scurf; dandruff

**ふけ【普化】**(生没年未詳)中国、唐代の禅僧。伝説的な奇行の僧として知られ、臨済義玄と親しく交わり、鈴を振りつつ遊行して衆生を教化したという。日本の普化宗の開祖とされる。

**ぶ-け【武家】** 公家に対して、武士や武士の家筋。鎌倉時代以後、幕府・将軍家とその下の大名などの総称。

**ふ-けい【不敬】**(名・形動)敬意を欠くこと・さま。とくに、神や皇室に対して敬意を欠くこと・さま。disrespect

**ふ-けい【父兄】** ①父と兄。また、目上の人。parents ②児童・生徒などの保護者。guardians

**ふ-けい【父系】** 対義母系。①父方の系統に属すること・者。父方。father's side ②家系が父方の系統で相続されること。

**ふ-けい【婦警】** 「婦人警察官」の略。

**ふ-けい【腐刑】** 宮刑の別称。

**ぶ-げい【武芸】** 武道に関する技術。武術。弓・馬・やり・剣などの技。military arts 比較武略。

**ふけい-かい【父兄会】** PTAの旧称。

**ふ-けいき【不景気】**(名・形動)↓ふきょう(不況)

**ふ-けいざい【不経済】**(名・形動)①経済法則に反すること・さま。費用が多くかかること・さま。uneconomical 対義経済・経済的。②無駄。waste

**ふけい-ざい【不敬罪】** 天皇・皇族・神社などに対し敬意を欠く行為をする罪。昭和二二年(一九四七)の刑法改正で削除。

**ふけい-ざい【賦形剤】** 少量の薬を一定の大きさにしてのみやすくするときに加える物質。でんぷん・乳糖など。

**ぶげい-しゃ【武芸者】** 武芸を行う人。武芸にすぐれた人。master of military arts

**ぶげい-じゅうはっぱん【武芸十八般】** ①昔、日本や中国で武人が身につけるべきものとされた一八種の武術。剣・槍・短刀・手裏剣・抜刀・含み針・薙刀・鎖鎌・錑・十手・棒・柔・弓・馬・砲・捕り手・水泳・隠形の術をいう。十八般。②武芸全般の総称。

**ふけい-せい【父系制】** 血縁集団への帰属が父方を通して行われる制度。社会的地位や財産の継承なども父方をたどる場合がある。夫方居住であることが多い。patriliny

**ぶけ-かぞく【武家華族】** もと武家で、明治時代になって華族に列せられたもの。

**ぶけ-がた【武家方】** ①武家。②武家の側。対義京方・公家方。

**ふ-げき【▼巫▼覡】** 神と人とを媒介し、霊の口よせを行って吉凶を占う人。

**ぶけ-じだい【武家時代】** 武家が政権を握っていた時代。鎌倉時代から江戸時代の末まで。

**ふけ-しゃくはち【普化尺八】** 今日使用されている尺八。五孔七節。竹製。管長一尺八寸(約五四・五cm)が標準。江戸時代に普化宗の虚無僧が使ったので、虚無僧尺八ともいう。↓尺八図

**ふけ-しゅう【普化宗】** 禅宗の一派。開祖は唐の普化禅師で、心地覚心が宋より伝えたとされる。有髪の僧が、坐禅のかわりに尺八を吹く吹簫禅を特色とする。江戸時代、幕府の保護を受け、一月寺・鈴法寺を本山に、虚無僧として諸国を托鉢行脚した。明治四年(一八七一)廃宗。

**ふけ-しょう【▽雲▽脂性】** ふけの多く出る体質。dandruffy

**ぶけ-しょはっと【武家諸法度】** 江戸幕府が大名統制のため制定した基本法。元和元年(一六一五)公布。参勤交代、居城の無断造営の禁止などを規定。のち数回にわたり改変。

**ぶけ-せいじ【武家政治】** 武士が独自の権力と組織を用いて支配した政治形態。鎌倉・室町から江戸幕府をへて明治維新にいたるまでの約七〇〇年間の政治。

**ふけ-そう【普化僧】** 普化宗の僧。虚無僧。

**ふ-けつ【不潔】**(名・形動)汚いこと・さま。汚らしいこと・さま。uncleanliness 対義清潔。

**ふ-けっか【不結果】**(名・形動)思わしくない結果。また、そのさま。不首尾。failure

**ぶけ-づくり【武家造(り)】** 鎌倉時代にできた住宅形式。古代の寝殿造りの流れをくむが、特定の様式は存在しなかったとされる。

**ぶけ-てんそう【武家▽伝奏】** 室町・江戸時代、幕府の用を天皇に取り次ぐ朝廷の役職。公武間の重職で、定員二名。両伝奏。伝奏。ぶけでんそう。

**ふけ-とり【▽雲▽脂取(り)】** 頭髪に生じるふけをとるための櫛。また、そのための整髪料。

**ぶけみょうもくしょう【武家名目抄】** 武家に関する一種の百科事典。八巻。三八一冊。塙保己一が着手し、保己一の没後、和学講談所において万延元年(一八六〇)ごろ成立。鎌倉時代以来の武家の有職故実を一六部門に分けて説明。

**ふけ-やく【老(け)役】** 演劇などで、①老人の役。part of an aged person ②老人を演ずる役者。

**ふけ・る【▼耽る】**(五自)心を奪われる。熱中する。be absorbed in 用例思案に―。

**ふ・ける**(下一自)《俗語》①逃げる。行方をくらます。②釣りで、風や潮のために糸がたるんだり動いたりする。

**ふ・ける【▽化ける】**(下一自)古くなって変質する。用例米が―。

**ふ・ける【老ける】**(下一自)年をとる。老い込む。grow old 用例―・けて見える。

**ふ・ける【更ける・▽深ける】**(下一自)①夜になって、かなりの時間がたつ。grow late 用例夜がしんしんと―。②季節が深まる。deepen 用例秋が―。

**ふ・ける【▽蒸ける】**(下一自)食物に熱が通ってむされる。be boiled 用例いもが―。

**ふ-けん【夫権】** 旧民法で、夫が妻に対して持っていた権利。妻の財産を管理する権利、住居を選定して同居させる権利、妻の財産上の行為に対する同意権など。

**ふ-けん【父権】** ①旧民法で、父が家長として持った権利。家長権。②父が親として持つ権利。父の親権。paternal rights

**ふ-けん【▼苻堅】**(三三八～三八五)中国、五胡十六国の前秦の王(在位三五七～三八五)。氐族の出身。王猛の補佐で内政を整え、前燕・前涼を滅ぼし華北を統一。三八三年淝水で東晋に大敗。国内は分裂。

**ふ-げん【不言】** 口に出してものを言わないこと。黙っていること。keep silence 用例―実行。

**ふげん-ふご【不言不語】** 言わず語らず。

**ふ-げん【付言・附言】**(名・サ変他)付け加えて言うこと・ことば。additional remarks

**ふ-げん【浮言】** 根のないうわさ。流言。

**ふげん【普賢】** 「普賢菩薩」の略。

**ふげん** 動力炉・核燃料開発事業団が開発した新型転換炉の原型の名称。福井県敦賀市にあり、出力一六万五〇〇〇キロワット。

**ぶ-げん【分限】** ＝ぶんげん。①分際。みのほど。one's social standing ②金持ち。millionaire ③富の力。

**ぶ-げん【侮言】** あなどって言うことば。侮蔑のことば。

**ぶ-げん【▼誣言】** わざと事実を曲げて言うこと・ことば。

**ふ-けんこう【不健康】**(名・形動)健康でないこと・さま。健康によくないこと・さま。unhealthiness 対義健康。

**ふ-けんしき【不見識】**(名・形動)見識の低いこと・さま。考えが足りないこと・さま。軽はずみ。absence of dignity

**ぶげん-しゃ【分限者】** 金持ち。財産家。

**ふけん-ぜい【府県税】** ↓とどうふけんぜい(都道府県税)

**ふけんせい-かんせん【不顕性感染】** 病原体が体内に侵入し感染しているのに、症状を現さずに経過し、あとになって抗体が証明されて過去に感染のあったことが確認されること。inapparent infection

**ふ-けんぜん【不健全】**(名・形動)①からだが丈夫でないこと・さま。unhealthiness ②思想などが穏やかでなく、偏っている

こと・さま。unsound

**ふげん-ぞう【普賢象】** サトザクラの園芸品種。葉は大形の倒卵形。花は径約五㎝、淡紅色で八重咲き。花の中心の二本の雌しべが緑色で突出し、普賢菩薩(ぼさつ)の乗るゾウの鼻に似ている。

**ふげん-ぼさつ【普賢▼菩▼薩】** 悟りや禅定(ぜんじょう)・修行を象徴する菩薩。釈迦(しゃか)如来の脇侍(きょうじ)で右(向かって左)に侍する。文殊(もんじゅ)菩薩と並んで諸菩薩の首位にあり、一面二臂(ひ)または十臂、白象に座す姿で表される。普賢。↓写

●普賢菩薩(ふげんぼさつ)　東京国立博物館。

**ふけん-れい【府県令】** 旧制で、国が任命した府県知事がその管内の行政事務について発した命令。

**ふ-こ【府庫】** 財貨・文書などを収めておく倉。

**ふ-こ【▽封戸】** 律令(りつりょう)制下、上級官人の食封(じきふ)にあてられた戸(こ)。その戸が納める租の半分(のちに全部)と庸(よう)・調や仕丁(しちょう)が給された。

**ふご【▼畚】** ①藁(わら)や竹で編み、縄の紐(ひも)を付けた籠(かご)。天秤棒(てんびんぼう)の両端に下げ、物を入れて運ぶのに用いることが多い。もっこ。②釣った魚を入れる籠。びく。

**ふ-こう【不孝】**(名・形動) 子として、親に対する道を守らないこと・さま。impiety to one's parents 対義 孝行。参照 不孝(ふきょう)。

**ふ-こう【不幸】** ㊀(名・形動) 幸福でないこと・さま。ふしあわせ。misfortune 対義 幸福。㊁(名) 家族・親族などの死去。用例 —を招く。用例 親類に—があって、伺えない。

**不幸中の幸い**(ふこうちゅうのさいわい) 不幸な出来事のなかに、よいことや慰めがあること。It could have been worse. 用例 人命が失われなかったのは—だ。

**ふ-こう【富鉱】** 有用金属成分を多く含む鉱石。その鉱石を産する鉱山。対義 貧鉱。

**ふ-ごう【付合・附合】** 法律で、添付の形態の一つ。所有者の異なる二個以上の物が付着しているとき、分離すると経済的に不利をもたらすため一個の物と認められること。動産と不動産の付合の場合は、一般に不動産の所有者に権利が認められる。accession

**ふ-ごう【負号】** 負数を表すしるし。マイナス。記号「−」。negative sign 対義 正号。

**ふ-ごう【符号】** ①目で見るしるしの一種。文字のように言語の単位を示さず、読み方が一定していない。mark ②数字・文字などのデータを送ったり蓄積したりするために役立つ約束ごと。また、しるし。数値の正負を表すプラスとマイナス、モールス符号、十進符号・二進符号など。code; sign

**ふ-ごう【符合】**(名 サ変自) ぴったり合うこと。coincidence

**ふ-ごう【富豪】** 大金持ち。物持ち。rich man

**ぶ-こう【武功】** 戦場・軍事上のてがら。武勲。military exploits

**ぶ-こう【武后】** ↓そくてんぶこう(則天武后)

**ふ-ごうかく【不合格】** 合格しないこと。failure 対義 合格。

**ふごう-けいやく【付合契約】** 契約当事者の一方が示す契約条件に従うほかない契約。電気・ガスの供給契約、鉄道・バスの運送契約など。

**ぶこう-ざん【武甲山】** 埼玉県、秩父(ちちぶ)市南東部の山。標高一三〇〇m。石灰岩からなる山で採掘場があり山体がくずれている。チチブイワザクラなど高山植物が多い。

**ふこう-たい【富鉱体】** 鉱床の中で、有用金属成分を多く含む鉱石が量的に集中して存在する部分。なおり。ore shoot

**ふ-こうへい【不公平】**(名・形動) 公平でないこと・さま。片手落ち。unfairness 対義 公平。用例 —な処置。

**ふ-ごうり【不合理】**(名・形動) 道理に合わないこと・さま。irrationality 比較 非合理。対義 合理。用例 —な裁決。

**フコキサンチン【fucoxanthin】** 褐色のカロチノイド色素。褐藻類の葉緑体に、クロロフィルより多く存在する。褐藻素。

**ふ-こく【布告】**(名・サ変他) ①政府の決定を国民に対して公式に告げ知らせること。命令。proclamation ②明治一九年(一八八六)二月の公文式制定以前に発布された法律・勅令・省令にあたるものの呼称。太政官(だじょうかん)布告など。③「宣戦布告」の略。

**ぶ-こく【▼誣告】**(名・サ変他) ①事実を曲げて、告げ口をすること。slander ②虚偽の内容を申告して、人を罪に落とそうとすること。虚偽の告訴。calumny

**ふこく-きょうへい【富国強兵】** 国を豊かにし、軍事力を強化すること。近代化をめざした明治政府のスローガン。産業の資本主義化と近代的軍事力の増強により、欧米列強に対抗しうる国家の建設を目標とした。

**ぶこく-ざい【▼誣告罪】** 他人に刑罰や懲戒処分を受けさせる目的で、虚偽の申告をする罪。

**ふ-こころえ【不心得】**(名・形動) 心がけがよくないこと・さま。よくない心がけ。indiscretion 対義 殊勝。

**ぶ-こつ【無骨・武骨】**(名・形動) ①無作法なこと・さま。rusticity ②無風流なこと・さま。unrefinedness

**フゴッペ-どうくつ【フゴッペ洞▼窟】** 北海道余市(よいち)郡余市町栄町で発掘された一〇〇〇～一五〇〇年前の洞窟遺跡。石器・骨角器・土器の遺物・炉址(ろし)のほか、岩壁に彫刻がある。

**ふさ【房・▽総】** ①ひもや織物の末端の糸を、かがったり束ねたりして装飾としたもの。tuft; fringe ②花・実が一つの枝・茎にむらがって垂れ下がっているもの。bunch; cluster 用例 フジの花—。ブドウの—。

**ふ-さ【夫差】**(?～BC四七三) 中国、春秋時代の呉の王(在位BC四九六～BC四七三)。紀元前四九四年、父闔閭(こうりょ)を倒した越王勾践(こうせん)を会稽(かいけい)で破って覇(は)を唱えた。のち勾践に攻められて自殺。

**ふ-ざ【▼趺▼坐】**(名・サ変自) ↓けっかふざ(結跏趺坐)

**ブザー【buzzer】** 電磁石によって鉄片を振動させて音を出す装置。警報や時報に用いる。

**ふ-さい【不才】** ①才能がないこと・人。非才。②自分の才能をけんそんしていう語。

**ふ-さい【夫妻】** 夫と妻。夫婦。husband and wife 用例 森—。

**ふ-さい【付載・附載】**(名・サ変他) 本文などに、付け加えて載せること。

**ふ-さい【負債】** ①借りたお金。借金。debt ②契約に基づいて後日金銭その他で支払わなければならない義務。会計上は、支払手形・買い掛け金・借入金・未払い金などの勘定科目。資本とともに貸借対照表の貸方に表示され、企業の総資本を形成する。liability; debt

**ふ-ざい【不在】** その場所・家にいないこと。留守(るす)。absence

**プサイ【Ψ・ψ】** ギリシア字母の第二三字。psi

**ぶ-さいく【不細工・無細工】**(名・形動) ①細工のへたなこと・さま。不手際。clumsiness ②《俗語》顔が醜いこと・さま。

**ふざい-じぬし【不在地主】** 所有する農地の所在地に住んでいない地主。absentee landowner

**ふざい-とうひょう【不在投票】** 選挙当日、投票所に行くことができない有権者に、あらかじめ投票の機会を与える制度。不在者投票。absentee vote

**フサイン【'Alī Ḥusayn b.】**(一八五四～一九三一) 第一次大戦中のアラブ反乱の中心人物。一九〇八年メッカの太守。一五年イギリスからアラブ独立の約束を得、これを契機に翌一六年オスマン帝国に反乱を起こした。二四年キプロスに亡命。

**ふさ・う【▽相▽応う】**(ふさう) 文語的 (五自) つりあう。相応する。用例 身に—・わない地位。

**ふさがり【▼塞がり】** ①ふさがること。be blocked ②陰陽(おんよう)道で、その方向に向かって事をするのは不吉とされる方角。対義 恵方(えほう)。用例 八方—。

**ふさが・る【▼塞がる】**(五自) 対義 あく。①開いているものが閉じられる。be closed 用例 眠くて目が—。②いっぱいになる。be filled with 用例 席が—。胸が—。③通れなくなる。つまる。be blocked ④他で使っていて使えない。be occupied 用例 電話が—。⑤陰陽(おんよう)道で、ふさがりの方角に当たる。

**ふさぎ【▼塞ぎ・▼鬱ぎ】** ①ふさぐこと。②気分が沈むこと。depression

**鬱ぎの虫**(ふさぎのむし) 気分が憂鬱(ゆううつ)なのを虫のせいにしていう語。憂鬱。

**ふさぎ-こ・む【▼塞ぎ込む・▼鬱ぎ込む】**(五自) 気分が晴れないで物思いに沈む。get depressed

**ふ-さく【不作】** ①作物のできの悪いこと。凶作(きょうさく)。poor harvest 対義 豊作。②人や作品のできが悪いこと。失敗作。failure

**ふ-さく【▼斧▼鑿】** ①おのとのみ。②細工をすること。③詩文などに技巧をこらすこと。用例 —のあと。

**ふさ・ぐ【▼塞ぐ】** ㊀(五自他) ①(他)㋐ふたをする。cover ㋑その場を占める。occupy 用例 席を—。㋒閉じる。fill up 用例 穴を—。㋓役目をはたす。fulfill 用例 責めを—。②(自)《「鬱ぐ」とも》気分が晴れ晴れしない。be depressed ㊁ 古語 (下二他) ↓ふさげる(塞げる)

**ふ-さくい【不作為】** 法律で、人が積極的に行為をしようとしないこと。当然すべきことをしないこと。消極行為。forbearance 対義 作為。

**ふさくい-はん【不作為犯】** 一定の期待された動作をしないことで成り立つ犯罪。不退去や、溺(おぼ)れているわが子を見殺しにする場合など。crime of omission 対義 作為犯。

**ふ-さくぎ【▼傅作義】**(一八九五～一九七四) 中国の軍人。山西(さんせい)省出身。一九三一年綏遠(すいえん)省政府首席として抗日戦に活躍。一九四九年、人民解放軍に対立はしたが、その後、北京(ペキン)の平和開城に協力して新政府に参加した。

**ふさく-めん【布作面】** 布製の面。口・鼻などを墨書きした長方形・方形の麻布。奈良時代の作で、正倉院(しょうそういん)に残る。散楽(さんがく)などの面と思われる。

**ふさ・げる【▼塞げる】**(下一他) ①ふさぐようにする。おおう。閉じる。close ②場所などをいっぱいに占める。満たす。occupy 用例 場を—。

**ふざ・ける**(下一自)《「巫山戯る」とも当てる》①冗談を言う。騒ぎまわる。joke ②ふまじめな態度で人に対する。make fun of ③男女が人の見ている所でたわむれる。flirt

**ふさ-ざくら【▽総桜】** 山地の沢ぞいにはえる落葉高木。高さ約一〇m。葉は広卵形。花は三月、短枝上に集まって咲き、花被がない。雄しべは多数、葯(やく)は赤色。タニグワ。

**ふさじょう-うん【房状雲】** 小さなふさ、または草むらのような形をした雲の塊。おもに巻雲(けんうん)・巻積雲・高積雲に現れる。floccus

**ぶ-さた【無▼沙▼汰】**(名・サ変自) ①訪問しないこと。neglect to call ②便りをしないこと。silence

**ぶ-ざつ【▼蕪雑】**(名・形動) 順序・筋道などが、入りまじって、整っていないこと・さま。ごたごた。

**ふさ-の-くに【▽総の国】** 上総(かずさ)・下総(しもうさ)・安房(あわ)の地域の古称。

**ふさ-ふさ【房房】**(副) 豊かに垂れるさま。tufty

**ぶ-さほう【無作法・不作法】**(名・形動) 礼儀や作法を知らないこと・さま。礼儀にはずれること・さま。ぶしつけ。bad manners

**ぶ-ざま【無様・不様】**(名・形動) ぶかっこうなこと・さま。醜態。ungracefulness

**ふさ-も【▽総藻】** アリノトウグサ科の多年草。池や沼にはえ、長さ約五〇㎝。葉は羽状に切れ、四枚輪生。夏に、水面上に白色五弁花が穂状花序に咲く。↓図

●フサモ

**ふさ-ようじ【房▼楊枝・▽総▼楊枝】** 楊枝の一種。柳の枝や竹の棒の先端を細かくたたいてほぐして房状にし、歯を掃除するもの。

**フザリウム【fusarium ラテン】** 不完全糸状菌綱に属する菌の一属。植物の病原体が多く含まれる。イネの馬鹿苗(ばかなえ)病菌からはジベレリンがとれる。

**ふさわし・い【▽相▽応しい】**(形) よく似合っている。つりあっている。becoming 派生 ふさわしさ(名)

**ふ-さん【不参】**(名・サ変自) 参加・出席しないこと。

**ふざん【▼巫山】** 中国、四川(しせん)省東端の都市。東方に揚子江(ようすこう)三峡の一つ巫山峡や巫山十二峰がある景勝地。ウーシャン。

**ふざん【▼釜山】** 韓国(かんこく)南東部、朝鮮海峡に臨む政府直轄市。同国屈指の都市で第一の貿易港。古来日本との関係が深い。人口三五一・四万(一九九五)。プサン。

**プサン【釜山】**(Pusan) ↓ふざん(釜山)

**ブザンソン【Besançon】** フランス東部、ジュラ山脈西麓(せいろく)の都市。ドゥー県の県都。古建築

▼常用漢字表外。　▽常用漢字表の音訓外。

が多い。時計工業の中心地。人口一二万(一九八八)。

**ぶざん-は【▽豊山派】** 新義真言宗の一派。覚鑁を派祖とし、専誉を中興とする。奈良県桜井市初瀬の長谷寺が総本山。

**ふし【節】** ①竹などのくきの区切り。joint 用例―の上で切る。②人間・動物の関節。joint 用例―という―が痛む。③区切り。段階。ふしめ。step 用例―になる仕事。④縄や糸のこぶの形になっている所。knot ⑤木の幹の、枝の出たあと。用例―のある柱。⑥箇所。点。point 用例疑わしい―がある。⑦おり。機会。occasion 用例折―。⑧音楽・歌の節回し。旋律。メロディー。melody 用例―をつけて歌う。⑨「かつおぶし」の略。用例土佐―。⑩なんくせ。言いがかり。

**節を付ける**(ふしをつける) ①旋律をつける。メロディーをつける。set a verse to music ②言いがかりをつける。なんくせをつける。pick holes

**ふし【▽五▽倍子・付子】** ↓ごばいし(五倍子)

**ふ-し【不死】** 永久に死なないこと。immortality 用例不老―。

**ふ-し【父子】** 父と子。おやこ。father and his child

**ふじ【▼藤】** ①マメ科のつる性落葉樹。山野にはえ、観賞用にも栽培。長さ約一〇mに達する。幹は分枝し右巻き。葉は奇数羽状複葉。春に淡紫色の小花が穂状に咲く。つるは縄の代用や細工物に、皮の繊維は衣料にした。ノダフジ。wisteria ②ふじ色。purple; violet ③紋所の名。藤の花や葉の形を紋章化したもの。藤原氏の家系で多用。④襲の色目の名。表は薄紫、裏は青。ふじがさね。↓図

●フジ①

●藤③

伊藤藤

九条藤

**ふ-じ【不▽二】** ①二つとないこと。ただ一つ。ふに。unique ②富士山。

**ふ-じ【不治】** 病気のなおらないこと。ふち。incurability 用例―の病。

**ふ-じ【不時】** 思いがけないとき。unexpected 用例―の出費。

**ふ-じ【富士】** 富士山。

**富士は磯**(ふじはいそ) 《それに比べると富士山も磯同然に低い、の意から》比較にならないほどそれが大きい、高い、また、すぐれているさまを、ほめていうときに使う語。

**ふじ【富士】**〈市〉 静岡県東部、富士山南麓、駿河湾に臨む市。製紙工業で知られるが、田子ノ浦港に化学繊維・医薬品・電気機器産業なども発展。人口二一万九七七〇(一九八八)。

**ふじ【富士】**〈町〉 佐賀県北端、脊振山地南麓の町。北山ダムや発電所がある。人口六一六七(一九八八)。

**ぶ-し【▽付子・▽附子】** 生薬の一つ。トリカブトの塊根や支根を乾燥したもので猛毒。鎮痛・抗痙攣・強壮作用がある。ぶす。

**ぶ-し【武士】** 武芸にすぐれ、戦闘に専心した身分の人。武者。もののふ。

**武士に二言無し**(ぶしににごんなし) 武士は約束を重んじるもので、一度言ったことは決して取り消さない。

**武士の情け**(ぶしのなさけ) 武士が、自分より弱い者の心や人の立場を思いやって、恩恵を施すこと。

**武士は相身互い**(ぶしはあいみたがい) 同じ立場にあるものは、互いに思いやりをもち、助け合わねばならないということ。

**武士は食わねど高楊枝**(ぶしはくわねどたかようじ) 体面を重んじて、たとえ空腹などであってもそれを態度に表さないこと。

**ぶ-じ【武事】** 武士の行う事柄。戦争に関する事柄・技術。対義文事。

**ぶ-じ【無事】**(名・形動) ①変わったことがないこと・さま。不幸や事故がないこと。平穏なさま。peace 対義有事。用例―を祝う。―に到着する。②無病で健康なこと・さま。in good health 用例―に過ごしています。③無難なこと・さま。しくじりがないこと・さま。no problem 用例―に勤めている。

**ぶ-じ【▼蕪辞】** ①雑なことば。粗末なことば。②自分の話・文章をけんそんしていう語。用例―を連ねる。

**ふじ-あざみ【富士▼薊】** キク科の大形多年草。山の砂礫地にはえる。根出葉には鋭いとげがある。夏秋に、径約七cmの赤紫色の頭花が下向きに咲く。関東・中部地方に分布。

**ふし-あな【節穴】** ①板などで節が抜けたあとの穴。knothole ②注意力が散漫で、理非・善悪が判断できないことをののしる語。blind 用例お前の目は―か。

**目が有っても節穴同然**(めがあってもふしあなどうぜん) あっても役に立たないたとえ。

**ふ-しあわせ【不幸せ・不仕合(わ)せ】**(名・形動) 幸せでないこと・さま。不運。misfortune 対義幸せ。

**ふじい-おとお【▼藤井▽乙▽男】**(一八六八 一九四五) 国文学者。兵庫県生まれ。京大教授。江戸文学研究の開拓者。著書『近松門左衛門』『諺語大辞典』など。

**ふじい-けんじろう【▼藤井健次郎】**(一八六六 一九五二) 植物細胞学者。金沢生まれ。東大教授。近代細胞学、遺伝学の発展に貢献。昭和四年(一九二九)、国際細胞学雑誌『キトロギア』を創刊。昭和二五年(一九五〇)文化勲章受章。

**ふじい-こうゆう【▼藤井▼浩▼佑】**(一八八二 一九五八) 彫刻家。本名、浩祐。東京生まれ。東京美術学校卒。作品『トロを待つ坑婦』など。

**ふじい-たかなお【▼藤井高▽尚】**(一七六四 一八四〇) 江戸後期の国学者。備中の人。本居宣長に師事。著書『伊勢物語新釈』『松屋文集』『三のしるべ』など。

**ふじい-ちくがい【▼藤井竹外】**(一八〇七 一八六六) 江戸末期の漢詩人。名は啓。摂津国の高槻の人。頼山陽・梁川星巌に学び、七言絶句にすぐれた。著書『竹外二十八字詩』など。

**ふじいでら【▼藤井寺】**〈市〉 大阪府中部の市。大阪市の住宅衛星都市で、果樹栽培もさかん。市名の起こりである葛井寺がある。人口六万四八〇六(一九八八)。

**ふし-いと【節糸】** 節のある絹糸。不出来な繭から取るものに多い。knotted

**ふじい-にったつ【▼藤井日達】**(一八八五 一九八五) 日本山妙法寺大僧伽山主。大正六年(一九一七)開宗、唱題修行を基本とし、仏舎利塔建立活動を推進。非暴力(アヒンサー)の理念のもとに、宗教平和運動の急進的指導者として活躍した。

**ふじ-いろ【▼藤色】** 薄い紫色。light purple

**ふじ-うつぎ【▼藤▽空木】** フジウツギ科の落葉低木。山野にはえ、観賞用にも栽培される。高さ約一m。葉は対生し長楕円形。夏に紅紫色の花が多数咲く。有毒植物。↓写

●フジウツギ　リュウキュウフジウツギ

**ふじえだ【▼藤枝】**〈市〉 静岡県中部の市。宿場町・城下町として発達。農産物の集散地で、パルプ・化学肥料・医薬品などの工業もさかん。静岡市への通勤者も多い。人口一一万六八七四(一九八八)。

**ふじえだ-しずお【▼藤枝静▽男】**(一九〇八 ) 小説家。本名、勝見次郎。静岡県生まれ。千葉医大卒。作品『空気頭』『欣求浄土』『悲しいだけ』など。

**フジエット**《和製語》縦糸がレーヨン、横糸がスパンレーヨンの平織りの織物。富士絹に似た風合いで、柔軟で光沢に富む。

**ふじおか【▼藤▼岡】**〈市〉 群馬県南部、埼玉県に隣接する市。屋根がわらの産地で知られる商工業都市。古墳が多い。人口五万九二二二(一九八八)。

**ふじおか【▼藤▼岡】**〈町〉 栃木県南部、渡良瀬川に沿う町。稲作、野菜栽培が主。南部の遊水池(赤麻沼)は釣り場で有名。人口二万六九二二(一九八八)。

**ふじおか【▼藤▼岡】**〈町〉 愛知県北部、豊田市の北に接する山間の町。古くから陶土の産地で知られ、酪農なども行う。人口九七九〇(一九八八)。

**ふじおか-さくたろう【▼藤▼岡作太郎】**(一八七〇 一九一〇) 国文学者。金沢市生まれ。東大助教授。鋭い批評眼で国文学・美術研究に業績を残した。著書『近世絵画史』『国文学全史 平安朝篇』など。

**ふし-おが・む【伏し拝む】**(五他) ①平伏して拝む。kneel down and worship ②はるかに拝む。worship from afar

**ふし-おり【節織(り)】**《「節糸織り」の略》節糸で織った織物。

**ふし-おろし【節下ろし】**↓ごまいおろし(五枚下ろし)

**ふじかげ-せいじゅ【▼藤▼蔭静樹】**(一八八〇 一九六六) 日本舞踊家。藤蔭流初世家元。新潟県生まれ。新舞踊運動を推進した。

**ふじ-かざんたい【富士火山帯】** 新潟県妙高火山群を北端とし、八ケ岳・富士山・伊豆半島を経て、南は伊豆諸島からマリアナ諸島北部にいたる火山帯。温泉と優れた景観などの観光資源に富む。

**ふじ-かずら【▼藤▼葛】** ①ふじづる。wisteria vine ②フジ・クズなどの、つるをもった植物の総称。creeper

**ふじ-かわ【富士川】** 山梨・静岡県を南流する川。長さ一二八km。赤石山脈に発した釜無川が、甲府盆地で笛吹川と合流し富士川となり駿河湾に注ぐ。日本有数の急流。

**ふじかわ【富士川】**〈町〉 静岡県中部、富士川下流西岸の町。旧河港町。製紙・化学などの工業と、ミカン栽培がさかん。人口一万七〇三二(一九八八)。

**ふじがわ-の-たたかい【富士川の戦い】** 源頼朝と、平氏の追討軍の戦い。治承四年(一一八〇)源頼朝は平維盛の率いる平氏軍と富士川をはさんで対陣。夜半、水鳥の羽音に驚いた平氏軍は戦わずして退却。

**ふじかわ-ゆう【富士川▼游】**(一八六五 一九四〇) 医史学者。広島県生まれ。広島医学校卒。日本で最初に日本医学史を体系づけた。『日本医学史』は名著で、独訳・英訳があり、いまでも日本医学史の決定版。

**ふじかわ-ゆうぞう【▼藤川勇造】**(一八八三 一九三五) 彫刻家。香川県生まれ。東京美術学校卒。渡仏しロダンの助手となり、帰国後二科会で活躍。作品『ブロンド』など。

**ふしき【伏木】** 富山県高岡市北部の地区。古来、越中国の国府・国分寺の地で、天平一八年(七四六)には大伴家持が国守として赴任している。古くからの貿易港伏木港があり、パルプ工業などがさかん。

**ふ-しぎ【不思議】**(名・形動) 想像の及ばないこと・さま。怪しいこと・さま。不可思議。wonder 用例―な言動に惑わされる。

**ふじ-き【▼藤木】** マメ科の落葉高木。山地にはえる。高さ約一五m。葉は羽状複葉。夏に、白色の小花が多数咲く。果実はさや状。

**ふしぎ-が・る【不思議がる】**(五自) 不思議に思う。wonder

**ふしぎ-さ【不思議さ】** 不思議なこと・程度。strangeness

**ふしぎ-せんばん【不思議千万】**(名・形動) 非常に不思議なこと・さま。very strange

**ふじ-ぎぬ【富士絹・不▽二絹】** 縦・横糸に絹紡糸を用いた平織りの織物。羽二重より密度が粗く、光沢がやや劣る。

**ふしぎのくにのアリス【不思議の国のアリス】**《原題Alice's Adventures in Wonderland》ルイス＝キャロルの童話。一八六五年刊。非日常的な世界が展開するナンセンス＝ストーリーで、乾いたユーモアをもつ古典。

**ふじ-ぎんこう【(株)富士銀行】** 日本有数の都市銀行。旧安田財閥、現在の芙蓉グループの中心。安田銀行として明治一三年(一八八〇)創立。

**ふし-くれ【節▼榑】** 節の多い材木。

**ふしくれ-だ・つ【節▼榑立つ】**(五自) ①木などの節が多くて、でこぼこしている。knotty ②指などの骨が盛り上がって、ごつごつしている。sinewy

**ふしぐろ-せんのう【節黒仙翁】** 山地の樹陰にはえるナデシコ科の多年草。高さ約六〇cm。茎の節が太く黒褐色。夏に、朱赤色の五弁花が咲く。↓写(次ページ)

**プシケ【Psyche】** ↓プシュケ

**ふじ-こう【富士講】** 富士信仰の登拝・寄進

ふ



↓行き先項目、図版・写真参照印。 JIS 日本工業規格情報交換用漢字符号コード(区点コード)。

●フジグロセンノウ

の組織。江戸時代、江戸八百八講といわれるほどに盛行した。修験道の影響が強く、庚申信仰とも習合。明治初年に組織された扶桑教・実行教の母胎。

**ふじ-ごこ【富士五湖】** 山梨県南東部、富士山北麓にある山中・河口・西・精進・本栖の各湖の総称。すべてが富士山噴火の溶岩による堰止め湖。

**ふじ-ごろも【▼藤衣】** ①ふじづるの繊維でつくった、織り目のあらい粗末な着物。②麻布でつくった喪服。

**ふじさき【▼藤崎】**〈町〉 青森県津軽平野南部、弘前市の北東の町。稲作とリンゴ・野菜栽培がさかん。人口一万一〇九二(一九八八)。

**ふじ-ざくら【富士桜】** マメザクラの別名。

**ふじさと【▼藤里】**〈町〉 秋田県北西部の町。農林業が主体だが観光開発もさかん。素波里ダム・太良峡がある。人口五五三三(一九八八)。

**ふじさわ【▼藤沢】**〈市〉 神奈川県中南部、相模湾に臨む市。旧宿場町。商工業がさかんであるが、住宅地としても発展。人口三三万六八九二(一九八八)。

**ふじさわ【▼藤沢】**〈町〉 岩手県南部の町。稲作などの農業が中心。キリシタンの殉教地で知られ、処刑場跡などが残る。人口一万一四一二(一九八八)。

**ふじさわ-あさじろう【▼藤沢浅▽二郎】**(一八六六～一九一七) 新派俳優。京都生まれ。作者も兼ね、新派発展に尽くす。東京俳優養成所を創設。

**ふじさわ-しゅうこう【▼藤沢秀行】**(一九二五～) 囲碁棋士。九段。本名、保。神奈川県生まれ。昭和五二年(一九七七)第一期棋聖戦優勝、以後、同五七年(一九八二)まで六連覇を達成、名誉棋聖となる。

**ふじさわ-りきたろう【▼藤沢利喜太郎】**(一八六一～一九三三) 数学者。新潟県生まれ。東大卒。数学教育の理論的指導者。

**ふじ-さん【富士山】** 山梨・静岡県にまたがる成層火山。日本最高峰で、標高三七七六m。頂上には直径八〇〇m、深さ二四〇mの火口をもち、火口壁の最高点は剣ケ峰。史上十数回噴火し、宝永四年(一七〇七)の噴火後は休止。山容の美しさは世界的に有名。↓写

**ふじさんほんぐう-せんげんじんじゃ【富士山本宮浅間神社】** 浅間神社の正称。

**ふし-しず・む【伏し沈む】**(五自) 悲しみに打ちひしがれて元気がなくなる。grief-stricken

**ふししば-の【伏▼柴の】**［枕ことば］《「ふししば」は、柴。同音を繰り返すことから、また、伐る意から》「しばし・懲る」にかかる。用例 つらしとは思ふ物から――しばしもこりぬ心なりけり(新古今・恋三)。

**ふじしま【▼藤島】**〈町〉 山形県北西部、藤島川に沿う町。庄内平野の一中心で、庄内米の産地。柿の栽培もさかん。人口一万三三六五(一九八八)。

**ふじしま-たけじ【▼藤島▽武▽二】**(一八六七～一九四三) 洋画家。鹿児島県生まれ。東京美術学校教授。豪華な筆触と華麗な色彩の個性的作風。昭和一二年(一九三七)第一回文化勲章受章。作品『天平の面影』『黒扇』など。↓写

**ふじ-しゃしんフイルム【富士写真フイルム(株)】** カメラ・写真感光材料のメーカー。昭和九年(一九三四)設立。

**ふじしろ【▼藤代】**〈町〉 茨城県南部、取手市北東に接する町。穀倉地帯。住宅団地の造成や工場進出も著しい。人口三万九〇九(一九八八)。

**ふじ-スバルライン【富士スバルライン】** 山梨県河口湖と富士山五合目を結ぶ、県営有料道路。長さ二九・五km。昭和三九年(一九六四)開通。

**ふじ-スピードウェイ【富士スピードウェイ】** 静岡県にあるモータースポーツ用サーキット。一周四・四七一km。昭和四一年(一九六六)創設。

**ふじ-せいてつ【富士製鉄】** 製鉄会社。明治

●富士山

二〇年(一八八七)設立の釜石鉱山田中製鉄所が前身。昭和四五年(一九七〇)八幡製鉄と合併して新日本製鉄となる。

●藤島武二『黒扇』。明治四二年(一九〇九)、ブリヂストン美術館(東京都)。

**ふし-せん【節線】**↓せっせん(節線)

**ふ-しぜん【不自然】**(名・形動) わざとらしいこと・さま。unnaturalness 対義 自然。

**ふし-そうでん【父子相伝】** 父から子へと、代々伝えていくこと。

**ふし-だか【節高】** イノコズチの別名。

**ふじた-だいごろう【▼藤田大五郎】**(一九一五～) 能楽囃子方・一噌流笛方。東京生まれ。強い堅実な技法と感性を生かした第一人者。重要無形文化財保持者。

**ふじた-つぐはる【▼藤田▽嗣▽治】**(一八八六～一九六八) 洋画家。東京生まれ。東京美術学校卒。乳白色の画肌と繊細な描線で、エコール-ド-パリの中で名声を博した。晩年フランスに帰化。洗礼名レオナルド。作品『我が画室』『五人の裸婦』など。

**ふじた-でんざぶろう【▼藤田伝▽三郎】**(一八四一～一九一二) 実業家。山口県生まれ。西南戦争で巨利を得たのち、明治一四年(一八八一)藤田組を設立。鉱山経営や児島湾干拓など、関西財界人として活躍。

**ふじた-とうこ【▼藤田東湖】**(一八〇六～一八五五) 幕末の儒者。水戸藩士。名は彪。幽谷の子。徳川斉昭を擁立し藩政改革を推進。尊攘派指導者として活躍。安政の大地震で圧死。著書『回天詩史』など。

**ふじた-としや【▼藤田▽敏八】**(一九三二～) 映画監督。平壌生まれ。作品『八月の濡れた砂』『赤ちょうちん』など。

**ふじ-だな【▼藤棚】** ①庭などで、フジのつるをはわせた棚。wisteria trellis ②屋内の棚の一種。床の間・書院などのわきに造ったもの。

**ふし-だに【▽虫▼瘻▼蜱】** フシダニ科に属するダニの総称。体長約〇・二mm。植物に害をおよぼし、虫こぶを作るものが多い。世界各地に分布。サビダニ。

**ふじたに-なりあきら【富士谷成▽章】**(一七三八～一七七九) 江戸中期の国語学者・歌人。御杖の父。京都の人。品詞分類、国語史の時代区分、活用研究などに業績を残し、後世の研究に影響を与えた。著書『挿頭抄』『あゆひ抄』など。

**ふじたに-みつえ【富士谷▽御▼杖】**(一七六八～一八二三) 江戸後期の国学者・歌人。成章の子。京都の人。言霊説に基づく独特の歌論を立てる。著書『古事記灯』など。

**ふじた-ゆうこく【▼藤田幽谷】**(一七七四～一八二六) 江戸後期の儒者。水戸藩士。東湖の父。彰考館総裁として『大日本史』編纂に尽力。著書『修史始末』など。

**ふ-しだら**(名・形動) ①だらしがないこと・さま。untidiness ②素行・品行のよくないこと・さま。misconduct

**ぶし-だん【武士団】** 武士の同族的結合を中核とした軍事集団。古代末から荘園を基礎に出現し、地方に土着した貴族を棟梁とする大武士団を形成。初め血縁関係をもとにしたが、南北朝以降、地縁的結合へと変質。

**ふじ-ちゃく【不時着】**《「不時着陸」の略》航空機が不慮の事故により、予定外の場所に降りること。forced landing

**ふし-ちょう【不死鳥】**↓フェニックス

**ふ-しつ【不▼悉】**《手紙の終わりに用いる語》じゅうぶん述べ尽くしてはいませんが。不一。不尽。

**ふ-じつ【不実】**(名・形動) ①誠実・親切でないこと・さま。faithlessness ②ほんとうでないこと・さま。うそ。falsity

**ふ-じつ【不日】**(副) 日ならず。やがて。近日。

**ふじ-つう【富士通(株)】** 電子計算機・通信機の大手メーカー。昭和一〇年(一九三五)設立。

**ふし-づくり【節▼旁】** 漢字を組み立てている部分の名。「印・即」などの右にある「卩」。

**ふし-づけ【節付け】**(名・サ変自) 音曲の歌詞に節をつけること。

**ぶ-しつけ【不▼躾・不仕付け】**(名・形動) ①無作法なこと・さま。無礼。rudeness ②だしぬけ。突然。suddenness ③あけすけ。露骨。bluntness

**ぶしつけ-ながら【不▼躾▼乍(ら)】**(連語)《知らない人にものをたずねるときなどに用いる語》無作法ですが。突然で失礼ですが。

**ふし-つなぎ** 潮間帯の浅所に生育する紅藻類。全長約一〇cm、黄紅色で軟骨質。分枝が多く、体枝に約五mm間隔でくびれがある。↓図

●フシツナギ

●フジツボ
クロフジツボ

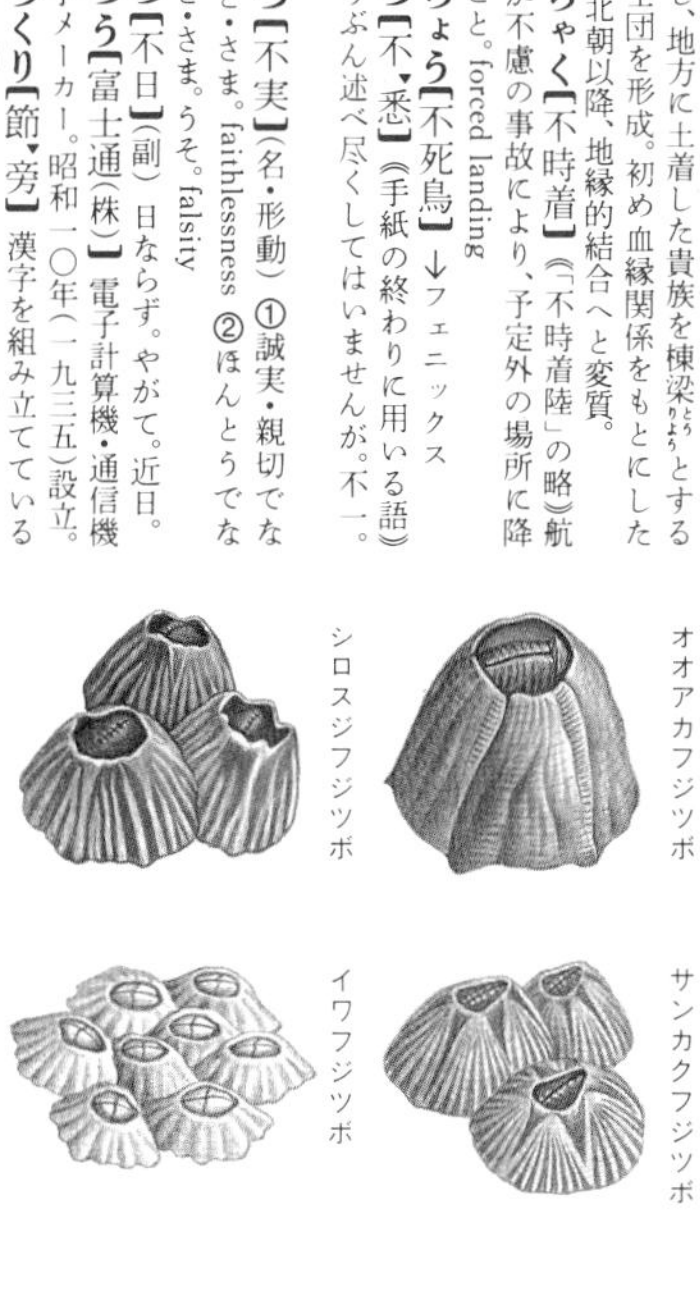


**ふじ-つぼ【富士▼壺】** 甲殻類フジツボ科の節足動物の総称。石灰質の殻に包まれ、殻径〇・五～五cm。岩礁・建造物・船底などにつく。上部から出したつる状の脚で浮遊生物を捕食。barnacle ↓図

**ふじ-つぼ【▼藤▼壺】**《庭に藤の木があることから》内裏の五舎の一つ。飛香舎の異称。

**ふじ-づる【▼藤▼蔓】** フジのつる。wisteria vine

**ふし-て【伏して】**(副) 謹んで。くれぐれも。respectfully

**フジ-テレビジョン【(株)フジテレビジョン】** 東京の民間放送テレビ局の一つ。FNS系列のキー局。昭和三二年(一九五七)設立。

**ふし-ど【▼臥(し)▽所】** ねどこ。寝所。ねや。bed

**ぶし-どう【武士道】** 武士階級に成立した道徳律。武家の成立とともに発生し、江戸時代に儒教思想により大成。名を重んじ、主君への忠誠を基本とする精神主義が特徴。

**ふしなし-みどろ【節無みどろ】** 緑藻植物に近いバウケリア属の総称。全体がひとつづ

きで隔壁がなく、多核の原形質で満たされた糸状体が分枝している。四〇種ほどあり、マット状に群生。

**ふじ-なまこ**【▼藤▽海▼鼠】淡褐色の地に褐色の大小点が散在するナマコ。全長二〇～五〇cm。干潮線付近の石の下などにすむ。腸内にカクレウオがすむことで知られる。本州中部以南に分布。

**ふじ-なみ**【▼藤波・▼藤▽浪】フジの花房。また、それがなびき動くようすを波に見立てた語。

**ふじなみ-あきら**【▼藤▽浪▽鑑】(一八七〇～一九三四)医学者。愛知県生まれ。京大教授。日本住血吸虫病の母虫を桂田富士郎とは別個に発見した。また、ニワトリの濾過性病原体による肉腫を研究。

**ふじなみ-の**【▼藤波の】［枕ことば］《「ふじなみ」は、フジの花房。また、フジの木。フジのつるがからみつくところから》「まつはる」にかかる。用例 ―思ひまつはり若草の思ひつきにし(万葉・一三・三二四八)。

**ふじなみ-よへえ**【▼藤▽浪与▽兵▽衛】歌舞伎の小道具師。現在四世まで。初世(一八二九～一九〇六)は、小道具屋を開業。二世(一八六六～一九二六)は、仕掛物にすぐれ、小道具の発達に寄与した。

**ふじにたつかげ**【富士に立つ影】白井喬二の小説。大正一三～昭和二年(一九二四～二七)発表。築城法をめぐる佐藤家と熊木家との三代にわたる確執を描く伝奇的ロマン。

**ふじの**【▼藤野】〈町〉神奈川県北西部、東京都と山梨県に接する町。相模湖を中心に観光地化が進み、キャンプ場などがある。人口一万二五五六(一九八八)。

**ふし-の-き**【▽五▽倍子の木】ヌルデの別名。

**ふじのき-こふん**【▼藤ノ木古墳】奈良県生駒郡斑鳩町大字法隆寺にある円墳。現状では直径四〇m、高さ八m、南東に開口する全長一四・五mの横穴式石室がある。昭和六〇年(一九八五)発掘され、奥壁近くの朱塗りの刳抜式家形石棺の前後から、鞍金具など多量の遺物が発見された。同六三年(一九八八)開封された棺内からは、二体の人骨のほか、特大の金銅製飾り沓、杵状の筒形金銅製品、飾衣などの豪華な副葬品が発見され、その被葬者をめぐって話題をよんだ。↓写

●藤ノ木古墳　石棺にたまっていた水と泥を取り除いたあとの内部。昭和六三年一〇月二七日撮影。

**ふじのみや**【富士宮】〈市〉静岡県東部、富士山西麓の市。富士山本宮浅間神社の門前町として発達。周辺地域の商業中心地で、富士登山口でもある。人口一一万五八一八(一九八八)。

**ふし-はかせ**【節博士】声明・謡曲などの、歌詞の横に付けた符号。線や、ごま粒状の点の上下・屈曲などにより、音の高低や旋律の形を示す。博士。ごま。

**ふじ-ばかま**【▼藤▼袴】①キク科の多年草。高さ約一m。川岸の土手などにはえる。根茎は横にはう。葉は卵形で下部の多くは三深裂し対生。秋に淡紅色で小形の花が茎頂に咲く。秋の七草の一つ。中国原産。②襲の色目の名。表裏とも紫色。↓写

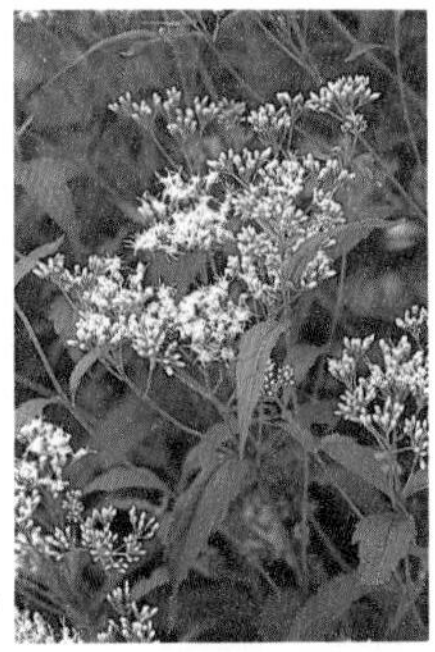
●フジバカマ①

**ふじはこねいず-こくりつこうえん**【富士箱根▼伊豆国立公園】山梨・静岡・神奈川の三県と東京都にまたがる国立公園。富士山を中心に、富士五湖・箱根山・伊豆半島・伊豆諸島を含む広大な地域で、自然景観と、温泉・名勝・史跡に富む。昭和一一年(一九三六)指定。

**ふじはし**【▼藤橋】〈村〉岐阜県南西部、揖斐川上流域の山村。シイタケ・ミョウガの産地で知られ、夕日谷バンガロー村、夜叉伝説のはたご岩がある。人口四六四(一九八八)。

**ふじはら**【▼藤原】〈町〉栃木県北部、鬼怒川上流に沿う町。鬼怒川・川治温泉や竜王峡などの景勝地の多い観光の町。人口一万三一五六(一九八八)。

**プシバルスキー-うま**【プシバルスキー馬】現存する唯一の野生の馬。肩高約一・二mの小形の馬で、頭が大きく、たてがみが短く立っている。モンゴル西端のコブド、中国新疆ウイグル自治区などに分布。名は、一八七九年にこの馬を発見したロシアのプルジェバリスキーにちなむ。モウコノウマ。プルツェルスキー馬。Przewalski's horse

**ふじ-びたい**【富士額】生えぎわが富士山のような形をしている女性の額。

**ふし-ぶし**【節節】①糸・竹などのあちこちの節。joints ②身体の方々の関節。joints ③いろいろの点。所々。points

**ふじま-かんえもん**【▼藤間勘▽右▽衛門】日本舞踊家。藤間流家元。初世(一八一三～五一)は振付師。五世は初世尾上辰之助(一九四六～八七)。

**ふじま-かんじゅうろう**【▼藤間勘十郎】日本舞踊家。藤間流家元。初世(?～一八二一)。七世(一九〇〇～)は舞踊界の大御所。重要無形文化財保持者。昭和五七年(一九八二)文化勲章受章。

**ふし-まち**【▼臥(し)待ち】《月の出が遅いので、臥して待つ、の意》陰暦一九日の夜の月。寝待ち。臥し待ちの月。

**ふ-しまつ**【不始末】(名・形動)①始末の悪いこと・さま。ふしだら。misconduct ②人の迷惑になる事柄。malpractice

**ふじ-まつ**【富士松】カラマツの異名。

**ふじまつ-ろちゅう**【富士松▼魯中】新内節の太夫(語り手)。初世(一七九七～一八六一)は富士松浄瑠璃とよばれる多くの新作を発表。

**ふじ-まめ**【▼藤豆・▼鵲豆】マメ科のつる性一年草。葉は三枚の小葉からなる複葉。晩夏、紫または白色の蝶形花が咲く。インゲンマメということもあるが別種。熱帯アジア・アフリカ原産。アジマメ。センゴクマメ。

**ふじま-りゅう**【▼藤間流】日本舞踊の一流派。流祖は初世藤間勘兵衛。現在は勘十郎家と勘右衛門家の二家。

**ふし-まわし**【節回し】謡物・語り物、また歌曲の節の調子。調子の上げ下げ。抑揚。

**ふしみ**【伏見】京都市南部の地区。豊臣秀吉の旧城下町で、江戸時代は淀川水運の河港として発達。灘と並ぶ銘酒の産地。

**ふじ-み**【不死身】①どんなひどいめにあっても、弱らないからだ。invulnerability ②困難や失敗にあっても、気力がくじけないこと・人。indomitability

**ふじみ**【富士見】〈市〉埼玉県南部、武蔵野台地東部の市。稲作と野菜栽培が中心の農業地として発展。人口九万一二九〇(一九八八)。

**ふじみ**【富士見】〈町〉長野県東部、八ケ岳南西麓の町。高冷地農業がさかんで、別荘地としても知られている。人口一万四九〇三(一九八八)。

**ふじみ**【富士見】〈村〉群馬県中部、赤城山の南西麓にある村。農業と観光の村で、赤城有料道路が通る。人口一万六九四一(一九八八)。

**ふしみいなり-たいしゃ**【伏見稲▽荷大社】京都市伏見区深草藪之内町にある旧官幣大社。祭神は宇迦之御魂大神ほか四神。元来は農耕の神だが、衣食住、各種産業の守護神として尊崇される。全国の稲荷神社の総本社。稲荷大明神。伏見稲荷。

**ふじみ-こうげん**【富士見高原】長野県東部、八ケ岳・入笠山の間の山麓にある高原。夏は避暑地となり、古くから療養所がある。

**ふしみ-じょう**【伏見城】京都市伏見区にあった近世の城。豊臣秀吉が隠居城として築城。元和九年(一六二三)幕命による廃城ののち、遺構の一部を西本願寺などに移築。桃山城。

**ふしみ-てんのう**【伏見天皇】(一二六五～一三一七)第九二代天皇(在位一二八八～九八)。名は熙仁。持明院殿ともいう。後深草天皇の第二皇子。

**ふしみ-とうがらし**【伏見唐辛子】ナス科の一年草。果実は長く七～二〇cm。先端にいくほど細く、下垂する。辛味の強いものと弱いものがあり、前者は葉とうがらしに、後者は未熟果を野菜用とする。

**ふしみ-にんぎょう**【伏見人形】京都市伏見稲荷付近で作られる土人形。布袋・天神・きつねなどの縁起物が中心。中世末ごろから作られ、各地の土人形の源流となった。↓写

●伏見人形

**ふしみ-ぶぎょう**【伏見奉行】江戸幕府の遠国奉行の一つ。慶長五年(一六〇〇)設置。西国大名の往来の監視、京都御所の警備、伏見の町政などにあたった。

**ふじむすめ**【▼藤娘】歌舞伎舞踊。長唄による五変化舞踊『歌へすぐ余波大津絵』の一つ。文政九年(一八二六)初演。大津絵のなかの藤の枝を肩にする娘姿の舞踊化。↓写

●藤娘　四世中村雀右衛門。

**ふじむら-つくる**【▼藤村作】(一八七五～一九五三)国文学者。福岡県生まれ。東大教授。近世小説を研究。『日本文学大辞典』を編集。著書『上方文学と江戸文学』など。

**ふし-め**【伏し目】①目を下へ向けること。downcast eyes ②うつむくこと。その姿勢。downcast look

**ふし-め**【節目】①アシや竹など、また材木の節のある部分。knot ②物事の区切りのつく所。pause

**ふしめ-がち**【伏し目がち】(形動)とかく伏し目になりやすいさま。with downcast eyes

**ふじもと-ぎいち**【▼藤本義一】(一九三三～)小説家。本名、義一。大阪府生まれ。大阪府立大卒。作品『鬼の詩』『贋芸人抄』など。

**ふじもり-せいきち**【▼藤森成吉】(一八九二～一九七七)小説家・劇作家。長野県生まれ。東大卒。プロレタリア文学運動に活躍。小説『渡辺崋山』、戯曲『何が彼女をさうさせたか』など。

**ふ-しゃ**【富者】金持ち。rich person 対義 貧者。

**ぶ-しゃ**【歩射】徒歩で弓を射る行事。種々の神事としても行われるが、年頭に年占の意味で行う所が多い。かちゆみ。↓写

●歩射　上賀茂神社(京都府)。

**ふしゃく-しんみょう**【不▽惜身命】①《仏教語》仏法を得るために身命をささげておしまないこと。②死をいとわないこと。

**ふじやま-かんび**【▼藤山寛美】(一九二九～)喜劇俳優。大阪生まれ。渋谷天外らの松竹新喜劇を継承。阿呆役が得意。

**ふ-しゅ**【浮▼腫】身体のある部分に異常に水分が増加した状態。うっ血性心不全・急性腎不全・ネフローゼ症候群などでよくみられ

ふ

る。むくみ。edema

**ふ-じゅ【腐儒】** 役に立たない儒者や無能な学者をののしっていう語。

**ぶ-しゅ【部首】** 漢字を字体構成の起源から分類した各部分の、目印となる共通要素の基本字形。偏・旁・冠など。用例 ―を画数の順に並べる。参照 偏旁冠脚。

**ふ-しゅう【▼俘囚】** ①とりこ。捕虜。captive ②古代、朝廷に服属した蝦夷の呼称。

**ふ-じゆう【不自由】**（名・形動・サ変自） 思うようにならないこと・さま。不便。inconvenience

**不自由を常と思えば不足無し**（ふじゆうをつねとおもえばふそくなし）《徳川家康の遺訓の一つ》十分でないのがあたりまえのことと思えば、不満に思うこともなくなる。

**ぶ-しゅう【武州】** 武蔵国の。

**ぶ-しゅうぎ【不祝儀】** 不吉なこと。凶事。

**ふしゅう-こう【不▼銹鋼】** →ステンレスこう（ステンレス鋼）

**ふ-じゅうぶん【不十分・不充分】**（名・形動） 十分でないこと・さま。insufficiency

**ぶしゅ-かん【▽仏手▼柑】** ミカン科の常緑低木。葉は楕円形で、初夏に白色の五弁花が咲く。果実の先端が仏像の垂れた手の先の形に分裂する。観賞用ブシュカンと、果汁用のマルブシュカンがある。果実は砂糖づけにして食べる。→写

●ブシュカン

**ふ-しゅく【▼巫祝】** 神事をつかさどる人。みこ。かんなぎ。

**ふ-じゅく【腐熟】**（名・サ変自） 積み肥・下肥などが、十分に発酵して分解すること。また、そういう状態になること。

**プシュケ【psykhē ギリシア】**《魂の意》古代ギリシアでは、魂は死後肉体を抜け出し、冥府に住むが、血を飲むと語り出すとされていた。のちに人格化された乙女プシュケは愛の神エロスと結びつけられた。プシケ。

**ぶしゅ-さくいん【部首索引】** 漢和辞典などで、漢字を字体構成から見て、部首を手がかりにして求める索引。比較 総画索引・音訓索引。

**ふ-しゅつ【不出】** 大事にして、外へ出さないこと。用例 門外―。

**ふ-じゅつ【▼巫術】** シャーマニズムの訳語。

**ぶ-じゅつ【武術】** 武芸。military arts 比較 武略。

**ふ-しゅび【不首尾】**（名・形動） ①結果の悪いこと・さま。不成功。failure 対義 上首尾。②評判の悪いこと・さま。disfavor

**ふじゅふせ-は【不受不施派】** 日蓮宗の一派。信仰を異にするものの布施・供養を受けず、また施しもしないとする。文禄四年（一五九五）京都妙覚寺の日奥が唱え、以後邪宗として弾圧を受けた。明治九年（一八七六）はじめて公認され、岡山県御津町に妙覚寺が再興された。

**ふじゅ-もん【▼諷▼誦文】** 追善のとき志を記し、施物を供えて、僧に誦してもらう文。

**ふ-じゅん【不純】**（名・形動） 対義 純真。①まじりけがあること・さま。impure ②よこしまであること・さま。unjust

**ふ-じゅん【不順】**（名・形動） ①順当・順調でないこと・さま。irregularity 用例 ―な気候。②従わないこと・さま。disobedience

**ぶじゅん【▼撫順】** 中国、遼寧省東部の鉱工業都市。露天掘りで名高い大炭田があり、中国重化学工業の一中心。人口一二二万（一九八四）。フーシュン。

**ぶじゅん-たんでん【▼撫順炭田】** 中国東北部、遼寧省東部にある炭田。世界的な石炭の産地。フーシュン炭田。

**ふじゅん-ぶつ【不純物】** ①純粋でないもの。まじりけのあるもの。②化学物質の中に存在している、目的以外の物質。一般には純物質の中に混じっている微量または少量の成分をさす。impurity

**ブジュンブラ【Bujumbura】** アフリカ中部、ブルンジ共和国の首都。タンガニーカ湖北岸の港湾都市。人口一四・一万（一九七九）。旧称ウスンブラ。

**ふ-じょ【▼巫女】** 巫術をする女。みこ。

**ふ-じょ【扶助】**（名・サ変他） 力を添えて助けること。aid

**ふ-じょ【婦女】** おんな。婦人。女子。woman 用例 ―子。

**ぶ-しょ【部署】** 割り当てられた受け持ち・役目・場所。持ち場。one's post

**ふ-しょう【不肖】** ㊀（名・形動） ①親や師に似ず、劣ること。②愚か者。㊁（代） 自分をけんそんしていう語。わたくし。

**ふ-しょう【不承】**（名・サ変他） ①《「不承知」の略》承知しないこと。disagreement ②いやいやながら承知すること。reluctance

**ふ-しょう【不祥】**（名・形動） めでたくないこと・さま。よくないこと・さま。不吉。用例 ―事件。

**ふ-しょう【不詳】**（名・形動） くわしくないこと・さま。よくわからないこと・さま。unknown 比較 未詳・不明。

**ふ-しょう【不▽請】**《仏教語》請い求められなくても済度すること。菩薩の慈悲の大きいことをいう語。

**ふ-しょう【負傷】**（名・サ変自） きずを負うこと。けが。wound

**ふ-じょう【不定】**（名・形動） 一定しないこと・さま。はっきり決まらないこと・さま。uncertainty 用例 老少―。

**ふ-じょう【不浄】** ㊀（名） ①大小便。excretions ②便所。washroom ③月経。menses ㊁（形動） 汚れているさま。dirty 対義 清浄。

**ふ-じょう【浮上】**（名・サ変自） ①水中から浮かびあがること。surface ②表面に出てくること。良い状態になること。come to the front

**ふ-じょう【浮城】** 軍艦。うきしろ。用例 景気の―。

**ふ-じょう【富▼饒】**（名・形動） 物が豊かなこと・さま。富裕。fertility

**ぶ-しょう【武将】** ①武道にすぐれた将。military commander ②武士の大将。

**ぶ-しょう【部将】** 一部隊の長。commanding officer

**ぶ-しょう【無精・不精】**（名・形動・サ変自） めんどうがって、怠けること・さま。ものぐさ。laziness

**無精を極める**（ぶしょうをきわめる） もっぱら、無精な態度や振る舞いをする。indolent

**ぶしょう【武▼昌】** 中国、湖北省の都市。漢口・漢陽とともに武漢三鎮とよばれた商工業の中心地。新中国成立後、武漢市に編入。ウーチャン。

**ふ-しょうか【不消化】**（名・形動） 消化が悪いこと・さま。indigestion

**ふ-しょうじき【不正直】**（名・形動） 正直でないこと・さま。dishonesty

**ふ-しょうち【不承知】**（名・形動） 承知しないこと・さま。聞き入れないこと・さま。disapproval

**ぶしょう-ひげ【無精▼髭】** めんどうがってそらないで、伸びたままのひげ。stubble

**ふしょう-ぶしょう【不承不承・不▽請不▽請】**（副）《「不承」を強めた語》嫌々ながら。渋々。reluctantly

**ふしょう-ふずい【夫唱婦随】** 夫が言い出して、妻がそれに従うこと。

**ふしょう-ふめつ【不生不滅】**《仏教語》生じることも滅びることもない涅槃の境地。

**ふじょう-もん【不浄門】** 糞尿や死体などの汚いもの、穢れたものを運び出すための出入り口。

**ふじょう-やくにん【不浄役人】** ①江戸時代、町奉行所の与力・同心など、人を捕らえ罰する役目の役人。②役人をののしった語。

**ふ-じょうり【不条理】**（名・形動） ①すじ道の通らないこと・さま。absurdity 用例 ―なことを言う。②社会通念にそわないこと・さま。③《本来は、理性や良識に反するばかげたこと、の意》実存主義のことば。カミュによれば、不条理から目をそらさず、最後まで不条理と闘い、反抗しながら生きることに、人間の尊厳や自由があるとした。absurdity

**ふじょ-き【不如帰】** ホトトギスの異名。

**ふ-しょく【扶植】**（名・サ変他） ①扶持すること。support ②勢力などを植えつけること。establishment

**ふ-しょく【腐食・腐▼蝕】**（名・サ変自他） ①くさってくずれること。rot ②金属などが化学反応によって変質・消耗していくこと。錆などを生じること。corrosion

**ふ-しょく【腐植】** 土壌中に動植物の遺体がたまり分解され、黒色化した部分。多くの有機物を含み土壌を肥沃化する。humus

**ぶ-じょく【侮辱】**（名・サ変他） ばかにして、はずかしめること。insult 用例 ―には耐えられない。

**ふしょく-ど【腐植土】** 一般に腐植の多い土。日本農学会の定義では、細土中に腐植を二〇％以上含む土壌をいう。mold

**ふ-しょくばい【負触媒】** 触媒で、化学反応を遅くする働きをもつもの。negative catalyst 対義 正触媒。

**ふしょく-ふ【不織布】** 繊維類で織らずに作った布状のもの。構成上紙と同じ形状だが、摩耗や洗濯に耐え、裁ち目がほつれない。nonwoven fabric

**ふじょ-し【婦女子】** おんな子ども。women and children

**ふじよしだ【富士▽吉田】**〈市〉 山梨県南東部、富士山北麓の市。浅間神社の門前町として栄え、富士登山・富士五湖観光の中心地。人口五万六一三六（一九八八）。

**ふ-しょぞん【不所存】** 考えの正しくないこと。思慮のないこと。不心得。indiscretion

**ふじょ-りょう【扶助料】** ①官吏などの遺族に支給される年金。aid allowance ②暮らしを助けるために与えられる金銭。subsidy

**プシロフィトン【psilophyton ラテン】** 植物の起源と考えられている化石植物。シルル紀からデボン紀に繁茂した初期陸上植物で、高さ一mほどの主茎をもつが、根と葉はまだ形成されていない。psilophyte

**ふじわら【▼藤原】**〈町〉 三重県北部、岐阜・滋賀県境の町。鈴鹿山脈と養老山地の間にあり、稲作のほか石灰石採掘・セメント工業がさかん。人口八一二〇（一九八八）。

**ふじわら-きょう【▼藤原京】** 古代の都の一つ。持統八年（六九四）から和銅三年（七一〇）まで持統・文武・元明天皇の三代にわたり都が置かれた。現在の奈良県橿原市に位置。

**ふじわら-ぎんじろう【▼藤原銀次郎】**（一八六九〜一九六〇） 実業家。長野県生まれ。慶応義塾卒。三井財閥の有力者で、旧王子製紙を築く。第二次大戦中、商工相・軍需相を歴任。

**ふじわら-さくへい【▼藤原咲平】**（一八八四〜一九五〇） 気象学者。長野県生まれ。中央気象台長。大気の運動における渦度の重要性を強調。

**ふじわら-し【▼藤原氏】** 大化の改新で功をたてた中臣鎌足が、死にさいし天智天皇から賜った姓氏。姓は朝臣。律令国家の官僚として発展、また天皇と姻戚関係を結び、九〜一〇世紀以後、一氏専制の体制を確立。藤氏。

**ふじわら-しけ【▼藤原四家】** 奈良前期、藤原不比等の四子が興した家。武智麻呂の南家、房前の北家、宇合の式家、麻呂の京家。

**ふじわら-じだい【▼藤原時代】** 文化史・美術史からみた日本史の時代区分の一つ。遣唐使の廃止により、大陸の影響を脱し、藤原氏を中心として日本特有の文化が興った時代。平安時代後半の約三〇〇年間。

**ふじわら-せいか【▼藤原▼惺▼窩】**（一五六一〜一六一九） 江戸初期の儒者。幼時に出家、相国寺で修行。朱子学を学び、還俗して京学を開き近世儒学の祖とされた。門下に林羅山・松永尺五らを輩出。著書に『惺窩文集』など。

**ふじわら-の-あきすけ【▼藤原▽顕▼輔】**（一〇九〇〜一一五五） 平安末期の歌人。六条家の顕季の子。清輔の父。正三位左京大夫。崇徳上皇の命を受けて『詞花和歌集』を撰進。歌風は平明で温雅。家集『左京大夫顕輔卿集』。

**ふじわら-の-あきひら【▼藤原明▽衡】**（九八九?〜一〇六六） 平安中期の漢詩人。文章博士を務め学者の家を確立。模範文集『本朝文粋』、書簡文集『明衡往来』を編纂。『新猿楽記』を著す。

**ふじわら-の-いえたか【▼藤原家▽隆】**（一一五八〜一二三七） 鎌倉初期の歌人。『新古今和歌集』撰者の一人。従二位宮内卿。壬生二品と称された。藤原俊成に和歌を学び、定家と並称された。歌風は平明清澄な叙情性を特色とする。家集『壬二集』。ふじわらのかりゅう。

**ふじわら-の-うまかい【▼藤原▽宇▽合】**（六九四〜七三七） 奈良初期の貴族。不比等の子。式家の祖。遣唐副使・式部卿・参議などを歴任。疫病で死去。

**ふじわら-の-かねいえ【▼藤原兼家】**（九二九〜九九〇） 平安中期の貴族。師輔の子。兄の兼通と関白を争う。花山天皇を退位させて外孫の一条天皇を皇位につけ、摂政・関

▼常用漢字表外。 ▽常用漢字表の音訓外。

白となった。

**ふじわら-の-かねざね**【▼藤原兼▽実】
↓くじょうかねざね(九条兼実)

**ふじわら-の-かねすけ**【▼藤原兼▼輔】
(八七七〜九三三) 平安中期の歌人。三十六歌仙の一人。堤中納言と称された。家集『兼輔集』、著書『聖徳太子伝暦』。

**ふじわら-の-かねみち**【▼藤原兼▽通】
(九二五〜九七七) 平安中期の貴族。師輔の子。弟の兼家と関白を争い、策謀により関白、太政大臣となる。

**ふじわら-の-かまたり**【▼藤原▼鎌足】
(六一四〜六六九) 古代の政治家。藤原氏の祖。初名中臣鎌子。中大兄皇子を助けて蘇我氏を滅ぼし大化の改新を推進。中臣鎌足。

**ふじわら-の-きよかわ**【▼藤原清河】
(生没年未詳) 奈良時代の貴族。房前の子。天平勝宝四年(七五二)遣唐大使として中国に渡る。唐朝に仕え客死。

**ふじわら-の-きよすけ**【▼藤原清▼輔】
(一一〇四〜七七) 平安末期の歌人。顕輔の子。太皇太后宮大進。六条家の歌学の基礎を築いた。『続詞花和歌集』を編む。歌学者としてすぐれ、御子左家の藤原俊成と対抗した。家集『清輔朝臣集』、歌論『奥義抄』『袋草紙』『和歌初学抄』など。

**ふじわら-の-きよひら**【▼藤原清▽衡】
(一〇五六〜一一二八) 平安末期の奥州の豪族。奥州藤原氏三代の祖。源義家に味方し、陸奥・出羽地方を掌握。根拠地平泉に中尊寺を建立。

**ふじわら-の-きんとう**【▼藤原▽公▽任】
(九六六〜一〇四一) 平安中期の歌人・歌学者。関白太政大臣頼忠の長男。四条大納言とよばれた。博学多才で一条朝文化の中心的存在。歌学書『新撰髄脳』『和歌九品』、私撰集『拾遺抄』『金玉集』、『和漢朗詠集』撰、有職故実書『北山抄』、家集『公任集』など。

**ふじわら-の-くすこ**【▼藤原▽薬子】
(?〜八一〇) 平安初期の女官。藤原種継の娘。娘が平城天皇の妃となり兄仲成とともに権勢をふるった。天皇譲位後の弘仁元年(八一〇)その復位をはかったが(=薬子の変)、失敗して自殺。

**ふじわら-の-こうぜい**【▼藤原行成】
↓ふじわらのゆきなり(藤原行成)

**ふじわら-の-これちか**【▼藤原▼伊▽周】
(九七四〜一〇一〇) 平安中期の公卿。内大臣。関白道隆の子。父の死後、叔父道兼・道長と関白を争って敗れ失脚、大宰府に左遷されたが、まもなく旧官に復す。

**ふじわら-の-これふさ**【▼藤原▼伊房】
(一〇三〇〜九六) 平安後期の能書家。世尊寺流の三代目。男性的な特色を示す。作品『藍紙本万葉集』など。

**ふじわら-の-さだいえ**【▼藤原定家】
(一一六二〜一二四一) 鎌倉前期の歌人・古典学者。ふつう「ていか」とよぶ。御子左家の俊成の子。正二位権中納言。『新古今和歌集』『新勅撰和歌集』撰者中もっとも有力な存在。『小倉百人一首』を撰。妖艶華麗、巧緻な歌風で新古今風を代表する。観念的・夢幻的・浪漫的な作品が多い。歌学者としては「有心体」を唱え、古典学者としては多くの古典を書写校合して不朽の業績を残した。家集『拾遺愚草』、歌論書『近代秀歌』『詠歌大概』『毎月抄』、注釈『僻案抄』、漢文日記『明月記』など。

**ふじわら-の-さだのぶ**【▼藤原定▽信】
(一〇八八〜一一五六ごろ) 平安後期の書家。世尊寺流第五世。書風は流動的で奔放。作品『石山切』『白氏詩巻識語』。

**ふじわら-の-さねさだ**【▼藤原▽実定】
(一一三九〜九一) 平安末期の歌人。後徳大寺左大臣と称された。自撰家集『林下集』。

**ふじわら-の-さねすけ**【▼藤原▽実▽資】
(九五七〜一〇四六) 平安中期の貴族。実頼の養子。右大臣。有職故実に通じ、実頼とともに小野宮流を完成。日記『小右記』。

**ふじわら-の-さねより**【▼藤原▽実▽頼】
(九〇〇〜九七〇) 平安中期の貴族。忠平の子。安和の変で源高明を退けて摂政となり、藤原氏全盛の基礎を築く。

**ふじわら-の-しゅんぜい**【▼藤原俊成】
↓ふじわらのとしなり(藤原俊成)

**ふじわら-の-すけまさ**【▼藤原▽佐▽理】
(九四四〜九九八) 平安中期の能書家。三蹟の一人。作品『詩懐紙』『離洛帖』など。

**ふじわら-の-すみとも**【▼藤原▽純友】
(?〜九四一) 平安中期の地方武士。海賊の頭目。伊予掾であったが任地に土着。海賊を組織して瀬戸内海を制圧。東国の平将門と同時期に反乱を起こすが(承平・天慶の乱)捕らえられて処刑。

**ふじわら-の-たかのぶ**【▼藤原▽隆▽信】
(一一四二〜一二〇五) 平安末・鎌倉初期の画家・歌人。似せ絵の先駆者で名手。廷臣として諸職を歴任。のち出家。作品『源頼朝像』『平重盛像』、家集『藤原隆信朝臣歌集』。↓鎌倉時代美術[写]

**ふじわら-の-たかよし**【▼藤原▽隆▽能】
(生没年未詳) 平安後期の画家。鳥羽金剛心院扉絵を描く。『源氏物語絵巻』の筆者と伝えられる。

**ふじわら-の-ただひら**【▼藤原▽忠平】
(八八〇〜九四九) 平安中期の公卿。摂政・太政大臣・関白を歴任。基経の子。平将門の乱、藤原純友の乱という東西の難局に対処。兄時平の遺業を継いで「延喜格式」を完成。日記『貞信公記』。

**ふじわら-の-ただみち**【▼藤原▽忠▽通】
(一〇九七〜一一六四) 平安末期の貴族。忠実の子。摂政・関白、太政大臣。保元の乱で後白河天皇方。詩歌・書にすぐれる。日記『法性寺関白記』。

**ふじわら-の-たねつぐ**【▼藤原種継】
(七三七〜七八五) 奈良末期・平安初期の貴族。宇合の孫。中納言。長岡遷都を計画し、その造営の指揮にあたったが、専横を憎まれ暗殺された。

**ふじわら-の-ためいえ**【▼藤原▽為家】
(一一九八〜一二七五) 鎌倉前期の歌人。定家の子。阿仏尼は側室。正二位権大納言。『続後撰和歌集』撰者。歌風は平明で温和。家集『為家集』、歌論書『詠歌一体』など。

**ふじわら-の-ためうじ**【▼藤原▽為氏】
(一二二二〜八六) 鎌倉中期の歌人。為家の長子。権大納言。二条家の祖。継母阿仏尼らと所領を争った。『続拾遺和歌集』撰者。私撰集『新和歌集』、家集『大納言為氏卿集』。

**ふじわら-の-ためかね**【▼藤原▽為兼】
↓きょうごくためかね(京極為兼)

**ふじわら-の-ためさだ**【▼藤原▽為定】
(一二九三〜一三六〇) 鎌倉末期の歌人。『続後拾遺和歌集』『新千載和歌集』撰者。家集『大納言為定卿集』。

**ふじわら-の-ためすけ**【▼藤原▽為▽相】
↓れいぜいためすけ(冷泉為相)

**ふじわら-の-ためのり**【▼藤原▽為▽教】
(一二二七〜七九) 鎌倉中期の歌人。為家の子。為兼の父。京極家(毘沙門堂家)の祖。

**ふじわら-の-ためよ**【▼藤原▽為世】↓にじょうためよ(二条為世)

**ふじわら-の-ていか**【▼藤原定家】↓ふじわらのさだいえ(藤原定家)

**ふじわら-の-ときひら**【▼藤原時平】
(八七一〜九〇九) 平安前期の貴族。基経の子。左大臣。菅原道真を大宰府に左遷し、藤原氏の地位を固めた。『日本三代実録』『延喜式』の編纂に参画。

**ふじわら-の-としなり**【▼藤原▽俊成】
(一一一四〜一二〇四) 平安末・鎌倉初期の歌人。ふつう「しゅんぜい」とよぶ。御子左家。定家の父。俊忠の子。正三位皇太后宮大夫。『千載和歌集』を撰進。歌風は温雅で叙情的傾向が強く、幽玄体を理想とした。鎌倉初期の和歌界を指導。歌の家としての御子左家の基礎を築いた。家集『長秋詠藻』、歌論書『古来風体抄』、歌学書『万葉集時代考』など。

**ふじわらのとしなり-の-むすめ**【▼藤原▽俊成▽女】
(一一七一ごろ〜一二五二ごろ) 鎌倉初期の歌人。藤原俊成の孫で養女となる。歌風は艶麗で、新古今時代の代表的女流歌人。家集『俊成卿女集』。

**ふじわら-の-なかひら**【▼藤原仲平】
(八七五〜九四五) 平安中期の公卿。左大臣。基経の子。時平の弟、忠平の兄。

**ふじわら-の-なかまろ**【▼藤原仲麻▼呂】
(七〇六〜七六四) 奈良時代の貴族。武智麻呂の子。光明皇后の信任を得て勢力をふるう。養老律令を施行。淳仁天皇から恵美押勝の名を賜る。のち太政大臣となったが、孝謙上皇・道鏡と対立、挙兵(=恵美押勝の乱)して近江で敗死。

**ふじわら-の-なりちか**【▼藤原成▽親】
(一一三八〜七七) 平安末期の貴族。後白河上皇の寵臣。平治の乱に藤原信頼につき敗れたが許され、のち鹿ケ谷事件に関係し、捕らえられて殺される。

**ふじわら-の-のぶざね**【▼藤原▽信▽実】
(一一七六〜一二六五ごろ) 鎌倉時代の代表的肖像画家・歌人。父隆信の画風を受け継ぎ似せ絵の様式を確立。作品『後鳥羽上皇像(俗体)』『随身庭騎絵巻』、家集『藤原信実朝臣歌集』など。

**ふじわら-の-のぶふさ**【▼藤原▽宣房】
(一二五八〜?) 鎌倉末・南北朝期の公卿。権大納言。資通の子。後醍醐天皇の親政を補佐し、建武新政では雑訴決断所の頭人。万里小路宣房。

**ふじわら-の-のぶより**【▼藤原▽信▽頼】
(一一三三〜五九) 平安末期の貴族。後白河法皇から厚く信任され、平治の乱で源義朝と結んで藤原通憲を殺害。のち平清盛に捕らえられ刑死。

**ふじわら-の-のりかね**【▼藤原▽範兼】
(一一〇七〜六五) 平安末期の歌人・歌学者。歌学書『和歌童蒙抄』、私撰集『後六々撰』など。

**ふじわら-の-はまなり**【▼藤原浜成】
(七二四〜七九〇) 奈良末期の歌人。不比等の孫。著書『歌経標式』は最古の歌学書で和歌四式の一つ。

**ふじわら-の-ひでさと**【▼藤原▽秀▽郷】
(生没年未詳) 平安中期、下野の豪族。俗称俵藤太。平将門の乱を鎮圧した功により鎮守府将軍。弓術に秀れ、ムカデ退治の伝説で知られる。

**ふじわら-の-ひでひら**【▼藤原▽秀▽衡】
(?〜一一八七) 平安末期の奥州の豪族。基衡の子。鎮守府将軍。奥州藤原氏最盛期を築いた。源義経を庇護し、頼朝に対抗。

**ふじわら-の-ひろつぐ**【▼藤原広▽嗣】
(?〜七四〇) 奈良中期の公卿。宇合の子。藤原不比等の四子が病没後、大宰少弐に左遷。天平一二年(七四〇)玄昉・吉備真備らの排除を要求し大宰府で挙兵したが(=藤原広嗣の乱)、捕らえられ処刑された。

**ふじわら-の-ふささき**【▼藤原房▽前】
(六八一〜七三七) 奈良初期の貴族。不比等の子。北家の祖。内臣として皇室と密着して藤原氏の勢力を強めた。

**ふじわら-の-ふひと**【▼藤原不比▽等】
(六五九〜七二〇) 奈良初期の貴族。鎌足の子。右大臣。光明皇后の父。大宝律令・養老律令を定め、律令政治を推進。藤原氏繁栄の基礎を固めた。藤原氏四家の祖。

**ふじわら-の-ふゆつぐ**【▼藤原冬▽嗣】
(七七五〜八二六) 平安初期の貴族。文徳天皇の外祖父。蔵人所の新設により初の蔵人頭となり、のち左大臣。『弘仁格式』を撰修。勧学院を設置。

**ふじわら-の-まさつね**【▼藤原▽雅▽経】
↓あすかいまさつね(飛鳥井雅経)

**ふじわら-の-まろ**【▼藤原麻▼呂】
(六九五?〜七三七) 奈良初期の貴族。不比等の子。京家の祖。参議、兵部卿を歴任。奥州の蝦夷討伐を指揮。

**ふじわら-の-みちかね**【▼藤原道兼】
(九六一〜九九五) 平安中期の公卿。兼家の子、道長の兄。兄道隆にかわって関白に就任後、七日で死去。

**ふじわら-の-みちたか**【▼藤原道▽隆】
(九五三〜九九五) 平安中期の公卿。兼家の子、道兼・道長の兄。父兼家にかわって関白・摂政。一条天皇皇后定子はその娘。

**ふじわらのみちつな-の-はは**【▼藤原道綱母】
(九三六?〜九九五?) 平安中期の歌人。倫寧の娘。藤原兼家と結婚、道綱を生む。女流日記文学の先駆となった『蜻蛉日記』の作者。中古三十六歌仙の一人。家集『傅大納言殿母上集』『道綱母集』。

**ふじわら-の-みちとし**【▼藤原▽通▽俊】
(一〇四七〜九九) 平安後期の歌人。『後拾遺和歌集』の撰者。

**ふじわら-の-みちなが**【▼藤原道長】
(九六六〜一〇二七) 平安中期の貴族。兼家の子。三人の娘を一条・三条・後一条天皇の后とし、後一条・後朱雀・後冷泉天皇の外戚として摂政となり藤原氏全盛期を現出。自ら建立した法成寺に住まい、御堂関白・法成寺摂政と称される。日記『御堂関白記』。

**ふじわら-の-みちのり**【▼藤原▽通▽憲】
信西の本名。

**ふじわら-の-むちまろ**【▼藤原武▼智麻▼呂】
(六八〇〜七三七) 奈良初期の貴族。不比等の子。仲麻呂の父。南家の祖。長屋王の変ののち大納言に昇進。左大臣となるが即日死去。

**ふじわら-の-もとつね**【▼藤原基▽経】
(八三六〜八九一) 平安前期の貴族。良房の養子。陽成天皇の摂政・太政大臣。応天門の変で藤原氏の勢力を拡大。宇多天皇のとき阿衡事件を起こし初の関白となる。『文徳実録』を撰。

**ふじわら-の-もととし**【▼藤原基▽俊】
(一〇六〇ごろ〜一一四二) 平安後期の歌人。保守的傾向をとり、革新的歌風の源俊頼と対抗した院政

期和歌の中心人物。中古六歌仙の一人。俊成を指導した。家集『藤原基俊集』、撰集『新撰朗詠集』など。

**ふじわら-の-もとひら【▼藤原基▽衡】**（生没年未詳）平安末期の奥州の豪族。清衡の子、秀衡の父。陸奥国六郡を支配し、毛越寺を再興。

**ふじわら-の-ももかわ【▼藤原▽百川】**（七三二〜七七九）奈良後期の貴族。宇合の子。道鏡左遷を画策。称徳天皇没後、光仁天皇を擁立し、藤原氏の勢力を回復。

**ふじわら-の-もろすけ【▼藤原▽師▼輔】**（九〇八〜九六〇）平安中期の公卿。右大臣。忠平の子。その娘安子が村上天皇の皇后となって冷泉・円融両天皇を生み、外祖父として権勢を得る。子兼通・兼家、孫道長らは摂関家の祖。

**ふじわら-の-やすひら【▼藤原▽泰▽衡】**（一一五五〜一一八九）鎌倉初期の奥州の豪族。秀衡の子。初め源義経を庇護したが、源頼朝に圧迫されてこれを殺害。のち頼朝に攻められ滅亡。

**ふじわら-の-ゆきなり【▼藤原行成】**（九七二〜一〇二八）平安中期の能書家。権大納言。和様書風を完成。三蹟の一人で権蹟といわれる。世尊寺流書道の祖。

**ふじわら-の-よしつね【▼藤原良▽経】**（一一六九〜一二〇六）鎌倉初期の政治家、歌人・漢詩人。九条兼実の子。摂政、太政大臣。歌人としては『新古今和歌集』の代表歌人。書にもすぐれ「後京極流」の祖。家集『秋篠月清集』など。

**ふじわら-の-よしふさ【▼藤原良房】**（八〇四〜八七二）平安前期の貴族。冬嗣の子。文徳天皇を皇位につけ、臣下として初の太政大臣。娘の明子が生んだ清和天皇即位後、臣下として初の摂政。

**ふじわら-の-よりつね【▼藤原▽頼▽経】**（一二一八〜一二五六）鎌倉幕府の四代将軍。摂政九条道家の子。源実朝の暗殺後、嘉禄二年（一二二六）将軍となった。寛元二年（一二四四）北条氏に強要され子頼嗣に将軍職を譲り出家。九条頼経。

**ふじわら-の-よりなが【▼藤原▽頼長】**（一一二〇〜一一五六）平安末期の貴族。忠実の子。左大臣。和漢の才に富む。兄の忠通と勢力を争い、氏長者の地位を奪った。保元の乱で崇徳上皇と結び敗死。日記『台記』。

**ふじわら-の-よりみち【▼藤原▽頼▽通】**（九九二〜一〇七四）平安中期の貴族。道長の長子。後一条・後朱雀・後冷泉天皇の摂政・関白。後三条天皇のとき不遇となり出家。平等院を建立。

**ふじわら-ぶんか【▼藤原文化】** 平安中期、藤原氏の摂関政治期の文化。一一世紀の藤原道長・頼通の時代を最盛期とする文化で、唐風文化から国風文化を生みだした。

**ふじわら-よしえ【▼藤原▽義江】**（一八九八〜一九七六）テノール歌手。日本のオペラ運動の開拓者。昭和九年（一九三四）藤原歌劇団を創立。

**ふじわら-よんけ【▼藤原四家】**↓ふじわらしけ（藤原四家）

**ふ-しん【不信】**（名・形動）①まごころがないこと・さま。faithlessness ②信用しないこと・さま。mistrust 用例 —の目で見られる。—を買う。③信仰心がないこと・さま。不信心。impiety 用例 —の徒。

**ふ-しん【不振】**（名・形動）勢い・商売などが、ふるわないこと・さま。さかんでないこと・さま。slump 用例 売れ行き—。

**ふ-しん【不審】**（名・形動）①疑わしいこと・さま。doubt ②はっきりしないこと・さま。uncertainty

**不審を上ぐ** 不審の点を質問する。

**不審を抱く** 不審に思う。あやしく思う。have a suspicion

**ふ-しん【浮心】** 液体に浮かぶ物体にはたらく浮力の中心。center of buoyancy

**ふ-しん【普請】**（名・サ変他）《「しん」は唐音》①《仏教語》㋐禅宗で、広く世間に請うて労役などに従事してもらうこと。㋑工事費用に寄付を求めること。②道路・橋などの土木工事。construction work 用例 道—。③建築一般のこと。construction

**ふ-しん【腐心】**（名・サ変自）どうしようかと心を悩ますこと。苦心。心痛。trouble one's heart

**ふしん【▼阜新】** 中国、遼寧省中部の鉱工業都市。海州露天掘り鉱があり、良質の燃料炭を産出する。火力発電所を中心に、近年鉱工業の発達が著しい。人口六五・三万（一九八四）。フーシン。

**ふ-じん【不仁】**（名・形動）仁の道にそむくこと・さま。情愛のないこと・さま。無情。

**ふ-じん【不尽】**《手紙の終わりに用いる語》思いをつくさない、の意。不悉。

**ふ-じん【夫人】**①他人の妻の敬称。Mrs.; Madam 用例 —同伴。②昔中国で、天子・諸侯の妻。③后の次位の後宮の女性。④貴人の正妻。wife

**ふ-じん【布陣】**（名・サ変自）陣を構えること。陣立て。lineup

**ふ-じん【婦人】** 成年以上の女性。lady; woman

**ぶ-じん【武人】** 武士。軍人。soldier 対義 文人。

**ふしん-あん【不審▼庵】** 京都市上京区小川通り寺ノ内の表千家家元邸内にある茶室。千利休の建てたものを千少庵が復興。また、表千家家元の通称。

**ふじん-うんどう【婦人運動】**↓じょせいかいほううんどう（女性解放運動）

**ふじん-か【婦人科】** 婦人病や更年期障害など、婦人に固有の生理・病理を扱う臨床専門医科。gynecology

**ふじん-かい【婦人会】** 社会活動・学習・レクリエーションなどを目的として組織される婦人の団体。women's association

**ふしん-がみ【不審紙】** 書物の中の疑問の箇所にはさむ、あるいは張る紙。付け紙。

**ふじん-けいさつかん【婦人警察官】** 婦人の警察官。日本では昭和二一年（一九四六）創設。婦警。policewoman

**ふじん-さんせいけん【婦人参政権】** 婦人が選挙権と被選挙権をもち、政治に参加する権利。日本では昭和二〇年（一九四五）一二月に認められ、翌年四月から行使された。woman suffrage

**ふじんさんせいけん-うんどう【婦人参政権運動】** 女性の政治活動の自由・政治的権利の確立をめざす社会運動。明治三九年（一九〇六）景山英子らの治安警察法第五条撤廃運動に始まる。大正九年（一九二〇）には平塚らいてう・市川房枝らが新婦人協会を組織し、婦人参政権を要求する運動を展開。

**ふじん-しゅうかん【婦人週間】** 昭和二一年（一九四六）四月一〇日に初めて婦人参政権が行使されたことを記念し、同二四年（一九四九）以来毎年この日から一週間行われる行事。

**ふ-しんじん【不信心】**（名・形動）神仏を信ずる心のないこと・さま。impiety

**ふしん-じんもん【不審尋問】** 挙動のあやしい者に警察官が行う職務質問の旧称。

**ふ-しんせつ【不親切】**（名・形動）親切でないこと・さま。unkindness 対義 親切。

**ふ-しんにん【不信任】** 信任しないこと。nonconfidence 用例 内閣—。

**ふしんにん-あん【不信任案】** 信任しない旨を議決する案。憲法では内閣不信任、地方自治法では長の不信任について規定している。nonconfidence motion

**ふじん-の-ひ【婦人の日】** ①昭和二一年（一九四六）日本で婦人参政権が認められて最初の国政選挙が行われた記念日。四月一〇日。男女の平等と婦人の地位向上をめざす行事が行われる。②国際婦人デー。

**ふしん-ばん【不寝番】** 一晩じゅう寝ないで番をすること。また、その役。寝ずの番。night watch

**ふ-しんぱん【付審判】**↓じゅんきそ（準起訴）

**ふしん-び【不審火】** 原因にあやしい点のある火事。suspected case of arson

**ふじん-びょう【婦人病】** 婦人の生殖器、とくに、子宮の病気。women's diseases

**ふじん-もんだい【婦人問題】** 女性の地位・教育・権利・職業などに関する社会問題。法制度の面よりも慣行などに問題が多く、解決を困難にしている。women's problem

**ふじん-ろうどう【婦人労働】** 婦人が雇用されて行う労働。女子労働。woman's labor

**ふじんろん【婦人論】**《原題 Die Frau und der Sozialismus ドイ》ドイツの社会主義者ベーベルの著書。一八七九年刊。マルクス主義的な女性解放理論の古典。婦人の地位や隷属について語り、婦人の真の解放は社会主義革命によってのみ可能であるとした。

**ふ・す【付す・附す】**（五自他）↓ふする（付する）

**ふ・す【伏す・▼臥す】**（五自）①体をまげてうつぶせになるようにする。うつむく。lie on one's face 対義 仰ぐ。②足を伸ばして、腹ばいになる。lie on one's face ③病気で床につく。ふせる。sick in bed ④倒れる。break down

**フス【Jan Hus】**（一三七〇ごろ〜一四一五）ボヘミアの宗教改革者。プラハ大学総長。ウィクリフに共鳴して教会の世俗化を非難。コンスタンツ公会議に喚問され、火刑に処せられた。

**ふ-ず【付図・附図】** 本文の説明を補足するために付けてある地図・図版。appended figure

**ぶす**《俗語》顔かたちのみにくい女性。

**ぶ-す【▽付子・▽附子】**↓ぶし（付子）

**ぶす【▽附子】** 狂言の曲名。中世説話による。太郎冠者と次郎冠者が、外出する主人に毒薬といわれた附子が砂糖なので平らげ、帰宅した主人に、秘蔵の品をこわし、死のうと思って附子をなめたと言い訳をする。

**ぶ・す【▼撫す】**（五他）↓ぶする（撫する）

**ふ-ずい【不随】** 病気などで身体が思うように動かないこと。paralysis 用例 半身—。

**ふ-ずい【付随・附随】**（名・サ変自）付き従うこと。関連すること。accompaniment

**ぶ-すい【無粋・不粋】**（名・形動）粋でないこと・さま。人情、とくに、男女の情愛を解さないこと・さま。野暮。unrefined

**ふ-ずいい【不随意】** 心のままにならないこと。involuntary 対義 随意。

**ふずいい-うんどう【不随意運動】** 意志と関係なく横紋筋が繰り返し収縮すること。舞踏病・チック・震顫などがある。involuntary movement

**ふずいい-きん【不随意筋】** 意志によって動かすことのできない筋肉。血管や内臓を形成する平滑筋・心筋など。involuntary muscle 対義 随意筋。

**ふずい-おんがく【付随音楽】** ①劇の展開を効果的にするため、劇中で演奏される音楽。グリーグ『ペール＝ギュント』など。incidental music ②映画のための音楽。プロコフィエフ『キージェ中尉』なども一種の付随音楽といえる。付帯音楽。

**ふ-すう【負数】** 0より小さい実数。負の数。マイナスの数。negative number 対義 正数。

**ぶ-すう【部数】** 書物・新聞・雑誌などの数。冊数。the number of copies 用例 発行—。

**プスコフ【Pskov】** ソ連西部、チュード湖南端に注ぐベリーカヤ川河口付近の古都。商工業の要地。人口一九・七万（一九八六）。

**フス-せんそう【フス戦争】** 一四一九〜三六年、ボヘミアの宗教改革者フスの処刑に憤激したその信奉者が、ローマ教皇や皇帝ジギスムントの弾圧に抗議して起こした反乱。

**ぶすっ-と** ㊀（副）やわらかい物を勢いよく突き刺す音・さま。ぶすりと。thunk 用例 矢が—突き刺さる。㊁（副・サ変自）不機嫌で、おしだまっているさま。sullenly 用例 —した顔つき。

**ぶす-ぶす**（副）①火がよく燃えず、けむりばかり立つさま。smolder 用例 —とくすぶる。②不満などを小声でいうさま。ぶつぶつ。grumble 用例 陰で—いう。③針や刃物で、続けざまに突き刺す音・さま。thrust repeatedly 用例 紙に—あなを空ける。

**ふすぶ・る【▼燻ぶる】**（五自）＝燻ぼる。①火が燃えないでいぶる。くすぶる。smolder ②すすけて黒ずむ。become sooty ③志を達しえないでいる。remain in obscurity 用例 田舎に—。④気持ちがふさぐ。be depressed

**ふすべ【▼贅】**①《方言》中部地方、群馬、長野などで、「ほくろ」のこと。②こぶ。いぼの古名。

**ふす・べる【▼燻べる】**（下一他）①物を燃やして、煙らせる。いぶす。くすべる。smoke ②煙を当てて黒くする。すすけさせる。fumigate

**ふすぼ・る【▼燻ぼる】**（五自）↓ふすぶる（燻ぶる）

**ふすま【▼衾・▽被】** 寝るときにからだをおおうもの。紙ぶすま・麻ぶすまなど。

**ふすま【▼麩・▼麬】** 小麦粉を製造したあとに残る種皮などのくず。原料コムギの二五％程度に当たり、家畜の飼料に用いる。wheat bran

**ふすま【▼襖】**「襖障子」の略。

**ふすま-しょうじ【▼襖障子】** 建具の一種。木の格子を骨組みとし、両面に紙や布を張り、敷居と鴨居の間に立て、部屋の仕切りとする。襖。唐紙。対義 明かり障子。数え方 一領・一本。

**フズリナ【fusulina】**↓ぼうすいちゅう（紡錘虫）

**ふ・する【付する・附する】**（サ変自他）＝付す。①（自）付く。従う。follow 用例 貴君の驥尾に—。②（他）㋐付ける。添える。add 用例 説明書を—。㋑任せる。付託する。かける。submit 用例 審議に—。㋒取りはからう。manage 用例 不問に—。

**ふ・する【賦する】**（サ変他）＝賦す。①詩などを作る。compose ②年貢などを割り当て

ふ

▼常用漢字表外。　▽常用漢字表の音訓外。

る。allot

**ぶ・する【▼撫する】**(サ変他) =撫す。①なでさする。caress 用例 腕を—。②いたわる。慰める。かわいがる。take care of

**ふせ【伏せ】**㊀(名) 伏せること。laying down ㊁(接尾) 矢の長さの単位。指一本の幅。用例 十二束(そく)三(みつ)—。

**ふ-せ【布施】**《仏教語》六波羅蜜(ろくはらみつ)の一つ。法や金品などを人にほどこし与えること。また、そのもの。お布施。

**ふせ【布施】** 大阪府東大阪市西部の地区。大阪市の東に接する工業・住宅地区で、近鉄大阪・奈良線の分岐点。

**ふせ【布施】**〈村〉島根県、隠岐(おき)諸島の島後(どうご)の北東岸にある村。林業のほか、漁業・水産加工業も行う。人口五七六(一九八八)。

**ふ-せい【不正】**(名・形動) 正しくないこと・さま。injustice 用例 —行為。

**ふ-せい【不整】**(名・形動) ととのっていないこと・さま。そろっていないこと・さま。irregularity 用例 —脈。

**ふ-せい【父性】** 父としての性質。fatherhood 対義 母性。

**ふ-せい【▼斧正】** 人に詩文を直してもらうときの謙譲語。用例 —を請う。

**ふ-せい【浮世】** はかない人生。うきよ。

**ふ-せい【腐生】** 生物の遺体およびその分解途上の有機物を栄養源とする生物の生活様式。ギンリョウソウ・カビ・ハエの幼虫・細菌など。saprophagy

**ふ-せい【賦性】** 生まれつき。天性。nature

**ふ-ぜい【風情】**㊀(名) ①風流な味わい。おもむき。elegance ②ようす。ありさま。appearance ③もてなしになるような事柄。attraction 用例 なんの—もありませんが。㊁(接尾) けんそん、または見下げる意。用例 わたくし—。町人—。

**ぶ-ぜい【無勢】** 人数・軍勢が少ないこと。小勢。ぶせい。small force 対義 多勢。用例 多勢に—。

**ふせい-あい【父性愛】** 子に対する父としての愛情。paternal love

**ふせ-いお(ほ)【伏せ▼庵】** 小さくて、みすぼらしい住まい。伏せ屋。

**ふ-せいかく【不正確】**(名・形動) 正確でないこと・さま。あやふやなこと・さま。inaccuracy 用例 —な報道。

**ふせいきょうそう-ぼうしほう【不正競争防止法】** 不公正な手段による競業行為を禁止し、それによって被害をうける業者と消費者の利益を保護するための法律。昭和九年(一九三四)公布。

**ふ-せいこう【不成功】**(名・形動) 成功しないこと・さま。failure 用例 —に終わる。

**ふ-せいごう【不整合】** ①整合していないこと。論理学で、論理が矛盾を含み、整っていないこと。②地質学で、二つの地層の間の関係をさす。ある地層が堆積(たいせき)後に隆起し、陸上で浸食作用を受け、その浸食面上に新しい地層が堆積した場合などの関係。unconformity 対義 整合。

**ふせい-こうごう【不正▼咬合】** 歯並びの悪いこと。上下のあごの関係も含め、かみ合わせが異常なもの。乱杭歯(らんぐいば)・八重歯・反歯(そっぱ)・受け口・開咬が代表的なもの。malocclusion

**ふせい-ごうせい【不斉合成】** 光学活性を示す化合物を、ラセミ体の分割を用いずに直接合成すること。生体内では酵素により行われる。asymmetric synthesis

**ふせいごう-めん【不整合面】** 地質学で、不整合に重なりあう新旧二層の境界面。surface of unconformity 参照 不整合。

**ふ-せいじつ【不誠実】**(名・形動) 誠実でないこと・さま。insincerity

**ふ-せいしゅつ【不世出】** めったに世に現れないほど、すぐれていること。being peerless 用例 —の天才。

**ふせい-しょくぶつ【腐生植物】** 生物の遺体やその分解途上のものをおもな栄養源として生活する種子植物類。光合成を全く、あるいはわずかしか行わない。saprophyte

**ふ-せいせき【不成績】**(名・形動) 成績がよくないこと・さま。poor result 対義 好成績。

**ふせい-たんそげんし【不斉炭素原子】** 炭素に結合している四つの置換基がすべて異なるときの炭素原子。ブドウ糖・グルタミン酸などに見られる。asymmetric carbon atom

**ふせい-ちゅうしんちゅう【不斉中心柱・不整中心柱】** 茎の横断面で、多数の維管束が不規則に散在している構造。単子葉植物の茎に見られる。atactostele 対義 真正中心柱。

**ふせい-みゃく【不整脈】** 心臓の拍動が不規則となる状態。心臓になんらかの異常が考えられる。arrhythmia

**ふ-せいりつ【不成立】** 成立しないこと。failure 用例 審議—。

**ふ-せき【布石】** ①対局の初めにする碁石の置き方。②将来へのふくみのある用意・配置。preparations 用例 —を打つ。

**ふせ・ぐ【防ぐ】**(五他) ①《「拒ぐ」「禦ぐ」とも》攻撃から身を守る。さえぎる。defend 対義 攻める。用例 敵を—。②災いがおよばないように前もってくいとめる。prevent 用例 病気を—。火事を—。

**ふせ-ご【伏(せ)▼籠】** ①香(こう)道具の一つ。衣服に香をたきしめる道具。平安時代は鳥籠様(とりかごよう)。これに衣服をかけ、中に香炉を置き練り香をたいた。②火ばちなどの上に伏せて、衣服をかけて干す籠。drying coop ③伏せてニワトリなどを入れておく籠。hencoop

**ふせ-じ【伏せ字】** ①印刷物で明記できない箇所を空白にしたり、文字の代わりに○や×などの記号をおくこと。また、そのしるし。blank ②活字組み版で必要な活字がないとき、別の活字を裏返しにして仮にその箇所に差し込んでおくこと。その形から、俗に「ゲタ」ともいう。turned letter

**ふせ-ぜい【伏せ勢】** 伏兵(ふくへい)。

**ふせ-たつじ【布施▼辰治】**(一八八〇〜一九五三) 弁護士・社会運動家。宮城県生まれ。自由法曹(ほうそう)団、日本国民救援会に所属し、社会運動関係の裁判の弁護、救援に尽力。昭和三年(一九二八)の三・一五事件、同二四年(一九四九)の三鷹(みたか)事件・松川事件などの裁判を弁護。

**ふ-せつ【付設・附設】**(名・サ変他) 付属して設けること。付属した設備。annex

**ふ-せつ【浮説】** 根のないうわさ。流言。

**ふ-せつ【符節】** 割り符。

**符節を合わせる**(ふせつをあわせる) 「符節を合する」と同意。

**符節を合する**(ふせつをがっする) 両方がぴったり一致する。符合する。符節をあわせる。

**ふ-せつ【▼跗節】** 昆虫類やクモ類の付属肢の最先端にある節。通常、数節に分かれ、爪(つめ)がある。tarsus ↓昆虫 図

**ふ-せつ【敷設・布設】**(名・サ変他) ①鉄道・水道・機雷などを、その場所に設けること。construction ②備え設けること。equipment

**ふせつ-かん【敷設艦】** 特務艦の一つ。機雷を搭載し、これを海中に設置することを任務とする軍艦。mine layer

**ふ-せっせい【不摂生】**(名・形動) からだのためにならないこと・さま。不養生。intemperance

**ふせ-ぬい(ひ)【伏せ縫い】** 縫い方の一つ。縫い代を片返し、または割ってからその端を押さえるために、表に小さい針目を出して縫いとめる方法。押さえ縫い。hemming

**ふせ-や【伏せ屋】** 低い粗末な家。みすぼらしい小屋。ふせいお。

**ふせや-そてき【伏屋素▼狄】**(一七四七〜一八一一) 江戸時代の医学者。はじめ漢方を学び、のちオランダ医学を学ぶ。多くの解剖・実験的研究を行う。腎臓(じんぞう)の濾過(ろか)作用機能を世界ではじめて実証。

**ふせ・る【伏せる・▼臥せる】**(五自) ①からだを横にする。また、腹ばいになる。lie down ②病気で寝る。病床につく。be sick in bed

**ふ・せる【伏せる】**(下一他) ①下向きにする。lay on one's stomach 用例 身を—。②隠す。知られないようにする。hide 用例 話を—。名前を—。③おおいかぶせる。cover 用例 かごを—。④物の上のほうや表面を下向きに置く。用例 本を—。コップを—。

**ふ-せん【不戦】** ①戦わないこと。renunciation of war ②勝負・試合を行わないこと。not fight

**ふ-せん【付▼箋・附▼箋】** 注意・疑問の点などを書いて、また、目印として張りつける紙。tag

**ふ-せん【布銭】** 中国、春秋戦国時代に用いられた鉄製農具を模した青銅製貨幣。もっとも古い形の空首布をはじめ、方肩尖足(せんそく)布・方肩方足布など二三種が流通。

**ふ-せん【婦選】**「婦人選挙権」の略。婦人参政権のこと。

**ふ-せん【富▼贍】**(名・形動)《「贍」は、十分にある、の意》豊かであること・さま。

**ふ-せん【普選】**「普通選挙」の略。

**ふ-ぜん【不全】**(名・形動) 完全でないこと・さま。不完全。imperfection 対義 完全。用例 発育—。

**ふ-ぜん【不善】**(名・形動) よくないこと・さま。evil 用例 小人(しょうじん)閑居して—をなす。

**ぶぜん【▽豊前】** ↓ぶぜんのくに(豊前国)

**ぶぜん【▽豊前】**〈市〉福岡県東部、周防灘(すおうなだ)に臨む市。田園・工業都市で、宇島(うのしま)港を中心に臨海工業地区を形成。火力発電や金属・機械工業のほか、稲作・野菜栽培・海苔(のり)養殖など農漁業も行う。人口二万二一五七(一九八八)。

**ぶ-ぜん【▼憮然】**(形動トタル) ①自分の思わくとちがっていて、がっかりするさま。disappointed ②驚き・悲しみなどで、ぼんやりするさま。absent-minded

**ふせん-うんどう【普選運動】** 普通選挙権獲得運動。

**ふ-ぜんかん【不善感】** 種痘(しゅとう)の接種で、丘疹(きゅうしん)などをつくり、免疫効果がえられないこと。対義 善感。

**ふせん-しょう【不戦勝】** 試合で、相手の欠場や棄権、また組み合わせ上で、戦わないで勝つこと。unearned win

**ふせん-じょうやく【不戦条約】** 一九二八年、アメリカ・フランスなど、一五か国間に結ばれた条約。パリで調印。国際紛争の解決は平和的手段によるものとし、一切の武力使用禁止を約したもの。のち六二か国が加盟。正式名は戦争放棄に関する条約。ケロッグ-ブリアン条約。the Kellogg-Briand Pact; antiwar treaty

**ぶぜん-の-くに【▽豊前国】** 旧国名。現在の福岡県東部と大分県北部。西海道の一国。「延喜式」では上国、八郡。国府は行橋(ゆくはし)市草場(くさば)、国分寺は京都(みやこ)郡豊津(とよつ)町。明治四年(一八七一)廃藩置県により小倉(こくら)県。同九年(一八七六)福岡県に合併され、のち二郡を大分県に編入。豊州(ほうしゅう)。豊前。

**ふ-せんめい【不鮮明】**(形動) はっきりしていないさま。indistinct 対義 鮮明。用例 画像が—だ。

**ふせん-りょう【浮線▼綾】** 紋所の名。浮かしの綾織(あやお)りを紋章化したもの。優美な紋で、桜紋にすると浮線桜、蝶(ちょう)紋に浮かすと浮線蝶である。↓図

●浮線綾(ふせんりょう)

桜浮線綾　菊浮線綾

**ふ-そ【父祖】** 祖先。先祖代々。ふうそ。ancestors

**ふ-そう【扶桑】** ①古代中国で、東海の中の太陽の出る所にあるとされた神木。またその地。②宋(そう)の『南史』に記された、中国から見て東方にあるという国。転じて、日本の別称。

**ふそう【扶桑】**〈町〉愛知県北西部、木曽(きそ)川南岸の町。かつては養蚕、今は守口(もりぐち)大根の産地として知られる。名古屋への通勤者が多い。人口二万八七五五(一九八八)。

**ぶ-そう【武装】**(名・サ変自) ①武器を身につけること。armament ②戦いの準備。preparations for war

**ふ-そうおう【不相応】**(名・形動) 身分・能力などにつりあわないこと・さま。unsuitable 対義 相応。

**ふそう-きょう【扶桑教】** 教派神道十三派の一つ。富士信仰を基盤とし、宍野半(ししのなかば)が各地の富士講を結集して組織した富士一山講社に始まる。明治一五年(一八八二)独立。

**ふそうしゅう【扶桑集】** 平安時代の漢詩集。紀斉名(きのただな)撰(せん)。一六巻のうち巻七・巻九のみ現存。寛平(かんぴょう)・天暦(てんりゃく)の二大漢詩文隆盛時の作品を主とする。

**ぶそう-へいわ【武装平和】** 世界各国の軍備の均衡によって平和が保たれている状態。とくに第一次大戦前のドイツ・イタリア・オーストリアの三国同盟と、イギリス・フランス・ロシアの三国協商との均衡をいう。armed peace

**ぶそう-ほうき【武装▼蜂起】** 革命運動の第一の目標である権力奪取のために、被支配階級が武装行動を起こすこと。rise in arms

**ふそうめいがでん【扶桑名画伝】** 江戸時代の画家辞典。全五三巻。堀直格(ほりなおただ)(一八〇六〜一八八〇)編。作品解説を省き、作家に関する文献を広く集成。

**ふそうりゃっき【扶桑略記】** 平安後期の歴史書。三〇巻(現存一六巻)。皇円(こうえん)著。成立年未詳。神代から堀河(ほりかわ)天皇までの漢文編年体史。六国史(りっこくし)や寺院の古伝を基に、出典をあげ記述。

**ブゾーニ【Ferruccio Benvenuto Busoni】**

ふ

（一八六六〜一九二四）イタリアのピアニスト・作曲家。卓越した演奏技巧で知られ、作曲家としては新古典主義の先駆。バッハ・ベートーベンらのピアノ作品の改訂・編曲に功績。オペラ『ファウスト博士』など。

**ふ-そく**【不足】(名・形動・サ変自) ①足りないこと・さま。不十分。lack; shortage 用例 認識—。②満足できないこと・さま。不満。dissatisfaction 用例 —を言う。

**ふ-そく**【不測】予測できないこと。思いがけないこと。不慮。be unexpected 用例 —の事態。

**ふ-そく**【付則・附則】①すでにある規則を補うために付け加えられた規則。additional clause ②法令の主要な規定を実施する上で必要な、経過措置・施行期日や細目の定め方などの事項を定めた部分。supplementary provision 対義 本則。

**ふ-ぞく**【付属・附属】㊀(名・サ変自) 主となるものに付き従っていること・もの。be annexed ㊁(名)「付属学校」の略。

**ぶ-ぞく**【部族】比較的狭い地域に住み、人種が同じで、共通の言語・宗教・生活習慣をもつ集団。tribe

**ぶ-ぞく**【部属】部門・部類に分けて、それに所属させること。assign to sections 用例 —を決める。

**ふぞく-がっこう**【付属学校】教育研究や教育実習を目的として、大学に設けられた高等学校以下の学校。attached school

**ふぞく-ご**【付属語】いつも他の語のあとに付けて用いられ、それだけでは文節をつくれない語。助詞・助動詞をさす。対義 自立語。

**ふぞく-し**【付属肢】動物の運動器官として、一定の形態をもって体外へ突出したもの。環形動物のいぼ足、これから進化・発達した節足動物の関節肢、脊椎動物のひれ・翼・脚など。節足動物では触角や口器などにも変形。appendage

**ふそく-ふり**【不即不離】二つのものが、合わさって一つにもならないが、まったく別物ともならないさま。つかずはなれず。neutrality

**ふそく-るい**【▼斧足類】↓おのあしるい(斧足類)

**ふそ-びょう**【腐▼蛆病】細菌の感染によるミツバチの伝染病。二つの型があって症状は異なるが、幼虫の死亡を伴う。家畜法定伝染病。foulbrood

**ふ-ぞろい**【不▼揃い】(名・形動) そろっていないこと・さま。ばらばら。irregularity

**ふ-そん**【不▼遜】(名・形動) 思い上がること・さま。尊大。高慢。insolence 対義 謙遜。

**ぶそん**【▼蕪村】↓よさぶそん(与謝蕪村)

**ぶそんしちぶしゅう**【▼蕪村七部集】与謝蕪村関係の俳諧撰集。菊舎太兵衛ら編。文化六年(一八〇九)刊。『其雪影』『あけ烏』『一夜四歌仙』『花鳥篇』『続一夜四歌仙』『もゝすもゝ』『続明烏』『五車反古』の八部を収録。

**ふた**【▼蓋】①箱や容器などの口をおおう物。lid 対義 身。用例 なべの—。—をする。②巻き貝の口をおおうかたい物。用例 サザエの—をあける。

**蓋を開ける**(ふたをあける) ①劇場で、初日となる。興行を始める。open ②物事を始める。begin ③実情や結果を確かめてみる。verify

**ふだ**【札】(「文板」の転) ①文字などの書いてある小さい紙・木片。card ②守り札。talisman 用例 お—。③入場券。ticket ④立て札。notice board ⑤かるた。花札。

**札が落ちる**(ふだがおちる) 落札する。

**ぶた**【豚・▼豕】イノシシ科の肉用家畜。成熟時の体重は雌が二〇〇〜三五〇kg、雄は二五〇〜四〇〇kg。年中繁殖し、一腹で一〇頭前後の子を産む。多くの品種があり、肉の用途が多い。pig; swine ↓写

ヨークシャー種

ハンプシャー種

デュロック種

●ブタ

**豚に真珠**(ぶたにしんじゅ) 値打ちを知らない者には、どんな宝も無意味であるというたとえ。cast pearls before swine 類似 猫に小判。

**ふた-あい**【二▼藍】①紅花と藍で染めた色。赤みをおびた藍色。②襲の色目の名。表は、濃いはなだ色の赤みがかったもの、裏は、はなだ色。

**ふた-あけ**【▼蓋明け・▼蓋開け】物事を始めること。開始。beginning

**ふ-たい**【付帯・附帯】(名・サ変自) おもな物事に付くこと。ともなうこと。attendant 用例 —事項。

**ふ-だい**【譜代・譜第】①代々家系を継ぐこと。また、その系図。②代々その主家に仕えること。仕えてきた家臣。③「譜代大名」の略。対義 親藩・外様。

**ふだい**【普代】〈村〉岩手県北東部、三陸海岸北部の村。漁業と農林業の村で、普代海岸は雄大な景観で知られる。人口三九五八(一九八八)。

**ぶ-たい**【部隊】①軍隊の編制上の一団。troop ②行動をともにする人々の集団。crowd 用例 買い出し—。

**ぶ-たい**【舞台】①芸能で、演者が演技する特定の場所。ステージ。stage ②うでまえを見せる、晴れの場所。formal occasion 用例 国際—。③舞台で演じられる演技。acting; performance 用例 名—。—を収録する。

**舞台に立つ**(ぶたいにたつ) 舞台に出て、劇や舞踊・歌唱・演奏などをする。appear on the stage

**舞台を踏む**(ぶたいをふむ) 芝居などに出演する。go on the stage 用例 五歳のとき、最初の—。

**ぶ-だい**【武▼鯛・不▼鯛】沿岸の岩礁付近にすむブダイ科の海水魚。全長約四〇cm。体色は変化が多いが、雄は青みが強く雌は赤みが強い。大きくて強い歯がある。釣魚で食用。本州中部以南に分布。イガミ。↓図

●ブダイ

**ぶたい-いしょう**【舞台衣装】舞台に出て演ずるために着用する衣服。コスチューム。theatrical costumes

**ぶたい-うら**【舞台裏】①舞台の裏がわ。offstage ②物事の裏面。一般には知られない事情。backdoor 用例 選挙戦の—。

**ぶたい-かんとく**【舞台監督】演劇で、演技・装置・進行などを指導・監督する人。stage director

**ぶたい-げいこ**【舞台▼稽古】実際に上演するときと同じ状態で、舞台で行う稽古。dress rehearsal

**ぶたい-げき**【舞台劇】《放送劇などと区別するときに使う》舞台で演ずる劇。stage play

**ふたい-けつぎ**【付帯決議】議会などに提出された案件を可決するさい、希望意見として付けられる決議。supplementary resolution

**ふだい-げにん**【譜代下人】江戸時代、農村で同一の家に世襲的に仕える奉公人。

**ぶたい-こうか**【舞台効果】照明や音響により舞台表現を増大させる方法。演技・演出の補助手段の一つ。stage effects

**ふ-だいし**【▼傅大士】(四九七〜五六九) 中国、南北朝時代の在俗の仏教者。回転式書架の転輪蔵の考案者とされる。

**ぶたい-しょうめい**【舞台照明】人工光線により舞台の進行に特定の効果を与える方法。stage lighting

**ふたい-ぜい**【付帯税】国税の適正な納付を保障するために、行政罰的なものとして本税に賦課して徴収される金銭。延滞税・加算税・過怠税など。additions to tax

**ぶたい-そうち**【舞台装置】舞台を視覚的・造形的に装飾して、舞台表現を増大させる方法。狭義には大道具・小道具などだが、今日では衣装・照明とともに舞台美術の総称となっている。stage setting

**ふだい-だいみょう**【譜代大名】江戸時代の大名で、関ケ原の戦い以前から徳川氏の家臣だった者。対義 親藩大名・外様大名。

**ふたい-てき**【付帯的】(形動) おもなものに従っているさま。本来的でないさま。incident 用例 —問題。

**ふ-たいてん**【不退転】①《仏教語》悟りを開いて、もう退くことがなくなること。対義 退転。②何事にも屈せず心を曲げないこと。indomitableness 用例 —の決意。

**ぶたい-どきょう**【舞台度胸】舞台に出たときの落ち着きや堂々としたさま。stage nerve

**ふた-いとこ**【二▽従▽兄▽弟・二▽従▽姉▽妹】親たちがいとこどうしである、子どもどうしの関係。またいとこ。

**ふたいほ-とっけん**【不逮捕特権】議員特典の一つ。国会議員に認められる、国会会期中は、院内での現行犯を除き、その所属する議院の承諾なしに逮捕されない権利。

**ふた-え**【二重】①二つ重なること。double ②二つに折れ曲がっていること。two fold

**ふたえ-まぶた**【二重▼瞼】目を開いたとき、上まぶたが二重になっていること・もの。ふたかわめ。double eyelid

**ふた-おき**【▼蓋置(き)】茶道具の一つ。釜の蓋をとったときのせておく道具で、柄杓を引くときにも用いる。金属・陶磁器・木・竹など材質・形態は多種多様。↓茶道具図

**ふだ-おさめ**【札納め】寺社・霊場などを巡礼・巡拝して、自分の姓名などを記した札を納めて歩くこと。千社札はその代表的なもの。納札。

**ぶたお-ざる**【豚尾猿】ブタのように細くて短い尾をもつサル。体長約六〇cm。東南アジアの山地の森林にすむ。飼い慣らしてヤシの実を採らせる。ヤシザル。pig-tailed macaque

**ふたお-ちょう**【双尾▼蝶】後翅に尾のような二対の突起のあるタテハチョウ科のチョウ。開張約八cm。食草はリュウキュウエノキなど。日本では沖縄本島の特産。台湾・中国に分布。

**ふた-おもて**【双面】浄瑠璃・歌舞伎舞踊の趣向。同じ扮装をした二人が、同じ動作をして識別を混乱させるが、やがて一方が亡霊変化の正体を現す。

**ふた-おや**【二親】父と母。両親。father and mother; parents 対義 片親。

**ふたが・る**【▼塞がる】古語(四自) ↓ふさがる(塞がる)

**ふた-かわ**【二皮】①二重になっていること。②「二皮目」の略。

**ふたかわ-め**【二皮目】二重まぶた。

**ふたき-けんぞう**【二木謙▽三】(一八七三〜一九六六) 細菌学者。秋田県生まれ。東大卒。赤痢菌の一種である駒込A・B株を発見し、さらに高木逸磨らと鼠咬症スピロヘータを発見した。昭和三〇年(一九五五)文化勲章受章。

**ふ-たく**【付託・附託】(名・サ変他) ①他人に頼み、任せること。commitment ②議会で、議案を本会議の前に委員会にまわして審議すること。用例 委員会に—する。

**ふ-たく**【負託】(名・サ変他) 他人に責任や任務を引き受けさせること。charge 用例 国民の—にこたえる。

**ふた・ぐ**【▼塞ぐ】古語 ㊀(四自) ①↓ふさぐ(塞ぐ)。②韻塞ぎをする。用例 —・ぎもてゆくままに、難き韻の文字どもいと多くて(源氏・賢木)。㊁(下二他) ↓ふさげる(塞げる)

**ぶた-くさ**【豚草】キク科の一年草。高さ約一m。葉は羽状に深裂。路傍や荒れ地にはえる。夏に咲く小黄花の花粉はアレルギー源の一つ。北アメリカ原産。明治初期に渡来した帰化植物。hogweed ↓写

**ふた-こ**【二子】①「二子糸」の略。②「二子織り」の略。

**ふた-ご**【双子・双▽児・二子】双生児。

**ふたこ-いと**【二子糸】二本の糸を一本によ

ふ

● ブタクサ

り合わせた糸。二子。

**ふたこ-おり**【二子織(り)】二子糸で織った布・織物。二子。

**ふた-ごころ**【二心】①二様の心。浮気心。double-heartedness ②味方・主君に背く心。裏切り心。treachery

**ふたご-ざ**【双子座】北天の星座。黄道十二星座の一つ。冬の天の川の中にある。一・六等のカストルはこの星座のα星、一・一等のポルックスはβ星。三月三日ごろの午後八時ごろに南中。面積五一四平方度。Gemini ↓図

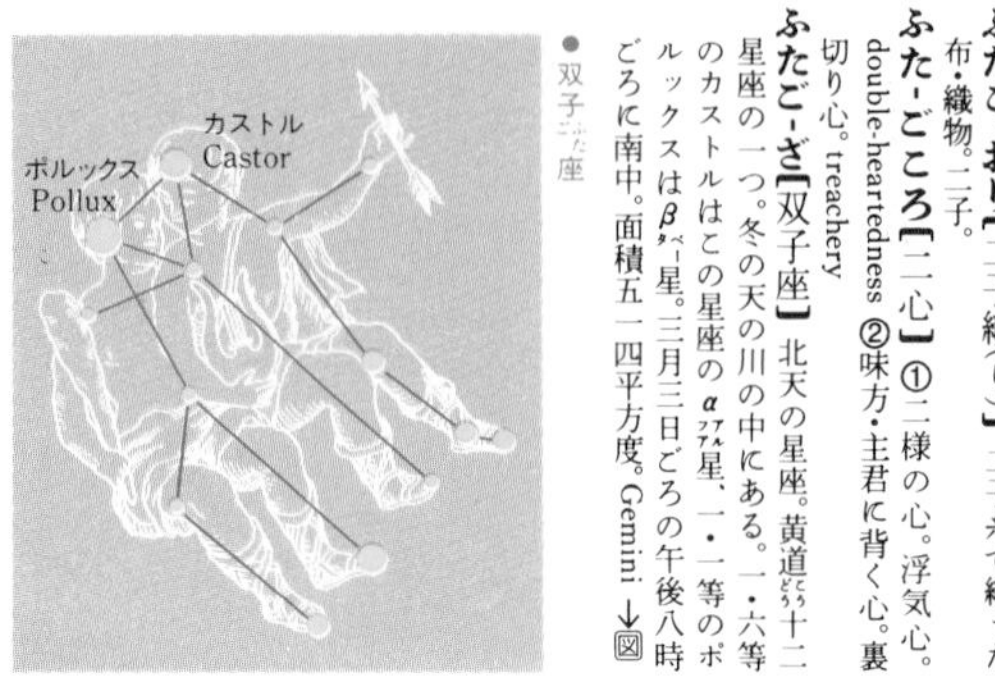

● 双子座

**ふたご-さん**【▽両子山】大分県北部、国東半島を形成する成層火山。標高七二一m。古くから子宝祈願で知られる両子寺がある。

**ふたこ-じま**【二子▼縞】二子糸で織った縞織物。

**ふたこと-め**【二言目】話をすれば、必ず言う、口癖になっていること。whenever one talks 用例 ―には勉強しろとさ。

**ふたこぶ-らくだ**【二▼瘤▼駱▼駝】背中に脂肪のこぶが二個あるラクダ。肩高一・八m内外。ヒトコブラクダに比べて毛が長く密生し、寒さに強い。ゴビ砂漠には野生種の群れがみられるが、中央アジアの砂漠地帯を中心に家畜として飼育される。Bactrian camel

**ぶた-ごや**【豚小屋】①豚を飼う小屋。pigpen ②自分の家をけんそんしていう語。

**ふたご-やま**【二子山】神奈川県南西部、箱根山の中央火口丘の一つ。芦ノ湖の東に位置する。山頂が上二子山(一〇九一m)と下二子山(一〇六四m)の二つに分かれる。

**ふだ-さし**【札差】①江戸時代、旗本・御家人から委託され、俸禄米を幕府の米蔵から受け取って金銭にかえる業を営んだ商人。手数料ばかりでなく、俸禄米を担保に武士に金を貸し巨利を得た。江戸浅草蔵前に店を構え、蔵宿と称した。②江戸時代、宿の問屋場で荷物の目方を調べた人。

**ふだ-さん**【普▼陀山】中国浙江省寧波沖合いの舟山群島にある仏教の霊地。インドの観音霊場ポータラカ(補陀落)の名をとったもので、唐代以降の観音信仰の中心地。

**ブタジエン**【butadiene】化学式$C_4H_6$ ブタンに二重結合が二個入った化合物。無色無臭の重合しやすい気体。合成ゴム・合成樹脂の原料。

**ふ-たしか**【不確か】(形動) あやふやなさま。uncertain 対義 確か。

**ふだ-しょ**【札所】仏教の霊場。三十三所観音霊場や四国八十八箇所など、巡礼者が参拝の際にそのしるしとして札を受けたり、納めたりする寺院・仏堂。

**ぶた-すいほうびょう**【豚水▼疱病】ブタの四肢の皮膚や口唇部の内外面、舌などに水疱を形成するウイルス性急性伝染病。家畜法定伝染病。swine vesicular disease

**ふたすじ-みち**【二筋道】分かれ道。岐路。forked road

**ふた-たび**【再び】(副) もう一度。また。かさねて。again

**ふたたび-さん**【▽再▽度山】兵庫県、六甲山地の山。標高四六八m。弘法大師が再度登ったといわれ、その名がある。

**ふた-つ**【二つ】①数の名。一つより一つ多い数。二。two ②二種。two kinds 用例 学問と芸術の―がある。③両方。両者。both 用例 ―ながらすぐれる。④二歳。two years old 用例 この子は―です。

**二つと無し**(ふたつとなし) ただ一つしかない。かけがえがない。unique

**二つ無し**(ふたつなし) ①ただ一つしかない。unique ②たぐいがない。unparalleled

**二つに一つ**(ふたつにひとつ) 二つのうちの、どちらか一つ。また、どちらか一方を選択すること。ふたつひとつ。either of the two

**ふ-たつ**【布達】(名・サ変他) ひろく一般にふれ知らせること。また、その通達。告示。dissemination

**ふたつい**【二ツ井】〈町〉秋田県北部、能代市の東に接する町。秋田杉の美林で知られ、木材の集散、製材・木工業がさかん。人口一万四六四六(一九八八)。

**ふだ-つき**【札付(き)】①商品などに正札が付いていること。with prices marked ②悪い評判が世間に広まっていること・人。notoriety

**ふたつちょうちょうくるわにっき**【双▼蝶▼蝶▽曲輪日記】人形浄瑠璃・歌舞伎の世話物。九段。竹田出雲・三好松洛・並木千柳合作。寛延二年(一七四九)初演。大坂の力士の濡髪長五郎と放駒長吉の意地の張り合い、与五郎と吾妻の恋などを描く。

**ふたつ-ながら**【二つ▼乍(ら)】(副) 両方とも。いずれも。both

**ふたつ-の-せかい**【二つの世界】一九四七年のトルーマン-ドクトリン以降、アメリカとソ連をそれぞれの中心とする二つの陣営に分裂した世界。two worlds

**ふたつ-ひきりょう**【二つ引(き)両】紋所の名。引き両紋の一種。二条の太線を縦または横に引いた形。二条の線は、雌雄の竜が天に登る姿で、運のよい形という。丸に二つ引きが多い。足利氏の代表紋。参照 引き両。↓図

● 二つ引き両
丸に二つ引き両
揃い二つ引き両

**ふたつ-へんじ**【二つ返事】すぐに気持ちよく引き受けること。ready answer

**ふたつ-め**【二つ目】①順番などで、次の次。one after next 用例 ―の駅で降りる。②落語家などの格付けで、真打ちになる前の身分。前座・二つ目・真打ちの三つの格付けがあって、前座の次に高座にあがることからの語。

**ふたつ-わり**【二つ割り】①半分に分けること。halve ②二斗入りの酒だる。

**ぶ-だて**【部立(て)】(名・サ変他) 部類・部門に分けること。分類のしかた。用例『古今和歌集』の―。

**ふだ-どめ**【札止め】①満員で、入場券の発売をやめること。full house ②立入禁止の札を立てること。

**ふた-なぬか**【二七日】人の死後一四日め。ふたなのか。

**ふた-なり**【二▽形・双成り】①二つの形を同時にそなえるもの。②男女両性の生殖腺をもつヒト。半陰陽。hermaphroditism

**ぶた-にく**【豚肉】豚の肉。脂肪の質により味が左右される。ユダヤ教徒・イスラム教徒・ヒンズー教徒では豚を不浄とみなし、食べない。pork ↓図

**ふた-の**【二▽幅・二▽布】①和服地の並幅の二倍のこと。②《二幅で作るところから》女性の腰巻き。③船具の一つ。和船の筈緒の上部につける麻の垂れ布。

**ブタノール**【butanol】化学式$C_4H_9OH$ 無色の液体。四種類の構造異性体がある。溶剤、エステルの原料。ブチルアルコール。

**ふだ-の-つじ**【札の▼辻】支配者の定めた規定を知らせる高札を立てた掲示場。高札場。

**ぶた-の-まんじゅう**【豚の▼饅▽頭】シクラメンの別名。

**ふた-ば**【二葉・双葉】①芽を出したばかりの二枚の葉。cotyledon ②物事のはじめのころ。人の幼年時代。infancy 用例 栴檀は―より芳し。

**ふたば**【双葉】〈町〉福島県東部、阿武隈高地が太平洋に落ち込むところにある町。農業が主体。沿岸部に原子力発電所がある。人口八一一三(一九八八)。

**ふたば**【双葉】〈町〉山梨県北西部、韮崎市の南東に接する町。果樹栽培や養蚕がさかんで、ワイン工場もある。韮崎・甲府両市間にあり都市化が進展。人口八一七二(一九八八)。

**ふだ-ば**【札場】①江戸時代、芝居小屋で入場券の札を売る場所。②江戸時代、布告や禁令の制札を立てておく場所。

**ふたば-あおい**【双葉▼葵・二葉▼葵】ウマノスズクサ科の多年草。山地の日陰にはえる。茎は地上をはい、先に二葉をつける。花は紅紫色で一個咲く。京都賀茂祭の懸葵として有名。カザシグサ。カモアオイ。フタバグサ。モロカズラ。↓アオイ図

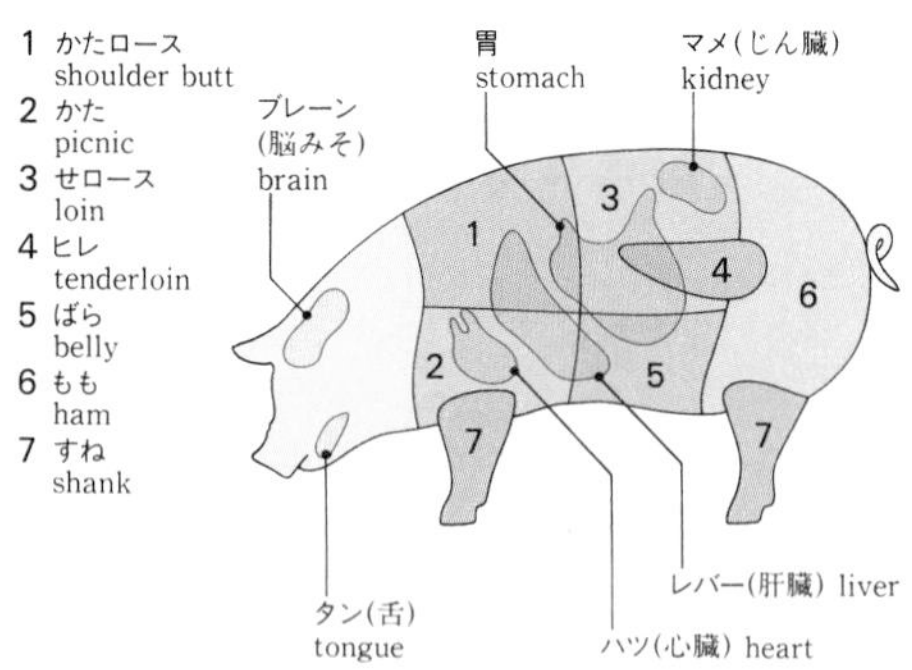

● 豚肉 利用部位の名称

**ふたば-がき**【二葉▼柿】フタバガキ科フタバガキ属の総称。常緑高木で熱帯アジアに分布。果実が萼で完全に包まれ、二枚の大きな葉があるのでこの名がついた。良材。

**ふたば-ぐさ**【二葉草】①フタバアオイの別名。②スミレの別名。

**ぶた-ばこ**【豚箱】留置場の俗称。

**ふたばすずき-りゅう**【双葉鈴木竜】福島県いわき市で化石が発見された首長竜の化石。名は、発見された地層名の双葉層群と発見者の鈴木直にちなむ。全長一〇mに達する首の長い海生爬虫類で、約八〇〇〇万年前の白亜紀後期のもの。

**ふたばてい-しめい**【二葉亭四迷】(一八六四〜一九〇九) 小説家・ロシア文学翻訳家。本名、長谷川辰之助。江戸生まれ。東京外語中退。言文一致体による近代写実主義小説の開拓者。ロシアに行き、翌年帰国の船中で没。小説『浮雲』『其の面影』『平凡』、翻訳『あひゞき』『めぐりあひ』など。↓写

● 二葉亭四迷

**ふたば-はぎ**【二葉▼萩】ナンテンハギの別名。

**ふたばやま-さだじ**【双葉山定次】(一九一二〜六八) 大相撲力士。本名、穐吉定次。大分県生まれ。第三五代横綱。優勝一二回。六九連勝の記録をもち、引退後は年寄時津風。日本相撲協会理事長を務めた。

**ふたば-らん**【二葉▼蘭】ラン科の多年草。深山の針葉樹林下にはえる。茎の中程に二枚の葉が対生するのでその名がある。夏に、茎頂に十数個の花が穂状に咲く。

**ブダペスト**【Budapest】ハンガリーの首都。ドナウ川をはさみ、同国人口の二〇%近くが集中。歴史的建造物の多い美しい町で「ドナウの女王」と呼ばれる。一八七二年ブダとペストの二市が合併。人口二〇八万(一九八五)。

**ふた-また**【二▼股】①先が二つに分かれていること・もの。fork ②同時に二つの目的をとげようとすること。play double 用例 ―をかける。③進退・態度の定まらないこと。

**ふたまた-ごうやく**【二▼股▼膏薬】内ももに張ったこうやくが、あちらについたりこちらについたりするように、態度がはっきりしないこと・人。内股膏薬。

**ふたみ**【二見】〈町〉三重県志摩半島、伊勢湾に臨む町。農業と漁業の町で、名勝の二見浦は古くからの観光地。人口九一六二(一九八八)。

**ふたみ**【双▽海】〈町〉愛媛県西部、伊予灘に

臨む町。農・漁業が中心だが林業もさかん。人口六八〇九(一九八八)。

**ふたみ-が-うら【二見浦】** 三重県二見町、伊勢湾に臨む海岸。古くからの名勝で、夫婦岩がある。伊勢志摩国立公園の一部。

**ふた-みち【二道】** ①二またに分かれている道。forked road ②二つの方向。two directions ③二つのことを同時にやろうとすること。

**ふた-め【二目】** 二度見ること。look again

**二目と見られない** あまりにも残酷で、あるいは醜くて、二度とは見る気にならない。too horrible

**ふ-ため【不▽為】**(名・形動) ためにならないこと・さま。disadvantage

**ふた-めか・す** 古語(四他) ばたばたと音をたたせる。用例羽を――・して惑ふほどに(宇治拾遺・三)。

**ふた-め・く** 古語(四自) ①ばたばたと音をたてる。用例土に落ちて惑ひ――を(宇治拾遺・二)。②ばたばたと騒ぎたてる。用例所従十余人、倒れ――・き(平家・八・緒環)。

**ふた-もの【▽蓋物】** ふたのある入れ物。とくに、ふた付きの陶器。pottery with a lid

**ふだらく【▽補▼陀落・普▼陀落】**《Potalaka梵の音写。白華の意》南インドの海岸にあって観世音菩薩の住む霊地とされる伝説上の山。補陀落山。

**ふだらく-とかい【▽補▼陀落渡海】** 仏教で、補陀落に詣でるとして舟にわずかな食料を積み、風まかせで南海を放浪すること。捨身行の一種であり、とくに那智浜ノ宮のそれは有名。のちに遺骸を舟に乗せ観音の浄土へ渡らせるとした水葬慣例に変化した。

**ふたら-さん【二▽荒山】** 男体山の別称。

**ふたらさん-じんじゃ【二▽荒山神社】** 栃木県日光市に本社のある旧国幣中社。祭神は大己貴命ほか二神。中禅寺湖畔に中宮祠、男体(二荒)山の山頂に奥宮がある。日光権現。

**ふ-たり【二人】** ひとりにひとりを加えた人数。両人。ににん。two persons; a pair; a couple 用例――連れ。

●フダンソウ

**ふたり-しずか【二人静】** センリョウ科の多年草。山地の林床にはえる。高さ三〇～五〇cm。四枚の葉は茎の上部に対生。春に、二本の花穂が出て、小白花が咲く。↓写

●フタリシズカ

**ブタリタリ-とう【ブタリタリ島】**(Butaritari Island) マキン島の正称。

**ふたりのてきだんへい【二人の▼擲弾兵】**《原題 Die beiden Grenadiereドイ》シューマン作曲の歌曲。ハイネの詩による。一八四〇年作。フランス兵の祖国への献身を歌う。

**フタル-さん【フタル酸】** 化学式$C_6H_4(COOH)_2$ ナフタレンまたはキシレンの酸化で得られる無色の結晶。染料中間体として重要。色素・可塑剤の原料。phthalic acid

**フタルさん-エステル【フタル酸エステル】** プラスチック可塑剤の一種。無水フタル酸にアルコールを作用させてつくる。環境汚染物質の一つ。phthalate ester

**ふ-たん【負担】**(名・サ変他) ①荷物をかつぐこと。また、その荷。②引き受けること。義務。仕事。undertaking ③重荷。load

**ふ-だん【不断】** ①絶え間ないこと。continuance 用例――の努力。②決断力のないこと。indecision 用例優柔――。

**ふ-だん【普段・不断】**(副) いつも。平生。日ごろ。usually

**ブタン【butane】** 化学式$C_4H_{10}$ 炭素の数が四個のアルカン。石油分解ガス・天然ガスに含まれる無色の気体。燃料、石油化学の原料。

**ぶ-だん【武断】** 武力を背景に、強引な政治を行うこと。対義文治。

**ふだん-ぎ【普段着・不断着】** 日常着る衣服。everyday wear 対義晴れ着。

**ふだん-ざくら【不断桜】** 三重県鈴鹿市の白子観音にある天然記念物のサクラ。サトザクラの一品種で、年中開花し、冬も葉がある。

**ふだん-そう【不断草・▽恭▽菜】** アカザ科の一、二年草。高さ約一m。葉は卵形で厚く食用。初夏に、黄緑色の小花が穂状に咲く。↓図

**ふち【▼淵】** ①川などの水が深くよどんでいる所。pool 対義浅瀬・瀬。②たやすく抜けられない境遇。the depths 用例悲しみの――に沈む。

**ふち【縁】** ①へり。物の本体の境を示す線。まわり。edge 用例茶わんの――。②眼鏡のレンズを囲む部分。frame ③帽子の周囲の横に張り出した部分。brim ↓帽子図

**ふ-ち【不治】** 病気などの治らないこと。ふじ。incurability

**ふ-ち【布置】**(名・サ変他) それぞれの適当な位置に置くこと。適当な位置関係を持たせること。配置。arrangement

**ふ-ち【扶▽持】**(名・サ変他) ①力を合わせること。助けること。用例入道を――したまひけり(徒然・二二六)。②「扶持米」の略。また、扶持米を与えること。用例一〇人――。

**ふ-ち【付置・附置】**(名・サ変他) 付属して設けること。付設。

**ぶち【▼斑】** 種々の色が混じっていること・もの。まだら。patches 用例――猫。

**ぶち【▽打ち】**(接頭) 下の動詞の意味を強める語。促音化して「ぶっ」ともいう。用例――こむ。

**プチ【Petit】** ↓プティ

**ぶち-あ・げる【▽打(ち)上げる】**(下一他) 気炎を上げて演説する。大言を吐く。make a speech

**プチアリン【ptyalin】** ヒト・サル・ブタ・ウサギなどの動物の唾液に含まれるα-アミラーゼに対して与えられた名称。きわめて安定した酵素で、結晶化されている。

**ぶち-かまし【▽打(ち)▼噛まし】** 相撲で、全身で強く当たること。体当たり。

**ぶち-かま・す【▽打(ち)▼噛ます】**(五他) ①相撲で、頭から相手に激しく体当たりする。②相手に強い打撃を与える。deal a heavy blow

**ぶち-こ・む【▽打(ち)込む】**(五他) ①勢いよく投げ込む。ほうり込む。throw into ②強制的に収容・監禁する。get a person imprisoned

**ぶち-ころ・す【▽打(ち)殺す】**(五他) ①なぐって殺す。うちころす。beat a person to death ②「殺す」を強めたいい方。kill

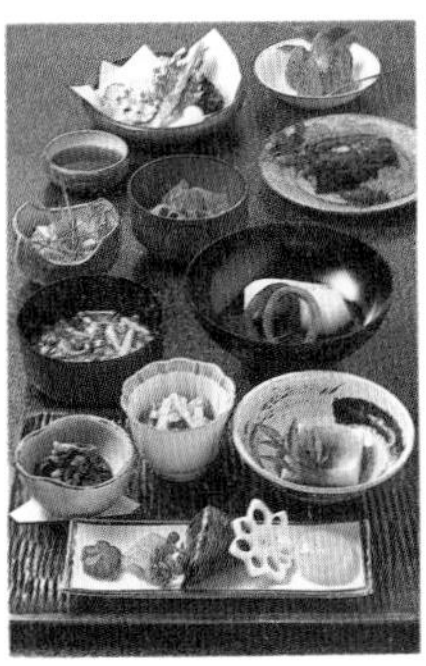
●普茶料理

**ぶち-こわし【▽打(ち)▼毀し】** ①打ったたきつけたりすること。break down ②物事をまとまらないようにすること。destroy 用例縁談を――にする。

**ふ-ちじ【府知事】** 府の行政の最高責任者。京都府・大阪府の知事。

**ふち-せ【▼淵瀬】** ①ふちと瀬。水の深いところと浅いところ。②世の中のはかない移り変わり。参考②は「世の中はなにかつねなるあすかがはきのふのふちぞけふはせになる(古今・雑下)」から。

**ふち-どり【縁取(り)】**(名・サ変自) 物の縁や周囲に飾りを付けること。また、その飾り。hemming

**ふち-ど・る【縁取る】**(五他) 縁を付ける。物の周囲やへりに細工をほどこす。fringe

**ぶち-ぬ・く【▽打(ち)抜く】**(五他) ①ふさいでいる物を、強い力でつき破る。break through ②境をとって、一つづきにする。remove partition

**ぶち-のめ・す【▽打ちのめす】**(五他) うちのめす。たたきのめす。knock down

**プチパ【Petipa】** ↓プティパ

**プチ-ブル**《petit bourgeoisフランスの略》ブルジョアとプロレタリアの中間に位置する小所有者と俸給生活者・自由職業者をさすことば。小市民。小ブルジョア。

**ふち-まい【扶▽持米】** 俸禄として与えた玄米。江戸時代、一人扶持は一日五合。何人扶持の形で与えた。

**ぶち-ま・ける【▽打ちまける】**(下一他) ①ひっくり返して、すっかり出す。throw out ②心底をすっかり打ち明ける。confess

**プチャーチン【Efim Vasilyevich Putyatin】**(一八〇三～) 幕末に来日したロシア使節。安政元年(一八五四)日露和親条約、同五年(一八五八)日露修好通商条約を締結。

**ふ-ちゃく【不着】** 到着しないこと。non-arrival

**ふ-ちゃく【付着・附着】**(名・サ変自) ついて離れないこと。adhesion

**ふちゃく-ご【付着語】** ↓こうちゃくご(膠着語)

**ふちゃく-こん【付着根】** ツタウルシ・キヅタなどのつる性の植物に見られる気根の一種。他のものに張りついて植物体を支える。holdfast

**ふちゃく-りょく【付着力】** 異種の物質が接触したとき、互いにくっつく力。表面張力が関係する。adhesion

**ふちゃ-りょうり【普茶料理】** 黄檗宗に伝わる精進料理。行事のとき、茶を喫したあとに供せられた。中国風の精進料理で、油類・くず粉を使うのが特色。↓写

**ふ-ちゅう【不忠】**(名・形動) ①まごころを尽くさないこと・さま。不実。disloyalty ②忠義でないこと・さま。disloyalty

**ふ-ちゅう【付注・附▼註】**(名・サ変自) 注釈を付けること。その注。annotation

**ふ-ちゅう【府中】** ①律令制で、国府の所在地。②政治を行う正式の所。対義宮中。

**ふ-ちゅう【▼釜中】** かまの中。

**釜中魚を生ず**《久しく飯を炊かないので、かまの中にボウフラがわく意から》ひどい貧乏のたとえ。

**釜中の魚**《かまの中の魚は、煮られる運命にあることから》死が迫っているたとえ。

**ふちゅう【府中】**〈市〉 東京都中部の市。旧武蔵国府の所在地で、甲州街道の宿場町から発展した商工業・住宅都市。大国魂神社・東京競馬場がある。人口二〇万一一九三(一九八八)。

**ふちゅう【府中】**〈市〉 広島県東部、芦田川中流域の市。旧備後の国府の所在地。江戸時代からの備後絣・府中みそ・家具の生産で有名。人口四万七八六七(一九八八)。

**ふちゅう【府中】**〈町〉 広島市の東部の町。古くは安芸国府の所在地。広島市の工業地・住宅地が拡大して、ビール工場など多くの工場がある。人口四万九三〇三(一九八八)。

**ふちゅう【婦中】**〈町〉 富山県中部、神通川沿いの町。化学・鉄鋼などの工場が多く、「イタイイタイ病」の発生地で知られる。人口二万七八八七(一九八八)。

**ふ-ちゅうい【不注意】**(名・形動) 気のつかないこと・さま。注意を怠ること・さま。てぬかり。carelessness

**ふ-ちょう【不調】**(名・形動) ①整わないこと・さま。話がまとまらないこと・さま。rupture 用例交渉が――に終わる。②調子が悪いこと・さま。bad condition 対義快調・好調。

**ふ-ちょう【府庁】** 府の行政事務を取り扱う役所。

**ふ-ちょう【符丁・符帳・符▼牒】** ①しるし。割り符。sign ②文字以外の形で、ある意味を表したもの。符号。暗号。code ③商品につけ、値段を示す符号。price mark ④合いことば。password

**ふ-ちょう【婦長】** 看護婦の長。chief nurse

**ぶ-ちょう【部長】** その部の責任者・長。chief director

**ぶ-ちょうほう【不調法・無調法】**(名・形動) ①行き届かないこと・さま。impoliteness ②しくじり。そこつ。blunder ③芸事・酒・タバコなどのたしなみがないこと。

**ふ-ちょうわ【不調和】**(名・形動) しっくりしないこと・さま。disharmony

**ブチル-アルコール【butyl alcohol】** ↓ブタノール

**ブチル-き【ブチル基】** 化学式$C_4H_9$- 炭素の数が四個のアルキル基の一種。四種の異性構造がある。butyl group

▼常用漢字表外。　▽常用漢字表の音訓外。

**ブチレン**【butylene】化学式$C_4H_8$ 炭素の数が四個のアルケン。三つの構造異性体がある。ブテン。参照 イソブチレン。

**ふ-ちん**【浮沈】(名・サ変自) ①浮くことと、沈むこと。floating and sinking ②栄えることと、衰えること。rise and fall

**フツ** 4画【▽仏】部首[人・亻] 教育小5 JIS 4209 ／ 7画【▼佛】旧字 JIS 4839
音 ブツ・フツ
訓 ほとけ
筆順 ↓ブツ【仏】
フランス(仏蘭西)のこと。「日仏協会」「仏和辞典」↓ブツ【仏】

**フツ** 5画【▼弗】部首[弓] JIS 4206
音 フツ
①ず。あらず。否定・禁止の意。②ドル(dollar)。アメリカ・カナダなどの貨幣単位。記号$\$$にあてる。

**フツ** 5画【払】部首[扌] 常用 JIS 4207 ／ 8画【▼拂】旧字 JIS 5736
音 フツ・ホツ・ヒツ
訓 はらう
①はらう。のける。「払拭・払底」②やみをさる。夜があける。「払暁」③しはらう。はらい。

**フツ** 8画【▼怫】部首[忄] JIS 5571
音 フツ・ヒ
①いかる。おこる。顔色をかえる。「怫然」②ふさぐ。気がこもる。気がはれない。

**フツ** 8画【沸】部首[氵] 常用 JIS 4208
音 フツ・ヒ
訓 わく・わかす
わく。わきたつ。わかす。「煮沸」「沸点・沸騰」

**フツ** 10画【▼祓】部首[示] JIS 6717
音 フツ
はらう。神にいのって、災難をのぞき、からだの汚れをきよめる。また、その行事。はらい。

**フツ** 11画【▼艴】部首[色]
音 フツ
いかる。おこる。顔色をかえる。

**フツ** 15画【▼髴】部首[髟] JIS 8192 ／ 8画【▼彿】部首[彳] 異体字 JIS 5542
音 フツ
「髣髴」は、①はっきりしないさま。②よくにているさま。③おもいうかぶさま。

**フツ** 17画【▼黻】部首[黹] JIS 8368
音 フツ
①あや。中国古代の礼服にしてある刺繡の模様。②ひざかけ。まえだれ。なめし革のまえかけ。

**ふっつ**【布津】〈町〉長崎県島原半島、雲仙岳南東麓の町。農業が中心で漁業も行う。天ケ瀬古墳、キリシタン墓碑がある。人口五八四五(一九八八)。

**ぶっ**【▽打っ】(接頭)《「ぶち」の転》荒っぽい動作を表し、意味を強める語。用例 —とばす。

**ブツ** 4画【仏】部首[人・亻] 教育小5 JIS 4209 ／ 7画【▼佛】旧字 JIS 4839
音 ブツ・フツ
訓 ほとけ
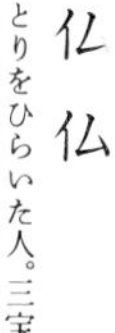
ほとけ。釈迦。さとりをひらいた人。三宝の一つ。対義 神。「神仏・大仏」「仏教・仏像・仏陀・仏壇」用例《接尾的》薬師—。↓フツ【仏】

**ブツ** 8画【物】部首[牛] 教育小3 JIS 4210
音 ブツ・モツ・モチ
訓 もの
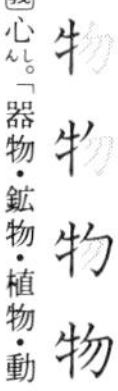
①もの。しな。対義 心。「器物・鉱物・植物・動物」「物価・物質・物心・物量」②みる。みたてる。「物議・物色」③ひと。ひとがら。「人物」

**ぶ・つ**【▽打つ】(五他) ①うつ。たたく。beat ②演説などを、威勢よくやる。make a speech 用例 一席—。↓モツ【物】

**ふつ-いん**【▽仏印】「フランス領インドシナ」の略。

**ふついん-しんちゅう**【▽仏印進駐】太平洋戦争直前の日本軍によるフランス領インドシナ占領。昭和一五年(一九四〇)北部仏印、翌年南部仏印に進駐。この結果、日米関係は最悪となった。

**ふ-つう**【不通】①連絡・交通のできないこと。interruption ②音信のないこと。hear nothing from ③縁を切ること。break with

**ふ-つう**【普通】㊀(名・形動) ①広く一般に通じること・さま。特別に変わっていないこと・さま。あたりまえ。ordinary 対義 特別。用例 —の品。—の人。—の考え。②特殊でないこと・さま。regular 用例 —高校。㊁(副) たいてい。usually 用例 —そうは言わない。

**ふつう-かいけい**【普通会計】地方公共団体の基本的な経費についての会計。国の予算の一般会計にあたり、租税および印紙収入・地方債・国からの交付金などが財源にあてられる。

**ふつう-かぶ**【普通株】利益配当などについての権利内容になんの制限もつけられていない、一般的な株式。ordinary stock 比較 優先株・後配株。

**ふつう-きょういく**【普通教育】国民として、社会人として一般に必要とされる知識・技能などをさずける基礎的教育。わが国では小・中学校、高等学校の三段階を含む。general education

**ふつう-ぎんこう**【普通銀行】銀行法に基づき、一般からの預金をおもな資金源とする短期金融機関。商業銀行とほぼ同義。対義 特殊銀行。

**ふつう-けいやくじょうかん**【普通契約条款】運送・保険契約など、多数の契約者を対象とする特定の種類の取り引きに、一律に適用するため、あらかじめ定型的に定められた契約条件。general insurance clauses

**ふつう-ぜい**【普通税】一般的な財政支出にあてる目的で課される租税。normal tax 対義 目的税。

**ふつう-せんきょ**【普通選挙】身分・性別・学歴・信仰・財産などによる制限なしに、年齢だけで選挙権と被選挙権を認める選挙制度。日本では大正一四年(一九二五)に男子についてのみ実施され、昭和二〇年(一九四五)性別の制限が撤廃された。普選。universal suffrage 対義 制限選挙。

**ふつうせんきょ-けん**【普通選挙権】納税額や財産による制限なしに与えられる選挙権。教育・信仰・性別による制限を認めないものまで含める場合もある。universal suffrage

**ふつうせんきょ-ほう**【普通選挙法】普通選挙制を実施するための基本的法律。大正一四年(一九二五)に成立したが、女子に普通選挙権が与えられたのは昭和二〇年(一九四五)。

**ふつう-そうきんがわせ**【普通送金為替】送金為替の一つ。送金人が受取人に送金小切手を送付し、受取人はそれを支払銀行に呈示して現金を受け取る。mail remittance

**ふつう-ちょうしゅう**【普通徴収】地方税徴収法の一つ。納税通知書の交付によって税を徴収する方式。国税の賦課課税制度に相当する。ordinary collection of taxes

**ふつう-とりひき**【普通取引】取引市場での売買取引の方法の一つ。売買契約が成立した後、四日目に株券と代金をそれぞれ交換し決済するもの。regular transaction

**ふつう-ぶん**【普通文】①現代、一般に使われている文体で書かれた文。②文語文の一種。おもに明治時代に広く書かれた漢字仮名交じりの文章。

**ふつう-ほう**【普通法】↓いっぱんほう(一般法)

**ふつう-めいし**【普通名詞】名詞の一つ。「海・本・会議・スポーツ」などのように、同じ類のものならどれでも、その語を使ってよぶことができることば。common noun 対義 固有名詞。

**ふつう-よきん**【普通預金】要求払い預金の一つ。引き出しは自由だが利率が低い。ordinary deposit 比較 定期預金・当座預金。

**ぶつ-えん**【仏縁】①仏との間に結ばれる縁。②仏の引き合わせ。

**ぶつえん-ほう**【仏▼焰▼苞】肉穂花序をとり巻くラッパ状の大形の総苞。ミズバショウ・サトイモ・カラスビシャクなどにみられる。

**ふっ-か**【▼弗化】①弗素と化合すること。②ある元素名の前につけて、その元素が弗素と化合物をつくっていることを示す。

**ふつ-か**【二日】①二つの日。二日の間。two days ②月の第二日。the second day

**ぶっ-か**【仏果】《仏教語》仏道を修行して得られる成仏という結果。安心立命の境地。

**ぶっ-か**【仏家】＝ぶっけ。①寺院。②僧尼。

**ぶっ-か**【物化】①物が変化すること。万物のきわまりない変化・流転。②天命を終えて死ぬこと。物故。

**ぶっ-か**【物価】商品の市場価格。個別商品の価格を平均して総合的にみた値。流通段階に応じて消費者物価・卸売物価・輸入物価などに分けられる。prices

**ぶつ-が**【仏画】仏教絵画の総称。信仰礼拝のための尊像を描いた仏画と、堂塔伽藍の内部装飾の荘厳画に大別される。わが国では、ふつう前者の意味で用いられる。

**フッガー-け**【フッガー家】一五～一六世紀に繁栄した南ドイツ、アウグスブルクの財閥。鉱山業で巨富を成し、皇帝・教皇への金融を行い、国際政治にも影響を与えた。一六世紀後半、諸侯の支払い停止、新大陸からの銀の流入などで衰退。Fugger family

**ぶっ-かい**【仏界】仏の住む世界。浄土。

**ぶっ-かい**【物界】物質の世界。

**ぶつが-いちにょ**【物我一如】自我以外のもの(＝客観)と自我(＝主観)とが一つになること。

**ふっか-カルシウム**【▼弗化カルシウム】化学式$CaF_2$ カルシウムと弗素の化合物。天然に蛍石として存在。水にとけにくい。弗素や氷晶石の原料。calcium fluoride

**ぶっ-かき**【▽打っ欠き】食用に砕いた氷。関西では、かちわり。

**ふっ-かく**【伏角】《「ふくかく」の変》①目の位置より低い所を見る視線と水平線との角度。水平伏角。もと俯角。inclination; dip 対義 仰角。②地磁気の三要素の一つ。地球上のある場所の磁場ベクトルの方向が水平面となす角度。傾角。magnetic dip

**ぶっ-かく**【仏閣】寺の建物。寺院。temple

**ぶっ-か・く**【▽打っ欠く】(五他)《俗語》たたいて一部分を砕く。勢いよく砕く。

**ぶつ-がく**【仏学】仏教に関する学問。仏教学。

**ふっ-か・ける**【吹っ掛ける】(下一他)《「ふきかける」の転》①風や息を強く吹きつける。blow on ②しむける。しかける。provoke ③大げさに言う。値段を高く言う。overcharge

**ぶっ-か・ける**【▽打っ掛ける】(下一他)《俗語》水などを乱暴に注ぎかける。勢いよくかける。dash; throw

**ぶっか-しすう**【物価指数】各種の商品やサービスの価格の変動を平均し、総合的な物価水準の変動をしめす指数。ふつうは基準となる時点の物価を一〇〇として、各時点の物価をそれに対する値であらわす。卸売物価指数・消費者物価指数など。ＩＮＰ。index number of prices; price index

**ふっか-すいそ**【▼弗化水素】化学式$HF$ 沸点一九・五℃の発煙性をもつ無色の液体。反応性が大きく、弗素化剤、ガラスの腐食・つや消しに利用。hydrogen fluoride

**ふっかすいそ-さん**【▼弗化水素酸】弗化水素の水溶液。hydrofluoric acid

**ふっ-かつ**【復活】《「ふくかつ」の変》㊀(名・サ変自他) ①生き返ること。消滅したものを、また生かすこと。revival ②ふたたびさかんにすること。また、さかんになること。復興。restoration ③キリスト教で、イエス＝キリストが死後三日めに生き返ったこと。また、最後の審判の日に万人が生き返ること。the Resurrection ㊁(名)《原題Voskresenie(ロシア)》レフ＝トルストイの小説。一八九九年完成。売春婦カチューシャと、青年貴族ネフリュードフの改心とを中心にロシアの貴族官僚社会を批判。日本では大正三年(一九一四)に島村抱月の芸術座で劇化上演された。

**ふつか-づき**【二日月】陰暦で月の二日の夜に見える、糸のように細い月。とくに、八月二日の月をさす。

**ふっかつ-さい**【復活祭】イエス＝キリストの復活を祝う、キリスト教の最古、最大の祝日。春分のあとの満月直後の日曜に行う。イースター。Easter

**ぶっか-とうせい**【物価統制】政府が物資需給を円滑にするため、物価やサービスの価格を統制し固定すること。価格統制。price control

**ぶっかとうせい-れい**【物価統制令】第二次大戦後のインフレを収拾し、物価の安定をはかるために制定された法令。昭和二一年(一九四六)公布。

**ふっか-ナトリウム**【▼弗化ナトリウム】化学式$NaF$ 白色粉末。水にわずかに溶け、水溶液は塩基性。ガラスを腐食する。防腐剤・虫歯予防剤などに利用。sodium fluoride

**ふつか-よい**【二日酔い】 酒の飲み過ぎにより、酔いが翌日まで持ち越されて、さめない状態。宿酔。hangover

**ぶつかり-げいこ**【ぶつかり▾稽古】 相撲の基本練習の一つ。仕切りの体勢から、相手にぶつかって押す。立ち合い・当たりなど一連の動作を総合的に習得するためのもの。

**ぶつか・る**(五自) ①つきあたる。collide with ②出会う。meet with ③直接会って交渉する。negotiate directly with ④日・時間が重なる。fall on 用例 会議が—。⑤意見が対立する。conflict

**ふっ-かん**【副官】《「ふくかん」の変》軍隊の長官・指揮官の秘書役をつとめる士官。adjutant

**ふっ-かん**【復刊】(名・サ変他)《「ふくかん」の変》休刊・廃刊した刊行物をまた発刊すること。reissue

**ふっ-き**【服忌】《「ふくき」の変》近親の死にともない、一定期間喪に服すこと。忌服。

**ふっ-き**【復帰】(名・サ変自)《「ふくき」の変》もとの場所・地位・状態に戻ること。comeback 用例 現役に—する。

**ふっ-き**【伏▾羲・伏▿犠】 中国古伝説の皇帝で三皇の一人。人面蛇身、牛首虎尾。『易経』では八卦や文字を作り、民に漁労法を教えたという。

**ふ-づき**【▿文月】《「ふみづき」の略》陰暦七月の異称。

**ぶっ-き**【仏器】 ①仏前の供物を盛るうつわ。②仏具。

**ぶつ-ぎ**【物議】 世間の議論・批判。public censure

**物議を醸す**(ぶつぎをかもす) 世間にやかましい論議をまき起こす。cause a public discussion

**ふっき-そう**【富貴草】 山地の樹下に自生するツゲ科の常緑多年草。高さ約三〇cm。葉は厚質で卵状長楕円形。春に、茎先に白い小花が穂状に咲く。庭の陰地に群植される。

**ふっ-きゅう**【復▾仇】(名・サ変自)《「ふくきゅう」の変》①かたきをうつこと。あだうち。revenge ②相手国の国際不法行為の中止、または救済を求めて被害国のとる強制行為。

**ふっ-きゅう**【復旧】(名・サ変自他)《「ふくきゅう」の変》もとの状態に戻ること。また、戻すこと。restoration

**ふつ-ぎょう**【払暁】 あかつき。夜明け方。ふきょう。dawn

**ぶっ-きょう**【仏教】 釈迦の説いた教え。世界三大宗教の一つ。紀元前五世紀ごろインドに興り、南アジア・東アジアの諸地域に広まった。縁起の理法を悟り、苦しみのない涅槃の境地に至ることをめざす。南アジアには上座部仏教が、東アジアには大乗仏教が伝えられている。Buddhism

**ぶっ-きょう**【仏経】 ①仏教の経文。お経。②仏像と経典。

**ぶっきょう-おんがく**【仏教音楽】 仏教の儀式などに用いられる音楽。日本では、声楽である声明を主体とする。御詠歌など仏教に関係ある音楽一般もさす。

**ぶっきょう-が-たけ**【仏経ケ岳】 八剣山の別称。

**ぶっきょう-びじゅつ**【仏教美術】 仏教関係の美術。仏像彫刻や仏画が重視されるが、塔・寺院建築や経典・仏教用具などの工芸も多彩である。

**ぶっきら-ぼう**【ぶっきら棒】(名・形動) 言動に愛想がないこと・さま。blunt

**ぶつ-ぎり**【ぶつ切り】 適当に、大きく厚く切ること。また、切ったもの。chop 用例 タラの—。

**ふっ-き・る**【吹っ切る】(五他)《「ふききる」の転》①はれものの、うみをすっかり出す。②たまっていたものや、ためらいの気持ちなどを、きっぱり捨てる。abandon definitely

**ぶっ-き・る**【▿打っ切る】(五他)《俗語》たたき切る。荒々しく切る。cut off

**ふっ-き・れる**【吹っ切れる】(下一自) ①はれものの口があいて、うみが出る。ooze out ②たまっていたものが一度に出て、気持ちがすかっとする。feel refreshed ③風がしばらく吹きやむ。

**ふっ-きん**【腹筋】《「ふくきん」の変》はらの部分の筋肉。腹直筋・外腹斜筋・内腹斜筋・腹横筋からなる。abdominal muscle

**ふっきん-うんどう**【腹筋運動】 あおむけに寝た状態から上体を起こすなどの運動。腹筋の強化に効果がある。sit-ups

**ブッキング**【booking】 座席などの予約。また、芸能人などの出演契約。

**フック**【hook】 ①ホック。かぎ。②ゴルフで、打球が左へ曲がって飛ぶこと。比較 スライス。③ボクシングで、腕を直角に曲げ、腰の回転をきかせて相手に加える打撃法。

**フック**【Robert Hooke】(一六三五〜一七〇三) イギリスの物理学者・天文学者・数学者。フックの法則(=弾性の法則)を発見。コルク片の細胞観察をし、細胞を「セル」(cell)と名づけた。

**ぶっ-く**【仏供】 仏に供える物。ぶく。ぶつぐ。

**ブック**【book】 本。書物。

**ブック**【Niels Ebbesen Bukh】(一八八〇〜一九五〇) デンマークの体操家。一九二〇年国民体操学校を設立、デンマーク体操(基本体操)を創始・指導。

**ぶつ-ぐ**【仏具】 寺院・仏壇などの荘厳・供養・法会・祈禱・修法などに使用する器具。

**ふ-づくえ**【▿文机】《「ふみづくえ」の転》書物をのせ、読み書きに使う、和風のつくえ。

**ブックエンド**【bookends】 並べた本の両端や中間にあてがって、本が倒れないようにするもの。

**ブック-カバー**【book cover】 ①書物の表紙。②書籍の表紙にかぶせる覆い。帙。ブックジャケット。

**ブック-クラブ**【book club】 クラブで選定した本を特別製本し、定価より安価に販売する会員組織。ドイツにはじまり欧米で多くみられる。

**ぶつ-くさ**(副) 不平・小言などをつぶやくさま。ぶつぶつ。grumble 用例 —文句をいう。

**フックス**【Ernst Fuchs】(一九三〇〜) オーストリアの画家。ウィーン幻想派の一人。一五〜一六世紀の北欧絵画に想を汲む怪奇で官能的な画風。

**フック-の-ほうそく**【フックの法則】 弾性体の応力はひずみに比例するという法則。応力がある大きさを越えない限り、すべての固体について成り立つ。Hooke's law

**フック-ベント**《和製語》洋服の裾の割れ目をかぎ形にあけたもの。男性用のコートや、アイビー型のジャケットなどに多い。センターベンツの一種。

**ブックメーカー**【bookmaker】 ①手軽に次々と本を書く人。②競馬で、私設の公認馬券取り扱い業者。法的に認められているのは英国・アイルランド・西ドイツ・イタリアなど。

**ブックモビール**【bookmobile】 図書館資料を積んで、利用者のところへ出向き、図書館サービスを行う自動車。移動図書館。自動車文庫。

**ふっくら**(副・サ変自) やわらかに、ふくらんださま。ふっくり。fluffy; plump 用例 —としたほお。

**ブックレット**【booklet】 ページ数の少ない、簡素な作りの本。小冊子。パンフレット。

**ブック-レビュー**【book review】 書評。新刊紹介。

**ぶっ-け**【仏家】《仏教語》仏教を信じ奉ずる人。仏教徒。

**ふっ-けい**【復啓】《「ふくけい」の変》手紙の返事で、最初に書く語。拝復。

**ぶつ・ける**(下一他)《「ぶちつける」の転》①投げて当てる。ぶっつける。throw at ②激しく打ち当てる。hit 用例 柱におでこを—。③組み合わせる。match 用例 先鋒にエースを—。

**ふっ-けん**【復権】(名・サ変自他)《「ふくけん」の変》いったん失った法律上の資格や権利を回復させること。刑法上・恩赦法上・破産法上のものがある。remitter

**ふっけん**【福建】〈省〉 中国南東部、台湾海峡に臨む省。省都は福州。古来東アジア海運の中心、華僑の主要出身地。人口二六四四万(一九八四)。フーチエン。

**ぶっ-けん**【物件】 品物。また、物品など動産と、土地・建物など不動産。

**ぶっ-けん**【物権】 財産権の一つ。物を直接かつ排他的に使用・収益・処分できる権利。所有権・用益物権・担保物権・占有権など。real rights

**ぶっけん-こうい**【物権行為】 物権に変動を生じさせる法律上の行為。所有権の転移、抵当権の設定など。比較 債権行為。

**ぶっけん-ひ**【物件費】 土地・建物・調度などの買い入れ、維持などに使う費用。対義 人件費。

**ふっこ** 出世魚スズキの幼魚で全長三〇cm前後のもののよび名。

**ふっ-こ**【復古】(名・サ変自他)《「ふくこ」の変》昔に返ること。また、返すこと。restoration 用例 王政—。

**ふつ-ご**【▿仏語】《「ぶつご」は別語》フランス語。French

**ぶっ-こ**【物故】(名・サ変自) 人が死ぬこと。死去。death 用例 —者。

**ぶつ-ご**【仏語】《「ふつご」は別語》①仏教で使う、また仏教から出た特有の語。「袈裟・往生・極楽・世間・旦那・坊主」など。②仏の説いたことば。

**ふっ-こう**【復校】(名・サ変自)《「ふくこう」の変》もとの学校に戻ること。復学。return to school

**ふっ-こう**【復航】《「ふくこう」の変》船や航空機が目的地から帰るときの航行。

**ふっ-こう**【復興】(名・サ変自他)《「ふくこう」の変》もと通りさかんになること。さかんにすること。revival

**ふっ-こう**【腹▾腔】→ふくこう(腹腔)

**ふ-つごう**【不都合】(名・形動) ①勝手・具合が悪いこと・さま。inconvenience ②不届きなこと・さま。ふらち。wrong

**ぶっ-こう**【仏工】 仏像を刻む人。仏像・仏具をつくる人。仏師。

**ぶっ-こう**【物交】(名・サ変自)「物々交換」の略。

**ふっこうきんゆうきんこ-さい**【復興金融金庫債】 昭和二二年(一九四七)設置の復興金融金庫が、経済復興に必要な資金を調達するために発行した債券。大量に発行されたためインフレの原因となった。

●打っ裂き羽織 『風俗画報』より。

**ふっ-こく**【復刻・覆刻・複刻】(名・サ変他)《「ふくこく」の変》①書籍などの原本をもとに新たに版を作り直し、原本どおり再製すること。reproduction ②写本の原本をそのまま活字版にすること。また、その書物。翻刻。reproduction ③写真製版による活字版の再刊。reproduction

**ぶっこく-き**【仏国記】 中国、東晋の僧法顕の旅行記。一巻。三九九年長安を出発、西域・インド・セイロンを経て四一三年海路で帰国するまでの見聞を記したもの。当時の西域・インドを知る好資料。高僧法顕伝。法顕伝。

**ふっこ-しゅぎ**【復古主義】 過去の体制や状態にかえるべきだとする考え方。reactionarism

**ふっこ-しんとう**【復古神道】 江戸中期におこった神道説の一つ。僧契沖にはじまり、荷田春満・賀茂真淵・本居宣長・平田篤胤らの国学者が主唱。古典研究に立脚し、外来思想と習合した神道を批判。古道。惟神の道。

**ふっこ-ちょう**【復古調】 過去の思想や伝統にかえろうとする傾向。reactionary tendency

**ぶっこ-ぬ・く**【▿打っこ抜く】(五他)《俗語》①ぶちぬく。打ち抜く。②間を飛ばす。中間を省く。

**ぶっ-こ・む**【▿打っ込む】(五他)《俗語。「ぶちこむ」の転》①打ち込む。投げこむ。たたきこむ。throw in ②なべなどに、いろいろなものを手当たりしだいに入れる。throw in ③刀などを無雑作に腰にさす。wear

**ふっこやまとえ-は**【復古大和絵派】 江戸後期、古典大和絵の復興をめざした一群の画家。田中訥言・浮田一蕙・冷泉為恭など。

**ふっさ**【▿福▿生】〈市〉 東京都西部、立川市の西に接する町。米軍の横田基地をひかえて発展し、現在は宅地化が進んでいる。人口五万四三八九(一九八八)。

**ぶつ-ざ**【仏座】 仏のすわる座。仏像を安置する台。蓮台。seat of a Buddhist statue

**フッサール**【Edmund Husserl】(一八五九〜一九三八) ドイツの哲学者。現象学を創唱。著書『純粋現象学および現象学的哲学の考案(イデーン)』など。フッセル。

**ぶっさき-ばおり**【▿打っ裂き羽織】 武士が用いた羽織の一つ。背縫いの下半分を縫い合わせないで裂けたままのようにしたもの。乗馬や旅行などのさいに用いた。背裂き羽織。→図

**ぶっ-さつ**【仏▾刹】 寺。寺の塔。ぶっせつ。

**ぶっ-さん**【仏参】(名・サ変自) 寺まいり。



▾常用漢字表外。 ▿常用漢字表の音訓外。

**ぶっ-さん【物産】** 土地の産物。product

**ぶつ-ざん【仏山】** 中国、広東省中部の商工業都市。絹織物業・製陶業がさかん。歴史博物館の道祖廟がある。人口三〇万(一九八四)。フォーシャン。

**ぶっさん-かいしょ【物産会所】** 江戸時代、諸藩で特産物を扱う役所。江戸中期以降、国産奨励・財政再建策として設置。国産会所。

**ぶっ-し【仏子】**《仏教語》①出家して戒を受けた者。出家。僧。②いっさいの衆生。

**ぶっ-し【仏師】** 仏像の制作者。飛鳥時代以来の名称で、のち仏像彫刻専門の木仏師、仏画専門の絵仏師に区別された。

**ぶっ-し【物資】** 経済や生活にかかわる物。品物。goods

**ぶつ-じ【仏事】** 死者が安らかであることを祈る行事。法事。法要。法会。

**ブッシェル[bushel]** ①ヤード-ポンド法における重量の単位。一英ブッシェルは六二ポンド。一米ブッシェルは六〇ポンド。②ヤード-ポンド法における容積の単位。一英ブッシェルは八ガロン、一米ブッシェルは九・三一ガロン。

**ふっ-しき【払▼拭】**(名・サ変他) ↓ふっしょく(払拭)

**ぶっ-しき【仏式】** 葬儀・結婚式の、仏教の法式によるやりかた。対義 神式。

**ぶっ-しつ【物質】** ①金銭・品物などの、もの。thing ②物理で、空間の一部を占め、質量あるいはエネルギーをもつもの。物質に位置と形を付して実在のものをよぶときは物体という。material; substance 比較 物体。③哲学で、人間の感覚の対象となるものの本質。独立した客観的実在。matter 対義 精神。

**ぶっしつ-かん【物質観】** 物質概念や物質の存在形態に関する見解。古くはギリシア哲学の原子論に始まるが、現在では、分子・原子・原子核と電子・素粒子、そしてクォークとレプトンという基本粒子からなる物質の階層的構造が明らかにされている。また、もともと力を媒介する場は物質と対立する概念であったが、量子力学により物質波のつくる場と粒子とは相補的なものとなった。

**ぶっしつ-こうたい【物質交代】** ↓ぶっしつたいしゃ(物質代謝)

**ぶっしつ-しゅぎ【物質主義】** 精神面を軽んじ、金銭を重んじる考え方。materialism 対義 精神主義。

**ぶっしつ-たいしゃ【物質代謝】** 生体内で種々の物質が化学変化する過程。物質交代。metabolism

**ぶっしつ-ていすう【物質定数】** 物質固有の物理的性質を表す定数。密度・弾性率・比熱・熱伝導率・電気抵抗率など。

**ぶっしつ-てき【物質的】**(形動) ①物質に関するさま。material ②金銭などにとらわれるさま。materialistic

**ぶっしつ-の-さんたい【物質の三態】** 物質は、温度が変化すると固体・液体・気体のいずれかの状態をとる。この状態を物質の三態という。three states of matter

**ぶっしつ-は【物質波】** 物質の運動に付随した、量子力学的な波。電子顕微鏡などで利用。ド=ブローイが提唱。material wave

**ぶっしつふめつ-の-ほうそく【物質不滅の法則】** 物質の変化の前後で、基本的な構成要素は不変で、新しく生じることもなければ消滅することもないという法則。質量保存の法則と内容は同じ。law of conservation of matter

**ぶっしつ-ぶんか【物質文化】** 道具・機械・建造物など、人間が自然に働きかけて生産活動を行った結果生み出された文化。技術の発達や発明により蓄積されていく。material culture 対義 精神文化。

**ぶっしつ-ぶんめい【物質文明】** 物質面で進んだ文明。二〇世紀の文明のことをいう。material civilization

**ぶっしつ-めいし【物質名詞】** 英語・ドイツ語・フランス語などで、個別に数えることのできない物を表す名詞。単数・複数の区別がない。水・火・鉄など。material noun

**ぶっ-しゃ【仏者】** 仏門に入った者。僧侶。

**ぶっ-しゃり【仏舎利】** 釈迦の遺骨。

**ぶっ-しゅ【仏種】**《仏教語》①仏になるための因種。仏性。②菩薩の慈悲行。

**ブッシュ[Adolf Busch]**(一八九一～一九五二) ドイツのバイオリン奏者・作曲家。ブッシュ弦楽四重奏団・室内管弦楽団を創立。

**ブッシュ[George Herbert Walker Bush]**(一九二四～) アメリカの政治家。第四一代大統領(在任一九八九～)。マサチューセッツ州出身、エール大卒。一九六六年下院議員に当選し、七一～七二年国連大使、七六～七七年CIA(=中央情報局)長官などを歴任。八一年副大統領となり、八八年の大統領選挙でデュカキス候補を破って大統領に選出された。

**ブッシュ[Wilhelm Busch]**(一八三二～一九〇八) ドイツの詩人・画家。現在も親しまれている絵本を書いた。絵物語『マックスとモーリッツ』など。

**プッシュ-アップ-スリーブ[push up sleeve]**《服飾用語》袖口にひもなどを通して絞り、上方に押し上げて着ることを目的とした袖。おろせばもとの円筒状の袖に戻る。

**ぶっしゅ-かん【仏手▼柑】** ↓ぶしゅかん(仏手柑)

**ブッシュ-コート[bush coat]**《「ブッシュ」はやぶ、茂み、灌木の意》アフリカの灌木地帯で、探検隊員などによって着用されたカーキ色の木綿のコート。前打ち合わせは、シングルで、四つのパッチポケット、ベルト付きのジャケット。サファリジャケット。↓図

●ブッシュコート

**ブッシュドッグ[bushdog]** イヌ科の動物。体長六〇～七五cm。体高約二六cm。体はタヌキに似て、胴長・短足。森林や草原にすみ、群れで狩りをする。中米・南米北部に分布。ヤブイヌ。

**ブッシュバック[bushbuck]** ウシ科のレイヨウの一種。体高約九〇cm。体は赤褐色で白斑や白線がある。森林や藪地にすみ、用心深い。アフリカ中・南部に分布。

**プッシュプル-ぞうふくき【プッシュプル増幅器】** 二個の同特性のトランジスターを対称に接続し、大きさが等しく逆位相の入力信号を加え、変圧器などで合成して出力する回路。push-pull amplifier

**ブッシュ-ベビー[bush baby]** ①↓ギャラゴ。②ショウギャラゴの別名。

**プッシュホン**《和製語》押しボタン式のダイヤルからなる電話機。ダイヤル時間が短く、可変短縮ダイヤルで、簡単なデータ伝送も可能。push-button telephone

**ブッシュマン[Bushman]** 南アフリカのカラハリ砂漠に住む黒色人種でコイサン語群に属する部族の通称。低身長。小集団で移動、狩猟・採集が生業。ヨーロッパ人による蔑称で、現地ではサン-クァ(サンの人々)。

**プッシュ-ロック[push lock]** 錠前の一種。ドアのノブの中央の突起を押して閉じると、自動的に錠がかかる。

**ぶっ-しょ【仏書】** 仏教に関する本。仏典。内典。

**ぶっ-しょう【仏性】**《仏教語》だれもが備えているとされる仏になる可能性。如来蔵。仏心。

**ぶっ-しょう【物証】**「物的証拠」の略。

**ぶっ-しょう【物象】** ①物のかたち。object ②自然のすがた。natural phenomenon

**ぶつ-じょう【物上】**《物的、の意》物・財産に関すること。

**ぶつ-じょう【物情】** ①世間のありさま。世人の心情。public feeling ②物のありさま・性質。state of things

**ぶっしょう-え【仏生会】** ↓かんぶつえ(灌仏会)

**ぶつじょう-そうぜん【物情騒然】**(形動トタル) 社会がさわがしく険悪なさま。public unrest

**ぶつじょう-だいい【物上代位】** 担保物権の目的物が滅失したり売却されたりした場合、そのことによって得られた火災保険金や売却代金などに担保物権の効力が及ぶこと。

**ふっ-しょく【払▼拭】**(名・サ変他) すっかりぬぐい去ること。ふっしき。wipe off

**ぶっ-しょく【物色】**(名・サ変他) ①人相書きを目あてに人を探すこと。look for ②適当な人・物を探すこと。selection 用例 実力のある人を—中。

**ぶっ-しん【仏心】** ①仏の慈悲心。②仏性。

**ぶっ-しん【仏身】** 仏のからだ。

**ぶっ-しん【仏神】** 仏と神。神仏。

**ぶっ-しん【物心】** 物質と精神。matter and mind 用例 —両面。

**ぶっしん-しゅう【仏心宗】** 禅宗の別称。

**ぶっしん-すうはい【物神崇拝】** ↓じゅぶつすうはい(呪物崇拝)

**ブッセ[Carl Busse]**(一八七二～一九一八) ドイツの詩人。新ロマン派。日本では、上田敏訳『山のあなたの空遠く』の詩で知られている。

**ぶっ-せい【物性】** 物質の性質。

**ぶつ-ぜい【物税】** 土地や物の所有・取得・製造・販売とそれらからの収益に対して課される租税。固定資産税・事業税など。tax on goods and possessions 対義 人税・行為税。

**ぶっせい-ろん【物性論】** 物質の示す巨視的な性質を原子論的な立場から解明する学問。とくに固体物理学と関連が深く、また物理化学などとも関係し、理論的基礎を量子力学や統計力学におく。物性物理学。

**ふっ-せき【沸石】** ナトリウムやカリウム、カルシウム、アルミニウムなどの珪酸塩鉱物。無色ないし白色。三次元網目状構造をもち、気体を吸着する分子ふるい、吸湿剤・触媒などに利用。三〇種以上あり、火山岩の空洞内や割れ目、熱水鉱脈などに産出する。ゼオライト。zeolite

**ぶっ-せつ【仏説】** 仏が説いた教え。

**ふつ-ぜん【▼怫然・▼艴然】**(形動トタル) むっとして怒るさま。

**ぶつ-ぜん【仏前】** 仏の前。仏壇の前。

**ふっ-そ【▼弗素】** ハロゲンの一つ。元素記号F。原子番号九。原子量一九・〇。室温では特異臭のある淡緑黄色の気体。反応性に富み、化合力が強い。フレオン、弗素樹脂の原料。fluorine

**ぶっ-そ【仏祖】** ①仏教の開祖。釈迦。②釈迦と、禅宗の一宗一派の祖である祖師。

**仏祖掛けて**(ぶっそかけて) 仏祖に誓って。必ず。きっと。

**ぶっ-そう【仏葬】** 仏式による葬式。対義 神葬。

**ぶっ-そう【物騒】**(名・形動) ①世間がさわがしいこと・さま。穏やかでないこと・さま。disturbance 用例 —な世の中。②危ないこと・さま。危険。danger 用例 夜道は—だ。

**ぶつ-ぞう【仏像】** 仏の彫像や画像など、仏教の礼拝像の総称。ふつうは彫像をさす。数え方 一体・一座。↓図(次ページ)

**ぶっそう-げ【仏桑華】** ハイビスカスの和名。

**ぶっそく-せき【仏足石】** 釈迦の足跡を石に刻んだもの。古代インドで釈迦のシンボルとされ、のち礼拝の対象とされた。『薬師寺仏足石』など。↓写

●仏足石『大願寺仏足石』(奈良県)。

**ぶっそくせき-かたい【仏足石歌体】** 奈良薬師寺の仏足石の歌にみられる、五・七・五・七・七・七の歌体。

**ぶっそくせき-の-うた【仏足石の歌】** 奈良薬師寺の仏足石歌碑に刻まれた歌。二一首。日本語の仏教賛歌のうち最古のもので、万葉仮名で刻まれている。仏足石歌。

**ふっそ-じゅし【▼弗素樹脂】** 弗素を含むアルケンを重合して得られる熱可塑性樹脂の総称。テフロン(=ポリテトラフルオロエチレンの商標)が代表的。耐熱・高周波絶縁・耐薬品・耐摩耗性に優れる。fluorineresin

**ぶつ-そらい【物▼徂▼徠】** 荻生徂徠の中国風の呼称。

**ぶつ-だ【仏▼陀】**《buddha梵の音写。真理にめざめた人、の意で、「覚者」また「知者」と訳す》永遠普遍の真実の法を悟った人。釈迦の呼称であったが、大乗仏教では無数の仏陀の出現を説く。ブッダ。ほとけ。

**ぶっ-たい【仏体】** ①仏のからだ。②仏像。

**ぶっ-たい【物体】** ①人間の感覚で、それがわかるような一定の形を成しているもの。body ②知覚や精神をもたないもの。matter 比較 物質。

**ぶっ-たお・れる【▽打っ倒れる】**(下一自)《俗語》①勢いよく倒れる。fall down ②体力が尽きて倒れる。break down 用例 —までがんばる。

ふ

**ぶっだがや【仏▼陀▼伽▼耶】**《Buddha-gayā梵の音写》インドの仏教聖地。現名はボードガヤー。ビハール州ガヤの南方、パルガ川河畔にある。釈迦が六年間の苦行ののち、この地で悟りを開いたという。ぶだがや。↓写

●仏陀伽耶大塔。

**ぶっ-たぎ・る【▽打っ手切る】**(五他)《俗語》乱暴に切る。たたき切る。chop away

**ぶっ-たく・る【▽打っ手繰る】**(五他)①無理に奪い取る。ふんだくる。snatch ②暴利をむさぼる。ぼる。overcharge

**ぶっ-たた・く【▽打っ▼叩く】**(五他)《俗語》強くたたく。激しくたたく。うちたたく。beat

**ぶっだばつだら【仏駄▼跋▼陀羅】**(三五九～四二九) 北インド出身の僧。中国に入り、鳩摩羅什、慧遠、法顕などと親交を結ぶ。訳経僧として名高く、漢訳に六〇巻本の『華厳経』(六十華厳・旧訳)など。ブッダバドラ。

**ぶっ-たま・げる【▽打っ▽魂▽消る】**(下一自)《俗語》ひどく驚く。びっくりする。be astonished

**ぶつ-だん【仏壇】**①仏像を安置する壇。②仏像や位牌を安置する厨子。

**プッチーニ【Giacomo Puccini】**(一八五八～一九二四) イタリアの作曲家。旋律の美しさと劇的効果の高い多くのオペラを残した。ベルディ後のイタリア-オペラ界の第一人者。作品『ボエーム』『トスカ』『蝶々夫人』など。

**ぶっ-ちがい【▽打っ違い】**十字形に交差すること。ぶっちがえ。うちちがい。cross

**ぶっ-ちぎ・る【▽打っ千切る】**(五他)《俗語》①強い力でねじきる。激しくちぎる。tear off ②競馬などで他を大きく引き離す。run ahead

**ぶっちょう-づら【仏頂面】**無愛想な顔。ふくれっつら。sullen look

**ふっつ【富津】**〈市〉千葉県南西部、東京湾に臨む市。富津岬周辺は臨海工業地域で、内陸部では野菜栽培がさかん。人口五万六一六二(一九八八)。

**ブッツァーティ【Dino Buzzati】**(一九〇六～一九七二) イタリアの小説家。幻想と怪奇に満ちた作品を書いた。主著『タタール人の砂漠』『ある愛』など。

**ぶっつう-じ【仏通寺】**広島県三原市高坂町にある臨済宗仏通寺派の大本山。応永四年(一三九七)小早川春平の開基、愚中周及の開山。

**ふっつか【不▽束】**㊀(名・形動) 行き届かないこと・さま。unrefined 用例 ―な娘ですが。㊁古語(名・形動ナリ) ①重々しくしっかりしていること・さま。用例 ―なる御後ろ見まうけて(源氏・帚木)。②ぶこつで下品なこと・さま。ぶかっこう。用例 いと荒々しく、―なるさましたる翁(源氏・浮舟)。③深い思慮分別のないこと・さま。軽々しいようす。用例 頭おろしなど、―に思ひとりたるにはあらで(徒然・五)。

**ぶっ-つか・る**(五自)《俗語》打ち当たる。突き当たる。ぶつかる。bump against

**ぶっ-つけ【▽打っ付け】**突然、また、はじめてすること。いきなり。without preparation

**ぶっつけ-ほんばん【▽打っ付け本番】**練習をしないで、いきなり始めること。without rehearsal

**ぶっ-つ・ける**(下一他)→ぶつける

**ぶっ-つづけ【▽打っ続け】**休まずに続けてすること。続けざま。continuance 用例 夜昼―。

**ぶっ-つぶ・す【▽打っ▼潰す】**(五他)《俗語》つぶす。crush

**ふっつり**(副)①糸などを断ち切る音・さま。snap ②ためらわずに事をやめるさま。音信や関係などが完全にとだえるさま。completely 用例 ―と来なくなる。

**ぷっつり**(副)①綱などをたち切る音・さま。切れる音・さま。ぷっつりと。snap 用例 紐が―切れる。②あること、またはある日を境に、続いていた事がまったくとだえるさま。ふっつり。once and for all 用例 便りが―とだえる。

**ふっ-てい【払底】**(名・サ変自) すっかりなくなること。品切れ。scarcity

**ぶっ-てき【仏敵】**仏教を害する敵。外道。

**ぶっ-てき【物的】**(形動) 物質・物件に関するさま。物質的。material 対義 心的・人的。

**ぶってき-しょうこ【物的証拠】**裁判で、事実認定の資料となる検証物や文書。物証。material subdivision evidence 対義 人的証拠。

**ぶってき-りゅうつう【物的流通】**①原材料・製品などの商品の社会的流れ。物流。physical distribution ②個別企業が行う商品の包装・荷役・輸送・保管・通信などの諸活動。物流。physical distribution

**ぶつ-でし【仏弟子】**①釈迦から直接教えを受けた弟子。声聞。②仏教の信者。仏教徒。

**ふっ-てん【沸点】**液体の沸騰が起こるときの温度。物質に固有の値。ふつうは一気圧のもとでの沸点をいう。沸騰点。boiling point 対義 氷点。

**フッテン【Ulrich von Hutten】**(一四八八～一五二三) ドイツの帝国騎士・人文主義者。桂冠詩人。ルターを支持しローマ教会を攻撃、騎士戦争に加わり、敗れてスイスにのがれる。著書『対話』『論難書』など。

**ぶっ-てん【仏典】**仏教経典。仏教に関する書物。仏書。

**ぶつ-でん【仏殿】**①仏像を安置・礼拝する建物。仏堂。②禅宗寺院で、本尊を安置する伽藍の中心建物。

**ふってん-じょうしょう【沸点上昇】**液体に不揮発性の溶質が溶解して、その沸点が上昇すること。elevation of boiling point

**ぶつでん-ず【仏伝図】**仏教の祖、釈迦の生涯(仏伝)を絵画・彫刻で現したもの。前世を扱った「本生譚」とは区別される。紀元前二世紀ごろには出現。『絵因果経』など。

**ブッデンブロークけのひとびと【ブッデンブローク家の人々】**《原題 Buddenbrooks ドイ》トーマス=マンの小説。一九〇一年刊。四代にわたる豪商一族の繁栄と没落の過程を描く。

**ふっ-と**(副)①急に、不意に。ふと。suddenly ②息を吹くさま。with a puff

**フット【foot】**①足。対義 ハンド。②徒歩。③英詩で、脚韻。

**フッド【Thomas Hood】**(一七九九～一八四五) イギリスの詩人。詩『嘆きの橋』『下着の歌』など。

**ぶっ-と【仏徒】**仏教を信じる人々。仏教徒。

**ぶつ-ど【仏土】**①仏が住む国土。浄土。②仏が教化する国土。

**ぷっ-と**(副)①唇をつぼめ、口にふくんだものを勢いよく吐き出すさま。spit 用例 ブドウの種を―吐く。②こらえかねて笑い出すさま。burst out laughing 用例 ―吹き出す。③不機嫌になるさま。ぷうっと。pout 用例 ―ふくれる。④ふくれ上がるさま。ぷうっと。puff up 用例 風船が―ふくらむ。

**ふっ-とう【沸騰】**(名・サ変自) ①にえたつこと。液体がその内部で気化する現象。蒸気圧が液体の圧力に等しくなる温度(=沸点)で起こる。boiling ②わきたつこと。さわぎたてること。commotion; excitement

**ぶっ-とう【仏塔】**仏教寺院の塔。釈迦の骨といわれた仏舎利をまつるための塔。卒塔婆。

**ぶつ-どう【仏堂】**仏像を安置する建物。仏殿。

**ぶつ-どう【仏道】**①仏の教え。②仏の悟りに入る道。

●仏像 如来像、菩薩像の各部名称

**ふっとうすいがた-げんしろ【沸騰水型原子炉】**軽水炉の一つ。濃縮ウランを核燃料とし、軽水を減速材・冷却材として炉内の沸騰蒸気で発電タービンを運転する。boiling water reactor

**ふっとう-せき【沸騰石】**液体を沸騰させるとき、突沸を防ぐために入れる多孔質性の物質の小片。素焼き板の小片など。boiling stone

**ふっとう-てん【沸騰点】**→ふってん(沸点)

**ぶっ-とおし【▽打っ通し】**始めから終わりまでずっと続けること。ぶっ続け。continuously

**ぶっとちょう【仏図澄】**(二三二～三四八) 中国仏教の初期に活躍した西域の僧。三一〇年洛陽に入り、後趙王に尊崇され、仏法を広めた。

**フットノート【footnote】**書物で、本文の下につける注釈。脚注。

**ふっ-とば・す【吹っ飛ばす】**(五他)《俗語》①強く吹いて飛ばす。勢いよく飛ばす。blow away ②不安など、きれいさっぱり消し去る。clear

**ぶっ-とば・す【▽打っ飛ばす】**(五他)《俗語》①勢いよく飛ばす。blow off ②激しい勢いで車などを走らせる。rush 用例 バイクで―。③強くなぐる。beat

**ふっ-と・ぶ【吹っ飛ぶ】**(五自)《俗語》①風などに吹かれて勢いよく飛ぶ。すっとぶ。blow away ②消えてなくなる。vanish

**フットボール【football】**サッカー・ラグビー・アメリカンフットボールなどの総称。蹴球。

**フットライト【footlights】**舞台手前の床面から、俳優を照らす照明。脚光。

**フットライトを浴びる**(フットライトをあびる) =脚光を浴びる。①舞台に立つ。appear before the footlights ②世間に注目される。be in the limelight

**ブッドレア【buddleia】**フジウツギ科フジウツギ属の総称。園芸上はフサフジウツギをさす。常緑低木。葉は卵状披針形。夏に、藤色の小花を多数つける。

**フットワーク【footwork】**①スポーツで、サッカーなどの足さばきや野球の守備でのボー

ふ

ルに対する足を使った動き。②ボクシングで、ボクサーがリング内で有利な体勢をとるための足の動き。

**ふつ-トン【▽仏トン】** メートル法における質量の補助計量単位。一仏トンは一〇〇〇kg。メートルトン。記号t。

**ふつぬし-の-かみ【▽経津主神】** 日本神話の神。『日本書紀』で、天照大神の命を受け、武甕槌命とともに大国主命に出雲の国譲りをさせた神とされる。

**ぶつ-のう【物納】**(名・サ変自) 租税を金銭以外の物品で納めること。日本では相続税の金銭での納付が困難な場合に限り、不動産・国債などの財産による納付が認められる。tax payment in kind 対義 金納。

**ぶつ-ばち【仏罰】** 仏から受ける罰。ぶつばつ。

**ぶっ-ぱな・す【▽打っ放す】**(五他)《俗語》うちはなす。発砲する。shoot

**ぶっ-ぴん【物品】** ①物。品物。article ②法律で、不動産以外の形ある物。動産と有価証券。personal estate; personal property

**ぶっぴん-ぜい【物品税】** 間接消費税の一つ。ぜいたく品・娯楽用品・乗用車など特定の品目の製造者または小売業者に課される国税。消費税の創設にともない、平成元年(一九八九)に廃止された。

**ぶつ-ぶつ【沸沸】**(副) ①汁や油などが煮えるさま。simmer 用例 ―と煮えたぎる。②水、また思いなどがわき出るさま。flow out 用例 ―と感慨がわく。

**ぶつ-ぶつ** ㊀(名) 小さい粒状のもの。とくに吹き出物。pimple 用例 顔に―ができる。㊁(副) ①つぶやくさま。小言・不平をいうさま。mutter ②つながっていないさま。in chunks 用例 ―に切る。③粒だっているさま。grained 用例 表面が―とあわだつ。④くりかえし突き刺すさま。また、その音。

**ぷつ-ぷつ**(副) ①物がたやすく、切れ切れになるさま。②粒だっているさま。pimply ③針などで、小さな穴をあけるさま。また、その音。

**ぶつぶつ-こうかん【物物交換】** 貨幣を使わずに、物と物とをじかに交易すること。物交。バーター。barter

**ふつ-ぶん【▽仏文】** ①フランス語の文章。French sentence ②「フランス文学」の略。③大学の仏文科。フランス文学科。department of French literature

**ふつ-ほう【▽仏法】**《「ぶっぽう」は別語》「フランス法学」「フランス法学科」の略。対義 英法・独法。

**ぶっ-ぽう【仏法】**《「ふつほう」は別語》仏の教え。仏教。仏道。対義 王法。

**仏法の昼**(ぶっぽうのひる) 仏教が盛んなこと、また、その時を、夜に対する昼にたとえた語。

**ぶっぽう-そう【仏法僧】** ①仏教で、仏が説いた法・教えを奉ずる僧。三宝。②ブッポウソウ科の渡り鳥。ハトぐらいの大きさで、翼長約二〇cm。昼間ギャギャギャと鳴きながら樹上を飛ぶ。青緑色で美しい。夏、本州・四国・九州に渡来。名は、この鳥が「ブッポーソー」と鳴くと思われていたことに由来し、霊鳥とされたが、鳴き声の主はコノハズクであることがわかり、「姿の仏法僧」ともいわれるようになる。三宝鳥。Himalayan broad-billed roller ③《鳴き声が「ブッポーソー」と聞こえることから》コノハズクの異名。参照 コノハズク。↓図

●ブッポウソウ②

**ぶつ-ぼさつ【仏▼菩▼薩】** 仏と菩薩。

**ぶつ-ま【仏間】** 仏像や位牌のある部屋。

**ぶ-づみ【歩積(み)】**「歩積み預金」の略。

**ぶつ-みょう【仏名】** 仏の名号。南無阿弥陀仏など。

**ぶづみ-よきん【歩積(み)預金】** 拘束預金の一つ。金融機関が手形割引にさいし、割引の手取り金の一部を預金として積み立てさせるもの。ぶづみ。

**ぶつ-めつ【仏滅】** ①《「仏滅日」の略》六曜の一つ。仏事以外は凶といわれる日。対義 大安。②釈迦の死。入滅。

**ぶつ-もん【仏門】** 仏の道。仏教。

**仏門に入る**(ぶつもんにはいる) 出家する。

**ふつ-やく【▽仏訳】**(名・サ変他) フランス語に訳すこと。また、翻訳したもの。French translation

**ぶつ-よく【物欲・物▼慾】** 金品をほしいと思う心。worldly desires 用例 ―の徒。

**ぶつ-り【物理】** ①ものの筋道・道理。the law of nature 用例 ―天道の自然。②「物理学」の略。

**ふ-つりあい【不釣(り)合い】**(名・形動) つりあわないこと・さま。disproportion

**ぶつり-かがく【物理化学】** 化合物の性質を物理学的研究方法によって整理・体系づける化学の一分野。physical chemistry

**ぶつり-がく【物理学】** 自然科学の一部門。時間や空間を含めた自然を構成する物質や自然界の多様な現象を研究し、その仕組みや法則を明らかにする学問。physics

**ぶつ-りき【仏力】** 仏のもつ不思議な力。仏の通力。

**ぶつり-けい【物理系】** 物理的な相互作用で関連し合っている物質の集合体。物理学が研究の対象とする。physical system

**ぶつり-こうがく【物理光学】** 光学の一分野。光を電磁波としてとらえて、干渉・回折・偏光・散乱などの現象を調べ、光波と物質の相互作用などを論じる。physical optics

**ぶつり-たんこう【物理探鉱】** 地下の岩石の物理的性質を利用して物理量を測定し、地質構造や鉱床の存否を知る技術。測定方法などによって電気探鉱・磁気探鉱・重力探鉱・地震探鉱・放射能探鉱などに分類。ふつう二種以上を併用。物理探査。geophysical prospection

**ぶつり-ていすう【物理定数】** ↓ふへんていすう(普遍定数)

**ぶつり-てき【物理的】**(形動) ①物理の法則にかなっているさま。physical ②力・運動・場所などに関係のあるさま。physical 用例 ―に不可能な計画。

**ぶつりてき-ふうじこめ【物理的封じ込め】** 組み換えDNAの実験から生まれたバクテリアやウイルスが外部へ拡散することを防止するために設けられた基準。実験室の設備ならびに実施要項に関するもので、緩い順にP1からP4まで区分されている。physical containment

**ぷつり-と**(副) ＝ぷつっと・ぷっつり。①糸などが切れる音・さま。snap 用例 ―綱が切れる。②続いていたものが急にとだえるさま。cease entirely 用例 ―連絡がとだえる。③張りのある物に針などを突き刺す音・さま。④小さく粒立つさま。swell a little 用例 カにさされたあとが―ふくれる。

**ぶつり-へんか【物理変化】** 物質の物理学的性質や状態が変化すること。physical change 比較 化学変化。

**ぶつ-りゅう【物流】**「物的流通」の略。

**ぶつ-りょう【物量】** ①物の分量。amount of resources ②物資の多さ。physical superiority 用例 ―に物を言わせる。

**ぶつ-りょう【物療】**「物理療法」の略。

**ふつりょう-インドシナ【▽仏領印度支▼那】** ↓フランスりょうインドしな(フランス領インド支那)

**ぶつりょう-か【物療科】** 物理療法を用いて治療を行う、医学の一部門。department of physiotherapy

**ぶつり-りょう【物理量】** 物質の物理学的性質や状態の測定量。数値と単位で表される。physical quantity

**ぶつり-りょうほう【物理療法】** 光・電気・水・温熱・機械力・その他の物理的な作用を利用した治療法。おもに、慢性的な痛みや麻痺の治療に使われる。理学療法。物療。physical therapy 対義 化学療法。

**ぶつるいしょうこ【物類称呼】** 江戸時代の方言辞書。越谷吾山著。安永四年(一七七五)刊。諸国の方言を天地・人倫・動物・生植・器用・衣食・言語の七部門約五〇〇〇項に分類、解説。

**ふつ-わ【▽仏和】** ①フランス語と日本語。French and Japanese ②「仏和辞典」の略。対義 和仏。

**ふつわ-じてん【▽仏和辞典】** フランス語に日本語でその意味・用法などの説明を付けた辞典。仏和。French-Japanese dictionary

**ふで【筆】** ㊀(名)《「ふみて(文手)」の転》①墨や絵の具で文字や絵をかく用具。タヌキ・ウサギ・シカなどの毛を束ねて竹管にはめる。毛筆・木筆など。brush 比較 ペン・鉛筆。数え方 一本・一管・一茎・一対。②書くこと。また、その字・絵。writing 用例 画家の―になる絵。③書かれたもの。文章。㊁(助数) ①筆に墨をつける回数を数える語。用例 一行を一―で書く。②筆を紙からはなす回数を数える語。用例 一―書き。

**筆が立つ**(ふでがたつ) 文章を書くのがうまい。a good writer

**筆に任せる**(ふでにまかせる) 筆の進む勢いにまかせる。let one's pen wander 用例 筆に任せて、思いつくままに書きつづる。

**筆の尻取る**(ふでのしりとる) 手を取って教える。詩歌や文章の添削をする。

**筆の運び**(ふでのはこび) ①書道で、筆のつかいかた。運筆。one's way of handling a brush ②文章を展開していくさま。skill in writing

**筆を入れる**(ふでをいれる) 文章を直す。添削する。筆を加える。correct

**筆を擱く**(ふでをおく) 書くのをやめて、筆を置く。筆を拭う。lay down the pen 比較 筆を折る。

**筆を折る**(ふでをおる) やむをえず、文筆活動をやめる。ペンを折る。give up writing

**筆を下ろす**(ふでをおろす) ①新しい筆をはじめて使う。begin to use a new pen ②文字や文章を書きはじめる。begin to write

**筆を加える**(ふでをくわえる) ①書き入れる。add touches ②文章を直す。correct

**筆を染める**(ふでをそめる) ①筆に墨汁を含ませて書く。②初めて書く。

**筆を執る**(ふでをとる) 書く。

**筆を拭う**(ふでをぬぐう) 書画や文章をかくのを、そこでやめる。筆を擱く。

**筆を運ぶ**(ふでをはこぶ) 文字や文章を書き進める。write

**筆を走らせる**(ふでをはしらせる) ①すらすら書く。write off ②走り書きをする。scribble

**筆を揮う**(ふでをふるう) 書画をかく。揮毫する。wield a pen

**ふ-てい【不定】**(名・形動) 物事が一定しないこと・さま。きまっていないこと・さま。indefinite

**ふ-てい【不貞】**(名・形動) 操を守らないこと・さま。unchastity 比較 不倫。用例 ―を働く。

**ふ-てい【不▼逞】**(名・形動) 気ままにふるまって、無法な行いをすること・さま・人。無法。lawlessness 用例 ―のやから。

**ふ-でい【腐泥】** 海底や湖底にみられる、腐敗した藻類や胞子などの生物遺骸を主成分として堆積した黒色の軟泥。sapropel

**ぶ-てい【武帝】**(BC一五九〜BC八七) 中国、前漢第七代皇帝(在位BC一四一〜BC八七)。高祖劉邦の曾孫。郡国制を実質的な郡県制として中央集権を強化。儒教を国教として思想的支柱とした。封禅の実施、年号の制定など新政策を施行。外に対しては匈奴を征し、西域・安南を経略、朝鮮半島には楽浪など四郡をおいて統治した。古代国家の完成者として後世に大きな影響を与えた。

**プティ【Roland Petit】**(一九二四〜) フランスの舞踊家・振付師。パリ-バレエ団を結成。世界のバレエ界に新風を吹きこんだ。プチ。

**ふてい-が【不定芽】** 茎の先端や葉の付け根以外の、葉や茎、根などにできる芽。adventitious bud

**ふ-ていき【不定期】**(名・形動) 時期・期限が一定していないこと・さま。irregularly

**ふていき-けい【不定期刑】** 裁判では具体的な刑期を確定せず、刑の執行の状況をみたうえで釈放の時期を決める刑。indeterminate sentence

**ふていき-せん【不定期船】** 乗客や荷主の要求に応じて、随時就航する船舶。貿易では荷物の種類・量・行き先に応じてよく利用される。tramp 対義 定期船。

**ふていけい-し【不定型詩】** 形式のきまっていない詩。散文詩など。対義 定型詩。

**ふ-ていこう【負抵抗】** 電圧変化と電流変化の比が負になってオームの法則を満たさない特性。回路素子などにみられる。negative resistance

**ふてい-こん【不定根】** 茎の途中や葉のふちなど、根以外の器官から出る根。adventitious root

**ふ-ていさい【不体裁】**(名・形動) かっこうが悪いこと・さま。ぶていさい。indecency

**ふで-いし【筆石】** 古生代に栄えた海産化石動物。小さな個体が群体を形成。黒色頁岩中に多産。重要な示準化石。graptolite

**ふてい-しゅうそ【不定愁訴】** 実際には器官に異常がないのに、体のある部分に不特定の苦痛・障害を訴える症状。general malaise

**ふてい-しょう【不定称】** 代名詞で、話し手にわからないもの、あるいは定まっていないものをさす語。「どれ・どこ・どちら・どなた」など、いわゆる「こそあど」の「ど」の付く系列。indefinite pronoun 比較 近称・中称・遠称。

●ブドウ①

甲州ブドウ　巨峰　デラウエア　マスカット　ベリーA　レディフィンガー

**ふてい-せきぶん【不定積分】** ①微分すると与えられた関数 $f(x)$ になるような、もとの関数。indefinite integral ②定積分 $\int^x f(t)dt$ を $x$ の関数と考えたとき、これを関数 $f(x)$ の不定積分という。$f(x)$ が連続関数なら、不定積分は原始関数の一つである。また $f(x)$ の原始関数の全体を $f(x)$ の不定積分ということもある。indefinite integral

**ブティック【boutique】**《小さな店、小売店、の意》①パリのオートクチュール付属の売店。②婦人服・アクセサリーなどを扱うしゃれた感じの小売店。

**プティパ【Marius Petipa】**（一八一八～一九一〇） ロシアの舞踊家・振付師。フランス生まれ。一九世紀後半に活躍した振付師で、『眠れる森の美女』などを振り付け、古典バレエの典型を築いた。プチパ。

**ふてい-ほう【不定法】** 西欧文法において、動詞のとる形態の一つ。数・人称・時節が不定で、一種の名詞としてもあつかわれる。infinitive

**ふてい-ほうていしき【不定方程式】** 整数を係数にもつ有限個の代数方程式の組で、とくにその整数解を問題とするとき、これを不定方程式という。indeterminate equation

**ふで-いれ【筆入れ】** 毛筆や鉛筆などの筆記用具を入れる箱や筒。筆筒。筆箱。pencil case

**プディング【pudding】** 卵・牛乳・砂糖・香料などを混ぜて蒸したデザート用の菓子。プリン。

**ふで-がしら【筆頭】** ①筆の先。②列記した人名の第一番。その人。ひっとう。

**ふ-てき【不適】**（名・形動） 適さないこと・さま。不適当。unsuitableness

**ふ-てき【不敵】**（名・形動） ①少しも恐れないこと・さま。fearlessness 用例 大胆―。②ずうずうしいこと・さま。audaciousness

**ふ-でき【不出来】**（名・形動） 出来が悪いこと・さま。poor work 対義 上出来。

**ふ-てきとう【不適当】**（名・形動） 適当でないこと・さま。unsuitableness 対義 適当。

**ふ-てきにん【不適任】**（名・形動） その任務にふさわしくないこと・さま。unfitness 対義 適任。

**ふ-てぎわ【不手際】**（名・形動） 要領・手際のよくないこと・さま。awkwardness

**ふで-くさ【筆草】** コウボウムギの別名。

**ふて-くさ・る【不▽貞腐る】**（五自） ↓ふてくされる（不貞腐れる）

**ふて-くさ・れる【不▽貞腐れる】**（下一自）《「不貞」は当て字》不平で反抗的になる。なげやりになる。ふてくさる。become sulky

**ふで-さき【筆先】** ①筆の先。tip of a writing brush ②文字。文章。比較 お筆先。③筆の扱い。書きぶり。運筆。manipulation of one's pen

**ふで-しょうが【筆生▼姜】** 葉つきショウガを、茎を少しつけたまま筆の形にむき、さっとゆでたあと甘酢に漬けたもの。魚の焼き物などに添える。

**ふで-たて【筆立て】** 筆をさしておく用具。

**ふで-づか【筆塚】** 使えなくなった筆を埋めて、供養する塚。

**ふで-づかい【筆遣い・筆使い】** ①筆の用い方。②文字のおもむき。筆致。touches

**ふで-つき【筆付き】** ①筆で書いた文字や絵のようす。筆致。②筆で書くときのようす。

**ふで-づくり【筆▼旁】** 漢字を組み立てている部分の名。「粛・肇」などの「聿」。

**ふで-づつ【筆筒】** 筆を入れておく筒。筆入れ。筆立て。

**ふ-てってい【不徹底】**（名・形動） 徹底しないこと・さま。十分に行きとどかないこと・さま。imperfect

**ふて-ね【不▽貞寝】**（名・サ変自） ふてくされて寝ること。staying in bed sulkily

**ふで-の-あと【筆の跡】** ①筆跡。one's handwriting ②書風。style of penmanship

**ふで-ばこ【筆箱】** 鉛筆・ペン・ナイフ・消しゴムなどの、書く用具を入れる箱。pen case

**ふで-ぶしょう【筆無精・筆不精】**（名・形動） 手紙や文章を書くのを、おっくうがること・さま・人。lazy correspondent 対義 筆まめ。

**ふてぶて-し・い**（形） ずうずうしい。impudent 派生 ふてぶてしげ（形動） ふてぶてしさ（名）

**ふで-ぶと【筆太】**（名・形動） 書いた文字の線が太いこと・さま。また、その太い文字。墨太。

**ふで-まめ【筆▽忠▽実】**（名・形動） おっくうがらずに手紙や文章を書くこと・さま。また、その人。ready correspondent 比較 口忠実。対義 筆無精。

**プテラノドン【pteranodon ラテ】** 白亜紀後期の世界各地にすんでいた巨大な翼竜。空を飛ぶ絶滅爬虫類の一種で、翼を広げると六～八mある。頭骨は細長く後方に突出し、長くとがった嘴には歯がない。尾も退化。大きな翼は主として第四指によって支えられる。↓恐竜図

**ふで-りんどう【筆▽竜▽胆】** 日当たりのよい山野にはえるリンドウ科の二年草。葉は広卵形で厚い。春に、茎の先に青紫花が数個咲く。花冠は長さ約二・五cmで、先は五裂。名は、花の形が筆の穂先に似ることに由来。

**ふ・てる【不▽貞る】**（下一自） ふてくされる。

**プテロサウルス【pterosaurus ラテ】** ジュラ紀から白亜紀に栄えた、空飛ぶ絶滅爬虫類。前肢および長く伸びた前肢第四指と体側との間にコウモリのような飛膜を形成。ジュラ紀のランフォリンクス（翼長約八〇cm）、白亜紀のプテラノドン（開張約八m）が代表。翼竜類。↓恐竜図

**プテロダクチルス【pterodactylus ラテ】** 空中を飛ぶように適応した絶滅爬虫類（翼竜）の一種。全長二〇cm内外。前肢および長く伸びた第四指と体側との間にコウモリのような飛膜を形成。ジュラ紀のヨーロッパから東アフリカに生息。

**ふてん-おんぷ【付点音符】** 音楽で音符の右に点を付けたもの。付点が一つ付けられるごとに前の音符の二分の一の長さが加えられるのが原則。dotted note

**ふ-でんき【負電気】** 電子と同符号の電気。エボナイトなどを毛皮でこするとき、エボナイト表面に現れる。負の電気。陰電気。negative electricity 対義 正電気。

**ふてん-そっと【普天率土】**《「率土」は国のはて、の意》天のあまねくおおう限り、土地の続く限り。天下。全世界。

**ふと【浮▼屠・浮図】**《仏教語。Buddha梵の音写で、覚者の意》中国における仏陀の古称。

**ふ-と**（副） ①思いがけず。偶然。unexpectedly ②古語 ㋐すぐ。あっさり。用例 わが弓の力は、竜あらば―射殺して（竹取）。㋑つっと。すっと。用例 音に聞きしねこまた、あやまたず足もとへ―寄り来て（徒然・八九）。

**ぶと【▼蚋・▼蟆・▼蟆▽子】** ブユの異名。

**ふと-い【太▼藺・▼莞】** カヤツリグサ科の多年草。沼や岸辺に群生。高さ約二m。夏に、小穂を茎頂に多数つける。茎でむしろや敷物を編む。オオイ。ツクモ。

**ふと・い【太い】**（形） ①棒状や線状のものの回りや幅が大きい。big 対義 細い。用例 握りの―バット。―線を引く。②肥えている。fat 対義 細い。用例 ―足。③声が低くて豊かだ。deep 対義 細い。用例 ―声。④大胆だ。audacious 対義 細い。用例 神経が―。⑤《俗語》横着である。用例 ―野郎だ。派生 ふとさ（名）

**太く短く**（ふとくみじかく） したいことをして納得のゆく人生を過ごせるなら、長生きできなくてもいい。lead a short but splendid life 対義 細く長く。

**ふ-とう【不当】**（名・形動） 正当でないこと・さま。道理にあわないこと・さま。injustice 用例 ―利得。

**ふ-とう【不等】** 等しくないこと。inequality

**ふ-とう【不▼撓】**（名・形動）《「撓」は、たわむ、曲がるの意》①曲がらないこと・さま。②困難に出会ってもくじけないこと・さま。indomitableness 用例 ―不屈。

**ふ-とう【▼埠頭】** 港で、陸地から海中に長く突き出した構築物。船からの貨物の積みおろし、旅客の乗降などを行うところ。それらの施設をもつ区域。はとば。wharf

**ふ-どう【不同】**（名・形動） ①同じでないこと・さま。difference ②順序などがそろっていないこと・さま。ふぞろい。irregularity 用例 順序―。

**ふ-どう【不動】** ①物が動かないこと。しっかりしていること。immobility ②心が動かされないこと。③「不動明王」の略。

**不動の姿勢**（ふどうのしせい） 直立して、じっと動かないでいる姿勢。ゆるがないでいること。immobile posture

**ふ-どう【浮動】**（名・サ変自） ういて漂うこと。しっかり定まらないで、ゆれ動くこと。float 対義 安定・固定。用例 ―票。

**ふ-どう【婦道】** 婦人として守るべき道。婦徳。

**ぶ-とう【舞踏】**（名・サ変自） ①舞い踊ること。②ダンス。dance 用例 ―会。

**ぶ-どう【武道】** ①武芸。武術。military arts ②武士道。

**ぶ-どう【▼葡▼萄】** ①つる性の落葉果樹。葉は掌状で互生。初夏に円錐状の花穂をつける。果実は球形か楕円形で房をなして下垂。色や形は品種により多様。ペルシア原産。酒造用・食用。ホトウ。grape 数え方 一房・一粒。②「葡萄色」の略。③紋所の名。葡萄の葉や実をかたどる。↓写

**ふ-とういつ【不統一】**（名・形動） 統一のとれていないこと・さま。まとまりのないこと・さま。lack of unity

**ぶどう-いろ【▼葡▼萄色】** 赤みを帯びた紫

▼常用漢字表外。　▽常用漢字表の音訓外。

色。葡萄。dark purple

**ふとう-えき【不凍液】** 液冷式の内燃機関の冷却水に配合して、その凍結を防止するために用いる液体。主成分はアルコールまたはエチレングリコール。antifreeze

**ふとう-おう【不倒翁】** おきあがりこぼし。だるま。

**ぶどう-がき【▼葡▼萄▼柿】** シナノガキの別名。霜にあたると果実が黒紫色となり、ブドウに似る。

**ふどう-かぶ【浮動株】** 安定株主がいないため、頻繁に売買されて市場に浮動している株式。floating stock [対義]固定株。

**ぶどう-きゅうきん【▼葡▼萄球菌】** 《ブドウの房状に集まるところからの名》化膿球菌の一種。化膿症・食中毒の病原となる。葡萄状球菌。staphylococcus ↓細菌[写]

**ふとう-こう【不凍港】** 寒地でも、暖流などの自然条件から、冬季に凍ることなく一年中船舶の出入りが可能な港。ノルウェーのナルビク港など。ice-free port

**ふ-とうごう【不等号】** 数学で、二つの数または式の大小関係を示す符号。記号「>」「<」「≧」「≦」。sign of inequality

**ふとう-ざい【不凍剤】** 液体の凍結を防ぐために加える物質。冷凍用の水溶液に入れる塩化カルシウム、冷却水の凍結防止用のエチレングリコールやアルコールなど。antifreezing agent

**ふ-どうさん【不動産】** 土地およびそれに定着する建物・樹木・石垣など。船舶・自動車なども法的には不動産に準じたあつかいをうける。real estate [対義]動産。

**ふどうさん-かんてい【不動産鑑定】** 土地や建物、またはこれらに関する権利の経済価値を判定すること。real estate appraisal

**ふどうさん-ぎょう【不動産業】** 土地・建物の造成・建築・分譲・賃貸しや、取り引きの代理仲介・斡旋などを行う営業。real estate business

**ふどうさん-ぎんこう【不動産銀行】** おもに不動産を担保として農業・工業に長期資金の貸し付けや債券の発行を行う銀行。日本債券信用銀行など。mortgage bank

**ふどうさん-きんゆう【不動産金融】** 土地や建物など不動産を担保とする金融。mortgage credit

**ふどうさん-しゅとく-ぜい【不動産取得税】** 地方税の一つ。都道府県が土地・家屋の取得者に課する。real property acquisition tax

**ふどうさん-しんだつ-ざい【不動産侵奪罪】** 他人の不動産を不法に自分の支配下におく罪。

**ふどうさん-とうきぼ【不動産登記簿】** 土地登記簿と建物登記簿の併称。register of fixed property

**ふとう-しき【不等式】** 二つ以上の数や式を不等号>や<または≧や≦を用いて表し、それらの大小関係を示す関係式。inequality [対義]等式。

**ぶどう-しゅ【▼葡▼萄酒】** ブドウを発酵させてつくった酒。ワイン。wine [数え方]一杯・一本・一瓶。

**ふどう-しょうすうてん【浮動小数点】** 位取りが自動的に調整される方式による数の表し方。コンピューターなどで用いられる。floating point representation

**ふとうすい-そう【不透水層】** 地層をつくる粒のすきまが小さく、水とおしの悪い地層。impermeable layer

**ぶどう-すかしば【▼葡▼萄透▼翅▼蛾】** 昼間飛ぶガ。体長約一・五cm。前翅は赤褐色、後翅は透明。幼虫のエビヅルムシはブドウの茎を食害。日本全土に分布。

**ふどう-そん【不動尊】** 不動明王の尊称。

**ふどう-たい【不動態】** 一度、濃硝酸につけた鉄のように、表面に不溶性の酸化薄膜ができたため、本来、溶けるはずの硫酸水溶液に入れても溶けない状態。passive state

**ふ-どうたい【不導体】** 熱や電気を伝えにくい物体。ガラス・磁器など。不良導体。絶縁体。non-conductor [対義]導体。

**ぶどう-とう【▼葡▼萄糖】** ↓グルコース

**ふ-どうとく【不道徳】**(名・形動) 道徳に背くこと・さま。immorality

**ふどう-ひょう【浮動票】** 支持する政党や候補者が選挙のたびに変わる有権者の票。政策的無関心や無定見による流動的浮動票と、政策や候補者をそのつど選択する選択的浮動票とがある。floating vote [対義]固定票。

**ぶとう-びょう【舞踏病】** 舌・唇・顔・手指などが、不随意に動く神経疾患。歩行が踊っているようにみえるためこの名がある。脳の神経核の異常が原因。chorea

**ふとう-ひょうじ【不当表示】** 商品やサービスの品質・効能・価格・量目などについて、消費者に誤認をあたえるような表示。misrepresentation

**ふとう-ふくつ【不▼撓不屈】** 困難に出会っても、屈したり、くじけたりしないこと。

**ぶとうへのかんゆう【舞踏への勧誘】** 《原題Aufforderung zum Tanz(ドイツ)》ウェーバー作曲のピアノ曲、一八一九年作。ベルリオーズによる管弦楽編曲も有名。

**ふどう-ほうし【不動胞子】** 胞子で、鞭毛がないため運動性をもたないもの。aplanospore [対義]遊走子。

**ぶどうまく-えん【▼葡▼萄膜炎】** 眼病の一種。虹彩毛様体と脈絡膜が同時におかされるもの。ともに目の重要な機能をつかさどっているので、視力障害が起こる。uveitis

**ふどう-みょうおう【不動明王】** 五大明王の一つ。密教で、大日如来の化身とされる仏教の守護神。怒りの相で右手に剣、左手に羂索を持ち、火炎を背負う形で表され、八大金剛童子を従える。不動。不動尊。無動尊。↓密教美術[写]

**ふ-とうめい【不透明】**(名・形動) すき通らないこと・さま。光を通さないこと・さま。にごっていること・さま。opacity

**ふとうめい-うん【不透明雲】** 太陽や月を完全に隠してしまうほど濃い雲。高積雲・高層雲・層積雲・層雲の場合に不透明雲になる。opacus

**ふとう-りとく【不当利得】** 法律上の原因がないのに、他人の財産・労務から利益を得ること。profiteering

**ふとう-ろうどうこうい【不当労働行為】** 使用者が労働者の団結権・団体交渉権・争議権などを侵害する行為。組合活動を理由とする不利益取り扱い・黄犬契約・団体交渉拒否など。unfair labor practice

**ふと-おり【太織(り)】** 太い練り絹糸で平織りした織物の総称。ふとぎぬ。ふとり。

**ふどき【風土記】** ①地方別に風土・文化その他の情勢をしるしたもの。②和銅六年(七一三)元明天皇の詔により作成された諸国の地誌の総称。郡郷名の由来・地形・産物・伝承などを漢文体で記述。大半は現存しないが『出雲国風土記』はほぼ完本。常陸・播磨・豊後・肥前のものは部分的に残存。平安時代以降編纂のものと区別して「古風土記」と称される。

**ふ-とく【不徳】**(名・形動) ①徳に背くこと・さま。不道徳。immorality ②徳の足りないこと・さま。lack of virtue [用例]—のいたすところ。

**ふ-とく【婦徳】** 婦人として守るべき道徳。婦道。

**ぶ-とく【武徳】** 武道・武事の徳義。武人・武勇の徳。

**ふ-とくい【不得意】**(名・形動) へたでまずいこと・さま。得意でないこと・さま。ふえて。one's weak point [対義]得意。

**ふ-とくぎ【不徳義】**(名・形動) 道にはずれること・さま。義理を欠くこと・さま。不義理。immorality [用例]—漢。

**ふ-とくてい【不特定】**(名・形動) とくにそれと定めないこと・さま。定まっていないこと・さま。indefinite [用例]—多数。

**ふとく-ようりょう【不得要領】**(名・形動) 要領を得ないこと・さま。とりとめがないこと・さま。non-committal

**ふところ【懐】** ①着物の胸に当たる部分の内側。それに似た所。pocket [用例]山の—。②内情。内幕。[用例]—を見すかす。③考え。腹の底。one's mind [用例]—を探る。④金回り。所持金。one's purse [用例]—が寂しい。

**懐が暖かい**(ふところがあたたかい) 所持金が豊かである。have a well-filled purse

**懐が痛む**(ふところがいたむ) 「懐を痛める」と同意。

**懐が深い**(ふところがふかい) ①度量がある。包容力がある。broad-minded ②相撲で、四つに組んだとき、まわしまでの距離がある。[用例]—大関。

**懐に入れる**(ふところにいれる) 他のものを自分のものにする。pocket; embezzle

**懐を痛める**(ふところをいためる) 自分の金を使う。自腹を切る。pay out of one's own pocket

**懐を肥やす**(ふところをこやす) 不当な利益を得る。私腹を肥やす。feather one's own nest

**ふところ-がたな【懐刀】** ①懐に入れている小さい守り刀。②知略にすぐれ、秘密の計画にあずかる腹心の部下。one's right-hand man

**ふところ-がみ【懐紙】** はながみ。たとうがみ。かいし。

**ふところ-ぐあい【懐具合】** 所持金の多少。one's finances

**ふところ-で【懐手】** ①手を懐に入れていること。②人任せで自分はなにもしないこと。idleness

**ふと-ざお【太▼棹】** ①さおの太い三味線。義太夫節に使う。[対義]細棹。②義太夫節。

**ふと・し【太し】** [古語](形ク) ↓ふとい(太い)

**ふと-じ【太字】** 線を太くした字。肉太の字。thick letter [対義]細字。[用例]—用万年筆。

**ふと-し・く【太敷く】** [古語](四他) ①柱などをいかめしくしっかりと立てる。宮殿を立派に造営する。[用例]宮柱—・きませば(万葉・一・三六)。②天下を立派に治める。[用例]定めてし瑞穂の国を神ながら—・きまして(万葉・二・一九九)。

**ふと-した**(連体) ちょっとした。unexpected [用例]—はずみ。

**ふとっ-ちょ【太っちょ】** 《俗語》太った人をからかっていう語。

**ふとっ-ぱら【太っ腹】** ㊀(名) 腹の中央部のよく太った所・人。potbelly ㊁(名・形動) 度量の大きいこと・さま。broad-minded

**ふ-とどき【不届き】**(名・形動) ①けしからぬこと・さま。ふらち。insolence [用例]—至極。②行き届かないこと・さま。注意の足りないこと・さま。carelessness

**ふ-どの【▽文殿】** 《「ふみどの」の転》書物を納めておく所。文庫。

**ふと-ばし【太▼箸】** 新年を祝い、雑煮を食べるときに用いる両端が細く中ほどが太いはし。多く柳で作る。雑煮ばし。祝いばし。

**プドフキン【Vsevolod Illarionovich Pudovkin】**(一八九三〜一九五三) ソ連の映画監督。モンタージュ理論の推進者。作品『母』『聖ペテルブルクの最期』『アジアの嵐』など。

**プトマイン【Ptomain(ドイツ)】** 腐ったたんぱく質から発生する有毒な化合物。

**ふとまき-ずし【太巻(き)▼鮨】** 厚焼き卵・かんぴょう・シイタケ・紅しょうがなど、彩りのよい材料をしんにした、太い巻きずし。

**ふと-まに【太▽占・太▽兆】** 古代の占法の一種。鹿の肩甲骨を焼いて現れた亀裂の模様で吉凶を占った。鹿卜。

**ぶ-どまり【歩留(ま)り・歩止(ま)り】** ①使われた原材料が減損することなく完成品となる割合。yield [用例]—がよい。②魚・野菜・穀類など食べられる部分の、全体に対する割合。yield

**ふと-むぎ【太麦】** オオムギの異名。

**ふと-め【太め】**(名・形動) 少し太いこと・さま。a little too big [対義]細め。

**ふと-もずく【太▽水▽雲】** 褐藻類ナガマツモ科の海藻。枝分かれのある太いひも状。濃褐色で粘質。長さ約二〇cm、幅三mm内外。本州中部以西の波の静かな内湾の岩上に生える。食用。スノリ。ソウメンノリ。

**ふと-もの【太物】** ①綿織物や麻織物など、太い糸の織物の総称。木綿問屋を太物問屋といった。[比較]呉服。②衣服にする布地。反物。

**ふともの-だな【太物▽店】** 織物のなかでも、綿織物や麻織物といった太物だけを扱う店。

**ふと-もも【太▼股・太▼腿】** 足の付け根に近いもものふくらんだ部分。thigh

**ふと-もも【▼蒲桃】** フトモモ科の常緑高木。高さ約一〇m。葉は対生し楕円形。花は白色で大形。果実は卵形で、食用・香料用。ホトウ。

**ふとり-じし【太り▽肉】** 肉づきのよいこと。肥満していること。plumpness

**ふと・る【太る・▽肥る】**(五自) ①しっかりと肉がつく。get fat [比較]肥える。[対義]やせる。[用例]—・った人。②豊かになる。財産などが増える。grow [対義]細る。[用例]財産が—。

**プトレマイオス【Ptolemaios Klaudios】**(生没年未詳) 一四〇年ごろのアレキサンドリアの天文・地理学者。ギリシア天文学を集大成した。天文学史上で最大の影響力を与えた天文書『アルマゲスト』を著す。トレミー。

**プトレマイオス〈一世〉【Ptolemaios I】**(BC三六七ごろ〜BC二八三) エジプト王(在位BC三〇五〜BC二八五)。ディアドコイ(アレクサンドロス大王の遺将)の一人。プトレマイオス朝を創始。紀元前三〇五年アレクサンドリアを首都に王国を樹立。親ギリシア政策を推進。

**プトレマイオス-ちょう【プトレマイオス朝】** 前三〇五〜前三〇年エジプトを支配した王朝。始祖はプトレマイオス一世。首都アレクサンドリア。前三世紀後半のプトレマイオス三世の治下に領土を最大に拡張したが、以

ふ



↓行き先項目、図版・写真参照印。 [JIS]日本工業規格情報交換用漢字符号コード(区点コード)。

後は内紛などで衰退、クレオパトラの治世に滅亡。ラゴス朝。Ptolemaic Dynasty

**ふ-とん【布団・▼蒲団】**《「ふ」「とん」は「蒲」「団」の唐音》㊀①寝具の一種。袋状にした布のあいだに木綿綿・化学繊維綿や羽毛・羊毛などを入れたもの。comforter 数え方 一枚・一重ね・一組み・一揃い。②座布団。cushion ③《「蒲団」で》ガマの葉で編んだ座禅用の円座。㊁《蒲団》田山花袋の小説。明治四〇年(一九〇七)発表。中年の作家の女弟子への愛と悲哀を赤裸々に描き、自然主義文学の方向を決定づけた。

**ふとん-むし【布団蒸し】** 人を布団に包んで苦しめるもの。

**ふな【▼鮒】** コイ科の淡水魚。全長二〇～四〇cm。沼や流れの穏やかな河川にすみ雑食性。コイとは口ひげがない点で区別できる。釣りの好対象。日本全土に分布。キンブナ・ギンブナ・ゲンゴロウブナ。crucian carp 数え方 一尾・一匹・一枚・一折り。→図

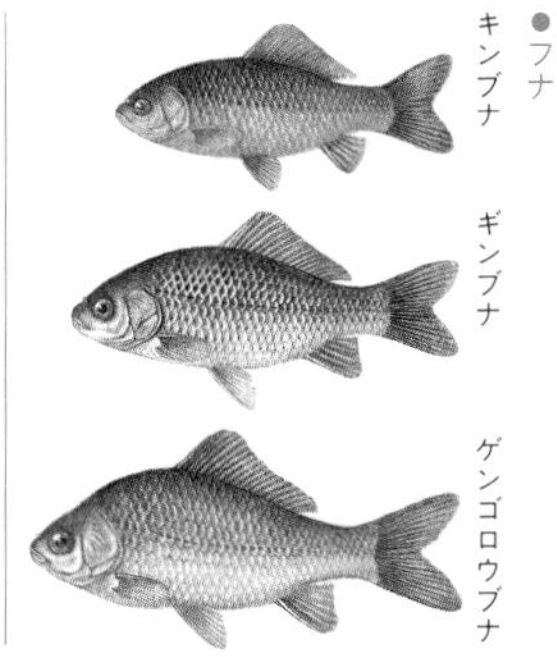

●フナ

**ぶな【▼橅・▼椈・▽山▽毛▼欅】** ブナ科の落葉高木。山地にはえる。高さ約二〇m。樹皮は灰色。葉は広卵形で互生。雌雄同株。日本特産で、温帯林を代表する樹種の一つ。実は食用・油用。材は家具・パルプ用など。シロブナ。ブナノキ。ホンブナ。→写

**ふな-あし【船足・船脚】** ①船の進む速さ。speed ②船の喫水。draught

**ふな-あそび【舟遊び】**(名・サ変自) 舟を乗り回して遊ぶこと。boating

**ふ-ない【府内】** ①府のうち。府の区域または管轄内。②大分市の旧称。古代、豊後国府の所在地。中世には大友氏の本拠地。江戸時代には竹中氏・日根野氏・松平(＝大給)氏など府内藩二万石の城下町。

**ぶ-ない【部内】** 対義 部外。①その部の内部。in the department ②部隊・関係者の内部。insider

**ふな-いくさ【船▽軍】** ㊀(名) 兵船の兵士。水軍。navy ㊁(名・サ変自) 船に乗り、水上で戦うこと。海戦。sea battle

**ふな-いた【船板】** ①船中のあげ板。plank ②造船用の板。ship timber

**ふないた-べい【船板塀】** 和船の古い板でつくった塀。

**フナイン-ブン-イスハーク【Hunayn bn Ishāq】**(八〇八～八七三) アラブの医者・翻訳者。ガレノス・ヒポクラテス・プラトンなどの古代ギリシアの学術文献を多数アラビア語に訳す大事業をなしとげ、自らも医書を著し、科学の発展に尽くした。

**ふな-うた【舟歌・舟▼唄】** 船頭などが、舟をこぎながらうたう歌。chantey

**ふなお【船穂】**〈町〉 岡山県南部、高梁川をはさんで倉敷市の西に接する町。水島臨海工業地域の後背地をなし、マスカット・花莚の産地で有名。山陽自動車道・玉島バイパスが通る。人口七六三九(一九八八)。

**ふなおか【船▼岡】**〈町〉 鳥取県東部、八東川流域の町。かつては川舟の起点。農業の町で、船岡公園は桜の名所。人口五一八九(一九八八)。

**ふなおか-やま【船▼岡山】** 京都市北区にある小丘。標高一一二m。もと刑場・火葬場。眺望がよく、古くから雪見の名所としても知られた。織田信長を祭る建勲神社がある。

**ふな-おさ【船▽長】** 船方のかしら。水夫の長。船頭。

**ふな-おろし【船卸し・船降ろし】** ①新造船を初めて水に浮かべること。また、その儀式。launch ②船の積み荷をおろすこと。unload

**ふ-なか【不仲】**(名・形動) 仲のよくないこと・さま。不和。on bad terms

**ふな-がかり【船掛(か)り・船▼繋り】**(名・サ変自) 船をつないで停泊すること。また、その港。

**ふな-かた【船方・舟方】** 船乗り。船頭。boatman

**ふながた【舟形】**〈町〉 山形県北東部、新庄・尾花沢両市の中間にある町。最上川に沿う農業の町で、長沢和紙の産地でもある。舟形温泉がある。人口七九七七(一九八八)。

**ふなかた-ぶし【船方節】** 民謡。もとは『出雲節』とよばれたが、船頭衆が座敷で歌ったためこの名がついた。『秋田船方節』が有名。

●ブナ　実。

**ふながた-やま【船形山】** 宮城・山形県境中央部、奥羽山脈中の山。標高一五〇〇m。山頂に御所神社があり、山形側では御所山という。

**ふな-ぐ【船具】** 船の道具。かじ・ろ・帆・錨など。rigging

**ふなくい-むし【船食虫】** 内湾や河口で水中の木材に穴をあけてすむフナクイムシ科の二枚貝。白色ひも状で、軟体部の体長約一〇cm。木造船の船底に穴をあける害虫。世界に広く分布。ふなむし。shipworm

**ふな-ぐら【船蔵・船倉】** ①水辺に設けて、船を入れておく建物。船小屋。船屋。boathouse ②船中で貨物を入れておく所。船倉。hold

**ふな-こ【船子・舟子】** 船に乗って船を操る人。船乗り。boatman

**ふなこし-やすたけ【舟越▽保▽武】**(一九一二～) 彫刻家。岩手県生まれ。東京美術学校卒。石彫人物像に定評がある。作品『二十六聖人殉教者像』など。

**ふなごや-おんせん【船小屋温泉】** 福岡県南部、筑後市の矢部川中流にある温泉。大楠・桜並木・紅葉の名所。

**ふなさか-とうげ【船坂峠】** 兵庫・岡山県境にある峠。標高一三一m。古来、近畿と中国を結ぶ要路で関所もおかれた。

**ふな-じ【船路】** ①船の通行する道。航路。海路。fairway ②船でする旅。voyage

**ふな-じるし【船印・船▽標】** 昔、船の所有国・所有者・乗船者などを示すために帆や旗などに用いた印。その帆や旗など。ship's flag

**ふな-ずし【▼鮒▼鮨】** 琵琶湖名産の源五郎ブナを二～三か月塩漬けにし、ご飯と交互に重ね、重石をして発酵させたすし。なれずしの原型。滋賀県の名物。

**ふな-ぞこ【船底】** ①船の底。bottom of a ship ②船の底のような弓形のもの。用例 ―まくら。

**ぶな-たい【▼橅帯】** →おんたいりん(温帯林)

**ふな-だいく【船大工】** 和船を造る大工。船匠。shipwright

**ふな-だな【船棚】** ①刳舟の両舷にとりつけた舷側板。せがい。②和船の部材の名称。船底材の航を除く船体を構成する外板。根棚・中棚・上棚などがある。

**ふな-たび【船旅】** 船に乗って旅をすること。船の旅。voyage

**ふな-だま【船霊・船▽魂】** 船の守護神。安全を祈って船中に祭る神で、祭神は神仏混交。船霊を船に祝いこめる役もつかさどる。船神。guardian deity of a ship

**ふな-だんす【船▼箪▼笥】** 近世の廻船の船中で使われた物入れ。金庫にあたる懸け硯・帳箱と、衣装櫃の半蓋の三種類があり、幕末から明治初期が最盛で、ケヤキ製で鉄の飾り金具をつけた豪華なものが作られた。

**ふな-ちん【船賃】** 船に乗るため、また船を借りるための料金。passage fare

**ふなつき-ば【船着(き)場】** 船が発着したり、とまったりする所。wharf

**ふな-づみ【船積み】** 船に荷物を積み込むこと。loading

**ふな-て【船手】** ①航路。船路。②船隊。水軍。船いくさ。③船頭や水夫の指揮者。

**ふな-で【船出】**(名・サ変自) 船が港を出ること。出帆。でふね。sailing

**ふな-どいや【船問屋】** 昔、船の積み荷・回送などの仕事を取り次いだ問屋。ふなどんや。

**ふなとく【船徳】** 落語の題名。勘当されて、船宿の二階に居候中の若旦那が、四万六千日の暑い日に、にわか船頭になって客を乗せる滑稽噺。もとは、『お初徳兵衛浮名桟橋』という浄瑠璃。

**ふな-どこ【船床】** 和船などで、船の床に敷くすのこ。転じて、船倉。

**ふなと-の-かみ【▽岐神】** 集落の入り口や、道路の分岐点などに祭られた神。邪霊の侵入を防ぎ、旅人の行路の安全を守るとされた。くなどのかみ。ちまたのかみ。道祖神。

**ふな-どめ【船留め・船止め】**(名・サ変自) ①船を停泊させること。②船の通行・出航を差し止めること。stop the passage of a ship

**ふな-に【船荷】** 船で運ぶ荷物。cargo

**ふなに-しょうけん【船荷証券】** 海上運送における貨物の引き渡し請求権を表示した有価証券。B/L。bill of lading

**ふな-ぬし【船主】** 船の持ち主。shipowner

**ぶな-の-あぶら【▼橅の油】** ブナの果実からしぼった黄色で透明な油。食用。

**ぶな-の-き【▼橅の木】** →ぶな(橅)

**ふな-のり【船乗り】** ①船に乗ること。getting on board ②船員。船頭。seaman

**ふなはし【舟橋】**〈村〉 富山県中部、富山市の東に接する村。富山産コシヒカリの産地で、優良肉牛も産出。人口一四四五(一九八八)。

**ふな-ばし【船橋】** 船を並べて、その上に板を渡した橋。浮き橋。

**ふなばし【船橋】**〈市〉 千葉県北西部、東京湾に臨む市。臨海部は京葉工業地域の一部で金属・機械などの工場が並び、内陸部は住宅地となっている。人口五一万五二九五(一九八八)。

**ふなはし-せいいち【舟橋聖一】**(一九〇四～一九七六) 小説家。東京生まれ。東大卒。第二次大戦前は行動主義文学の旗手、戦後は愛欲の世界を描く。作品『ダイヴィング』『木石』『悉皆屋康吉』『雪夫人絵図』『ある女の遠景』など。

**ふな-ばた【船端・▼舷】** 船のへり。船べり。舷側。side of a boat

**舷に刻む**(ふなばたにきざむ) 「舟に刻む」と同意。

**ふなばら-おんせん【船原温泉】** 静岡県伊豆半島中部、天城湯ケ島町にある温泉。

**ふなばら-そう【舟腹草】** ガガイモ科の多年草。山地にはえる。高さ約七〇cm。葉は楕円形で対生。夏に、緑色の小花が束状になって咲く。果実が広披針形で舟の胴体に似る。

**ふな-ばんしょ【船番所】** 江戸時代、河川交通で船舶の見張りや税の徴収を行った所。川船奉行の所轄である関宿・両国などの関東河川の番所と、過所船奉行支配下の伏見・淀などの番所がある。

**ふなびき-あみ【船引(き)網・船▼曳(き)網】** 船上から網を引く漁法。船を錨などで固定させて行う引き寄せ網と、船を移動させながら行う引き回し網がある。boat seine 対義 地引き網。

**ふな-びと【船人・舟人】** ①船に乗っている人。passenger ②船頭。boatman

**ふな-びん【船便】** ①郵便物や荷物を船で送ること。また、その荷物。send by ship ②船に乗る便宜。shipping service

**フナフチ【Funafuti】** 太平洋南西部、エリス諸島からなるツバルの首都。フナフチ島にある。人口二一九一(一九七九)。

**ふな-べり【船▽縁・▼舷】** ふなばた。the side of a boat

**ふなべんけい【船弁慶】** ①能の曲名。五番目物。観世信光作。大物浦で静と別れた義経の一行が海上で平知盛の亡霊に悩まされるが、弁慶が調伏する。②長唄の曲名。③歌舞伎舞踊。長唄。河竹黙阿弥作。新歌舞伎十八番の一つ。→写

●船弁慶①

**ふな-まち【船待ち】**(名・サ変自) 船に乗るのを待つこと。出船を待つこと。wait for the sailing

**ふな-まつり【船祭(り)】** 神輿を船に乗せ

海や川を渡る祭り。御座船を供奉船がかこんで楽を奏して渡御するかたちが一般的。大阪市天満宮の天神祭、一二年に一度行われる茨城県鹿島神宮の御神幸祭などが有名。

**ふな-むし【船虫・ᵛ海・蛆】** ①フナムシ科の節足動物。体長三～四・五㎝。体は小判形で平たく、青黒色から茶褐色。長い尾肢をもつ。海岸・海礁に群棲し、動作はすばやい。本州以南に分布する。↓図 sea slater ②船食い虫の異名。

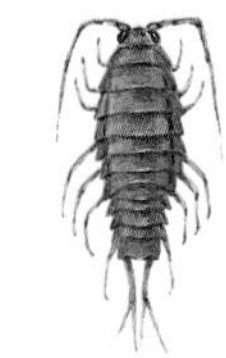

●フナムシ①

**ふな-もと【船元】** 船の持ち主。船主。shipowner

**ふな-もり【船守(り)】** 船の番をすること・人。

**ふな-もり【舟盛(り)】** 刺身などの盛り方。魚の頭と尾をつけたままおろし、これを舟に見立てて盛りつけること。また、刺身を舟形の器に盛りつけること。

**ふな-やかた【船屋形】** 和船に造りつけた屋根。二階造り・三階造りなどがある。

**ふな-やど【船宿】** ①船による運送を業とする家。shipping agent ②釣り・遊興の貸し船を仕立てるのを業とする家。また、その宿屋。inn ③船の乗組員のための宿屋。boathouse for sailors

**ふな-ゆうれい【船幽霊】** 海上に出現するという妖怪。

**ふな-よい【船酔い】**(名・サ変自) 乗り物酔いの一つ。船に乗って気持ちが悪くなること。sea sickness

**ふ-なれ【不慣れ・不ᵛ馴れ】**(名・形動) 慣れていないこと・さま。熟練していないこと・さま。inexperienced

**ふな-わたし【船渡し】** ①船で人や荷物を対岸に渡すこと・所。ferry ②売り手が商品を運送船に積むまでの費用を持つ取り引き。本船渡し。F.O.B. free on board

**ふなん【扶南】** 一世紀ごろインドシナ半島のメコン川下流域に成立したクメール族の国家。三世紀には現在のベトナム・カンボジア・タイ南部からマレー半島までを領有。中国の呉、インドのクシャン朝とも交易したが、七世紀前半に真臘に滅ぼされた。

**ぶ-なん【無難】**(名・形動) ①無事なこと・さま。安全。safe ②特色もないが欠点もないこと・さま。faultlessness

**ふ-に【不二】**《仏教語》対立するようにみえる二つのものが、根底では一体であること。平等で差別のないこと。

**ふ-にあい【不似合(い)】**(名・形動) 似合わないこと・さま。unbecomingness

**ふ-にく【腐肉】** くさった肉。carrion

**ふにく-さいしゅう【腐肉採集】** 腐肉を餌とした昆虫採集法。びんに腐肉を入れて地面に埋め、腐肉食性のシデムシなどを採集。

**フニクリ-フニクラ【Funiculi-Funicula イタリア】** ナポリ民謡。デンツァ作曲。一八八〇年ベスビオ火山登山鉄道完成を記念してつくられた。

**ぶ-にち【侮日】** 日本や日本人をあなどること。比較 抗日。

**ぶ-にち【ᵛ豊日】** 豊前・豊後・日向の三か国の総称。

**ふ-にゅう【不入】** 荘園の特権の一つ。朝廷の役人が立ち入れないこと。比較 不輸。

**ブニュエル【Luis Buñuel】**(一九〇〇～八三) 前衛的な作品で知られる映画監督。スペイン生まれ。フランスとメキシコで活躍。作品『アンダルシアの犬』『忘れられた人々』『小間使いの日記』など。

**ふ-にょい【不如意】**(名・形動) ①思うようにならないこと・さま。go contrary to one's wishes 対義 如意。②金回り・生活が苦しいこと・さま。in narrow circumstances

**ふ-にん【不妊】** 妊娠しないこと。妊娠できないこと。sterility

**ふ-にん【赴任】**(名・サ変自) 勤務することを命じられた土地へおもむくこと。start for one's new post

**ふ-にん【ᵛ補任】**(名・サ変他)《職に補し、官に任ずる、の意》役につけること。ほにん。ぶにん。

**ぶ-にん【無人】**(名・形動) 人数が少ないこと。人手が足りないさま。short-handed

**ふにん-しゅじゅつ【不妊手術】** 妊娠の成立を永久的に不可能にする手術。一時的なものは避妊という。優生保護法により規定される。sterilization

**ふにん-しょう【不妊症】** 妊娠可能年齢の女性が、妊娠できない状態。ふつう、結婚後三年を経ても妊娠しない場合を不妊症とみなす。sterility

**ふ-にんじょう【不人情】**(名・形動) 人情が薄いこと・さま。無情。unkindness 比較 非人情。

**ふ-ぬけ【ᵛ腑抜け】**(名・形動) ①間の抜けていること・さま・人。ばか。fool ②いくじのないこと・さま・人。腰抜け。coward

**ふね【船・舟】** ①人や荷物をのせて水に浮かび、移動する構造物。ship; vessel; boat 数え方 一隻・一艘。②液体を入れる箱形の容器。タンク。tank ③魚介類を入れる底の浅い箱。④かんおけ。ひつぎ。coffin ⑤清酒・しょう油を搾りあげるとき用いる箱。酒槽。⑥馬のかいば桶。馬桶。manger

**船が座る**(ふねがすわる) 船が座礁する。転じて、一つところに腰を据えて、動こうとしないことのたとえ。

**舟に刻みて剣を求む**(ふねにきざみてつるぎをもとむ) 「舟に刻む」と同意。

**舟に刻む**(ふねにきざむ) 《『呂氏春秋』にある語。「舟に刻みて剣を求む」の略。昔、ある人が船から剣を落とし、船ばたにしるしをつけておいてあとで探したが、船は進行しているので見つからなかったということから》旧習を守って時勢の移っていくことを知らないたとえ。舷に刻む。舟に刻して剣を求む。刻舟。

**舟に刻して剣を求む**(ふねにこくしてつるぎをもとむ) 「舟に刻む」と同意。

**舟を漕ぐ**(ふねをこぐ) 《船を漕ぐように体が揺れるので》すわったまま、いねむりをする。nod

**ふね-だこ【船・ᵛ蛸】** ↓たこぶね(蛸船)

**ふね-の-かがくかん【船の科学館】** 東京都江東区有明にある船専門の博物館。昭和四九年(一九七四)開設。建物は六万トン級の客船を模している。

**ふねひき【船引】**〈町〉 福島県、阿武隈高地中部の町。農業が主で、タバコ産地として知られる。人口二万五〇二一(一九八八)。ふなひき。

**ふね-へん【舟偏】** 漢字を組み立てている部分の名。「船・舶」などの左にある「舟」。

**ふ-ねん【不燃】** もえないこと。もえにくいこと。noninflammability 対義 可燃。

**ぶ-ねん【不念・無念】**(名・形動) ①うっかりしていて残念であること・さま。不注意なこと・さま。②江戸時代の法律用語。重過失の意。軽過失の「不斗」に対して用いられた。

**ふねん-けんちく【不燃建築】** 主要構造部がコンクリートやモルタルなどの燃えにくい材料で造られた建築物の総称。耐火建築より広義。noninflammable building

**ふねん-せい【不・ᵛ稔性】** 花が咲いても次世代の植物が育つ種子ができないこと。sterility 対義 稔性。

**ふねん-せい【不燃性】** 燃えにくい、または燃えない性質。incombustibility

**ふの【布野】**〈村〉 広島県北部、三次市の北西にある村。中国山地にあり、肉牛の飼育や木材を産出。人口二三七九(一九八八)。

**ブノア【Pierre Benoit】**(一八八六～一九六二) フランスの小説家。冒険小説『アトランティッド』など。

**ふ-のう【不納】** 税などを納めないこと。default

**ふ-のう【不能】**(名・形動) ①できないこと・さま。不可能。impossibility ②才能・能力のないこと・さま。無能。incompetency

**ふ-のう【富農】** 多くの耕地を所有する裕福な農民・農家。rich farmer 比較 豪農。対義 貧農。

**ふのう-はん【不能犯】** その方法では犯罪的結果が起こりえないのに、実現することを期待して行う行為。刑罰の対象とはならない。丑の刻参りなど。impossible crime

**ふのうふ-かさんぜい【不納付加算税】** 付帯税の一つ。源泉徴収などによる国税が法定納期限までに完納されないときに、遅れて納めた税額または追徴額に一定割合を乗じて課される。

**ふ-の-しょとくぜい【負の所得税】** 政府による低所得者への現金給付。実質所得が最低生活水準に満たないとき、その差額に一定率をかけて支給される。negative income tax

**ふ-のり【布ᵛ海・苔・ᵛ海・蘿】** 紅藻植物フノリ属の総称。叉状分岐の繰り返しの体枝をもつ暗紅色の一年生の海藻。波の荒い外海に面する岩礁上にはえる。以前は衣料の糊の原料に用いられた。ロッカクサイ。

**プノンペン【Phnom Penh】** カンボジアの首都。メコン川河口から三二〇㎞上流にあり、水陸交通の要地。相次ぐ内乱で大きな被害をうけた。人口五〇万(一九八三)。

**ブハーリン【Nikolay Ivanovich Bukharin】**(一八八八～一九三八) ソ連の政治家・経済学者。十一月革命後『プラウダ』編集長、コミンテルン執行委員長などを歴任。のちスターリンと対立、大粛清のさいに処刑される。主著『史的唯物論』『転換期の経済学』など。

**ふ-はい【不敗】** 戦争や勝負に負けないこと。また、負けたことがないこと。undefeated

**ふ-はい【腐敗】**(名・サ変自) ①たんぱく質を主とする有機物が微生物によって分解する現象。初期に、有毒物質や悪臭物質を生じる。rot ②精神が堕落し、だらしなくなること。rot

**ふ-ばい【不買】** 商品を買わないこと。boycott

**ふばい-うんどう【不買運動】** 消費者が企業や政府に抗議して、特定の商品を買わないように呼びかける運動。輸入品などについて、政府が国民に呼びかける場合もある。boycott

**ふはい-きん【腐敗菌】** 有機物質、とくにたんぱく質などを腐敗・分解して種々の物質を産生する細菌の総称。

**ふばい-どうめい【不買同盟】** 不買運動を行う組織。また、その約束。

**ふ-はく【布・ᵛ帛】** ①木綿と絹。②きれ地。織物。

**ふ-はく【浮薄】**(名・形動) ①あさはかで軽々しいこと・さま。移り気なこと・さま。frivolousness 用例 軽佻——。②人情がうすいこと・さま。cold-heartedness

**ふ-ばこ【ᵛ文箱】**《「ふみばこ」の転》①手紙を入れておく箱。②書状を往復させるときに使う長方形の小箱。③書物を入れて背負う箱。

**ふ-はつ【不発】** ①弾丸・火薬が爆発しないこと。misfire 用例 ——弾。②予定した事が起こらないこと。だめになること。fall through 用例 緊急動議も——に終わった。

**ふ-ばつ【不抜】**(名・形動) 堅くしっかりしていること・さま。意志が強くてくじけないこと・さま。firmness 用例 堅忍——。

**ブバネシュワル【Bhubaneswar】** インド東部、オリッサ州の州都。ヒンズー教寺院の多い古都。人口二一・九万(一九八一)。

**ぶは-ぶっきょう【部派仏教】** 釈迦入滅後、その教えの解釈をめぐって仏教教団が多くの部派に分裂した時代の仏教。上座部と大衆部に大別され、西暦紀元前後、二〇の部派があったとされる。

**ブハラ【Bukhara】** ソ連中南部、ウズベク共和国南部の古都。かつてのブハラハン国の首都。人口二一・四万(一九八六)。

**ふ-ばらい【不払い】** 給料・料金などを支払わないこと。nonpayment

**ぶ-ば・る【武張る】**(五自) 強くて勇ましいようすをする。

**ブバルディア【bouvardia】** アカネ科の観賞用の小低木または宿根草。赤・緋・桃色・黄・白などの花を咲かせる。中央アメリカ・メキシコ原産。↓写

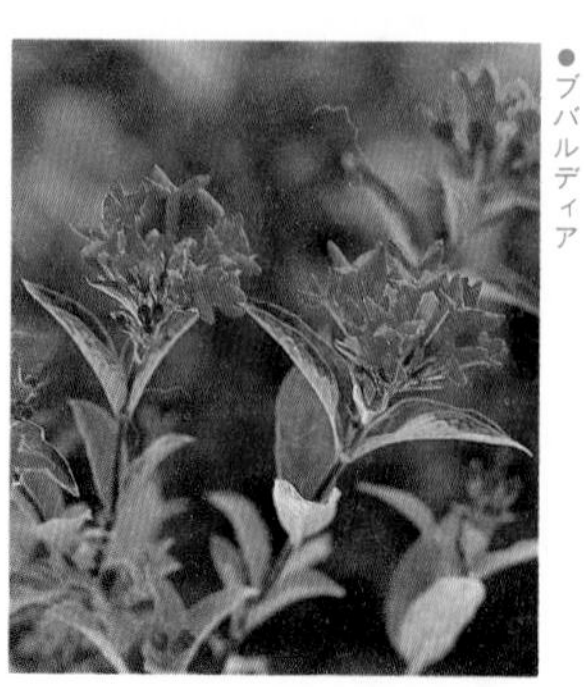

●ブバルディア

**ふ-び【不備】**(名・形動) ①よく整わないこと・さま。完全にそろわないこと・さま。deficiency 対義 完備。②《文章が十分には整備されてはいませんが、の意》手紙の終わりに添える語。不具。不一。

**ぶ-び【武備】** いくさのそなえ。軍備。armaments

**ぶ-びき【分引き・歩引き】**(名・サ変自他) いくぶんかの割引をすること。割引。discount

**ふ-ひつよう【不必要】**(名・形動) 必要でないこと・さま。よけいであること・さま。unnecessary

**ふ-びと【ᵛ史】**《「ふみひと」の転》＝ふひと。①古代、大和国家の姓の一つ。書記・文筆を担当し、多く渡来人が世襲。ふみひと。②古代、朝廷で記録を職とした官。

**ふ-ひょう【不評】** 評判が悪いこと。bad reputation [対義]好評。

**不評を買う**(ふひょうをかう) 人から評判がよくなく見られたり言われたりする。また、作品の出来ばえなどが、評価されない。評判が悪い。have a bad reputation

**ふ-ひょう【付表・附表】** 参考のためにつけ加えた表。attached list

**ふ-ひょう【付票・附票】** 荷物などにつけた札。attached card

**ふ-ひょう【歩兵】** ↓ふ(歩)

**ふ-ひょう【浮氷】** 水に浮いている氷。floating ice

**ふ-ひょう【浮標】** ①水面に浮かべて、航路や危険物などを示す目じるし。ブイ。buoy ②網・漁具などの、うき。float

**ふ-ひょう【譜表】** 音楽で、音符・楽符などを書きしるす、五線をひいたもの。五線譜表。score

**ふ-びょうどう【不平等】**(名・形動) 平等でないこと・さま。inequality

**ふびょうどう-じょうやく【不平等条約】** 強国がさまざまの強圧手段を用いて弱小国に一方的に押しつける、条件の不平等な条約。unequal treaty

**ふびょうどう-せんきょ【不平等選挙】** ①各選挙区の有権者数に対する議員定数のちがいなどにより、一票の重みに格差のある選挙。inequal election ②差別選挙。財産や教育のある人に二票以上与える複数投票制や、納税額によって有権者を等級に分ける等級選挙など。discriminatory election

**ふ-ひょうばん【不評判】**(名・形動) 評判が悪いこと・さま。bad reputation

**フビライ【Khubilai・忽必烈】**(一二一五〜九四) 中国、元朝初代の皇帝(在位一二六〇〜九四)。モンゴル帝国第五代のハン。廟号は世祖。大都(=北京)に遷都、一二七一年国号を元とし、七九年南宋を滅ぼして中国を統一。日本・占城・安南への遠征は失敗したが、モンゴル帝国の宗家としての地位を固めた。クビライ。

**ふ-びん【不▼憫・不▼愍・不便】**(名・形動)《「憫」「愍」は当て字》①あわれなこと・さま。かわいそうなこと・さま。piteousness ②[古語]㋐《「不便」「不憫」で》都合がわるいこと・さま。[用例]かかる雨にのぼり侍らば、足がたつきて、いと — にきたなくなり侍りなん(枕・雨のうちはへ降るころ)。㋑かわいいと思うこと・さま。[用例]僧のおさなうより — にして、召し使はれける童ありけり(平家・三・有王)。[派生]ふびんがる(五自)

**ふ-びん【不敏】**(名・形動) ①のろくさいこと・さま。[対義]敏活。②頭の働きが鈍いこと・さま。愚かなこと・さま。③自分の才能をへりくだっていう語。

**ぶ-ひん【部品】** 「部分品」の略。

**ふ-ひんこう【不品行】**(名・形動) 身持ちのよくないこと・さま。不行跡。loose morals

**プフィッツナー【Hans Pfitzner】**(一八六九〜一九四九) ドイツの作曲家。ロシア生まれ。「最後のロマン主義者」といわれ、保守的な傾向をもつ。オペラ『パレストリーナ』など。

**ぶ-ふうりゅう【無風流・不風流】**(名・形動) 風流でないこと・さま。上品な遊びごとや趣味などのわからないこと・さま。want of taste

**ブフォン-ろんそう【ブフォン論争】**《Querelle des Bouffons(フランス)の訳語》一八世紀中ごろのフランスで行われた音楽史上有名な論争。フランス音楽とイタリア音楽の優劣を論じて対立。ラモーらは国粋派、ルソーら百科全書派はイタリア支持だった。

**ふふき【▼蕗】** フキの古名。

**ふぶき【吹雪】** 強い風をともなって降る雪と、雪面から舞い上がる雪が激しく乱れている現象。snowstorm

**ふ-ふく【不服】**(名・形動) ①納得しないこと・さま。不承。objection ②不満に思うこと・さま。不平。dissatisfaction ③服従しないこと・さま。disobedience

**ふぶ・く【▽吹▽雪く】**(五自) ①雨や雪などをともなって、風が激しく吹く。②雪が強風に乱れ降る。

**ふふく-もうしたて【不服申(し)立て】** ①行政庁に対して行われる、審査請求・再審査請求・異議申し立てなどの総称。②民事訴訟法上、裁判所の裁判などに対し、その取り消し・変更などを求める申し立て。appeal

**ふふつ-せんそう【普▽仏戦争】** 一八七〇〜七一年、プロイセンとフランスとの戦争。スペイン国王選出問題が直接の原因。モルトケの率いるプロイセンが圧倒的優勢を誇り、フランスのナポレオン三世はセダンの戦いで捕虜となり退位。フランスはアルザスとロレーヌを割譲。プロイセン-フランス戦争。Franco-Prussian War

**ブフナー【Eduard Buchner】**(一八六〇〜一九一七) ドイツの生化学者。酵母をすりつぶしたあとのしぼり汁でも、アルコール発酵が起こることを明らかにし、酵素チマーゼの存在を立証した。一九〇七年ノーベル化学賞受賞。

**ブブノフ【Aleksandr Pavlovich Bubnov】**(一九〇八〜六四) ソ連の画家。市民生活や歴史に取材した作品が多い。作品『クリコボの野の朝』など。

**フフホト【呼和浩特】**(Hohhot) 中国、内モンゴル自治区の首都。京包鉄道に沿う。旧称帰化城・帰綏。

**ふふん**(感) ①なにげなく承知したときの語。②相手を軽くあしらったり、見下すときに鼻先で発する語。

**ふ-ぶん【不文】** ①文章に書き表さないこと。unwritten [対義]成文。②文章のへたなこと。自分の文をけんそんしていう語。③文字を知らないこと。学問のないこと。illiterate

**ぶ-ぶん【部分】** 全体を小分けにした一つ。part [対義]全体。[用例]これは三つの — からできている。

**ぶぶん-かつ【部分割】** 動物卵の卵割様式の一つ。卵割が一部分だけに起こり、他の部分は分裂しない。虫類や鳥類などにみられる。meroblastic cleavage [対義]全割。

**ぶぶん-きょくひつ【舞文曲筆】** 事実をまげて表すこと。

**ふぶん-けんぽう【不文憲法】** 文章の形をとっていない憲法。unwritten constitution [対義]成文憲法。

**ぶぶん-しゅうごう【部分集合】** 集合*A*に属する要素が、すべて集合*B*の要素であるとき、集合*A*を集合*B*の部分集合という。これを$A \subset B$または$A \subseteq B$で示す。subset ↓集合[図]

**ぶぶん-しょうめい【部分照明】** テーブルの上など部屋の一部分を照らす照明。全体の照明との組み合わせで必要な照明度を決める。partial lighting

**ぶぶん-しょく【部分食・部分▼蝕】** 一部が欠けて見える状態の食。分食。partial eclipse [比較]皆既食。

**ぶぶん-スト【部分スト】** 企業内の特定部門だけを対象に行うストライキ。鉄道の集改札ストなど。partial strike [対義]全面スト。

**ぶぶん-てき【部分的】**(形動) 部分に分けるさま。ある一部に限られているさま。partial [対義]全体的。

**ぶぶんてき-かくじっけんていしじょうやく【部分的核実験停止条約】**(Treaty Banning Nuclear Weapon Tests in the Atmosphere, in Outer Space and Under Water) 地下実験を除く核兵器実験を禁止する条約。一九六三年にアメリカ・イギリス・ソ連がモスクワで調印。現在、調印国は一一〇を超えるが中国・フランスは不参加。日本は昭和三八年(一九六三)に署名。モスクワ協定。

**ぶぶん-にっしょく【部分日食】** 太陽面の一部が欠けて見える状態の日食。partial solar eclipse ↓日食[図]

**ぶぶん-ひん【部分品】** 機械・器具などの一部分を形づくるもの。ぶひん。パーツ。parts

**ふぶん-ほう【不文法】** 文書の形式をとり正規の制定手続きを経た法(=成文法)以外のすべての法。慣習法・判例法・条理など。不文律。unwritten law [対義]成文法。

**ふぶん-りつ【不文律】** ①↓ふぶんほう(不文法)。②暗黙のうちに了解しあっているおきて。暗黙の了解事項。unwritten law

**ぶぶん-りん【部分林】** 国有林に国以外の者が造林し、その収益を国と造林者で分ける契約で営まれている林。分収林。

**ふ-へい【不平】**(名・形動) 不満に思うこと・さま。不服。discontent [用例] — 不満。

**不平を鳴らす**(ふへいをならす) 「不平を並べる」と同意。

**不平を並べる**(ふへいをならべる) 不満足な点を言い立てる。不平をつぎからつぎへと言う。不平を鳴らす。complain about

**ふへい-しぞく【不平士族】** 明治維新後、新政府の諸政策に不満をもった失業士族。明治七〜一〇年(一八七四〜七七)に佐賀の乱・萩の乱・神風連の乱などの反乱を起こした。

**ふへい-せい【府兵制】** 中国の北朝後期から唐前期にかけて行われた兵制。日本古代の兵制の祖型。兵農一致の徴兵制で、のち募兵制に移行。

**ぶ-べつ【侮▼蔑】**(名・サ変他) ばかにして、軽く見ること。さげすむこと。contempt

**ぶ-べつ【部別】**(名・サ変他) 部類に分けること。sort

**ふ-へん【不変】**(名・形動) 変わらないこと・さま。unchangeable [対義]可変。

**ふ-へん【不偏】**(名・形動) かたよらないこと・さま。公正・中立であること・さま。impartial [用例] — 分散。

**ふ-へん【普遍】** ①広く行きわたること。一般性があること。universality [対義]特殊。②哲学で、一定数の対象に共通である事柄。universality [対義]個物。

**ふ-べん【不便】**(名・形動) 便利でないこと・さま。都合が悪いこと・さま。inconvenience [対義]便利。[用例]通勤が — だ。

**ぶ-へん【武辺】** 武道に関係した事柄・人。武芸。[用例] — 者。

**ぶ-べん【武弁】**《武官のかんむり、の意》武士。[用例]一介の — 。

**ふへん-か【普遍化】**(名・サ変他) 特殊なものを除き、共通なものを残すことによって一般的な概念をつくること。generalization [対義]特殊化。

**ふ-べんきょう【不勉強】**(名・形動) 勉強しないこと・さま。また、勉強していないこと・さま。idleness

**ふへん-しほん【不変資本】** 生産過程で使われる資本のうち、価値の大きさが不変の原料・建物・機械などの生産手段を購入するのに使われる部分。constant capital [対義]可変資本。

**ふへん-すうがく【普遍数学】** すべての学問に共通し、かつ通用するよう考えられた論理的思考法。デカルトが提唱し、ライプニッツが展開。普遍学。universal mathematics

**ふへん-せい【普遍性】** [対義]特殊性。①すべてのものにあてはまる性質。universality ②時と所を問わずにいつでもあてはまる性質。universality [用例]法則の — 。

**ふへん-だとうせい【普遍妥当性】** 真理がもつべき要件として、知識がどんな時・場所にも無理なく正当・確実にあてはまること。universal validity [用例] — をもった意見。

**ふへん-ていすう【普遍定数】** 物質の種類や状態に関係なく、常に一定の値を示す定数。万有引力定数・真空中での光の速度・電気素量・プランク定数など。基礎定数。物理定数。universal constant

**ふへん-てき【普遍的】**(形動) 広く一般にゆきわたり、通用しているさま。

**ふへんてき-むいしき【普遍的無意識】** ↓しゅうごうむいしき(集合無意識)

**ふへん-ふとう【不偏不党】** どの党派・主義にも味方せず、公平・中立の立場をとること。neutrality

**ふへん-ろんそう【普遍論争】** 中世スコラ哲学において、普遍の実在をめぐって行われた哲学・神学上の論争。実在論と唯名論が対立。controversy of universals

**ふ-ぼ【父母】** 父と母。両親。parents

**父母の恩は山よりも高く海よりも深し**(ふぼのおんはやまよりもたかくうみよりもふかし) 自分を生み育ててくれた親の恩は、はかり知れないほど大きい。

**ふ-ほう【不法】**(名・形動) 法・道理に反すること・さま。unlawfulness [用例] — 所持。

**ふ-ほう【▼訃報】** 死んだという知らせ。report of one's death [用例] — に接する。

**ふほう-かんきん【不法監禁】** 正当な権利がないのに他人を監禁し、自由を妨げること。刑法の逮捕監禁罪にあたる。false imprisonment

**ふほうげんいん-きゅうふ【不法原因給付】** 賭博の支払いなど、公序良俗に反する原因に基づいてなされた給付。裁判所に訴えて返還を求めることはできない。

**ふほう-こうい【不法行為】** 故意や過失により他人に損害を与えること。損害賠償責任を負う。tort

**ふ-ほうわ【不飽和】** ①飽和に達していない状態。②分子内の結合に二重結合または三重結合のあること。unsaturation ③溶液において溶質がまだ溶けうる状態にあること。unsaturation

**ふほうわ-かごうぶつ【不飽和化合物】** 分子内に炭素と炭素の間の二重結合・三重結合などの不飽和結合を含む有機化合物。付加・酸化・重合などの反応が起こりやすい。unsaturated compound

**ふほうわ-けつごう【不飽和結合】** 二個の原子間の化学結合が二重または三重結合で形成されているもの。他の物質との間で付加反応を起こす。ふつうは炭素間のC＝C, C≡Cをさす。unsaturated bond

**ふほうわ-しぼうさん【不飽和脂肪酸】** 脂

▼ 常用漢字表外。 ▽ 常用漢字表の音訓外。

肪酸のうち、炭素と炭素の間に不飽和結合をもつものの総称。アクリル酸$CH_2CHCOOH$など。unsaturated fatty acid

**ふほうわ-たんかすいそ【不飽和炭化水素】** 炭化水素のうち、炭素と炭素の間に不飽和結合をもつものの総称。unsaturated hydrocarbon

**ふほうわ-ようえき【不飽和溶液】** 溶けている溶質の量がその溶解度に達していないので、もっと溶質を溶解できる溶液。unsaturated solution

**ふ-ぼく【浮木】** 水に浮かんでいる木。うきき。

**ふぼくわかしょう【夫木和歌抄】** 鎌倉後期の私撰和歌集。撰者は藤原長清。三六巻。延慶三年(一三一〇)ごろ成立。従来の勅撰集にもれた一万七千余首を、六〇〇近い題に分類した膨大な歌集。夫木抄。

**ふ-ぼん【不▽犯】**《仏教語》出家者が戒律を犯さないこと。とくに、邪淫戒を犯さないこと。

**ふ-ほんい【不本意】**(名・形動) 自分の望むところでないこと・さま。reluctance 対義 本意。

**ふ-ま【不磨】** すり減らないこと。永久に残ること。不朽。用例 千古―の大典。

**ぶ-ま【不間】**(名・形動) 気がきかないこと・さま。まぬけ。stupidness 用例 ―をやらかす。

**ふ-まい【不▼昧】** ①道理をよく見通すこと。②欲に目をくらまされないこと。

**ふまい-りゅう【不▼昧流】** 茶道流派の一つ。松平不昧(=治郷)を祖とする。不昧は江戸中期、出雲国の松江藩主。石川流の伊佐幸琢に茶を学び、自らも研鑽につとめて一派をなした。

**ふま・う【踏まう】** 古語 (下二他) ↓ふまえる(踏まえる)

**ふま・える【踏まえる】**(下一他) ①踏む。踏みつける。tread on ②根拠・足場とする。be based on 用例 事実を―・えた立論。

**ふまえ-どころ【踏まえ所】** ①足で踏みしめる所。footing ②立場。よりどころ。one's standpoint

**ふ-まじめ【不真▽面目】**(名・形動) まじめでないこと・さま。lack of sincerity

**フマル-さん【フマル酸】** 化学式HOOCCH=CHCOOH マレイン酸のトランス異性体。無色の結晶。生物のTCA回路の一員。fumaric acid

**ふ-まん【不満】**(名・形動) 満足しないこと・さま。不満足。dissatisfaction 用例 不平―。

**ふみ【文・▽書】** ①書き記したもの。書きつけ。文書。writings ②《「史」とも》書物。book ③手紙。letter ④漢詩。⑤学問。

**文は遣り度し書く手は持たぬ**(ふみはやりたしかくてはもたぬ) 恋文を書きたいが、字を知らず、人に頼むわけにもいかない。

**ふ-み【不味】**(名・形動) 味がまずいこと・さま。対義 美味。

**ふみ-あら・す【踏み荒(ら)す・踏荒(ら)す】**(五他) 踏んで荒らす。trample

**ふみ-いし【踏(み)石】** ①靴脱ぎに置く石。stepstone ②飛び石。stepping-stone

**ふみ-いた【踏(み)板】** ①踏んで歩くために渡した板。敷き板。footboard ②湯殿の流し場のすのこ板。③オルガンのペダル。pedal ④牛車の前後の横板。⑤階段を上がり下りするとき、踏んで通る板。↓階段 図

**ふみ-うす【踏(み)▼臼】** きねにつけた柄を踏んで上下させ、穀物をつくうす。からうす。

**ふみ-え【踏(み)絵】** 江戸時代、幕府がキリシタン摘発のために、キリストやマリアなどの聖像を足で踏ませた制度。また、その用具。寛永五年(一六二八)ごろに始まり、安政五年(一八五八)廃止。↓写

● 踏み絵　東京国立博物館。

**ふみ-か・える【踏(み)替える】**(下一他) 踏んばっている足を他方の足にかえる。change step

**ふみ-かた・める【踏(み)固める】**(下一他) ①踏んで堅くする。tread down ②土台・足場を築く。found

**ふみ-きり【踏(み)切り・踏切】** ①跳躍競技などで、強くけって跳び上がること・所。take off ②思いきること。ふんぎること。take the plunge ③相撲で、足が土俵の外へ出ること。④《「踏切」で》道路が線路を横切る所。crossing

**ふみ-き・る【踏(み)切る】**(五他) ①地面を踏んで反動をつける。take off ②思いきってする。ふんぎる。venture to do ③相撲で、足を土俵の外へ踏み出す。踏み越す。

**ふみ-ぐるま【踏(み)車】** 足踏み式の揚水器。小型の水車の羽根板を踏んで回転させ、羽根で水を汲み上げ灌漑や排水をする。

**ふみ-こ・える【踏(み)越える】**(下一自) ①踏んで越える。通り過ぎる。step over ②困難を切り抜けて進む。overcome

**ふみ-こし【踏(み)越し】** 相撲で、足を土俵の外に出すこと。ふみきり。

**ふみ-こた・える【踏(み)▽堪える】**(下一他) ①足をつっぱって、倒れたりしないようにこらえる。stand firm ②がんばる。hold out

**ふみ-こみ【踏(み)込み】** ①踏み込むこと。step into ②玄関などで、履物を脱いでおく所。

**ふみこみ-だたみ【踏(み)込み畳】** 茶室へ茶道口から入ったところの畳。

**ふみ-こ・む【踏(み)込む】**(五自) ①力を入れて足を前へ出す。②踏んで深く入る。step into 用例 泥沼に―。③人の家へ突然入りこむ。break into 用例 土足で―。④物事の奥深くまで考えを及ぼす。think deeply

**ふみ-しだ・く【踏(み)▼拉く】**(五他) ①踏みにじる。踏み荒らす。trample ②強く踏む。stamp

**ふみ-し・める【踏(み)締める】**(下一他) ①力を入れて踏む。step firmly ②踏んで固める。harden by treading

**ふみ-だい【踏(み)台】** ①足場にする台。足つぎ。footstool ②目的を達するために一時利用するもの。stepping-stone 用例 友人を―にして出世する。

**ふみ-たお・す【踏(み)倒す】**(五他) ①踏んで倒す。trample down ②代金や借金などを支払わないままにする。bilk

**ふみ-だ・す【踏(み)出す】**(五他) ①足を一定の範囲内から出す。step forward ②歩き出す。出発する。set out ③新しい仕事にとりかかる。はじめる。begin

**ふみ-だん【踏(み)段】** 踏んでのぼる段。階段。step

**ふみ-づかい【文使い】** 手紙をもたせてやる使いの者。messenger

**ふみ-づき【文月】** ↓ふづき(文月)

**ふみ-つ・く【踏み付く】** 古語 (下二他) ↓ふみつける(踏み付ける)

**ふみ-つ・ける【踏(み)付ける】**(下一他) ①踏んでおさえる。trample down ②人の面目をつぶす。無視する。slight

**ふみ-とどま・る【踏(み)▽止まる】**(五自) ①足に力を入れて動かない。stop ②人の去ったあとまで残る。stay on ③思いとどまる。control oneself

**ふみ-なら・す【踏(み)▽均す】**(五他) 土などを踏んで平らにする。level by treading down

**ふみ-なら・す【踏(み)鳴らす】**(五他) 踏んで足音などを鳴り響かせる。stamp one's feet 用例 廊下を―。

**ふみ-にじ・る【踏(み)▼躙る】**(五他) ①踏んでつぶす。踏みつける。trample down ②他人の面目や気持ちを無視する。trample on 用例 好意を―。

**ふみ-ぬき【踏(み)抜き・踏(み)▽貫き】** 踏んで、とげ・くぎなどが足の裏に突き刺さること。また、その傷。

**ふみ-ぬ・く【踏(み)抜く・踏(み)▽貫く】**(五他) ①踏んだ足で物に穴をあける。put one's foot through 用例 床板を―。②踏みつけた足に突き刺す。have one's foot pricked by 用例 くぎを―。

**ふみ-ば【踏(み)場】** 足を下ろす所。立っている場所。用例 足の―もない。

**ふみ-ばさみ【文挟み】** 白木の棒の先に金具を付けた道具。中古、宮中で下位の役人から殿上の貴人に書状を渡すときに用いた。

**ふみ-はじめ【▽書始め】** ↓どくしょはじめ(読書始)

**ふみ-はず・す【踏(み)外す】**(五他) ①踏むべき場所から足がそれる。miss one's footing ②正しい道からそれた行いをする。stray ③失敗して地位を失う。失脚する。lose one's position

**ふみ-まよ・う【踏(み)迷う】**(五自) ①道をどう進めばよいか迷う。踏み惑う。lose one's way ②悪い道に踏み込む。用例 やくざな道に―。

**ふ-みもち【不身持(ち)】**(名・形動) 素行・品行の悪いこと・さま。不品行。不行跡。misbehavior

**ふみ-やぶ・る【踏(み)破る】**(五他) ①踏んで壊す。踏んで、うち破る。stamp through ②多くの山川を越えて行く。踏破する。travel over

**ふみ-わ・ける【踏(み)分ける】**(下一他) 道なき道を踏んでわけながら進む。make one's way through 用例 山道を―。

**ふ-みん【不眠】** 眠らないこと。眠れないこと。sleeplessness 用例 ―症。

**ふ-みん【富民】** ①国民を富ますこと。②富んでいる人民。

**ぶ-みん【部民】** ↓かきべ(部曲)

**ふみん-しょう【不眠症】** 睡眠の質と時間の異常。入眠困難・熟眠困難・中途覚醒・早期覚醒などがあり、昼間も身体の不調和感に悩む状態。sleeplessness

**ふみん-ふきゅう【不眠不休】** 眠らず休まずに働くこと。without sleeping or resting 比較 昼夜兼行。

**ふ・む【踏む】**(五他) ①《「蹈む」とも》㋐足の下におさえる。step on 用例 大地を―。麦を―。㋑その場所へ行く。walk on 用例 海外の土を―。②《「践む・履む」とも》㋐実際に経験する。experience 用例 初舞台を―。㋑順序に従って、物事を行う。履行する。go through 用例 手続きを―。③値段をつける。みつもる。estimate 用例 安く―。④予想する。expect 用例 大丈夫だと―んだが…。⑤詩に韻を用いる。rhyme 用例 頭韻を―。

**踏んだり蹴ったり**(ふんだりけったり) さんざんな目に遭うようす。have a hard time

**ふ-むき【不向き】**(名・形動) ①適さないこと・さま。ふさわしくないこと・さま。unfitness ②好みに合わないこと・さま。

**ふ-めい【不明】**(名・形動) ①よくわからないこと・さま。unknown 比較 未詳・不詳。用例 原因―。②道理に暗いこと・さま。愚か。ignorance 用例 身の―を恥じる。

**ぶ-めい【武名】** 武勇のほまれ。武人としての名誉。military fame

**ふ-めいすう【不名数】** 数学で、単位の名をつけない、ふつうの数。一・二・三…など。無名数。対義 名数。

**ふ-めいよ【不名誉】**(名・形動) 面目を失うこと・さま。名折れ。dishonor 対義 名誉。

**ふ-めいりょう【不明▼瞭】**(名・形動) はっきりしないこと・さま。明らかでないこと・さま。indistinct; unclear 用例 発音が―だ。

**ふ-めいろう【不明朗】**(名・形動) 明朗でないこと・さま。公正でなく、嘘やごまかしがありそうなこと・さま。underhand 用例 ―な会計。

**ふ-めつ【不滅】** ほろびないこと。不朽。immortality

**ふ-めん【譜面】** 楽曲を音符で表したもの。楽譜。音譜。score

**ふ-めんぼく【不面目】**(名・形動) 面目をつぶすこと・さま。不名誉。ふめんもく。disgrace

**ふ-めんもく【不面目】**(名・形動) ↓ふめんぼく(不面目)

**ふ-もう【不毛】** ①地味がやせていて作物が実らないこと。barrenness ②草木が生え育たないこと。sterility ③そのものから新しい発展がないこと。sterility 用例 ―の論争。

**フモール【Humor ドイ】** ユーモア。

**ぶもおんじゅうきょう【▽父▽母恩重経】** 父母の恩の重いことを説き、報恩供養を勧める仏教経典。中国でつくられた偽経とされる。

**ふもと** 11画 **【▼梺】** 部首[木]。和製漢字 JIS 5982
↓ふもと【麓・梺】

**ふ-もと【▼麓・▽梺】** 山の下のほう。山すそ。the foot 対義 山頂。

**ふ-もん【不問】** 問いたださないでおくこと。pass over

**不問に付す**(ふもんにふす) 過失などをとがめないでおく。take no notice

**ぶ-もん【武門】** 武士の血統・家柄。武家。用例 ―のほまれ。

**ぶ-もん【部門】** 分類した部分・部類。class

**ふもん-ぼん【普門▽品】** ↓かんのんぎょう(観音経)

**ふやか・す**(五他) 水にひたして、やわらかくする。soften by soaking



↓ 行き先項目、図版・写真参照印。 JIS 日本工業規格情報交換用漢字符号コード(区点コード)。

**ぶ-やく**【▽夫役・▽賦役】支配者が被支配者に強制的に課す労役。古代から第二次大戦後の農地改革に至るまで、さまざまな形で存続。主として土木工事、年貢の運搬など。ふえき。ぶえき。labor

**ふや・ける**(下一自) ①水を吸って、やわらかにふくれる。swell up ②だらける。だらしがなくなる。loosen

**ふや-じょう**【不夜城】夜でも昼のように明るく、にぎやかな所。さかり場など。town that never sleeps 参考 漢代に、中国東莱郡(いまの山東省)不夜県に造られた、夜も太陽が出て明るかったといわれる城に由来。

**ふや・す**【殖やす】(五他) ①財産などの、数量を多くする。increase 対義 へらす。用例 貯金を—。②生殖などによって繁殖させる。propagate 用例 牛を—。

**ふや・す**【増やす】(五他) 数や量を多くする。add to 対義 へらす。用例 電車の本数を—。

**ふゆ**【冬】 四季の一つ。一年中でもっとも気温の低い季節。北半球では、一二・一・二月。南半球では、六・七・八月。天文学では、冬至から春分まで。二十四節気では、立冬から立春まで。陰暦では、一〇・一一・一二月。winter

**冬来たりなば春遠からじ**(ふゆきたりなばはるとおからじ)《イギリスの詩人シェリーの『西風に寄せる歌』の一節。冬が来れば春は遠からずやって来る、の意から》厳しくつらい時期を耐え忍べば、幸せな繁栄の時がいずれ訪れて来る。If winter comes, can spring be far behind?

**冬立つ** 立冬になる。

**ふ-ゆ**【不輸】荘園の特権の一つ。租税を納めなくてよい特権。ふしゅ。比較 不入。

**ぶゆ**【▼蚋・▼蟆・▼蟆▽子】ブユ科の吸血性昆虫の総称。体長二～四㎜。流れのある山野・林間に多く、朝夕活動する。雌の成虫は人畜から吸血。世界各地に分布。ぶよ。ぶと。black fly ↓図

●ブユ アオキツメトゲブユ

**ふゆ-あおい**【冬▼葵】アオイ科の多年草。高さ約九〇㎝。葉は掌状に分裂。春から秋に、淡紅色の小花が葉腋に咲く。葉を食用、種子を薬用とする。中国大陸原産の帰化植物。mallow

**ふゆ-いちご**【冬▼苺】バラ科のつる性常緑低木。全草に毛が密生。葉は丸い心臓形で五裂。夏に、五弁の白花が咲き、冬に球形の果実が赤熟。食用。

**ふ-ゆう**【浮遊・浮▼游】(名・サ変自) ①水などに浮かび漂うこと。floating 対義 沈降。②うかれて遊ぶこと。gadding about

**ふ-ゆう**【富裕・富有】(名・形動) お金があって豊かなこと・さま。裕福。richness

**ふ-ゆう**【▼蜉▼蝣】①カゲロウの異名。②《カゲロウが朝生まれて夕べに死ぬといわれていることから》人生のはかないたとえ。

**ぶ-ゆう**【武勇】武術にすぐれ、勇気のあること。bravery

**ふゆう-がき**【富有▼柿】柿の品種の一つ。岐阜県巣南町(旧川崎村)の原産。栽培される柿のうち、もっとも多い。果実は扁円形で頂部に浅い四条の溝がある。↓カキ写

**ふゆう-ぜい**【富裕税】財産税の一つ。高額資産所有者を対象とする。日本では昭和二五年(一九五〇)シャウプ勧告により創設されたが同二八年(一九五三)廃止。wealth tax

**ふゆう-せいぶつ**【浮遊生物】↓プランクトン

**ふゆう-せんこう**【浮遊選鉱】鉱物表面がもっている液体に対する性質の違いを利用する選鉱法。鉱石を〇・三㎜以下に粉砕し、起泡剤・捕収剤などを加えた水に懸濁させて空気を送り込むと、ぬれにくい鉱物が泡に付着して浮き、ぬれやすいものはそのまま懸濁して残り、分離できる。flotation

**フューダリズム**【feudalism】↓ほうけんせいど(封建制度)

**ぶゆう-でん**【武勇伝】①強い武士などの活躍する勇ましい物語。chivalric romance ②《俗語》腕力をふるって乱暴した事件などを、ひやかしていう語。用例 とんだ—さ。

**フューネラル-マーチ**【funeral march】葬送曲。

**フューラー**【Führerドイ】ナチス-ドイツの最高官の称号。強大な権限をもち、ヒトラーがこの職にあった。総統。

**フュール-ジヒ**【für sichドイ】↓たいじ(対自)

**ふ-ゆかい**【不愉快】(名・形動) おもしろくないこと・さま。不快なこと・さま。unpleasantness 対義 愉快。

**ふゆ-がれ**【冬枯れ】①冬、草木が枯れること。winter decay ②冬の、寒くて寂しいさま。desolate wintry scene ③野菜などがとれなくなること。poor winter harvest ④冬で客が少なくなること。slack season of winter 対義 夏枯れ。

**ふゆ-き**【冬木】①冬、落葉した木。冬枯れの木。冬木立。withered tree of winter ②ときわぎ。常緑樹。evergreen tree

**ふゆ-ぎ**【冬着】冬に着る厚手の衣服。冬服。winter clothes 対義 夏着。

**ふゆ-ぎく**【冬菊】カンギクの別名。

**ふ-ゆきとどき**【不行(き)届き】(名・形動) 注意が行き届かないこと・さま。気のきかないこと・さま。carelessness

**ふゆ-くさ**【冬草】冬の草。また、枯れ草。winter grass

**ふゆくさ-の**【冬草の】[枕ことば]《冬の草が枯れる意で、「枯る」と同音であることから》「離る」にかかる。用例 わがまたぬ年はきぬれど—かれにし人はおとづれもせず(古今・冬)。

**ふゆ-げ**【冬毛】動物の冬の毛。秋から初冬にかけて長い毛に生え替わる。winter plumage 対義 夏毛。

**ふゆ-ごし**【冬越し】(名・サ変自) 冬を越すこと。越冬。wintering

**ふゆ-こだち**【冬木立】冬の、葉の落ちた立ち木。withered trees in winter 対義 夏木立。

**ふゆ-ごもり**【冬▼籠り】(名・サ変自) ①㋐冬の間、巣・家にこもること。㋑冬眠。hibernation ②[枕ことば]《「ふゆこもり」とも。かかりかた未詳》「春」にかかる。用例 —春さり来れば鳴かざりし鳥も来鳴きぬ咲かざりし花も咲けれど(万葉・一・一六)。

**ふゆ-さく**【冬作】秋に種をまき、冬に生育して、春から初夏までに収穫する農作物。ムギ・エンドウ・ソラマメなど。冬作物。winter crops 対義 夏作。

**ふゆ-ざれ**【冬ざれ】冬に風物が荒れて寂しいようす。

**ふゆ-さんご**【冬▼珊▼瑚】ナス科の小低木。葉は披針形。夏に、葉と対生して、杯状の白色五弁花が咲く。液果が秋に赤熟。鉢植え用。ブラジル原産。タマサンゴ。リュウノタマ。

**ふゆ-ざんしょう**【冬山▼椒】ミカン科の常緑低木。枝に鋭いとげがある。葉は奇数羽状複葉。晩春、花弁のない淡黄色の小花が咲く。果実は赤熟し、黒い種子を出す。

**ふゆ-しゃく**【冬尺▼蛾】シャクガ科のガのうち秋から春に成虫が出現するものの総称。九種が知られる。雌の翅は退化。雑木林に多い。↓写

●フユシャク ウスバフユシャク

**ふゆ-しょうぐん**【冬将軍】《冬の寒さと雪がナポレオンのモスクワ遠征を失敗させたので》冬の異称。冬の厳しさを擬人化したいい方。General Winter

**フュステル-ド-クーランジュ**【Numa Denis Fustel de Coulanges】(一八三〇～一八八九) フランスの歴史家。古代の宗教・社会上の諸制度を研究。史料批判の方法を確立。著書『古代都市』など。

**ふゆそ-でん**【不輸租田】律令制下、納税の対象外となった田。神田・寺田・放生田・公解田・乗田など。のちの荘園の不輸租の特権につながる。対義 輸租田。

**ふゆ-ぞら**【冬空】冬の空。寒々とした冬らしい空模様。winter sky

**ふゆ-づた**【冬▼蔦】キヅタの別名。

**ふゆ-どり**【冬鳥】ある地域に、秋に北の繁殖地から渡来、越冬し、春に再び北方へ帰って行く鳥。日本ではガンカモ類・ツル類がそうである。winter bird 対義 夏鳥。

**ふゆ-なぎ**【冬▼凪】冬の強い季節風がおさまり、海の波も穏やかになぎ渡ること。寒中のものを寒なぎ、厳しい低温下のものを凍なぎという。

**ふゆ-の-あめ**【冬の雨】(連語) 冬に降る雨。初冬には時雨が降るが、真冬になると冷たい細かな雨が音もなく降る。ときにみぞれとなる。

**ふゆ-の-かぜ**【冬の風】(連語) 冬に吹く風。西高東低の気圧配置による北または西寄りの寒い季節風のことが多い。winter wind

**ふゆのたび**【冬の旅】《原題Winterreiseドイ》シューベルトの連作歌曲集。ミュラーの詩により一八二七年作曲。全二四曲。恋に傷ついた若者の魂のさすらいを描く。『菩提樹』などが有名。

**ふゆのひ**【冬の日】山本荷兮編の連句集。貞享二年(一六八五)刊。松尾芭蕉と尾張蕉門との歌仙五巻と追加六句を収録。『俳諧七部集』の第一集。

**ふゆ-ば**【冬場】冬の時期。winter season 対義 夏場。

**ふゆ-はやて**【冬▽疾▽風】冬に吹く寒さのきびしい強風。

**ふゆ-び**【冬日】冬の日光。winter sun

**ふゆ-ふく**【冬服】冬に着用する洋服。含気率が大きく、保温性に富んだ材料で、襟・袖・裾などが閉鎖的なものが多い。冬着。winter clothes 対義 夏服。

**ふゆ-ふにゅう**【不輸不入】荘園に与えられた基本的特権。不輸は租税の免除、不入は検田使や収納使の立入禁止。

**ふゆ-むき**【冬向き】冬にふさわしいこと。for winter use 対義 夏向き。

**ふゆ-もの**【冬物】対義 夏物。①冬使う品物。冬向きのもの。winter goods ②冬に着る衣服の類。winter clothes

**ふゆ-やすみ**【冬休み】冬の休暇。winter vacation 対義 夏休み。

**ふゆ-やま**【冬山】対義 夏山。①冬の山。mountain in winter ②冬に登山すること。また、その山。mountain-climbing in winter

**フュルティエール**【Antoine Furetière】(一六一九～一六八八) フランスの文学者。『フランス語辞典』を編集。風刺小説『町人物語』。

**フュン-とう**【フュン島】(Fyn) デンマーク南部、ユトランド半島東方にある同国第二の島。面積三四〇〇㎢。中心都市オーデンセ。

**ふ-よ**【不予】《「予」は、くつろぎよろこぶ、の意》①心中おもしろくないこと。不愉快。②天皇・上皇の病気。貴人の病気。不例。

**ふ-よ**【付与・附与】(名・サ変他) 授け与えること。交付。grant 用例 権利を—する。

**ふ-よ**【賦与】(名・サ変他)《天・神などが》配って分け与えること。生まれつき備わっていること。endow 用例 豊かな才能を—される。

**ふよ**【扶余】①紀元前一世紀から後五世紀、中国東北部から朝鮮半島北部にかけて活躍したとされる部族。また、その国名。一～三世紀に最盛、四九四年勿吉により滅亡。夫余。②韓国忠清南道南西部の都市。百済末期の首都泗沘の故地。町の北にある扶蘇山城跡、東郊の王陵など百済時代の遺跡が多い。

**ぶよ**【▼蚋・▼蟆・▼蟆▽子】ブユの異名。

**ふ-よう**【不用】(名・形動) ①使わないこと・さま。disuse ②役に立たないこと・さま。むだ。無益。useless

**不用の用**(ふようのよう) 役に立たないと思われるものが、かえって大きな用をたすこと。無用の用。

**ふ-よう**【不要】(名・形動) いらないこと・さま。unnecessary 対義 必要。

**ふ-よう**【不溶】液体にとけないこと。insolubility 対義 可溶。

**ふ-よう**【扶養】(名・サ変他) ①たすけ養うこと。support ②親族間にあって、一定の者が特定の者の生活を援助すること。私的扶養。support ③社会保障としての公的扶助、とくに生活保護。

**ふ-よう**【▼芙▼蓉】①暖地に生じるアオイ科の落葉低木。九州以南ではえる。庭園にも栽植され、高さ一～三m。葉は掌状に裂け、八～九月に淡紅色の五弁花が咲く。白花や八重咲きの栽培種がある。モクフヨウ。キハチス。②ハスの花の中国名。↓写

●フヨウ①

**芙蓉の顔**(ふようのかんばせ)《「芙蓉」はハスのこと》ハスの花のように、美しい顔。

**ふ-よう【浮揚】**(名・サ変自他) 浮かび上がること。浮かび上がらせること。floating

**ぶ-よう【舞踊】** 音楽に合わせた、身体の韻律的な運動または動作。感情や情況を表現する叙述性がある。dance

**ふ-ようい【不用意】**(名・形動) 用意のないこと・さま。うっかりしていること・さま。unprepared 対義 周到。

**ぶよう-おんがく【舞踊音楽】** 踊りのための音楽。一般にはバレエ音楽をさすことが多い。舞曲・舞踏音楽。dance

**ふよう-かぞく【扶養家族】** 納税義務者が生活の世話をし、養っている家族。one's dependents

**ふよう-ぎむ【扶養義務】** 一定範囲の親族が互いの生活を保障する義務。ふつうは夫婦相互間と未成年の子に対する親の生活保障の義務をいう。duty of support

**ふよう-グループ【芙蓉グループ】** 第二次大戦後、富士銀行を中心に形成された安田財閥系の企業集団。丸紅・日本鋼管などを含む。富士グループ。

**ぶよう-げき【舞踊劇】** ①歌劇・話劇に相対し、器楽と舞踊を主体とする劇。dance drama ②歌舞伎(かぶき)の所作事(しょさごと)・振り事劇のこと。舞踊の場面は、ストーリーに有機的に関連する。

**ふよう-こうじょ【扶養控除】** 所得控除の一つ。納税義務者に配偶者以外の扶養親族がいる場合、その人数に応じ一定額を合計所得金額から差し引いて課税すること。allowance for dependents

**ふ-ようじょう【不養生】**(名・形動) 健康に気をつけないこと・さま。不摂生。intemperance 用例 医者の―。

**ぶ-ようじん【不用心・無用心】**(名・形動) 用心・警戒が足りないこと・さま。carelessness

**ふよう-せい【不溶性】** 物質が水やエタノール・エーテルなどの溶媒に溶けない、あるいは均一に混じり合わない性質。insoluble

**ふよう-ど【腐葉土】** 落ち葉を堆積(たいせき)して腐らせた土。園芸に用いる。leaf mold 比較 腐植土。

**ぶよう-ふ【舞踊譜】** 舞踊の運動を紙上に記号で記録したもの。

**ふよう-ほう【芙蓉峰】** 富士山の美称。

**ふ-よく【扶翼】**(名・サ変他) 仕事・任務を達成するように助けること。

**ぶよ-ぶよ**(副・サ変自) やわらかく、しまりがないさま。flabby 用例 ―太る。

**ぶら**(接尾) ぶらぶらと歩くことを表す語。用例 銀―。

**ブラーエ[Tycho Brahe]**(一五四六〜一六〇一) デンマークの天文学者。望遠鏡を使わない時代の最高の天体観測者で、太陽系の概念と、八〇〇個近くの恒星の位置を明らかにした。彼の観測資料を弟子ケプラーが分析し、惑星運動の法則を発見。

**プラーグ[Prague]** ↓プラハ

**プラークリット[Prākrit]** 古代インドで日常用いられた諸言語の総称。文語・雅語であるサンスクリットに対し、俗語として一般に通用したもの。

**ブラーシュ[Vidal de La Blache]** ↓ビダル=ド=ラ=ブラーシュ

**プラージュ[Plage]** 太陽の黒点近くにある明るい領域。水素またはカルシウムの単色光で観測される。羊斑(ようはん)。

**ブラーツク[Bratsk]** ソ連、シベリア中南部、アンガラ川中流の工業都市。アルミニウム工場などがある。人口二四・五万(一九八六)。

**プラーテン[August von Platen]**(一七九六〜一八三五) ドイツの詩人。詩集『ガゼル集』『ベネチアのソネット』など。

**プラード[Pérez Prado]**(一九一六〜) キューバのラテン-バンドのリーダー・ピアノ奏者・作曲家。マンボの新奏法を考案、一九五〇年代にマンボ-ブームを起こした。

**プラーナ[Purāṇa梵]**《古伝説の意》ヒンズー教聖典の一つ。遍歴の吟誦(ぎんしょう)詩人によって吟詠された。Purana

**ブラーフマナ[Brāhmaṇa梵]** バラモン教のベーダ聖典の一部で、サンヒター(=本集)に集録された聖歌・祭詞(さいし)などの起源・意義・用法を詳説した釈義書。梵(ぼん)書。祭儀書。

●フラ=アンジェリコ『受胎告知』。一四三八〜五〇年、サン=マルコ美術館(イタリア)。

**ブラーム[Otto Brahm]**(一八五六〜一九一二) ドイツの演出家・劇評家。ドイツ近代劇運動を推進。自然主義演劇を唱え「自由舞台」を創設。

**ブラームス[Johannes Brahms]**(一八三三〜九七) ドイツの作曲家。ロマン主義の時代に古典的な伝統を守り、堅固な形式に独自のロマン性を盛りこんだ作品を書いた。交響曲・協奏曲・室内楽曲・声楽曲など。

**フラ-アンジェリコ[Fra Angelico]**(一三八七/一四〇〇〜一四五五) 一五世紀イタリア、フィレンツェ派の画家。生涯を修道僧として送る。聖母や天使の清純で敬虔(けいけん)な表現で名高い。作品『受胎告知』など。↓写

**フライ[fly]** ①野球で、打ち上げられた打球。飛球。用例 平凡な―。②ハエ。アオバエ。③擬餌鉤(ぎじばり)の一つで、昆虫に似せた毛鉤。

**フライ[fry]** 西洋料理の調理法の一つ。肉・魚貝・野菜・果物に小麦粉・パン粉などの衣をつけ、油で揚げる。

**フライ[Christopher Fry]**(一九〇七〜) イギリスの劇作家。豊麗な言葉を駆使して現代詩劇を発展させた。喜劇『火刑をまぬかれた女』など。

**フライ[Northrop Frye]**(一九一二〜) カナダの文芸批評家。批評の基礎を神話の理論におく。著書『批評の分析』『偉大なコード』など。

**ぶ-らい【無頼】**(名・形動) 定職がなく、無法なことをすること・さま・者。villainy

**プライ[Hermann Prey]**(一九二九〜) ドイツのバリトン歌手。世界各地でオペラ歌手として活躍。リート歌手としても定評がある。

**ブライア[brier]** ツツジ科の常緑低木。枝は太く毛が密生。狭線形の葉三枚が輪生。春夏、卵状鐘形の白小花をつける。根はパイプの材料。コーカサス原産。エイジュ。

**プライア[Praia]** 西アフリカ、大西洋上のカーボベルデ共和国の首都。セネガルのベルデ岬西方、カーボベルデ諸島に位置。定期航路の中継地で、漁業基地。人口三・八万(一九八〇)。

**ブライアント[William Cullen Bryant]**(一七九四〜一八七八) アメリカの詩人。清らかな自然詩を残す。詩『サナトプシス』『水鳥へ』など。

**プライオリティ[priority]** 優先権。優先順位。

**フライ-がえし【フライ返し】** 料理で、いためたり焼いたりするときに、材料を返すために使うへら状のもの。spatula

**ぶらい-かん【無頼漢】** ならずもの。ごろつき。scamp

**フライ-きゅう【フライ級】** 体重制競技の階級の一つ。アマチュアボクシングでは四八〜五一kg、プロボクシングでは四八・九〜五〇・八kg。flyweight

**ブライス[James Bryce]**(一八三八〜一九二二) イギリスの政治家・政治学者。一九〇七年駐米大使。比較政治学の基礎を築いた。主著『近代民主主義』。

**プライス[price]** ①代価。価格。②相場。

**フライス-ばん【フライス盤】**《フライスは英語のfraiseから》工作機械の一つ。回転する円筒状の刃物に、工作物を前後・上下・左右に移動させながら当てて切削する。ミリング盤。milling machine 比較 旋盤。↓写

●フライス盤　全体(右)、平面切削の様子(左)。

**プライス-リーダー[price leader]** 寡占(かせん)市場で価格の決定をリードする企業のこと。他の企業はこれに従う。価格先導者。

**フライターク[Gustav Freytag]**(一八一六〜九五) ドイツ写実主義の小説家・文化史家。小説『貸借』、論文『ドイツ過去の諸像』など。

**ブライダル[bridal]** 結婚式。

**ブライダル-さんぎょう【ブライダル産業】** 結婚の仲介から、結婚式・新婚旅行や所帯道具まで、結婚や新婚生活にかかわるすべてを取り扱う産業の総称。wedding industry

**ブライディ[James Bridie]**(一八八八〜一九五一) イギリスの劇作家。スコットランド生まれ。戯曲『解剖学者』『眠れる僧侶』など。

**フライト[flight]**(名・サ変自) ①飛行すること。飛翔(ひしょう)すること。②航空機の飛行。飛行行程。用例 夜間の―は中止になった。

**ブライト[Richard Bright]**(一七八九〜一八五八) イギリスの医師。たんぱく尿とむくみの病状が腎臓(じんぞう)の病変によることを発見。腎疾患を広く総称して「ブライト病」という。

**プライド[pride]** ①ほこり。自尊心。自負心。用例 ―をきずつける。②群れの一形態。ライオンやクジャクに見られ、一頭から数頭の雄、数頭の雌と子どもで構成される。

**フライト-アテンダント[flight attendant]** ↓キャビンアテンダント

**フライド-チキン[fried chicken]** 洋風の鶏肉のから揚げ。小麦粉・洋がらし粉・塩・こしょうを鶏肉にまぶし、ラードなどで揚げる。アメリカ料理。

**フライト-ナンバー[flight number]** 旅客機などの航空便につけられている、発着の便番号。

**フライド-ポテト[fried potato]** から揚げにしたジャガイモ。ビーフステーキなどのつけ合わせにもする。フレンチフライドポテト。

**フライト-レコーダー[flight recorder]** 飛行中の航空機の速度・高度・方位・加速度などの飛行状態を自動的に記録する装置。

**ブライトン[Brighton]** イギリス南東部、イギリス海峡に臨む都市。保養地として有名。人口一四・三万(一九八五)。

**ぶらい-は【無頼派】** 第二次大戦後の混乱期に、反俗的な心情と反リアリズムの作風や批評精神を基調に活躍し、注目された一群の作家たちの称。織田作之助(おださくのすけ)・坂口安吾(さかぐちあんご)・太宰治(だざいおさむ)・石川淳(いしかわじゅん)・檀一雄(だんかずお)・田中英光(たなかひでみつ)らをいう。新戯作(しんげさく)派。

**プライバシー[privacy]** ①個人の生活・秘密。私事。②個人の生活・秘密を他人におかされない権利。私事権。

**フライ-パン**《frying panから》焼き物・いため物・揚げ物などに使うなべ。丸形・平底で、長い柄がついている。

**フライ-フィッシング[fly-fishing]** 魚釣りの方法の一つ。昆虫に似せた毛鉤(けばり)を水面または水底に入れ、魚に食いつかせて釣りあげる。

**プライベート[private]**(形動) 個人に関するさま。自分だけに関係のあるさま。個人的。私的。対義 パブリック。用例 ―な生活。

**プライベート-オファリング[private offering]** ↓ピーオーとりひき(PO取引)

**プライベート-ブランド[private brand]** 販売業者により所有・管理されている商標。おもにスーパーマーケットなどの大手小売業が自社の顧客に合わせた独自のブランド商品を開発して売り出す。PB.

**プライマリー-ケア[primary care]** ①病気・外傷などに対する適切な初期治療。②↓プライマリーヘルスケア

**プライマリー-ヘルス-ケア[primary health care]** 医療と日常の健康増進や疾病予防などを総合的にとらえようとする理念およびその活動。プライマリーケア。

**プライム-タイム[prime time]** ラジオやテレビで、視聴率がもっとも高い時間帯。ゴールデンアワー。

**プライム-レート[prime rate]** ①最優遇貸



↓行き先項目、図版・写真参照印。 JIS 日本工業規格情報交換用漢字符号コード(区点コード)。

出金利。アメリカの銀行が信用度の高い企業に対する短期貸付に適用するもの。②日本の標準金利。

**フライヤー**[flier; flyer] ①空を飛ぶもの。②飛行家。飛行機。③米国で、急行列車。

**プライヤー**[pliers] 工具の一種。針金や板金をはさむためのもの。やっとこ。ペンチ。

**フライリヒラート**[Hermann Ferdinand Freiligrath](一八一〇〜七六) ドイツの詩人。詩集『現代政治社会詩集』など。

**フライング** →フライングスタート①

**フライング-スタート**[flying start] ①競走や競泳などで、スタートの合図以前に飛び出すこと。陸上競技では一人で二回、水泳では全員の中で三度目の者が失格となる。不正出発。フライング。②自動車・自転車などのレースで、スタートライン手前から助走し出発する方式。

**ブライン-シュリンプ**[brine shrimp] 塩田や塩湖にすむ下等な甲殻類。体長約一cm。耐久卵を乾燥保存し、随時孵化させて熱帯魚などの餌に利用。アルテミア。

**ブラインド**[blind] 目隠しのため、また直射日光をさえぎるため、建物の開口部に設置するおおい。巻き上げ式で簡便。

**ブラインド-タッチ**《和製語》タイプライターやワープロなどの入力をするとき、キーボードを見ずにキーをたたくこと。

**フラウ**[Frau(ドイツ)] ①妻。夫人。one's wife ②女。woman ③女主人。landlady

**ブラウ**[Willem Janszoon Blaeu](一五七一〜一六三八) オランダの地図学者・地図出版者。世界地図帳のほか、天球儀・地球儀を製作した。

**プラウ**[plow] おもに欧米で用いられる犂。トラクターや家畜に引かせて土壌を耕す。

**ブラウジング**[blousing] 服飾用語。ブラウスをスカートの中にたくし入れて着用したときの、ウエスト回りにできるゆったりしたふくらみ。

**ブラウス**[blouse] ①《本来は》スーツやジャケットの下に着る中着。②婦人・子ども用の上着の一種。労働着からパーティー着までさまざまなデザインのものがある。

**ブラウスド-シルエット**[bloused silhouette] 洋服のシルエットの一つ。ブラウスの裾をスカートやスラックスなどの中へたくし入れた感じの、とりわけ背側でゆったりふくらんだシルエットのこと。

**プラウダ**[Pravda(ロシア)]《真理、の意》ソビエト共産党中央委員会の機関紙。朝刊。内外諸問題に関する公式見解を掲載。一九一二年創刊。

**プラウトゥス**[Titus Maccius Plautus](BC二五四ごろ〜BC一八四ごろ) ローマの代表的喜劇作家。ギリシア新喜劇作品を適宜に作りかえ、当意即妙な会話で、生き生きとした効果を与えた。喜劇『ほらふき将軍』など二一編が現存。

**ブラウニング**[Elizabeth Barrett Browning](一八〇六〜六一) イギリスの女流詩人。ロバート＝ブラウニングの妻。詩集『ポルトガル人のソネット』など。

**ブラウニング**[Robert Browning](一八一二〜八九) イギリス-ビクトリア朝の代表的詩人。鋭い心理描写や「劇的独白」の手法で知られる。叢書『金鈴とざくろ』、詩『男たちと女たち』『指輪と本』など。

**ブラウン**[brown] 茶色。用例 ライト——。

**ブラウン**[Alexander Braun](一八〇五〜七七) ドイツの植物学者。葉序に関して「シンパー-ブラウンの法則」を主張。植物分類体系の確立に貢献した。

**ブラウン**[Charles Brockden Brown](一七七一〜一八一〇) アメリカの小説家。アメリカ最初の本格的作家で「アメリカ小説の父」と称される。恐怖小説『ウィーランド』など。

**ブラウン**[Herbert Charles Brown](一九一二〜) アメリカの化学者。ウィッティヒとともに、硼素や燐を使った有機合成法を開発。一九七九年ノーベル化学賞受賞。

**ブラウン**[John Brown](一八〇〇〜五九) アメリカの奴隷解放運動家。一八五九年バージニア州で奴隷による反乱を起こし、鎮圧され処刑。

**ブラウン**[Karl Ferdinand Braun](一八五〇〜一九一八) ドイツの物理学者。熱力学の「ル＝シャトリエ-ブラウンの法則」を確立。ブラウン管を発明。無線電信の発達に貢献し、マルコーニとともに、一九〇九年ノーベル物理学賞受賞。

**ブラウン**[Michael Stuart Brown](一九四一〜) アメリカの遺伝学者。血中コレステロールのたまる仕組みを解明。心臓病などの根本的治療法に道を開いた。一九八五年ノーベル生理学医学賞受賞。

**ブラウン**[Ray Brown](一九二六〜) アメリカのジャズ-ベース奏者。ジャズ界きっての名手。

**ブラウン**[Robert Brown](一七七三〜一八五八) イギリスの植物学者。一八二七年にブラウン運動、三一年に細胞核を発見。被子植物と裸子植物を区別。

**ブラウン**[Samuel Robbins Brown](一八一〇〜八〇) アメリカの宣教師。安政六年(一八五九)来日し神奈川で布教。明治五年(一八七二)横浜に日本最初のプロテスタント教会「日本基督公会」を設立。聖書の和訳に尽力。

**ブラウン**[Wernher von Braun](一九一二〜七七) アメリカのロケット技術者。ドイツ生まれ。一九三六年からロケットの開発を始め、V-2号を完成。第二次大戦後、アメリカに帰化。NASAに属し、大型ロケット開発を指導。アポロ計画を推進した。

**ブラウン-うんどう**[ブラウン運動] 溶液中の花粉などの微粒子の運動。熱運動をしているまわりの溶媒分子が花粉に不規則に衝突するために生じる。イギリスの植物学者ブラウンが、水中の花粉を顕微鏡で観察中に発見。Brownian movement

**ブラウン-かん**[ブラウン管]《発明者ドイツの物理学者カール＝フェルディナンド＝ブラウンにちなむ》陰極線管の一つ。電気信号を画像に変換する電子管。電子流に電気的または電磁的な力を加えて偏向させ蛍光面に像を描く。テレビ受像機・オシロスコープなどに使用。CRT。cathode-ray tube

**ブラウンシュバイク**[Braunschweig] 西ドイツ北東部の商工業都市。一二世紀、ハインリヒ獅子公の本拠地。人口二五・一万(一九九五)。

**ブラウンスイス-しゅ**[ブラウンスイス種] スイス北東部原産の乳肉兼用牛。小形で強健で寒さに強い。日本の黒毛和種の改良に貢献。Brown Swiss

**ブラウン-ソース**[brown sauce] 西洋料理の基本のソースで、褐色系ソースの基本となるソース。鶏や子牛の骨、焦がした小麦粉、タマネギ・ブイヨン・香味野菜などから作る。

**フラウンホーファー-せん**[フラウンホーファー線] 太陽光のスペクトル中にある暗線。大部分は太陽の周囲の気体による吸収であるが、地球大気によるものもある。Fraunhofer lines

**プラカード**[placard] デモ行進などで、スローガンを書いて掲げ歩く看板。

**ブラギ**[Bragi] 北欧神話の、詩歌と雄弁の神。妻は青春のリンゴをもつイドゥン。北欧では詩のことを「ブラギの息」、詩人を「ブラギの人」などという。

**ブラキエーション**[brachiation] 類人猿が木々の間を移動するときに行う腕わたり。テナガザルが有名。腕足運動。

**ブラキオサウルス**[brachiosaurus(ラテン)] ジュラ紀後期から白亜紀前期の北アメリカや東アフリカにすんでいた巨大な草食恐竜。全長約二五m、推定体重約七〇tで、ブロントサウルスとともに史上最大の陸上動物。頸が長く、前足が後ろ足より長い。四脚歩行で、沼地を好んだとされる。→恐竜図

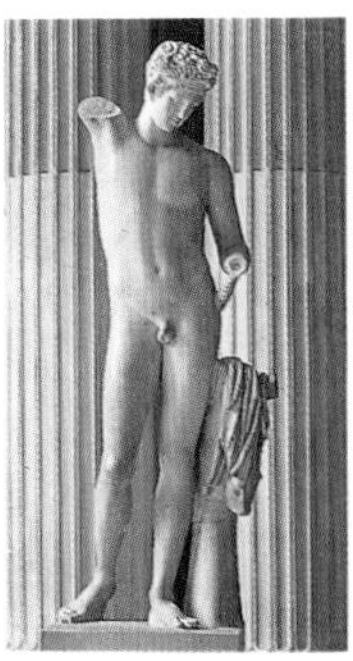
●プラクシテレス 『酒をそそぐサテュロス(ローマ時代の模刻)』。前三七五〜前三七〇年ごろ、ドレスデン国立美術館(東ドイツ)。

**ブラキカム**[brachycome] →ひめコスモス(姫コスモス)

**ブラキストン**[Thomas Wright Blakiston](一八三二〜九一) イギリスの軍人・動物学者。鳥の研究をもとに、津軽海峡が動物分布上の境界線であることを提唱。のちに、この境界線は「ブラキストン線」と命名された。

**ブラキストン-せん**[ブラキストン線] 本州と北海道の間を通る、動物の地理分布上の境界線。一八八〇年、ブラキストンとプライヤーがこの線の南と北とで鳥類の種類に大きな相違のあることを指摘。Blakiston's line

**フラグ**[Hülägü・旭烈兀](一二一八〜六五) イルハン国の創始者(在位一二五八〜六五)。チンギス＝ハンの孫。兄モンケ(＝憲宗)の命により一二五三年から西アジアに遠征。五八年アッバース朝を倒し、タブリーズを都として建国。

**ぶ-らく**[部落] ①比較的少数の民家が共同体的にまとまっている集落。②《卑語》→ひさべつぶらく(被差別部落)

**プラグ**[plug] ①コードなどの電線類をコンセント・ソケットなどに接続するための器具。差し込み型・ねじ込み型などがある。比較 コンセント。②「点火プラグ」の略。

**ぶらくかいほう-うんどう**[部落解放運動] 未解放(被差別)部落とその出身者に対する差別の撤廃をめざす社会運動。第二次大戦前は全国水平社によって展開され、戦後は部落解放同盟が運動を継承している。参照 水平社運動。

**ぶらくかいほう-どうめい**[部落解放同盟] 部落差別の廃絶を目的とする大衆団体。全国水平社を前身として昭和二一年(一九四六)に発足した部落解放全国委員会が同三〇年(一九五五)に改称。解放同盟。解同。

**プラクシス**[praxis(ギリシア)] アリストテレスの用語。ものを作り出す行為に対して、法を守るなどの対象に対する実践的態度をいう。実践。行動。

**プラクシテレス**[Praxiteles](生没年未詳) 古代ギリシア古典後期(紀元前四世紀)最大の彫刻家。神像に人間に近い表現を求め、親しみのある情趣や柔らかな気分を与え、古典彫刻の範をつくる。作品『ヘルメス』『クニドスのアフロディテ』。→写

**フラクション**[fraction]《分数・分派、の意》革命的政党などが大衆指導・大衆動員の手段として労働組合の内部に設ける党員組織。

**フラクション-かつどう**[フラクション活動] 労働組合などに政党から指導者を送りこみ、その中で政治指導活動を行わせること。fraction activity

**フラグスタート**[Kirsten Marie Flagstad](一八九五〜一九六二) ノルウェーのソプラノ歌手。ワーグナー歌手として有名。

**フラクタル**[fractal] 任意の一部分がつねに全体の形と相似になるような図形。自然界では、雲の形や海岸線などにみられる。アメリカの数学者マンデルブローが提示したもので、この考えがコンピューターグラフィックスの分野に広く応用されている。

**プラクティカル**[practical](形動) 実用的なさま。実際的。プラクチカル。

**フラクトース**[fructose] →かとう(果糖)

**プラグマティズム**[pragmatism] 知識や観念の問題を行動との連関においてとらえ、その有効性を行動の面から規定する哲学的立場。一九世紀末から主としてアメリカで形成された。パース・ジェームズ・デューイが代表者。実用主義。プラグマチズム。

**ブラケット**[Patrick Maynard Stuart Blackett](一八九七〜一九七四) イギリスの実験物理学者。霧箱の方法を発展させ、原子核および宇宙線領域で各種の発見をする。一九四八年ノーベル物理学賞受賞。

**フラゴナール**[Jean-Honoré Fragonard](一七三二〜一八〇六) フランスの画家。ブーシェの弟子。宮廷風俗や裸体などを軽快繊細に描く。作品『音楽のレッスン』『ぶらんこ』など。→写 →ロコ美術写

●フラゴナール 『本を読む少女』。一七七六年ごろ、ワシントン-ナショナル-ギャラリー。

**ブラゴベシチェンスク**[Blagoveshchensk] ソ連、ロシア共和国東部、アムール州の州都で、アムール川に注ぐゼーヤ川河口の河港都市。造船業・農業機械工業・農産物加工業などが発達。人口一九・九万(一九八六)。

**プラザ**[plaza(スペイン)] 公共の広場。市場。

**ブラザー**[brother] 対義 シスター。①兄弟。②修道士。

**ぶら-さが・る**[ぶら下がる](五自) ①ぶらりと下がる。hang down ②目先にちらつく。haunt 用例 大臣の椅子が目の前に——・っている。③自分で努力しないで他人の力にたよる。depend on

**ぶら-さ・げる**[ぶら下げる](下一他) ①下

げて持つ。carry ②釣り下げる。hang

**ブラザビル**【Brazzaville】アフリカ中部、コンゴ人民共和国の首都。河港都市。コンゴ(ザイール)川北岸に位置し、対岸にはザイール共和国の首都キンシャサがある。旧フランス領赤道アフリカの首都。人口四五・六万(一九八三)。

**ブラシ**【brush】毛・繊維・針金などを柄$_{え}$や板面に多数植え付けたもの。はけ。ブラッシュ。

**プラシーボ**【placebo】《ラテン語で、あなたをなぐさめてあげます、の意》治療や試験に用いるが、薬理活性のない物質。気休めの薬。偽薬。プラセボ。

**フラジオマイシン**【fradiomycin】抗生物質の一つ。A・B・Cなどの種類がある。赤痢などの腸内感染症や皮膚感染症に用いる。ネオマイシン。

**ブラジス**【Carlo Blasis】(一七九七〜一八七八) イタリアの舞踊家。教則本を作り、イタリア派古典バレエ技法の確立に貢献。

**ブラシ-てん**【ブラシ天】↓ブラッシュ

**ブラジャー**【brassiere】胸の形を整えるための婦人用下着。体型や上に着る衣服のシルエットに応じて種々の形・素材がある。

**ブラジヤック**【Robert Brasillach】(一九〇九〜一九四五) フランスの小説家。第二次大戦中の対独協力のため解放後処刑された。小説『七つの彩り』『時の過ぎ去るごとく』など。

**ブラショフ**【Braşov】ルーマニア中部、カルパチア山脈の麓$_{ふもと}$にある工業都市。古来オリエントとヨーロッパ中部の接点。人口三三・四万(一九八四)。

**フラジョレット**【flageolet】①縦笛式フルート属の木管楽器。②オルガンの音栓名。③弦楽器の特殊な奏法。別称ハーモニックス。①に似た透明な音が特徴。

●ブラジリア　モニュメンタル大通り。正面は国会議事堂。

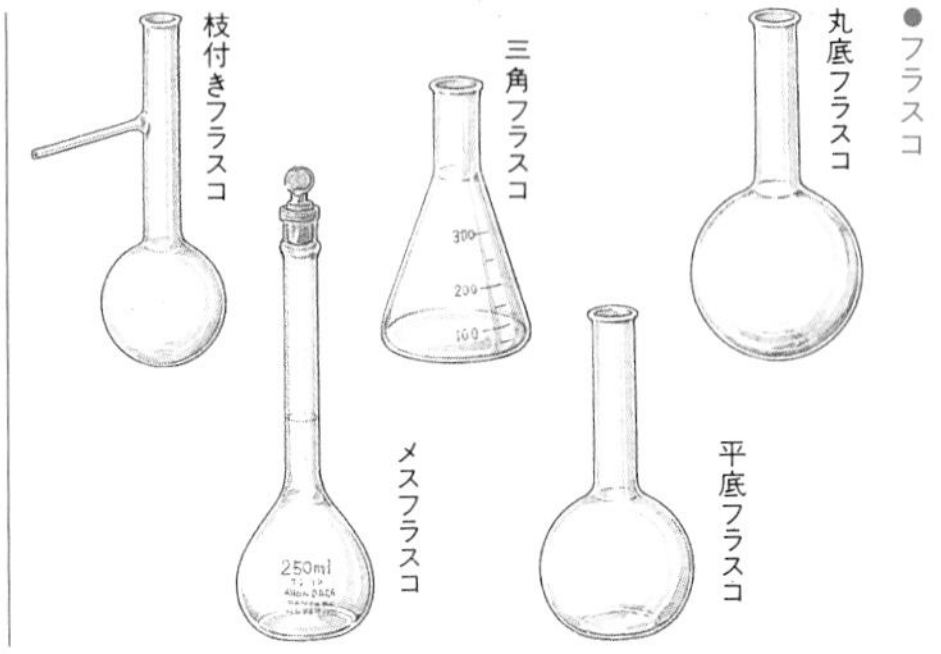

●フラスコ

**ブラジリア**【Brasília】ブラジルの首都。同国中央部ゴイアス州の高原上に建設された計画都市で、一九六〇年リオデジャネイロより遷都。人口四一・一万(一九八〇)。↓写

**ブラジル**【Brazil・伯剌西爾】(Federative Republic of Brazil) 南アメリカ東部を占める連邦共和国。首都ブラジリア。南アメリカでは唯一の旧ポルトガル領で、一八二二年独立。北部のアマゾン川流域はセルバと呼ばれるジャングル、南部に広大なブラジル高原がある。コーヒー・サトウキビ・綿花を栽培し、鉄鉱石・マンガン鉱の産出も多い。主要言語はポルトガル語。面積八五一・二万km²。人口一億三八四九万(一九八六)。正称ブラジル連邦共和国。

**ブラジル-こうげん**【ブラジル高原】(Planalto do Brasil) 南アメリカ、ブラジル東部の高原。標高五〇〇〜二〇〇〇m。中部に新首都ブラジリアがある。

**ブラジル-ナッツ**【Brazil nut】サガリバナ科の高木。南アメリカ特産。砲丸状の大形の果実が多数つく。種子は半月形で、その仁は白色で、美味。ナッツとして食用。油材料。

**ふら・す**【降らす】(五他) 降るようにする。降らせる。send rain 用例 雨を―前線。

**プラス**【plus】対義 マイナス。㊀(名・サ変他)加えること。用例 元金に利息を―する。㊁(名) ①数学で、正数を表すしるし。記号+。㊂②余り。利益。③有利な点。よい点。用例 将来に―になる。④電気の陽極。⑤病原菌の感染検査が陽性であること。

**プラス**【Sylvia Plath】(一九三二〜一九六三) アメリカの女流詩人。イギリスの詩人テッド＝ヒューズと結婚。詩集『巨像』『エアリアル』など。

**プラス-アルファ**《和製語》基本のものに、いくらか加えること・もの。用例 ―をつける。

**プラス-きょく**【プラス極】↓ようきょく(陽極)①

**フラスコ**【frasco$^{ポルト}_{ガル}$】首の長いガラス製のびん・水差し。また、化学実験で用いる、細い円筒状の首部とふくらんだ胴部からなるガラス製の容器。丸底フラスコ・三角フラスコなどがある。flask ↓図

**ブラスコ-イバーニェス**【Vicente Blasco Ibáñez】(一八六七〜一九二八) スペインの小説家。写実小説や風俗小説多数を書く。作品『葦$_{あし}$と泥』『血と砂』など。

**フラスコ-も**【フラスコ藻】車軸藻植物フラスコモ属の総称。日本産は約五〇種。水生でシャジクモに似るが、輪生する小枝に主軸がなく扇状$_{せんじょう}$に広がる。

**プラスター**【plaster】①石膏$_{せっこう}$を用いた塗り壁材料。漆喰$_{しっくい}$。②膏薬$_{こうやく}$。

**プラスチック**【plastic】《plasticは、可塑性の、の意》有機高分子化合物のうち、可塑性をもつ物質の総称。天然のもの(ゴムなど)と化学合成によるもの(ポリエチレンなど)とがあるが、多くの場合は合成物質をさす。合成樹脂。↓図

**プラスチック-セメント**【plastic cement】建造物などのひび割れやすきまをつめるための充塡$_{じゅうてん}$材の一つ。プラスチックにアスベストなどの補強材を配合したもの。接着力が大きく、粘度調節が容易で、すきま幅に関係なく適用できる。

**プラスチック-ボート**【plastic boat】↓エフアールピーせん(FRP船)

**プラスチック-マネー**《和製語》クレジットカードの通称。

**プラスチック-モデル**《和製語》プラスチック製の組み立て式模型玩具$_{がんぐ}$。昭和二六年(一九五一)にアメリカで考案。プラモ。

**フラストレーション**【frustration】心理学で、内的または外的な原因により欲求充足が不可能な状態にあるときの強い緊張状態。欲求不満。

**ブラス-バンド**【brass band】吹奏$_{すいそう}$楽団。

**プラズマ**【plasma】原子が超高温で電離して、自由に運動する正と負のイオンが共存し、全体として電気的に中性になっている物質の状態。固体・液体・気体につぐ第四の状態ともよばれる。電離層や星の外気など。

**プラス-マイナス**《plusとminusから》①加えることと減ずること。さしひき。損得。用例 ―ゼロになる。②ある数値に対する誤差または許容範囲を示す幅。記号±。用例 ―一センチ以内。

●プラスチック　種類と用途

| 分類 | 樹脂名 | 衝撃に対して | 煮沸に対して | 酸に対して | アルカリに対して | アルコールに対して | 食用油脂に対して | おもな用途 |
|---|---|---|---|---|---|---|---|---|
| 熱可塑性プラスチック | ポリエチレン(軟質) | ○ | × | ○ | ○ | △ | ○ | ポリ袋、通信ケーブル |
| | ポリエチレン(硬質) | ○ | ○ | ○ | ○ | △ | ○ | 灯油缶、薬品瓶、魚網、ロープ |
| | ポリプロピレン | ○ | ○ | ○ | ○ | ○ | ○ | 浴槽、浴室用品、水筒、注射器、自動車部品、コンテナ |
| | 塩化ビニル樹脂 | ○ | × | ○ | ○ | ○ | ○ | 瓶、卵パック、水道管、ホース、人造皮革、雨具、文房具 |
| | ポリスチレン(スチロール樹脂) | △ | × | ○ | ○ | △ | △ | テレビ・ラジオのキャビネット、調味料入れ、発泡スチロール |
| | AS樹脂 | ○ | * | ○ | ○ | △ | ○ | ジューサーケース、ボールペン軸、使い捨てライター |
| | ABS樹脂 | ○ | * | ○ | ○ | × | ○ | 自動車部品、ヘルメット、電気製品のキャビネット、トランク |
| | メタクリル樹脂 | ○ | × | ○ | ○ | △ | ○ | 照明板、広告灯、看板、義歯、コップ、卓上容器、風防ガラス |
| | ポリカーボネイト | ○ | ○ | ○ | △ | ○ | ○ | ヘルメット、ほ乳瓶、機械部品 |
| | ポリアミド樹脂(ナイロン) | ○ | * | △ | ○ | × | ○ | ファスナー、戸車、医療用器具、機械部品 |
| | ポリ塩化ビニリデン | ○ | ○ | ○ | ○ | ○ | ○ | 家庭用ラップ材、人工芝、ソーセージなどの包装用フィルム |
| | ポリブタジエン | ○ | × | ○ | ○ | ○ | ○ | ラップフィルム、履物、おもちゃ |
| | EVA樹脂 | ○ | × | △ | △ | ○ | × | ビーチサンダル、ビニールハウス用フィルム、密閉容器の上ぶた |
| | 飽和ポリエステル樹脂 | ○ | × | ○ | × | ○ | ○ | フィルム、音楽用テープ、しょう油などの販売用容器 |
| 熱硬化性プラスチック | フェノール樹脂 | △ | ○ | ○ | ○ | ○ | ○ | 配線器具、プリント配線基板、断熱材、なべ・やかんの取っ手、盆 |
| | 尿素樹脂 | △ | × | △ | △ | ○ | ○ | 容器のキャップ、電車のつり輪、公衆電話機、断熱材 |
| | メラミン樹脂 | △ | ○ | ○ | ○ | ○ | ○ | 食器、盆、化粧板、電気部品 |
| | 不飽和ポリエステル樹脂 | ○ | ○ | ○ | △ | ○ | ○ | 浴槽、ボート、ヘルメット、釣りざお |
| | グアナミン樹脂 | ○ | ○ | ○ | ○ | ○ | ○ | 機械部品、盆、灰皿 |
| | ポリウレタン | ○ | ○ | △ | △ | ○ | ○ | 自動車部品、マットレス、断熱材、スポンジ |

○強い　△少し弱い　×弱い

* 煮沸できるものとできないものがある

日本プラスチック工業連盟調べ

**プラズマ-ジェット**【plasma jet】気体の放電で生じた高温の電離ガスを細孔から噴出させたもの。溶断・穿孔$_{せんこう}$などに利用。

**プラスミド**【plasmid】おもに細菌細胞内で、染色体とは別個に存在する遺伝因子。自律的に増殖し安定して子孫に伝達される。

**プラスミン**【plasmin】繊維素溶解酵素。体液中にプラスミノーゲンとして存在。活性化されてフィブリンなどたんぱく質を溶解する。血栓・塞栓$_{そくせん}$治療剤。

**ブラスリー**【brasserie$^{フラ}_{ンス}$】ビールをおもに出す店。ビヤホール。

**ブラ-スリップ**【bra slip】ブラジャーとスリップを一つにした婦人用下着。↓写

**プラセオジム**【Praseodym$^{ドイ}_{ツ}$】希土類元素の一つ。元素記号Pr 原子番号五九。原子量一四一。銀白色の金属。空気に触れると黄色に変色する。praseodymium

**ふら・せる**【降らせる】(下一他) ↓ふらす(降らす)

**プラタナス**【platanus$^{ラテ}_{ン}$】スズカケノキ科の属名の一つ。また、それに属する植物の総

●ブラスリップ

ふ

称。スズカケノキ・アメリカスズカケノキなどがあり、日本では街路樹・公園樹として植えられる。

**フラ-ダンス**【hula dance】ハワイの民俗舞踊。男女とも伝統的な衣装をつけ、手と腰をくねらせたりして踊る。

**ふ-らち**【不▼埒】(名・形動) ①物事のきまりがつかないこと・さま。outrageous ②けしからぬこと・さま。不届き。rude

**プラチナ**【platina】白金。

**フラック**【Roberta Flack】(一九四一) アメリカの黒人女性歌手・ピアノ奏者。知性と情感豊かな親しみやすさをもつ。

**ふら-つ・く**(五自) ①ふらふらゆれる。be unsteady 用例 高熱で足が—。②あちこち歩く。ぶらつく。loiter ③考えなどが定まらなくて、迷う。

**ブラック**【black】①黒。②ミルクや砂糖を入れないコーヒー。ブラックコーヒー。

**ブラック**【Georges Braque】(一八八二〜一九六三) フランスの画家。ピカソとともにキュビスムの大成者。静穏微妙な色彩と鋭いデザイン的感覚で洗練された画境を生む。作品『レスタック風景』『アトリエ』など。→写 →キュビスム写

●G=ブラック『ギターを持つ少女』。一九一三〜一四年、パリ国立近代美術館。

**ブラック**【James Whyte Black】(一九二四) イギリスの薬理学者。交感神経の働きに作用する薬を開発。心臓病・高血圧・消化器潰瘍などの治療薬の開発につながる手法を開発。薬物療法における重要な原理の発見で、一九八八年ノーベル生理学医学賞受賞。

**ぶら-つ・く**(五自) ①ぶらぶらする。ゆれる。dangle ②あてもなく歩く。散歩する。loiter 用例 銀座を—。

**ブラッグ**【William Henry Bragg】(一八六二〜一九四二) イギリスの物理学者。α線の実験、β線・γ線に関する研究で知られる。息子のウィリアム=ローレンス=ブラッグとともにX線による結晶構造の研究を行う。父子で一九一五年ノーベル物理学賞受賞。

**ブラッグ**【William Lawrence Bragg】(一八九〇〜一九七一) イギリスの物理学者。父のウィリアム=ヘンリー=ブラッグとともにX線結晶学の研究を行う。父子で一九一五年ノーベル物理学賞受賞。

**ブラック-アフリカ**【Black Africa】黒いアフリカ。アフリカ大陸のうち、黒人諸人種の居住するサハラ砂漠以南の諸国をいう。

**ブラック-カントリー**【Black Country】イギリス中南部、バーミンガムを中心とした重工業地域。地名のおこりは空をおおう煤煙からきているが、現在はその姿は見られない。自動車・電機・化学など各種の工業が発達。

**フラッグ-キャリア**【flag carrier】→ナショナルフラッグキャリア

**ブラック-ジャーナリズム**【black journalism】組織や個人の弱みを取材して脅したり、特定の集団の利益をはかる目的で新聞・雑誌を発行するジャーナリズム。影の情報界。

**ブラックジャック**【Blackjack】ソビエトの可変後退翼式戦略爆撃機の通称。最大速度マッハ二、最大搭載量一七t、戦闘行動半径七三〇〇km。ALCMを搭載可能。

**フラックス**【flux】金属製錬で、鉱石の溶融促進およびスラグの性状を改善するために加える融剤。また、溶接やはんだ付けなどで、接合部の酸化防止のため添加する硼砂・樹脂などもいう。融剤。

**ブラック-チェンバー**【black chamber】①機密室。秘密室。②外交・軍事について暗躍する諜報工作機関。

**ブラック-ナショナリズム**【Black Nationalism】白人と対等の立場に立ち、独自の文化をもとうとする黒人の考え方。

**ブラッグ-の-じょうけん**【ブラッグの条件】X線が結晶により回折するのに必要な条件。X線や各種の粒子線が結晶によって強く回折されるためには、反射波との光路差が入射波の波長の整数倍になればよいというもの。Bragg condition

**ブラックバード**【blackbird】美声でさえずるヒタキ科の鳥。全長約二四cm。雄は全身黒色で嘴が黄色、雌は暗褐色で嘴も褐色。スウェーデンの国鳥。ヨーロッパ・北アフリカに分布。クロウタドリ。→図

●ブラックバード

**ブラックバーン**【Blackburn】イギリス中西部の工業都市。綿織物工業の一大中心地。人口一四・一万(一九八五)。

**ブラック-バス**【black bass】北アメリカ原産の魚オオクチバスとコクチバスの総称。

**ブラックバック**【blackbuck】ウシ科のレイヨウの一種。中形で肩高約八〇cm。雄の背は黒、胸から腹にかけて白。雌は褐色。インド・パキスタンの草原に群棲。インドレイヨウ。

**ブラック-ハックルベリー**【black huckleberry】ツツジ科の落葉低木。晩春、赤花が咲き、夏に果実が黒熟。果肉は甘く、生食やジャム用。北米原産。

**ブラック-パワー**【Black Power】黒人が人口の過半数を占める地域での黒人権力の樹立をめざす運動。一九六六年、S=カーマイケルが唱えた。

**ブラック-パンサー**【Black Panther】アメリカで、一九六六年に結成された黒人差別に抵抗する黒人の武装組織。黒豹党。

**ブラック-ヒルズ**【Black Hills】アメリカ、サウスダコタ州西部からワイオミング州北東にかけて連なる山地。標高六〇〇m。金・鉛などを産出。

**ブラックベリー**【blackberry】バラ科、キイチゴ類の一種。果実は黒色で食用。品種の大多数は北アメリカ原産。

**ブラック-ホール**【black hole】恒星が、進化の最終段階で、自分の重力で限りなくつぶれていき光さえも脱出できないほど高密度になったもの。はくちょう座X-1などが候補。

**ブラック-ボックス**【black box】原因と結果また入力と出力だけを問題とするとき、その途中をわからなくてもよいとするもの・装置。化学反応の過程、電気回路・機械装置などをさしていう。また比喩的に、内部の動作や構造、また物事の過程が不明なことをさす。

**ブラック-ムスリミズム**【Black Muslimism】白人と黒人とを分け、米国内の一、二州に黒人だけの社会をつくろうという考え方。ニグロ回教徒運動。

**ブラック-ムスリム**【Black Muslim】アメリカの黒人イスラム教徒の団体。一九三〇年ファードが創唱。白人排斥、キリスト教排撃が特徴。

**ブラック-ユーモア**【black humor】一瞬、人を笑わせながら、その底に不気味さを感じさせるユーモア。黒いユーモア。暗い(ダーク)ユーモア。

**ブラックリスト**【blacklist】注意すべき人物の名や住所を書き入れた表。黒表。

**ブラッサイ**【Brassaï】(一八九九〜一九八四) フランスの写真家。ハンガリー生まれ。本名、ギューラ=ハラッシュ。象徴的作風でヨーロッパ芸術派の代表。写真集『夜のパリ』など。

**ブラッサンス**【George Brassens】(一九二一〜八一) フランスの作詞家・作曲家・歌手・ギター奏者。巧みな風刺で「現代の吟遊詩人」といわれた。作品『雨傘』『ゴリラ』など。

**ブラッシ-の-き**【ブラッシの木】→カリステモン

**フラッシュ**【flash】①閃光のこと。②夜間や暗い室内での写真撮影の際に用いる閃光電球やマグネシウムなどの出す強い瞬間的な光。また、光を出す装置。③映画・テレビなどの瞬間的な場面。④通信社が新聞社・放送局に送るニュース速報。

**プラッシュ**【plush】パイル織りの一種。絹・毛・綿などで作られる。ベルベットより毛足の長い織り地。オーバー・帽子・椅子張りなどに用いられる。フラシ天。

**ブラッシュ-アップ**【brush up】(名・サ変他) みがきをかけること。

**フラッシュ-ガン**【flash gun】写真撮影用の閃光電球発光器。乾電池などを電源とし、シャッターと同期させて電球を発光させる。

**フラッシュ-ドア**【flush door】格子状などの骨組みの両面に、合板などを張った戸。表面が平らで狂いが少ない。

**フラッシュ-ニュース**《和製語》速報。事件の発生や結果などをすばやく知らせる短いニュース。news flash

**フラッシュバック**【flashback】映画などで、瞬間的に場面を変えることを繰り返し、緊迫感などを出す方法。

**ブラッシュ-ボール**《和製語》野球の投手の投球で、打者に恐怖感を与えるため、故意に打者の身体の近くを狙って投げられた球。brush back pitch

**ブラッシング**【brushing】(名・サ変他) ブラシをかけること。毛髪の手入れ・服の汚れ落とし・家畜の毛艶を出すなど。

**ブラッスール**【Pierre Brasseur】(一九〇五〜七二) フランスの俳優。情熱的な演技とスケールの大きさをもつ。映画『天井桟敷の人々』など。

**フラッター**【flutter】①高速飛行中の飛行機の翼や胴体などに起こる振動。いったん起こると振幅が急激に増大して空中分解の原因となる。②音響機器で、再生のさいに生じる音の歪み。

**ブラッテン**【Walter Houser Brattain】(一九〇二〜八七) アメリカの物理学者。ベル電話研究所で半導体の実験研究を行う。トランジスターの研究で、一九五六年ノーベル物理学賞受賞。

**フラット**【flat】①音楽で、半音下げるしるし。変記号。記号♭。対義 シャープ。②競技で、秒未満の端数のない所要時間。用例 一一秒—。③共同住宅で、一つの階の数室を一つの家族で使うようにした形式のもの。

**フラット-カラー**【flat collar】襟型の一つ。平たい感じの襟。襟腰がなく、ネックラインから直接折り返っているもの。子供服に多く使われる。→カラー図

**フラット-ステッチ**【flat stitch】基布の表面に糸を差し渡して埋めるもっとも単純で基礎的な刺繍の総称。サテンステッチなど。

**ブラッドストーン**【bloodstone】暗緑色不透明の素地に赤い斑点の入った宝石。玉髄の一種。三月の誕生石。

**ブラッドストリート**【Anne Bradstreet】(一六一二ごろ〜七二) アメリカ最初の女流詩人。イギリス生まれ。信仰詩にすぐれる。詩『瞑想』など。

**ブラッドハウンド**【bloodhound】イヌの一品種。肩高約六五cm。大きな耳が垂れる。嗅覚が鋭く、追跡・捜索用の警察犬とされる。イギリス原産。

**フラット-ヒール**【flat heel】靴のかかとの一種。一〜二・五cmくらいの低くて、平たく太いもの。一般的なスポーツ靴に見られる。

**ブラッドフォード**【Bradford】イギリス、イングランド中部の工業都市。毛織物工業地として有名。人口四六・四万(一九八五)。

**ブラッドベリ**【Ray Bradbury】(一九二〇) アメリカのSF小説家。幻想的で高度なSF作品を生んだ。作品『火星年代記』『華氏四五一度』など。

**プラットホーム**【platform】駅で、汽車や電車の乗り降りや荷物の積みおろしをする場所。ホーム。

**フラッパー**【flapper】おてんば娘。はすっぱ。

**フラップ**【flap】①《ぱたぱたする、たれさがる、の意》ポケットの雨ぶた。②つば広帽子のたれ縁。③飛行機の主翼にある可動の小翼。離着陸時などに揚力を増すためのもので、後縁フラップ・前縁フラップなどがある。→旅客機図

**フラッペ**【frappés フランス】《打つ・冷やす、の意》①氷を細かくくだき、リキュールなどを注いでカクテルにし、ストローで飲むもの。②かき氷。

**ブラディ**【Mathew B. Brady】(一八二三〜九六) アメリカの写真家。アメリカ初の戦争写真記録を撮影。作品『アメリカ名士肖像集』など。

**ブラティスラバ**【Bratislava】チェコスロバキア、スロバキア共和国の首都。ドナウ川に臨み、経済・文化の中心。人口四〇・九万(一九八五)。プレスブルク。

**プラトー**【plateau】①高原。台地。②学習などの効果が上がらず、一時的に停滞した状態。

**プラトーノフ**【Andrey Platonovich Platonov】(一八九九〜一九五一) ソ連の小説家。作品『エピファニの水門』『秘められた人間』『ジャン』『帰還』『土台穴』『チベングール』など。

**プラトニック**【Platonic】(形動)《ギリシアの哲学者プラトンの、の意》純粋に精神的なさま。

**プラトニック-ラブ**【Platonic love】清純な精神的恋愛。

**プラド-びじゅつかん**【プラド美術館】(Museo del Prado スペイン) スペインのマドリードにある国立美術館。一八一九年公開。エル=グレコ・ベラスケス・ゴヤらのスペイン絵画が中

▼常用漢字表外。▽常用漢字表の音訓外。

心。ボス・デューラー・ティツィアーノらも有名。

**プラトリーニ**【Vasco Pratolini】(一九一三〜) イタリアの小説家。フィレンツェの民衆生活を描いた。代表作『貧しき恋人たちの日誌』『メテッロ』など。

**プラトン**【Platōn】(BC四二七〜BC三四七) 古代ギリシアの哲学者。ソクラテスの弟子。アテネに学園アカデメイアを設立。ソクラテスの哲学を継承、発展させて観念論哲学を創始。霊肉二元論に立って霊魂の不滅性を主張した。永遠不変の原理をイデアと名づけ、これを真に不滅の実在とするイデア論を展開。また、イデア界を人間の理想とし、これに現実世界を近づけることを哲学者の任務とした。『ソクラテスの弁明』『饗宴』など、ソクラテスを主人公とした対話編を多く著した。

**プラトン-しゅぎ**【プラトン主義】①プラトンの哲学・学説を継いだ諸学派の哲学。②一般に、観念論・理想主義に立つ二元論的傾向の思想。Platonism

**プラナリア**【planaria】扁形動物の一群。体長二〜三・五cm。体色は変化に富む。清流の石の下などにすむ。再生力が強い。淡水産。日本全土に分布。ウズムシ。↓写

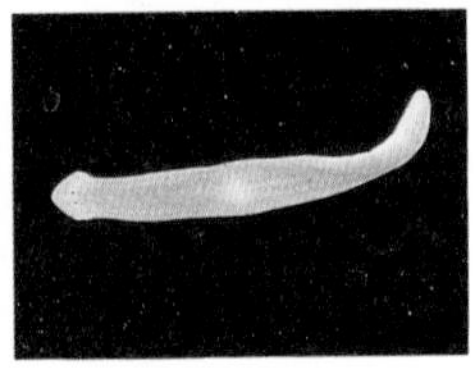
●プラナリア

**プラニ-ぞく**【プラニ族】西アフリカから中央アフリカの広範囲に分布する民族。大部分は牛の遊牧に従事するが、一部定着して農耕にもたずさわる。Fulani

**プラヌラ**【planula】クラゲやイソギンチャクの発生初期の幼生の一型。浮遊生活ののち、他物に付着してポリプになる。

**プラネタリウム**【planetarium】半円球の天井に人工的に星空を投影して見せる天文教育用の施設。また、その投影装置本体。天象儀。↓写

**ふらの**【富▽良野】〈市〉北海道中央部、富良野盆地南部の市。稲作とタマネギ・メロンなどの栽培がさかん。人口二万七四六八(一九八八)。

**フラノ**《flannelの転》毛織りフランネルの略称。

**ふらの-ぼんち**【富▽良野盆地】北海道中央部、十勝岳と夕張山地の間にある断層盆地。空知・富良野川流域は水田地帯。

**プラハ**【Praha】チェコスロバキアの首都。ボヘミア盆地の中央に位置し、ブルタバ川に臨む美しい都市。早くから工業都市として発展。ガラス工芸品は有名。人口一一八・六万(一九八三)。プラーグ。

**フラハティ**【Robert Flaherty】(一八八四〜一九五一) アメリカの記録映画監督。エスキモーの生活記録『極北の怪異』で名声を得る。

**ブラバント**【Brabant】ベルギー中部、ブリュッセルを中心とする州。州都ブリュッセル。人口二二一・七万(一九八三)。

**フラビン-こうそ**【フラビン酵素】ビタミン$B_2$を含むフラビン化合物を補酵素とする一群の酸化還元酵素。チトクロム系のデヒドロゲナーゼとして重要。フラビンたんぱく質。黄色酵素。flavin enzyme

**ブラフ**【bluff】こけ脅し。はったり。虚勢。

**フラ-フープ**【Hula-Hoop】《商標名》輪状の遊具。直径一mぐらいのプラスチック製の細い輪に体を通し、腰の位置で腰を回す反動で輪を回転させて遊ぶもの。

**ブラフマプトラ-がわ**【ブラフマプトラ川】↓ブラマプトラがわ(ブラマプトラ川)

**ブラフマン**【brahman梵】①バラモン教の哲学的概念で、宇宙の最高原理。梵。②①を神格化したもの。ヒンズー教の三大神の一つ。仏教で梵天。ブラフマー。

**ふら-ふら** ㊀(形動) 疲労などで、からだがしっかりしないさま。dizzy 用例 寝不足で—だ。㊁(副・サ変自) ①体が不安定に揺れ動くさま。stumble 用例 —歩く。②心などが落ち着かなくて、不安定なさま。changeable 用例 考えが—する。③十分に考えないさま。用例 つい、—ついて行く。

**ぶら-ぶら** ㊀(形動) しっかり留まらず、揺れ動くさま。hang loose 用例 枝が折れて—だ。㊁(副・サ変自) ①たれ下がって揺れ動くさま。sway 用例 ヘチマが風で—ゆれる。②当てもなく、のんびり歩くさま。ramble 用例 —と散歩する。③仕事をしないで暮らすさま。idle about 用例 —して日を過ごす。

●プラネタリウム　兵庫県、明石市の天文科学館の投影器。

**ぶらぶら-やまい**【ぶらぶら病】①長びいてはっきりしない病気。②恋わずらい。lovesickness

**ブラボー**【bravoフランス】(感) しめた。ばんざい。すてきだ。

**フラボノイド**【flavonoid】植物に広く分布する物質群の総称。約二〇〇〇種が知られており、とくに柑橘類から抽出されたものには、血圧降下作用をもつものもある。

**フラボン**【flavone】植物色素の一つ。サクラソウ属の植物の葉・茎の表面から分泌される白色の粉に含まれる。

**ブラマ-しゅ**【ブラマ種】ニワトリの一品種。体重三・五〜五kg。最大の肉用種。足は羽毛で包まれる。近年ブロイラーの発達にともない、愛玩用化。インドのブラマプトラ川流域原産。Brahma

**ブラマプトラ-がわ**【ブラマプトラ川】(Brahmaputra) ガンジス川の支流の一つ。中国シーツァン自治区南西山地から、ヒマラヤ山脈北側に沿って流れ、南西に転流してインドのアッサム州からバングラデシュに入り、ガンジスと合流。長さ二九〇〇km。ツァンポー川。ブラフマプトラ川。

●ブラマンク『シャトウ付近の風景』。一九〇六年、アムステルダム市立美術館。

**ブラマンク**【Maurice de Vlaminck】(一八七六〜一九五八) フランスの画家。フォービスムの推進者で、強烈な原色主義から暗色調の奔放な画風へと進む。作品『赤い樹』など。↓写 ↓フォービスム写

**ブラマンジェ**【blancmangeフランス】《白い食べ物、の意》アーモンド・砂糖・生クリームをゼラチン、またはコーンスターチで固めて冷やした菓子。

**ブラマンテ**【Donato Bramante】(一四四四〜一五一四) イタリアの建築家。本名、ドナト=ダンジェロ。ルネサンス建築をもっとも洗練された形にまで高めた。

**フラミンゴ**【flamingo】ツルに似たフラミンゴ科の鳥の総称。翼長約四〇cm。淡紅色。長い足にはみずかきをもつ。鉤形の嘴でプランクトンや藻類を食べる。ヨーロッパ・アジア南部・アフリカ・南米に分布。ベニヅル。↓写

**プラム**【plum】スモモ。

**フラムスティード**【John Flamsteed】(一六四六〜一七一九) グリニッジ天文台初代台長。月と恒星の位置測定に努力した。

**ブラムバーグ**【Baruch Samuel Blumberg】(一九二五〜) アメリカの遺伝学者。B型肝炎をひき起こすオーストラリア抗原を発見した。一九七六年ノーベル生理学医学賞受賞。

**フラメンコ**【flamencoスペイン】スペイン南部アンダルシア地方で発達したジプシー起源の民俗的な舞踊芸能音楽。陽気で情熱的な踊りと歌。ギターで伴奏。↓写

●フラメンコ

**プラ-モデル**《商標名》プラスチックモデル。

**ふらり-と**(副) 定めなくゆれ動くさま。当てもなく行動するさま。ふらっと。ぶらりと。aimlessly 用例 —たずねてくる。

**ぶらり-と**(副) =ぶらっと。①ゆれやすい状態でたれ下がるさま。ぶらぶら。dangle 用例 ちょうちんが—下がる。②↓ふらりと

**ふら・れる**【振られる】(下一自) 異性に言い寄って断られる。be rejected

**フラワー**【flower】花。

**フラワー-アレンジメント**【flower arrangement】欧米での「生け花」の呼称。

**フラワー-デザイン**【flower design】花卉を使ってデザインすること。また、その芸術。服飾アクセサリー、慶弔用のブーケ(=花束)、結婚式などの卓上花、室用装飾などがある。

**ブラワーヨ**【Bulawayo】アフリカ南部、ジンバブエ南部の都市。ローデシア高地への南の玄関口で、交通・商工業の要地。地方行政の中心地。人口四一・五万(一九八二)。

**ふ-らん**【▼孵卵】(名・サ変自他) たまごがかえること。たまごをかえすこと。incubation

●フラミンゴ

**ふ-らん**【腐乱・腐▼爛】(名・サ変自) くさりただれること。decomposition

**フラン**【francフランス】①フランスの通貨単位。記号Fr ②スイス・ベルギー・旧仏領アフリカ諸国などの通貨単位。記号Fr

**プラン**【plan】①計画。案。②平面図。設計図。③方式。

**ふらん-き**【▼孵卵器】おもに鶏卵を人工的に孵化させる器具。温度三八℃、湿度約六〇%に保ち、二一日で孵化。incubator

**ブランキ**【Louis-Auguste Blanqui】(一八〇五〜一八八一) フランスの革命家。バブーフ・プルードンの思想の流れをうけ、少数者の革命指導組織による権力奪取を主張し、一九世紀のパリにおける大衆蜂起のほとんどに関与。約三〇年間獄中にあった。

**ブランキスム**【Blanquismeフランス】少数の精鋭分子の直接行動によって革命をすすめようとする考え方。フランス七月革命からパリコミューンまでの運動にかかわったルイ=オーギュスト=ブランキの思想と行動にちなんだもの。Blanquism

**フランク**【Frank】西ゲルマンの一部族。四世紀以降ライン川中・下流域からガリア地方に移動。五世紀末サリ族の首長クロービスがフランク王国を建て、ゲルマン諸国家中最大の勢力となった。

**フランク**【César Franck】(一八二二〜一八九〇) フランスの作曲家・オルガン奏者。ベルギー生まれ。バッハらの影響を受け、確固とした独特の形式観・崇高さ・宗教的深さをもつ作風。作品『交響曲ニ短調』『バイオリン-ソナタ』など。

**フランク**【Ilya Mikhaylovich Frank】(一九〇八〜) ソ連の物理学者。核反応の実験的研究や理論的研究を行った。チェレンコフ・タムとともにチェレンコフ効果の研究で、一九五八年ノーベル物理学賞受賞。

**フランク**【James Franck】(一八八二〜一九六四) アメリカの物理学者。ドイツ生まれ。電子と気体原子と

の衝突に関する実験で、原子の不連続エネルギー準位を確認し、ヘルツとともに一九二五年ノーベル物理学賞受賞。

**フランク**【Robert Frank】(一九二四～) 報道写真家。スイス生まれ。現代文明批評に定評がある。作品『アメリカ人』など。

**フランク**【frank】(形動) あけっぴろげなさま。あけっぱなし。率直。

**ブランク**【blank】①白紙。②空白。余白。③空白の期間。

**プランク**【Max Karl Ernst Ludwig Planck】(一八五八～一九四七) ドイツの物理学者。黒体放射のエネルギー分布に関するプランクの定数を提案し、これに基づく量子仮説を提唱。一九一八年ノーベル物理学賞受賞。

**ブラングイン**【Frank Brangwyn】(一八六七～一九五六) イギリスの画家。色彩豊かな印象派的作風を示す。建築の内部装飾や壁画に活躍。

**ブランクーシ**【Constantin Brancusi】(一八七六～一九五七) ルーマニア出身の彫刻家。明快で単純、静的なフォルムの中に力強い表現力をもつ抽象彫刻を追求。作品『空間の中の鳥』『無限の柱』など。

**フランク-おうこく**【フランク王国】 中世ヨーロッパの主要部分を統一した王国。五世紀末フランク族のメロビング家の始祖クロービスにより建国、領土を拡大。のちカール＝マルテル・ピピン・カール大帝などカロリング家が支配して隆盛したが、九世紀に三分割され、ドイツ・フランス・イタリアの起源となる。Frankish Kingdom

**プランクトン**【plankton】 水中に浮遊している生物群。遊泳力はまったくないか、少ししかない。一般に小形だがクラゲのようにメートル級のものまである。地球上でもっとも量的に多い生物群集。浮遊生物。

**プランク-の-ていすう**【プランクの定数】 量子論を特徴づける定数で、フォトンのエネルギーと、その振動数との比。記号$h$で表す($h=6.626\times10^{-34}$ジュール・秒)。一九〇〇年プランクが熱放射のスペクトルを説明するため導入。$h$が0となる極限が古典力学となる。Planck's constant

**ブランク-バース**【blank verse】 無韻詩。イギリスの詩劇や叙事詩の代表的詩形で、無韻の抑揚五歩格。エリザベス朝劇詩人マーローが完成。

**フランクフォート**【Frankfort】 アメリカ南部、ケンタッキー州の州都。商業都市。人口二・六万(一九八〇)。

**フランクフルター-アルゲマイネ**【Frankfurter Allgemeine(ドイツ)】 西ドイツの有力な保守系高級全国紙。一九四九年創刊。

**フランクフルト**【Frankfurt】 西ドイツ中部、マイン川に沿う河港都市。古くから政治・文化の中心で交通の要地。国際空港がある。また国際的な金融・商業都市。人口五九・八万(一九八九)。フランクフルト-アム-マイン。

**フランクフルト-アン-デル-オーデル**【Frankfurt an der Oder】 東ドイツ東部、オーデル川に沿う都市。一三六八年ハンザ同盟に加盟。第二次大戦後、オーデル川東岸の市街がポーランド領となる。人口八・一万(一九八七)。

**フランクフルト-がくは**【フランクフルト学派】(Frankfurter Schule(ドイツ)) 一九三〇年代はじめ以降、ドイツのフランクフルト社会研究所とその機関誌『社会研究』によって立った思想家たちの総称。マルクス主義の影響をうけ現状批判的な姿勢を特徴とする。ホルクハイマー・ベンヤミン・アドルノ・フロム・マルクーゼ・ノイマンなど。

**フランクフルト-こくみんぎかい**【フランクフルト国民議会】(Frankfurter Nationalversammlung(ドイツ)) 一八四八年、三月革命の結果、フランクフルト-アム-マインで開かれたドイツ最初の全国的規模の議会。ドイツ連邦諸国代表で構成。小ドイツ主義と大ドイツ主義が対立し、議事は難航。四九年ドイツ国憲法を作成したが、プロイセン王が皇帝即位を拒否したため議会は解消。ドイツ国民議会。

**フランク-ヘルツ-の-じっけん**【フランク-ヘルツの実験】 フランクとヘルツが電子を水銀蒸気にあてて、原子のエネルギー準位の不連続性を確かめた実験。Franck-Hertz's experiment

**フランクリン**【Aretha Franklin】(一九四二～) アメリカの黒人女性歌手。一九六〇年代からソウルミュージック界最高の女性歌手。

**フランクリン**【Benjamin Franklin】(一七〇六～一七九〇) アメリカの政治家・科学者。出版業者として成功。科学者としては凧を用いて雷が電気現象であることを証明。郵便制度の改革、印紙条例撤廃に尽力。独立革命にさいしては独立宣言起草委員となり、駐仏公使として米仏同盟やパリ条約締結など外交面でも活躍。また、憲法制定会議にも長老として参与。

**ブランケット**【blanket】 ①毛布。ケット。②原子炉の外包部。

**ブランケット-エリア**【blanket area】 放送局の近くなどで、その局の発信する電波が強いため他の局の電波がおおいかくされて受信しにくい地域。

**ブランケット-ステッチ**【blanket stitch】《ブランケット(毛布)の縁かがりに多く用いられたことから》→ボタンホールステッチ

**フランケンシュタイン**【Frankenstein】 メアリー＝シェリー作の怪奇小説。一八一八年作。物理学者フランケンシュタインが、死体から超人的怪物を作り、自分も怪物に殺される話。

**フランケンハイマー**【John Frankenheimer】(一九三〇～) アメリカの映画監督。作品『五月の七日間』『フィクサー』など。

**フランコ**【Francisco Franco y Bahamonde】(一八九二～一九七五) スペインの軍人・政治家。一九三六年、人民戦線政府成立とともに反乱を起こし、三九年ドイツ・イタリアの援助で政権を掌握。統領・首相となりファランヘ党首をも兼ねて独裁体制を確立。第二次大戦には中立を保ち、四七年終身統領。

**ぶらんこ**【▼鞦▼韆】《balanço(ポルトガル)からという》 子供の遊具の一種。つり下げた二本の綱や鎖の下端に横木を渡し、人が乗って前後にふり動かして使う。児童福祉法で、保育所の屋外遊戯場に設置が義務づけられている。ゆさわり。swing

**フランコ-カンタブリア-びじゅつ**【フランコ-カンタブリア美術】 西南フランスと北スペインのカンタブリア地方に分布するオーリニャック期からマドレーヌ期の新生人類による原始美術の総称。ラスコーやアルタミラなどの洞窟壁画で有名。Franco-Cantabrian school

**ぶらんこ-けむし**【ぶらんこ毛虫】 マイマイガの幼虫名。幼虫は、群棲してリンゴ・ナシ・クヌギなどの葉を食害する。成長すると糸を吐いてぶら下がり、風の力で離散するので、この名がある。

**フランシウム**【francium】 アルカリ金属元素の一つ。元素記号Fr 原子番号八七。天然放射性。質量数二二三の同位体をもつ。寿命は短く、最長で半減期二二分。長い間周期表の欠番元素だったが一九三九年に発見。

**フランシス**【Sam Francis】(一九二三～) アメリカの画家。絵の具の垂れや余白を生かし、東洋の破墨山水に倣った画風で、抽象表現主義の一人。

**フランシスコ-かい**【フランシスコ会】 カトリック教会の修道会の一つ。一二〇九年イタリア、アッシージのフランチェスコが創立。礼拝の慣行を大衆化するのに貢献。フランチェスコ会。Fransiscan Order

**フランシス-すいしゃ**【フランシス水車】 水車全体が水中にある反動式水車。水は、水中に寝かせた状態の水車を取り巻くかっこうの太い管から入り、案内羽根の間から高速の旋回流となって流れて羽根車にぶつかり、それを回転させて、下方の放水管から出る。水力発電用で、比較的広範囲の落差と水量に適する。Francis turbine 比較 プロペラ水車・ベルトン水車。

**フランジ-つぎて**【フランジ継(ぎ)手】 管の接続に用いる部品。管の端につばのような張り出し(フランジ)があり、フランジどうしを合わせてボルトで連結する。flange fitting

**プランジャー**【plunger】 シリンダーと組み合わせて、流体を圧縮して送り出す、または圧力を伝達するための棒状のピストン。

**ブランショ**【Maurice Blanchot】(一九〇七～) フランスの小説家・評論家。根源的な問い「文学はいかにして可能か」を小説や評論の主題にする。小説『謎の男トマ』、評論『文学空間』など。

**フランス**【France・仏蘭西】(French Republic) 西ヨーロッパ中央部に位置する共和国。首都パリ。古くはガリア、五世紀ごろにはフランク王国。東部は中央高地とアルプス山脈で、西部にフランス平原が広がる。西ヨーロッパ最大の農業国で、小麦・ブドウ栽培がさかん。ロレーヌ地方の鉄鉱石やボーキサイトも豊富で、北フランスに工業地域が発達。面積五四・七万km²。人口五五三九万(一九八六)。正称フランス共和国。

**フランス**【Anatole France】(一八四四～一九二四) フランスの小説家・批評家。皮肉な懐疑主義の小説を書き、印象批評を唱えた。のちに平和主義者として活躍。一九二一年ノーベル文学賞受賞。小説『シルベストル＝ボナールの罪』『タイス』『神々は渇く』、評論集『文学生活』など。アナトール＝フランス。

**フランス-かくめい**【フランス革命】(la Révolution française(フランス)) 一七八九～九九年、フランスで起きた市民革命。財政難解決のため三部会が開かれると、第三身分の要求で国民議会が成立。次いでバスチーユ襲撃により革命に発展。人権宣言、立憲君主制憲法を制定。九二年王権を停止、共和政を宣言。九三年ルイ一六世を処刑。その後革命は激化し、山岳党による恐怖政治、テルミドールの反動、総裁政府を経て、ナポレオンによるブリュメール一八日のクーデターに至って終結。絶対王政、アンシャン-レジームの封建的社会体制を廃し、民主主義の端緒を開いた。

**フランス-ぎく**【フランス菊】 キク科の多年草。高さ約八〇cm。頭花の舌状花は一列で白色、管状花は黄色。花期は四、五月。切り花用。オックスアイデージー。oxeye daisy

**フランス-きょうさんとう**【フランス共産党】(Parti Communiste Français(フランス)) 一九二〇年、フランス社会党から分離して結成された共産主義政党。第二次大戦中は対独レジスタンスの中核として活躍。PCF。

**フランス-きょうわこくれんごう**【フランス共和国連合】(Rassemblement pour la République(フランス)) 一九五八年フランス第五共和政下に結成されたド＝ゴール派の政党。RPR。

**フランス-ぎんこう**【フランス銀行】(Banque de France(フランス)) フランスの中央銀行。一八〇〇年設立。一九四五年国有化。

**フランス-ご**【フランス語】 インド-ヨーロッパ語族の俗ラテン語から分かれたロマンス諸語の一つ。フランスのほかスイス・ベルギー・カナダやアフリカの一部でも用いる。French

**フランス-こくゆうてつどう**【フランス国有鉄道】(Société Nationale des Chemins de Fer Français(フランス)) 株式会社形式のフランスの国有鉄道。一九三八年、株式を国と民間で両分して設立。八三年から国有。

**フランス-ししゅう**【フランス刺▼繡】 東洋刺繡(日本刺繡・中国刺繡その他)に対する、ヨーロッパの刺繡一般を総称する語。embroidery →写

●フランス刺繡

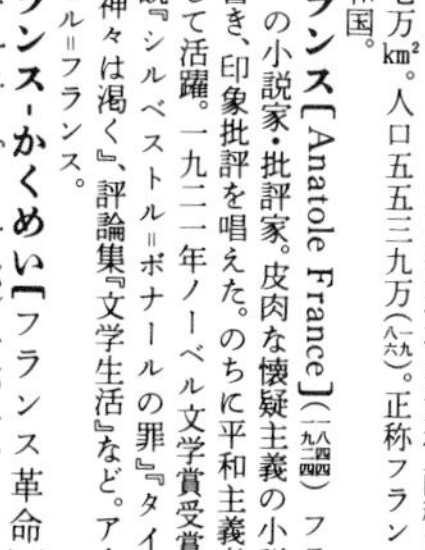

**フランス-しゃかいとう**【フランス社会党】(Parti Socialiste(フランス)) 一九〇五年、マルクス主義・組合主義諸党派が結集して成立した社会主義政党。PS。

**フランス-せきゆ**【フランス石油】(Cie Française des Pétroles(フランス)) フランス最大手の石油会社。一九二四年設立。CFP。

**フランス-そう**【フランス装】 書物の製本仕法の一つ。ボール紙で裏打ちをしないソフトカバーを使用し、袖を大きく折りこんで弱さを補強するもの。

**フランス-デモ**《和製語》街頭デモで、道幅一杯にデモ隊が広がり手をつなぎあって行進するやり方。

**フランス-にんぎょう**【フランス人形】 フランス製の人形。日本では服装に主眼をおく観賞用の西洋人形を総称していう。

**フランス-パン**《和製語》フランス風の塩味のきいたパン。外皮がぱりぱりしている。バゲットが代表的。French bread →写

**フランス-まど**【フランス窓】 出入り口としても使用できる両開きの窓。ふつう、洋風住宅の外壁、ポーチやテラスに面した部分に造られる。French window

**フランス-みんしゅれんごう**【フランス民主連合】(Union pour la Démocratie Française(フランス)) 一九七八年に共和党など三つの政党が結成した連合組織。UDF。

**フランスりょう-インドシナ**【フランス領

▼常用漢字表外。 ▽常用漢字表の音訓外。

●フランスパン

インドシナ】インドシナ半島に一八八七年から一九四五年まで存続したフランス植民地の総称。現在のラオス・カンボジア・ベトナムなどの地域にあたる。仏領印度支那。仏印。French Indochina

**フランスりょう-ギアナ**【フランス領ギアナ】南アメリカ北岸、ギアナ三国の東部を占めるフランスの海外県。国土の九〇%が森林で未開発。人口七・九万(一九八四)。French Guiana

**フランス-りょうり**【フランス料理】フランスに発達した料理。王室や貴族がすぐれた料理人を保護した伝統があり、世界一豊かなソースを駆使した料理であるといわれている。

**フランス-ろうどうそうどうめい**【フランス労働総同盟】(Confédération Générale du Travail(フランス)) フランス最大の労働組合中央組織。共産党の影響力が強い。世界労連に加盟。一八九五年創立。CGT。セージェーテー。

**フランソワ**[André François](一九一五～ ) フランスの漫画家。ルーマニア生まれ。ウイットと詩情でパリの生活を描く。童画にもすぐれる。

**フランソワ**[Samson François](一九二四～七〇) フランスのピアニスト。ショパンの詩的・個性的な演奏で有名。

**フランソワ**〈一世〉[François I](一四九四～一五四七) フランス国王(在位一五一五～四七)。諸侯を抑えて王権を強化。対外的にはイタリア戦争によりハプスブルク家と対抗。文芸の保護に努め「フランス=ルネサンスの父」と称される。

**プランター**[planter] 箱状の植木鉢。プラスチック製が多く、草花や葉菜などを栽培する。

**フランダース**[Flanders] ↓フランドル

**フランダースのいぬ**【フランダースの犬】《原題A Dog of Flanders》ウィーダの小説。一八七二年刊。ベルギーを舞台に、画家志望の少年ネロと愛犬との友情と少年の死を描く。

**ブランタイヤ**[Blantyre] アフリカ南東部、マラウイ共和国南部の商業都市。交通の要地で、タバコ・コーヒーなどの集散地。人口三三五・五万(一九八五)。

**プランタジネット-ちょう**【プランタジネット朝】イギリスの王朝。一一五四年即位のヘンリー二世が始祖。第三代ジョン(=失地王)以後諸侯の反抗にあい、第七代エドワード三世は百年戦争で王権を失墜。一三九九年第八代リチャード二世がランカスター家のヘンリー四世に廃され、断絶。Plantagenet Dynasty

**プランタン**[printemps(フランス)] ①春。spring ②『青春』。youth

**ブランチ**[brunch]《breakfast(朝食)とlunch(昼食)の合成語》朝昼兼用の食事。

**フランチェスカ**[Francesca] ↓ピエロ=デラ=フランチェスカ

**フランチェスコ**[San Francesco d'Assisi](一一八二ごろ～一二二六) フランシスコ会の創立者。聖人。イタリア中部のアッシジ生まれ。愛と清貧に生き、人々の尊敬を集める。一三世紀初めの教会改革運動を指導。フランシスコ。

**フランチャイズ**[franchise] ①「フランチャイズシステム」の略。②プロ野球で、チームが本拠地とする地域や球場。または、本拠地球場で試合を行うさいの独占興行権。

**フランチャイズ-システム**[franchise system] 事業拡大方式の一つ。特定の商品・サービスを提供する主宰者(=フランチャイズ)が、一定の資格をもつ者に自分の商品事業の一定地域での営業権を与えて市場開拓をはかる方式。

**フランツ-フェルディナント**[Franz Ferdinand](一八六三～一九一四) オーストリア皇太子。皇帝フランツ=ヨゼフの甥。ボスニアの首都サラエボで皇太子妃とともに暗殺。第一次大戦の直接的契機となった。

●M=ブランド『波止場』。

**フランツ-ヨゼフ**〈一世〉[Franz Josef I](一八三〇～一九一六) オーストリア皇帝(在位一八四八～一九一六)。普墺戦争に敗退後、一八六七年オーストリア=ハンガリー帝国を編成。

**フランツ-ヨゼフ-ランド**[Franz Josef Land] ↓ゼムリャフランツァヨシファ(ぐんとう)(ゼムリャフランツァヨシファ群島)

**ブランデー**[brandy] ぶどう酒などを蒸留したアルコール分五〇%前後の酒。たるで三～三〇年熟成させる。[参考]他の果実を用いた「チェリーブランデー」などは、正しくはブドウを原料とするブランデーに、さくらんぼうをひたして作るリキュールのこと。

**プランテーション**[plantation] 熱帯・亜熱帯で、ヨーロッパ人などの資本家が現地人の安い労働力を利用して行った大規模な農業経営。栽培作物はサトウキビ・コーヒー・カカオ・バナナ・ゴムなど。

**ブランデス**[Georg Morris Cohen Brandes](一八四二～一九二七) デンマークのユダヤ系思想家・文学史家。急進的自由思想家として思想界に革新の気運をもたらし、大著『一九世紀文学主潮』は北欧文学にリアリズムへの道を開く。

**ブランデン**[Edmund Charles Blunden](一八九六～一九七四) イギリスの詩人・批評家。イギリス的「自然詩」の伝統を伝える。詩集『羊飼い』、散文『大戦微韻』など。

**ブランデンブルク**[Brandenburg] 東ドイツ中部、ベルリン西方の工業都市。中世の古建築が多い。人口九・五万(一九八一)。

**ブランデンブルクきょうそうきょく**【ブランデンブルク協奏曲】《原題Brandenburgische Konzerte(ドイツ)》バッハ作曲の協奏曲集。全六曲。一七一八～二一年作曲。バロック期協奏曲の頂点をなす名作。ブランデンブルク侯に献呈された。

**ブラント**[Bill Brandt](一九〇五～八三) イギリスの写真家。文学的・神秘的表現の肖像写真が多い。作品集『家庭的なイギリス人』など。

**ブラント**[Sebastian Brant](一四五七～一五二一) ドイツ人文主義時代の詩人・法律家。風刺文学の先駆的作品を残す。風刺詩『阿呆船』など。

**ブラント**[Willy Brandt](一九一三～ ) 西ドイツの政治家。西ベルリン市長から一九六四年社会民主党党首。六九～七四年首相として東欧との和解外交を推進。七一年ノーベル平和賞受賞。

**ブランド**[brand] 商標。[用例]—商品。

**ブランド**[Dollar Brand](一九三四～ ) 黒人ジャズ-ピアニスト。南ア共和国生まれ。欧米でその特異なスタイルを認められた。

**ブランド**[Marlon Brando](一九二四～ ) アメリカの映画俳優。主演作『波止場』『ゴッドファーザー』など。↓[写]

**プラント**[plant] 直接的に生産を行う一連の機械や工場などの設備システムの総称。

**ブラントーム**[Pierre de Brantôme](一五四〇ごろ～一六一四) フランスの武人・作家。膨大な『回想録』にルネサンスの貴族風俗を活写。うち『風流艶婦伝』が名高い。

**ブランド-カラー**[brand color] 商標色・銘柄色。メーカーが製品を宣伝あるいは保証するために常用する、商標的役割の色。

**ブランド-しょうひん**【ブランド商品】デザイナーやメーカーの名を冠した商品。特定の商標名だけで、消費者の品質への高い信頼が得られるもの。brand items

**プラント-ゆしゅつ**【プラント輸出】大型の産業設備や工場施設をまとめて輸出すること。発展途上国向けが多く、技術指導を含む場合もある。plant export

**フランドル**[Flandre] ベルギー西部からフランス北端にかけての北海に沿う地方名。中世以来毛織物業がさかん。フランダース。

**フランドル-がくは**【フランドル楽派】一四五〇～一六〇〇年にかけて、フランドル地方を中心に栄えた楽派。対位法作曲法によるア-カペラ様式を発展させた。従来のネーデルラント楽派の新称。オケゲムやジョスカン=デ=プレなど。Flemish school

**フランドル-びじゅつ**【フランドル美術】一四世紀末から一七世紀のバロック期に至る間のフランドル地方の美術。この地方出身の芸術家の各地での活動を含める。建築・彫刻・絵画に独自性を発揮。とくに絵画活動はファン=アイク兄弟、ファン=デル=ワイデンで頂点に達する。深い宗教的雰囲気の漂う初期ネーデルラント派の作風は、フランス・イタリアのルネサンス美術に大きく影響する。油彩技法の完成も影響を与えた。のち大ブリューゲル・ルーベンス・ファン=ダイクらが活躍した。Flemish art ↓[写]

●フランドル美術
ワイデン『十字架降下』。一四三五年ごろ、プラド美術館(スペイン)。

ヤン=ファン=アイク『アルノルフィニ夫妻』(部分)。一四三四年、ロンドン-ナショナル-ギャラリー。

グース『牧者の礼拝』(部分)。一四七四～七六年ごろ、ウフィッツィ美術館(イタリア)。

**ブランナー**[Hans Christian Branner](一九〇三～六六) デンマークの小説家。短編の名手。短編集『間もなくわれはいなくなる』『騎士』など。

**プランナー**[planner] 企画係。立案者。

**プランニング**[planning] 計画を立てること。

**フランネル**[flannel] 平織り・綾織り・繻子織りの布面を短いけばでおおった織物。紡毛糸のものを本ネル、綿糸のものを綿ネルと区別。柔軟で軽く保温性に富む。ネル。フラノ。

**フランネル-そう**【フランネル草】スイセンノウの別名。株全体に白く長い綿毛を密生していることからの名。

**プランバナン**[Prambanan] インドネシア、ジョクジャカルタの東北東一二kmにあるヒンズー教の遺跡。九世紀に建立。

**プランビコン**[plumbicon] 光導電型の撮像管。ビジコンよりも感度が高く、残像も少な

ふ



↓行き先項目、図版・写真参照印。 [JIS]日本工業規格情報交換用漢字符号コード(区点コード)。

い。主にカラー撮影のカメラ用。

**フランベ**【flambé(フランス)】料理で、酒のアルコール分を燃やすこと。

**フランボワイヤン-ようしき**【フランボワイヤン様式】一四世紀から一六世紀初期フランスのゴシック建築の様式名。開口部の骨組みが燃えあがる炎(=flamboyer)のような形をもつことに由来する。Flamboyant style

**ブランル**【branle(フランス)】フランス起源の舞踊。一六世紀からルイ一四世時代まで広く愛好された。輪になって足を横に運ぶ。

**ふり**【振り】(名) ①振ること。swing 用例バットの―。②予約してなく、なじみでもないこと。用例―の客。③突然であること。臨時であること。用例―の収入がある。④(「風」とも)姿。ようす。ふるまい。behavior 用例人の―見てわが―直せ。⑤(「風」とも)それらしいようすに見せかけること。pretence 用例知らない―。⑥舞踊の動作。役者の所作(しょさ)。posture 用例―をつける。⑦女物の和服で、袖付から袖下まで縫いつけてない部分。用例中―。↓着物図 ↓羽織図

**振りを付ける**(ふりをつける) ①振り付けをする。choreograph ②格好をつける。また、かたちをつける。put into shape

**ふり**【降り】雨・雪などが降ること。また、その降りかたや程度。rainfall; snowfall 対義照り。用例ひどい―。

**ふ-り**【不利】(名・形動) 対義有利。①利益のないこと・さま。disadvantage ②都合の悪いこと・さま。unfavorableness ③形勢が悪いこと・さま。disadvantage

**ふり**【振り・▽口】(助数) 刀剣を数える語。用例短刀一―。

**ぶり**【▼鰤】アジ科の海水魚。全長約一m。背は青緑色、腹は銀白色で、体側中央に一本の黄縦帯がある。外洋に多い。出世魚で、成長につれて、東京ではワカシ・イナダ・ワラサ、大阪ではツバス・ハマチ・メジロとよばれる。冬から春、脂ののったものを賞味。北海道から東シナ海に分布。yellowtail ↓図

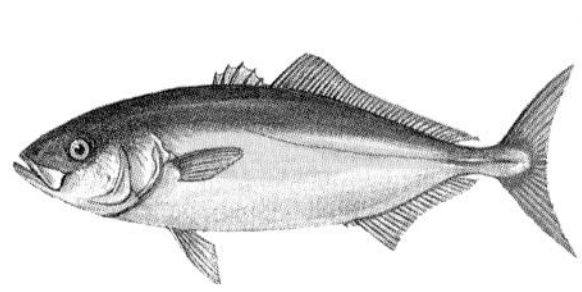
●ブリ

**ぶり**【振り】(接尾) ①ようす。ありかた。ありよう。用例暮らし―。②(「風」とも)ふう。用例万葉―。③時間が過ぎたのちに、はじめて。用例三年―でかれに会った。

**ふり-あい**【振(り)合い】①他とのつりあい。比較。balance ②その場の都合。また、状況。condition

**ふり-あ・う**【振(り)合う】(五自) ①互いに振る。②互いに触れる。touch 用例袖(そで)―も多生の縁。

**ふり-あお・ぐ**【振(り)仰ぐ】(五他) 顔をあげて上を見る。上を向く。look up

**ふり-あ・げる**【振(り)上げる】(下一他) 勢いよく振って高く上げる。振りかざす。swing up

**ふり-あ・てる**【振(り)当てる】(下一他) いくつかに分けて割り当てる。assign

**プリアポス**【Priāpos(ギリシア)】ギリシア神話の増殖の神。ヘレスポントスで信仰され、男根を祭りロバを犠牲に供した。のちギリシア世界で、庭園や羊飼いの守護神ともなった。

**プリアモス**【Priamos(ギリシア)】ギリシア神話の老トロヤ王。信仰心あつく誠実で温和な人柄は、神々や敵からも愛された。トロヤ陥落のときネオプトレモスに殺された。

**ふり-あらい**【振(り)洗い】衣服などを、洗剤を入れた水や真水の中でふり動かして、洗ったりすすいだりすること。

**ブリアン**【Aristide Briand】(一八六二〜一九三二) フランスの政治家。最初は社会主義者として活躍。一九一五〜三二年に首相を一一回、外相を一〇回歴任。終始平和外交を唱え、ロカルノ条約や不戦条約締結に献身。一九二六年ノーベル平和賞受賞。

**プリ-アンプ**《preamplifier の略》一台の増幅器で増幅度が足りない場合や周波数特性を変える場合に用いる増幅器。とくに、音楽を楽しむオーディオの分野では、パワーアンプの前段におかれ、ピックアップなどの微弱な信号を増幅する。

**フリー**【free】(名・形動) ①自由。②無料。③「フリーランサー」の略。

**フリー-ウエー**【freeway】高速道路の一つ。立体交差・中央分離帯・方向分離をもつ多車線の幹線道路。

**フリー-エージェント**【free agent】プロ野球の自由契約選手。アメリカ大リーグでは、同一チームに六年間在籍すると、フリーエージェントとなり、リエントリードラフトで自分を高く売りこむこともできる。参照自由契約選手。

**フリー-キック**【free kick】ラグビーやサッカーで、特定の反則などに対して与えられる、相手に妨害されずにできるキック。ラグビーでは直接ペナルティーゴールをねらうことはできない。

**フリーザー**【freezer】冷凍機。冷蔵庫の冷凍室部分。

**フリー-サイズ**【free size】衣類などの寸法が固定していないで融通性のあること・もの。用例―のシャツ。

**フリージア**【freesia】アヤメ科の半耐寒性の秋植え球根草。観賞用で高さ約三〇㎝。品種は多く、五月ごろ、細い花茎の片側に白・黄・桃・紫色の芳香を放つ花が咲く。南アフリカ原産。アサギズイセン。↓写

●フリージア

**フリー-スケーティング**【free skating】フィギュアスケート競技での自由演技。自分で選んだ音楽伴奏に合わせ各種の要素を盛り込んで、自由な動作で滑走する。フリー。比較コンパルソリーフィギュア。

**フリースタイル**【freestyle】①レスリングの競技スタイルの一つ。全身を自由に使った攻防が許される。比較グレコローマンスタイル。②競泳種目の一つ。実質的にはクロールが用いられる。自由形。

**フリースタイル-スキー**【freestyle ski】スキー競技の一つ。バレエ・モーグル・エアリアルの三種目があり、自由な演技を行い、技術や華麗さを競う。

**フリーズ-ドライ**↓とうけつかんそう(凍結乾燥)

**プリーストリー**【John Boynton Priestley】(一八九四〜一九八四) イギリスの小説家・批評家・劇作家。小説『友達座』、戯曲『夜の来訪者』など。

**プリーストリー**【Joseph Priestley】(一七三三〜一八〇四) イギリスの化学者・牧師。多くの新気体、とくに脱フロギストン空気(酸素)の発見で有名。

**フリースラント**【Friesland】オランダ北部の州。州都レーワルデン。低湿地域で、農牧業がさかん。人口五九・八万(一九八六)。

**フリー-スロー**【free throw】バスケットボール・水球で、相手の反則により与えられるシュート。一定の位置からシュートできる権利で、入れば一点。

**フリー-セックス**【free sex】既成の厳しい性道徳から解放された性交渉。婚前交渉・婚外交渉・複数交渉などを是認する考え方だが、必ずしも性の享楽(乱交)を意味するものではない。自由性愛。

**フリー-ダイヤル**【free dial】電話で、受信者側が無条件に通話料金を支払う方式。通信販売などで客のサービスに利用。

**フリータウン**【Freetown】西アフリカ、シエラレオネの首都。大西洋に臨む港湾都市で、内陸への鉄道の起点。一八世紀末、イギリスにより解放された奴隷によって建設された。人口四七万(一九八五)。

**ブリーチ**【bleach】①脱色・漂白をすること。②おしゃれのために毛髪を漂白したり、むだ毛を目立たなくするために脱色すること。

**フリーチェ**【Vladimir Maksimovich Friche】(一八七〇〜一九二九) ソ連の文学史家・芸術学者。芸術社会学を主張。著書『欧州文学発達史』など。

**プリーツ**【pleat】布のひだ。装飾効果や機能性を考えて用いられる。

**フリート-がい**【フリート街】イギリスのおもな新聞社が密集しているロンドン中心部の通り。同国ジャーナリズムの代名詞となっている。Fleet Street

**フリードマン**【Milton Friedman】(一九一二〜) アメリカの経済学者。シカゴ学派の一人でマネタリズムの代表者。一九七六年ノーベル経済学賞受賞。著書『資本主義と自由』など。

**フリードリヒ**【Caspar David Friedrich】(一七七四〜一八四〇) ドイツ-ロマン派の画家。ドレスデンで活躍。神秘的な風景画を描く。作品『山中の十字架と聖堂』など。↓ロマン主義写

**フリードリヒ**〈一世〉【Friedrich I】(一一二二ごろ〜一一九〇) 神聖ローマ皇帝(在位一一五二〜一一九〇)。一一五四年以来六回イタリア遠征を行い、教皇やロンバルジア都市同盟と抗争。諸侯に特権を認めたため王権衰退の原因をつくった。バルバロッサ(=赤ひげ)とよばれ、その武名により多くの伝説を残した。

**フリードリヒ**〈二世〉【Friedrich II】(一七一二〜一七八六) プロイセン国王(在位一七四〇〜一七八六)。国内では政治機構・軍備を整え、重商主義政策による近代化を推進。オーストリア継承戦争や七年戦争などで領土を拡張、プロイセンの国際的地位を確立。学問・芸術を愛し文化政策にも尽力し、啓蒙(けいもう)専制君主の典型とされ、大王と称された。

**フリードリヒ**〈三世〉【Friedrich III】(一四六三〜一五二五) ザクセン選帝侯(在位一四八六〜一五二五)。カール五世治下のドイツの実力者で、宗教改革にあたってはルターを保護し新教を許可。一五〇二年ウィッテンベルク大学を創設。賢公。

**フリードリヒ-ウィルヘルム**【Friedrich Wilhelm】(一六二〇〜一六八八) ドイツのブランデンブルク選帝侯(在位一六四〇〜一六八八)。三十年戦争で疲弊した国土を回復。プロイセンに対するポーランドの宗主権を排除。後年のプロイセン王国興隆の基礎を固めた。大選帝侯。

**フリードリヒ-ウィルヘルム**〈一世〉【Friedrich Wilhelm I】(一六八八〜一七四〇) プロイセン国王(在位一七一三〜一七四〇)。フリードリヒ二世(大王)の父。常備軍の強化と財政充実に努め、プロイセン絶対主義の確立に努めた。軍人王。

**フリー-パス**【free pass】①無料入場・乗車券。②無料の乗車券や入場の待遇を受けること。③試験・税関などの関門を、無条件で通過できること。

**フリー-バッティング**《和製語》野球の打撃練習法の一つ。打ちやすい球を投げさせ、自由に打撃する。batting practice

**フリー-ハンド**【freehand】定規やコンパスなどの製図用具にたよらずに作図すること。

**フリー-ピストル**【free pistol】ライフル射撃競技のうちの、ピストル射撃の一つ。口径五・六㎜のピストルで五〇m前方の標的一二枚に五発ずつ計六〇発を撃ち、命中得点の合計で順位を競う。

**ブリーフ**【briefs】腰部にぴったり合って股下(またした)の短い下ばき。おもに男性用。

**ブリーフィング**【briefing】《物事の背景・事情説明の意》①特定の法案・外交条件などについて、政府当局者が議員に行う状況説明。②政府当局者が報道関係者に行う状況説明。③航空機などで飛行前に行う状況説明。

**ブリーフケース**【briefcase】ファスナーで開閉する、書類などを入れる薄形の事務用かばん。ブリーフバッグ。オフィスウォレット。↓写

●ブリーフケース

**フリープラン-ちんたいじゅうたく**【フリープラン賃貸住宅】入居者に住宅の本体のみを賃貸し、室内の内装などは入居者が希望どおりにできるシステム。住宅・都市整備公団が計画した賃貸住宅の新しい形式。

**フリー-ペーパー**【free paper】身近な生活情報を掲載し無料で配布される新聞や雑誌。

**フリー-ポート**【free port】↓じゆうこう(自由港)

**フリーマーチン**【freemartin】ウシの双子が雌と雄の場合、雄には異常がないが、雌のほうは卵巣が間性型(雌雄の中間型)になって生殖不能になる。この不妊の雌をいう。先熟した精巣のホルモンの影響によるとするホルモン説があるが未確定。

**フリーメーソン**【Freemason】一七一七年、ロンドンで設立された自由主義的・世界主義的友愛組織。各国の富裕階級・知識人も多数加入。加盟の儀式や合言葉などがある。起源は中

▼常用漢字表外。 ▽常用漢字表の音訓外。

世石工のギルドとされる。

**フリーランサー**【freelancer】自由契約者。専属でない記者・映画俳優・歌手など。

**フリー・ランス**【free lance】中世ヨーロッパにおいて、特定の領主に仕えず、自由契約で雇われた騎士。

**ふり-うり**【振(り)売り】商品などをてんびんで担いで、声をあげながら売り歩くこと・人。行商人。ぼてふり。

**フリウリ-ベネチア-ジュリア**【Friuli-Venezia Giulia】イタリア北部、カルニケアルプスからベネチア湾に至る州。ブドウ栽培と工業がさかん。人口一二二・八万(一九八三)。

**ふ-りえき**【不利益】(名・形動)利益にならないこと・さま。不利。損。disadvantage 対義 利益。

**ふりえき-とりあつかい**【不利益取(り)扱い】使用者が、人種や国籍、女子であることなどの理由で労働者の待遇に差をつけること。inflict disadvantages

**フリエス**【Emile Othon Friesz】(一八七九〜一九四九)フランスの画家。野獣派の一人。のち古典的作風に変わる。風景・静物画などが多い。

**ふり-おこ・す**【振り起(こ)す・振起(こ)す】(五他)奮い起こす。rouse up

**ブリオシュ**【brioche フランス】発酵させた生地でつくるパン菓子の一種。バターや卵を多めに加える。軽い焼き上がりが特徴。

**ふり-おと・す**【振り落(と)す・振落(と)す】(五他)①動かして落とす。shake off ②ふるい落とす。eliminate 用例 試験で—。

**ふり-かえ**【振(り)替え・振替】①一時他のものと替えること。transfer ②依頼書や小切手によって預金を口座間で移動すること。transfer ③簿記で、ある勘定項目の金額を他の勘定項目に転記すること。④「振替預金」「振替決済」「郵便振替」などの略。transfer

**ふりかえ-かかく**【振替価格】企業内の独立した会計単位間で商品・製品の取り引きが行われるときの価格。原価に適正利潤を上乗せして算定する。移転価格。transfer price

**ふりかえ-かへい**【振替貨幣】↓よきんつうか(預金通貨)

**ふりかえ-きゅうじつ**【振替休日】祝日と日曜日が重なった場合、その翌日を休日とすること。また、その休日。compensatory holiday

**ふりかえ-けっさい**【振替決済】株などの売買をするとき、現金や株券などを実際には受け渡しせずに帳簿上の振替処理で決済すること。central depository system

**ふりかえ-こうざ**【振替口座】《「郵便振替口座」の略》銀行の自動振替のように、資金の振替や送金に利用される。transfer account

**ふりかえ-しょとく**【振替所得】個人が生産に直接かかわらず政府や企業から受け取る収入。恩給・年金・雇用保険給付など。移転所得。transfer income

**ぶり-かえ・す**【▽振り返す】(五自)①治りかけていた病気が、また悪くなる。relapse ②おさまった物事が元に戻る。return

**ふりかえ-ゆそう**【振替輸送】事故などである路線が不通になったとき、かわりに自社または他社の他の路線やバスによって、乗客を輸送すること。alternate method of transportation

**ふりかえ-よきん**【振替預金】銀行からの貸し付けまたは手形割引の手取り金が振替によって入金されることで生じる預金。transfer account

**ふり-かえ・る**【振(り)返る】(五他)①首を回して後ろを見る。turn round ②昔を思い出す。回顧する。look back

**ふり-か・える**【振(り)替える】(下一他)①一時、流用する。apply... to ②振替をする。transfer

**ふり-かか・る**【降り掛(か)る・降掛(か)る】(五自)①落ちてきてそのものにかかる。befall ②災難・不幸などが、とつぜん身の上に起こる。happen to

**ふり-かけ**【振(り)掛け】魚粉・海苔・塩などを混ぜた食品。ごはんの上に振りかけるもの。

**ふり-か・ける**【振(り)掛ける】(下一他)まき散らして物の上に掛ける。sprinkle over

**ふり-かざ・す**【振(り)▼翳す】(五他)頭の上に振り上げる。fling up

**ふり-かた**【振り方】①振る方法。manner of shaking ②扱い方。処置の方法。management 用例 身の—。

**フリカッセ**【fricassee フランス】西洋の煮込み料理。子牛・若鶏・野菜をいためてブイヨンで煮込み、ホワイトソースで仕上げる。

**ふり-がな**【振(り)仮名】漢字の読みを示すために字の横や上などにつけた仮名。読み仮名。印刷で、ルビ。

**ふり-かぶ・る**【振(り)▽被る】(五他)大きく振り上げる。brandish over one's head 用例 大上段に—。

**ブリキ**【blik オランダ】錫を電気めっきした薄鋼板。缶詰・王冠・玩具などに使用。tin plate

**ふり-き・る**【振(り)切る】(五他)①すがる手を振って、離す。shake off ②追ってくるものをあとに残す。引き離す。shake off ③じゅうぶんに振りぬく。④きっぱりと拒絶する。reject

**ブリクセン**【Karen Blixen】(一八八五〜一九六二)デンマークの女流小説家。怪奇趣味の特異な芸術派。作品『七つのゴシック小説』『アフリカの農園』など。

**ふり-くら・す**【降り暮(ら)す・降暮(ら)す】(五自)雨・雪などが一日じゅう降り続く。

**フリゲート**【frigate】＝フリゲート艦。①帆船時代に警戒を主任務とした軽快な航洋軍艦。②現代では、おもに対空・対潜を任務とする軍艦。国により装備・大きさなどは異なる。

**フリゲート-かん**【フリゲート艦】↓フリゲート

**ふり-こ**【振(り)子】重力の影響のもとで定点のまわりや軸のまわりを、周期運動をする物体。単振り子や円錐振り子など。しんし。pendulum

**フリゴ**【Fuligo】フィザルム科の変形菌。腐った木、落葉の上に発生。本体の変形体は黄色の原形質の塊で、細胞壁も一定の形態をもたない。

**ふ-りこう**【不履行】約束を実行しないこと。nonfulfillment 用例 契約—。

**プリゴジーン**【Ilya Prigogine】(一九一七〜 )ベルギーの化学者。非可逆過程の熱力学を体系化し、さらに、非平衡状態にある開放系の物理学・化学を一貫して追求した。一九七七年ノーベル化学賞受賞。

**ふりこしき-しゃりょう**【振り子式車両】床が左右に傾くようにした鉄道車両。高速で曲線路を通過するさいの乗り心地を改善するために作られた。pendulum vehicle

**ふり-ごと**【振(り)事】歌舞伎で、所作事。

**ふりこ-どけい**【振り子時計】一定周期で運動する振り子の等時性を利用した機械時計。pendulum clock

**ふり-ごま**【振(り)▼駒】将棋で、先手・後手を決める方法。上位者側の五個の歩を取って振り、「歩」が多ければ上位者が、裏の「と」が多ければ下位者が先手となる。振り歩。

**ふり-こみ**【振(り)込み・振込】①振替口座・預金口座などに、お金を振り込むこと。②麻雀で、相手が上がりになる牌を捨てること。

**ふり-こ・む**【降(り)込む】(五自)降る雨・雪などが家の中に入る。get into 用例 窓から—。

**ふり-こ・む**【振(り)込む】(五他)①振って中に入れる。shake into ②振替口座・預金口座などに、お金を払い込む。pay into ③麻雀で、相手が上がりになる牌を捨てる。

**ふり-こ・める**【降(り)▼籠める】(下一他)雨・雪などが降って、外出できないようにさせる。keep indoors for rain 用例 一日—・められる。

**ブリザード**【blizzard】極地における猛吹雪。暴風雪。

**ふり-さけ・みる**【振り▽放け見る】古語(上一他)顔を上げて、遠くのほうを眺める。用例 天の原—・見れば大君の(万葉・二・一四七)。

**ふり-じお**【振(り)塩】料理材料に下味として塩を振りかけること。また、でき上がった料理に調味として振る塩。sprinkling salt

**ふり-しき・る**【降(り)▽頻る】(五自)休みなく、さかんに降る。pour

**ふり-し・く**【降(り)敷く】(五自)降って、あたり一面に敷きつめたようになる。fall on the ground 用例 —雪。

**ふり-し・く**【降り▽頻く】古語(四自)休みなく、さかんに降る。あたり一面に降る。用例 白雪の—山を越え行かむ(万葉・一九・四二八一)。

**ブリジストン**【(株)ブリヂストン】自動車タイヤのメーカー。昭和六年(一九三一)設立。

**ブリジストン-びじゅつかん**【ブリヂストン美術館】石橋正二郎収集の内外美術品を中心に常設展示。昭和二七年(一九五二)開館。東京都中央区京橋にある。

**プリシビン**【Mikhail Mikhaylovich Prishvin】(一八七三〜一九五四)ソ連の小説家。非政治性に徹した「自然派」の代表者。小説『ベレンデーイの泉』『カシチェイの鎖』など。

**ふり-しぼ・る**【振(り)絞る】(五他)声などをやっと出す。もみ出す。絞り出す。strain one's voice 用例 力を—。

**ふり-す・てる**【振(り)捨てる】(下一他)置き去る。未練なしに捨てる。見捨てる。abandon

**ブリストル**【Bristols】《イギリスのブリストル市ではじめて作られたことから》長網式または円網式の抄き紙機で作られる上質厚紙の総称。

**ブリストル**【Bristol】イギリス南西部、エーボン川河口にある都市。中世以来の貿易港として発展。穀物・原油などの輸入物資の輸送拠点。工業がさかん。人口三九・九万(一九八三)。

**ブリストル-わん**【ブリストル湾】(Bristol Bay)アメリカ、アラスカ州南西岸、ベーリング海に臨む湾。サケの世界的漁場。

**フリスビー**【Frisbee】プラスチック製の円盤。あるいは、その円盤を互いに遠くへ投げたり、受け取り合ったりする遊びや競技。

**ブリスベーン**【Brisbane】オーストラリア東海岸、クイーンズランド州の州都。コアラ保護公園がある。人口一一五・七万(一九八九)。

●フリチラリア

**プリズム**【prism】平行でない光学的平面を二つ以上もつ透明体。光の屈折や分散などを起こさせるもの。全反射を利用し光線の方向を変える反射プリズム、光をスペクトルに分ける分光プリズム、各種の偏光を得る偏光プリズムがある。三稜鏡。

**プリセツカヤ**【Maiya Plisetskaya】(一九二五〜 )ソ連のバレリーナ。『白鳥の湖』などで世界的人気を得る。

**ふり-そそ・ぐ**【降(り)注ぐ】(五自)どんどん降ってくる。降りかかる。pour on 用例 日の光が—。雨が—。

**ふり-そで**【振(り)▼袖】袖丈の長い袖。また、その和服。若い娘の晴れ着。昔は元服前の男子も用いた。大振り袖・中振り袖に分かれる。対義 留め袖。

**ふりそで-やなぎ**【振▼袖柳】ヤナギ科の落葉低木。葉は長楕円形で約一〇㎝。裏面に白毛が密生。早春に、太い花穂を出す。生け花用。

**ふり-だし**【振(り)出し・振出】①振って中のものを出すこと。shake out ②《「振り出し薬」の略》小袋に入れ、熱湯・酒類の中で成分を振り出して使う薬。infusion ③すごろくで、出発点。転じて、物事の始め。starting point 用例 —に戻る。④中のものを小穴から振って出すようにした容器。⑤手形・小切手・為替を発行すること。issue; drawing

**ふりだし-きょく**【振出局】小切手・為替を振り出した郵便局。selling office

**ふりだし-にん**【振出人】手形・小切手・為替を振り出した人。drawer

**ふり-だ・す**【振(り)出す】(五他)①振って中のものを出す。shake out 用例 食塩を—。②手形・小切手・為替を発行する。draw

**ふり-た・てる**【振(り)立てる】(下一他)①激しく振る。wag 用例 犬が尾を—。②声を張り上げる。raise ③振って鳴らす。ring by shaking

**ブリタニア**【Britannia】イギリスのブリテン島に対するローマ時代の呼称。ケルト系ブリトン人の国の意。一〜五世紀にローマの属州。また五世紀にブルトン人が移住したフランスのブルターニュ地方をもさす。

**ブリタニカ-ひゃっかじてん**【ブリタニカ百科事典】(Encyclopaedia Britannica)現存する百科事典のうち、最古の歴史をもつ英語の百科事典。一七六八〜七一年イギリスで創刊。一九四三年よりアメリカのシカゴ大学で編纂。

**フリチラリア**【Fritillaria】ユリ科の秋植え球根草の属名。鉢植え・庭植え用。バイモなどがある。↓写

**ふ-りつ**【府立】府がつくり、管理していること。比較 国立・県立・市立。用例 —図書館。

**フリッカー**[flicker] ①灯火などがちらちらすること。②ブラウン管の表示画面のちらつき現象。

**フリッグ**[Frigg] 北欧神話の女神。オーディンの妻でバルドルの母。未来予知能力をもち、結婚生活や出産の守護者。Friday(金曜日)はその同系語。

**ふり-つけ**【振(り)付け・振付】 日本舞踊やバレエなどの洋舞で、歌詞や音楽の意味や情緒を体の動き(=踊り)として表現するため、個々の動きを定め、全体の構成を組み立てること。またその専門家である振付師をいう。choreography

**ブリッジ**[bridge] ①橋。また、その形のもの。②船橋。艦橋。③歯の金冠をささえるしかけ。④レスリングであお向けにそり身になって頭と足で体をささえ、フォールをのがれる技。⑤トランプゲームの一種。四人で行う遊び。手札てふだは各一三枚で、競せりによって組みをいくつとれるか予約(コントラクト)し、予約にしたがって多くの組みをとるようにゲームを展開する。

**ブリッジ-かいろ**【ブリッジ回路】 電気回路の一種。四端子型・三端子型・変成器型の三種類がある。ホイートストンブリッジは四端子型で電源に直流を用いるが、ほかは交流を使用する。bridge circuit

**ブリッジズ**[Robert Seymour Bridges](一八四四〜一九三〇) イギリスの詩人。韻律上の実験を行い、思索的な詩を書いた。詩集『短詩集』、長詩『美の遺言』など。

**ブリッジタウン**[Bridgetown] 西インド諸島東端、バルバドスの首都。バルバドス島南西岸の港湾都市。砂糖・ラム酒の輸出港。人口七五〇〇〇(一九八〇)。

**ブリッジマン**[Percy Williams Bridgman](一八八二〜一九六一) アメリカの物理学者。超高圧圧縮機の発明とそれによる高圧下での物性研究で、一九四六年ノーベル物理学賞受賞。

**フリッシュ**[Karl von Frisch](一八八六〜) オーストリアの行動生理学者。ミツバチの感覚生理および行動解析を研究。ティンバーゲンやローレンツとともに、一九七三年ノーベル生理学医学賞受賞。

**フリッシュ**[Max Frisch](一九一一〜) スイスのドイツ系小説家・劇作家。小説『シュティラー』、戯曲『そらまた歌っている』など。

**フリッシュ**[Ragner Anton Kittil Frisch](一八九五〜一九七三) ノルウェーの経済学者。経済分析における計量経済学の創始者。一九六九年ノーベル経済学賞受賞。著書『寡占論集』など。

**フリッター**[fritter] 野菜・魚介類・果物などに、泡だてた卵白を用いた衣をつけて揚げる西洋料理。ベーニエ。

**ふり-つづみ**【振(り)鼓】 ①糸に玉などをつけ、振って鳴らす、柄のついた小形の鼓。舞楽などに使う。②でんでん太鼓。→写

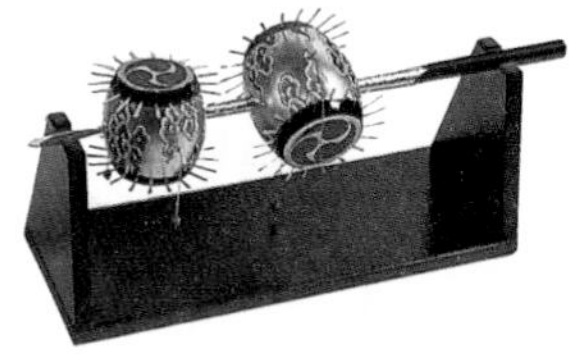

●振り鼓ふりつづみ①

**ふり-つの・る**【降(り)募る】(五自) ますます激しく降る。いよいよ降りまさる。

**フリップフロップ-かいろ**【フリップフロップ回路】 電気的に二つの安定状態をもつようにした回路。外部からトリガーパルスを作用させることによって他方の安定状態に移行できる。コンピューターなどに使われる。二安定回路。flip-flop circuit

**ふり-つ・む**【降り積む】 古語(四自) ふりつもる。雪などが降りつもる。用例 笹の葉に―雪の(古今・雑上)。

**ふり-つも・る**【降り積(も)る・降積(も)る】(五自) 雪などが降って積もる。lie thick

**ブリティッシュ-カウンシル**[The British Council] 自国文化の紹介と英語教育の促進を目的としたイギリスの公的機関。旧称は英国文化振興会。

**ブリティッシュ-こうくう**【ブリティッシュ航空】→えいこくこうくう(英国航空)

**ブリティッシュ-コロンビア**[British Columbia] カナダ南西部、太平洋岸の州。州都ビクトリア。林業・水産業で国内第一。人口二七四・五万(一九八一)。

**ブリティッシュ-スタイル**[British style] 背広のシルエットの一つ。イギリススタイル。上着丈がやや長く、体型にフィットさせたシェープドラインが特徴。

**ブリティッシュ-ペトロリアム**[The British Petroleum Company PLC] イギリスの大手石油会社。メジャー(=国際石油資本)の一つ。BP。一九〇九年設立。

**ふり-テン**【振(り)▽聴】《「振り」は牌はいを捨てること、「テン」は聴牌テンパイから》麻雀マージャンで聴牌したとき、該当する上がり牌を前もって捨ててしまっていること。

**ブリテン**[Edward Benjamin Britten](一九一三〜一九七六) イギリスの代表的作曲家。詩的・感覚的な雰囲気の作風で、合唱曲・オペラ作品にすぐれる。オペラ『ピーターーグライムズ』、『戦争レクイエム』など。

**プリニウス**[Gaius Plinius Secundus](二三ごろ〜七九) ローマ帝政期の将軍・学者。属州の要職を歴任。のちベスビオ火山の噴火を視察中に遭難。著書『博物誌』(三七巻)は諸分野にわたる約二万項目を収録する百科全書的著作。大プリニウス。

**ブリハットカター**[Bṛhatkathā] 古代インドの説話文学集。グナーディヤ(二〜三世紀ごろ)の集成。原本は散逸。後代のサンスクリットによる改作本三種のうち、ソーマデーバの『カターサリットサーガラ』(一一世紀)が傑作とされる。

**ふり-はな・す**【振(り)放す】(五他) ①振って、放す。振り放つ。shake off ②振り切る。abandon

**ふり-はら・う**ーはらふ【振(り)払う】(五他) 払いのける。振り放す。shake off

**ふり-びしゃ**【振(り)飛車】 将棋で、飛車を左方向に移して戦う戦法。三間さんけん飛車・四間しけん飛車・中飛車などがある。

**ぶり-ぶり**(副) 怒って、機嫌の悪いさま。「ぷり。」

**ぷり-ぷり**(副) ①肉がしまって弾力のあるさま。chubby ②怒って、機嫌の悪いさま。in a huff

**プリペイド-カード**《和製語。「プリペイド」は、前払いをした、の意》購入したカードを随時使用することで、いちいち金銭を支払わずに用がたせる仕組みのカード。NTTのテレフォンカードやJRのオレンジカードなど。

**ふり-ほど・く**【振(り)▽解く】(五他) 振ってほどく。ときはなつ。shake off

**ふり-ま・く**【振(り)▼撒く】(五他) ①あちこちに散らばす。sprinkle 用例 水を―。あいきょうを―。②やたらに分け与える。give freely 用例 金を―。

**プリマス**[Plymouth] イギリス南西部、イギリス海峡に臨む港湾都市。メイフラワー号の出航地。人口二五・三万(一九八五)。

**プリマスロック-しゅ**【プリマスロック種】 アメリカで改良されたニワトリの一品種。卵肉兼用。白と黒の横斑おうはんのある横斑プリマスロックと白色プリマスロックがある。Plymouth Rock →ニワトリ写

**プリマ-ドンナ**[prima donnaイタリア]《第一の女性の意》①オペラの主役級の女性歌手。②花形。star

**プリマ-バレリーナ**[prima ballerinaイタリア] バレエ団の第一女性舞踊手。

**ふり-まわ・す**ーまはす【振(り)回す】(五他) ①振って回す。brandish 用例 刀を―。②自由に使う。むやみに用いる。abuse 用例 権力を―。③ひけらかす。show off ④思うままに動かす。用例 情報に―・される。

**ふり-みだ・す**【振(り)乱す】(五他) 振って乱す。shake loose 用例 髪を―。

**プリミティブ**[primitive](形動) 原始のさま。原始的。

**ふりみ-ふらずみ**【降りみ降らずみ】(連語) 降ったり降らなかったり。

**ブリム**[brim] 帽子の縁やつば。日除よけ・雨除け・装飾の役を果たす。ブリムのある帽子をハットという。→帽子図

**ふり-む・く**【振(り)向く】(五自) 顔や体を回して後ろを向く。振り返って見る。turn round; look back

**ふり-む・ける**【振(り)向ける】(下一他) ①他のほうへ向かせる。turn ②他の方面に使う。転用する。divert

**プリムラ**[primula] サクラソウ科の草花のうち、日本原産のサクラソウ類を除くセイヨウサクラソウ類の総称。多く鉢植えとする。代表種はポリアンサ、マラコイデスなどで、数百におよぶ栽培種を含む。

**プリムローズ**[primrose] プリムラの英語名。

**ブリヤート-じちきょうわこく**【ブリヤート自治共和国】(Buryatskaya ASSR) ソ連の南シベリア、バイカル湖東部から南部の山岳地帯を占める自治共和国。首都ウラン-ウデ。面積三五・一万km²。人口一〇一万(一九八五)。正称ブリヤートソビエト社会主義共和国。

**ブリヤート-ぞく**【ブリヤート族】 バイカル湖付近・南シベリアに住むモンゴル系民族。ウシ・ヤギ・ヒツジなどの飼養に従事。Buryat

**ぶ-りゃく**【武略】 戦略。strategy 比較 武術・武芸。

**ふり-や・む**【降(り)▽止む】(五自) 降っていた雨や雪がやむ。stop raining; stop snowing

**ブリャンスク**[Bryansk] ソ連の西部、モスクワ南西方にある商工業都市。デスナ川の河港で鉄道の要地。人口四三・七万(一九八六)。

**ブリュアン**[Aristide Bruant](一八五一〜一九二五) フランスのシャンソン作家兼歌手。下層階級の生活を歌い、現実派シャンソンの祖となる。

**ふ-りゅう**【風流】 一(名) ①祭礼などの華美な行列や扮装ふんそう。②華美な装飾を誇示する芸能の様式。田楽でんがく踊り・念仏踊り・太鼓踊り・盆踊りなどの民俗芸能の群舞と、延年えんねん舞の演目との、二つの流れがある。二(名・形動)→ふうりゅう(風流)

**ふ-りゅう**【浮立】 佐賀県を中心とした地方に分布する風流ふりゅうから発展した民俗芸能。太鼓・鉦かねを打ち鳴らしながら道を練り、群舞する。仮面・仮装で飾るものが多く、災厄しずめ、また豊作を祈って踊る。

**ふ-りゅう**【浮流】(名・サ変自) 水にうかんで流れること。float about 用例 ―機雷。

**ブリュー**[Eugène Brieux](一八五八〜一九三二) フランスの劇作家。戯曲『法服』『信仰』など。

**ブリューゲル**[Bruegel] 一六〜一七世紀にかけて活躍したフランドルの画家一族。①ピーテルI(一五二五/三〇〜一五六九)は「大ブリューゲル」とよばれ、フランドル美術の代表的風景・風俗画家。庶民の生活情景の表現にすぐれている。作品『雪中の狩人』『農民の踊り』など。Pieter I ②ピーテルII(一五六四〜一六三八)、大ブリューゲルの長男は、「地獄のブリューゲル」とよばれる。Pieter II ③ヤン(一五六八〜一六二五)、大ブリューゲルの次男は、花を中心とする静物画が得意で、「花のブリューゲル」とよばれる。Jan →写

●ブリューゲル① 『バベルの塔』。一五六三年。ウィーン美術史美術館。

**ブリュージュ**[Bruges] ブルッヘのフランス語読み。

**ブリューソフ**[Valery Yakovlevich Bryusov](一八七三〜一九二四) ロシア・ソ連の詩人。ロシア象徴主義創始者の一人。詩文集『ロシアのシンボリストたち』を編集。詩集『傑作』『第三の番人』『冠』、歴史小説『炎の天使』など。

**フリュート**[flute]→フルート

**プリュードン**[Pierre Paul Prud'hon](一七五八〜一八二三) フランスの画家。浪漫的な優美な世界を描く。作品『プシュケ』など。

**ふりゅう-もんじ**【不立文字】《仏教語》禅宗で、仏道の真意は心から心に直接伝えられるもので、ことばや文字では伝えられないとすること。

**ふり-ゆ・く**【▽旧り行く】 古語(四自) 年月を経過してゆく。古くなってゆく。年老いてゆく。用例 古いにしへに―身こそあはれなれ(後拾遺・雑)。

**ブリュッセル**[Bruxelles] ベルギーの首都。センヌ川沿いにあり、「小パリ」の名がある美しい市街。北西ヨーロッパの中部に位置し、鉄道網の中心であり、NATOの本部がある。人口九八・二万(一九八三)。

**ブリュッセル-じょうやく【ブリュッセル条約】**(Brussels Pact) 西ヨーロッパ五か国の経済的・社会的協力および集団自衛のために、一九四八年ブリュッセルで調印された条約。第二次大戦後最初のヨーロッパ集団安全保障。五四年パリ協定調印で発展的に解消。

**ブリュメール-じゅうはちにち【ブリュメール一八日】**(coup d'État du 18 Brumaire フランス) 一七九九年一一月九日(革命暦ブリュメール一八日)ナポレオンのおこしたクーデター。総裁政府を倒して執政政府を樹立、自ら第一執政に就任し軍事独裁権を掌握した。

**ブリュンティエール【Ferdinand Brunetière】**(一八四九〜一九〇六) フランスの文芸批評家。ジャンルの発展の法則を文学史に見いだそうとした。著書『フランス文学史提要』など。

**ふ-りょ【不慮】** 思いがけないこと。不意。unforeseen 用例 —の災難。

**ふ-りょ【▼俘虜】** 戦争で敵方につかまった軍人・軍属。捕虜。prisoner of war

**ふ-りょう【不良】**(名・形動) ①質・状態などがよくないこと・さま。poor; bad 用例 消化—。②品行が悪いこと・さま。また、そうした人。delinquent 用例 —のたまり場。

**ふ-りょう【不猟】** 狩りで、獲物が少ないこと。poor bag

**ふ-りょう【不漁】** 漁で、獲物が少ないこと。poor catch 対義 大漁。

**ぶ-りょう【無▼聊】** 退屈なこと。つれづれ。boring 用例 —を慰める。

**ふ-りょうけん【不料▽簡】**(名・形動) よくない考え。心得ちがい。indiscretion 用例 —を起こす。

**ぶりょう-とうげん【武陵桃源】** 陶淵明の『桃花源記』に描かれた仙境。武陵県の漁夫が、谷川をさかのぼって理想郷に至ったところから、理想郷・別天地の意。

**ふ-りょうどうたい【不良導体】** 熱・電気などが伝わりにくい物体。木・石など。bad conductor 対義 良導体。

**フリョーディング【Gustaf Fröding】**(一八六〇〜一九一一) スウェーデンの詩人。農民詩・叙情詩など名詩が多い。詩集『ギターと手風琴』など。

**ふりょき【▼俘虜記】** 大岡昇平の小説。昭和二三年(一九四八)発表。死に直面する兵士の心理を克明に描き、深い人間省察を示す。

**ふ-りょく【浮力】** 流体内の物体にはたらく力。流体の圧力が物体表面の各部分におよぼす力のうち鉛直上向きの力。buoyancy

**ふ-りょく【富力】** 富の力。物資や生産の威力。財力。wealth

**ぶ-りょく【武力】** ①兵力。戦力。military power 用例 —に訴える。②武勇の力。force

**ブリリアント-カット【brilliant cut】**《ブリリアントは「光輝く」「あでやかな」の意》ダイヤモンドのカットに用いられる、屈折率のもっとも高い研摩法。また、そうした細工を施した宝石。

**フリル【frill】** 衣服の装飾に用いるひだ飾り。細い布の一方にギャザーを寄せて、袖口・襟などにつける。ラッフル。

**ふり-わけ【振(り)分け】** ①振り分けること。put into two ②中央。中間。middle ③分け目。境。border line ④「振り分け髪」の略。⑤「振り分け荷物」の略。

**ふりわけ-がみ【振(り)分け髪】** ㊀男女児の髪型。肩までの長さに切った髪を左右に振り分けて垂らしたもの。㊁《振分髪》小沢蘆庵の歌論書。寛政八年(一七九六)刊。和歌初学者への作歌手引書。「てにをは」なども解説。

**ふりわけ-にもつ【振(り)分け荷物】** 二つに分けて肩の前後に担ぐ荷物。

**ふり-わ・ける【振(り)分ける】**(下一他) ①二つに分ける。divide in two ②割り当てる。distribute ③荷物などを肩の前後に分けて担ぐ。carry packages across the shoulder

**ふ-りん【不倫】**(名・形動)《多く、男女関係について言う》道徳にはずれること・さま。immorality 比較 不貞。用例 —の恋。

**フリン【Errol Flynn】**(一九〇九〜一九五九) アメリカの映画俳優。主演作『ロビンフッドの冒険』『シー・ホーク』など。

**プリン**《プディングのなまり》カスタードプディングの日本的ない方。

**プリン【purine】** 分子式 $C_5H_4N_4$ 有機塩基の一つ。無色の結晶。その誘導体は核酸・酵素・アルカロイドなどの構成成分。医薬品の原料。

**プリンキピア【Principia】** ニュートンの主著『自然哲学の数学的原理』。古典力学の基礎を大成した科学史上最大の古典の一つ。一六八七年刊。

**プリンケプス【princeps ラテン】** ローマ帝政初期の君主の呼称。本来は氏族の首長の意で、共和政時代の元老院の筆頭議員、また有力者の私的称号であったが、アウグストゥスにより公的称号とされた。

**フリンジ【fringe】** 毛糸・糸などを束ねた房飾り。マフラー・テーブル掛けなどの両端の始末と装飾を兼ねる。

**プリンシプル【principle】** ①原理。原則。②信条。主義。用例 —に悖る。

**プリンス【prince】** ①王子。皇子。親王。②日本では、皇太子。

**プリンスエドワード-アイランド【Prince Edward Island】** カナダ東部、セントローレンス湾内にある島で、同国最小の州。州都シャーロットタウン。面積五六七六㎢。人口一二・三万(一九八一)。

**プリンス-オブ-ウェールズ【Prince of Wales】** ①イギリス皇太子の称号。一三〇一年エドワード一世がウェールズ征服後、皇太子(のちのエドワード二世)に授けて以来の慣習的称号。②イギリスの戦艦の名。第二次大戦初頭、日本海軍航空隊の攻撃を受け、マレー沖で沈没。

**プリンストン【Princeton】** アメリカ北東部、ニュージャージー州の学術都市。プリンストン大学など五大学がある。印刷・出版業がさかん。人口一・二万(一九八〇)。

**プリンストン-だいがく【プリンストン大学】**(Princeton University) アメリカの私立大学。所在はニュージャージー州プリンストン。アイビーリーグ(東部有名校)の一つ。一七四六年設立。

**プリンセス【princess】** ①王女。皇女。内親王。②王子の妻。きさき。

**プリンター【printer】** ①活版屋。印刷機。②写真印画紙・映画フィルムの焼き付け機。③コンピューターの出力装置の一つ。一字ずつ印字するシリアルプリンターと行単位で印字するラインプリンターがある。

**フリント【Flint】** アメリカ北部、ミシガン州東部の工業都市。デトロイトの北西にあり、自動車工業がさかん。人口一六万(一九八〇)。

**プリント【print】**(名・サ変他) ①謄写印刷すること。また、その印刷物。②陰画から陽画を焼き付けること。また、その焼き付けたもの。③捺染すること。また、その布。手または機械捺染で模様染めした服地類とその印刷柄。用例 —地。

**プリント-アウト【print out】** コンピューターで、印刷されて打ち出されてくること。また、その印刷物。

**プリント-ごうはん【プリント合板】** 表面に各種の模様を印刷した化粧合板。printed plywood

**フリント-コーン【flint corn】** イネ科トウモロコシのうちの硬粒種。粒は丸く光沢を帯び、堅い。早熟で、高緯度で栽培。品種にはロングフェロー・甲州などがある。

**プリント-はいせん【プリント配線】** 絶縁基板に薄い帯状の導体を配線したもの。また、その技術。基板の上に銅箔をはりつけ、不用部分をエッチングして作るのが一般的。これに素子を取り付けて電気回路を構成する。印刷配線。printed wiring ↓写

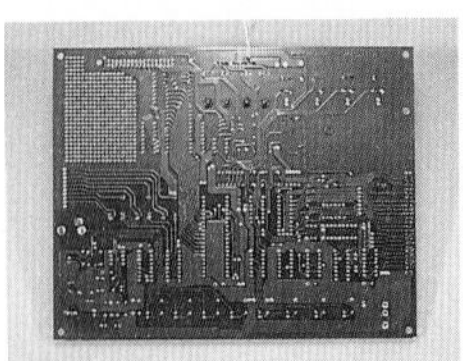
●プリント配線

**ブリンナー【Yul Brynner】**(一九二〇〜一九八五) アメリカの俳優。ブロードウェーの舞台でミュージカル『王様と私』のシャム王役がヒット。その後、映画でも活躍。坊主頭の特異な容貌で人気があった。

**ふる【古・▽旧】** ①古いこと。年とっていること。old ②古くなったもの。使い古し。お古。used

**ふ・る【降る】**(五自) ①空から雨や雪などが落ちてくる。rain; snow ②上から落ちてくる。fall 用例 火山灰が—。③霜がおりる。frost 対義 晴れる。

**降って湧く** 突然現れる。happen suddenly 用例 降って湧いた災難。

**降り懸かる火の粉は払わねばならぬ**《降り懸かってくる火の粉は、払いのけないとやけどをしてしまう、の意から》自分に及んでくる害悪や迷惑は、積極的に防がなければならない。You can't remain idle when you are exposed to danger.

**ふ・る【振る】**(五他) ①一端を固定した状態で、物を小刻みに何度も速く動かす。shake; swing 用例 首を—。バットを—。②散らしてまく。sprinkle 用例 塩を—。③嫌って断る。reject 用例 客を—。④仕事や役目を割り当てる。assign 用例 役を—。番号を—。ルビを—。⑤失う。むだにする。waste 用例 社長の地位を—。⑥動かして向きを変える。用例 飛車を—。⑦落語で、本題に入る前に短い話をする。用例 枕を—。

**ふ・る【▽震る】** 古語 (四自) ゆれ動く。大地が震動する。用例 かく、おびたたしく—事は(方丈記)。

**ふ・る【触る】** 古語 ㊀(四自) さわる。接触する。用例 大君の命畏み磯に—・り(万葉・二〇・四三二八)。㊁(下二自他) ↓ふれる(触れる)

**ふ・る【▽旧る・▽古る】** 古語 (上二自) ①年月を経て古くなる。また、時代がたつ。用例 あをによし奈良の都は—・りぬれど(万葉・一七・三九一九)。②年を取る。用例 我身世に—・るながめせしまに(古今・春下)。

**フル【full】**(名・形動) ①いっぱいであること・さま。最大限。用例 一日—に働く。②すべてであること・さま。全体。用例 —ネーム。

**ぶ・る【振る】** ㊀(五自) きどる。てらう。もったいぶる。pose; put on airs 用例 そう—・らなくてもいいだろう。㊁(接尾)《体言や一部の形容詞の語幹に付いて動詞を作る。五段型》…らしく見せかける。assume the air of 用例 学者—。えら—。

**ブル** ①「ブルジョアジー」の略。用例 プチ—。②「ブルドッグ」の略。

**ふるい【▼篩】** 粒状・粉状の固体を粒子の大きさによってより分ける器具。円形または方形の枠の底に絹・金属・馬毛・竹などの網をはめたもの。とうし。sieve 用例 —にかける。↓写

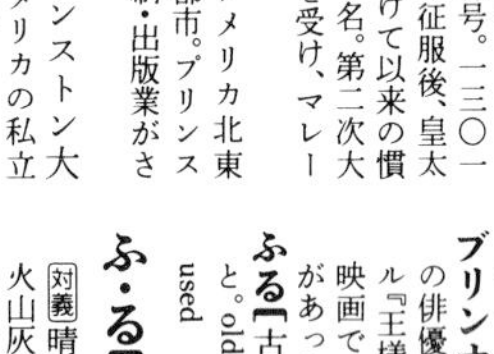
●篩い

**ふるい【震い】** ①わななくこと。身震いすること。shaking 用例 武者—。②おこりの病。ague

**ふる・い【古い・▽旧い】**(形) ①《「故い」とも》前からである。昔のことである。old 用例 —昔の出来事。②ずっと使っている。well-worn 用例 —机。—靴。③長く続いている。long time 用例 —友だち。④珍しくない。新鮮でない。outdated 用例 その手はもう—。⑤時代おくれだ。old-fashioned 用例 頭が—。派生 ふるくさ・い(形) ふるさ(名) ふるめかし・い(形) 対義 新しい。

**古い皮袋に新しい酒を盛る** 新しい内容を古い形式で表すたとえ。Pour new wine into used wineskins.

**故きを温ねて新しきを知る** 古いことを調べて、新しい考えを得ること。温故知新。By exploring the old, one becomes able to understand the new.

**ぶ-るい【部類】** ①種類による区別。class ②仲間。

**ふるい-おこ・す【奮い起(こ)す】**(五他) 気力を強く起こす。強くわき立たす。rouse up 用例 勇気を—。

**ふるい-おと・す【▼篩い落(と)す】**(五他) ①ふるいにかけて落とす。sieve off ②多くの中から悪いものを除く。screen out

**ふるい-かん【▼篩管】** ↓しかん(篩管)

**ふるい-た・つ【奮い立つ】**(五自) 心が勇み立つ。奮起する。rouse oneself up

**ふるい-つ・く【震い付く】**(五他) ①抱きつく。むしゃぶりつく。hug ②病気などで、体がぶるぶるふるえる。tremble

**ふるい-よしきち【古井由吉】**(一九三七〜) 小説家。東京生まれ。東大卒。「内向の世代」といわれた新作家の代表者と目される。作品『杳子』『行隠れ』『栖』など。

**ふる・う【振るう・▽揮う】**(五自他) ①(他)㋐勢いよくふり動かす。brandish 用例 竹刀を—。㋑力などを十分に発揮する。働かせる。用例 料理の腕を—。②(自)㋐勢いがさかんになる。thrive 用例 家業が—。㋑《「ふるっている」の形で》風変わりなようすである。とっ

ぴである。eccentric 用例 いうことが—・っている。

**ふる・う**【震う】(五自) ①震える。tremble ②ゆれる。shake

**ふる・う**【奮う】(五自) 勇み立つ。発奮する。用例 士気大いに—。

**ふる・う**【▼篩う】(五他) ①ふるいを使ってより分ける。sieve ②基準にてらしてより分ける。screen out

**ブルー**【blue】 青色。あい色。

**ブルー-カラー**【blue collar】《青い襟、の意》生産現場で働く労働者。青いつなぎ服を着るイメージからの語。対義 ホワイトカラー。

**ブルー-ギル**【blue gill】 北アメリカ原産のサンフィッシュ科の淡水魚。全長約二〇cm。鰓ぶたのすぐ後ろに濃緑色の大きな斑紋がある。一九六〇年日本に移入。釣魚・食用。

●ブルーギル

**プルーク**【Pflug ドイツ】 スキー板の後部をV字形に開き、先を閉じ雪面を押さえながら方向を変えずに滑る技術。→写

**プルークボーゲン**【Pflugbogen ドイツ】 スキー板の後部をV字形に開いて滑りながら、外側に体重を移動して転回する技術。

**ブルーグラス**【bluegrass】 マウンテン-ミュージックを伝統民俗楽器だけでモダン化した、正調カントリー-アンド-ウエスタンの一種。三本指スタイルの五弦バンジョーを使う。ビル=モンローが創始。

**ブルー-クローバー**【blue clover】 マメ科シャジクソウ属の一年草または多年草。温室栽培。青色の蝶形花をつける。

**ブルー-ジーンズ**【blue jeans】 細綾綿織物の一種。紺または青に染めた綿織物(ジーン)。または、それで作ったズボン。

**ブルース**【blues】 ①一九世紀末、アメリカの黒人によってつくられた歌曲形式。詩型は四小節三段の一二小節形式が一般的。ジャズやポピュラーなど、ほとんどすべての音楽分野に浸透。②①の特色をもつ流行歌など。

**プルース**【Bolesław Prus】(一八四七～一九一二) ポーランドの小説家。リアリズム文学の代表者。長編『人形』、歴史小説『ファラオン』など。

**ブルースター-の-ほうそく**【ブルースターの法則】 物質の表面にある角度で光が入射し、その光の屈折角と反射角の和が直角のときに、その反射光は入射面に垂直な方向に平面偏光となる現象。気体レーザー光の管の両端窓などに利用される。Brewster's law

**プルースト**【Joseph Louis Proust】(一七五四～一八二六) フランスの化学者。長い間、スペインのマドリードやセゴビアで物理・化学などを教えた。一七九九年、定比例の法則を提唱。

**プルースト**【Marcel Proust】(一八七一～一九二二) フランスの小説家。全七巻の膨大な小説『失われた時を求めて』は、人間心理に関する深い洞察と革新的な手法によって、一九世紀以来のリアリズムを否定し、二〇世紀小説の新しい出発点となった。批評でもすぐれた作品を残す。

**ブルー-ストッキング**【bluestocking】 →せいとう(青鞜)①『読み。

**ブルータス**【Brutus】 ブルートゥスの英語読み。

**ブルー-チーズ**【blue cheese】 アオカビを用いて熟成させたチーズ。独特の風味と刺激臭がある。代表的なのはロックフォールチーズ・ゴルゴンゾラチーズなど。

**フルーツ**【fruit】 くだもの。果実。

**フルーツ-カクテル**【fruit cocktail】 果物の小片に洋酒やジュースをかけたもの。

**フルーツ-ケーキ**【fruit cake】 ケーキの生地に、砂糖とラムなどの酒で漬けたフルーツをきざんで加え、ゆっくり焼き上げた洋菓子。

**フルーツ-パーラー** 《和製語》喫茶店を兼ねている果物店。

**フルーツ-ポンチ**【fruit punch】 数種類の果汁に砂糖とソーダ水を混ぜた飲み物。また、種々の果物の小片にジュース・氷水などを混ぜたもの。

**ブルー-デージー**【blue daisy】 キク科の多年草。南アフリカにはえる。葉は楕円形で、長い花柄上に一輪の花が咲く。花はヒナギクに似ており、周囲の舌状花は青、中心は黄色。ルリヒナギク。→写

**ブルーテ-ソース**【velouté sauce フランス】 西洋料理で、フォン(=だし汁)でのばした白ソース。

**フルート**【flute】 木管楽器。リードがなく、横にかまえて吹き口に気息を吹きつけて音を出す笛。現在はほとんど金属製。管楽器中もっとも歌謡的表現にすぐれ、なめらかで軽快な音。独奏・合奏楽器として欠かせない。フリュート。→写

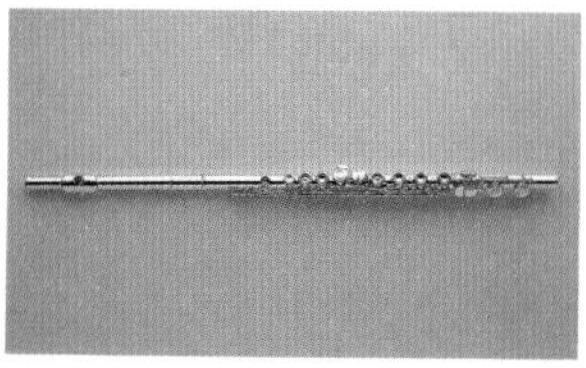
●フルート

**ブルートゥス**【Marcus Junius Brutus】(BC八五～BC四二) 古代ローマの政治家。カエサルに重用されたが、紀元前四四年カエサル暗殺の首謀者となった。東方に逃れたが、アントニウスとアウグストゥスの連合軍に敗れ自殺。ブルータス。

●ブルーデージー

**プルートー**【Pluto】 ①ローマ神話で、死後の世界の王。富・穀物の神。ギリシア神話のハデスと同一視される。②冥王星。

**ブルー-トレイン** 《和製語》旧国鉄、現JRの寝台列車の愛称。昭和三三年(一九五八)、特急「あさかぜ」に始まる。名称は車両の色が濃い青色であることにちなむ。

**プルードン**【Pierre Joseph Proudhon】(一八〇九～一八六五) フランスの社会主義者。所有権は盗みであるとして、万人平等の所有権の確立を主唱。私有財産や国家などの権力・制度を否定、無政府主義の先駆をなした。主著『財産とは何か』など。

**ブルーノ**【Giordano Bruno】(一五四八～一六〇〇) ルネサンス期イタリアの自然哲学者。コペルニクスの地動説に基づいて自然を無限の宇宙と考え汎神論を展開。異端として火刑にされる。著書『無限、宇宙、世界』。

**ブルー-バード**【bluebird】 ①体の青色がきれいなヒタキ科の小鳥の総称。全長一五cm以下。果樹園や疎林に小群ですみ、虫が主食。北アメリカに分布。②《メーテルリンクの『青い鳥』から》幸福のシンボル。

**プルーフ**【proof】 ①証明。証拠。②耐久力などの意味で語尾につけられる。用例 ウオータ—。③アルコール飲料などの強度を表す単位。

**ブルー-フィルム** 《和製語》一般公開をはばかる、直接的な性行為を撮影したわいせつな映画。「ブルー」がわいせつ・下品を意味するのは、昔、アメリカの売春婦が青い服を着ていたからという。blue movie

**ブルー-フォックス**【blue fox】 ホッキョクギツネの異名。

**ブルー-ブラック**【blue-black】 濃い青色。青みのかかった黒。

**ブルーベック**【Dave Brubeck】(一九二〇～) アメリカのジャズ-ピアニスト・作曲家。クラシックの影響の強いスタイル。

**ブルーベリー**【blueberry】 ツツジ科の落葉小低木。高さ二～三m。四～五月に、白い小花が咲く。果実は小粒、濃青色に熟す。コケモモに似て果樹として栽培。生食のほか、ジャム・ゼリーなどに用いる。→写

**ブルーマーズ**【bloomers】《アメリカのブルーマー夫人の考案から》ゆったりした女子用の腰部をおおう下着。下ばき・スポーツ用。ブルマー。ブルマ。

**ブルームズベリー-グループ**【Bloomsbury group】 二〇世紀初めイギリスのバージニア=ウルフを中心とする文学者グループの名称。主知的・高踏的な芸術至上主義の立場に立つ。リットン=ストレーチー・クライブ=ベル・レナード=ウルフ・エドワード=モーガン=フォースターなど。

**ブルームバーゲン**【Nicolaas Bloembergen】(一九二〇～) アメリカの物理学者。オランダ生まれ。レーザー分光学への貢献で、一九八一年ノーベル物理学賞受賞。

**ブルームフィールド**【Leonard Bloomfield】(一八八七～一九四九) アメリカの言語学者。シカゴ生まれ。イェール大教授。構造言語学の基盤をつくった。主著『言語』など。

**ブルームフォンテーン**【Bloemfontein】 南アフリカ共和国中部、オレンジ自由州の州都。商工業都市。人口二三・一万(一九八〇)。

**ブルーメンバハ**【Johann Friedrich Blumenbach】(一七五二～一八四〇) ドイツの解剖学者。自然人類学の祖とよばれる。頭骨の研究を中心に人類を分類。動物学にも貢献。

**フルーレ**【fleuret フランス】 フェンシング競技の一種目。また、それに用いる細い剣。相手の胴体への突きだけが有効となる。真剣の練習用から発展。この種目のみ女子競技も行われる。

**プルーン**【prune】 西洋スモモのうち、干しスモモ用品種の総称。果実はウメほどの大きさ。甘味が強く、核の肉離れがよい。カリフォルニアの重要な農産物。→写

●プルーン

**ふる-え**【震え】 ①ふるえること。tremble 用例 —がくる。②骨格筋の不随意な収縮。寒冷時・発熱時・興奮時などにみられる。視床下部の興奮によって起こる。shiver

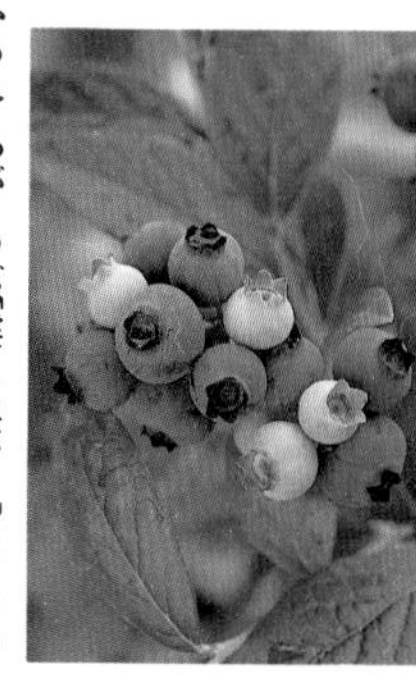
●ブルーベリー

**ふるえ-あが・る**【震え上がる】(五自) ①寒さ・恐ろしさなどで、ぶるぶる震える。shudder ②ひどく恐れる。be horrified

**ふるえ-ぐさ**【古▽枝草】 ハギの異名。

**ふる・える**【震える】(下一自) ①細かくゆれる。quiver ②身震いする。shudder

**プルオーバー**【pullover】 頭からかぶって着る衣服の総称。丸首襟・Vネックなどで前後・脇ともにあきなしのセーターが典型。

**ブルガーコフ**【Mikhail Afanasyevich Bulgakov】(一八九一～一九四〇) ソ連の小説家。グロテスク、風刺の面で新境地を開いた。小説『白衛軍』『運命の卵』『劇場物語』『巨匠とマルガリータ』、戯曲『逃亡』など。

**ブルガーニン**【Nikolay Aleksandrovich Bulganin】(一八九五～一九七五) ソ連の政治家・軍人。初め経済部門で活躍。独ソ戦以後軍籍に入り、戦後元帥。軍事相・国防相などを歴任し、一九五五年首相。平和共存外交を展開。

**フル-カウント**【full count】 野球のボールカウントで、ツーストライク-スリーボール。

**ふる-がお**【古顔】 古くからいる人。古参。old-timer 対義 新顔。

**ふる-かね**【古▽鉄】 金物や金具などの使いふるしたもの。くず鉄。ふるがね。scrap metal

**ブルカノ**【Vulcano】 イタリア南端、リパリ諸島南部の火山島。北部のブルカノ火山(標高三九〇m)は、有史以来爆発性大噴火を繰り返し、火山の語源となった。最後の大噴火は一八八八～八九年。

**ブルカノしき-ふんか**【ブルカノ式噴火】 マグマから分離したガスの圧力によって、噴火口から爆発的に起こる噴火。日本のおもな活火山の活動様式。浅間山・桜島など。Vulcanian eruption

**ふる-かぶ**【古株】 ①木の古い株。old stump ②古くからいて、その仲間に顔のきく人。古顔。古参。old-timer

**ブルガリア**【Bulgaria・勃牙利】(People's Republic of Bulgaria) 東ヨーロッパ、バルカン半島南東部の人民共和国。民族はスラブ系。首都ソフィア。一九一二年トルコから独立。バルカン山脈が東西に走り、ドナウ川右岸に低

▼常用漢字表外。 ▽常用漢字表の音訓外。

地がある。小麦・トウモロコシ・果実の栽培がさかん。面積一一・一万km²。人口八九六万(一九八六)。正称ブルガリア人民共和国。

**ふる-かわ【古川・古河】** 昔からある川。old river

**古川に水絶えず**(ふるかわにみずたえず) 金持ちの旧家は、衰えても、まだゆとりがあることのたとえ。

**ふるかわ【古川】**〈市〉 宮城県北部、仙台平野北西部の市。宿場町・市場町として発達した県北の中心地。上質米の産地。人口六万二一一〇(一九八八)。

**ふるかわ【古川】**〈町〉 岐阜県北部、宮川上流域の町。旧城下町。稲作・木工業などがさかん。気多若宮神社例祭の起こし太鼓は有名。人口一万六五三一(一九八八)。

**ふるかわ-いちべえ【古河市兵衛】**(一八三二〜一九〇三) 明治の実業家。京都の人。足尾銅山などの払い下げにより鉱山業を拡大、古河財閥の基礎を確立。

**ふるかわ-きかいきんぞく【古河機械金属(株)】** 銅精錬・産業機械生産などが主力の会社。古河グループの中心。大正七年(一九一八)設立。

**ふるかわ-こしょうけん【古川古松軒】**(一七二六〜一八〇七) 江戸中期の地理学者。備中の人。諸国を遊歴して、風俗・物産などを研究し、幕府の命で『武蔵五郡の図』『四神地名録』を作成。著書『西遊雑記』『東遊雑記』など。

**ふるかわ-でんきこうぎょう【古河電気工業(株)】** 電線業界を代表する会社。明治二九年(一八九六)設立。

**ふるかわ-もくあみ【古河黙阿弥】** 河竹黙阿弥の別号。

**ふるかわ-ろっぱ【古川緑波】**(一九〇三〜六一) 映画・舞台俳優。東京生まれ。コメディアンとして活躍。主演作『大久保彦左衛門』など。

**ふるき【故き】** 文語的《「故し」の連体形》古いこと・もの。 「ふるい(古い)」

**故きを温ねて新しきを知る**(ふるきをたずねてあたらしきをしる) ↓

**ふる-ぎ【古着】** 着古した衣服。used clothes

**ふる-きず【古傷・古疵】** ①以前受けた傷。old wound 比較 生傷。②過去の失敗・罪。また、過去に受けた心の痛手。past misdeed

**古傷が痛む**(ふるきずがいたむ) 昔、身に受けた傷が、治ったあとでもときどき痛む。転じて、過去の嫌な経験や過失を思い出して、胸が痛む。have a pain on one's old wound

**ふる-ぎつね【古狐】** ①年をとったキツネ。②経験を積んで、悪賢くなった人。古狸。old fox

**ブルキナ-ファソ[Burkina Faso]** アフリカ西部の内陸部、ボルタ川上流域を占める共和国。首都ワガドゥグー。主産業は農牧業で家畜類を輸出。鉱産資源も豊富であるが未開発。面積二七・四万km²。人口六七五万(一九八六)。旧称オートボルタ。

**プルキニエ[Johannes Evangelista von Purkinje]**(一七八七〜一八六九) チェコの生理学者・組織学者。プルキニエ現象、プルキニエ細胞・線維などを発見し、多くの研究業績を残した。

**ブルギバ[Habib ibn Ali Bourguiba]**(一九〇三〜) チュニジアの政治家。パリ大卒。一九三四年ネオ-デストゥル党を組織し、民族運動を指導。五六年チュニジア独立とともに首相。五七年初代大統領。七五年終身大統領となったが、八七年に、その地位を追われた。

**ふるく【古く・旧く】**(副)《「古い」の連用形から》昔から。anciently

**ブルク[Burg ドイツ]** 中世ヨーロッパの要塞・防壁に囲まれた都市。中央に市場・教会・市庁舎などがある。「ブルク」ということばのつく地名は今日も残っている。

**ブルク-げきじょう【ブルク劇場】**(Burgtheater ドイツ) オーストリアのウィーンにある劇場・劇団。一七四一年マリア=テレジアが創設。七六年ヨーゼフ二世が宮廷国民劇場とした。一九世紀初頭から一八七〇年ごろまで全盛。

**ふる-くさ・い【古臭い】**(形) 古ぼけている。陳腐だ。antiquated 派生 ふるくささ(名)

**フルクトース[fructose]** ↓かとう(果糖)

**ブルクハルト[Jacob Burckhardt]**(一八一八〜一八九七) スイスの歴史家・美術史家。美術史から文化史を研究。とくに古典的イタリアの文化に傾倒。鋭い洞察力と感受性で歴史を美的・直観的に把握、すぐれた業績をあげた。著書『イタリアにおけるルネサンスの文化』など。

**ぶる-けい【ぶる罫】** 印刷に使う波形の線。「〰〰」など。波罫。波線。

**フル-コース[full course]** 西洋料理において一定の順序で組み立てられた献立。前菜(オードブル)・スープ・魚料理・肉料理・サラダ・デザート・フルーツ・コーヒーの順が標準。

**ブルゴーニュ[Bourgogne]** フランス東部、ソーヌ川流域を中心とする地方。パリ盆地の南東縁。ぶどう酒の産地。

**ブルゴーニュ-こうこく【ブルゴーニュ公国】**(duché de Bourgogne フランス) フランス東部のブルゴーニュ公家の領国。首都ディジョン。九世紀に成立。一四七七年フランス王領に併合。

**プルコギ**(pulkogi 朝)《プルは火、コギは肉の意》朝鮮料理で、焼き肉のこと。ロース・カルビをはじめ、内臓類なども使う。

**ブルゴス[Burgos]** スペイン北部の都市。かつてのカスティリャレオン王国の首都。周辺地域の農産物の集散地。人口一五・六万(一九八一)。

**フルコスト-げんそく【フルコスト原則】** 製品一単位あたりの生産に要した費用に、一定比率をかけて算出した利潤を加えたものを価格とする方式。full-cost principle

**プルコボ-てんもんだい【プルコボ天文台】** ソ連最大の国立天文台。一八三九年創立。レニングラードにある。Pulkovo Observatory

**ブルサ[Bursa]** トルコ北西部、マルマラ海岸近くの商工業都市。鉱泉があり「緑のブルサ」とよばれる保養地。人口六一・四万(一九八五)。

**ふる-さと【古里・故里・故郷】** ①生まれ育った土地。きょうこく。こきょう。birthplace ②《比喩的に》よりどころとなったり、安らぎを得られるところ。用例 心のわが——。用例 わが——。③先祖代々住んでいる土地。native place ④古語 ㋐いわれのある土地。旧都。旧跡。用例 ——の明日香の川に潔身に行く(万葉・四・六二六)。㋑以前住んでいた土地。昔なじみの土地。用例 ——は花ぞ昔の香ににほひける(古今・春上)。

**ふる・し【古し】** 古語 (形ク) ↓ふるい(古い)

**プルシアン-ブルー[Prussian blue]**《プロシアの青、の意》紫がかった濃い青。フェロシアン化鉄を主成分とする顔料の色名。また、その色。ベルリンブルー。紺青。

**プルジェバリスキー[Nikolay Mikhaylovich Przhevalsky]**(一八三九〜八八) ロシアの地理学者・探検家。中央アジアの学術探検を行い、ロプノールの位置や黄河、揚子江の水源を探査。

**プルジェワリスキー-うま【プルジェワリスキー馬】** ↓プシバルスキーうま(プシバルスキー馬)

**フルシチョフ[Nikita Sergeyevich Khrushchev]**(一八九四〜一九七一) ソ連の政治家。ウクライナ共和国首相などをへて一九五三年共産党第一書記。五八年から首相を兼務。第二〇回党大会でスターリンを批判。完全軍縮提案を行うなど平和共存外交を積極的に推進した。六四年失脚。↓写

●フルシチョフ

**ブルジョア[bourgeois フランス]** ①中世ヨーロッパ都市の町人・市民。②貴族・僧侶に対する第三身分としての平民のうち、商工業者・地主など資産をもつ人。とくに商工業者。③資本家。近代資本主義のもとで資本・生産手段を私有する人。対義 プロレタリア。④有産者。金持ち。ブル。

**ブルジョア-かくめい【ブルジョア革命】** ↓しみんかくめい(市民革命)

**ブルジョアジー[bourgeoisie フランス]** 階級としてのブルジョア。マルクス以降は、有産者・資本家階級を表すことばになった。市民階級。資本家階級。有産階級。ブルジョア階級。対義 プロレタリアート。

**ふる-す【古巣】** ①もとの巣。old nest ②もといた所。住みなれた所。old home

**ふる・す【古す・旧す】**(五他)《他の動詞の連用形に付いて》古くする。用例 使い——。

**プルス[Puls ドイツ]** 脈搏。脈。

**フル-スピード[full speed]** 全速力。

**フル-セット[full set]** バレーボールやテニスなどで、双方の獲得したセットが同数になり、最終セットまで勝負がもちこまれること。

**プルゼニ[Plzeň]** チェコスロバキア西部、ラドブザムゼなど諸川の合流点にある重工業都市。ビール醸造は世界的に知られる。人口一七・六万(一九八五)。ピルゼン。

**ブルセラ-びょう【ブルセラ病】** ブルセラ菌によるウシ・ヒツジ・ブタの熱性伝染病。伝染性流産・睾丸炎を起こす。家畜法定伝染病。brucellosis

**ブルゾン[blouson フランス]** ジャンパー風の短い上着。腰部で上半身の布をたるませ、裾をベルトやゴムでしめるため、ふくらんでいるのが特徴。

**プルターク[Plutarch]** ↓プルタルコス

**プルターク-えいゆうでん【プルターク英雄伝】**《原題Bioi Parallēloi ギリシア》プルタルコス(プルターク)の作品。ギリシアとローマの偉人五〇人の伝記を、二人ずつ対比して著述。英雄伝、対比列伝とも。

**ブルターニュ[Bretagne]** フランス西部、ブルターニュ半島からなる地域。中心都市レンヌ。酪農・園芸農業・漁業など。北海岸は避暑・観光地が多い。人口二七〇・八万(一九八二)。

**ブルターニュ-はんとう【ブルターニュ半島】**(Bretagne) フランス北西部、大西洋に突出した半島。アルモリカン山地が中央を占め、海岸地方は漁業がさかん。

**フル-ターンキー[full turnkey]** ターンキー方式輸出のうち、関連する土木工事などもすべて請け負う形態。

**フル-タイム[full time]** 対義 パートタイム。①すべての時間。常時。用例 ——4WD。②一日の決められた就業時間の、全時間帯を働くこと。常勤で働くこと。

**ふるた-おりべ【古田織部】**(一五四三〜一六一五) 安土桃山時代の武将・茶人。美濃の人。千利休の高弟で、織部焼で知られる。織田信長・豊臣秀吉・徳川家康に仕え、諸大名に茶法を伝授。豊臣方への内通を疑われ、大坂の陣のあと切腹。

**ふる-だぬき【古狸】** ①年をとったタヌキ。②経験を積んだ悪賢い人。古狐。old fox

**ブルタバ-がわ【ブルタバ川】**(Vltava) オーストリア国境のシュマバ山地からチェコスロバキア西部を流れる川。長さ四三五km。ラベ(=エルベ)川の一支流。モルダウ川。

**プルタルコス[Plutarchos]**(四六ごろ〜一二〇ごろ) 古代ギリシアの著述家。名門の出でアリストテレス学派の哲学を信奉。『英雄伝』(『対比列伝』)は有名。『倫理論集(エチカ)』は随想的著作でモンテーニュ『随想録』の手本となった。プルターク。

**プルチ[Luigi Pulci]**(一四三二〜八四) イタリアの詩人。大著『モルガンテ』は『ローランの歌』を素材にして、諧謔と奇想にあふれた長編物語詩の世界を生みだしている。

**ブルック[Peter Brook]**(一九二五〜) イギリスの演出家。新演出のシェークスピア劇、現代劇舞台で注目される。パリに国際演劇実験センターを設立。著書『なにもない空間』など。

**ブルック[Rupert Brooke]**(一八八七〜一九一五) イギリスの詩人。詩集『一九一四年』は戦争詩の先駆。

**ブルックナー[Josef Anton Bruckner]**(一八二四〜九六) オーストリアの作曲家・オルガン奏者。後期ロマン派最大の交響曲作家の一人。交響曲、ミサ曲『テ-デウム』、オルガン曲など。

**ブルックリン[brooklyn]** ボウリングで、一番ピンと、その左側の二番ピンとの間をねらうボール。右投げから見て、ストライクポケットの逆、つまり裏に当たることから、ニューヨークの裏街の名が付いた。クロスオーバー。ジャージサイド。

**ブルックリン[Brooklyn]** アメリカ北東部、ニューヨーク市南部の住宅地。市の下町地区にあたり、大小工場が多い。人口二二三・一万(一九八〇)。

**ブルックリン-きょう【ブルックリン橋】**(Brooklyn Bridge) アメリカ、ニューヨーク市のイースト川にかかる道路橋。吊り橋で長さ一・八km。一八八三年完成。

**ふる-づけ【古漬(け)】** 長い間漬けこんだ漬け物。

**ふるっ-た【振るった】**(連体) 変わった。奇抜な。風変わりな。original; eccentric 用例 ——意見だ。

**ふるっ-て【奮って】**(副) ①さかんに。大いに。energetically ②進んで。はりきって。willingly 用例 ——ご参加ください。

**ブルッフ[Max Bruch]**(一八三八〜一九二〇) ドイツの作曲家・指揮者。豊かなハーモニーと対位法による大合唱曲が得意。合唱曲『美しいエレン』、『バイオリン協奏曲』など。

**ブルッヘ[Brugge]** ベルギー北西部、西フランドル州の州都。商工業・観光都市。鉄道・運河が交錯する交通の要地。人口一一・八万(一九八三)。ブリュージュ。

**ふる-つわもの【古兵・古強者】** ①老巧な武者。②経験を積み、技術・かけひきの巧みな人。年功者。ベテラン。veteran



↓行き先項目、図版・写真参照印。 JIS 日本工業規格情報交換用漢字符号コード(区点コード)。

**ふる-て【古手】** ①古着。used clothes ②古道具。used article ③長く一つの仕事に携わっている人。古顔。old-timer ④古くさい手段。old way

**プルテウス**[pluteus] ウニ・クモヒトデの浮遊性幼生の総称。倒立した三角形に画架を思わせるような数対の長い突起が出ている。

**ブル-テリア**[bull-terrier] イヌの一品種。ブルドッグとホワイトテリアの雑種。肩高四〇～五〇cm。短毛。愛玩犬・番犬用。イギリス原産。

**プルデンシャル**[Prudential Insurance Company of America] アメリカにある世界有数の保険会社。一八七三年創立。

**プルデンティウス**[Aurēlius Clemens Prūdentius](三四八～四一〇ごろ) ローマの詩人。スペイン生まれ。ラテン語で賛美歌などを書く。作品『魂の闘い』など。

**ふる-どうぐ【古道具】** 使い古した家具・調度や道具。used furniture; secondhand article

**ブルドーザー**[bulldozer] 前面に排土板をつけた土木作業用自動車。土の掘削、盛り土・整地・除雪など、広範囲に用いられる。

**ブルドッグ**[bulldog]《bull(雄ウシ)と闘わせたことに由来》イギリスで作出された愛玩犬。体高三〇～三五cm。唇が下顎の両側にたれる。口先がつまり、特異な風貌をもつ。

**プルトニウム**[plutonium]《冥王星Plutoにちなむ》超ウラン元素の一つ。元素記号Pu原子番号九四。質量数二四四。核反応によりつくられ、天然には存在しない。一五種ある同位体はすべて放射性。核燃料、核爆弾の材料。

**プルトニウム-ばくだん【プルトニウム爆弾】** プルトニウム二三九の核分裂連鎖反応を利用する原子爆弾。昭和二〇年(一九四五)八月九日、長崎に投下された。plutonium bomb

**ふるとね-がわ【古▽利根川】** 埼玉県東部を流れる川。利根川の旧本流で、羽生市から県東部を南流し、春日部市を経て中川となる。

**ふるどの【古殿】**〈町〉 福島県南東部、いわき市の西に接する町。江戸時代から松川葉で知られるタバコの産地。人口七九七五(一九八八)。

**フルトベングラー**[Wilhelm Furtwängler](一八八六～一九五四) ドイツの指揮者。解釈の深さ、重厚で雄大な演奏で今世紀最大の指揮者の一人。著書『音楽を語る』。

**ブルトマン**[Rudolf Karl Bultmann](一八八四～一九七六) ドイツの新約聖書学者。『新約聖書』の非神話化の提唱、福音書の様式史的研究で有名。主著『共観福音書伝承史』『イエス』。

**ふる-とり【▼隹】**《「鳥」「西」と区別する名》漢字を組み立てている部分の名。「舊(=旧)」の字の「隹」の意。「雄・集」などの「隹・隹」。

**ブルトン**[breton] つばの前または全体がまくれ上がった型の婦人帽子の総称。↓図

**ブルトン**[André Breton](一八九六～一九六六) フランスの詩人。シュールレアリスムの首唱者・理論家。作品『シュールレアリスム宣言』、小説『ナジャ』など。

●ブルトン

**ブルトン-しゅ【ブルトン種】** ウマの一品種。フランス、ブルターニュ半島原産。第二次大戦後日本にも輸入され、農用馬の改良に貢献。Breton

**ふるな【富▽楼▼那】**《Pūrṇa梵の音写》釈迦十大弟子の一人。雄弁家で説法第一と称せられた。プールナ。

**ふる-なじみ【古▼馴染み】** ①古くから親しくしていること・人。old acquaintance ②昔、親しくしていたこと・人。old friend

**フルニエ**[Alain-Fournier] ↓アラン=フルニエ

**フルニエ**[Pierre Fournier](一九〇六～一九八六) フランスのチェロ奏者。つややかな音色と気品高い演奏で「チェロのプリンス」とよばれた。

**フルネ**[Jean Fournet](一九一三～ ) フランスの指揮者。日本になじみ深い指揮者の一人。

**ブルネイ**[Brunei](Negara Brunei Darussalam) ボルネオ島北部の、スルタンが治める小王国。首都バンダルスリブガワン。旧イギリス保護領から一九八四年に独立。経済は採油とその輸出に依存する。面積五八〇〇km²。人口二四万(一九八六)。正称ブルネイ-ダルサラーム国。

**ブルネット**[brunette] ①黒みがかった茶色の髪の毛・目・皮膚。また、その女性。②色の浅黒い美女。

**ブルネレスキ**[Filippo Brunelleschi](一三七七～一四四六) イタリアのルネサンス建築の先駆者。フィレンツェ大聖堂のドーム建設が有名。

**ブルノ**[Brno] チェコスロバキア中部、モラビア地方にある工業都市。人口三七・九万(一九八三)。

**ブルノンビル**[August Bournonville](一八〇五～一八七九) デンマークの舞踊家。父アントニーとともにバレエの基礎を築く。

**フル-ハウス**[full house] トランプゲームのポーカーの役の一つ。五枚の手札にワンペアとスリーカードが同時にそろった組み合わせ。フォアカードには負けるが、フラッシュより強い。ツースリー。

**ふるはし-ひろのしん【古橋広▼之進】**(一九二八～ ) 元水泳選手。静岡県生まれ。日大卒。昭和二四年(一九四九)の全米選手権一五〇〇mで世界新記録を出すなど活躍。「フジヤマのトビウオ」といわれた。

**ふるはた-たねもと【古畑種基】**(一八九一～一九七五) 法医学者。三重県生まれ。東大卒。血液型、および法医学・犯罪学・人類遺伝学を研究。昭和三一年(一九五六)文化勲章受章。

**フルバック**[fullback] ラグビー・サッカーなどのフォーメーションで、最後尾に位置するプレーヤー。FB。

**プルピエ**[pourpier フランス] スベリヒユ科の熱帯産の一年草。観賞用。マツバボタンに近い。葉は円柱形。花は四～六弁。花色は豊富。葉は食用。

**プル-ヒッター**[pull hitter] 野球で、右打者なら左翼方向へ、左打者なら右翼方向へ、ほとんどの打球が飛ぶ傾向の打者。引っ張るバッター。

**ふる-びと【古人・▽旧人】** =ふるひと。①昔の人。故人。②年とった人。老人。③古くからいる人。古参。④昔なじみの人。昔なじみ。⑤古風な人。

**ふるびら【古平】**〈町〉 北海道西部、積丹半島北岸の町。漁業と観光の町で、海岸美と禅源寺の五百羅漢が有名。人口五五六一(一九八八)。

**ふる・びる【古びる・▽旧びる】**(上一自) 古くなる。grow old

**フルブライト**[James William Fulbright](一九〇五～ ) アメリカの政治家。民主党上院議員。学者・学生の国際交流を目的としたフルブライト計画の創始者。

**ぶる-ぶる**(副) ①恐怖・緊張・寒さなどで、ふるえわななくさま。tremble 用例 手が―ふるえる。②物が震動などでふるえ動くさま。tremble; shiver

**フル-ベース**《和製語》野球で、一・二・三塁のすべてに走者がいること。満塁。

**フルベッキ**[Guido Herman Fridolin Verbeck](一八三〇～一八九八) アメリカの宣教師。オランダ生まれ。改革派教会から派遣され安政六年(一八五九)長崎に渡来。洋学を教え、のち神奈川で布教。ドイツ医学採用をはじめ、教育・政治面で政府に進言。著書『日本宣教史』など。

**ブルペン**[bullpen]《もと牛を入れる柵のように見えたことから》野球場で、試合中に控えの投手が肩慣らしをする投球練習場。

**ふる-ぼ・ける【古▼惚ける・古▼呆ける】**(下一自) 古びて色あせ、汚なくなる。become antiquated

**ふる-ほど【降る程】**(連語) 非常にたくさん。用例 ―の縁談。

**ふる-ほん【古本】** =ふるぼん。①最初の所有者の手を離れた本。読み古した本。used book; secondhand book 対義 新本。②年月をへた資料的・趣味的・骨董的な書籍。old book

**ブルボン-おうちょう【ブルボン王朝】**(Les Bourbons フランス) 一六世紀末～一九世紀初めのフランスの王朝。一五八九年バロア朝の断絶後、アンリ四世が初めて即位。その後王権を強化し、ルイ一四世治下に最盛。フランス革命で中断したが、王政復古で復帰、一八三〇年の七月革命まで存続。ほかにスペイン(一七〇〇～一九三一年)、イタリア(一七三五～一八六〇年)にも同家系の王朝が存在。

**ふる-まい【振(る)舞い】** ①行動。behavior 用例 立ち居―。②もてなし。entertainment 用例 ―酒。③気前よく与えること。treat 用例 椀飯―。

**ふる-ま・う【振(る)舞う】**(五自他) ①(自)行動する。behave ②(他)㋐もてなす。entertain ㋑気前よく与える。treat

**フルマ-かもめ【フルマ▼鷗】** ミズナギドリ科のカモメに似た海鳥。全長約五〇cm。全身灰褐色。海岸の岩崖で集団繁殖する。主に外洋上を飛び回り、繁殖期以外は陸地に近寄らない。北半球に分布し、日本近海にも渡来。Pacific fulmar

**ブルム**[Léon Blum](一八七二～一九五〇) フランスの政治家。演劇批評を志したが、ドレフュス事件などを契機に社会党に入党。一九三六年人民戦線内閣首相。社会・労働面で進歩的改革に努めた。第二次大戦中はドイツに抑留。

**ブルメイステル**[Vladimir Bourmeister](一九〇四～一九七一) ソ連の振付師。劇的真実を追求するバレエの創造に努めた。振付け作品『白鳥の湖』など。

**ふる-めかし・い【古めかしい】**(形) 古風な感じがする。古くさい。old-looking 派生 ふるめかしげ(形動) ふるめかしさ(名)

**プルメリア**[Plumeria] キョウチクトウ科インドソケイ属植物の総称。落葉または常緑の高木または低木。観賞用に栽培されるが、樹液は有毒。花でレイを作る。熱帯アメリカ原産。インドソケイ。↓写

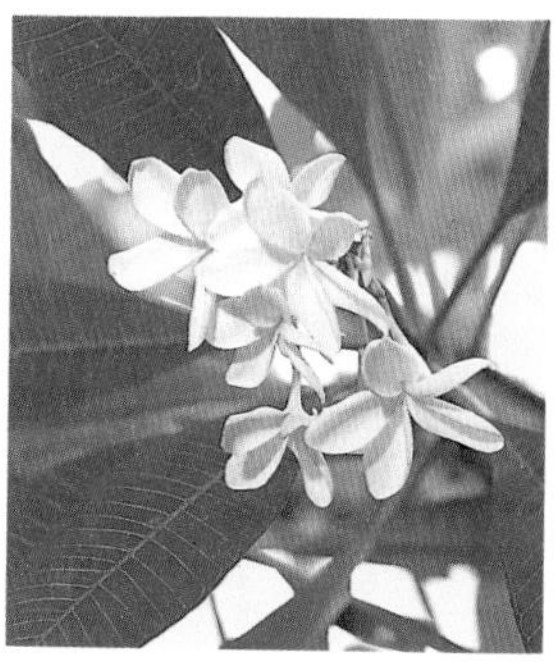
●プルメリア

**ふる-もの【古物】** 古くなった物。他人が一度使った物。古道具や古着。used article 用例 ―商。

**ふるもの-いち【古物市】** すでに使用している衣類・家具・食器などを持ち寄って売る市場。リサイクル運動の一つとしても注目される。

**ふるわ・す【震わす】**(五他) 震えるようにする。震わせる。shake

**ふるわ・せる【震わせる】**(下一他) 震わす。shake

**ブルンジ**[Burundi](Republic of Burundi) アフリカ中部、タンガニーカ湖に臨む内陸の国。首都ブジュンブラ。一九六二年ベルギーから王国として独立し、六六年共和国となる。コーヒーの生産と輸出が多い。面積二・八万km²。人口四八五万(一九八六)。正称ブルンジ共和国。

**フルンゼ**[Frunze] ソ連中南部、キルギス共和国の首都。一帯は工業の要地。一九二四年鉄道が開通して発展。人口六一・七万(一九八六)。

**ブルンチュリ**[Johann Kaspar Bluntschli](一八〇八～一八八一) ドイツの法学者・政治家。スイス生まれ。チューリヒ大教授。国法学・国際法・私法の分野で業績をあげた。著書『一般国法学』など。

**ブルンナー**[Heinrich Emil Brunner](一八八九～一九六六) スイスの神学者。チューリヒ大教授。弁証法神学の推進者の一人。著書『出会いとしての真理』など。

**フルンブイル【呼倫貝爾】**(Hūlún Buir) 中国、内モンゴル自治区の北東にある盟。首都はソ連国境近くのハイラル。ホロンバイル。

**ふれ【振れ】** ①振れること。shaking ②数値・位置・方向などの偏り。偏差。deflection

**ふれ【触れ・布▽令】**《「布令」は当て字》①広く告げ知らせること・もの。proclamation 用例 ―状。②役所の布告。official notice ③相撲で、呼び出し。

**ぶれ** ぶれること。とくに写真で、写すときにカメラが動いて、撮影したものがぼけること。out of focus 用例 手―。

**プレ**[pre](接頭) 以前。前。あらかじめ。

**フレア**[flare] ①洋裁で、スカートなどの裾が朝顔の花の形のように開くこと。用例 ―を付ける。②光学器械のレンズ・プリズム・鏡面がつくる正しい結像光線以外の光線が起こす現象。③太陽黒点に近い彩層のある領域が、突然短い期間(一〇分程度)輝く現象。デリンジャー現象や磁気あらしをひき起こす。太陽面爆発。↓太陽図

**ふれ-あい【触(れ)合い】** 互いにふれること。気持ちなどが互いに通じること。contact

**ふれ-あ・う【触(れ)合う】**(五自) ①互いにさわる。当たる。touch each other 用例 肩と肩とが―。②かかる。関係する。contact with ③互いに同じように感じる。sympathize 用例 心が―。

▼常用漢字表外。 ▽常用漢字表の音訓外。

**フレア-スカート**[flare skirt] 裾が朝顔形に広がったスカート。四枚はぎ・八枚はぎなどがある。↓図

●フレアスカート

**フレア-せい**【フレア星】 変光星の一種。低温の暗い赤色矮星で突然明るくなる。閃光星。flare star

**プレアデス**[Pleiades] →プレイアデス

**プレアデス-せいだん**【プレアデス星団】 おうし座にある代表的散開星団。和名は「すばる」。Pleiades cluster

**フレアー-ヒール**[flare heel] 婦人靴のかかとの一種。中間が細く、下部のほうが広がっている。パンタロンの流行にともなって現れた。

**ふ-れい**【不例】 ふつうでないこと。とくに貴人の病気をいう。不予。ごふれい。

**フレイ**[Frey] 北欧神話の豊作・平和・生殖の神。海神ニヨルドの子。女神フレイアと双生児とされ、また夫婦関係にあったともされる。スウェーデンで王朝の祖とされ、とくに崇拝された。

**ぶ-れい**【無礼】(名・形動) 礼儀にはずれること・さま。ぶしつけ。失礼。impoliteness 用例 —者。

**プレイ**[play] →プレー

**フレイア**[Freyja] 北欧神話の美と愛の女神。海神ニヨルドの娘でフレイとは双生児。神々の中でもっとも美しい。彼女はオーディンの妻フリッグ(古くはフリーア)と混同され、フリッグのかわりにオーディンの妻になったともされる。同系語である英語Friday(金曜日)は「フリッグの日」が原義だが、一般に「フレイアの日」ともされる。

**プレイアデス**[Plēiades ギリシア] ①ギリシア神話のアトラスの七人の娘。エレクトラ・マイア・タユゲテ・アルキオネ・ケライノ・メロペ・ステロペで、狩人オリオンに追われたので、ゼウスが星に変えた。②紀元前三世紀のアレクサンドリアの七人のすぐれた詩人たちの呼称。③→プレヤード

**ぶれい-こう**【無礼講】 地位・身分・礼儀などにこだわらないで、参加者全員が楽しみくつろぐ宴会・会合。free and easy party

**ブレイド**[blade] 刃。考古学では石刃のこと。

**ブレイド**[braid] 三つ編みに編んだ髪。丸めて髷にしたり、頭に巻いてリボン代わりにする。

**フレー**[hurray; hurrah](感) 競技などで、励ましたり、応援するときのかけ声。がんばれ。

**プレー**[play] =プレイ。①あそぶこと。あそび。②球技をすること。用例 イン—。③戯曲。演劇。④「プレーボール」の略。⑤録音・録画の再生。「プレーバック」の略。

**プレーイング-マネージャー**[playing manager] スポーツ競技で、選手と監督を兼任する人。

**プレー-オフ**[play-off] ①スポーツ競技などで、同点・同率の場合の延長戦・決定戦。ゴルフの延長戦など。②野球のアメリカ大リーグなどで、地区優勝チーム同士が戦ってリーグ優勝を決めるための優勝決定戦。

**ブレーカー**[breaker] 電流制限器の一つ。一定値以上の電流が流れると自動的に電流を切る装置。遮断器。

**プレー-ガイド**《和製語》催し物の切符の前売りや案内をする所。ticket agency

**ブレーキ**[brake] ①自動車・鉄道車両・クレーンなどの速度を落とし、停止させる装置。手動式・空気式・油圧式・電気式など。制動機。②《転じて》歯止めや妨げになるもの。用例 駅伝の第二走者が—となった。↓自動車図

**ブレーキを掛ける**(ブレーキをかける) ①ブレーキを働かせる。ブレーキをきかせる。put on the brakes ②物事の進行を抑制したり妨げる。put a stop to

**ブレーキー**[Art Blakey](一九一九〜) アメリカの黒人ジャズ-ドラム奏者。力強いドラムを演奏し、ファンキー-ジャズを世界的に広めた。

**フレーク**[flake] ①料理の材料を薄片にしたもの。②マグロ・カツオ・カニなどの缶詰を作る時、肉を取ったあとの削りくずの肉片。

**ブレーク**[William Blake](一七五七〜一八二七) イギリスの詩人・画家。ロマン派詩人の先駆。特異な象徴と神秘の詩の世界で知られる。詩画集『無垢の歌』『経験の歌』、散文集『天国と地獄の結婚』、『アメリカ』など「予言書」と総称される作品。彩色版画や水彩画などを残す。

**ブレーク-スルー**[break through] 科学技術上の研究や外交交渉などで、行き詰まった状態を打破すること。現状打破。進展。

**ブレーク-ダンス**[break dance] 一九八〇年代に入って、ニューヨークの黒人少年たちが街頭で始めたダンス。従来のダンスにとらわれない、自由でアクロバチックなもの。

**プレーグル**[Fritz Pregl](一八六九〜一九三〇) オーストリアの化学者。微量試料の取り扱い技術を開発し、有機微量分析法を確立。一九二三年ノーベル化学賞受賞。

**フレーザー**[George Sutherland Fraser](一九一五〜一九八〇) イギリスの詩人・批評家。詩集『故郷の哀歌』、講演集『現代作家とその世界』、自伝『異邦人と不安』など。

**フレーザー**[James George Frazer](一八五四〜一九四一) イギリスの人類学者・民俗学者。信仰習俗の広範な比較研究を行った。著書『金枝篇』一三巻など。

**プレー-さん**【プレー山】(Montagne Pelée) 西インド諸島南東部、小アンティル諸島のウインドワード諸島マルティニーク島の活火山。標高一三九七m。一九〇二年に大噴火。モン-ペレー。

**プレーしき-ふんか**【プレー式噴火】 粘性の大きい溶岩が溶岩円頂丘を造り、爆発的で熱雲を発生させる噴火。カリブ海のマルティニーク島のプレー山が代表例。Peléan eruption

**フレージング**[phrasing] 音楽の流れを有機的な意味内容をもつ自然なまとまり(フレーズ、楽句)に区切ること。

**フレーズ**[phrase] ①句。成句。熟語。用例 キャッチ—。②楽句。楽曲の自然なくぎり。ふつう、曲の速度により二・四・八小節からなる。

**プレース**[place] 置く、据える場所。

**プレース-キック**[placekick] サッカー・ラグビー・アメリカン-フットボールで、ボールを地面において、けること。キックオフ・ペナルティキックなどのときに行われる。

**プレース-ヒット**《和製語》野球で、ねらい打ちして野手の間を抜く安打。

**ブレード**[braid] テープや紐状の手芸材料。本来は帽子の材料だが、衣類・カーテンなどの飾りにも使用。各種繊維を組んだもの、編んだものなどがある。

**プレート**[plate] ①板。板金。用例 ネーム—。②皿。③電子管の陽極。④野球で、投手板および本塁に置くゴム製などの板。⑤地殻と上部マントルの一部からなる厚さ約一〇〇㎞の仮想的な板状の岩石層。地球表面は十数枚のプレートで構成される。用例 太平洋—。

**プレートガーダー-きょう**【プレートガーダー橋】 鋼板または形鋼をI形に組み合わせたプレートガーダーを主桁に用いた橋。plate girder bridge

**プレート-テクトニクス**[plate tectonics] マントルの対流により移動した海洋プレートは、大陸プレートとぶつかって、その下へもぐり込んで海溝を造る。海洋プレートの割れ目からはマントルがわき出して中央海嶺となるという考えに基づく地球科学の理論。一九六七年に誕生し、広く受け入れられる。大陸が地殻の上を船のように進むのではなく、地殻といっしょに移動すると考える点で、ウェーゲナーの大陸移動説と異なる。↓図

**プレート-でんりゅう**【プレート電流】 真空管の陽極に流れる電流。陽極電流。plate current

**フレーバー**[flavor] 香り。風味。バニラエッセンス・マツタケの香りなど。

**プレーバック**[playback] 録音や録画の再生。略してプレーということが多い。

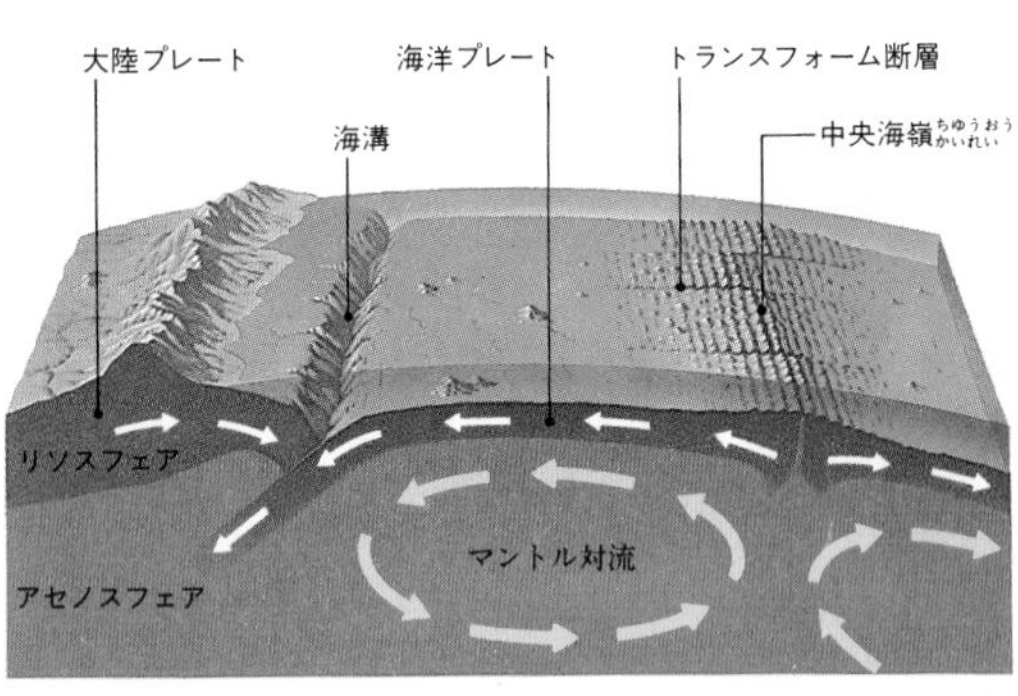



●プレートテクトニクス

**フレーブニコフ**[Velimir Khlebnikov](一八八五〜一九二二) ロシアの詩人。未来派を創始、「超意味言語」を提唱した。作品『笑いの呪文』『鶴』『ザンゲジ』など。

**フレーベル**[Friedrich Wilhelm August Fröbel](一七八二〜一八五二) ドイツの教育家。幼稚園の創始者。著書『人間の教育』。

**プレーボーイ**[playboy] 女遊びが好きな男。ladies' man

**プレー-ボール**[play ball] 球技で、試合開始の合図。

**フレーム**[frame] ①枠。縁。額縁。用例 めがねの—。②骨組み。構造。車体の枠組みなど。③木・鉄骨などで囲った温床または冷床。↓自転車図

**フレーム-アップ**[frame-up]《でっちあげる、罪に陥れる、の意》政治的反対者などを大衆から孤立させて弾圧・攻撃するために事件や犯人をつくりあげること。

**プレーム-チャンド**[Prem Chand](一八八〇〜一九三六) インドの小説家。ヒンディー語で創作、近代インドの因襲と理想社会を描き、ヒンディー文学の祖。長編『ゴーダーン(牛供養)』など。

**ブレーメン**[Bremen] 西ドイツ北部の港湾都市。同国有数の貿易港。ウェーザー川河口から六五㎞ほど上流に位置し、外港ブレーマーハーフェンをもつ。人口五二・九万(一九八五)。

**プレーヤー**[player] ①競技者。②演技者。演奏者。③「レコード-プレーヤー」の略。

**プレーリー**[prairie] ロッキー山脈の東側、アメリカからカナダの一部にかけて広がる大草原。土壌は肥沃な黒色土で、生産性の高い農業が行われる。綿花・トウモロコシ・大豆・小麦などを含む農牧業の中心地となっている。

**プレーリー-ドッグ**[prairie dog] 草原に穴を掘ってすむリス科の齧歯類。体長約三〇cm。鳴き声はイヌに似る。北アメリカに分布。↓写

●プレーリードッグ

**フレール-ジャック**[Les Frères-Jacques] フランスの男声シャンソン四重唱団。一九四四年結成。パントマイムとシャンソンを結びつける。

**ブレーン**[brain] ①頭。②頭脳。知力。③「ブレーン-トラスト」の略。

**ブレーン**[John Braine](一九二二〜一九八六) イギリスの小説家。一九五〇年代の「怒れる若者たち」の一人。作品『上流社会の席』(邦題『年上の女』)など。

**プレーン**[plain](形動) 単純なさま。飾らないさま。用例 —ヨーグルト。

**ブレーン-ストーミング**[brain storming] 多くの人が自由に創造的アイディアを述べ合い、つぎつぎに連想を促進・発展させていく、集団思考開発法。また、その会議形式をいう。

**ブレーン-トラスト**[brain trust] =ブレーン。①アメリカでニューディール政策を立案・実施させた専門顧問団の通称。②《転じて》自分の専門知識を生かして権力者に助言する補佐集団。専門委員会。顧問団。また、一般に「ブレーン」で、個人や団体への助言・相談役になる人。

**ブレオマイシン**[bleomycin] 抗腫瘍性の抗生物質。頭頸部癌・皮膚癌・扁平上皮癌にとくに効果がある。

**プレ-オリンピック**[Pre-Olympics] オリンピック開催国が、開催の前年に運営のリハーサルを兼ねて開く国際競技会の通称。プレ五輪。

**フレオン**[Freon]《商標名》弗化炭化水素。

フレオン一二(CHClF₂)など。化学的に安定な液体・気体で電気冷蔵庫の冷媒、エーロゾル噴霧剤に利用。オゾン層を破壊する原因物質として問題化。フロン。

**ふれ-がき【触(れ)書き・触書】** 告げ知らせる文書。御触れ。触れ文。proclamation

**フレキシブル【flexible】**(形動) ①しなやかなさま。②順応性のあるさま。

**フレキシブル-マニュファクチュアリング-システム【flexible manufacturing system】** ↓エフエムエス(FMS)

**プレキャスト-コンクリート【precast concrete】** 現場でただちに組み合わせ使用できるように、あらかじめ工場で成形したコンクリート部材。PC。↓写

●プレキャストコンクリート

**フレグランス【fragrance】** 香りを身につけるための化粧品の総称。香水・芳香性のせっけん・ボディーローション・ボディーパウダーなど。広くは室内香料なども含む。

**ふれ-こみ【触(れ)込み】** 前触れ。宣伝。触れ出し。announcement

**ブレザー【blazer】** スポーティーな背広型上着。胸と脇にパッチポケット、シングルで三つボタンが代表的。運動選手団や学生の制服としてよく用いられる。ブレザーコート。↓図

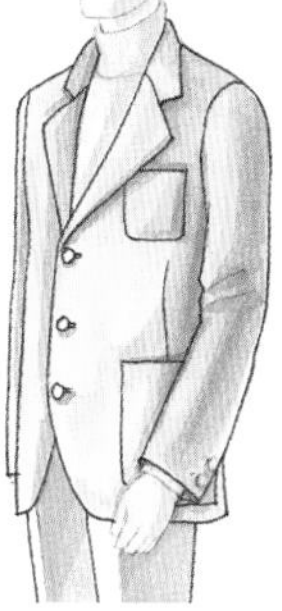

●ブレザー

**プレシオサウルス【plesiosaurus】** 首長竜の代表。ジュラ紀に栄えた海生の絶滅爬虫類。全長三～五m。首が非常に長くて頭が小さく、四肢は櫂状。↓恐竜図

**プレシオジテ【préciosité フランス】** 一七世紀半ばのフランスのサロンではやった社交上の風潮。男女の交際とことばづかいに、必要以上の礼節と洗練さが求められた。

**プレジデント【president】** ①大統領。②総裁。③会長。社長。学長。

**ブレジネフ【Leonid Ilich Brezhnev】**(一九〇六～八二) ソ連の政治家。一九六〇～六四年ソビエト最高会議幹部会議長。六四年フルシチョフを退陣させ党第一書記。六六年から死去するまで書記長。七七年からは最高会議幹部会議長を兼務。↓写

●ブレジネフ

**フレジュス-トンネル【Tunnel de Fréjus フランス】** アルプス山脈のモンスニ峠西方を貫く、国際高速自動車道路トンネル。フランスのモダーヌとイタリアのバルドネッキアを結ぶ。長さ約一二・九km。一九八〇年開通。

**ふれ-じょう【触(れ)状】** 告げ知らせる書状。

**プレス【press】** ㊀(名) ①外力を加えて、板金に孔または模様を打ち出したり、切断や塑性変形で種々の形状を作り出す機械。また、その加工作業。②圧搾して液汁をしぼる機械。③印刷物・出版物。新聞。新聞社。㊁(名・サ変他) ①押しつけること。②アイロンなどで、しわをのばすこと。プレッシング。

**プレス-かこう【プレス加工】** プレスを用いた金属板加工。剪断・曲げ・絞り・形付けなど。press working

**プレス-カメラ【press camera】** 新聞社などで使用された手持ち式の大型カメラ。スピードグラフィック(通称スピグラ)などが有名。

**プレス-キャンペーン【press campaign】** 新聞が特定の社会・政治問題を積極的にとりあげ、批判・主張を展開して世論をもりあげる組織的活動。

**フレスコ【fresco イタリア】**《新鮮な、の意》生乾きのしっくいの壁面に水絵の具で描く壁画技法およびその作品。壁が乾くと、絵の具はしっくいの石灰分と結合し、色彩が堅牢に保たれるのが特徴。イタリアで一三〇〇年ごろ開発され一六世紀までが全盛期。油絵に押され衰退。ミケランジェロによるバチカンのシスティナ礼拝堂の壁画は有名。

**プレス-コード【press code】** 連合国総司令部(＝GHQ)から出された「日本に与える新聞遵則」の通称。昭和二〇年(一九四五)制定。同二七年(一九五二)失効。

**プレスコット【William Prescott】**(一七九六～一八五九) アメリカの歴史家。文学的描写による生彩ある歴史記述を残した。著書『メキシコ征服史』など。

**フレスコバルディ【Girolamo Frescobaldi】**(一五八三～一六四三) イタリアの作曲家・オルガン奏者。初期バロック－オルガン音楽の巨匠。トッカータなどの器楽曲を多く作曲。

**プレス-センター【press center】** ①新聞社または各報道機関の記者のための集会場。②政治・経済の中心地で、新聞社などが集中している都市の一地域。

**プレスター-ジョン【Prester John】**《聖職者ジョン、の意》中世ヨーロッパで、東方に強大なキリスト教国家を築いた聖王として流布された伝説上の人物。

**ブレスト【breast】** ①人体の胸部。また、胸回り。チェスト・バストとほぼ同義。②衣服の胸部をおおう部分。衣服の打ち合わせ。③靴のヒールの前側面。④《breast strokeの略》平泳ぎ。

**ブレスト【Brest】** ソ連西部、白ロシア(＝ベロルシア)共和国南西部の都市。ポーランド国境に近い鉄道の要地。食品・木材工業が発達。人口二三万(八九)。旧称ブレスト－リトフスク。

**プレスト【presto イタリア】** ①音楽で、もっとも急速に、の意。②手品師のかけ声。

**ブレスト-リトフスク-じょうやく【ブレスト－リトフスク条約】** 第一次大戦末期の一九一八年三月、ロシアがドイツおよびその同盟国と結んだ講和条約。ロシアはポーランドやバルト三国などの主権を放棄したが、同年一一月ドイツ革命が起こると、これを破棄。treaties of Brest-Litovsk

**プレストレスト-コンクリート【prestressed concrete】** 高強度の鋼材などを用いて圧縮力を与え、引っ張る力に耐えられるようにしたコンクリート。鉄筋コンクリートより軽く、長い橋桁などをつくるのに利用。PCコンクリート。PC。

**プレス-ハム**《pressed hamから》豚肉などの肉片をいくつも合わせ、押し固めてつくったハム。

**プレスブルク【Pressburg】** ↓ブラティスラバ

**ブレスラウ【Breslau】** ブロツラフのドイツ語名。

**プレスリー【Elvis Presley】**(一九三五～七七) アメリカのロック歌手。ロックンロール流行の発火点となり、世界的人気を得る。ヒット曲『ハートブレイク－ホテル』など。

**ブレスレット【bracelet】** 手首や腕につける輪。腕輪。古来、魔よけとして用いたが、中世よりしだいに装身具に変わった。

**ブレゼ【braiser フランス】** フランス料理で、肉・魚・野菜などの材料に少量の煮汁を加え、なべにふたをして煮込むこと。蒸し煮。

**プレゼンテーション【presentation】** ①贈呈。②広告会社が広告主に対し広告アイディアや広告キャンペーンの企画書を提出すること。また、その材料。

**プレゼント【present】**(名・サ変他) 物を贈ること。贈り物。

**ブレダ【Breda】** オランダ南部、北ブラバント州西部の工業都市。一六世紀に要塞化され、イギリスとの間の「ブレダの和約」など、国際政治の舞台となった。人口一五・五万(八六)。

**ふれ-だいこ【触(れ)太鼓】** ①できごとなどを広く知らせる目的で打つ太鼓。drum ②大相撲で、興行の初日の取組を市中に触れ歩く太鼓。初日の前日、呼び出しが数組に分かれ相撲場から出発する。↓写

●触れ太鼓②

**ふれ-だし【触(れ)出し】** ↓ふれこみ(触れ込み)

**プレタ-ポルテ【prêt-à-porter フランス】** 婦人服で、主として一点物の高級既製服。

**フレックスタイム【flextime】** 労働者が勤務の時間帯を比較的自由に設定できる勤務形態。一九六七年、西ドイツで労働力不足や勤務不良対策として最初に実施された。自由勤務時間制。可変的労働時間制。参照コアタイム。

**プレッシャー【pressure】** 圧力。圧迫。重圧感。それによる緊張。用例―がかかる。

**プレッシャー-グループ【pressure group】** ↓あつりょくだんたい(圧力団体)

**フレッシュ【fresh】**(形動) 新鮮であるさま。新しい。

**フレッシュ-マン【freshman】** 新人。とくに、新入生や新入社員。

**プレッシング【pressing】**(名・サ変他) アイロン・こてで、衣類・布地を仕上げること。プレス。

**ブレッソン【Robert Bresson】**(一九〇七～) フランスの映画監督。作品『田舎司祭の日記』『抵抗』『すり』など。

**フレッチャー【John Fletcher】**(一五七九～一六二五) イギリスの劇作家。ボーモントと合作の悲喜劇『フィラスター』などで有名。

**フレッチャー【John Gould Fletcher】**(一八八六～一九五〇) アメリカの詩人。イマジズムから神秘的・伝統的詩風に傾斜。詩集『光明』『黒い岩』など。

**ぶれつ-てんのう【武烈天皇】** 記紀で第二五代天皇。名は小泊瀬稚鷦鷯尊。仁賢天皇の皇子。『日本書紀』には残虐な暴君として描かれている。

**フレット【fret】** 弦楽器の指板につけられた、木や金属製の細長い棒状の突起。ギター・バラライカなどに用いられる。

**プレッピー-ルック【preppy look】** アメリカの、東部名門高校(プレッピースクール)の生徒の服装。伝統的な服装でアイビールックに似ている。ポロシャツ、紺のブレザーなど。

**プレトリア【Pretoria】** 南アフリカ共和国北東部トランスバール州にある、同国の首都。海抜一四〇〇mの内陸高原にある。アフリカ南部における白人文化の中心で、商工業も発達。人口五二・八万(八〇)。

**プレトリウス【Michael Praetorius】**(一五七一～一六二一) ドイツの作曲家・音楽理論家。バロック初期ドイツの伝統とイタリアの諸要素を融合。最古の音楽百科事典『音楽大全』三巻を著す。作品はミサ曲集など。

**ブレトン-ウッズ【Bretton Woods】** アメリカ、ニューハンプシャー州にある保養地。一九四四年、連合国が国際通貨金融について協定を結んだことで知られる。

**ブレトンウッズ-きょうてい【ブレトンウッズ協定】**(Bretton Woods Agreements) 一九四四年、アメリカのブレトンウッズで開かれた連合国通貨金融会議で締結された協定。国際通貨基金(IMF)と世界銀行(IBRD)設立を決定し、新しい国際通貨体制(＝ブレトンウッズ体制)を築いた。

**ブレニム-きゅう【ブレニム宮】** イギリスのオックスフォード郊外にあるマールバラ公ジョン＝チャーチルの大邸宅。バンブルーの設計で一七〇五～二五年に建造。英バロック建築の代表作。Blenheim Palace

**フレネル-レンズ【Fresnel's lens】** 凸レンズの一方の面を多くの輪状に分け、各輪の面を傾斜を保ったまま平行移動して平板状にしたもの。回折現象を利用したもので、灯台用として開発された。

**プレハーノフ【Georgy Valentinovich Plekhanov】**(一八五六～一九一八) ロシアの革命思想家。ナロードニキに参加。のちマルクス主義を学んだ。社会民主労働党結成に関与。第一次革命ではメンシェビキ右派の立場をとった。文芸

批評にも活躍。主著『社会主義と政治闘争』『史的一元論』『芸術論』など。

**プレパックト-コンクリート**【prepacked concrete】 あらかじめ粗骨材を型枠内に詰め、特殊なモルタルを注入し、充塡してつくるコンクリート。

**プレハブ-じゅうたく**【プレハブ住宅】《「プレハブ」は、事前につくる、の意》おもに工場で生産された部材を現地で組み立てて建てる量産住宅。プレハブ。prefab; prefabricated house

**プレパラート**【Präparat ドイ】 光学顕微鏡による観察のため、生物組織などの薄片をガラス板に固定し染色した標本。

**プレビッシュ**【Raúl Prebisch】（一九〇一〜八六） アルゼンチンの経済学者。国連貿易開発会議（UNCTAD）初代事務局長。「プレビッシュ報告」で南北問題の積極的解決策を提案。

**プレビッシュ-ほうこく**【プレビッシュ報告】 一九六四年、国連貿易開発会議（UNCTAD）第一回会議に同事務局長プレビッシュが提出した報告書。開発途上国に対して先進国がとるべき方策を提言した。Prebisch Report

**ブレヒト**【Bertolt Brecht】（一八九八〜一九五六） ドイツの劇作家・詩人。革新的な二〇世紀ドイツ劇壇の代表者。「叙事演劇」を提唱し新機軸を打ち出した。戯曲『夜打つ太鼓』『三文オペラ』『肝っ玉おっ母と子供たち』、詩集『家庭用説教集』など。

**プレビン**【André Previn】（一九二九〜） アメリカのピアニスト・作曲家・指揮者。映画音楽から出発、のちクラシック界で活躍。

**プレブス**【plebs ラテ】 古代ローマの平民身分。貴族（パトリキ）と参政権その他の点で差別されていたが、身分闘争の結果、官職への道が開け、紀元前三世紀ごろには貴族と同じ権利を獲得。

**ふれ-ぶみ**【触（れ）文】 ↓ふれがき（触れ書き）

**プレベール**【Jacques Prévert】（一九〇〇〜七七） フランスの詩人・シナリオライター。詩集『言葉』、シナリオ『天井桟敷の人々』など。

**プレボー**【Antoine François Prévost】（一六九七〜一七六三） フランスの小説家。通称アベ=プレボー。情熱的恋愛小説『マノン=レスコー』が有名。

**プレボー**【Jean Prévost】（一九〇一〜四四） フランスの小説家・批評家。小説『ブーカン兄弟』、評論『モンテーニュの生涯』など。

**プレボー**【Marcel Prévost】（一八六二〜一九四一） フランスの小説家。作品『女の手紙』『半処女』など。

**ふれ-まわ・る**【触（れ）回る】（五自） ①知らせを告げて歩く。cry about ②吹聴して歩く。broadcast

**プレミア**《和製語》↓プレミアム

**プレミア-ショー**《フランス語のpremierと、英語のshowから》映画や芝居の披露興行。有料試写会。

**プレミアム**【premium】 ①割り増し金・手数料・権利金など。プレミア。②株式や債券などの発行価格や時価が額面金額を上回るときの超過差額。額面超過金。打ち歩。③商品の販売を促進するためにつける景品。④保険料。

**プレミアム-キャンペーン**【premium campaign】 景品の魅力で消費者の購買欲を刺激する販売促進策。

**フレミング**【Alexander Fleming】（一八八一〜一九五五） イギリスの細菌学者。抗菌性の酵素リゾチームを発見。アオカビからペニシリンを抽出。一九四五年ノーベル生理学医学賞受賞。

**フレミング**【Ian Fleming】（一九〇八〜六四） イギリスのスパイ小説家。ジェームズ=ボンドが活躍する「007」シリーズで人気を博した。

**フレミング**【John Ambrose Fleming】（一八四九〜一九四五） イギリスの電気学者。二極真空管を発明。フレミングの法則を考案。

**フレミング**【Paul Fleming】（一六〇九〜四〇） ドイツ・バロック期の叙情詩人。詩集『ドイツ語詩集』など。

**フレミング**【Walter Flemming】（一八四三〜一九〇五） ドイツの細胞学者。細胞の核分裂過程を研究。染色体の縦裂を発見し、遺伝との関連を示唆。

**フレミング-の-ほうそく**【フレミングの法則】 電気と磁気との相互作用の向きをわかりやすく記憶するための法則。電流が磁場の中で受ける力の向きを、左手を用いて表す方法を「左手の法則」、導体が磁場を横切るとき、導体に生じる起電力の向きを右手を用いて表す方法を「右手の法則」という。Fleming's rule ↓図

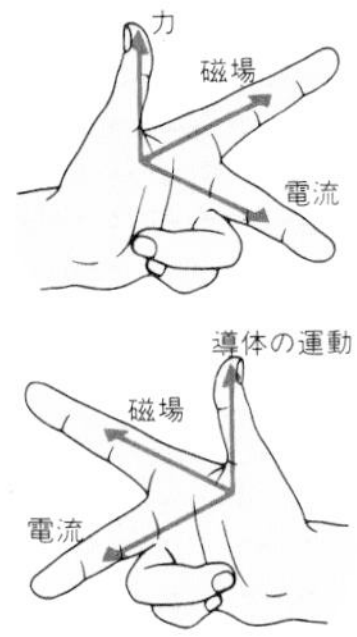


●フレミングの法則　左手の法則　右手の法則

**プレミンジャー**【Otto Preminger】（一九〇六〜八六） アメリカの映画監督。オーストリア生まれ。作品『黄金の腕』『栄光への脱出』など。

**プレヤード**【Pléiade フラ】 フランス一六世紀のルネサンス期に文芸、とくに詩の革新をめざしたグループの名称。ロンサールが代表者。

**プレリュード**【prelude】 前奏曲。序曲。

**ふ・れる**【狂れる】（下一自） 気が変になる。くるう。go mad 用例 気が——。

**ふ・れる**【振れる】（下一自） ①ゆれ動く。shake 用例 磁石が西に——。②一方に偏る。lean 用例 進路がやや右に——。

**ふ・れる**【触れる】（下一自他） ①（自）㋐さわる。touch 用例 手が——。㋑感じる。feel 用例 目に——。㋒いい及ぶ。refer to 用例 一言——。㋓出会う。かかわる。have an occasion to 用例 おりに——・れて。㋔そむく。さしさわる。violate 用例 法に——。怒りに——。㋕接する。experience 用例 よい芸術に——。②（他）㋐さわる。touch 用例 手を——。㋑広く知らせる。いいふらす。cry about 用例 悪い噂を——・れ歩く。

**触れなば落ちん風情**（ふれなばおちんふぜい） 誘いをかければ、すぐにでも応じてきそうに見える女のようす。

**ぶ・れる**（下一自） ①あるべき位置からそれる。deviate ②考えが正常でなくなる。狂う。go wrong ③写真で、シャッターをおす瞬間にカメラが動く。blur

**ブレル**【Jacques Brel】（一九二九〜七八） シャンソン歌手・作詞家・作曲家。ベルギー生まれ。誠実な作風と力強い唱法で成功。作品『行かないで』など。

**プレローグ**【Vladimir Prelog】（一九〇六〜） スイスの化学者。酵素反応を利用した天然有機化合物を立体化学的に研究。一九七五年ノーベル化学賞受賞。

**ふ-れんぞく**【不連続】 関数$f(x)$が$x=a$で連続でないとき、$f(x)$は$x=a$で不連続であるという。discontinuous

**ふれんぞく-せん**【不連続線】 不連続面と地表面が交わる境界。前線など。line of discontinuity

**ふれんぞく-めん**【不連続面】 気温や湿度および風向などの気象要素が、大気中の二つの気団の接触面を境にして急に変わっているところ。plane of discontinuity

**ブレンターノ**【Clemens Brentano】（一七七八〜一八四二） ドイツ後期ロマン派の叙情詩人・小説家。民謡集『少年の魔法の角笛』をアルニムと共編。小説『ゴドウィ』、童話『ゴッケル、ヒンケル、ガッケライア』など。

**ブレンターノ**【Franz Brentano】（一八三八〜一九一七） ドイツの哲学者・心理学者。心的現象を記述する記述的心理学を創始、それを哲学の基礎としてフッサールらに影響を与えた。著書『経験的立場からの心理学』など。

**ブレンターノ**【Lujo Brentano】（一八四四〜一九三一） ドイツの経済学者。社会政策学会に属し、労働組合運動や労働保険制度などに理論的な貢献をした。著書『農政学原論』など。

**フレンチ**【French】 ①フランス語。②フランス人。③フランス風の。④「フレンチスリーブ」の略。

**フレンチ-インディアン-せんそう**【フレンチ-インディアン戦争】 一七五四〜六三年、七年戦争の一環をなす北アメリカでの英仏間の戦争。フランスはインディアン諸部族と同盟して戦ったが、カナダを占領され敗北。French-Indian war

**フレンチ-カンカン**【French cancan】 ↓カンカン

**フレンチ-スリーブ**【French sleeve】 袖型の一つ。袖付け線がなく、身ごろから裁ち出した袖。↓図

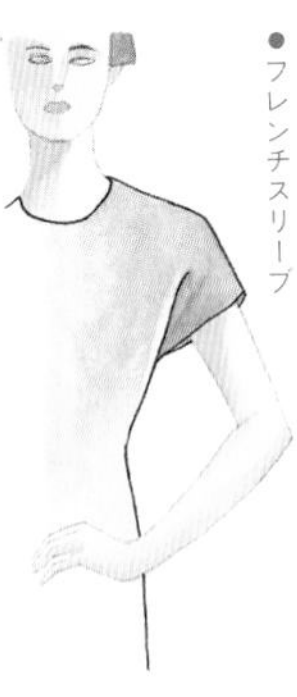

●フレンチスリーブ

**フレンチ-トースト**【French toast】 薄切りの食パンを、牛乳と卵を合わせたものに浸し、バターを引いたフライパンで焼いたもの。

**フレンチ-ドレッシング**【French dressing】 野菜サラダ用の基本的なドレッシングソース。サラダ油に食酢・調味料・香辛料を加えたもの。フランス語ではビネグレットソース。

**フレンチノット-ステッチ**【French knot stitch】 刺繡の刺し方の一つ。糸の結び目で点を表し、多数用いて面刺しすることもある。

**フレンチ-ヒール**【French heel】 婦人靴のかかとの一種。つけ根が太く先のほうが細く、高さが六cm以上のもの。ヒールの外側と土ふまずに続くところが、大きくカーブしている。

**フレンチ-ホルン**【French horn】 ↓ホルン

**フレンチ-マリーゴールド**【French marigold】 キク科の一年草。草丈は約三〇cm。葉は羽裂し、花径は二・五cm。花色は橙・黄色。五月から一〇月まで開花。花壇・鉢植え。クジャクソウ。

**フレンド**【friend】 友だち。友人。用例 ペン——。

**ブレンド**【blend】（名・サ変他） 異なる種類のものをまぜ合わせること。また、まぜ合わせたもの。用例 酒を——する。——コーヒー。

**フレンドシップ**【friendship】 ①友情。②友好関係。

**フレンドは-きょうかい**【フレンド派教会】 クエーカーの正称。

**ブレンナー-とうげ**【ブレンナー峠】（Brenner Pass） オーストリアとイタリア国境のアルプス山脈の峠。標高一三七一m。古来、アルプス越えの重要な交通路。ブレンネル峠。

**ふ-ろ**【風・呂】 ①湯船。浴槽。また、そこに入れられた湯。bath ②湯殿。浴室。bathroom ③銭湯。共同浴場。public bath 参考 蒸気浴と浴湯に分けられるが、近世初めにそれが折衷され、しだいに湯につかる形式が多くなった。

**風呂を立てる**（ふろをたてる） 風呂を沸かす。get a bath ready

**ふ-ろ**【風炉】 茶の湯で、持ち運びのできる丸い炉。↓茶道具図

**プロ** ①「プログラム」の略。②「プロダクション」の略。③「プロフェッショナル」の略。④「プロパガンダ」の略。⑤「プロレタリア」の略。用例 アジ——。⑥↓プロマイド

**フロア**【floor】 ①ゆか。②階。

**フロア-スタンド**《和製語》床の上に立てて使用する電気スタンド。必要に応じて移動でき、装飾的アクセントにもなる。スタンダードランプ。floor lamp

**フロイス**【Luis Frois】（一五三二〜九七） ポルトガル出身のイエズス会司祭。永禄六年（一五六三）来日。肥前・京畿地方で布教活動、本国に送った四十余通の日本通信で名高い。長崎で死去。編著書『日本史』。

**プロイセン**【Preußen ドイ】 ドイツ北東部、ビスワ川下流、バルト海沿岸のかつての地域名。元来、スラブ系のプロイセン人の居住地域であったが一三世紀にドイツ騎士団が統治し、一六世紀にはプロイセン公国を称した。一六一八年以後はブランデンブルク選帝侯の同君連合下に入り、一七〇一年プロイセン王国が成立。第二次大戦後はソ連・ポーランドに分割併合され、その名も消滅した。プロシア。

**プロイセン-おうこく**【プロイセン王国】 ドイツ北東部の王国。一七〇一年ブランデンブルクを中心に成立。一八世紀後半フリードリヒ二世が絶対主義体制を確立してオーストリアと並ぶ強国となり、ドイツ統一の中心となった。ウィルヘルム一世治下の一八七一年、ビスマルクの努力でドイツ帝国が成立し、その中核となったが、一九一八年の革命で崩壊。Prussian states

**フロイト**【Sigmund Freud】（一八五六〜一九三九） オーストリアの心理学者・精神医学者。自由連想法による精神分析療法を創始し、病理学の分野ではヒステリーや神経症の研究から心的防衛機制を解明した。著書『精神分析入門』で無意識の心理学としての精神分析理論を確立。さらに、精神構造論、力動論、治療論を展開し、今日の精神分析各派の礎をつくった。著書は他に『夢判断』など。

**プロイトス**【Proitos】 ギリシア神話のアクリシウスの双生の弟。王位継承争いで兄に王位をゆずり、ティリンスの王となる。

**ブロイヤー**[Marcel Breuer](一九〇二〜八一) アメリカの建築家・家具デザイナー。ハンガリー出身。機能主義を代表する。金属パイプ椅子$^{いす}$など。パリのユネスコ本部の設計など。

**ブロイラー**[broiler] ①肉をあぶり焼きにする調理器具。②食肉用にふとらせた若鶏。六〜八週で一・二〜一・八kgとなり、市場に出される。鶏肉生産の主流。

**ブロイラー**[Paul Eugen Bleuler](一八五七〜一九三九) スイスの精神医学者。チューリヒ大教授。精神分裂病という病名を提唱した。フロイトの精神分析学をいち早く応用し、精神医学分野で多くの業績を残した。

**ふ-ろう**【不老】 年をとらないこと。eternal youth

**ふ-ろう**【不労】 労働しないこと。

**ふ-ろう**【父老】 ①村や集落のおもだった年寄り。長老。②男の老人。

**ふ-ろう**【浮浪】(名・サ変自) ①さすらい歩くこと。一定の住所・職業がなく、うろつき回ること。vagrancy 用例 —者。②律令$^{りつりょう}$制下、本籍地を離れて流浪した者。移住した地で課役$^{かえき}$を出した点で逃亡と区別された。

**ふろう-しょとく**【不労所得】 生産的な仕事をせずに得られる所得。地代・利息・宝くじ賞金など。unearned income 対義 勤労所得。

**ふろう-ちょうじゅ**【不老長寿】 いつまでも、年をとらないで長生きをすること。perpetual youth and longevity

**ふろう-ふし**【不老不死】 年もとらず、死にもしないこと。immortality

**フロー**[flow]《流れる、の意》国民所得や投資などのように一定期間に生みだされ、経済主体の間を流動する経済量。対義 ストック。

**ブロー**[blow]《吹きつける、の意》カットした髪に表情を与えるために熱風を吹きつけてセットする方法。ヘアブロー。

**ブローカ**[Paul Broca](一八二四〜八〇) フランスの外科医・人類学者。大脳にある言語中枢であるブローカ言語野の発見者。

**ブローカー**[broker] 仲買人。周旋屋。

**ブローク**[Aleksandr Aleksandrovich Blok](一八八〇〜一九二一) ロシア象徴主義を代表する詩人・劇作家。新しい詩の領域を開拓し、二〇世紀ロシア詩に影響を与えた。詩集『美しい婦人をうたう詩』『雪の仮面』、叙事詩『報復』『十二』、戯曲『見世物小屋』『運命の歌』など。

**ブロークン**[broken](形動)《破れた・こわれた、の意》文法にはずれた、不完全な。規則はずれの。用例 —イングリッシュ。

**ブロークン-ヒル**[Broken Hill] オーストラリア南東部、ニューサウスウェールズ州西部の鉱山都市。世界的な銀・鉛・亜鉛の産地。半乾燥地域。人口二・八万(一九八一)。

**フロー-シート**[flow sheet] →フローチャート

**プロージット**[Prosit ドイ](感)《健康を祝す、また、おめでとう、の意》乾杯のときにいうことば。

**プローズ**[prose] 散文。

**ブローチ**[brooch] 裏側に留め具のついた装身具。胸元・襟元などに留める。

**ブローチ-ばん**【ブローチ盤】 工作機械の一つ。複雑な形状の穴や溝などを精密に仕上げる。矢通し機械。broaching machine

**フロー-チャート**[flow chart] 組織・機構内の仕事の流れやコンピューターの情報処理の各段階などを記号化し図示したもの。流れ線図。流れ図。フローシート。

**ブローティガン**[Richard Brautigan](一九三五〜八四) アメリカの小説家・詩人。小説『アメリカの鱒$^{ます}$釣り』『バビロンを夢見て』など。

**フロート**[float] ①水上飛行機の着水用の浮き舟。②浮き。③アイスクリームを浮かせた飲み物。用例 コーヒー—。

**ブロート**[Max Brod](一八八四〜一九六八) プラハ生まれのユダヤ系ドイツ語作家。友人カフカの遺稿を整理、出版した。著書『カフカ伝』など。

**ブロード**[broad] ①幅広いこと。②「ブロードクロス」の略。

**ブロードウェー**[Broadway] アメリカ、ニューヨーク市のマンハッタン地区中央部を南北に縦断する繁華な大通り。劇場街として有名。

**ブロードウェー-えんげき**【ブロードウェー演劇】 ニューヨークのブロードウェーのタイムズスクエア付近に立ち並ぶ商業劇場で上演される演劇。アメリカ演劇史上、数々の名優・名舞台を生んだ。

**ブロードキャスティング**[broadcasting] 放送。

**ブロードクロス**[broadcloth] =ブロード。①綿織物の一種。地合いが密で光沢のあるポプリンで、柔らかい高級な平織りの織物。②毛織物の一種。上質の梳毛$^{そもう}$・紡毛糸使用の薄地の平織りの織物。

**ブロード-ピーク**[Broad Peak] 中央アジア南部、カラコルム山脈中部の高峰。標高八〇四七m。ファルチャンカンリ。

**ブローニー-ばん**【ブローニー判】《アメリカのイーストマンコダック社のカメラの名から》写真の画面サイズで六×九cmのもの。Brownie size

**ブローニング**[Browning]《発明者の名から》自動式ピストルの一種。

**ブローニング**[John Moses Browning](一八五五〜一九二六) アメリカの銃砲技術者。二五歳で新式単発銃を発明。以後、連発銃・自動拳銃$^{けんじゅう}$・機関銃の発明改良を行い「自動火器の父」といわれる。とくに一二・七mm機関銃は有名。

**フローニンゲン**[Groningen] オランダ北部の商工業都市。同名州の州都で、北部の文化の中心地。人口一六・八万(一九八六)。

**フローベール**[Flaubert] →フロベール

**フローベルガー**[Johann Jakob Froberger](一六一六〜六七) ドイツの作曲家。鍵盤$^{けんばん}$音楽による組曲形式の確立・発展に貢献。作品『組曲』など。

**プローム**[Prome] ビルマ中部、イラワジ川中流域の都市。鉄道・河川交通の要地。人口四万(一九八三)。

**フローラ**[Flōra ラテン] イタリアの花と豊穣$^{ほうじょう}$の女神。花の咲く草木を守る。古代ローマにおける四月の女神の祭りで行われた、戯曲の競演が有名。

**フローリ**[Paul John Flory](一九一〇〜八五) アメリカの化学者。高分子の物理化学面での理論および実験に業績。一九七四年ノーベル化学賞受賞。

**フローリー**[Howard Walter Florey](一八九八〜一九六八) イギリスの病理学者。ペニシリンの作用機序などの研究業績で、一九四五年ノーベル生理学医学賞受賞。

**フローリスト**[florist] 花屋。

**フローリング**[flooring] ①板張りの床。②板張り用の床材の総称。フロアリング。

**フローレンス**[Florence] →フィレンツェ

**フローレンス-ういきょう**【フローレンス▼茴香】 セリ科の多年草。ウイキョウより小形。根出葉の葉柄基部を肥大させて生食。果実は香味料。南ヨーロッパ原産。アマウイキョウ。イタリアウイキョウ。フローレンスフェンネル。Florence fennel

**ふろ-がま**【風▼呂▼釜】 風呂の湯を沸かすための釜。内釜式と外釜式があるが、今日では外釜式が主流。bath heater

**プロキオン**[Procyon]《ギリシア語で「犬の先駆」の意》こいぬ座α$^{アルファ}$星。実視光度〇・三等。距離一一光年。観測好期は三月。

**プロキシマ-ケンタウリ**[Proxima Centauri] ケンタウルス座α$^{アルファ}$星の伴星。太陽系にもっとも近い恒星。実視光度一一等。距離四・三光年。

**フロギストン**[phlogiston] 一八世紀初めドイツのシュタールが名づけた可燃性の原因となる物質。燃素。

**フロギストン-せつ**【フロギストン説】 可燃性物質はフロギストンという成分を含み、燃焼はこれが散逸する現象であるとする説。一七世紀末から一八世紀初めにドイツのベッヒャーやシュタールらが提唱。一八世紀後半、ラボアジエが酸化反応の理論で否定。燃素説。phlogiston theory

**ふ-ろく**【付録・附録】 ①本文に付け足して書かれたもの。appendix 対義 本編。②雑誌などにつけたおまけ。supplement 対義 本誌・本紙。

**プロクター-アンド-ギャンブル**[The Procter & Gamble Company] アメリカ最大手のせっけん・洗剤会社。一九〇五年設立。

**プログラマー**[programmer] コンピューター用のプログラムを設計し作成する人。狭義には、プログラム設計の結果に基づいて処理手順をつくる人。

**プログラミング**[programming] コンピューター用のプログラムをつくること。

**プログラム**[program] ①催し物や放送などで、演目の順序・出演者・内容などを書いたもの。番組。②予定表。計画表。③コンピューターに処理させる仕事の手順や計算方法を、一定の形式にしたがって、特定の言語で書いたもの。有機的な仕事をするように手順を分析し、一つ一つの命令に分解し書かれる。

**プログラム-アナライザー**[program analyzer] 番組分析機。映画やテレビ番組を実験的に視聴させ、その反応をテストする装置。

**プログラム-がくしゅう**【プログラム学習】 段階的・系統的にプログラム化された教材を用いてすすめられる学習方法。アメリカの心理学者スキナーが開発。programmed learning

**プログラム-げんご**【プログラム言語】 コンピューターのプログラムを作成するための言語。計算機を直接作動させる機械語から、記号言語・高水準言語・簡易言語など。programming language

**プログラム-ばいばい**【プログラム売買】 株式市場などで、相場の変動に即応して自動的に売買注文を出すようにプログラミングしたコンピューターによって行われる売買取引。

**プログラム-ゆうどう**【プログラム誘導】 ミサイルなどの発射位置から目標までの経路をコンピューターに記憶させて誘導する方式。固定目標に対して有効。program guidance

**ブロケード**[brocade] ジャカード織りの一種。花や唐草・波などの織り柄を浮き立たせたり、色のコントラストを出すため、金銀ラメを入れて織った紋織物。絹はイブニングドレス、綿はカーテン地などに用いる。

**プロゲステロン**[progesterone] おもに卵巣の黄体$^{おうたい}$や胎盤から分泌されるホルモン。黄体ホルモン。

**プロコフィエフ**[Sergey Sergeevich Prokofiev](一八九一〜一九五三) ロシア・ソ連の作曲家。軽妙な現代感覚あふれる作風であらゆるジャンルの作品を手がけた。オペラ『三つのオレンジへの恋』、音楽物語『ピーターと狼$^{おおかみ}$』ほか交響曲・協奏曲など。

**プロコポビチ**[Feofan Prokopovich](一六八一〜一七三六) ロシアの詩人・人文主義者・大司教。韻文$^{いんぶん}$の悲喜劇『ウラジーミル』、ラテン語による『詩法論』がある。

**プロシア**[Prussia] プロイセンの英語読み。

**プロジェクター**[projector] ①映写機。用例 オーバーヘッド—。②計画者。考案者。

**プロジェクト**[project] 研究・事業などの構想。施行計画。用例 ビッグ—。

**プロジェクト-エンジニアリング**[project engineering] 技術的・経済的に検討された製造工程をもとに、所期の生産能力をもつ工場を建設するのに必要な技術を対象とする工学。

**プロジェクト-チーム**[project team] 特定の計画を遂行するための作業集団。技術開発計画などを実現するために、必要な能力をもつ者を各分野から集め、臨時に編成される。

**ブロシェット**[brochette フランス] 西洋料理に使う金ぐし。また、そのくしに肉・野菜などの材料を刺して焼いた料理。

**ふろ-しき**【風▼呂▼敷】《湯上がりの足をふいた敷物に似た形からとも、入浴のさい着物を包んだからとも》物を包むのに用いる方形の布。九〇cm四方の並物から二二〇cm四方以上のふとん風呂敷まである。数え方 一枚。

**プロ-ショップ**《和製語》専門店。speciality shop

**ブロス**[broth] 洋風の料理に使われるだし汁。鶏肉・牛肉・マトンなどでとる。ブイヨン。スープストック。

**プロスタグランジン**[prostaglandin] 生体のいたるところで、細胞がつくり出す生理活性物質。AからIまでのグループがあり、子宮収縮・血管拡張・血圧降下・気管支拡張などの作用をもつ。

**フロスティング**[frosting]《霜降り状態、の意》毛染めの方法の一種。髪の先端だけを染め、毛先を軽く見せる。

**フロスト**[Robert Lee Frost](一八七四〜一九六三) アメリカの国民的詩人。ニューイングランドの素朴な自然と生活を平明な口語体で歌う。詩集『少年のこころ』『ボストンの北』『証$^{あか}$しの樹$^{き}$』など。

**プロ-スポーツ**《和製語》各種のスポーツのうち、競技や演技をすることによって報酬が得られ、生活の手段ともなっているもの。相撲・野球・ゴルフなど。職業スポーツ。professional sports

**プロセス**[process] ①経過。過程。②手続き。手順。③写真製版法による多色印刷の一つ。プロセス印刷。

**プロセス-せいぎょ**【プロセス制御】 大規模な工場において、その工程に対して行う種々の自動制御。圧力・温度・流量などを制御する。process control

**プロセス-チーズ**〔processed cheese〕ゴーダチーズやチェダーチーズに、調味料・副材料を加え、加熱殺菌し、熟成をとめたもの。↓チーズ図

**プロセント**〔procentoポルトガル〕パーセント。

**プロダクション**〔production〕①作り出すこと。生産。用例マス――。②制作者の集団。とくに映画・放送・出版などにかかわる集団。プロ。用例独立――。

**プロダクト-デザイン**〔product design〕産業デザイン。大量生産による製品のデザイン。

**プロダクト-マネージャー**〔product manager〕新製品の開発・商品化を担当する製品別専門担当者。各部門間の連絡や調整にあたる。

**プロダクト-ライフサイクル**〔product life cycle〕製品ライフサイクル。

**プロタゴラス**〔Prōtagorās〕(BC四九〇/五〇〇ごろ〜BC四二〇/四三〇ごろ)古代ギリシアの哲学者。ソフィストの代表的人物。「人間は万物の尺度である」ということばで知られる。

**プロタミン**〔protamine〕魚類および一部の鳥類の精子核に存在する強塩基性たんぱく質の総称。DNAと結合している。

**ブロツキー**〔Iosip Aleksandrovich Brodsky〕(一九四〇〜)ソ連の詩人。亡命してアメリカに移住。一九八七年ノーベル文学賞受賞。作品『ジョン=ダンに捧げる悲歌』、詩集『砂漠の停留所』など。

**ブロッキング**〔blocking〕《阻止する、の意》①ボクシングの防御技術の一つ。手・腕・肩などで相手の攻撃を受け止めること。②アメリカンフットボールなどの球技で、体を使って相手の攻撃を防ぐこと。③バレーボールで、相手のスパイクをネットぎわでジャンプし、手ではねかえして防ぐこと。ブロック。

**ブロッキング-げんしょう**〔ブロッキング現象〕優勢な高気圧が中・高緯度地方の上空に長期間居すわる現象。高気圧部は天気がよいが周辺部は雨が降りやすい。blocking high

**フロック**〔fluke〕①玉つきで、まぐれ当たり。②まぐれで成功すること。

**フロック**〔frock〕「フロックコート」の略。

**ブロック**〔bloc〕政治・経済上の利益などのために結びついている集団。連合。同盟。

**ブロック**〔block〕㊀(名)①かたまりのこと。②「コンクリートブロック」の略。用例――建築。③市街地の一区画。④玩具の一種。プラスチック製の小さな直方体で、上下の凹凸に一個一個がしっかりとはまりこむ。おもに家や車などの模型をつくって遊ぶ。㊁(名・サ変他)①バレーボールやボクシングなどのブロッキングのこと。②野球で、捕手が体を使って、本塁に突入する走者のベースへの触塁を防ぐこと。

**ブロック**〔Jean-Richard Bloch〕(一八八四〜一九四七)フランスの小説家。小説『レビ』、戯曲『最後の皇帝』など。

**ブロック-けいざい**〔ブロック経済〕いくつかの国が強く結びついて経済を運営する体制。排他的に加盟国間での自給自足をはかるものと、域外諸国に対する国際競争力の強化を目的とするものがある。英連邦ブロック・ECなど。bloc economy

**ブロック-ゲージ**〔block gauge〕測定器などの寸法標準となる精密な計器。寸法の異なる多数の直方体の鋼片を一組みとし、何枚かを密着させて必要な寸法を得る。参照隙間ゲージ。

**フロック-コート**〔frock coat〕男子の昼間用礼服。ひざ丈までのダブルの黒上着に縞ズボン。現在はモーニングコートに代わった。↓図

●フロックコート

**ブロック-サイン**《和製語》野球で、サインの一種。身体をいくつかの部分(ブロック)に分け、触れた場所・回数・順序などによって、指示を伝えるもの。blocking sign; block signal

**ブロック-し**〔ブロック紙〕数県にまたがったりする広い地域を販売範囲とする各地方の新聞。『北海道新聞』『河北新報』『中日新聞』『西日本新聞』などが代表的。

**フロックス**〔phlox〕ハナシノブ科クサキョウチクトウ属の属名。一年草または多年草。クサキョウチクトウ・キキョウナデシコなどの種類に分かれる。花壇、切り花用に栽培。北アメリカ原産。

**ブロック-ダイヤグラム**〔block diagram〕地表の起伏を斜め上から見下ろしたように立体的に表現した図。地図の等高線をもとにして作成する。

**ブロックハウス**〔Friedrich Arnold Brockhaus〕(一七七二〜一八二三)ドイツの出版人。一八〇八年、小項目主義を特徴とし、各国の百科事典に影響を与えた『ブロックハウス百科事典』を刊行。

**ブロックバスター**〔blockbuster〕①爆発的な効果・影響力をねらって新聞・雑誌に集中的に掲載される大がかりな広告。②巨額の制作費をかけた超大作映画。②超ベストセラー。

**ブロックフレーテ**〔Blockflöteドイツ〕↓リコーダー

**ブロック-べい**〔ブロック塀〕コンクリートブロックで造った塀。concrete block wall

**ブロッケン-さん**〔ブロッケン山〕(Brocken)東西ドイツ国境の中部、ハルツ山脈の最高峰。標高一一四二m。「ブロッケンの妖怪」と称する特殊気象現象が有名。

**ブロッケン-の-ようかい**〔ブロッケンの妖怪〕早朝や夕方、太陽を背にして山頂に立つ人の影が、前方の霧や雲に大きく拡大されて映る現象。影のまわりに光の輪ができることもある。東ドイツのブロッケン山でよくみられたことからの名称。ブロッケン現象。御来迎。Brocken spectre

**ブロッコリー**〔broccoli〕カリフラワーの変種の一つ。葉腋から出る花蕾も食用とするところがカリフラワーと異なる。ビタミンA・Cに富む。イタリアンブロッコリー。↓写

**プロッター**〔plotter〕コンピューターなどの出力装置の一つ。指定に従って図形や文字を描く作図機。X-Yプロッター、静電式プロッターなど。

**フロッタージュ**〔frottageフランス〕シュールレアリスム絵画の一技法で「こすり出し」。板や石などに紙をあて上から木炭や鉛筆でこすると、地肌が映し出され、不思議な影像効果を示す。

**プロット**〔plot〕小説・演劇などの筋。構成。

**フロッピー-ディスク**〔floppy disc〕軟質のポリエステルフィルムの円盤に磁性膜を塗った補助記憶装置。アクセスタイムが早くパーソナルコンピューターやワードプロセッサーの記憶媒体の主流。

**ブロッホ**〔Ernest Bloch〕(一八八〇〜一九五九)ユダヤ系アメリカ人の作曲家。スイス生まれ。ユダヤ民族の精神を、鋭く情熱的に表現。チェロと管弦楽のための狂詩曲『シェロモ』、交響曲『イスラエル』など。

**ブロッホ**〔Ernst Bloch〕(一八八五〜一九七七)ドイツの哲学者。ベンヤミン・アドルノとともに新しい左翼の精神的支柱。著書『原理としての希望』『ユートピアの精神』など。

**ブロッホ**〔Felix Bloch〕(一九〇五〜一九八三)アメリカの物理学者。スイス生まれ。金属の電気伝導や磁性体の理論的研究を行った。渡米後、核磁気共鳴吸収法により原子核の磁気モーメントを測定し、一九五二年ノーベル物理学賞受賞。

**ブロッホ**〔Hermann Broch〕(一八八六〜一九五一)ドイツの小説家。オーストリア生まれ。難解な実験的手法を用い、現代小説の変革を試みた。作品『夢遊病者たち』『ウェルギリウスの死』など。

**ブロッホ**〔Konrad Emil Bloch〕(一九一二〜)アメリカの生化学者。ドイツ生まれ。脂肪酸の生合成の機構の研究で、一九六四年ノーベル生理学医学賞受賞。

●ブロッコリー

**ブロツラフ**〔Wrocław〕ポーランド南西部、オーデル川に臨む工業都市。同地方の交通・工業・文化の中心地。機械・造船・電気・食品工業が発達。人口六三・六万(一九八五)。ブレスラウ。

**プロテア**〔protea〕ヤマモガシ科プロテア属の常緑低木の総称。約一〇〇種が知られ、花は頭状花として付く。観賞用に栽植。南アフリカ原産。南アフリカ共和国の国花。↓写

●プロテア

**プロテアーゼ**〔protease〕たんぱく質やペプチドなどに作用し、ペプチド結合を加水分解する酵素の総称。プロテイナーゼとペプチダーゼに大別される。たんぱく分解酵素。

**プロテイナーゼ**〔proteinase〕たんぱく質のペプチド結合をその結合の中途から分解するプロテアーゼ。ペプシン・トリプシンなど、消化酵素として重要な働きをする。

**プロティノス**〔Plotinos〕(二〇五ごろ〜二七〇ごろ)ローマ帝政期のギリシアの哲学者。新プラトン学派の祖。プラトンの思想を体系化、発展させ、すべては究極的な「一者」である神から「流出」するとし、この「一者」との合体融合を説いた。著書『エンネアデス』。

**プロテイン**〔protein〕たんぱく質。広く生物体に存在するもっとも重要な有機化合物で、炭水化物・脂肪とともに主要栄養素の一つ。

**プロテウス**〔Prōteus〕ギリシア神話の海の老人。海神ポセイドンに仕え、海獣を守り育てる。変身する能力と予言の力がある。

**プロテクター**〔protector〕①野球で、捕手・審判員の危険防止用の胸当て。②ボクシングで、スパーリングのときに用いる防具。

**プロテスタンティズム**〔Protestantism〕宗教改革の結果、キリスト教内部に成立した新しい宗派。また、その教え。聖書を信仰の唯一のよりどころとし、信仰のみを義とする。聖職者と俗人とを区別せず、万人祭司説をとる。対義カトリシズム。

**プロテスタント**〔Protestant〕宗教改革により生まれたキリスト教の一主流、およびその信者。新教。新教徒。対義カトリック。

**プロテスタント-きょうかい**〔プロテスタント教会〕一六世紀の宗教改革によって生まれたキリスト教諸派の総称。キリスト教の三大主流の一つ。Protestant Church

**プロテスト**〔protest〕(名・サ変自)抗議すること。用例――ソング。

**プロデューサー**〔producer〕①映画・演劇・音楽関係の制作責任者。②ラジオ・テレビなどの番組制作者。

**プロデューサー-システム**《和製語》演劇興行や映画制作の一形態。プロデューサーが一切の責任をもって制作・上演する。

**プロトアクチニウム**〔protactinium〕ウラン鉱に微量含まれる放射性元素の一つ。記号Pa 原子番号九一。質量数二三一。アクチニウムに先立つ元素の意味で命名。

**フロトー**〔Friedrich von Flotow〕(一八一二〜一八八三)ドイツの作曲家。美しいが通俗的なオペラを多く作曲。オペラ『マルタ』など。

**プロトケラトプス**〔Protoceratopsラテン〕白亜紀後期のモンゴルにすんでいた草食の小形恐竜。角竜類の祖先型。全長約二m。頭骨の前部は鉤状の嘴となり、後上方部はひだ飾り状に発達する。四脚歩行。ゴビ砂漠では、卵から幼体・成体まで多数の化石が発見されている。

**プロトコル**〔protocol〕①条約などの草案。議定書。②複数のコンピューター間や端末とのあいだでデータ通信を円滑に行うために必要な通信規約。

**プロトタイプ**〔prototype〕量産・市販する商品の基になる型式。原型。用例――の車。

**プロトプテルス**〔Protopterusラテン〕胸びれ・腹びれがひも状のアフリカ産の肺魚。四種ある。体は細長く、全長五〇〜一四〇cm。肉食性。乾季には泥の中にもぐり、粘液でつくった繭の中で休眠する。中央アフリカに分布。

**プロトプラスト**〔protoplast〕植物細胞から細胞壁を取り去ったもの。植物の細胞融合を行わせるために重要。培養条件により壁を再生する。原形質体。

**ブロドリ**〔broderieフランス〕刺繡の総称。極めて薄地の布にドロンワークやカットワークを

施したレースに近いものも含む。fine embroidery

**プロトロンビン**〔prothrombin〕 血液凝固因子の一つ。肝臓でつくられ血漿中に存在する物質。

**プロトン**〔proton〕 陽子。

**プロトン-じりょくけい**【プロトン磁力計】 水素中のプロトンの核磁気共鳴を利用した磁力計。地球の磁場の強さを高精度で簡単に測定できる。proton magnetometer

**ふろ-ば**【風▼呂場】 湯殿。浴室。bathroom

**プロパー**〔proper〕 ㊀(名・形動) 固有であること・さま。本来。用例 哲学— の問題。㊁(名) 自社製品の宣伝・販売拡張などの目的で販売店などを援助するセールスマン。とくに、病院を担当する医薬品メーカーの社員。

**プロパガンダ**〔propaganda〕 宣伝。とくに政治的宣伝。プロ。

**プロバビリティー**〔probability〕 ①あることが起こりうる度合い。みこみ。公算。蓋然性。②数学で、確率。

**ブロバリン**〔Brovalin〕 睡眠薬ブロムワレリル尿素の商標名。

**プロパン**〔propane〕 化学式$CH_3CH_2CH_3$ 炭素の数が三個のアルカン。天然ガスの成分。石油留分の分解によって得られる無色の気体。単独またはブタンなどと混合し燃料に使用。

**プロパン-ガス**〔propane gas〕 プロパンを主成分とする液化石油ガス。日本における市販品はプロパンとプロピレンが主成分で、三〇%以内のブタンおよびブテンを含む。

**プロバンス**〔Provence〕 フランス南東部、ローヌ川の東側、アルプス山麓から地中海岸におよぶ地域。地中海性気候のすぐれた保養地。

**プロバンス-ぶんがく**【プロバンス文学】 南フランスのオック語で書かれた文学。トルバドゥール(吟遊詩人)による叙情詩が代表的作品で、最盛期は一二世紀。Provençal literature

**プロピオンさん-きん**【プロピオン酸菌】 プロピオン酸菌科のグラム陽性菌。糖からプロピオン酸・二酸化炭素を生成。チーズに風味をつけるのに利用。

**プロビタミン**〔provitamin〕 動物体内で容易に変化してビタミンに変わりうる化合物。ビタミンAに変わるカロチン、ビタミンDに変わるエルゴステロールなど。

**プロビデンス**〔Providence〕 アメリカ北東部、ロードアイランド州北部の港湾都市。同州の州都。古くから海運と漁業で繁栄、工業も発達。人口一五・七万(一九八〇)。

**プロピル-アルコール**〔propyl alcohol〕 化学式$CH_3CH_2CH_2OH$ 炭素の数が三個のアルコール。エタノールに似た芳香をもつ。有機試薬の原料や溶剤に利用。プロパノール。

**プロピル-き**【プロピル基】 化学式$C_3H_7-$ プロパンから水素原子一個を除いて得られる一価の原子団。ノルマルプロピル基$CH_3CH_2CH_2-$とイソプロピル基$(CH_3)_2CH-$がある。propyl group

**プロピレン**〔propylene〕 化学式$CH_3CH=CH_2$ 炭素の数が三個のアルケン。無色の気体。反応性が大。種々の化合物の原料。プロペン。

**プロピレン-グリコール**〔propylene glycol〕 食品衛生法により指定されている食品添加物の一つ。保水性を利用してギョーザの皮や生麺類などの品質改良剤として使用。

**プロフィール**〔profile〕 =プロフィル。①横顔。輪郭。②新聞・雑誌などの、かんたんな人物紹介。

**プロフィンテルン**〔Profintern〕《Krasnyi internatsional profsoyuzov ロシアの略》一九二一年に結成された、コミンテルンを支持する労働組合の国際組織。日本からは全協が参加。本部モスクワ。一九四三年解散。赤色労働組合インターナショナル。

**プロフェッサー**〔professor〕 大学などの教授。

**プロフェッショナリズム**〔professionalism〕 専門的職業意識。自分の職業や、そのための技能・専門知識に強い自負心と探求心をもち、社会的責任を自覚すること。プロ意識。

**プロフェッショナル**〔professional〕(形動) 専門的。職業的。プロ。対義 アマチュア。

**ふろ-ふき**【風▼呂吹(き)】 厚い輪切りのダイコンやカブなどをやわらかく煮て、ゆずみそなどをかけた料理。

**プロブディフ**〔Plovdiv〕 ブルガリア中南部、マリッァ川に臨む都市で、交通の要地。肥沃な農業地域の中心。食品・化学・機械工業が発達。人口三七・八万(一九八四)。

**フロベール**〔Gustave Flaubert〕(一八二一〜八〇) フランスの小説家。古典的均整と的確な用語、豊麗なイメージを使用した、本格的写実小説の創始者。客観に徹し、厳しく文体を練磨した。作品『ボバリー夫人』『サランボー』『感情教育』『聖アントワーヌの誘惑』など。

**プロペラ**〔propeller〕 エンジンの出力を推力に変換する回転翼。低速(時速八〇〇km ぐらいまで)で効率がもっとも高い。飛行機ではライト兄弟が初めて実用化した。

**プロペラ-すいしゃ**【プロペラ水車】 プロペラ状の羽根を数枚だけもつ軸流水車。低落差・大水量に適する。propeller water turbine 比較 フランシス水車・ペルトン水車。

**プロペラ-せん**【プロペラ船】 飛行機と同じように、プロペラを空中で回転させることによって推進する小型船。流れの急な浅い河川を航行するのに適する。air propeller boat

**プロペルティウス**〔Sextus Propertius〕(BC五〇ごろ〜BC一六ごろ) ローマの詩人。愛の心などを普遍化しつつうたった。作品『エレゲイア詩集』四巻。

**プロペン**〔propene〕 →プロピレン

**プロポーション**〔proportion〕 ①割合。比率。②体格などの均整。用例 —が整っている。

**プロポーズ**〔propose〕(名・サ変自) 求婚すること。結婚の申し込み。

**プロホロフ**〔Aleksandr Mikhaylovich Prokhorov〕(一九一六〜) ソ連の物理学者。メーザーの発明と研究を行い、タウンズおよび共同研究者のバソフとともに、一九六四年ノーベル物理学賞受賞。

**ブロマイド**〔bromide〕 ①《誤って、「プロマイド・プロ」などという》俳優・歌手・スポーツ選手などの小形写真。②写真で、臭化銀を塗った印画紙。

**フロマンタン**〔Eugène Fromentin〕(一八二〇〜七六) フランスの画家・作家。画家としてアフリカの風物を描き、紀行文・美術批評も残す。作品に絵画『鷹狩り』、小説『ドミニック』、紀行文『昔日の巨匠たち』。

**プロミネンス**〔prominence〕 ①太陽の表面から高くのぼる紅色の渦巻きガス。皆既日食のとき見ることができる。紅炎。②音声学で、文中のある語を強調した発音などできわだたせること。→太陽図

**フロム**〔Erich Fromm〕(一九〇〇〜八〇) アメリカの精神分析学者・社会心理学者。ドイツ生まれ。新フロイト派の代表的な一人。マルクス主義と精神分析を結合した立場から文明批評を行った。著書『自由からの逃走』など。

**プロムナード**〔promenade〕 散歩。散歩道。

**ブロムフィールド**〔Louis Bromfield〕(一八九六〜一九五六) アメリカの小説家。作品『初秋』『雨季きたる』など。

**ブロムワレリル-にょうそ**【ブロムワレリル尿素】 睡眠薬の一つ。中等度の催眠作用をもち、就眠薬として用いられる。連用すると習慣性が現れる。ブロバリン。bromvaleryl urea

**プロメチウム**〔promethium〕 希土類元素の一つ。元素記号Pm 原子番号六一。質量数一四五。長い間周期表の欠番元素だったが、一九四七年、核分裂の生成物中で発見。天然には存在しない。

**プロメテウス**〔Promētheus ギリシア〕 ギリシア神話のティタン神族の一人。粘土と水から人間をつくり、文字や建築・農耕などを教えた。また、天上の火を盗んで人間に与えた。これを知ったゼウスは彼を岩壁に縛りつけ、ワシにその生き肝をついばませる。のち英雄ヘラクレスに救われた。

**プロモーション-ビデオ**〔promotion video〕 販売促進用ビデオ。新曲や新人音楽家を売り出すために作られるビデオテープ。

**プロモーター**〔promoter〕 ①主催者。②発起人。③興行師。

**ふろ-や**【風▼呂屋】 銭湯。浴場。public bath

**プロ-やきゅう**【プロ野球】 試合を興行として行う野球。アメリカでは一八七六年にナショナルリーグが、日本では昭和一一年(一九三六)日本職業野球連盟がまず生まれた。今日では中南米諸国や韓国でも行われている。職業野球。professional baseball

**プロやきゅう-じっこういいんかい**【プロ野球実行委員会】 日本のプロ野球に関するあらゆる問題を審議決定する議決・立法機関。リーグ会長と全球団の代表役員で構成。

**フロラ**〔flora〕 →しょくぶつそう(植物相)

**プロラミン**〔prolamin〕 イネの種子の胚乳中に存在し、水に不溶で、アルコールに可溶な単純たんぱく質の総称。

**フロリダ**〔Florida〕 アメリカ南東端、大西洋岸の州。亜熱帯的風土と農産物、観光保養地で知られる。観光のマイアミ、ケープカナベラル宇宙基地が有名。人口九七四・六万(一九八〇)。

**フロリダ-アロールート**〔florida arrowroot〕 ソテツ科の多年生低木。熱帯アメリカに自生。葉は羽状。茎の地下部が肥大して、でんぷんを多く含む。食用。

**フロリダ-はんとう**【フロリダ半島】(Florida Peninsula) アメリカ南東端に突出し、大西洋とメキシコ湾を分ける大きな半島。

**プロリン**〔proline〕 アミノ酸の一つ。L型は多くのたんぱく質に含まれ、ゼラチンに多い。

**プロ-レス**《「プロフェッショナル-レスリング」の略》興行として行うレスリング。

**フロレス-とう**【フロレス島】(Pulau Flores) インドネシア、小スンダ列島東部の島。面積一・四万km²。火山が多く、風光明媚。最高峰ラナカー山は標高二四〇〇m。

**プロレタリア**〔Proletarier ドイツ〕 ①資本主義のもとで、他に生産手段を一切もたないため、自分の労働力を資本家に売ることでしか生活できない賃金労働者。対義 ブルジョア。②俗に、貧乏人。proletarian

**プロレタリアート**〔Proletariat ドイツ〕 階級としてのプロレタリア。無産の賃労働者の階級。無産階級。プロレタリア階級。対義 ブルジョアジー。

**プロレタリア-えんげき**【プロレタリア演劇】 労働者階級の発生とその階級的自覚とともに、労働者・学生・知識人らによって創造・享受されるようになった演劇。日本では、とくに昭和初期の進歩的演劇人による新劇運動のうち、昭和九年(一九三四)の日本プロレタリア劇場同盟(=プロット)解散までの時期の演劇をさす。

**プロレタリア-かいきゅう**【プロレタリア階級】 →プロレタリアート

**プロレタリア-かくめい**【プロレタリア革命】 資本主義の下で成長したプロレタリアートが、資本主義的生産関係を打破して社会主義・共産主義への移行をもたらす革命。ロシアにおける一九一七年の十月革命など。proletarian revolution

**プロレタリア-こくさいしゅぎ**【プロレタリア国際主義】 マルクス主義の原則の一つ。労働者階級は全世界の仲間と連帯・団結してはじめて自己の解放をかちとれるとする思想。proletarian internationalism

**プロレタリア-どくさい**【プロレタリア独裁】 マルクス主義の概念。労働者権力の樹立後、反革命を防ぎ社会革命を遂行するため、プロレタリアートとその前衛党に全権力を集中する過渡的な政治支配形態。proletarian dictatorship

**プロレタリア-びじゅつ**【プロレタリア美術】 労働者の生活感情と階級的自覚に基づき、無産者階級の生活と闘争の実相を再現し、支配者の専横・腐敗ぶりを描き出そうとする美術。組織的な運動は第一次大戦前後から興った。日本の全日本無産者芸術連盟(=ナップ)美術部などもその一例。

**プロレタリア-ぶんがく**【プロレタリア文学】 プロレタリアを描いた、あるいはプロレタリアによる文学。大正末から昭和初期にかけての、階級的観点による共産主義的立場に立った運動に基づく文学。雑誌『種蒔く人』を起点とし、弾圧により昭和九年(一九三四)運動は解体した。

**プロレトクリト**〔Proletkult ロシア〕《proletarskaya kultura ロシア(プロレタリア文化)の略》ソ連の文化運動組織。一九一七年ボグダーノフらが創立。独自の大衆的文化運動を展開した。

**プロローグ**〔prologue〕 ①序幕。序言。②物事の始まり。対義 エピローグ。

**ブロワ**〔Léon Bloy〕(一八四六〜一九一七) フランスの小説家。神秘的カトリシズムの作家。作品『絶望した人』『貧しい女』など。

**フロワサール**〔Jean Froissart〕(一三三七ごろ〜一四一〇ごろ) フランスの年代記作家・詩人。百年戦争の記述『年代記』四巻、長詩『メリアドール』など。

**フロン**〔flon〕 →フレオン

**ブロンクス**〔Bronx〕 アメリカ北東部、ニューヨーク市北部の一区。住宅・工業地帯。植物園・動物園が有名。人口一一六・九万(一九八〇)。

**プロング-ホーン**〔prong horn〕 ウシとシカの中間的な角をもつプロングホーン科の偶蹄類。肩高〇・八〜一m。カナダ・アメリカの大草原に群棲。エダツノレイヨウ。

**ブロンコ**[bronco] アメリカ西部の平原に放牧されているウマで、じゅうぶん慣らされていないもの、あるいは野生化してしまったものをいう。

**ブロンズ**[bronze] ①青銅。からかね。②青銅製品。青銅製の像。

**ブロンソン**[Charles Bronson](一九二〇～) アメリカの映画俳優。主演作『さらば友よ』『雨の訪問者』など。

**ブロンツィーノ**[Agnolo Bronzino](一五〇三～七二) イタリアの画家。フィレンツェ派。マニエリズモの代表的画家。精密で生気あふれる肖像画を描く。作品『時間と愛のアレゴリー』など。

**ブロンテ**[Anne Brontë](一八二〇～四九) イギリスの女流小説家。シャーロットとエミリーの妹。作品『アグネス=グレー』。

**ブロンテ**[Charlotte Brontë](一八一六～五五) イギリスの女流小説家。エミリーとアンの姉。作品『ジェーン=エア』など。

**ブロンテ**[Emily Brontë](一八一八～四八) イギリスの女流小説家・詩人。シャーロットの妹でアンの姉。愛と復讐の悲劇『嵐が丘』は、迫力ある暗鬱な世界を創造した。韻律美に富む詩も残す。

**フロンティア**[frontier] ①国境。辺境。②アメリカの開拓地と未開拓地との境界線。一七世紀に植民が開始されて以来、西方へ移動(=西漸運動)、一九世紀半ばロッキー山脈を越え、一八九〇年ごろ消滅。その西進はアメリカ発展の象徴とされた。

**フロンティア-スピリット**[frontier spirit] アメリカ移民の不屈の辺境開拓精神。開拓者魂。

**ブロンディー**[Blondy] チック=ヤング作のアメリカの漫画・その主人公。昭和二四年(一九四九)『朝日新聞』にも連載。

**フロント**[front] ①正面。前面。②《front deskから》ホテルなどの正面玄関の受付。③《front officeから》プロ野球各球団の業務管理を行う部門。興行・宣伝・資料統計・スカウトなど球団経営に関するすべてを担当。

**ブロンド**[blond] 金髪。金色またはそれに似たような色合いの毛髪。また、そうした髪の女性。

**ブロントサウルス**[brontosaurus ラテン] ジュラ紀後期の北アメリカやヨーロッパにすんでいた巨大な草食恐竜。全長約二五m、推定体重三〇～四〇tで、史上最大の陸上動物。頸と尾が長く、頭は非常に小さい。四脚歩行。沼沢地などに生息していたとされる。

**ブロントテリウム**[brontotherium]《ギリシア語のbronte(雷)とtheria(獣)を合成してつくった属名》雷獣。ブロントプス。

**プロンプター**[prompter] 演劇で、舞台の物陰にいて、俳優にせりふを教える人。後見。

**ふ-わ**[不和] 仲がよくないこと。discord

**ふ-わく**[不惑]《『論語』の「四十にして惑わず」から》四〇歳。

**ふ-わけ**[▼腑分(け)](名・サ変他)《「腑」は臓腑の意》江戸時代の医学用語で、解剖のこと。

**ぶ-わけ**[部分け](名・サ変他) 部類に分けること。classification

**ふ-わたり**[不渡り] 手形や小切手が満期になっても、支払人の預金不足などのため、それを所持する人が支払いを受けられないこと。また、その手形・小切手。dishonor 用例 —を出す。

**ふわたり-こぎって**[不渡(り)小切手] 額面金額が振出人の口座残高を超えているため、支払銀行により支払いを拒絶された小切手。bad check

**ふわたり-てがた**[不渡(り)手形] 手形交換所を通じて適法に呈示したのに、支払銀行から預金不足などの理由で支払いを拒絶された手形。手形交換規則上は、不渡り小切手をも含めていう。dishonored bill

**ふわ-の-せき**[不破の関] 古代の関所。三関の一つ。近江と美濃の国境近く(現在の岐阜県不破郡関ケ原町)におかれた。延暦八年(七八九)廃止。

**ふわ-ふわ**(副・サ変自) ①軽やかに浮いてただようさま。float 用例 風船が—空に上がる。②やわらかく、ふっくらしたさま。soft; fluffy 用例 —したふとん。③気持ちや行動が落ち着かないさま。light-headed 用例 気持ちが—とうわつく。

**ふわ-らいどう**[付和雷同・附和雷同](名・サ変自) 一定の見識がなく、人の説にただわけもなく賛成すること。follow blindly

**ふわり-と**(副) =ふわっと・ふんわりと。①軽やかに浮くさま。軽やかに動くさま。fluffy 用例 雲が—浮かぶ。②軽い物を静かにそっとのせるさま。lightly 用例 毛布を—かける。

**フン** 4画 **[分]** 部首[刀] 教育小2 JIS 4212
音 ブン・フン・ブ
訓 わける・わかれる・わかる・わかつ
筆順 ↓ブン[分]
①わける。わかれる。あきらか。「分別・分明」②すこし。「分陰・分秒」③時間の単位。一時間の六〇分の一。一秒の六〇倍。④尺貫法の重さの単位。一匁の一〇分の一。約〇・三八g。「分銅」⑤角度・経緯度の単位。一度の六〇分の一。↓ブ・ブン[分]

**フン** 6画 **[▼刎]** 部首[刂] JIS 4970
音 ブン・フン
くびをはねる。くびをきる。くびをたつ。「刎頸」

**フン** 7画 **[▼吩]** 部首[口] JIS 5070
音 フン
ふく。はく。ふきだす。

**フン** 7画 **[▼吻]** 部首[口] JIS 4213 ／ 11画 [▼脗] 部首[月] 異体字
音 ブン・フン
①くちさき。くちもと。くちびる。「口吻」②しっくり合う。「吻合」

**フン** 7画 **[▼芬]** 部首[艹] JIS 7178
音 フン
①かおる。よいにおいがする。こうばしい。「芬々」②かおり。か。よいにおい。

**フン** 7画 **[▼扮]** 部首[扌] JIS 4217
音 フン・ハン
よそおう。身づくろいをする。「扮装」

**フン** 7画 **[▼汾]** 部首[氵] JIS 6180
音 フン
「汾水」は、中国の川の名。山西省をながれ、黄河にそそぐ。

**フン** 8画 **[▼忿]** 部首[心] JIS 5561
音 フン
いきどおる。ひどくいかる。「忿然・忿怒・忿懣」

**フン** 8画 **[▼枌]** 部首[木] JIS 5935
音 フン
そぎ。そぎいた。木をうすくそいだ板。屋根ふき用。

**フン** 8画 **[▼氛]** 部首[气] JIS 6168
音 フン
①気。空中にもやもやするもの。②妖気。わるい気。③わざわい。凶事。

**フン** 10画 **[粉]** 部首[米] 教育小4 JIS 4220
音 フン
訓 こ・こな
①こな。こ。「花粉・製粉」「粉食・粉乳・粉末」②こなごなにする。くだく。「粉砕」③かざる。みせかける。「粉飾」④おしろい。「脂粉」⑤デシメートル(décimètre フランス)。メートル法の長さで、一mの一〇分の一。一〇cm。

**フン** 10画 **[紛]** 部首[糸] 常用 JIS 4222
音 フン
訓 まぎれる・まぎらす・まぎらわす・まぎらわしい
①まぎれる。まぎれこむ。「紛失」②みだれる。いりみだれる。混乱する。「内紛・繽紛」「紛糾・紛争・紛乱」

**フン** 12画 **[▼焚]** 部首[火] JIS 4218
音 フン
やく。もやす。たく。「焚書」

**フン** 12画 **[雰]** 部首[雨] 常用 JIS 4223
音 フン
①気。空中にもやもやするもの。「雰囲気」②きり。もや。

**フン** 15画 **[噴]** 部首[口] 常用 JIS 4214 ／ 16画 [▼噴] 旧字
音 フン・ホン
訓 ふく
ふく。はく。ふきだす。「噴煙・噴火・噴射・噴出」

**フン** 15画 **[墳]** 部首[土] 常用 JIS 4215 ／ 16画 [▼墳] 旧字
音 フン
つか。土をもりあげた、はか。「円墳・丘墳・古墳」「墳墓」

**フン** 15画 **[憤]** 部首[忄] 常用 JIS 4216 ／ 16画 [▼憤] 旧字
音 フン
訓 いきどおる
①《忿とも》いきどおる。ひどくいかる。「義憤・公憤・悲憤」「憤慨・憤激」②ふるう。ふるいたつ。「発憤」

**フン** 16画 **[奮]** 部首[大] 教育小6 JIS 4219
音 フン
訓 ふるう
ふるう。ふるいたつ。「感奮・興奮・発奮」「奮起・奮然」

**フン** 16画 **[▼濆]** 部首[氵] ／ 15画 [▼濆] 異体字 JIS 6325
音 フン
①ほとり。きし。みぎわ。②わく。ふく。水がふきだす。

**フン** 17画 **[▼糞]** 部首[米] JIS 4221
音 フン
①くそ。大便。対義 尿。「人糞・脱糞・馬糞」②きたないもの。けがれ。「糞土」

**フン** 24画 **[▼鱝]** 部首[魚]
音 フン
エイ。エイ目に属する軟骨魚。

**ふん**(感) ①同意したり理解したときの語。同輩や目下の者に対して用いる。うん。②冷たくあしらうときの語。へ。

**フン**[Huns] 中央アジアの騎馬民族。トルコ系・モンゴル系、あるいはその混成とされる。四世紀初め西方に移動を開始、民族大移動の契機をつくった。五世紀前半、アッチラが統一、大帝国を建設し、西ローマに侵入した。

**ブン** 4画 **[分]** 部首[刀] 教育小2 JIS 4212
音 ブン・フン・ブ
訓 わける・わかれる・わかる・わかつ
①わける。わかれる。対義 合。「区分・成分・二分」「分散・分離・分類・分裂」②わけた。わかれた。対義 本。「分館・分業・分家・分校」用例《接頭的》—教場。③身のほど。資格。地位。「親分・身分」「分限・分際」用例(名)—に過ぎる。《接尾的》兄弟—。④つとめ。きまり。「職分・本分」用例(名)—をつくす。⑤もちまえ。性質。「性分・天分」⑥一定の量。「過分・部分・余分」「分量」用例(名)ぼくの—。《接尾的》増加—。⑦ほど。様子。「気分・時分」用例(名)あの—では困る。↓ブ・フン[分]

**ブン** 4画 **[文]** 部首[文] 教育小1 JIS 4224
音 ブン・モン
訓 ふみ
①ことばをつづって、まとまったことがらをのべたもの。「悪文・単文・長文・複文・名文・論文」「文集・文章・文体」用例(名)—にいわく。《接尾的》解説—。抗議—。疑問—。②文法で、内容の上で一つのまとまりがあり、形の上でおわりをいいきっている一続きのことば。字でかく場合には、一般に、おわりに「。」をつける。「火事!」のような表現は、一語文ともよばれる。比較 文章。③人間の精神活動の産物。学問。芸術。対義 武。・理。「文化・文学・文芸・文物・文明」「文人・文壇」④文学のこと。「英文・国文」⑤あや。かざり。いろどり。「文飾」⑥文部省のこと。「文相」↓モン[文]

[文]
**文は人也** 文章は、筆者の人柄を表すものだ。The style is the man.
**文を属す** 文章を書く。

**ブン** 10画 **[▼蚊]** 部首[虫] 常用 JIS 1867 ／ 10画 [▼蚉] 異体字
音 ブン
訓 か
カ。ハエ目に属する昆虫。

**ブン** 14画 **[聞]** 部首[耳] 教育小2 JIS 4225

音ブン・モン
訓きく・きこえる

聞 聞 聞 聞 聞 聞

①きく。きこえる。比較聴。「外聞・旧聞・見聞・伝聞」②うわさ。評判。ニュース。「異聞・新聞・風聞・名聞」③きかせる。もうしあげる。「上聞」↓モン【聞】

**ブン**14画【▼駁】部首[馬]JIS 8141
音ブン・モン
ぶちのうま。いろいろの色の毛がまじった馬。

**ぶん**(接頭)《「打ち」の意の「ぶち」をさらに強めたもの》語勢を強める語。用例——なぐる。

**ぶん-あつ【分圧】** 混合気体の成分気体が、同じ温度のもとに、単独に混合気体全体の体積と同じ体積を占めたときの圧力。partial pressure

**ぶんあつ-の-ほうそく【分圧の法則】** ドルトンの法則の別名。

**ぶん-あん【文案】** 文書の下書き。草案。draft

●文永・弘安の役『蒙古襲来絵詞』より。宮内庁。

**ぶんあん【文安】** 室町中期の年号。嘉吉から改元。元年(一四四四)二月五日〜六年(一四四九)七月二八日。次に、宝徳に改元。

**ぶん-い【文意】** 文章の意味・内容。meaning of a passage

**ふんい-き【雰囲気】**《地球をとりまく空気・大気のことから》その場の気分。アトモスフィア。atmosphere 用例なごやかな——。

**ぶん-いった【聞一多】**(一八九九〜一九四六) 中国の詩人・学者。本名は聞家驊。湖北省生まれ。現代詩の創作、古典文学研究に業績を残した。詩集『紅燭』『死水』、詩文集『聞一多全集』。

**ふん-いん【分陰】** ちょっとした時間。寸陰。

**ぶん-いん【分院】** 病院・寺院などで、本院とは別に設けたもの。

**ぶん-うん【文運】** 学芸・文化の栄えていく勢い。cultural progress 用例——とみにさかんである。

**ぶんえい【文永】** 鎌倉中期の年号。弘長から改元。元年(一二六四)二月二八日〜一二年(一二七五)四月二五日。次に、建治に改元。

**ぶんえい-こうあん-の-えき【文永・▼弘安の役】** 鎌倉中期、二度にわたる蒙古軍の襲来。文永一一年(一二七四)、弘安四年(一二八一)の二度にわたり蒙古(=元)は大軍をもって北九州に来襲。いずれも失敗して退却。元寇。↓写

**ぶんえき-ろうと【分液漏斗】** 互いに混じらない二種類の液体を分け取るために用いる、ガラスコックと共栓のついた器具。separatory funnel ↓漏斗図

**ふん-えん【噴煙】** 火山・煙突からふき上げるけむり。smoke

**ぶん-えん【分煙】**(名・サ変他) 公共の場所や事務所などで、タバコを吸う人と吸わない人の席を分けたり、喫煙時間を定めたりすること。用例——の要求。

**ぶん-えん【文▼苑】** ①文壇。literary circles ②文集。

**ぶんえんえいが【文▼苑英華】** 中国、北宋の李昉らが勅命によって編纂した、梁代末から唐代までの詩文集。一〇〇〇巻。『文選』の続編を意図して編まれたもの。九八二年に成る。

**ぶんおう【文応】** 鎌倉中期の年号。正元から改元。元年(一二六〇)四月一三日〜二年(一二六一)二月二〇日。次に、弘長に改元。

**ぶん-おう【文王】**(生没年未詳) 中国、周王朝の基礎をつくった王。武王の父。太公望など人材を登用、陝西に勢力をはった。後世、理想的聖王として尊崇される。

**ふん-か【噴火】**(名・サ変自) 火山が活動して、溶岩・火山灰・水蒸気などをふき出すこと。eruption

**ぶん-か【分化】**(名・サ変自) ①生物の組織や器官の形・働きが特殊化して分かれること。生物の発生・成長の段階で、互いに区別のできない細胞の集まりがそれぞれ特別の器官や組織に変わる。differentiation ②仕事・学問などが複雑になり、細かく分かれていくこと。divide

**ぶん-か【分科】** 分けられた科目や業務。department 用例——会。

**ぶん-か【文化】** ①《cultureの訳語》㋐自然に働きかけて、人類の生活に役立たせる努力。㋑学問・芸術・宗教などの人間の精神活動の産物。技術的活動の所産をいう文明に対する語。対義自然。㋒世の中が開け進むこと。文明開化。②力によらず学問や徳で人民を教えみちびくこと。③江戸末期の年号。享和から改元。元年(一八〇四)二月一一日〜一五年(一八一八)四月二二日。次に、文政に改元。

**ぶん-か【文科】** ①文学・史学・哲学・法律学および経済学などの学科。department of liberal arts 対義理科。②文学部。department of literature

**ぶん-が【文雅】** 一(名) 詩文をつくり、たしなむ風流の道。二(名・形動) 詩文に親しみ、また巧みで、みやびやかなこと・さま。

**ふん-がい【憤慨】**(名・サ変自他) ひどく腹を立てること。indignation 比較悲憤・慷慨。

**ぶん-かい【分会】** 地域・職場などに分設された会。branch 対義本部。

**ぶん-かい【分解】**(名・サ変自他) ①部分に分けること。disjoint 対義組み立て。用例——掃除。②化合物が二種以上の物質に分かれること。decomposition 対義化合。

**ぶん-がい【分外】**(名・形動) 身分に過ぎること・さま。過分。

**ぶんか-いさん【文化遺産】** 人類が創造し継承してきた文化の総体。将来の文化の基礎となる。cultural heritage

**ぶんかい-せん【分界線】** 境目。boundary line

**ぶんかい-でんあつ【分解電圧】** 電気分解で、電極に電解生成物を析出させるのに必要な最小の電圧。decomposition voltage

**ぶんかい-ねつ【分解熱】** 化合物が、その構成成分である単体に分解するときの反応熱。その値は生成熱と絶対値が等しい。heat of decomposition 対義生成熱。

**ぶんかい-のう【分解能】** 光学機器で、対象物を識別できる限界を示す量。望遠鏡では識別できる限界の二点を見る角度で、顕微鏡では識別できる最短の二点間の距離で表す。resolving power

**ぶんか-えいが【文化映画】** 学問・教養に役立てる映画。記録映画・科学映画・社会教育映画など。cultural film

**ぶんか-かがく【文化科学】** ①《Kulturwissenschaftドイツの訳》一九世紀末にリッケルトらが提唱した学問分野。一般的な法則性を重視する自然科学に対し、価値や一回的個性に重きをおいた文化研究を行う。cultural science ②人文・社会科学。humane science; social science

**ぶんか-きって【文化切手】** 明治以後の学術・文化・芸術三分野の代表的人物の肖像を入れて発行された切手。

**ぶん-がく【文学】** ①言語を素材として思想や情緒や美的感動などを表現する芸術作品。形式からは韻文と散文、様式からは詩歌・戯曲・小説・随筆・批評など。文芸。literature ②文学①を研究する学問。literature ③文学②・語学・哲学・史学の総称。用例——部。④奈良時代の学問、とくに経学。

**ぶんがく-かい【文学界】** 一文学の世界。literary world 二文芸雑誌。①明治二六年(一八九三)創刊。北村透谷・島崎藤村らを中心に浪漫主義文学を展開。同三一年に廃刊。②昭和八年(一九三三)創刊。小林秀雄・武田麟太郎・林房雄らによる同人制。戦後は文藝春秋新社編集発行となる。

**ぶんがく-かくめい【文学革命】** 現代中国の初期に起こった白話(口語)文学の提唱と旧道徳打倒の運動。一九一九年の「五四運動」の中で、文学研究会や創造社などの文学団体を生み出し、新しい中国現代文学の成立を導いた。

**ぶんがく-けんきゅうかい【文学研究会】** 現代中国最初の文学団体。一九二〇年結成。茅盾・周作人ら多数の作家・評論家が参加し新文学を提唱。機関誌『小説月報』(一九二一〜三一年刊)。

**ぶんがく-ざ【文学座】** 劇団の一つ。新劇劇団のうちでもっとも長い歴史をもつ。昭和一二年(一九三七)久保田万太郎・岸田国士・岩田豊雄を顧問に結成。政治主義を排し、精神の娯楽の提供を理念とする。現在は杉村春子を中心に上演活動を続ける。

**ぶんがく-し【文学史】** 文学の歴史。作家・作品・思潮などを歴史的に位置づけたもの。history of literature

**ぶんがくしじょう-しゅぎ【文学至上主義】** すべての中で文学を最高のものとして、そのほかは犠牲にしてもよいという考え。

**ぶんがく-しゃ【文学者】** ①詩人・作家・文芸評論家などの総称。man of letters ②文芸を研究する人。literary man

**ぶんがく-しょう【文学賞】** すぐれた文学作品や作家に与えられる賞。国内を対象としたものと世界全体を対象としたものがあり、授賞主体も、国家・各種団体・出版社・新聞社などさまざまある。literary prize

**ぶんがく-せい【文学性】** 文学作品としてもつべき性質。

**ぶんがく-せいねん【文学青年】** ①文学を最上のものと考える青年。また、作家志望の青年。②軽薄な文学好きの青年。

**ぶんがく-てき【文学的】**(形動) ①文学作品の創作や鑑賞に関係あるさま。literary 用例——才能。②事実に即した表現をしないさま。あいまいな形容をするさま。rhetorical 用例——ない回し。

**ぶんがく-ろん【文学論】** 文学の起源・本質・機能などについての原理的な考察・理論。literary theory

**ぶんか-くんしょう【文化勲章】** 日本の文化の発達に関して、すぐれた業績のあった科学者・芸術家などに年一回与えられる勲章。昭和一二年(一九三七)から実施。↓勲章図

**ぶんか-けん【文化圏】** 言語・宗教・民俗などの文化現象によって、その性質と範囲が決定される地域。「文化領域」とほぼ同義。culture region

**ふんか-こう【噴火口】** 火山の噴火する口。火口。crater

**ぶんか-こうりゅう【文化交流】** 諸外国と文化面での交流をはかり、相互理解と友好を促進すること。cultural exchange

**ぶんか-こうろうしゃ【文化功労者】** 学問や芸術を通じて日本文化の発展向上につくしたと政府が認めた者。昭和二六年(一九五一)制定の文化功労者年金法に基づき、終身年金が支給される。person of cultural merits

**ぶんか-こっか【文化国家】** 文化の創造・維持・発展を理想とする国家。一九世紀ドイツで、警察国家や教権国家に対立する理念として成立。cultural nation

**ぶんか-さい【文化祭】** 大学・高校・中学などで、学生・生徒が中心となって、展示・講演・討論などをする行事。cultural festival

**ぶんか-ざい【文化財】** ①学術・芸術など高度の精神行為によって価値づけられた貴重な文化的遺産のこと。cultural assets ②日本で、文化財保護法の対象とされるもの。有形文化財・無形文化財・埋蔵文化財・民俗文化財・史跡名勝天然記念物・伝統的建造物群。cultural assets

**ぶんかざいほご-ほう【文化財保護法】** 文化財の保存と活用を図り、国民の文化の向上や世界文化の進歩に貢献することを目的としてつくられた文化財保護の総合的統一法。昭和二五年(一九五〇)制定。従来の「史跡名勝天然記念物保存法」「国宝保存法」「重要美術品等の保存に関する法律」などを統合。

**ふんか-ざん【噴火山】** 噴火している山。活火山。volcano



▼常用漢字表外。 ▽常用漢字表の音訓外。

**ぶんか-し【文化史】** 人類の歴史を、その精神活動(学問・芸術・宗教など)の諸相から見たもの。cultural history

**ぶんか-ししゅう【文化刺▼繡】** 専用の管針を用い、図案にそって絵を描くように刺していく刺繡。厚手の弾力ある布地にリリヤンなどの糸で刺す。hooking ↓写

**ぶんか-じゅうたく【文化住宅】** ①大正の後半から昭和にかけて流行した、和洋折衷住宅。多くは、玄関脇に洋風応接間をもつ。②第二次大戦後、関西地方で多く建てられた木造二階建ての棟割りアパートの俗称。

**ぶんかしゅうれいしゅう【文華秀麗集】** 平安初期の勅撰漢詩集。三巻。嵯峨天皇の命で藤原冬嗣や仲雄王らが弘仁九年(八一八)に編纂。『凌雲集』にもれた作品に新しい詩を加え、一二八人の詩一四八首(現存一四三首)を一一部門に分ける。

**ぶんか-しゅぎ【文化主義】** 社会の進歩の段階は文化の向上と発達によって決定されると主張し、文化の発達を重視する立場。文化至上主義。

**ぶんか-じん【文化人】** ①文化を身につけた、教養のある人。知識人。intellectual ②学術・芸術などにかかわる職業の人。professional devoted to art or science

**ぶんか-しんかろん【文化進化論】** 文化はいずれも一定の段階を経て発展するという立場。進化論の影響下にタイラーらが提唱。culture evolutionism

**ぶんか-じんるいがく【文化人類学】** 広義の人類学のうち、生活・思想・行動様式など、文化の側面から研究する分野。身体形質を研究する形質(自然)人類学に対する語で、主としてアメリカで使用。ヨーロッパの民族学と内容的には多く共通。cultural anthropology

**ぶんか-せっしょく【文化接触】** 異なる文化をもつ複数の集団・社会が、持続的・直接的な接触を行うこと。culture contact

**ぶんか-だいかくめい【文化大革命】** 一九六六年から七六年にかけて毛沢東の指導下に中国全土で展開された一大政治闘争。革命派は紅衛兵などを組織して実権派打倒の闘争を進め優位に立ったが、七六年毛沢東の死を機に革命派の中心であった江青以下の「四人組」が逮捕され、終結。プロレタリア文化大革命。文革。

**ぶんか-ちょう【文化庁】** 文化の振興と普及、文化財の保存と活用をはかり、宗教に関する行政事務を行う文部省の外局。昭和四三年(一九六八)発足。Agency for Cultural Affairs

**ぶんか-ちりがく【文化地理学】** 言語・地名・宗教・風俗習慣など、文化的諸現象に関する地理学。広義の人文地理学に属する。cultural geography

●文化刺繡

**ぶん-かつ【分割】**(名・サ変他) 分けて別々にすること。division

**ぶん-かつ【分轄】**(名・サ変他) いくつかに分けて管轄すること。division

**ぶんかつ-そうぞく【分割相続】** 相続の形態の一つ。共同相続人が相続財産をその相続分に応じて分割するもの。division of succession

**ぶんかつ-とうち【分割統治】** 反対勢力の結集を妨げるため、支配層が被統治者間の民族的・宗教的・経済的利害の対立をあおり、互いに抗争させ、それを利用して統治すること。帝国主義国の植民地支配でしばしば用いられた。divide and rule

**ぶんかつ-ばらい【分割払い】** 売買の決済を二回以上にわたって行う支払い方法。installment plan 対義 一時払い。

**ぶんか-てき【文化的】** ①文化を重んじるさま。②文化を活用しているさま。

**ぶんかでんぱ-せつ【文化伝▼播説】** 文化の歴史を説明するにあたって、文化の伝播を中心に考える立場。独立発生説と対置される。theory of culture diffusion

**ぶんか-とうそう【文化闘争】** ドイツ統一後の一八七〇年代、宰相ビスマルクが行った、反プロイセン的旧教徒に対する抑圧政策。

**ぶんか-の-ひ【文化の日】** 国民の祝日の一つ。一一月三日。もとの明治節。

**ぶんかぶんせい-じだい【文化文政時代】** 徳川一一代将軍家斉執政の、文化・文政年間(一八〇四～三〇)を中心とした時代。町人文化の隆盛期。文学の山東京伝・滝沢馬琴・式亭三馬・十返舎一九・大田南畝、絵画の葛飾北斎・安藤広重・円山応挙・司馬江漢・池大雅などの出た時期。化政時代。化政期。

**ぶんか-へんか【文化変化】** 人類の個別的文化が、長い時間の流れに沿って示す変動。culture change

**ぶんか-へんよう【文化変容】**《acculturation の訳》文化的に異なる集団の直接的持続的な接触の結果、いずれかの文化様式に変化を生じる現象。

**ふんか-ようしき【噴火様式】** 噴火の活動の仕方。爆発型・爆発溶岩混合型などで区分する。ハワイ式噴火・ブルカノ式噴火・プリニアン式噴火など。mode of eruption

**ぶんか-るいけい【文化類型】** 文化人類学の概念の一つ。ベネディクトの著書『文化の型』によって広まったもの。文化を文化要素の統合体として扱い、文化の特性は、要素の結びつけられ方の違いにあるとして、これを類型化したもの。cultural patterns

**ぶん-かん【分館】** 本館から分かれた建物。annex 用例 研究所の—。

**ぶん-かん【文官】** 軍事以外の行政事務を扱う官吏。文民。civil service 対義 武官。

**ぶんかんしりん【文館詞林】** 中国、初唐期に許敬宗らが勅命を奉じて、漢から唐に至る詩文を集めた書物。六五八年に成る。もと一〇〇〇巻あったが、中国では早くに散逸し、日本に伝来したものが現在二十余巻残存するのみ。

**ぶんかん-ゆうい【文官優位】**《civilian supremacy の訳語》文民統制の別称。

**ふん-き【噴気】** ガス・水蒸気をふき出すこと。また、ふき出すもの。fumes

**ふん-き【奮起】**(名・サ変自) ふるいたつこと。rouse oneself

**ふん-ぎ【紛議】**(名・サ変自) 議論がもつれること。もつれた議論。いざこざ。dissension

**ぶんき【文▼亀】** 室町末期の年号。明応から改元。元年(一五〇一)二月二九日～四年(一五〇四)二月三〇日。次に、永正に改元。

**ふんき-いちばん【奮起一番】**(名・副) さあやるぞ、と意気込むこと・さま。rouse oneself

**ふんき-こう【噴気孔】** 火山地帯にあり、ガスや蒸気などを噴出する穴。または割れ目。ガスの成分によって、硫気孔・炭酸ガス孔・蒸気孔などとよぶ。fumarole

**ぶんき-てん【分岐点】** 分かれ目。diverging point 用例 鉄道の—。人生の—。

**ふん-きゅう【紛糾】**(名・サ変自) 物事が、乱れもつれること。紛乱。complication 用例 —を招く。

**ぶんきゅう【文久】** 江戸末期の年号。万延から改元。元年(一八六一)二月一九日～四年(一八六四)二月二〇日。次に、元治に改元。

**ぶんきゅう-さよう【分級作用】** 土や砂が、水中での沈降速度の差によって、ふるい分けられる作用。classification

**ぶんきゅう-せん【文久銭】** 文久三年(一八六三)に江戸幕府が出した穴あきの銅銭。

**ぶん-きょう【文教】** ①学問・教育によって教化すること。その教え。education ②教育に関する行政。education

**ぶん-ぎょう【分業】**(名・サ変他) ①手分けして仕事をすること。工場などで、生産工程をいくつかに分け、各工程を分担して作業を行うこと。division of labor ②業務を専門ごとに分けること。separation 用例 医薬—。

**ぶん-きょうじょう【分教場】** 小・中学校で、本校から分かれて授業する所。過疎や交通不便などの辺地に設けられる。現在は分校という。branch school 対義 本校。

**ぶんきょう-ちく【文教地区】** 学校や図書館などの文教施設が集中している地区。文教上好ましくない娯楽施設などは法的に制限される。school zone

**ぶんきょう-の-ふ【文教の府】**(連語) 文教をつかさどる官庁。文部省のこと。the Ministry of Education

**ぶんきょうひふろん【文鏡秘府論】** 平安初期の詩学書。六巻。空海編著。弘仁一〇年(八一九)ごろ成立。六朝や唐の詩学書を総合整理し、詩文創作の重要規則を論じる。『文筆眼心抄』は本書の要約。

**ぶん-きょく【分極】** ①電気分解のさい、電極付近にイオン濃度の濃淡などが生じ、一時的に電解が阻害される現象。polarization ②原子や分子が双極子モーメントをもつ現象。polarization

**ふん-ぎり【踏ん切り】** 思い切り。決心。決断。decision 用例 —がつかない。

**ぶんきん-たかしまだ【文金高島田】** 日本髪の一つ。髷の根の位置の高い島田髷。江戸時代には御殿女中や未婚女性が、現在はおもに婚礼時に花嫁が結う。

**ぶん-ぐ【文具】** 学習や机まわりの作業に必要な諸道具。文房具。stationary

**ぶん-け【分家】**(名・サ変自) ①家族の一員が本家から独立して、新しく一家を創設すること。また、その建てた家。また、その家庭。②旧民法で、戸籍上、家から分離し、新しく別の籍をつくること。

**ふん-けい【刎▼頸】** ①首をはねること。②「刎頸の交わり」の略。用例 —の友。

**刎頸の交わり** その友人のためなら首をはねられてもいい、というほどの深いつきあい。類似 水魚の交わり。

**ふん-けい【▼焚刑】** 火あぶりの刑。火刑。burning at the stake

**ぶん-けい【文型】** 構造あるいは表現の性質によって分けられる、文の類型。sentence pattern

**ぶん-げい【文芸】** ㊀①ことばで表す芸術。詩・小説・戯曲などの総称。文学。literary arts ②文学と芸術。literature and arts ③学問と技芸。art and science ㊁昭和期の代表的文芸雑誌。昭和八～一九年(一九三三～四四)改造社より刊行。高見順・太宰治・織田作之助らの作品を掲載。第二次大戦後、河出書房より再刊される。

**ぶんげい-がく【文芸学】** 文芸の本質・様式・方法などを原理的に研究する学問。science of literature

**ぶんげい-きょうかい【文芸協会】** 坪内逍遥を中心とした演劇団体。小山内薫の自由劇場とともにわが国の新劇運動の端緒を開いた。明治三九年(一九〇六)島村抱月の立案により発足。広く文芸美術教育などを含めた文化活動を目的としたが、演劇部門のみ活動。大正二年(一九一三)解散。

**ぶんげい-こうわ【文芸講話】**《正式には「延安文芸座談会での講話」》一九四二年延安で開かれた座談会での毛沢東の講話。新しい人民文学の生まれる方向が提示された。

**ぶんげいじだい【文芸時代】** 文芸同人雑誌。新感覚派の拠点となった。大正一三年(一九二四)創刊。昭和二年(一九二七)廃刊。横光利一・川端康成らが感覚主義的手法による文学活動を展開。

**ぶんげいしゅんじゅう【文▼藝春秋】** 大衆総合雑誌。大正一二年(一九二三)菊池寛が文芸随筆誌として創刊。のち中間的読者層を対象とする総合雑誌へ転換した。芥川賞・直木賞発表の舞台でもある。

**ぶんげいしゅんじゅう【(株)文▼藝春秋】** 雑誌『文藝春秋』から発展した総合出版社。大正一二年(一九二三)菊池寛が創業。

**ぶんげい-せんせん【文芸戦線】** 文芸雑誌。大正一三年(一九二四)創刊、昭和七年(一九三二)廃刊。『種蒔く人』を継承。プロレタリア文学の源流となる。青野季吉・葉山嘉樹・黒島伝治らの創作を生んだ。

**ぶんげい-ふっこう【文芸復興】** ↓ルネサンス

**ぶんげいほう【文芸報】** 現代中国の文芸評論専門誌。一九四九年創刊。六六年停刊したが、七八年に復刊。

**ふん-げき【憤激】**(名・サ変自) ひどく怒ること。怒りが爆発すること。激怒。indignation

**ぶん-けつ【分▼蘖】**(名・サ変自) イネ科植物が、生育にともない根元に近い茎の節から新しい茎を分岐すること。株張り。ぶんげつ。tillering

**ぶん-けん【分遣】**(名・サ変他) 主とする所から分けて派遣すること。detach

**ぶん-けん【分権】** 権力・権限を一か所にまとめず、分散すること。decentralization of authority 対義 集権。用例 地方—。

**ぶん-けん【文献】**《「文」は書籍、「献」は賢者の意》①昔の制度・文物を知る頼りとなる文書。documents ②参考資料とする文書。documentary records ③書物。book

**ぶん-げん【分限】** ①身分。分際。one's social position ②法律上の地位・資格。one's legal position ③財力。財産家。ぶげん。wealth

**ぶん-げん【文言】** ①手紙や文章のことば。もんごん。contents of a letter ②中国で、文語のこと。対義白話。

**ぶんけん-がく【文献学】** 文献や古記録の成立の歴史や、原文の解釈・批判などについて研究をする学問。philology

**ぶんけん-かんり【分権管理】** 権限をできるだけ下部階層に組織的・体系的に委譲する管理方式。経営規模が拡大・複雑化している場合に有効。decentralized control

**ぶんけん-たい【分遣隊】** ほうぼうへ分けて出す小部隊。detachment

**ぶんけん-ちず【分県地図】** 日本全国を都道府県別にしてつくった地図。prefecture maps

**ぶんけんつうこう【文献通考】** 中国の古代より宋代までの制度・文物に関する書。元の馬端臨著。二四部門、三四八巻。一三一七年成立。唐の『通典』、宋の『資治通鑑』を範としたもの。元来は科挙の参考書。

**ぶん-こ【文庫】** ㊀①書物を入れておくくら。②書類や身の回りの小物を入れる箱。手文庫。③普及を目的とした小型の本。文庫本。④まとまった蔵書。用例学級―。㊁文芸雑誌。明治二八～四三年(一八九五～一九一〇)刊行。投書雑誌で、詩欄から詩人が輩出し「文庫派」を形成した。

**ぶん-ご【文語】** 対義口語。①書きことば。「話しことば」に対していう。②平安時代の語法を基礎とした文章語。

**ぶんご【▽豊後】** →ぶんごのくに(豊後国)

**ぶん-ごう【▼吻合】**(名・サ変自) ①物事がぴったり合うこと。符合。coincidence ②血管や神経が相互に連絡すること。また、互いに異なる部位、あるいは臓器間に直接・間接の連絡路を設けること。anastomosis

**ぶん-こう【分光】** 光を波長あるいは振動数の違いによってスペクトルに分解すること。spectrum

**ぶん-こう【分校】** 本校の一部を、離れた所に建てた学校。分教場。branch school 対義本校。

**ぶん-こう【聞香】**《維摩経の一節からの語。香は、「かぐ」といわないで「聞く」ということから》香をかぐこと。また、香道で、六国五味を鑑別すること。ききこう。もんこう。

**ぶん-ごう【文豪】** すぐれた作家・文学者。master writer

**ぶんこう-がく【分光学】** 物質が放射あるいは吸収する光の波長・強度などを測定し、その物質の構造や性質を研究する学問。spectroscopy

**ぶんこう-き【分光器】** 光を波長によって分解しスペクトルを得る装置。プリズム分光器、回折格子を使う格子分光器、干渉じまを利用する干渉分光器などがある。spectroscope

**ぶんこう-けい【分光計】** 分光器のうち光のスペクトルを、角度目盛りで測定できるようにした装置。波長や屈折率をきめる。spectrometer

**ぶんこう-こうどけい【分光光度計】** 物質による光の吸収または反射に基づくスペクトルを定量測定する装置。物質の定性・定量、分子構造の解明に利用。spectrophotometer

**ぶんこう-しさ【分光視差】** スペクトル線の強度比から求めた絶対等級と、実視等級の差から推定した恒星の視差のこと。恒星の距離決定の一方法。spectroscopic parallax

**ぶんこう-ぶんせき【分光分析】** 物質が放射・吸収する光のスペクトルを測定・解析して、物質の検出または組成決定をすること。spectrochemical analysis

**ぶんご-うめ【▽豊後梅】** ウメの変種。葉が大きく、花も大形で淡紅色の八重咲き。果実は径約五㎝、黄熟し、赤褐色の斑点がある。

**ぶんこう-れんせい【分光連星】** 星のスペクトル線のドップラー効果によるずれから、連星と確認されたもの。spectroscopic binary

**ぶん-こく【分国】** ①平安中期以後の知行国など。②室町・戦国時代の大名の領地。院の御分国、源頼朝の関東御分国

**ぶんこく-ほう【分国法】** 戦国大名が領国支配のために発布した法令。各領国ごとにそれぞれ独自の法令を定めたが、基本的には御成敗式目を中心とする幕府法を継承。大内家壁書、今川仮名目録、伊達氏の塵芥集、武田氏の信玄家法など。家法。戦国家法。

**ぶんご-すいどう【▽豊後水道】** 大分県南東部の海岸と愛媛県西部の海岸の間、瀬戸内海と太平洋を結ぶ海域。両岸は典型的なリアス式海岸。

**ぶんご-たい【文語体】** 文語で書かれた文章の様式。

**ぶんごたかだ【▽豊後高田】**〈市〉大分県北東部の市。国東半島西部の商業中心地で、農林業もさかん。旧城下町で、石仏など仏教遺跡で知られる。人口二万三五五(一九八八)。

**ぶん-こつ【分骨】**(名・サ変他) 遺骨を、二か所以上に分けて納めること。また、その骨。

**ふんこつ-さいしん【粉骨砕身】** 力のかぎり努力すること。do one's best

**ぶんご-の-くに【▽豊後国】** 旧国名。現在の大分県の大部分。西海道の一国。「延喜式」では上国、八郡。国府・国分寺はともに大分市。明治四年(一八七一)廃藩置県により大分県。豊州。豊後。

**ぶんご-ぶし【▽豊後節】** 浄瑠璃の一流派。宮古路豊後掾が始め、享保一五年(一七三〇)ごろ江戸で大流行したが、幕府から禁止された。常磐津節・富本節・清元節を派生、その芸風は新内節に残る。

**ぶんご-ぶん【文語文】** 対義口語文。①文語で書いた文章の総称。漢文訓読文・変体漢文・候文・擬古文・和漢混交文など。②明治前半期の文語で書かれた文章。雅文・漢文直訳文・普通文など。

**ぶんご-ぶんぽう【文語文法】** 文語文の文法。平安時代の和文を基礎とする。対義口語文法。

**ぶんこ-ぼん【文庫本】** 一定の装丁のもとに継続刊行される小型で安価な叢書。A6判が多い。文庫。pocket book

**ぶんこ-むすび【文庫結び】** 女帯の結び方。蝶結びの左右の羽根を下に向けたもの。半幅帯でゆかたや羽織下に、袋帯で振り袖などに結ぶ。→写

●文庫結び

**ふん-さい【粉砕】**(名・サ変他) ①固体を細かく砕いて小さい粒子にすること。grind ②徹底的に相手を打ち負かすこと。annihilate

**ふん-ざい【粉剤】** こなになった薬剤。powdered medicine 対義液剤。

**ぶん-さい【文才】** よい文章を書く才能。literary talent

**ぶん-ざい【分際】**《しかるとき、けんそんするときにいう》身のほど。身分。one's social position 用例学生の―でなにごとか。

**ふんさい-き【粉砕機】** →はさいき(破砕機)

**ぶん-さつ【分冊】**(名・サ変他) 一部の書物を幾冊かに分けること。分けたもの。separate volume

**ぶん-さん【分散】**(名・サ変自) ①分かれて散らばること。分けて散らすこと。scatter ②物理で、光や音の波動が、振動数のちがいによって、ちがった屈折をして分かれる現象。dispersion ③統計で、集団全体の平均値からの散らばりの度合いを表す値。標準偏差とともによく用いられる。variance ④《近世に用いた》破産。

**ぶんさんせい-せんりょう【分散性染料】** 水中に分散剤によって微粒子状に分散し、固溶体の形で溶解して繊維を染める染料の総称。アゾ系・アントラキノン系のものが多い。合成繊維用に広く使用される。disperse dye

**ふん-し【憤死】**(名・サ変自) ①怒りのあまり死ぬこと。die of indignation ②野球で、ランナーが惜しくもアウトになること。

**ぶん-し【分子】** ①物質を構成するもので、その化学的性質を失わない最小の単位。いくつかの原子が化学結合で結びついたもの。molecule ②団体を組織している構成員。element 用例不良―。③分数や分数式で、割られる部分。除号を表す横線の上部に書かれる。numerator 対義分母。

**ぶん-し【分肢】** いくつかに分かれた、それぞれの部分。branch

**ぶん-し【分枝】**(名・サ変自) 植物が、枝を分かつこと。枝分かれすること。branching

**ぶん-し【分詞】**《participleの訳語》インド-ヨーロッパ語族で、動詞の変化した形。おもに形容詞の働きをする。

**ぶん-し【文士】** 文筆を業とする人。とくに、小説家。作家。literary man 比較文人。用例―劇。

**ぶん-じ【文事】** 学問・芸術に関する事柄。対義武事。

**文事有る者は必ず武備有り**(ぶんじあるものはかならずぶびあり) 文武は、一方に偏らないようにすべきである。

**ぶん-じ【文治】** ①↓ぶんち(文治)。②鎌倉初期の年号。元暦から改元。元年(一一八五)八月一四日～六年(一一九〇)四月一一日。次に、建久に改元。

**ぶん-じ【文辞】** ①文章と辞句。②文章。

**ぶんし-いでんがく【分子遺伝学】** 遺伝現象を分子レベルで解明しようとする学問。DNA・RNAによるたんぱく質合成の過程の研究が中心。molecular genetics

**ぶんし-うん【分子雲】** 星間分子を多く含む星間雲。星形成の場と考えられる。molecular cloud

**ぶんし-うんどう【分子運動】** 物質を構成している個々の分子がたえず行っている運動。並進・回転・振動の三種に分類でき、物質の性質や温度・圧力が説明できる。molecular movement

**ぶんし-かごうぶつ【分子化合物】** 分子が複数結合してつくる化合物。molecular compound

**ぶんしかん-りょく【分子間力】** 二個の分子の間に働く力。至近距離で作用する斥力と、比較的遠くでも作用する引力がある。intermolecular force

**ぶんし-けっしょう【分子結晶】** 分子が集まってつくる結晶。分子間力は比較的弱く、熱すると容易に融解する。昇華性をもつ。蔗糖・パラフィンなど。molecular crystal

**ぶんし-しき【分子式】** 化学式の一つ。元素記号を用いて分子を構成する原子とその数を表した式。molecular formula

**ぶんし-じょうりゅう【分子蒸留】** 高度の真空状態で行う蒸留法。高沸点の物質や、熱に不安定な物質の精製や濃縮に利用。ビタミンAの濃縮など。molecular distillation

**ぶんし-しんか【分子進化】** 生体内にある核酸やたんぱく質が長い時間をかけて進化する過程。molecular evolution

**ぶんし-スペクトル【分子スペクトル】** 分子が放出あるいは吸収する光のスペクトル。帯スペクトル。molecular spectrum

**ぶんし-せいぶつがく【分子生物学】** 生命現象を分子レベルで解明しようとする学問。molecular biology

**ぶんし-せつ【分子説】** 気体はいくつかの原子が集まってできた分子という粒子からなるという考え方。アボガドロが一八一一年に発表し、アボガドロの法則の基になった。molecular hypothesis

**ぶんしちもっとい【文七▽元▽結】** 落語の題名。三遊亭円朝の作。左官屋の長兵衛が、娘を売った五〇両を見ず知らずの鼈甲問屋の手代文七の命を助けるためにやってしまうことから、はなしが展開する人情噺。歌舞伎化もされた。

**ふん-しつ【紛失】**(名・サ変自他) まぎれてなくすこと。なくなること。loss 用例―物。

**ぶん-しつ【分室】** ①いくつかに分かれた小部屋。room ②本部などから分かれてつくられた事務所。branch office

**ぶんしつ-ひんぴん【文質▼彬▼彬】**(形動タル) 内容と形式の調和がとれて、ともにすぐれているさま。

**ぶんし-どけい【分子時計】** ヘモグロビンなどのたんぱく質のアミノ酸配列の違いから、各種動物の進化の度合いや生物の分岐した年代を推定するとき、その比較に使った分子中の部分をいう。molecular clock

**ぶんし-ねつ【分子熱】** 物質一モルのもつ熱容量。物質の比熱に分子量をかけたものに等しい。熱量計で測定する。molecular heat

**ぶんし-ぶんこうがく【分子分光学】** 分子に関係ある分光学的な諸現象を研究する学問の一分野。分子の回転・振動状態などの研究に応用。molecular spectroscopy

**ぶんし-もけい【分子模型】** 分子の立体的な原子の配列を原子球または多面体で表し、これらの結合を棒などで示したもの。分子モデル。molecular model →図

**ふん-しゃ【噴射】**(名・サ変自他) 勢いよくふき出させること。勢いよくふき出ること。jet 用例ロケットの―。

**ぶん-しゃ【分社】** 本社の神霊を分けて祭った神社。branch shrine 対義本社。

**ぶん-じゃく【文弱】**(名・形動) 文事にふけって、気風の弱々しいこと・さま。用例―に流れる。

**ぶん-しゅう【分衆】**《広告業界の用語。分割された大衆、の意》画一的にとらえられていた「大衆」が、それぞれ個性的な存在に分かれ始

●分子模型

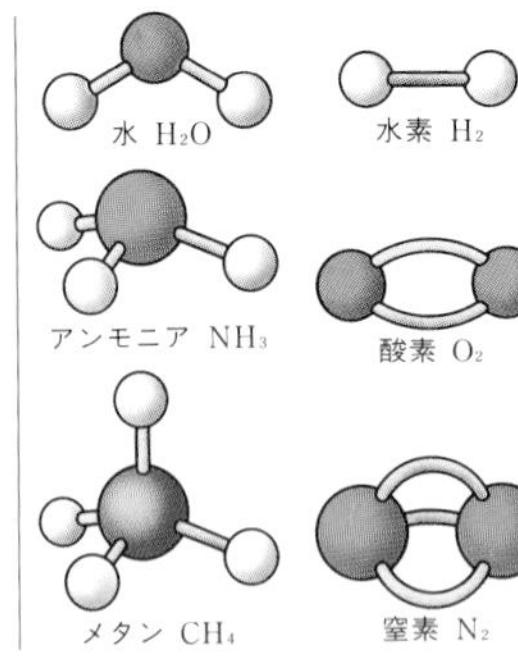


め、それに対応したマーケティングが必要という考え方から生まれた語。昭和六〇年(一九八五)の造語。対義大衆。

**ぶん-しゅう【文集】** 詩や文章を集めたもの。collection of writings 用例卒業—。

**ぶんしゅう-りん【分収林】** 土地所有者と造林者が別で、収益を両者で分ける契約で営まれている森林。部分林・官営造林など。

**ぶん-しゅく【分宿】**(名・サ変自) 一つの団体が、複数の宿所に分かれて宿泊すること。put up at other hotels

**ふん-しゅつ【噴出】**(名・サ変自他) 勢いよくふき出すこと。ふき出ること。gushing 用例温泉が—する。

**ぶん-しゅつ【分出】**(名・サ変自) わかれて出ること。

**ふん-しょ【▼焚書】** 学問・思想を弾圧するため、書物を焼き捨てること。book burning

**ぶん-しょ【分署】** 本署に付属し、他の場所におかれた役所。substation 対義本署。

**ぶん-しょ【文書】** 文字で書いた物。書付。書類。もんじょ。document 数え方一通・一本・一札。

**ふん-じょう【粉状】** こなのようになっている状態。powdery

**ふん-じょう【紛▼擾】**(名・サ変自) ごたごたすること。もめごと。紛乱。紛糾。

**ぶん-しょう【分掌】**(名・サ変他) 仕事を手分けして受け持つこと。division of duties 比較分担。用例事務—。

**ぶんしょう【文正】** 室町中期の年号。寛正(かんしょう)から改元。元年(一四六六)二月二八日～二年(一四六七)三月五日。次に、応仁(おうにん)に改元。

**ぶん-しょう【文相】** 文部大臣の通称。

**ぶん-しょう【文章】** ①文が集まって全体で一つのまとまりをもったもの。sentence 比較文。②書きことばとしての表現。writings 対義談話。③散文。prose ④かざり。あや。figure 数え方一編・一文・一章・一節・一行。

**文章は経国の大業、不朽の盛事**(ぶんしょうはけいこくのたいぎょう、ふきゅうのせいじ) 文章は、国を治めるほどの大業であり、永遠に伝えられるものであるということ。

**ぶん-じょう【分乗】**(名・サ変自) 分かれて乗ること。ride separately 用例三台のタクシーに—する。

**ぶん-じょう【分譲】**(名・サ変他) いくつかに分けてゆずること。sale in lots 比較割譲。

**ぶんしょうきはん【文章軌範】** 中国、宋末につくられた科挙受験生のための模範文集。謝枋得(しゃぼうとく)編。七巻。韓愈(かんゆ)・欧陽修(おうようしゅう)ら唐宋の古文を主として集め、評語を付記する。日本でも江戸時代に流行した。

**ぶんしょう-ご【文章語】** 文章を書くときに用いることば。書きことば。written language 対義談話語。

**ぶんじょう-じゅうたく【分譲住宅】** 個々に分割して売却される住宅。マンション分譲と、一戸建て土地付き分譲がある。

**ぶんしょうせかい【文章世界】** 文芸雑誌。博文館発行。明治三九年(一九〇六)創刊。大正九年(一九二〇)廃刊。初めは文芸投書雑誌だったが、主筆田山花袋(たやまかたい)の影響で、自然主義作家の創作を主体とする雑誌となった。

**ぶんしょうぞうし【文正草子】** 室町時代の御伽(おとぎ)草子。作者未詳。鹿島(かしま)大宮司の下男文太が成功して富豪となり、二人の娘は貴族の北の方や妃になる。庶民勃興(ぼっこう)の世相を反映した立身談。

**ぶんじょう-ち【分譲地】** 広い地域をいくつかに区切って、一区画ずつ売却される土地。

**ぶんしょう-ほう【文章法】** 文のつくり方。syntax

**ぶんしょぎぞう-ざい【文書偽造罪】** 権限のない者が他人名義の文書を作成、または変更を加え、あるいは権限のある者が真実の内容と違う文書を作成する罪。forgery of documents

**ふん-しょく【粉食】** 小麦粉などのこなを材料にした食品をたべること。また、その食べ物。パン・うどん・そばなど。powdered food 対義粒食(りゅうしょく)。

**ふん-しょく【粉飾・▼扮飾】**(名・サ変他) よく見せようと、うわべをかざること。embellishment

**ぶん-しょく【文飾】**(名・サ変他) ①文章をかざること。rhetorical flourishes 用例—し過ぎて実感がない。②いろどり。かざり。ornament

**ふんしょく-けっさん【粉飾決算】** 企業の資産内容や経営成績を実際よりよくみせるために、貸借対照表や損益計算書の数字をごまかして発表する決算。window dressing settlement 比較逆粉飾。

**ふんしょ-こうじゅ【▼焚書坑儒】** 中国、秦(しん)の始皇帝(しこうてい)の行った思想弾圧。紀元前二一三年丞相(じょうしょう)李斯(りし)の建策により、官の記録・医薬・占卜(せんぼく)・農書以外の書をすべて焼かせ、翌年、儒生・方士ら四百六十余人を捕らえて生き埋めにして殺した。

**ぶんし-りょう【分子量】** 炭素原子の質量を一二としたときの、分子の相対的な質量。分子式が知られているときは、分子をつくっているすべての原子の原子量の総和として得られる。molecular weight

**ふん-しん【分針】** 時計の、分を示すはり。長針。minute hand 対義時針・秒針。

**ふん-じん【粉▼塵】** ①こなのようなこまかいちり。dust ②大気中に含まれるごく小さい石灰などの粒子。大量吸入で、じん肺・気管支炎・肺癌(はいがん)などを起こすことがある。particulate

**ふん-じん【奮迅】** 激しい勢いでふるいたつこと。bestir oneself 用例獅子(しし)—の勢い。

**ぶん-しん【分身】** ①あるものから、それとそっくりの形・性質などを受けついで、分かれ出たもの。other self 用例親の—であるわが子。②《仏教語》仏が衆生(しゅじょう)を救うために、姿を変えて現れること。化身(けしん)。ふんじん。

**ぶん-しん【文身】** からだに彫り物をすること。入れ墨。tattoo

**ぶん-じん【文人】** ①文事に携わる人の総称。対義武人。②文雅の道に携わる人。比較文士。

**ぶんじん-いけ【文人生け】** 華道の様式の一つ。一八世紀末から一九世紀にかけて興ったもので、今日の瓶華(へいか)に似たもの。

**ぶんじん-が【文人画】** 中国の文人士大夫(したいふ)が余技として描いた絵。水墨による山水画様式。明(みん)代では南宗画(なんしゅうが)と文人画はほぼ同義となる。日本では江戸中期に導入され、「南画」として発展した。

**ぶんしんちょうりょう【文心▼雕▽竜】** 中国の文学評論書。南北朝の梁(りょう)の劉勰(りゅうきょう)著。一〇巻五〇編。中国最初の体系だった文学評論書。文学の原理・文体・修辞・創作方法・作家の精神生活と作品の関係を論じる。

**ぶんじん-ぼっかく【文人墨客】** 文人や画家などの風流人。

**ふん-すい【噴水】** ①水がふき出すこと。fountain ②人工的に水を噴出させる装置。また、噴出する水。fountain

**ぶん-すい【分水】**(名・サ変自他) 水の流れが分かれること。川の水を分けること。また、分かれ出た水。diversion of water 用例—路。

**ぶんすい【分水】**〈町〉 新潟県中部、信濃(しなの)川と大河津(おおこうづ)分水路の分岐点にある町。稲作が主で、桜の名所として知られる。人口一万六〇三六(一九八八)。

**ぶんすい-かい【分水界】** 隣接する二つ以上の流域の境界。一般に稜線(りょうせん)に沿う。分水線。divide; watershed

**ぶんすい-き【分水器】** 水道本管から各住宅へ、水道管を引き込むさいに使われる器具。corporation cock

**ぶんすい-れい【分水▼嶺】** 分水界となっている山の尾根。オーストラリアのグレートディバイディング(大分水嶺)山脈が有名。watershed

**ぶん-すう【分数】** 整数 $a$ を0でない整数 $b$ で割った商を $a/b$ で表したもの。$a$ を分子、$b$ を分母という。fraction 対義整数。

**ぶんすう-かんすう【分数関数】** 変数の分数式で表される関数。fractional function

**ぶんすう-しき【分数式】** 二つの整式A、Bに対して、Bが0でないとき、A/Bを分数式という。fractional expression

**ふん・する【▼扮する】**(サ変自) ①よそおう。変装する。disguise oneself ②役者がその役の姿になる。play the role of 用例ロミオに—。

**ぶん-せい【文政】** ①教育・文化に関係する政策。②江戸末期の年号。文化(ぶんか)から改元。元年(一八一八)四月二二日～一三年(一八三〇)一二月一〇日。次に、天保(てんぽう)に改元。

**ぶんせい【文清】**(生没年未詳) 室町中期の画僧。周文(しゅうぶん)流の水墨画を得意とする。作品『山水図』『維摩居士(ゆいまこじ)像』など。

**ぶん-せい【文勢】** 文章の勢い。

**ぶんせい-し【分生子】** 菌類の菌糸にできる無性胞子の一般名。菌糸(きんし)が特別に分化した柄の上に生じ、形は球・楕円(だえん)・線形などさまざま。分生胞子。conidium

**ふん-せき【▼糞石】** ①動物の糞が石化したもの。地質時代の動物の糞が地層中に保存された「糞の化石」も含める。動物の活動の記録として重要で、食性の推定に有効。coprolite ②虫垂内にできる結石。虫垂炎や虫垂の屈折によって、糞と石灰塩などが沈着してできたもの。腸石。enterolith

**ぶん-せき【分析】**(名・サ変他) ①事物や概念を、その多様な構成要素に分解して明らかにすること。アナリシス。analysis 対義総合。②化学的・物理的な方法で物質の組成を明らかにしたり、物質の検出・識別を行うこと。analyze 用例定量—。

**ぶん-せき【文責】** 書かれてあるその文章についての責任。responsibility for the wording of an article 比較言責。

**ぶんせき-かがく【分析化学】** あらゆる物質を研究対象として検出・識別し、その化学組成を知る方法と理論を探究する化学。analytical chemistry

**ふんせき-きゅう【噴石丘】** 火山砕屑丘(さいせつきゅう)の一種で、おもにスコリア(＝岩滓(がんさい))質の砕屑物からなるもの。中程度の爆発的噴火により、火口周辺に形成される。cinder cone

**ぶんせき-ざいきしゃ【文責在記者】**(連語)《雑誌などで、談話を記者がまとめた文章に添える語》この文章の内容についての責任は記者にあって、話し手にはない。

**ぶんせき-しんりがく【分析心理学】** ユングが創始した深層心理学。無意識を個人的な無意識と普遍的無意識に分け、普遍的無意識の内容を、主として夢分析を通じて意識化する個性化の過程を重視する。analytical psychology

**ぶんせき-てき【分析的】**(形動) ①分析するさま。analytical 用例—研究。②分析にこだわって、総合を忘れるさま。

**ぶんせき-てつがく【分析哲学】** 現代哲学の主流の一つ。言語の意味や用法などの分析から哲学の問題を解こうとする、さまざまな哲学の総称。論理実証主義に対する批判から出てきたもので、第二次大戦後に一般化。アメリカの人工言語学派と、イギリスの日常言語学派に大別される。analytic philosophy

**ぶんせき-はんだん【分析判断】**《カントの用語。das analytische Urteil(ドイツ)の訳語》哲学で、主語の示す概念と述語の示す概念とが結びついても、新しい知識のつけ加えられない判断。対義総合判断。

**ぶん-せつ【分節】** ①調音の別称。②《マルチネの用語》言語学で、言語活動を分析するさいに、ある語形に結びつく共通の単位として記号素を取り出すこと、および、記号の能記の分析により音素を抽出すること。それぞれ、第一次分節、第二次分節という。articulation

**ぶん-せつ【文節】** 文における構成要素の一つ。文を意味上・発音上、不自然でない程度に分解した場合の、いちばん小さな単位。「白い・花が・咲く」は三文節からなる文。文素。語節。参照文の成分・自立語・付属語。

**ふんせつ-か【噴雪花】** ユキヤナギの異名。

**ふん-せん【噴泉】** ①噴水。②噴出するわき水や、地上にわき出る地下水・鉱泉。

**ふん-せん【奮戦】**(名・サ変自) 力いっぱい戦うこと。desperate fight

**ふん-ぜん【紛然】**(形動トタル) いりまじって、ごたごたしているさま。

**ふん-ぜん【憤然・▼忿然】**(形動トタル) むっとして怒るさま。indignant 用例—として席を立つ。

**ふん-ぜん【奮然】**(形動トタル) ふるい立つさま。resolute 用例—として敵に立ち向かう。

**ぶん-せん【文選】** 活版印刷で、植字の前工程として活字を原稿どおりに拾い出す作業・人。type-picking 比較植字(しょくじ)。

**ブンゼン[Robert Wilhelm Bunsen]**(一八一一〜一八九九) ドイツの化学者。セシウム・ルビジウムを発見。ブンゼン電池の製作、ブンゼン-バーナーの発明、分光分析法の完成など。

**ふんせん-とう【噴泉塔】** 温泉の噴出口の周囲にできる塔状の沈殿物。間欠泉に多くみら

れる。炭酸カルシウムや珪酸で構成されている。sinter cone

**ブンゼン-とう【ブンゼン灯】**↓ブンゼンバーナー

**ブンゼン-バーナー【Bunsen burner】**一八五〇年ごろドイツのブンゼンが発明した実験室用ガスバーナー。ブンゼン灯。

**ぶん-そ【文素】**↓ぶんせつ(文節)

**ふん-そう【▾扮装】**(名・サ変自) 身なりや顔を変えること。また、その変えた姿。makeup; disguise

**ふん-そう【紛争】** あらそい。もめごと。ごたごた。conflict [用例]学園—。

**ぶん-そう【文藻】** ①詩文の才能。文才。[用例]—豊か。②文章のあや。③物のあや。いろどり。模様。

**ふんぞう-え【▾糞掃▿衣】**《仏教語》ぼろぎれを縫い合わせてつくった僧衣。

**ぶん-そうおう【分相応】**(名・形動) 身分・実力にふさわしいこと・さま。within one's means [対義]過分。

**ぶん-そく【分速】** 一分間に進む距離で示した速さ。speed per minute

**ふんぞり-かえ・る【踏ん反り返る】**(五自)《「踏み反り返る」の転》①足を前につっぱって反り返る。②いばる。いばった態度をとる。be haughty

**ぶん-そん【分損】** 保険をかけている対象物がこうむる損害のうち、部分的な損害。partial loss [対義]全損。

**ふん-たい【粉▾黛】** ①おしろいとまゆずみ。化粧。②美人。[用例]六宮の—、顔色なきが如し(白居易・長恨歌)。

**ぶん-たい【分隊】** ①本隊から分かれた隊。分遣隊。detachment ②軍隊の最小単位。squad; division

**ぶん-たい【文体】** ①文章の形式。口語体・文語体、散文体・韻文体など。②個々の文章における書き手の文章のスタイル。語彙・文法・表現の型・表記上の特徴などに現れる。

**ぶん-だい【文台】** 高さ一〇cm前後で長方形の小机。連歌・和歌・俳諧の席で懐紙や短冊をのせる。また、書き物にも用いる。ふだい。

**ぶん-だい【文題】** 作文の題目。文章の表題。subject

**ぶんたいめいべん【文体明弁】** 中国の詩文の文体例集。明代の徐師曾撰。一五七〇年成立。詩文の例をあげて文体を論じた書。

**ふんたい-りゅう【粉体流】** 地震や噴火などで崩れ落ちた大量の土砂や岩石が、水を含まずに乾燥状態で山からなだれ落ちる現象。[参照]土石流。

**ぶんたい-ろん【文体論】** 文体についての理論・研究。stylistics

**ブンタウ-みさき【ブンタウ岬】**(Vung Tou) ベトナム南東部、ホーチミン市南東七〇kmにある岬。サイゴン港への入り口。旧称サンジャック岬。

**ふん-だく・る**(五他)《俗語》乱暴に奪い取る。ひったくる。

**ふんだり-けったり【踏んだり▾蹴ったり】**(連語) ひどい仕打ちが重なること。give a hard time of it [用例]—の仕打ち。

**ふん-たん【粉炭】** つぶ状・こな状の石炭。dust coal

**ふん-だん**(形動)《「ふだん(不断)」の転》豊かなさま。多いこと。たくさん。plentifully [用例]品物が—にある。

**ぶん-たん【分担】**(名・サ変他) 仕事・費用・責任などを分けて受け持つこと。partial charge [比較]分掌。

**ぶん-たん【文▾旦】** ザボンの別名。

**ぶん-だん【分団】** ①本部から分けて設けられた小さな集団。branch [対義]本部。②細かく分かれた集団。branch

**ぶん-だん【分段】** 物事の区切り。区別。段落。

**ぶん-だん【分断】**(名・サ変他) 細かく断ち切ること。寸断。divide into sections [用例]—された交通網。

**ぶん-だん【文壇】** 文士の社会。文学界。literary world

**ぶんだん-こっか【分断国家】** 第二次大戦後の冷戦のもとで、民族・国民の意思に反して領土を引きさかれ、分断状態になった国家。東西ドイツなど。split country

**ぶんだん-しょうじ【分段生死】**《仏教語》迷いの世界にいる衆生がうける生死の繰り返し。限定された寿命や身体を与えられて、六道に輪廻すること。[対義]変易生死。

**ぶん-ち【分地】**(名・サ変自) 土地を分けること。また、その土地。

**ぶん-ち【文治】** 学問や法制の力で世をおさめること。ぶんじ。[対義]武断。

**ぶん-ち【聞知】**(名・サ変他) 聞いて知ること。聞いていること。

**ぶんち-しゅぎ【文治主義】** 武力を背景に政治を行う武断政治に対し、教化または法令による政治を行うこと。中国漢代に儒教が国教となって以来、起こる。

**ぶんち-せいげんれい【分地制限令】** 江戸幕府が出した、農地の分割相続を制限した法令。農民の零細化による年貢滞納を防ぐことが目的。

**ぶん-ちゅう【文中】** ①文や文章の中。in the sentences ②日本の南北朝で、南朝の年号。建徳から改元。元年(一三七二)四月?日～四年(一三七五)五月二七日。次に、天授に改元。

**ぶんちゅうし【文中子】** 中国、隋の儒者王通の著書。『論語』を模して儒教の伝統的道徳思想を説いたもの。中説。

**ぶん-ちょう【文鳥】** カエデチョウ科の飼い鳥。翼長約七cm。嘴は太く、淡紅色。人になれやすく、巣引きも容易で広く飼われる。東南アジア・中国南部の原産。Java sparrow ↓[図]

●ブンチョウ

**ぶんちょう【文▾晁】**↓たにぶんちょう(谷文晁)

**ぶん-ちょうめい【文徴明】**(一四七〇～一五五九) 中国、明代中期の文人・書家・画家。名は璧。徴明は字。号は衡山。山水画を得意とし、呉派の南宗画風を確立。明四大家の一人。

**ぶん-ちん【文鎮】** 文房具の一つ。紙・書物の上に置いて、おさえにするもの。paperweight ↓[写]

●文鎮

**ぶん-つう【文通】**(名・サ変自) 手紙などをやりとりすること。correspondence

**ぶんづけ-ひゃくしょう【分付(け)百姓】** 江戸時代の下層農民の一種。検地帳に「…分…作」と記載された下層農民のこと。年貢請負の義務を有する分付主(=本百姓)の名義の田畑を、実際に耕作する小農民。

**ふん-づ・ける【踏ん付ける】**(下一他)「踏みつける」の転。

**ふん-づまり【▾糞詰(ま)り】**《俗語》便秘。秘結。constipation

**ぶん-てい【文帝】**(五四一～六〇四) 中国、隋の建国者(在位五八一～六〇四)。廟号は高祖。名は楊堅。北周の外戚として実権を握り、静帝の禅譲を受けて即位。五八九年陳を滅ぼし南北朝を統一。諸制度を整備し中央集権を強化。

**ぶん-てん【文典】** 文法の本。grammar

**ぶん-てん【文展】**《「文部省美術展覧会」の略》明治四〇年(一九〇七)設置された美術総合展。第二次大戦後の日展はその後身。

**ぶん-てんしょう【文天祥】**(一二三六～八二) 中国、南宋末の忠臣。一二七五年義軍をおこして元軍にあたり、南宋室滅亡ののちも抗戦を続けたが、捕虜となり獄死。獄中の作『正気歌』は有名。

**ぶんでん-ばん【分電盤】** 配電盤の一つ。屋内配線の幹線から分岐する回路の分岐点に取りつけられる配電盤。distribution switchboard

**ふん-ど【憤怒・▾忿怒】**(名・サ変自) ひどくいかること。ふんぬ。rage

**ふん-ど【▾糞土】** ①悪い土。②役に立たないもの。

**糞土の牆は杇る可からず**《『論語』にある語。悪い土でつくった塀は、塗り直すことができない、の意から》怠け者は教育するかいがない。

**ブント【Wilhelm Wundt】**(一八三二～一九二〇) ドイツの心理学者・哲学者。科学としての心理学をめざし、実験心理学を確立した。

**ぷん-と**(副) ①臭気や香気が突然におってくるさま。get a whiff of ②ふくれっ面をして怒って黙るさま。angrily

**ふん-とう【奮闘】**(名・サ変自) 力をふるって戦うこと。奮戦。hard fighting [用例]孤軍—。

**ふん-どう【分銅】** ①はかりなどで物の重さを測るときに重さの基準として用いるおもり。weight ②①の形の金銀塊。貯蔵用。③紋所の名。①を紋章化したもの。↓[図]

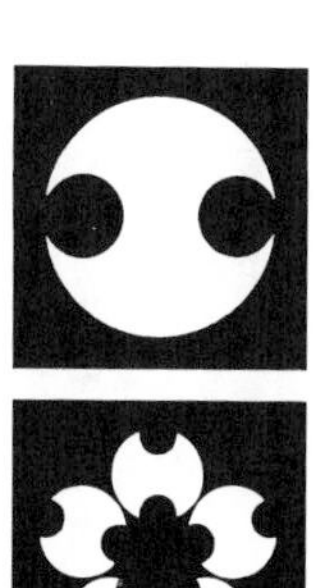

●分銅③

**ぶん-とう【文頭】** 文のはじめの部分。the beginning of a sentence [対義]文末。

**ぶんどう【文同】**(一〇一八～七九) 中国、北宋の文人・画家。字は与可。在任地にちなんで文湖州とよばれる。文人画としての墨竹図の祖型をつくった。

**ぶんどう-しゅんかい【▿豊道春海】**(一八七八～一九七〇) 書家。栃木県生まれ。天台宗大僧正。日展五科(書)を創設。六朝風の気迫にみちた雄渾な書風をもつ。

**ぶんど-き【分度器】** 角度を測るための器具。半円状のセルロイドまたは金属板の周囲に角度の目盛りがつけてある。protractor

**ふんどし【▾褌・▾犢▿鼻・▾褌】** 男子の下着の一つ。腰をおおう帯状の布片。胯間から腰部に、巻きつけたりひもで留めたりして着装する。白木綿のほか色物の布も使用される。下帯。六尺。下ばかま。[用例]—をしめ直す。↓[図]

**褌を締めて掛かる**(ふんどしをしめてかかる) 心を引き締めて物事にとりかかる。brace oneself for a task

**ふんどし-いわい【▾褌祝(い)】** 男子が一人前になったと見なす祝い。一三歳か一五歳に、母方の実家などから褌を贈られることからこの称がある。へこ祝い。

**ふんどし-かつぎ【▾褌担ぎ】** ①《関取の付き人となって、身のまわりの世話をすることからの語》入門後まもないような、地位の低い力士。②その世界で、もっとも低い地位にいるもの。the lowest rank

**フント-の-きそく【フントの規則】** 原子内の電子の軌道磁気モーメントやスピン磁気モーメントの方向を決める規則。Hund rule

**ぶん-どり【分捕り】** 分捕ること。分捕った物。capture

**ぶん-ど・る【分捕る】**(五他) 敵・人の物を奪い取る。capture; plunder

**ぶんな【文和】**《「ぶんわ」の変》日本の南北朝で、北朝の年号。観応から改元。元年(一三五二)九月二七日～五年(一三五六)三月二八日。次に、延文に改元。

**ぶん-なぐ・る【ぶん殴る】**(五他)《俗語》乱暴になぐる。beat

**ぶん-な・げる【ぶん投げる】**(下一他)《俗語》乱暴に投げる。勢いよく投げる。throw

**ふん-にゅう【粉乳】** 牛乳を濃縮・粉末化したもの。保存性がよく、容量も小さい。粉ミルク・ドライミルク。dried milk

**ふん-にょう【▾糞尿】** 大小便。汚物。excretions

**ぶん-にょう【文▾繞】** 漢字を組み立てている部分の名。「斐・斌」などの「文・攵」。

**ふん-ぬ【憤▿怒・▾忿▿怒】**↓ふんど(憤怒)

**ぶん-のう【分納】**(名・サ変他) 何回かに分けて納めること。installments [対義]全納。[用例]授業料の—。

**ぶん-の-せいぶん【文の成分】** 文を構成する一単位。文節を単位として、主語・述語・修飾語・独立語・並立語などの種類に分かれる。成

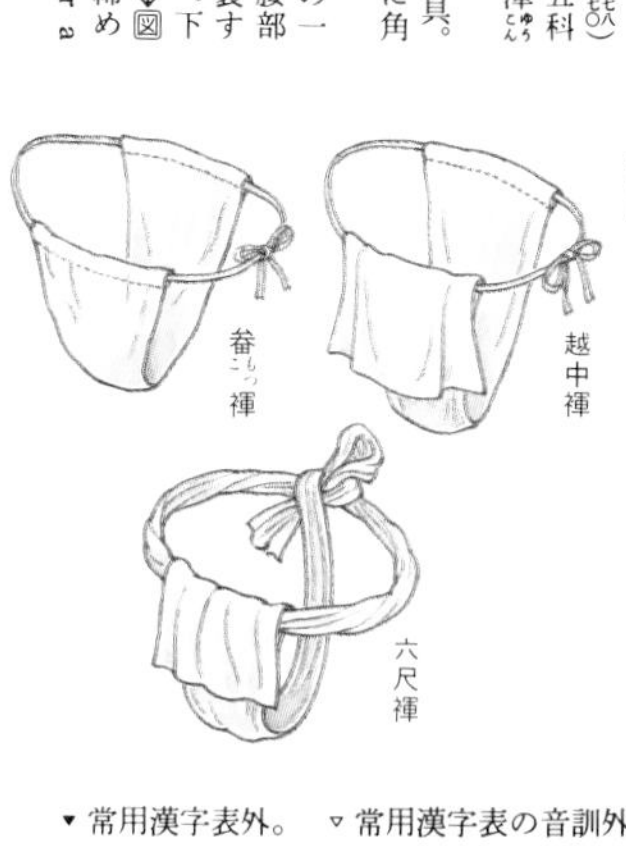

●褌

▾常用漢字表外。▿常用漢字表の音訓外。

分の間の関係としては、主語・述語の関係、修飾・被修飾の関係、並立の関係などがある。

**ぶん-ぱ【分派】**(名・サ変自) ①枝分かれすること。branch ②主流から分かれて別の一派をつくること。その、つくった流派・仲間。派閥。sect 対義 本流。用例 ―行動を戒める。

**フンパーディンク【Engelbert Humperdinck】**(一八五四〜一九二一) ドイツの作曲家。童話を題材とした幻想的なオペラ『ヘンゼルとグレーテル』が代表作。

**ぶん-ばい【分売】**(名・サ変他) まとまっている物を分け売りすること。sell separately

**ぶん-ぱい【分配】**(名・サ変他) ①分けてくばること。配分。distribution ②義務や作業を割り当てること。assignment ③生産に参加した見返りとして、所得や富が各経済主体の間に分けられること。distribution

**ぶんぱい-こくみんしょとく【分配国民所得】** 分配面からとらえた国民所得。賃金と地代・利子・利潤の合計。支出国民所得・生産国民所得と同額。national income distributed

**ぶんぱい-ほうそく【分配法則】** 演算の三法則の一つ。加法と乗法の演算で $a\times(b+c)=a\times b+a\times c$ と $(a+b)\times c=a\times c+b\times c$ の二つをみたすとき、分配法則をみたすという。distributive law

**ぶんぱ-かつどう【分派活動】** ある集団のなかに排他的な小グループをつくって、集団の指導権を奪おうとしたり、その路線・方針にそむくような活動をすること。フラクション活動。factional activities

**ぶん-ぱく【文博】** 「文学博士」の略。

**ふん-ぱつ【奮発】**(名・サ変自) ①気力をふるい起こすこと。発奮。make strenuous efforts ②思いきって、お金を出すこと。indulge oneself to 用例 新品を―する。小遣いを―する。

**ふん-ば・る【踏ん張る】**(五自)《「踏み張る」の転》①足を開いて踏みしめる。stand firm ②がんばる。屈しない。hold out

**ふん-ぱん【噴飯】** ぷっとふき出して笑うこと。おかしくて、こらえられないこと。burst into laughter 用例 ―もの。

**ぶん-ぱん【文範】** 模範・手本とする文章。

**ぶん-ぴ【分泌】**(名・サ変自他) ↓ぶんぴつ(分泌)

**ぶん-ぴつ【分泌】**(名・サ変自他) 細胞が生体に有用な物質を産出し、細胞外に放出する現象。体表あるいは諸器官に導管を通して放出される外分泌と、血液・体液中に分泌される内分泌がある。ぶんぴ。secretion

**ぶん-ぴつ【分筆】**(名・サ変他) 田畑・宅地などの土地の登記簿上の一区画(＝一筆)を二つ以上に分割すること。subdivision 対義 合筆。

**ぶん-ぴつ【文筆】** 文章を書くこと。著述。writing

**ぶんぴつ-か【文筆家】** 文章を書くことを職業とする人。writer

**ぶんぴつ-ぎょう【文筆業】** 文章を書く職業。literary profession

**ふん-びょう【分秒】** 非常に短い時間。a moment 用例 ―を惜しむ。

**分秒を争う**(ふんびょうをあらそう) 急を要する。There is no moment to lose.

**ぶん-ぶ【文武】** 文と武。学問と武芸。文事と軍事。the pen and the sword 用例 ―両道。

**ぶん-ぷ【分布】**(名・サ変自他) ①分かれて広まること。分けて広めること。dissemination ②ほうぼうに分かれて存在すること。be scattered ③一個の集団(分布対象)のなかに、ある要素(分布事象)が配分されている状態。distribution ④生物学で、動植物が生活している範囲を地理的に示したもの。range ⑤数学で、確率の分布・分配のこと。distribution

**ぶんぶく-ちゃがま【文福茶▼釜・分福茶▼釜】** 一昔話の一つ。タヌキが茶釜に化けて恩人に福をもたらす話。全国に分布するが、群馬県館林市の茂林寺の伝説が有名。二ブンブクチャガマ科のウニ。内湾砂泥底にすむ。殻長約五cm。殻は心臓形で、前端は深くくぼむ。本州中部以南に分布。

**文福茶釜に毛が生える**(ぶんぶくちゃがまにけがはえる) 正体を現す。また、化けの皮がはがれる。

**ぶん-ぶつ【文物】** 文化の産物。学問・芸術・宗教など。civilization

**ぶんぶ-りょうどう【文武両道】** 文と武との両方のこと。学問や文化的なことに関する面と、武芸や戦に関する面と。文武二道。

**ふん-ぷん【▼芬▼芬】**(形動トタル) かおりが高く強いさま。fragrant 用例 ―たる香気。

**ふん-ぷん【紛紛】**(形動トタル) ①意見などが入り乱れるさま。confused 用例 諸説―。②花などが乱れ散るさま。scattering

**ぶん-ぶん**(副) ①ハチ・ハエなど、虫の羽音。buzz ②飛行機・車・凧などが勢いよく風を切ってうなる音。物を振り回す音・さま。whir

**ぷん-ぷん**(副・サ変自) ①においなどが、強く鼻をつくさま。smell strongly 用例 悪臭が―におう。②ひどく怒っているさま。ぷりぷり。be in a huff 用例 ―腹を立てる。

**ふん-ぺい【憤兵】**《『孫子』にある語》かっとなって、いきりたった兵。用例 ―は勝たず。

**ふん-べつ【分別】**(名・サ変他)《「ぶんべつ」は別語》①経験を積んで道理をわきまえること。その能力。discretion 比較 考慮。用例 思慮―。②《仏教語》感覚し推量して現象を識別すること。また、区別して判断すること。

**分別の外**(ふんべつのほか) 思慮・分別をこえたところ。常識をこえた感情に左右されやすいところ。思案の外。beyond one's discretion

**ぶん-べつ【分別】**(名・サ変他)《「ふんべつ」は別語》区分すること。よりわけること。division

**ぶんべつ-がき【分別書(き)】** 分かち書き。

**ふんべつ-くさ・い【分別臭い】**(形) いかにもわきまえがありそうだ。scrupulous-looking

**ぶんべつ-けっしょう【分別結晶】** ①二成分以上の溶質の溶解度の差を利用し、一成分ずつ結晶化させ分離する方法。fractional crystallization ②マグマから岩石が晶出すること。fractional crystallization

**ふんべつ-ざかり【分別盛り】** 物事の道理が、もっともよくわかる年ごろ。その人。age of discretion

**ぶんべつ-じょうりゅう【分別蒸留】** 二種類以上の物質の混合物を、その沸点の差を利用して分離する方法。石油工業で重要。分留。fractional distillation

**ぶんべつ-ちんでん【分別沈殿】** 二種類以上の成分を含む混合溶液に適当な沈殿剤を加え、その溶解度の差を利用して各成分を分離する操作。fractional precipitation

**ふんべつ-らし・い【分別らしい】**(形) 分別があると思われる。discreet

**ふん-べん【▼糞便】** 大便。くそ。excrements

**ぶん-べん【分▼娩】**(名・サ変他) 子を産むこと。出産。delivery

**ぶんべん-よていび【分▼娩予定日】** 子の産まれる予定日。基礎体温による排卵日プラス二六六日目、最終月経の初日から数えて二八〇日目。臨床的研究によれば、予定日プラスマイナス約一四日目までが一応、正常分娩の範囲。expected date of confinement

**ふん-ぼ【墳墓】** はか。grave

**墳墓の地**(ふんぼのち) ①墓場。②祖先の墓のある土地。故郷。③自分の一生を終わるつもりの場所。青山。

**ぶん-ぼ【分母】** 分数または分数式で、わる部分。横線の下部に書かれる。denominator 対義 分子。

**ぶんぽ【文保】** 鎌倉末期の年号。正和から改元。元年(一三一七)二月三日〜三年(一三一九)四月二八日。次に、元応に改元。ぶんぽう。

**ぶん-ぼう【文房】** 書斎。

**ぶん-ぽう【分封】**(名・サ変自他) ①領地を分け与えること。分け与えられた領地。②ミツバチの巣に新しい女王バチが誕生すると、もとの女王バチが巣を離れて、新しい巣をつくること。hiving off

**ぶん-ぽう【文法】** ①音韻・語彙・意味・文体や文などの分野に対して、単語の文構成上の性質などの構造・運用にみられる法則の体系。②文法についての体系的学説。文法論。用例 橋本―。grammar

**ぶんぽう【文▽保】** ↓ぶんぽ(文保)

**ぶんぼう-ぐ【文房具】** 書斎生活に必要な調度品の総称。筆・墨・硯・紙など。今日では鉛筆・ノートなど学習用具をさすことが多い。文具。ぶんぽうぐ。stationery

**ぶんぼう-しほう【文房四宝】** 書道用具における筆・墨・硯・紙の四つ。中国宋代ごろからの呼称。文房(＝文人の書斎)の文具の中でとくに大切なものとされた。

**ぶんぽう-ろん【文法論】** 文法についての意見・論説。単語の性質を論ずる品詞論、文の構造を論ずる構文論など。

**フンボルト【Alexander von Humboldt】**(一七六九〜一八五九) ドイツの地理学者・自然科学者。自然地理学と生態学の基礎を確立。近代地理学の祖の一人。著書『コスモス』全五巻など。

**フンボルト【Karl Wilhelm von Humboldt】**(一七六七〜一八三五) プロイセンの政治家・言語学者。ベルリン大学を創設。諸言語を人間の精神・文化の問題として比較研究し、言語哲学を創始した。著書『言語の比較研究について』など。

**フンボルト-かいりゅう【フンボルト海流】** ペルー海流の別称。

**ふん-ぽん【粉本】** ①東洋画で、下書き・画稿。昔、胡粉で絵の下書きをしたということからの語。②研究・制作の参考として模写された絵画。③絵の手本。

**ふん-ま・える【踏まえる】**(下一他) 「踏まえる」の転。

**ふん-まつ【粉末】** こな。こ。powder; dust 用例 ―ジュース。

**ぶん-まつ【文末】** 文章の末。the end of the sentence 対義 文頭。

**ふんまつ-やきん【粉末▼冶金】** 金属粉末を加圧成形し、その金属の融点以下で加熱焼結して製品とする加工法。高融点金属・超硬合金の製造などに応用。powder metallurgy

**ぶん-まわし【ぶん回し】** 円をかくのに用いる器具。コンパス。

**ふん-まん【憤▼懣・▼忿▼懣】** 怒ってもだえること。resentment 用例 ―やるかたなし。

**ぶん-みゃく【分脈】** 主脈から分かれた、動脈・静脈・水脈・山脈・鉱脈など。branch

**ぶん-みゃく【文脈】** 文章の前後の論理的な続きぐあい。叙述のすじ道。context

**ふん-みょう【分明】**(名・形動) ↓ぶんめい(分明)

**ぶん-みん【文民】**《civilianの訳語で、日本国憲法第六六条にある語》職業軍人でない国民。同条に「内閣総理大臣その他の国務大臣は、文民でなければならない」とある。

**ぶんみん-とうせい【文民統制】** 軍人以外のもの(文民)が国防に関する最高指揮権をもつこと。軍部の政治介入を防止するための原則。文民優越制。シビリアンコントロール。civilian control

**ぶんみん-ゆうえつせい【文民優越制】** ↓ぶんみんとうせい(文民統制)

**ふんむ-き【噴霧機】** 水や薬液を霧状にして散布する機械・器具。農作物の病虫害防除やアイロンがけなどに用いる。きりふき。sprayer

**ぶん-めい【分明】**(名・形動) 明らかで、はっきりしていること・さま。ふんみょう。

**ぶん-めい【文名】** 文学者としての名声・評判。literary fame 用例 ―とみに高まる。

**ぶん-めい【文明】** ①人間の知識が開け、社会が進んだ状態。civilization ②人間の技術的・物質的活動の所産。精神的活動の所産をいう「文化」に対する語。civilization ③文化史・文化人類学で、農耕開始以後の、食糧生産から解放された専門家群による、多方面の洗練された営み。civilization ④室町末期の年号。応仁から改元。元年(一四六九)四月二八日〜一九年(一四八七)七月二〇日。次に、長享に改元。

**文明の利器**(ぶんめいのりき) 物質文明の発達によって、考案・改良された便利な機械・器具。modern conveniences

**ぶんめい-かいか【文明開化】** 明治初期、政府の近代化政策に伴う西洋風文物導入の社会風潮。洋服・散髪・洋食・太陽暦・ガス灯などが普及し、欧米の近代思想による啓蒙が流行。

**ぶんめい-ぎ【文明戯】** 中国の初期近代劇。一九一〇年代留日学生が帰国後、上海を中心に文明戯劇団を組織し翻案劇を上演。演技・演出は通俗的だったが、この活動が刺激となって話劇が台頭した。

**ぶんめい-こく【文明国】** 科学技術が発達して国民の生活が便利になり、人権などが尊重されている国。

**ぶんめい-じだい【文明時代】** 未開時代に続き、音標文字の発明・使用に始まり、現代に至る時代。比較 野蛮時代・未開時代。

**ぶんめい-ひひょう【文明批評】** 同時代の文明の諸相を分析してその本質を探り、将来の展望を示そうとする論評。criticism on civilization

**ぶんめいろんのがいりゃく【文明論▼之概略】** 明治時代の啓蒙書。福沢諭吉著。明治八年(一八七五)刊。福沢諭吉の代表的な著作で、西洋文明の精神を論じ個人の独立を説く。

**フンメル【Johann Nepomuk Hummel】**(一七七八〜一八三七) ハンガリー生まれのピアニスト・作曲家。作品『ピアノ協奏曲』、著書『ピアノ教則本』。

**ぶん-めん【文面】** 文章・手紙に書かれた事柄。その趣旨。the contents of a letter

**ぶん-もう【文盲】** ↓もんもう(文盲)



↓行き先項目、図版・写真参照印。 JIS 日本工業規格情報交換用漢字符号コード(区点コード)。

**ふん-もん【噴門】** 食道とつながっている胃の入り口の部分。環状筋の働きで胃の中のものが逆流しないようになっている。cardia 比較 幽門。↓胃図

**ぶん-や【分野】** いくつかに分かれているそれぞれの範囲。区画。field 用例 専門―。

**ぶん-や【聞屋】**《俗語》新聞記者。

**ふんや-の-やすひで【▽文屋▽康▽秀】**(生没年未詳) 平安前期の歌人。六歌仙の一人。『古今集』仮名序に「言葉巧み」な歌人と評される。

**ぶんや-ぶし【文▼弥節】** 古浄瑠璃の流派名。岡本文弥が始祖。「文弥の泣き節」といわれ、哀調が特色。延宝年間(一六七三〜八一)ごろ流行した。

**ぶん-ゆう【分有】**(名・サ変他) 一つのものを分けて所有すること。possession in portions

**ぶん-よ【分与】**(名・サ変他) 分け与えること。distribution

**ぶんらく【文楽】**《本来は、文楽座の略称》義太夫節浄瑠璃に合わせて人形をつかう、日本特有の操り人形芝居。人形浄瑠璃の意味にも使われる。↓写

●文楽『曾根崎心中』。

**ぶんらく-ざ【文楽座】** 大坂にあった人形浄瑠璃専門劇場。植村文楽軒が寛政の末(一八〇〇年ごろ)創始。明治五年(一八七二)文楽座と称した。昭和三八年(一九六三)財団法人文楽協会設立を機に文楽座は消滅。文楽。

**ふん-らん【紛乱】**(名・サ変自) まぎれみだれること。混乱。

**ぶん-らん【▼紊乱】**(名・サ変自他) みだれること。みだすこと。びんらん。derangement

用例 風紀―。

**ぶん-り【分利】**(名・サ変自) 肺炎などの熱が下がって快方に向かうこと。

**ぶん-り【分離】**(名・サ変自他) ①はなすこと。別々になること。separation ②↓ぶんりのほうそく(分離の法則)

**ぶん-り【文理】** ①文科と理科。literature and science ②文語的 ⑦文脈。筋。④すじ目。あや。

**ぶんり-かぜい【分離課税】** 特定の所得だけを他の所得から分離し、それに対し一定の税率で課税すること。退職・山林・利子・配当などの各所得に適用。separate taxation

**ぶんりか-だいがく【文理科大学】** 文科と理科を併設した旧制の官立大学。昭和四年(一九二九)高等師範学校専攻科を母体に東京・広島に設置。新制で廃止され、東京教育大学・広島大学となった。文理大。

**ぶん-りつ【分立】**(名・サ変自他) 別に立てること。別々に立つこと。separation 用例 三権―。

**ぶんり-の-ほうそく【分離の法則】** メンデルの遺伝法則の一つ。雑種の生物が子どもを生むと、一代目の雑種に隠れていた形質が二代目には一定の割合で現れること。law of segregation

**ぶんり-は【分離派】** ↓ゼツェッション

**ぶんりゃく【文▽暦】** 鎌倉中期の年号。天福から改元。元年(一二三四)一一月五日〜二年(一二三五)九月一九日。次に、嘉禎に改元。

**ふん-りゅう【粉▼瘤】** 皮膚に生じるソラマメ大の腫瘤で、ケラチン・コレステロールなどが上皮組織の壁で包まれているもの。とくに顔に多くできる。アテローム。atheroma

**ふん-りゅう【噴流】** ふき出すようにはげしく動く流れ。jet 用例 ―式電気洗濯機。

**ぶん-りゅう【分流】**(名・サ変自) ①本流から分かれて流れること。また、その流れ。tributary ②事物の分かれた筋。分派。branch

**ぶん-りゅう【分留・分▼溜】**(名・サ変他) 「分別蒸留」の略。

**ぶんりゅう-き【分流器】** 電流計の測定範囲を広げるために用いる抵抗器。shunt

**ぶん-りょう【分量】** ①重さ。weight ②容量。かさ。amount

**ぶん-りょく【分力】** 一つの力が、複数の力を合成してできているとき、それぞれの力をいう。component of a force

**ぶん-るい【分類】**(名・サ変他) 種類・性質・系統などによって分けること。classification

**ぶんるい-がく【分類学】** 多種多様な生物を系統的に整理し、それが生物界全体のどこに位置するかを研究する学問。自然分類が主流をしめる。taxonomy; systematics

**ぶんるい-ひょう【分類表】** 分類した一覧表。classified table

**ぶんるい-ほう【分類法】** 分類する方法。分類して研究する方法。classification system

**ぶんるい-もくろく【分類目録】** 図書目録の一種。日本十進分類法など、一定の基準を立て、その分類によって図書を整理した目録。classified catalog

**ふん-れい【奮励】**(名・サ変自) ふるい立ってはげむこと。strenuous efforts 用例 ―努力。

**ぶん-れい【分霊】**(名・サ変他) 神社の祭神を分けて、別のところへ祭ること。また、その祭神。勧請。

**ぶん-れい【文例】** 文の書き方の実例。例文。example for writing

**ぶん-れつ【分裂】**(名・サ変自) ①一つ、またはいくつかのものが、それぞれ二つあるいはそれ以上に分かれること。dissolution; division; split ②生物で、母体の細胞や核が二つまたはそれ以上に分かれて、独立した新しい個体が増えること。無性生殖の一種。fission

**ぶんれつ-きしつ【分裂気質】** 正常人でももっている精神分裂的な気質。非社交的・きまじめ・過敏と同時に冷淡・内閉的など。体型では細長型といわれる。クレッチマーが提唱した。schizothymia

**ぶんれつきん-るい【分裂菌類】** ①細菌・マイコプラズマ・放線菌などを含む微生物類。schizomycete ②細菌の別名。

**ぶんれつ-しき【分列式】** 各部隊が順次に行進し、受礼者に敬礼する儀式。比較 観兵式。

**ぶんれつ-そしき【分裂組織】** 植物体で細胞分裂をし続ける組織。根・茎の先端(生長点)、周辺部(形成層)などにみられる。meristem

**ぶんろく【文▼禄】** 安土桃山時代の年号。天正から改元。元年(一五九二)一二月八日〜五年(一五九六)一〇月二七日。次に、慶長に改元。

**ぶんろく-の-えき【文▼禄の役】** 豊臣秀吉の行った朝鮮侵略戦争。秀吉は明遠征を企て李氏朝鮮に協力を求めたが拒否され、文禄元年(一五九二)諸大名に命じ一五万余の大軍をもって朝鮮に侵攻。京城を占領し平壌に達したが、明の援軍や朝鮮民衆の蜂起にあって、翌年停戦。

**ぶん-ろん【文論】** ↓こうぶんろん(構文論)

**ぶん-わ【文和】** ↓ぶんな(文和)

**ふんわり**(副・サ変自)《「ふわり」を強めた語》やわらかくふくらんでいるさま。軽やかなさま。fluffy 用例 ―着地する。

# へ　へ

**へ【へ・ヘ】** 五十音図は行第四の仮名。平仮名・片仮名ともに「部」の右の草体。濁音は「べ」「ベ」、半濁音は「ぺ」「ペ」。

**へ【▽辺】** 古語 ㊀(名) ①あたり。ほとり。へん。用例 大君の―にこそ死なめ(万葉・一八・四〇九四)。②海べ。岸。用例 沖見ればとゐ波立ち―見れば白波さわく(万葉・二・二二〇)。㊁(接尾) …のあたり。…の方。用例 またの日の昼つ方、岡―に御文遣はす(源氏・明石)。

**へ【▼屁】** ①小腸で消化吸収されなかった内容が、大腸内の細菌によって分解されて発生したガスの放出。おなら。ガス。wind 用例 ―をこく。―をひる。②ねうちのないもの。取るに足らないもの。trifle

**屁とも思わぬ** 見下して、眼中におかない。平気である。何とも感じない。make nothing of

**屁も嗅まさぬ**《「嗅ます」は、食らわすの意》屁も食らわさない。屁さえかがせない。他人に対して、何ひとつしないことにいう。

**屁を放って尻窄め** 過ちをしでかしたあとで、取り繕おうとするたとえ。屁放って後の尻窄め。

**へ【▼舳】** 船首。へさき。bow; stem 対義 艫。

**へ**(感) 相手をこばかにするとき発する語。ふん。

**へ**(格助)《体言に付く。「エ」と発音する》①動作・作用の向けられる方向を示す。用例 こっち―投げろ。②動作・作用の到着点を示す。用例 東京―つく。③動作・作用の向けられる相手を示す。用例 心当たり―問い合わせる。④《「ところへ」の形で》事態を表す。用例 出かけようとしているところ―客が来た。

**べ【べ・ベ】** ↓へ【へ・ヘ】

**べ【▽部】** 大化の改新以前、朝廷や豪族が個々に支配していた人々の集団。居住地や職業により編成。奴婢とはちがい独立自営の生活をした。大化の改新により原則的に廃絶。

**べ【辺】**(接尾)《名詞に付いて》あたり。ほとり。そば。用例 浜―。野―。

**ぺ【ぺ・ペ】** ↓へ【へ・ヘ】

**ヘア【hair】** ㊀毛髪。頭髪または陰毛のこと。㊁《Hair》アメリカのミュージカル。「ベトナム戦争反対」をテーマにロック・イディオムで書かれた画期的作品。一九六八年初演。

**ヘア【hare】** ノウサギ。日本では、野生のウサギはすべてこの仲間。これに対して、カイウサギは「ラビット」といい、穴で生活するアナウサギもこれに属する。

**ベ-ア**「ベースアップ」の略。

**ペア【pair】** ①二つで一そろいになっているもの。一対。用例 ―を組む。②ふたりでこぐボート。そのレース。

**ヘア-アクセサリー【hair accessory】** 髪飾り。

**ヘアカット【haircut】** 髪を目的の形・長さに切ること。

**へ-あが・る【経上がる】**(五自) ①次第に立身する。②次第に成長して変化する。

**ヘア-クリーム【hair cream】** 動植物性油を乳化した整髪料。髪に栄養とつやを与える。

**ヘア-クリップ【hair clip】** 髪型をつくる過程で用いるピンの一種。プラスチック製・金属製などがある。

**ヘアクロス【haircloth】** ①ヤギ類の毛で平織りにしたかたい手ざわりの薄地織物。②馬巣織り、俗に毛芯。縦に綿糸、横に馬の尻毛で織った布。

**ペア-じゅうたく【ペア住宅】** 親の住宅とその子どもの住宅を、隣り合わせ、あるいは近所に建てたもの。

**ペア-スケーティング【pair skating】** フィギュアスケート競技で、男女二人一組みで行う演技種目。ショートプログラムとフリースケーティングの順位で成績が決まる。比較 アイスダンス。

**ヘアスタイル【hairstyle】** 頭髪の形。髪型。

**ヘア-ダイ【hair dye】** 薬品で毛髪を染めること。植物性・鉱物性の合成染毛剤などを用いる。

**ベア-トップ【bare top】** 肩・腕・背が露出して上半身にぴったりフィットした衣服。サンドレス・イブニングドレス・カクテルドレスに多くみられる。↓写

●ベアトップ

**ヘア-トニック【hair tonic】** エタノールに養毛成分と香料を加えた液状整髪料。養毛・育毛効果を目的とする。

**ヘア-ドライヤー【hair dryer】** 毛髪乾燥用の電気器具。モーターでファンを回し、ヒーターで温めた温風などを送ってぬれた髪を乾かす。

**ベアトリーチェ【Beatrice】** ダンテの『新生』『神曲』の中で、キリスト教の愛の寓意として歌われた女性。原意は「恵みを与える者」。フォルコ=ポルティナーリに嫁したビーチェが、そのモデルといわれている。

**へア-トリートメント**[hair treatment] 傷んだ髪を正常な状態に回復させるため、また髪の美しさを保つ目的で、水分と栄養を与える美髪法。

**へア-ネット**[hairnet] 髪型を長もちさせるため頭にかぶるネット。細い繊維で作られている。

**へア-ピース**[hairpiece] 洋髪用の添え毛。短い髪を長く見せたり、毛の量を多く見せたり、髪型に変化をつける。

**へア-ピン**[hairpin] 毛髪をセットする過程で髪を固定したり、でき上がった髪のくずれを防ぐために用いるピン類。

**へア-ピン-カーブ**[hairpin curve] 自動車の競走路などでU字形の急カーブ。

**へア-ピン-レース**[hairpin lace] U字形のヘアピン状の編み器に糸を巻きながら鉤針で編んでゆくレース。種々の形につなぎ合わせてショールなどに応用。ヘアピン編み。

**へア-ブラシ**[hairbrush] 髪の手入れ・仕上げなどに用いるブラシ。材質は猪の毛・豚毛・ゴム・ナイロン・針金など。

**へア-ブロー**[hair blow] ハンドドライヤーで、熱と風を吹きつけて髪を形づける方法。

**へア-リキッド**《和製語》男性用液体整髪料。適度の粘着力とつやを与える。

**ベアリング**[bearing] ↓じくうけ(軸受け)

**ペアリング**《和製語》一組みにすること。とくに、絶滅に近い鳥獣の雌雄一対を、繁殖のため一定の場所で人工的に飼育すること。

**ペア-ルック**《和製語》カップルが同じ色や柄の服を着ること。

**へア-ローション**[hairlotion] 頭髪用のローション。頭髪用化粧水。

**へイ**【丙】 5画 部首[一] 常用 JIS 4226 【丙】 5画 旧字

音 へイ・ヒョウ

①ものごとの三番め。「甲乙丙」 ②ひのえ。十干の第三。「丙午」

**へイ**【平】 5画 部首[干] 教育小3 JIS 4231 【平】 5画 旧字

音 へイ・ビョウ・ヒョウ・ベン

訓 たいら・ひら

平 平 平 平 平

①ひらたい。たいら。たいらにする。「水平・地平」「平均・平地」 ②やすらか。おだやか。「不平・和平」「平安・平静・平和」 ③つね。なみ。普通。「平常・平凡・平民」 ④平氏のこと。四姓の一つ。「源平藤橘」 ↓ヒョウ・ビョウ[平]

**へイ**【兵】 7画 部首[八] 教育小4 JIS 4228

音 へイ・ヒョウ

兵 兵 兵 兵 兵 兵 兵

①つわもの。軍人。軍隊。対義 将。「水兵・徴兵」「兵営・兵科・兵隊」 用例 (名) —— 八人をひきいる。《接尾的》二等——。 ②いくさ。たたかい。戦争。「兵器・兵備・兵法」 用例 (名) —— をあげる。 ↓ヒョウ[兵]

**兵に常勢無し** 軍勢は臨機応変に用いるべきもので、決まった態勢というものはない。

**兵は神速を貴ぶ** 軍勢を動かす、また作戦をなすには、つねに迅速に行うことがたいせつである。

**へイ**【並】 8画 部首[二] 常用 ↓教育小6 JIS 4234 【竝】 10画 部首[立] 旧字 JIS 6777

音 へイ

訓 なみ・ならべる・ならぶ・ならびに

並 並 並 並 並 並 並 並

①ならぶ。ならべる。「並行・並進・並立・並列」 ②ならびに。㋐ともに。みな。㋑および。また。 ③なみ。㋐普通。㋑なかま。同類。㋒…ごとに。

**へイ**【併】 8画 部首[人・亻] 常用 JIS 4227 【倂】 10画 旧字

音 へイ

訓 あわせる

①ならぶ。ならべる。「併記」 ②あわせる。一緒にする。「合併」「併記・併合・併殺・併用」 ③しかし。けれども。けれど。

**へイ**【坪】 8画 部首[土] 常用 JIS 3658 【坪】 8画 旧字

音 へイ・ビョウ

訓 つぼ

①土地の平らなところ。ひらち。平地。 ②つぼ。㋐なかにわ。うちにわ。㋑尺貫法の土地の面積の単位。六尺平方。約三・三$m^2$。㋒土砂の体積の単位。六尺立方。約六・〇一六$m^3$。㋓印刷の画面・皮革・錦などの面積の単位。一寸平方。約九・一八$cm^2$。

**へイ**【幷】 8画 部首[干] 【并】 6画 異体字 JIS 5485

音 へイ・ヒョウ

①あわせる。一緒にする。 ②ならぶ。ならべる。

**へイ**【苹】 8画 部首[艹] JIS 7189

音 へイ・ビョウ・ヒョウ

①ウキクサ。ウキクサ科の一年草。 ②ヨモギ。キク科の多年草。もちぐさ。

**へイ**【秉】 8画 部首[禾] JIS 6729

音 へイ

とる。①もつ。手ににぎる。 ②たもつ。心にしっかりとまもる。

**へイ**【柄】 9画 部首[木] 常用 JIS 4233 【柄】 9画 旧字

音 へイ

訓 がら・え

①え。とって。「葉柄」 ②たね。しろ。材料。「話柄」 ③いきおい。権力。「横柄・権柄」「柄臣」

**へイ**【炳】 9画 部首[火] JIS 6359

音 へイ

あきらか。はっきりしている。「炳乎」

**へイ**【娉】 10画 部首[女] JIS 5318

音 へイ・ホウ

①めとる。嫁をとる。 ②めす。まねく。 ③とう。おとずれる。訪問する。

**へイ**【陛】 10画 部首[阝] 教育小6 JIS 4237

音 へイ

陛 陛 陛 陛 陛 陛

きざはし。天子の御殿にのぼる階段。転じて、天子のこと。「陛下」

**へイ**【病】 10画 部首[疒] 教育小3 JIS 4134 【病】 10画 旧字

音 ビョウ・へイ

訓 やむ・やまい

筆順 ↓ビョウ[病]

やむ。やまい。疾患。「疾病」 ↓ビョウ[病]

**へイ**【埤】 11画 部首[土]

音 ヒ・へイ

ひめがき。城の築地。 ↓ヒ[埤]

**へイ**【屏】 11画 部首[尸] 【屛】 9画 異体字 JIS 5402

音 へイ・ビョウ

①しりぞく。しりぞける。 ②おおう。さえぎる。おおい。 ③かき。かきね。「藩屏」 ④ついたて。しきり。「屏風」

**へイ**【萍】 11画 部首[艹] JIS 7244

音 へイ・ビョウ

①ウキクサ。ウキクサ科の一年草。 ②ヨモギ。キク科の多年草。もちぐさ。

**へイ**【瓶】 11画 部首[瓦] 常用 JIS 4151 【甁】 13画 旧字 【缾】 12画 部首[缶] 異体字

音 ビン・へイ・ビョウ

かめ。もたい。徳利。「瓶子」 ↓ビン[瓶]

**へイ**【閉】 11画 部首[門] 教育小6 JIS 4236 【閇】 11画 異体字 JIS 7958

音 へイ

訓 とじる・とざす・しめる・しまる

閉 閉 閉 閉 閉 閉 閉

対義 開。 ①とじる。とざす。しめる。しまる。「密閉」「閉鎖・閉門」 ②やめる。おわる。おえる。「閉会・閉店」

**へイ**【塀】 12画 部首[土] 常用 和製漢字 JIS 4229 【塀】 14画 旧字 和製漢字

音 へイ

家・敷地の境にめぐらすしきり。かき。かきね。「石塀・板塀・土塀」 用例 (名) —— を乗り越える。 ↓写

**へイ**【敝】 12画 部首[攵] JIS 5841

音 へイ

①やぶれる。ぼろぼろになる。「敝衣・敝履」 ②つかれる。よわる。 ③自分のことを謙遜していうのに用いる。

**へイ**【睥】 13画 部首[目] JIS 6646 【睤】 13画 異体字

音 へイ

流し目にみる。横目にみる。にらむ。「睥睨」

**へイ**【聘】 13画 部首[耳] JIS 7059

音 へイ

①とう。おとずれる。訪問する。 ②めとる。嫁をとる。 ③めす。まねく。「招聘」

**へイ**【幣】 15画 部首[巾] 常用 JIS 4230 【幣】 15画 旧字 【幤】 15画 異体字 JIS 5482

音 へイ

①おかね。ぜに。「貨幣・紙幣・造幣局」「幣制」 ②ぬさ。みてぐら。神にそなえるもの。「御幣・奉幣」「幣物」 用例 (名) —— をささげる。

**へイ**【弊】 15画 部首[廾] 常用 JIS 4232

●塀

築地塀 京都市、京都御所。

土塀 萩市、武家屋敷。

練り塀 奈良市、唐招提寺。

源氏塀 倉敷市、倉敷川沿い。

透き塀 京都市、河合神社。

簓子塀 角館町、武家屋敷。



↓ 行き先項目、図版・写真参照印。 JIS 日本工業規格情報交換用漢字符号コード(区点コード)。

音へイ 15画【▼弊】旧字

①わるい。よくないこと。「悪弊・旧弊・語弊・宿弊」「弊害」用例(名)長年の―。②つかれる。よわる。「疲弊」③《敝とも》やぶれる。ぼろぼろになる。「弊衣・弊履」④自分のことを謙遜していうのに用いる。「弊社・弊店」用例《接頭的》―商会。

**へイ** 15画【▼蔽】部首[艹] JIS 4235

音へイ

おおう。おおいかぶせる。おおいかくす。「隠蔽・掩蔽」

**へイ** 16画【▼嬖】部首[女] JIS 5342

音へイ

きにいり。寵愛される人。身分の低い、かわいがられる女性。または、家来。「嬖妾・嬖臣」

**へイ** 16画【▼薜】部首[艹] JIS 7316

音へイ

まさきのかずら。テイカカズラ。キョウチクトウ科の常緑つる性木本植物。

**へイ** 16画【▼篦】部首[竹] JIS 6836 14画【▼箆】異体字 JIS 4247

音へイ

①へら。竹をうすくけずってつくった道具。「竹篦」②の。矢の軸の部分。矢柄。

**へイ** 16画【▼鮃】部首[魚] JIS 8225

音へイ・ヒョウ

ヒラメ。カレイ目に属する海水魚。

**へイ** 17画【▼鞞】部首[革]

音へイ・ヒ

さや。刀室。刀剣の身をおさめる筒。

**へイ** 17画【▼餠】部首[食] JIS 8122 15画【▼餅】異体字 14画【▼餅】異体字 JIS 4463

音へイ・ヒョウ

①もち。㋐小麦粉をこねてつくっただんご。㋑もちごめなど、穀物の粉でつくったもち。「画餅・煎餅」②もち形のもの。「血餅」

**へイ** 18画【▼斃】部首[攵] JIS 5845

音へイ

たおれる。たおれてしぬ。「斃死」

**へイ** 21画【▼鼙】部首[鼓]

音へイ・ビ

せめつづみ。うまのりつづみ。騎鼓。馬上でならす鼓。

**へい**(感) 求めに応じたり、承知したときの語。商人・召し使い・子分などが使う。へえ。

**ベイ** 5画【▽皿】部首[皿] 常用 →教育小3 JIS 2714

音ベイ 訓さら

さら。浅くたいらな食器。

**ベイ** 6画【米】部首[米] 教育小2 JIS 4238

音ベイ・マイ 訓こめ

①こめ。よね。イネの実。「米価・米穀・米作・米麦」②《文字の形から》八十八歳のこと。「米寿」③アメリカ(亜米利加)合衆国のこと。「欧米」「米英・米語」④アメリカ大陸のこと。「中南米」「米州」⑤メートル(mètre)。メートル法の長さの基本単位。記号m。約三尺三寸。メートル。→マイ【米】

**ベイ** 9画【▼袂】部首[衤] JIS 7454

音ベイ

たもと。①衣服のそで。「袂別」②かたわら。そば。きわ。

**べい** 古語(助動)①《助動詞「べし」の連体形「べき」の音便》…にちがいない。用例命こそかなひがたか―ものなめれ(源氏・澪標)。②関東方言。文末に用いて「べし」に準じた意を表す。

**ペイ**[pay] ㊀(名)①支払い。②給料。㊁(名・サ変自)ひきあうこと。見合うこと。

**へい-あん**【平安】㊀(名・形動) 変わったこともなく、穏やかなこと・さま。平穏。peace ㊁(名)①「平安時代」の略。②京都の別称。

**へいあん-きょう**【平安京】延暦一三年(七九四)から明治元年(一八六八)まで、平清盛による福原遷都の一時期を除く約一一〇〇年間続いた日本の都。現在の京都市にあたる。平安城。→図

**へいあん-じだい**【平安時代】桓武天皇が平安京に都を定めた延暦一三年(七九四)から、鎌倉幕府が開かれる建久三年(一一九二)ごろまでの時代。鎌倉幕府の成立時期については諸説がある。貴族が政権を持ち、摂関政治が支配した時代。仏教では前期は密教、後期に浄土教が興った。大和絵が作られ、また、初期に仮名が発明されて、和歌・物語などがさかんとなり、『竹取物語』『伊勢物語』『源氏物語』『枕草子』などが書かれた時代。平安朝。平安朝時代。藤原時代。

**へいあんじだい-びじゅつ**【平安時代美術】平安遷都の八世紀末から一二世紀末に及ぶ四世紀にわたる時代の美術。一〇世紀の中ごろを境に、雄偉な唐風様式から優雅な和風様式へと質的な変化をとげる。寺院建築は山岳寺院から平地に移り、住居の寝殿造りが始まる。九世紀の量感にみちた仏像も、一〇世紀に和様を迎える。唐風仏画も温雅な描線や彩色が発達し、また『源氏物語絵巻』など絵巻物の傑作が生まれる。書も初唐の書風から上代様(和様)が完成する。→写

**へいあん-じんぐう**【平安神宮】京都市左京区岡崎西天王町にある旧官幣大社。祭神は桓武天皇と孝明天皇。明治二八年(一八九五)平安遷都一一〇〇年を記念して創建。

**へいあん-ちょう**【平安朝】平安京にあった朝廷。また、その朝廷が存続した時代。平安時代。

**へいあん-なんどう**【平安南道】北朝鮮(朝鮮民主主義人民共和国)西部、黄海に臨む道。道都は平壌。三方を山脈に囲まれた大同江の流域を占める。同国第一の農業地域。ピョンアンナムド。

**へいあん-ほくどう**【平安北道】北朝鮮(朝鮮民主主義人民共和国)北西部の道。道都は新義州。北東部は山脈、南西部は平野で、米・トウモロコシを生産。ピョンアンプクド。

**へい-い**【平易】(名・形動) やさしくて、分かりやすいこと・さま。たやすいこと・さま。easy 対義難解。用例―な文章。

**へい-い**【弊衣・▼敝衣】破れた衣服。shabby clothes

**へいい-はぼう**【弊衣破帽】破れた衣服と破れた帽子。旧制高校の生徒間に流行した。

**へい-いん**【兵員】兵士の数。the number of soldiers

**へい-いん**【閉院】(名・サ変自他) 対義開院。①衆議院・参議院などが会期を終えること。the closing of the Diet ②病院などの業務を終わりにすること。

**へい-えい**【兵営】兵士の居住する所。兵隊屋敷。barracks

**へい-えき**【兵役】軍務に服すること。military service

**へいえき-せいど**【兵役制度】国家が兵員を集める方法や服務期間を定める制度。強制義務的な徴兵制度と個人の自由意思による志願兵制度とがある。military service system

**へい-えん**【閉園】(名・サ変自他) 動植物園・公園・遊園地など、園とよばれる施設がその日の業務を終わりにすること。また、廃止になること。対義開園。

**べい-えん**【米塩】①米と塩。rice and salt ②生活に必要な品物。necessities of life

**米塩の資** 生活費。living expenses

**へい-おく**【弊屋・▼敝屋】①あばらや。tumbledown house ②自宅をけんそんしていう語。

**へい-おん**【平温】ふつうの温度。平年並みの温度。the average year's temperature

**へい-おん**【平穏】(名・形動) 静かでおだやかなこと・さま。平安。calm 用例―無事。

**へい-おんせつ**【閉音節】英語のat, catのように、子音で終わる音節。対義開音節。

**へい-か**【平価】①ある国の通貨と金、または他の国の通貨との交換比率。為替平価。exchange parity ②金本位制度のもとで、二国の本位貨幣に含まれる純金の量によって決められた通貨交換比率。金平価。法定平価。par value ③有価証券の相場価格が額面に等しいこと。パー。par

**へい-か**【兵▼戈】《「兵」は刃物、「戈」は、ほこ》①武器。②戦。戦争。

**へい-か**【兵火】戦争による火災。戦火。fire caused by war 用例―の巷。

**へい-か**【兵科】直接戦闘に従事する、旧陸海軍の兵種。歩兵・砲兵など。

**へい-か**【兵家】①中国の兵法を論究する学派。諸子百家の一つ。孫子・呉子などがこれに属する。兵の運用・策略などの論究を行い、漢代に集成された。②武士。軍人。soldier 用例勝敗は―の常。

**へい-か**【▼苹果】リンゴの実。ひょうか。apple

**へい-か**【陛下】天皇・皇后・太皇太后・皇太后に対する尊称。比較殿下。

**へい-か**【▽瓶華】華道の様式の一つ。小原雲心にはじまり、盛花とともに二〇世紀初めに起こった。様式は自然主義で、形体は瓶に生けたもの。投げ入れ。

**べい-か**【米価】米の値段。現在、食糧管理法により、政府が生産者からの買い入れ価格(＝生産者米価)と、消費者への売り渡し価格(＝消費者米価)を決定する。

●平安京

①大内裏 ②朱雀門 ③羅城門 ④冷泉院 ⑤神泉苑 ⑥堀河院 ⑦東三条院 ⑧朱雀院 ⑨東寺 ⑩西寺 ⑪広隆寺 ⑫仁和寺 ⑬北野神社 ⑭六波羅蜜寺 ⑮三十三間堂

▼常用漢字表外。 ▽常用漢字表の音訓外。

**べい-か【米貨】** 米国のお金。American currency

**へい-かい【閉会】**(名・サ変自他) 会が終わること。会を終えること。the closing of a meeting 対義開会。

**へい-がい【弊害】** ある状態の中にあって、いろいろな支障をきたす事柄。害悪。evil influence 用例 —を除く。

**へい-かいろ【閉回路】** いろいろな素子をつないだ接続が閉じていて、電流が流れる状態になっている回路。closed circuit

**へいか-きりさげ【平価切(り)下げ】** 一国の通貨の対外価値を、金またはドルとの交換比率を低下させることによって引き下げること。輸出の増加と輸入の減少を誘導し、国際収支が改善される。devaluation

**へい-かく【兵革】**《「兵」は刃物、「革」はよろい・かぶとなど》①武器。②戦い。戦。

**へい-かく【閉殻】** 電子殻が電子によって満たされている殻。閉殻を形成すると電子殻は安定になる。closed shell

**へい-がく【兵学】** 用兵・戦術を研究する学問。学問としての体系は江戸初期に成立。小幡景憲の甲州流兵学、北条氏長の北条流、山鹿素行の山鹿流など。兵法の学。軍学。

**べいか-しんぎかい【米価審議会】** 米・麦その他の主要食糧の価格決定に関する基本事項を調査審議し、必要事項を農林水産大臣に建議する諮問機関。昭和二四年(一九四九)設置。

**へい-かつ【平滑】**(名・形動) 平らでなめらかなこと・さま。用例 —回路。

**へいかつ-かいろ【平滑回路】** 交流を直流に変えるとき、脈流を減らす回路。チョークコイルまたは抵抗とコンデンサーによって構成され、脈流を阻止して直流を通す回路。smoothing circuit

**へいかつ-きん【平滑筋】** ヒトの内臓の筋肉の大半を占め、諸器官の運動にたずさわる筋肉。不随意筋にはいる。smooth muscle

**へい-がっこう【兵学校】**「海軍兵学校」の略。

**へい-がわ【▽閉▼伊川】** 岩手県中部を流れる川。長さ七六㎞。北上高地の兜明神岳南麓に発し、宮古湾に注ぐ。渓谷美で有名。

**へい-かん【閉管】** 一端が開き、一端が閉じている管。管内の空気を振動させて音を発する。オルガン管。closed pipe

●平安時代美術

定朝『阿弥陀如来像』。天喜元年(一〇五三)、平等院鳳凰堂(京都府)。

『薬師如来立像』。延暦元~一二年(七八二~七九三)、神護寺(京都府)。

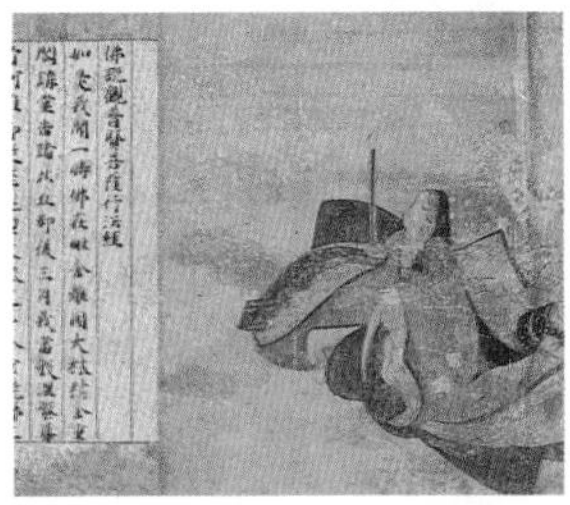

『平家納経』「観普賢経」見返し。長寛二年(一一六四)、厳島神社。

『三十六人集』「重之集」。西本願寺(京都府)。

『源氏物語絵巻』「柏木三」(部分)。徳川美術館(愛知県)。

**へい-かん【閉館】**(名・サ変自他) 図書館・映画館など、館とよばれる施設がその日の業務を終わりにすること。また、廃止になること。対義開館。

**へい-かん【弊館】** 自分の所属する美術館・博物館など、館とよばれる施設をけんそんしていう語。

**べいかん-そうごぼうえいじょうやく【米▼韓相互防衛条約】** 一九五三年アメリカと韓国が朝鮮戦争休戦後の新情勢に対処するため、ワシントンで調印した相互防衛条約。武力攻撃に対し両国合意による措置をとることや、韓国にアメリカ軍が駐留することなどを規定。American-Korean Mutual Defense Agreement

**へい-き【平気】**(名・形動) ①心が落ち着いていること・さま。calmness 用例 —を装う。②気にしないこと・さま。かまわないさま。think nothing of 用例 —でうそをつく。

**平気の平左**《「平気の平左衛門」の略。平気な顔をしていることを、人名のようにいったもの》少しも気にしないこと。

**へい-き【兵器】** 戦闘のさい攻撃・防御に使用される器具・機械の総称。目的によって攻撃・防御兵器、戦略・戦術兵器に大別。weapon

**へい-き【併記】**(名・サ変他) 並べて書くこと。write side by side

**べい-き【米機】** 米国の飛行機。American airplane

**へい-きゃく【閉脚】** 足を閉じること。対義開脚。用例 —回転。

**へい-きょ【閉居】**(名・サ変自) 家にとじこもっていること。

**へい-ぎょう【閉業】**(名・サ変自他) 対義開業。①商売をやめること。close down ②その日の営業を終えること。close 比較休業・廃業。

**へい-きょく【平曲】** 平家琵琶を弾きながら『平家物語』を語る語り物音楽。鎌倉時代初めの創始といわれる。平家琵琶。平家。平語。

**へい-きょくせん【閉曲線】** 始点と終点の一致している連続な曲線。たとえば円周。closed curve

**へい-きょくめん【閉曲面】** 有界で閉じた曲面。たとえば球面。closed surface

**へい-きん【平均】** 一(名・形動・サ変他) 高低・多少のないようにすること。ふぞろいのないこと。つりあい。balance 用例 —をとる。負担を—する。二(名) いくつかの数やある量の中間を表す数。相加平均・相乗平均・調和平均などがあるが、ふつう平均といえば相加平均をさす。mean

**へいきん-うんどう【平均運動】** 惑星や衛星が、長円軌道を公転するさいの平均の角速度。三六〇度を周期で割った値。mean motion

**へいきん-かいすいめん【平均海水面】** ある場所の海面の高さを一か月、一年など長期にわたって平均したもの。平均海面。mean sea level

**へいきん-かぜい【平均課税】** 臨時所得と変動所得について、高い累進税率の適用を緩和するため、その所得を五年間にわたって分散・平均化して課税する制度。臨時所得はプロ野球選手の契約金、不動産の権利金など、変動所得は原稿料・作曲料など。average taxation

**へいきん-かぶか【平均株価】** 多数の銘柄の株式の価格の平均値。株式市場の変動を示す指標で、単純平均・修正平均・加重平均の別がある。stock price average

**へいきん-きおん【平均気温】** 気温の平均値。日平均は一日に何回か定時刻に観測して平均をとる。日平均を使って月平均と年平均を出す。mean temperature

**へいきん-じゆうこうろ【平均自由行路】** 気体中の分子や金属中の電子が、衝突から次の衝突までに進む距離の平均値。mean free path

**へいきん-じゅみょう【平均寿命】** 新生児が生きられる年数の予想平均値。各年齢の死亡率の統計から割り出す。average life expectancy

**へいきん-だい【平均台】** 体操競技、女子種目の一つ。また、その器具。幅一〇㎝の台上面を使用し、連続的な歩・跳躍・回転・姿勢保持などを行う。balance beam ↓写

●平均台

**へいきん-たいよう【平均太陽】** 黄道上を一様な速度で運動すると仮想された太陽。平均太陽時を定義するために考案。mean sun

**へいきん-たいようじ【平均太陽時】** 平均太陽を基準にした時法による時刻。仮想した太陽の南中を0時とする。mean solar time

**へいきん-たいようじつ【平均太陽日】** 一年を通じて平均した太陽日。仮想太陽(=平均太陽)が、ある地点で南中し、再び南中するまでの時間。mean solar day

**へいきん-ち【平均値】** ①数値の合計を、その数値の個数で割った値。相加平均。mean value ②確率変数の期待値。expectation

**へいきん-ちんぎん**【平均賃金】解雇予告手当・有給休暇・遺族補償などの算定基準となる金額。理由が発生した日以前の三か月間に支払われた賃金の総額を、その期間の総日数で割ったもの。average wages

**へいきん-てき**【平均的】(形動) よくも悪くもないさま。ふつうであるさま。一般的。average

**へいきん-てん**【平均点】各点数の合計を、項目数で割って得られる数。the average mark

**へいきん-にじょうそくど**【平均二乗速度】多数の運動体からなる系で、速度の二乗を平均したもの。たとえば、気体中の分子の平均二乗速度。分子運動の平均的性質は分子がこの値の平方根の速度で運動しているとして扱える。mean square velocity

**へいきん-よめい**【平均余命】ある年齢の人たちが、平均してあと何年生きられるかを示したもの。life expectancy

**へいきん-りつ**【平均律】音律体系の一つ。オクターブを等分割し、その単位を音程構成の基礎とする方式。通常は十二平均律をさし、単位の一つを半音、二つを全音とするもので、鍵盤楽器には世界的に使われている。equal temperament

**へいきん-りつ**【平均率】平均した割合。the average percentage

**へいきんりつクラビアきょくしゅう**【平均律クラビア曲集】《原題Das Wohltemperierte Klavierドイ》バッハ作曲の鍵盤楽器のための作品。一巻は一七二二年、二巻は四四年完成。各巻二四曲の前奏曲とフーガはすべての長・短調で書かれた。

●平家納経『厳王品』見返し。長寛二年(一一六四)、厳島神社(広島県)。

**へい-くかん**【閉区間】両端を含む区間。$a \leqq x \leqq b$をみたす実数$x$の集合を閉区間$a$, $b$といい、$[a, b]$で示す。closed interval

**へい-ぐし**【幣▼串】神官が祓えに使うくし。四手をかけたサカキ。

**へいぐん-とう**【平郡島】山口県南東部、大島の南にある島。面積一六・七km²。柳井市に属する。毛利水軍の船乗りを出したところ。旧称へぐり島。

**へい-け**【平家】①平氏。②『平家物語』の略。

**へい-げい**【▼睥▼睨】(名・サ変他) ①横目でにらむこと。glare at ②にらんで威勢を示すこと。lord over [用例]天下を―する。

**へいけ-がに**【平家▼蟹】ヘイケガニ科の中形のカニ。浅海の砂泥底にすむ。甲幅約二cm。暗紫色の甲には人面模様の隆起があるため、平家落人の亡霊が本種に化けたという伝説がある。瀬戸内海以南・朝鮮半島・中国に分布。→[写] →カニ[図]

●ヘイケガニ

**へいけ-だに**【平家谷】落人伝説の一つ。奥深い山間などにあり、他と風俗も異なって、昔、平家の落人が隠れ住んだと信じられている村落。宮崎県の椎葉・徳島県の祖谷など。

**へいけのうきょう**【平家納経】長寛二年(一一六四)平清盛が一門の繁栄を祈願し、厳島神社に奉納した『法華経』などの経巻三三巻。料紙・金具などに善美をつくした装飾経で、表紙見返しの絵もすぐれている。国宝。→[写]

**へいけ-びわ**【平家▼琵▼琶】①平曲の別名。②平曲に用いる琵琶。雅楽の楽琵琶より小型で四弦五柱。

**へいけ-ぼたる**【平家蛍】ホタル科の昆虫。水田・池・川に発生する。体長七〜一〇mm。黒色。前胸の背は桃赤色で中央に黒い条。六〜九月に出現。ゲンジボタルより頻繁に明滅。日本全土に分布。→[写]

●ヘイケボタル

**へいけものがたり**【平家物語】鎌倉前期の軍記物語。作者・成立年代未詳。『徒然草』に信濃前司行長と盲人生仏の合作説がある。平家一門の栄枯盛衰を中心に治承・寿永の動乱の歴史を描く。多くの諸本があり、「語り本系」「読み本系」に二大別され、一二巻本が流布、「語り本系」の覚一本が代表的伝本。琵琶法師によって語られ(「平曲」という)広まった。仏教的無常観を基調にした、洗練された和漢混交文によるこの物語の、後代文学への影響は大きい。治承物語。平語。→[写]

●平家物語『安徳天皇縁起絵図』「壇ノ浦」。赤間神宮(山口県)。

**へい-けん**【兵権】兵馬の権。軍事の大権。

**へい-げん**【平原】平らな野原。平野。plain

**へいげん-インディアン**【平原インディアン】北米中央部の大平原地帯に住むインディアンの総称。アパッチ族・シャイアン族など二十余部族。かつては野牛の狩猟に従事。Plains Indian

**へいげん-くん**【平原君】(?〜BC二五一) 中国、戦国時代の趙の公子。山東の平原に封ぜられ、食客数千人といわれた。戦国四君の一人。

**へい-こ**【▼炳▼乎】(形動トタル) 光り輝くさま。きわめて明らかなさま。

**へい-ご**【丙午】→ひのえうま(丙午)

**へい-ご**【平語】①日常のことば。ふだんのことば。[用例]俗談―。②『平家物語』の略。

**べい-ご**【米語】米国で使われている英語。アメリカ英語。American English

**へい-こう**【平行】(名・サ変自) 平面上で、二直線$l$、$m$がけっして交わらないとき、$l$と$m$は平行であるといい、$l /\!/ m$で表す。二平面、または一直線と一平面が無限に交わらないときにもいう。parallel [比較]並行。

**へい-こう**【平衡】①二つ以上の力がつりあって、静止の状態にあること。balance ②精神が平静で安定している状態。balance

**へい-こう**【並行・併行】(名・サ変自) ①並んで進むこと。go side by side [比較]平行。②同時に行われること。in parallel with [用例]―して二つの議案を審議する。

**へい-こう**【閉口】(名・サ変自) ①ことばにつまること。be dumbfounded ②困ること。be nonplused

**へい-こう**【閉校】(名・サ変自) [対義]開校。①授業するのを中止すること。close a school [用例]一時―。②学校を閉鎖すること。close a school

**へい-こう**【閉講】(名・サ変自) 講義・講習などを終えること。close a series of one's lectures [対義]開講。

**へい-ごう**【併合】(名・サ変他) 合わせて一つにすること。合併。annexation

**へいこう-あそび**【平行遊び】子どもの遊びの分類の一つ。幼児がいっしょにいて同じような遊びをしていても、お互いにはまったく無関係に遊んでいること。parallel play

**へいこう-いどう**【平行移動】図形上の各点を、すべて同じ方向に同じ距離だけ移動すること。translation; parallel displacement

**へいこういどう-の-ほうそく**【平衡移動の法則】→ル=シャトリエのほうそく(ル=シャトリエの法則)

**へいこう-いとこ**【平行イトコ】《文化人類学の概念》いとこのうち、父の兄弟および母の姉妹の子供。多くの社会で、平行イトコとの結婚は厳禁されている。parallel cousin

**へいこう-かんかく**【平衡感覚】空間における体の位置や運動を感ずる機能。体のつりあいはほとんど無意識的な反射運動によって保たれるが、ここで内耳の前庭器官が働いている。sense of equilibrium

**へいこう-き**【平衡器】動物の平衡感覚を受容する感覚器の総称。脊椎動物では一般に半規管および前庭器官であり、聴覚受容器とともに内耳に存在する。static organ

**へいごう-ざい**【併合罪】一人の者が犯し、まだ確定判決を受けていない数個の犯罪で、同時に裁判を受けることが可能、または可能だったもの。concurrence of offenses

**へいこう-しへんけい**【平行四辺形】二組みの対辺がそれぞれ平行な四辺形。parallelogram

**へいこうしへんけい-の-ほうそく**【平行四辺形の法則】二つのベクトルの和を求めるときの法則。ベクトル$\vec{a}$、$\vec{b}$の和$\vec{a}+\vec{b}$は、$\vec{a}$、$\vec{b}$を二辺とする平行四辺形の対角線で表される。law of parallelogram [参照]ベクトル。

**へいこう-じょうたい**【平衡状態】左右(正逆)両方向に進む変化の速さが等しいため、みかけ上変化が起こっていない状態。equilibrium state

**へいこう-せき**【平衡石】平衡をつかさどる器官にある固形物。脊椎動物では分泌した炭酸カルシウム、エビなどでは砂粒。耳石。聴石。statolith

**へいこう-せん**【平行線】同一平面上にあって互いに交わらない二直線。parallel lines

**へいこうちょうかく-き**【平衡聴覚器】平衡感覚と聴覚とを感受する器官。脊椎動物では、平衡感覚に関係する半規管と前庭器官、聴覚に関係する蝸牛がいずれも内耳にある。organum vestibulocochleare

**へいこう-ていすう**【平衡定数】化学平衡において、原系と生成系の量的関係を表すための定数。equilibrium constant

**へいこう-ほう**【平衡胞】無脊椎動物の平衡器官。からだが傾くと、平衡石が周囲の感覚細胞の繊毛に触れて傾きを感じる。平衡嚢。statocyst

**へいこう-ぼう**【平行棒】体操競技、男子種目の一つ。また、その器具。高さが同じで平行な二本の棒上で、体の振動・回転・倒立などを行う。parallel bars →[写]

●平行棒

**へいこう-みゃく**【平行脈】単子葉植物の葉脈の形。葉の中を枝分かれしない数本の脈が平行に走る。parallel venation

**へいこう-ゆにゅう**【並行輸入】輸入総代理店制のとられている輸入商品に関して、他の輸入業者が同じ製造元の第三国にある総代理店から輸入すること。輸入商品の価格を下げるための制度。parallel import

**へいこう-ろくめんたい**【平行六面体】六面体で、三組の相対する面が平行なもの。この面はすべて平行四辺形になる。parallelopiped

**べい-こく**【米穀】こめ。穀物。rice

**べい-こく**【米国】アメリカ合衆国。

**べいこく-つうちょう**【米穀通帳】食糧管理制度のもとで、消費者が米を購入するさいに提示した通帳。第二次大戦中の食糧不足の時代に農林省が発行。昭和五七年(一九八二)廃止。

**べいこく-とりひきじょ**【米穀取引所】米

の売買・取引を行った商品取引所。明治九年（一八七六）の米商会所を前身とし、同二六年（一八九三）取引所法に基づいて各地に設置。昭和一四年（一九三九）米穀配給統制法の施行にともなって廃止。

**べいこく-ねんど【米穀年度】** 米の収穫に基づいた年度。一一月から翌年一〇月まで。

**べい-ごま【▽貝▽独▽楽】**《「ばいごま」の転》バイの貝殻に溶かした鉛を注ぎ込んで作ったこま。また、その形のこま。

**へい-こら**（副・サ変自）きげんをとったり、へつらったりするさま。頭をぺこぺこ下げるさま。用例 社長に―する。

**へい-さ【閉鎖】**（名・サ変他）とざすこと。closing 対義 開放。用例 国境を―する。

**べい-ざい【米材】** アメリカやカナダから日本に輸入される木材の総称。針葉樹材が主で、建築用材になることが多い。North American wood

**へいさ-おん【閉鎖音】** ↓はれつおん（破裂音）

**へいさ-か【閉鎖花】** 花弁が開かず自花受粉によって結実する花。スミレ・ホトケノザ・センボンヤリなど。closed flower

**へい-さく【平作】** 農作物の平年並みの収穫高。平年作。normal crop 対義 豊作・凶作。

**べい-さく【米作】** 米の栽培・収穫。rice crop

**へいさ-けっかんけい【閉鎖血管系】** ↓へいさじゅんかんけい（閉鎖循環系）

**へいさ-じゅんかんけい【閉鎖循環系】** 心臓から出る動脈血が末端の毛細管を経て、すべて静脈に流入する循環系。脊椎動物・環形動物などにみられる。赤血球や血漿は血管系内を循環する。閉鎖血管系。closed circulatory system

**へい-さつ【併殺】**（名・サ変他）野球で、同じ機会にアウトを二つ取ること。重殺。ダブルプレー。double play

**へい-ざん【閉山】**（名・サ変自他）①登山の期間を終わりにすること。end the climbing season ②鉱山をとざすこと。close a mine

**べい-さん【米産】** 米の生産。rice production 用例 ―地。

**べいさんじん【米山人】** ↓おかだ べいさんじん（岡田米山人）

**ペイザンヌ**《à la paysanne フランスから。田舎風、の意》①フランスで、鶏肉や野菜などをバターでいためたあと、煮くずれるほどに煮た料理。②野菜の切り方の一つ。三角形や四角形の薄切り。一辺が約一㎝ぐらい。

**へい-し【兵士】** 軍隊の士卒。兵卒。兵隊。soldier

**へい-し【閉止】**（名・サ変自他）働きが止まること。stoppage 用例 月経―。

**へい-し【弊紙】** 自社の新聞をけんそんしていう語。

**へい-し【弊誌】** 自社の雑誌をけんそんしていう語。

**へい-し【▼斃死】**（名・サ変自）倒れて死ぬこと。野たれ死に。

**へい-し【平氏】** 平安時代、「平」姓を賜り皇族から臣籍に降下した氏族。桓武平氏・仁明平氏・文徳平氏など。桓武天皇の曾孫高望王の子孫は東国に土着して勢力をひろげ、やがて中央に進出、その一系統が平氏政権を樹立。

**へいじ【平治】** 平安末期の年号。保元から改元。元年（一一五九）四月二〇日～二年（一一六〇）一月一〇日。次に、永暦に改元。

**へい-じ【平時】** ①普段。平素。ordinary times ②平和なとき。peacetime 対義 戦時・非常時。

**へい-じ【兵事】** 軍隊や戦争に関する事柄。その事務。military affairs

**へい-じ【▽瓶子】** 酒を入れる、小形の口の狭い陶器。とっくり。へいし。↓写

● 瓶子

**へい-しき【閉式】**（名・サ変自）式を終わること。対義 開式。

**ペイシストラトス【Peisistratos】**（BC六〇〇ごろ～BC五二七）古代ギリシア、アテネの政治家。紀元前五六一年僭主となり、亡命貴族の土地を没収配分して小農民を保護。アテネ発展の基礎を築いた。

**へいし-そう【▽瓶子草】** サラセニアの和名。

**へい-じつ【平日】** ①へいぜい。ふだん。ordinary days ②日曜・祝日以外の日。ウイークデー。weekday

**へいじ-の-らん【平治の乱】** 平治元年（一一五九）一二月、藤原信頼・源義朝が起こした内乱。平清盛の反撃に敗れ、以後平氏は全盛をきわめた。

**へいじものがたり【平治物語】** 鎌倉初期の軍記物語。三巻。作者未詳。『保元物語』の姉妹編で、琵琶法師の語り物。平治の乱の顛末を武将の活躍などを中心に和漢混交文で描く。

**へい-しゃ【平射】** ①平面に投影すること。用例 ―図法。②曲がりの少ない弾道で撃つこと。対義 曲射。

**へい-しゃ【兵舎】** 兵士が寝食・休養する建物。兵営の建物。barracks

**へい-しゃ【弊社】** 自分の会社をけんそんしていう語。小社。

**へいしゃ-ずほう【平射図法】** 地図投影法の一つ。方位図法で、地図面を地球儀上の一点に置き、視点を投射面と反対側の地球儀上に置いて、経緯線を地図面上に投影する方法。角が正しく表される特色がある。stereographic projection ↓地図図

**へい-しゅ【兵種】** 軍隊の兵の種別。

**べい-じゅ【米寿】**《「米」の字を分解すると、八十八になることから》数え年八八歳のこと。また、その長寿の祝い。米の祝い。参照 賀の祝い。

**へい-しゅう【弊習】** 悪いならわし。弊風。evil customs

**べい-しゅう【米収】** 米の収穫。rice crop

**べい-しゅう【米州・米▼洲】** 南北アメリカ大陸。the America

**べいしゅう-きこう【米州機構】**（Organization of American States）一九四八年のボゴタ憲章（＝米州機構憲章）に基づき五一年に設立された、南北アメリカ大陸二八か国の平和と安全、共同防衛などをめざす国際機構。六二年キューバの現政権を除名。ＯＡＳ。

**へい-しゅうごう【閉集合】** 端を含む集合。集合$A$に属する点列が収束すれば、その極限の点も$A$に属する点となるような集合。closed set

**へい-じゅん【平準】** ①水準器を使って水平にすること。level ②物価の均一をはかること。

**へい-しょ【兵書】** 兵法の書物。兵学書。book on military tactics

**へい-しょう【併称・並称】**（名・サ変自）二つ以上の物事を合わせて言うこと。また、その名。

**へい-しょう【▼嬖▼妾】** 気に入りのめかけ。

**へい-じょう【平常】**（名・副）普段。ひごろ。平生。日常。ordinary

**へい-じょう【兵▼仗】** 武器。兵器。戎器。arms

**へい-じょう【閉場】**（名・サ変自）会場をしめること。the closing 対義 開場。

**へいじょう【平壌】** ↓ピョンヤン（平壌）

**へいじょう-きょう【平城京】** 和銅三年（七一〇）元明天皇が藤原京から遷都、以後延暦三年（七八四）桓武天皇の長岡京遷都まで八代の都。現在の奈良市の西方にあたる。唐の都長安を模し、藤原京を原型として造営。奈良の都。↓図

**へいしょ-きょうふしょう【閉所恐怖症】** 閉ざされた狭い空間に入ると、不安や強迫感に見舞われる恐怖症の一種。claustrophobia

**べい-しょく【米食】**（名・サ変自）米を食べること。米を主食とすること。live on rice

**へいじょ-ぶん【平叙文】** 表現の上から見た文の種類の一つ。断定・推量・決意などを表した文。「あれは学校だ」「たぶん来るだろう」「ぼくも行こう」など。declarative sentence 比較 感動文・命令文・疑問文。

**へい-しん【平信】** ①ふつうの手紙。無事のたより。②《特別の用事ではない、の意》封書のわき付けに用いる語。

**へい-しん【並進・併進】**（名・サ変自）ならび進むこと。keep pace with

**へい-しん【柄臣】** 政権をにぎっている臣。権臣。

**へい-しん【▼嬖臣】** 気に入りの家臣。

**へい-じん【兵刃】** 武器である刃物。sword

**兵刃を交える**（へいじんをまじえる）切りあう。戦う。

**へいしん-うんどう【並進運動】** 質点系あるいは物体のすべての点が平行移動するような運動。translational motion

**へいしん-ていとう【平身低頭】**（名・サ変自）①ひれ伏して、頭を下げること。prostrate oneself ②ただもう謝ること。ひら謝り。humble apology

**へい-すい【平水】** ①川などの平時の水かさ。用例 ―量。②波立っていない水面。

**へい・する【▼聘する】** 文語的（サ変他）＝聘す。①礼を厚くして迎える。②結納を贈って妻に迎える。

**へい-せい【平静】**（名・形動）①穏やかで静かなこと・さま。peacefulness ②落ち着いていること・さま。calmness 用例 ―を装う。

**へい-せい【兵制】** 軍備に関する制度。軍制。military system

**へい-せい【幣制】** 貨幣に関する制度。monetary system

**へい-せい【弊政】** 害の多い政治。悪政。

**へいせい【平成】**《『史記』の「内平外成」、『書経』の「地平天成」などからとった語。「平」「成」ともに、治まる、の意で、国の内外および天地に平和がもたらされるよう願ったもの》今の年号。昭和から改元。元年（一九八九）一月八日～。

**へい-ぜい【平生】**（名・副）普段。つね。平常。ordinary

● 平城京

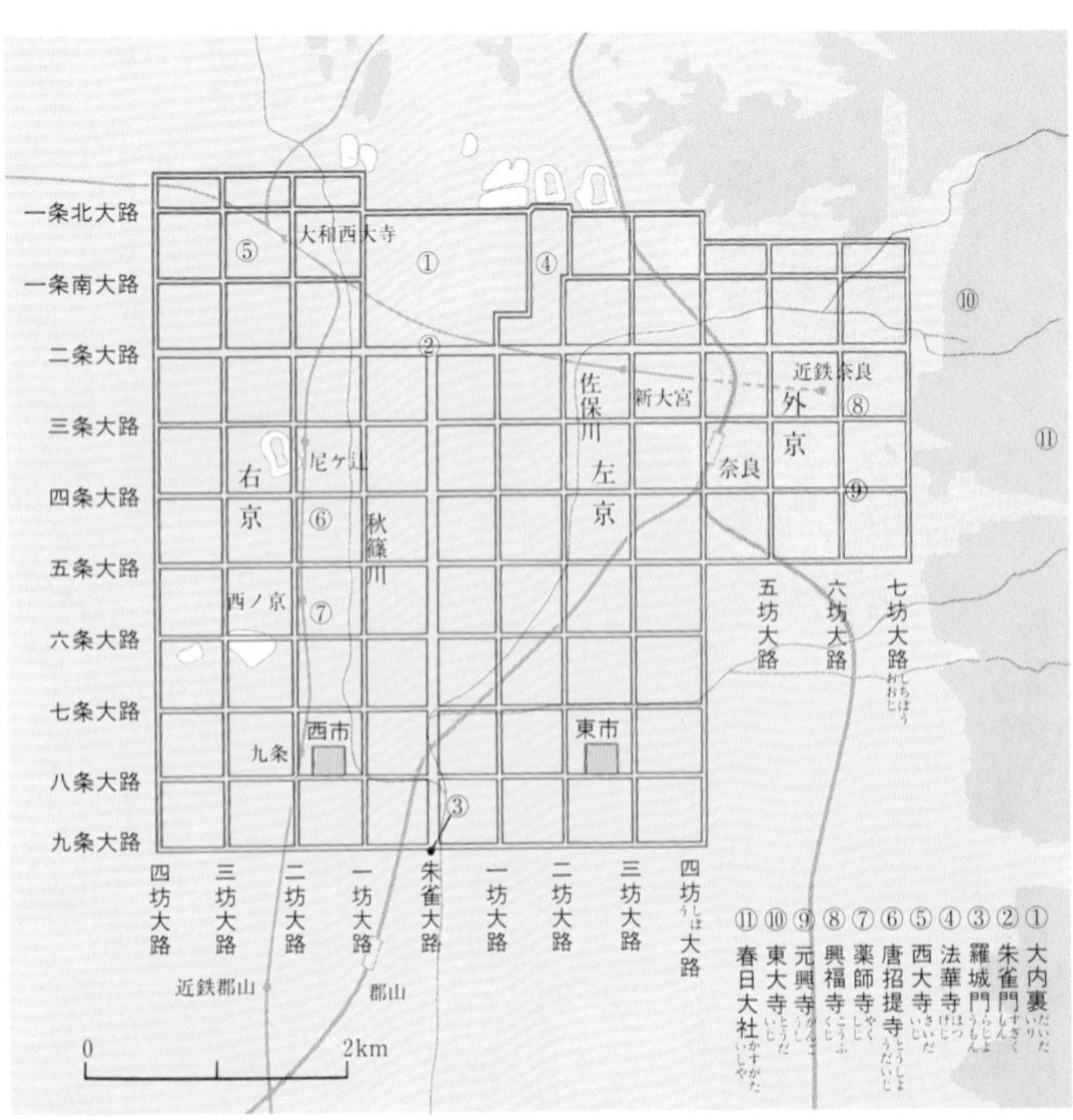


へ

平生を失う(へいぜいを うしなう) 常日ごろの落ち着きや理性・分別をなくす。気が動転する。lose one's head

べいせい-せんそう【米西戦争】 アメリカ－スペイン戦争。Spanish-American War

へいぜい-てんのう【平▽城天皇】(七七四～八二四) 第五一代天皇(在位八〇六～八〇九)。桓武天皇第一皇子。嵯峨天皇に譲位後、復位を企て、薬子の変で失敗。仏門に入る。

へい-せき【兵籍】 ①軍人としての身分。軍籍。soldier's status ②もと、軍人になった者を登録した帳簿。military register

へい-せつ【併設】(名・サ変他) いっしょに設置すること。establish as an annex 用例 幼稚園を―する。

へい-せん【兵船】 戦いに使う船。軍艦。

へい-ぜん【平然】(形動トタル) 落ち着いているさま。平気なさま。calm

べい-せん【米銭】 ①米と銭。②米代。

へい-そ【平素】(名・副) ふだん。いつも。日ごろ。平生。平常。ordinary

へい-そう【兵曹】 海軍の下士官の階級の総称。旧日本海軍では、上等・一等・二等に分かれていた。

へいそう-ちょう【兵曹長】 海軍の軍人の階級の一つ。準士官。少尉と兵曹の間。

へい-そく【▼屏息】(名・サ変自) ①息を殺して静かにすること。②恐れ縮まること。

へい-そく【閉▼塞】(名・サ変自他) とじて、ふさぐこと。とざされて、ふさがること。閉鎖。

へい-そく【幣束】 ①神にささげる物。ぬさ。にぎて。②麻・紙などを細長い木に垂らしたもの。神事用。御幣。

へいそく-ぜんせん【閉▼塞前線】 前線の一種。温帯低気圧にともなう寒冷前線が、その東方にある温暖前線よりも速く東進して追いつき、地表から低気圧の暖域をしめ出したときみられる前線。天気図上では、二つの前線が重なる。occluded front

へいそく-そうち【閉▼塞装置】 列車の追突や正面衝突を避けるための装置。列車の走る本線を適当な長さに区切り、一区間に二本以上の列車を入れないようにする装置。自動鉄道運輸制御システム。block signal system

へい-そつ【兵卒】 最下級の軍人。兵士。soldier

へい-そん【併存・並存】(名・サ変自) ともに存在すること。へいぞん。coexistence

へい-たい【兵隊】 ①軍隊。troops ②兵士。soldier

へい-たん【平▼坦】(名・形動) 土地の平らなこと・さま。平地。evenness 用例 ―な道。

へい-たん【平淡】(名・形動) しつこくなく、あっさりしていること・さま。plainness 用例 ―な趣向。

へい-たん【兵▼站】 軍隊の機関の一つ。戦場の後方で、作戦部隊への軍用品の供給・輸送および補給線の確保などを担当する任務。logistics

へい-たん【兵端】 戦いのはじまり。戦争の口火。戦端。用例 ―を開く。

へい-だん【兵団】 いくつかの師団を合わせた大部隊。corps

へいたん-せん【兵▼站線】 前線部隊と兵站部を結ぶ連絡線。補給線。supply line

へいたん-ひん【兵▼站品】 軍需のための物品。munitions

へい-ち【平地】 平らな土地。level land

平地に波瀾を起こす(へいちにはらんをおこす) わざと事を難しくし、いざこざを起こさせる。raise troubles unnecessarily

へい-ち【併置・並置】(名・サ変他) 二つ以上のものを同じ所に設置すること。juxtaposition

へい-ちゃら【平ちゃら】(形動)《俗語》気にしないさま。ものともしないさま。平気。へっちゃら。do not care a bit

へいちゅうものがたり【平中物語】 平安中期の歌物語。作者・成立年未詳。天徳四年(九六〇)～康保二年(九六五)までの成立か。平貞文を主人公に王朝的「すきもの」の典型を描く。三八段の説話からなる。『貞文日記』。へいじゅうものがたり。

へい-ちょう【兵長】 軍隊の階級の一つ。旧日本陸海軍では、兵の最高の階級。

へい-てい【平定】(名・サ変自他) 平らげ静めること。平らぎ静まること。suppression 用例 反乱を―する。

へい-てい【閉廷】(名・サ変自) 法廷での裁判や審理を終わりにすること。dismiss the court 比較 休廷。対義 開廷。

へい-てん【閉店】(名・サ変自) 対義 開店。①その日の商売を終えること。close the shop ②商売をやめること。店じまい。閉業。close down

へい-てん【弊店】 自分の店をけんそんしていう語。小店。

べい-てん【米点】 水墨山水画の技法。筆をねかせて墨点をうち並べ、雲煙におおわれた山岳・樹木の情景を描出する。中国、宋代の画家米芾父子の創始とされる。米法山水。

ヘイデンスタム【Carl Gustaf Verner von Heidenstam】(一八五九～一九四〇) スウェーデンの詩人・小説家。ロマン主義的作品を書いた。一九一六年ノーベル文学賞受賞。詩集『巡礼と遍歴の歳月』、小説『カール王の軍兵』など。

へい-どく【併読】(名・サ変他) 二種以上のものをあわせ読むこと。用例 新聞を二紙―する。

へい-どん【併▼吞】(名・サ変他) 一つに合わせ従えること。併合。annexation 用例 小国を―する。

べい-トン【米トン】 ヤード-ポンド法の重量の単位。一米トンは約九〇七kg。ショートトン。参照 トン。

ペイネ【Raymond Peynet】(一九〇八～) フランスの漫画家。現代パリの叙情派の代表。作品集『恋人たちの手帖』など。

へい-ねつ【平熱】 健康なときの体温。normal temperature

へい-ねん【平年】 ①一年が三六五日の年。common year 対義 閏年。②気温や農産物の収穫高がふつう程度の年。average year 対義 豊年・凶年。用例 ―作。

へい-のう【兵農】 兵士と農民。soldiers and farmers

へいのう-ぶんり【兵農分離】 豊臣秀吉による武士と農民の分離政策。刀狩り・太閤検地を通じて武士と農民の居住地を分け、江戸幕府の士農工商の身分制度を固定する基礎となった。

へい-ば【兵馬】 ①兵士と軍馬。②軍馬。war horses ③軍備。軍隊。troops ④戦。戦争。

兵馬の権(へいばのけん) 軍事を統率する権力。軍を統率する権限。統帥権。supreme military power

へい-はく【幣▼帛】 ①神道で神にささげるものの総称。幣。幣。いやじろ。ぬさ。②人におくる品物。進物。

べい-ばく【米麦】 ①米と麦。rice and barley ②穀物。grain米; corn英

へい-はつ【併発】(名・サ変自他) 余病などが同時に起こること。また、起こすこと。be complicated by another desease

へいば-よう【兵馬▼俑】《「俑」は墓に副葬する人形、の意》兵士や騎馬の将軍などをかたどった俑。秦の始皇陵から出土したものが有名。

へい-はん【平版】 印刷の版式の一つ。版面は平らで凹凸がなく、画線部を親油性に、非画線部を親水性に処理する。インキは画線部だけに付着して印刷される。オフセット印刷が代表的。planography

へい-ばん【平板】 ㊀(名) 平たい板。flat board ㊁(名・形動) 内容に変化のないこと・さま。一本調子であること・さま。単調。monotonous 用例 ―な作品。

へい-ばん【▼餅盤】 マグマが地層のすきまに貫入し、お供え餅の形に固まった岩体。粘性の大きいマグマによる。laccolith

べい-はん【米飯】 米の飯。

へいばん-そくりょう【平板測量】 三脚上の製図板と磁石・巻き尺・高低測定器具などを用いて行う測量。野外で比較的小区域の細部測量に利用。plane-table surveying

へい-び【兵備】 戦争のための準備。軍備。armaments

べいひ-そうごぼうえいじょうやく【米比相互防衛条約】(American-Philippine Agreement on Military Bases) アメリカとフィリピンとの間で一九五一年に締結された軍事条約。フィリピンの空・海軍基地をアメリカに貸与することなどを定めたもの。

へい-ふう【弊風】 悪い習わし・風俗。弊習。悪風。corrupt practices; abuses

へい-ふく【平伏】(名・サ変自) ひれふすこと。prostrate oneself

へい-ふく【平服】 日常着る衣服。ふだん着。ordinary clothes 対義 礼服。

べい-ふつ【米▼芾】(一〇五一～一一〇七) 中国、北宋の画家・書家。字は元章、号は海岳外史。山や樹木を墨の点描で描く「米法山水」を創始し、南宗画に影響を与えた。書は宋四大家の一人。

へい-ぶん【平分】(名・サ変自他) 平等に分かれること。また、分けること。用例 昼夜―。

へい-ぶん【平文】 ↓ひらぶん(平文)

へい-べい【平米】 平方メートルのこと。

ぺい-ぺい《俗語》地位の低い者、下級の者をばかにしていう語。

へいへい-ぼんぼん【平平凡凡】(名・形動トタル) きわめて平凡なこと・さま。commonplace 用例 ―と毎日を送る。

べい-べつ【▼袂別】(名・サ変自) たもとをわかつこと。別れること。

へい-ほう【平方】 ①↓にじょう(二乗)。②長さを表す数詞の後ろにつけて、その長さを一辺とする正方形の面積を表す。square 用例 五メートル―。③長さの単位の名の上につけて、面積の単位とする。square 用例 五―メートル。

へい-ほう【兵法】 ＝ひょうほう。①戦争の技術・仕方。strategy 用例 孫子の―。②武術。tactics

へいほう-こん【平方根】 二乗するとaとなる数を、aの平方根という。aが正のとき、平方根は二つあって、絶対値は等しく、符号は反対である。正の方を$\sqrt{a}$で、負の方は$-\sqrt{a}$で表す。square root

へいほう-すう【平方数】 自然数の二乗になっている数。たとえば1・4・9・16など。square number

へい-ぼん【平凡】 ㊀(名・形動) ふつうで、優れたところも劣ったところもないこと・さま。common 対義 非凡。㊁(名) 二葉亭四迷の小説。明治四〇年(一九〇七)発表。作者の文学に対する疑問を自然主義的な告白体形式で描く。

へいぼん-しゃ【(株)平凡社】 事典を中心に学術書・思想書・教養書などの出版を行う出版社。大正三年(一九一四)下中弥三郎が創業。

へい-まく【閉幕】(名・サ変自) 対義 開幕。①幕をとじること。会・演劇などが終わること。the falling of the curtain ②物事が終わること。また、終えること。end 用例 プロ野球の―。

べい-まつ【米松】 マツ科の常緑針葉樹。高さ約九〇mに達し、針葉は長さ二～三cm。球果は卵形、長さ約八cm。材は建築土木・船舶用。北米原産。ダグラスファー。Douglas fir

へい-みゃく【平脈】 健康なときの脈の打ちぐあい。

へい-みん【平民】 ①官位のない一般の人民。庶民。the common people ②もと、族称の一つ。士族の下位。比較 華族・士族。

へいみん-かい【平民会】 古代ローマの民会の一つ。もとは平民(＝プレブス)だけで構成され、平民に関する事項を議決していたが、共和政後期には全市民が参加、立法機関として機能した。

へいみん-しゃ【平民社】 明治後期の反戦・社会主義団体。明治三六年(一九〇三)幸徳秋水・堺利彦らが結成し、『平民新聞』を刊行。同三八年(一九〇五)解散。

へいみん-しゅぎ【平民主義】 身分・財産・性別などによる差別をなくし、万人平等の社会を志向する主義。明治中期の徳富蘇峰の民友社や明治後期の平民社が主張。

へいみん-しんぶん【平民新聞】 明治三六年(一九〇三)幸徳秋水らの平民社が発刊した週刊紙。社会主義的立場をとり日露非戦論を唱えたが二年で廃刊。同四〇年(一九〇七)日刊で再興したが、三か月で弾圧によって再び廃刊。

へいみん-てき【平民的】(形動) 身分にこだわらないさま。気軽で率直なさま。庶民的。democratic 対義 貴族的。

ヘイムダル【Heimdall】 北欧神話の陽光の神。人間の祖ともいう。目と耳が鋭く、神々の世界アスガルドと地上を結ぶ虹の橋のたもとで番をする。

へい-めい【平明】 ㊀(名・形動) わかりやすく、はっきりしていること・さま。plainness 用例 簡潔―な表現。㊁(名) 夜明け。daybreak

へい-めん【平面】 ①平らな面のこと。②数学で、その上のどんな二点を通る直線も必ずそれに含まれるような面。plane 対義 曲面。

べい-めん【米綿・米▼棉】 米国産の綿花。

へいめん-かく【平面角】 二平面が交わるとき、その交線上の一点を通り、交線に垂直な平面上にある二つの直線のなす角。二平面のなす角。plane angle

へいめん-きかがく【平面幾何学】 平面上

▼常用漢字表外。　▽常用漢字表の音訓外。

の図形の性質を研究する幾何学の一分野。plane geometry

**へいめん-きょう【平面鏡】** 反射面が平面である鏡。plane mirror

**へいめん-さんかくほう【平面三角法】** 平面上の三角形の辺と角の間の関係を三角関数を用いて研究し、その応用をはかる数学の一分野。plane trigonometry

**へいめん-ず【平面図】** 物体を真上から見た投影図。ground plan

**へいめん-ずけい【平面図形】** 平面上の図形。三角形や四辺形などの直線図形・円・二次曲線など。plane figure

**へいめん-てき【平面的】**（形動）物事が奥行きをもたないさま。対象の奥行きや内容を無視する態度。plane 対義 立体的。用例 ―な見方はいけない。

**へいめん-は【平面波】** 波面が平面になっている波。波源からじゅうぶん遠くにある球面波は平面波とみなすことができる。plane wave

**へいめん-びょうしゃ【平面描写】**《田山花袋の用語》文学上の表現法の一つ。作者の主観を入れないで、事件の表面だけを客観的に描き、その奥にあるものをほうふつさせようとするもの。

**へいめん-へんこう【平面偏光】** 光の振動面が常に一定平面に限られている光。直線偏光。plane polarized light

**へい-もつ【幣物】** ①ぬさ。幣。幣帛。②贈り物。進物。

**へい-もん【閉門】**（名・サ変自）①門をとじること。close the gate 対義 開門。②江戸時代、武士・僧への刑罰の一種。門をとじて謹慎させ、外出を禁じた。

**へい-や【丙夜】** 一夜を五分した第三。今の午後一一時から翌午前一時までにあたる。子の刻。三更。参照 五夜・五更。

**へい-や【平野】** 山地がなく平坦で広々とした地形。長いあいだの浸食によって平坦化された浸食平野と、河川などの堆積作用で形成された堆積平野がある。平原。plain

**ペイヤン［Anselme Payen］**（一七九五〜一八七一）フランスの生化学者。ペルソーとともにジアスターゼを発見。植物の組成の基本がセルロースであることを証明した。

**へい-ゆ【平癒】**（名・サ変自）病気がなおること。全快。recovery from illness

**ベイユ［Simone Weil］**（一九〇九〜一九四三）フランスの女流思想家。文明・宗教・労働に関する鋭い考察を行った。著書『重力と恩寵』『根をおろして』『圧迫と自由』など。ヴェイユ。

**へい-ゆう【併有】**（名・サ変他）あわせ持つこと。possess together

**べい-ゆうじん【米友仁】**（一〇七二ごろ〜一一五一ごろ）中国、北宋末〜南宋初期の画家・書家。字は元暉。米芾の子で、父の「大米」に対し「小米」とよばれる。父の画法をつぎ、「米法山水」の様式を完成。能書家でもある。

**へい-よう【併用】**（名・サ変他）他の物と一緒に使うこと。use jointly

**へいよう-じゅうたく【併用住宅】** 一つの建物内に、住宅部分と店舗・事務所などの業務部分とを含むもの。

**へいようでん【平▼妖伝】** 中国、明代の小説。正しくは『三遂平妖伝』。羅貫中が作り馮夢竜が補ったといわれる。一八巻四〇回。宋代に王則が妖術で天下を乱した史実を小説化したもの。

**ベイラ［Beira］** アフリカ南東部、モザンビーク中部、モザンビーク海峡に臨む港湾都市。銅・クローム・タバコなどの積み出し港。アフリカ大陸横断鉄道の起点。人口一三万（一九八〇）。

**へい-らん【兵乱】** 戦争が起こって、世がみだれること。戦乱。

**へい-り【弊履・▼敝履】** やぶれたはきもの。

**弊履を棄つるが如し**（へいりをすつるがごとし）惜し気もなしに棄ててかえりみないさま。be thrown aside like an old shoe

**ベイ-リーフ［bay leaf］** 月桂樹の葉を蒸して乾燥させたもの。料理の香味料として使われる。ローリエ。↓写

●ベイリーフ

**へい-りつ【並立】**（名・サ変自）二つ以上のものが同等にならぶこと。stand side by side 用例 三者―。

**へいりつ-ご【並立語】** 文の成分の一種。「きみとぼくとは親友だ」の「きみと」「ぼくとは」のように、対等の資格で並ぶ文節。

**へいりつ-じょし【並立助詞】** 助詞の一種。「あなたとわたしとが」の「と」、「行ったり来たり」の「たり」のように、その語が対等の関係で下にかかり、また対等の関係で上の語を受けることを示すもの。「と・や・か・たり・やら・に・なり・だの」など。

**へい-りゃく【兵略】** 戦いの計略。戦術。tactics

**へい-りょく【兵力】** ①軍勢の多少。troop strength ②戦闘力。military force

**ベイルアウト［bailout］** 倒産寸前の企業を緊急融資によって救済すること。一九七九年アメリカ政府によるクライスラー社の救済措置で生まれたことば。

**ベイルート［Beyrouth］** レバノンの首都、港湾都市。地中海に臨み、紀元前一五世紀すでに古代地中海貿易の中心都市であった。現在は国際航空路の要地でもある。近年キリスト教徒とイスラム教徒による内戦が続く。人口七〇・二万（一九八〇）。

**ヘイレージ［haylage］** 乾草とサイレージの長所を取り入れた家畜飼料で、水分を五〇％以下に乾燥させた牧草をサイロで発酵させて作る。貯蔵中の養分の損失が少ない。

**へい-れつ【並列】**（名・サ変自他）①順序よく並べること。並びつらねること。arrange in a row ②二つ以上の電池の同じ極同士を接続すること。parallel 対義 直列。③電気回路で、二つ以上の回路素子の両端が共通に接続されている状態。並列接続。parallel 対義 直列。

**へい-ろ【平炉】** 製鋼炉として用いる反射炉の一種。銑鉄・くず鉄などを酸化精錬する。炉の内張り煉瓦によって酸性平炉と塩基性平炉があるが、後者が主。酸素上吹転炉の発達でしだいに減少している。open-hearth furnace 比較 高炉・転炉。

**ペイロード［payload］** 本来は、航空機の搭載荷重のうち、乗客や貨物など料金を徴収できる有償荷重をいう。現在は、ロケットが搭載する科学観測機器の荷重、ミサイルにつけた弾頭の荷重のこともいう。

**ヘイロフスキー［Jaroslav Heyrovský］**（一八九〇〜一九六七）チェコスロバキアの化学者。水銀滴下電極の研究と開発を行った。電解反応機構の解明法の一つであるポーラログラフィーの生みの親。一九五九年ノーベル化学賞受賞。

**ヘイロン-チアン［黒竜江］**（Hēilóngjiāng）↓こくりゅうこう（黒竜江）

**へい-わ【平和】**（名・形動）①おだやかでやわらいでいること・さま。無事。calm 用例 ―に暮らす。②戦争がなく平安なこと・さま。人間の安全や権利をおびやかすような暴力や不安がない状態。peace

**へい-わ【平話】** ①《「評短」とも》中国、宋・元代に作られた講談の一種。宋代の「講史」とよばれる歴史物語の台本が起こりで、宋・元時代に手が加えられた。現存するのは明代の刊本で『全相平話』などがある。平話本。②中国で白話（口語）の文体。

**へいわ【平和】**〈町〉愛知県西部にある町。濃尾平野のほぼ中央にあり、畑作・稲作がさかん。尾西織物地帯の外縁で繊維工場も多い。人口一万三三八六（一九八八）。

**へいわ-うんどう【平和運動】** 戦争とその準備に反対し、平和擁護をめざす大衆運動。一九五〇年のストックホルム-アピール、日本での原水爆禁止運動、アメリカでのベトナム戦争反対運動など。peace movement

**へいわ-かくめい【平和革命】** 武力行使・武装蜂起によらず達成される革命。広い大衆的支持を背景に、議会での多数を占めることによって政権を握ること。bloodless revolution 対義 暴力革命。

**へいわきねん-こうえん【平和記念公園】** 広島市中島町にある公園。第二次大戦後に建設。平和記念館・原爆資料館・慰霊碑がある。

**へいわ-きょうそん【平和共存】** 社会主義国家と資本主義国家が平和に共存できるとする理論と政策。レーニンが提起したが、とくにフルシチョフにいたって積極化。peaceful coexistence

**へいわ-ごげんそく【平和五原則】** 一九五四年、中国首相周恩来とインド首相ネルーの共同声明で掲げられた、平和のための五つの原則。領土・主権の尊重、相互不可侵、内政不干渉、平等互恵、平和的共存の五つ。Five Principles for Peace

**へいわ-じゅうげんそく【平和十原則】** 一九五五年、インドネシアのバンドンで開かれたアジア-アフリカ会議が採択した、世界平和の擁護と促進のための十原則。基本的人権・国家主権・領土の尊重などがもりこまれている。Ten Principles for Peace

**へいわ-しゅぎ【平和主義】** 紛争の解決にあたり、いっさいの武力を行使しないという立場。pacifism

**へいわ-じょうこう【平和条項】** 労働協約の条項の一つ。争議行為を行うさいに必要となる手続きを規定する。peace clause

**へいわ-じょうやく【平和条約】** 国家間の戦争状態を正式に終わらせるために結ばれる条約。ふつうは講和の条件やその履行確保のための担保手段なども定める。講和条約。peace treaty

**へいわのため-の-けっしゅう【平和のための結集】** 国連緊急特別総会の招集などをさすことば。一九五〇年、第五回国連総会で採択され、平和のための国連の総会機能の強化をうたった決議文の名称から。Uniting for Peace

**へいわ-ぶたい【平和部隊】** 世界の発展途上国に自国の青年を送り、技術教育などによって現地の開発に寄与し、自国の青年に国際的視野を広げさせようというアメリカの機関。一九六一年、当時のアメリカ大統領ケネディの提案によって発足。日本でも六五年、青年海外協力隊として発足した。Peace Corps

**へいわ-ぼん【平話本】** ↓へいわ（平話）①

**ベイン［John Robert Vane］**（一九二七〜）イギリスの薬理学者。身体に重要なホルモンのプロスタグランジンの発見とその生物学的意義により、一九八二年ノーベル生理学医学賞受賞。

**ペイン［Thomas Paine］**（一七三七〜一八〇九）イギリスの啓蒙思想家。一七七四年アメリカへ移住。七六年、小冊子『コモンセンス』で武力闘争によるアメリカの独立を訴え、独立戦争に大きな影響を与えた。のち、フランスで活躍。

**ペイン-クリニック［pain clinic］** 十分な治療法が確立されていない疾病に対して、その痛みを軽減する措置を施す医療部門。本来は各科専門家による総合治療が望まれるが、現在の日本では麻酔科医による神経ブロック法が主流である。

**ペインテックス［Paintex］**《商標名》手芸の一つ。特殊な油性の絵の具で、皮・布などに絵・模様をかく。

**ペイント［paint］** ①塗料。とくに乾性油を塗膜形成剤とし顔料を含んだ不透明な塗料のみをさすこともある。ペンキ。②絵の具。

**ベヴァン［Bevan］** ↓ベバン

**へえ**（感）①驚き・感心・疑いの気持ちを表す語。へええ。②↓へい

**ベーア［Karl Ernst von Baer］**（一七九二〜一八七六）ドイツの動物発生学者。近代動物発生学の祖。胚葉説を提唱し、異なる動物も発生の初期にさかのぼるほど類似していることを指摘。

**ベー-アー-エス-エフ［BASF Aktiengesellschaft］** ↓ビーエーエスエフ

**ベーカー［Joséphine Baker］**（一九〇六〜一九七五）アメリカの女性シャンソン歌手。フランスで活躍。愛称「琥珀の女王」。戦争孤児救済に活躍。

**ベーカリー［bakery］** パン・洋菓子の製造・販売店。

**ベーガン［Weygand］** ↓ウェーガン

**ベーキング-パウダー［baking powder］** 食品膨張剤。おもに、菓子やパンを手軽に作るときに用いる。ふくらし粉。

**ヘーグ［The Hague］** ↓ハーグ

**ベークド-ポテト［baked potato］** ジャガイモを皮つきのまま、オーブンなどで焼いたもの。ステーキなどのつけ合わせによく用いる。

**ベークライト［Bakelite］**《商標名》フェノール樹脂の総称。熱・電気の絶縁体に使う。

**ヘーゲル［Georg Wilhelm Friedrich Hegel］**（一七七〇〜一八三一）ドイツ観念論の代表的哲学者。自然・歴史・精神の全体を絶対者としての理念の弁証法的展開によって包括する体系を構成し、観念論的弁証法を完成。著書『精神現象学』『論理学』『法の哲学』など。

**ヘーゲル-がくは【ヘーゲル学派】**（Hegelianer ドイ）①ヘーゲルを中心として、当時のドイツ思想界に支配的だった学派。彼の死後、宗教問題から右派・左派・中央派に分裂。②広義には、ヘーゲルの思想的影響下にある人々。ヘーゲリアン。

**ベーコン［bacon］** 豚の背・腹の肉を塩漬けし、薫製にしたもの。湯煮のみのボイルドベーコンもある。

**ベーコン［Francis Bacon］**（一五六一〜一六二六）イギリスの哲学者・政治家。経験主義の立場からスコラ

哲学に反対し、真の知識は、事実の観察と実験からの帰納によってのみ得られるとした。偏見や習慣・言語・独断からくるイドラ(幻像)を捨て、帰納法によって自然法則をつかんではじめて知は力となると説き、近代科学研究の方法論を示した。著書『学問の進歩』『新機関(ノーブム-オルガーヌム)』など。

**ベーコン[Francis Bacon]**（一九〇九） イギリスの画家。アイルランド生まれ。極度にねじれた人像描写を通して、現代人の不安と苦悩を表現する。作品『教皇イノケンティウス一〇世』など。↓写

●F=ベーコン　画家。『絵画』。一九四六年、ニューヨーク近代美術館。

**ベーコン[Roger Bacon]**（一二一四ごろ〜九四ごろ） 中世イギリスのスコラ哲学者。フランシスコ会修道士。経験・実験を重んじ、近世自然科学の先駆者とされる。著書『大著』など。

**ページ[page・頁]** 本・ノートなどの紙の片面。また、それを数えることば。参考 新聞では「面」という。

**ベーシー[Count Basie]**（一九〇四〜八四） アメリカの黒人ジャズ-ピアニスト・編曲者・楽団指揮者。本名ウィリアム。一九三〇年代からビッグ-バンドを結成し活躍。

**ページェント[pageant]** 野外劇の一つ。一般に戸外で展覧・上演される見世物的な催し物や、はなやかな行列などの総称。パレード・野外ショーなどとほぼ同じ。

**ページ-ぐみ[ページ組み]** 単行本などで活字が主体で各ページの体裁があまり変わらない単調な組み方。paging

**ベーシック[basic]**（名・形動） 基礎となること・さま。基本的。

**ベーシック[BASIC]**《beginner's all-purpose symbolic instruction code の略》初心者向きの汎用プログラム言語。インタープリター型の言語であり、会話方式でプログラムが作成できる。パーソナルコンピューターで広く使われている。比較 アルゴル・コボル・フォートラン。

**ベーシック-イングリッシュ[Basic English]** 基礎英語。八五〇の基礎語からなる簡易化された英語の体系。イギリスのオグデンの提唱したもの。

**ページ-プリンター[page printer]** コンピューターの出力をページごとに設定したのち、一ページ単位で印字する装置。ページ印字装置。比較 ラインプリンター。

**ページボーイ[pageboy]** ①髪型の一つ。ストレートまたはウエーブで形をつけ、毛先を巻き込んだ内巻きスタイル。中世の小姓(ページボーイ)の髪型からヒントを得たもの。②ホテルや劇場などのボーイのこと。↓図

●ページボーイ①

**ベーシャ[vaiśya梵・吠舎]** インドで、カーストの第三平民の身分。バイシャ。

**ベージュ[beige]** 薄くて明るい茶色系統の色の総称。白茶を含む灰色がかった茶色。ベージ。

**ベース[base]** ①基本。基準。用例 賃金—。②基地。根拠地。③野球で、塁。

**ベース[bass]** 音楽用語。①男声の最低音部。バス。②《「ダブルベース」の略》コントラバス。③「ベースギター」の略。

**ペース[pace]** ①歩調。②速度。進みぐあい。用例 勉強の—を崩す。

**ベース-アップ**（名・サ変自）《和製語》平均賃金を引き上げること。第二次大戦後、労働組合が賃金交渉をするさいに、企業の賃金支払資金(=ベース)を従業員数で割った額の増額を求めた慣行からこうよぶ。ベア。raise in basic wages

**ベース-キャンプ[base camp]** ①登山・探検などで基地とする固定テント。②軍隊の駐屯地。また、作戦基地・根拠地。③プロ野球のシーズン前の練習を行う合宿地。

**ヘースティングズ[Warren Hastings]**（一七三二〜一八一八） イギリスの政治家。一七七三〜八五年、初代のベンガル総督。東インド会社の行政権を強め、植民地を拡大してインド支配を強化。

**ペースト[paste]** ①のり状・練り物状の食品。材料をすりつぶし、調味したもの。レバーペースト・トマトペーストなど。②接着用の練り物。

**ベースボール[baseball]** 野球。

**ペースメーカー[pacemaker]** ①心臓の心室を強制的に電気刺激する装置。心臓の刺激伝導系の障害で、心拍数が著しく低下した患者に用いる。②陸上競技や自転車競技などで、他の選手より先を走り、全体の速さのめやすとして影響を与える人。

**ペーズリー-もよう[ペーズリー模様]**《スコットランドのペーズリー産の毛織物の模様から》松かさ模様・マンゴー模様・糸杉模様。本来はインドのカシミール地方のショールに施された模様で、生命の木を図案化したものともいう。paisley ↓写

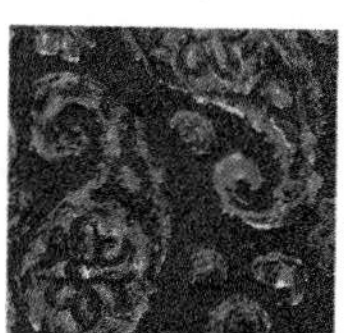

●ペーズリー模様

**ベーゼ[baiserフランス]** せっぷん。口づけ。キス。

**ヘーゼルナッツ[hazelnut(s)]** ↓せいようはしばみ(西洋榛)

**ベーゼンドルファー[Bösendorferドイツ]** オーストリアのピアノ製造会社。一八二八年イグナーツ=ベーゼンドルファーが設立。そのピアノは柔らかい音を特徴とする。

**ペーソス[pathos]** もの悲しさ。悲哀感。哀愁。

**ベータ[B・β]** ①ギリシア字母の第二字。beta ②ベータ星。一つの星座の中で、二番めに明るい星。③化学で、化合物中の原子や原子の集まりの位置の一つ。beta ④《商標名》家庭用ビデオテープレコーダーの一方式。比較 VHS。

**ベーダ[Beda Venerabilisラテン]**（六七三ごろ〜七三五） イギリスのベネディクト会士。聖人。聖書学はもとより、ほとんどあらゆる分野に通じ、膨大な著書を残す。主著『英国教会史』。ビード。Bede

**ベーダ[Veda梵・吠陀]**《知識の意》インド最古の宗教文献。古代サンスクリット語で聖歌・祭詞(さいし)の形で書かれた、バラモン教の根本聖典。祭式と関連する文献で、祭官の役割分担に応じたリグ-ベーダ(賛歌)・ヤジュル-ベーダ(祈禱)・サーマ-ベーダ(歌詠(かえい))・アタルバ-ベーダ(呪詞(じゅし))の四部と、それに付属してベーダを解説するブラーフマナ(梵書(ぼんしょ)・祭儀書)・アーラニヤカ(森林書)・ウパニシャッド(奥義(おうぎ)書)からなるが、通常はサンヒター(本集)ともいう四部のベーダの部分のみをベーダとよぶ。紀元前十数世紀から形成され、約一〇〇〇年かかって成立した。インドの宗教・哲学・文学の源泉。韋陀(いだ)。

**ペーター[Walter Horatio Pater]**（一八三九〜九四） イギリスの批評家。唯美(ゆい)主義の立場で、美の享受を芸術と人生の最高目的とした。印象批評により批評を芸術にまで高めた。評論『ルネサンス』、小説『享楽主義者マリウス』など。

**ベーダーンタ-は[ベーダーンタ派]** インドの六派哲学の一つ。ウパニシャッドを重んじ、梵我一如(ぼんがいちにょ)の思想を説く。開祖はバーダラーヤナ。根本聖典は『ブラフマースートラ』。Vedanta

**ベータ-せん[β線]** 原子核崩壊の際に放出される電子の流れ。beta ray

**ベータ-でんぷん[β▼澱粉]** 天然のでんぷん。そのままでは消化されにくいが、加熱により糊化(かこ)されて、α(アルファ)でんぷんにかわる。β starch

**ベータトロン[betatron]** 電磁誘導による起電力で、円軌道を保って電子を加速する装置。原子核の研究、材料の欠陥検査や医療用などに使用。

**ベータ-ほうかい[β崩壊]** 原子核が電子を放射して、別の原子核に変わる現象。β decay

**ベータ-りゅうし[β粒子]** 放射性元素が崩壊するときに、β線として放出される粒子。その本体は高速の電子または陽電子である。β particle

**ベーチェット-びょう[ベーチェット病]** 全身の皮膚・粘膜・目・関節にくり返しおこる炎症性の病気。二〇〜三〇代の男性に多い難病。Behçet disease

**ペーチュ[Pécs]** ハンガリー南西部、メチェク山地南麓(なんろく)の工業都市。古い歴史をもち、一一世紀の聖堂は有名。人口一七・七万(一九八五)。

**ベーツ[Herbert Ernest Bates]**（一九〇五〜七四） イギリスの小説家。農民や労働者の生活を描く。作品『のうぜんかずらの木』など。

**ベーツ[Nicolaas Beets]**（一八一四〜一九〇三） オランダの小説家・神学者。市民生活をユーモラスに描いた短編集『カメラ-オブスキュラ』など。

**ベーツ-ぎたい[ベーツ擬態]** ある動物が、自分が食べられないようにするために、捕食者にとって有毒だったり、まずかったりするものに擬態すること。標識的擬態。Batesian mimicry

**ベーツソン[William Bateson]**（一八六一〜一九二六） イギリスの遺伝学者。メンデルが解明できなかった遺伝の連鎖現象をパンネットと共同して研究。また、メンデルの法則が動物にもあてはまることを明らかにした。

**ベーテ[Hans Albrecht Bethe]**（一九〇六〜） アメリカの物理学者。ドイツ生まれ。量子力学を研究、星の核反応サイクル理論を提唱。一九六七年ノーベル物理学賞受賞。

**ベートーベン[Ludwig van Beethoven]**（一七七〇〜一八二七） ドイツの作曲家。ハイドン・モーツァルトのあとをうけて、古典派の様式を内容・形式ともに発展・拡充。楽曲構成を変革し、音楽に精神的深さを与えた。作品は九つの交響曲、三二のピアノソナタ、室内楽曲、歌劇『フィデリオ』など。↓写

●ベートーベン

**ベードヌイ[Demyan Bedny]**（一八八三〜一九四五） ロシア・ソ連の詩人。政治的な寓意詩(ぐういし)を書いた。叙事詩『大道』など。

**ベーニェ[beignetフランス]** ↓フリッター

**ペーハー[pHドイツ]** ↓ピーエイチ(pH)

**ペーパー[paper]** ①紙。②ラベル。③新聞。

**ペーパー-カンパニー[paper company]** 会社の設立登記はされているが、実体のない名目だけの会社。事務所・社員などが存在せず、おもに税金逃れのために使う。幽霊会社。参照 トンネル会社。

**ペーパー-クラフト[paper craft]** 紙工芸のこと。折り紙のように紙のもつ柔らかさを生かして、美濃(みの)紙・つや紙・ケント紙・ラシャ紙・ボール紙などを使い、創造的な作品を作り出す。

**ペーパー-でんち[ペーパー電池]** 溶液の電解質を使わずに、シート状の固体の電解質による電池。やわらかで高温・低温両域に使え、厚さ数ミリなので、ペースメーカーや超薄型時計など、エレクトロニクス分野への用途が広い。paper cell

**ペーパー-ドライバー**《和製語》運転免許証を持ってはいるが、実際には自動車を運転しない、また運転する機会のない人。

**ペーパー-ナイフ[paper knife]** 紙切りナイフ。

**ペーパーバック[paperback]** 紙表紙で略式装本した軽便な廉価本。出版文化の大衆化に寄与。文庫本や新書判はその代表。比較 ハードカバー。

**ペーパー-プラン[paper plan]** ①紙上の計画。②実際にそぐわない案。

**ペーブメント[pavement]** 舗装道路。石だたみ。

**ベーブ-ルース[Babe Ruth]** ↓ルース

**ヘーベル[Johann Peter Hebel]**（一七六〇〜一八二六） ドイツの詩人・小説家。詩集『アレマン方言詩』、短編集『ラインの家友の宝箱』など。

**ベーベル[August Bebel]**（一八四〇〜一九一三） ドイツの社会主義者。国会議員。社会主義労働者党(のちの社会民主党)を結成し、第二インターナショナルの創設を指導。著書『婦人論』など。

**ベーマー-バルト[Böhmer Wald]** ↓ボヘミアのもり(ボヘミアの森)

**ベーム[Karl Böhm]**（一八九四〜一九八一） オーストリアの指揮者。ドイツ音楽の伝統を受け継ぐ現代最高の指揮者の一人。作品の内面に集中する表現は、重厚な構成感と優雅さを備えている。一九六七年以降ウィーン-フィルの名誉指揮者。

**ベーム-バウェルク[Eugen von Böhm-Bawerk]**（一八五一〜一九一四） オーストリアの経済学者。オーストリア学派の代表者の一人。資本・利子理論に業績をあげ、マルクスの価値理論の批判でも知られる。著書『資本と資本利子』など。

**ベーメ**【Jakob Böhme】(一五七五〜一六二四) ルネサンス期ドイツの神秘主義者。神はその愛に対立する否定原理(堕落・闇・悪)とともにはじめて自己(救済・光・善)を現しうると説いた。主著『曙光(アウローラ)』。

**ベーリング**【Emil Adolf von Behring】(一八五四〜一九一七) ドイツの細菌学者。免疫血清中の抗体の存在を証明し、破傷風とジフテリアの血清療法を発見。一九〇一年ノーベル生理学医学賞受賞。

**ベーリング**【Vitus Jonassen Bering】(一六八一〜一七四一) デンマーク生まれの探検家。ロシア海軍の軍人。一七二八年ベーリング海峡を通って北極海に入り、アジアと北アメリカが別の大陸であることを確認。

**ベーリング-かい**【ベーリング海】(Bering Sea) 太平洋北部の海域。面積二二九万km²。アラスカ・アリューシャン列島・カムチャツカ半島などに囲まれる。

**ベーリング-かいきょう**【ベーリング海峡】(Bering Strait) 太平洋北端、アメリカ大陸とユーラシア大陸を分かつ海峡。北極海とベーリング海を結ぶ。幅八五km。一〇月〜翌六月は結氷。海峡中央部を日付変更線が通る。

**ベール**【veil】①おおって、かくすもの。用例 神秘の―に包まれる。②顔や頭をおおったり、装飾、保護の目的で使う軽く薄い布地。ネット・チュール・レース・布などで作る。

**ベールイ**【Andrei Belyi】(一八八〇〜一九三四) ロシアの詩人・小説家。本名ブガーエフ。後期象徴派の代表者。詩集『灰』、三部作小説『銀の鳩』『ペテルブルク』『コーチク・レターエフ』、評論『象徴主義』、回想録『二つの世紀の間』など。

**ペール-ギュント**【Peer Gynt】 イプセンの詩劇。五幕。一八六七年刊。大ぼらを吹く夢想家のペールが、遍歴ののち、故郷に帰るまでを描く。

**ペールギュント-くみきょく**【ペールギュント組曲】《原題Peer Gyntノルウェー》グリーグ作曲の二つの管弦楽用組曲。イプセンの同名戯曲への付随音楽をもとに、一八七六年に編曲。『ソルベーグの歌』が有名。

**ベール-ぐも**【ベール雲】 積雲や積乱雲の上に広がる薄い布状の雲。積乱雲の頭がベール雲に達し、これをつらぬくこともある。veil

**ヘール-てんもんだい**【ヘール天文台】《創設者のヘールにちなむ》アメリカのウィルソン山天文台とパロマ山天文台を合わせてよぶ名称。Hale Observatories

**ベーレント**【Siegfried Behrend】(一九三三〜) ドイツのギター奏者・作曲家。前衛的な作品を得意とする。図形楽譜による作品も多い。

**ペーロン**【飛竜・白竜】《中国語から》長崎市で八月半ばの日曜を最終に、市内各地で五月の節句の日から行われる競漕行事。また、その競漕用船。太鼓やどらをならしながら競漕する。

**ベーン**【Aphra Behn】(一六四〇〜一六八九) イギリスの女流劇作家・小説家。イギリス最初の女流職業作家とされる。戯曲『漂泊者』、小説『オルーノコ』など。

**ベオウルフ**【Beowulf】 イギリス中世前期最大の英雄叙事詩。八世紀ごろの作。作者未詳。古英語による。ベオウルフの怪物退治を主筋とする、スカンジナビア系の口承文学の集大成。

**ベオグラード**【Beograd】 ユーゴスラビアの首都。ドナウ川と支流サーバ川との合流点にある。同国の構成国セルビア共和国の首都でもある。古代ケルト人によって建設され、もとセルビア王国の首都。人口一四七万(一九八一)。ベルグラード。

**へおん-きごう**【へ音記号】 音楽で、譜表上に(F)音の位置を示す記号。五線の第四線上に置く。低音部記号。バス記号。F clef

**ベガ**【Lope Félix de Vega Carpio】(一五六二〜一六三五) スペインの詩人・劇作家。黄金世紀を代表する一人で、国民演劇を大成した。戯曲『フエンテ=オベフーナ』『国王こそ最良の判官』など。

**ベガ**【Vega】《アラビア語で、舞い降りるワシ、の意》こと座α(アルファ)星。七夕の織女星。実視光度0等。距離約二六光年。観測好期は八月。

**ベカー-こうげん**【ベカー高原】(El Beqa'a) レバノン中部にある南北に長い高原。標高一〇〇〇m。中東戦争当時の北部の主戦場として知られる。

**べか-ぐるま**【べか車】 荷車の一種。江戸時代から明治にかけて、おもに上方方面で使われたもの。木製で円板車輪、後押しがかじをとり縄で引いた。

**ペガサス**【Pegasus】 ペガソスの英語読み。

**へが・す**【剥がす】(五他)《俗語》はがす。

**ペガスス-ざ**【ペガスス座】 北天の星座。アンドロメダ座α(アルファ)星とでつくる四辺形はペガススの大四辺形として有名。ギリシア神話のペガソスに由来。一〇月二五日ごろの午後八時ごろに南中。面積一一二一六平方度。Pegasus

**ペガソス**【Pēgasos ギリシア】 ギリシア神話の天馬。翼をもち天を翔ける。メドゥーサの肩の切り口から生まれ、ゼウスの雷霆を運ぶ。英雄ベレロフォンの乗馬となり、その冒険を助けた。ペガサス。

**ヘカタイオス**【Hekataios】(BC五五〇ごろ〜BC四七五ごろ) 古代ギリシアの歴史学者・地理学者。エジプトを含む西南アジアを広く旅行し、『世界周国記』などを著した。

**ヘカテ**【Hekatē ギリシア】 古くは地母神。ギリシア神話では、富・勝利・育児など幸運を授ける女神。のちに夜と魔法と妖怪の女神とされた。

**べか-なり** 古語 (連語)《推量の助動詞「べし」の連体形に伝聞・推定の助動詞「なり」の付いたもの。「べかるなり」の音便形「べかんなり」の「ん」を表記しない形》…のはずだということだ。…しそうなようすだ。用例 尚侍になる―(源氏・行幸)。参考 中古では「べかなり」と表記して、「べかんなり」と読んだ。

**ヘカベ**【Hekabē ギリシア】 ギリシア神話のトロヤ王プリアモスの妃。トロヤ戦争で夫や子が殺され、娘が奴隷にされたことを嘆き、ついに犬になったという。

**べか-めり** 古語 (連語)《推量の助動詞「べし」の連体形に、推量の助動詞「めり」の付いた「べかるめり」の音便形である「べかんめり」の「ん」を表記しない形》…しそうにみえる。…にちがいないようすだ。用例 女は髪のめでたからんこそ、人の目たつべかめれ(徒然・九)。参考 中古では「べかめり」と表記して、「べかんめり」と読んだ。

**べから-ず**【可からず】(連語)《推量の助動詞「べし」の未然形に打ち消しの助動詞「ず」の付いたもの》①…してはいけない。用例 行く―。②…はずがない。用例 あるべからざる修正。

**ベガン**【Albert Béguin】(一九〇一〜一九五七) フランスの批評家。スイス生まれ。著書『ロマン的魂と夢』など。

**ペカン**【pecan】 クルミ科の落葉高木。ヒッコリーの一種でクルミに似た殻果をつける。子実は菓子用、材は建築材。北米中部以南に分布。↓写

●ペカン

**べかん-なり** 古語 (連語)↓べかなり

**べかん-めり** 古語 (連語)↓べかめり

**ヘキ** 13画【辟】 部首[辛] JIS 7768
音 ヘキ・ヒ
①きみ。天子。君主。②めす。よびだす。まねく。③ひらく。あける。④さける。しりごみする。「辟易」

**ヘキ** 14画【碧】 部首[石] 人名用 JIS 4243
音 ヘキ
あお。みどり。あおみどり色。「紺碧」「碧雲・碧海・碧眼・碧玉・碧空・碧落」

**ヘキ** 15画【僻】 部首[人・亻] JIS 4240
音 ヘキ・ヒ
①ひがむ。ねじける。かたよる。「僻見」②かたよったところ。かたいなか。「僻地」

**ヘキ** 15画【劈】 部首[刀] JIS 4992
音 ヘキ・ヒャク
さく。わける。わる。やぶる。「劈頭」

**ヘキ** 16画【壁】 部首[土] 常用 JIS 4241
音 ヘキ
訓 かべ
①かべ。「壁画」②かべのようなところ。「岸壁・城壁・絶壁」

**ヘキ** 16画【擗】 部首[扌]
音 ヘキ
①うつ。むねをうつ。②さく。ひらく。

**ヘキ** 18画【璧】 部首[玉] JIS 6490
音 ヘキ
①たま。しるしだま。円板状の玉の中央に、まるい穴をあけたもの。中国の殷代から漢代にかけ、祭祀・葬礼のとき、また、位階の象徴として用いられた。「完璧」②玉のように立派なもの。「双璧」

**ヘキ** 18画【甓】 部首[瓦] JIS 6518
音 ヘキ
かわら。しきがわら。土間や地面にしく、かわら。

**ヘキ** 18画【癖】 部首[疒] 常用 JIS 4242
音 ヘキ
訓 くせ
①くせ。好みなどのかたよった性質。「悪癖・潔癖・習癖・性癖」用例 (名)酒乱の―がある。②病気。「病癖」

**ヘキ** 19画【襞】 部首[衣] JIS 7494
音 ヘキ・ヒャク
①ひだ。衣服のおりめ。②しわ。細かいちぢみ。

**ヘキ** 20画【躄】 部首[足] JIS 7718
20画【躃】 異体字
音 ヘキ
両足の不自由な人。両足とも、たたないこと。

**ヘキ** 21画【闢】 部首[門] JIS 7983
音 ヘキ・ビャク
①ひらく。あける。ひろげる。「開闢」②さける。しりぞける。

**ヘキ** 21画【霹】 部首[雨] JIS 8040
音 ヘキ
「霹靂」は、急にはげしくなりひびく、かみなり。

**ヘキ** 24画【鷿】 部首[鳥]
音 ヘキ
「鷿鷈」は、カイツブリ。カイツブリ目に属する鳥。にお。におどり。かいつむり。

**へき**【日置】〈町〉山口県北西部、日本海に臨む町。農・漁業が中心で、林業も行う。人口五〇三七(一九八八)。

**へぎ**【片木・折板】①《「へぐ」の名詞形》「へぎ板」の略。②へぎ板でつくった折敷。

**ベキ** 2画【冖】 部首[冖] JIS 4944
音 ベキ
①おおう。おおいかぶせる。②部首の一つ。わかんむり。

**ベキ** 7画【汨】 部首[氵] JIS 6181
音 ベキ・コツ
「汨羅」は、中国の川の名。湖南省をながれる湘江の支流。楚の屈原が身をなげいれた川という。↓コツ[汨]

**ベキ** 11画【覓】 部首[見] JIS 7512
音 ベキ
もとめる。さがしもとめる。

**ベキ** 13画【幎】 部首[巾] JIS 5477
音 ベキ
①とばり。すだれ。②おおう。おおいかぶせる。

**ベキ** 15画【幂】 部首[冖] JIS 4949
18画【冪】 異体字 部首[冂] JIS 7018
音 ベキ
①おおう。おおいかぶせる。その幕や布。②数学で、二つ以上の等しい数の相乗積。「$2^5$」「$a^3$」など。累乗。

**べき** 文語的 (助動)《「べし」の連体形》①義務の意を表す。…しなければならない。用例 読む―本はたくさんある。②当然の意を表す。そうなるはずである。用例 出る―芽も出ないでしまった。

**ペギー**【Charles Péguy】(一八七三〜一九一四) フランスの詩人・批評家。社会主義を経てカトリックに入信。政治を告発し続けた。戯曲『ジャンヌ=ダルクの慈愛の神秘』、詩『イブ』など。

**へぎ-いた**【折ぎ板・片木板】 ヒノキや杉材を薄くはいだ板。

**へき-うん**【碧雲】 青みがかった雲。

**へき-えき**【辟易】(名・サ変自)①勢いにおされて、たじろぐこと。しりごみ。shrink ②閉口すること。困りはてること。annoyance

**へき-えん**【僻遠】(名・形動) 中央から遠く離れていること・さま・土地。へんぴ。secluded

へ

●壁画 ミケランジェロ『最後の審判』。一五三六～四一年、システィナ礼拝堂(イタリア)。

**へき-が【壁画】** 壁面に描かれた絵画。建造物の天井や柱などに描かれたもの。日本の障壁画も含む。mural painting ↓写

**へき-かい【▼碧海】** 青海原。大海。blue sea

**へき-かい【▼劈開】**(名・サ変自) ①裂きひらくこと。②結晶が結晶面に平行に割れて、平面をつくる性質。雲母・方解石・蛍石などに劈開が見られる。cleavage

**へきが-こふん【壁画古墳】** 中国や朝鮮における古墳で、墓室の壁・天井を彩色・浮き彫り・線刻などで飾ったもの。日本では装飾古墳という。

**へき-かん【壁間】** ①柱と柱の間のかべの部分。②かべの表面。用例 ―を飾る絵。

**へき-がん【▼碧眼】** ①青いまなこ。西洋人の目。blue eyes ②西洋人。westerner 用例 ―紅毛。

**へき-がん【壁▼龕】** 彫像などを置くために、壁に作ったくぼみ。

**へきがんろく【▼碧▼巌録】** 中国、宋代の禅宗の代表的な典籍。雪竇重顕が『景徳伝灯録』から一〇〇の古則を選んで頌をつけた『雪竇頌古百則』に、圜悟克勤が禅的な批評・注釈を加えたもの。仏果圜悟禅師碧巌録。

**へき-ぎょく【▼碧玉】** ①みどり色の玉。②緑・青・赤・褐色など、色が不透明の鉱物。ジャスパー。jasper

**へき-くう【▼碧空】** 青空。blue sky

**へき-けん【▼僻見】** 偏った考え方・見方。偏見。prejudice

**へき-こく【▼辟穀】** 道教の修行法の一つ。神仙になるために、穀物を食するのをさけること。辟穀方。

**へきごとう【▼碧▼梧▼桐】** ↓かわひがしへきごとう(河東碧梧桐)

**へキサ【hexa】**《接頭的》ギリシア語で、六の意。用例 ―メチレン。

**ヘキサクロロフェン【hexachlorophen】** 外用殺菌消毒剤。せっけん・化粧品などに使われたが、アメリカで脳障害の危険が指摘され、日本でも使用を規制。

**ヘキサシアノてつ(さん)さん-カリウム【ヘキサシアノ鉄(Ⅲ)酸カリウム】** 暗赤色結晶。水によく溶け、鉄塩、重金属塩の水溶液と着色反応・沈殿反応を起こす。分析用、青写真の感光剤に用いる。有毒。フェリシアン化カリウム。赤血カリ。赤血塩。

**ヘキサシアノてつ(に)さん-カリウム【ヘキサシアノ鉄(Ⅱ)酸カリウム】** 黄色結晶。水に溶け、各種の塩と着色反応・沈殿反応を起こす。分析用、青写真の感光剤に用いる。フェロシアン化カリウム。黄血カリ。黄血塩。

**ヘキサメチレン-ジアミン【hexamethylene-diamine】** 化学式 $H_2N(CH_2)_6NH_2$ 6,6-ナイロンの合成原料として重要。1,6-ジアミノヘキサン。

**ヘキサメチレン-テトラミン【hexamethylene-tetramine】** ↓ウロトロピン

**ヘキサン【hexane】** 化学式 $C_6H_{14}$ 炭素の数が六個の鎖式飽和炭化水素。五つの異性体がある。溶剤などに用いる。

**へき-ざん【▼碧山】** 台湾中部、中央山脈北部の山。標高三八八四m。雪山、雪翁山ともよび、日本統治時代は次高山。ピーシャン。

**へき-しょ【壁書】**(名・サ変他) ＝かべがき。①壁に書くこと。書いたもの。write on the wall ②壁のはり紙。布告・教訓などの掲示。notice ③戦国時代の大名などの家法。

**へき-すう【▼僻▼陬】** へんぴな土地。辺地。僻地。

**ヘキスト【Hoechst AG】** 西ドイツ三大化学会社の一つ。医薬品が有名。一八六三年設立。

**へき-する【▼僻する】**(サ変自) ＝僻す。①偏る。②ねじける。ひがむ。

**へき-せつ【▼僻説】** 偏った意見。

**ヘキソース【hexose】** グルコース・ガラクトースなど炭素の数が六個の単糖の総称。六単糖。

**ヘキソバルビタール【hexobarbital】** バルビツル酸誘導体の睡眠薬。商標名はチクロパン。

**へき-そん【▼僻村】** ①片田舎。remote village ②自分の住む村をけんそんしていう語。

**へき-ち【▼僻地】** ①へんぴな土地。辺地。out-of-the-way place ②自分の住む土地をけんそんしていう語。

**へきち-きょういく【▼僻地教育】** 自然的・経済的・文化的条件にめぐまれない山間地・離島その他の地域における教育。

**へきてい-かん【▼碧▼蹄館】** 朝鮮の漢城(現ソウル)北方の碧蹄にあった李朝の客舎。明使が漢城に入る前日に宿泊して宴を張った。

**へき-とう【▼劈頭】** 真っ先。始まり。最初。冒頭。outset

**へきなん【▼碧南】**〈市〉愛知県南部、矢作川河口の市。旧河港町の大浜・新川・棚尾による複合都市で、衣浦臨海工業地域東部の中心地。三州瓦を産出。人口六万五〇四五(一九八八)。

**へき-めん【壁面】** かべの表面。surface of a wall 用例 ―を飾る。

**へきめん-かぐ【壁面家具】** 壁一面にすき間なく配置されるユニット家具。既製の置き家具と、作り付け家具とがある。

**ペキニーズ【Pekingese】** イヌの一品種。肩高約二〇cm。長毛の愛玩用の小形犬で、短足、やや胴長、顔はいかめしい。中国で二〇〇〇年も前から宮廷で飼われていた。

**へぎ-もち【▽折ぎ▼餅・▽分▼餅】** ①鏡餅のかけら。正月に供えた鏡餅を下げてから、刃物で切ることを忌むため、木づちや手などで小さく欠いたもの。②小さく薄く切って干した餅。欠き餅。おかき。

**へき-らく【▼碧落】** 青空。大空。

**べきら-こう【▼汨羅江】** 中国、湖南省北東部の川。幕阜山から南西に流れ、湘江に注ぐ。長さ二〇〇km。汨水。ミールオチアン。

**へきら-の-てん【▼碧羅の天】**(連語)《「碧羅」は、緑色のうすもの、の意》晴れわたった空。

**へき-るり【▼碧▼瑠▼璃】** ①青色のるり。②青くて美しい水・空。

**へき-れき【▼霹▼靂】** ①激しい雷。いかずち。雷鳴。thunder 用例 青天の―。②大音響。thundering sound

**へき-ろん【▼僻論】** 偏っていて道理に合わない議論。

**ベギン【Menachem Begin】**(一九一三～) イスラエルの政治家。ポーランド生まれ。ワルシャワ大在学中からユダヤ人独立運動に入る。イスラエル独立後政界に入り、一九七三年リクード党党首。七七～八三年首相。七八年キャンプ-デービッド合意に成功し、同年ノーベル平和賞受賞。

**ペキン【北京】**(Beijing) 中国の首都。中央政府直轄地。河北省中央部、華北平原の北端、永定河の扇状地に位置し、古来の諸王朝の都として発達。政治・文化・教育の大中心地。人口九二三万(一九八四)。ベイチン。

**ペキン-げんじん【▽北▽京原人】** シナントロプスの別称。

**ペキン-じょうやく【▽北▽京条約】** 中国が諸外国と結んだ条約のうち、北京で締結された一八の条約の総称。一般的にはアロー号事件の結果、一八六〇年に清朝がイギリス・フランス・ロシアと締結したものをいう。天津の開港、九竜半島のイギリスへの割譲、賠償金の増額などを協定。

**ペキン-だいがく【▽北▽京大学】** 中国最古・最大の国立総合大学。一八九八年、官吏教育機関である京師大学堂として発足。一九一二年現称。五・四運動の発起点として中国近代化運動の原動力となった。

**ペキン-ダック【Peking duck】** アヒルの一品種。体重約四kgで、全身白色。卵肉兼用種。年間産卵数一五〇個。おとなしくて強健。中国原産。

**ペキンパー【Sam Peckinpah】**(一九二五～八四) アメリカの映画監督。作品『ワイルド-バンチ』『わらの犬』『ゲッタウェイ』など。

**ペキン-ほうそう【▽北▽京放送】** 中央人民広播事業局(＝中華人民共和国国営放送)が、北京から送信している海外放送の通称。

**ペキン-りょうり【▽北▽京料理】** 中国料理の一つ。清朝の最盛期に宮廷料理として発達。揚げ物・いため物が多く味は濃い。穀倉地帯を控え、包子・餃子などの小麦粉を使う料理も多い。烤鴨子(ペキンダックの丸焼き)が有名。京菜。

**へ・ぐ【▼剝ぐ・▽折ぐ】**(五他) はがす。むく。

**ペグー【Pegu】** ビルマ南部、ラングーンの北東にある都市。大仏塔、横臥の大仏像で有名な古都。

**べく-して【▽可くして】** 文語的 (連語)《助動詞「べし」の連用形に「して」が付いたもの》…すべきでありながら。…することはできても。用例 言う―行いがたし。

●へクソカズラ

**へくそ-かずら【▼屁▼屎▼葛】** 山野にはえるアカネ科の多年生つる植物。全草に悪臭がある。夏に筒状の花が咲き、花冠は灰白色、内面は赤紫色。ヤイトバナ。↓写

**ヘクタール【hectare】** メートル法の面積の単位。一アールの一〇〇倍で、一万m²。記号ha。

**ペクチン【pectin】** 酸性多糖類。果実・葉・茎などに存在する。この熱水溶液に、酸を加えて冷やすとゼリー状になり、熱すると再び液体になる。ゼリー・ジャムの製造に利用。

**ヘクト【hecto】**(接頭)《ギリシア語で百の意》単位で、一〇〇倍を表す。記号h。

**ヘクト【Ben Hecht】**(一八九四～一九六四) アメリカの小説家・劇作家。小説『エリク=ドーン』、戯曲『フロント-ページ』(合作)など。

**ペクトゥ-サン【白頭山】**(Paektu San) ↓はくとうさん(白頭山)

**ヘクトグラム** 11画 **【▼瓸】** 部首[瓦] 和製漢字 JIS 6509
《hectogrammeにあてる》メートル法の重さで、一gの一〇〇倍。一〇〇g。

**ヘクトメートル** 12画 **【▼粨】** 部首[米] 和製漢字 JIS 6874
《hectomètreにあてる》メートル法の長さで、一mの一〇〇倍。一〇〇m。

**ヘクトリットル** 11画 **【▼竡】** 部首[立] 和製漢字 JIS 6778
《hectolitreにあてる》メートル法の容積で、一ℓの一〇〇倍。一〇〇ℓ。

**ヘクトル【Hektōr】** ギリシア神話のトロヤ随一の英雄。トロヤ王プリアモスとヘカベの長男。トロヤ戦争中、敵の英雄を数多く殺したが、アキレウスとの一騎打ちに敗れて殺された。

**ベクトル【Vektor】** 一つの点から別の点への変位、また、物体にはたらく力・速度・加速度や電場・磁場などのように大きさ(長さ)と方向で定まる量。vector 対義 スカラー。↓図

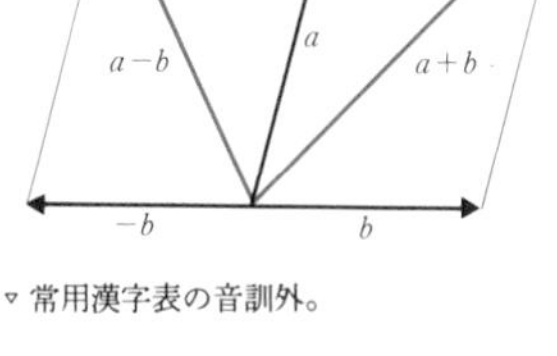

●ベクトル ベクトルの加法と減法

**ベクトル-くうかん【ベクトル空間】** 空間のベクトル全体の集合と同じ演算法則をもつ空間。線形空間。vector space

**ベクトル-せき【ベクトル積】** ↓がいせき(外積)

**ベクトル-ほうていしき【ベクトル方程式】** ベクトルを用いて表された方程式。vector equation

**ペグマタイト【pegmatite】** 巨晶になった石英やアルカリ長石および雲母などからなる花崗岩。種々の深成岩に脈状やレンズ状を

▼常用漢字表外。 ▽常用漢字表の音訓外。

なして存在。巨晶花崗岩。

**べく-も-ない**【▽可くも無い】文語的(連語)…しそうにもない。…できそうにもない。用例 その実力はならぶ―。

**ベグラーム-いせき**【ベグラーム遺跡】アフガニスタン、カーブル北東七〇kmにあるクシャン朝期のカピシ都城址。ギリシア・ローマの青銅製像やガラス製品、インドの象牙浮き彫り板、中国漢代の漆器などの美術工芸品が出土。

**ヘクラ-さん**【ヘクラ山】(Hekla) アイスランド南部、レイキャビーク東方の活火山。標高一四九一m。一一〇四年から二〇回以上噴火。

**へぐら-じま**【▼舳倉島】石川県、能登半島の北方海上約五〇kmにある島。面積一・二$km^2$。輪島市の海女の季節的移住で知られ、アワビ・テングサが採れる。

**へぐり**【▽平▽群】〈町〉奈良県北西部、生駒山地東麓の町。大阪府に接するため、宅地化が進んでいる。信貴山がある。人口一万九六五二(一九八八)。

**へぐり-し**【▽平▽群氏】古代の氏族。大和国平群郡が本拠。武内宿禰の子孫と伝える。五世紀後半が最盛期、以後衰亡。

**ベクレル**[becquerel] 国際単位系の放射能の量の単位。放射性核種の崩壊数が、一秒間に一つであるときの放射能の量で表す。フランスの物理学者ベクレルにちなむ。記号Bq

**ベクレル**[Antoine-Henri Becquerel](一八五二―一九〇八) フランスの物理学者。放射線を発見。一九〇三年、キュリー夫妻とともにノーベル物理学賞受賞。

**べくん-ば**【▽可くんば】文語的(連語)《「べし」の未然形に「ば」の付いたもの》…してよいなら。可能であるなら。用例 望む―借用いたしたく。

**ぺケ**《中国語の「不可」また、マレー語のpergiからともいうが未詳》①駄目。いけないこと。②ばつじるし。ばってん。

**ベケシ**[Georg von Békésy](一八九九―一九七二) アメリカの生理学者。ハンガリー生まれ。聴覚生理の大家。蝸牛の刺激に対する機能の研究業績で、一九六一年ノーベル生理学医学賞受賞。

●ヘゴ

●ベゴニア フラミンゴ(右)、舞扇(左)。

**ベケット**[Samuel Beckett](一九〇六―) フランスの小説家・劇作家。アイルランド生まれ。その小説は人間存在の深淵をあばき出し、ヌーボー・ロマンの先駆をなした。戯曲でも前衛劇を書いて、演劇の概念に革命的な変化をもたらした。一九六九年ノーベル文学賞受賞。小説『モロイ』『マローンは死ぬ』、戯曲『ゴドーを待ちながら』など。

**ベケット**[Thomas à Becket](一一一八―一一七〇) イギリスの聖職者。聖人。一一六二年カンタベリー大司教となり、教権抑圧を図るヘンリー二世と対立。カンタベリー聖堂内で暗殺された。

**ヘゲモニー**[Hegemonie ドイツ] 主導的地位。優位。用例 ―を握る。

**へ・げる**【▼剝げる】(下一自) はがれ落ちる。はげる。fall off

**へこ**【▼褌】ふんどし。

**へこ**【▽兵▽児】《方言》鹿児島で、一五歳から二五歳までの青年男子。

**へご**【▼桫▼欏・▼杪▼欏】暖地の山林にはえるヘゴ科の木性シダ。高さ約五m。樹幹の先端から長さ約二mの羽状複葉をかさ状に開く。幹をランや観葉植物の栽培に使う。八丈島・九州南部以南に分布。↓写

**べこ**《方言》東北地方で、ウシ。

**へこ-あゆ**【▽兵▽児▼鮎】体がヤナギの葉状のヘコアユ科の海水魚。全長約一五cm。吻が管状にとがり、先端に口がある。淡黄褐色で、吻端から後方に暗色縦帯が走る。内湾にすみ、口を下にした逆立ちの状態で泳ぐことが多い。本州中部以南に分布。

**へこ-いわい**【▼褌祝(い)】子どもが一人前になったと見なされる祝い。一三歳のときが多く、男子には褌、女子には腰巻きが贈られる。参照 褌祝い。

**ベコー**[Gilbert Bécaud](一九二七―) フランスのシャンソン歌手・作曲家。ダイナミックな唱法と幅広い作曲活動でシャンソンに新境地を開拓。作品『メケーメケ』など。

**へこ-おび**【▽兵▽児帯】《薩摩の兵児が用いた白木綿の帯に由来》男性や子どものしごき帯。羽二重・縮緬・ウールなど広幅で絞り染めが多い。明治以後普及した。

**へこ・たれる**(下一自)《俗語》気持ちが弱る。へたばる。

**ベゴニア**[begonia] シュウカイドウ科ベゴニア属植物の総称。多年草または小低木。鉢植えなどの観賞用。通常四〇cm前後だが、二mに達する品種もある。花色は桃・赤・白など。ベコニア。↓写

**ぺこ-ぺこ** ㊀(形動) ひどく空腹なさま。be starved 用例 腹が―だ。㊁(副・サ変自) ①薄いものがへこんだり、もとにもどったりする音・さま。②頭をやたらに下げて、相手にへつらうさま。kowtow; be servile 用例 上役に―する。

**へこ-ま・す**【▽凹ます】(五他) ①へこむようにする。へこませる。dent ②屈服させる。beat…hollow ③黙らせる。put down

**へこ・む**【▽凹む】(五自) ①一部分がおちこむ。くぼむ。sink ②やりこめられて参る。屈服する。弱りくじける。give in

**ぺこり-と**(副) =ぺこんと。①物がへこむ音・さま。cave in 用例 ―へこむ。②頭を急に下げるさま。drop one's head in a bow 用例 ―おじぎする。

**べざい-せん**【▽弁才船・▽弁財船】江戸時代に造られた和船の総称。このうち、一〇〇〇石を積めるものを「千石船」とよんだ。べんざいせん。↓図

**へ-さき**【▼舳先・▼舳】船の前方の部分。みよし。へ。船首。bow 対義 艫。

**ベサメ-ムーチョ**[Bésame Mucho] メキシコの女流ピアノ奏者コンスエロ=ベラスケスが、一九四一年作詞・作曲したボレロ調の恋の歌。

**ベサリウス**[Andreas Vesalius](一五一四―一五六四) ベルギーの解剖学者。実験に基づく解剖学を樹立。近代解剖学の父といわれる。

**ヘサン**【恵山】(Hyesan) ↓けいざん(恵山)

**ペザント-ルック**[peasant look] ヨーロッパの農民服を基本としたファッション。長めのギャザースカート、刺繡入りのブラウス、ベストの組み合わせなど。

**べし**【▽可し】古語(助動 形ク型)《ラ変・形容詞・形容動詞の各型の活用語では連体形に、それ以外の活用語では終止形に付く》①推量の意を表す。…だろう。…らしい。用例 君が手馴れの琴にしある―(万葉・五・八一一)。②意志を表す。きっと…しよう。用例 この一矢に定む―と思へ(徒然・九二)。③可能の意を表す。…できる。用例 今の世の人の詠みぬべきことがらとは見えず(徒然・一四)。④当然・義務・予定の意を表す。…はずだ。…するのがあたりまえだ。…しなければならない。用例 万代に語り続ぐべき名は立てずして(万葉・六・九七八)。⑤適当の意を表す。…するのがよい。用例 作文のにぞ乗るべかりける(大鏡・頼忠)。⑥勧誘や命令、また、否定がともなえば禁止、の意を表す。…せよ。…がよい。用例 剣大刀いよよ研ぐ―古ゆ(万葉・二〇・四四六七)。

**へし-あ・う**【▽圧し合う】(五自) 互いに押し合う。jostle each other

**ヘシアン-クロス**[hessian cloth] 上質のジュート(黄麻)糸で平織りにした麻織物。梱包布・袋地・椅子の下張り・手芸用に使う。

**ヘシオドス**[Hēsiodos] 紀元前七〇〇年ごろ活躍したギリシアの教訓叙事詩人。農事を生活の柱として人生・世情を見つめ、厳しい道徳性をもつ。叙事詩『神々の誕生』、教訓詩『農と暦』など。

**へし-お・る**【▽圧し折る】(五他) ①力まかせに折る。たわめて折る。break ②勢いをくじく。break 用例 鼻っ柱を―。

**ベジタリアン**[vegetarian] 菜食主義者。

**ペシネー**[Pechiney] アルミニウムを中心とするフランスの国営非鉄金属企業。一九七一年設立。PUK。

**へし-ま・げる**【▽圧し曲げる】(下一他) 力をこめて曲げる。bend

**ペシミスト**[pessimist] 厭世家。悲観論者。対義 オプティミスト。

**ペシミズム**[pessimism] すべてを最悪の面

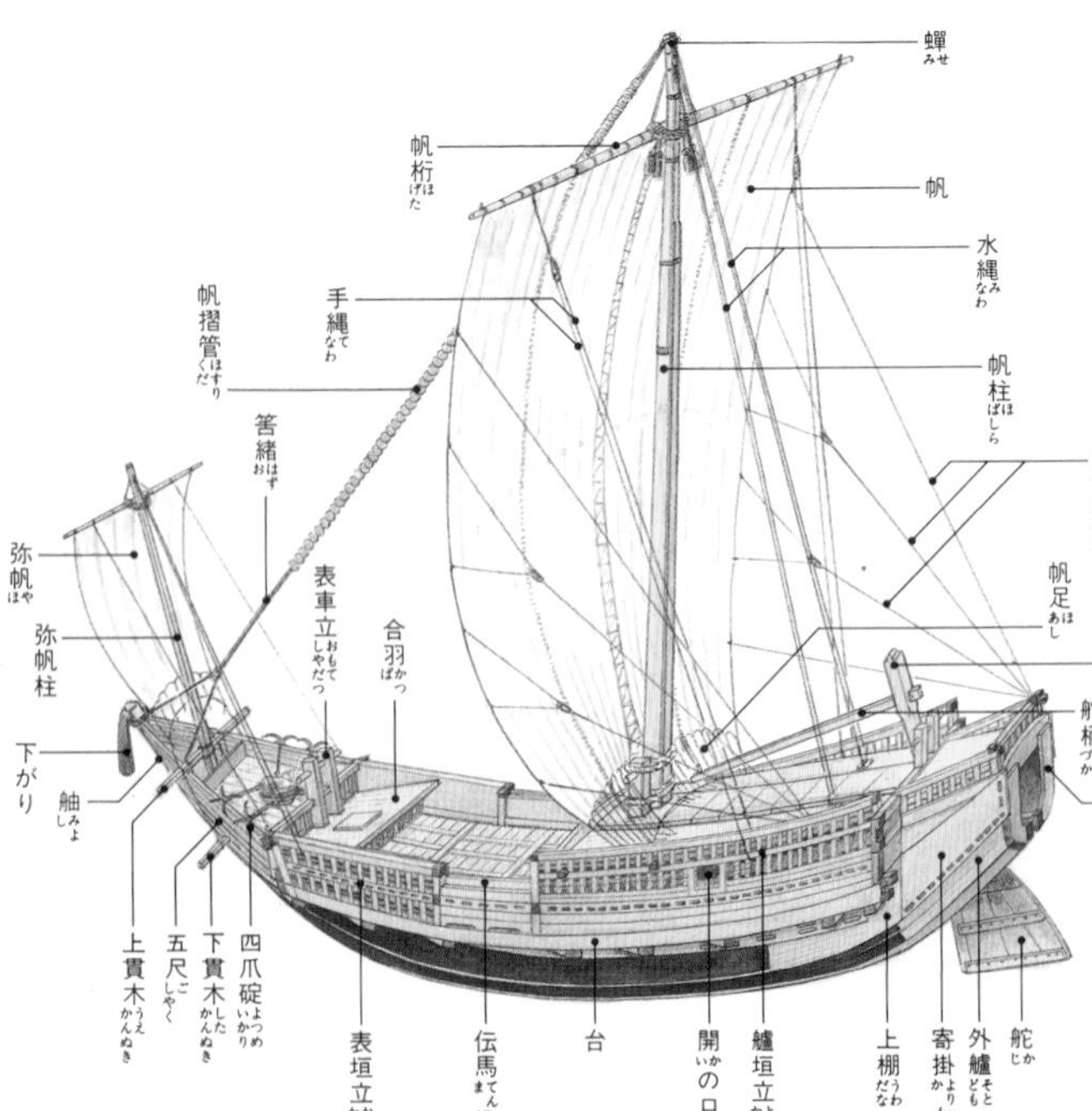


●弁才船 江戸後期の弁才船

で考え、人生は、生きる価値がないとする考え方。厭世主義。悲観論。[対義]オプティミズム。

**ベジャール**【Maurice Béjart】（一九二七）フランスの舞踊家。二〇世紀バレエ団を主宰。

**ヘジャズ**【Hijāz】サウジアラビア北西部、紅海沿岸の地方。イスラム教の聖地メッカ・メディナがある。ヒジャズ。アルヒジャズ。

**ヘジャズ-てつどう**【ヘジャズ鉄道】(Hijāz Railway) シリアのダマスカスとアラビア半島のメディナとを結ぶ鉄道。イスラム教徒のメッカ巡礼に利用される。巡礼鉄道。

**ヘジャブ**【hejāeb アラビア】イスラム圏で女性が着るベールを兼ねたマント状の衣服。イスラム教の女性は身内以外の男性や見知らぬ人に顔を見せてはならないというコーランの掟に従ってこれを着用する。チャドル。→[写]

● ヘジャブ

**ベシャメル-ソース**【Béchamel sauce フランス】《「ベシャメル」はルイ一四世の料理人の名とも》ホワイトソースの一種。西洋料理の基本的なソースで、魚料理・グラタン・コロッケなど用途は広い。

**ペシャワル**【Peshawar】パキスタン北部、ハイバル峠の入り口に位置する交易都市。古代仏教の聖地ガンダーラの跡にあたり、遺跡が多い。人口五五・五万（一九八一）。ペシャーワル。

**ぺしゃん-こ**（形動）＝ぺちゃんこ。①平たく押しつぶされたさま。be crushed flat [用例]タイヤが―だ。②やりこめられたさま。be smashed [用例]―にやっつけられる。

**ヘジュ**【海州】(Haeju) →かいしゅう（海州）

**へ・す**【▽圧す】（五他）①押しつけてくぼます。dent ②へこます。屈服させる。put down

**へ・す**【減す】（五他）→へらす（減らす）

**ヘス**【Rudolf Hess】（一八九四—一九八七）ナチスの幹部党員。総統代理。ゲーリングに次ぐヒトラーの第二後継者。ヒトラーの『わが闘争』執筆に協力。ニュルンベルク裁判で終身刑を宣告され、獄中で死亡。

**ヘス**【Viktor Francis Hess】（一八八三—一九六四）アメリカの物理学者。オーストリア生まれ。宇宙線を発見。陽電子を発見したアンダーソンとともに、一九三六年ノーベル物理学賞受賞。

**ヘス**【Walter Richard Rudolf Hess】（一八八一—一九七三）スイスの生理学者。間脳・中脳などの調節作用についての研究業績で、一九四九年ノーベル生理学医学賞受賞。

**ペスタロッチ**【Johann Heinrich Pestalozzi】（一七四六—一八二七）スイスの教育家。ルソーやカントの影響を受け、個人の発達の自然な順序にそった教授法を提唱。孤児教育と児童教育に一生を捧げ、近代教育理論に大きな影響を与えた。著書『隠者の夕暮』など。

**ヘスティア**【Hestia ギリシア】ギリシア神話の炉の女神。聖なる炉を守り、家政をつかさどる。ついで集会所の女神ともなった。永遠の処女とされる。ローマ神話ではウェスタ。

**ベスト**【best】①もっともよいこと。最上。②ありったけの力。全力。[用例]―を尽くす。

**ベスト**【vest】①写真で、四cm×六・五cmの大きさ。そのフィルム。また、焼き付けた印画。②上半身に着る袖無しの衣服。チョッキ。

**ペスト**【pest】ペスト菌によっておこる致死率の高い伝染病（法定・検疫伝染病）。本来はネズミ類の病気であるが、ノミを介してヒトに感染する。日本に菌は常在しない。黒死病。

**ベストゥージェフ**【Aleksandr Aleksandrovich Bestuzhev】（一七九七—一八三七）ロシアの小説家。筆名マルリンスキー。作品『アマラート＝ベーク』など。

**ベスト-エイト**《和製語》トーナメント形式の競技で、準々決勝まで勝ち進んだ八名の選手または八組みのチーム。top eight

**ペスト-きん**【ペスト菌】ペスト（黒死病）の病原菌。ネズミがもつ病原菌で、ノミによって媒介される。北里柴三郎、イェルサンが発見。plague bacillus; pasteurella pestis

**ベスト-セラー**【best-seller】刊行後、数か月から一年ぐらいの比較的短期間に非常によく売れた本。

**ベスト-テン**《和製語》ある部門内で、もっとも優秀な一〇人。また一〇の作品。

**ベスト-ドレッサー**【best dresser】衣服、とくに洋服をみごとに着こなす人。

**ベスト-メンバー**《和製語》よりすぐった人々。その団体・組。粒ぞろい。そのチームでの最良の面々。best members [用例]―を組む。

**ペストリー**【pastry】小麦粉などを使った焼き菓子の総称。パイ・タルトなど。パイ風のパンをデーニッシュペストリーという。パティスリー。

**ヘストン**【Charlton Heston】（一九二四）アメリカの映画俳優。主演作『ベン―ハー』『十戒』など。

**ヘス-の-ほうそく**【ヘスの法則】反応熱は化学反応のはじめと終わりの状態だけできまり、途中の経路にはよらないという法則。一八四〇年スイスのヘスにより提出された。Hess' law

**ベスビアス-さん**【ベスビアス山】(Vesuvius) ベスビオ山の別称。

**ベスビオ-さん**【ベスビオ山】(Vesuvio) イタリア南部、ナポリ湾に臨む二重式活火山。標高一二七七m。七九年の噴火でポンペイを埋めた。ベスビアス山。

**ヘスペリジン**【hesperidin】ミカン属植物の果皮に多く含まれる配糖体。毛細血管透過性抑制作用などがある。ビタミンP。

**ヘスペリデス**【Hesperides ギリシア】ギリシア神話で「夕べの星」ヘスペロスの三人の娘。竜のラドンとともに、ヘラ女神の秘密の花園にある黄金の実のなるリンゴの木の世話をする。

**へず・る**【▼剝る】（五他）①削り取る。へらす。②かすめ取る。

**ベスレヘム**【Bethlehem】→ベツレヘム

**ベスレヘム-スチール**【Bethlehem Steel Corp.】アメリカ有数の総合鉄鋼会社。一九〇四年設立。

**ペセタ**【peseta スペイン】スペインの通貨単位。記号Pta

**へそ**【▼臍】①腹の中央にあるくぼみ。胎児期に臍帯で胎盤につながっていた痕跡で、哺乳類に特有なもの。ほぞ。navel ②へそに似て突起した所。projection; protuberance ③中央にあたる部分。

**御臍の胡麻を取ると腹が痛くなる** 子どもがへそをいじるのを戒めることば。

**臍下三寸** へそから三寸下のところ。性器のある所。

**臍で茶を沸かす** おかしくてたまらないたとえ。臍茶。

**臍を曲げる** 機嫌を悪くして、いこじになる。become perverse [類似]旋毛を曲げる。

**べそ** 子どもがする、泣き顔。sob; be almost in tears [用例]―っかき。

**べそをかく** 子どもが泣き顔をする。be almost in tears

**ペソ**【peso スペイン】①スペインの古い銀貨。②メキシコ・キューバ・フィリピンなどで使う貨幣単位。

**ペソーア**【Fernando Pessoa】（一八八八—一九三五）ポルトガルの詩人。近代主義の開拓者。作品『メッセージ』『英詩』など。

**ベソース**【Tarjei Vesaas】（一八九七—一九七〇）ノルウェーの小説家。象徴的で独創的な作風で知られる。作品『闇の中の家』『鳥』など。

**へそ-くり**【▼臍繰り】《「へそくり金」の略》内緒で貯めるお金。麻の皮の繊維を長くよりあわせて管に巻き取った綜麻を、二、三本ずつ取りのけ、私用にしたのが語源。これを人の臍と混用したもの。しんがい。ほった。針箱銭。

**へそ-く・る**【▼臍繰る】（動ラ五）へそくりをためる。

**へそ-ちゃ**【▼臍茶】《俗語》「臍で茶を沸かす」の略。

**へそ-の-お**【▼臍の緒】胎盤と胎児とを連結する柔らかい帯状の組織。臍帯。

**臍の緒切って以来** 生まれてからこれまで。

**臍の緒引き摺る** 《生まれてすぐに切るはずの臍の緒を今も引きずっている、ということから》生まれた時そのままで、少しも進歩していない。

**へそ-まがり**【▼臍曲(が)り】（名・形動）あまのじゃく。つむじまがり。perverse

**へた**【下手】（名・形動）①うまくないこと・さま・人。unskillful [対義]上手。[用例]―な文章。―に動かないほうがよい。②なまはんかであること・さま。half-learned [用例]―な学者より学がある。

**下手すると** ①うまくやらないと。注意しないと。if one is not careful ②ひょっとすると。ことによったら。possibly

**下手な鉄砲も数打ちゃ当たる** 数多くやっていれば、まぐれ当たりで、うまくいくこともある。Even a poor shot will hit the mark if he tries often enough.

**下手の考え休むに似たり** 凡人の思案は、時間をむだにするだけで効果がないものである。Mickle fails that fools thinks.

**下手の長糸** 裁縫のへたな者ほど、針に糸を長く通してつかう。あとに続く「上手の小糸」は、じょうずな者はわずかの糸で仕上げてしまう、の意。

**下手の長談義** 話下手の者にかぎって長話をするものだということ。Brevity is the soul of wit.

**下手の横好き** 下手なくせに、その事が好きであること。crazy about something though no good at it

**へた**【▼蔕】柿・ナスなどの実に付いている萼。calyx

**へだ**【▽戸田】〈村〉静岡県、伊豆半島西岸北部の村。駿河湾に臨む天然の良港をもち遠洋漁業がさかん。海水浴場・景勝地もある。人口五〇九六（一九八八）。

**べた**（名・接頭）《俗語》一面。すきまなく。全体。[用例]―塗り。

**ベタ**【Betta】キノボリウオ科の淡水産熱帯魚。全長は雄約一〇cm、雌約五cm。体色は赤・青・紫など。ひれが発達している。雄は闘魚として有名。タイ・マレー半島原産。

**ペタ**【peta】（接頭）単位で一〇〇〇兆倍（$10^{15}$）を表す。記号P。

**ペダーセン**【Charles John Pedersen】（一九〇四）アメリカの化学者。スウェーデン生まれ。デュポン社の化学研究員。クラム・レーンとともに、酵素のように反応の選択性が高い分子の合成で、一九八七年ノーベル化学賞受賞。

**ベター-ハーフ**【better half】《よりよい半身、の意》愛妻。

**へ-だい**【▽平▼鯛】クロダイに似るが吻がとがらず頭が丸いタイ科の海水魚。全長約四〇cmで、青みを帯びた銀灰色。沿岸にすみ、貝などを食べる。食用。本州中部以南に分布。

**べた-いちめん**【べた一面】表面にすきまのないこと。all over

**べた-おくれ**【べた遅れ】列車などの到着が、のきなみにおくれること。be all delayed

**へた-かぶ**【ヘタ株】《「ヘタ」は端の意》株式会社がもっとも新しく発行した株式。また、発行を予定している株式。new share issue

**へた-くそ**【下手▼糞】（名・形動）ひどく下手なこと・さま・人。また、下手をののしっていう語。unskillful [用例]―め。

**べた-ぐみ**【べた組み】印刷で、文字の間、行の間をあけずに詰めた活字の組み版。

**へだたり**【隔たり・▽距たり】①隔たること。距離。distance ②違い。相違。difference [用例]解釈に―がある。

**へだた・る**【隔たる・▽距たる】（五自）①離れる。遠ざかる。be distant ②年月が過ぎる。pass ③さえぎられる。be partitioned off

**べた-つ・く**【べた付く】（五自）①べたべたとねばりつく。be sticky [用例]汗で手が―。②異性にまとわりつく。follow a person around

**へだて**【隔て・▽距て】①隔てること・もの。しきり。さかい。partition ②打ち解けないこと。reserve ③分け隔て。discrimination

**へだて-がまし・い**【隔てがましい】（形）打ち解けないさま。reserved

**へだて-ごころ**【隔て心】①なれ親しまない気持ち。②退ける心。

**へだ・てる**【隔てる・▽距てる】（下一他）①間に物・時間を置く。separate ②さえぎる。仕切る。partition off; part ③遠ざける。separate ④年月を過ごす。pass

**へたば・る**（五自）《俗語》疲れて座りこむ。へたる。

**へた-へた（と）**（副）力が抜けて座りこむさま。

**べた-べた（と）**（副）①物がねばりつくこと・さま。べとべと。sticky ②多く並べること・さま。all over [用例]ビラを―はる。③たっぷり塗りつけること・さま。thickly [用例]のりを―に塗る。④人にこびて、まといつくこと・さま。bill and coo

**ぺた-ぺた（と）**（副）①平手でたたく音。pat ②素足で地面を歩く音。pat ③多く張りつけるさま。plaster [用例]こうやくを―はる。④いくつも印を押してあるさま。

**べた-ぼめ**【べた褒め】（名・サ変他）《俗語》

やたらと褒めそやすこと。

**べた-ぼれ【べた惚れ】**(名・サ変自)《俗語》すっかりほれこむこと。

**ベダリア-てんとうむし【ベダリア瓢虫】**テントウムシ科の小甲虫。体長約四㎜。赤橙色に勾玉状の黒い斑紋が四つある。幼虫は紡錘形で、年七~八回発生。幼・成虫とも柑橘類の害虫。イセリアカイガラムシを捕食。オーストラリア原産。vedalia beetle

**へたり-こ・む【へたり込む】**(五自)疲れきったり気が抜けたりして、座りこむ。sink down

**べたり-と**(副)=べたっと・べたんと。①ねばりけのある物がくっつくさま。stick 用例ペンキが—つく。②しりをつけてだらしなく座るさま。flop down 用例—座りこむ。③一面にはりつけるさま。おしつけてはるさま。paste 用例ビラを—はる。

**ぺたり-と**(副)=ぺたっと・ぺたんと。①物を軽くおしつけたり、はりつけたりするさま。slap on 用例—印をおす。②しりをつけて座るさま。flop down 用例床に—座る。

**ペダル【pedal】**①自転車・ミシンなどの踏み板。ペタル。→自転車図 ②ピアノ・オルガンなどの楽器の、演奏操作の一部を足でするための装置。

**ペタル-カラー【petal collar】**襟型の一つ。花びら形にカットされた、優しく柔らかな感じのフラットカラー。→図

●ペタルカラー

**ペタン【Henri Philippe Pétain】**(一八五六~一九五一)フランスの政治家・軍人。第一次大戦ではベルダン防衛に功をたてたが、第二次大戦でドイツに降伏後、ビシー政府の首席となり、戦後戦犯として終身刑。

**ペタンク【pétanque フランス】**フランスで考案されたスポーツ。二組みに分かれ、直径三㎝ぐらいの木球(ビュット)を六~一〇mぐらい離れたところに置き、それを標的として金属球を投げて、近くに落ちた数を競う。

**ペダンチック【pedantic】**(形動)学者ぶったさま。物知りぶるさま。衒学的。ペダンティック。

**ペダントリー【pedantry】**学者ぶること。物知りぶること。

**ペチカ【pechka ロシア】**ロシアなど北欧の寒地に発達した暖炉。れんがなどで壁に作りつけ、まきなどを燃料とする。低温放射暖房なので長時間の暖房に適し、経済性に富む。ペーチカ。

**ペチコート【petticoat】**スカート下にはき、裾さばきをよくしたり、シルエットを強調したりする婦人用下着。素材は木綿・合繊など。→写

●ペチコート

**ベチベル【vetiver】**イネ科の多年草。コウスイガヤと総称されるものの一つ。高さ約二m。根にベチベル油を含み、香水の原料として栽培。インド原産。

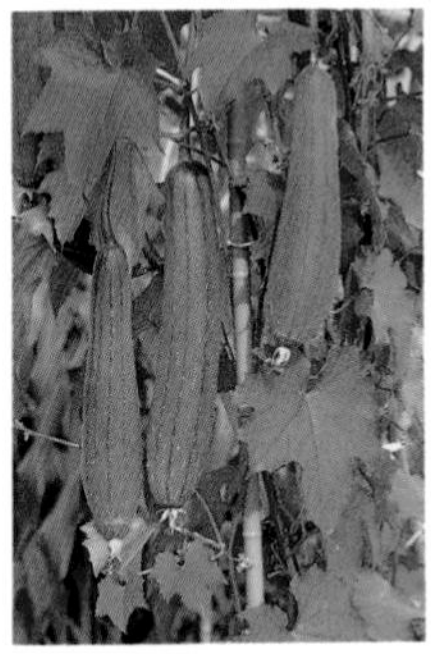

●ヘチマ①

**へちま【糸瓜】**①ウリ科のつる性一年草。長さ約六m。葉は互生し、掌状浅裂。雌雄異花。夏から秋に黄色の花が咲く。果実は円筒形で長さ約五〇㎝。茎から化粧・薬用のヘチマ水を採り、果実から取り出した繊維をたわしに利用。熱帯アジア原産。loofah ②(実が、ぶらぶらしていることから)役に立たないもの。つまらないもの。good-for-nothing →写

**へちま-えり【糸瓜襟】**襟型の一つ。刻みや角がなく、いくぶん丸みのあるショールカラーの一種。形は長めのものが多く、タキシード・オーバーコート・ガウンなどに用いられる。shawl collar →図

●糸瓜襟

**べちゃ-くちゃ**(副)うるさくしゃべり続けるさま。chatter 用例—立ち話をする。

**ぺちゃ-くちゃ**(副)陽気におしゃべりするさま。chatter 用例女どうしで—しゃべる。

**ぺちゃん-こ**(形動)《俗語》=ぺしゃんこ。①押しつぶされて、平たくなったさま。②完全に負けて、元気がなくなってしまったさま。

**ペチュニア【petunia ラテン】**ナス科の一年草、または多年草。改良が進んで品種は多い。春まき・秋まきがある。花形は漏斗状で一重と八重とがあり花色も紫・紅・赤の濃淡、白など豊富。ツクバネアサガオ。→写

**ペチョーラ-がわ【ペチョーラ川】**(Pechora)ソ連北部、ウラル山脈西麓からコミ自治国を縦断して北極海に注ぐ川。長さ一七九〇㎞。

**ヘツ 1画【丿】** 部首[丿] JIS 4808
音ヘツ・エイ
①右上から左下へひきはらう。②部首の一つ。【のかんむり】。

**ヘツ 15画【撇】** 部首[扌]
音ヘツ・ヘイ
①わける。わかつ。②はらう。ひきはらう。③書法の一つ。運筆で、「ノ」のように右上から左下へひきはらうこと。

**ヘツ 16画【暼】** 部首[日] JIS 5894
音ヘツ
「暼々」は、日のおちる勢い。

**ベツ 7画【別】** 部首[刂] 教育小4 JIS 4244
音ベツ・ベチ
訓わかれる

別 別 別 別 別 別

①わかれる。「告別・死別」「別居・別離」②わける。かぎる。「区別・差別・識別・分別」・類別」用例《接尾的》各国—。年齢—。男女—。③わかち。けじめ。用例(名)男女の—なく。④もとからわかれる。分派する。対義本。「別家・別派」⑤ちがう。ほかの。対義同。「別格・別室・別人・別命」用例(名)—のへや。(形動)—な人。《接頭的》—問題。—会計。⑥とりわけ。特に。「格別」用例(形動)あの人は—だ。《接頭的》—あつらえ。

**ベツ 15画【蔑】** 部首[艹] 14画【蔑】異体字 JIS 4246
音ベツ
さげすむ。ないがしろにする。「軽蔑・侮蔑」「蔑視」

**ベツ 17画【瞥】** 部首[目] JIS 4245
音ヘツ・ベツ
ちらりとみる。ちょっとみる。ちらりとみえる。「一瞥」「瞥見」

**ベツ 20画【襪】** 部首[衤] 19画【襪】異体字 JIS 7504
24画【韈】異体字 部首[革] 23画【韈】異体字 部首[革] JIS 8073 24画【韤】異体字 部首[韋]
音バツ・ベツ
たび。くつした。足にはくもの。

**ベツ 21画【衊】** 部首[血]
音ベツ
①けがす。よごす。血でけがす。②はずかしめる。はじをかかせる。③はなぢ。鼻からでた血。

**ベツ 25画【鼈】** 部首[黽] JIS 8372 23画【鱉】異体字 部首[魚]
音ヘツ・ベツ
スッポン。カメ目に属する爬虫類。どろがめ。「鼈甲」
**鼈、人を食わんとして却って人に食わる**(べっ、ひとをくわんとしてかえってひとにくわる)愚かな者が、他人に害を加えようとして、かえって自身に災いを受けるたとえ。

●ペチュニア

**べつ-あつらえ【別誂え】**(名・サ変他)特別に注文すること。注文してつくった物。special order

**べつ-いん【別院】**①七堂伽藍のほかに、僧の住居として建てた堂舎。②浄土真宗の寺格。本山に準ずるものとして各地に建てた寺。

**べつ-えん【別宴】**別れの宴。送別の宴。farewell dinner

**べっ-か【別火】**自他の穢れを忌んで、煮炊きのための火を別にする習俗。神事、服喪に関係するとき、また、出産時の女性などが行う。べつび。

**べっかい【別海】**(町)北海道東部、根釧台地東部の町。従来のパイロットファームの経験を生かした、新酪農村が建設されている。人口一万八一一九(八九)。

**べっ-かく【別格】**決まった格式のほか。特別の地位。exception 用例—扱い。

**べっかく-かんぺいしゃ【別格官幣社】**旧社格の一つ。皇族や功臣をまつるもので、湊川神社・東照宮など。官幣小社に準ずる扱いを受けた。

**ペッカネン【Toivo Pekkanen】**(一九〇二~一九五七)フィンランド初の本格的プロレタリア小説家。作品『工場の陰で』『人々の春』など。

**ペッカリー【peccary】**ペッカリー科に属するイノシシに似た動物の総称。アメリカ大陸に分布する。黒褐色で体長七五~一〇〇㎝。背中に油状の分泌物を出す腺が開口し、へそのように見えるので、別名ヘソイノシシ。→写

●ペッカリー

**ベッカリーア【Cesare Bonesana di Beccaria】**(一七三八~一七九四)イタリアの啓蒙思想家。ジャン=ジャック=ルソーの影響を受けて社会契約説の立場から刑罰制度の非人道性を批判し、死刑廃止を唱えた。主著『犯罪と刑罰』。

**べっ-かん【別館】**本館とは別に建てられた建物。annex

**べっかんこ**《俗語》あかんべえ。べっかんこう。

**べっ-き【別記】**(名・サ変他)本文のほかに別に書き添えること。添えたもの。separate paragraph

**べつ-ぎ【別儀】**①別のこと。余事。②特別の事情。

**べっ-きょ【別居】**(名・サ変自)家族が別々に分かれて住むこと。また、夫婦が住居を別にすること。separation 対義同居。

**べっ-きょう【別教】**《仏教語》天台宗の五時八教の一つ。『華厳経』の教えをさす。

**べつ-ぎょう【別行】**①文中で、行を改めて書くこと。また、その行。②特別に行う修行や仏事。

**べつ-ぎょう【別業】**①別の職業・事業。②(「業」は、やしき、の意)別荘。

**ベック【Henry Becque】**(一八三七~一八九九)フランスの劇作家。自然主義演劇の代表的作品を残す。戯曲『カラスの群れ』『パリの女』など。

**ペック【Gregory Peck】**(一九一六~)アメリカの映画俳優。主演作『ローマの休日』『アラバマ物語』など。→写(次ページ)

**べつ-ぐう【別宮】**主になる神社とは別の所に、同じ祭神を祭ったお宮。対義本宮。

**べつ-くち【別口】**①別の部類。別の方面。different kind; another item ②別の口座。別の取引。another account



↓行き先項目、図版・写真参照印。 JIS 日本工業規格情報交換用漢字符号コード(区点コード)。

●ペック 『大いなる西部』。左はジーン=シモンズ。

ベックマン【Max Beckmann】(一八八四〜一九五〇) ドイツの画家。表現主義的手法の群像大作を描く。作品『出発』など。
ベックマン-おんどけい【ベックマン温度計】 温度のきわめて精密な測定に用いられる水銀温度計。一〇〇分の一度までの精度で測定できる。Beckmann's thermometer
ベックリン【Arnold Böcklin】(一八二七〜一九〇一) スイスの画家。格調高い色彩とリアルな描写で幻想的な象徴の世界を表現。作品『死の島』など。
べっ-け【別家】(名・サ変自) 分家すること。分家。
べっ-けい【別掲】 別にかかげること。another notice 用例 ―の表。
ヘッケル【Erich Heckel】(一八八三〜一九七〇) ドイツ表現主義の画家。ドレスデンの「橋派」創立者の一人。裸婦・風景が多い。作品『春』など。
ヘッケル【Ernst Heinrich Haeckel】(一八三四〜一九一九) ドイツの動物学者。ダーウィンの進化論の普及に貢献。系統樹をつくり、個体発生と系統発生との関係について、生物の生長は歴史的発達過程の段階をなぞるという生物発生原則(=反復説)をたてた。
ベッケル【Gustavo Adolfo Bécquer】(一八三六〜一八七〇) スペインの詩人。ロマン主義後期を代表。内的で繊細な叙情をたたえた詩風。全詩集『叙情小曲集』など。
べっ-けん【別件】 別の事件・用件。another incident
べっ-けん【▼瞥見】(名・サ変他) ちらと見ること。glance
べっけん-たいほ【別件逮捕】 被疑者を逮捕する決め手がない場合に、まったく別の容疑で逮捕し勾留すること。arrest on a separate charge
べっ-こ【別個・別▽箇】 ①別々。個別。different matter ②別。separately 用例 ―に扱う。
べつ-ご【別語】 別のことば。another word
べっ-こう【別項】 別の項目。another clause
べっ-こう【▼鼈甲】《「▼鼈」はスッポン。近世、タイマイの使用が禁じられたので、タイマイの甲羅をスッポンの甲羅と称した》ウミガメのタイマイの甲羅を加工して作ったもの。美しい褐色で半透明。くし・めがねのふち・装飾品などに使う。tortoiseshell
べっこう-あめ【▼鼈甲▼飴】《色が鼈甲に似ているところから》駄菓子の一つ。ざらめ糖などを水分が二%くらいになるまで煮詰め、型に入れて薄く固めた淡黄色のあめ。
べっこう-ばち【▼鼈甲▼蜂】 カリュウドバチの一種。クモを狩る。体長二㎝内外。頭や肢など以外は黒色、翅は黄褐色。夏、炎天下の路上に多い。地中に坑道を掘り、麻酔したクモを運んで蓄え、幼虫の食物とする。日本全土のほか広く南方に分布。spider wasp
べっ-こん【別懇】(名・形動) とくに親しいこと・さま。じっこん。intimacy 用例 ―の間柄。
べっ-さつ【別冊】 雑誌などで、本誌とは別に製本してはさみこんだ本。また、定期刊行物で、定期以外に別に発行するもの。separate volume 対義 本誌。用例 ―付録。
ベッサラビア【Bessarabia】 ソ連の黒海に臨む地域の歴史的名称。モルダビア共和国とウクライナ共和国の一部。もとルーマニア領、第二次大戦後ソ連が併合。
ペッサリー【pessary】 避妊を目的に、膣内に装着する器具。子宮の位置矯正にも用いる。
ベッサルイース【Maria Agustina Bessa-Luís】(一九二二〜) ポルトガルの女流小説家。プルーストまたはカフカ風の作風。作品『神巫』など。
べっ-し【別紙】 ①ほかの紙。another paper ②書面の本紙のほかに添える紙。annexed paper
べっ-し【▼蔑視】(名・サ変他) さげすむこと。見下げること。contempt
べつ-じ【別事】 特別の事柄。change; something unusual 用例 ―なく過ごす。
べつ-じ【別辞】 別れのあいさつ。farewell speech
べっ-しつ【別室】 ①ほかの部屋。another room ②特別の部屋。special room
べっ-して【別して】(副) とりわけ。とくに。ことに。especially
べっし-どうざん【別子銅山】 愛媛県東部、新居浜市の南から別子山村にまたがる銅山。一七世紀末発見以来、日本屈指の銅山として、住友財閥の基盤となったが、昭和四八年(一九七三)閉山。
べっし-やま【別子山】〈村〉 愛媛県北東部の村。四国山地の山村で、かつて別子銅山で栄えた。農林業が主。観光地として銅山川渓谷・銅山峰がある。人口三三二二(一九八八)。
べっ-しゅ【別種】 別の種類。different kind
べっ-しょ【別所】 ①別の所。②本寺とは別に造られた草庵。その集落化したもの。
べっ-しょ【別書】 別の書き物・手紙・書物。
べっ-しょ【別▼墅】《「墅」は、納屋の意》別荘。下屋敷。
べっ-しょう【別称】 別の呼び名。一名。別名。another name
べっ-しょう【▼蔑称】 見下げた呼び方・名。disparaging word
べつ-じょう【別条】 とりわけ違った事柄。something wrong 用例 命に―はない。
べつ-じょう【別状】 変わったようす。異状。
べっしょ-おんせん【別所温泉】 長野県中北部、上田市の西にある温泉。歴史は古く、北向観音堂など文化財が多い。
べつ-じん【別人】 ほかの人。different person
別人の観(べつじんのかん) まるで別人のように見えること。look different from
ヘッジング【hedging】 つなぎ売買。株式・商品・外国為替の取り引きで、相場変動による損失を避けるために現物を空売り、または空買いしておくこと。掛繋取引。ヘッジ。
べつ-ずり【別刷(り)】 ①一部分を抜き出して、別に印刷すること。また、したもの。②挿絵などを本文と違う紙に印刷したもの。
ヘッセ【Hermann Hesse】(一八七七〜一九六二) ドイツの詩人・小説家。現代文明と人間の葛藤を求道的に追究した。一九四六年ノーベル文学賞受賞。小説『ペーター=カーメンツィント』『車輪の下』『デミアン』『ガラス玉演戯』など。

●ヘッセ

べっ-せい【別製】 とくに念入りにつくること。つくったもの。特製。special make →写
べっ-せかい【別世界】 ①この世とは別の世界。地球以外の世界。another planet ②世間・現実とまったくかけはなれた所・境地。別天地。different world
べっ-せき【別席】 ①別の座席。another seat ②別室。another room
ベッセマー【Henry Bessemer】(一八一三〜一八九八) イギリスの企業家・発明家。一八五六年転炉製鋼法を発明、企業化に成功した。

ベッセル【Friedrich Wilhelm Bessel】(一七八四〜一八四六) ドイツの天文学者。一八三八年に恒星の年周視差を発見し、恒星までの距離を測定した。

ベッセル-ねん【ベッセル年】 仮想の平均太陽が赤経一八時四〇分に達した瞬間から始まる回帰年。Besselian year
ヘッセン【Hessen】 西ドイツ中東部の州。州都ビースバーデン。南西部の工業地帯を除き農業が中心。人口五五四・九万(一九八四)。

べっ-そう【別荘】 ①本宅以外に、避暑・避寒地などに建てる別宅。セカンドハウス。villa 比較 週末住宅。②《隠語》刑務所。prison
べっ-そう【別送】(名・サ変他) 別に送ること。別にして送ること。package sent by separate post 対義 同封。

ヘッダー-ガブラー【Hedda Gabler】 イプセンの戯曲。一八九〇年作。自我の強い女主人公ヘッダが自殺するまでを描く。

べっ-たく【別宅】 別邸。detached residence; one's second home 対義 本宅。

へったくれ《俗語》取るに足りないと思う事柄をののしって言う語。用例 勉強も―もあるか。

べつ-だて【別立て】 取り扱いを別々に分けてすること。用例 ―の料金。

べったら「べったら漬け」の略。

べったら-いち【べったら市】 東京都中央区日本橋の大伝馬町通りで、一〇月一九日、恵比須講の前日の晩に立つべったら漬けを売る市。くされ市。

べったら-づけ【べったら漬け】 大根を塩・こうじ・砂糖で浅漬けにした漬物。東京の名物。

べったり(副) ①ねばりつくさま。stick to 用例 ―貼り付ける。②すきまのないさま。cover the whole 用例 ―書き記す。③他人に完全に従うさま。また、仲のよいさま。obedient 用例 体制―。④地面・床などに直接腰を下ろし、からだをくずしてすわるさま。flop down 用例 ―しりもちをつく。

べつ-だん【別段】(副) とりわけ。とくに。格別。particularly 用例 ―変化はない。

ベッチャマン【John Betjeman】(一九〇六〜一九八四) イギリスの詩人。桂冠詩人(在任一九七二〜一九八四)。ユーモラスで洒脱な詩風が人気を博す。詩集『シオン山』など。

へっちゃら(形動)《俗語》「へいちゃら」を強めた語。

べっ-ちん【別珍】《velveteenの転》綿ビロードの一種。パイル織物に属し、布面に別糸で短いけばの横パイルを作った織物。婦人・子供服地、足袋、鼻緒に用いる。

へっつい【▼竈】《「へつい」の転》かまど。

ベッティ【Ugo Betti】(一八九二〜一九五三) イタリアの劇作家。キリスト教的象徴性が特徴。戯曲『裁判所の腐敗』『牝山羊ケ島の犯罪』など。

べっ-てい【別邸】 別に建てた邸宅。detached residence; one's second home 対義 本邸。

ペッティング【petting】(名・サ変他) 男女間で性的に愛撫すること。性交にまで至らない。

べつ-でん【別伝】 ①特別の伝授。②別の言い伝え。③《仏教語》「教外別伝」の略。

ペッテンコーファー【Max von Pettenkofer】(一八一八〜一九〇一) ドイツの衛生学者。ミュンヘン大学に近代的実験科学としての衛生学を築き、その教授となる。著書『衛生学職業病学要綱』など。

べっ-てんち【別天地】 別世界。another world
ヘット【vet オランダ】 牛の脂肪組織や骨からとった料理用の油脂。融点はラードより高く、舌ざわりが悪い。牛脂。fallow
ヘッド【head】 ①頭。頭の働き。②頭部。物の先端。用例 ゴルフクラブの―。③組織や集団の長・責任者。用例 ―コーチ。④「磁気ヘッド」の略。

べっ-と【別途】 ①別の道・方法。different way 用例 ―に考慮する。②使い道の違うこと。separate 用例 ―会計。

ベッド【bed】 ①寝台。就寝用の家具。脚の付いた台枠の上にマットレスを載せたもの。②苗床。花壇。

ペット【pet】 かわいがって飼っている小動物。

ヘッド-アップ(名・サ変自)《和製語》野球やゴルフで、ボールを打つ直前にあごが上がり、ボールから目が離れてしまうこと。

べっ-とう【別当】 ①《官についている人が別にこの職に当たった》特殊な役所の長官。②検非違使庁の長官。③東大寺・興福寺などで、事務をしめくくった職。④盲人の官位の一つ。検校の次位。⑤もと皇族諸家の職員の首席。⑥《院の厩の長官から》馬丁。

べつどう-たい【別働隊・別動隊】 特別の任務を持ち、本隊とは別に行動する部隊。

ベッドカバー【bedcover】 ベッドを使わないときに掛けておくカバー。ほこり除けが目的だが、インテリアの要素にもなる。

ヘッドギア【headgear】 ボクシング・ラグビーなどで、頭部や耳を保護するために装着する皮製の防具。高校生のボクシングなどの試合では、着用が義務づけられる。

ヘッドコーチ【headcoach】 コーチの首席。

ベッド-シーン《和製語。bedroom sceneから》映画・テレビなどで、ベッドを中心とした、男女の性愛の情景。

ベッド-タウン《和製語。住民は大都市へ通勤し、夜は帰って寝るだけなのでこうよばれた》大都市近郊の住宅地域や都市。

ヘッド-タンク【head tank】 水力発電所の導水路と、タービンへ送水する水圧鉄管との接合部に設ける水槽。流量の調節と土砂の沈殿除去を行う。

ヘッドドレス【headdress】 頭を飾るものの総称。リボン・花・くしなどの髪飾りのほか、帽子・ベールなどのかぶりもの、さらに髪型なども含まれる。

**ヘットナー**[Alfred Hettner](一八五九—一九四一) ドイツの地理学者。近代地理学の体系化に貢献。とくに地誌学の重要性を唱えた。また日本の北アルプスに氷河の跡があることを証明。

**ヘッド-ハンター**[headhunter]《首狩り族の意》人材スカウト業。高級技術者や幹部級人材の他企業への引き抜きを仲介する人。

**ヘッド-ハンティング**[head-hunting] 他企業の有能な幹部級人材を、高給で引き抜くこと。

**ペット-フード**[pet food] 愛玩動物用の人工配合飼料。栄養配分を発育段階に応じて変えるなど、バランスよく作られている。

**ヘッドホン**[headphone] 耳に直接当てる受話器。一般には、ステレオ用のものをさす。多くは、ダイナミック型の小型スピーカーが内蔵され、密閉型とオープンエア型がある。

**ベッドメーキング**[bedmaking] ベッドの毛布やシーツなどを整え、寝るための床づくりをすること。

**ヘッドライト**[headlight] 自動車・電車などの前照灯。対義 テールライト。↓自動車図

**ヘッドライン**[headline] ①新聞・雑誌の見出し。②ニュース放送で、最初に言う表題。

**ヘッド-ランプ**[head lamp] 機器あるいは装置などの正面側に付いている灯火。

**べっとり**(副) ねばねばしたものが一面につくさま。べったり。stick to 用例 ひや汗を——かく。

**ベッドルーム**[bedroom] 洋式の寝室。

**へ-づな**[▼舳綱] 船首を岸につなぐための綱。hawser 対義 艫綱(ともづな)。

**べつ-に**[別に](副) ①《下に打ち消しをともなって》とりたてて。particularly 用例 ——困りはしない。②いっしょでなく。separately 用例 ——申し上げます。③ほかに独立して。わけて。independently 用例 隠居所を——建てる。

**べつ-のう**[別納](名・サ変他) 料金などを、その場ではなくて別に納めること。separate payment 用例 料金——郵便。

**べっ-ぱ**[別派] 別の流派・党派。different party

**べっ-ぱい**[別杯・別▼盃] 別れのさかずき。farewell cup 用例 ——をあげる。

**ベッヒャー**[Johannes Robert Becher](一八九一—一九五八) ドイツの詩人。東ドイツの文化大臣となる。詩集『滅亡と勝利』『帰郷』など。

**べっ-ぴょう**[別表] 別に添えた表。annexed list

**へっぴり-ごし**[▼屁っ▼放り腰]《俗語》①中腰。および腰。half-sitting posture ②確信のない態度。weak-kneed

**へっぴり-むし**[▼屁▼放虫] ①カメムシ科の昆虫の俗称。体から臭気の強い油状の液を出すことによる。②ミイデラゴミムシの俗称。尾端から刺激臭のある液体を噴射することによる。

**べつ-びん**[別便] ①その郵便物とは別にして出す郵便物。別の郵便物。by separate mail 用例 ——で送る。②別に使う輸送機関。

**べっ-ぴん**[別品] 格別にすぐれた品物。

**べっ-ぴん**[別▼嬪]《別品の意から》美しい女性。美人。beauty

**べっぷ**[別府]〈市〉 大分県中部、別府湾に臨む市。日本屈指の温泉・観光都市。港があり交通上の要地、九州の東の玄関口でもある。商業・サービス業がさかん。人口一三万八七八(一九八八)。

**べっ-ぷう**[別封] 一(名・サ変他) 別々に封をすること。＝べつふう。separate cover 二(名) 別に封をして添えた手紙。accompanying letter 対義 同封。

**ヘップバーン**[Audrey Hepburn](一九二九—) アメリカの映画女優。ベルギー生まれ。『ローマの休日』で一躍スターとなる。主演作『昼下りの情事』『ティファニーで朝食を』など。↓写

●A＝ヘップバーン 『ローマの休日』。

**ヘップバーン**[Katharine Hepburn](一九〇九—) アメリカの映画女優。アカデミー主演女優賞四回受賞の演技派。主演作『アフリカの女王』『旅情』『冬のライオン』など。

**ヘップバーン-スタイル**《和製語》髪型の一つ。ストレートな前髪で、サイドからバックに流し、襟足を短くカットしたもの。映画『ローマの休日』(一九五四年)の主演女優オードリー＝ヘップバーンの髪型から流行。↓図

●ヘップバーンスタイル

**ヘップルホワイト**[George Hepplewhite](?—一七八六) イギリスの工芸家。繊細優美な意匠を誇るヘップルホワイト式家具の創始者。

**ヘップワース**[Barbara Hepworth](一九〇三—七五) イギリスの女流彫刻家。簡潔で有機的な抽象形態を追求した。

**べっぷ-わん**[別府湾] 大分県中部、国東・佐賀関の両半島にはさまれた湾。九州と阪神・中国・四国・中京を結ぶ海上交通の要地。菡萏湾。

**べつ-べつ**[別別](名・形動) ①別れ別れであること・さま。separate 用例 ——にする。②おのおの。それぞれ。respectively 用例 ——に出発する。

**ヘッベル**[Christian Friedrich Hebbel](一八一三—六三) ドイツの劇作家。ドイツ-リアリズム演劇への道を開いた。戯曲『ユーディット』『マリーア＝マグダレーナ』『ギーゲスとその指輪』など。

**べっ-ぽう**[別法] 別の方法。another method

**べっ-ぽう**[別報] 一(名・サ変他) 別の機会に知らせること。another report 二(名) 独立した、ほかの報告書。another report

**へっぽこ**(名・形動)《俗語。見下げた気持ちでいう》技のへたなこと・人・さま。用例 ——打者。

**べつ-ま**[別間] 別の部屋。別室。another room

**べつ-むね**[別棟] 棟を別にして建ててある家。separate building

**べつ-めい**[別名] 本名のほかの名前。異名。べつみょう。another name

**べつ-めい**[別命] ①別の命令。②特別の命令。

**べつ-もの**[別物] ①違った物。別々の物。different thing ②特別の物。例外。exception 用例 ——扱い。

**べつ-もんだい**[別問題] 関係のない事柄。different problem

**べつやく-みのる**[別役実](一九三七—) 劇作家。旧満州(中国東北部)生まれ。早大中退。日本の不条理劇の第一人者。戯曲『象』『マッチ売りの少女』など。

**べつ-よう**[別様](名・形動) 違ったやり方・さま。用例 ——の考え方。

**へつら・う**[▼諂う](五自) 相手の気に入るようなことをする・言う。おべっかを使う。おもねる。flatter

**べつ-り**[別離] 別れること。遠くはなれること。parting

**ペッリコ**[Silvio Pellico](一七八九—一八五四) イタリアの愛国者、小説家。「炭焼き党員」として逮捕され、牢獄につながれた。『獄中記』はロマン主義文学の代表作。

**ベツレヘム**[Bethlehem] 新約聖書『ルカによる福音書』による、イエスの生誕地。エルサレムの南約八㎞にある村。

**ペティ**[William Petty](一六二三—八七) イギリスの経済学者。労働価値説を提唱して古典派経済学の基礎を築き、数量的方法により近代統計学の源流の一人となった。著書『政治算術』など。

**ベディエ**[Joseph Bédier](一八六四—一九三八) フランスの文学者。武勲詩の研究により中世文学研究に新境地を開く。著書『叙事詩伝説』など。

**ペディオニーテ**[Pedioniteドイツ] ↓ようがんだいち(溶岩台地)

**ペディキュア**[pedicure] 足を美しくするための美容法。マッサージ・爪の手入れと化粧など。方法はマニキュアとほとんど同じ。

**ペティ-ナイフ**[petty knife] 小型の包丁。↓包丁図

**ペティ-の-ほうそく**[ペティの法則] 経済の発展にともなう産業間の所得の差が誘因となって、産業構造の比重が第一次産業から第二次産業へ、さらに第三次産業へ移るという法則。ペティが指摘し、のちにクラークが国際比較で実証した。ペティ-クラークの法則。Petty's law

**ヘディン**[Sven Hedin](一八六五—一九五二) スウェーデンの地理学者・探検家。中央アジアを広く探検し、ロプノールの変化や古代都市楼蘭の遺跡を発見。著書『中央アジア探検記』『さまよえる湖』など。

**ヘディング**[heading] ①サッカーで、頭部に球を当ててとばしたり受け止めたりする技術。ヘッディング。②見出し。表題。

**ペテーフィ**[Petőfi Sándor](一八二三—四九) ハンガリーの詩人。自由と愛をうたった民族主義とロマン主義の旗手。叙事詩『勇士ヤーノシュ』、叙情詩『九月の終りに』など。

**ペテガリ-だけ**[ペテガリ岳] 北海道南部、日高山脈の中央にある山。標高一七三六m。氷食地形のカールがみられる険しい山容をもつ。

**ベテラン**[veteran] 経験を積んだ人。老練な人。古つわもの。ヴェテラン。

**ベテルギウス**[Betelgeuse] オリオン座α星。和名は平家星。距離は約五〇〇光年。不規則変光星。直径が太陽の数百倍もある赤色超巨星。

**ペテルブルグ**[Peterburg] レニングラードの旧称。

**ヘテロ**[hetero]《異なった・他の、の意》生物学で、「異型」のこと。参照 ヘテロ接合体。

**ペテロ**[Pétrosギリシア] イエスの一番弟子で十二使徒の一人。イエスの死後、伝道に尽くし、ネロ帝のときローマで殉教。ローマ教会の設立者、最初の司教として、とくにカトリック教会で重んじられ、教皇は彼の後継者とされる。

**ヘテローシス**[heterosis] 雑種第一代($F_1$)が形態・耐性・多産性などの点で、両親よりすぐれていること。この現象を育種上に利用したカイコは有名で、養蚕家の飼育するカイコは、すべて雑種第一代である。雑種強勢。

**ヘテロカリオン**[heterocaryon] 遺伝的に異なる二つ以上の核を共通の細胞質中にもつ細胞。核共存体。異核接合体。

**ヘテロ-せつごうたい**[ヘテロ接合体] ある対立遺伝子の優性遺伝子と劣性遺伝子との両者をあわせもつ個体。異型接合体。heterozygote

**ペテロ-ぜんこうしょ**[ペテロ前後書](The First and Second Letters of Peter) ペテロの第一・第二の手紙。『新約聖書』中の公同書簡の一書。迫害に苦しむ小アジアの諸教会宛の、使徒ペテロの名前による回状。

**ヘテロフォニー**[heterophony] 多声音楽の一種。同じ旋律を複数の声部で同時に奏するとき、原旋律とそれを装飾・変形した旋律が同時に存在する状態。東洋の音楽にこの性格をもつものが多い。インドネシアのガムランなど。

**ぺてん** だますこと・手段。fraud 用例 ——にかける。

**ぺてん-し**[ぺてん師] 人をだます者。詐欺師。swindler

**へ-ど**[▼反吐・▼嘔吐] 食べた物を戻すこと。また、戻した物。vomit 用例 ——を吐く。

**ベドウィン-ぞく**[ベドウィン族] 中東・北アフリカの乾燥地帯に住むアラブ系遊牧民。ラクダの遊牧と、それによる通商に従事。イスラム教徒。今日、定着化が進行。Bedouin

**ベドーズ**[Thomas Lovell Beddoes](一八〇三—四九) イギリスの詩人。詩と詩劇により暗くゆがんだ世界を描く。詩劇『死の戯れの本』など。

**べと-つ・く**[べと付く](五自) べとべとする。粘りつく。grow sticky

**ベトナム**[Vietnam; Viet Nam・越南] (Socialist Republic of Viet Nam) 東南アジア、インドシナ半島東側の社会主義共和国。首都ハノイ。インドシナ戦争で南北に分離したが、ベトナム戦争をへて一九七六年統一された。北部のソンコイ川デルタと南部のメコン川デルタでは米作がさかん。ホンゲイは石炭産地。面積三三万km²。人口六〇九二万(一九八六)。正称ベトナム社会主義共和国。

**ベトナム-きょうさんとう**[ベトナム共産党](Dang Cong San Viet Namベトナム) 一九三〇年ホー＝チ＝ミンが亡命先のホンコンで結成したベトナムの共産主義政党。ベトナム革命を指導し、解放後政権をにぎる。五一年からは労働党と称していたが、七六年この名に戻った。

**ベトナム-ご**[ベトナム語] ベトナム・ラオス・カンボジアなどに住むベトナム人の言語。

中国語の影響が強く、かつては漢字から作ったチュノム(字喃)で、現今はローマ字で表記するクオックグー(国語)を使用。安南語。Vietnamese

**ベトナム-じん【ベトナム人】** ベトナムの主要民族。狭義にはベトナム語を話す種族、キン族。水田耕作に従事。タイ・中国文化の影響を受容。Vietnamese

**ベトナム-せんそう【ベトナム戦争】** ベトナム民族が一九六〇年から一五年間にわたりアメリカの軍事介入に抵抗して、傀儡政権であるサイゴン政府を打倒し、独立と統一をはたした民族解放戦争。Vietnam War

**ベドノルツ【Johannes Geork Bednorz】**(一九五〇) 西独生まれの物理学者。スイスのIBMチューリッヒ研究所研究員。ミュラーとともに、セラミックスの高温電導体の発見で一九八七年ノーベル物理学賞受賞。

**べと-びょう【べと病】** 藻菌類のべト病菌による植物の病気。葉に黄色の病斑が生じ、灰白色のカビでおおわれる。ダイズ・ホップ・ブドウ・ウリ類などの作物に発生。露菌病。downy mildew

**へと-へと**(形動) ひどく疲れて、からだに力のないさま。be dead-tired

**べと-べと**(形動・副・サ変自) ねばりつくさま。ねばるさま。べたべた。sticky 用例 汗でシャツが―になる。

**ベトミン【Vietminh・越盟中】** ベトナム独立同盟(Viet Nam Doc Lap Dong Minh Hoi)の俗称。一九四一年日本侵略下のベトナムでホー=チミンらによって結成された、日本・フランスに対抗して民族解放を実現するための統一戦線。

**ペドメーター【pedometer】** 歩数計。万歩計。

**へどもど**(副・サ変自) あわて、うろたえるさま。まごついて、しっかりした受け答えのできないさま。get flurried

**ペトラルカ【Francesco Petrarca】**(一三〇四〜一三七四) イタリアの詩人・人文学者。ヨーロッパ最高の叙情詩人の一人で、その影響はペトラルキズムといわれ、今日に及んでいる。古典古代文化の再評価に努め、イタリア人文主義の先駆者となった。主著は叙情詩集『カンツォニエーレ』。ラテン語作品に叙事詩『アフリカ』、『名士列伝』『孤独な生活』など。↓写

●ペトラルカ ラファエロ『パルナッス』より。バチカン宮殿、署名の間。

**ペトリオット【Patriot】** アメリカ陸軍が開発した地対空ミサイル。速度マッハ三、射程一六〇㎞で、超低空から高高度までの複数目標を攻撃できる。パトリオット。

**ペトリ-ざら【ペトリ皿】**《ドイツの細菌学者ペトリにちなんで》細菌を培養するのに用いる蓋付きの浅いガラス皿。シャーレ。petri dish

**ベドリントン-テリア【Bedlington terrier】** イヌの一品種。肩高約四〇㎝。ふわふわした白い毛を子ヒツジに似せて刈り込む。愛玩用のテリア。イギリス原産。

**ペトルーシュカ【Petrouchkaロシ】** ストラビンスキー作曲のバレエ作品。フォーキンの振り付け。一九一一年パリ初演。近代バレエの傑作の一つ。踊り子と道化ペトルーシュカとムーア人の三つの人形の恋の悲劇。

**へどろ** 河口・湖沼・湾の底に堆積した暗黒色の汚泥。産業廃棄物や有害物質を含む場合がある。sludge

**ペトロ-きべ【ペトロ岐▽部】**(一五八七〜一六三九) イエズス会神父。豊後出身。慶長一九年(一六一四)の「大追放」でマニラに渡航。エルサレムからローマに渡って司教となり、寛永七年(一六三〇)布教のため再入国。捕らえられ同一六年(一六三九)獄死。

**ペトログラード【Petrograd】** レニングラードの旧称。

**ペトロザボーツク【Petrozavodsk】** ソ連北西部、オネガ湖西岸の港湾都市。カレリヤ自治共和国の首都。人口二五・九万(一九八六)。

**ペトロニウス【Gāius Petrōnius Arbiter】**(?〜六六ごろ) ローマの政治家・作家。皇帝ネロの寵を受けたが、のち自殺。長編物語『サテュリコン』は、近世のヨーロッパ小説の先駆的作品。

**ペトロパブロフスク-カムチャツキー【Petropavlovsk-Kamchatsky】** ソ連極東、カムチャツカ半島南東岸の港湾都市。同州の州都。漁業基地で水産加工が中心。海軍基地。人口二四・八万(一九八六)。

**ペトロ-フード**《和製語。「ペトロ」はpetroleum(石油)から》石油系の原料に繁殖させた微生物のたんぱく質を素材とする食品。

**ペトロフ-ボトキン【Kuzima Sergeyevitch Petrov-Vodkin】**(一八七八〜一九三九) ソ連の画家。舞台美術にも活躍。作品『赤い馬の水浴』など。

**ペナイン-さんみゃく【ペナイン山脈】**(Pennine Chain) ↓ペニンさんみゃく(ペニン山脈)

**へなし-ざき【▼艫▽作崎】** 青森県の西端、日本海に突き出した岬。海岸段丘が発達し、奇岩・岩礁が多い景勝地。黄金崎。

**ベナセラフ【Baruj Benacerraf】**(一九二〇) アメリカの病理学者。免疫反応で抗体の産生が優生遺伝子に支配されることを明らかにした。一九八〇年ノーベル生理学医学賞受賞。

**へなたり-がい【▽香▼螺貝】** ウミニナ科の巻き貝。殻高約三㎝。黄白色と黒褐色の横縞がある。汽水域の潮間帯の砂泥底にすむ。本州から九州に分布。

**へな-ちょこ【▼埴▼猪▽口】** ①楽焼きのさかずき。外側に鬼、内側におたふくをかく。②《俗語》未熟な者を悪くいう語。

**ペナテス【Penatesラテン】** ローマの食料貯蔵庫の神。ウェスタ神・ラレス神とともに各家庭で祭られた。

**へな-へな**(副・サ変自) ①気力・体力が弱々しいようす。weakly 用例 ―と座りこむ。②手ごたえなくしなうようす。bend easily 用例 ―したトタン板。

**ベナベンテ【Jacinto Benavente】**(一八六六〜一九五四) スペインの劇作家。スペイン近代劇の第一人者。一九二二年ノーベル文学賞受賞。戯曲『作りあげた利害』など。

**ペナルティー【penalty】** 反則をした場合の「罰」。

**ペナルティー-エリア【penalty area】** サッカー競技場のゴール前にラインで示されているゴールエリアを含む罰則区域。この区域内のプレーにのみ適用されるルールがある。

**ペナルティー-キック【penalty kick】** サッカー・ラグビーで、相手側の反則(サッカーではペナルティーエリア内での守備側の反則)に対して与えられるキック。

**ペナルティー-ゴール【penalty goal】** ラグビーで、ペナルティーキックのボールがゴールポストのクロスバー上を通過すること。得点三点。

**ベナレス【Benares】** バラナシの別名。

**ベナン【Benin】**(People's Republic of Benin) アフリカ西部、ギニア湾北岸に臨む人民共和国。首都ポルトノボ。一九六〇年フランスからダオメーとして独立し、七五年に現国名。国土の大半は平原で、カカオ・パーム油などを生産。面積一一・三万㎢。人口四〇四万(一九八六)。正称ベナン人民共和国。

**ペナン【Penang】** マレーシア北西部、マレー半島西側のペナン島の港湾都市。貿易、商業の中心地。観光地としても有名。人口二五・一万(一九八〇)。ピナン。ジョージタウン。

**ペナント【pennant】** ①細長い三角の旗。②野球リーグなどの優勝旗。

**ペナン-とう【ペナン島】**(Plau Penang) マレーシア北西部、マレー半島の西側にある島。面積二七九㎢。ピナン島。

**ペナント-レース【pennant race】** プロ野球の公式戦。日本では毎年四〜一〇月をシーズンとして、優勝旗(ペナント)をかけ、セ・パ両リーグとも一球団一三〇試合を行う。

**べに【紅】** ①「紅花」の略。②紅花からとった鮮紅色の顔料。頬紅・口紅などの化粧品の原料や食品の着色、友禅染の染料などに使われる。紅色。rouge ③頬紅。口紅。rouge; lipstick 用例 ―をさす。

**ヘニー【Sonja Henie】**(一九一二〜一九六九) ノルウェーの女子フィギュアスケート選手。ヨーロッパ選手権八連勝、世界選手権一〇連勝、オリンピック三連勝。ルッツジャンプを創案。

**ペニー【penny】** イギリスの補助通貨単位。複数はペンス(pence)。ポンドの一〇〇分の一。

**べに-いちやくそう【紅一薬草】** イチヤクソウ科の多年草。高山の林中にはえる。葉は円形で柄が長い。初夏に、多数の紅色の花が下向きに咲く。

**べに-うちわ【紅▽団▽扇】** アンスリウムの別名。

**べに-うつぎ【紅▽空木】** スイカズラ科の落葉低木。タニウツギの変種の一つ。晩春に、紅色で、先が五裂した筒形漏斗状の花が咲く。観賞用として栽培。

**べに-え【紅絵】** ①浮世絵版画の古いかたち。黒の線画を摺ったもの(墨摺り絵)に、紅を主に黄・緑・藍などの単純色を手彩色したもの。②「紅摺り絵」の略。

**べに-おしろい【紅▽白▽粉】** ①紅と、おしろい。rouge and powder ②化粧すること。make up

**べに-がい【紅貝】** 浅海の細砂底にすむニッコウガイ科の二枚貝。殻長約五㎝。殻表は滑らかで内外面とも淡紅色。貝細工に利用。本州から九州に分布。↓図

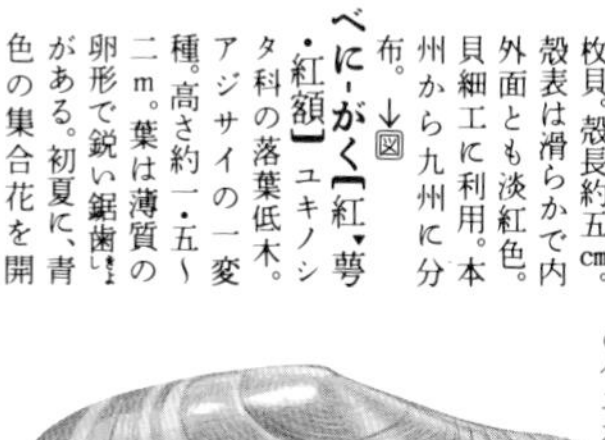

●ベニガイ

**べに-がく【紅▼萼・紅額】** ユキノシタ科の落葉低木。アジサイの一変種。高さ約一・五〜二m。葉は薄質の卵形で鋭い鋸歯がある。初夏に、青色の集合花を開き、その周囲に白い装飾花をつけ、これが紅色に変わる。

**べに-がら【紅殻】** ベンガラ。ベンガラに「紅殻」の字を当てたことからできた語。

**べに-こ【紅粉】** 中国から伝来した紅。唐紅。

**べに-ごうかん【紅合歓】** マメ科の温室性低木。葉は二回羽状複葉。夏に、葉腋に赤色、球状の小花を多数つける。メキシコ原産。ヒゴウカン。

**べに-ざけ【紅▼鮭】** ベニマスの別名。

**べにさし-ゆび【紅差(し)指】**《紅をつけるとき使うので》薬指。

**ベニジウム【venidium】** キク科ベニジウム属の総称。葉は羽状に深裂。春に、径約六㎝の頭状花を開く。中心は黒、舌状花は黄、黒色の輪が花弁に入る。切り花・鉢植え用。

**べに-しじみ【紅▽小▽灰▼蝶】** シジミチョウ科のチョウ。開張約三㎝。春型では朱赤色部が目立つ。春から秋、道ばたの花に飛来。日本全土、アジア・ヨーロッパに分布。

●ベニシジミ

**べに-しだ【紅▽羊▽歯】** 若葉や若い包膜が紅紫色を呈する常緑シダ。葉柄には黒褐色の鱗片が密生。関東以西に分布。↓写

**べに-したば【紅下▼翅▼蛾】** 後翅が赤く外縁と中央に黒帯状の紋のあるガ。開張約七・五㎝。幼虫はリンゴ・ヤナギ・ポプラにつく。日本全土に分布。

**べに-しょうが【紅生▼薑・紅生▼姜】** 梅酢につけて、赤く着色したしょうが。

**ペニシリン【penicillin】** アオカビの産生する抗生物質。抗生物質としてはじめて実用化された。ブドウ球菌・肺炎球菌などの発育を阻止する作用があり、ジフテリア・肺炎・敗血症など多くの細菌性疾患に効果がある。一九二二年、フレミングが発見。四〇年分離抽出に成功。

**ペニシリン-ショック【penicillin shock】** ペニシリンの注射などで起こすアレルギー性のショック。投与後数分で、じんましん・胸内苦悶などが現れ、重症では死に至る。現在では、ショック予防のための事前チェックが行われる。

**ベニス【Venice】** ベネチアの英語名。

**ペニス【penisラテン】** 男根。陰茎。

**べに-すずめ【紅▼雀】** ①飼い鳥として知られるカエデチョウ科の鳥。フィンチの一種。全長約九㎝。雄は全身深紅色で小白斑を散らす

●ベニスズメ①

▼常用漢字表外。 ▽常用漢字表の音訓外。

が、雌は褐色で地味。姿や鳴き声が美しいので江戸時代初期から飼われるが、繁殖はむずかしい。東南アジア原産。②《「紅雀蛾・紅天蛾」とも》翅と体の紅色部が鮮やかなスズメガ科のガ。開張六cm内外。食草はマツヨイグサ・ホウセンカ・ブドウなど。成虫は春秋に出現し、夜、灯火に飛来する。日本全土・中国・朝鮮半島に分布。↓写

**ベニスのしょうにん【ベニスの商人】**《原題The Merchant of Venice》シェークスピアの喜劇。一五九六～九七年作。人肉の抵当、小箱による婿選びなど伝奇物語を巧みに統一、ロマン的叙情性にあふれる。

**べに-すもも【紅▼李】** バラ科の落葉小高木。葉は披針形。早春に、淡紅色の花が咲く。果実は径約四cm、暗紅色で暗い斑点がある。果肉は濃黄色で多汁、酸味がある。

**べに-ずり【紅▼摺(り)】** 浮世絵版画で、墨のほかに、紅・緑などの色も版木でするもの。また、そうしてすったもの。

**べにずり-え【紅▼摺(り)絵】** 浮世絵版画の古いかたち。紅を主にしたわずかの種類の色が刷りこまれたもの。多色刷りの錦絵の前段階。紅絵。

**べに-ずわいがに【紅ずわい▼蟹】** 鮮やかな紅色をした脚の長い海産のカニ。甲幅一二cm内外。食用。日本海の水深四〇〇m以上の深海に生息。

**べに-たけ【紅▼茸】** 担子菌植物で、鮮赤色のベニタケ属のキノコの総称。大部分は食用。ハツタケに似ている。日本全土に分布。

**べに-づる【紅▼鶴】** ↓フラミンゴ

**べに-てんぐたけ【紅天▼狗▼茸】** テングタケ科の毒キノコ。かさは径一〇～二〇cmで、表面は深紅色に白いいぼがある。九～一〇月に、シラカバ・マツの林に発生する。↓毒キノコ 写

**べに-の-き【紅の木】** 熱帯地方で栽植されるベニノキ科の落葉低木。葉は広卵形で長柄。花は径約六cm、淡紅色または白色の五弁花。果実から赤い染料をとる。

**べに-ばな【紅花】** キク科の一、二年草。高さ五〇～一二〇cm。夏に咲く紅黄色のアザミに似た花は紅色素を含み、染料・薬用として珍重される。種子からは油をとり、この油のすすは墨用。山形県が主産地。クレノアイ。スエツムハナ。ベニ。safflower ↓写

●ベニバナ

**べにばな-いんげん【紅花隠元】** マメ科のつる性多年草。インゲンマメより大きな朱赤色の美しい花が咲き、紫黒の地に赤斑のある大きな豆を結ぶ。食用。観賞用としても栽培。ハナマメ。

**べにばなつみ-うた【紅花摘(み)▼唄】** 山形県の民謡。村山市を中心とする最上川流域の紅花を摘みながらうたう唄。

**べにばな-わた【紅花綿】** カイトウメンの別名。

**べに-ひ【紅▼檜】** ヒノキ科の常緑高木。台湾特産。高さ約四〇m。葉はヒノキに似る。材は樹脂を多く含む。心材が淡紅色のためにこの名がある。建材・器具材。

**ペニヒ【Pfennigドイ】** ドイツの補助通貨単位。一マルクの一〇〇分の一。

**べに-ひかげ【紅日陰▼蝶】** ジャノメチョウ科の高山チョウ。開張約四cm。前翅表面に橙赤色の帯状斑点。食草はスゲ類。本州中部以北・北海道、アジア東北部に分布。↓図

●ベニヒカゲ

**ベニ-ビディ-ビキ【Veni, vidi, viciラテ】**《古代ローマの政治家シーザーの出した手紙。簡潔な手紙の例として有名》「来た。見た。勝った」。I came, I saw, I conquered.

**べにひも-の-き【紅▼紐の木】** ↓アカリファ

**べに-ひわ【紅▼鶸】** ヒワ(マヒワ)に似るが、額が紅色のアトリ科の鳥。全長約一四cm。山地の森林にすむ。東西両大陸の北部で繁殖し、冬は南下。日本へは北海道・本州に渡来。

**べに-ましこ【紅▽猿子】** 体が淡紅色のアトリ科の鳥。全長約一五cm。草原にすみ、草の実や小昆虫を食べる。青森県以北で繁殖し、冬は本州中部以南に渡る。

**べに-ます【紅▼鱒】** サケ科のマスの一種。全長六〇～八〇cm。秋の生殖期に雌雄とも紅色となる。ふだんは背は青黒色、腹は銀白色。肉はサケ類の中でもっとも赤みが濃い。北太平洋に分布。秋、川をのぼり産卵。食用。本種の陸封型がヒメマス。ベニザケ。sockeye salmon

**べにまる-だいこん【紅丸大根】** ダイコンの一品種。カブ形で、直径は約一〇cm。皮が赤色で中は白色。でんぷん質に富み甘味があり、やわらかい。チョウカベニマル。コウガベニマル。

**べにもん-あげは【紅紋揚羽▼蝶】** 中形のアゲハチョウ。開張約八cm。食草はリュウキュウウマノスズクサなど。八重山諸島ほかアジアの熱帯に分布。

**ベニヤ【veneer】** 木材を薄くはいで、張り合わせて作った板。建築・家具用。合板。ベニヤ板。

**べに-りんご【紅林▼檎】** バラ科リンゴ属の落葉高木。葉は楕円形であらい鋸歯をもつ。白色の花を開く。果実は楕円形で紅熟。盆栽・切り花用。

**ペニロイヤル-ミント【pennyroyal mint】** ヨーロッパ原産のシソ科の多年草。高さ約五〇cm。全草に毛が密生。夏に、葉のつけねに小花が密生。香味料。メグサハッカ。

**ベニン【Benin】** ↓ベナン

**ペニン-さんみゃく【ペニン山脈】**(Pennine Chain) イギリス中部を南北に走る山脈。最高峰クロスフェル山は標高八九三m。イングランド北部の分水嶺。

**ベネー【Stephen Vincent Benét】**(一八九八～一九四三) アメリカの詩人・小説家。叙事詩『ジョン=ブラウンの遺骸』、短編『悪魔とダニエル=ウェブスター』など。

**ベネシアン【venetian】** 繻子または綾に織った織物。光沢があり、なめらか。綿織物はブラウス地、毛織物はコート地など。

**ベネシアン-ブラインド【venetian blind】** ブラインドの一種。羽根(スラット)を横によろい状につづったもの。ひもで羽根の角度を自由に変え、また、巻き上げて日照を調節する。比較 バーチカルブラインド。

**ベネシュ【Edvard Beneš】**(一八八四～一九四八) チェコスロバキアの政治家。独立運動を推進し、独立後は外相・首相を歴任。一九三五年大統領となったが、三八年ナチスの侵略によりイギリスに亡命。四六年に大統領に復帰したが、四八年に失脚。

**ベネズエラ【Venezuela】**(Republic of Venezuela) 南アメリカ北部、カリブ海に臨む共和国。首都カラカス。一八三〇年大コロンビアから分離し独立。南東部はギアナ高地、オリノコ川流域はリャノとよばれる熱帯草原。マラカイボ湖では石油、ギアナ高地では鉄鉱石・ダイヤモンドを産出。面積九一・二万km²。人口一七七九万(一九八六)。正称ベネズエラ共和国。

**ベネチア【Venezia】** イタリア北東部、アドリア海北端に臨む港湾都市。一一八の小島からなり、運河を交通路とする「水の都」として知られ、観光・文化の中心地。近年、地盤沈下が問題になる。人口三三・四万(一九八五)。ベニス。

**ベネチア-がくは【ベネチア楽派】** ①一六世紀中ごろサンマルコ教会楽長ウィラールトを中心とした楽派。バロック様式の形成に貢献。②一七世紀中ごろ劇場用にオペラを作曲したグループ。劇中心から音楽中心のオペラへの流れをつくった。モンテベルディら。

**ベネチア-ガラス【venetian glass】** イタリアのベネチアで製作されたガラス。華やかな装飾性によって近世のヨーロッパを風靡した。一三世紀に創始され、一六～一七世紀にさかんに用いられた。レース-ガラスが有名。

**ベネチア-きょうわこく【ベネチア共和国】** 七世紀から一九世紀まで続いたイタリアの都市国家。ドージェ(=終身統領)による寡頭政治体制をとった。一四世紀には地中海貿易を独占して繁栄。一六世紀以降衰退し、一八六六年イタリア王国に併合される。

**ベネチア-そうとくきゅう【ベネチア総督宮】** 一四～一五世紀のベネチアで、フランボワイヤン様式とムハデール様式を混合して創造されたベネチアンゴシック様式の建築の傑作。

**ベネチア-は【ベネチア派】** ルネサンス期イタリアのベネチアを中心とする絵画の流派。一五世紀のベリーニ一家に始まり、一六世紀のティツィアーノの登場により黄金時代を現出。豊かな生活や美しい風景、さらに官能美への愛などを描き、また風景画の独立をうながした。油彩技法による豊麗な色彩表現が特徴。ジョルジョーネ・ティントレット・ベロネーゼら。Venetian school

**ベネツィアーノ【Domenico Veneziano】**(一四一〇ごろ～六一) イタリアの画家。明るい色彩と完璧な遠近法による表現で、フィレンツェ絵画の指導者的存在となる。作品『聖母子と四聖者』など。

**ベネット【Enoch Arnold Bennett】**(一八六七～一九三一) イギリスの小説家。中西部の下層中産階級の生活を写実的に描く。作品『老妻物語』など。

**ベネット【Tony Bennett】**(一九二六～) アメリカのポピュラー歌手。イタリア人の血をひき、美声。ヒット曲『思い出のサンフランシスコ』など。

**ベネディクティン【benedictine】**《ベネディクト会の修道士が創製したことから》リキュールの一つ。アンゼリカなど十数種類の薬草を調合したもの。アルコール度が高い。通称ドム(「最高の神へ」の意)。

**ベネディクト【Ruth Fulton Benedict】**(一八八七～一九四八) アメリカの女性文化人類学者。文化を「型」として把握、分類。著書『菊と刀』で日本文化を「恥の文化」と規定したことで知られる。

**ベネディクトゥス〈ヌルシアの〉【Benedictus Nursia】**(四八〇ごろ～五四七ごろ) イタリアの修道者。モンテカッシーノ修道院を建て、ベネディクト修道会を創立。その会則は西洋の修道生活の模範となった。

**ベネディクト-かい【ベネディクト会】** カトリック教会の修道会の一つ。五二九年ごろ、ベネディクトゥスが創立。祈りと労働を標語とし、もっぱら教育と伝道に従事。Benedictine Order

**ベネデッティ-ミケランジェリ【Arturo Benedetti Michelangeli】**(一九二〇～) イタリアのピアニスト。現代最高のピアニストの一人。超絶的で精妙な技巧と音色の純粋さを追求する演奏が特色。

**ベネト【Veneto】** イタリア北東部、アドリア海北岸の州。州都ベネチア。北部は丘陵地、南部は平野と沼地。人口四三七万(一九八五)。

**ベネルクス【Benelux】** ヨーロッパ中部のベルギー(België)・オランダ(Nederland)・ルクセンブルク(Luxemburg)三か国の総称。三国の頭文字を組み合わせたもの。現在のECの基礎となった。

**ペネロペ【Pēnelopēギリシア】** ギリシア神話のオデュッセウスの妻。夫がトロヤ戦争に出征中多くの求婚者を退けて、二〇年後に夫と再会した。

**へ-の-かっぱ【▼屁の▽河▽童】**(連語)《俗語》なんとも思わないこと。平気。

**へ-の-こ【▽陰▽核】**《俗語》①陰嚢の中の核。睾丸。ふぐり。きんたま。testicles ②陰茎。penis

**べ-の-たみ【▽部民】** 大化の改新以前、さまざまな職能をもって朝廷あるいは豪族に奉仕した民。農民・漁民・技能者などの地域的な集団で、豪族名や職能名を付してよばれた。朝廷に隷属する子代・名代・品部と、豪族に所属する部曲がある。べみん。

**ヘノポジ-ゆ【ヘノポジ油】** アカザ科のアメリカアリタソウを蒸留して得た精油。主成分はアスカリドール。回虫・鉤虫の駆除に用いる。chenopodium

**ペパー【pepper】** 香辛料の一つ。コショウ科コショウの熟しはじめの実を乾燥させたのがブラックペパー。完熟の実からつくるのがホワイトペパー。胡椒。

**ペパーミント【peppermint】** ①シソ科の多年草。茎の高さ四〇～八〇cm。葉は長披針形で鋸歯がある。全草、濃緑色。夏から秋に、白色

●ペパーミント①

か紫色の花穂をつける。茎葉を水蒸気蒸留し、ペパーミント油をとり、香味料として料理・リキュール酒などに用いる。ヨーロッパ原産。セイヨウハッカ。②ハッカを主原料とする緑色のリキュール。↓写

**ヘパイストス**【Hephaistos ギリシア】↓ヘファイストス

**へばり-つ・く**【へばり付く】（五自）くっついて離れない。こびりつく。stick fast to

**ベバリッジ-ほうこく**【ベバリッジ報告】（Beveridge Report）一九四二年、イギリスでベバリッジを長とする委員会が提出した社会保障についての報告書。基本計画を構想したもので、資本主義諸国の社会保障制度の確立に強い影響を及ぼした。ビヴァレッジ報告。

**ヘパリン**【heparin】広く動物の諸臓器に存在するムコ多糖体。強力な血液凝固阻止作用をもつ。牛などから得たものを医療に用いる。

**へば・る**（五自）《俗語》①疲れ果てる。へたばる。worn out ②くっつく。へばりつく。stick to

**ベバン**【Aneurin Bevan】（一八九七〜一九六〇）イギリスの政治家。労働党左派の指導者で、社会保障制度の確立に貢献。一九二九年以来下院議員。五一年労働相。五七年副党首。

**へび**【蛇】①ヘビ亜目に属する爬虫類の総称。四肢は退化、皮膚は鱗でおおわれる。変温性。卵生または卵胎生。皮革用・薬用。世界の温帯・熱帯に約二七〇〇種が分布。ナガムシ。クチナワ。カガチ。snake; serpent ②《比喩的に》執念深いこと・人。serpent

**蛇が蛙を呑んだ様**（へびがかえるをのんだよう）長いものの途中がふくらんで、不格好なさま。

**蛇に見込まれた蛙の様**（へびにみこまれたかえるのよう）《ヘビにねらわれて身動きできないカエル、の意から》恐ろしいものを前にして、身がすくんで動きがとれないさま。また、勝ち目のない相手や、威力のある人物に会ったときなどのさまにいう。蛇に蛙。too scared to move

**蛇の生殺し**（へびのなまごろし）①痛めつけて、半死半生にすること。②物事の決着をつけないままにしておくこと。

**蛇を遣う**（へびをつかう）①ヘビを慣らして、自由に操る。②なまけて、何もしないで過ごす。のらくらとする。

**ヘビー**【heavy】①重いこと。②激しいこと。③馬力をかけること。追い込み。用例ラスト——。

**ベビー**【baby】①赤ん坊。②小さいこと。用例——カメラ。③可愛い女の子。

**ベビー-オイル**【baby oil】乳児にも使える刺激の少ない油。入浴できないとき体をふき清めたり（＝オイルバス）、排便後の尻ふきなどに用いる。

**ベビー-カー**《和製語》↓うばぐるま（乳母車）

**ベビー-キャリアー**【baby carrier】乳幼児を運ぶ道具。かご状の形で、乳児を寝かせて移動するもの、背負子状のものなどがある。

**ヘビー-きゅう**【ヘビー級】体重制競技の階級の一つ。アマチュアボクシングでは八一〜九一kg、プロボクシングでは八六・一kg以上。heavyweight

**ベビー-サークル**《和製語》事故を防ぎ、安全に遊ばせるために乳幼児を入れておく組立式の囲い。playpen

**ベビー-シッター**【baby-sitter】親が家を空けるとき、その間、親に代わって有料で子供の世話と留守番をする人。

**ベビー-だんす**【ベビー▼箪▼笥】洋服箪笥の一種。赤ちゃんや幼児の着替えなどを入れておく小型の箪笥。small-sized wardrobe

**ベビー-チェア**【baby chair】乳幼児用のいす。背の角度が調節でき、首がすわるころから使えるベビーラック、離乳食用のハイチェアなど。

**へび-いちご**【蛇▼苺】バラ科の多年草。茎は地面をはう。葉は三小葉の複葉。春に径約一・五cmの黄花が咲く。果実は球形で赤熟し、毒はないが、まずい。古くは有毒とされ、食べなかった。ドクイチゴ。↓図

● ヘビイチゴ

**ベビードール-ルック**【baby doll look】洋服のスタイルの一つ。幼くかわいい感じをもちながら、大人の魅力も備えた、ルーズなハイウエストでフリルなどのついたスタイル。

**ベビー-パウダー**【baby powder】滑石（タルク）とでんぷんとでできた、体につける粉薬。消炎作用があり、水分を吸収するので入浴後などに使われる。

**ベビー-バス**【baby bath】新生児を入浴させる容器。

**ベビー-フード**【baby food】離乳食として製品化された食品。ペースト状のほかに、粉末・ジュース・フレーク状のものが、缶詰・瓶詰・乾燥食品となっている。

**ベビー-ベッド**【baby bed】乳児用のベッド。転落を防ぐ柵やネットをそなえている。

**ベビー-ホテル**《和製語》乳幼児を有料であずかる無認可の保育施設。昭和五〇年（一九七五）ごろより続々と作られたが、同五五年死亡事故などで社会問題化し、同五六年には法的規制が設けられた。unlicensed child care

**へび-う**【蛇▼鵜】ウに似るが、それより体が細く頸が長いヘビウ科の水鳥。嘴は細く、先がとがっていて、嘴の先が鉤状のウとは異なる。全長約八〇cm。習性もウに似て、湖沼や河川にすみ、潜水して魚を捕食。世界の亜熱帯・熱帯に四種が分布。snakebird

**へび-うり**【蛇▼瓜】ウリ科のつる性一年草。葉はてのひら状に浅裂する。裏に短毛が密生。花は白色。果実はヘビのように細長く曲がって一m以上になり、橙赤色に熟する。観賞用として栽培。熱帯アジア原産。ケカラスウリ。↓写

● ヘビウリ

**へび-がい**【蛇貝】管状の殻がヘビのとぐろのように不規則に巻いた巻き貝。潮間帯の岩礁などに付着。日本近海に約一〇種が分布。代表種オオヘビガイは殻径約五cmで、北海道以南に分布し、肉は釣り餌用。

**へびくい-わし**【蛇食▼鷲】頭に長い羽冠をもち、羽ペンを挿したように見えるヘビクイワシ科の鳥。翼長約六五cm。体はサギに似る。歩行に適し、毒ヘビ・トカゲなどを捕食。アフリカの草原に分布。ショキカンドリ。secretary bird

**へびくび-がめ**【蛇▼頸▼亀】首を甲羅の間に横に曲げてかくすオーストラリア産のカメの一種。甲長約二五cm。頸が非常に長く、十分に伸ばすと体長を超える。ほとんど陸上で生活するが、小動物の捕食は水中で行う。本種の属するヘビクビガメ科は南米・オーストラリア・ニューギニアに三一種が分布。side-necked turtle

**へび-ざ**【蛇座】天の赤道近くにあり、へびつかい座によって頭部と尾部に分けられている星座。七月下旬の午後八時ごろに南中。面積六三七平方度。Serpens

**ベヒシュタイン**【Bechstein ドイツ】ドイツのピアノ製造会社。一八五三年、カール＝ベヒシュタインが設立。とくに演奏会用グランドピアノが有名。

**ペヒシュタイン**【Max Pechstein】（一八八一〜一九五五）ドイツ表現派の画家。「橋派」の一人。のち「新分離派」を組織。強烈な色彩と明快な構成をもつ作品を描く。作品『野外にて』など。

**ベヒストゥン-の-ひぶん**【ベヒストゥンの碑文】イラン西部ベヒストゥンにあるダレイオス一世の磨崖記念碑文。崖面約一五〇mの高さの所に、ペルシア帝国統一の偉業が、ペルシア語・エラム語・アッカド語で刻まれている。イギリスのアッシリア学者ローリンソンにより解読。inscription at Bīsitūn

**へび-つかい**【蛇遣い・蛇使い】大道芸の一つ。蛇を意のままに扱ってみせる芸、また、その芸人。笛を吹いてコブラを踊らせるインドの芸人が有名。snake charmer

**へびつかい-ざ**【蛇遣（い）座】ほぼ天の赤道にある星座。夏、天の川の西にある。八月五日ごろの午後八時ごろに南中。面積九四八平方度。Ophiuchus

**へび-どく**【蛇毒】毒ヘビの毒腺から分泌される毒素の総称。たんぱく質の混合物を本体とするが、その成分や作用はヘビの種類によって異なる。snake venom

**へび-とんぼ**【蛇▼蜻▼蛉】①ヘビトンボ科に属する昆虫の総称。②ヘビトンボ科の昆虫。開張約一〇cm。成虫は夏に出現、灯火に飛来。水生で、古来幼虫は孫太郎虫とよばれ、薬用にする。日本全土に分布。中国・台湾にも分布。↓写

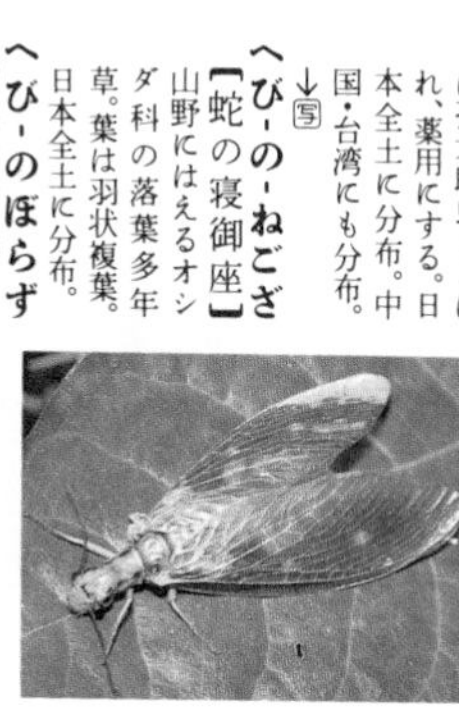
● ヘビトンボ②

**へび-の-ねござ**【蛇の寝御座】山野にはえるオシダ科の落葉多年草。葉は羽状複葉。日本全土に分布。

**へび-のぼらず**【蛇▽不▽登】メギ科の落葉低木。山地にはえ、枝にはとげがある。葉は披針形。晩春に、黄色い小花が咲く。

**ヘファイストス**【Hēphaistos ギリシア】ギリシア神話の鍛冶と工芸の神。ゼウスとヘラ女神の子で、足が不自由で醜男とされる。ゼウスは美神アフロディテを彼の妻とした。神々の武具・戦車・宝石細工などを作る。

**ペプシコ**【Pepsico, Incorporation】アメリカの世界的な清涼飲料水メーカー。ペプシコーラで有名。一九一九年設立。

**ペプシノーゲン**【pepsinogen】脊椎動物の胃粘膜から分泌され、分解してペプシンに変化する物質。

**ペプシン**【pepsin】脊椎動物の胃液中に存在するたんぱく質分解酵素。種々のペプチド結合を加水分解する。

**ペブスナー**【Antoine Pevsner】（一八八六〜一九六二）フランスの彫刻家。ロシア生まれ。弟ナウム＝ガボと構成主義運動を展開、「レアリスム宣言」に署名。作品『力学的構成』など。ペブスネル。

**ペブスネル**【Pevsner】↓ペブスナー

**ヘプタ**【hepta】《接頭的》ギリシア語で、七の意。用例——モリブデン酸塩。

**ヘプタスロン**【heptathlon】↓ななしゅきょうぎ（七種競技）

**ペプチダーゼ**【peptidase】ペプチド結合を加水分解する酵素の総称。おもに低分子のペプチドに作用する。

**ペプチド**【peptide】二個以上のアミノ酸がペプチド結合によって結合した化合物。多数結合した場合はポリペプチドという。たんぱく質は鎖状のポリペプチドを一本ないし数本つないだもの。

**ペプチド-けつごう**【ペプチド結合】アミノ酸どうしがアミノ基とカルボキシル基とから脱水縮合してできる酸アミド結合。たんぱく質の代表的な結合の仕方。peptide bond

**ペプトン**【pepton】たんぱく質が酸またはアルカリによって部分的に加水分解され、ペプチド類の混合物になったもの。細菌培養の栄養源に利用。

**ヘブラ**【Ferdinand Ritter von Hebra】（一八一六〜八〇）オーストリアの皮膚科医。皮膚科学に病理学を導入した。液体病理説を廃し、皮膚病の局在性を認め、皮膚病学を近代化した。

**ヘブライ**【Hebraios ギリシア】カナン地方を根拠地とした、セム系遊牧民のイスラエル人の呼称。

**ヘブライ-ご**【ヘブライ語】セム語族北西セム語派に属する言語。紀元前一三世紀から一世紀ごろまでのパレスチナで、『旧約聖書』を記述するのに用いられた。以後、宗教用語としてのみ用いられていたが、一九四八年イスラエル建国により公用語として復活。Hebrew

**ヘブライ-じん**【ヘブライ人】ユダヤ人の別称。

**ヘブライズム**【Hebraism】古代ヘブライ人の思想・文化およびその伝統。とくにユダヤ教とキリスト教の伝統を総括して称する。ヘレニズムとともにヨーロッパ思想・文化の二大源流をなす。ヘブライ精神。

**ペプラム**【peplum】①ブラウス・ジャケットなどの、ウエストから下に広がったフレア部分。②古代ギリシアの、ひだを多くとった衣装。ペプロス。

**ヘブリディーズ-しょとう**【ヘブリディーズ諸島】（The Hebrides）イギリス、スコットランド北西岸の島群。五〇〇以上の島からなる。

**ヘブルびとへのてがみ**【ヘブル人への手紙】（The Letter to the Hebrews）『新約聖書』中の書簡の一つ。迫害の時代に、ローマにある信徒の小グループにあてたもの。

**ベブレン**【Thorstein Bunde Veblen】（一八五七〜一九二九）

▼常用漢字表外。　▽常用漢字表の音訓外。

アメリカの経済学者・社会学者。制度学派の創始者で、進化論的な経済学を主張した。著書『有閑階級の理論』など。

**べへい-れん【べ平連】**《「ベトナムに平和を!市民連合」の略称》昭和四〇年(一九六五)小田実らを中心に結成され、創意あるベトナム反戦運動を展開した市民団体。同四九年(一九七四)解散。

**ヘベシー【George de Hevesy】**(一八八五〜一九六六) ハンガリーの化学者。元素ハフニウムを発見。初めて、放射性同位体の応用を研究。一九四三年ノーベル化学賞受賞。

**へべれけ**(形動) 正体もなく酔うさま。泥酔のさま。dead drunk

**ペペロミア【Peperomia】** コショウ科サダソウ属の総称。多肉質で多くは常緑多年草。シルバーハート・グランデス・ベルティシラータなどの観葉植物がある。↓写

●ペペロミア　キフペペロミア

**へぼ** ①技術がおとっていること・人。へた。unskillful; poor 用例 —将棋。②果実の、できそこない。undergrown 用例 —キュウリ。

**へぼ-がや【へぼ▼榧】** イヌガヤの異名。

**ヘボン【James Curtis Hepburn】**(一八一五〜一九一一) アメリカの長老派宣教師・医師。安政六年(一八五九)来日、横浜に施療院を開く。日本最初の和英辞典『和英語林集成』を慶応三年(一八六七)に刊行。次いで明治五年(一八七二)に第二版を、同一九年(一八八六)に第三版を刊行した。各版とも日本語を書き表すローマ字のつづり方が異なっている。第三版では、前年、羅馬字会が制定したつづり方を用いた。のちに、このつづり方をヘボン式というようになった。

**ヘボンしき-ローマじつづりかた【ヘボン式ローマ字▼綴り方】** ヘボンが、その著『和英語林集成』に採用した、日本語のローマ字綴り。英語風にフをfu シをshi ジ・ヂをji チをchi ツをtsuなどとする。比較 訓令式ローマ字綴り方・日本式ローマ字綴り方。

**へま**(名・形動) ①間が抜けていること・人・さま。bungler ②物事が食い違うこと・さま。失敗。botch 用例 —をやる。

**ヘマトクリット-ち【ヘマトクリット値】** 血液中の血球容積をパーセンテージで表したもの。正常値は成人男子で四〇〜五〇%、女子で三八〜四七%。赤血球容積率。hematocrit value

**へみ【▼梠】** ヤブデマリの異名。

**べ-みん【▽部民】** ↓べのたみ(部民)

**ヘミングウェー【Ernest Hemingway】**(一八九九〜一九六一) アメリカの小説家。「失われた世代」の代表作家。簡潔で乾いたハードボイルド-スタイルの文体で、第一次大戦後の不安と幻滅・虚無感を描く。一九五四年ノーベル文学賞受賞。作品『日はまた昇る』『武器よさらば』『誰がために鐘は鳴る』『老人と海』など。↓写

●ヘミングウェー

**ヘム【hem】** 布や衣服のふち・へりの総称。ふつう、ヘムラインは衣服の裾のこと。

**ヘム【heme】** 二価の鉄イオンにポルフィリンが配位した錯塩の総称。ヘモグロビンやミオグロビンの色素部分で、酸素の結合・離脱や電子の授受を担う。

**ヘムステッチ【hemstitch】** ヘムかがりに用いるステッチ。ブランケットステッチの応用で、針足の長短・密度・角度などによって多様なデザインがある。

**ヘム-たんぱくしつ【ヘム▼蛋白質】** ヘムとたんぱく質との結合体の総称。電子伝達・酸素運搬・酵素作用などが活発で、広く生体内に分布する。heme protein 参照 ヘム。

**へ-めぐ・る【経巡る・経▽回る】**(五自) 方々を歩き回る。遍歴する。travel about 用例 諸国を—。

**ヘメロカリス【Hemerocallis】** ↓かんぞう(萱草)

**ヘモグロビン【hemoglobin】** ほとんどの脊椎動物の血液中に含まれる赤色の呼吸色素。赤血球中に存在し、酸素や炭酸ガスの運搬を担う。鉄を含む色素ヘムとたんぱく質のグロビンからなる化合物。血色素。

**ヘモシアニン【hemocyanin】** 銅を含む色素たんぱく質。甲殻類・軟体動物の血漿中に存在して、酸素と結合し、それを運搬する。血青素。

**へ-や【部屋】** ①屋内を仕切った一部。間。室。room 用例 自分の—。数え方 一間・一室・一部屋。②相撲で、年寄りの詰め所。転じて、その弟子の属する系統。用例 春日野—。③大名の江戸屋敷で、小者の詰め所。④殿中の女中の居間。局。⑤召し使いで、側室となって部屋を賜った者。用例 お—様。

**へや-ぎ【部屋着】** へやの中で着る、くつろいだ衣服。dressing gown

**へや-ずみ【部屋住み】** 成人でありながら、まだ家を相続していない長男。また、次男以下の男子で親や兄弟の家にいる者。

**へやべつ-そうあたりせい【部屋別総当(た)り制】** 大相撲の取組編成制度。かつては不可能だった同門どうしの対戦を、部屋が違えば対戦できるようにしたもの。昭和四〇年(一九六五)初場所から実施。

**へや-わり【部屋割(り)】**(名・サ変他) 部屋を割り当てること。assignment of rooms

**へら【▼箆】** 木・竹・金属・象牙などを細長く削り、先を薄い刃形にした工具。漆やのりなどを練ったり裁縫で布地のしるしつけに用いる。spatula

**箆を使う** どちらつかずの、曖昧な言い方をする。また、言いのがれをする。

●ヘラ　『銀河の発生』より。ロンドン-ナショナル-ギャラリー。

**ヘラ【Hēra ギリシア】** ギリシア神話の女神。主神ゼウスの正妻で、結婚・出産など女性の家庭生活を守る。クロノスとレアの娘。嫉妬深く、ゼウスの恋人やその子らを苦しめた。ローマ神話のユノーと同一神。Juno ↓写

**べら【▽倍▽良・▽遍羅】** ベラ科の魚の総称。全長一〇〜二〇cm。体色は老幼・雌雄によって異なる。沿岸の磯や珊瑚礁にすむ。日本近海に約一〇〇種。世界の温帯から熱帯に分布。wrasse ↓図

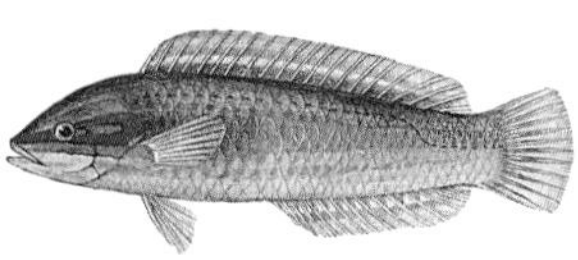

●ベラ　ヤナギベラ

**ヘラー【Joseph Heller】**(一九二三〜) アメリカの小説家・劇作家。小説『キャッチ22』など。

**ヘラート【Herāt】** アフガニスタン北西部の商業都市。同名州の州都。同国西部の経済・文化の中心地。羊毛・毛織物・絹などの集散地。人口一四万(一九七九)。

**へら-おおばこ【▼箆大葉子】** オオバコ科の多年草。高さ約六〇cm。帰化植物。根出葉はへら形で、毛が多い。夏、花茎に初めに頭状、のち円筒状に、白い花が多数咲く。

**へら-おもだか【▼箆面高】** オモダカ科の多年草。高さ約三〇〜六〇cm。池や水田にはえる。根より束生する葉は長柄でへら形。夏〜秋に、多数の枝に白色三弁の小花をつける。根茎は薬用。

**ペラグラ【pellagra】** ビタミンB群の一つであるニコチン酸類の欠乏による全身性疾患。手足の甲や顔の発赤・水ぶくれ・下痢・知覚異常・痴呆など、多彩な症状を現す。

**ベラクルス【Veracruz】** メキシコ南東部、メキシコ湾に臨む港湾都市。同国最大の貿易港。一五一九年の建設。スペインのメキシコ侵略基地。人口三〇・五万(一九八〇)。

**ヘラクレイトス【Herakleitos】**(BC五三五ごろ〜BC四七五ごろ) 古代ギリシアの哲学者。万物の根源を火とし、「万物流転(パンターレイ)」を説く。一切は対立物の闘争によって発展するが、その背後には一定の理法(ロゴス)があるとした。

●ヘラクレス　アテネ美術館。

**ヘラクレス【Hēraklēs ギリシア】** ギリシア神話の中で最大の英雄。ゼウスとアルクメネの子。女神ヘラに憎まれ迫害される。従弟エウリステウスの奴隷となり、一〇年の苦行の間、ライオン狩り・怪物退治など一二の難行を克服。のち妻の邪推から死に瀕するが、昇天して神々の仲間となった。ヘルクレス。ハーキュリーズ。Hercules ↓写

**へら-さぎ【▼箆▼鷺】** シラサギに似たトキ科の水鳥の総称。また、その一種。翼長約四〇cm。全身白色。嘴は扁平でへら状。シベリアなどで繁殖し、インドなどで越冬。↓写

**ベラザノナローズ-きょう【ベラザノナローズ橋】**(Verrazano Narrows Bridge) アメリカのニューヨーク湾を横断し、スタテン島にかかる二重床式吊り橋。長さ一・三km。一九六四年完成。

●ヘラジカ

**へら-じか【▼箆▼鹿】** シカ類の中で最大の種。体高一・五〜二m。雄はてのひら状の角をもつ。森林にすむが、川や湖沼の近くを好む。ユーラシア・北アメリカに分布。オオジカ。アメリカでムース。ヨーロッパでエルク。moose; elk ↓写

**へら-しぎ【▼箆▼鷸】** 嘴がへら状の小形のシギ。翼長約一〇cm。シベリア・アラスカで繁殖し、冬は南下。日本では旅鳥として各地の干潟や河口などにみられるが、数は少ない。

**へら・す【減らす】**(五他) 少なくする。減ずる。decrease 対義 増やす。用例 人員を—。

**ヘラス【Hellas ギリシア】** 古代ギリシア人がよんだ自らの国土の称。元来はテッサリアの一部族の居住地名。

**へらず-ぐち【減らず口】** 出まかせを言うこと。負け惜しみ。talk nonsense

**減らず口を叩く** 負け惜しみから、へ理屈を言ったり憎まれ口を利いたりする。talk provocatively

**ベラスケス【Diego Rodríguez de Silva y Velázquez】**(一五九九〜一六六〇) スペインのバロック美術を代表する画家。卓絶した写実性と気品ある画面で有名。色彩分割描法・空気遠近法を完成。印象派の先駆者の一人。作品『ブレダの開

●ヘラサギ　ベニヘラサギ

●ベラスケス『マルガリータ王女』。一六五五年ごろ、ルーブル美術館(フランス)。

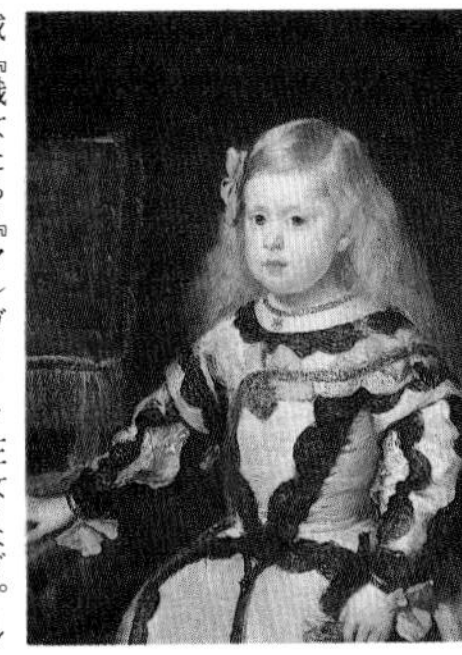

城』『織女たち』『マルガリータ王女』など。↓写

**ペラッツ**【Max Ferdinand Perutz】(一九一四～) イギリスの生化学者。X線回折によりヘモグロビンの全構造をほぼ解明。一九六二年ノーベル化学賞受賞。

**ベラドンナ**【belladonna】 ナス科の多年草。高さ約一m。葉は卵形。暗褐色の花が葉腋に咲き、黒色の果実をつける。全草にアトロピンが含まれ猛毒。葉は鎮痛剤。

**ベラドンナ-リリー**【belladonna lily】↓なつずいせん(夏水仙)

**べらなり** 古語(助動 ナリ型)《助動詞「べし」の語幹「べ」に接尾語「ら」が付き、これに「にあり」が付いた「べらにあり」の約》推量する意を表す。…のようだ。用例はてはものうくなりぬ―(古今・春下)。参考主として平安初期の和歌に用いられた。

**へら-の-き**【▼箆の木】 近畿以西にはえるシナノキ科の落葉高木。葉はゆがんだ卵形。初夏、淡黄色の小花が多数下垂する。花序にある包葉の形がへらに似ている。

**ベラフォンテ**【Harry Belafonte】(一九二七～) アメリカの黒人歌手・映画俳優。強烈な個性と人間味で民謡を歌う。『バナナ-ボート』は出世作。

**へら-ぶな**【▽平・▼鮒】 ゲンゴロウブナを人工養殖したもの。体が平たいフナで、放流用・釣り堀用。

**へら-へら**(副・サ変自) ①しまりなく笑うさま。えへらえへら。laugh foolishly 用例―笑う。②人にへつらうさま。flatter 用例上役に―する。

**べら-べら**(副) よくしゃべるさま。ぺらぺら。『talkative

**ぺら-ぺら**(名・形動) ①自由に外国語を話すこと・さま。fluent 用例フランス語は―だ。②よくしゃべること・さま。べらべら。talkative ③紙や布の薄く安っぽいこと・さま。thin 用例―の洋服。

**べら-ぼう**《「箆棒」とも当てる》㊀(名) 人をののしっていう語。ばか者。たわけ者。fool ㊁(形動) ばかばかしいさま。でたらめなさま。ridiculous; nonsense 用例―に高価な品物。参考江戸時代、見世物で評判をとったという、全身まっ黒で頭がとがり、目は赤く丸く、あごが猿に似る奇人の名、便乱坊、あるいは可坊からか。

**べらぼう-め**【べらぼう▽奴】(感)《俗語》人をののしっていう語。ばか者。たわけ者。べらんめえ。

**ベラミ**【Bel-Ami】 モーパッサンの小説。一八八五年発表。美貌の青年が三人の女性を踏み台にして立身出世する物語。

**ベラミー**【Edward Bellamy】(一八五〇～一八九八) アメリカの小説家。ユートピア小説『かえりみて』で知られる。

**ペラルゴニウム**【pelargonium】 フウロソウ科の多年生温室草花。四～六月に、アザレアのような大輪の花が咲く。花色は、赤・桃・白など豊富。ナツザキテンジクアオイ。

**ペラルゴニジン**【pelargonidin】 植物色素アントシアニンのアグリコン。橙赤色。ボタン・バラ・アサガオなどの花に含まれる。

**ペラン**【Jean-Baptiste Perrin】(一八七〇～一九四二) フランスの物理化学者。ブラウン運動などからアボガドロ数の測定を行う。一九二六年ノーベル物理学賞受賞。

**ベランジェ**【Pierre-Jean de Béranger】(一七八〇～一八五七) フランスのシャンソン作詞家。詩『老兵』『おばあさん』など。

**ベランダ**【veranda】 屋根付きのバルコニー。日本では二階以上に取り付けたものをいい、一階のものはテラスという。

**べらん-めえ**《俗語。「べらぼうめ」の転》㊀(感) 江戸っ子が人をののしっていう語。ばか者。たわけ者。㊁(名) 江戸っ子。

**べらんめえ-くちょう**【べらんめえ口調】 江戸っ子がまくしたてるまき舌の話しぶり。べらんめえことば。

**へり**【▽縁】 ①ふち。はし。edge ②畳の両端の『布。border

**ヘリ** 「ヘリコプター」の略。用例―ポート。

**べり**【▽縁】(接尾) 川のほとりの意。用例玉川―。

**ペリー**【Matthew Calbraith Perry】(一七九四～一八五八) アメリカの海軍軍人。東インド艦隊司令官兼遣日特派大使として嘉永六年(一八五三)浦賀に来航。翌年江戸湾に再来、日米和親条約を締結し下田・箱館を開港させた。↓写

●ペリー

**ベリーズ**【Belize】 中央アメリカ、ユカタン半島南部、カリブ海に臨む国。首都ベルモパン。一九八一年イギリスから独立。森林地帯が広く、マホガニーなどを産出。近年は砂糖生産と果樹栽培もさかん。面積二・三万km²。人口一七万(一九八六)。旧称イギリス領ホンジュラス。

**ベリィストレム**【Sune Bergström】(一九一六～) スウェーデンの生理学者。一群の生理活性物質のうちプロスタグランジンEおよびFの分子構造を決定。これらが全身の細胞でつくられることを究明した。一九八二年ノーベル生理学医学賞受賞。

**ベリーニ**【Vincenzo Bellini】(一八〇一～一八三五) イタリアの作曲家。一九世紀イタリアの代表的オペラ作曲家の一人。ベルカントの伝統に根ざす洗練された叙情的な作風。オペラ『夢遊病の女』『ノルマ』など。ベルリーニ。

**ベリーニ-け**【ベリーニ家】(Bellini) イタリアの画家一族。ベネチア派の祖。①ヤコポJacopo(一四〇〇ごろ～一四七〇ごろ)色彩を主とするベネチアールネサンスの基を築く。作品『聖母子』など。②ジェンティーレGentile(一四二九～一五〇七)ヤコポの子。ベネチア風物を絵画的・色彩的に描く。作品『サンマルコ広場の行列』など。③ジョバンニGiovanni(一四三〇ごろ～一五一六)ジェンティーレの弟。その色彩美、宗教性と人間性は、一六世紀ベネチア様式の根底。作品『ロレダーノの像』など。

**ベリー-ロール**【belly roll】 走り高跳びの跳び方の一つ。踏み切り後、腹をバーに向け、からだでバーを巻くようにして越える。

**ヘリウム**【helium】 希ガス元素の一つ。元素記号He 原子番号二。原子量四・〇〇。不活性で他の元素と化合しない。沸点零下二六八・九℃で、極低温実験の冷却剤。気球用ガス。

**ヘリウム-じきれいとう**【ヘリウム磁気冷凍】 ヘリウムの核磁気を断熱的に消磁して極低温を得る方法。あらかじめ拡散法などで冷却しておくと、$10^{-5}$Kまで冷却できる。

**ヘリウム-ねんしょうはんのう**【ヘリウム燃焼反応】 大質量の赤色巨星の最終段階でおこる核反応。恒星の中心部のヘリウムの原子核三個が融合して炭素の核を、四個のヘリウム核が一個の酸素の核をつくる反応。helium burning process

**ベリオ**【Luciano Berio】(一九二五～) イタリアの作曲家。イタリア前衛音楽の中心的存在。ミラノに電子音楽スタジオを設立。作品『セクエンツァ』『シンフォニア』など。

**ペリオ**【Paul Pelliot】(一八七八～一九四五) フランスの東洋学者。コレージュ-ド-フランス教授。中央アジアの遺跡を調査し、アジア史に業績。著書『敦煌千仏洞』など。

**ヘリオス**【Hēlios】 ギリシア神話の太陽神。ヒュペリオンの子。朝は四頭の白馬がひく黄金の馬車で東から西へめぐる。夜は地下の水路を渡る船に乗って西から東に戻る。

**ヘリオスコープ**【helioscope】 太陽観測用の望遠鏡。

**ヘリオスタット**【heliostat】 平面鏡を用いて太陽の光を一定の方向へ導く装置。

**ヘリオドール**【heliodor】 宝石の一種。南アフリカ原産の金色の緑柱石。

**ヘリオトロープ**【heliotrope】 ①ムラサキ科の小低木。葉は長楕円形。夏から秋に芳香性の青紫色の花を開く。観賞用・香水原料。ペルー原産で、温室栽培される。キダチルリソウ。コウスイソウ。②①の花からとった香料・香水。③↓けっせき(血石) ↓写

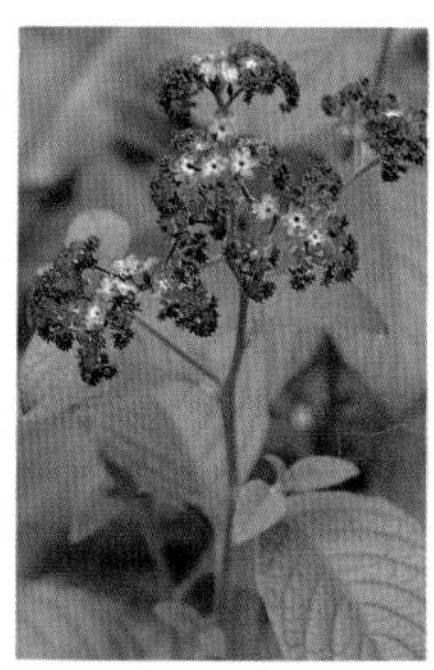

●ヘリオトロープ①

**ヘリオドロス**【Hēliodōros】 三世紀ごろのギリシアの作家。フェニキア人。作品『テアゲネスとカリクレイア』はエチオピア王女の恋物語。

**ヘリオプシス**【heliopsis】 キク科の多年草。高さ約一m。葉は対生で卵形。夏から秋に、キクイモに似た黄花をつける。北アメリカ原産。

**ヘリオポリス**【Heliopolis ギリシア】 ①エジプトの古都市アウヌのギリシア名。メンフィスに近く、太陽神ラー信仰の中心地。②シリアの古都バールベクのギリシア名。ローマの植民市として繁栄。

**ベリ-カード**《verification card の略》放送局で発行する受信確認カード。コールサインなどをデザインしたもので、放送の領域外の受信者で、放送状態などを放送局に通知した者に送られる。

**へり-かめむし**【▽縁・▼亀虫】 ヘリカメムシ科の昆虫の総称。体長〇・八～二・三cm。植物の汁を吸う。悪臭を発するものが多い。本州中部以北に分布。squash bug

**ヘリカル**【herical】 核融合エネルギーを実現するための超高温プラズマを磁場に閉じ込める装置。外側にコイルをらせん状に巻いたドーナツ型容器で磁場を発生させる。参照トカマク。

**ペリカン**【pelican】 ペリカン科の大形水鳥の総称。翼長六五～七〇cm。大きな嘴がある。嘴の下側には皮膚でできた大きな袋があり、捕らえた魚をたくわえる。世界の温・熱帯に八種が分布。ガランチョウ。↓写

**へり-くだ・る**【▽謙る・▼遜る】(五自) 相手を敬って自分を卑下する。けんそんする。humble oneself

**へ-りくつ**【▼屁理屈】 道理に合わない、勝手な理屈。quibble 用例―を並べる。

**ペリクレス**【Periklēs】(BC四九五ごろ～BC四二九) 古代ギリシア、アテネの政治家。アレオパゴス会議を改革するなど国政の民主化に尽力。パルテノン神殿の造営など文化面でも貢献し、ペリクレス時代を築いた。

**ヘリコプター**【helicopter】 機体の上につけた回転翼をエンジンで回して揚力を得、その回転面の操作で推進する航空機。垂直上昇・下降、前後進・側進、空中停止が可能。ヘリ。↓写

**ヘリコプリオン**【helicoprion ラテン】 ヨーロッパ・アジア・インド・北米の二畳紀の地層から産出する特異な形態の化石歯をもつサメ。顎骨の縫合部と思われる歯は渦巻き状に並ぶ。

**ベリサリオス**【Belisarios】(五〇五ごろ～五六五) ビザンチン帝国の将軍。ユスティニアヌス一世に仕え、小アジアでペルシア軍の侵攻を撃退。アフリカ・イタリアへ遠征、帝国領拡大に貢献。

**ペリシテ-びと**【ペリシテ人】 紀元前一三世紀ごろ、エーゲ海より東地中海沿岸に侵入した民族。地名パレスチナは、この民族の居住地の意。Philistines

**ベリジャー**【veliger】 軟体動物の腹足類と斧足類にみられる幼生の一時期。トロコフォラ時代に続いて現れ、貝殻をもち、繊毛で泳ぐ。被面子。

**ペリスコープ**【periscope】↓せんぼうきょう(潜望鏡)

**ベリズモ**【verismo イタリア】《真実主義、の意》一九世紀末イタリアにおこった文学運動。客観描写を重んじ没我の視点から人生の真実を描き出そうとした。南イタリア、とくにシチリア島出身の作家たちが、地方の貧しい民衆の生活を描いた。ベルガが代表的な存在。

●ペリカン モモイロペリカン

**ベリセリウス**【Jöns Jacob Berzelius】

●ヘリコプター　ベル二〇六

アエロスパシアルSA三四一ガゼル

川崎バートルKV-一〇七

（一七七九〜一八四八）スウェーデンの化学者。ドルトンの原子説をもとに原子価の考えを確立。また、さまざまの元素について原子量を精密に測定した。現在使われている元素記号の創案者。

**ヘリック**［Robert Herrick］（一五九一〜一六七四）イギリスの詩人・牧師。ラテン詩風の典雅な短詩にすぐれる。詩集『ヘスペリディーズ』。

**ベリッシモ**［Érico Lopes Veríssimo］（一九〇五〜一九七五）ブラジルの小説家。作品『クラリッサ』、三部作『時と風』など。

**ペリドット**［peridot］橄欖石のうち、宝石として用いられるもの。美しい暗緑色。八月の誕生石。↓誕生石写

**へり-とり**［縁取(り)］衣服や畳などに、へりを付けること。付けたもの。hem; border

**ペリパトス-がくは**［ペリパトス学派］アリストテレスの創設した学派。学園リュケイオンの歩廊(＝ペリパトス)で教えたことに由来する呼称。逍遥学派。Peripateticism

**ヘリポート**［heliport］ヘリコプター発着用の飛行場。屋上など狭い場所でも設置できる。

**ベリヤ**［Lavrenty Pavlovich Beriya］（一八九九〜一九五三）ソ連の政治家。一九一七年共産党入党以来、治安関係を担当。大粛清を指揮。四六年副首相。スターリンの死後、政府転覆容疑で処刑。

**ベリリウム**［beryllium］アルカリ土類金属の一つ。元素記号Be 原子番号四。原子量九・〇一。銀白色の金属。室温でもろいが高温では展性・延性にすぐれる。原子炉の中性子の減速材・反射体などとして利用。

**ベリリウム-どう**［ベリリウム銅］ベリリウム一〜二・五％を含む時効硬化性の銅合金。耐摩耗性・強度・ばね特性にすぐれる。beryllium copper

**ベリンスキー**［Vissarion Grigoryevich Belinsky］（一八一一〜一八四八）ロシアの文芸評論家。批判的リアリズムの立場を確立し、のちのリアリズム文学の理論的支柱となる。作品『文学的空想』『ゴーゴリ論』『プーシキンの著作』など。

**ヘリンボーン**［herringbone］《ニシン(ヘリング)の骨(ボーン)を並べた形に似ているため》ニシンの骨に似たもよう。また、その織物。杉の葉に似ているので杉綾織りとも。

**へ・る**［減る］（五自）①数量が少なくなる。decrease 対義 増える。用例 人口が―。②すれて小さくなる。worn-out 用例 靴のかかとが―。③空腹になる。feel hungry 用例 腹が―。④《打ち消しをともなって》ひるむ。用例 口の―・らないやつだ。

**へ・る**［経る］（下一自）《語幹と語尾に分けられない》①時がたつ。pass ②その場所を通って行く。pass through ③経験する。終わる。experience

**ベル**《Mohārの転》毛織物の一種。縦糸に粗い梳毛糸、横糸に紡毛糸を使って斜文織りにしたもの。

**ベル**［bell］①鈴。呼びりん。鐘。②異なる音程の鐘を吊るして演奏する打楽器。カリヨン。③電磁石を利用して、鐘を鳴らす装置。電鈴。

**ベル**［Alexander Graham Bell］（一八四七〜一九二二）アメリカの発明家。イギリス生まれ。聾唖者教育のかたわら、一八七六年有線電話を発明。のち、ベル電話会社(現AT&T)・ボルタ研究所を設立。一八八三年、科学雑誌『サイエンス』創刊。

**ベル**［Charles Bell］（一七七四〜一八四二）イギリスの医学者。脊髄神経の前根は運動を、後根は知覚を伝えるというベルの法則を発見。神経系の生理学の基礎を築いた。

**ベル**［Heinrich Böll］（一九一七〜一九八五）西ドイツの小説家。第二次大戦後の精神状況の空虚さを浮き彫りにする。一九七二年ノーベル文学賞受賞。作品『汽車は遅れなかった』『九時半の玉突き』『道化師の意見』など。

**ベルイマン**［Hjalmar Bergman］（一八八三〜一九三一）スウェーデンの小説家。奔放な着想が特徴。作品『ワードチョーピングのマルクレル家』など。

**ベルイマン**［Ingmar Bergman］（一九一八〜　）スウェーデンの映画監督。人間の罪悪や業を描く。作品『不良少女モニカ』『第七の封印』『処女の泉』『沈黙』『ペルソナ』など。

**ペルー**［Peru・秘露］（Republic of Peru）南アメリカ北西部、太平洋に臨む共和国。首都リマ。一八二四年スペインから独立。かつてはクスコを中心にインカ帝国が栄えた故地。西部はアンデス山脈中の高原が多く、東部はアマゾン低地。鉱・農・漁業が中心で輸出がさかん。面積一二八・五万km²。人口二〇二一万（一九八六）。正称ペルー共和国。

**ヘルウェーク**［Georg Herwegh］（一八一七〜一八七五）ドイツの詩人。作品『生きる者の詩』など。

**ペルー-かいりゅう**［ペルー海流］南アメリカ西岸を北上し、赤道付近に達する寒流。アンチョビー(いわしの一種)の漁獲が多い。フンボルト海流。Peru Current

**ペルージャ**［Perugia］イタリア中部、ウンブリア州の州都。紀元前エルトリア人が建設した古都で、ゴシック様式の聖堂など中世の建造物が多い。人口一四・六万（一九八五）。

**ベルーハ-さん**［ベルーハ山］（Gora Belukha）ソ連南部、アルタイ山脈の最高峰。頂上は標高四五〇六mと四四四〇mの二峰に分かれる。

**ベル-エポック**［belle époqueフランス］《良い時代の意》一八九〇年代から第一次大戦までの時代。この時期パリを中心に、新しい文化的・芸術的潮流が形成された。

**ペルオキシダーゼ**［peroxidase］過酸化水素を水素受容体として、種々の物質の酸化反応を触媒する酵素の総称。一般に植物界に広く分布し、セイヨウワサビ中のものがもっとも知られている。過酸化酵素。

**ペルオキソ-さん**［ペルオキソ酸］酸素酸のうち、酸素原子をペルオキシ基-O—O-で置換した酸。ペルオキソ二硫酸$H_2S_2O_8$など。peroxoacid

**ペルオキソ-りゅうさん**［ペルオキソ硫酸］ポリ硫酸の硫黄に配位した酸素分子の一部を-O—O-で置換した構造の化合物。ペルオキソ一硫酸$H_2SO_5$とペルオキソ二硫酸$H_2S_2O_8$がふつう。強い酸化剤。後者は過硫酸ともよばれる。peroxosulfuric acid

**ベルガ**［Giovanni Verga］（一八四〇〜一九二二）イタリアの小説家。シチリア島の民衆生活を描いて、「ベリズモ(真実主義)」文学の祖となった。長編『マラボリア家の人々』、戯曲『カバレリーアールスティカーナ』など。

**ベルガー**［Hans Berger］（一八七三〜一九四一）ドイツの医学者。現在広く研究されている脳波学の創始者。ヒトの脳の活動電流をはじめて記録することに成功した。

**ベルガマスク**［bergamasqueフランス］一六〜一七世紀に北イタリアのベルガモ地方で踊られた素朴な踊り。四分の二拍子で、二人一組の輪舞。

**ベルガモ**［Bergamo］イタリア北部、アルプス山脈南麓の工業都市。同地方の交通の要地。鉄鋼・アルミ・織物工業が発達。人口一二・九万（一九八五）。

**ベルガモット**［bergamot］①ミカン科の常緑高木。ダイダイとレモンまたはライムとの雑種とみられる。果実は小形で扁円形。果皮はあらくレモン色。少し苦い。ベルガモット油を含む。イタリアで栽培。②ハーブの一種。タイマツバナの葉や花弁を乾燥したもの。①に似た香りがある。

**ペルガモン**［Pergamon］小アジア西北部の古代都市。現在のベルガマ。前三〜前二世紀にアッタロス王国の首都として繁栄。ヘレニズム文化の中心地の一つとなった。図書館、すぐれた浮き彫りのある大理石製のゼウスの祭壇などは有名。

**ベル-カント**［bel cantoイタリア］《よい歌唱、の意》一八世紀イタリアで成立した声楽の唱法。声の美しさや技巧を強調する。

**ベルギー**［Belgium・白耳義］（Kingdom of Belgium）西ヨーロッパ北西部、北海に臨む王国。首都ブリュッセル。ベネルクス三国の一つ。国土の半分以下は低地で、農耕地が広い。重化学工業国で、鉄鋼・機械・石油化学工業がさかん。面積三・一万km²。人口九九一万（一九八六）。正称ベルギー王国。

**ベルギウス**［Friedrich Bergius］（一八八四〜一九四九）ドイツの化学者。石炭の液化、木材の糖化法を研究。一九三一年ノーベル化学賞受賞。

**ベルク**［Alban Berg］（一八八五〜一九三五）オーストリアの作曲家。新ウィーン楽派の一人。十二音音楽の技法を用い、その代表的存在となった。オペラ『ウォツェック』『ルル』、弦楽四重奏のための『叙情組曲』など。

**ベルクソン**［Henri Bergson］（一八五九〜一九四一）フランスの哲学者。生の哲学・直観主義の代表的思想家。カントの観念論に対し、直観や本能によって認識される純粋持続としての実在論を構築。一九二七年ノーベル文学賞受賞。著書『意識の直接与件に関する試論』『創造的進化』など。

**ベルグラード**［Belgrade］ベオグラードの『別称。

**ヘルクレス-ざ**［ヘルクレス座］北天の星座。夏の天の川の西にあって、大きなH字形の星座として有名。ギリシア神話の英雄ヘラクレスにちなむ名。八月五日ごろの午後八時ごろに南中。面積一二二五平方度。Hercules

**ベルゲラン**［Wergeland］↓ウェルゲラン

**ベルゲン**［Bergen］ノルウェー南西岸にある、貿易・漁業・工業・学術・観光の中心都市。人口二〇・八万（一九八六）。

**ベルゲングリューン**［Werner Bergengruen］（一八九二〜一九六四）ドイツの小説家。長編『大暴君と審判』、短編『三羽の鷹』など。

**ベルコール**［Vercors］（一九〇二〜　）フランスの小説家・版画家。レジスタンス文学を代表する。小説『海の沈黙』『人獣裁判』など。

**ヘルゴラント-とう**［ヘルゴラント島］（Helgoland）西ドイツ北部、北海にある北フリージア諸島の島。面積一km²。夏には海水浴客が多い。

**ペルゴレージ**［Giovanni Battista Pergolesi］（一七一〇〜一七三六）イタリアの作曲家。幕間劇『奥様女中』はオペラ-ブッファの成立に影響を与え、フランスではブフォン論争のきっかけともなった。

**ベルサイユ**［Versailles］フランス中北部、パリ南西、イブリーヌ県都。ルイ一四世が築いたベルサイユ宮殿と庭園は有名。一九一九年ベルサイユ条約締結の地。人口九・二万（一九八九）。

**ベルサイユ-がくは**［ベルサイユ楽派］一七世紀後半〜一八世紀半ば、ベルサイユ宮殿を中心として活躍した宮廷音楽家の総称。華麗さと簡明で表現的な様式が特徴。代表的作曲家にリュリ・クープラン・ラモーなど。

●ベルサイユ宮殿　庭園側の正面。

**ベルサイユ-きゅうでん**［ベルサイユ宮殿］（château de Versaillesフランス）フランスのベ

●ペルシア美術

アパダーナ(謁見の間)の壁面『槍を持った衛兵』。前五世紀、ペルセポリス(イラン)。

『帝王狩猟図盤』。四～六世紀、ギラーン(イラン)出土、中近東文化センター(東京都)。

ササン朝時代の連珠円文錦。ビクトリア-アンド-アルバート美術館(イギリス)。

『円形切子装飾瑠璃碗』。前六世紀、ギラーン出土。

『銀製のリュトン』。前五世紀、大英博物館。

ルサイユにあるルイ王朝の宮殿。一六二六年、ルイ一三世の離宮にはじまり、ルイ一四世の時代に大宮殿となった。バロックおよびロココ美術の粋がつくされている。鏡の間と大庭園は有名。↓写

**ベルサイユ-じょうやく【ベルサイユ条約】**(Treaty of Versailles) 第一次大戦の戦後処理のため、連合国と敗戦国ドイツとの間に結ばれた講和条約。一九一九年パリ近郊のベルサイユ宮殿で調印。国際連盟の設立、ドイツの領土、賠償問題や軍備制限などを規定。

**ペルシア【Persia・波斯】** イランの旧称。オリエントを統合したアケメネス朝やササン朝などの繁栄時代を経て、一九三五年パハレビー朝によってイランと改称。

**ペルシア-ご【ペルシア語】** インド-ヨーロッパ語族インド-イラン語派に属する言語。イラン・アフガニスタンの一部などで用いる。アラビア語の影響が大きく、アラビア文字を使用。Persian

**ペルシア-じゅうたん【ペルシア▼絨▼毯】** ↓ペルシアだんつう(ペルシア緞通)

**ペルシア-せんそう【ペルシア戦争】** 紀元前五世紀前半、ギリシア諸都市とペルシアの間に起きた四次にわたる戦争。ペルシアはギリシア本土に侵入するなど優位を保ったが、前四九〇年マラトン、前四八〇年サラミス海戦、翌年プラタイアイなどで敗北し、遠征に失敗。前四四九年カリアスの和約で終結した。Greek-Persian Wars

**ペルシア-だんつう【ペルシア▼緞通】** イランとその周辺で作られている敷物用織物。縦糸・横糸には綿糸を主に、立毛には絹や羊毛を使い、独特の模様と色彩で世界的に知られる。ペルシア絨緞。Persian carpet

**ペルシア-ていこく【ペルシア帝国】** アケメネス朝によるイランの古帝国。紀元前五五九年キュロス二世が建国。メディア・リディア・新バビロニア・エジプトを征服してオリエントを統一した。ダレイオス一世はインダス川流域から地中海岸までを支配し、最盛期を迎えた。ペルセポリスを都とし、全域に州をおいてサトラップ(＝総督)制を施行。ゾロアスター教を信奉。前五世紀ギリシアとの戦争(ペルシア戦争)に敗退。前三三〇年ダレイオス三世が、アレクサンドロス大王に敗れ滅亡した。Persian Empire

**ペルシア-ねこ【ペルシア猫】** ネコの一品種。体は中形から大形で毛は長い。毛色は白・黒・ブルー・赤茶・クリームなど。Persian cat ↓ネコ写

**ペルシア-びじゅつ【ペルシア美術】** ペルシア帝国からササン朝にいたるイラン民族の美術。前六世紀にアケメネス朝が成立すると、古代オリエント美術を総合した壮麗な宮廷美術が発達。パルチア王国時代を経てササン朝になると、ローマ美術もとり入れたオリエント独特の混合美術が発展した。Persian art ↓写

**ペルシア-わん【ペルシア湾】**(Persian Gulf) インド洋北西部アラビア海北西端の支湾。海底油田が有名。アラビア湾。

**ヘルシー【healthy】**(形動) 健康なさま。健全なさま。健康的。健康によい。用例 ―講座。

**ペルジーノ【Perugino】**(一四五〇ごろ～一五二三) イタリアの画家。ウンブリア派。調和のとれた画面構成と厳粛ななかにも情趣あふれる作風。ラファエロの師。作品『磔刑図』など。

**ペルシウス【Aulus Persius Flaccus】**(三四～六二) ローマの詩人。神や魂の観念を嘲笑し、人間の英知と徳を説く。六編の風刺詩が現存。

**ベルジャーエフ【Nikolay Aleksandrovich Berdyayev】**(一八七四～一九四八) ロシアの神秘主義哲学者。キリスト教的神秘主義に根ざした独自の実存主義や歴史哲学を説いた。革命後追放され、パリに亡命。

**ペルシュロン-しゅ【ペルシュロン種】** ウマの一品種。フランス、ペルシュ地方の在来馬をアラブ種で改良したもの。日本の農用馬の改良に使われた。現在は食用に輸入。Percheron ↓馬写

**ヘルシンキ【Helsinki】** フィンランドの首都。フィンランド湾に臨む商工業都市。政治・経済・文化の中心地。人口四八・六万(一九八五)。

**ヘルス-センター**《和製語》レクリエーションや入浴・休息などのための施設が整備されている娯楽場。最近では、総合レジャーセンター化されているものも多い。health club

**ペルセウス【Perseus ギリシア】** ギリシア神話の英雄。ゼウスとダナエの子。怪物メドゥーサの首をとり、帰途アンドロメダを海の怪物から救って結婚。アルゴスにおもむいて王となる。Perseus

**ペルセウス-ざ【ペルセウス座】** 北天の星座。冬の北天の天の川の中にある。変光星アルゴルはβ星。一月六日ごろの午後八時ごろに南中。面積六一五平方度。Perseus

**ペルセフォネ【Persephonē ギリシア】** ギリシア神話のデメテル女神の娘。ハデスにさらわれ冥府の后となる。母の頼みで毎年、半年は冥府に、半年は母のもとへ帰ることになった。一般にコレ(少女)ともよばれる。

**ペルセポリス【Persepolis】** ペルシア帝国の古都。ダリウス一世によりアケメネス朝の首都として造営。大王宮が築造されたが、紀元前三三〇年アレクサンドロス大王により破壊。遺跡はイラン南部シラズ北東六〇㎞にあり、ダリウス一世やクセルクセスの造営による諸宮殿の遺構を残している。↓写

**ペルソー【Jean François Persoz】**(一八〇五～六八) フランスの生化学者。麦芽からジアスターゼを分離することに成功。酵素化学の基礎を築いた。

**ペルソナ【persona ラテン】**《俳優のつける「面」の意から、役柄・登場人物など》①人。人格。②美術で、人体像。③キリスト教神学用語で、父・子・聖霊のそれぞれが持つ、他とは区別された固有性、存在様式。位格。person

**ペルソナ-ノン-グラータ【persona non grata ラテン】**《好ましくない人、受け入れ難い者、の意》外交官に対する受け入れ国の人物評価の一つ。派遣国は、これに該当するという通告をうけた外交官を召還するか罷免しなければならない。

**ヘルソン【Kherson】** ソ連南西部、ウクライナ共和国南部の港湾都市。ドニエプル川上流右岸に位置。造船・機械・食品工業などがさかん。人口三五・二万(一九八六)。

**ヘルダー【Johann Gottfried von Herder】**(一七四四～一八〇三) ドイツの批評家・思想家。シュトゥルム-ウント-ドラング運動の理論的指導者。人間の全体性の回復と歴史意識の自覚をうながした。著書『ドイツ文学断想』『言語起源論』『人類の哲学の歴史』、民謡集『諸民族の声』など。

**ヘルダーリン【Friedrich Hölderlin】**(一七七〇～一八四三) ドイツの詩人。古代ギリシアへの憧憬をうたった格調高い形而上詩人。詩『デイオティーマ』『平和の祝い』、書簡体小説『ヒュペーリオン』など。

**ベルダン【Verdun】** フランス北東部、ムーズ川に臨む小都市。第一次大戦の激戦地。人口二・二万(一九八二)。

**ヘルツ【hertz】**《ドイツの物理学者ハインリッヒ＝ヘルツにちなむ》振動数(周波数)の単位。サイクル毎秒に同じ。一ヘルツは、一秒間に一振動するときの振動数。記号Hz

**ヘルツ【Gustav Ludwig Hertz】**(一八八七～一九七五) ドイツの物理学者。ハインリッヒ＝ヘルツの甥。「フランク-ヘルツの実験」によってボーアの量子論的原子構造理論に基礎を与えた。一九二五年、フランクとともにノーベル物理学賞受賞。

**ヘルツ【Heinrich Rudolph Hertz】**(一八五七～九四) ドイツの物理学者。電磁波の存在を実証した

●ペルセポリス

「ヘルツの実験」で知られ、マックスウェルの理論に実験的基礎を与えた。振動数の単位であるヘルツは彼の名にちなむ。

**ベルツ**[Erwin von Bälz](一八四九〜一九一三) ドイツの医学者(内科学)。明治九年(一八七六)来日。東大教授として、日本へのドイツ医学の導入に貢献。

**ペルツ**[Max Ferdinand Perutz](一九一四〜) イギリスの化学者。ケンドルーとともに、X(エックス)線解析によりヘモグロビンなど球状たんぱく質の分子構造を解明。一九六二年ノーベル化学賞受賞。

**ヘルツェゴビナ**[Hercegovina] ユーゴスラビア南西部の地方。山脈や高原にはさまれた盆地の地域。

**ヘルツシュプルング-ラッセル-ず**[ヘルツシュプルング-ラッセル図] 恒星の光度と温度との相関図。縦軸に星の絶対等級、横軸にスペクトル型(温度)をとり、恒星の分類、内部構造や進化の研究に用いる。H-R図。Hertzsprung-Russel diagram

**ベルツ-すい**[ベルツ水]《ドイツの医学者ベルツがつくったことから》水酸化カリウム・グリセリン・アルコール・水などの混合薬液。化粧水、皮膚の荒れ止め、凍瘡(とうそう)初期の塗布薬などとして使用。Bälz lotion

**ヘルツバーグ**[Gerhard Herzberg](一九〇四〜) カナダの化学者。ハンブルク生まれ。分子の電子的構造の測定と解明、とくに遊離基の構造解明に貢献。一九七一年ノーベル化学賞受賞。

**ベルデ**[van de Velde] →バンデベルデ

**ヘルティ**[Ludwig Heinrich Christoph Hölty](一七四八〜一七七六) ドイツの詩人。自然や愛を歌ったオードに秀作が多い。

**ベルディ**[Giuseppe Verdi](一八一三〜一九〇一) イタリアのオペラ史上最大の作曲家。力強い音楽を生かしつつドラマ性を盛りこんだオペラを多数作曲。作品『リゴレット』『椿姫(つばきひめ)』『アイーダ』『オテロ』など。

**ペルティエ-こうか**[ペルティエ効果] 一定温度の二種類の導体の接合部に電流を流すと、その部分にジュール熱以外の熱の発生または吸収が起こる現象。Peltier effect

**ベルテッド-スーツ**[belted suit] ベルト付きスーツの総称。ウエストを一周するベルトに限らず、バックベルトの場合にもいう。

**ベルデ-みさき**[ベルデ岬](Cape Vert) アフリカ大陸最西端、セネガルにある岬。南の入り江にはアフリカ有数の良港ダカールがある。ベール岬。

**ベルト**[belt] ①滑車に巻きかけて、あるいは二個の車輪にかけて回転力を伝える帯状のもの。調(しら)べ帯。調べ革。②ズボン・洋服の腰の部分をしめたり、飾りとして付けたりする帯。バンド。③帯状の地域。↓[写]

**ベルト**[Giuseppe Berto](一九一四〜一九七八) イタリアの小説家。初めはネオレアリズモの作品を、晩年には精神分析を援用して心理主義の作品を書いた。代表作『空は赤い』『知られざる病』など。

**ヘルトウィヒ**[Oskar Hertwig](一八四九〜一九二二) ドイツの発生学者・細胞学者。卵核と精核の合体をウニ卵で発見。減数分裂の意義を見いだす。

**ベルト-ぐるま**[ベルト車] ベルト伝動に用いる車。belt pulley

**ベルト-コンベヤ**[belt conveyor] 幅の広いベルトを循環させ、その上に物をのせて連続輸送する装置。帯式運搬装置。

**ベルト-コンベヤシステム**[belt conveyor-system] ベルトコンベヤを用いた作業方式。また、その方式に似た流れ作業。

**ベルト-でんどう**[ベルト伝動] 軸を平行にした二つの円板または円柱状の車に、紐状(ひもじょう)または帯状の輪をかけわたすことで動力を伝達する方法。belt drive

**ベルトフ**[Dziga Vertov](一八九六〜一九五四) ソ連の記録映画監督。今日の「シネマベリテ」運動の先駆者。作品『これがロシアだ』『レーニンの三つの歌』など。

**ベルトラム**[Ernst Bertram](一八八四〜一九五七) ドイツの文学研究家・詩人。著書『ニーチェ』『ドイツ的形姿』など。

**ベルトラン**[Aloysius Bertrand](一八〇七〜一八四一) フランスの詩人。小ロマン派の一人。詩集『夜のガスパール』で散文詩を創始。

**ベルトルッチ**[Bernardo Bertolucci](一九四〇〜) イタリアの映画監督。作品『暗殺の森』『ラストタンゴ-イン-パリ』『ラスト-エンペラー』など。

**ペルトン-すいしゃ**[ペルトン水車] 衝動型水車。噴出孔から噴射する高速度の水を羽根車につけた水受けに衝突させ、その力で回転させる。Pelton turbine [比較] フランシス水車・プロペラ水車。

**ベルナール**[Claude Bernard](一八一三〜一八七八) フランスの生理学者。近代生理学の基礎を築く。グリコーゲンの発見、膵液(すいえき)の脂肪消化機能の発見などの業績がある。

● ベルト① 動力伝達ベルトの種類

平ベルト　Vベルト　タイミングベルト

**ベルナール**[Emile Bernard](一八六八〜一九四一) フランスの画家。近代絵画の確立に寄与。批評や詩もよくした。著書『セザンヌの回想』など。

**ベルナール**[Sarah Bernhardt](一八四四〜一九二三) フランスの悲劇女優。美声とすぐれた天分により世界的女優となる。主演作『椿姫(つばきひめ)』『トスカ』など。

**ベルナール**[Tristan Bernard](一八六六〜一九四七) フランスの劇作家。軽妙な喜劇で好評を博した。喜劇『コドマ氏』『小さなカフェ』など。

**ベルナノス**[Georges Bernanos](一八八八〜一九四八) フランスのカトリック小説家。聖なるものと悪魔との戦いを描き続けた。作品『悪魔の陽(ひ)の下に』『田舎司祭の日記』など。

**ベルナルダン-ド-サン-ピエール**[Jacques-Henri Bernardin de Saint-Pierre](一七三七〜一八一四) フランスの博物学者・小説家。恋愛小説『ポールとビルジニー』など。

**ペルナンブコ**[Pernambuco] ブラジル北東部の州。州都レシフェ。大西洋沿岸はサトウキビ生産地帯。人口六六二・二万(一九八四)。

**ヘルニア**[hernia] 体内の臓器が正常な位置から逸脱した状態をいう。腹壁のおさえの弱いところから脱する、鼠径(そけい)ヘルニア・大腿(だいたい)ヘルニアなどが多い。広くは椎間板(ついかんばん)ヘルニア・脳ヘルニアなども含まれる。

**ヘルニア-かんとん**[ヘルニア嵌頓] →かんとん(嵌頓)

**ベルニーニ**[Giovanni (Gian) Lorenzo Bernini](一五九八〜一六八〇) イタリアの彫刻家・建築家。盛期バロックの巨匠。流動的な空間構成、巧みな彫刻技術で流麗甘美な世界を表現。作品に『アポロンとダフネ』などがあり、サンピエトロ大聖堂正面柱廊を完成。↓バロック美術[写]

**ベルヌ**[Berne] →ベルン

**ベルヌ**[Jules Verne](一八二八〜一九〇五) フランスの小説家。新しい空想科学小説の分野を開拓・確立した。作品『十五少年漂流記』『海底二万里』『八十日間世界一周』など。

**ベルヌーイ-の-ていり**[ベルヌーイの定理] 流体の運動を規定する流速と圧力を、エネルギーの保存則として表したもの。一七三八年に、スイスのダニエル=ベルヌーイによって発見された。Bernoulli's theorem

**ベルヌ-じょうやく**[ベルヌ条約](Berne Convention for the Protection of Literary and Artistic Works) 一八八六年スイスのベルンで調印された、著作権保護に関する国際条約。ヨーロッパ諸国を中心に日本なども参加。

**ベルネ**[Ludwig Börne](一七八六〜一八三七) ドイツの批評家。自由主義をつらぬき、反動政治を批判した。著書『パリ便り』など。

**ヘルパー**[helper] ①仕事や家事を手伝う人。助手。②老人や病人の世話をする人。

**ベルハーベン**[Welhaven] →ウェルハーベン

**ベルハーレン**[Emile Verhaeren](一八五五〜一九一六) ベルギーの詩人。近代都市をうたった。詩集『黒いたいまつ』『触手ある都会』など。

**ヘルバルト**[Johann Friedrich Herbart](一七七六〜一八四一) ドイツの哲学者・教育学者。心理学や倫理学をとり入れた近代教育学を創唱。著書『一般教育学』など。

**ペルピニャン**[Perpignan] フランス南部、スペインとの国境に近い地中海側の都市。ピレネーゾリアンタール県の県都。ぶどう酒・農産物の取り引き中心地。人口一一・四万(一九八二)。

**ベルファスト**[Belfast] イギリス、北アイルランドの中心都市。同島北東海岸の港湾・工業都市。人口三二・四万(一九八一)。

**ヘルペス**[herpes] →ほうしん(疱疹)

**ベルベット**[velvet] →ビロード

**ベルベティーン**[velveteen] 綿ビロードの一種。毛足のそろった短いけばが全面をおおった綿織物。別珍(べっちん)。

**ベルベリン**[berberine] 苦味(くみ)剤の黄柏(おうばく)や黄蓮(おうれん)に含まれる黄色のアルカロイド。苦味健胃整腸剤として、また抗菌作用があるので腸内異常発酵・細菌性下痢にも用いられる。

**ベルベル-じん**[ベルベル人] 北アフリカに住み、ベルベル語を母語として使用する人々の総称。コーカソイドに属する。言語は三つの方言群に大別される。イスラム化しているが独自の文化・社会的特徴を維持。Berber

**ベルボーイ**[bellboy] ホテルなどで、客の送迎、客室への案内、荷物の運搬などのサービスをする男子従業員。

**ベル-ボトムズ**[bell bottoms] ズボンの裾型(すそがた)で、ひざから下にフレアを入れて釣り鐘状に仕立てたもの。セーラーパンツをいうこともある。↓[図]

**ベルホヤンスク**[Verkhoyansk] ソ連、東シベリア、ヤクート自治共和国、ヤナ川中流の河港都市。一八九二年に零下六七・八℃を記録。世界の最寒地の一つであり帝政時代に政治犯の流刑地としても有名。

**ヘルマフロディトス**[Hermaphroditos(ギリシア)] ギリシア神話の男女両性をもつ神。その名はヘルメスとアフロディテの合成語。アッティカ地方で信仰され、結婚式に重要な役割を果たす。

**ヘルマン**[Lillian Hellman](一九〇五〜一九八四) アメリカの女流劇作家。エゴイズムと社会の退廃を描く。戯曲『子供の時間』『ラインの監視』など。

**ベルマン**[Carl Michael Bellman](一七四〇〜一七九五) スウェーデンの詩人。即興詩は同国遊蕩(ゆうとう)文学の粋(すい)。作品『フレードマンのしゃれ文』など。

**ヘルマンとドロテーア**《原題Hermann und Dorothea(ドイツ)》ゲーテの叙事詩。一七九七年刊。フランス革命の避難民の娘ドロテーアと若者ヘルマンの物語。

**ペルミ**[Perm] ソ連、ウラル山脈中央西麓(せいろく)の工業都市。ボルガ川の支流カマ川の河港。人口一〇六・五万(一九八六)。旧称モロトフ。

**ペルム-き**[ペルム紀] →にじょうき(二畳紀)

**ヘルムス-はい**[ヘルムス杯] 世界の五大州からアマチュアスポーツの優秀選手または団体を選んで贈られるトロフィー。一九四八年、アメリカのカール=ヘルムスが設立したヘルムス財団が贈るもの。Hermus World Trophy

**ヘルメス**[Hermēs(ギリシア)] ギリシア神話の神。ゼウスとマイアの子で神々の使者。牧人・旅人・商人・盗人の守護神。また、死者の亡霊を冥府(めいふ)に導く神。ローマ神話のメルクリウス(英語ではマーキュリー)。

**ヘルメット**[helmet] ①鉄かぶと。②鉄かぶとに似た形の、頭部を保護するための帽子。オートバイ運転者、建設作業員など危険な作業に従事する人、またフットボール・アイスホッケー・野球・自転車競技など頭部の防護を必要とするスポーツの選手が用いる。③熱帯地方での暑さを防ぐための布張りの帽子。

**ベルモット**[vermouth(フランス)] ぶどう酒にニガヨモギを主とした多数の薬草・香料を加え、浸

● ベルボトムズ

出したリキュール。アルコール分一七〜一九%。

**ベルモパン**【Belmopan】中央アメリカ、ユカタン半島南部ベリーズの首都。ベリーズ川中流に位置する。人口四五〇〇(一九八五)。

**ヘルモント**【Jan Baptista van Helmont】(一五七七〜一六四四)オランダの医師。パラケルススの化学的医学の後継者。二酸化炭素の発見者。

**ベルモンド**【Jean-Paul Belmondo】(一九三三〜)フランスの映画俳優。主演作『勝手にしやがれ』『いぬ』『気狂いピエロ』など。→写

●ベルモンド 『勝手にしやがれ』。右はジーン＝セバーグ。

**ベルリーニ**【Bellini】→ベリーニ

**ベルリオーズ**【Hector Berlioz】(一八〇三〜六九)フランスの作曲家。フランス―ロマン派音楽の開拓者で代表者。標題や「固定楽想」によって内容を示す標題音楽の手法を確立。管弦楽を色彩豊かに用いた。『幻想交響曲』、序曲『ローマの謝肉祭』など。

**ベルリナー-アンサンブル**【Berliner Ensemble】東ベルリンにあるドイツの劇団。一九四九年ブレヒト夫妻を中心に創立。五四年以降シフバウアーダム劇場が本拠。叙事詩的演劇の理論を実践。

**ベルリン**【Berlin・伯林】ドイツ北東部、ハーフェル川とシュプレー川の合流地点にある都市。一九四五年までドイツの首都。その後は東西に分断され、西部は西ドイツに属し、人口一八五・二万(一九八四)。東部は東ドイツの首都で、人口一二〇・三万(一九八五)。

**ベルリン-あお**【ベルリン青】→こんじょう(紺青)②

**ベルリン-かいぎ**【ベルリン会議】一八七八年、ロシア―トルコ戦争の結果生じた、バルカン半島をめぐる列強の利害対立を調整するため開かれた国際会議。ビスマルクが主催。イギリス・オーストリア・ロシア・フランス・イタリア・トルコなどが参加。この結果、ロシアの南下政策は阻止された。Congress of Berlin

**ベルリン-こくりつかげきじょう**【ベルリン国立歌劇場】(Deutsche Staatsoper(ドイ))東ドイツの代表的歌劇場。規模・内容とも東欧随一。一七四二年設立。第二次大戦後一九五五年再建。

**ベルリン-こくりつびじゅつかん**【ベルリン国立美術館】(Staatliche Museen, Berlin(ドイ))西ベルリンにある美術館。通称ダーレム美術館を中心とする。一七五五年フリードリヒ大王開設の大画廊が端緒。一八三〇年カイザー―フリードリヒ美術館として開館したが、第二次大戦後一部は東ドイツに分離。古代エジプトの『王妃ネフェルティティ像』、レンブラント『黄金の兜の男』など。

**ベルリン-だいがく**【ベルリン大学】(Friedrich-Wilhelms-Universität zu Berlin(ドイ))フリードリヒ＝ウィルヘルム三世が一八〇九年創立したドイツの大学。東ベルリンにあり、第二次大戦後フンボルト大学と改称。

**ベルリン-の-かべ**【ベルリンの壁】東西ベルリンの境界線に設けられているコンクリートの壁。一九六一年東ドイツ政府が建造。Berlin Wall

**ベルリン-フィルハーモニー-かんげんがくだん**【ベルリン―フィルハーモニー管弦楽団】(Berliner Philharmonisches Orchester(ドイ))ドイツの世界第一級の交響楽団。一八八二年創立。フルトベングラーなどの大指揮者を常任とし黄金時代を築く。一九五六年以来カラヤンが終身芸術監督。

**ベルリン-ふうさ**【ベルリン封鎖】一九四八年六月、西ドイツだけの通貨改革に抗議して、ソ連がベルリンと西欧側との交通を遮断した事件。四九年五月に解除。Berlin blockade

**ベルレーヌ**【Paul Verlaine】(一八四四〜九六)フランスの詩人。象徴派を代表し、陰影に富む音楽的な詩句により近代詩の窓を開いた。詩集『言葉なき恋歌』『英知』『昔と近頃』、作家論『呪われた詩人たち』など。

**ベルン**【Bern】スイスの首都。同名州の州都。ライン川の支流アーレ川に沿う、繊維・食品・機械を主とする商工業都市。中世の建造物が多い観光都市でもある。人口一三・九万(一九八五)。

**ベルンシュタイン**【Eduard Bernstein】(一八五〇〜一九三二)ドイツ社会民主党右派の代表的理論家。一九世紀末の資本主義の現実を踏まえ、修正主義理論を提起した。著書『社会主義の前提と社会民主党の任務』など。

**ベルンハイム**【Ernst Bernheim】(一八五〇〜一九四二)ドイツの歴史学者。歴史学の方法論に関する著作『歴史的方法の教程』『歴史学入門』など。

**ペレ**【Benjamin Péret】(一八九九〜一九五九)フランスの詩人。ダダイスム・シュールレアリスムに参加。詩集『大博打』など。

**ペレ**【Pelé】(一九四〇〜)ブラジルの元プロサッカー選手。本名エドソン＝アランテス＝ド＝ナシメント。プロ生活一七年間に世界選手権に四回出場し、三回優勝。生涯得点一二〇〇点以上の世界最高記録を達成。

**ペレアスとメリザンド**《原題 Pelléas et Mélisande(フランス)》メーテルリンク原作の悲恋物語。一八九二年発表。また、その付随音楽や、それに題材をとった音楽作品。①ドビュッシー作曲のオペラ。四幕。一九〇二年パリ初演。②フォーレ作曲の交響組曲(一八九八年作の付随音楽を組曲に編曲)。③シェーンベルク作曲の交響詩(一九〇三年作)。

**ペレウス**【Pēleus(ギリシア)】ギリシア神話のアイアコスとエンデイスの子。諸国を遍歴、女神テティスと結婚しアキレウスの父となった。

**ベレー**【beret】「ベレー帽」の略。

**ペレーダ**【José María de Pereda】(一八三三〜一九〇六)スペインの小説家。農山村の生活を的確な筆致で描く。作品『ソティレーサ』『岩山のかなた』など。

**ベレー-ぼう**【ベレー帽】丸く平たい、つばのない帽子。ベレー。beret →図

●ベレー帽

**ベレサーエフ**【Vikenty Vikentyevich Veresayev】(一八六七〜一九四五)ロシア・ソ連の小説家。自伝的小説『医者の告白』など。

**ペレス-ガルドス**【Benito Pérez Galdós】(一八四三〜一九二〇)スペインの小説家・劇作家。一九世紀リアリズムの代表者。歴史小説『国史挿話』、『ドニャ＝ペルフェクタ』など。

**ペレス-デ-アヤラ**【Ramón Pérez de Ayala】(一八八一〜一九六二)スペインの小説家・詩人。心理小説にすぐれ、知的な作風。作品『ベラルミーノとアポロニオ』『虎のファン』など。

**ヘレス-デラ-フロンテラ**【Jerez de la Frontera】スペイン南西部、大西洋岸の商業都市。シェリー酒の生産で世界的に有名。人口一七・六万(一九八一)。ヘレス。

**ペレストロイカ**【perestroyka(ロシア)】《再編・改革・世直し、の意》ソ連のゴルバチョフ政権が一九八六年以来推進している内外政策の基本路線。国内的には民主化・自由化、外交的には緊張緩和を基調とする。

**ペレット**【pellet】①丸めた小球。小弾丸。丸薬。②動物が吐き出す不消化物。獲物の毛・骨など。これを調べることで、食性を知ることができる。

**ヘレニウム**【Helenium】キク科ヘレニウム属の総称。園芸上は、とくにダンゴギクをさす。高さ約一・五m。葉は披針形で、黄色の頭花をつける。花期は七〜一〇月。花壇・切り花用。

**ヘレニズム**【Hellenism】ヘブライズムと並んで西洋思想の源流とされる古代ギリシア思想・文化。歴史学的には、アレクサンドロス大王の東征(紀元前三三四年)からローマのエジプト征服(紀元前三〇年)までの時代をさす。文化史的には、オリエント文化と接触融合して普遍的な性格をおびたギリシア文化をいう。

**ヘレニズム-びじゅつ**【ヘレニズム美術】ヘレニズムの所産としての美術の総称。アレクサンドロス大王およびその後継者の支配地域を中心に、前四世紀後半から前一世紀まで続く。古典期のギリシア美術の国際化あるいは地方化として把握される。活動の中心は、ペルガモン・エフェソス・ロードス・アレクサンドリアなど。Hellenism art →写

**ヘレネ**【Helenē(ギリシア)】ギリシア神話のギリシア世界第一の美女。ゼウスとレダの娘。スパルタ王メネラオスの妃となるが、トロヤ王子パリスに誘拐され、ヘレネ奪回のためトロヤ戦争が起こった。ヘレン。

**ヘレネス**【hellēnes】《ヘレンの子孫、の意》古代ギリシア人が自民族の総称として用いた語。元来はテッサリアの一部族の名称。対義 バルバロイ。

**ヘレフォード-しゅ**【ヘレフォード種】イングランド、ヘレフォードシャー原産の肉用牛。毛色は赤褐色、顔・頸・腹・尾房は白い。Hereford →牛写

**ベレムニテス**【belemnites】古生代中ごろから中生代にかけて栄えた頭足類。殻が矢尻形で、矢石(箭石)ともいう。完全な形の化石は少ない。

**ベレロフォン**【bellerophon】おもに古生代に栄えた海生の巻き貝。貝殻は平巻きでボール状。原始的な腹足類で、現存のオキナエビスに近縁。

**ベレロフォン**【Bellerophōn(ギリシア)】ギリシア神話のシシュフォスの孫。コリントスの若者。リュキア王が彼を殺す目的で命じた怪獣キマイラ退治などを、天馬ペガソスに乗ってやり遂げ、のちにリュキア王となった。

**ベレン**【Belém】ブラジル北東部、アマゾン河口近くの河港都市。アマゾン川流域の商業・交易の中心地。人口七五・八万(一九八〇)。旧称パラ。

**ヘレン-ケラー**【Helen Adams Keller】→ケラー

**ベレンソン**【Bernhard Berenson】(一八六五〜一九五九)アメリカの美術史家。リトアニア生まれ。イタリア―ルネサンス研究に功績を残す。著書『ルネッサンスのイタリア画家』『美学と歴史』など。

**べろ**《俗語》舌。tongue

●ヘレニズム美術

ペルガモン大祭壇の浮き彫り『巨人と戦うアテナ』。前一八〇年ごろ、ペルガモン美術館(東ドイツ)。

『サモトラケのニケ』。前二世紀前半、ルーブル美術館(フランス)。

『拳闘士の頭部』。前三三五〜前三二五年ごろ、アテネ国立考古学博物館。

●ベロッキオ『キリストの洗礼』。一四七三年ごろ、ウフィッツィ美術館(イタリア)。

**ベロア**[velours] 紡毛織物の一種。布の両面を起毛し、毛羽(けば)を布面に直角に立てたもの。柔らかく光沢がある。オーバー地などに用いる。

**ヘロイン**[heroin] 麻薬の一つ。鎮痛作用などが強くかつききめが速いが、依存性が強く、中毒になると衰弱がはげしく、禁断時に虚脱・心臓麻痺(ひま)をおこしやすい。ジアセチルモルヒネ。ペイ。

**ベロー**[Saul Bellow](一九一五) アメリカの小説家。カナダ生まれ。疎外された現代人の人間関係を浮き彫りにする。一九七六年ノーベル文学賞受賞。作品『オーギー＝マーチの冒険』『ハーツォグ』『学生部長の十二月』など。

**ペロー**[Charles Perrault](一六二八～一七〇三) フランスの詩人・批評家。新旧論争における近代派の主要人物。民間伝承を記した『青ひげ』『赤頭巾(あかずきん)』などの『童話集』で有名。著書『古代近代比較論』など。

●ベロネーゼ『カナの婚宴』(部分)。一五六三年、ルーブル美術館(フランス)。

**ベローズ**[bellows] ↓じゃばら(蛇腹)②

**ベローナ**[Verona] イタリア北部、アディジェ川に沿う商工業都市。古代ローマの遺跡で知られる。人口二六・二万(一九九三)。

**ベロ・オリゾンテ**[Belo Horizonte] ブラジル南部、リオデジャネイロの北三五〇㎞にある都市。周辺にイタビラなどの鉄山があり、鉄鉱・貴金属鉱業の中心地。人口一四四・二万(一九八〇)。

**ベロッキオ**[Andrea del Verrocchio](一四三五～一四八八) イタリア＝ルネサンスの彫刻家・金工家・画家。レオナルド＝ダ＝ビンチの師。写実主義に基づく的確な対象把握に巧み。彫刻『コレオーニ騎馬像』、絵画『キリストの洗礼』など。↓写

**ベロック**[Hilaire Belloc](一八七〇～一九五三) イギリスの作家。フランス生まれ。詩集『いたずらっ子の動物記』、歴史書『イギリス史』など。

**ヘロデ**[Herod](BC七四ごろ～BC四) ユダヤ王(在位BC三七～BC四)。親ローマ政策をとり、『新約聖書』によれば、イエスの誕生を恐れてベツレヘムで多数の幼児を殺したという。

**ヘロドトス**[Hērodotos](生没年未詳) 紀元前五世紀のギリシアの歴史家。エジプト・メソポタミア・黒海(こっかい)北岸などを旅行。ペルシア戦争を主題とした史書『歴史』には、各地の伝承・見聞がもりこまれている。歴史の父と称される。

**ヘロとレアンドロス**《原題Hērō kai Leandros(ギリシア)》ギリシアの伝説。青年レアンドロスは、対岸に住む恋人ヘロに会うために、毎夜ヘレスポントス海峡を泳ぎ渡ったが、嵐(あらし)の夜溺死(できし)し、ヘロもあとを追って自殺した。

**ベロニーテ**[Belonite(ドイツ)]《針、の意》↓かざんがんせん(火山岩尖)

**ベロネーゼ**[Paolo Veronese](一五二八～一五八八) 一六世紀イタリア、ベネチア派の画家。ベネチア市民の趣味や風俗を壮麗な建物と人物群で表現、とくに饗宴(きょうえん)図を得意とした。作品『カナの婚宴』など。↓写

**ペロピダス**[Pelopidās](BC四一〇ごろ～BC三六四) 古代ギリシアのテーベの将軍。エパミノンダスとともに民主政を確立。紀元前三七一年スパルタ軍を撃破するなど、テーベ発展に尽力。

**ヘロフィロス**[Herophilos](生没年未詳) 紀元前三〇〇年ごろのアレクサンドリアの医師。科学的解剖学の父といわれ、大脳と小脳を区別するなど神経系の解剖学に貢献した。

**ペロプス**[Pelops(ギリシア)] ギリシア神話のタンタロスの息子。父に料理され神々に供されたが、神々は彼を生きかえらせた。エリス王との戦車競走に勝ち王女と結婚、アトレウスの父となる。

**へろ-へろ**(副・サ変自) 威力や勢いのないさま。ひょろひょろ。very weak 用例 ――弾(だま)。腹ぺこで――だ。

**べろ-べろ** ㊀(形動) 酒にひどく酔って、正体のないさま。ぐでんぐでん。べろんべろん。be dead drunk 用例 ――に酔っぱらう。㊁(副) 舌でなめまわすさま。ぺろぺろ。lick 用例 口のまわりを――なめる。

**ぺろ-ぺろ**(副) 舌でなめまわすさま。べろべろ。lick 用例 ネコがからだを――なめる。

**ベロペロネ**[Beloperone(ラテン)] キツネノマゴ科の常緑低木。花穂(かすい)の先がエビの尾のように曲がり、その上に赤褐色の苞(ほう)が鱗(うろこ)状に重なる。温室栽培。メキシコ原産。コエビソウ。↓写

●ベロペロネ

**ペロポネソス-せんそう**[ペロポネソス戦争] 前四三一～前四〇四年、アテネを盟主とするデロス同盟とスパルタ中心のペロポネソス同盟の間の二回にわたる戦争。最終的にはスパルタ側が勝ったが、ポリス社会は衰退にむかった。Peloponnesian War

**ペロポネソス-どうめい**[ペロポネソス同盟] 古代ギリシア、スパルタを盟主とする諸ポリスの攻守同盟。アテネ中心のデロス同盟に対抗。紀元前六世紀末成立、前三六六年に解体。Peloponnesian League

**ペロポネソス-はんとう**[ペロポネソス半島](Pelopónnisos) ギリシア南部の半島。コリント地峡で本土と連なる。

**べろり-と**(副) = べろっと・ぺろりと。①舌を長く出すさま。stick out one's tongue 用例 ――舌を出す。②舌を出して物をなめるさま。lick 用例 皿を――なめる。

**ぺろり-と**(副) = ぺろっと。①舌を出すさま。stick out one's tongue ②たちまちのうちに食べ尽くすさま。eat up 用例 一皿を――平らげる。

**ベロルシア-きょうわこく**[ベロルシア共和国](Belorussiya SSR) ↓はくロシアきょうわこく(白ロシア共和国)

**ヘロンダス**[Hērōndās] 紀元前三世紀ごろのギリシアの擬曲(ミーモス)詩人。市井(しせい)の風俗や人物を写実的に活写。作品『とりもち女』『先生』など。

**ヘン**【片】4画 部首[片(かた)] 教育小6 JIS 4250

片片片片

音ヘン 訓かた

①かた。かた方。かたわれ。きれはし。対義 双(そう)・両(りょう)。「砕片・紙片・断片(だんぺん)・破片」「片務契約」用例(助数)七――。《接尾的》金属――。②すこし。わずか。「片言(へんげん)隻語・片時(へんじ・かたとき)・片鱗(へんりん)」

**ヘン**【辺】5画 部首[⻌(しんにゅう)] 教育小4 JIS 4253

19画【▼邊】部首[⻍(しんにゅう)] 旧字 JIS 7820

17画【▼邉】部首[⻍(しんにゅう)] 異体字 JIS 7821

辺辺辺辺辺

音ヘン 訓あたり・べ

①あたり。ほとり。まわり。べ。「近辺(きんぺん)・四辺・周辺・身辺(しんぺん)」用例(名)この――は静かだ。②程度。用例(名)その――でやめなさい。③はて。かたいなか。国のさかい。「辺境・辺地・辺土」④数学で、㋐多角形または角の開きを示す線分または直線。「底辺」用例(名)三角形の――。㋑等号・不等号の左右にある数・式。「左辺・両辺」

**ヘン**【返】7画 部首[⻌(しんにゅう)] 教育小3 JIS 4254

8画【▼返】部首[⻍(しんにゅう)] 旧字

返返返返返

音ヘン・ハン・ホン 訓かえす・かえる

①されたことに対して、かえす。かえし。比較 帰(き)。「返還・返済・返事・返答」②度数を数えるのに用いた。比較 遍(へん)。用例(助数)二――。③かえる。もとにもどる。

**ヘン**【変】9画 部首[夂(のまた)] 教育小4 JIS 4249

23画【▼變】部首[言(げん)] 旧字 JIS 5846

変変変変変

音ヘン 訓かわる・かえる

①かわる。うつりかわる。かえる。比較 換(か)・替(たい)・代(だい)。「可変・急変・不変(ふへん)」「変化・変更・変動・変乱」②かわったできごと。災難。騒乱。比較 乱(らん)。「異変・大変(たいへん)・天変(てんぺん)」「変死」用例(名)万一の――にそなえる。③妙な。不思議な。用例(形動)――な話。④仏教で、浄土や地獄のさまをかいた絵図。「地獄変・浄土変」「変相(へんそう)」⑤音楽で、ある音より半音低いこと。記号♭(フラット)。対義 嬰(えい)。「変ロ長調」

**ヘン**【扁】9画 部首[戸(とだれ)] JIS 5708

音ヘン

①ひらたい。薄くて横に広い。でこぼこがない。「扁額・扁形・扁平(へんぺい)」②ちいさい。「扁舟」

**ヘン**【砭】10画 部首[石(いしへん)]

音ヘン

いしばり。治療に用いるための石でつくったはり。いしばりをうつ。

**ヘン**【偏】11画 部首[人・亻(にんべん)] 常用 JIS 4248

11画【▼偏】旧字

音ヘン 訓かたよる

①かたよる。かたむく。不公平。「不偏不党」「偏狭・偏見・偏向・偏食」②漢字を組み立てている左の部分。対義 旁(つくり)。「人偏(にんべん)」「偏旁冠脚(へんぼうかんきゃく)」用例(名)――のちがう字。

**ヘン**【徧】12画 部首[彳(ぎょうにんべん)]

音ヘン

①あまねし。ゆきわたる。②あまねく。ひろく。のこらず。

**ヘン**【遍】12画 部首[⻌(しんにゅう)] 常用 JIS 4255

13画【▼遍】部首[⻍(しんにゅう)] 旧字

音ヘン

①あまねし。ゆきわたる。「普遍」「遍歴・遍路」②回数・度数を数えるのに用いる。用例(助数)百万――。

**ヘン**【胼】12画 部首[月(にくづき)]

10画【▼胼】異体字 JIS 7106

音ヘン

①たこ。手足の皮膚の一部がかたくなったもの。②あかぎれ。ひび。

**ヘン**【貶】12画 部首[貝(かいへん)] JIS 7642

音ヘン

けなす。そしる。おとしめる。「褒貶」

**ヘン**【褊】14画 部首[衤(ころもへん)] JIS 7479

音ヘン

せまい。ちいさい。広くない。また、気がはやい。心がせまい。「褊狭」

**ヘン**【篇】15画 部首[竹(たけかんむり)] JIS 4251

音ヘン

①文書。書物。作品。②作品やその部分を数えるのに用いる。用例(助数)後――。前――。千――一律。

**ヘン**【糄】15画 部首[米(こめへん)]

音ヘン

①こめ。やきごめ。稲を焼いてとった米。②



↓行き先項目、図版・写真参照印。 JIS 日本工業規格情報交換用漢字符号コード(区点コード)。

「編糅」は、ひめ。ひめいい。釜で軟らかく炊いた御飯。普通の飯。

**ヘン** 15画【編】 部首[糸] 教育小5 JIS 4252
15画【▼編】 旧字
音ヘン
訓あむ
①あむ。作品や材料を書物にまとめる。演奏形式にあわせて楽曲に手をいれる。「改編・共編」「編曲・編者・編修・編集・編著」用例(名)文部省—。②《篇とも》作品。その部分。「新編・前編・短編」用例《接尾的》日本文学史近世—第一—。③くみあわせる。ならべる。「編隊・編入・編年体」

**ヘン** 15画【▼翩】 部首[羽] JIS 7041
音ヘン
ひるがえる。ひらひらとする。「翩翻」

**ヘン** 15画【▼蝙】 部首[虫] JIS 7394
音ヘン
「蝙蝠」は、コウモリ。コウモリ目に属する哺乳動物。

**ヘン** 16画【▼諞】 部首[言] JIS 7570
音ヘン
たくみにいいまわす。お上手をいう。へつらう。人の機嫌をとる。

**ヘン** 18画【▼駢】 部首[馬]
16画【▼駢】 異体字 JIS 8156
音ヘン・ベン
ならべる。ならぶ。また、くむ。くみ。「駢驪体」

**ヘン** 19画【▼騙】 部首[馬] JIS 8157
音ヘン
たばかる。かたる。だます。「騙取」

**へん**(感) ①相手を不愉快に思ったり見下したりするときに発する語。②自慢たらしく見せるときにいう語。

**ベン** 3画【▼宀】 部首[宀] JIS 5363
音ベン・メン
①やね。おおう。②部首の一つ。うかんむり。

**ベン** 4画【▼卞】 部首[卜] JIS 5038
音ヘン・ベン
①のり。きまり。てほん。②気がはやい。せっかち。短気。

**ベン** 5画【弁】 部首[廾] 教育小5 JIS 4259
16画【▼辨】 旧字 部首[辛] JIS 4994
16画【▼辧】 異体字 部首[辛] JIS 5001
19画【▼瓣】 旧字 部首[瓜]
20画【▼瓣】 異体字 部首[瓜] JIS 6502
21画【▼辯】 旧字 部首[辛] JIS 7771
音ベン
①かんむり。「武弁」②《辯とも》ものをいう。理屈をいう。「熱弁・雄弁」「弁解・弁護・弁舌・弁論」用例(名)—が立つ。《接尾的》東京—。③《辨とも》㋐わきまえる。区別する。「弁別」㋑かえす。「弁済・弁償」㋒そなえる。ととのえる。「弁当」㋓弁当のこと。「駅弁・腰弁」㋔昔の官名。太政官の職名。左右にわかれて八省を分掌した。「左大弁」「弁官」④《瓣とも》㋐はなびら。「花弁」㋑機械などで、液体・気体の出入りを調節する平たいもの。バルブ。「滑弁」「弁膜」用例(名)—をおす。《接尾的》安全—。排気—。⑤《辮とも》あむ。くむ。「弁髪」⑥《辦とも》とりはからう。仕事を処理する。「合弁」参考 弁は、もとは、辨・瓣・辯とは別の字。↓心臓図
**弁が立つ** 話術が巧みである。雄弁である。be eloquent
**弁を弄する** ①べらべらと、しゃべりたてる。②屁理屈を言う。

**ベン** 7画【▼忭】 部首[忄]
音ヘン・ベン
よろこぶ。たのしむ。なごむ。

**ベン** 7画【▼抃】 部首[扌] JIS 5723
音ヘン・ベン
うつ。たたく。手をたたく。

**ベン** 7画【▼汴】 部首[氵]
7画【▼汳】 異体字 JIS 6182
音ヘン・ベン
「汴水」は、中国にかつてあった川の名。河南省をながれて、黄河にそそいでいた。

**ベン** 8画【▼拚】 部首[扌]
音ヘン・ベン・フン
①うつ。たたく。手をたたく。②すてる。なげうつ。

**ベン** 9画【便】 部首[人・亻] 教育小4 JIS 4256
音ベン・ビン・ヘン
訓たより
①都合がよい。つごう。ぐあい。「簡便・軽便・不便」「便宜・便利」用例(名)バスの—がある。②つうじ。ゆばり。くそ。「小便・大便」「便器・便所・便通・便秘」用例(名)二日も—がでない。③くつろぐ。やすむ。「便衣・便殿」↓ビン[便]

**ベン** 9画【▼俛】 部首[人・亻] JIS 4859
音ベン・フ
①つとめる。はげむ。精をだす。②ふせる。うつむく。下をむく。↓フ[俛]

**ベン** 9画【▼眄】 部首[目] JIS 6632
音ベン・メン
みる。流し目にみる。横目をつかう。「右顧左眄」

**ベン** 10画【勉】 部首[力] 教育小3 JIS 4257
9画【▼勉】 旧字
音ベン
つとめる。はげむ。精をだす。「勤勉」「勉学・勉強・勉励」

**ベン** 10画【▼娩】 部首[女]
11画【▼娩】 異体字 JIS 4258
音ベン
うむ。子をうむ。出産する。「分娩」

**ベン** 11画【▼冕】 部首[冂] JIS 4943
音ベン・メン
かんむり。天子や貴人が儀式のときに着用するかんむり。

**ベン** 16画【▼辦】 部首[辛]
音ハン・ベン
①とりはからう。仕事を処理する。「合辦」②さばく。区別する。③そなえる。ととのえる。

**ベン** 18画【▼鞭】 部首[革] JIS 4260
音ヘン・ベン
①むちうつ。むち。「教鞭・先鞭」「鞭声粛々」②はげます。「鞭撻」

**ベン** 18画【▼鮸】 部首[魚]
音ベン・メン
ニベ。スズキ目に属する海水魚。

**ベン** 20画【▼辮】 部首[糸] JIS 6980
音ヘン・ベン
あむ。くむ。くみあわせる。「辮髪」

**ベン**[Gottfried Benn](一八八六〜一九五六) ドイツの詩人。表現主義から出発したニヒリズムの詩人。詩集『モルグ』『静力学的詩集』など。

**ペン**[pen] ①文房具の一つ。ペン軸とペン先からなり、ペン先にインク・墨をふくませて字や絵などをかく。比較 筆。②ペン先。用例 金—。③文章。文筆活動。用例 —の力。
**ペンは剣よりも強し** 《イギリスの政治家・作家エドワード=ジョージ=ブルワー=リットンの戯曲『リシュリュー』にあることば》文学や思想は、武力よりも強い力を持つ。The pen is mighter than the sword.
**ペンを折る** やむをえず、中途で書くことをやめる。また、文筆活動をやめる。筆を折る。stop writing; end one's literary career

**ペン**[Arthur Penn](一九二二〜) アメリカの映画監督。作品『奇跡の人』『俺たちに明日はない』『小さな巨人』など。

**ペン**[Irving Penn](一九一七〜) アメリカのファッション写真・商業写真家。幻想的で華麗な作風。

**ペン**[William Penn](一六四四〜一七一八) イギリスの開拓者。アメリカ、ペンシルベニア植民地の創設者。クエーカー教徒で、国王の特許状を得て一六八二年に渡米。インディアンと友交関係を保ち、植民地発展に尽力。

**へん-あい**【偏愛】(名・サ変他) かたよって愛すること。favoritism 用例 長子を—する。

**へんあつ-き**【変圧器】 交流の電圧を昇降させる装置。共通の環状の鉄心に入力側の一次コイルと出力側の二次コイルを巻き、電磁誘導を利用する。トランス。transformer

**へん-い**【変位】(名・サ変自) 物理で、物体が位置を変えること。位置の移動、また、その変化の量。displacement

**へん-い**【変異】 ①異変。変事。②同種の個体の間にみられる形質の相違。遺伝的な突然変異と非遺伝的変異または連続変異と不連続変異などに分けることができる。variation

**へん-い**【変移】(名・サ変自他) 変わって移ること。変えて移すこと。change

**べん-い**【便衣】 ふだんぎ。平服。便服。

**べん-い**【便意】 大小便、とくに大便がしたいという感覚。inclination for the stool; call of nature 用例 —を催す。

**へん-いき**【変域】 数学で、変数のとり得る値の範囲。定義域。domain

**へんい-げんせい**【変異原性】 自然の状態よりも高い確率で突然変異を誘発するような物理的または化学的性質。

**べんい-たい**【便衣隊】 日中戦争時活躍した中国の不正規武装軍。平服で敵地に潜入、後方撹乱や破壊活動を行った。

**へんい-でんりゅう**【変位電流】 電界の変化により誘電体中に誘起される電流。電束電流。displacement current

**へんい-の-ほうそく**【変位の法則】 放射性元素が崩壊するさいの原子番号と原子量の減少に関する法則。ファヤンスとソデーが個々に発見したので、ファヤンス-ソデーの法則ともいう。displacement law

**へん-うん**【片雲】 ちぎれ雲。speck of cloud

**へん-えい**【片影】 わずかのかげ。姿の一部分。shadow 用例 鳥の—すら認めない。

**べん-えき**【便益】 都合のよいこと。便利。convenience

**べんえん**【弁円・▼辨円】(一二〇二〜一二八〇) 鎌倉中期の臨済宗の僧。字は円爾。駿河の人。入宋して無準師範に参禅、法を得て帰国し、建長七年(一二五五)東福寺の開山となった。聖一国師。

**へん-おん**【変音】 変記号(♭)をつけて半音低くした音。参照 臨時記号。

**へんおん-どうぶつ**【変温動物】 体温の調節能力がなく、外界の温度とともに体温が変化する動物。無脊椎動物・魚類・両生類・爬虫類など。冷血動物。poikilotherm 対義 定温動物。

**へん-か**【返歌】 人から贈られた歌に返答する歌。返し歌。

**へん-か**【変化】(名・サ変自) ①状態・位置・形などが変わること。変わり。違い。change 用例 四季の—。—に富む。②文法で、ある語が用法によって語形を変えること。活用。inflection 用例 語尾が—する。

**べん-か**【弁化・▼瓣化】 雄しべの花糸が花弁のような形になること。八重咲きの花はこれによってできる。petalody

**ペン-が**【ペン画】 インキ・墨汁などを用いてペンで描いた絵。単色のため凸版印刷が容易にでき、近世以降さかんに描かれるようになる。ペン先には鋼鉄ペン・鵞ペン・葦ペンなどがある。pen-and-ink drawing

**へん-かい**【変改】(名・サ変自他) 変わり改まること。変え改めること。改変。変更。へんがい。

**べん-かい**【弁解・▼辯解】(名・サ変自他) 言い訳をすること。言い開き。excuse

**へん-がえ**【変換え】(名・サ変他) 《「へんかい(変改)」の転》変えること。

**へんか-きゅう**【変化球】 投手の投球で、球筋が曲がったり落ちたりするもの。off-speed pitch 対義 直球。

**へんかきゅう-サーブ**【変化球サーブ】 バレーボールや卓球などで、急に球道が変化するサーブ。change-up service

**へん-かく**【変革】(名・サ変自他) 社会的、政治的に、変わり改まること。また、変え改めること。reform

**へん-かく**【変格】 ①不規則な格。②文法で、「変格活用」の略。

**へん-かく**【偏角】 ①基準の方向からの傾き

▼常用漢字表外。 ▽常用漢字表の音訓外。

を示す角。argument ②数学用語で、複素平面の動径・位置ベクトルなどが基準軸となす角。argument ③光が屈折するときの入射光線と透過光線のなす角。angle of deviation ④地磁気の水平成分と地理的子午線のなす角。declination ⑤船体または航空機の軸線と進行方向が水平面でなす角。偏流角。drift angle

**へん-がく【▼扁額】** 門戸や室内に掲げる横に長い額。横額。

**べん-がく【勉学】**(名・サ変自他) 学問につとめ励むこと。勉強。study 用例 ―にいそしむ。

**へんかく-かつよう【変格活用】** 多数の語例があって規則的な五段(四段)・一段・二段活用を正格とみて、それ以外の少数の語の特殊な活用の総称。文語にはカ行変格活用・サ行変格活用・ナ行変格活用・ラ行変格活用、口語にはカ行変格活用・サ行変格活用がある。変格。irregular conjugation

**へんがく-ほけん【変額保険】** 保険料を株式や債券に投資し、その収益実績に応じて保険金額が変わる保険。variable insurance

**ベンガジ【Benghazi】** リビア北東部、シドラ(スルト)湾に臨む商工業都市。羊毛・毛織物などの輸出港。市街は、北東部のアラブ人街と南部のヨーロッパ人街からなる。人口四八・五万(一九八四)。

**ベンガラ【Bengalaオランダ・弁柄・紅殻】**《インドのベンガルより産出したことによる》三酸化二鉄$Fe_2O_3$を主成分とする赤色の無機顔料。耐日光・耐熱性などにすぐれる。塗料・セメントなどの着色剤。紅殻。

**ベンガル【Bengal】** インド北東部、ガンジス・ブラマプトラ両川下流の三角州地域。東部はバングラデシュ領でダッカが中心、西部はインド領西ベンガル州でカルカッタが中心。

**ベンガル-じん【ベンガル人】** インド-ヨーロッパ語族のベンガル語を用いる人々。バングラデシュ・インド西ベンガルに住む。イスラム教徒が七割、ほかはヒンズー教徒。Bengali

**ベンガル-そうとく【ベンガル総督】** 一七七三〜一八三三年、インドのベンガル管区の行政長であると同時に、イギリス領インド全体の統治権限をもった官職。のちインド総督。

**ベンガル-ぼだいじゅ【ベンガル▼菩▼提樹】** クワ科の常緑高木。インドでは神聖な木とされる。葉は厚い革質、卵形で長さ約二〇cm。ヒマラヤからマレー諸島に分布。バンヤンジュ。

**ベンガル-やまねこ【ベンガル山猫】** アムール・朝鮮半島・対馬からインド・ジャワまで分布するネコ科の食肉類。分布が広いために大きさ、斑紋などに著しい地域差がある。南方産はイエネコより小さいが、ウスリー産は体長約八〇cm。森林などにすみ、ネズミや鳥などを捕食。leopard cat

**ベンガル-わん【ベンガル湾】**(Bay of Bengal) インド洋北東部、西のインド半島と東のアンダマン・ニコバル諸島間の大きな湾。昔から東西海上交通の要地。カツオ・マグロなどの大漁場。

**へん-かん【返還】**(名・サ変他) もとの持ち主に返すこと。戻すこと。返却。return 比較 返済。

**へん-かん【変換】**(名・サ変自他) ①エネルギー・元素などの形態が変わること。また、変えること。transformation ②↓ざひょうへんかん(座標変換)。③↓しゃぞう(写像)。④コンピューターで、データの形態を変換すること。transformation

**べん-かん【弁官・▼辨官】** 律令制の官名。太政官を構成し、左弁官と右弁官がある。下部組織の各省からの文書を受けつけ、行政の中軸をなした。

**べんかん【弁▼韓】** 三韓の一つ。古代朝鮮の南部、現在の慶尚南道にあった一二の部族国家の総称。四世紀に日本から大和政権が進出、任那の支配権を確立したが新羅に併合。弁辰。

**べん-かん【▼冕冠】** 天皇が即位など特別な儀礼のときにかぶる冠。上部に五色の珠玉を連ねて通した糸縄を幾筋も垂らした冕板を載せるところからこの名がある。冕。

**へん-き【偏▼諱】** 昔、貴人・将軍・大名などの、名のうちの一字。用例 ―を賜う。

**べん-き【便器】** 用便をするための設備器具。おまる。おかわ。toilet stool

**べん-ぎ【便宜】** ㊀(名) ①その時、その場にふさわしい処置。facilities ②特別のはからい。用例 ―をはかる。㊁(名・形動) 都合のよいこと・さま。びんぎ。convenience

**ペンキ**《pekオランダの転》↓ペイント

**へん-きごう【変記号】** 音楽で、音の高さを半音下げる記号。「♭」で表す。フラット。flat 対義 嬰記号。

**べんぎ-しゅぎ【便宜主義】** その場合に応じて、都合のよいように処理すること・やり方。opportunism

**べんぎ-じょう【便宜上】**(副) そのほうが都合がいいので。for convenience' sake

**べんぎ-ずほう【便宜図法】** 平面図法・円錐図法・円筒図法であらわれる距離・面積・角・形などのゆがみを目的に応じて少なくするよう工夫した図法。メルカトル図法・グード図法など。conventional projection

**べんぎ-ちせきせん【便宜置籍船】** 税制その他で自国よりも有利な外国に船籍を登録している船。

**べんぎ-てき【便宜的】**(形動) その場の都合に従って物事を処置するさま。間に合わせの。expediential

●ペンギン

アデリーペンギン

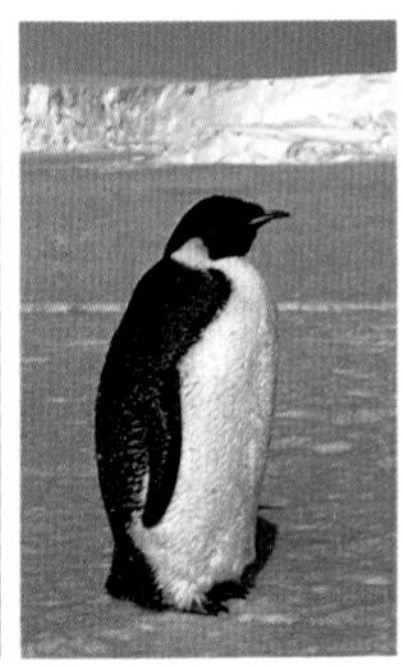

コウテイペンギン

**へん-きゃく【返却】**(名・サ変他) 借りていた物、受け取った物などを返すこと。return 比較 償還。

**へん-きゅう【返球】**(名・サ変他) 野球などの球技で、送球されたり飛んできたりしたボールをかえすこと。また、そのボール。a return

**へんきゅう-あんざんがん【変朽安山岩】** 安山岩や石英安山岩およびその火砕岩類が熱水変質を受けてできた岩石。黄鉄鉱や緑泥石が生成しており、色は暗緑か淡緑色。プロピライト。propylite

**へん-きょう【辺境・辺▼疆】** ①国の果て。国境。borderland ②片田舎。辺地。辺土。remote region

**へん-きょう【偏狭・▼褊狭】**(名・形動) 土地や度量のせまいこと・さま。narrow-minded 用例 考え方が―だ。

**べん-きょう【勉強】**(名・サ変自他) ①学問・仕事につとめ、励むこと。勉学。study 用例 ―家。②将来のための経験。lesson 用例 よい―になる。③商品の値段を安くすること。sell cheap 用例 せいぜい―します。

**へんきょう-はく【辺境伯】** フランク王国、神聖ローマ帝国において、国境防備のため辺境領(＝マルク)に設置された長官。辺境の行政・軍事権を掌握。のち世襲化され領邦君主に発展。

**べんきょう-べや【勉強部屋】** 一般住宅で、子どもなどが勉強するための個室。study room

**へん-きょく【編曲】**(名・サ変自他) 楽曲の元来の形態を、他の楽器で演奏したり、演奏効果をあげるためなど目的に応じて改編すること。arrangement

**へんきょく-てん【変曲点】** 曲線の凹凸の状態が変わる点。point of inflexion

**へん-きん【返金】**(名・サ変自) 借りた金、あずかっていた金、余分に受け取ってしまった金などを返すこと。repayment

**ペンギン【penguin】** ペンギン科の海鳥の総称。体長三〇cm〜一m。飛べないが、泳ぎはうまく、陸上では直立して歩く。生活や繁殖は社会性をもち集団で行う。南極大陸を中心に南半球に一七種が分布。人鳥。↓写

**ペンク【Albrecht Penck】**(一八五八〜一九四五) ドイツの地理学者。ウィーン大学・ベルリン大学教授。地形学の発展に寄与。アルプスの氷河研究で著名。

**へん-くつ【偏屈・偏▼窟】**(名・形動) 性質がかたよってねじけていること・さま。かたくな。perversity

**ペン-クラブ【PEN Club】**「国際ペンクラブ」「日本ペンクラブ」の略。

**へん-げ【変化】**(名・サ変自) ①神仏が、仮に人の姿をして現れること。そのもの。ghost ②化け物。妖怪。goblin

**へん-けい【▼扁形】** 扁平な形。平たい形。flat shape

**へん-けい【変形】**(名・サ変自他) 形が変わること。形を変えること。その形。transformation

**べん-けい【弁慶・▼辨慶】** ①(?〜一一八九) 鎌倉初期の僧。熊野の別当の子。比叡山西塔で修行。のち、源義経に仕えて武名を挙げ、その武勇伝が伝説化された。武蔵坊弁慶。②強い人。強がる人。用例 内―。③「弁慶縞」の略。

**弁慶ぎなた式**(べんけいぎなたしき)「べんけいは、なぎなたを」を「べんけいはな、ぎなたを」と読むように、句切りをまちがえて読むこと。

**弁慶の立ち往生**(べんけいのたちおうじょう) 進退窮まったことのたとえ。

**弁慶の泣き所**(べんけいのなきどころ)《弁慶のような剛勇の者でも、ここを強く打たれると泣く、ということから》むこうずね。また、強者の弱点。Achilles' heel

**弁慶の七つ道具**(べんけいのななつどうぐ) 弁慶が戦いで用いたという七種の武器で、鋸・槌・斧・薙刀・鎌・熊手・太刀の七つ。転じて、一組みにして携える小道具一式。また、仕事の割には大げさな道具類をひやかして言う。

**べんけい-がに【弁慶▼蟹】** 海に近い湿地にすむイワガニ科のカニ。甲幅約三cm。はさみと甲は橙赤色。東京湾以南の各地に分布。

**へんけいきん-しょくぶつ【変形菌植物】** 湿った枯れ木などに生じる菌類。栄養体は不定形の原形質塊で変形体という。子実体を生じ、多数の胞子を形成。胞子は発芽して遊走子となり合体して変形体になる。粘菌類。slime mold

**べんけい-じま【弁慶▼縞】** 縞柄の一種。縦縞と横縞を二種の色糸でだす格子柄のこと。歌舞伎衣装などにみられ、男らしい柄であるところからこの名がある。弁慶格子。

**へんけいせいせい-ぶんぽう【変形生成文法】** チョムスキーの言語理論。具体的言語は、普遍的・根底的な構造が種々の変形規則に従って運用されることによって生み出されるという立場から、人間の能力としてのその規則を解明しようとする論。transformational generative grammar

**べんけい-そう【弁慶草】** ベンケイソウ科の多年草。高さ約五〇cm。山地の草原にはえ、観賞用にも栽培される。葉は楕円形で肉質。秋に、淡紅色の小花が茎頂に密生。丈夫さを弁慶にたとえた名。イキグサ。orpine ↓写

●ベンケイソウ

**へんけい-たい【変形体】** 変形菌類(＝粘菌類)のアメーバ状の栄養体。細胞壁をもたない多核の原形質体で、原形質の流動によって移動し、細菌などを食べる。湿った朽ち木や落ち葉の上で生育するムラサキホコリカビが有名。plasmodium

**へんけい-どうぶつ【▼扁形動物】** 動物分類上の一門。体は左右対称で扁平。肛門はないものが多い。体長数ミリメートルから一〇m。ウズムシ綱・キュウチュウ綱・ジョウチュウ綱などに分類される。flatworm

**へんげ-もの【変化物】** 歌舞伎舞踊の一系統。一人の役者が三〜一二ぐらいの役のまったく異なる小品舞踊を、一つの外題のもとに扮装をかえて連続的に踊り分けるもの。

**へん-けん【偏見】** かたよった考え。prejudice

**へん-げん【片言】** ちょっとしたことば。一言。word

**へん-げん【変幻】**(名・サ変自) 現れたり消えたり、変化の速いこと。be phantasmagoric 用例 ―自在。

**へんげん-せきご【片言隻語】** わずかなこ



↓行き先項目、図版・写真参照印。 JIS 日本工業規格情報交換用漢字符号コード(区点コード)。

とば。片言隻句。a few words

**べん-ご【弁護・▼辯護】**(名・サ変他) その人のために言い開きをして守ること。利益・立場をかばうこと。defense

**へん-こう【変更】**(名・サ変他) 予定・決定を変えること。alteration [用例]規約の—。

**へん-こう【偏光】** 進行方向に垂直な面内での光の振動ベクトルの方向分布が一様でなくかたよっている光。楕円偏光・円偏光・平面偏光などがある。polarized light [対義]自然光。

**へん-こう【偏向】**(名・サ変自) かたよって中正を失うこと。inclination

**べん-こう【弁口・▼辯口】** じょうずな言い方。口が達者なこと。tongue [用例]—が立つ。

**へんこう-かいろ【偏向回路】** テレビのブラウン管などで、走査方向を制御するために電子ビームを曲げる回路。deflection circuit

**へんこう-かく【偏光角】** 透明体の表面で反射した単色光が、完全な平面偏光となるような入射角。ブルースター角。polarizing angle

**へんこう-けい【偏光計】** 旋光性をもつ物質の旋光の大きさを測定する装置。polarimeter

**へんこう-けんびきょう【偏光顕微鏡】** 鉱物などの結晶の光学的性質を調べることを目的として設計された顕微鏡。上方と下方に二つの偏光ニコルプリズムをもつ。岩石顕微鏡。polarization microscope

**へんこう-せい【変光星】** 明るさが時間とともに変化する恒星。食変光星・脈動変光星など。variable star

**へんこう-ばん【偏向板】** ブラウン管の中に封入され、電子線の進行方向を平行にはさむ電極。電圧で電極間を通る電子線の向きを制御する。テレビのブラウン管などには、垂直偏向板と水平偏向板がある。deflecting plate

**へんこう-フィルター【偏光フィルター】** 偏光していない自然光を透過させたときにこれを偏光した状態にするフィルター。カメラ用のものはレンズの前で回転させて調節しながら被写体の反射光を取り除くはたらきをする。polarizing filter

●弁才天① 不忍弁天堂(東京都)。

**へんこう-プリズム【偏光プリズム】** 平面偏光を取り出すために複屈折性をもつ結晶でつくられたプリズム。方解石でつくられたニコルプリズムなど。polarizing prism

**へんこう-めん【偏光面】** 光の進行方向を示す直線を含む面のうち、偏光の振動面となっているもの。plane of polarization

**べんご-し【弁護士】** 弁護士法に基づき、当事者・官公署などの依頼によって訴訟事件やその他一般の法律事務を行う者。lawyer

**べんご-にん【弁護人】** 被告人または被疑者を擁護するために選任された者。選任権は憲法で保障される。pleader

**へん-さ【偏差】** 一定の標準となる数値・位置・方向からのずれやへだたり。ふれ。deviation

**べん-ざ【便座】** 洋式の便器で、腰をおろす部分。toilet seat

**ペンザ【Penza】** ソ連、モスクワ南東、ボルガ川支流のスーラ川上流にある工業都市。自動車・機械工業がさかん。人口五三・二万(一九八六)。

**へん-さい【辺際】** 国や土地の限界。果て。さいげん。へんざい。

**へん-さい【返済】**(名・サ変他) 借りた金品を返すこと。repayment [比較]返還。

**へん-ざい【辺材】** 材木の回りの、白みがかった部分。白材。[対義]心材。↓木材[図]

**へん-ざい【偏在】**(名・サ変自) かたよって存在すること。uneven distribution [用例]富の—。

**へん-ざい【遍在】**(名・サ変自) 広く行き渡って存在すること。どこにもあること。

**べん-さい【弁才・▼辯才】** 弁舌の才能。oratorical talent [比較]文才。

**べん-さい【弁済・▼辨済】**(名・サ変他) ①借りた物を返すこと。repayment ②法律で、債務者が正当な給付をして債権を消滅させること。履行。redemption

**へんさい-し【辺▼塞詩】** 中国古典詩で、辺境塞外の戦争や出征将兵の情感、また留守を守る妻子の思いなどを主題とする詩。ほとんど北方と西方の沙漠の戦が詠じられ、唐代に大いに流行した。高適・岑参・李益らが代表的な辺塞詩人。

**べんざい-てん【弁才天・▼辯才天・弁財天・▼辨財天】** ①《「弁才」は、河川の女神の名Sarasvatī梵の訳》インドの女神。音楽・弁舌・福徳・知恵などを与える。②七福神の一人。琵琶を弾ずる財福の天女。①が後世に吉祥天などと混同されたものという。弁天。べざいてん。[参考]①は「弁(辯)才天」と書き、②は多く「弁(辨)財天」と書く。↓[写] ↓七福神[図]

**ペン-さき【ペン先】** ①ペンの先端。②ペン軸や万年筆の先に取り付ける、金属製の字を書く具。nib [数え方]一本。

**へんさ-ち【偏差値】** 能力や特性の発達程度を特定の集団の平均的な値からの偏りとして示す値。五〇、または一〇〇を集団の標準値とする。deviation value

**ベンサム【Jeremy Bentham】**(一七四八〜一八三二) イギリスの法学者・哲学者。功利主義の主唱者。行為の善悪の判断基準を快楽と苦痛にもとめ、社会の善とは個人の善の総和、「最大多数の最大幸福」であると説いた。著書『道徳および立法の諸原理序説』など。

**ヘン-サムリン【Heng Samrin】**(一九三四〜) カンボジアの政治家。一九七八年救国民族統一戦線議長。翌年プノンペンに新政権を樹立し、一九八一年カンボジア人民共和国国家評議会議長。

**へん-さん【編▼纂】**(名・サ変他) 種々の材料を集めて整理し、書物・辞書などを作ること。編集。compilation

**へん-し【変死】**(名・サ変自) 病死・老衰などの自然死以外のすべての死。二四時間以内に警察に届け出なければならない。横死。自殺も含む。unnatural death

**へん-じ【片時】** 少しの間。しばし。かたとき。へんし。for a moment [用例]—も忘れない。

**へん-じ【返事・返辞】**(名・サ変自) ①答えること・ことば。reply [用例]—をする。②答えの書面。返答。reply [用例]—を書く。

**へん-じ【変事】** 変わったこと。異変。accident [対義]徒事。

**べん-し【弁士・▼辯士】** ①話のうまい人。orator ②演説・講演などをする人。speaker ③無声映画の説明者。活弁。film interpreter

**ペンジアス【Arno Allan Penzias】**(一九三三〜) アメリカの物理学者。ドイツ生まれ。一九六四年に三K宇宙背景放射を発見。七八年ウィルソンとともにノーベル物理学賞受賞。

**ペンシー【本渓】**(Běnxī) ↓ほんけい(本渓)

**ペン-じく【ペン軸】** ペン先をはめこむ木などで作った軸。penholder

**ベンジジン【benzidine】** 化学式$H_2N(C_6H_4)_2NH_2$ ヒドラゾベンゼンに硫酸を作用させるとできる無色の結晶。染料合成の中間体として重要。分析試薬などに利用。

**へん-しつ【変質】** ㊀(名) 普通の人と変わった性質。abnormal nature ㊁(名・サ変自) 性質が変わること。change in quality

**へん-しつ【偏執】** ↓へんしゅう(偏執)

**へんしつ-しゃ【変質者】** 異常な性格・性質の人。pervert [比較]変人。

**へん-しゃ【編者】** 文書・書物などを編集する人。へんじゃ。compiler [比較]編集者。

**へん-じゃく【▼扁▼鵲】**(生没年未詳) 中国戦国時代の伝説的名医。姓は秦、名は越人。現在の河南省の出身といわれる。脈診法の祖とされ、医神として薬王廟に祭られている。

**へん-しゅ【変種】** 動植物の形状・性質が原種と違うもの。変わり種。variety [比較]亜種。[対義]原種。

**へん-しゅ【▼騙取】**(名・サ変他) だまして取ること。詐取。

**へん-しゅう【▼扁舟】** 小さい舟。小舟。

**へん-しゅう【偏執】** ひとりよがりの考えを守って、人の意見を受け付けないこと。へんくつ。かたいじ。bigotry

**へん-しゅう【編修】**(名・サ変他) 《もと中国で、正史を編む意》資料に基づいて書籍を編み整えること。歴史書・教科書などについていう。compilation

**へん-しゅう【編集・編▼輯】**(名・サ変他) 著作物または資料を公表する目的で特定の企画のもとに収集し、書籍・雑誌・新聞などの形にすること。また、その仕事。editing

**へん-じゅう【▼篇▼什】** 詩編。転じて、詩。

**へんしゅう-きょう【偏執狂】** ↓モノマニア

**へんしゅう-けん【編集権】** ジャーナリズムの編集方針を決定し、必要な一切の管理を行う権利。日本では経営者に帰属する。

**へんしゅう-しゃ【編集者】** 編集を職業とする人。出版物の編集にたずさわる人。editor [比較]編者。

**へんしゅう-びょう【偏執病】** ↓パラノイア

**ペンジュラム【pendulum】**《振り子、の意》写真技法の一つ。振り子の先に光源を付け、その運動の光跡を長時間露光により感光させるもの。

**へん-しょ【返書】** 返事の手紙。返信。reply

**べん-じょ【便所】** 大便・小便をするための場所。厠。雪隠。手洗い。トイレット。restroom; lavatory

**便所の火事で自棄糞** 自分の思い通りにならず、捨て鉢になる意の「やけくそ」を、便所の火事で糞が焼けることにひっかけて言った駄じゃれ。雪隠の火事で自棄糞。

**へん-しょう【返照】**《仏教語》自己の心の本源を究明すること。

**へん-じょう【返上】**(名・サ変他) 返すことをけんそんして言う語。[用例]休暇を—する。

**へんじょう【遍照・遍昭】**(八一六〜八九〇) 平安初期の歌人。俗名、良岑宗貞。六歌仙・三十六歌仙の一人。桓武天皇の孫で、歌人素性の父。出家し、元慶寺を創建。歌風は軽妙洒脱。家集『遍照集』。僧正遍照。花山僧正。↓[写]

**べん-しょう【弁証・▼辯証】**(名・サ変他) ①弁論によって、事柄を証明すること。②経験に基づくことなく、論理の積み重ねで対象の認識に至ること。

**べん-しょう【弁償・▼辨償】**(名・サ変他) ①他人に与えた損害をつぐなうこと。compensation ②債務者が債務を履行すること。reimbursement

**へんじょう-こんごう【遍照金剛】**《仏教語》①密教で大日如来の別称。光明が十方をくまなく照らし、法身が不滅であること。②空海の金剛名。

**べんしょう-ほう【弁証法】** ある定立(即自)が、自己に内在する矛盾によってその否定(対自)を反定立し、これを媒介にして両者ともにより高次の立場の総合(即自かつ対自)へと止揚される運動。正-反-合としても図式化される。ディアレクティーク。dialectic

**べんしょうほう-てき【弁証法的】**(形動) 論理の展開が弁証法に従うさま。dialectic [用例]論理を—に組み立てる。

**べんしょうほうてき-ゆいぶつろん【弁証法的唯物論】**(dialektischer Materialismus ドイ) マルクス主義の基盤をなす哲学的方法。ヘーゲルの弁証法とフォイエルバッハの唯物論を批判的に受け継いでマルクスとエンゲルスが基礎づけ、レーニン・毛沢東らによって発展させられた世界観。自然も社会も含めてすべての現象は、物質の運動とその構造の発展過程にほかならず、それらの変化は、否定と矛盾を介し、社会的には実践を通じて行われるとする。唯物弁証法。

**へん-しょく【変色】**(名・サ変自) 色が変わること。change of color

**へん-しょく【偏食】**(名・サ変自) 食品の好みにかたよりがあること。とくに、きらいなものを拒否すること。unbalanced diet

**へんしょく-いき【変色域】** 酸塩基指示薬の変色が起こるpHの範囲。color change interval

**べんじょ-ばち【便所▼蜂】** コウカアブの異名。

**ペンション【pension】**《西ヨーロッパに古くからある、食事付き下宿屋、の意》小規模で低料金の西洋風民宿。

**へん・じる【変じる】**(上一自他) ↓へんずる(変ずる)

**べん・じる【弁じる・▼辨じる】**(上一自) ↓べんずる(弁ずる)

**べん・じる【弁じる・▼辯じる】**(上一他) ↓

●遍照 『光琳かるた』より。

**べん-じる【便じる】**(上一自他)↓べんずる(便ずる)

**ペンシル【pencil】**①鉛筆。②「シャープペンシル」の略。

**ベンジル-アルコール【benzyl alcohol】**化学式$C_6H_5CH_2OH$ ジャスミンなどにエステルとして存在する弱い芳香をもつ無色の液体。香料・溶剤など。

**ペンシル-ストライプ【pencil stripe】**織物の柄の名。鉛筆で線を引いたような縦縞。チョークストライプより細く、背広生地などに用いる。↓ストライプ 写

**ペンシルベニア【Pennsylvania】**アメリカ北東部、メガロポリス地域にある州。ピッツバーグを中心とした世界有数の製鉄地域。独立当時の一三州の一つ。人口一一八六・四万(一九九〇)。

**ペンシルベニア-き【ペンシルベニア紀】**地質時代区分の一つ。北米における、古生代石炭紀後半の時代。前半はミシシッピ紀。Pennsylvanian Period

**へん-しん【返信】**返事の手紙・通信。reply 対義 往信。

**へん-しん【変心】**(名・サ変自) 意志を変えること。意志が変わること。心変わり。change of mind

**へん-しん【変身】**㊀(名・サ変自) 他のものに姿を変えること。変えた姿。transformation ㊁(名)《原題Die Verwandlungドイ》カフカの小説。一九一五年刊。ある朝、巨大な毒虫に変身した男の物語。

**へん-じん【変人・偏人】**ふつうと変わった性質の人。変わり者。eccentric person 比較 変質者。

**ベンジン【benzine】**工業ガソリンの一種。このうち沸点三〇～七〇℃の留分を石油エーテルという。無色透明。しみ抜き・精密機械の洗浄などに利用。石油ベンジン。

**べんしん-ろん【弁神論】**哲学で、世界における悪の存在が、神の完全性と矛盾するものではないことを明らかにしようとする試み。ライプニッツの説が有名。神正論。神義論。theodicy

**ペンス【pence】**「ペニー」の複数形。

**ベンズアルデヒド【benzaldehyde】**化学式$C_6H_5CHO$ 苦扁桃油の主成分。酸化されると安息香酸になる。香料・染料などに利用。

**へん-すい【辺垂・辺▼陲】**国の果て。辺境。

**へん-すう【辺▼陬】**片田舎。国の果て。辺境。

**へん-すう【変数】**対義 定数。①数学や物理で、ある数や量を文字で表したとき、この文字の値がいろいろ変化する場合にいう。variable ②コンピューターのプログラムに使われている数で、その値をいろいろ変化させることのできるもの。variable

**へん-ずつう【片頭痛・偏頭痛】**おもに、頭の片側におこる周期性・発作性の頭痛。migraine

**ペンステモン【Pentstemon】**ゴマノハグサ科ペンステモン属の総称。日本ではイワブクロが自生、ヒメツリガネヤナギが栽培される。

**へん-する【▼貶する】**(サ変他)①そしる。けなす。②官職・身分を落とし下げる。降職する。

**へん-する【偏する】**(サ変自) かたよる。lean

**へん-ずる【変ずる】**(サ変自他)＝変じる・変ず。①(自)㋐変わる。改まる。㋑化身する。②(他)変える。改める。

**べん-する【便する】**(サ変自) 便利にする。役立つ。便す。用例 使用に―。

**べん-ずる【弁ずる・▼辨ずる】**(サ変自)＝弁じる・弁ず。①わかる。わきまえる。区別する。understand; distinguish 用例 事の是非を―。②ととのう。③すむ。すます。処理する。manage 用例 用を―。

**べん-ずる【弁ずる・▼辯ずる】**(サ変他)＝弁じる・弁ず。①言う。言い立てる。speak eloquently ②言い訳をする。excuse

**べん-ずる【便ずる】**(サ変自他) 用が足りる。用を足す。利用する。便じる。便ず。

**へん-せい【変成】**(名・サ変自他) 性質が変わってできること。形を変えてつくること。用例 ―物質。

**へん-せい【変性】**①性質が変化すること。また、変化した性質。denaturation ②医学で、細胞や組織の性質が変わること。degeneration

**へん-せい【編成】**(名・サ変他) 個々のものを集めて一つにまとめること。formation 用例 列車の―。

**へん-せい【編制】**(名・サ変他) 軍隊などを組織すること。organization 用例 戦時―。

**べん-せい【▼鞭声】**むちをふる音。

**へんせい-アルコール【変性アルコール】**エタノールにメタノールなどの変性剤を少量加えて、飲用に適さないようにした工業用アルコール。denatured alcohol

**へんせい-がん【変成岩】**変成作用によって鉱物組成や組織が変化した岩石。変成作用の種類によって、広域変成岩や接触変成岩などに分類。metamorphic rock

**へんせい-き【変声期】**思春期の、声の変わる年ごろ。声変わりの時期。puberty

**へんせい-こうしょう【変成鉱床】**変成作用によって特定の鉱物が新たに生成・濃集されてできた鉱床、および既存の鉱床が変成作用を受けて性質を変えた鉱床。metamorphic deposit

**へんせい-さよう【変成作用】**生成時とは異なる温度や圧力の下で、岩石の鉱物組成や組織が変化すること。metamorphism

**べんせい-しゅくしゅく【▼鞭声粛粛】**(連語) 馬にあてるむちの音も静かに。用例 ―夜河を過る(頼山陽『山陽詩鈔』)。

**へんせい-そう【変成相】**岩石が変成作用を受けると、もとの化学組成や温度と圧力でいろいろな鉱物の組み合わせとなる。この一定範囲の変成作用にかかわる温度・圧力などの物理的条件をいう。metamorphic facies

**へんせい-たい【変成帯】**片麻岩・結晶片岩などの広域変成岩が、細長く帯状に分布する地域。metamorphic belt

**へんせい-ふう【偏西風】**南北両半球の中緯度地方の上層を、季節を問わず西から東に吹いている帯状の風。大きく蛇行しながら地球をめぐる。westerlies 比較 偏東風。

**へん-せつ【変節】**(名・サ変自) 主義・主張を変えること。apostasy 用例 ―漢。

**へん-せつ【変説】**(名・サ変自) これまでの主張や考えを変えること。change one's opinion

**べん-ぜつ【弁舌・▼辯舌】**ものを言うこと。話し方。eloquence

**弁舌爽やか**(べんぜつさわやか) 話しぶりや論じかたに、よどみがないさま。話がすらすら続いて、聴いていて快いさま。eloquent

**弁舌を振るう**(べんぜつをふるう) 雄弁に論じる。力のこもった巧みな話しぶりをいう。speak eloquently

**弁舌を弄する**(べんぜつをろうする) ことばたくみに、しゃべりまくる。口達者なだけのおしゃべりをする。eloquent

**へん-せん【変遷】**(名・サ変自) 時とともに移り変わること。changes 比較 推移・変転。用例 時代の―。

**ベンゼドリン【Benzedrine】**↓アンフェタミン

**ベンゼン【benzene】**化学式$C_6H_6$ 芳香族炭化水素の一つ。芳香をもつ無色の揮発性液体。コールタールの分留などによって得られる。各種の芳香族化合物の合成原料、染料など。ベンゾール。

**ベンゼン-かく【ベンゼン核】**炭素原子六個が正六角形に配置された環。芳香族化合物に含まれる。ベンゼン環。benzene ring

**ベンゼン-かん【ベンゼン環】**↓ベンゼンかく(ベンゼン核)

**へん-せんこう【変旋光】**旋光度(偏光面が回転する角度)が時間とともに変化する現象。mutarotation

**ベンゼンスルホン-さん【ベンゼンスルホン酸】**化学式$C_6H_5SO_3H$ ベンゼンを濃硫酸とともに熱すると得られる。潮解性が大きい。フェノール・染料の原料。benzenesulfonic acid

**べん-そ【弁▼疏・▼辯▼疏】**(名・サ変他) 言い訳をすること。弁解。

**へん-そう【返送】**(名・サ変他) 送り返すこと。send back

**へん-そう【変相】**㊀(名)《仏教語》地獄・極楽のようすを描いた図。用例 地獄―。㊁(名・サ変自) 顔かたちを変えること。変えた姿。

**へん-そう【変装】**(名・サ変自) 別人に見えるように身なりを変えること。変えた姿。disguise 比較 仮装。

**へん-ぞう【変造】**(名・サ変他) つくり変えること。alteration 用例 ―紙幣。

**へんそう-きょく【変奏曲】**一定の主題に基づき、主題のもつさまざまな要素を変化させる変奏技法を応用した楽曲。バリエーション。variation

**へんそう-ず【変相図】**仏教の教説を絵解き風に絵画化した仏画の総称。観経変相・法華経変相・浄土変相・地獄変相など。密教の曼荼羅は含まない。『法隆寺金堂壁画』など。変相。変。

**ベンゾール【Benzolドイ】**↓ベンゼン

**ベンゾキノン【benzoquinone】**化学式$C_6H_4O_2$ オルトとパラの二つの異性体がある。このうちパラ体は昇華性の黄色結晶。皮のなめし剤・重合禁止剤に利用。

**へん-そく【変則】**(名・形動) 規則・規定にはずれていること・さま。irregularity 対義 正則・通則。

**へん-そく【変速】**(名・サ変自) 速力を変えること。change speed

**へんそく-そうち【変速装置】**機関などの回転速度を、加えられる抵抗に応じて種々に変える装置。歯車式・流体式・電動機式など。変速機。speed change gear

**ベンゾニトリル【benzonitrile】**化学式$C_6H_5CN$ アニリンをジアゾ化し、シアン化銅(I)と反応させると得られる無色の液体。合成樹脂の原料、溶剤など。

**ベンゾピレン【benzpyrene】**↓さんよんベンゾピレン(三四ベンゾピレン)

**ペンタ【penta】**(接頭) ギリシア語で、五の意。用例 ―カルボニル鉄。

**ヘンダーソン【Fletcher Henderson】**(一八九八 一九五二) アメリカのジャズ-ピアニスト・編曲者・指揮者。一九二〇年代のビッグバンドの先駆者。

**へん-たい【変体】**ふつうの体裁と違うこと。その体裁。abnormality

**へん-たい【変態】**①形を変えること。変わった形。transformation ②動物が、卵からかえって成体になるまでに、いろいろな形態をとること。カエルの場合のオタマジャクシなど。metamorphosis ③植物の葉・茎・根がふつうとまったくちがう形になること。transmutation ④異常な性格。病的なようす。abnormality; perversion 対義 常態。⑤化学組成が同一の物質で、外部条件や生成処理条件によって、物理的性質や結晶構造が異なる現象。また、その状態。modification

**へん-たい【編隊】**航空機などが、複数で形を整えて組む隊形。formation

**へんたい-がな【変体仮名】**明治三三年(一九〇〇)に「小学校令施行規則」で定めた標準体(現在ふつうに使われているもの)以外の、平仮名。「ょ(＝に)・ま(＝し)・に(＝え)」など。

**へんたい-かんぶん【変体漢文】**文語文の一種。漢字だけでつづった日本文で、漢文法からは逸脱しているもの。『吾妻鏡』など、記録に多く用いられた。

**へんたい-てん【変態点】**物質が外部条件などの相違により、物理的性質の異なる状態へ転移するときの温度。変態温度。transformation temperature

**へんたい-ホルモン【変態ホルモン】**昆虫類の脱皮や蛹化などの変態を促進するホルモン。昆虫(カイコなど)の前胸腺やアラタ体などから分泌される。metamorphosis hormone

**ペンタゴン【Pentagon】**《五角形、の意》アメリカ国防総省の通称。建物が五角形であることからいう。

**ペンタスロン【pentathlon】**↓ごしゅきょうぎ(五種競技)

**べん-たつ【▼鞭▼撻】**(名・サ変他) ①むち打つこと。whipping ②励ますこと。督励。encouragement

**ペンタプリズム【pentaprism】**五角形の屋根形プリズム。上下・左右の正立像が見られ、一眼レフカメラのファインダーに使われている。正式には、ペンタゴナル-ルーフ-プリズムという。pentagonal roof prism

**ペンタン【pentane】**化学式$C_5H_{12}$ 炭素の数が五個のアルカン。三つの異性体がある。石油や天然ガス中に存在。溶剤用・低温温度計用・麻酔剤用など。

**へんだん-うけん【偏▼袒右肩】**《仏教語》古代インドで、僧の貴人に対する最高の礼を表す姿。右側の袈裟をはずして肩を現すこと。

**ペンタン-おんどけい【ペンタン温度計】**ペンタンを利用した低温用液体温度計。マイナス二〇〇℃まで測定できる。pentane thermometer

**ペンダント【pendant】**①装身具の一つ。首飾りや耳輪などについた宝石、メダルなどの垂れ飾り。②照明器具で、天井からコードやパイプ、チェーンなどでつり下げたもの。

**へん-ち【▼胼▼胝】**↓たこ(胼胝)

**へん-ち【辺地】**へんぴな土地。片田舎。辺境。辺土。へき地。

**ヘンチ【Philip Showalter Hench】**(一八九六 一九六五) アメリカの医学者。多数の副腎皮質ホルモンを発見し、構造決定をした。ケンダール・ラインシュタインとともに一九五〇年ノーベル生理学医学賞受賞。

**ベンチ【bench】** ①公園・待合室などにある、クッションのない長いこしかけ。②野球で、監督や選手のひかえ席。ダッグアウト。転じて、試合中の監督やコーチ。

**ベンチを暖める** 補欠などで試合に出してもらえず、ベンチに残っている。be a bench polisher

**ペンチ**《pinchersの転》金属板や針金の切断や加工に用いる鋼製の工具。先端の、刻み目のあるはさむ部分と、根元の刃の部分からなる。pincers; cutting pliers

**へんちく-りん**(形動)《俗語》なんとも、おかしげなさま。へんてこ。へんてこりん。みょうちきりん。odd 用例 ―なかっこう。

**へん-ちつ【▼篇▼帙】** ①書物をおおう帙。②書物。

**ベンチ-プレス【bench press】** ①ウエートトレーニングの一種。幅のせまいベンチにあおむけに横たわり、バーベルを両腕で支持して、胸上で押し上げ屈伸する。②パワーリフティングの種目の一つ。ベンチプレスでの押し上げる力を競う。比較 スクワット・デッドリフト。

**ベンチャー-キャピタル【venture capital】** 先端技術の開発など不確実で危険性の高い企業活動に投下される資本。

**ベンチャー-ビジネス【venture business】**《ventureは冒険・投機、の意。新しい技術開発など多少の冒険をともなうことから》高度に知識集約的な新しいタイプの中小企業。コンピューターのソフト部門、バイオ関係に多い。

**べん-ちゃら**《俗語》口先だけでへつらうこと。そのことば。おべんちゃら。用例 ―を言う。

**べん-ちゅう【▼鞭虫】** ベンチュウ科の線虫の一種。人体の寄生虫。体長三～五cm。成熟卵が経口感染し、ヒトの盲腸部に寄生。温帯から熱帯地方に多い。

**ベンチュリ-かん【ベンチュリ管】** 管の途中がくびれ、その細くなった部分に垂直に別の細い管をつないだもの。流速を測定するもので、流れのなかにこの管を入れ、流れが速くなると圧力が低くなるベルヌーイの定理を垂直の細い管で見るもの。イタリアの物理学者ベンチュリの考案。ベンチュリ計。Venturi tube

**へん-ちょ【編著】** ①編集した著作物。compilation ②人の文章を集め、自分の文章も載せた書物。anthology

**へん-ちょう【変徴】** 変化の徴候。

**へん-ちょう【変調】** ㊀(名・サ変自他) ①調子が変わること。変えること。また、変わった調子。change 対義 正調。②音楽で、楽曲の進行中に調子が変わること。また、変えた調子。modulation ③搬送波を信号電流によって変化させること。振幅変調(AM)・周波数変調(FM)・位相変調(PM)・パルス変調がある。modulation ㊁(名) ふつうの状態ではないようす・事態。abnormality 用例 からだの―をうったえる。

**へん-ちょう【偏重】**(名・サ変他) かたよって、重んずること。attach too much importance 用例 テストを―する。

**へん-ちょうし【変調子】** 調子・ようすが、ふだんと違うこと。abnormal conditions

**ベンチレーター【ventilator】** 空気を入れ換える装置の総称。通風機・換気装置など。日本では換気筒をさす場合が多い。

**ベンツ【Benz】** ①西ドイツの代表的自動車メーカー、ダイムラー-ベンツ社の略称。一九三六年に、世界最初のディーゼルエンジン搭載の乗用車を製作。②「メルセデス-ベンツ」の略。

**ベンツ【vent】** ジャケットやコートの裾に入った切り込み。スリットとは違い、切り込み位置には布の重なりがある。

**ベンツ【Carl Friedrich Benz】**(一八四四～一九二九) ドイツの技術者で、ダイムラー-ベンツ社の前身であるベンツ社の設立者。空気タイヤの開発およびガソリンエンジンを備えた自動三輪車の製作などを行った。

**へん-つう【変通】**(名・サ変自) その場・時に応じて自由自在に変わって適応していくこと。用例 ―自在。

**べん-つう【便通】** 大便が出ること。bowel movement

**ヘンツェ【Hans Werner Henze】**(一九二六～) ドイツの作曲家。初期には十二音技法を用いたがのちに離れる。オペラ『孤独通り』『若き恋人たちへの悲歌』など。

**ペンディング【pending】** 決めないでおくこと。決定を延ばすこと。保留。用例 その件は―にする。

**ペンテウス【Pentheus】** ギリシア神話のテーベ王。酒神ディオニュソス崇拝を禁じたため、狂信の母親などに八つ裂きにされた。

**へん-てこ**(形動)《俗語。「変梃」とも当てる》変なさま。おかしなさま。不思議なさま。へんちくりん。みょうちきりん。へんてこりん。

**ペンテコステ【Pentēkostē ギリシア】**《五〇番目(の日)、の意》①ユダヤ教で、過越の祭の五〇日後の五旬節。②キリスト教で聖霊降臨日。

**ペンテシレイア【Penthesileia ギリシア】** ギリシア神話のアマゾン族の女王。トロヤに助勢し遠征軍と奮戦、アキレウスに倒された。

**へん-てつ【変哲】**《当て字》変わったこと・点。unusualness

**変哲も無い** とくに変わったところもない。取り立てて言うほどのこともない。commonplace 用例 なんの―男。

**ヘンデル【Georg Friedrich Händel】**(一六八五～一七五九) ドイツの作曲家。バッハと並び後期ドイツ-バロック最大の音楽家。イギリスで活躍。単純明快、流麗で力強い音楽が特色。作品にオラトリオ『メサイア』、オペラ『ジュリアス=シーザー』、管弦楽曲『水上の音楽』『王宮の花火の音楽』、合奏協奏曲など。

**ペンデレツキ【Krzysztof Penderecki】**(一九三三～) ポーランドの作曲家。トーン-クラスター(=密集音塊)技法などで現代音楽に新しい音の世界を開いた。作品『広島の犠牲者への哀歌』『ルカ受難曲』など。

**へん-てん【変転】**(名・サ変自他) 状態が移り変わること。変えて移すこと。mutation 比較 変遷・転変。用例 ―極まりない。

**へん-でん【返電】** 返事の電報。reply telegram 用例 ―を打つ。

**べん-てん【弁天・▼辯天・▼辨天】** ①「弁才天」の略。②《転じて、弁才天のように美しいの意から》美人。

**べん-でん【便殿】** =びんでん。①天子が休息する御殿。②仮に造った御殿。

**ペンテン【pentene】** 化学式$C_5H_{10}$ 炭素の数が五個のアルケン。石油の分解で得られる。ガソリンの主要成分。ペンチレン。アミレン。

**べんてん-こぞう【弁天小僧】** 弁天小僧菊之助。『青砥稿花紅彩画』に登場する「白浪五人男」の一人で娘姿に化ける盗賊。

**べんてん-じま【弁天島】** 静岡県南西部、浜名湖口の七つの埋め立て地からなる島の総称。国道や新幹線が通る。景勝地で、潮干狩り・釣り・海水浴客が多い。

**へんでん-しょ【変電所】** 発電所で発電した電力を送る過程で、電圧を変える施設。substation

**ヘント【Gent】** ベルギー北西部、東フランドル地方の商工業都市。繊維工業を伝統とする。人口二三・四万(一九八六)。ガン。ゲント。

**へん-ど【辺土】** へんぴな土地。辺地。

**へん-とう【返答】**(名・サ変自) 問われたり、呼ばれたりしたとき、答えること。返事。reply

**へん-とう【▼扁桃】** ①アーモンドの和名。②咽頭とその周辺にあるリンパ小節集団の総称。tonsil

**へん-どう【変動】** ㊀(名) 騒動。事変。incident ㊁(名・サ変自) 固定しないで変わり動くこと。異動。change

**べんとう【弁当・▼辨当】** 外出時に携帯する食事、または携帯用容器に入れた料理。通勤・通学や行楽時に、また多人数の会食や軽食に用いる。数え方 一人前・一本。

**弁当を使う** 弁当を食べる。

**ベントゥーリ【Adolfo Venturi】**(一八五六～一九四一) イタリア近代美術史学の確立者。ルネサンスの巨匠の研究で有名。著書『イタリア美術史』など。子のリオネロ(一八八五～一九六一)も美術史家。

**へんとう-えん【▼扁桃炎】** 一般に、口蓋扁桃の炎症。熱・痛みをともない、とくに慢性では腎炎・関節炎などをおこす恐れがある。tonsillitis

**へんどうかわせそうば-せい【変動為替相場制】** 外国為替相場を市場の需給による変動にまかせる制度。一九七三年以降、主要国の多くが採用している。変動相場制。フロート制。floating exchange rate system 対義 固定為替相場制。

**へん-どうかんすう【偏導関数】** 多変数からなる関数の導関数。partial derivative 参照 偏微分。

**へんどうきんり-せい【変動金利制】** 金融機関が市中金利の動きに合わせて、当初の金利を変動させる制度。floating interest rate system

**へんどう-けいすう【変動係数】** いく組かのデータの散らばり方を比較するさいの、標準偏差の平均値に対する比率。coefficient of variation

**へんどう-しょとく【変動所得】** 一時的・臨時的な所得として毎年変動し、額の一定しない所得。漁獲から生じる所得や原稿料・作曲料など。transitory income 対義 恒常所得。

**へんとう-せん【▼扁桃▼腺】** ①口の奥の左右の壁にある、卵形のリンパ組織。the tonsils ②扁桃炎の通称。

**へんどう-そうばせい【変動相場制】**「変動為替相場制」の略。

**へんどう-たい【変動帯】** 地殻変動のはげしい帯状の地域。プレートの生成や衝突の地域がほぼこれにあたる。造山帯。mobile belt

**へんとう-ひだい【▼扁桃肥大】** おもに、口蓋扁桃の肥大。子どもの口蓋扁桃は生理的に肥大しているが、極端な習慣性扁桃炎やリューマチ熱などの悪化・再燃の原因と考えられるときは摘出する。tonsillar hypertrophy

**へんどう-ひよう【変動費用】** 一定の生産設備のもとで、操業度に比例して大きさが変化する費用。原材料費・動力費など。variable cost 対義 固定費用。

**へんとう-ふう【偏東風】** 赤道をはさんで緯度三〇度以内の地域と極地の対流圏の下層を、東から西に吹いている帯状の風。easterlies 比較 偏西風。

**ペントース【pentose】** 炭素の数が五個の単糖の総称。広く生物界に存在する。リボース・デオキシリボースなど。五炭糖。

**ベントグラス【bentgrass】** イネ科コヌカグサ属の総称。多くは山野に群生する多年草。コヌカグサ・ヌカボなど。

**ベントス【benthos】** →ていせいせいぶつ(底生生物)

**ベントナイト【bentonite】** モンモリロナイトを主成分とする淡色の粘土。白・黄・灰色で、真珠光沢やろう状光沢をもつ。一般に、水によっていちじるしくふくらむ。陽イオン交換性を有する。陶磁器や耐火物の原料および土壌改良剤などに用いる。

**ペントバルビタール【pentobarbital】** バルビツル酸誘導体の睡眠薬。作用時間は比較的短く数時間。熟眠や鎮静などを目的に利用される。商標名ラボナなど。

**ベントリス【Michael Ventris】**(一九二二～一九五六) イギリスの考古学者・建築家。一九五二年、三種のクレタ文字の中の線文字Bの解読に成功。自動車事故死。

**べん-なん【弁難・▼辯難】**(名・サ変他) 言いたてて非難すること。

**へん-に【変に】**(副) 不思議に。奇妙に。妙に。strangely 用例 ―親切だ。

**へんにゃく-しょうじ【変▽易生死】**《仏教語》迷いの世界を離れた聖者の生死。体形・状態を自在に変化でき、仏になるとき身体を捨てるとされた。対義 分段生死。

**へん-にゅう【編入】**(名・サ変他) 組み入れること。incorporation 用例 ―試験。

**べん-ねい【便▼佞】**(名・形動) うわべだけ相手の気に入るように振る舞いながら、誠意のないこと・さま・人。

**ペン-ネーム【pen name】** 文章を書くときに使う名。筆名。雅号。対義 本名。

**ベンネビス-さん【ベンネビス山】**(Ben Nevis) イギリスのスコットランド西部にある同国の最高峰。標高一三四三m。グランピア高地に属する。

**へんねん-し【編年史】** 編年体の歴史。chronicle

**へんねん-たい【編年体】** 中国の歴史記述の一形式。史実を年月順に叙述する。『春秋』に始まる。chronological order 比較 紀伝体・列伝体。

**へん-のう【返納】**(名・サ変他) もとの持ち主や置き場所へ返すこと。return

**へんのう-ゆ【片脳油】** 樟脳油を分別蒸留して得た液体。特殊な芳香がある。防虫剤・防臭剤・浮遊選鉱剤・溶剤など。camphor oil

**べんのないしにっき【弁内▽侍日記】** 鎌倉中期の日記。二巻。著者は藤原信実の娘。宮廷に仕えた六年間を、多くの和歌を交えて描く。

**へん-ぱ【偏▼頗】**(名・形動) かたよること・さま。不公平。えこひいき。partiality

**へん-ぱい【返杯・返▼盃】**(名・サ変自) 相手からの杯の酒を飲み干してから、相手に杯を返すこと。また、その杯。offer ... a cup(of sake) in return 対義 献杯。

**べん-ぱく【弁▼駁・▼辯▼駁】**(名・サ変他) 人の説のまちがいを言い破ること。論難。反論。抗弁。refutation

**べん-ぱつ【弁髪・▼辮髪】** 男子の髪型の一つ。後頭部中央だけを円形に残して髪をそり、残った髪を三つ編みにして後ろへ長くたらす。もとは、満州族など北アジア諸民族の習俗。清朝が漢民族にも強制したため、この時代には中国全土で行われた。pig tail

**ペン-パル【pen pal】**《「パル」は、仲よし、の意》→ペンフレンド

**へん-ぴ【辺▼鄙】**(名・形動) 都から遠く離れていて、開けていないこと・さま。また、そのような土地。辺地。out-of-the-way

**べん-ぴ【便秘】**(名・サ変自) 排便回数、便量が減少し、水分の乏しい固い糞便を排出する状態。大便が長時間にわたり、腸管内に停滞することによる。秘結。constipation

**へん-びぶん【偏微分】** 二つ以上の変数をもつ関数があるとき、このなかの一つの変数にだけ注目し、他の変数は固定して定数とみなし、その注目した変数の関数として微分すること。こうして導かれた関数を偏導関数という。partial differentiation

**へん-ぴん【返品】**(名・サ変自) 商品の破損その他の理由で、買い手が商品を売り手に返すこと。または、返された物。returned goods

**へん-ぷ【返付】**(名・サ変他) 書類などを、出した所へ返すこと。return 対義 送付。

**ヘンプ【hemp】** ①アサ。②ツナソ。③アサに似た植物の総称。

**へん-ぷく【辺幅】** ①布などのへり。the edge ②うわべ。見栄。outward appearance

**辺幅を飾る**(へんぷくをかざる) 身なりや外見をりっぱにみせる。見栄を張る。

**べん-ぷく【便服】** 普段着。べんい。

**へん-ぶつ【変物・偏物】** 変わった人。変人。eccentric person

**ペン-フレンド【pen friend】** 文通により結ばれている、国内や国外の友人。ペンパル。

**へん-ぶん【変文】** 中国、唐代の仏教講釈文。「変相図」をもとに、韻文(うたい)と散文(語り)をおりまぜ、平易に仏教を説く。

**べん-ぶん【▼駢文】** 中国の文体の名称。魏・晋時代に起こり、南北朝から唐にかけて流行した美文。対句を多く用い、四字句・六字句の形式をとり、平仄をととのえ、華美な文辞を用い、典故を多くひく技巧主義的な文体。四六文・四六駢儷文ともいう。

**へん-ぶんしん【辺文進】**(生没年未詳) 中国、明初の画家。宮廷画院で活躍し、南宋院体風の花鳥画の名手。作品『三友百禽図』など。

**へん-ぺい【▼扁平】**(名・形動) 平たいこと・さま。flat

**へんぺい-うん【▼扁平雲】** 雲頂があまり盛り上がらず、ひらたく水平にひろがった雲。humilis

**へんぺい-そく【▼扁平足】** 足底の土踏まずがなく、足の裏全体が平らな足。長時間の歩行ができない、疼痛などの扁平足障害がみられる。flat foot

**べん-べつ【弁別・▼辨別】**(名・サ変他) ①物事を見分けること。識別。discrimination ②善悪を区別すること。discrimination

**ベン-ベラ【Ahmed Ben Bella】**(一九一六～) アルジェリアの政治家。第二次大戦後、反フランス民族独立運動に参加し民族解放戦線(FLN)を結成。一九六二年独立にともない首相、六三年大統領。六五年失脚。

**ベンベルグ【Benberg ドイツ】** 銅アンモニアレーヨンの商標名。一九二〇年ごろドイツのベンベルグが実用化・工業化。キュプラ。

**へん-ぺん【片片】**(形動タルト) ①断片がひらひらするさま。in pieces ②きれぎれなさま。in flakes ③取るに足りないさま。trifling

**べん-べん【便便】**(形動タルト) ①腹がでっぷりしているさま。potbellied 用例 ——たる太鼓腹。②無駄に時を過ごすさま。idle away 用例 ——として日を送る。

**ぺんぺん-ぐさ【ぺんぺん草】**《果実の形が三味線のばちに似ていることから、三味線をひくときの「ぺんぺん」という音にかけて》ナズナの別名。

**ぺんぺん草が生える**(ぺんぺんぐさがはえる) 《手入れをする人もなく、屋根の上にナズナが生えることから》家などのひどくさびれたさまに言う。be dilapidated 比較 閑古鳥が鳴く。

**ベンボ【Pietro Bembo】**(一四七〇～一五四七) イタリアの人文学者。論集『アーゾロの人々』、『俗語散文集』など。

**へん-ぼう【変▼貌】**(名・サ変自) 姿やようすの変わること。姿やようすを変えること。transfiguration 用例 都市の——はめまぐるしい。

**へん-ぽう【返報】**(名・サ変自) ①好意にむくいること。requital ②恨みに仕返しをすること。retaliation ③返事。返答。reply

**べん-ぽう【便法】** ①便利な方法。easier method 用例 学問に——はない。②便宜上の手段。makeshift

**へん-ぼう-かん-きゃく【偏▼旁冠脚】** 漢字の字体を組み立てる部分の、位置による名称。字の左部にある偏、右部にある旁、上部の冠、下部の脚のほか、繞や構えがある。

**ペン-ホルダー-グリップ【penholder grip】** 卓球のラケットの持ち方の一種。グリップをペンを持つように親指と人差し指で握る。アジア諸国の選手に多いことから、オリエンタルグリップともいう。比較 シェークハンドグリップ。→卓球図

**へん-ぽん【返本】**(名・サ変自) 仕入れた本を出版元などに返すこと。また、その本。books returned unsold

**へん-ぽん【▼翩翻】**(形動タルト) 旗などが、ひらひらとひるがえるさま。用例 ——とひるがえる国旗。

**へん-まがん【片麻岩】** 粗粒で鉱物組成の異なる薄層が重なり合っている変成岩。石英と長石を主とする白い層と、黒雲母などに富む黒い層が重なりあう。gneiss

**べん-まく【弁膜・▼瓣膜】** 心臓や静脈などの内部にあって血液などの逆流を防ぐ弁。valve

**へん-まひ【片麻▼痺】** 体の左右一方の上下肢が麻痺した状態。いわゆる半身不随。神経伝導をになう錐体路における異常であるが、原因となる疾患には脳卒中・脳外傷・脳腫瘍などがある。hemiplegia

**へん-まん【遍満】**(名・サ変自) あまねく満ち広がること。

**ペンマンシップ【penmanship】** 英習字。

**へんみ-ゆうきち【▽逸見猶吉】**(一九〇七～四六) 詩人。本名大野四郎。栃木県生まれ。早大卒。暗く激しい生の意識を奔放な幻想に託してうたった。詩『ウルトラマリン』、詩集『逸見猶吉詩集』。

**へん-みょう【変名】**→へんめい(変名)

**べんむ-かん【弁務官・▼辨務官】** 植民地・占領地にあって政治・外交上の事務を扱う官吏。commissioner

**へんむ-けいやく【片務契約】** 法律で、契約当事者の片方の者が一方的に債務を負う契約。贈与・使用貸借など。unilateral contract 対義 双務契約。

**へん-めい【変名】**(名・サ変自) 本名を隠して別の名を名のること。また、その名前。へんみょう。assumed name 比較 別名。

**べん-めい【弁明・▼辯明・▼辨明】**(名・サ変自他) ①説明して、明らかにすること。explanation ②言い訳をすること。釈明。justification; excuse 用例 一身上の——。

**べん-もう【▼鞭毛】** プランクトンなどの細胞の表面から突出する、一から数本のむち状の細胞器官。二本の中心小管、九対の周辺小管からなる。細胞の運動や物質輸送に関係。flagellum

**べんもう-うんどう【▼鞭毛運動】** からだの一端にある鞭毛を波状に動かして水流を起こし、その反動で進む運動。flagellar movement

**べんもう-きんるい【▼鞭毛菌類】** 生活史のある時期に、鞭毛をもつ遊走細胞(遊走子)がみられる菌群。水中・陸上生活・植物寄生など、生活形態は多様で約一九〇属一一〇〇種がある。

**べんもう-そう【▼鞭毛藻】** 光合成を行う色素をもち、鞭毛で遊泳する単細胞藻類の総称。ミドリムシ・ツノモ・ヒカリモなど。

**べんもう-ちゅう【▼鞭毛虫】** ベンモウチュウ綱の、もっとも原始的な動物。単細胞からなり、一～数十本の鞭毛によって運動する。葉緑体をもつ植物的なものと、もたない動物的なものがある。夜光虫・ミドリ虫など。flagellate

**へん-もく【編目・▼篇目】** 書籍などの編・章の題目。または、表題。

**ベンヤミン【Walter Benjamin】**(一八九二～一九四〇) ドイツの思想家・批評家。神秘的洞察にみちたエッセーを書く。著書『ゲーテの親和力』『ドイツ悲劇の起源』など。

**へん-よう【変容】**(名・サ変自他) 姿・ようすが変わること。外観を変えること。transfiguration

**へんよう-ぼく【変葉木】**《葉がさまざまな色彩と形をとることから》観葉植物クロトンの和名。

**へん-らん【変乱】** 事変による、世の乱れ。

**べん-らん【便覧】** 諸般の事項が、見るのに便利なように簡便に編集されている書物。びんらん。manual

**へん-り【片理】** 変成岩の板状や柱状および針状の鉱物が特定方向に配列してできる面状構造。岩石が一方向に割れやすくなる。結晶片岩を特徴づける。雲母や滑石などにみられる。schistosity

**べん-り【弁理・▼辨理】**(名・サ変他) 物事を判別して処理すること。

**べん-り【便利】**(名・形動) 都合がよいこと・さま。役に立つこと・さま。重宝。convenience 対義 不便。用例 交通に——。

**ヘンリー【henry】** インダクタンス(誘導係数)の単位。電流が毎秒一アンペアの割合で変化するとき、自己誘導または相互誘導によって一ボルトの起電力を生じるような回路の誘導係数の値。アメリカの物理学者ヘンリーにちなむ。記号H。

**ヘンリー〈二世〉【Henry II】**(一一三三～八九) イギリス王(在位一一五四～八九)。プランタジネット朝の始祖。フランスの西半分をも領有。行政・軍制を改革して王権を強化。教会裁判権をめぐり大司教ベケットと抗争、これを暗殺。

**ヘンリー〈三世〉【Henry III】**(一二〇七～七二) イギリス王(在位一二一六～七二)。ジョン(失地王)の子。重税を課すなどの失政によりシモン=ド=モンフォールら諸侯の反抗を招き、一二五八年、王権を制限するオックスフォード条項を承認させられた。

**ヘンリー〈四世〉【Henry IV】**(一三六七～一四一三) ランカスター朝初代のイギリス王(在位一三九九～一四一三)。従兄弟のリチャード二世を退け、議会に推挙されて即位。そのため、議会の発言権が強化された。

**ヘンリー〈七世〉【Henry VII】**(一四五七～一五〇九) イギリス王(在位一四八五～一五〇九)。ランカスター家出身。ばら戦争でリチャード三世に勝って即位。チューダー朝の始祖。貴族の勢力をおさえて王権を強化した。財政に意を用い、絶対王制の基礎を築いた。

**ヘンリー〈八世〉【Henry VIII】**(一四九一～一五四七) イギリス王(在位一五〇九～四七)。王妃との離婚問題をめぐり教皇と対立。一五三四年イギリス国教会の首長となり、ローマ教会から絶縁。イギリス絶対王制の強化に尽力。妃を六人かえたことでも有名。→写

●ヘンリー八世

**ヘンリー【Patrick Henry】**(一七三六～九九) アメリカの政治家。印紙条例反対運動で活躍。独立革命を指導。バージニア州初代知事。「自由か死か」の演説は有名。

**ヘンリー-こうかいおう【ヘンリー航海王】**→エンリケ

**ヘンリー-の-ほうそく【ヘンリーの法則】** 一定温度で、一定量の液体に溶解する気体の量は、その溶液と平衡にある気体の分圧に比例するという法則。一八〇三年にイギリスの化学者ヘンリーが発見。Henry's law

**へんり-きょうせい【片利共生】** 生物の共生の一種。一方が利益を得、他方は利益も害も受けない場合のこと。commensalism 対義 相利共生。

**べんり-こうし【弁理公使】** 特命全権公使と代理公使の中間の階級に位置する外交使節。minister resident

**べんり-し【弁理士】** 特許・実用新案・意匠・商標について、特許庁ならびに通産大臣に対して行わなければならない手続きの代理・鑑定などを業とする者。patent agent

**べんり-や【便利屋】** ①多忙な人の家事代行や、ペットの世話など雑用をなんでも引き受ける職業。また、その人。②どんな仕事でも器用にこなし、無難にしあげる人。なんでも引き受けて、やってくれる人。handyman

**へんりゅう-き【変流器】** 交流の大電流を測定しやすい電流値に変える変圧器。current transformer

**へん-りょう【変量】** ①変化する量。②統計・調査・実験・観測などのデータを数量で表したもの。variable

**へん-りん【片▼鱗】**《一枚のうろこ、の意》ごくわずかな部分。一端。part 用例 天才の——がうかがえる。

**片鱗を示す**(へんりんをしめす) 学識・才能などの一部分を、ちらりと見せる。get a glimpse of



↓行き先項目、図版・写真参照印。 JIS 日本工業規格情報交換用漢字符号コード(区点コード)。

**ヘンルーダ**【wijnruit オランダ・芸香】ミカン科の常緑多年草。高さ約五〇cm。葉は羽状に裂け、紫色を帯びる。初夏に黄色の小花をつける。強い香気があり、薬用・観賞用として栽培される。南ヨーロッパ原産。ルーダソウ。ウンコウ。↓写

●ヘンルーダ

**へん-れい**【返礼】(名・サ変自) ①受けた礼・好意・品物に対して、お礼をすること・品。お返し。gift in return ②仕返しをすること。返報。revenge

**へん-れい**【返戻】(名・サ変他) 返しもどすこと。return

**べん-れい**【勉励】(名・サ変自) つとめはげむこと。努力。industry 用例 刻苦―。

**べんれい-たい**【▼駢▼儷体】↓しろくべんれいたい(四六駢儷体)

**へん-れき**【遍歴・▼偏歴】(名・サ変自) ①いろいろな国や地域を回って歩くこと。pilgrimage ②いろいろな経験をすること。用例 あれこれと職業を―する。

**へん-ろ**【遍路】祈願のため、四国八十八箇所の霊場を巡り歩くこと・人。お四国。比較 巡礼。

**べん-ろん**【弁論・▼辯論】(名・サ変自) ①意見を述べること。論じ合うこと。debate ②法律で、法廷で意見を申し立てること。陳述。pleading

**べんろん-しゅぎ**【弁論主義】民事訴訟法上、判決の基礎となる事実関係についての主張と立証を、当事者の責任とする原則。

# ほ ホ

**ほ**【ほ・ホ】五十音図は行第五の仮名。平仮名「ほ」は「保」の草体。片仮名「ホ」は「保」の右下。濁音は「ぼ」「ボ」。半濁音は「ぽ」「ポ」。

**ホ** 7画 【▼甫】 部首[用] 人名用 JIS 4267
音 フ・ホ
はじめ。はじめて。はじめたばかり。

**ホ** 8画 【歩】 部首[止] 教育小2 JIS 4266 ／ 7画 【▼步】 旧字
音 ホ・ブ・フ
訓 あるく・あゆむ
①あるく。あゆむ。足ですすむ。あゆみ。「国歩・散歩・進歩・徒歩・漫歩」「歩行・歩調」用例 (名)―を進める。②あるくことを数えるのに用いる。用例 (助数)一―前。三―。↓フ・ブ【歩】
**歩を失う** どう進んだらよいのか、進むべき道がわからなくなる。
**歩を移す** 歩く。歩みを進める。歩を運ぶ。step ahead
**歩を進める** 歩いて行く。先へ進む。次の段階へ移る。go ahead
**歩を運ぶ** ①歩いて先へ進む。歩を移す。go ahead ②目標とする所まで、行く。先方まで、出向く。

**ホ** 9画 【保】 部首[人・亻] 教育小5 JIS 4261
音 ホ・ホウ
訓 たもつ
①たもつ。ながくもつ。「確保」「保安・保持・保身・保存」②やすんずる。世話をする。「保育・保護・保障・保養」③うけあう。あずかる。「担保」「保管・保険・保釈・保証・保留」

**ホ** 9画 【▼匍】 部首[勹] JIS 5021
音 ホ
はう。はらばう。手と足と、また、腹を地面につけてすすむ。「匍匐」

**ホ** 10画 【哺】 部首[口] JIS 5114
音 ホ
①ふくむ。食物を口にふくむ。②はぐくむ。やしなう。くわせる。「反哺」「哺乳」

**ホ** 10画 【▼圃】 部首[囗] JIS 4264
音 ホ
はたけ。はた。菜園。「花圃」

**ホ** 10画 【▼埔】 部首[土] JIS 5230
音 ホ
「大埔・黄埔」は、中国の広東省にある県【名。

**ホ** 10画 【捕】 部首[扌] 常用 JIS 4265
音 ホ・ブ
訓 とらえる・とらわれる・とる・つかまえる・つかまる
①とる。とらえる。つかむ。つかまえる。「逮捕」「捕獲・捕球・捕鯨・捕手・捕縛」②野球で、捕手のこと。「捕逸・捕邪飛」

**ホ** 10画 【浦】 部首[氵] 常用 JIS 1726
音 ホ
訓 うら
うら。うみべ。みずべ。「海浦・長汀曲浦」

**ホ** 10画 【▽畝】 部首[田] 常用 JIS 3206 ／ 9画 【▼畒】 異体字 JIS 6528
音 ボウ・ホ
訓 せ・うね
①せ。尺貫法の土地面積の単位。一反の一〇分の一。一坪の三〇倍。約〇・九九一a。②うね。【あぜ。

**ホ** 11画 【▼逋】 部首[辶] JIS 7789
音 ホ・フ
のがれる。にげる。かくれる。

**ホ** 11画 【▼晡】 部首[日]
音 ホ
ひぐれ。ゆうがた。申の刻。午後四時ごろ。

**ホ** 11画 【▼脯】 部首[月] JIS 7093
音 フ・ホ
ほじし。ほしてかわかした肉。薄い干し肉。

**ホ** 12画 【補】 部首[衤] 教育小6 JIS 4268
音 ホ・フ
訓 おぎなう
①おぎなう。おぎない。「修補・増補」「補強・補欠・補習・補足・補筆」②まだ、その身分の資格をもたないもの。「候補」用例 《接尾的》警部―。社員―。③《輔とも》たすける。たすけ。【「補佐・補助」

**ホ** 13画 【▼蒲】 部首[艹] JIS 1987
音 ホ・ブ・フ・ボ
①ガマ。ガマ科の多年草。「蒲団」②かわやなぎ。ネコヤナギ。ヤナギ科の落葉低木。「蒲柳」③「樗蒲」は、さいころばくち。

**ホ** 14画 【▼輔】 部首[車] 人名用 JIS 4269
音 フ・ブ・ホ
①たすける。たすけ。てだすけ。「輔佐・輔導・輔弼」②ほおぼね。「唇歯輔車」③すけ。大宝令で、八省の次官。

**ホ** 15画 【舗】 部首[口] 常用 JIS 4262 ／ 15画 【▼舖】 部首[舌] 旧字 JIS 7152 ／ 15画 【▼鋪】 部首[金] 異体字 JIS 4263
音 ホ・フ
①しく。ならべる。「舗装・舗道」②みせ。たな。商品をならべて、うるところ。「店舗」

**ホ** 16画 【▼餔】 部首[食] JIS 8116
音 ホ・フ
①ゆうめし。夕食。②くう。くらう。たべる。

**ホ** 18画 【▼鯆】 部首[魚] JIS 8236
音 ホ・フ
イルカ。クジラ目に属する哺乳動物。

**ほ**【帆】①風力を利用して船を走らせるために船上に張る布。sail 用例 ―をかける。―を上げる。②①をかたどった紋所。海事関係者が多く使用。一つ帆・二つ帆・丸に帆など。↓図 ↓弁才船図
**得手に帆を揚げる** ↓えて(得手)
**尻に帆を掛ける** ↓しり(尻)

●帆② 丸に帆

三つ寄せ帆

**ほ**【▽秀】高くひいでているもの。抜きんでているもの。

**ほ**【穂】《「秀」と同源》①長い花軸に多くの小花が連なってつくもの。イネ・ムギなどイネ科植物の花序。spike ②穂状のものの先。point; ear head 用例 筆の―。③接ぎ木・挿し木に用いる芽のついた枝。接ぎ穂。↓槍図
**穂に出る** 表面に現れる。目立つ。秀に【出ず。

**ぼ**【ぼ・ボ】↓ほ【ほ・ホ】

**ボ** 5画 【▼戊】 部首[戈] JIS 4274
音 ボウ・ボ
つちのえ。十干の第五。「戊申・戊夜」

**ボ** 5画 【母】 部首[毋] 教育小2 JIS 4276
音 ボ・ボウ・モ
訓 はは
①はは。かあさん。対義 父・子。「義母・国母・慈母・生母・祖母」「母子・母乳」②もと。うみのもと。「酵母・字母」「母校・母国」

**ボ** 7画 【▼牡】 部首[牛] JIS 1820
音 ボウ・モ・ボ
おす。お。動物のおす。対義 牝。

**ボ** 8画 【▼姆】 部首[女] JIS 5308
音 ボ・モ
かしずき。そばにつきそう女性。乳母。おもり。「保姆」

**ボ** 8画 【▼拇】 部首[扌] JIS 5737
音 ボ・ボウ
おやゆび。おおゆび。もっとも太い指。「拇印・拇指」

**ボ** 9画 【▼姥】 部首[女] JIS 1724
音 ボ・モ
①ばば。老女。年とった女性。②かしずき。乳母。おもり。

**ボ** 10画 【▼莫】 部首[艹] JIS 3992
音 ボ・モ・バク・マク
くれ。日のくれ。年のくれ。↓バク【莫】

**ボ** 11画 【▼菩】 部首[艹] JIS 4278
音 ハイ・バイ・ホ・ブ・ボ
梵語bo の音訳字。①「菩薩」は、仏道をきわめようとする、仏につぐ修行者。「菩提薩埵」の略。②「菩提」は、仏道の真髄をきわめ、さとりを得ること。また、極楽に往生して、仏となること。

**ボ** 12画 【募】 部首[力] 常用 JIS 4271
音 ボ・モ
訓 つのる
つのる。①ひろくもとめる。「応募・公募」「募金」②ますますひどくなる。

**ボ** 13画 【墓】 部首[土] 教育小5 JIS 4272
音 ボ
訓 はか
はか。おくつき。「展墓・墳墓」「墓穴・墓参・墓所【・墓地」

**ボ** 13画 【▼媽】 部首[女] JIS 5332

▼常用漢字表外。 ▽常用漢字表の音訓外。

音ボ・モ
はは。母親。おかあさん。

**ボ** 14画 **【慕】** 部首[心・⺗]したごころ 常用 JIS 4273
音ボ
訓したう
したう。こいしくおもう。したわしい。「愛慕・思慕・恋慕」「慕情」

**ボ** 14画 **【▼摹】** 部首[手]て
音ボ・モ
①さぐる。さがす。②にせる。まねる。まねて書く。

**ボ** 14画 **【暮】** 部首[日]ひ 常用 →教育小6 JIS 4275
音ボ
訓くれる・くらす
①日がくれる。日のくれ。「薄暮」「暮雨・暮色ぼしょく」②年がくれる。季節や年の終わり。また、おそい。「歳暮せいぼ」「暮秋」③思いくれる。④くらす。くらし。

**ボ** 14画 **【模】** 部首[木]きへん 教育小6 JIS 4447
16画【▼糢】 部首[米]こめへん 異体字 JIS 6887
音モ・ボ
筆順→モ[模]
かた。しくみ。「規模」→モ[模]

**ボ** 16画 **【▼橅】** 部首[木]きへん
音ボ・モ
ブナ。ブナ科の落葉高木。

**ボ** 17画 **【▼謨】** 部首[言]ごんべん JIS 7585
音ボ・モ
はかる。計画をきめる。はかりごと。計画。

**ボ** 19画 **【簿】** 部首[竹]たけかんむり 常用 JIS 4277
19画【▼簿】 旧字
音ボ・ホ・ブ・ハク
帳面。必要事項・計算などをかくノート。「原簿・帳簿・名簿」「簿記」用例《接尾的》人名――。通信――。家計――。

**ぽ【ぽ・ポ】**↓ほ【ほ・ホ】

**ポ**(接尾)《「ポイント」の略》活字の大きさの単位。用例八――で組む。

**ボア【boa】** ①ボア亜科のヘビの総称。②ボアの一種、ボアコンストリクターの通称。全長約四m。赤褐色から灰色で、背にまるい斑紋が並ぶ。性質は穏和で無毒。小形の哺乳類を捕食。卵胎生。中南米に分布。コモンボア。オウヘビ。オウジャ。③毛皮・羽毛でできた婦人用えりまき。↓図

**ぼ-あい【暮▼靄】** 夕方のもや。夕もや。

**ボアイエ【Boyer】**↓ボワイエ

**ボアエルデュー【François-Adrien Boieldieu】**(一七七五～一八三四) フランスの作曲家。喜歌劇『バグダードの太守』など。

**ボアギュベール【Pierre Le Pesant de Boisguillebert】**(一六四六～一七一四) フランスの経済学者。重農主義・労働価値説の先駆とされる。主著『フランスの弁護』。

●ボア②

**ボア-コンストリクター【boa constrictor】**↓ボア②

**ほあし-ばんり【帆足万里】**(一七七八～一八五二) 江戸末期の自然哲学者。豊後日出藩の家老。三浦梅園の影響を受け、窮理(物理)学、西洋諸科学を研究。著書『窮理通』『東潜夫論』など。

**ボアズ【Franz Boas】**(一八五八～一九四二) アメリカの文化人類学者。ドイツ生まれ。北米インディアンを調査し、文化の多系的発展過程と文化要素間の歴史的関係を追究。アメリカ人類学の父とよばれる。

**ポアズ【poise フランス】** 粘性率のCGS単位。フランスの物理学者ポアズイユにちなむ名称。記号P。

**ポアズイユ-の-ほうそく【ポアズイユの法則】** 粘性流体が円管を通して一定時間に流れる量は、管の両端の圧力差と半径の四乗に比例し、管の長さに反比例するという法則。Poiseuille's law

**ボアソナード【Gustave Emile Boissonade】**(一八二五～一九一〇) フランスの法学者。明治政府の法律顧問として明治六年(一八七三)来日。日本へ近代法を導入。民法・刑法などを起草。

**ポアソニエール【poissonnière フランス】** 魚調理用の細長いなべ。ポワソニエール。

**ポアソン【Siméon Denis Poisson】**(一七八一～一八四〇) フランスの数学者・物理学者。確率・定積分・力学・弾性など幅広い分野で活躍。ポアソン比で知られる。

**ポアソン-ひ【ポアソン比】** 一様な棒を弾性の比例限界内で軸方向に引き伸ばすときの、棒の伸びと直角方向の縮みとの比。Poisson's ratio

**ポアソン-ぶんぷ【ポアソン分布】** 離散的確率分布の一つ。$k=0, 1, 2, \ldots$などの値が現れる確率が$(e^{-\lambda}\lambda^k)/k!$で与えられる分布。大きな集団のなかで起きる偶発的事故などが、この分布にしたがう。Poisson's distribution

**ホアチン【hoatzin】** ひなの翼に二対の爪がある特異な鳥。ツメバケイ。

**ポアティエ【Poitiers】**↓ポワティエ

**ポアトゥー【Poitou】**↓ポワトゥー

**ボアドローズ-ゆ【ボアドローズ油】** クスノキ科アニバ属の材から得られる精油。主成分はリナロール。バラ・ラベンダーなどに似た快香をもつ。香料の原料。bois de rose oil

**ボアボードラン【Paul Emile Lecoq de Boisbaudran】**(一八三八～一九一二) フランスの化学者。希土類元素を研究、ガリウム・サマリウム・ジスプロシウムを発見した。

**ほ-あん【保安】** ①安全をたもつこと。preservation of security ②社会の安寧・秩序をたもつこと。preservation of public peace

**ポアンカレ【Jules-Henri Poincaré】**(一八五四～一九一二) フランスの数学者・天文学者・物理学者。力学系の理論を創始、代数的位相幾何学の基礎をつくり、多様体の概念を構築するなど、解析学・幾何学・天体力学などで大きな業績を残した。著書の『科学の仮説』『科学と価値』『科学と方法』が三部作として有名。

**ポアンカレ【Raymond Poincaré】**(一八六〇～一九三四) フランスの政治家。共和派右派のリーダー。文相・蔵相を歴任後、一九一二年首相となり、軍備の増強、イギリス・ロシアとの提携を推進。第一次大戦中は大統領。戦後は首相として財政危機を克服した。

**ほあん-かん【保安官】** アメリカで、選挙されて郡の保安の任にあたる役人。sheriff

**ほあん-じょうれい【保安条例】** 自由民権運動に対する弾圧法。明治二〇年(一八八七)三大事件建白など再び激化した民権派の運動を弾圧するため公布。これにより多くの民権運動家を東京から追放。

**ほあん-しょぶん【保安処分】** 危険な行為をするおそれのある者に対し、社会を守るという観点から行われる保護・教育・治療などの処分。measures for preserving public peace

**ほあん-たい【保安隊】** 陸上自衛隊の前身。昭和二七年(一九五二)警察予備隊を改組して設立。同二九年(一九五四)自衛隊の発足にともない吸収された。

**ほあん-よういん【保安要員】** 鉱山や作業所などの安全保持・危害防止の業務に就く者。労働関係調整法などで争議行為が禁止されている。safety and maintenance personnel

**ほあん-りん【保安林】** 災害の防止や水資源の保護、生活環境の保全など公共の利益を守るため、森林法に基づいて農林水産大臣が指定した森林の総称。protection forest

**ほ-い【▼布衣】** ①布製の狩衣。平安時代以後は狩衣の総称。ほうい。②官服でない平服。③庶民。また、その布製の着衣。

**ほ-い【補遺】** 漏れたものを、あとから補うこと。補ったもの。supplement

**ほい**(感) ①荷物をかつぐとき・運ぶときの掛け声。②しくじったときの語。③軽く応じるときの語。

**ぽ・い**(接尾)《名詞や動詞の連用形に付いて、形容詞をつくる。多く上の語との間に促音が入って「っぽい」の形で》…の傾向が強い。用例俗っ――。おこりっ――。

**ボイアルド【Matteo Maria Boiardo】**(一四四一～一四九四) イタリアの詩人。叙事詩『オルランド恋慕』は騎士物語詩に恋愛のテーマを加味したもの。未完。恋愛詩集『愛の書』など。

**ホイートストン【Charles Wheatstone】**(一八〇二～一八七五) イギリスの物理学者。ロンドン大学教授。ホイートストン-ブリッジの実用化で有名。

**ホイートストン-ブリッジ【Wheatstone bridge】** ブリッジ回路の一つ。五個の抵抗器を接続したもので、イギリスの物理学者ホイートストンが実用化した電気抵抗測定器。

**ホイールベース【wheelbase】** 自動車の前後の車軸の間の距離。軸距。

**ボイエ【Karin Boye】**(一九〇〇～一九四一) スウェーデンの女流小説家。異色の傑作を残す。人類の未来を扱った『カロカイン』が有名。

**ボイエル【Johan Bojer】**(一八七二～一九五九) ノルウェーの小説家。海洋小説『バイキングの末裔』『海辺の人々』など。

**ホイエン【Jan van Goyen】**(一五九六～一六五六) オランダの代表的風景画家。銅版画も制作。作品『ライデンの眺望』など。

**ボイオティア【Boeotia】** ギリシア中部の地方名。肥沃な農業地域。前五～前四世紀に、テーベを中心とした諸ポリスの連合、ボイオティア同盟で知られる。人口一一・七万(一九八一)。

**ほい-かご【ほい▼駕▼籠】**《「ほい」は、かけ声》つじかご。

**ぼ-いき【墓域】** はかば。墓地としての地域。

**ほ-いく【保育】**(名・サ変他) ①乳幼児を保護し、人間として健全な成長を促すこと。家庭育児・家庭教育を含むが、狭義には家庭外の施設や機関(幼稚園・保育園など)における養護・教育を意味する。childcare ②《「哺育」とも》動物の親が子に乳を与えて養育すること。nurse

**ほいく-えん【保育園】** 保育所の通称。

**ほいく-き【保育器】** 生存能力が未熟な乳児(未熟児)または異常な症状のみられる新生児を入れて育てる装置。育児箱。incubator

**ほいく-し【保育士】** 保育所や養護施設などの児童福祉施設で、子どもの保育にたずさわる男子職員。保父。male nurse

**ほいく-しょ【保育所】** 保護者の委託をうけて、乳幼児の保護と養育に当たる集団保育施設。児童福祉法による児童福祉施設の一つ。daycare center

**ボイコット【boycott】**(名・サ変他)《一八八〇年にアイルランドで小作人から排斥された農場差配人の名から》①特定の商品の購買を集団で拒否すること。とくに、労働組合が争議手段の一つとして広く一般によびかけながら行うものをいう。②ある人や事物を集団で排斥すること。③集会や会合への出席を、集団で拒否すること。

**ボイシ【Boise】** アメリカ西部、アイダホ州南西部の商業都市、州都。農産物の集産・加工地。人口一〇・二万(一九八〇)。

**ボイジャー-けいかく【ボイジャー計画】** 木星・土星・天王星などの観測を目的とするアメリカの宇宙開発計画。一九七七年に打ち上げたボイジャー一号・二号で、その探査に成功している。Voyager project

**ホイジンガ【Johan Huizinga】**(一八七二～一九四五) オランダの歴史家。歴史における非合理的要素を重視し、文化史・精神史研究に独自の業績を残した。主著『中世の秋』『ホモ-ルーデンス』など。ホイジンハ。

**ボイス【voice】** ①声。音声。②《英文法の用語》態とも。動詞のあらわす行為や動作が、主体・客体のいずれの立場にあるかを示す文法的な形式。能動態・受動態など。

**ボイス-オブ-アメリカ【Voice of America】**↓ブイオーエー(VOA)

**ホイスト【hoist】** 小型の巻き上げ装置。工場内の材料運搬・組み立てに使い、梁の上を走行させる。駆動方式により、空気ホイスト・電気ホイストなどに分かれる。

**ぽい・する**(サ変他)《俗語》無造作に捨てる。投げ捨てる。throw away

**ボイス-レコーダー【voice recorder】** 飛行中の航空機の操縦士の会話など、操縦室内のすべての音声を記録する装置。航空機事故の原因究明の資料となる。

**ほ-いつ【捕逸】**↓パスボール

**ほ-いつ【補逸】**(名・サ変自他) 入れ忘れたり落としたりしたものを補うこと。supplement

**ホイッグ-とう【ホイッグ党】**(the Whigs) イギリスの政党。一六七九年ころ反王権派により組織。都市商工業者や非国教徒に支持され、トーリー党と対立。名誉革命後ウォルポールの時代に全盛。以後分裂して衰退したが、産業革命以降進歩的諸改革を唱え、中産階級の支持をうけた。一九世紀後半に自由党に改組。

**ホイッスラー【James Abbott McNeill Whistler】**(一八三四～一九〇三) アメリカの画家。イギリス画壇で活躍。客観描写をこえた美的音楽的諧調の表出を追求。作品『白衣の少女』など。

**ホイッスル【whistle】** ①笛。警笛。汽笛。②競技で、審判の鳴らす笛。

**ホイッティア【John Greenleaf Whittier】**(一八〇七〜九二) アメリカの農民詩人。詩『栄光去りぬ』『神をたたえよ』『雪にとざされて』など。

**ホイットニー【Eli Whitney】**(一七六五〜一八二五) アメリカの技術者。一七九三年繰綿機を発明。九八年小銃製造に転じ、互換式生産法により大量生産の道を開いた。

**ホイットニー【William Dwight Whitney】**(一八二七〜九四) アメリカの言語学者。比較言語学・サンスクリット学に功績を残す。著書『言語および言語研究』など。

**ホイットニー‐さん【ホイットニー山】**(Mount Whitney) アメリカ西部、カリフォルニア州中東部、シエラネバダ山脈中の山。標高四四一八m。

**ホイットマン【Walt Whitman】**(一八一九〜九二) アメリカの詩人。独特の自由詩形で民衆への愛、性愛、死、宗教などをうたった。詩集『草の葉』、論文『民主主義の未来像』など。↓写

●ホイットマン

**ホイットリー‐いいんかい【ホイットリー委員会】**(Whitley Committee) 第一次大戦中のイギリスで、戦後の労使関係の改善策を検討した委員会。ホイットリーが議長を務め、近代的労使関係の基礎を確立した。

**ホイップ‐クリーム【whipped cream】** 強くかきまぜて細かく泡立てたクリーム。主として洋菓子の材料。

**ホイップル【George Hoyt Whipple】**(一八七八〜一九七六) アメリカの病理学者。肝機能障害と貧血の関係を明らかにした。一九三四年ノーベル生理学医学賞受賞。

**ほ‐いっぽ【歩一歩】**(副) 一歩一歩。ひとあしずつ。step by step

**ほい‐と【▽陪▽堂・▼乞▽食・▼乞▽児】** こじき。こつじき。ほいとう。beggar

**ぽい‐と**(副) 無造作に投げ出すさま。toss away 用例 ―ほうり出す。

**ボイド‐オア【John Boyd Orr】**(一八八〇〜一九七一) イギリスの生理学者・食糧問題専門家。国連食糧農業機関(FAO)事務総長として活躍した。一九四九年ノーベル平和賞受賞。

**ほい‐な・し【▽本意無し】** 古語(形ク) ①期待はずれだ。残念だ。用例 かけずけおさるること、―・きわざなれ(徒然・一)。②気に入らない。不本意だ。用例 平家、これを―とやおもひけん(平家・一一・弓流)。

**ボイノビチ【Vladimir Nikolayevich Voinovich】**(一九三二〜) ソ連の小説家。作品『兵士イワン=チョンキンの華麗なる冒険』『同志イワニコの偉大なる権力』など。

**ホイペット【whippet】** イヌの一品種。グレーハウンド系の小形種で、肩高約五〇cm。短毛で、体が細く、走るのが速い。レース用・家庭犬。イギリス原産。

**ホイヘンス【Christiaan Huygens】**(一六二九〜九五) オランダの物理学者・天文学者。望遠鏡の改良、土星の環の発見、振り子時計の発明、「ホイヘンスの原理」の発見など多くの業績を残した。

**ホイヘンス‐の‐げんり【ホイヘンスの原理】** 光の伝播のようすに関する原理。光波がある一点に伝わると、その点が二次波の源となるという考え方に基づいている。Huygens' principle

**ほい‐ほい**(副) 気軽に、または軽率に行動するさま。thoughtlessly 用例 誘われると―出掛ける。

**ボイボディーナ【Vojvodina】** ユーゴスラビア北部、セルビア共和国北部の自治州。小麦・トウモロコシなど農業が中心。人口二〇二・五万(一九八一)。

**ボイラー【boiler】** 蒸気発生装置。鋼製の密閉容器に水を入れ、熱して必要な圧力と温度の蒸気を得る。汽罐。蒸気がま。

**ホイル【foil】** 箔。金・アルミニウムなどの金属の薄片。用例 アルミ―。

**ボイル【boil】**(名・サ変他) ゆでること。

**ボイル【voile】** 薄地の平織りの織物。よりの強い細糸で織る目のあらい透き通った織物。多くはシルケット加工を施す。綿が主でほかにレーヨンなど。夏の婦人子供服用。紗。

**ボイル【Robert Boyle】**(一六二七〜九一) イギリスの化学者・物理学者。「ボイルの法則」を発見。著書『懐疑的化学者』の中で、元素の定義を明確にした。

**ボイル‐シャルル‐の‐ほうそく【ボイル‐シャルルの法則】** 一定量の気体の体積は、圧力に反比例し、絶対温度に比例するという法則。「ボイルの法則」と「シャルルの法則」を組み合わせたもの。Boyle-Charles' law

**ボイル‐の‐ほうそく【ボイルの法則】** 一定温度では、気体の圧力と体積は互いに反比例するという法則。一六六〇年、ボイルによって発見された。Boyle's law

**ホイル‐やき【ホイル焼き】** 魚・肉・野菜などの材料をアルミホイルに包んで焼くこと。また、その料理。roast in foil wrapper

**ボイル‐ゆ【ボイル油】** 乾性油・半乾性油に乾燥剤として鉛・マンガンなどの酸化物を加え、煮沸処理した油。乾燥速度が処理前に比べ約四〜五倍速くなる。油性ペイント・油性ワニスの原料。布などの防水加工用。boiled oil

**ほい‐ろ【▼焙炉】**(「ほい」は「焙」の唐音)茶の葉・薬草・海苔などを乾燥させる道具。木枠や籠の底に、厚手の和紙を張ったもので、炭の遠火で用いる。ほいろう。

**ぼ‐いん【▼拇印】** 親指に墨や朱肉をつけて指紋を押し印章に代えるもの。つめ印。thumbprint

**ぼ‐いん【母音】** 言語に用いる単音の一種。声帯をへた気流を口腔や咽頭で妨げることなく発する音。日本語では、[a][i][u][e][o]の五種。単独で、また子音と結合して音節をなす。ぼおん。vowel 対義 子音・父音。

**ぼいん‐こうたい【母音交替】** インド‐ヨーロッパ語族の言語で、あることばの意味や働きの変化につれ、母音の音色・長さが交替する現象。英語のsing, sang, songなど。ablaut

**ぼいん‐さんかっけい【母音三角形】**《イギリスの音声学者、ダニエル=ジョーンズの母音四辺形図に基づくもの》母音の種類について、発音されるときのあごの開きや舌の高まりからみて図にしたもの。

**ポインセチア【poinsettia】** トウダイグサ科の観賞用の常緑低木。高さ一〜三m。苞葉は花弁のように輪生し、緋紅色。クリスマス用の鉢物などに用いられ、桃色や白など色変わりの品種も多い。ショウジョウボク。↓写

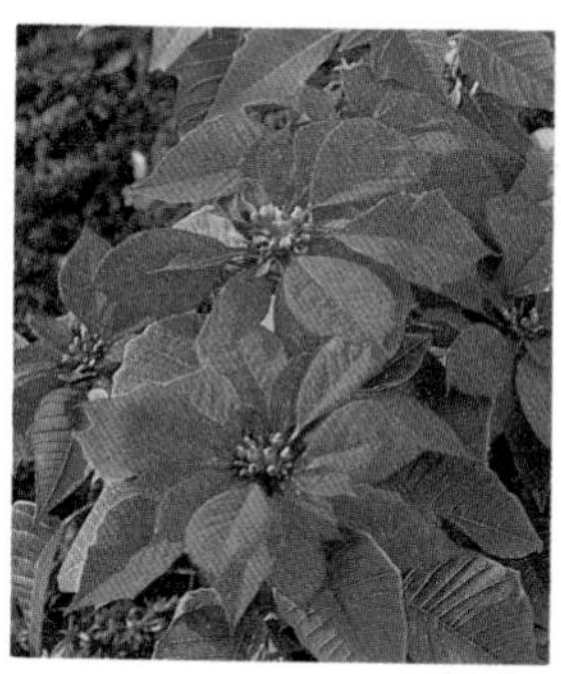
●ポインセチア

**ポインター【pointer】**《示すもの、の意から》家畜犬の一種。肩高約六〇cm前後。イングリッシュ種とジャーマン種が代表的。鳥猟・番犬に適する。

**ポインター‐シスターズ【Pointer Sisters】** アメリカのボーカルグループ。四人姉妹。高度の技巧・新しい感覚で一九七三年から人気を高めた。

**ぼいん‐ちょうわ【母音調和】** 単語や単語連結中に用いられる母音の組み合わせの規則。最初の音節の母音によって後続の母音の種類が制限される。アルタイ語やトルコ語に特徴的な現象で、古代日本語にも存在した。vowel harmony

**ポインティング‐ベクトル【Poynting's vector】** 電磁波のエネルギーの流れの密度を表すベクトル。一秒間に一m²の断面積を通して流れるエネルギーは、電場と磁場のベクトル積で表される。

**ポイント【point】** ①点。要点。場所・地点。②得点。点数。③印刷のさいの活字などの大きさの単位。④鉄道線路の転路機のこと。⑤小数点。

**ポイントを稼ぐ**(ポイントをかせぐ) ①運動競技などで、得点する。score a point ②有利な地位・事柄を得る。物事を有利にする。点数を稼ぐ。get an advantage of

**ポイント‐かつじ【ポイント活字】** 一辺が一インチの七二分の一(〇・三五一四mm)のものを一ポイントとする基準の大きさの活字。

**ホウ** 2画 【▼勹】 部首[勹] JIS 5017
音 ホウ
①つつむ。②部首の一つ。つつみがまえ。

**ホウ** 2画 【▼匚】 部首[匚] JIS 5025
音 ホウ
①はこ。方形の器。②部首の一つ。はこがまえ。

**ホウ** 4画 【▼丰】 部首[丨]
音 ホウ・フウ
①さかん。草がさかんにおいそだつさま。②ゆたか。豊満。おもぶくれ。③すがた。かたち。様子。「風丰」

**ホウ** 4画 【方】 部首[方] 教育小2 JIS 4293
音 ホウ
訓 かた
方 方 方 方
①かた。むき。「下方・後方・四方・前方」「方位・方角・方向・方面」用例 (名)南の―。弁の立つ―では一番だ。②ところ。都以外のところ。「遠方・地方」「方言」③いくつかのうちの一つ。「一方・先方・他方」用例 (名)きみの―が正しい。④やりかた。てだて。手段。「処方・途方・薬方・薬局方」「方策・方式・方針・方便・方法」⑤四角。四角い。対義 円。「長方形・平方・立方」「方形」⑥まさに。丁度あたる。「方今」⑦きちんとしている。ただしい。「方外・方正」⑧神仙の術。「方士・方術」

**ホウ** 5画 【包】 部首[勹] 教育小4 JIS 4281 ｜ 5画 【▼包】 旧字
音 ホウ
訓 つつむ
包 包 包 包 包
①つつむ。かこむ。ふくむ。「内包」「包囲・包括・包含・包装・包帯」②つつみ。つつんだもの。「実包・薬包」

**ホウ** 6画 【▼仿】 部首[人・亻]
音 ホウ・ボウ
①にせる。まねる。ならう。②「仿偟」は、さまよう。あてどなくあるく。うろつく。

**ホウ** 7画 【▼呆】 部首[口] JIS 4282
音 ホウ・ボウ・タイ
①おろか。ばか。「阿呆・痴呆」②あきれる。㋐あっけにとられる。「呆然」㋑人に愛想をつかす。

**ホウ** 7画 【▼彷】 部首[彳] JIS 5539
音 ホウ
①「彷徨」は、さまよう。あてどなくあるく。うろつく。②「彷彿」は、㋐はっきりしないさま。㋑よくにているさま。㋒おもいうかぶさま。

**ホウ** 7画 【芳】 部首[艹] 常用 JIS 4307
音 ホウ
訓 かんばしい
①かんばしい。よいかおり。立派な行跡。「遺芳」「芳紀・芳香・芳純・芳醇」②相手のものごとについて敬意を示すのに用いる。「芳志・芳情・芳名」

**ホウ** 7画 【邦】 部首[阝] 常用 JIS 4314 ｜ 7画 【▼邦】 旧字
音 ホウ
①くに。国土。比較 国。「異邦・万邦・本邦・連邦」「邦家」②日本の。対義 洋。「邦画・邦楽・邦字・邦人・邦文・邦訳」

**ホウ** 7画 【▼抔】 部首[扌] JIS 5724
音 ホウ・ハイ
①くむ。すくう。くみとる。②など。なんど。…なんか。

**ホウ** 8画 【▼咆】 部首[口] JIS 5086
音 ホウ
ほえる。さけぶ。おこって、さけぶ。「咆哮」

**ホウ** 8画 【▼垉】 部首[土] JIS 5221
音 ホウ
土砂などがくずれて、地肌がでているところ。

**ホウ** 8画 【奉】 部首[大] 常用 JIS 4284
音 ホウ・ブ
訓 たてまつる
①たてまつる。つつしんでする。「奉迎・奉祝・奉呈・奉読・奉納」②つかえる。つとめる。「奉公・奉仕・奉職」③たっとびしたがう。「順奉・遵奉・信奉」↓ブ【奉】

**ホウ** 8画【宝】部首[宀うかんむり] 教育小6 JIS 4285
20画【寶】旧字 JIS 5379
19画【寳】異体字 JIS 5380
音ホウ 訓たから
宝宝宝宝宝宝
①たから。貴重で大切なもの。「国宝・財宝・七宝」「宝庫・宝石・宝典」②とうとい。㋐天子のことについていうのに用いる。「宝算・宝祚」㋑仏のことについていうのに用いる。「宝塔」

**ホウ** 8画【庖】部首[广まだれ] JIS 4289
音ホウ
①くりや。だいどころ。炊事場。「庖厨」②料理人。

**ホウ** 8画【苞】部首[艹くさかんむり] JIS 7190
音ホウ
①アブラガヤ。大形のカヤツリグサ科の多年草。②花のつぼみをおおう小形の葉、または、花弁状のもの。③つと。つつみ。つつんだもの。また、みやげもの。

**ホウ** 8画【怦】部首[忄りっしんべん] JIS 5572
音ホウ・ヒョウ
①はやる。心がせく。②ただしい。まじめ。

**ホウ** 8画【抱】部首[扌てへん] 常用 JIS 4290
8画【抱】旧字
音ホウ 訓だく・いだく・かかえる
①だく。いだく。かかえる。「介抱」「抱擁」②心にもつ。かんがえ。「抱懐・抱負」

**ホウ** 8画【抛】部首[扌てへん]
7画【抛】異体字 JIS 5738
音ホウ
ほうる。なげうつ。ほうりなげる。「抛棄・抛擲・抛物線」

**ホウ** 8画【放】部首[攵のぶん] 教育小3 JIS 4292
放放放放放放
音ホウ 訓はなす・はなつ・はなれる
①はなす。はなつ。おいはらう。自由にしてやる。ゆるす。「開放・解放・釈放・追放」「放火・放出・放送」②おもうまま。こだわらない。「豪放・奔放」「放言・放任・放漫」③《抛とも》ほうる。なげうつ。ほうりなげる。「放棄・放物線」

**ホウ** 8画【朋】部首[月つきへん] 人名用 JIS 4294
8画【朋】旧字
音ホウ
とも。ともだち。なかま。「朋党・朋輩・朋友」

**ホウ** 8画【枋】部首[木きへん] JIS 5936
音ホウ・ヘイ
①マユミ。ニシキギ科の落葉低木。②ふしづけ。木をならべて水をせきとめ、魚をとるしかけ。

**ホウ** 8画【法】部首[氵さんずい] 教育小4 JIS 4301
21画【灋】異体字
音ホウ・ハッ・ホッ
法法法法法法
①のり。おきて。きまり。社会規範の一つ。「憲法・国法・司法・立法」「法規・法制・法廷・法律・法令」用例(名)―を根本とする。《接尾的》道路交通―。②やりかた。しかた。「作法・方法・礼法」「法式」用例(名)そんな―があるか。《接尾的》運転―。③ほとけのおしえ。仏教。道理。「仏法」「法会・法師・法事・法要・法話」用例(名)人を見て、―を説け。④仏教で、一切の存在・事象。「諸法実相」「法界」⑤ムード(mood)。話し手の心的態度が、用言の形の変化にあらわれる文法的形式。用例(名)命令―。接続―。⑥数学で、割り算の割る方の数。除数。⑦フラン(franc フランス)。フランス・ベルギー・スイスなどの貨幣の単位。↓ハッ・ホッ[法]

**ホウ** 8画【泙】部首[氵さんずい] JIS 6204
音ホウ
「泙湃」は、水や波がぶつかりあうさま・音。また、水がみなぎるさま。

**ホウ** 8画【泡】部首[氵さんずい] 常用 JIS 4302
8画【泡】旧字
音ホウ 訓あわ
あわ。うたかた。あわのようなもの。「気泡・水泡・発泡」「泡沫」

**ホウ** 9画【封】部首[寸すん] 常用 JIS 4185
音フウ・ホウ
領土をあたえる。大名の領地。「移封」「封建・封土」↓フウ[封]

**ホウ** 9画【胞】部首[月にくづき] 常用 JIS 4306
9画【胞】旧字
音ホウ
①えな。おなかの子をつつむ膜。「胞衣」②はら。母の腹。「同胞」③生物体の組織の小単位。「細胞」「胞子」

**ホウ** 9画【枹】部首[木きへん] JIS 5952
音ホウ・フ
ナラ。ブナ科の落葉、または、常緑の高木。↓フ[枹]

**ホウ** 9画【炮】部首[火ひへん] JIS 6360
音ホウ
あぶる。やく。まるやきにする。「炮烙」

**ホウ** 10画【俸】部首[人・亻にんべん] 常用 JIS 4280
音ホウ
てあて。給料。扶持。「加俸・減俸・年俸」「俸給・俸禄」

**ホウ** 10画【倣】部首[人・亻にんべん] 常用 JIS 4279
音ホウ 訓ならう
ならう。まねる。にせる。「模倣」

**ホウ** 10画【峰】部首[山やまへん] 常用 JIS 4286
10画【峯】異体字 JIS 4287
音ホウ・フ 訓みね
みね。①山のてっぺん。高い山。「孤峰・高峰・連峰」②刀の刃の背。

**ホウ** 10画【疱】部首[疒やまいだれ] JIS 6555
音ホウ
もがさ。天然痘。「疱瘡」

**ホウ** 10画【皰】部首[皮けがわ] JIS 6614
14画【靤】異体字 部首[面めん] JIS 8050
音ホウ
にきび。おもに青年期に顔にできる、小さいふきでもの。

**ホウ** 10画【砲】部首[石いしへん] 常用 JIS 4304
10画【砲】旧字
21画【礮】異体字
音ホウ
①つつ。おおづつ。「火砲・巨砲・大砲・鉄砲」「砲火・砲兵」用例《接尾的》高射―。機関―。数え方一門。②いしゆみ。いしはじき。石を発射する武器。③砲兵のこと。用例(名)歩騎―工。

**ホウ** 10画【舫】部首[舟ふねへん] JIS 7154
音ホウ
①もやいぶね。互いにつなぎあわせている船。②ふね。舟。船。

**ホウ** 10画【袍】部首[衤ころもへん] JIS 7460
音ホウ・ボウ
①わたいれ。ぬのこ。②うえのきぬ。束帯の上にきるもの。身分によって色をかえる。↓衣冠図

**ホウ** 11画【匏】部首[勹つつみがまえ] JIS 5023
音ホウ
ひさご。ふくべ。ヒョウタン。ウリ科のつる性一年草。また、その果実でつくった容器。

**ホウ** 11画【堋】部首[土つちへん] JIS 5236
音ホウ
ほうむる。土をかけてうずめる。

**ホウ** 11画【崩】部首[山やま] 常用 JIS 4288
11画【崩】旧字
音ホウ 訓くずれる・くずす
①くずれる。くずれおちる。「崩壊・崩落」②かくれる。天子が死亡する。「崩御」

**ホウ** 11画【弸】部首[弓ゆみへん] JIS 5526
音ホウ
みちる。みたす。一杯にする。

**ホウ** 11画【萌】部首[艹くさかんむり] 人名用 JIS 4308
11画【萠】異体字 JIS 7246
音ボウ・ホウ
①めばえ。め。きざし。「萌芽」②きざす。めぐむ。芽がでる。また、はじまる。

**ホウ** 11画【逢】部首[辶しんにゅう]
10画【逢】異体字 部首[辶しんにゅう] JIS 1609
音ホウ
①あう。であう。でくわす。ばったりであう。「逢着」②むかえる。人の意をむかえる。

**ホウ** 11画【捧】部首[扌てへん] JIS 4291
音ホウ
ささげる。両手にもって高くあげる。「捧持・捧呈・捧読」

**ホウ** 11画【掊】部首[扌てへん]
音ホウ・フ
①かく。かきあつめる。あつめる。②うつ。たたく。

**ホウ** 11画【烽】部首[火ひへん] JIS 6366
音ホウ
のろし。とぶひ。昔、戦いなどで、合図にあげた煙。「烽火」

**ホウ** 11画【烹】部首[灬れっか] JIS 4303
音ホウ
にる。にえる。水などをくわえ、火にかけて熱をとおす。「割烹」

**ホウ** 11画【蚫】部首[虫むしへん] 和製漢字 JIS 7359
音ホウ
アワビ。ミミガイ科の軟体動物。

**ホウ** 11画【訪】部首[言ごんべん] 教育小6 JIS 4312
訪訪訪訪訪訪
音ホウ 訓おとずれる・たずねる
①とう。おとずれる。人をたずねる。「来訪・歴訪」「訪英・訪問」②さがしもとめる。「探訪」

**ホウ** 12画【堡】部首[土つち] JIS 5240
音ホウ・ホ
とりで。土や石でつくった小さい城。「堡塁」

**ホウ** 12画【報】部首[土つち] 教育小5 JIS 4283
報報報報報報
音ホウ 訓むくいる
①されたことに、むくいる。むくい。「応報・果報」「報恩・報酬・報復」②しらせる。しらせ。「急報・公報・予報」「報告・報知・報道」用例(名)死去の―に接する。《接尾的》至急―。第一―。

**ホウ** 12画【幇】部首[巾はば] JIS 5483
17画【幫】異体字
音ホウ
たすける。てつだう。てだすけをする。「幇間・幇助」

**ホウ** 12画【彭】部首[彡さんづくり] JIS 5537
音ホウ
①おおい。数がおおい。沢山。②さかんな。盛大な。また、つよい。③ふくらむ。ふくれる。

**ホウ** 12画【葆】部首[艹くさかんむり] JIS 7262
音ホウ・ホ
①しげる。むらがる。草木がむらがりはえるさま。②車のおおいや、はた先につける鳥の羽。③かくす。つつむ。つつみかくす。④やすんずる。まもる。たもつ。⑤たから。たからもの。

**ホウ** 12画【迸】部首[辶しんにゅう]
10画【迸】異体字 JIS 7794
音ホウ・ヘイ
①はしる。ちる。にげる。のがれる。②ほとばしる。たばしる。勢いよくとびちる。

**ホウ** 12画【棚】部首[木きへん] 常用 JIS 3510
12画【棚】旧字
音ホウ 訓たな
①たな。㋐板などを横にわたし、ものをのせるところ。㋑たなの形ににたもの・地勢。②かけ

はし。木を組んで、わたした橋。

**ホウ** 12画【▼焙】部首［火］ JIS 6368
音 ハイ・ホイ・ホウ
あぶる。火にあてる。「焙炉・焙烙」

**ホウ** 12画【▼珐】部首［王］ JIS 6475
音 ホウ
「珐瑯」は、金属器や陶磁器などの表面にやきつけるガラス質のうわぐすり。

**ホウ** 12画【▼絣】部首［糸］ JIS 6919 ｜14画【▼絣】異体字
音 ホウ
①しま織りの布。また、無地の布。②かすり。ところどころにかすった模様のある織物・染め模様。

**ホウ** 12画【▼跑】部首［足］
音 ホウ
①あがく。もがく。足で地面をかく。②はしる。かける。③だく。だくあし。馬の少し急なあるき方。

**ホウ** 13画【▼搒】部首［扌］
音 ホウ
①こぐ。舟をすすめる。②うつ。むちうつ。むちでたたく。

**ホウ** 13画【▼硼】部首［石］ JIS 6679
音 ホウ
「硼素」は、元素の一つ。硼酸・硼砂など、化合物として産する。

**ホウ** 13画【▼蜂】部首［虫］ JIS 4310
音 ホウ
ハチ。ハチ目に属する昆虫。「養蜂」「蜂窩・蜂起」

**ホウ** 13画【豊】部首［豆］ 教育小5 JIS 4313 ｜18画【▼豐】旧字 JIS 7620
音 ホウ・フウ・ブ
訓 ゆたか

豊 豊 豊 豊 豊

①作物などが、ゆたか。対義 凶。「豊作・豊年」②みちている。沢山。「豊潤・豊富・豊満」③豊前国・豊後国のこと。「筑豊」④豊臣氏のこと。「織豊政権」

**ホウ** 13画【▼鉋】部首［金］ JIS 7880
音 ホウ
かんな。材木の表面をたいらにけずる大工道具。

**ホウ** 13画【飽】部首［食］ 常用 JIS 4316 ｜14画【▼飽】旧字
音 ホウ
訓 あきる・あかす
①あきる。一杯である。「飽食・飽満・飽和」②あかす。充分つかう。

**ホウ** 14画【▼蓬】部首［艹］ ｜13画【▼蓬】異体字 JIS 4309
音 ホウ
①ヨモギ。キク科の多年草。もちぐさ。②みだれるさま。「蓬頭・蓬髪」

**ホウ** 14画【▼蔀】部首［艹］ JIS 2835
音 ホウ・ブ
しとみ。日光や風雨をふせぐため、格子組みの裏に板をはった戸。

**ホウ** 14画【▼褓】部首［衤］ JIS 7480 ｜15画【▼緥】部首［糸］ 異体字
音 ホウ・ホ
「襁褓」は、むつき。①うぶぎ。幼児をくるむかいまき。②おむつ。おしめ。

**ホウ** 14画【▼鞄】部首［革］ JIS 1983
音 ホウ・ハク
かばん。本や書類などをいれてもつ用具。

**ホウ** 14画【▼髣】部首［髟］ JIS 8187
音 ホウ
「髣髴」は、①はっきりしないさま。②よくにているさま。③おもいうかぶさま。

**ホウ** 14画【▼鳳】部首［鳥］ JIS 4317
音 フウ・ホウ
①おおとり。中国で、想像上の霊鳥。おすのおおとり。対義 凰。「鳳凰」②天子のことについていうのに用いる。「鳳輦」③音信・伝言で、相手に敬意を示すのに用いる。「鳳声」

**ホウ** 15画【▼澎】部首［氵］ JIS 6316
音 ホウ
「澎湃」は、水や波がぶつかりあうさま・音。また、水がみなぎるさま。

**ホウ** 15画【▼磅】部首［石］ JIS 6692
音 ホウ
ポンド（pound）。英国の貨幣の単位。一ポンドは、一〇〇ペンス。

**ホウ** 15画【褒】部首［衣］ 常用 JIS 4311 ｜17画【▼襃】異体字 JIS 7481
音 ホウ
訓 ほめる
ほめる。たたえる。賞賛する。「過褒」「褒詞・褒章・褒賞・褒状・褒美・褒貶」

**ホウ** 15画【▼鋒】部首［金］ JIS 4315
音 ホウ
きっさき。ほこさき。するどい先。「先鋒・筆鋒・論鋒」

**ホウ** 15画【▼髱】部首［髟］ JIS 8193
音 ホウ
たぼ。①つと。日本髪の、うしろにはりでた部分。②婦人。

**ホウ** 15画【▼魴】部首［魚］ JIS 8223
音 ホウ
①おしきうお。タナゴ。コイ科の淡水魚。②カガミダイ。マトウダイ科の海水魚。③「魴鮄」は、カサゴ目に属する海水魚。

**ホウ** 15画【▼鴇】部首［鳥］ JIS 3830
音 ホウ
①ノガン。ツル目に属する鳥。②トキ。コウノトリ目に属する鳥。

**ホウ** 16画【縫】部首［糸］ 常用 JIS 4305 ｜17画【▼縫】旧字
音 ホウ
訓 ぬう
ぬう。つくろう。ぬいめ。「裁縫・天衣無縫・弥縫」「縫合・縫製」

**ホウ** 16画【▼鮑】部首［魚］ JIS 8226
音 ホウ
①しおうお。塩づけにした魚のひらき。②アワビ。ミミガイ科の軟体動物。

**ホウ** 16画【▼麭】部首［麦］ JIS 8350
音 ホウ
こなもち。むぎもち。だんご。

**ホウ** 17画【▼篷】部首［竹］ JIS 6843
音 ホウ
とま。竹・茅などで編んだむしろ。小屋・舟・車などをおおって、雨や露をふせぐもの。

**ホウ** 17画【▼繃】部首［糸］ JIS 6962
音 ホウ・ヒョウ
まく。まきつける。また、つかねる。たばねる。「繃帯」

**ホウ** 17画【▼謗】部首［言］ JIS 7578
音 ホウ・ボウ
仏教で、仏・法・僧を悪くいうこと。「謗法」
↓ボウ［謗］

**ホウ** 17画【▼鯆】部首［魚］
音 ホウ・ヘイ
①ニゴイ。コイ科の淡水魚。みごい。②アミ。アミ目に属する節足動物。一般には、小形のエビ類などを含めていう。

**ホウ** 19画【▼鵬】部首［鳥］ JIS 4318
音 ホウ
おおとり。想像上の巨大な鳥。つばさの長さ三千里。はばたけば九万里を一飛びという。「鵬程・鵬翼」

**ほう**（感）驚いたり感心したりしたときの語。

**ボウ** 3画【亡】部首［亠］ 教育小6 JIS 4320 ｜3画【▼亡】旧字
音 ボウ・モウ・ブ・ム
訓 ない

亡 亡 亡

①ほろびる。なくなる。対義 興・存。「興亡・衰亡・存亡・滅亡」「亡国・亡失」②のがれる。にげる。「逃亡」「亡命」③しぬ。しんだ。「死亡」「亡父・亡霊」用例《接頭的》—祖父。↓モウ［亡］

**ボウ** 4画【乏】部首［丿］ 常用 JIS 4319
音 ボウ・ホウ
訓 とぼしい
とぼしい。まずしい。ものがない。「窮乏・欠乏・耐乏・貧乏」

**ボウ** 5画【▼卯】部首［卩］ 人名用 JIS 1712 ｜5画【▼夘】異体字 JIS 5041
音 ボウ
う。十二支の第四。

**ボウ** 6画【妄】部首［女］ 常用 JIS 4449 ｜6画【▼妄】旧字
音 モウ・ボウ
でたらめ。うそ。みだり。みだりに。「妄言・妄評」↓モウ［妄］

**ボウ** 6画【▼芒】部首［艹］ JIS 7174
音 ボウ
①のぎ。㋐稲・麦など穀物の実の外側の先にあるかたい毛。㋑とげ。はり。㋒光の輝きの放射。②さき。はし。とがった先。③ススキ。イネ科の多年草。秋の七草の一つ。おばな。

**ボウ** 6画【▼邙】部首［阝］
音 ボウ・モウ
「邙山」は、中国の山の名。河南省の洛陽の北にある。貴人の墓が多くあった。北邙山。

**ボウ** 6画【忙】部首［忄］ 常用 JIS 4327 ｜6画【▼忙】旧字
音 ボウ
訓 いそがしい
いそがしい。せわしい。対義 閑。「多忙・繁忙」「忙殺・忙中閑あり」

**ボウ** 6画【▼牟】部首［牛］ JIS 4422
音 ボウ・ム
①なく。牛がなく。②むさぼる。うばう。とる。③オオムギ。イネ科の二年草。④ひとみ。くろめ。

**ボウ** 7画【坊】部首［土］ 常用 JIS 4323
音 ボウ・ボッ・ホウ
①寺内で、僧のすむやしき。その僧。出家。比較 房。「客坊・僧坊」「坊主」用例（名）師の—。—さん。《接尾的》武蔵—。②男の子。幼児をしたしんでよぶのに用いる。用例（名）—や。③他人を悪くいうのに用いる。用例《接尾的》風来—。④まち。まちの一区画。「坊間」⑤皇太子のいるところ。「春宮坊」↓ボッ［坊］

**ボウ** 7画【妨】部首［女］ 常用 JIS 4324
音 ボウ・ホウ
訓 さまたげる
さまたげる。邪魔をする。さまたげ。「妨害・妨止」

**ボウ** 7画【▼尨】部首［尢］ JIS 5388
音 ボウ
①むくいぬ。むく毛の犬。②まじる。いりまじる。③みだれる。④おおきい。

**ボウ** 7画【防】部首［阝］ 教育小5 JIS 4341
音 ボウ・ホウ
訓 ふせぐ

防 防 防 防 防

①つつみ。土手。「堤防」②ふせぐ。まもる。ふせぎ。対義 攻。「国防・消防・予防」「防衛・防火」③周防国のこと。「防州・防長」

**ボウ** 7画【忘】部首［心］ 教育小6 JIS 4326 ｜7画【▼忘】旧字
音 ボウ
訓 わすれる

忘 忘 忘 忘 忘

わすれる。記憶がなくなる。おもいだせない。「健忘症・備忘録」「忘恩・忘却・忘年会」

**ボウ** 8画【▼茅】部首［艹］ JIS 1993
音 ボウ
①かや。アシ・ススキ・チガヤなど、屋根をふく材料になるイネ科の植物。「茅屋」②ち。チガヤ。イネ科の多年草。

**ボウ** 8画【▼茆】部首［艹］ JIS 7191
音 ボウ
①ぬなわ。ジュンサイ。スイレン科の水生多年草。②かや。アシ・ススキ・チガヤなど、屋根をふく材料になるイネ科の植物。

▼常用漢字表外。　▽常用漢字表の音訓外。

**ボウ** 8画【房】 部首[戸] 常用 JIS 4328　8画【▾房】 旧字
音**ボウ**・ホウ　訓**ふさ**
①小さく区ぎられたへや。いえ。すまい。「官房・茶房・山房・書房・暖房・独房」 ②堂のかたわらにある僧のすむへや。その僧。「僧房・禅房」 比較 坊・斎。③ふさ。たばねた糸の先の、ふさふさとたれているもの。また、花や実が一つの枝などにむらがったもの。④安房国のこと。「房州・房総」

**ボウ** 8画【肪】 部首[月] 常用 JIS 4335
音**ボウ**・ホウ
あぶら。肉のあぶら。動物のあぶら。比較 油・膏。「脂肪」

**ボウ** 8画【氓】 部首[氏] JIS 6166
音ボウ
たみ。他国からうつってきた、たみ。流民。移住民。また、人民。庶民。「蒼氓」

**ボウ** 9画【▾厖】 部首[厂] JIS 5045
音ボウ
①おおきい。「厖大」 ②厚い。また、ゆたか。③まじる。いりまじる。

**ボウ** 9画【▾茫】 部首[艹] JIS 7211
音ボウ
①とおい。はるか。ひろい。はてしない。「渺茫」「茫漠・茫洋」 ②ぼんやりしているさま。とりとめがないさま。「茫然」

**ボウ** 9画【▾昴】 部首[日] JIS 5869
音ボウ
すばる。プレヤデス星団。牡牛座にある散開星団。二十八宿の一つ。

**ボウ** 9画【某】 部首[木] 常用 JIS 4331
音**ボウ**
①ある。はっきり名・日時・場所などをいわずにさすときに用いる。「某氏・某所・某年某月」 用例 (接頭)——課長。——学校。②あるひと。なにがし。「何某」 ③それがし。わたくし。

**ボウ** 9画【冒】 部首[目] 常用 JIS 4333　9画【▾冐】 部首[冂] 旧字　8画【▾冐】 部首[冂] 異体字 JIS 7078
音**ボウ**・モウ・ボク・マイ　訓**おかす**
①おかす。さからう。比較 犯。「感冒」「冒険・冒瀆」 ②はじめ。「冒頭」

**ボウ** 9画【▾虻】 部首[虫] JIS 1626　15画【▾蝱】 異体字
音ボウ
アブ。ハエ目に属する昆虫。

**ボウ** 10画【剖】 部首[刂] 常用 JIS 4322
音**ボウ**・ホウ・フ
さく。わける。わかつ。「解剖」「剖検」

**ボウ** 10画【▾旁】 部首[方] JIS 5853
音ホウ・ボウ
①かたわら。わき。そば。「旁註」 ②あまねし。ひろい。③つくり。漢字の字体の構成部分の一つ。左右にわかれる構成の右の部分。対義 偏。「偏旁冠脚」

**ボウ** 10画【▾旄】 部首[方] JIS 5854
音ボウ・モウ
①はた。ヤクの尾の毛をつけた、はた。②はたかざり。はたにつけた尾の毛のかざり。③からうし。ヤク。ウシ科の哺乳動物。また、その尾。④おいぼれ。老人。

**ボウ** 10画【▾桙】 部首[木] JIS 5966
音ウ・ボウ
ほこ。両刃の剣に長い柄をつけた武器。

**ボウ** 10画【紡】 部首[糸] 常用 JIS 4334
音**ボウ**・ホウ　訓**つむぐ**
つむぐ。糸にする。「混紡」「紡織・紡錘・紡績」

**ボウ** 10画【▾蚌】 部首[虫] JIS 7351
音ホウ・ボウ
①カラスガイ。イシガイ科の軟体動物。②ドブガイ。イシガイ科の軟体動物。③ハマグリ。マルスダレガイ科の軟体動物。「鷸蚌」

**ボウ** 11画【▾惘】 部首[忄] JIS 5617
音ボウ・モウ
あきれる。あきれかえる。あきれはてる。「惘然」

**ボウ** 11画【望】 部首[月] 教育小4 JIS 4330　11画【▾望】 旧字
音**ボウ**・モウ　訓**のぞむ**

①のぞむ。のぞみ。ほしいとおもう。「願望・希望・志望・失望・絶望・待望・欲望」「望外・望郷」 ②遠くをみる。ながめ。「眺望」「望遠・望見・望楼」 ③ほまれ。名声。人々からの見られ方。「衆望・人望・声望・徳望・名望」「望族」 ④もち。もちづき。満月。天球上で月と太陽の黄経の差が一八〇度になった瞬間。太陽と月が地球をはさんで相対すること。対義 朔。「朔望」→モウ[望]

**ボウ** 11画【▾眸】 部首[目] 人名用 JIS 6640
音ボウ・ム
ひとみ。くろめ。瞳孔。「明眸皓歯」「眸子」

**ボウ** 11画【▾袤】 部首[衣] JIS 7461
音ボウ
ながさ。南北の長さ。たての長さ。

**ボウ** 12画【傍】 部首[人・亻] 常用 JIS 4321　12画【▾傍】 旧字
音**ボウ**・ホウ　訓**かたわら**
①そば。かたわら。わき。「近傍・路傍」「傍観・傍若無人・傍線・傍聴・傍点」 ②わかれた。派生した。対義 直。「傍系」

**ボウ** 12画【帽】 部首[巾] 常用 JIS 4325　12画【▾帽】 旧字
音**ボウ**・モウ
かぶりもの。頭巾。シャッポ。ハット。「学帽・制帽・脱帽」「帽子・帽章」 用例 《接尾的》中折れ——。運動——。

**ボウ** 12画【棒】 部首[木] 教育小6 JIS 4332
音**ボウ**・ホウ

①手にもてるほどの、木などの細長いもの。つえ。「棍棒・指揮棒・鉄棒」「棒術」 用例 (名)犬も歩けば——にあたる。——ほど願って、針ほどかなう。②まっすぐな線。「縦棒」 用例 (名)——をひく。③ことばだけで、内容をかんがえない。用例 《接頭的》——暗記。——読み。
**棒に振る**(ぼうにふる) せっかくの努力を、無駄にする。make a mess of
**棒程願って針程叶う**(ぼうほどねがってはりほどかなう) 《願望の大きさに比べ、かなえられることの小ささくとどまることが多いことから》願いや望みは、容易にはかなえられるものでない。
**棒を折る**(ぼうをおる) ①事業に失敗する。②途中で、手を引く。
**棒を呑んだ様**(ぼうをのんだよう) まっすぐ突っ立ったまま、動かないでいるさま。また、立ちすくんで、固くなっているさま。硬直したさま。be petrified
**棒を引く**(ぼうをひく) ①筋・線を引く。②取り消す。帳消しにする。

**ボウ** 12画【貿】 部首[貝] 教育小5 JIS 4339
音**ボウ**・モ

あきなう。うりかいする。とりひきする。「貿易」

**ボウ** 13画【▾蒡】 部首[艹] JIS 7280
音ホウ・ボウ
「牛蒡」は、キク科の二年草。根は食用。

**ボウ** 13画【▾楙】 部首[木] JIS 6030
音ボウ・モ
①しげる。木がさかんにしげる。②うつくしい。よい。③ボケ。バラ科の落葉低木。

**ボウ** 13画【▾滂】 部首[氵] JIS 6281
音ホウ・ボウ
①雨・水・涙などがさかんにながれるさま。「滂沱」 ②水がながれる音。③風がものをうつ音。④ゆたか。また、ひろい。

**ボウ** 13画【▾瑁】 部首[王] JIS 6480
音ボウ・モウ・バイ・マイ
①中国古代、諸侯が参朝したとき、天子が、諸侯の圭(＝上部がとがり、下部が四角の玉)に、かぶせあわせた玉。②「瑇瑁」は、ウミガメ科の爬虫類。

**ボウ** 13画【▾黽】 部首[黽] JIS 8370
音ボウ・ビン・ベン・メン
①あおがえる。カエル。カエル目に属する両生類。②部首の一つ。かえる。べんあし。↓ビン[黽]

**ボウ** 14画【▾膀】 部首[月] JIS 7115
音ホウ・ボウ
「膀胱」は、腎臓からおくられる尿を一時ためておく器官。小便ぶくろ。

**ボウ** 14画【▾榜】 部首[木] JIS 6054
音ホウ・ボウ
①ふだ。看板。文字をかいて標識にする木の板。「標榜」 ②かじ。かい。水をかく道具。③こぐ。かいで、舟をすすめる。

**ボウ** 14画【▾牓】 部首[片]
音ホウ・ボウ
ふだ。看板。額。文字をかいて標識にする木の板。

**ボウ** 14画【▾貌】 部首[豸] JIS 4338　7画【▾皃】 部首[白] 異体字 JIS 6606
音ボウ・バク
顔かたち。すがた。様子。外見。「風貌・容貌」

**ボウ** 14画【▾鉾】 部首[金] JIS 4340
音ボウ・ム
ほこ。両刃の剣に長い柄をつけた武器。

**ボウ** 14画【▾鋩】 部首[金] JIS 7890
音ボウ・モウ
きっさき。ほこさき。刃のさき。

**ボウ** 14画【▾髦】 部首[髟] JIS 8188
音ボウ・モウ
①たれがみ。さげがみ。まゆのあたりまでたれさがったこどもの髪。②たてがみ。馬のたてがみ。③すぐれる。すぐれた人。

**ボウ** 15画【暴】 部首[日] 教育小5 JIS 4329
音**ボウ**・**バク**・ホウ・ホク・ボク　訓**あばく**・**あばれる**

①あばれる。あらす。あらい。「横暴・凶暴・自暴自棄・粗暴・乱暴」「暴言・暴行・暴動・暴風・暴力」 用例 (名)——にむくいるに、——をもってす。②むやみに。度をすごす。「暴飲暴食・暴利」 ③急に。ひどく。「暴騰・暴発・暴落」 ④手でうつ。「暴虎馮河」 ↓バク[暴]
**暴を以て暴に易う**(ぼうをもってぼうにかう) ①ある暴力を排除するのに、別の暴力をもって行う。結局、暴力はあいかわらず存在していて、暴力をなくしたということにはなっていないことを言う。また、世の中から暴力というものはなくならないことに言う。②相手が暴力をふるうなら、自分も暴力で応ずる。類似 暴に報いるに暴を以てす。

**ボウ** 15画【▾犛】 部首[牛]
音ボウ・リ
からうし。ヤク。ウシ科の哺乳動物。黒い毛の長い牛。

**ボウ** 16画【▾儚】 部首[人・亻]　15画【▾儚】 異体字 JIS 4919
音ボウ
①くらい。心がくらくまよう。②はかない。不確か。かりそめ。つまらない。

**ボウ** 16画【膨】 部首[月] 常用 JIS 4336
音**ボウ**・ホウ　訓**ふくらむ**・**ふくれる**
ふくらむ。ふくれる。ふくらます。「膨大・膨張」

**ボウ** 16画【▾甍】 部首[瓦]　15画【▾甍】 異体字 JIS 6516
音ボウ
いらか。かわらやね。むながわら。屋根の棟のかわら。

**ボウ** 16画【▾瞢】 部首[目]
音ボウ・ム・モウ

①くらむ。めくるめく。目がくらむ。②くらい。はっきりみえない。

**ボウ** 16画 **【謀】** 部首[言] 常用 JIS 4337
音 **ボウ・ム** 訓 **はかる**
はかる。計略をかんがえる。はかりごと。たくらみ。「陰謀・共謀・策謀・首謀・深謀・無謀」「謀議・謀略」↓ム[謀]

**ボウ** 17画 **【▼懋】** 部首[心] JIS 5676
音ボウ
①つとめる。努力する。②さかん。盛大。

**ボウ** 17画 **【▼蟒】** 部首[虫]
音ボウ・モウ
うわばみ。おろち。大蛇。

15画 **【▼蠎】** 異体字 JIS 7429
18画 **【▼蟒】** 異体字
17画 **【▼蟒】** 異体字 JIS 7428

**ボウ** 17画 **【▼謗】** 部首[言] JIS 7578
音ホウ・ボウ
そしる。悪くいう。そしり。「讒謗・誹謗」
↓ホウ[謗]

**ボウ** 17画 **【▼鴇】** 部首[鳥] JIS 8292
音ボウ
トキ。コウノトリ目に属する鳥。

**ぼう-う【暮雨】** 夕暮れに降る雨。

**ぼう-あおのり【棒青▽海▼苔】** 緑藻植物アオサ科の海藻。筒状で細長く、枝分かれせず、内部は中空。一か所から数本群生する。アサクサノリに混ぜて食用とする。

**ぼう-あく【暴悪】**(名・形動) 乱暴で非道なこと・さま。violence

**ぼう-あつ【防▼遏】**(名・サ変他) ふせぎとどめること。防止。

**ぼう-あつ【暴圧】**(名・サ変他) 行動や自由を、ひどくおさえつけること。violent suppression

**ぼう-あつ【膨圧】** 植物細胞で細胞壁を内側から押し広げようとする力。細胞壁を緊張させて植物体の形を維持する力。turgor pressure

**ぼうあつ-うんどう【膨圧運動】** 植物細胞の膨圧の変化によって起こる屈曲や開閉などの植物の運動。オジギソウの葉の運動など。turgor movement

**ほう-あん【奉安】**(名・サ変他) 尊いものを安置すること。

**ほう-あん【法案】** 法律の草案。bill

**ほう-あん【▽保安】** 平安末期の年号。元永から改元。元年(一一二〇)四月一〇日～五年(一一二四)四月三日。次に、天治に改元。

**ぼう-あんき【棒暗記】**(名・サ変他) 内容を理解せずに、文章の字づらだけをそのままそらで覚えること。learn by rote

**ほうあん-でん【奉安殿】** 第二次大戦の敗戦まで、各学校で天皇・皇后の写真や教育勅語を納めておいた建物。

**ほう-い【方位】** ①東西南北の向き。方角。direction ②方角の吉凶。

**ほう-い【包囲】**(名・サ変他) とりかこむこと。encirclement 用例 敵を―する。―網。

**ほう-い【▽布衣】** ↓ほい(布衣)

**ほう-い【法衣】** ↓ほうえ(法衣)

**ほう-い【胞衣】** ↓えな(胞衣)

**ぼう-い【防▼已】** 生薬の一つ。ツヅラフジの茎や根茎を乾燥したもの。利尿・鎮痛の目的で、神経痛・リューマチ・関節炎などに用いる。漢防已はシマハスノハカズラで別の植物。

**ぼう-い【暴威】** 乱暴な威力・勢い。tyranny 用例 ―をふるう。

**ほうい-かく【方位角】** ある天体の水平方向の位置を示す角。その天体と天頂を通る大円が地平線と交わる方向を示す角で、北から東回り、または南から西回りで測る。azimuth

**ほう-いがく【法医学】** 応用医学の一分野。法律上問題となる事件を医学の立場から考察し、自殺・他殺の判定などの解決の糸口を与える学問。legal medicine

**ほうい-ずほう【方位図法】** 地図投影法の一つ。地球に接する平面に経緯線を直接投影する。平面が地球の極で接するときは、緯線は同心円に、経線は各方向の直径となる。azimuthal projection

**ほう-いつ【放逸・放▼佚】**(名・形動) 気ままで、だらしないこと・さま。self-indulgence

**ほう-いん【法印】** ①正しい仏教とそうでないものを区別する標識・特質。②《「法印大和尚位」の略》僧綱の最高の位。③中世以降、僧位に準じて、仏師・画工などに授けられた称号。

**ぼう-いん【暴飲】**(名・サ変他) むやみに多量の酒や飲み物を飲むこと。excessive drinking

**ぼういん-ぼうしょく【暴飲暴食】** むやみやたらと飲み食いすること。make a pig of oneself

**ぼううけ-あみ【棒受(け)網】** 長方形で、錘と揚げ網のついた網。また、その網を用いる漁法。水面下に網を敷き、集魚灯やえさで魚を集め、揚げ網を引く。stick-held dip net 参照 敷き網。↓図

●棒受け網　サンマ棒受け網

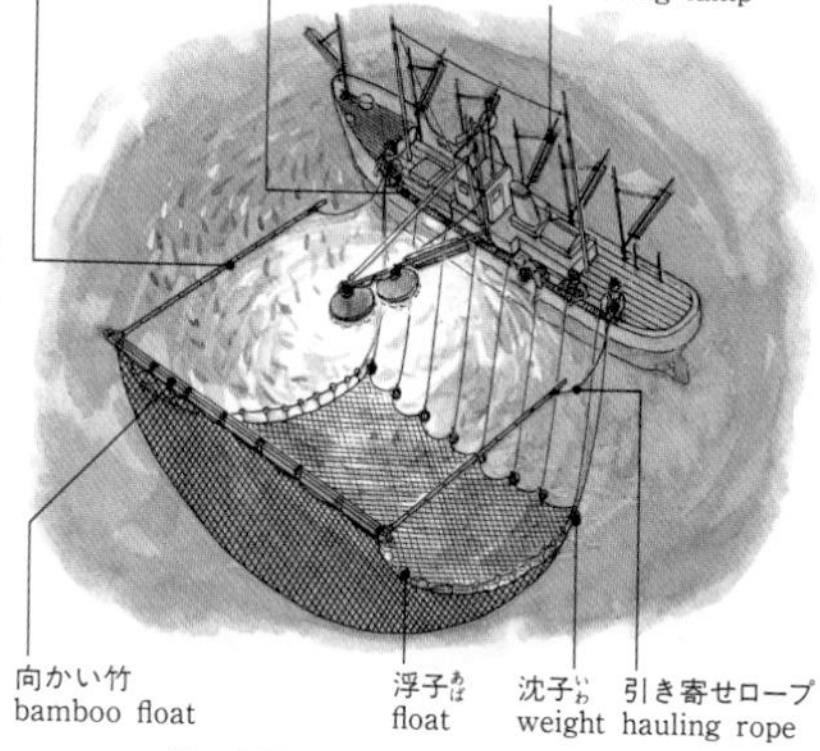


船の右側から、船首、左側へとあかりで魚を誘導し、網の上へおびき寄せる

**ぼううずじょう-ぎんが【棒渦状銀河】** 星雲の中心核に棒状の部分があり、棒の先端から渦が巻いている星雲。barred spiral nebula

**ホウール[Sigurd Hoel]**(一八九〇～一九六〇) ノルウェーの小説家・文芸評論家。文壇の重鎮であった。小説『夏の日を浴びた罪人たち』『十月のある日』など。

**ほう-え【法会】**《仏教語》①多くの人を集めて説法をする集会。②死者の追善・供養をすること。法事。法要。

**ほう-え【法▽衣】**《仏教語》僧尼の着ける服。僧衣。法服。clerical robe

**ほう-え【胞▽衣】** ↓えな(胞衣)

**ボヴェ[Bovet]** ↓ボベ

**ほうえい【宝永】** 江戸中期の年号。元禄から改元。元年(一七〇四)三月一三日～八年(一七一一)四月二五日。次に、正徳に改元。

**ほう-えい【放映】**(名・サ変他) テレビで放送すること。televise 用例 人気番組を―する。

**ぼう-えい【防衛】**(名・サ変他) ふせぎ守ること。defense 用例 正当―。

**ぼうえいかんけい-ひ【防衛関係費】** 自衛隊の編成、必要な施設や装備の準備、人員の育成・教育、その維持・管理などに要する一切の費用。防衛費。defense related expense

**ぼうえい-きせい【防衛機制】** フロイトの精神分析用語。精神の主観的・意識的な安定を脅やかす情動や欲望から精神を守ろうとする、無意識的な自我の働き。昇華・合理化・退行・投射など。defense mechanism

**ぼうえい-けんきゅうじょ【防衛研究所】** 防衛庁の研究・教育機関。昭和六〇年(一九八五)に従来の防衛研修所を改称。

**ほうえい-ざん【宝永山】** 静岡県、富士山の南東山腹の山。標高二七〇二m。宝永四年(一七〇七)に爆発してできたので、この名がある。

**ぼうえいしせつ-ちょう【防衛施設庁】** 防衛庁の外局の一つ。自衛隊の施設の取得・工事・管理などを行うほか、在日米軍への施設提供、物品・サービスの調達に関する事務を行う。昭和三七年(一九六二)設立。

**ぼうえい-しゅつどう【防衛出動】** 自衛隊の行動の一つ。外部からの武力攻撃に対して国土を防衛するため自衛隊が出動すること。国会の承認を得て内閣総理大臣が命令する。比較 治安出動。

**ぼうえい-だいがっこう【防衛大学校】** 幹部自衛官を養成する学校。防衛庁に付属。昭和二七年(一九五二)保安大学校として発足。所在地は横須賀。

**ぼうえい-ちょう【防衛庁】** 総理府の外局の一つ。国防のために陸上・海上・航空自衛隊を管理・運営する中央官庁。長官は国務大臣。前身は保安庁で、昭和二九年(一九五四)発足。Defense Agency

**ぼうえい-はくしょ【防衛白書】** 防衛庁が編集する日本の防衛に関する年次報告書。昭和四五年(一九七〇)に創刊、同五一年(一九七六)から毎年発行。

**ぼうえい-ひ【防衛費】** 防衛関係費の通称。

**ぼう-えき【防疫】**(名・サ変他) 伝染病の発生・蔓延を予防すること。予防対策としての平常時防疫と、発生時対策としての発生時防疫に分けられる。prevention of epidemics

**ぼう-えき【貿易】**(名・サ変自) 外国と商業上の取り引きをすること。商品の輸出と輸入。自由貿易と保護貿易に分けられる。通商。交易。trade

**ぼうえき-いぞんど【貿易依存度】** 国民経済にしめる貿易の重要度を示す指標。国民総生産または国民所得に対する輸出・輸入の比率で表す。degree of dependence on foreign trade

**ぼうえきがい-しゅうし【貿易外収支】** 国際間の経済取引についての勘定の一つ。運賃・保険料・利子・海外旅行費などサービスの取り引きの収支を示すもの。invisible trade 対義 貿易収支。

**ぼうえきかわせ-の-じゆうか【貿易為替の自由化】** 貿易や外国為替取引に対する政府の直接的規制を廃し、国際的な貿易・金融を自由化すること。liberalization of trade and exchange

**ぼうえきかんり-れい【貿易管理令】** ＝貿管令。①「輸出貿易管理令」の略。②輸出貿易管理令と輸入貿易管理令の併称。

**ぼうえき-きんゆう【貿易金融】** 商品の輸出入取引を円滑に行うための資金の融通。輸出金融・輸入金融・現地金融に大別される。trade finance

**ぼうえき-じゆうか【貿易自由化】** 関税や輸出入制限などの障壁をとりはらい、各国間の輸出入取引を自由にすること。trade liberalization

**ぼうえき-しゅうし【貿易収支】** 国際間の経済取引についての勘定の一つ。自動車・テレビなど有形の商品の取り引きの収支を示すもの。trade balance 対義 貿易外収支。

**ぼうえき-てがた【貿易手形】** ①貿易取引の決済のために振り出される為替手形。輸出為替手形と輸入為替手形。trade bill ②第二次大戦後、日本銀行が貿易拡大のため優遇してあつかった手形。

**ぼうえき-とし【貿易都市】** ↓こうえきとし(交易都市)

**ほうえき-の-ほう【縫▼腋の▼袍】** 両わきを縫いふさいだ袍。天皇・文官・四位以上の武官用。対義 闕腋の袍。↓束帯図

**ぼうえき-ふう【貿易風】** 温帯の高圧帯から赤道低圧帯に向けて吹く風。北半球では北東風、南半球では南東風。一年中、ほとんど方向が変わらない。恒信風。trade wind 比較 モンスーン。

**ぼうえき-まさつ【貿易摩擦】** 商品の輸出入不均衡などをめぐって生じる関係国間の紛争。trade friction

**ほう-えつ【法悦】** ①《仏教語》法を聞いて、心・身の自由を得た気持ち。②うっとりするような喜び。ecstasy 用例 ―境。

**ぼう-えり【棒襟】** ①和服の狭襟。全体の襟幅が同じで幅の狭い襟。男物や子供物に用いられる。②棒のように直線的な感じの襟。カーディガンタイプの上着などにつけられる。

**ほう-えん【方円】** 四角と丸。方形と円形。
**水は方円の器に随う** 水は入れ物により、どうにでも形を変える。人の感化されやすいたとえ。

**ほう-えん【砲煙・砲▼烟】** 大砲を発射したときのけむり。smoke of cannon

**ほう-えん【豊▼艶】**(名・形動) ふくよかで美しいこと・さま。あでやか。

**ほうえん【▽保延】** 平安末期の年号。長承から改元。元年(一一三五)四月二七日～七年(一一四一)七月一〇日。次に、永治に改元。

**ぼう-えん【防炎・防▼焰】** 火がついたり、燃え広がるのを防ぐこと。fire prevention 用例 ―剤。

▼常用漢字表外。　▽常用漢字表の音訓外。

**ぼう-えん【望遠】** 遠くを見ること。see far

**ぼうえん-きょう【望遠鏡】** 遠くのものを拡大してみる光学器械。凸の対物レンズと凹の接眼レンズを組み合わせるガリレイ式望遠鏡と、対物レンズ・接眼レンズともに凸レンズのケプラー式望遠鏡がある。双眼鏡は後者で、中間に倒立像を修正するレンズやプリズムを入れる。とおめがね。千里鏡。telescope

**ぼうえんきょう-ざ【望遠鏡座】** 南天の星座。日本では見えにくい。九月二日ごろの午後八時ごろに南中。面積二五一平方度。Telescopium

**ほうえん-こう【方鉛鉱】** 鉛の鉱石の一つ。等軸晶系で、六面体または八面体の結晶。鉛灰色不透明で金属光沢をもつ。副成分として銀、ビスマスなどを含むことがある。galena

**ほうえん-だんう【砲煙弾雨】** 激しく砲弾を撃ち合うこと。

**ぼうえん-ふ【防炎布】** 燐酸塩などの水溶液で処理した布または塩化ビニルなどの布。炎が触れても一定面積以上燃え広がらない。flameproof cloth

**ぼうえん-レンズ【望遠レンズ】** 標準レンズより焦点距離の長いレンズ。三五ミリカメラでは焦点距離八五㎜以上のものをいう。遠方の被写体を大きく写すために使用。telephoto lens ↓写真レンズ 写

**ほう-おう【法王】** ①《仏教語》法において自由なもの。仏。②↓きょうこう(教皇)

**ほう-おう【法皇】** 《「太上法皇」の略》仏門に入った上皇。

**ほう-おう【訪欧】**(名・サ変自) ヨーロッパを訪問すること。

● 鳳凰

**ほう-おう【鳳凰】** 中国で古くから尊ばれた想像上の鳥。仁君の聖政にあたって姿を現すと伝えられる。↓写

**ほうおう-がい【鳳凰貝】** 海綿の中に埋もれて生活する二枚貝。殻長約四㎝、殻高約一二㎝で、黄褐色。殻形は半月形から長楕円形まである。房総半島以南の浅海に分布。

**ほうおう-ざ【鳳凰座】** 南天の星座。日本では南天の低い位置にあり、見にくい。一二月二日ごろの午後八時ごろに南中。面積四六九平方度。Phoenix

**ほうおう-ざん【鳳凰山】** 山梨県西部、赤石山脈北部にある地蔵ケ岳・観音ケ岳・薬師ケ岳の総称。観音ケ岳がいちばん高く、二八四一m。鳳凰三山。

**ほうおう-ちく【鳳凰竹】** タケの一種。庭植えにされるもので、小枝が多く、その先に葉が羽状に配列する。ホウビチク。

**ほうおう-ちょう【法王庁】** ↓きょうこうちょう(教皇庁)

**ほうおう-ぼく【鳳凰木】** マメ科の常緑高木で、熱帯地方の街路樹。樹冠はかさ状。葉は細かい羽状複葉。夏に径約一〇㎝の緋紅色の五弁花をつける。マダガスカル原産。royal poinciana ↓写

● ホウオウボク

**ほうおう-りょう【法王領】** ↓きょうこうりょう(教皇領)

**ぼう-おく【茅屋】** ①わら・かやぶきの家。草屋。thatched cottage ②あばらや。shabby hut ③自宅をけんそんしていう語。

**ぼう-おどり【棒踊(り)】** 棒を打ち合わせながら踊る民俗芸能。悪魔払いの呪術から出たものといわれ、九州・沖縄などに分布する。↓写

**ほう-おん【芳恩】** 受けた恩をいう敬語。ご恩。

**ほう-おん【報恩】** 受けた恩にむくいること。恩返し。gratitude

**ぼう-おん【忘恩】** 受けた恩を忘れること。ingratitude 用例 ―の徒。

**ぼう-おん【防音】**(名・サ変自) 音の出入りを防ぐこと。外部の騒音の侵入を防ぎ、内部の音を外部にもれないようにすること。soundproof 用例 ―装置。

**ぼうおん-ガラス【防音ガラス】** 音をさえぎる性質にすぐれたガラス。複層ガラスなど。soundproof glass

**ほうおん-こう【報恩講】**《仏教語》祖師・先師の忌日に行われる報恩のための法要。浄土真宗では開祖親鸞の忌日に営まれる法会。

**ぼうおん-ざい【防音材】** 遮音と吸音に効果のある建築材料の総称。soundproof material

**ぼうおん-りん【防音林】** 植物の遮音機能を利用して、飛行場や工場などの騒音を減少させ、周辺住民を守るための林。樹高が高く、密なほど機能が大きい。soundproof forest

**ほう-か【邦家】** くに。国家。

**ほう-か【邦貨】** 日本の貨幣・貨物。Japanese currency

**ほう-か【放下】** 一(名・サ変他) 投げすてること。おろすこと。throw down 二(名) ①中世から近世にかけて大道で行われた手品・曲芸の類。品玉・輪鼓など田楽から転じた芸が主。②①を演じた芸能者。放下師。③↓ほうかそう(放下僧)。④愛知県新城市に伝わる民俗芸能。大団扇を背負って踊る念仏踊り。

**ほう-か【放火】**(名・サ変自) 人家などに、わざと火を付けること。付け火。incendiarism; arson 比較 失火。

**ほう-か【放歌】**(名・サ変自) 大声でうたうこと。用例 ―高吟。

**ほう-か【放課】** 学校で、その日の課業を終えること。after school 用例 ―後。

**ほう-か【法科】** ①おきて。law; rule ②法律の学科。law course ③法学部。law department

**ほう-か【法家】** ①法律家。lawyer ②中国、春秋時代の諸子百家の一つ。法や刑を政治の基本におく学派で、魏の李悝を祖とし、商鞅・申不害らが継承、韓非子により大成された。

**ほう-か【法貨】** 法律で強制的な通用力を与えられた貨幣。法定貨幣。

**ほう-か【砲火】** ①大砲を発砲したときに出る火。gunfire ②砲撃。artillery bombardment

**砲火を交える** 戦う。交戦する。exchange fire

**ほう-か【烽火】** のろし。

**ほう-か【蜂窩】** ハチの巣。

● 棒踊り　宮崎県、西都市。

**ほう-が【邦画】** 対義 洋画。①日本画。Japanese painting ②日本映画。Japanese film

**ほう-が【奉加】**(名・サ変他) ①神仏への寄付に加わること。②金銭を出すこと。

**ほう-が【奉賀】**(名・サ変他) お祝い申し上げること。賀状をたてまつること。用例 ―新年。

**ほう-が【萌芽】**(名・サ変自) ①芽が出ること。また、その出た芽。芽ばえ。germ; sprout ②物事がきざすこと。おこり。sign

**ぼう-か【防火】** ①火事をふせぐこと。fire prevention ②燃え広がらないようにすること。prevent the spreading fire

**ぼう-が【忘我】** われを忘れること。夢中になること。trance 用例 ―の境に入る。

**ほう-かい【抱懐】**(名・サ変他) 心に思うこと。考え。

**ほう-かい【法界】** ↓ほっかい(法界)

**ほう-かい【崩壊・崩潰】**(名・サ変自) ①くずれて、こわれること。collapse 用例 地震で家屋が―する。②成り立たなくなること。collapse 用例 内閣の―。

**ほう-がい【方外】** ①人の守るべき道からはずれること。②世間から離れていること。世を捨てること・人。とくに、僧侶・医師・儒者・画工などをさす。③国の外。外国。

**ほう-がい【法外】** 一(名) 法にはずれること。unreasonable 二(形動) 並はずれているさま。過度。度はずれ。excessive 用例 ―な要求。

**ぼう-がい【妨害・妨碍】**(名・サ変他) さまたげること。邪魔。interrupt

**ぼう-がい【望外】**(名・形動) 望んでいた以上によいこと・さま。unexpected 用例 ―の喜び。

**ほうがい-くみあい【法外組合】** 労働組合法で必要とされる要件を満たしていないため、労働組合としての権利が認められない労働者組織。アウトサイダーユニオン。outsider union

**ほうかい-けいれつ【崩壊系列】** 放射性核種が崩壊していく系列。ウラン系列・アクチニウム系列・トリウム系列・ネプツニウム系列の四つの系列に分類される。いずれも連鎖的に放射性崩壊を繰り返し、最終的には安定な核になる。放射性崩壊系列。decay series

**ほうかい-せき【方解石】** カルシウムの炭酸塩鉱物。三方晶系。柱状・板状・菱面体結晶。団塊状や鍾乳状およびサンゴ状や繊維状などで産出する。複屈折が著しく高い。ガラス光沢をもち、純粋なものは無色や白色。堆積岩中に広く分布して、石灰岩の主成分である。鍾乳石や石筍を作る。各種工業原料やセメントなどに使用。calcite

**ほうかい-や【法界屋】** 明治の中期にはやった街頭演芸の一つ。「ホウカイ」とはやして法界節をうたい門付けをした。

**ほうかい-りんき【法界悋気】** 自分に直接関係のないことや、人の恋をねたむこと。おか焼き。

**ほう-がく【方角】** ①方位。point of the compass ②方向。direction ③見当。direction 用例 ―違いの問題だ。

**方角を失う** 進むべき方向・進路が、わからなくなる。どちらへ行ってよいか迷う。目標・方針を失う。lose one's bearings

**ほう-がく【邦楽】** ①日本音楽あるいは日本の伝統音楽。対義 洋楽。②江戸時代に大成された日本音楽。近世邦楽。三味線音楽・箏曲・尺八楽などがおもなジャンル。③レコード業界の用語。日本人が演奏したり歌った音声を吹き込んだレコードのこと。

**ほう-がく【法学】** 法を研究対象とする学問。法解釈学・法哲学・法史学・法社会学などの総称。法解釈学だけをいうこともある。法律学。law; jurisprudence

**ぼうか-けんちく【防火建築】** 隣接火災による延焼防止のための設備上の対策をとってある建築。fireproof building 比較 耐火建築。

**ほうか-ざい【放火罪】** 火を放ち一定の目的物を焼き払う罪。最高刑は死刑。arson

**ほうか-し【放下師】** ↓ほうかそう(放下僧)

**ぼうか-じょうやく【望厦条約】** 一八四四年、中国の清朝とアメリカが結んだ最初の条約。マカオ郊外の望厦で調印。イギリスと清の南京条約にならった不平等条約。

**ぼうか-せん【防火線】** 防火のための帯状の空地。firebreak

**ほうか-そう【放下僧】** 放下を演じた芸能者。僧形の者が多かった。ほうかぞう。放下師。

**ほうか-だて【邦貨建(て)】** ↓えんだて(円建て)

**ぼうか-ちいき【防火地域】** 都市計画区域内において火災予防上必要と認められ、とくに指定された地域。fire prevention zone

**ほうが-ちょう【奉加帳】** 社寺の勧進に応じた寄付目録と、寄付者の姓名を記す帳簿。寄進帳。

**ほう-かつ【包括】**(名・サ変他) ひっくるめて一つにすること。comprehension

**ほうかつ-いりょう【包括医療】** 個人の背景や特性に合った、予防から治療、リハビリテーションまでの一貫した幅広い医療。comprehensive medicine

**ほうかつ-しゃ【包括者】**《das Umgreifende ドイツの訳》ヤスパースの用語。外並びに内に向かって限りなく視界を広げていったとき、その果てに視界そのものまで包括してしまう存在があって、さらに外界の包括者と内界の包括者の両者を包括する極限の包括者があるとするもの。包越者。

ほ



↓ 行き先項目、図版・写真参照印。　JIS 日本工業規格情報交換用漢字符号コード(区点コード)。

**ほうかつ-てき【包括的】**(形動) 全体をまとめたさま。総括的。comprehensive

**ほうかつ-ほうあん【包括法案】** 数種の個別法案をまとめて一つとし、国会の両院に提出される法案。omnibus bill

**ぼうか-ど【防火戸】** 火災の拡大や延焼を防ぐ目的の戸・窓・シャッターで、建築基準法で指定されるもの。fireproof door

**ぼうか-とりょう【防火塗料】** 不燃性の塗膜をつくる塗料。塩化ビニル樹脂系・無機質系など。火災時に不燃性ガスを発生する発泡性の塗料もある。fireproof paint

**ぼうか-へき【防火壁】** 火災の延焼や拡大を防止するために建築物内に設ける耐火構造の壁。建築基準法で、一〇〇〇㎡以上の木造建築には設置が義務づけられ、構造・位置・開口部の大きさなどが規定されている。fire wall

**ほうが-りん【▼萌芽林】** 林を伐採したのち、切り株から芽がのびて回復した林。切り株から何本かの幹がのびることが多い。雑木林にはこの形のものが多い。coppice forest

**ぼうか-りん【防火林】** 火災の延焼を防ぐため難燃性の植物で造成された樹林帯。山地では山火事の延焼を防ぐため防火線(空地)と併用することが多い。fire break forest

**ほう-かん【奉還】**(名・サ変他) お返しすること。用例 大政―。

**ほう-かん【宝冠】** 宝石で飾ったかんむり。crown ↓写

● 宝冠 故宮博物院(中国)。

**ほう-かん【宝鑑】** りっぱな手本や参考になる書物。宝典。

**ほう-かん【法官】** 司法の官吏。裁判官。judge

**ほう-かん【砲艦】** おもに港湾や河川の警備を任務とする吃水の浅い小型の軍艦。比較的大口径の砲と機銃をもつ。gun boat

**ほう-かん【▼幇間】** 宴席で客のきげんをとり結ぶ男の芸人。近世社会が遊里を社交場としたために生まれた職業。たいこもち。男芸者。

**ほう-がん【包含】**(名・サ変他) 中に含み持つこと。inclusion 用例 矛盾を―する。

**ほう-がん【▽判官】** =はんがん。①律令制で、上級官吏の四等官の第三。各役所の三等官の総称。じょう。②とくに衛門府の尉などで検非違使を兼ねるもの。検非違使の尉。③《検非違使左衛門少尉だったので》源義経のこと。用例 九郎―。

**ほう-がん【砲丸】** ①大砲の弾。砲弾。shell ②砲丸投げに使う金属の玉。shots

**ぼう-かん【坊間】** まちなか。市中。世間。

**ぼう-かん【防寒】** 寒さをふせぐこと。protection against the cold 用例 ―具。

**ぼう-かん【傍観】**(名・サ変他) 手出し・手助けなどをしないで、そばで見ていること。look on 用例 ―者。

**ぼう-かん【暴漢】** 暴力をふるう男。あばれ者。乱暴者。ruffian

**ボウ-ガン〔bow gun〕** 石弓の一種。銃と弓を組み合わせたような形の弓。撃つときは銃のように引き金を引く。

**ほうかん-がいこう【砲艦外交】** 大国が艦隊の武力を背景に展開する外交戦略。gunboat diplomacy

**ぼうかん-こうぞう【防寒構造】** とくに寒さを防ぐ目的で造られた建築構造。断熱性を高め、凍上・結露の防止対策をとるもの。cold-proof structure

**ほうがん-し【方眼紙】** 一定の間隔で縦横に直交する線が引いてある紙。設計・製図・統計などに使う。graph paper米; section paper英

**ほうかん-しょう【宝冠章】** 勲章の一種。功労のある婦人に授与され、勲一等から勲八等まである。↓勲章図

**ほうがん-だい【▽判官代】** ①昔、院庁に仕えた判官。②荘園の事務を扱った職。

**ほうがん-なげ【砲丸投げ】** 陸上競技で、投擲種目の一つ。砲丸(金属球で男子七・二六kg以上、女子四kg以上)をサークル内から投げ、飛距離を競う。shot putting ↓写

● 砲丸投げ

**ほうがん-びいき【▽判官▼贔▼屓】**《判官源義経が、兄頼朝の圧迫により悲境に陥ったことへの同情から》弱い立場にある者に同情し、肩をもつこと。はんがんびいき。

**ほうがん-もの【▽判官物】** 源義経が判官だったことから、義経に関する戯曲・小説をまとめてよぶ語。『義経記』を源泉として種々の義経伝説が生じ、謡曲『船弁慶』『安宅』、浄瑠璃『義経千本桜』、幸若舞曲などにつくられた。

**ぼうかん-れい【貿管令】** 貿易管理令の略称。

**ほうき【▼箒・▼帚】**《「ははき」の転》はき掃除の用具。座敷ぼうき、庭ぼうき、かまど用の荒神ぼうきなどがある。broom

**箒に手拭を被せ、逆さに立てる** なかなか帰ろうとしない客を追い出すためのまじない。

**ほう-き【芳紀】** 年ごろの女性の年齢。用例 ―まさに一八歳。

**ほう-き【宝器】** ①尊いうつわ。②すぐれた人物。

**ほうき【宝▼亀】** 奈良時代の年号。神護景雲から改元。元年(七七〇)一〇月一日~一二年(七八一)一月一日。次に、天応に改元。

**ほう-き【放棄・▼抛棄】**(名・サ変他) ①捨ててしまうこと。abandonment ②権利などを喪失させること。renunciation 用例 権利―。

**ほう-き【法規】** 法律・命令・規則などのうち、とくに国民の権利・義務に影響を与えるきまりの総称。law; legislation

**ほう-き【法器】** ①法要に使う器具。②仏道修行にたえる素質の人。

**ほう-き【▼蜂起】**(名・サ変自)《ハチが巣から一時に飛び立つ、の意》暴動・兵乱などが、いっせいに起こること。群起。uprising 用例 武装―。

**ほうき【▽伯▼耆】** ↓ほうきのくに(伯耆国)

**ぼう-ぎ【謀議】**(名・サ変他) ①はかりごとの相談。conference ②法律で、数名がともに犯罪の計画・手段を相談すること。conspiracy 用例 共同―。

**ほうき-ぎ【▼箒木】** アカザ科の一年草。畑などで栽培され、高さ約一m。茎はよく分枝する。葉は狭披針形。夏~秋に、淡緑色の小花を穂状につける。枝や茎でほうきを作る。実はとんぶりとよばれ薬用・食用。中国原産。ニワクサ。ハハキギ。ホウキグサ。↓写

● ホウキギ

**ほうき-たけ【▼箒▼茸】** 担子菌植物ホウキタケ科のキノコ。高さ約一五㎝。秋に山中に発生する。下部の茎は太く、上部は樹枝状に分岐。食用。ネズミタケ。↓キノコ写

**ほうき-の-くに【▽伯▼耆国】** 旧国名。現在の鳥取県西半部。山陰道の一国。「延喜式」では上国、六郡。国府は倉吉市国府、国分寺は同市国分寺。明治四年(一八七一)廃藩置県により鳥取県。同九年(一八七六)島根県に併合。同一四年(一八八一)再び鳥取県に統合。伯州。伯耆。

**ほうき-ふじ【▽伯▼耆富士】** 大山の異称。

**ほうき-ぼし【▼箒星】**《太陽に近づくと長い尾が現れ、あたかも箒のように見えることから》彗星。comet

**ほうきむし-るい【▼箒虫類】** 触手動物門箒虫綱に属する海生動物の総称。この一種ホウキムシは、浅海の砂泥中や岩上に分泌液で管をつくり、その中にすむ。体長約九㎝、円筒状で細長く、前端の触手冠が箒のようにみえるのでこの名がある。世界中に一〇種内外が分布しており、日本では二種が知られている。↓図

● ホウキムシ類 ホウキムシ

**ほうき-め【▼箒目】** ほうきで掃いた跡に残る筋。

**ほう-きゃく【訪客】** 訪ねてくる客。訪問客。

**ぼう-きゃく【忘却】**(名・サ変他) 過去の経験や印象を、すっかりわすれること。失念。oblivion 対義 記憶。

**ぼう-ぎゃく【暴虐】**(名・形動) 手荒く取り扱うこと・さま。むごく、いじめること・さま。atrocity 用例 ―の限りをつくす。

**ほう-きゅう【俸給】** 公務員・会社員などが、労務に対して受ける報酬。年俸・月俸など。給料。サラリー。salary

**ほう-ぎょ【崩御】**(名・サ変自) 天皇・太皇太后・皇太后・皇后が亡くなることをいう尊敬語。比較 薨去。

**ほう-ぎょ【▼鮑魚】** 塩漬けにしたさかな。

**鮑魚の肆**《「肆」は店》①塩漬けの魚や干物を売る店。②《その、くさいにおいを発するところから転じて》ならず者などの集まり。

**鮑魚の肆、腥きを知らず**《塩漬けの魚を売る店にいると、そのくさいにおいを感じなくなる、の意から》悪い仲間と一緒にいると、その影響を受ける。鮑魚の肆。He that toucheth pitch shall be defiled.

**ぼう-きょ【暴挙】** ①無謀な振る舞い。reckless act 用例 ―に出る。②暴動。riot 用例 ―を起こす。

**ぼう-ぎょ【防御・防▼禦】**(名・サ変他) ふせぎ守ること。その備え。defense 対義 攻撃。

**ほう-きょう【方▼磬・方響】** 古く、雅楽で使われた楽器。中国の唐代に現れた打楽器で、鉄琴の一種。鉄板を上下二段に八枚ずつつるし、槌で打つ。ほうけい。

**ほう-きょう【豊凶】** 豊作と凶作。豊年と凶年。

**ほう-きょう【豊胸】** ふっくらと盛り上がった胸。

**ほう-きょう【豊▼頰】** ①ふっくらと美しいほお。②美人。

**ぼう-きょう【防共】** 共産主義をいれないこと。defense against communism 比較 反共。対義 容共。

**ぼう-きょう【望郷】** 遠く離れていて、故郷を懐しく思うこと。homesickness 用例 ―の念たちがたし。

**ほうきょういん-とう【宝▼篋印塔】** 宝篋印陀羅尼の経文を納める塔。北宋初期の呉越王の銭俶が金銅製の小塔八万四千に『宝篋印陀羅尼経』を納めて広めたのに始まる(日本にも数基現存)。日本では平安時代末~鎌倉時代から作られ、供養塔・墓碑塔として建てられた。石造りが多い。

**ほうぎょう-づくり【宝形造(り)・方形造(り)】** 屋根の形式の一つ。大棟がなく、角錐状で、底面が四角・六角・八角形の建物に用いる。pavilion roof

**ほう-ぎょく【宝玉】** 宝として扱う、たま。宝珠。

**ぼうぎょ-りつ【防御率】** 野球で、投手の自責点を一試合九回完投分に換算して表した数字。防御率=総自責点÷総投球回×9 投手防御率。earned run average

**ぼう-きれ【棒切れ】** 棒の切れはし。ぼうぎれ。ぼうっきれ。stick

**ほう-きん【砲金】** 青銅の一種。錫五~一〇%、亜鉛二~五%を含む銅合金。かつて大砲の鋳造に使われたのでこの名がある。バルブ・軸受け・機械部品に多用。gun metal

**ほう-ぎん【放吟】**(名・サ変自他) 大声で詩や歌をうたうこと。singing loudly

**ほう-く【法▽鼓】**《仏教語》仏の説法のこと。ほっく。

**法鼓を鳴らす** 仏法を、世の中に盛んにひろめる。

**ほう・く【▼惚く】** 古語 (下二自) ↓ほうける(惚ける)

**ほう-ぐ【▽反▽故】** ↓ほご(反故)

**ぼう-ぐ【防具】** 剣道などの格技で、相手の攻撃から身を守るため胴・腕・面などをおおう道具。打突の有効部位を明確にする意味からも用いられる。protector

**ぼう-ぐい【棒▼杭・棒▼杙】** 丸太のくい。pile; stake

**ぼう-くう【防空】** 航空機やミサイルによる

▼ 常用漢字表外。 ▽ 常用漢字表の音訓外。

攻撃を防ぐこと。air defense

**ぼうくう-えんしゅう【防空演習】** 空襲による被害を防ぐための消火・避難訓練。anti-air-raid drill

**ぼうくう-ごう【防空▼壕】** 空襲のさいに待避するため、地下に設けた穴・部屋。air-raid shelter

**ぼうくうしきべつ-けん【防空識別圏】** 各国が領空の外側に設けている国防上の空域。ここに進入する航空機は国籍や飛行計画を前もって知らせなければならない。日本では沿岸から四〇〇〜五〇〇㎞。ＡＤＩＺ。air defense identification zone

**ぼうくう-ずきん【防空頭▼巾】** 第二次大戦下、空襲のときに頭部を保護するためにかぶった頭巾の一種。おもに婦女子が所持・着用。

**ぼう-ぐみ【棒組(み)】** ①かごを担ぐ相手。相棒。②仲間。③新聞・雑誌などの文章・記事を、本組みの前に活字などで決められた字詰めに組むこと。また、組んだもの。棒ゲラ。[対義]ページ組み・本組み。

**ぼう-グラフ【棒グラフ】** 変量の分布を、度数に比例した長さの棒状の図形で表したグラフ。bar chart

**ぼう-くん【亡君】** 死んだ主君。先君。

**ぼう-くん【傍訓】** 漢字の右わきなどにつけるよみがな。振り仮名。ルビ。

**ぼう-くん【暴君】** ①無道な君主。tyrant ②気ままにふるまう人。tyrannical master [用例]家庭の—。

**ぼうくん-りゅう【暴君竜】** ↓チラノサウルス

**ほう-けい【方形】** 四角形。[対義]円形。[用例]—の陣立て。

**ほう-けい【包茎】** 男性生殖器の亀頭(きとう)が、成人しても包皮でおおわれていて、露出していない状態。手術が必要。phimosis

**ほう-けい【芳▼馨】** よいかおり。芳香。

**ほう-げい【奉迎】**(名・サ変他) 貴人をお迎えすること。[対義]奉送。

**ぼう-けい【亡兄】** 死んだ兄。one's dead elder brother

**ぼう-けい【忘形】** ①自分を忘れて、無為自然の道を悟ること。自分を無にすること。②人の容貌・外見や地位・身分などを、問題にしないこと。

**忘形の交わり**(ぼうけいのまじわり) へだてのない、親密な交際。

**ぼう-けい【傍系】** 分かれ出た系統。collateral line [対義]直系・正系。[用例]—会社。

**ぼう-けい【謀計】** はかりごと。たくらみ。謀略。conspiracy

**ぼうけい-かぞく【傍系家族】** 直系尊属と直系卑属以外の親族を含む家族。複合家族とほぼ同義。collateral family [対義]直系家族。

**ぼうけい-けつぞく【傍系血族】** 自分と同じ始祖から分かれた血族。兄弟姉妹・おい・めい・おじ・おば・いとこなど。collateral consanguinity [対義]直系血族。

**ほうけいしゅうこう-ぼ【方形周溝墓】** 方形で、周囲に溝を掘りめぐらせた墓。弥生(やよい)時代から古墳時代初めにかけてさかんに造られた。昭和四〇年(一九六五)八王子市宇津木町で初めて発見され、大場磐雄(おおばいわお)によって命名された。↓[写]

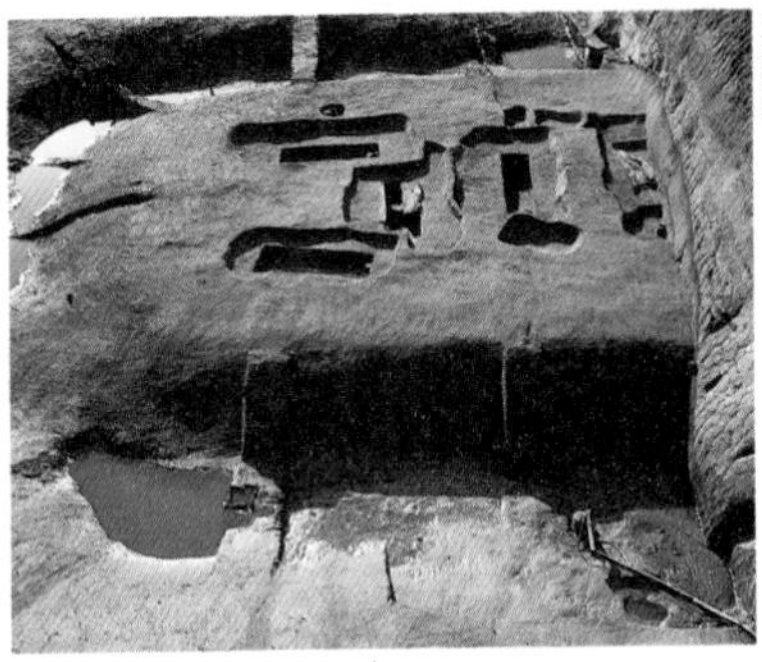

●方形周溝墓　弥生(やよい)時代中期。瓜生(うりゅう)堂遺跡(大阪府)。

**ほう-げき【砲撃】**(名・サ変他) 大砲などで攻撃すること。bombardment

**ぼう-げつ【某月】**《該当する月が不明であったり、わざとかくしたりするときに用いる》ある月。[用例]—某日。

**ほう・ける【▼惚ける・▼耄ける】**(下一自) ①頭の働きが鈍くなる。ぼける。become senile [用例]病み—。②夢中になる。be absorbed in [用例]遊び—。

**ほう-けん【奉献】**(名・サ変他) 差し上げること。たてまつること。奉納。

**ほう-けん【宝剣】** 宝とする、たいせつな剣。treasured sword

**ほう-けん【封建】** ①天子の公領以外の土地を、諸侯に分け与えて治めさせること。feudalism ②封建制度のこと。feudalism

**ほう-げん【方言】** 一言語のうちで、音韻(おんいん)・語彙(ごい)・文法などの特徴によって共通語と区別される地域的言語体系。また、その地域特有の珍しい語。俚言(りげん)。土語。dialect [対義]共通語・標準語。

**ほう-げん【放言】**(名・サ変自他) よく考えもせず、思い浮かんだことを言うこと。無責任な発言をすること。irresponsible remarks [比較]広言。

**ほう-げん【法眼】** ①《「法眼和尚位(かしょうい)」の略》僧位で、法印に次ぐもの。②中世以降、仏師・画工などに授けられた称号の一つ。

**ほう-げん【法源】** ①判決を基礎づけるために援用される法や規範。source of law ②法として効力をもつことの根拠。source of law

**ほう-げん【法▼諺】** 法律に関することを格言として表現したもの。「疑わしきは被告人の利益に」「法律なければ刑罰なし」など。法格言。legal maxim

**ほうげん【▽保元】** 平安末期の年号。久寿(きゅうじゅ)から改元。元年(一一五六)四月二七日〜四年(一一五九)四月二〇日。次に、平治(へいじ)に改元。

**ぼう-けん【冒険】**(名・サ変自) ①危険をおかして事を行うこと。adventure ②成功のめどが立たないことをあえてすること。venture

**ぼう-けん【剖検】**(名・サ変他) 解剖して調べること。

**ぼう-けん【望見】**(名・サ変他) 遠くから望み見ること。

**ぼう-げん【妄言】** 出まかせに言うこと。そのことば。もうげん。

**ぼう-げん【暴言】** 乱暴なことば。abusive language [用例]—を吐く。

**ほうけん-いせい【封建遺制】** 資本主義社会の発展の不均衡により残存している、封建社会の制度や価値意識。

**ほうげん-きょうかいせん【方言境界線】** 方言と方言の境目。その両側で、言語的特色に大きな違いがみられる。日本を東西両方言に分ける新潟県の親不知(おやしらず)から日本アルプスを南下して浜名湖に至る線などをいう。[比較]等語線。

**ほうけん-しそう【封建思想】** 封建社会に育った、身分の上下を中心とする思想。①支配者・権力者に完全に服従する心をもつ考え方。feudal idea ②支配者・権力者が度を越して権力を行使し、命令する考え方。feudal idea [用例]今日でも—はまだ残っている。

**ほうけん-じだい【封建時代】** 封建社会の時代。古代社会のあとを受け、近代社会に先行する時代で、政治的・社会的制度が土地を媒介(ばいかい)として成立。feudal age

**ほうけん-しゃかい【封建社会】** 封建制度を基底とする社会。ヨーロッパでは一三世紀までの中世社会、日本では鎌倉(かまくら)〜江戸時代がこれに該当(がいとう)。feudal society

**ほうげん-しゅうけんろん【方言周圏論】** 柳田国男(やなぎたくにお)が『蝸牛考(かぎゅうこう)』で提示した言語伝播(でんぱ)に関する学説。新語が文化的中心地に発生し、周辺に影響を与え、次々に旧表現を外側に押しやるため、遠隔の地に相似した古語が存在するというもの。

**ぼうけん-しょうせつ【冒険小説】** 海・山・未開地・宇宙などへの冒険旅行を主題として描いた小説。青少年向けのものが多い。adventure novels

**ほうけん-せいど【封建制度】** ①中国の周(しゅう)代に行われた国家組織。天子が土地を諸侯に分割し、諸侯はそれをさらに臣下に分与して領内を掌握するもの。②西欧・日本の封建時代の政治制度。領主が家臣に封土を給与する代償として軍役奉仕を求めるという、主従関係を中心とした統治制度。フューダリズム。feudalism

**ぼうげん-たしゃ【妄言多謝】**(連語) 妄言をお許しあれ。もうげんたしゃ。

**ぼうけんだんきち【冒険ダン吉】** 島田啓三(しまだけいぞう)作の漫画、また、その主人公名。昭和八年(一九三三)から『少年倶楽部(クラブ)』に連載。

**ほうげん-ちず【方言地図】** 音韻・語彙(ごい)・文法などの、地理的変異のさまを表した地図。言語地図。dialect atlas

**ほうけん-ちだい【封建地代】** 封建的土地所有者である領主が、農民から、経済外的強制によって奪いとる地代や年貢(ねんぐ)。労働地代・生産物地代・貨幣地代に分けられる。feudal rent

**ほうけん-てき【封建的】**(形動) ①上下関係を重んじ、因習を守り、個人の人格・自由を軽んずるさま。feudal [対義]民主的。②人間関係に、義理・人情を重んずるさま。feudal ③甘んじて人の支配を受け、批判的態度のないさま。feudal ④封建制度のなごりがあるさま。feudal [対義]近代的。[用例]—な家長制度。

**ほうげん-の-らん【▽保元の乱】** 保元元年(一一五六)におこった、天皇家・摂関家内部の対立による争乱。崇徳(すとく)上皇・藤原頼長(ふじわらのよりなが)は源為義(みなもとのためよし)・源為朝(ためとも)・平忠正(たいらのただまさ)らを、後白河(ごしらかわ)天皇・藤原忠通(ただみち)は平清盛(きよもり)・源義朝(よしとも)らを集めて衝突したが、天皇側の勝利に終わった。武家の勢力が政界に大きく進出するきっかけとなった事件。

**ほうげんものがたり【▽保元物語】** 鎌倉(かまくら)初期の軍記物語。三巻。作者未詳。江戸期流布の本文は室町中期以降の成立。保元の乱を描き、源為朝(みなもとのためとも)を中軸に勇壮な合戦が和漢混交文で活写される。琵琶(びわ)法師によって語られた。

**ぼう-げんれい【房玄齢】**(五七八〜六四八) 中国、唐朝創業の功臣。李世民(りせいみん)(=太宗(たいそう))を補佐して隋(ずい)末の乱を平定。唐朝成立後は宰相として活躍。経史に通じ、文章家としてもすぐれていた。

**ほう-こ【宝庫】** ①宝物を入れる倉。treasure house ②多くのすぐれたものを生み出すもの・所。treasury [用例]知識の—。

**ほう-こ【▼這子】** 平安時代、幼児の身代わりとして災厄を負うために作られた布製の信仰的人形。幼児の這(は)う姿に似せたため、この名がある。はうこ。[参照]御伽(おとぎ)這子。

**ほう-ご【▽反故】** ↓ほご(反故)

**ほう-ご【邦語】** ①自分の国のことば。②日本語。[用例]—訳。

**ほう-ご【法語】**《仏教語》仏教をやさしく説いたもの。禅宗では、師家(しけ)が修行者に与える励まし・戒めのことばなどをいう。法談。法話。

**ぼう-こ【房戸】** 律令(りつりょう)制度で、一郷の単位の一つ。多くは単婚家族で、平均八人。[比較]郷戸(ごうこ)。

**ぼう-ご【防護】**(名・サ変他) 敵・災害などをふせぎ、守ること。protection

**ほう-こう【方向】** ①進んで行くほう。むき。方角。[用例]同じ—。反対の—。direction ②目的。方針。身の振り方。one's course [用例]—転換。

**ほう-こう【▼彷▼徨・▼仿▼偟】**(名・サ変自) あてどなくさまよい歩くこと。うろつくこと。wander

**ほう-こう【芳香】** よいかおり。fragrance [対義]悪臭。[用例]—を放つ。

**ほう-こう【▼咆▼哮】**(名・サ変自) 猛獣がほえさけぶこと。roar

**ほう-こう【奉公】**(名・サ変自) 朝廷・国家・主人・他家などに仕えること。public service; apprenticeship [用例]滅私—。

**ほう-こう【放校】**(名・サ変他) 規則に違反した学生・生徒を学校から追放すること。expulsion from school [用例]—処分。

**ほう-こう【砲口】** 火砲の筒口(つつぐち)。弾丸が飛び出す、砲身の出口をいう。muzzle

**ほう-こう【砲▼熕】** おおづつ。大砲。

**ほう-ごう【法号】**《仏教語》出家後または死後受戒のとき、与えられる名。称号。戒名。法名。

**ほう-ごう【縫合】** ㊀(名・サ変他) ①ぬいあわせること。suture ②手術や外傷で切断された組織をぬいあわせ結合すること。また、骨と骨の狭い間隙(かんげき)を線維性の結合組織で結合すること。suture [数え方]一針(はり)。㊁(名) 骨の結合部分が、鋸(のこぎり)の歯の形をして組み合わさった状態。頭骨などにみられる。sutural bones ↓頭蓋(ずがい)[図]

**ぼう-こう【▼膀▼胱】** 腎臓(じんぞう)から送られる尿をため、一定量に達したときに排出させる臓器。尿の容量平均は五〇〇㎖だが、個人差が著しい。小便袋。bladder ↓腎臓[図] ↓生殖器[図]

**ぼう-こう【暴行】**(名・サ変自) ①人に暴力を加えること。violence ②強姦(ごうかん)。rape

**ぼうこう-えん【▼膀▼胱炎】** ウイルスあるいは細菌感染で起こり、頻尿、排尿痛、尿のにごりの症状を示す。腎盂(じんう)炎にともなう場合は発熱が長くつづく。cystitis

**ぼうこう-けっかく【▼膀▼胱結核】** 膀胱におこる結核。かならず腎(じん)結核が先行する。主症状は排尿痛・頻尿・血尿・尿のにごりなど。

vesical tuberculosis

**ぼうこう-けっせき【▼膀▼胱結石】** 膀胱に結石ができる病気。排尿中に突然尿が止まったり、血尿が出たりなどの症状がある。bladder stone

**ほうごう-ご【抱合語】** 言語の形態的分類の一つ。種々の文法的な要素が語の中に組み入れられて一語をなし、一語で文の形をなす言語。アイヌ語・エスキモー語・アメリカ-インディアンの言語など。incorporating language

**ぼうこう-ざい【暴行罪】** 他人に暴力を加えたが傷害罪までには達しないときに成立する罪。assault

**ほうこうぞく-アミン【芳香族アミン】** アンモニアの水素原子を、芳香族炭化水素基で置換した化合物。合成染料の原料として重要。aromatic amine

**ほうこうぞく-かごうぶつ【芳香族化合物】** ベンゼン核をもつ有機化合物。ベンゼンの誘導体。置換反応が容易に起こる。天然にはコールタール中に存在。aromatic compound

**ほうこうぞく-たんかすいそ【芳香族炭化水素】** ベンゼン核を含む炭化水素の総称。いずれも、特異なにおいをもつ無色の液体または固体。置換反応が起こりやすい。aromatic hydrocarbon

**ほうこう-だ【方向▼舵】** 航空機の機首を左右に向けるかじ。垂直尾翼の後方に取り付けてある。rudder 比較 昇降舵。↓旅客機図

**ほうこう-たんちき【方向探知機】** 指向性受信アンテナを回転させて電波を受信し、その電波のくる方向を知る装置。船舶や航空機が自分の位置を知るのに用いる。direction finder

**ほうこう-でんこう【▼彷▼徨電光】** 雷放電の樹状電光が、からまってうろつくように見える現象。

**ほうこう-にん【奉公人】** 江戸時代、主家の家業などに従事した者。武家・商家・農家などにより小者・丁稚・下人などとよばれた。

**ほうこう-へんい【▼彷▼徨変異】** ↓こたいへんい(個体変異)

**ぼうこう-まく【▼膀▼胱膜】** 哺乳動物の膀胱をつくる膜。半透性があるため、浸透圧・透析などの化学実験に、牛または羊のものが用いられる。

**ほう-こく【奉告】**(名・サ変他) 神や貴人に申し上げること。

**ほう-こく【報告】**(名・サ変他) ①告げ知らせること・文書。information 用例 現状—。②与えられた任務の経過や結果を述べること・内容。report 用例 出張—。中間—。

**ほう-こく【報国】** 国の恩にむくいるために尽くすこと。用例 尽忠—。

**ぼう-こく【亡国】** 対義 興国。①国を滅ぼすこと。②滅んだ国。用例 —の民。

**亡国の音**(ぼうこくのおん) 亡国の前兆ともいうべき、みだらで悲しい調子の音楽・音調。亡国の声。

**ぼう-こく【某国】**《該当する国が不明であったり、わざとかくしたりするときに用いる》ある国。

**ほうこ-ぐさ【▽母子草】** ハハコグサの別名。

**ほうこく-ぶん【報告文】** 事実や結果を報告する文章。レポート。report

**ぼうこく-ろん【亡国論】** 国益に害を与えるものへの論難。日蓮の『真言亡国論』、明治の『ランプ亡国論』、大正の『憲政亡国論』などが知られる。

**ほうこ-れっとう【▼澎湖列島】** 台湾海峡にある島群。六四の小島からなる。有名な暴風地帯。ポンフー列島。

**ぼうこ-ひょうが【暴▼虎▼馮河】**《トラを素手で打ち取り、大河を歩いて渡る、の意》血気にはやり、命知らずのことをすること。用例 —の勇。

**ほう-こん【方今】** いま。現今。現在。

**ぼう-こん【亡魂】** 死者のたましい。亡霊。幽霊。soul 用例 —を弔う。

**ほう-ざ【砲座】** 大砲をすえつけ固定する台座。gun platform

**ぼう-さ【防砂】** 土砂くずれや、砂の吹き寄せ、また、海岸の砂の移動などをふせぐこと。砂防。用例 —林。

**ほう-さい【報▼賽】**(名・サ変自) 祈りがかなえられたお礼に神仏にお参りすること。お礼参り。

**ほう-さい【豊歳】** 豊作の年。豊年。対義 凶歳。

**ほう-ざい【方剤】**(名・サ変他) 薬を調合すること。また、その調合方法。また、その薬。

**ぼう-さい【亡妻】** 死んだ妻。one's dead wife 対義 亡夫。

**ぼう-さい【防災】** 自然現象による災害をふせぐこと。prevention against natural calamities 用例 —に手抜かりがある。

**ぼう-さい【防▼塞・防▼寨】** とりで。陣地。fort

**ぼうさい-の-ひ【防災の日】** 国民に災害防止の認識と、対処の心がまえを訴えるための日。九月一日。大正一二年(一九二三)のこの日、関東大震災が起き、また、例年この日は「二百十日」に当たることが多いのにちなんで、昭和三五年(一九六〇)閣議で定められた。

**ぼう-さいぼう【棒細胞】** ↓かんじょうたい(桿状体)

**ぼう-さき【棒先】** ①棒の先。②かごの棒の先。また、そこを担ぐ人。棒はな。

**棒先を切る**(ぼうさきをきる) 頼まれた買い物などの代金の上前をはねる。

**棒先を撥ねる**(ぼうさきをはねる) 「棒先を切る」と同意。

**ほう-さく【方策】** ①手段。方法。means ②はかりごと。計画。plan

**ほう-さく【豊作】** 作物がよく実ること。満作。good harvest 対義 平作・凶作・不作。

**ほうさく-びんぼう【豊作貧乏】** 農作物ができすぎて、値段が生産費以下に下がり、農家の収入が悪化すること。豊作飢饉。

**ぼう-さつ【忙殺】**(名・サ変他) たいへん忙しい思いをすること。be very busy 用例 伝票整理に—される。

**ぼう-さつ【謀殺】**(名・サ変他) 計画した上で、人を殺すこと。premeditated murder 比較 故殺。

**ほうさ-ぶんこ【▼蓬左文庫】** 尾張徳川家の文庫名。徳川家康の旧蔵書をもとに、藩主の徳川義直が集書した和漢書約六万五〇〇〇冊を収蔵。現在は名古屋市立蓬左文庫。

**ぼうさ-りん【防砂林】** 土砂の移動・流出や飛来を防ぐための林。山地の荒廃地や海岸砂地に設けられる。erosion control forest

**ほう-さん【奉賛・奉▼讃】**(名・サ変他) 神社などの仕事を、謹んで賛助すること。用例 神宮—会。

**ほう-さん【宝算】** 天皇の年齢の敬称。聖寿。

**ほう-さん【放散】**(名・サ変自他) 広がり、散らすこと。また、広い部分に広げ、散らすこと。diffusion; radiation 用例 熱を—させる。

**ほう-さん【▼硼酸】** 化学式 $H_3BO_3$ 弱酸の一つで、殺菌力は弱いが、温水に溶かして眼科・泌尿器科の洗浄液とするほか、うがい薬・化粧水・防腐・消毒などに用いる。boric acid

**ぼう-さん【坊さん】** 僧を親しみ敬う語。

**ほう-さんしょう【法三章】** ①漢の劉邦が定めた、殺人・傷害・窃盗のみを罰する、三章だけからなる法。②法令を、非常に簡略にすること。簡略な法令。

**ほうさん-すい【▼硼酸水】** 硼酸の水溶液。弱い酸性を示す。一~三%溶液をうがい水や洗眼に用いる。boric acid water

**ほうさん-ちゅう【放散虫】** 珪質の殻があり、浮遊生活をする海生の原生動物。殻は球状・放射状など。遺体は海底に放散虫軟泥を形成。radiolarian

**ぼう-さんぼう【▼謗三宝】**《仏教語》十戒の一つ。仏・法・僧を悪く言うこと。ほう。

**ほう-し【方士】** 道教で、方術(=神仙の術)を行う人。道士。

**ほう-し【芳志】** 相手の心遣いに対する敬語。芳情。お志。用例 —かたじけなし。

**ほう-し【奉仕】**(名・サ変自) ①社会・国家・君主・公共、また他人などのために尽くすこと。奉公。service 用例 勤労—。②品物を安く売ること。サービス。bargain 用例 —品。

**ほう-し【奉伺】**(名・サ変他) おうかがい申し上げること。用例 ご機嫌—。

**ほう-し【奉▼祀】**(名・サ変他) 神としておまつりすること。

**ほう-し【放▼恣・放▼肆】**(名・形動) 勝手気ままで、しまりのないこと・さま。self-indulgence

**ほう-し【法師】** ①仏法について、よく人を導く人。②僧。③人。用例 影—。

**法師の櫛貯え**(ほうしのくしだくわえ) 似合わないことをすることのたとえ。

**ほう-し【法▼嗣】**《仏教語》法統を受け継ぐべき者。ほっし。禅家では、ふつう「はっす」。

**ほう-し【胞子】** 他の細胞と合体することなく単独で新世代の植物体を形成する単一の細胞の総称。鞭毛や繊毛をもって運動する遊走子と、運動しない不動胞子がある。芽胞。spore

**ほう-し【褒詞】** ほめることば。ほめことば。eulogy

**ほう-じ【邦字】** 日本の字。漢字と仮名。用例 —新聞。

**ほう-じ【奉侍】**(名・サ変自) そば近くに仕えること。

**ほう-じ【▼捧持】**(名・サ変他) ささげ持つこと。hold up 用例 校旗の—。

**ほう-じ【法事】** ①死者の追善供養のために行う仏事。一般に、四十九日までの七日ごとの仏事や、年忌に行う仏事をいう。②法会。

**ほう-じ【報時】** 天文台が保持する標準時を無線電波によって公知するもの。定時報時と連続報時がある。time service

**ほう-じ【褒▼姒】**(生没年未詳) 中国、西周の幽王の愛妃。

**ほうじ【宝治】** 鎌倉中期の年号。寛元から改元。元年(一二四七)二月二八日~三年(一二四九)三月一八日。次に、建長に改元。

**ぼう-し【防止】**(名・サ変他) ふせぎ止めること。事が起こらないようにすること。prevention 用例 事故—。

**ぼう-し【▼茅▼茨】** ①チガヤとイバラ。②チガヤで屋根をふくこと。また、それでふいた屋根。

**茅茨剪らず采椽削らず**(ぼうしきらずさいてんけずらず)《尭帝が、宮殿の屋根をふいたチガヤやイバラの端を切りそろえず、切り出した木を削らずに垂木に用いて倹約したという故事から》賢君の善政を言う。また、生活の質素なさまにもいう。

**ぼう-し【某氏】**《名称が不明であったり、わざとかくしたりするときに用いる》ある人。

**ぼう-し【某紙】**《名称が不明であったり、わざとかくしたりするときに用いる》ある新聞。用例 —によれば。

**ぼう-し【某誌】**《名称が不明であったり、わざとかくしたりするときに用いる》ある雑誌・週刊誌。

**ぼう-し【紡糸】** 糸をつむぐこと。つむいだ糸。また、化学繊維では原料の高分子を溶融した液状物より糸をつくること。spinning

**ぼう-し【▼眸子】** ひとみ。

**ぼう-し【帽子】** ①頭にかぶる物の総称。hat; cap 数え方 一個。②物の頭にかぶせるもの。cap ↓図

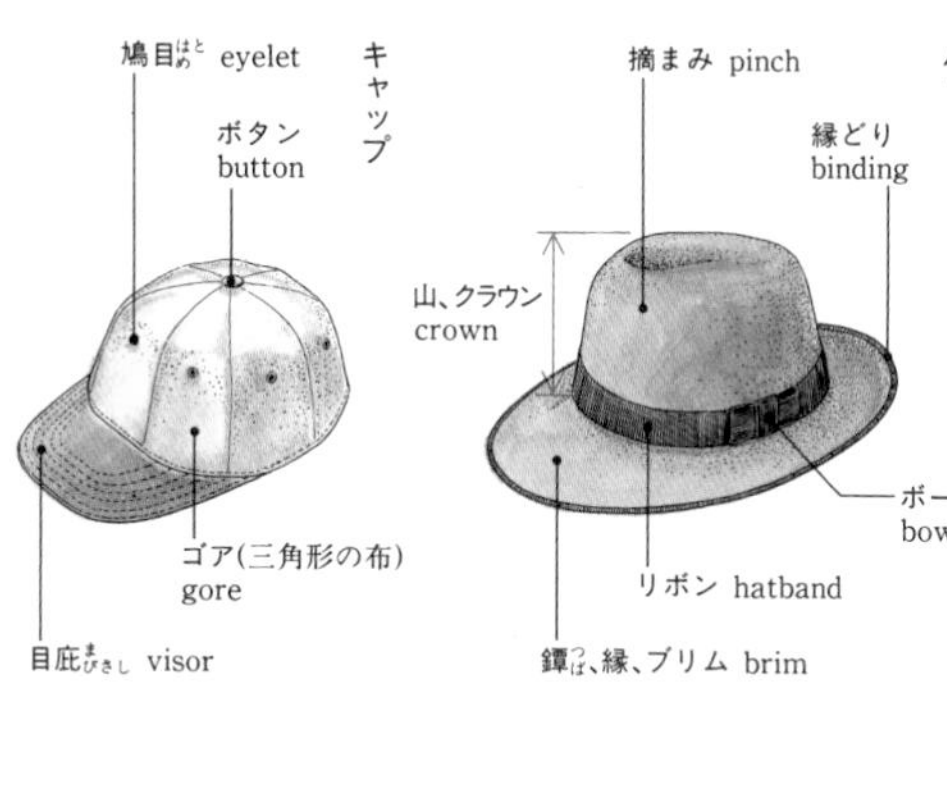

●帽子①

**ぼう-じ【亡児】** 死んだ子ども。

**ぼう-じ【房事】** 寝室での男女の交合。性交。

**ぼうし-いんこ【帽子▼鸚▼哥・帽子音呼】** オウム科の中形インコ。全長三〇~四〇cm。人のことばのまねがとくに巧み。約二六種が中南米に分布。

**ほうし-おんせん【法師温泉】** 群馬県北部、三国峠南側の谷間にある温泉。谷川岳縦走の下山口で、湯治や避暑にも利用される。

**ほう-しがい【豊子▼愷】**(一八九八~一九七五) 中国の画家・散文家・翻訳家。本名、豊仁。浙江省生まれ。日本に留学し帰国後、漫画や散文を発表。漫画『子愷漫画』、随筆集『縁縁堂随筆』など。

**ほう-しがく【法歯学】** 法医学の一分野。歯と口腔をおもな対象とする。個人識別・年齢判定・咬傷・死因による歯の変化などを対象領域とする。歯科法医学。forensic dentistry

**ほうじ-かっせん【宝治合戦】** 宝治元年(一二四七)北条氏と三浦氏が鎌倉で争った合戦。三浦氏は敗れ、泰村以下一族五百余

▼常用漢字表外。 ▽常用漢字表の音訓外。

人が討死・自殺。三浦の乱。

**ほう-しき【方式】** 一定の形式・手続き・方法。formula

**ほう-しき【法式】** ①儀式・礼儀などのきまり・順序。formality ②やり方。おきて。rule

**ほうし-せいしょく【胞子生殖】** 植物が胞子を作り、これを散らして新しい個体をふやしてゆくこと。菌類・蘚苔類など。spore reproduction

**ほうし-ぜみ【法師▾蟬】** ツクツクボウシの異名。

**ほうし-たい【胞子体】** 世代交代を行う植物で、胞子を作って無性生殖をおこなう世代の生物体。造胞体。sporophyte →蘚苔植物図

**ほうじ-ちゃ【▾焙じ茶】** ほうじた番茶。青臭みがなく香ばしい。

**ほうしちゅう-るい【胞子虫類】** 胞子虫綱に属する原生動物の総称。生活環の一時期に胞子を作って増殖する。すべて寄生性で、宿主は広く動物界にまたがり、害を与えるものが多い。カによって媒介されるマラリア原虫、トキソプラズマ症を起こすトキソプラズマ、ニワトリなどのコクシジウム症の原因となるエイメリアなど。

**ぼう-しつ【防湿】**(名・サ変自) 湿度の高くなるのを防ぐこと。dampproof

**ぼう-しつ【忘失】**(名・サ変他) ①失うこと。lose ②忘れてしまうこと。forget

**ぼう-しつ【房室】** ①部屋。②夫婦の寝室。③種になる胚珠の入っているところ。子房室。室。cell ④心臓の心房と心室をともにさす語。また、心房と心室を連絡する働きのこと。atrium and ventricle

**ぼう-じつ【某日】**《該当する日が不明であったり、わざとかくしたりするときに用いる》ある日。用例 某月—。

**ぼうしつ-ざい【防湿材】** 建物内部に湿気が入るのを防ぐため使用する材料。アスファルトを用いたものが多い。dampproof material

**ぼうしつ-べん【房室弁】** 心臓の左右の房室口にある弁のことで、心室から心房への血液の逆流を防ぐ役目をしている。atrioventricular valves

**ほうし-のう【胞子▾嚢】** 袋状で内部に胞子を生じる植物の生殖器。成熟すると破れたり、溶けたりして胞子を放出する。sporangium

**ぼうし-ばな【帽子花】** ツユクサの別名。

**ぼうし-ばり【棒縛】** ①狂言の曲名。太郎冠者と次郎冠者は、外出する主人に酒を盗み飲みできないように両手を縛られるが、工夫して酒を飲み、歌い踊っていると主人が帰宅して怒る。②歌舞伎舞踊劇。狂言の歌舞伎化。長唄。

**ぼう-じま【棒▾縞】** 太い縦縞。

**ほう-しゃ【▾硼砂】** 化学式 $Na_2B_4O_7 \cdot 10H_2O$ 水溶性の板状または柱状の結晶。溶球反応、特殊ガラスや硼酸塩の原料、医薬などに利用。borax

**ほう-しゃ【放射】**(名・サ変他) ①一点から四方八方へ射出すること。輻射。radiation ②光・熱などを外にはなつこと。また、物体から放出される電磁波・粒子線の総称。③電磁波を放出すること。放出された電磁波。輻射。radiation

**ほう-しゃ【砲車】** 砲身をのせた台に車を付けたもの。

**ほう-しゃ【報謝】**(名・サ変自) ①金品を贈って、恩にむくいること。②僧や巡礼に金品を与えること。ふせ

**ほうしゃかい-がく【法社会学】** 法規範や法制度を人間の社会的行動との関連において研究する学問。sociology of law

**ほうしゃ-かがく【放射化学】** 放射性の核種を研究対象とする化学の一分野。広義には、原子核化学を含む。放射性核種の分離、化学的性質の解明、トレーサーや年代測定への応用など。radiochemistry

**ほうしゃか-ぶんせき【放射化分析】** 試料に中性子などを当てて放射化し、それによって生じる放射能の特性と強度の観測から、元素の定性・定量を行う分析法。検出感度がきわめてよく、微量元素の定量も可能。activation analysis

**ほうしゃきゅう-はんのう【▾硼砂球反応】** →ようきゅうはんのう(溶球反応)

**ほうしゃ-ぎり【放射霧】** よく晴れた夜や明け方に地表の放射冷却によって地表付近にできる霧。radiation fog

**ほうじゃく【▾蜂▾雀▾蛾】** 昼間、花に飛来し、飛びながら空中に停止して花蜜を吸うスズメガ科のガ。一見ハチに似ているためこの名がある。開張約五㎝。暗灰褐色、後翅は橙褐色、腹端に黒い毛束がある。食草はカワラマツバ。日本全土のほか中国・インドをへてヨーロッパまで分布。

**ぼうじゃく-ぶじん【傍若無人】**(名・形動) 人にかまわず、気ままに振る舞うさま。人を人とも思わぬさま。傍らに人なきが若し。insolent; arrogant

**ほうしゃ-こう【放射光】** 加速された電子が放出する、赤外線からX線領域までの幅広い電磁波。シンクロトロン放射。

**ほうしゃ-こうおんけい【放射高温計】** 物体の放射輝度を測定して温度を測る装置。二〇〇〜三〇〇〇℃ぐらいが測定範囲。放射温度計。radiation thermometer

**ほうしゃじょう-うん【放射状雲】** 雲の変種の一つ。平行に並んだ数本の帯状雲を地上からながめると、地平線上の一点から放射状に広がって見えるもの。radiatus

**ほうしゃ-せい【放射性】** 物質が放射能をもっていること。radioactive

**ほうしゃせい-いやくひん【放射性医薬品】** 放射線を放出する医薬品。製法・品質などに関しては基準が設けられている。放射性沃化ナトリウム液など。radioactive medicine

**ほうしゃせい-げんそ【放射性元素】** 放射能をもつ元素。天然放射性元素(ウラン・トリウムなど)と人工放射性元素がある。radioactive element

**ほうしゃせい-たんそ【放射性炭素】** 放射能をもつ炭素。炭素一四($^{14}C$)のことで、光合成における炭素の経路を調べたり、年代測定などに利用される。radiocarbon

**ほうしゃせいたんそ-ねんだいそくてい-ほう【放射性炭素年代測定法】** →たんそじゅうよんねんだいそくていほう(炭素一四年代測定法)

**ほうしゃせい-どういたい【放射性同位体】** 放射能をもつ同位体。天然のものと人工のものがある。医学・農学・理工学などで広く利用。ラジオアイソトープ。RI。radioisotope

**ほうしゃせい-はいきぶつ【放射性廃棄物】** 放射性物質を含む不用物質。研究・医療に使った放射性物質、原子炉の運転より生じた使用済み核燃料など。radioactive waste

**ほうしゃせい-ぶっしつ【放射性物質】** 放射性元素を含む物質。ウラン・トリウム・センウラン鉱・ピッチブレンドなどがある。radioactive substance

**ほうしゃせい-ほうかい【放射性崩壊】** →げんしかくほうかい(原子核崩壊)

**ほうしゃ-せん【放射線】** ①放射性物質や核反応などにより放出される、エネルギーの大きい粒子や短波長の電磁波。α線・β線・γ線・中性子線など。radiation ②一点から四方八方にのびた多数の直線。

**ほうしゃせん-いくしゅじょう【放射線育種場】** 農林水産省所属の研究機関。γ線が植物におよぼすさまざまな影響を調査研究する。ガンマフィールド。radiation breeding field

**ほうしゃせん-いでんがく【放射線遺伝学】** 生物に各種の放射線を照射し、突然変異を誘発させて遺伝現象を解明しようとする遺伝学の一分野。radiation genetics

**ほうしゃせん-かがく【放射線化学】** 放射線や加速した粒子などを、物質に照射したときにおこる化学変化を研究する学問。radiation chemistry

**ほうしゃせん-じゅうごう【放射線重合】** 放射線の照射でおこる重合反応。触媒による重合と異なり、固体状態でも、またかなり低温でも起こる。radiation-induced polymerization

**ほうしゃせん-しゅくすい【放射線宿酔】** 放射線の治療照射を受けたときおこる全身倦怠・吐き気などの症状。個人差が大きく、線量によっても程度が異なる。radiotoxemia

**ほうしゃせん-せいぶつがく【放射線生物学】** 放射線エネルギーの生物に対する作用を研究する生物学の一分野。radiobiology

**ほうしゃせん-たい【放射線帯】** 地球をとりまく高エネルギー荷電粒子の多数存在する領域。一九五八年、科学衛星エクスプローラ一号によって発見された。放射帯。バン-アレン帯。Van Allen radiation belt

**ほうしゃせん-とうかけんさ【放射線透過検査】** 材料試験の一種。物体のX線・γ線・中性子線などの透過強度を測定し、その変化によって内部欠陥を検査する。厚みも測定できる。radiograph test

**ほうしゃせん-りょうほう【放射線療法】** X線・γ線・β線・中性子線などの放射線を用いた治療。多く、癌をはじめとする悪性腫瘍に対し、単独で、または手術・化学療法・免疫療法との併用で行われる。radiotherapy

**ほうしゃ-そしき【放射組織】** 植物の茎で、維管束内を木部から師部へ放射状に走る細長い組織。水分・栄養を輸送する。射出髄。medullary ray

**ほうしゃ-たい【放射帯】** →バンアレンたい(バンアレン帯)

**ほうしゃ-ねつ【放射熱】** 熱源から放出された電磁波のエネルギー。赤外線などの電磁波が物体に吸収されて、物体は温められる。輻射熱。radiant heat

**ほうしゃ-のう【放射能】** 物質が自発的に放射線を出す性質。放射能の強さは、単位時間内に起こる崩壊数で表す。一九七五年単位はキュリー(Ci)からベクレル(Bq)に変更。毎秒の崩壊数が一個のとき1Bq $1Ci = 3.7 \times 10^{10}$ Bq radioactivity

**ほうしゃのう-あめ【放射能雨】** とくに人工核爆発によって大気中に放出された放射性物質を含む雨。radioactive rain

**ほうしゃのう-おせん【放射能汚染】** 放射能に汚染されること。おもに、原子力利用施設の事故や核実験などで放射性物質が拡散し、環境や生体に障害をおよぼすような状態をいう。radioactive contamination

**ほうしゃのう-ぐも【放射能雲】** 原爆や水爆による放射能をもったちりが、雲のように大気中に滞留しているもの。radioactive cloud

**ほうしゃのう-せん【放射能泉】** 放射能の強い温泉や鉱泉。日本の温泉法では、水一ℓ中にラドンが一〇〇億分の二〇Ci以上含まれるか、あるいはラジウムが一億分の一㎎以上含まれるものと規定。radioactive mineral springs

**ほうしゃのう-せんこう【放射能選鉱】** 鉱物のもつ天然放射能の差を利用した選鉱法。ウラン鉱・トリウム鉱の選鉱に利用される。radioactivity separation

**ほうしゃのう-たんこう【放射能探鉱】** 物理探鉱の一種。地表で放射能を測定し、その数値から鉱床の探査を行う。広義には、地質構造の調査も含む。radioactive exploration

**ほうしゃ-へいこう【放射平衡】** 放射性物質相互の間で、放射によるエネルギーの授受が平衡関係に達している状態。各物質の吸収と放出のエネルギーが等しくなる。radioactive equilibrium

**ほうしゃ-れいきゃく【放射冷却】** 夜間、地表面の熱放射によって地面が冷えた結果、接地大気の気温が下がること。radiation cooling

**ほう-しゅ【宝珠】** ＝ほうじゅ。①たからの玉。宝玉。②《仏教語》摩尼宝珠の玉。とがった頭の左右から火炎が燃え上がっている姿のもの。願望成就の珠とされる。如意宝玉。→五重の塔図 →五輪塔図

**ほう-しゅ【法主】** →ほっしゅ(法主)

**ぼう-しゅ【▾芒種】** 二十四節気の一つ。六月五、六日ごろ。芒のある穀物の種をまくころ。

**ぼう-じゅ【傍受】**(名・サ変他) 他人の間で交わされる無線通信を、故意または偶然に受信すること。interception

**ほう-しゅう【報酬】** 労働・仕事などに対する、謝礼の金品。reward

**ほう-しゅう【豊州】** ①豊前国。②豊後国。

**ほう-じゅう【放銃】** 麻雀で相手の上がりになる牌を捨てること。振り込み。

**ほう-じゅう【放縦】**(名・形動) 生活態度や行動が、勝手気ままなこと・さま。わがまま。ほうしょう。self-indulgence

**ぼう-しゅう【防州】** 周防国。

**ぼう-しゅう【房州】** 安房国。

**ぼうしゅう-ざい【防臭剤】** 悪臭・異臭を消すための薬剤。臭気を吸収する活性炭などと、強い芳香で臭気を隠す芳香油などがある。deodorizer

**ぼうしゅう-ぼら【房州▿法▾螺】** フジツガイ科の大形の巻き貝。殻高約二五㎝。殻は厚く、黄褐色で黒褐色の斑紋がある。冬に、乳頭状の卵嚢(とっくりほおずき)を多数産む。食用。房総以南に分布。

**ほう-しゅく【奉祝】**(名・サ変他) 祝いたてまつること。謹んで祝うこと。

**ほう-じゅく【豊熟】**(名・サ変自) 農作物がゆたかに熟すること。豊作。abundant harvest

**ぼう-しゅく【防縮】**(名・サ変他) 布や毛織物

ほ

が縮まないようにすること。shrinkproof

**ほう-しゅくが【▼鮑叔▼牙】**（生没年未詳）中国、春秋時代の斉の大夫。小白に仕え、小白が斉公となると親友管仲を宰相に推挙した。管仲との交友は「管鮑の交わり」として有名。

**ぼうしゅく-かこう【防縮加工】** 布が洗濯などで縮むのを防ぐ加工。樹脂加工・塩素処理加工など。shrinkproof finish

**ほう-しゅつ【放出】**（名・サ変自他）①勢いよく噴き出ること。噴き出させること。discharge ②蓄えていたものを外部に出し一般に提出すること。release 用例 ―物資。

**ほう-じゅつ【方術】** ①てだて。方法。method ②技。art ③神仙の術。魔術。

**ほう-じゅつ【砲術】** 火砲を使う方法。gunnery

**ぼう-じゅつ【棒術】** 古武道の一つ。五～六尺（約一・五～二m）のカシの棒を用いて、防御・攻撃を行う。棒。

**ほうしゅ-の-たま【宝珠の玉】**《仏教語》とがった頭部や回りから、炎の燃え上がる形の玉。如意宝珠。

**ほうしゅやま【宝珠山】**〈村〉福岡県東部、大分県境の山間の村。かつては炭鉱で栄えたが、現在は林業のほか木工業などを行う。人口二一二八（一九八八）。

**ほう-じゅん【芳▼醇・芳純】**（名・形動）酒などが、かおりが高く味のよいこと・さま。mellowness

**ほう-じゅん【豊潤】**（名・形動）ゆたかで、うるおいのあること・さま。abundance

**ぼう-じゅん【膨潤】** 固体が、溶媒を吸収してふくらむこと。溶媒を吸収してついに溶ける無限膨潤と、一定の大きさまでしかふくらまない有限膨潤とがある。swelling

**ぼう-じゅん【▼茅盾】**（一八九六～一九八一）中国の小説家・評論家。本名、沈徳鴻。字は雁冰。浙江省の人。文学研究会発足に参加、新文学を提唱。リアリズム文学を実践。長編『蝕』三部作、『子夜』『腐蝕』『霜葉は二月の花よりも紅なり』『茅盾文集』など。

**ほう-しょ【芳書】** 人の手紙をいう敬語。芳墨。用例 ―拝見。

**ほう-しょ【奉書】** ①コウゾでつくった最上等の和紙。奉書紙。②上皇・将軍などの命令を受けて近侍者が発した文書。院宣・御教書の類。用例 女房―。

**ほう-じょ【▼幇助】**（名・サ変他）①助けること。手伝うこと。aid ②よくないことを手伝うこと。aid and abet 用例 自殺―罪。

**ぼう-しょ【防暑】** 暑さをふせぐこと。protection against the heat

**ぼう-しょ【某所・某処】**《その場所が不明であったり、わざとかくしたりするときに用いる》ある所。certain place

**ぼう-じょ【防除】**（名・サ変他）①害を予防し、除くこと。②農作物を、病虫害から防ぎ駆除すること。control of insect pests

**ぼう-じょ【某女】**《名前が不明であったり、わざとかくしたりするときに用いる》ある女性。

**ほう-しょう【奉唱】**（名・サ変他）謹んでとなえ、うたうこと。用例 国歌―。

**ほう-しょう【放▽縦】**（名・形動）↓ほうじゅう（放縦）

**ほう-しょう【法相】** 法務大臣の通称。

**ほう-しょう【報奨】**（名・サ変他）努力・勤労にむくい、それをはげますこと。bonus; bounty 用例 ―金。

**ほう-しょう【報償】**（名・サ変自）①損害をつぐなうこと。compensation 用例 ―金。②しかえし。報復。返報。retaliation

**ほう-しょう【褒章】** 国が、特別の善行があった者を表彰する栄典制度。また、その記章。紅綬・緑綬・黄綬・紫綬・藍綬・紺綬の六種類。↓勲章図

**ほう-しょう【褒賞】** ほめること。ほめて与える金品。reward; prize

**ほう-しょう【▼鮑照】**（四一四ごろ～四六六）中国、六朝の宋の詩人。字は明遠。東海の人。七言詩の発展に貢献し、楽府体の秀作を残した。「擬行路難」が名高い。詩集『鮑参軍集』。

**ほうし-よう【胞子葉】** シダ植物で胞子嚢をつける葉。ゼンマイ・クサソテツなどでは緑色の栄養葉と区別される。実葉。sporophyll

**ほう-じょう【方丈】** ①一丈四方。②《仏教語。『維摩経』の主人公維摩居士の居室の一丈四方の故事による》禅宗で、寺院の住持や長老の居所・居室、また住職のこと。

**ほう-じょう【芳情】** 他人の親切な心をいう敬語。芳志。

**ほう-じょう【法▼帖】** 古人の筆跡を石ずりにした折り本仕立ての手本。数え方 一帖。

**ほう-じょう【法城】**《仏教語。仏法を崩れることのない城にたとえた語》よりどころとする仏法・教団。

**ほう-じょう【豊▼穣】**（名・形動）穀物がよく実ること・さま。ゆたかな実り。豊年。good harvest 用例 五穀―。

**ほう-じょう【豊▼饒】**（名・形動）土地が肥え、作物がよく実ること・さま。fertility 用例 ―な土地。

**ほう-じょう【褒状】** ①ほめて与える文書。certificate of merit ②賞状。certificate of merit

**ほうじょう【方城】**〈町〉福岡県北東部、北九州市の南にある旧炭鉱町。稲作などの農業と弱電機器製造など。人口八三三二（一九八八）。

**ほうじょう【▽北条】**〈市〉愛媛県、松山市の北に接する市。産業はミカン栽培・紡績工業など。付近は瀬戸内海国立公園に属し、海水浴でもにぎわう。人口三万一七〇（一九八八）。

**ほうじょう【▽北条】**〈町〉鳥取県北部、日本海に臨む町。農業が主体。北条砂丘で知られる。古墳群・条里制遺構など遺跡も多い。人口七七二一（一九八八）。

**ぼう-しょう【▼芒硝】** 硫酸ナトリウム一〇水和物 $Na_2SO_4 \cdot 10H_2O$ の俗称。紙パルプ・合成洗剤・ガラスなどの原料、染色助剤などに利用。グラウバー塩。mirabilite

**ぼう-しょう【傍証】**（名・サ変他）間接の証拠や裏付けを明らかに示すこと。その資料や証拠。circumstantial evidence

**ぼう-しょう【帽章】** 帽子に付ける記章。

**ぼう-じょう【棒状】** 棒のような形。stick shape

**ぼう-じょう【暴状】** 乱暴なありさま。atrocity 用例 目にあまる―。

**ほうじょう-あきとき【▽北条▽顕時】**（一二四八～一三〇一）鎌倉中期の武将。金沢実時の子。引付衆・評定衆を歴任。弘安八年（一二八五）霜月騒動に連座し上総に配流。のち赦免されて執奏に登用。金沢顕時。

**ほうじょう-うじつな【▽北条氏綱】**（一四八六～一五四一）戦国時代の武将。早雲の子。小田原城主。南関東や伊豆の領国支配を確立。

**ほうじょう-うじなお【▽北条氏直】**（一五六二～一五九一）安土桃山時代の武将。氏政の子。天正一八年（一五九〇）豊臣秀吉に降伏。のち河内に一万石を与えられ秀吉に仕える。

**ほうじょう-うじまさ【▽北条氏▽政】**（一五三八～一五九〇）戦国時代の武将。氏康の子。関東一円の領主。武田信玄、佐竹義重と戦い領土を拡張。豊臣秀吉の小田原征伐に敗れ、自決。

**ほうじょう-うじやす【▽北条氏▽康】**（一五一五～一五七一）戦国時代の武将。氏綱の子。後北条氏の最盛期を築く。関東管領上杉憲政、古河公方足利晴氏を退け、武田信玄・上杉謙信と戦う。

**ほうじょう-え【放生会】** 仏教の不殺生の思想により、捕らえられた生きものを池や野に放す法会。通常、陰暦の八月一五日に行われる。

**ほうじょうき【方丈記】** 鎌倉初期の随筆。一巻。鴨長明作。建暦二年（一二一二）成立。中世隠者文学の代表作の一つ。無常厭世の仏教観が全編を貫き、災厄を回想し、出家して住んだ方丈の庵での生活と心境を簡潔な和漢混交文で描く。

**ほうじょう-ぎれい【豊▼穣儀礼】** 豊作祈願・豊作感謝に関する農耕儀礼。人身・家畜供犠などをともなうことがある。またしばしば祖先崇拝・死者儀礼・成人式などとの深い関連が認められる。fertility cult

**ほうしょう-きん【褒賞金】** 大相撲の十両以上の力士に支給される給与の一つ。月給とは別に、支給標準額（勝ち越し星一つ五〇銭、優勝三〇円、金星一〇円などの力士の持ち給金）を二五〇〇倍した額が、本場所ごとに協会から支給される。

**ほうしょう-くろう【宝生九郎】** 能楽師。シテ方。宝生流宗家。一六世（一八三七～一九一七）は維新後衰微した能楽界を復興。

**ほうじょう-さねとき【▽北条▽実時】**（一二二四～一二七六）鎌倉中期の武将。実泰の子。評定衆・越訴奉行を歴任し、執権北条時宗を補佐。武蔵国六浦金沢に文庫・別荘を建てて隠棲。金沢文庫の基をつくった。金沢実時。

**ほうじょう-し【▽北条氏】** ①鎌倉幕府の執権を代々世襲した一族。平貞盛の子孫が伊豆北条に居住してからの称。②北条早雲を祖とし、小田原城を根拠に関東を制圧した五代の戦国大名の家系。後北条氏。

**ほうじょう-しげとき【▽北条▽重時】**（一一九八～一二六一）鎌倉前期の武将。義時の子。六波羅探題・連署を歴任。のち出家し、極楽寺を創建。

**ほうしょう-しん【宝生新】**（一八七〇～一九四四）能楽師。ワキ方。下掛かり宝生流一〇世宗家。東京生まれ。近代ワキ方の名人。音声と風姿にすぐれる。

**ほうじょう-せつり【方状節理】** マグマの冷却や収縮にともなって花崗岩体などにできた立方体状の割れ目。cubic joint

**ぼうしょう-せん【▼芒硝泉】** 鉱水一kg中にとけ込んでいる物質が一〇〇〇mg以上で、陽イオンとしてはおもにナトリウムイオンが、陰イオンとしてはおもに硫酸イオンがとけている温泉や鉱泉。

**ほうじょう-そううん【▽北条早雲】**（一四三二～一五一九）戦国時代の武将。後北条氏の祖。旧名伊勢新九郎長氏。駿河国の守護今川氏に仕え興国寺城主。のち伊豆・相模・武蔵三国の平定を進め、独自の支配組織を整えて後北条氏の基礎を確立。↓写

●北条早雲

**ほうじょう-たかとき【▽北条高時】**（一三〇三～一三三三）鎌倉幕府一四代執権。貞時の子。新田義貞に攻められて自決。

**ほうじょう-たみお【▽北条民雄】**（一九一四～一九三七）小説家。京城生まれ。ハンセン病患者の生態を通して生命の意味を探る作品を残す。作品『いのちの初夜』など。

**ほうじょう-だんすい【▽北条団水】**（一六六三～一七一一）江戸前期の俳人・浮世草子作者。京都の人。西鶴門下。師の遺稿を整理刊行。俳書『特牛』、浮世草子『昼夜用心記』など。

**ほうじょうづ-がた【放生津潟】** 富山県北西部、新湊市奈呉浦にあった潟湖。周囲六km。潟を利用し、掘り込み式の富山新港が建設された。

**ほうじょう-ときふさ【▽北条時房】**（一一七五～一二四〇）鎌倉前期の武将。時政の子。義時の弟。承久の乱に甥泰時とともに幕府軍を率いて入京。乱後、六波羅探題となり、のち執権泰時の連署。

**ほうじょう-ときまさ【▽北条時▽政】**（一一三八～一二一五）鎌倉幕府初代執権。源頼朝に娘政子を嫁がせて以後、その挙兵を援助。頼朝死後執権となり、北条執権政治への道を開く。

**ほうじょう-ときむね【▽北条時▽宗】**（一二五一～一二八四）鎌倉幕府八代執権。時頼の子。文永・弘安の役にあたり防衛に成功。北条独裁政権を推進。円覚寺を建立。

**ほうじょう-ときより【▽北条時▽頼】**（一二二七～一二六三）鎌倉幕府五代執権。時氏の子。引付衆を創設するなど幕政の改革・確立に努力。建長寺を建立。謡曲『鉢の木』の諸国巡回伝説で知られる。

**ほうしょう-にょらい【宝生如来】** 密教の五智如来の一尊。大日如来の平等性智の徳をつかさどる。

**ほうじょう-ひでじ【▽北条▽秀司】**（一九〇二～　）劇作家。大阪生まれ。関西大卒。新派・新国劇などの創作に専念。戯曲『王将』『霧の音』など。

**ほうじょう-まさこ【▽北条▽政子】**（一一五七～一二二五）源頼朝の妻。北条時政の娘。頼朝の死後、将軍頼家・実朝の母として政治を後見。実朝の死後、摂家将軍九条頼経を迎えて尼将軍として実権をふるい、承久の乱に勝利後、執権政治を確立。

**ほうしょう-やいち【宝生▼弥一】**（一九〇八～一九八五）能楽師。ワキ方。宝生流。愛媛県生まれ。数少ないワキ宝生の代表として活躍。重要無形文化財保持者。

**ほうじょう-やすとき【▽北条▽泰時】**（一一八三～一二四二）鎌倉幕府三代執権。義時の子。承久の乱で後鳥羽上皇方を破り、のち執権となる。評定衆の設置、御成敗式目の制定など政治的才覚を発揮。

**ほうじょう-よしとき【▽北条▽義時】**（一一六三～一二二四）鎌倉幕府二代執権。時政の子。源氏将軍断絶後の難局を姉政子とともにの

▼常用漢字表外。　▽常用漢字表の音訓外。

りきり、北条執権政治の基礎を確立。

**ほうしょう-りゅう【宝生流】** ①能楽のシテ方の一流派。上掛かり宝生流と称する。大和猿楽四座の一つ外山座の末流。観阿弥の兄が継ぐ。江戸幕府に仕える。現宗家は一八世。②能楽ワキ方の流派名。下掛かり宝生流と称す。③能楽大鼓の一流派。宝生錬三郎派。

**ほうしょ-がみ【奉書紙】** コウゾ繊維に米のりまたは白土を加えた手すき和紙。純白で、厚く、柔らかく、優美。儀礼用。奉書。

**ほうしょく【奉職】**(名・サ変自) 学校・官庁などに勤めること。

**ほうしょく【飽食】**(名・サ変自) あきるほど食べること。eat one's fill 用例暖衣——。

**ぼうしょく【紡織】** 糸を紡ぐ紡績と、糸から織物をつくるはたおりを総称する語。広義には、繊維製品の製造や染色も含める。spinning and weaving

**ぼうしょく【望▼蜀】**《後漢の光武帝が、隴を攻撃中の部隊に対し、隴を攻略後は直ちに蜀も攻略するように命じたことから》一つの望みをとげて、さらにその上を望むこと。参照隴。

**ぼうしょく【暴食】**(名・サ変他) むやみに食べること。overeating 用例暴飲——。

**ぼうしょく-ざい【防食剤・防▼蝕剤】** 金属表面の腐食を防ぐ塗料。さび止め油・さび止めペイントなどがある。anticorrosive

**ほうじょ-はん【▼幇助犯】** ↓じゅうはん(従犯)

**ほう・じる【奉じる】**(上一他) ↓ほうずる(奉ずる)

**ほう・じる【封じる】**(上一他) 領地を与えて大名にする。封ずる。封ず。

**ほう・じる【報じる】**(上一自他) =報ずる・報ず。①(自他)むくいる。reward; have one's revenge on 用例恩に——。恨みを——。②(他)知らせる。inform 用例急を——。

**ほう・じる【▼焙じる】**(上一他) 少しこげるぐらいまで、火にあぶって湿気をとる。焙ずる。heat

**ぼうしわ-かこう【防▼皺加工】** 織物にしわをよりにくくするための加工。樹脂加工を施したり、毛織物は熱処理、麻は混紡したりする。crease-proof finish

**ほうしん【方針】**《方位を示す磁石の針、の意》物事を行う上での、めざしている方向。policy 用例——を決定する。——を立てる。施政——演説。

**ほうしん【芳心】** 他人の親切をいう敬語。芳志。芳情。

**ほうしん【芳信】** ①他人の手紙をいう敬語。芳書。②花の咲いたという知らせ。

**ほうしん【放心】**(名・サ変自) ①注意力を失って、また、物事に気をとられて、ぼんやりすること。absent-minded 用例——状態。②放念。用例ご——ください。

**ほうしん【▼疱▼疹】** ウイルスの感染によって皮膚または粘膜面に大小の水疱ができる症状の総称。ヘルペス。herpes

**ほうしん【砲身】** 大砲の弾丸をこめて発射する、円筒形の部分。砲身が長いほど射程距離が大で命中精度もよい。gun barrel

**ほうじん【方陣】** ①兵士を四角形に並べた陣立て。square formation ②縦横同数に並べた数字があり、その縦・横・斜めの数字の和が等しいもの。魔方陣。magic square

**ほうじん【邦人】** 日本人。Japanese

**ほうじん【法人】** 個々の人間以外で法律上の権利・義務の主体とされるもの。公益法人・営利法人・社団法人などの分類がある。legal person 対義自然人。

**ほうじん【報身】**《仏教語》仏の三身の一つ。菩薩として仏になるための修行を完成し、その報いとして得た仏身。

**ぼうしん【傍心】** 三角形の傍接円の中心。傍心は、三角形の一つの内角と他の二つの角の外角の二等分線の交点。excenter ↓五心 図

**ぼうしん【謀臣】** 計略の巧みな臣下。

**ぼうじん【防▼塵】** ほこりの入るのをふせぐこと。dustproof 用例——装置。

**ほうじん-かく【法人格】** 法律上の人格。権利・義務を負うことができる資格。自然人と法人に認められる。legal personality

**ほうじん-かぶぬし【法人株主】** 法人名義で他の会社の株式を所有しているもの。親会社・銀行・保険会社などが多い。institutional stockholder

**ほうじんきぎょう-とうけい【法人企業統計】** 法人企業の経営活動について、売上高・経常利益・設備投資などを調査して作成する統計。景気動向や産業別の企業経営状況を知ることができる。corporation statistics

**ほうじん-しょとく【法人所得】** 法人企業がある期間に得た所得。益金と損金との差額。corporate income

**ほうじん-すじ【法人筋】** 投機で、大口投資の専門家。保険会社・銀行など。金融筋。比較地場・客筋。

**ほうじん-ぜい【法人税】** 法人所得に課される税。所得税とともに国税の中心。corporation tax

**ほうしん-たん【豊心丹】** 奈良西大寺に伝わる丸薬。人参・沈香・麝香・熊胆・金箔などを含む。長わずらいに効果があるとする。沈麝丹。

**ほうしん-のう【法親王】** 出家後に親王の称を賜った皇族。ほっしんのう。

**ほう-ず【方図】** 限り。きり。際限。limit 用例——がない。

**ぼう-ず【坊主】** ①一寺の主僧。住職。僧。Buddhist priest 比較院主。②髪の毛をそった頭・人。shaven head ③はげ頭のように、丸くて表面に何もないようす。用例——枕。④武家時代、茶の湯や雑用を勤めた僧形の者。用例茶——。⑤男の子の愛称。boy ⑥親しみ・あざけりを表す語。用例三日——。

**坊主憎けりゃ袈裟迄(も)**(ぼうずにくけりゃけさまでも) 憎いとなると、相手当人だけでなく、それにまつわるいろいろな物事までもが憎くなる。憎しみがどこまでも及ぶたとえ。

**坊主、丸儲け**(ぼうず、まるもうけ) 僧は、元手なしで利益を得ることができる。ただで、思わぬ大もうけをしたときなどに使う語。

**ぼう・ず【忘ず】** 文語的(サ変他) わすれる。用例故郷——・じがたし。

**ほう-すい【放水】**(名・サ変自) ①川などの水を導いて流すこと。drainage 比較放流。②消火のため、ホースなどで水をかけること。pour water on a fire

**ほう-すい【豊水】** 水量がたっぷりあること。high water 対義渇水。

**ぼう-すい【防水】**(名・サ変他) ①水の流れ込むのをふせぐこと。waterproof 比較水防。用例——隔壁。②水の染み込むのをふせぐこと。waterproof 用例——加工。

**ぼう-すい【紡錘】** 糸をつむぐための、両端のとがった円柱状のもの。錘。spindle

**ぼうすい-かこう【防水加工】** 織物・皮革・紙などに水が染み込むのを防ぐ加工。通気性と不通気性の防水がある。waterproof finish

**ほうすい-き【豊水期】** 一年中で水量のもっともゆたかな時期。rainy season 対義渇水期。

**ほうすい-クロラール【抱水クロラール】** クロラールの水和物。化学式$CCl_3CH(OH)_2$ 無色の結晶。副作用が強い。催眠薬・鎮静薬などに利用。chloral hydrate

**ほうすい-けい【方▼錐形】** 底面が正方形の角錐。regular pyramid

**ぼうすい-こうぞう【防水構造】** 建築で、雨水や地下水などの浸透を防ぐため屋根・地下室・浴室の床などに防水層を設けた構造。waterproof structure

**ぼうすい-ざい【防水剤】** 織物・紙・皮革・セメントなどの表面に疎水性の被膜をつくり、水の透過を妨げる物質。油脂・ろう・顔料・ゴム・シリコーンなどがある。waterproof agent

**ぼうすい-し【防水紙】** 動植物性繊維を原料とする原紙に、防水剤を含ませたもの。waterproof paper

**ぼうすい-し【紡錘糸】** 細胞の有糸分裂時に、染色体につく糸状構造の総称。紡錘糸によって紡錘体が形づくられる。微小管の束からなる。spindle fiber

**ぼうすい-たい【紡錘体】** 細胞が核分裂するとき、細胞中央部に出現する紡錘形の構造体。多数の紡錘糸からなる。染色体の移動などに関与。spindle

**ぼうすい-ちゅう【紡錘虫】** 有孔虫類に属し、化石で見られる原生動物。体が紡錘形なのでこの名がある。大きさは径数百ミクロン～数センチメートル。石炭紀後期から二畳紀の海で栄え、死滅。一〇〇属以上、約五〇〇〇種が知られる。古生代後期の重要な示準化石。世界各地から産する。フズリナ。鮫石。

**ほうすい-ろ【放水路】** ダムや堰などで、洪水防止のために流量を調節したり、利用ずみの水を流したりする人工水路。drain 参照水門・可動堰。

**ほう-すう【▼鳳▼雛】**《鳳のひな、の意》成人してすぐれた人物になることを期待される子。

**ぼうず-がり【坊主刈(り)】** 男児の髪型の一つ。頭髪全体を短く刈ったもの。close crop; close cut; crew cut

**ぼうず-むぎ【坊主麦】** オオムギで穂に芒の出ないもの。

**ぼうず-めくり【坊主▼捲り】** 百人一首の絵札を使う遊びの一つ。裏返しに重ねた札をめくり、姫が出たら持ち札を全部捨て、坊主が出たら捨ててある札をもらう。最後に持ち札の多い者が負け。また、逆の遊び方で最後に持ち札の多い者が勝ちとなる形式もある。

**ほう・ずる【奉ずる】**(サ変他) =奉じる・奉ず。①差し上げる。献上する。②お受けする。いただく。用例命を——。③主君としてお仕えする。用例幼君を——。④勤める。用例教職に——。

**ほう・ずる【封ずる】**(サ変他) ↓ほうじる(封じる)

**ほう・ずる【崩ずる】**(サ変自) 崩御する。おかくれになる。崩ず。

**ほう・ずる【報ずる】**(サ変自他) ↓ほうじる(報じる)

**ほう・ずる【▼焙ずる】**(サ変他) ↓ほうじる(焙じる)

**ぼう・ずる【忘ずる】**(サ変他) わすれる。忘ず。

**ほう-すん【方寸】** ①一寸(=約三cm)四方。②《胸中方寸の間、の意》心。胸中。one's mind

**方寸の地**(ほうすんのち) わずかな土地。

**ほう-せ【法施】**《仏教語》=ほっせ。①人に法を説き聞かすこと。②仏などに対して、経を読み、法文を唱えること。

**ほう-せい【方正】**(名・形動) 心・品行などの、正しいこと・さま。uprightness 用例品行——。

**ほう-せい【法制】** ①法律と制度。law and system ②法律の定めた制度。legislation

**ほう-せい【砲声】** 大砲を撃つ音。sound of a gun

**ほう-せい【▼鳳声】** 相手の伝言・音信をいう敬語。鶴声。

**ほう-せい【縫製】**(名・サ変他) ミシンなどでぬって、洋服などをつくること。sewing 用例——業。

**ぼう-せい【暴政】** 暴虐な政治。tyranny

**ほうせい-きょく【法制局】** ①《「内閣法制局」の略》内閣に置かれ、法令案の立案・審査および法制一般に関する事務を行う機関。cabinet Legistration Bureau ②国会の両議院に設置され、議員の法制に関する立案などについての事務を担当する機関。

**ぼうせい-ざい【防▼錆剤】** ↓さびどめざい(錆止め剤)

**ほうせい-だいがく【法政大学】** 私立総合大学の一つ。明治一三年(一八八〇)東京法学社として創立。昭和二四年(一九四九)現制。本部は東京都千代田区富士見。

**ほうせいどう-きさんじ【▼朋誠堂喜三二】**(一七三五～一八一三) 江戸後期の戯作者・狂歌師。本名平沢常富。狂名手柄岡持。江戸の人。秋田藩士。恋川春町と親交があり、軽妙洒脱な黄表紙を残す。作品『文武二道万石通』など。

**ほう-せき【宝石】** 色や光沢が美しく、産出量の少ない貴重な鉱物。ルビー・ダイヤモンドなど。jewelry 数え方一点・一顆。

**ぼう-せき【紡績】** ①木綿や羊毛のような短い繊維を平行に並べて集束し、これによりをかけて、一定の太さと長さをもった糸にする操作。spinning ②「紡績糸」の略。

**ぼうせき-いと【紡績糸】** ①動植物の繊維をつむいでつくった糸。②紡績機械による片よりの木綿糸。紡績。spun yarn

**ぼうせき-けんし【紡績絹糸】** 養蚕・製糸などの過程でできるくずを原料としてつくった絹糸。spun silk

**ほう-せつ【包摂】**(名・サ変他) ①一つにまとめること。②論理学で、ある特殊な概念が、より一般的な概念にとり入れられること。

**ぼう-せつ【防雪】** 吹雪やなだれなどの雪害をふせぐこと。protection against snow

**ぼうせつ-えん【傍接円】** 三角形の一辺と、他の二辺の延長線に接する円。escribed circle 参照傍心。↓五心 図

**ほうせつ-かごうぶつ【包接化合物】** 三次元の結晶構造のすきまに比較的小さい分子が包みこまれている物質。包みこむ化合物と包みこまれた化合物の間には化学結合はない。クラスレート化合物。inclusion compound

**ぼうせつ-りん【防雪林】** 吹雪やなだれなどの雪害を防ぐ人工林。防風林としての機能もあり、鉄道線路・道路を埋雪から保護する。スギやカラマツが多く用いられる。snow break forest

**ほう-せん【奉遷】**(名・サ変他) 神体などを他

へ移すこと。removal

**ほう-せん【法線】** 曲線や曲面と垂直に交わる直線。曲線上の一点を通り、その点における接線に垂直な直線。また、曲面上の一点を通り、その点における接平面に垂直な直線。normal

**ほう-ぜん【宝前】** 神仏の前をいう敬語。

**ほう-ぜん【封禅】** 中国古代の祭祀の一つ。天命を受けて天下を治める皇帝が、山東省の泰山で天地を祭り、天下太平の功をなしたことを神に報告し、国家の永続を祈念する儀式。

**ぼう-せん【防染】** のり付け・絞り・板締めなどで、部分的に染まらないようにして模様を現し、他の部分を染める方法。protection against dyeing

**ぼう-せん【防戦】**(名・サ変自) 攻撃をふせぎ戦うこと。また、ふせぐための戦い。defensive fight

**ぼう-せん【傍線】** 文章などのわきに引いた線。サイドライン。sideline 比較 傍点。

**ぼう-せん【棒線】** まっすぐに引いた線。straight line

**ぼう-ぜん【▼呆然】**(形動トタル) ①あっけにとられるさま。amazed ②気の抜けるさま。茫然。absent-minded

**ぼう-ぜん【▼茫然】**(形動トタル) ①広漠として、とりとめのないさま。wide and far ②↓ぼうぜん(呆然)②

**ぼう-ぜん【▼惘然】**(形動トタル) ①あきれはてるさま。amazed ②気の抜けるさま。absent-minded

**ほうせん-か【▼鳳仙花】** ツリフネソウ科の花壇用の春まき一年草。高さ二〇～六〇cm。花は径四～五cm、色は赤・紫・白などで一重・八重・頂点咲き。実は熟すると、はじき出される。マレー・インド原産。爪紅。touch-me not ↓写

●ホウセンカ

**ほうせん-きん【放線菌】** 土中や生物体で生活する微生物の一群。細菌と真菌の中間の性状をもつ。分枝した糸状の細胞や菌糸を作る。actinomycete

**ほうせんじ-おんせん【宝泉寺温泉】** 大分県中西部、九重火山群北麓の町田川の谷間にある温泉。空也上人の発見と伝えられる。

**ぼうぜん-じしつ【▼茫然自失】**(名・サ変自) ぼうっとして自分を忘れること。absent-mindedness; be stunned

**ほうぜんじ-よこちょう【法善寺横丁】** 大阪市中央区、千日前にある繁華街。もと天竜山法善寺の境内だったためこの名がある。

**ほうせん-ベクトル【法線ベクトル】** 平面上で、曲線上の一点における接線に垂直なベクトル。空間内で、平面に垂直なベクトル。normal vector

**ぼうせん-もう【防潜網】** 潜水艦の侵入を防ぐため港口などの海中に張る金属網。anti-submarine net

**ほう-そ【▼硼素】** 周期表3B族に属する元素。元素記号B。原子番号五。原子量一〇・八。硼酸・硼砂などとして広く分布。半導体として、また中性子吸収体、ガラスの原料などとして利用。boron

**ほう-そ【宝▼祚】** 天皇の位の敬称。皇位。the Imperial throne

**ほう-そう【包装】**(名・サ変他) ①上包みをかけること。wrap ②輸送や保管にあたって、種々の材料で品物を保護できるようにすること。荷造り。pack ③商品などを保護するとともに、価値が高まるように、種々の材料・容器を品物に施すこと。wrap

**ほう-そう【奉送】**(名・サ変他) 身分の高い人をお見送りすること。対義 奉迎。

**ほう-そう【放送】**(名・サ変他) 不特定多数の人々を受信対象とする電気的通信。一般にはラジオ・テレビによるものをいう。broadcasting

**ほう-そう【法曹】** ①司法官や弁護士。judicial person ②法律事務に従う人。lawyer

**ほう-そう【▼疱▼瘡】** 天然痘。痘瘡。ほうそ。smallpox

**ほう-ぞう【包蔵】**(名・サ変他) ①内部に持つこと。contain ②包み隠すこと。concealment

**ほう-ぞう【宝蔵】** ①宝物を入れておく倉。treasure house ②《仏教語》寺院で、経典を納めるための建物。経蔵。

**ほうぞう【法蔵】**(六四三～七一二) 中国、唐代の僧。華厳宗第三祖。智儼に学び、華厳教学を大成した。著書『華厳五教章』『華厳経探玄記』など。賢首大師。

**ぼうそう【房総】** 安房・上総・下総三国の併称。

**ぼう-そう【暴走】**(名・サ変自) ①考えなしに、あるいは、規則などを無視して走ること。むちゃな行動にもたとえていう。reckless driving ②運転する人のいない車が走ること。

**ほうそう-え【▼疱▼瘡絵】** 疱瘡(＝天然痘)をよける呪いとして、赤一色で摺られた錦絵。鍾馗・桃太郎・源為朝などが描かれている。比較 赤絵。

**ほうそう-えいせい【放送衛星】** 地上局から送られる放送電波を中継・増幅して、サービスエリアに送信する静止衛星。broadcasting satellite

**ほうそう-かい【法曹界】** 司法官・弁護士などの社会。legal circles

**ほうそう-がみ【▼疱▼瘡神】** 疱瘡(＝天然痘)を治してくれるといわれる神。桟俵に赤い幣と赤飯をのせて辻に送り出すと、効験があるとされた。

**ほうそう-きせい【放送規制】** 放送番組の内容に基準を設けて規制すること。放送番組向上委員会や、各放送局に設置が義務づけられた放送番組審議会によって行われる。broadcasting regulations

**ほうそう-きょく【放送局】** テレビ・ラジオ局など、不特定多数の人々を対象として電波信号を送信する無線局・事業体。郵政大臣の免許が必要。broadcasting station

**ほうそう-げ【宝相華】** 装飾文様。中国、唐代に発達し、周辺諸国、ことに日本の奈良時代に流行。パルメット唐草などの諸要素を組み合わせた純粋な空想的花文様で、多彩な繧繝文様など織物の意匠に発展。宝相華文。

**ほうそう-げき【放送劇】** ラジオで放送する劇。ラジオドラマ。radio drama

**ほうぞう-すいりょく【包蔵水力】** 技術的・経済的に開発可能な発電用水力資源の量。water-power resources

**ぼうそう-ぞく【暴走族】** オートバイや自動車のエンジンやクラクションをけたたましく鳴らし、路上を無軌道に走り回る若者の集団。かつては、かみなり族・サーキット族などといった。

**ほうそう-だいがく【放送大学】** 勤労青年・主婦層への大学教育、職業人の再教育などを目的に、ラジオやテレビを媒体として行う大学教育。日本では昭和六〇年(一九八五)発足。

**ぼうそう-はんとう【房総半島】** 千葉県の大部分を占める半島。太平洋側を外房、東京湾側を内房という。地形的には北部の台地と南部の丘陵に大別される。黒潮の影響で気候が温和、とくに南端は霜が下りないため冬季は花畑として多くの観光客を集めている。

**ほうそう-ほう【放送法】** 放送の番組や運営を規律する法則。放送局はこの法に基づいて放送基準を定める。昭和二五年(一九五〇)電波三法の一つとして施行。

**ほうぞう-ぼさつ【法蔵▼菩▼薩】** 『無量寿経』の中心人物。阿弥陀仏の過去世における修行時代の名で、四十八願をおこして徳をつみ仏になったという。法蔵比丘。

**ほう-そく【法則】** ①おきて。のり。規則。規範。rule 用例 詩の—。②物事がおのずからそれにのっとっている、本質的なきまり。事物相互のあいだにある普遍的、必然的なきまり・関係。law

**ぼう-ぞく【望族】** 人々が慕うほどの、ほまれのある家がら。人望のある一族。

**ほうそ-こう【▼硼素鋼】** 硼素を〇・〇〇一～〇・〇〇五%添加し、焼き入れによる硬度を大きくした強靭鋼。ボロン鋼。boron steel

**ぼう-だ【▼滂▼沱】**(形動トタル) ①涙がとめどなく流れ出るさま。用例 —たる涙。②雨がしきりに降るさま。

**ほう-たい【奉▼戴】**(名・サ変他) ①貴人を長としていただくこと。②謹みいただくこと。用例 大詔—。

**ほう-たい【法体】** ↓ほったい(法体)

**ほう-たい【包帯・▼繃帯】** 傷口や、骨折などの治療を目的として、患部を包んだり、巻いたりする帯状の布。bandage

**ほう-だい【砲台】** 大砲を据えた築造物。battery

**ほう-だい【放題】**(接尾)《動詞の連用形や助動詞「たい」に付けて》思うさまにする、勝手にする、の意。用例 飲み—。したい—。

**ぼう-だい【傍題】** 副題。サブタイトル。subtitle

**ぼう-だい【膨大・▼厖大】**(名・サ変自・形動) ふくれて大きくなること・さま。enormous 用例 —な予算。

**ぼう-たいぎゃく【謀大逆】** 律の八虐の一つ。皇居や皇陵を破壊しようとするもので、とくに重刑に処された罪。

**ほう-たいこう【豊太▼閤】** 豊臣秀吉の尊称。

**ぼう-たおし【棒倒し】** 運動会などの種目の一つ。二組みに分かれて陣内に棒を立て、それぞれに守備と攻撃のメンバーを分けて、攻撃者が相手の棒を先に倒したほうが勝ち。

**ぼう-たかとび【棒高跳び】** 陸上競技、跳躍種目の一つ。棒(＝ポール)を持って助走から踏み切り、その棒を使って体を持ち上げ、バーを跳び越す。棒の材質・長さ・太さに制限はない。pole vault ↓写

●棒高跳び

**ほう-たく【宝▼鐸】** 堂の四隅の軒に下げた鈴。風鐸。ほうちゃく。

**ぼう-だち【棒立ち】** 驚き・恐れなどのために、棒のように立つこと。standing petrified

**ほうだつ-さん【宝達山】** 石川県能登半島の基部にある山。標高六三七m。宝達丘陵の主峰で、山頂からの展望がよい。

**ぼう-だら【棒▼鱈】** タラを三枚におろし、頭と腸を除いて乾燥したもの。水でもどしてのち、ゆでて柔らかくし、煮物に用いる。

**ほう-たん【放胆】**(名・形動) 思いきって大胆なこと・さま。boldness 用例 —きわまりない大技。

**ほう-たん【放誕】**(名・形動) 気ままに大きなことをいってふるまうこと・さま。わがままに出まかせをいうこと・さま。

**ほう-だん【放談】**(名・サ変自) ①思ったことを遠慮なく話すこと。talk freely ②出まかせにいうこと。random talk 比較 放言。

**ほう-だん【法談】** 仏教の教義をわかりやすく説きあかすこと。説法談義。

**ほう-だん【砲弾】** 火砲の弾丸。爆薬をつめた弾体を先端についた信管で爆発させる。徹甲弾・榴弾・榴散弾・照明弾など。shell 比較 銃弾。

**ぼう-たん【▼牡丹】** ボタンの古名。

**ぼう-だん【防弾】** 銃弾が貫かないようにすること。bulletproof

**ぼうだん-チョッキ【防弾チョッキ】** 胸部・腹部を銃弾が貫かないように特殊な装備を施したチョッキ。bulletproof vest

**ほう-ち【放置】**(名・サ変他) かまわずそのままにしておくこと。leaving ... alone 用例 死体を—する。

**ほう-ち【法治】** 政治・行政など権力の行使が、すべて法に基づいて行われること。その政治。法の支配。constitutional government

**ほう-ち【封地】** 大名などが封ぜられた領地。

**ほう-ち【報知】**(名・サ変他) 知らせること。その知らせ。information 用例 火災—機。

**ぼう-ち【某地】**《その場所が不明であったり、わざとかくしたりするときに用いる》ある土地。certain place

**ぼう-ちぎり【棒乳切り】**《「棒乳切り木」の略》棒のきれはし。棒っきれ。棒ちぎれ。用例 喧嘩過ぎての—。

**ほう-ちく【放逐】**(名・サ変他) 追い払うこと。追放。banishment 用例 国外—。

**ほうち-こっか【法治国家】** 議会の制定した法律によって一切の国政が行われることを原則とする国家。法治国。constitutional state

**ほうち-しゅぎ【法治主義】** 一切の国政は、法とくに議会の制定した法律に基づいて行わ

なければならないとする政治原理。法律だけが国民の権利義務を律することができ、行政は立法にしたがう。constitutionalism

**ほうち-しんぶん【報知新聞】** 日刊紙の一つ。『郵便報知新聞』として明治五年(一八七二)創刊。同二七年(一八九四)改称。のち読売新聞に吸収合併され、現在はスポーツ紙となっている。

**ほう-ちゃく【宝▼鐸】** ↓ほうたく(宝鐸)

**ほう-ちゃく【▼逢着】**(名・サ変自) 出会うこと。行き当たること。meet 用例 困難に — する。

**ほうちゃく-そう【宝▼鐸草】** ユリ科の多年草。林の中など陰地にはえる。高さ三〇〜六〇cm。春、緑白色で筒状の花を宝鐸のように下垂する。

**ほう-ちゅう【▼庖▼厨】** 台所。くりや。

**ぼう-ちゅう【忙中】** いそがしいさなか。

**忙中、閑有り**(ぼうちゅう、かんあり) 忙中にも、ひまがないではない。また、そういって、忙しいなかの寸暇を楽しむさま。enjoy an interval of leisure snatched from a busy life

**ぼう-ちゅう【防虫】** 衣服や書画などに、虫がつくのをふせぐこと。repellent; mothproof

**ぼう-ちゅう【房中】** ①へやのなか。②閨房の中。③道家の延命法の一つ。性交の禁忌などについて説いたもの。房中術。

**ぼう-ちゅう【傍注・▼旁▼註】** 本文のわきに書きそえた注解。marginal notes

**ぼうちゅう-かこう【防虫加工】** 羊毛製品などの虫害を防ぐために、繊維に施す薬品加工。繊維を染めるとき、防虫加工剤を加え、染料とともに繊維に吸着させる。mothproof finish

**ぼうちゅう-ざい【防虫剤】** 害虫を防ぐ薬剤。おもに衣類用をさし、樟脳・ナフタリン・パラジクロロベンゼンなどがある。insect repellent

**ほうちゅう-しょう【包虫症】** エキノコックス条虫(=包虫)の寄生による疾患。幼虫が肝臓や肺に達して成虫となり、発育して臓器にさまざまな障害をおこす。hydatid disease

**ぼうちゅう-もくざい【防虫木材】** ラワン・ナラなどの辺材を食いあらすヒラタキクイムシを防ぐため、薬剤を塗布または注入した木材。insectproof wood

**ほう-ちょう【包丁・▼庖丁】** ①料理に使う刃物。和包丁と洋包丁がある。用途別に、菜切り、出刃、刺身用の各包丁、肉用の牛刀など。kitchen knife 数え方 一丁・一本。②料理人。cook ③料理のてぎわ。cooking skill 用例 — のさえ。↓図

**ほう-ちょう【放鳥】**(名・サ変自) ①繁殖のために人工的に育てた鳥を放つこと。また、生態調査などのために野鳥に目印をつけて放つこと。②仏教で、放生会や葬式のとき、捕まえておいた鳥を供養のために放すこと。その鳥。set a bird free

**ぼう-ちょう【防▼諜】** スパイの侵入・活動をふせぐこと。counterespionage

**ぼう-ちょう【傍聴】**(名・サ変他) 当事者以外の者が、発言権なしに会議・公判などを傍らで聞くこと。国会や地方議会の本会議、裁判所の対審や判決は原則として公開され、傍聴できる。hearing

●包丁① 各部名称と種類

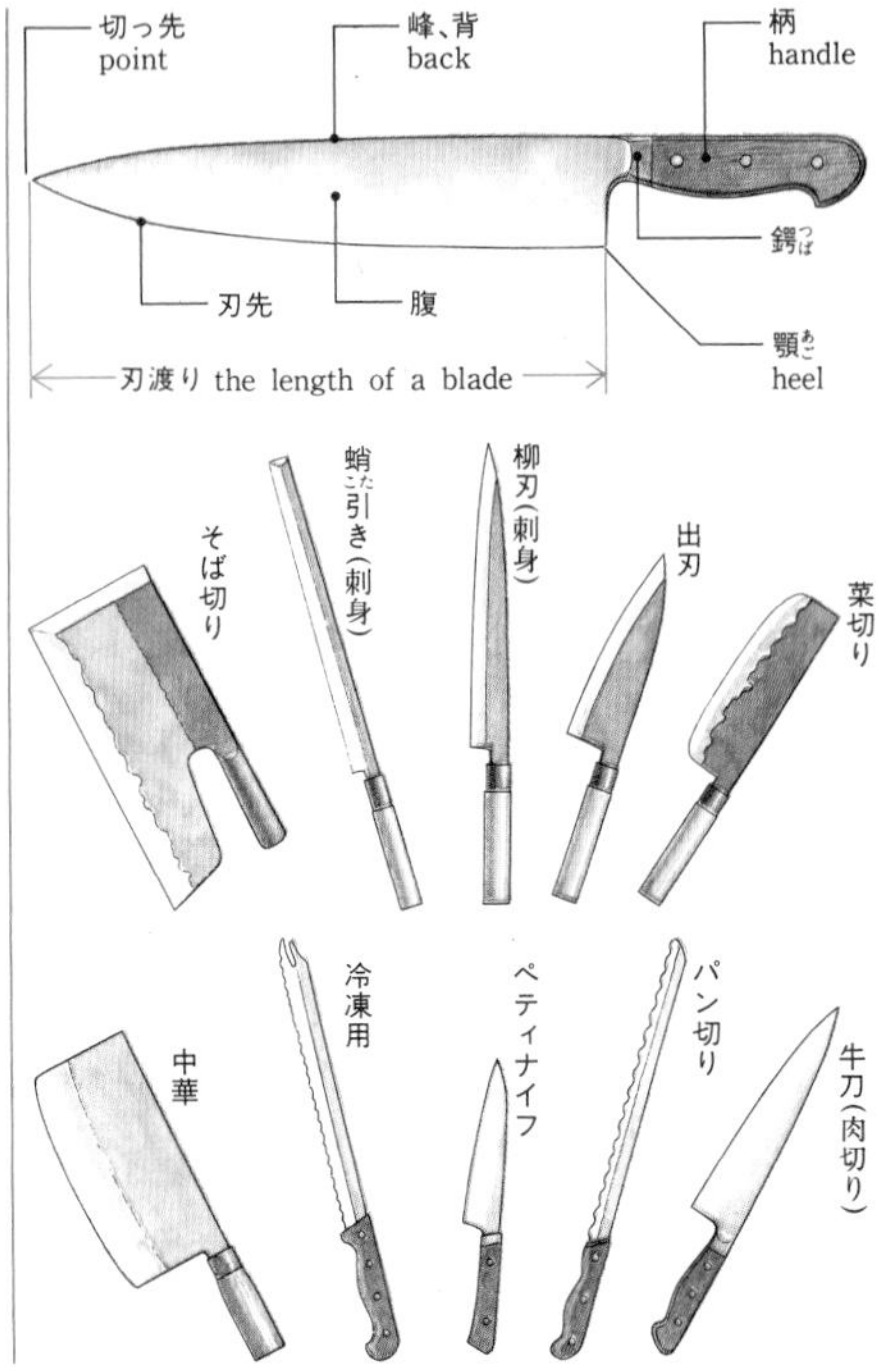


**ぼうちょう【防長】** 周防・長門二国の併称。

**ぼう-ちょう【膨張・膨脹】**(名・サ変自) ①ふくれること。swelling ②発展して大きくなること。expansion; growth 用例 都市の —。③物体の体積または長さが増大すること。expansion 対義 収縮。

**ぼうちょう-うちゅう【膨張宇宙】** 銀河のスペクトルのもつ赤方偏移に基づく宇宙論。宇宙がビッグバンに始まって膨張をつづけているとする考え。expanding universe

**ぼうちょう-てい【防潮堤】** 大波や高潮による被害を防ぐために設けた堤防。seawall

**ほうちょう-てつ【包丁鉄】** ↓わてつ(和鉄)

**ぼうちょう-りつ【膨張率】** 圧力一定のまま単位温度を上昇させたとき、物体が膨張する体積または長さと、元の体積または長さとの比。それぞれ体膨張率、線膨張率という。expansion coefficient

**ぼうちょう-りん【防潮林】** ↓ちょうがいぼうびりん(潮害防備林)

**ほうちょく-せんそう【奉直戦争】** 中国の軍閥、奉天派の張作霖と直隷派呉佩孚との戦争。北京の支配権をめぐる対立に起因し、第一次(一九二二年)は英米派の呉が勝ち、第二次(一九二四年)は日本に援助された張が勝った。

**ボウツ【Dirck Bouts】**(一四一五ごろ〜七五) フランドルの画家。北欧的性格の強い宗教画などを描き、風景描写にすぐれた。作品『最後の晩餐』など。

**ほう-づえ【方▼杖】** 建物や橋などで、垂直材と水平材が交わる部分を補強するため斜めに取り付ける短い部材。knee brace

**ぼうっ-と**(副・サ変自) ①かすんで、はっきりとは見えないさま。dim 用例 目が — かすむ。②気分などが、ぼんやりするさま。ぼうっと。fuzzy 用例 のぼせて — なる。③火が燃えるさま。flare up 用例 火の手が — あがる。

**ぽうっ-と**(副・サ変自) ①ぼんやりするさま。ぼうっと。be muddled 用例 熱で頭が — なる。②顔などがほんのり色づいたり、赤くなるさま。ぽっと。blush 用例 — 上気する。

**ほう-てい【奉呈】**(名・サ変他) 謹んで差し上げること。比較 献呈。

**ほう-てい【▼捧呈】**(名・サ変他) 手にささげて、たてまつること。

**ほう-てい【▼鵬程】**《鵬が飛んでいく道のり》はるかな道のり。飛行機や船で遠い旅に出るときに使う語。long cruise

**ほう-てい【法廷】** 裁判所の一部。裁判官が訴訟事件を取り調べ、判決を下す所。law court

**ほう-てい【法弟】**《仏教語》仏法の教えを受ける弟子。

**ほう-てい【法定】** 法令で決めること。legalization

**ほうてい-かいどり【法定飼(い)鳥】**「鳥獣保護及狩猟ニ関スル法律」によって指定された飼い鳥。マヒワ・ウソ・ホオジロ・ヒバリ・メジロ・ヤマガラ・ウグイスの七種。

**ほうてい-かじつ【法定果実】** 元物の使用の対価として生じる金銭その他の物。賃料・利息など。legal fruits 対義 天然果実。

**ほうてい-かへい【法定貨幣】** 国法によって通用する貨幣。法貨。legal currency

**ほうてい-けつぞく【法定血族】** 本来の血のつながりはないが、法律によって血族と同じ親族関係が生じたもの。養子と養親との関係など。legal consanguinity 対義 自然血族。

**ほうてい-しき【方程式】** 文字を含む等式で、その文字に特定の値を代入したときになり立つもの。equation 対義 恒等式。

**ほうてい-じゅんびきん【法定準備金】** 商法で、株式会社と有限会社に積み立てが義務づけられている準備金。資本準備金と利益準備金の二種類。legal reserve 対義 任意積立金。

**ほうてい-だいりにん【法定代理人】** 法律で規定される、本人の意思に基づかない代理人。未成年者に対する親権者・後見人など。legal representative 対義 任意代理人。

**ほうてい-でんせんびょう【法定伝染病】** 伝染病予防法により、法的に予防方法が規定してある一一種類の伝染病。コレラ・赤痢(疫痢を含む)・腸チフス・パラチフス・痘瘡・発疹チフス・猩紅熱・ジフテリア・流行性脳脊髄膜炎・ペスト・日本脳炎。legal infectious disease

**ほうてい-とうそう【法廷闘争】** 労働組合・革新政党・革命グループなどが法廷を闘争の場とみなし、裁判中の事件についての弁論の機会などを活用して自分の主張・要求の正しさを一般国民に訴えようとする戦術。公判闘争。struggle at the court

**ほうてい-とくひょうすう【法定得票数】** 公職選挙法で定められた、当選に必要な最低限の得票数。legal number of votes

**ほうてい-はん【法定犯】** 行政法上の規定に違反する犯罪。また、その犯罪人。行為自体が明白に反社会的である自然犯と違い、法規に反することによって反社会的とみなされるもの。対義 自然犯。

**ほうてい-ぶじょく【法廷侮辱】** 暴言・暴行・喧騒などによって法廷秩序を乱し、裁判所の職務執行を妨害する行為。contempt of court

**ほうてい-へいか【法定平価】** 同一の本位貨幣制度をとる二国間で、それぞれの国の通貨に含まれる金の法定含有量を比較して算出される交換比率。平価。金平価。為替平価。mint par of exchange

**ほうてい-りりつ【法定利率】** 法律で定められている利率。民事の債務では年五分、商事の債務では年六分。利率の約定がないときに適用される。legal interest 対義 約定利率。

**ほう-てき【放▼擲・▼抛▼擲】**(名・サ変他) ①なげうつこと。abandonment ②ほうっておくこと。放棄。abandonment

**ほう-てき【法敵】** 仏法を妨げる敵。仏敵。enemy of Buddhism

**ほう-てき【▼鋒▼鏑】** ほこさきとやじり。

**ほう-てき【法的】**(形動) 法律の立場に立つさま。法律的。legal 用例 — な根拠。

**ほう-てつがく【法哲学】** 法の概念・目的、効力の根拠などを研究する学問。実定法の一般理論や法学方法論を含めることもある。philosophy of law

**ほう-てん【奉▼奠】**(名・サ変他) 神などに、謹んで供えること。offering 用例 玉串の —。

**ほう-てん【宝典】** ①尊い書物。precious book ②便利でよい本。handbook 用例 日用 —。

**ほう-てん【法典】** ①おきて。規則。law ②制定法を体系的に編集したもの。ハンムラビ法典・六法全書など。③ある範囲の法規を組織的にまとめた成文法。民法典・刑法典など。code of laws

**ほうてん【奉天】** 瀋陽の旧名。

**ほう-でん【宝殿】** ①宝物をおさめた堂舎。②神殿。

**ほう-でん【放電】**(名・サ変自) ①電池などに蓄えられた電気が、電流として流れ出ること。electric discharge ②高電圧によって、絶縁された二つの電極間に電流が流れること。electric discharge ③帯電した物体が電荷を失うこと。electric discharge 対義 充電。

**ぼう-てん【傍点】** ①漢字のわきに打つ点。訓点。②注意をひき、また、その部分を強調するなどのために、文字のわきに打つ点。比較 傍線。

**ほうてん-かいせん【奉天会戦】** 日露戦争最大の陸戦。明治三八年(一九〇五)二月下旬から三月一〇日まで、ロシア軍が守る奉天を日本軍が攻撃し、激戦ののち占領した。

**ほうでん-かこう【放電加工】** 金属加工法の一つ。絶縁性の液体中で、加工すべき金属と目的の形状をもつ電極工具とのあいだで放電をくりかえし、溶融飛散させていく。硬い金属も加工できる。electric spark machining

**ほうでん-かん【放電管】** 金属蒸気または不活性ガスを封入した電子管。整流・スイッチン




ほ

グ・発光などの作用がある。色は封入したガスの種類によって異なり、装飾・広告などに用いる。electric discharge tube

**ほうでん-とう【放電灯】** ガス中の放電による発光を利用する電灯。ネオンランプ・ネオンサイン・アーク灯などがある。electric discharge lamp

**ほうでん-ろ【放電路】** 雷の放電の通っていく道。長さは二～二〇㎞におよぶ。強い光を放ち、道は樹のように枝分かれしている。

**ほう-と【方途】** 進むべき道。方法。仕方。way

**ほう-ど【方土】** くに。地方。

**ほう-ど【封土】** 封建君主が一定の奉仕義務を要求する目的で家臣に与えた土地。封。知行。fief

**ぼう-と【暴徒】** 乱暴なことをする者ども。暴民。mob

**ほう-とう【奉灯】**(名・サ変自) 神仏にあかりをたてまつること。また、そのあかり。献灯。dedicated lantern

**ほう-とう【奉答】**(名・サ変自) 貴人のお尋ねにお答えすること。

**ほう-とう【宝刀】** たからとして、大切にしている刀。treasured sword 用例 伝家の―。

**ほう-とう【宝塔】** ①珍しい宝物で飾った塔。②寺の塔の敬称。③墓標として用いられる仏塔の一様式。方形の基壇の上に覆鉢形の塔身を置き、宝形造りの屋根をのせ、その上に相輪をのせる。→写

● 宝塔③

**ほう-とう【放▼蕩】**(名・サ変自) 酒や女遊びにふけって、しまりがないこと。道楽。dissipation 用例 ―息子。

**ほう-とう【▼朋党】** 主義・利害を同じくする人々の団体。party 比較 徒党。

**ほう-とう【法灯】**《仏教語》①迷いのやみを照らす、正しい仏法。light of Buddhism ②仏前にささげるともしび。

**ほう-とう【法統】** 仏法の伝統。法門の系統。法脈。doctrinal tradition 用例 ―をつぐ。

**ほう-とう【砲塔】** 戦車・軍艦で、主砲と一体となった鋼鉄製の箱形構造物。大砲と砲手を保護するためのもの。塔全体が旋回し、砲身だけが上下に動く。turret

**ほう-とう【▼蓬頭】**《蓬の形のように》髪の毛がもじゃもじゃ乱れた頭。tousled hair

**ほう-とう【▼餺▼飥】**《「はくたく」の転》①小麦粉を水で練り、ひもかわ状または団子状にした食品。カボチャ・里芋・大根などとともに味噌味などで煮込む。山梨県の郷土料理。②うどんなどを①に同じ材料と方法で煮込んだ料理。

**ほう-どう【方等】**《仏教語》①十二部経の一つ。広大甚深の教えを説くもの、の意。②大乗の教えや大乗経典のこと。

**ほう-どう【報道】**(名・サ変他)《道は、言う、の意》新聞・ラジオ・テレビなどが、世のなかの出来事をひろく伝達すること。また、そのニュース。news; report; information

**ぼう-とう【冒頭】** 対義 結尾。①文章・談話などのはじめ。the opening ②物事のはじめ。the beginning

**ぼう-とう【暴投】**(名・サ変自) 野球で、捕手が取れそうもない、ひどい投球をすること。走者の進塁を許したときに記録される。ワイルドピッチ。wild pitch

**ぼう-とう【暴騰】**(名・サ変自) 物価・相場などが急に大幅に上がること。sudden rise 対義 暴落。

**ぼう-どう【暴動】** 社会的不安や不満がこうじ、主として自然発生的に起こる集団的暴力。riot

**ほうどう-きかん【報道機関】** ニュースなどを知らせるための機関。新聞社・放送局など。news media

**ほうどう-しゃしん【報道写真】** 社会の事件・現象や日常的素材から問題点を抽出し、大衆に伝達する写真の形式。news photo

**ほうどう-じん【報道陣】**《報道のために待機の姿勢にあることを、戦陣にたとえた語》記者・カメラマンたちの集団。press 用例 ―に囲まれる。

**ぼうとう-ちんじゅつ【冒頭陳述】** 刑事訴訟で検察官が証拠調べの初めに、証拠によって証明しようとする事実を述べること。被告人側もそのあとで同様のことができる。opening statement

**ほうどう-の-じゆう【報道の自由】** 報道機関が社会的に必要な情報を取材・編集し、ニュースとして伝達する自由。国民の知る権利を保障する上で重要な役割をもつ。freedom of the press

**ほうとく【宝徳】** 室町中期の年号。文安から改元。元年(一四四九)七月二八日～四年(一四五二)七月二五日。次に、享徳に改元。

**ほう-とく【報徳】** 徳や恩に報いること。moral requital

**ほう-どく【奉読】**(名・サ変他) 謹んで読むこと。

**ほう-どく【▼捧読】**(名・サ変他) ささげ持って読むこと。

**ぼう-とく【冒▼瀆】**(名・サ変他) 神聖なものをおかし、けがすこと。profanity 用例 神を―する。

**ぼう-どく【防毒】** 毒ガスをふせぐこと。anti-gas

**ほう-とくかい【▼彭徳懐】**(一八九八～一九七四) 中国の軍人・政治家。朝鮮戦争で人民志願軍を率いる。一九五四年国防相に就任したが、五九年に失脚。七八年名誉回復。

**ぼうどく-マスク【防毒マスク】** 毒ガスから呼吸器や目を防護するためにかぶるマスク。活性炭を含んだ濾過器によって吸気中の毒物を除去する。防毒面。ガスマスク。gas mask; protective mask

**ほう-なん【法難】** 仏教を広めるときに受ける迫害。religious persecution 用例 日蓮の―。

**ほう-にち【訪日】**(名・サ変自) 外国人が日本をおとずれること。visit to Japan 比較 来日。

**ほう-にょう【放尿】**(名・サ変自) 小便をすること。urination

**ぼう-にょう【乏尿】** 尿の生成が異常に減少した状態。一日の尿量が三五〇㎖以下をいう。一〇〇㎖以下は無尿という。原因は水分喪失、腎臓や心臓の機能障害など。oliguria

**ほう-にん【放任】**(名・サ変他) ほうっておいて、なるがままにすること。noninterference 用例 ―主義。

**ほう-ねつ【放熱】**(名・サ変自) ①機械などの、熱を放散させること。radiation of heat ②熱を出して室内の空気をあたためること。radiation

**ぼう-ねつ【防熱】**(名・サ変自) 熱を防ぐこと。heatproof

**ほうねつ-き【放熱器】** 熱を放散させるための装置の総称。暖房器・エンジンなどに用いる。ラジエーター。radiator

**ほう-ねん【放念】**(名・サ変自) 気にかけないこと。放心。at ease; absentminded 用例 ご―ください。

**ほう-ねん【豊年】** 豊作の年。year of rich harvest 対義 凶年・平年。用例 ―満作。

**ほうねん【法然】**(一一三三～一二一二) 日本浄土宗の開祖。諱は源空。美作の人。比叡山ほか各地で学び、のち東山吉水に住して念仏往生の教えを唱えた。旧仏教の批判をうけ、専修念仏停止により土佐に流罪。建暦元年(一二一一)帰洛し翌年没した。著書『選択本願念仏集』など。円光大師。明照大師。

**ぼう-ねん【忘年】** ①年齢の差を忘れること。irrespective of age 用例 ―の友。②その年の苦労を忘れること。としわすれ。year-end party 用例 ―会。

**ほうねん-いん【法然院】** 京都市左京区鹿ケ谷にある単立宗教法人の寺。もと浄土宗。法然門下の安楽・住蓮ゆかりの地。

**ほうねん-えそ【豊年▼狗▽母▽魚】** ムネエソ科の一属の総称。深海魚で体は著しく扁平で、体下面に発光器をもつ。背面は黒褐色、腹面は銀白色。目が大きい。相模湾・駿河湾・熊野灘などに分布。

**ほうねん-えび【豊年▼蝦】** 初夏に水田に出現するホウネンエビ科の甲殻類。体長約二㎝。緑色、半透明で、脚部を上にして泳ぐ。大発生の年は豊作といい伝えられる。日本各地・中国・インドに分布。豊年虫。豊年魚。→図

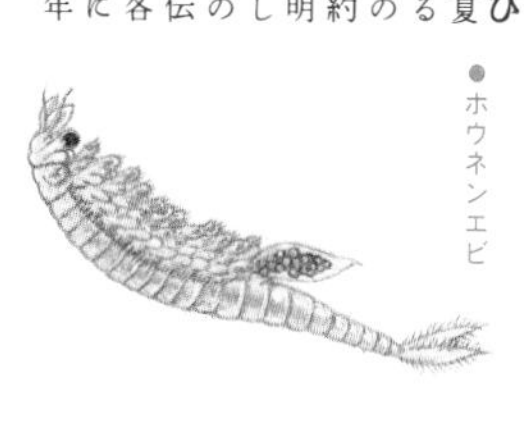

● ホウネンエビ

**ほう-のう【奉納】**(名・サ変他) 神仏にたてまつること。offering 用例 ―相撲。

**ほうのう-じあい【奉納試合】** 神仏を慰めるために行う武芸などの試合。dedicatory match

**ほうのせいしん【法の精神】**《原題L'Esprit des Lois(フランス)》モンテスキューの代表的著作。初版は一七四八年刊行。共和制・君主制・専制の各政体の性質や機能、その自然的・社会的基礎などを検討し、三権分立論を説く。

**ぼうのつ【坊津】**〈町〉鹿児島県、薩摩半島南西端の町。古くは遣唐使船の発着地で、中世から近世にかけて海外貿易の根拠地として繁栄。筑前の博多津・伊勢の安濃津とともに日本三津の一つ。カツオ漁業の根拠地。人口六四七四(一九八八)。

**ほうのもと-の-びょうどう【法の下の平等】** すべての国民は法的に平等の取り扱いを受けるべきだとする、近代民主主義の根本原則。日本国憲法にも規定されている。equality before the law

**ほう-はい【奉拝】**(名・サ変他) 謹んでおがむこと。

**ほう-はい【胞▼胚】** 多細胞動物の初期発生で、卵割期に続く原腸形成開始までの胚。一層の細胞で囲まれた中空の球状。blastula

**ほう-はい【▼澎▼湃・▼彭▼湃】**(形動トタル) ①水や波がぶつかりあう音。②強く起こり広がるさま。用例 平和を求める声、―として起こる。

**ほう-ばい【▼朋輩・▽傍輩】**《「朋」は当て字》同じ師に学ぶ、また同じ勤め先にいる仲間。同僚。同輩。fellow

**朋輩、笑みがたき**(ほうばい、えみがたき) 同僚・同輩どうしは、表面では仲良くしていても、内心では互いにねたみあっているものだ。

**ほう-はく【法博】**《「法学博士」の略》法を研究対象とする学問の最高の学位。Doctor of Laws; LL.D.

**ぼう-はく【傍白】** 演劇で、対話の相手には聞こえないという約束で、観客に向かっていうせりふ。劇中人物の心理表現に用いられる。わきぜりふ。aside

**ぼう-ばく【▼茫漠】**(形動トタル) 広くて、とりとめのないさま。vast

**ぼう-はち【亡八・忘八】** 江戸時代の遊女屋の主人、または遊女を買って遊ぶ者。仁・義・礼・智・信・忠・孝・悌の八つの徳を忘れた行動をとることから。

**ほう-はつ【▼蓬髪】**《蓬の形のように》もじゃもじゃに乱れた髪の毛。

**ほう-ばつ【放伐】**(名・サ変他) 昔、中国で、徳を失った君主を討伐して追放したこと。用例 禅譲―。

**ぼう-はつ【暴発】**(名・サ変自) ①事件がにわかに起こること。突発。accidental occurence ②不注意で、とつぜん弾丸が発射されること。accidental firing

**ぼうは-てい【防波堤】** 港湾の外に設けるつつみ。外海の波浪から港内の船舶・設備などを守るのが目的。breakwater 比較 防潮堤。→写

● 防波堤　北海道、宇登呂港。

**ぼう-ばな【棒▽端・棒鼻】** ①棒のはし・先端。②《標示の棒杭が立っていたことから》昔の宿場のはずれ。

**ぼう-ばり【棒針】** 手編みの棒針編みに用いる手芸用具。竹・プラスチック・金属製の細長い棒で、両端または片端がとがっている。太さは多様で、糸の太さに合わせて選ぶ。knitting needle

▼ 常用漢字表外。　▽ 常用漢字表の音訓外。

**ぼうばり-あみ【棒針編(み)】** 棒針を二本以上使って、おもに毛糸を編む手法。また、その製品の総称。表編み・裏編みが基本で、それを応用して多彩な模様が編める。knitting with needles 比較 かぎ針編み。

**ほう-ばん【邦盤】** ①日本音楽や日本の歌謡曲のレコード。②日本で作られたレコード。対義 洋盤。

**ぼう-はん【防犯】** 犯罪が起こらないようにすること。prevention of crimes

**ぼう-はん【謀判】** にせの印形。それを使うこと。

**ぼうはん-とう【防犯灯】** 防犯用の照明。門・玄関・庭などに設け、侵入者などの姿が見えるようにする。outside security light

**ほう-ひ【包皮】** ものの表面をおおっている皮。

**ほう-ひ【放▼屁】**(名・サ変自) おならをすること。break wind

**ほう-び【褒美】** ほめること。ほめることを表す金品。賞。reward; prize

**ぼう-び【防備】**(名・サ変他) 外敵・災害などをふせぎ守ること。また、そのそなえ。defense

**ぼう-びき【棒引(き)】**(名・サ変他) ①棒線を引くこと。とくに帳面に線を引いて記載事項を消すこと。cancellation ②貸借関係をなくすこと。帳消し。offset 用例 貸しを―にする。

**ぼうびき-かなづかい【棒引(き)仮名遣い】** 国語の字音の長音や感動詞の長音に「ー」を用いる表記法。明治三三年(一九〇〇)～同四一年(一九〇八)、小学校で用いられた。「たいそー」「あー」など。

**ほうび-しょう【▼鳳尾▼蕉】** ソテツの異名。

**ほうび-ちく【▼鳳尾竹】** ホウオウチクの別名。

**ほう-びょう【宝▽瓶】**《仏教語》①仏具の華瓶・水瓶などの尊称。②灌頂の誓水を入れる密教法具の一つ。

**ぼう-ひょう【妄評】** ＝もうひょう。①でたらめな批評。②自分の批評をけんそんしていう語。用例 ―多謝。

**ほう-ふ【抱負】** ①心中にいだく考え・計画。aspiration ②自信。

法服①

**ほう-ふ【豊富】**(名・形動) ゆたかなこと・さま。たくさんあること・さま。abundance 用例 学識―。―な品ぞろえ。

**ほうふ【▽防府】**〈市〉 山口県南部、瀬戸内海に臨む市。古代は周防国府の地で、大日古墳・国衙跡など史跡が多い。商工業が主で、三田尻はもと塩の積み出し港。人口一一万八二八六(一九八八)。

**ほう-ぶ【邦舞】** 日本舞踊。

**ぼう-ふ【亡夫】** 死んだ夫。one's deceased husband 対義 亡妻。

**ぼう-ふ【亡父】** 死んだ父。先考。one's deceased father 対義 亡母。

**ぼう-ふ【防腐】** くさるのをふせぐこと。antisepsis 用例 ―剤。

**ほうふ【▼蚌▼埠】** 中国、安徽省北部、淮河中流の都市。淮河デルタの中心で、農産物・石炭などの集散・取引中心地。人口五九・七万(一九八四)。パンプー。

**ぼう-ふう【防風】** ①風を防ぎ、さえぎること。②↓はまぼうふう(浜防風)。③生薬の一つ。ボウフウ・ハマボウフウの根を乾燥したもの。発汗・解熱・鎮痛・鎮痙・去痰剤などに用いる。

**ぼう-ふう【暴風】** 吹きあれる風。風力階級一〇ないし一一の風(毎秒二四・五～二八・四m)。広い範囲に大被害の起こる規模の風。あらし。storm

**ぼうふう-う【暴風雨】** はげしい雨風。大あらし。ひどいしけ。storm

**ぼうふう-けん【暴風圏】** 台風や低気圧によって、強い風が吹いている区域。storm zone

**ぼうふうつうしょう-さん【防風通▽聖散】** 漢方製剤。食毒や水毒を解毒する。肥満性の高血圧・皮膚病などに用いる。成分はボウフウ・滑石・キキョウなど一八種類。

**ぼうふう-りん【防風林】** 風害から耕地・住宅・交通路などを保護する人工林。樹種はクロマツ・スギ・ケヤキ・カシなど。windbreak forest

**ほう-ふく【法服】** ①裁判官などが法廷で着る制服。②仏教で、法衣。僧服。ほうぶく。↓写

**ほう-ふく【報復】**(名・サ変自) しかえしをすること。返報。retaliation

**ほうふく-ぜっとう【抱腹絶倒・▼捧腹絶倒】**(名・サ変自)《「捧」はかかえる意。「抱」は当て字》腹をかかえ、ころげ回って笑うこと。split one's sides with laughter

**ぼうふ-ざい【防腐剤】** 食品や薬品の保存性を高めるために使用する薬剤で、殺菌薬とほぼ同一のもの。使用できる薬剤は、食品衛生法で厳重に管理される。antiseptic

**ほう-ふつ【▼髣▼髴・▼彷▼彿】** ㊀(形動トタル) ぼんやり見えるさま。はっきりしないさま。faint ㊁(形動トタル・サ変自) ①よく似ているさま。resemble closely ②思い浮かぶこと・さま。remind ... of 用例 昔日を―させる。

**ほうぶつ-うんどう【放物運動・▼抛物運動】** 空気抵抗のない重力場で、ななめ上に投げ上げた物体の行う運動。物体の描く軌跡が放物線で表される。parabolic motion

**ほうぶつしゅう【宝物集】** 鎌倉前期の仏教説話集。平康頼編。治承三年(一一七九)ごろ成立。後人の増補が多い。座談形式で仏法が最高の宝であることを説く。

**ほうぶつ-せん【放物線・▼抛物線】** ①地上でななめ上に物体を投げたときの運動の軌跡。parabola ②平面上で、一定点(＝焦点)と一定直線(＝準線)への距離が等しい点の軌跡。parabola ↓図

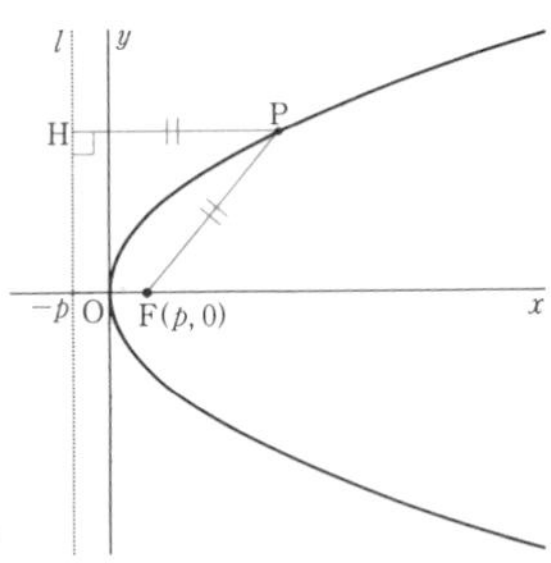

放物線②
$y^2=4px$　HP＝FP
F 焦点　$l$ 準線

**ほうぶつ-めん【放物面・▼抛物面】** 二次曲面のうち方程式 $ax^2+by^2=2z$ をみたす曲面。$a$、$b$ が同符号のとき楕円放物面、異符号のとき双曲放物面、$b=0$ のとき放物柱面となる。$z$ 軸に平行な平面でこの曲面を切ったときの切り口が放物線になる。paraboloid

**ほうぶつめん-きょう【放物面鏡】** 放物線を軸のまわりに回転した面をもつ反射鏡。軸に平行に入る光線が反射後に一点(＝焦点)に集まる。parabolic mirror ↓焦点図

**ぼうふ-もくざい【防腐木材】** 細菌その他の菌類による腐朽を防ぐために防腐剤を塗布または注入した木材。まくら木・家屋土台などに用いる。antisepticized wood

**ぼう-ふら【▼孑▼孑・▼孑▼孑・棒▽振】** カの幼虫の俗称。体長約五㎜。止水中に発生。すむ水により種類が異なる。数回の脱皮を繰り返し蛹化。蛹はオニボウフラとよばれる。ボウフリ。wriggler ↓写

**孑孑が湧く**(ぼうふらがわく) つがれた酒をなかなか飲もうとしない人に向かって、早く飲むように促すことば。

**ぼうぶら【▽南▼瓜】** カボチャの別名。地方によってはニホンカボチャをさす。

**ぼう-ふり【▼孑▼孑・▼孑▼孑・棒振】** ボウフラの異名。

**ほう-ぶん【邦文】** 日本文。漢字・仮名交じりで書かれた文章。用例 ―タイプ。

**ほう-ぶん【法文】**《「ほうもん」は別語》①法令の文章。text of the law ②法学部と文学部。law and literature

**ほう-へい【奉幣】**(名・サ変自) 神前にぬさをたてまつること。offering

**ほう-へい【砲兵】** 陸軍の兵科の一つ。火砲による砲撃を任務とする、部隊・兵。artillery

**ほうへい-こうしょう【砲兵工▼廠】** 旧陸軍の武器・弾薬類の製造修理工場。明治一二年(一八七九)東京と大阪に設置。大正一二年(一九二三)陸軍造兵廠と改称。

**ぼう-へき【防壁】** 敵や風雪などをふせぐためのかべ・とりで。protective wall

**ほう-へん【褒▼貶】**(名・サ変他) ほめることと、けなすこと。praise and censure 用例 毀誉―。

**ほう-べん【方便】** ①《仏教語》㋐民衆を救うために用いる、巧みな方法。㋑真実の教えに導くための、仮の方法。②一時の便宜上の手段。expedient

**嘘も方便**(うそもほうべん) 嘘も、目的のためには許されていいことがある。

**ほう-べん【放▽免】** ↓ほうめん(放免)㊁

**ぼう-ぼ【亡母】** 死んだ母。one's deceased mother 対義 亡父。

**ほう-ほう【方法】** ①目的をとげるために用いるてだて。しかた。way 用例 ―がない。②哲学で、思惟が統一を保ちながら、認識の目的をとげるために、対象を計画的に取り扱うこと。method

**ほう-ほう【▼這う▼這う】**(副) ①はいながら。②やっと。かろうじて。③あわてて逃げ出すさま。

**這う這うの体**(ほうほうのてい) さんざんなめにあって、やっと逃げ出すようすに言う。scramble to get away

**ほう-ぼう【方方】** あちこち。諸方面。everywhere

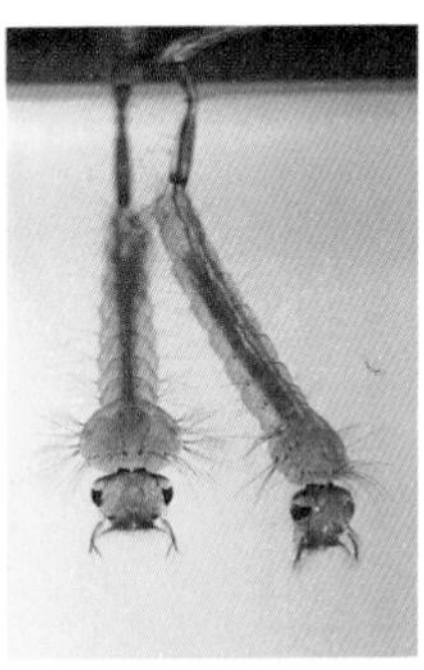
ボウフラ　アカイエカ

**ほう-ぼう【方▼苞】**(一六六八〜一七四九) 中国、清代の文人。号は望渓。桐城の人。唐宋八大家を学び、簡潔高雅な古文を提唱。「桐城派」古文の祖。文集『方望渓文集』。

**ほう-ぼう【▼魴▼鮄・▽竹▽麦▽魚】** 沿岸にすむホウボウ科の海水魚。体長約四〇㎝。背側は紫褐色、腹側はうすく、暗紅色斑がある。胸びれは大きく、遊離して指のようになった三本の軟条で海底をはう。食用。北海道南部以南に分布。sea robin ↓図

ホウボウ

**ぼう-ぼう【某某】** ①ある人たち。だれだれ。so-and-so ②《わざと名まえを隠して》ある人と、ある人。

**ぼう-ぼう【▼茫▼茫】**(形動トタル) ①広くはるかなさま。vast ②とりとめのないさま。vague 用例 ―たる視界。

**ほうほうじょせつ【方法序説】**《原題 Discours de la méthode 》哲学書。デカルトの著書。一六三七年刊。自分の知的遍歴とともに、方法的懐疑によって絶対的に真なるものを確立する道程を説いたもの。

**ほうほうてき-かいぎ【方法的懐疑】** 確実な認識に達するための出発点に懐疑をおき、この懐疑にたえる命題をさぐるために、すべての観念を疑おうとする思考方法。デカルトに代表される。methodical doubt

**ぼう-ぼう(と)**(副) ①草が茂るさま。rank ②髪の毛などが乱れるさま。unkempt ③火が勢いよく燃えるさま。burn with flame

**ほうほう-ろん【方法論】** ①論理学で、学問の研究、とくに科学的研究の方法を論ずる部門。帰納的研究法・弁証法的研究法など。methodology ②文学で、形態上の技術の問題を取り扱うこと。

**ほうほく【豊北】**〈町〉 山口県北西端の町。中心は滝部。漁業と農業の町で、土井ヶ浜は弥生前期人骨二百余体の出土地。人口一万六九四五(一九八八)。

**ほう-ぼく【芳墨】** ①かおりのよいすみ。②人の手紙を言う敬語。芳書。

**ほう-ぼく【放牧】**(名・サ変他) 家畜を牧草地、草のある野原などで放し飼いにすること。新鮮な空気と日光を浴び、自由に運動できるので、健康上重要である。graze

**ほうぼくし【抱朴子】** ①中国の道教の書。三一七年完成。東晋の葛洪の著。八巻。神

ほ

仙の実在と長生の術を説いた内編と、儒教的立場から政治・社会を論じた外編からなる。②葛洪の号。

**ほう-まつ【泡▼沫】** ①あわ。あぶく。bubble ②すぐ消えてしまう取るに足らないもの。はかないもの。bubble 用例 ―候補。

**ほうまつ-がいしゃ【泡▼沫会社】** できて、すぐつぶれる会社。

**ほう-まん【放漫】**(名・形動) しまりのないこと・さま。やりっぱなし。気まぐれ。looseness 用例 ―財政。

**ほう-まん【豊満】**(名・形動) ①ゆたかで十分なこと・さま。abundance ②肉づきがよいこと・さま。plumpness 用例 ―なからだつき。

**ほう-まん【飽満】**(名・サ変自) あきるほど食べて腹がいっぱいになること。

**ぼう-まん【暴慢】**(名・形動) 乱暴で気ままなこと・さま。

**ほうまん-ダム【豊満ダム】** 中国、吉林省中部、松花江上流部にあるダム。貯水量一二〇億$m^3$。ダム湖を松花湖という。フォンマンダム。

**ほう-みゃく【法脈】** →ほうとう(法統)

**ほう-みょう【法名】** 対義 俗名。①《仏教語》出家受戒のとき授けられる仏弟子としての名。②死後に授けられる名。法号。戒名。

**ぼう-みん【暴民】** 暴動をひき起こした人民。mob

**ほう-む【法務】** ①司法関係の事務。judicial affairs ②《仏教語》㋐仏法上の事務。Buddhist affairs ㋑法会の事務。㋒大寺の寺務の統括者。

**ほうむ-きょく【法務局】** 法務省の地方出先機関。民事と行政の訴訟事務、戸籍・登記・供託などの民事行政、および人権擁護に関する事務などを取り扱う。Regional Legal Affairs Bureaus

**ほうむ-しょう【法務省】** 法務を統轄する中央行政機関。法務大臣を長とし大臣官房・民事・刑事などの七内局、公安調査庁などの三外局がある。Ministry of Justice

**ほうむ-だいじん【法務大臣】** 国務大臣の一人。法務省の長。法相。Minister of Justice

**ぼうむ-りん【防霧林】** 濃霧の多い地方で、霧による農作物の生育障害を防ぐための帯状の森林。枝葉で霧滴をとらえ、霧を解消する。fog prevention forest

**ほうむ・る【葬る】**(五他) ①死体・遺骨を土中に埋める。埋葬する。bury ②世間に出られないようにする。exclude from society 用例 汚職で―・られる。③物事をそっと隠してしまう。hush up 用例 やみに―。④負かす。殺す。kill

**ほう-めい【芳名】** ①ほまれのある名。good name ②人の名を言う敬語。お名前。用例 ―録。

**ぼう-めい【亡命】**(名・サ変自)《「命」は名籍。自分の戸籍を消して逃亡するというのが起こり》人種・宗教・政治的思想などの違いから自国で迫害を受けたり、また、その恐れから外国にのがれること。少人数で亡命する者を亡命者、大挙して特定の国に亡命する人々を難民とよぶ。exile

**ぼうめい-せいけん【亡命政権】** 革命や戦争のさい、一時外国に亡命した政府首脳を中心に組織され、いくつかの国から正当と認められた政権。government in exile

**ほうめい-でん【豊明殿】** 皇居の表御殿の一室。宴会を行う所。

**ぼうめい-ぶんがく【亡命文学】** 政治的な圧力や迫害をのがれて、国外に亡命した文学者たちの文学の総称。literature in exile

**ほう-めん【方面】** ①その方に当たる場所・地域。direction 用例 関東―。②それぞれの仕事やそれに関する分野・部分。quarter 用例 芸術―。製造―。

**ほう-めん【放免】** ㊀(名・サ変他) ①許して自由にすること。release 用例 仕事から―された。②勾留した被疑者などを釈放すること。release; set ... free ③刑期満了の者を釈放すること。acquittal ㊁(名) 昔、軽い罪の者を許して、検非違使が手先に使った者。ほうべん。

**ほうめん-いいん【方面委員】** 民生委員の旧称。

**ほう-もう【法網】** 法律の制裁を網にたとえた語。meshes of the law 用例 ―をくぐる。

**法網を掻い潜る** 法律の不備な点を巧みに利用して悪事を働く。evade the law

**ぼう-もう【紡毛】** ①羊毛などを紡ぐこと。spinning ②「紡毛糸」の略。

**ぼうもう-おりもの【紡毛織物】** 紡毛糸を使った毛織物の総称。仕上げ工程で多くは縮絨、起毛される。woolen fabric

**ぼうもう-し【紡毛糸】** 毛糸の一種。羊毛を紡いだ糸。また、他の繊維を混ぜて紡いだ糸。梳毛糸に比べて見劣りするが、縮絨しやすい。紡毛。woolen yarn

**ほう-もつ【宝物】** たからもの。treasure 用例 ―館。

**ほう-もん【法文】**《「ほうぶん」は別語》仏の教えを書いた文書。

**ほう-もん【法門】** 仏の教え。仏法。仏門。Buddhism

**ほう-もん【法問】** 仏法についての問答。

**ほう-もん【砲門】** ①砲身の筒口。muzzle of a gun ②要塞・艦船などに設けた射撃口。gunport

**砲門を開く** 砲撃・攻撃を始める。

**ほう-もん【訪問】**(名・サ変他) 人をたずねること。人の家・相手方をおとずれること。call; visit 用例 会社―。

**ほうもん-ぎ【訪問着】** 女性用の和服の一種。社交用の長着で、黒紋付きに次ぐ準正装で絵羽模様であることが多いが、第二次大戦後は無地も着られる。

**ほうもん-はんばい【訪問販売】** セールスマンが直接消費者を訪問して商品を販売する方式。メーカーが直接行う場合と専門業者に委託する場合がある。doorstep sales

**ほうや【▽保▽谷】**〈市〉東京都北部、練馬区の西に接する市。かつては練馬大根など野菜の産地。現在は住宅都市。人口九万二六八二(一九九八)。

**ぼう-や【坊や】** ㊀(名) ①男の、幼い子。boy 用例 元気な―。②世間なれしない男。baby ㊁(代) 男の幼い子を呼ぶ語。kid 用例 ―、おいで。

**ほう-やく【邦訳】**(名・サ変他) 外国文を日本文に訳すこと。訳したもの。translation into Japanese

**ほう-ゆう【▼朋友】** 友達。友人。companion

**ぼう-ゆう【亡友】** 死んだ友人。one's deceased friend

**ぼう-ゆう【暴勇】** 無茶な勇気。

**ほう-よう【包容】**(名・サ変他) ①つつみ入れること。②人の過ち・欠点にこだわらず、広く受けいれること。comprehension

**ほう-よう【▼彷▼徉】**(名・サ変自) あてもなく歩くこと。wander

**ほう-よう【抱擁】**(名・サ変他) ①だきかかえること。embrace 用例 親子―して泣く。②異性を優しくだくこと。hug

**ほう-よう【法要】** 法事。法会。Buddhist mass

**ぼう-よう【亡羊】** 逃げたヒツジ。

**亡羊の嘆** =多岐亡羊。《逃げたヒツジを追ったが、分かれ道が多くて見失って嘆く、の意から》①学問の道が多方面にわたっていて、真理の得がたいのをなげくこと。②方法に迷い、途方にくれること。

**ぼう-よう【▼茫洋・▼芒洋】**(形動トタル) 広々として、見当のつかないさま。vast 用例 ―たる海原。

**ほうよう-りょく【包容力】** 包容する力量。tolerance; capacity

**ほうよ-かいきょう【豊予海峡】** 愛媛県佐田岬半島と、大分県佐賀関半島の間の海峡。瀬戸内海と豊後水道を分ける。速吸瀬戸。

**ほう-よく【豊▼沃】**(名・形動) 土地が肥えていて、作物がよく実ること・さま。fertility

**ほう-よく【▼鵬翼】** ①鵬のつばさ。②航空機。

**ほうよ-しょとう【▽防予諸島】** 山口県南東部から、愛媛県北西部の沖合いにある島群の総称。屋代島・中島など。

**ぼう-よみ【棒読み】**(名・サ変他) ①漢文を、訓読せずに、字音で読み下すこと。対義 漢文訓読。②抑揚・区切りをつけずに読むこと。read in a monotone

**ほう-らい【▼蓬▼莱】** ①東海にあって仙人が住むという中国の伝説上の霊山。蓬莱山。②年始祝いの取り肴で、三方などの上に盛った米・串柿・ミカン・昆布・エビなど。蓬莱飾り。③台湾の美称。→写

●蓬莱②

**ほうらい【▼鳳来】**〈町〉愛知県東端の町。林業と観光の町で、古戦場の長篠や名刹鳳来寺、景勝の湯谷温泉がある。黒沢田楽・鳳来寺田楽は国の重要無形民俗文化財に指定。人口一万六一八二(一九九八)。

**ほうらい-かざり【▼蓬▼莱飾り】** →ほうらい(蓬莱)②

**ほうらい-さん【▼蓬▼莱山】** →ほうらい(蓬莱)①

**ほうらいじ-さん【▼鳳来寺山】** 愛知県東部の山。標高六八四m。山頂に鳳来寺があり、コノハズク(通称ブッポウソウ)の生息地で知られる。

**ほうらい-しだ【▼蓬▼莱▽羊▽歯】** ウラボシ科の常緑多年草。暖地の湿った岩上にはえる。約一五cmの針金状の葉柄にイチョウに似た葉をつける。

**ほうらいじ-ゆり【▼鳳来寺▽百▽合】** ヤマユリの別名。自生地である鳳来寺山の名を冠したもの。

**ほうらい-しょう【▼蓬▼莱▼蕉】** モンステラの和名。

**ほうらい-だい【▼蓬▼莱台】** 蓬莱飾りをのせる台。縁起のいいものを飾った台。

**ほうらい-ちく【▼蓬▼莱竹】** イネ科タケササ類のタケ。高さ約三m。節から多数の枝を出し、披針形のとがった葉を左右二列に羽状につける。庭植え。中国原産。

**ほうらい-まい【▼蓬▼莱米】**《「蓬莱」は台湾の美称》イネの栽培品種。日本のイネを台湾で栽培・育成したもの。たいわん米。

**ほう-らく【放楽】**《「法楽」とも》慰み。楽しみ。pleasure 用例 見るも―。

**ほう-らく【法楽】**《仏教語》①仏法を信じ行う人の楽しい境地。②経を読み、音楽を奏して、神仏を楽しませること。

**ほう-らく【崩落】**(名・サ変自) ①くずれ落ちること。collapse ②相場が急に下がること。break

**ぼう-らく【暴落】**(名・サ変自) 物価や相場が急にぐんと下がること。sudden fall 対義 暴騰。

**ほうらく-せん【包絡線】** 一つのパラメーターを変化させて得られる曲線群があるとき、その曲線群すべてに接するように描いた曲線。envelope

**ほう-らつ【放▼埒】**(名・形動)《「埒」は、馬場の囲いのさく。馬がそこから離れ去る、の意から》①行いに、しまりのないこと・さま。気まま。looseness ②身持ちが悪いこと・さま。debauchery

**ほう-らん【抱卵】**(名・サ変自) 親鳥が、卵をかかえて温めること。incubation

**ぼう-らん【棒▼蘭】** ラン科の常緑多年草。樹上に着生。茎葉は硬く、多肉質で棒状。高さ約三〇cm。夏に黄緑色の唇形の花が咲く。

**ほうらんえんや** 島根県松江市の城山稲荷神社で、一二年に一度、五月の中旬ごろに行われる神事。神輿の渡御を行うさい、「ほうらんえんや、ほうらんえんや」と櫂歌を歌うことから。

**ほう-り【方里】** 尺貫法で、土地面積の単位。一方里は一五四二・三ha。一里四方。一平方里。

**ぼう-り【暴利】** 不当な利益。法外なもうけ。excessive profit 用例 ―をむさぼる。

**ほうり-がく【法理学】** 法律の原理的研究をする学問。jurisprudence

**ほう-りき【法力】** ①仏法の威力。②仏法修行によってかち得た不思議な力。

**ほうり-だ・す【放り出す】**(五他) ①投げ出す。throw out 用例 窓から―。②乱暴に置く。fling 用例 カバンを―。③中途でやめる。give up 用例 仕事を―。④追い払う。expel 用例 厄介者を―。

**ほう-りつ【法律】** ①社会生活を維持するための支配的な規範。law; rule ②衆参両院が所定の手続きで制定する法形式。憲法より下位、命令より上位の効力をもつ。law; act 比較 法令。

**ほうりつ-がく【法律学】** →ほうがく(法学)

**ほうりつ-こうい【法律行為】** 法律的効果の発生を望んでなされる行為。legal action

**ほうりつ-しん【法律審】** 訴訟の事実関係は審理せず、事実審の行った裁判について、その法令違反の有無だけを審理する裁判所。民事訴訟における上告審。刑事訴訟における控訴審と上告審。対義 事実審。

▼常用漢字表外。 ▽常用漢字表の音訓外。

**ほうりつ-ふじょ【法律扶助】** 貧困者の裁判を受ける権利をまもるため、訴訟費用の猶予や免除などを行う制度。legal assistance

**ほうりつ-もんだい【法律問題】** ①法律的なとりあつかいや研究が必要な問題。legal problem ②裁判の過程で、確定された事実関係に対して法律をどう適用・解釈するかの問題。legal question 対義 事実問題。

**ほうりつ-ようけん【法律要件】** 権利義務の発生や変動という法律効果を生じさせる原因として、法律上要求される一定の社会関係。

**ほう-りゃく【方略】** はかりごと。計略。計画。

**ぼう-りゃく【謀略】** 人をおとしいれるためのたくらみ。策略。plot

**ほう-りゅう【放流】**(名・サ変他) ①せき止めた水を流し出すこと。discharge ②魚を繁殖させるために、一定期間飼育した稚魚を、川・湖・海などへ放すこと。liberation

**ぼう-りゅう【傍流】** ①川の、本流から分かれた流れ。tributary ②主流から離れた流派・系統。branch

●法隆寺①

**ほうりゅう-じ【法隆寺】** ①奈良県生駒郡斑鳩町にある聖徳宗の大本山。もと法相宗で南都七大寺の一つ。推古一五年(六〇七)聖徳太子の創建と伝えられる。金堂・五重塔などは世界最古の木造建築物として知られる。斑鳩寺。②香木の名。蘭奢待とともに本朝の二大名香。推古三年(五九五)淡路島に漂着し、聖徳太子に献上された。観音像に刻み、法隆寺に献納されたものの余材が名香として伝承。またの名を「太子」という。↓写

**ほう-りょう【方領】** 素襖などの、襟ぐりを方形に仕立てたもの。角襟。対義 盤領。

**ほう-りょう【豊漁】** 漁で、獲物の多いこと。大漁。rich haul

**ぼう-りょく【暴力】** ①人間が人間に対して用いる物理的強制力。violence 比較 権力。②力ずくの行い。無法な腕力。violence

**ぼうりょく-かくめい【暴力革命】** 武力行使・武装蜂起によって達成される革命。国家の武力弾圧に対抗するために、人民が武力を用いて権力を獲得すること。violent revolution 対義 平和革命。

**ぼうりょく-だん【暴力団】** 不法な暴力をつかって私的利益を追求する反社会的集団。賭博などのほか風俗営業・各種興行・高利貸し、さらに恐喝・脅迫などによって収入を得る。gang

**ほう-りん【法輪】**《仏教語。世の中の悪を打ち砕く、輪宝(＝戦車)にたとえて》仏の教法。仏法。

**ボウリング【bowling】** 室内で行う球技の一つ。木の床の一方から大きな木製やプラスチック製などのボールを転がし、約一九m前方に並んだとっくり形の一〇本のピンを倒し、その数を競う。

**ほうりん-じ【法輪寺】** 奈良県生駒郡斑鳩町三井にある聖徳宗の本山。山背大兄王が創建。

**ほう・る【▽放る・▼抛る】**(五他) ①投げる。なげうつ。throw ②投げ捨てる。うっちゃる。throw away ③はなしてやる。release; leave alone ④中途でやめる。投げ出す。give up 用例 仕事を—。

**ボウル【bowl】** ↓ボール(bowl)

**ほう-るい【▼堡塁】** とりで。ほるい。

**ほう-れい【法令】** 法律と命令。ひろくは条例・規則その他の法律形式を含んで、国法に属するすべての法に用いられる。laws and ordinances 比較 法律。

**ほう-れい【法例】** ①法規の適用関係に関する一般原則を定めた法律。明治三一年(一八九八)公布。②商法一編一章・刑法一編一章など、その法律の適用関係を定めている章。

**ほう-れい【豊麗】**(名・形動) ゆたかな感じで、うるわしいこと・さま。

**ぼう-れい【亡霊】** 死者のたましい。亡魂。spirit; ghost

**ぼう-れい【暴戻】**(名・形動) 手荒で、正道からはずれること・さま。

**ほうれいしんさ-けん【法令審査権】** ↓いけんりっぽうしんさけん(違憲立法審査権)

**ほうれき【宝暦】** 江戸中期の年号。寛延から改元。元年(一七五一)一〇月二七日～一四年(一七六四)六月二日。次に、明和に改元。

**ほうれき-じけん【宝暦事件】** 宝暦八年(一七五八)朝廷の尊王論者が弾圧された事件。幕府は竹内式部と門下の公卿らを処罰。明和事件とともに幕政の動揺を示す。

**ほう-れつ【芳烈】**(名・形動) ①香気の激しいこと・さま。②義烈。

**ほう-れつ【放列】** ①ずらりと並べた形。battery 用例 カメラの—。②《「砲列」とも》大砲などの火器を並べた隊形。battery 用例 —をしく。

**ほう-れん【▼鳳▼輦】** 屋形の上に金色の鳳凰を付けた、天子の乗り物。即位など盛儀のときに用いられる。Imperial carriage

**ほうれん-そう【▼菠▼薐草】** アカザ科の一、二年草。ビタミンAを多く含む食用野菜。雌雄異株。葉は長三角形または長楕円形。葉柄の基部や根は赤く、葉とともに食用とする。東洋種と西洋種がある。spinach

**ほう-ろう【放浪】**(名・サ変自) とくに定まった居所もなく、さまようこと。さすらい。wander 用例 —の旅。

**ほう-ろう【法▼臘・法▼﨟】**《仏教語》出家してからの年数。夏安居を終えると一を加算する。法歳。戒臘。夏臘。

**ほう-ろう【▼琺▼瑯】** 金属の表面にガラス質の釉を高温で焼き付け処理したもの。七宝焼が有名。防火、防食、耐熱・耐摩耗性がよい。化学機器・衛生器具・生活用品に利用。enamel; porcelain enamel

**ぼう-ろう【望楼】** 遠くを見るための、高いやぐら。物見台。watchtower

**ほうろうき【放浪記】** 林芙美子の小説。昭和三～四年(一九二八～二九)発表。日記をもとにした自伝的小説で出世作。

**ほうろう-げい【放浪芸】** 特定の舞台に出演せず、流浪の旅をつづける芸人が、行く先々で演ずる芸。歌舞音曲など、奉祝につながる芸が多い。

**ほうろう-しつ【▼琺▼瑯質】** 歯の表面をおおう、かたく白い物質。

**ほうろう-てっぱん【▼琺▼瑯鉄板】** 鉄板にガラス質の釉を塗り、高温で融着させたもの。耐食・耐熱性がよく厨房用具などに用いられる。porcelain enameled iron sheet

**ほうろう-バス【▼琺▼瑯バス】** 琺瑯製の浴槽。

**ほう-ろく【▼俸▼禄】** ①給与。②扶持。

**ほう-ろく【▼焙▼烙・▼炮▼烙】** 素焼きの、浅い土なべ。物を蒸し焼きにしたり、炒ったりするのに用いられる。↓写

**焙烙の一倍** 焙烙は壊れやすいので、それを計算に入れて、売るさいに価格を倍にすること。

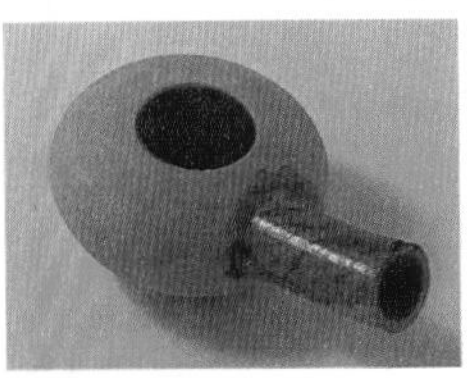
●焙烙

**ほうろく-しぎ【▼焙▼烙▼鷸】** 嘴が非常に長いうえ下方に湾曲する大形のシギ科の鳥。翼長約三〇cm。背面は黒褐色、腹面は淡黄色。シベリア東部で繁殖し、冬は南方へ渡るが、その途中、日本各地の海岸に春秋二回旅鳥として立ち寄る。Far Eastern curlew

**ほうろく-ずきん【▼焙▼烙頭▼巾】** 焙烙の形をした頭巾。大黒頭巾。僧・老人用。

**ほう-ろん【法論】** ①仏教の教義についての意見・議論。宗論。②法律についての理論・議論。

**ぼう-ろん【暴論】** 乱暴で、理に合わない議論。無茶な話。irrational argument

**ほう-わ【法話】** 仏教に関する話。法談。説法。sermon

**ほう-わ【飽和】**(名・サ変自) ①蒸気・電流・磁気・溶質などが、一定条件のもとで最大限度まで満たされている状態。saturation 用例 —溶液。②これ以上入らないほど、いっぱいになった状態。saturation 用例 —人口。

**ほうわ-かごうぶつ【飽和化合物】** 有機化合物のうち、分子内の炭素どうしの結合がすべて単結合であるもの。saturated compound

**ほうわ-こうげき【飽和攻撃】** 相手の対抗手段を上回る兵力で攻撃すること。とくに先制核攻撃を想定して使われる用語。saturation attack

**ほうわ-じょうき【飽和蒸気】** 同一物質の液体と共存して平衡状態にある気体。水と水蒸気の場合など。saturated vapor

**ほうわ-じょうきあつ【飽和蒸気圧】** 液体または固体から出る蒸気が、液体または固体と平衡状態にあるときの蒸気の圧力。最大蒸気圧。saturated vapor pressure

**ほうわ-じんこう【飽和人口】** 特定地域の人口が増加をつづけ、経済的・地理的収容能力が極限に達したときの人口。saturated population

**ほうわ-すいじょうきりょう【飽和水蒸気量】** 一$m^3$の空気が含むことができる最大限の水蒸気の量。単位はグラム。saturated vapor volume

**ほうわ-たんかすいそ【飽和炭化水素】** 炭化水素の炭素がすべて水素と結合し、飽和している化合物の総称。鎖式構造のものをアルカン、環式構造のものをシクロアルカンという。saturated hydrocarbon

**ほうわ-ようえき【飽和溶液】** 溶質がそれ以上溶けることのできない溶液。飽和溶液中では、溶質分子と溶質イオンとの間で溶解平衡が成り立つ。saturated solution

**ぼ-うん【暮雲】** 夕ぐれの雲。

**ホエア【Howeia】** ヤシ科ホエア属の総称。単稈で高さ約一〇m、径約二〇cm、幹皮に波状の環紋がある。葉は光沢のある披針形の羽状葉。肉穂花序は約一mで、湾曲して下垂。

**ボエーム【La Bohèmeイタリア】** プッチーニ作曲のオペラ。四幕。一八九六年初演。若く貧しい芸術家仲間を題材にした詩情豊かな作品。ミュルジェの小説を脚色、ジャコーザとイリカ台本。『冷たい手』『私の名はミミ』が有名。ラ・ボエーム。

**ホエール【whale】** クジラ、とくに大形クジラの英名。

**ほえ-ざる【▼吠猿】** 数キロメートル先まで届く大声でほえたてる、大形のオマキザル科のサルの総称。体長五〇～九〇cm、尾もほぼ同じ長さ。体は長毛でおおわれ、尾でものに巻きつく。森林で樹上生活し、木の葉・果実を食べる。数種があり、中南米に分布。howler monkey

**ポエジー【poésieフランス】** ①詩。②詩風。③詩情。詩想。

**ほえ-づら【▼吠え面】**《俗語》泣き顔。泣き面。tearful face

**吠え面をかく** 泣きっ面をする。laugh on the wrong side of one's mouth

**ボエティウス【Anicius Manlius Severinus Boethius】**(四七五／四八〇ごろ～五二四／五二五ごろ) 古代ローマ末期のスコラ哲学者。ギリシア哲学に精通した最初のスコラ哲学者。東ゴート王に仕えたが刑死。獄中の書『哲学の慰め』で知られる。

**ポエティックス【poetics】**《アリストテレスの『ポエチカ』にはじまる》詩の本質を論じ、その表現法を研究する学問。詩学。

**ポエニ-せんそう【ポエニ戦争】** 前三～前二世紀、古代ローマとカルタゴの間に行われた三回にわたる戦争。第二回(前二一八～前二〇八年)にはハンニバルの勇戦があったが、最終的にはカルタゴは敗北、滅亡。ローマが地中海の覇権を握った。Punic Wars

**ホエリョン【会寧】**(Hoeryŏng) ↓かいねい(会寧)

**ほ・える【▼吠える・▼吼える】**(下一自) ①犬・猛獣などが大声でたけり鳴く。howl; bark ②《俗語》㋐人が、声高に泣く。cry ㋑どなる。roar

**吠える犬は嚙まぬ** ほえる犬は、弱いものだから、かみつくことをしない。口やかましく、また、えらそうによくしゃべる人は、意気地がないというたとえ。

**ほお【▽朴・▽厚▽朴】** ホオノキの別名。

**ほお【▼頰】** 顔面のわき、目・鼻・口・顎・耳・こめかみに囲まれた部分。薄い皮下脂肪の下に多数の顔面筋や咬筋がある。ほっぺた。ほっぺた。ほほ。cheek ↓頭図

**頰が落ちる** たいへんおいしいことの形容。ほっぺたが落ちる。very delicious

**頰は面** 名目は違っても、実質は同じと

いうこと。
**頰を染める**(ほおをそめる) はずかしがって、または、酒気を帯びて、ほおを赤くする。blush
**頰を尖らす**(ほおをとがらす) 「頰を膨らます」と同意。
**頰を膨らます**(ほおをふくらます) 不平・不満・不承知などの気持ちを表す。ふくれっつらをする。put on a sulky face 類似 頰を尖がらす。

**ボー**[bow] 蝶結び。衣服などの留め具として用いたり、装飾にしたりする。↓帽子図

**ポー**[Edgar Allan Poe](一八〇九〜四九) アメリカの詩人・小説家・批評家。詩は音楽的ことばからなる美の創造と主張し、小説では神秘的耽美の文学をつくった。科学小説・推理小説にもすぐれた。詩『大鴉』『アナベル＝リー』、短編『アッシャー家の崩壊』『黒猫』、推理小説『モルグ街の殺人』『黄金虫』、評論『詩の原理』など。↓写

●ポー

**ボーア**[Aage Niels Bohr](一九二二〜) デンマークの理論物理学者。ニールス＝ボーアの息子。核子の独立運動と原子核の集団運動模型を提唱し、原子核の変形を結びつける一九七五年ノーベル物理学賞受賞。

**ボーア**[Niels Henrik David Bohr](一八八五〜一九六二) デンマークの理論物理学者。オーゲ＝ボーアの父。ラザフォードの原子模型に量子仮説を導入し、水素のスペクトル線系列を説明、ボーア模型として知られる。一九二二年ノーベル物理学賞受賞。

**ほお-あか**【▼頰赤】 ホオジロに似るが、耳・羽が栗色のホオジロ科の鳥。翼長約七・五cm。さえずりは美声だが単調。日本全土に分布。冬は暖地に移動。↓図

●ホオアカ 雄。

**ボーア-じし**【ボーア磁子】 電子に起因する磁気モーメントの最小単位。電子スピンの磁気モーメントに等しい。Bohr magneton

**ボーア-じん**【ボーア人】 一七世紀後半に始まる南アフリカのオランダ系植民者とその子孫。ケープ植民地・オレンジ自由国・トランスバール共和国を建設したが、南ア戦争でイギリスに敗退。現在、南アフリカ共和国の白人の六割を占める。ブール人。Boer

**ボーア-せんそう**【ボーア戦争】 南ア戦争の別称。

**ほお-あて**【▼頰当て】 小具足の面具の一つ。鉄製または革製で、目の下から下顎にかけておおう防具。

**ボーイ**[boy] ①男の子。少年。対義 ガール。用例 ―フレンド。②ホテルやレストランの男性の給仕。

**ポーイス**[John Cowper Powys](一八七二〜一九六三) イギリスの小説家・批評家。評論『文化の意義』、小説『ウルフ＝ソレント』など。

**ポーイス**[Theodore Francis Powys](一八七五〜一九五三) イギリスの小説家。ジョン＝ポーイスの弟。作品『ウェストン氏の美酒』など。

**ボーイ-スカウト**[Boy Scouts] 少年の訓練組織。心身をきたえ、社会につくすことを目的とする。一九〇八年にイギリスのベーデン＝パウエルによって創設され、日本では後藤新平が大正一一年(一九二二)創設。少年団。対義 ガールスカウト。

**ボーイズ-もの**【ボーイズ物】 寄席演芸の一種。数人編成の男性チームが、コミカルな楽器演奏やコントを演じてみせる芸。

**ボーイ-ソプラノ**[boy-soprano] 変声期前の少年の、ソプラノの声域をもつ声。現在は教会の聖歌隊のほか、児童合唱団などで活躍。

**ボーイッシュ**[boyish](形動) 女性の髪型や服装が、男の子のようなさま。用例 ―なスタイル。

**ボーイング**[bowing] 弓奏弦楽器をひくときの弓の運び方。運弓法。

**ボーイング**[The Boeing Company] アメリカ最大手の航空機メーカー。一九三四年設立。

**ほお-えみ**【▽微笑み・▼頰笑み】 ↓ほほえみ(微笑み)

**ポーエル**[Anthony Powell](一九〇五〜) イギリスの小説家。イギリス社会喜劇の伝統に基づく大河小説を書く。連作『時間の音楽にあわせたダンス』一二巻など。

**ボーエン**[Elizabeth Bowen](一八九九〜一九七三) イギリスの女流小説家。繊細な心理描写と叙情性と優雅な文体が特徴。作品『パリの館』『日ざかり』など。

**ホーエンツォレルン-け**【ホーエンツォレルン家】(Hohenzollern ドイツ) ドイツの王家。一五世紀初めブランデンブルク選挙侯となり、勢力を拡大。一七〇一年以降プロイセン国王を世襲。一八七一年ドイツ皇帝位についたが、一九一八年退位。

**ホーエンハイム**[Theophrastus Bombastus von Hohenheim](一四九三〜一五四一) パラケルススの本名。

**ポーカー**[poker] トランプゲームの一種。二〜六人で行う。一般には五二枚または五三枚の札で、各人に五枚ずつ手札を配り、手役の強さ、かけ引きにより勝負をする。ルールはさまざまである。

**ホーカー-シドレー**[Hawker Siddeley Group PLC] イギリスの重工業グループ。一九三五年設立。七七年、航空機部門が国有化され、重電機・機械が中心となった。

**ポーカー-フェース**[poker face] 内心を表に出さずに包み隠し、無表情を装った顔。

**ほお-がえし**【▼頰返し】 ①ほおばったものを舌で回してかみこなすこと。②なすべき手段。用例 ―がならない。―が付かない。

**ほお-がしわ**【▽朴▼柏】 ホオノキの別名。

**ほお-かぶり**【▼頰▽被り・▼頰▽冠り】(名・サ変自) =ほおかむり・ほっかぶり。①手ぬぐいなどで頭からほおをおおうこと。②非難・忠告などを聞かぬふりをすること。ignore ③知っていて、知らないふりをすること。shut one's eyes to… ↓写

●頰被り① 尾上辰之助。

**ほお-かむり**【▼頰▽被り】(名・サ変自) ↓ほおかぶり(頰被り)

**ボーカリスト**[vocalist] 声楽家。歌手。

**ボーカル**[vocal] 声楽。歌。

**ボーカル-フォア**[vocal four] 四重唱団。

**ポー-がわ**【ポー川】(Po) イタリア北部を流れる同国第一の大河。フランス国境から、ロンバルディア平原を貫流してアドリア海へ注ぐ。長さ六五〇km。

**ポーギーとベス**《原題Porgy and Bess》ジョージ＝ガーシュウィン作曲のフォークオペラ。三幕。一九三五年初演。デュボーズ＝ヘイワードとジョージの兄アイラ＝ガーシュウィンの台本。アメリカ南部の黒人社会が舞台。『サマータイム』が有名。

**ボーキサイト**[bauxite] 酸化アルミニウムを主成分とする鉱物。アルミニウムの原料鉱石。石質や土状および粘土状などを呈する。赤色ないし暗赤色、ときに白・灰・黒色。酸化鉄や粘土鉱物などを含む。熱帯の岩石が風化して生成される。融剤や吸着剤に用いられ、セメントや高級耐火物などの原料となる。

**ホーキンズ**[Coleman Hawkins](一九〇四〜六九) アメリカのジャズ＝テナーサックス奏者。一九二〇年代にテナー奏法を開拓。豪快・流麗な演奏で後進に多大の影響を与えた。

**ほお・く**【▼蓬く】古語(下二自) ↓ほおける(蓬ける)

**ホーク**[fork] ↓フォーク

**ホーク**[hawk] タカ。

**ホーク**【HAWK】《Homing All-the-Way Killer の略》アメリカが開発した地対空ミサイル。射程約四〇km。陸上自衛隊も採用。

**ボーク**[balk] 野球で、投手の投球動作の反則。その罰則は、走者がいる場合は各走者の一個の進塁、無走者の場合は打者にボールが宣告される。

**ボーグ**[vogue フランス] 流行。

**ポーク**[pork] 豚肉。用例 ―カツ。

**ホークス**[Howard Hawks](一八九六〜一九七七) アメリカの映画監督。作品『ヨーク軍曹』『赤い河』『リオ＝ブラボー』など。

**ポーク-ソテー**[pork sauté] 豚肉の切り身をバターか油でいため焼きした料理。

**ポーク-チョップ**[pork chop] 豚のあばら骨つきの肉。転じて、この肉を使った料理。表面を焼く。ソースやトマトピューレを入れて煮ることもある。

**ほお-げた**【▼頰▼桁】 ほお骨。cheekbone 用例 ―を張る。
**頰桁が過ぎる**(ほおげたがすぎる) 言いたいことを言いすぎる。しゃべりすぎる。
**頰桁を叩く**(ほおげたをたたく) 物を言う、また、しゃべることを、いやしめて言う語。

**ほお・ける**【▼蓬ける】(下一自) けばだつ。けばだって乱れる。ほける。用例 ―・けた髪。

**ボーゲン**[Bogen ドイツ]《弓、回転するの意》↓プルークボーゲン

**ホーコーズ**【火鍋子 中】(huǒguōzi) 中国の寄せなべ風料理。また、それに使うなべ。中央に煙突状の火袋がある。肉・魚貝・野菜などをスープで煮る。

**ボーシャン**[André Bauchant](一八七三〜一九五八) フランスの画家。素朴画家の一人。花束や神話などを独特のロマンティシズムで描く。作品『解放の祝祭』など。

**ボーシャン**[Pierre Beauchamp](一六三六〜一七〇五) フランスの舞踊家・舞踊理論家。宮廷バレエの振付師。脚の「五つのポジション」を創定。

**ボージュ-さんち**【ボージュ山地】(Vosges) フランス北東部、ライン地溝帯西側の山地。最高点一四二三m。ヘルシニア山系に属し、地層は古い。

**ほお-じろ**【▼頰白・▽黄▽道▼眉・▽画▼眉▽鳥】 ホオジロ科の小鳥。原野・耕地・疎林などにふつうにみられる。翼長約七・五cm。背は茶褐色、胸腹部は淡褐色、顔は黒色、頰に白い線がある。さえずりが「一筆啓上仕候」と聞こえるといわれる。法定飼い鳥。bunting ↓図

**ほおじろ-がも**【▼頰白▼鴨】 雄は頭・顔とも緑黒色であるが、その頰に白い大きな円斑のあるガンカモ科のカモ。全長約四五cm。ユーラシア・北アメリカの中北部で繁殖し、冬は南下。日本へは冬鳥として全土に渡来し、おもに沿岸の海上にすむ。goldeneye

●ホオジロ 雄。

**ほおじろ-ざめ**【▼頰白▼鮫】 外洋の表・中層にすむネズミザメ科のサメ。全長一二mにも達する。尾びれは半月形。獰猛で人を襲う。練り製品の原料。世界の暖海に分布。white shark

**ホース**[hoos オランダ] 液体や気体を送るやわらかい管。ゴム・ビニール・布製などがある。蛇管。

**ホーズ**[hose] ストッキング・ソックス・フットカバーなどを含めた靴下全般をさす語。本来は、中世以来の脚衣の総称。女性の場合はストッキングをさすことが多い。

**ボース**[Subhas Chandra Bose](一八九七〜一九四五) インド独立運動の指導者。第一次大戦後、民族独立運動に身を投じ、ネルーとともに国民会議派左派を形成。第二次大戦中、独立のためにドイツ・日本を利用したが失敗。台湾での飛行機事故で死亡。

**ポーズ**[pause] 休止。中止。間。

**ポーズ**[pose] ①姿勢。姿。用例 気どった―。②彫刻・絵画・舞踊などに表された姿勢。用例 この―は美しい。③気どり。

**ボース-アインシュタイン-ぎょうしゅく**【ボース＝アインシュタイン凝縮】 ボース＝アインシュタイン統計に従い、大部分の粒子が低温で最低のエネルギーになった状態。Bose-Einstein condensation

**ボース-アインシュタイン-とうけい**【ボース＝アインシュタイン統計】 何個でも同じ量子力学的状態を占めうるミクロな同種粒子集団が示す統計的性質。Bose-Einstein's statistics

**ほお-ずき**【▽酸▼漿・▽鬼▽灯】 ①ナス科の多年草。高さ四〇〜九〇cm。葉は卵円形。初夏に、葉の付け根に径二cmほどの淡黄色の花が咲く。花が終わると、萼が五cmほどの袋状に

▼常用漢字表外。 ▽常用漢字表の音訓外。

●ホオズキ①

生長し、中に球形の液果を包んで赤くなる。山地にはえ、観賞用に栽培される。地下茎は解熱・せき止め用。ヌカズキ。古名カガチ。②①の果実の中の種子をぬいて口の中で鳴らして遊ぶもの。ウミホオズキ・ゴムなどでできたものもある。↓写

**ほおずき-いち**【▽酸▼漿市】東京台東区の浅草寺境内で開かれるホオズキを商う市。毎年七月九日、一〇日の四万六千日の縁日に立つ。

**ほおずき-がい**【▽酸▼漿貝】触手動物の一群で、海生動物。背腹に殻をもつ。殻長数ミリメートル～数センチメートル。肉柄を出してほかの物に付着。lamp shell

**ほおずき-ぢょうちん**【▽酸▼漿▽提▽灯】赤い紙を張って作った、ほおずきに似た形の小さな提灯。祭りなどに使う。

**ホースシュー-ネックライン**【horseshoe neckline】襟ぐりの形の一種。馬蹄形の襟あき。Uネックラインより深めのもの。

**ホース-ラディッシュ**【horse-radish】ワサビダイコン。

**ほお-ずり**【▼頬擦り・▼頬▼摺り】(名・サ変自) 自分のほおを相手のほおにすりつけること。nestle one's cheek against another

**ボース-りゅうし**【ボース粒子】ボース-アインシュタイン統計に従う粒子。光子、超電導を起こす電子対など。Bose particle

**ボースン**【boatswain】船の甲板長・水夫長。錨・帆などを扱う甲板で作業を指揮する。

**ポーゼン**【Posen】ポズナニの別称。

**ホーソーン**【Nathaniel Hawthorne】(一八〇四～六四) アメリカの小説家。メルビルと並称される「アメリカ・ルネサンス」期の代表的作家。ピューリタニズムの精神で内面の自由とその限界の問題を追求した『緋文字』が代表作。短編集『トワイス-トールド-テールズ』、

●ホーソーン

『ワンダーブック』など。↓写

**ホーソン-じっけん**【ホーソン実験】アメリカのウエスタンエレクトリック社ホーソン工場で一九二七年に行われた、労働の生産性についての調査。賃金・労働時間などの変化より、社会的・心理的感化のほうが生産性を高めると判明。Hawthorne research

**ボーター**【boater】《ボートに乗る人に由来》頂部とつばが平らな帽子。麦わらをワニスでつや出しして作る。いわゆるかんかん帽。↓図

●ボーター

**ボーダー**【border】布地などのへり。

**ポーター**【porter】①空港・駅・ホテルなどで、旅客や泊まり客の荷物の運搬を業とする者。赤帽。②登山隊の荷をベースキャンプまで運ぶ人。

**ポーター**【Cole Porter】(一八九一～一九六四) アメリカのポピュラーソングの作詞・作曲家。映画音楽やミュージカルに多くのヒット曲を書いた。作品『ビギン-ザ-ビギン』『夜も昼も』、ミュージカル『カンカン』など。

**ポーター**【George Porter】(一九二〇～) イギリスの化学者。アイゲン・ノーリッシュとともに、短時間エネルギーパルスでの均衡擾乱による高速化学反応を研究。一九六七年ノーベル化学賞受賞。

**ポーター**【Katherine Anne Porter】(一八九〇～一九八〇) アメリカの女流小説家。象徴的な表現で人間心理を精密に描く。短編集『花開くユダの木』、長編『愚者の船』など。

**ポーター**【Rodney Robert Porter】(一九一七～八五) イギリスの生理学者。オックスフォード大教授。抗体の化学構造を研究し、免疫学に貢献した。一九七二年ノーベル生理学医学賞受賞。

**ボーダー-がら**【ボーダー柄】《「ボーダー」は縁の意》織物の柄の名。仕上がると裾や縁に柄がくるように作られた柄地。一般には布幅の片方または両方の縁に縦模様を置くものと、一定間隔に横模様を置くものがある。

**ボーダーライン**【borderline】①境界線。境目。②どちらとも決めにくい、すれすれの場合。用例当選の—。

**ボータイ**【bowtie】蝶ネクタイ。作りつけになったものと、一本の長いひもになったものを蝶形に結ぶものがある。礼装用の燕尾服やタキシードなどに用いる。

**ポータブル**【portable】①「ポータブルラジオ」「ポータブルテレビ」などの略。②《接頭的》持ち運びのできること・もの。携帯用。

**ホータン**【和田】(Hotan) 中国、新疆ウイグル自治区、タリム盆地南縁のオアシス都市。玉の産地として有名。人口一一・二万(一九八四)。旧称于闐。

**ポーチ**【porch】洋風建築の玄関先。上部に庇が張り出した吹き抜けの部分。車寄せ。

**ポーチ**【pouch】《小袋の意》小銭・タバコなどを入れる小物入れ。パウチ。

**ポーチド-エッグ**【poached egg】卵を熱湯に割り入れて、ゆでたもの。落とし卵。

**ホー-チ-ミン**【Ho Chi Minh】ベトナム南部、メコン川デルタにある同国最大の都市。旧南ベトナム共和国の首都。人口三四二万(一九七九)。旧称サイゴン。

**ホー-チ-ミン**【Ho Chi Minh】(一八九〇～一九六九) ベトナムの革命家・政治家。フランスの支配からベトナムを解放し、一九四五年ベトナム民主共和国の成立にともない大統領に就任。北ベトナム社会主義建設の基礎を築いた。ベトナム戦争では南ベトナム民族解放戦線を支援し、南北ベトナム統一を指導。胡志明。↓写

●ホー=チ=ミン

**ポーチュラカリア**【porturacaria】スベリヒユ科ポーチュラカリア属の総称。ガガクノマイをいうことが多い。高さ約二m。枝葉は多肉。葉に赤みが入る。鉢植え用。

**ほお-づえ**【▼頬▼杖】ひじをつき、手のひらをほおに当ててささえること。

**ポーツマス**【Portsmouth】アメリカ北東部、ニューハンプシャー州南東部にある港湾都市。日露戦争終結時のポーツマス条約締結地。人口二・六万(一九八〇)。

**ポーツマス**【Portsmouth】イギリス南西部、イギリス海峡に臨む港湾都市。重要な海軍基地がある。人口一八・八万(一九八五)。

**ポーツマス-じょうやく**【ポーツマス条約】日露戦争の講和条約。明治三八年(一九〇五)アメリカ北東部ポーツマスで小村寿太郎とウィッテが調印。日本は朝鮮における権益の優越、樺太(サハリン)南半分の割譲などを獲得。

**ボーテ**【Walther Wilhelm Georg Bothe】(一八九一～一九五七) ドイツの物理学者。同時放電計数法を発明。一九五四年ノーベル物理学賞受賞。

**ボーディング-ブリッジ**【boarding bridge】空港内のターミナルビルの待合室から、航空機の出入り口へ直接かけられる搭乗用のブリッジ。

**ボーデ-の-ほうそく**【ボーデの法則】ドイツの天文学者ボーデが示した、太陽から惑星までの平均距離を表す経験則。水星から天王星までの惑星の、おおよその距離比を得ることができる。Bode's law

**ホーデン**【Hoden ドイツ】睾丸。きんたま。

**ボーデン-こ**【ボーデン湖】(Bodensee) スイス・西ドイツ・オーストリア国境の湖。面積五四〇km²は、レマン湖に次いでアルプス地方第二。ライン川の流量を調節する役割をもつ。コンスタンス湖。

**ボート**【boat】オールを使って進む西洋の小船。短艇。

**ボード**【board】＝ボールド。①板・板状の建築材。②黒板。③ボール紙。

**ポート-アイランド** 兵庫県神戸市に作られた人工島。港を埋めたてた昭和四一年(一九六六)から一五年をかけて完成。四三六haの島内は、住宅・公園緑地などと、国際展示場・国際ホテルなどがある。

**ボードイン**【Anthonius Franciscus Bauduin】(一八二二～八五) オランダの軍医。文久二年(一八六二)に来日し、長崎の精得館で医学教育につくす。

**ポート-エリザベス**【Port Elizabeth】南アフリカ共和国、ケープ州東岸の港湾都市。自動車・ゴム・石油化学の外資系近代工場が多い。ケープタウンに次ぐ同国第二の貿易港。人口四九・二万(一九八〇)。

**ポート-オブ-スペイン**【Port-of-Spain】西インド諸島南東部、トリニダード-トバゴの首都。港湾都市。ラム酒製造・プラスチック・建材などの工業があり、また、西インド諸島の重要な交易中継地。人口五・六万(一九八〇)。

**ポート-サイド**【Port Said】エジプト北東部、スエズ運河の地中海側入り口にある港湾都市。米・綿花・塩の積み出し港。人口二六・三万(一九七六)。

**ボード-セーリング**【board sailing】サーフボードの上にセール(帆)をつけ、風力を利用して水上を滑るスポーツ。

**ボート-ネックライン**【boat neckline】襟ぐりの形の一種。横に広く、船べりのような形にした襟あき。↓図

●ボートネックライン

**ポート-ハーコート**【Port Harcourt】アフリカ西部、ナイジェリア南部、ボニー川河口の河港都市。内陸への鉄道の起点。油田の中心で精油業が発展。人口二四・二万(一九七五)。

**ボート-ピープル**【boat people】ベトナムやカンボジアなどから、ボートや小型の舟で国外に脱出して来た難民。比較エアピープル。

**ポート-ビラ**【Port-Vila】太平洋南西部、ソロモン諸島東部の群島国バヌアツの首都。エフェテ島南西岸に位置し、コーヒー・カカオの積み出し港。人口一・五万(一九七九)。

**ボードビリアン**【vaudevillian】歌・踊り・軽演劇などを巧みにこなす芸人。寄席芸人。

**ボードビル**【vaudeville】①演芸の一種。独立した内容の歌や踊り、簡単な劇など、各種の演芸が連続的に上演される風刺的風俗喜劇。②各種の演芸をとりまぜたバラエティー。

**ポートフォリオ**【portfolio】①紙ばさみ。折りかばん。②《転じて》個々の金融機関や個人が保有する各種の金融資産の表。また、多様な投資対象に分散して資金を投入・運用すること。

**ポート-モレスビー**【Port Moresby】オーストラリア大陸の北、ニューギニア島南東部の国パプアニューギニアの首都。パプア湾に臨む天然の良港。人口一二・四万(一九八〇)。

**ホードラー**【Ferdinand Hodler】(一八五三～一九一八) 近代スイスの代表的画家。理想主義的で象徴的な群像画・歴史画やアルプス風景を描く。壁画『イエナ大学生の出発』など。

**ポートランド**【Portland】アメリカ太平洋岸、オレゴン州北西部、コロンビア川の左岸にある同州最大の河港・工業都市。人口三六・六万(一九八〇)。

**ボードリヤール**【Jean Baudrillard】(一九二九～) フランスの思想家・社会学者。著書『物の体系』『消費社会』など。

**ポート-ルイス**【Port Louis】インド洋上、マダガスカル島東方、モーリシャスの首都。一七三五年、フランス人が建設。観光都市として発展中。人口一三・八万(一九八五)。

**ボート-レース**【boat race】①ボートをオールで漕ぎ、スピードを競うスポーツ。エイト・フォア・ペアなどの競技種目がある。レガッタ。競漕。②競艇の俗称。↓写(次ページ)

**ポートレート**【portrait】肖像。肖像画。肖像写真。

**ボードレール**【Charles Pierre Baudelaire】(一八二一～六七) フランスの詩人。近代詩の先駆。象徴主義への道を開き、世界文学に大きな影響を及ぼした。象徴・交感などの理念により新しい詩の観念と手法をうみ出す。詩集

●ボードレール

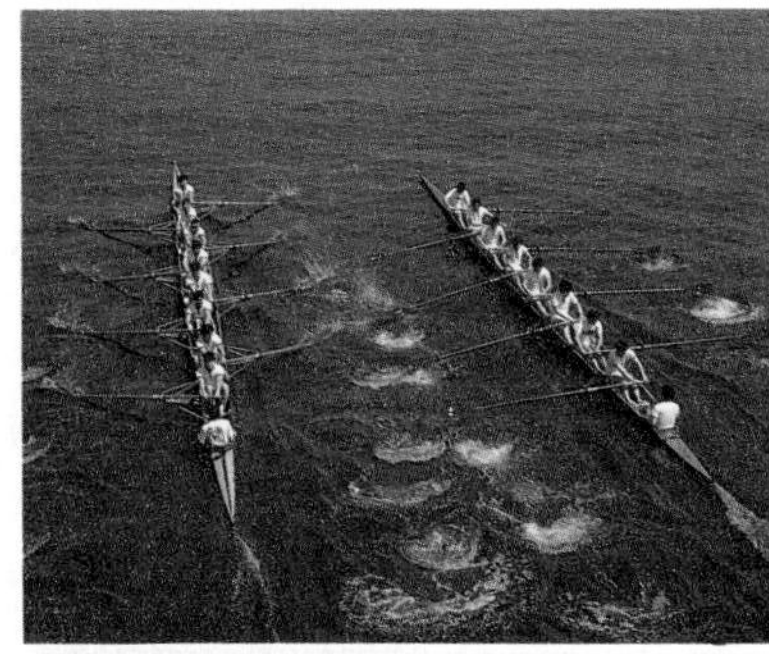

●ボートレース① エイト。

『悪の華』、散文詩集『パリの憂鬱』、評論集『ロマン派芸術』など。↓写

**ポート-ワイン**【port wine】①ポルトガルのポルト港から輸出された政府品質証明つきぶどう酒。赤紫色で芳香と甘味がある。②日本で、ぶどう酒に砂糖などを加えた甘味ぶどう酒。

**ホートン**【Wharton】↓ウォートン

**ボーナス**【bonus】①通常の賃金のほかに夏期・年末などに支給される特別手当。賞与。②割増金。株式の特別配当金。

**ホーナン**【河南】〈省〉(Hénán) ↓かなん(河南)

**ホーニング**【honing】一度仕上げられた加工物の表面をさらに細粒の砥石で軽く研削し、精密化する仕上げ法。円筒の内外面・穴の内面など。

**ホーネッカー**【Erich Honecker】(一九一二) 東ドイツの政治家。一九七一年社会主義統一党第一書記。七六年から国家評議会議長と党書記長を兼任。

**ほお-の-き**【▽朴の木・▽厚▽朴】モクレン科の落葉高木。高さ約二〇m。葉は倒卵形、長さ約四〇cm。初夏、径約一五cmの芳香のある白花を開く。山地にはえる。材はやわらかく、器具・版木・下駄用。ホオ。ホオガシワ。↓写

**ほお-ば**【▽朴歯】ホオノキで作った下駄の歯。また、それを入れた下駄。

**ほおば-みそ**【▽朴葉味▼噌】乾燥したホオの葉の上にみそを置き、下から炭火であぶった焼きみそ。刻みねぎなどを加えることもある。

**ほお-ば-る**【▼頬張る】(五他) ①口いっぱいに食物をふくむ。cram into one's mouth ②食物を食べる。eat

**ボーパル**【Bhopal】インド中部、デリーの南六〇〇kmにある都市。綿花・穀物の集散地。染織などの伝統工芸や宝石加工業がさかん。人口六七・一万(一九八一)。

**ポーピエット**【paupiette フランス】牛肉・魚などの薄切り肉で、ひき肉、その他の材料を筒状に巻き、蒸したり焼いたり揚げたりする料理。

**ほお-ひげ**【▼頬・▼髯】ほおにはやしたひげ。whiskers

**ホープ**【hope】①望み。希望。②活躍を期待される人。用例水泳界の―。

**ホープ**【Anthony Hope】(一八六三〜一九三三) イギリスの小説家。本名ホーキンズ。冒険小説『ゼンダ城の虜』で有名。

**ホープ**【Bob Hope】(一九〇四) アメリカの喜劇俳優。主演作『アラスカ珍道中』『腰抜け二挺拳銃』など。

**ポープ**【Alexander Pope】(一六八八〜一七四四) イギリスの詩人。洗練された詩形の流麗典雅な詩で、当時の良識と思想を表現。詩『髪盗み』『愚人列伝』『人間論』、ホメロスの英訳など。

**ホーファー**【Karl Hofer】(一八七八〜一九五五) ドイツの画家。単純化した形態と強い輪郭、鋭い色面の対照をもつ叙情的な人物画を描いた。作品『黒い部屋』など。

**ホーフェイ**【合肥】(Héféi) ↓どうひ(合肥)

**ボーフォート-かい**【ボーフォート海】(Beaufort Sea) 北極海の一部をなす海域。アメリカのアラスカ州北岸とカナダのバンクス島間を占める。

**ほお-ぶくろ**【▼頬袋】リス・ニホンザルなどの哺乳類の一部の種類でみられる頬のふくらみ。食物のたくわえと運搬などに役だつ。cheek pouch

**ホーフト**【Pieter Corneliszoon Hooft】(一五八一〜一六四七) オランダ―ルネサンスの代表的詩人。劇作家。詩劇『フラニダ』、『オランダ史』など。

**ボーブナルグ**【Luc de Clapiers, marquis de Vauvenargues】(一七一五〜一七四七) フランスのモラリスト。神に依存しない、人間の立場からの人生の道を説いた。著書『省察と箴言』。

**ボーフム**【Bochum】西ドイツ中部、ルール地方の鉱工業都市。炭鉱が多く、鉄鋼・機械などの工業もさかん。人口三八・三万(一九八五)。

●ホオノキ

**ホーペイ**【河北】〈省〉(Héběi) ↓かほく(河北)

**ほお-べに**【▼頬紅】頬専用の紅。顔色を健康的に明るく立体感をもたせるのが目的。練り紅・ドライルージュ(粉末を固めたもの)などがある。rouge

**ホーホ**【Pieter de Hooch】(一六二九〜一六八三ごろ) オランダの画家。室内風俗画が得意。光の表現にすぐれる。作品『母と子』など。

**ポー-ポー**【paw paw】バンレイシ科の落葉小高木。アメリカ原産の果樹。葉は長卵形。春、葉に先立って紫褐色六片の花が咲き、秋、アケビに似た果実を結ぶ。↓写

●ポーポー

**ほお-ぼね**【▼頬骨】ほおの上部の高く突き出た骨。顴骨。cheekbone ↓頭図

**ホーホフート**【Rolf Hochhuth】(一九三一) 西ドイツの劇作家。ナチスの戦争犯罪などを追及。戯曲『神の代理人』『兵士たち』など。

**ボーボワール**【Simone de Beauvoir】(一九〇八〜一九八六) フランスの女流小説家。無神論的実存主義の立場から、人間の自由と女性の解放を呼びかけた。サルトルの伴侶。小説『レ―マンダラン』、評論『第二の性』、自伝『娘時代』など。

**ホーマー**【homer】野球で、本塁打。ホームラン。

**ホーマー**【Homer】↓ホメロス

**ボーマルシェ**【Pierre-Augustin Caron de Beaumarchais】(一七三二〜一七九九) フランスの喜劇作家。貴族の無能を風刺した。戯曲『セビリアの理髪師』『フィガロの結婚』はオペラ化されて有名。

**ボーマン-のう**【ボーマン▼嚢】↓しきゅうたいのう(糸球体嚢)

**ホーミング**【homing】自動追尾。ミサイルや魚雷などが、みずから目標を探知し、目標に命中すること。誘導には赤外線・電磁波・音波・レーザー光線などが利用される。

**ホーミング-ぎょらい**【ホーミング魚雷】目標を自動的に追跡して命中する魚雷。目標の出す音響を追跡するもの、有線誘導によるものなどがある。自動追尾魚雷。homing torpedo

**ホーミング-ミサイル**【homing missile】目標に接近すると、目標が出す電波・音波・赤外線・熱線などを感知して目標に命中するミサイル。自動追尾ミサイル。

**ホーム**《「プラットホーム」の略》駅の、汽車・電車に乗り降りするために高く造った場所。用例一番線の―。

**ホーム**【home】①家庭。故郷。②野球で、本塁。③療養所・収容所などの施設。用例老人―。

**ホーム-ウエア**《和製語》家庭で着る動きやすく丈夫な衣服。家庭着。home dress

**ホーム-オートメーション**【home automation】家庭内のコンピューター・エレクトロニクス機器・通信回線などによって生活をより機能化・自動化すること。自動防災・防犯システムやホームバンキングなどの形をとる。HA。

**ホーム-グラウンド**【home ground】①自分の故郷。古巣。②野球などで、そのチームが本拠とするグラウンド。

**ホーム-ゲーム**【home game】野球などで、自軍の本拠地(フランチャイズ)にある試合場(ホームグラウンド)などで行う試合。

**ホームシック**【homesick】故郷を離れて、風土・習慣の違う所にいるため、故郷・家族などを恋しく思う状態。懐郷病。郷愁。ノスタルジア。

**ホームズ**【Oliver Wendell Holmes】(一八〇九〜一八九四) アメリカの小説家・医学者。随筆『朝食テーブルの独裁者』など。

**ホームズ**【Sherlock Holmes】コナン=ドイルの創作した探偵。一八八七年『緋色の研究』で初登場。難事件をつぎつぎに解決する。

**ホーム-スチール**《和製語》野球で、本塁への盗塁。

**ホームステイ**【homestay】海外の一般家庭に滞在して、風俗・習慣・語学などを学ぶこと。新しい旅行・留学のスタイル。

**ホームストレッチ**【homestretch】陸上競技場のトラックで、ゴールが設けられている側の直走路部分。比較バックストレッチ。

**ホームスパン**【homespun】スコッチ種のあらい羊毛を用いた手織物。手ざわりがかたく素朴。現在は、機械織りで、絹・麻・合織も、原材料として用いる。

**ホーム-セキュリティ-システム**《和製語》煙・熱・ガスの感知器、防犯ベル・電子錠などとマイクロコンピューターを組み合わせて、家屋・家庭の安全をはかる装置。ガス漏れ・火災・鍵のかけ忘れなどを自動的に感知し、警報を発する。

**ホーム-センサー**《和製語》住宅の防犯・防災・省エネルギー用などの警報装置。ガス漏れ警報器など。

**ホーム-ソーイング**《和製語》家庭洋裁。簡単に縫える洋裁パターンが市販され、利用されている。

**ホーム-ソング**《和製語》家庭向きの歌。

**ホームタウン-デシジョン**【hometown decision】ボクシングやサッカーなどの試合で、審判が地元の選手やチームに有利と思われる採点・判定をすること。

**ホーム-チーム**【home team】その試合場を本拠地としているチーム。比較ビジター。

**ホーム-テレホン**《和製語》親機と数台の子機が組みになった電話機。インターホンやドアホンを兼ねるものもある。

**ホーム-ドクター**《和製語》①かかりつけの医者。family doctor ②地域でプライマリーケアを担当する開業医。family physician

**ホーム-ドラマ**《和製語》家庭のできごとに取材した映画・劇。

**ホーム-ドレス**《和製語》婦人の家庭着。

**ホーム-バー**《和製語》自宅の居間や客間の一隅に作られたバー形式の飲酒コーナー。

**ホーム-パーティー**《和製語》家庭で催すパーティー。party

**ホーム-バンキング**《和製語》家庭にいながらにして受けられる銀行業務の各種サービス。銀行のコンピューターと家庭のパソコンを電話回線で結んで行う。

**ホーム-プレート**【home plate】野球で、本塁に置く五角形のゴム板。

**ホーム-ベース**【home base】野球で、本塁。ホームプレート。

**ホーム-ヘルパー**《和製語》心身に障害をもち日常生活に支障のある低所得者や老人の家に派遣され、身の回りの世話をする人。家庭奉仕員。

**ホーム-ラン**【home run】野球で、本塁打。ホーマー。

**ホームラン-おう**【ホームラン王】プロ野球で、一シーズンを通じてもっとも多くのホームランを打った打者に与えられるタイトル。本塁打最多打者。home run king

**ホームルーム**【homeroom】中学・高校で、クラスの担任教師と生徒との接触を密にし、広く生徒の生活指導を行うために設けられた組織。また、その時間。

**ボーメ**【Baumé フランス】《人名から》液体の比重の単位。記号Bé 六〇°Cの水の比重を一〇とする。

**ボーメ-の-うきばかり**【ボーメの浮き▼秤】液体の比重を測る浮きばかりの一種。純水と食塩水の比重を基準とした等間隔の目盛りがつけてある。Baumé's hydrometer

**ボーモント**【Francis Beaumont】(一五八四〜一六一六) イギリスの劇作家。フレッチャーとの合作が多

い。戯曲『フィラスター』『乙女の悲劇』など。

**ポーヤン-フー【鄱陽湖】**(Póyáng Hú) ↓はようこ(鄱陽湖)

**ホーラ【和了中】**(hú-le) 麻雀で、組み合わせを完成させて上がること。振り込みによる場合は栄和、自ら上がり牌を引いた場合は自摸和という。

**ポーラー【poral】** 梳毛織物の一種。よりを強くかけた梳毛の糸であらく織った薄手の平織りの布地。織り目が透いて見え、手ざわりが硬くさらりとし、独特の光沢がある。夏服用。

**ホーライ【Horaiギリシア】** ギリシア神話で、翼をもち季節と秩序をつかさどる三人または四人の女神たち。ゼウスとテミスの娘で、雨水と太陽熱を与え、植物の生長、開花を助ける。

**ポーラログラフィー【polarography】** 電気分析法の一つ。水銀滴下電極を用いて電気分解を行い、電圧と電流の関係から定性・定量を行う。

**ポーラン【Jean Paulhan】**(一八八四〜一九六八) フランスの批評家。文学における言語の問題を追究。『NRF』誌編集長。評論『タルブの花』など。

**ポーランド【Poland・波蘭】**(Republic of Poland) 東ヨーロッパ、バルト海に臨む共和国。首都ワルシャワ。一九八九年「連帯」主導内閣の誕生で脱共産党化が進み、統一労働者党(共産党)の指導的役割を定めた憲法の条文を削除。石炭・鉄鉱石などの鉱物資源に恵まれる。面積三一・三万km²。人口三七四六万(一九八六)。正称ポーランド共和国。

**ポーランド-おうこく【ポーランド王国】** 一八一五年ウィーン会議の結果、ロシア皇帝の兼ねる国王のもとに自治を認められたロシア領ポーランド。Congress Kingdom of Poland

**ポーランド-かいろう【ポーランド回廊】** 東プロイセンとドイツ本国の間にあったポーランド領。第一次大戦後ベルサイユ条約によりポーランド領とされたが、一九三八年以来ナチスドイツはこの地の利権を要求、三九年ダンチヒ問題とあわせてポーランド侵攻の口実とした。Polish Corridor

**ポーランド-こむぎ【ポーランド小麦】** 地中海沿岸の温暖な地域でわずかに栽培されるコムギ。一七世紀ごろ、ポーランド地方で他の栽培種から生じた。粒の長さ約一cmは、ムギ類で最大。Polish wheat

**ポーランドチャイナ-しゅ【ポーランドチャイナ種】** ブタの一品種。体重は雌約三〇〇kg、雄約四五〇kgに達する。体は黒く、四肢端・鼻端・尾端が白い、いわゆる「六白」。ラード用・肉用。アメリカ原産。Poland China

**ポーランド-ぶんかつ【ポーランド分割】** 一八世紀後半、絶対主義のもとに領土拡大を求めるプロイセン・オーストリア・ロシアが、ポーランドの衰微に乗じ、三次にわたって分割、滅亡させた事件。この間コシューシコらの指導による武力抵抗もあったが鎮圧された。

**ホーリー【Holly】** モチノキ科の常緑樹。この名でよばれるものにセイヨウヒイラギ・アメリカヒイラギ・シナヒイラギがあり、クリスマスの装飾にもちいる。

**ホーリー【Robert William Holley】**(一九二二〜) アメリカの生化学者。遺伝情報の解読およびそれがたんぱく合成に果たす役割を研究した。一九六八年ノーベル生理学医学賞受賞。

**ホーリネス-きょうかい【ホーリネス教会】** プロテスタントの一教派。キリスト教の世俗化に反対し、禁欲的生活を厳守する教会。Holiness Church

**ボーリング【boring】**(名・サ変自他) ①かたいものに穴をあけること。用例 ――マシン。②地中に穴を掘ること。地質や鉱床の調査、各種土木工事の基礎調査、石油や天然ガスなどの採取のために行う。試錐。

**ボーリング【bowling】** ↓ボウリング

**ポーリング【Linus Carl Pauling】**(一九〇一〜) アメリカの物理化学者。量子力学の化学への応用、イオンの大きさ、共有結合半径の決定などを研究。一九五四年ノーベル化学賞、六二年同平和賞受賞。

**ホール【hall】** ①広間。洋風住宅で玄関に続いて設けられる多目的な空間。接客場所・各室への連絡路などとして使われる。②劇場。講堂。会館。公会堂。③「ダンスホール」の略。

**ホール【hole】** ①穴。孔。②ゴルフのグリーン上に設けられた直径四・二五インチ(約一〇・八cm)の穴。ふつう金属製の円筒がはめこまれているためカップともいう。

**ボール【ball】** ①球技用のたま・まり。投げ・打ち・けり・転がし・受け渡しなどする対象。②野球で、ストライクにならない投手の投球。

**ボール【bowl】** =ボウル。①半球状の調理容器。材料を洗う・混ぜる・あえる、卵を泡立てるなどに用いる。②《bowl gameの略。競技場の形が似ていることから》アメリカンフットボールで、選手権や選抜チームの試合をいう。参照 三大ボウル。

**ボール【John Ball】**(?〜一三八一) イギリスの聖職者。ウィクリフの教会改革論を農民に説き、ワット=タイラーの乱にさいし「アダムが耕し、イブが織ったとき、だれが領主であったか」と農民を扇動。乱後処刑された。

**ポール【pole】** ①細長い棒・さお。②電車の屋根の、架線から電流を受けるための棒。比較 パンタグラフ。③棒高跳びの棒。

**ポール【Lewis Paul】**(?〜一七五九) イギリスの発明家。繊維を細くする方法、紡績に使うカードなど、紡績を機械化して産業革命のさきがけとなり、紡績法の基礎を築いた。

**ホール-イン-ワン【hole in one】** ゴルフで、ティーグラウンドからの第一打が、そのままグリーン上のホールに入ること。

**ボール-カウント【ball count】** 野球で、打者の一打席中の、その時点までのストライクの数とボールの数。

**ボール-がみ【ボール紙】**《「ボール」はboardから》わらを原料に、漂白しないで漉く厚紙。板紙。馬ふん紙。

**ポールキャット【polecat】** ①ヨーロッパ産のケナガイタチ。②北アメリカ産のスカンク。

**ポールグレーブ【Francis Turner Palgrave】**(一八二四〜九七) イギリスの詩人。オックスフォード大学詩学教授。『ゴールデン-トレジャリー』の編者として知られる。パルグレーブ。

**ホール-こうか【ホール効果】** 電流の流れている導体板に、電流に垂直な磁場を作用させると、電流にも磁場にも垂直な方向に電場が生じる現象。Hall effect

**ホールター-ネックライン【halter neckline】**《「ホールター」は、牛馬の端綱の意》襟ぐりの形の一種。袖無しの前身頃を、首にかけたひもなどでささえたもの。後身頃の上部は露出している。

**ホールディング【holding】**《握ること、の意》①バレーボールの反則の一つ。ボールが競技者の手または腕などで静止すること。②バスケットボールやサッカーなどの反則の一つ。手で押さえたりして相手の動きを妨害すること。

**ホールデン【William Holden】**(一九一八〜八一) アメリカの映画俳優。主演作『サンセット大通り』『第十七捕虜収容所』『慕情』など。

**ボールト【vault】** アーチの組み合わせによって空間をおおう構造体。半円筒形のバレル(トンネル)ボールト・交差した十字形(クロス)ボールト・円蓋(ドーム)ボールトなどがある。穹窿。

**ボールド【board】**《blackboardの略》黒板。ボード。

**ホールドアップ【holdup】**《米語で、手をあげろ、の意》㊀(名・サ変自) 抵抗しないで両手をあげること。㊁(名) 強盗。おいはぎ。

**ボールドウィン【James Baldwin】**(一九二四〜八七) アメリカの黒人小説家。黒人文学を普遍的文学へ高めようとした。作品『山に登りて告げよ』『もう一つの国』など。

**ボールドウィン【Stanley Baldwin】**(一八六七〜一九四七) イギリスの政治家。保守党出身。一九二三〜三七年に三度首相に就任。内政安定、恐慌対策に尽力。

**ポールとビルジニー**《原題Paul et Virginie フランス》ベルナルダン=ド=サン=ピエールの小説。一七八七年刊。インド洋の孤島を舞台にした純真無垢な少年少女の恋物語。

**ボール-ねじ【ボール螺子】** 雄ねじと雌ねじのあいだに鋼球を入れ、摩擦を減らしたねじ。ball screw

**ボール-ばくだん【ボール爆弾】** 破片爆弾の一つ。空中で親爆弾が割れ、子爆弾が広範囲に飛び散って落下し、それが爆発すると多数の小鉄片が噴射されて人畜を殺傷する。アメリカ軍がベトナム戦争で使用。ball bomb

**ボール-ばん【ボール盤】**《boor-bankオランダの転》工作機械の一つ。回転ドリルを垂直に押し下げて台上の工作物に穴をあける。鑽孔機。錐揉み盤。drilling machine

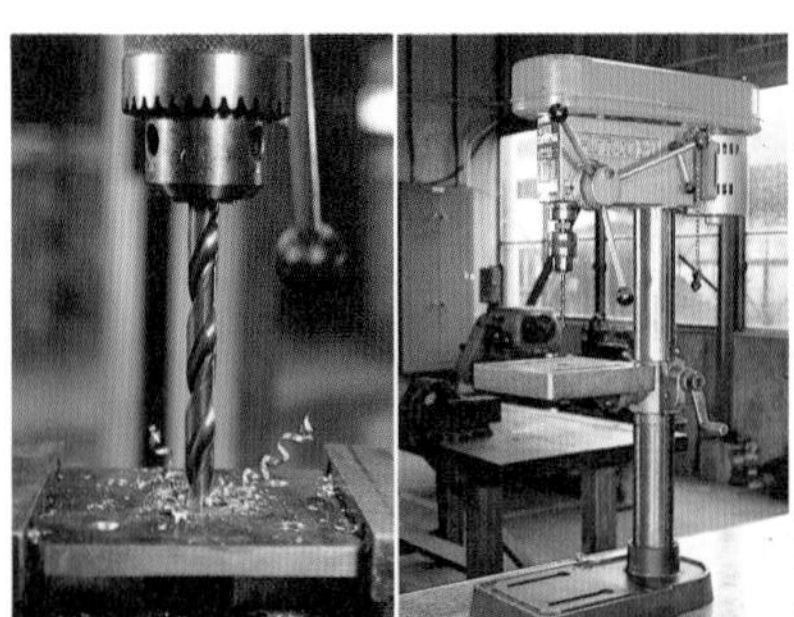

● ボール盤　全体(右)、穴あけ作業の様子(左)。↓写

**ボール-ベアリング【ball bearing】** 軸受けに鋼鉄製の玉を並べ、回転軸との摩擦が少なくなるようにする仕組み。玉軸受け。

**ボール-ペン**《和製語》筆記用具の一つ。先端の硬い金属のボールが回転し、粘度の高い油性インキがにじみ出てくるペン。ballpoint pen

**ボール-ミル【ball mill】** 回転する円筒内に硬くて重い球を入れた乾湿両用の汎用の微粉砕機。連続式と回分式がある。

**ポールロワイヤル-うんどう【ポールロワイヤル運動】** フランスのポールロワイヤル修道院で、一七世紀にさかんになったジャンセニスムの運動。

**ボーロ【boloポルトガル】** 一六世紀渡来の南蛮菓子。小麦粉・砂糖・卵などを混ぜて丸形に軽く焼いたもの。そばボーロ・丸ボーロなど。

**ほ-おん【保温】**(名・サ変自) 温度を一定に保つこと。keep warm

**ホーン【horn】** ①角笛。②自動車などの警笛。

**ぼ-おん【母音】** ↓ぼいん(母音)

**ボーン【Henry Vaughan】**(一六二二〜九五) イギリスの詩人。形而上派の一人。神秘主義的な詩集『火花散る燧石』など。

**ボーン【Sarah Vaughan】**(一九二四〜九〇) アメリカの女性ジャズ歌手。広い声域・正確な音感・高度の技巧で知られるモダンジャズ-ボーカルの草分け的存在。

**ボーン-ウィリアムズ【Ralph Vaughan Williams】**(一八七二〜一九五八) 二〇世紀イギリスの代表的作曲家。民謡などを取り入れた独自の様式をつくりだした。作品『ロンドン交響曲』など。

**ボーンうえだ-しょう【ボーン上田賞】** 国際理解に貢献する新聞記事・論説を執筆した日本人記者に贈られる賞。昭和二五年(一九五〇)ボーン賞として制定。同五三年(一九七八)から現名。

**ボーンエルフ【woonerfオランダ】**《生活の庭、の意》路面に段差やジグザグを設け車の速度を下げて、人と車の共存をはかる道路。

**ボーン-しょう【ボーン賞】** ボーン上田賞の旧称。

**ほおんせっちゅう-なわしろ【保温折衷苗代】** 乾田で育苗する苗代。田の揚げ床に種をまき温床紙でおおい、本葉二枚ぐらいのとき温床紙を取り除き、水を張って育てる。

**ボーンヘッド【bonehead】** 野球で、気のきかない、まずいプレー。

**ボーンマス【Bournemouth】** イギリス、イングランド南西部、イギリス海峡に臨む保養都市。海水浴・避暑客用のホテル・別荘が多い。人口一五万(一九八一)。

**ホーン-みさき【ホーン岬】**(Cape Horn) 南アメリカ大陸最南端、ドレーク海峡に臨む岬。フエゴ島にあり、標高四二四mのけわしい岩からなる。チリ領。

**ほか【外・他】**(名) ①それの及ばない所。ある範囲を越えた所。そと。outside 用例 恋は思案の――。②別の所。よそ。some other place 用例 ――へ行こう。③それ以外の人・物・時間。用例 ――にだれかいないか。隊長――三名。

**外でもない**(ほかでもない) そのこと以外のことではない。今問題にしていることを強めて言う。

**外無い**(ほかない) ほかに方法がない。外は無い。there is no way but … 用例 そうするより――。

**ほか**(副助)《打ち消しをともなって》…しか。用例 歩くより――しようがない。

**ぼ-か【簿価】**《「帳簿価額」の略》資産・負債の帳簿上の純額。固定資産についていえば、取得価額から減価償却累計額を差し引いた残高。帳簿残高。book value

ほ

**ぽか**《俗語》不注意による、思いがけない失敗。

**ボカージュ**[Barbosa du Bocage](一七六五—一八〇五) ポルトガルの詩人。前期ロマン派に属し、ソネットにすぐれている。作品『詩集』。

**ホガース**[William Hogarth](一六九七—一七六四) イギリスの画家・版画家。肖像画や風刺的教訓画で有名。作品『当世流の結婚』、著書『美の分析』など。

**ボガート**[Humphrey Bogart](一八九九—一九五七) アメリカの映画俳優。主演作『マルタの鷹』『カサブランカ』『アフリカの女王』など。

**ほかい**【▽祝い・▽寿い】 神をことほぎ、幸を招くこと。また、神仏に供え物をして祭ること。ほがい。

**ほか-い**【外居・▽行▽器】 食物・料理を持ち運ぶのに用いる木製の容器。平安時代から用いられ、大小種々あり、円筒形のものが多い。

**ほ-かい**【補回】 野球の試合で、規定の回数に追加した回。延長戦のイニング。

**ぼがい-しさん**【簿外資産】 正常な会計処理にともなって発生する帳簿外の所有資産。買い入れ時に費用として計上した消耗品で、現在も使用中のものなど。unlisted assets

**ぼがい-とりひき**【簿外取引】 企業や銀行が、貸借対照表に計上しない金融取引の総称。債務保証・スワップ取引・金融先物取引など。

**ほかい-びと**【▼乞▽児】 古語 めでたいことば(=寿詞)を述べて物乞いをする人。ほかいひと。ほがいびと。用例 ——の詠二首(万葉・一六・三八八五・詞書)。

**ほ-かく**【保革】 保守と革新。conservatism and progressivism 用例 ——伯仲の選挙戦。

**ほ-かく**【捕獲】(名・サ変他) ①鳥・獣をいけどること。capture ②ぶんどること。seizure 用例 敵艦を——する。

**ほ-かく**【補角】 たして二直角になるとき、この二つの角は互いに補角をなすという。supplementary angle

**ほ-かげ**【火影】 ①火の光。灯火の光。light ②ともしびに映る姿・形。flickering shadow

**ほ-かげ**【帆影】 遠くに見える帆の姿。sight of a sail

**ほかけ-そう**【帆掛草】 カリガネソウの別名。

**ほかけ-ぶね**【帆掛(け)船】→はんせん(帆船)

**ぼかし-ぞめ**【▼暈し染め】 色をしだいに濃くしたり淡くしたりする彩色の技法。織物でも濃淡の色糸をだんだんに織ってその効果が表される。裾が濃くなるのを裾濃という。暈繝。

**ほか・す**【▽放す】(五他) 捨てる。捨てておく。

**ぼか・す**【▼暈す】(五他) =ぼやかす。①濃淡の境をぼんやりさせる。shade off ②ことばをあいまいにする。obscure 用例 返事を——。

**ホカ-スー-ごぞく**【ホカ-スー語族】 アメリカ-インディアン語派の一つ。カリフォルニア州を中心にメキシコを含む地域、およびアメリカ中部・東部に分布する大語族。これに属するチェロキー語は独特な音節文字で有名。Hokan-Siouan languages

**ぽかっ-と**(副) ①頭などをたたく音。ぽかり。②急に大きく開いたり、割れたりするさま。急に空虚に感じるさま。ぽっかり。gape; open; empty 用例 ——穴があく。

**ほか-ならない**【▽他ならない】(連語) それ以外のものでない。確かに…だ。none other than

**ほか-ほか**(副・サ変自) あたたかいさま。ぽかぽか。warm

**ぽか-ぽか**(副・サ変自) ①あたたかいさま。ほかほか。warm 用例 ——日が射す。②続けざまにたたく音。用例 頭を——なぐる。

**ポカラ**[Pokhara] ネパール中部、ヒマラヤ山麓の町。同国中部の中心地。カトマンズから空路が通じ、ヒマラヤ登山の基地。

**ほがら-か**【朗らか】(形動) ①表情・性格・心などが明るく晴れやかなさま。快活。cheerful 用例 ——に笑う。②さわやかに明るいさま。fine; clear 用例 空は——に晴れて。

**ほ-がり**【穂刈(り)】 稲や麦などを収穫するとき、穂先だけを刈り取ること。

**ほ-かん**【保管】(名・サ変他) 人の物を預かって保護・管理すること。safe-keeping

**ほ-かん**【補完】(名・サ変他) 足りないのを補って、完全なものにすること。supplement; complement 用例 ——物。

**ほ-かん**【補巻】 全集などで、完結のあとで出される補遺の巻。supplement

**ぼ-かん**【母艦】 航空機・潜水艦などの拠点となって戦闘指揮を行うほか、その兵員の休養や燃料・弾薬・食料などの補給を行う軍艦。航空母艦・潜水母艦など。depot ship; mother ship 比較 母船。

**ぼ-がん**【母岩】 有用な鉱物や鉱床の周囲にある岩石。また、それらを含む岩石。country rock

**ほかん-ざい**【補完財】 同時に使用することで利益や使用効果が高まるような二つの財。パンとバター、バイオリンと弓など。complementary goods 対義 代替財。

**ぽかん-と**(副) ①頭などをたたく音。用例 ——なぐる。②ぼんやりしているさま。look vacant 用例 ——口を開けて見とれる。

**ほかん-ほう**【補間法】 関数の形が未知のとき、二つ以上の変数の値に対する関数値から、それ以外の変数の値に対する関数値の近似値を求める方法。interpolation

**ほ-き**【補記】(名・サ変他) おぎない書きしること。addition

**ぼ-き**【簿記】 財産や企業資本の増減・変化を記録計算するための方式。単式と複式に分かれ、商業簿記・工業簿記・銀行簿記・農業簿記・官庁簿記などがある。bookkeeping

**ボギー**[bogey] ゴルフで、そのホールの基準打数(パー)よりも、一打多い打数。また、その打数でボールをホールに入れること。比較 バーディー。

**ボギー-しゃ**【ボギー車】 鉄道車両で、中心部で自由に回転できる台車を、車体の前後につけたもの。台車の車軸はふつう二軸で、三軸のものもある。車長の長い車両も曲線部を走ることができる。bogie car

**ほき-だ・す**【▽吐(き)出す】(五自)《俗語》嫌そうにはき出す。vomit

**ボキャブラリー**[vocabulary] 語彙。用語数。ヴォキャブラリー。

**ほ-きゅう**【▼匍球】 野球で、地面に転がる打球。ゴロ。ground ball 対義 飛球。

**ほ-きゅう**【捕球】(名・サ変自他) ボールをとること。catch

**ほ-きゅう**【補給】(名・サ変他) 不足を補うこと。supply 用例 栄養——。

**ほきゅう-せん**【補給線】 補給基地から前線部隊に武器・弾薬・食糧などを送る陸上・水上・空中の輸送路。supply line

**ほ-きょう**【補強】(名・サ変他) 欠点・弱点・不足を補って強くすること。reinforcement 用例 チームの——。

**ほ-きん**【保菌】(名・サ変自) 発病はしていないが、体内に病原菌を持っていること。disease carrier 用例 ——者。

**ぼ-きん**【募金】(名・サ変自) 広く寄付金をつのること。fund-raising 用例 街頭——。

**ほきん-しゃ**【保菌者】 ある感染症の病原体を体内に保有していながら、自身は発病していない人。しばしばその疾患の感染源となる。carrier

**ホク** 5画【北】 部首[匕] 教育小2 JIS 4344

音 ホク 訓 きた

北北北北北

①きた。きたの方角。対義 南。「河北・極北・西北」②にげる。まける。「敗北」

**ほ・く**【▼惚く・▼呆く】 古語 ㊀(四自) 知覚が鈍くなる。ぼんやりする。ほうく。用例 世にも、——・きたることと、そしり聞ゆ(源氏・常夏)。㊁(下二自) ぼんやりする。用例 かの中納言は——・けて妻にのみ従ひて(落窪・二)。

**ほ-ぐ**【▽反▽故・▽反▽古】→ほご(反故)

**ボク** 2画【▼卜】 部首[卜] JIS 4346

音 ボク

①うらなう。うらない。「亀卜・売卜」「卜者・卜占」②さだめる。「卜居」

**ボク** 4画【▼攴】 部首[攴] JIS 5829 ／ 4画【▼攵】 部首[攵] 異体字 JIS 5830

音 ホク・ボク

①うつ。たたく。②部首の一つ。ぼくにょう。ぼくづくり。

**ボク** 4画【木】 部首[木] 教育小1 JIS 4458

音 ボク・モク 訓 き・こ

木木木木

き。たちき。用材。きでつくったもの。「香木・高木・大木・低木・土木」「木石・木刀」→モク【木】

**ボク** 5画【目】 部首[目] 教育小1 JIS 4460

音 モク・ボク 訓 め・ま 筆順 →モク【目】

め。めつき。また、人にあわせる顔。「面目」→モク【目】

**ボク** 6画【朴】 部首[木] 常用 JIS 4349

音 ボク・ハク・ホク

①すなお。かざりけがない。「質朴・純朴・素朴」「朴直・朴訥」②ほお。ホオノキ。モクレン科の落葉高木。

**ボク** 8画【牧】 部首[牛] 教育小4 JIS 4350

音 ボク・モク 訓 まき

牧牧牧牧牧

①まき。まきば。牛・馬・羊などをかう。飼育する。「放牧・遊牧」「牧場・牧草・牧畜」②やしなう。おさめる。人民をみちびく。「牧師・牧民」

**ボク** 13画【▼睦】 部首[目] 人名用 JIS 4351

音 ボク・モク

むつぶ。したしくする。むつまじい。仲がよい。「親睦・和睦」

**ボク** 14画【僕】 部首[人・亻] 常用 JIS 4345

音 ボク

①しもべ。男のめしつかい。対義 婢。「家僕・下僕・公僕・忠僕」「僕婢」②わたくし。われ。やつがれ。男の自称。対義 君。用例(代) ——と遊ぼう。

**ボク** 14画【墨】 部首[土] 常用 JIS 4347 ／ 15画【▼墨】 旧字

音 ボク・モク 訓 すみ

①すみ。「水墨画」「墨汁」②かたい。「墨守」③《古くは「墨田川」とも書いた》隅田川のこと。「墨堤」④いれずみ。いれずみの刑。「墨刑」⑤メキシコ(墨西哥)のこと。

**ボク** 15画【▼幞】 部首[巾]

音 ボク

頭巾。はちまき。頭をつつむ布。

**ボク** 15画【撲】 部首[扌] 常用 JIS 4348

音 ボク・ハク・ホク

うつ。たたく。なぐる。比較 殴。「打撲傷」「撲殺・撲滅」

**ボク** 16画【▼樸】 部首[木] JIS 6087

音 ハク・ホク・ボク

すなお。かざりけがない。「質樸・素樸」「樸直」

**ボク** 16画【▼穆】 部首[禾] JIS 4352

音 ボク・モク

やわらぐ。むつまじい。なかがいい。

**ボク** 17画【▼濮】 部首[氵] JIS 6333

音 ホク・ボク

「濮水」は、中国にかつてあった川の名。河南省からながれだし、河北省をへて、山東省で海にはいった。

**ボク** 19画【▼蹼】 部首[足] JIS 7714

音 ホク・ボク

みずかき。水鳥などの足の指の間にある膜。

**ボク** 20画【▼鶩】 部首[鳥] JIS 8315

音 ボク・ブ

アヒル。ガンカモ科の飼い鳥。マガモを飼いならしたもの。

**ほく-ア**【北ア・北▼阿】 北アフリカ。

**ほく-い**【北緯】 赤道を0度、北極を九〇度としてはかった、北半球上の位置・緯度。north latitude 対義 南緯。

**ほくいさんじゅうはちど-せん**【北緯三十八度線】→さんじゅうはちどせん(三十八度線)

**ぼく-えいこう**【朴泳孝】(一八六一—一九三九) 朝鮮、李朝末期の政治家。金玉均らと独立党を結成。一八八四年(明治一七)甲申の変に敗れて日本に亡命。その後帰国。一九一〇年、日韓併合後、日本から侯爵位を受け、中枢院顧問官となる。

**ほく-えつ**【北越】 越後と越中。とくに、越後をいう。

**ほくえつせっぷ**【北越雪譜】 江戸時代の随筆。雪国越後などの自然と生活の記述。鈴木牧之著。天保六年(一八三五)、同一三年(一八四二)刊。初・二編合わせて七冊。

**ほく-えん**【北▼燕】 中国、五胡十六国の一

▼ 常用漢字表外。 ▽ 常用漢字表の音訓外。

国。四〇九年、後燕の将軍馮跋が後燕の帝位を奪って建国。竜城(遼寧省朝陽県)を都としたが、四三六年北魏に攻められ、二代で滅亡。

**ほく-おう【北奥】** 奥羽地方の北部。青森・秋田・岩手の三県。

**ほく-おう【北欧】** ヨーロッパの北部地方。アイスランド・ノルウェー・スウェーデン・フィンランド・デンマークなど。北ヨーロッパ。Northern Europe 対義 南欧。

**ほくおう-かいぎ【北欧会議】**(Nordic Council) 北ヨーロッパ五か国の政治的・経済的・文化的協力機構。一九五三年コペンハーゲンでスウェーデン・デンマーク・ノルウェー・アイスランドによる第一回会議が開かれ、五六年にフィンランドも加盟。

**ほくおう-がくは【北欧学派】** 近代経済学の学派の一つ。ウィクセルを創始者としカッセルやミュルダールなどを中心とする。実践的な学風を特徴とし、マクロ経済変動理論を展開。スウェーデン学派。ストックホルム学派。Swedish school; Stockholm school

**ほくおう-しんわ【北欧神話】** 中世北欧に伝わる古代ゲルマン民族共有の神話。『詩エッダ』とスノッリ＝ストゥルルソンの『散文エッダ』に記されている。

**ほくおう-りょうり【北欧料理】** スカンジナビア半島を中心とした地帯の料理。魚介類・乳製品に恵まれているが、料理法はいたって素朴、味も単調であるといわれる。スモークサーモン・酢漬けにしんなど保存食も発達している。

**ほく-が【北画】** ↓ほくしゅうが(北宗画)

**ぼく-か【墨家】** 中国、先秦時代の思想家墨翟(墨子)を祖とする学派。諸子百家の一つ。兼愛・非攻(非戦)を主張した。ぼっか。

**ぼく-が【墨画】** すみ絵。

**ほくかん【北漢】** 中国、五代十国の一国。後漢の滅亡時、その一族劉崇が自立、九五一年山西省に建国し、漢を復活。都は太原。契丹と結び後周と対立したが、九七九年宋に滅ぼされた。

**ほくぎ【北▼魏】** 中国、南北朝時代の北朝最初の王朝。鮮卑族の拓跋珪が三八六年後燕を滅ぼして建国。大同に都し、四三九年華北全土を統一。第六代孝文帝は四九三年洛陽に遷都し、漢化政策を推進。その後内乱が起こり、五三四年に東魏と西魏に分裂。歴代諸王は仏教を信奉し、雲崗・竜門などの石窟寺院を造営した。拓跋魏。後魏。

**ほくぎしき-ぶつぞう【北▼魏式仏像】** 中国の北魏時代(三八六～五三四年)の仏像様式を備えた仏像の総称。雲崗石窟・竜門石窟の仏像など。

**ぼく-ぎゅう【牧牛】** 牛を放し飼いにすること。また、放し飼いにされた牛。pasturing cattle

**ぼく-けい【墨刑】** ↓ぼっけい(墨刑)

**ほく-げん【北限】** ある生物が分布する北方の限界。the northern limit 用例 ニホンザルの—。

**ほくげん【北元】** 中国、明に追われてモンゴル地方にわずかに勢力を保った元の残存勢力。一三六八年順帝が大都(北京)から上都に逃れて以後をいう。八八年に滅亡。

**ぼく-こう【▼穆公】**(?～BC六二一) 中国、春秋時代の秦の第九代君主(在位BC六六〇～BC六二〇)。百里奚や蹇叔を登用して国勢を伸張。西戎の間に支配的地位を獲得したという。春秋五覇の一とされる。

**ボクサー【boxer】** ①イヌの品種の一つ。肩高五七～七三cm。イノシシ狩り用のイヌとブルドッグなどを交配して作出。短毛で、がっしりとした体格で、顔はブルドッグに似る。警察犬・軍用犬用。ドイツ原産。↓犬 写 ②ボクシングの競技者。ボクシング選手。拳闘家。

**ほくさい【北斎】** ↓かつしかほくさい(葛飾北斎)

**ぼく-さつ【撲殺】**(名・サ変他) なぐり殺すこと。strike to death

**ほくさぶんりゃく【北▼槎聞略】** 江戸時代のロシア旅行記。一一巻、付録一巻。桂川甫周編著。寛政六年(一七九四)成立。遭難した伊勢の漁師大黒屋光太夫がロシアで見聞したことをまとめた書。

**ほくし【北支】** 現在の中国、華北地方の別称。

**ほくし【北枝】** ↓たちばなほくし(立花北枝)

**ぼく-し【牧師】** プロテスタント教会の教職の一般的名称。教区・教会を管理し、信徒を指導する人。pastor

**ぼくし【墨子】**(BC四七〇ごろ～BC三九〇ごろ) 中国、戦国時代の思想家。名は翟。墨家の始祖。墨子と一門の説を集めた『墨子』五三編は、無差別の愛の兼愛や非攻(非戦)を説く。

**ほぐし-おり【▽解し織り】** 絣の一種。縦糸と仮の横糸で織った無地布に型染めをし、仮の糸はほぐして正規の横糸で本織りとする。

**ぼく-しげん【朴▼趾源】**(一七三七～一八〇五) 朝鮮、李朝末期の思想家・文学者。短編『許生伝』『両班伝』、中国見聞記『熱河日記』など。

**ほくし-じへん【北支事変】** 日中戦争の旧称。内閣は当初、昭和一二年(一九三七)の盧溝橋事件に始まる戦争を「北支事変」とよぶことに決定したが、同年九月「支那事変」と改称。現在は「日中戦争」と呼称。

**ホクシャ【foksia オランダ】** フクシアの別名。

**ぼく-しゃ【▼卜者】** 占いをする人。占い師。易者。

**ぼく-しゃ【牧舎】** 牛・馬などを入れる小屋。barn; stable

**ぼく-しゃ【牧者】** 牧場で、牛・馬・羊などを飼う人。牧人。herdsman

**ぼく-しゅ【墨守】**(名・サ変他)《中国の墨翟がよく城を守った故事から》自説・旧習をかたく守ること。固守。adherence

**ほく-しゅう【北宗】**《仏教語》神秀を祖とする中国の禅宗の一派。中国北部を中心に活躍したが、唐末以降衰退。漸悟主義をとる。北宗禅。如来禅。対義 南宗。

**ほくしゅう【北周】** 中国、南北朝時代の北朝の一国。北魏の東西分裂後、西魏の実力者宇文泰の子の覚が五五六年建国。三代武帝は国力を充実させ、華北を統一したが、五八一年隋により滅亡。

**ぼく-じゅう【墨汁】** すみをすったしる。また、写字用に作られたすみのしる。India ink

**ほくしゅう-が【北宗画】** 中国絵画の一流派。北画ともいい、南宗画または南画に対する名称。明末の董其昌らが唱える。唐の李思訓父子に始まり、宋の馬遠・夏珪を典型的北宗画家とする。文人画に対し、職業的で剛直な作風の南宋画院や明の浙派が中心。日本の雪舟や狩野派がこれに属する。

**ぼく-しょ【墨書】**(名・サ変他) すみで書くこと。また、書いたもの。

**ほく-じょう【北上】**(名・サ変自) 北へ行くこと。advance north 対義 南下。

**ぼく-じょう【牧場】** 牧草地などをもち、一定の規模で家畜を飼育管理する所。また、その経営体。まきば。stock farm

**ぼく-しょうわ【朴鐘和】**(一九〇一～) 韓国の小説家。長編『多情仏心』『洪景来』、詩集『黒房秘曲』など。

**ぼく-しょく【墨色】** すみの色。すみ色。用例 —も鮮やかな文字。

**ほく-しん【北▼辰】** 北極星の別称。the pole-star

**ほく-しん【北進】**(名・サ変自) 北のほうへ進むこと。北上。advance north 対義 南進。

**ぼく-しん【牧神】** ギリシア神話の牧人・家畜を守る半人半獣の神。ローマ神話のファウヌス。パン。牧羊神。Pan

**ぼく-じん【牧人】** ↓ぼくしゃ(牧者)

**ボクシング【boxing】** 格闘技の一つ。皮のグローブを両手につけた二人の選手が、正方形のリング内で互いにパンチを浴びせて勝敗を争うスポーツ。体重別の階級制。相手をノックアウトできない場合は判定で決める。拳闘。↓図

**ほくしん-じへん【北▽清事変】**「義和団の乱」の日本における呼称。

**ぼくしんのごごへのぜんそうきょく【牧神の午後への前奏曲】**《原題 Prélude à l'Après-midi d'un Faune フランス》ドビュッシー作曲の管弦楽曲。マラルメの詩に基づき、一八九四年作。印象主義音楽の代表的傑作。

**ほぐ・す【▽解す】**(五他) ①固まっているものを、解いてばらばらにする。ほどく。loosen 用例 糸を—。②緊張をやわらげる。relax 用例 気分を—。

**ぼく・する【▼卜する】**(サ変他) ①占う。divine ②占って定める。divine for settlement 用例 居を—。

**ほく-せい【北西】** 北と西の中間の方角。西北。いぬい。the northwest 対義 南東。

**ほくせい【北斉】** 中国、南北朝時代の北朝の一国。北魏が東西に分裂、高歓の擁立した東魏の孝静帝から、高歓の子の高洋が五五〇年、位を譲られて建国。内政の整備に努めたが、北周に攻められ、五七七年に滅亡。

**ほくせい【北勢】**〈町〉三重県北端の町。産業は林業と畜産・養蚕など。中心の阿下喜は近鉄北勢線の終点。人口一万三五五一(一九八八)。

**ぼく-ぜい【▼卜▼筮】**《「卜」はカメの甲を焼いて、「筮」はぜい竹でする占い、の意》占い。

**ほくせいかいがん-インディアン【北西海岸インディアン】** 北米、北西海岸に住むインディアン諸族の総称。クワキウトル・トリンギット・ハイダなど。主として漁業に従事。トーテムポールやポトラッチ儀礼で知られる。Northwest Coast Indians

**ぼく-せいき【朴正▼熙】**(一九一七～一九七九) 韓国の軍人・政治家。慶尚北道出身。一九六一年国防軍少将、第二軍副司令官としてクーデターを指導。六三年民主共和党総裁。大統領に就任。一八年間独裁体制を保ったが、七九年暗殺された。パク＝チョンヒ。

**ぼく-せき【木石】** ①木と石。stocks and stones ②人の情がわからない者。木石漢。

**木石ならぬ身**(ぼくせきならぬみ) 人情のわからないわけではない人。血の通っている人間。flesh and blood

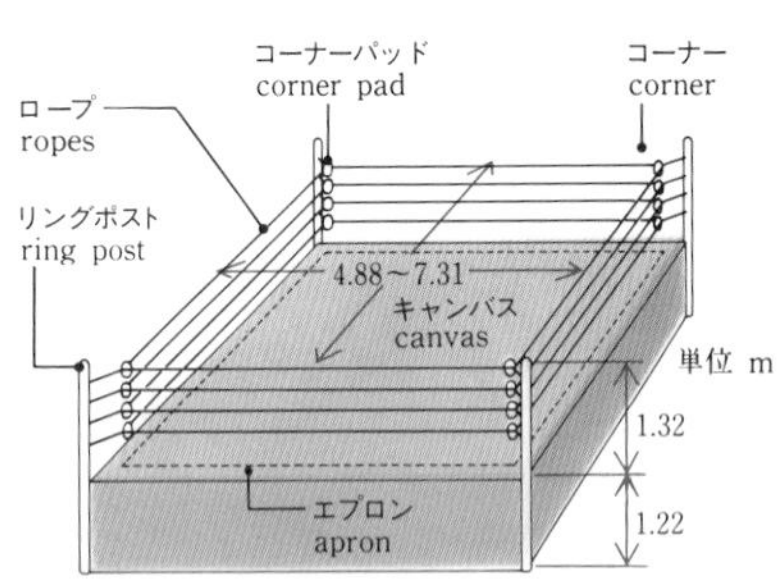


●ボクシング　リング(プロ規格)と体重別階級

| アマチュア | | プロ | | |
|---|---|---|---|---|
| 体重 kg | 階級 | 体重 kg ( ) ポンド | 階級 WBA *1 | 階級 WBC *2 |
| 91超過 | スーパーヘビー | 86.1(190)超過 | ヘビー | ヘビー |
| 91以下 | ヘビー | 86.1(190)以下 | ジュニアヘビー | クルーザー |
| 81以下 | ライトヘビー | 79.3(175)以下 | ライトヘビー | ライトヘビー |
| 75以下 | ミドル | 72.5(160)以下 | ミドル | ミドル |
| 71以下 | ライトミドル | 69.8(154)以下 | ジュニアミドル | スーパーウエルター |
| 67以下 | ウエルター | 66.6(147)以下 | ウエルター | ウエルター |
| 63.5以下 | ライトウエルター | 63.5(140)以下 | ジュニアウエルター | スーパーライト |
| 60以下 | ライト | 61.2(135)以下 | ライト | ライト |
| 57以下 | フェザー | 58.9(130)以下 | ジュニアライト | スーパーフェザー |
| 54以下 | バンタム | 57.1(126)以下 | フェザー | フェザー |
| 51以下 | フライ | 55.3(122)以下 | ジュニアフェザー | スーパーバンタム |
| 48以下 | ライトフライ | 53.5(118)以下 | バンタム | バンタム |
| 45以下 | モスキート | 52.1(115)以下 | ジュニアバンタム | スーパーフライ |
| | | 50.8(112)以下 | フライ | フライ |
| | | 48.9(108)以下 | ジュニアフライ | ライトフライ |
| | | 47.6(105)以下 | ミニマム | ストロー |

*1 World Boxing Association 世界ボクシング協会　*2 World Boxing Council 世界ボクシング評議会

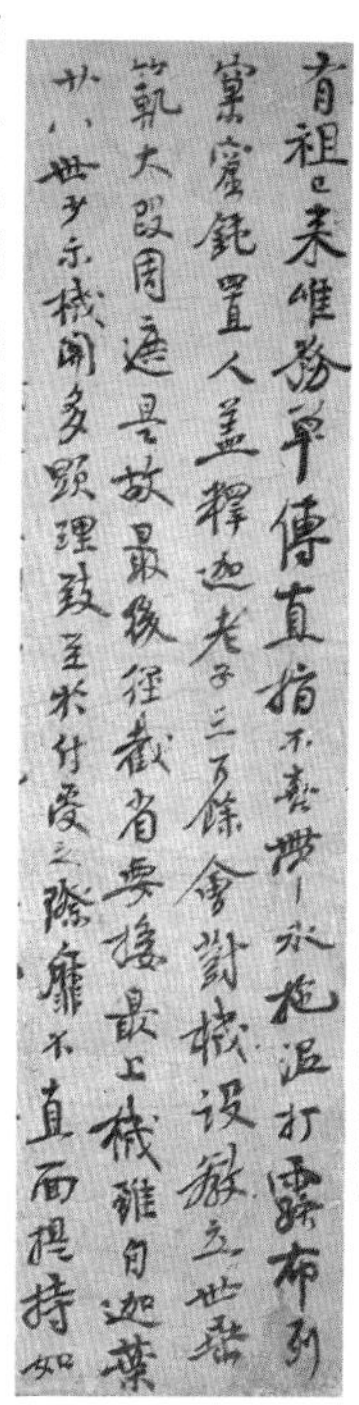

●墨跡② 圜悟克勤『印可状』(部分)。北宋、宣和六年(一一二四)、東京国立博物館。

**ぼく-せき【墨跡・墨▼蹟】** ①墨で書いたあと。筆跡。②おもに禅宗僧侶の筆跡。茶席の鑑賞用として珍重された。内容は印可状・偈頌・法語・書状など。筆跡。↓写

**ぼくせき-かん【木石漢】** 人情や男女間の情愛のこまやかさがわからない男。比較石部金吉・朴念仁。insensitive person

**ぼく-せん【▼卜占】** うらない。divination

**ほ-くそ【火▼糞】** ①ろうそくの燃えがら。②火口。

**ほく-そう【北▼宋】** 中国の統一王朝。九六〇年趙匡胤が建国し、一一二七年靖康の変により江南に移るまでの宋朝をいう。

**ぼく-そう【牧草】** 家畜の飼料として栽培される草。イネ科・マメ科の植物が大半。一年草と多年草があり、また、放牧型と乾草用の刈り取り型がある。pasture; grass

**ほくそ-え-む【ほくそ笑む】**(五自)《「ほくそ」は、北叟、すなわち、北の翁で、塞翁。「塞翁が馬」の故事からともいう》してやったりと、にこにこする。snicker

**ぼく-そく【▼樸▼樕】** 生薬の一つ。クヌギ・カシワ・ナラなどの樹皮。タンニンが多量に含まれているので収斂薬などに使用。

**ほくそ-ずきん【▼苧▼屑頭▼巾】** カラムシの茎を編んで作った頭巾。真屋の屋根のような形をしていて、おもに鷹匠や猟師が用いた。苧頭巾。山岡頭巾。強盗頭巾。

**ほくだい-しょくぶつえん【北大植物園】** 北海道札幌市にある北海道大学農学部付属植物園。おもに北温帯植物・高山植物を集めるほか、北海道の自然植生保存が目的。面積約一三ha。明治一七年(一八八四)創設。

**ぼく-たく【木▼鐸】** ①木の舌がついた大鈴。昔、中国で官吏が人民に命令・法律を示すときに鳴らした。②世人の目を開かせ、教え導く人。指導者。leader 用例社会の—。

**ほく-たん【北端】** 北のはし。northern end 対義南端。

**ほくだん【北淡】**〈町〉兵庫県淡路島北部の町。農漁業が主で、海苔など養殖漁業がさかん。ビワの産地。人口一万二二三二(一九八八)。

**ほ-くち【火口】** 切り火を移し取るもの。イチビの茎の、殻などで作る。ほくそ。tinder

**ぼく-ち【牧地】** 牧場になっている土地。pastureland

**ぼく-ち【墨池】** ①すずりの、水をたたえる所。②すみつぼ。inkhorn

**ぼく-ちく【牧畜】** 牧場で、放牧などにより、牛・馬・羊などの家畜を飼育・繁殖させること。また、その産業。stock farming

**ぼくちく-みん【牧畜民】** 生活資源の大半を家畜に依存している人々、もしくは民族。

**ほく-ちょう【北朝】** ①中国の南北朝時代、華北に興った北魏・東魏・西魏・北斉・北周の五王朝(三八六～五八一年)。②南北朝時代、足利尊氏が京都に推戴した持明院統の朝廷。大覚寺統の南朝と対立。明徳三年(一三九二)南朝と合一。

**ぼく-ちょく【朴直・▼樸直】**(名・形動)飾り気がなく、すなおなこと・さま。実直。simple and honest

**ぼく-てい【墨堤】**《「墨」は隅田川のこと》隅田川の土手。

**ほく-てき【北▼狄】**《「狄」は野蛮人》昔、中国で、北方の遊牧民族を卑しめて言った語。northern savages 対義南蛮。

**ぼく-てき【牧笛】** 牧者の吹く笛。shepherd's pipe

**ほくてん-せん【北転船】** 北洋海域で操業するトロール船。名称は、日本近海の漁業資源減少に伴い、北海道を中心に操業していた中型の底引き網漁船が北洋に操業地域を転換したことに由来する。

**ほく-と【北斗】**《「斗」は、ひしゃく》「北斗七星」の略。

**ほく-とう【北東】** 北と東の中間の方角。東北。うしとら。the northeast 対義南西。

**ほく-どう【北堂】** ①昔、中国で、主婦の居間。②母。mother ③人の母を言う敬語。母堂。

**ぼく-とう【木刀】** 剣道などで使う木で作った刀。アカガシを削ったものが多い。木太刀。木剣。wooden sword

**ぼく-とう【▼濹東・墨東】**《「濹」は隅田川のこと》隅田川の東側、東京都墨田・江東の二区の称。

**ぼく-どう【牧童】** 牧場で家畜の世話をする少年。herdboy

**ぼくどう【牧童】** ↓たちばなぼくどう(立花牧童)

**ぼくとうきだん【▼濹東▼綺▼譚】** 永井荷風の小説。昭和一二年(一九三七)発表。作者を思わせる作家と私娼窟の女との交情を綴る。独自の文明批評を交えた随筆風作品。

**ほくとうのかぜ【北東の風】** 久板栄二郎の戯曲。昭和一二年(一九三七)初演。武藤山治をモデルに、家族主義的経営を信じる資本家の誠実さの限界を描く。戦前のリアリズム戯曲の代表作の一つ。

**ほくとう-ぼうえきふう【北東貿易風】** 北半球の中緯度(亜熱帯)高圧帯から赤道に向かって吹く風。恒信風。northeast trade wind 対義南東貿易風。

**ほくと-しちせい【北斗七星】** 北天のおおぐま座の主要な七個の星を「ひしゃく」にみたてたもの。ヨーロッパでは「車」とみる。北極星をみつける指標。ほくと。Big Dipper ↓図

●北斗七星

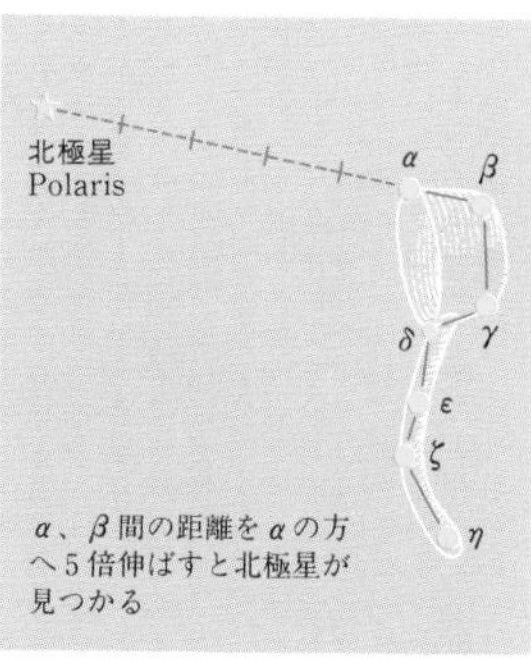


**ぼく-とつ【木▼訥・朴▼訥】**(名・形動)飾り気がなく、無口なこと・さま。simple and good-natured 用例剛毅—。

**ぼくとつ-ぜんう【▽冒▼頓▽単▼于】**(?～BC一七四)匈奴の全盛期を開いた、第二代単于(在位BC二〇九～BC一七四)。東胡と月氏を追ってモンゴルを統一。紀元前二〇〇年漢の高祖を平城で包囲し、以後漢に対して優位を保ち、西域諸国を支配した。

**ぼく-にょう【▼攴▼繞・▼攵▼繞】** 漢字を組み立てている部分の名。「牧・政」などの「攵」、「敲」などの「攴」。

**ぼくねん-じん【朴念仁】** ①無口で無愛想な人。stick ②人情のわからない者を悪く言う語。dry and dull old stick

**ほく-ばく【北爆】** ベトナム戦争中にアメリカ空軍が北ベトナムに対して行った爆撃。南ベトナム解放民族戦線への北ベトナムからの支援を絶つのが目的。一時的な停止を含めて、一九六五年二月より七三年一月まで続行。

**ほく-ばつ【北伐】** 中国南部を基盤とする国民党革命政府が、北京の軍閥政府打倒を目的に行った出兵。一九二六年七月蒋介石を総司令として開始。二七年三月に上海を解放、二八年六月には北京を占領して完了した。

**ぼく-ひ【僕▼婢】** 下男と下女。使用人。

**ほく-ぶ【北部】** 北の部分。the north 対義南部。

**ほくぶ【北部】**〈町〉熊本県北西部の町。熊本市に接し都市化が進む。園芸農業・食品工業がさかん。人口一万七一五〇(一九八八)。

**ぼく-ふ【牧夫】** 牧場で家畜の世話をする男。herdsman

**ほくべい【北米】** 北アメリカの別称。

**ほくぼう【北房】**〈町〉岡山県中部の町。農業と工業の町で、石灰石採掘もさかん。中国自動車道が通る。人口七二八〇(一九八八)。

**ほく-ほく**(副・サ変自)①うれしさをかくしきれないさま。with satisfaction 用例小遣いをもらって—する。②ふかしいもなどの水気が少なく、くずれやすいさま。soft and tasty 用例—したイモ。

**ぽく-ぽく**(副)①木魚などをたたく音。②ゆっくり歩む足音。また、そのさま。

**ほく-ほくせい【北北西】** 北と北西の中間の方向。the north-northwest 対義南南東。

**ほく-ほくとう【北北東】** 北と北東の中間の方向。the north-northeast 対義南南西。

**ぼく-みん【牧民】** 人民を治めること。

**ぼくみん-かん【牧民官】** 地方の人民を治める役人。地方長官。

**ほく-めい【北▼溟・北▼冥】** 北方の大海。

**ぼく-めつ【撲滅】**(名・サ変他)討ちほろぼすこと。絶やすこと。eradication 用例害虫の—。

**ほく-めん【北面】** ①北向き。②㋐《南面する天子に対して》臣下としての地位。臣下として従うこと。対義南面。㋑「北面の武士」の略。㋒北面の武士の詰め所。

**ほくめん-の-ぶし【北面の武士】** 上皇・院の御所を守った武士。白河院の時に設置された。北面の侍。ほくめん。きたおもて。

**ぼく-や【牧野】** 牧場。牧場によい野原。pasture

**ほく-よう【北洋】** 北の海。北海。northern sea 対義南洋。

**ぼく-よう【牧羊】**(名・サ変自)ヒツジを飼うこと。sheep-farming

**ほくよう-ぎょぎょう【北洋漁業】** オホーツク海・ベーリング海などを含む北太平洋海域で操業する漁業。サケ・マスの母船式底引き漁業、カニ漁業など。northern-sea fishery

**ほくよう-ぎょじょう【北洋漁場】** オホーツク海とベーリング海を含む北部太平洋の漁場。餌料生物・水産生物も豊かな高生産域。

**ほくよう-ぐんばつ【北洋軍閥】** 中国、中華民国初期に北京の政権を掌握した軍閥。袁世凱が新軍の武力を基盤に創始。その死後は、安徽派・直隷派・奉天派に分裂して抗争したが、北伐により解消。

**ぼくよう-けん【牧羊犬】** 放牧されたヒツジを見張り、群れの統合や移動などを助けたりする目的に使われるイヌ。オールドイングリッシュシープドッグ・コリー・シェパードなど。sheepdog

**ほくよう-ざい【北洋材】** ソ連極東地域から輸入されるエゾマツ・トドマツ・ダフリマツなどの木材の総称。north sea timber

**ぼくよう-しん【牧羊神】** ↓ぼくしん(牧神)

**ぼく-り【木履】** ①木でつくったはきもの。wooden clogs ②あしだ。下駄。clogs ③ぽっくり。high clogs ↓下駄図

**ほくりく【北陸】** ①「北陸道」の略。②新潟・富山・石川・福井各県の総称。

**ほくりく-こうぎょうちいき【北陸工業地域】** 日本海側の新潟・富山・石川・福井四県にひろがる工業地域。福井・石川県の織物工業、富山県の銅器、新潟県の金物などの在来工業からおこった軽工業と、豊かな電力を背景に発達した重化学工業が混在するのが特色。

**ほくりく-じどうしゃどう【北陸自動車道】** 新潟市と北陸の主要都市を結ぶ高速道路。滋賀県米原町で名神高速道路に接続する。長さ四八三km。昭和六三年(一九八八)全線開通。

**ほくりく-ちほう【北陸地方】** 中部地方の日本海側、新潟・富山・石川・福井の四県をさす。豪雪地帯で水田単作地域。臨海部は富山市・高岡市・新潟市・福井市などを中心に工業地域が形成されつつある。

**ほくりく-どう【北陸道】** 七道の一つ。若狭・越前・加賀・能登・越中・越後・佐渡の七か国。越の国。北陸。ほくろくどう。

**ほくりく-トンネル【北陸トンネル】** 敦賀と南今庄を結ぶ北陸本線の鉄道トンネル。長さ一万三八七〇m。昭和三七年(一九六二)開通。

**ほくりく-ほんせん【北陸本線】** JR西日本の鉄道幹線の一つ。東海道本線の米原と信越本線の直江津を結ぶ。長さ三五三・九km。大正二年(一九一三)開通。

**ほくりゅう【北竜】**〈町〉北海道中央部、石狩平野北端の町。雨竜川に面した水田地帯で、ジャガイモ栽培もさかん。人口三二五一(一九八八)。

**ほくりょう【北涼】** 中国、五胡十六国の一国。匈奴の沮渠蒙遜が三九七年に後涼から自立。河西の西半分を領し、四二一年西涼を滅ぼしたが、四三九年北魏に攻められて滅亡。

**ほく-れい【北▼嶺】** ①《高野山を南山というのに対して》比叡山。対義南山。②《奈良

▼常用漢字表外。 ▽常用漢字表の音訓外。

の興福寺を南都というのに対して》延暦寺。対義 南都。

**ぼく-れつ【朴烈】**(一八九六〜一九七四) 朝鮮の民族主義者。一九一九年来日。一九二三年(大正一二)天皇または皇太子の暗殺を図ったとされて妻の金子文子とともに死刑宣告。のちに恩赦。第二次大戦後、釈放された。

**ほぐ・れる【▽解れる】**(下一自) ①とける。ほつれる。get loose 用例 もつれた糸が—。②緊張がとけて、気持ちが次第にやわらぐ。relax

**ほくろ** シュンランの別名。

**ほくろ【黒▽子】** ①皮膚の体表に現れる小さな色素性母斑(黒あざ)。平滑状と隆起状のものがあり、ときに悪性黒色腫になる。ははくそ。ははくろ。mole; lentigo ②四国・九州で、あざのこと。

**ほくろく-どう【北▽陸道】** ↓ほくりくどう(北陸道)

**ぼけ【▼惚け・▼呆け】** ①ぼけること。ぼけた人。senility; dotage 用例 —老人。②漫才の演者のうち、受け手の役目の人。ぼけ役。才蔵。対義 突っ込み。

**ぼ-け【▽木▼瓜】** バラ科の落葉低木。高さ約二m。葉は長楕円形。枝にとげがある。春に径約二cmの花が咲く。花弁は紅色・白色・紅白の混じるものなど。雌雄異花。果実は黄緑色に熟し、芳香がある。観賞用。中国原産。ボッカ。モッコウ。↓写

●ボケ

**ほ-げい【捕鯨】** クジラを捕獲すること。現在は、クジラ資源の減少を理由に、遠洋捕鯨は全面禁止、調査捕鯨と生存捕鯨(アラスカなど、漁民が生きるための捕鯨)に限り認められている。whaling

**ぼ-けい【母系】** 対義 父系。①母方の系統に属すること・者。母方。maternal line ②家系が母方の系統によって相続されること。matrilineal 用例 —家族。

**ぼ-けい【母型】** 活字鋳造用の鋳型。黄銅製で、字面の雌型(凹型)が刻まれている。製法により打ち込み母型・彫刻母型などがある。字母。matrix

**ぼけい-せい【母系制】** 集団の成員権が、母親を通じて代々子どもに伝達される制度。matriliny

**ぼけいせい-しゃかい【母系制社会】** 文化人類学の概念で、集団の成員権が母親を通じて代々子どもに伝えられる出自規制をもつ社会をいう。相続など他の諸規制が同様に母系であるとは限らず誤解を招くため、この用語は現在ではあまり用いられない。matrilineal society

**ほげい-せん【捕鯨船】** クジラを捕獲する船。捕鯨砲など特別の装備をもつ。捕獲したクジラを集め、処理する装置をもった母船を中心に船団をつくって操業する。キャッチャーボート。whaling vessel

**ほげい-ほう【捕鯨砲】** クジラを捕獲するために、捕鯨船の船首に備えつけてある砲。綱の一端を結びつけた捕鯨銛を発射する。whaling harpoon gun

**ほけ-きょう【▽法華経】** 大乗仏教経典の一つ。三種の漢訳のうち、一般に鳩摩羅什訳の『妙法蓮華経』八巻が知られる。文学的手法を駆使して一乗の思想や久遠実成の本仏を説く。とくに、天台宗・日蓮宗で重んじる。全体は二八章からなり、そのうち第二五章の「観世音菩薩普門品」は『観音経』として独立して用いられる。ほっけきょう。

**ポケコン** 「ポケットコンピューター」の略。

**ほ-げた【帆▼桁・帆▼竿】** 帆を張るため帆柱に水平に取り付ける細長い材。帆竹。ほざお。boom ↓弁才船 図

**ほ-けつ【補欠・補▼闕】** ①欠けた部分を埋めること。supply of deficiency 用例 —入学。②控えの選手・人。substitute

**ほ-けつ【補血】**(名・サ変自) 貧血症の人に対して、血液の成分などを補うこと。比較 輸血。

**ぼ-けつ【墓穴】** ひつぎや骨つぼを埋めるあな。grave

**墓穴を掘る**(ぼけつをほる) 自滅の原因をつくる。dig one's own grave

**ほけつ-せんきょ【補欠選挙】** 議員の欠員を補充するために行われる臨時の選挙。補欠議員の任期は前任者の残りの任期。special election米; by-election英

**ぼけっ-と**(副) ぼんやりとしているさま。ぼさっと。absentminded 用例 —した、ねぼけ顔。

**ポケット【pocket】** 洋服や袋物などに付ける小さな袋状の物入れ。本来は実用的なものだが、装飾の役割も兼ねることが多い。用例 —に入れる。

**ポケット-コンピューター** 《和製語》携帯用の小型コンピューター。BASICが使え、記憶装置としてRAMを備える。ポケコン。

**ポケット-ネブライザー【pocket nebulizer】** 気管支喘息などの療法に用いる携帯用噴霧装置。薬剤を気管に噴霧し、気道の確保と気管支腔の洗浄をする。

**ポケット-ブック【pocketbook】** ①手帳。②小型の本。

**ポケット-ベル** 《和製語。商標名》個人呼び出しのための超小型の無線受信機。一五〇メガヘルツ帯と二五〇メガヘルツ帯の電波が用いられている。無線呼び出しサービス。beeper

**ポケット-マネー【pocketmoney】** 小遣い銭。

**ポケット-モンキー【pocket monkey】** ↓きぬざる(絹猿)

**ぼけ-なす【▼惚け▼茄子】** ①外皮の色つやがあせたナス。②《俗語》間抜けで、ぼんやりした人を軽蔑して言う語。fool

**ほ・ける【▼惚ける・▼耄ける】**(下一自) ↓ほうける(惚ける)

**ぼ・ける【▼惚ける・▼呆ける】**(下一自) 頭の働きが鈍る。ぼんやりする。もうろくする。become senile

**ぼ・ける【▼暈ける】**(下一自) 色や形がはっきりしなくなる。fade

**ほ-けん【保険】** 偶然の事故や死亡など共通の危険にそなえて多数の人が資金を出しあい、実際に事故にあった人に一定金額を給付する制度。生命保険・損害保険など。insurance

**保険を掛ける**(ほけんをかける) 掛け金を払って、保険にはいる。保険に加入する。insure

**ほ-けん【保健】** 健康を維持増進すること。健康者に対する病気の予防、健康や体力の増進をはかること。しばしば「衛生」と同義に用いられる。sanitation

**ぼ-けん【母権】** ①母の持つ親権。maternal rights ②母の支配権。matriarchy

**ほけん-い【保険医】** ①保険医療機関で健康保険などの医療保険を適用する診断を行う医師と歯科医師。健康保険医。②生命保険の加入診査を行う医師。診査医。

**ほけん-がいしゃ【保険会社】** 保険事業を営む会社。保険業法による規制を受け、大蔵大臣の免許を要する。生命保険と損害保険を兼ねることは許されない。insurance company

**ほけん-かがく【保険価額】** 損害保険をかける目的物の評価額。事故が発生したとき被保険者がうけると見積もられる損害の最高額。insurable value

**ほけん-きん【保険金】** 保険事故または所定の損害が発生した場合に、保険会社が契約に基づいて被保険者または保険金受取人に支払う金銭。premium

**ほけん-けいやく【保険契約】** 保険会社・国などの保険者が、保険料を支払う人(被保険者)に一定の偶然な事故(保険事故)にさいしての損害額または一定額を支払うことを約束する契約。insurance contract

**ほけんサービス-ぎょう【保険サービス業】** 多数の加入者から保険料を受け入れて管理・運営し、死亡・火災などの偶発的事故にさいして保険金を支払う事業。保険業法に基づく免許事業で、損害保険と生命保険とがある。insurance business

**ほけん-しゃ【保険者】** 保険金を支払う義務のある者。私営保険では保険会社、公営保険では国などがこれにあたる。insurer 対義 被保険者。

**ほけん-じょ【保健所】** 疾病予防・健康増進・環境衛生などに関する公衆衛生活動を行う第一線の中枢機関。都道府県または政令で定めた市、および東京都の二三特別区に設置。public health center

**ほけん-しょうけん【保険証券】** 保険契約の証明書。保険契約が成立したとき、それを証明するため保険者が保険契約者に発行する証拠証券。insurance policy

**ぼけん-せい【母権制】** 女性が家族や民族の長である社会形態。一九世紀の進化論者たちが、人類集団の原初的な姿として唱えたのがはじまり。妻方居住婚・母系制・家母長制などに示される。matriarchy

**ほけん-だいい【保険代位】** 損害保険で保険者が保険金を支払ったとき、被保険者のもっていた権利を代わって取得すること。insurance subrogation

**ほけん-たいいく【保健体育】** 中学校・高等学校の教科目の一つ。身心の発達過程や保健・衛生を学習し、また、各種の身体運動を行って、健康な生活を営む態度および能力を養う。保健体育科。health and physical education

**ほけん-つき【保険付(き)】** ①保険が掛けてあること。be insured ②品質の確かなこと。quality guaranteed

**ぼげん-びょう【母原病】** 母親が原因で、小児の人間形成にひずみが出てくる状態。ことばの遅れや無気力として現れるとされる。マスコミの造語。

**ほけん-ひょうしょう【保険標章】** 車体検査に合格したというしるしの紙。自動車の前面ガラスに張り付ける。昭和三七年(一九六二)末から実施。

**ほけん-ふ【保健婦】** 保健所・市町村などで、地域に密着したさまざまな保健指導を行う女性。保健婦助産婦看護婦法で身分が定められている。public health nurse

**ほけんふじょさんぷかんごふ-ほう【保健婦助産婦看護婦法】** 保健婦・助産婦・看護婦の身分および資格・教育内容・年限・免許・業務内容などについて規定した法律。昭和二三年(一九四八)に制定。

**ほけん-ぶつりがく【保健物理学】** 放射線障害を防止するための学問。health physics

**ほけん-やっかん【保険約款】** 保険契約の内容を定めた条項。同じ種類の保険に共通な普通約款と、その契約に限って適用される特別約款がある。policy

**ほけん-りょう【保険料】** 保険契約に基づいて保険契約者が保険者に支払う金銭。保険者の危険負担の対価となる。保険掛け金。insurance premium

**ほこ【矛・▼戈・▼鉾】** 両刃の剣に長い柄をつけた武器。中国には殷代から存在。日本にも弥生時代に渡来し、のちに薙刀に変化。pike 対義 盾。↓写

**矛を納める**(ほこをおさめる) 戦いや攻撃をやめる。lay down arms

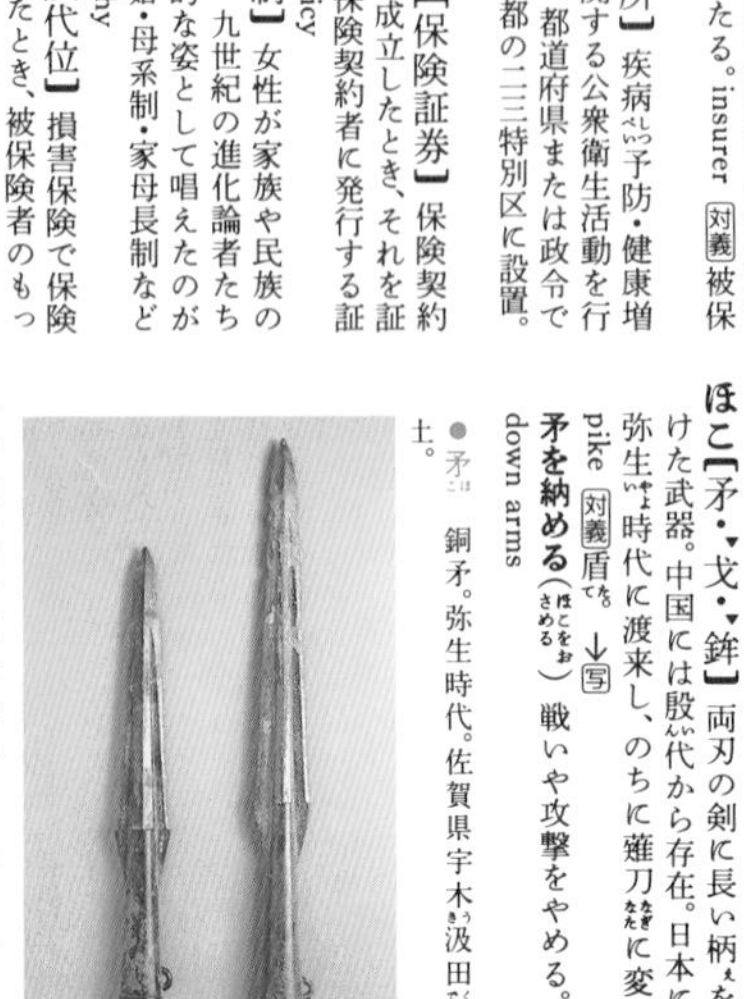

●矛 銅矛。弥生時代。佐賀県宇木汲田出土。

**ほ-ご【▽反故・▽反古】** ①書き捨てた、いらない紙。ほうご。ほぐ。ほうぐ。wastepaper ②駄目なもの。無駄。

**約束を反故にする**(やくそくをほごにする) 約束を破る。約束をないものにする。break one's promise

**ほ-ご【保護】**(名・サ変他) 気をつけて守ること。かばい守ること。protection

**ほ-ご【補語】** 《complement の訳語》述語の意味をおぎなう語。「山に登る」「海となる」などの「山に・海と」に当たる文節。日本語では、ふつうは連用修飾語にふくめて説く。

**ぼこ【▽凹】** くぼんでいること。対義 凸。

**ぼ-ご【母語】** 人が幼児期から自然に習得し、自由に使いこなすことば。one's mother tongue 参照 祖語。

**ほご-あずかり【保護預(か)り】** ①銀行・信託会社などの付随業務の一つ。有価証券や貴金属類などの保管を有料で引き受けること。safe deposit ②証券会社が投資家の有価証券を有料で保管する業務。safe custody

**ほ-こう【歩行】**(名・サ変自) 歩くこと。walk 用例 —困難。

**ほ-こう【補講】**(名・サ変自他) 補充のための講義。supplementary lecture

**ほこう【浦項】** 韓国、慶尚北道南東部、迎日湾に臨む港湾都市。漁業基地。韓国で最初の製鉄一貫工場がある。人口二六・一万(一九八五)。ポハン。



↓行き先項目、図版・写真参照印。 JIS 日本工業規格情報交換用漢字符号コード(区点コード)。

**ぼ-こう【母后】** 天皇の母である后。

**ぼ-こう【母校】** ①当人が卒業した学校。出身校。one's alma mater ②自分が在学している学校。

**ぼ-こう【母港】** その船が根拠地としている港。home port

**ほこうえい【▼蒲公英】** タンポポの漢方名。発汗・健胃・強壮にもちいる。

**ほこう-き【歩行器】** 座れるようになった乳児用のキャスター付きの丸いいす。枠につかまって移動ができる。baby-walker

**ほこうしゃ-てんごく【歩行者天国】** 繁華街などの道路の一区画で、一定時間、車両の通行を禁じ、歩行者だけに開放する制度。また、その場所。ニューヨーク市で始まり、日本にも普及。car-free mall

**ほこう-しょうがい【歩行障害】** 正常な歩行が不可能な状態。中枢神経や下肢の筋肉の障害などでおこり、失調性歩行・小脳性歩行・麻痺性歩行・よちよち歩きなどがある。gait disturbance

**ほ-こうそ【補酵素】** 酵素の本体であるたんぱく質部分(アポ酵素)と結合したり分離したりする部分を構成する分子団。酵素と結合して初めて触媒能力をもつ。助酵素。コエンザイム。coenzyme

**ほこう-ほう【保甲法】** 中国の隣保制度。宋の王安石の新法に始まり、明・清まで行われた。治安維持のための自治的警察組織(保制)と徴税組織(甲制)を組み合わせたもので、宋では一〇家を一保、五保を一大保、一〇大保を一都保とした。

**ボゴール【Bogor】** インドネシア、ジャワ島西部の保養都市。標高二五〇m。世界有数の熱帯植物園や、農業研究所・森林調査研究所などがある。人口二一四・七万(一九八〇)。旧称バイテンゾルフ(無憂郷)。

**ほご-かんさつ【保護観察】** 犯罪者や非行少年を施設に収容せず、社会の中で更生するよう監督・補導・援助する措置。probation

**ほご-かんぜい【保護関税】** 国内産業を保護育成することを目的として輸入品に課される関税。protective duties 対義 財政関税。

**ぼ-こく【母国】** 生まれた国。祖国。one's home country 対義 異国・外国。

**ぼこく-ご【母国語】** 生まれ育った国のことば。one's mother tongue

**ほご-けんそく【保護検束】** 警察官が保護を要すると判断した者を、警察署に留置すること。旧行政執行法の規定で、昭和二三年(一九四八)廃止。

**ほご-こうしつ【保護▼膠質】** ↓ほごコロイド(保護コロイド)

**ほご-こく【保護国】** 条約に基づき、他国の保護を受ける代わりに内政や外交権の一部または全部を委護する国。帝国主義時代の外交形態の一つ。一九〇五〜一〇年の日韓関係など。従属国。protectorate

**ほご-コロイド【保護コロイド】** 疎水コロイドを安定化するために加えられる親水コロイド。ゼラチン・アラビアゴム・各種アミノ酸など。保護膠質。protective colloid

**ほこ-さき【矛先】** ①きっさき。ほさき。point of a sword ②攻撃の対象。攻撃の目標。aim of attack

**矛先を向ける(ほこさきをむける)** 《多く、議論などについて用いる》議論をしかける。攻撃する。攻撃の対象とする。turn one's fire on 用例 非難の―。

**ほご-し【保護司】** 法務大臣の委嘱により、犯罪者の改善・更生を助け犯罪を予防するための保護観察にあたる民間人。probation officer

**ほご-しせつ【保護施設】** 生活保護法に基づいて生活に困った人を保護するために設けられた施設。

**ほご-しゃ【保護者】** 親、または親に代わって子どもを保護する義務のある人。guardian

**ほご-しょく【保護色】** 動物の体色がその生活環境の色と似るように変化し、見分けにくくなるとき、その体色をいう。捕食者の目をくらまし、身を守ることができる。ノウサギ・ライチョウなど。protective coloration 比較 警戒色。

**ほご-しょぶん【保護処分】** 家庭裁判所が非行少年を改善させるために言い渡す処分。保護観察、教護院・養護施設への送致、少年院への送付の三つ。protective disposition

**ほご・す【▽解す】**(五他) ほどく。ほぐす。

**ほこた【▼鉾田】**〈町〉 茨城県南東部、北浦の北方の町。鹿島灘に臨む同地方の中心地。兼業農家が多く、園芸農業などがさかん。人口二万八九四三(一九八八)。

**ボゴタ【Bogotá】** 南アメリカ、コロンビアの首都。アンデスの西側、標高二六〇〇mの盆地にある。同国の政治・経済の中心地。スペイン植民地風の古い建築が残る観光・保養地。人口三九八・三万(一九八五)。

**ほこ-だし【▼鉾山車】** ほこなどを飾っただし。ほこ。

**ほご-ちょう【保護鳥】** 法律で捕獲が禁止されている鳥類。世界的に絶滅の危機にあり、国際保護連盟で保護の指定を受けているものを国際保護鳥という。禁鳥。protected bird

**ほこ-つくり【▼殳▼旁】** ↓るまた(ル又)

**ほこ-づくり【▼戈▼旁】** 漢字を組み立てている部分の名。「成・戦」などの「戈」。

**ほこ-へん【矛偏】** 漢字を組み立てている部分の名。「矜・務」などの「矛」。

**ポコペン** 《元値にもならない、の意の中国語「不殻本」から》話にならないこと。問題にならないこと。

**ほご-ぼうえき【保護貿易】** 貿易制度の一つ。国内産業保護のために政府が輸入制限や保護関税などを課するもの。protective trade 対義 自由貿易。

**ぼこ-ぼこ**(副) ①水などが、わき出たり、泡立ったりする音。bubble ②中空の物をたたく音。ぽこぽこ。hollow sound ③表面にくぼみや、穴がたくさんあるさま。bumpy 用例 地面に―穴があく。

**ほこら【▼祠・▼叢▼祠】** 神を祭った小さな社殿。やしろ。small shrine

**ほこら-か【誇らか】**(形動) 自慢げなさま。得意げなさま。proud

**ほこらし・い【誇らしい】**(形) 得意なさまである。proud 派生 ほこらしげ(形動) ほこらしさ(名)

**ほこり【誇り】** 誇ること。名誉。自慢。pride

**ほこり【▼埃】** 物にたまったり、飛び散ったりする細かい塵。dust 用例 服の―をはらう。―が舞い散る。

**ほこり-か【誇りか】** 古語(形動ナリ) 誇らしいさま。得意そうなさま。誇らか。用例 ―にもてなして、つれなきさまにしありく。(源氏・須磨)。

**ほこり-がお【誇り顔】** 得意そうな顔つき。triumphant look

**ほこり-たけ【▼埃▼茸】** 担子菌類ホコリタケ科のキノコ。夏から秋の林野に発生する。高さ約五㎝。はじめは白く、熟すると緑褐色になる。キツネノチャブクロ。

**ほこり-だに【▼埃▼蜱】** ホコリダニ科の微小なダニの総称。体長〇・二㎜内外。各種の植物に加害し、とくにシクラメンホコリダニによる被害は大きい。世界各地に分布。

**ほこりっ-ぽ・い【▼埃っぽい】**(形) ほこりが多い。dusty 用例 ―部屋。

**ほご-りん【保護林】** 自然の美しさの保存、また学問的研究などのため、国家が伐採を禁止して保護する森林。reserved forest

**ほこ・る【誇る】**(五自他) ①名誉だとする。自慢する。boast of 用例 平和の民であることを―。②be proud of 用例 てがらを―。

**ほころば・す【▼綻ばす】**(五他) ほころびるようにする。ほころばせる。用例 顔を―。

**ほころば・せる【▼綻ばせる】**(下一他) ↓ほころばす(綻ばす)

**ほころ・びる【▼綻びる】**(上一自) ①縫い目が解ける。ほどける。get unsewn ②つぼみが少し開く。begin to bloom 用例 梅の花が―。③喜ばしい表情になる。笑う。smile 用例 合格の知らせに、顔が―。

**ほころ・ぶ【▼綻ぶ】**(五自) ↓ほころびる(綻びる)

**ほ-さ【補佐・▼輔佐】**(名・サ変他) 人のそばにいて、その仕事を助けること・役。また、その人。assistance

**ほ-ざ【帆座】** 南天の星座。南天の天の川にあって、日本では見えにくい。四月一〇日ごろの午後八時ごろに南中。面積五〇〇平方度。Vela

**ぼ-さい【募債】**(名・サ変自) 公債・社債などをつのること。

**ぼ-さいぼう【母細胞】** 細胞が分裂して新しい娘細胞を生じるとき、分裂前の細胞をさしていう。mother cell

**ほ-さき【穂先】** ①穂の先。ear ②刀・やりの先。きっさき。the point of a sword; spearhead

**ほざき-あやめ【穂咲▼菖▼蒲】** 《花茎に穂状に一〇〜一二花をつけるところから》バビアナの和名。

**ほざき-ななかまど【穂咲七▼竈】** バラ科の落葉低木。葉は奇数羽状複葉。小葉は披針形。夏に、枝先に円錐花序の白い小花を密生させる。花が穂状に咲き、葉がナナカマドに似ているので名がついた。

**ほざき-の-ふさも【穂咲の房藻】** ↓きんぎょも(金魚藻)

**ほざ・く**(五他) 《俗語。他人の発言をののしって言う》言いやがる。ぬかす。

**ほ-さつ【捕殺】**(名・サ変他) とらえて殺すこと。catch and kill

**ほ-さつ【補殺】**(名・サ変他) 野球で、打者あるいは走者をアウトにすることを間接的に助けるプレー。

**ぼ-さつ【▼菩▼薩】** 《仏教語。bodhi-sattva梵の音写「菩提薩埵」の略で、悟りを求めるもの、の意。「大士」「覚有情」と訳す》①悟りを求めて修行し、衆生済度の誓願を実践する者。仏に次ぐ聖者。②朝廷から高徳の僧に賜った称号。また一般に高僧の尊称。③本地垂迹説により、神につけた称号。用例 八幡大―。

**ぼさつ-ぎょう【▼菩▼薩行】** 菩薩として実践すべき仏道修行。自ら悟り、他を救済するために行う実践修行。

**ぼさっ-と**(副) ぼんやりと放心状態でいるさま。ぼけっと。absentmindedly 用例 ―つっ立つ。

**ぼさつ-どう【▼菩▼薩道】** 《仏教語》自利・利他の修行を実践して悟りに至るという、菩薩の実践すべき仏道修行。

**ほさ-にん【保佐人】** 準禁治産者に対する保護者。準禁治産者が財産上重要な行為をすることについての同意権をもつが、代理権はもたない。curator

**ほさ-にん【補佐人・▼輔佐人】** ①民事訴訟法上、当事者・代理人とともに期日に裁判所へ出頭して補助する者。assistant ②《「補佐人」で》刑事訴訟法上、法定代理人や配偶者などのように一定の身分関係にある者で、被告人を補助しその訴訟行為ができる者。legal adviser

**ボサ-ノバ【bossa novaポルトガル】** 一九五〇年代後半にブラジルにおこった新音楽。サンバにモダンジャズの感覚を取り入れたもの。曲例『デサフィナード』『イパネマの娘』など。

**ぼさ-ぼさ** 一(形動) 髪の毛の伸び乱れているさま。disheveled 用例 ―の頭。二(副・サ変自) 何もしないでぼんやりしているさま。absentminded 用例 ―するな。

**ぼ-さん【墓参】**(名・サ変自) はかまいり。visit to a grave

**ほし【星】** ①天体。ふつうは太陽・月・地球を除く天体。star 用例 ―がまたたく。②丸く小さい点。spot 用例 ―を散らした模様。③九曜星のうち、その人の生まれ年に当たる星。本命星。one's star; sign 用例 よい―の下に生まれる。④目あて。ずぼし。aim 用例 目―。⑤《俗語》犯人。culprit ⑥相撲で、勝負を示すしるし。白星と黒星。point 用例 ―取り表。⑦まとの黒丸。bull's-eye 用例 ―を射る。⑧年月。years 用例 ―移り、人変わる。⑨かぶとのはちに打ってあるくぎの頭。⑩人々の注目を集める人。star

**星を挙げる(ほしをあげる)** 犯罪容疑者を検挙する。

**星を戴く(ほしをいただく)** 《「星を戴いて出で、星を戴いて帰る」の略。働きに出るときも、帰るときも、星が空にある、の意から》朝早くから夜になるまで、よく働く。

**星を稼ぐ(ほしをかせぐ)** 点数を稼ぐ。成績を上げる。

**星を食わす(ほしをくわす)** 真実を言い当てる。ずぼしを指す。

**星を指す(ほしをさす)** 言い当てる。

**星を列ぬ(ほしをつらぬ)** 多くの人が、威儀を正して居並ぶ。

**ほ・し【欲し】** 古語(形シク) ↓ほしい(欲しい)

**ほ-じ【保持】**(名・サ変他) ①たもち続けていること。maintenance 用例 記録―者。②動かないようにおさえ持つこと。hold

**ぼ-し【母子】** ①母親と子。mother and her child ②元金と利子。③一つに連なるもので、大きいものと小さいもの。

**ぼ-し【母指・▼拇指】** おやゆび。thumb

**ぼ-し【墓誌】** ①死者の履歴を墓石に刻んだ文。epitaph ②石や金属板に死者の事績を記して、その墓に埋めたもの。inscription on a gravestone

**ポジ** 《「ポジティブ」の略》写真で、陽画。題材と、白黒では明暗が、カラーでは色相が同じである原版。対義 ネガ。

**ほし-あい【星合(い)】** 陰暦七月七日の夜、牽牛と織女の二星が出会うこと。

**星合いの空(ほしあいのそら)** 七夕の夜の空。

**ぼし-あいいくかい【母子愛育会】** 母子保健の思想普及と研究を目的とする組織。皇太子生誕を記念して昭和九年(一九三四)に発足。

**ほし-あかり【星明(か)り】** 星の光による明るさ。星影。starlight

**ほし-あ・げる【干(し)上げる・▽乾(し)上げる】**(下一他) ①日光や火力で水分を全部取る。じゅうぶんかわかす。dry up ②食物を与えないで飢えさせる。cause to starve to death ③酒・水を飲みほす。drink up

**ほし-あわび【干(し)▼鮑】** アワビを干したもの。中国料理で珍重される。鮮黄色の明鮑と灰色の灰鮑、最上品の網鮑など。乾鮑。

**ほし-あん【干(し)▼餡】** 晒し餡。

**ほし-いい【▼糒】** 干し飯。

**ほし・い【欲しい】**(形) ①自分のものにしたい。want 用例 金が―。②起こることが望まれる。desirable 用例 一雨―。③《「…てほしい」の形で》望ましい。…してもらいたい。want 用例 連れていって―。派生 ほしが・る(五他) ほしげ(形動) ほしさ(名)

**ほし-いい【干(し)▽飯・▽乾(し)▽飯・▼糒】** 米を蒸し乾燥させた保存・携帯用の食糧。水や湯に浸すとすぐに食べられる。かれいい。ほしい。dried boiled-rice

**ほしい-まま【▽縦・▼恣・▼擅】**(形動) かって気ままに振る舞うさま。思うまま。as one pleases 用例 ―にする。

**ほし-いも【干(し)芋】** 蒸してから薄切りして乾燥したサツマイモ。そのまま食用にする。生のまま薄く切って乾燥したものもある。

**ほし-うお【干(し)魚】** 日に干した魚。ひもの。ひらお。dried fish

**ほし-うらない【星占い】** 星の位置や運行を基準にして運勢や吉凶を占うこと。占星術。horoscope

**ポシェ【pocher フランス】** フランス料理で、魚などを、煮立てないようにしてクールブイヨンでゆでること。またはブイヨンごとオーブンに入れて軽く色づく程度に蒸すこと。

**ポシェット【pochette フランス】** つりひもで肩から下げたり腰にしばったりして用いる小型のバッグ。フランス語では小さなポケットという意味のほか、包装用のケースや袋の意味もある。↓写

**ほし-か【干(し)▼鰯】** あぶらを抜いて干したイワシ・ニシンなど。肥料用。dried sardine

**ほし-がき【干(し)▼柿】** 皮をむいた渋柿を天日に干すことで渋味を特有の甘さに変え、貯蔵性をもたせた食品。食用・製菓・料理用。ころ柿。つるし柿。数え方 一個・一串・一連。

**ほし-かげ【星影】** 星の光。星明かり。starlight

**ぼし-かてい【母子家庭】** 母親と未成年の子からなる家庭。母子福祉法・児童扶養手当法などが適用される。fatherless family

**ほし-がらす【星▼鴉】** 白い斑点のあるカラス科の鳥。翼長約一八cm。高山の針葉樹林にすみ、ハイマツの種子や昆虫を食べる。本州中部以北の山地に分布。↓写

●ホシガラス

**ほし-が・る【欲しがる】**(五他) 欲しいと思う。want

**ほし-がれい【星▼鰈】** カレイ科の海水魚の一種。目のある側が暗褐色で、各ひれに黒色の小さい円斑が散在する。体長約五〇cm。冬に美味。本州中部以南・朝鮮半島・中国に分布。

**ぼし-かんせん【母子感染】** ↓すいちょくかんせん(垂直感染)

**ホジキン〔Alan Lloyd Hodgkin〕**(一九一四) イギリスの神経生理学者。神経細胞膜の興奮と抑制の機構を解明。共同研究者のハクスリーらとともに一九六三年ノーベル生理学医学賞受賞。

**ホジキン〔Dorthy Mary Crowfoot Hodgkin〕**(一九一〇) イギリスの女性化学者。X線回折法による生体物質、とくに結晶たんぱく質の分子構造を研究。一九六四年ノーベル化学賞受賞。

**ホジキン-びょう【ホジキン病】** 悪性リンパ腫の一種。頸部リンパ節からはじまるリンパ腺系統のはれがおもな徴候で進行性の疾患。二〇～四〇歳の男性に多い。イギリスの内科医トーマス＝ホジキンが一八三二年に報告。Hodgkin's disease

**ほし-くさ【干(し)草】** 干して枯らした草。家畜の飼料用。ほしぐさ。hay

**ほし-くさ【星草】** 水田や沼にはえるホシクサ科の一年草。高さ約一五cm。葉は線形。秋に、花茎の先に径約四mmの灰白色の頭花を密集。ミズタマソウ。↓図

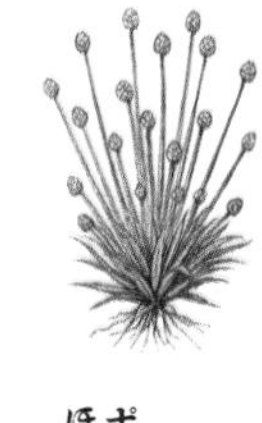

●ホシクサ

●ポシェット

**ほし-くず【星▼屑】** 夜空に散らばって見える、無数の小さい星。stardust

**ほしぐち-どうぶつ【星口動物】** 動物分類上の一門。体は細長い円筒形。従来環形動物とされていたが、独立した一門となる。ホシムシ・スジホシムシ・サメハダホシムシなど。peanutworm

**ほじくり-かえ・す【▼穿り返す】**(五他) ①ほじくってひっくりかえす。dig up ②原因・事実・他人の弱みなどをしつこくさがす。あばきたてる。rake up 用例 過去を―。

**ほじく・る【▼穿る】**(五他) ＝ほじる。①つついて穴をあけ、中のものを出す。dig up ②欠点など、さがす。peck at 用例 あらを―。

**ぼしけんこう-センター【母子健康センター】** 母子保健法による母子保健施設として市町村が設置する施設。保健指導部門と助産部門とがある。

**ほし-こ【干(し)▽海▼鼠】** 内臓をとって、ほしたナマコ。食用。いりこ。ほしなまこ。

**ほし-ざめ【星▼鮫】** 沿岸にすむ小形のサメ。体長約一・五m。体は灰褐色で白斑が散在。卵胎生。かまぼこの材料。本州中部以南に分布。spotted dogfish ↓サメ図

**ポジション【position】** ①会社など組織や集団の中での位置。地位。②野球などスポーツ競技で、選手の所定の位置。

**ぼし-じん【母子神】** 母と子を神として祭る信仰。世界的なもので、日本では子安神・鬼子母神などのように、安産・子育ての神として信仰される。

**ほし-しんいち【星新一】**(一九二六) 小説家。東京生まれ。東大卒。ショートーショートのほか多方面で活躍。作品『セキストラ』『祖父―小金井良精の記』など。

**ほし-ずな【星砂】** 有孔虫の殻が砂状に集積したもの。殻はおもに石灰質からなる。

**ほ-じそ【穂紫▼蘇】** 未熟なシソの花穂。刺身や洗いのつまに用いる。てんぷらや酢の物にもする。

**ほし-ぞら【星空】** 晴れて、星がよく見えている空。

**ホジソン〔Ralph Hodgson〕**(一八七一〜一九六二) イギリスの詩人。簡潔で暗示的な詩句を用い、澄みきった詩情をたたえる作風。詩集『ひばり』など。

**ほ-しだ【穂▽羊▽歯】** ウラボシ科の常緑性シダ。山野や路傍に群生。葉は根茎から高さ約一mまでのび、一回羽状複葉で長楕円形。羽片はさらに羽状に深く裂ける。胞子嚢の群の包膜は円腎形。

**ほし-だから【星宝】** タカラガイ科の巻き貝。殻長約一〇cm。殻背面は乳白色で小さい黒斑がある。装飾用。カメオ彫刻の材料となる。紀伊半島以南の暖海に分布。

**ポジチブ【positive】**(名・形動) ↓ポジティブ

**ほし-づきよ【星月夜】** ＝ほしづくよ。①星の光が月のように明るい夜。②[枕ことば]《星月夜の「暗さ」を「倉」に言いかけることから》「鎌倉」にかかる。用例 箱根詣でのおんために明くるを待つや―鎌倉山を朝立ちて(謡曲・調伏曾我)。

**ほし-づくよ【星▽月夜】** ↓ほしづきよ(星月夜)

**ほしつり-も【星▼吊藻】** 湖水や沼の深部に生育する超大形のシャジクモ科の藻。体長一・五mに達する。芦ノ湖・野尻湖・印旛沼などに分布。

**ポジティブ【positive】** ＝ポジチブ。対義 ネガティブ。㊀(形動) 積極的なさま。㊁(名) 写真で、陽画。ポジ。

**ぼし-てちょう【母子手帳】**《「母子健康手帳」の略》母子保健法に基づき、都道府県知事が妊娠の届け出をした者に交付する手帳。妊娠中・分娩時の母体や新生児の状態、子どもの発育状態などを記録する。

**ぼし-どうしつ【母子同室】** 出産直後から新生児を母親のそばに置く方式。母親の自覚を促し、スキンシップの上からも有効とされている。比較 母子別室。

**ほし-とおる【星▼亨】**(一八五〇) 明治の政治家。東京生まれ。イギリス留学後、立憲自由党に入党し藩閥政治批判で入獄。出獄後代議士に当選。衆議院議長、駐米公使などを歴任、立憲政友会創立に参加。のち暗殺される。

**ほし-どめ【星止め】**《針目が星のように小さな点に見えることから》裁縫の技法。表面はごく小さな針目にして返し縫いをする方法。前端やポケット口を落ち着かせるためなどに用いる。星縫い。

**ほしとり-ひょう【星取(り)表】** 相撲で、勝ち負けを、白・黒の丸で示した表。

**ポジトロン【positron】** ↓ようでんし(陽電子)

**ポジトロン-シーティー【positron CT】** 陽電子放射性物質とコンピューターを利用して断層写真をとる装置の一つ。陽電子(ポジトロン)の放出するγ線を検出し、人体の横断面の放射性同位体分布をコンピューター処理して画像を得る。

**ほしな-まさゆき【保▽科正▼之】**(一六一一〜一六七二) 江戸前期の大名。会津藩松平氏の祖。徳川家光の異母弟。好学の名君として知られる。四代将軍家綱を補佐し文治政治を推進、幕政を支えた。

**ぼし-ねんきん【母子年金】** 国民年金の給付の一つ。夫の収入で生活を維持していた妻が夫の死亡後、一八歳未満または不治の病をわずらう二〇歳未満の子と生活を共にしている場合に支給された年金。昭和六一年(一九八六)廃止、遺族基礎年金として再編。母子福祉年金。allowance for fatherless families

**ほしの【星野】**〈村〉 福岡県南東部の村。山間にあり、農林業が主体。星野玉露の産地で知られる。人口四五三七(一九九八)。

**ほし-の-いりごち【星の入り▽東▽風】**《明け方、すばる星が西に没するころに吹く東風、の意》陰暦一〇月ごろの北東風。近畿・中国地方で言う。

**ほしのおうじさま【星の王子さま】**《原題 Le Petit Prince フランス》サンテグジュペリの童話。一九四三年刊。砂漠に不時着した飛行士と星からきた王子との心の交流を描く。

**ほしの-たつこ【星野立子】**(一九〇三〜一九八四) 俳人。東京生まれ。高浜虚子の次女。東京女子大高等部卒。俳誌『玉藻』創刊、主宰。句集『立子句集』など。

**ほし-の-ほうし【星の胞子】** 明るいガス星雲に見られる小さな黒い点。周囲からの放射を吸収する濃い塵を含んでいる。これは原始星になる前の状態と考える人もある。globule of star

**ほし-のり【干(し)▽海▼苔】** 薄くすいて干したのり。食用品。対義 生海苔。

**ぼし-ふくし【母子福祉】** 母子家庭の生活安定をはかること。昭和三九年(一九六四)に制定された母子福祉法によって対策が講じられる。

**ぼし-ふくしねんきん【母子福祉年金】** ↓ぼしねんきん(母子年金)

**ほし-ぶどう【干(し)▼葡▼萄】** ブドウを収穫後すぐに天日乾燥したもの。カロリーが高い。菓子・ケーキ用。干しぶどう専用種のものをレーズンという。raisin

**ぼし-べっしつ【母子別室】** 出産後、新生児を新生児室に収容し、母親は違う部屋にいるシステム。授乳時などに接触する。比較 母子同室。

**ぼし-ほけんほう【母子保健法】** 母親・乳幼児の健康保持に関する法律。昭和四〇年(一九六五)制定。母性から児童への一貫した規定をもつ。

**ほし-まつり【星祭(り)】** ①密教で、招福攘災をはかる法会。当人の生年にあたる本命星と当年の属星である当年星を祭り供養するもの。星供。②七夕祭。

**ほし-まわり【星回り】**《人の運命をつかさどるという本命星のことから》運命。

**ほし-みどろ【星味泥】** 緑藻植物接合藻類ジ



↓行き先項目、図版・写真参照印。 JIS 日本工業規格情報交換用漢字符号コード(区点コード)。

グネマ属の総称。春~夏に、水田や池沼にかたまって毛髪状に繁茂する。細長い円筒状の細胞が縦に連なり、葉緑体が星形であることで、アオミドロと区別できる。

**ほし-むくどり【星▼椋鳥】** 白い斑点のあるムクドリ科の鳥。翼長約一二cm。市街地や農地に群棲。原産地のヨーロッパから各地に移入。starling

**ほし-むし【星虫】** 星口動物門に属する動物の総称。また、その一種で、潮間帯の岩礁の間の砂礫底にすむ円筒形の動物。その一種ホシムシは、体長約五cm。淡黄灰色。東京湾以南の暖流域に分布。→図

●ホシムシ

**ほし-め【星目・星▽眼】** 眼病の一つ。結膜や角膜に星のような斑点が出る。

**ぼし-めい【墓誌銘】** 墓誌の文章のあとに書き記す銘。

**ほし-もの【干(し)物】** 日に干すもの。とくに、洗濯物。clothes for drying

**ほ-しゃ【▼輔車】** ①頰骨と、歯の下骨。②互いに助け合い、離れ難いもの。

**輔車相依る** 助け合って存在する間柄のたとえ。

**ほ-しゃく【保釈】**(名・サ変他) 一定の金銭を納付させ、有罪・無罪が未定のまま勾留中の被告人を釈放すること。bail

**ぽしゃ・る**(五自)《俗語》駄目になる。つぶれる。break down

**ほ-しゅ【保守】**(名・サ変他) ①古い習慣・制度・方式などを保存し、急進的な改新に反対すること。伝統・風習などを重んずること。conservation 比較 反動。対義 革新。用例 旧習を—する。②正常な状態などを保つこと。maintenance 用例 機械の—。

**ほ-しゅ【捕手】** 野球で、本塁の後ろで投手の投球を受け、本塁の守備にあたる人。キャッチャー。catcher 対義 投手。

**ほ-しゅう【捕集】**(名・サ変他) おもに気体を捕らえ集めること。気体の密度や水に対する溶け方などの性質を考慮して、適当な方法を用いる。scavenge

**ほ-しゅう【補修】**(名・サ変他) 破損をつくろうこと。補い修理すること。repair

**ほ-しゅう【補習】**(名・サ変他) 正規の授業以外に、学習不足を補うために習うこと。その勉強。supplementary lessons 用例 —授業。

**ほ-じゅう【補充】**(名・サ変他) 不足しているものを満たすこと。supplement 用例 欠員—。

**ぼ-しゅう【募集】**(名・サ変他) 広く知らせて、求め集めること。つのること。recruitment 用例 新人—。懸賞—。

**ぼ-しゅう【暮秋】** ①秋の末。晩秋。②陰暦九月の異称。

**ほ-しゅうごう【補集合】** 全体集合$S$の部分集合$A$において、$S$に属し、$A$に属さない要素全体からなる集合を$A$の補集合という。$\bar{A}$で表す。余集合。complementary set →集合図

**ぼ-しゅうだん【母集団】**《統計用語》調査の対象とする標本を抽出するための全集団。population

**ボシュエ【Jacques-Bénigne Bossuet】**(一六二七~一七〇四) フランスのルイ一四世時代の代表的カトリック神学者。教皇に対し国王の絶対主権と教会の独立を主張。名説教で有名。著書『世界史叙説』。

**ほしゅ-ごうどう【保守合同】** 昭和三〇年(一九五五)自由党と民主党とが合同して自由民主党を結成したこと。合同の中心は三木武吉・大野伴睦など。

**ほしゅ-しゅぎ【保守主義】** 急激な改革に反対し、現存の価値を容認する思想。フランス革命期のジャコバン派、市民階級に対する貴族階級の権威主義的保守主義、ドイツの政治的ロマン主義などがその典型。conservatism

**ほしゅ-せいとう【保守政党】** 伝統的・現状維持的な思想や政策をもつ政党。時代や国によってその政策には差異がある。保守党。conservative party 対義 革新政党。

**ぼじゅつ-の-へんぽう【▼戊▼戌の変法】** 中国、清末の政治改革。一八九八年(戊戌の年)光緒帝が康有為・梁啓超・譚嗣同らを登用し、立憲君主制樹立を目標に新政を断行したが、西太后を中心とする守旧派の武力弾圧により失敗。帝は幽閉され、譚は刑死、康・梁は日本へ亡命。百日維新。

**ぼじゅつゆめものがたり【▼戊▼戌夢物語】** 江戸後期の幕政批判書。高野長英著。天保九年(一八三八)成立。イギリス船モリソン号打ち払いを機に、世界の大勢を述べ、幕府の対外政策への批判を夢中の問答に託して叙述。

**ほしゅ-てき【保守的】**(形動) ①保守の態度や傾向を持つさま。conservative 対義 革新的。用例 —な政治家。②進歩的でないさま。因習的。conservative 対義 進歩的。

**ほしゅ-とう【保守党】** ①イギリスの保守政党。労働党と並ぶイギリス二大政党の一つ。トーリー党の後身。Conservative Party ②保守政党。conservative party

**ぼ-しゅん【暮春】** ①春の末。晩春。対義 浅春。②陰暦三月の異称。

**ほ-じょ【補助】**(名・サ変他) 不足を補い助けること・もの。aid; assistance

**ぼ-しょ【墓所】**《特定の家・人についていう》墓地。graveyard

**ほ-しょう【歩▼哨】** 警戒・見張りをする兵。sentry

**ほ-しょう【保証】**(名・サ変他) ①請け合うこと。guarantee ②法律で、他人の債務を請け合うこと。guarantee ③将来の結果や行為について責任を負うこと。security 用例 —付きの製品。

**ほ-しょう【保障】**(名・サ変他) 邪魔されたり、侵されたりしないように守ること。security 用例 安全—。

**ほ-しょう【補償】**(名・サ変他) ①与えた損害をつぐなうこと。compensation 用例 —金。損害—。②心理学で、心理的な機能の一部分が強くなりすぎると、その部分と対極的な部分が強くなって一面性を補い、心の全体の平衡を保とうとすること。アドラーの用語。compensation

**ほ-しょう【▼堡礁】** 珊瑚礁の一種。陸地との間に礁湖をもつ。barrier reef

**ほ-じょう【捕縄】** 警察官が犯人の逮捕や囚人の押送などに使うなわ。とりなわ。policeman's rope

**ぼ-しょう【暮鐘】** 夕ぐれのかね。晩鐘。対義 暁鐘。

**ぼ-じょう【慕情】** 恋いしたう心。思慕の情。longing

**ほしょう-きん【保証金】** ①将来の行為や結果に責任をもつことを示すため相手にわたす金銭。security money ②債務の担保として債権者にわたす金銭。guarantee deposit

**ほしょう-じゅんび【保証準備】** 中央銀行が銀行券の発行を保証するための資産として必要な国債や商業手形など。securities for fiduciary issue 比較 正貨準備。

**ほしょう-しょ【保証書】** ①一般に、なにかを保証する旨を記した書面。certificate ②不動産の登記済証が紛失したとき、登記義務者が当人であることを保証する書面。③刑事訴訟法上、控訴の申し立てと保釈のさいに用いられる書面。written undertaking ④メーカーなどが自社製品を買い上げた客に発行する無料修理などを保証した文書。written guarantee

**ほしょう-てん【補償点】** 緑色植物において、呼吸による二酸化炭素の消費量と、光合成による二酸化炭素の放出量とが等しくなるときの光の強さ。compensation point

**ほしょう-にん【保証人】** 身元保証または借金などの保証債務を負う者。guarantor

**ほしょう-ほけん【保証保険】** 信用保険の一つ。債務者の債務不履行によって債権者が受ける損害を補う保険。保険料は債務者が負担する。guarantee insurance

**ほ-しょうれい【▼蒲松齢】**(一六四〇~一七一五) 中国、清初の文人。字は留仙、号は聊斎。淄川の人。短編小説集『聊斎志異』、長編小説『醒世姻縁伝』など。

**ほじょ-かへい【補助貨幣】** 日常用の少額貨幣。本位貨幣や銀行券の補助的役割を果たす。日本では五〇〇円以下の六種類。subsidiary money

**ほじょ-きおくそうち【補助記憶装置】** コンピューターなどの主記憶装置の容量不足をおぎなうために使う外部記憶装置。磁気テープ・磁気ディスクなどに記憶。外部記憶装置。auxiliary storage 比較 主記憶装置。

**ほじょ-きょくせん【補助曲線】** 地図の等高線の一種。ふつうの主曲線では表せない土地の細かい起伏や傾斜の変化を、部分的に破線で表すもの。主曲線の間隔の二分の一、四分の一などの標高のものが使われる。supplementary contour; auxiliary contour

**ほじょ-きん【補助金】** 国・地方公共団体などが、特定の事業を補助するために交付する金銭。助成金・交付金・負担金などともいう。subsidies

**ほ-しょく【捕食】**(名・サ変他) ある種の動物が、他の種の動物を捕らえて食べること。自然界において、動物の数のバランスを一定に保つ役割を果たす。predation

**ほ-しょく【補色】** 色を混ぜたとき、光では無彩色となり、絵の具では灰色となる二色。また、その二色の関係。赤に対して青緑など。余色。反対色。complementary color

**ほ-しょく【補職】**(名・サ変他) 役人に職務を与えること。また、その職。

**ぼ-しょく【暮色】** 夕方の薄暗い色・けしき。evening scenery; evening twilight

**ぼしょく-そうぜん【暮色▼蒼然】**(形動トタル) 夕ぐれの薄暗いさま。shades of evening 用例 —たる神社の森。

**ほじょ-けいようし【補助形容詞】** →ほじょようげん(補助用言)

**ほじょ-じんこうしんぞう【補助人工心臓】** 心臓疾患やけがによる心臓の機能回復を目的に行う補助循環。部分心肺バイパス・左心バイパス・大動脈内バルーンパンピングなど。assisted circulation

**ほじょ-せん【補助線】** 幾何学で、与えられた図形に関する問題を解くために便宜的に加える線。adjoint line

**ほじょ-たんい【補助単位】** ①基本単位を細分したり、または何倍かに増大してつくられた単位名称。グラムに対するキログラムやミリグラムなど。auxiliary unit ②国際単位系で、基本単位に準じる次元のない単位。平面角のラジアンと立体角のステラジアン。supplementary unit

**ほじょ-ていり【補助定理】** 定理を証明するために補助として用いられる定理。予備定理。補題。レンマ。lemma

**ほじょ-てき【補助的】**(形動) ①主となるものを補い助けるさま。supplementary ②二次的。secondary

**ほじょ-どうし【補助動詞】** →ほじょようげん(補助用言)

**ほじょ-の-かんけい【補助の関係】** 文法で、文節相互の関係の一種。たとえば、「猫が寝ている」の「寝て」と「いる」では、文節「寝て」は実質的な意味を表し、文節「いる」はこれを補助して、形式的な意味を添える。補助する文節は補助用言もしくは、それに助動詞・助詞の付いたものからなる。

**ほじょ-ふごう【補助符号】** 文章などを読みやすくするために用いる符号。句読点や返り点など。比較 符号。

**ほじょ-ようげん【補助用言】** 他の語に付いて補助的に用いられる用言。本来の実質的な意味を失い、形式的な意味を表すもので、助動詞の働きと似ているが、形は独立の動詞・形容詞に同じなので、助動詞としない。補助動詞と補助形容詞の二種がある。①形容詞・形容動詞の連用形や、助動詞「で・に」に付く、「静かである」の「ある」、「美しくない」の「ない」など。②動詞の連用形に付いて敬意を表す動詞。「お読みなさい」の「なさい」、「お待ちください」の「ください」など。③「て(で)」をともなう動詞に付く動詞。「言ってみる」の「みる」、「読んでもらう」の「もらう」など。④「考えもしない」のように、助詞をともなう動詞に付く「する」。⑤「お書きになる」のように、助詞をともなう動詞に付く「なる」。

**ほじょ-よく【補助翼】** 飛行機の機体を左右に傾けるかじ。ふつう、主翼の後縁に取り付けてある。aileron →旅客機図

**ぼし-りょう【母子寮】** 児童福祉法による児童福祉施設の一つ。夫のない女子またはこれに準ずる事情にある女子とその子とを入所させて保護する。

**ほじ-りょく【保磁力】** 強磁性体に逆向きに磁場を加え、磁化の値を零にするのに必要な磁場の強さ。永久磁石材料では大きい。coercive force

**ほじ・る【▼穿る】**(五他) ほじくる。dig up

**ほ-しん【保身】** 自分の身体・地位などを失うまいと気を遣うこと。self-defense 比較 護身。用例 —術。

**ぼしん-しょうしょ【▼戊申詔書】** 明治四一年(一九〇八)、思想・風紀矯正のため発布された詔勅。日露戦争後の社会的動揺、社会主義思想の台頭などに対処するため発布。

**ぼしん-せんそう【▼戊▼辰戦争】** 慶応四年(一八六八)一月から翌年にかけて行われた



▼常用漢字表外。▽常用漢字表の音訓外。

官軍と旧幕府軍の戦いの総称。鳥羽伏見の戦いに始まり、上野の彰義隊、会津戦争などを経て、明治二年(一八六九)五月、五稜郭の戦いで終結。

**ほ・す【干す・乾す】**(五他) ①日光や風にあててかわかす。dry 用例 洗濯物を—。②池などの水をさらってなくす。drain off 用例 池を—。③飲み尽くす。drink up 用例 杯を—。④仕事を与えない。食べていけなくする。have one's livelihood taken away 用例 仕事を—・される。

**ボス【boss】**①《baas オランダ(主人)から。アメリカ大陸に渡った人たちが使った》親分。顔役。かしら。上役。監督。用例 —政治。②滑車や車輪などで、軸取り付けを補強するために肉厚の円筒形につくった軸心部分。こしき。

**ボス【Hieronymus Bosch】**(一四五〇ごろ～一五一六) フランドルの画家。幻想的で怪奇な宗教画を描く。作品『干し草の車』『快楽の園』など。↓写

●ボス 『快楽の園』(部分)。一五〇〇～一〇年ごろ、プラド美術館(スペイン)。

**ポス【POS】**《point of salesの略》販売時点情報管理。販売時点での各店における販売・在庫状況の動向をとらえるコンピューター管理システム。

**ほ-すう【歩数】** 歩いて移動するときの、足を運ぶ回数。number of steps

**ボズウェル【James Boswell】**(一七四〇～一七九五) イギリスの弁護士・伝記作家。伝記文学の傑作『サミュエル＝ジョンソン伝』で有名。

**ボスウェル-シスターズ【Boswell Sisters】** アメリカのボーカルグループ。三姉妹。女性ジャズコーラスの草分け。一九三六年に解散。

**ホスゲン【phosgene】** 化学式$COCl_2$ 無色刺激臭の気体。窒息性で毒性が強い。ポリウレタン・染料の合成原料など。塩化カルボニル。

**ホー-ス-ジャンプ**《「ホップ-ステップ-アンド-ジャンプ」の略》三段跳び。hop, step and jump; the triple jump

**ほ-すすき【穂薄・穂芒】** 穂が出たススキ。

**ポスター【poster】** 印刷による掲示用の広告・宣伝ビラやはり紙。比較 看板。

**ホステス【hostess】** ①パーティーなどの女性主催者。対義 ホスト。②バーやクラブなどで接客を業とする女性。③接待・案内係の女性。

**ホステル【hostel】** 宿舎。寮。とくに、費用をかけないで旅を楽しむ旅行者のための宿泊施設。用例 ユース—。

**ホスト【host】** 主人。主人役の男性。男性の接待係。対義 ホステス・ゲスト。

**ポスト【post】** 一(名) ①発送する郵便物を投入するために設置されている箱。郵便ポスト。また、家庭の郵便受け。②地位・部署・持ち場。③《trading postの略》証券取引所の立会場にある業種別立会場所。二(接頭) 以後。後。

**ポスト-インダストリアル-ソサエティー【post industrial society】** 脱工業化社会。

**ボストーク【Vostok ロシア】**《東の意》ソ連の一人乗り有人宇宙船の名称。一九六一年四月一号機が打ち上げられ、乗組員ガガーリンが人類初の地球一周宇宙旅行に成功した。

**ホスト-クラブ**《和製語》男性の接待係が女性客の相手をするクラブ。

**ポスト-こうぞうしゅぎ【ポスト構造主義】** フランスを中心とした現代思潮の一つ。構造主義の影響を受けながらも、それへの批判を強め、形而上学の解体をめざす。デリダやドゥルーズなどが主張。post-structurism

**ボストン【Boston】** アメリカ北東部、マサチューセッツ州東岸の州都。ニューイングランドの中心をなす港湾都市。アメリカの産業革命発祥の地。ハーバード大学・マサチューセッツ工科大学など著名大学が多い。人口五六・三万(一九八〇)。

**ボストン-こうきょうがくだん【ボストン交響楽団】**(Boston Symphony Orchestra) アメリカのオーケストラ。一八八一年創立。おちついたアンサンブルと重厚な音色をもつ。一九七三年から常任指揮者は小沢征爾。

**ボストン-ちゃかいじけん【ボストン茶会事件】** 一七七三年、イギリス政府が制定した茶条例に反対する急進派が、ボストン港の東インド会社の茶船を襲い、茶箱を海に投入した事件。イギリスはボストン港閉鎖等の処置で対抗。独立戦争の契機となった。Boston Tea Party

**ボストン-テリア【Boston terrier】** イヌの一品種。肩高約三五cmの小形犬で、ブルドッグとブルテリアの交配種。尾は短く、顔はブルドッグに似るが耳は立つ。短毛。黒色地に白のぶち。家庭犬。アメリカ原産。

**ボストン-バッグ**《和製語》襠幅の広い中・小形の手さげかばん。ファスナーなどで開閉する。

**ボストン-びじゅつかん【ボストン美術館】**(Boston Museum of Fine Arts) アメリカのボストンにある美術館。一八七〇年財団法人として発足、七六年開館。一九〇九年新館に移る。とくに東洋美術の秀作が多く、日本からも多くの重要な美術品が渡っている。

**ボストン-マラソン【Boston Marathon】** アメリカのボストンで毎年四月に開催される市民マラソン大会。一八九七年開始という古い歴史があり、一九七三年から女子もレースに参加を認められるようになった。

**ポズナニ【Poznań】** ポーランド西部、バルタ川にまたがる商工業都市。同国最古の都市の一つ。人口五五・三万(一九八五)。ポーゼン。

**ボスニア-ヘルツェゴビナ【Bosnia Hercegovina】** ユーゴスラビアを構成する六つの共和国の一つ。首都サラエボ。ユーゴスラビア中部にあたる。森林が多く、地下資源も豊富。人口四一二・四万(一九八一)。

**ボスニア-わん【ボスニア湾】**(Gulf of Bothnia) バルト海北部、スウェーデンとフィンランド間に深く入り込む湾。

**ボズネセンスキー【Andrey Andreyevich Voznesensky】**(一九三三～) ソ連の詩人。スターリン批判後の若手詩人群の一人。詩集『放物線』『反世界』『オーザ』など。

**ホスピス【hospice】** 死期の近づいた病者を入院させる施設。不自然な延命医療を用いず、心理的・宗教的援助を中心に末期の生を豊かに過ごすことを目標とする。

**ホスファゲン【phosphagen】** 生体内で、高エネルギー燐酸結合をもつ物質。筋肉組織など、エネルギーを大量に消費する組織に多い。

**ホスファターゼ【phosphatase】** 燐酸エステルやポリ燐酸の加水分解を触媒する酵素の総称。ATPのエネルギー発生に直接関与している酵素を含む。

**ホスフィン【phosphine】** ①化学式$PH_3$ 無色のアセチレンに似た悪臭をもつ気体。燐化水素。水素化燐。②水素化燐の水素をアルキル基などで置換した化合物の総称。

**ホスフィン-さん【ホスフィン酸】** 化学式$HPH_2O_2$ 無色の結晶。一〇〇℃以上でホスフィンとホスホン酸に分解。医薬品など。次亜燐酸。phosphinic acid

**ホスフォリラーゼ【phosphorylase】** 糖と他の化合物の結合や分解に関与する酵素。でんぷんやグリコーゲンの合成や分解にも作用する。

**ボスポラス-かいきょう【ボスポラス海峡】**(Bosporus) トルコ北西部、黒海とマルマラ海を結ぶ海峡。幅〇・七～四km。古来、交通・軍事の要地。現在はボスポラス橋が両岸を結んでいる。

**ボスポラス-きょう【ボスポラス橋】**(Bosporus Bridge) トルコのイスタンブールから、ボスポラス海峡を渡りウシュクダルへ通じる吊り橋。第一橋は全長一〇七四mで、一九七三年完成。第二橋は全長一〇九〇mで、一九八八年完成。

**ホスホン-さん【ホスホン酸】** 化学式$H_2PHO_3$ 無色の結晶。水・エタノールに溶ける。還元性が強く、空気中で燐酸になる。亜燐酸。phosphonic acid

**ほ・する【保する】**(サ変他) 請け合う。保証する。保す。用例 身元を—。

**ほ・する【補する】**(サ変他) ＝補す。①おぎなう。補佐する。assist ②公務員に職務の担当を命ずる。appoint 用例 裁判官に—。

**ほ-せい【補正】**(名・サ変他) 不足を補い、誤りを正すこと。revision

**ほ-せい【補整】**(名・サ変他) 不足を補ってととのえること。

**ほ-ぜい【保税】** 輸入の手続きがすむまで、税の取り立てをしないこと。用例 —倉庫。

**ぼ-せい【母性】** 女性が持つ、母としての性質。motherhood 対義 父性。

**ぼせい-あい【母性愛】** 母の子どもに対する先天的・本能的な愛情。maternal love

**ぼせい-いでん【母性遺伝】** 形質が、雄性生殖細胞と無関係に、雌性生殖細胞の染色体以外の細胞質を通じて遺伝する現象。maternal inheritance

**ほぜい-うわや【保税上屋】** 保税地域の一つ。外国貨物を関税未納のまま保管できる建物。

**ほぜい-うんそう【保税運送】** 保税制度の一つ。特別な許可のもとに、保税地域間に限り外国貨物を関税未納のまま運ぶこと。bonded transportation

**ほせい-かんじ【補正漢字】** 当用漢字を補正するときの資料として、国語審議会が昭和二九年(一九五四)の文部大臣あての報告で、「当用漢字表審議報告」として掲げた漢字。同五六年(一九八一)常用漢字表の公布によって消滅した。

**ほぜい-こうじょう【保税工場】** 保税地域の一つ。輸入原料を関税未納のまま加工・製造できる工場。加工貿易の振興が目的。bonded factory

**ほぜい-せいど【保税制度】** 外国貨物に対する輸入の手続きと関税の徴収を一時的に留保する制度。特定の場所や状態にあるときに限り適用される。中継・加工貿易の促進が目的。bonded system

**ほぜい-そうこ【保税倉庫】** 保税地域の一つ。外国貨物を関税未納のまま保管できる倉庫。期限は二年。貨物を運び出すときに関税を収める。bonded warehouse

**ほぜい-ちいき【保税地域】** 保税制度に基づき、税関長の許可により、外国貨物を一定期間、関税未納のまま保管・加工できる地域。保税倉庫・保税工場・保税上屋など。bonded area

**ポセイドン【Poseidon ギリシア】** ①ギリシア神話の、海と地震の神。白馬にまたがり、三つまたの戟を持つ。ウマを作ったともいわれる。ローマ神話で、ネプトゥヌス。②ポラリスについで開発された、アメリカの潜水艦発射弾道ミサイル(SLBM)。射程約四六〇〇km、一隻につき一六発も装備し、最高一四個のMIRV弾頭を搭載。

**ほせい-よさん【補正予算】** 本予算に対する追加・修正のための予算。本予算が成立したのち、政策の変更や災害の発生などによって予算を調整する必要があるときに組まれる。supplementary budget 比較 暫定予算。

**ぼ-せき【墓石】** 墓であることをしるした石。はかいし。tombstone

**ほ-せつ【補説】**(名・サ変他) 説明をさらに補うこと。補充の説明。supplemental explanation

**ぼ-せつ【暮雪】** 夕ぐれに降る雪。夕方の雪の色。用例 比良の—。

**ほ-せん【保線】** 鉄道線路および付属施設を保守・管理すること。鉄道車両の安全で快適な走行を保つのが目的。railroad maintenance

**ほ-せん【補選】**「補欠選挙」の略。用例 —区。

**ほ-ぜん【保全】**(名・サ変他) 保護して安全にすること。conservation

**ぼ-せん【母船】** ①付属する小船を率いる船。おやぶね。mother ship ②遠洋漁業船団などの中心となって、船団への補給・医療、漁獲物の加工・冷凍などを受け持つ船。

**ぼ-せん【母線】** ①直線が移動し曲面を描くとき、そのおのおのの位置における直線。generatrix ↓円錐図 ②発電所などで、電源部分から出ている太い幹線。generating line

**ぼ-ぜん【墓前】** 墓の前。in front of a grave 用例 —にぬかずく。

**ぼせん-こく【母川国】** サケ・マスが回帰する河川の所有国。state of origin of anadromous stock 用例 遡河性の魚は—のものだ。

**ぼせんしき-ぎょぎょう【母船式漁業】** 母船を中心に、付属漁船・冷凍船・運搬船が船団を組んで行う遠洋漁業。指定漁業。mother ship type fishery

**ほぜん-そしょう【保全訴訟】** 仮差し押さえ・仮処分などの保全処分を求めて起こす訴訟。

**ほぞ【▼枘】** おもに、木材を接合するために一方の木材の端に作る突起。他方の材に、ほぞ穴を作り差し込む。tenon

**枘を付ける**(ほぞをつける) 《大工など職人の隠語》飯を食べる。食事をとる。

**ほぞ【▼蔕】** 果実のへた。stem

**ほぞ【▼臍】** へそ。ほそ。navel

**臍堪え難し**(ほぞたえがたし) 我慢ができない。こらえきれない。

**臍を固める**(ほぞをかためる) 決心する。覚悟を決める。臍を固うす。determine; make up one's mind

**臍を噬む**(ほぞをかむ) 悔やむ。後悔する。repent bitterly

**ほぞ-あな【▼枘穴】** ほぞを差し込むための穴。

**ほそ-い【細▼藺】** イグサ科の多年草。茎は緑色円筒状で高さ約五〇cm。通常の葉はなく、下部に褐色の鱗片葉がある。初夏に、淡緑色の小花を穂状につける。

**ほそ・い【細い】**(形) ①長さ・高さのわりに、幅やまわりが小さい。slender; narrow 対義 太い。用例 ―ひも。―道。―・く切る。②やせている。slender; thin 対義 太い。③分量がすくない。little 用例 煙が―・くたなびく。食が―。④音声が小さい。thin 対義 太い。用例 ―声。⑤こまやかで感じやすい。sensitive 対義 太い。用例 神経が―。派生 ほそさ(名) ほそみ(名) ほそめ(名・形動) ほそやか(形動) ほそ・る(五自)

**ほそい-へいしゅう【細井平▼洲】**(一七二八〜一八〇一) 江戸中期の儒者。尾張の人。折衷学を学び、江戸に塾を開く。米沢藩の藩校興譲館をおこして藩主上杉鷹山の藩政改革に協力。のち尾張藩の藩校明倫堂督学。著書『平洲小語』など。

**ほそいり【細入】**〈村〉富山県南部、神通川に沿う村。農林業が主体で、ラッキョウの産地。発電所も多い。景勝の神通峡がある。人口二五二七(一九八八)。

**ほそい-わきぞう【細井和喜蔵】**(一八九七〜一九二五) 小説家。京都生まれ。紡績職工の体験を生かし、女工の悲惨な生活の記録『女工哀史』などを書いた。

**ほ-そう【舗装・▼鋪装】**(名・サ変他) 道路の表面を、煉瓦・木塊・土石・アスファルト・コンクリートなどで固めること。pavement

**ほそ-うで【細腕】** ①やせた腕。thin arm ②か弱い力。③弱い生活力。earn a little 用例 女の―。

**ほそえ【細江】**〈町〉静岡県西部、浜名湖岸の町。宿場町として栄えた。農業の町から、工業・住宅の町に変容。人口一万九三二八(一九八八)。

**ほそえ-えいこう【細江英公】**(一九三三) 写真家。山形県生まれ。作品『薔薇刑』など。

**ほそお-あげは【細尾揚羽▼蝶】** アゲハチョウ科のチョウ。開張約六cm。後翅の尾状の突起が細く長いのを特徴とすることからの名。食草はウマノスズクサ。中国・朝鮮半島に分布し、昭和五二年(一九七七)ごろ日本に帰化。ホソオチョウ。

**ほぞ-おち【▼臍落ち・▼蔕落ち】**(名・サ変自) ①産児のへその緒が脱落すること。②納得すること。承知。合点。③《「蔕落ち」で》果実がよく熟して自然に落ちること。その果実。

**ほそ-おび【細帯】** 幅の狭い帯。

**ほそ-おもて【細面】** ほっそりした顔つき。うりざね顔。narrow face 用例 ―の美人。

**ほそかわ-かつもと【細川勝元】**(一四三〇〜七三) 室町時代の武将。幕府の管領。将軍家や畠山氏らの跡継ぎ争いで山名宗全と対立。応仁の乱では東軍を指揮、乱の最中に死去。竜安寺を建立。

**ほそかわ-がみ【細川紙】** コウゾの繊維だけを原料とした和紙。強靭で厚手。帳簿用・下張り用など。埼玉県小川町が産地。

**ほそかわ-ガラシャ【細川ガラシャ】**(一五六三〜一六〇〇) 《「ガラシャ」は洗礼名》安土桃山時代の武将細川忠興の妻。明智光秀の娘。本名は玉。キリスト教信者。関ケ原の戦いのとき、石田方の人質となるのを拒否して自殺。

**ほそかわ-さんさい【細川三斎】** 細川忠興の別称。

**ほそかわ-し【細川氏】** 足利氏の支流。室町幕府の有力守護大名、管領家。勝元のときが最盛期で応仁の乱後衰える。庶流の藤孝(幽斎)・忠興父子が再興し、江戸時代は肥後五四万石を領した。

**ほそかわ-しげかた【細川▽重▽賢】**(一七二〇〜八五) 江戸中期の大名。熊本藩主。検地・殖産などの藩政改革を断行し、藩校時習館を開くなど、名君として知られる。

**ほそかわ-ただおき【細川▽忠興】**(一五六三〜一六四五) 安土桃山・江戸初期の武将。号は三斎。幽斎の子。妻はガラシャ。豊臣秀吉のもとで軍功を積み、関ケ原の戦いでは徳川方について豊前小倉を領有。和歌・茶の湯・有職故実にも通じた。

**ほそかわ-ゆうさい【細川幽斎】**(一五三四〜一六一〇) 安土桃山時代の武将。名は藤孝。織田信長・豊臣秀吉・徳川家康に仕え丹後を領有。歌人としても有名で、近世歌学の祖といわれる。

**ほそかわ-よりゆき【細川▽頼▼之】**(一三二九〜九二) 南北朝時代の武将。室町幕府の管領。幼少の将軍足利義満を補佐し幕政を支配。

**ほ-そく【歩測】**(名・サ変他) 歩いた歩数で距離をはかること。measure the distance by pace

**ほ-そく【捕▼捉】**(名・サ変他) ①つかまえること。とらえること。catch ②理解すること。apprehension 用例 主旨が―しがたい。

**ほ-そく【補足】**(名・サ変他) 不足を補うこと。supplement 用例 説明を―する。

**ほ-そく【補則】** 法令の規定を補うため付け加えた規則。supplementary rules

**ほそく-いでんし【補足遺伝子】** 互いに独立して遺伝する二組の対立遺伝子が互いに補いあって、ある新しい形質が発現する場合、その二組の対立遺伝子のことをいう。complementary gene

**ほそくら-こうざん【細倉鉱山】** 宮城県北西部、鶯沢町にある鉱山。日本有数の鉛・亜鉛などの鉱山で、発見は九世紀初めといわれる。

**ほそ-ごし【細腰】** ①細い腰。slender waist ②女の腰。やなぎ腰。slim waist

**ほそ-ざお【細▼棹】** 太棹・中棹に比べて棹が細く、全体に小型の三味線。清元・常磐津・長唄・小唄用。対義 太棹。

**ほそ・し【細し】** 古語 (形ク) ↓ほそい(細い)

**細う長う成る**(ほそうながうなる) 《ツルのそれのように、首を長くすることから》待ちかねる。

**ほそ-じ【細字】** 肉の細い字。fine writing 対義 太字。用例 ―用。

**ほそしま【細島】** 宮崎県北部、日向市の港。工業港。宮崎県の生鮮野菜を大都市に送る長距離フェリーの発着地としても知られる。

**ほそだ-えいし【細田栄▼之】**(一七五六〜一八二九) 江戸後期の浮世絵師。旗本の出。鳥文斎と号す。鳥居清長の風の気品ある美人画で有名。作品『青楼美人撰合』など。

**ほそ-づくり【細作り】**(名・形動) ①細く作ること。作ったもの。②からだの細いこと・さま。きゃしゃ。delicate; slender

**ぼそっ-と**(副) ①何もしないで、ぼんやりしているさま。ぼさっと。vacantly 用例 部屋のすみで―している。②小さな低い声で、ことば少なく話すさま。ぼそりと。in an undertone 用例 ―つぶやく。

**ほそ-どの【細殿】** ①寝殿造りの建物をむすぶ、屋根のある渡り廊下。わたどの。②寝殿造りで、おもやの回りの細長く区切った部屋。ひさしの間。

**ほそ-なが【細長】** ①昔、若い女子の常服。小袿に似て、大領のないもの。②貴族の児童の着物。水干に似る。

**ほそ-なが・い【細長い】**(形) 細くて長い。long and slender

**ほぞ-の-お【▼臍の緒】** へその緒。胎児のへそと母親の胎盤とをむすぶ管。

**ほそば-かなわらび【細葉▽鉄▼蕨】** カナワラビの別名。

**ほそば-しゃくなげ【細葉石南▽花】** 東海地方の山地にはえるツツジ科の常緑低木。葉は革質で細長く、裏に赤褐色の綿毛が密生。五月ごろ紅紫色の花を数個つける。↓シャクナゲ 写

**ほそば-たで【細葉▼蓼】** タデ科の一年草。タデのなかでも小形で、葉片は狭く、株全体が紅紫色を帯びる。通常食用とされるヤナギタデの変種。

**ほそ-びき【細引(き)】** 細めの丈夫な麻縄。hempen cord

**ほそ-ぼそ【細細】**(副) ①非常に細いさま。very slender ②やっとのことで物事が続いているさま。barely 用例 ―と暮らす。

**ぼそ-ぼそ**(副) ①小さく低い声で話すさま。in a hushed voice ②水気がなく、干からびているさま。ぱさぱさ。ぼろぼろ。dry 用例 ―のごはん。

**ほそまき-ずし【細巻(き)▼鮨】** 一枚の海苔を横半分に切り、すしめしをのせ、キュウリ・マグロなどをしんにして細く巻いたすし。

**ほそ-み【細み】** 蕉風俳諧の根本理念の一つ。作者の心が対象にひそみ入り、とらえ出してきた繊細な美をいう。内容的な深さからにじみ出るしみじみとした情趣として、「さび」「しおり」と並んで重視される。

**ほそ-み【細身】** 幅の細い、きゃしゃなつくり。用例 ―の刀。

**ほそみ-あやこ【細見▼綾子】**(一九〇七) 俳人。兵庫県生まれ。日本女子大卒。俳誌『風』『天狼』同人。句集『冬薔薇』『伎芸天』『曼陀羅』など。

**ほそ・む【細む】** 古語 (下二他) ↓ほそめる(細める)

**ほそ-め【細め】**(名・形動) 少し細いこと・さま。対義 太め。

**ほそ-め【細目】** ①目を薄く開いて見ること。その目。narrow eyes ②細く編んだ、編み目。fine texture

**ほそめ-こんぶ【細目昆布】** 褐藻植物コンブ科の海藻。長い笹の葉形で長さ約二m、幅約一〇cm。色は暗褐色。道南沿岸、東北地方太平洋沿岸に分布。ボンメ。

**ほそ・める【細める】**(下一他) 細くする。小さくする。narrow 用例 目を―。

**ほそ-やか【細やか】**(形動) 細く感じられるさま。

**ほそ・る【細る】**(五自) だんだん細くなる。become thin 対義 太る。用例 身の―思い。

**ほ-ぞん【保存】**(名・サ変他) 長くそのままの状態をたもつこと。preservation 用例 食物を―する。

**ほぞん-しょく【保存食】** 腐敗細菌の繁殖を防ぎ、保存性をもたせた食品の総称。乾燥・薫製・塩蔵・冷凍・缶詰・瓶詰・真空パックなどの方法がある。preserved foods

**ほぞん-そく【保存則】** 物理的現象で、ある物理量が不変であることを言い表した法則。エネルギー保存則・運動量保存則など。conservation law

**ほぞん-りょく【保存力】** ばねの復元力や万有引力など、位置エネルギーとしてとらえられる力。この力のもとに運動する物体の運動エネルギーと位置エネルギーの和はつねに一定である。conservative force

**ほた【▼榾】** たきぎ用の木の切れ端。ほたぎ。ほだ。

**ホタ【jotaスペイン】** スペインの民族舞踊。また、その舞曲。三拍子のテンポの速い踊りで、ギターなどで伴奏。アラゴン地方のものが代表的。

**ぼた** 《俗語》選炭したあとの質の悪い石炭や岩石。おもに北九州地方で言う。

**ポタージュ【potageフランス】** フランス料理で、スープの総称。ポタージュ-クレール(=澄んだもの。コンソメ)と、ポタージュ-エペー(=不透明のもの。ポタージュ-クレーム・ポタージュ-ピュレーなど)とに大別される。参考 日本では、多く不透明のとろりとしたスープの呼称として使う。

**ぼ-たい【母体】** ①母親の身体。mother's body ②分かれ出た、もとの団体。parent

**ぼ-たい【母胎】** ①胎児をみごもっている母の腹の中。mother's womb ②ものが生まれるもと。parent; origin

**ぼだい【▼菩▽提】** 《仏教語。bodhi梵の音写。悟り・涅槃、の意》①煩悩を断ちきって得られる悟りの智慧。悟道。②悟りの境地。涅槃。③冥福。

**菩提を弔う**(ぼだいをとむらう) 冥福を祈る。

**ぼだい-さった【▼菩▽提▼薩▼埵】** 《bodhisattva梵の音写》悟りを求める人。菩薩。薩埵。

**ぼだい-じ【▼菩▽提寺】** 一家が先祖代々帰依し、葬儀や追善供養を営んで菩提を弔うための寺。菩提所。香華院。檀那寺。

**ぼだい-じゅ【▼菩▽提樹】** ①シナノキ科の落葉高木。葉は三角状卵形で縁に鋭い鋸歯をもつ。初夏に、小さな芳香のある淡黄色の五弁花が多数咲く。中国原産。bo tree ②釈迦がその下で悟りを開いたという樹。インドボダイジュ。参照 ↓サラソウジュ。写

●ボダイジュ①

**ぼだい-しょ【▼菩▽提所】** 先祖を葬って、代代仏事・供養を頼む寺。檀那寺。菩提寺。

**ぼだい-しん【▼菩▽提心】** 《仏教語》悟りを得

▼常用漢字表外。　▽常用漢字表の音訓外。

たいと願う心。発心。

**ほたか【穂高】**〈町〉長野県西部、松本盆地の北にある町。ワサビの産地。碌山美術館がある。人口二万五四二〇(一九八八)。

**ほたか-だけ【穂高岳】** 飛騨山脈の中央部、北穂高岳・奥穂高岳・前穂高岳・西穂高岳四峰の総称。最高峰の奥穂高岳は標高三一九〇m。涸沢カールなど氷食地形があり、西斜面は高度な岩登りルートとして知られる。

**ほたか-やま【▽武▽尊山】** 群馬県北東部にある成層火山。標高二一五八m。山頂部はいくつかの峰に分かれる。

**ほた-ぎ【▼榾木】** ①ほた。②シイタケをつくるために切った木。ほだ木。シイ・クヌギなど。

**ほださ・れる【▼絆される】**(下一自)《「ほだす」の受身形から》人情にからまれて、自分の考えにない行動をとる。情にひかされる。be tied to... by affection 用例情に—。

**ほだし【▼絆し】** ①馬を歩けなくするために、足にかける縄。②手かせ・足かせ。③束縛すること。人情でからむこと・もの。用例恋の—。

**ほだ・す【▼絆す】**(五他) ①つなぎとめる。②行動を束縛する。

**ほ-だち【穂立ち】** イネの穂が出ること。その穂。

**ほたて-がい【帆立貝】** ①イタヤガイ科の二枚貝。殻長約二〇cm。右殻は白く、左殻は紫褐色のものが多い。貝柱は食用。貝殻は丸い扇形で細工用。オホーツク海沿岸・北海道・東北地方に分布。海扇。scallop ②イタヤガイの異名。↓図

●ホタテガイ①

**ボタニカ-きょう【▼菩多尼▼訶経】** 幕末の洋学者の宇田川榕菴が、文政五年(一八二二)に著した植物学の本。それまでの和漢の本草学とはちがって、西洋の植物学を初めて紹介した。

**ほた-び【▼榾火】** 木の切れ端を燃やす火。ほだ火。

**ぼた-ぼた**(副) 液体のしたたり落ちるさま。木の実・花など柔らかくてやや重いものの落ちるさま。drip 用例インクが—たれる。

**ぽた-ぽた**(副) 液体のしたたり落ちるさま。小さなものの落ちるさま。drip 用例蛇口から水が—たれる。

**ぼた-もち【▼牡▽丹▼餅】** もち米とうるちを炊き、軽くついて丸め、あん・きな粉などをまぶした餅菓子。萩のもち。おはぎ。参考昔は、春の彼岸に作るものをぼたもちといい、秋のものを萩のもちといった。

●ポタラ宮

**ぼた-やま【ぼた山】** 炭鉱で、ぼたを積み上げてできた山。

**ポタラ-きゅう【ポタラ宮】** チベットのラサにあるダライ=ラマの宮殿。七世紀にソンツェン=ガンポが築いたという居城址に、一六四五年ダライ=ラマ五世が造営。九四年九層の正殿が完成。the Potala ↓写

**ぽたり**(副) しずくの落ちる音。小さなものの落ちる音。drip 用例インクを—とたらす。

**ほたる【蛍】** ホタル科の甲虫の総称。水辺にすむ。蛹・幼虫・卵を含め発光する種類が多い。世界に約二〇〇〇種、日本に約二〇種。ホタロ。ナツムシ。クサノムシ。firefly

**蛍の光、窓の雪**(ほたるのひかり、まどのゆき) 「蛍雪の功」と同意。

**蛍二十日に蟬三日**(ほたるはつかにせみみっか) 《それぞれ、幼虫の期間が長いわりに成虫の命が短いことから》物事が盛んである期間の短いことのたとえ。

**ほたる-い【蛍▼藺】** 湿地に自生するカヤツリグサ科の一年草。茎は円柱状、高さ四〇〜五〇cmで叢生する。夏秋に、広卵形で緑褐色の小穂がつく。

**ほたる-いか【蛍▼烏▽賊】** ホタルイカ科の小形のイカ。胴長約六cm。体の各部に多数の発光器をもつ。富山湾では五月ごろ産卵のために雌が集まる。食用。本州中部以北に分布。マツイカ。

**ほたる-いし【蛍石】** 弗化カルシウムを主成分とする鉱物。立方体や八面体、まれに十二面体結晶。ガラス光沢をもち、純粋なものは無色。通常、黄・緑・紫・青色など。アルミニウム製錬の融剤・ガラス原料・光学レンズなどに使用。紫外線で強い蛍光を発し、加熱すると燐光を発する。fluorite

**ほたる-が【蛍▼蛾】** 昼間とぶマダラガ科の黒色のガ。開張約五cm。斜めの白帯と赤い頭が目だつ。七月と九月に発生。日本全土に分布。↓図

●ホタルガ

**ほたる-がい【蛍貝】** 浅海の砂地にもぐってすむマクラガイ科の巻き貝。殻高約二cm。紡錘形で、殻は光沢があり、白地に紫褐色の縦縞がある。本州・九州に分布。

**ほたる-かずら【蛍▼葛】** ムラサキ科の多年草。中部以北の山野の木陰にはえる。高さ約三〇cm。葉は倒披針形で、有毛。初夏に、茎頂が二またに分かれ、青紫色の小花が咲く。ホタルソウ。ルリソウ。gromwell ↓写

●ホタルカズラ

**ほたる-がっせん【蛍合戦】** ホタルが入り乱れて飛ぶこと。

**ほたる-がり【蛍狩(り)】** ホタルを捕まえる遊び。

**ほたる-ぐさ【蛍草】** ツユクサの別名。

**ほたる-さいこ【蛍▼柴▼胡】** セリ科の多年草。山野にはえ、高さ約一m。葉は狭披針形。夏に、黄色の小五弁花が咲く。根は解熱・強壮剤。ホタルソウ。

**ほたる-そう【蛍草】** ①ホタルカズラの別名。②ホタルサイコの別名。

**ほたる-なす【蛍なす】**[枕ことば]《ホタルの光のほのかなように、の意》「ほのかに」にかかる。用例—ほのかに聞きて大地を炎と踏みて(万葉・一三・三三四四)。

**ほたるのひかり【蛍の光】**《原題Auld Lang Syne》明治一四年(一八八一)文部省編の『小学唱歌集』初編に『蛍』として掲載され、普及した送別歌。原曲はスコットランド民謡。作詞者未詳。

**ほたる-び【蛍火】** ①ホタルの出す光。②わずかばかり残った火。

**ほたる-ぶくろ【蛍袋】** 山野にはえるキキョウ科の多年草。高さ四〇〜八〇cm。根出葉は長卵形。初夏に、白、淡紫色、紅紫色で、内側に紫の斑点のある鐘形の花を下垂。bellflower ↓写

**ボタロー-かん-かいぞんしょう【ボタロー管開存症】** ↓どうみゃくかんかいぞんしょう(動脈管開存症)

**ほ-だわら【穂俵】** ホンダワラの異名。

**ぼ-たん【▼牡丹】** ①キンポウゲ科の観賞用の落葉低木。高さ約一m。葉は複葉。春に大輪の花を枝先につける。原種は紫紅色だが、園芸品種は多彩。中国原産で薬用として渡来。カオウ。クタニ。ナトリグサ。ハツカグサ。フカミグサ。peony ②紋所の名。①の花や葉を紋章化したもの。公家が多用。③襲の色目の名。表は白、裏は紅梅。④イノシシの肉。↓図

**牡丹に唐獅子**(ぼたんにからじし) 《牡丹と唐獅子の図柄のこと》取り合わせのよいもののたとえ。獅子に牡丹。

**ボタン【button・釦】** ①《つぼみ、の意のbotão(ポルトガル)に由来》洋服のあきを止め、同時に装飾をも兼ねる用具。②呼び鈴などで、電流を通じさせるために押すいぼ状のもの。押しボタン。

**釦を掛け違う**(ボタンをかけちがう) 《ボタンとボタン穴とは、正しくはめないとずれてしまうことから》あとあと不都合な結果を生じるような間違いを、初め、気づかずにする。

**ボダン【Jean Bodin】**(一五三〇〜九六) フランスの政治哲学者。主権概念を初めて確立し、近代民族国家成立に理論的根拠を提示した。著書『国家論』など。

**ぼたん-いんこ【▼牡丹▼鸚▼哥】** 頭から頸が朱を帯びた黄褐色、体が緑色の小形のインコ。全長約一五cm。夫婦仲がよく、常に寄りそうように止まっている。飼いやすく、餌はヒエ・アワ・キビなど。アフリカ原産。lovebird

**ぼたん-うきくさ【▼牡丹浮草】** サトイモ科の水生植物。熱帯地方に広く分布。根は羽毛状に水中に下垂。葉は無柄で円形。鮮緑色で多数集まってボタンの花のようになる。

**ぼたん-えび【▼牡丹▽海▽老】** 体が濃い黄赤色に赤色斑のある深海産のエビ。体長約一四cm。若エビは全部雄だが、やがて性転換するので大形個体はすべて雌。北海道内浦湾以南に分布。

**ぼたんか-しょうはく【▼牡丹花肖▼柏】** ↓しょうはく(肖柏)

**ぼたん-きょう【▼牡丹▼杏】** バラ科スモモの栽培品種の一つ。ニホンスモモの変種で実が大きい。ハタンキョウ。

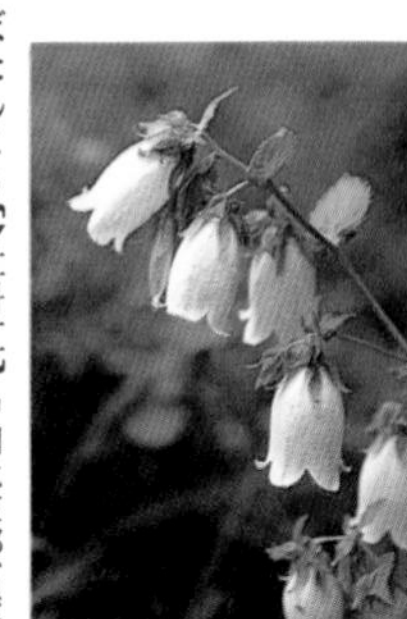

●ホタルブクロ

**ぼたんこう【▼牡丹江】** 中国北東部、黒竜江省南東部の都市。現在は同省の政治・経済の中心。牡丹江の中流域に位置し、機械・化学肥料・食品・紡織などの工業が発達。人口六〇・三万(一九八四)。ムータンチアン。

**ぼたん-ざくら【▼牡丹桜】** サトザクラの別名。

**ボタンダウン-カラー【button-down collar】** 襟型の一つ。シャツカラーの襟先を身頃にボタンで留めつけたスポーティーな襟。ワイシャツやスポーティーなブラウスに応用される。↓ワイシャツ図

**ぼたん-づる【▼牡丹▼蔓】** 山地にはえるキンポウゲ科の多年生つる植物。葉は三小葉で対生。夏に、白色五弁花が円錐花序に密集する。本州以南に分布。

**ぼたんどうろう【▼牡丹灯▼籠】** ①三遊亭円朝の代表的怪談噺。正称『怪談牡丹灯籠』。中国の小説『剪灯新話』に材を得た人情噺。

●ボタン①

立ち牡丹

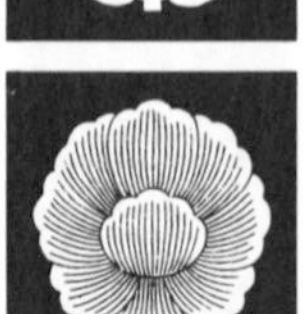

鍋島牡丹

●牡丹②



↓行き先項目、図版・写真参照印。 JIS日本工業規格情報交換用漢字符号コード(区点コード)。

幽霊お露と萩原新三郎との恋などを描く。②歌舞伎『怪異談牡丹灯籠』の通称。河竹新七作。明治二五年(一八九二)初演。円朝作品の歌舞伎化。

**ぼたん-な【▼牡丹菜】** ハボタンの異名。

**ぼたん-なべ【▼牡丹▼鍋】**《「ぼたん」はイノシシ肉の異称》イノシシの肉のなべ物。肉に臭みがあり、みそだれで煮るものが多い。ししなべ。

**ボタン-の-き【▼釦の木】** アメリカスズカケノキの別名。

**ぼたん-ぴ【▼牡丹皮】** 生薬の一つ。キンポウゲ科のボタンの根皮を乾燥したもの。鎮痛・血行改善・浄血・消炎・婦人病などに用いる。peony root bark

**ぼたん-ぼうふう【▼牡丹防風】** セリ科の多年草。高さ約七〇cm。葉は三回三出複葉。夏〜秋、枝先が複散形花序となり、白色の花が咲く。若葉は食用。

**ボタンホール【buttonhole】** 服などにあけられた、ボタン穴。穴の回りは、ボタンホールステッチや玉縁で始末される。大きさは、ボタンの直径に厚みを加えた長さが適当。

**ボタンホール-ステッチ【buttonhole stitch】** ボタン穴かがり・端かがりなど、ほつれ止め用ステッチの総称。刺繡ではブランケットステッチをさし、洋裁では糸を捻じってかけるテーラードボタンホールステッチをさす。

**ぼたん-ゆき【▼牡丹雪】** 雪の結晶が多数くっつきあって、ボタンの花びらのように大きな雪片となった雪。ぼたゆき。比較ささめ雪。

**ぼ-ち【墓地】** 死んだ人を葬る墓のある所。はかば。graveyard

**ぽち**(接尾)《俗語。指示代名詞や数量を表す体言に付いて》不足の気持ちを表す語。わずかに…だけ。ぽっち。ぼっち。用例あれっ—。これっ—。

**ホチキス** ↓ホッチキス

**ぼち-ぼち**(副) ↓ぼつぼつ

**ぽちゃ-ぽちゃ**(副) ①顔やからだつきがふっくらして愛らしいさま。plump ②水が揺れ動くようす。また、その音。

**ほ-ちゅう【補注・補▼註】** 注釈の不足を補った注。supplementary note

**ほちゅう-あみ【捕虫網】** 昆虫をとる網。insect net

**ほちゅう-よう【捕虫葉】** 食虫植物で、虫を捕らえやすいように変形した葉。モウセンゴケでは表面に粘着性の毛をもち、タヌキモでは袋になっている。insectivorous leaf

**ほ-ちょう【歩調】** ①歩く調子。足なみ。pace ②多くの人の行動の調子。

**ほちょう-き【補聴器】** 難聴の人が、音声をよく聞こえるようにする目的で装着する器具。hearing aid

**ポチョムキンごう-の-はんらん【ポチョムキン号の反乱】** 一九〇五年、ロシアの戦艦ポチョムキンで起きた水兵による反乱事件。第一次ロシア革命における重要事件の一つ。軍隊の最初の大衆行動として皇帝政府に与えた衝撃は大きかった。the mutiny on the warship Potemkin

**ホッ** 8画【法】 部首[氵] 教育小4 JIS 4301
21画【▼灋】 異体字
音ホウ・ハッ・ホッ
筆順↓ホウ[法]
仏教で、一切の事象。「法界・法身・法体」↓ハッ・ホウ[法]

**ホツ** 9画【発】 部首[癶] 教育小3 JIS 4015
12画【▼發】 旧字 JIS 6604
音ハツ・ホツ・ホチ
筆順↓ハツ[発]
おこる。おこす。はじめる。「発起・発句・発作・発心・発足・発端」↓ハツ[発]

**ボッ** 7画【坊】 部首[土] 常用 JIS 4323
音ボウ・ボッ・ホウ
男の子。幼児をしたしんでよぶのに用いる。「坊ちゃん」↓ボウ[坊]

**ボツ** 7画【▼孛】 部首[子] JIS 5354
音ハイ・ボツ
①ほうきぼし。彗星。②むっとする。顔色がかわる。③しげる。草木がさかんなさま。

**ボツ** 7画【没】 部首[氵] 常用 JIS 4355
7画【▼沒】 旧字 JIS 6183
音ボツ・モツ
①しずむ。しずめる。かくれる。対義出。「陥没・出没・沈没・埋没」「没落」②うちこむ。「没頭・没入」③とりあげない。ない。なくなる。「没我・没却・没書」用例(名)きみの作品は—だ。《接頭的》—交渉。④めしあげる。「没収」⑤《歿とも》しぬ。なくなる。対義生。「死没・戦没」「没後・没年」用例(名)一九八九年—。

**没にする**(ぼつにする) ①投稿された原稿を使わない。reject ②広く、あることを採用しないことに言う。turn down

**ボツ** 8画【▼歿】 部首[歹] JIS 6139
音ボツ
しぬ。なくなる。おわる。「死歿」「歿後」

**ボツ** 9画【▼勃】 部首[力] JIS 4354
音ホツ・ボツ
①にわか。にわかに。急に。②おこる。にわかにおこる。急におこる。「鬱勃」「勃起・勃興・勃然・勃発・勃々」

**ボツ** 12画【▼渤】 部首[氵] JIS 6263
音ホツ・ボツ
①水がわきたつさま。②「渤海」は、㋐中国の山東半島と遼東半島にかこまれた海域。㋑七〜一〇世紀、中国の東北地方にあった国。

**ほつ-い【発意】**(名・サ変自) ①《仏教語》菩提心を起こすこと。発心。②↓はつい(発意)

**ほ-つ-え【▽上▽枝・▽秀つ▽枝】** 上の方の枝。対義下枝。

**ぼっ-か【木▼瓜】**《「ぼくか」の変》ボケの異名。

**ぼっ-か【牧歌】**《「ぼくか」の変》①田園を舞台に牧人や農夫の生活を描いた対話体の詩。田園詩。pastoral ②牧童のうたう歌。herdsmen's song

**ぼっ-か【墨家】** ↓ぼくか(墨家)

**ぼつ-が【没我】** 利己心や欲を捨て無私無欲になること。selflessness 用例—の境に入る。

**ほっ-かい【法界】**《仏教語》①十八界の一つ。意識の対象となるもののすべて。②真理のあらわれである全宇宙。ほうかい。

**ほっ-かい【北海】**(North Sea) 大西洋北東部、イギリスとヨーロッパ大陸間の海。水深一〇〇m以下。タラ、ニシンの好漁場。北海油田がある。

**ぼっ-かい【牧会】** プロテスタント教会における牧師の働き。説教・礼典執行・教会管理・信徒指導など全般をさすが、狭義には、信徒の魂への配慮をいう。cure of souls

**ぼっ-かい【▼渤海】** 中国北東部、遼東半島と山東半島に囲まれる海域。水深二〇m前後の浅海で、海底油田がある。北部を遼東湾とよぶ。ボオハイ。

**ぼっ-かい【▼渤海】** 七〜一〇世紀、中国東北部・沿海州・朝鮮半島北部を占めた国。ツングース系の靺鞨族の首長大祚栄が満州東部に自立、七一三年唐より渤海郡王に封じられ渤海国と号した。日本とはしばしば通交し、唐文化の日本伝播に寄与。九二六年契丹に滅ぼされた。

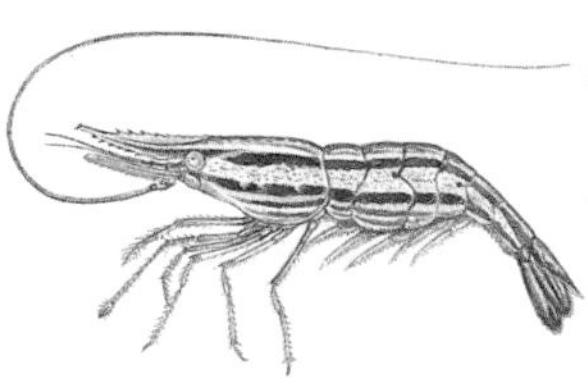


**ほっかい-えび【北海▽海▽老】** 寒地の浅海に産するタラバエビ科のエビ。体長約一五cm。体は黄褐色または緑褐色で、数条の黄または白の縦縞がある。缶詰・むきえびとして食用。日本海・オホーツク海に分布。↓図

**ほっかい-えんぎ【法界縁起】** 華厳宗の世界観。個の中に一切法があり、一切法は個に含まれていて、その働きはお互いに和しあってさまたげないというもの。事事無礙重重無尽の縁起。法界無尽縁起。

**ほっかい-じょういん【法界定印】**《仏教語》印相の一つ。両手の五指をのばして重ね、両親指の指頭をつき合わせて膝に置く。禅宗の座禅時の印相として用いる。禅定印。↓印相図

**ほっかい-しん【法界身】** ↓ほっしん(法身)

**ほっかいどう【北海道】** 日本列島最北の北海道本島を中心とする地域。道庁所在地は札幌市。中央を南北に大雪山を中核とする山地が走り、東には釧路・十勝、西には石狩などの平野が広がる。寒さが厳しい。明治以降の開発により大規模な畑作や酪農が発達。水産資源も豊富。面積八万三五一九km²、人口五六五万三七七六(一九八八)。

**ほっかいどう-かいたくし【北海道開拓使】** 明治初期、北海道の開拓・経営にあたった官庁。当初五稜郭内に庁舎を設置、明治四年(一八七一)札幌に移転。開拓使。

**ほっかいどう-かいはつちょう【北海道開発庁】** 北海道の開発事業を実施する国家機関。総理府の外局で、長は国務大臣。昭和二五年(一九五〇)北海道開発法により設置。Hokkaido Development Agency

**ほっかいどう-けん【北海道犬】** アイヌ犬の異名。

**ほっかいどう-だいがく【北海道大学】** 旧帝大系の国立総合大学の一つ。前身は札幌農学校。大正七年(一九一八)創設。昭和二四年(一九四九)現制となる。本部は札幌市北区北八条西。

**ほっかいどうとうほくかいはつ-こうこ【北海道東北開発公庫】** 北海道と東北地方の総合開発のための長期資金を供給する公庫。昭和三一年(一九五六)発足の北海道開発公庫の事業対象を東北までひろげて翌年改組・改称。

**ほっかいどう-わしゅ【北海道和種】** 日本在来馬の一種。俗に道産子。粗食・寒さに耐え、持久力がある。産地は渡島・根室など。↓馬写

**ほっかい-ゆでん【北海油田】**(North Sea Oil Fields) 大西洋北東部、イギリス・ノルウェーなどに囲まれた海底油田。エコフィスク・フォーティーズが主要油田。

**ぼっ-かく【墨客】**《「ぼくかく」の変》書画をうまくかく人。用例文人—。

**ぼつ-かちせい【没価値性】** 客観性を保つために、経験科学に価値判断をもちこむことを拒否したウェーバーの立場を示すもの。freedom from value-judgment

**ボッカッチョ【Giovanni Boccaccio】**(一三一三〜七五) イタリアの小説家・人文主義者。短編小説集『デカメロン』を書き、ヨーロッパ散文文学の祖とよばれる。中世末期からルネサンス期の幕明けに、新しい形の人間像を描いた。小説『フィローコロ』、長編叙事詩『テーセウス物語』、他に『ダンテ賛美論』など。ボッカチオ。

**ぼっか-てき【牧歌的】**(形動) 情景や詩歌の調べが、牧歌のように、素朴で、叙情的であるさま。pastoral

**ほっ-かぶり【▼頰▽被り・▼頰▽冠り】** ↓ほおかぶり(頰被り)

**ぽっかり**(副) ①あななどが大きく開くさま。急に割れるさま。口を大きく開けるさま。gape 用例スイカが—割れる。②軽く浮かんでいるさま。drift 用例雲が—浮かぶ。

**ほづ-がわ【保津川】** 京都府を流れる川。丹波高地に発し、亀岡盆地をへて京都盆地で桂川となる。古来舟運に利用され、保津峡は川下りの名所で知られる。狭義には亀岡と嵐山の間一六kmをいう。

**ほつ-がん【発願】**(名・サ変自) ①《仏教語》仏・菩薩が衆生を救おうという誓願をたてること。②物事の成就を願って、神仏に願をたてること。prayer

**ほっ-き【発起・発企】**(名・サ変他) ①事を始めること。promotion; proposal ②発心。resolution 用例一念—。

**ほつ-ぎ【発議】**(名・サ変他) 会議で、意見・議論を唱え出すこと。はつぎ。proposal

**ぼっ-き【▼勃起】**(名・サ変自) ①力強く起こり立つこと。arise ②陰茎が膨大し強直すること。erection

**ほっき-がい【北寄貝】** ↓うばがい(姥貝)

**ほっき-にん【発起人】** ①物事などを企画し、始めようとする人。originator; promoter ②株式会社の設立に参加し、定款に署名した者。七人以上でそれぞれ株の引き受けが必要。promoter 比較発頭人。

**ぼっ-きゃく【没却】**(名・サ変他) なくしてしまうこと。無視すること。ignore 用例自我を—する。

**ぼっ-きょ【▼卜居】**(名・サ変自)《「ぼくきょ」の変》よい土地を見立てて住むこと。

**ほっ-きょう【法橋】**《「法橋上人位」の略》僧位の一つ。法眼の次。武家時代、医師・画工などにも僧位に準じて授けた。

**ほっ-きょく【北曲】**《「ほくきょく」の変》①一二〜一七世紀の中国、北方系の歌曲。またそれに用いられた節。琵琶を主体にピッチが速くて力強い。一三世紀ごろから南方系の南曲

▼常用漢字表外。 ▽常用漢字表の音訓外。

に押される。②北方系の音楽を用いた中国の歌劇。元代に盛行、元曲ともよばれた。

**ほっ-きょく【北極】**《「ほくきょく」の変》 対義 南極。①北極点。the North Pole ②地球の自転軸の北への延長が天球と交わる点。the North Pole ③磁石の北方をさす端。magnetic north ④北極圏。the Arctic Circle →地球 図

**ほっきょく-かい【北極海】**(the Arctic Ocean) ユーラシア・北アメリカ両大陸とグリーンランドに囲まれる北極圏の海域。面積一四〇〇万$km^2$。北氷洋。

**ほっきょく-ぎつね【北極▾狐】** キツネに似るが耳介が小さく丸いイヌ科の獣。灰褐色または青灰色の夏毛から、冬には純白になるシロギツネと、青みを帯びるアオギツネの二型がある。体長約五〇㎝、尾長約二五㎝。北極圏にすみ、ネズミや死肉などを食べる。毛皮用に養殖もされる。Arctic fox

**ほっきょく-く【北極区】** 動物の生物分布の一区分。北極を中心とする地域の生物分布で海で隔絶された南極区に比べて種類は多い。哺乳類のホッキョクグマ・ホッキョクギツネ・ジャコウウシ、鳥類のライチョウ・ワタリガラスなど。

**ほっきょく-ぐま【北極▾熊】** 北極海周辺にすむ全身白色のクマ。体長二・四〜二・七m。泳ぎが巧みでアザラシや魚などを捕食。シロクマ。polar bear →写

● ホッキョクグマ

**ほっきょく-けん【北極圏】** 北極を中心に、北緯六六度三三分の緯線と、その北の地域。冬至には太陽が一日じゅう地平線上に現れず、夏至には太陽が没しない。the Arctic Circle 対義 南極圏。

**ほっきょく-せい【北極星】** こぐま座のα星。一年じゅう、ほぼ同じ位置にあり北の方角の目印になる。周期六〜八年で変光する分光連星。実視光度二等、距離約四五〇光年。北の一つ星。超巨星。ポラリス。Polaris

**ほっきょく-てん【北極点】** 北緯九〇度の地点。地球自転軸が地球北端の地表面と交わるところ。the North Pole 対義 南極点。

**ぽっきり** 一(副) もろく折れる音・さま。with a snap 用例 骨が—と折れた。二(接尾)《数量を表す語に付いて》ちょうどそれだけ。用例 一〇〇〇円—。

**ほっ-く【発句】** ①和歌の第一句、または第一・二句。②連歌や俳諧の連句の第一句。五・七・五の一七音で、原則として季語・切れ字を含む。正岡子規はこれを「俳句」とよび、独立の詩とした。対義 挙げ句。③俳句。

**ホック**《「フック(hook)」の訛り》衣服の二面を留め合わせる凹凸二つからなる丸形の金具。また、先の曲がった針金製のかぎホック。hook and eye

**ほっく-きょう【法句経】** 最古の原始仏教経典の漢訳の一つ。パーリ経蔵小部第二経のダンマパダ(真理のことば)の訳。四二三篇の詩からなり、釈迦の教えが簡明に表現されたものとして広く愛誦される。

**ボックス【box】** ①箱。箱形の建物。用例 ポリスー。②興行場や飲食店などの仕切り席。③野球で、白線で囲まれた所定の場所。用例 バッター—。④《box calfの略》子牛のなめし革。⑤「ボックスコート」の略。

**ボックス-かぐ【ボックス家具】** 三五〜四五㎝角の箱状の家具。並べたり、積み重ねたりして棚や、椅子として使う。

**ボックス-コート【box coat】** ①箱形に見える四角ばったコート。肩をパッドで張らせ、ウエストは絞らず、丈は短い。②昔の御者が着たダブルのコート。

**ボックス-プリーツ【box pleats】** ひだ山が表では左右とも外側に折られ、裏の陰ひだ山は突き合わせになり、箱のような形に一つずつ独立して見えるひだ。おがみひだ。

**ぽっく-り【▿木履】**《「ぼくり」の転》少女用の下駄。後ろの底を丸くくり、前のめりにしたもの。赤か黒のうるし塗り。ぼっくり。

**ぽっくり**(副) ①物がもろく折れたり、こわれたりするさま。break off 用例 下駄の歯が—欠ける。②人が突然死ぬさま。die suddenly 用例 —亡くなる。

**ぽっくり-びょう【ぽっくり病】** ふつうに健康な生活を送っていた者が突然死ぬ病気。若い男性に多く、急性心臓死に似るが原因は不明。

**ほっ-け【北家】**《「ほくけ」の変》藤原四家の一つ。不比等の子房前の家系。房前の邸宅が兄武智麻呂(南家)の邸の北にあったための呼称。

**ほっ-け【法華・法▿花】**《仏教語》①「妙法蓮華経」の略。②《「法華宗」の略》㋐日蓮宗。その一派。㋑昔、天台宗。

**ほっけ【▾鮎】** 沿岸のやや深い岩礁地帯にすむアイナメ科の海水魚。全長約四〇㎝。暗褐色で腹側は淡い。練り製品の原料。本州北部・北海道に分布。Atka mackerel →図

● ホッケ

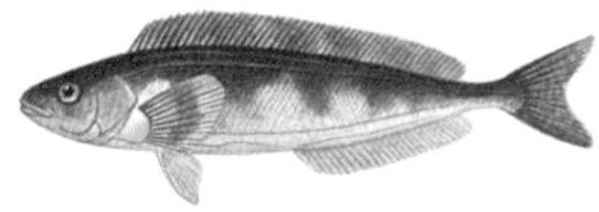

**ぼっ-けい【墨刑】** 昔の刑罰の一つ。罪に応じて腕や額などに入れ墨をして、前科のしるしとした。ぼくけい。

**ほっけ-いちじょう【法華一乗】**『法華経』に説かれる一乗の教え。三乗がそのまま一乗(仏乗)に融合されるという教え。

**ほっけ-いっき【法華一▾揆】** 戦国時代、京都の町衆・日蓮宗門徒らで組織された一揆。天文元年(一五三二)細川晴元の要請に応じて一向一揆と戦い京都市中を掌握したが、同五年(一五三六)延暦寺衆徒・六角定頼に攻められ潰滅。

**ほっけいん-おんせん【法華院温泉】** 大分県西部、九重火山群中の温泉。久住山・大船山などの登山基地となっている。

**ホッケー【hockey】** 球技の一つ。一一人ずつの二チームに分かれ、スティックでボールを奪いあい、相手ゴールに入れて得点を争う。フィールドホッケー。比較 アイスホッケー。→写

**ほっけ-さんだいぶ【法華三大部】** 中国の天台第三祖智顗の著作『法華文句』『法華玄義』『摩訶止観』の三部。天台三大部。

**ほっけ-さんぶきょう【法華三部経】**『法華経』『無量義経』『観普賢菩薩行法経(＝普賢観経)』のこと。

**ほっけ-じ【法華寺】** 奈良市法華寺町にある真言律宗の尼寺。天平一三年(七四一)ごろ光明皇后が父藤原不比等の邸を改め、総国分尼寺として創建。法華滅罪之寺。氷室御所。

**ほっけ-しちゆ【法華七▾喩】**『法華経』に説く七つの譬喩。火宅喩・長者窮子喩・薬草喩・化城喩・衣珠喩・髻珠喩・医子喩の七喩。

**ほっけ-しゅう【法華宗・法▿花宗】**『法華経』に依拠する天台宗と日蓮宗の別称。のちにもっぱら日蓮宗の俗称となり、またその一派をさす場合もある。

**ほっけ-しんとう【法華神道】** 日蓮宗の信徒の間で行われた神仏習合的な神道説。『法華経』守護神としての三十番神を祭神とする。

**ほっけ-せんぼう【法華▾懺法】** 天台宗の法会。『法華経』に基づく儀則によって罪障を懺悔し、現世安穏を祈る法要。

**ほっ-けつ【北▾闕】**《「ほくけつ」の変》①皇居の北門。②皇居。

**ほっけ-はっこう【法華八講】**『法華経』八巻を朝夕一巻ずつ四日間に読み、供養する法会。

**ボッケリーニ【Luigi Boccherini】**(一七四三〜一八〇五) イタリアの作曲家・チェロ奏者。チェロ演奏技巧を向上させ、室内楽に新局面を開いた。作品『チェロ協奏曲』『弦楽五重奏曲』など。

**ほっけん【法顕】**(三四〇ごろ〜四二〇ごろ) 中国、東晋の僧。戒律の不備をなげき、六〇歳のころインドをめざして長安を出発。十余年ののち帰国。『大般泥洹経』など仏典の漢訳に従事し、『仏国記(＝法顕伝)』を著した。

**ぼっ-けん【木剣】**《「ぼくけん」の変》木刀。きだち。wooden sword

**ほつ-ご【発語】** ①言い始めの語。②「さて・そもそも」などの接続詞・副詞。はつご。

**ぼつ-ご【没後・▾歿後】** 死んだのち。死後。after one's death

**ぼっ-こう【▾勃興】**(名・サ変自) 氏族・民族などが、急に勢いよくさかんになること。興隆。sudden rise

● ホッケー

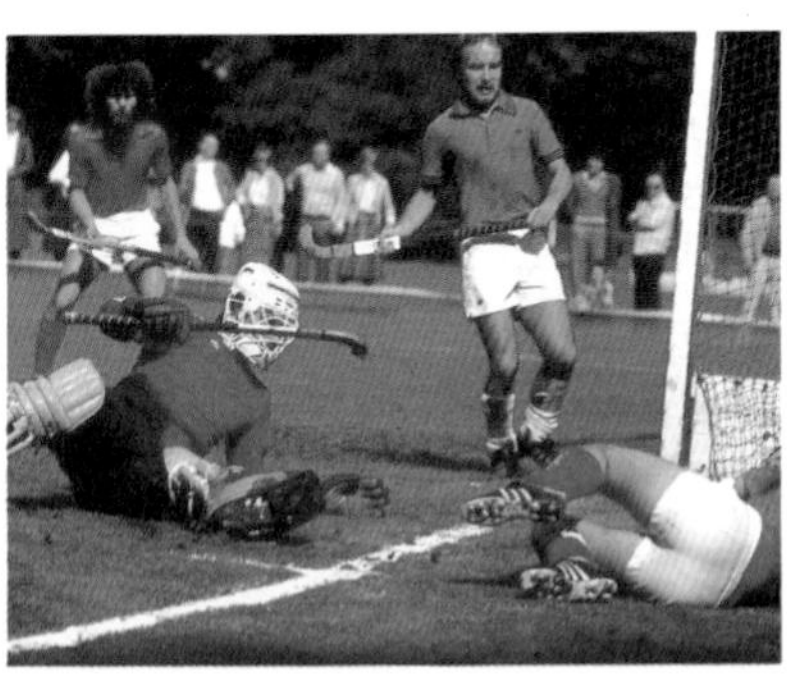

**ぼっ-こうしょう【没交渉】**(名・形動) かかり合いのないこと・さま。無関係。ぼつこうしょう。have no connection with

**ほっこうなんてい-がた【北高南低型】** 本州南岸ぞいに停滞前線が、前線の北側に高気圧がある気圧配置。北東の風が吹き、天気がぐずつく。梅雨どき、秋に現れる。

**ほっ-こく【北国】**《「ほくこく」の変》①北方の国。northern countries 対義 南国。②北陸道。③江戸時代、新吉原のこと。

**ほっこく-あかえび【北国赤▿海▿老】** 寒い海の水深一五〇〜三〇〇mにすむタラバエビ科のエビ。体長約一二㎝。体は赤紅色。市場名アマエビとして生食される。富山湾以北・北海道沿岸に分布。→エビ 図

**ほっこく-かいどう【北国街道】** 江戸時代の脇街道の一つ。中山道の信濃追分から、小諸・上田・善光寺を経て、北陸の高田・直江津に至るもの。江戸と佐渡金山を結ぶ街道の一つとして重視された。

**ぼっ-こん【墨▾痕】**《「ぼくこん」の変》すみのあと。筆跡。用例 —鮮やか。

**ほっ-さ【発作】** 病気の症状が急に起こること。また、その現象。attack

**ほっさ-てき【発作的】**(形動) にわかに起こるさま。fitful; spasmodic

**ホッジス【Johnny Hodges】**(一九〇六〜一九七〇) アメリカのジャズ-アルトサックス奏者。エリントン楽団の大黒柱的存在。

**ほっ-しゅ【法主】**《仏教語》＝ほうしゅ・ほっす。①仏の尊称。②高位・大徳の敬称。③一宗派の管長。

**ぼっ-しゅ【没取】**(名・サ変他) 一定の物を国庫に帰属させる行政処分、または裁判所の処分。保釈保証金の没取など。forfeiture 比較 没収。

**ボッシュ【Carl Bosch】**(一八七四〜一九四〇) ドイツの工業化学者。アンモニア合成を研究、ハーバー法の工業化に成功し、同工業を確立した。一九三一年ノーベル化学賞受賞。

**ボッシュ【Bosch】** →ボス

**ぼっ-しゅう【没収】**(名・サ変他) ①強制的に取りあげること。confiscation ②犯罪行為に関係する一定の物を取り上げ、強制的に無償で国家の所有に移す処分。confiscation 比較 没取。

**ぼつ-しゅみ【没趣味】**(名・形動) 趣味を解しないこと・さま。無趣味。ぼっしゅみ。tasteless 対義 多趣味。

**ぼっ-しょ【没書】** 投書を採用しないこと。その投書。没。

**ぼつ-じょうしき【没常識】**(名・形動) ①常識がないこと・さま。非常識。lack of common sense ②常識を無視すること・さま。

**ぼっしょく-し【没食子】** 生薬の一つ。ブナの若枝にインクタマバチが産卵してできた





ほ

虫こぶ。タンニン・没食子酸を多く含む。タンニン酸やなめし剤の原料。もっしょくし。

**ぼっしょくし-さん【没食子酸】** 化学式$C_6H_2(OH)_3COOH$ 植物中に広く存在する。塩基性溶液は強い還元性をもつ。タンニンの成分。インキの原料、油脂の酸化防止剤など。もっしょくし酸。ガルス酸。gallic acid

**ほっ-しん【法身】**《仏教語》仏の三身の一つ。真理そのものとしての仏。法身仏。

**ほっ-しん【発心】**(名・サ変自) ①《仏教語》仏の悟りを得ようとする心を起こすこと。出家すること。発菩提心。②思い立つこと。resolution

**ほっ-しん【発▼疹】**(サ変自) →はっしん(発疹)

**ほっしんしゅう【発心集】** 鎌倉前期の仏教説話集。鴨長明著。八巻。建保二年(一二一四)ごろの成立か。発心遁世談・往生談を中心とする約一〇〇話を収録。

**ほっ-す【▽払子】** 仏教法具の一つ。獣毛・麻などを束ねて柄をつけたもので、法会のさいに導師が用いる。

**ほっ-す【法主】** →ほっしゅ(法主)

**ほっ・す【欲す】**(サ変他) →ほっする(欲する)

**ほっ・す【▽解す】**(五他) とく。ほぐす。ほどす。

**ほっす-がい【▽払子貝】** 深海にすむ海綿動物。体はコップ状で、長さ一〇～一五cm。その下部に長さ四〇～七〇cmの珪質繊維の束があり、それで海底に立つ。相模湾や駿河湾に分布。

**ほっ・する【欲する】**(サ変他) =欲す。①ほしいと思う。望む。want; hope ②《補助用言として「…む(ん)とほっする」の形で》…しようとする。用例 まさに暮れむと—。

**ぼっ・する【没する】**(サ変自他) =没す。①(自)㋐沈む。sink ㋑埋まる。be buried ㋒隠れる。hide ㋓《「歿する」とも》死ぬ。die ②(他)㋐沈める。sink ㋑埋める。bury ㋒隠す。hide ㋓取り上げる。deprive 用例 所領を—。

**ぼっ・する【▼歿する】**(サ変自) 死ぬ。なくなる。歿す。die

**ぼつ-ぜん【没前・▼歿前】** 死ぬ前。生前。during one's life time

**ぼつ-ぜん【▼勃然】**(形動タルト) ①急に起こり立つさま。rise suddenly ②むっとして怒るさま。flare up

**ぼっせん-びょうほう【没線描法】** →もっこつ(没骨)

**ほっ-そう【法相】**《仏教語》①諸法の、また本体のすがた。それを説明する教え。②「法相宗」の略。

**ほっそう-しゅう【法相宗】** 中国仏教十三宗の一つ。日本南都六宗の一つ。唐の玄奘の弟子窺基が大成した宗派で、唯識の教学を中心とする。興福寺・薬師寺を中心に栄えた。唯識宗。

**ほっ-そく【発足】**(名・サ変自) =はっそく。①旅立つこと。出発。start ②団体などが、活動を始めること。launch

**ほっそり**(副) 形よくやせているさま。slim

**ホッター【Hans Hotter】**(一九〇九) ドイツのバス・バリトン歌手。オーストリア生まれ。ワーグナーのオペラとドイツ-リートに定評がある。

**ほっ-たい【法体】**《仏教語》①一切諸法の本体。②僧の姿。僧形。対義 俗体。

**ほっ-たて【掘っ立て・掘っ建て】**《「ほりたて」の転》①土台を置かず、柱を地面に突き立てること。②「掘っ建て小屋」の略。

**ほったて-ごや【掘っ建て小屋】** 柱を直接地中に埋めて建てた小屋。簡易な構造の粗末な家。hut

**ほった-の-さく【▽払田▼柵】** 奈良時代の東北経営の基地跡。秋田県仙北郡仙北町払田付近で、木柵をめぐらした楕円形の巨大な遺構を発掘。

**ほった-まさとし【堀田正▽俊】**(一六三四～一六八四) 江戸前期の大名。下総古河藩主。五代将軍徳川綱吉を擁立し大老として権力を掌握。私怨のため殿中で刺殺された。

**ほった-まさよし【堀田正▼睦】**(一八一〇～一八六四) 幕末の大名。下総佐倉藩主。幕府の老中。日米通商条約の勅許を得ることに失敗し、井伊直弼の大老就任で失脚。

**ポツダム【Potsdam】** 東ドイツ中部、ベルリン南西の小都市。プロイセン国王の居城の所在地。住宅・工業都市。ポツダム宣言発表の地。人口一三・六万(一九八二)。

**ポツダム-かいだん【ポツダム会談】** 一九四五年七～八月、ベルリン郊外ポツダムで開かれた米・英・ソ三国首脳会議。トルーマン・チャーチル(途中アトリーに交替)・スターリンが出席。ドイツ・日本の戦後処理を協議。the Potsdam Conference

**ポツダム-せんげん【ポツダム宣言】** 昭和二〇年(一九四五)七月二六日、ベルリン郊外ポツダムでなされた対日戦争終結のための米・英・中の共同宣言。日本の降伏の条件と戦後の対日処理方針を定めて発表。ソ連も対日参戦後に参加。八月一四日日本政府は受諾。the Potsdam Declaration

**ポツダム-めいれい【ポツダム命令】** 昭和二〇年(一九四五)の緊急勅令五四二号(いわゆるポツダム緊急勅令)に基づく勅令・閣令・省令(現憲法下での政令・府令・省令)の総称。公職追放令・物価統制令・団体等規制令など。サンフランシスコ講和条約発効により失効。

**ほった-よしえ【堀田善▽衛】**(一九一八～) 小説家。富山県生まれ。慶大卒。国際政治の中で現代知識人の直面する危機感などを描く。作品『広場の孤独』『時間』『ゴヤ』など。

**ほったらか・す**(五他)《俗語》そのままにしておく。放置する。

**ほっ-たん【発端】** 物事の始まり。起こり。origin; beginning

**ぽっち**(接尾)《俗語。指示代名詞や数量を表す体言に付いて》わずかに…だけ。ぽち。ぽっち。用例 これ—。一〇〇円—。

**ホッチキス【Hotchkiss】**《商標名。アメリカの発明家ホッチキスの名から》紙をとじるための道具。平たく、切れ目のあるコの字形のとじ金を専用の器具に挿入し、圧力を加えて折り曲げ、同時に切れ目から切り離して紙をとじる。ステープラー。stapler

**ぽっちゃり**(副・サ変自) 女性の、ふっくらとして愛くるしいさま。plump 用例 —した顔。

**ぼっ-ちゃん【坊ちゃん】** ㊀①他人の男の子の敬称。②世間知らずの男を見下げていう語。greenhorn ㊁《坊っちゃん》夏目漱石の小説。明治三九年(一九〇六)発表。四国の中学に赴任した青年教師の正義感あふれる行動をユーモラスに描く。

**ぼっちゃん-がり【坊ちゃん刈(り)】** 男児の髪型の一つ。前髪を薄く垂らし、後ろは襟足に向けてしだいに短くした髪型。

**ぼっちゃん-そだち【坊ちゃん育ち】** 苦労知らずに育った男。世間知らずの男。

**ボッチョーニ【Umberto Boccioni】**(一八八二～一九一六) イタリアの彫刻家・画家。未来派の中心メンバー。「未来派彫刻の技術宣言」を発表。彫刻作品『空間における連続性の形体』など。

**ぽっちり**(副) ごくわずか。少し。また、小さいさま。a tiny bit of

**ほっ-つ・く**(五自)《俗語》あてもなく歩き回る。

**ほ-つつじ【穂▼躑▼躅】** 山の陽地にはえるツツジ科の落葉低木。葉は倒卵形。夏に、枝先に穂を出し、淡紅色の花が咲く。花弁は三枚。北海道・本州に分布。

**ボッティチェリ【Sandro Botticelli】**(一四四四／四五～一五一〇) イタリア初期ルネサンスの画家。流麗かつ力強い描線の美しさにより一五世紀後半を代表する大芸術家。晩年は神秘的傾向を見せる。作品『春(プリマベーラ)』『モーセの生涯』『ビーナスの誕生』など。→写

**ぼってり**(副・サ変自) ①ふとっているさま。plump ②厚く、また、太くふくれて重そうなさま。ぼてぼて。bulky

**ホッテントット-ぞく【ホッテントット族】** アフリカ南西部、ナミビアに居住する遊牧民族。黒色人種で、コイサン語族に属する。ホッテントット《現地語で「吃音の人」の意》はヨーロッパ人による蔑称で、自分たちはコイ-コン(人間の中の人間)と呼んでいる。Hottentot

**ほっ-と** ㊀(副) ため息やふと息をつくさま。㊁(副・サ変自) ひと安心するさま。be relieved 用例 —一息つく。

**ホット【hot】** ①熱いこと。用例 —コーヒー。②新しいこと。用例 —ニュース。③強烈なこと。用例 —ジャズ。

**ぼっ-と** ㊀(副) 火が音を出して燃え上がるさま。㊁(副・サ変自) ぼんやりするさま。ぼうっと。vacantly

**ぽっ-と** ㊀(副) ①火がつくさま。灯がともるさま。be lighted 用例 —燃え上がる。②にわかなさま。abruptly 用例 —出る。㊁(副・サ変自) ①顔が赤くなるさま。blush 用例 —赤らむ。②ぼんやりするさま。absentminded 用例 —していて人にぶつかる。

**ポット【pot】** ①つぼ。鉢。②《転じて》深さのある食器。ティーポット・シュガーポットなど。③魔法びん。

**ホット-アトム【hot atom】** 原子核反応・放射線崩壊などで、大きな内部エネルギーまたは運動エネルギーをもつようになった原子。化学的反応性に富む。

**ぼっ-とう【没頭】**(名・サ変自) 物事に熱中すること。devotion 用例 創作に—する。

**ホット-ウォー【hot war】** →あついせんそう(熱い戦争)

**ほっとう-こくし【法灯国師】**(一二〇七～一二九八) 鎌倉前期の禅僧、心地覚心の諡。高野山で修行して真言を、のち禅を学ぶ。入宋して無門慧開に参じ、帰朝して西方寺(のち興国寺)の開山となる。普化宗の祖とされる。無本覚心。

●ボッティチェリ『ビーナスの誕生』。一四八七年ごろ、ウフィッツィ美術館(イタリア)。

**ほっとう-にん【発頭人】** よくない物事を最初にくわだてた人。張本人。首謀者。ringleader 比較 発起人。

**ホット-カーペット**《和製語》じゅうたん形の床暖房用の電熱具。アルミ箔のフィルムヒーターやコードヒーターの導体を内蔵。電子カーペット。電熱カーペット。electric carpet

**ホット-カーラー【hot curler】** 電熱で温めて髪を巻きつけ、カールをつくる器具。

**ほっと・く**(五他)《俗語。「ほうっておく」の約》捨てておく。neglect

**ホットケーキ【hotcake】** 小麦粉にふくらし粉・牛乳・砂糖・卵・バターなどを混ぜて、フライパンで丸く焼いた菓子。pancake

**ホット-コーナー【hot corner】**《強烈な打球がよく飛んでくることから》野球で、三塁の異称。

**ホット-スポット【hot spot】** マントル深部から柱状に上昇してくる物質の流れが、地表で火山や局地的な隆起として現れた地点。

**ポット-ぞうりん【ポット造林】** 泥炭を材料としてつくった鉢で苗木を育て、移植するとき、鉢ごと植えつける造林。根は鉢をつきぬけて伸びる。

**ぽっと-で【ぽっと出】**《俗語》田舎からはじめて都会に出てきたこと・人。おのぼりさん。

**ホットドッグ【hotdog】** 細長いロールパンを使ったサンドイッチ。温めたパンに縦に切れ目を入れ、からしバターなどをぬり、熱いソーセージとレタス・クレソンなどをはさむ。

**ホット-ニュース【hot news】** 現場から送られてきたばかりの生々しいニュース。

**ホット-パンツ【hot pants】** タウンウエアとして着用する婦人用ショートパンツで、股下の短いもの。従来は、スポーツやリゾート用に限られていた。

**ホット-プレート【hot plate】** 電気・ガスを熱源とする鉄板焼き用の加熱器。おもに、卓上サイズの家庭用電熱調理器具。焼き肉・お好み焼きなどに利用。

**ホット-マネー【hot money】** ①国際金融市場を動きまわる投機的・浮動的な短期資金。②不正な金銭。

**ホット-ライン【hot line】** 二か国の政府首脳間の緊急用の直通テレタイプ通信線。一九六二年のキューバ危機の教訓を生かして翌年ホワイトハウスとクレムリンのあいだに設置されたのが最初。

**ホット-ラボラトリー【hot laboratory】** 強い放射性物質の取り扱いができる設備をも

つ実験室。
**ほ-づな【帆綱】** 帆の上げ下ろしや、つなぎ止めをする綱。halyard
**ぼつ-にゅう【没入】**(名・サ変自) ①すっかり水中に沈むこと。sink under the water ②心身を打ち込むこと。没頭。immersion
**ぼつ-ねん【没年・▾歿年】** ①死んだときの年齢。行年(こうねん・ぎょうねん)。享年。one's age at death ②死んだ年。year of one's death
**ぽつねん-と**(副) ひとりでさみしくしているさま。all alone
**ホッパー[hopper]** 石炭・鉱石・穀類などを一時ためて、順次送り出す漏斗状の容器。下部に口がある。
**ポッパー[Karl Raimund Popper]**(一九〇二) イギリスの哲学者。オーストリア生まれ。論理実証主義を批判。科学の本質を反証可能性と考え、認識論・歴史哲学へ応用。著書『科学的発見の論理』など。
**ホッパー-しゃ【ホッパー車】** ホッパーを装備している貨車。石炭や砂利(じゃり)などばら荷を積んで運搬する。hopper car ↓貨車写
**ぼっ-ぱつ【▾勃発】**(名・サ変自) 突然、事が起こること。outbreak 用例事変—。
**ほっぴょう-よう【北氷洋】**《「ほくひょうよう」の変》北極海の旧称・通称。対義南氷洋。
**ホッピング**《和製語》遊具の一つ。十字形でスプリングのついた棒状のもの。上部の握りをつかみ、真ん中の足乗せに両足で乗り、ばねの力で跳ね回って遊ぶ。昭和三一年(一九五六)ごろ流行。pogo stick
**ホップ[hop]**(名・サ変自) ①ぴょんとはねること。②野球で、投球が打者の手もとで急に浮き上がるように見えること。
**ホップ[hop]** クワ科のつる性多年草。雌雄異株。冷涼地を好む。雌花は楕円(だえん)形の球果状になり、その基部に生じる黄色の花粉に似た腺点(せんてん)(=ホップ腺)をビールの苦味の原料に用いる。地中海沿岸原産。↓写

●ホップ　雌花。

**ボップ[Franz Bopp]**(一七九一～一八六七) ドイツの言語学者。サンスクリット研究から出発、インド-ヨーロッパ語の比較文法研究を発展させ、近代の比較言語学の基礎を築いた。

●ポップアート
リクテンスタイン『ポカン！』。アーヘン-ニューギャラリー(西ドイツ)。

ウォーホル『マリリン=モンローの折りたたみ絵』(部分)。一九六二年、個人蔵。

**ポップ-アート[pop art]**《popular-art の略》一九五〇年代の後半からイギリスとアメリカを中心に発展した新しい芸術運動。従来の美感に反逆し、大衆的な新表現の確立を追求。日常的な商品や広告板などをそのまま画面に写しとるなど、平明な技法と色彩で表現。リクテンスタイン・ウォーホル・オルデンバーグらが活躍。↓写
**ポップコーン[popcorn]** ①トウモロコシの一品種。粒全体が硬質で内部がわずかに軟質で加熱するとはじける。爆裂種。②干しトウモロコシを炒(い)ってはじけさせた菓子。ばくだんあられ。
**ホッブズ[Thomas Hobbes]**(一五八八～一六七九) イギリスの哲学者。社会契約説、主権国家論を主唱。主著『リバイアサン』は絶対主義を理論づける政治哲学論。
**ポップス[pops]**《「ポピュラー-コンサート」の略から》交響楽団が奏するポピュラー-ミュージックの演奏会。現在は、ポピュラー音楽の略称として使用されている。
**ポップ-フライ[pop fly]** 野球で、打者が打ち上げた当たりそこないの飛球。
**ホッブル-スタイル[hobble style]**《「ホッブル」は、よちよち歩く、の意》ベルエポック期の初め(一九世紀末)に流行したドレススタイル。ひざから裾(すそ)すぼまりになったスカートの服型。
**ほっ-ぺ【▾頰っぺ】**《幼児語》ほお。ほっぺた。用例赤い—。
**ほっ-ぺた【▾頰っぺた】** ほお。cheek 用例おいしくて—が落ちそうだ。
**ホッベマ[Meindert Hobbema]**(一六三八～一七〇九) オランダの風景画家。自然を細やかに観察し親しみやすく表現。作品『ミッデルハルニスの街道』など。
**ぽっぽ** 一(名) ①《俗語》ふところ。ふところの中。ポケット。用例—に入れる。②《幼児語》㋐「汽車ぽっぽ」の略。㋑ハト。二(副) ①湯気の立ちのぼるさま。②火の燃えるさま。③だんだんあたたまっていくさま。
**ぽっぽが暖かい**(ぽっぽがあたたかい) 持っているお金が、たくさんある。用例今日は—から、おごろう。
**ほっぽう-せんそう【北方戦争】** 一七〇〇～二一年、バルト海の支配権をめぐるスウェーデンとロシアの戦争。ポーランドとデンマークがロシアを支援。一七〇四年ナルバの戦いで敗れたロシアは、一七〇九年ポルタバで大勝、形勢を逆転し、二一年ニスタット条約でバルト海進出をはたした。Northern War
**ほっぽう-ぶっきょう【北方仏教】** 梵語仏典を基本とした大乗(だいじょう)仏教を中心とする仏教の総称。インドから中央アジア・中国・朝鮮・日本に伝わった仏教。北伝仏教。対義南方仏教。
**ほっぽうりょうど-もんだい【北方領土問題】** 日本固有の領土で、第二次大戦後ソ連が領有している歯舞(はぼまい)・色丹(しこたん)・国後(くなしり)・択捉(えとろふ)の北方四島の帰属をめぐる、日ソ両国の懸案問題。
**ほっぽ-おんせん【発▾哺温泉】** 長野県北東部、志賀高原にある温泉。標高一六〇〇m。スキー場や避暑地で知られる。
**ほつ-ぼだいしん【発▾菩▿提心】**《仏教語》仏道修行によって悟(さと)りを得たいという願いを起こすこと。発心(ほっしん)。
**ぼつ-ぼつ【▾勃▾勃】**(形動トタル) さかんに起こるさま。用例雄心—。
**ぼつ-ぼつ**(副) ①少しずつするさま。ゆっくり。gradually 用例—歩く。②そろそろ。before long 用例—帰ろうか。③あちこちに、散らばるさま。here and there ④穴があちこちにあくさま。
**ぽつ-ぽつ**(副) =ぽちぽち・ぽつりぽつり。①水滴(すいてき)が間をあけて落ちるさま。sprinkle ②点在しているさま。be dotted with 用例人家が—とちらばる。③少しずつゆっくり事をするさま。ぼつぼつ。bit by bit 用例—と事を進める。
**ほっぽら-か・す**(五他)《俗語》ほったらかす。そのまま打ち捨てておく。neglect
**ほっぽ・る**(五他)《俗語》ほうる。投げ出す。用例試験を—。
**ほづみ【穂積】**〈町〉岐阜県南西部、岐阜市と大垣市の中間にある町。農業中心の町から、繊維などの工業と住宅の町に変容。人口二万七五六〇(一九九〇)。
**ほづみ-しげとお【穂積▿重遠】**(一八八三～一九五一) 民法学者。東京生まれ。陳重(のぶしげ)の子。東大卒。東大教授。最高裁判事。旧来の家族制度を批判し、近代的家族法学の基礎をつくった。著書『離婚制度の研究』など。
**ほづみ-のぶしげ【穂積▿陳▿重】**(一八五五～一九二六) 法学者。伊予(いよ)の人。八束(やつか)の兄で重遠(しげとお)の父。東大教授。枢密院議長。民法典の起草者の一人。進化論にもとづく法思想を唱えた。著書『法律進化論』など。
**ほづみ-やつか【穂積八▿束】**(一八六〇～一九一二) 憲法学者。伊予(いよ)の人。東大教授。明治憲法下で天皇絶対の立場から国体擁護論を唱えた。「民法出デテ忠孝亡ブ」の論文が有名。著書『憲法大意』など。
**ぼつ-らく【没落】**(名・サ変自) ①羽振り・勢いがなくなり、滅びること。ruin 用例平家の—。②おちぶれること。fall 用例—貴族。③破産すること。bankruptcy
**ぼつ-りそう【没理想】** 理想・主観を表面に出さないで、客観的に事象を描写する文学的立場。坪内逍遥(つぼうちしょうよう)が森鷗外(もりおうがい)に対して唱えた。
**ぼつりそう-ろんそう【没理想論争】** 明治二四年(一八九一)一〇月から約半年間、坪内逍遥(つぼうちしょうよう)と森鷗外(もりおうがい)の間で、芸術上の価値の問題でかわされた論争。没理想を唱える逍遥と理想主義の鷗外が対決したが、論争は必ずしもかみ合わなかった。
**ぽつり-と**(副) =ぽつんと。①雨やしずくの落ちるさま。plink 用例雨粒が—落ちる。②点・しみ・あなの生じるさま。用例—あなをあける。③孤立しているさま。solitary; alone 用例—あかりが見える。④ただ一言いうさま。mutter one word 用例—一言つぶやく。

●ホテイアオイ

**ボツリヌス-きん【ボツリヌス菌】** 食中毒を発生させる嫌気(けんき)性桿(かん)菌の一つ。腸詰め・缶詰・貽(い)貝の鮨(すし)などで増殖。botulinus bacillus
**ぽつり-ぽつり**(副) ↓ぽつぽつ
**ほつ・れる【▿解れる】**(下一自) 結った髪の毛や布の端の糸などが、端から解ける。become loose
**ほつ-ろ【発露】**《仏教語》犯した罪を告白すること。懺悔(さんげ)の行われる形式。
**ボツワナ[Botswana]**(Republic of Botswana) アフリカ南部の内陸にある共和国。首都ハボローネ。一九六六年イギリスから独立。国土の大部分はカラハリ砂漠であるが、鉱物資源が豊富で、ダイヤモンドの生産が多い。面積五八・二万㎢。人口一一三万(一九九〇)。正称ボツワナ共和国。
**ぽつん-と**(副) ↓ぽつりと
**ほ-て【▿最手・▿秀手】** 平安時代、相撲の節会(せちえ)で、最上位の力士。今の大関。ほって。
**ほ-てい【補訂】**(名・サ変他)《「増補改訂」の略》新しいことも加え、内容を改めること。revision
**ほ-てい【補▾綴】**(名・サ変他) =ほてつ。①破れたところをつくろい、補うこと。②書き足すこと。補筆。③古句などをつづり合わせて詩文をつくること。④歯科で、歯が抜けたり、欠損部分がある場合、そしゃく機能を回復するために人工材料を用いて直すこと。
**ほてい【保定】** 中国、河北省中部の商工業都市。古くから、河北の政治・軍事上の中心であった。人口五二・三万(一九九〇)。パオチン。
**ほてい【▿布▿袋】**(生没年未詳) 中国、唐末五代の伝説的存在の禅僧。太鼓腹を露出し、常に布の袋をかついで喜捨を求めて歩き、布袋和尚とよばれた。日本では七福神の一人とされる。↓写 ↓七福神図

●布袋(ほてい)　万福(まんぷく)寺(京都府)。

**ほてい-あおい【▿布▿袋▾葵】**(—あふひ) ミズアオイ科の多年生水草。高さ約二〇㎝。観賞用に栽培される。葉は卵形、葉柄はふくれて浮き袋となる。夏、淡紫色の六弁花が咲く。熱帯アメリカ原産。water hyacinth ↓写
**ボディー[body]** ①からだ。②ものの主要部。③胴体・胴部。④衣服の胴部や胴衣。⑤洋服を着せつける人台。
**ボディーガード[bodyguard]** 重要人物などの身を守る者。護衛。

**ボディー-スーツ**【body suit】婦人用下着の一種。ボディーラインを整えるためのファンデーションと肌着の両方の機能を備えている。→写

**ボディー-スラム**【body slam】プロレスで、相手を高く抱え上げ、マット上に投げつける技。もっとも基本的な痛め技の一つ。抱え投げ。

**ボディー-チェック**《和製語》危険物を所持していないかを確かめる身体検査。security check 参考 英語で body check は、アイスホッケーで体当たりを使う防御法のこと。

**ボディー-ビル**《body-building の略》↓ボディービルディング

**ボディー-ビルダー**【body builder】ボディービルディングを行っている人。

**ボディー-ビルディング**【body-building】バーベルなど各種の器具を用いるなどして、たくましく均整のとれた体をつくること。これから競技化されたものに、パワーリフティングがある。ボディービル。

**ボディー-ブロー**【body blow】ボクシングで、胸部や腹部に対する打撃の総称。

**ボディー-マッサージ**【body massage】マッサージによる全身美容法。全身の皮膚を美しくし、贅肉をひきしめる目的で行う。

**ボディー-ライン**【body line】肩幅・胸囲・ウエスト・ヒップなどによって構成される体の線。

**ボディー-ランゲージ**【body language】身振り手振りによる意志の伝達。身体言語。

**ボディー-ローション**【body lotion】体用のローション。ボディーマッサージの仕上げ、入浴後などに用いる。

**ほてい-ちく**【▽布▽袋竹】イネ科タケササ類マダケの変種。観賞用に植える。下部は節間がつまってふくれているので、この名がある。竹の子は皮が無毛で、暗い斑があり、味がよい。中国原産。

**ほてい-な**【▽布▽袋菜】タイサイの別名。

**ほてい-ばら**【▽布▽袋腹】太って突き出た腹。potbelly

**ほてい-らん**【▽布▽袋▼蘭】ラン科の多年草。亜高山帯に自生し、観賞用にも栽培される地生ラン。葉は楕円形で長さ約五㎝。葉面は光沢のある緑色。初夏に、紫紅色の花が一茎に一つ咲く。ツリフネラン。

**ほ-てつ**【補▼綴】↓ほてい(補綴)

**ポテト**【potato】①ジャガイモのこと。②「スイートポテト」の略。

**ポテト-チップス**【potato chips】薄切りのジャガイモをから揚げにして、塩をふったもの。酒のつまみ・肉料理のつけ合わせ・おやつなどにする。

**ボテフ**【Hristo Botev】(一八四八〜七六) ブルガリアの詩人。反トルコ武装蜂起で戦死。作品『わが母に』『ハジーディミトル』など。

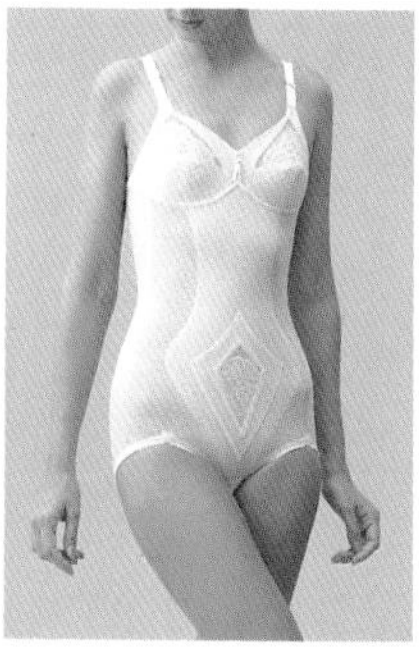
●ボディースーツ

**ぼて-ふり**【▽棒手振り】①てんびんで担いで品物を売り歩く人。振り売り。②魚市場と料理屋の間に立って、魚の売買をする人。

**ぼて-ぼて**(副・形動) ①厚ぼったく、重そうなようす。用例 —したセーター。②野球で、当たりそこないの勢いのない打球。用例 —の内野ゴロ。

**ほでり-の-みこと**【火照▽命】日本神話の神。瓊瓊杵尊と木花之開耶姫との第一子で火遠理命(=山幸彦)の兄。火明命。海幸彦。

**ほ-て・る**【火照る・▽熱る】(五自) 顔や体が熱く感じる。feel hot

**ホテル**【hotel】洋式の旅館。とくに旅館業法などに定められた「洋式の構造および設備を主とする」諸基準に適合する有料宿泊施設。参照 旅館。

**ほ-てん**【補▼塡】(名・サ変他) 不足分を補いうめること。補充。fill; make up for 用例 赤字の—。

**ポテンシャル**【potential】①潜在能力。可能性としてもっている能力。②位置によって定まるエネルギー。一般に、位置の関数で、場所での変化率が力のようなベクトルを与えるものを、そのベクトル量のポテンシャルという。位置エネルギー。

**ほと**【▽陰】①女性の陰部。女陰。②山間のくぼ地。

**ほど**【程】㊀(名) ①だいたいの程度・範囲。度合い。degree 用例 真偽の—。年の—は二十前後。②限度。limit ③分際。身分。social standing 用例 身の—。④時日。ときの間。lapse of time 用例 —なく姿を見せた。⑤距離。distance 用例 —遠い。⑥時分。ころ。time 用例 さき—。のち—。⑦その状態であること。用例 御自愛の—。㊁(副助)《活用語では連体形に付く》①程度を表す。ぐらい。like 用例 おもしろい—よくわかる。②程度を比べる基準を示す。like 用例 あのとき—、おもしろかったことはなかった。③「…につれていっそう」の意を表す。ほどに。用例 読めば読む—おもしろい。

**程が有る**(ほどがある) 限度があるべきだ。用例 ものを知らぬにも—。無茶だ。

**程が好い**(ほどがよい) ちょうどよい程度である。moderate 用例 気がきいている。愛想がいい。

**ほど**【▽塊▽芋・▽土▽芋】マメ科のつる性多年草。林下にはえ、葉は三〜五小葉からなる羽状葉。夏、一〇㎝内外の花軸を出し、五弁の淡黄白色の花が咲く。塊状の根をもつことからの名。ホドイモ。↓図

●ホド

**ほ-ど**【歩度】①歩く速度。②歩幅。

**ほど-あい**【程合(い)】適当な程度。ころあい。moderation

**ほど-いも**【▽塊芋】ホドの別称。

**ほ-とう**【▼蒲桃】①ブドウの異名。②フトモモの漢名。

**ほ-どう**【歩道】歩行者の安全確保のために、車道と別に設けられる道路の部分。人道。sidewalk米; pavement英 対義 車道。用例 横断—。

**ほ-どう**【補導・▼輔導】(名・サ変他) 正しいほうへ助け導くこと・人。guidance 用例 非行少年を—する。

**ほ-どう**【舗道・▼鋪道】路面をれんが・アスファルト・コンクリートなどで平らに固めた道路。舗装道路。paved road

**ぼ-どう**【母堂】人の母をいう敬語。母御。母上。母君。

**ほどう-きょう**【歩道橋】歩行者専用の陸橋。車道の渋滞の緩和と、歩行者の安全のために設けられたもの。横断歩道橋。pedestrian bridge

**ほど・く**【▽解く】㊀(五他) ①結んであるもの、縫ってあるもの、もつれているものをとく。untie ②満願になって、願かけをやめる。用例 願を—。㊁ 古語 (下二自) ↓ほどける(解ける)

**ほどく-ちゅう**【保毒虫】植物の病原となるウイルスおよびマイコプラズマなどの微生物を媒介する昆虫。イネ萎縮病のツマグロヨコバイなど。

**ホドグラフ**【hodograph】運動する物体の時々刻々の速度ベクトルを一定点を起点として描き、その先をつないだ図。

**ほとけ**【仏】①悟りを開いた人。仏陀。用例 —に仕える。②釈迦牟尼。釈迦。③仏像。④死者。その霊。⑤正直で温和な人。慈悲深い人。merciful person 用例 —のような人。

**仏作って魂入れず**(ほとけつくってたましいいれず) ほとんどやり終えていながら、いちばん重要な点が抜けている。have the form but not the spirit

**仏になる**(ほとけになる) 死ぬ。die

**仏の顔も三度**(ほとけのかおもさんど) どんなに穏やかな人でも、何度もひどいことをされれば腹を立てるたとえ。There is a limit to one's patience.

**仏の光より金の光**(ほとけのひかりよりかねのひかり) 人の心が、仏の教えによるよりも、金によって左右されやすいことをいう。

**仏の目を抜く**(ほとけのめをぬく) 《仏像の玉眼を抜き取る意から》利益を得るために、神仏を欺くことをいう。

**仏も昔は凡夫也**(ほとけもむかしはぼんぶなり) 仏も、もとはふつうの人だった。人間はだれでも、修行を積めば仏になることができるということ。

**ほとけ-いじり**【仏▼弄り】ひたすら仏事に心を入れること。

**ほとけ-が-うら**【仏ケ浦】青森県下北半島北西岸の海岸。高さ約一〇〇mの海食崖が三㎞ほど続く。地名は凝灰岩からなる奇岩怪石が仏像や仏具にみえることにちなむ。下北半島国定公園に属する。

**ほとけ-がお**【仏顔】①温和な顔つき。②死に顔。

**ほとけ-ごころ**【仏心】情け深い心。慈悲心。ぶっしん。mercy

**ほとけ-の-ざ**【仏の座】①↓しゅみだん(須弥壇)。②シソ科の一、二年草。高さ約二〇㎝。畑や路傍にはえる。葉は心臓形で対生し、上部は無柄、下部は有柄。春に紅紫色の花が咲く。サンガイグサ。③春の七草の一つ。タビラコの俗称。↓図

●ホトケノザ②

**ほど・ける**【▽解ける】(下一自) ①自然にとける。come loose 用例 ひもが—。②気持ちがうちとける。やわらぐ。

**ポド-コーン**【pod corn】トウモロコシの子実の形態によってわけられた種類。有稃種ともいう。他種では退化した種子の基部が残っているもっとも原始的な種類。

**ほどこし**【施し】恵み与えること。おふせ。charity

**ほどこ・す**【施す】(五他) ①恵み与える。give … as charity 用例 貧者に—。②あまねく及ぼす。distribute 用例 慈悲を四海に—。③行う。conduct 用例 策を—。④表す。show 用例 面目を—。

**ポトシ**【Potosí】南アメリカ、ボリビアの南西部の鉱工業都市。アンデス山脈中、標高四一〇〇mにある。一六〜一七世紀には多量の銀が採掘されヨーロッパへ送られた。現在は錫を採掘・加工。人口一〇・三万(一九八二)。

**ポトス**【pothos ラテン】サトイモ科のつる性多年草。鉢植え用観葉植物。葉は心臓形で、全面に黄斑紋または白斑があり、斑紋がある。ソロモン諸島原産。オウゴンカズラ。↓写

●ポトス

**ポドゾル**【podzol ロシア】寒冷湿潤帯の針葉樹林下にできる土壌。腐植層の下に灰白色の漂白層、さらに、その下に漂白層から鉄やアルミニウムが溶解洗脱して集積した暗褐色のかたい層の三層構造からなる。

**ほど-ちか・い**【程近い】(形) 道のりや時間の隔たりが少ない。

**ほど-とお・い**【程遠い】(形) 道のりや時間の隔たりが大きい。用例 町までは—。成功には—。

**ほととぎす**【▼杜▼鵑・▽不▽如▽帰・▽時▽鳥・▽子▽規】ホトトギス科の鳥。全長約二八㎝。カッコウに似る。体上面と胸は灰色、腹面は白地に黒い横縞。初夏、南方から渡来して、ウグイスの巣に托卵し、雛を育てさせる。鳴き声はテッペンカケタカ、ホンゾンカケタカなどと聞こえる。異名はきわめて多い。アヤナシドリ。アヤメドリ。イモセドリ。ウヅキドリ。ウナイドリ。クツテドリ。シデノタオサ。タチバナドリ。タマムカエドリ。トキツドリ。ユウカゲドリ。ヤチョウドリ。フジョキ。サナエドリ。little cuckoo ↓写

●ホトトギス(杜鵑)

ホトトギス(杜鵑草)

**ほととぎす【▾杜▾鵑▿草】** ユリ科の多年草。高さ四〇〜八〇㎝。山地にはえ、観賞用にも栽培。葉は長楕円(だえん)形。秋に、白色に濃紫色の斑点(はんてん)のある花が咲く。その花模様が同名の鳥の胸毛に似ることからの名。↓写

**ほととぎす【ホトトギス】** 俳句雑誌。明治三〇年(一八九七)一月創刊、今日に至る。初め正岡子規(まさおかしき)の俳句革新の場として刊行。のち、高浜虚子(たかはまきょし)により俳壇の中心誌に成長、文壇に多大な貢献をなした。

**ほととぎす【▿不▿如▿帰】** 徳富蘆花(とくとみろか)の小説。明治三一〜三二年(一八九八〜九九)発表。日清戦争を背景に、川島武男(たけお)と浪子(なみこ)の悲劇を通して封建的家族制度の非人間性を描く。明治期家庭小説の代表作。

**ほととぎすこじょうのらくげつ【▾沓▿手▿鳥孤城落月】** 坪内逍遥(つぼうちしょうよう)の戯曲。『桐一葉(きりひとは)』の続編。明治三八年(一九〇五)初演。忠臣片桐且元(かつもと)の苦心を描く新史劇の名作。

**ほど-なく【程無く】**(副) まもなく。やがて。soon

**ほど-な・し【程無し】** 古語(形ク) ①へだたりが少ない。近い。用例見入れの—・くものはかなき住まひを(源氏・夕顔)。②時間があまりたたない。間がない。用例長き契(ちぎ)りのなかりければ、—・く罷(まか)りぬべきなめりと思ふが(竹取)。③狭い。小さい。用例涙をも—・き袖にせきかねて(源氏・浮舟)。

**ほど-に【程に】**(接助) ①…につれて、ますます。ほど。用例読む—、おもしろい。②古語…したので。用例或は人目をつつむ—、とひとぶらふ者一人もなし(平家・二・大納言死去)。

**ほと-ばし・る【▾迸る】**(五自) 勢いよく飛び散る。たばしる。spurt 参考古くは「ほとはしる」「ほどはしる」「ほどばしる」とも。

**ほと・びる【▿潤びる】**(上一自) 水分をふくんで軟らかくなる。ふやける。

**ポ-ト-フー【pot-au-feu フランス】** 肉と野菜を水から煮込む料理。フランスの家庭料理。

**ほと-ほと【▾殆】**(副) ①非常に。まったく。quite 用例—嫌になった。②古語もう少しのところで。あやうく。用例—死にき君かと思ひて(万葉・一五・三七七二)。

**ほど-ほど【程程】**(名・副) ①分に応じたさま。身分相応。properly 用例—に暮らす。②適度。moderately 用例—に済ます。

**ぽと-ぽと**(副) 水などの続けざまにしたたり落ちる音・さま。ぽたぽた。drip

**ぽと-ぽと**(副) しずくが少しずつ落ちる音・さま。ぽたぽた。trickle 用例汗が—したたり落ちる。

**ほとぼり【▿熱り】** ①ほてり。glow ②感情の余勢。lingering enthusiasm 用例興奮の—。③まだ残っている世間の関心。評判。public excitement

**熱りが冷める**(ほとぼりがさめる) ①残っていた熱がなくなる。The heat is off. ②日がたって、事件などに対する人々の関心がなくなる。The excitement dies down. 用例—のを待つ。

**熱りを冷ます**(ほとぼりをさます) ①余熱をなくす。cool down ②興奮した気持ちや世間の関心などが薄らぐまで時間を置く。wait until the excitement dies down

**ポトマック-がわ【ポトマック川】**(Potomac River) アメリカ東部、アパラチア山脈中部から南東に流れ、チェサピーク湾に注ぐ川。長さ約四五〇㎞。ワシントン市流域では日本から送られた桜並木が有名。

**ボトム-アップ【bottom-up】** 組織の内部で、情報が上申・報告などの形で下層部から上層部に流れること。下意上達。対義トップダウン。

**ほど-よ・い【程▿好い】**(形) ちょうどよい。適度だ。moderate

**ポトラッチ【potlatch】** 北アメリカ北西海岸のインディアン諸族の間にみられる儀礼的な祭事。主人は客に贈り物をし、自分の種々の持ち物をこわす。客は次に、これを上回る同様のもてなしをして、互いの経済力を競う。

**ほとり【▿辺】** ①ふち。そば。side ②あたり。近く。neighborhood

**ぽとり-と**(副) =ぽとんと。①しずくが一滴落ちる音・さま。trickle 用例なみだを—落とす。②物が軽く落ちる音・さま。plop 用例ツバキの花が—落ちる。

**ボトル【bottle】** びん。とくに酒場などで、びん詰めの洋酒のことをいう。用例—キープ。

**ボトル-ネック【bottle-neck】**《瓶のくび、の意。狭くて通りにくいことから》①隘路(あいろ)。難関。②経済で、ある商品の需要が急増しても原料・設備・労働力などが不足して生産が追いつかないこと。

**ボトルネック-インフレーション【bottle-neck inflation】** ボトルネックによって、生産能力が需要増加に追いつかず、価格が急騰して起きるインフレーション。

**ボトル-ラック【bottle rack】** ワインなど酒の瓶を横にして格納しておく棚。

**ほとんど【▾殆ど】** 一(副)《「ほとほと」の転》①《「幾ど」とも》すんでのことで。nearly 用例—死ぬところだった。②大部分。大略。おおかた。almost 用例工事が—終わる。二(名)大部分。almost all of 用例—が助かる。

**ボナール【Pierre Bonnard】**(一八六七〜一九四七) フランスの画家。明るく多彩な色彩で風景などを描く二〇世紀の代表的色彩画家。ポスター・挿絵も多い。作品『浴槽の女』など。

**ほない【保内】**〈町〉 愛媛県西部、八幡浜(やわたはま)市の北に接する町。中心は川之石で、ナツミカンの栽培がさかん。人口一万一七三八(一九八八)。

**ほ-なか【火中】** 古語燃える火の中。用例—に立ちて問ひし君はも(古事記・中)。

**ボナパルチスム【Bonapartisme フランス】**《元来はボナパルト家の政治方式、の意》ブルジョアジーとプロレタリアートが対立するなかで、双方の利益擁護をはかる調停的統治形態。ナポレオン三世の帝政が典型。

**ボナパルト-け【ボナパルト家】** ナポレオン一世や三世を出した家系。ジェノバの傭兵(ようへい)の出自で、一五世紀末コルシカ島に定住。一世の父はコルシカ独立運動に参加。兄ジョゼフはナポリ王・スペイン王。弟のルイはオランダ王。Bonaparte family

**ポナペ-とう【ポナペ島】**(Ponape Island) 太平洋西部、カロリン諸島東部にある火山島。面積三三〇㎢。考古学的遺跡が多い。ミクロネシア連邦に所属。

**ほ-なみ【穂並(み)】** 穂の出そろったようす。

**ほ-なみ【穂波】** イネなどの穂が一面に風にゆれること。その穂。waving heads

**ほなみ【穂波】**〈町〉 福岡県飯塚(いいづか)市の南に接する町。筑豊(ちくほう)の炭鉱町として発展してきたが、全鉱閉山し農業の町になった。人口二万六八七三(一九八八)。

**ボナンザグラム【bonanzagram】**《bonanzaは、大当たり、の意》文章の欠語部に適当な文字をあてはめるクイズ。虫の食った古文書をヒントに始められたという。

**ホニアラ【Honiara】** 太平洋南西部、メラネシアの「ソロモン諸島」の首都。ガダルカナル島北岸に位置。付近は第二次大戦の激戦地。人口一・八万(一九七九)。

**ポニー【pony】** 体格が小さなウマ。体高約一四〇㎝。子ども向けの乗馬やポロ競技などに使用する。

**ポニーテール【ponytail】** 女性の髪型の一つ。後頭部の高い位置で一束にした毛が、小馬のしっぽのように垂れる結い方。↓図

ポニーテール

**ほ-にゅう【▾哺乳】**(名・サ変自) 母親が赤ん坊にちちを飲ませること。授乳。lactation

**ぼ-にゅう【母乳】** 分娩(ぶんべん)後に乳房から分泌される乳。とくに、初乳は免疫抗体が含まれ、栄養的にも非常にすぐれている。breast milk

**ほにゅう-き【▾哺乳期】** 出生から五か月ごろまでの、幼児が母乳を主食とする時期。哺乳期間。lactational period

**ぼにゅう-しゅぎ【母乳主義】** 乳児の栄養として理想的な母乳を、もっと与えようという考え方。乳製品の質の向上、母性意識の変化で母乳を与える母親が急速に減ったことに対して起こった。

**ほにゅう-どうぶつ【▾哺乳動物】** 脊椎(せきつい)動物の一綱。子は母親の乳腺(にゅうせん)から分泌される乳で育つ。恒温性。単孔類を除き胎生。肺呼吸。現在生存するのは約五〇〇〇種、うち三分の一から二分の一は齧歯(げっし)類が占める。mammal

**ほにゅう-びん【▾哺乳瓶】** 乳児に水分を与えるために用いるびん。ミルクのほか、果汁・湯などを入れ、先に乳首をつけ吸わせる。nursing bottle

**ほにゅう-るい【▾哺乳類】** ↓ほにゅうどうぶつ(哺乳動物)

**ほ-にん【補任】**(名・サ変他) 官職に任じること。ぶにん。ふにん。appointment

**ボニントン【Richard Parkes Bonington】**(一八〇二〜二八) イギリスの画家。光と大気が微妙な陰影をもつ海辺風景を得意とした。作品『ベネツィア風景』など。

**ほ-ぬの【帆布】** 帆に使う、厚い布。sailcloth

**ほね【骨】** ①脊椎(せきつい)動物の骨格を構成する個々の部分。ヒトは約二〇〇個もつ。カルシウム塩が主成分で、外面は栄養をつかさどる骨膜におおわれ、内部には造血機能をもつ骨髄がある。bone ②火葬にして残った骨。こつ。おこつ。ashes ③骨に似て物のしんになるもの。backbone ④中心。骨子。essential part ⑤気骨。気概。spirit; guts ⑥骨のおれること。やっかいなこと。労苦。troublesome 用例きれいに仕上げるのは—だ。

**骨が有る**(ほねがある) 気骨がある。簡単には動じないしっかりした考えをもっている。have fortitude

**骨が折れる**(ほねがおれる) めんどうだ。laborious

**骨が舎利になっても**(ほねがしゃりになっても) たとえ死んでも。

**骨と皮**(ほねとかわ) ひどくやせていること。all skin and bones

**骨に刻む**(ほねにきざむ) 深く心に覚えていて忘れない。engrave ... on one's memory

**骨に沁みる**(ほねにしみる) ↓ほねみにしみる(骨身に沁みる)

**骨に徹する**(ほねにてっする) ①強く、心の奥底に感じる。②身についている。

**骨に徹る**(ほねにとおる) 「骨に徹する」と同意。

**骨になる**(ほねになる) 死んで遺骨になる。死ぬ。pass away

**骨の髄迄**(ほねのずいまで) とことんまで。徹底的に。to the marrow of one's bones

**骨迄舐る**(ほねまでしゃぶる) 余すところなく、むさぼり取る。自分の利益のために、他人を徹底的に利用する。bleed a person white

**骨を埋める**(ほねをうずめる) ①埋葬される。また、ある時点から死ぬまでの生涯を、一つの場所で過ごす。make ... one's final home 用例異国に—。②一つのことに、生涯取り組む。devote one's life to

**骨を惜しむ**(ほねをおしむ) 手を抜く。怠ける。spare oneself the trouble(of ...)

**骨を折る**(ほねをおる) 苦心・苦労する。make efforts; take pains

**骨を刺す**(ほねをさす) 寒さ・批評などが厳しい。

**骨を盗む**(ほねをぬすむ) 「骨を惜しむ」と同意。

**骨を拾う**(ほねをひろう) ①遺骨を拾い収める。gather a person's ashes ②人のやりかけた仕事の後始末をする。look after one's affairs

**骨を休める**(ほねをやすめる) 一休みする。take a rest

**ボネ【Charles Bonnet】**(一七二〇〜九三) スイスの博物学者・哲学者。アリマキの単為生殖を実験を通して検証し、胚(はい)の発生に関して前成説の立場をとった。

**ほね-おしみ【骨惜しみ】**(名・サ変自) 労苦をいとうこと。怠けること。spare oneself

**ほね-おり【骨折り】** ①精出して働くこと。effort ②尽力すること。service

**ほねおり-ぞん【骨折(り)損】** 苦労したことが無駄になること。無駄骨。lost labor vain efforts

**骨折り損の草臥れ儲け**(ほねおりぞんのくたびれもうけ) 苦労するばかりで、なんの効果もないこと。Great pains but all in vain.

**ほね-お・る【骨折る】**(五自) ①精出して働く。exert oneself ②大いに努力する。力を尽くす。make great efforts

**ほね-がい【骨貝】** 殻表に三列の長いとげをもつアクキガイ科の海産巻き貝。殻長約一五㎝。淡褐色。房総(ぼうそう)半島以南の暖熱帯の浅海砂底に分布。↓図

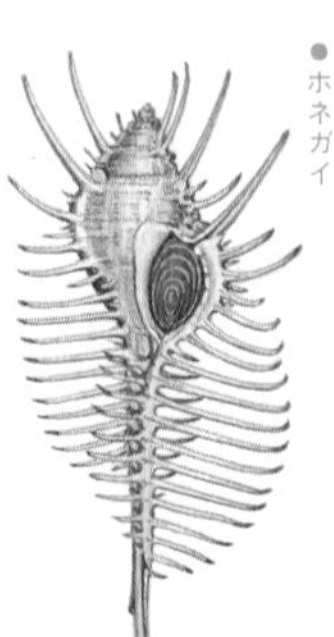
ホネガイ



↓行き先項目、図版・写真参照印。 JIS 日本工業規格情報交換用漢字符号コード(区点コード)。

**ボネガット**【kurt Vonnegut】（一九二二～）アメリカの小説家。奇抜な着想とブラックユーモアによって産業社会に圧迫される人間像を描く。作品『自動ピアノ』『母なる夜』『屠殺場五号』など。

**ほね-がらみ**【骨絡み】①全身に回った梅毒。②義理などで身動きできないこと。

**ほねかわ-すじえもん**【骨皮筋▽右▽衛門】非常にやせていることを、人名めかしていったもの。

**ほね-きり**【骨切り】ハモ・アイナメなど小骨の多い魚の下ごしらえの方法。小骨のある部分に細かく包丁を入れる。

**ほね-ぐみ**【骨組(み)】①骨の組み合わせ。骨格。frame ②物の主要部分の組み立て。組織。framework 用例 計画の―。③建造物・機械などの基礎構造。shell

**ほね-つぎ**【骨接ぎ・骨継ぎ】関節をはずしたり骨折したときの治療。また、それを業とする人。接骨。bonesetting

**ほねっ-ぷし**【骨っ節】《「ほねぶし」の転》①関節。joint ②気骨。気概。backbone 用例 ―が強い。

**ほねっ-ぽ・い**【骨っぽい】(形) ①魚などに小骨が多い。bony ②気骨がある。tough; plucky 派生 ほねっぽさ(名)

**ほね-なし**【骨無し】①背骨がしっかりしていない状態。②気力・主義・信念などのないこと・人。spineless

**ほね-ぬき**【骨抜き】①魚・鳥の小骨を抜き取ること。そのための器具。その抜き取った魚・鳥。②計画や立案の主要点を取り去って、だめにすること。water down 用例 ―になった法案。③主義・気概のないこと。without backbone

**ほね-ば・る**【骨張る】(五自) ①骨が多くて、ごつごつしている。bony ②意地を張り、角立つ。angular

**ほね-ぶと**【骨太】①骨が太いこと。big-boned ②体格のよいこと。stoutly-built

**ほね-へん**【骨偏】漢字を組み立てている部分の名。「髄・骸」などの左にある「骨」。

**ほね-み**【骨身】《骨と肉、の意》全身。

**骨身に応える**（ほねみにこたえる）強く心に感じる。骨身に染みる。骨に徹する。骨に応える。take to heart

**骨身に沁みる**（ほねみにしみる）①苦痛が、身にこたえる。pierce ②強く、体のしんにまで感じる。pierce

**骨身に徹する**（ほねみにてっする）骨にまでしみとおるほどである。心の奥底にまで強く感じることで、失敗から大きな教訓を得たときなどにいう。骨身に沁みる。

**骨身を惜しまない**（ほねみをおしまない）苦労を嫌がらないで、一心に働く。labor without stint

●ホバークラフト　イギリスのドーバーとフランスのカレーを結ぶ。

**骨身を削る**（ほねみをけずる）身をけずるほど苦労する。やせ細るほど努力する。do one's best

**ほね-やすめ**【骨休め】(名・サ変自) 休息すること。休憩。骨休み。relaxation

**ボネリア**【Bonellia ラテン】死んだサンゴ礁の中にすむ環形動物。雌は体長約二cm、雄は約一mmで雌に寄生。本州中部以南に分布。ボネリムシ。

**ほの**【▼仄】(接頭)《動詞や形容詞に付いて》ほのかに。ぼんやり。かすかに。用例 ―暗い。

**ほ-の-お**【炎・▼焔】《火の穂、の意》①気体になりやすい可燃性物質が酸素と反応して燃えるときに熱や光を発している部分。ろうそくの炎は、炎心・内炎・外炎の三つの部分からなる。flame ②もえる火。fire ③心中にもえさかる激情。いかり・しっとなど。fire; passion; rage; zeal →図

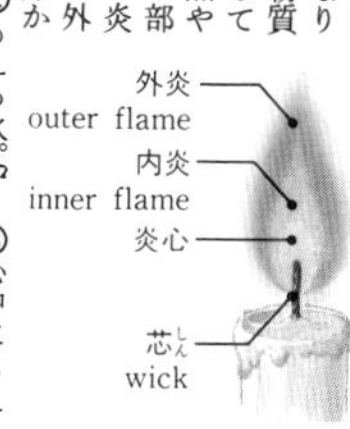


●炎①

**炎の舌**（ほのおのした）赤々と燃え上がる炎の先を、舌にたとえたもの。

**ほのおのひと**【炎の人】三好十郎の戯曲。昭和二六年（一九五一）劇団民芸初演。天才画家ゴッホの半生を描く。

**ほの-か**【▼仄か】(形動) ①かすかなさま。ぼんやりしたさま。dim 用例 ―な愛情。②わずかなさま。faint

**ほの-ぐら・い**【▼仄暗い】(形) やっと見える程度の明るさである。薄暗い。dim 派生 ほのぐらさ(名)

**ほの-じろ・い**【▼仄白い】(形) ぼんやりと白い。dimly white 派生 ほのじろさ(名)

**ほの-ぼの**【▼仄▼仄】(副) ①ほのかに明るいさま。dimly 用例 ―とした夜明け。②ほんのりとあたたかみの感じられるさま。heart-warming 用例 ―とした愛情。

**ほの-み・ゆ**【▼仄見ゆ】古語 (下二自) かすかに見える。用例 書きかへたまへりける紙の御几帳の側より―・ゆるをとりて見たまへば（源氏・横笛）。

**ほの-めか・す**【▼仄めかす】(五他) ほのめくようにする。それとなくいう。それとなくようすに現す。におわせる。hint

**ほの-め・く**【▼仄めく】(五自) うっすらと見える。

**ホノルル**【Honolulu】アメリカ、ハワイ州の州都。オアフ島南岸にあり、太平洋航路・航空路の要地、港湾・国際観光都市。人口三六・五万（一九八〇）。

**ホバークラフト**【hovercraft】船底の周辺のノズルから圧縮空気を噴射して、地面または水面と船底との間にエアクッションをつくって浮上し、推進する船の商標名。水陸兼用で、地面や水面との摩擦がないので高速が得られる。→写

**ホバート**【Hobart】オーストラリア南東部、タスマニア島南部の港湾都市。同名州の州都。シドニーに次ぐ歴史の古い良港。一九世紀初頭、流刑地として有名。人口一二・九万（一九八二）。

**ポパイ**【Popeye the Sailorman】アメリカの漫画映画のスター。怪力の船乗り。恋人はオリーブ。一九三三年映画化。

**ほ-ばく**【捕縛】(名・サ変他) つかまえて、しばること。arrest

**ほ-ばしら**【帆柱・▼檣】帆を張るために船に垂直にたてる太い材。マスト。mast →弁才船（べざいせん）図

**ほ-はば**【歩幅】あるくときの、足と足との幅。一歩の幅。step 用例 ―が広い。

**ほばら**【保原】〈町〉福島県、福島盆地北東部の町。繊維工業と、リンゴ・モモの栽培や缶詰生産がさかん。人口二万四五七二（一九八八）。

**ボバリーふじん**【ボバリー夫人】《原題 Madame Bovary フランス》フロベールの小説。一八五七年刊。人妻エンマの死にいたる情事を描くリアリズム小説の名作。

**ぼ-はん**【母▼斑】先天的に皮膚にある褐色・黒色の斑紋の総称。黒子（ほくろ）・あざ・そばかすなど。nevus

**ポハン**【浦項】(P'ohang) →ほこう（浦項）

**ほ-ひ**【補肥】おいごえ。追肥。

**ぼ-ひ**【墓碑】故人の戒名・俗名・没年などを刻んで立てる石。はかいし。tombstone

**ホビー**【hobby】趣味。

**ポピー**【poppy】ヒナゲシ。

**ほ-ひつ**【補筆】(名・サ変他) 文や文字を書き加えること。supplementary statement

**ほ-ひつ**【補▼弼・▼輔▼弼】(名・サ変他) ①天子・君主の政治を助けること。用例 ―の臣。②旧憲法で、天皇の行為に関して進言し、その全責任を負うこと。

**ぼひ-めい**【墓碑銘】故人を哀悼して墓碑に刻んだ文章。epitaph

**ポピュラー**【popular】(形動) ①一般的。大衆的。用例 ―ミュージック。②人気のある。世間に知られた。用例 ―な人物。

**ポピュラー-おんがく**【ポピュラー音楽】クラシック音楽に対して、娯楽性をもち、気軽に聞いて楽しめる音楽の総称。ジャズ・ボーカル・ロック・フォーク・イージーリスニング音楽・映画音楽など。popular music

**ポピュリスム**【populisme フランス】一九二〇年代末に興ったフランスの文学流派の一つ。民衆の生活を歌い上げることを説いた。ダビが有名。

**ぼ-ひょう**【墓表】①墓石に刻んだ、故人の俗名・生年月日・履歴などの文。epitaph ②はかじるし。grave marker

**ぼ-ひょう**【墓標】墓としてのしるしの木や石など。はかじるし。grave marker

**ボビン**【bobbin】①糸巻き。とくにボビンレースを作るときや、ミシンの下糸巻きなどに用いるものをいう。②電線を巻いてコイルにする筒。

**ボビン-レース**【bobbin lace】いくつものボビン（小さな糸巻き）に巻いた糸を組んだり、からめたりしてつくるレース。ピローレース。→レース写

**ほ-ふ**【保父】保育所・養護施設などで児童の保育に当たる男子職員。昭和五二年（一九七七）、児童福祉法施行令において法的に認められた。資格は保母に準ずる。比較 保母。

**ほ-ぶ**【歩武】足どり。あゆみ。step 用例 ―堂々の行進。

**ボブ**【bob】《断髪の意》女性の髪型の一つ。まっすぐな髪をおかっぱ風にカットした髪型など多種多様。一九二〇年ごろからの女性の社会的進出が流行の契機となった。ボブヘア。→図

●ボブ

**ボブキャット**【bobcat】オオヤマネコに似ているが、より小柄なネコ科の食肉類。体長七五～九〇cm。三角形の耳の先端には毛房があり、尾は短い。砂漠や平原・森林などにすみ、ウサギやリスなどを捕食。北アメリカに分布。

**ホプキンズ**【Frederick Gowland Hopkins】（一八六一～一九四七）イギリスの生化学者。ネズミの人工乳飼養から未知の栄養素（のちのビタミン）を想定した。一九二九年ノーベル生理学医学賞受賞。

**ホプキンズ**【Gerard Manley Hopkins】（一八四四～一八八九）イギリスの詩人。宗教的感情を、独自の韻律法など、大胆な実験的技法で表現した。詩『ドイッチュラント号の難破』など。

**ほ-ふく**【▼匍▼匐】(名・サ変自) 腹ばいになること。手と足とではい進むこと。creep 用例 ―前進。

**ほふく-けい**【▼匍▼匐茎】地表をはうように長くのびた茎。節から根を下ろしたり、また芽を分けて繁殖させたりする。オランダイチゴ・カタバミ・チドメグサなど。匍匐枝。ストロン。stolon

**ポプコーン**【popcorn】→ポップコーン

**ホフスタッター**【Robert Hofstadter】（一九一五～）アメリカの物理学者。スタンフォード線形加速器センターで高エネルギー電子散乱実験を行い、核子の内部構造を研究。一九六一年ノーベル物理学賞受賞。

**ボブスレー**【bob-sleigh】雪をかためた急カーブのコースを、舵（かじ）つきの鋼鉄製そりで滑る競技。二日間で四回行い、タイムを競う。そりは二人用と四人用があり、コースは一・五km。→写

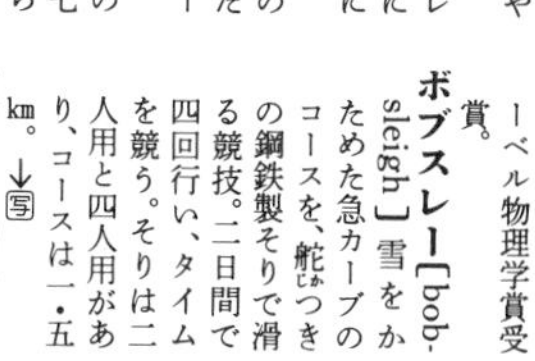

●ボブスレー　二人乗り競技。

**ホブソン**【John Atkinson Hobson】（一八五八～一九四〇）イギリスの経済学者。過少消費説に立脚し、帝国主義批判の先駆となった。主著『帝国主義論』。

**ほ-ぶね**【帆船】→はんせん（帆船）

**ホブ-ばん**【ホブ盤】工作機械の一つ。らせん状の溝を設けた円筒に、数個のたて溝をつけた切り刃を回転させて、歯車の歯を削る。gear hobbing machine

**ホフマイスター**【Wilhelm Hofmeister】（一八二四～一八七七）ドイツの植物学者。コケ・シダ・種子植物の生活史の研究で有名。裸子植物と被子植物を明確に区別。

**ホフマン**【August Wilhelm von Hofmann】（一八一八～一八九二）ドイツの化学者。リービヒの助手としてアニリンの合成に成功。コールタ

▼常用漢字表外。　▽常用漢字表の音訓外。

ール染料工業の基礎を築いた。ドイツ化学会の創設者。

**ホフマン**[Dustin Hoffman](一九三七-) アメリカの映画俳優。主演作『卒業』『真夜中のカーボーイ』など。

**ホフマン**[Ernst Theodor Amadeus Hoffmann](一七七六-一八二二) ドイツ後期ロマン派の小説家・音楽家。幻想と怪奇の交錯する作風で知られる。短編『黄金の壺』、長編『悪魔の霊薬』『牡猫ムルの人生観』など。

**ホフマン**[Roald Hoffmann](一九三七-) アメリカの化学者。福井謙一とともに、化学反応を理論的に解明。一九八一年ノーベル化学賞受賞。

**ホフマン**〈ホフマンスワルダウの〉[Christian Hofmann von Hofmannswaldau](一六一七-七九) ドイツ後期バロックの代表的詩人。作品『墓碑銘』『勇士の手紙』など。

**ホフマンしき-けいさんほう**[ホフマン式計算法] 損害賠償などで、将来得られるはずだった利益を計算する方法の一つ。中間の利息を単利で控除するもの。ホフマン方式。Hoffman's calculation method

**ホフマンスタール**[Hugo von Hofmannsthal](一八七四-一九二九) オーストリアの詩人・劇作家。新しい言語表現への探究を試みた。戯曲『痴人と死』『ばらの騎士』、小説『影のない女』『アンドレアス』、エッセー『チャンドス卿の手紙』など。

**ホフマン-ほうしき**[ホフマン方式] ↓ホフマンしきけいさんほう(ホフマン式計算法)

**ホフマンものがたり**[ホフマン物語]《原題Les contes d'Hoffmann(フランス)》オッフェンバック作曲のオペラ。三幕。一八八一年初演。E=T=A=ホフマンの小説から取材。幻想的な失恋物語。『ホフマンの舟歌』が有名。

**ホフマン-ラロッシュ**[F. Hoffmann-La Roche & Co. A.G.] スイスの世界的医薬品・医療品メーカー。一八九六年設立。ロシュ。

**ポプラ**[poplar] ヤナギ科ハコヤナギ属植物の総称。北半球の温帯に三〇種分布。日本には、ドロノキ・ハコヤナギ・チョウセンヤマナラシなどがはえる。日本でふつうポプラといわれるのは、セイヨウハコヤナギのこと。そのほか、アメリカヤマナラシ・ギンドロなどがある。↓写

●ポプラ　アメリカヤマナラシ

**ポプリ**[potpourri] 乾燥させた花弁などに、香料やスパイスをまぜて熟成させた室内香。

**ポプリスモ**[populismo(スペイン)] 一九三〇年代から五〇年代にかけて中南米で盛んになった、大衆の生活向上や政治的権利拡大を重視する民族主義的政治潮流。メキシコのカルデニスモ、ブラジルのバルギスモ、ペルーのアプリスモなどが典型。

**ポプリン**[poplin] 縦に細い糸を密に用い、横に縦糸より太い糸で平織りにして横畝を出した織物。素材は綿・絹・毛・化学繊維など。つやのある薄い布で、婦人・子供服、ワイシャツ用。

**ほふ・る**[▼屠る](五他) ①鳥・獣のからだを切り裂く。slaughter ②皆殺しにする。massacre ③敵を打ち破る。defeat

**ボブロースキ**[Johannes Bobrowski](一九一七-六五) 東ドイツの詩人・小説家。詩集『サルマティアの時代』、小説『レヴィンの水車小屋』など。

**ボベ**[Daniel Bovet](一九〇七-) イタリアの薬理学者。スイス生まれ。筋弛緩作用物質の合成に関する研究で、一九五七年ノーベル生理学医学賞受賞。

**ほ-へい**[歩兵] ①徒歩で戦う兵。②陸軍の兵科の一つ。小銃・機関銃・迫撃砲などで銃火を交え、ときに白兵戦を行う。infantry

**ぼ-へい**[募兵](名・サ変自) 兵士を広く求め集めること。recruiting

**ぼ-へいきん**[母平均] 調査対象の全要素に関して得られる分布(母集団分布)の平均値。population mean 比較 標本平均。

**ポベダ-さん**[ポベダ山](Gora Pobeda) ソ連、中国の国境にある天山山脈支脈コクシャールタウの主峰。標高七四三九m で、天山山脈の最高峰。

**ほべつ**[穂別]〈町〉 北海道中央部、鵡川に沿う山間の町。米のほかアスパラガスなどを産し製材業も行う。国民休養地がある。人口四七五六(一九八八)。

**ボへミア**[Bohemia] チェコスロバキア西部の地方。モラビアとともにチェコ共和国を構成。エルベ川の上流域にあり、中心都市はプラハ。農業地帯だが、地下資源に富み、ガラス・機械工業もさかん。

**ボへミア-の-もり**[ボヘミアの森](Böhmer Wald) チェコスロバキアと西ドイツの国境をなす山脈群。最高峰大アルバー山は標高一四五七m。深い森林におおわれている。ベーマー森。ベーマーバルト。

**ボへミア-ぼんち**[ボヘミア盆地](Bohemia Becken) チェコスロバキア西部、ボヘミア中部を占める盆地。石炭・鉄鉱石などの鉱産資源が豊富。

**ボヘミアン**[Bohemian] ①《故郷がボヘミア地方と考えられたことから》ジプシーの異称。②社会の慣習にとらわれず、自由奔放な生活をする人。

**ほほ**[▼頰] ↓ほお(頰)

**ほ-ぼ**[保母・保▼姆] 保育所・養護施設などで児童の保育に従事する女子職員。厚生大臣の定める養成機関を卒業するか、都道府県知事の行う試験に合格することが必要。nurse

**ほぼ**[▽略・▽粗](副) ある程度。おおかた。およそ。almost 比較 保父。

**ほほ-えまし・い**[▽微笑ましい・▼頰笑ましい](形) 見ていて好ましく、思わずほほ笑みたくなるさまである。ほおえましい。heartwarming 用例 ―光景。派生 ほほえましげ(形動) ほほえましさ(名)

**ほほ-えみ**[▽微笑み・▼頰笑み] ほほ笑むこと。ほおえみ。微笑。smile

**ほほ-え・む**[▽微笑む・▼頰笑む](五自) ①声を出さずににっこり笑う。smile ②花のつぼみが開く。bloom

**ポポカテペトル-さん**[ポポカテペトル山](Volcán Popocatepetl) メキシコ南東部、メキシコ市の南東にある休火山。標高五四五二m。アステカ文化と密着。観光地となっている。

**ポポロ-じけん**[ポポロ事件] 昭和二七年(一九五二)東京大学の劇団ポポロの学内演劇発表会に潜入した私服警官が、警察手帳を学生に取り上げられた事件。裁判で、学問の自由と警備活動の限界が争点となったが、最高裁判所は政治的集会は大学の自治の保障をうけないとした。

**ホマーテ**[Homate(ドイツ)] 火山体分類の一つ。火山砕屑物がつみ重なってでき、山体の底面積の大きさに比べ、高さが低くて大きな火口をもつ火山。砕屑丘。↓火山図

**ポマード**[pomade] ゼリー状よりやや固めの男性用の整髪料。髪につやを与える効果もある。

**ほまえ-せん**[帆前船] 帆船の別称。

**ほ-まち**[▽外待(ち)・帆待(ち)] ①農民が領主に内密で開墾した田畑。②《「帆待ち」で》船頭などが船主に内密で、契約外の荷物を運送し、不正に収入を得ること。③一定収入以外に、臨時にはいる収入。また、個人に役得などではいる金品。へそくり。

**ほまれ**[誉れ] ①褒められて名誉なこと。栄誉。honor ②評判の高いこと。名誉。fame 用例 美人の―が高い。

**ホミカ**[vomica(ラテン)] 生薬の一つ。フジウツギ科植物の種子。ストリキニーネを含有するきわめて苦い褐色の粉末。胃腸機能を促進し、消化管の緊張を高める作用がある。消化不良・胃アトニーに用いる。馬銭子。dog-button

**ポミャロフスキー**[Nikolay Gerasimovich Pomyalovsky](一八三五-六三) ロシアの小説家。自伝的小説『神学校の記録』など。

**ほ-むぎ**[穂麦] 穂を出した麦。

**ホムス**[Homs] シリア西部の交易都市。パルミュラ遺跡観光の基地。人口三五・五万(一九八一)。

**ほ-むら**[▽炎・▼焰]《火群、の意か》 ①ほのお。flame ②燃え立つもの・気持ち。passion 用例 しっとの―を燃やす。

**ホメイニ**[Rūhallāh Khomeynī](一九〇〇-八九) イランおよび同国内イスラム教シーア派の最高指導者。一九六四年パーレビ国王に追放されたが、七九年イラン革命の成功とともに帰国。一貫して原則主義を唱えた。

**ホメオスタシス**[homeostasis]《homeoは同一とか等しい、stasisは平衡状態とか定常状態、の意》生物が環境のさまざまな変化に対応し、生物体内の形態的・生理的状態を安定な範囲に保ち、生存を維持する性質。アメリカの生理学者キャノンが提唱。

**ほめ-ことば**[褒め言葉・褒め▽詞] 褒めることば。賛辞。praise

**ほめ-そや・す**[褒め▽揚す](五他) しきりに褒める。褒めちぎる。褒めはやす。praise highly

**ほめ-たた・える**[褒め▽称える](下一他) 大いに褒める。admire 「やす。extol

**ほめ-ちぎ・る**[褒めちぎる](五他) 褒めそめる。褒めそやす。もてはやす。

**ほめ-はや・す**[褒め▼囃す](五他) 口々に褒

**ポメラニアン**[Pomeranian] 吻が短くとがり耳が小さい小形犬。肩高二八cm以下。全身長毛でおおわれる。神経質なので屋内番犬用。ポメラニア地方(現在のポモジェ)原産。

**ほ・める**[褒める・▽誉める・▽賞める](下一他) 人の行いや努力などを良くいう。たたえる。賞賛する。praise 対義 けなす。用例 子を―。

**ホメロス**[Homēros](生没年未詳) 古代ギリシア最高の叙事詩人。小アジアに生まれ、紀元前八世紀ごろに活躍したといわれる。叙事詩『イリアス』『オデュッセイア』の作者と伝えられる。ホーマー。↓写

**ホメロスさんか**[ホメロス賛歌]《原題Hymnoi(ギリシア)》紀元前八世紀ごろのギリシアの叙事詩人ホメロス作と伝えられる三三編の賛歌集。神々の誕生にまつわる話や逸話などを軽妙にうたう。

**ホモ**[homo(ラテン)] ①人。人類。②《homosexualityの略》男性の同性愛。③生物学で、同じ遺伝子を対にしてもっていること。対立遺伝子がAとaの場合のAAまたはaaなど。

**ホモ-エコノミクス**[homo economicus(ラテン)] 利益を最大にするという経済原則にしたがって合理的に行動する個人。経済人。

**ホモ-エレクトゥス**[Homo erectus(ラテン)]《直立して歩くヒト、の意》↓げんじん(原人)

**ホモ-ぎゅうにゅう**[ホモ牛乳]《「ホモ」は、homogenize(均質化)する、から》粗い粒子を細かくし均質化して、消化をよくした牛乳。homogenized milk

**ホモ-サピエンス**[Homo sapiens(ラテン)]《知恵あるヒト、の意》現生人類をさす動物学上の学名。更新世の化石現生人類から現在の人類までを含む。近年は旧人類にも適用する傾向が強い。また、主知主義的人間観を表す語としても用いる。

**ポモジェ**[Pomorze] ポーランド北西部、オーデル川河口からビスワ川河口までの北海沿岸地域。海浜の保養地。中心都市トルン。旧ドイツ領時代の名称はポンメルン。ポメラニア。

**ホモジナイザー**[homogenizer] ①互いに溶解しない二つの液相を強力なかくはんによって乳濁液にする機械。乳化機。②生体細胞を破砕し分散させ乳状とする装置。

**ホモ-デメンス**[homo demens(ラテン)]《狂ったヒト、錯乱のヒト、の意》人間はホモ-サピエンス(=理性のヒト)である前に、本能を狂わせたヒトであったとする説。その狂気を制御するために文化が必要になったとする現代思潮の一つ。

**ホモ-ハビリス**[Homo habilis(ラテン)]《器用なヒト、の意》化石人類の一種。猿人に属する。一九六四年、ルイス=リーキーらがタンザニアのオルドバイ渓谷で発見。アウストラロピテクス類と同時期に生存。他の猿人より脳容量が大きいとされる。

**ホモ-ファベル**[homo faber(ラテン)]《工作するヒト、の意》物や道具を作り、使うところに人間の特性・本質があるとした人間観。工作人。

**ホモフォニー**[homophony] 音楽用語。旋律声部となる一つの声部を中心に、和声的な伴奏声部として他の声部が付随する形式。単声部音楽。対義 ポリフォニー。

**ホモ-ルーデンス**[homo ludens(ラテン)]《遊び

●ホメロス　ボストン美術館。

ほ



↓ 行き先項目、図版・写真参照印。 JIS 日本工業規格情報交換用漢字符号コード(区点コード)。

をするヒト、の意》人間の他の動物と異なる本質は「遊びをすること」だとする人間観。オランダの歴史学者ホイジンガが提唱。遊戯人。

**ホモ-ロクエンス**〔homo loquensラテン〕 言語的に自己を組織化していく人間のこと。ホモ-サピエンス・ホモ-ファベル・ホモ-ルーデンスなどとならんで、人間を特徴づける規定の一つ。

**ホモロサイン-ずほう**【ホモロサイン図法】 ↓グードずほう(グード図法)

**ほ-や**【火屋】 ①香炉・手あぶりをおおう金属製のふた。②ランプの火をおおうガラスの円筒。

**ほや**【▽海▼鞘・▽老▽海▼鼠】 原索動物ホヤ綱に属する動物の総称。海底に付着し、単体のものと群体のものがあり、日本産約三〇〇種。マボヤ・アカボヤは食用。sea squirt ↓写

●ホヤ エボヤ

**ほや**【▽寄▽生】 ヤドリギの古名。

**ホヤ**〔Hoya〕 ガガイモ科ホヤ属の総称。約一〇〇種がある。日本では観賞用にサクラランを栽培。気根を出して木や岩に付着し、春、白い星形の芳香のある花が咲く。

**ぼや**【▽小▽火】 大きくならないうちに消した火事。small fire

**ぼ-や**【▼戊夜】 一夜を五分した第五。今の、午前三時から五時ごろまでにあたる。寅の刻。参照 五夜・五更。

**ぼ-や**【暮夜】 よる。夜分。

**ぼやか・す**(五他) あいまいにする。ぼかす。make… ambiguous

**ぼや・く**(五自他)《俗語》ぶつぶつ不平をいう。

**ほ-やけ**【火焼け】 ①火事・火災。fire ②焼かれたような赤黒いあざ。

**ぼや・ける**(下一自) ぼんやりする。ぼける。grow dim

**ほや-ほや**(名・形動) ①できたばかりで湯気が立ちのぼっていること。また、そのさま。fresh from the oven 用例 できたての―。②その状態になったばかりであること。また、そのさま。newly 用例 新婚―。

**ぼや-ぼや**(副・サ変自) 気がきかないさま。ぼんやり。careless

**ほ・ゆ**【▼吠ゆ】 古語 (下二自) ↓ほえる(吠える)

**ほ-ゆう**【保有】(名・サ変他) 持っていること。possession

**ほゆう-まい**【保有米】 農家が自家食料用として保有する米。

**ほ-よう**【保養】(名・サ変自) ①心身を休め、健康を回復させること。養生。recuperation of health ②慰め楽しませること。feast 用例 目の―。

**ほら**【洞】 中がうつろな穴。ほらあな。

**ほ-ら**【▽法▼螺】《「ほうら」の転》①「ホラガイ」の略。②ホラガイの貝殻に細工した吹奏器「法螺貝」の略。③《②の小さい歌口から吹き鳴らすと、大きな音が出ることから》物事を大げさにいうこと、嘘をつくこと。また、その話。big talk

**法螺を吹く**(ほらをふく) ①法螺貝を吹き鳴らす。blow on a conch shell ②大げさなうそを言う。talk big

**ほら**(感) 相手に注意をうながすときの語。ほれ。

**ぼら**【▼鯔・▼鰡】 内湾にすむボラ科の海水魚。全長約八〇cm。出世魚で幼魚から順にオボコ・スバシリ・イナ・ボラ・トド(東京)とよぶ。暖・熱帯海域に広く分布。卵巣の塩干しを「からすみ」という。striped mullet ↓図

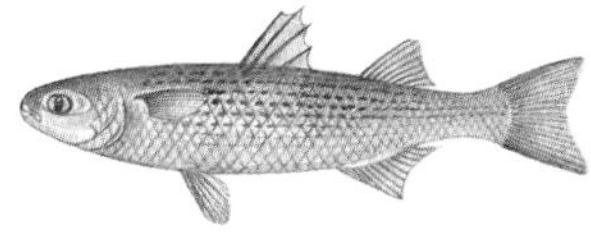
●ボラ

**ボラ**〔bora〕 台地や山地から海に向かって吹き下ろす寒冷な強風。アドリア海や黒海の北東岸におけるものが有名。

**ホラー**〔horror〕 ①恐怖。戦慄。②恐ろしくてぞっとするもの・人。用例 ―映画。

**ホラーサーン**〔Khorāsān〕 イラン北東部、イラン高原北部からヒンズークシ山脈西端の地域。中心地メシェド。人口三二五万(一九七六)。コラーサーン。

**ほら-あな**【洞穴】 洞。cave

**ほらあな-ぐま**【洞▼窟▼熊】 洪積世に絶滅した巨大なクマ科動物。体の大きさは現在のヒグマの一・五～二倍。

**ポライウオロ**〔Antonio Pollaiuolo〕(一四三〇ごろ～九八) イタリアの彫刻家・画家。筋肉の動きを解剖学的に分析し、激しい運動表現を試みた。絵画『ヒドラと闘うヘラクレス』など。

**ほら-いもり**【洞井守】 洞穴の地下水中にすむ目のないホライモリ科の両生類。体は淡紅色で細長く、全長二五cm。四肢は退化して細く短い。成体でも赤い外鰓がある。イタリア・ユーゴスラビアに分布。オルム。olm

**ほら-がい**【▽法▼螺貝】 ①海産のフジツガイ科の大形巻き貝。殻高約四〇cm・殻径約二〇cm。濃褐・紅・白色などの半月状の斑紋模様が互いちがいにある。紀伊半島以南からインド洋に分布。法螺。triton ②巻き貝の先端に簡単な歌口をつけた吹奏器。仏教の修験者が用いたが、昔、戦場での合図などにも使われ、陣貝ともいわれた。法螺。↓写

●ホラガイ①

**ほら-が-とうげ**【洞ケ峠】 ①京都・大阪府境にある峠。天正一〇年(一五八二)山崎の合戦で、筒井順慶がここから形勢を遠望し、立場を決めたといわれる。②《転じて》日和見主義。

**ホラズム**〔Khwārazm・花剌子模〕 中央アジア、アムダリヤ川下流域の地方名。古くから東西交通の要地。一一世紀にホラズムシャー朝が栄えたが、一二二〇年チンギス=ハンにより滅亡。その後キプチャクハン国、次いでチムールが支配したが、一六世紀にはウズベク族がヒバハン国を建国。

**ボラゾール**〔borazol〕 化学式$(BHNH)_3$。ベンゼンに似た流動性をもつ無色の液体。硼素原子と窒素原子が交互に配列して六員環を構成。性質もベンゼンに似る。

**ホラティウス**〔Quintus Horātius Flaccus〕(BC六五～BC八) ローマの詩人。健全で素直、完璧な文体と諧謔、抑制された文章は多くの信奉者を生む。作品『詩集』『サトゥラエ』『叙情詩集』、『詩論』を含む『書簡詩集』などは、後世に多大な影響を与えた。

**ほらど**【洞戸】〈村〉 岐阜県南西部、美濃市の北西に接する村。農林業が主で、家具などの木工業も行われる。人口二七〇三(一九八八)。

**ポラニー**〔John Polanyi〕(一九二九～) カナダの物理化学者。化学反応の精密なようすや放出エネルギーなどの観察・解析方法を開発した業績で、一九八六年ノーベル化学賞受賞。

**ほら-ふき**【▽法▼螺吹き】 ①ほら貝を吹く人。②大げさなこと、でたらめをいう人。boaster

**ポラリス**〔Polaris〕 ①北極星。②アメリカ最初の潜水艦発射弾道ミサイル(SLBM)。A-3型は射程四五〇〇km、弾頭三個をもつ。

**ポラロイド**〔polaroid〕 ①↓ポラロイドランドカメラ。②一般には広く人工の偏光フィルターの総称。

**ポラロイド-カメラ**《Polaroid Land camera から》「ポラロイドランドカメラ」の略。

**ポラロイドランド-カメラ**〔Polaroid Land camera〕 一九四七年にアメリカのE=H=ランドが発明し、ポラロイド社製のポラロイドフィルムを使用するカメラ。ポラロイドフィルムは紙フィルムと現像薬と印画紙が一体となっており、撮影後、カメラから引き出すと、自動的に現像定着が行われ間もなく陽画になる。ポラロイドカメラ。

**ボラン**〔borane〕 水素化硼素の総称。一般式$B_xH_y$ 無色で、分子量の増加とともに気体・液体・固体のものがある。燃焼時の発熱が大きく、ロケット燃料として期待されている。

**ポランスキー**〔Roman Polanski〕(一九三三～) イギリス・アメリカで活躍するポーランド生まれの映画監督。作品『水の中のナイフ』『ローズマリーの赤ちゃん』『マクベス』など。

**ボランタリー-かつどう**【ボランタリー活動】 一般市民の自発的な社会福祉活動。国の福祉事業を補い、地域福祉・在宅福祉を推進する。volunteer activities

**ボランタリー-チェーン**〔voluntary chain〕 いくつかの中小小売商がそれぞれ独立性を維持しながら、仕入れ・広告・保管・配送などを共同で行う水平的協業組織。任意連鎖店。

**ボランティア**〔volunteer〕《志願者・有志、の意》自発的に障害者・老人に対する奉仕や児童教育などの社会福祉活動を行う人びと。篤志奉仕者。民間奉仕者。用例 ―活動。

**ボランティア-ほけん**【ボランティア保険】 ボランティア活動中の事故に対して支払われる賠償責任保険。

**ホラント**〔Holland〕 オランダ西部、アムステルダム・ロッテルダム・ハーグなどの大都市を含む地方。同国でもっとも人口が多く政治・経済・文化の中心地域。

**ボラン-とうげ**【ボラン峠】(Bolan Pass) パキスタン中部、ブラフイ山脈中の峠。標高一八〇〇m。古くからインドと中央アジアを結ぶ交通の要所。

**ほり**【彫り】 ①彫ること。彫った状態。carving ②物の表面の凹凸。clear-cut 用例 ―の深い顔。

**ほり**【堀・▼濠・▼壕】《動詞「ほる」の名詞形》ほって、水をたたえた所。moat 用例 内―。釣り―。

**ほ-り**【捕吏】 容疑者・犯人をつかまえる役人。とりて。constable

**ほり-あげ**【彫(り)上げ】 ①浮き彫り。②彫り終わること。

**ほり-あ・げる**【彫(り)上げる】(下一他) ①浮き彫りにする。②彫り終わる。finish carving

**ほりあし-こう**【掘足綱】 軟体動物の一綱。海の砂泥中にすむツノガイの類。貝殻は長い円錐形で背側に曲がる。目はなく、足は砂を掘るのに適する。

**ポリアミド**〔polyamide〕 多数の酸アミド結合-CONH-をもつ高分子化合物の総称。ナイロンなどの合成繊維やプラスチックの原料として重要。

**ポリアミド-じゅし**【ポリアミド樹脂】 ポリアミドからなる熱可塑性樹脂の総称。ナイロンなど。耐摩耗・耐油・染色性がよい。機械部品・繊維などに利用。polyamide resin

**ポリアミド-せんい**【ポリアミド繊維】 ポリアミドを紡糸して得られる繊維。天然では絹フィブロイン・羊毛ケラチンなどがある。合成繊維ではナイロンが代表的で、耐摩耗・耐油・染色性がよい。polyamide fiber

**ポリアミン**〔polyamine〕 二個以上のアミノ基または置換アミノ基をもつ有機化合物の総称。RNA合成やたんぱく質合成の促進作用がある。

**ポリアンサス**〔polyanthus〕《多花の意》プリムラ-ポリアンサ(クリンザクラ)のこと。根出葉で倒卵形。花色は豊富。春の代表的草花。

**ほり-いど**【掘(り)井戸】 地面を掘って造った井戸。well

**ポリーニ**〔Maurizio Pollini〕(一九四二～) イタリアのピアニスト。一九六〇年ショパン-コンクール優勝。卓越した技巧と鋭敏な感性で清新・明晰な音楽を造形。

**ポリープ**〔polyp〕 ↓ポリプ②

**ほりうち-けいぞう**【堀内敬▽三】(一八九七～一九八三) 音楽評論家。東京生まれ。ヨーロッパ音楽の普及に貢献。著書『音楽五十年史』など。

**ほりうち-まさかず**【堀内正▽和】(一九一一～) 彫刻家。京都生まれ。抽象形態を追求。作品『海の風』など。

**ポリウレタン**〔polyurethane〕 主鎖にウレタン結合-NHCOO-をもつ高分子化合物の総称。一般にイソシアナート類と多価アルコールから合成するが、原料によりゴム弾性に富むものから硬質のものまで多種つくられる。ウレタンフォームとして広く利用されるほか、合成皮革・接着剤などに使用。

**ほり-え**【堀江】 掘って水を通す川。堀川。canal

**ポリエステル**〔polyester〕 多塩基酸と多価アルコールとの縮重合によって得られる高分子物質の総称。ポリエステル繊維・アルキド樹脂・不飽和ポリエステル樹脂などがある。

**ポリエステル-せんい**【ポリエステル繊維】 ポリエステルを紡糸して得られる合成繊維の総称。テトロン(商標名)が有名。衣料・漁網・ホースなどに利用。polyester fiber

**ポリエチレン**〔Polyethyleneドイツ〕 エチレンを重合させて得られる熱可塑性樹脂。電気絶縁・耐薬・耐水性がよい。重合法の違いで、用途

ほ

▼常用漢字表外。 ▽常用漢字表の音訓外。

に応じた性質のものがつくられている。フィルム・シート・パイプなどに利用。

**ポリエチレングリコール**[polyethylene-glycol] 化学式 $HO(CH_2CH_2O)_nH$ 無色の粘性をもつ液体。水に溶けやすい。ゴム・樹脂・合成繊維の溶剤など。

**ポリ-えんかビニル【**ポリ塩化ビニル**】** 塩化ビニル樹脂の別名。

**ポリ-えんかビフェニル【**ポリ塩化ビフェニル**】** ビフェニルに塩素がいくつか付加した化合物で、きわめて分解しにくい。電気絶縁体などに広く利用されていたが、カネミ油症の原因物質であることが判明、昭和四七年(一九七二)全面的に生産禁止となり、使用も規制された。ポリクロロビフェニル。PCB。polychlorinated biphenyl

**ポリオ**[polio]《poliomyelitisの略》小児麻痺。

**ポリオ-ウイルス**[polio virus] 人間の急性灰白髄炎(=小児麻痺)の病原体。Ⅰ、Ⅱ、Ⅲ型に分かれ、Ⅰ型がもっとも麻痺力が強い。感染は飛沫と経口による。

**ほり-おこ・す【**掘り起(こ)す・掘起(こ)す**】**(五他) ①土を掘り返す。開墾する。dig up ②埋もれているものを掘って出す。dig up

**ポリオ-ワクチン**[polio-vaccine] ポリオウイルスの感染を防止するためのワクチン。日本では弱毒性ワクチンが使用され、定期予防接種として生後いっせいに行われる。

**ポリカーボネート**[polycarbonate] ビスフェノールとホスゲンや炭酸ジフェニルを反応させて合成する熱可塑性樹脂。透明で、機械的強度が大きく、耐熱・耐候性に優れる。機械部品・保安帽などに利用。

**ほり-かえ・す【**掘(り)返す**】**(五他) ①再び掘る。dig up again ②掘って、ひっくり返す。dig up

**ほりがね【**堀金**】**〈村〉長野県中部、松本盆地中央の安曇野の村。稲作や高原野菜栽培がさかん。工業団地もある。人口七一八四(一九八八)。

**ほり-かわ【**堀川**】** 京都市街中央部を南流する川。長さ八・二㎞。上鳥羽で鴨川に合流する。古くはこの水を友禅染に利用、京染地区を形成した。

**ほりかわ-がく【**堀川学**】** 古義学の別称。

**ほりかわ-てんのう【**堀河天皇**】**(一〇七九〜一一〇七) 第七三代天皇(在位一〇八六〜一一〇七)。白河天皇の第二皇子。資性の英明をうたわれ、また和歌・笙をよくした。

**ほりかわ-もの【**堀川物**】** 京都一条堀川で作られた刀剣の総称。安土桃山から江戸初期に信濃守国広を祖とし、新鮮な作風を創出した。

**ほりぐち-だいがく【**堀口大学**】**(一八九二〜一九八一) 詩人・翻訳家。東京生まれ。慶大中退。軽妙で瀟洒な象徴詩を書き、またフランス近代詩の訳業により、昭和詩に多大の影響を与えた。昭和五四年(一九七九)文化勲章受章。詩集『月光とピエロ』『人間の歌』『夕の虹』、訳詩集『月下の一群』など。

**ポリグラフ**[polygraph] 精神的動揺に伴って変化する血圧・脈拍・呼吸・皮膚電気反応などを測定し記録する装置。参照 嘘発見器。

**ほりこし-くぼう【**堀越公方**】**《伊豆の堀越にとどまったことから》古河公方足利成氏討伐のため、室町幕府が関東に派遣した足利政知の異称。子の茶々丸のとき、北条早雲に滅ぼされた。ほりごえくぼう。

**ほり-ごたつ【**掘(り)・炬・燵**】** おもに和室の床を切り、床より下に炉を設けた炬燵。切り炬燵。比較 置き炬燵。

**ポリ-さくさんビニル【**ポリ酢酸ビニル**】** 酢酸ビニルのポリマー。軟化点が低く、代表的な無定形の高分子。チューインガムのベース、水性塗料・接着剤などに使用。PVAC。polyvinyl acetate

**ほり-さ・げる【**掘(り)下げる**】**(下一他) ①深く掘る。dig down ②深く研究する。つっこんで考える。investigate; delve into

**ポリシー**[policy] ①政策。方針。②事を行うにあたっての原則。

**ポリシー-ミックス**[policy mix] 複数の経済目標を同時に達成するために、複数の経済政策手段を組み合わせること。たとえば財政・金融政策の組み合わせ。

**ポリジーン**[polygene] 作用の似た遺伝子群で、個々の遺伝子の効果は見分けられないが、多数が総合的に働き、量的形質の発現に関係する遺伝子群。

**ボリシェビキ**[bolsheviki ロシア]《多数派の意》一九〇三年、ロシア社会民主党の内部にメンシェビキと対立して形成された一派。レーニンを指導者とし、一二年メンシェビキを追放して独立政党となった。十一月革命で政権を掌握。一八年ロシア共産党に発展。

**ボリシェビズム**[bolshevizm ロシア] レーニンが指導するボリシェビキの思想的・政治的立場。レーニン主義。bolshevism

**ボリショイ-げきじょう【**ボリショイ劇場**】**(Gosudarstvenny Akademichesky Bolshoy Teatr Soyuza Sovetskikh Sotsialisticheskikh Respublik ロシア) モスクワにあるオペラ・バレエのソ連国立大劇場。一七七六年発足。

**ボリショイ-バレエだん【**ボリショイ-バレエ団**】** ソ連の代表的なバレエ団。モスクワのボリショイ劇場所属。一七七六年に小一座が設立され、一八二五年に開場したボリショイ劇場の付属のバレエ団となる。

**ポリス**[police] 警官。警察。

**ポリス**[polis ギリシア] 古代ギリシアの都市国家。前九〜前八世紀に集住(=シュノイキスモス)により成立。アクロポリスを中心にアゴラとよばれる公共広場をもち、都市部と周辺農村部からなる。前六〜前四世紀に全盛。

**ボリス-ゴドゥノフ**[Boris Godunov] ①(一五五一ごろ〜一六〇五) ロシア皇帝(在位一五九八〜一六〇五)。シベリア植民を推進し、農奴制を強化したが、偽ディミトリー一世の侵入を受け、陣没。②ムソルグスキー作曲のオペラ。四幕。一八七四年初演。プーシキンの劇詩に史実を加えた作曲者自身の台本による。ロシア国民歌劇の代表作。皇太子を暗殺し、帝位についたボリスの苦悩を描く。

**ポリスチレン**[polystyrene] ↓スチレンじゅし(スチレン樹脂)

**ポリスチレン-ペーパー**[polystyrene paper] 発泡ポリスチレンを押し出し、成形機でシート状にして作った合成紙。軽く、耐水性・吸音性・弾力性に富む。

**ポリス-ボックス**《和製語》巡査派出所。交番。

**ポリソーム**[polysome] 数個から数十個のリボソームが一本のメッセンジャーRNAに結合したもの。たんぱく質の生合成が行われているときにみられる。

**ホリゾント**[Horizont ドイツ] 劇場の舞台奥にある湾曲した壁面。空や無限の空間を効果的に作り出すために設置される。写真や映画の撮影スタジオでも背景に利用。英語圏ではサイクロラマ、またはスカイドームという。

**ほりだし-もの【**掘(り)出し物**】** 偶然に手に入れた珍品。安く手に入れた品物。見つけ物。good buy

**ほり-だ・す【**掘(り)出す**】**(五他) ①掘って中から表へ出す。dig out ②知られずにいたものを探し出す。よいものを安く手に入れる。pick up

**ほり-たつお【**堀辰雄**】**(一九〇四〜一九五三) 小説家。東京生まれ。東大卒。芥川竜之介に師事。西欧二〇世紀文学の手法と豊かな叙情により、生と死の交錯する独自の美の世界を築いた。作品『聖家族』『風立ちぬ』『かげろふの日記』『菜穂子』など。

**ポリツィアーノ**[Angelo Poliziano](一四五四〜一四九四) イタリアの詩人・古典学者。メディチ家の家庭教師となる。『オルフェーオ物語』で牧歌に聖史劇の形態を取り入れた。他に『舞踏歌』など。

**ポリツェ-ぶんか【**ポリツェ文化**】** 紀元前九〇〇年代ごろまで、シベリアのアムール川流域に栄えた鉄器文化。

**ほり-つ・ける【**彫(り)付ける**】**(下一他) 彫り込む。刻み付ける。文字や形を彫る。carve

**ホリデイ**[Billie Holiday](一九一五〜一九五九) アメリカの黒人女性ジャズ歌手。ジャズ史上最高のボーカリストと評価される。

**ホリデイ**[Holiday Corp.] ホリデイインズを中心とする、アメリカの世界最大のホテル・モーテル-チェーン。一九五四年設立。

**ポリティカル-マシン**[political machine] アメリカの政党内部にある非公式の下部組織。ボスを中心に公職の情実取引や利権の提供とからませた投票操作などを行う。

**ポリティックス**[politics] 政治。政治学。政策。駆け引き。

**ホリデー**[holiday] 休日。祭日。

**ポリテクニズム**[politekhnizm ロシア] ソ連・東欧の教育の基本原理とされる総合技術教育。生産部門で科学の諸原理がどのようにはたらいているかを理解させ、労働への参加に必要な一般的技術・技能を修得させる。

**ホリドール**[Folidol ドイツ]《商標名》パラチオン系の農業用殺虫薬。人畜にも毒性が強い。現在、製造・使用とも禁止。

**ポリトビューロー**[Politburo ロシア]《政治局の意》「ソビエト共産党中央委員会政治局」の通称。党の最高意思決定機関であるが、実際は国の政策をも支配している。一九一九年設置。五二年から六六年までは幹部会とよばれた。

**ほりぬき-いど【**掘(り)抜き井戸**】** 深く掘って地下水をわき出させる井戸。掘り抜き。

**ポリヌクレオチド**[polynucleotide] 多くのヌクレオチドが結合した高分子物質。リボ核酸とデオキシリボ核酸に分けられる。

**ポリネシア**[Polynesia] 太平洋、日付変更線の東半にある諸島の総称。ハワイ・フェニックス・ツアモツ・サモア・ソシエテ・クック・ツバルなどの諸島からなる。大部分が火山島と珊瑚島。独立国は西サモア・トンガ・ツバルなどで、他は米・英・仏・ニュージーランド領。ポリネシア諸族の居住地域。

**ポリネシア-おんがく【**ポリネシア音楽**】** 太平洋東部のポリネシアの島々に発達した音楽。歌手が、ヤシ殻・竹・木などを利用した楽器を奏しながら歌うのが特徴。

**ポリネシア-しょぞく【**ポリネシア諸族**】** ポリネシア原住民の総称。太平洋東部の広大な洋上の島々に分布。モンゴロイド。アウストロネシア語族のポリネシア語を使用。漁労・農耕に従事。航海術に長ずる。ポリネシア人。Polynesian

**ほりのうち【**堀之内**】**〈町〉新潟県中南部の町。宿場町・縮布の市場町として栄えた。産業は酪農や畜肉缶詰工業・花卉栽培など。人口一万五二二〇(一九八八)。

**ほりのうち-け【**堀内家**】** 茶道流派で、表千家の茶家の一つ。山田宗徧の門下、堀内浄佐の養子仙鶴を初代とする。表千家入門者は堀内家か久田家の取り次ぎを経るのが慣例。参照 久田家。

**ほり-ばくすい【**堀麦水**】**(一七一八〜一七八三) 江戸中期の俳人。通称平三郎。金沢の人。蕉風復興を唱え、自身も『虚栗』風の漢詩調を試みた。俳諧中興に尽力。撰集『新虚栗』など。

**ポリ-バケツ**《polyethylene bucketから》ポリエチレン製のバケツ。

**ポリ-バス**《和製語》強化プラスチック製の浴槽。軽い、腐らない、色がきれいなどが特徴。polyethylene bathtub

**ほり-ばた【**堀端**】** 堀のすぐそば。side of a moat 用例 —の柳。

**ボリバル**[Simón Bolívar](一七八三〜一八三〇) 南アメリカの独立運動指導者。ベネズエラ生まれ。独立運動に参加。一八一九年、大コロンビア共和国を樹立。さらにエクアドル・ペルー・ボリビア地方を解放。ボリビアの国名はその名に由来。

**ボリビア**[Bolivia](Republic of Bolivia) 南アメリカ中央部、アンデス山中にある共和国。首都ラパス。かつてスペインに征服されたが、一八二五年に独立。鉱物資源に恵まれ、錫・亜鉛などの産出が多い。面積一〇九・九万㎢。人口六五五万(一九八九)。正称ボリビア共和国。

**ポリビニル-アルコール**[polyvinyl alcohol] ポリ酢酸ビニルを加水分解して得られる水溶性の高分子化合物。ビニロン・ポリビニルアセタールの原料。接着剤などに利用。

**ポリプ**[polyp] ①刺胞動物の基本的な体制のうち、付着生活に適したもの。円筒状で上端には触手をもった口があり、下端で他物に付着する。ヒドラ・サンゴなど。②粘膜や皮膚に突出してできる隆起性の病変。腫瘤性と炎症性がある。鼻茸・胃腸や子宮などの茸腫など。ポリープ。

**ポリフォニー**[polyphony] 音楽用語。二つ以上の対等の関係をもつ独立した声部によって構成される音楽。多声部音楽。多声音楽。複音楽。対義 ホモフォニー。

**ポリプロピレン**[polypropylene] プロピレンを重合させた結晶性の高分子化合物。融点が高く、機械的性質、曲げ疲労抵抗がよい。電気絶縁材料・パイプ・ひもなどに利用。

**ポリペプチド**[polypeptide] ペプチド結合—CONH—により多数のアミノ酸が結合したもの。たんぱく質の構成要素。

**ほりべ-やすべえ【**堀部安兵衛**】**(一六七〇〜一七〇三) 赤穂義士の一人。名は武庸。もと中山氏で、堀部氏の養子となる。高田馬場の仇討ちで有名。

**ホリホック**[hollyhock] タチアオイ。

**ポリマー**[polymer] 一種類または数種類の単位分子(=モノマー)が多数化学結合して分子量が大きくなった化合物。一種類のモノマーが多数重合した化合物のみをさすこともある。重合体。

**ポリメーター**[polymeter] 毛髪湿度計の一種。温度・湿度・水蒸気分圧・露点温度が求め

られる。

**ほり-もの【彫(り)物】** ①彫刻。carving ②装飾として施す入れ墨。刺青。tattoo 用例 ―師。

**ほ-りゅう【保留】**(名・サ変他) ①決定を一時延ばすこと。預かり。put off ②法律で、留保。reservation

**ほ-りゅう【▾蒲柳】** ①カワヤナギの異名。②弱い体質。delicate

**蒲柳の質**(ほりゅうのしつ) からだが細く、病気にかかりやすい、弱々しい体質。delicate

**ボリューム【volume】** ①分量。体積。かさ。用例 ―たっぷり。②音量。用例 ―を上げる。

**ポリュグノトス【Polygnotos】**(生没年未詳) 古代ギリシアの画家。表情に富む人物表現などが特徴とされるが、作品は現存しない。

**ポリュクレイトス【Polykleitos】**(生没年未詳) 古代ギリシアの彫刻家。古典前期(紀元前五世紀)の代表者。男性立像の理想的形態を作り、人体美の手本と称された。作品『ドリュフォロス』『ディアドゥメノス』などの模刻が残存し、理論書『カノン』がある。↓写

●ポリュクレイトス 『ディアドゥメノス(模刻)』。前四三〇～前四二〇年、アテネ国立考古学博物館。

**ほ-りょ【捕虜】** 戦争などで捕らえられ、自由を奪われた敵国人。犯罪人と異なり、ハーグ条約などの国際法で一定の待遇を保障される。俘虜。とりこ。prisoner of war

**ほり-りゅうじょ【堀柳女】**(一八九七～一九八四) 人形作家。東京生まれ。本名、山田松枝。竹久夢二の門下。個性的な衣装人形を作る。重要無形文化財保持者。

**ポリ-りんさん【ポリ▾燐酸】** 正燐酸を濃縮、または五酸化燐(十酸化四燐)を水和してできる縮合酸に対する総称。ピロ燐酸など。polyphosphoric acid

**ほり-わり【掘(り)割り・堀割】** 地面を掘って水を通した所。canal

**ほ・る【彫る】**(五他) ①木・石などを刻む。彫刻する。carve 用例 仏像を―。②入れ墨をする。彫り物をする。tattoo 用例 せなかに牡丹を―。

**ほ・る【掘る】**(五他) ①地面・木材などに穴をあける。dig 用例 井戸を―。②地中の物を外へ取り出す。dig up 用例 芋を―。

**ほ・る【▾惚る】** 古語(下二自) ↓ほれる(惚れる)

**ぼ・る**(五他) 《俗語。「むさぼる」の略》不当な利益を占める。

**ポルカ【polkaポーランド】** チェコの民俗舞踊・舞曲。四分の二拍子。一八三〇年ごろボヘミアの農村で流行し、のち欧米の社交ダンスとして広まった。

**ボルガ-ウラル-ゆでん【ボルガ-ウラル油田】**(Volga-Urarsky Neftyanoi Raion) ソ連中西部、ボルガ川中流域からウラル山脈南西麓にわたる大石油産地。旧称第二バクー油田。

**ボルガ-がわ【ボルガ川】**(Volga) ソ連のヨーロッパロシア部を流れるヨーロッパ最大の川。バルダイ丘陵からカザニ、ボルゴグラードを経てカスピ海に注ぐ。長さ三五三〇㎞。

**ポルカ-ドット【polka dot】** 水玉模様の一種。水玉の大きさをピン(pin)やコイン(coin)の語で現すが、両者の中間サイズの水玉模様のこと。

**ボルガ-ドン-うんが【ボルガ-ドン運河】**(Volga-Donskoy Kanal) ソ連南西部、ボルゴグラード南方でボルガ・ドン両川下流を結ぶ運河。長さ一〇〇㎞。一三の水門をもつ。一九五二年完成。

**ボルガのふなひきうた【ボルガの舟▾曳歌】** ロシア民謡。帝政時代、ボルガ川を航行する船を綱で引いた人夫たちの労働歌。

**ボルガ-バルト-すいろ【ボルガ-バルト水路】**(Volgo-Balt Kanal) ソ連、モスクワ北方のルイビンスク湖からレニングラードのネバ川までを結ぶ水路系の総称。長さ一〇〇〇㎞。一九六四年開通。

**ホルクハイマー【Max Horkheimer】**(一八九五～一九七三) 西独の哲学者。フランクフルト学派の指導者として活躍。人種的偏見を意識の深層にまで追求した。著書『啓蒙の弁証法』(アドルノとの共著)など。

**ボルゴグラード【Volgograd】** ソ連南西部、ボルガ川下流に沿う商工業都市。第二次大戦中の激戦地。人口九八・一万(一九八六)。旧称ツアリツィン。スターリングラード。

**ボルジア【Cesare Borgia】**(一四七五～一五〇七) イタリアの政治家。教皇アレクサンデル六世の庶子。教皇領を拡大。マキアベリは新君主の理想としたが、その政治的手腕により権謀術数の典型的人物とされる。

**ボルジア-け【ボルジア家】**(Borgiaイタリア) 一五～一六世紀に栄えたイタリアの名門家系。カリストゥス三世とアレクサンデル六世の教皇を出した。後者の子チェザーレは権謀術数をふるい、ルクレチアは美貌と知性を利用して政治的に活躍。

**ボルシェビキ【bolshevikiロシア】** ↓ボリシェビキ

**ボルシチ【borschロシア】** ロシアの代表的な家庭料理。実の多い濃厚な赤色のスープ。ビートを主に肉・野菜を煮込む。borscht

**ホルス【Horus】** エジプト神話の天空神、王権の守護神。

**ホルスタイン-しゅ【ホルスタイン種】** ウシの一品種。代表的な乳牛。毛色は黒白または赤白のぶち。オランダ東部・ドイツ北西部の原産。Holstein ↓牛写

**ホルスト【Gustav Theodore Holst】**(一八七四～一九三四) イギリスの作曲家。東洋的傾向の作品から、晩年は厳格で簡潔な作風へと移った。管弦楽曲『惑星』など。

**ボルゾイ【borzoyロシア】** 《非常に速い、の意》背が高く、やせ形の大形犬。肩高七〇～八〇㎝。毛は絹糸状で長い。古くからキツネ狩りなどに使われていた獣猟犬。ロシア原産。borzoi

**ボルソン【bolson】** 山地に囲まれた内陸の盆地。アメリカ南西部やメキシコ北部での呼称。乾燥気候のため、中央部に干上がった塩湖などの平坦地がある。

**ボルタ【Alessandro Volta】**(一七四五～一八二七) イタリアの物理学者。電気盆・検電器・蓄電器・ボルタの電池などを発明。

**ホルダー【holder】** ①物をとめておくもの。用例 ペーパー―。②保持者。用例 レコード―。

**ポルダー【polder】** オランダの干拓地。オランダの干拓の歴史は古く、とくに一九三二年、ゾイデル海を締め切る大堤防が完成し、内部に広大なポルダーが造成された。

**ボルタ-がわ【ボルタ川】**(La Volta) 西アフリカ、オートボルタからガーナを南北に貫流し、ギニア湾に注ぐ川。長さ一六〇〇㎞。

**ボルタ-の-でんち【ボルタの電池】** 希硫酸溶液に亜鉛板と銅板を入れ、液外で亜鉛板と銅板をつないだ一次電池。電流は銅から亜鉛のほうへ流れる。イタリアの物理学者ボルタが発明。voltaic cell

**ボルタ-の-ほうそく【ボルタの法則】** 同じ温度で導体を直列につないだとき、両端の導体間の電位差は両端の導体を直接接触させたときの電位差に等しいという法則。Volta's law

**ポルタバ【Poltava】** ソ連南西部、ウクライナ共和国中東部の都市。農業地帯の中心。鉄道交通の要地。人口二九・六万(一九八四)。

**ポルタメント【portamentoイタリア】** 音楽で一つの音から他の音へ移る場合、なめらかに音程を上下させる奏法。

**ボルチモア【Baltimore】** アメリカ東部、メリーランド州の港湾都市。重化学工業がさかん。人口七八・七万(一九八〇)。

**ボルチモア【David Baltimore】**(一九三八～) アメリカの微生物学者。マサチューセッツ工科大癌研究センター教授。癌ウイルスと細胞の遺伝物質を研究し、その相互作用を発見した。一九七五年ノーベル生理学医学賞受賞。

**ボルチモア-オハイオ-てつどう【ボルチモア-オハイオ鉄道】** アメリカ東部の鉄道会社。フィラデルフィアとセントルイスを結ぶ区間が主要路線。一八二七年設立。Baltimore and Ohio Railroad

**ホルツ【Arno Holz】**(一八六三～一九二九) ドイツの詩人・小説家・評論家。詩集『時代の書』、小説『パパ・ハムレット』、戯曲『ゼーリッケ家』など。

**ボルツァーノ【Bolzano】** イタリア北東部、南チロルの商業都市。第一次大戦までオーストリア領。アルプス山脈の観光基地。人口一〇・二万(一九八五)。

**ポルックス【Pollux】** ふたご座β星。ギリシア神話でα星のカストルと双子の兄弟とされる。実視光度一等。観望好期は三月。

**ボルツマン【Ludwig Boltzmann】**(一八四四～一九〇六) オーストリアの物理学者。気体分子運動論と統計力学を研究。一八七二年、七七年、熱現象の不可逆性を分子運動論により説明、エントロピーを熱力学的確率の関数として定式化。

**ボルツマン-ていすう【ボルツマン定数】** 気体定数をアボガドロ数で割ったもの。気体中の一原子(または一分子)当たりの平均全エネルギーの絶対温度に対する比。Boltzmann's constant

**ボルデ【Jules Bordet】**(一八七〇～一九六一) ベルギーの病理学者。補体結合反応を研究し、血清学分野で大きな貢献をした。百日ぜき菌の発見者。一九一九年ノーベル生理学医学賞受賞。

**ボルテージ【voltage】** 電圧。電圧量。転じて、熱・力などがこもっていること。用例 ―の高い試合。

**ボルテール【Voltaire】**(一六九四～一七七八) フランスの文学者・代表的啓蒙思想家。本名フランソワ=マリ=アルーエ。旺盛な風刺精神を武器に政治体制や教会権力を攻撃、思想・信仰の自由などを訴えた。哲学小説『カンディッド』、『哲学書簡』『哲学辞典』など。

**ホルテル【Herman Gorter】**(一八六四～一九二七) オランダの詩人。詩『五月』、詩集『詩歌』など。

**ボルト【bolt】** 機械部品の一つ。頭部と軸からなり軸に雄ねじを切ってある。ナットと組み合わせて部材の結合・締めつけに用いる。対義 ナット。↓図

**ボルト【volt】** 電圧・起電力の国際組立単位。導体の二点間に一アンペアの電流が流れ、消費される電力が一ワットのとき、この二点間の電圧、または、それに相当する起電力をいう。一クーロンの電荷をもつ物体が、この電位差で加速されると、一ジュールのエネルギーを得る。記号V。

**ポルト【Porto】** ポルトガル北西部、ドゥエロ川河口の港湾都市。同国有数の都市。ポートワインで知られるぶどう酒の積出港として有名。人口三三万(一九八一)。オポルト。

**ポルト-アレグレ【Pôrto Alegre】** ブラジル南部、ドスパトス湖北端の港湾都市。同国南部最大の都市で経済・文化の中心地。人口一一〇・九万(一九八〇)。

**ボルドー【Bordeaux】** ①フランス南西部、ガロンヌ川に沿う南西部一の港湾都市。人口二一・一万(一九八二)。②ボルドー地方から産するぶどう酒。③ボルドー産の赤ぶどう酒のような紫がかった暗い赤。クラレット。

**ボルドー-えき【ボルドー液】** フランスのボルドーで使われ始めた農業用殺菌剤。生石灰と硫酸銅の混合液。有効成分は塩基性硫酸銅。多くの果樹・野菜の病害予防に有効。Bordeaux mixture

**ポルトー-プランス【Port-au-Prince】** 西インド諸島、イスパニオラ島西部、ハイチの首都。フランスの植民地として建設され、一八〇四年世界初の黒人共和国の独立により首都となる。人口四五万(一九八二)。

**ポルトガル【Portugal・葡萄牙】**(Portuguese Republic) 西ヨーロッパ、イベリア半島南西端の共和国。首都リスボン。一二世紀に現領土を占め独立王国となり、一五～一六世紀にはスペインとともに植民地帝国を築いた。古くからわが国と交易、大きな影響を及ぼした。一九一〇年ポルトガル共和国となる。地中海気候でオリーブ・コルクガシ・ブドウの生産がさかん。面積九・二万$km^2$。人口一〇二九万(一九八六)。正称ポルトガル共和国。

**ポルトガル-ご【ポルトガル語】** インド-ヨーロッパ語族イタリック諸語に属する。ポルトガルのほか、ブラジルや旧ポルトガル植民地などで用いられる。Portuguese

**ホルト-そう【ホルト草】** ポルトガルから渡来したトウダイグサ科の二年草。高さ約六〇㎝。葉は線形。夏に、緑色のつぼ状の花が咲き、三稜形の果実をつける。種子は薬用。

**ホルト-の-き【ホルトの木】** ①オリーブの

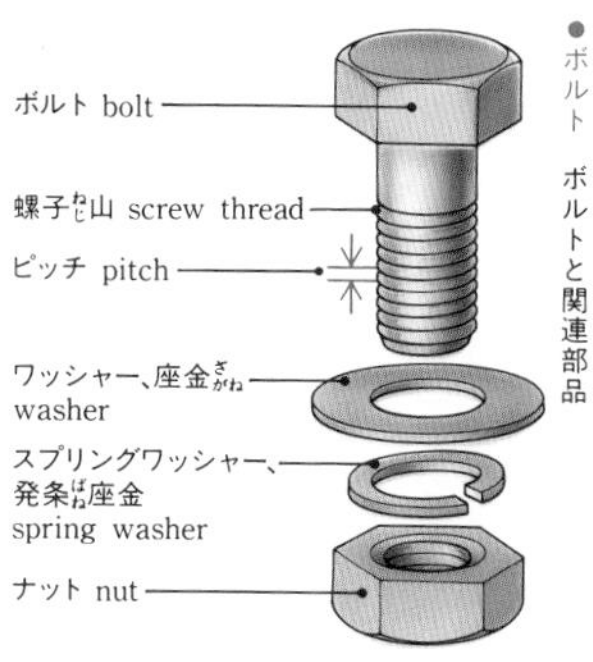


●ボルト ボルトと関連部品

ほ

▾常用漢字表外。 ▿常用漢字表の音訓外。

別名。②ホルトノキ科の暖地性常緑高木。高さ約二〇m。観賞用に栽培され、六月に、小白花を穂状につける。果実は楕円形、黒青色に熟す。樹皮は灰色染料の原料。

**ポルトノボ**【Porto Novo】西アフリカ、ベナンの首都。ギニア湾の入り江に位置する港湾都市で、パーム油などの輸出港。人口二〇・八万(一九八二)。

**ボルトメーター**【voltmeter】電圧計。電圧を測るための計器。指針で表示するアナログ式と電子回路を通じて数値で示すデジタル式がある。

**ポルトランド-セメント**【portland cement】狭義にいうセメントのこと。石灰・アルミナ・酸化鉄・シリカなどを混ぜて焼成し、粉砕したもの。水で硬化する。砂および砂利と混ぜたものをコンクリートという。重要な土木・建築材料。

**ポルト-リシュ**【Georges de Porto-Riche】(一八四九〜一九三〇)フランスの劇作家。中年男女の恋愛を描き、その心理を分析。戯曲『恋する女』など。

**ポルナレフ**【Michel Pornareff】(一九四四〜)フランスのシャンソン歌手・作曲家。シャンソンにロックをとり入れて成功。

**ボルネオ-とう**【ボルネオ島】(Borneo) カリマンタン島の別称。

**ポルノ**《pornographyから》性行為の描写を主眼とした映画・小説・ビデオテープ・絵画などの総称。

**ポルノ-えいが**【ポルノ映画】性的行為の描写を売り物とする劇映画。blue film

**ポルノグラフィー**【pornography】《ギリシア語の「娼婦の日常記録」が語源》元来は「春画」の意だったが、「春本」の意となり、ニューメディアの登場とともに、その種のもの全般をさすようになった。ポルノ。

**ホルバイン**【Hans Holbein】(一四九七/九八〜一五四三)ドイツ-ルネサンスを代表する画家。父ハンス、兄アンブロシウスも画家。肖像画にすぐれ、鋭く精確な描写を示す。作品『ロッテルダムのエラスムス』『ヘンリー八世』、木版画『死の舞踏』など。↓写

●ホルバイン『ロッテルダムのエラスムス』。一五二七年、ルーブル美術館(フランス)。

**ボルヒェルト**【Wolfgang Borchert】(一九二一〜一九四七)ドイツの劇作家・詩人。戯曲『戸口の外で』、詩集『街灯と夜と星』など。

**ボルヒャルト**【Rudolf Borchardt】(一八七七〜一九四五)ドイツの詩人。叙事詩『ヨーラムの書』、エッセー『ウィラ』、編『ドイツ詞華集』など。

**ホルベア**【Johan Ludvig Holberg】(一六八四〜一七五四)デンマークの劇作家・啓蒙思想家。ノルウェー生まれ。幅広い活動でデンマーク文学に独立をもたらした。喜劇『山のエッペ』、小説『ニールス=クリムの地下旅行』、史書『デンマーク史』など。

**ボルヘス**【Jorge Luis Borges】(一八九九〜一九八六)アルゼンチンの作家。前衛派詩人として出発。空想と現実が奇妙に混合した短編を数多く書いた。詩集『ブエノスアイレスの熱狂』、短編集『伝奇集』『不死の人』など。

**ボルボ**【AB Volvo】スウェーデンの世界的自動車メーカー。一九二七年設立。

**ボルボックス**【volvox ラテン】緑藻植物オオヒゲマワリ科の淡水藻。直径〇・四〜〇・八mm。池や沼に生ずる。各個体は二本ずつの鞭毛があり、五〇〇〜二万の個体が集まり、中空球状の群体となる。回転しながら泳ぐ。原形質連絡、生殖細胞の分化などが見られる。オオヒゲマワリ。

**ホルマリン**【formalin】日本薬局方で、ホルムアルデヒドの三五〜三八%水溶液。殺菌消毒・防腐などに用いる。無色透明。刺激臭。長期保存すると混濁。

**ホルミウム**【holmium】希土類元素の一つ。元素記号Ho 原子番号六七。原子量一六五。単体は金属。化合物の水溶液や結晶は褐緑色。

**ホルムアルデヒド**【formaldehyde】化学式HCHO もっとも簡単な鎖式の飽和アルデヒド。合成樹脂の原料として重要。水溶液はホルマリンとよばれる。

**ホルムズ-かいきょう**【ホルムズ海峡】(Strait of Hormuz) インド洋北西部、ペルシア湾とオマーン湾を結ぶ海峡。幅六〇〜一〇〇km。海上交通の要衝。オルムズ海峡。

**ホルムスク**【Kholmsk】ソ連、樺太(=サハリン)南西岸、日本海に臨む港湾・工業都市。人口三・七万(一九七〇)。旧称真岡。

**ホルモン**【hormone】動物の内分泌器官または組織から分泌される生理活性物質。他の特定の器官または組織に影響を与え、神経とともに生体内の情報伝達を行う。

**ホルモン-ざい**【ホルモン剤】内分泌腺の作用を補うさいに用いられる医薬品。動物の各種内分泌腺から直接抽出される天然ホルモン剤と、人為的につくられる合成ホルモン剤がある。

**ホルモン-りょうほう**【ホルモン療法】ホルモン剤を使った治療法。内分泌機能に障害がある場合の補助的療法と、ホルモンの薬理学的特性を治療に応用する方法とがある。hormone therapy

**ホルモン-りょうり**【ホルモン料理】動物の頭や内臓などを調理した食品。

**ポルライウオロ**【Pollaiuolo】↓ポライウオロ

**ホルン**【horn】①金管楽器。全体は丸巻き形で、先端は朝顔形に開く。温かくて丸みのある音をもつ。管弦楽・吹奏楽の主要楽器の一つ。フレンチホルン。②角笛。↓写

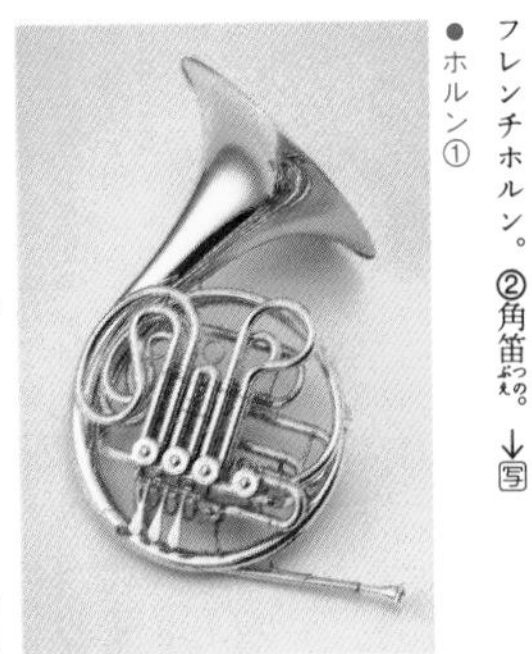

●ホルン①

**ボルン**【Max Born】(一八八二〜一九七〇)イギリスの物理学者。ドイツ生まれ。マトリックス力学の定式化・波動関数の統計的解釈を行う。一九五四年ノーベル物理学賞受賞。

**ホルンフェルス**【hornfels】接触によって変成作用を受けた緻密で硬い岩石。構成鉱物は細粒または中粒。粒がそろっていてモザイク状に組み合う。角石。

**ボルンホルム-とう**【ボルンホルム島】(Bornholm) スウェーデン沖のバルト海南部、デンマーク最東端の島。面積五八八km²。

**ぼ-れい**【▼牡▼蠣】生薬の一つ。マガキの貝殻。炭酸カルシウムが主成分で、胸部の動悸・精神不安・不眠・寝汗などに用いる。

**ほれい-しゃ**【保冷車】食品の鮮度を保つための低温輸送用自動車。五〜零下五℃の低温を保持できる構造をもつ。冷蔵車。

**ボレー**【volley】テニス・サッカーなどで、ボールがコートや地面に落ちる前に、打ち返したり、蹴ったりすること。テニスのネットプレーでよく行われる。比較 グラウンドストローク。

**ほれ-ぐすり**【▼惚(れ)薬】おもに、特定の相手に対して恋心を起こさせるための薬。philter

**ほれ-こ・む**【▼惚(れ)込む】(五自) すっかりほれてしまう。気にいって、夢中になる。be charmed by

**ポレボイ**【Boris Nikolayevich Polevoy】(一九〇八〜一九八一)ソ連の小説家。作品『真実の人間の物語』『荒れた岸辺にて』など。

**ほれ-ぼれ**【▼惚れ▼惚れ】(副・サ変自) 心を奪われ、うっとりするさま。be charmed by; be fascinated by

**ほれ-ぼれ・し**【▼惚れ▼惚れし】(形シク) 放心したようす。用例 ―・しきまで物を思ひたれば(源氏・総角)。

**ポレミック**【polemic】①論争。討論。②論客。

**ほ・れる**【▼惚れる】(下一自) ①主として異性に心を奪われる。fall in love ②気に入る。be charmed ③《動詞の連用形に付いて》夢中になる。うっとりする。be carried away 用例 聞き―。

**惚れた腫れた**(ほれたはれた)《「腫れた」は語呂合わせして続けたことば》「惚れた」ことを強め、または冷やかしていう。用例 ―は当座の内。

**ボレル**【Pétrus Borel】(一八〇九〜一八五九)フランスの詩人・小説家。怪奇・辛辣な作風。詩集『ラプソディー』、小説『シャンパベール』など。

**ボレロ**【bolero スペイン】①スペインの民族舞踊音楽。中庸の速度で四分の三拍子。一貫した独特のリズムが特徴。踊りではカスタネットがこのリズムを演奏。一七八〇年ごろセレソが創始。ラベルの管弦楽曲が有名。②ウエスト丈程度の短い婦人・子供用のジャケット。前打ち合わせがなく、はおって着る。

**ほろ** 11画【▼袰】部首[衣] 和製漢字 JIS 7462
地名や姓氏などに用いられる。

**ほろ**【▽母▽衣・▼幌】①鎧の背につけ、流れ矢を防いだり装飾にした布。平安末期から大形になり、室町時代からは竹かごにかぶせた袋状の指物となった。②馬車やトラックなどで、日よけや雨よけのためにかける布製のおおい。hood ↓写

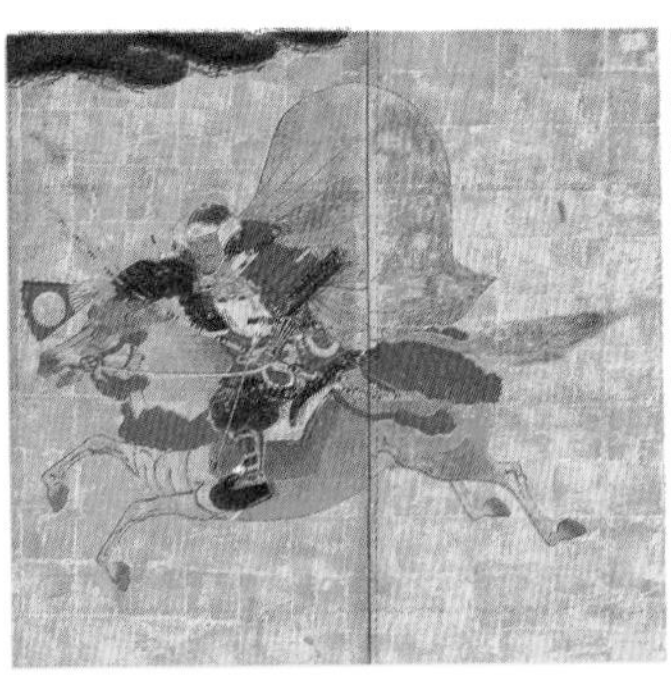

●母衣①『宇治川一谷合戦図』より。

**ぼ-ろ**【▼梵▽論・暮露】①こじき僧。②虚無僧。ぼろんじ。ぼろぼろ。

**ぼろ**【▼襤▼褸】①使い古した役に立たない布。つづれ。rag ②古びて破れた衣服。rags ③隠している欠点。fault 用例 ―を出す。

**襤褸が出る**(ぼろがでる) 隠していた欠点・短所・失敗などが人に知られる。have one's faults exposed 用例 話し出すと―。

**襤褸を着ても心は錦**(ぼろをきてもこころはにしき) 身なりはみすぼらしくても、心の中はひじょうに美しい。また、心が豊かであれば、外見など問題でない。

**ぼろ**(接頭) 程度のはなはだしい意を表す。用例 ―もうけ。―負け。

**ポロ**【polo】球技の一つ。馬上にまたがって行うホッケーに似た競技。一チーム四人で二チームに分かれマレット(槌)でボールを打ち、相手ゴールに入れて得点を争う。↓写

●ポロ

**ぼろ・い**(形)《俗語》①元手・労力に比べて利益が非常に多い。用例 ―もうけ口。②古びている。いたんでいる。粗末。用例 ―傘。

**ほ-ろう**【歩廊】①しきがわら・れんがなどの廊下。回廊。②プラットホーム。

**ボローニャ**【Bologna】イタリア北部、レノ川に沿う商業都市。エミリア-ロマーニャ州の州都。古くからの学園都市。人口四五・九万(一九八一)。

**ボローニャ-ソーセージ**【bologna sausage】大形のソーセージ。肉に脂身などを加え、燻煙・ボイルしてつくる。イタリアのボローニャ原産。

**ボローニャ-だいがく**【ボローニャ大学】(Università degli Studi di Bologna イタリア) イタリアのボローニャにあるヨーロッパ最古の大学。八世紀に法学校として創設、一二世紀に大学となった。

**ボローニャ-は**【ボローニャ派】北イタリアのボローニャに栄えた絵画の流派。バロック宗教画と世俗画の成立に支配的影響を及ぼした。ルネサンスの先人の成果を総合し、明暗のある甘美でアカデミックな画法。一六世紀末のカラッチ一家に始まり、ドメニキーノ・グエルチーノ・グィド=レニら。Bolognese school

**ボローネジ**[Voronezh] ソ連南西部、ドン川と支流ボローネジ川の合流点付近にある工業都市。鉄道の要地。一五八六年要塞として建設。人口八八六万(一九八六)。

**ほろかない**【▼幌加内】〈町〉 北海道中央部、雨竜川上流域の町。林業のほか、稲作・畑作も行う。朱鞠内道立公園がある。人口二九〇四(一九八八)。

**ほろ-がや**【▽母▽衣蚊帳】 竹や針金を骨としてほろの形にした小型の蚊帳。幼児用。

**ポロ-カラー**[polo collar] 襟型の一つ。ポロシャツにみられる襟。折り返し襟で、襟ぐり正面の短い切り込みのあきには、短冊形の布がつけられ、二、三個のボタンがつく。→図

●ポロカラー

**ぼろ-ぎく**【▼襤▼褸菊】 サワギクの別名。

**ぼろ-くそ**【▼襤▼褸▼糞】(名・形動) ①雑なくだらないもの。rag ②さんざんののしること・さま。abuse

**ボログダ**[Vologda] ソ連の西部、同名州の州都。ボログダ川沿岸の河港都市。人口二七・三万(一九八六)。

**ホログラフィー**[holography] レーザー光などで、立体像の記録・再現を行う方法。像の再生には、光の干渉模様を記録したホログラムを用いる。

**ホログラム**[hologram] ホログラフィーにおいて、立体像を再現する干渉縞を記録した媒体。基準とするレーザー光と物体からの反射レーザー光とでできる干渉縞を、フィルムに濃淡で記録したもの。

**ホロコースト**[holocaust] 大破壊。大虐殺。とくに、ナチス-ドイツによるユダヤ人大虐殺。

**ボロシーロフ**[Kliment Yefremovich Voroshilov](一八八一〜一九六九) ソ連の軍人・政治家。ソ連最初の元帥。赤軍の組織化に尽力し、レニングラード防衛戦に功績。一九五三〜六一年最高会議幹部会議長。ウォロシーロフ。

**ポロ-シャツ**[polo shirt] 半袖・長袖のニットシャツ。ふつうステンカラーの一枚襟、前開きボタン止めのプルオーバー形式。

**ホロスコープ**[horoscope] 西洋の星占い。また、それに用いる十二宮図。

**ポロック**[Jackson Pollock](一九一二〜五六) アメリカの画家。抽象表現主義の代表作家。直接画面に絵の具をたらすドリッピング技法を開発。アクション-ペインティングの名を得た。作品『青いポール』など。

**ボロディン**[Aleksandr Porfiryevich Borodin](一八三三〜八七) ロシアの作曲家・化学者。「五人組」の一人。東洋的色彩の濃い作風。オペラ『イーゴリ公』(未完)、交響詩『中央アジアの草原にて』など。

**ボロディン**[Mikhail Markovich Borodin](一八八四〜一九五一) ソ連の革命家。共産党員として一九二三年中国に派遣され、国民党改組、国共合作を指導。二七年国共分裂で帰国。第二次大戦後スターリンに粛清され、のち獄死。

**ポロナイスク**[Poronaysk] ソ連、樺太(=サハリン)中東岸、オホーツク海テルペニエ湾に臨む港湾都市。人口二・四万(一九七〇)。旧称敷香。

**ボロニア**[boronia] ミカン科の常緑低木。鉢植えにされる。三〜五月に、釣り鐘状の濃紅色の小花を開く。茎や葉は柑橘系の香り。オーストラリア原産。→写

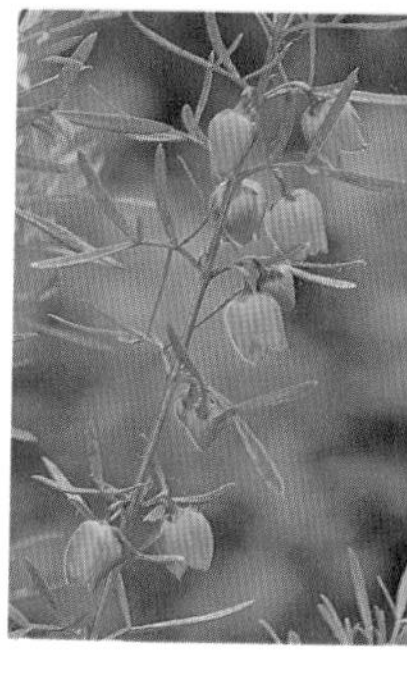

●ボロニア

**ボロニーニ**[Mauro Bolognini](一九二二〜) イタリアの映画監督。作品『汚れなき抱擁』『わが青春のフロレンス』など。

**ポロニウム**[polonium] 金属元素。記号Po 原子番号八四。質量数二〇九。一八九八年にキュリー夫妻が発見し、夫人の故国ポーランドにちなんで命名。単体は灰白色で、化学的性質はテルルやビスマスに似る。α線・中性子線の線源として利用。

**ほろ-にが・い**【ほろ苦い】(形) ①少し苦みがある。slightly bitter ②少し心が痛む。bittersweet 派生 ほろにがさ(名)

**ポロネーズ**[polonaiseフランス] ポーランドの国民的舞曲。中庸の速さで四分の三拍子。宮廷の儀式から発達。壮麗で祝祭的な性格をもつ。

**ポロ-ねぎ**【ポロ▼葱】 リーキの別名。

**ほろのべ**【▼幌延】〈町〉 北海道北部、天塩川下流域の町。酪農が主体の農業の町。人口三四八五(一九八八)。

**ほろ-ばしゃ**【▼幌馬車】 ほろでおおいをした馬車。covered wagon 比較 箱馬車。

**ホロビッツ**[Vladimir Horowitz](一九〇四〜) アメリカのピアニスト。ロシア生まれ。完璧な技巧と鋭い感受性をもつ、今世紀最高のピアニストの一人。

**ほろ・びる**【滅びる・▽亡びる】(上一自) ①なくなる。消え去る。絶える。perish ②滅亡する。be ruined

**ほろ・ぶ**【滅ぶ】 ㊀(五自) 滅亡する。滅びる。㊁古語(上二自) →ほろびる(滅びる)

**ボロブドゥール**[Borobudur] インドネシアのジャワ島中部にある石造の仏教遺跡。仏伝・本生などに題材をとった浮き彫りで飾られた砂岩の石材による壮大な塔。シャイレーンドラ王朝最盛時の八〜九世紀の建立とされ、一八一四年に発見。→写

**ほろぼ・す**【滅ぼす・▽亡ぼす】(五他) ①絶やす。消滅させる。exterminate ②滅亡させる。ruin

**ほろ-ほろ**(副) ①花・涙などが、こぼれるさま。scatteringly; in drops ②キジ・ヤマドリの鳴き声を表すことば。

**ぼろ-ぼろ** ㊀(形動) ①物がひどくいたんだり、こわれたりしているさま。ragged 用例 —のあばら屋。②乾いて、くずれたり、ばらばらになったりしているさま。ぼそぼそ。be crumbled 用例 —の飯粒。㊁(副) 涙、粒状のものなどがこぼれ落ちるさま。shed tears; spill 用例 かべが—はげ落ちる。

**ぽろ-ぽろ** ㊀(形動) ねばりけのないさま。用例 —になったごはん。ぱらぱら。dry ㊁(副) 涙などが続いて落ちるさま。drip; in big drops 用例 大粒の涙を—こぼす。

**ほろほろ-ちょう**【ほろほろ鳥・▽珠▽鶏】 アフリカ西部原産のホロホロチョウ科の鳥。体形はニワトリに近く、翼長二四〜二七cm。灰黒色の地に小さい白斑が密に散在。頭部は裸出する。草原にすみ、種子・昆虫を食べる。肉・卵・愛玩用に飼育。ほろほろどり。guinea fowl →写

●ホロホロチョウ

**ぼろぼろ-の-き**【ぼろぼろの木】 ボロボロノキ科の落葉小高木。高さ約五m。九州以南の山中にはえる。葉は卵形で、冬に小枝ごと落ちる。春に、香気のある黄花をつける。

**ほろ-みそ**【▽法▽論味▼噌】 焼き味噌を干し、ゴマ・アサの実・クルミ・サンショウなどを砕いて混ぜたもの。

**法論味噌売りの夕立**(ほろみそうりのゆうだち) 《乾燥した法論味噌が水分をきらうことから》物がいたむのを恐れるたとえ。

●ボロブドゥール

**ほろむい-そう**【▼幌向草】 ホロムイソウ科の多年草。本州中部以北の高層湿原にまれにはえる。根茎から出る葉は線形。初夏、花茎の先に淡緑色の小花が咲く。

**ボロメーター**[bolometer] 赤外線などの放射エネルギーを測定する計器。金属の薄片やサーミスターに放射線を吸収させ、温度上昇にともなう電気抵抗の変化を利用して測定する。

**ぼろ-もうけ**【ぼろ▼儲け】(名・サ変自) 元手をあまりかけずに、大きな利益を得ること。

**ほろ-よい**【▽微酔い】 少し酒に酔うこと。一杯機嫌。tipsiness

**ほろり**(副) ①思わず、涙の落ちるさま。in drops ②もろく散るさま。③少し酒に酔うさま。

**ほろりとする** 感じ入って、涙ぐむようになる。be moved to tears

**ぽろり-と**(副) ①涙、水滴などの落ちるさま。fall 用例 百円玉が—落ちる。②もげて取れたり欠けたりするさま。chip 用例 前歯が—欠ける。

**ほろろ** キジなどの鳴き声の擬声語。

**ほろろ打つ**(ほろろうつ) キジが鳴く。または、キジが羽ばたきをする。

**ほろろを掛く**(ほろろをかく) 「ほろろ打つ」と同意。

**ポロロッカ**[pororocaポルトガル] アマゾン川でみられる満潮時の大規模な逆流現象。

**ホロン**[holon] 《ギリシア語で全体をあらわすholosと、個のonとを組み合わせた造語》全体子。生物の器官などのように、上位のシステムからみたときは部分、下位の単位からみたときは全体として機能するもの。科学ジャーナリスト、ケストラーの用語。

**ボロン-こう**【ボロン鋼】 →ほうそこう(硼素鋼)

**ぼろん-じ**【▼梵論字】 →ぼろ(梵論)

**ボロンテ**[Gian Maria Volonté](一九三三〜) イタリアの映画俳優。主演作『祖国は誰のものぞ』『夕陽のガンマン』など。

**ホロンバイル**【呼倫貝爾】(Hūlún Buìr) →フルンブイル(呼倫貝爾)

**ボワイエ**[Charles Boyer](一八九九〜一九七八) フランス生まれのアメリカの映画俳優。主演作『うたかたの恋』『歴史は夜作られる』など。

**ボワイエ**[Lucienne Boyer](一九〇一ごろ〜八三) フランスの女性シャンソン歌手。感傷派歌手の代表。一九三〇年『愛の言葉を』で第一回ディスク大賞受賞。

**ホワイト**[white] しろ。白色。

**ホワイト**[Patrick White](一九一二〜) オーストラリアの小説家。「意識の流れ」の手法で創作。一九七三年ノーベル文学賞受賞。作品『人間の樹』『ボス』『台風の目』など。

**ホワイト-カラー**[white collar] 《白い襟、の意で、白いワイシャツを着ていることから》生産現場以外で働く雇用者の総称。事務職や販売職など。サラリーマン。対義 ブルーカラー。

**ホワイト-クリスマス**[White Christmas] アービング=バーリンが作詞・作曲した、一九四二年の映画『スイング-ホテル』の主題歌。主演者ビング=クロスビーが歌ってヒット。

**ホワイト-ソース**[white sauce] 洋風の料理に用いられる白いソース。バターと小麦粉をいためたルーを牛乳でのばしたベシャメルソースと、フォンでのばしたブルーテソースがある。

**ホワイト-ノイズ**[white noise] 雑音のうち、あらゆる周波数成分を一様に含むもの。白色雑音。

**ホワイト-ハウス**[White House] 《外壁が白いことから》ワシントン特別区にあるアメリカ大統領官邸。アメリカ政府の代名詞でもある。白亜館。

**ホワイトヘッド**[Alfred North Whitehead](一八六一〜一九四七) イギリスの哲学者・数学者。ハーバード大教授。数学的論理学の確立者の一人。著書にラッセルとの共著『プリンキピア-マテマティカ(数学原理)』、『過程と実在』など。

▼ 常用漢字表外。 ▽ 常用漢字表の音訓外。

ど。

**ホワイト-ボード**《black board(黒板)に対する造語》白板。フェルトペンなどで字や図を書き示すための白い板。

**ホワイトホール**【Whitehall】ロンドンのウエストミンスター地区にある官庁街。イギリス政府の通称ともなっている。

**ホワイト-メタル**【white metal】①鉛または錫を主体とした軸受け合金。アンチモン・銅・亜鉛を添加する。鉛主体のものを減摩合金、錫主体のものはバビットメタルという。②銅製錬における硫化銅 $Cu_2S$ が主体の中間産物。白かわ。

**ホワイト-リカー**《和製語》焼酎甲類の呼称。無色透明に近いところからつけられた名称。乙類は本格焼酎という。

**ホワイナン**【淮南】(Huáinán)↓わいなん(淮南)

**ホワイ-ホー**【淮河】(Huái Hé)↓わいが(淮河)

**ホワ-シャン**【華山】(Huà Shān)↓かざん(華山)

**ボワソナード**【Boissonade】↓ボアソナード

**ポワソン**【Poisson】↓ポアソン

**ほ-わた**【穂綿】チガヤ・アシなどの穂を綿の代用にしたもの。用例 ガマの―にくるまれて。

**ホワチョン**【華中】(Huázhōng)↓かちゅう(華中)

**ホワチン-チー**【華清池】(Huáqīng Chí)↓かせいち(華清池)

**ポワティエ**【Poitiers】フランス西部、ビエンヌ県の県都。中世の建造物が多い。人口八・三万(一九八二)。

**ポワティエ**【Sidney Poitier】(一九二四―)アメリカの映画俳優。黒人二枚目スターとして活躍。主演作『野のユリ』『夜の大捜査線』など。

**ポワトゥー**【Poitou】フランス西部の旧州名。ドゥ-シェーブル・バンデ・ビエンヌの三県にあたる。中心都市はポワティエ。北西部は農牧地帯で、砂質のランド地方は牧草地・荒れ地。ポアトゥー。

**ホワトン**【華東】(Huádōng)↓かとう(華東)

**ホワナン**【華南】(Huánán)↓かなん(華南)

**ホワペイ**【華北】(Huáběi)↓かほく(華北)

**ボワロー**【Nicolas Boileau-Despréaux】(一六三六―一七一一)フランスの詩人・批評家。古典主義の理論家。新旧論争では古代派の闘将。作品『詩法』『風刺詩集』『書簡詩集』など。

**ホワンシー**【黄石】(Huángshí)↓こうせき(黄石)

**ホワントゥー-こうげん**【ホワントゥー高原・黄土高原】(Huángtǔ)↓こうどこうげん(黄土高原)

**ホワン-ハイ**【黄海】(Huáng Hǎi)↓こうかい(黄海)

**ホワン-ホー**【黄河】(Huáng Hé)↓こうが(黄河)

**ホン** 4画【反】部首[又] 教育小3 JIS 4031

音 ハン・ホン・タン・ヘン　訓 そる・そらす

筆順↓ハン[反]

そむく。さからう。「謀反」↓タン・ハン[反]

**ホン** 5画【本】部首[木] 教育小1 JIS 4360

5画【▼夲】部首[大] 異体字 JIS 5281

音 ホン　訓 もと

本 本 本 本 本

①書物。書籍。「合本・古本・抄本・製本・台本」用例(名)―を読む。《接尾的》単行―。②芝居の台本。用例(名)―読み。流布―。③もと。もとの。対義 末・分・別・外。「基本・根本・張本」「本位・本拠・本源・本末・本来・本塁」④まことの。ただしい。まことに。まったく。対義 略・偽。「本式・本当・本番・本物」用例《接頭的》―皮。⑤わが。自分の。「本朝・本邦」用例《接頭的》―官吏。⑥もとづく。もとにする。「手本・見本」⑦中心になる。みなもと。対義 支・分。「本家・本社・本船・本店」⑧この。当。「本校・本日・本年」用例《接頭的》―研究所。―大会。⑨植物。「草本・木本」⑩細長いものを数えるのに用いる。用例(助数)鉛筆五―。ビール瓶二―。⑪武道などの勝負で得点となる技を数えるのに用いる。用例(助数)三―勝負。↓図

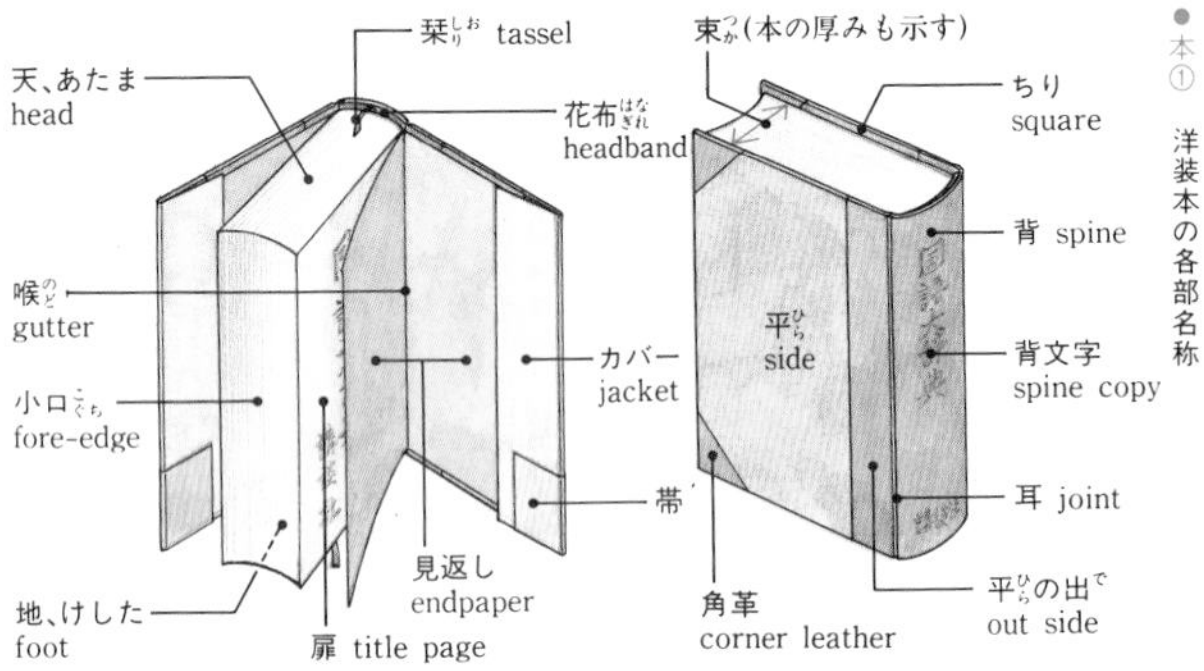


●本① 洋装本の各部名称

**ホン** 8画【奔】部首[大] 常用 JIS 4359

9画【▼奔】旧字

音 ホン

①はしる。かける。激しくはしる。「狂奔」「奔走・奔流」②にげだす。しらせずに、にげる。「出奔」③おもうまま。「奔放」

**ホン** 9画【▽品】部首[口] 教育小3 JIS 4142

音 ヒン・ホン　訓 しな

筆順↓ヒン[品]

①昔、親王にあたえた位。一品から四品まである。「無品」②仏教で、極楽浄土の等級。「九品・上品」③仏典の編・章。「普門品」↓ヒン[品]

**ホン** 10画【▼畚】部首[田] JIS 6529

音 ホン

ふご。もっこ。縄を網状にあんでつくった、土石・肥料などをはこぶ道具。

**ホン** 11画【▼笨】部首[竹] JIS 6792

音 ホン

あらい。雑な。粗末な。「粗笨」

**ホン** 12画【▼犇】部首[牛] JIS 6422

音 ホン

①はしる。はしりまわる。②ひしめく。おしあいへしあいして混雑する。

**ホン** 18画【翻】部首[羽] 常用 JIS 4361

18画【▼飜】旧字

21画【▼飜】部首[飛] 異体字 JIS 7044

音 ホン・ハン　訓 ひるがえる・ひるがえす

①ひるがえる。ひるがえす。「翩翻」「翻意・翻身」②つくりかえる。他の国語にいいかえる。「翻案・翻刻・翻訳」

**ホン**【phon】音の大きさの単位。振動数一キロヘルツの音の音圧のレベルで大きさを表す。騒音の単位として使われていたが、現在はデシベルに統一。

**ボン** 3画【凡】部首[几] 常用 JIS 4362

3画【▼凡】旧字

音 ボン・ハン

①なみ。普通。ありふれた。「非凡・平凡」「凡人・凡俗」用例(形動)あの目から察するに、―でない。②おしなべて。いろいろ。「凡百」↓ハン[凡]

**ボン** 9画【盆】部首[皿] 常用 JIS 4363

音 ボン・ホン

①食器などをのせる平らな器。それににた形。「盆栽・盆地」用例(名)―にのせて出す。数え方 一枚・一組み。②仏教で、盂蘭盆のこと。対義 暮れ。「旧盆・初盆」「盆踊り」用例(名)―に帰省する。

**盆と正月が一緒に来た様**(ぼんとしょうがつがいっしょにきたよう)①非常に忙しいことのたとえ。To be as busy as a bee. ②うれしいことが重なるたとえ。Like Christmas and a birthday feast rolled into one.

**ボン** 10画【▼悗】部首[忄] JIS 5604

音 バン・ボン

わすれる。ぼんやりとしたさま。↓バン[悗]

**ボン** 11画【▼梵】部首[木] JIS 5980

音 ボン

①婆羅門教の最高神・原理。②きよらかで、けがれのないさま。清浄。「梵天」③梵天のこと。④天竺や仏教に関することを示すのに用いる。「梵行・梵語・梵妻・梵刹・梵字・梵鐘・梵唄・梵文」

**ボン** 13画【煩】部首[火] 常用 JIS 4049

音 ハン・ボン　訓 わずらう・わずらわす

わずらう。わずらい。わずらわすもの。「煩悩」↓ハン[煩]

**ボン**【Bonn】西ドイツの首都。ライン川下流の左岸にあり、一九四九年に首都となる。一七八六年創立のボン大学が有名。ベートーベンの生家など古建造物も多い。人口二九・三万(一九八五)。

**ポン** 12画【▼椪】部首[木] JIS 6014

音 ポン

「椪柑」は、ミカン科の常緑低木。また、その果実。

**ポン**【碰中】(pèng)麻雀で、他者が捨てた牌をもらって刻子をつくること。また、そのときに発する声。対イ。

**ほんあみ-こうえつ**【本▼阿▼弥光悦】(一五五八―一六三七)桃山から江戸時代初期の芸術家。京都の人。刀剣の鑑定などが本業。書画陶漆などの実作や意匠を試み、独創的で純日本的な装飾美と芸術性を示した。寛永三筆の一人。作品に漆芸『舟橋蒔絵硯箱』、陶芸『不二山』など。↓写

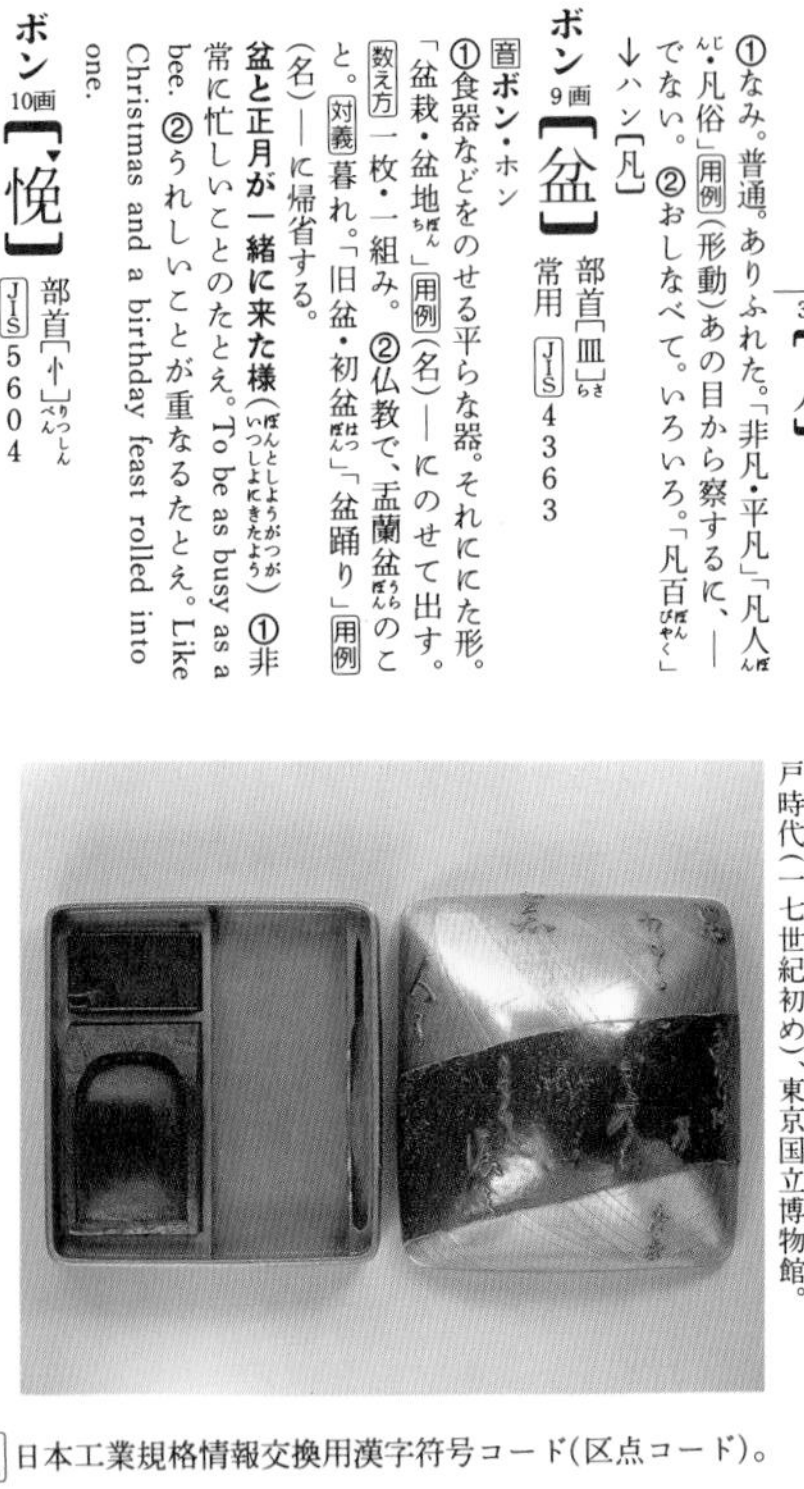

●本阿弥光悦『舟橋蒔絵硯箱』。江戸時代(一七世紀初め)、東京国立博物館。

**ほん-あん**【本案】①該当する案件。この案。this issue ②訴訟上、その手続きの主目的またはは中心をなす事項。民事訴訟で本案判決という場合は、訴えの適否でなく原告の主張の当否に関する判決を意味する。merits

**ほん-あん**【翻案】(名・サ変他)他人・他国の作品の筋などを借りて、時代・地名・人名などをかえて改作すること。また、改作した作品。adaptation

**ほん-い**【本位】①考え・貨幣の基本とする標準。standard; centered 用例 金―。自分―。②もとの地位・位置。original position 用例 ―に復する。

**ほん-い**【本意】①ほんとうの気持ち。真意。ほい。one's real intention 対義 不本意。②もとからの心。one's original purpose ③真の意味。real meaning

**ほん-い**【翻意】(名・サ変自)意志を変えること。change one's mind

**ほんい-かへい**【本位貨幣】額面価値に等しい価値をもつ金属で鋳造された貨幣。金本位制のもとでは金貨。価値の度量基準として一国の貨幣制度の基礎をなした。standard money

**ほんい-きごう**【本位記号】音楽で、変化記号(シャープなど)を取り消して、本来の高さの音にもどす記号。音符の前に付ける。ナチュラル。記号♮。natural

**ぼん-いち**【盆市】盆行事に用いる飾り物や供え物を扱う市。陰暦七月一二日夜から一三日の朝にかけて立つ。草市。

**ほん-いん**【本院】①分院に対して主となる院。②この院。③ふたり以上の上皇のうち、

第一の上皇。一の院。対義新院。

**ほんいん-ぼう【本因坊】** ①囲碁の名跡。京都寂光寺の本因坊に住した算砂が、徳川幕府公認の囲碁家元となったことに始まる。世襲制は二一世秀哉まで。②囲碁の本因坊戦の優勝者にあたえられる称号。昭和一四年(一九三九)に創設された。

**ほんいんぼう-さんさ【本因坊算砂】**(一五五九～一六二三) 囲碁家元本因坊家の祖。本姓加納、幼名与三郎。京都生まれ。最初の名人碁所。京都寂光寺二世住職で、僧号は日海。信長・秀吉・家康に仕えた。

**ほんいんぼう-しゅうさい【本因坊秀▼哉】**(一八七四～一九四〇) 囲碁棋士。東京生まれ。二一世本因坊。本名、田村保寿。本因坊秀栄に師事。日本棋院の創立の主役。

**ほんいんぼう-しゅうさく【本因坊秀策】**(一八二九～一八六二) 囲碁棋士。備後国の人。本姓桑原。一五世本因坊。御城碁で一九連勝、棋聖とうたわれた。秀策流布石は有名。

**ほんいんぼう-せん【本因坊戦】** 囲碁の本因坊を決める棋戦。昭和一四年(一九三九)、第二一世秀哉が本因坊の名跡を毎日新聞社を通して日本棋院に譲り、以来この棋戦の勝者が本因坊を名のる。

**ほんいんぼう-どうさく【本因坊道策】**(一六四五～一七〇二) 囲碁棋士。石見国の人。本姓山崎。四世本因坊。全局的な布石と定石を体系化。また、段位制の確立など、近代碁の基礎を築く。

**ほん-う【本有】** →ほんぬ(本有)

**ほん-えい【本営】** 総大将のいる陣営。本陣。

**ほん-えい【本影】** 物体の後ろにできる影のうち、まったく光がこない場所。umbra →月食図

**ぼん-おくり【盆送り】** 盂蘭盆に迎えた祖霊を送り返すこと。この時、盆棚の供物をいっしょに辻や川・海に流す。舟に乗せるところも多い。精霊送り。棚流し。送り盆。

**ぼん-おどり【盆踊(り)】** 盂蘭盆の踊り。祖霊祭りの盆行事と念仏踊りが合体した死者の霊を送るもの。一般に、櫓の周囲を輪踊りする形をとる。室町時代以降に普及した。→写

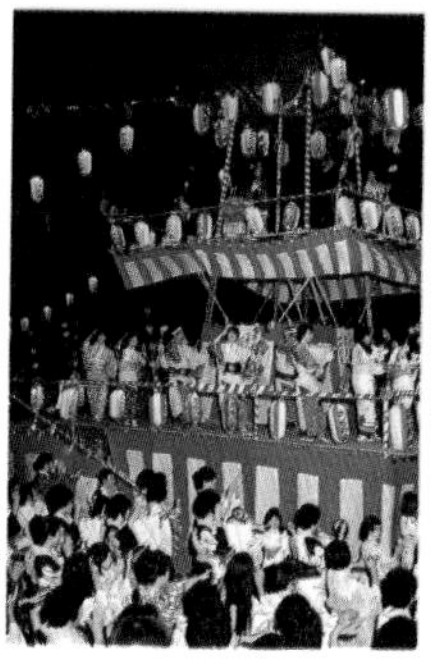

● 盆踊り　東京都、板橋区徳丸。

**ほん-か【本科】** ①その学校の本体となる課程。その学部。regular course 対義専科・予科。②この科。

**ほん-か【本歌】** ①つくり替えた和歌や連歌などに対して、もとの歌。もとうた。②狂歌・俳句に対して、正統の和歌。

**ほん-かい【本会】** ①本式の会。②この会。

**ほん-かい【本懐】** 本来の望み。本望。one's long-cherished desire 用例 ―を遂げる。

**ほん-かいぎ【本会議】** ①本式の会議。formal meeting ②衆・参両議院において、議員全員で構成される会議。委員会の審査をへた議案の議決などを行う。

**ぼんが-いちにょ【▼梵我一如】** バラモン教の根本理念。宇宙の最高原理ブラフマン(＝梵)と個我の本体アートマン(＝我)とは本来同一であるという考え。その思想はウパニシャッド哲学に代表される。

**ほんがえし-ぬい【本返し縫い】** 和裁の縫い方。返し縫いの一種。ミシンの縫い目のような針目ができる。back stitch

**ほん-かく【本格】** ①根本の格式。basic rules ②本来の正しい形式。real form

**ほん-がく【本学】**《おもに大学について》わが大学。

**ほん-がく【本覚】**《仏教語》衆生が本来そなえている清浄な悟りの智慧。

**ほんかく-てき【本格的】**(形動) ①物事がその正しいあり方においてあるさま。本式。regular ②本調子であるさま。in earnest

**ほんかく-は【本格派】** 推理小説で、トリック本位の作品。なぞの提出・推理・合理的な解決というように、論理的な過程を描くことを主眼とする。本格推理小説。参照 ハードボイルド。

**ほん-がって【本勝手】** ①書院造りの座敷で、向かって左に床の間、右に棚、左手前に付け書院のあるかたち。②茶室で、点前畳の主人の向かって右に客畳がある場合。右勝手。比較 逆勝手。

**ほんか-どり【本歌取(り)】** よく知られた古歌の一句または数句を用いて作歌する技巧。連想により詩的内容が豊かになる。『新古今集』時代にもっともさかんだった。もとの歌を本歌という。

**ほんがわ【本川】**〈村〉 高知県中西部の村。吉野川上流、平均標高八〇〇mの高冷地にある林業の村で、シイタケ・アマゴなどの産地。水力発電所も多い。人口一〇八九(一九八八)。

**ホン-がわ【ホン川】**(Song Hong) ベトナム北部最大の川。中国、雲南省から南東に流れ、下流に大デルタ地帯を形成して、トンキン湾に注ぐ。長さ一二〇〇km。紅河。旧称ソンコイ川。ソンホン川。

**ほんかわね【本川根】**〈町〉 静岡県中西部、大井川上流の町。赤石山脈に含まれる山間の町であるが、川根茶の産地として有名。景勝の寸又峡がある。人口四〇七五(一九八八)。

**ほん-かん【本官】** 一(名) ①正式の官職。official post 対義兼官。②その人本来の官職。official holder 対義試補・雇員。二(代) 官吏の自称。

**ほん-かん【本管】** 水道・都市ガスなどを供給するための、主要な太い管。main pipe 対義支管。

**ほん-かん【本館】** ①中心となる建物。the main building ②この建物。this building

**ほん-がん【本願】** ①本来の念願。②《仏教語》仏・菩薩が過去世、すべての衆生を救おうとしてたてた誓願。阿弥陀仏の四十八願など。浄土教ではとくに四十八願中の第十八願をさす。

**ぼん-がん【凡眼】** 平凡な眼識。対義慧眼。

**ポン-かん【▼椪▼柑・▽凸▼柑】**《「ポン」は、インドの都市名Poonaにあてた漢字の中国音から》ミカン科の亜熱帯性柑橘類の一種。果実は橙色で、果皮はあらく弾力があり、果心にすき間がある。大きく、甘く、やわらかい実は、香りがよい。インド原産で、九州南部に産する。

**ほんがん-じ【本願寺】** 京都市下京区にある浄土真宗の二つの本山。文永九年(一二七二)親鸞の娘覚信尼が京都吉水大谷に大谷廟堂を創建したのに始まる。山科本願寺、石山本願寺等を経て京都に移り、江戸時代初め東西に分裂、西本願寺は本願寺派、東本願寺は大谷派本山となった。

**ほんがんじ-は【本願寺派】** 浄土真宗十派の一つ。京都の西本願寺を本山とする。

**ほん-き【本気】**(名・形動) 真剣な気持ち。まじめ。seriousness

**ほん-ぎ【本紀】** 紀伝体の歴史書で、歴代の帝王の事績を書いた部分。対義列伝。

**ほん-ぎ【本義】** ①真の意味。real meaning ②根本の意義。first principle

**ホンキー-トンク【honky-tonk】** ジャズ用語。アメリカ南部の町の安酒場・娼家などをさすスラングから、そうした場所でのピアノやバンドの独特な即興演奏をさす。

**ポンキエルリ【Amilcare Ponchielli】**(一八三四～一八八六) イタリアの作曲家。オペラ作曲家として名声を博す。プッチーニらの師。オペラ『婚約者』『ジョコンダ』(第三幕『時の踊り』が有名)など。

**ほん-ぎまり【本決(ま)り・本▽極(ま)り】** 本式に決まること。正式に決まること。final decision

**ほん-きゅう【本給】** →きほんきゅう(基本給)

**ほん-きょ【本拠】** 仕事などの中心となる所。base

**ほん-ぎょう【本業】** 主とする職業。one's regular occupation 対義副業。

**ボン-きょう【ボン教】** 仏教が伝わる以前から、チベットで行われていた民族宗教。シャーマニズムの一種。Bon

**ぼん-ぎょう【▼梵行】**《仏教語》心身を清めて精進すること。

**ほん-きょく【本局】** ①主となる局。head office 対義支局。②この局。this office

**ほん-きん【本金】** ①元金。資本金。capital ②純金。pure gold

**ポンキン【▼笋▼瓜】** カボチャの一品種。ウリ科のつる性一年草。茎と果柄は五稜。葉は深裂で、緑色。果実の形はさまざま。色彩が美しいので飾りにするゴードや食用のソウメンカボチャなど。

**ぼん-ぐ【凡愚】** 平凡でおろかなこと・人。ordinary and foolish

**ほん-ぐう【本宮】** ①同一祭神を祭る神社のうち、神霊を分祀するもととなった中心の神社。本社。対義別宮。②熊野の本宮の略称。

**ほんぐう【本宮】**〈町〉 和歌山県南東部、奈良県境の山間の町。熊野坐神社(熊野本宮大社)の門前町。農林業が主で、熊野杉の産地。湯峰・川湯の温泉がある。人口四六六六(一九八八)。

**ほんぐう-さん【本宮山】** 愛知県南東部にある山。標高七八九m。山麓に砥鹿神社があり、一帯は県立自然公園となっている。

**ほん-くじ【本▼籤・本▼鬮】** 頼母子講や無尽などで落札者を決めるために行う籤。

**ほん-ぐみ【本組(み)】** 活版で、本式に組むこと。ページ組み。対義棒組み。

**ほん-ぐもり【本曇(り)】** いまにも雨が降り出しそうに、空がすっかり曇ること。overcast

**ぼん-くよう【盆供養】** 年中行事の一つ。陰暦の七月一五日に祖先の霊を祭る。

**ぼん-くら**(名・形動)《俗語》ぼんやりしたさま・者。まぬけ。

**ぼん-くれ【盆暮(れ)】** 盆と年末。諸事決済をする時期。

**ほん-け【本▼卦】** ①生まれた年の干支。②八卦占いで、最初に出た卦。

**ほん-け【本家】** ①一門・一族の中心であるおもとの家筋。家元。宗家。head family ②分家の分かれ出たもとの家。original family ③荘園制下、名目上の最高の領主。本所。

**ぼん-げ【凡下】** 中世、主として鎌倉時代の身分階層を示す呼称。一般庶民をさし、法制上、刑罰その他の点で貴族・武士・賤民と区別された。地下人。雑人。

**ほんけい【本渓】** 中国、遼寧省東部の都市。石炭・鉄鉱石の重要な産地として知られ、清代末期、日本の進出以来発展。鉄鋼工業地域がある。セメント工業もさかん。人口八一万(一九八四)。ペンシー。

**ホンゲイ【Hon Gai】** ベトナム北部、トンキン湾の支湾アロン湾奥の港湾都市。炭田地域にあり、無煙炭の積み出し港として有名。コークス工場がある。

**ぼん-けい【盆景】** ①盆の上に石・砂などを配置して山水のけしきを表したもの。盆石。②規模の小さい風景。→写

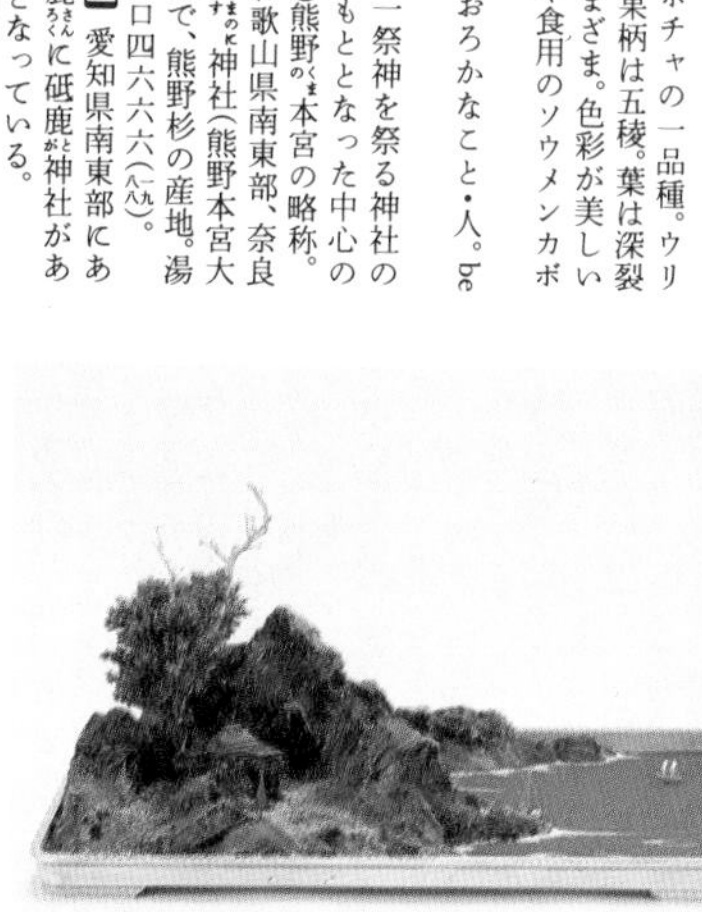

● 盆景①

**ほんけ-がえり【本▼卦帰り・本▼卦還り】** 生まれた年の干支、すなわち本卦が再び回ってくること。数え六一歳。還暦。

**ほん-けん【本件】** この件・事件。this case

**ほん-けん【本間】** 曲尺で六尺(＝約一八二cm)の長さ。

**ほん-けん【本絹】** 混じりけのない絹糸・絹布。正絹。pure silk

**ほん-げん【本元】** おおもと。根元。source

**ほん-げん【本源】** 物事のもと。おおもと。source

**ほんげんてき-ちくせき【本源的蓄積】** 資本主義的生産の基本条件である資本と賃労働の歴史的創出過程。原始的蓄積。primitive accumulation of capital

**ほんげん-マグマ【本源マグマ】** 上部マントル物質が部分的にとけてできたマグマ。多様なマグマ生成の起源となると考えられている。parental magma

**ぼん-ご【▼梵語】** →サンスクリット

**ボンゴ【bongo】** レイヨウの一種。肩高一・二m。体は赤褐色で白い横縞がある。角は大きく、ねじれる。アフリカ中部の森林にすむ。

**ボンゴ【bongoesスペイン】** 打楽器の一つ。ラテンアメリカ音楽に使われるドラム。大小二個を並べてつなぎ、ももにはさんで指や手のひらで

▼常用漢字表外。　▽常用漢字表の音訓外。

打つ。

**ほん-こう【本工】** 正社員として雇用され、定年まで勤める労働者。常用工。

**ほん-こう【本校】** ①中心となる学校。principal school 対義 分校・分教場。②この学校。当校。this school

**ほん-こう【本稿】** ①もとになる本式の原稿。②この原稿・草稿。

**ほん-ごう【本郷】** ①生まれた土地。故郷。②最初に開けて中心になった土地。本村。

**ほんごう【本郷】** 東京都文京区の東部の地区。旧本郷区。東京大学があり、周辺には医学系出版社、医療器具店が多い。江戸時代に中山道沿いの町として発達。寺社や武家屋敷が多かった。

**ほんごう【本郷】**〈町〉福島県中西部、会津盆地の南にある町。城下町、窯業地から発展。本郷焼が有名で、碍子・陶磁器も産出。人口六二九一(一九八八)。

**ほんごう【本郷】**〈町〉広島県南部、三原市の西に接する町。城下町・宿場町として栄えた。農業が主。人口一万九〇八(一九八八)。

**ほんごう【本郷】**〈村〉山口県東部、羅漢山南西麓の村。農林業が主で、コンニャクの産地。人口一六六四(一九八八)。

**ほんごう-しん【本郷新】**(一九〇五〜八〇) 彫刻家。札幌市生まれ。ヒューマニスティックな作風。作品『戦没学生記念像(わだつみのこえ)』など。

**ほんごう-そう【本郷草】** 林下の枯れ葉の間にみられるホンゴウソウ科の多年生の腐生植物。高さ約五㎝。全体に紫色を帯び、葉は鱗片状。夏秋に、紫色の花が多数咲く。関東以西に分布。

**ほん-こく【翻刻】**(名・サ変他) 書物を原本の内容どおりに印刷し、刊行すること。参照 覆刻

**ほん-ごく【本国】** ①国籍のある国。自分の国。one's home country 対義 外国。②故郷。hometown ③植民地に対して本来の領土。

**ほんごく-ほう【本国法】** 人や法人・船舶・航空機などがその国籍をもつ国の法律。national law

**ぼん-ござ【盆▼茣▼蓙】** 博打場で、骰子の壺を伏せるためのござ。

●盆栽

ゴヨウマツ　樹齢一二〇年以上。

ヒナウチワカエデ　樹齢約八〇年。

サトザクラ、松月　樹齢六〇年。

エチゼンダイモンジソウ

**ほん-ごし【本腰】** ①しっかりした腰つき。②真剣な気構え。本気。earnestness

**本腰を入れる**(ほんごしをいれる) 本気になって、物事にとりくむ。devote oneself to

**ぼん-ごち【盆▽東▽風】** 陰暦七月の盂蘭盆のころ吹く東風。伊豆や鳥羽の船人のことば。

**ぼん-こつ【凡骨】** 平凡な腕前・器量。また、その人。mediocrity

**ぽんこつ**《俗語。かじ屋などが使う大きなつち、の意》こわれた車。また、こわれて使えなくなったもの。worn-out article

**ぼん-ごや【盆小屋】** 盆に子どもたちが竹や麦わらで作る小屋。ここで寝泊まりをしたり、精霊棚を設けて供え物をしたりする。その後、小屋は燃やすことが多い。

**ボンゴレ【vongolaイタリア】** アサリのこと。アサリを使って作る料理につくことば。

**ホンコン【香港】**(Hong Kong) イギリスの直轄植民地。一九九七年に中国へ返還される。香港島と対岸の九竜半島からなり、自由貿易港として発展。人口五三六万(一九八四)。

**ホンコン-えいが【▽香▽港映画】** 香港で製作された映画。カンフー映画や喜劇映画で知られる。

**ホンコン-シャツ**《和製語》夏用の半袖のワイシャツ。アメリカで考案された。日本ではこの名で売り出され、合理的な通勤着として一般化。short-sleeved dress shirt

**ホンコン-そしゃくけん【▽香▽港租借権】** 一八九八年の条約に基づいてイギリスが保有する、中国から香港とその付近の海面を九九年間租借する権利。一九八四年の英中協定によって一九九七年に香港は中国に返還される。lease of Hong Kong

**ホンコン-フラワー**《商標名。香港で製造されるところから》香港から輸入されるプラスチックの造花。

**ほん-さい【本妻】** 正式の妻。正妻。legal wife 比較 内妻。

**ぼん-さい【凡才】** ふつうの才能。common ability; mediocrity 比較 天才。

**ぼん-さい【盆栽】** 小鉢に草木を植え込み、自然の姿や形を保つように育てる園芸技法。好みの樹形や配植を楽しむ。数え方 一鉢。↓写

**ぼん-さい【▼梵妻】** 寺院住職の妻。坊守。大黒。

**ぼん-ざかな【盆魚】** 盆に食べる魚。塩鯖が多いが、鮮魚あるいは干鱈や塩鮭を用いる地方もある。また生見玉(=生御霊)といって、両親が存命中の者が盆中に魚を捕りにいき、親に届けたり自分で食べたりもする。

**ぼん-さく【凡作】** ふつうのでき。平凡な作品。

**ぼん-さく【凡策】** 平凡なはかりごと。

**ぼん-さつ【▼梵▼刹】** ↓ぼんせつ(梵刹)

**ほん-ざや【本▼鞘】** 商品・株式の先物取引で、受け渡し期日が先のものほど相場が上がっていること。また、その場合の当限・中限・先限の相場の差額。margin; premium 対義 逆鞘。

**ぼん-ざる【盆▼笊】** 浅くて丸い形をしたざる。材料の水気をきったり、ゆでたものを広げてさますのに使われる。竹製・プラスチック製など。

**ほんさろく【本佐録】** 江戸初期の、治世の要諦を述べた書。徳川秀忠の求めで本多正信が著したとされる。「百姓は財の余らぬように不足なきように」のことばで知られる。

**ほん-ざん【本山】** ①《仏教語》㋐一宗派の末寺を統轄する寺院。対義 末寺。㋑この山・寺。当山。②もとじめ。中心。

**ぼん-さん【▼梵▼讃】**《仏教語》梵語のままで唱える賛歌。対義 漢讃・和讃。

**ボン-サンス【bon sensフランス】** 分別。良識。

**ほんざん-は【本山派】** 修験道の天台宗系の一派の旧称。京都の聖護院を本山とした。聖護院派。対義 当山派。

**ほん-し【本旨】** 本来の趣旨・目的。true purpose

**ほん-し【本紙】** ①新聞・書類などの、中心となる紙面。main part of a newspaper; the body 対義 付録・号外。②この新聞。わが新聞。this paper

**ほん-し【本誌】** ①雑誌の中心となる部分。本文。magazine proper 対義 付録・別冊。②この雑誌。わが雑誌。this magazine

**ほん-じ【本地】**《仏教語》現世の人を救うために神(=垂迹身)の姿をして現れた仏・菩薩の本体。本地身。ほんち。対義 垂迹。

**ほん-じ【本字】** ①漢字。対義 仮名。②正しい字。対義 略字。③ある漢字のもとになった漢字。「脚」の本字は「腳」など。

**ほん-じ【本寺】** ①本山。対義 末寺。②この寺。当寺。

**ぼん-じ【▼梵字】** サンスクリット(=梵語)を表記するのに用いたインドの文字の総称。日本では、一般に悉曇文字をさす。Sanskrit character

**ほんし-かきょう【本四架橋】**「本州四国連絡橋」の略。

**ほん-しき【本式】**(名・形動) ほんとうの形式・やりかた。正式。regular style 対義 略式。

**ほん-しけん【本試験】** ①主となる試験。final examination 対義 予備試験・模擬試験。②この試験。this examination

**ほんじ-すいじゃく【本地垂▼迹】** 神道の神は、本地の仏・菩薩がこの世の姿をとって現れたものとすること。神仏同体の説。ほんちすいじゃく。

**ほんじすいじゃく-せつ【本地垂▼迹説】** 仏や菩薩が衆生を救うため、仮に神の姿をとって現れるとする説。

**ほん-しつ【本質】** ①独自な性質。substance ②哲学で、㋐事物に内在し、そのものをそのものたらしめている根本的性質。㋑現象の底にあって、それらすべての根本となっているもの。フッサールの現象学の重要概念。essence 対義 現象。

**ほん-じつ【本日】** きょう。こんにち。today 用例 ―限り。

**ぼん-しつ【凡失】** つまらない失策。stupid error

**ほんしつ-てき【本質的】**(形動) ①そのものだけのもつ性質であるさま。essential 用例 ―な姿を見る。②必要であって欠くことができないさま。根本的なありかた・能力があるさま。essential 用例 ―な能力に欠ける。

**ほんしてん-かいけい【本支店会計】** 支店や工場など各事業所が独立の会計単位として機能する場合の本・支店間取引の会計処理。inter-office account

**ほん-じま【本島】** 香川県塩飽諸島にある島。丸亀市に属する。面積六・七㎢。旧塩飽水軍の根拠地。花崗岩の採掘がさかんで、海水浴場もある。

**ほん-しめじ【本占地】** 担子菌類シメジ科のキノコ。かさは径二〜一〇㎝、灰色から淡灰色。ひだは白ないし灰色。食用。菌根性で栽培はできない。同名の市販品はブナシメジの栽培品が多い。↓写

●ホンシメジ

**ほん-しゃ【本社】** ①主となっている神社。②会社の本部。head office 対義 分社・末社。③この神社。当社。this shrine ④この会社。当社。our firm 対義 支社。

**ほんじゃく-にもん【本▼迹二門】**《仏教語》①久遠の昔に悟りを開いた仏を本門、衆生を救うため現れた仮の姿を迹門として、この二門をいう。②天台宗で『法華経』の前半一四章を迹門、後半一四章を本門とし、この二門を言う。

**ほん-しゅ【本主】** ①自分の仕える主人。master ②もとからの所有主。③荘園の所有者。

**ぼん-しゅ【凡手】** 平凡な腕前・人。common skill

**ポンジュ【Francis Ponge】**(一八九九〜一九八八) フランスの詩人。自然の諸様相の分析に基づく哲学的



↓ 行き先項目、図版・写真参照印。　JIS 日本工業規格情報交換用漢字符号コード(区点コード)。

な詩を書く。詩集『物の味方』など。

**ほんしゅう【本州】** 日本列島を構成する四大島の最大の島。面積約二二・七万km²。東北・関東・中部・近畿・中国の五地方に大別され、地形的にはフォッサマグナを軸に東北日本と西南日本に分けられる。

**ほんしゅう-しこく-れんらくきょう【本州-四国連絡橋】** 瀬戸内海を横切り、本州と四国とを結ぶ橋の総称。ルートには、神戸～鳴門ルート(明石海峡大橋、大鳴門橋)、児島～坂出ルート(瀬戸大橋。昭和六三年四月開通)、尾道～今治ルート(因島大橋、大三島橋など)の三ルートがある。

**ほんしゅう-ぞうざんうんどう【本州造山運動】** 古生代後期に日本列島の骨組み(本州区)をつくったとされる造山運動。本州地向斜に堆積した地層が変成・変形をうけ、日本列島の褶曲山脈が形成されたとされる。しかし現在では、秩父地向斜における秋吉造山運動の局所変動とみなされている。

**ボンジュール【bonjour フランス】**(感) おはよう。こんにちは。

**ほん-しゅつ【奔出】**(名・サ変自) 激しい勢いで出ること。gush out 用例 水が—する。

**ホンジュラス【Honduras】**(Republic of Honduras) 中央アメリカ、カリブ海に臨む共和国。首都テグシガルパ。一八三九年スペインから独立。北部はかつてのインカ帝国の一部。農業国でバナナ・コーヒー生産が中心。面積一一・二万km²。人口四五一万(一九八六)。正称ホンジュラス共和国。

**ほん-しょ【本初】** もののはじめ。もと。

**ほん-しょ【本所】**《「ほんじょ」は別語》①事務所など所とよばれるところの主となるもの。対義 支所。②この所。この事務所。当所。③本来の居所。本邸。本居。

**ほん-しょ【本書】** ①おもな文書。main document; main text ②正式の文書。formal document ③原本。text ④この文書・本。this document; this book

**ほん-しょ【本署】** ①警察署・消防署などで、支署・分署・派出所などを統轄する署。principal station ②この署。当署。this station

**ほん-じょ【本所】**《「ほんしょ」は別語》荘園制下、名義上の最上級の荘園領主。領家の上位。院宮・摂関・大社寺など。本家。比較 領家。

**ほんじょ【本所】** 東京都墨田区南西部、隅田川の東側の一地区。工業地域となっており機械・時計などの工場が多い。江戸時代は幕府御家人の用地で、地名は荘園時代の名残といわれる。旧本所区。

**ほん-しょう【本生】**《仏教語》釈迦牟尼の前生。

**ほん-しょう【本性】** ①本来の性質。生まれつきの性質。天性。ほんせい。one's true character ②本心。正気。senses

**ほん-しょう【本省】** ①中央の最高官庁。各省を、それぞれの管下の役所に対していう。②この省。当省。

**ほん-しょう【本証】** 訴訟の当事者が、挙証責任を負う事実を証明するために提出する証拠。対義 反証。

**ほんじょう【本▼庄】**〈市〉 埼玉県北西部の市。中山道の宿場町として繁栄。生糸・絹織物の産地。近年は化学・電気・機械などの工業も発展。人口五万六〇九七(一九八八)。

**ほんじょう【本▽荘】**〈市〉 秋田県南西部、日本海に臨む市。旧城下町で、周辺地域の中心地。本荘米で知られ、製材・塗り物などの工業もある。人口四万四一五五(一九八八)。

**ほんじょう【本匠】**〈村〉 大分県の南東部、番匠川上流域の村。村域の大部分が林野で、林業が主。シイタケ・薬草オウレン・茶なども産出。小半鍾乳洞がある。人口二五六〇(一九八八)。

**ほんじょう【本城】**〈村〉 長野県中北部の山間の村。農林業が主で、高原野菜・肉牛などを産出。西条・東条城跡がある。人口二六八四(一九八八)。

**ぼん-しょう【凡小】**(名・形動) 人物が、平凡で小さいこと・さま。用例 —の批評家。

**ぼん-しょう【凡▽聖】**《仏教語》迷っている凡夫と迷いを超越した聖者。

**ぼん-しょう【▼梵鐘】** 寺のつりがね。

**ぼんしょう-いちにょ【凡▽聖一如】**《仏教語》悟りの世界からみると、迷っている凡夫(=衆生)と迷いを超越した聖者(=仏)とは、本質的には同一であるということ。

**ほんじょう-しげる【本▼庄▽繁】**(一八七六—一九四五) 陸軍軍人。兵庫県生まれ。満州事変勃発時の関東軍司令官。陸軍大将から、のち侍従武官長。第二次大戦後、自決。

**ほんしょう-たん【本生▼譚】** ↓ジャータカ

**ほんしょう-づめ【本省詰(め)】** 本省に勤務すること。

**ほんじょう-へいや【本▽荘平野】** 秋田県南西部、子吉川下流域の沖積平野。中心は本荘市。本荘米の産地として知られ、果樹栽培もさかん。

**ほんじょう-むつお【本▼庄▽陸▽男】**(一九〇五—一九三九) 小説家。北海道生まれ。青山師範卒。左翼文学活動から転じて北海道開拓民を描く。作品『白い壁』『石狩川』など。

**ほん-しょく【本色】** ①もとの色。original color ②もとから持っている性質。original nature

**ほん-しょく【本職】** ㊀(名) ①本来の職業・職務。one's regular job ②専門家。くろうと。professional ㊁(代) 官吏の自称。本官。

**ほんしょ-しごせん【本初子午線】** 時刻・経度測定の基準となる子午線。グリニッジ天文台を通る経度零度の子午線。prime meridian

**ほん-しん【本心】** ①本来の正しい心。one's conscience ②本気。正気。seriousness ③ほんとうの気持ち。真意。one's real intention

**ほん-しん【本震】** 前震や余震に対して、地震のもっとも大きな部分。

**ほん-しん【翻身】** 身をひるがえすこと。

**ほん-じん【本陣】** ①昔、戦いのとき、大将のいた陣屋。本営。headquarters ②江戸時代、宿駅で大名などが泊まった、公認の宿舎。大名宿。

**ぼん-じん【凡人】** 普通の人。平凡な人。ordinary person

**ポンス【pons オランダ】** ①《柑橘類の汁、の意》ダイダイのしぼり汁。なべ物・あえ物などに用いる。②ポンチ。パンチ。

**ポン-ず【ポン酢】** ポンス①の転。

**ほん-すじ【本筋】** 中心的な筋道。main subject

**ほん-ずり【本刷(り)】** 校正刷りや試し刷りが終わって正式に印刷した物。

**ポンセ【Ponce】** 西インド諸島にある、アメリカ自治領プエルトリコ島南部の港湾・商工業都市。新大陸最古の礼拝堂がある。人口一八・九万(一九八〇)。

**ほん-せい【本姓】** ①生家の名字。one's real surname ②本当の名字。one's original surname

**ほん-せい【本性】** 本来の性質。ほんしょう。real character

**ほん-ぜい【本誓】** ↓ほんがん(本願)

**ほん-せき【本籍】** 人の戸籍がある場所。届け出によって自由に定め、変更できる。戸籍はその市区町村で編成され、そこの戸籍簿に収められる。原籍。対義 寄留・居留・現住。用例 —地。

**ぼん-せき【盆石】** 盆上に自然石や砂をあしらって、山水などの風景を表現するもの。それを作る作法が定められ、細川流・石州流などがある。盆景。

**ぼん-せつ【▼梵▼刹】**《brahmakṣetra 梵 から》仏教の寺院。ぼんさつ。

**ボンゼルス【Waldemar Bonsels】**(一八八〇—一九五二) ドイツの詩人・小説家。児童文学『蜜蜂マーヤの冒険』が有名。紀行文『インド紀行』など。

**ほん-せん【本船】** ①付属する船に対して、主となる船。もとぶね。親船。mother ship ②この船。this ship

**ほん-せん【本線】** 主幹となっている線。鉄道・高速道路・電信線などにいう。幹線。main line 対義 支線。

**ほん-ぜん【本然】** 人工を加えず、自然のままであること。本来そうであること。ほんねん。

**ほん-ぜん【本▼膳】** ①客の正面に置く膳。飯・みそ汁・煮物・膾・香の物などからなる。一の膳。②「本膳料理」の略。↓本膳料理図

**ほん-ぜん【翻然】**(形動トタル) ①ひるがえるさま。flutter ②心を突然に改めるさま。change mind suddenly 用例 —と心を改める。

**ぼん-せん【凡戦】** 内容がつまらない試合。平凡な試合。dull game

**ほんぜん-りょうり【本▼膳料理】** もっとも本格的な日本の供応料理。一客ごとに料理を膳にのせて出す。室町時代に確立。一汁三菜・二汁五菜・三汁七菜が基本の献立で、本膳・二の膳・三の膳からなり、与(四)の膳・五の膳まで出されるものもある。↓図

**ほんせん-わたし【本船渡し】** ↓エフオービー(FOB)

**ほん-そ【本訴】** 民事訴訟で、最初に起こした訴訟。original suit

**ほん-そう【本葬】** 正式の葬儀。formal funeral 対義 仮葬・密葬。

**ほん-そう【奔走】**(名・サ変自) ①目的を実現するために、関係先をせわしく走り回ること。busy oneself about 用例 職さがしに—する。②いろいろ世話をやくこと。devote oneself to 用例 国事に—する。

●本膳料理

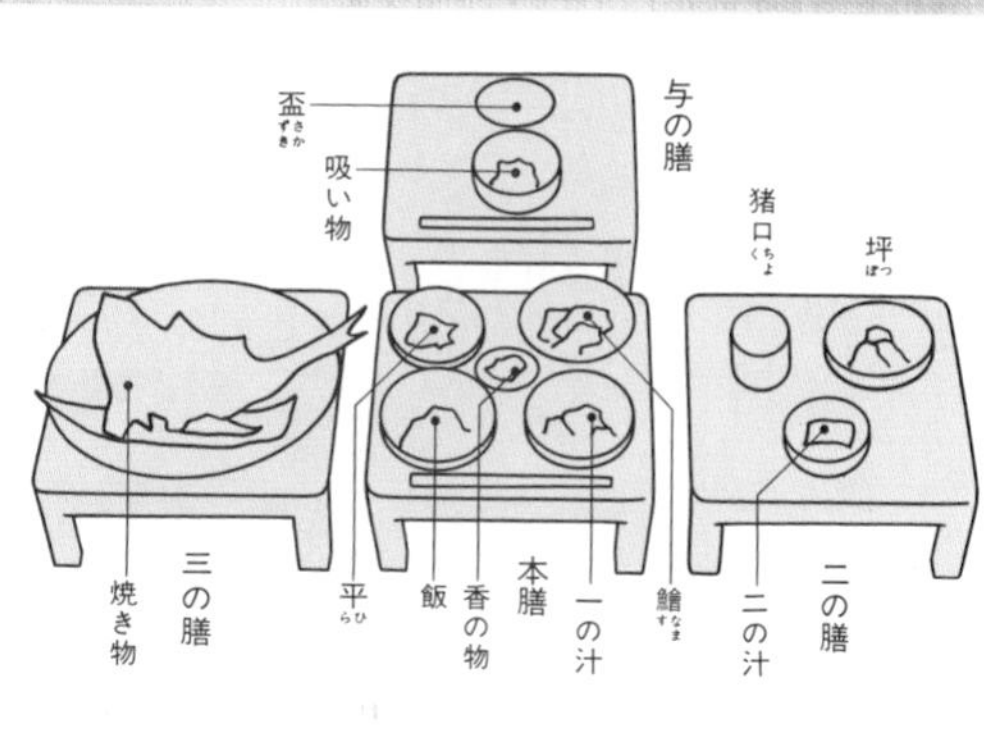


明治六年イギリスのコンノート殿下が訪日のときの二汁五菜の配膳

**ほん-ぞう【本草】** ①木と草。植物。plants ②薬草類。また薬用となる動物・植物・鉱物。

**ほんぞう-がく【本草学】** 昔の中国の薬物学。薬になる植物・動物・鉱物を採取し、効能を研究。植物を主としたので本草の名がある。日本では、江戸時代にもっともさかんとなる。

**ほんぞうこうもく【本草綱目】** 中国の代表的本草書。明の李時珍の編。五二巻。一五九六年初版刊行。薬用となる約一九〇〇種の動・植・鉱物を収録。日本でも翻刻され広く読まれた。

**ほんぞうこうもくけいもう【本草綱目啓▼蒙】** 文化文政期に小野蘭山が『本草綱目』をもとに日本本草学を集大成したもの。本草学だけでなく、日常生活一般、方言までも集録した国民的生活事典。

**ほん-そく【本則】** ①根本の法則。原則。principles ②法令の本体にあたる部分。main rules 対義 付則。

**ぼん-ぞく【凡俗】** ㊀(名・形動) 平凡で世間並みなこと・さま。vulgarness ㊁(名) 凡人。俗人。mediocrity

**ボンソワール【bonsoir フランス】**(感) こんばんは。

**ほん-ぞん【本尊】** ①礼拝の対象として、中

▼常用漢字表外。 ▽常用漢字表の音訓外。

心に置く仏像。②組織で、中心的役割をになう人・物。③本人。

**ぼん-だ【凡打】** 野球で、安打または犠打にならない打球。

**ほん-たい【本体】** ①仮の姿で現れているものの真の姿。true form ②付属物をのぞいた主体となる部分。③哲学などで、現象の背後にある、超越的な実体をいう。プラトンでは、知覚の対象である現象に対し、理性によってとらえられるイデア。カントでは、人間の認識を超越する物自体。noumenon 対義 現象。

**ほん-たい【本隊】** ①軍隊で、前衛の後方にあって、司令部のある主隊。中心となる隊。main force 対義 支隊。②この隊。当隊。this force

**ほん-たい【本態】** 本当のようす。実態。

**ほん-だい【本題】** 中心となる題目。main subject 用例 話の——にはいる。

**ぼん-たい【凡退】**(名・サ変自) 野球で、打者が安打や犠打にできずにアウトになること。be easily put out 用例 三者——。

**ホンタイジ【皇太極】**(huángtàijí)(一五九二〜一六四三) 中国、清朝第二代の皇帝(在位一六二六〜四三)。廟号は太宗。太祖の没後、後金国のハンとなり、朝鮮・蒙古を征し、一六三六年国号を大清とした。中国本土にも数度にわたり進攻。六部制を採用するなど制度・文物を整備、国力を充実させた。

**ほんたいせい-こうけつあつしょう【本態性高血圧症】** 原因となる基礎疾患が不明の高血圧症。高血圧患者の七〇〜八〇%を占める。遺伝傾向が強く、食塩摂取量の多い地域は患者発生の頻度が高い。essential hypertension

**ほんだぎけん-こうぎょう【本田技研工業(株)】** 二輪車・小型乗用車の大手メーカー。昭和二三年(一九四八)設立。

**ほん-たく【本宅】** ふだん住む家。本邸。one's principal residence 対義 別宅。

**ほんだ-こうたろう【本多光太郎】**(一八七〇〜一九五四) 物理学者。愛知県生まれ。東大卒。東北大学総長。KS鋼・新KS鋼を発明し、日本の金属研究者の指導育成につくす。昭和一二年(一九三七)、最初の文化勲章受章者。

**ほんだ-しゅうご【本多秋五】**(一九〇八〜) 文芸評論家。愛知県生まれ。東大卒。転向問題・白樺派研究・戦後文学論に業績を示す。評論『転向文学論』『物語戦後文学史』など。

**ほんだ-ただかつ【本多▽忠勝】**(一五四八〜一六一〇) 安土桃山・江戸初期の武将。通称平八郎。三河の人。徳川四天王の一人。伊勢国桑名一五万石を領した。

**ほん-だち【本裁ち】** 大人物の和服を仕立てること。また、その裁ち方。並幅一反(一一・四m)全部を使って裁つ。大裁ち。

**ほん-たて【本立て】** 立てた書物を支えるもの。ブックエンド。bookends

**ほん-たで【本▼蓼】** ヤナギタデの異名。

**ぼん-だて【盆▽点】** ①茶道の習い事の一つ。唐物・拝領物・名物など特別な茶入をあつかう点前。②略式の点前の一つ。茶道具を盆にのせ、火鉢の鉄瓶の湯を使って茶をたてる簡略な方法。

**ほんだ-としあき【本多▽利明】**(一七四四〜一八二一) 江戸後期の経世家。越後の人。和算・天文・航海学を学び、日本各地を調査、蝦夷地にも足跡を残す。通商交易の必要を説き、重商主義思想を提唱。著書『経世秘策』『西域物語』など。

**ほん-だな【本棚】** 本を並べて置く棚。書架。bookshelf

**ぼん-だな【盆棚】** 盂蘭盆に、先祖の霊を家に迎えて祭るためにつくる祭壇。供物や位牌を載せたりする。

**ほんだ-まさずみ【本多正▽純】**(一五六五〜一六三七) 江戸初期の大名。正信の長男。徳川家康・秀忠に仕え権勢をふるうが、元和八年(一六二二)失脚して出羽に配流。

**ほんだ-まさのぶ【本多正▽信】**(一五三八〜一六一六) 江戸初期の大名。三河の人。徳川家康・秀忠に仕え、幕府創建に貢献。『本佐録』の著者とされる。

**ボンダルチュク【Sergei Bondarchuk】**(一九二〇〜) ソ連の映画俳優・監督。『オセロ』に主演、『戦争と平和』は監督・主演。

**ほん-だわら【▽馬▽尾▽藻・▽神▽馬▽藻】** ホンダワラ科の多年生海藻。体長一m以上。茎は樹枝状に分枝し、葉・浮き袋・生殖器床をもつ。潮間帯下部から干潮線下の岩上に生じる。干して正月の飾りに用いたり、肥料などに利用した。ホダワラ。ハマモ。↓図

● ホンダワラ

**ほん-たん【奔▼湍】** 急な流れ。はやせ。

**ぼん-たん【▽文▼旦】** ↓ザボン

**ぼんち【▽坊ち】**《方言》おもに北陸や関西で、未成年の男子をいう。良家の若主人。ぼんぼん。

**ぼん-ち【盆地】** 周囲を山または高地に囲まれた盆の底のような低く平らな土地。basin

**ポンチ【punch】** ①工作物の中心や交点などに目印を打つための器具。②鍛造で、孔あけに使う工具。孔貫。③ブランデー・ウイスキー・ラム酒などに果実の汁や砂糖を加えた飲み物。ポンス。用例 フルーツ——。④《雑誌名Punchから》ポンチ絵。また、ポンチ絵に描かれるような人物。用例 いかれ——。

**ポンチ-え【ポンチ絵】**《英国の雑誌名から》風刺画。漫画。

**ポンチャートレーンこ-きょう【ポンチャートレーン湖橋】**(Lake Pontchartrain Bridge) アメリカ、ルイジアナ州のポンチャートレーン湖東部にかかる有料橋。長さ三八・四km。

**ポンチョ【poncho】** ①一枚の布地の中央に穴をあけ、そこから頭を出して着る方式の衣服の総称。貫頭衣のうちもっとも単純で基本的な服型。もとは中南米のインディオの着用した織物名だが、服型の名称として誤って伝えられた。②登山やハイキングで、荷物を背負ったまま頭からかぶれる雨具。↓図

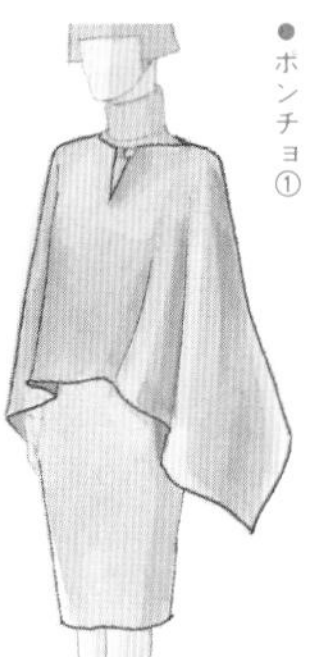
● ポンチョ①

**ほん-ちょう【本庁】** ①中央官庁。central government office 対義 支庁。②この庁。当庁。this office

**ほん-ちょう【本朝】** 対義 異朝。①わが国の朝廷。②わが国。

**ぼんちょう【凡兆】** ↓のざわぼんちょう(野沢凡兆)

**ほんちょうがし【本朝画史】** 日本最初の総合的な画論・画史の書。五巻。元禄四年(一六九一)刊。狩野山雪の手録を子の永納が編述。

**ほんちょうこうそうでん【本朝高僧伝】** 江戸初期の仏教書。師蛮著。七五巻。元禄一五年(一七〇二)刊。日本の高僧一六六二人の伝記を漢文体で叙述したもの。

**ほん-ちょうし【本調子】** ①三味線の基本的な調弦法。第一弦と第二弦の音程が完全四度、第二弦と第三弦とが完全五度の関係に調弦される。本格的で、豪快な気分を表すとされる。比較 二上がり・三下がり。②本当の調子が出ること。本格的。

**ほんちょうしょじゃくもくろく【本朝書▽籍目録】** 日本最古の図書目録。一巻。編者未詳。一三世紀ごろ成立。四九三の書目を神事・帝紀など二〇部門に分類。

**ほんちょうすいこでん【本朝水▼滸伝】** 建部綾足の読本。前編のみ安永二年(一七七三)刊、後編は未刊。中国小説『水滸伝』の翻案。後期読本へ影響を与えた。

**ほんちょうせいき【本朝世紀】** 平安末期の歴史書。藤原通憲の編。朝廷の記録や貴族の日記などを素材に、六国史につぐ国史の編纂を目的としたが未完。現存するのは承平五年(九三五)から仁平三年(一一五三)の間の計二〇巻のみ。

**ぼん-ぢょうちん【盆▽提▽灯】** 盂蘭盆に仏を供養するためにともす提灯。墓へ仏を迎えに行くときは、ほおずき提灯を用いる。新盆見舞いの提灯は盆棚の前や軒先に飾り、仏の目印とする。

**ほんちょうつがん【本朝通鑑】** 江戸時代の歴史書。全三一七三巻。寛文一〇年(一六七〇)成立。幕府の命により林家が編纂。神代から慶長一六年(一六一一)までの漢文体編年史。

**ほんちょうにじゅうしこう【本朝▼廿四孝】** 浄瑠璃。時代物。近松半二らの合作。明和三年(一七六六)初演。武田・上杉争いの渦中での両家の子女の恋や忠臣の活躍を描く。のち歌舞伎化。

**ほんちょうもんずい【本朝文粋】** 平安中期の漢詩文集。一四巻。藤原明衡の撰。嵯峨天皇から後一条天皇まで一七代二〇〇年間の四二七編を『文選』にならい三九部門に分けた。当時の名文集で、後代文学に大きく影響した。

**ほんちょうもんぜん【本朝文選】** 森川許六編の俳文集。宝永三年(一七〇六)刊。のち『風俗文選』と改題。蕉風俳人の文章を集めて分類・配列。俳文を一つのジャンルとして確立した。

**ポンツーン【pontoon】** ①底の平らな小舟。木製・鋼製・鉄筋コンクリート製などがあり、起重機・浚渫ポンプの台船、浮き桟橋などに利用。②上陸・渡河などに用いる軍用の鉄舟。③水上飛行機のフロート。

**ぼん-つく**(名・形動)《俗語》間の抜けていること・さま・人。ぼんくら。

**ほん-つげ【本▽黄▼楊】** ツゲの別名。イヌツゲに対する名前。

**ほん-つや【本通夜】** 通夜が二、三夜にわたるとき、葬儀の前夜の通夜。

**ほん-て【本手】** ①もちまえの技量。②くろうと。③正しい手法。④邦楽で、㋐三味線や箏の合奏における基本の旋律。対義 替え手。㋑三味線組み歌のうち、最古の種類のもの。本手組み。

**ほん-てい【本邸】** 別邸などに対して言う、いつも住むやしき。本宅。対義 別邸。

**ポンディシェリー【Pondicherry】** インド南部、インド中央政府の直轄領の中心都市。ベンガル湾に臨む港湾都市。繊維工業がさかん。人口二二五・一万(一九八一)。

**ボンデッド-ファブリック【bonded fabric】** 織物と織物、または織物とメリヤス地など、適宜に張り合わせた生地。軽くて両面が使用できる。

**ボンテボック【bontebok】** ウシ科の哺乳動物。レイヨウの一種。肩高約一・二m。体は赤褐色で、頭・尻・四肢に白斑がある。長さ約七〇cmの角はややねじれる。個体数が少なく、国際保護動物。南アフリカの乾燥地帯にすむ。

**ほん-てん【本店】** ①一つの経営事業体のなかで中心となる店。head office; head store 対義 支店。②この店。当店。this store

**ほん-でん【本田】** ①なえを本式に植える田。rice paddy 対義 苗代。②荘園制下、もとからあった田。対義 新田。③江戸時代、田地の新旧区分の一つ。元禄検地までに村高として確認された田。

**ほん-でん【本伝】** 主になる伝記。対義 外伝。

**ほん-でん【本殿】** 神霊を安置した社殿。もとみや。対義 拝殿。

**ぼん-てん【▼梵天】** ①バラモン教で、宇宙の最高原理であるブラフマン(=梵)を神格化したもの。②《仏教語》色界の初禅天に住する仏法の守護神。初禅天の総称としても用いる。③修験道で、棒の先につける大きな御幣。神霊の依代とされ、祭礼の行列に捧げ持つ。幣束。↓写

● 梵天③ 秋田県、横手市。

**ぼんてん-うり【▼梵天▼瓜】** マクワウリの異名。

**ぼんてん-か【▼梵天花】** アオイ科の低木。葉は掌状に五深裂。裂片は倒卵形。表面は緑色で裏面は粉白色。夏に、紅色の五弁花が咲く。九州・沖縄、および熱帯地方に分布。

**ボンテンペッリ【Massimo Bontempelli】**(一八七八〜一九六〇) イタリアの小説家・劇作家。ファシズム期に「魔法のレアリズム」を唱えた。作品『時代の人びと』など。

**ほん-と【本▽当】**(名・形動) 「ほんとう」の約。

**ほん-ど【本土】** ①本国。mainland; country proper ②主となる国土。main land 用例 中国——。③本州。

ほ

**ほんど【本渡】**〈市〉熊本県、天草上・下島にまたがる市。天草諸島の中心都市。中世の天草氏居城跡やキリシタン遺跡があり、観光産業がさかん。ミカン類も産出。人口四万一八四六(一九八八)。

**ぽん-と**(副) ①ものを軽くたたくさま。lightly ②軽く物を投げるさま。lightly ③惜しげなく物や金を差し出すさま。generously

**ポンド【pound・封度・听】** ①ヤード-ポンド法の重さの基本単位。英斤。記号lb。ふつう一ポンドは一六オンス。約四五三・六g。商業用では五〇〇g。②薬剤・貴金属などの重さをはかる単位の一つ。一ポンドは一二金量オンス、約三七三・二g。記号lb。③イギリスの貨幣単位。一ポンドは一〇〇ペンス。ポンドスターリング。スターリング。記号£またはL。

**ほん-とう【本当】**(名・形動) ①偽りや見せかけではないこと・さま。まこと。真実。実際。ほんもの。ほんと。true [対義]嘘。[用例]―の話。―とは思えない。②本来の状態・調子。perfect condition [用例]体調がまだ―でない。

**ほん-とう【本島】** ①主となる島。main island ②本州。③この島。this island

**ほん-とう【奔騰】**(名・サ変自) ①波などが激しく逆巻くこと。rage ②物価・相場などが、急にぐんと上がること。sudden rise

**ほん-どう【本堂】** 寺院で、本尊を安置する堂。

**ほん-どう【本道】** ①正しい道すじ。right way ②本街道。[対義]間道。③漢方で、内科。④人間としての正しい道。

**ぼんとう【▼梵灯】** ↓ぼんとうあんしゅ(梵灯庵主)

**ぼんとう-あんしゅ【▼梵灯▼庵主】**(一三四九〜一四一七ごろ) 室町前期の連歌師。俗名、朝山師綱。足利義満に仕え、のちに出家。連歌を二条良基に学ぶ。作品『梵灯連歌合十五番』など。

**ほんど-ぎつね【本土▼狐】** イヌ科の哺乳動物。体長七〇cm前後。北海道産のキタキツネよりも小形で、毛色も褐色味を帯びて地味。平地から低山にすみ、夜行性で、ネズミ類が主食。本州・四国・九州に分布。

**ほんど-けっせん【本土決戦】** 第二次大戦末期、軍部が日本本土を戦場として想定した最終的作戦計画。昭和二〇年(一九四五)大本営陸軍部は一億玉砕を唱えて国内に約三〇〇万人の大軍を配置した。

**ほん-どこ【本床】** ①一段高い畳敷きの、かまちのある床の間。かまち床。②本式につくってある畳の床。

**ボンド-し【ボンド紙】** 麻や綿のぼろや化学パルプなどを原料とし、強力なプレス仕上げを施した良質の加工紙。厚く耐久性があり、証券などに用いる。bond paper [参照]局紙。

**ポンド-ちいき【ポンド地域】** ↓ポンドブロック

**ぽんと-ちょう【▽先斗町】** 京都市の中心部、鴨川西岸沿いの三条・四条間の地区。江戸初期からの色里で、舞妓などの伝統風俗が残る。その名はポルトガル語のポント(先端)からといわれる。

**ポントピダン【Henrik Pontoppidan】**(一八五七〜一九四三) デンマークの自然主義の小説家。農村を舞台に社会の不正や矛盾を追求。一九一七年ノーベル文学賞受賞。作品『幸福なペーア』『死者の国』など。

**ポンド-ブロック【pound bloc】** 英ポンドを貿易決済に用い、金融的・経済的に結びついている諸国。一九三〇年代におけるもっとも大規模で強力な経済圏。ポンド地域。スターリングブロック。

**ほんと-ものなり【本途物成】** 江戸時代、田畑に課せられた租税。田方物成と畑方物成がある。主税に相当するもので、幕府・諸藩の財政の基盤を形成。

**ポントルモ【Jacopo da Pontormo】**(一四九四〜一五五六/五七) イタリアの画家。マニエリズモの代表的存在。肖像画にすぐれ、異色ある鋭い細密描写を示す。作品『十字架降下』など。↓マニエリズモ[写]

**ほん-なおし【本直し】** しょうちゅうに糯米・米麹を入れて醸造した甘い酒。直し。

**ほんなみ【本▼阿▼弥】** 室町時代以降、刀剣の鑑定・研ぎ・ぬぐいの「本阿弥三事」を代々家職とした家の名。室町初期の始祖妙本以来、幕府や朝廷の御用をつとめた。ほんあみ。

**ほんなみ-こうえつ【本▼阿▼弥光悦】** ↓ほんあみこうえつ(本阿弥光悦)

**ほん-に【本に】**(副) 本当に。まったく。

**ほん-にん【本人】** ①その人。当人。the person himself ②張本人。ringleader

**ほん-ぬ【本▽有】**《仏教語》=ほんう。①本来的な存在。初めからあること。実在。②生まれてから死ぬまでの身。四有の一つ。③修行以前から先天的にもっているもの。ほんゆう。

**ほん-ぬい【本縫い】**《縫いかえない、という意》裁縫で、仕上げ縫いのこと。final sewing

**ボンヌ-ずほう【ボンヌ図法】** 地図投影法の一つ。円錐図法を、面積が正しく表せるように変形したもの。緯線は等間隔の同心円、経線は中央経線以外は曲線となる。Bonne's projection

**ボンヌフォア【Yves Bonnefoy】**(一九二三〜) フランスの詩人。硬質な詩で楽園追放以前の宇宙・永遠を喚起した。翻訳・評論にも活躍。詩集『ドゥーブの動と不動』など。

**ほん-ね【本音】** ①本当の音色。②本心から出たことば。real intention [対義]立て前。[用例]―をはく。

**ボンネット【bonnet】** ①婦人・子ども用の帽子の一種。前部だけに広いつばがあり、リボンをあごの下で結んでかぶる。②自動車のエンジンおおい。↓[図]

●ボンネット①

**ほん-ネル【本ネル】** フランネル。[対義]綿ネル。

**ほん-ねん【本年】**「ことし」の改まったいい方。this year

**ほん-ねん【本然】** ↓ほんぜん(本然)

**ほん-の**(連体) まったくわずかの。ほんとうにそれだけの。only [用例]―二、三日。―おしるし。

**ほん-のう【本能】** 動物が先天的にもっている性質や能力で、種に固有なもの。模倣や練習なしに行うことができ、種や個体の維持のためにそなわっている。instinct

**ぼん-のう【煩悩】**《仏教語》衆生の心身を悩ませ、悟りの妨げとなる心の働き。貪・瞋・痴の三毒を基本とする。

**煩悩の犬**(ぼんのうのいぬ) まつわりついて、身から離れない煩悩を、犬がつきまとうのにたとえたことば。

**ほんのう-じ【本能寺】** 京都市中京区寺町通にある法華宗本門流の大本山。応永二二年(一四一五)日隆が本応寺として五条坊門に開創、のち改称。天正一〇年(一五八二)の本能寺の変で焼失し、のち現在地に再建。

**ほんのうじ-の-へん【本能寺の変】** 織田信長が天正一〇年(一五八二)六月二日、本能寺に宿泊した夜、明智光秀に急襲され、自害させられた事変。

**ぼんのう-そく-ぼだい【煩悩即▼菩▽提】** 大乗仏教の基本的な思想。煩悩と悟り(=菩提)は別のものではなく、迷いの中にこそ悟りの世界が開かれるということ。

**ほんのう-てき【本能的】**(形動) 本能に近いさま。動物的。instinctive

**ぼん-の-くぼ【盆の▼窪】** うなじに見られるくぼみ。筋肉が両側に走っているため、そのあいだがくぼんでみえる。項窩の俗称。ぼんのくど。↓頭[図]

**ほんのり**(副) ほのかにあらわれるさま。うっすら。ぼんやり。dimly [用例]東の空が―明らむ。

**ほん-ば【本場】** ①正式の場所。②ある産物のおもな産地。home ③取引所で、午前中の立ち会い。前場。morning session

**ほん-ば【本葉】** 発芽した苗で、子葉の開いたあとに出る葉。

**ほん-ば【奔馬】** ①走る馬。wildly galloping horse ②激しい勢いのたとえ。

**ぼん-ばい【▼梵▼唄】** 仏徳をたたえる歌唱。梵語・経文などを、節をつけて唱える。声明。

**ほん-ばこ【本箱】** 書籍を収納するための戸棚。戸のないものは本棚ということが多い。bookcase [数え方]一個・一本。

**ほんぱしき-えもん【翻波式▽衣文】** 平安前期の木彫りに見られる衣の襞の表現形式。刀の切れ味を生かして、丸みのある大きな襞と縞模様の小さな襞とを交互に繰り返し、波のような律動的な美しさを示す。

**ほん-ばしょ【本場所】** 大相撲の公式興行。一五日間を一場所とし、一年間に東京で三回、大阪・名古屋・福岡で各一回の計六場所。力士の地位や給金は、すべて本場所の成績が基準となる。regular sumo tournament

**ポンパドゥール【pompadour フランス】**《ルイ一五世の愛妾ポンパドゥール夫人愛用の髪型から》女性の髪型の一つ。前・横・後ろにふくらみを出し、一束にした毛を後頭部でまとめる。↓[図]

●ポンパドゥール

**ポンパドゥール【Jeanne-Antoinette Poisson, Marquise de Pompadour】**(一七二一〜六四) フランス王ルイ一五世の愛妾。国政にも影響力をもち、膨大な国費を費消するなど、国家に損害を与えた。一方では学術・芸術の保護に努めた。

**ぼん-ばな【盆花】** ①盂蘭盆に精霊に供える山野の花。②《花が盆のころ咲くことから》オミナエシの異称。③キキョウの異名。

**ほん-ばん【本番】** ①正式の持ち番。②映画・放送などで、正式の撮影・放送。take [対義]リハーサル。

**ホンパン【紅幇】** 中国の秘密結社。清末の一八六〇年代に、太平天国の残党を中心に組織されたといわれる。揚子江流域に勢力をもち、労働者・下層民の間に拡大。青幇と並称された。その中核とされる哥老会は孫文の革命運動に結びついた。

**ぽん-びき【ぽん引き】** ①土地不案内の人や素人をだまして金品をまきあげたり、女性を誘拐したりすること。また、その者。swindler ②売春の客引き。猥褻な興行などの客引きも兼ね、法的な取り締まりの対象となる。ぽんぴき。ぽんひき。pimp

**ぼん-ぴゃく【凡百】** いろいろ。もろもろ。諸種。

**ほん-びゃくしょう【本百姓】** 江戸時代、検地帳などに登録され、百姓株を所有して年貢・諸役を負担した農民層。初期は上層農民に限定されたが、中期以降は土地・屋敷を所有し年貢を納める、村の基本的構成員をさす。

**ほん-ぶ【本部】** ①中心となる部分。事業の中核になる組織。headquarters [対義]支部・分会・分団。②この部。当部。

**ほん-ぷ【本夫】** 正式の夫。

**ほん-ぷ【本譜】** 五線紙に表した楽譜。[対義]略譜。

**ぼん-ぶ【凡夫】** =ぼんぷ。①《仏教語》煩悩に汚され、迷っている愚かな者。②凡人。

**ぼん-ぷ【凡夫】** ↓ぼんぶ(凡夫)

**ポンプ【pomp オランダ・喞筒】** エネルギーを利用して低水位または低圧の流体を、連続的に高水位または高圧にする装置。うず巻きポンプ・往復ポンプ・回転ポンプなど。しょくとう。pump [用例]消防―。

**ボンファ【Luiz Bonfa】**(一九二二〜) ブラジルのギタリスト・作曲家。一九五九年ジョビンと映画『黒いオルフェ』の音楽を担当。ボサノバやムード音楽の分野で名をあげる。

**ポンフー-れっとう【ポンフー列島・▼澎▽湖列島】**(Pēnghú) ↓ほうこれっとう(澎湖列島)

**ほん-ぷく【本復】**(名・サ変自) 病気が全快すること。recover completely

**ポンプ-ざ【ポンプ座】** 南天の星座。日本では、南天の低い位置に見える。四月一七日ごろの午後八時ごろに南中。面積二三九平方度。Antlia

**ほん-ぶし【本節】** ①カツオを三枚におろし、さらに片身を背と腹とで二つ割りにして作る上等のかつおぶし。背側のものを雄節、腹側のものを雌節という。②正式の節回し。正調。

**ほん-ぶしん【本普請】** 本式の普請。本格的な土木建築の工事。[対義]仮普請。

**ポンプ-すいしゃ【ポンプ水車】** 水をくみ上げるポンプと、水流から動力を取り出す反動式水車とを組み合わせたもの。揚水式発電などで使用。reversible pump-turbine

**ほん-ぶたい【本舞台】** ①歌舞伎の劇場で、花道に対して、正面の舞台。②本式の場所。

**ボンブ-ねつりょうけい【ボンブ熱量計】** 物質の燃焼熱を測定する装置。強靱な鋼製の容器中に一定量の物質と高圧酸素を封入し、それを熱量計に入れて物質を燃焼させて測定する。bomb calorimeter

**ほん-ふのり【本布▽海▼苔】** マフノリの別名。

**ほん-ぶり【本降り】** 雨のやむ見込みのない降り方。downpour [対義]小降り。[用例]―になって出て行く雨宿り。

**ホンブルク【Homburg ドイツ】**《ドイツのホン

▼常用漢字表外。 ▽常用漢字表の音訓外。

ブルクで作られたところから》フェルト製の中折れ帽子。本来は男性用帽子だが、女性もかぶる。

**ほん-ぶん【本分】** 人として尽くすべき義務。one's duty 用例 学生の—。

**ほん-ぶん【本文】** ↓ほんもん(本文)

**ぼん-ぶん【▼梵文】** ①梵字の文章・経文。②古代のインド文学。

**ボンベ【Bombe ドイツ】** 高圧のガスや液体を封入しておくための円筒形・瓶状の鋼鉄製容器。高圧液化ガス用・高圧圧縮ガス用など。bomb; cylinder

**ボンベイ【Bombay】** インド西部、アラビア海に臨む港湾都市。同国最大の商工業都市で陸・海・空の交通の要地。人口八二二・七万(一九八一)。

**ポンペイ【Pompeii】** イタリア南部、ベスビオ火山南麓の古代都市遺跡。紀元前六世紀におこり、ローマの支配下に発展したが、七九年ベスビオ火山の噴火で埋没。一八世紀以来発掘が続けられている。古代都市が、建造物・家財道具などとともに当時のままに出土。↓写

●ポンペイ

**ポンペイウス【Gnaeus Pompēius Magnus】**(BC一〇六–BC四八) ローマ共和政末期の軍人・政治家。地中海の海賊を平定するなど軍事面で名声を高め、紀元前六〇年カエサル・クラッススと第一回三頭政治を結成。のちカエサルと対立し、エジプトで暗殺された。

**ポンペイさいごのひ【ポンペイ最後の日】** 《原題The Last Days of Pompeii》ブルワー＝リットンの歴史小説。一八三四年刊。ローマ時代のポンペイを舞台にしたロマン。

**ほんべつ【本別】**〈町〉 北海道南東部、十勝地方の東部にある町。産業は、ジャガイモなどの野菜栽培のほか酪農・林業など。人口一万二三五五(一九八八)。

**ボンヘッファー【Dietrich Bonhoeffer】**(一九〇六–一九四五) ドイツ告白教会の牧師。神学者。ナチス非公認の神学教育と抵抗運動のため逮捕・処刑された。著書『交わりの生活』『服従』など。

**ほん-ぺん【本編・本▼篇】** ①本体となる文章。text 対義 付録。②この編・文章。this part

**ほん-ぽ【本舗】** ①本店。main office ②製造・発売元。

**ほん-ぽう【本邦】** ①わが国。our country ②この国。this country

**ほん-ぽう【本法】** ①本体となっている法律。②この法律。③本式のやりかた。④この方法。

**ほん-ぽう【本俸】** 本給。基本給。basic salary 対義 加俸。

**ほん-ぽう【奔放】**(名・形動) ならわしやきまりにかまわず、勝手気ままなこと・さま。unrestrained 用例 自由—な生活。

**ほんぽ-じとう【本補地頭】** 鎌倉時代、承久の乱以前から地頭に任命されていた者。以後に任命された新補地頭と区別する呼称。

**ぼんぼり【▽雪▽洞】** 灯火具の一種。本来は灯火にとりつけたおおいの名称。のちに紙・布などのおおいをとりつけた手燭・燭台をいうようになった。paper-covered lamp

**ぼん-ぼん** 《方言》関西で、若だんな。ぼんち。対義 いとはん。

**ボンボン【bonbon フランス】** 外側をさとうやチョコレートなどで固め、シロップ・洋酒を入れた菓子。

**ぽん-ぽん** 一(名) 《幼児語》おなか。tummy 二(副) ①続けざまに打ったり、はじけたりする軽い音。pop ②遠慮なくものをいうさま。勢いよく事をするさま。straight 用例 —とたんかを切る。

**ポンポン【pompon】** ①子どもの帽子や靴さきなどにつける、毛糸や羽毛などで作った玉房の飾り。②チアガールが両手に持って打ち振る玉房。

**ぽんぽん-じょうき【ぽんぽん蒸気】** 《「ポンポン」というエンジンの排気音から》焼き玉エンジンを備えた小型の船。河川や湖での旅客・貨物の輸送や漁船として使用。

**ポンポン-ダリア** 《pomponから》筒状花弁が多数集まって、小形の球状となる花形のアスター。

**ぼんぼん-どけい【ぼんぼん時計】** 「ボンボン」と鳴って時刻を知らせる振り子時計。pendulum clock

**ほん-ま【本真】** 《方言》関西で、まこと。ほんと。事実。用例 —の話やで。

**ほん-まき【本▼槙】** コウヤマキの別名。

**ほん-まぐろ【本▼鮪】** クロマグロの別称。

**ほん-まつ【本末】** ①もととすえ。重要な部分と、そうでない部分。根本と枝葉。the essence and the fringe 用例 —転倒。②はじめと終わり。beginning and ending

**ほん-まつり【本祭(り)】** 正式の祭礼。regular festival 対義 陰祭り。

**ほんま-に【本真に】**(副) 《方言》関西で、ほんとうに。用例 —厄介な事件や。

**ほんま-ひさお【本間久雄】**(一八八六–一九八一) 評論家・英文学者・近代文学研究家。山形県生まれ。早大卒。早大教授。著書『明治文学史』など。

**ほん-まる【本丸】** 城郭の中心をなすもので、天守閣が築かれた。戦時には、城主の居所となった。対義 二の丸・三の丸。↓城図

**ボンマルシェ【Au Bon Marché】** フランスの大手デパート。一八五二年、パリに設立。大量陳列・定価販売などの近代百貨店の形態を最初に採用したといわれる。

**ほん-み【本身】** ほんものの刀。真剣。

**ほん-みち** 天理教から分派した神道系の新宗教。大正二年(一九一三)大西愛治郎が創始。天皇批判・政治批判のため弾圧をうけ昭和一三年(一九三八)解散を命じられたが、第二次大戦後、再建。

**ほん-みょう【本名】** 本当の名。実名。real name 対義 仮名・筆名・ペンネーム。

**ほん-みょう【本命】** 陰陽道で、生まれ年によって配当される星。その反対の方位の星を本命的殺とする。本命星。ほんめい。

**ほんみょう-しょう【本命星】** 九曜星のうち、生まれた年にあたる星。

**ほん-む【本務】** ①本来のつとめ。one's proper business ②道徳上の義務。one's duty

**ほんむね-づくり【本棟造(り)】** 長野県南部におもに見られる民家の形式。板ぶきの大きな切り妻屋根の、妻入りの家。妻の部分に大きな破風がある。↓写

**ぼん-め【盆▽布】** ホソメコンブの別名。

**ほん-めい【本命】** ①生まれた年の干支。ほんみょう。②競馬や競輪などで一着と予想される馬や選手。一番人気。the favorite ③多くの中から、あるものを選んだりする場合、間違いなくそれと予想されるもの。certainty

**ほん-めい【奔命】** ①君命によって任務に走り回ること。②忙しく働くこと。用例 —に疲れる。

**ほん-もう【本望】** ①本来の望み。本懐。long-cherished desire ②満足。satisfaction

**ぼんもう-きょう【▼梵網経】** 大乗経典の一つ。鳩摩羅什の訳とされる。二巻。大乗菩薩戒の根本経典で、最澄はこれによって菩薩戒を説いた。梵網経盧舎那仏説菩薩心地戒品第十。梵網菩薩戒経。

**ぼんもう-ぼさつかい【▼梵網▼菩▼薩戒】** 『梵網経』下巻に所説の十重禁戒と四十八軽戒。大乗菩薩戒。

**ほんもく【本▽牧】** 横浜市東部、東京湾に突出した岬の地区。住宅・工業地区で、横浜港本牧埠頭・三渓園がある。

**ほんもく-てい【本▽牧亭】** 東京都台東区上野にあった講釈場。講談定席・貸席としても使用されたが平成元年(一九八九)閉場。

**ほん-もと【本元】** いちばんのもと。おおもと。origin 用例 本家—。

**ほん-もの【本物】** ①本当のもの。genuine thing 対義 にせもの。用例 —の宝石。②見せかけでない本格的なもの。real 用例 彼の詩吟は—だ。

**ほん-もろこ【本▽諸子】** 琵琶湖特産のコイ科のやや細長い淡水魚。全長約一三cmで、銀白色。短い口ひげが一対ある。おもに動物性プランクトンなどを食べる。冬に美味。諏訪湖・山中湖などにも移殖されている。↓モロコ図

**ほん-もん【本文】** ＝ほんぶん。①古書などの典拠とすべき文句。②文章の主となる部分。対義 前文・前書き。③注などの対象となるもとの文章。

**ほん-もん【本門】** 《仏教語》『法華経』二八品中の後半の一四品。真の仏は久遠の昔に成仏した仏で、滅びることがないことを説く。対義 迹門。

**ほんもん-じ【本門寺】** 東京都大田区池上にある日蓮宗の大本山。四大本山の一つ。文永一一年(一二七四)日蓮に帰依した池上宗仲が邸内に創建。弘安五年(一二八二)日蓮は当寺で没し、のち日朗が諸堂宇を建立した。池上本門寺。

**ほんもん-ひひょう【本文批評】** 古典の数種の異本の文章の異同を比較・研究して正しい本文に戻そうとすること。原典批判。テキストクリティーク。textual criticism

●本棟造り

**ほん-や【本屋】** ①書物を売る店。その人。書店。bookstore ②母屋。ほんおく。③本宅。

**ほん-やく【翻訳】**(名・サ変他) ある言語で書かれた文章を、他の言語に直すこと。translation

**ほんやく-くちょう【翻訳口調】** 翻訳くさい言い回し・文体。

**ほんやく-けん【翻訳権】** 著作権の一部で、著作物を翻訳し出版する権利。right of translation

**ほんやく-ぶんがく【翻訳文学】** 外国文学の翻訳。文学史上で大きな意味をもつのは明治以降。明治二一年(一八八八)二葉亭四迷の『あひゞき』以来、西欧近代文学の翻訳紹介が増し、第一次大戦後、同時代の外国文学が続々と翻訳され、各種文学が流入し、昭和期の文学を醸成した。第二次大戦後は翻訳文学の全盛期となった。

**ほんやばけい【本▼耶馬渓】**〈町〉 大分県北部山国川流域の町。渓谷美と奇岩で有名な耶馬渓の玄関口で、有名な「青の洞門」がある。農林業が主。人口四九五一(一九八八)。

**ぼんやり**(副・サ変自) ①形・色などがはっきりせず、かすんでいるさま。うっすら。dim 用例 対岸が—見える。②ぼうっとしているさま。間が抜けているさま。absentminded 用例 —していて、間違える。

**ほん-ゆう【本有】** ①本来、有すること。固有。natural ②↓ほんぬ(本有)

**ほんゆう-てき【本有的】**(形動) 学習・経験によらず、生まれながらもっているさま。natural

**ぼん-よう【凡庸】**(名・形動) ありふれたこと・さま・人。並み。平凡。mediocre 対義 非凡。

**ほん-よさん【本予算】** 年度当初に作成し、成立した一般会計予算や特別会計予算の総称。当初予算。main budget 参照 補正予算・暫定予算。

**ほん-よみ【本読み】** ①読書。また、読書の好きな人。reading; bookworm ②映画・演劇で、けいこ前に俳優を集めて脚本を読み、検討すること。script reading

**ほん-らい【本来】**(名・副) ①初めからそのようであること。もともと。元来。originally ②普通。あたりまえ。natural

**ほんらい-の-めんもく【本来の面目】**(連語) 《仏教語》本来の自己。煩悩にとらわれた自己でなく、衆生が本来もっている仏性をいう。

**ほんらい-むいちもつ【本来無一物】**(連語) 《仏教語》本来存在するものすべては空であるから、自分のものとして執着すべきものはなにもないということ。悟りの自由の境地。

ほ

**ほん-りゅう【本流】** ①川の本筋の流れ。主流。main stream [対義]支流。②中心となる流派。main stream [対義]分派。
**ほん-りゅう【奔流】** 激しく流れること。また、その流れ。rapid stream
**ぼん-りょ【凡慮】** 凡人の考え。つまらない知恵。ordinary mind [用例]―の及ぶところではない。
**ほん-りょう【本領】** ①もとからの領地。②本来の性質。特質。特色。one's real ability [用例]―発揮。
**ほんりょう-あんど【本領安▼堵】** 中世、御家人が開発以来代々相伝する私領、または喪失した旧所領や、本領に対する所有権を幕府が承認すること。
**ほん-るい【本塁】** ①本拠となる所。②野球で、投手が投球する目標とし、打者が打撃を行い、走者が得点するため最後に到達する塁。通常、白色五角形のゴム板を置く。ホームベース。ホームプレート。home base; home plate
**ほんるい-だ【本塁打】** 野球で、打者が一打で各塁を回り、本塁まで達することのできる安打。ホームラン。ホーマー。home run
**ぼん-れい【凡例】** ↓はんれい(凡例)
**ぼん-れい【盆礼】** 盆に行う正式訪問や贈答。盆は祖霊だけでなく、生きている親や親方筋、すなわち生霊にも食物を供えもてなす日とされるため、行われる習慣。盆立て。盆供。
**ほん-れき【本暦】** 略本暦・略暦に対して、基本となるくわしい暦。
**ボンレス-ハム【boneless ham】** ハムの一種。塩漬けした骨抜きの豚もも肉を塊りのままケーシング(包装材)に詰め、燻煙・ボイルしたもの。
**ほん-ろう【翻▼弄】**(名・サ変他) 思うままにもてあそぶこと。なぶりものにすること。trifle with
**ほん-ろん【本論】** ①おもな議論。中心の議論。main subject [対義]序論。②この論。this subject

# ま マ

**ま【ま・マ】** 五十音図ま行第一の仮名。平仮名「ま」は「末」の草体。片仮名「マ」は「万」の略。

**マ** 11画【麻】 部首[麻] 常用 [JIS]4367 ／ 11画【▼麻】 旧字 ／ 14画【▼蔴】 部首[艹] 異体字
[音]マ・バ [訓]あさ
①アサ。クワ科の一年草。また、あさぬの。あさいと。「大麻・乱麻」②形状あるいは用途などが、アサに似た植物。「亜麻・胡麻・黄麻」③《痲とも》しびれる。しびれ。「麻酔・麻痺・麻薬」

**マ** 13画【▼痲】 部首[疒] [JIS]6568
[音]バ・マ
しびれる。からだの一部などの感覚がなくなる。しびれ。「痲痺」

**マ** 14画【▼嘛】 部首[口] [JIS]5155
[音]マ
「喇嘛教」は、大乗仏教の一派。チベットにおこり、モンゴル・ネパールなどにおこなわれる。

**マ** 14画【▼麼】 部首[麻] [JIS]5487 ／ 14画【▼麽】 異体字
[音]バ・マ・モ
①こまかい。ほそい。かすか。②なに。いかに。どんなに。疑問の意を示す。

**マ** 15画【摩】 部首[手] 常用 [JIS]4364 ／ 15画【▼摩】 旧字
[音]マ
①する。こする。さする。みがく。「研摩・減摩」「摩擦・摩滅・摩耗」②せまる。すれすれにちかづく。「摩天楼」

**マ** 16画【磨】 部首[石] 常用 [JIS]4365 ／ 16画【▼磨】 旧字
[音]マ・バ [訓]みがく
みがく。こする。努力する。「研磨・減磨・切磋琢磨・百戦錬磨」

**マ** 16画【▼蟇】 部首[虫] [JIS]7417 ／ 16画【▼蟆】 異体字 [JIS]7418
[音]バ・マ
ヒキガエル。カエル目に属する両生類。「蝦蟇」

**マ** 21画【魔】 部首[鬼] 常用 [JIS]4366 ／ 21画【▼魔】 旧字
[音]マ・バ
①不思議な力をもった悪い鬼。人間のさまたげをするもの。[類似]鬼。「悪魔・病魔」「魔王・魔術・魔女・魔法」[用例](名)―のふみきり。②とりつくもの。「詩魔」

**魔が差す**(まがさす) ふと悪心が起こる。be possessed by an evil spirit
**魔の手**(まのて) 悪魔、また、邪鬼の手。人に災いをもたらす手段・方法。魔手。evil influence [用例]―がのびる。
**ま【真】** ㊀(名) ほんとう。真実。truth ㊁(接頭) ①真実・まじめ、の意。[用例]―ごころ。―人間。②正確・ちょうど、の意。[用例]―横。③純粋、の意。[用例]―水。④美しい、の意。[用例]―葛。⑤標準・代表、の意。[用例]―竹。
**真に受ける**(まにうける) 〔冗談やうその話を、本当と思う。本気にする。take seriously
**ま【馬】** ウマ。[用例]絵―。―子。
**ま【間】** ㊀(名) ①物と物とのあいだ。すきま。interval [用例]―をふさぐ。木の―。②あいだの時間。ひま。いとま。time [用例]―がない。③おり。ころあい。しお。また、物事の運びぐあい。なりゆき。chance; timing [用例]―を見はからう。―がいい。④芸能で、音と音、動作と動作、せりふとせりふのあいだの時間。邦楽ではリズムそのものもいう。timing [用例]―のとり方。⑤部屋。room [用例]控えの―。⑥家の柱と柱とのあいだ。㊁(助数) 部屋の数を数える語。[用例]三―の家。
**間が抜ける**(まがぬける) ①音楽などで、拍子が合わない。out of tune ②ばかげて見える。look stupid
**間が持てない**(まがもてない) ①話題につまったり、また、話しにくい相手だったりしたときなどに、どうしてよいかわからなくなる。be at a loss what to say ②ぽっかりあいた時間や待っている間などに、所在なくてどうしようもない。cannot fill the time
**間が悪い**(まがわるい) ①きまりが悪い。feel awkward ②運が悪い。unfortunately
**間を合わせる**(まをあわせる) ①音楽の拍子を合わせる。②その場を適当に処理する。
**間を置く**(まをおく) 時間的な間隔を、少しあける。with a short intermission
**間を欠く**(まをかく) 用がたりない。
**間を配る**(まをくばる) 間隔をあけて配置する。
**間を持たす**(まをもたす) あいてしまった時間をうまく取り繕う。fill in the time
**間を渡す**(まをわたす) その場を取り繕う。間に合わせる。
**ま(あ)** ㊀(副) ①まずまず。[用例]―いいだろう。②ひとまず。ともかく。[用例]―お掛けなさい。㊁(感) 驚きの気持ちを表す。[用例]―、あきれた。
**マーアン-シャン【馬鞍山】**(Mǎānshān) ↓ばあんざん(馬鞍山)
**ま-あい【間合(い)】** ①あいま。ひま。interval ②ころあい。timing [用例]―をはかる。③へだたり。distance
**マーガリン【margarine】** 植物油脂と硬化油を混ぜ、乳成分・香料・色素などを加えて練り、バター状にした食品。人造バター。
**マーガレット【marguerite】** キク科の不耐寒性多年草。高さ約一m。花色は白・黄などで、一重咲き・八重咲きがある。花期は春～初夏。観賞用。カナリア諸島原産。モクシュンギク。↓[図]

●マーガレット

**マーカンド【John Phillips Marquand】**(一八九三～一九六〇) アメリカの小説家。作品『今は亡きジョージ=アップリー』など。

**マーキュリー【Mercury】** ①《「メルクリウス」の英語読み》ローマ神話で、雄弁家・盗賊・工匠・商人などの神。ギリシア神話のヘルメスに当たる。②水星。

**マーキュロクロム【mercurochrome】** 有機水銀化合物。一～二%水溶液は俗に赤チンといわれ、殺菌消毒剤として皮膚粘膜の傷口・腎盂・膀胱・尿道などの消毒に用いたが、現在は製造していない。マーキュロ。

**マーク【mark】** ㊀(名) ①しるし。記章。②記号。符号。③注目。監視。㊁(名・サ変他) ①しるしをつけること。[用例]ノートに―をつける。②ねらって特別に注意すること。[用例]相手を―する。

**マークアップ【markup】** ①値上げすること。②売価決定のさい仕入原価に諸費用や利潤を加えること。また、その金額や比率。値入れ。利掛け。

**マーク-シート【mark sheet】** 試験用紙・調査用紙などで、答えの欄の該当する箇所を鉛筆で塗りつぶす方式のもの。コンピューターで読み取り、採点・集計をする。

**マーク-トウェーン【Mark Twain】** ↓トウェーン
**マーケット【market】** ①売買の意思をもった売り手と買い手が出会う抽象的あるいは実際的範囲のこと。市場。いちば。②各種の店が集まっている場所や建物。マート。

**マーケット-アナリシス【market analysis】** 市場分析。

**マーケット-サーベイ【market survey】** 市場調査。市場についての情報が不十分な場合に、目標とする対象にあたって実態を調査すること。

**マーケット-シェア【market share】** ある商品の市場に、特定の企業の製品の売上高が占める比率。市場占有率。市場占拠率。

**マーケット-セグメンテーション【market segmentation】** 市場細分化。

**マーケットバスケット-ほうしき【マーケットバスケット方式】** 労働者の生活に必要な物資の総量を定め、これに物価を掛けて求めた生活費を基準とする賃金算定方式。一九二三年イギリス労働党が始めた。market basket method
**マーケット-リサーチ【market research】** 市場調査。

**マーケティング【marketing】** 商品・サービスを生産者から消費者のもとへ円滑に流通させるための事業活動の総称。市場調査・商品化計画・販売促進・宣伝広告など。

**マーケティング-チャンネル【marketing channel】** 製品の流通経路。特定の商品が最終消費者の手に渡るまでにたどる道すじ。

**マーケティング-ミックス【marketing mix】** 販売戦略として、製品計画・価格設定・広告・立地・配給経路・サービスなどの要素を組み合わせること。また、その組み合わせ。

**マーケティング-リサーチ【marketing research】** 市場調査。

**マーコール【markhor】** 家畜ヤギの祖先の一つとされる野生ヤギ。肩高約九〇cm。角は大きく、らせん状にねじれている。アフガニスタン・ヒマラヤ・チベットのおもに山岳地帯に分布。マルコール。

**マーコン【馬公】**(Mǎgōng) ↓まこう(馬公)

**ま-あざみ【真▼薊】** キク科の多年草。高さ約八〇cm。湿地にはえる。根出葉は大きく羽状に裂ける。頭花は一個で紅紫色で、下向きに花を開く。サワアザミ。

**ま-あじ【真▼鰺】** アジ科の海水魚。体側の中央部に硬いとげのある鱗がある。アジ類の代表。全長約四〇cm。食用。暖流に乗って日本各地の沿岸、沖合いを回遊。アジ。saurel ↓アジ[図]

**マージー-がわ【マージー川】**(Mersey) イギリス中部を西流しアイリッシュ海に注ぐ川。長さ一一〇km。河口に良港リバプールがある。

**マージナル-マン【marginal man】** 境界人。性格の異なる二つ以上の集団に同時に所属するか、どの集団にも所属せず各集団の境

▼常用漢字表外。 ▽常用漢字表の音訓外。

目にいる人。行動様式が不定で、時に革新的な社会・文化的役割もはたす。亡命者など。

**マーシャル**【Alfred Marshall】(一八四二〜一九二四) イギリスの経済学者。ケンブリッジ大学教授としてピグーやケインズなどを育て、ケンブリッジ学派を形成した。著書『経済学原理』など。

**マーシャル**【George Catlett Marshall】(一八八〇〜一九五九) アメリカの軍人・政治家。国務長官としてマーシャル-プラン(→ヨーロッパ復興計画)を提唱。一九五三年ノーベル平和賞受賞。

**マーシャル-しょとう**【マーシャル諸島】(Marshall Islands) 西太平洋、ミクロネシア東部の珊瑚礁(さんごしょう)島群。中心はヤルート島。ビキニ環礁のクェゼリン島を含む。

**マーシャル-しょとう-きょうわこく**【マーシャル諸島共和国】(The Republic of Marshall Islands) 太平洋西域、ミクロネシアのヤルート島を中心とする共和国。首都マジェロ。第二次大戦後、アメリカの信託統治下にあったが、一九八六年独立。面積一八〇km²。人口三・九万(一九八六)。

**マーシャル-プラン**【Marshall Plan】《提唱者の名から》→ヨーロッパふっこうけいかく(ヨーロッパ復興計画)

**マージャン**【麻雀中】(májiàng) 室内ゲームの一種。四人で行い、象牙(ぞうげ)・骨などの材に字や諸種の図柄を刻んだ一三六個の牌(はい)を使う。中国から伝わったとされ、大正時代末ごろから全国に普及した。

**マージョラム**【sweet marjoram】シソ科の多年草。茎は四角柱で高さ約五〇cm。夏に、白小花を密生。香草、薬用として栽培。地中海沿岸原産。マヨラナ。→写

●マージョラム　左下は乾燥させた葉。

**マージン**【margin】①ふち。へり。余白。②利幅。利ざや。③株式売買の証拠金。

**マージン-とりひき**【マージン取引】アメリカの証拠金取引。信用に基づき、証拠金を収めるだけで有価証券を売買する制度。日本の信用取引の原型となった。margin transaction

**マース**【Mars】①《「マルス」の英語読み》ローマ神話で、軍神。②火星。

**マース-がわ**【マース川】(La Maas) ムーズ川の別称。

**マーストリヒト**【Maastricht】オランダ東南部、リンブルフ州南西部の州都、工業都市。ローマ時代からの古都。人口一一・五万(一九八六)。

**マーストン**【John Marston】(一五七五ごろ〜一六三四) イギリスの劇作家・風刺詩人。悲喜劇『不平家』など。

**マーセライズ-かこう**【マーセライズ加工】→シルケットかこう(シルケット加工)

**ま-あたらし・い**【真新しい】(形) まったく新しい。brand-new

**マーチ**【march】行進曲。

**マーチャンダイジング**【merchandising】商品化計画。メーカーや流通業者が市場調査に基づいて適切な商品の開発や価格・量・販売方法などを計画すること。

**マーチャント-バンカー**【merchant banker】一九世紀から活躍するイギリスの国際金融業者。もとは貿易手形の引受業務を中心としたが、現在の業務分野は貿易金融・債券発行・財務コンサルタント・保険・リース・商品取引など多種多様。

**マーチン**【Archer John Porter Martin】(一九一〇〜) イギリスの生化学者。ビタミンEとニコチン酸を研究。アミノ酸の混合物の分離のためにペーパークロマトグラフィーを完成。一九五二年ノーベル化学賞受賞。

**マーツー-とう**【マーツー島・馬▽祖島】(Mǎzǔ) →ばそとう(馬祖島)

**マーティン**【Mary Martin】(一九一三〜) アメリカのミュージカル女優。『南太平洋』『サウンド-オブ-ミュージック』などに主演。

**マート**【mart】①商業中心地。②マーケット。

**マードック**【Iris Murdoch】(一九一九〜) イギリスの女流小説家。顕著な寓意(ぐうい)性・豊かな物語性・ブラックユーモアなどによる長編が多い。作品『網の中』『鐘』『ブラック-プリンス』『海よ、海』『書物と仲間』など。

**マートン**【Robert King Merton】(一九一〇〜) アメリカの社会学者。ハーバード大卒。機能主義の立場をとり、理論と調査の結合の必要を主張した。著書『社会理論と社会構造』など。

**ま-あなご**【真穴子】ウナギに似たアナゴ科の海水魚。体側に並ぶ二列の白色点が目立つ。アナゴ類の代表。体長六〇cm内外で、暗褐色。夜行性で、昼間は砂泥底や岩の間にすむ。食用。日本各地の沿岸に分布。

**マービン**【Lee Marvin】(一九二四〜一九八七) アメリカの映画俳優。主演作『キャット-バルー』『北国の帝王』など。

**マーブ**【MARV】→エムエーアールブイ(MARV)

**マーフィー**【William Parry Murphy】(一八九二〜) アメリカの医学者。糖尿病と悪性貧血症を研究。肝臓療法を考案した。一九三四年ノーベル生理学医学賞受賞。

**マーブル**【marble】①大理石。②書物・帳面の小口などに、墨流しのやり方で付けた模様。

**マーベル**【Andrew Marvell】(一六二一〜一六七八) イギリスの詩人。知性と感性のよく調和した形而上(けいじじょう)詩人。叙情詩『庭園』など。

**マーボー-どうふ**【麻▽婆豆腐】《「麻婆」はmápó》豆腐とひき肉を唐辛子みそと調味料で煮た中国料理。四川(しせん)省の名物。

**まあ-まあ** ㊀(感)《「まあ」を重ねた語》①相手をなだめるときの語。用例—、そうおっしゃらずに。②驚きの気持ちを表す語。おもに女性が使う。まあ。用例—、こんなにたくさん。㊁(副) 何はともあれ。用例—おすわりください。㊂(形動) 十分ではないが、とりあえず認めるさま。用例成績は—だ。

**マーマレード**【marmalade】オレンジ・ナツミカンなどの皮で作るジャム。

**マーマン**【Ethel Merman】(一九〇九〜一九八四) アメリカの歌手・女優。「ブロードウェーミュージカルの女王」と称された。主演作『アニーよ銃をとれ』など。

**マーミン-シビリャーク**【Dmitry Narkisovich Mamin-Sibiryak】(一八五二〜一九一二) ロシアの小説家。作品『プリワーロフの巨富』『黄金』『パン』など。

**マーメイド**【mermaid】人魚(にんぎょ)。

**マーメイド-ライン**《和製語》ドレスのシルエットの一つ。ひざのあたりまで体にフィットし、裾(すそ)のほうで尾びれのように開いた、人魚のようなシルエットをもつもの。

**マーモセット**【marmoset】→きぬざる(絹猿)

**マーモット**【marmot】山地にすみ、地上で生活するリス科の一属。体長三八〜八〇cmで、リス科中最大。体は黒・灰色など。ユーラシアと北アメリカに分布。

**マーラー**【Gustav Mahler】(一八六〇〜一九一一) オーストリアの作曲家・指揮者。ドイツ-ロマン派の交響曲作家。複雑で大規模な管弦楽法に、叙情性と深遠な内容を表現。交響曲『大地の歌』、歌曲集『亡(な)き子をしのぶ歌』など。

**マール**【Maar ドイ】火山の形態の一つ。火山ガス噴出や水蒸気爆発でできた円形の火口。火口の縁はわずかに高く、火口底は地表より低い。周辺は火山噴化物が堆積(たいせき)してゆるやかな丘となる。→火山図

**マールイ-げきじょう**【マールイ劇場】《「マールイ」は、小さな、の意》モスクワのドラマ劇場。一八二四年創立。ロシア国民劇の中心として劇作家オストロフスキーや多くの名優を生んだ。Maly Theatre

**マールブランシュ**【Nicolas Malebranche】(一六三八〜一七一五) フランスの哲学者。機会原因論をとなえ、認識は神の内の観念によると説いた。著書『真理の探求について』など。

**マールブルク**【Marburg】西ドイツ中部、ライン川支流のラーン川に沿う大学都市。一五二七年創立の大学がある。人口七・六万(一九八〇)。

**マールブルグ-ねつ**【マールブルグ熱】マールブルグウイルスを病原体とする感染性の疾患。アフリカミドリザルを媒介として発見された。はげしい発熱・頭痛・全身衰弱で突発する伝染性の強い病気。Marburg's fever

**マーレビッチ**【Kazimir Severinovich Malevich】(一八七八〜一九三五) ソ連の画家。一九一五年「シュプレマティズム(絶対主義)」を宣言、純粋抽象絵画の先駆者となる。→構成主義写

**マーロー**【Christopher Marlowe】(一五六四〜一五九三) イギリスの劇作家・詩人。エリザベス朝演劇における無韻詩の用法を確立。現世的欲望や知識の追求と挫折(ざせつ)を描いた。戯曲『タンバレン大王』『フォースタス博士の悲劇』など。

**マイ** 6画【毎】部首[毋](なかれ) 教育小2 JIS 4372　7画【▽每】旧字
音マイ・バイ
…ごとに。そのたびごとに。それぞれつねに。「毎時・毎日(まいにち)・毎年・毎々」用例《接頭的》—土曜日。

**マイ** 6画【米】部首[米](こめ) 教育小2 JIS 4238
音ベイ・マイ　訓こめ　筆順→ベイ【米】
こめ。よね。イネの実。「玄米・新米・精米・白米」用例《接尾的》秋田—。ビルマ—。配給—。黄変—。→ベイ【米】

**マイ** 8画【妹】部首[女](おんなへん) 教育小2 JIS 4369
音マイ・バイ　訓いもうと
いもうと。いも。対義姉(し)。「弟妹・令妹」

**マイ** 8画【枚】部首[木](きへん) 教育小6 JIS 4371
音マイ・バイ
①かず。かぞえる。「大枚(たいまい)」「枚挙」②紙・板・田などを数えるのに用いる。用例(助数)三—の着物。③昔の貨幣を数えるのに用いる。用例(助数)銀百—。→バイ【枚】

**マイ** 9画【▽昧】部首[日](ひへん) JIS 4370
音バイ・マイ
①ほのぐらい。うすぐらい。あけぼの。「昧爽(まいそう)」②道理にくらい。おろかな。「愚昧・無知蒙昧(もうまい)」

**マイ** 10画【埋】部首[土](つちへん) 常用 JIS 4368
音マイ・バイ　訓うめる・うまる・うもれる
①うめる。うずめる。地の中にいれてかくす。うまる。うずまる。「埋骨・埋葬・埋蔵・埋没」②うもれる。うずもれる。

**マイ** 10画【▽眛】部首[目](めへん) JIS 6638
音バイ・マイ
くらい。目がよくみえない。

**マイ** 16画【▽邁】部首[辶](しんにゅう) JIS 7818
音バイ・マイ
①ゆく。遠くへいく。②すぐれる。こえる。「英邁・高邁」③つとめる。努力する。④いさましい。勢いがいい。「邁進」

**まい**【舞】①一般には舞踊と同義で、足の動きを主とする躍動的な「おどり」に対し、上半身、とくに手の動きを重視した内的・沈静な舞踊で、幽玄な世界を暗示する。②日本の伝統的舞踊(雅楽(ががく)・能・日本舞踊)の呼称。dance 数え方 一差し・一手。

**まい**(助動 特殊型)《五段動詞および助動詞「ます」の終止形と、五段以外の動詞および助動詞「せる・させる・れる・られる」の未然形に付く》①打ち消しの意志を表す。…しないつもりだ。…しないようにしよう。用例ぼくは行く—。②打ち消しの推量を表す。…しないだろう。用例まさか逃げ—。③《接続助詞「し」をともなって》…ではないのだから。用例子どもではある—し、自分でしなさい。参考カ行変格活用の動詞、サ行変格活用の動詞は、終止形にも付く。

**まい-あが・る**【舞(い)上がる】(五自) 空へ舞うようにして飛んで行く。soar

**まい-あさ**【毎朝】朝ごと。毎日の朝。まいちょう。every morning

**マイアミ**【Miami】アメリカ南東端、フロリダ州南東、大西洋岸の観光・保養都市。温暖な気候で美しい海岸があり、海水浴場が一〇km以上続く。人口三四・七万(一九八〇)。

**マイアミ-ビーチ**【Miami Beach】アメリカ南部、フロリダ州南東、ビスケーン湾中の小島にある観光・保養都市。マイアミと海岸道路で結ばれている。人口九・六万(一九八〇)。

**マイエルベール**【Meyerbeer】→マイヤベーア

**まい-おうぎ**【舞扇】舞に使う扇。派手な模様の大形のものが多い。

**まい-おさ・める**【舞(い)納める】(下一他) ①舞い終わる。②最後の舞を舞う。

**ま-いか**【真▽烏賊】→こういか(甲烏賊)

**マイカー-ぞく**【マイカー族】《「マイカー」は、myとcarからで、わたしの車、の意》自家用車の運転を、楽しみや実用のためにする人たち。

**まい-かい**【▾玫▾瑰】①バラ科の落葉低木。ハマナスの変種で、中国で栽培。とげが少なく、葉は奇数羽状複葉。花は八重咲き。②中国産の美石の名。

**まい-きょ**【枚挙】(名・サ変他) いちいち数え上げること。enumeration

**枚挙に遑が無い**(まいきょにいとまがない) たくさんあって、いちいち数えきれない。too many to count

**マイク**[mike]「マイクロホン」の略。

**マイクロ**[micro] ㊀(接頭) 単位で一〇〇万分の一を表す。記号$\mu$。㊁(名) ↓ミクロ

**マイクロアンペア-けい**【マイクロアンペア計】 マイクロアンペア($10^{-6}$A)単位を目盛りとする電流計。micro-ampere meter

**マイクロウエーブ**[microwave] ↓マイクロは(マイクロ波)

**マイクロエレクトロニクス**[microelectronics] 超LSIなど一〇〇〇分の一ミリメートル程度の加工精度を必要とする電子部品に関係する電子工学の分野。超微小電子工学。

**マイクロカード**[Microcard] 書籍や新聞などを縮小複写して印画紙に三〇～一〇〇こま焼きつけたもの。マイクロリーダーで拡大して読む。参照マイクロフィッシュ。

**マイクロカプセル**[microcapsule] 物質を微細な粒子にしてその表面を膜材で包んだもの。インク(ノーカーボン紙など)・医薬品などで利用。香料(こすると香気のする紙など)・医薬品などで利用。

**マイクロキュリー**[microcurie] 放射能の単位。一キュリーの一〇〇万分の一。

**マイクログラム**[microgramme(フランス)] 質量の単位。一〇〇万分の一g。ガンマ。記号$\mu g$

**マイク-ロケ**《和製語。「マイクロホン」と「ロケーション」から》現場にマイクを据えて放送すること。実況放送。

**マイクロコンピューター**[microcomputer] 超小型のコンピューター。マイクロプロセッサーを中心にICメモリー・入出力インターフェース用ICで構成される。マイコン。

**マイクロサージェリー**[microsurgery] 手術用の双眼顕微鏡で対象を二〇～四〇倍に拡大して行う超微小手術。細い神経や血管の縫合・移植が可能。

**マイクロ-としょかん**【マイクロ図書館】 資料や文献をマイクロフィルムに収録し、利用に供する図書館。

**マイクロ-は**【マイクロ波】 通常周波数三〇〇メガヘルツ(波長一m)～三〇ギガヘルツ(波長一mm)程度の電磁波。極超短波(UHF)・センチ波(SHF)・ミリ波(EHF)などを含み、レーダー・テレビなど幅広く用いられる。マイクロウエーブ。microwave

**マイクロは-かん**【マイクロ波管】 マイクロ波を発生・増幅する電子管の総称。クライストロン・進行波管・後進波管などがある。microwave tube

**マイクロバス**[microbus] 二〇人前後が乗れる小型のバス。

**マイクロフィッシュ**[microfiche] 図書・雑誌などの各ページを縮小撮影したシートフィルムのこと。標準サイズは一〇五×一四八mmで六〇頁収容。マイクロリーダーか、リーダープリンターで拡大して利用。

**マイクロフィルム**[microfilm] 文献を縮小複写して保存するためのフィルム。超微粒子、高解像力・コントラストが強いのが特徴。ロールフィルムとシートフィルム(マイクロフィッシュ)がある。コピーフィルム。

**マイクロフィルム-リーダー**[microfilm reader] マイクロフィルムやマイクロフィッシュに記録された文書類を肉眼で読めるように拡大する装置。

**マイクロプログラム**[microprogram] コンピューターの細かい動作単位を、ほかの制御と独立した命令(=マイクロ命令)とみて、その組み合わせで、ハードウエアの特別な機能を実現するプログラム。

**マイクロプロセッサー**[microprocessor] コンピューターの演算論理機能と制御機能を一個のLSIチップ上に集積したもの。

**マイクロホン**[microphone] 音響信号を電気信号に変える装置。送話器。マイク。

**マイクロメーター**[micrometer] ねじを利用した長さの測定器。ねじの回転と進みから微小な長さを測る。測微計。参照空気マイクロメーター。↓写

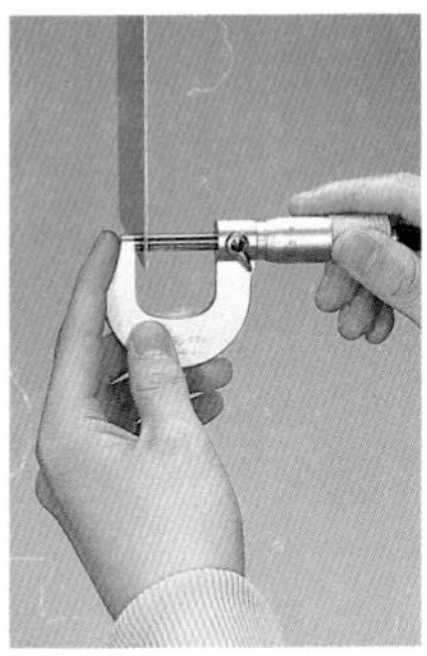

●マイクロメーター

**マイクロ-メートル**[micrometer] 長さの単位。一〇〇万分の一メートル。一〇〇〇分の一ミリメートル。一九六七年の国際度量衡総会で廃止されたミクロンに代わって用いられる。記号$\mu m$

**マイクロリーダー**[microreader] ↓マイクロフィルムリーダー

**まい-げつ**【毎月】↓まいつき(毎月)

**まいげつしょう**【毎月抄】 書簡体の歌論書。藤原定家の著。承久元年(一二一九)の作。ある貴人の歌への添削に付した歌論。和歌十体のうち、とくに有心体を重視する。定家卿消息。和歌庭訓。

**マイケルソン**[Albert Abraham Michelson](一八五二～一九三一) アメリカの実験物理学者。光学に関する諸測定、マイケルソン－モーリーの実験などを行う。一九〇七年、アメリカ人初のノーベル物理学賞受賞。

**マイケルソン-モーリー-の-じっけん**【マイケルソン－モーリーの実験】 一九世紀末に、光の媒質とされていたエーテルと地球の運動速度との関係を求めようとした実験。のちエーテルの存在は否定され、光速不変の原理に基づくアインシュタインの相対性原理のきっかけとなる。Michelson-Morley experiment

**まい-こ**【舞子・舞▾妓】 酒席で舞を舞って興を添える妓。とくに、京都の「おしゃく」とよばれる少女。半玉。

**まいこ**【舞子】 兵庫県、神戸市垂水区の地区。明石海峡に臨む海岸は松の名所として知られた景勝地。現在は背後丘陵の住宅地化で昔のおもかげはない。

**まい-ご**【迷子】《「まよいご」の約》道にまよった子。また、親などにはぐれた子。stray child; lost child

**まい-こつ**【埋骨】(名・サ変自) 火葬にした死者の骨を埋めること。用例―式。

**まいこ-どり**【舞子鳥】 マイコドリ科の鳥の総称。全長八・五～一六cm。雄は翼をふるわせて踊り、雌をひきつける。熱帯アメリカに分布。manakin ↓図

●マイコドリ　ハリオマイコドリ

**マイコフ**[Apollon Nikolayevich Maykov](一八二一～九七) ロシアの詩人。劇詩『二つの世界』など。

**まいご-ふだ**【迷子札】 迷子になったときのために、幼児につけておく住所・氏名などを書いた札。

**マイコプラズマ**[mycoplasma] 細菌とウイルスの中間に位置する微生物。病原性をもつものをマイコプラズマ－ニウモニエといい、口腔内や腸管内に常在するもの、肺炎や関節炎を起こすものなどがある。ミコプラズマ。

**マイコプラズマ-はいえん**【マイコプラズマ肺炎】 マイコプラズマ－ニウモニエの感染による肺炎。症状は一般に軽い。若年者に多く、せき・発熱・結膜充血・頭痛、ときに息切れ・チアノーゼをみる。mycoplasma pneumonia

**まい-こ・む**【舞(い)込む】(五自) ①舞いながら入ってくる。come fluttering into 用例紙が―。雪が―。②ふらりとどこからともなく、やってくる。drop in; fall on 用例嫌なやつが―・んだ。

**マイ-コン**《和製語》「マイクロコンピューター」の略。

**まいさか**【舞▾阪】〈町〉 静岡県西部、浜名湖口にある町。旧宿場町。ウナギなどの養殖と遠州灘のシラス漁がさかん。弁天島がある。人口一万一三六三(一九八八)。

**まい-じ**【毎次】 そのたびごと。毎回。every time

**まい-じ**【毎時】 一時間ごと。every hour 用例―二五kmの速さ。

**まい-しゅう**【毎週】 一週間ごと。各週。every week

**まい-しゅん**【毎春】 毎年の春。春ごと。every spring

**まい-しょうぞく**【舞装束】 雅楽で、舞う人の着る衣装。

**まい-しょく**【毎食】 食事のたびごと。every meal

**マイシリン**[mycillin] ストレプトマイシンとペニシリンの複合剤。

**まい-しん**【▾邁進】(名・サ変自) 勇んで進むこと。push on; go forward 用例勇往―。一路―する。

**マイシン**「ストレプトマイシン」の略。

**まい-す**【▿売▿僧】①仏法に背く行いをする僧。②不道徳な僧をののしっていう語。

**まい-ず**【参▿出】古語(下二自)《「まいいず」の約》「出づ」の謙譲語。まいる。もうでる。参上する。用例山たづの迎へ―・でむ君が来まさば(万葉・六・九七一)。

**まい-すう**【枚数】 皿や紙など、枚の単位で数えるものの数。number

**マイスタージンガー**[Meistersinger(ドイツ)] 職匠詩人・歌人。一五～一六世紀ドイツの手工業組合の職人兼詩人兼音楽家。ハンス＝ザックスが傑出。

**マイスナー-こうか**【マイスナー効果】 超電導体に特徴的な性質。超電導体に磁場を加えたとき、磁場が臨界値を越えないかぎり磁力が超電導体内部に及ばない現象。そのため超電導体の上の磁石は、反発力で空中に浮く。Meissner effect

**まい-せき**【毎夕】 毎晩。毎夜。まいゆう。every night; every evening

**まい-せつ**【埋設】(名・サ変他) 地下に埋めて設置すること。lay underground 用例ガス管を―する。

**マイセン**[Meissen] 東ドイツ南東部、エルベ川に沿う都市。ヨーロッパ最古の磁器工場があり、陶磁器製造で知られる。人口三・九万(一九八二)。

**マイセン-じき**【マイセン磁器】 ヨーロッパで最高の品質を誇る磁器。とくに人形で名高い。東ドイツのマイセンで製作。ヨーロッパ最古の伝統をもつ。一八世紀中期が最盛期。中国の五彩磁器や日本の柿右衛門の模倣も多い。Meissen

**まい-そう**【▾昧▾爽】 夜明け。未明。

**まい-そう**【埋葬】(名・サ変他) 死者を土に埋めること。ほうむること。bury

**まい-ぞう**【埋蔵】(名・サ変他) ①うずめて、隠すこと。bury 用例―金。②うずまり隠されていること。buried ③地中に鉱物などが埋もれていること。deposit 用例―量。

**まいぞう-ぶつ**【埋蔵物】 ①地中にうずもれている物。buried property ②地中などにうずもれていて、その所有者が容易にわからない物。buried property

**まいぞう-りょう**【埋蔵量】 地中にうずもれている鉱物などの量。deposits

**マイソール-せんそう**【マイソール戦争】 一八世紀後半、インド南部を支配していたマイソール藩王国とイギリス東インド会社との間の四次にわたる戦争。イギリスの南インドの植民地化を決定づけた。Mysore Wars

**まい-たけ**【舞▾茸】 サルノコシカケ科の食用キノコ。ミズナラ・クリ・シイなどの大木の根元に発生する。茎は無数に分枝し、先に淡い灰色のかさをつける。全体で三〇cmほどの塊状となる。美味。

**ま-いちもんじ**【真一文字】 ①一直線。②わき目もふらぬこと。in a straight line

**まい-つき**【毎月】 どの月も。ひと月ごと。まいげつ。every month

**まいづる**【舞▾鶴】〈市〉 京都府北部、日本海沿岸の市。城下町・商港として発展した西舞鶴と、軍都・軍港として発展した東舞鶴からなる。地方商業の中心地で、紡績・造船・ガラス・化学などの工業もさかん。重要港湾都市で、貿易港としてソ連との関係が深い。人口九万七三五四(一九八八)。

**まいづる-そう**【舞▾鶴草】 ユリ科の多年草。高さ一〇～二五cm。葉は心臓形で、二、三枚が互生。五～七月に白色の四弁花を開く。山地の林下にはえる。↓図

●マイヅルソウ

**まいづる-わん**【舞▾鶴湾】 京都府北部、若狭湾の支湾。典型的な沈水海岸で、湾口は狭く湾奥は東西に分かれ、旧軍港の東舞鶴と日本

海屈指の良港で商港の舞鶴(西舞鶴)がある。

**まい-て【況いて】** 古語(副)「まして」の音便。用例 ── 雁などの連ねたるが(枕・春はあけぼの)。

**まいで-く【参出来】** 古語(カ変自)「来く」の謙譲語。参上する。用例 田道間守常世に渡り八矛持ち ── ・来し時(万葉・一八・四一一一)。

**まい-ど【毎度】** ①そのたびごと。every time ②いつも。always

**毎度有り難う御座います**(まいどありがとうございます) 商人が客につかう慣用的な礼のことば。

**まい-とし【毎年】** どの年も。年々。まいねん。every year

**まいど-しゅし【埋土種子】** 土壌中に含まれる発芽可能な種子のうち、最初の発芽期に発芽せず休眠状態を続ける種子。burried seed

**マイナー【minor】** 対義 メジャー。㊀(形動)より小さいさま。少数派の。二流の。用例 ── リーグ。── ポエット。㊁(名) 音楽で、短音階。

**マイナー-チェンジ**《和製語。minorは、小規模な、の意》小規模な変更。とくに自動車の性能・形式の部分的な変更をいう。マイナーモデルチェンジ。

**マイナー-リーグ【Minor League】** アメリカのプロ野球で、大リーグ(メジャーリーグ)以外のリーグの総称。実力により3A、2A、A、ルーキーの四階級がある。小リーグ。

**まい-ない【賄い・賂い・賄賂】** ①贈り物。gift ②私利のため、ひそかに財貨を贈ること。また、その贈り物。わいろ。そでの下。bribe

**マイナス【minus】** 対義 プラス。㊀(名・サ変他) 引き去ること。減らすこと。また、その記号「－」。用例 五 ── 三は二。㊁(名) ①数学で、負数を表す記号。「－」。用例 ── 五(＝－5)。②不利なこと。悪いこと。用例 それは、きみにとって ── だ。③不足。損失。赤字。用例 家計は毎月 ── だ。④電気の陰極。⑤陰性。

**マイナス-きょく【マイナス極】** ↓いんきょく(陰極)①

**まい-にち【毎日】** どの日も。にちにち。ひび。「every day

**まいにち-しんぶん【毎日新聞】** 日本を代表する全国紙の一つ。大阪毎日新聞と、同一経営の東京日日新聞が、昭和一八年(一九四三)に題号を統一、毎日新聞とした。

**マイニンゲン-げきだん【マイニンゲン劇団】**(Meininger Hoftheatertruppe ドイ) ドイツの劇団。ザクセン-マイニンゲン公ゲオルグ二世主宰の宮廷劇団で、近代劇運動の先駆的役割を果たした。一八七四〜九〇年ヨーロッパ各地で上演。

**まい-ねずみ【舞鼠】** ↓こまねずみ(独楽鼠)

**マイネッケ【Friedrich Meinecke】**(一八六二〜一九五四) ドイツの歴史家。政治史と精神史を総合的にとらえ、広く思想界に影響を与えた。第二次大戦後、西ドイツの自由ベルリン大学の初代総長。主著『世界市民主義と国民国家』『歴史主義の成立』。

**まい-ねん【毎年】** 一年ごと。どの年も。年々。まいとし。every year 用例 ── 冬に風邪をひく。

**マイノット【George Richards Minot】**(一八八五〜一九五〇) アメリカの内科医。悪性貧血症に対する肝臓食療法の提案者。肝臓製剤の発展に貢献した。マーフィ・ウィップルとともに一九三四年ノーベル生理学医学賞受賞。

**まいのほん【舞の本】**《「幸若舞の本」の略》幸若舞の詞章集。

**マイノリティー【minority】** 少数派。少数民族。対義 マジョリティー。

**マイノング【Alexius Meinong】**(一八五三〜一九二〇) オーストリアの哲学者。思考のあらゆる対象を研究するという対象論を提唱。著書『対象論および心理学研究』など。

**まい-はぎ【舞萩】** マメ科の多年草。茎は約一m。葉は三出複葉。秋に淡黄色で紅色の入った蝶形の花が多数咲く。二枚の側小葉が周期的に動くので、この名がある。インド原産。

**まいはら【米原】**〈町〉 滋賀県北東部、琵琶湖に臨む町。東海道本線と北陸本線の分岐点で、交通の要地として発展。現在は新幹線も通っていて、駅名は「まいばら」。農業が主。人口一万二八一六(一八九)。

**まい-ばん【毎晩】** 毎夜。every night; every evening

**まい-ひめ【舞姫】** ㊀①五節に舞う少女。②バレエなどを舞う女性の美称。dancing girl ㊁森鷗外の小説。明治二三年(一八九〇)発表。ドイツ留学中の官吏と踊り子の悲劇を通して、近代的自我にめざめて苦悩する知識人を描く。

**まい-びょう【毎秒】** 一秒ごと。一秒につき。per second

**マイファニーバレンタイン【My Funny Valentine】** ロレンツ=ハート作詞・リチャード=ロジャーズ作曲。一九三七年のミュージカル『ベイブス-イン-アームズ』中の恋の歌。

**マイフェアレディ【My Fair Lady】** アメリカのミュージカル。原作はバーナード=ショーの風刺喜劇『ピグマリオン』。台本ラーナー、作曲ロウ。一九五六年初演。六四年映画化。

**まい-ふん【毎分】** 一分ごと。一分につき。minutely

**マイ-ペース**《和製語》その人なりの進度・速度。at one's own pace

**マイホーム-しゅぎ【マイホーム主義】** 個人の生活領域を仕事から切り離し、自分や家族の生活をより重視する考え方や意識。家庭第一主義。家族個人主義。

**まい-ぼつ【埋没】**(名・サ変自) ①うずもれて見えなくなること。be buried ②世に知られないこと。unknown

**まいぼつ-りん【埋没林】** かつて陸上に生育存在していた林が海中に没し、その痕跡をとどめているもの。

**まい-まい【舞舞】** ①《殻の形状を表現する「巻き巻き」が転じたとも、「舞え舞え」とはやしたことからの転ともいわれる》カタツムリの異名。まいまいつぶり。まいまいつぶろ。②「マイマイガ」の略。

**まい-まい【毎毎】**(副) いつも。たびたび。毎度。always; often

**まいまい-が【舞舞蛾】** 夏に出現するドクガ科のガ。雄は開張約五cmで淡灰色、雌は開張約八cmで褐色から黒褐色。幼虫は果樹や森林の害虫。名は、雄が日中活発に飛び回るのに由来。性に関する遺伝の実験材料。本州から九州に分布。gypsy moth ↓写

●マイマイガ

**まいまい-かぶり【蝸牛被】** 地表にすむオサムシ科の甲虫。体長約五cm。体色は地域による違いが大きい。左右の翅が癒着していて飛べない。肉食性でカタツムリなどを捕食。日本特産。↓図

●マイマイカブリ

**まいまい-つぶり【舞舞螺】** カタツムリの異名。

**まいまい-つぶろ【舞舞螺】** カタツムリの異名。

**まいまい-むし【舞舞虫】** ①ミズスマシの異名。②カタツムリの異名。

**まい-もど・る【舞(い)戻る】**(五自) もとの場所に帰る。come back

**マイヤー【Conrad Ferdinand Meyer】**(一八二五〜一八九八) スイスの詩人・小説家。おもにルネサンス時代を題材とする小説を書いた。『詩集』、小説『聖者』『ペスカラの誘惑』など。

**マイヤー【Julius Robert von Mayer】**(一八一四〜一八七八) ドイツの物理学者・医学者。熱帯では、静脈血がいちだんと鮮紅色であることを観察。また、「エネルギー保存則」の提唱者。

**マイヤー【Otto Mayer】**(一八四六〜一九二四) ドイツの法学者。行政法学の基礎を築き、ドイツ行政法の父といわれ、明治憲法下で日本の行政法学にも影響を与えた。著書『ドイツ行政法』など。

**マイヤー-フェルスター【Wilhelm Meyer-Förster】**(一八六二〜一九三四) ドイツの小説家。自作の小説『カール=ハインリヒ』を脚色した劇『アルト-ハイデルベルク』で有名。

**マイヤーホーフ【Otto Meyerhof】**(一八八四〜一九五一) ドイツの生化学者。細胞内呼吸の研究や筋収縮にともなう乳酸発生を研究。一九二二年ノーベル生理学医学賞受賞。マイエルホフ。

**マイヤベーア【Giacomo Meyerbeer】**(一七九一〜一八六四) ドイツの作曲家。豪華なグランド-オペラを作曲。オペラ『ユグノー教徒』『アフリカの女』など。

**まい-ゆう【毎夕】** ↓まいせき(毎夕)

**まい-よ【毎夜】** 夜ごと。毎晩。every night

**マイヨール【Aristide Maillol】**(一八六一〜一九四四) フランスの彫刻家。古典的な静穏さとみずみずしい情感をたたえた女性寓意像を追求。作品『地中海』『イル-ド-フランス』など。↓写

**マイラー【miler】** 競馬で、一マイル(約一六〇〇m)前後の中距離レースを得意とする馬をいう。中距離はふつう一五〇〇〜二二〇〇m。

**まいら・す【参らす】** 古語 ㊀(下二他)《「まいる」の未然形に謙譲の助動詞「す」が付いて一語化したもの》さしあげる。献上する。用例 薬の壺に御文そへて ──(竹取)。㊁(補動下二) 動作の対象を敬う意を表す。…し申しあげる。…させていただく。用例 捨てられ ── ・せて後、また誰にかはみゆべきに(平家・七・維盛都落)。

**まいら-ど【舞良戸】** 建具の一種。框の間に板(綿板)を張り、それに細い桟(舞良子)を水平に小間隔にとりつけた引き違い戸。

**マイリンク【Gustav Meyrink】**(一八六八〜一九三二) オーストリアの小説家。怪奇小説を得意とする。作品『ゴーレム』など。

**まい・る【参る】** ㊀(五自) ①「行く・来る」の謙譲語。用例 見て ── ・ります。②社寺に参拝する。visit a shrine or a temple 用例 お墓に ── 。③降参する。負ける。be defeated 用例 一本とられて ── ・った。④《多く「参っている」の形で》異性に心を奪われる。be captivated by 用例 彼女に ── ・っている。⑤《終止形で》婦人の手紙のわき付けの一つ。用例 何々様 ── 。㊁古語(四自他) ①(自)㋐貴人の所へ行く。うかがう。参上する。対義 まかる。用例 をりをり内裏へ ── ・り(枕・おひさきなく)。㋑宮仕えに出る。用例 しはすになりて、また ──(更級)。㋒天皇の妻として宮中に入る。入内する。用例 左大臣殿の三の君 ── ・りたまひぬ(源氏・梅枝)。②(他) ㋐「遣る」の謙譲語。物を差し上げる。

●マイヨール『イル-ド-フランス』。一九二五年、国立西洋美術館(東京都)。

用例 親王にむまの頭、大御酒 ── (伊勢・八二)。㋑「着る・食ふ・飲む」などの尊敬語。用例 大御酒 ── ・り御遊びなどし給ふ(源氏・藤裏葉)。㋒格子のあげおろしをする。用例 とく御格子 ── ・せ給ひて(源氏・朝顔)。㋓…してさしあげる。用例 加持 ── 僧ども近う参り(源氏・柏木)。

**マイル【mile・哩】** ヤード-ポンド法の長さの単位。一マイルは一七六〇ヤードで、五二八〇フィート、約一六〇九メートル。記号mi

**ま-いるか【真海豚】** 日本近海でみられる典型的なイルカ。体長約二m。背面は黒または暗褐色、腹面は白い。体側に灰・黄・白の波状の縦斑がある。遊泳力に優れ、たいへん速い。全世界の暖海域に分布。common dolphin ↓クジラ図

**マイルストーン【milestone】** ①道路に一マイルごとに置かれる里程標。②記録的事件。

**マイルストン【Lewis Milestone】**(一八九五〜一九八〇) アメリカの映画監督。ロシア生まれ。作品『西部戦線異状なし』『凱旋門』など。

**マイルド【mild】**(形動) ①人柄がやさしく、温厚なさま。②天候などが穏やかで、のどかなさま。③口当たりやのどごしがやわらかく、軽いさま。

**マイロ【milo】** イネ科の一年草。草丈は二〜三m。茎葉はトウモロコシに似る。子実は黒や赤など。飼料用としてアメリカ・アルゼンチンから輸入。

**ま-いわし【真鰯】** ニシン科の海水魚。体側中央に七個前後の黒斑が一列に並ぶ。イワシ類の代表。全長約二〇cm。沿岸を大群で回遊。食用として重要。日本沿海・東シナ海に分布。イワシ。ナナツボシ。ヒラゴ。sardine ↓イワシ図

**マイン-がわ【マイン川】**(Main River) 西ドイツ中部を流れるライン川の支流。バイエルン州北部を西に流れ、マインツで本流に注ぐ。長さ五二四km。

**マインツ【Mainz】** 西ドイツ中西部、ライン川左岸の商工業都市。ラインラント-ファルツ州の州都。ぶどう酒の集散地。人口一八・六万(一九八三)。

**ま・う【舞う】**(五自他) ①舞をする。dance ②くるくる回る。ひらひら飛ぶ。whirl 用例 花び



↓行き先項目、図版・写真参照印。 JIS 日本工業規格情報交換用漢字符号コード(区点コード)。

らが―。トビが―。

**マウイ-とう**【マウイ島】(Maui Island) アメリカ、ハワイ島につぐハワイ州第二の島。中心都市ワイルク。面積一八九〇㎢。東部にハレアカラ火山国立公園がある。

**ま-うえ**【真上】①ちょうど上。over ②すぐ上。right above

**まう・す**【▽申す】古語(四他)↓もうす(申す)

**マウス**【mouse】ハツカネズミの飼育品種。医学・生物学・遺伝学などの実験用。ナンキンネズミ・マイネズミなども含む。

**マウスピース**【mouthpiece】①ボクシングなどで、選手が試合のときに口中に入れ、舌や歯などを保護するためのゴム製の用具。②管楽器の吹管。

**マウナケア-さん**【マウナケア山】(Mauna Kea) アメリカ、ハワイ州南東端、ハワイ島北部にある火山。標高四二〇五mで、州内の最高峰。

**マウナケア-てんもんだい**【マウナケア天文台】(Mauna Kea Observatory) ハワイ島マウナケア山頂にある天体観測所の総称。

**マウナロア-さん**【マウナロア山】(Mauna Loa) アメリカ、ハワイ州南東端、ハワイ島南部の活火山。標高四一六九mで、マウナケア山に次ぐ。

**マウマウ-だん**【マウマウ団】(Mau Mau) 一九五〇年代イギリス領ケニアでキクユ族を主体に組織された秘密テロ集団。二度にわたって反英暴動を起こし、ケニア独立運動の発火点となった。

**ま-うら**【真裏】ちょうど裏にあたる所。すぐ裏。right behind

**マウリヤ-ちょう**【マウリヤ朝】インド最初の統一王朝。紀元前三一七年ごろ、チャンドラグプタがナンダ朝を倒して建国。パータリプトラに都し、ほぼインド全域を征服。彼は仏教に帰依し法による統治を行い、仏教文化が繁栄した。前一八〇年ごろジュンガ朝により滅亡。中国では孔雀朝と称した。Mauryan dynasty

**マウンティング**【mounting】サルが他のサルの尻に乗りかかって交尾の格好をとること。雌雄に関係なく行われる順位の確認の行為で、上に乗ったサルが優位を示す。サル目一般にみられる。

**マウンテン-ゴリラ**【mountain gorilla】ゴリラの一亜種。もう一つの亜種ローランドゴリラより大きく、雄は体長約一・八m、体重約二〇〇kg。壮年の雄は背中が銀白色の毛でおおわれ、シルバーバックと呼ばれる。草食。見かけよりもおとなしい。ザイール東部、ウガンダなどの山地にすむ。コウチゴリラ。ヤマゴリラ。

**マウンテン-ミュージック**【mountain music】アメリカのアパラチア山脈地帯南部の農民やきこりの間におこった民俗音楽。編成はコーラスと五弦バンジョー・フラットマンドリン・フィドル・ギターなど。電気楽器は用いない。

**マウント**【mount】①写真を張りつける台紙。スライド用フィルムの保護枠。②カメラの交換レンズを本体に固定する金具部品。

**マウンド**【mound】野球で、投手が投球のとき立つ、土を盛り上げた所。

**マウント-アイザ**【Mount Isa】オーストラリア北東部、クイーンズランド州西部の鉱山都市。銅・鉛・銀などの世界的生産地。人口二一・六万(一九八〇)。

**マウント-バーノン**【Mount Vernon】アメリカ北東部、ニューヨーク州南東部の工業都市。ニューヨーク市のベッドタウンでもある。人口六・六万(一九八〇)。

**まえ**【前】㊀(名)《「目方(まへ)」の意》①顔の向いているほう。おもて。さき。front 対義 後ろ。用例 ―を見る。②初めのほう・部分。forepart 対義 後ろ・あと。用例 本の―のほうに書いてある。③時間的に早いほう。以前。before 対義 後(のち)。用例 食事の―に手を洗う。三日―。④正面にあたる部分・場所。front 用例 家の―の道路。⑤着物の前の部分。front 用例 ―がはだける。―下がり。⑥陰部。private parts 用例 ―を隠す。⑦《「…の前」の形で》…のうえで、あえての意を表す。…そんなことは覚悟の―だ。⑧身分の高い婦人の名に添える敬称。用例 玉藻の―。㊁(接尾)①ひとり分ずつ割り当てた数。割り当てた部分。用例 五人―。②それ相当のもの、の意を表す。用例 腕―。

**まえ-あし**【前足・前脚】対義 後ろ足。①歩こうとして踏み出した方の足。②動物などの前方の足。forefoot

**まえ-いわい**【前祝(い)】(名・サ変自) 物事の成功・成立を見通して、前もって祝うこと。celebrate in advance

**まえ-うしろ**【前後ろ】①前と後ろ。あとさき。front and back ②前後の位置が逆になること。後ろ前。with the front side back; back to front

**まえ-うり**【前売(り)】(名・サ変他) 切符・入場券などを、当日よりも前に売ること。advance sale 対義 当日売り。

**まえ-おき**【前置(き)】(名・サ変自) 本論に入る前に述べること・ことば。introductory remark

**まえ-かがみ**【前▽屈み】上半身を前に折るように曲げること。まえこごみ。bend forward 用例 ―になって歩く。

**まえ-がき**【前書(き)】本文の前に書き添える文章。序。preface 対義 後書き・奥書・本文。

**まえ-かけ**【前掛(け)】衣服の汚れを防ぐために用いる長方形の布にひもをつけたもの。体の腰から下の前部をおおい、ひもを腰に結んで使う。前垂れ。apron

**まえ-がし**【前貸し】(名・サ変他) お金を渡す期日よりも前にその分を貸すこと。advance 比較 前払い。対義 前借り。

**まえ-がしら**【前頭】相撲で、三役と十両との間の力士の階級。

**まえ-かた**【前方】㊀(名) その時より前。㊁(副) あらかじめ。前もって。

**まえ-がみ**【前髪】①額の上の部分の髪。結髪で、額の上で束ねた髪。forelock 対義 後ろ髪。②元服前の男子。↓日本髪図

**まえがみ-だち**【前髪立ち】昔、元服前の男子が前髪を立てていたこと。その若者。前髪立て。

**まえ-がり**【前借り】(名・サ変他) お金を受け取る期日前に借りること。ぜんしゃく。have an advance 対義 前貸し。

**まえかわ-くにお**【前川国▽男】(一九〇五―八六) 建築家。東京生まれ。東京大学卒業後、パリでル＝コルビュジエに師事。作品に、紀伊國屋書店・東京文化会館・京都会館などがある。

**まえかわ-さみお**【前川佐▽美雄】(一九〇三―) 歌人。奈良県生まれ。東洋大卒。佐佐木信綱に師事。歌誌『日本歌人』主宰。歌集『植物祭』『白木黒木』など。

**まえ-かんじょう**【前勘定】代金を前もって払うこと。pay in advance

**まえ-きん**【前金】物を受け取る前に、その代金を支払うこと。ぜんきん。advance 対義 後金。

**まえ-く**【前句】俳諧で、付け句をするようにと出題された句。対義 付け句。

**まえ-くち**【前口】より早い順番・申し込み。先口。対義 後口。

**まえく-づけ**【前句付(け)】七・七の句を題にし、その前に五・七・五の句を付けるもの。川柳の前身。「斬りたくもあり斬りたくもなし」に付けた「ぬす人をとらえてみればわが子なり」の類。

**まえ-げい**【前芸】本番の前の、ちょっとした芸。curtain raiser

**まえ-げいき**【前景気】事が始まる前の景気。prospect 用例 ―をあおる。

**まえ-こうじょう**【前口上】本題・本芸に入る前に言う口上。preliminary remarks; prologue

**まえ-さばき**【前▼捌き】相撲の立ち合いの攻防の中で、巧みに自分に有利な差し手にもっていく動きや技。

**まえさわ**【前沢】〈町〉岩手県南部、北上川沿いの町。かつては河港として栄えた。稲作中心で、野菜栽培なども行う。人口一万六〇九五(一九八八)。

**まえ-じて**【前ジテ・前仕手】能で、中入りの前に出るシテ。対義 後ジテ。

**まえじま-ひそか**【前島▽密】(一八三五―一九一九) 近代郵便制度の創始者。越後の人。外遊後、駅逓頭などを歴任し、「郵便」「切手」などの名称を創案。国字改良論の先駆者としても有名。

**マエストゥ**【Ramiro de Maeztu】(一八七四―一九三六) スペインの批評家。評論『ドン＝キホーテ、ドン＝ファン、ラ＝セレスティーナ』など。

**まえ-ずもう**【前相撲】相撲で、番付外の新弟子たちの取組み。また、その地位。

**まえ-だおし**【前倒し】予算などを年度の上半期に集中して使うこと。とくに、需要誘発効果の大きいとみられる公共事業費をはやく消費すること。

**まえだ-かんじ**【前田寛治】(一八九六―一九三〇) 洋画家。鳥取県生まれ。東京美術学校卒。作品『裸婦』『海』『棟梁の家族』など。

**まえだ-げんい**【前田玄以】(一五三九―一六〇二) 安土桃山時代の武将。織田信長・豊臣秀吉に仕え、丹波亀山城主。豊臣五奉行の一人。関ケ原の戦いでは西軍に属したが、徳川家康に通じて領地の所有を保証された。

**まえだこう-ひろいちろう**【前田▽河広一郎】(一八八八―一九五七) 小説家。仙台市生まれ。プロレタリア文学運動に参加し、『文芸戦線』の代表作家となる。作品『三等船客』、評伝『蘆花伝』など。

**まえだ-じょうさく**【前田常作】(一九二六―) 洋画家。富山県生まれ。武蔵野美術学校卒。作品『人間誕生』『観想マンダラ』など。

**まえだ-せいそん**【前田青▼邨】(一八八五―一九七七) 日本画家。岐阜県生まれ。本名、廉造。東京芸大教授。大和絵風の線描と古い様式を生かした知的な装飾的構成。昭和三〇年(一九五五)文化勲章受章。作品『竹取物語』『洞窟の頼朝』など。↓写

**まえだ-つなのり**【前田綱▽紀】(一六四三―一七二四) 江戸中期の大名。第五代加賀藩主。藩政改革を行って民政の安定に尽力。学問・武芸を奨励し、古典の保存・収集に努め、尊経閣文庫を開く。

**まえ-たて**【前立て】①ブラウス・ジャケット・コートなどの前開きにつける細長い布。②ズボンの前開きにつける持ち出し。③身返し。front ↓ワイシャツ図

**まえ-だて**【前立(て)】《「前立て物」の略》かぶとの前に立てる、くわ形・半月などの金具。crest

**まえだ-としいえ**【前田▽利家】(一五三八―九九) 安土桃山時代の武将。加賀藩主前田家の祖。尾張の人。織田信長・豊臣秀吉に仕え、秀吉没後は五大老の一人として豊臣秀頼を補佐し、豊臣・徳川の融和に努力。

**まえだ-ふら**【前田普羅】(一八八四―一九五四) 俳人。本名、忠吉。東京生まれ。高浜虚子門下。山岳の句が多い。句集『春寒浅間山』など。

**まえだ-ゆうぐれ**【前田夕暮】(一八八三―一九五一) 歌人。本名、洋造。神奈川県生まれ。尾上柴舟に師事。清新な自然主義的歌風。一時期、自由律短歌を実践。歌集『収穫』『水源地帯』など。

**まえ-だれ**【前垂れ】↓まえかけ(前掛け)

**まえつえ**【前津江】〈村〉大分県西端、福岡県境の村。津江山系にあり、筑後川の水源地帯の一つ。農・林業を主とする。人口一八六一(一九八八)。

**まえ-つ-きみ**【▽公・▼卿・▼卿・▽大▽夫】《「つ」は「の」の意の格助詞》天皇の前に伺候する身分の高い人の敬称。もうちぎみ。

**まえ-づけ**【前付(け)】本文の前に付けるもの。序文・目次など。front matter 対義 後付け。

**まえ-つぼ**【前▼壺】下駄の、前の緒をすげる穴。その緒。↓下駄図

**まえ-のめり**【前のめり】前のほうへたおれるようにかたむくこと。fall forward 用例 後ろから押されて―になる。

**まえの-りょうたく**【前野良沢】(一七二三―一八〇三) 江戸中期の蘭方医。豊前の人。家業の中津藩医を継ぐが、四七歳で蘭学を志し青木昆陽に師事。杉田玄白らと『ターヘルア

● 前田青邨『洞窟の頼朝』。昭和四年(一九二九)、大倉集古館(東京都)。

▼常用漢字表外。 ▽常用漢字表の音訓外。

ナトミア』(解体新書)を翻訳。

**まえ-ば**【前歯】①歯の前部中央の上下各四本の歯。歯科では「ぜんし」という。門歯。front tooth ②下駄の前方の歯。

**まえばし**【前橋】〈市〉群馬県中南部、利根川に臨む市。県庁所在地。古くは上野国の中心地で、近世は城下町。明治以降は製糸の町として発展。繊維などの伝統工業や電気器具などの近代工業・商業もさかん。人口二八万六三九(一九八八)。

**まえはた-ひでこ**【前畑▽秀子】(一九一四)元水泳選手。和歌山県生まれ。現姓、兵藤。一九三六年(昭和一一)ベルリンオリンピック二〇〇m平泳ぎで優勝。日本女子水泳界初の金メダリスト。

**まえ-ばらい**【前払い】(名・サ変他)対義後払い。①支払い期日より前に代金を支払うこと。先払い。prepaid 比較前貸し。②物を受け取る前に代金を支払うこと。prepaid

**まえばら-いっせい**【前原一誠】(一八三四〜七六)明治初期の政治家。長州藩出身。尊王攘夷運動に参加。新政府の参議、兵部大輔を歴任したが下野。明治九年(一八七六)萩の乱を起こし、敗れて処刑。

**まえばる**【前▽原】〈町〉福岡県西北部、福岡市の西に接する町。農業が主。宅地化も著しい。志登支石墓群(=ドルメン)、怡土城址などの史跡が有名。人口四万八九七九(一九八八)。

**まえ-び**【前日】前の日。事が始まる、すぐ前の日。

**まえ-ぶれ**【前触れ】①前もって知らせること。予告。さきぶれ。previous notice ②前兆。sign; premonition

**まえ-まえ**【前前】以前。ずっと前。a long time ago; previously 用例—から。

**まえ-みごろ**【前身▼頃】胴部を包む衣服の前面部分。また、ワンピース・コートなどの、肩から裾まで続く前面部分。front body 対義後ろ身頃。↓着物図 ↓羽織図 ↓ワイシャツ図

**まえ-みつ**【前▼褌】相撲の回しの、しめたときに身体の前にあたる部分。front belt

**まえ-むき**【前向き】①前方へ向くこと。forward ②肯定的であること。positive 用例—に検討する。

**まえ-もって**【前▽以て】(副)前に。あらかじめ。かねがね。beforehand

**まえ-やく**【前厄】厄年の前年。そのわざわい。対義後厄。

**まえ-わ**【前輪】鞍の前部の輪形に高くなっている部分。対義後輪。↓鞍図

**まえ-わたし**【前渡し】(名・サ変他)①期日より前に渡すこと。advance ②支払いを受ける前に商品をわたすこと。delivery in advance ③前貸し。advance ④手付け。手金。

**ま-えん**【魔縁】《仏教語》悪魔が仏法を邪魔すること。その悪魔。

**ま-お**【真▽麻】カラムシの別名。

**ま-おう**【麻黄】マオウ科の草状の常緑小低木。高さ三〇〜六〇cm。茎は細長く扁平で節が多く、トクサに似る。葉は細かく、白い小鱗片状。初夏に、茎頂に花穂をつける。茎にアルカロイドを含み、漢方薬に用いる。中国北部原産。mahuang ↓写

●マオウ

**ま-おう**【魔王】㊀①《仏教語》仏道の妨げをする悪神。天魔波旬。②悪魔の首領。㊁《原題Erlkönig ドイツ》シューベルトの歌曲。一八一五年作曲。ゲーテの詩による幻想的で劇的な作品。

**まおうたい-かんぼ**【馬王▼堆漢墓】中国湖南省長沙市の東郊馬王堆にある前漢初期の古墳。一九七二年に発掘調査。三個の木槨と木棺が出土。ほぼ完全な女性の遺骸のほか、織物・漆器・陶器・明器など約一〇〇〇点の副葬品が発見された。被葬者は軑侯に封じられた利倉の夫人と推定されている。現在は長沙博物館に保管。↓写

●馬王堆漢墓

**まおか**【真▼岡】〈市〉↓もおか(真岡)

**まお・す**【▽申す】古語(四他)《「まうす」の古形》↓もうす(申す)

**マオタイ-しゅ**【▼茅台酒】コーリャンと小麦、麦こうじを発酵させた蒸留酒。中国貴州省茅台鎮産。アルコール分五五%以上。

**マオ-ツェドン**【毛沢東】(Máo Zé dōng)↓もうたくとう(毛沢東)

**ま-おとこ**【間男】(名・サ変自)結婚している女が、ほかの男とこっそり関係を結ぶこと。また、その相手の男。情夫。secret lover

**まお-らん**【真▽麻▼蘭】ニューサイランの別名。

**マオリ-ぞく**【マオリ族】ニュージーランド原住民。ポリネシア人種。かつては採集・狩猟・漁労・焼き畑耕作に従事。男子は顔面に入れ墨を施した。現在はイギリス系国民に同化し、対等の地位を確立。Maori

**まか**【摩▼訶】(接頭)《仏教語。mahā梵の音写》大きいこと。大きく、多く、すぐれていること。

**まがい**【▽紛い・▽擬い】①まじって区別がつかないこと・もの。unable to distinguish ②よく似せてあること。にせもの。まがいもの。imitation

**まがい-ちょうこく**【磨▼崖彫刻】↓まがいぶつ(磨崖仏)

**まがい-ぶつ**【磨▼崖仏・摩▼崖仏】岩壁に彫られた仏像。インドや中国では古くからつくられ、日本では平安時代の大分県臼杵、栃木県大谷の石仏群が有名。磨崖彫刻。

**まがい-もの**【▽紛い物】にせもの。まがい。imitation

**まが・う**【▽紛う】(五自)①入りまじる。はっきりしなくなる。be confused with ②似ていて、まちがえる。be mistaken for

**紛う方無い**(まがうかたない) まぎれようがない。まごう方無い。unmistakable

**まが・える**【▽紛える】(下一他)①まぜて、わからないようにする。confuse ②似せる。見ちがえさせる。cause to take... for...

**まかえん**【摩▼訶▼衍】《仏教語。mahāyāna梵の音写で、大きなのりもの、の意》大乗仏教の別称。

**マカオ**【Macao】中国、広東省南部、珠江河口西岸にあるポルトガル領土。名勝旧跡が多い観光地。一六世紀以来ポルトガルの貿易中継地として発展。人口二六・二万(一九八二)。一九九九年中国へ返還の予定。澳門。

**ま-がお**【真顔】まじめな顔つき。serious「look

**まか-かしょう**【摩▼訶▼迦▽葉】釈迦の十大弟子の一人。頭陀第一といわれる。釈迦入滅後教団を統率し、第一回仏典結集を行った。禅宗では付法の第一祖とされ、拈華微笑の故事をもって尊ばれる。迦葉尊者。迦葉。マハーカーシャパ。

**ま-がき**【真▼牡▼蠣】カキの一種。殻長約五cm。黄白色で、形は不定。潮間帯の岩礁に、ふくらみをもつ左殻で付着。雌雄同体。食用として養殖。日本全土・朝鮮半島などに分布。↓カキ図

**ま-がき**【▼籬】竹・粗朶などで目を粗く造った垣根。ませ垣。

**まがき-がい**【▼籬貝】黄色地に黒褐色のすじがあるスイショウガイ科の巻き貝。殻長約六cm、殻径約四cm。潮間帯の岩礫底にすむ。食用。殻は細工用。房総半島以南・西太平洋・インド洋に分布。

**まがき-へいくろう**【曲垣平九郎】(生没年未詳)江戸初期の馬術家。讃岐国高松藩士。将軍徳川家光が愛宕山下を通ったさい、その求めに応じ乗馬で石段を登り山上の梅花を折ってきたという。講談などに脚色。

**マカク**【macaque】マカカ属に含まれるオナガザル科のサル類の英名。体長五〇〜六〇cm。食べ物などを一時蓄えておく頰袋をもつ。アジア産のサルで、ニホンザルのほか、タイワンザル・アカゲザル・カニクイザルなど。

**ま-がし**【間貸し】(名・サ変自他)代金をとって、部屋を貸すこと。rent a room 対義間借り。

**まかしかん**【摩▼訶止観】中国、隋代の仏教書。天台三大部の一つ。天台智顗の講述を弟子の灌頂が筆録。二〇巻。修行の実践法を説き、天台教学の奥義を伝える。止観。

**ま-かじき**【真▽旗▽魚・真▼梶木】マカジキ科の大形海水魚。上顎が剣状に長く伸び、背びれが大きい。全長約四m、体重約三〇〇kgにもなる。背面は黒青色、腹面は銀白色。食用。太平洋・インド洋の温帯・熱帯域に広く分布。カジキマグロ。spearfish

**マガジン**【magazine】①雑誌。②写真で、未撮影の生のロールフィルムをつめる、金属、またはプラスチックの入れ物。③自動拳銃などの弾倉。

**マガジン-ラック**【magazine rack】①新聞や雑誌を入れて置く棚。②手軽に持ち運べる新聞・雑誌入れ。

**まか・す**【任す・▽委す】(五他)↓まかせる(任せる)

**まか・す**【負かす】(五他)①負けさせる。勝つ。beat ②値段などを下げさせる。負けさす。make... reduce

**ま-かず**【間数】部屋の数。部屋数。number of rooms

**まか・ず**【▼罷ず】古語(下二自他)《「まかりいず」の転。古くは「まかんず」とも》①(自)㋐貴人などの前から退出する。退去する。用例はかなき心地にわづらひて—・でなむとし給ふを(源氏・桐壺)。㋑貴所を退出して、こちらへ来る。用例貞観殿の御かた、この西なるかたに—・で給へり(蜻蛉・上)。㋒「出づ」の丁寧語。出ます。用例老いかがまりて室の外にも—・でず(源氏・若紫)。②(他)お下げする。用例この箱を—・でさせたまへるにぞ(源氏・葵)。

**ま-かぜ**【魔風】悪魔が吹かせる、誘いの風。

**まかぜこいかぜ**【魔風恋風】小杉天外の小説。明治三六年(一九〇三)『読売新聞』に連載。女学生をめぐる恋愛を描いた風俗小説。

**まか・せる**【任せる・▽委せる】(下一他)＝任す。①相手のなすままにさせる。leave 用例子どものするに—。②他の者にさせる。一任する。entrust 用例代表に—。仕事を—。③その力に頼る。rely on 用例金に—・せて。

**マガダ**【Magadha】インドのビハール州を中心とするガンジス河南方の地域の古称。紀元前六世紀から後六世紀までのインドの中心地で、諸王朝が栄えた。仏教・ジャイナ教などの発生地。

**まが-たま**【曲玉・▼勾玉】ともえ形の玉。頭部の太い部分に孔があって緒を通す。硬玉・碧玉・瑪瑙・水晶・琥珀・滑石・土・ガラスなどでつくられ、装身具・祭祀用具に使われた。

**マカッサル**【Makassar】ウジュンパンダンの旧称。

**マカッサル-かいきょう**【マカッサル海峡】(Makassar Strait)インドネシア中央部、カリマンタン島とスラウェシ島間の海峡。幅一二〇〜三七〇km。

**まがつひ-の-かみ**【▼枉津日神】日本神話の神。伊奘諾尊の禊によって出現した、災害・凶事などをもたらす神。

**ま-がな**【真仮名】日本語の音を表すために用いた漢字。万葉仮名。

**まかない**【賄い】①賄うこと・人。board ②給仕。serve

**まかない-かた**【賄い方】食事・食品をつくり扱う役・人。cook

**まかない-つき**【賄い付き】食事の付いた間貸し。room and board

**まかな・う**【賄う】(五他)①食事をつくって出す。serve meals; board ②処理する。間に合わせる。cover 用例二万円で—。

**まがな-すきがな**【間がな▼隙がな】(副)ひっきりなしに。絶えず。用例—本を読んでいる。

**ま-がね**【真金】鉄。くろがね。まかね。

**まがね-ふく**【真金吹く】[枕ことば]《「吹く」は、ふいごで空気を送ることで、鉄をつくる意。鉄の産地であることから》「吉備」などにかかる。用例—きびの中山おびにせるほそたに川のおとのさやけさ(古今・神あそび)。

**まか-ふしぎ**【摩▼訶不思議】(名・形動)きわめて不思議なこと・さま。mysterious

**まかべ**【真壁】〈町〉茨城県西部、筑波山北麓の町。旧城下町で、周辺農村の商工業中心地。花崗岩の産地で有名。人口二万一五四三(一九八八)。

**まがまが-し・い**【▽禍▽禍しい】(形)悪いことがおこりそうだ。不吉である。

**ま-がも【真▼鴨】** 雄の頭から頸が緑黒色に光る大形のカモ。アヒルの原種。全長約六〇cm。下顎部の白輪も目立つ。猟鳥で美味。北半球に広く分布。北海道および本州の高地では繁殖するが、その他の日本各地へは冬鳥として湖沼・江湾などに渡来。雄はアオクビともいう。まかも。mallard

**まかり【▽罷り】** ㊀(名)《「まかる」の連用形》貴人の前から退出すること。㊁(接頭)《動詞に付いて》①けんそんの意を表す。用例――越す。②語気を強める。用例――通る。

**罷り成らぬ** 《「ならぬ」を強めた語》許さない。

**まがり【曲(が)り】** ①曲がること。曲がった所・角。曲がる程度。a bend 用例――ぐあい。②「まがりがね」の略。

**曲り形にも** どうにか、こうにか。不十分ながら。somehow or other

**ま-がり【間借り】**(名・サ変自他) 他人の住宅の一部(独立していない部屋)を借りて住むこと。使用貸借と賃貸借がある。rent a room 対義間貸し。

**まかり-い・ず【▽罷り▽出ず】** 古語(下二自) ↓まかりでる(罷り出る)

**マカリオス【Makarios】**(一九一三―七七) キプロスの聖職者・政治家。第二次大戦後、独立運動を指導。一九五〇年ギリシア正教のキプロス大主教となる。共和国独立後、終生大統領。

**まがり-かど【曲(が)り角】** ①道の曲がっている角。corner ②人生・局面などの転機。重大な局面。turning point 用例――にさしかかる。

**まがり-がね【曲(が)り金・曲(が)り▽尺】** ↓かねじゃく(曲尺)①

**まがり-がわ【曲(が)り川】** 漢字を組み立てている部分の名。「巡・巣」などの「巛」。

**まがり-くね・る【曲(が)りくねる】**(五自) いくつにも、くねくねと折れ曲がる。さまざまに曲がる。wind

**まかり-こ・す【▽罷り越す】** 文語的(五自) 参る。参上する。

**まかり-で・る【▽罷り出る】**(下一自) ①貴人の前などから退出する。leave ②《誤用して》参る。参上する。present oneself ③出てくる。appear

**まかり-とお・る【▽罷り通る】**(五自) ①ずいと通る。堂々と通る。march ②堂々と通用する。pass for 用例にせものが――。

**まかり-まちが・う【▽罷り間違う】**(五自) 《「まかり」は接頭語。「間違う」を強めた語》万が一まちがう。万一失敗する。まずそうならないが、ひょっとしてそのなりゆきとなる。if things go wrong 用例――・えばえらいことになるところだった。――・っても譲歩してはいけない。

**まがり-め【曲(が)り目】** 曲がっている、ちょうどその部分。曲がったさかいめ。

**まかり-もう・す【▽罷り申す】** 古語(四自) いとまごいを申し上げる。用例仍りて倭姫命に――・して曰はく(日本書紀・景行)。

**まがり-や【曲(が)り屋】** 岩手県に多く見られる民家形式。直屋に直角に厩が付いたL字形の平面をもつもの。↓写

●曲がり屋

**まか・る【負かる】**(五自) 負けられる。値段を安くすることができる。can cut the price 用例もう――・りません。

**まか・る【▽罷る】** 古語(四自) ①「退く・出づ」の謙譲語。貴人の前から退出する。おいとまする。対義参る。用例憶良らは今は――・らむ(万葉・三・三三七)。②都から地方へ下る。用例わが背子しけだし――・らば(万葉・一五・三七二五)。③「行く・来く」の謙譲語。参ります。用例ひとの花つみしける所に――・りて(古今・恋一・詞書)。④「死ぬ」の丁寧語。みまかる。用例妻に――・りおくれてまたの年の秋(拾遺・哀傷)。⑤動詞の上に添えて謙譲の意を表す。…いたします。用例ここら舟に乗りて――・りありくに(竹取)。

**まが・る【曲(が)る】**(五自) ①まっすぐでなく、連続的になだらかに向きが変わる。用例道が――。線が――。②しなう。かがむ。bend 用例腰が――。③向きを変える。turn 用例右へ――。④道理にはずれる。wrong 用例――・ったことは大嫌い。⑤傾く。slant 用例柱が――。⑥ひねくれる。be crooked 用例根性が――・っている。

**マカルー-さん【マカルー山】**(Makalu) ネパール北東部、ヒマラヤ山脈中の高峰。標高八四八一mは世界五位。エベレストの南東約二〇kmに位置する。

**ま-がれい【真▼鰈】** 砂泥底にすむカレイ科の海水魚。全長約四五cm。体は楕円形で扁平。目は右側にあり、目のある側は黒褐色。食用。樺太から日本各地・中国に分布。right-eyed flounder

**マカレンコ【Anton Semënovich Makarenko】**(一八八八―一九三九) ソ連の教育家。施設における自らの実践をもとに集団主義教育を提唱、ソ連の教育学を方向づけ、教育実践の指針を与えた。

**マカロニ【macaroni】** 管状に穴のあいた西洋のめん。イタリア名物。種々の変形マカロニもある。比較スパゲティ。

**マカロニ-ウエスタン**《和製語》イタリア製西部劇の日本での俗称。

**マカロニ-こむぎ【マカロニ小麦】** デュラム小麦の別名。

**マカロフ【Stepan Osipovich Makarov】**(一八四九―一九〇四) ロシアの提督。露土戦争で活躍。日露戦争開始直後に太平洋艦隊司令長官となったが、旅順港外で戦死。

**ま-がん【真▼雁】** ガンカモ科の中形のガン。背面が灰褐色、嘴の基部は白い。全長約七五cm。北半球北部で繁殖し、冬は南下。日本では冬鳥で、全国の水田・湖沼や海岸などに渡来。天然記念物。white-fronted goose

**まき【巻(き)】** ㊀(名) ①巻くこと。巻いたもの。用例はち――。②書画の巻き物。③書物や物語の内容上の一区切り。用例桐壺の――。④俳諧の付け句を続けたもの。その書き物。㊁(助数) 巻いた物、書物の巻数などを数える語。用例一の――。――の上。

**まき【牧】** 牛・馬・羊などを、はなしがいにする所。まきば。ぼくじょう。ぼく。pasture

**まき【▽薪】** 燃料にする木。たきぎ。firewood 数え方一本・一把・一束。

**ま-き【真木・▼槇】** ①↓いぬまき(犬槇)。②《すぐれた木、の意》スギ・ヒノキの古名。

**真木立つ山** スギやヒノキなどが茂った山。

**真木の嬬手** スギやヒノキなどの、荒くけずっただけの木材。

**まき【牧】**〈村〉 新潟県南西部、長野県境の山間の村。豪雪地域で、稲作のほか肉牛飼育などの農業が主。建設機器工場などもある。人口三九二一(一九八八)。

**まき【巻】**〈町〉 新潟県中部、新潟市の南にある町。周辺地域の行政・文化の中心で、市の穀倉地帯でもある。人口二万九三〇九(一九八八)。

**マキ【maquis フランス】**《コルシカ島の低木林、の意。犯罪者の潜伏場所とされていたことから》第二次大戦中、対独抵抗運動に従事した地下武装組織。一九四四年フランス国内軍に編入された。

**ま-ぎ【間木】** なげしの上などにつくった、たな。

**マギ【magi】** ①『新約聖書』で、イエス誕生時の、東方の三博士。the Magi ②ペルシアの古代宗教、とくにゾロアスター教の司祭階級。③幻術師、魔術師。

**まきあげ-しぼり【巻(き)上げ絞り】** ↓まきしぼり(巻き絞り)

**まき-あ・げる【巻(き)上げる・▼捲(き)揚げる】**(下一他) ①巻いて上げる。roll up ②奪い取る。take away

**マキアベリ【Niccolò Machiavelli】**(一四六九―一五二七) ルネサンス期イタリアの政治思想家。近代政治学の祖。フィレンツェの貴族出身。宗教的権威や個人道徳から独立したリアリズムで政治技術の法則性を発見した。著書『君主論』『ローマ史論』など。

**マキアベリズム【Machiavellism】** 権力の獲得・維持拡大のためには手段を選ばず、結果によってすべての行為が正当化されるとする考えや態度。政治の道徳からの独立性を主張したマキアベリの思想に由来。権謀術数主義。

**まき-あみ【巻(き)網・▽旋網】** 長い帯状の網漁具。揚繰網・巾着網・縫切網など。魚群を包囲し、その囲いをしだいにせばめる。purse seine

**まき-ありつね【▼槇有▽恒】**(一八九四―一九八九) 元登山家。宮城県生まれ。慶大卒。日本近代登山の先覚者。大正一〇年(一九二一)アルプスのアイガー東山稜初登頂。昭和三一年(一九五六)日本隊マナスル初登頂時の隊長。

**まき-いずみ【真木▽和▽泉】**(一八一三―一八六四) 幕末の尊攘派志士。名は保臣。久留米の神官出身。江戸・水戸に遊学し水戸学の影響を受ける。元治元年(一八六四)長州兵とともに蛤御門の戦に敗れ自殺。

**まき-いつま【牧逸馬】** 林不忘の別名。

**まき-え【▼蒔絵】** 日本独自の漆工芸の装飾技法の一種。漆で文様を描いた上に、金・銀・錫などの粒子や色粉を付着させたりして図様を表現する。工程上から平蒔絵・研出し蒔絵・高蒔絵の三種に区別できる。↓写

●蒔絵『男山蒔絵硯箱』。室町時代(一五世紀)、東京国立博物館。

**まき-え【▼撒(き)▼餌】** ①小鳥・魚などに、えさをまき散らして与えること。そのえさ。scattered feed ②魚をおびき寄せるためにまくえさ。よせえ。こませ。ground bait

**まきおか【牧丘】**〈町〉 山梨県北部、笛吹川上流域の町。養蚕・コンニャク栽培がさかんで、ブドウ(巨峰)の産地としても知られる。金峰温泉がある。人口七〇九六(一九八八)。

**まき-おこ・す【巻き起(こ)す・巻起(こ)す】**(五他) ①巻くようにして吹き上げる。用例砂塵を――。②事をひき起こす。create a sensation

**まき-がい【巻(き)貝】** 広義には、軟体動物のうち、腹足類に属する貝類の総称。通常背上に渦巻き状の殻があるが、カサガイ・ヨメガカサガイのように円錐状の殻の種類や、ナメクジ・ウミウシのように殻のない種類も含む。狭義には、腹足類のうち、アワビ・サザエ・タニシ・カワニナなど巻いた殻の貝。snail 対義二枚貝。

**まき-かえし【巻(き)返し】** ①広げたり反対に巻いたりしたものを、もとの状態に巻きもどすこと。roll back ②勢いをもり返すこと。反撃。roll back

**まきかえし-せいさく【巻(き)返し政策】** 冷戦の主導権をソ連から奪い返し、社会主義陣営に積極的に攻勢をかけようというアメリカの政策。一九五三年国務長官ダレスが提唱。roll back policy

**まき-かえ・す【巻(き)返す】**(五他) ①巻いて、元へ戻す。rewind ②勢いを取り戻して、逆に攻めかける。rally

**まき-か・える【巻(き)替える】**(下一他) ①別なものに新たに巻く。また、別なものを巻く。rewind 用例毛糸を――。②相撲の技の一つ。自分に不十分な組み手のとき、わずかな動きを利して、有利な差し手に組みかえること。

**まき-がまえ【▼冂構え】** 漢字を組み立てている部分の名。「円・周」などの「冂」。けいがまえ。

**まき-がみ【巻(き)紙】** ①半切紙を横につないで巻いたもの。手紙用。②物を巻いて包む紙。また、巻いた紙。roll

**まき-がり【巻(き)狩り】** 四方から狩り場を囲んで、獣を捕らえること。

**まきぐち-つねさぶろう【牧口常▽三郎】**(一八七一―一九四四) 教育家・宗教家。創価学会の創設者の一人。初代会長。昭和三年(一九二八)日蓮正宗に入信。その教えに基づく教育法を創唱し、昭和五年(一九三〇)創価教育学会を設立。第二次大戦中弾圧され、獄死。

**まき-ぐも【巻(き)雲】** ↓けんうん(巻雲)

**まき-げ【巻(き)毛】** 髪の毛がちぢれて、うず

▼常用漢字表外。 ▽常用漢字表の音訓外。

を巻いたようになっている状態。また、その毛。髪型に部分的にあしらったり、髪型全体を構成したりする。カール。curl

**まき-こ・む【巻(き)込む】**(五他) ①巻いて中に入れる。roll in ②仲間に引き入れる。involve

**マキシ【maxi】**《服飾用語のmaximumから》くるぶしの隠れるほどの、床上一〇〜二〇cmの長い丈のスカート。マキシスカート・マキシドレスなど。ロングスカート。↓スカート図

**まき-じた【巻(き)舌】** ①舌を巻くようにして、ら行を強く発音し、早口にものを言うこと。江戸っ子のべらんめえ口調など。roll one's r's ②切り口上。

**まき-しぼり【巻(き)絞り】** 絞り染めの技法の一つ。布をつまんで糸をぐるぐる巻きつけて締めて染める。巻き上げ絞り。

**マキシマム【maximum】** 最大限。最大量。マクシマム。対義ミニマム。

**まき-じゃく【巻(き)尺】** テープ状の物差し。輪形に巻いたり、円形の容器に巻き込んで、必要に応じて引き出して使う。まきざし。tape measure

**まき-す【巻(き)▼簀】** 竹製の調理用すだれ。竹を細く割り、糸で連ねてある。巻きずし・だて巻きなどを巻く。

●巻きスカート

**まき-スカート【巻きスカート】** 腰に巻いて身につけるスカートの総称。ラップスカート。wrap-around skirt ↓図

**まき-ずし【巻(き)▼鮨】** 乾し海苔、すり身入りの厚焼き卵などで、寿司飯と、しんにするたねを巻いたもの。海苔巻き。卵巻き。

**まき-ぞえ【巻(き)添え】** ①人々を災難に巻きこむこと。involvement 用例子どもを――にする。②他人の事件のために罪や損害を受けること。by-blow 用例――をくう。

**まきぞの【牧園】**〈町〉 鹿児島県北東部、霧島山西麓の町。農林業と観光の町で、林田をはじめ多くの温泉がある。人口一万一八二七(一九八八)。

**まき-ぞめ【巻(き)染め】** 絞り染めの一種。しっかり巻いた布の上をひもで巻いて染色し、ひもで巻いた部分が白く残るようにしたもの。

**まき-タバコ【巻きタバコ】** 細長く巻き固めて吸うタバコ。紙巻きと葉巻きとがある。cigarette 対義刻みタバコ。

**まき-ちら・す【▼撒(き)散らす】**(五他) ①まいてちらす。あたり一面にばらまく。scatter ②あちこちに広める。spread 用例うわさを――。

**まき-つ・く【巻(き)付く】**(五自) 他のものに巻いて付く。twine around

**まき-つけ【▼蒔(き)付け】**(名・サ変他) 作物の種をまくこと。sow

**まきとり-がみ【巻(き)取り紙】** 漉き紙機から製造されてくる帯状の紙を一定量だけ巻き取ったもの。新聞・雑誌などの印刷に用いる。rolled paper

**まき-なおし【▼蒔(き)直し】** ①あらためて、もう一度蒔くこと。sow again ②物事を、新しくやり直すこと。make a fresh start 用例新規――。

**まきの【マキノ】**〈町〉 滋賀県北西部、琵琶湖に臨む町。農・林業と漁業の町で、シイタケの産地。関西でもっとも古いマキノスキー場がある。人口六五四八(一九八八)。

**まきの-えいいち【牧野英一】**(一八七八〜一九七〇) 刑法学者。岐阜県生まれ。東大卒。東大教授。主観主義刑法理論の権威。教育刑論を唱え行刑改善にも影響を与えた。著書『日本刑法』など。

**まきのお【▼槇尾】** 京都市右京区の清滝川流域一帯の名称。栂尾・高尾(雄)とともに三尾といわれる。西明寺があり新緑・紅葉の名所として知られる。

**まきの-ごけ【牧野▼苔】** 湿った岩上や地上に群生するコケ。葉状体は濃緑色で二叉に分岐する。雌雄異株。植物学者の牧野富太郎を記念した名。

**まきの-しょうぞう【牧野省三】**(一八七八〜一九二九) 日本映画初期の監督・製作者。京都生まれ。作品『本能寺合戦』『碁盤忠信』など。

**まきの-しんいち【牧野信一】**(一八九六〜一九三六) 小説家。小田原生まれ。早大卒。身辺小説で出発、のち現実と幻想の交錯する特異な美の世界を築いた。作品『父を売る子』『ゼーロン』『鬼涙村』など。

**まきの-しんけん【牧野伸顕】**(一八六一〜一九四九) 政治家・外交官。鹿児島県生まれ。大久保利通の次男。文相・外相を経て大正八年(一九一九)パリ講和会議全権。のち内大臣。二・二六事件にあって隠退。まきののぶあき。

**まきの-とみたろう【牧野富太郎】**(一八六二〜一九五七) 植物分類学者。高知県生まれ。独学で植物学を研究。多くの新種を記載し、日本の植物分類学の発展に寄与。著書『牧野日本植物図鑑』。昭和三二年(一九五七)文化勲章受章。↓写

**まきの-とらお【牧野▼虎雄】**(一八九〇〜一九四六) 洋画家。新潟県生まれ。東京美術学校卒。軽快な筆致の平明で装飾的な作風。作品『渓流の水浴』『凧揚げ』など。

**まきのはら【牧ノ原】** 静岡県南部、大井川と御前崎との間に広がる洪積台地。浸食により基盤の第三紀層が露出。古くから茶の産地として知られる。牧ノ原台地。

**まき-ば【牧場】** ↓まき(牧)

**まき-ばしら【真木柱】** ①ヒノキの柱。②[枕ことば]《ヒノキの柱は太いことから》「太し」にかかる。用例――太き心はありしかどこのわが心鎮めかねつも(万葉・二・一九〇)。

**まき-はた【牧畑】** 土地をいくつかに区分し、農耕と放牧とを交互に行う畑地。かつて隠岐島にみられた。

**まき-ひげ【巻(き)▼鬚】** 茎や葉の一部がつるのように変わり、他物に巻きついて体を支えるもの。ブドウの枝・エンドウの小葉・サルトリイバラの托葉など。tendril 参照つる植物。

**まき-もの【巻(き)物】** ①書画などを横に長く表装したもの。巻子本。scroll 対義草紙。数え方一巻・一軸。②軸物に巻いた反物。roll of cloth ③料理で、卵焼き・のり・とろろこんぶなどで、寿司飯などを円筒状に巻くもの。

**ま-きゅう【魔球】** 球技で、相手を苦しめる変化球。

**まぎらか・す【紛らかす】**(五他) ↓まぎらす(紛らす)

**まぎら・す【紛らす】**(五他) =紛らかす・紛らわす。①区別できないようにする。ごまかす。cook ②気分を変える。divert

**まぎらわし・い【紛らわしい】**(形) 区別がしにくい。まちがえやすい。confusing 派生まぎらわしさ(名)

**まぎらわ・す【紛らわす】**(五他) ↓まぎらす(紛らす)

**まき-りょうこ【巻▼菱湖】**(一七七七〜一八四三) 江戸後期の書家。名は大任。越後の人。漢字・かなをよくし、菱湖流と称される。幕末三筆の一人。

**まぎ・る【紛る】** 古語(下二自) ↓まぎれる(紛れる)

**ま-ぎ・る【間切る】**(五自) ①波間を切って船を進める。②斜め前方からの風を帆に受けて、風上に船を進める。

●牧野富太郎

**まぎれ【紛れ】** 一(名) 紛れること。confusion 二(接尾)《形容詞の語幹や動詞の連用形などに付いて名詞をつくる》どうしようもないこと。…のあまり。用例苦し――の弁解。腹立ち――に酒を飲む。

**紛れも無い**(まぎれもない) まちがえようもない。obvious

**まぎれ-こ・む【紛れ込む】**(五自) ①まちがって入る。get mixed in ②騒ぎに乗じて、そっと入る。slip into

**まぎ・れる【紛れる】**(下一自) ①区別しにくくなる。入りまじる。get mixed ②見えなくなる。be lost in ③心が他に移る。気を奪われる。be diverted

**ま-ぎわ【間際・真際】** 差し迫ったさい。寸前。直前。just before 用例発車――。

**まき-わら【巻(き)▼藁】** 弓術のまとなどにする、わらを巻きたばねたもの。

**まき-わり【▽薪割(り)】** たきぎにする木を割ること。それに使う刃物。wood-chopping

**マキン-とう【マキン島】**(Makin Island) 太平洋中部、キリバスのギルバート諸島北端にある環礁。面積一二km²。ブタリタリ島。

**マク** 13画 **【幕】** 部首[巾] 教育小6 JIS 4375

幕 幕 幕 幕 幕 幕

音 マク・バク

①おおいぎれ。たれぬの。とばり。テント。「暗幕・銀幕・字幕・除幕式・天幕」用例(名)紅白の――をはりめぐらす。数え方一枚・一張り・一帖。②芝居。「開幕・閉幕」用例(名)――があく。③芝居の大きな区ぎり。比較場。用例(名)第一――。――あい。④場合。場面。用例(名)きみの出る――ではない。⑤おわり。しまい。用例(名)――になる。⑥相撲の番付で、前頭以上。「入幕」「幕内・幕下」用例(名)――を落ちる。↓バク[幕]

**のべつ幕無し**(のべつまくなし) 多く、望ましくないことが、絶え間なく続くさま。constantly

**幕が開く**(まくがあく) 芝居で、開幕する。転じて、物事が始まる。curtain rises; begin 対義幕が下りる。

**幕が下りる**(まくがおりる) 芝居で、閉幕する。転じて、万事が終わる。curtain falls; come to an end 対義幕が開く。

**幕を開ける**(まくをあける) ①幕を開け、芝居を始める。raise the curtain ②物事を始める。また、物事が始まる。start 用例スキーシーズンが――。

**幕を下ろす**(まくをおろす) =幕を打つ。①引き幕を閉じて、芝居などが終わりになる。drop the curtain ②物事が、終わりになる。come to an end

**幕を切って落とす**(まくをきっておとす) ①《切り幕を開けることから》芝居が始まる。start ②物事が、にぎにぎしく始まる。また、初めて公開される。begin

**幕を切る**(まくをきる) ①物事を開始する。start ②終わりにする。幕を閉じる。

**幕を通す**(まくをとおす) 両者の間に、うまく話をつける。

**幕を閉じる**(まくをとじる) ①《芝居などが》幕を閉めて、終わる。close the curtain ②物事が、終わりになる。come to an end

**幕を引く**(まくをひく) 幕を閉じる。close the curtain

**マク** 14画 **【膜】** 部首[月] 常用 JIS 4376

音 マク・バク・ボ・モ

①生物の器官をおおったり、へだてたりする、うすい層。「角膜・鼓膜・粘膜・皮膜・腹膜」「膜質」②ものの表面をおおう、うすい皮。用例(名)――をはぐ。

**ま・く【巻く・▼捲く】**(五他) ①平たいものを円筒状に丸く畳む。roll 用例紙を――。②からみつける。まとう。bind 用例包帯を――。③囲む。くるむ。wrap 用例遠巻きに――。④いかりを上げる。get up anchor ⑤渦巻き状にする。swirl; coil 用例渦を――。とぐろを――。⑥ねじってまわす。wind 用例時計を――。⑦連歌・俳諧の付け合いをする。用例連歌を――。

**ま・く【▼蒔く・▼播く】**(五他) ①種を土に落として、埋める。sow ②《「蒔く」で》まき絵で、漆で模様をかき、金粉などをふりかける。

**蒔かぬ種は生えぬ**(まかぬたねははえぬ) 原因がないのに、結果の生じるわけがない。Nothing comes of nothing.

**ま・く【▼撒く】**(五他) ①水など散らして注ぐ。sprinkle ②ついて来た人をはぐれさす。throw off the track 用例尾行を――。

**ま・く【負く】** 古語(下二自他) ↓まける(負ける)

**ま・ぐ【曲ぐ】** 古語(下二他) ↓まげる(曲げる)

**マグ【mug】** 茶・コーヒーなどを飲むための大型の器。ふつう円筒形で、取っ手がついている。

**まく-あい【幕▽間】** 芝居で、幕が下りて次の幕が開くまでのあいだ。intermission米; interval英 用例――に飯を食べる。

**まく-あき【幕開き】** ①幕が開くこと。rise of the curtain ②物事の始まり。opening

**まく-うち【幕内】** 相撲で、番付の最上段に名を連ねる力士の総称。横綱・三役と前頭。幕の内。対義幕下。

**まく-ぎれ【幕切れ】** ①芝居が一段落して幕がおりること・場面。幕。end of an act ②物事の終わる時。end



↓ 行き先項目、図版・写真参照印。　JIS 日本工業規格情報交換用漢字符号コード(区点コード)。

**ま-くさ【真草】** ↓てんぐさ(天草)

**ま-ぐさ【▼秣】** 《馬草の意》牛馬のかいばとする草・わら。fodder

**まぐさ【▼楣】** 門や、出入り口の上部に渡した「横木。

**まぐさ-いし【▼楣石】** 石製建造物(=古墳の石室なども含む)の出入り口あるいは窓の枠組みの上部にわたした石。下部に置かれた石は梱石。

**まぐさ-ば【▼秣場】** 江戸時代、馬・牛などの飼料や肥料にする草の採集地。多くは入会地で、藩から小物成を課せられた。秣山。苅敷山。

**まくし-あ・げる【▼捲(く)し上げる】**(下一他) 上のほうまでまくる。まくり上げる。roll up

**マクシーモフ【Vladimir Emelyanovich Maksimov】**(一九三一) ソ連の小説家。フランスに亡命。作品『創造の七日間』『検疫』など。

**まく-した【幕下】** 相撲で、番付二段目の力士。十両と三段目の間。かつては、幕内より下の力士の総称。[対義]幕内。

**まくし-た・てる【▼捲(く)し立てる】**(下一他) 息もつかずに激しくいう。talk on and on

**マクシミアヌス【Marcus Aurelius Valerius Maximianus】**(二四五ごろ～三一〇) ローマ皇帝。二八六年東のディオクレティアヌス帝とともに西の正帝となったが、三〇五年退位。のち帝位争いに敗れ、自殺。

**マクシミリアン【Ferdinand Maximilian Joseph】**(一八三二～六七) メキシコ皇帝(在位一八六四～六七)。オーストリア皇帝フランツ=ヨーゼフの弟。ナポレオン三世のメキシコ干渉にあたり皇帝とされたが、フランス軍撤退後、革命軍により処刑。

**マクシミリアン〈一世〉【Maximilian I】**(一四五九～一五一九) 神聖ローマ皇帝(在位一四九三～一五一九)。ブルゴーニュ公女との婚姻で領地を拡大したが、フランスとの抗争など対外的に多事にわたり、その内政改造政策は不調に終わった。人文主義者・芸術家を保護し、「最後の騎士」と称された。

**マクシモービチ【Karl Ivanovich Maksimovich】**(一八二七～九一) ロシアの植物学者。シベリア・日本の植物にくわしく、明治時代数多くの植物が彼によって分類上の所属を決定された。

**まく-じょう【膜状】** 膜のような状態。membranous

**まく-じり【幕▼尻】** 相撲で、幕内力士の中の、いちばん下の力士。

**まくし-るい【膜▼翅類】** ハチとアリの仲間で高等な昆虫類。翅は膜状で透明。前翅と後翅がかぎで連なって一枚の翅のように動く。雌は産卵管または、それの変化した毒針をもつものがある。完全変態する。集団生活を営むものが多い。hymenopteran

**ま-くず【真▼葛】** クズの美称。

**マクスウェル【James Clerk Maxwell】**(一八三一～七九) イギリスの物理学者。ファラデーの電磁場の研究を深め、古典的電磁気理論を完成。電磁波の存在を予言。電磁場の基本方程式を樹立。

**マクスウェル-の-でんじりろん【マクスウェルの電磁理論】** 電磁気作用に電磁場の概念を導入し、ファラデーの媒質理論をマクスウェルが数学的に定式化した理論。Maxwell's electromagnetic theory

**マクスウェル-の-ほうていしき【マクスウェルの方程式】** 電磁気学の基礎となる微分方程式。マクスウェルにより定式化され、電磁場と電流・電荷の相互作用を時・空間的に記述する。電磁波が存在することを導く。Maxwell equations

**マクスウェル-ぶんぷ【マクスウェル分布】** 理想気体がある温度で熱平衡状態にあるときの気体分子の速度分布。マクスウェル-ボルツマン分布。Maxwell's distribution

**ま-ぐそ【馬▼糞】** 馬のくそ。ばふん。horse dung

**マクダネル-ダグラス【McDonnell Douglas Corporation】** アメリカの航空機メーカー。F15などの戦闘機で知られる。一九三九年設立。

**ま-ぐち【間口】** ①土地・家屋などの正面の幅。frontage [対義]奥行き。②知識や事業の領域の広さ。range [用例]彼は―が広い。

**間口を広げる** 家の表口を広げる。転じて、研究や事業などの領域を広げる。widen one's range of

**ま-くつ【魔▼窟】** ①悪魔のいる所。②悪党・売春婦のいる所。

**マグデブルク【Magdeburg】** 東ドイツ西部、エルベ川に臨む港湾都市。八〇五年建設以来の古都。人口二八・九万(一九八五)。

**マグデブルク-の-はんきゅうじっけん【マグデブルクの半球実験】** 一六五四年、二つの半球容器を合わせて内部を減圧し、馬八頭ずつで引っ張ることで引き離し、大気圧が大きいことを示した実験。Magdeburg's hemisphere experiment

**まく-でん【幕電】** 雷の放電路が雲内にあって、雲全体が明るく幕のように光る放電。sheet lightning

**まく-でんい【膜電位】** 細胞膜などの、半透膜によってへだてられた溶液の間に発生する電位差。細胞は半透性の細胞膜に包まれているので、細胞の内と外液との間に膜電位が発生する。筋肉や神経などが活動しているときの電位を活動電位、静止しているときの電位を静止電位という。membrane potential

**マクドゥーガル【William McDougall】**(一八七一～一九三八) イギリスの心理学者。目的論的心理学を唱え、行動の動機となるものは本能であると考え、詳細に分類した。著書『社会心理学入門』。

**マクドナルド【James Ramsay MacDonald】**(一八六六～一九三七) イギリスの政治家。労働党下院議員となり第一次大戦に反対。一九二四年最初の労働党内閣の首相。二九年再度首相。ロンドン会議で海軍軍縮会議を成立させたが、経済恐慌対策に失敗。挙国一致内閣を組閣し危機を回避したが、党から離脱。三五年辞職。

**マグナ-カルタ【Magna Carta】** 一二一五年、イギリス王ジョンが貴族たちに強制されて承認した勅許状。内容は貴族の既得権を王が侵害しないことを再確認したもので、人民の自由を保障するものではなかった。しかし後世、その諸条項は新解釈を加えられ、イギリス憲法の一部をなして今日なお有効性を保ち、立憲政治の基礎となる文書とされている。大憲章。

**マクナマラ【Robert Strange McNamara】**(一九一六～) アメリカの実業家・政治家。フォード社社長。一九六一年ケネディ政権の国防長官となり、初期のベトナム戦争を指導。のち世界銀行総裁。

**マグナム【Magnum】** 重くて威力のある強装銃弾。また、その弾を使用する大型拳銃。

**マグナム-フォトス【Magnum Photos】** 写真家の協同組織による国際的写真通信社。キャパやブレッソンらが一九四七年にパリで設立。

**マクニース【Louis MacNeice】**(一九〇七～六三) イギリスの詩人。穏健かつ主知的な立場から現代生活の空疎を描いた。詩集『秋の日記』、評論『イェーツの詩』など。

**マグニチュード【magnitude】** ①大きさ。サイズ。②光度の等級。③地震の規模を表す数。地震そのものの大きさを表す。震央から一〇〇km の地点の最大振幅のミクロン単位の数値を推定し、常用対数で表したもの。[比較]震度。

**マグニトゴルスク【Magnitogorsk】** ソ連中部、ウラル山脈南東麓、ウラル川に臨む世界有数の製鉄工業都市。人口四二・五万(一九八六)。

**マクニン【macnin】** 《商標名》カイニンソウからつくる回虫駆除の薬。

**マグヌス-こうか【マグヌス効果】** 流体中を回転しながら進む物体には、進行方向に直角な向きの力(=揚力)がはたらくという現象。Magnus effect

**マグネシア【magnesia】** 《ギリシアの地名マグネシアから》酸化マグネシウムの別名。

**マグネシウム【magnesium】** アルカリ土類金属の一つ。元素記号 Mg 原子番号一二。原子量二四・三。比重一・七四。銀白色の軽金属。酸化されやすく、空気中で熱すると閃光を放って燃える。航空機・自動車部品用の合金、純金属製造用の還元剤などに利用。

**マグネシウム-ごうきん【マグネシウム合金】** マグネシウムを主成分とする合金。重さがアルミニウム合金の三分の二で、実用軽金属材料中もっとも軽い。古くから、軽合金エレクトロンとして使用され、第二次大戦後、亜鉛・ジルコニウムを添加した強力合金などが開発された。magnesium alloy

**マグネチック-スピーカー** 《和製語。electromagnetic loudspeaker の略》強磁性の可動部分が、音声電流で変化する磁気吸引力で、振動させられることを利用したスピーカー。ひずみが大きく、現在では使用されない。

**マグネット【magnet】** 磁石。磁鉄。

**マグネトロン【magnetron】** マイクロ波管の一種。磁場によって電子ビームを周回させ、マイクロ波を発生させる。大電力パルスの発振に向き、レーダー・電子レンジなどに用いる。磁電管。

**まく-の-うち【幕の内】** ①芝居の幕間に食べる弁当。幕の内弁当。②《転じて》ゴマをかけた俵形の握り飯とおかずを詰め合わせた弁当。③江戸時代、上覧相撲で幕の中に控えることが許された力士。④相撲番付の最上段に名がのる前頭以上の力士。

**ま-くば・る【間配る】**(五他) あちらこちらと間をおいて配る。

**マクファーソン【James Macpherson】**(一七三六～九六) スコットランドの詩人。三世紀のケルト族のオシアンの英雄叙事詩を訳したと称する『オシアン詩』の作者。この書はロマン派の詩人たちに影響を与えた。

**マクブライド【Sean MacBride】**(一九〇四～八八) アイルランド共和国の政治家・法律家。一九四六年共和党を結成。国会議員・外相。ヨーロッパ統合と人権擁護に取り組み、アムネスティ-インターナショナル議長。一九七四年ノーベル平和賞受賞。

**マクベス【Macbeth】** シェークスピア四大悲劇の一つ。一六〇五～〇六年作。王を殺すマクベスの不安・挫折を緊密な構成で描く。

**まくべつ【幕別】**〈町〉 北海道南東部、十勝平野にある町。豆類・テンサイなどの野菜栽培と酪農がさかん。各種工場も進出。人口二万一六九二(一九八八)。

**まく-ま【幕間】** 「まくあい」の誤り。

**マグマ【magma】** 地中で、岩石が溶けた状態にあるもの。温度は六五〇～一三〇〇℃。ふつうはシリカを主成分とする溶融体。冷えると火成岩になる。岩漿。

**マクマード-きち【マクマード基地】**(McMurdo) 南極、ロス島西縁にあるアメリカの観測基地。一九五五年建設。

**マグマ-すい【マグマ水】** 地下のマグマの中に含まれている水分。マグマ本体から分離したものも含める。初生水。岩漿水。magmatic water

**マグマ-だまり【マグマ▼溜(ま)り】** 大型の火山の真下、数キロメートルに存在し、間欠的にマグマを地上に送り出すマグマのたまり場。magma reservoir ↓火山[図]

**マグマ-の-ぶんか【マグマの分化】** マグマがその化学組成を種々に変化させること。主要なものは結晶分化作用である。この作用の過程を経て、組成の異なる火成岩が形成される。magmatic differentiation

**マクマホン-せんげん【マクマホン宣言】** 一九一五年イギリスのマクマホンとメッカ総督フサインとの間で協定された宣言。第一次大戦中アラブの協力を得るため、イギリスが戦後のアラブ地域独立支持を約束したもの。フサイン-マクマホン宣言。

**マクマホン-ライン【McMahon line】** 一九一四年シムラ会議でイギリス・中国・チベットの代表によりヒマラヤに画定された国境線。のちの中印国境紛争の原因となった。イギリス代表マクマホンの名にちなむ。

**まく-み【幕見】** 芝居を一幕だけ見ること。一幕見。[用例]―料金。

**マクミラン【Edwin Mattison McMillan】**(一九〇七～)アメリカの物理学者。超ウラン元素ネプツニウム・プルトニウムを発見。放射性炭素一四を発見。シーボーグとともに、一九五一年ノーベル化学賞受賞。

**マクミラン【Maurice Harold Macmillan】**(一八九四～一九八六) イギリスの政治家。保守党員。一九五七年首相に就任し、耐乏政策によりポンド危機を克服。六三年引退。

**まく-もうぞう【▼莫妄想】** 《仏教語》悟りを得るためには、妄想(=分別の心)を起こさないようにせよ、ということ。

**まく-や【幕屋】** ①まくを張りめぐらした小屋。②能舞台の楽屋。

**まくら【▼枕】** ①からだを横たえるときに頭を支える道具。pillow [用例]―をする。[数え方]一個・一基。②長いものの下にあって、これを受けるもの。bolster [用例]―木。③前置きのことば。introduction [用例]話の―。④落語の導入部。本題に関連した小咄をあてることが多い。preliminary remarks [用例]―を振る。

**枕浮く** 寝ながら泣いて、たくさんの涙を流す。

**枕が上がらない** 病気で寝たきりになる。be bedridden

**枕片去る** 《古代、夫の留守の夜に、妻のした風習》枕を床の片方に寄せて、寝る。ま

た、枕の片側をあけて、寝る。
**枕定む**(まくらさだむ) ①寝るときに、頭にする方向を決める。②遊里で、相手を決めて、共寝する。
**枕結ぶ**(まくらむすぶ) 野宿をする。旅寝する。
**枕を重ねる**(まくらをかさねる) 情交を重ねる。
**枕を交わす**(まくらをかわす) 男女が共寝をする。sleep together
**枕を敧てる**(まくらをそばだてる) 寝ながら注意して聞く。
**枕を高くする**(まくらをたかくする) ①安心して寝る。sleep in peace ②心配なく暮らす。lead a peaceful life
**枕を直す**(まくらをなおす) 侍女などが、主人の寵愛を受ける。
**枕を並べて**(まくらをならべて) 《討死する、負ける、失敗するなどのときにいう》大勢いっしょに。all together
**枕を濡らす**(まくらをぬらす) 寝ながら、ひどく涙を流して悲しむ。shed tears in bed
**枕を割る**(まくらをわる) 考えて悩む。苦心する。

**マクラウド**[John James Rickard Macleod](一八七六～一九三五) イギリスの生理学者。インシュリン発見の業績で、バンティングとともに一九二三年ノーベル生理学医学賞受賞。

**まくら-え**【▾枕絵】 春画。

**まくら-がい**【▾枕貝】 砂質底にすむマクラガイ科の巻き貝。殻高約三・五cm。殻は淡黄褐色の地に多くの黒褐色のジグザグ模様があり、滑らかで光沢がある。房総・能登半島以南に分布。

**まくら-がたな**【▾枕刀】 枕元に置く護身用の刀。

**まくら-カバー**【▾枕カバー】 枕が汚れないようにおおう布。筒形や袋形がある。枕おおい。ピローケース。pillowcace

**まくら-がみ**【▾枕上】 ↓まくらもと(枕元)

**まくら-ぎ**【▾枕木】 レールを固定し、レールの間隔を保持し、レール上を通る車両の荷重を道床に広く分散させる軌道用材料。木材・コンクリート材などが使われる。crosstie＊; sleeper 英

**まくら-ぎょう**【▾枕経】 死体をひつぎに入れる前に、その枕元でする読経。

**まくら-ことば**【▾枕▿詞】 修辞法の一つ。和歌などの韻文に多い手法。主題とは関係なく、ある語の前に導入的に用いる一定の表現。五音がもっとも多く、まれに四・三・六音のものもある。「あしひきの」「やすみしし」「さねさし」など。比較 序詞

**まくら-さがし**【▾枕探し】 旅客などの寝ている間に金品を盗むこと・人。

**まくらざき**【▾枕崎】〈市〉 鹿児島県、薩摩半島南西部の市。カツオ漁業の基地で、鰹節製造がさかん。茶も産出。人口二万二一八(一九八八)。

**まくらざき-たいふう**【▾枕崎台風】 昭和二〇年(一九四五)九月、西日本全体に大被害をもたらした大型台風。死者・行方不明者三七五六名。

**まくらじょう-ようがん**【▾枕状溶岩】 まくらの形をした楕円体の溶岩。溶岩が水中や湿地で急冷されたときに、弾力性のあるガラス質の被膜ができてまくら状になると考えられる。pillow lava

**まくら・する**【▾枕する】(サ変自) まくらにして寝る。pillow one's head on 用例 石に—。

**まくら-なおし**【▾枕直し】 産婦がふつうの状態になること。また、その祝い。

**まくらのそうし**【▾枕草子】 平安中期の随筆。清少納言の作。『源氏物語』とともに平安女流文学を代表し、随筆文学の祖とされる。長保三年(一〇〇一)ごろまでに成立。現存の諸本は類纂形態の本と雑纂形態の本に分かれる。長短三百余段から成り、字書的・批評的類集、自然や人事の写生や批評感想、史実に関する回想の日記的叙述に分けられる。鋭い審美的な観察力と明確で繊細な表現力は独自である。

**マクラメ**[macrame] 《もとはアラビア語。装飾用の房や紐、の意》糸や紐を結び連ねて模様を表すレース編みの一種。太目の糸を使って、縁飾り・袋物などに応用。マクラメレース。↓写

●マクラメ

**まくら-めし**【▾枕飯】 人の死後すぐにその枕もとに供える高盛り飯。箸を立てることが多い。

**まくら-もと**【▾枕元・▾枕▿許】 寝ている、まくらのあたり。まくらがみ。at one's bedside

**マクラレン**[Norman McLaren](一九一四～一九八七) カナダのアニメーション映画監督。イギリス生まれ。作品『ひばり』『線と色の即興詩』など。

**まくり**【▾捲(く)り】 ①まくること。roll up 用例 腕—。②競輪・競艇などのレースで、コーナーで外側から勢いよく追い越すさま。元来は競輪用語。

**まくり**【▿海▿人▿草】 カイニンソウの別名。

**まくり-あ・げる**【▾捲(く)り上げる】(下一他) 巻いて上へあげる。まき上げる。roll up

**マクリーシュ**[Archibald MacLeish](一八九二～一九八二) アメリカの詩人。国政にも参与。叙事詩『征服者』など。

**マグリット**[René Magritte](一八九八～一九六七) ベルギーのシュールレアリスムの画家。幻想とその深層に横たわる荒涼とした破壊感を描き出す。作品『不思議の国のアリス』など。↓写

●マグリット 『血の声』。一九六一年、個人蔵。

**マグリブ**[Maghrib] ↓マグレブ

**マクリントック**[Barbara McClintock](一九〇二～) アメリカの女性生化学者。コーネル大教授。遺伝子が、染色体の一か所にとどまらずに動きまわり、または消失するもののあることをトウモロコシで最初に発見した。一九八三年ノーベル生理学医学賞受賞。

**まく・る**【▾捲(く)る】(五他) ①おおっているものを巻いて上げる。めくる。roll up 用例 すそを—。そでを—。②《動詞の連用形に付いて》しきりに…する。…しつづける。用例 書き—。しゃべり—。

**まぐれ**【▿紛れ】 ①まぎれること。②偶然。fluke; accidental

**まぐれ-あたり**【▿紛れ当(た)り】 偶然当たること。fluke

**マクレー**[Carmen McRae](一九二二～) アメリカの女性ジャズ歌手。モダンな感覚と知性の光る名歌手。

**マクレーン**[Shirley MacLaine](一九三四～) アメリカの映画女優。主演作『アパートの鍵貸します』『愛と追憶の日々』など。

**マグレブ**[Maghreb] アフリカ北西部、モロッコ・アルジェリア・チュニジアの総称。リビアを含むこともある。マグリブ。

**まく・れる**【▾捲(く)れる】(下一自) はがれて上がる。ひるがえる。be turned up 用例 強風で、ひさしが—。

**マクロ**[macro](接頭) ①巨大な。②巨視的。対義 ミクロ

**まぐろ**【▾鮪】 ①サバ科マグロ属の総称。マグロ・キハダ・メバチ・ビンナガなど。カジキ類を含めることもある。tuna ②サバ科マグロ属の海水魚。体は紡錘形で背面は青みを帯びた黒色。腹面は白色。全長約三m。北半球の暖海域を群れをなして回遊。刺身として最高級種。クロマグロ・ホンマグロ。tuna ↓図

●マグロ② クロマグロ

**マクロエンジニアリング**[macro-engineering] 宇宙開発や海洋開発などの巨大なプロジェクトを計画・管理する技術。

**マクロ-けいざいがく**【マクロ経済学】 近代経済学の体系の一つ。所得分析を中心に経済諸量(消費・貯蓄・投資など)の間の関係や動向を解明し、経済全体の規則性と趨勢を明らかにしようとするもの。巨視的経済学。所得分析。macro-economics 対義 ミクロ経済学。

**マクロコスモス**[Makrokosmos ドイツ] 大宇宙。macrocosm 対義 ミクロコスモス。

**まぐろ-し**【▾鮪師】《俗語》酔客を介抱するふりをして金品を奪う者。

**マクロファージ**[macrophage] 動物の体内にある食細胞のうち、大形でアメーバのような形をした細胞。食作用をもち、異物をとり囲み消化する働きをもつ。大食細胞。貪食細胞。

**マクロ-レンズ**[macro lens] おもに接写に使用する写真レンズ。無限遠から二分の一倍までの接写ができ、等倍以上の拡大撮影には蛇腹装置を使う。

**ま-ぐわ**【馬▾鍬】 日本在来の砕土用の農具。横木に数本の鉄の歯がついていて、牛や馬に引かせて、田の代掻きなどに使う。↓図

**まくわ-うり**【真桑▾瓜・▾甜▾瓜】《昔、岐阜県真桑村が名産地であったからという》ウリ科のつる性一年草。夏に黄色の五裂の花が咲く。メロンの仲間。果実は約一〇cmで、円柱状か楕円形で芳香と甘味に富む。果皮は黄色・黄緑色など。果肉は淡緑色またはオレンジ色。インド原産。アジウリ。アマウリ。フリ。ホゾチ。ボンテンウリ。マクワ。↓写

●マクワウリ

**まけ**【負け】 ①負けること。敗北。defeat 対義 勝ち。②商品を値引くこと。cut the price ③商品に付けてやる物。おまけ。

**負けが込む**(まけがこむ) 負けがたび重なる。負けた回数・点数などがふえる。keep losing

**負け相撲の小股取るが如し**(まけずもうのこまたとるがごとし) 相撲で、負ける者が、倒れながら相手の小股をすくってみるようなものである。負け惜しみの強いことを言う。

**負けて悔しき玉手箱**(まけてくやしきたまてばこ) 《「開けて悔しき玉手箱」をもじったもの》将棋などの勝負事に負けたときに言うしゃれ。

**負け博打のしこり打ち**(まけばくちのしこりうち) 博打で、負けるにつれ、ますます夢中になって打つ。

**まげ**【▾髷】 髪を頭上で束ね、上部を後方へ、さらに前へと折り曲げた部位。また日本髪で、前髪・鬢・髱のそれぞれの毛先を集め、最後に仕上げる部分。

**まけ-いくさ**【負け戦・負け▿軍】 戦いや試合に負けること。lose battle 対義 勝ち戦。

**まけ-いぬ**【負け犬】 けんかに負けて尾を垂らして逃げる犬。また、競争などに負けて引き下がる人のさま。underdog

**まけ-いろ**【負け色】 負けそうなけはい。敗色。

**まけ-おしみ**【負(け)惜しみ】 負けを悔しがって、負けていないといい張ったり、弁解したりすること。sour grapes

**まげ-き**【曲(げ)木】 熱を加えて曲げた木材。椅子やテーブルなどを作るのに利用される。bent wood

**まげき-ざいく**【曲(げ)木細工】 木材を曲げて、家具・運動具などを作ること。そうして作ったもの。曲げ木。

**まけ-ぎらい**【負け嫌い】(名・形動) 強情

●馬鍬

で、我慢強く、人に負けるのを嫌がること・さま・人。勝ち気。負けん気。負けず嫌い。unyielding

**まけ-こ・す【負(け)越す】**(五自) 負けた回数が勝った回数より多い。have more losses than wins 対義 勝ち越す。

**まげ-しけん【曲げ試験】** 材料を両端で支え、中央に荷重をかけたときの、曲がりにくさやその変形のようすなどから材料の強さや加工性を調べる試験。bending test

**まけじ-だましい【負けじ魂】** 人に負けまいと、奮い立つ気迫。unyielding spirit

**まけず-おとらず【負けず劣らず】**(副) 互いに優劣がないさま。互角。equally

**まけず-ぎらい【負けず嫌い】**(名・形動) ↓まけぎらい(負け嫌い)

**まげ-て【曲げて・▼枉げて】**(副) しいて。無理に。

**マケドニア【Makedonija】** ユーゴスラビアを構成する六共和国の一つ。首都スコピエ。古代マケドニア王国の一部。人口一九一万(一九八一)。

**マケドニア-ちょう【マケドニア朝】** 九～一一世紀のビザンチン帝国最盛期の王朝。マケドニア出身のバシリウス一世が創始。Kingdom of Makedonija

**まけ-ばら【負け腹】** 負けたことに対する怒り。

**負け腹の業煮やし**(まけばらのごうにやし) 負けて、腹を立て悔しがること。

**まけ-ぼし【負(け)星】** 負けたしるしにつける黒い丸。黒星。defeat mark

**まげ-もの【曲(げ)物】** ①ヒノキやスギなどの薄い板を、円形・楕円形に曲げて、接ぎ目をサクラなどの皮でとじ、底板をつけた容器。曲げわっぱ。綰物。②質に入れる品物。質ぐさ。↓写

●曲げ物①

**まげ-もの【▼髷物】** 男が丁髷を結っていた時代を題材とした小説・映画・演劇など。時代物。

**ま・ける【負ける】**(下一自他) ①(自)㋐争いに敗れる。lose 対義 勝つ。用例 戦いに―。㋑抵抗できず従う。yield oneself 用例 誘惑に―。㋒かぶれる。be poisoned with 用例 漆に―。②(他)値段を安くする。cut the price 用例 もっと―・けろ。

**負けるが勝ち**(まけるがかち) 相手に勝ちを譲るほうが、結局利益になる。find victory in defeat 比較 逃げるが勝ち。

**ま・げる【曲げる】**(下一他) ①曲がった状態にする。たわめる。bend 用例 枝を―。腰を―。②事実・主張などを変える。distort 用例 信念を―。③こじつける。strain 用例 理を非に―。④《「質」と同音の「七」の字の第二画の先が曲がっているところから》質に入れる。用例 時計を―。

**まけん-き【負けん気】** 負け嫌い。勝ち気。unyielding spirit

**ま-こ【真子】** ①《「ま」は接頭語》かわいい妻や子。②魚類の卵巣。タイ・ヒラメ・ムツの真子はとくに美味。フグの真子は有毒。対義 白子。

**ま-こ【麻▼姑】** ①中国の伝説上の神仙女。後漢のころ、姑余山で仙道を修める。爪が鳥のように長く、かゆいところをかいてもらうとよい気持ちだろうと考えられたという。②孫の手。

**麻姑を倩うて痒きを掻く**(まこをやとうてかゆきをかく) 物事が、思いどおりに行き届く。

**ま-ご【孫】** 《「うまご」の略》①子の子。grandchild ②間を一つ隔てること。その関係。用例 ―弟子。

**孫は子より可愛い**(まごはこよりかわいい) 孫を非常にかわいがるさまを言う。孫は子よりもかわいい。

**ま-ご【馬子】** 駄馬・伝馬をひいて荷物や旅人の運搬を業とする者。古代の駅制に始まり、中世の馬借で専業化し、主要街道で活躍。馬方。馬追い。

**馬子にも衣装**(まごにもいしょう) つまらない人間でも、外見が整うと、りっぱに見えることのたとえ。Fine feathers make fine birds.

**馬子に縕袍**(まごにわんぼう) 《「縕袍」は、どてら》分相応の身なりをしているということ。

**ま-ごい【真▼鯉】** ①黒い色のコイ。②野性の野鯉と、その養殖品種である大和鯉の総称。

**まこう【馬公】** 台湾西方、台湾海峡の澎湖島にある都市。日本領時代には海軍の基地。マーコン。

**まご-うた【馬子▼唄】** 民謡の一種。馬子が馬をひきながらうたった唄。元来、特定の唄はなかった。『箱根馬子唄』『小諸馬子唄』などがある。

**マコーリー【Thomas Babington Macaulay】**(一八〇〇～一八五九) イギリスの歴史家・政治家。インドで教育と刑法の整備・改革に参画。著書『イギリス史』は史学史上古典的価値を与えられた。

**マコーレイ【Rose Macaulay】**(一八八一～一九五八) イギリスの女流小説家。作品『危険な時代』『トレビゾンドの塔』など。

**まこ-がれい【真子▼鰈】** カレイ科の海水魚。体に褐色の地に濃淡の黒褐色小点が多数散在する。口が小さい。全長約三〇cm。肉量も多く、美味。北海道南部から大分県沿岸・朝鮮半島南部・東シナ海に分布。クチボソ。ホソクチ。

●マコモ

**まご-こ【孫子】** ①子と孫。②しそん。

**孫子の代迄**(まごこのだいまで) 子々孫々まで。to posterity 用例 ―たたってやる。のちの世まで。

**ま-ごころ【真心】** 嘘のない心。誠の心。sincerity

**まごたろう-むし【孫太郎虫】** 山間の渓流中にすむヘビトンボの幼虫の俗称。体長四～六cmで暗褐色。三対の胸脚と一対の尾毛をもち、鎌形の大あごで小虫を捕食する。昔、乾燥して子供の疳の薬として売られた。また、地方によってはゲンゴロウの幼虫をいう。

**まご-つ・く**(五自) まごまごする。うろたえる。be confused

**まご-でし【孫弟子】** 弟子の弟子。disciple's pupil

**ま-こと【誠・▽真・▽実】** ㊀(名)《「真事」の意》対義 嘘。①嘘でないこと。ほんとう。真実。faithfulness 用例 ―の勇気。―の話。②偽りのない心。誠意。sincerity 用例 ―を尽くす。㊁(副) ほんとうに。じつに。まっこと。really 用例 ―めでたい。㊂(感) ↓まことや(実や)

**まこと・し【▽実し】** 古語(形シク) ①本物だ。本当である。用例 ―・しき弓矢まではまうけさせたまはず(大鏡・道隆)。②正式である。本格的だ。用例 ありたき事は、―・しき文の道(徒然・一)。③まじめに。誠実だ。用例 ―・しうきよげなる人の(枕・野分のまたの日こそ)。

**まことし-やか【誠しやか】**(形動) もっともらしいさま。plausible

**まこと-に【誠に・▽真に・▽実に】**(副) ほんとうに。じつに。really

**まこと-や【▽実や】** 古語(感) 《話の途中で忘れていたことを思い出したときのことば》そうそう。そういえば。まこと。用例 ―、小督殿は琴ひき給ひしぞかし(平家・六・小督)。

**まご-の-て【孫の手】** 背中など手のとどかない所をかくのに使う道具。細い棒の先に、木や竹で作った手首のような形のものがついている。孫。麻姑。

**まご-びき【孫引(き)】**(名・サ変他) 原本からでなく、他書に引用してあるのを、そのまま引用すること。secondhand quotation

**まご-まご**(副・サ変自) うろたえるさま。confusedly

**まご-むすめ【孫娘】** 孫にあたる女子。granddaughter

**まごめ【馬▼籠】** 長野県南西部、山口村の地区。中山道の旧宿場町で、島崎藤村の生地として知られ藤村記念館がある。

**ま-こも【真▼菰・真▽薦】** イネ科の多年草。高さ一～二m。沼沢にはえる。葉は線形。八～一〇月に長さ約五〇cmの円錐花序を出し、上部に雌、下部に雄の小穂をつける。種と黒穂病菌が付いて肥大した茎(マコモタケ)とを食用。葉はむしろ用。フシシバ。コモ。↓写

**まさ**【▼柾】 9画 部首[木]きへん 和製漢字 JIS 4379
木目がまっすぐにとおっていること。まさめ。

**マザー【mother】** ①母親。②女子修道院院長。

**マザーグースのうた【マザーグースの歌】** 《原題 Mother Goose's Melody; or Sonnets for the Cradle 通称 Mother Goose's nursery rhymes》イギリスの伝承童謡集。一八世紀後半、ジョン＝ニューベリーが集大成し出版。伝承童謡は英米では国民的教養の土台として日常生活に浸透。

**マザー-コンプレックス** 《和製語》母親に対する強い思慕の情のために、自分の行動を自分で決定できず、母親の感情や考えによって行動が著しく支配されること。参照 エディプスコンプレックス。

**マザー-テープ【mother tape】** レコードやテープの複製を大量に作成するもととなる録音テープ。

**マザー-テレサ【Mother Theresa】**(一九一〇～) カトリック修道女。ユーゴスラビア生まれ。本名、アグネス＝ゴンジア＝ボヤジュ。インドに「神の愛の宣教者」修道会を設立し、「孤児の家」「死を待つ家」を開設。一九七九年ノーベル平和賞受賞。マザー＝テレザ。

●マサキ

**ま-さい【磨▼淬】** 刀や人格・学識などをみがくこと。

**マサイス【Quentin Massys】**(一四六五？～一五三〇) フランドルの画家。イタリアの画風を加味した宗教画・風俗画を制作。作品『両替商とその妻』など。

**マサイ-ぞく【マサイ族】** ケニア・タンザニアのサバンナに分布するナイロート系牧畜民。ウシに特別の価値をおく。身長が高く、筋肉質。今日、人口は激減。Masai

**まさおか-しき【正▼岡子規】**(一八六七～一九〇二) 俳人・歌人。本名、常規。別号、獺祭書屋主人・竹の里人など。愛媛県松山市生まれ。『万葉集』を尊重し写生の方法をとなえ、俳句・短歌革新の道を開いた。俳誌『ホトトギス』により日本派の新俳句を推進、「写生文」を提唱。また根岸短歌会を開いた。句集『寒山落木』、歌集『竹の里歌』、俳論『獺祭書屋俳話』、歌論『歌よみに与ふる書』、随筆『墨汁一滴』『病牀六尺』など。↓写

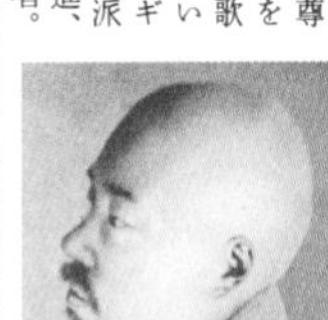
●正岡子規

**まさか**(副) 《「真逆」とも当てる》いくらなんでも。よもや。Impossible!; No kidding! 用例 ―こんな所で出会おうとは。

**まさかの時**(まさかのとき) 差し迫った場合。万一の時。in time of need

**ま-さかき【真▼榊】** サカキの美称。

**まさかど【▽将門】** 歌舞伎舞踊『忍夜恋曲者』の通称。常磐津。天保七年(一八三六)初演。将門の娘滝夜叉姫が光国を色仕掛けで味方にしようとするが、正体を現してしまう話。

**まさかどき【▽将門記】** ↓しょうもんき(将門記)

●鉞②
太輪に鉞
違い鉞

**まさかり【▼鉞】** ①おもに木を伐り倒すのに用いる大形の斧に似た道具。中古には兵器としても用いられた。broadaxe ②紋所の名。①を紋章化したもので、鉞は朝敵を征つしるし。斧の紋。↓図

**まさき【▼柾・正木】** ニシキギ科の常緑低木。高さ約三m。海岸に多くはえ、庭木・生け垣用。

▼ 常用漢字表外。 ▽ 常用漢字表の音訓外。

葉は厚く滑らかな長楕円形。六〜七月、葉腋に淡緑色の四弁花を多数つける。果実は球形で、開裂して橙赤色の種子を露出。spindle tree ↓写

**まさき【▽松▽前】**〈町〉愛媛県松山平野南西部、瀬戸内海に臨む町。旧城下町。化学繊維工業で発展し、宅地化も進む。人口二万九二六六(一九八八)。

**まさき-じんざぶろう【真崎甚▽三郎】**(一八七六〜一九五六) 陸軍大将。佐賀県生まれ。教育総監在任中に皇道派の首領と目され罷免、相沢事件、二・二六事件の一因となる。二・二六事件で起訴されたが無罪。

**まさき-なおひこ【正木直▼彦】**(一八六二〜一九四〇) 美術教育・行政家。大阪生まれ。東大卒。東京美術学校校長。帝国美術院院長。著書『十三松堂日記』。

**まさき-ひろし【正木ひろし】**(一八九六〜一九七五) 弁護士。東京生まれ。東大卒。三鷹事件・八海事件などを弁護し、人道主義的立場と鋭い立証能力で知られた。著書『日本人の良心』など。

**ま-さぐ・る【▼弄る】**(五他) いじる。もてあそぶ。finger; feel about

**ま-さご【真▽砂】** 細かいすな。まなご。いさご。sand

浜の真砂(はまのまさご) ↓はま(浜)

**まさご-あえ【真▽砂▽和え】**《海辺の真砂を思わせるところから》下ごしらえした材料を、ほぐしたたらこやイクラであえたもの。

**マザ-コン** 「マザーコンプレックス」の略。

**まさし・く【正しく】**(副) 確かに。まちがいなく。まさに。certainly 用例 ―彼の声だ。

**マサチューセッツ【Massachusetts】** アメリカ北東部にある独立当時の一三州の一つ。州都ボストン。ニューイングランドの中心地。人口五七三・七万(一九八〇)。

**マサチューセッツ-こうかだいがく【マサチューセッツ工科大学】**【Massachusetts Institute of Technology】 アメリカのマサチューセッツ州にある私立大学。一八六一年創立。工学・理学などのほかに、人文科学・社会科学・経営学の学部もあり、科学技術系大学のモデル。MIT。

**ま-さつ【摩擦】**(名・サ変自他) ①すれあうこと。こすること。rub ②周りの人との関係がうまくいかないこと。もめごと。争い。friction; discord ③二つの物体が接したまま相対的に動くとき、または動こうとするとき、接触面で運動を妨げようとする力が働く現象。friction

**まさつ-おん【摩擦音】** 子音の一つ。調音器官が息の通路を狭め、気息がそのすきまを通るときに出るこすれるような音。「ファ」「サ」「ザ」などの出だしの子音、すなわち、[f][s][z]など。fricative

**まさつ-かく【摩擦角】** 斜面上に物体をのせたまま、斜面の傾きをしだいに大きくしていき、物体が滑り出す直前の斜面の傾きの角。この角度の正接は静止摩擦係数に等しい。angle of friction

**まさつ-ぐるま【摩擦車】** 接触回転する二つの車の摩擦によって回転を伝える伝動装置。friction gear

**まさつ-けいすう【摩擦係数】** 二物体間の接触面に働く摩擦力の大きさと接触面を垂直に押しつける力との比。coefficient of friction

**まさつ-そんしつ【摩擦損失】** 摩擦によって散逸するエネルギー。二つの固体が相接して運動している場合など、接触面に働く摩擦によって運動エネルギーが、接触固体の内部エネルギーに変換する。friction loss

**マサッチョ【Masaccio】**(一四〇一〜一四二八ごろ) 一五世紀イタリアの画家。人物の迫真的描写、明暗による量塊表現などによって絵画の初期ルネサンス様式を確立。作品『聖三位一体』『貢の銭』など。↓写 ↓ルネサンス美術写

● マサッチョ 『聖三位一体』(部分)。一四二七年ごろ、サンタ-マリア-ノベラ聖堂(イタリア)。

**まさつ-ていこう【摩擦抵抗】** 流体中を運動する物体の表面に、その面に沿って働く応力。流体の粘性による抵抗力。摩擦抗力。friction drag

**まさつ-でんき【摩擦電気】** 絶縁体をそれとは異なる種類の物質とこすり合わせるときに生じる電気。絹とガラス、ネコの毛皮とエボナイトなど。triboelectricity

**まさつ-ねつ【摩擦熱】** 物体を互いにこすり合わせるとき、接触面に発生する熱。物体の力学的エネルギーの一部が熱エネルギーに変わる。frictional heat

**まさつ-ようせつ【摩擦溶接】** 突き合わせた二個の金属部材を加圧回転でこすり合わせ、生じた摩擦熱で接合する方法。鋼・アルミニウム・銅などの棒の溶接に利用。frictional welding

**まさつ-りょく【摩擦力】** 二物体が接触しながら相対運動を始めるとき、あるいは相対運動をしているとき、その運動を阻止する向きに働く抵抗力。前者を静止摩擦力、後者を運動摩擦力という。また、運動状態の違いにより、すべり摩擦力と、ころがり摩擦力に分けられる。摩擦。frictional force

**まさ-な・し【正無し】** 古語 (形ク) ①見苦しい。みっともない。用例 屋の上にをる人どものの聞くに、いと―(竹取)。②よろしくない。用例 何をか奉らむ。まめまめしきものは―・かりなむ(更級)。③ふつうでない。はなはだしい。用例 いとから―・きまで、いにしへの墨書きの上手ども跡をくらうなしつべかめるは(源氏・絵合)。

**まさ-に【正に】**(副) ①まさしく。確かに。surely 用例 ―名人だ。②《「方に」「将に」とも》ちょうど今。今にも。just now 用例 ―出発しようとする。③ 文語的 《「当に」とも。下に「べし」をともなって》…といってよい。…のが当然だ。用例 ―傑作というべきである。④ 古語 《あとに反語表現をともなって》どうして…しようか。用例 今の翁―しなむや(伊勢・四〇)。

**ま-さば【真▼鯖】** ゴマサバとともにサバ科に属する沿岸性回遊魚。ゴマサバに似るが、腹部に散在する小さい黒点がなく、体断面が楕円形なのでヒラサバともよばれる。全長約四〇cm。ゴマサバより美味。北海道から九州の太平洋沿岸、日本海沿岸に分布。

**まざ-まざ**(副) 目の前に見えるようなさま。思いうかべるさま。ありあり。vividly 用例 ―と思い出す。

**まさ-むね【正▽宗】**(生没年未詳) 鎌倉末期の刀工。また、正宗の作った刀。相州物の代表的存在。

**まさむね-はくちょう【正▽宗白鳥】**(一八七九〜一九六二) 小説家。本名、忠夫。岡山県生まれ。東京専門学校卒。自然主義文学の代表作家。虚無感をひめた鋭い批評精神が特色。昭和二五年(一九五〇)文化勲章受章。小説『何処へ』『入江のほとり』、評論『作家論』、戯曲『光秀と紹巴』など。

**まさ-め【正目・▼柾目】** まっすぐに通った木目。straight grain 対義 板目。

**まさ-ゆめ【正夢】** 事実とぴったり合う夢。prophetic dream 対義 逆夢・空夢。

**マザラン【Jules Mazarin】**(一六〇二〜一六六一) フランスの政治家。一六四二年宰相となり、リシュリューの政策を継承。フロンドの乱に苦しんだが鎮圧。ブルボン絶対王権の基礎を固めた。

**マサリク【Tomáš Garrigue Masaryk】**(一八五〇〜一九三七) チェコスロバキアの政治家。プラハ大学教授。チェコ民族の独立に奔走し、一九一八年共和国成立とともに初代大統領。チェコ建国の父といわれる。

**まざり-もの【混ざり物】** ↓まじりもの(混じり物)

**まさ・る【勝る・▽優る】**(五自) すぐれる。excel 対義 劣る。

**勝るとも劣らない**(まさるともおとらない) まさることはあっても、決して劣ることはない。ひけをとらない。not inferior to

**まさ・る【増さる】**(五自) ふえる。多くなる。増す。increase 用例 いとしさが―。

**まざ・る【混ざる・交ざる】**(五自) ↓まじる(混じる) ↓まじる(交じる)

**マサン【馬山】**(Masan) ↓ばさん(馬山)

**まし【増し】** ㊀(名) 追加すること。extra 用例 焼き―。―刷り。㊁(形動) 比べてみてまさっているさま。better 用例 ないよりは―だ。㊂(接尾) 増すこと。増加。用例 一割―。

**まし** 古語 (助動 特殊型)《用言の未然形に付く》①実際はそうでないことを、仮に想像していうのに用いる。多くの場合、「ましかば…まし」「ませば…まし」「せば…まし」の形をとる。もし…だったら…だろう。用例 鏡に色・形あら―かば、うつらざら―(徒然・二三五)。②実際とは反する事柄を、あえて希望する意を表す。もし…だったらいいのに。用例 外の散りなん後ぞ咲か―(古今・春上)。③《疑問の意を表す語とともに》思い迷う意を表す。…しようかしら。…したものだろうか。用例 これになにを書か―(枕・この草子、目に見え心に思ふ事を)。④《中世以降の用法》単なる推量を表す。…だろう。用例 花やこよひのあるじなら―(平家・九・忠度最期)。

**まじ** 古語 (助動 形シク型)《「べし」を打ち消した意に当たる。用言の終止形に付く。ラ変型には連体形に付く》=まじ。①打ち消しの推量の意を表す。…ないだろう。用例 さて冬枯れのけしきこそ、秋にはをさ劣るまじけれ(徒然・一九)。②打ち消しの当然の意を表す。…するはずがない。用例 かの国人、聞き知るまじくおもほえたれども(土佐)。③不適当・禁止の意を表す。…すべきではない。用例 人はただ、無常の身に迫りぬる事を心にひしとかけて、束の間も忘るまじきなり(徒然・四九)。④打ち消しの意志を表す。…しないつもりだ。用例 敵の手にはかかる―(平家・一一・先帝身投)。⑤不可能を予測する意を表す。…できそうもない。用例 親と思ひきこゆる人の御心だに、うちとくまじき世なりければ(源氏・藤袴)。参考 現代語の「まい」に当たる。

**まじ**(名・形動)《俗語》「真面目」の略。用例 ―な話。

**ま-じ【真▽風】** 春から夏にかけて吹く南寄りの風。太平洋岸で穏やかなよい風として好まれている。まぜ。

**マシアス【Enrico Macias】**(一九三八〜) シャンソン歌手・ギター奏者・作曲家。アルジェリア生まれ。東洋風の曲調が特色。作品『恋心』など。

**マシーセン【Francis Otto Matthiessen】**(一九〇二〜一九五〇) アメリカの文芸批評家。進歩派の批評家として活躍。著書『アメリカのルネサンス』など。

**マシーナ【Giulietta Masina】**(一九二〇〜) イタリアの映画女優。主演作『道』『カビリアの夜』『魂のジュリエッタ』など。

**マシーニング-センター【machining center】** プログラムされた数値に基づき、工具を自動的に交換しながらいくつかの加工を行う工作機械。

**マシーン【machine】** ↓マシン

**マシーン【Léonide Massine】**(一八九五〜一九七九) アメリカの舞踊家・振付師。ロシア生まれ。シンフォニック-バレエを開拓。映画にも出演。

**まじ・える【交える】**(下一他) ①《「雑える」とも》加える。include 用例 子を―・えて行く。②交差させる。cross 用例 枝と枝とを―。ひざを―・えて語る。③やりとりする。exchange 用例 ことばを―。④戦いなどをする。fight with 用例 砲火を―。

**ま-しかく【真四角】**(名・形動) 正方形。regular square

**ましき【▽益▽城】**〈町〉熊本県中部、熊本市東隣の町。旧城下町。稲作・畑作中心の農業地帯であるが、宅地化も進む。人口二万七三三八(一九八八)。

**ま-じきり【間仕切(り)】**(名・サ変他) 部屋をしきること。また、そのしきり。partition

**まじきり-かぐ【間仕切(り)家具】** 独立した部屋をさらに区分して利用するときなど、間仕切りに利用される家具。食器戸棚・飾り棚・本棚など。

**まじきり-かべ【間仕切(り)壁】** 屋内空間を仕切る壁。固定壁がふつう。可動式や家具を利用した壁もある。partition wall

**ましけ【増毛】**〈町〉北海道西岸中部の町。日本海に臨む漁業の町で、かつてニシンの漁場として栄えた。人口七七八六(一九八八)。

**ましけ-さんち【増毛山地】** 北海道西岸中部の山地。最高峰の暑寒別岳は一四九一m。西側は断崖絶壁をなす雄冬海岸、東側には雨竜沼の湿原がある。

**まし-こ【▽猿子】** 体全体が赤みがかったアトリ科の小鳥類。翼長六・五〜一一cm。ベニマシコ・オオマシコ・ギンザンマシコなど。穀物を食べる。多くは冬鳥として日本に渡来。↓図

● マシコ　オオマシコ

**ましこ【▽益子】**〈町〉栃木県南東部、小貝川に沿う町。窯業の町で、江戸後期以来の伝統をもつ益子焼の産地で有名。人口二万三九二四(一九八八)。

**ましこ-やき【▽益子焼】** 栃木県益子町に産する陶器。嘉永五年(一八五二)の創始と伝える。明治時代には堅牢な日常雑器で好評を博した。のち浜田庄司の努力で民芸品として有名となる。

**ましじ** 古語 (助動 形シク型)《上代語。「まじ」の古い語形》打ち消しの推量を表す。…まい。用例 直の逢ひは逢ひかつ―(万葉・二・二二五)。

**ま-しじみ【真▼蜆】** シジミ科に属する淡水性二枚貝。殻長約四cm、殻高約三・五cm。黄緑色から黒褐色で鈍い光沢がある。胎生種。旬は冬。本州から九州の水のきれいな河川に分布。貝塚からも多量に発見されている。

**マジシャン【magician】** 魔術師。奇術師。

**マジソン-がい【マジソン街】**(Madison Avenue) アメリカのニューヨーク市にある街区。広告代理店が集中し、その代名詞にも使われる。

**ま-した【真下】** すぐ下。ちょうど下。直下。right under

**ました-がわ【▽益田川】** ↓ひだがわ(飛驒川)

**マジック【magic】** ①魔法。②奇術。手品。③「マジックインキ」の略。用例 ―で書く。④「マジックナンバー」の略。用例 ―がつく。

**マジック-アイ【magic eye】**《商標名。魔法の目、の意》グリッド電圧の変化を目で見ることのできる蛍光真空管。受信機の同調の指示、検流計などに利用。同調指示管。蛍光指示管。

**マジック-インキ**《商標名。magicとinkから》油性フェルトペン。marker

**マジック-テープ**《商標名。magicとtapeから》押し付けるだけで簡単に密着する開閉テープ。合成樹脂製で表面が鉤状のものと輪状のものを一対として使う。面ファスナー。ベルクロ。

**マジック-ナンバー【magic number】** プロ野球で、首位のチームがあと何勝すれば優勝が決定するかを示す数字。二位チームの勝敗によって出たり消えたりするので、マジックとよぶ。

**マジック-ハンド**《和製語》人間の腕や手先と同じような運動機能をもつ人工の手。遠隔操作によって放射性物質のような危険物を安全に取り扱うことができる。マニピュレーター。manipulator

**マジック-ミラー【magic mirror】** ①未来をうつし出す鏡。②ガラスに銀や錫をめっきした半透膜の鏡。暗い側から明るい側を見通せて、反対側からは見えない。

**まして【▽況して】**(副) なおさら。いっそう。much more 用例 君で駄目なのに、―ぼくにやれるものか。

**まし-て【増して】**(連語) 他よりも一段と。still more 用例 前にも―寒くなった。

**まして-や【▽況してや】**(副)「まして」を強めた語。much more; to say nothing of

**まじ-ない【▼呪い】** 神仏・精霊などの力を借りて、災いを免れたり起こしたりしようとすること。また、その術。呪文。呪術。呪法。spell

**まじ-な・う【▼呪う】**(五他) ①神仏の力を借りて、災いを起こさせ、または、免れさせようと祈る。②病気を治す。

**まし-にん【麻子▽仁】** 生薬の一つ。クワ科アサの果実を乾燥したもの。緩やかな下剤。七味唐辛子の一成分。苧実。火麻仁。大麻仁。

**マジノ-せん【マジノ線】** フランスがドイツとの国境に構築した大要塞線。一九二七～三六年、陸相マジノの計画により建設。ドイツのジークフリート線と並称されたが、四〇年ドイツ軍の電撃作戦で突破された。Maginot Line

**マジパン【marzipan】** アーモンドをすりつぶし、砂糖・香料・卵白などを加えて練ったアーモンドペースト。製菓材料。

**マシフサントラル-さんち【マシフサントラル山地】**(Massif Central) フランス中南部の山地。中央高地の意。最高峰サンシー山は標高一八八五m。

**まじまじ-と**(副) 一心に眺めるさま。じっと見つめるさま。stare at

**まし-ま・す【▼坐します・▽在します】** 古語 ㊀(四自)「あり・居り」の尊敬語。いらっしゃる。おいでになる。用例 神仏明らかに―・さば、この愁へやすめたまへ(源氏・明石)。㊁(補動 四) 補助動詞「あり」の尊敬語。…ていらっしゃる。用例 あきれてたたせ―・したる所に(平家・灌頂・大原御幸)。

**まじま-りこう【真島利行】**(一八七四～一九六二) 化学者。漆の主成分ウルシオールを研究。『日本化学総覧』誌創刊。昭和二四年(一九四九)文化勲章受章。

**まじめ【真▽面目】**(名・形動) ①本気であること・さま。serious 用例 ―に話す。―な顔。②まごころのあること・さま。誠実なこと・さま。honest 用例 ―に働く。―な人。

**まじめ-くさ・る【真▽面目腐る】**(五自) いかにもまじめであるというようすをする。look solemn

**マジャール-じん【マジャール人】** 現在のハンガリー民族の自称。ウラル系原マジャール人とアルタイ系西トルコ人が混血したものと考えられる。九世紀にウラル地方から移動・定着。ハンガリー人。Magyar

**ま-しゃく【間尺】** ①建築の寸法。②わり。計算。

**間尺に合わない**(ましゃくにあわない) わりに合わない。損だ。do not pay

**マジャパヒト-ちょう【マジャパヒト朝】** 一三世紀末から一六世紀初めにジャワ島東部を中心に繁栄した王朝。シンガサリ朝の王族ラーデン=ビジャヤが元軍来攻の混乱に乗じ、マジャパヒトを都に創始。Majapahit Empire

**マジャンディ【François Magendie】**(一七八三～一八五五) フランスの生理学者。生気論を排し、近代実験生理学の始祖の一人となる。ベルの法則を再確認した。

**ま-しゅ【魔手】** ①悪魔の手。魔の手。evil power ②人を災いにおとしいれる手段。evil design 用例 敵の―にかかる。

**ましゅう-こ【摩周湖】** 北海道東部、阿寒国立公園の東端にあるカルデラ湖。面積二〇km²、最深二一一・四m。透明度が高い。

**ま-じゅつ【魔術】** ①人の心をまどわす術。不思議な術。witchcraft ②手品。magic

**マシュハド【Mashhad】** イラン北東部、ソ連とアフガニスタンの国境近くの商業都市。イスラム教シーア派の聖地。人口一一二万(一九八二)。メシェド。

**マシュマロ【marshmallow】** 洋菓子の一種。卵白・砂糖・ゼラチンなどで作る。ふわふわと軽くてねばり気がある。マシマロ。

**ま-じょ【魔女】** ①ヨーロッパの民間伝説で、悪魔と交わり、その魔力を借りて呪術を行い、人に害悪をおよぼすとされた女性。witch ②悪魔のような女。また、男を惑わすふしぎな力をもった女。she-devil ③中世～近世のヨーロッパで、魔女裁判にかけられた人たち。用例 ―狩り。

**ま-しょう【魔性】** ①悪魔の性質。evil spirit ②人をたぶらかす性質。seducing 用例 ―の女。

**ま-しょう【魔障】**《仏教語》修行の邪魔となるもの。

**ま-しょうじき【真正直】**(名・形動) 少しの嘘も偽りもないこと・さま。真っ正直。正直一辺。completely honest

**ま-しょうめん【真正面】** まむかい。真っ正面。right in front

**マショー【Guillaume de Machaut】**(一三〇〇ごろ～一三七七) フランスのアルス-ノバの重要な作曲家・詩人。四声のミサ曲・モテット・バラードなどの作品。長詩『真実物語』。

**マジョーレ-こ【マジョーレ湖】**(Lago Maggiore) イタリア北部、スイス国境にまたがる氷河湖。面積二一〇km²。周辺の景色が美しく、湖岸は別荘地。

**まじょ-がり【魔女狩(り)】** ①一四～一七世紀のヨーロッパで、ある人を魔女とみなして裁判し火刑に処したこと。中世社会の政治・宗教的崩壊からくる不安を背景に流行した一種の集団ヒステリー現象。witch hunt ②多数者が異端分子を感情的に非難して排斥すること。

**マジョリカ【majolica】** ↓マヨリカやき(マヨリカ焼)

**マジョリティー【majority】** ①大多数。多数派。過半数。対義 マイノリティー。②投票などにおける得票の勝差。得票差。

**マジョルカ-とう【マジョルカ島】**(Majorca) ↓マヨルカとう(マヨルカ島)

**ましら【▽猿】** サルの異名。歌語などに用いられる。

**まじらい【交じらい】** つきあい。交際。まじわり。association

**まじら・う【交じらう】** 古語 (四自) ①まじりあう。まじる。用例 楠の木は、木立おほかる所にも、ことに―・ひたてらず(枕・花の木ならぬは)。②人々の中にまじる。交際する。仲間に入る。用例 御心ばへの類なきを頼みにて―・ひ給ふ(源氏・桐壺)。

**まじり【混じり・交じり】**《多く接尾語のように用いられる》混じること。混じったもの。用例 雨―。砂―。

**まじり-け【混じり気・交じり気】** ①別のものが加わっていること。そのもの。mixture 用例 ―なし。②不純なもの。impurities

**まじり-もの【混じり物・交じり物】** 中に混じっているもの。混ざり物。something mixed in; mixture

**ま・じる【交じる】** ㊀(五自) 他のものがはいる。別のものがいっしょになる。まざる。mingle 用例 白髪が―。漢字が―。㊁古語(四自) 野や山などに分け入る。用例 野山に―・りて竹を取りつつ(竹取)。

**ま・じる【混じる】**(五自) 別々のものがあわさって区別できなくなる。まざる。be mixed 用例 雑音が―。青と黄が―・って緑になる。

**ま-じろ・ぐ【▽瞬ぐ】**(五自) まばたきする。まばたく。

**まじわり【交わり】** ①つきあい。交際。まじらい。association ②数学で、二つの線が交叉する点。intersection ③性交。intercourse

**まじわ・る【交わる】**(五自) ①入り乱れる。まじる。mix 用例 善悪が―。②数学で、二つの線が一点を共有する。交差する。intersect ③つきあう。交際する。associate 用例 友人として深く―。④性交する。intercourse

**交わる友を見て其の人柄を知る**(まじわるともをみてそのひとがらをしる) つきあっている友人を見れば、その人の人柄がわかる。

**ま-しん【麻▼疹・▼痲▼疹】** ↓はしか(麻疹)

**マシン【machine】** ＝マシーン。①機械。②ミシン。③機関銃。

**ま-じん【魔神】** わざわいをもたらす神。魔の神。ましん。evil spirit

**マシンジャー【Philip Massinger】**(一五八三～一六四〇) イギリスの劇作家。シェークスピア以後の人気作者。風刺喜劇『新式旧債返済法』など。

**マシン-ゆ【マシン油】** 一般機械の軸受けや車軸など、広く回転摩擦部に用いられる軽質の潤滑油。精製石油製品の一つ。機械油。machine oil

**ます** 8画【▼枡】部首[木] 和製漢字 JIS 5938
10画【▼桝】異体字 和製漢字
11画【▼桝】異体字 和製漢字 JIS 4381

↓ます[枡・升・桝・斗]

● 枡⑥

枡

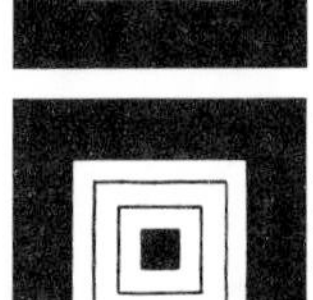
三つ入れ子枡

**ます【▼枡・升・▼桝・▽斗】** ①容積をはかる器具。箱形・つつ形など。②ますではかった分量。ますめ。③劇場・相撲場などの四角にしきった見物席。④ますがた。⑤水道などの樋の相接するところの箱。⑥紋所の名。枡を紋章化したもの。正方形に右上から一本の斜線が入った形。丸に枡・入れ子枡、重ね枡など。⑦風呂で湯水をくむ器。↓図

**枡で量る程有る**(ますではかるほどある) きわめて多量にあることのたとえ。

**ます【▼鱒】** サケ科の魚の一群またはその一種。在来種ではサクラマス・ビワマス・ヒメマス・カラフトマスなど。移入種ではニジマス・カワマス・ブラウントラウトなどを含む。単にマスという場合はサクラマスを

● マス サクラマス

▼ 常用漢字表外。 ▽ 常用漢字表の音訓外。

指すことが多い。いずれも食用、遊漁用として重要で各地で養殖、放流される。trout 数え方 一尾。↓図

**ま・す【増す・益す】**(五自他)①(自)ふえる。加わる。increase 用例 水が—。②(他)ふやす。加える。increase 用例 威厳を—。速度を—。

**ま・す【坐す・在す】** 古語 ㊀(四自)①「あり・居り」の尊敬語。いらっしゃる。用例 王は千歳に—・さむ白雲も(万葉・三・二四三)。②「行く・来」の尊敬語。おでましになる。用例 わが背子が国へ—・しなば霍公鳥(万葉・一七・三九九六)。㊁(補動 四)補助動詞「あり」の尊敬語。…ていらっしゃる。用例 人の植うる田は植ゑ—・さず今更に(万葉・一五・三七四六)。

**ます**(助動 特殊型)《動詞および助動詞「れる・られる・せる・させる」の連用形に付く》丁寧の意や敬意を表す。用例 思い—。行かせ—。参考 命令形の「まし・ませ」は、「なさる・いらっしゃる・おっしゃる・くださる」などの類の動詞にしか付かない。

**マス【mass】**①集団。集まり。用例 —ゲーム。②大量。多数。用例 —プロ教育。③大衆。用例 —メディア。④「マスターベーション」の略。

**まず【先ず】**(副)①真っ先に。第一に。first 用例 —君からどうぞ。②だいたい。およそ。maybe 用例 —駄目だろう。—一安心。③まあ。ともあれ。anyway 用例 —行ってみよう。④仮に。しばらく。for the time being 用例 —それでいいとして次はどうしよう。

**先ず隗より始めよ**(まずかいよりはじめよ) 提案した本人から実行にとりかかるべきだ。隗より始めよ。

**ま-すい【麻酔・痲酔】** 生体の感覚を一時的に失わせること。また、その方法。手術・検査・処置にあたり、身体的・精神的苦痛をなくすため、また、手術中の呼吸・循環管理をはじめとして患者の全身的管理を行うために利用。全身麻酔と局所麻酔がある。anesthesia

**まず・い【不味い】**(形)①味がよくない。distasteful 対義 旨い。用例 —食べもの。②具合が悪い。つごうがよくない。awkward 対義 甘い。用例 彼と—・くなった。③形が醜い。ugly 用例 —顔。派生 まずさ(名)

**まず・い【拙い】** 技がへただ。poor 対義 巧い。用例 —絵。派生 まずさ(名)

**ますい-ざい【麻酔剤】** 中枢神経系や末梢神経系の働きを抑制して感覚や意識を消失させる薬物。全身麻酔は中枢神経系、局所麻酔は末梢神経系を麻痺させる。亜酸化窒素(笑気)・チオペンタールなど。anesthetics

**マズーリ【Mazury】** ポーランド北東部、ビスワ川とネマン川の間に広がる地方。保養・観光地。

**マスカーニ【Pietro Mascagni】**(一八六三〜一九四五) イタリアの作曲家。ベリズモ(＝真実主義)オペラの傑作『カバレリア-ルスティカーナ』を作曲(一八九〇年初演)。他に『イリス』など。

**ます-かがみ【真澄鏡】**①《「真澄の鏡」の略》きれいに澄んだ鏡。まそかがみ。②［枕ことば］「見る・向かふ・面影」などにかかる。用例 里遠み恋ひわびにけり—面影去らず夢に見えこそ(万葉・一一・二六三四)。

**ますかがみ【増鏡】** 南北朝時代の歴史物語。作者は二条良基説が有力。永和二年(一三七六)までに成立。一七巻本が古態とされる。後鳥羽天皇誕生から後醍醐天皇の隠岐からの還幸まで、一五代一五四年間の宮廷の歴史を編年体で述べる。文章は優雅な擬古文。四鏡の一つ。

**ます-かき【枡掻(き)】** ますに盛った米・麦などを、縁と平らにならす棒。↓写

●枡掻き

**ます-がた【枡形・升形】**①枡のような箱形。②寺院建築などの柱の上に置く組み物の斗のこと。③城の一の門と二の門の間にある方形または矩形の土地。④宿場町の出入り口で直角に曲がった道。

**マスカット【muscat】** ブドウのなかの南ヨーロッパ系「マスカット-オブ-アレキサンドリア」の略。黄緑色の果実は大きく、品質は極上、多収で、九月上旬に熟す。↓ブドウ写

**マスカット【Muscat】** アラビア半島南東部、オマーンの首都。ナツメヤシ・干魚・真珠などの輸出港。人口八万(一九八九)。

**マスカラ【mascara】** 目元を美しく見せるための化粧品。まつげに塗ってまつげを反り返らせる。液状で油性のもの・水性のものなどがある。

**マスキー-ほう【マスキー法】** 自動車の排ガスの量を規制したアメリカの法律。一九七〇年成立。正称、七〇年改正大気清浄法。マスキーは法案を提出した上院議員の名前。Muskie Act

**マスキング【masking】**①写真製版で、写真のコントラストや色調を調整すること。②写真の焼き付けのさいに、型紙を重ねて焼き付けること。③電波などが雑音や妨害電波により検出できない現象。

**マスク【mask】**①面。用例 デス—。②顔だち。用例 ほりの深い—。③鼻と口をおおうもの。鼻腔、咽頭からのほこり、刺激性ガス、病原体の侵入を防ぐなどが目的。④防毒マスク。⑤野球で、捕手・球審のかぶる防具。またフェンシングの試合でかぶる防具。

**ます-ぐみ【枡組(み)・升組(み)】** 障子などの骨を四角に組むこと。その組んだもの。

**マスクメロン【muskmelon】** ウリ科マクワウリのなかのアミメロンの品種の一つ。果実の外皮に美しい網目が見られ、果肉は淡緑色で芳香がある。

**マスクラット【muskrat】** キヌゲネズミ科の大形のネズミ。体長約三〇cm。北アメリカの河川・湖沼などの水辺にすむ。体はこげ茶色で、尾は長いが、体長より短い。泳ぎがうまく、後ろ足の指の間には、みずかきの役をはたす硬毛がある。毛皮獣として世界各地で飼育される。日本でも移入されたものが野生化しているという。ニオイネズミ。↓写

●マスクラット

**マス-ゲーム【mass game】** 集団で行う徒手体操・競技・ダンスなどの総称。集団体操。団体競技。

**マスコット【mascotte フランス】**①幸運をもたらすと信じられている品物・人。②《転じて》守り神として身辺においたり、またかわいがったりする愛玩物。mascot

**マス-コミ**「マスコミュニケーション」の略。

**マス-コミュニケーション【mass communication】** 不特定多数の人々に、新聞・雑誌・ラジオ・テレビ・映画などのマスメディアを通じて大量の情報を伝達すること。マスコミ。大衆伝達。

**マスコン【mascon】**《mass concentration の略》月面や地球上において重力が異常に大きい地点。地下に密度の高い物質が存在すると考えられている。

**まず・し【不味し】** 古語(形ク)↓まずい(不味い)

**まず・し【貧し】** 古語(形シク)↓まずしい(貧しい)

**まずし・い【貧しい】**(形)対義 豊か・富む。①金銭・財産がない。びんぼうである。poor 用例 —家。②少ない。乏しい。poor 用例 —才能。語彙が—。派生 まずしげ(形動) まずしさ(名)

**ます-ずし【鱒鮨】** マスやニジマスで作る押しずしや姿ずし。笹を敷き、すしめしと魚の切り身を二段に重ねて、一昼夜なじませる。富山県のものが有名。

**マス-セールス【mass sales】** 同一規格の商品を大量に販売すること。大量生産方式に見合った販売方法。スーパーマーケットの販売方法がその一例。

**ます-せき【枡席・升席】**↓ます(枡)③

**マス-ソサエティー【mass society】** 大衆社会。

**ますだ【益田】**〈市〉島根県西部、日本海に臨む市。城下町・市場町から発展した同地域の中心都市。商工業が主で野菜栽培もさかん。人口五万三四一八(一九八八)。

**ますだ【増田】**〈町〉秋田県南東部の町。藩政時代には市場町として栄えた。現在は農業の町でリンゴ栽培などがさかん。人口一万二八八(一九八八)。

**マスター【master】**㊀(名)①主人。雇い主。親方。②学位の一つ。修士。㊁(名・サ変他)よくこなすこと。身につけること。熟達。精通。用例 フランス語を—する。

**マスター-キー【master key】** 団地やホテルなど多数の錠を管理する場合、すべての錠を開けられる合い鍵。

**マスターズ【Edgar Lee Masters】**(一八六九〜一九五〇) アメリカの詩人。自由詩型を用い、中西部の村落の実態をリアルにうたった。詩集『スプーン-リバー詞華集』など。

**マスターズ-きょうぎかい【マスターズ競技会】** 中・高年齢者のためのスポーツ大会。一九八五年、カナダのトロントで第一回大会が開催された。参加下限年齢は、種目によって異なる。masters games

**マスターズ-ゴルフ**《Masters Tournament から》アメリカで開催されるゴルフ競技会で、一九三四年創始。世界四大競技会の一つ。固定会場のオーガスタは変化に富んだ難コースで有名。マスターズトーナメント。

**マスタード【mustard】** 香辛料の一つ。カラシナの種子から作る。粒・ペースト・パウダー状があり、使い分ける。洋がらし。↓写

●マスタード

**マスタード-ガス【mustard gas】**↓イペリット

**マスター-ファイル【master file】** コンピューターのデータ処理のさい、基準となる基本ファイル。

**マスターベーション【masturbation】** 手などを使い自分で性的快感を得ること。自慰行為。手淫。オナニー。

**ますだ-こうぞう【升田幸三】**(一九一八) 将棋棋士。広島県生まれ。永世九段。昭和三二年(一九五七)に名人・王将・九段の三冠を独占し升田時代を築く。

**ますだ-たかし【益田孝】**(一八四八〜一九三八) 実業家。佐渡の人。三井財閥の大番頭として三井物産・三井鉱山などの発展に尽くし、三井合名を組織。

**ますだ-ときさだ【益田時貞】** 天草四郎の本名。

**マスチフ【mastiff】** イヌの一品種。大形で頑丈な体格をもち、肩高七〇cm以上。毛は短い。護身用犬・番犬などに適する。イギリス原産。

**マス-デモクラシー【mass democracy】** 大衆デモクラシー。

**マスト【mast】** 帆柱。用例 三本—の船。

**マストドン【mastodon】** ゾウ類進化の根幹をなす絶滅ゾウの一群。漸新世から洪積世にユーラシア大陸・北アメリカに生息していた。臼歯にこぶ状の咬頭をもつのが特徴。体は細長く、四肢は短く、上下両顎に牙がある。この仲間で特殊化した北アメリカ産のマムト(アメリカマストドン)はインドゾウに似た体型で、毛深く、肩高二〜三m。

**マストパチー【mastopathy】**↓にゅうせんしょう(乳腺症)

**ますとみ-おんせん【増富温泉】** 山梨県北西部、須玉町にある温泉。世界屈指のラジウム含有温泉で、奥秩父登山の拠点でもある。

**マストロヤンニ【Marcello Mastroianni】**(一九二四) イタリアの映画俳優。主演作『白夜』『甘い生活』『イタリア式離婚狂想曲』『ひまわり』など。

**マスネー【Jules Massenet】**(一八四二〜一九一二) フランスの作曲家。甘美で官能的な叙情歌劇で活躍。オペラ『マノン』『ウェルテル』など。

**ます-の-すけ【鱒之介】** サケ・マス類中の最大種。全長二mに達するものもある。背面、背びれ、尾びれに黒色の斑点が散在。産卵期には体側は桃色。北太平洋に分布し、日本ではまれに来遊。食用として美味。キングサーモン。↓サケ図

**まず-は【先ずは】**(副)①最初に。第一に。first of all 用例 —手品より御覧にいれます。②ひとまず。とにかく。for the time being 用例 —御礼まで。③古語 とりわけ。まったく。用例 —さて見事なお太刀でござる(狂言・空腕)。

**マス-プロ**「マスプロダクション」の略。用例 —商品。

**マス-プロダクション【mass production】** 大量生産。マスプロ。

**マス-ペロ【Gaston Maspero】**(一八四六〜一九一六) フランスの考古学者。一八八〇年カイロに考古学研

ま

究所を設立。サッカラなどのピラミッドを調査。古代エジプト研究に貢献。

**ますほ【増穂】**〈町〉山梨県西部の町。養蚕がさかんで繊維そのほかの工業や、水質のよさで清酒の醸造も発達。人口一万三三五(一九八八)。

**ます-ます【▽益・▽益▽益】**(副) いよいよ。いっそう。more and more

**まず-まず【▽先ず▽先ず】**(副) ①なにはさておき。anyway 用例 ―ご無事で、けっこう。②まあまあ。so-so 用例 ―の結果。

**ま-すみ【真澄み】** きれいに澄んでいること。

**ますみ-かとう【▽十▽寸見河東】** 河東節の語り手・家元名。初世(一六八四―一七二五)は江戸の人。江戸半太夫に師事。享保元年(一七一六)独立、河東節を創立。

**ますみゆうらんき【真澄遊覧記】** 江戸時代後期の紀行文集。菅江真澄著。民俗記事が詳細なことで知られる。

**ますむら-やすぞう【増村▽保造】**(一九二四―八六) 映画監督。山梨県生まれ。東大卒。作品『巨人と玩具』『偽大学生』など。

**ます-め【▼枡目・升目】** ①枡ではかった量。②枡形に区切られた枠・模様。用例 原稿用紙の―を埋める。

**マス-メディア【mass media】** マスコミュニケーションの媒体となる新聞・雑誌・ラジオ・テレビなどの総称。機械技術の発達により大型・多様化している。大衆媒体。

**まず-もって【▽先ず▽以て】**(副) まず。なにはさておき。第一に。first of all

**ますもと-はかる【増本量】**(一八九五―一九八七) 金属物理学者。広島県生まれ。東北大卒。金属・合金を研究し、センダスト・新KS鋼など多くの合金を発明。昭和三〇年(一九五五)文化勲章受章。

**ますら-お【▽益▽荒▽男・▽丈▽夫】** ①《男子の美称》りりしい男子。ますらたけお。manly man 対義 たおやめ。用例 ―ぶり。②上代、宮廷に仕えた官人。

**ま・する【摩する】**(サ変他) =摩す。①こする。scrape; rub ②すれすれに迫る。近づく。nearly touch 用例 天を―大寺の塔。

**マズルカ【mazurka】** ポーランドの民俗舞踊・舞曲。四分の三または八分の三拍子。一八四五年ごろパリやロンドンで社交ダンス化。ショパンのピアノ曲などが有名。

**ませ【▼籬・間▽狭】** ①まがき。ませがき。②芝居小屋の、枡の仕切り。

**まぜ【馬瀬】**〈村〉岐阜県中部、飛騨川支流の馬瀬川流域の村。村域のほとんどが山林。林業のほか、養蚕・畜産などを行う。人口一六五六(一九八八)。

**まぜ-あわ・せる【混ぜ合(わ)せる】**(下一他) いろいろなものを混ぜる。いくつかのものを混ぜて一つにする。mix

**ませい-せっき【磨製石器】** 全体または一部に研磨が加えられている石器の総称。新石器時代に出現。ground stoneware

**マゼール【Lorin Maazel】**(一九三〇―) アメリカの指揮者。伝統を離れた現代的な解釈で、覇気に富む明快な表現を行う。

**まぜ-おり【交ぜ織り】** →こうしょく(交織)

**まぜ-かえ・す【混ぜ返す】**(五他) =まぜっかえす。①何度もかき混ぜる。stir up ②冗談などをいって、話の腰を折る。jeer at

**ませ-がき【▼籬垣】** ①竹などを粗く組んだ垣。まがき。ませ。②粗朶などを、両方から当て、くいが見えないように結んだ垣根。

**まぜ-がき【交ぜ書き】** 漢字と仮名とをまぜて書き表すこと。常用漢字以外を仮名にすることが多い。「たん(蛋)白質」「すい(彗)星」など。

**まぜ-こぜ** いろいろなものが混ざるようす。まぜまぜ。ごたまぜ。jumble

**まぜ-ごはん【混ぜ御飯】** 野菜や肉などを煮て飯に混ぜたもの。五目めし。かてめし。

**まぜっ-かえ・す【混ぜっ返す】**(五他) →まぜかえす(混ぜ返す)

**マゼラン【Ferdinand Magellan】**(一四八〇ごろ―一五二一) ポルトガル出身の航海者。西方航路による世界周航を企て、一五一九年、スペイン王カルロス一世の援助を得て五隻の船で出発。二〇年マゼラン海峡を発見。太平洋に出てフィリピンに到達したが、原住民との戦いで殺された。部下は航海を続け、二二年帰国し、世界一周を達成。マジェラン。

**マゼラン-うん【マゼラン雲】** 銀河系にもっとも近い二つの不規則型銀河(大マゼラン雲と小マゼラン雲)。距離約二〇万光年。宇宙科学研究上重要な天体。Magellanic Clouds

**マゼラン-かいきょう【マゼラン海峡】**(Strait of Magellan) 南アメリカ大陸南端とフエゴ諸島間にある海峡。幅三～三〇km。水路は屈曲が激しい。一五二〇年マゼランが発見。

**ま・せる**(下一自) 年の割におとなびて見える。be precocious

**マセル【Maseru】** アフリカ南部、レソトの首都。オレンジ川支流カレドン川東岸にある。商業の要地。人口七・二万(一九八〇)。

**ま・ぜる【交ぜる・混ぜる・▽雑ぜる】**(下一他) ①他のものを組み入れる。mix 用例 赤糸を―・ぜて織る。仲間に―。②入れて、一緒にする。まぜこぜにする。mix 用例 砂と土絵の具を―。

**マゼンタ【magenta】** 鮮やかな赤紫。減法混色の三原色の一つで、印刷関係では赤の意味で用いられる。

**まそ-かがみ【真▽澄鏡・真▽十鏡】** ①きれいに澄んだ鏡。ますかがみ。②[枕ことば]「見る」・「磨ぐ」・「清し」・「二上」・「面影」などにかかる。用例 ―見しかと思ふ妹も逢はぬかも玉の緒の絶えたる恋の繋きこのころ(万葉・一一・二三六六)。

**マゾヒズム【masochism】**《オーストリアの作家ザッヘル=マゾッホの名から》①肉体的・精神的苦痛を与えられることに性的満足を見いだす異常性欲の一種。対義 サディズム。②一般に被虐趣味。

**マゾリーノ-ダ-パニカーレ【Masolino da Panicale】**(一三八三ごろ―一四四七ごろ) イタリアの画家。多くの壁画を描き、国際ゴシック様式の伝統を伝える。作品『聖母子』など。

**また** 9画 **【▼俣】** 部首[人・亻] 和製漢字 JIS 4383
↓また[股]②

**また【▼股】** ①《「胯」とも》身体の一部。両ももの間。またぐら。thigh ②《「叉」「岐」「俣」とも》先が二つに分かれている形・所。crotch 用例 木の―。

**股に掛ける** 方々を歩き回る。travel all over

**また【又】** ㊀(名) 別。この次。next; another 用例 ―の機会。―の日。㊁(接頭) 間接であることを示す語。用例 ―貸し。―聞き。㊂(副) ①《「復」とも》重ねて。ふたたび。again 用例 ―とない機会。②《「亦」とも》同じように。…もまた。やはり。too 用例 これも―傑作だ。③驚き・疑問などを示す語。用例 これは―大変。㊃(接続) ①続いて述べるときにいう語。その上。さらに。and 用例 学者であり、―詩人でもある。②または。or 用例 ―それでもよい。

**又と言う日** またいつか可能な日。another day 用例 ―もある。

**又にする** 別な機会にする。pass on to another occasion 用例 この話は―。

**まだ【▽未だ】** ㊀(副) ①《「いまだ」の約》今になってもなお。もっと。still 用例 ―歩ける。②どちらかといえば。まだしも。rather 用例 このほうが―ましだ。③あまり時間がたっていない。only 用例 ―作ったばかりだ。④ほかにもっと。もっと。more 用例 理由は―ある。㊁(形動) 今になっても行われていないさま。yet 用例 投票が―の人。

**マタイ【Matthaios】**(ギリシア) イエスの十二使徒の一人。当時のユダヤ人社会から疎外されていた取税人。『マタイによる福音書』の著者とされる。Matthew

**ま-だい【真▼鯛】**《ほんとうの鯛、の意》体高が高く扁平形のタイ科の海水魚。全長八〇cm以上。体は赤く、青色の小斑紋が散在。一本釣り・延縄・五智網・定置網などで捕獲。海魚の王として祝い事に用いる。北海道南部以南の日本近海・東シナ海に分布。↓タイ図

**ま-だい【間代】** 間借りの料金。部屋代。

**マタイ-じゅなんきょく【マタイ受難曲】**《原題Matthäus-Passion(ドイツ)》受難曲のうち『マタイによる福音書』に基づいた作品。バッハの作品がとくに名高い。参照 受難曲。

**マタイ-でん【マタイ伝】** →マタイによるふくいんしょ(マタイによる福音書)

**また-いとこ【又▽従▽兄▽弟・又▽従▽姉▽妹】** 親がいとこどうしの、子どもと子どもの続き柄。second cousin

**マタイによるふくいんしょ【マタイによる福音書】**(The Gospel According to Matthew)『新約聖書』巻頭の福音書。著者は使徒マタイとされる。旧約預言の成就として「メシヤ=イエス」の生涯を叙述。「山上の説教」を含むイエスの語録を系統的に収録。マタイ伝。

**また-おむつ【▼股▽御▼襁▼褓】** 乳児の股の開き具合を損なわないように、股にだけおむつをあてる方法。股関節脱臼の予防に役立つ。

**また-がし【又貸し】**(名・サ変他) 借りたものを、さらに他人に貸すこと。対義 又借り。

**マダガスカル【Madagascar】**(Democratic Republic of Madagascar) アフリカ南東海上、マダガスカル島を占める民主共和国。首都アンタナナリボ。一九六〇年フランスから独立。島内は中央高地と海岸低地に大別される。主産物は米・コーヒー・バニラなど。面積五八・七万km²。人口一〇三〇万(一九八六)。正称マダガスカル民主共和国。

**マダガスカル-とう【マダガスカル島】**(Madagascar) インド洋西部にある世界第四位の大島。モザンビーク海峡を隔て、アフリカ大陸に対する。マダガスカル共和国の領土。古代にマレー民族の移住地として開かれた。

**また-がみ【▼股上】** 股から上部、ウエストまでの部分。また、その長さ。洋裁で、パンツ類作製上、基準となる採寸部位だが、男・女では採寸方法が異なる。rise 対義 股下。用例 ―が浅い。

**また-がり【又借り】**(名・サ変他) 人が借りたものを、さらに借りること。対義 又貸し。

**また-が・る【▼跨る・▼股がる】**(五自) ①両側に足を垂れて、上に乗る。sit astride 用例 馬に―。②一方から他にかかる。extend over 用例 その山は二か国に―。

**またぎ** 東北地方で、伝統的な猟法を守って共同狩猟を行う人々。多くは山間に居住し、習慣や禁忌に厳しく、山ことばを使う。

**また-ぎ【▼股木・▼叉木】** 二またに分かれた木。

**まだき【▽未だき】** 古語(副) まだその時期の来ないうちに。早くも。もうすでに。用例 あかなくに―も月のかくるるか(伊勢・八二)。

**また-ぎき【又聞き】**(名・サ変他) 本人から直接にではなく、聞いた人から聞くこと。secondhand information

**また・ぐ【▼跨ぐ】**(五他)《またで越える、の意》物を踏まずに、向こう側に片足をおろす。stride over 用例 敷居を―。

**また-ぐら【▼股▽座】** 股。

**ま-だけ【真竹・▽苦竹】** イネ科の多年生常緑竹。大形のタケ。高さ一〇～二〇m。茎の直径約一〇cm。節に二重の輪がある。茎は細工物用、タケノコは食用。ニガタケ。↓タケ写

**また-げらい【又家来】** 家来の、そのまた家来。陪臣。

**ま-だこ【真▼蛸】** 浅海の岩礁帯にふつうに見られるタコ。足を含め全長約六〇cm。体色は暗褐色だが周囲に合わせて変わる。関東以南、世界の暖・温帯海域に分布。octopus ↓タコ写

**また・し【▽全し】** 古語(形ク)《のちに「まったし」と促音化される》①欠けたところがない。十分である。完全である。用例 在々所々、堂舎塔廟一つとして―・からず(方丈記)。②安全だ。無事である。用例 まことわが命―・からめやも(万葉・一二・二八九一)。

**まだ・し【▽未だし】** 古語(形シク) ①まだ時期が早い。用例 ―・しき程のこゑをきかばや(古今・夏)。②まだ整っていない。未熟だ。用例 琴・笛など習ふ、またさこそは、―・しきほどは(枕・うらやましげなるもの)。

**また-した【▼股下】** 股から下部、ズボンなどの股の分かれ目から裾までの部分。また、その長さ。洋裁では、股下寸法はデザインによりさまざま。length of leg 対義 股上。↓背広図

**また-しても【又しても】**(副) 重ねて、また。again 用例 ―値上げする。

**まだ-しも【▽未だしも】**(副) まだ、それでも。better 用例 その服のほうが―ましだ。

**また・す【待たす】**(五他) 待たせる。keep a person waiting

**また-ずれ【▼股擦れ】** 股の内がわがすれ合って、皮膚がすりむけること。その傷。sore crotch

**また・せる【待たせる】**(下一他) 相手を待つ状態にさせる。またす。keep a person waiting 用例 人を―。

**また-ぞろ【又▽候】**(副)《好ましくない意で》またまた。またしても。again 用例 ―金の無心か。

**ま-たたき【瞬き】**(名・サ変自) ①瞬くこと。twinkle ②目をぱちぱちすること。まばたき。blink

**ま-たた・く【瞬く】**(五自)《目▼叩く、の意》①目をぱちぱちする。blink; wink ②光がち

らちらする。twinkle 用例星が―。

**瞬く間**(またたくま) ごくわずかな時間。瞬間。in a twinkle

**またたび【▽木▽天▼蓼】** マタタビ科のつる性落葉低木。山地にはえる。葉は広卵形。初夏にウメに似た白色五弁花を下垂する。黄色長楕円形の果実は食用。ネコ科の動物が好み、食べさせると酔ったようになる。ナツウメ。silvervine ↓写

●マタタビ

**また-たび【▼股旅】** ばくち打ちなどが足に任せて諸国を歩くこと。

**またたび-もの【▼股旅物】** ばくち打ちを主人公にした小説・映画など。

**ま-たで【真▼蓼】** ヤナギタデの別名。

**マタディ【Matadi】** アフリカ中部、ザイール共和国西部、ザイール川流域の河港都市。コーヒー・パーム油などの輸出港。人口一六・二万(一九七六)。

**また-でし【又弟子】** 弟子の、そのまた弟子。indirect pupil

**マタドール【matadorスペイン】** スペインの闘牛で、牛にとどめを刺す役の、主役の闘牛士。

**またと-ない【又と無い】**(連語) ①二度とない。never again 用例こんな機会は―。②この上ない。best 用例―ごちそう。

**ま-だに【真▼蜱】** マダニ亜目のダニの総称。種類が多く、体長はふつう一mm前後。人畜の血を吸うものや、伝染病を媒介するものもある。ヤマトダニをさす場合もある。世界各地に分布。ixodid

**マタニティー-ドレス【maternity dress】** 妊婦用ドレス。変化する体形をカムフラージュし、身体を圧迫せず、サイズ調節がきくことが条件。

**マタニティー-ブラジャー【maternity brassiere】** 授乳しやすいように工夫されたブラジャー。カップの上部が、かぎホックやボタンどめになっている。

**また-の【又の】**(連語) ①別の。another ②次の。next 用例―年。

**又の名**(またのな) もう一つの名。別の名。一名。another name

**又の日**(またのひ) ①翌日。next day ②のちの日。

**又の世**(またのよ) 来世。some other day

**また-は【又は】**(接続) 二つ以上のもののどれかである関係を示す語。それでなければ。あるいは。or 用例雨―雪。黒・青―紺色。

**また-び【▼股火】** 火鉢の上にまたを広げてあたること。股火鉢。

**また-ひばち【▼股火鉢】** ↓またび(股火)

**またま【真玉】**〈町〉 大分県北東部、国東半島の北西にある町。周防灘に臨む農・漁業の町で、園芸農業・タバコ栽培、貝類・海苔の産出が中心。人口四八〇八(一九八八)。

**また-また【又又】**(副) なおまた。重ねて。once again

**マタマタ【matamata】** 長い首を甲羅の間に横に曲げてかくすヘビクビガメ科の風変わりな淡水生のカメ。甲長約四〇cm。三角形の頭は極端に平たくて、いぼ状の突起でおおわれる。口の周辺や首には多数の肉質のびらびらがあり、それで小魚をひき寄せて捕食。南アメリカに分布。

**まだ-まだ【▽未だ▽未だ】**(副) 《「まだ」を強めていう語》①時間が多く残っている。今なお。いまだに。still 用例―日は暮れない。②どちらかといえば。if anything 用例―このほうがいい。③さらに。もっと。even more 用例―減るはずだ。④不十分なさま。yet 用例―認められない。

**またま-つく【真玉付く】**［枕ことば］《真玉(玉の美称)をつける緒の意で、「緒」と同音を含むことから》「をちこち」などにかかる。用例―をちこちかねて言はいへど逢ひて後こそ悔にはありと言へ(万葉・四・六七四)。

**マダム【madam】** ①既婚の女性の名の前につける語。奥様。夫人。②飲食店などの女主人。おかみ。女将。ママ。

**マダム-タッソー【Madam Tussaud's】** 蝋人形製作者のマリー-タッソー(一七六一―一八五〇)がロンドンで開設した蝋人形展示館。

**マダム-バタフライ【Madama Butterflyイタリア】** プッチーニ作曲のオペラ『蝶々夫人』。

**またも-や【又もや】**(副) 又しても。「また」を強めた「またも」に詠嘆・疑問の「や」を添えた語。again

**ま-だら【真▼鱈】** ↓たら(鱈)

**まだら【▼斑】**(名・形動) いろいろの色が入りまじっていること・もの・さま。ぶち。speckles

**まだら-が【▼斑▼蛾】** 昼間飛ぶ色の派手なマダラガ科のガの総称。大きさ・形など変化に富む。熱帯地方に華麗な種類が多い。日本にはホタルガ・サツマニシキ・ベニモンマダラなど約二八種がいる。

**まだら-ぐも【▼斑雲】** 濃淡の入り交じったまだらに群がる雲。

**まだら-すず【▼斑鈴】** コオロギ科の昆虫。コオロギに似るがはるかに小さい。体長約七mm。黒褐色。肢に黒斑がある。草原にすみ、ジー、ジーと間をおいて鳴く。日本全土に分布。

**まだら-ちょう【▼斑▼蝶】** マダラチョウ科に属する中形から大形のチョウの総称。熱帯・亜熱帯地方に多く産し、日本では本土にアサギマダラが一種のほか、南西諸島に四種が知られる。

**マタラム【Mataram】** インドネシア、小スンダ列島、ロンボク島西岸にある都市。名勝旧跡が多い観光地。人口四・七万(一九七一)。

**マタラム-おうこく【マタラム王国】** 一六～一八世紀、ジャワ中・東部を支配したイスラム王国。一七世紀後半以降、オランダ東インド会社の干渉を受け、一八世紀中ごろ、王位継承をめぐる内紛によりスラカルタとジョクジャカルタの二王領に分裂、衰退した。Mataram Kingdom

**まだら-ゆき【▼斑雪】** まばらに降る雪。はだれ雪。はだら雪。

**マダリアーガ【Salvador de Madariaga】**(一八八六―一九七八) スペインの作家・外交官。評論『イギリス人、フランス人、スペイン人』など。

**ま-だる・い【間▽怠い】**(形) ①手間どって、遅い。のろのろしている。②てぬるい。まだるっこい。

**ま-だるこ・い【間▽怠こい】**(形) はがゆい。てぬるい。もどかしい。まだるっこい。tedious; slow

**ま-だれ【麻垂れ】** 漢字を組み立てている部分の名。「広・庁・店」などの上にある「广」。

**まだんのしゃしゅ【魔弾の射手】**《原題Der Freischützドイツ》ウェーバー作曲のオペラ。全三幕。キント台本。伝説に基づく、ドイツ-ロマン主義オペラを確立した作品。『狩人の合唱』などが有名。

**まち【町】** ①地方行政団体の一つ。人口の規模で村より大きく、市よりも小さい。ちょう。town 対義村・市。②人家が多く立ち並ぶ地域。都会。town ③市や区の中の小区画。用例千代田区麹―。

**町をとめる**(まちをとめる) 客に、吉原の遊女屋へ出入りすることを禁ずる。

**まち【街】** 商店などが密集した場所・通り。用例―の声。

**まち【▼襠】** ①衣服の幅の不足を補って入れる小布。gore ②袴の内またの布。羽織の脇の細長い布。袖の脇下に入れる三角・ひし形の布など。↓羽織図

**まち-あい【待(ち)合い・待合】** ①互いに待ち合わせること。また、その場所。②茶会の客が、席のあくのを待ち合わす場所。③芸者を呼んで遊興する「待合茶屋」の略。

**まちあい-しつ【待合室】** 病院や駅などで順番や列車を待つ部屋。waiting room

**まちあい-せいじ【待合政治】** 政治的に重要な決定が、議会などの公開の場ではなく、待合茶屋で相談して行われる、不明朗な政治。

**まち-あか・す【待ち明(か)す・待明(か)す】**(五他) ①人の来るのを待って夜を明かす。wait all night for ②たいへん長く待つ。wait for a long time

**まち-あぐ・む【待(ち)▼倦む】**(五他) 長く待って、嫌になる。待ちわびる。get tired of waiting

**まち-あわ・せる【待ち合(わ)せる・待合(わ)せる】**(下一自他) 決めた場所で相手の来るのを待つ。決めた場所で互いに会うようにする。arrange to meet

**まち-いしゃ【町医者】**《江戸時代、大名などに仕えた御殿医に対し、民間の医者のことから》開業医。

**まち-う・ける【待(ち)受ける】**(下一他) 待ちかまえる。用意して待つ。wait for

**マチエール【matièreフランス】**《物質ないし質感、の意》①材料。素材。②美術で、絵の具のつきや伸びぐあい、つやなど、作品そのもののはだの感じや材質感をいう。

**ま-ぢか【間近】**(名・形動) 対義間遠。①近いこと・さま。near 用例目的地も―。②まもないこと・さま。near 用例しめきりも―。

**ま-ちがい【間違い】** ①正しくないこと。あやまり。error 用例―だらけの手紙文。②過ち。しくじり。mistake 用例―をおかす。③争い。けんか。trouble 用例―を引き起こす。④事故。よくない出来事。accident 用例子どもに―があっては大変だ。

**間違いが無い**(まちがいがない) ①過失や誤りがない。②確かである。安全である。無難だ。信用できる。trustworthy

**ま-ぢか・い【間近い】**(形) 対義間遠い。①隔たりが少ない。near ②時間が隔たっていない。near 用例春ももう―。

**ま-ちが・う【間違う】**(五自他) ①(自)㋐過ちをする。しくじる。make a mistake ㋑正しくなくなる。become wrong ②(他)まちがえる。mistake

**ま-ちが・える【間違える】**(下一他) ①取り違える。たがえる。mistake ... for 用例部屋を―。②やり損なう。しくじる。過つ。make a mistake 用例計算を―。

**まち-かた【町方】** ①江戸時代、村方・山方・浦方に対して、町を言った語。②町・町人に関すること。③江戸時代、町奉行配下の与力・同心。

**まち-か・ぬ【待ち兼ぬ】** 古語(下二他) ↓まちかねる(待ち兼ねる)

**まち-か・ねる【待(ち)兼ねる】**(下一他) 待つにたえられない。どうしても待てない。can't wait

**まちかね-わに【待兼▼鰐】** 豊中市柴原待兼山の大阪大学理学部構内で発見された化石のワニ。全長約八m。頭骨は細長く、現在カリマンタン・スマトラなどに生息するマレーガビアル(ガビアルモドキ)に似る。洪積世前期のものとされる。

**まち-かま・える【待(ち)構える】**(下一他) ①用意して待つ。wait for ②期待する。look forward to

**まち-ぎょうれつ【待(ち)行列】** 窓口でサービスを受けようとする客の平均待ち時間や、一定時における行列の長さ。これを分析して適正化をはかるのが、待ち行列の理論。queue

**ま-ちく【麻竹】** イネ科のタケ。地下茎はあまり伸びず、大形の稈が密生して株立ちとなる。タケノコを乾かして発酵させ中華料理のメンマとする。

**まち-くたび・れる【待(ち)▽草▼臥れる】**(下一自) 長いあいだ待ちつづけて、疲れる。get tired of waiting

**まち-くら・す【待ち暮(ら)す・待暮(ら)す】**(五他) ①一日じゅう待つ。wait all day for ②長いあいだ待っている。wait for a long time

**まち-げいしゃ【町芸者】** 江戸で、吉原の芸者に対し、江戸市内の吉原以外の芸者。

**まち-こうば【町工場】** 市中にある小さな工場。small factory in town

**まち-ごえ【待(ち)肥】** 苗を移植する土地に、前もって施しておく肥料。

**まち-こが・れる【待(ち)焦がれる・待焦(が)れる】**(下一他) それが来るのを、しきりに待つ。じりじり待つ。wait impatiently for 用例夏休みを―。

**まちこ-まき【真知子巻(き)】** ショールを頭から首に巻くファッション。昭和二八年(一九五三)松竹映画の大ヒット『君の名は』のなかで、主人公真知子が見せたスタイル。当時の若い女性に大流行した。

**まち-しゅう【町衆】**《「まちしゅ」とも》中世末期、京都・大坂・堺などの都市で自治的な共同体を構成した人々。商・手工業者を中心とし下級武士や足軽衆も加わり、独特の生活圏を生みだした。

**マチス【Matisse】** ↓マティス

**まちだ【町田】**〈市〉 東京都南部、神奈川県と接する市。交通の要地にある住宅・商業都市で、人口増が著しい。人口三三万五三四七(一九八八)。

**まちだ-かしょう【町田▼嘉章】**(一八八八―一九八一) 日本音楽研究家。本名、嘉章。佳声とも。群馬県生まれ。東京美術学校卒。三味線音楽の研究評論に活躍し、日本民謡の採譜研究を行う。作曲も多く手がけ、代表作に『ちゃっきり節』がある。著書『日本民謡大観』など。

**まちだか-ばかま**【▼襠高▼袴】袴の一種。男子礼装用で、襠が高いもの。ひだは後ろに一つ、前に五つ。生地は仙台平などの縞柄を用いる。↓袴図

**まち-つ・ける**【待(ち)付ける】(下一他)①待って、目的の人・時に会う。wait for 用例好機を―。②待つことに慣れている。

**まち-どうじょう**【町道場】①市中にある、武芸を教える所。②市中にある小さな仏堂。

**まち-どお**【待(ち)遠】(名・形動)待ち遠しいこと・さま。用例お―さま。

**まち-どおし・い**【待(ち)遠しい】(形)今か今かと待つことが久しい。wait impatiently 派生まちどおしげ(形動)まちどおしが・る(五自)まちどおしさ(名)

**まち-どしより**【町年寄】江戸時代の最上位の町役人の名称。大坂では惣年寄。

**まち-なか**【町中】町のなか。町の、家が集まっている所。downtown

**まち-なぬし**【町名主】江戸時代の町役人の一つ。町年寄の配下、法令の伝達・人別改・治安維持など町の雑務を行った。町奉行が任命。江戸・大坂・京都・長崎などに置かれた。

**まち-なみ**【町並(み)】町家の立ちならんでいるさま。家並み。row of houses

**マチネー**【matinéeフランス】昼間の興行。

**マチネ-ポエティク**【Matinée poétique】昭和二一～二三年(一九四六～四八)ごろに活躍した詩人グループ。西欧象徴詩を範とし、日本語による押韻定型詩の可能性を追求しようとした。『マチネ-ポエティク詩集』刊行。同人に中村真一郎・加藤周一・福永武彦ら。

**まち-のぞ・む**【待(ち)望む】(五他)自分の望みや願いが実現することを期待する。look forward to

**まち-はずれ**【町外れ】町の、出外れる所。町のはし。郊外。outskirts of a town

**まち-ばり**【待(ち)針】二枚の布の印どうしを合わせたり、長い距離を縫いやすくするためにとめたりする針。針の頭にプラスチック製の花や玉などがついている。pin

**まち-びきゃく**【町飛脚】民間営業の飛脚。江戸・大坂間を月に三度往復し、ふつう六日かかった。定期便のほか、仕立て便もあった。

**まち-びけし**【町火消(し)】江戸時代中期からの消防組織の一つ。江戸・大坂で町奉行の監督のもとに町方の消火に当たった。まちひけし。対義定火消し。

**まち-びと**【待(ち)人】来るのが待たれている人。expected visiter 用例―来たらず。

**まち-ぶぎょう**【町奉行】①江戸幕府の職名。江戸・京都・大坂・駿府に置かれ、行政・警察・裁判などに当たった。②とくに、江戸町奉行。

**まち-ぶ・せる**【待(ち)伏せる】(下一他)不意を襲うため、隠れて待つ。用意して待つ。lie in wait

**まち-ぼうけ**【待(ち)▼惚け】《「まちぼけ」の転》①待ちくたびれて、ぼんやりすること。②待っていたものが来ないこと。wait in vain 用例―を食わされる。

**待ち惚けを食わせる**(まちぼうけをくわせる)待ち合わせの約束を守らず、相手を無駄に待たせる。keep a person waiting in vain

**まち-ぼり**【町彫】装剣金工の一流派。江戸中期以後、庶民的感覚を生かした流派で、大名や武士階級の御用をつとめた家彫(後藤彫)に対抗した。横谷宗珉など。

**まち-まち**【▽区▽区】(形動)それぞれ違うさま。別々。くく。various

**まち-もう・ける**【待(ち)設ける】(下一他)①待ち構える。wait for ②期待する。expect

**まち-や**【町家・町屋】町中にある商家。商家の集まっている所。

**マチャード**【Antonio Machado】(一八七五～一九三九)スペインの詩人。厳粛で重厚な詩風を確立。作品『カスティリャの野』『新しき歌』など。

**まち-やくにん**【町役人】江戸時代、町奉行の支配下で各町々の諸行政に当たった町人。町年寄・町名主・組頭で構成。町により検断・乙名・月行事などとも称された。町役。

**まち-やくば**【町役場】町の行政事務や町民のための各種業務を取り扱う役所。

**まち-やっこ**【町▽奴】江戸初期、旗本奴に対抗して江戸市中に生まれた侠客。幡随院長兵衛が有名。男伊達。

**マチュー**【Georges Mathieu】(一九二一～)フランスの画家。アンフォルメル絵画のオーガナイザーとしても活躍。すばやいカリグラフィックな描法で知られる。

**マチュ-ピチュ**【Machupicchu】ペルーのクスコ市北西の遺跡。インカ様式の建築で知られる。

**まち-わ・びる**【待(ち)▼侘びる】(上一他)気をもみながら待つ。wait impatiently

**マチン**【馬銭】《中国語から》フジウツギ科の熱帯産の常緑小高木。高さ十数メートル。葉は楕円形で緑白色の小花が咲き、赤褐色の果実を結ぶ。種子を生薬ではホミカといい、猛毒で殺鼠剤などにも利用。インド原産。nux vomica

**まちん-し**【馬▽銭子】生薬ホミカの別称。

**まっ**【真っ】(接頭)「真」を強めた言い方。用例―最中。―ぱだか。

**マツ** 5画【末】部首[木] 教育小4 JIS 4386

音マツ・バツ　訓すえ

末 末 末 末 末

①すえ。おわり。対義本・始。「始末・終末・本末」「末代・末尾・末路」用例《接尾的》年度―。世紀―。②こまかい。些細な。つまらない。「瑣末・枝葉末節」「末技・末輩」③こな。くず。「粉末」↓バツ[末]

**マツ** 8画【▼茉】部首[艹] 人名用 JIS 7193

音バツ・マツ・マ

「茉莉花」は、ヒイラギ科の熱帯性常緑低木。白色の花は芳香が高く、中国では、茶に入れる香料として用いられる。

**マツ** 8画【抹】部首[扌] 常用 JIS 4385

音マツ・バツ

①けす。ぬりけす。こすってけす。「塗抹」「抹殺・抹消」②する。すって粉にする。「抹香・抹茶」③いくらか。わずか。「一抹」

**マツ** 8画【▼沫】部首[氵] JIS 4387

音バツ・マツ

①あわ。あぶく。水のあわ。「泡沫」②つばき。よだれ。③とばしり。しぶき。水しぶき。「飛沫」

**マツ** 10画【▼眛】部首[目]

音バツ・マツ・ベツ

くらい。目がよくみえない。

**マツ** 10画【▼秣】部首[禾] JIS 6734

音バツ・マツ

①まぐさ。かいば。牛馬にたべさせる草・わら。「糧秣」②かう。まぐさかう。牛馬にかいばをたべさせてやしなう。

**マツ** 14画【▼靺】部首[革] JIS 8060

音バツ・マツ

「靺鞨」は、隋・唐時代に、中国東北地方に居住していたツングース系の民族。

**まつ**【松】①マツ科マツ属の植物の総称。アカマツ・クロマツなどで、常緑針葉高木。葉は長針状。心材の着色が明瞭。雄花序は若枝の基部、雌花序は先端につく。球果は開花の翌年成熟。世界に約一〇〇種、日本に六種。ゴタイフ。コトヒキグサ。ジュウハチコウ。タユウ。チヨミグサ。チヨギ。トカエリノハナ。ハツミグサ。ヒメマツ。ユウカゲグサ。ユウミグサ。pine ②かどまつ。用例―立てわたして。③たいまつ。torch 用例―どもともして。④紋所の名。マツの幹・枝・葉・松かさを図案化。↓図

**松が取れる**(まつがとれる)松の内があけて、松飾りがはずされる。

**ま・つ**【▼俟つ】(五他)頼みとする。期待する。depend on 用例きみの努力に―。

**ま・つ**【待つ】(五他)①人・物が来るのを望む。迎える。wait 用例機会を―。電車を―。②結果があらわれるのを期待する。ようすをうかがう。wait for 用例出方を―。結論を―。③実現するまでの時間を過ごす。await; defer 用例もう一日―・ってくれ。

**待ちに待つ**(まちにまつ)今か今かと待っている。expect every moment

**待つ内が花**(まつうちがはな)期待して待っている間がいちばん楽しいもので、いざ現実になってみるとそれほどではないことをいう。

**待つ間が花**(まつまがはな)「待つ内が花」と同意。

**待つ身は長い**(まつみはながい)待っている時間は、ことのほか長く感じられる。A watched pot never boils.

**待てど暮らせど**(まてどくらせど)待ち続けて、日々を過ごしているけれども。いつまで待っても。待つかいがなさそうな不安感を表す語。waited and waited, but…

**待てば海路の日和有り**(まてばかいろのひよりあり)今は悪くても、待っていれば海が静まり航海に適した天気になる。我慢して待つことが大切だというたとえ。Everything comes to him who waits.

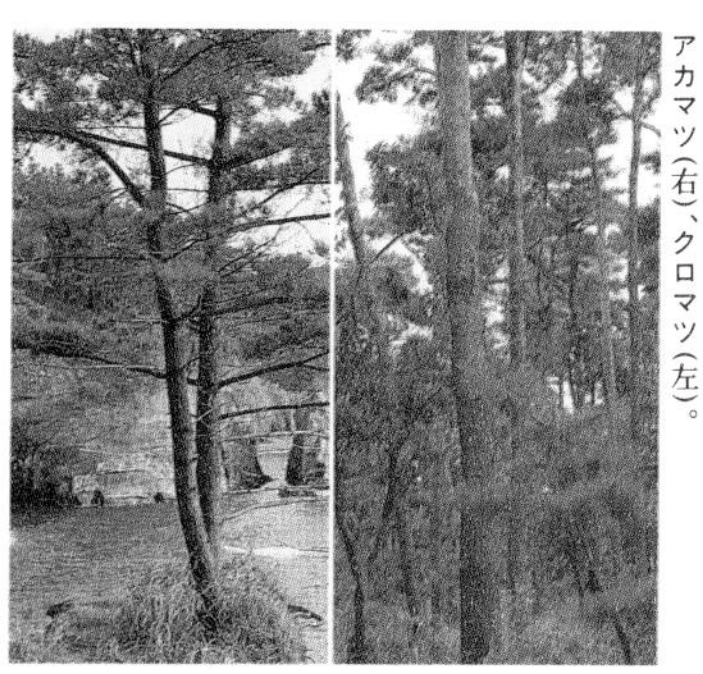

●マツ①
アカマツ(右)、クロマツ(左)。

●松④
三蓋松

松葉菱

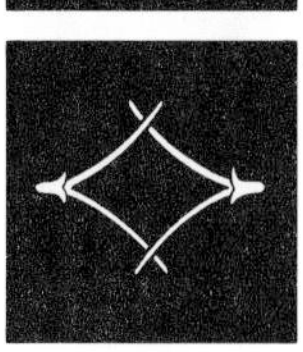

**まつ-い**【末位】いちばん下の地位。数の最後の桁。the lowest rank 対義首位。

**まつい-げんすい**【松井源水】江戸時代から一七代続いた大道芸人。浅草の奥山で客寄せに居合い抜きや曲独楽を見せ、薬などを売った。

**まつい-しょうおう**【松居松翁】(一八七〇～一九三三)劇作家。本名、真玄。宮城県生まれ。演出にも活躍し、新歌舞伎確立に貢献。戯曲『悪源太』など。

**まつい-すまこ**【松井▼須磨子】(一八八六～一九一九)女優。本名、小林正子。長野県生まれ。『人形の家』のノラで脚光を浴び、新時代の女優として活躍。島村抱月と芸術座を結成。『復活』のカチューシャで全国的に知られた。抱月の死後、自殺。↓写

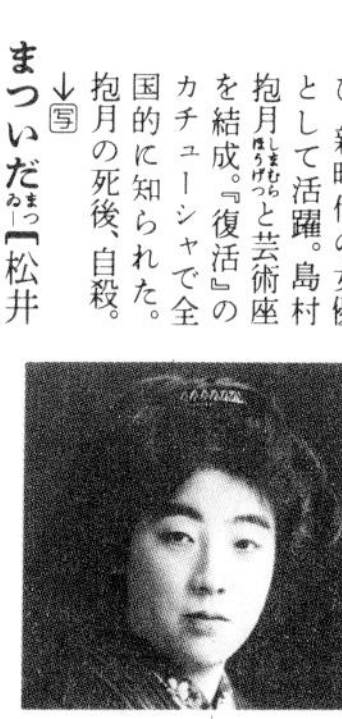

●松井須磨子

**まついだ**【松井田】〈町〉群馬県西部、碓氷峠の東にある町。中山道の旧宿場町。農林業が主だが、ベントナイトの産地としても知られる。人口一万九〇三二(一九八八)。

**まつうら**【松浦】〈市〉長崎県北部の市。炭鉱の町として栄えたが閉山、工業都市へと変容。観光開発も進む。人口二万五一三六(一九八八)。

**まつうら-がわ**【松浦川】佐賀県を流れる川。長さ四五・六km。北西部の黒髪山に発し、唐津湾に注ぐ。古くから水運に利用された。

**まつうら-けんぎょう**【松浦検▽校】(?～一八二二)江戸中期の地歌・箏曲の演奏家・作曲家。京都の地歌の手事物の作曲の開拓者。代表作『四季の眺め』など。

**まつうら-たけしろう**【松浦▽武四郎】(一八一八～一八八八)幕末から明治期の北方探検家。伊勢の人。江戸幕府の命により蝦夷地を探検。明治維新後、開拓判官などを歴任。

**まつえ**【松江】〈市〉島根県北東部、宍道湖に臨む市。県庁所在地。一七世紀初め堀尾氏が築城以来、城下町として発展。山陰の行政・文化・商工業の中心。小泉八雲の旧居がある。人口一三万八八五七(一九八八)。

**まつ-えい**【末▼裔】子孫。descendants

**まつえ-しげより**【松江▽重▽頼】(一六〇二～一六八〇)江戸前期の俳人。通称、大文字屋治右衛門。別号、維舟。京都の人。松永貞徳に師事。著書に俳諧撰集『犬子集』、作法書『毛吹草』など。

**まつお**【松尾】〈町〉千葉県東部、九十九里平野にある町。稲作・施設園芸・酪農・養豚などが主で、商業もさかん。人口一万九四九(一九八八)。

**まつお【松尾】**〈村〉岩手県北西部、八幡平の東にある村。かつては松尾鉱山で栄えた。日本で初めて地熱発電所がつくられた松川温泉がある。人口七三六四(一九八八)。

**まつおか【松岡】**〈町〉福井県北部、福井市東隣の町。旧城下町で、人絹・合織の織物業がさかん。人口九三一〇(一九八八)。

**まつおか-えいきゅう【松▼岡映丘】**(一八八一-一九三八) 日本画家。本名、輝夫。民俗学者の柳田国男は兄。兵庫県生まれ。東京美術学校卒。大和絵の復興に尽くす。作品『右大臣実朝』など。

**まつおか-こまきち【松▼岡▼駒吉】**(一八八八-一九五八) 労働運動家・政治家。鳥取県生まれ。第二次大戦前および戦後初期の労働運動の指導者で、戦後は総同盟会長・社会党代議士・衆議院議長などを歴任。

**まつおか-じょあん【松▼岡▼恕▼庵】**(一六六九-一七四六) 江戸中期の本草学者。京都生まれ。医学・薬学にも取り組む。著書『用薬須知』『桜品』など。

**まつおか-せいら【松▼岡青▼蘿】**(一七四〇-九一) 江戸中期の俳人。通称、鍋五郎。姫路藩士。中興期俳諧の有力者の一人。句集『青蘿発句集』。

**まつおか-ゆずる【松▼岡譲】**(一八九一-一九六九) 小説家。新潟県生まれ。東大卒。師夏目漱石の長女筆子と結婚。小説『法城を護る人々』、『漱石先生』など。

**まつおか-ようすけ【松▼岡洋▽右】**(一八八〇-一九四六) 外交官・政治家。山口県生まれ。国際連盟脱退時の全権。第二次近衛内閣外相として、日独伊三国軍事同盟・日ソ中立条約を締結。第二次大戦後、A級戦犯として獄中で病死した。

**まつ-おさめ【松納め】** 正月の門松や松飾りを取り払うこと。また、その日。松おろし。

**まつお-ばしょう【松尾▼芭▼蕉】**(一六四四-九四) 江戸前期の俳人。俳諧を革新大成した蕉風の祖。本名、甚七郎宗房。俳号は「はせを」と自署、他に桃青など。伊賀(三重県)上野の人。伊賀の藤堂良忠に仕えた。貞門俳諧を学び、のち江戸に下り談林俳諧を修業。三七歳で深川芭蕉庵に入る。数度の旅を通じて、「さび」「しをり」「ほそみ」「軽み」の蕉風を確立。「にほひ」などの余韻を尊ぶ連句作法を示した。元禄七年(一六九四)五一歳で大坂の旅宿で病没。蕉風代表句集は『冬の日』『猿蓑』『炭俵』などの『俳諧七部集』。紀行『野ざらし紀行』『笈の小文』『更科紀行』『おくのほそ道』、俳文『幻住庵記』など。↓写

●松尾芭蕉 芭蕉翁記念館(三重県)。

**まつお-りゅう【松尾流】** 茶道流派の一つ。千宗旦の門弟松尾宗二の曾孫宗二が祖。遠祖が武野紹鷗の高弟であったため、初代を六代とすることも。二代宗五が、尾張徳川家に茶道をもって仕える役(茶頭)となったことなどから、東海地方に広まる。

**まっ-か【真っ赤】**(名・形動) ①ほんとうに赤いこと・さま。真紅。deep red ②全く。そのとおりであること・さま。全然。downright 用例 ―なうそ。

**マッカ[Makkah]** メッカの別称。

**マッカーサー[Douglas MacArthur]**(一八八〇-一九六四) アメリカの軍人。陸軍元帥。第二次大戦でアメリカ極東陸軍司令官。ついで西南太平洋方面連合軍総司令官。戦後、連合国最高司令官として対日占領政策を実施。一九五一年朝鮮戦争で強硬策を主張し、トルーマン大統領と対立して解任された。↓写

●マッカーサー

**マッカーシー[Mary McCarthy]**(一九一二) アメリカの女流小説家。作品『グループ』『アメリカの鳥たち』など。

**マッカーシズム[McCarthyism]** 一九五〇～五四年に行われた、アメリカ上院議員マッカーシーを中心とする共産主義者の弾圧。その対象は政界から言論・思想・芸能界にまで及んだ。

**まつ-かさ【松▼毬・松▼笠】** マツ類の果実。卵形または円柱形で、長さはいろいろ。木質で楯状の鱗片が密にならび、なかに有翼の種子を包む。熟すると開裂する。まつふぐり。まつぼくり。まつぼっくり。pinecone

**まつかさ-いか【松▼毬▼烏▽賊】**《熟すると松かさのような形になることから》イカの身に、斜めの格子に切り目を入れたもの。

**まつかさ-うお【松▼毬魚】** 沿岸に多いマツカサウオ科の海水魚。全長約一五㎝。体は堅いこうら状のうろこでおおわれる。下あごに発光器があって光る。ねり製品の原料。本州中部以南の日本海側および太平洋に分布。pinecone fish ↓図

●マツカサウオ

**まつ-かざり【松飾り】** 正月の飾りとして門に立てる松。門松。数え方 一揃い・一門。

**まつ-かぜ【松風】** ①松に吹く風。その音。しょうふう。松籟。②茶の湯で、茶がまの湯がにえたぎるときの音。③能の曲名。三番目物。観阿弥作・世阿弥改作。『熊野』とともに女物の典型。須磨の浦で、海女の松風の霊は、昔寵愛を受けた在原行平への恋慕に狂い、形見を身につけて舞う。④能『松風』に取材した歌謡・戯曲など。松風物。

**まつかぜ-そう【松風草】** ミカン科の多年草。山地にはえる。高さ約六〇㎝。葉は羽状複葉で臭気がある。初秋に白花を枝先に密集。果実は四つに分かれる。本州中部以西・四国・九州に分布。

**まつかた-コレクション【松方コレクション】** 第一次大戦前後、実業家松方幸次郎がヨーロッパで収集した絵画・彫刻・工芸品のコレクション。収集品の多くは散逸し、フランスから返還されたものは国立西洋美術館に収蔵されている。アンリ＝ベベル旧蔵の浮世絵は東京国立博物館に収められた。

**まつかた-ざいせい【松方財政】** 明治前期、大蔵卿松方正義により推進された財政政策。紙幣整理、兌換制度の確立、日本銀行の設立など国家財政の確立を推進。

**まつかた-まさよし【松方正▽義】**(一八三五-一九二四) 明治・大正の政治家。薩摩藩出身。明治一四年(一八八一)大蔵卿となり、紙幣整理、日本銀行の設立、金本位制の実施など、日本資本主義の発展に尽力。

**まっ-かつ【▼靺▼鞨】** 中国、隋・唐時代に満州東部から朝鮮北部に居住したツングース系民族。周代に粛慎、漢代には勿吉と称された。有力七部族があり靺鞨七部と呼ばれ、そのうちの粟末靺鞨の大祚栄は渤海を興し、黒水靺鞨は金を建国した女真の前身。

**まつがね-の【松が根の】**〔枕ことば〕《松の根が長くのびる意と、同音を繰り返すことから》「絶ゆることなく・待つ」などにかかる。用例 わが恋ふる心のうちを人に言ふものにしあらねば――待つこと遠く(万葉・一三・三二五八)。

**マッカラーズ[Carson McCullers]**(一九一七-六七) アメリカの女流小説家。人間の生の孤独さと愛を描く。作品『心は寂しい猟人』『金色の眼に映るもの』『針のない時計』など。

**まっかり【真狩】**〈村〉北海道南西部、羊蹄山南麓の村。畑作地帯で、ジャガイモ・アスパラガス・食用ユリ・花ユリを産出。人口二九四五(一九八八)。

**まつ-かれは【松枯葉▼蛾】** 幼虫がマツの葉を食害するガ。雄の開張約五㎝、雌はより大きい。翅の地色は褐色系であるが、色彩・斑紋の個体差は大きい。幼虫は茶褐色に黒や灰色の長毛の生えた、いわゆるマツケムシで、アカマツ・クロマツなどの葉を食害。また、幼虫の毛が人の皮膚に刺さると炎症を起こす。日本全土・朝鮮半島・中国などに分布。↓写

**まつかわ【松川】**〈町〉長野県中南部、飯田市の北東に接する町。農業の町で、稲作のほか果樹栽培もさかん。中央自動車道のインターチェンジがある。人口一万三六二〇(一九八九)。

**まつかわ【松川】**〈村〉長野県北西部、大町市の南東にある村。農・林業が中心。人口八二一五(一九八八)。

**まつかわ-うら【松川浦】** 福島県相馬市の太平洋岸にある潟湖。面積五・八km²、最深五・五mで、南北に長い。景勝地で、海苔・カキを養殖。

**まつかわ-じけん【松川事件】** 昭和二四年(一九四九)東北本線松川駅付近で起きた列車の脱線転覆事故で乗務員三人が死亡した事件。政府は共産党の陰謀と声明したが、二度目の最高裁判決で被告の全員無罪が確定した。

**まつかわ-びし【松皮▼菱】** 紋所の名。菱紋の一種。大形の菱を中央に、小形を上下に、三個の菱を配置した形。ちょうど松の皮のような文様なのでこの名がある。↓図

●松皮菱

松皮菱

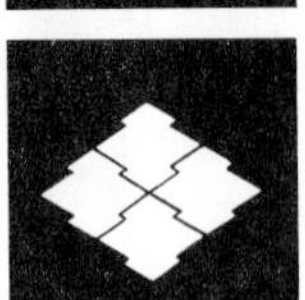

四つ松皮菱

**まっ-き【末期】**《「まつご」は別語》①終わりの時期。すえごろ。last period 対義 初期。②世のすえを思わせる堕落したもの。decadence

**まつ-ぎ【末技】** ①重要でない末梢的な技芸。学術から見た、茶・香・生け花など。②未熟な技芸・技術。

**マッキーバー[Robert Morrison MacIver]**(一八八二-一九七〇) アメリカの社会学者・政治学者。スコットランド生まれ。コロンビア大教授。多元的国家論とコミュニティ論で著名。著書『コミュニティ』など。

**まっき-てき【末期的】**(形動) もう世もすえのさま。救いがたく不健全なさま。decadent; terminal 用例 ―症状。

●マツカレハ

**まつ-きり-ぼうず【松▼桐坊主】** 花札の遊びで、花合わせの出来役の一つ。松・桐・芒(坊主)の二〇点札を三枚そろえたもの。松桐芒。

**マッキンダー[Halford John Mackinder]**(一八六一-一九四七) イギリスの地理学者。オックスフォード大学教授。新しい政治地理学の道を開いた。著書『ブリテンとその海洋』。

**マッキントッシュ[Charles Rennie Mackintosh]**(一八六八-一九二八) イギリス近代建築運動の一つであるグラスゴー派の代表的建築家。作品に、グラスゴー美術学校など。

**マッキンリー[William McKinley]**(一八四三-一九〇一) アメリカの政治家。第二五代大統領(在任一八九七-一九〇一)。共和党員。高率保護関税政策を推進。米西戦争、ハワイ併合を行い、門戸解放政策を主唱。無政府主義者により暗殺された。

**マッキンリー-さん【マッキンリー山】**(Mount McKinley) アメリカ、アラスカ州南部、アラスカ山脈の火山。標高六一九四mで、北アメリカ大陸の最高峰。デナリ。

**マック【MAC】**《Military Airlift Command の略》アメリカの空輸軍団。軍の輸送業務を世界的規模で担当し、気象観測・救難・航空測量も行う。

**マックィーン[Steve McQueen]**(一九三〇-八〇) アメリカの映画俳優。主演作『大脱走』『ゲッタウエイ』『パピヨン』など。

**まつくい-むし【松食虫・松▼喰虫】** マツ類の害虫の総称。とくに樹皮下の材部を食害するもので、キクイムシ科のマツノキクイ、ゾウムシ科のマツノシラホシゾウ、カミキリムシ科のマツノマダラカミキリなど。ときに葉を食べるマツカレハの幼虫である松毛虫も含める。

**まつ-ぐみ【松▼胡▼頽▽子】** ヤドリギ科の常緑低木。モミ・アカマツなどに寄生。葉は披針形。夏に、濃赤色の花を開く。翌年、果実が赤熟する。

**まっ-くら【真っ暗】**(名・形動) ①まったく暗



↓行き先項目、図版・写真参照印。 JIS 日本工業規格情報交換用漢字符号コード(区点コード)。

いこと・さま。しんのやみ。pitch-dark 用例 ――やみ。②希望が持てないこと・さま。total darkness 用例 お先――。

**まっ-くらやみ【真っ暗▼闇】**(名・形動) まったく暗いこと・さま。まっくらがり。pitch-dark 用例 あたり一面――。

**マックレーカー【muckraker】**《堆肥用の熊手をもつ人、の意》公的事件にひそむ堕落・腐敗を暴露するジャーナリスト。ニューヨーク市当局の腐敗をあばいた記者をルーズベルト大統領がこう呼んだことから。

**まっ-くろ【真っ黒】**(名・形動) まったく黒いこと・さま。deep black

**真っ黒になる**(まっくろになる) ①物が焼け焦げる。be scorched black ②日に焼けて肌が黒くなる。be tanned ③なりふり構わずよく働く。一生懸命になる。work hard

**まっ-くろ・い【真っ黒い】**(形) ほんとうに黒い。deep black

**マッグロー【Ali MacGraw】**(一九三九―) アメリカの映画女優。主演作『ある愛の詩』『ゲッタウェイ』など。

**まっくろ-け【真っ黒け】**(形動)《俗語》真っ黒。pitch-black

**マッケ【August Macke】**(一八八七―一九一四) ドイツ表現主義の画家。「青騎士」の一人。オルフィスムの影響をみせる繊細で色彩豊かな画風。作品『ショーウインドーの前の婦人』など。

**まつ-げ【▼睫・▼睫毛】** 上下のまぶたの前縁にはえている毛。上が約一五〇本、下は上のほぼ半数。eyelashes 用例 ――に宿るつゆ。↓目図

**睫を読まれる**(まつげをよまれる) ①だまされる。②みくびられる。

**睫を濡らす**(まつげをぬらす) だまされないよう用心する。

**まつ-けむし【松毛虫】** マツカレハの幼虫。マツ類の葉を食べる害虫。胸部に毒毛をもつ。成虫は初夏から夏に出現。日本全土に分布。

**マッケンジー【Alexander Mackenzie】**(一七五五―一八二〇) イギリスの探検家。北アメリカ北部を探検し、マッケンジー川を発見。

**マッケンジー-がわ【マッケンジー川】**(Mackenzie River) カナダ北西部、ロッキー山脈から北西に流れ、北極海に注ぐ川。長さ四〇〇〇km。

**まつ-ご【末期】**《「まっき」は別語》一生の終わり。最期。臨終。

**末期の水**(まつごのみず) 臨終のとき、口にふくませる水。死に水。

**まっ-こう【真っ向】** ①額の真ん中。forehead ②まむかい。真正面。right in front ③かぶとの鉢の正面。

**まっ-こう【抹香・末香】** シキミの葉と皮を乾かして作った粉末の香。古くは、ジンコウとセンダンの粉末。incense powder

**まっこう-くさ・い【抹香臭い】**(形) ①抹香のにおいがする。smell of incense ②雰囲気・ようすなどが、仏教的な感じである。

**まっこう-くじら【抹香鯨】** 歯鯨類中で最大の種。前頭部が大きく、体長は最大約二〇m。まれに腸の中に竜涎香という香料をもつことがある。世界の暖海域に分布。sperm whale ↓クジラ図

**まっこうくじら-ゆ【抹香鯨油】** マッコウクジラの油から固体部分を分別除去した液状のもの。成分的には油でなく液体ろう。採取した部分により、脳油・皮油・骨油・臓油などに分類される。sperm oil

**まっこう-ほう【真っ向法】** 健康体操の一つ。仏教の礼拝の姿などを基本に、おもに股関節を柔軟にするために四種類の動作を繰り返すもの。

**マッコルラン【Pierre Mac Orlan】**(一八八二―一九七〇) フランスの小説家。裏町の人生模様を描いた。作品『女騎士エルザ』『国際的ビーナス』など。

**まつ-ざ【末座】** 下位の人のすわる席。末席。lowest seat 対義 上座。

**マッサージ【massage】**(名・サ変他) 手指などを使い、摩擦・伸展・圧迫・振動などの機械的な力を律動的に作用させ、皮下や筋肉の血行をよくする治療法。

**まっ-さいちゅう【真っ最中】** 動作や状態がいちばんさかんな時。さなか。in the midst of; at the height of

**まっ-さお【真っ青】**(名・形動) ①まったく青いこと・さま。deep blue ②顔の血の気が引いたさま。pale

**まつさか【松坂】**《『松坂節』または『松坂音頭』の略》民謡の一つ。祝儀唄または踊り唄として全国各地に分布。

**まつさか【松▼阪】**〈市〉三重県中部の市。旧城下町で、伊勢商人の本拠地として繁栄。商工業がさかんで、松阪牛の産地でも知られる。本居宣長の生地。人口一一万七〇六二(一九八八)。

**まっ-さかさま【真っ逆様】**(名・形動) ①まったくさかさまなこと・さま。upside-down ②頭が下になって落ちること・さま。fall headlong

**まつざか-や【(株)松坂屋】** 大手百貨店の一つ。本店は名古屋。明治四三年(一九一〇)設立。

**まっ-さかり【真っ盛り】**(名・形動) ①花の盛んに咲く最中。in full bloom ②物事のもっとも盛んなこと・さま・時。at its best

**まっ-さき【真っ先】** いちばん先。先頭。first of all

**まつざき【松崎】**〈町〉静岡県、伊豆半島南西岸の町。農漁業と観光の町で、桜餅用の桜の葉の産地。温泉や海水浴場がある。人口九七一二(一九八八)。

**まつざき-こうどう【松崎▼慊堂】**(一七七一―一八四四) 江戸後期の儒者。名は復。肥後の人。掛川藩の教授となり、蛮社の獄では門人の渡辺崋山の赦免運動に尽力。日記『慊堂日暦』。

**まっ-さつ【抹殺】**(名・サ変他) ①すり消すこと。消してなくすこと。消殺。erase ②存在を無視すること。deny ③社会から葬り去ること。exclude

**まっ-し【末子】** すえの子。ばっし。youngest child 対義 長子。

**まつ-じ【末寺】** 本山の支配下にある寺。対義 本山・本寺。

**まっしぐら【▼驀▽地】**(副) 激しい勢いで進むさま。いちもくさん。ましぐら。at full speed

**まつしげ【松茂】**〈町〉徳島県北東部、鳴門市の南の町。旧吉野川と現吉野川の間にあり、れんこん栽培やウナギの養殖がさかん。徳島空港がある。人口一万一五二三(一九八八)。

**まっし-そうぞく【末子相続】** 末子が家督を引き継ぐ相続形態。年長者は成長とともに分家独立する。西日本各地・モンゴルなどで見られる。ばっしそうぞく。

**まつした-けんりん【松下見林】**(一六三七―一七〇三) 江戸中期の儒医・国学者。大坂の人。和漢の学に通じた。著書『異称日本伝』など。

**まつした-こうのすけ【松下幸▼之助】**(一八九四―一九八九) 実業家。和歌山県生まれ。松下電器産業の創設者。

**まつした-ぜんに【松下禅尼】**(生没年未詳) 北条時氏の妻、時頼の母。秋田城介安達景盛の娘。寛喜二年(一二三〇)夫と死別して出家。

**まつしたでんきさんぎょう【松下電器産業(株)】** 大手の弱電総合メーカー。昭和一〇年(一九三五)設立。

**まつ-じつ【末日】** 最後の日。last day 用例 一「月――。

**まつしま【松島】** 宮城県、仙台湾中央部にある景勝地で特別名勝。海食による奇岩などからなる、二百六十余の島が点在し、美しい景観をつくる。天橋立・厳島とともに日本三景の一つ。伊達政宗が造営した瑞巌寺がある。

**まつしま【松島】**〈町〉宮城県中部、松島湾に臨む町。松島観光の基地で、旅館が多い。海苔・カキの養殖がさかん。人口一万七五九〇(一九八八)。

**まつしま【松島】**〈町〉熊本県、天草上島北東部の町。雲仙天草国立公園に属する観光の町で、本土と天草五橋で結ぶ。人口一万一六二(一九八八)。

**まつしま-わん【松島湾】** 宮城県仙台湾の支湾。日本三景の一つ、松島で知られるところで、丘陵が沈水してできた湾。海苔・カキを養殖し、種ガキの産出は全国有数。

**まっ-しゃ【末社】** 本社に付属する神社で、格式が摂社に次ぐもの。えだみや。対義 本社。

**マッシュ【mash】** 料理に用いる、すり潰したもののこと。

**マッシュ-ポテト【mashed potato】** ジャガイモをゆでて裏ごししたもの。バター・牛乳を混ぜて調味する。乾燥フレーク状のものもある。肉・魚料理のつけ合わせ、菓子などに用いる。

**マッシュルーム【mushroom】** ①ハラタケ科のツクリタケ。料理用。かさは径一〇cm内外、表面は白色のちに淡褐色。セイヨウマツタケ。シャンピニヨン。②キノコ。↓写

●マッシュルーム① 近縁種のハラタケ。

**マッシュルーム-カット**《和製語》 髪型の一つ。きのこ形に髪全体を丸く、顔を包み込むようにした髪型。↓図

●マッシュルームカット

**まっ-しょ【末書】** もとになる書物に自分の説を加え、または注釈した本。先学の書を祖述した本。

**まつ-じょ【末女】** すえの娘。

**まっ-しょう【末▼梢】** ①枝の先。tip of a twig ②端。先。tip

**まっ-しょう【抹消】**(名・サ変他) 字などを消すこと。消去。erase

**まっ-しょうじき【真っ正直】**(名・形動) うそやいつわりがなく、しんから正直なこと・さま。completely honest

**まっしょう-しんけい【末▼梢神経】** 中枢神経から分かれて、身体各部や諸器官に達する神経線維。運動神経・知覚神経・自律神経の三種がある。peripheral nerve

**まっしょう-てき【末▼梢的】**(形動) ①すえであるさま。もとでないさま。unimportant 対義 根本的。②ささいな。trivial

**まっ-しょうめん【真っ正面】** ↓ましょうめん(真正面)

**まっ-しろ【真っ白】**(名・形動) まったく白いこと・さま。pure white

**まつしろ【松代】** 長野市南東部の地区。真田氏の旧城下町で、武家屋敷などが残る。群発地震で広く知られるようになる。地震観測所がある。

**まっ-しろ・い【真っ白い】**(形) まぶしいほど白い。pure white

**まっしろ-け【真っ白け】**(形動)《俗語》真っ白。

**まつしろ-じしん【松代地震】** 昭和四〇年(一九六五)八月から、長野市松代を中心にして頻発した群発地震。

**まっ-しん【真っ心・真っ▼芯】** 物の、もっとも中心。core; the center 用例 バットの――でとらえる。

**マッス【masse フランス】**《塊・量塊の意》絵画・建築などで、塊として視覚などにうったえかける色・明暗・形などのあるまとまり。

**まつ-すぎ【松過ぎ】** 正月の松飾りを取り去ったあと。対義 松の内。

**まっ-すぐ【真っ▽直ぐ】**(名・形動) ①少しも曲がっていないこと・さま。straight 用例 ――な線路。②寄り道をしないこと。また、そのさま。straight 用例 ――帰る。③すなおで正直なこと・さま。honesty 用例 ――な性格。

**まっ-せ【末世】** ①《仏教語》仏法の廃れた世の中。世のすえ。末法。②道義が廃れ、乱れた世の中。degenerate world

**まっ-せき【末席】** 末座。ばっせき。

**末席を汚す**(まっせきをけがす) =ばっせきを汚す。①「出席する」の謙譲語。②「同列に連なる」の謙譲語。

**まつせ-せいせい【松瀬青々】**(一八六九―一九三七) 俳人。本名、弥三郎。大阪生まれ。正岡子規門下。関西俳壇の重鎮。句集『妻木』など。

**まっ-せつ【末節】** 重要でない事柄。どうでもよいこと。枝葉。trifle

**まつ-ぜみ【松▼蟬】** ハルゼミの異名。

**まっ-そん【末孫】** 遠い子孫。血筋の末。後裔。ばっそん。descendant; posterity

**マッソン【André Masson】**(一八九六―一九八七) フランスの画家。夢幻的作風のシュールレアリスムの画家として知られる。作品『虐殺』『変身』など。

**まっ-た【待った】**(感) 勝負事で、相手に待ってもらうときのかけ声。Wait! 用例 ――をかける。

**待った無し**(まったなし) 猶予しないこと。Time is up!

**まつだ【松田】**〈町〉神奈川県西部、秦野市の西に接する町。鉄道と高速道路が通る交通の要地で、丹沢登山の基地でもある。人口一万三一八三(一九八八)。

**まつだ【マツダ(株)】** 自動車メーカー。大正九年(一九二〇)東洋コルク工業として設立。昭和二年(一九二七)に東洋工業となり、同五九年(一九八四)現社名に変更。

**マッターホルン【Matterhorn】** スイス、イタリア国境、アルプス山脈の主峰。標高四四七八m。急峻な北壁で知られる。↓写

**まった・い【全い】**(形) 完全だ。用例 ――形。

**まつ-だい【末大】** 木の枝やこずえが、大きく生育しすぎること。また、幹に比べて過大であ

ること。

**末大必ず折る**（まつだいかならずおる） 下につく者の勢力が強大になると、上の者はきっと滅びる。

**まつ‐だい【末代】** ①すえの世。後世。用例 ―までのほまれ。②死後の世。

**まつだい【松代】**〈町〉新潟県南西部、東頸城丘陵にある町。稲作中心の農業の町で、肉牛も飼育。豪雪地帯。人口五五七二（一九八八）。

**まつだい‐もの【末代物】** 子孫の代まで末長く使える品物。

**まつだいら‐かたもり【松平▽容▽保】**（一八三五―一八九三） 幕末の大名。会津藩主。幕府参与を経て京都守護職となり、公武合体を推進。鳥羽伏見の戦いののち帰藩、若松城で官軍に抗戦したが降伏。

**まつだいら‐さだのぶ【松平定▽信】**（一七五八―一八二九） 江戸後期の大名。白河藩主。田安宗武の子。老中として寛政の改革を断行。楽翁と号し、和歌・絵画にもすぐれた。著書『宇下人言』『花月草紙』『集古十種』など。

**まつだいら‐し【松平氏】** 徳川氏の旧姓。三河国賀茂郡松平郷から起こる。家康にいたって徳川と改姓。以後一族のうち将軍家・三家・三卿のみ徳川を許され、他は松平を称した。

**まつだいら‐しゅんがく【松平春▼嶽】**（一八二八―一八九〇） 幕末の大名。福井藩主。名は慶永。将軍後嗣問題で一橋派の中心となって大老井伊直弼と対立、謹慎処分をうける。のち幕政改革に尽力。明治政府では議定・民部卿・大蔵卿などを歴任。

**まつだいら‐のぶつな【松平▽信綱】**（一五九六―一六六二） 江戸初期の大名。川越藩主。伊豆守。将軍徳川家光・家綱に仕え、老中として島原の乱、慶安事件などを処理。「知恵伊豆」と称された。

**まつだいら‐はるさと【松平▽治▽郷】** ↓まつだいらふまい（松平不昧）

**まつだいら‐ふまい【松平不▼昧】**（一七五一―一八一八） 江戸後期の大名。松江藩主。名は治郷。藩財政の再建に努めた名君。石州流の茶を学び、不昧流を創始。茶器収集でも知られる。

●マッターホルン

**まつだいら‐よしなが【松平▽慶永】** ↓まつだいらしゅんがく（松平春嶽）

**まつだいら‐よりつね【松平▽頼▽則】**（一九〇七―　） 作曲家。雅楽を現代的手法で処理した作品が国際的に評価される。作品『舞楽』など。

**まっ‐たく【全く・▽完く】** ㊀（副）①ぜんぜん。すっかり。quite; not at all 用例 ―同じだ。―できない。②実に。indeed 用例 ―夢のようだ。㊁（感）なるほど。indeed

**まったく‐の‐ところ【全くの所】**（副） ほんとに。ほんとのところ。to tell the truth

**まったく‐もって【全く▽以て】**（副） 「まったく」を強めた語。

**まつ‐たけ【松▼茸】** ①キシメジ科のキノコ。高さ一〇～三〇cm。かさは径一〇～二〇cmで表面は茶褐色、肉は緻密で香気が高く美味。秋アカマツ林・ツガ林の地上に発生する。また、人工栽培も試みられている。食用。②《形が似ていることから》陰茎の異称。↓図

●マツタケ①

**まつだ‐ごんろく【松田権六】**（一八九六―一九八六） 漆芸家。石川県生まれ。東京美術学校卒。伝統蒔絵の第一人者。重要無形文化財保持者。昭和五一年（一九七六）文化勲章受章。作品『草花鳥獣紋小手箱』など。

**まっ‐ただなか【真っ▽直中・真っ▼只中】** ①真ん中。center ②真っ最中。in the middle of

**まつたに‐みよこ【松谷みよ子】**（一九二六―　） 児童文学者。東京生まれ。坪田譲治に師事。作品『竜の子太郎』『ちいさいモモちゃん』など。

**まったり**（副・サ変自） 舌を刺激しない、おだやかな味わい。また、まろやかな甘み。

**まっ‐たん【末端】** ①ものの先。はし。tip ②組織の下のほう。下部。lower part

**まったんひだい‐しょう【末端肥大症】** ↓せんたんひだいしょう（先端肥大症）

**マッチ【match】** ㊀（名）①《「燐寸」の字を当てた》軸木の頭に燐などの発火剤をつけ摩擦によって点火する道具。軸木の頭を塗布した薬剤で摩擦して、発火させる安全マッチと、軸頭に黄燐などを混ぜ、どこで摩擦しても発火する摩擦マッチがある。数え方 一本。②競技。試合。③相手。㊁（サ変自）つりあうこと。似あうこと。

**マッチ一本火事の元**（マッチいっぽんかじのもと） たった一本のマッチの火の不始末が、火事をおこす。火の用心の標語。

**ま‐つち【真土】** 耕作にもっとも適した土壌。

**マッチーニ【Giuseppe Mazzini】**（一八〇五―一八七二） イタリアの革命家。一八三一年、亡命地のフランスで青年イタリア党を結成。共和制をめざすリソルジメントの実現に努力したが、最終的にはカブールが主導権をとり、イタリア統一は立憲君主制として実現された。

**マッチ‐プレー【match play】** ゴルフの試合方法の一つ。二人でホールごとに打数を競って勝負を決め、ラウンドでの勝ったホール数で最終的に勝敗を決める。比較 ストロークプレー。

**マッチ‐ポイント【match point】** バレーボールやテニスなどで、試合の勝負を決める最後の得点。

**マッチ‐ポンプ**《和製語》 一方では問題に火をつけ、裏では水をかけるようにもみ消しに動いて、不当な金品を手に入れること。

**まっ‐ちゃ【抹茶】** 茶の湯などに用いられる粉茶。良質の茶葉を蒸し、乾燥させ、葉肉のみを臼でひいて微粉としたもの。碾茶。

**まつち‐やま【真土山・待乳山】**［枕ことば］《同音を繰り返すことから》「待つ」などにかかる。用例 いで吾が駒早く行きこそ―待つらむ妹を行きて早見む（万葉・一二・三一五四）。

**まっ‐てい【末弟】** ↓ばってい（末弟）

**マッテゾン【Johann Mattheson】**（一六八一―一七六四） ドイツの音楽理論家・作曲家。啓蒙期の音楽思想家として重要な存在。著書『完全なる楽長』など。

**マット【mat】** ①比較的小さい敷物。部分的な防汚・保温などの機能があり、浴室や玄関などの出入り口、台所の足元などに使う。②シュロ製のくつぬぐい。③体操やレスリングなどのスポーツで用いる厚い敷物。

**マットに沈む**（マットにしずむ） ボクシングで、リングのマットに倒れる。ノックアウトされて負けることにも言う。be knocked out

**マット【matte】** ↓かわ（皴）

**まつど【松戸】**〈市〉千葉県北西部、東京都の東に接する市。江戸川水運の河港、水戸街道の宿場町として発達。東京の衛星都市として人口増が著しい。人口四三万九一〇六（一九八八）。

**まっとう【松▽任】**〈市〉石川県中部、金沢市の南西にある市。手取川扇状地中央にあり、米の集散地として発達。工業地化、宅地化が著しい。加賀の千代女の生地。人口五万五四六五（一九八八）。

**まっ‐とう【真っ当】**（形動） まともなさま。まじめ。honest 用例 ―な話。

**まっとう・する【全うする】**（サ変他）《「まったくする」の転》責任などを完全に果たす。fulfill

**マットレス【mattress】** ①ベッドの枠組みの上にのせるクッション。②ふとんの下に敷くクッション補助材。

**まつ‐な【松菜】** アカザ科の一年草。海岸に自生し、また栽培される。高さ約一m。茎は直立して枝分かれが多い。葉は狭い線形。夏秋に、枝先に緑色の小花が咲く。若葉や芽を食用。

**まつなが‐せきご【松永▽尺五】**（一五九二―一六五七） 江戸初期の儒者。名は昌三。貞徳の子。京都の人。藤原惺窩の高弟。京都に春秋館・講習堂を開き、人材を養成。門弟多く、木下順庵、貝原益軒らを輩出。

**まつなが‐ていとく【松永貞徳】**（一五七一―一六五三） 江戸初期の俳人・歌人・歌学者。名は勝熊。京都の人。貞門俳諧の祖。和歌を細川幽斎、連歌を紹巴に学ぶ。俳諧から前代の奔放な卑俗味を去ることを提唱。式目書『俳諧御傘』により俳諧式目を定め、俳諧のジャンルを確立した。『新増犬筑波集』編集。俳諧集『紅梅千句』など。

**まつなが‐ひさひで【松永久▽秀】**（一五一〇―一五七七） 戦国時代の武将。三好長慶の家臣であったが、主家を滅ぼし、将軍足利義輝を自殺させた。織田信長の入京後、降伏。のちそむいて敗死。

**まつなが‐わふう【松永和風】** 長唄唄方の芸名。現在四世目。初世（？―一八〇八）忠五郎が和楓を名乗る。四世（一八七四―一九六二）は美声と独特の節回しで有名。

**まつね‐とうようじょう【松根東洋城】**（一八七八―一九六四） 俳人。本名、豊次郎。東京生まれ。京大卒。夏目漱石に師事。『渋柿』を創刊・主宰。著書『漱石俳句研究』『俳諧道』『東洋城全句集』など。

**まつ‐ねん【末年】** ①晩年。late in life ②すえの世。末世。

**まつの【松野】**〈町〉愛媛県南部、高知県との境にある山間の町。広見川に沿う農業の町で、茶・ウナギ・アユなどを産出。景勝の滑床渓谷がある。人口五六九三（一九八八）。

**まつ‐の‐うち【松の内】** 正月の門松や松飾りを立てておく期間。年神が家にいる期間とされ、ふつう七日正月までをいう。注連の内。

**まつのお‐たいしゃ【松尾大社】** 京都市西京区嵐山宮町にある旧官幣大社。祭神は大山咋命と市杵島姫命。賀茂神社と並ぶ平安京の守護神とされた。社殿奥に霊泉があり、酒造家に尊崇される。松尾神社。

**まつ‐の‐くらい【松の位】** ①《秦の始皇帝が雨やどりした松に大夫の位を与えた故事から》大夫。②三位の官人。③遊女の太夫職。

**まつ‐の‐こけ【松の▼蘿】** サルオガセの古名。

**まつのざい‐せんちゅう【松材線虫】** マツに寄生し枯死させる線虫。体長〇・六～一mm。マツノマダラカミキリ（いわゆる松食い虫の一種）によりマツに運ばれて樹皮下に侵入し、繁殖するためにマツは衰弱し枯死する。

**まつのは【松の葉】** 江戸前期の歌謡集。五巻。秀松軒編。元禄一六年（一七〇三）刊。近世初頭の上方の三味線歌謡を集成した最初の書。

**まつのは‐の【松の葉の】**［枕ことば］《マツの葉は常に緑であることから》「散り失せず・久し」などにかかる。用例 あをやぎのいとたえず、―ちりうせずして（古今・仮名序）。

**まつのまだら‐かみきり【松▼斑▽天▽牛】** 幼虫がマツの材部を食害する、触角の長いカミキリムシ。体長二・五cm内外。暗赤褐色か黒色で、黄褐色などの斑紋を散らす。マツを枯らすマツノザイセンチュウを運ぶ。本州以南に分布。

**まつのみどり【松の緑】** ①長唄の曲名。四世杵屋六三郎作。遊女が松の太夫に昇格するのになぞらえて栄達を祝う祝儀物。②うた沢の『松寿千年』をいう。祝儀物でうた沢芝派だけの作品。

**まつのやま【松▼之山】**〈町〉新潟県南部の山間の町。農林業と温泉の町で、豪雪地帯でも知られる。人口四〇八〇（一九八八）。

**まつ‐のり【松▽海▼苔】** 紅藻植物ムカデノリ科の海藻。下部が円柱状で、上部は平たい。二叉に分枝を繰り返し、扇状に広がる。質は硬く、色は紅紫色。食用。マツバノリ。

**マッハ【Mach ドイ】** ↓マッハすう（マッハ数）

**マッハ【Ernst Mach】**（一八三八―一九一六） オーストリアの物理学者・哲学者。経験批判論を唱え、実在するものは実際に経験するものだけとしてニュートン力学を批判、アインシュタインにも影響を与えた。超音速気流を研究し、マッハ数の概念を導入。

**まつ‐ば【松葉】** ①松の葉。pine needle ②《「松葉色」の略》松の葉のような暗い黄緑色。deep green ③針。needle

**まつば‐あげ【松葉揚（げ）】** キス・サヨリ・エビなどに、乾燥させた茶そばや茶そうめんをつけて揚げたもの。

**まっ‐ぱい【末輩】** 地位・身分の低い人。技術などが劣る人。つまらない人。

**まつば‐うど【松葉▽独▽活】** アスパラガスの和名。

**まつば‐がに【松葉▼蟹】** ①クモガニ科のズワイガニの別称。鳥取・島根

●マツバガニ②

両県での呼び名。②オウギガニ科のカニ。甲長約一五cm。固体数は少ない。食用。↓図

**まつば-ぎく**【松葉菊】ツルナ科の常緑多年草。高さ約二〇cm。葉は多肉で細かい。初夏に、径五～六cmの桃・白・黄色の、夜閉じる花が咲く。花壇・鉢植え用。↓写

●マツバギク

**マッハ-しゅぎ**【マッハ主義】一九世紀末、エルンスト=マッハらによって主張された実証主義的認識論。実在は直接所与(純粋経験)の結合によるものと説いた。経験批判論。machism

**マッハ-すう**【マッハ数】空気中の飛行物体の速度と音速の比。空気の圧縮性の影響の度合いを表す尺度。マッハ一は音速に等しい。エルンスト=マッハが発見した。Mach number

**まつばせ**【松▽橋】〈町〉熊本県中部、宇土半島基部にある町。大野川の河港として繁栄。国道の分岐する交通の要地で、熊本市への通勤者も多い。人口二万一二九八(一九八八)。

**まっ-ぱだか**【真っ裸】まるはだか。すっぱだか。stark-nakedness

**まつば-ちらし**【松葉散らし】和服の織り柄や染め模様に使われる図案の一つ。松葉を図案化したもの。こぼれ松葉。

**まつば-づえ**【松葉▼杖】松葉形に二股になっているつえ。両方または片方の脇にはさみ足の不自由な人が歩行時の補助として用いる。crutch

**まつば-ぼたん**【松葉▼牡丹】スベリヒユ科の春まき一年草。高さ約二〇cm。茎は地ぎわで分枝して広がる。葉は線形で多肉。夏に、紫・紅・黄・白などの五弁花が咲く。八重咲き品種もある。花径二～三cm。ヒデリソウ。↓写

**まつばめ-もの**【松羽目物】歌舞伎舞踊の一系統。能舞台を写して松・竹を描いた羽目板模様の背景(松羽目)の前で演じられるもの。『勧進帳』『船弁慶』など。

**まつ-ばやし**【松▼囃子・松▼囃・松▽拍子】①中世の芸能。正月に行う。めでたい歌詞に歌・舞をつけたもの。②《松囃子》狂言の曲名。正月を祝う内容の曲。③《松囃》薩摩琵琶の曲名。正月を祝う内容の曲。④郷土芸能の一種。博多の松囃子は有名。

**まつばやし-けいげつ**【松林▼桂月】(一八七九～一九六三) 日本画家。本名、篤。山口県生まれ。近代日本南画界の重鎮。昭和三三年(一九五八)文化勲章受章。作品『長門峡』『晩秋』など。

**まつ-ばら**【松原】マツが多くはえている所。

**まつばら**【松原】〈市〉大阪市の南、堺市の東に接する市。古代には難波と飛鳥を結ぶ交通の要地。現在は大阪市の住宅衛星都市化しているが、軽工業も発達。人口一三万五六一五(一九八八)。

**まつばら-きよまつ**【松原喜代松】(一九〇七～一九六八) 魚類学者。兵庫県生まれ。魚類をその骨格系から分類し、日本産全種の検索を完成した。

**まつばら-こ**【松原湖】長野県東部、八ケ岳の北東麓にある火山の堰止め湖。面積〇・一km²、水深八m。夏はキャンプ場、冬はスケート場。

**まつば-らん**【松葉▼蘭】岩や樹上に着生するマツバラン科の常緑性シダ。根を欠き、長さ約二〇cmの地上茎を根茎から分枝する。葉は退化。盆栽用。↓写

●マツバラン

**まつ-び**【末尾】すえ。終わり。最後。end

**まっ-ぴつ**【末筆】手紙などの、終わりに用いる語。用例——ながら。

**まっ-ぴら**【真っ平】(副)①ひとえに。ひらに。by any means 用例——ごめん。②まったく、嫌だ。No way! 用例もう——だ。

**まっ-ぴるま**【真っ昼間】まひる。白昼。in broad daylight

**マップ**【map】地図。天体図。用例道路——。

**まつ-ぶさ**【松房】マツブサ科のつる性落葉植物。山地の樹林に生じ、卵形の葉が短い枝上に集まってつく。初夏に、長い花柄の先に花を下垂し、果実は黒色。

●マツバボタン

●マツムシ㊀①

**まつぶし**【松伏】〈町〉埼玉県南東部、春日部・越谷両市の間にある町。米どころで知られたが、都市化が進んでいる。人口二万一九七三(一九八八)。

**まっ-ぷたつ**【真っ二つ】①勢いよく二つに割れること。right in two ②きっちり半分ずつに割れること。right in half 用例——になる。

**まつ-ぶん**【末文】①手紙の終わりの文。「まずは右、御礼まで」など。②文章の終わりの部分。

**まっ-ぽう**【末法】《仏教語》三時の一つ。釈迦入滅後を三期に分けた第三期。仏法がおとろえて、教・行・証のうち教法しかなくなり、修行も悟りもない濁世とされる。一〇〇〇年間。また、一五〇〇年あるいは二〇〇〇年間。

**まっぽう-しそう**【末法思想】仏教の歴史観。釈迦入滅後、正法、像法に次ぐ末法の時期には仏教がすたれ、教えのみあって行ずる人・悟りを得る人がないとする思想。日本では永承七年(一〇五二)がその始まりであるとして、当時の社会不安と相まって平安末から鎌倉時代に流行し、浄土教などの鎌倉新仏教の出現につながった。

**まつ-ぼっくり**【松▼毬・松▽陰▼囊】まつかさの別称。まつぼくり。pinecone

**まつ-ほど**【松▽塊】↓ぶくりょう(茯苓)

**まつ-まえ**【松前】コンブを使う料理につけられることば。江戸時代、コンブは松前藩の特産品であったところから。松前漬けなど。

**まつまえ**【松前】〈町〉北海道、渡島半島南西端の町。松前氏の城下町、蝦夷開発の拠点として繁栄。イカ・コンブ漁などが主で、桜の名所で有名。旧名福山町。人口一万五八一一(一九八八)。

**まつまえ-はん**【松前藩】江戸時代、蝦夷松前(福山)地方に置かれた藩。主城は福山城。五万石以上格。外様大名。一五世紀半ば、武田信広が蝦夷南部を平定。慶長五年(一六〇〇)五代慶広が徳川家康から領地の所有を保証され松前氏を称す。のち幕府領となる。福山藩。

**まつまえ-はんとう**【松前半島】北海道、渡島半島の南西部にある半島。平地が少なく、津軽海峡を隔てて青森県の津軽半島と相対する。

**まつまえ-ぶぎょう**【松前奉行】江戸幕府の遠国奉行の一つ。老中支配下にあって蝦夷地の支配と北辺警備を管掌。文政四年(一八二一)廃止。箱館奉行の前身。

**まつ-むし**【松虫】㊀①コオロギ科の昆虫。秋に鳴く虫の一つ。体長約二・五cm。体は淡褐色で、頭部から前胸にかけて濃褐色の帯がある。草原にすみチンチロリンと鳴く。関東以西に分布。チンチロリン。pine cricket ②スズムシの古名。㊁能の曲名。四番目物。松虫の音に誘われて野に死んだ男を弔うと、その亡霊が現れて舞うという説話を基にした。↓写

**まつむし-そう**【松虫草】山地の草原にはえるマツムシソウ科の二年草。高さ約六〇cm。葉は対生し、羽状に裂ける。八～一〇月に開花。セイヨウマツムシソウは近縁の栽培種。↓写

●マツムシソウ

**まつむら-えいいち**【松村英一】(一八八九～一九八一) 歌人。東京生まれ。窪田空穂門下。歌風は写実的で味わいが深い。歌集『春かへる日に』など。

**まつむら-けいぶん**【松村景文】(一七七九～一八四三) 江戸後期の画家。初名は直治。京都の人。兄、呉春の画風を継承し、さらに写生技法を追求、京都画壇における四条派の勢威を高めた。

**まつむら-げっけい**【松村月渓】↓ごしゅん(呉春)

**まつむら-しょうねん**【松村松年】(一八七二～一九六〇) 昆虫学者。兵庫県生まれ。札幌農学校卒。多数の新種を発見。著書『日本千虫図解』など。

**まつむら-じんぞう**【松村▽任▽三】(一八五六～一九二八) 植物分類学者。常陸の人。東大教授。日本の植物分類学・植物解剖学の先駆者。著書『日本植物名彙』など。

**まつ-も**【松藻】①《形が松に似る》褐藻類の海藻。食用。②マツモ科の多年生水草。池や沼に生育し、夏、葉のつけ根に淡紅色の花が咲く。雌雄異花。↓図

●マツモ①

**まつもと**【松本】〈市〉長野県、松本盆地中央部の市。古くは深志とよばれ信濃の国府の地で、小笠原氏の城下町として繁栄。中信地方の中心地で、伝統の菓子・木製品生産のほか、電気機械工業なども発達。温泉も多く、北アルプスを中心とする登山・観光の基地でもある。人口一九万四二二九(一九八八)。

**まつもと**【松元】〈町〉鹿児島県、薩摩半島中央部の町。シラス台地にあり、茶の産地で知られる。鹿児島市への通勤者も多い。人口九八四一(一九八八)。

**まつもと-けんぞう**【松本謙▽三】(一八九九～一九八〇) 能楽師。ワキ方。宝生流。富山県生まれ。重要無形文化財保持者。

**まつもと-こうしろう**【松本幸四郎】歌舞伎俳優。屋号、高麗屋。現在九世。四世(一七三七～一八〇二)は色立役を得意とした。五世(一七六四～一八三八)は文化文政期の名優。通称、鼻高幸四郎。実悪が本領。七世(一八七〇～一九四九)は大正・昭和前期の名優。荒事・活歴・舞踊を得意とした。八世(一九一〇～一九八二)は新作・翻訳劇にも意欲的。初世白鸚。重要無形文化財保持者。昭和五六年(一九八一)文化勲章受章。↓写

●松本幸四郎 九世。

**まつもと-こふん**【松本古墳】島根県飯石郡三刀屋町の丘陵にある前方後方墳。出雲地方の代表的古墳で、全長約五〇m。鏡・剣などが出土。

**まつもと-じいちろう**【松本治一郎】(一八八七～一九六六) 社会運動家・政治家。福岡市生まれ。部落解放運動に一生を捧げ、全国水平社および部落解放同盟委員長。参議院議員。社会党左派の中心の一人。

**まつもと-しゅんすけ**【松本▼竣▽介】(一九一二～一九四八) 洋画家。東京生まれ。澄明な感覚の都会風景や人物を描く。作品『街の人々』『画家の

●松本竣介『街の人々』。昭和一五年（一九四〇）、個人蔵。

像』など。↓写

**まつもと-せいちょう【松本清張】**（一九〇九）小説家。福岡県生まれ。社会推理小説家として新風をもたらす。社会への鋭い問題意識が特色。作品『点と線』『日本の黒い霧』『砂の器』など。

**まつもと-たかし【松本たかし】**（一九〇六／五六）俳人。本名、孝。父は能役者。東京生まれ。高浜虚子に師事し高雅な作風。第二次大戦後『笛』を主宰。句集『野守』など。

**まつもと-ほうすい【松本芳▼翠】**（一八九三）書家。愛媛県生まれ。楷書を主に錬度の高い書を誇る。『書海』誌主幹。

**まつもと-ぼんち【松本盆地】** 長野県中部の断層盆地。県下一の稲作地帯で、トマトなどの高冷地野菜のほかワサビ栽培も有名。中心は松本市。松本平。

**まつも-むし【松藻虫】** 池沼や水たまりにすむマツモムシ科の水生昆虫。体長一・五cm内外。体は黒っぽく黄斑があ る。水面下を腹面を上にして泳ぐ。日本全土・朝鮮半島に分布。↓図

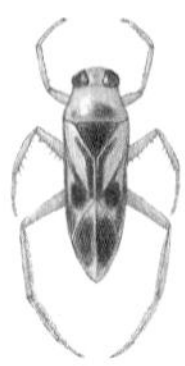
●マツモムシ

**まつ-やに【松▽脂】** 天然樹脂の一つ。松の幹から出る粘液（＝生松脂）、およびその成分を抽出したもの（＝ロジン）。また、それらの総称。製紙用サイズ剤・塗料・テレビン油・ワニスなどの原料に利用。turpentine

**まつやま【松山】**〈市〉愛媛県中部、伊予灘に臨む市。県庁所在地。松平氏の旧城下町。明治以降県の中心都市に発展。臨海部では紡績・石油・化学などの工業が発達し、伊予絣や伊予柑も産出。道後温泉がある。正岡子規の生地。人口四三万三八八六（一九八八）。

**まつやま【松山】**〈町〉宮城県中部、鳴瀬川に沿う町。旧城下町で、小商業都市として栄えたが農林業の町に変容。人口七三二六（一九八八）。

**まつやま【松山】**〈町〉山形県北西部の町。最上川に沿う農業の町で、米のほかに麩・柿などを産出。製糸工場もある。人口六二二七（一九八八）。

**まつやま【松山】**〈町〉鹿児島県南東部の菱田川に沿う町。畜産中心の町で、タバコ・茶栽培なども行う。城山公園は桜の名所。人口五五一〇（一九八八）。

**まつやまかがみ【松山鏡】** 昔話の一つ。越後国の松の山で、恋しければこの鏡を見よといって病死した母のことばを守り、形見の鏡に映る自分の姿を、母と思い慕う孝行娘の話。

**まつやま-へいや【松山平野】** 愛媛県中部、重信川流域の平野。南部を中央構造線が東西に走り、その断層から道後温泉が湧出する。海岸部は工業地帯で、北部の丘陵では柑橘類の栽培がさかん。中心は松山市。道後平野。

**まつやま-みきこ【松山▽樹子】**（一九二三）舞踊家。鹿児島県生まれ。松山バレエ団を主宰。『白毛女』『祇園祭』など創作バレエに新境地を開く。

**まつ-ゆ【抹油】** 終油の別称。

**まつゆき-そう【待雪草】**↓スノードロップ

**まつ-よい【待宵】** ①来るはずの人を待つ夜。②陰暦八月一四日の夜。

**まつよい-ぐさ【待宵草】** アカバナ科の多年草。川原や土手にはえる。南米原産の帰化植物。葉は線形で互生。夏に黄色の四弁花が夕方咲き、翌朝しぼむ。一般に月見草というのは誤り。evening primrose

**まつ-よう【末葉】** ①すえの時代。末期。②子孫。

**まつら-こく【末▼盧国】** 三世紀ごろ北九州に存在したとされる小国。現在の佐賀県唐津市付近あたりと推定される。『魏志倭人伝』に記載。

**まつら-さよひめ【松▽浦佐▽用姫】** 古代の伝説上の人物。肥前国の松浦の美女で、任那に出征する大伴金村の子狭手比古と契りを結び、別れるさい山に登って領布をふり、そのまま石になったという。

**まつら-とう【松▽浦党】** 鎌倉・室町時代、肥前国の松浦地方に割拠した武士団。宇野御厨を本拠とし、松浦源氏を中心にした共和的連合組織。

**まつり【祭（り）】** ①神霊を迎え、供え物などをして祈願する儀式。生産強化や通過儀礼、祖霊信仰によるもの、観光的なものなど、その目的はさまざま。祭祀。祭礼。祭典。festival ②記念・祝賀などのための集団的行事。celebration

**まつり-あ・げる【祭（り）上げる】**（下一他）①上位に据えてあがめる。set up ②おだて上げて高い地位に就かせる。kick upstairs

**まつり-か【▼茉▼莉花】** モクセイ科の常緑低木。鉢植え。葉は対生し卵形。白色花が枝端に三〜一二個つく。芳香が強く、香油のジャスミン油を取り、中国では干した花をウーロン茶にまぜて、ジャスミン茶とする。マリカ。Arabian jasmine ↓写

●マツリカ

**まつり-ご・つ【▽政ごつ】** 古語（四他）《「まつりごと」を動詞化させた語》政治をおこなう。世を治める。用例朝廷の御後見をし、世を―べき人を思しめぐらすに（源氏・明石）。

**まつり-ごと【政】**《祭り事、の意。わが国では、古くは祭政一致であったことから》主権者が領土・人民を治めること。政治。government

**まつり-こ・む【祭（り）込む】**（五他）邪魔者・うるさがたなどを、ひまな地位などに据える。

**まつり-ぬい【▼纏り縫い】** ①日本刺繍の刺し方の一つ。アウトラインステッチの針目をやや寝かせぎみに刺したもの。②裁縫の基礎縫い。布の始末の一種。slip stitch

**まつ-りゅう【末流】** ①下流。lower course 対義本流。②すえの世。decadence ③子孫。descendant ④流派のすえ。末派。lower branch ⑤つまらない流派。minor branch

**まつ・る【▽奉る】** 古語 ㊀（四他）「与ふ」の謙譲語。差し上げる。たてまつる。用例国々の社の神に幣帛―・り（万葉・二〇・四三九一）。㊁（補動 四）《動詞の連用形に付いて》謙譲の意を表す。いたす。申す。用例見―・りていまだ時だに更らねば（万葉・四・五七九）。

**まつ・る【祭る・▼祀る】**（五他）①供え物・奏楽などで神霊を慰める。offer prayers to ②神としてあがめる。あがめて安置する。deify

**まつ・る【▼纏る】**（五他）洋裁などで、すそなどの布の端を折り曲げ、糸のかがりが斜めになるようにぬいつける。

**まつ-ろ【末路】** ①道の終わり。end ②一生の終わり。晩年。one's last days ③衰えた果て。miserable end

**まつろ・う【▽服う・▽順う】** 古語《動詞「奉る」の未然形「まつら」に、反復・継続の助動詞「ふ」の付いた「まつらふ」の転》㊀（四自）服従する。従う。用例―・はぬ国を治めと（万葉・二・一九九）。㊁（下二他）服従させる。従わせる。用例八十伴の男を―・への向けのまにまに（万葉・一八・四〇九四）。

**まつわり-つ・く【▼纏わり付く】**（五自）①からみつく。まきつく。coil around ②からむようにつきまとう。まといつく。follow about

**まつわ・る【▼纏わる】**（五自）①からみつく。cling to 用例母に―子。②つきまとう。関連する。be related to 用例山に―伝説。

**まーて** 17画 **【▼鮏】** 部首［魚］ 和製漢字

マテガイ。ニマイガイ綱に属する軟体動物。↓こち［鮏］

**まで【▼迄】**（副助）《種々の語、連体形に付く》①範囲・限度を示す。till 用例ここ―でよい。五時になる―待つ。②いっそうはなはだしい場合をあげて強調する。さえ。さえも。even 用例子どもに―笑われる。③付け加える意を示す。用例雨だけでなく、風―強くなってきた。④程度がそれ以上に及ばない。だけ。only 用例承知しなければ、強行する―だ。⑤《あいさつのことばとして》さしあたりの用件の範囲を示す。…として。用例御返事―。⑥《「までもない」の形で》必要がない。not necessary 用例いう―もない。⑦《「までも」の形で》…としても。even if 用例出席しない―も、返事だけはすべきだ。

**マディア-プラデシュ【Madhya Pradesh】** インド中部、デカン高原北部を占める同国最大の州。州都ボーパル。人口五二一三・二万（一九八一）。

**マティーニ【martini】** カクテルの一種。ドライジンをベースに、フレンチベルモット・オレンジビターズを加える。オリーブを飾る。

**マティス【Henri Matisse】**（一八六九／一九五四）フランスの画家。フォービスムの中心人物。激しい色彩表現ののち、単純化した表現で豊かで深い効果を示す芸術を実現した。絵画『読書する女』『赤い大室内』、切り紙『ジャズ』など。↓写 ↓フォービスム写

●マティス『赤い大室内』。一九四八年、パリ国立近代美術館。

**マディソン【Madison】** アメリカ中北部、ウィスコンシン州南部の州都。同州のミルウォーキーと並んで経済・文化の中心地。氷河湖・氷河地形がある観光地。人口一七・一万（一九八〇）。

**マディソン【James Madison】**（一七五一／一八三六）アメリカの政治家。第四代大統領（在任一八〇九／一七）。一七八七年憲法制定会議で活躍。ハミルトンとともに『フェデラリスト』を執筆。憲法の父と称せられた。のち民主共和党に加入。大統領として英米戦争を指導したが失敗。

**マデイラ-しゅ【マデイラ酒】** ポルトガル領マデイラ島特産ワイン。辛口から甘口まで四種類。アルコール分二〇%。Madeira wine

**マデイラ-しょとう【マデイラ諸島】**（Arquipélago da Madeira）大西洋上、アフリカ北西岸寄りの火山島群。ポルトガル領。マデイラワインで知られる。

**マテオ-リッチ【Matteo Ricci】**（一五五二／一六一〇）イタリアのイエズス会士。一六〇一年マカオから北京に移り、布教に従事するかたわら西欧の学問・技術を紹介。とくに彼が製作した世界地図『坤輿万国全図』は中国人の世界観に動揺を与えた。中国名は利瑪竇。

**まて-がい【馬▽刀貝・馬▼蛤貝・▼蟶貝】** マテガイ科に属する長い筒状の二枚貝。殻長一〇cm内外。潮間帯の砂泥底に穴を掘ってすむ。食用。北海道南部から九州・朝鮮半島に分布。イタガイ。カミソリガイ。↓図

●マテガイ

**まてき【魔笛】**《原題Die Zauberflöte ドイツ》モーツァルト作曲のオペラ。シカネーダーの台本で、一七九一年ウィーン初演。二幕。作曲者最後のオペラで、その集大成的名作。ドイツの古い歌芝居形式（ジングシュピール）による。パパゲーノや夜の女王のアリアなどが有名。

**まて-しばし【待て▼暫し】** ㊀（連語）《他人の動作をさしとめたり、自分の行動をおさえたりするときなどにいう》ちょっと待て。用例―と思いとどまる。㊁（名）ミノカサゴの別称。

**待て暫しの無い**（まてしばしのない）せっかちで、少しの間も待っていられない。気がはやい。

**マテ-ちゃ**【マテ茶】 モチノキ科の常緑低木。南アメリカ南東部の山地にはえる。葉は卵形で厚く鋸歯があり、茶に似る。緑色の小花が葉腋に咲く。葉は摘んでマテ茶として飲む。パラグアイ茶。Paraguay tea

**まてば-しい**【馬▽刀葉▼椎・▽全手葉▼椎】 ブナ科の常緑高木。葉は厚く、平滑で光沢のある楕円形。六月、黄褐色の雌・雄の花穂が上向きに咲く。果実はどんぐり。樹木は建材用。暖地にはえる。サツマジイ。→写

●マテバシイ

**マテリアリズム**［materialism］ ①物質主義。②唯物論。

**まてん-ろう**【摩天楼】 アメリカ、ニューヨークなどで発達した高層建築。鉄骨造りの発達とエレベーターの実用化で実現。一九三〇年代には高さ三〇〇mを超えた。skyscraper

**まと**【的】 ①弓や鉄砲などの発射の練習や競技のとき、目標として前方に立てる器具。方円形で中央に黒円のある標的、人間の形をした戦闘射撃まと、当たると台から落ちる落下まとなど。target 用例 —に当たる。②めあて。目的。集中する所。object 用例 注目の—。

**的が立つ**（まとがたつ） 罰が当たる。

**的を射る**（まとをいる） ①うまく目標に当たる。hit the mark ②目的をなしとげる。accomplish ③うまく要点をつかむ。get to the point 用例 的を射た批評。

**的を絞る**（まとをしぼる） ねらいや目標の範囲を限定して狭める。focus

**まど**【窓・▼窗】 ①採光・通風・換気・眺望などの目的で外壁や屋根に設けられる開口部。window 用例 出—。②《比喩的》内部と外部をつなぐ役目をするもの。window 用例 心の—。③《風の通ることから》山稜が切れ込んで低下したところ。

**窓の雪**（まどのゆき） 《「蛍の光」に続く語。中国の孫康が、夜、その明るさを利用して勉強した故事から》苦学することのたとえ。参照 蛍雪の功。

**まど-あかり**【窓明(か)り】 窓からさしこむ光。また、窓から外へもれる明かり。

**まとい**【▼纏い】 ①まとうこと。まとうもの。②近世の戦陣で、武将のそばに立てて所在を示した目じるし。馬じるし。③江戸時代以降の町火消しの標識。用例 —もち。

**まどい**【惑い】 迷うこと。perplexity

**まど-い**【▽円居・▽団居】（名・サ変自） ＝まとい。①一家の者が楽しく集まること。だんらん。②車座。

**まとい-つ・く**【▼纏い付く】（五自） ①からみつく。からまる。coil around ②つきまとう。まつわりつく。follow about

**まどい-ばし**【惑い▼箸】 食事のとき、どれにはしをつけようかと迷うこと。無作法とする。迷い箸。比較 移り箸。

**まと・う**【▼纏う】（五自他） ①(自)まきつく。からまる。まつわる。cling to ②(他)まきつける。身に着ける。wear

**ま-どう**【魔道】 ①《仏教語》悪魔の世界。②堕落の道。corruption 用例 —におちる。

**まど・う**【惑う】（五自） ①判断に苦しむ。心が乱れる。hesitate ②良くないことに心を奪われる。be seduced ③考え違いをする。mistake ④ひどくまごまごする。be at a loss 用例 逃げ—。

**まとう-だい**【▽的▼鯛】 体側中央に丸い一つの大黒斑をもつマトウダイ科の海水魚。全長約五〇cm。長卵形で暗灰色。背びれの棘間の皮膜は糸状に伸びる。六〇～七〇mの深さの海底にすむ。美味。本州以南に分布。マトダイ。

**マトゥラー**［Mathurā］ インド北部、ウッタルプラデシュ州西部の都市。ヒンズー教聖地の一つ。紀元前六世紀にはスーラセーナ王国の首都。紀元前から中部インドの美術の中心で、二世紀初期から仏像制作が行われた。

**マドゥライ**［Madurai］ インド南部、タミルナードゥ州南部の古都。紀元前三世紀から南インド文化の中心地の一つ。人口九〇・四万(一九八一)。

**マトラッセ**［matelassé フランス］ →ふくれおり(膨れ織り)

**ま-どお**【間遠】（形動） ①距離的・時間的に隔たりがあるさま。対義 間近。②織り目が粗いさま。

**ま-どお・い**【間遠い】（形） 距離的・時間的に隔たりがある。rare 対義 間近い。派生 まどおさ(名)

**まど-か**【▽円か】（形動） ＝円やか。①丸いさま。round ②穏やか。安らか。円満。まとか。peaceful

**まど-がい**【窓貝】 浅海の砂底にすむ二枚貝。殻長約九cm。殻は円形で薄く銀白色、半透明。古来、窓ガラスのようにして使用。のれん・風鈴などにも加工される。熱帯西太平洋に分布。

**まど-かけ**【窓掛(け)】 窓に掛けて光線をさえぎる布。カーテン。curtain

**まど-ぎわ**【窓際】 部屋の中で、窓のすぐそば。by the window

**まどぎわ-ぞく**【窓際族】 肩書きはあるが、これといった実質的な仕事はあてがわれず、会社での一日をほとんど何もすることなしに過ごす定年近い中高年の社員。

**まど-ぐち**【窓口】 ①窓になった所。window ②窓を通して応対、金の出し入れなどの事務をとる所・人。counter 用例 —の態度がよくない。③外部と折衝する部局・人など。public relations section 用例 外交の—。

**まどぐち-きせい**【窓口規制】 日本銀行の金融政策の一つ。金融機関の貸出増加額に上限を設定して規制すること。窓口指導。window guidance

**マト-グロッソ**［Mato Grosso］ 南アメリカ、ブラジル西部の州。標高一〇〇〇～二〇〇〇mのゆるやかな台地で、大部分が未開発の原野・森林。人口一一三・九万(一九八〇)。

**まと-だい**【的▼鯛】 マトウダイの別名。

**まと-はずれ**【的外れ】（名・形動） ①矢が的を外れること・さま。miss the mark ②見当が外れること・さま。off the point 用例 —な批評。

**まとま・る**【▼纏まる】（五自） ①一つにくくられる。きちんとできあがる。get together 用例 考えが—。②話が決まる。成立する。reach to an agreement 用例 縁談が—。③争いなどが解決する。be settled ④一つのものに仕上がる。be completed 用例 作品が—。

**まと・む**【▼纏む】 古語（下二他） →まとめる(纏める)

**まと・める**【▼纏める】（下一他） ①ばらばらのものを一つにする。そろえ整える。collect 用例 荷物を—。意見を—。②決まりをつける。成立させる。arrange 用例 交渉を—。③争いなどを解決する。settle 用例 争い事を—。④一つのものに仕上げる。complete 用例 論文を—。

**まとも**【▽正▽面】（名・形動） ①正しく向かうこと・さま。directness ②真正面。front ③正道。まじめ。まっとう。honesty 用例 —な商売。

**マドモアゼル**［mademoiselle フランス］ お嬢さん。対義 ムッシュー。

**まと-や**【的矢】 練習用の矢。

**まど-やか**【▽円やか】（形動） →まどか(円か)

**まとや-わん**【的矢湾】 三重県志摩半島東部の湾。湾奥は伊雑浦とよばれ、カキ・真珠などの養殖がさかん。湾内の渡鹿野島は観光地として有名。

**マドラス**［Madras］ インド南東部、タミルナードゥ州の商工業都市。同州の州都。ベンガル湾に臨む重要貿易港で同国南部の中心。人口四二七・七万(一九八一)。

**ま-とり**【真鳥】 ①ワシ。②フクロウ・ミミズクなどの夜行性鳥類。③ツル。

**ま-どり**【間取(り)】 住宅における部屋の配置を決めること。または、その配置。room planning

**マドリード**［Madrid］ スペインの首都。国のほぼ中央、カスティリア地方の標高六五〇mの高原にある。国の経済・文化・交通の中心地。王宮・プラド美術館・大闘牛場などが知られる。人口三一八・八万(一九八一)。マドリー。

**マトリカリア**［matricaria］ キク科マトリカリア属の植物の総称。マーガレットに似る。とくに、カミツレの近縁のナツシロギクをいう。

**マドリガル**［madrigal］ ①イタリアの世俗歌曲の一形式。㋐一四世紀のマドリガルは、定型詩による二～三声部の曲。㋑一五三〇～一六三〇年代の自由詩で、恋愛や牧歌的叙情を歌った歌曲。②一六〇〇年前後のイギリスの世俗歌曲。

**マトリックス**［matrix］ ①母体。母型。鋳型。②→ぎょうれつ(行列)㊁

**マトリックス-ぼき**【マトリックス簿記】 →ぎょうれつぼき(行列簿記)

**マトリックス-りきがく**【マトリックス力学】 ハイゼンベルクが提唱した量子力学の表現形式。物理量を行列で表し、観測量間の関係を対応原理に基づいて定式化したもの。量子論の記述として、波動力学と同等の理論形式(＝ハイゼンベルク表示)をもつ。行列力学。matrix dynamics

**マドレーヌ**［madeleine］ 焼き菓子。貝殻形の型で焼く、バターの多いスポンジケーキ。

**マドロス**［matroos オランダ］ 船乗り。船員。水夫。sailor

**マドロス-パイプ** 《和製語。船乗りが愛用したことからとも》火皿から吸い口までが大きく湾曲した喫煙パイプ。

**まどろっ-こ・い**（形） 手間どって、おそい。まだるい。slow 派生 まどろっこさ(名)

**ま-どろ・む**【▽微▽睡む】（五自） とろとろと眠る。うとうとする。doze

**まど-わく**【窓枠】 窓のへり。窓ぶち。window frame

**まどわ・す**【惑わす】（五他） ①心を混乱させる。confuse ②だます。あざむく。deceive ③よくない道に誘いこむ。tempt

**まとわり-つ・く**【▼纏わり付く】（五自） くっついて離れない。まつわりつく。coil around; follow about

**マトン**［mutton］ 一歳半以後の羊の肉。成長につれて肉質がかたくなり、くさ味がでる。シチューなどの煮込み料理にむく。比較 ラム。

**マドンナ**［madonna イタリア］ ①《Madonna》聖母マリア。その像。②《madonna》美しく清らかな婦人。

**ま-な**【真名・真▽字】 ①漢字の楷書。②漢字。まんな。比較 真仮名。対義 仮名。③本名。対義 仮名。

**ま-な**【真▽魚】 祝いなどで食膳にそなえる魚。

**ま-な**【真菜】 アブラナ科、ナタネとタイサイとの自然交雑によってできたもの。丸葉のものをマナとよび、仙台地方の特産。

**まな**【▽愛】（接頭） かわいい。用例 —娘。

**マナ**［mana］ 超自然的、非人格的な呪力。メラネシアなど太平洋諸島未開民族の間で信じられ、人間をはじめあらゆる生物、あらゆるものに宿り、転移・伝染するとされる。

**マナ**［manna］ 旧約聖書『出エジプト記』で、イスラエル民族が荒野を彷徨中、神からあたえられた食物。マンナ。

**マナー**［manner］ ①態度・ようす。②行儀・礼儀・作法。③習慣・風習。④方法・やり方。

**マナーマ**［Manama］ アラビア半島中部、バーレーンの首都。ペルシア湾のバーレーン島北岸にある。一九三二年の石油発見以来、近代工業都市として発展。人口一〇・九万(一九八一)。

**まな-いた**【▼俎板・▼俎・真▽魚板】 包丁で調理するとき、台に使う板。真魚は食料にする魚の意味。木製のものはヒノキ材が多く、ほかに合成樹脂製のものもある。chopping block 用例 —にのせる。数え方 一枚。

**俎板の鯉**（まないたのこい） 生死が他人の手に握られ、ただ運命に従って死を待つだけであることのたとえ。be left to one's fate

**マナウス**［Manaus］ ブラジル北部、アマゾン川中流域の河港都市。アマゾン盆地の経済・文化の中心。人口六一・三万(一九八〇)。

**ま-な-かい**【▽眼▽間・▽目交い】 目と目の間。目の前。まのあたり。

**まな-がつお**【真▽魚▼鰹・▼鯧】 外洋に多いマナガツオ科の海水魚。全長約六〇cm。体は扁平で、体高が著しく高い。食用。本州中部以南に分布。→図

●マナガツオ

**マナグア**［Managua］ 中央アメリカ、ニカラグアの首都。同国西部マナグア湖南岸にある。コーヒーなど農産品の集散加工が主産業。人口八二万(一九八一)。

**ま-な-こ**【眼】 《目の子、の意》 ①めだま。眼球。eye 比較 目。②要点。眼目。point ③眼界。視野。view

**まな-ご**【▽愛子】 たいせつな子。いとしご。

**まーなーざし**【▽眼差(し)・▽目指(し)】目つき。眼光。視線。look 用例不安な―。

**まなーしき**【▽末▽那識】《仏教語》唯識説で説く八識のうちの第七識。煩悩に対応して我執を発生させるもととなる識。末那。第七識。

**まーなーじり**【▼眦・▼眥・▼睚】目じり。corner of the eyes

**眦を決す**(まなじりをけっす) 目をかっと見開く。怒る、また、決心するさま。with determination

**マナスル**【Manaslu】ネパール中央北部、ヒマラヤ山脈中の高峰。標高八一五六mで世界第七位。昭和三一年(一九五六)日本隊が初登頂。

**まなせーどうさん**【▽曲▽直瀬道三】(一五〇七〜九五) 安土桃山時代の医師。京都の人。足利学校に学び、京都で開業、足利義輝・織田信長など諸将の信任を得た。門人も多く曲直瀬流・道三流と称された。晩年キリスト教に入信。

**まーなつ**【真夏】夏のさかり。盛夏。midsummer 対義真冬。

**まなつのよのゆめ**【真夏の夜の夢】①《原題A Midsummer Night's Dream》シェークスピアの喜劇。一五九五年ごろ作。一六〇〇年刊。夏の夜のアテネ郊外の森で、恋人たちがめでたく結ばれる夢幻的な物語。②《原題Ein Sommernachtstraum ドイツ》メンデルスゾーン作曲の①への付随音楽。全一三曲。一八四三年上演。『結婚行進曲』が有名。

**まなつーび**【真夏日】一日の最高気温が三〇℃以上の日。

**まなつる**【▽真▼鶴】〈町〉神奈川県南西端、真鶴半島の町。定置網漁業の基地として発達したが、漁獲高は減少。近年はミカン栽培がさかん。人口九八三八(一九八八)。

●マニエリズモ
ポントルモ『十字架降下』。一五二六〜二八年ごろ、サンタ-フェリチタ聖堂(イタリア)。

●マナヅル

**まなーづる**【▽真▼鶴・真名▼鶴】背と腹が灰色で足が暗赤色のツル科の鳥。全長約一二〇cm。冬鳥。特別天然記念物。アジア北東部で繁殖、日本および朝鮮半島・中国東部で越冬。white-naped crane ↓写

**まなづるーみさき**【▽真▼鶴岬】神奈川県、伊豆半島の基部にある岬。箱根山の溶岩からなる丘陵で、先端は奇岩がつづく景勝地。クスノキを主とする暖帯性植物が多い。

**マナティー**【manatee】海牛目マナティー科に属し、海で生活する草食性の哺乳類。体長三〜四m。体は暗灰色。性質はおとなしく、一般に夜行性。ジュゴンと同様、人魚のイメージになったという。大西洋の熱帯から亜熱帯域に分布。参照カイギュウ。

**まなーでし**【▽愛弟子】とくにかわいがって教えている弟子。favorite pupil

**まなーばし**【真▽魚▼箸】魚の料理に使うはし。

**まなーはじめ**【真▽魚始(め)・真菜始(め)・▽魚▽味始(め)】↓ぎょみのいわい(魚味の祝い)

**まなび**【学び】学ぶこと。学問。learning

**学びの庭**(まなびのにわ) 学校。school

**学びの窓**(まなびのまど) 学問をする所。

**まなびーや**【学び▽舎】学校。school

**まな・ぶ**【学ぶ】(五他)《「まねぶ」の転》①教えを受ける。見習う。教わる。learn 対義教える。用例自動車運転を―。②勉強する。学問をする。study 用例よく遊び、よく―・べ。③経験しておぼえる。experience 用例人生を―。

**まなーぶみ**【真名文・真▽字文】漢字で書かれた文章。漢文。比較仮名文。

**まなべーあきふさ**【▽間▽部▼詮房】(一六六七〜一七二〇) 江戸中期の大名。上野高崎藩主。猿楽師から登用され、将軍徳川家宣・家継のもとで側用人として新井白石とともに幕政を指導。八代将軍吉宗により越後村上に左遷。

**まなべーしま**【真▼鍋島】岡山県南西端、笠岡市にある島。面積一・七$km^2$。温暖な気候を利用した花や熱帯植物の栽培で知られる。

**まなーぼん**【真名本】日本文を漢字だけで書いた本。対義仮名本。用例『―曾我物語』。

**まーなまこ**【真▽海▼鼠】日本各地の浅海に分布する代表的なナマコ。全長約四〇cm。体にいぼ状突起がある。体色には三型がみられ、濃淡の栗色に褐色斑を交えたアカコ、暗青緑色のアオコ、黒っぽいクロコがある。アカコは生食用、アオコはこのわた(=腸の塩干し)用、クロコはいりこ(=干物)用とされる。

**まなーむすめ**【▽愛娘】親の、かわいがっている娘。dear daughter

**まに**【摩尼】《仏教語。mani梵の音写で、宝珠、の意》珠玉の総称。とくに、願いをかなえてくれるという珠。如意珠。如意宝珠。

**マニア**【mania】一つの事に熱中する人。熱狂者。用例切手―。

パルミジャニーノ『長い頸の聖母』。一五三五年ごろ、ウフィッツィ美術館(イタリア)。

**まーにーあ・う**【間に合う】(五自) ①その場の役に立つ。will do 用例兄の服で―。②用が足りる。用例一万円あれば―。今のところ―・っている。③定めの時間におくれずにすむ。be in time 用例終電車に―。原稿の締め切りに―。

**まーにーあわせ**【間に合(わ)せ】急場の用に当てること。一時しのぎ。makeshift

**マニー**【Claude-Edmonde Magny】(一九一二〜六六) フランスの女流批評家。評論『文学の限界』『アメリカ小説の時代』『現代フランス小説史』など。

**マニエリスム**【maniérisme フランス】↓マニエリズモ

**マニエリズモ**【manierismo イタリア】盛期ルネサンス終末からバロック開始まで、一六世紀ヨーロッパに広まった芸術様式。ルネサンス古典期の様式に反して、難解な象徴主義、幻想的な奇想、洗練された技巧主義を示す。イタリア語のマニエラ(手法)を語源とし、特定の様式・定型を踏襲する傾向のすべてをさすこともある。イタリアのポントルモ・ロッソ・パルミジャニーノ・ブロンツィーノ・ティントレット、他にグレコ・ブリューゲル・フォンテンブロー派ら。↓写

**マニキュア**【manicure】手や爪の化粧法。爪を手入れし、形を整え、ネイルエナメルを塗り仕上げる。比較ペディキュア。

**マニーきょう**【マニ教】三世紀中ごろ、ペルシア人マニが創唱した宗教。ゾロアスター教を基本とし、キリスト教・仏教の教義を取り入れた。摩尼祆教。Manichaeism

**マニサレス**【Manizales】南アメリカ、コロンビア西部、カウカ川中流域の都市。コーヒーの集散地で金・銀の採鉱も行われる。人口二九・九万(一九八五)。

**マニッシュ**【mannish】《男のような女、男気どりの、の意》男性的な魅力を取り入れた女性服。

**マニトバ**【Manitoba】カナダ中部、プレーリー東部の州。州都ウィニペグ。数多くの氷河湖がある。小麦を主とする農業と、工業が主産業。人口一〇二・六万(一九八一)。

**マニピュレーター**【manipulator】遠隔操作で作業できる人工の手。人間の腕や手先と似た運動機能をもち、放射性物質を取り扱う場合などに防護壁の外側から操作できる。マジックハンド。

**マニフェスト**【manifest】宣言。宣言書。とくに、共産党宣言。

**マニプル**【Manipur】インド東部、ビルマと国境を接する州。州都インパール。第二次大戦での激戦地。人口一四三・四万(一九八一)。

**マニホットゴムーのーき**【マニホットゴムの木】トウダイグサ科の落葉高木。ブラジル原産。葉柄は長く、てのひら状で深裂する。パラゴムノキと同じくゴムを生じる。

**まにーまに**【▽随に】(副) なりゆきに任せるさま。ままに。at the mercy of 用例波の―漂う。

**マニャーニ**【Anna Magnani】(一九〇八〜七三) イタリアの映画女優。主演作『無防備都市』『バラの刺青』など。

**マニュアル**【manual】手引書。入門書。案内書。マニアル。

**まーにゅう**【魔乳】生後四、五日の新生児の乳房が肥大して分泌する乳汁。奇乳。

**マニュスクリプト**【manuscript】手稿。写本。

**マニュファクチュア**【manufacture】↓こうじょうせいしゅこうぎょう(工場制手工業)

**マニラ**【Manila・馬尼刺】フィリピン最大の都市。ルソン島中西岸にあり、マニラ湾に臨む。同国一の貿易港で、政治・経済・文化の中心。一九七五年、ケソンシティを含む隣接地域を併合し、首都大マニラを形成。人口五九二・六万(一九八〇)。

**マニラーあさ**【マニラ麻】バショウ科の多年草。高さ四〜八m。葉は長楕円形で花序はバショウに似る。果実の形はバナナに似るが、食用にならない。熱帯地方で栽培され、繊維をとる。マニライトバショウ。Manila hemp

**マニラーし**【マニラ紙】マニラ麻を原料とした紙。木材パルプを原料とした紙で、色合いの似た紙もいう。Manila paper

**マニラーわん**【マニラ湾】(Manila Bay) フィリピンのルソン島西部、マニラとバターン半島に東西を囲まれる湾。

**まーにんげん**【真人間】まともな人間。正道をふむ人。honest man

**ま・ぬ**【真▽似】古語(下二他) ↓まねる(真似る)

**マヌーバー**【maneuver】①巧みな計略。妙策。②機動演習。

**まぬか・れる**【免れる】(下一他) =まぬがれる。①そのことをしなくても済む。逃れる。evade 用例責任を―。②嫌なめにあわないですむ。escape 用例一〇連敗を―。

**免れて恥無し**(まぬかれてはじなし) 悪事をしながら、罰せられないのをいいことに、しゃあしゃあとしている。

**マヌカン**【mannequin フランス】①マネキン。②ファッションモデル。

**まーぬ・く**【間抜く】古語(四他) 間のものをぬき取る。間引く。用例かれこれ―・き行くほどに(徒然・一三七)。

**まーぬけ**【間抜け】㊀(形動) 手落ちがあるさま。㊁(名) のろまな人。とんま。ぬけさく。fool; idiot 用例―のゆきどまり。

**マヌ-ほうてん【マヌ法典】** 前二～後二世紀ごろ成立した古代インドの法典。

**ま-ぬる・い【間▽緩い】**(形) することが遅くて、間に合わない。のろい。

**マヌル-ねこ【マヌル猫】** ネコ科の哺乳類。体長五〇～六五cm。体は黄灰色で長毛。中央アジアの砂漠や乾燥した草原・岩山などにすむ。Pallas's cat

**まね【真▽似】** ㊀(名・サ変自他) まねること。模倣。imitation 用例 猿―。泣く―をする。㊁(名)《俗語》こと。行動。ふるまい。用例 ふざけた―をするな。

**マネ【Edouard Manet】**(一八三二～一八八三) フランスの画家。明るく新鮮な色彩と、平面的な画面構成による表現が特色。晩年は印象派の影響で明るい風景画を描く。作品『草上の昼食』『オランピア』など。↓写

●マネ 『草上の昼食』。一八六三年、オルセー美術館(フランス)。

**マネー【money】** お金。金銭。法や慣習によって、支払い手段や経済的価値の尺度として、一般的に受け入れられる物。現金から預金まで含まれる。用例 ポケット―。

**マネー-ゲーム【money game】** 企業や個人が金融市場などで資金を運用し、知恵をしぼって最大限の利益を追求すること。

**マネー-サプライ【money supply】** 通貨供給量。民間で流通している通貨のうち、銀行保有分をのぞいた現金通貨と預金通貨の総額。

**マネージメント【management】** 管理。経営。運営。

**マネージメント-サイエンス【management science】** 経営の意思決定に数学的手法を適用して合理化をはかる技法。経営科学。経営工学。

**マネージメント-シミュレーション【management simulation】** 経営に関する諸問題を、マネージメントサイエンスとコンピューターを用いてモデル化し、分析する手法。

**マネージャー【manager】** ①物事を管理する人。経営者。②レストランなどの支配人。③スポーツのチームで、おもに事務的な仕事を担当する世話係。本来は監督の意。④芸能人などの渉外役。

**マネージャー-びょう【マネージャー病】** 仕事上のストレスの多い管理職に多く見られる病気。高血圧症・狭心症・冠状動脈血栓症などをさすが、消化性潰瘍・糖尿病・潰瘍性大腸炎・甲状腺機能亢進症・消化管運動障害・ノイローゼなどを含めようとする説もある。管理病。重役病。manager's disease

**マネー-ビル**《和製語。ボディービルのもじり》投資を有効に行って金銭を利殖すること。

**マネー-フロー-ひょう【マネーフロー表】** 資金循環表。国民経済における資金の流れをみるために、通貨と信用の動きを部門別・形態別に記録・計算したもの。money-flow table

**マネー-フロー-ぶんせき【マネーフロー分析】** 資金循環分析。マネーフロー表をつかって、資金の流れから金融のはたす機能を分析すること。money-flow analysis

**まねき【招き】** ①招くこと。招待。invitation ②人を招き寄せるもの・飾り。③芝居の木戸口で、客を呼ぶ者。

**まねき-ねこ【招き猫】** すわって片前足をあげ、招くような姿のネコの置物。焼き物で、招福招客または養蚕の縁起物。

**マネキン【mannequin】** ①人体模型。おもに服飾品を展示するための、多くは等身大の人形。マヌカン。②ファッションモデル。③店頭で商品を直接に宣伝販売する人。

**まね・く【招く】**(五他) ①手などを振って呼び寄せる。さし招く。beckon 用例 手で―。②たのんで、来てもらう。call in 用例 会長として―。③招待する。invite 用例 誕生日に友達を―。客を―。④事態をひき起こす。bring about 用例 大事を―。

**招かれざる客**(まねかれざるきゃく) 招いてもいない客。あまり歓迎できない、あるいは迷惑な客。unwelcome guest

**まね-ごと【真▽似事】** ①まねてすること。ものまね。mimicry ②自分のしていることをけんそんしていう語。

**マネシエ【Alfred Manessier】**(一九一一～) フランスの画家。宗教的情感を、美しい色彩の抽象表現に託した。ステンドグラスも制作。作品『いばらの冠』など。

**まねし-つぐみ【真▽似▼鶫】** マネシツグミ科の鳥の総称。その一種マネシツグミはよく他の鳥や動物の鳴き声をまねる。全長約二五cm。背は灰色で、腹は白色。北米南部の低木林やその周辺にすむ。モッキングバード。mockingbird

**マネタリズム【monetarism】** 裁量的な経済政策の有効性に疑問を提示し、貨幣供給の定式化を主張する政策上の立場。代表者はミルトン＝フリードマン。新貨幣数量説。比較 ケインズ主義。

**マネッチア【Manettia】** アカネ科マネッチア属の総称。常緑つる性の低木。茎は細く、葉は卵形。初夏に筒状でじょうご形の花をつける。園芸上はカエンソウ。↓写

●マネッチア

**まな・ぶ【▽学ぶ】** 古語(四他) ①まねをする。用例 人のいふらんことを―らんよ(枕・鳥は)。②見聞きしたことをそのまま人に話す。用例 この夢合ふまで、また人に―な(源氏・若紫)。③教えを受ける。習う。用例 かたはしも―び知り侍らねば(徒然・一三五)。

**ま・ねる【真▽似る】**(下一他) 他のものに似せてする。まねをする。imitate

**まの【真野】**〈町〉 新潟県佐渡島、国中平野南西部の町。佐渡の国府・国分寺の地で、順徳天皇陵がある。産業は農林業など。人口六九一九(一九八八)。

**ま-の-あたり【目の当(た)り】** ㊀(名) 目の前。眼前。before one's eyes ㊁(副) 親しく。直接。with one's own eyes

**ま-のび【間延び】**(名・サ変自) ①間が長くなること。slow ②しまりがないこと。stupid 用例 ―した顔つき。

**まのやま【魔の山】**《原題Der Zauberberg(ドイツ)》 トーマス＝マンの長編小説。一九二四年刊。スイス山中のサナトリウムを舞台に、生と死・時間などの主題が多彩に展開される。

**ま-のろ・い【間▽鈍い】**(形) 手間がかかっておそい。間に合わない。まぬるい。

**マノン-レスコー【Manon Lescaut(フランス)】** ①プレボーの小説。一七三一年刊。奔放な女マノンとデ＝グリューの悲恋を描く。②プッチーニ作曲のオペラ。全四幕。プレボーの小説からイリカらが台本を作成。一八九三年初演。

**マハーバーラタ【Mahābhārata】** サンスクリットで書かれた古代インドの叙事詩。「バラタ族の戦争を物語る大史詩」の意。世界最長の叙事詩といわれる。作者は聖仙ビヤーサとされ、四世紀ごろに現形に近づいた。古代インドの宗教・哲学など文化百般にわたる貴重な資料を提供している。

**マハービーラ【Mahāvīra】**(生没年未詳)《梵語で、偉大なる英雄、の意。漢訳は大雄》古代インドの宗教家。ジャイナ教の開祖。釈迦とほぼ同時代の人とされ、徹底した不殺生と無所有を説いた。本名ヴァルダマーナ。耆那。

**ま-ばしら【間柱】** 大きな柱の間にある小さな柱。

**ま-はぜ【真▼鯊】** 釣り魚として人気のあるハゼ科の海水魚。全長二〇cm内外。地色は橙色がかった砂色。内湾や河口の砂泥底にすむが、幼魚は河川にも入る。底生小動物や藻類を食べる。美味。日本全土・朝鮮半島・中国に分布。↓ハゼ図

**ま-はた【真羽太】** 淡褐色の地に七条の黒褐色の横帯のあるハタ科の海水魚。全長九〇cm余。岩礁帯にすむ。美味。本州中部以南に分布。

**ま-ばたき【▽瞬き】**(名・サ変自) ↓またたき(瞬き)

**マハチカラ【Makhachkala】** ソ連南西部、カスピ海西岸の港湾・商工業都市。ダゲスタン自治共和国の首都。人口三一・一万(一九八六)。

**ま-ばゆ・い【目▽映い・▼眩い】**(形) ①光が強い。きらきらしている。dazzling ②光り輝くほど美しい。dazzlingly beautiful 派生 まばゆが・る(五自) まばゆげ(形動) まばゆさ(名)

**ま-ばゆ・し【目映ゆし・▼眩し】** 古語(形ク) ①あまりにりっぱで見るほうがきまりが悪い。気後れがする。用例 迎へするゑたらむ、いと―・かりぬべし(徒然・二四〇)。②度が過ぎて、目をそむける。用例 いと―・き人の御おぼえなり(源氏・桐壺)。

**まばら【▽疎ら】**(形動) 間が粗くすいているさま。sparse 対義 密。

**マハラシュトラ【Maharashtra】** インド西部の州。州都ボンベイ。旧ボンベイ州から分離。綿花・米・小麦を生産。人口六二六九・四万(一九八一)。

**ま-ひ【麻▼痺・▼痲▼痺】**(名・サ変自) ①感覚がなくなること。numbness; paralysis ②活動がにぶること。paralysis 用例 交通の―状態。③神経系や筋肉の障害で四肢や体の運動ができない状態。paralysis

**ま-び【間日】** ①仕事などのある日の間にはさまった日。休みの日。holiday ②八専の期間に、干支の五行の組み合わせが重ならない日。癸丑・丙辰・戊午・壬戌の四日をいう。③《転じて》吉凶判断に関係のない日。

**まび【真備】**〈町〉 岡山県南西部の町。農業が主で、竹の子の産地。吉備真備の生地で、古代文化の遺跡が多い。人口二万三一〇八(一九八八)。

**ま-びき【間引(き)】**(名・サ変他) 間引くこと。thin out 用例 ―運転。―菜。

**まびき-な【間引(き)菜】** 間引くために抜いた若菜。つまみな。

**ま-び・く【間引く】**(五他) ①並んでいるものをところどころ取り除く。thin out ②十分に生育するように密生した作物の一部を引き抜いて、間をあける。うろぬく。thin out ③生活苦などのために、生まれた子を殺すこと。

**ま-びさし【目▼庇・▼眉▼庇】** ①窓の上にある小びさし。②かぶとの、額のひさし。③鳥打ち帽・学生帽のひさし。↓帽子図

**ま-ひと【真人】** 天武一三年(六八四)制定の八色の姓の第一位。皇室の近親者に授けられた。

**マビューズ【Mabuse】**(一四七八ごろ～一五三二ごろ) フランドルの画家。本名ヤン＝ホッサールト。イタリア－マニエリズモをフランドルに導入。宗教・神話画に裸婦を描き、肖像画にもすぐれる。作品『アダムとイブ』など。

**ま-ひる【真昼】** 昼のさかり。まっぴるま。midday

**まひる-さんち【真昼山地】** 岩手・秋田県境の中央部に広がる山地。断層地形が顕著。奥羽山脈の一部をなし、最高峰は真昼岳(一〇六〇m)。

**ま-ひわ【真▼鶸】** 地色が黄色っぽいアトリ科の小鳥。全長一〇cm内外。森林にすみ、木の種子や昆虫などを食べる。ユーラシア北部で繁殖し、冬は南下。日本では北海道で少数が繁殖し、本州以南では冬鳥。ヒワ。siskin

**マフ【muff】** 両端から手を入れてあたためる円筒形の防寒具。毛皮製のものなどが多い。↓写

**ま-ぶ【間夫】** ①情夫。隠し男。②遊女の情夫。

**マフィア【Mafia】** ①イタリアのシチリア島独特の、結社的社会システム。また、それによる犯罪・犯罪者。②アメリカのイタリア系犯罪組織の通称。シチリア由来とされるが実態は不明。コーザ－ノストラ。

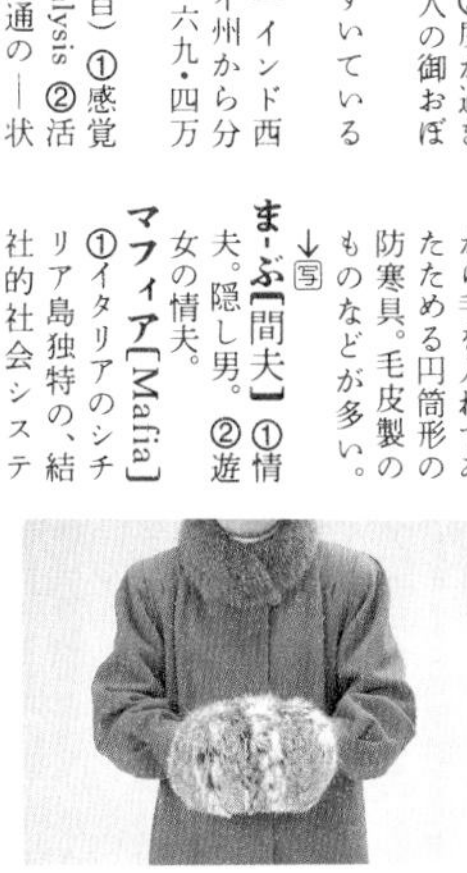

●マフ

**マフィリンド【Maphilindo】**《MalaysiaとPhilippinesとIndonesiaからの合成語》マレーシア・フィリピン・インドネシア三国の国家連

合構想。

**マフィン**【muffin】パンの一つ。小麦粉に砂糖・油脂・牛乳・卵・ベーキングパウダーなどを加え、型を用いてオーブンで焼く。

**マプート**【Maputo】アフリカ南東部、モザンビークの首都。同国南端部デラゴア湾に臨み、エスピリトサント河口に位置する。鉱・農産物の輸出港。人口七八・六万(一九八二)。旧称ロレンソマルケス。

**マフェイ-ぎんが**【マフェイ銀河】一九六八年に赤外線写真で天の川近くに発見された非常に暗い銀河。IとIIとがあり、Iは巨大楕円銀河と推定され、IIは中程度の渦巻き銀河。距離はおよそ一三〇〇万光年。Maffei galaxy

**ま-ぶか**【目深】(形動) 帽子などを目が隠れるほど深くかぶるさま。low over one's eyes

**ま-ふぐ**【真▽河▽豚】青みがかった灰褐色で、胸びれ後方に大きな黒斑があるフグ。全長約五〇cm。食用とされるが、とくに卵巣と肝臓に強い毒性をもつ。北海道から東シナ海まで分布。体表にとげがなく滑らかなので、別名ナメラフグ。↓フグ図

**ま-ぶし**【▼蔟・▽蚕▽薄】蚕が繭を作りやすいように工夫した器具。繭床。えびら。↓写

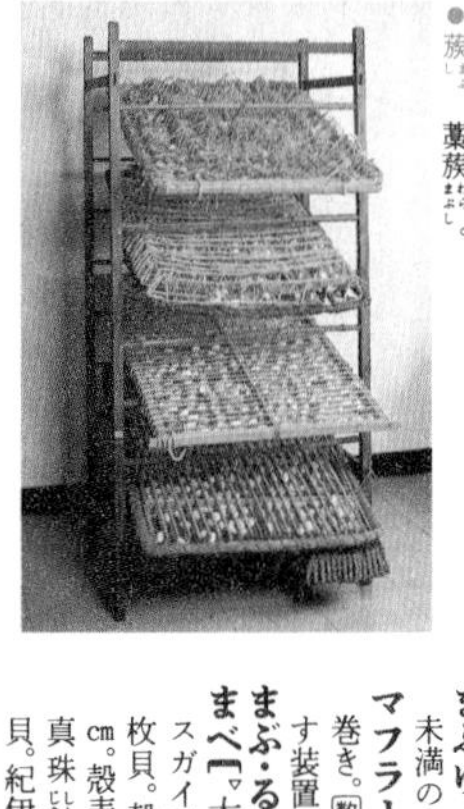

●蔟　藁蔟。

**まぶし・い**【▼眩しい】(形) ①光などが、見ていられないほど強く感じられる。dazzling 用例 真夏の太陽が―。②輝くばかり美しい。まばゆい。dazzlingly beautiful 用例 ―ばかりに美しい女。派生 まぶしげ(形動) まぶしがる(五自) まぶしさ(名)

**まぶ・す**【▽塗す】(五他) 粉などを、一面にぬり付ける。まぶる。cover 用例 きな粉を―・したおはぎ。

**ま-ぶた**【▼瞼・目▼蓋】眼球をおおい、開閉する皮膚。眼球を保護し、角膜を清浄に保つ。解剖学では、眼瞼という。eyelid ↓目図

**瞼の母**(まぶたのはは) 一頭の中で思い描いて慕っている母の面影。二長谷川伸の戯曲。昭和六年(一九三一)初演。幼時に生別した母を求めて放浪する渡世人、番場の忠太郎の物語。

**まふつ-さん**【麻沸散】華岡青洲が創製した麻痺剤。主成分はチョウセンアサガオの種子とトリカブトの根。文化二年(一八〇五)、青洲はこれを用いて世界最初の全身麻酔のもとに乳癌摘出手術に成功。また、伝説には後漢の華陀が麻酔剤として用いたともいう。

**ま-ぶな**【真▼鮒】キンブナ・ギンブナの別名。

**まぶに**【摩▽文仁】沖縄島南部、糸満市の集落。第二次大戦末期の沖縄戦最大の激戦地。「ひめゆりの塔」で知られる。

**まふね-ゆたか**【真船豊】(一九〇二〜七七) 劇作家。福島県生まれ。早大中退。戯曲『鼬』『中橋公館』など。

**ま-ふのり**【真布▽海・苔・真▽海▼蘿】紅藻植物フノリ科の海藻。円柱状で分枝を繰り返し、扇状に広がる。高さ約二〇cm、太さ約四mm。色は紫紅色。干潮時に露出する岩上に群生。食用。糊の原料。ホンフノリ。

**マフフーズ**【Naguib Mahfouz】(一九一一〜) エジプトの小説家。リアリズムの手法で庶民の生活と社会を克明に描く。一九八八年、アラブ文学初のノーベル文学賞を受賞。長編『バイナルーカスライン』など。

**ま-ふゆ**【真冬】冬のさかり。厳冬。midwinter 対義 真夏。

**まふゆ-び**【真冬日】一日の最高気温が0℃未満の冬の日。

**マフラー**【muffler】①防寒用の顔おおい・襟巻き。数え方 一本。②自動車の排気筒の音を消す装置。消音器。↓自動車図

**まぶ・る**【▽塗る】(五他) まぶす。cover

**まべ**【▽大▽島▽珠▽母】珊瑚礁にすむウグイスガイ科の大形二枚貝。殻長約二〇cm。殻表は緑黒色。真珠養殖の母貝。紀伊半島以南の太平洋・インド洋に分布。↓図

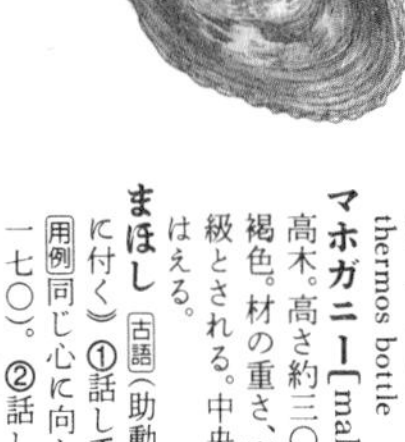

●マベ

**まべち-がわ**【馬▼淵川】岩手・青森県を流れる川。長さ一四二km。岩手県北東部の尻喰峠付近に発し、北上高地・奥羽山脈間を北流、青森県八戸市で太平洋に注ぐ。

**ま-ほ**【真帆】①帆船が追い風を受けて走るときの帆の状態。帆を正面に向け、全面に風を受けるように、いっぱいに張る。spread-out sail 対義 片帆。②おもな帆。mainsail

**ま-ほ**【真▽秀・真▽面】古語(名・形動ナリ) 対義 偏。①よく整っていること・さま。完全。用例 容貌などいと―にもはべらざりしかば(源氏・帚木)。②本格的であること・さま。正式。用例 ―のくはしき日記にはあらず(源氏・絵合)。③直接であること・さま。じか。用例 いとほしと思せば、―にも向ひたまはず(源氏・初音)。

**ま-ほう**【魔法】不思議なことをする術。魔術。magic

**まほう-じん**【魔方陣】縦横の等しい$n \times n$個のます目に、ふつう1から$n^2$までの整数を、縦・横・ななめのいずれの和も$n(n^2+1)/2$となるように並べたもの。magic square ↓図

●魔方陣

洛書の三方陣

| | | |
|---|---|---|
| 4 | 9 | 2 |
| 3 | 5 | 7 |
| 8 | 1 | 6 |

デューラーの四方陣

| | | | |
|---|---|---|---|
| 16 | 3 | 2 | 13 |
| 5 | 10 | 11 | 8 |
| 9 | 6 | 7 | 12 |
| 4 | 15 | 14 | 1 |

**まほう-つかい**【魔法使い・魔法遣い】魔法を使うと信じられる者。中世のヨーロッパでは、キリスト教布教のため、異教徒・異端者・科学者を悪魔と手を結んだ魔法使い・魔女として迫害。witch; wizard 参照 魔女狩り。

**まほうつかいのでし**【魔法使いの弟子】《原題 L'apprenti sorcier フランス》デュカス作曲の交響詩。一八九七年作。ゲーテの同名のバラードに基づく。

**まほう-びん**【魔法瓶】高温・低温の液体などを保温・保冷するために用いられる断熱容器。卓上用のものはポットともよばれる。thermos bottle

**マホガニー**【mahogany】センダン科の常緑高木。高さ約三〇m。材は水に強く、美しい紅褐色。材の重さ、堅さは中位。家具材では最高級とされる。中央アメリカと西インド諸島にはえる。

**まほし** 古語(助動 形シク型)《動詞の未然形に付く》①話し手自身の希望を表す。…たい。用例 同じ心に向かはまほしく思はん人(徒然・一七〇)。②話し手以外の希望を表す。…たい。用例 皇子は、かくてもいと御覧ぜまほしけれど(源氏・桐壺)。③《「あらまほし」の形で》理想的である。用例 直衣の姿いとあらまほしくきよげにて(源氏・浮舟)。

**マホメット**【Mahomet】↓ムハンマド

**マホメット-きょう**【マホメット教】イスラム教の別称。

**マホメット-れき**【マホメット暦】イスラム暦の別称。

**ま-ぼや**【真▽海▼鞘】体が赤い、こぶし大の大形のホヤ。原索動物の一種。体長約一五cm。表面に乳頭状の短い突起が多数あり、下端で海底の岩などに固着する。革状の外皮を裂いて中の黄色い身を食べる。牡鹿・男鹿両半島以北に多産し、三陸地方では養殖もされる。

**まほ-ら** 古語《「ら」は接尾語》すぐれたよい所。用例 神の命の聞こし食す国の―に(万葉・一八・四〇八九)。

**まほら-ま** 古語 ↓まほら

**まぼろし**【幻】①あるように見えて、まもなく消えるもの。幻影。phantom 比較 夢。②たちまち消えるはかないもの。

**幻の世**(まぼろしのよ) 幻のようにはかないこの世。

**まほろ-ば** 古語《「まほらま」の転》よい所。すぐれた場所。用例 大和は国の―(古事記・中)。

**まま** 6画【▼圸】部首[土]つちへん 和製漢字 JIS 5211 《「土のまま」の意から》土の山。土のままの山。木のはえていない、くずれやすい山。地名にも用いられる。

**まま** 15画【▼壗】部首[土]つちへん 和製漢字 JIS 5249 《「土のまま」の意から》がけ。土手。また、土砂くずれした土地。地名・姓氏にも用いられる。

**まま** 17画【▼壥】部首[土]つちへん 和製漢字 JIS 5260 《「土のまま」の意から》がけ。土手。また、土砂くずれした土地。地名にも用いられる。

**まま**【▼儘】一(名) ①なりゆきに任せること。leave ... as it is 用例 あるが―にする。②思うとおりになること。自由。as one pleases 用例 ―にならない世。③どうなろうとかまわないこと。damn ④そのありさまの変わらないこと。そのとおり。用例 くつの―、どうぞ。二文語的(接助) …によって。用例 ようやく書き上げ候―、御休神くだされたく。

**儘ならない**(ままならない) 思う通りにならない。beyond one's control 用例 ままならぬ世。

**ま-ま**【間間】(副) おりおり。ときどき。よく。sometimes 用例 ―あることだ。

**まま**【▽継】(接頭) 血のつながりのない仲。用例 ―母。

**ママ**【mamma; mama】①《幼児語》おかあさん。母。マミー。対義 パパ。②《俗語》水商売の女主人。マダム。

**まま-おや**【▽継親】継父母。ままちち、または、ままはは。stepparent

**まま-かり**【▽飯借り】《飯を借りに行くほど食が進む、の意》ニシン科の海生硬骨魚サッパの俗称。素焼き・酢漬け・すし材料。

**まま-こ**【▽継粉】粉を水でといたり、こねたりしたとき、よくこなれず粒状になったもの。だま。

**まま-こ**【▽継子】《俗語》血のつながりのない子。stepchild

**ままこ-あつかい**【▽継子扱い】《継子に対するように、の意》のけ者として差別し、意地悪く扱うこと。treat as an outsider

**ままこ-いじめ**【▽継子▽虐め】(名・サ変他) 継子をいじめること。treat one's stepchild unkindly

**ままこ-こんじょう**【▽継子根性】ひがみっぽくいじけた性質。

**まま-ごと**【▽飯事】子どもの遊びの一つ。玩具の台所用品・家具などを使用して、炊事などの家事のまねごとをするもの。起源は古く、古墳時代の出土品にも、遊びに使用したらしい器物が見られる。playing house

**ままこ-な**【▽継粉菜】山林にはえるゴマノハグサ科の半寄生性一年草。高さ約五〇cm。葉は卵形。夏に、茎の先に紅紫色の唇形花を穂状につける。

**ままこ-の-しりぬぐい**【▽継子の▼尻▼拭】タデ科の一年草。野原や道ばたにはえる。茎はつる状で、とげをもつ。七〜八月に、紅色の小花をつける。日本全土に分布。↓写

●ママコノシリヌグイ

**ママさん-バレー** 家庭の主婦などの女性が行うバレーボール。また、その競技会。主として九人制で行われる。

**まま-ちち**【▽継父】血のつながりのない父。けいふ。stepfather

**まま-の-てこな**【真間手古▼奈】『万葉集』で山部赤人らにうたわれた伝説上の美しい娘。下総国勝鹿の真間に住み、多くの男に求婚されたが、煩悶の末に入水。現在、千葉県市川市真間町に霊堂がある。

**まま-はは**【▽継母】生みの母でない母。けいぼ。stepmother

**まま-よ**【▼儘よ】(感) 方策が立たず、なりゆきにまかせるしかないと思うとき、なかばやけ気味に発する語。どうにでもなれ。用例 ―、どうとでもなれ。

**まみ**【▼猯・▼猸】アナグマまたはタヌキの俗称。

**まみ・える**【▽見える】(下一自) ①《「会う」の謙譲語》お目にかかる。お目通りする。meet; see ②会う。対面する。meet; see 用例 戦場で―。



↓ 行き先項目、図版・写真参照印。　JIS 日本工業規格情報交換用漢字符号コード(区点コード)。

**まみ-じろ【▼眉白】** ヒタキ科の小鳥。翼長約一二cm。まゆの位置に白線がある。夏、北海道・本州の山林で繁殖、中国南部・マレー半島で越冬。↓図

●マミジロ　雄。

**ま-みず【真水】** 塩分などの、混じり物のない水。fresh water 対義 塩水。

**まみず-くらげ【真水▽水▽母】** 淡水生の小形クラゲ。直径約二cm。池・沼・貯水槽などに発生する。世界各地の温帯から亜熱帯域に分布。freshwater jellyfish

**まみや-かいきょう【間宮海峡】** タタール海峡の別称。

**まみや-りんぞう【間宮林蔵】**（一七七五/八〇～一八四四） 江戸時代後期の北方探検家。常陸の農家の出。計数の才を見いだされ幕府普請雇いとなり、伊能忠敬に測量術を学んだ。文化五年（一八〇八）幕命により松田伝十郎とともに樺太を探検。翌年樺太からシベリアに渡り、樺太が島であることを確認。間宮海峡はその名に由来。著書『東韃紀行』。↓写

●間宮林蔵　個人蔵。

**まみ・ゆ【▽見ゆ】** 古語（下二自）↓まみえる（見える）

**まみれ【▽塗れ】**（接尾）《名詞に付いて》それに汚れること。用例 血━。泥━。

**まみ・れる【▽塗れる】**（下一自） 汗・泥などがついてよごれる。be covered with
**一敗、地に塗れる**（いっぱい、ちにまみれる） 完全に負けて、二度と立てない。

**ま-むかい【真向（か）い】** 正しく向かうこと。正面。just in front of

**ま-むき【真向き】** ①正しく向かうこと。まとも。right opposite ②船尾の正面。

**まむし** 《京阪地方で「塗し」の転、また「間蒸し」からとも》うなぎ飯。

**ま-むし【▼蝮】** クサリヘビ科の毒ヘビ。全長六〇cm内外。卵胎生。沖縄を除く日本全土の山野・耕地にすむ。まむし酒・むし焼きなど薬用にする。クチバミ。タジヒ。ハミ。↓図

●マムシ

**まむし-ぐさ【▼蝮草】** 山中の樹陰にはえるサトイモ科の多年草。茎は太い肉質で、高さ約一m。五～六月、淡緑紫色で白い縦筋のある仏焰苞につつまれた花をつける。

**まむし-ざけ【▼蝮酒】** マムシをしょうちゅうにひたした薬用酒。強壮剤。

**マムルーク-ちょう【マムルーク朝】** 一三世紀半ばから一六世紀初め、エジプト・シリアを支配したイスラム王朝。奴隷のイズッディン=アイバックが創始。首都カイロ。シリアでは十字軍を、エジプトではイルハン国軍の侵入を撃退。一五一七年オスマン帝国により滅亡。Mamluk dynasty

**まむろがわ【真室川】**〈町〉 山形県北部の町。民謡『真室川音頭』で知られ、商業・製材業がさかん。人口一万二五七二（一九八八）。

**まむろがわ-おんど【真室川音頭】** 山形県の民謡。明治・大正にかけて北海道・樺太などに流行した『ナット節』が真室川の鉱山に入ったもの。

**まめ【豆・▼荳・▼菽】** ㊀（名） ①マメ科植物の種子。形は球形・楕円形など。内部には胚乳がなく、養分は子葉に貯蔵。pulse ②①のうち、ダイズ・アズキ・エンドウ・ソラマメなど食用となるものの総称。bean 用例 ━を煮る。③マメ科植物のうちその種子を食用とするものの総称。用例 ━を植える。㊁（接頭） 小さい、の意。little 用例 ━電球。
**豆を植えて稗**（まめをうえてひえ） よい結果を得ようと努力したのに、思ってもいない悪い結果に終わるたとえ。
**豆を煮るに萁を焚く**（まめをにるにまめがらをたく） 《昔、中国の曹植が、その才をねたんだ兄の曹丕に、七歩あるくうちに詩を作らなければ罰すると言われて、作った詩の句》兄弟が傷つけ合うたとえ。比較 七歩の才。

**まめ【▽肉▽刺】** 打撲・摩擦など、機械的な刺激によって、表皮と真皮の接合がこわれてできた水疱。内容が血性のものを血まめという。blister

**まめ【▽忠▽実】**（名・形動） ①まじめでかげひなたのないこと・さま。誠実。diligence 用例 ━に働く。②きちょうめんなこと・さま。勤勉。precise 用例 筆━。③健康なこと・さま。達者。healthy ④《接尾的》億劫がらないこと・さま。用例 筆━。足━。

**まめ-いた【豆板】** ①駄菓子の一種。ダイズ・インゲン豆などをいり、砂糖を溶かして混ぜ、丸形や角形に平たく固めたもの。②「豆板銀」の略。

**まめいた-ぎん【豆板銀】** 江戸幕府が鋳造した銀貨の一つ。豆粒状で丁銀の補助的役割をし、慶長六～安政六年（一六〇一～一八五九）に鋳造された。まめいた。つぶぎん。こつぶ。

**まめ-いり【豆▼炒り】** ①豆をいること・道具。parch beans ②豆をいり、砂糖をまぶした菓子。

**まめ-うち【豆打ち】** ↓まめまき（豆撒き）

**まめ-うら【豆▽占】** 年占の一つ。節分に豆を焼き、その年の各月の気象を占うもの。豆焼き。

**まめ-おとこ【豆男】** ①背丈の低い男。②節分に豆まきの役をつとめる男。

**まめ-がき【豆▼柿】** シナノガキの別名。

**まめ-かす【豆▼粕】** ダイズから油を絞り取ったあとのかす。肥料・飼料用。bean cake

**まめ-がら【豆▽幹・豆殻・▼萁】** 豆の実を取り去ったあとの、くき・さやなど。

**まめ-きんかん【豆金▼柑】** ミカン科の常緑低木。中国南部原産。果実はミカン類のなかで最小で、径約一cm。種子が多いために食用とはならず、観賞用。キンズ。

**まめ-こがね【豆黄金】** 豆類やブドウの葉を食害するコガネムシ科の小甲虫。体長一cm前後。体は黒緑色で上翅は黄褐色。日本全土に分布。二〇世紀初め北アメリカに侵入し、前記作物の大害虫としてジャパニーズビートルの名で嫌われた。

**まめ-ざくら【豆桜】** バラ科の落葉小高木。高さ三～八m。富士山周辺に多いことからフジザクラともいう。葉の出る前に白色または淡紅色で五弁の花を開く。

**まめ-じか【豆▼鹿・▼矮▼鹿】** マメジカ科の哺乳動物の総称。シカの仲間ではなく、ラクダやイノシシに近縁。体長五〇～一〇〇cm。角はなく、上顎の犬歯が牙状に発達。水辺近くの茂みに隠れすみ、おもに草食。東南アジアに六種、中央アフリカに一種が分布。ネズミジカ。chev rotain

**まめ-しぼり【豆絞（り）】** 豆粒大の小円を表した絞り染め。用例 ━のてぬぐい。↓写

**まめぞう【豆蔵】** 《江戸時代の中ごろ、京坂方面で力持ちや手品などを行った乞食の名から》①おもしろおかしい身振りや口上をまじえて、手品や曲芸をした大道芸人。②よくしゃべりまくる男。

**まめ-ぞうむし【豆象虫】** マメゾウムシ科の甲虫の総称。体長五mm以下。マメ類の種子を食害。アズキゾウムシなど。世界各地に分布。seed beetle ↓図

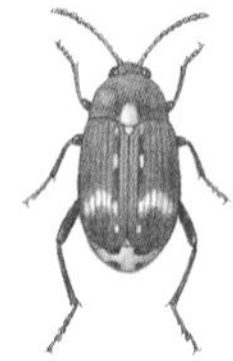
●マメゾウムシ

**まめ-だおし【豆倒】** 原野にはえるヒルガオ科の一年草。つる性の寄生植物で、高さ約五〇cm。全体が黄色をおび、葉は鱗片状。夏に二mm程の黄色い鐘形の花が咲く。↓図

●マメダオシ

**まめ-たにし【豆田▼螺】** 河川や沼にすむ巻き貝。殻は卵形で、淡黄色から黄褐色。殻高一cm内外。肝吸虫の第一中間宿主。本州・九州・朝鮮半島・中国大陸に分布。

**まめ-たん【豆炭】** 無煙炭・木炭などの粉末をねり固めた鶏卵大の燃料。参照 練炭。↓写

●豆炭

**ま-めつ【摩滅・磨滅】**（名・サ変自） すりへってなくなること。wear out 用例 レコード針が━する。

**まめ-づた【豆▼蔦】** ウラボシ科の常緑のシダ。岩または樹上に着生。根茎が長くはい、円形肉質の栄養葉と、線形の胞子葉がでる。

●豆絞り

**まめ-つぶ【豆粒】** 豆の一つぶ。また、小さなもののたとえ。a bean

**まめ-でっぽう【豆鉄砲】** 弾の代わりに豆を使って撃つ、おもちゃの鉄砲。peashooter

**まめ-でんきゅう【豆電球】** おもに、携帯用電灯に使用される小型の白熱電球。midget lamp

**まめのしんくい-が【豆心食▼蛾】** 幼虫がダイズの実を食害する小さいガ。開張一・五cm内外。八～九月に出現し、ダイズのさやに産卵。日本全土に分布。北海道で被害が大きい。

**まめ-はんみょう【豆▼斑▽猫】** ツチハンミョウ科の甲虫。体長約一・五cm。体は細形で黒色、頭は赤い。豆類の葉を好む。乾燥したものは薬用。本州・四国・九州に分布。↓写

●マメハンミョウ

**まめ-へん【豆偏】** 漢字を組み立てている部分の名。「豇・豌」などの左にある「豆」。

**まめ-ほん【豆本】** 趣味的に作られる、きわめて小形の本の総称。miniature book

**まめ-まき【豆▼蒔き・豆▼播き】** 豆の種を畑にまくこと。

**まめ-まき【豆▼撒き】** 節分の夜、いり豆をまいて鬼を追い払う行事。豆打ち。

**まめまめ-し・い【▽忠▽実▽忠▽実しい】**（形） ①いかにも忠実だ。very faithful ②実によく働いている。very diligent 派生 まめまめしげ（形動） まめまめしさ（名）

**まめ-めいげつ【豆名月】** 《エダマメを供えることから》陰暦の九月一三日の夜の月。エダマメ・団子・クリ・ススキなどを供えて名月を愛でる。栗名月。十三夜。比較 芋名月。

**まめ-やか【▽忠▽実やか】** ㊀（形動） まじめであるさま。誠心誠意であるさま。sincere ㊁古語（形動ナリ） 本式・本格的であるさま。

**ま-もう【摩耗・磨耗】**（名・サ変自） こすれてへること。wear out 用例 シャフトが━する。

**まもう-しけん【摩耗試験】** 材料の耐摩耗性を調べる試験。材料どうし、または材料を砥石・サンドペーパーなどとすり合わせ、摩耗の度合いや摩擦抵抗を測定する。abrasion test

**ま-も-なく【間も無く】**（副） すぐ。ほどなく。もうじき。soon

**ま-もの【魔物】** ①悪魔。devil ②魔性を持ったもの。magic creatures

**まもり【守り・▽護り】** ①守ること・もの・人。守護。守備。defense 対義 攻め。用例 ━を固め

る。②おまもり。

**まもり-がたな【守り刀】** 護身用の短刀。sword for self-defense

**まもり-がみ【守り神】** 災いから身を守ってくれる神。守護神。

**まもり-ふだ【守り札】** 神仏のお札。身を守ってもらうため、社寺から授かって、身につけたり門口に張ったりしておく。

**まもり-ほんぞん【守り本尊】** 身の守りとして信仰する仏。

**まも・る【守る】** ㊀(五他)《目守る、の意》①《「護る」とも》侵されないように防ぐ。defend 対義 攻める。用例 身を—。陣地を—。②約束・規則などを、そのとおり行う。keep 対義 破る。用例 法を—。③野球などで、守備につく。対義 攻める。用例 内野を—。㊁古語(四他) 見つめる。見守る。用例 いとよう似奉れるが—・らるるなりけり(源氏・若紫)。

**ま-や【真屋・▽両▽下】** 古代建築の切り妻屋根。また、その建物。神社の本殿などに用いられ、格式が高い。

**マヤーノ【Benedetto da Maiano】**(一四四二〜九七) イタリアの彫刻家・建築家。ストロッツィ邸の建築などのほか多くの祭壇・墓碑を制作。作品『フィリッポ＝ストロッツィの胸像』など。

**まやかし** ①ごまかし。deception ②にせもの。fake 用例 —物。

**まやか・す**(五他) ごまかし迷わせる。だます。deceive

**ま-やく【麻薬・▼痲薬】** 鎮痛、麻酔作用があり、習慣性をもちやすい薬物。アヘン・モルヒネ・コカインなど。医療では鎮痛・麻酔剤として使用。嗜好的使用は害があるので禁止されている。narcotic; drug 比較 覚醒剤。↓図

●麻薬 おもな麻薬の種類と作用

| 分類 | 品名 | 作用・その他 |
|---|---|---|
| アヘンアルカロイド系麻薬 | モルヒネ | アヘンの主成分、強い鎮痛効果を持つが依存性を示す欠点がある |
| | ヘロイン | 依存性が強く、麻薬取締法で製造、所持、使用が禁止されている |
| | コデイン | 依存性が比較的弱く、せき止めとして用いられる |
| | ナロルフィン | この系の他の麻薬に対して拮抗作用があり、これらの麻薬中毒に対しては、最も重要な解毒剤となる |
| コカアルカロイド系麻薬 | コカイン | 局所麻酔剤として用いられるが、毒性が強く内服薬としては用いられない。依存性の有無は知られていない |
| 合成麻薬 | ペチジン | 薬理作用はモルヒネと同じ。依存性などの欠点をかなり取り除いた鎮痛剤 |
| | メサドン | 薬理作用はモルヒネと同じ。禁断症状が軽い。モルヒネ・ヘロイン中毒患者の治療に、これらの麻薬の代わりに与えた後、投与をやめる「メサドン維持療法」が知られている |
| 幻覚剤 | LSD | 依存性はあまりないが、幻覚を生じて個人的にも社会的にも危険があるため、わが国では麻薬に指定している |

アヘンとインド大麻は代表的な麻薬であるが、それぞれあへん法と大麻取締法によって規制されているため、麻薬取締法からは除かれている
ヒロポンなどの覚せい剤は覚せい剤取締法によって規制されている

**まやくとりしまり-ほう【麻薬取締法】** 麻薬の輸出入・製造・所持などの取り締まりと、取扱免許や中毒者の措置などについて定めた法律。昭和二八年(一九五三)公布。the Narcotic Control Law

**まやく-はんざい【麻薬犯罪】** 麻薬の習慣作用と禁断症状とが原因で行われる犯罪。narcotics crimes

**マヤ-ごぞく【マヤ語族】** アメリカ-インディアン語族の一つ。ユカタン半島を中心に分布するマヤ語とメキシコ東海岸に分布するワステク語の併称。古代マヤ文字は未解読。Maya languages

**マヤコフスキー【Vladimir Vladimirovich Mayakovsky】**(一八九三〜一九三〇) ソ連の未来派詩人。独自な詩法、斬新なことば・イメージにより世界の現代詩に影響を与えた。悲劇『ウラジーミル＝マヤコフスキー』、長詩『ズボンをはいた雲』『ウラジーミル＝イリイッチ＝レーニン』『すばらしい!』、劇詩『ミステリヤ-ブッフ』、戯曲『南京虫』など。

**まや-さん【摩▼耶山】** 兵庫県神戸市北部の山。標高六九九m。六甲山地に属し、釈迦の生母摩耶を祭る忉利天上寺がある。

**マヤ-ぞく【マヤ族】** メキシコ南部・グアテマラ・ホンジュラスに住むインディオ。紀元前三世紀から一五世紀までマヤ文化を築く。焼き畑農耕を基礎に、象形文字を持ち、数学・天文学・建築・彫刻などにすぐれた。Maya

**まや-ぶにん【摩▼耶夫人】** 釈迦の生母。六牙の白象が胎内に入る夢をみて懐妊。ルンビニー園で釈迦を出産、七日後に亡くなった。摩耶。マーヤー。

**マヤ-ぶんか【マヤ文化】** 中米ユカタン半島からグアテマラ高地にかけてマヤ族が築いた文化。紀元前三〇〇年ごろからおこり、四〜九世紀が最盛期。天文・暦・石彫・石造建築などにすぐれる。九世紀以降は小国家乱立の時代となり、一六世紀前半のスペイン人の侵略時には衰退していた。Mayan culture

**まやま-せいか【真山青果】**(一八七八〜一九四八) 劇作家。仙台市生まれ。独自の歴史観による重厚な歴史劇を発表。昭和演劇界の重鎮。戯曲『玄朴と長英』『元禄忠臣蔵』など。

**まやま-みほ【真山▽美保】**(一九二二〜) 劇作家・演出家。東京生まれ。青果の長女。日本女子大卒。新制作座を結成。戯曲『馬五郎一座顚末記』など。

**まゆ【▼眉】**《「まよ」の転》①額とまぶたの境に、弓形にはえている毛。平均約六五〇本。眉毛。eyebrow ②眉に似た形のもの。③眉墨。eyebrow pencil

**眉に迫る**(まゆにせまる) 目の前にさし迫る。

**眉に唾を付ける**(まゆにつばをつける)《眉につばを付けると、キツネにだまされないということから》だまされないように、用心する。眉に唾を塗る。keep one's wits about

**眉に火が付く**(まゆにひがつく) 危難が迫っている。焦眉の急。

**眉も動かさない**(まゆもうごかさない) 少しも驚かないようす。without batting an eye

**眉を釣り上げる**(まゆをつりあげる) 眉じりを、上方へ引き上げる。怒る。眉を上げる。with a fierce look in one's eyes

**眉を曇らす**(まゆをくもらす) 心配事・悩み事があったり、不快を感じたりして、顔をしかめる。knit one's brow 類似 眉を顰める。

**眉を顰める**(まゆをしかめる)「眉をひそめる」と同意。

**眉を顰める**(まゆをひそめる) ①心配する。worry 対義 眉を開く。②嫌だと思う。不快に思う。frown

**眉を開く**(まゆをひらく) ほっと安心する。類似 愁眉を開く。

**眉を読む**(まゆをよむ) 相手の表情からその人の心を推し量る。

**まゆ【繭】**《「まよ」の転》昆虫の幼虫が蛹になるとき、保護のために繊維状の物質で作る包被物。また、とくにカイコのものをいう。cocoon

**まゆ-あい【▼眉▽間】** 眉と眉との間。みけん。

**眉間の延びた奴**(まゆあいののびたやつ) 間のぬけた者。

**まゆ-げ【▼眉毛】** 眉の毛。眉。eyebrow

**眉毛を読まれる**(まゆげをよまれる) 自分の本心を、他人に知られる。

**まゆ-じり【▼眉▼尻】** 眉毛の、こめかみに近いほうの端。end of an eyebrow 対義 眉根。↓頭図

**まゆ-ずみ【▼眉墨・▼黛】** ①眉の形を整えたり、眉毛の色を濃く見せるための化粧品。茶系・灰色系・黒色系などがある。eyebrow pencil ②眉を墨でかくこと。また、その眉。to pencil eyebrows ③連山が遠くに見えるさまの形容。

**まゆずみ-としろう【▼黛▽敏郎】**(一九二九〜) 作曲家。神奈川県生まれ。東京音楽学校卒。日本で最初にミュージック-コンクレートや電子音楽を手がける。伝統音楽にも強い関心を示す。作品『涅槃交響曲』など。

**まゆ-せんい【繭繊維】** 昆虫、とくにカイコの繭の糸。カイコの場合、繭は完全に一本の糸からなり、長さ一二〇〇mにおよぶ。糸は大部分が硬たんぱく質フィブロインからなり、それをセリシンが包んだもの。

**まゆ-だま【繭玉】** 小正月の飾りものの一つ。繭が豊かにできることを願い、繭の形にした団子や餅を木の枝につけて屋内や外に飾ったもの。↓写

●繭玉 茨城県、新治村。

**まゆつば-もの【▼眉▼唾物】** だまされないように用心しなければならないもの・こと。いかがわしいもの・こと。fake 参照 眉に唾を付ける。

**まゆ-ね【▼眉根】** 眉毛の根元。みけんに近いほう。まよね。対義 眉尻。↓頭図

**まゆ-はらい【▼眉払い】** 成人儀礼の一種として、少女が眉毛を抜いたり剃ったりすること。のちには出産直前にした。

**ま-ゆみ【▼檀・真弓】** ①ニシキギ科の落葉低木。高さ約三m。葉は対生し、長楕円形で長さ約八cm。五月に黄緑色の小花が咲く。秋に紅葉し、果実は紅熟する。②マユミでつくった弓。↓写

**まゆん-がなし【真▽世加▼那志】** 沖縄県石垣島の川平で、村を訪れ豊穣をもたらすとされる仮装の来訪神。八月の節祭の初日の戊戌の日の夜、蓑笠姿で顔を隠し、杖をついた神が各戸を回る。

**まよい【迷い】** ①迷うこと。心が決まらないこと。hesitation 用例 気の—。—を生じる。②仏教で、悟りきれないこと。また死者に妄執があり、成仏できないでいること。

**まよい-ばし【迷い▼箸】** ↓まどいばし(惑い箸)

**まよ・う【迷う】**(五自) ①どうしてよいか、心が決まらない。hesitate 用例 決断に—。②道や方向がわからなくなる。lose one's way 用例 道に—。③おぼれて正常の心を失う。blind 用例 恋に—。④成仏できないでいる。浮かばれない。用例 —・わず成仏してくれ。

**迷える小羊**(まよえるこひつじ)《新約聖書『マタイによる福音書』にある語。群れから離れてさまよっているヒツジ》迷っている、小さな弱いもののたとえ。人間のこと。stray sheep

**ま-よけ【魔▽除け】** 悪霊や邪霊、また、それらが原因と考えられる災厄や危難を避けること。またそのために神社や寺で発行する御札の類。御守り。護符。talisman

**ま-よこ【真横】** まっすぐ横。right at one's side

**ま-よなか【真夜中】** 真の夜中。深夜。midnight

**まよ-ね【▼眉根】** ↓まゆね(眉根)

**眉根掻く**(まよねかく)《眉がかゆいのは、恋人に会える前兆という俗信から》恋人に会えるようにとまじないに、眉を掻く。

**マヨネーズ【mayonnaise】** ソースの一種。卵黄・塩・サラダ油・酢などを混ぜ合わせてつくる。冷製の肉・魚料理・サラダなどに用いる。マヨネーズソース。

**マヨラナ【Majorana ラテ】** マージョラムの別名。

**マヨリカ-やき【マヨリカ焼き】** イタリアの代表的陶器。一五世紀末から一六世紀初めにファエンツァ・フィレンツェなどでさかんに作られた。錫の釉をかけた彩色陶器。元来はスペインで作られたが、マヨルカ島をへてイタリアに輸入されたのでこの名でよばれ

●マユミ① 花(上)、実(下)。

●マヨリカ焼き『婦人の胸像』。一四九〇年ごろ、ボストン美術館。

た。マジョリカ。majolica ↓写

**マヨルカ-とう【マヨルカ島】**(Mallorca) 地中海西部、スペイン領バレアレス諸島最大の島。面積三六四〇km²。有名な避寒地。マジョルカ島。マリョルカ島。

**まよわ・す【迷わす】**(五他) 迷うようにする。迷わせる。まどわす。puzzle; tempt

**まよわ・せる【迷わせる】**(下一他) ↓まよわす(迷わす)

**マヨン-さん【マヨン山】**(Mount Mayon) フィリピン中北部、ルソン島南東部、ビコール半島にある活火山。標高二四二一m。典型的な円錐状火山。

**まら【魔羅・摩羅】**《māra梵の音写。死の意》①仏道修行を邪魔するもの。悪魔。魔。②《転じて》陰茎。男根。

**マラー【Jean-Paul Marat】**(一七四三〜九三) フランス革命期の政治家。革命勃発とともに『人民の友』紙を発行。議会ではジロンド派攻撃の急先鋒となり、ダントン・ロベスピエールらとジャコバン派を指導。山岳党の独裁確立後、ジロンド派のコルデーに刺殺された。

**マラー【Hermann Joseph Muller】**(一八九〇〜一九六七) アメリカの遺伝学者。X線を用いて人為突然変異の誘発に成功、放射線遺伝学の先駆をなす。一九四六年ノーベル生理学医学賞受賞。

**マラータ-ぞく【マラータ族】** インド-アーリア系マラーティ語を用いる民族。インドのデカン高原や西ゴーツ山脈に住む。一七世紀後半にはマラータ同盟を結成し、ムガル帝国に対抗。Maratha

**マライ-ご【マライ語】** アウストロネシア語族インドネシア語派に属する言語。マレーシアおよびインドネシアの公用語。マレー語。Malay

**マライ-しょとう【マライ諸島】**(Malay Archipelago) ↓マレーしょとう(マレー諸島)

**マライタ-とう【マライタ島】**(Malaita Island) 太平洋中西部、ソロモン諸島南東部の火山島。面積四〇〇〇km²。

**マライ-はんとう【マライ半島】**(Malay Peninsula) ↓マレーはんとう(マレー半島)

**マライ-ポリネシア-ごぞく【マライ-ポリネシア語族】** アウストロネシア語族(南島語族)の別称。

**マラウイ【Malawi】**(Republic of Malawi) アフリカ南東部、マラウイ湖西岸の共和国で、南北に長い内陸国。首都リロングウェ。一九六四年イギリスから独立。農業国でタバコ・茶・サイザル麻・落花生が主産物。面積一一・八万km²。人口七二八万(一九八六)。正称マラウイ共和国。

**マラウイ-こ【マラウイ湖】**(Lake Malawi) アフリカ南東部、グレートリフトバレー南部の大湖。面積三万km²。ニアサ湖。

**マラガ【Málaga】** スペイン南部、地中海に臨む商工業・港湾都市。保養地としても知られる。人口五〇・三万(一九八一)。

**マラカイ【Maracay】** 南アメリカ、ベネズエラ北部の商工業都市。海岸山脈中のバレンシア湖東方に位置する。人口四四万(一九八一)。

**マラカイト【malachite】** 濃緑色の円状縞目模様と、緑の濃淡が特徴の不透明な鉱石。クジャクの羽に似ている。孔雀石。

**マラカイト-グリーン【malachite green】** 光沢ある青緑色の塩基性染料。各種繊維・革・雑貨などの染色用。インキの製造原料。

**マラカイボ【Maracaibo】** 南アメリカ、ベネズエラ北西部、マラカイボ湖北端部の港湾都市。石油の積み出し港。人口八八・九万(一九八一)。

**マラカイボ-こ【マラカイボ湖】**(Lago de Maracaibo) 南アメリカ、ベネズエラ北西部、ベネズエラ湾に続く汽水湖。面積一・四万km²。周辺は油田地帯。

**マラカス【maracasスペイン】** リズム楽器。ラテンアメリカ音楽の主要楽器の一つ。マラカの実から作り、中に残った種子を振り鳴らす。通常二個を使うのでマラカスと複数でいう。↓写

●マラカス

**マラゲーニャ【malagueñaスペイン】** スペインのマラガ地方の民謡・舞曲。三拍子系のリズムでギターが伴奏する。即興演奏をともなったカデンツァに特徴。

**マラケシュ【Marrakech】** 北アフリカ、モロッコ中部のオアシスにある商業都市。一一世紀に建設された隊商の要地。人口四四万(一九八二)。

**マラジョー-とう【マラジョー島】**(Ilha de Marajó) ブラジル北部、アマゾン川の河口の三角州にある島。面積四万km²。牛の放牧が行われる。人口一七・九万(一九八〇)。

**マラスキーノ【maraschinoイタリア】** リキュールの一種。マラスカというサクランボで作る。無色、甘口、チェリーの香りが強烈。アルコール分三五%。

**マラソン【Malathon】** 有機燐系の殺虫剤。低毒性で残留毒性が少なく、速効性でイネのウンカ・ツマグロヨコバイに特効。

**マラソン【marathon】** ①陸上競技、競走種目の一つ。四二・一九五kmを走る長距離レース。古代ギリシア人が、アテネの北東四〇kmのマラトンでペルシアの大軍に大勝したときの故事にちなみ、近代オリンピックの種目として設けられた。②長距離競走・耐久競技などの俗称。③ものごとを長い時間を費やして行うこと。④↓マラトン

**マラッカ【Melaka】** マレーシア、マレー半島西岸、マラッカ川河口にある都市。マレー人の独立王国の発生地。ポルトガル・オランダ・イギリスなどの植民地支配下の港町として推移したが、ピナンやシンガポールの発展につれて衰微。人口八・八万(一九八〇)。

**マラッカ-かいきょう【マラッカ海峡】**(Strait of Malacca) 東南アジア、マレー半島とスマトラ島間の海峡。古来戦略的要地。中東から日本への送油ルートの一つ。幅六〇〜五〇〇km。

**マラトン【Marathón】** ギリシア中東部、アテネの北東にある村。紀元前四九〇年、アテネ軍がペルシアの大軍を撃破した古戦場。マラソン競技の由来地。人口二〇〇〇(一九七一)。マラソン。

**マラトン-の-たたかい【マラトンの戦い】** ペルシア戦争中の紀元前四九〇年、アテネ北方のマラトンでアテネ軍がペルシア軍を撃破した戦い。戦勝を報じるため、アテネまで走り続け絶命した勇士にちなんでマラソン競技がおこった。Battle of Marathon

**マラニャン【Maranhão】** ブラジル北東部の州。州都サンルイス。大西洋沿岸は塩田が多く、漁業もさかん。人口四五二・五万(一九八四)。

**マラニョン【Gregorio Marañón】**(一八八七〜一九六〇) スペインの医学者・批評家。ドン=ファン、エル=グレコらについて犀利な心理主義的批評を試みた。

**マラニョン-がわ【マラニョン川】**(Río Marañon) 南アメリカ、アンデス山脈からペルー北部を流れるアマゾン川の源流の一つ。長さ一三〇〇km。

**マラバル-かいがん【マラバル海岸】**(Malabar Coast) インド半島南西部、西ガーツ山脈西岸の海岸。長さ九〇〇km。貿易港カリカットがある。

**マラパルテ【Curzio Malaparte】**(一八九八〜一九五七) イタリアの小説家・ジャーナリスト。ファシズム体制につらなりながらそれを批判した。小説『カプート』『皮』など。

**マラボ【Malabo】** アフリカ中部、赤道ギニアの首都。ギニア湾東部にあるビオコ島北岸の港湾都市で、コーヒー・カカオ豆を輸出する。人口一万(一九八六)。旧称サンタイサベル。

**マラマッド【Bernard Malamud】**(一九一四〜八六) アメリカの小説家。ユダヤ人の生活を同情とユーモアをもって描く。作品『アシスタント』『修理屋』、短編集『魔法の樽』など。

**マラヤ-れんぽう【マラヤ連邦】**(the Federation of Malaya) 一九六三年マレーシアの成立にさいし、その中心となった、マレー半島南部の国家。

**マラリア【malaria】** マラリア原虫の感染によって起こる伝染病。ハマダラカが媒介。熱帯や亜熱帯地方に多い。悪寒戦慄と高熱が主症状。

**マラリア-げんちゅう【マラリア原虫】** マラリアの病原体で、胞子虫綱の原生動物。ハマダラカが媒介し、人体内では赤血球に寄生。

**マラルメ【Stéphane Mallarmé】**(一八四二〜九八) フランスの詩人。象徴派の師と仰がれた。詩を純粋な理想世界の表象とし、厳密な方法論のもとに交響楽的な詩作品を生む。詩『エロディヤード』『半獣神の午後』、散文集『ディバガシオン』、散文詩『骰子一擲』など。

**マラン【Malang】** インドネシア、ジャワ島東部、スメルー火山西麓の保養都市。標高三八〇m。古代王朝の遺跡も多い。人口五一・二万(一九八〇)。

**マランタ【Marantaラテン】** クズウコン科の常緑多年草。熱帯各地で観賞用に栽培される。高さ一五〜三〇cm。葉は長楕円形で暗緑色、美しい斑様をもつ。モンヨウショウ。↓写

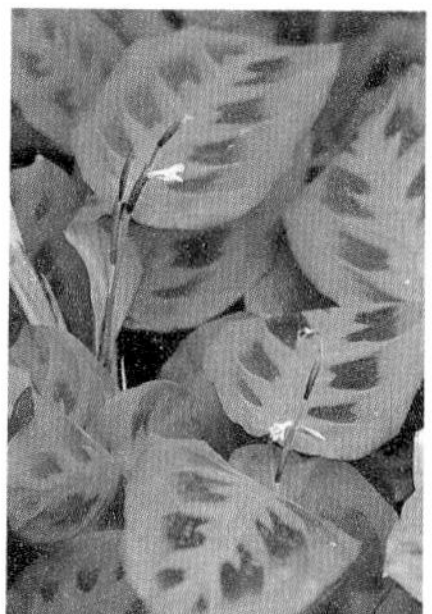
●マランタ

**まり【▾鞠・▾毬】** ①スポーツや遊びに用いる球状の用具。皮革・糸布・プラスチック製などがある。ball ②蹴鞠に用いる鞠。ball

**マリ【John Middleton Murry】**(一八八九〜一九五七) イギリスの文芸批評家。ロマン主義を主張。著書『キーツとシェークスピア』など。

**マリア【Maria】** 聖母マリア。イエス=キリストの母。紀元前後の人。大工ヨセフと婚約中、聖霊によって受胎し処女のままイエスを産んだという。サンタ=マリア。

**マリア-あざみ【マリア▾薊】** オオアザミの別名。聖母マリアがこの草のとげに刺され、もっていた乳を葉にこぼした跡が、乳白色の斑となったという伝説による。

**マリア-かんのん【マリア観音】** 江戸幕府によるキリシタン禁制時代、聖母マリアに擬して信徒がひそかに拝んだ白磁の観音像。

**マリアッチ【mariachiスペイン】** おもに郷土的ポピュラー音楽を演奏するメキシコ独特の楽団の名称。編成は大小四種ほどのギターとほぼ同数のバイオリン、トランペット一、二本。

**マリア-テレジア【Maria Theresia】**(一七一七〜八〇) オーストリア女帝(在位一七四〇〜八〇)。継承したハプスブルク家領のうち、オーストリア継承戦争でシュレジアを失ったが、夫フランツ一世の神聖ローマ皇帝位を確保。七年戦争を誘発して失地回復を図ったが失敗。農奴解放、行政・軍備の整備など内政改革に尽力し、典型的啓蒙専制君主とされる。マリー=アントワネットはその娘。マリア=テレサ。↓写

●マリア=テレジア

**マリアナ-かいこう【マリアナ海溝】**(the Mariana Trench) マリアナ諸島の東側に沿って弧状に張り出した海溝。長さ二五五〇km、幅七〇km。地球上の最深点ビチャジ海淵(一万一〇三四m)がある。

**マリアナ-しょとう【マリアナ諸島】**(Mariana Islands) 太平洋西部、ミクロネシア北部に連なる諸島。サイパン・グアムなど一五の島からなる。一九七八年、グアムを除き、北マリアナ連邦として自治政府を結成。面積一〇一八km²。

**マリアのくび【マリアの首】** 田中千禾夫の戯曲。昭和三四年(一九五九)初演。原爆投下の長崎を舞台に、幻想と現実の交錯する中に女の原罪を追求する詩劇。被爆した主人公らが浦上天主堂からマリアの首を盗む。

**マリアルーズごう-じけん【マリアルーズ号事件】** 明治初期、中国(=清)の苦力売買に関する外交事件。明治五年(一八七二)横浜寄港中のペルー船マリアルーズ号に乗せられていた苦力が逃亡、英国軍艦に救助を求めた。日本で裁判となり苦力の釈放・本国送還を裁定。ペルーとの外交問題に発展したが、ロシアの仲裁で日本の主張が認められた。

**マリー-アントワネット【Marie Antoinette】**(一七五五〜九三) フランス王ルイ一六世の妃。マリア=テレジアの娘。一七七〇年結婚。華美

▾常用漢字表外。 ▿常用漢字表の音訓外。

●マリー=アントワネット

で奢侈を好み世の非難をあびた。フランス革命で、反革命の中心となり、国外脱出を図って失敗。反逆罪でギロチンにより処刑。↓写

**マリー-クワント**【Mary Quant】（一九三四〜）イギリスの服飾デザイナー。ロンドン生まれ。一九六四年、ミニスカートを発表。

**マリー-ゴールド**【marigold】キク科センジュギク属の総称。春まき一年草。初夏から秋まで咲く。花壇・鉢植え用。アフリカ種・フレンチ種をはじめ品種は多い。↓写

●マリーゴールド

**マリー-ド-フランス**【Marie de France】（生没年未詳）一二世紀フランスの女流詩人。心理洞察にすぐれる。作品『寓話詩』など。

**マリーナ**【marina】ヨットやモーターボートの寄港地を中心とする水辺施設。多くは、レストハウスや別荘などがある。

**マリーニ**【Marino Marini】（一九〇一〜八〇）イタリアの彫刻家。エトルリアの伝統と現代性を融合し、とくに騎士・馬の像が多い。

**マリーノ**【Giovanni Battista Marino】（一五六九〜一六二五）イタリアの詩人。バロック期を代表し、その名を採った詩風マリニズモの創始者。長編詩『アドーネ』など。

**マリー-バード-ランド**【Marie Byrd Land】南極大陸の西経一〇〇〜一五〇度付近の地域。一九二九年アメリカ隊が探検。

**マリウス**【Gaius Marius】（BC一五七〜BC八六）古代ローマの将軍・政治家。ユグルタ戦争、外敵の撃退に功をあげ、コンスルに就任すること七度。軍制を改革し募兵制を創始。スラと対立し、その一派を粛清したが、間もなく病死。

**まり-うた**【鞠歌】子どもが鞠を突いて遊ぶときに歌う歌。手鞠歌。

**マリ-おうこく**【マリ王国】ニジェール川上流にあったマンディンゴ族による中世アフリカの王国。トンブクトゥーを中心とする中央集権的国家体制をしき、西スーダンの大半を支配したが、一七世紀半ばソグー王国に滅ぼされた。Mali Empire

**マリオネット**【marionette フランス】人形の手足につけた糸を上方からあやつって動かす人形、およびそれを使った人形劇。日本の糸操りなど。あやつり人形。

**まり-か**【茉莉花】マツリカの別名。

**マリガン**【Gerry Mulligan】（一九二七〜）アメリカのジャズ-バリトンサックス奏者・編曲者。一九五二年以来第一線で活躍。

**マリ-きょうわこく**【マリ共和国】（Republic of Mali）西アフリカ、サハラ砂漠西部の内陸国。首都バマコ。一九六〇年フランスからセネガルとともにマリ連邦として独立、同年分離。南部はニジェール川流域で灌漑農業が行われる。主産物は綿花・落花生や家畜。面積一二四万$km^2$。人口八四四万（一九八六）。

**マリケン**【Robert Sanderson Mulliken】（一八九六〜一九八六）アメリカの化学者。分子の化学的結合および電子的構造の基礎研究に貢献。一九六六年ノーベル化学賞受賞。

**マリ-じちきょうわこく**【マリ自治共和国】（Maryskaya ASSR）ソ連中西部、ボルガ川中流左岸、ロシア連邦共和国に属する自治共和国。首都ヨシカルオラ。面積二・三万$km^2$。人口七二・二万（一九八四）。正称マリ自治ソビエト社会主義共和国。

**まりし-てん**【摩利支天】インドの神で、陽炎を神格化したもの。三面六臂ないし八臂の天女形で表され、日本では武士の守護神とされた。

**マリタン**【Jacques Maritain】（一八八二〜一九七三）フランスの新スコラ学派の哲学者。プリンストン大教授。著書『形而上学序論』。

**まり-つき**【鞠突き】鞠をついてする遊び。すわったままで数多くつく、地面に着かないうちに身体を一回転させる、脚の間をくぐらせるなど。鞠遊び。鞠取り。お手鞠。ball bouncing

**マリナー-けいかく**【マリナー計画】アメリカの惑星探査計画の一つ。一九七四年までに一〇機の探査機が打ち上げられ、火星・金星・水星の観測を行った。Mariner project

**マリネ**【mariné フランス】魚・肉・野菜などを酢・ぶどう酒・油・香辛料などの漬け汁に漬けること。また、その料理。肉が柔らかくなり保存もきく。marinade

**マリネッティ**【Filippo Tommaso Marinetti】（一八七六〜一九四四）イタリアの詩人・劇作家・小説家。未来派の主導者。ヨーロッパ前衛芸術運動の端緒をひらいた。詩集『老いた水夫』、小説『未来主義者マファルカ』など。

**マリピエロ**【Gian Francesco Malipiero】（一八八二〜一九七三）イタリアの作曲家。二〇世紀初めの近代イタリア音楽復興期を代表。管弦楽『死の沈黙』、合唱曲『最後の晩餐』など。

**マリファナ**【marihuana】インド大麻の葉や花穂を乾燥してつくる麻薬。吸煙すると、精神興奮とともに感覚が鋭敏になる。大麻取締法で使用禁止。

**マリボー**【Pierre de Marivaux】（一六八八〜一七六三）フランスの劇作家・小説家。恋愛心理喜劇の第一人者。戯曲『愛と偶然の戯れ』、小説『マリアンヌの生涯』など。

**まり-も**【毬藻】㊀緑藻類シオグサ科の淡水藻。密に分岐する糸状体が水流による回転のためにからみあって球形となる。水深一〜二mの湖底に見られる。昼間浮上することもある。阿寒湖のものは特別天然記念物。㊁アイヌの民俗に取材した初の日ソ合作のバレエ作品。石井歓の音楽に、メッセレルとワルラーモフが振り付け。昭和三七年（一九六二）初演。↓写

●マリモ㊀

**まりも-まつり**【まりも祭（り）】北海道阿寒湖畔で一〇月八〜一〇日に行われるアイヌ民族の祭り。昭和二五年（一九五〇）神の化身とされるマリモを絶滅から救うため始める。

**ま-りょく**【魔力】①魔法の力。magic ②人を迷わす、怪しい力。charm

**マリョルカ-とう**【マリョルカ島】（Mallorca）→マヨルカとう（マヨルカ島）

**マリン**【John Marin】（一八七〇〜一九五三）アメリカの画家。水彩画にすぐれる。ダイナミックな作品が多い。

**マリン-スノー**【marine snow】《上方からのプランクトンの死骸などが、照明で降雪のように見えることから》深海における沈降中の有機物質。海雪。

**マリンバ**【marimba】打楽器。木琴の音板の下に共鳴管をもつ楽器。木琴より音が柔らかく音量がある。起源はアフリカ。

**マリン-ビーフ**《marineは、海の・海浜の、の意》魚肉から水と脂を除いた人工肉の通称。イワシ・タラなどが原料。水にもどすと五倍にふくらむ。

**マリン-ブルー**《和製語》緑がかった濃い青。藍染めの船員服からきた名称。紺青。ultramarine

**マリン-ルック**《和製語》水兵服に似た服装。セーラールック。ミディルック。

**まる**【丸】㊀（名）①球形。また、その形のもの。sphere 比較 円。②完全。全部。まるごと。entire 用例 ―のまま。③城の内部。用例 ―の内。④句点。「。」のこと。⑤答案などで、正解またはよくできたしるし。○印。circle 用例 二重―。⑥《俗語》骨つきのどじょう。㊁（接頭）完全、全部、まるごとの意を表す。whole 用例 ―一年。―暗記。㊂（接尾）《「麻呂」の転》人名や馬・船・名剣などの名に添える語。用例 牛若―。

**まる**【円】①円形。また、その形のもの。circle 比較 丸。②《隠語》銭。金銭。③《方言》甲羅が円形のところから》関西で、すっぽん。

**ま・る**【放る】古語（四他）排出する。大小便をする。用例 燕の―・りおける古糞を（竹取）。

**マル**【Louis Malle】（一九三二〜）フランスの映画監督。ヌーベルバーグの代表的作家の一人。作品『死刑台のエレベーター』『恋人たち』『私生活』など。

**まる-あき**【丸明き】まったくあいていること。がらあき。almost empty

**まる-あげ**【丸揚（げ）】（名・サ変他）切らずにまるごと揚げ物にすること。また、揚げた物。fry whole

**まる-あらい**【丸洗い】（名・サ変他）①和服を解かずに、そのまま洗うこと。wash whole 対義 解き洗い。②よごれた部分だけを洗う部分洗いに対し、全体を洗うこと。

**まるい**【（株）丸井】日本最大手の月賦販売を主とする百貨店。昭和一二年（一九三七）設立。

**まる・い**【丸い】（形）＝まろい。①球形をしている。round 用例 ―ボール。からだを―・くする。②角がない。円満である。穏やかだ。mild 用例 事件を―・くおさめる。③太っている。ふっくらしている。plump 用例 ―あご。派生 まるさ（名）まるみ（名）

**丸い卵も切り様で四角**（まるいたまごもきりようでしかく）物事は、扱い方いかんによって、円満におさまることもあれば角立つこともある。

**丸く納まる**（まるくおさまる）物事が、円満に解決される。be settled amicably 用例 けんかが―。

**丸くなる**（まるくなる）角がとれて、穏やかな人がらになる。mellow 用例 人間が―。

**まる・い**【円い】（形）円形をしている。round 用例 ―月。派生 まるさ（名）まるみ（名）

**まるいけ-おんせん**【丸池温泉】長野県北東部、志賀高原にある温泉。スキー場として有名。

**まる-うち**【丸打ち】ひもを、断面がまるくなるように編むこと。そのひも。

**まる-えり**【丸襟】①首の回りに円形にめぐらした襟あきの総称。ラウンドネック。round neck ②襟先が丸い形をしたものの総称。ラウンドカラー。round collar ③和服で、丸幅で仕立てた羽織の襟。

**まる-えり**【盤領】↓ばんりょう（盤領）

**まるおか**【丸岡】〈町〉福井県北東部の町。織物業がさかんで、細幅織物が有名。旧城下町で、丸岡城天守閣は重要文化財。人口二万七六五三（一九八八）。

**まる-おび**【丸帯】模様を全体に織り出した礼装用の女帯。帯芯を入れて仕立てる。近年袋帯が代用されてすたれる傾向。広帯。

**まる-がお**【丸顔・円顔】まるい形の顔。round face

**まる-がかえ**【丸抱え】①芸者の生活費を、雇い主が全部持つこと。対義 自前。②生活費や資金の全部を提供すること。

**まる-がち**【丸勝ち】全勝。対義 丸負け。

**まるがめ**【丸亀】〈市〉香川県西部、瀬戸内海に臨む市。旧城下町で、古くは金刀比羅宮への参詣客の上陸地。丸亀平野の商業中心地で、繊維・化学などの工業も発達。武士の内職に始まった「うちわ」の製造は全国一。人口七万四八九八（一九八八）。

**まる-がり**【丸刈（り）】頭髪全体をごく短く刈ること。また、その頭。close-cropped hair; crew cut

**まる-き**【丸木】切り倒したままの木。log

**マルキーズ-しょとう**【マルキーズ諸島】（Îles Marquises）↓マルケサスしょとう（マルケサス諸島）

**まるき-いり**【丸木位里】（一九〇一〜）日本画家。広島県生まれ。夫人の俊子とともに『原爆の図』一五部作を共同制作。

**マルキシスト**【Marxist】マルクス主義者。なまって、マルキスト。

**マルキシズム**【Marxism】マルクス主義。

**マルキスト**【Marxist】マルクス主義者。



↓行き先項目、図版・写真参照印。 JIS 日本工業規格情報交換用漢字符号コード（区点コード）。

**まるき-ばし【丸木橋】** 一本の太い丸木をかけた橋。log bridge

**まるき-ぶね【丸木舟】** 丸木をえぐってつくった舟。canoe

**まる-きり【丸切り】**(副)《多く、下に打ち消しの語をともなって用いる》まったく。全然。まるっきり。not at all 〔用例〕—駄目だ。—打てない。

**まる-きんかん【丸金▼柑】** ミカン科の常緑低木。中国原産。キンカンのなかで、もっとも古く日本に渡来した。果皮に甘味があり、香りが高い。酸味が強い。

**マルク【Mark(ドイツ)】** ドイツ連邦共和国とドイツ民主共和国の通貨単位。ふつう、前者を「西ドイツマルク」、後者を「東ドイツマルク」とよび、それぞれ、記号DM、OMで示す。

**マルク【Franz Marc】**(一八八〇〜一九一六) ドイツ表現主義の画家。カンディンスキーらと「青騎士」を結成。動物を主題とし、単純化した形態と強烈な色彩によるリズミカルな表現で独自の作風を開く。作品『青い馬の塔』など。↓〔写〕

●マルク 『赤い鹿』。一九一二年、ノイエ-ピナコテーク(西ドイツ)。

**マルクーゼ【Herbert Marcuse】**(一八九八〜一九七九) アメリカの哲学者。ドイツ生まれのユダヤ人。アメリカに亡命してカリフォルニア大教授。マルクスとフロイトの理論を踏まえて高度産業社会における人間疎外論を唱えた。著書『理性と革命』ほか。

**まる-ぐけ【丸▼絎け】** ①女性の礼装用の太くて丸い帯締め。羽二重・綸子などで中に真綿を堅く詰めて作る。七五三の女児の祝い着・花嫁の白無垢・喪服などのとき用いる。②丸くくけること。また、そのもの。

**マルクシズム【Marxism】** ↓マルクスしゅぎ(マルクス主義)

**マルク-しょとう【マルク諸島】**(Maluku Islands) インドネシア東部、スラウェシ島とニューギニア島の間にある諸島。香料・コプラ・林産物などを生産。モルッカ諸島。香料諸島。

**マルクス【Karl Heinrich Marx】**(一八一八〜一八八三) ドイツの哲学者・経済学者・革命家。エンゲルスとともに『ドイツイデオロギー』などによるヘーゲル左派批判を通じて史的唯物論を確立し、『共産党宣言』を起草。一八六四年第一インターナショナル創設を主導。革命運動のかたわら経済学の研究をつづけ、主著『資本論』の完成につとめた。↓〔写〕

●マルクス

**マルクス-アウレリウス【Marcus Aurelius Antoninus】**(一二一〜一八〇) ローマ皇帝(在位一六一〜一八〇)。五賢帝の一人。ゲルマンなど周辺諸族との戦闘に終始。ストア派哲学者として『自省録』を著した。↓ローマ美術〔写〕

**マルクス-けいざいがく【マルクス経済学】** マルクスが主著『資本論』を中心につくった経済学の体系。社会主義運動の理論的基礎となり、エンゲルスをはじめヒルファーディングやレーニンらによって展開された。Marxian economics

**マルクス-しゅぎ【マルクス主義】** マルクスとエンゲルスによって樹立された、史的唯物論・弁証法的唯物論、資本主義の批判的分析とそこから導かれる社会主義・共産主義理論および革命理論の体系。Marxism

**マルクスしゅぎてき-びがく【マルクス主義的美学】** 唯物史観に基づく美学思想で、芸術について社会主義リアリズム・上部構造論・芸術的真としての美の形式などを説く。Marxist aesthetics

**マルクス-レーニン-しゅぎ【マルクス-レーニン主義】** レーニンにより継承・展開されたマルクス主義の革命理論。帝国主義段階における正統的なマルクス主義理論とされてきたが、社会主義運動の多様化にともない種々の評価がなされている。レーニン主義。ボリシェビズム。Marxism-Leninism

**まる-くび【丸首】** 襟あきが、丸くなっているもの。round neck 〔用例〕—シャツ。

**マルグリット【Victor Margueritte】**(一八六六〜一九四二) フランスの小説家。兄ポール Paul(一八六〇〜一九一八)と『一時代』などを合作ののち一人で創作。『ガルソンヌ』は話題を呼んだ。

**マルグリット-ド-ナバール【Marguerite de Navarre】**(一四九二〜一五四九) フランスの女流小説家。国王フランソワ一世の姉。人文主義・福音主義の発展に尽力した。短編集『エプタメロン』、宗教的叙情詩や聖史劇など。

**マルグレーテ【Margrete】**(一三五三〜一四一二) デンマーク・ノルウェーの女王(在位一三八七〜一四一二)。デンマーク王バルデマール四世の娘。ノルウェー王ホーコン六世と結婚し、一三七五年父の死後デンマークで、八〇年夫の死後ノルウェーでオーラフの摂政となり、八七年オーラフの死後両国の女王となる。八七年スウェーデン王アルベルトを破り、カルマルの会盟を結成して三王国を統一、スウェーデン女王(在位一三八九〜一四一二)をも兼ねた。

**マルケ【Marche】** イタリア中部、アペニン山脈東麓、アドリア海に臨む州。州都アンコーナ。人口一四二・六万(一九八五)。レーマルケ。

**マルケ【Albert Marquet】**(一八七五〜一九四七) フランスの画家。フォービスムの運動に参加。のち温雅な画風で水のある風景を描く。作品『ポン-ヌフ』『海辺の謝肉祭』など。↓〔写〕

**マルケサス-しょとう【マルケサス諸島】**(Marquesas Islands) 太平洋南東部、ポリネシア東部の火山島群。フランス領の六群島と六小島からなる。マルキーズ諸島。

**まる-こ【丸子】** ランチュウの別名。

**まるこ【丸子】**〈町〉 長野県中部の町。千曲川の支流依田川流域の中心で、紡績・電子機器などの工業と薬用ニンジンの栽培がさかん。内村温泉郷がある。人口二万五七一七(一九八八)。

**マルコ【Mârkos(ギリシア)】** 『新約聖書』中の人物。パウロの第一回伝道旅行の助手として同行したが、途中で落伍。のちに、ローマでペテロの助手として働く。『マルコによる福音書』の著者という。ヘブル名でヨハネともよばれる。Mark

**まる-こう【丸公】** ①公定価格を示す記号。㊇ ②公定価格。

**マルコーニ【Guglielmo Marconi】**(一八七四〜一九三七) イタリアの電気技術者・発明家。ヘルツの電磁波を利用した無線電信装置を発明。一九〇九年ノーベル物理学賞受賞。

**まる-ごし【丸腰】** ①腰に刀を帯びていないこと。②まったく武器・軍備を持たないこと。無防備。unarmed

**マルコス【Ferdinand Edralin Marcos】**(一九一七〜一九八九) フィリピンの政治家。一九六五年から大統領。七二年戒厳令を布告して独裁体制を確立。八六年二月の政変でアメリカに亡命。

**マルコ-でん【マルコ伝】** ↓マルコによるふくいんしょ(マルコによる福音書)

**まる-ごと【丸ごと】**(副) そのまま。そっくり。whole 〔用例〕—かじる。

**マルコによるふくいんしょ【マルコによる福音書】**(The Gospel According to Mark) 『新約聖書』中最古の福音書。他の福音書の基礎資料となる。著者はヨハネ=マルコ。六〇〜七〇年ごろ、ローマのキリスト教徒のために書かれた。マルコ伝。

●マルケ 『フェカンの海岸』。一九〇六年、パリ国立近代美術館。

**マルコ-ふくいんしょ【マルコ福音書】** ↓マルコによるふくいんしょ(マルコによる福音書)

**マルコフニコフ-そく【マルコフニコフ則】** 炭素間の二重結合にハロゲン化水素を付加させるとき、その水素は、より多くの水素が結合している方の炭素に結合するという法則。Markovnikov's rule

**マルコ-ポーロ【Marco Polo】**(一二五四〜一三二四) イタリアの旅行家。ベネチアの人。一二七一年父・叔父とともに東方へ向け出発。中央アジアを経て一二七五年元の大都(=北京)に至り、フビライに謁見。元朝に仕えて中国各地を旅行。九二年海路帰国の途につき、九五年ベネチアに帰着。のちジェノバの捕虜となり、獄中で口述した『東方見聞録』は大きな影響を与えた。

**まる-ざい【丸材】** 皮をはいだだけの丸い木材。log 〔対義〕角材。

**マルサス【Thomas Robert Malthus】**(一七六六〜一八三四) イギリスの古典派経済学者。有効需要論・過少消費説の提唱者。過剰人口を貧困の原因とした。主著『人口論』。

**マルサス-しゅぎ【マルサス主義】** マルサスが主著『人口論』で主張した人口抑制理論と、それを支持する立場。食糧は算術級数的に、人口は幾何級数的に増加するため、貧困は不可避であるとし、解決策として晩婚と禁欲を提唱する。Malthusianism

**まる・し【丸し・円し】**〔古語〕(形ク) ↓まるい(丸い)↓まるい(円い)

**まる-シー【丸C】**《Cは、copyrightの頭文字》万国著作権条約によって、著作権が保護されることを示すマーク。©。

**マルシャーク【Samuil Yakovlevich Marshak】**(一八八七〜一九六四) ソ連の児童文学者・詩人。科学作家イリーンの実兄。口承文芸を素材にした戯曲や詩が多い。児童劇『森は生きている』など。

**マルシャン【André Marchand】**(一九〇七〜) フランスの画家。キュビスム風の構成と強烈な色彩による風景・人物画を描く。タペストリーも制作。

**マルス【Mars(ラテン)】** ローマ神話の軍神。ユピテルとユノーの子。農耕の神でもある。ギリシア神話のアレスと同一。マース。

**まる-すぐり【丸酸▽塊】** セイヨウスグリの別名。

**まるせい-うんどう【マル生運動】** 昭和四四年(一九六九)から同四六年(一九七一)にかけて国鉄当局が行った生産性向上運動。不当労働行為として労働組合が反対運動を展開した。

**マルセイエーズ【La Marseillaise(フランス)】** ↓「ラ-マルセイエーズ」

**マルセイユ【Marseille】** フランス南東部、地中海に面した商工業都市、貿易港。ローヌ川の河口に近く、古代から重要な港。近郊の工業地域とともにマルセイユ大都市圏を形成。人口八七・九万(一九八二)。

**まるせっぷ【丸瀬布】**〈町〉 北海道北東部、湧別川中流域の町。林業を主とし、街路樹や庭木などの産地として知られる。人口二七七五(一九八八)。

**マルセル【Gabriel Marcel】**(一八八九〜一九七三) フランスの哲学者。キリスト教的実存主義の代表的人物。人間の実存の神秘を文学的表現で記述。著書『存在と所有』など。

**マルセル-せっけん【マルセル石▼鹸】** オリーブ油を主原料とした固形せっけん。良質のものはろう状の光沢をもつ。ウール・絹用の洗浄剤として用いられる。マルセイユ地方のオリーブ油が使用されたことからの名。Marseilles soap

**まるぜん【丸善(株)】** 洋書をはじめとする外国品の輸入販売および出版を営む会社。明治二年(一八六九)創業。

**マルソー【Marcel Marceau】**(一九二三〜) フランスのパントマイム俳優。ビップという典型を創造、パントマイムを現代化する。

**まる-ぞめ【丸染(め)】**(名・サ変他) 衣服をほどかないで、そのまま染めること。

**まる-ぞん【丸損】** すっかり損をすること。total loss 〔対義〕丸もうけ。

**まる-た【丸太】** ①枝と梢を取り払い、樹皮

をはいだだけの丸い材木。土木用・電柱用などに利用するほか、製材して木材とする。まるたんぼう。log ②比丘尼姿の売春婦の異名。prostitute ③ニゴイの異名。まるたうお。④ウグイの異名。

**マルタ【Malta】**(Republic of Malta) 地中海中央部にある、マルタ島などからなる共和国。首都バレッタ。古来地中海交通の要地。一九六四年イギリスから独立。麦類・果実・綿花が主産物。伝統的なレース・皮革・食品などの軽工業もある。面積三二〇km²。人口三八万(一九八六)。正称はマルタ共和国。

**マルターゼ【maltase】** 麦芽糖を二分子のブドウ糖に加水分解する消化酵素。ほとんどの生物に存在する。

**マルタ-きしだん【マルタ騎士団】** ヨーロッパ中世の宗教騎士団の一つ。一二世紀創設のヨハネ騎士団がエルサレムからロードス島に移り、さらに一五三〇年トルコ軍に攻められ、マルタ島へ移って以後の呼称。ナポレオンに占領されるまで所領を維持した。Military Order of Malta

**まる-だし【丸出し】** すっかり出すこと。むき出し。fully exposed [用例]田舎者―。

**マルタ-とう【マルタ島】**(Malta) 地中海中央部、モールティーズ諸島の主島。マルタ共和国領で、同国の首都バレッタがある。面積二二五〇km²。農業・漁業が主だが、観光収入も多い。人口三二万(一九八五)。

**まる-たにし【丸田▼螺】** タニシ科の淡水の巻き貝。水田・河川にすむ。殻高約六cm、殻径約四cm。殻は暗褐色か緑褐色。日本各地・朝鮮半島に分布。食用。

**マルタン【Frank Martin】**(一八九〇〜一九七四) スイスの作曲家。十二音技法を経て、ラベルの系統をひく和声と無調性的半音階主義の総合を示す。オラトリオ『魔の酒』、『小協奏的交響曲』など。

**マルタン-デュ-ガール【Roger Martin du Gard】**(一八八一〜一九五八) フランスの小説家。二〇世紀最大のリアリストの一人。大河小説『チボー家の人々』で有名。一九三七年ノーベル文学賞受賞。小説『ジャン＝バロア』、戯曲『ルルー爺さんの遺言』など。

**まるたん-ぼう【丸太ん棒】** ↓まるた(丸太)

**マルチ【multi】**(接頭) 多くの、さまざまの、複数の、などの意を表す。

**マルチーニ【Martini】** ↓マルティーニ

**マルチ-しょうほう【マルチ商法】** 連鎖販売取引。販売員が一定の保証金を積んで商品販売にあたるが、その販売員が他の販売員を勧誘すると保証金の一部または全部が勧誘した販売員の収入となる方式。法律で規制される。multilevel marketing system

**マルチ-スクリーン【multi-screen】** 複数の映写機で、複数のスクリーンにいくつもの映

●マルティーニ『受胎告知』(部分)。一三三三年、ウフィッツィ美術館(イタリア)。

像を映写する方式。音響の多元構成、光源の多角化、映写角度の拡大などをふくむ。

**マルチストロボスコープ【multistroboscope】** マルチストロボ装置の通称。等時間間隔で発光する照明装置をもち、一回の発光継続時間はおよそ一〇万分の一秒。

**マルチナショナル-エンタープライズ【multinational enterprise】** 多国籍企業。

**マルチ-にんげん【マルチ人間】**《俗語》なんでもできる人。器用者。

**マルチプル-こうこく【マルチプル広告】** 多ページ広告。新聞・雑誌などに数ページにわたって掲載される広告。multiple advertising

**マルチプログラミング【multiprogramming】** コンピューターシステム全体の利用率を高めるため、時間の割り付けによっていくつかのプログラムを同時に実行する技術。同時並行処理・リアルタイムシステムに用いられる。多重プログラミング。

**マルチョイ**《multiple choice method の略》用意された、いくつかの答えの中から、正しいものを選び出させるテストの方法。多肢選択法。

**マルチング【mulching】** 植物の根元の土壌表面を、わらやプラスチックフィルムなどでおおうこと。水分蒸発の抑制、土のはね上がりの防止など。

**まるっ-きり【丸っ切り】**(副) まったく。全然。まるきり。quite; not at all [用例]― 駄目だ。― いけない。

**まる-づけ【丸漬(け)】**(名・サ変他) 切らないで、そのまま漬けること。また、漬けたもの。[用例]ナスの―。

**まるっ-こ・い【丸っこい】**(形) 丸い。丸みがある。roundish

**まる-つぶれ【丸▼潰れ】** すっかりつぶれること。全壊。completely ruined [対義]半壊。[用例]面目が―だ。

**まる-で【丸で】**(副) ①すべて。まったく。すっかり。quite [用例]― なっていない。― 違う。②《「まるで…のよう」の形で》ちょうど。as if [用例]― 目に見えるようだ。

**マルティ【José Julián Martí】**(一八五三〜一八九五) キューバの詩人。キューバ革命の使徒といわれる。若くして独立運動に参加。政府軍と戦って戦死。詩集『イスマエリーリョ』など。

**マルティアリス【Mārcus Valērius Mārtiālis】**(四〇ごろ〜一〇四ごろ) ローマの風刺詩人。スペイン生まれ。寸鉄人を刺す警句を吐いた。作品『風刺詩』は『世相人情風刺詩集』ともよばれる。

**マルティーニ【Simone Martini】**(一二八四ごろ〜一三四四) イタリアの画家。シエナ派。幻想的雰囲気や甘い情緒の漂う曲線や色彩による画風を確立。のちアビニョン画派(国際ゴシック様式)を形成。作品『荘厳の聖母』『受胎告知』など。↓[写]

**マルティニーク-とう【マルティニーク島】**(Martinique) 西インド諸島南東部、小アンティル諸島中ウィンドワード諸島北部の火山島。中心都市フォールドフランス。フランス領。面積一一〇〇km²。人口三三・七万(一九八二)。

**マルディブ【Maldives】** ↓モルジブ

**マルティンソン【Harry Martinson】**(一九〇四〜一九七八) スウェーデンの小説家・詩人。一九七四年ノーベル文学賞受賞。小説『いらくさの花が咲く』、詩集『アニヤーラ』など。

**マルテのしゅき【マルテの手記】**《原題 Die Aufzeichnungen des Malte Laurids Brigge ドイツ》リルケの小説。一九一〇年刊。パリに住む貧しい芸術家マルテが、日々の生活や少年時代の回想などを記す。

**マル-デル-プラタ【Mar del Plata】** アルゼンチン東部、大西洋岸の港湾・観光都市。同国有数の漁業基地。人口四〇・七万(一九八〇)。

**マルテンサイト【martensite】** 鋼の焼き入れで生じる組織の一つ。炭素が過飽和に溶けこんでいる。強磁性で鋼の中でもっとも硬いが、もろい。

**まる-てんじょう【丸天井】** ①半球形につくった天井。ドーム。dome ②大空。青空。sky

**マルドゥク【Marduk】** バビロンの主神。本来は嵐の神だが、大地の神エンリル(ベル)と合体され、ベール＝マルドゥクとなり、以後バビロニアの最高神。

**マルトース【maltose】** ↓ばくがとう(麦芽糖)

**まるとび-むし【丸跳虫】** 無翅類トビムシ目に属する原始的な微小昆虫の総称。体長一〜二mm。頭部に触覚がある。腹部は丸くふくれ、付属肢の変化したものがついており、とくに腹端のものは跳躍に使われる。朽ち木・落ち葉の下などにすむが、水面をとびはねる種類

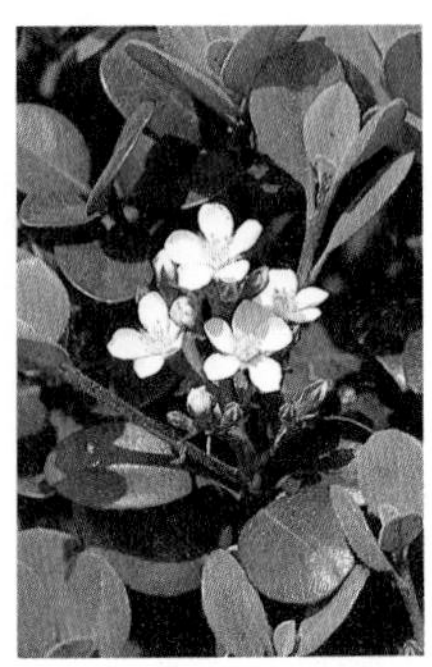

●マルバシャリンバイ

や菜類を食害する種類もある。

**まる-どり【丸取り】**(名・サ変他) 全部取ること。

**マルドリュス【Victor Mardrus】**(一八六八〜一九四九) フランスの東洋学者。『アラビアン＝ナイト』『コーラン』の仏訳など。

**マルドロールのうた【マルドロールの歌】**《原題 Les chants de Maldoror フランス》ロートレアモンの散文詩集。全六編。一八六八〜六九年に書かれ、シュールレアリスムの先駆的作品とされる。

**マルトンヌ【Emmanuel de Martonne】**(一八七三〜一九五五) フランスの地理学者。地理学の諸分野をまとめ、とくに地形学に業績を残した。著書『自然地理学概論』『中部ヨーロッパ』など。

**マルヌ-がわ【マルヌ川】**(La Marne) フランス北東部、ラングル高地からパリ盆地東部を経て、パリ南東でセーヌ川に合流する川。長さ五三〇km。

**まる-ぬま【丸沼】** 群馬県北東部にある堰止め湖。面積〇・四五km²。日光白根山の溶岩でできたもので、日光国立公園の一部。丸沼温泉がある。

**まる-ね【丸寝】**(名・サ変自) 衣服を着替えずに、そのまま寝ること。まろね。

**まる-の-うち【丸の内】** ①城郭の本丸の内。②東京都千代田区、皇居東方一帯のビジネス街。かつては大名の藩邸が多く、明治初期は軍用地。東京駅完成後は丸ビルなどが建設されビル街に変容。企業の本社が集中。

**まる-のみ【丸▼呑み】**(名・サ変他) ①かまずに、そのまま飲むこと。swallow whole ②無条件に受け入れること。③内容がわからないまま覚えること。うのみ。cram

**まるば-あさがお【丸葉朝顔】** ヒルガオ科の一年草。茎はつる性で左巻き。葉は円形で分裂せず、葉腋にロート形の花が咲く。古くから観賞用に栽培されたが、現在は野生化している。

**まるば-かえで【丸葉▼楓】** ヒトツバカエデの別名。

**まるば-さつき【丸葉▼皐月】** ツツジ科の常緑低木。海岸から標高六〇〇m付近にみられる。高さ約一・五m。葉は円形に近く厚い。花色は淡紫色。九州南端から吐噶喇列島に分布。

**まるばし-ちゅうや【丸橋忠▼弥】**(?〜一六五一) 江戸初期の武士。出羽の人。槍術の達人で江戸に道場を開くが、慶安四年(一六五一)由井正雪の倒幕計画に加わり発覚(慶安の乱)、捕らえられて処刑。

**まるば-しゃりんばい【丸葉車輪梅】** バラ科の常緑低木。海岸にはえる。広楕円形、革質の葉が枝先に車輪状に集まる。晩春、白色五弁のウメに似た花が咲く。庭木、街路樹。↓[写]

**まるば-だいおう【丸葉大黄】** タデ科の多年草。ダイオウのように葉身の深裂はみられない。若い根出葉は食用・薬用。シベリア原産。

**まる-はだか【丸裸】** ①体に衣服などをまったくつけていないこと。すっぱだか。まっぱだか。stark-naked ②少しも財産のないこと。lose all one' property [用例]戦災で―になる。

**まる-はち【丸八】** 山のひらけた斜面に群生するヘゴ科の木性シダ。茎は柱状で高さ約五mに達する。葉は大形の羽状分裂。落葉後、幹に丸の中に八の字に似た跡が残る。小笠原諸島特産。

**まる-ばつ【丸ばつ】** 丸とばつ。「〇(＝正しい)」のしると「×(＝正しくない)」のしるし。[用例]― 式のテスト。

**まるはな-ばち【円花▼蜂・丸花▼蜂】** 社会生活をするミツバチ科のハチ。体長約二cm。体は丸みがある。花粉を媒介する虫として重要。日本全土に分布。bumblebee ↓[図]

●マルハナバチ　トラマルハナバチ

**まるば-にっけい【丸葉肉▼桂】** クスノキ科の常緑高木。ニッケイに似るが、葉が倒卵形で先は丸く、葉裏に細毛を密生。鹿児島・沖縄に分布。コウチニッケイ。

**まるば-の-き【丸葉の木】** マンサク科の落葉低木。葉は長柄心円形、秋に、美しく紅葉。暗紅色の五弁花が咲く。

**まる-はば【丸幅】** 織ったままの布の幅。

**まるば-はぎ【丸葉▼萩】** マメ科の落葉低木。葉は三出複葉で、小葉は楕円形。秋に短い総状花序を出し、紅紫色の蝶形の花が咲く。

**マルピーギ【Marcello Malpighi】**(一六二八〜一六九四) イタリアの解剖学者。顕微鏡観察を通してカイコを研究し、昆虫にも人体同様の複雑な構造があることを示した。著書『マルピーギ全集』。

**マルピーギ-かん【マルピーギ管】** 節足動



↓行き先項目、図版・写真参照印。　JIS 日本工業規格情報交換用漢字符号コード(区点コード)。

物の昆虫類などにみられる排出器。体腔内に分布して老廃物を集め排出する。Malpighian tubule

**マルビナス-しょとう**【マルビナス諸島】(Islas Malvinas) ↓フォークランドしょとう(フォークランド諸島)

**まるべに**【丸紅(株)】日本の四大総合商社の一つ。芙蓉グループの中心。昭和二四年(一九四九)設立。

**まる-ぼうず**【丸坊主】①毛が一本もない、はげ頭。bald head ②坊主頭の形になること。clean-shaven head ③木のない山のこと。坊主山。bald mountain

**まる-ぼし**【丸干し】(名・サ変他) 魚・ダイコンなどを、もとの形のままに、まるごと干すこと。また、干した物。dry whole; things dried whole

**まる-ぽちゃ**【丸ぽちゃ】(名・形動)《俗語》丸顔で、あいきょうのあること・さま。plump

**まる-ぼり**【丸彫(り)】一本の木、一個の石などから全体を立体的に彫り出すこと。また、その彫刻。

**まる-ほん**【丸本】①全部そろっている本。完本。対義 端本。②義太夫節浄瑠璃本の俗称。浄瑠璃台本がまるまる収めてある。院本。正本。③歌舞伎で、人形浄瑠璃に由来する演目の原本。この丸本によるものを「丸本物」「丸本歌舞伎」と称する。

**まる-まけ**【丸負け】全敗。対義 丸勝ち。

**まる-まげ**【丸▼髷】日本髪の一つ。楕円形のやや平たい髷をつけた髪型。既婚女性の代表的な髪型。年をとるにつれて小さく結う。↓図

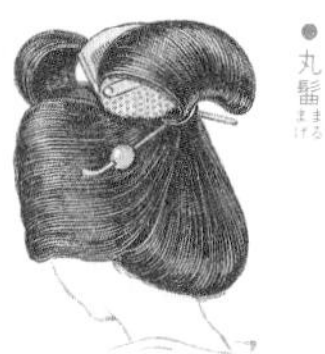

●丸髷

**まるまっ-ちい**【丸まっちい】(形)《俗語。「まるまるしい」の転》小柄で丸い。

**まる-まど**【丸窓・円窓】円形につくってある窓。round window

**まるまどより**【円窓より】平塚らいてうの評論感想集。大正二年(一九一三)刊。婦人解放運動の草創期に「新しい女」の出現を導いた文章を収める。

**マルマラ-かい**【マルマラ海】(Marmara Denizi) トルコ北西部、ヨーロッパとアジアの間にある海域。北はボスポラス海峡により黒海に、西はダーダネルス海峡によりエーゲ海と結ばれる。面積一・一万$km^2$。

**まる-まる**【丸丸】㊀(名) ①二重丸。double circle ②〇印が二つ続くこと。③伏せ字のしるし。不明または秘密の事柄を表すときに用いる。㊂(副) ①よく太っているさま。plump ②そっくり。全部。entirely 用例 ―食べ残す。

**まる-ま・る**【丸まる】(五自) 丸くなる。curl up

**まる-み**【丸み・円み】まるいようす・感じ。roundness

**まる-みえ**【丸見え】すっかり見えること。be 【in full view

**マルミット**【marmite フランス】煮込み料理に用いられる両手つきの深なべ。オーブンに使える耐熱製の土なべ。小さな土なべに入ったスープや煮込み料理をさすこともある。

**まるみみ-ぞう**【丸耳象】アフリカゾウの小形の一亜種。体高二・〇～二・五m。耳が小さくて丸い。西アフリカに分布。コビトゾウ。forest elephant

**まる-むぎ**【丸麦】押しつぶしたりしていない丸いままの麦。対義 おし麦・わり麦・平麦。

**マルメ**【Malmö】スウェーデン南西部、スンダ海峡に臨む港湾都市。中世以来の港で、交通・商工業の中心地。人口二三万(一九八九)。

**まるめ-こ・む**【丸め込む】(五他) ①丸めて中に入れる。wad up ②人を自分の思うようにてなずける。cajole

**まる・める**【丸める】(下一他) ＝まろめる。①丸くする。round ②人を思うように操る。丸め込む。cajole ③頭をそる。shave one's head 用例 頭を―。

**マルメロ**【marmelo ポルトガル】バラ科の落葉小高木。高さ五～八m。葉は卵形。花は白・薄紅で五弁。果実は西洋ナシ形か球形、橙黄色で熟すと芳香があり、食用・薬用。諏訪地方ではカリンとよぶ。↓写

●マルメロ

**まる-もうけ**【丸▼儲け】(名・サ変自) ぜんぶ利益になること。clear profit 対義 丸損。

**まる-もの**【丸物・円物】①全部完全にそろったもの。complete set 対義 端物。②《裏表がそろっているところから》小袖。③《形が丸いところから》金銭。④円形の的。bull's-eye ⑤歌舞伎の大道具で、立ち木など立体的に作ったもの。対義 平物。

**まるもり**【丸森】〈町〉宮城県南端、阿武隈川に沿う町。舟運の要地として発展。町の七〇%以上が阿武隈高地の山間地で、農林業が主。工業化も進む。人口二万四一五(一九八八)。

**マルモル**【José Mármol】(一八一七〜七一) アルゼンチンの詩人・小説家。政治小説『アマリア』、長詩『巡礼者の歌』など。

**まる-やき**【丸焼(き)】魚や鳥などをまるごと焼くこと。また、焼いたもの。roast whole 用例 イカの―。

**まる-やけ**【丸焼け】火事で残らず焼けてしまうこと。全焼。be burned down 対義 半焼け。

**まるや-さいいち**【丸▽谷才一】(一九二五) 小説家。山形県生まれ。東大卒。明確な方法意識と周到な構成で現代社会を描く。小説『年の残り』『たった一人の反乱』、評論『後鳥羽院』『忠臣蔵とは何か』など。

**まるやま**【丸山】〈町〉千葉県南西部、館山市北隣の町。乳牛試験場のある酪農の町で、日本の酪農発祥の地ともいわれる。人口六三二〇一(一九八八)。

**まるやま-おうきょ**【円山応挙】(一七三三〜九五) 江戸中期の画家。丹波の人。円山四条派の祖。狩野派や西洋画法を学ぶ。宋元院体画などの描法を加味し、写生主義をかかげ、平明温雅な装飾画様式を形成。作品『淀川両岸図巻』『雨竹風竹図屏風』など。↓写

**まるやま-かおる**【丸山薫】(一八九九〜一九七四) 詩人。大分県生まれ。東大中退。主知的な叙情詩人として、物象の心象的把握に特色を示す。詩集『帆・ランプ・鷗』『幼年』『仙境』など。

**まるやま-こうえん**【円山公園】北海道札幌市街西郊、円山の近くの公園。周囲をおおう原始林は天然記念物。動物園・スキー場などがある。

**まるやま-こうえん**【円山公園】京都市東部、東山山麓にある公園。八坂神社・知恩院などに囲まれ、祇園の夜桜で知られる桜の名所。

**まるやま-さだお**【丸山定▽夫】(一九〇一〜四五) 新劇俳優。愛媛県生まれ。築地小劇場第一回研究生。性格俳優として評価された。苦楽座を結成。広島公演中、原爆死。

**まるやま-しじょうは**【円山四条派】写生主義に立脚した装飾画風を得意とし、江戸後期の京都画壇を風靡した流派。円山応挙を始祖とする円山派と、呉春に始まる四条派とを合わせた呼称。円山派に長沢蘆雪・駒井源琦・山口素絢、四条派に松村景文・岡本豊彦ら。四条円山派。京派。

**まるやま-どうぶつえん**【円山動物園】北海道札幌市中央区の円山公園内にある市営の動物園。約二〇〇種の動物を飼育。昭和二六年(一九五一)設立。

**まるやま-は**【円山派】↓まるやましじょうは(円山四条派)

●円山応挙『淀川両岸図巻』(部分)。明和二年(一七六五)、アルカンシェール文化財団(東京都)。

**まるやま-まさお**【丸山▽真▽男】(一九一四) 政治学者。大阪生まれ。東大卒。東大教授。ファシズム・ナショナリズム研究に新生面を開くなどの業績をあげた。著書『日本政治思想史研究』『現代政治の思想と行動』など。

**まるやま-ワクチン**【丸山ワクチン】丸山千里日本医科大名誉教授がヒト型結核菌からつくった癌治療薬。現在、有償治験薬として使用中(一九九〇年末まで)。

**まる-ゆう**【マル優】《㊝の記号から》少額貯蓄非課税制度の通称。個人名義の小口預金などの利子や分配金に課税せず、一般の貯蓄を奨励した制度。昭和六二年(一九八七)度の税制改革によって、同六三年(一九八八)四月一日以降は、適用の対象者が、六五歳以上の老齢者・母子家庭・身体障害者等に限られた。

**マルリンスキー**【Aleksandr Marlinsky】ロシアの小説家ベストゥージェフの筆名。

**マルロー**【André Malraux】(一九〇一〜七六) フランスの小説家・芸術批評家・政治家。中国革命・スペイン戦争・対独レジスタンスに参加。戦後文化担当国務大臣など。小説『征服者』『人間の条件』『希望』、美術論『神々の変貌』など。

**まれ**【▼稀・▽希】(形動) ①多くないさま。rare; unusual ②めったにないさま。珍しいこと。scarce

**まれ** 古語(連語)《係助詞「も」に動詞「あり」の命令形の付いた「もあれ」の約》であっても。用例 きみといへば見―見ず―ふじのねの(古今・恋四)。

**マレ**【Male】インド洋北部、モルジブの首都。モルジブ諸島中部のマレ島に位置。商業の中心地。人口四・六万(一九八五)。

**マレイン-さん**【マレイン酸】化学式$(CHCOOH)_2$ フマル酸のシス異性体。無色の結晶。アルキド樹脂の原料。maleic acid

**マレー**【Malay】マレー半島南部の地域の総称。マライ。参照 マレー諸島。

**マレー**【David Murray】(一八三〇〜一九〇五) アメリカの教育家。文部省顧問として明治六年(一八七三)来日。学制の制定など日本の近代教育制度の確立に貢献した。

**マレーおき-かいせん**【マレー沖海戦】昭和一六年(一九四一)太平洋戦争開戦直後、日本海軍航空部隊と英国東洋艦隊のマレー半島沖での交戦。英戦艦を撃沈し、日本軍はインド洋・西南太平洋の制海権を確保。

**マレー-がわ**【マレー川】(River Murray) オーストラリアアルプスから中央低地南部を流れてインド洋に注ぐ川。長さ二六〇〇km。

**マレー-ぐま**【マレー▼熊】一見ツキノワグマに似るが、耳介がきわめて小さい黒いクマ。体長一・五m内外。吻は淡黄色、胸にV字形の白斑がある。森林にすみ、木登りが巧み。果実・昆虫・小獣などを食べる。マレー半島・スマトラ・ボルネオ島に分布。Malay bear

**マレーシア**【Malaysia】東南アジア、マレー半島南部とカリマンタン島北部からなる連邦国家。首都クアラルンプール。一九五七年イギリスから独立。マレー人・中国人・インド人などが混住するが、イスラム教が国教。天然ゴム・錫・石油・ボーキサイトの生産が多い。面積三三万$km^2$。人口一六一一万(一九八六)。

**マレー-しょとう**【マレー諸島】(Malay Archipelago) アジア大陸とオーストラリア大陸との間、マレーシア・インドネシア・フィリピンに属する諸島。大小スンダ列島・マルク諸島・フィリピン諸島など多数の島からなる。マライ諸島。東インド諸島。

**マレー-じん**【マレー人】マレー半島を中心にインドネシア全域の海岸部に住む人々。マレー人種。言語はマレー語。水稲耕作・漁労に従事。大部分がイスラム教徒。かつては王国を形成し海上交易にも活躍。Malay

**マレース**【Hans von Marées】(一八三七〜八七) ドイツの画家。イタリアに滞在、ルネサンスの絵画や彫刻に学び、静かで神秘的な画風をつくる。作品『浜辺の漁夫』など。

**マレー-はんとう**【マレー半島】(Malay Peninsula) 東南アジア、インドシナ半島の先端部に位置する半島。クラ地峡から南の部分をさす。マライ半島。

**まれ-まれ**【▼稀▼稀・▽希▽希】(副) ごくまれ

▼常用漢字表外。 ▽常用漢字表の音訓外。

に。たまたま。

**マレルブ**【François de Malherbe】(一五五五〜一六二八) フランスの詩人。厳正で規格的な詩を尊び、古典主義への道を開く。作品『詩集』『デポルト注解』など。

**マレンコフ**【Georgy Maksimilianovich Malenkov】(一九〇二〜一九八八) ソ連の政治家。共産党書記局員・政治局員をへて、スターリンの死後、一九五三〜五五年首相。一九五七年、党から追放された。

**まろ** 18画 【麿】 部首［麻］人名用 和製漢字 JIS 4391 ―― 18画【麿】旧字 和製漢字

↓まろ［麻呂・麿］

**まろ**【麻呂・麿】㊀古語(代) 男女の別、身分の上下なく、自分をいった語。用例 今は、―ぞ思ふべき人。ならとみ給ひそ(源氏・若紫)。㊁(接尾) 男の名、また動物や武具の名などに添える。用例 人―。翁―。

**マロ**【Clément Marot】(一四九六〜一五四四) フランスの詩人。軽妙洒脱な書簡詩・哀歌・寸鉄詩を残す。詩集『クレマンの若き日』など。

**マロ**【Hector Malot】(一八三〇〜一九〇七) フランスの小説家・評論家。写実的な作風。少年少女小説の古典『家なき子』で知られる。

**まろうど**【客・賓・客人】《古くは「まろうと」》客人。来客。

●マロニエ

**マロニエ**【marronnier フランス】 トチノキ科の落葉高木。地中海地方の原産。街路樹・庭園樹用。セイヨウトチノキ。ウマグリ。horse chestnut ↓写

**まろば・す**【転ばす】(五他) ころがす。ころばす。

**まろび-ね**【転び寝】 ごろ寝。うたた寝。nap

**まろ・ぶ**【転ぶ】(五自) ①ころがる。②ころぶ。倒れる。用例 こけつ―・びつ。

**まろ・める**【丸める】(下一他) ↓まるめる(丸める)

**まろ-や**【丸屋】 アシ・カヤなどで屋根をふいた仮小屋。かりほ。

**まろ-やか**【円やか】(形動) 形が丸いさま。おだやかなさま。円らか。round; smooth

**まろ-らか**【円らか】(形動) ↓まろやか(円やか)

**マロリー**【Thomas Malory】(一四〇〇ごろ〜一四七一) イギリスの作家。アーサー王伝説を翻訳・集大成した『アーサー王の死』の作者とされる。

**マロン-グラッセ**【marrons glacés フランス】 フランス菓子の一種。大粒のクリの皮をむき、ゆでてから、バニラの風味をきかせたシロップに漬け乾燥させる。

**マロン-さん**【マロン酸】 化学式 $CH_2(COOH)_2$ クロロ酢酸から合成される白色結晶。サトウダイコンやリンゴなどに含まれ、分析試薬・合成原料に利用。malonic acid

**マロンさん-ジエチル**【マロン酸ジエチル】 化学式 $CH_2(COOC_2H_5)_2$ 無色の液体。染料・医薬・香料などの有機合成中間体として重要。マロン酸エステル。

**まわき-いせき**【真脇遺跡】 石川県鳳至郡能都町で発掘された縄文時代前期から晩期に至る漁村集落地。環状にめぐらされた巨大な木柱址や大量のイルカの骨を出土。日本海側の特異な文化様式を実証した。

**まわし**【回し・廻し】 ①他へ移すこと。また、順に送ること。pass around 用例 ―読み。②相撲の力士が身につける競技用のふんどし。ふつうは木綿だが、大相撲で十両以上の力士は、正式な取り組みには絹製の繻子を用いる。締め込み。褌。③遊女がかけもちで客をとったこと。

**まわし-がね**【回し金】 旋盤において、主軸からの回転を工作物に伝えるために取り付ける工具。ケレ。ドッグ。dog

**まわし-ぎり**【回し切り】 料理で、ニンジンやゴボウなどの野菜を、回しながら斜めに切る切り方。煮物などに向く。↓図

**まわし-げり**【回し蹴り】 空手や拳法の技の一つ。腰を十分に回して足の甲、または、つま先で相手の頭部(=上段)・体幹部(=中段)・脚(=下段)を攻撃する方法。

**まわし-のみ**【回し飲み】(名・サ変他) 酒などの入った器を順次に回して飲むこと。take turns to drink from the same glass

**まわし-もの**【回し者】 スパイ。間者。spy

●回し切り

**まわ・す**【回す・廻す】(五他) ①円を描くように動かす。回転させる。turn 用例 ダイヤルを―。手を―。②順に送り渡す。pass 用例 読んだ本を次の人に―。③移す。transfer 用例 会計に―。④さし向ける。send 用例 車を―。⑤取り巻くようにする。enclose 用例 びょうぶを―。⑥そこまで及ぶようにする。行きわたらせる。pay attention to 用例 気を―。⑦金銭を運用する。invest one's money in 用例 年利八分で―。⑧《動詞の連用形に付いて》全体・一面に…する。用例 車を乗り―。

**ま-わた**【真綿】 くず繭を引きのばして作った綿。やわらかくて、軽く、保温力が大きい。防寒用衣類・紬織物用糸などに用いる。floss

**真綿で首を締める**(まわたでくびをしめる) 遠回しに、じわりじわりととがめ、いじめるたとえ。ruin gradually by indirect means

**真綿に針を包む**(まわたにはりをつつむ) 表面は優しいが、底意地の悪いたとえ。be a wolf in sheep's clothing

**まわり**【回り・廻り】 ㊀(名) ①回ること。turn 用例 ―をよくする。②行きわたること。広がること。spread 用例 火の―が早い。③回り道。roundabout way 用例 遠―。④見回ること・人。take a round 用例 夜―。㊁(助数) ①回る度数を数える語。用例 二―。②年齢で、一二年を一区切りとする数え方。用例 一―上の兄。㊂(接尾) そこを通ること・立ち寄ることを表す。用例 北極―ヨーロッパ便。

**まわり**【周り】 ㊀(名) 物事の外がわのあたり。周囲。surroundings 用例 月の―。㊁(助数) ものの周辺の大きさを比べるときの語。用例 一―大きい。

**まわり-あわせ**【回り合(わ)せ】 自然に回ってきた境遇。運命。めぐり合わせ。fate

**まわり-えん**【回り縁】 部屋・家・堂の外がわをめぐっている縁。

**まわり-くど・い**【回り諄い】(形) やり方などが遠回しで、めんどうである。roundabout 対義 手っとり早い。

**まわり-こ・む**【回り込む】(五自) 周囲をまわって入りこむ。go round to

**まわり-しょうぎ**【回り将棋】 将棋遊びの一種。将棋盤の隅の一枡を出発点に、盤の周囲を回る。金将四枚が振り駒、歩から始まって一周ごとに駒の位が上がり、早く王になると勝ち。振り将棋。

**まわり-ずみ**【回り炭】 千家茶道の七事式の一つ。まず亭主が炉の下火を揚げ、続いて正客から順に、交互に炭をつぎ替えていく。炉の季節に限られる。炭手前の修練が目的。

**まわり-どうろう**【回り灯籠】 中枠に絵の切り抜きを張り、外枠の紙・布に影絵が動いて映るようにしたとうろう。走馬灯。

**まわり-どお・い**【回り遠い】(形) ①遠回りである。②回りくどい。もどかしい。用例 ―話。

**まわり-ばな**【回り花】 千家茶道の七事式の一つ。亭主・客ともに、二重切り・三重切りなどの花入れに、花を順番にいけていく。茶花の稽古が目的。

**まわり-ばん**【回り番】 ①順々に受け持ちを交替すること。輪番。②見回りをする番。

**まわり-ぶたい**【回り舞台】 歌舞伎で考案された舞台機構。舞台中央を円形に切り、回転させて場面転換を行う。revolving stage ↓歌舞伎図

**まわり-まわって**【回り回って】(連語) ↓めぐりめぐって(巡り巡って)

**まわり-みち**【回り道】 遠回りになる道。roundabout way 対義 近道。

**まわり-もち**【回り持ち】 順々に受け持つこと。by turns

**まわり-ろうか**【回り廊下】 部屋と部屋の間の廊下。

**まわ・る**【回る・廻る】(五自) ①円を描くように動く。めぐる。turn 用例 風車が―。②順々に歩く。わたる。pass around 用例 得意先を―。杯が―。③別のところに移る。用例 敵に―。反対側に―。④行き渡る。take effect 用例 酒が―。毒が―。⑤十分に働く。attend to 用例 気が―。手が―・らない。⑥回り道をする。途中で立ち寄る。go around 用例 友人の所へ―。⑦利を生む。bear interests 用例 一割に―。⑧めまいがする。feel dizzy 用例 目が―。⑨ある時刻が過ぎる。be past 用例 九時を―。⑩《動詞の連用形に付いて》その辺りを…する。用例 探し―。

**回れ右**(まわれみぎ) ①右回りで後ろを向くこと。また、後ろ向きの姿勢をとること。主として号令で用いる。about-face ②物事の進行を、それまでの方向から転じること。また、元にもどることや後退すること。turn back

**マン** 3画【万】 部首［一］ 教育小3→教育小2 JIS 4392 ―― 12画【萬】部首［艹］旧字 JIS 7263

音 **マン・バン**

万 万 万

①よろず。千の一〇倍。用例 (名)―をもって数える。②はなはだおおい。沢山。「巨万・千万言」「万病」↓バン【万】

**万に一つも**(まんにひとつも) ①万あるうちの、一つだけでも。絶対に。if the worst comes to the worst 用例 ―そういうことがあってはならない。②ひょっとして。もしも。用例 ―あればいいほう。

**マン** 6画【卍】 部首［十］ JIS 5036

音 バン・マン

まんじ。昔、インドで瑞兆をしめす印。仏教で、仏・菩薩の像の胸にかき、吉祥・万徳のあつまるところとする。①仏書で用いる「万」の字。②仏教・寺院のシンボル。③まんじ形のもの。

**マン** 11画【曼】 部首［曰］ JIS 5056

音 バン・マン

①のびる。ながびく。②ながい。ひろい。「曼々」③うつくしい。つやつやした。きめこまかい。

**マン** 12画【満】 部首［氵］ 教育小4 JIS 4394 ―― 14画【滿】旧字 JIS 6264

音 **マン・バン**

訓 **みちる・みたす**

満 満 満 満 満

①みちる。一杯になる。みたす。「充満」「満員・満開」用例 (名)―を持す。②潮がみちる。対義 干。「満潮」③十分にたりる。ゆたか。「円満・不満・豊満」「満足」④満州(現在の中国東北地区)のこと。「北満」⑤生まれてからの実際の年月を用いる、年齢の数え方。まるまる。対義 足かけ・数え年。用例 (名)―で三歳になる。(接頭)―十歳。―五年五か月。

**満は損を招く**(まんはそんをまねく) 絶頂に達したものは次には衰える。

**満を持す**(まんをじす) =満を持して放たず。満を引く。①弓をいっぱいに引きしぼって、すぐ矢を射ることができる状態である。②じゅうぶん用意ができている。watch for an opportunity

**満を引く**(まんをひく) ①「満を持す」と同意。②酒・ビールをぐっと、一息に飲みほす。

**マン** 14画【嫚】 部首［女］

音 バン・マン

①あなどる。みくびる。ばかにする。②けがす。いやしめる。

**マン** 14画【幔】 部首［巾］ JIS 5479

音 バン・マン

①幕。ひき幕。とばり。「幔幕」②おおい。おおいの布。

**マン** 14画【蔓】 部首［艹］ JIS 4402

音 バン・マン

①つる。つるくさ。かずら。「蔓草」②のびる。ひろがる。はびこる。「蔓延」③まく。まきつく。からむ。

**マン** 14画【慢】 部首[忄]りっしんべん 常用 JIS 4393
音マン
①いばる。おごる。「高慢・自慢・増上慢」「慢心」②のびる。ながびく。対義 急。「慢性」③ゆるむ。ゆるい。ゆるやか。「緩慢」「慢々」④なまける。おこたる。「怠慢」

**マン** 14画【漫】 部首[氵]さんずい 常用 JIS 4401
音マン・バン
①ひろい。ながい。「漫々」②とりとめがない。みだりに。「散漫・冗漫・放漫」「漫談・漫筆」③そぞろに。あてがない。深いわけもない。「漫然・漫歩・漫遊」

**マン** 16画【▼瞞】 部首[目]めへん JIS 6654
音バン・マン・ボン・モン
だます。あざむく。いつわる。「欺瞞」「瞞着」

**マン** 17画【▼縵】 部首[糸]いとへん JIS 6960
音バン・マン
①模様のないきぬ。②ゆるむ。ゆるい。ゆるやか。③ぐずぐずして、きまらないさま。

**マン** 18画【▼懣】 部首[心]こころ JIS 5680
音モン・マン
もだえる。思いわずらう。なやみ苦しむ。「憤懣」

**マン** 18画【▼謾】 部首[言]ごんべん JIS 7584
音バン・マン
①だます。あざむく。いつわる。②あなどる。みくびる。ばかにする。③なまける。おこたる。

**マン** 18画【▼蹣】 部首[足]あしへん JIS 7710
音ハン・バン・マン
よろめく。よろける。ひょろつく。「蹣跚」

**マン** 19画【▼鏝】 部首[金]かねへん JIS 7924
音バン・マン
こて。壁・しっくいなどをぬる道具。

**マン** 20画【▼饅】 部首[食]しょくへん JIS 8129
音バン・マン
「饅頭」は、小麦粉をこね、餡をつつんで、むした菓子。

**マン** 21画【▼鬘】 部首[髟]かみかんむり JIS 8203
音バン・マン
かずら。かつら。①かみかざり。また、くびかざり。「華鬘」②かもじ。そえがみ。いれがみ。婦人の髪にそえる毛。③髪の毛で、さまざまの形につくった、かぶりもの。

**マン** 22画【▼鰻】 部首[魚]うおへん JIS 1723
音バン・マン
ウナギ。ウナギ目に属する魚。

**まん**【▽間】《「間」の転》しあわせ。運。用例 ――がいい。

**マン**【man】①人間。男子。②《接尾的》その職業などを表す。…に従事する人。用例 ビジネス――。スポーツ――。

**マン**【Heinrich Mann】(一八七一～一九五〇) ドイツの小説家。鋭い感性と風刺、文明批評が特色。トーマス=マンの兄。作品『ウンラート教授』『アンリ四世の青春』など。

**マン**【Herbie Mann】(一九三〇～) アメリカのジャズ-フルート奏者。民俗音楽を消化した新演奏スタイルで人気を得た。

**マン**【Thomas Mann】(一八七五～一九五五) ドイツの小説家。自然主義から一種象徴的な作風に移り、芸術と人生との乖離の主題を追求した。一九二九年ノーベル文学賞受賞。長編『ブッデンブローク家の人々』『魔の山』『ヨゼフとその兄弟』『ファウスト博士』、短編『トニオ=クレーゲル』『ベニスに死す』、評論集など。

**まんあんほう**【万安方】 鎌倉時代の代表的な医書。六二巻。嘉暦二年(一三二七)完成。梶原性全が漢文で著したもの。『聖済総録』などの宋医学を抄出し、自家の経験をもとに批判を加えた。

**まん-いち**【万一】㊀(名) ①一万分の一。②非常の場合。the worst 用例 ――に備える。㊁(副) もしかして。ひょっとして。万が一。万々一。by any chance 用例 ――困ったときは。

**まん-いん**【満員】①定員に達すること。no vacancy ②人がいっぱい入っていること。be full of people 用例 大入り――。

**まん-えつ**【満悦】(名・サ変自) 満足して喜ぶこと。satisfaction

**まんえん**【万延】 江戸末期の年号。安政から改元。元年(一八六〇)三月一八日～二年(一八六一)二月一九日。次に、文久に改元。

**まん-えん**【▼蔓延・▼蔓▼衍】(名・サ変自) 病気などがはびこり広がること。spread

**まんえん-けんべいしせつ**【万延遣米使節】 日米修好通商条約批准書交換のため万延元年(一八六〇)渡米した使節。正使は新見正興。このとき幕艦咸臨丸が随行し、日本人初の太平洋横断に成功。

**まん-が**【▽馬▼鍬】「まぐわ」の転。

**まん-が**【漫画】①いたずらがきの絵。②絵とふきだしの会話を主体にして、一枚ないし四こま、または長いこま数で描いたものの総称。風刺・諧謔・ナンセンスを主眼にした戯画・風刺画・カリカチュアから、物語性に比重をおいた劇画・コミックスまで、すべて含まれる。cartoon ③滑稽であること。用例 きみのへアスタイルは、まるで――だ。comics; cartoon

**まん-かい**【満会】 無尽・頼母子講などの会期が終了すること。

**まん-かい**【満開】(名) 花がすっかり咲くこと。花ざかり。full bloom

**まん-が-いち**【万が一】(名・副) 万一。

**まん-がく**【満額】 予定したり、要求したりした金額に達すること。その金額。full amount 用例 ――回答。

**マンガノ**【Silvana Mangano】(一九三〇～) イタリアの映画女優。主演作『にがい米』『アポロンの地獄』など。

**まん-かぶ**【満株】 株の申し込みが、募集した数になること。fully subscribed

**まん-かん**【満干】 みちひ。満潮と干潮。干満。ebb and flow

**まん-がん**【万巻】 多くの巻き物・書物。vast number of books

**まん-がん**【満貫・満款】 麻雀で、役満を除いた最高の得点。手役に比例させる得点が高くなりすぎないように決められた上限の点数。

**まん-がん**【満願】 願かけの日数がみちること。

**マンガン**【Mangan ドイ】 金属元素。記号Mn 原子番号二五。原子量五四・九。比重七・四二。赤みを帯びた灰色で、鉄より硬くもろい。製鋼用脱酸剤、鉄・銅・アルミニウムなどの合金用材料に使用。manganese

**マンガン-かんでんち**【マンガン乾電池】 乾電池の一つ。陰極を亜鉛板とし塩化アンモニウム-塩化亜鉛溶液を電解液とし、陽極を炭素棒で構成。減極剤に二酸化マンガンを用いる。安価で取り扱いが容易。もっとも広く使われている。manganese dry cell

**マンガン-こう**【マンガン鋼】 マンガンを含む合金鋼。マンガン含有量一%程度の低マンガン鋼は高張力鋼に、一一～一四%の高マンガン鋼は特殊レールなどの耐摩耗部品に使用。manganese steel

**まんかん-しょく**【満艦飾】 ①儀式などのとき、船を旗・電灯などでかざること。be fully dressed ②女が派手に着かざること。be all dressed up

**マンガン-だんかい**【マンガン団塊】 水深四〇〇〇～六〇〇〇mの深海底に存在する塊状の鉱物。マンガンと鉄の酸化物のほかに微量のニッケル・銅・コバルトなどを含む。manganese nodule

**まん-き**【満期】 契約などの一定期間が完全に終わること・日。maturity 用例 一〇年――。

**マンキウィッツ**【Joseph Leo Mankiewicz】(一九〇九～) アメリカの映画監督。作品『イブの総て』『裸足の伯爵夫人』など。

**まん-きつ**【満喫】(名・サ変他) ①じゅうぶん飲み食いすること。have one's fill of ②じゅうぶん味わうこと。たんのう。enjoy to the full

**まん-きん**【万金】 たくさんのお金。千金。a lot of money

**まん-きん**【万▼鈞】 たいへん重いこと。

**まん-ぎん**【漫吟】(名・サ変他) ①なんとなく詩・歌を口ずさむこと。②自分のつくった詩・歌をけんそんしていう語。

**まん-くう**【満▼腔】「まんこう」の誤読。

**マングース**【mongoose】 ジャコウネコ科の肉食獣。体長約三五cm。ヘビ・ネズミ類を好んで捕食。インドからアフリカに分布。↓写

●マングース

**マンクス-ねこ**【マンクス猫】 ネコの一品種。短毛で、尾がなく、前肢よりも後肢が長いので腰が高い。イギリスのマン島原産といわれる。Manx cat

**マングローブ**【mangroves】 熱帯や亜熱帯の内湾や河口付近の浅瀬にできる林。メヒルギ・オヒルギ・ヤエヤマヒルギなどからなり、気根や支柱根が発達し特有の景観を示す。紅樹林。↓写

●マングローブ

**まんげ-きょう**【万華鏡】 玩具の一つ。細長い三枚の平面鏡を管状に合わせて色紙片などを入れてのぞくと、きれいな模様が見えるもの。カレードスコープ。kaleidoscope

**まん-げつ**【満月】 欠けていない月。月齢一四前後。もちづき。full moon

**まん-げん**【万言】 多くのことば。thousands of words 用例 ――を費やす。

**まん-げん**【漫言】 思いつきでいい加減に言うことば。漫語。

**まんげん-こ**【万元戸】 中国で、年収が一万元(=三五万円。一九八九年現在)を超える農家。一九八二年以来の農業生産責任制の推進で、農家が魚や家禽の養殖・園芸など高利潤の副業に重点をおくようになって実現した。

**まん-ご**【漫語】↓まんげん(漫言)

**まん-こう**【満▼腔】 からだじゅう。全身。whole-hearted 用例 ――の謝意を表す。

**まん-ごう**【万▼劫】 非常に長い年月。永久。用例 ――末代。

**マンゴー**【mango】 ウルシ科の常緑果樹。高さ一〇～二〇m。果実は腎臓形で中に一個の大きな核があり、多汁。初夏に熟し、甘くて美味。南アジア原産。↓熱帯果実写

**まんごく-どおし**【万石通し・万石▼簁】 玄米ともみとをふるい分ける道具。千石どおし。万石。↓千石通し図

**マンゴスチン**【mangosteen】 熱帯産、オトギリソウ科の果樹。高さ約一〇m。果実は径四～七cmで球形。果皮は紫褐色で厚い。果肉は白く多汁で美味。「くだものの女王」といわれる。↓熱帯果実写

**まん-ざ**【満座】 その場にいる者全部。満場。whole audience 用例 ――興に入る。

**マンサール**【François Mansart】(一五九八～一六六六) フランスの建築家。中世以来のフランス邸宅の伝統とルネサンス様式を融合し、典雅で抑制されたフランス古典様式を完成。マンサード屋根(二段勾配の屋根で、腰折れ屋根ともいう)は、彼の名にちなむ。

**マンサール**【Jules Hardouin Mansart】(一六四六～一七〇八) フランスの建築家。フランソワ=マンサールの甥。ルイ一四世の宮廷建築家として、ベルサイユ宮殿などで膨大な工事を行った。雄大な構想と豊かな技巧を駆使し、フランス-バロックの代表的な一人。

**まん-さい**【満載】(名・サ変他) 車・船などに、人・荷物などをいっぱいのせること。また、新聞・雑誌などに記事・読み物などをたくさん掲載すること。fully loaded with; full of

**まん-ざい**【万歳】 ①万年。永い年月。②正月におどけた歌や舞を演じる門付け芸人。烏帽子素襖姿の太夫と才蔵が一組みとなって巡演する。三河・尾張万歳が有名。

**まん-ざい**【漫才】 二人一組みとなって滑稽な対話をする寄席演芸。とぼけた才蔵役をぼけ、常識人としての太夫役を突っ込みといい、これをコンビの基本パターンとして笑いをつくる。

**まんざいきょうかしゅう**【万載狂歌集】 江戸後期の狂歌集。天明三年(一七八三)刊。二冊。四方赤良・朱楽菅江編。当時勃興した天明調狂歌のほか、天明以前のものなど約七〇〇首を収める。

▼常用漢字表外。 ▽常用漢字表の音訓外。

**まんざ-おんせん【万座温泉】** 群馬県北西部、嬬恋村の温泉。草津白根山の西麓にあり、標高一八〇〇mで日本有数の高地温泉。スキー場としても知られる。

**まん-さく【満作】** ①穀物がよく実ること。豊作。good crop ②マンサク科の落葉小高木。山地にはえる。葉は菱形状楕円形。春先に、葉に先だって黄色四弁の花が咲く。庭木や生け花用。↓写

●マンサク② シナマンサク

**まんさく-おどり【満作踊(り)】** 関東地方の農村に伝わる民俗芸能。村の青年によって、「豊年満作」などの手踊りや芝居が行われる。小念仏。あめ屋踊り。

**まん-ざら【満更】**(副)《下に打ち消しをともなって》必ずしも。まったく。not altogether

**満更でもない**(まんざらでもない) 悪いということもない。まあまあよい。not altogether displeasing

**まん-さん【蹣跚】**(形動トタル) よろめき歩くさま。用例 酔歩――。

**まん-ざん【満山】** ①山の全体。②寺全体。寺の僧全部。

**まん-じ【卍・卐字・万字】** ①古代インドで、吉祥のしるし。ビシュヌ神の胸の旋毛に由来し、仏教では仏の胸や手足に現れる瑞相を表す。②仏教・寺院のシンボル。③卍のような形。swastika ④紋所の名。卍をかたどったもの。超能力や魔除けなどの意味がある。↓図

**まんじ【万治】** 江戸初期の年号。明暦から改元。元年(一六五八)七月二三日～四年(一六六〇)四月二五日。次に、寛文に改元。

●卍④ 五つ割り卍 陰卍丸

**マンシーニ【Henry Mancini】**(一九二四) アメリカの作曲家・編曲者・指揮者。モダンな感覚とムード音楽に定評。映画音楽『ムーン-リバー』など。

**まん-しつ【満室】** 旅館・ホテル・アパートなどで、すべてのへやがふさがること。no vacancies

**まんじ-ともえ【卍巴】** 入り乱れること・さま。まんじどもえ。jumbled together; in disorder

**まん-しゃ【満車】** 駐車場などが、自動車でいっぱいになって、あきがないこと。be full

**まんじゅ【万寿】** 平安中期の年号。治安から改元。元年(一〇二四)七月一三日～五年(一〇二八)七月二五日。次に、長元に改元。

**まん-じゅ【満珠】** 海に投げ入れると潮を満ちさせる呪力があるという伝説上の珠。対義 干珠。

**まんしゅう【満州・満洲】** ①中国東北部一帯の旧地域名。黒竜江省・吉林省・遼寧省などの総称。②満州国の略称。

**まん-じゅう【饅頭】**《「じゅう」は、頭の唐音》小麦粉などの粉をこね、餡や肉・野菜などの具を包んで蒸した食べ物。皮にはふくらし粉・甘酒・山の芋などを入れる。

**まんしゅう-いみん【満州移民】** 満州(現在の中国東北部)への日本の農業移民。昭和六年(一九三一)の満州事変以後、満州国の中核となすべく国策として農業移民を推進。

**まんじゅう-がい【饅頭貝】** 浅海の砂底にすむタマガイ科の巻き貝。殻高約三cm、濃褐色。殻は扁平な円形で厚い。紀伊半島以南に分布。

**まんじゅう-がさ【饅頭笠】** かぶり笠の一種。饅頭を横に平たく切ったような丸く浅い形の笠。籐・菅・竹などで作る。古くは、おもに女性用。↓図

●饅頭笠

**まんじゅう-がに【饅頭蟹】** オウギガニ科マンジュウガニ属のカニの総称。甲は楕円形で甲幅五～一〇cm。海産で有毒種もある。房総半島以南に分布。

**まんしゅう-ご【満州語】** 満州族の言語。アルタイ諸語のツングース諸語に属する。現在は、中国の新疆ウイグル自治区などで使用。Manchu

**まんしゅう-こく【満州国・満洲国】** 日本が中国東北部に建てた傀儡国家。昭和七年(一九三二)清朝の廃帝溥儀を執政に迎えて建国。首都を新京(=長春)に定めた。同九年以降帝政となり、同二〇年(一九四五)日本の敗戦で消滅。

**まんじゅうこわい【饅頭怖い】** 落語の題名。饅頭がこわいという男に、意地悪をしようといろいろな饅頭を買ってくると、これが計略で、「こわい」といいながら全部食べてしまうはなし。

**まんしゅう-じへん【満州事変】** 昭和六年(一九三一)九月一八日、柳条湖事件に始まる日本の満州侵略戦争。この結果、満州国を建国。さらに日中戦争へ発展。

**まんしゅう-ぞく【満州族】** 中国東北部(満州)に居住したツングース族系の種族。中国史上、粛慎・挹婁・勿吉・靺鞨・高句麗・女真などと称された。Manchu

**まんしゅう-もじ【満州文字】** 満州族が満州語の表記に用いた文字。蒙古文字を基本として、清の太祖が制定し、太宗が改良したもの。縦書きで左から右へ書く。清の国字であったが、現在は新疆ウイグル自治区の錫伯族の間でだけ使われている。Manchu script

**まんしゅうり【満洲里】** 中国、黒竜江省の西部にある都市。ソ連との国境近くにあり、軍事・交通の重要地点。マンチョウリ。

**まんじゅ-さん【万寿山】** 中国、北京の北西郊にある景勝地。清朝の離宮を改修した頤和園は公園として市民に開放されている。ワンショウシャン。

**まんじゅしゃげ【曼珠沙華】** ①《仏教語。mañjūsaka梵の音写》天上に咲くとされる架空の白い花。②ヒガンバナの別名。

**まん-じょう【満場】** その場にいる人全部。満堂。the whole house 用例 ――一致。

**マンション【mansion】** ①大邸宅。②《転じて》賃貸や分譲の中高層共同住宅の呼称。

**まんじり**(副) ちょっと眠るさま。うとうとするさま。

**まんじりともしない** 心配ごとなどのために、一睡もしない。do not sleep a wink

**まん-しん【満身】** からだ全部。全身。

**まん-しん【慢心】**(名・サ変自) 自分を偉いと思うこと・気持ち。うぬぼれ。conceit

**まんしん-そうい【満身創痍】** からだじゅう傷だらけであること。have wounds all over one's body

**まん-すい【満水】**(名・サ変自) ①水がいっぱいになること。filled to the brim with water ②湖やダムの水が増して岸すれすれになること。be full up

**マンズー【Giacomo Manzù】**(一九〇八) イタリアの彫刻家。現代的な写実表現による聖職者のブロンズ像が多い。作品『枢機卿』など。

**まん-すじ【万筋】** 縞柄の一種。千筋よりさらに細かく、濃淡に縦糸二本ずつの縦縞。

**マンスフィールド【Katherine Mansfield】**(一八八八～一九二三) イギリスの女流小説家。日常生活の出来事を精妙な筆致で印象的に描く短編小説を書きつづけた。短編集『幸福』『園遊会』など。

**マンスリー【monthly】** 月刊。月刊雑誌。比較 ウイークリー・クオータリー・デーリー。

**マンスリー-レビュー【Monthly Review】** アメリカの急進的左翼雑誌。社会主義の立場から内外諸問題をあつかい、国際的評価を得る。ヒューバーマンとスウィージーが一九四九年創刊。

**まん・ずる【慢ずる】**(サ変自) 自慢する。慢心する。慢ず。be conceited

**まん-せい【蔓生】** 茎がつるになっていること。つるだち。

**まん-せい【慢性】** 経過が長引いて、なかなか治らない病気の状態。chronic 対義 急性。

**まんせい-かんえん【慢性肝炎】** 肝炎のうち、急性にくらべて経過が長く、肝細胞に病理組織学的な変化が認められるもの。chronic hepatitis

**まんせい-しっかん【慢性疾患】** 徐々に発病し、長い経過をたどる病気。厚生大臣が定める慢性疾患は、アレルギー性疾患・胃炎・慢性腸炎・胃十二指腸潰瘍・肝硬変・血液造血器疾患・結核・高血圧症・循環器疾患・腎炎・膵炎・臓器の悪性新生物・中枢神経疾患・糖尿病・内分泌疾患・乳児栄養障害・妊娠中毒症など。chronic disease

**まんせい-すいえん【慢性膵炎】** 膵臓の細胞が破壊または消失したために線維が増殖し、炎症性細胞の浸潤・膵管狭窄や拡張、結石形成などがみられる病気。原因の多くはアルコールの過飲。chronic pancreatitis

**まん-せき【満席】** 劇場や乗り物の座席がすべて、客でふさがること。

**マンセル【Albert Henry Munsell】**(一八五八～一九一八) アメリカの色彩研究家。マンセル色彩体系を完成。死後マンセル標準色票が出版された。

**まん-ぜん【漫然】**(形動トタル) ①とりとめのないさま。散漫。aimlessly 用例 ――と並ぶ。②ぼんやりして不注意なさま。漠然。vaguely 用例 ――と眺める。

**マンゾーニ【Alessandro Manzoni】**(一七八五～一八七三) イタリアの小説家・劇作家。ロマン主義の代表者。イタリア国家統一の精神的支柱の役割を果たした。歴史小説『婚約者』、悲劇『カルマニョーラ伯爵』など。

**まん-ぞく【満足】** 一(名・形動・サ変自) ①みちたりて不平のないこと・さま。satisfaction 用例 現状に――している。②十分であること・さま。sufficiency 用例 ――に字も書けない。五体――。二(名・サ変他) 数学で、方程式の未知数に適当な数値を与え、等式が成立すること。to satisfy 用例 次の方程式を――するxの値を求めよ。

**マンタ【manta】** イトマキエイの別名。

**まん-だい【万鯛】** アカマンボウ科の海水魚。体は平べったい楕円形で、ひれは赤く、体は青紫色に白斑を散らした模様がある。体長約二m。マンボウとは縁遠い。外洋の表層から中層にすむ。食用。太平洋・インド洋・大西洋に分布。アカマンボウ。↓図

●マンダイ

**まんだら【曼荼羅・曼陀羅】**《仏教語。maṇḍala梵の音写。本質を有するもの、の意》密教で、仏の悟りの世界を表現するために、多くの仏や菩薩などを体系的に描いた図。

**まんだらげ【曼陀羅華】** ①《仏教語。māndārava梵の音写で、天妙華などと訳す》天上に咲くという芳香を放つ白い花。諸仏出現の際などに、法悦の表示として天から降るとされる。②白いはすの花。③チョウセンアサガオの別名。

**マンダリン【mandarin】** ①辛亥革命以前の中国の官人・高等官。②中国原産の柑橘類。果実は橙から黄色で、香りが良く甘みがある。

**マンダレー【Mandalay】** ビルマ中央部、イラワジ川左岸の古都。一九世紀まで旧ビルマ王国の首都。絹織物、銀細工などの伝統手工芸工業がさかん。人口四五・八万(一九七七)。

**まん-だん【漫談】**(名・サ変自) ①とりとめのない話。また、それをすること。雑談。②大衆演芸の一種。一人で滑稽な口調で社会・世相を風刺する話芸。

**マンチェスター【Manchester】** イギリス中西部、ランカシャー地方の大工業都市。産業革命以後、綿工業の中心地。人口四五・一万(一九八五)。

**マンチェスター-がくは【マンチェスター学派】** 一九世紀前半のイギリスで自由貿易を主張した経済学者のグループ。古典派経済学の経済的自由主義に立つ。コブデンやブライトらが指導し一八三九年反穀物法同盟を結成。Manchester school

**マンチェスター-シップ-うんが【マンチェスターシップ運河】**(Manchester Ship Canal) イギリス中西部、マージー川河口からマンチェスターに至る運河。長さ六〇km。一八九四年完成。

**まん-ちゃく【瞞着】**(名・サ変他) だますこと。ごまかすこと。deception

**まん-ちゅういん【満中陰】**《仏教語》人の死後四九日目に当たる日。

**まん-ちょう【満潮】** 潮の満ち干につれて海

面が上がり下がりするとき、海面がもっとも上がりつめた状態。高潮。みちしお。high tide; full tide; flood tide 対義 干潮。

**まんちょうほう【万朝報】**↓よろずちょうほう(万朝報)

**マンチョウリ【満洲里】**(Mănzhōulĭ)↓まんしゅうり(満洲里)

**マン-ツー-マン【man-to-man】**一人に一人が対応すること。用例 ―方式の教育。

**マンツーマン-ディフェンス【man-to-man defense】**バスケットボールやサッカーなどで、各プレーヤーが相手チームの個々のプレーヤーを分担してマークし、その動きを封じる戦法。比較 ゾーンディフェンス。

**マンディアルグ【André Pieyre de Mandiargues】**(一九〇九〜)フランスの詩人・小説家。シュールレアリスムの影響下に出発。特異な幻想小説を書く。小説『黒い美術館』『余白の街』など。

**まんてい-おうが【万亭応賀】**(一八一八〜九〇)江戸末期・明治の戯作者。本名、服部孝三郎。江戸の人。戯作『釈迦八相倭文庫』など。

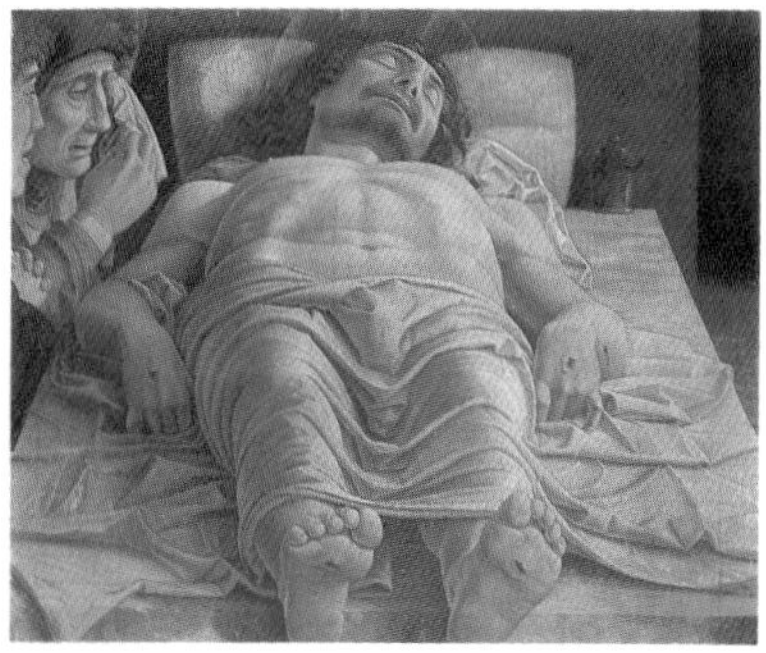

●マンテーニャ 『死せるキリスト』。一四八〇年、ブレラ美術館(イタリア)。

**マンテーニャ【Andrea Mantegna】**(一四三一〜一五〇六)イタリアの画家。北イタリアのルネサンス様式を代表。きびしい描写力、豊かな色彩とやわらかな形態による独自の画風を示す。銅版画にもすぐれる。作品『死せるキリスト』など。↓写

**マンデス【Catulle Mendès】**(一八四一〜一九〇九)フランスの詩人。「高踏派」詩運動の成立に尽力。詩集『フィロメラ』など。

**マンデス-フランス【Pierre Mendès-France】**(一九〇七〜八二)フランスの政治家。一九五四年首相となり、ジュネーブ協定に調印してインドシナ戦争の休戦を実現させた。五五年アルジェリア政策で不信任され辞任。

**まん-てつ【満鉄】**南満州鉄道の略称。

**マンデビル【Bernard de Mandeville】**(一六七〇ごろ〜一七三三)イギリスの作家・社会思想家。オランダ生まれ。営利活動の社会的意義を評価して宗教・道徳による規制から解放した。著書『蜂の寓話』など。

**まんてま**ナデシコ科の二年草。庭に植え、ときに野生化している。高さ約三〇cm。葉は対生し、毛がある。晩春に花弁の中央が濃赤色、縁が白色の五弁花が咲く。ヨーロッパ原産。シレネ。↓図

●マンテマ

**マンデリシタム【Osip Emilyevich Mandelshtam】**(一八九一〜一九三八)ソ連の詩人。詩集『石』『トリスチア』、散文『エジプトのスタンプ』など。

**マンデル【Karel van Mander】**(一五四八〜一六〇六)オランダの画家・著述家。マニエリズモの画風を示すが、『画家評伝』の著で名を残す。

**まん-てん【満天】**空一面。大空いっぱい。a skyful of 用例 ―の星。

**まん-てん【満点】**①規定の最高点。full marks ②完全。申し分のないこと。perfection

**まん-てんか【満天下】**世界中。the whole world

**まん-と【満都】**①都のなか全体。throughout the capital 用例 ―の話題をさらう。②東京都全体。

**マント【manteau フランス】**肩からケープ状に体を包む袖無しのオーバーコート。フランスでは、袖の有無に関係なくドレス丈のコートをいう。cloak

**まん-ど【万度】**多くの回数。万たび。万回。

**マン-とう【マン島】**(Isle of Man)イギリス、アイリッシュ海上、農業と観光の小島。面積五八八km²。中世までスカンジナビア民族の支配下で、特殊な言語を用いる。人口五・五万(一九八六)。

**マントウ【饅頭 中】**(mántou)中国式の蒸しパン。小麦粉をこねた生地を丸め、蒸したもの。参照 包子。

**まん-どう【万灯】**①たくさんのともしび。②《「万灯籠」の略》祭礼のときに「御祭礼」「氏子中」などの文字を書き、花などで飾って掲げる四角な灯籠。まんど。

**まん-どう【満堂】**会場いっぱい。満場。full house 用例 ―の聴衆。

**まんどう-え【万灯会】**仏前に万灯をともして供養する法会。東大寺のものなどが有名。

**まん-どく【漫読】**(名・サ変他)漫然と、よく考えずに読むこと。比較 乱読。

**まん-どころ【▽政所】**《内政をとる、の意》①平安時代、三位以上の貴族の家政、社寺の庶務、とくに荘園の事務処理に当たった所。②鎌倉幕府の財政機関。室町幕府では、その他に裁判にも当たった。③《「北の政所」の略》摂政・関白の妻。のち、広く貴族の妻。

**マントバーニ【Annunzio Mantovani】**(一九〇五〜八〇)イギリスの指揮者・編曲者。イタリア生まれ。ムードミュージックの第一人者。弦楽器群の華麗さで有名。ヒット曲『シャルメーン』など。

●マントヒヒ

**マント-ひひ【マント▼狒▼狒】**雄が灰白色のマント状の長毛(たてがみ)をもつオナガザル科のサル。雄の体長一m内外。雌ははるかに小さく、長毛もない。しりだこは大きくて紅色。地上生で雑食。アフリカ東北部とアラビアの乾燥地帯に群棲する。hamadryas baboon

**マンドラ【mandola イタリア】**大型のマンドリン。↓写

**マンドリル【mandrill】**オナガザル科のサル。尾は短く、体長約七〇cm。体色は暗褐色。ほおに青色の溝があり、鼻面は赤い。ギニアの森林にすむ。↓写

●マンドリル

**マンドリン【mandolin】**リュート属の撥弦楽器。イチジクをたて割りにしたような胴にスチール弦八本を対として張る。全長六〇cm前後。べっこう製の爪を用い、主として旋律をトレモロ奏法で弾く。↓写

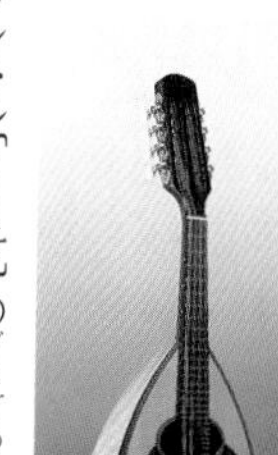

●マンドリン

**マントル【mantle】**①ガス灯の光度を増すため、炎にかぶせるあみ形の筒。ガスマントル。②地球の層状構造の中で地殻と核のあいだにある部分。地下数キロメートルないし数十キロメートルから約二九〇〇kmのあいだにあたり、地球の全体積の約八二%を占める。↓地球図

**マントル-たいりゅうろん【マントル対流論】**大陸の移動や造山運動などを説明するため、マントル内に液体などと同じような対流が存在するという仮説。mantle convection theory

**マントルピース【mantelpiece】**壁に取り付けられた暖炉の焚口の周囲にある装飾部分。日本では、暖炉を設けないで、単に室内装飾の一つとすることが多い。

**マンナ【manna】**↓マナ(manna)

**まん-なか【真ん中】**《「まなか」の転》ちょうど中央。そのあたり。ただなか。the center 用例 町の―。

**マンナ-ごけ【マンナ▼苔】**砂漠の岩上に発生するチャシブゴケ科のいぼ状地衣。灰白色で、生長すると岩から離れる。アラビア人は、「天のパン」とよび、食用とする。

**まん-にょう【万葉】**↓まんよう(万葉)

**マンネスマン【Mannesman AG】**西ドイツの代表的な鉄鋼メーカー。一九五二年設立。

**マンネリズム【mannerism】**個性を失って、型にはまった状態。紋切り型。千篇一律。マンネリ。

**まん-ねん【万年】**①一万年。②多くの年月。よろずよ。③《接頭的》長く変わらない意。用例 ―候補。

**まんねん-ぐさ【万年草】**ベンケイソウ属の植物のうち、地下茎が発達せずに地上茎の一部がはう草本の総称。おもにメノマンネングサをさす。

**まんねん-ず【万年酢】**調味料の一つ。酢・酒・水を混合して熟成させた酢。使用した分だけ酒・水を加え、長期間用いるところからその名がある。

**まんねん-すぎ【万年杉】**ヒカゲノカズラ科の常緑多年生シダ。山地の林下にはえる。地下茎から約三〇cmの地上茎をまばらに出す。葉は線形で枝に密生。アリマスギ。

**まんねん-せい【万年青】**オモトの漢名。

**まんねん-たけ【万年▼茸】**サルノコシカケ科のキノコ。かさは腎臓形で径五〜一五cm、褐色の光沢がある。広葉樹の根元や切り株に発生する。レイシ。サイワイタケ。↓写

●マンネンタケ

**まんねん-つうほう【万年通宝】**奈良時代、和同開珎に次いで、天平宝字四年(七六〇)に鋳造された銅銭。皇朝十二銭の一つ。

**まんねん-どこ【万年床】**敷きっぱなしの寝床。

**まんねん-ひつ【万年筆】**中空の軸内に入れたインクが軸先に伝わって継続的に字を書けるようにしたペン。fountain pen

**まんねん-ゆき【万年雪】**積雪が夏に融けきらず、氷雪の状態で残っているもの。雪が再結晶して氷になったものや、その中間の状態のものが含まれる。perpetual snow

**まん-ねんれい【満年齢】**誕生日ごとに一年加える年齢の数え方。また、その年齢。満。

**まんねんろう**ローズマリーの和名。

**まん-のう【万能】**除草などに使う、刃の薄いくわのような農具。草けずりぐわ。

**まんのう【満濃】**〈町〉香川県南西部、土器川中流域の町。八世紀初期(大宝年間)に築造の日本最古の溜池である満濃池がある。稲作のほか野菜栽培がさかん。人口一万三九三五(一九八八)。

**まんのう-いけ【満濃池】**香川県、讃岐山脈北麓にある池。日本最古・最大のため池で、満水面積一・四km²、貯水量一五四〇万m³。築造は八世紀初め、のちに空海が修築したといわれる。

**まん-ば【慢▼罵】**(名・サ変他)ばかにして、悪口を言うこと。

**まん-ば【漫▼罵】**(名・サ変他)やたらに悪口を言うこと。

**まんば【万場】**〈町〉群馬県南部、埼玉との県境の町。神流川に沿う農・林業の町で、コンニャク・シイタケなどを産出。人口三三五六(一九八八)。

**マンバ【mamba】**猛毒をもち、敏捷なコブラ科の毒ヘビ。全長四m余りのブラックマンバは地上にも樹上にもみられ、攻撃的できわめて危険。アフリカに四種が分布。

▼常用漢字表外。 ▽常用漢字表の音訓外。

**まん-ぱい【満杯・満▼盃】** 中身がいっぱいであること。予定した数量に達すること。full

**まん-ぱい【満配】**（名・サ変他） 規定通りに配給すること。delivery as arranged 比較 欠配・遅配。

**マンハイム【Mannheim】** 西ドイツ南西部、ライン川右岸の河港で商工業都市。人口二九・五万（一九八五）。

**マンハイム【Karl Mannheim】**（一八九三〜一九四七） ドイツの社会学者。ハンガリー生まれ。知識社会学を確立し、またのちの大衆社会論の先駆をなした。著書『イデオロギーとユートピア』など。

**マンハイム-がくは【マンハイム楽派】** 一八世紀中ごろ、ドイツのマンハイム宮廷で活躍した音楽家の総称。ウィーン古典派交響曲の基礎設定に大きく貢献。シュターミッツがその代表。Mannheim school

**まん-ぱち【万八】**《万のうち、ほんとうのことは八つ、の意》うそ。いつわり。類似 千三つ。

**マンハッタン【Manhattan】** アメリカ、ニューヨーク市の中心区。ハドソン河口の同名島に位置する。金融・商業の国際的中心地。巨大なビジネスビルが立ち並ぶ。人口一四二・八万（一九八〇）。

**マンハッタン-けいかく【マンハッタン計画】** 第二次大戦中に行われたアメリカの原子爆弾製造計画。その結果として広島・長崎に原爆が投下された。Manhattan Project

**マンパワー【manpower】** 人間の労働力。人材。人的資源。

**マンパワー-ポリシー【manpower policy】** 人間能力開発政策。人的能力を資源の一つと考え、その効率的な開発・運用により経済社会の発展をはかる政策。

**マンパワー-マネージメント【manpower management】** 労働力の管理。必要な労働力の量・能力・資格などを考慮し、人材の採用・教育などを計画的に行うこと。

**まん-ぱん【満帆】** 船の帆が風をいっぱいに受けること。full sails 用例 順風―。

**まん-びき【万引(き)】**（名・サ変他） 商店などですきをみて商品を盗むこと。刑法上は窃盗罪。shoplifting

**まん-ぴつ【漫筆】** あれこれ、筆のおもむくままに書くこと。また、そうして書いた文。随筆。

**まん-びょう【万病】** あらゆる病気。all kinds of diseases 用例 ―に効く薬。

**まん-ぴょう【満票】** 選挙で、全部の投票数。the votes of all present 用例 ―で当選。

**まん-ぴょう【漫評】** 思いつくままの批評。

**まんびょういちどく-ろん【万病一毒論】** 江戸時代の医師、吉益東洞の医学論。体内の毒が万病のもとであるので、激しい毒をもってこの毒を取り去ることが万病治療の根本である、とする。

**まん-ぷく【満幅】** ＝全幅。①はばいっぱい。②全体に及ぶこと。じゅうぶん。用例 ―の信頼を置く。

**まん-ぷく【満腹】**（名・サ変自） たくさん食べて、腹いっぱいになること。eat one's fill 対義 空腹。

**まんぷく-じ【万福寺】** 京都府宇治市五ケ庄にある黄檗宗の大本山。山号は黄檗山。徳川家綱の援助で、明の僧隠元が寛文元年（一六六一）開創。明風の建物、宝蔵院の鉄眼版大蔵経で知られる。

**まん-ぶん【漫文】** とりとめもなく書いた文章。ふざけた文章。

**まんぶん-の-いち【万分の一】**《万に分けたその一つの意から》ごくわずかなこと。a little 用例 ―の可能性。

**まんべん-なく【満遍なく・万遍なく】**（副） ①残るところなく。くまなく。thoroughly ②いちように。evenly

**マンボ【mambo】** 黒人とキューバ原住民の混合リズムをふまえ、ジャズの演奏法によりつくられたダンス音楽。一九五〇年代に流行した。

**まん-ぽ【漫歩】**（名・サ変自） ぶらぶら歩くこと。そぞろ歩き。stroll

**まん-ぼう【▽翻▽車▽魚】** マンボウ科の大形の海水魚。体は扁平な卵円形で変態して成長し、全長は四・二六m、体重二・二四tのものも捕獲されている。海面に背びれを出して泳ぐ。世界の温暖海域に分布。別称、浮きガメ・雪なめ。ocean-sunfish ↓写

● マンボウ

**マンホール【manhole】** 地下の共同溝・下水道などの検査・掃除などをするために入る穴。

**まん-ま【▽飯】**《幼児語》ごはん。

**まんま【▼儘】**「まま」の転。用例 あの―帰ったよ。

**まん-まえ【真ん前】** すぐ前。目の前。right in front of

**まん-まく【▼幔幕】** 布製のしきりの一種。古くは、布を縦に縫い合わせたものを幔、横に縫い合わせたものを幕といったが、のちには幔幕と総称。

**まんま-と**（副）《「うまうまと」の転》ぐあいよく。うまく。fairly; successfully 用例 ―だまされた。

**まん-まる【真ん丸・真ん円】**（名・形動） 完全にまるいこと・さま。全円。perfect circle

**まん-まる・い【真ん丸い・真ん円い】**（形） 完全にまるい。perfectly round 用例 ―月。

**まん-まん【満満】**（形動トタル） みちみちたさま。full of 用例 自信―。―と水をたたえる。

**まん-まん【漫漫】**（形動トタル） 広くはてしないさま。immense 用例 ―たる大洋。

**まん-まんいち【万万一】**（副）「万一」を強めていう語。

**マンマン-デー【慢慢的中】**（mànmàn-de）（形動） ゆっくりしているさま。のろいさま。対義 カイカイデー。

**まん-まんなか【真ん真ん中】**「真ん中」を強めていう語。right in the middle

**まん-めん【満面】** 顔全体。顔中。the whole face

**満面朱を濺ぐ**（まんめんしゅをそそぐ） 激しく怒って、顔を真っ赤にする。with face red with rage

**満面に笑みを湛える**（まんめんにえみをたたえる） 顔中に微笑をうかべている。満面に笑みを含む。beam with joy

**まん-もう【満▼蒙】** 満州（現在の中国東北部）と蒙古（現在のモンゴル）の旧呼称。Manchuria and Mongolia

**まんもうかいたく-せいしょうねんぎゆうぐん【満▼蒙開拓青少年義勇軍】** かつての満州国建国後、関東軍の「満州農業移民百万移住計画」推進のため入植した武装移民団の一つ。昭和一二年（一九三七）以降の派遣。

**まんもう-かいたくだん【満▼蒙開拓団】** 昭和七年（一九三二）のかつての満州国の建国以来、関東軍の軍事的要請と日本国内の農業問題打開のために推進された、満州国入植の武装移民団。第二次大戦末期にはその数二七万人に達した。

**まん-もく【満目】** 見渡す限り。用例 ―荒涼の原野。

**マンモス【mammoth】** 一（名） 洪積世に生息し、寒冷気候に適応したゾウ科の化石哺乳類。シベリアのケナガマンモスなど。肩高約三m。牙が大きく湾曲している。二（接頭） 巨大なもの、の意。用例 ―都市。

**マンモスケーブ-こくりつこうえん【マンモスケーブ国立公園】**（Mammoth Cave National Park） アメリカ南部、ケンタッキー州中部にある国立公園。面積二〇〇km²。世界最大の鍾乳洞がある。

**マンモス-スタジアム【mammoth stadium】** 巨大な競技場。

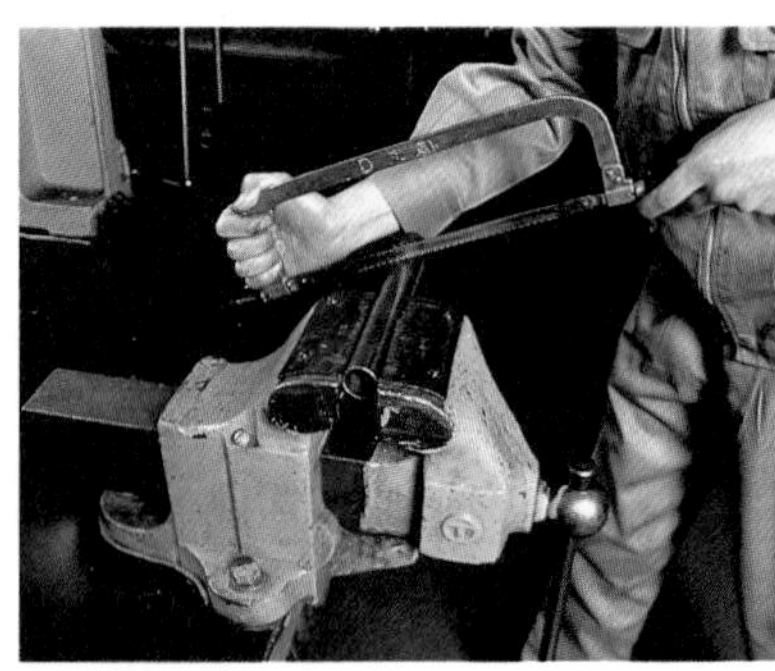
● 万力① 固定した鋼管の切断作業。

**マンモス-タンカー【mammoth tanker】** 昭和三〇年代に建造された、原油を四万五〇〇〇トンから一〇万トン程度積載できるタンカー。比較 スーパータンカー。

**マンモン【Mammon】** ①シリアの富の神。②《mammonで》㋐財産。㋑財界の大立て者。

**まん-ゆう【漫遊】**（名・サ変自） 当てもなく諸方を遊び回ること。tour 用例 諸国―の旅。

**まん-よ【万余】** 一万あまり。きわめてたくさん。用例 ―の大観衆。

**まん-よう【万葉】** ＝まんにょう。①すべての草木の葉。②すべての世。③『万葉集』の略。

**まんよう-がな【万葉仮名】** 古代日本で、国語表記のために表音文字として用いた漢字。音仮名・訓仮名に大別される。平仮名・片仮名の生まれるもととなった。『万葉集』に多く用いられたところからの呼称。真仮名。

**まんよう-しゅう【万葉集】**《万世の世、の意で、古今にわたる歌の集、永く伝われとの願いをこめたとの説、また多くの歌、の意との説も》現存最古の和歌集。二〇巻。奈良末期か平安初期の成立とも。撰者不明ながら大伴家持の手が加えられていることは確か。長歌・短歌・旋頭歌など四千五百余首収録。歌は内容別に雑歌・相聞・挽歌などに分類。仁徳天皇のころから天平宝字三年（七五九）まで約三世紀半の、あらゆる階層の生きた声が率直に表現されている。

**まんよう-しょくぶつ【万葉植物】**『万葉集』の歌のなかに詠みこまれている植物。約一五〇種が登場する。

**まんようだいしょうき【万葉代匠記】** 江戸時代の『万葉集』の注釈書。契沖著。元禄元年（一六八八）ごろ初稿本成立。『万葉集』の考証的研究における画期的著作。

**まんよう-ちょう【万葉調】**『万葉集』に特徴的な歌風。力強く、おおらかで、飾り気のない美しさがある。

**マンリーケ【Jorge Manrique】**（一四四〇ごろ〜七九） スペインの詩人。挽歌『父ドン＝ロドリーゴの死を悼む歌』で有名。

**まん-りき【万力】** ①工具の一つ。工作物を両側からはさみつけて固定させるもの。バイス。vise; vice ②巻き上げ式のろくろ。windlass ③綱の一端に引っ掛けるためのかぎをつけた船具。かぎのお。④もみこき用農具。↓写

**まん-りょう【万両】** ヤブコウジ科の常緑低木。高さ約五〇cm。葉は長楕円形。夏に白い小花が咲く。果実は赤熟。林下にはえ、観賞用にも栽培される。↓写

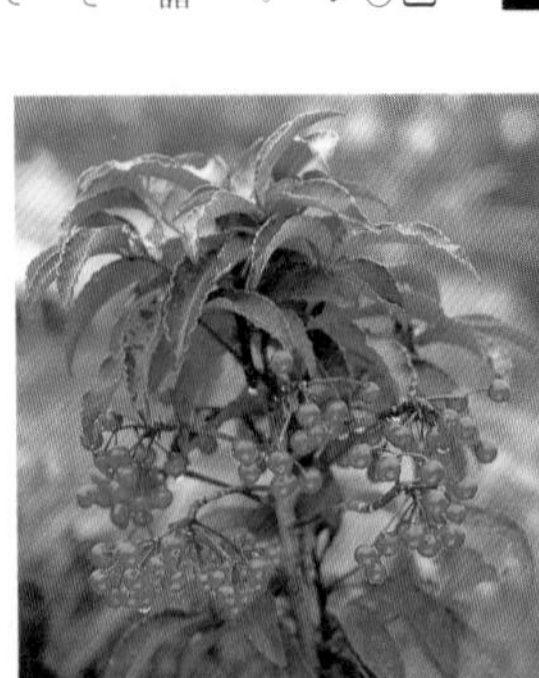
● マンリョウ

**まん-りょう【満了】**（名・サ変自） 期限に達して終わること。expire 用例 任期―。

**まん-るい【満塁】** 野球で、一、二、三塁にすべて走者がいること。フルベース。

**まんる-そう** ローズマリーの和名。

**マン-レイ【Man Ray】**（一八九〇〜一九七六） アメリカの写真家・画家。ダダイスム運動に参加。フォトグラム・ソラリゼーションなどの写真技法を考案。前衛映画を製作。商業写真にもすぐれる。

**まんれき【万暦】** ↓ばんれき（万暦）

**マンロー【Thomas Munro】**（一八九七〜一九七四） アメリカの美学者。比較美学「美的形態学」を提唱。著書『諸芸術とその相互関係』など。

**まん-ろく【漫録】** 折に触れて書き付けること。書き付けたもの。漫筆。随筆。



↓行き先項目、図版・写真参照印。 JIS 日本工業規格情報交換用漢字符号コード（区点コード）。

# み ミ

**み【み・ミ】** 五十音図ま行第二の仮名。平仮名「み」は「美」の草体。片仮名「ミ」は「三」。

**ミ【未】** 5画 部首[木] 教育小5 →教育小4 JIS 4404
音 ミ・ビ
①いまだ。まだ。いまだ…せず。まだ…していない。対義 既・完。「未完・未決・未熟・未定・未納・未満・未来」用例《接頭的》―発達。―承認。②ひつじ。十二支の第八。

**ミ【味】** 8画 部首[口] 教育小3 JIS 4403
音 ミ・ビ
訓 あじ・あじわう
①あじ。あじわう。「甘味・吟味・美味」「味覚・味読」②食品やその材料を数えるのに用いる。用例（助数）七―唐辛子。③おもむき。ありさま。様子。わけ。「意味・気味・興味・趣味」④《形容詞の語幹や名詞について》程度・おもむき・場所などを示す。用例（接尾）人間―。真剣―。ありがた―。⑤なかま。「一味」「味方」

**ミ【▾弥】** 8画 部首[弓] 人名用 JIS 4479
音 ビ・ミ
**【▾彌】** 17画 旧字 JIS 5529
梵語や外国語の音訳字。「阿弥陀・沙弥」「弥撒・弥勒」↓ビ【弥】

**ミ【魅】** 15画 部首[鬼] 常用 JIS 4405
音 ミ・ビ
①ひきつける。みいる。とりつく。「魅了・魅力・魅惑」②もののけ。ばけもの。「魑魅魍魎」

**み【三】** みつ。みっつ。さん。three 用例 ひ、ふ、―、よ。―毛。―年。

**み【▾巳】**《「蛇」の意。「へみ」の略という。音は「し」。「已」「己」は別字》①十二支の第六。②昔の時刻の名。今の午前一〇時および、その前後の二時間。③方角で、ほぼ南々東。south-south-east

**み【身】** ①からだ。body 用例―にまとう。②自分。自分自身。oneself 用例―から出た錆。③身分。position 用例―のほど。④心。まごころ。heart 用例―を入れる。⑤立場。position 用例 親の―になってみろ。⑥身持ち。用例―がおさまらない。⑦魚・獣などの肉。meat 用例―と皮。⑧刀の刃。刀身。blade 対義 さや。用例 抜き―。⑨ふた付きの入れ物の、物を入れるほう。container 対義 ふた。用例―とふた。

**身が軽い**（みがかるい）①身のこなしが敏捷である。身軽ですばしこい。agile 用例 軽業師のように―。②身をしばるような、負担となるものがない。easy 用例 独り者だから―。

**身が入る**（みがはいる）気が乗る。熱が入る。熱中する。一所懸命になる。be absorbed in 用例 仕事に―。

**身が持たない**（みがもたない）①正常な生活が、続けられない。②財産が保てない。

**身から出た錆**（みからでたさび）自分の行った悪事の報いなどで苦しむ。As they sow, so let them reap.

**身に余る**（みにあまる）身分にふさわしくない。過分である。more the one deserves

**身に覚えが有る**（みにおぼえがある）《多く悪いことにいう》思い当たることがある。know the origin…

**身に掛かる**（みにかかる）《多く悪いことにいう》自分にふりかかる。自分に関係がある。befall 用例 身に掛かった災難。

**身に沁みる**（みにしみる）強く感じる。come home to one's heart 用例 寒さが―。

**身に寸鉄を帯びず**（みにすんてつをおびず）武器は何も持たない。

**身に付く**（みにつく）知識・技術などが自分のものとなって、使えたり、役立てたりできる。be equipped with

**身に付ける**（みにつける）①着物を着る。put on ②自分のものにする。acquire ③覚えて実力をもつ。learn 用例 教養を―。

**身につまされる**（みにつまされる）人の身の上のつらさを、自分にひき比べて深く感じる。appeal to the heart

**身になる**（みになる）①心身のためになる。do good ②その人の立場になって考える。put oneself in someone's place

**身の証を立てる**（みのあかしをたてる）自分は正しい、潔白だ、ということを証明する。prove one's innocence

**身の置き所が無い**（みのおきどころがない）①自分のいる場所がない。do not know where to put oneself 用例 せまいうえに散らかっているので―。②申し訳なく、また恥ずかしくて、たまらない。be ashamed of

**身の振り方**（みのふりかた）自分の態度・職業などをどれにするかということ。a plan for one's future

**身は病の容れ物**（みはやまいのいれもの）人間のからだは病気にかかりやすくできているものだ。

**身二つになる**（みふたつになる）女が子を産む。

**身も蓋も無い**（みもふたもない）あまりむき出しで、ふくみがない。be too outspoken

**身も世も無い**（みもよもない）自分の身も世間体も考えていられない。heartrending

**身を誤る**（みをあやまる）生き方をまちがう。正常な生活ができないような失敗をする。go astray 用例 サラ金で―。

**身を合わす**（みをあわす）一体となる。合体する。

**身を入れる**（みをいれる）気持ちを集中して一所懸命になる。put one's heart into

**身を打つ**（みをうつ）身を滅ぼす。

**身を売る**（みをうる）金に困って、自分を売り渡す。売春行為をする。sell oneself for money

**身を起こす**（みをおこす）①起き上がる。rise ②決心して、事を始める。③立身する。make one's way up

**身を落とす**（みをおとす）おちぶれる。degrade oneself

**身を躍らせる**（みをおどらせる）①からだを、跳び上がらせる。ジャンプする。throw oneself ②思いきって、事に当たる。

**身を隠す**（みをかくす）自分を世間からわからないようにする。hide oneself

**身を固める**（みをかためる）①所帯をもって身持ちを安定させる。marry and settle down ②定職をもつ。get a job ③よそおう。身支度をする。dress up 用例 ぱりっとしたスーツで―。

**身を軽くする**（みをかるくする）①荷物の中身などを少なくする。lighten a load ②自分を煩わすものを少なくする。relieve

**身を躱す**（みをかわす）①さっと体を動かして、危険を避ける。dodge ②攻撃を、軽く避ける。dodge

**身を切られる**（みをきられる）①からだを切られる。be cut ②身にしみて苦しい。ひどくつらい。be cut to the heart 用例―思い。

**身を切る**（みをきる）①寒さ・つらさなどが、厳しい。piercing ②身銭を切る。pay out of one's own pocket

**身を砕く**（みをくだく）①骨折って努力する。work oneself to the bone ②非常に心配する。worry ③一身を顧みず、仏に仕える。

**身を削る**（みをけずる）身がやせ細るほどの、大変な苦労や心痛をする。be in anguish

**身を焦がす**（みをこがす）恋しさに思い悩む。burn with love

**身を粉にする**（みをこにする）苦労を嫌がらず一所懸命に努める。work one's fingers to the bone; work very hard

**身を殺して仁を成す**（みをころしてじんをなす）自分の身を犠牲にして、人の世の正しい道理を守る。

**身を沈める**（みをしずめる）①身投げをする。throw oneself ②落ちぶれた境遇に、身を落とす。落ちぶれる。be reduced to poverty ③芸者・娼婦などとして身売りする。

**身を知る雨**（みをしるあめ）《自分の身の幸・不幸を知る雨、の意》涙のこと。

**身を捨ててこそ浮かぶ瀬も有れ**（みをすててこそうかぶせもあれ）一身を捨ててかかって、はじめて成功するものだ。Nothing venture, nothing gain.

**身を捨てる**（みをすてる）①一身を顧みない。わが身を犠牲にする。lay down one's life ②出家する。become a priest

**身を立てる**（みをたてる）仕事・学問・技芸などに専念して、その道でひとかどの者となる。立身出世する。establish oneself as

**身を尽くす**（みをつくす）真心をこめて、人のために行う。with one's whole heart

**身を抓む**（みをつむ）自分の身に思い比べて、他人に同情する。

**身を挺す**（みをていす）①進んで、身を投げ出す。積極的に行動する。risk one's life 用例 身を挺して戦う。②危険をおかして、事にあたる。

**身を投じる**（みをとうじる）①進んで、そこへ入る。身を挺す。plunge into 用例 革命に―。②熱中する。throw oneself 用例 騒ぎの中に―。

**身を投げる**（みをなげる）①投身自殺をする。throw oneself ②心を打ちこむ。熱中する。put one's heart and soul

**身を填む**（みをはむ）身をうちこむ。全身の愛情を「注ぐ」。

**身を退く**（みをひく）①からだを後ろに移す。back out ②退職する。その役割から離れる。resign from

**身を任せる**（みをまかせる）①相手のなすがままになる。be at the mercy of ②女性が、からだを許す。give oneself to

**身を持ち崩す**（みをもちくずす）①仕事を怠けて信用を失う。lose one's trust ②品行が悪くなる。行動が乱れる。ruin oneself

**身を以て**（みをもって）①自らのからだで。with one's own body 用例―行う。②自分のからだを投げうって。自ら経験して。personally 用例―試す。③自分から。personally

**身を焼く**（みをやく）苦しさに堪えられないほど激しく、人を恋したり、恨んだりする。気持ちが高ぶる。

**身を窶す**（みをやつす）①自分をやせ衰えさす。②自分の姿をみすぼらしく変える。

**身を寄せる**（みをよせる）①他人の家に住みこむ。go to live with ②他人の加護を受ける。

**み【実】** ①花が散ったあとにできる、種をつつんでいる部分。果実。fruit 対義 花。用例―が熟す。②たね。seed 用例 松の―。③なかみ。内容。content 用例―のある話。―のある回答。④みそ汁・吸い物に入れる野菜・肉など。ingredients 用例 汁の―。

**実も無い**（みもない）中身がない。取り柄のない。

**実を結ぶ**（みをむすぶ）①実がなる。bear fruit ②努力の結果が現れる。成功する。bear fruit

**み【▾箕】** 穀物をあおりふるって、ちり・からなどをより分ける農具。用例 爪で拾って―で零す。

**み**（接尾）①《形容詞・形容動詞の語幹に付いて名詞をつくる》㋐程度や状態を表す。用例 あたたか―。甘―。㋑その状態になっている場所を表す。用例 深―にはまる。②古語 ㋐《動詞・助動詞「ず」の連用形に付いて》動作・状態が交互に反復して行われることを表す。…たり…たり。用例 神無月降り―降らず―定めなき（後撰・冬）。㋑《形容詞・形容詞型助動詞の語幹に付いて》原因・理由を表す。…なので。…だから。用例 山を茂―入りても取らず草深―取りても見ず（万葉・一・一六）。

**み【▿深】**（接頭）美称。また、語調を整える語。用例―雪。

**み【▿御】**（接頭）敬意または、丁寧の気持ちを表す語。用例―子。

**み-あい【見合(い)】**（名・サ変自）①互いに見合うこと。look at each other ②結婚相手を探している男女が仲介者の紹介で会うこと。marriage meeting

**みあい-けっこん【見合(い)結婚】** 見合いで成立した結婚。対義 恋愛結婚。

**み-あ・う【見合う】**（五自他）①（他）互いに見る。顔を合わせる。exchange looks ②（自）収支などのつりあいがとれる。be proportional to

**み-あかし【▿御明かし・▿御▿灯】** 神仏に供えるあかり。お灯明。

**み-あき【見飽き】** 見るのに飽きること。be fed up with seeing 用例―がする。

**み-あ・きる【見飽きる】**（上一自）何度も、また、長く見ていて、それ以上見るのが嫌になる。get tired of seeing

**み-あ・ぐ【見上ぐ】** 古語（下二他）↓みあげる（見上げる）

**み-あ・げる【見上げる】**（下一他）①下から上を見る。look up ②すぐれて見える。偉いと思う。look up to 対義 見下ろす。見下げる・見下す。

**みあさ【▿美麻】**〈村〉長野県北西部、大町市の北東に接する村。中央部に権現山があり、米や高冷地野菜を産出。人口一四一七（'89）。

**み-あた・る【見当(た)る】**（五他）見つかる。find

**み-あやま・る【見誤る】**（五他）見違える。見損なう。make a mistake 用例 月光を雪と―。

**み-あらわ・す【見▿顕す・見▿顕わす】**（五他）①見つける。発見する。②見きわめる。見破る。

▾常用漢字表外。▿常用漢字表の音訓外。

**み-あわ・せる**【見合(わ)せる】(下一他) ①互いに見る。look at each other 用例 目を—。②比べて、見る。compare 用例 原本を—。③中止して、ようすを見る。put off 用例 出発を—。

**ミーアキャット**【meerkat】ジャコウネコ科の食肉獣。体長約三〇cm。灰褐色で、背面に黒っぽい縞がある。水辺を好み、後足で立って見渡し警戒する。ネズミを捕食。南アフリカに分布。スリカータ。

**ミーイズム**【meism】自分または自分の所属する集団以外のことに対する無関心。一九七〇年代のアメリカ人のライフスタイルを集約することばとして生まれた。自己主義。

**みいけ**【三池】福岡県大牟田市の地区。有明海に臨む三池炭田の石炭積み出し港で、港は干満の差が大きいため閘門式。

**みいけ-たかな**【三池高菜】アブラナ科タカナの一種。福岡県三池で漬け物用として栽培。葉は大きく多肉質で、中央脈の幅が広い。佐賀で作出。

**みいけ-たんでん**【三池炭田】福岡県大牟田市から熊本県荒尾市にかけて、有明海の海底まで広がる炭田。一五世紀後期の発見という最古の歴史をもつ良質の炭田。

**みいけ-とうそう**【三池闘争】昭和三四年(一九五九)から翌年にかけて三井鉱山三池鉱業所で起きた、人員整理と組合活動家の指名解雇をめぐる労働争議。総資本対総労働の対決といわれる闘争に発展したが、労働側の敗北に終わった。

**み-い・ず**【見出ず】古語(下二他) 見つける。発見する。用例 とみにてもとむる物—・でたる(枕・うれしきもの)。

**ミース-ファン-デル-ローエ**【Ludwig Mies van der Rohe】(一八八六〜一九六九) ドイツ生まれのアメリカの建築家。「ガラスと金属による摩天楼」案を提唱。作品に、シカゴのレイクショア-アパート、ニューヨークのシーグラムビルなど。

**み-いだ・す**【見出だす】㊀(五他) 見つける。発見する。find out ㊁古語(四他) 内から外を見る。用例 夕暮れの空あはれげなるけしきを、端近うて—・し給へるさまいとをかし(源氏・藤袴)。

**みいちゃん-はあちゃん**《俗語》流行に影響されやすく、スターなどの動静に夢中になるような人たち。とくに若い女性に多く、女性は「み」「は」で始まる名前が多いことからといわれる。みいはあ。

**み-いつ**【御稜威】《「いつ」の尊敬語》天皇の威光。

**ミーティング**【meeting】集まり。会合。

**みい-でら**【三井寺・御井寺】㊀《天智・天武・持統三天皇の産湯をくんだ井戸があったことから》園城寺の別名。㊁《「三井寺」で》能の曲名。四番目物。世阿弥作か。人買いにさらわれたわが子を訪ねる母親が、三井寺の月見の宴で子と再会する。

**みいでら-ごみむし**【三井寺塵芥虫】敵におそわれると尾端からガスを発射するオサムシ科の甲虫。体長約一・五cm。頭胸部は黄色に黒斑、上翅は黒色に黄斑がある。湿地の石下などに多く、ケラの卵を好む。日本全土に分布。ヘッピリムシ。

**ミート**【meat】食用の肉。牛肉・豚肉など。用例 —ボール。

**ミート**【meet】(名・サ変自) ①集まること。集会。②うまく合うこと。③野球で、バットをボールに当てること。

**ミード**【George Herbert Mead】(一八六三〜一九三一) アメリカの社会心理学者・哲学者。シカゴ大教授。行動主義的社会心理学の創始者。デューイなどの影響をうけてプラグマティズムを主張し、自我の形成過程を研究した。著書『精神・自我・社会』など。

**ミード**【Margaret Mead】(一九〇一〜七八) アメリカの女性人類学者。人類学の研究に、心理学的な視点を導入。サモア諸島・ニューギニアなどの未開社会の調査から、幼年期の学習が人間の行動範囲を決定することを研究。著書『サモアの思春期』など。

**ミート-ソース**【meat sauce】ひき肉入りのトマト風味のソース。ニンニク・タマネギ・ニンジンなどをオリーブ油でいため、ひき肉とトマトなどを加えて煮込み、バジルなどのスパイスを加える。パスタ料理によく用いる。

**ミートボール**【meatball】ひき肉を丸めた料理材料。煮物・揚げ物・スープなどにする。肉団子。

**ミーナ**【Mina】(一九四〇) イタリアの女性カンツォーネ歌手。モダンな感覚と巧みな歌唱で人気を獲得。ヒット曲『月影のナポリ』など。

**みい-はあ**《俗語》「みいちゃんはあちゃん」の略。

**ミーマーンサー-は**【ミーマーンサー派】インド六派哲学の一つ。ベーダ聖典の祭祀を体系的に研究する学派。開祖はジャイミニ。根本聖典は『ミーマーンサー-スートラ』。Mimamsa school

**ミーミル**【Mimir】北欧神話の巨人で、オーディンの叔父とされる。巨木ユグドラシルの根元にあるミーミルの泉を守り、世界の知恵をたくわえたその水を毎日飲むため世界でもっとも賢く、オーディンのよき相談役。

**ミイラ**【mirra ポルトガル・木乃伊】《「ミルラ(没薬)」のなまり。「木乃伊」は、フランス語でミイラをさすモミーの中国での音写》①人工的処理や自然乾燥によって腐敗を防ぎ、保存された死体。古代エジプト・南米・日本の東北地方の例が有名。mummy ②防腐剤として用いられた没薬。薬として用いられ、日本にも南蛮貿易で渡来。ミイラ本体と混同された。myrrh

**ミイラ取りがミイラになる**(ミイラとりがミイラになる) 人を呼び戻しに行った者が、連れ戻るどころか、自分も帰れなくなる。また、人を説き伏せようとした者が、かえって先方と同じ意見になる。go for wool and come home shorn

**みいらく**【三井楽】〈町〉長崎県、福江島北西端の町。農漁業の町で、畑作、ブリの定置網漁業が主。三井楽港は農・水産物の積み出し港。人口五一〇三(一九八八)。

**み-いり**【実入り】①実が熟すること・程度。ripeness ②収入。income

**み-い・る**【魅入る】(五自) たたる。取りつく。be fascinated 用例 悪魔に—・られる。

**み-い・る**【見入る】(五他) ①じっと見る。注視する。gaze 比較 聞き入る。②見とれる。be fascinated by

**ミール**【meal】①食事。②ひき割りにしたライ麦、トウモロコシなど。パンやクッキーに混ぜたり、オートミールにして食べる。

**ミール**【mir ロシア】ロシア固有の農村共同体。長を互選し、土地や租税の割り当てなどを施行。ロシア革命で消滅。ナロードニキは、これを基盤とした社会主義の実現を主唱した。

**ミールオ-チアン**【汨羅江】(Mìluó jiāng) ↓べきらこう(汨羅江)

**ミール-こうせん**【ミール工船】魚粉を洋上で生産する漁船。カレイ・スケトウダラが主原料。

**ミールヌイ-きち**【ミールヌイ基地】(Mirnyi Station) 南極大陸、インド洋側クイーンメリーコースト沿岸にあるソ連の観測基地。同国南極基地の中心。

**ミールワーム**【mealworm】甲虫の一種コメノゴミムシダマシ属の幼虫の総称。成幼虫とも小麦粉など穀粉の害虫だが、幼虫は小鳥などの餌用に飼育される。

**ミウォシュ**【Czesław Miłosz】(一九一一〜) ポーランドの詩人。一九八〇年ノーベル文学賞受賞。評論『囚われの魂』、小説『イサの谷』など。

**み-うけ**【身請け】(名・サ変他) 娼妓の身の代金や芸妓の前借金を払って、商売から身を引かせること。落籍。

**み-う・ける**【見受ける】(下一他) 見かける。見てとる。see; suppose

**み-うごき**【身動き】(名・サ変自) からだを動かすこと。身じろぎ。move

**み-うしな・う**【見失う】(五他) 見えなくなる。わからなくなる。lose sight of

**み-うち**【身内】①からだじゅう。②親類。relative ③同じ親分に属している子分たち。followers

**みうら**【三浦】〈市〉神奈川県南東部、三浦半島南端の市。遠洋漁業基地の三崎港をもつ水産都市で、ダイコンなど野菜栽培もさかん。城ケ島をはじめ景勝地が多い。人口五万一六六六(一九八八)。

**みうら-あやこ**【三浦綾子】(一九二二〜) 小説家。北海道生まれ。キリスト者の立場から人間の愛と原罪を追求。作品『氷点』『塩狩峠』など。

**みうら-あんじん**【三浦按針】(一五六四〜一六二〇) イギリスの航海士。本名ウィリアム=アダムズ。慶長五年(一六〇〇)オランダ船リーフデ号に乗り、豊後に漂着。徳川家康の外交顧問となり、相模国三浦郡に領地を与えられ三浦を名のる。

**みうら-きんのすけ**【三浦謹之助】(一八六四〜一九五〇) 内科学者。福島県生まれ。東大卒。日本近代内科学の成立に大きく寄与し、ことに、日本の神経内科学の始祖として知られる。昭和二四年(一九四九)文化勲章受章。

**みうら-けんや**【三浦乾也】(一八二一〜八九) 江戸末期・明治初期の陶工。江戸の人。尾形乾山風の茶陶を多く作る。

**みうら-しゅもん**【三浦朱門】(一九二六〜) 小説家。東京生まれ。東大卒。「第三の新人」の一人。昭和六〇〜六一年(一九八五〜八六)文化庁長官。作品『冥府山水図』『箱庭』など。

**みうら-たまき**【三浦環】(一八八四〜一九四六) ソプラノ歌手。東京生まれ。東京音楽学校卒。日本最初の国際的プリマドンナ。『蝶々夫人』に数多く主演。

**みうら-ちょら**【三浦樗良】(一七二九〜八〇) 江戸中期の俳人。名は元克。鳥羽の人。素朴なかに詩情の漂う句風で俳諧中興に寄与。編著『白頭鴉』『我庵』、句集『樗良発句集』など。

**みうら-てつお**【三浦哲郎】(一九三一〜) 小説家。青森県生まれ。早大卒。作品『拳銃と十五の短篇』『少年讃歌』など。

**みうら-ばいえん**【三浦梅園】(一七二三〜八九) 江戸中期の思想家。豊後の人。自然界の法則を研究する条理学を唱えた。洋学や詩文の造詣も深く、後世に影響を与えた。著書『玄語』『贅語』『敢語』など。

**みうら-はんとう**【三浦半島】神奈川県南東部にある半島。全体が丘陵性のため耕地や宅地として広く開発される。三崎などの良港や葉山などの保養地も多い。

**みうら-ひろゆき**【三浦周行】(一八七一〜一九三一) 国史学者。島根県生まれ。日本法制史の権威で、史料編纂官、京大教授として史料収集に尽力。著書『日本史の研究』『法制史の研究』。

**みうら-めいすけ**【三浦命助】(一八二〇〜六四) 南部藩の百姓一揆の首謀者。嘉永六年(一八五三)南部領内の農民一万数千人がおこした一揆を指導。安政三年(一八五六)捕らえられ、『獄中記』四冊を残して獄死。

**み-うり**【身売り】(名・サ変自) ①身の代金を受けとって、一定の期間奉公すること。sell oneself for money ②金に困って権利を譲ること。sell 用例 工場を—する。

**みえ**【見え】①見えるさま。見かけ。外見。②《「見栄」とも》自分をよく見せようとうわべをつくろうこと。③《「見得」とも》歌舞伎で、役者が感情の高潮を誇張し、動きを一瞬静止して美しいポーズをとる演技。

**見得を切る**(みえをきる) ①役者が、見得の所作をする。②ことさら、大げさな態度を示す。show off

**見栄を張る**(みえをはる) うわべを飾る。put up a good front

**みえ**【三重】〈県〉近畿地方東部の県。県庁所在地は津市。西部は鈴鹿山脈・紀伊山地などの山々で、東部に伊勢平野が広がる。稲作・茶の栽培がさかんで、志摩半島では真珠の養殖が行われる。津市以北、四日市市を中心に重化学工業が発達。面積五七七七km²、人口一七七万三三〇〇(一九八八)。

**みえ**【三重】〈町〉大分県南部、大野川中流域の町。農業・商業の町で、タバコ・シイタケ栽培、畜産などがさかん。菅尾の石仏が知られる。人口一万八八八二(一九八八)。

**みえい-く**【御影供】=みえく。①故人の影像を掲げて供養すること。空海・日蓮の法会など。②柿本人麻呂の影像を掲げて和歌を講じる会。人丸影供。

**みえ-がくれ**【見え隠れ】(名・サ変自) 見えたり、見えなくなったりすること。みえかくれ。to be now in sight and now out of sight

**みえざる-て**【見えざる手】↓みえないて(見えない手)

**みえ-す・く**【見え透く】(五自) ①底・中まで透いて見える。be transparent ②相手の考えがよくわかる。be transparent 用例 —・いたうそ。

**みえつ-かくれつ**【見えつ隠れつ】(連語)「見えたり隠れたり」。

**みえっ-ぱり**【見栄っ張り】(名・形動) 見栄を張ること・さま・人。見え坊。みえばり。vain person

**みえない-て**【見えない手】アダム=スミスの『国富論』にあることば。各個人の自由な利益追求が見えない手に導かれて社会全体の利益をもたらすとする。自由主義経済思想の典型的表現。見えざる手。invisible hand

**みえ-ぼう**【見栄坊】見栄を張る人。みえっぱり。vain

**ミエリン**【myelin】神経線維(軸索)を包む被膜の構成物質。燐脂質で、強い屈光性がある。末梢神経や脳・脊髄の白質が白く見えるのはミエリンによる。

**み・える**【見える】(下一自) ①目に映る。see 用例 海が—。②

見ることができる。visible 用例遠くからでもよく―。③…と思われる。seem 用例気になると―。④「来る」の尊敬語。おいでになる。用例お客様が―。

**み-お**【▼澪・▽水▽脈・▽水尾】①河川や海の中で、船の航行が可能な深さのある水路。みよ。channel; waterway ②船の通ったあとに残る泡や水の筋。用例―を引く。

**ミオグラフ**【myograph】筋収縮や心臓の拍動などの運動を拡大して描き出す記録装置キモグラフの一種。紙を巻いた円筒を一定速度で回転させ、その上に器官の運動を記録させるもの。

**み-おく・る**【見送る】(五他)①去っていくものを後ろから目で追う。see off 用例後ろ姿を―。②人の出発を送る。see off 対義出迎える。用例駅まで―。③死ぬまで世話をする。take care of … to the last 用例親を―。④やりすごす。見ていて手を出さない。pass up; let it go 用例実施を―。ボールを―。

**ミオグロビン**【myoglobin】鉄を含む血色素。ヘモグロビンに類似の赤色のヘムたんぱく質。筋肉中、とくに心筋に多く、酸素を貯蔵する役割をはたす。

**み-おこ・す**【見▽遣す】古語(下二他)離れたところからこちらを見る。対義見やる。用例月の出でたらむ夜は、―・せ給へ(竹取)。

**み-おさめ**【見納め】見ることが最後であること。last look 用例この世の―。

**ミオシン**【myosin】筋肉に含まれる収縮性たんぱく質。ATPとの関連により筋収縮を起こす。一九四二年、セント=ジェルジが発見。

**みお-つ-くし**【▼澪▽標】《澪の串、の意。「つ」は「の」の意の格助詞》船に水路を知らせるために立てた杭。和歌では、「君恋ふる涙のとこにみちぬればみをつくしとぞ我はなりける(古今・恋二)」のように「身を尽くし」にかけて使う。みおじるし。みおのしるし。

**み-おと・す**【見落(と)す】(五他)目を通していて、不注意で見逃す。overlook

**み-おとり**【見劣り】(名・サ変自)他に比べて劣って見えること。be not so good as

**み-おぼえ**【見覚え】前に見て、記憶にあること。recognition 比較聞き覚え。

**み-おも**【身重】子をはらんでいること。身持ち。妊娠。pregnancy 対義身軽。

**みおもて-がわ**【三面川】新潟県北部を流れる川。長さ四九km。山形県境の朝日山地に発し、村上市で日本海に注ぐ。サケ漁で知られ、発電所もつくられている。

**み-おや**【▽御▽祖】父母、祖先を敬っていう語。

**み-おろ・す**【見下ろす】(五他)①下を見る。look down 対義見上げる。②あなどる。見下げる。look down on

**み-かい**【未開】①まだ文化が開けていないこと。uncivilized ②土地がまだ開拓されていないこと。undeveloped

**み-かい**【味解】(名・サ変他)じっくり味わうこと。じっくり味わって理解すること。

**み-かいけつ**【未解決】(名・形動)まだ解決していないこと・さま。unsolved

**みかい-じだい**【未開時代】野蛮時代に続き、土器の製作、動物の飼育、植物の栽培、鉄器の使用に至る時代。比較野蛮時代・文明時代。

**みかい-しゃかい**【未開社会】文明化されていない社会。文字がなく、単純な技術や社会組織で、孤立性、伝統的規制の強さをもつ、などを特徴とする。primitive society

**み-かいたく**【未開拓】(名・形動)まだ切りひらかれていないこと・さま。undeveloped 用例―の原野。

**み-かいどう**【実海▼棠】バラ科の落葉低木。葉は長楕円形で硬い。四月、葉と同時に淡紅色の五弁花が咲く。果実は球形で黄熟し、食用。中国原産。ナガサキリンゴ。

**みかい-びじゅつ**【未開美術】アフリカ・オセアニア・北アメリカなどに住む未開人の美術の総称。多くはアニミズムに基づく儀式にまつわるもので、出生・思春期・結婚・死などの通過儀礼における祭具や装飾品として用いられる。仮面・人像・動物像・容器・楽器・トーテムポールなど。

**みかいほう-ぶらく**【未解放部落】↓ひさべつぶらく(被差別部落)

**み-かえし**【見返し】①見返すこと。②《「見返し紙」の略》書籍の表紙と本文ページのつながりを補強するために貼る紙。二ページ大の紙を二つ折りにして片側を表紙の裏に貼りつけ、もう一方は遊び紙となる。end papers ③和装本の表表紙の裏側。著者名・書名・発行所などを表示。④洋裁で、襟ぐり・袖口などの裁ち口の始末に使用される布。facing ↓本図 ↓巻子本図

**み-かえ・す**【見返す】(五他)①改めて見る。もう一度見直す。revice ②振り向いて見る。look back ③人から見られたのに対して、こちらもその人を見る。return one's look ④見下げられた仕返しに、成功して見せつける。get back on 用例侮った者を―。

**み-かえり**【見返り】①振り返って見ること。looking back ②保証・担保として出すこと・もの。collateral complementary goods

**みかえり-しきん**【見返り資金】第二次大戦後、日本政府がアメリカからの援助物資を民間に売却することで蓄積した資金。経済復興に役立てられた。counterpart fund

**みかえり-ひん**【見返り品】①貸し金などの見返りとして非公式にとられる担保。collateral security ②日本銀行が手形割引のときに仮の担保として求める有価証券。

**みかえり-ぶっし**【見返り物資】バーター貿易で、輸入を決済するために輸出する、同額の物資。collateral export goods

**みかえり-ゆにゅう**【見返り輸入】↓カウンターパーチェス

**み-かえ・る**【見返る】(五他)振り向いて見る。look back

**み-か・える**【見変える】(下一他)一つのものを捨てて、ほかのものに移る。forsake … for

**ミカエル**【Michael ギリシア】聖書の中の大天使の一人。

**みがき**【磨き・▽研き】①こすって、つやを出すこと。その具合・程度。polish 用例ゆかに―をかける。②努めてよくすること。そのぐあい・程度。improvement 用例芸に―がかかる。

**磨きを掛ける**(みがきをかける) ①磨いて、いっそう美しくする。polish ②才能・技術などを、さらに豊かにする。また、女性が、もっと美しくなるように努力する。improve one's ability

**みがき-あ・げる**【磨き上げる】(下一他)①みがいてりっぱに仕上げる。完全にみがく。polish up ②洗練させる。完全なものにする。refine 用例芸を―。

**みがき-こ**【磨き粉】物を磨くのに使うこな。polishing powder

**みがき-た・てる**【磨き立てる】(下一他)①さかんに磨く。polish up ②美しく化粧し、着飾る。dress up

**みがき-にしん**【身欠(き)▼鰊・身欠(き)▼鯡】ニシンの内臓・中骨をとって干したもの。みかきにしん。みがき。

**みがき-ぼら**【磨▽法▼螺】浅海の岩礁にすむエゾバイ科の巻き貝。殻高約一四cm。淡黄白色。卵嚢をまんじゅうほおずきという。食用。東北地方から九州に分布。↓図

●ミガキボラ

**みかき-もり**【▽御垣守】宮中の諸門の守衛。衛士。

**み-かぎ・る**【見限る】(五他)見込みがないとしてあきらめる。相手にしなくなる。見放す。give up; turn one's back

**み-かく**【味覚】味の感覚。口腔、とくに舌の粘膜の乳頭の中にある味蕾の味細胞の刺激によって生じる。人間の場合は甘味・酸味・塩味・苦味の四種類が基本。taste sense

**味覚の秋**(みかくのあき) 気候がよく、果物・穀類なども出そろうので、食べ物がおいしい秋。食欲の秋。palate pleasing autumn

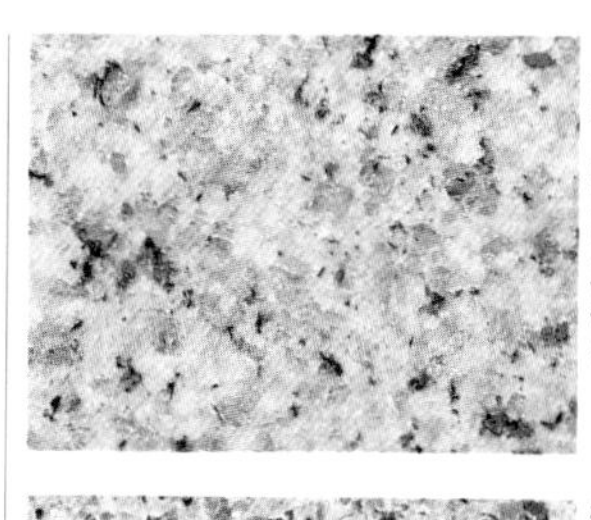
●御影石 白御影 稲田石(茨城県)。

桜御影 万成石(岡山市)。

黒御影 浮金石(福島県)。

**み-か・く**【見掛く】古語(下二他)「る(見掛ける)」↓みかける

**みが・く**【磨く・▽研く】(五他)①こすって、つやを出す。polish 用例靴を―。②努めて、よくする。きたえる。train 用例腕を―。③手入れをして美しくする。shine up 用例肌を―。

**みかく-が**【味覚芽】味蕾の異名。

**みかく-き**【味覚器】味を感受する器官。昆虫では口器のほか触角や脚末端にあるものが少なくない。脊椎動物では味蕾の形で口腔内に限られるが、魚類では口腔だけでなく口の周辺から体表にまで分布。taste organ

**み-かぐら**【▽御神楽】宮中で行われる神楽。対義里神楽。

**み-かけ**【見掛け】外見。外観。appearances

**見掛けに依らない**(みかけによらない)《善悪両方に使われる》上辺とは違っている。上辺だけでは判断できない。despite appearances 用例人は―。

**みかげ**【▽御影】兵庫県、神戸市東灘区の一部。古くから花崗岩の石材、御影石の産地で名高い。浜沿いは灘五郷の一部で知られる酒どころ。

**みかげ-いし**【▽御影石】《兵庫県御影地方に産する石材の名から》花崗岩・花崗閃緑岩の石材名。↓写

**みかけ-だおし**【見掛け倒し】外見ばかりで実質はだめなこと。false impression

**みかけ-の-とうきゅう**【見掛けの等級】われわれが見たままの星の明るさ。もっとも明るい約二〇個の恒星を一等星、肉眼でようやく見えるものを六等星とする。実視等級。apparent magnitude

**み-か・ける**【見掛ける】(下一他)①目にとめる。ちらっと見る。catch sight of ②見受ける。come across 用例よく―人。

**みかさ**【三▼笠】日露戦争当時の連合艦隊旗艦。排水量一万五一四〇トン。イギリス製。三〇cm主砲四門、一五cm副砲一四門を備え、当時世界最大最強の戦艦。大正一五年(一九二六)、横須賀港に永久記念艦として保存されたが、第二次大戦後、米軍の接収により荒廃。昭和三六年(一九六一)に復元された。

**みかさ**【三▼笠】〈市〉北海道道央、石狩平野の東にある市。道内最古の幌内炭鉱で栄えたが、炭鉱の衰微により人口が激減。農業を主とし、工業化もはかる。人口一万二八〇〇(一九八八)。

**みかさ-の-みや**【三▼笠宮】(一九一五) 大正天皇第四皇子崇仁親王の宮号。昭和一〇年(一九三五)宮家創設。日本オリエント学会会長。

**みかさ-やま**【三▼笠山】若草山の通称。

**み-かた**【見方】①見る方法・方面。way of looking 用例正しい―。②考え。見解。viewpoint 用例そういう―はおもしろい。

**み-かた**【味方・身方・▽御方】㊀(名)こちらの仲間。friend 対義敵。用例―に引き入れる。㊁(名・サ変自)仲間として加勢すること。力を貸すこと。help 用例弱者に―する。

**みかた**【三方】〈町〉福井県敦賀市西方、若狭湾に臨む町。農・漁業と観光の町で、ウメ栽培と三方五湖で知られる。人口九七三二(一九八八)。

**みかた**【▽美方】〈町〉兵庫県北西部、鳥取県境の町。氷ノ山東麓にある農業の町。氷ノ山後山那岐山国定公園に属し、スキー場などがある。人口三〇二六(一九八八)。

**みかた-が-はら**【三方ケ原】↓みかたはら(三方原)

**みかたがはら-の-たたかい**【三方ケ原の戦い】武田信玄と徳川家康の合戦。元亀三年(一五七二)両者は三方ケ原(現在の浜松市北方)で戦い、武田方が勝利した。

**みかた-ごこ**【三方五湖】福井県西部、日本海沿岸にある三方・水月・菅・日向・久々

▼常用漢字表外。 ▽常用漢字表の音訓外。

子の五湖。若狭湾国定公園に属し、梅丈岳からの展望が有名。

**みかたはら【三方原】** 静岡県浜松市北部、天竜川と浜名湖の間に広がる洪積台地。水が乏しいため江戸時代は採草地で明治以降茶畑となった。現在は三方原用水によって畑作地となっている。三方ケ原の戦いの古戦場として著名。みかたがはら。

**みかつき【三日月】**〈町〉佐賀県中東部、佐賀市の西に接する町。佐賀穀倉地帯の一部をなす農業の町で、弥生から古墳時代の遺跡が多い。人口八六三四(一九八八)。

**みか-づき【三日月】** 陰暦で毎月三日に出る月。a new moon 比較 新月。

**みかづき【三日月】**〈町〉兵庫県西部の町。森氏の陣屋町として繁栄。その名は、北条時頼が三か月滞在したことに由来するともいわれる。人口三七七二(一九八八)。

**みかづき-こ【三日月湖】** ↓かせきこ(河跡湖)

**みかづき-も【三日月藻】** 池や沼に見られる単細胞の緑藻。比較的澄んだ水に生育する。体は細長く三日月形。

**み-がって【身勝手】**(名・形動) 自分に都合のよいようにすること・さま。わがまま。きまま。selfishness

**み-かど【▽御門・▽帝】** ①皇居の門。②皇居。皇室。③朝廷。④天皇。

**みかど-あげは【▽帝揚羽・▼蝶】** アオスジアゲハに似た暖地性のアゲハチョウ。開張約七cm。幼虫はオガタマノキなどにつく。四国・九州以南に分布。↓図

●ミカドアゲハ

**みかど-きじ【▽帝▼雉】** 台湾の高山にだけ棲息するキジ科の鳥。日本のヤマドリに近縁。翼長二〇cm内外。全身紫黒色で、翼と尾に白帯がある。森林や竹林にすみ、一九〇六年に初めて世界に紹介された。

**み-か・ぬ【見兼ぬ】** 古語 (下二他) ↓みかねる(見兼ねる)

**み-か・ねる【見兼ねる】**(下一他) ①見ることができない。cannot look on ②平気で見ていられない。be unable to be indifferent 用例 見るに―。

**み-が-ほ・し【見が欲し】** 古語 (形シク)《上代語》見たい。用例 いや時じくになほし―(万葉・一八・四一一二)。

**み-がま・う【身構う】** 古語 (下二自) ↓みがまえる(身構える)

**み-がまえ【身構え】** 身構えること。また、その姿勢。attitude; posture

**み-がま・える【身構える】**(下一自) 敵に対して、姿勢を整えて待つ。準備して待つ。stand ready to

**みかみ-おときち【三上▼於▼菟吉】**(一八九一～一九四四) 小説家。埼玉県生まれ。早大中退。長谷川時雨の夫。作品『雪之丞変化』など。

**みかみ-やま【三上山】** 滋賀県琵琶湖の南東、野洲町にある山。標高四三五mで、古生層からなる。俵藤太のムカデ退治の伝説で有名。近江富士。

**みかめ【三▽瓶】**〈町〉愛媛県西部、宇和海に臨む町。紡績工業で発展。ミカン栽培・養豚などの農業や漁業も行う。人口一万一二九七(一九八八)。

**みかも【三加茂】**〈町〉徳島県北西部、吉野川中流域の町。歴史の古い町で、条里制遺構など遺跡が多い。産業は農林業と工業。人口九九五八(一九八八)。

**みかも【▽美▽甘】**〈村〉岡山県北西部の山間の町。出雲街道の旧宿場町。ほとんどが山林で、木材・シイタケなどを産出。ヤマメは特産。人口一二一九(一九八八)。

**み-がら【身柄】** ①からだ。one's body 用例 ―を引き取る。②身分のほど。one's social position 用例 ―をわきまえている。

**み-がる【身軽】**(名・形動) ①からだが軽いこと・さま。lightness ②簡単なこと・さま。casual 用例 ―な身じたく。③足手まといがないこと・さま。carefreeness 用例 ―でする旅行は気楽だ。④出産して、からだが軽くなること・さま。対義 身重。

**み-がる・い【身軽い】**(形) ①動きが軽快である。nimble ②足手まといになるものがない。行動しやすい。light

**みかわ【三河】** ↓みかわのくに(三河国)

**みかわ【三川】**〈町〉山形県北西部、鶴岡市北隣の町。庄内平野中央部にある農業の町。稲作とブロイラーの生産がさかん。助川遺跡・横山城跡がある。人口八四二六(一九八八)。

**みかわ【三川】**〈村〉新潟県北東部、阿賀野川流域の村。豪雪地帯で、産業は農・林業が主。三川温泉がある。人口四八六九(一九八八)。

**みかわ【三加和】**〈町〉熊本県北西部、菊池川上流域の町。稲作・ミカン栽培・養蚕などの農業が主で、缶詰などの工場もある。人口六五六四(一九八八)。

**みかわ【▽美川】**〈町〉石川県中部の町。手取川河口の古い港町で、北前船の寄航地として発達。旧石川県庁の地。人口一万二三六六(一九八八)。

**みかわ【▽美川】**〈町〉山口県東部の山間の町。町域の大部分が山林で、ヒノキなどの優良材を産出。シイタケ・クリの産地でもある。人口二五六四(一九八八)。

**みかわ【▽美川】**〈村〉愛媛県東部、高知県境の村。四国山地西麓に位置し農・林業が主体。人口三二八三(一九八八)。

**みかわ-こうげん【三河高原】** 愛知県東部、美濃・三河高原の愛知県部分。最高峰は茶臼山(一四一五m)。主要部分は隆起準平原で、大部分が花崗岩からなる。周辺部は峡谷が多い。

**み-かわ・す【見交わす】**(五他) 互いに相手を見る。exchange glances

**みかわ-の-くに【三河国・▽参河国】** 旧国名。現在の愛知県東部。東海道の一国。「延喜式」では上国、八郡。国府は豊川市国府町的場、国分寺は同市八幡町本郷。明治四年(一八七一)廃藩置県により額田県。同五年(一八七二)愛知県に併合。三州。参州。三河。参河。

**みかわ-まんざい【三河万歳】** 江戸時代、三河地方から出てきて正月の街を流した奉祝芸。太夫だけが三河出身で、日本橋の才蔵市で出会う下総出身の才蔵と組むのがふつうだった。

**みかわものがたり【三河物語】** 江戸初期の旗本大久保彦左衛門の自伝。三巻。元和八年(一六二二)成立。家康までの徳川歴代の事績と大久保氏代々の忠誠、自己の武功を覚書風に記述。

**みかわ-もめん【三河木綿】** 三河(愛知県岡崎地方)で織られた厚地の白木綿織物。帯芯・足袋底などに使う。三白。

**み-がわり【身代(わ)り・身替(わ)り】** 人のかわりになること。また、その人。substitute

**みがわりざぜん【身替座禅】** 歌舞伎舞踊。常磐津・長唄。新古演劇十種の一つ。明治四三年(一九一〇)初演。狂言『花子』が下敷き。主人の身替わりに太郎冠者は座禅をくむがそれがばれ、主人が帰って奥方と一騒動という筋。

**みかわ-わん【三河湾】** 愛知県南部、渥美・知多半島にいだかれた湾。東部の渥美湾、西部の知多湾に分かれる。海苔の養殖がさかん。

**み-かん【未刊】** まだ刊行されないこと。unpublished 対義 既刊。

**み-かん【未完】** まだ終わらないこと。まだ完成していないこと。未完成。unfinished 対義 完成・完了。

**み-かん【▼蜜▼柑】** ①ミカン科のミカン属のうち皮がむきやすく、甘味のあるものの総称。mandarin orange; tangerine ②温州ミカン。葉は濃緑色で光沢がある。花は白色五弁。果実は球形で、黄色に熟す。↓柑橘類 写

**みかんじょう-か【▼蜜▼柑状果】** ミカンのように内果皮が多くの袋状になり、その中に細胞液を満たした毛が密生しているもの。柑果。橙果。hespidium

**み-かんせい【未完成】** まだ完成していないこと・もの。unfinished

**みかんせいこうきょうきょく【未完成交響曲】**《原題"Unvollendete" Symphonie ドイツ》シューベルト作曲の交響曲第八番、ロ短調。一八二二年着手。ロマン派初期の傑作。第二楽章までしか完成されなかったのでこの名がある。未完成。

**みかん-ばえ【▼蜜▼柑▼蠅】** 幼虫がミカンの果肉を食害するミバエ科のハエ。開張二cm内外。全体は黄褐色、翅は透明で灰色。幼虫はうじ状で体長一五mm前後、乳白色。害虫として有名だったが、近年、防除に成功。九州以南に分布。citrus fruit fly

**みき【幹】** ①樹木の茎で、主軸をなすもの。trunk ②物事の主要な部分。basis ↓木 図

**み-き【神酒・▽御▽酒】** ①神に供える酒。用例 お―。②酒の敬称。

**みき【三木】**〈市〉兵庫県、神戸市の北に接する市。別所氏の旧城下町で、近世以降、大工道具などの金物工業の町として発展。阪神の住宅衛星都市で、工業団地もある。人口七万四三一六(一九八八)。

**みき【三木】**〈町〉香川県東部の町。稲作、タバコ・野菜栽培などの農業を主とし、彫りぬき盆と竹細工の生産で有名。人口二万六六七一(一九八八)。

**みぎ【右】** ①南に向かって西のほう。right 対義 左。用例 向かって―。②文書で、前に述べたこと。前条。the above 対義 左 用例 ―のとおり。③二つのうち、すぐれたほう。superior to 用例 ―に出る者がない。④日本の昔の官職で同じ地位のうち下位のほう。⑤保守的であること。右翼。right wing 対義 左。用例 ―寄り路線。⑥以上に述べたこと。用例 ―ご承知ください。

**右から左**(みぎからひだり) 受け取って、すぐ人に渡してしまうこと。pass readily 比較 右の耳から左の耳。

**右と言えば左**(みぎといえばひだり) わざと反対すること。あまのじゃく。perversity

**右に出る者が無い**(みぎにでるものがない) その人よりもまさる人はいない。no one can match a person as…

**右の耳から左の耳**(みぎのみみからひだりのみみ) 右の耳で聞いたことがすぐ左の耳から抜けてしまう。いいかげんに聞いていて、心に留めないさま。go in one ear and go out the other

**右へ倣え**(みぎへならえ) ①右端の人を基点にして、横並びに整列せよ、という号令のことば。Right, dress! ②先人のまねをすること。follow suit

**右も左も判らない**(みぎもひだりもわからない)《幼児や、道に不案内な人などの場合にいう》物事の判断がまったくつかない。方角などが全然わからない。lose one's way 用例 初めての土地で、―。

**右や左の旦那様**(みぎやひだりのだんなさま)《道端の乞食が通行人に呼びかける、伝統的な口上》私の前をお通りの旦那様がたよ。用例 ―、哀れな乞食にお恵みを。

**右を見ても左を見ても**(みぎをみてもひだりをみても) どっちを見ても。用例 ―人の波。

**みぎ-うで【右腕】** ①右の腕。うわん。right arm 対義 左腕。②頼みになる人。right-hand man 用例 ―と頼む部下。

**み-きき【見聞き】**(名・サ変他) 見ることと聞くこと。見たり聞いたりすること。見聞。experience

**みぎ-きき【右利き】** 右手のほうが自在に使えること。また、その人。right-handed 対義 左利き。

**みき-きよし【三木清】**(一八九七～一九四五) 哲学者。兵庫県生まれ。京大卒。法大教授。ヒューマニズムの立場からマルクス主義に接近。第二次大戦末期、高倉テルをかくまったとして逮捕され、敗戦直後獄死。著書『唯物史観と現代の意識』など。

**ミキサー【mixer】** ①食品を粉砕・攪拌・混合する機械。比較 ジューサー。②コンクリートを製造するために、セメントと砂と水などを混合する装置。③放送局や音楽録音スタジオなどで信号を混合・調節する装置、および人。

**みぎし-こうたろう【三岸好太郎】**(一九〇三～一九三四) 洋画家。札幌生まれ。草土社風写実からフォービスム、詩的なシュールレアリスムへと変転。妻節子も画家。作品『道化』など。

**みき-じゅん【三木▼淳】**(一九一九～ ) 写真家。岡山県生まれ。慶大卒。作品『メキシコ』など。

**みぎ・する【右する】**(サ変自) 右のほうへ行く。右に折れる。turn to the right 対義 左する。

**みき-たけお【三木▽武▽夫】**(一九〇七～一九八八) 政治家。徳島県生まれ。明大卒。通産相・外相などを歴任し、昭和四九年(一九七四)田中角栄の辞任後の自民党総裁・首相。ロッキード事件の処理に当たり、二年後退陣。

**みき-たけじ【三木竹▽二】**(一八六七～一九〇八) 演劇評論家。本名、森篤次郎。森鷗外の弟。島根県生まれ。明治期、『歌舞伎』主宰。近代的劇評の樹立に努めた。

**みぎ-て【右手】** 対義 左手。①右の手。めて。right hand ②右の方向。右のほう。the right side 用例 ―に見える家。

**みぎて-けい【右手系】** 空間における直交座標の定め方の一つ。右手の親指・人差し指・中指を互いに垂直になるようにし、親指が$x$軸の正の方向、人差し指が$y$軸の正の方向、中指

がz軸の正の方向になるような座標系。right-hand system

**みぎて-の-ほうそく【右手の法則】** 磁場中で運動する導線に誘導される電流の向きを示す法則。右手の人差し指・親指を、それぞれ磁場の方向・導線の運動方向に向けると、これらに垂直に向けた中指の方向に電流が誘導される。righthand rule 参照 フレミングの法則。

**みぎねじ-の-ほうそく【右▼螺子の法則】** ①直流電流のまわりの磁場の向きを示す法則。電流がつくる磁場はアンペールの法則で与えられる。corkscrew rule ②ソレノイド(円筒状コイル)内部の磁場の向きを示す法則。corkscrew rule

**みき-のりへい【三木のり平】**(一九二五) 映画・舞台俳優。東京生まれ。主演映画『灰神楽三太郎』、演劇『雲の上団五郎一座』など。

**みぎ-ひだり【右左】** ①右と左。right and left ②その場でやりとりすること。右から左。③右と左を取り違えること。あべこべ。反対。reverse 用例 靴が—。

**みき-ぶきち【三木武吉】**(一八八四〜一九五六) 政治家。香川県生まれ。東京専門学校卒。報知新聞社社長をへて第二次大戦後、日本自由党結成に参加。昭和二九年(一九五四)日本民主党を結成し、のち自由党との保守合同を推進。

**み-ぎょうしょ【▽御教書】** 三位以上の公卿の家司が主人の命をうけ、奉書の形式をとって下達した文書。

**みぎ-よつ【右四つ】** 相撲で、互いに右を差して四つに組んだ体勢。両者とも左上手・右下手となるかたち。対義 左四つ。

**み-きり【見切り】** ①あきらめて、見捨てること。みかぎること。give up ②「見切り品」の略。

**見切りを付ける**(みきりをつける) これが最後だ、もう駄目だとあきらめる。give up

**みぎり【▽右】** 古語 《「左」に音を合わせるためにできた語》みぎ。用例 そのふたはしらのみこを左—のひざの上にませて(古事記・下)。

**み-ぎり【▼砌】** ①軒下・階下などの石畳。②おり。ころ。時節。用例 酷暑の—。

**みきり-はっしゃ【見切(り)発車】** ①電車やバスが、乗客を積み残して発車すること。②十分に論議しないで、決定・実行すること。

**みきり-ひん【見切(り)品】** 見切りをつけて安く売る品物。bargain

**み-き・る【見切る】**(五他) ①見終わる。see all ②見きわめる。see through ③あきらめて見捨てる。give up ④投げ売りする。sell at sacrifice

**み-ぎれい【身▼綺麗】**(形動) 身の回り・服装がこざっぱりとしているさま。

**みき-ろふう【三木露風】**(一八八九〜一九六四) 詩人。本名操。兵庫県生まれ。早大・慶大中退。口語自由詩から文語象徴詩に転じ、暗鬱な心象風景をうたう。『赤い鳥』の童謡運動にも加わった。詩集『廃園』『白き手の猟人』、童謡集『真珠島』など。

**み-ぎわ【▼汀・▼渚・▽水際】** 《「みずぎわ(水際)」の約》なぎさ。水辺。waterside

**汀増さる**(みぎわまさる) 《汀の水が増す、の意から》涙がとめどなく流れることに言う。

**み-きわ・む【見極む】** 古語 (下二他) →みきわめる(見極める)

**み-きわ・める【見極める】**(下一他) ①最後まで見届ける。確認する。see through ②実体・本質をきわめる。grasp ③真偽を鑑定する。ascertain

**ミグ【MIG】** ソ連航空機設計局が開発する軍用機の記号。代表的技術者ミコヤンとグレビッチの頭文字を合成した語。

**ミクサー【mixer】** →ミキサー

**み-くじ【▽神▼籤・▽御▼籤】** →おみくじ(御神籤)

**み-ぐし【▽御▽髪】** 髪の毛をいう敬語。「し。おぐし」

**みぐし-あげ【▽御▽髪上げ】** ①貴人の髪を結うこと。また、その役目の人。②女子の髪上げの儀式。

**み-くず【▽水▼屑】** 水中のごみ。「なる。」

**水屑となる**(みくずとなる) 水死する。比較 海の藻屑と

**み-くだ・す【見下す】**(五他) 対義 見上げる。①上から下のほうを見る。look down ②ばかにする。見下げる。despise

**みくだり-はん【三▽行半・三下り半】** 江戸時代、庶民の離縁状の俗称。一般に、三行半に書いたことから。夫はこれを妻またはその父兄に書き与えれば離婚できた。去り状。

**み-くに【▽御国】** ①国をいう敬語。②日本の国をいう敬語。

**みくに【三国】**〈町〉 福井県北部、九頭竜川河口にある町。小型底引き網漁船の根拠地で、名勝東尋坊がある。人口二万三五〇四(一九八八)。

**みくに-おんせんきょう【三国温泉郷】** 群馬県北部、谷川岳南麓の温泉群。三国街道沿いにあり、猿ケ京・法師などの温泉が知られる。

**みくに-さんみゃく【三国山脈】** 越後山脈の南端部を占め、茂倉岳・谷川岳・仙の倉山・白砂山が北東から南西に連なる山地の通称。日本海側と太平洋側の境をなし、気象の変化が激しい。

**ミグ-にじゅうく【MIG 29】** ソ連の全天候型要撃戦闘機。最高速度マッハ二・三、行動半径八〇〇km。巡航ミサイル迎撃システムを装備。通称フルクラム。

**みくに-とうげ【三国峠】** 新潟・群馬県境にある峠。標高一二四四m。太平洋側と日本海側の境をなす。古くから三国街道の要地で、国道一七号が通る。

**みくに-ぶし【三国節】** 福井県三国港の民謡。盆踊り唄。宝暦一一年(一七六一)三国神社建立のさいの、地ならしの人夫の作業唄に始まるという。

**みくに-ぶり【▽御国▽風】** ①わが国の風習。②日本の文学。

**みくに-まなび【▽御国学び】** わが国の本質を知るための学問。上代の古典についての学問。国学。

**みくに-ゆずり【▽御国譲り】** 天皇が位を「譲ること。

**み-くび・る【見▼縊る】**(五他) 見下げる。見下す。あなどる。look down on

**み-くまの【三▼熊野】** 熊野三社の別称。

**みくまり-の-かみ【▽水▽分神】** 神道で、山から流れ出る水の分配を司る神。天之水分神・国之水分神の二神。「くまり」が子守に転じ、子守神として信仰された。

**みくも【三雲】**〈町〉 三重県北東部、伊勢湾に臨む町。雲出川河口にある農村で、園芸農業がさかん。工業化も著しい。人口九八六七(一九八八)。

**みくも-いせき【三雲遺跡】** 福岡県糸島郡前原町三雲にある弥生時代の遺跡。文政五年(一八二二)に発見された甕棺墓から前漢鏡・ガラス製璧・同曲玉・狭鋒銅矛・有柄剣などが出土。青柳種信の『柳園古器略考』にその記録がある。

**みくも-しょうのすけ【三雲祥▼之助】**(一九〇二) 洋画家。京都生まれ。作品『マジョリカ』『失楽園』など。

**みくら-じま【▽御蔵島】** 東京都大島支庁に属する島。伊豆諸島の一つで、三宅島の南東約二〇kmにある火山島。面積一九・七km²。円錐形で、周囲は巨大な海食崖。

**みくらじま【▽御蔵島】**〈村〉 東京都伊豆諸島の御蔵島を村域とする村。原生林が卓越し、ツゲの産地で有名。中央に御山がある。人口二五二(一九八八)。

**み-くら・べる【見比べる】**(下一自) ①見て比べる。compare ②考え合わせる。compare

**み-くり【三▼稜▽草】** 池や小川の浅い水中にはえるミクリ科の多年草。地をはう根茎から直立茎を生じ群生。夏に、白色雄花を上方に、緑色雌花を下方につける。

**み-くりや【▽御▼厨】** ①神に供える食物を調理した屋舎。みくり。②神に供える食物の材料を供給した土地。

**み-ぐるし・い【見苦しい】**(形) みっともない。見にくい。unsightly 派生 みぐるしげ(形動) みぐるしさ(名)

**みくるま-やままつり【▽御車山祭(り)】** 富山県高岡市関野神社で五月一日に行われる春の大祭。高岡工芸の粋を集めた七台の豪華な山車が町内を練り歩く。曳山祭り。

**み-ぐるみ【身▽包み】** 着ているもの全部。everything one puts on 用例 —脱いで置いて行け。

**ミクロ【micro フランス】** 《ギリシア語mikros(小さい)に由来》きわめて小さいこと。極微。また、微視的であるさま。マイクロ。対義 マクロ。用例 —の世界。

**ミクロ-けいざいがく【ミクロ経済学】** 近代経済学の体系の一つ。市場における価格分析を通じて、個々の家計や企業の経済行動の規則性や特徴を明らかにしようとするもの。微視的経済学。価格分析。micro-economics 対義 マクロ経済学。

**ミクロコスモス【Mikrokosmos ドイツ】** 小宇宙。人間。microcosmos 対義 マクロコスモス。

**ミクロソーム【Mikrosom ドイツ】** 細胞に含まれる粒子の一種。小胞体の破片や遊離のリボソームからなる。microsome

**ミクロトーム【microtome】** 顕微鏡観察用の生物資料を薄く切る装置。

**ミクロネシア【Micronesia】** 太平洋西域、メラネシアの北に散在する群島の総称。マリアナ・カロリン・マーシャル諸島などからなり、キリバス(旧ギルバート諸島)などを含める場合もある。面積二七三〇km²。

**ミクロネシア-じん【ミクロネシア人】** ミクロネシアの原住民の総称。形質は、インドネシア-モンゴロイドを基調とし、ポリネシア・メラネシア・ネグロイドが混入。文化は、西部はインドネシア的、東部はポリネシア的。イモ類栽培に属す農耕と漁労に従事。Micronecian

**ミクロネシア-れんぽう【ミクロネシア連邦】**(Federated States of Micronesia) 太平洋西域にあるミクロネシアの島々の中で、カロリン諸島の大部分を占める国。首都ポンペイ。第二次大戦後、アメリカの信託統治下にあったが、一九七九年にヤップ・トラックなど四州が自治政府をつくり、八六年に連邦として発足。面積七二〇km²。人口一四・七万(一九八六)。

**ミクロボディ【microbody】** 細胞質内に見られる微小な顆粒。

**ミクロン【micron フランス】** メートル法の長さの単位。一ミクロンは一mmの一〇〇〇分の一で一マイクロメートル。記号μ。

**み-け【三毛】** 白・黒・茶の三色が交じった猫の毛。また、その猫。三毛猫。tortoise-shell cat

**み-けいけん【未経験】**(名・形動) まだ経験していないこと・さま。inexperience

**ミケーネ-ぶんめい【ミケーネ文明】** →ミュケナイぶんめい(ミュケナイ文明)

**み-けつ【未決】** ①まだ決定していないこと。pending ②刑事事件で裁判にかけられているが、まだ有罪・無罪が決まっていないこと。unconvicted; pendency 対義 既決。

**みけ-つ-かみ【▽御▽食津神・▽御▼饌津神】** ①食物、とくに穀物を司る神々。豊宇気毘売神・大宜都比売神・保食神の神など。②宇賀御魂神すなわち稲荷の神の別称。

**みけつ-こうりゅう【未決▼勾留】** 勾留状の執行によって被疑者または被告人の身がらを拘束すること。勾留。detention pending trial

**みけつ-しゅう【未決囚】** 勾留状の執行により身がらを拘束されている者。未決拘禁者。unconvicted prisoner

**みけ-むかう【▽御▽食向かう】**〔枕ことば〕《「みけ」は、神や天皇の食事。食膳に多くの食物が向かい合っている意で、その中のアワ・アジ(鴨)などと同音を含むことから》「淡路・味生」などにかかる。用例 —淡路の島に直向ふ敏馬の浦の沖辺には深海松採り(万葉・六・九四六)。

**ミケランジェロ【Michelangelo Buonarroti】**(一四七五〜一五六四) イタリアの彫刻家・画家・建築家・詩人。人間の苦悩を表現したルネサンスの巨匠。ルネサンスの古典的様式を打破し、バロック美術への道を開いた。初めギルランダイヨに学ぶ。『ピエタ』『モーセ』『ダビデ』で彫刻家として名声を確立。絵画ではシスティナ礼拝堂天井画、『最後の審判』などが代表作。晩年はサン-ピエトロ大聖堂のドーム設計にあたった。↓写 ↓ルネサンス美術写

● ミケランジェロ 『最後の審判』(部分)。一五三六〜四一年、システィナ礼拝堂(イタリア)。

**ミケロッツォ-ディ-バルトロメオ【Michelozzo di Bartolommeo】**(一三九六〜一四七二) イタリアの建築家・彫刻家。メディチ家の邸宅を手がけた。

**み-けん【未見】** まだ見ていないこと。unacquainted 用例 —の友。

**み-けん【▼眉間】** ①鼻のつけ根で、左右のま

▼常用漢字表外。 ▽常用漢字表の音訓外。

ゆにはさまれた部分。ものを噛んだとき、歯にかかる圧力の何割かはここで受けとめてから、脳頭蓋に伝えられる。glabella ②ひたい。the middle of the forehead; the brow ↓頭図

**みけんじゃく【▼眉間尺】**『春秋』にみえる中国古代の伝説上の巨人で、眉間が一尺あったことからの名。首を斬られて釜ゆでにされても、剣を吹いて父の仇の楚王を殺したという。

**み-こ【▼巫・▽女・▽神子・▽御子】**神に奉仕する未婚の少女。かぐらを舞い、神意をうかがう。かんなぎ。

**み-こ【▽御子・▽皇子・▽皇▽女】**①皇子。皇女。②親王。内親王。③《「御子」で》お子さま。神の子。

**み-ご** イネのわらのしん。わらしべ。

**みこ-あいさ【▼巫▽女▽秋▼沙】**地色は白色で、背面中央その他に黒色部を散らすガンカモ科の海鳥。日本にいる三種類のアイサのうちの最小種。全長約四〇cm。潜水が巧みで、小魚を捕食。ユーラシア中北部で繁殖し、冬は南下。日本へは全国の沿岸に冬鳥として渡来するが、数はごく少ない。smew

**み-ごうしゃ【見巧者】**(名・形動) 見方の上手なこと・さま・人。

**みこころ-を【▽御心を】**[枕ことば]《み心を寄す、の意で、「寄し」と同音を含むことから》「吉野の」などにかかる。用例 山川の清き河内と—吉野の国の花散らふ秋津の野辺に(万葉・一・三六)。

**み-こし【見越し】**①物の上を越して見ること。look over ②将来を見通すこと。anticipation

**み-こし【▽御▼輿・▽神▼輿】**①輿をいう敬語。古くは、天皇の乗り物の総称。②《「神輿」で》祭礼のとき、神体や御霊代が乗るとされる輿。ふつうは、木製黒塗りで、屋根に鳳凰などを置き、台に二本のかつぎ棒がつく。おみこし。神輿。数え方 一丁。

**神輿を上げる**(みこしをあげる)《「腰」を「輿」にかけていう》①長座していた者が、おもむろに立ち上がる。②やっと物事にとりかかる。

**御輿を担ぐ**(みこしをかつぐ) 他人をおだてあげる。wheedle a person into

**御輿を据える**(みこしをすえる) 座りこんで動かない。腰をすえる。settle down

**みこし-せいさん【見越(し)生産】**注文を予測したうえで一定の製品を大量に作る生産方式。安定した能率のよい生産ができる。

**みこし-の-まつ【見越しの松】**和風の庭で、塀のそばに植え、外部からも見えるようにした松の木。

**みこし-ぶり【▽神▼輿振り】**=みこしぶり。①延暦寺・興福寺の僧徒が、日吉大社・春日大社の神輿を先に立て強訴のため入京したこと。②祭りのとき、渡御の神輿をかつぐ者が、神輿を威勢よく振り動かすこと・さま。

**み-ごしらえ【身▼拵え】**(名・サ変自) 身なりを整えること。身じたく。dress

**み-こ・す【見越す】**(五他) ①将来を予見する。forsee; expect ②物を越して見る。look over

**み-ごたえ【見▽応え】**見る値打ち。worth seeing

**み-こと【▽尊・▽命】**㊀(名) ①神・貴人の名の下に添える敬称。参考『日本書紀』では至って貴い神には「尊」、他は「命」と使い分けているが、『古事記』ではすべて「命」。②《「命」で》神式の葬儀で、故人の名に添える敬称。㊁古語(代) おまえさん。貴様。用例 われ勝ちたらばよくとも悪くとも—の妻をわれに得させよ(今昔・一・六)。

**み-こと【▽御言】**天皇・貴人のおことば。おおせ。

**み-ごと【見事・▽美事】**《「美事」は当て字》㊀(形動) ①美しいさま。鮮やか。りっぱ。beautiful ②巧みなさま。fine ③《反語的に用いて》完全なさま。すっかり。用例 —に失敗する。㊁古語(名) 見るべきこと。見もの。用例 —いとおそし(徒然・一三七)。

**みこと-のり【詔・▽勅】**《「御言宣」の意》天皇のおことば。詔勅・宣命・宣旨など。

**みこと-もち【▽宰・▽司】**古代、勅命を受けて任国へ下り、政務を司どった官人。

**み-ごなし【身▽熟し】**からだの動かし方。挙動。movement; manners

**みこのよげん【▼巫▽女の予言】**《原題 Völuspá》『古エッダ』の巻頭にある長詩で、エッダ詩の最大雄編。オーディン神の要請によって巫女が世界の過去・現在・未来を語った形式。九世紀末～一〇世紀初頭ごろにアイスランドで書かれたらしい。

**みこひだり-け【▽御子左家】**藤原道長の六男長家を祖とする家系の名称(長家が御子左大臣兼明親王邸を伝領)。俊成—定家—為家と嗣がれ、鎌倉以降、歌道家として繁栄。定家の孫為氏・為教・為相が二条・京極・冷泉の三家に分かれた。

**ミコプラズマ[mycoplasma]** ↓マイコプラズマ

**みこ-まい【▼巫▽女舞】**民俗芸能の神楽の一種、神事芸能。元来は巫女が神の託宣を知らせるときに、神がかりになるために舞う舞をいったが、のち神に奉納するための巫女の舞をいうようになった。

**み-こみ【見込み】**①あて。のぞみ。hope 用例 将来の—。②考え。計画。prospect 用例 —違い。③予定。expectation 用例 卒業の—。

**み-こ・む【見込む】**(五他) ①考えに入れる。予想する。expect ②有望だと思う。see a great potential in ③予定する。count on ④とりつく。みいる。fascinate 用例 ヘビに—・まれたカエル。

**みこも-かる【▽水▽薦刈る・▽水▼菰刈る】**[枕ことば]《信濃の地に多くはえているみこも(水中に生えるマコモ)を刈り取る意》「信濃」にかかる。用例 —信濃の真弓わが引かば貴人さびていなと言はむかも(万葉・二・九六)。

**みこもと-じま【▽神子元島】**静岡県、伊豆半島南端沖合いにある島。面積〇・一km²。海上交通の要地で、明治初期に建てられた洋式灯台がある。

**み-ごも・る【身▼籠る】**(五自) 妊娠する。はらむ。become pregnant

**ミコヤン[Anastas Ivanovich Mikoyan]**(一八九五～一九七八) ソ連の政治家。副首相などを歴任し、フルシチョフ追放後、一九六四～六五年最高会議幹部会議長。

**み-ごろ【見▼頃】**見るのにちょうどよいころ。the best time to see 用例 梅の—。

**み-ごろ【身▼頃・▼裑】**袖・襟・衽などを除いた、胴部を包む衣服の部分の総称。洋服・和服いずれにも用いられ、前面を前身頃・後面を後ろ身頃。正中線を境に、体の右側を右身頃、左側を左身頃ともいう。body; bodice

**み-ごろし【見殺し】**人の殺されるのや困っているのを見て知っていながら助けないこと。leave in the lurch 用例 —にする。

**み-こん【未婚】**まだ結婚していないこと・人。unmarried 対義 既婚。

**み-こん【未墾】**まだ開墾していないこと。対義 既墾。用例 —の野原。

**ミサ[missa ラテ・弥撒]** ①カトリック教会で典礼の中心をなす祭儀。司祭の司式により、キリストの体と血を表すパンとぶどう酒を神に奉献した後に拝領する。プロテスタントでは聖餐式。mass ②「ミサ曲」の略。mass

**ミザール[Mizar]**《アラビア語で、帯の意》おおぐま座ζ星。アルコルと肉眼的二重星。実視光度二等。距離七〇光年。六月ごろよく見える。

**み-さい【未済】**対義 既済・皆済。①まだ終わらないこと。②まだ納めないこと。③まだ返さないこと。

**み-さいぼう【味細胞】**脊椎動物の舌などに分布する味蕾中にある細胞。上皮細胞の変化したもので、あま味・から味・うま味などの味を感じる。taste cell

**ミサイル[missile]** 誘導弾。ジェットエンジンやロケットを推進力とし、誘導装置によって目標まで飛行し爆破する兵器。推進方式から弾道ミサイルと巡航ミサイルに大別、射程や発射方法によって多様に分類される。本来は弓矢・弾丸などの飛び道具のこと。

**ミサイル-ギャップ[missile gap]** アメリカとソ連の間のミサイル兵器の質および量にわたる格差。

**ミサイルげいげき-ミサイル【ミサイル迎撃ミサイル】**ミサイルを迎撃するためのミサイル。レーダーで飛行経路を捕らえ、コンピューターで迎撃進路を計算して発射される。ABM。AMM。anti-ballistic missile; anti-missile

**ミサイル-サイト[missile site]** ミサイル基地。

**みさお【操】**㊀(名) ①志をかたく守って変えないこと。節操。節義。fidelity ②貞操。chastity 用例 —を守る。㊁古語(形動ナリ) 心を堅く守って変えないさま。用例 疎き人に見えば面伏せにや思はんと、憚り恥ぢて、—にもてつけて(源氏・帚木)。

**操を立てる**(みさおをたてる) ①節操を変えない。remain faithful to ②女子が貞節である。preserve one's chastity

**操を破る**(みさおをやぶる) ①節操をつらぬき通せない。renounce one's faith ②女子が貞操を失う。lose one's chastity

**みさお-の-き【操の木】**アカネ科の常緑低木。葉は短柄で長楕円形。五月に短い集散花序を横に出す。花冠は薄黄白色で四裂。つねに色が青々として変わらないことから名がついた。

**みさか【▽御坂】**〈町〉山梨県中部、大月市の南西に接する町。果樹栽培などを行う農業の町で、中央自動車道のインターチェンジがある。人口一万一三二八(一九八八)。

**み-さかい【見境】**物事の見分け。区別。分別。discrimination

**みさか-さんち【▽御坂山地】**山梨県、甲府盆地の南東にある山地。最高峰は黒岳(一七九三m)。

**みさか-とうげ【三坂峠】**島根・広島県境にある峠。標高五五五m。交通の要地で、広島～浜田間を結ぶ国道一八六号が通る。

**みさか-とうげ【▽御坂峠】**山梨県、御坂山地の西に位置する峠。標高一五二五m。甲府盆地と富士五湖地方を結ぶ旧鎌倉街道にあり、御坂トンネルが通る。

**み-さき【岬・▽崎】**海または湖に突出した陸地の先端部。山地が沈水し山麓が海に突出してできる場合、波浪の浸食による場合、砂嘴などがつくる場合などがある。崎。鼻。cape 比較 半島。

**みさき【三崎】**〈町〉愛媛県、佐田岬半島西端の町。良質のナツミカンの産地で有名。漁業も行われ、海岸付近は景勝地。人口五四六三(一九八八)。

**みさき【岬】**〈町〉千葉県南東部、太平洋に臨む町。夷隅川河口にある農・漁業の町で、海岸部は南房総国定公園の景勝地。人口一万四一七四(一九八八)。

**みさき【岬】**〈町〉大阪府の南西端、和泉山脈西部の丘陵地に位置する町。深日は四国・淡路島への連絡港。和泉がわらの産地。人口二万二一一一(一九八八)。

**みさき-うま【岬馬・▽御崎馬】**日本在来のウマの一種。肩高一m内外。宮崎県南端の都井岬に数十頭が生息し、天然記念物。

**ミサ-きょく【ミサ曲】**ミサ典礼のための音楽。今日では、ローマカトリック教会のミサ典礼文のうち、キリエ・グロリア・クレド・サンクトゥス・アニュス-デイの通常文による五章を抜き出し、一体として作曲した作品をいう。Mass

**みさくぼ【▽水▼窪】**〈町〉静岡県北西部、天竜川の支流水窪川流域の山間の町。林業の町で、山王峡・水窪ダムなど観光地がある。人口五〇三〇(一九八八)。

**み-ざくら【実桜】**オウトウの別名。

**みさげ-は・てる【見下げ果てる】**(下一自) すっかり見下げる。be despicable

**み-さ・げる【見下げる】**(下一他) 相手を低いものに見る。ばかにする。見くびる。あなどる。look down on 対義 見上げる。

**みさご【▼鶚・▼雎▼鳩】**魚食性の大形のタカ。翼長約五〇cm。海岸や湖畔にすみ、水上を飛びながら急降下して魚を足で捕らえる。世界各地に分布。ウミタカ。スドリ。ショキュウ。osprey ↓図

●ミサゴ

**みささ【三▽朝】**〈町〉鳥取県中部の山峡にある町。農林業と温泉の町で高放射能泉の三朝温泉があり、五月の花湯祭りは有名。人口八八三九(一九八八)。

**み-ささぎ【陵】**《古くは「みさざき」》天皇・皇后などの墓。御陵。山陵。

**み-さだ・める【見定める】**(下一他) はっきり確かめる。見きわめる。make sure of 用例 目標を—。

**みさと【三▽郷】**〈市〉埼玉県南東端、江戸川の西にある市。早場米・野菜の産地で知られたが、東京に隣接するため宅地化が進み、都市化が著しい。人口一一万六一八五(一九八八)。

**みさと【三▽郷】**〈村〉長野県北西部、松本市の北西に接する村。リンゴなどの果樹栽培がさ

かんで、木材などの工場もある。人口一万四五四八(一九八八)。

**みさと【▽美里】**〈町〉埼玉県北西部、本庄市の南に接する町。農業が主であったが、ベッドタウン化傾向にある。長坂聖天塚古墳がある。人口一万一六四七(一九八八)。

**みさと【▽美里】**〈町〉和歌山県北部、貴志川流域の町。紀伊山地の西端に位置し林業が主。柿などの果樹栽培もさかん。シュロ製品が特産。人口五二七七(一九八八)。

**みさと【▽美里】**〈村〉三重県北部、久居・津の両市に接する村。近郊農業の村で、園芸農業がさかん。人口四五九〇(一九八八)。

**みさと【▽美▽郷】**〈村〉徳島県北東部の山間の村。南北朝時代、南朝の拠点の一つだった。林業が主で、天然記念物のホタルが生息。人口二〇〇〇(一九八八)。

**みさと【▼箕▽郷】**〈町〉群馬県中南部、榛名山南東麓の町。農業が中心。養蚕がさかんで、ウメの産地としても知られる。人口一万五七九〇(一九八八)。

**みざる-きかざる-いわざる【見猿聞か猿言わ猿】**(連語)《「猿」は、否定の助動詞「ず」の連体形をもじったもの》自分に不利になるようなことには、知らないふりをすること。see-not, hear-not, say-not 参照 三猿。

**みさわ【三沢】**〈市〉青森県東部、小川原湖南東の台地にある市。米軍・自衛隊の航空基地として発展、新産業都市に指定。人口四万二二六五(一九八八)。

**ミザントロープ【Le Misanthrope フランス】**《人間嫌い、の意》モリエールの五幕韻文喜劇。一六六六年初演。潔癖な青年の恋と絶望を描く。

**みじか・い【短い】**(形) 対義 長い。①長さが足りない。short 用例 そでが—。②時間が少ない。short 用例 —期間。③短気である。せっかちだ。impatient 用例 気が—。派生 みじかさ(名) みじかめ(名・形動)

**みじか・し【短し】**古語 (形ク) ①↓みじかい(短い)。②位が低い。身分が卑しい。用例 もとの品たかく生まれながら、身は沈み、位—・くて人げなき(源氏・帚木)。③思慮や分別に欠ける。用例 いかに—・き心なるらん(伊勢・一一三)。

**みじか-め【短め】**(名・形動) いくぶん短いこと・さま。be shortish 対義 長め。

**みじか-よ【短夜】**夏の、早く明ける夜。

**ミシガン【Michigan】**アメリカ中北部、五大湖沿岸の州。州都ランシング。自動車に代表される工業州。ミシガン大学を中心とした教育州でもある。人口九二六・二万(一九八〇)。

**ミシガン-こ【ミシガン湖】**(Lake Michigan) アメリカ中北部、五大湖中第三位の湖。面積五・八万km²。南北に細長い氷河湖で、湖岸にシカゴ・ミルウォーキー・ゲーリーなどの工業都市、背後に酪農地域が広がる。

**み-しし【身▽肉】**からだ。

**身肉堪えて(みししたえて)** からだにこたえて。どうしても。

**ミシシッピ【Mississippi】**アメリカ南部、ミシシッピ川左岸、メキシコ湾に臨む州。州都ジャクソン。綿花栽培のさかんな農業州。人口二五二・一万(一九八〇)。

**ミシシッピ-がわ【ミシシッピ川】**(Mississippi River) アメリカ中央部を北から南に流れる大河。ルイジアナ州南部で、メキシコ湾に注ぐ。支流のミズーリ川を含めて、ナイル川やアマゾン川と並ぶ世界最長の川。長さ六三〇〇km。

**ミシシッピ-わに【ミシシッピ▼鰐】**吻の幅が広くその先端が丸いアリゲーターの一種。全長二〜三m。ワニの中ではおとなしい。北アメリカ南東部の湖沼にすみ、魚などを捕食。以前はたくさんいたが、激減したため現在は保護されている。アメリカワニ。Mississippi alligator

**ミシス【mysis】**エビ類の幼生段階の一つ。ゾエアにつぐ幼生。この段階をへて成体になる。遊泳用の胸肢が五対あるなど、その外形がアミに似ているので、アミ期幼生ともいう。参照 メガロパ。

**み-じたく【身支度】**身ごしらえ。dress 用例 —を整える。

**みしはせ【▽粛▽慎】**古代日本の最北辺にいたと思われる異民族。本来は中国古代の東北辺境にいた異民族の名称。七世紀、阿倍比羅夫が討ったと伝えられる。しゅくしん。

**みしま【三島】**〈市〉静岡県、伊豆半島基部の市。伊豆国府の地で、東海道の宿場町、三島大社の門前町として発展。富士・箱根・伊豆方面の観光基地。文教都市でもある。人口一〇万二三九〇(一九八八)。

**みしま【三島】**〈町〉福島県西部、只見川とその支流に沿う町。農林業が中心。会津桐の特産地で桐工芸もさかん。人口三二二六(一九八八)。

**みしま【三島】**〈町〉新潟県西部、長岡市の北西に位置する町。産業は稲作、金物・食品工業など。天然ガスを産出。人口六八七二(一九八八)。

**みしま【三島】**〈村〉鹿児島県、薩摩半島の南にある竹島・硫黄島・黒島の三つの島からなる村。農林業と沿岸漁業を行い、黒牛・竹の子などを産出。人口五一五(一九八八)。

**み-しま【見島】**山口県萩市に属する日本海の離島。面積七・八km²。萩藩の流罪島で豊富な民俗を残し、群集古墳ジーコンボーが有名。天然記念物見島牛の産地。

**み-じまい【身仕舞(い)】**(名・サ変自) 身なりを整えること。身ごしらえ。dress

**みしま-おこぜ【三島▼膽・三島▼虎▽魚】**頭が大きく、両眼がその平たい背面にあって天を向いているミシマオコゼ科の海水魚。全長約三〇cm。褐色で、その上半部に暗褐色の網目状紋がある。練り製品原料。本州中部以南に分布。

**みしま-さいこ【三島▼柴▼胡】**山野にはえるセリ科の多年草。葉は線形で灰緑色。秋に、黄色五弁の小花をかさ状につける。根を解熱・解毒薬とする。本州以南に分布。

**みしま-じけん【三島事件】**三島由紀夫が、昭和四五年(一九七〇)一一月二五日、東京、市ケ谷の陸上自衛隊東部方面総監部で割腹自決した事件。三島が主宰者であった「盾の会」の会員四名とともに、同総監部を訪れ、総監を人質とし、憲法改正・自衛隊国軍化のためのクーデターを呼びかけた。

**みしま-たいしゃ【三島大社】**静岡県三島市大宮町にある旧官幣大社。祭神は事代主神と大山祇神。伊豆国一の宮。三島神社。

**みしま-ちゅうしゅう【三島中▼洲】**(一八三〇〜一九一九) 幕末・明治の漢学者。備中の人。名は毅。漢学塾二松学舎を設立。東大教授・東宮侍講などを歴任。

**みしま-とくしち【三島徳七】**(一八九三〜一九七五) 冶金学者。兵庫県生まれ。東大教授。強力なMK磁石鋼を発明。昭和二五年(一九五〇)文化勲章受章。

**みしま-まさお【三島▽雅▽夫】**(一九〇六〜一九七三) 新劇俳優。新潟県生まれ。法大卒。築地小劇場・新協劇団を経て俳優座で活躍。脇役としてすぐれた。

**みしま-みちつね【三島▽通▽庸】**(一八三五〜一八八八) 明治の官僚。薩摩藩出身。倒幕運動に参加。のち東京府権参事、酒田・福島・栃木県令などを経て警視総監。福島事件、保安条例の執行など、自由民権運動弾圧者として有名。

**みしま-ゆきお【三島由紀▽夫】**(一九二五〜一九七〇) 小説家・劇作家。本名平岡公威。東京生まれ。東大卒。唯美主義と古典主義を統一し、華麗で知的な逆説に富む作風を確立。割腹自殺。小説『仮面の告白』『金閣寺』『美しい星』『豊饒の海』、戯曲『鹿鳴館』『サド侯爵夫人』など。↓写

●三島由紀夫

**みじ-め【惨め】**(形動) 見るにしのびないさま。いたいたしいさま。miserable

**みじめ-さ【惨めさ】**みじめであること・程度。misery

**み-しゅう【未習】**まだ習っていないこと。対義 既習。

**み-じゅく【未熟】**(名・形動) ①まだ熟さないこと・さま。unripeness 比較 半熟。対義 成熟。②修練がまだ足りないこと・さま。unskilled 対義 熟練・熟達。

**みじゅく-じ【未熟児】**臓器機能が未発達で胎外の生活に適応できる成熟度のない出生児。古くは、出生体重二五〇〇g未満の出生児をさした。現在は低出生体重児、または低体重新生児という。一五〇〇g未満を極小未熟児、一〇〇〇g未満を超未熟児とよぶ。immature infant 対義 過熟児。

**みじゅくじ-もうまくしょう【未熟児網膜症】**出生体重一五〇〇g以下の未熟児におこりやすい網膜症。保育器内の酸素濃度上昇により、未熟な網膜血管に異常をきたし、視力障害を起こす。infantile retinopathy

**ミシュコルツ【Miskolc】**ハンガリー東部、ビュック山地東麓の都市。工業の中心地として発展。人口二一・二万(一九八五)。

**ミシュテカ-ぞく【ミシュテカ族】**南西メキシコに住むインディオ。古代中央メキシコ高地文化の担い手といわれる。現在は高度の農耕を営む。

**ミシュラン【Michelin フランス】**《Compagnie Générale des Établissements Michelin の略》フランスにある世界有数のタイヤメーカー。一八六三年設立。

**ミシュレ【Jules Michelet】**(一七九八〜一八七四) フランスの歴史家。ギゾーらとともにロマン主義時代の史学を代表。ナポレオン三世に反対し公職を追放された。著書『フランス史』『フランス革命史』など。

**み-しょう【未生】**まだ生まれないこと。unborn

**み-しょう【未詳】**まだはっきりしないこと。まだつまびらかでないこと。be unidentified; be unknown 比較 不明・不詳。

**み-しょう【実生】**挿し木・接ぎ木などの栄養繁殖に対して、種子から芽が出て生長すること。その植物。みばえ。

**みしょう【▽御▽荘】**〈町〉愛媛県南西部、豊後水道に臨む町。もと比叡山延暦寺の荘園。県の真珠養殖発祥の地で、アマナツミカンの産地でも知られる。人口一万二二四(一九八八)。

**みしょう-いぜん【未生以前】**この世に生まれる前の境地。まだ生まれてこないうちのこと。

**み-しょうたい【▽御正体】**銅板・鉄板の中央に、仏像や梵字、神像などを線刻・鋳出し、礼拝したもの。神鏡に仏像や梵字を線刻した神仏習合的礼拝に始まる。懸仏。

**みしょう-りゅう【未生流】**華道流派の一つ。生花の代表的流派。一九世紀の未生斎一甫を祖とし、関西中心に活動。分派が多い。

**ミショー【Henri Michaux】**(一八九九〜一九八四) フランスの詩人・画家。ベルギー生まれ。幻想的な散文詩を書く。画家としてはアンフォルメルの先駆者。詩集『夜動く』『荒れ騒ぐ無限』など。

**み-しらず【身知らず】**(名・形動) ①身のほどを知らないこと・さま。self-conceit ②からだを大事にしないこと・さま。むこうみず。neglect one's health

**み-しらぬ【見知らぬ】**(連語) 会ったこともない。全く知らない。strange; unknown 用例 —人。

**み-しり【見知り】**①見て知ること。recognition ②知り合い。acquaintance 比較 人見知り。

**みしり-ごし【見知り越し】**面識のあること。acquaintance 用例 —の仲。

**み-し・る【見知る】**(五他) ①見て知る。recognize ②交際して知り合う。be acquainted with 用例 お—・りおきください。

**み-じろぎ【身▽動ぎ】**(名・サ変自) からだを動かすこと。身うごき。stir 用例 —一つしない。

**み-じろ・ぐ【身▽動ぐ】**(五自) からだを少し動かす。stir

**み-しん【未進】**年貢など、まだ納めていないこと。

**ミシン**《sewing machine から》①布・皮革・紙などを糸で縫い合わす縫製機械。②書類などの点線状の切り取り線。

**ミシンを入れる(ミシンをいれる)** 入場券・回答用紙などに、切り取り用の点線状の針穴をつける。類似 ミシンめを入れる。

**み-じん【▽微▼塵】**①細かいほこり。particle of dust ②びさいなもの。particle ③細かくしたもの。small pieces

**ミシン-いと【ミシン糸】**ミシン用の縫い糸の総称。太さが均整ですべりがよく、丈夫で伸縮性が少ない。布地に合わせて選ぶ。カタン糸など。sewing cotton

**みじん-ぎり【▽微▼塵切(り)】**野菜などを、非常に細かに切ること。chop into fine pieces 用例 ネギの—。

**みじん-こ【▽微▼塵粉】**蒸したもち米を乾燥させたのち、ひいて、こなにしたもの。

**みじん-こ【▽微▼塵子・▽水▼蚤】**ミジンコ科の微小な甲殻類。体長一mm〜数ミリメートル。池沼にすみ、繁殖力は旺盛で、淡水魚類の重要な餌料。世界各地に分布。water flea

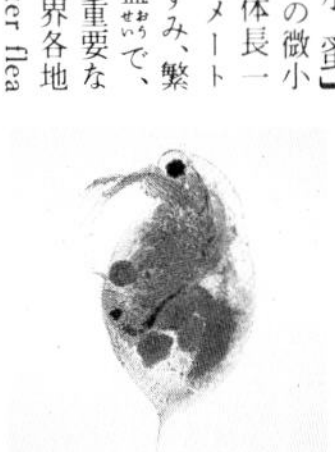

●ミジンコ

↓写

**ミシン-ししゅう【ミシン刺▼繡】** ミシンを使った刺繡の総称。一般には上糸に刺繡糸、下糸は細い白糸で表から刺す。machine embroidery

**みじん-も【▽微▼塵も】**(副)《下に打ち消しをともなって》少しも。いささかも。a bit

**み-す【▽御▼簾】** 簾の敬称。

**御簾を隔てて高座を覗く**(みすをへだててこうざをのぞく) 物事が思うようにならず、もどかしいことにいう。

**み・す【見す】** 古語 ㊀(四他)「見る」の尊敬語。ごらんになる。用例 吹き鳴す御諸が上に登り立ちわが―・せば(日本書紀・継体)。㊁(下二他)↓みせる(見せる)

**ミス【MIS】**《management information systemの略》経営情報システム。

**ミス【miss】**(名・サ変自) ①取り逃がすこと。②しくじり。ミステーク。

**ミス【miss; Miss】** ①未婚の女性に対して使われる敬称。対義 ミセス・ミスター。②美人コンテストの代表者。代表的美人。用例 ―日本。

**みず【水】** ①化学式$H_2O$ 酸素と水素の化合物で、常温で無色無味無臭の液体。沸点一〇〇℃、凝固点0℃。固体を氷、気体を水蒸気という。温度の高い水を湯という。多くの物質をよく溶かす。広く地球上に存在する。大部分は海水で、地表の七三%を占める。河川水・湖沼水・地下水・氷河などのほか、大気中では水蒸気の形で存在し、雨や雪となって降る。また動植物体の成分の大部分を占め、生存に不可欠のもの。water 用例 川の―。②相撲の「水入り」の略。③新しい環境。new environment 用例 プロの―に馴れる。

**水が開く**(みずがあく) ①競泳・ボートレースなどで、一身長・一艇身以上の差がつく。have a lead ②《転じて》競争相手との間に、大きな差がつく。be a gap

**水が違う**(みずがちがう) ①《土地土地で水の質が違うと思われていたことにより》水質が違う。水質が異なるとからだに悪いと考え、旅をする人に注意していう。②《転じて》土地土地によって、人々の気質や習慣は異なるものである。その場の雰囲気などに容易になじめない場合にいう。feel ill at ease

**水が入る**(みずがはいる) 相撲で、勝負が決まらず、長引いたさいに、途中に短い休みを入れて、力水をつけさせる。

**水が引く**(みずがひく) 洪水などでたまっていた水が、なくなる。水位がもとに戻る。subside

**水清ければ魚棲まず**(みずきよければうおすまず) あまりに潔白すぎると、かえって人に親しまれないことのたとえ。Too much of a good thing.

**水で割る**(みずでわる) 濃い液体に水を加える。薄める。water down

**水に油**(みずにあぶら) しっくりと調和しないことのたとえ。水と油。be as incompatible as oil and water

**水に逆らう**(みずにさからう) 流れと反対の方向に進む。contrary the current

**水にする**(みずにする) ①むだにする。②以前にあったことをなかったことにする。③胎児をおろす。堕胎する。

**水に流す**(みずにながす) 過去のもめごとを忘れて、いっさいとがめない。forgive and forget

**水になる**(みずになる) むだになる。ふいになる。

**水に馴れる**(みずになれる) ①水を怖がらなくなる。get accustomed to the water ②土地、または新しい環境になれる。get accustomed to new environment 用例 どうやら、この土地の水になれてきたようだ。

**水温む**(みずぬるむ) 水が温かくなる。春になる。

**水の泡**(みずのあわ) ①はかないたとえ。bubble ②努力がむだになるたとえ。come to nothing

**水の滴る様**(みずのしたたるよう) 生気ある男や女の、また美男美女の、つやつやとした、またみずみずしい美しさの形容。

**水の流れと人の行方**(みずのながれとひとのゆくえ) 前途がどうなるかわからないたとえ。Life is an unknown cource.

**水の低きに就くが如し**(みずのひくきにつくがごとし) 物事が運ぶ自然の勢いは、どうすることもできないというたとえ。水は低きに流る。Nature will have her course.

**水は天からの貰い水**(みずはてんからのもらいみず) 天から降る雨をためて、生活に必要な水とすること。井戸や水道が完備されていないくらしを言う。

**水は低きに流る**(みずはひくきにながる) ごく自然にことが進むたとえ。また、自然のなりゆきは人の力では止められないたとえ。水の低きに就くが如し。Water seeks its own level.

**水は方円の器に随う**(みずはほうえんのうつわにしたがう) 水はその器によって形を変えることから、人の性質は交友・境遇によって決まることが多いたとえ。

**水も漏らさぬ**(みずももらさぬ) ①警戒などが厳重で、少しのすきまもない。watertight ②非常に仲のよいさま。hand in glove

**水を開ける**(みずをあける) 競泳・ボートレースなどで、一身長・一艇身以上引きはなす。また、他にかなりの差をつける。open up a lead

**水を打った様**(みずをうったよう) 大勢の人が、静まり返るさま。so quiet you could hear a pin drop

**水を得た魚**(みずをえたうお) 生き生きしているようす。自由に伸び伸びと活動しているさま。act lively

**水を切る**(みずをきる) ①水をかき分けるようにして、すいすいと泳ぐ、また、船などが水上を進む。②野菜などを振って水気をなくすようにする。drain

**水を差す**(みずをさす) 仲のよい間柄を割くようにする。また、順調にいっていることに対し、じゃまだてする。estrange people; make mischief

**水を向ける**(みずをむける) 誘いかける。うまく仕向ける。draw out

**ミズ【Ms.】** 未婚・既婚の区別なく女性に対して使われる敬称。男性はミスター一語なのに、女性にはミス(=未婚)とミセス(=既婚)の区別があり、男女同権に反するとして生まれた語。

**みず-あおい【水▼葵】** 沼や水田にはえるミズアオイ科の一年草。高さ約三〇㎝。葉は心臓形で長い柄をもつ。夏から秋に、青紫色の多数の六弁花をつける。観賞用にも栽培される。日本全土に分布。↓写

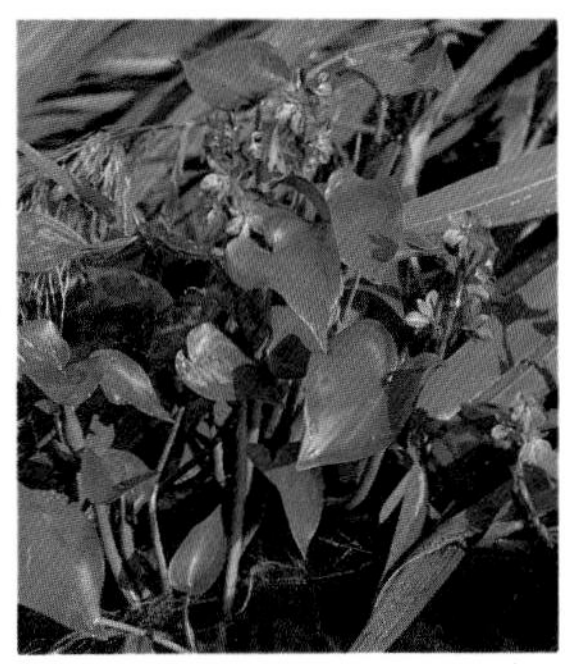

●ミズアオイ

**みず-あか【水▼垢】** 水中に溶けていた物質が固体になって、沈んだり物についたり浮かんだりしているもの。fur

**みず-あかり【水明(か)り】** 水に映る光で、少し明るく見えること。

**みず-あげ【水揚げ】**(名・サ変他) ①船の荷物を陸へ揚げること。unloading ②漁の獲物を船・陸に揚げること。また、その量。landing; haul ③切り花の水を吸いあげる具合。water raising ④稼ぎ高。売上高。takings ⑤芸者・遊女がはじめて客をとること。

**みずあげ-りょう【水揚(げ)量】** 重量で表した漁獲物の量。haul

**みず-あし【水足】** 河川などの、水のさしひき・水量の増減の速さ。

**みず-あそび【水遊び】**(名・サ変自) ①水の上で、または水に入って遊ぶこと。play in the water 比較 水泳。②水を使って遊ぶこと。play with water

**みず-あたり【水▽中り】**(名・サ変自) 飲んだ水が原因で腹下しをすること。be poisoned by the water

**みず-あび【水浴び】**(名・サ変自) ①水を浴びること。bathe 比較 沐浴。②水泳。swim

**みず-あぶら【水油】** ①髪の毛を整える液体の油。hair oil ②ともし油。たね油。rape oil

**みず-あめ【水▼飴】** でんぷんを酸や酵素で分解し、糖化して作った粘りのある甘味食品。菓子・料理・しょうゆ・佃煮などに用いる。数え方 一曲・一缶・一瓶・一壺・一甕。

**みず-あらい【水洗い】**(名・サ変他) 水で洗うこと。水で洗い流すこと。to wash with water

**みず-あらそい【水争い】** 水田の灌漑用水の取得配分をめぐる争い。水論。

**み-すい【未遂】** ①まだ、やりとげないこと。②法律で、犯罪の実行に着手しながら、目的を達成しなかったこと。自分の意思で行為をやめる中止未遂と、それ以外の障害未遂とに区別される。attempt 対義 既遂。用例 殺人―。

**みず-いらず【水入らず】** 他人を交えず、内輪の者だけであること。with no outsiders present 用例 一家―。

**みず-いり【水入り】** 相撲で、なかなか勝負が決まらないときの一時休止。水。

**みず-いれ【水入れ】** すずりにさす水を入れる器。水滴。数え方 一個。

**みず-いろ【水色】** 薄い青色。薄いあい色。

**みず-いわい【水祝(い)】** ①婚姻習俗の一つ。婚礼の行列の途中、あるいは結婚後初めての正月に、婿または夫婦に水を浴びせて祝うもの。②田植えの終わりを祝って、通りかかる人に水をかける風習。

**みず-うみ【湖】**《水海、の意》陸地に囲まれた凹地に水をたたえた所で、海と直接つながっていないもの。一般に池・沼より大きく、中央部は沿岸植物が侵入できない深さのもの。湖水。lake 比較 池・沼。

**ミズーリ【Missouri】** アメリカ中央部、ミシシッピ、ミズーリ両川流域の農業州。州都ジェファーソンシティ。人口四九一・七万(一九八〇)。

**ミズーリ-がわ【ミズーリ川】**(Missouri River) アメリカ北西部の川。モンタナ州西部のロッキー山脈からグレートプレーンズを流れるミシシッピ川最大の支流。長さ三九七〇㎞。水力発電、灌漑に利用。

**みず-え【水絵】** ①浮世絵版画の一種。墨摺りによる輪郭線を用いず、紅・藍・黄・緑などの淡色で摺られたもの。②水彩画。watercolor painting

**みず-えのぐ【水絵の具】** 水彩画に使う絵の具。水で溶かして使う。water colors 対義 油絵の具。

**み-す・える【見据える】**(下一他) ①じっと見る。見つめる。stare fixedly ②見定める。make sure of

**みず-おしろい【水▽白▽粉】** 液状のおしろい。対義 粉白粉。

**みず-おち【▼鳩▽尾】** 胸骨の下方、左右の肋骨に囲まれてへこんだ部分。内部に胃の上半部が位置するため、水を飲むとそこに入ったように感じることからの名。みぞおち。epigastrium

**みず-およぎ【水泳ぎ】** 水泳。

**みす-がい【▽御▼簾貝】** 潮間帯の岩礁にすむミスガイ科の巻き貝。殻高約四㎝、殻径約三㎝。卵球形。殻表は滑らかで、淡黄色の地を多数の細い黒褐色帯が走る模様は簾を連想させる。房総以南に分布。bubble shell

**みず-かい【水飼い】** 馬などに、水をやること。water 用例 ―場。

**みず-がい【水貝】** アワビの刺身の一種。薄い塩水と氷片の中に、さいの目状に切ったアワビをひたす。わさびじょうゆで食べる。

**みず-かえ【水替え】**(名・サ変他) ①井戸替え。②古い水を新しい水に替えること。③江戸時代、鉱山の坑内にわく水をくみ上げること・人。

**みず-かがみ【水鏡】** ㊀水面に姿を写すこと。また、その水面。㊁鎌倉初期の歴史物語。三巻。作者は中山忠親(一一三一〜九五)と伝えられる。成立年代未詳。神代の略述と、神武天皇から仁明天皇まで五四代千五百余年の編年体の歴史。

**みず-かき【水▼搔(き)・▼蹼】** 水鳥の足やカエルの足などの指のあいだにある皮膚のひだ。水中の運動に適応して発達した膜状構造。web

**みず-がき【▼瑞垣・▼瑞▼籬・水垣】** ①神霊の宿る山・森などのまわりに木をめぐらした垣。②神社の周囲の垣の美称。玉垣。いがき。

**みずがき-の【▼瑞垣の】**[枕ことば]《神社の周囲にめぐらした垣根が永く栄え続ける、の意、また、垣根に囲まれた神、の意から》「久し・神」にかかる。用例 ―久しき時ゆ恋すればわが帯緩ふ朝夕ごとに(万葉・一三・三二六二)。

**みずがき-やま【▼瑞▼牆山】** 山梨県北部、秩父山地にある山。標高二二三〇m。花崗岩からなる岩山で、西側に急崖をもつ特異な山容で知られる。増富温泉が登山基地。

**みずかけ-ぐさ【水掛草】** ミソハギの異名。盆に迎え火を消すときにもちいることからの名。

**みずかげ-ぐさ【水陰草】** ①水のほとりにはえる草。②《転じて》イネの異名。

**みずかけ-まつり【水掛祭(り)】** 正月に行われる水を掛け合う行事。水祝いの行事が祭りとして残ったもので、新婚を祝い、厄を落とすといわれる。関東・東北地方に数多く残り、福島県田村郡三春町の塩釜神社、岩手県東磐井郡大東町の八幡神社などのものが有名。

**みずかけ-ろん**【水掛(け)論】①互いに自分の理屈だけを言い張って、果てしのない議論。endless dispute ②決め手がないので、どうにもならない討論。endless dispute
**みず-かげん**【水加減】水を加える具合・程度。quantity of water 用例 鍋の―を見る。
**みず-かさ**【水▼嵩】川などの、水の増減・多少の程度。水量。volume of water
**みず-がし**【水菓子】くだもの。
**み-すか・す**【見透かす】(五他)①透かして見る。see through ②相手の考えなどを、見抜く。見通す。penetrate
**みず-かび**【水▼黴】鞭毛菌類ミズカビ科の藻菌類。水中の有機物に房状に着生する。菌糸は長く隔壁がなく、遊走子が発芽してカビになる。
**みず-かまきり**【水▼蟷▼螂】池沼にすむカマキリに似たタイコウチ科の水生昆虫。体長約四㎝。灰褐色。尾端に長い呼吸管をもつ。小魚などを捕食。日本全土に分布。water scorpion ↓図

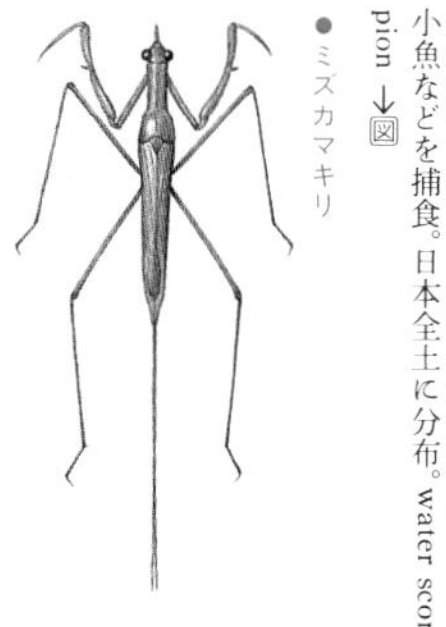
●ミズカマキリ

**みずかみ**【水上】〈村〉熊本県南東部、球磨川源流部の山間の村。林野が大部分を占める農・林業の村で、市房ダムがある。人口三三二六(一九八八)。
**みず-がみ**【水髪】油を使わず、水だけでくしけずったり、なでつけたりした髪。
**みずかみ-つとむ**【水上▽勉】(一九一九)小説家。福井県生まれ。立命館大中退。社会派推理作家として出発、のち多方面に活躍。作品『雁の寺』『越前竹人形』『金閣炎上』など。
**みず-がめ**【水▽瓶・水▼甕】水を入れておく大きなかめ。jar
**みずがめ-ざ**【水▽瓶座】南天の星座。黄道十二星座の一つ。一〇月二二日ごろの午後八時ごろに南中。面積九八〇平方度。Aquarius ↓図
**み-ずから**【自ら】㊀(名)自分自身。oneself 用例 ―を反省する。㊁(副)《「親ら」とも》自分から。自身で。personally 比較 おのずから。㊂古語(代)身分ある婦人の自称。わらわ。用例 ―は、九重の中に生ひ出で侍りて(源氏・少女)。
**自ら持する**(みずからじする) 自分の態度をかたく守る。hold to your resolution
**みず-からくり**【水絡繰り・水▽機▽関】↓みずげい(水芸)
**みず-ガラス**【水ガラス】珪酸ナトリウムの濃厚水溶液。組成式 $Na_2SiO_3 \cdot nH_2O$ ($n$=2.1～3.5) あめ状で無色の物質。ガラスの接合、洗剤などの原料。water glass
**みず-がれ**【水▼涸れ】田・川・井戸などが干上がること。drought
**み-すぎ**【身過ぎ】暮らしていく手段。口過ぎ。世過ぎ。用例 ―世過ぎ。
**身過ぎは草の種**(みすぎはくさのたね)「身過ぎ世過ぎは草の種」の中略。
**身過ぎ世過ぎ**(みすぎよすぎ) 暮らしを立てていくこと。また、生活をなり立たせていくための方法。
**身過ぎ世過ぎは草の種**(みすぎよすぎはくさのたね) 生活の手だては、草の種のようにいろいろ、またたくさんある。類似 商売は草の種。
**みすぎ**【▽美杉】〈村〉三重県西部の山間の村。県下屈指の林業地で、杉の美林で知られる。茶園・桑園も多い。人口九六四五(一九八八)。
**みず-き**【水木】ミズキ科の落葉高木。山野にはえる。高さ約一五m。枝は輪状に出る。葉は楕円形で互生。五月に白色の小花を枝先に密生。実は黒くて丸い。材でこけしを作る。クルマミズキ。dogwood ↓写
**みずき**【水▽城】福岡県太宰府市と大野城市間に残る古代の土塁。天智三年(六六四)大宰府防衛のため築かれたもので、全長約一km、高さ約一四m。
**みず-ぎ**【水着】水泳用の着衣。婦人用はワンピース型・セパレーツ型。男子用はショートパンツ型など。海水着。bathing suit
**みず-ききん**【水飢▼饉】雨が降らなくて、飲み水や田畑の水などが欠乏すること。
**みず-ぎぼうし**【水擬宝▽珠】ユリ科の多年草。高さ約五〇㎝。葉は直立し、線形で光沢がある。夏に、淡紫色で漏斗状の花が数個咲く。中部以西の湿地にはえる。

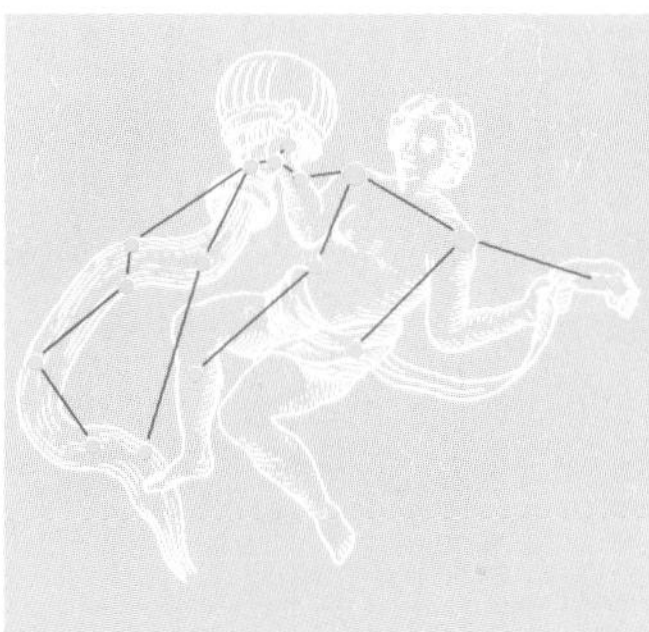
●水瓶座

●ミズキ

**ミスキャスト**【miscast】配役を誤ること。役にふさわしくない配役。
**みず-きり**【水切り】(名・サ変自)①水分がなくなるようにすること。draining ②水面を切るように石を投げる遊び。ducks and drakes ③生け花の水揚げ法。切り口を空気に触れさせないよう、水中で枝や茎を切り、水揚げをよくして花を長持ちさせる。
**みず-ぎわ**【水際】水面に接した所。水のほとり。みぎわ。waterside
**みずぎわ-さくせん**【水際作戦】海上から攻めてくる敵を、水際で全滅させる作戦。害虫・病原菌・麻薬などを国内に入れないよう防ぐことにもいう。shoreline protection
**みずぎわ-だ・つ**【水際立つ】(五自)①いちだんとめだつ。splendid ②きわだってすぐれる。できばえがみごとだ。splendid
**みず-きんばい**【水金梅】アカバナ科の多年草。沼や池にはえ、長くのびた根茎から呼吸根を出す。葉柄の基部に托葉状の腺体がある。夏に、黄色の五弁花が咲く。
**みず-ぐき**【水茎】《みずみずしい茎、の意》＝みずくき。①筆。②筆跡。③手紙。
**水茎の跡**(みずぐきのあと) ＝みずくきの跡。①筆跡。②手紙。
**みずくき-の**【水茎の】[枕ことば]①《同音の繰り返しから》「水城」にかかる。用例 大夫と思へるわれや―水城の上に涙拭はむ(万葉・六・九六八)。②《かかりかた未詳》「岡」にかかる。用例 秋風の日にけに吹けば―岡の木の葉も色づきにけり(万葉・一〇・二一九三)。
**みず-くさ**【水草】水生植物。すいそう。みくさ。water plant
**みず-くさ・い**【水臭い】(形)①よそよそしい。他人行儀だ。stand-offish ②水分が多くて味が薄い。水っぽい。watery 派生 みずくささ(名)
**みず-ぐすり**【水薬】液状の薬。すいやく。liquid medicine 対義 粉薬・錠剤。
**みず-ぐち**【水口】①水を引き入れ、または落とす所。みなくち。②台所で、水をくみ入れる口。
**みず-くみ**【水▼汲み】(名・サ変自)水をくむこと・人。draw water 用例 川へ―に行く。
**みず-ぐも**【水雲】水滴だけからなる雲。水晶核が十分にないと、水滴は零下四〇℃くらいまで氷晶にならず、過冷却の状態のままである。water cloud
**みず-ぐも**【水▼蜘▼蛛】淡水中に巣を作るミズグモ科のクモ。体長一～一・五㎝。藻の間に網を張り、空気の泡を運びこむ。まれな種だが、ヨーロッパ・アジアに分布。water spider
**みず-くらげ**【水▽水▽母】ふつうの海生のクラゲ。腔腸動物。直径約三〇㎝。浅い皿状で寒天質は無色透明。腕は四本。日本全土に分布。aurelia ↓クラゲ図
**みず-ぐるま**【水車】水力を利用して回す車。すいしゃ。動力に使う。waterwheel
**みず-け**【水気】物にふくまれている水分。湿り気。すいき。moisture
**みず-げい**【水芸】水を用いて行う日本の手品。仕掛けを使って扇・剣・衣服などにつけた管から水を吹き上げる芸。おもに裃姿の女性が演じる。みずからくり。↓写

●水芸『滝の白糸』の舞台より。

**みず-けむり**【水煙】①煙のように飛び散るしぶき。spray ②水上に立つ霧・もや。mist over the water
**みず-こ**【水子・▽稚子】＝みずご。①生まれたばかりの子。あかご。②流産や、堕胎した胎児。用例 ―供養。
**みず-ごえ**【水肥】液状の肥料。すいひ。
**みずこ-くよう**【水子供養】流産したり、堕胎した胎児を供養するもの。地蔵信仰に由来。
**みず-ごけ**【水▼蘚・水▼苔】ミズゴケ科のコケの総称。高さ五～一五㎝。亜高山や高山の湿地に多く、高層湿原を形成する。鉢植えなどに使う。sphagnum ↓写

●ミズゴケ　オオミズゴケ

**みず-ごころ**【水心】①泳ぎの心得。②《「魚、心有れば、水、心有り」の略》こちらの気持ちは、先方の気持ち次第であるということ。
**水心有れば魚心**(みずごころあればうおごころ)「魚、心有れば、水、心有り」と同意。
**み-すご・す**【見過(ご)す】(五他)＝見過ぐす。①見ながら、そのままにする。overlook ②見逃す。見落とす。miss
**みず-こぼし**【水▽翻し】茶わんを洗った水をこぼす茶器。建水。こぼし。
**みず-ごり**【水▼垢離】願いごとがあって、水をかぶること。こり。用例 ―をとる。
**みず-さいばい**【水栽培】植物を水や培養液で栽培する方法。水耕。water culture
**みず-さかずき**【水杯・水▼盃】酒のかわりに水をついだ盃をやりとりすること。再び会えないと思われる別れのときなどに行う。用例 ―をして別れる。
**みず-さき**【水先】①水の流れて行く方向。direction of a current ②船の進むべき水路。course ③「水先案内」の略。
**みずさき-あんない**【水先案内】海峡・港の出入り口・河川など航行に危険な水域を、船舶が出入り・通過するさいに、水路の案内をすること。また、その資格をもつ人。pilotage
**みずさき-にん**【水先人】法令で指定された港湾内などの水域で、船舶に乗り込み水路を案内する人。資格を必要とする。水先案内人。pilot
**みず-さし**【水差(し)・水指(し)】①ほかの容器に水を注ぐ器。②《「水指」で》茶の湯で、水を入れておく器。↓茶道具図
**みずさわ**【水沢】〈市〉岩手県中南部の市。

▼常用漢字表外。　▽常用漢字表の音訓外。

旧城下町。県下屈指の穀倉地帯で、胆沢米の産地。農産物の集散や伝統の鋳物工業もさかん。国際緯度観測所があり、胆沢城の城柵址は古代史跡として知られる。人口五万七二七五(一九八八)。

**みずさわ-いどかんそくじょ**【水沢緯度観測所】国立天文台(旧東京天文台)の付属施設。地球の極運動の解明をめざす国際緯度観測事業の一翼を担う。

**みずさわ-はん**【水沢藩】江戸時代、陸奥国胆沢郡水沢地方におかれた仙台藩の一支藩。主城は水沢城。一万一〇〇〇石、のち一万六〇〇〇石。寛永六年(一六二九)伊達宗利が入封して立藩、後代に留守氏を称した。

**み-すじ**【三筋】①三本の細い線。②三味線。三筋の糸(みすじのいと)。三味線。

**みず-し**【水仕】①水仕事をすること・人。②台所で働くこと・人。みずしめ。

**みず-しげん**【水資源】鉱物資源・土地資源とともに基礎資源の一つ。日本の年間降水量は、約一六〇〇㎜、その総量は六〇〇〇億m³。water resources

**みずしげん-かいはつこうだん**【水資源開発公団】水資源開発基本計画に基づく水資源の開発・利用のための事業の実施を目的とする、国土庁所管の法人。昭和三七年(一九六二)に設立。

**みず-しごと**【水仕事】①水を使う仕事。②台所の仕事。scrubbing and washing kitchen work

**みすじ-ちょう**【三▽条▼蝶】黒褐色の地に三本の白帯が目だつタテハチョウ科のチョウ。開張約六・五㎝。広葉樹林にすみ、樹冠のまわりを飛び回る。花を訪れることは少ない。食草はカエデ類。宮崎県以北の日本各地、朝鮮半島・中国に分布。

**みず-しぶき**【水▽飛▼沫】とびちる細かい水玉。splash

**みずしま**【水島】岡山県倉敷市の臨海部にある地名。工業地域が形成されている。参照 水島臨海工業地域。

**みすじ-まいまい**【三筋▼蝸▽牛】淡黄白色の殻に三条の黒帯をめぐらすカタツムリ。殻径約三・五㎝。右巻き。平地の林や庭などにすむ。おもに関東地方に分布。

**みずしま-さんいちろう**【水島三一郎】(一八九九～一九八三)化学者。双極子モーメント・ラマン効果などにより分子構造を研究し、日本に構造化学を確立。昭和三六年(一九六一)文化勲章受章。

**みずしま-りんかいこうぎょうちいき**【水島臨海工業地域】岡山県倉敷市の水島地区の埋め立て地に形成された重化学工業地域。石油精製・製鉄を中心に関連産業がコンビナートを形成。

**みず-しも**【水霜】露霜。

**みず-しゅうし**【水収支】地球上の水の循環系のなかで、降雨や蒸発および地下流入などの自然要因と、灌漑や各種用水などの人為的要因による水量変化を明らかにすること。water balance

**みず-しょう**【水性】①水の性質。②五行の一つ。水の性質を持つこと・人。③女の浮気な性質。

**みず-しょうばい**【水商売】客の人気でなり立っていく商売。接客業。待合・料理屋など。chancy business; bar and restaurant business

**みず-しらず**【見ず知らず】(連語)まったく見知らないこと。まだ一度も顔を合わせたことがないこと。strange

**み-すず**【▽水▼篶・三▼篶】スズタケの異名。

**みすず-かる**【三▼篶刈る】[枕ことば]《「万葉集」二・九六の「水薦」、二・九七の「三薦」を後世「三篶」と訓んだことから。現代では「みこもかる」と訓む。スズタケの産地であることから》「信濃」にかかる。用例 ―しなの不自由なる我が里は(父の終焉日記)。

**みず-すぎ**【水杉・▽筋▽骨▽草】ヒカゲノカズラ科の多年生常緑シダ。暖地の湿地にはえ、高さ約三〇㎝。硬質の茎は直立。葉は鱗片状の線形で密生。

**みすず-こ**【▽美鈴湖】長野県松本盆地の東、女鳥羽川の支流を堰止めた農業用の人造湖。面積〇・一㎢、標高約一〇〇〇m。スケート場。

**みず-すまし**【水澄・▼豉▽虫】水面を旋回するミズスマシ科の甲虫。体長約七㎜。目は上下に二分され、水中と空中を別々に見る。日本全土・朝鮮半島・台湾に分布。マイマイムシ。↓図 whirligig beetle

●ミズスマシ

**みず-せっけん**【水石▼鹼】ヤシ油やオリーブ油を原料としたカリせっけんの一五%水溶液に、炭酸カリウム・グリセリンなどを加えたもの。手洗い用など。liquid soap

**みず-ぜめ**【水攻め】給水路を断ったり、川の水を引いて水浸しにしたりして、城を攻めること。また、その戦法。flooding tactics 対義 火攻め。

**みず-ぜめ**【水責め】拷問の一種。水を使って人を苦しめるもの。torture by water 対義 火責め。

**みず-た**【水田】水をたたえた田。すいでん。paddy field

**ミスター**[mister; Mr.; Mr]①男性に対して使われる敬称。日本語の「氏」に当たる。対義 ミス・ミセス・ミズ。②ある組織を代表するような男性。

**みず-がらし**【水田▼芥】アブラナ科の多年草。高さ約三〇㎝。水田などにはえる。葉は羽状複葉。春に、白色の小花が咲く。

**みず-たき**【水炊き】味つけをしないで、煮るなべ料理。若鶏を骨ごとぶつ切りにし、野菜などと煮ながらポン酢じょうゆで食べる。薬味は、アサツキ・もみじおろしなど。

**みず-だこ**【水▼蛸】タコ類中の最大種。体長約三m。体は赤褐色で柔らかく、皮膚に細かいしわがある。深さ一〇〇～二〇〇mの海底にすむ。食用。東北地方から北太平洋に分布。↓タコ図

**みず-だし**【水出し】①コーヒー豆などを水に浸しておいて、うま味などを浸出させること。②昆布やシイタケなどを水にしばらく浸しておいて作っただし汁。

**みず-たで**【水▼蓼】[枕ことば]《タデ科の一年草。秋に穂状の花が咲くことから》「穂」にかかる。用例 幣帛を奈良より出でて―穂積に至り鳥網張る坂手を過ぎ(万葉・一三・三二三〇)。

**みず-だに**【水▼蜱】水中生活をするダニ類の総称。体長一㎜内外。よく泳ぎ、ミジンコなどを捕食。幼虫は水生昆虫などに寄生。世界各地に分布。

**みずたに-やえこ**【水谷八重子】(一九〇五～一九七九)新派女優。東京生まれ。新派の大黒柱的存在だった。主演作『婦系図』『鹿鳴館』など。↓写

●水谷八重子

**みず-たま**【水玉】①水の、玉の形になったもの。しぶき。水滴。drop of water ②ガラス玉に水を入れたもの。かんざしなどに用いる。③《「水玉模様」の略》小さな円形を散らした模様。polka dots

**みずたま-かび**【水玉▼黴】草食動物の糞上に生じるカビ。胞子嚢柄は太く、先端がふくらみ、頂点に黒色の胞子嚢がある。

**みずたま-そう**【水玉草】①山野の日陰にはえるアカバナ科の多年草。高さ約五〇㎝。葉は楕円形で対生。夏に、柄のある白色の二弁小花を穂状につける。②ホシクサの別名。

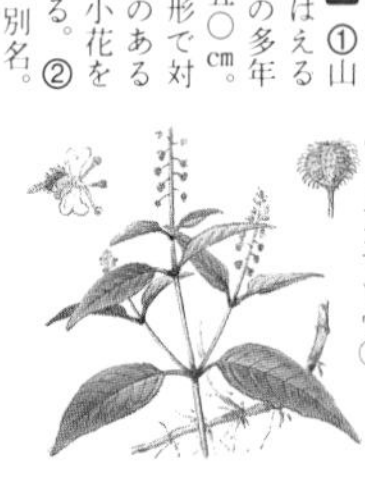

●ミズタマソウ①

**みず-たまり**【水▼溜(ま)り】地面などのくぼみに水がたまった所。puddle ↓図

**ミスタンゲット**[Mistinguett](一八七五～一九五六)フランスの女性シャンソン歌手。脚線美と強烈な個性でレビューの大スターとなる。

**みずち**【▼蛟・▼虬】想像上の動物。竜の一種で水の中にいるもの。

**みず-ちどり**【水千鳥】ラン科の多年草。山間の湿地にはえる。茎は高さ約八〇㎝。線状披針形の葉を数枚つける。初夏に、白花を多数穂状につけ、花に芳香がある。

**みず-ちゃや**【水茶屋】江戸時代、路傍や社寺の境内などで、茶や菓子を売って休息させた茶店。みずぢゃや。

**みず-つぎ**【水▽注ぎ】水差し。pitcher

**みずっ-ぱな**【水っ▼洟】水のような鼻じる。水ばな。snivel

**みずっ-ぽ・い**【水っぽい】(形)水気が多くて味が薄い。watery 用例 ―酒。派生 みずっぽさ(名)

**ミスティ**[Misty]ジャズピアノ奏者エロール=ガーナーが一九五四年に作曲し、ジョニー=バークが五五年に歌詞をつけたポピュラー曲。

**ミスティ-さん**【ミスティ山】(Volcán Misti)ペルー南部、アンデス山脈にある火山。標高五八二五m。

**ミスティシズム**[mysticism]神秘主義。神秘性。

**ミステーク**[mistake](名・サ変自)①誤解すること。思いまちがい。②しくじり。ミス。

**みず-てっぽう**【水鉄砲】玩具の一つ。水を筒の先の穴から押し出して飛ばす。squirt gun

**ミステリー**[mystery]①神秘。②推理小説。③怪奇小説。

**み-す・てる**【見捨てる・見▽棄てる】(下一他)①見はなす。見限る。forsake ②人の苦難などを知りながら、そのままにする。leave in the lurch

**みず-てん**【見ず転・▽不▽見転】《俗語》芸妓が、相手を選ばず、お金しだいで売春すること。また、その芸妓。

**ミスト**[mist]液体の噴霧、液体とガスとの接触、蒸気の凝縮、化学反応などで生成された液体微粒子。

**みず-とうりょう**【水当量】ある物質の熱容量を、それに等しい熱容量をもつ水の質量で表したもの。すなわち、物質の熱容量を水の比熱で割ったもの。water equivalent

**ミスト-き**【ミスト機】送風式の液剤噴霧機械。噴霧した液剤を、高速気流で遠距離まで散布する。mist blower

**みず-どけい**【水時計】器の中の水があなから流出する量、または水面の下降によって時間の経過を測る時計。漏刻。water clock

**ミストラ**[Mystrá]ギリシアのラコニア地方、タイゲトス山脈北端の村。ビザンチン文化の都市遺跡が残り、スパルタ平野を望む景勝地。

**みず-とらのお**【水▼虎尾】シソ科の多年草。湿地にはえる。茎の高さ約五〇㎝。線形葉が四枚輪生。夏秋に、茎頂に円柱状の花穂が出て、紫色の小花が密生。

**ミストラル**[mistral フランス]フランスを中心とする地中海北岸の地方に、北から吹き下ろす寒風。農作物に被害を与える。

**ミストラル**[Frédéric Mistral](一八三〇～一九一四)フランスの詩人。南仏プロバンス語の詩歌の復活を主張。一九〇四年ノーベル文学賞受賞。叙事詩『ミレーユ』、辞典『フェリブリージュ宝典』など。

**ミストラル**[Gabriela Mistral](一八八九～一九五七)チリの女流詩人。普遍的な愛の詩人。一九四五年ノーベル文学賞受賞。詩集『荒廃』『愛情』『伐採』など。

**みず-とり**【水取(り)】↓おみずとり(御水取り)

**みず-とり**【水鳥】①みずかきがあって水上を遊泳する鳥類。ガン・カモ・ハクチョウ・カモメなどのいわゆる遊禽類。water bird; waterfoul ②水辺にすむ鳥。ツル・サギ・シギ・チドリなど水中を歩いて餌をあさるいわゆる渉禽類をも含める。水禽。shorebird

**みずとり-の**【水鳥の】[枕ことば]《水鳥の、羽の色の青いこと、飛び立つことなどから》「鴨・青葉・立つ」などにかかる。用例 ―鴨の羽の色の春山のおほつかなくも思ほゆるかも(万葉・八・一四五一)。

**みず-とんぼ**【水▼蜻▼蛉】湿原にはえるラン科の多年草。花をトンボに見立てたことからのよび名。高さ約五〇㎝。葉は線形。七～九月に、十字形で大きな淡緑色の花が一〇個ほど咲く。

**みず-な**【水菜】①ミブナの異名。②キョウナの別名。③イラクサ科の多年草。山地の陰湿地にはえる。高さ約三五㎝。茎は多肉。長楕円形の葉を互生。雌雄異株。食用。ウワバミソウ。ミズ。↓写(次ページ)



↓行き先項目、図版・写真参照印。 JIS 日本工業規格情報交換用漢字符号コード(区点コード)。

●ミズナ③

**みずなぎ-どり**【水▼凪鳥・水▼薙鳥】ミズナギドリ科の鳥の総称。翼長約二四cm。灰黒色。翼で水をなぐようにして飛ぶ。太平洋の熱帯域に分布。日本では迷鳥。Christmas Island shearwater →写

●ミズナギドリ　オオミズナギドリ

**みず-なし**【水▼梨】ナシの品種。日本ナシの古い品種で、水分が多い。ケシナシ・ユキナシ・コウスイナシなど。

**みずなし-がわ**【水無(し)川】水が流れていない川。降雨のあとは水が河床を表流するが、まもなく地下にしみ込んで伏流する。扇状地の中央でよく見られる。dried-up river

**みずなみ**【▼瑞▽浪】〈市〉岐阜県南東部、土岐川流域の市。室町時代の守護大名土岐氏発祥の地。窯業都市で、輸出用の洋食器の生産が多い。人口三万九九七一(一九八八)。

**みず-なら**【水▼楢】ブナ科の落葉高木。山地にはえる。樹皮は暗褐色で縦裂。葉は卵形で約一五cm、大きな鋸歯がある。五月ごろ、小さな単性花を穂状につける。堅い果実は楕円形。オオナラ。

**みず-に**【水煮】味をつけないで水だけで煮ること。また、煮たもの。

**みず-にら**【水▼韮】水底の泥に生育するミズニラ科のシダ植物。落葉多年草。三〇cmほどの細長い葉を多数つける。夏秋に、葉の基部に胞子嚢をつける。沖縄を除く日本全土に分布。

**みず-の-あわ**【水の泡】(連語) ①はかないたとえ。bubble ②努力がむだになるたとえ。come to nothing

**みず-の-え**【▼壬】《水の兄の意》十干の第九。じん。

**みずの-ただくに**【水野▽忠▽邦】(一七九四〜一八五一) 江戸後期の大名。肥前唐津藩主忠光の子。のち浜松藩に転封。大坂城代・京都所司代を経て老中。天保の改革を指導したが失敗し、辞任。

**みず-の-て**【水の手】①火事を消すときの水路。②城内に引く飲用水。

**水の手が切れる**(みずのてがきれる) 資金を断ち切られる。

**みず-の-と**【▼癸】《水の弟の意》十干の第一〇。き。

**みず-の-はな**【水の花・水の華】①淡水の静水中で植物性プランクトンが大増殖する現象。水面に緑の粉をまいたようになる。夏から秋に発生。②《女房ことば》鱸や鮎。③ハスの花のこと。

**みずの-ひろのり**【水野広▽徳】(一八七五〜一九四五) 海軍軍人・軍事評論家。愛媛県生まれ。日露戦争に従軍し、戦後日露海戦史を編纂。のち平和主義の立場から軍事を評論。著書『此一戦』など。

**みず-のみ**【水飲み・水▼呑み】①水を飲むこと。また、その器。コップ・茶わんなど。glass ②「水呑み百姓」の略。

**みずのみ-びゃくしょう**【水▼呑(み)百姓】①江戸時代、土地をもたない零細農民の蔑称。本百姓の田畑を借りて耕作、または出稼ぎ・日雇いに従事。無高百姓。水呑み。②《卑語》貧しい人。poor person

**みずの-ようしゅう**【水野葉舟】(一八八三〜一九四七) 歌人・詩人・小説家。本名、盈太郎。東京生まれ。早大卒。詩文集『あらら木』、短編集『微温』など。

**みず-ばかり**【水▼秤】ある面が水平かどうかを測定する道具。水準器。みずもり。

**みず-はけ**【水▼捌け】水の流れぐあい。水が流れてなくなるぐあい。drainage

**みず-はこべ**【水▽繁▼縷】アワゴケ科の一年草。水中に生育することもある。茎は細長く、狭い卵形の葉をまばらにつける。花柱・花糸ともに長い。

**みず-ばしょう**【水▼芭▼蕉】サトイモ科の多年草。中部以北の山地の湿原にはえる。葉は長楕円形で長い柄がある。長さ約一m。春に白い仏焔苞に包まれた花序を出す。カンノンバス。→写

**みず-ばしら**【水柱】柱を立てたように高く上がった水。用例 —を立てて、飛び込む。

**みず-ばな**【水▼洟】↓みずっぱな(水っ洟)

**みず-ばら**【水腹】①水をたくさん飲んだときの腹ぐあい。②水で、ひもじさをしのいでいること。水っぱら。比較 茶腹。

**みずはら-しゅうおうし**【水原秋桜子】(一八九二〜一九八一) 俳人。本名、豊。東京生まれ。東大卒。高浜虚子に師事、のち新興俳句の口火を切る。『馬酔木』主宰。句集『葛飾』など。

**みず-ばり**【水張り】①布などのしわをのばすため、糊はつけずに、水にひたして板に張ること。②水彩画などをかくとき、あらかじめ画紙を水でしめらせること。ポスターを張るときなどにも行う。

**みず-ひき**【水引】①細い紙縒に糊をつけて干し固めたもの。進物の包み紙などを結ぶ。②タデ科の多年草。林の日陰にはえる。高さ五〇〜八〇cm。葉は広楕円形。夏〜秋に長さ約三〇cmの花穂に紅・白色などの小花が咲く。種子は衣服につく。ミズヒキグサ。→写

**みずひき-がに**【水引▼蟹】外観が水引きに似るミズヒキガニ科のカニ。脚が非常に細長いうえに、赤い地に黄赤色のしま模様が入っている。三角形の体は小さく、甲長約一・五cm。突き出ている長い柄の先端に目がある。青森以南の海底にすむ。

**みずひき-も**【水引藻】ヒルムシロ科の多年草。根茎と茎は糸状。水中葉も糸状で、浮上葉は長楕円形。夏に、黄色の小花を穂状につける。

**みず-びたし**【水浸し】水に浸すこと。水につかること。flooded

**みず-ぶき**【水▼拭き】(名・サ変他) 水をふくませた布などでふくこと。比較 からぶき。

**みず-ぶき**【水▼蕗・▼芡】オニバスの異名。

**みず-ぶくれ**【水膨れ】①皮下に水分がたまって皮膚が、ふくれること。blister ②水をたくさん含んで、ふくれ上がること。また、そのもの。blister

●ミズバショウ

**みず-ぶた**【水豚】筋肉や脂肪が軟らかく弾力に乏しい豚、およびその肉。不味。ウォータリーポーク。ふけ豚。

**みず-ぶとり**【水太り】からだが、しまりなく、ぶよぶよと太っていること。fat and flabby

●水引き①

●ミズヒキ②

**みず-ぶね**【水船】①飲み水を運ぶ船。水天馬。水取り船。②水を入れる大きな箱。水おけ。③水をたたえて魚を飼う水槽。生け船。

**ミスプリント**【misprint】印刷のまちがい。誤植。ミスプリ。

**みず-ぶろ**【水風▼呂】わかしていない、水のままのふろ。cold bath

**みず-べ**【水辺】海・川・湖などの水の寄せる所。水際。水のほとり。岸。すいへん。waterside

**みずへび-ざ**【水蛇座】南天の星座。南天の低い位置にあり、日本では一部しか見られない。一二月二七日ごろの午後八時ごろに南中。面積一二四三平方度。Hydrus

**みずほ**【▼瑞穂】みずみずしい稲の穂。

**みずほ**【▼瑞穂】〈町〉東京都北西部、狭山丘陵の西にある町。中心は箱根ケ崎で、南部は米軍横田基地の一部。狭山茶で有名。人口二万九一〇二(一九八八)。

**みずほ**【▼瑞穂】〈町〉京都府西部、丹波高地にある町。兵庫県に接し、国道九号と一七三号が通る。マツタケ・クリの産地で、質志鍾乳洞がある。人口五七九二(一九八八)。

**みずほ**【▼瑞穂】〈町〉島根県南部、広島県境の町。中国山地にある農業の町で、ハクサイなどの野菜・シイタケなどを産出。人口五五九五(一九八八)。

**みずほ**【▼瑞穂】〈町〉長崎県島原半島北西部、有明海に臨む町。稲作のほかミカン・ジャガイモ栽培などが行われ、工業化も進む。人口六二二五一(一九八八)。

**みず-ぼうそう**【水▼疱▼瘡】水痘ウイルスによっておこる急性の伝染病。小児に多い。全身にアズキ大の赤い丘疹や水疱が多発し、かゆみが激しい。水痘。chicken pox

**みずほ-こうげん**【みずほ高原】(Mizuho Plateau) 南極大陸沿岸の昭和基地背後に広がる氷雪原。海抜一五〇〇〜三〇〇〇m。

**みずほ-の-くに**【▼瑞穂の国】日本国の美称。

**み-すぼらし・い**【見▼窄らしい】(形) 身なりが悪い。外見が貧弱だ。shabby 派生 みすぼらしげ(形動) みすぼらしさ(名)

**みずまき**【水巻】〈町〉福岡県北九州市の西隣、遠賀川沿いの町。炭鉱の町として栄えたが、軽工業・住宅の町に変容。人口二万九五八一(一九八八)。

**みず-まくら**【水▼枕】ゴムなどの袋に冷たい水を入れて枕としたもの。発熱のときなどに使う。water pillow

**みず-まし**【水増し】(名・サ変自他) ①水を加えて、見かけだけふやすこと。water down ②実際の数・量をごまかして量が多いように見せかけること。dilution 用例 —報告。

**み-すま・す**【見澄ます】(五他) ①気をつけて見る。心にとめて見る。observe carefully ②見て確かめる。見とどける。make sure of

**み-すまる**【▽御▽統】上代の、首飾り・腕輪。曲玉・管玉を、ひもに通して輪にしたもの。

**みず-まわり**【水回り】建物の中で、浴室・洗面所・台所など水を使う所。

**みすみ**【三▽角】〈町〉熊本県宇土半島西端の町。天草五橋の基点で、三角港は長崎県島原への中継港。別府・阿蘇・雲仙を結ぶ九州国際観光ルートの一拠点でもある。人口一万二六八四(一九八八)。

**みすみ**【三隅】〈町〉島根県西部、日本海に臨む町。農・漁業の町で草花・果樹栽培が行われ、和紙(石州半紙)の産地でもある。人口九四二六(一九八八)。

**みすみ**【三隅】〈町〉山口県中北部、萩市西隣の町。日本海沿岸で仙崎湾に臨み、漁業と農業が中心。人口七〇六〇(一九八八)。

**み-す-みす**【見す見す】(副) 目の前に見ていながら。知りながら。before one's very eyes 用例 —取り逃がした。

**みずみずし・い**【▼瑞▼瑞しい】(形) つやがあって若々しい。新鮮なさま。fresh 派生 みずみずしさ(名)

**みすみ-そう**【三▽角草】キンポウゲ科の多

年草。高さ五〜一〇cm。花は三裂し、先がとがる。二〜三月に、細い花茎の先に一個の花が咲く。早春に咲くことからユキワリソウともいわれる。

**みず-みまい**【水見舞(い)】水害にあった人を見舞うこと。

**みず-むけ**【水向け】(名・サ変他) ①話を誘い出すように仕向けること。②仏に水を供えること。

**みず-むし**【水虫】①池沼にすむミズムシ科の小昆虫。体長約一cm。夏の夜、灯火に飛来。近縁種に小形のコミズムシがある。日本全土に分布。boat bug ②白癬(はくせん)菌の感染による皮膚病。足に水疱(すいほう)が多発する水疱型、指の間がふやけてただれる趾間糜爛(しかんびらん)型、手足の角質がかたくなる角化型の三型がある。dermatophytosis

**みず-め** ヨグソミネバリの別名。

**みず-めがね**【水眼鏡】水中で物を見ることができるようにした眼鏡。goggles

**みず-も**【水藻】水中にはえる植物の総称。とくに、キンギョモのこと。water plant

**みず-もち**【水▼餅】水に浸して保存したもち。

**みず-もの**【水物】①水気のある食品。くだもの。②液体。流動物。③状況・相手によって変わりやすいもの。matter of chance 用例 勝負は―。

**みず-もり**【水盛(り)】水準器。また、面が水平であるかどうかを定めること。

**みず-や**【水屋】①社寺で、参拝人が手や口を洗い清める所。みたらし。②茶室に付属して建てられた台所。茶道具類を整頓(せいとん)し、使用後に洗浄したりする場所。③飲み水を売る人。④夏、氷水などを売る店。⑤食器などを入れる、たんす形の家具。⑥屋敷の奥に盛り土をして高くし、洪水のとき避難するための二階建ての物置。

**みず-ようかん**【水羊▼羹】あんに寒天を加えてやわらかく練り、冷やし固めた、水分の多いようかん。

**みずら**【▽角▽髪・▽角▽子・▼鬟】上代の男性の髪型の一つ。髪を中央から左右に分け、耳のあたりで輪の形に結ぶ。皇族子弟の髪型となった。↓図

●角髪(みずら)

**み・する**【魅する】(サ変他)＝魅す。①不思議な力で、人の心をひきつける。charm ②うっとりさせる。enchant

**ミズル**【mizzle】《mist(もや)とdrizzle(霧雨(きりさめ))の合成語》もやの中で霧雨の降る現象。

**みず-ろう**【水▼牢】水をたたえた牢屋。また、その牢屋に入れる刑罰。

**みず-ろん**【水論】田へ引く水についてのもめごと。水争い。すいろん。

**みず-わくせい**【水惑星】《太陽系の中で、海洋などの水をもつ唯一の惑星であることから》地球。

**みずわけ-とうげ**【水分峠】大分県中部、大分川と筑後(ちくご)川の分水嶺(ぶんすいれい)にある峠。標高七一六m。国道二一〇号が通り、別府(べっぷ)・阿蘇(あそ)道路の分岐点にあたる。

**みず-わらび**【水▼蕨】水田や湿地などに生育するミズワラビ科の水生シダ。栄養葉とこれより長い胞子葉があり、二、三回羽状複葉。観賞魚の水槽に水草として使われる。

**みず-わり**【水割(り)】(名・サ変他) ①酒などに水を入れて薄めること。また、そのもの。water ②量を増して内容・実質を薄く貧弱にすること。watered-down

**みせ**【店・見世】①商品や飲食物を販売するところ。たな。商店。store 米；shop 英 用例 ―を出す。②江戸時代の遊郭で、遊女が並んで客を誘った格子構えの座敷。

**店を仕舞う**(みせをしまう) ①閉店する。close a store ②商売をやめる。close business

**店を畳む**(みせをたたむ) 商売をやめる。close business

**店を張る**(みせをはる) ①店を開く。商売を続ける。②遊女が見世に出て並んで客を待つ。

**店を引く**(みせをひく) ①店をしまう。②遊女がつとめを休む。

**店を広げる**(みせをひろげる) ①店を大きくする。extend one's business ②商品・品物などを、あたり一面に広げる。lay out

**み-せい**【未成】まだ完成していないこと。unfinished 対義 既成。

**み-せいねん**【未成年】㊀まだ成年に達しないこと・人。未丁年者。二〇歳にならない者。minority 対義 成年。㊁《原題 Podrostok ロシア》ドストエフスキーの小説。一八七五年発表。大人の世界に足を踏み入れたアルカジーの、自己発見と父親発見を描いた教養小説。

**みせいねん-しゃ**【未成年者】満二〇歳に達しない者。法律上、行為無能力者とされ、法律行為をするには原則として法定代理人(＝親権者・後見人)の同意を要する。infant

**みせ-がかり**【店懸(か)り】店の造り方・構え。

**みせ-かけ**【見せ掛け】それらしくとりつくろうこと。外見。見え。appearance 用例 ―だけで実質がない。

**みせ-か・ける**【見せ掛ける】(下一他) うわべを飾って、よく見えるようにする。pretend

**みせ-がね**【見せ金】①信用を得るため、相手に見せる金銭。みせきん。show money ②株式会社の設立や新株発行などにさいして、株式払込取扱銀行以外から金を借りて払込金にあて、登記完了後すぐ引き出して借入金の弁済にあてること。違法となる。

**みせ-がまえ**【店構え】店の構え方。商店の規模。appearance of a shop

**みせ-ぐち**【店口】店のおもてぐち。

**みせ-けち**【見せ消ち】字句の訂正で、もとの字が読めるように消す方法。

**みせ-さき**【店先】店の前。店頭。shop front

**みせ-じまい**【店仕舞(い)】(名・サ変自他) ①店を閉めて、その日の商売をやめること。閉店。close a store ②廃業。close one's business 対義 店開き。

**みせ-しめ**【見せしめ】人々に見せて、いましめとすること。example

**ミセス**【Mrs.; Mrs】《mistressの略》①結婚している女性の姓の前につけて使われる敬称。対義 ミス・ミスター。②結婚している女性。夫人。奥様。

**み-せつ**【未設】まだ設けられてないこと。対義 既設。

**みせ-つ・ける**【見せ付ける】(下一他) これ見よがしに見せる。見せびらかす。show off

**ミゼット**【midget】(接頭) 非常に小型の。豆…。ミジェット。用例 ―ハウス。

**みせ-どころ**【見せ所】①見せる場所。②ぜひ見せたい得意なところ。highlight

**み-ぜに**【身銭】自分の所有しているお金。one's own money

**身銭を切る**(みぜにをきる) 自分のお金を使う。pay out of one's own pocket 類似 自腹を切る。

**みせ-ば**【見せ場】①芝居などで、とくに人に見てもらいたい場面。highlight ②見る値打ちのある場面。highlight 用例 ―をつくる。

**みせ-ばや**【見せばや】ベンケイソウ科の多年草。高さ約三〇cm。葉は多肉、円形で三枚ずつ輪生し緑白色。秋に、淡紅色の小花が球状に咲く。観賞用。↓写

●ミセバヤ

**みせ-ばん**【店番】(名・サ変自) 店の番をし、客の応対などをすること・人。shop clerk

**みせ-びらか・す**【見せびらかす】(五他) 自慢して見せる。見せつける。show off

**みせ-びらき**【店開き】(名・サ変自他) ＝開店。①新しい店で商売を始めること。open a store 対義 店仕舞い。②店を開けて、その日の商売を始めること。open a store

**みせ-もの**【見世物】①盛り場や社寺の祭礼などで、大衆を相手に珍しい物品・動物・演芸などを見せる小屋掛けの興行。show ②大勢の人の興味本位の目にさらされること。show

**見世物にされる**(みせものにされる) 大勢の人々の前でさらしもの・笑いものにされる。be made a fool of

**みせ-や**【店屋】商店。みせ。

**み・せる**【見せる】㊀(下一他) ①見るようにさせる。見させる。show 用例 姿を―。②ふりをする。pretend 用例 病人のように―。③よくわからせる。用例 目に物を―。㊁(補動)《「…てみせる」の形で》①自信・決意を表す。かならず…する。cannot fail to do 用例 みごと勝って―。②人に見せるためにわざとそう行動する。用例 驚いて―。

**ミセル**【micelle】ある濃度以上の界面活性剤などの水溶液で、数十から百数十の分子やイオンが、親水基を外に、親油基を内に向け、球状のコロイド粒子を形成したもの。

**み-せん**【▼弥山】奈良県大峰山脈にある修験者(しゅげんじゃ)道場の一つ。標高一八四〇m、紀伊(きい)山地の最高峰八剣(はっけん)山の北に位置する。

**み-せん**【▼弥山】広島県厳島(いつくしま)にある山。標高五三〇m、原始林がよく保存され、天然記念物に指定されている。

**み-ぜん**【未然】①まだそうならないこと。before anything happens 用例 ―に防ぐ。②文法で、「未然形」の略。

**みぜん-けい**【未然形】活用形の一つ。口語の未然形は、ふつう「ない」「れる」「られる」が付く形「書か」と、「う」「よう」の付く形「書こ」とをあわせているが、後者をとくに志向形などとよんで区別することもある。文語では、「雨降らば」と「雨降れば」が対立して、「降ら」は仮定条件に用いられる。これを、まだそうならない状態をいうとして、未然形と名づけたもの。参照 已然形(いぜんけい)。

**み-そ**【味▼噌】①蒸した大豆(だいず)にこうじと塩を混ぜて発酵させた、日本古来の調味料。色、塩分の多少、原料・産地などで分類される。西京(さいきょう)みそ・仙台みそ・信州みそ・八丁みそなど。miso 数え方 一キログラム・一樽(たる)。②カニなどの内臓で、殻の中にあるみそ状のもの。かにみそ。paste ③得意の箇所。特色。strong point 用例 そこがかれの―だ。

**味噌が腐る**(みそがくさる) 歌う声が悪かったり、調子はずれの歌いぶりなどを、あざけって言うことば。

**味噌も糞も一緒**(みそもくそもいっしょ) 善悪・清濁などを、区別せずに同一視する。confuse good and bad things

**味噌を上げる**(みそをあげる) 自慢する。

**味噌を擂る**(みそをする) ①みそをすりつぶす。②おべっかを言う。へつらう。lick one's boots

**味噌を付ける**(みそをつける) しくじる。面目(めんぼく)を失う。make a mess of it

**みぞ**【▽針▽孔】はりのあな。めど。eye

**みぞ**【溝】①水を流すために掘って造った水路。どぶ。ditch ②敷居・鴨居(かもい)などに造った、くぼんだ筋。groove ③細い彫り込んだ筋。groove 用例 レコードの―。④感情のへだたり。gap 用例 ―ができる。

**みそ-あえ**【味▼噌▽和(え)】魚・野菜などをみそであえること。その料理。

**み-ぞ-う**【未▼曾有】《古くは「みぞうう」》まだ一度もなかったこと。空前。unprecedented 用例 古今―。

**みぞ-おち**【▼鳩▽尾】「みずおち」の転。

**みそ-おでん**【味▼噌▽御田】《東京で》こんにゃく・焼き豆腐などを煮て、みそを付けて食べるもの。比較 田楽(でんがく)焼き。

**みそ-か**【三▽十日・▼晦日】①その月の第三〇日。つごもり。②月の最後の日。last day of the month 対義 ついたち。

**晦日に月が出る**(みそかにつきがでる) ありえないことのたとえ。

**みそ-か**【▽密か】古語 (形動ナリ) ひみつであるさま。ないしょ。用例 いとかしこくたばかりて、難波(なにわ)に―にもて出でぬ(竹取)。参考「ひそか」と同じ意だが「みそか」は仮名文に用いられ、「ひそか」は漢文訓読に用いられる。

**みぞ-がい**【溝貝】浅海の砂泥底にすむマテガイ科の二枚貝。長さ約三cm。殻は角を欠いた長方形で、薄い。本州以南に分布。

**みぞ-かくし**【溝隠】アゼムシロの別名。

**みそか-ごと**【▽密か事】①ひみつ。②密通。

**みそがわ-そう**【味▼噌川草】シソ科の多年草。湿った山腹にはえる。茎は方形で、高さ約一m。葉は卵形。夏に、茎頂に紫色の唇形の花が咲く。

**みそぎ**【▼禊】神道で、水による祓(はら)い。身体に罪やけがれのあるとき、または神事にたずさわる前に、水で身体を洗い清めること。沐浴(もくよく)。水垢離(みずごり)。比較 祓い。

**みそ-くそ**【味▼噌▼糞】(形動) ↓くそみそ(糞味噌)

**みぞくち**【溝口】〈町〉鳥取県西部、日野川に沿う町。大山(だいせん)南西麓(なんせいろく)の農・林業の町で、スキー場がある。人口五九九六(一九八八)。

**みぞぐち-けんじ【溝口健二】**(一八九八〜一九五六) 日本の代表的映画監督。東京生まれ。女性を描くことにすぐれた。作品『浪華悲歌』『祇園の姉妹』『西鶴一代女』『雨月物語』『山椒大夫』など。

**みぞ-ごい【溝五位】** 外形はゴイサギ(背が緑黒色)に似るが背が暗栗色のサギ科の鳥。全長約五〇cm。典型的なサギ類に比べて頸と脚が短い。渓流付近の森林に単独ですみ、夜間ウォーウォーと怪しげに鳴く。本州で繁殖し、冬は四国・九州、さらに南方に渡る。

**みそ-こし【味▼噌▼漉し】** みそ汁を作るとき、だし汁にみそを溶き入れるときなどに使う目の細かいざる。

**み-そこな・う【見損なう】**(五他) ①見まちがえる。mistake ②実力を見誤る。misjudge ③見る機会をなくす。fail to see

**みそ-さざい【▼鷦▼鷯】** ミソサザイ科の小鳥。翼長約五cm。春から秋は渓流沿いのやぶに多く、「チョロロロロ」と高音の美声でさえずる。日本では全土に分布する。ショウリョウ。ミソサンザイ。wren ↓図

● ミソサザイ

**みそ-じ【三▽十路】** ①三〇。thirty ②三〇歳。thirty years old

**み-そしき【未組織】** まだ組織されていないこと。unorganized

**みそしき-しゅうだん【未組織集団】** 多くの人々から構成されているが、組織性を欠いている集団。群集・公衆・大衆など。無組織集団。unorganized group

**みそしき-ろうどうしゃ【未組織労働者】** 労働組合に加盟していない労働者。unorganized labor 対義 組織労働者。

**みぞ-しだ【溝▽羊▽歯】** オシダ科のシダ。林中にはえる。根茎から高さ三〇〜七〇cmの一回羽状複葉が出る。裏面に長楕円形の胞子嚢の群をつける。

**みそ-しる【味▼噌汁】** みそをだし汁にといて各種の実を入れた汁物。おつけ。おみおつけ。数え方 一杯・一椀。

**味噌汁で顔を洗え**(みそしるでかおをあらえ) 《ぼけていたり、つまらない失敗をしたりした者に対して言う》ぼんやりするな。

**みそ-すり【味▼噌▼擂り】** ①みそをすること・人。②へつらうこと・人。flatterer

**みそすり-ぼうず【味▼噌▼擂り坊主】** ①寺院の炊事など、雑用をする下級の僧。②僧を見さげて言う語。

**みぞ-そば【溝▼蕎▽麦】** タデ科の一年草。水辺にはえる。高さ約七〇cm。茎に小さなとげがあり、葉は、ほこ形。夏から秋に淡紅色の小花が枝先に密集。↓写

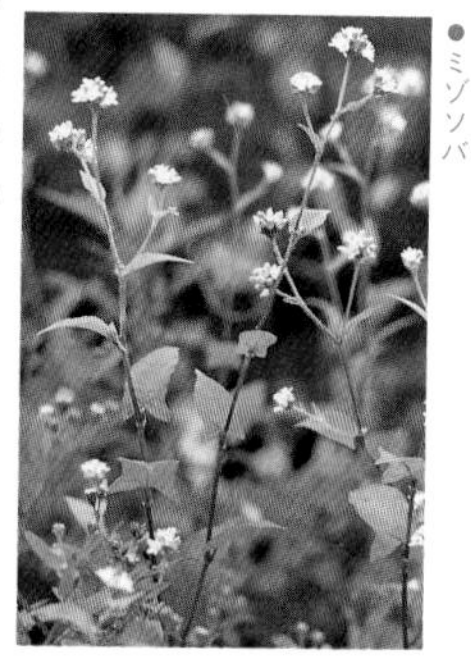
● ミゾソバ

**みそっ-かす【味▼噌っ▼滓】** ①みそをこしたかす。②役に立たない者。a good-for-nothing ③一人前に扱われない者。green hand

**みそ-づけ【味▼噌漬(け)】** みそに鳥獣魚肉や野菜などを漬け込んだもの。ふつう、野菜は辛めの上質赤みそ、肉や魚は甘い白みそにつける。

**みそっ-ぱ【味▼噌っ▼歯】** 乳歯が欠けたり、虫歯になったりして、黒い歯根だけが残った歯。decayed milk tooth

**みそ-なおし【味▼噌直】** マメ科の小低木。山野にはえる。高さ三〇〜九〇cm。葉は三出複葉。夏、茎上部に総状花序がつき、白色の蝶形の花が咲く。みそが悪くなったときに入れるとよくなるという。

**みそなわ・す【見そなわす】** 古語(四他)「見る」の尊敬語。ご覧になる。用例 いまも―・し、のちの世にもつたはれとて(古今・仮名序)。

**みそ-に【味▼噌煮】** みそを使った煮物。サバやイワシなどくせの強い魚や、里芋・こんにゃくなどの野菜に用いられる。みそ炊き。

**み-その【▽御園】** 中世の皇室・大神社に属す荘園で、主として野菜・果樹・桑・漆などを植えた土地。

**みその【▽御▼薗】**〈村〉 三重県東部、伊勢湾に臨む村。園芸農業がさかんな農村で、ゴムなどの工業も発達。人口七八一二(一九八八)。

**みその-ざ【▽御園座】** 名古屋市にある劇場。商業演劇を上演。明治二九年(一八九六)創設。

**みそ-はぎ【▼禊▼萩】** ミソハギ科の多年草。山野の湿地にはえる。高さ約一m。葉は対生で、長楕円形。八月に紅紫色の花が葉腋に数個ずつ咲く。乾燥した全草を千屈菜といい、止血剤とする。ミゾハギ。↓写

**みぞ-はこべ【溝▽繁▼縷】** 水田や湿地にはえるミゾハコベ科の一年草。一科一種。長さ約一〇cm。茎は地をはう。葉は対生、楕円形で長さ約一cm。夏に、淡紅色で径一mmほどの三弁花が咲く。↓図

● ミゾハコベ

**みそひと-もじ【三▽十一文字】** 短歌の別称。

**みぞべ【溝辺】**〈町〉 鹿児島県中央部の町。シラス台地上の畑作地帯で、畜産もさかん。鹿児島空港があり、上床山は行楽地として有名。人口八二〇五(一九八八)。

**みぞ-ほおずき【溝▽酸▼漿】** ゴマノハグサ科の多年草。山地の渓流付近にはえる。高さ一〇〜三〇cm。葉は対生し広卵形。夏に、淡黄色で長さ約二cmの花が横向きに咲く。

**みそ-まめ【味▼噌豆】** ①みその原料として煮たダイズ。②《みその原料となることから》ダイズの別名。

**み-そ・める【見初める】**(下一他) ①はじめて見る。see for the first time ②異性を一目見て、好きになる。fall in love at first sight

**み-そら【身空】** 身の上。用例 若い―で、かわいそうに。

**みそら-ひばり【▽美空ひばり】**(一九三七〜一九八九) 歌手。神奈川県生まれ。ヒット曲『悲しき口笛』『リンゴ追分』『柔』など。平成元年(一九八九)国民栄誉賞受賞。

**ミゾラム【Mizoram】** インド、アッサム州の南にあるインド政府直轄地。アラカン山脈北西部の丘陵地域で、密林におおわれる。

**みぞれ【▼霙】** ①雪と雨が入り混じって降るもの。また、その状態。氷雨。sleet 比較 雪しぐれ。②蜜をかけたかき氷。

**みぞれ-あえ【▼霙▽和え】** 《大根おろしが、降りしきるみぞれに似ていることから》↓おろしあえ(卸し和え)

**みぞれ-ず【▼霙酢】** 大根おろしに、二杯酢や三杯酢などの合わせ酢を加えたもの。カキ・ナマコなど、味がしみにくい材料によい。

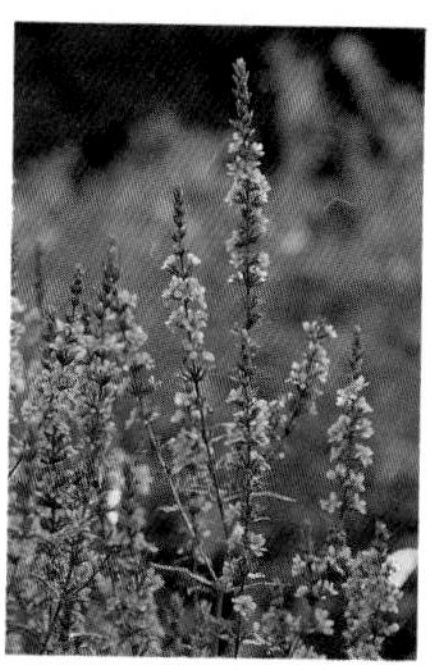
● ミゾハギ

**み-そ・れる【見▽逸れる】**(下一他) 見落とす。見まちがう。fail to recognize 参考「お見それする」の形で使うのがふつう。

**み-そん・じる【見損じる】**(上一他) 見そこなう。見誤る。見損ずる。fail to see

**み-そん・ずる【見損ずる】**(サ変他) ↓みそんじる(見損じる)

**み-た【▽御田・▽屯田】** ①大化の改新以前、皇室の直轄領。田令の管理のもとに農民に耕作させた田、といわれる。②神田。

**みた【三田】** 東京都港区、田町駅西側一帯の地区。台地上は学校・外国公館・邸宅・寺院の多い住宅地区で、慶応義塾大学がある。低地は商工業地域。

**みだ【▼弥▼陀】**「阿弥陀仏」の略。

**みたい**(接尾) 《俗語。体言または活用語の終止形に付いて形容動詞を作る》①…のようだ。用例 猫―。だました―だ。②例をあげる語。用例 きみ―なやつは見たこともない。

**み-だい【▽御台】** ①貴人の食物をのせた台。その食物。②「みだいどころ」の略。

**み-だいどころ【▽御台所】** 公家・将軍・大名などの夫人の敬称。江戸時代には将軍家に限定。

**みたか【三▼鷹】**〈市〉 東京都西郊、杉並・世田谷区の西に接する市。住宅都市で、商業もさかん。地名は江戸時代に天領の三つの鷹場があったことに由来。国立天文台がある。人口一六万一八四五(一九八八)。

**みたか-じけん【三▼鷹事件】** 昭和二四年(一九四九)中央線三鷹駅構内で無人電車が暴走、二六人が死傷した事件。検察は共産党員らの共同謀議による犯行と主張したが裁判で否定され、同三〇年(一九五五)被告の一人に死刑、他の無罪が確定した。

**みだ-が-はら【▼弥▼陀ケ原】** 富山県南東部、立山の西側山腹にある溶岩性の台地。標高一五〇〇〜二〇〇〇m。草原帯で、高山植物が多い。

**みたがわ【三田川】**〈町〉 佐賀県北東部、筑紫平野にある町。長崎本線と国道三四号が通り、陸上自衛隊の九州地区補給処がある。人口九三四三(一九八八)。

**み-たけ【身丈】** ①身長。height ②和服で、長着の身頃の長さ。襟の下から裾までをはかる。

**みたけ【三岳】**〈村〉 長野県南西部の山間の村。御嶽山の東麓に位置し、古くから信仰の町として発展。農林業を主とし、木曽ヒノキを産出。人口二一四七(一九八八)。

**みたけ【▽御岳】** 東京都西部、青梅市の御岳山(九二九m)にある小集落。山頂に御岳神社があり、関東の山伏信仰の中心地。秩父多摩国立公園に属する。

**みたけ【▽御▼嵩】**〈町〉 岐阜県、美濃加茂市の東方、可児川沿いの町。旧宿場町で、陶磁器などの工場立地で発展。飛騨木曽川国定公園に含まれ、観光地も多い。人口一万八一二五(一九八八)。

**みたけ-さん【▽御岳山】** 東京都西部、奥多摩にある山。標高九二九m。古生層からなり、山頂に御岳神社がある。武州御岳。

**み-だし【見出し】** ①多くの中から選び出すこと。②文章の前に、文章の中身をもとにつけた題目。headline ③本などの中の事項を並べたもの。目次。contents

**みだし-ご【見出し語】** 辞書で、項目ごとに、見つけやすいように太字などで示した語形。entry word

**み-だしなみ【身▼嗜み】** ①身なりをきちんと整えること。また、その心がけ。keep oneself neat ②芸能を身につけること。

**み-た・す【満たす・▽充たす】**(五他) ①いっぱいにする。fill 用例 水を―。腹を―。②要求・要望などを満足させる。satisfy 用例 条件を―。希望を―。

**みだ・す【乱す・▼紊す】**(五他) ①きちんとしていたものをごちゃごちゃにする。put into disorder; dishevel 用例 列を―。髪を―。秩序を―。②迷わす。動かす。tempt 用例 心を―。③騒動を起こす。disturb 対義 治める。用例 平和を―。世を―。

**み-だ・す【見出す】**(五他) ①見つけ出す。見いだす。find out ②すぐれた者を選んで引き立てる。見いだす。select ③見はじめる。begin to see

**ミダス【Midas】** ギリシア神話のフリュギアの王。ディオニュソスに願って、触れるものを黄金に変える力を得たが、食物も黄金になるので願いをさげた。また、アポロンをけなし、ロバの耳をつけられた。

**み-た・つ【見立つ】** 古語(下二他) ↓みたてる(見立てる)

**み-た・てる【見立てる】**(下一他) ①見て、選ぶ。choose 用例 着物の柄を―。②鑑定する。estimate ③診断する。diagnose 用例 ぜんそくと―。④なぞらえる。compare 用例 雪を花に―。

**みたぶんがく【三田文学】** 文芸雑誌。明治四三年(一九一〇)慶大文学部の機関誌として創刊。断続しつつ今日に至る。第一期の永井荷風以後、久保田万太郎・佐藤春夫らが輩出した。

**み-たま【▽御霊・▽御▽魂】** たましいの敬称。神の霊。神霊。

**みたま【三▽珠】**〈町〉 山梨県中央部、笛吹川東岸の町。産業は養蚕、果樹栽培のほか生糸・メリヤス工業など。人口四四六四(一九八八)。

**み-たましろ【▽御霊代】** 神霊の依代として

▼常用漢字表外。 ▽常用漢字表の音訓外。

て祭る物。榊・御幣・鏡・鉾など。御神体。

**みたま-や【▽御霊屋】** 祖先の霊や貴人の霊を祭ってある所。お霊屋。

**みたむら-えんぎょ【三田村▼鳶魚】**(一八七〇～一九五二) 江戸風俗・文学の考証家。本名、玄竜。東京生まれ。編書『未刊随筆百種』、著書『大奥の女中』『江戸雑話』など。

**みたむら-とくしろう【三田村篤志郎】**(一八八七～一九六三) 病理学者。和歌山県生まれ。東大卒。ツツガムシ病病原体の組織培養を行い、ウイルスの組織培養の先駆をなす。日本脳炎の蚊伝染説を確立した。

**みた-め【見た目】** 見たところ。外観。appearance 用例 —には美しい。

**みだら【▼淫ら・▼猥ら】**(形動) ①男女のつきあいが乱れているさま。不品行。indecent ②わいせつ。いんわい。obscene

**みたらい【▽御手▽洗】** 広島県南部、大崎下島豊町の一部。瀬戸内海の潮待ち港として知られ、江戸時代の歓楽地。海運業・ミカン栽培が中心。

**み-たらし【▽御手▽洗】** ①神社の入り口で、参拝人が手や口などを清める所。②「みたらし川」の略。↓写

●御手洗①

**みたらし-がわ【▽御手▽洗川】** 神社のそばを流れていて、参拝者が手や口などを清める川。みたらし。

**みたらし-だんご【▽御手▽洗団子】**《京都の下鴨神社の神事、葵祭り・御手洗会などのときに作られたのに由来》米粉でつくった団子をくしに刺し、しょうゆでつけ焼きにしたもの。

**みたらし-まつり【▽御手▽洗祭(り)】** 京都の北野天満宮で七月七日に行う祭り。角盥の

に水をたたえ梶の葉を添えたものを、手水として、神前に供える。

**み-たり【三▽人】** さんにん。three persons

**みだり【乱り・▽妄り・▽濫り・▼猥り】** 古語 (形動) 物事に秩序がないさま。しまりがなくてだらしのないさま。用例 国の成敗—なるに依て国人こぞってこれを背きけるにや(太平記・三八)。

**みだり-がまし・い【▽濫りがましい・▼猥りがましい】**(形) ↓みだりがわしい(濫りがわしい)

**みだり-がわし・い【▽濫りがわしい・▼猥りがわしい】**(形) =みだりがましい。①だらしがない。slovenly ②みだらである。obscene

**みだり-ごこち【乱り心地】** ①取り乱した心地。気分が悪いこと。feel ill ②病気。disease

**みだり-に【▽妄りに・▽濫りに・▼猥りに】**(副) ①やたらに。unnecessarily ②わけもなく。for no good reason ③分をこえて。without permission

**みだ・る【乱る】** 古語 一(四他) ↓みだす(乱す)。二(下二自) ↓みだれる(乱れる)

**みだれ【乱れ・▼紊れ】** 一 ①乱れること。disorder ②さわぎ。騒動。disturbance ③能の囃子事。テンポの変化が激しく、太鼓も入る。『猩々』と『鷺』に用いられる。三 箏曲の曲名。『乱輪舌』の略。八橋検校作曲。

**みだれ-あ・う【乱れ合う】**(五自) 互いに乱れる。互いに入り交じり、乱れる。be mixed in together

**みだれ-がみ【乱れ髪】** 一 ばらばらに乱れた髪。unkempt hair 二《みだれ髪》与謝野晶子の第一歌集。明治三四年(一九〇一)刊。三九九首を収録。恋愛賛美の歌が多く、艶麗な夢幻世界を示す。近代短歌の出発を飾り、明治浪漫主義に決定的影響を与えた。

**みだれ-と・ぶ【乱れ飛ぶ】**(五自) 入り乱れて飛ぶ。あちこちに飛ぶ。spread; diffuse 用例 うわさが—。

**みだれ-ばこ【乱れ箱】** 衣類や手回り品などを入れるふたのない浅い箱。古くは、打乱匣といい、くしけずった乱れ髪を入れた。↓写

●乱れ箱

**みだ・れる【乱れる・▼紊れる】**(下一自) ①きちんとしなくなる。らんざつになる。go out of order 用例 順番が—。秩序が—。②迷い悩む。become confused 用例 心が—。③騒動が起こる。be disturbed

**ミタンニ-おうこく【ミタンニ王国】** 古代オリエントのインド-イラン系民族の国。紀元前一六世紀ごろには、馬と馬車戦術をもって北メソポタミアから北シリア一帯を征服。前一三世紀にヒッタイトとアッシリアに滅ぼされた。Mitanni Empire

対義 治まる。用例 世が—。

**み-ち【未知】** まだ知らないこと。まだ知られていないこと。unknown 対義 既知。

**みち【道・路・▽途・▽径】** ①行き来する所。道路。通路。road 用例 —を行く。②みちのり。道程。distance 用例 千里の—。—がはかどる。③途中。on one's way to 用例 —で買い物をする。④目的・目標に到達するためにふまなければならない過程。process 用例 栄光への—。⑤人の行うべき義理。道理。条理。morality 用例 —を踏み外す。⑥教え。teachings 用例 名誉挽回の—。用例 —を説く。⑦方法。手段。way 用例 —。⑧方面。専門。field 用例 その—の大家。⑨道家で、㋐真の実在のこと。㋑原理をつかんだ上で身につけた深い修養。

**道が開ける**(みちがひらける) 前途に希望が持てるようになる。find a way of 用例 努力すれば自然に—。

**道に外れる**(みちにはずれる) 人の踏み行うべき道から外れる。道徳的でない。道にそむく。get immoral; stray from the path of virtue

**路の傍の碑の文**(みちのかたわらのひのぶん) すばらしい文章のこと。名文のたとえ。

**道の者**(みちのもの) 一芸にひいでたもの。名人。

**道を失う**(みちをうしなう) ①道に迷う。lose one's way ②どうしていいか分からなくなる。be at a loss

**途を切る**(みちをきる) 途中でじゃまだてをする。人の出入りや関係を絶つ。

**道を付ける**(みちをつける) ①通路をこしらえる。いとぐちをこしらえる。make a road ②初心者の手引きをする。give elementary lesson

**みちあえ-の-まつり【道▼饗の祭(り)】** 律令制下の祭事の一つ。悪霊が都に侵入するのを防ぐため、陰暦六月と一二月、京都の四隅の路上で供物をささげて祭ったもの。

**みち-あんない【道案内】** 一(名) 道の方向・里程などが書いてある木・石。道しるべ。guidepost 二(名・サ変自) 先に立って、導くこと・人。先達。guidance; guide

**みち-いと【道糸】** 釣りで、竿先からおもりまでの釣り糸。fishing line

**みち-うた【道歌】** ①民謡のうち、道路での仕事歌。②教えをうたいこんだ和歌。どうか。

**みち-おしえ【道教・▽路▽導】**《山道を人の歩く先へ先へと飛ぶことに由来》ハンミョウの別名。

**み-ぢか【身近】**(名・形動) 身辺に近いこと・所・さま。たやすく接触できる範囲。手近。be near oneself 用例 —な人。

**み-ちがい【見違い】** 見違えること。見誤り。見違え。

**み-ぢか・い【身近い】**(形) 身に近い。自分に関係のある。near oneself 派生 みぢかさ(名)

**み-ちが・える【見違える】**(下一他) 見まちがえる。見誤る。mistake

**みち-がく【道楽】** 雅楽で、行幸・神幸・大葬などのさい、歩きながら奏する演奏。笙・篳篥・担太鼓などが用いられる。

**みち-かけ【満ち欠け・▼盈ち▼虧け】** 月が満ちることと欠けること。wax and wane

**みちかぜ【三千風】** ↓おおよどみちかぜ(大淀三千風)

**みち-くさ【道草】** ①道端にはえている草。wayside grass ②目的地への途中で別のことに時間を費やすこと。loiter on the way

**道草を食う**(みちくさをくう) 途中で余計なことをして、時間を費やす。loiter on the way

**みち-しお【満ち潮】** 海水表面がだんだん高くなってくること。干潮から満潮へと向かうこと。上げ潮。満潮。flood tide 対義 引き潮。

**みち-しば【道芝】** ①道端に生えている芝、あるいは草。②チカラシバの異称。

**みち-じゅん【道順】** 通る道の順序。順路。route

**みち-しるべ【道▽標・道▽導】** 道の方向・里程などを書いて、道端に立ててあるもの。どうひょう。guidepost

**みち-すう【未知数】** ①方程式に含まれていて、その方程式を解くことによって値のわかる文字。unknown quantity 対義 既知数。②事柄の真価・軽重、将来の予測などがわからないこと。unknown

**みち-すがら【道すがら】**(副) 道を行きながら。途中。on the way

**みち-すじ【道筋】** ①ある地からある地に至る交通路。route ②道徳上の条理。筋道。reason

**みち-た・りる【満ち足りる】**(上一自) ①十分に足りる。be sufficient ②望みがかなって楽しい。まんぞくする。be satisfied

**みちつな-の-はは【道綱母】** ↓ふじわらのみちつなのはは(藤原道綱母)

**みち-づれ【道連れ】** ①道を一緒に行くこと・人。fellow traveler ②自分の行いに引き入れること。take someone with one 用例 子どもを—に。

**旅は道連れ世は情け**(たびはみちづれよはなさけ) ↓たび(旅)

**みちとせ【三千▽歳】** 清元節の曲名。二世清元梅吉作曲。河竹黙阿弥作。歌舞伎『天衣紛上野初花』の中で、直侍が遊女三千歳にしのび逢う場面の曲。

**みちなが-どり【道長取(り)】** 古典模様の一種。着尺地などに用いられる。三十六人集の唐紙に描かれた模様を染め模様とする。

**みち-ならぬ【道ならぬ】**(連体) 人の道にはずれた。道徳に合わない。用例 —恋。

**みち-なり【道▽形】** 道の走っているそのまま。用例 —に進む。

**みち-の-かみ【道の神】** 道・旅の安全を守る神。道祖神。さえのかみ。

**みちのく-の-くに【道▽奥の国・▽陸▽奥の国】**《「みちのく」は「道の奥」の約》陸奥国の古称。

**みち-の-べ【道の辺】** 道端。

**みち-のり【道▽程】** 道の長さ。行程。里程。どうてい。distance

**みちばしり【道走】** ホトトギス科ミチバシリ属の鳥二種の総称。羽色は灰褐色に白斑・黒斑がある。冠羽をもち、嘴と尾は細長い。めったに飛ばず、速い走りでヘビ・トカゲ・ネズミなどを捕食。オオミチバシリは全長約六〇㎝でアメリカ南部からメキシコにかけて、コミチバシリは全長約五〇㎝で中央アメリカに分布。ロードランナー。roadrunner

**みち-ばた【道端】** 道のほとり。路傍。みちのべ。wayside

**みち-ひ【満ち干】** 海水の満ちることと引くこと。満ち潮と引き潮。干満。ebb and flow

**みち-びき【導き】** 導くこと。手引き。案内。道しるべ。guidance

**みちび・く【導く】**(五他)《道引く、の意》①道案内をする。guide 用例 客間へ—。②よくなるように手引きする。指導する。guide 用例 児童を—。③そうなるように仕向ける。そうならせる。lead 用例 破局に—。

**みち-ぶしん【道普請】**(名・サ変自) 道路の工事。road repair

**みち-みち【道道】** 一(名) ①あちこちへの道。roads 用例 —に露店が並ぶ。②その道その道。それぞれの方面。line 用例 —で異なった苦心がある。二(副) 歩きながら。道すがら。on the way

**み-ちゃく【未着】** まだ到着しないこと。not get arrived

**みち-やなぎ【▽路柳】** ニワヤナギの別名。

**ミチューリン【Ivan Vladimirovich Michurin】**(一八五五～一九三五) ソ連の生物学者・果樹園芸家。遠隔交雑法・メントール法で、また育種にあたっての植物と環境の相互関係を重視し、ソ連の農業生物学を確立した。

**みち-ゆき【道行(き)】** ①道を行くこと。旅をすること。②能で、ワキが目的地につくまでの経過を表すもの。③道中の風光や旅情を叙景的・叙情的に述べた韻文体の文章。用例 平家物語の—文。④浄瑠璃・歌舞伎で、舞踊的演技による男女の駆け落ちなどの場面。用例 近松の—文。⑤「道行き触り」の略。⑥

●道行き④『曾根崎心中』より。

手続き。順序。経過。⑦㋐「道行き襟」の略。㋑「道行きコート」の略。↓写

**みちゆき-えり【道行(き)襟】** 道行きコートの襟。襟あきを四角にし、それを縁どるように細い襟をつけたもの。角襟。道行き。

**みちゆき-コート【道行きコート】** 和装コートの一種。道行き襟に仕立てたもの。雨ゴートやちりよけに用いる。道行き。↓写

●道行きコート

**みちゆき-ぶり【道行(き)触り・道行(き)振り】** ①道中で行き会うこと。②旅日記。紀行文。

**みちゆき-もの【道行(き)物】** 浄瑠璃・歌舞伎舞踊で道行きを扱ったもの。近松門左衛門の『曾根崎心中』以来重視され、心中の目的地へ着くまでの男女の悲哀を表すことが多い。『梅川』『落人』など。景事。

**み・ちる【満ちる・▽充ちる】**（上一自）①人や物がいっぱいになる。あふれるばかりになる。be-come full 用例 水が―。②満ち潮になる。rise 対義 引く・干る。用例 潮が―。③満期になる。expire 用例 任期が―。④《「盈ちる」とも》欠けたところがなくなる。完全になる。wax 対義 欠ける。用例 月が―。⑤感情・雰囲気などが、すみずみまで行きわたる。be full of 用例 かぐわしい香が―。参考 打ち消し表現には「満つ」の未然形が用いられる。

**盈つれば虧く**（みつればかく） 月のみちかけのように、人間も、絶頂に達すれば次は衰えていく。

**ミツ【密】** 11画 部首［宀］ 教育小6 JIS 4409
音 ミツ・ビツ
①ひそか。ひそかに。こっそりと。対義 顕。「機密・秘密」「密議・密教・密告・密談」用例（名）計画は―をたっとぶ。《接頭的》―入国。②ぎっしりと。ぴっしりと。ぴったりと。こまかい。くわしい。対義 粗・疎。「厳密・粗密・綿密」「密集・密接・密着・密閉」用例（形動）連絡を―にする。③ちかしい。したしい。「親密」用例（形動）―な間がら。④密教のこと。「顕密・台密」

**ミツ【▼蜜】** 14画 部首［虫］ JIS 4410
音 ビツ・ミツ
①はちみつ。ミツバチが花からあつめる、あまい液。「蜜月・蜜蠟」②糖みつ。シロップ。砂糖や飴からつくる、あまい液。また、みつのようにあまいもの。「蜜柑」

**ミツ【▼樒】** 15画 部首［木］ JIS 6073
18画【▼櫁】 異体字 JIS 6074
音 ビツ・ミツ
①ジンコウ。ジンチョウゲ科の常緑高木。②シキミ。モクレン科の常緑小高木。

**みつ【▼褌】** ①相撲で、まわしの、前後で丁字形に交差する部分。②まわし。用例 前―。

**み-つ【三つ】** みっつ。three 用例 ―折り。

**三つの宝**（みつのたから） ①《仏教語》仏・法・僧。三宝。②三種の神器。

**みつ【▽御津】**〈町〉 兵庫県南西部、播磨灘に臨む町。古い港町室津があり、東部海岸の新舞子は景勝地で海水浴などでにぎわう。人口一万二八四六（一九八八）。

**みつ【▽御津】**〈町〉 岡山県中央部、岡山市の北に接する町。中心の金川地区は妙覚寺の門前町で、旧城下町。精密鋳造・鉄鋼関係の工業団地がある。人口一万一一四一（一九八八）。

**み・つ【満つ・▽充つ】** 古語 ㊀（四自）①いっぱいになる。満ちる。用例 胸に―思ひはあれど（新後撰・恋一）。②満潮になる。用例 ―潮の流れひるまを（古今・恋三）。③欠けていたところが整い、完全になる。用例 此の照る月は―ち闕けしける（万葉・三・四四二）。④願いなどがかなう。満足する。用例 年ごろの願ひの―心ちして（源氏・東屋）。⑤広くゆきわたる。ひろまる。用例 うせ給ひにけりといふ事、世の中に―ちて（源氏・若菜下）。㊁（下二他）①いっぱいにする。あふれさせる。②満足させる。また、願いなどをかなえる。用例 その本尊願ひ―て給ふべくはこそ（源氏・東屋）。

**みつ-あおい【三つ▼葵】** 紋所の名。葵紋の一種。葉の先が三個、中心で向き合っているのでいう。徳川氏の専用紋で、江戸時代は他家の使用を禁止した。三つ葉葵。徳川葵。葵巴。↓図

●三つ葵
会津三つ葵

水戸三つ葵

**みつ-あみ【三つ編み】** 髪を三つにわけて編む方法。また、その髪型。表三つ編みと裏三つ編みがある。braid

**みつい-ぎんこう【(株)三井銀行】** 日本有数の都市銀行。三井グループの中心。日本初の私立銀行として明治九年（一八七六）設立。

**みつい-きんぞくこうぎょう【三井金属鉱業(株)】** 亜鉛を中心とする非鉄金属メーカー。昭和二五年（一九五〇）設立。

**みつい-け【三井家】** 日本の総合財閥の始祖。伊勢国松坂の越後屋主人三井高利が延宝元年（一六七三）京都・江戸・大坂に呉服店・両替店を開いてのち富商となり、明治新政府の厚遇を受け発展。以後三井合名会社を中心に全産業にわたる財閥を形成。

**みつい-こうざん【三井鉱山(株)】** 石炭・コークス・セメント中心の資源会社。かつては日本最大の石炭会社として知られた。明治四四年（一九一一）設立。

**みつい-こうし【三井甲▼之】**（一八八三―一九五三） 歌人・評論家。山梨県生まれ。本名、甲之助。東大卒。伊藤左千夫に師事。歌集『三井甲之歌集』。

**みつい-ざいばつ【三井財閥】** 日本の代表的財閥の一つ。江戸初期以来の豪商三井家が、明治維新後藩閥政府と結び、政商として発展。のち一族を中心に一大コンツェルンを形成。第二次大戦後解体。

**みついし【三石】**〈町〉 北海道南部、日高山脈の麓の太平洋に臨む町。飼料作物の栽培、競走馬飼育、コンブ漁などを行う農業と漁業の町。人口六三七〇（一九八八）。

**みついし-こんぶ【三石昆布】** 褐藻植物コンブ科の海藻。長さ約五m、幅約一〇cmと細長く、縁はほとんど波をうたない。北海道日高地方三石町が産地。夏に採取。優良種。トカチコンブ。

**みつい-ぞうせん【三井造船(株)】** 日本の代表的造船会社の一つ。昭和一二年（一九三七）設立。

**みつい-たかとし【三井高▽利】**（一六二二―一六九四） 江戸前期の豪商。三井家の祖。伊勢松坂の人。江戸・大坂・京都に越後屋呉服店、三井両替店などを創業し、幕府の公金為替御用も務めて巨富を蓄積。

**みついとうあつ-かがく【三井東圧化学(株)】** 大手総合化学会社の一つ。昭和八年（一九三三）設立。

**みつい-ぶっさん【三井物産(株)】** 日本を代表する総合商社。三井グループの中心の一つ。明治九年（一八七六）設立。

**みつい-ふどうさん【三井不動産(株)】** 不動産業界の最大手企業。昭和一六年（一九四一）設立。

**みつ-うん【密雲】** すきまなく厚く重なった雲。dense clouds

**みつえ【▽御▼杖】**〈村〉 奈良県北東端、三重県に接する山間の村。村域のほとんどが山林で、杉・ヒノキを産出。製材工場などもある。人口三二四四（一九八八）。

**みつ-おり【三つ折り】** ①三つに折ること。折った物。three-fold ②和紙の一種。岡山県産の障子紙。

**みつおれ-にんぎょう【三つ折れ人形】** 腰・ひざがしら・足首が折れ曲がり、すわれるように作られた日本人形。江戸時代に作られた。市松人形など。

**みっ-か【三日】** ①その月の第三日。the third day 用例 一月―。②日数が三つ。三日間。for three days 用例 週に―会議がある。

**三日に上げず**（みっかにあげず） 間をあけずに、たびたび。very frequently

**三日見ぬ間の桜**（みっかみぬまのさくら） 世の変わり方の激しいたとえ。世の中は三日見ぬ間の桜哉。

**みつ-が【密画】** ↓ミニアチュール

**み-づか【▽水塚】** 洪水の多い低湿地帯にみられる避難用施設。濃尾平野西部の輪中などで、母屋より一段高い盛り土の上につくられる。水屋。みずつか。

**みっ-かい【密会】**（名・サ変自）①ひそかに会うこと。secret meeting ②男女がこっそり会うこと。あいびき。secret date

**みつかいどう【▽水海道】**〈市〉 茨城県南西部、鬼怒川流域にある市。旧河港町で、農業・商業を中心に発展。東京のベッドタウン化し、工業化も著しい。人口四万二〇三〇（一九八八）。

**みつ-がさね【三つ重ね】** 三つ重なって一組みとなるもの。用例 ―の重箱。

**みつ-がしわ【三▼槲】** リンドウ科の多年草。沼沢にはえる。高さ約三〇cm。葉は三小葉。夏に、径約一cmで、内面に毛の密生する白花が多数咲く。葉は健胃薬。↓図

●ミツガシワ

**みっか-てんか【三日天下】** きわめて短期間だけ実権を掌握すること。明智光秀が織田信長を討って一三日で豊臣秀吉に滅ぼされたことから生じた語。

**みつ-かど【三つ角】** ①三隅の角。②道の三方に分かれた地点。みつまた。

**みつかど-こおろぎ【三▼稜▼蟋▼蟀】** 三角形の角ばった頭をしたコオロギ。体長一・七cmほど。夏から秋に現れ、草原や畑などで「チッチッチッ」と鳴く。本州以南に分布。

**みっかび【三ケ日】**〈町〉 静岡県西部、浜名湖北方の町。県西部最大のミカンの産地。「三ケ日人骨」の発見地として知られる。人口一万六三一七（一九八八）。

**みっかび-じんこつ【三ケ日人骨】** 化石人骨の一つ。昭和三四年（一九五九）以降静岡県引佐郡三ケ日町只木の石灰岩採石場から発掘。更新世後期のものと推定される。

**みっか-ぼうず【三日坊主】** あきっぽくて長続きのしない人。fickle person

**み-つか・る【見付かる】**（五自）①人に見つけられる。人の目にとまる。be found 用例 いたずらが―。②見つけだすことができる。見つけることができる。be able to find 用例 解決策が―。忘れ物が―。

**み-つぎ【貢ぎ・▽調・▽御▽調】** ①律令制下で割り当てられた租・庸・調のうち、調のこと。②律令制の税の総称。③属国が定期的に貢納した品物。

**みつ-ぎ【密儀】** 宗教集団が行う独自の秘密の儀式。未開民族の成年式、密教の加持・灌頂、キリスト教の秘跡など。秘儀。secrets

**みつ-ぎ【密議】** 秘密の相談。secret conference 用例 ―をこらす。

**みつぎ【▽御▽調】**〈町〉 広島県南東部、尾道・三原市の北に接する町。旧市場町。稲作・畜産がさかんで、繊維・木工業なども発達。人口八六三七（一九八八）。

**ミッキー-マウス【Mickey Mouse】** ディズニー創作の漫画映画のスター。ユーモアと機知に富むハツカネズミ。一九二八年デビュー。

**ミツキエビチ【Adam Mickiewicz】**（一七九八―一八五五） ポーランドの詩人。ロマン主義文学の創造者。ポーランド国民の愛国の情熱を文学的に表現した。長編叙事詩『パン・タデウシュ』、劇詩『父祖の祭り』など。

**みつぎ-しゅうきょう【密儀宗教】** 神秘的意義をもって執行される儀礼（＝密儀）を中核として成立している宗教の総称。ディオニュソス教・オルフェウス教・エレウシス教など。mystery religion

**みつぎ-もの【貢ぎ物】** 貢ぎとして差し出す金品。tribute

**みっ-きょう【密教】** 《深遠な秘密の教えの意》仏教の一流派。『大日経』『金剛頂経』などを

よりどころとして、大日如来を本尊と仰ぐ。神秘的な教理と加持祈禱が特色。七世紀ごろ、大乗仏教にヒンズー教の影響が加わってインドに興り、中国・日本・チベットなどに伝わった。日本では真言宗(=東密)と天台宗の密教(=台密)がある。[対義]顕教。

**みっきょう-びじゅつ【密教美術】** 密教の教理を具象化した造形美術。密教では絵画や彫刻に造形化された尊像の数は多い。とくに明王・天部像や曼荼羅などにその特色がうかがえる。絵画は神護寺『両界曼荼羅』、彫刻は教王護国寺講堂の像など。↓[写]

**みっきょう-ほうぐ【密教法具】** 密教独自の仏教法具。金剛杵や護摩道具などをさす。密具。↓[写]

**み-つ・ぐ【貢ぐ】**(五他) ①金品を与えて助ける。金品を贈る。give one financial aid ②君主・政府などに租税・産物などを献上する。[用例]領主に―。

**み-づ・く【▽水漬く】**[古語](四自) 水につかる。[用例]海行かば―屍(万葉・一八・四〇九四)。

**ミックス【mix】**(名・サ変他) ①種類の違うものを混ぜること。[用例]―サンド。②男女混成チーム。[用例]―ダブルス。③混声合唱。

**み-つく・す【見尽(く)す】**(五他) すっかり見る。全部見る。見終わる。finish seeing

●密教法具　厳島神社(広島県)。

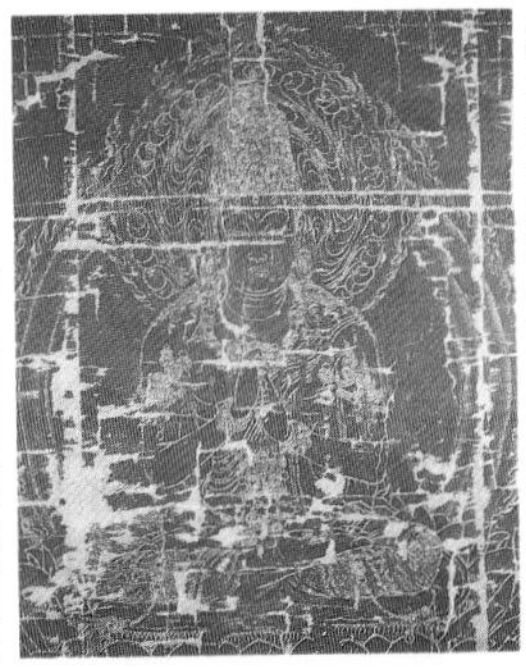
●密教美術
『両界曼荼羅図』「金剛界の大日如来」。天長六年以後(八二九〜八三四)、神護寺。

『不動明王坐像』。承和六年(八三九)、教王護国寺(京都府)。

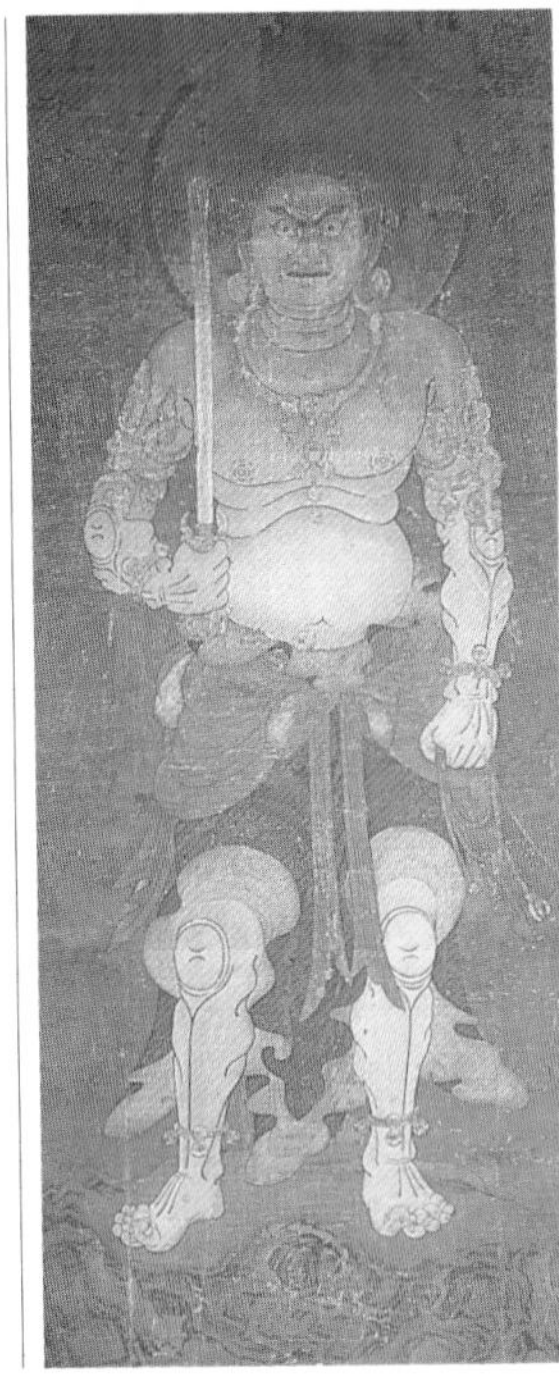
『不動明王像(黄不動)』(部分)。平安時代末期(一二世紀後半)、曼殊院(京都府)。

**みつ-ぐそく【三具足】** 仏前に供える香炉・華瓶・燭台各一つを総合しての名称。左に華瓶、中央に香炉、右に燭台を置く。

**みつ-くち【三つ口】**《卑語》↓としん(兎唇)

**みつ-ぐみ【三つ組(み)】** 三つで一そろいになること・もの。みつぞろい。three-piece set [用例]―のさかずき。

**みつくり-かきち【▼箕作佳吉】**(一八五七〜一九〇九) 動物学者。阮甫の孫。元八の兄。江戸の人。三崎臨海実験所の設立に努力。生物学教育の発展に貢献。

**みつくり-げんぱち【▼箕作元八】**(一八六二〜一九一九) 明治の西洋史学者。阮甫の孫。美作の人。初め動物学を修め、ドイツ留学中に史学に転じた。東大教授。著書『仏蘭西大革命史』『西洋史講話』など。

**みつくり-げんぽ【▼箕作▼阮▼甫】**(一七九九〜一八六三) 江戸後期の蘭学者。美作の人。宇田川玄真に師事し、幕府の蕃書和解御用掛・蕃書調所教授となる。著書『外科必読』など。

**みつくり-ざめ【▼箕作▼鮫】** 突出した吻をもつサメ。全長約五m。体は白色に近い。広く深海に分布。日本では相模湾・駿河湾などでまれに獲れる。テングザメ。

**みつぐり-の【三つ▼栗の】**[枕ことば]《クリのいがの中にある三つの実のうち中央のもの、の意》「中」などにかかる。[用例]松反りしひてあれやは―中上り来ぬ麿といふ奴(万葉・九・一七八三)。

**みつくり-りんしょう【▼箕作▼麟祥】**(一八四六〜一八九七) 明治の法学者。江戸の人。阮甫の孫。阮甫に蘭学を学び、幕末にフランスへ留学。幕府、新政府で翻訳および民法・商法などの法典編纂に尽力。司法次官・行政裁判所長官などを歴任。

**み-づくろい【身繕い】**(名・サ変自) 身じたく。身ごしらえ。dress oneself

**み-つくろ・う【見繕う】**(五他) 品物をほどよく整える。見はからう。choose at one's discretion

**み-つけ【見付(け)・見▽附(け)】** 枡形とよぶ区画のある城門の外側に面する、番兵が見張りをする場所。江戸城では見付けが三六あったという。現在では赤坂見附が、そのなごりとして地下鉄駅名に存在。

**みつけ【見▽附】**〈市〉 新潟県中部、長岡市の北東に接する市。古くから知られる機業地で、合繊織物やニット生地を生産。見附油田がある。人口四万三五九〇(一九八八)。

**みっ-けい【密計】** 人に知られないように立てたはかりごと。秘密の計略。secret plan

**みつ-げつ【▼蜜月】**《「ハネムーン」の訳語》結婚したばかりの時期。[用例]―旅行。

**み-つ・ける【見付ける】**(下一他) ①いつも見ている。見なれる。get used to seeing [用例]ふだん―・けた景色。②見て探し出す。発見する。見いだす。discover [用例]欠点を―。犯人を―。仕事を―。糸口を―。

**みつ-ご【三つ子】** ①一回の出産で生まれた三人の子。triplets ②三歳の幼児。three-year-old child ③幼い子。infant

**三つ子の魂、百迄(まで)** 幼い時の性質は、老人になっても変わらないということ。As the twig is bent, so grows the tree.

**みつ-ご【密語】**(名・サ変他) ①ひそひそ話。内証話。②《仏教語》仏が真実を奥に隠して説いたことば。

**みつ-ご【▼蜜語】** みつのように甘いことば。[用例]―を交わす。

**みっ-こう【密行】**(名・サ変自) ①こっそり歩くこと。忍び歩き。微行。②ひそかに行くこと。

**みっ-こう【密航】**(名・サ変自) 正規の手続きによらず、または運賃を払わずに船・飛行機に乗って外国へ行くこと。smuggle oneself

**みっ-こく【密告】**(名・サ変他) こっそりつげ口をすること。tip off [用例]仲間を裏切って―する。

**みつこし【(株)三越】** 日本最古の百貨店。旧三井財閥の母体企業。延宝元年(一六七三)創業。明治三七年(一九〇四)設立。

**みつざき-けんぎょう【▽光崎検▽校】**(?〜一八五三) 地歌・箏曲の演奏家・作曲家。箏二重奏や段物・組歌両形式の復活など、箏曲復興運動の先駆者。

**みっ-さつ【密殺】**(名・サ変他) ①ひそかに殺すこと。②法を犯して、肉・皮をとる目的で家畜を殺すこと。

**みっ-し【密使】** 秘密の使命をおびてつかわされる使者。secret messenger

**みつ-じ【密事】** 秘密の事がら。内々の事がら。secret

**みっ-しつ【密室】** ①密閉した部屋。air-tight room ②入室を禁じた部屋。off-limits room ③秘密の部屋。secret room ④外部から全くうかがうことのできない部屋。locked room

**みつしま【▽美津島】**〈町〉 長崎県、対馬中南部の町。壱岐対馬国定公園に属し、真珠養殖とするめ生産のさかんな漁業と観光の町で、対馬空港がある。人口九二九六(一九八八)。

**みっ-しゅう【密宗】** 真言宗。

**みっ-しゅう【密集】**(名・サ変自) ぎっしりと集まること。crowd [用例]―する人々。

**みつ-しゅっこく【密出国】**(名・サ変自) 法的な手続きを経ないで、ひそかに国を抜け出ること。smuggle oneself out of a country [対義]密入国。

**みっ-しょ【密書】** 秘密の文書。ひそかに届けられる手紙。secret letter

**ミッション【mission】** ①使者。②キリスト教を広めること。その団体。③「ミッションスクール」の略。

**ミッション-スクール【mission school】** キリスト教団体が、教育と伝道のために設けた学校。

**みっしり(と)**(副) ①充実したさま。じゅうぶんに。みっちり。fully ②一心に。きびしく。severely

**ミッシング-リンク【missing link】**《失われた鎖の環、の意》人類の進化の過程で、類人猿とヒトとの関係を結びつける中間の未発見動物。

**みつ-すい【▼蜜吸】** ミツスイ科に属する小鳥の総称。舌の先端が割れていて蜜を吸いやすい。花の蜜が主食。オーストラリア・ニューギニアなどに約一六〇種が分布。honeyeater ↓[写]

●ミツスイ　キホオミツスイ

**みつせ【三瀬】**〈村〉 佐賀県北東部、福岡県境の村。北東端に脊振山地が重なる山村で、農・林業が主。観光地として北山ダムがある。人口一八七四(一九八八)。

**みっ-せい【密生】**(名・サ変自) すきまなく生えること。grow thick

**みっ-せつ【密接】** 一(名・形動) 関係が深いこと・さま。closely related 二(名・サ変自) すきまなく、くっつくこと。be close

**みっ-せん【密栓】**(名・サ変自) かたく栓をすること。また、その栓。

**みつ-せん【▼蜜▼腺】** 植物体で、花蜜を分泌する組織。円柱状で充実した細胞質をもつ細胞からなる。子房の周辺にあるのがふつう。nectary ↓[葉図]

**みっ-そう【密奏】**(名・サ変他) ひそかに王・天子に申し上げること。

**みっ-そう【密葬】**(名・サ変他) ①ひそかにほうむること。②内々の葬式。private funeral [対義]本葬。

**みつ-ぞう【密蔵】** 一(名・サ変) ひそかにしまっておくこと。treasure 二(名) 真言宗の経典。

**みつ-ぞう【密造】**(名・サ変他) 法を犯して、こっそりつくること。illicit manufacture [用例]―酒。

**みつぞう-しゅ【密造酒】** 酒類製造免許のない者が作る酒。どぶろくが多い。家庭用の果実酒・薬酒は密造酒にはならない。moonshine

**みつ-ぞろい【三つ▼揃い】** 三つで一そろいになっていること・もの。とくに、背広の、上着・チョッキ・ズボン。三つ組み。three-piece suit

**みつだ-え【密▼陀絵】** 密陀僧(一酸化鉛)を乾燥剤として作った油絵の具で描いた絵。七世紀に大陸から伝来し正倉院の宝物に見いだされる。安土桃山時代から江戸時代にかけて漆器の装飾に用いられた。

**みつだ-けんすけ【▽光田健▼輔】**(一八七六〜一九六四) 臨床医家。山口県生まれ。済生学舎卒。ハンセン病の三型を鑑別する光田反応を発見し、ハンセン病の予防と治療に貢献した。昭和二六年(一九五一)文化勲章受章。

**みつだ-そう【密▼陀僧】** 一酸化鉛の別称。

**みつたに-くにしろう【▽満谷国四郎】**(一八七四〜一九三六) 洋画家。岡山県生まれ。暗い写実から晩年は東洋的情趣にあふれた装飾的作風に変化。作品『車夫の家族』など。

**みつ-だん【密談】**(名・サ変自) こっそり話すこと。話し合うこと。内密の話・相談。confidential talk

**ミッチェル【Joni Mitchel】**(一九四三〜) カナダの女性歌手・作曲家。新しいフォーク-ソングの作者としてアメリカで活躍。

**ミッチェル【Margaret Mitchell】**(一九〇〇〜一九四九) アメリカの女流小説家。南北戦争とその戦後を背景に女主人公の運命の転変を描いた、唯一の作品『風と共に去りぬ』で有名。

**ミッチェル【Peter Dennis Mitchell】**(一九二〇〜) イギリスの化学者。化学浸透理論の形成のなかで、生物エネルギーの伝達について研究。一九七八年ノーベル化学賞受賞。

**ミッチェル【Silas Weir Mitchell】**(一八二九〜一九一四) アメリカの神経症学者。ヘビ毒の毒性、モルヒネ・アヘンなどの研究で業績をあげた。

**みっ-ちゃく【密着】**(名・サ変自) ①ぴったりくっつくこと。stick firmly ②写真で、原板の大きさのまま、印画紙に焼き付けること。また、その印画。contact printing

**みっちり**(副) 十分にするさま。みっしり。fully 用例 ―鍛える。

**みっ-つ【三つ】** ①二の次の数。さん。みっつ。み。three ②三歳。three years old 用例 子どもが―になる。③三個。three pieces 用例 あめを―もらう。

**三つの川**(みつつのかわ) 三途の川。

**みっ-つう【密通】**(名・サ変自) ①ひそかに知らせること。用例 敵に―する。②夫婦でない男女が、こっそり関係を結ぶこと。私通。adultery 用例 不義―。

**みっつのオレンジへのこい【三つのオレンジへの恋】**《原題 L'amour des trois oranges(フランス)》プロコフィエフ作曲・台本のオペラ。四幕。一九二一年初演。ゴッツィ作のおとぎ話による。管弦楽用組曲が有名。

**みっ-てい【密偵】** ひそかに敵情を探る人。スパイ。spy

**みつで-うらぼし【三手裏星】** 低山の岩上に生育するウラボシ科の常緑性シダ。葉は通常二、三裂。胞子嚢は葉の中脈近くに列生し、円形で黄色。

**ミッテラン【François Mitterrand】**(一九一六〜) フランスの政治家。反ド=ゴール陣営の中心として活躍し、一九七一年社会党第一書記。八一年大統領に就任し、八八年再選された。

**ミッテルラント-うんが【ミッテルラント運河】**(Mittelland Kanal) ドイツ北部を東西に横断、ドルトムント-エムス川とエルベ川を結ぶ運河。一九三八年開通。長さ三二五km。

**ミット【mitt】** 野球で、捕手・一塁手が捕球に使う革の手袋。

**みつ-ど【密度】** ①一定の単位面積の中に含まれる物質の量あるいは個体数。粗と密の程度。density 用例 人口―。個体群―。②文章・講演などの内容の充実度。③物理で、単位体積に含まれる質量あるいはエネルギー量。density

**ミッドウェー-かいせん【ミッドウェー海戦】** 昭和一七年(一九四二)六月、中部太平洋ミッドウェー島攻略をめぐる日本とアメリカの海戦。日本は航空母艦四隻を失い、以後太平洋戦線の主導権をアメリカに奪われた。

**ミッドウェー-しょとう【ミッドウェー諸島】**(Midway Islands) アメリカ、ハワイ州西部、ハワイ諸島北西端の環礁島。第二次大戦中の一九四二年六月、付近の海域で日米の大海戦が行われたことで知られる。

**みつとうげ-やま【三ツ峠山】** 山梨県中南部、御坂山地東端にある開運・毛無・御巣鷹山の総称。最高点は一七八六m。富士箱根伊豆国立公園に属し、山頂から富士山・河口湖を一望におさめられる。三ツ峠。

**ミッドガルド【Midgard】** 北欧神話で人間の住む場所。中央(のちに上方とされる)にある神々の国アスガルドと、巨人の住むウトガルド(外界)の中間にある世界。

**ミッドシップ-エンジン【midship engine】**《「ミッドシップ」は船の中央のこと。転じて》自動車で、前後の車軸の間にエンジンをとり付けたもの。

**ミッドナイト【midnight】** 真夜中。

**みつ-どもえ【三つ▼巴】** ①紋所の名。巴紋の一種。巴を三個丸形に配した紋。②三者がたがいに争って入りみだれること。three-sided struggle ↓図

**みっとも-な・い**(形)《「見とうもない」の転》恥ずかしい。見苦しい。外聞が悪い。disgraceful 派生 みっともなげ(形動) みっともなさ(名)

**ミッドランド-ぎんこう【ミッドランド銀行】**(Midland Bank plc) イギリスの大手銀行。一八三六年設立。

**みつど-りゅう【密度流】** 密度の異なる流体が接触しているとき、密度の大きい方から小さい方へ起こる流れ。海流・混濁流など。

**みつ-に【▼蜜煮】** 砂糖をたくさん使って甘く煮る方法。豆・クリ・芋などに用いる。シロップ煮。

**みつ-にゅうこく【密入国】**(名・サ変自) 法的な手続きを経ないで、ひそかに国内に入ること。smuggle oneself into a country 対義 密出国。

**みつの-かしわ【三角▼柏・▽御津▼柏】** ①先端がとがって三つに分かれている木の葉。豊明の節会などで飯や酒を盛るのに用いられた。カクレミノの葉ともいう。②伊勢神宮の神事で、占いに用いられた柏の葉。

**みつ-ば【三葉】** ①三枚の葉。葉が三枚あること。②セリ科の多年草。山地の陰地にはえる。高さ三〇〜六〇cm。葉は小葉三枚からなり、花期は夏。全草に香気がある。食用に栽培される。ミツバゼリ。↓図

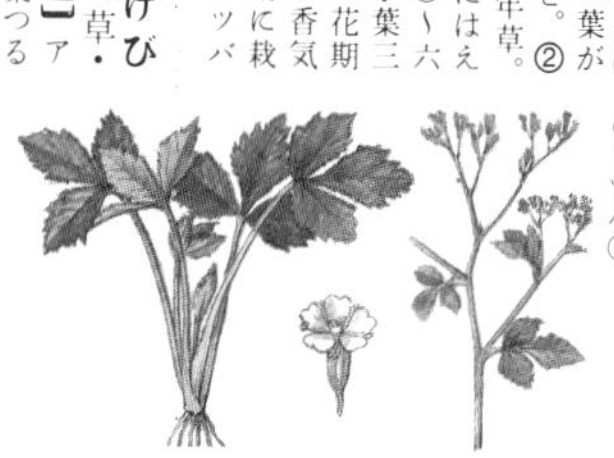
●ミツバ②

**みつば-あけび【三葉▽通▽草・三葉▽木▽通】** アケビ科の落葉つる性植物。山野にはえる。アケビに似る。葉は複葉で、波形の鋸歯のある小葉三枚からなる。花は濃紫色。アケビ細工の材料。

**みつ-ばい【密売】**(名・サ変他) 法を犯してこっそりと売ること。illicit sale 用例 麻薬の―。

**みつば-うつぎ【三葉▽空木】** ミツバウツギ科の落葉小低木。山地にはえる。卵状楕円形の小葉三枚の複葉。春、枝先に円錐花序を出し、白色五弁の小花をつける。箸は材。若葉は食用。

●三つ巴①
右三つ巴

中陰三つ巴

**みつば-おうれん【三葉黄連】** キンポウゲ科の多年草。高山の樹木の下などにはえる。葉は根生し、三出複葉。質は硬く、光沢がある。夏、花茎の先に白花が咲く。

**みつば-かいどう【三葉海▼棠】** バラ科の落葉樹ズミの別名。

**みつはし【三橋】**〈町〉 福岡市南西部、柳川市南隣の町。稲・麦作中心の農業の町だが、都市化が著しい。人口一万八〇五五(一九八八)。

**みつば-ぜり【三葉▼芹】** ミツバの異名。

**みつ-ばち【▼蜜▼蜂】** ミツバチ属のハチの総称。社会生活を営み、花の蜜・花粉を集めて幼虫を育てる。一つの巣に数万個体がすみ、一匹の女王バチ、数百匹の雄バチと大多数の働きバチからなる。養蜂に利用。世界に広く分布。honeybees ↓写

●ミツバチ

**みつばちマーヤのぼうけん【▼蜜▼蜂マーヤの冒険】**《原題 Die Biene Maja und ihre Abenteuer(ドイツ)》ドイツの小説家ボンゼルスの童話。一九一二年刊。動物童話の古典。

**みつば-つつじ【三葉▼躑▼躅】** ツツジ科の落葉低木。関東・中部地方の太平洋側の山地にはえる。高さ約三m。枝先に卵状菱形の葉を三片ずつ輪生。春に、漏斗形の紅紫色花が咲く。

**みつびし-かせい【三▼菱化成(株)】** コークス・化繊原料などの総合化学企業。昭和二五年(一九五〇)設立。

**みつびし-ぎんこう【(株)三▼菱銀行】** 日本有数の都市銀行。三菱グループの中心。大正八年(一九一九)設立。

**みつびし-きんぞく【三▼菱金属(株)】** 銅・亜鉛などの総合非鉄金属メーカー。昭和二五年(一九五〇)設立。

**みつびし-ざいばつ【三▼菱財閥】** 日本の代表的財閥の一つ。岩崎弥太郎が設立。西南の役の軍事輸送で莫大な利益を獲得し、その後、政府と結びついて事業を拡張。海運・保険・造船を中心に一大コンツェルンを形成。第二次大戦後解体。

**みつびし-じしょ【三▼菱地所(株)】** 東京の丸の内・大手町を中心とする土地やビルを所有・管理する不動産会社。昭和一二年(一九三七)設立。

**みつびし-じゅうこうぎょう【三▼菱重工業(株)】** 日本最大手の総合重工業会社。造船・重機械・航空機・防衛産業などを中心とする。昭和二五年(一九五〇)設立。

**みつびし-しょうじ【三▼菱商事(株)】** 日本を代表する総合商社。三菱グループの中心の一つ。昭和二五年(一九五〇)設立。

**みつびし-でんき【三▼菱電機(株)】** 重電機中心の総合電機メーカー。大正一〇年(一九二一)設立。

**みつびし-ゆか【三▼菱油化(株)】** 石油化学工業の日本最大手企業。昭和三一年(一九五六)設立。

**みっ-ぷう【密封】**(名・サ変他) 固く封をしてとじること。厳封。seal up

**みっ-ぺい【密閉】**(名・サ変他) すきまなくとじること。shut up 用例 ―した部屋。

**みつ-ぼう【密謀】**(名・サ変他) 人に知れないように、こっそり相談しあうこと。conspiracy

**みつ-ぼうえき【密貿易】** 法を犯してする貿易。smugge

**みつ-ぼし【三つ星】** ①三つの星。また、その形をしたもの。②オリオン座の中心部に一直線に並んだ三つの二等星、ミンタカ(δ)・アルニラム(ε)・アルニタク(ζ)の和名。からすきぼし。中国名は、参宿。

**みづま【三▼潴】**〈町〉 福岡県久留米市の南隣、筑後川に沿う町。産業は農業のほか織物業・酒造業など。近隣都市への通勤者が多い。人口一万四八六一(一九八八)。

**みつ-また【三つ▼股・三つ▼叉】** 川・道などが、三つの方面に分かれる所。three-pronged fork

**みつ-また【三▼叉・三▼椏・▽黄▼瑞▽香】** ジンチョウゲ科の落葉低木。高さ約二m。枝は太く三本ずつ分枝する。葉は互生、長楕円形。早春にハチの巣に似た黄色の頭状花が咲く。和紙の原料。中国原産で古く渡来、現在では多く栽培される。サキクサ。↓写

●ミツマタ

**みつまたれんげ-だけ【三ツ▼俣▼蓮華岳】** 飛驒山脈中部、富山・長野・岐阜県境にある山。標高二八四一m。北アルプス縦走路の要点で、東斜面に氷食地形のカールがある。

▼常用漢字表外。 ▽常用漢字表の音訓外。

**みつ-まめ【▼蜜豆】** 塩ゆでにした赤エンドウに糖蜜をかけた冷菓。さいの目に切った寒天・求肥・果物などをあしらう。

**みつ-み【三つ身】** 《「三つ身裁ち」の略》三歳前後の幼児が着る長着・羽織・じゅばん。また、その仕立て方。並幅一反の半分の布で仕立てる。小裁ち。

**みつ-みつ【密密】**（副） ひそかに。内々。

**みつみつ-し** ［枕ことば］《「御稜威」を重ねたもの、「満つ満つし」の意などともされるが、かかりかたとも未詳》氏族の名「久米」にかかる。[用例] ―久米の若子がい触れけむ磯の草根の枯れまく惜しも（万葉・三・四三五）。

**みつみね-さん【三峰山】** 埼玉県西部、秩父山地にある妙法ケ岳・白岩山・雲取山の総称。最高点は雲取山（二〇一八m）。三峰神社のある妙法ケ岳だけをさす場合もある。

**みつみね-じんじゃ【三峰神社】** 埼玉県秩父郡大滝村三峰にある旧県社。祭神は伊邪那岐命・伊邪那美命。狼を神使「大口真神」としてあがめ、その護符を火盗よけとする信仰で知られる。

**みつ-め【三つ目】** ①目が三つあること・もの。with three eyes [用例] ―小僧。②結婚・出産から三日めに当たること・祝い。

**みつめ-ぎり【三つ目▼錐】** 刃の先が三角形のきり。triangular drill

**み-つ・める【見詰める】**（下一他） じっと見入る。gaze at

**みつもと-そう【三本草】** バラ科の多年草。山地の水辺にはえる。高さ約六〇cm。葉は小葉三枚からなる。夏に、径約一cmの黄色五弁花を茎頂につける。ミナモトソウ。↓[写]

●ミツモトソウ

**み-つもり【見積(も)り】** 見積もること。その積算結果を書いた書類。estimate

**みつもり-しょ【見積書】** 物品の購入や仕事の発注を決定するため前もって事業者に提出させる、予定価格・経費などを書いた書類。みつもりがき。みつもり。積もり書き。estimate

**み-つも・る【見積(も)る】**（五他） ①おおよその計算をする。概算する。estimate ②目算を立てる。estimate

**みつ-やく【密約】**（名・サ変自） ひそかに約束すること。また、その契約・条約。secret agreement

**みつやま-さい【三ツ山祭】** ①兵庫県宍粟郡一宮町の伊和神社で、六〇年ごとの甲子の年に行う神事。白倉・花咲・高畑三山の神霊を祭る。三ツ山神事。御戸開。②兵庫県姫路市の射楯兵主神社の二〇年に一度行う神事。射楯兵主祭。

**みつ-ゆ【密輸】**（名・サ変他） 法を犯して輸出入すること。smuggling [用例] ―品。

**みつ-ゆしゅつ【密輸出】**（名・サ変他） 法に背いて輸出すること。smuggle abroad

**みつ-ゆにゅう【密輸入】**（名・サ変化） 法に背いて輸入すること。smuggle in

**みつ-ゆび【三つ指】** 親指と人差し指と中指。それを畳などについてする、丁寧な礼。

**三つ指を突く**（みつゆびをつく） 《しとやかで丁寧なおじぎの仕方を言う》三つ指を畳などの上について、礼をする。

**みつゆび-かもめ【三指▼鷗】** 後指がほとんどない三本指のカモメ。全長約四〇cm。背は銀青色で腹側は白い。ユーラシア・北アメリカの北部で繁殖し、冬は南下。日本近海には冬鳥としてまれに渡来。pacific kittiwake

**み-づら・い【見▽辛い】**（形） ①見るのが難しい。見にくい。hard to see ②見るのも気の毒である。painful to look at

**みつ-りょう【密猟】**（名・サ変他） 法を犯してこっそり鳥獣を捕らえること。poaching

**みつ-りょう【密漁】**（名・サ変他） 法を犯してこっそり魚貝を捕ること。poach

**みつ-りん【密林】** 樹木がびっしり茂った森林。ジャングル。jungle

**みつ-ろう【▼蜜▼蠟】** ミツバチの巣の主成分のろうのこと。巣房を加熱・圧搾して採取する。セロチン酸とパルミチン酸ミリシルとの混合物。つや出し剤・模型・化粧品などに利用。beeswax

**み-てい【未定】** まだ決まらないこと。pending [対義] 既定。

**ミディアム【medium】** ①中間。中程度。中くらい。②ビーフステーキの焼きかげんの一つ。まわりも中もほとんど焼けていて、中心部だけが少し生の状態。

**ミディ【midi】** 「ミディスカート」の略。

**ミディ-うんが【ミディ運河】**（Canal du Midi） フランス南部、ガロンヌ川中流のトゥールーズと地中海沿岸のセートとを結ぶ運河。長さ二四〇km。

**みてい-こう【未定稿】** 完全にはできていない原稿。[対義] 定稿。

**ミディスカート【midiskirt】** ふくらはぎの中間の丈のスカート。ミニスカートとマキシスカートの中間の長さのもの。ミディ。↓スカート[図]

**み-ていねん【未丁年】** 丁年（＝二〇歳）にならない年齢。未成年。[用例] ―者。

**ミティリーニ-とう【ミティリーニ島】**（Mitilíni） レスボス島のギリシア語名。

**み-てぐら【▽幣】** 神にたてまつるものの総称。ぬさ。

**みてぐら-を【▽幣を】** ［枕ことば］《「みてぐら（神に供える物）」は神前に並べるものであり、「並ぶ」と同音を含むことから》「奈良」にかかる。[用例] ―奈良より出でて水蓼穂積に至り鳥網張る坂手を過ぎ（万葉・一三・三二三〇）。

**みて-くれ【見て▽呉れ】** うわべ。見かけ。外見。appearance [用例] ―がよい。

**みて-と・る【見て取る】**（五他） 意味やわけを知る。見破る。さとる。realize

**み-と【▽水▽門・▽水戸】** [古語] ①海水の出入り口。海峡。[用例] 阿波の―を渡る（土佐）。②大川が海に注ぐ所。河口。瀬戸。みなと。③すいもん。せき。

**みと【▽水戸】**〈市〉 茨城県中部、那珂川流域の市。県庁所在地。徳川御三家の一つ、水戸藩の城下町として発展。市街地は台地上の上市と低地の下市からなる。納豆・菓子・伝統工芸品など名産が豊富で、商業がさかん。史跡・名勝も多く、偕楽園は梅の名所として知られる。人口二二万九八二二（一九八八）。

**みと【▽美都】**〈町〉 島根県南西部、益田市の東に接する町。農業の町で、ユズ・ワサビの産地で有名。人口三三三二（一九八八）。

**みと【▽御▽津】**〈町〉 愛知県東南部、渥美湾に臨む町。三河海苔とミカンの産地で、豊橋や蒲郡市などへの通勤者も多い。人口一万三四七七（一九八八）。

**み-とう【未到】** まだだれも到達していないこと。unreached [用例] 前人―の業績。

**み-とう【未踏】** まだだれも足を踏み入れていないこと。untrodden [用例] 人跡―のジャングル。

**み-とう【味到】**（名・サ変他） 中身をよくよく味わいつくすこと。

**みとう【▽美東】**〈町〉 山口県中西部の町。中国自動車道が通る。産業は農・林業のほか大理石の産出・加工。人口六六二九（一九八八）。

**み-どう【▽御堂】** ①仏を安置する堂。②新しい墓を覆う屋形。

**みどうかんぱくき【▽御堂関白記】** 藤原道長の日記。具注暦に記入された自筆本一四巻分が現存。当時の貴族の実態を知る好史料とされる。

**みどう-すじ【▽御堂筋】** 大阪市北区の梅田から、浪速区の難波に至る幹線道路。ビジネス街で、地名は道沿いにある本願寺別院の北・南御堂にちなむ。

**み-とおし【見通し・見▽透し】** ①ながめ。遠望。perspective [用例] ―がきく。②なりゆきを確実につかむこと。prospects [用例] ―が立つ。③人の気持ちや、隠れた点までわかること。insight [用例] 何もかも（お）―だ。④終わりまで見続けること。see through

**み-とお・す【見通す・見▽透す】**（五他） ①終わりまで見る。見続ける。see through ②見渡す。overlook ③先の先まで見抜く。foresee ④人の気持ちや、隠した点まで見抜く。see through one's intention

**みと-がく【▽水戸学】** 江戸時代、水戸藩で『大日本史』編纂事業の中で形成された学風。儒学を基幹に国学・神道が結合。江戸後期に至って熱烈な尊王攘夷論を展開し、幕末の思想界に多大な影響を与えた。

**み-とが・める【見▼咎める】**（下一他） ①見て怪しむ。find fault with ②見つけて調べる。

**み-とく【味得】**（名・サ変他） よく味わって会得すること。

**み-どく【味読】**（名・サ変他） よく味わいながら読むこと。perusal; read a book with appreciation

**みと-け【▽水戸家】** 徳川御三家の一つ。水戸藩三五万石。徳川家康の子頼房を藩祖とし、廃藩置県に至るまで一一代。幕府最後の一五代将軍徳川慶喜は同藩主斉昭の子。

**みと-こうもん【▽水戸黄門】** 徳川光圀の別称。

**み-どころ【見所・見▽処】** ①見る値打ちのあるところ。highlight [用例] 最後の場面が―だ。②発展する要素として認めてよい長所。将来の見込み。promise [用例] ―のある人。

**ミトコンドリア【mitochondria】** 細菌類と藍藻類を除く、真核生物の細胞質中に見られる糸状または顆粒状の細胞小器官。呼吸にもっとも重要な働きをする。↓細胞[図]

**み-とせ【三▽年・三▽歳】** 三年。three years

**み-とど・ける【見届ける】**（下一他） ①見て確かめる。make sure ②最後まで見る。見きわめる。see through to the end

**みと-はん【▽水戸藩】** 江戸時代、常陸水戸地方を治めた藩。徳川御三家の一つ。家康の子頼房が初代藩主。最初二五万石、のち三五万石。

**みとみ【三富】**〈村〉 山梨県、塩山市北西部の村。埼玉・長野県境にある農・林業の村で、村域の大部分が山林。西沢渓谷・乾徳山などがある。人口一四〇八（一九八八）。

**みとみ-きゅうよう【三富朽葉】**（一八八九～一九一七） 《「くちは」とも》詩人。本名、義臣。長崎県生まれ。早大卒。フランス象徴派に傾倒し、哀愁の詩を発表。犬吠埼で今井白楊とともに溺死。詩集『三富朽葉詩集』。

**み-と・む【認む】** [古語]（下二他） ↓みとめる（認める）

**みとめ【認め】** ①認めること。②ふだん使う印。認め印。

**みとめ-いん【認め印】** 実印以外の個人の印章。印鑑証明の交付は受けられないが、押印の法律上の効力は実印と同じ。認め。[比較] 実印。

**みと・める【認める】**（下一他） ①見て知る。see [用例] 人影を―。②見て、判断する。judge ③よいと評価する。approve [用例] 研究の成果を―・められる。④承認する。approve [用例] 原案を―。外国旅行を―。

**み-ども【身共】**（代） 《武士が同輩または同輩以下に対して使った》われ。わたくし。

**みとや【三▽刀屋】**〈町〉 島根県東部にある山間の町。旧城下町。国道五四号に沿う交通の要地で、農業と商業がさかん。人口九二四〇（一九八八）。

**ミトラ【Mithra】** 古代アーリア族系の神。ゾロアスター教ではアフラ-マズダ神の系統に属し、太陽神と深い関係をもつ。ローマ帝国で広く信奉された。

**ミトラ-きょう【ミトラ教】** ローマ帝政期、ペルシアなどで広く信奉された密儀宗教。ゾロアスター教の天空神・光明神であるミトラを崇拝、善悪二元と終末説を説いた。新プラトン主義と結合し、キリスト教と争ったが、圧迫され衰退した。Mithraism

**み-とらし【▽御執らし】** [古語] 手にお取りになるもの。とくに、貴人が用いる弓の敬称。みたらし。[用例] ―の梓の弓の（万葉・一・三）。

**み-とり【見取り】** ①見て知ること。②見て写し取ること。

**みどり【緑】** ①青と黄の間の色。草木の葉の色。グリーン。green [用例] ―色。②緑色をした草木や葉。greens [用例] ―におおわれた島。③新芽。若葉。sprout [用例] ―したたる五月。④《「碧」とも》濃い青色。あおみどり。dark blue ⑤《「翠」とも》黄のかった青色。もえぎ。light green ⑥野山の自然。nature [用例] ―を守ろう。[参考]「―の風」のように、さわやかな印象を与えるものにも使う。

**緑滴る**（みどりしたたる） 樹木の若葉がみずみずしいさまに言う。with its fresh verdure

**緑の黒髪**（みどりのくろかみ） つやのある、黒い髪。raven black hair

**み-どり【見取り】** 見渡して、選び取ること。select [用例] よりどり―。

**みどり【▽美土里】**〈町〉 広島県北西部、島根県境の町。歴史の古い町で、神楽などの郷土芸能が残る。人口四〇四六（一九八八）。

**みどり【緑】**〈町〉 兵庫県淡路島中南部、洲本市の西に接する町。酪農、果樹・野菜栽培を行う農業の町。人口五六八八（一九八八）。

↓行き先項目、図版・写真参照印。 [JIS] 日本工業規格情報交換用漢字符号コード（区点コード）。

**みどり-いし【緑石】** 造礁サンゴの一種。個体(サンゴ虫)が多数集まって群体を形成。群体全体は低木状だが、表面に出ている多数の短い枝がマツの新芽(マツの緑)に似ているのでこの名がある。房総以南の暖海に分布。

**みどり-いろ【緑色・▼翠色】** 青と黄の中間の色。黄緑・深緑・緑青などの色の総称。加法混色の基本三原色の一つ。green

**みどり-がめ【緑▼亀】** 淡水産のキバラガメ・アカミミガメの幼体の総称。広く愛玩用として飼われる。肉食性。北米原産。→写

●ミドリガメ

**みどり-かわ【緑川】** 熊本県中部を西流する川。長さ七一km。九州山地に発し、熊本平野を西流して島原湾に注ぐ。

**みどり-ご【▼嬰▽児・緑▽児】** 赤ん坊。えいじ。baby

**みとり-ざん【見取(り)算】** 伝票などの数字を見ながら、そろばんを入れる計算方法。読み上げ算・聞き取り算。比較

**みどり-しじみ【緑▽小▽灰▼蝶】** 夏、雑木林などを飛ぶシジミチョウ。開張約三・五cm。雄の翅の表は金緑色、雌は黒色。食草はハンノキなど。日本全土・朝鮮半島・中国東北部に分布。→写

●ミドリシジミ

**みとり-ず【見取(り)図】** ①見て写しとった図。sketch ②見たままの実景の概要を描いた図。写景図。sketch ③製図用具を用いない手描きの図。スケッチ。sketch

**みどり-ぞうりむし【緑草履虫】** 原生動物のゾウリムシのうち、共生クロレラをもち、体色が緑色のもの。体長は〇・五mm以下。

**みどり-だんそうがい【▽水鳥断層▼崖】** 明治二四年(一八九一)の濃尾大地震で、岐阜県根尾村水鳥にできた大断層。根尾谷断層の一部。

**みどり-の-しゅうかん【緑の週間】** 国土緑化運動の一つ。毎年四月初めごろに一週間設けられ、各地で植樹祭や緑の羽根募金などが行われる。

**みどり-の-とう【緑の党】** (Die Grünen ドイツ) 環境保護と反核・反原発を旗印にする西ドイツの新興政党。一九八三年の総選挙で連邦議会に初進出し注目を浴びた。

**みどり-の-ひ【みどりの日】** 国民の祝日の一つ。四月二九日。自然に親しむとともに、その恩恵に感謝し、豊かな心を育む日。昭和時代の天皇誕生日であったが、平成元年(一九八九)から新しい趣旨の祝日となった。

**みどり-はっか【緑薄荷】** →スペアミント

**みどり-ひもむし【緑▼紐虫】** 紐形動物門の海生動物。体は紐状で長さ約八〇cm。緑色で、腹面は淡い。頭部はへら状。砂泥や石の下などにすむ。本州中部以南に分布。

**みどり-むし【緑虫】** 原生動物植物性鞭毛虫類。単細胞の微生物。体長約六〇マイクロメートルで紡錘形、体内に葉緑体をもつ。体前端に鞭毛が一本あり、これで泳ぐ。鞭毛基部に光を感ずる眼点がある。有機物の多い水溜まりや池沼に生育。近縁のオオミドリムシは体長約四〇〇マイクロメートル。ミドリムシ類はいずれも葉緑体で光合成を行うので植物(緑虫植物門)として、また鞭毛で運動するので動物(原生動物門の鞭毛虫類)として扱われる。ユーグレナ。Euglena

**み-と・る【見取る】**(五他) ①見て知る。perceive ②見て写し取る。sketch

**み-と・る【▽看取る】**(五他) 介抱する。病人の世話をする。看病する。nurse

**ミドル【middle】** ①真ん中。②中間。中等。

**ミドル-きゅう【ミドル級】** 体重制競技の階級の一つ。アマチュアボクシングでは七一〜七五kg、プロボクシングでは六九・八〜七二・五kg。middleweight

**ミドルズブラ【Middlesbrough】** イギリス、イングランド北東部の港湾・重化学工業都市。一二世紀以来、鉄鋼業がさかん。人口一四・五万(一九八五)。

**ミドルトン【Thomas Middleton】**(一五八〇〜一六二七) イギリスの劇作家。W=ローリーなどと合作する。戯曲『チェンジリング』『チェス遊び』など。

**ミドル-ホール【middle hole】** ゴルフで、基準打数(パー)が四打のホール。一般的には、二三〇〜四三〇mのホール。

**ミドル-マネージメント【middle management】** 中級管理者層。企業や官公庁の管理監督者のうちの中堅層。一般に課長級の人々をいう。

**み-と・れる【見▼蕩れる】**(下一自) うっとりして見る。われを忘れて見る。見ほれる。look in fascination at 用例 美しさに—。

**みどろ**(接尾) まみれている、の意。用例 汗—。血—。

**ミトロプーロス【Dimitri Mitropoulos】**(一八九六〜一九六〇) ギリシア生まれの指揮者。技巧家で、前衛音楽の紹介に尽くす。一九四六年アメリカに帰化。

**ミトン【mitten】** 手袋の一種。親指と、他の四本の指を入れる部分の二つに分かれたものの総称。ミット。

**みな【皆】** ㊀(名) すべてのこと・人・物。全部。みんな。all 用例 —が承知する。㊁(代) 相手の人たち。みんな。everyone 用例 —は、きょうはよくやった。㊂(副) すべて。すっかり。残らず。all 用例 持っている物は—やってしまう。

**皆にする**(みなにする) すべて使い果たす。皆になす。

**皆になす**(みなになす) 全部使ってしまう。皆にする。

**皆になる**(みなになる) すべてなくなる。尽きる。

**み-なお・す【見直す】**(五自他) ①(他)㋐改めて見る。考え直す。revise ㋑気づかなかった値打ちを認める。discover new merits ②(自)病気・景気などの悪い状態が、よくなる。

**みなかた-くまぐす【▽南方▼熊▼楠】**(一八六七〜一九四一) 生物学者・民俗学者。和歌山県生まれ。大英博物館に一時勤務。博学をもって知られ、とくに粘菌類の研究で著名。著書『南方熊楠全集』全一二巻など。

**みな-かみ【▽水上】** ①川上。上流。upper stream ②みなもと。source

**みなかみ【▽水上】**〈町〉 群馬県北部、利根川上流の町。水上温泉郷を中心とする観光の町で、スキー場も多い。人口七七一六(一九八八)。

**みなかみ-たきたろう【▽水上滝太郎】**(一八八七〜一九四〇) 小説家。本名、阿部章蔵。東京生まれ。慶大卒。身辺的題材を手堅い写実的手法で描く。作品『大阪』、評論・随筆集『貝殻追放』など。

**みな-が-みな【皆が皆】**(連語) 残らず。全部。all

**みながわ-きえん【皆川▼淇園】**(一七三四〜一八〇七) 江戸後期の儒者。通称文蔵。京都の人。易の思想的研究を大成し、多くの門人を養成。南画もよくした。著書『名疇』『淇園文集』など。

**みなぎ・る【▼漲る】**(五自) ①水が満ちあふれている。over flow ②力などがあふれる。be full of

**みな-くち【▽水口】** 田に引く水の入り口。みずくち。

**みなくち【▽水口】**〈町〉 滋賀県南部の町。城下町、また旧東海道の宿場町として発達。甲賀地方の中心で、商業がさかん。人口二万八六七五(一九八八)。

**みなくち-まつり【▽水口祭(り)】** 農事を始める行事として、苗代に種もみをまいたときに行う祭り。水口に田の神を祭り、豊作を祈る。苗代祭り。

**み-なげ【身投げ】**(名・サ変自) 水中・火口などに飛び込んで死ぬこと。投身。plunge; cast oneself into

**みな-ごろし【皆殺し】** 残らず殺すこと。massacre

**みな-さま【皆様】**(代) 多くの人々をいう敬語。ladies and gentlemen

**みな-さん【皆さん】**(代)「みなさま」の少しくだけた言い方。everybody

**みなし-がわ【▽水無し川】**[枕ことば]《水が絶えて流れていない川、の意から》「絶ゆ」にかかる。用例 言とくは中は淀ませ—絶ゆとふことを有りこすなゆめ(万葉・一一・二七一二)。

**みなしぐり【▽虚▼栗】** 榎本其角編の俳諧撰集。松尾芭蕉跋。天和三年(一六八三)刊。芭蕉と蕉門などの発句・歌仙などを収める。蕉風確立の過程を示す過渡的な集。

**みなし-ご【▽孤・▽孤▽児】**《「身なし子」の意》親のない子。孤児。orphan

**みなした-ふ【▽水下▽経】**[枕ことば]《水の下を泳ぎまわる、の意から》「魚」にかかる。用例 つのさはふ磐余の池の—魚も上に出て歎く(日本書紀・継体)。

**み-な・す【見▼做す・▽看▼做す】**(五他) ①見て、それと仮定する。たとえる。regard ... as 用例 死に場所と—・して。②《法律で》認める。judge 用例 実子と—。欠席と—。

**ミナス-ゼラエス【Minas Gerais】** ブラジル南東部、ブラジル高原にある州。州都ベロリゾンテ。金・鉄など鉱物資源が豊富。人口一四三八・一万(一九八四)。

**みなせ【▽水無瀬】** 大阪府の北東端、淀川沿いの島本町の地区。平安時代、水無瀬里といわれた宮廷の狩猟地・行楽地。水無瀬神宮がある。

**みなせ【皆瀬】**〈村〉 秋田県南東部、宮城県境の村。皆瀬川上流にあり、農・林業、とくに小安温泉郷の温泉地熱を利用した、育苗・野菜などの栽培がさかん。人口三四一〇(一九八八)。

**みなせ-がわ【▽水無瀬川】**[枕ことば]《川の表面には水が無く地下を流れることから》「下」にかかる。用例 恋にもそ人は死にする—下ゆわれ痩す月に日に異に(万葉・四・五九八)。

**みなせさんぎんひゃくいん【▽水無瀬三吟百韻】** 室町時代の連歌。長享二年(一四八八)成立。水無瀬の後鳥羽院御影堂に奉納。作者は宗祇・肖柏・宗長。百韻連歌の代表的秀作。

**みなせ-じんぐう【▽水無瀬神宮】** 大阪府三島郡島本町広瀬にある旧官幣大社。祭神は後鳥羽・土御門・順徳天皇。後鳥羽上皇の離宮水無瀬殿に御影堂を設けた跡地。水無瀬宮。

**みな-そこ【▽水底】** 池・川・海などの底。みずそこ。bottom of the water

**みなそこ-ふ【▽水底▽経】**[枕ことば]《語義、かかりかたとも未詳》「臣」にかかる。用例 —臣の少女を誰養はむ(日本書紀・仁徳)。

**みな-そそく【▽水注く】**[枕ことば]《かかりかた未詳》「臣」などにかかる。用例 —臣の嬢子秀罇取らすも秀罇取り堅く取らせ(古事記・下)。

**みな-づき【▽水無月】** 陰暦の六月の異称。みなつき。

**み-な-と【港・▼湊・▽水▽門】**《「水の門」の意》船が安全に泊まり、旅客の乗降や荷物の積みおろしができるようにした所。harbor 用例 —に入る。

**みなと-おおはし【港大橋】** 大阪市港区と南港地区を結ぶ道路橋。上は高速道路、下は一般道路の二層構造。長さ九八〇m。昭和四九年(一九七四)完成。

**みなと-がわ【▼湊川】** 兵庫県、神戸市の中央を流れる川。長さ一二km。六甲山地に発し大阪湾に注ぐ。付近に楠木正成ゆかりの湊川神社がある。

**みなとがわ-じんじゃ【▼湊川神社】** 神戸市中央区多聞通にある旧別格官幣社。祭神は楠木正成ほか一族の武将。明治五年(一八七二)、正成戦没の地に創建。

**みなとがわ-の-たたかい【▼湊川の戦い】** 足利尊氏・直義軍と新田義貞・楠木正成軍の合戦。建武三年(一三三六)両軍は摂津湊川(現神戸市)で戦い足利軍が勝利。正成は自殺、義貞は京都へ敗走した。

**みなと-まち【港町】** ①港を中心に発展した町。比較 城下町。②港のある町。

**み-なぬか【三七日】** 死後二一日めの忌日。その日の法事。みなのか。

**みなの【皆野】**〈町〉 埼玉県、秩父盆地北東部の町。『秩父音頭』発祥の地。人口一万二九一一(一九八八)。

**みな-の-しゅ(う)【皆の衆】**(代)《俗語》みなさん。

**みなぶち-の-しょうあん【▽南▼淵▽請安】**(生没年未詳) 古代の学問僧。推古一六年(六〇八)中国(隋)に渡り三二年後帰国。帰国後、中大兄皇子・中臣鎌足らに教授。

**みなべ【▽南▽部】**〈町〉 和歌山県南西部、太平洋に臨む町。南部川の河口にあり、梅林と梅干しで有名。アカウミガメの産卵地で知られる千里浜がある。人口八八六八一(一九八八)。

**みなべがわ【▽南▽部川】**〈村〉 和歌山県南西部の村。南部川上流域の山村で、ウメの産地で知られる。人口六九三四(一九八八)。

**みなまた【▽水▼俣】**〈市〉 熊本県南端、水俣湾に臨む市。化学工業都市で、工場廃液による水俣病の発生地として世界に知られる。湯ノ児・湯ノ鶴の温泉がある。人口三万五九三六(一九八八)。

▼常用漢字表外。 ▽常用漢字表の音訓外。

**みなまた-びょう【水俣病】** 昭和二八～三五年(一九五三～六〇)に、熊本県水俣湾周辺地区で発生した有機水銀中毒による神経疾患の通称。しびれ・言語障害・難聴・精神異常などをおこし、重症の者は死ぬ。代表的な公害病。

**みなまた-わん【水俣湾】** 熊本県八代海の南部海域。水俣市にある化学工場からの排水による水俣病の発生で知られる。

**みなみ【南】** ①四方の一つ。日の出る方(東)に向かって右のほう。南方。the south [対義]北。[用例]—向きの部屋。②「南風」の略。はえ。みなみ。[用例]—を受ける。③夏の南寄りの季節風。東日本から北日本にかけての太平洋岸地帯での呼称。

**みなみ【美並】**〈村〉岐阜県南西部、長良川上流域の村。産業は野菜などの栽培と金属・化学工業。天然記念物のオオウナギが生息。人口五三三三(一九八八)。

**みなみあいき【南相木】**〈村〉長野県南東部、群馬県境の村。千曲川支流の南相木川に沿う農・林業の村で、電子工場もある。人口一四二五(一九八八)。

**みなみあが-ゆでん【南阿賀油田】** 新潟市南東部、京ケ瀬・横越村にまたがる油田。天然ガスも産出。

**みなみ-アジア【南アジア】** アジア大陸の南部、インドを中心とする地域。インド・パキスタン・ネパール・ブータン・バングラデシュ・スリランカの各国。このほかアフガニスタン・モルジブを含む場合もある。South Asia

**みなみアジア-ごぞく【南アジア語族】** アウストロアジア語族の別称。

**みなみあしがら【南足柄】**〈市〉神奈川県西部、小田原市の北西に接する市。市域の主要部が山地で、豊富な地下水を利用した大手フィルム製造工場がある。人口四万二三五一(一九八八)。

**みなみアフリカ-きょうわこく【南アフリカ共和国】**(Republic of South Africa) アフリカ南端の国。首都プレトリア。もとオランダ系移民の開拓地であったが、二〇世紀初めからイギリス連邦に併合。一九六一年共和国となる。世界一の金産出国。ダイヤモンド・クロム鉱の産出も多い。農牧業は羊毛・小麦・果実などが中心。白人中心の人種隔離政策(=アパルトヘイト)で知られる。面積一二二・一万km²。人口三三二二万(一九八六)。

**みなみアフリカ-せんそう【南アフリカ戦争】** 南ア戦争の別称。

**みなみアフリカ-れんぽう【南アフリカ連邦】**(Republic of South Africa) 南アフリカ共和国のイギリス連邦自治領時代の呼称。一九六一年、イギリス連邦から離脱、南アフリカ共和国となる。

**みなみ-アメリカ【南アメリカ】**(South America) アメリカ大陸の南半部の総称。東は大西洋、西は太平洋、北はカリブ海、南は南極海に臨み、北西端のパナマ地峡で北アメリカに連なる。面積一七三八・三万km²。南米。

**みなみありま【南有馬】**〈町〉長崎県、島原半島南部の町。農業が主の町で、キリシタン史跡の原城跡や原城温泉がある。人口七九〇九(一九八八)。

**みなみ-アルプス【南アルプス】** 赤石山脈の通称。北・中央アルプスとともに日本アルプスという。

**みなみアルプス-こくりつこうえん【南アルプス国立公園】** 山梨・静岡・長野県にまたがり赤石山脈を中心とする国立公園。北岳など標高三〇〇〇m級の高峰一〇座を連ね、山頂付近は高山植物の宝庫で知られる。ライチョウ・ニホンカモシカの生息地。昭和三九年(一九六四)指定。

**みなみ-イエメン【南イエメン】** イエメン人民民主共和国の通称。South Yemen

**みなみいず【南伊豆】**〈町〉静岡県伊豆半島南端の町。無霜地帯で草花の露地栽培がさかん。石廊崎・波勝岬・下賀茂温泉がある。人口一万一三一七(一九八八)。

**みなみ-オーストラリア【南オーストラリア】**→サウスオーストラリア

**みなみおぐに【南小国】**〈町〉熊本県北東部、阿蘇外輪山の北にある町。筑後川の最上流水源地帯で、林業と肉牛飼育がさかん。人口五三三三(一九八八)。

**みなみ-おもて【南面】** ①貴人の邸宅の正殿。②家屋の南に向いた方・部屋。

**みなみ-かいきせん【南回帰線】** 南緯二三度二七分の緯線。冬至には太陽がこの線の真上に位置する。Tropic of Capricorn [対義]北回帰線。

**みなみ-かぜ【南風】** 南の方から吹いてくる風。なんぷう。みなみ。まじ。south wind

**みなみかた【南方】**〈町〉宮城県北東部の町。迫川中流域の農業の町で、稲作・畜産が主。花菖蒲園がある。人口九八八八(一九八八)。

**みなみかやべ【南茅部】**〈町〉北海道南西部、渡島半島東岸の町。太平洋に臨む漁業の町で、川汲温泉など観光資源も多い。人口九七二五(一九八八)。

**みなみかわち【南河内】**〈町〉栃木県南東部、小山市の北東に接する町。自治医科大学の建設などで都市化が著しい。下野薬師寺跡がある。人口一万一六八九(一九八八)。

**みなみかわら【南河原】**〈村〉埼玉県北部、利根川に臨む村。スリッパ生産で知られ、出荷額は全国有数。人口三八八三(一九八八)。

**みなみくしやま【南串山】**〈町〉長崎県島原半島南西端、橘湾に臨む町。農・漁業の町で、野菜栽培・煮干し製造・養殖漁業がさかん。人口五六三三(一九八八)。

**みなみ-ざ【南座】** 京都市四条にある歌舞伎劇場。元和年間(一六一五～二四)に公許された七座の一つ。明治三九年(一九〇六)から松竹の経営。一二月の顔見世興行は京都の名物。

**みなみしな-かい【南支那海・南シナ海】**(South China Sea) 中国華南・台湾・フィリピン群島・ボルネオ・インドシナ半島に囲まれた海域。歴史的な海上交通の要地。南海。

**みなみしなの【南信濃】**〈村〉長野県南部の村。赤石山脈の南西麓に位置し、生糸・ヒノキ材などを産出。人口三〇〇九(一九八八)。

**みなみじゅうじ-ざ【南十字座】** 南天の小星座。南天の天の川の中にあって、日本では一部しか見ることができない。一個の一等星、二個の二等星、一個の三等星が十字形を作る。南天の天の川のもっとも美しい場所の一つ。五月二三日ごろの午後八時ごろに南中。面積六八平方度。crux

**みなみじゅうじ-せい【南十字星】**・北緯二五度以南の地で南天に見える四つの星。結ぶと十の字の形になり、縦の線は正しく南北を示す。Southern Cross

**みなみ-する【南する】**(サ変自) 南へ行く。[対義]北する。

**みなみだいとう【南大東】**〈村〉沖縄県、南大東島を村域とする村。沖縄県の中でももっとも雨の少ない地域で、サトウキビ栽培が主。南大東島東海岸植物群がある。人口一五三〇(一九八八)。

**みなみ-だいとうじま【南大東島】** 沖縄島の東方約三五〇kmにある太平洋上の島。面積三〇・七km²。隆起珊瑚礁からなる島で、サトウキビ畑が多い。

**みなみ-たいへいよう【南太平洋】** [一](South Pacific Ocean) 赤道より南の太平洋海域。東西を南アメリカとオーストラリア、南を南極大陸に囲まれる。平均水深四〇〇〇m。最大水深はサウス-サンドウィッチ海溝の八四二八m。[二]《原題South Pacific》アメリカのミュージカル。原作ミッチェナー。台本ハマースタイン二世、作曲ロジャーズ。太平洋戦争と人種問題を扱う。一九四九年初演。五八年映画化。

**みなみたいへいよう-いいんかい【南太平洋委員会】**(South Pacific Commission) 一九四七年イギリス・アメリカなど六か国が南太平洋地域の植民地の経済・社会発展などを目的に設立した機関。現在は旧植民地も加盟し、年一回南太平洋会議を開催。SPC。

**みなみたいへいよう-フォーラム【南太平洋フォーラム】**(South Pacific Forum) 南太平洋諸国会議。一九七一年に設立された、南太平洋諸国一一か国と、二つの自治領による国際協力組織。SPF。

**みなみたね【南種子】**〈町〉鹿児島県、種子島南部の町。南端の門倉崎は日本最初の鉄砲伝来地。宇宙開発事業団の宇宙センターがある。人口八〇三八(一九八八)。

**みなみちた【南知多】**〈町〉愛知県知多半島南端にあり、篠島・日間賀島を含む町。農・漁業が主。三河湾国定公園の景勝地で、海水浴などでにぎわう。人口二万六五〇八(一九八八)。

**みなみ-とりしま【南鳥島】** 東京都小笠原支庁の島で、日本の東端(東経一五三度五九分)。面積約二km²、隆起珊瑚礁からなるほぼ正三角形の島。常住者はなく、気象庁の観測所がある。

**みな-みな【皆皆】** すべて。すべての人。all

**みなみな-さま【皆皆様】**(代) みなさま。ladies and gentlemen

**みなみなす【南那須】**〈町〉栃木県東部、八溝山系の丘陵地帯にある町。農業中心であったが、工業団地ができ機械工業などが発達。人口一万二六七〇(一九八八)。

**みなみ-の-うおざ【南魚座】** 南天の星座。みずがめ座の南にあり、一等星フォーマルホートはこの星座のα星。一〇月一七日ごろの午後八時ごろに南中。面積二四五平方度。Piscis Austrinus

**みなみ-の-かんむりざ【南冠座】** 南天の小星座。いて座の南斗六星の南にある。八月二五日ごろの午後八時ごろに南中。面積一二八平方度。Corona Austrina

**みなみ-の-さんかくざ【南三角座】** 南天の小星座。日本からでは一部分しか見えない。七月一三日ごろの午後八時ごろに南中。面積一〇九平方度。Triangulum Australe

**みなみ-はんきゅう【南半球】** 地球の赤道から南側の部分。southern hemisphere [対義]北半球。

**みなみふらの【南富良野】**〈町〉北海道のほぼ中央にある町。空知川上流に沿う農・林業の町で、石灰石も産出。金山ダム・狩勝峠がある。人口三八四七(一九八八)。

**みなみベトナムかいほう-みんぞくせんせん【南ベトナム解放民族戦線】** 南ベトナムの民族統一戦線。一九六〇年結成。反米・反政府闘争強化、解放区建設を目標に人民革命党などが参加。六九年臨時革命政府樹立。七六年南北統一後は発展的に解消。

**みなみまき【南牧】**〈村〉長野県南東部、山梨県境の村。八ケ岳の東麓に位置し、高原野菜栽培や観光地・別荘地として発展。人口三六二三(一九八八)。

**みなみ-まちぶぎょう【南町奉行】** 徳川幕府の職名。江戸の町奉行の一つ。北町奉行と月番で町方の行政・市政を担当。

**みなみ-まつり【南祭(り)】** 京都府八幡市の石清水八幡宮で陰暦三月の午の日に行われていた臨時祭。京都市の北部にある賀茂神社の葵祭りを北祭りというのに対する呼称。本祭である放生会は、現在も九月一五日に行われている。

**みなみまんしゅう-てつどう【南満州鉄道】** 日露戦争で獲得した権益に基づき設立された、半官半民の植民地会社。明治三九年(一九〇六)設立。日本の満州支配の根幹となり、鉄道・炭鉱・製鉄所の経営など一大コンツェルンを形成。ソ連が接収後、昭和二七年(一九五二)中華人民共和国に返還。満鉄。

**みなみみのわ【南箕輪】**〈村〉長野県中南部の村。伊那盆地の北にある。農業が中心。工業化も進む。人口一万二三三二(一九八八)。

**みなみやましろ【南山城】**〈村〉京都府南東部、奈良・滋賀・三重県に接する村。農・林業が主で、シイタケ・茶の産地で知られる。人口三八一二(一九八八)。

**みなみ-ヨーロッパ【南ヨーロッパ】** ヨーロッパ南部、アルプス山脈の南からピレネー山脈の西に至る地域。スペイン・ポルトガル・イタリア・ギリシア・マルタ・モナコからなる。ヨーロッパ文化の発祥地。南欧。Southern Europe

**み-な-もと【源】**《「水の元」の意》①川の流れ出る、もと。水源。source [用例]アマゾン川の—。②物事の起こり。起源。origin [用例]文明の—。事件の—。

**みなもと【源】** 平安時代に始まる皇族の臣籍降下のさいの賜姓の一つ。

**みなもと-の-さねとも【源実朝】**(一一九二～一二一九) 鎌倉幕府三代将軍。頼朝の二男。母は北条政子。兄頼家にかわって将軍となり、のち右大臣。鶴岡八幡宮で頼家の子公暁に殺される。和歌にすぐれた。家集『金槐和歌集』。

**みなもと-の-しげゆき【源重之】**(生没年未詳) 平安中期の歌人。清和天皇の曾孫。三十六歌仙の一人。東宮に奉った百首歌は最古の百首歌の一つ。家集『重之集』。

**みなもと-の-したごう【源順】**(九一一～九八三) 平安中期の歌人・学者。三十六歌仙の一人。梨壺の五人(撰和歌所の寄人)の一人として『万葉集』の訓読や『後撰集』の撰進に従った。著書『和名類聚抄』、家集『源順集』。

**みなもと-の-たかあきら【源高明】**(九一四～九八二) 平安中期の公卿。醍醐天皇の皇子。左大臣。安和の変で藤原氏に排され筑紫に左遷、のち帰京。著書『西宮記』。

**みなもと-の-たかくに【源隆国】**(一〇〇四～一〇七七) 平安中期の歌人・文学者。権大納言。後一条天皇から白河天皇まで五代に仕え、晩年宇治に隠居し宇治大納言と称された。『宇治大納言物語』の作者とされるが明確でない。



↓行き先項目、図版・写真参照印。　[JIS]日本工業規格情報交換用漢字符号コード(区点コード)。

**みなもと-の-ためとも【源▽為▽朝】**(一一三九〜七〇) 平安末期の武将。為義の八男。通称鎮西八郎。豪勇をもって知られた。保元の乱に崇徳上皇方につき、敗れて伊豆大島に配流。

**みなもと-の-ためよし【源▽為▽義】**(一〇九六〜一一五六) 平安末期の武将。義家の孫。義朝の父。通称六条判官。検非違使。保元の乱で崇徳上皇方につき、敗れて斬首。

**みなもと-の-ちかゆき【源▽親行】**(生没年未詳) 鎌倉前期の文学者。歌道に通じ、幕府和歌所の奉行となる。『源氏物語』『万葉集』などを校注。

**みなもと-の-つねのぶ【源▽経▽信】**(一〇一六〜九七) 平安後期の歌人。歌壇で当代の第一人者。俊頼の父。正二位、大納言。桂大納言とも。その多才多芸は藤原公任に比較された。家集『経信集』、歌論書『難後拾遺』、漢文日記『帥記』。

**みなもと-の-つねもと【源▽経基】**(?〜九六一) 平安中期の武将。清和天皇の孫。清和源氏の祖。小野好古のもとで藤原純友の乱鎮圧に功をあげる。のち鎮守府将軍。

**みなもと-の-とおる【源▽融】**(八二二〜九五) 平安前期の貴族。左大臣。嵯峨天皇の皇子で賜姓源氏により臣籍降下。河原左大臣と称された。

**みなもと-の-としより【源▽俊▽頼】**(一〇五五ごろ〜一一二九) 平安後期の歌人。『金葉和歌集』の撰者。経信の子。堀河天皇の代、宮廷和歌の中心的存在。自由奔放な歌風は従来の和歌を一新した。家集『散木奇歌集』、歌論書『俊頼髄脳』。

**みなもと-の-のりより【源▽範▽頼】**(?〜一一九三) 平安末期の武将。義朝の六男。兄頼朝を助け、弟義経とともに源義仲を討ち、平家追討を指揮。のち頼朝に排され、伊豆修禅寺で殺害。

**みなもと-の-ひろまさ【源▽博▽雅】**(九一八〜九八〇) 平安中期の貴族。醍醐天皇の皇子克明親王の子。琵琶・箏・笛・篳篥などの名手であった。博雅三位。

**みなもと-の-まこと【源▽信】**(八一〇〜六八) 平安前期の貴族。左大臣。嵯峨天皇の皇子で賜姓源氏により臣籍降下。応天門炎上のとき、伴善男の陰謀で失脚するところを藤原良房に救われた。

**みなもと-の-みちとも【源▽通▽具】**(一一七一〜一二二七) 鎌倉初期の歌人。通親の子。堀河大納言と称された。『新古今和歌集』撰者の一人。

**みなもと-の-みつなか【源満仲】**(九一二〜九七) 平安中期の武将。経基の長子。鎮守府将軍。安和の変で藤原氏につき、清和源氏発展の基礎を築く。

**みなもと-の-もろふさ【源▽師房】**(一〇〇八〜七七) 平安中期の公卿。村上天皇の孫。村上源氏の始祖。右大臣・太政大臣となる。賜姓皇族が摂関家と結んだ先駆。著書『土右記』。

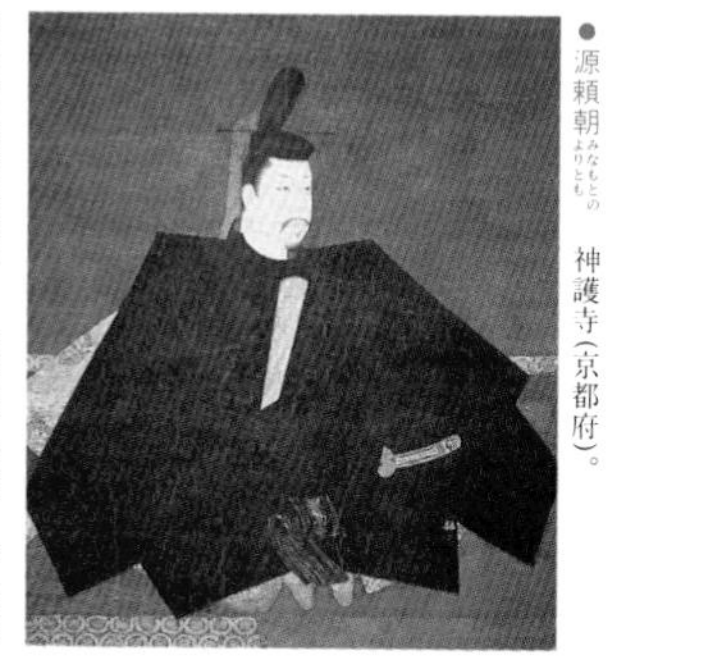
●源頼朝 神護寺(京都府)。

**みなもと-の-ゆきいえ【源行家】**(?〜一一八六) 平安末期の武将。為義の一〇男。以仁王の令旨を奉じて源義仲と結び平氏と戦う。のち源義経と結び源頼朝追討を図ったが失敗。

**みなもと-の-よしいえ【源▽義家】**(一〇三九〜一一〇六) 平安後期の武将。頼義の長子。通称八幡太郎。前九年の役に父に従って奮戦。のち陸奥守となり後三年の役を鎮定。東国の源氏勢力の基礎を固めた。

**みなもと-の-よしつね【源▽義▽経】**(一一五九〜八九) 平安末期の武将。義朝の九男。幼名牛若丸。通称源九郎。兄頼朝の挙兵に応じ、兄範頼と共に源義仲を討ち、平氏を壇ノ浦に討滅。のち頼朝と不和になり藤原秀衡を頼ったが、秀衡の死後、その子泰衡に襲われ自殺。

**みなもと-の-よしとも【源▽義▽朝】**(一一二三〜六〇) 平安末期の武将。為義の長子。保元の乱に平清盛とともに後白河天皇方につき勝利。のちに藤原信頼と結んで平治の乱を起こしたが敗れ、殺害された。

**みなもと-の-よしなか【源▽義仲】**(一一五四〜八四) 平安末期の武将。為義の二男義賢の二男。通称木曽次郎。治承四年(一一八〇)以仁王の令旨を奉じて挙兵。平氏を破り入京、征夷大将軍となるが、源範頼・義経の軍に敗れ近江粟津で敗死。木曽義仲。

**みなもと-の-よしひら【源▽義平】**(一一四一〜六〇) 平安末期の武将。義朝の長子。通称悪源太。父に従い平治の乱で奮戦、敗れて美濃に逃れた。のち平清盛父子暗殺を企てたが捕らえられ、斬首。

**みなもと-の-よしみつ【源▽義▽光】**(一〇四五〜一一二七) 平安後期の武将。頼義の三男。新羅三郎と称した。笙の名人。後三年の役で兄義家を助けて武功をたてた。

**みなもと-の-よりいえ【源▽頼家】**(一一八二〜一二〇四) 鎌倉幕府第二代将軍。頼朝の長子。母は北条政子。北条氏のため実権を失い、比企能員と結んで北条氏排除を図ったが失敗。伊豆の修禅寺に幽閉され謀殺された。

**みなもと-の-よりとも【源▽頼▽朝】**(一一四七〜九九) 鎌倉幕府初代将軍。義朝の三男。平治の乱で伊豆に配流。治承四年(一一八〇)以仁王の令旨をうけて挙兵。鎌倉を本拠に東国武士を組織し、壇ノ浦で平氏を滅亡させた。建久三年(一一九二)征夷大将軍となり鎌倉幕府を創設。↓写

**みなもと-の-よりのぶ【源▽頼▽信】**(九六八〜一〇四八) 平安中期の武将。満仲の三男。藤原道長に仕えて伊勢・河内などの国司を歴任し、鎮守府将軍。平忠常の乱を平定。

**みなもと-の-よりまさ【源▽頼▽政】**(一一〇四〜八〇) 平安末期の武将。出家し源三位入道と称した。治承四年(一一八〇)以仁王の令旨を奉じて平氏追討の兵を挙げたが、宇治で敗れ自殺。歌人としても有名。家集『源三位頼政卿集』。源三位頼政。

**みなもと-の-よりみつ【源▽頼▽光】**(九四八〜一〇二一) 平安中期の武将。満仲の長子。豪勇で知られ、大江山酒呑童子退治などの伝説で有名。摂津をはじめ多くの国守を歴任し、藤原摂関家に仕えてその勢力を伸長。みなもとのらいこう。

**みなもと-の-よりよし【源▽頼▽義】**(九八八〜一〇七五) 平安中期の武将。頼信の長子。義家の父。父とともに平忠常の乱を平定。前九年の役で安倍氏を討ち東国に源氏の勢力を扶植した。

**み-ならい【見習(い)】** 見習うこと・人・身分。apprenticeship; apprentice

**みならい-こう【見習(い)工】** まだ一人前でない工員。apprentice

**みならい-しかん【見習(い)士官】** もと陸軍で、有資格者が、曹長の階級で士官の勤務を見習った期間の武官名。

**み-なら・う【見習う・見倣う】**(五他) 見て習いおぼえる。まねる。follow one's example

**み-なり【身▽形】** ①衣服を身に着けたようす。dress ②体のかっこう。

**みなれ-ざお【▽水▼馴れ▼棹】** 使いなれた船のさお。

**ミナレット【minaret】**《アラビア語manārah(光)に由来。光塔の意》イスラム教のモスクに付属する尖塔。僧が礼拝の時刻を告げ、祝祭日には火をつける。↓写

**み-な・れる【見慣れる・見▼馴れる】**(下一自) いつも見て慣れている。get used to seeing; be familiar

**み-な-わ【▽水▽泡】** 水のあわ。あぶく。

**み-なわ【▽水縄】** 和船の帆桁の中央に結びつけ、帆を上下させるための綱。通常、二本または四本。↓弁才船図

**ミナンカバウ-ぞく【ミナンカバウ族】** スマトラ島西海岸から高原にかけて住む民族。言語はマレー語系のミナンカバウ語。陸稲・雑穀の農耕に従事。一四〜一五世紀に王国を建設。Minangkabau

**ミニ【mini】** 一(名)「ミニスカート」の略。二(接頭) 小さい。小型の。

**ミニアチュア【miniature】** ①↓ミニチュア。②↓ミニアチュール

**ミニアチュール【miniatureフランス】** 古代以来の手写本挿絵一般、および近代における小型の肖像画。さらに工芸品などを飾る緻密に描いた小さな絵(細密画)一般を含めていう。ミニアチュア。

**ミニカー【minicar】** ①超小型自動車。②↓ミニチュアカー

**ミニ-かいはつ【ミニ開発】** 不動産業者などが宅地を細分化して建て売り住宅を建てること。国土利用計画法などの規制を免れるために考えだされた。環境悪化・地価高騰などに影響が大。

**み-にく・い【見▽難い・見▽悪い】**(形) 見づらい。見分けにくい。hard to see 派生 みにくげ(形動) みにくさ(名)

**み-にく・い【醜い】**(形) ①見て、いやな感じがする。unsightly 用例 —建物。②顔や姿が悪い。きたない。ugly 用例 —姿。③不道徳な感じがする。scandalous 用例 —争い。派生 みにくげ(形動) みにくさ(名)

**ミニ-コミ**《和製語。miniとcommunicationを合成して略したもの》特定少数の人を対象とする情報伝達方式。狭い地域向けの各種出版物や放送など。もとは体制批判的な手作りの印刷物をさした。

●ミナレット イラク、バグダード近郊のカージマイン霊廟。

**ミニコンピューター【minicomputer】** 主として、計測制御・プロセス制御・技術計算を目的にした小型コンピューター。安価・空調不要で容易にどこにでも設置できる。ミニコン。

**ミニ-スーパー**《和製語》食品や雑貨など日常生活に密着した品物を売り、夜間も営業するセルフサービス店。コンビニエンスストア。

**ミニスカート【miniskirt】** 丈がひざより上のスカートの総称。一九六六年にマリー＝クワントが発表し、その後世界的に流行した。ミニ。↓スカート図

**ミニチュア【miniature】** 小型。小型の模型。ミニアチュア。用例 ジェット機の—。

**ミニチュア-カー【miniature car】** 小型の自動車模型。実物の自動車と外観・デザインともに同じように作られ、縮尺も正確なものが多い。ミニカー。

**ミニチュア-シュナウザー【miniature schnauzer】** イヌの一品種。肩高三〇cm内外。毛色は霜降りか黒が多く、眉と口辺に長毛がある。番犬・愛玩犬。ドイツ原産。

**ミニットマン【Minuteman】** アメリカの大陸間弾道ミサイル(ICBM)。現在Ⅱ型とⅢ型が実戦配備されている。Ⅱ型は一〜二メガトンの弾頭を装備、射程一万一三〇〇km。Ⅲ型は三三〇キロトン弾頭三個の個別誘導複数目標弾頭(MIRV)を装備、射程一万三〇〇〇km。

**ミニバイク【minibike】** 小型オートバイ。五〇cc以下のエンジンの小型オートバイ。

**ミニバス【minibus】** 一〇人乗り程度の小型バス。マイクロバス。

**ミニマクス-げんり【ミニマクス原理】** ゲームの理論で、利害が完全に相反する二人の競争者は、自分の利益を最大にし、相手のとる最適戦略から受ける被害を最小にとどめるように行動するという原理。ミニマックス原理。minimax principle

**ミニマム【minimum】** 最少量。最小限度。対義 マキシマム。

**ミニマム-きゅう【ミニマム級】** プロボクシングWBAの体重別階級の一つ。四七・六kg以下の最軽量のクラス。一九八八年一月に新設。既設のWBCのストロー級と同じクラスなので、日本ではストロー級と呼ぶ場合が多い。minimum weight

**ミニヤ-コンカ【Minya Konka】** 中国、四川省西部、大雪山脈中の最高峰。標高七五五六m。貢嘎山。

**み-ぬ・く【見抜く】**(五他) 相手の考えなど表面に表れないものを見てとる。見通す。見透かす。see through

**みぬま-だいようすい【見沼代用水】** 埼玉県北部の行田市で利根川から分水し、県

▼常用漢字表外。 ▽常用漢字表の音訓外。

東部を灌漑する用水路。長さ約九六km。灌漑面積は約一五〇km²。江戸中期に完成し、水運にも利用された。

**みね【峰・▼嶺】** ①山のいただき。top ②刀の刃の背。棟。back ③ものの高い部分。peak

**みね【峰】**〈町〉長崎県対馬中部の町。農・林・漁業の町で、シイタケ栽培・畜産・養殖漁業などを行う。人口三五八二(一九八八)。

**みね【三根】**〈町〉佐賀県東部、福岡県に接する町。筑後川に沿う穀倉地帯で、稲作のほかイグサ栽培がさかん。県下有数の畳表の産地でもある。人口八五六五(一九八八)。

**みね【▽美▼祢】**〈市〉山口県西部山間の市。古代の美祢郷・伊佐郷の地。大理石・石灰石を産出し、セメント工業もさかん。かつて、無煙炭の大嶺炭田で栄えたが閉山。人口二万六七三(一九八八)。

**ミネアポリス[Minneapolis]** アメリカ中北部、ミネソタ州南東部の商工業・文化都市。製粉業は世界屈指。人口三七・一万(一九八〇)。

**みね-いり【峰入り】** 修験者が修行のために、大峰山に登ること。大峰入り。

**みね-うち【峰打ち】**(名・サ変自) 刀の峰で打つこと。

**みね-おんせん【峰温泉】** 静岡県伊豆半島南部、河津町にある温泉。温泉熱を利用してハナショウブなどを栽培。天然記念物の大ソテツがある。

**みね-かえで【峰▼楓】** カエデ科の落葉小高木。亜高山・高山帯にはえる。葉は掌状に五裂。裂片は卵状の菱形。果実の翼は直角に開く。

**みね-ざくら【▼嶺桜】** バラ科の落葉小高木。高山にはえる。葉は楕円形。新葉は赤褐色。初夏に、葉と同時に淡紅色五弁の花が咲く。タカネザクラ。

**ミネストローネ[minestroneイタリア]** イタリアの料理で、パスタや米を入れた野菜の多いスープ。

**ミネソタ[Minnesota]** アメリカ中北部、スペリオル湖西岸の州。州都セントポール。農畜産品、鉄鉱石の産地。人口四〇七・六万(一九八〇)。

**みねはま【峰浜】**〈村〉秋田県北西部、能代市の北に接する村。稲作中心で、アムスメロンの産地でもある。人口五八九八(一九八八)。

**みね-ばり【峰▼榛】** ヤシャブシの別名。

**みねやま【峰山】**〈町〉京都府北西部、丹後半島の西にある町。丹後縮緬の発祥地で、流通の中心をなす機業の町。人口一万四八二一(一九八八)。

**ミネラル[mineral]** 必須元素のうち、カリウム・ナトリウム・カルシウム・鉄などの無機物質。食品中におもに無機化合物の状態で存在する。灰分。

**ミネラル-ウオーター[mineral water]** ①温泉・鉱泉の飲用水。びん・缶などに詰めることが多い。マグネシウム・ナトリウムなどを含む。②無機塩類を豊富に含んだ飲料水。

**ミネリ[Liza Minnelli]**(一九四六―) アメリカの映画女優。主演作『キャバレー』『ラッキー・レディ』など。

**ミネルバ[Minerva]** ローマ神話で、技術と職人の女神。ギリシア神話のアテナと同一視される。ミネルヴァ。

**みの【▼蓑】** 雨具の一種。藁・スゲ・カヤ、またはシュロなどの茎や葉を編んで作ったもので、背から肩にかけて羽織って着る。↓写

●蓑

**み-の【三▽幅・三▽布】** 並幅の布を三枚縫い合わせた幅。その布団。

**みの【▽美▽濃】** ↓みののくに(美濃国)

**みの【三野】**〈町〉徳島県北西部、吉野川北岸の町。讃岐山脈の南麓に位置する農業の町で、ハッサクの産地で知られる。人口五二三八(一九八八)。

**みの【三野】**〈町〉香川県西部、善通寺市の西に接する町。稲作・果樹栽培などの農業のほか、工業も発達。四国霊場の一つ弥谷寺がある。人口九六一二(一九八八)。

**みの【▽美▽濃】**〈市〉岐阜県南部、長良川に沿う市。佐藤・金森氏の城下町として発達。領主奨励による美濃紙の生産で知られる。現在は和紙のほか機械工業も発達。桜・紅葉の名所小倉公園など。人口二万六七九三(一九八八)。

**ミノア-ぶんめい【ミノア文明】** クレタ文明の別称。

**み-のう【未納】** まだ納めないこと。unpaid 対義 完納。用例 授業料―。

**み-の-うえ【身の上】** ①境遇。one's circumstances 用例 ―相談。―話。②運命。one's fortune

**みのう-さんち【▽耳納山地・▽水▽縄山地】** 福岡県南部、筑後川の南に東西に連なる山地。最高峰鷹取山(八〇二m)。典型的な傾動地塊で、北側は断層崖。

**みのお【▼箕▽面】**〈市〉大阪府北西部、箕面山地にある市。南部の扇状地は住宅地。北部に明治の森箕面国定公園がある。人口一一万六七七六(一九八八)。

**ミノー[André Minaux]**(一九二三―八六) フランスの画家。ビュッフェとともに新具象派。

**みの-が【▼蓑▼蛾】** ミノガ科のガの総称。オオミノガ・チャミノガなど。枯れ枝や枯れ葉をつづり合わせた袋に入って生活する。幼虫と雌の成虫がミノムシで、種類が多く農林害虫もある。世界中に分布。bagworm

**みの-かさ【▼蓑▼笠】** みのとかさ。

**みの-かさご【▼蓑▼笠子】** 沿岸の岩礁帯にすむカサゴ科の海水魚。全長約三〇cm。淡赤色で、多くの黒褐色横帯がある。背びれと胸びれのとげが長く伸び、蓑を着たようにみえる。背びれのとげに毒腺があり危険。本州中部以南・インド洋・太平洋の暖海域に分布。↓写

**み-のが・す【見逃す】**(五他) ①見ながら、気づかない。また、手を出さない。miss ②とがめないで許す。見ても、そのままにしておく。overlook

**みの-がみ【▽美▽濃紙】** コウゾを原料とした強い厚手の手すき和紙。美濃(岐阜県)原産。障子紙・習字用などに用いる。書院紙。直紙。みの。数え方 一枚・一帖(=五〇枚。大正までは四八枚)。↓写

●美濃紙 強さを生かしたランプシェード。

**みの-がめ【▼蓑▼亀】** イシガメの背中の甲羅に緑藻類が密生したものの俗称。古来、吉兆として珍重される。

**みのかも【▽美▽濃加茂】**〈市〉岐阜県南部、木曽川中流域の市。宿場町として発達、明治以降は地方政治・交通の中心地。木曽川の日本ラインで知られる。人口四万一三三〇(一九八八)。

**み-の-かわ【身の皮】** 身につけた衣服・衣類。

**身の皮を剝ぐ**(みのかわをはぐ) 着ている衣類を脱いで売り、生活する。onion skin living

**み-の-け【身の毛】** からだの毛。body hair

**身の毛が弥立つ**(みのけがよだつ) 恐ろしくて、毛が逆立つ。身の毛立つ。make one's hair stand on end

**身の毛を詰める**(みのけをつめる) 恐れおののく。恐ろしさに、ひどく緊張する。

**み-のこ・す【見残す】**(五他) 見ない部分を残す。一部を見ないで残す。leave… unseen

**みの-ごめ【▼蓑米】** イネ科の一、二年草。湿地や田の畔にはえる。稈は叢生し、高さ約九〇cm。葉は粉緑色で線形。夏、二列の小穂に淡白緑色の小花が咲く。

●ミノカサゴ

**み-の-しろ【身の代】** ①財産。家産。②「身の代金」の略。

**みのしろ-きん【身の代金】** ①身売りした代金。②誘拐された人の身柄を取り戻すために払う金銭。みのしろ。ransom

**ミノス[Minos]** 伝説上のクレタの王。ゼウスとエウロペの子。妃のパシファエが産まされた怪獣ミノタウロスを、迷宮ラビュリントスに隠し住まわせたという。

**ミノタウロス[Minōtaurosギリシア]** ギリシア神話の牛頭人身の怪獣。クレタの王妃パシファエと白牛との間に生まれた。名工ダイダロスの作った迷宮に住み、人間を食う。アテネの王子テセウスに殺された。

**み-の-たけ【身の丈】** 背の高さ。身長。height

**み-の-とき【▼巳の時・▼巳の▽刻】** ①↓み(巳)②。②物のまだ新しいこと。さかんなこと。

**巳の時過ぐ**(みのときすぐ) 使い古す。

**みの-の-くに【▽美▽濃国】** 旧国名。現在の岐阜県中南部。東山道の一国。「延喜式」では上国、一八郡。国府は不破郡垂井町、国分寺は大垣市青野町。明治四年(一八七一)廃藩置県により岐阜県。濃州。美濃。

**みの-は【▽美▽濃派】** 蕉門俳諧の一派。各務支考を祖とする。獅子門。

**み-の-はば【身の幅】** ①からだの幅。身幅。②洋服の身ごろや和服の布地の幅。③人としての面目・名誉・誇り。

**みの-ばん【▽美▽濃判】**《「美濃紙判」の略》半紙より大きめの判。

**み-の-ひ【▼巳の日】** 十二支の巳にあたる日。古くから三月の上巳には形代流しをする祓えの行事があり、流しびなはその名残。

**みのぶ【身延】**〈町〉山梨県南西部、富士川沿いの町。日蓮宗総本山久遠寺の門前町として発達。観光業がさかん。人口九三三五(一九八八)。

**みのぶ-さん【身延山】** 久遠寺の通称。

**みのべ-たつきち【▽美▽濃▽部達吉】**(一八七三―一九四八) 憲法・行政法学者。兵庫県生まれ。東大卒。東大教授。旧憲法下で国家法人説・天皇機関説を唱え、民主主義的立憲主義に基づく憲法解釈論を説いた。昭和一〇年(一九三五)天皇機関説は国体に反するとして排撃され、著書は発禁となって貴族院議員を辞任。著書『憲法撮要』など。

**み-の-ほど【身の程】** 自分の能力や身分。分際。one's place 用例 ―を知る。―をわきまえる。

**身の程知らず**(みのほどしらず)《思い上がっている人を軽蔑して言うことば》自分の身分・才能・力量などの程度を知らないさま。get above oneself

**みの-ぼり【▽美▽濃彫】** 美濃国(岐阜県)で作られた刀剣の装具。室町初期から江戸中期にかけて製作され、縁頭・笄・目貫・小柄・鐔などに特有の彫り物が施されている。

**み-の-まわり【身の回り】** ①自分のそば。近く。周囲。near at hand ②身につけるもの。手回りの品。one's personal things

**みの-むし【▼蓑虫】** 枯れ枝や枯れ葉をつづり合わせた袋に入って生活するミノガ類の幼虫や雌の成虫。農林害虫も多い。世界各地に分布。bagworm ↓写

●ミノムシ

**み-の-も【▽水▽面】** 水の表面。水面。みなも。surface of the water

**みの-やき【▽美▽濃焼】** 岐阜県土岐・可児・恵那地方で焼成された陶磁器の総称。平安から鎌倉初期にすぐれた陶器を産し、安土桃山時代には志野・織部・黄瀬戸を焼造した。

**みのり【実り・▼稔り】** ①作物などがみのること。harvest 用例 ―の秋。②努力の末の、いい結果。fruitful 用例 ―多い研究。

**み-のり【▽御▽法】** 仏法の敬称。

**みのり【▽美野里】**〈町〉茨城県中部、石岡市の北東に接する町。農業の町で、クリの産地。工業化も進んでいる。人口二万一五二一(一九八八)。

**みの・る【実る・▼稔る】**(五自) ①実がなる。実を結ぶ。bear fruit ②成果があがる。bear fruit of one's effort 用例 努力が―。

**実る程頭を垂れる稲穂哉**(みのるほどこうべをたれるいなほかな)《稲の穂は、実るにしたがって垂れ下がってくる、の意から》能力や地位が高まるほど、謙虚になるものである。また、そうでなければならない。

**ミノルカ-しゅ【ミノルカ種】** ニワトリの

一品種。羽色は黒・白その他。羽色やとさかの形によって五つの型に分かれ、単冠黒色のミノルカ種がもっとも普及している。卵用だが、産卵数は白色レグホーンに劣る。地中海のミノルカ島原産。Minorca

**ミノルカ-とう【ミノルカ島】**（Minorca）メノルカ島の別称。

**みのわ【▼箕輪】**〈町〉長野県、伊那盆地北部にある町。産業は稲作・ナシ栽培と、精密・電子工業など。東部に萱野高原。人口二万二〇九四（一九八八）。

**み-ば【見場】**見かけ。外見。外観。appearance 用例 ―が悪い。

**み-はい【未配】**①まだ配給がないこと。②まだ配当がないこと。

**ミハイル-ロマノフ【Mikhail Romanov】**（一五九六〜一六四五）ロシア皇帝（在位一六一三〜一六四五）。ロマノフ朝の始祖。ポーランド干渉軍から解放後、貴族階級におされて即位。病身で、実権は父フョードルが掌握。

**ミハイロフスキー【Nikolay Konstantinovich Mikhaylovsky】**（一八四二〜一九〇四）ロシアの思想家。ナロードニキの理論家。人民雑誌『祖国の記録』『ロシアの富』を編集・執筆。著書『進歩とはなにか』など。

**み-ばえ【見栄え・見映え】**見かけがよいこと。nice-looking 用例 ―がしない。

**み-ばえ【実▼蠅】**幼虫（＝うじ）が植物、とくに果実に食い入る小形のハエ類。体長五〜六㎜。世界的によく知られた害虫が多く、生の果実などが、外国から自由に持ち込めないのも、その侵入阻止が目的。世界に約五〇〇〇種、日本に約一五〇種いる。fruit fly

**みはかし-を【▽御▼佩▽刀を】**［枕ことば］《「みはかし」は、貴人が身につける刀。みはかせ》「剣」にかかる。用例 ―剣の池の蓮葉に渟まれる水の行方無み（万葉・一三・三二八九）。

**み-はから・う【見計らう】**（五他）①見て適当なものを決める。見つくろう。choose 用例 ころあいを―。②適当に見当をつける。time at discretion

**み-はぐ・れる【見▽逸れる】**（下一他）①見る機会をのがす。見損なう。②見えていたものを見失う。

**みはし-みちや【三橋▽美▼智▼也】**（一九三〇〜）歌手。北海道生まれ。ユニークな民謡調でスターになる。ヒット曲『リンゴ村から』など。

**み-はじめ【見始め】**はじめて見ること。first sight

**見始めの見納め**（みはじめのみおさめ）はじめて見て、それが見ることの最後となること。あとにもさきにも、一回しか見ないこと。one's first and last look

**み-はつ【未発】**①まだ表面に現れないこと。まだ起らないこと。②まだ発明・発見・発表されていないこと。用例 前人―の研究。

**み-はっぴょう【未発表】**まだ発表しないこと。unpublished

**み-は・てる【見果てる】**（下一他）見終わる。

**見果てぬ夢**（みはてぬゆめ）①終わりまで見てしまわないで途中で覚めた夢。unfinished dream ②十分に満足するまで果たしえないで、名残惜しいもの・こと。unfulfilled dream 用例 ―を追う。

**み-はな・す【見放す・見離す】**（五他）相手にしなくなる。見捨てる。abandon

**み-はば【身幅・身▼巾】**①体の幅。width ②衣服の身頃の幅。和裁では着物の後ろ幅と前幅をさすが、大まかに裾回り全体をいうこともある。洋裁では胸囲の二分の一にゆとり分を加えた寸法。③体面。肩身。proud

**みはま【▽美浜】**〈町〉福井県南西部、若狭湾に臨む町。農・漁業と若狭湾観光の町で、豪雪地でもある。原子力発電所がある。人口一万三二五八（一九八八）。

**みはま【▽美浜】**〈町〉愛知県、知多半島南部の町。農・漁業と観光の町で、景勝地や海水浴場に恵まれる。ミカン・海苔などが特産。人口二万二六一八（一九八八）。

**みはま【▽美浜】**〈町〉和歌山県西部、紀伊水道に臨む町。農・漁業の町で、アメリカ村で知られる三尾集落や景勝地の煙樹松原・日ノ御埼海岸がある。人口八八九四（一九八八）。

**みはま【▽御浜】**〈町〉三重県南西部、熊野灘に臨む町。県下最大のミカン産地。沿岸は熊野浦の景勝地で七里御浜がある。人口一万二五九（一九八八）。

**みはら【三原】**〈市〉広島県南東部、瀬戸内海に臨む市。重要港湾尾道糸崎港と三原港をもつ港湾都市で、繊維・セメント・車両などの工業がさかん。山陽本線と呉線の分岐点で交通の要地でもある。人口八万五二九九（一九八八）。

**みはら【三原】**〈町〉兵庫県淡路島南部の町。かつては淡路国府所在地。農業の町で、無形文化財の人形芝居「淡路人形」発祥の地として知られる。人口一万六九七一（一九八八）。

**みはら【三原】**〈村〉高知県南西部の村。土佐清水・中村・宿毛の市域に囲まれた山地で、多雨地帯。農・林業が主。砚石を産する。人口二二二四（一九八八）。

**みはら【▽美原】**〈町〉大阪府南部の町。稲作・野菜栽培・園芸農業などを行うが、商工業地化・宅地化も著しい。人口三万七二四〇（一九八八）。

**み-はらい【未払い】**まだ払っていないこと。unpaid 対義 既払い。

**みはら-がん【三原岩】**伊豆・箱根地方、とくに伊豆大島三原山にある玄武岩の一種。

**み-はらし【見晴らし】**見晴らすこと。ながめ。view 用例 ―台。

**み-はら・す【見晴らす】**（五他）遠く眺める。広く見わたす。command a view 用例 頂上から―雄大な風景。

**みはら-やま【三原山】**東京都、伊豆諸島の大島にある複式成層の活火山。標高七五八m。中央火口丘は活動がさかんで、昭和六一年（一九八六）に大爆発を起こした。噴火・噴煙を御神火という。↓写

●三原山 昭和六一年（一九八六）一一月二一日午後一一時ごろ、元町港の栈橋から撮影。

**み-はり【見張り】**見張ること・人。watch 用例 ―番。

**み-は・る【見張る】**（五他）①《「瞠る」とも》目を大きく開いて見る。open one's eyes wide ②警戒して番をする。keep watch

**みはる【三春】**〈町〉福島県郡山市の東に接する町。旧城下町。かつては三春駒の馬市で栄え、今は郷土玩具の三春駒や滝桜で知られる。人口一万九一七三（一九八八）。

**み-はるか・す【見晴るかす・見▼霽かす】**（五他）はるかに遠くを見やる。見晴らす。用例 ―原野。

**ミハルコフ【Sergey Vladimirovich Mikhalkov】**（一九一三〜）ソ連の詩人・劇作家。代表的児童文学者。詩『スチョーパおじさん』、戯曲『乞食と王子』など。

**み-びいき【身▼贔▼屓】**（名・サ変自他）自分に関係のある人だけをひいきすること。nepotism; favoritism

**みひつ-の-こい【未必の故意】**法律で、自分の行為が犯罪を引き起こすことになるかもしれないと思いながら、それでもかまわないと考え、あえてその結果を発生させた場合の意思。故意と同等に扱われる。

**み-ひとつ【身一つ】**自分のからだだけ。用例 ―で逃げ出す。

**み-ひらき【見開き】**本・雑誌などを開いたときに同時に見る、左右二ページ分。spread

**み-ひら・く【見開く】**（五他）①目を大きくあける。目を大きく開いて見る。みはる。open one's eyes wide ②見いだす。発見する。discover ③見抜く。さとる。see through

**みぶ【▼壬▽生】**〈町〉栃木県南部、宇都宮市の南西に位置する町。城下町として発達。県のかんぴょう生産の発祥地で、主産地でもある。人口三万八二六〇（一九八八）。

**みふ-うずら【三▼斑▼鶉・三府▼鶉】**褐色・黒・黄色のまだら模様をもつミフウズラ科の鳥の総称。外形・習性はウズラに似るが近縁ではない。指は三本で、後ろ指がない。草原などにすみ、草の種子や昆虫を食べる。先島諸島・東南アジア・インドに分布。bustard quail

**みぶ-きょうげん【▼壬▽生狂言】**京都の壬生寺で、四月二一日から一〇日間ほど行われる、仮面をつけた無言劇。

**みぶ-でら【▼壬▽生寺】**京都市中京区壬生にある律宗の別格本山。正暦二年（九九一）快賢の開創。壬生狂言で知られる。

**みぶ-な【▼壬▽生菜】**アブラナ科ミズナの変種。京都、壬生の産。ミズナと異なり、葉の切れ込みがない。葉質は厚く、濃緑色。漬物用。

**みふね【▽御船】**〈町〉熊本県の熊本平野南東端、阿蘇の外輪山山麓の町。御船川に沿う農業の町で、酒造もさかん。人口一万八二〇八（一九八八）。

**みふね-きゅうぞう【三船久蔵】**（一八八四〜一九六五）柔道家。岩手県生まれ。十段。昭和三六年（一九六一）文化功労者。講道館指南役。著書『柔道回顧録』『道と術』など。

**みふね-としろう【三船▽敏郎】**（一九二〇〜）映画俳優。中国の青島生まれ。主演作『酔いどれ天使』『羅生門』『七人の侍』『赤ひげ』など。

**みぶ-ねんぶつ【▼壬▽生念仏】**毎年四月京都壬生寺で行われる黙劇の仮面狂言。「がんでんがん」と俗称。円覚上人が悪疫退散の念仏を説明したのが始まり。壬生狂言。

**みぶ-の-ただみね【▼壬▽生▽忠▼岑】**（生没年未詳）平安前期の歌人。三十六歌仙の一人。『古今和歌集』撰者の一人。家集『忠岑集』、歌論書『和歌体十種』。

**みぶ-よもぎ【▼壬▽生▼艾】**キク科の多年草。含塩土壌にはえる。茎の高さ約一m。枝は横に伸び、やや下垂。葉は二回羽状分裂。夏、先端に総状花序をつける。回虫駆除剤の原料。

**み-ぶり【身振り】**①からだのこなし。ジェスチャー。gesture 対義 手振り。②身振り語。

**みぶり-ご【身振り語】**意志や感情の表現を音声でなく、目つき・顔つきも含め、動作や身振りで行う伝達行為。body language

**み-ぶるい【身震い】**（名・サ変自）緊張・寒さなどで、からだが震えること。shudder; shiver

**み-ぶん【未分】**まだ分かれていないこと。未分化。用例 天地―。

**み-ぶん【身分】**①社会や団体の中での地位。status 用例 学生の―。高い―。②身の上。境遇。circumstances 用例 いい御―ですね。③中世の社会関係の序列。地位・職業が代々決まっていて、他に替われなかったもの。分際。士・農・工・商など。social position 用例 ―が違う。

**みぶん-かいそうせい【身分階層制】**ヒエラルヒーの一つの形態。中世封建社会に典型的にみられる、身分階層間の支配・服従の関係が序列化され身分として固定された社会制度。

**みぶん-けん【身分権】**親権・相続権のように、親族法上の身分関係に基づいて認められる権利の総称。

**みぶん-しょうめいしょ【身分証明書】**①本籍地の市町村長が作る、その人の身分についての証明書。certificate ②官庁・会社・学校などで、職員・社員・学生・生徒であることを証明する文書。identification card

**みぶんせい-ぎかい【身分制議会】**絶対王政の前段階における、身分別編成の合議機関。聖職者・貴族・上層市民代表からなり、国王の要請に応じて召集。絶対王政の確立にともない、機能を喪失。イギリスの模範議会、フランスの三部会、スペインのコルテスなど。身分別議会。等族議会。the Estates

**みぶん-せいど【身分制度】**封建社会の社会関係を構成する、人間の地位の序列。政治権力によって制度的に固定され、世襲的で、原則として他への移行が認められなかった。日本近世の士・農・工・商など。

**みぶん-そうぞく【身分相続】**民法の旧規定において、戸主が死亡または隠居したときなどに、その身分・財産を長男が単独で受け継いだ制度。現行法では財産相続だけを認め、共同相続の原則を採用する。対義 財産相続。

**みぶん-とうろく【身分登録】**身分関係を公的な帳簿に記載・登録すること。日本の戸籍など。

**みぶんなき-きょうはん【身分なき共犯】**収賄・職権乱用などは、公務員・準公務員の身分にある者が罪に問われるが、その身分になくても公務員と共謀し犯行に至れば、罪になるというもの。刑法六五条の特別規定。

**みぶん-ほう【身分法】**家庭生活での権利・義務関係を定めた法の総称。親族法・相続法など。家族法。family law 対義 財産法。

**ミヘル【Hartmut Michel】**（一九四八〜）西ドイツの生物物理学者。X線回折を利用し、光合成をする細菌の、光合成の反応機構を解明。ダイゼンホーファー・フーバーらとともに、一九八八

▼常用漢字表外。▽常用漢字表の音訓外。

年ノーベル化学賞受賞。

**み-へん【身偏】** 漢字を組み立てている部分の名。「躬・軀」などの左にある「身」。

**みほ【▽美浦】**〈村〉 茨城県南部、霞ケ浦に臨む町。競走馬の施設ができたことで人口も増え、農業中心の村から商工業の村へ変容。人口一万四三五八(一九八八)。

**みぼう-じん【未亡人】**《もと、夫に死なれた妻の自称》夫に死なれて独身でいる婦人。後家。widow

**みほ-じんじゃ【▽美保神社】** 島根県八束郡美保関町にある旧国幣中社。祭神は事代主命と三穂津姫命。えびすの総本宮で、豊漁・豊作の神として尊崇される。青柴垣神事、諸手船神事で知られる。

**みほのせき【▽美保関】**〈町〉 島根県の島根半島東端、日本海に臨む町。古くからの港町で、海の関所がおかれた。大山隠岐国立公園の一部で関の五本松・美保神社が有名。人口八一九五(一九八八)。

**みほ-の-まつばら【三保ノ松原】** 静岡県、清水市の駿河湾に突き出した砂嘴(=三保半島)の、外側に連なる松原。富士を望む景勝地で、御穂神社の浜に伝説で有名な「羽衣の松」がある。

**み-ほ・れる【見▼惚れる】**(下一自) 見とれる。be fascinated

**みぼろ-ダム【▽御母▽衣ダム】** 岐阜県北西部、庄川上流のダム。有効貯水量三億二九七〇万m³。日本初のロックフィル式ダム。昭和三六年(一九六一)完成。

**み-ほん【見本】** 商品の一例。標本。サンプル。sample 対義 現品。

**みほん-いち【見本市】** 商品の見本を一か所に展示して即売や受注を行う催し。国際見本市や巡航見本市など、貿易推進の目的で開かれるものが多い。fair

**みほん-ぐみ【見本組(み)】** 活版印刷で、組みあがったときの体裁を示すため、あらかじめ原稿の一部を組んで版にしたもの。また、その校正刷り。specimen page

**みま【三間】**〈町〉 愛媛県南西部、宇和島市の北に接する町。稲作を中心とした農業と、林業の町で、四国霊場の竜光寺・仏木寺がある。人口七三三八(一九八八)。

**みま【▽美馬】**〈町〉 徳島県北西部、香川県境の町。吉野川北岸に古くから開けた町で、古墳時代前期の段の塚穴(四国最大の横穴式石室)など、遺跡が多い。農・林業を主とする。人口九九四一(一九八八)。

**み-まい【見舞(い)】** ①訪問し、あいさつすること。また、そのための手紙や金品。visit ②病気や災難にあった人などを慰め、力づけに訪問すること。また、そのための手紙や金品。

**み-ま・う【見舞う】**(五他) ①無事かどうかを尋ねる。inquire for ②その家へ行く。訪問する。visit ③災いに遭ったり病気にかかったりした人を訪ねて慰める。express one's sympathy ④よくないものが襲う。hit 用例 台風に――・われる。

**み-まが・う【見▽紛う】**(五他) 見誤る。

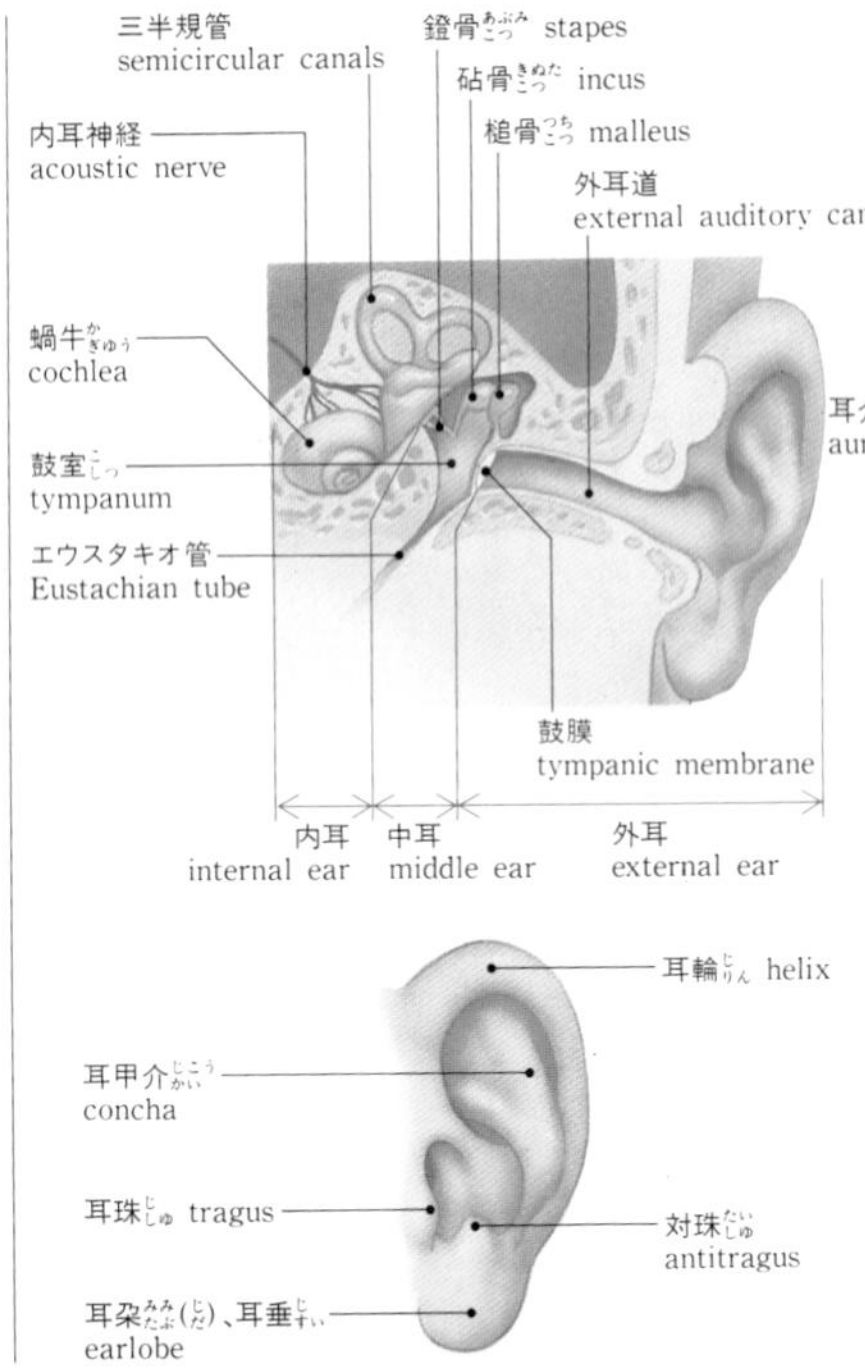

●耳①

**み-まか・る【身▽罷る】**(五自) 死ぬ。pass away

**みまさか【▽美▽作】** ↓みまさかのくに(美作国)

**みまさか【▽美▽作】**〈町〉 岡山県東部、吉井川支流の吉野川流域の町。湯郷温泉で知られる。町名は旧国名に由来。人口一万四一七〇(一九八八)。

**みまさか-の-くに【▽美▽作国】** 旧国名。現在の岡山県北部。山陽道の一国。「延喜式」では上国、七郡。国府は津山市総社東、国分寺は同市国分寺。明治四年(一八七一)廃藩置県により北条県。同九年(一八七六)岡山県に併合。作州。美作。

**みまた【三▼股】**〈町〉 宮崎県南西部、都城市・日南市に接する町。鰐塚山地西麓にあり、都城市への通勤者も多い。工場も進出している。人口一万九八八七(一九八八)。

**みまつ-ダイヤグラム【三松ダイヤグラム】**《「三松」は、観測・作図者の三松正夫から》昭和新山の形成過程を克明に記録した線図。

**みまな【▽任▼那】** 古代、朝鮮半島南部にあったとされる国名。この地に日本府が設けられ、欽明二三年(五六二)新羅に滅ぼされたというが、その実態については不明確な点が多い。にんな。

**み-まね【見真▽似】** 見てまねをすること。follow another's example 用例 見よう――。

**み-まも・る【見守る】**(五他) ①じっと見る。gaze at ②見張る。watch

**み-まわ・す【見回す】**(五他) ぐるりと見る。look around 用例 ざっと――。

**み-まわり【見回り】** 見回ること・人。patrol

**み-まわ・る【見回る】**(五自) 見物・警戒・監督などのために回って歩く。巡視する。patrol

**み-まん【未満】**《多く、数詞の下に付けて》まだその数に達しないこと。under 比較 以下・以内。用例 一〇歳――。

**みみ【耳】** ①側頭部に左右一対ある聴覚器。身体の平衡に関しても重要な器官。外耳・中耳・内耳からなる。ear ②耳の形に似て物の左右にあるもの。handle 用例 なべの――。③織物・食パンなどのふち。crust ④紙などのふち。edge ⑤金銭・人員の数。in full 用例 ――をそろえて返す。↓図 ↓本図

**御耳を拝借**(おみみをはいしゃく) 内証の話などがしたいということを、丁寧に言ったことば。Could I have a word with you? 用例 ちょっと――。

**耳が痛い**(みみがいたい) 人の言うことが、自分の弱点をついているので、聞くのがつらい。be ashamed to hear

**耳が肥える**(みみがこえる) 話芸や音楽などを聞きこんで、聞き味わう能力に富んでくる。have an ear for

**耳が遠い**(みみがとおい) 聴覚の障害で、よく聞こえない。hard of hearing

**耳が早い**(みみがはやい) 人のうわさなどを聞きつけるのがはやい。早耳である。have quick ears; have sharp ears

**耳が汚れる**(みみがよごれる) けがらわしいことを聞いてしまった。

**耳順う年**(みみしたがうとし) 六〇歳。耳順。sixty years old

**耳留まる**(みみとどまる) 耳に入って、注意を引く。また、聞いて、気に障る。耳にとまる。

**耳留む**(みみとどむ) 耳を傾ける。注意して聞く。

**耳留まる**(みみとまる) 「耳留まる」と同意。

**耳に当たる**(みみにあたる) 他人の言うことが、しゃくに障る。

**耳に入れる**(みみにいれる) ①相手に聞かせる。tell ②聞き入れる。聞いておく。listen to; keep in mind

**耳に逆らう**(みみにさからう) 聞く人に、不愉快に聞こえる。feel unpleasant 用例 諫言――。

**耳にする**(みみにする) 聞く。たまたま聞く。伝え聞く。happen to hear

**耳に胼胝が出来る**(みみにたこができる) 何回も同じことを聞かされるたとえ。be sick and tired of hearing

**耳に立つ**(みみにたつ) 耳に聞こえてきて気になる。

**耳に付く**(みみにつく) ①聞いて、いつまでも忘れない。linger in one's ears ②何度も聞かされて、聞き飽きている。sick of hearing

**耳に留まる**(みみにとまる) 聞いたことに、注意が向く。耳にとどまる。

**耳に入る**(みみにはいる) 聞こえる。聞いて知る。また、聞いて納得する。hear 用例 うわさが――。

**耳に挟む**(みみにはさむ) ちらっと聞く。happen to hear

**耳の垢を掻っ穿って聞け**(みみのあかをかっぽじってきけ) よく耳をすませて聞け、注意してよく聞け、の乱暴な言い方。

**耳を疑う**(みみをうたがう) 聞き違いではないかと思われるぐらいに、信じられない。can't believe one's ears

**耳を覆って鈴を盗む**(みみをおおってすずをぬすむ) ①自分の非や罪を知られまいとたくみに隠したつもりでいても、人にはよく知られてしまっているということから、悪いことは、隠そうとしても隠しきれないことに言う。②良心のとがめるようなことをしているとき、あえて、そのことを気にしないように努めることを言う。

**耳を貸さない**(みみをかさない) 聞こうともしない。turn a deaf ear to

**耳を貸す**(みみをかす) 相手の話などを聞く。相談にのる。lend an ear to

**耳を傾ける**(みみをかたむける) 注意して聞く。listen to attentively

**耳を聞く**(みみをきく) 話を聞く。評判などが、耳に入る。

**耳を肥やす**(みみをこやす) ①話芸や音楽などをよく聞いて、味わう力を養う。cultivate one's sense of music ②うれしいことやよいことをたくさん聞いて喜ぶ。

**耳を滌ぐ**(みみをすすぐ) 汚れたことを聞いてしまったとして、耳を水で清める。世俗の栄誉を避けて、自分を清浄に保つ。そのために、世を離れて閑居する。耳を洗う。参照 許由巣父。

**耳を澄ます**(みみをすます) 注意して聞く。strain one's ears

**耳を欹てる**(みみをそばだてる) よく注意して聞く。

**耳を揃える**(みみをそろえる) 金額などを、まとめて一度に用意する。offer ... in a lump; pay ... in full

**耳を潰す**(みみをつぶす) 聞いても聞かないふりをする。知らんぷりをする。

**耳を塞ぐ**(みみをふさぐ) 聞こうとしない。turn a deaf ear to

**みみ-あか【耳▼垢】** 外耳の耳垢腺と皮脂腺からの分泌物、皮膚のはがれたもの、ごみなどが混じって固まったもの。耳垢。耳くそ。earwax

**みみ-あたらし・い【耳新しい】**(形) ①はじめて聞く。初耳である。new ②まだ耳慣れない。unfamiliar

**みみ-いか【耳▼烏▽賊】** ダンゴイカ科のひれが丸く大きくて耳状の小形のイカ。胴長約五cm。墨汁嚢の表面に一対の発光器をもつ。食用。北海道以南の浅海に分布。

**みみ-うち【耳打ち】**(名・サ変自) 耳へ口を寄せてささやくこと。内証話。whisper in person's ear

**みみ-があ【耳▽皮】** 沖縄地方で、ブタの耳のこと。これをゆでて、ピーナツなどであえたものを、「みみがあさしみ」という。

**みみ-かき【耳▼掻き】** 耳のあかをかきとる道具。earpick

**みみかき-ぐさ【耳▼掻草】** タヌキモ科の食虫植物。多年生の水草で、湿った原野にはえる。高さ約二〇cmの花茎に黄色の小花が総状に咲く。茎や葉につく袋が地中の小動物を吸い込む。

**みみ-かくし【耳隠し】** 女性の洋風結髪の一つ。髪で耳をおおいかくすように結う。大正末期に流行。

**みみ-がくもん【耳学問】** ①聞き覚えた知識。聞き学問。pick-up knowledge ②聞きかじりの学問。second-hand knowledge

**みみ-かざり【耳飾り】** 装飾具の一つ。耳たぶにはさんでつけたり、穴をあけてつるしたりする。イヤリング。耳輪。earring 参照 ピアス。

**みみ-かわ【耳川】** 宮崎県を流れる川。長さ一〇二km。九州山地椎葉村に発し、東流して

日向市の美々津で日向灘に注ぐ。上流には上椎葉ダムがある。美々津川。

**みみ-ぐけ【耳▼絎け】** くけ縫いの一つ。布の耳端や縫い代の耳端をくける方法。針目を表側に一針、裏に二針出して、くけ代の間を糸が通るようにする。浴衣のわきや衽の縫い代の始末に用いる。

**みみ-くそ【耳▼糞・耳▼屎】**《俗語》耳にたまるあか。耳あか。

**ミミクリー【mimicry】** →ぎたい(擬態)

**みみ-こすり【耳▽擦り】** 一(名)皮肉。あてこすり。 二(名・サ変自)耳打ちすること。

**みみ-ざと・い【耳▼聡い】**(形) ①聴覚が鋭い。sharp-eared ②早耳である。have sharp ears ③物わかりがよい。

**みみ-ざわり【耳障り】**(名・形動) 聞いて気に障ること・さま。聞いて嫌だと思うこと・さま。be grating

**みみず【▼蚯▼蚓】** 貧毛綱に属する環形動物の総称。体は円筒形で、多数の体節がある。雌雄同体。多くは土中に穴を掘ってすみ腐植土を食べる。土壌改良に利用。セキリョウ(赤竜)。メメズ。earthworm ↓ 写

●ミミズ

**蚯蚓のぬたくった様**(みみずのぬたくったよう) へたな字の形容。

**み-みずから【身自ら】**(副) じかに自分で。自ら。

**みみ-ずく【▽木▼菟・▼鴟▼鵂・▽角▼鴟】** フクロウ科の鳥類で、頭部に冠羽の一種の耳角をもつものの俗称。コノハズク・ワシミミズクなど。南極地方を除く世界各地に分布。horned owl

**みみ-ずく【耳▼蟬】** ミミズク科に属する昆虫の総称。また、その一種。小形のセミに似て、暗褐色で全長約一・五cm。前胸背部に一対の耳状突起がある。熱帯から温帯に広く分布。

**みみず-ばれ【▼蚯▼蚓▽脹れ】** 皮膚の一部が、ミミズのように赤く細長くはれ上がること。wale

**みみ-だ・つ【耳立つ】**(五自) ①はっきり聞こえる。聞いて心にとまる。②耳障りである。角立って聞こえる。

**みみ-たぶ【耳▼朶・耳▼埵】** 耳の下部の少し肉の厚い所。耳たぼ。じだ。earlobe ↓頭図 ↓耳図

**みみ-だらい【耳▼盥】** たらいの左右に耳のような形の柄のついたもの。手洗いや口をすすぐときに用いられ、漆器が多い。

**みみ-だれ【耳垂れ・耳▽漏】** 外耳道からの液状の分泌物の総称。外耳炎や中耳炎でおこる。耳漏。otorrhea

**みみ-づか【耳塚】** 昔、討ち取った敵の耳を切り取って埋めた塚。とくに、京都市東山区豊国神社前のものが有名。文禄・慶長の役の敵兵の耳を、豊臣秀吉が埋めさせ供養したもの。

**みみっち・い**(形)《俗語》けちくさい。しみったれている。派生 みみっちげ(形動) みみっちさ(名)

**みみ-どお・い【耳遠い】**(形) ①耳がよく聞こえない。②聞き慣れないので、よくわからない。

**みみな-ぐさ【耳菜草】** ナデシコ科の越年草。畑や道ばたにはえる。高さ約二〇cm。茎に軟毛がある。葉は対生し長楕円形。春に径約七mmの白い五弁花が咲く。↓写

**みみなし-やま【耳成山】** 奈良県、橿原市北東部の山。標高一四〇m。奈良盆地上に島状に突出する小丘で、畝傍山・天香久山とともに大和三山の一つ。

**みみ-なり【耳鳴り】** 耳のなか、あるいは頭のなかで音がする感じ。原因の多くは聴覚経路での異常で、炎症・異物・変形・腫瘍など。難聴・血圧異常で生じることもある。じめい。tinnitus

**みみ-な・れる【耳慣れる・耳▼馴れる】**(下一自) たびたび聞いて、珍しくない。聞き慣れる。get used to hearing

**みみ-の-ひ【耳の日】**《三月三日をミミ(耳)にかけていう》耳の健康に注意するよう呼びかける日。

**みみ-ばさ・む【耳挟む】**(五自) ①耳の上側にはさむ。②ちらと聞く。ふと耳に入れる。

**みみぶくろ【耳袋】** 江戸中期の随筆。根岸守信著。一〇巻。町奉行まで務めた著者が、勤務の合間に聞いた古老や来訪者の雑談を書きとめたもの。

**みみ-へん【耳偏】** 漢字を組み立てている部分の名。「職・聴」などの左にある「耳」。

**みみ-もと【耳元・耳▽許】** 耳のねもと。耳のすぐそば。close to the ear 用例 ― でささやく。

**みみ-より【耳寄り】**(名・形動) 聞きたいと思うこと・さま。聞く値打ちのあること・さま。welcome news 用例 ― な話。

**みみ-わ【耳輪・耳▽環】** 耳飾り。イヤリング。earring

**み-むき【見向き】** そちらへ向いて見ること。振り返って見ること。look back;look at

**見向きもしない**(みむきもしない) 問題にもしない。無視する。take no notice of 類似 耳を貸さない。

**み-むろ【▽御室】** ①神のいます所。ほこら。神社。②貴人の住居の敬称。とくに、庵室。おむろ。

●ミミナグサ

**み-め【見目・▼眉目】** ①見たようす。appearance ②顔だち。容貌。looks 用例 ― うるわしい。

**見目より心**(みめよりこころ) 人は、顔かたちの美しさより、心の美しさが大切だということ。Better a good heart than a fair face.

**み-めい【未明】** まだ夜が明けきらないころ。before dawn

**みめ-うるわし・い【見目麗しい】**(形) 顔かたちが美しい。fair 用例 ― おとめ。

**みめ-かたち【見目形】** 顔だちと姿。容姿。face and figure

**みめ-よ・い【見目良い・見目▽好い】**(形) 顔が美しい。器量がよい。good-looking

**み-もう【味盲】** ①特定の味が感じられない、生まれつきの味覚の異常。②《「文盲」をもじった語》食べ物の味のわからない人。

**ミモザ【mimosa】** ①オジギソウなどマメ科ネムリグサ属の植物の総称。南アフリカに多い。②オーストラリア原産のマメ科アカシア属のフサアカシアの俗称。

**ミモス-げき【ミモス劇】** ギリシア演劇の一形態。日常生活を題材とする散文体の笑劇。紀元前五世紀の創始で、前三世紀のテオクリトスとヘロンダスが代表的。擬曲。mimes

**み-もだえ【身▼悶え】**(名・サ変自) 苦しさにじっとしていられないで、からだを動かすこと。writhe

**み-もち【身持(ち)】** ①品行。behavior 用例 ― が悪い。②妊娠すること。

**み-もと【身元・身▽許】** ①その人の生まれた所。素性。one's origin ②一身上のこと。身の上に関すること。identity 用例 ― 不明。

**みもと-ほしょう【身元保証】** 特定の被用者について、雇主に将来損害をかけないことを他人が保証すること。personal reference 用例 ― 人。

**み-もの【見物】**《「けんぶつ」は別語》見るだけの値打ちがあるもの・こと。spectacle 比較 聞き物。

**み-もの【実物】**《「じつぶつ」は別語》①野菜で、おもに実を食べるもの。②生け花・園芸で、実を主とするもの。対義 葉物・花物。

**みもろ-やま【三▽諸山】** 三輪山の別称。

**み-もん【未聞】** まだ聞いたことがないこと。unheard-of 用例 前代 ― 。

**み-や【宮】**《「御屋」の意》①皇居。また、皇族の御殿。②皇族、とくに、親王家の敬称。用例 弟 ― 。③神社。用例 お ― 参り。

**みや【宮】**〈村〉岐阜県北東部、高山市の南西に接する村。農業とヒノキを主とする林業が中心。人口二三八九(一九八八)。

**みや-い【宮居】** ①神社のある所。神社。②皇居。

**みやいり-がい【宮入貝】** イツマデガイ科の淡水産の巻き貝。日本住血吸虫の中間宿主。甲府盆地・木更津市に分布。カタヤマガイ。

**ミャオ-ぞく【ミャオ族・▽苗族】** 中国の少数民族。かつては揚子江中流域に居住。言語はミャオ・ヤオ語族に属する。漢民族の南下により中国江南・インドシナ北部の山地に移住。主として焼き畑農耕。びょうぞく。Miao

**みや-がわ【宮川】** 三重県中南部を流れる川。長さ九〇km。大台ケ原山に発し、伊勢市で伊勢湾に注ぐ。上流に大杉谷渓谷・宮川ダムがある。

**みやがわ【宮川】**〈村〉岐阜県北部、富山県境飛驒高地の村。日本海斜面の豪雪地。村域のほとんどが山林で、林業が主。人口一三七四(一九八八)。

**みやがわ【宮川】**〈村〉三重県南西部、奈良県境の村。宮川上流域の山林地域で、スギ・ヒノキ・シイタケなどを産出。宮川ダムがある。人口四七九〇(一九八八)。

**みやがわ-ちょうしゅん【宮川長春】**(一六八二〜一七五二ごろ) 江戸中期の浮世絵師。元禄期の歌舞伎・風俗・美人の肉筆画がある。作品『風俗図巻』など。

**みやぎ【宮▽城】**〈県〉東北地方中部、太平洋側の県。県庁所在地は仙台市。西に奥羽山脈、東に仙台平野が広がる。稲作中心の農業と、塩竈・石巻・気仙沼・女川の漁業基地をもち水産業がさかん。仙台湾岸中心に工業も発達。面積七二九二km²、人口二一九万五六一二(一九八八)。

**みやぎ【宮▽城】**〈村〉群馬県南東部、赤城山南麓の村。畑作中心の農業が主体。赤城神社の総本社があり、温泉郷でも知られる。人口八一二七(一九八八)。

**みやぎけんおき-じしん【宮▽城県沖地震】** 昭和五三年(一九七八)宮城県を中心に大きな被害を与えた地震。死者二二名。

**みやぎの-はぎ【宮▽城野▼萩】** マメ科の落葉低木。本州の日本海側の山野にはえる。高さ一〜二m。枝は細く垂れる。三出複葉で、小葉は長楕円形。夏、長い総状花序に紫紅色の蝶形の花が咲く。庭木用。ナツハギ。

**みやぎ-みちお【宮▽城道雄】**(一八九四〜一九五六) 生田流箏曲演奏家・作曲家。神戸生まれ。七歳で失明。「新日本音楽」運動を起こし、日本音楽と洋楽の結合を目ざした。作品『水の変態』『春の海』など。

**ミャク**
10画【脈】 部首[月] 教育小4 JIS 4414
10画【▼脈】 旧字
9画【▼脉】 異体字 JIS 7087

音 ミャク・バク

①すじ。血のすじ。血管。動物の血のくだ。「静脈・動脈」②血管で感じられる、心臓の鼓動。「脈動・脈搏」用例 (名) ― を打つ。③つづき。つながり。すじとなり、つながっているもの。「山脈・水脈・文脈・乱脈」「脈絡」用例《接尾的》火山 ― 。④将来のみこみ。先の期待。用例 (名) ― のある手筋。

**脈が上がる**(みゃくがあがる) 対義 脈が有る。①死ぬ。②見込みがなくなる。駄目になる。脈がない。

**脈が有る**(みゃくがある) 対義 脈が上がる。①生きている。The pulse is still beating. 対義 脈がない。②望みがある。There is some hope. 対義 脈がない。

**脈を取る**(みゃくをとる) 脈搏のようすを調べて、病気を診察する。脈を見る。feel a person's pulse

**脈を見る**(みゃくをみる) ①脈搏のようすを調べて、診察する。脈を取る。feel a person's pulse ②見込みがあるかどうか、調べる。sound

**みゃく-う・つ【脈打つ・脈▼搏つ】**(五自) ①血液がどきんどきんと律動的に流れる。pulsate ②生き生きと活動している。vivid; lively 用例 ― 意欲。

**みゃく-がん【脈岩】** 半深成岩のこと。火成岩のうち、火山岩と深成岩との中間の組織をもつもの。岩脈状で産出することが多いことからの名。dike rock

**みゃく-きょう【脈経】** 中国古代の医書。著者は西晋の王叔和。鍼灸術と湯液(薬物療法)との融合をはかっている。

**みゃくし-るい【脈▼翅類】** 前・後翅が同形・同大でかつ透明な膜質になっており、翅脈が網目状の昆虫群。外形はトンボに似るが小形。口器はかみ型で肉食性。完全変態をする昆虫の中でもっとも原始的。ウスバカゲロウ(幼虫はアリジゴク)・クサカゲロウ(卵はウドンゲ)・ヘビトンボ(幼虫は孫太郎虫)など約五〇〇〇種。neuropteron

**みゃく-どう【脈動】** 一(名・サ変自) 脈を打つように、絶えず動いていること。pulse 用例 新思想の ― 。― する世界。二(名) ①地面の振動。地震のないときにも観測される周期数秒の地面の振動。microseisms ②地磁気の微小変動。microseisms ③変光星にみられる半

▼常用漢字表外。 ▽常用漢字表の音訓外。

径の周期的変化。pulsating

**みゃくどう-へんこうせい【脈動変光星】** 周期的に膨張・収縮をくりかえし、それにともなって光度やスペクトル型が変わる星。pulsating variable star

**みゃく-どころ【脈所】** ①からだで脈がわかる所。pulse ②物事の急所。vital point

**みゃくなし-びょう【脈無し病】** 頸と上肢の脈が微弱になるか消失する疾患。めまい・失神発作・視力障害などを起こす。大動脈炎症候群の一型。pulseless disease

**みゃく-は【脈波】** 心室の収縮にともなう大動脈壁の拡張の波動を記録したもの。この波動の速度から血管や心臓の状態がわかる。pulse wave

**みゃく-はく【脈拍・脈▼搏】** 心臓の鼓動により生じた大動脈の伸縮が末梢へ伝わって生じる拍動。脈。pulse

**みやくぼ【宮▼窪】**〈町〉愛媛県北東部、芸予諸島の大島の北東部と四阪島などからなる町。産業は農・漁業と花崗岩の採掘など。本四連絡橋が通る。人口四五六六(一九八八)。

**みゃく-みゃく【脈脈】**(形動トタル) 流れ続いて絶えないさま。incessant 比較 続続。用例 ——たる伝統の力。

**みゃく-らく【脈絡】** ①血管。②前後のことがらの続きぐあい。筋道。context

**みゃくらく-まく【脈絡膜】** 網膜の外側にあり、眼球後半部をつつむ赤黒い膜。血管と色素細胞に富み、眼球に栄養を与え、また光を遮る役目をする。choroid ↓目図

**みゃく-りゅう【脈流】** ①流れの向きは変わらず、流れる量が変わる流れ。pulsating current ②向きは変わらないが大きさが周期的に変化する電流。交流を整流化したときなどに生じる。pulsating current

**み-やけ【▽屯▽倉・▽屯家】** 大化の改新以前の大和朝廷の直轄地。貢納物や収穫物の倉庫を中心とし、耕作民である田部やその耕地を含む。対義 田荘。

**みや-け【宮家】** ①皇族の家。②皇族であって宮号を賜り、別に興した一家。

**みやけ【三▽宅】**〈町〉奈良県北部、奈良盆地の中央にある町。商工業の町で、運動用具の生産で知られる。人口八四四一(一九八八)。

**みやけ【三▽宅】**〈村〉東京都、伊豆諸島の三宅島を村域とする村。観光と農・漁業が中心、三宅島空港がある。人口四一六二(一九八八)。

**みやげ【土産】** ①旅行先などで買い求め、もってから親しい人などに配る、その土地の特産物など。昔は、もらった餞別で買うのが通例とされた。souvenir ②人を訪問するときにもっていく、菓子その他の贈り物。手土産。present

**みやけ-いっせい【三▽宅一生】**(一九三八～) 服飾デザイナー。広島県生まれ。

**みやけ-かほ【三▽宅花▼圃】**(一八六八～一九四三) 小説家。本名、竜子。東京生まれ。雪嶺の妻。中島歌子に和歌を学ぶ。小説『藪の鶯』、評伝『もとのしづく』など。

**みやけ-かんらん【三▽宅観▼瀾】**(一六七四～一七一八) 江戸中期の儒者。京都の人。石庵の弟。木下順庵らに学び、『大日本史』の編纂に従事。のち幕府の儒官。著書『中興鑑言』など。

**みやけ-じま【三▽宅島】** 東京都、伊豆諸島の神津・御蔵島間にある火山島。面積五五・一km²。中央に成層の活火山、雄山(八一四m)がある。椿油・鰹節などを産出。江戸時代は流刑地。

**みやけ-しゅうたろう【三▽宅周太郎】**(一八九二～一九六七) 演劇評論家。兵庫県生まれ。慶大卒。著書『演劇往来』『文楽の研究』など。

**みやけ-しょうざん【三▽宅▼嘯山】**(一七一八～一八〇一) 江戸中期の俳人。名は芳隆。京都の人。中興期俳諧に貢献。編著『俳諧古選』、漢詩『嘯山詩集』など。

**みやけ-せきあん【三▽宅石▼庵】**(一六六五～一七三〇) 江戸中期の儒者。京都の人。観瀾の兄。懐徳堂初代学主。

**みやけ-せつれい【三▽宅雪▼嶺】**(一八六〇～一九四五) 評論家・思想家。本名、雄二郎。金沢生まれ。東大卒。政教社の創立者の一人。雑誌『日本人』を発行し、国粋主義を主唱して藩閥政府を批判。昭和一八年(一九四三)文化勲章受章。著書『我観小景』『宇宙』など。

**みやけ-とうくろう【三▽宅▼藤九郎】** 狂言師。和泉流三宅派。江戸初期以来の京都狂言界の名家。現在九世目。九世(一九〇一～)は新作や秘曲の復曲に努力。重要無形文化財保持者。

**みやげ-ばなし【土産話】** 旅先で見聞きした話。story of one's travels

**みやけ-よしのぶ【三▽宅▽義▽信】**(一九三九～) 元重量挙げ選手。宮城県生まれ。東京・メキシコ両オリンピック重量挙げフェザー級で連続優勝。

**みやけ-よねきち【三▽宅▽米吉】**(一八六〇～一九二九) 考古学者。和歌山県生まれ。東京文理大学長。日本考古学会を創設。著書『日本史学提要』など。

**みや-こ【都・▽京】**《「宮処」の意》①皇居のある土地。首府。首都。capital 用例 京都は昔——だった。②にぎやかな土地。都会。metropolis 用例 ——育ち。③何かを特徴・特色とする土地。用例 音楽の——ウィーン。水の——ベネチア。

**みやこ【宮古】**〈市〉岩手県東部、三陸海岸にある市。県下最大の水産都市で、港が重要港湾に指定されてからは、肥料工場などが作られ工業都市としても発展。陸中海岸国立公園の中心にあり、魹ケ崎や浄土ケ浜などの景勝地がある。人口五万九九〇五(一九八八)。

**みやこ-あざみ【都▼薊】** キク科の多年草。山地にはえる。高さ約八〇cm。葉はアザミに似るが、薄い。夏から秋にかけて、淡紫色の管状花が多数咲く。

**みやこ-いっちゅう【都一中】** ↓みやこだゆういっちゅう(都太夫一中)

**みやこ-おち【都落ち】**(名・サ変自) 都をのがれ地方へ行くこと。rustication

**みやこ-おどり【都踊(り)・都をどり】** 京都、祇園の花街の人々による舞踊会。四月に開催。明治五年(一八七二)創始。

**みやこ-ぐさ【都草】** マメ科の多年草。草地にはえ、茎は地をはう。葉は小葉三枚からなる複葉で、二枚の托葉がある。晩春に、鮮黄色の小花が咲く。コガネバナ。エボシグサ。↓写

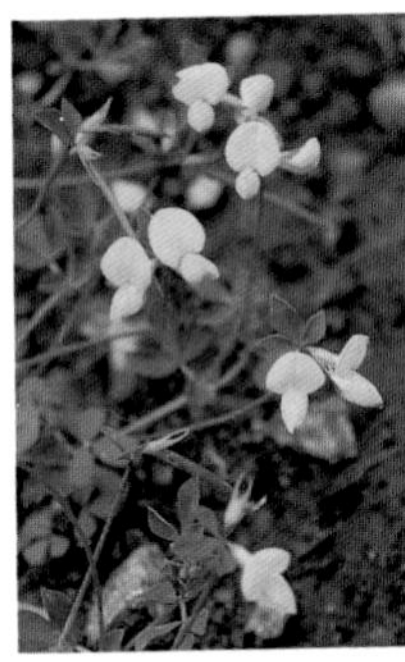

●ミヤコグサ

**みやこ-ざさ【都▼笹】** イネ科の小形のササ。稈は細く、長さ約一m。節は高く、分枝しない。葉は長楕円形で、数個が羽状に並んで互生。比叡山で発見された。

**みやこじ【都路】**〈村〉福島県東部、阿武隈高地中央部の村。スギ・マツなどを産出。高瀬川渓谷がある。人口三八九三(一九八八)。

**みやこじ-ぶし【宮古路節】** 豊後節の前名。宮古路豊後掾が一中節から独立したあとの呼び名。

**みやこじ-ぶんごのじょう【宮古路▽豊後▼掾】** 古浄瑠璃の語り手。初世(?～一七四〇)は京都の人。豊後節の始祖。のち江戸へ出たが、元文元年(一七三六)、豊後節は風紀上の理由で禁止された。

**みやこ-じま【宮古島】** 沖縄県宮古列島の主島。面積一五八・三km²。台地状の平坦な島で、サトウキビなどの栽培がさかん。世界有数の珊瑚の産地。中心は平良市。

**みやこ-しょうびん【宮古▼翡▼翠】** カワセミ科の鳥。明治二〇年(一八八七)に宮古島で採集された一点の標本だけによって知られる。全長二〇cm余。背は青緑色、体の下面は茶色。絶滅種。

**みやこ・する【都する】**(サ変自) 都として定め、皇居をおく。

**みやこだゆう-いっちゅう【都太▽夫一中】** 一中節浄瑠璃の太夫(=語り手)。都派の家元名。現在一一世まで。初世(一六五〇～一七二四)は一中節の始祖。一中節は常磐津節にも影響を与えた。都一中。

**みやこ-どり【都鳥】** ①チドリに似て、嘴の長いミヤコドリ科の鳥。翼長約二六cm。頭部と背は黒く腹は白い。嘴と足は赤色。海岸の干潟、砂浜に渡来する。広く世界に分布。Eastern oystercatcher ②ユリカモメの雅称。古く和歌などに現れる。③内湾の潮間帯にすむ笠形の巻き貝。ミヤコドリガイ。↓図

●ミヤコドリ①

**みやこのじょう【都城】**〈市〉宮崎県南西部の市。北条氏の城下町として発達。都城盆地の中心的商業都市で、農業もさかん。日豊本線・吉都線・志布志線の分岐点で、四つの国道が交差する交通の要地でもある。人口一三万一七六七(一九八八)。

**みやこのじょう-ぼんち【都城盆地】** 宮崎県南西部、大淀川流域の盆地。盆地底は水田、周辺の火山灰台地は畑作地帯で畜産もさかん。

**みやこ-の-にしき【都の▼錦】**(一六七五～?) 江戸中期の浮世草子作者。本名宍戸光風。播磨の人。作品『元禄大平記』『沖津白波』など。

**みやこ-の-よしか【都良香】**(八三四～八七九) 平安前期の漢詩人。文章博士。『日本文徳天皇実録』の撰進に参加。家集『都氏文集』。

**みやこ-ぶし【都節】** 日本音階の名称。半音を含む五音音階(=陰旋法)のこと。上原六四郎の命名。対義 田舎節。

**みやこ-れっとう【宮古列島】** 沖縄県南西部、先島諸島の東にある島群。宮古島を主島とし、伊良部・多良間などの八島からなり、いずれも珊瑚礁にとりかこまれた平坦な地形をなす。

**みやこ-わすれ【都忘れ】** キク科ミヤマヨメナの園芸品種。多年草。高さ一五～四〇cm。開花は五月。花色は濃紫・桃・白など。花壇・鉢植え用。ノシュンギク。アズマギク。↓図

●ミヤコワスレ

**みやこ-わん【宮古湾】** 岩手県中部、重茂半島に囲まれた湾。美しい海岸で知られる浄土ケ浜がある。湾内では海苔・カキなどを養殖。

**みやこ-をどり【都踊(り)・都をどり】** ↓みやこおどり(都踊り)

**みや-ざ【宮座】** 中世、村落の祭祀組織。村内の特定の家に属する人などが、他の村民を排除して特権的に神社祭祀を運営し、管理・維持した。近畿地方を中心として発展。宮講。宮仲間。

**みやざき【宮崎】**〈県〉九州地方南東部の県。県庁所在地は宮崎市。東は日向灘に臨み、西は九州山地や霧島の山岳地帯。農業がさかんで、ハウス栽培による野菜を京浜・阪神方面へ出荷。延岡・日南市に化学工業が発達。先端産業も進出。面積七七三五km²、人口一一八万五八一五(一九八八)。

**みやざき【宮崎】**〈市〉宮崎県中部、大淀川下流域に位置し、日向灘に臨む市。県庁所在地。宮崎平野・日南海岸国定公園を背景とする商業・観光都市。青島や宮崎神宮などがある。人口二八万一九九〇(一九八八)。

**みやざき【宮崎】**〈町〉宮城県北西部、山形県境の山間の町。鳴瀬川支流の田川に沿う農・林業の町で、魚取沼のテツギョは天然記念物。人口七二四六(一九八八)。

**みやざき【宮崎】**〈村〉福井県北西部の村。丹生山地にある。越前焼で知られ、六大古窯の一つに数えられる。竹の子・花卉も産出。人口三九七七(一九八八)。

**みやざき-かんち【宮崎寒▼雉】**(?～一七一二) 江戸中期の釜師。能登(石川県)の人。前田家の釜師となる。作品『大講堂釜』など。

**みやざき-こしょし【宮崎湖処子】**(一八六四～一九二二) 詩人・小説家。本名、八百吉。福岡県生まれ。東京専門学校(現在の早大)卒。田園趣味の叙情詩人として注目され、のちキリスト教の伝道に努めた。小説『帰省』、詩集『湖処子詩集』など。

**みやざき-さんまい【宮崎三▼昧】**(一八五九～一九一九) 小説家。本名、璋蔵。江戸生まれ。歴史小説で知られた。『雨月物語』を世に紹介。作品『塙団右衛門』など。

**みやざき-じんぐう【宮崎神宮】** 宮崎市神宮町にある旧官幣大社。祭神は神日本磐余彦尊(=神武天皇)ほか二神。「神武さま」の名で親しまれる。

**みやざき-とうてん【宮崎▼滔天】**(一八七一～一九二二) 中国の辛亥革命の協力者。熊本県生まれ。孫文と親交があり、その革命運動を積極的に支援。自伝『三十三年之夢』。

**みやざき-へいや【宮崎平野】** 宮崎県中部、日向灘に臨む海岸平野。大淀川流域などの沖積平野と広い洪積台地とからなり、海岸部には砂丘が発達。宮崎市・西都市などがある。



↓ 行き先項目、図版・写真参照印。 JIS 日本工業規格情報交換用漢字符号コード(区点コード)。

**みやざき-やすさだ【宮崎安▽貞】**(一六二三〜九七) 江戸前期の農学者。安芸の人。農業技術研究のため諸国を遍歴。農民の指導、農業の振興に尽力。著書『農業全書』。

**みやざき-ゆうぜん【宮崎友禅】**(生没年未詳) 元禄時代の京都の染め物絵師。多彩な絵模様を染め上げることに成功、友禅染めを創始。

**みや-さま【宮様】** 皇族を敬って言う語。

**みやさま-スキーたいかい【宮様スキー大会】** 秩父宮の、北海道の大倉山シャンツェ建設への尽力と、トロフィーの寄贈を記念して、毎年同シャンツェで開かれるスキージャンプ競技会。

**みやざわ-けんじ【宮沢賢治】**(一八九六〜一九三三) 詩人・童話作家。岩手県花巻生まれ。盛岡高等農林卒。農民の中に生き、宗教心と科学精神に裏づけられた独自の世界を形成した。詩集『春と修羅』、童話『銀河鉄道の夜』『風の又三郎』など。↓[写]

● 宮沢賢治

**みやざわ-としよし【宮沢▽俊▽義】**(一八九九〜一九七六) 憲法学者。長野県生まれ。東大卒。東大教授。自由主義的・合理主義的立場から民主制を追求した。著書『憲法』など。

**みやしげ-だいこん【宮▽重大根】** ダイコンの一品種。愛知県春日井郡を中心に栽培。地表に出た部分に土寄せをせず、緑色とする。おろし・煮物・切り干しなどに用いられる。↓ダイコン[図]

**みやじ-でんざぶろう【宮地伝三郎】**(一九〇一〜一九八八) 動物学者。広島県因島生まれ。東大卒。京大教授。ニホンザルやアユなどの生態研究で知られる。著書『アユの話』『サルの話』『宮地伝三郎動物記』など。

**みや-しばい【宮芝居】** 神社の祭りなどのときに、境内で興行する芝居。

**みや-じま【宮島】** 厳島の別称。

**みやじま【宮島】**〈町〉 広島県南西部、厳島を町域とする町。厳島神社の門前町として発達した町で、瀬戸内海国立公園特別地域に指定され、国宝・重要文化財も多い。人口三〇二九(一九八八)。

**みや-しゅうじ【宮▼柊▽二】**(一九一二〜一九八六) 歌人。本名、肇。新潟県生まれ。北原白秋に師事。戦後歌壇の第一人者として、作品に人間性の深みを示す。歌誌『コスモス』主宰。歌集『多く夜の歌』など。

**みや-しょうぐん【宮将軍】** 鎌倉中期以降の、親王出身の鎌倉幕府の将軍。建長四年(一二五二)執権北条時頼が後嵯峨天皇の皇子宗尊親王を迎えて六代将軍としたのが最初。親王将軍。

**みやしろ【宮代】**〈町〉 埼玉県東部、春日部市の北に接する町。東武伊勢崎線・日光線の分岐点で、工業地化・宅地化が著しい。人口三万二〇七〇(一九八八)。

**み-やす・い【見▽易い】**(形) ①見るのに便利だ。見るのがたやすい。easy to see ②簡単にわかる。evident ③見苦しくない。sightly

**ミャスコフスキー【Nikolay Yakovlevich Myaskovsky】**(一八八一〜一九五〇) ソ連の作曲家。作風は保守的で、古典的スタイルの交響曲を書いた。

**み-やす・し【見▽易し】**[古語](形ク) ↓みやすい(見易い)

**みやす-どころ【▽御▽息所】**《「みやすみどころ」の変化した語》①平安時代の後宮の女性の呼称。天皇の寝所に仕えた女官で、女御・更衣など天皇の寵愛を受けた女性をいう。②皇太子・親王の妃の敬称。

**みやず-ひめ【▽美夜▽受比▽売・宮▼簀▼媛】**《「みやすひめ」とも》尾張の国造の娘。日本武尊の妃。

**みや-ずもう【宮相撲】** 神社の祭りに境内で行う相撲。

**みやぞの-せんし【宮▼薗千▼之】** 宮薗節(浄瑠璃)家元名。現在四世まで。初世(?〜一八三四)は大坂で宮薗節を習って江戸へ帰り、千之と名のる。四世(一八九九〜一九七七)は重要無形文化財保持者。

**みやぞの-せんじゅ【宮▼薗千寿】** 宮薗節(三味線)家元名。四世(一八九九〜一九八五)は重要無形文化財保持者。

**みやぞの-ぶし【宮▼薗節】** 浄瑠璃の流派名。宮古路薗八が語り始め、宝暦・明和(一七五一〜七二)ごろ流行。哀艶な曲調が特色。古曲の一つ。代表曲『鳥辺山』『夕霧』『桂川』など。薗八節。

**みやた【宮田】**〈町〉 福岡県中部、直方市の西に接する町。筑豊有数の炭鉱の町として栄えたが、閉山により工業の町に変容。人口二万三〇六五(一九八八)。

**みや-だ【宮田】** 神社に属する田。この田の収穫で神社の経営をまかない、神饌用の米をつくる。耕作は村の神事に関する代表者か、あるいは村人全員で共同で行う。

**みやだ【宮田】**〈村〉 長野県中南部の村。伊那・駒ケ根両市に接し、西部は木曽駒ケ岳を中心とする山地。農業のほか、金属・精密機器工業がさかん。人口七九六二(一九八八)。

**みや-だいく【宮大工】** 社寺の建築を専門とする大工。

**みやたけ-がいこつ【宮▽武外骨】**(一八六七〜一九五五) ジャーナリスト。風俗史・出版文化史研究家。香川県生まれ。『滑稽新聞』の刊行など反骨・奇行の人として知られ、大正デモクラシーの一翼をになった。東大明治新聞雑誌文庫主任。

**みやづ【宮津】**〈市〉 京都府北西部、宮津湾に臨む市。旧城下町。西廻り航路の重要港として発達。丹後地方の中心都市で、商業がさかん。若狭湾国定公園に含まれ、名勝天橋立がある。人口二万七四七五(一九八八)。

**みや-づかえ【宮仕え】**(名・サ変自) ①宮中に仕えること。②仕官すること。奉公すること。③役所や会社に勤めること。

**みゃっ-かん【脈管】**《「みゃくかん」の変》血液などの体液が流通する動物体内の管。血管とリンパ管をさす。vascular system

**み-やつくち【身八つ口】** 女物長着や子どもの着物の身頃のわきあき。付けひもを通したり、そこから手を入れてお端折りを整えたりする。身八つ。八つ口。↓着物[図] ↓羽織[図]

**みやつこ【▽造】** 古代の姓の一つ。朝廷に所属する部民を統率した伴造に多い姓。

**みやつこ-ぎ【▽造木】** ニワトコの古名。

**みやづ-ぶし【宮津節】** 京都府宮津の民謡。元禄年間(一六八八〜一七〇四)に浜松から国替えになった松平伯耆守が浜松付近の歌を盆踊り唄として伝えたといわれる。

**みやづ-わん【宮津湾】** 京都府北西部にある、若狭湾の支湾。断層による沈水海岸で、湾奥に天然の良港宮津、西側に名勝天橋立がある。

**みやのうら-だけ【宮▼之浦岳】** 鹿児島県、屋久島にある山。標高一九三五mで、九州の最高峰。霧島屋久国立公園に属し、屋久スギと多雨地として知られる。

**みやのじょう【宮▼之城】**〈町〉 鹿児島県北西部、川内川に沿う町。農業の町で、温泉地などの観光地もある。人口一万九一九四(一九八八)。

**みや-の-わたし【宮の渡し】** 旧東海道の宿場町である、宮(現在の熱田)と桑名を結ぶ海上七里(約二八km)の渡し。鉄道の開通で衰退した。七里の渡し。

**みやはら【宮原】**〈町〉 熊本県南西部の町。八代市の北東に接し、国道三号が通る。米・イグサのほか野菜・花卉なども産出。人口五六九〇(一九八八)。

**みや-ばら【宮腹】** 皇女の腹から生まれること。生まれた人。

**みやび【▽雅】**(名・形動)《宮廷風の意の「みやぶ」の名詞形》都風になること・さま。上品で優美なこと・さま。風流。elegance

**みや-びと【宮人】** ①宮廷に仕える貴人。[対義]里人。②神主。

**みやび-やか【▽雅やか】**(形動) しとやかで、上品なさま。風流。みやびか。elegant

**みや・びる【▽雅びる】**(上一自) 上品である。風流である。

● ミヤマオダマキ

**みや・ぶ【▽雅ぶ】**(上二自) ↓みやびる(雅びる)

**み-やぶ・る【見破る】**(五他) 相手のたくらみ・秘密などを見ぬく。see through

**みやべ-きんご【宮▽部金▼吾】**(一八六〇〜一九五一) 植物分類学者・病理学者。江戸生まれ。北大教授。北海道・樺太・千島の植物相を調査して、「宮部線」を設定。植物病理学の先駆者。

**みやべ-せん【宮▽部線】** 千島列島のエトロフ島とウルップ島の間のウルップ海峡に引かれる、植物分布の境界線。これより南では北海道と共通した植物分布を示し、北ではシベリア・カムチャツカと共通する。

**み-やま【▽深山】** ①山の美称。mountain ②奥深い山。[対義]端山。

**みやま【▽海山】**〈町〉 三重県南西部、熊野灘に臨む町。林業と漁業の町で、ヒラタケ栽培・ハマチ養殖などを行う。引本港は遠洋漁業の基地。人口一万二〇一八(一九八八)。

**みやま【▽美山】**〈町〉 福井県北東部、福井市の東に接する町。足羽川に沿う農・林業の町で、スギの良材を産出。朝倉氏の一乗谷城跡がある。人口六二四七(一九八八)。

**みやま【▽美山】**〈町〉 岐阜県南西部、長良川支流武儀川上流域の町。農・林業のほかパルプ製造工場がある。アユ・マス釣りも知られる。人口一万六六三(一九八八)。

**みやま【▽美山】**〈町〉 京都府北東部、滋賀・福井県境の町。丹波高地にあり、町域の大部分が山林。農・林業のほか織物業なども行われる。由良川支流に大野ダムがある。人口五七四六(一九八八)。

**みやま【▽美山】**〈村〉 和歌山県中央部、日高川上流域の村。村域の大部分が山林。スギ・ヒノキ・シイタケなどを産出。人口二七一〇(一九八八)。

**みやま-あけぼのそう【▽深山▼曙草】** リンドウ科の多年草。高山帯にはえる。高さ約三〇cm。根出葉は楕円形で大形、茎葉は小形。夏、暗紫色の深裂した花が咲く。

**みやま-いらくさ【▽深山▽刺草】** イラクサ科の多年草。山地の林下にはえる。茎葉に刺毛がある。葉は大形の卵形で鋸歯をもつ。茎の繊維を織物に用いた。アイコ。

**みや-まいり【宮参り】**(名・サ変自) 生まれた子を、初めて産土神に参拝させること。新しく氏子となる子を、氏神にひきあわせ加護を祈るもの。産の忌みがあける三〇日目ごろの例が多い。

**みやま-うすゆきそう【▽深山薄雪草】** ヒナウスユキソウの別名。

**みやま-おだまき【▽深山▼苧▽環】** キンポウゲ科の多年草。高山にはえる。高さ約二〇cm。葉は三小葉からなる複葉。夏に、鮮紫色の花が下向きに咲く。↓[写]

**みやま-おろし【▽深山▼颪】** 深山から吹きおろしてくる風。

**みやま-かたばみ【▽深山▼酢▼漿▽草】** カタバミ科の多年草。山地の林下にはえる、地上茎はない。三小葉からなり、小葉は倒心臓形。春、花柄に白花が一個咲く。エイザンカタバミ。

**みやま-がらす【▽深山▼烏】** カラス科の鳥。全身黒色だが、嘴の基部は羽毛がなく、白い。全長約四七cm。東シベリアなどに分布し、冬季、九州北部へ大群で渡来することがある。

**みやま-きりしま【▽深山霧島】** ツツジ科の半落葉低木。九州の高山にはえる。高さ約一m。葉は小形。五月に紅紫色の花が多数咲く。クルメツツジの母種。↓ツツジ[写]

**みやま-きんばい【▽深山金梅】** バラ科の多年草。中部以北の高山の草地にはえる。高さ約一五cm。根出葉は三小葉の複葉。夏に径約二cmの五弁の黄花が咲く。↓[写]

**みやま-きんぽうげ【▽深山金▼鳳▽花】** キ

● ミヤマキンバイ

● ミヤマキンポウゲ

▼常用漢字表外。 ▽常用漢字表の音訓外。

ンボウゲ科の多年草。中部以北の高山にはえる。高さ約三〇cm。葉は掌状に切れ込みが深い。夏に黄色の五弁花が咲く。↓写

**みやま-くわがた**【▽深山▼鍬形▽草】ゴマノハグサ科の多年草。高山にはえる。葉は対生し、長楕円形。夏に、淡紫色の花が一〇〜二〇個ほど咲く。↓写

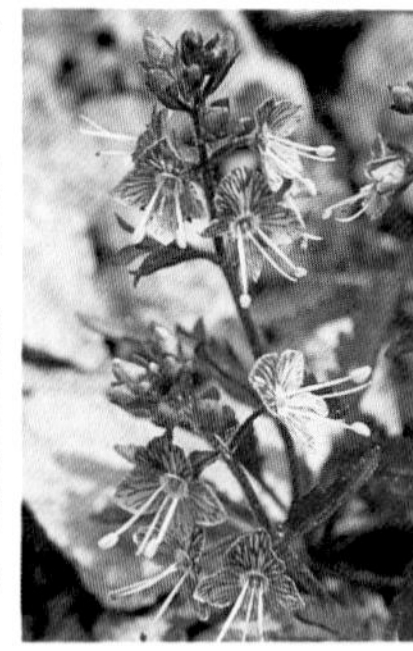
●ミヤマクワガタ(深山鍬形草)

**みやま-くわがた**【▽深山▼鍬形▽虫】クワガタムシ科の大形の昆虫。雄は大あごが著しく大きく、体長七cm。雌の大あごは小さく、体もはるかに小さい。暗赤褐色から黒褐色。幼虫はブナなどの朽ち木を食べ、羽化までに四年かかる。本州・四国・九州の、平地から山地にかけて分布。↓クワガタムシ図

**みやま-ざくら**【▽深山桜】バラ科の落葉高木。深山にはえる。葉は倒卵形で、毛が密生。春に、白色五弁花が総状に咲く。

**みやま-しきみ**【▽深山▼樒】ミカン科の常緑低木。山地にはえる。葉は長楕円形で、有毒物質を含む。葉面に油点がある。春に、多数の白色小花が円錐花序に咲く。

**みやま-しろちょう**【▽深山白▼蝶】シロチョウ科の高山チョウ。開張約六cm。白い(雌は半透明の)翅表に黒条が走る。幼虫の食草はヒロハノヘビノボラズなど。本州中部山地・朝鮮半島・中国東北部に分布。

●ミヤマセセリ

**みやま-せせり**【▽深山▼挵▼蝶】セセリチョウ科のチョウ。早春に現れる。開張約三・五cm。暗褐色で、前翅に霜降り模様、後翅に黄斑がある。食草はナラ・クヌギなど。九州以北の日本全土、朝鮮半島、中国に分布。↓図

**みやま-だいこんそう**【▽深山大根草】バラ科の多年草。高山にはえる。高さ一五〜三〇cm。根出葉は羽状複葉。夏に、径約二cmの黄花が咲く。↓写

**みやま-だいもんじそう**【▽深山大文字草】ユキノシタ科の多年草。高山の湿った岩上にはえる。高さ一〇〜二〇cm。葉は腎臓形。夏に白色の五弁花が咲く。

**みやま-とさみずき**【▽深山土佐水木】マンサク科の落葉低木。本州中部以西に分布。トサミズキに似るが、葉はやや小形で、花軸に毛がない。

**みやま-とべら**【▽深山▽扉▽木】マメ科の常緑低木。暖地の常緑樹林内にはえる。高さ約八〇cm。葉は三小葉の複葉で、質が厚く長楕円形。夏に白色の蝶形の花が多数咲く。

**みやま-ねこのめそう**【▽深山猫目草】ユキノシタ科の多年草。本州の、関東以西の山地の、谷川のほとりなどにはえる。花後に匍匐枝を伸ばし、広卵形の葉をつける。茎葉は紫灰色を帯びる。春に黄緑色の四弁花が咲く。

**みやま-はんのき**【▽深山▼榛木】カバノキ科の落葉小高木。高山にはえる。葉は広卵形で先はとがり、裏面は粘る。葉の出る前に開花し、円柱状の花穂を下垂。

**みやま-びゃくしん**【▽深山▼柏▼槙】シンパクの別名。

**みやま-まんねんぐさ**【▽深山万年草】ベンケイソウ科の多年草。高山の岩石地にはえる。高さ三〜九cm。葉は線形で全草は赤みを帯びる。夏に、黄色の小花が咲く。

**みやま-むらさき**【▽深山紫】ムラサキ科の多年草。高山の岩地にはえる。茎は短く、ロゼット状の葉に剛毛が密生。夏に、空色の五弁花が咲く。

**みやま-もんきちょう**【▽深山紋黄▼蝶】シロチョウ科の高山チョウ。開張約四cm。黄色(雌は白っぽい)の翅を褐色が縁どり、前翅に褐色点が一つある。食草はクロマメノキ。北アルプスおよび浅間山付近の高山に分布。アサマモンキ。

**みやま-よめな**【▽深山嫁菜】キク科の多年草。山地の林下にはえる。高さ約五〇cm。葉は無柄で卵状で鋸歯があり、上面は濃緑色。初夏に、舌状花は白、管状花は黄色の頭花が咲く。

●ミヤマダイコンソウ

**みやま-りんどう**【▽深山▽竜▽胆】リンドウ科の多年草。高山の草原にはえる。高さ約一〇cm。葉は対生し狭卵形。夏に、筒状の紫花を茎頂につける。↓写

●ミヤマリンドウ

**みやもと-けん**【宮本研】(一九二六〜八八) 劇作家。熊本県生まれ。九大卒。劇団麦の会を組織。戯曲『僕らが歌をうたう時』『明治の柩』など。

**みやもと-けんじ**【宮本顕治】(一九〇八〜 ) 政治家。山口県生まれ。東大卒。昭和初期のプロレタリア文学運動を指導し、第二次大戦後、日本共産党書記長・委員長をへて昭和五七年(一九八二)中央委員会議長。著書『敗北の文学』など。

**みやもと-さぶろう**【宮本▽三郎】(一九〇五〜七四) 洋画家。石川県生まれ。第二次大戦後、二紀会を結成。作品『婦女三容』など。

**みやもと-つねいち**【宮本常一】(一九〇七〜八一) 民俗学者。山口県生まれ。小学校教師のかたわら民俗学に関心をもち、柳田国男の指導を受け、のち渋沢敬三の常民文化研究所で調査・研究に従事。『日本の離島』『日本民衆史』など著作多数。

**みやもと-むさし**【宮本武▽蔵】㊀(一五八四〜一六四五) 江戸初期の剣客。美作または播磨の人。諸国で修行して二刀流の祖と仰がれ、画人としても名高い。著書『五輪書』など。㊁吉川英治の小説。昭和一一〜一四年(一九三六〜三九)刊。武蔵が剣を通して人間完成の道を開こうとする姿を描く。↓写

●宮本武蔵㊀ 島田美術館(熊本県)。

**みやもと-ゆりこ**【宮本▽百▽合子】(一八九九〜一九五一) 小説家。本名、ユリ。東京生まれ。日本女子大中退。白樺派的な理想主義から出発し、プロレタリア作家として活躍。第二次大戦後も民主主義文学運動の先頭に立った。宮本顕治と結婚。作品『伸子』『播州平野』『道標』など。

**みや-もり**【宮守(り)】宮の番をすること・人。

**みやもり**【宮守】〈村〉岩手県中南部、北上高地の村。根ワサビの産地。絵馬で有名な白山神社がある。人口六二六一(一九八八)。

**み-や・る**【見▽遣る】(五他) ①遠くを見る。見渡す。look far ②その方角を見る。look at 対義見おこす。

**ミャンマー-れんぽう**【ミャンマー連邦】(Union of Myanmar) ↓ビルマ

**み・ゆ**【見ゆ】古語(下二自) ①目にうつる。見える。用例さし入りたる月の色も、一きはしみじみと―・ゆるぞかし(徒然・一〇)。②人に見られる。用例物思ふと人に―・えじとなまじひに(万葉・四・六一三)。③現れる。姿を見せる。用例妹が姿の夢にし―・ゆる(万葉・一二・二九三七)。④見ることができる。用例一世には二遍―・えぬ父母を(万葉・五・八九一)。⑤会う。用例あたらしうまゐりたる人々には―・え給はねば(枕・関白殿、二月二十一日に)。⑥結婚する。妻になる。用例捨てられまゐらせて後、又誰にかは―べきに(平家・七・維盛都落)。⑦思われる。感じられる。用例無才の人、なまわろならむふるまひなど見えむに、恥づかしくなん―・えはべりし(源氏・帚木)。

**ミュー**【M・μ】①ギリシア字母の第一二字。ムー。mu ②《小文字で》単位の接頭語。マイクロ($10^{-6}$)を表す記号。

**ミューア**【Edwin Muir】(一八八七〜一九五九) イギリスの詩人・批評家。詩集『時間の主題による変奏曲』『迷路』、評論『小説の構造』など。

**ミュージアム**【museum】博物館。

**ミュージカル**【musical】①舞台における音楽・歌唱・舞踊を結合した演劇作品に対する総称。ミュージカル-コメディー・ミュージカル-プレーやレビューなどが含まれる総合舞台芸術。アメリカのブロードウェー=ミュージカルをさすことが多い。②《接頭的》音楽的な。用例―映画。

**ミュージカル-コメディー**【musical comedy】喜劇的なミュージカル。喜歌劇。

**ミュージカル-ショー**【musical show】歌や踊りを主体にしたショー番組。レビューやボードビルの変形したテレビ番組などについていう場合が多い。

**ミュージカル-ソー**【musical saw】洋式のこぎりを楽器として使うもの。弓でこすって奏する。かん高く澄んだ音で旋律演奏が可能。

**ミュージック**【music】①音楽。②楽曲。

**ミュージック-コンクレート**【musique concrète フランス】具体音楽。人の声・自然界の音・楽器音などを録音し、電子機器によって機械的・電気的に変形・合成した音楽。参照電子音楽。

**ミュージック-テープ**【music tape】音楽を録音した磁気テープ。

**ミュージック-ホール**【music hall】歌・踊り・寸劇などを出し物にした大衆演芸場。

**ミューズ**【Muses】《ギリシア語「ムーサ」(複数形ムーサイ)の英語読み》ギリシア神話で、知的活動をつかさどる九人の女神。ゼウスと、記憶の女神ムネモシュネとの間に生まれた娘たち。

**ミューズ-がわ**【ミューズ川】(Meuse)【↓ムーズがわ(ムーズ川)】

**ミュータント**【mutant】突然変異を起こした個体・細胞・ウイルス粒子。あるいはその遺伝子自体をいう。突然変異体。

**ミュー-りゅうし**【μ粒子】素粒子の一つであるレプトンの一種。正または負の電荷をもち、質量一・〇六億電子ボルト、スピン二分の一。一九三七年にアンダーソンらが宇宙線の実験で発見。弱い相互作用ではニュートリノと対を組む。ミューオン。muon

**ミュール**【mule】イギリスのクロンプトンが一七七九年に発明した紡績機。ジェニー紡績機と水力紡績機を折衷し改良したもの。近代綿糸業の確立に貢献。

**み-ゆき**【▽行▽幸】(名・サ変自) 天皇の外出・旅行。ぎょうこう。

**み-ゆき**【▽御▽幸】(名・サ変自) 上皇・法皇・女院の外出・旅行。ごこう。

**み-ゆき**【▽御雪・▽深雪】①雪の美称。②深く降り積もった雪。

**ミュケナイ-ぶんめい**【ミュケナイ文明】ギリシア文明の先駆的な文明。前一六〜前一二世紀、ペロポネソス半島のミュケナイを中心に栄えた青銅器文明。クレタ文明の影響をうけ、エーゲ文明後期の中心であった。ミケーネ文明。Mycenaean civilization

**ミュジーク-コンクレート**【musique concrète フランス】↓ミュージックコンクレート

**ミュッセ**【Alfred de Musset】(一八一〇〜五七) フランスの詩人・小説家。ロマン派の寵児として多彩に活躍、官能的な憂愁と時代の苦悩をうたいあげた。ジョルジュ=サンドとの恋は有名。詩編『夜』、自伝小説『世紀児の告白』、戯曲『戯れに恋はすまじ』など。

**ミュトス**【mythos ギリシア】《寓話・物語・演説の意》現実にありえないことや聖なる存在について語ったもの。神話。説話。myth

**みゆび-げら**【三▼趾▼啄▽木▽鳥】キツツキ科の鳥。前趾が二本、後趾一本の計三本しかない特異なキツツキ(ふつうは後趾も二本)。全長約二二cm。背面が黒地に白斑、腹面は白。ユーラシア北部に分布。日本では北海道に生息。three-toed woodpecker

**ミュラー**【Friedrich Max Müller】(一八二三〜一九〇〇) イギリスの言語学者・宗教学者。ドイツ生ま

れ。サンスクリット語など古代言語に通じ、印欧比較言語学、比較神話学に貢献。諸宗教の比較研究を提唱。

**ミュラー**【Johannes Peter Müller】(一八〇一〜五八) ドイツの生理学者・比較解剖学者。感覚生理学の基礎研究や解剖学での諸器官の発見など。著書『人体生理学全書』。

**ミュラー**【Karl Alex Mueller】(一九二七〜) スイスの物理学者。スイスのIBMチューリッヒ研究所研究員。ベドノルッとともに、セラミックスの高温電導体の発見で、一九八七年ノーベル物理学賞受賞。

**ミュラー**【Paul Hermann Müller】(一八九九〜一九六五) スイスの化学者。殺虫剤を研究。DDTの合成に成功した業績で一九四八年ノーベル生理学医学賞受賞。

**ミュラー**【Wilhelm Müller】(一七九四〜一八二七) ドイツ後期ロマン派の詩人。シューベルトの作曲で有名な『美しき水車小屋の娘』『冬の旅』など。

**ミュルダール**【Karl Gunnar Myrdal】(一八九八〜一九八七) スウェーデンの経済学者。発展途上国の研究など多彩な業績をあげた。一九七四年ノーベル経済学賞受賞。著書『福祉国家を越えて』など。

**ミュロン**【Myron】(生没年未詳) 古代ギリシアの彫刻家。紀元前五世紀の半ば前後に活動。青銅彫刻を得意とし、動きの表現にすぐれた。作品『円盤を投げる男』(ローマ時代の模刻)など。

**ミュンシュ**【Charles Münch】(一八九一〜一九六八) 二〇世紀フランスの代表的指揮者の一人。ボストン交響楽団常任指揮者。とくにベルリオーズなどを得意とした。

**ミュンスター**【Münster】 西ドイツ北西部、ウェストファーレン低地の中心都市。九世紀のカール大帝以来の城下町。大聖堂など歴史的建物が多い。人口二七・三万(一九八五)。

**ミュンツァー**【Thomas Müntzer】(一四九〇ごろ〜一五二五) ドイツの宗教改革者。キリスト教的な社会改革をめざして農民戦争を指導、敗れて斬首された。

**ミュンヒンガー**【Karl Münchinger】(一九一五〜) ドイツの指揮者。バロックから古典音楽の正統的な演奏で知られる。一九四五年シュトゥットガルト室内管弦楽団を結成。

**ミュンヘン**【München】 西ドイツ南部、バイエルン州の州都。一二世紀以来の歴史的都市。経済・文化の中心地でビール醸造は有名。人口一二六・六万(一九八五)。

**ミュンヘン-かいだん**【ミュンヘン会談】 一九三八年、ミュンヘンで開かれたイギリス・ドイツ・イタリア・フランスの四国首脳会談。イギリス・フランスは対ドイツ宥和政策をとり、チェコスロバキアのズデーテン地方のドイツへの割譲を承認。the Munich Agreement

**み-よ**【▽御代・▽御世】 天皇の治世。その年数。

**み-よ・い**【見▽好い】(形) ①見た感じがよい。sightly ②見やすい。easy to see 派生 みよげ(形動) みよさ(名)

**ミョウ** 6画 【名】 部首[口] 教育小1 JIS 4430
音 メイ・ミョウ
訓 な
筆順 ↓メイ[名]
①な。なまえ。「戒名・俗名・本名」「名号」 ②《苗とも》姓。「同名」「名字」 ③ほまれ。てがら。評判。「功名・高名」「名聞・名利」 ④中世、所有者の名をつけた荘園。一四、五世紀には、年貢や税などの徴収の単位となった。「小名・大名」「名田」 ↓メイ[名]

**ミョウ** 7画 【妙】 部首[女] 常用 JIS 4415
音 ミョウ・ビョウ
①わかい。としわかい。「妙齢」 ②たえ。はなはだすぐれている。不思議。「玄妙・巧妙・絶妙・霊妙」「妙案・妙技・妙法」 用例 (名)演技の―。造化の―。 ③かわっている。通常でない。変だ。「奇妙・珍妙」 用例 (形動) ―な音がする。―におそい。

**ミョウ** 8画 【命】 部首[口] 教育小3 JIS 4431
音 メイ・ミョウ・ベイ
訓 いのち
筆順 ↓メイ[命]
①いのち。「寿命・定命・身命」 ②みことのり。いいつけ。もうしつけ。「宣命」「命婦」 ↓メイ[命]

**ミョウ** 8画 【明】 部首[日] 教育小2 JIS 4432
8画 【▼明】 旧字
音 メイ・ミョウ・ミン
訓 あかり・あかるい・あかるむ・あからむ・あきらか・あける・あく・あくる・あかす
筆順 ↓メイ[明]
①あきらか。あかるい。あかり。ひかり。「光明・灯明・分明」「明星」 ②あける。あくる。つぎの。対義 昨・今。「明春・明朝・明日・明年・明晩」 用例 (接頭) ―十五日。 ③仏教で、知恵。学科。「因明・声明」 ↓ミン・メイ[明]

**ミョウ** 10画 【▼冥】 部首[冖] JIS 4429
音 ベイ・ミョウ・メイ
目にみえない世界。神仏の働き。「冥応・冥加・冥利」 ↓メイ[冥]

**み-よう**【見様】 見る方法。見方。

**みょう-あさ**【明朝】 あすの朝。みょうちょう。tomorrow morning

**みょう-あん**【妙案】 すぐれたよい考え。good idea

**みょうあん-りゅう**【明暗流】 尺八の流派名。普化宗の伝統を守り、虚無僧が吹奏した尺八古典曲を伝承。明治初期以後この名が出た。

**みょうえ**【明恵】(一一七三〜一二三二) 鎌倉初期の僧。諱は高弁。紀伊の人。華厳と密教を修めた。建永元年(一二〇六)栂尾の高山寺を開いて華厳の道場とし、華厳宗中興の祖とされる。著書『摧邪輪』など。明恵上人。

**みょう-おう**【明王】 仏像の分類の一つ。密教で、真言をもって諸悪を降伏させる仏教の守護神。一般に怒りの相で表される。不動・愛染・降三世など。

**みょう-おう**【▼冥応】《仏教語》目に見えないが、仏が感応して利益をくださること。

**みょう-が**【▼茗荷・▼蘘荷】 ①ショウガ科の多年草。山地の樹陰にはえ、栽培もされる。高さ四〇〜一〇〇cm。葉は広披針形で二列に互生。夏秋に根茎から鱗片葉に包まれた花穂を出し、淡黄色の花が咲く。花穂、若い茎は食用。 ②紋所の名。①の花や葉をかたどったもの。抱き茗荷など。↓図

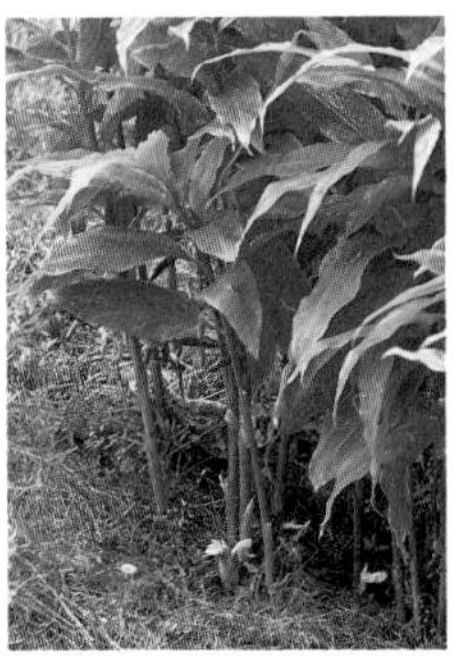

●ミョウガ①

●茗荷② 抱き茗荷

一つ蔓茗荷の丸

**みょう-が**【▼冥加】 ㊀(名) ①知らないうちに神仏の加護を受けること。おかげ。おたすけ。 ②「冥加金」の略。 ㊁(形動) 不思議に助けられありがたいさま。しあわせなさま。用例 命―な人。

**冥加無し**(みょうがなし) ①神仏の加護がない。神や仏から見放される。 ②おそれおおい。かたじけない。

**冥加に余る**(みょうがにあまる) 身に過ぎたしあわせに恵まれる。

**冥加に尽きる**(みょうがにつきる) ①神仏に見放される。 ②冥加が身に過ぎて、かたじけない。ありがたい。

**みょう-かい**【▼冥界】《仏教語》六道のうちの、地獄・餓鬼・畜生の三悪道。とくに、地獄。めいかい。

**みょうが-きん**【▼冥加金】 ①神仏の加護を祈ったり、お礼のために奉納するお金。冥加銭。冥加。 ②江戸時代の雑税の一種。幕府や諸藩が商・工・鉱・漁業者に課したもので、領主に営業を認められた個人に対するものと、株仲間に対するものがある。税率は不定で献金的性格をもつ。冥加銭。

**みょうがた**【明方】〈村〉 岐阜県中央部、長良川支流吉田川流域の村。村域の大部分が山林。寒水スキー場がある。人口二三二二(一九八八)。

**みょうが-たけ**【▼茗荷▼筍】 ミョウガの若い茎を暗所の温床で促成したもの。さしみなどのあしらいに用いる。

**みょうが-の-こ**【▼茗荷の子】 ミョウガの花穂の俗称。花苞は黄緑色、花びらは橙黄色で、赤い斑点がある。結実しない。

**みょう-ぎ**【妙技】 感心するようなわざ。すぐれた技術。exquisite skill

**みょうぎ**【妙義】〈町〉 群馬県南西部、妙義山東麓の町。稲作・コンニャク栽培などの農業と観光の町で、妙義温泉などがある。人口五二五六(一九八八)。

**みょうき-あん**【妙喜▼庵】 京都府乙訓郡大山崎町にある寺。境内に千利休の茶室として名高い待庵がある。利休以前は山崎宗鑑の寓居の跡といわれる。

**みょうぎ-さん**【妙義山】 群馬県南西部の山。標高一一〇四m。赤城・榛名山とともに上毛三山といわれ、奇岩・怪石と紅葉で名高い。

**みょう-きょう**【妙境】 ①なんとも言えないよい状態。 ②もっとも高い立場。

**みょう-ぎょう**【明経】 古代、大学寮で行われた経書の研究。また、その学科。明経道。めいけい。比較 明法。

**みょうぎょう-どう**【明経道】 古代の大学寮の一学科。論語や五経などの経書を学んだ。明経。

**みょうぎょう-はかせ**【明経博士】《「はくし」といわない》古代の大学寮で明経を教えた教官。

**みょうくう**【明空】(生没年未詳) 鎌倉後期の僧。中世に流行した長編歌謡の宴曲(早歌)の作詞作曲者。『宴曲集』などの撰者。めいくう。

**みょう-けい**【妙計】 非常に巧みな計略。妙策。ingenious trick

**みょう-けん**【妙見】《仏教語》北極星を神格化した菩薩。国土を守護し、人の福寿を増すとされる。北辰菩薩。妙見菩薩。

**みょうけん-さん**【妙見山】 大阪府北部、能勢山地の一角にある山。標高六六二m。山頂からの展望がよく、日蓮宗の妙見堂がある。

**みょう-ご**【明後】 ㊀(連体) 年・月・日で、今年・今月・今日から、中に一つおいた次の年・月・日。次の次。用例 ―年。 ㊁(名) 「明後日」の略。

**みょう-こう**【妙工】 すぐれた細工・職人。

**みょうこう**【妙高】〈村〉 新潟県南西部の村。妙高山麓の高原にある農村で、中心の関山は北国街道の旧宿場町。関・燕温泉がある。人口五七二七(一九八八)。

**みょう-ごう**【名号】《仏教語》 ①仏・菩薩の名。 ②阿弥陀仏の称号。用例 四字の―。 ③南無阿弥陀仏の称号。用例 六字の―。

**みょうこう-おんせんきょう**【妙高温泉郷】 新潟県南西部、妙高山山麓にある温泉群。妙高・赤倉・池ノ平などスキーのできる温泉地として知られる。

**みょうこうこうげん**【妙高高原】〈町〉 新潟県南西部の町。信越本線・国道一八号沿いにあり、赤倉・妙高などの温泉・スキー場がある観光の町。人口七一七二(一九八八)。

**みょうこう-さん**【妙高山】 新潟県南西部にある休火山。妙高火山群の主峰で、標高二四四六m。上信越高原国立公園に属し、ふもとの妙高高原にはスキー場・温泉が多い。

**みょうこう-ざん**【妙香山】 北朝鮮(朝鮮民主主義人民共和国)西部、平安北道南部、妙香山脈の主峰。標高一九〇九m。大鍾乳洞などがある景勝地で仏教の聖地。ミョヒャンサン。

**みょうこう-にん**【妙好人】 浄土真宗で、在家の信仰生活をおくる、すぐれた念仏行者の敬称。

**みょうご-にち**【明後日】 あすの次の日。あさって。the day after tomorrow

**みょう-さく**【妙策】 すぐれた策。妙計。good idea

**みょう-じ**【名字・▽苗字】 ①同一氏族から分かれ出た家の名。 ②姓。family name 対義 名前。

**みょうじ-たいとう**【名字帯刀】 江戸時代、名字をとなえ、刀を帯びること。武士と特定の庶民の特権であった。

**みょうじたいとう-ごめん**【名字帯刀御免】 江戸時代、特定の農民・町人が名字をとなえ、刀を差すことを許されたこと。一代許可と永代許可があった。

**みょう-しゅ**【名主】 中世、荘園の耕地(=名田)を保有・管理した上層身分の農民。名田単位に課せられる年貢・公事・夫役などの納入責任を負った。

▼常用漢字表外。 ▽常用漢字表の音訓外。

**みょう-しゅ【妙手】** ①技術のすぐれている人。名人。expert ②勝負事で、非常にすぐれた手。brilliant move

**みょう-しゅ【妙趣】** すぐれた味わい・おもむき。

**みょう-しゅん【明春】** 明年の春。来春。

**みょう-しょ【妙所】** 非常にすぐれているところ。

**みょう-じょう【明星】** ㊀①金星。夜明けに東の空に見えるとき明けの明星、夕がた西の空にあるとき宵の明星という。Venus ②その社会でもてはやされる人。スター。star ㊁詩歌雑誌。星菫調とよばれる浪漫主義で一世を風靡。明治三三年(一九〇〇)創刊。同四一年(一九〇八)一〇〇号で終刊。与謝野鉄幹・晶子が中心となり、多数の詩人・歌人を輩出。その後、第二次・第三次と復刊されたが、収穫なく終わる。

**みょうじょう-は【明星派】** 詩歌雑誌『明星』で活躍した詩人・歌人の一派。

**みょう-じん【名神】** 「延喜式」記載の官・国幣大社中、創祀が古く、由緒のある神々。国家の大事にさいして奉幣が行われ、また名神祭にあずかった。

**みょうしん-じ【妙心寺】** 京都市右京区花園にある臨済宗妙心寺派の大本山。延元二年(一三三七)花園天皇が離宮を改めて禅寺とした。開山は関山慧玄。

**みょうじん-しょう【明神礁】** 伊豆諸島の南端、青ケ島と鳥島の間にできた海底火山による溶岩円頂丘。最初の発見船第十一明神丸にちなむ名。昭和二七年(一九五二)九月に大規模な噴火活動があった。

**みょう-せき【名跡・名▼蹟】** 名字のあとめを受け継ぐこと。受け継ぐべき名字・家名。

**みょうせき-そうぞく【名跡相続】** 江戸時代の武家相続の一形態。嗣子がないために断絶した由緒ある家を、恩恵的配慮で知行を再給し縁故者に復興させるもの。

**みょうせん-じしょう【名▼詮自性】** 《仏教語》名がそのものの本性を表すこと。

**みょう-たい【妙▼諦】** 《仏教語》この上なくすぐれた道理。みょうてい。

**みょう-だい【名代】** 代理になること・人。proxy

**みょう-ちきりん【妙ちきりん】** (形動)《俗語》なんとも言えず、おかしげなさま。へんてこ。不思議。妙。

**みょう-ちょう【明朝】** あすの朝。tomorrow morning

**みょう-ちょう【妙超】** ↓しゅうほうみょうちょう(宗峰妙超)

**みょうちん【明珍】** 甲冑・鐔師の名門。鎌倉初期の甲冑師、紀宗介を祖とするが、室町中期から鐔にも手を染めた。

**みょう-てい【妙▼諦】** ↓みょうたい(妙諦)

**みょうていもんどう【妙貞問答】** キリシタンの教理書。日本人イエズス会修道士ハビアン著。三巻。慶長一〇年(一六〇五)刊。妙秀・幽貞二女の対話形式で神仏儒を批判した。

**みょう-てき【妙適】** 《仏教語》肉体的快楽の無上の境地。

**みょう-でん【名田】** 《保有者(=名主)の名を付した田地、の意》中世、荘園制下での、地主的な私田地所有の一形態。荘園・公領の賦課単位。

**みょう-と【▽夫▽婦】** 夫と妻。ふうふ。めおと。married couple

**みょうと-びな【▽夫▽婦▼雛】** 男女一対のひな人形。めおとびな。

**みょうと-ぼし【▽夫▽婦星】** 牽牛星と織女星。めおとぼし。

**みょう-に【妙に】** (副)ふしぎに。へんに。strangely 用例 ―気に懸かる。

**みょう-にち【明日】** あす。あした。tomorrow

**みょう-ねん【明年】** 今年の次の年。あくる年。来年。next year

**みょう-ばつ【▼冥罰】** 神仏が下す罰。

**みょう-ばん【明▼礬】** 硫酸カリウムアルミニウムの水和物。広義には三価と一価の金属の硫酸塩からなる複塩。媒染剤・医薬品・皮なめしなどに利用。alum

**みょう-ばん【明晩】** あすの晩。みょうにちの晩。tomorrow evening 用例 では、また―のおたのしみ。

**みょうばん-せん【明▼礬泉】** 鉱水一kg中にとけている物質の総量が一〇〇〇mg以上で、アルミニウムイオンや硫酸イオンを主成分とする温泉や鉱泉。alunite spring

**みょう-ぶ【名▽簿・名符】** 昔、貴人に面会するとき、または、師に入門するとき、差し出した名札。めいぼ。

**みょう-ぶ【命婦】** ①五位以上の女性。内命婦。②五位以上の人の妻。外命婦。

**みょう-ほう【妙法】** ①たくみな方法。②《仏教語》㋐すぐれて不思議な教え。仏法。㋑『法華経』の略称。

**みょう-ぼう【明法】** 古代、大学寮で行われた律と令の研究。また、その学科。明法道。今の法学。比較 明経。

**みょうぼう-どう【明法道】** 古代の大学寮の一学科。律と令を学んだ。明法。

**みょうぼう-はかせ【明法博士】** 《「はくし」といわない》古代の大学寮で明法道を教えた教官。

**みょうほうれんげ-きょう【妙法▼蓮華経】** 『法華経』の正称。

**みょう-み【妙味】** すぐれた味わい・おもむき。うまみ。charm

**みよう-みまね【見様見真▽似】** (連語)見たありさまをそのまままねること。人のすることを見て自然に覚えること。learn by watching others

**みょう-もく【名目】** ①呼び名。名前。name ②表向きの理由。めいもく。pretext

**みょう-もん【名聞】** ほまれ。名誉。評判。

**みょうもん-ぐる・し【名聞苦し】** 古語 (形シク)名誉欲にかられてあくせくするさま。用例 増賀ひじりのいひけんやうに、―・しく仏の御教へに違ふらんとぞ覚ゆる(徒然・一)。

**みょう-やく【妙薬】** たいへんよく効く薬。wonder drug

**みょう-り【名利】** 名誉と利益。名前と実利。めいり。fame and wealth

**みょう-り【▼冥利】** ①神仏が人知れず与える利益。②ありがたさ。恩恵。favor

**みょう-れい【妙齢】** 女性のうら若い年ごろ。blooming age 用例 ―の美女。

**ミヨー【Darius Milhaud】** (一八九二―一九七四)二〇世紀フランスの代表的な作曲家。「六人組」の一人。多調性と線的な書法が特色で、明澄で地中海的叙情性をたたえる。オペラ『クリストフ=コロンボ』など。

**みよ-がし【見よがし】** (形動)見よといわんばかりにするさま。これ見よがし。見よかし。

**み-よし【▼舳・▽船▽首】** 《「水押し」の転》船の先。そこにあって波を切る木。へさき。対義 艫。↓弁才船 図

**みよし【三▽次】** 〈市〉広島県北部、江の川上流域の三次盆地にある市。旧城下町、河港町として発達。県北の中心で、山陰・山陽を結ぶ交通の要地。人口三万九〇八四(一九八八)。

**みよし【三▽好】** 〈町〉愛知県中部、豊田市の西に接する町。純農村であったが豊田市の工業の発展により商工業の町に変容。人口二万九二四六(一九八八)。

**みよし【三▽好】** 〈町〉徳島県北西部、吉野川中流北岸の町。農業が主体。人口六四〇七(一九八八)。

**みよし【三▽芳】** 〈町〉埼玉県南部、所沢市の北東に接する町。野菜栽培など農業を主とするが、都市化が著しく、工業も発達。人口三万三九八六(一九八八)。

**みよし【三▽芳】** 〈村〉千葉県、房総半島の南部の村。酪農がさかんで、ほかに稲作・花卉栽培なども行う。人口四五〇一(一九八八)。

**みよし-あきら【三善▼晃】** (一九三三―)作曲家。東京生まれ。東大卒。鋭く繊細な音楽感覚と洗練された作風。作品『交響三章』など。

**みよし-きよゆき【三善清行】** (八四七―九一八)平安初期の漢学者。文章博士・兼大学頭を経て参議。醍醐天皇に呈した『意見封事十二箇条』で当時の政治・社会上の欠陥を指摘。

**みよし-じゅうろう【三▽好十郎】** (一九〇二―一九五八)劇作家・詩人。佐賀県生まれ。早大卒。プロレタリア作家として出発。第二次大戦後は実存主義的傾向を深めた。戯曲『斬られの仙太』『浮標』『炎の人』など。

**みよし-しょうらく【三▽好松▼洛】** (生没年未詳)江戸中期の浄瑠璃作者。竹本座で『仮名手本忠臣蔵』『義経千本桜』など合作物に傑作を残した。

**みよし-たつじ【三▽好達治】** (一九〇〇―一九六四)詩人。大阪生まれ。東大卒。叙情詩の多面的な可能性を追求、のち文語定型詩に移る。詩集『測量船』『駱駝の瘤にまたがって』、評論『萩原朔太郎』など。

**みよし-ながよし【三▽好長▽慶】** (一五二二―一五六四)戦国時代の武将。阿波の人。管領細川晴元の執事。のち晴元を追放して畿内・四国の八か国を支配したが、部下の松永久秀に実権を奪われた。

**みよし-ぼんち【三▽次盆地】** 広島県北部、江の川流域の山間盆地。江の川支流の馬洗・西城・神野瀬川などの合流地点に形成された盆地で、夏は霧が多く、また双三牛の飼育地で知られる。

**みよし-まなぶ【三▽好学】** (一八六一―一九三九)植物学者。岐阜県生まれ。東大教授。植物生理学・植物生態学を日本に移入。天然記念物保存事業を主唱。

**みよし-やすのぶ【三善▽康▽信】** (一一四〇―一二二一)鎌倉前期の政治家。鎌倉幕府初代問注所執事。伊豆配流中の源頼朝に京都の動静を伝え、のち鎌倉に招かれて執事となった。

**みよた【▽御代田】** 〈町〉長野県北東部、群馬県境の町。浅間山南麓にあり、高原野菜栽培がさかん。精密機器工業もある。人口一万一七四八(一九八八)。

**ミョヒャン-サン【妙香山】** (Myohyang San)↓みょうこうざん(妙香山)

**み-より【身寄り】** 身内。親族。親類。relative

**みら【▼韮・▼韭】** ニラの古名。

**ミラ【Mira】** 《不思議の星、の意》くじら座ο星。周期が三三二日の代表的長周期変光星。一五九六年に発見。距離五〇〇光年。

**ミラー【Arthur Miller】** (一九一五―)アメリカの劇作家。社会問題を主題に、人間の高潔さと弱さとの相克を描く。戯曲『セールスマンの死』『るつぼ』『橋からのながめ』など。

**ミラー【Glenn Miller】** (一九〇四―一九四四)アメリカのジャズ-トロンボーン奏者・作曲家・編曲者・指揮者。一九三〇年代後期に楽団を結成し、ユニークなダンスバンドスタイルで人気を集めた。作品『ムーンライト-セレナーデ』など。

**ミラー【Henry Miller】** (一八九一―一九八〇)アメリカの小説家。大胆な性描写をまじえ、超現実主義的手法で若き日の自己の姿を描く。作品『北回帰線』『南回帰線』、『薔薇色の十字架』三部作など。

**ミラー【mirror】** 鏡。用例 バック―。

**ミラージュ【Mirage】** 《蜃気楼の意》フランスのダッソー-ブレゲー社が開発した戦闘機の総称。

**ミラー-ずほう【ミラー図法】** 地図の図法の一つ。極に向かうほど緯線間隔が大きくなるメルカトル図法を改良し、極地方を描けるようにした図法。Miller's projection

**ミラー-ボール【mirror ball】** 小さな鏡をモザイク状に張りつけた球。ホールなどの天井からつるす。

**ミラー-ワーク** 《和製語》小さな鏡を縫いつけた刺繍。

**み-らい【味▼蕾】** 脊椎動物の味覚器。口腔、とくに舌表面の乳頭中に多数分布。成人の舌で約一万個ある。味覚芽。taste bud

**み-らい【未来】** ①現在のあとに来る時。まだ来ていない時。将来。future 対義 現在・過去。用例 ―に希望を持つ。②《仏教語》死後の世。来世。③文法で、未来を表す語法。future tense 用例 ―形。

**みらい-えいごう【未来永▼劫】** 終わりのない未来。未来までずっと。永久。みらいようごう。eternity

**みらい-き【未来記】** 未来のことを想像して書いた書物。

**みらい-ず【未来図】** 未来の想像上のありさまや姿を絵画・彫刻・文章などによって表したもの。world in future 用例 ―を描く。

**みらい-は【未来派】** 二〇世紀初め、イタリア、ついでロシアにおこった芸術運動。現代文明を賛美し、そのもたらす感動を芸術として表現しようとした。一九〇九年、詩人マリネッティが提唱。futurism

**みらい-ようごう【未来▽永▼劫】** ↓みらいえいごう(未来永劫)

**ミラクル【miracle】** 奇跡。

**みらさか【三▽良坂】** 〈町〉広島県北東部、三次盆地南東部の町。農業と工業の町で、出雲大社備後分院の節分祭は有名。人口四三二四(一九八八)。

**ミラニーズ【milanese】** 縦編みの一種。ミラニーズ編み機で編んだ生地の総称。丸編みと平編みに大別。肌着・手袋などに用いる。名称は発祥地、イタリアのミラノに由来。

**ミラノ【Milano】** イタリア北部、ロンバルディア州の商工業都市。同名州の州都。同国経済の中心地。著名な建造物、文化施設が多い。人口一五六・一万(一九八三)。

**ミラノ-ちょくれい【ミラノ勅令】** キリスト教の信仰の自由を認めた勅令。三一三年、ローマ皇帝リキニウス帝とコンスタンティヌス一世とがミラノで会見、発布。キリスト教徒への迫害政策をやめ、信教を認めた宗教寛容令。

Edict of Milan

**ミラノ-は【ミラノ派】** 北イタリアのミラノ市におこったルネサンス期絵画の流派。レオナルド=ダ=ビンチの長期滞在により、その明暗表現や古典様式から影響をうけたが、表面的な模倣に終わりがちだった。ボルトラッフィオ・ルイーニら。milanese school

**ミラボー【Honoré-Gabriel Riqueti de Mirabeau】**(一七四九〜九一) フランス革命期の政治家。第三身分から三部会に選出され、国民議会成立に尽力して議長となる。ジャコバン派を指導したが、立憲君主制を主唱、主流派と分裂。

**ミラボー【Victor Riqueti de Mirabeau】**(一七一五〜八九) フランスの経済学者。ケネーの後継者で、重農学派を代表する一人。著書『人間の友』『租税論』など。

**ミリ【milli フランス】** ㊀(接頭) 単位で一〇〇〇分の一を表す。記号m。㊁(名)「ミリメートル」の略。

**ミリオン【million】** 一〇〇万。

**ミリカン【Robert Andrews Millikan】**(一八六八〜一九五三) アメリカの物理学者。「ミリカンの油滴法」により電子の電荷の精密測定をする。光電効果・宇宙線などの研究も行う。一九二三年ノーベル物理学賞受賞。

**ミリカン-の-ゆてきほう【ミリカンの油滴法】** 電気素量の存在を前提に、その値を顕微鏡で精密に測定するため、ミリカンが行った実験。二枚の平行な電極間に油滴を吹き込み、X線で帯電させたときとそうでないときの落下速度から電荷の大きさを求める。Millikan's oil-drop method

**ミリグラム** 9画 **【▼瓱】** 部首[瓦] 和製漢字 JIS 6508

↓ミリグラム[milligramme・瓱]

**ミリグラム【milligramme フランス・瓱】** メートル法の質量で一gの一〇〇〇分の一。記号mg milligram

**ミリタリー【military】** 軍人。軍隊。軍用。

**ミリタリー-マーチ【military march】** 軍隊行進曲。

**ミリタリー-ルック【military look】** 軍服のイメージを取り入れた服装。肩章・金ボタン・飾りひもなどで装飾。

**ミリタリスト【militarist】** 軍国主義者。

**ミリタリズム【militarism】** 軍国主義。

**ミリ-は【ミリ波】**「ミリメートル波」の略。

**ミリバール【millibar フランス】** 圧力の単位で、一バールの一〇〇〇分の一。記号mb 一$cm^2$に一〇〇〇ダインの力を及ぼす圧力。おもに気圧の表示に用いる。一気圧は一〇一三ミリバール。

**ミリメートル** 10画 **【▼粍】** 部首[米] 和製漢字 JIS 4416

↓ミリメートル[millimètre・粍]

**ミリメートル【millimètre フランス・粍】** メートル法の長さで一mの一〇〇〇分の一。ミリ。記号mm millimeter

**ミリメートル-は【ミリメートル波】** 周波数三〇〜三〇〇ギガヘルツ(波長一〇〜一mm)の電磁波。放送衛星・電波天文学・レーダーなどに利用。ミリ波。EHF。extremely high frequency wave

**み-りょう【未了】** まだ終わらないこと。unfinished 用例 審議―。

**み-りょう【魅了】**(名・サ変他) 人の心を強くひきつけること。fascinate 用例 聴衆を―した演奏。

**み-りょく【魅力】** 人の心をひきつける力。charm

**みりょく-てき【魅力的】**(形動) 魅力に富むさま。attractive

**ミリリットル** 9画 **【▼竰】** 部首[立] 和製漢字 JIS 6774

↓ミリリットル[millilitre・竰]

**ミリリットル【millilitre フランス・竰】** メートル法の容積で一ℓの一〇〇〇分の一。記号mℓ milliliter

**み-りん【味▼醂】** 焼酎・もち米にこうじをまぜて造る甘い濃厚な酒。アルコール分一三%、糖分四〇%。調味料などに用いる。

**ミリンダおうのとい【ミリンダ王の問】**《原題Milindapañha パーリ》パーリ語の仏典。紀元前二世紀ごろ西北インドを支配したギリシア人ミリンダ(メナンドロス)王と仏教僧ナーガセーナ(那先)との対話形式によって仏教の教理を展開。那先比丘経。ミリンダ・パンハ。

**みりん-ぼし【味▼醂干(し)】** 腹開きにした魚を、みりん・しょうゆ・砂糖などを合わせた調味液に漬け、日干しにしたもの。焼いて食べる。桜干し。

**みる【▽海▽松・▽水▽松】** ①緑藻植物ミル科の海藻。濃緑色のフェルトのような感触の筒状体枝が、数回叉状に分岐して房状になる。干潮線以下の岩の上に群生する。食用。ミルメ。②海松色。黒みがかった緑色。↓図 ↓緑藻植物図

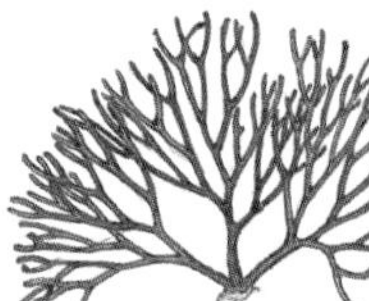

●ミル①

**みる【見る】** ㊀(上一他) ①《「覧る」とも》目で知覚する。ながめる。see; look at 対義 聞く。用例 ―と聞くとは大違い。②《「観る」「視る」とも》観察する。視察する。observe; watch 用例 ―人が見たら。③みなす。考える。判断する。regard ... as; judge 用例 法律から見れば。大目に―。④読む。調べる。read; look over 用例 答案を―。新聞を―。⑤見物する。鑑賞する。watch 用例 映画を―。⑥《「相る」とも》占う。read 用例 運勢を―。⑦世話をする。care for 用例 親を―。めんどうを―。⑧処理する。取り扱う。deal with 用例 政務を―。⑨見つもる。estimate 用例 一日五マイルと見て。⑩わかる。経験する。see 用例 それ見たことか。痛い目を―。⑪《「試る」とも》ためす。try 用例 切れ味を―。⑫物事がある状態になる。recognize 用例 ゆめの実現を―。㊁(補動) ①《「…してみる」の形で》やってみる。こころみる。try 用例 乗って―。②《「…してみると」「…してみれば」などの形で》…の立場とすると。…から言えば。用例 わたしとして―と有り難いことです。

**見た所**(みたところ) 外から見たようすでは。外見。みかけ。見た目。as far as I can see

**見て見ぬ振り**(みてみぬふり) 見ていて知らない顔でいること。pretend not to see

**見ぬが花**(みぬがはな) 物事は、実際に見ないで想像しているほうが楽しいというたとえ。Prospect is often better than possession.

**見も知らぬ**(みもしらぬ) まったく見たこともなく、知らない。unknown 用例 ―人に助けてもらう。

**見られたものじゃない**(みられたものじゃない) 正視できるようなありさまではない。あまりにひどくて、まともに見ることができるような状態ではない。can't bear to look at

**見る影も無い**(みるかげもない) おちぶれるなどして、みすぼらしいさまである。mere shadow of one's former self

**見ると聞くとは大違い**(みるときくとはおおちがい) 実際に目で見て確かめたことと、話に聞いていたこととでは、大変な違いがある。うわさと実際とは違うことなどに言う。There is a great difference between seeing and hearing.

**見るに忍びない**(みるにしのびない) 気の毒で、また、非常に残酷であるなどで、正視していられない。can't bear to look at

**見るに見兼ねて**(みるにみかねて) そのまま見過ごしてはおけずに。安心しては見ていられず何かせずにはいられなくて。can't overlook

**見る人は見ている**(みるひとはみている) ちゃんと見ていて、わかっている人もいる。眼識のある人は、正しく評価している。隠れた努力や苦労が報われなかったり認められなかったりして嘆く人をなぐさめるとき、また、よくない行いに対して忠告・警告するときなどにつかう。There are always people with discerning eyes.

**見るも気の毒**(みるもきのどく) その人の心痛が思いやられて、とても平気で見てはいられないように言う。too pitiable to look at

**みる【診る】**(上一他)《語幹と語尾に分けられない》診察する。examine 用例 脈を―。

**ミル【James Mill】**(一七七三〜一八三六) イギリスの古典派経済学者・哲学者。ジョン=スチュアート=ミルの父。ベンサムとともに功利主義を確立し、リカードの経済理論を継承して普及させた。著書『経済学綱要』など。

**ミル【John Stuart Mill】**(一八〇六〜七三) イギリスの哲学者・経済学者・社会思想家。ジェームズ=ミルの長男。帰納法による実証主義を提唱。古典派経済学の最後の集大成者で、自由主義者・社会改良主義者としても知られる。著書『論理学体系』『経済学原理』『自由論』など。

**ミルウォーキー【Milwaukee】** アメリカ中北部、ウィスコンシン州、ミシガン湖西岸の商工業都市。ビール醸造で知られる。人口六二・六万(一九八〇)。

**ミルカー【milker】** 搾乳機。真空による吸引力を利用して乳牛の乳を機械的にしぼる道具。

**みる-がい【▽海▽松貝】** ミルクイの市場での名称。

**みる-から【見るから】**(副) ちょっと見ただけで。evidently 用例 ―に好青年。

**ミルク【milk】** ①動物乳のこと。通常は、牛乳をさす。②練乳。

**みる-くい【▽海▽松食】**《大きな水管に海藻のミルが付着していることから》内湾の砂泥底にすむバカガイ科の二枚貝。黄褐色の殻は長卵形で、殻長約一三cm。食用。北海道南部から九州に分布。ミルガイ。

**ミルク-いろ【ミルク色】** ↓にゅうはくしょく(乳白色)

**ミルクセーキ【milkshake】** 牛乳に卵黄・砂糖・氷などを混ぜ合わせた栄養価の高い飲み物。正しくはミルクシェーク。

**ミルク-プラント**《和製語》原乳処理施設。牧場や農家から集めた原乳を、検査・殺菌・瓶詰めを行って市乳として出荷する。dairy

**ミルク-ホール**《和製語》牛乳、パンなどを売る軽飲食店。大正時代から第二次大戦前にかけて流行した。milk bar

**ミルシュタイン【César Milstein】**(一九二七〜) アルゼンチンの生化学者。癌細胞と抗体産生細胞を融合して抗体を再生産する方法を発見した。一九八四年ノーベル生理学医学賞受賞。

**ミルズ【Charles Wright Mills】**(一九一六〜六二) アメリカの社会学者。アメリカの大衆社会状況の病根を鋭くえぐり、パーソンズらの構造・機能分析を中心とする正統派を批判。著書『ホワイトカラー』『パワーエリート』など。

**ミルスキー【Dmitry Svyatopolk-Mirsky】**(一八九〇〜一九三九) ロシアの文学史家。長くイギリスで活躍、のちソ連に戻る。粛清され、死後に名誉回復。著書『ロシア文学史』など。

**ミルス-ブラザーズ【Mills Brothers】** アメリカのボーカルグループ。ジャズ-コーラスの草分けとして有名。

**みる-ちゃ【▽海▽松茶】** 緑色をおびた茶色。

**ミルトニア【Miltonia ラテン】** ラン科ミルトニア属の総称。二〇種ほどあり、日本では温室栽培。花はおもに白・桃色で唇弁が大きい。中米の原産。

**ミルトン【John Milton】**(一六〇八〜七四) イギリスの詩人。ピューリタン時代を代表する大詩人。宗教改革や言論の自由について論じ、クロムウェルの共和政府に参与。王政復古により投獄される。のち大叙事詩『失楽園』を完成。叙事詩『復楽園』、悲劇詩『闘士サムソン』など。

**みる-な【▽海▽松菜】** オカヒジキの別名。

**みるなのざしき【見るなの座敷】** 昔話の一つ。山中の一軒家に泊まり、美女に留守を頼まれた男が、「見るな」といわれた座敷を禁を破ってのぞいてしまい、美女はウグイスとなって飛び去るという話。

**ミルバ【Milva】**(一九三九〜) イタリアの女性カンツォーネ歌手。ドラマチックな唱法で知られ、「カンツォーネの女王」といわれる。

**ミル-フイユ【mille-feuille フランス】** 焼き菓子の一つ。薄い折り込みパイにクリームなどを挟み、何枚も重ねたもの。

**ミルボー【Octave Mirbeau】**(一八四八〜一九一七) フランスの小説家・劇作家。小説『小間使いの日記』、戯曲『事業は事業』など。

**ミルポワ【mirepoix フランス】** さいの目に切ったタマネギ・エシャロット・パセリ・ニンジン・セロリ・ハムなどを煮たり、いためたりしたもの。ソースや料理にこくをつけるのに用いる。

**みるま-に【見る間に】**(副) ちょっと見ている、その間にも。みるみるうちに。たちまちに。またたくまに。very fast

**みる-みる【見る見る】**(副) 見ているうちに。

**みる-め【見る目】** ①見ている、他人の目。用例 ―を意識する。②見分ける力。眼識。discernment 用例 ―がない。

**見る目が有る**(みるめがある) 物事の真偽や優劣などを、見分ける能力がある。真相を見きわめる力がある。have an eye for

**見る目、嗅ぐ鼻**(みるめ、かぐはな) 世間の人は、よく見ているということのたとえ。Mrs. Grundy

**みる-め【▽海▽松▽布】**《「め」は、海藻の意》海藻ミルの別名。参考 和歌では多く、「敷栲の枕の下に海はあれど人をみるめはおひずぞありける(古今・恋二)」のように、「見る目」にかけて使われる。

**ミルン【Alan Alexander Milne】**(一八八二〜一九五六) イギリスの劇作家・小説家。軽快なユーモアと機

●ミロ『闘牛』。一九四五年、パリ国立近代美術館。

知にとむ作品を残した。児童文学『クマのプーさん』、推理小説『赤い館の秘密』など。

**ミレイ**【John Everett Millais】(一八二九〜九六) イギリスの画家。ラファエル前派の創始に参加。丹念な筆法で文学・歴史主題の作を描いたが、のちこの派を離脱。作品『オフィーリア』など。

**ミレー**【Edna St. Vincent Millay】(一八九二〜一九五〇) アメリカの女流詩人。古典的表現の中に個性的で新鮮な感覚を示す。詩集『竪琴で織る人』など。

**ミレー**【Jean François Millet】(一八一四〜七五) フランスの画家。バルビゾン派の代表者で、農民生活が主題の敬虔な作品を残す。作品『落穂拾い』『晩鐘』など。↓写

**ミレトス**【Miletos】 小アジア西岸、イオニア地方の古代ギリシア都市。紀元前八世紀以降、黒海沿岸などに活発な植民活動を行った。前五世紀、ペルシアに対する反乱で敗れ衰退。タレスなど自然哲学のミレトス学派の学者を輩出。

**ミレトス-がくは**【ミレトス学派】 紀元前六世紀、小アジアのミレトスで活躍したギリシア最古の哲学学派。タレス・アナクシマンドロス・アナクシメネスが代表的な存在。Milesian school

**み-れん**【未練】(名・形動) ①あきらめきれないこと・さま。心残り。regret 用例 ―を残す。②古語 まだ練達しないこと・さま。未熟。用例 ―の狐、ばけ損じけるにこそ(徒然・二三〇)。

**未練未酌が無い**(みれんみしゃくがない) 同情する心がない。冷淡である。

**みれん-がまし・い**【未練がましい】(形) いかにも未練であるさま。regretful

**みれん-もの**【未練者】 思いきりの悪い人。

**ミロ**【Joan Miró】(一八九三〜一九八三) スペインの画家。シュールレアリスムの画系を継ぐ代表者の一人。形と色彩の純粋な調和のもとに独自の優雅な幻想絵画を展開。作品『星座』など。↓写

**みろく**【▼弥▼勒】 ①(生没年未詳)インド大乗仏教瑜伽行派の開祖。無着の師。古来、弥勒菩薩と混同された。『瑜伽師地論』『弁中辺論頌』などを説いたとされる。②弥勒菩薩の略称。

**みろく-おどり**【▼弥▼勒踊(り)】 弥勒菩薩をたたえて踊る民俗芸能。沖縄地方の弥勒に仮装して練り歩く踊りや、関東地方の鹿島踊りなどがある。

**みろく-ぼさつ**【▼弥▼勒▼菩▼薩】 釈迦入滅後、五六億七〇〇〇万年(厳密には五七億六〇〇〇万年)に兜率天からこの世に現れ、仏となって衆生を救うとされる未来仏。弥勒仏。マイトレーヤ。慈氏。慈尊。↓写 ↓飛鳥時代美術写

**ミロシュ**【Oscar Vladislas de Lubicz-Milosz】(一八七七〜一九三九) フランスの詩人・小説家。リトアニア生まれ。象徴主義の影響の濃い神秘的な詩を書く。詩集『デカダンスの詩』など。

**ミロス-とう**【ミロス島】(Milos) ギリシア、キクラデス諸島南西部の火山島。面積一五一km²。ミロのビーナス像の出土で有名。ミロ島。

**ミロナイト**【mylonite】 ↓マイロナイト

**ミロ-の-ビーナス** 古代ギリシアのビーナス像(大理石)。制作年代はヘレニズム後期、紀元前二世紀後半という。一八二〇年ミロ(ミロス)島で発見され、現在、フランスのルーブル美術館蔵。Venus of Milo

●J=F=ミレー『落穂拾い』。一八五七年、オルセー美術館(フランス)。

●弥勒菩薩 法隆寺(奈良県)。

**ミロンガ**【milonga】 アルゼンチンの四分の二拍子のダンスリズム。一八六〇年ごろハバネラから派生。

**ミロン-はんのう**【ミロン反応】 フェノール性の水酸基をもつチロシン・ジオキシフェニルアラニンが示す呈色反応の一つ。試料にミロン試薬を加えて加温すると赤橙色を呈する。Millon's reaction

**みわ**【三和】〈町〉 京都府西部、兵庫県境の町。丹波高地にある古くから知られるタオル機業地で、マツタケ・クリの産地でもある。人口五〇二二(一九八八)。

**みわ**【三和】〈町〉 広島県中央部、三次市の南に接する町。馬洗川の支流に沿う農・林業の町で、国道三七五号が通る。人口四四五五(一九八八)。

**みわ**【三輪】 奈良県桜井市の地区。三輪神道で知られる大神神社の鳥居前町で、古くからの「山辺の道」の出発点。三輪そうめんは有名。

**みわ**【三輪】〈町〉 福岡県中央部、甘木市の西に接する町。農業と食品工業の町で、イチゴの産地。人口一万三二二四(一九八八)。

**みわ**【▽美和】〈町〉 愛知県西部の町。住宅と工業の町で、菊・ネギの産地としても知られる。人口二万二六六二(一九八八)。

**みわ**【▽美和】〈町〉 山口県東端、広島県境の山間の町。農・林業の町で、クリ・シイタケ・茶などを産出。人口五六五三(一九八八)。

**みわ**【▽美和】〈村〉 茨城県北部、八溝山地の村。農・林業が主体。鳥の子紙の産地。人口五六五五(一九八八)。

**み-わく**【魅惑】(名・サ変他) 不思議な力で人をひきつけ、迷わすこと。charm

**み-わ・ける**【見分ける】(下一他) 見て区別する。tell ... from; distinguish

**みわ-しんとう**【三輪神道】 中世に興った両部神道の一つ。大神神社の神宮寺の大御輪寺で創唱された説。

**み-わす・れる**【見忘れる】(下一他) ①見たことがあるのに忘れる。forget ②見ることを忘れる。forget to see

**み-わたし**【見渡し】 見渡すこと。見渡せる所。展望。view

**み-わた・す**【見渡す】(五他) 広く遠くを見る。look out over

**みわたす-かぎり**【見渡す限り】(連語) 目のとどく範囲のすべて。as far as the eye can reach 用例 ―一面の雪。

**みわ-やま**【三輪山】 奈良県桜井市北部の山。標高四六七m。山容は美しい円錐形で、全山が伝説や三輪神道で知られる大神神社の神体となっている。

**ミン** 5画 【民】 部首[氏] 教育小4 JIS 4417

音 ミン

訓 たみ

民 民 民 民 民

たみ。ひとびと。官位など身分のない大衆。公の機関に所属していないもの。対義 官・君。「国民・人民」「民家・民間・民族・民度・民話」用例 (名)官も―もあげて。(接尾)開拓―。避難―。

**ミン** 8画 【▽明】 部首[日] 教育小2 JIS 4432 8画【▼明】 旧字

音 メイ・ミョウ・ミン

訓 あかり・あかるい・あかるむ・あからむ・あきらか・あける・あく・あくる・あかす

筆順 ↓メイ[明]

中国の王朝の一つ。一三六八〜一六四四年。紅巾軍のなかから朱元璋(洪武帝)が台頭し、征服王朝の元を追った。都は南京。永楽帝のとき、北京に遷都。李自成によって滅亡した。↓ミョウ・メイ[明]

**ミン** 10画 【眠】 部首[目] 常用 JIS 4418

音 ミン・ベン・メン

訓 ねむる・ねむい

①ねむる。ねる。やすむ。ねむり。比較 寝。「安眠・永眠・睡眠・冬眠」②脱皮を前に、蚕がクワの葉を食べなくなる期間。「一眠」

**みん-い**【民意】 人民の意志。will of the people 用例 ―に問う。

**みん-えい**【民営】 民間の経営。private 対義 官営・公営・国営。

**みんえい-てつどう**【民営鉄道】 私企業が経営する鉄道。日本では昭和六二年(一九八七)四月からすべて民営となった。nongovernmental railroad; private railroad

**みん-か**【民家】 一般民衆の住居。農家と町家に大別される。農家では、合掌造り・くど造り・高塀造り・中門造り・土蔵造り・本棟造り・曲がり屋造りなど、地方の生活様式に見合った形式が発達した。町家は桃山時代の京都に発達したおもて造りが、江戸時代になって全国に広まった。↓図(次ページ)

**みん-が**【民画】《風俗画・民俗絵などをまとめた語》民衆の間に生まれた絵。浮世絵・大津絵など。

**みん-かい**【民会】 ①古代ギリシアの市民総会。ポリスにより名称はちがったが、いずれも最高議決機関であった。アテネのエクレシアがもっとも有名で、自由民の成年男子全員を成員とした。スパルタでは、アペラ。②古代ローマの市民総会。クリア会・兵員会・平民会の三会があった。コミティア。

**ミンガス**【Charlie Mingus】(一九二二〜七九) アメリカの黒人ジャズ-ベース奏者・作曲家。モダンジャズの巨匠の一人。作品『直立猿人』など。

**みん-かつ**【民活】《「民間活力」の略》民間企業の大型設備投資、および人材やノウハウなどを活用すること。大規模な公的事業に導入し、財政負担を軽くしながら経済の活性化や内需拡大が図られる。

**みん-かん**【民間】 ①民衆のあいだ。private ②公的な機関に所属していないこと。用例 ―人。

**みんかん-がいこう**【民間外交】 公的な機関によらず、民間人どうしが直接行う国際交流。civilian diplomacy

**みんかん-しほん**【民間資本】 個人や私企業に属する資本。private capital

**みんかん-しんこう**【民間信仰】 民間に発生し、伝承されている民族固有の信仰。原始信仰と通じるものが多く、教理や宗派組織はもたない。稲荷・田の神・水神信仰など。folk belief

**みんかん-せつわ**【民間説話】 民間に口から口へと伝えられた物語。民話。昔話。folktale

**みんかん-でんしょう**【民間伝承】 民間で受け継がれてきた技術や知識。民衆の中に伝わっている社会慣行・ことわざ・俗信・遊び・儀礼など。folklore

**みんかん-ほうそう**【民間放送】 商業放送の別称。

**みんかん-やく**【民間薬】 古くから民間の伝承によって用いられてきた薬物。各民族に固有の薬物があり、ほとんどが天然物。folk medicine

**みんかん-りょうほう**【民間療法】 民間で受けつがれてきた治療法。呪術的なものから、鍼・灸・湯治などの経験的に獲得されて科学的意味のある療法まで、種々ある。folk remedy

**みん-ぎょう**【民業】 民間・民営の事業。対義 官業。

**みん-きょく**【▽明曲】 中国、明代の戯曲・演劇の総称。狭義には明曲を代表する伝奇。元代雑劇のあとをうけて戯曲構成がより進歩



↓行き先項目、図版・写真参照印。 JIS 日本工業規格情報交換用漢字符号コード(区点コード)。

し、長編多幕で自由奔放な作風となった。

**ミンク**【mink】イタチ科の肉食獣。体長は雄三三〜四三cm。毛皮獣として名高く、約一〇〇年前から養殖される。北アメリカ原産。↓写

● ミンク

**みん-ぐ**【民具】一般民衆が日常生活の必要から製作・使用してきた身近な道具の総称。昭和初期に渋沢敬三が提唱した呼称で、今日では学術用語として定着。

**ミンク-くじら**【ミンク鯨】《ノルウェー人の呼称ミンキーから》ナガスクジラ科の小形のヒゲクジラ。全長一〇m以下。背は黒、腹は白で、胸びれ外側に白色帯がある。各海洋に分布。コイワシクジラ。lesser rorqual; piked whale

**みん-げい**【民芸】①《民衆工芸・民衆的工芸品、の意》民衆の生活に必要な実用工芸の分野の総称。大正末、柳宗悦の造語。folk craft ②劇団民芸の通称。

**みんげい-かぐ**【民芸家具】地方特産の素材を用い伝統的技法で作られた家具。folk furniture

**みん-けん**【民権】①人民が政治に加わる権利。suffrage 用例 ―の伸張。②人民の基本的人権。身体・財産の保持など。civil rights

**みんけん-しゅぎ**【民権主義】孫文が唱えた三民主義の一つ。民権の伸張を基本に政治的平等を説く。

**みんけん-とう**【民権党】明治時代、自由民権主義を唱えた民権派政党。板垣退助を中心に設立された立志社など自由民権の政治結社、またはその運動家たちの呼称。

**みん-こう**【▼岷江】中国南西部、揚子江上流の支流。岷山山脈から四川省を東南に流れ、成都平野を形成して揚子江に合流する。長さ七九〇km。ミンチアン。

**みん-こく**【民国】「中華民国」の略。

**みん-ごと**【見ん事】(副)《「みごと」の転》みごと。りっぱ。

**ミンコフスキー**【Hermann Minkowski】(一八六四〜一九〇九)ドイツの数学者。ロシア生まれ。解析数論で業績をあげ『数の幾何学』の名著がある。特殊相対性理論を四次元空間(=ミンコフスキー空間)の幾何学として示すミンコフスキーの時空の概念を導入。

**みんさあ** 沖縄八重山地方の織物。綿糸を藍などで染め、絣の図柄などを織り込んだもの。婚約のときに女性が細帯に織って男性に贈る風習があった。

**みん-さい**【民祭】《政治学者坂本義和の造語》国家間ではなく、日常的な生活感情で外国の住民との間に共通性が自覚され定着すること。用例 ―外交。

**みん-ざい**【眠剤】睡眠薬のこと。

**みん-じ**【民事】①民法・商法などの私法上の法律関係における現象や事柄。civil affairs 対義 刑事。②「民事事件」の略。

**みんじ-がいしゃ**【民事会社】鉱業・農林業・漁業などの営利事業を目的とするが、商行為はしない社団法人。対義 商事会社。

**みんじ-さいばん**【民事裁判】民事事件についてなされる裁判。civil trial 対義 刑事裁判。

**みんじ-じけん**【民事事件】民事に関する事件で、民事訴訟法の対象となるもの。民事。civil case

**みんじ-しっこう**【民事執行】民事債権の執行機関による強制執行を中心とする、民事執行法に基づく裁判手続きの総称。

**みんじ-せきにん**【民事責任】違法行為によって他人の権利または利益を侵害した場合に、被害者のうけた損害を賠償する私法上の責任。civil liability

**みんじ-そしょう**【民事訴訟】私人の間で起きた生活関係についての紛争を、法律によって強制的に解決するための裁判手続き。civil suit

**みんじ-そしょうほう**【民事訴訟法】①民事訴訟に関する手続きを定めた法律。明治二三年(一八九〇)公布。大正一五年(一九二六)大幅改正。②民事訴訟の制度にかかわる法律の総称。

**みんじ-ちょうていほう**【民事調停法】民事紛争の調停に関する手続きを定めた法律。昭和二六年(一九五一)それまでの各種調停制度を整理統合して制定。

**みんじ-とくべつほう**【民事特別法】民事に関する特別法。一般法である民法に対する借地法など。the civil trial special law

**みんしゃ-とう**【民社党】昭和三五年(一九六〇)に結成された民主社会党が同四四年(一九六九)改称して成立した政党。階級政党を否定、国民政党を標榜し、自民党の政策に是々非々の立場をとる。

**みん-しゅ**【民主】一国の主権が国民にあること。democracy

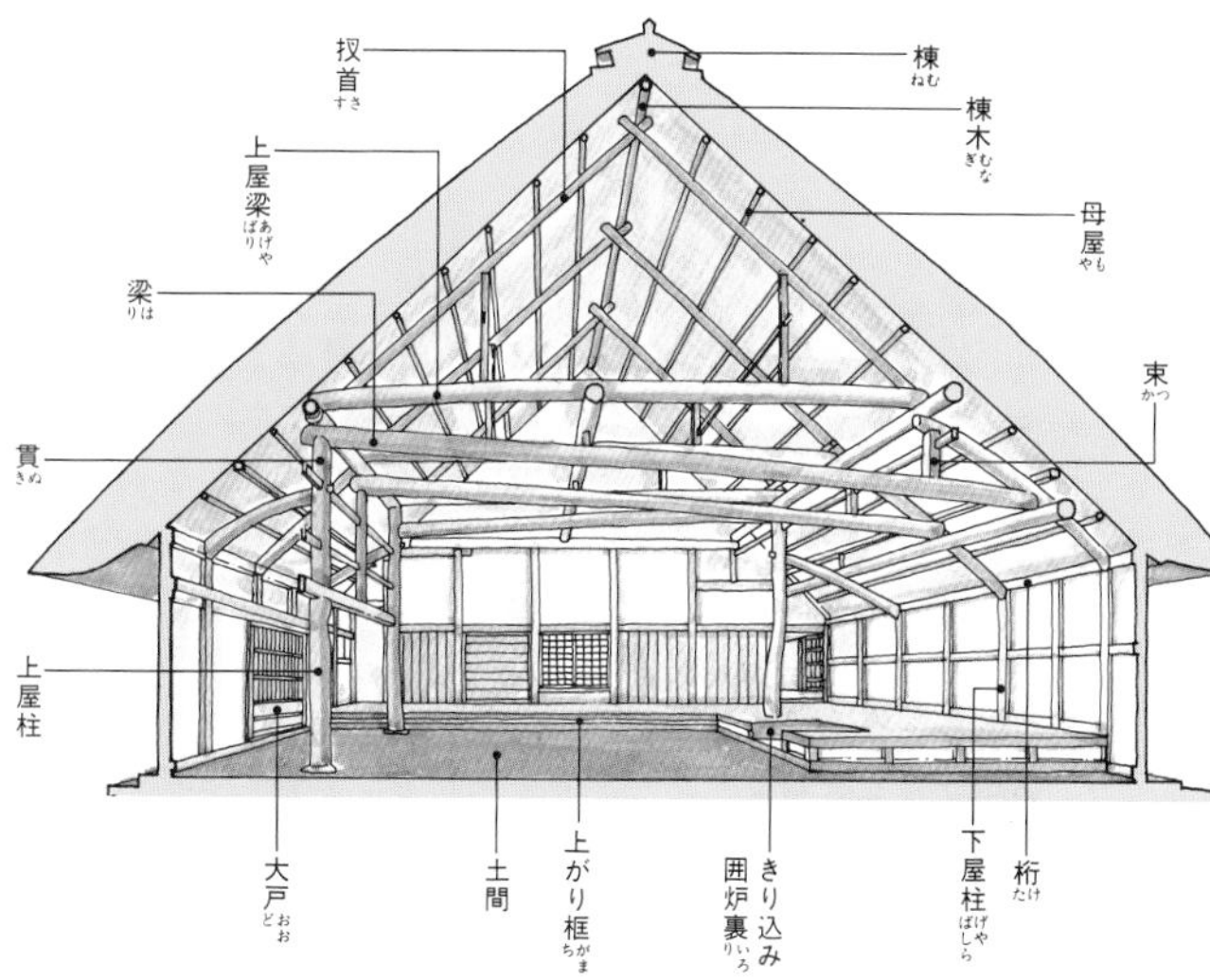

● 民家 内部の各部名称と各地の民家
寄せ棟造りの母屋 宮城県我妻家

寄せ棟造りの農家 長野県妻籠

漁民の舟屋集落 京都府伊根町

切り妻造りの町家 岐阜県高山

赤瓦の民家集落 沖縄県石垣島

**みん-じゅ**【民需】民間の需要。civilian demand 対義 官需・軍需。

**みん-しゅう**【民衆】国民の大多数。一般の人民。people 比較 大衆・庶民・人民。

**みんしゅう-えき**【民衆駅】旧国鉄が、民間に駅舎を建てさせ、それを借り受ける形をとってできた駅。

**みんしゅう-か**【民衆化】(名・サ変他)民衆のものとすること。popularization

**みんしゅうし-は**【民衆詩派】大正デモクラシーを反映し、民衆の生活や労働を人道主義的立場でうたった流派。口語体自由詩を書いた。福田正夫・白鳥省吾・百田宗治らが集まり、詩誌『民衆』を中心に活躍。

**みんしゅう-てき**【民衆的】(形動)①民衆の性質をもつさま。democratic 対義 貴族的。用例 ―基盤に立つ。②民衆に受け入れられるさま。popular

**みんしゅ-か**【民主化】(名・サ変自他)①人民が権力をもった社会にすること。②機構や組織などを改革し、その運営にあたって下部の意見を反映しやすくすること。democratization

**みんしゅ-カンボジア**【民主カンボジア】(Democratic Kampuchea)カンボジアの政権の一つ。一九七六年クメール・ルージュとシアヌーク派などが連合して成立。

**みん-しゅく**【民宿】民家が副業的に経営する宿泊施設。許可制で、旅館やホテルなどの少ない地域で、特定シーズンにスキーや海水浴などのレクリエーション客に提供される場合が多い。

**みんしゅ-しゃかいしゅぎ**【民主社会主義】ソ連・東欧型社会主義を否定し、階級闘争の否定や労資協調路線を特徴とする改良主義的な社会主義。第二次大戦後、イギリス労働党などを軸に国際的潮流を形成。democratic socialism

**みんしゅ-しゃかいとう**【民主社会党】昭和三五年(一九六〇)日本社会党から分裂して結成された政党。左右の独裁を排し、議会制を通じて漸進的に社会主義を実現することを唱えた。同四四年(一九六九)民社党と改称。

**みんしゅ-しゅうちゅうせい**【民主集中制】マルクス-レーニン主義政党の組織原則である民主主義的な中央集権制。党員の創意性を高める党内民主主義と、党の団結力を保障する中央集権制とが結合したものとされる。democratic centralism

**みんしゅ-じゆうとう**【民主自由党】昭和二三年(一九四八)日本自由党と民主党の一部が合同して結成した保守政党。同二五年(一九五〇)自由党と改称。民自党。

**みんしゅ-しゅぎ**【民主主義】=デモクラシー。①人民が主権をもち、自分たちのための政治を行う政治原理や政体。市民革命をへて一九世紀後半に正統的政治原理として定着

し、二〇世紀に入り普通選挙の実現で政治制度として確立。democracy 比較全体主義。②人間の自由と平等を尊重する考え方や体制。democracy 比較全体主義。

**みんしゅ-せいじ【民主政治】** 国民に主権があり、その意思に基づいて行われる政治。democratic government 対義独裁政治。

**みんしゅ-てき【民主的】**(形動) ①国民の主権を尊び、自由・平等になるように、お互いを尊重するさま。democratic 対義独裁的・封建的。②公平で、開放的で、協調的なさま。democratic

**みんしゅてき-ざいせい【民主的財政】** 政府の経済活動の内容やそのための費用負担の選択が、民主的な手続き(国会や選挙など)を通じて国民の意思により決定される財政。

**みんしゅ-とう【民主党】** アメリカの政党。共和党と並ぶ二大政党の一つ。独立後成立した民主共和党が一八二八年に改称。一八二九～六一年のほとんどの期間、政権を独占。奴隷制問題をめぐって分裂し、以後沈滞。一九三三～五三年、ルーズベルト・トルーマンによる第二次大戦指導、戦後政策により地位を確立。以後ケネディ・ジョンソン・カーターと続いた。Democratic Party

**みん-じょう【民情】** ①人民の実情。用例 ——視察。②人民の気持ち。

**みん-しん【民心】** 人民の心。国民の心情。popular feelings

**みんしん-がく【▽明▽清楽】** 日本に伝来した中国の明・清時代の民間の音楽。明楽と清楽の総称。明楽は一七世紀半ば日本に伝来。清楽は江戸後期に伝わり盛行。曲例『九連環』など。

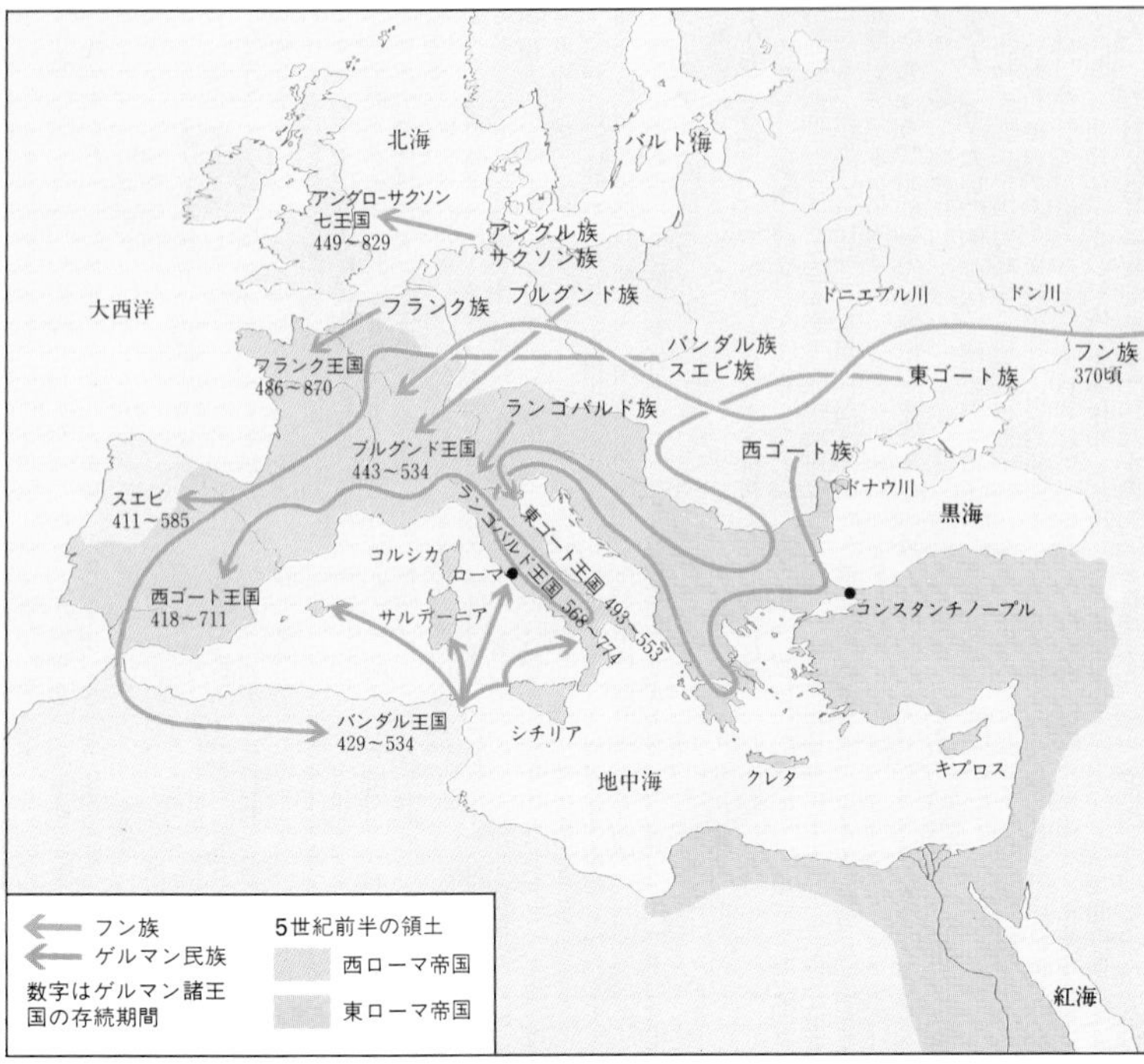

●民族大移動　ゲルマン民族の移動経路

**ミンスク【Minsk】** ソ連西部、ベロルシア(白ロシア)共和国の首都。一一世紀以来の商業都市で、鉄道・道路交通の要地。人口一二六・二万(一九七九)。

**ミンスク【Minsk】** ソビエトの航空母艦。三万七一〇〇トン。一九七九年ウラジオストクを根拠地とする太平洋艦隊に配属。ソビエトが太平洋艦隊を飛躍的に増強した象徴といわれた。

**ミンストレル【minstrel】** 中世ヨーロッパの職業音楽家・芸人。楽器を演奏したり詩歌をうたったりした。

**ミンストレル-ショー【minstrel show】** 一八二〇年代のアメリカに起こった大衆演芸。白人が黒人に扮し、歌・踊り・寸劇などを演じた。

**みん-せい【民青】**《「日本民主青年同盟」の略》日本共産党指導下の大衆的青年組織。第二次大戦前の共産青年同盟を昭和二四年(一九四九)再建し、同三一年(一九五六)改称して成立。

**みん-せい【民政】** ①国民の生活に関する政務。administration ②文官がする政治。civil administration 対義軍政。

**みん-せい【民生】** 人民の生計・生活。

**みんせい-いいん【民生委員】** 都道府県の推薦により、厚生大臣が委嘱する名誉職の委員。生活困窮者の保護指導を行い、社会福祉事業に協力する。もと、方面委員。local welfare commissioner

**みんせい-しゅぎ【民生主義】** 三民主義の一つ。経済綱領にあたるもので、経済機構の改革に基づいた人民の生活の安定を唱えたもの。

**みんせい-とう【民政党】** 立憲民政党の略称。

**みん-せん【▽明銭】** 室町時代、明から貿易船によって流入した銅銭。永楽銭・洪武銭・宣徳銭などで、室町時代の日本の通貨の主流となった。

**みん-せん【民選】**(名・サ変他) 人民の選挙によって選ぶこと。election by the people 対義官選。

**みんせん-ぎいん【民選議院】** 国民による選挙で選出された議員が構成する議院。板垣退助・後藤象二郎・副島種臣らが明治七年(一八七四)に民選議院設立建白書を提出、自由民権運動へ発展した。

**みんせん-ぎいん【民選議員】** 国民が選んだ議員。representative elected by the people

**みんせんぎいん-せつりつけんぱくしょ【民選議院設立建白書】** 明治初期、政府に提出された国会開設要求の意見書。明治七年(一八七四)板垣退助らが太政官左院に建白。自由民権運動の発端となる。

**みん-そ【民訴】**「民事訴訟」の略。

**みん-ぞく【民俗】** 民間の生活に結びついた信仰・習慣・風俗・技術・伝承文化などの総称。folklore

**みん-ぞく【民族】** ①人種・言語・文化・宗教などに多くの共通点をもつ社会的集団。②領土・経済・運命を共通にし、国家を形づくっている社会的集団。国民。race; ethnic group

**みんぞく-いしき【民族意識】** 同じ民族に属しているということの自覚。自民族への親和感とともに他民族への対立・排外意識を生む。national consciousness

**みんぞく-いしょう【民族衣装】** 人種的あるいは文化的同質性をもつ人間集団、つまり民族における、類型的な服装。native costume

**みんぞく-うんどう【民族運動】** 少数民族が抑圧からの解放を求める運動や、植民地などにおける被支配民族の独立運動。民族解放運動。national movement

**みんぞく-おんがく【民俗音楽】** 芸術音楽に対して社会の基層文化に属する音楽の総称。広義には民族音楽に含まれる。folk music

**みんぞく-おんがく【民族音楽】** 各民族がもつ民族的特徴を示す音楽。芸術音楽に対して、一般民衆の音楽(民俗音楽と同義)、各民族がもつ固有の伝統的芸術音楽、特定の民族意識をもった芸術音楽、自然民族の音楽などに大別される。ethnic music

**みんぞくかいほう-うんどう【民族解放運動】** 植民地で展開される、宗主国の支配からの民族独立をもとめる社会運動。異民族支配とともに長い歴史があるが、第二次大戦後の発展がめざましい。national liberation movement

**みんぞくかいほう-せんそう【民族解放戦争】** 抑圧された民族がその政治的独立や自由を達成・回復するために行う戦争。第二次大戦後のアジア・アフリカがおもな舞台となった。national liberation war

**みんぞく-がく【民俗学】** 文明諸国において、自国の民族の日常生活文化を研究する学問。イギリスに始まり、フランスやドイツで発達。日本では柳田国男が創始者。フォークロア。folklore 比較文化人類学。

**みんぞく-がく【民族学】** 諸民族の文化を比較検討し、人類文化の総合理解をめざす学問。多くヨーロッパで用いられる概念で、アメリカで用いられる文化人類学と基本的に同義。ethnology

**みんぞく-げいのう【民俗芸能】** 民間の生活の中で維持伝承されてきた芸能の総称。長寿・豊作祈願・悪霊退散などの信仰から生まれたもので、それを職業としない神主や巫女、一般の人々などが行う。郷土芸能。民間芸能。folk entertainment

**みんぞく-ごい【民俗語▼彙】** 地域社会の生活を知る手がかりになる用語。親族関係・人事・行事などの名称、昔話・民話・ことわざ・なぞ・唱え言・歌謡・わらべことば・俗言などにみられる。folkloric vocabulary

**みんぞく-こっか【民族国家】** 民族を基盤に国民経済を形成し政治的統一をなしとげた近代国家。racial nation

**みんぞく-さべつ【民族差別】** 特定の民族を宗教・文化や肌の色などで差別すること。racial discrimination

**みんぞく-し【民族誌】** 現存する諸民族の生活様式(文化)全体を、フィールドワークに基づいて体系的に記述したもの。ethnography

**みんぞく-じけつ【民族自決】** それぞれの民族が政治的に独立し、独自の政治・社会制度をつくる権利。国民国家の形成をめざす主張で、第一次大戦後、アメリカ大統領ウィルソンが唱道したことに始まる。racial self-determination

**みんぞくじけつ-けん【民族自決権】** 民族がその政治的運命を自分で決める権利。フランス革命とともに主張され、第一次大戦でアメリカ大統領ウィルソンが唱え、第二次大戦後の国際社会において普遍的な原則となる。right of racial self-determination

**みんぞく-しほん【民族資本】** 発展途上国や植民地が自力で蓄積した資本。外国資本の支配力に対抗する土着の資本。native capital 対義買弁資本。

**みんぞく-しゅうきょう【民族宗教】** 特定の民族に固有の宗教。原始宗教・ヒンズー教・日本の神道など。

**みんぞく-しゅぎ【民族主義】** ①一般に、ある民族の独立・統一・発展・繁栄をめざすイデオロギーや運動。nationalism ②孫文が唱えた三民主義を構成する要素の一つ。

**みんぞく-せいしん【民族精神】**《Volksgeist の訳》個人を超えて特定の民族に固有の思考や観念。ヘーゲルがその存在を主張し、歴史を牽引する力であるとした。national spirit

**みんぞく-だいいどう【民族大移動】** 四～六世紀、ゲルマン諸民族が西ヨーロッパに大挙して流入、定着した現象。東方のフン族が東・西ゴート族を圧迫したのを契機に、西ゴート族がローマ領内に侵入し、以後次々と諸族が各地に移動。部族国家を建てたが、いずれも短期で滅亡。この間に西ローマ帝国も滅んで、フランク王国のみが大勢力を形成、中世ヨーロッパ世界形成のきっかけとなった。the migration of nations ↓図

**みんぞく-てき【民族的】**(形動) ①民族についての。national ②民族に固有の。racial

**みんぞく-ぶよう【民俗舞踊】** 民衆の間で

踊られている伝統的な舞踊の総称。盆踊りなど。フォークダンス。folk dance

**みんぞく-ぶよう【民族舞踊】** 特定の民族・国民固有の舞踊芸術(伝統様式をもつ古典舞踊)をいう。日本舞踊・フラメンコなど。エスニックダンス。ethnic dance

**みんぞく-ぶんか【民族文化】** その民族特有の文化。national culture

**みんぞく-もんだい【民族問題】** ある民族が他民族の圧迫や干渉を排し民族的統一を実現する過程で起こる諸問題。近代国家形成期に多民族国家内の被支配民族の独立要求をめぐって発生し、帝国主義時代にはアジア・アフリカを中心に植民地・半植民地で多発。racial problem

**ミンダナオ-とう【ミンダナオ島】**(Mindanao) フィリピン諸島の南端に位置する島。面積九・五万km²。フィリピン第二の大島。マニラ麻の産地。

**みん-だん【民団】**《「在日本大韓民国居留民団」の略》韓国系の在日朝鮮人の団体。昭和二一年(一九四六)結成。比較 朝鮮総連。

**ミン-チアン【岷江】**(Mín Jiāng) ↓みんこう(岷江)

**みんちょう【▽明兆】**(一三五二〜一四三一) 南北朝〜室町初期の東福寺の画僧。淡路島の人。俗称、兆殿司。大画面の仏画に本領があり、水墨画家としても一派を開く。作品『五百羅漢図』『涅槃図』など。↓水墨画 写

**みん-ちょう【▽明朝】** ①中国、明の王朝。その時代。②「明朝体」の略。

**みんちょう-たい【▽明朝体】** 漢字・仮名活字の書体の一つ。中国明時代に使われはじめたといわれ、縦線が太く、横線が細い。現在、新聞・書籍・雑誌などにもっとも広く用いられている。比較 清朝体・宋朝体。↓書体 図

**みんてい-けんぽう【民定憲法】** 国民が直接、またはその代表者である議会を通じて制定する成文憲法。民約憲法。democratic constitution 対義 欽定憲法。

**みん-てき【▽明笛】** 明の時代の音楽に使われた横笛。指穴が六つある。

**ミント【mint】** シソ科ハッカ属の香りのある植物の総称。葉は対生し、小さな花を輪生する。ペパーミント・スペアミントなど。

**みん-ど【民度】** 国民の文化や生活程度の進みぐあい。living standard of the people 用例 —が高い。

**みん-とう【民党】** 帝国議会開設期において藩閥政府に反対した政党の総称。自由党・改進党など。対義 吏党。

**ミンドロ-とう【ミンドロ島】**(Mindoro) フィリピン、ルソン島南西方の島。面積九八〇〇km²、中央部を山脈が走り、海岸沿いに平野が広がる。

**みんな【▽皆】**(代・副)「みな」の強めた、あるいは、くだけた言い方。all

**みんなみ【▽南】**「みなみ」の転。

**ミンネザング【Minnesangドイツ】**《愛の歌、の意》騎士道における愛を語る叙情詩の総称。一二〜一三世紀ごろドイツ中世の宮廷騎士によってうたわれた。

**ミンネゼンガー【Minnesängerドイツ】** ドイツ中世叙情詩人の総称。騎士道における愛の歌(ミンネザング)をうたった。ワルター=フォン=デル=フォーゲルワイデ・ラインマルなどが傑出。

**みん-ぱく【民泊】** 民家に宿泊すること。外国の旅行者などを一般家庭に宿泊させること。

**みん-ぷう【民風】** 土地土地の住民の風俗。

**みんぶ-しょう【民部省】** ①古代、律令制下の八省の一つ。諸国の戸籍・租税・賦役などの政務をつかさどった。たみのつかさ。②明治二年(一八六九)に設置された省の一つ。土木・駅逓・地理などの事務をつかさどった。二年後に廃止。

**みんぶしょう-さつ【民部省札】** 明治二年(一八六九)に高額の太政官札を補うために発行された小額不換紙幣。同一二年(一八七九)新紙幣と交換回収。省札。

**みん-ぺい【民兵】** 民間人で編成された非常備の軍隊・兵員。短期の軍事訓練を受け、治安維持・郷土防衛などにあたる。義勇兵。militiaman

**みん-ぼう【民望】** ①人民・国民ののぞみ。wishes of the people ②世間での人望。世上の人気。衆望。popularity

**みん-ぽう【民放】**《「民間放送」の略》↓しょうぎょうほうそう(商業放送)

**みん-ぽう【民法】** ①私法、とくにそのうちの一般法。市民社会における市民間の相互関係を規律する。civil law ②明治二九年(一八九六)公布の民法典。

**みんぽう【民報】** 中国革命同盟会の機関誌。同会結成の一九〇五年に創刊。孫文が発刊の辞を執筆。張継、章炳麟、胡漢民、汪兆銘らが編集・執筆に参加。一〇年廃刊。

**みんぽう-れん【民放連】** 日本民間放送連盟の略称。

**みんぽん-しゅぎ【民本主義】** 大正時代、吉野作造によって主唱された民主主義論。人民を中心とする政治を主張。普通選挙を基礎とする政党内閣制に理論的根拠を与え、大正デモクラシーの指導的思想となる。

**みんまや【三▼厩】**〈村〉 青森県北西部、津軽半島北端にある村。江戸期には北海道へ渡る交通の要地。漁業と農業の村で、竜飛崎に青函トンネルの本州側口がある。人口三八七一(一九八八)。

**みんみん-ぜみ【みんみん▼蟬】** セミ科の昆虫。体長約三・五cm。体は黒色で、緑色の斑紋がある。翅は透明。夏、ミーンミーンと鳴く。日本全土に分布。↓セミ 図

**みんやくやくかい【民約訳解】** 中江兆民によるルソーの『社会契約論』の翻訳書。明治一五年(一八八二)より『政理叢談』に分載し、第二編第六章までで中断。原文を漢文に意訳し、解説を付けている。

**みんやく-ろん【民約論】** 社会契約説の別称。ルソーの『社会契約論』を中江兆民が『民約訳解』と邦訳したことに由来する。

**みん-ゆう【民有】** 民間の所有。対義 国有。

**みんゆう-こくえい【民有国営】** 公私合同企業の一つ。民間企業を国が経営するもの。統制経済のもとで実施されることが多く、日本では第二次大戦中に航空機製造業などで実施された。

**みんゆう-しゃ【民友社】** 徳富蘇峰が明治二〇年(一八八七)に創立した出版社。『国民之友』『国民新聞』などを創刊。平民主義を唱え明治中期の言論界に大きな影響力をもったが、日清戦争後、国家主義的立場に転じて衰退。昭和四年(一九二九)事実上解散。

**みんゆう-りん【民有林】** 国有林以外の森林。私有林と公有林があるが、大半は私有林である。対義 官有林・国有林。

**みん-よう【民謡】** 民俗音楽の一種目。庶民の間で生まれ、うたいつがれる歌。創作民謡もある。folk song

**みんよう-さかば【民謡酒場】** 小舞台があり、民謡歌手や演奏者が出演し、客は飲食しながら民謡を聞いたり、歌うことができる和風の酒場。

**みん-りょく【民力】** 国民の財力・労力。用例 —の培養。

**みん-わ【民話】** 民衆の中に生まれ、かつ民衆に伝承されてきた文芸としての民間説話。昔話・伝説など。folktale

**みんわ-げき【民話劇】** 昔話や伝説に取材した劇。木下順二の『夕鶴』や『彦市ばなし』などが有名。

# む ム

**む【む・ム】** 五十音図ま行第三の仮名。平仮名「む」は「武」の草体。片仮名「ム」は「牟」の上。

**ム** 4画 **【▼无】** 部首[无] JIS 5859
音 ブ・ム
①ない。なし。無。②部首の一つ。むにょう。

**ム** 5画 **【矛】** 部首[矛] 常用 JIS 4423
音 ム・ボウ
訓 ほこ
ほこ。両刃で柄の長い武器。比較 盾。「矛盾」

**ム** 8画 **【武】** 部首[止] 教育小5 JIS 4180
音 ブ・ム
筆順 ↓ブ[武]
いさましい。たけし。軍事。兵事。「建武・文武」「武者」↓ブ[武]

**ム** 11画 **【務】** 部首[力] 教育小5 JIS 4419
音 ム・ブ
訓 つとめる
つとめる。つとめ。しごと。比較 勤。「義務・急務・業務・勤務・兼務・公務・債務・事務・執務・職務・任務」

**ム** 12画 **【無】** 部首[灬] 教育小5 →教育小4 JIS 4421
音 ム・ブ
訓 ない
①ない。ないこと。対義 有。「皆無・虚無・絶無」用例(名)—から有を生ずる。②哲学で、有と対しない絶対的な無。日常的認識のおよばないものであるから、日常的認識を否定する意味で、無と表現される。用例(名)—の哲学。③…がない。…しない。対義 有。「無休・無形・無限・無言・無断・無理・無力」用例(接頭)—抵抗。—資格。④だめ。むだ。用例(名)—にする。↓ブ[無]

**無に帰す**(むにきす) なくなってしまう。むだになってしまう。come to nothing

**無にする**(むにする) 無駄にする。waste 用例 人の好意を—。

**無になる**(むになる) むだになる。だめになる。come to nothing

**ム** 13画 **【夢】** 部首[夕] 常用 →教育小5 JIS 4420
14画 **【▼夢】** 旧字
11画 **【▼梦】** 異体字 JIS 5277
音 ム・ボウ
訓 ゆめ
①ゆめ。ゆめみる。比較 幻。「悪夢・吉夢・凶夢」「夢想・夢中」②むなしい。なにもしない。「酔生夢死」

**ム** 16画 **【謀】** 部首[言] 常用 JIS 4337
音 ボウ・ム
訓 はかる
はかる。たくらむ。はかりごと。「謀反」↓ボウ[謀]

**ム** 18画 **【▼鵡】** 部首[鳥] JIS 4425
音 ブ・ム
「鸚鵡」は、インコ目に属する鳥。

**ム** 19画 **【霧】** 部首[雨] 常用 JIS 4424
音 ム・ブ
訓 きり
きり。ガス。きり状のもの。「雲散霧消・雲霧・五里霧中・濃霧」「霧笛」

**む【六】** むっつ。ろく。six 用例 いつ、—、なな、やあ。—年。

**む** 古語(助動 四段型)《用言の未然形に付く》=ん。①推量の意を表す。…だろう。用例 黄葉挿頭さ—高円の山(万葉・八・一五七一)。②話し手の意志・希望を表す。…よう。…したい。用例 絶ゆることなくまた還り見—(万葉・一・三七)。③適当・当然の意を表す。…はずだ。…するのがよい。用例 子といふものなくてありな—(徒然・六)。④相手に対する遠回しな命令・勧誘の意を表す。…すべきだろう。用例 今こそ鳴かめ友に逢へる時(万葉・八・一四八一)。⑤現在ない事柄について仮定的に、また遠回しにいう。…であるとしたら。用例 二人して打た—にはべりなむや(枕・うへにさぶらふ御猫は)。

**ムアーウィヤ【Muʻāwiya】**(?〜六八〇) 西アジアのウマイヤ朝の創始者(在位六六一〜六八〇)。メッカのクライシュ族出身。六六一年第五代カリフに就任。海軍をつくってビザンチン帝国に対抗。カリフの世襲相続を初めて行った。

**ムアッラカート【al-Muʻallaqāt】** イスラム時代以前のアラビアの名詩選。語部のハンマード(七七二年没)の著といわれる。六〜七世紀初めにアラビア中央高原の遊牧民の間に

▼常用漢字表外。 ▽常用漢字表の音訓外。

現れた詩人たちの詩を集めたもの。

**む-い【無位】** 位のないこと。

**む-い【無為】** ①老荘思想の中心概念で、人為をやめ自然にまかせること。②仏教で、因縁に造作されない永遠不滅の存在。対義 有為。③何もしないでぶらぶらしていること。用例 ―に日をおくる。

**無為にして化す**(むいにしてかす) 政治家の徳が大きければ、とくに政策を立て、統制を加えなくても、人民は自然に治まる、という老子の思想。

**む-い【無意】** わざとではないこと。意志的でないこと。unintentional 対義 有意。

**むい-か【六日】** ①月の第六日。the sixth day of the month ②日数が六つあること。六日間。six days

**六日の菖蒲**(むいかのあやめ) 《五月五日の節句に遅れたアヤメは、役に立たないことから》時機に遅れて役に立たないこと。類似 十日の菊。

**むいか【六日】**〈町〉 新潟県南部、魚野川に沿う町。市場町、宿場町として栄えた。上越新幹線・関越自動車道が通り、温泉・スキー場のある観光の町。人口二万八一八三(一九八八)。

**むいかいち【六日市】**〈町〉 島根県南西部、冠山山地南西にある町。農・林業が主体。人口六六六五(一九八八)。

**むいかまち-ぼんち【六日町盆地】** 新潟県南部にある盆地。信濃川支流の魚野川流域に形成され、魚沼盆地ともいう。多雪地域で知られる。

**む-いぎ【無意義】**(名・形動) 意義のないこと・さま。つまらないこと・さま。価値のないこと・さま。meaningless 対義 有意義。

**む-いしき【無意識】**(名・形動) ①意識を失っていること・さま。faint ②自覚しないで、何かをすること・さま。unaware ③《フロイトの精神分析用語》意識の外にあり、意識に影響を及ぼすが、自由連想・催眠など特定の操作を用いない限り、意識化できない心的内容。参考 ユングは、個人の無意識と、人類・動物に共通して存在する普遍的無意識とがあるとした。unconscious

**ムイシキン【Myshkin】** ドストエフスキーの小説『白痴』の主人公。キリストのように「完全に美しい人」として構想された、純粋無垢な公爵は、悲劇的な殺人事件のあと、再び精神に異常をきたす。

**むい-そん【無医村】** 医者のいない村。doctorless village

**むい-ちく【無医地区】** 当該地区の中心から半径四kmの区域内に五〇人以上居住しているにもかかわらず、厚生省で指定した医療機関のない地区。

**む-いちぶつ【無一物】** なに一つ持っていないこと。むいちもつ。have nothing

**む-いちもつ【無一物】** ↓むいちぶつ(無一物)

**む-いちもん【無一文】** 少しの金銭も持たないこと。一文なし。penniless

**むい-としょく【無為徒食】** 仕事もしないで、ぶらぶら暮らしていること。idle one's time away 比較 尸位素餐。

**む-いみ【無意味】**(名・形動) なんの意味もないこと・さま。無駄なこと・さま。meaningless 用例 ―な発言。―に過ごす。

**むい-むかん【無位無官】** 位階も官職も持たないこと。

**む-いん【無韻】** 詩で、韻を踏まないこと。

**無韻の詩**(むいんのし) ①韻を踏まない詩。②絵画のこと。無声の詩。

**むいん-し【無韻詩】** イギリスの詩劇や叙事詩の代表的詩形で、無韻の抑揚五歩格。blank verse

**ムーア【George Augustus Moore】**(一八五二〜一九三三) イギリスの小説家・詩人。アイルランド生まれ。ゾラの影響を受け自然主義小説を書く。作品『旅役者の妻』『エスター=ウォーターズ』など。

**ムーア【Gerald Moore】**(一八九九〜一九八七) イギリスのピアニスト。現代最高の伴奏者、室内楽奏者。著書『伴奏者の発言』『歌手と伴奏者』など。

**ムーア【Henry Moore】**(一八九八〜一九八六) イギリスの彫刻家。有機的でなかば抽象的な形態に具象性を加味し情感のある作品をつくる。作品『聖母子』『横たわる人物』など。↓写

●H=ムーア　『王と王妃』。一九五二〜五三年、ミドルハイム野外彫刻美術館(ベルギー)。

**ムーア【Marianne Moore】**(一八八七〜一九七二) アメリカの女流詩人。多様な題材を独特の感性と鋭い知性でうたった。詩集『観察』『全詩集』など。

**ムーア【Stanford Moore】**(一九一三〜八二) アメリカの化学者。アンフィンゼン・スタインとともに、リボ核酸分解酵素のアミノ酸配列と立体構造の関係を解明。一九七二年ノーベル化学賞受賞。

**ムーア【Thomas Moore】**(一七七九〜一八五二) アイルランドの詩人。国民に広く愛唱された。詩集『アイルランドの歌』、長詩『ララ-ルーク』など。

**ムーア-じん【ムーア人】** 八世紀以降イベリア半島に侵入したアラブ人・ベルベル人らイスラム教徒の呼称。モール人。Moor

**むう-げ【無憂華】** 無憂樹に咲く赤い花。インドで瑞兆とされた。

**ムーサイ【Musai ギリシア】** 《英語で「ミューズ」》ギリシア神話で知的活動をつかさどる九人の女神。ゼウスの娘たち。

**むう-じゅ【無憂樹】** 釈迦の生母である摩耶夫人が、この木の下で釈迦を産み、安産であったことに由来する名。阿輸迦樹。

**ムージル【Robert Musil】**(一八八〇〜一九四二) オーストリアの小説家。代表作『特性のない男』は二〇世紀ドイツ語小説の最高峰と目される。人間の現実と内面の多様性を追求した。長編『若いテルレスの惑い』、短編集『和合』『三人の女』、戯曲『熱狂家たち』など。

**ムース【moose】** アメリカで、ヘラジカ。

**ムース【mousse】** 《泡立てたクリーム、の意》泡立てた卵白やクリームを使った冷たい料理または菓子。チョコレートムースなど。

**ムーズ-がわ【ムーズ川】**(La Meuse) フランス北東部ラングル台地からベルギー、オランダを経て北海に注ぐ国際河川。長さ九五〇km。マース川。ミューズ川。

**ムータンチアン【牡丹江】**(Mŭdān, Jiāng) ↓ぼたんこう(牡丹江)

**ムーディー【moody】**(形動) 《むら気・不機嫌な、の意》ムード・雰囲気があるさま。

**ムード【mood】** ①気分。情調。②様式。③《英文法の用語》動詞の表す動作・状態に対する、話し手の叙述態度を示す文法的な形式。直接法・仮定法・命令法など。叙法。法。

**ムード-インディゴ【Mood Indigo】** デューク=エリントンのジャズの名曲。一九三〇年にバーニー=ビガードの協力で作曲。アービング=ミルズ作詞。

**ムード-おんがく【ムード音楽】** ゆるやかなテンポの、甘美で情緒あふれる音楽。気分をほぐし、落ち着いた雰囲気をかもしだす。ムードミュージック。mood music

**ムード-ミュージック【mood music】** ↓ムードおんがく(ムード音楽)

**ムートン【mouton】** なめしと仕上げをしたヒツジの毛皮。

**ムーニエ【Constantin Meunier】**(一八三一〜一九〇五) ベルギーの彫刻家・画家。労働者をリアリズムで表現。彫刻『労働の記念碑』など。

**ムーニエ【Emmanuel Mounier】**(一九〇五〜五〇) フランスの思想家。「人格主義」を提唱。戦後独特のカトリック的思想運動を展開。著書『実存主義入門』『人格主義』など。

**ムービー【movie】** 映画。

**ムーベリ【Vilhelm Moberg】**(一八九八〜一九七三) スウェーデンの小説家。農民や移民の生活を描いた。作品『移民のロマン』など。

**ムームー【muumuu】** 本来はハワイの民族衣装。転じて、丈長のゆったりしたワンピース。昭和三六年(一九六一)ごろから夏の家庭着として一般化した。

**ムーラン-ルージュ【Moulin Rouge フランス】** 《赤い風車、の意》①パリにあるミュージックホール。フレンチ-カンカンで有名。一八八九年創設。②東京新宿にあった軽演劇一座。昭和六年(一九三一)創設。同五一年(一九七六)に解散。

**ムール-がい【ムール貝】** ムラサキイガイのフランス名。料理に使い、南欧では養殖もされる。

**ムーンストーン【moonstone】** 磨くと真珠のような光沢を示し、月光を思わせる宝石。磨きかたで猫目石のような光条も現す。六月の誕生石。月長石。

**ムーン-フェース** 《和製語》薬剤による副作用で、顔がむくみ、満月のようにまるくなる症状。また、その顔。副腎皮質ホルモンなどステロイド剤の連用によって起こる。swollen face; puffy face

**ムーンライト-ソナタ【Moonlight Sonata】** ベートーベン作曲の『月光ソナタ』のこと。

**む-えき【無益】**(名・形動) 役に立たないこと・さま。無駄。むやく。useless 対義 有益。

**無益な殺生**(むえきなせっしょう) 殺さなくてもいいものを殺すこと。無駄に殺すこと。

**む-えん【無援】** 助けのないこと。helpless 用例 孤立―。

**む-えん【無塩】** 塩分を含まないこと。saltless 用例 ―バター。

**む-えん【無煙・無烟】** けむりが立たないこと。

**む-えん【無縁】**(名・形動) ①縁もゆかりもないこと・さま。関係がないこと・さま。unrelated ②《仏教語》㋐供養する縁者のいないこと。用例 ―墓地。㋑仏縁のないこと・人。対義 有縁。

**無縁の慈悲**(むえんのじひ) 一切衆生に対し、苦を除き楽を与えようとする、仏の大慈悲。

**むえん-ガソリン【無鉛ガソリン】** 四エチル鉛などアルキル鉛系のアンチノック剤を加えていないガソリン。自動車の排気ガスから鉛をなくすためにつくられたもの。leadless gasoline

**むえん-かやく【無煙火薬】** 発射薬のうち、煙の発生が少ない火薬。硝酸セルロースを揮発性溶剤で練ったものやニトログリセリンを加えたものなど。弾丸・ロケットなどの発射・推進用。smokeless powder

**むえん-たん【無煙炭】** 石炭化のもっとも高い石炭。揮発分が少なく、燃焼中ほとんど煤煙が出ない。カーバイド・練炭の原料。anthracite

**むえん-ぼとけ【無縁仏】** 弔ってくれる身よりの者のない霊。子孫のない死者、また身元不明の死者。untended grave

**む-か【無価】** 値段のつけようもないほど貴重なこと。

**む-が【無我】** ①《仏教語》基本的な教理の一つ。いっさいの存在は因縁によって生じるもので、固定的な実体はないとするもの。②私心のないこと。無私。没我。selfless ③我を忘れること。忘我。trance

**無我の境**(むがのきょう) 我を忘れた状態。trance

**むが-あい【無我愛】** 私心を交えない愛。

**ムガール-ていこく【ムガール帝国】** 一六世紀前半から一九世紀にかけての、インドのイスラム帝国。一五二六年バーブルがパーニパットの戦いでロディー朝を倒し、デリーを都に建国。第三代アクバルがほぼインド全土を制圧し最盛。一七世紀後半にはヒンズー教徒の離反、財政難、加えてイギリスなど外国勢力の侵入のため衰退。一八五七年セポイの反乱を契機に滅亡した。Mughal dynasty

**むかい【向(か)い】** ①向かうこと。face ②向かうほう。あちらがわ。むこう。opposite ③向かい合った家。opposite house 用例 お―さん。④正面。front

**むかい【迎い】** 《「迎え」の転》迎えること・人。

**迎いが掛かる**(むかいがかかる) 遊びが時間切れになって、芸妓・娼妓が呼び戻される。

**む-がい【無害】**(名・形動) 害がないこと・さま。harmlessness 対義 有害。用例 人畜―。

**む-がい【無蓋】** おおいのないこと。対義 有蓋。

**むかい-あ・う【向(か)い合う】**(五自) お互いに正面を向いて相対する。face each other

**むかい-あわせ【向かい合(わ)せ・向い合(わ)せ】** 向かい合っていること。face each other

**むがい-かしゃ【無蓋貨車】** 屋根のない貨車。

**むかい-かぜ【向(か)い風】** 前方から吹いてくる風。逆風。head wind 対義 追い風。

**むかい-きょらい【向井去来】**(一六五一〜一七〇四) 江戸中期の俳人。元升の子。通称、平次郎。長崎の人。蕉門十哲の一人。格調高い作風と篤実な人柄で芭蕉に愛された。上方蕉門の中心として凡兆とともに『猿蓑』を編集。芭蕉の俳諧観を祖述する『去来抄』を著す。著書『旅寝論』など。

**むかい-げんしょう【向井元升】**(一六〇九〜七七) 江戸初期の儒者。肥前の人。独学で医術を修め、長崎で学堂を建て教えた。西洋医術も学び、『庖厨備用倭名本草』など多くの著書がある。



↓行き先項目、図版・写真参照印。 JIS 日本工業規格情報交換用漢字符号コード(区点コード)。

**むかい-しま【向島】** 広島県南東部、尾道市街の対岸にある島。面積二二・四$km^2$。本土との間に尾道大橋がかかり、南側は景勝地。ミカン栽培や造船業が行われる。

**むかいしま【向島】**〈町〉 広島県南東部、芸予諸島向島の西半部と岩子島からなる町。ミカン栽培・造船・海苔の養殖などを行う。人口一万八八八三(一九八八)。

**むがい-つうこうけん【無害通航権】** 外国船舶が、沿岸国の利益をそこなわない範囲でその領海を自由に航行する権利。海面下の潜行などは含まれない。right of innocent passage

**むかいはら【向原】**〈町〉 広島市北東部の町。三篠川上流域にあり、日本海側と瀬戸内海側への分水界「泣き別れ」がある。農業が主。人口五六六二(一九八八)。

**むかい-び【向(か)い火】** 《「迎え火」と違う》 ①野火などの燃えてくる火に向かって、こちらからも火をつけ、その火勢を弱くすること。②相手が怒ったとき、こちらも怒って、相手を威圧すること。③敵に対抗して味方でもたくかがり火。

**むか・う【向(か)う・▽対う】**(五自) ①顔をそのほうへ回す。相対する。面する。face 用例 —って左。②出かける。おもむく。leave for 用例 東京へ—。③近づく。その状態にだんだんなる。come near 用例 正月に—。快方に—。④はむかう。さからう。oppose 用例 敵に—。

**向かう鹿に矢が立たぬ**(むかうししにやがたたぬ) 顔を向けてこちらを見ている鹿には、矢を射かけることができない。柔順な者を攻撃することができないたとえ。

**向かう所敵無し**(むかうところてきなし) 向かって進んで行くところに、誰ひとり抵抗する者がいない。強くて、競争する相手がいない。There is no one anywhere who is a match for a person.

**むか・う【迎う】** 古語 (下二他) ↓むかえる(迎える)

**むかう-の-さと【無何有の▽郷】**(連語) 《『荘子』の説》自然のままの理想郷。別天地。ユートピア。

**むかえ【迎え】** 迎えること・人。person sent to meet 用例 —を出す。

**むかえ-い・れる【迎え入れる】**(下一他) ①出迎えて中に入れる。invite ②歓迎して仲間に加える。receive

**むかえ-う・つ【迎え撃つ】**(五他) 攻めて来る敵を待ち受けて撃つ。meet

**むかえ-かく【迎え角】** 飛行機などの主翼の翼弦(翼の前縁と後縁を結ぶ線)が、気流の流れの方向となす角度。angle of attack

**むかえ-ざけ【迎え酒】** 二日酔いを散らすために翌朝飲む酒。hair of the dog

**むかえ-と・る【迎え取る】**(五他) 迎えて家に入れる。迎えて自分の身に引き受ける。

**むかえ-び【迎え火】** 《「向かい火」と違う》盂蘭盆会に、精霊を迎えるためにたく火。七月一三日の夕方、門前で麻幹を燃やすのが一般的。対義 送り火。

**むか・える【迎える】**(下一他) ①人の来るのを待ちうける。wait for 対義 送る。用例 客を—。②仕事などのために人を招く。invite 用例 専門家を—。③そういう時期・状況になる。face 用例 危機を—。新年を—。④《「逆える」「邀える」とも》待ち構えて防ぐ。meet 用例 敵軍を—。⑤家族とする。accept 用例 嫁に—。⑥迎合する。用例 意を—。

**む-がく【無学】**(名・形動) ①学問・知識がないこと・さま。illiteracy; uneducated ②《仏教語》真理をきわめ尽くして、もはや学ぶものがないこと・さま。

**むがく-そげん【無学祖元】**(一二二六〜一二八六) 南宋の禅僧。弘安二年(一二七九)北条時宗に招かれて来日。弘安五年(一二八二)円覚寺を開創。著書『仏光録』。仏光禅師。

**むがくめん-かぶ【無額面株】** 株券に額面金額が記載されず、発行価格が自由にきめられる株式。会社の資金調達を容易にするためアメリカで発達した。no-par stock 対義 額面株。

**むがく-もんもう【無学文盲】** 学問もなく、文字も読めないこと・人。illiteracy

**むがく-るい【無▼顎類】** 脊椎動物門の一綱で、最初の脊椎動物。原始的な魚類で、あごをもたない。現生の円口類、古生代の甲冑魚をさす。

**むかく-わしゅ【無角和種】** 和牛の一品種。在来ウシにアバディーン-アンガス種を交雑した種。毛色は黒色で、角はない。肉用種。

**むか-ご【▽零▽余子】** 葉の付け根にできる栄養をたくわえた多肉な芽。離れ落ちて発芽する。ヤマノイモなどの肉芽、オニユリなどの鱗芽を含む。肉芽。珠芽。ぬかご。propagule

**むかご-いらくさ【▽零▽余子▼蕁▽麻】** イラクサ科の多年草。山地にはえる。茎の高さ約七〇cm。葉は長柄卵形で先はとがる。葉腋にむかごを生じる。

**むかご-こんにゃく【▽零▽余子▼蒟▼蒻】** サトイモ科の多年草。インド・ビルマにはえる。また栽培もされる。高さ約一m。葉柄が茎のように直立、白色斑がある。葉身のむかごで繁殖。塊茎はこんにゃくの原料。

**むかし【昔】** ①遠い過去。いまからずっと前。old days 対義 今。用例 —をしのぶ。②過ぎ去った年月を数えることば。用例 十年ひと—。

**昔取った杵柄**(むかしとったきねづか) 若いころ鍛えた腕前。Skill learned in one's former days is never lost.

**昔の剣、今の菜刀**(むかしのつるぎ、いまのながたな) 《昔、剣だったものが、今では菜刀に使われている、の意》古くなったものは重んぜられない。すぐれた人も、年老いては役に立たない。

**昔は争えない**(むかしはあらそえない) 前の立場・身分が現れる。類似 お里が知れる。

**昔は昔、今は今**(むかしはむかし、いまはいま) 昔はどうであろうとも、今は昔とは違う。昔がこうだったから今も昔にならうべきだ、という論は成り立たないということ。Let bygones be bygones.

**むかし-おぼ・ゆ【昔覚ゆ】** 古語 (下二自) ①昔のことが思い出される。用例 かの—・えたる細殿の局に(源氏・賢木)。②古風に思われる。用例 うちある調度も—・えてやすらかなるこそ(徒然・一〇)。

**むかし-かたぎ【昔▽気▽質】**(名・形動) 気性ががんこで昔風なこと・さま。old-fashioned

**むかし-がたり【昔語り】** 昔の物語。遠い思い出話・できごと。昔話。old tale

**むかしつ-せきにん【無過失責任】** 損害の発生にさいし、故意・過失がなくても損害賠償責任を負うこと。公害裁判などで問題となることが多い。

**むかし-とかげ【昔▼蜥▼蜴】** ムカシトカゲ科の原始的な爬虫類。ジュラ紀に栄えた仲間の生き残りで、生きている化石の一つ。全長五〇〜八〇cm。黄褐色。頭頂に第三の眼(=顱頂眼)をもつ。ニュージーランドに分布。tuatara

**むかし-とんぼ【昔▼蜻▼蛉】** ムカシトンボ科の昆虫。生きている化石として有名。腹長約四cm。体は黒地に黄斑がある。五月ごろ出現。日本全土に局地的に分布。↓図

●ムカシトンボ

**むかし-ながら【昔▼乍(ら)】**(副) 昔のまま。昔と同じ。as it was before

**むかし-なじみ【昔▼馴染み】** 以前親しかった人。昔の親友。old friend

**むかし-ばなし【昔話・昔▼噺】** ①昔にあったことの話。昔語り。old story ②民俗学で、口承文芸の一つ。通常、「むかしむかし」という一定の句で始まり、「あったとさ」「あったげな」など一定の句で終わる話。『猿蟹合戦』『鶴女房』『一寸法師』『桃太郎』など。folklore

**むかし-ふう【昔風】**(名・形動) 古風なこと・さま。old-fashioned

**むかし-むかし【昔昔】** 大昔。昔話の始めによく使われる。once upon a time

**むかし-やんま【昔▼蜻▼蜓】** 黄色の地に黒の縞がある原始的な大形トンボ。腹長五cm内外。山地の渓流付近を飛ぶ。幼虫は水辺のコケや湿土の中で生活する。本州各地と九州に分布。この仲間は本種を含めて全世界に一〇種を産するだけ。

**むか-つ・く**(五自) ①吐き気が起こる。feel sick ②腹が立つ。get angry

**むかっとう-りろん【無▼葛▼藤理論】** ソ連のスターリン時代末期の作劇論。階級対立のないソ連では、劇的葛藤を基本とした古典的な作劇法は、否定されると説く。

**むかっ-ぱら【向かっ腹】**《俗語》 わけもなく怒ること。むかばら。

**向かっ腹を立てる**(むかっぱらをたてる) しゃくにさわってむかむかする。fly into a passion

**むかで【▽百▽足・▼蜈▼蚣】** 唇脚綱のうちゲジ類を除いた動物の総称。体長一・五〜三〇cm。体は多くの体節からなり、胴部の各体節には一対の歩脚。落葉や石の下にすむ。日本産約八〇種。ひゃくそく。centipede ↓図

●ムカデ　ズアカムカデ

**むかで-のり【▽百▽足▽海▼苔】** 波の静かな潮間帯の岩上に生育するムカデノリ科の紫紅色の海藻。長さ約三〇cm。粘質で細長く、扁平な主枝の両側に側枝がムカデ状に生える。食用。形態の変化が著しい。↓図

●ムカデノリ

**むか-ば【向か歯】** 上あごの前歯。

**むか-ばき【▽行▼縢・▽行▽騰】** 武士が旅行・騎馬・狩猟などのときに腰から脚にかけておおう用具。シカ・トラなどの毛皮で作る。

**むかばき-やま【▽行▼縢山】** 宮崎県延岡市西部の山。標高八三一m。奇峰で知られ、山頂の東岳(雄岳)と西岳(雌岳)の間に高さ一〇〇mの行縢の滝がある。むかばきさん。

**むか-ばら【向か腹】** ↓むかっぱら(向かっ腹)

**むか-ぶ・す【向か伏す】** 古語 (四自) はるかかなたに横たわる。用例 天雲の—極み(万葉・五・八〇〇)。

**むか-むか**(副・サ変自) ①吐き気を催すさま。feel sick ②しきりに腹が立つさま。get angry

**むが-むちゅう【無我夢中】** 物事に心を奪われて、我を忘れること。be absorbed in

**むかわ【武川】**〈村〉 山梨県北西部、韮崎市の北西に接する村。稲作を中心とする農業地帯。南アルプス登山の入り口。人口三五三一(一九八八)。

**むかわ【▼鵡川】**〈町〉 北海道南部、太平洋に臨む町。勇払平野の東縁にあり、農業と漁業が中心。人口八六二九(一九八八)。

**む-かん【無官】** 官職のないこと。

**無官の大夫**(むかんのたゆう) ①五位の位にあっても官職のなかった人。②貴族の子で、元服前に五位に叙せられた人。③平敦盛の特称。

**む-かん【無冠】** かんむりのないこと。位のないこと。uncrowned

**無冠の帝王**(むかんのていおう) 《地位はなくても、何者にも屈しないという意味で》ジャーナリスト、とくに新聞人・新聞記者に対する美称。

**む-かんがえ【無考え】**(名・形動) 考えのないこと・さま。あさはか。thoughtlessness

**む-かんかく【無感覚】**(名・形動) ①感覚がないこと・さま。感じないこと・さま。insensitivity ②回りの人の気持ちや事情を考えないこと・さま。insensible

**む-かんけい【無関係】**(名・形動) 続き合い・かかわり合いがないこと・さま。be unrelated

**むかん-しょう【無汗症】** 汗の分泌が減少、欠如する病気。口のかわき、頻尿・多尿を伴う。原因は汗腺がない先天性外胚葉欠損・腫瘍などによる体温中枢の障害、表皮の病変など。anhidrosis

**む-かんしん【無関心】**(名・形動) ①興味がないこと・さま。indifference ②気にかけないこと・さま。unconcernedness

**むき【向き】** ①向くこと。その方向。direction 用例 —をかえる。南—の部屋。②大したことでもないのに過剰な反応を示すこと。seriousness 用例 —になる。③その方の人。用例 御希望の—は。④傾向。性質。tendency 用例 すぐ悲観的になる—がある。⑤適すること。用例 それぞれ—がある。子ども—。

**む-き【無季】** 俳句で、季語を用いないこと。

**む-き【無記】** 《仏教語》①事柄が善でもなく悪でもないこと。②問いに対して、是とも非とも答えないこと。

**む-き【無期】** ①期限のないこと。indefinite 対義 有期。②「無期懲役」の略。

**む-き【無機】** 対義 有機。①生活機能のないこと・もの。inorganic matter ②無機物・無機化合物に関すること。inorganic

▼常用漢字表外。　▽常用漢字表の音訓外。

●ムギ
コムギの花

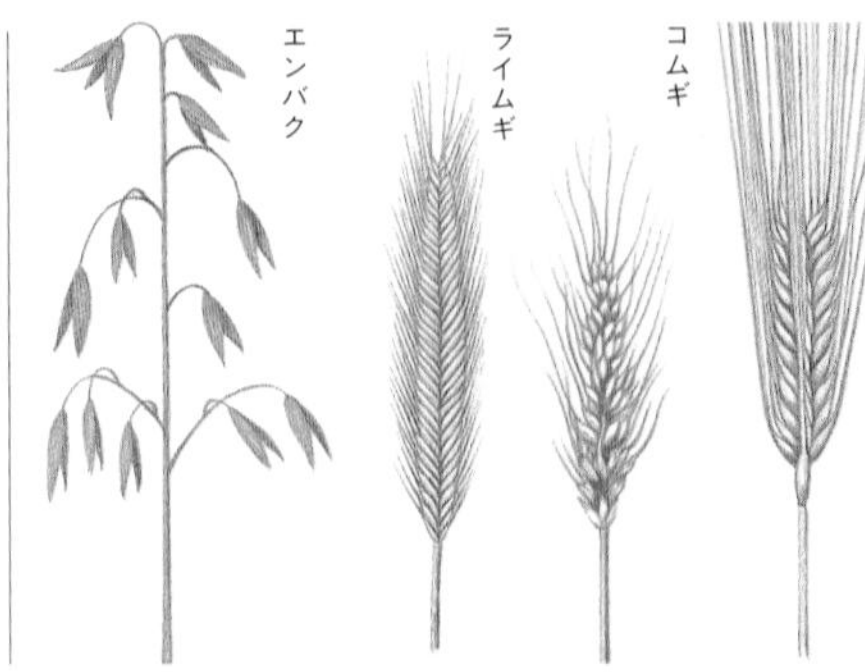


**むぎ【麦】** イネ科の一、二年生栽培植物。コムギ・オオムギ・エンバク・ライムギなどの総称。分類学上の属は異なる。世界的にもっとも重要な穀物。コゾグサ。wheat ↓図
**むぎ【牟岐】**〈町〉徳島県南部、太平洋に臨む町。漁業の町で、景勝の八坂八浜、シラタマモの自生地出羽島がある。人口七四五一(一九八八)。
**むぎ【武儀】**〈町〉岐阜県中南部、美濃市の東に接する町。長良川の支流津保川流域の農業の町で、シイタケの出荷量は県下一。刃物の家内工業もある。人口四九〇七(一九八八)。
**むき-あ・う【向(き)合う】**(五自) 向かい合う。face each other
**むぎ-あき【麦秋】** =ばくしゅう。①麦の取り入れ時。六月ごろ。②陰暦四月の異称。
**むぎ-あらし【麦嵐】** 麦の秋風の別称。
**むぎ-うち【麦打ち】**(名・サ変自) 麦をからざおで打って実を落とすこと。また、そのからざお。flail wheat
**むぎうち-うた【麦打(ち)歌】** 麦打ちの仕事のさいに歌われる労働歌。日中、農家の庭先などで、刈り取った麦の穂をむしろにひろげ、それを殻竿で打ちながら歌ったもので、節・歌詞ともに明るく快活なものが多い。殻竿歌。
**むき-えいようせいぶつ【無機栄養生物】** ↓どくりつえいようせいぶつ(独立栄養生物)
**むき-えび【剝(き)海老】** 殻をむいたエビ。
**むき-おん【無気音】** 音声学で、破裂直後にとくに呼気を伴わない破裂音。unaspirated
**むき-かがく【無機化学】** 無機化合物および元素について、その構造・化学的性質・化学反応などについて調べ、合成・精製・分離などを行う化学の分野。inorganic chemistry 対義 有機化学。
**むき-かごうぶつ【無機化合物】** 有機化合物以外の化合物の総称。炭素以外の元素の化合物と、炭素の酸化物・シアン化物、炭酸塩など一部の炭素化合物をいう。イオン結合・金属結合・配位結合の化合物が多い。無機物。inorganic compound 対義 有機化合物。
**むぎ-くさ【麦草】** イネ科の越年草。畑や路傍にはえる。ヨーロッパ原産の帰化植物。稈は叢生し、夏に、稈頂にオオムギに似た花穂をつける。
**むぎ-ぐわい【麦慈姑】** アマナの異名。
**むき-けい【無期刑】** 終生、身柄を拘禁する自由刑。無期懲役と無期禁錮の二つある。改悛の情があるときは、一〇年経過後、仮出獄を許すこともある。終身刑。life imprisonment 対義 有期刑。
**む-きげん【無期限】** 期限がないこと。期限を決めていないこと。indefinite 用例 ―スト。
**むぎ-こ【麦粉】** ①麦のこな。とくに、小麦のこな。wheat flour ②麦焦がし。
**む-ぎこう【無技巧】** たくまないこと。技巧をこらさないこと。
**むき-こうぶんし【無機高分子】** 高分子化合物から有機高分子化合物を除いたものの総称。耐熱性・耐燃性が大きいものが多い。粘土・ガラス・アスベストなど。inorganic polymer
**むぎ-こがし【麦焦(が)し】** ↓こうせん(香煎)
**むぎ-こき【麦扱き】**(名・サ変自) 麦の穂をこき落とすこと。また、その農具。
**むき-こきゅう【無気呼吸】** 生物が酸素を使わないで必要なエネルギーを得る方法。アルコール発酵や解糖など。anaerobic respiration
**むぎ-さく【麦作】** 麦の栽培・収穫・収穫量。barley crop
**むき-さん【無機酸】** ハロゲン・硫黄・窒素・燐などの非金属元素を含む基が水素と結合して生じた酸の総称。塩酸・硫酸・硝酸・燐酸など。鉱酸。inorganic acid 対義 有機酸。
**むき-しつ【無機質】** ①鉱物の性質をもつこと。②人体や食品に含まれる元素のうち、炭素・水素・酸素を主成分とする有機物を除いたもの。カルシウム・カリウム・塩素・鉄など。ミネラル。mineral
**むきじょう-でんしゃ【無軌条電車】** ↓トロリーバス
**む-きず【無傷・無疵】**(名・形動) ①傷がないこと・さま。woundless ②完全。perfection ③潔白。innocence
**むき-せんい【無機繊維】** 無機物質を繊維状にしたものの総称。不燃性・保温性・電気絶縁性・強度などにすぐれたものが多い。ガラス繊維・アスベスト・ウイスカーなど。inorganic fiber
**むき-だし【剝(き)出し】**(名・形動) ①隠さず出すこと・さま。nakedness ②隠れたところのないこと・さま。露骨。unreservedness
**むき-だ・す【剝(き)出す】**(五他) 隠さないで、あらわに出す。すっかり出す。bare 用例 歯を―。
**むぎ-ちゃ【麦茶】** 大麦・裸麦を殻つきのままほうじたもの。また、それを煎じた飲み物。冷やしても飲む。麦湯。
**むき-ちょうえき【無期懲役】** 無期刑の一つ。期限を定めない懲役刑。imprisonment for life
**むぎ-つき【麦搗き】** 麦をつくこと。
**むぎつき-うた【麦搗(き)歌】** 麦つきのときにうたう労働歌。
**むぎ-つく【麦突】** コイ科の淡水魚。全長約一五cm。暗褐色で、体側中央を黒色帯が走る。口ひげが一対ある。河川の岩や石の多い所にすむ。食用。琵琶湖以西の本州・九州北部・朝鮮半島に分布。
**む-きどう【無軌道】** ㊀(名) 軌道のないこと。trackless ㊁(形動) 一定の方針がないこと・さま。でたらめ。loose
**むきどう-ぶり【無軌道振り】** でたらめなようす・程度。loose manner
**むぎとへいたい【麦と兵隊】** 火野葦平の小説。昭和一三年(一九三八)発表。陸軍報道部員の目から日中戦争における徐州会戦を描く。
**むぎ-とろ【麦薯蕷】** とろろ汁をかけた麦入りのご飯。
**むき-なお・る【向き直る】**(五自) 向きを変えて、そちらを向く。turn around
**むぎ-なでしこ【麦撫子】** ①ナデシコ科の一年草。高さ七〇cm前後。葉は細長くムギの葉にたとえられ淡緑色。花は径約三cmで紫紅色。五月に開花。観賞用に栽培。ムギセンノウ。②サルシフィーの別名。
**むぎ-の-あき【麦の秋】** ↓むぎあき(麦秋)
**むぎ-の-あきかぜ【麦の秋風】** 初夏、ムギの収穫のころに吹き渡るさわやかな風。麦嵐。
**むぎ-ばたけ【麦畑】** 麦を植え付けてある畑。wheat field
**むき-ひりょう【無機肥料】** 有機物を含まない鉱物質の肥料。草木灰・硫安・過燐酸石灰など。inorganic fertilizer
**むぎ-ぶえ【麦笛】** 麦の茎に割れ目を入れて笛のように吹き鳴らすもの。oaten pipe
**むき-ぶつ【無機物】** 対義 有機物。①有機物以外のすべての物質。鉱物・水・気体など。inorganic substance ②無機化合物と単体。
**むぎ-ふみ【麦踏み】** 早春、根張りをよくするために麦の芽を踏むこと。tread barley plants
**むぎ-まき【麦蒔き・麦播き】** ㊀(名・サ変自) 麦の種をまくこと。㊁(名)《「麦蒔」》ヒタキ科の小鳥。全長約一三cm。顔と背が黒く、目の後ろに白線斑がある。胸は黄を帯びた赤褐色。シベリアなどで繁殖し、冬は東南アジアに渡る。日本へは旅鳥として春秋二回立ち寄る。コツバメ。
**むき-み【剝(き)身】** 皮や殻を取り除いた料理用の材料。カキ・アサリ・ハマグリなどの貝類のほかエビなどにいう。
**むき-むき【向き向き】** ①各人ごとの異なった適性。individual liking ②思い思い。それぞれ。respectively
**む-きめい【無記名】** 名前を書かないこと。unsigned 対義 記名。用例 ―投票。
**むきめい-かぶ【無記名株】** 株主の氏名が記載されていない株券。名義書き換えの事務が不必要という利点があり、西ドイツ・フランスで普及。bearer stock 対義 記名株。
**むきめい-さいけん【無記名債権】** 券面上に権利者の氏名を表示せず、証券の所持人に対して弁済することになっている債権。商品券や無記名公債など。unregistered bond
**むきめい-とうひょう【無記名投票】** 投票用紙に投票者の氏名を記入しないで行われる投票。secret ballot 対義 記名投票。
**むぎ-めし【麦飯】** 米に裸麦を混ぜて炊いた飯。
**麦飯で鯉を釣る**(むぎめしでこいをつる) 少しの元手で多くの利益を挙げるたとえ。類似 海老で鯛を釣る。
**麦飯に薯蕷汁**(むぎめしにとろろじる) 取り合わせがよくて、おいしいものをいう。
**麦飯は脚気の薬**(むぎめしはかっけのくすり) 麦飯は、ビタミン$B_1$を含んでいるので、その欠乏から起こる脚気の予防・治療に役立つということ。
**むぎ-ゆ【麦湯】** ↓むぎちゃ(麦茶)
**む-きゅう【無休】** 休まないこと。休日がないこと。have no holiday 用例 年中―。
**む-きゅう【無給】** 給料がないこと。unpaid 対義 有給。
**む-きゅう【無窮】**(名・形動) 果てのないこと・さま。無限。永遠。用例 天壌―。
**むきゅう-どう【無窮動】** 音楽で、同じ音型が終始繰り返され急速に進行する器楽曲。パガニーニの『無窮動』など。常動曲とも。perpetual motion
**む-きょういく【無教育】**(名・形動) ①教育を受けていないこと・さま。uneducated ②教養のないこと・さま。uncultured
**むきょうかい-しゅぎ【無教会主義】** 内村鑑三が創唱した、日本独特のキリスト教。教会的な諸制度を認めず、聖書中心の福音主義的信仰に立つ。
**むき-ようぶん【無機養分】** 栄養分のうち、ナトリウム・カリウムなどの無機塩類を含む養分。ミネラル。mineral nutrient
**む-きりつ【無規律】**(名・形動) ①規律のないこと・さま。ruleless ②しまりのないこと・さま。loose 用例 ―な生活。
**む-きりょく【無気力】**(名・形動) 気力のないこと・さま。活気のないこと・さま。inactive; lifeless
**むぎ-わら【麦藁】** 麦の穂を取り除いた茎。ストロー。straw 用例 ―帽子。
**むぎわら-ぎく【麦藁菊】** キク科の一、二年草。高さ六〇～九〇cm。夏から秋に咲く頭花は、花弁に似た白・黄・紅などの総包に包まれる。観賞用に栽培。オーストラリア原産。strawflower ↓写

●ムギワラギク

**むぎわら-とんぼ【麦藁蜻蛉】** シオカラトンボの雌の俗称。
**むぎわら-ぼうし【麦藁帽子】** 夏に日よけ用として用いる帽子。真田紐のように編んだ麦藁を材料としたもの。ストローハット。straw hat
**む-きん【無菌】** 細菌が存在しないこと。aseptic 用例 ―状態。
**むきん-どうぶつ【無菌動物】** 実験用として、病原菌をはじめとする微生物がないように飼育された動物。帝王切開により母体から取り出し、無菌室中で無菌的な食餌を与える。germfree animal; axenic animal
**むきん-ほう【無菌法】** 感染を防止する目的


↓行き先項目、図版・写真参照印。 JIS 日本工業規格情報交換用漢字符号コード(区点コード)。

で、細菌がまったくない状態にする方法。外科手術の前提となる。滅菌法。asepsis

**むく【▼椋】** ①ムクノキの別名。②「ムクドリ」の略。

**む-く【無▼垢】**(名・形動) ①《仏教語》煩悩のないこと・さま。②汚れのないこと・さま。innocence 用例清浄—。③純粋なこと・さま。pure 用例金—。④表裏ともに同色であること・さま。おもに白の衣服をいう。all in white 用例白—。

**む・く【向く】** (五自他) ①(自)㋐あるものに対して、その正面を見る位置になる。face 用例窓が南に—。㋑ある方向へ動く。turn 用例気が—。運が—。㋒似合う。適する。be suitable for 用例子どもに—遊び。②(他)ある方向に顔や体を回す。turn 用例横を—。右を—。

**む・く【▼剝く】**(五他) おおっているものを取り去って中身を表に出す。はがす。はぐ。peel 用例皮を—。目を—。

**むくい【報い・▽酬い】** ①礼をすること。reward ②仕返し。返報。retribution ③《仏教語》因果の報い。果報。

**むく-いぬ【▼尨犬】** 毛がふさふさしている犬。shaggy dog

**むく・いる【報いる・▽酬いる】**(上一自他) ①受けたことに相当するお返しをする。礼をする。reward 用例恩義に—。②仕返しをする。retribute 用例一矢を—。

**むく・う【報う・▽酬う】**(五自他) 《「むくゆ」の転》報いる。

●ムクゲ

**むくげ【▽木▼槿・▼槿】** アオイ科の落葉低木。高さ約三m。葉は卵形で鋸歯がある。夏〜秋に紅紫色・白などの五弁花が咲き、一日でしぼむ。八重咲きもあり、白花のつぼみは干して薬用。アサガオ。キハチス。モクゲ。ハチス。庭木などとして栽培。中国・インド原産。↓写

**むく-げ【▼尨毛・▼毳】** けものの、ふさふさと垂れ下がった毛。shaggy hair

**むくさ-の-たきもの【六▽種の▽薫(き)物】** 平安初期より宮中に珍重された練り香。梅花・荷葉・菊花・落葉・侍従・黒方の六種。『源氏物語』にもみえる名香で、明治一〇年(一八七七)に民間での使用が許された。

**む-くち【無口】**(名・形動) 口数の少ないこと・さま・人。寡黙。man of few words; taciturnity 比較寡言。対義多弁。

**むくつけ・し** 古語(形ク) ①正体がわからず、うす気味が悪い。用例昔ありけむ目も鼻もなかりけん女鬼にやあらんと—・きを(源氏・手習)。②ふつうと異なり、恐るべきである。気味が悪い。用例かのをとこは、天の逆手をうちてなむのろひ居るなる。—・きこと(伊勢・九六)。③武骨である。用例—・き心の中に、いささか好きたる心まじりて(源氏・玉鬘)。

**むく-どり【▼椋鳥】** ①ムクドリ科の鳥。農村や市街地にすむ。翼長約一三cm。体は灰褐色、嘴と足が黄色。地上や地中の昆虫やクモを食べる。日本全土に分布。本州中部以北では夏鳥。ムク。ハクトウオウ。starling ②おのぼりさん。country visitor ③相場の世界でいう、しろうと。nonprofessional speculator ↓写

●ムクドリ①

**むくどり-もどき【▼椋鳥▽擬】** ムクドリに似たムクドリモドキ科の鳥の総称。スズメ大からカラス大まで多種。北アメリカに約九〇種が分布している。

**むく-の-き【▼椋の木】** ニレ科の落葉高木。暖地の山地にはえる。高さ約二〇m。葉は卵形で表面はざらつく。春に淡緑色の小花が新葉とともに咲く。果実は球形で黒熟。ムク。ムクエノキ。↓写

**むく-はとじゅう【▼椋▼鳩十】**(一九〇五〜八七) 児童文学者。本名、久保田彦穂。長野県生まれ。法大卒。動物文学にすぐれる。作品『片耳の大鹿』『孤島の野犬』など。

●ムクノキ
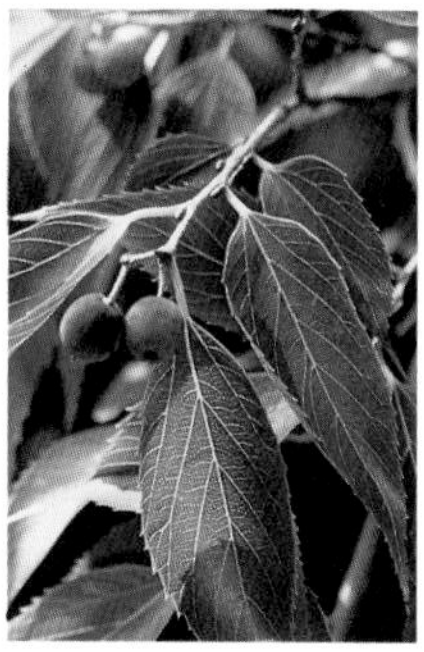

**むくみ【▽浮▼腫】** 身体のある部分に異常に水分が増加した状態。毛細管の内圧、内分泌因子など多くの体内因子が関与して発生する。うっ血性心不全・急性腎不全・ネフローゼ症候群などでよくみられる。学問上は、浮腫。edema

**むく・む【▽浮▼腫む】**(五自) 水気などで、顔や手足がはれ、ふくれる。swell

**むく-むく**(副・サ変自) ①毛などが重なりあって、丸々としたさま。また、肥え太っているさま。chubby 用例—した犬。②雲・けむりなどの、さかんにわき上がるさま。rise up 用例—けむりが立つ。③感情などがわき上がるさま。④うごめくさま。起き上がるさま。

**むく・ゆ【報ゆ】** 古語(上二自他) ↓むくいる(報いる)

**むぐら【▼葎】** クワ科のカナムグラ、アカネ科のヤエムグラなどの総称。モグラ。参考古歌に多く詠まれる八重葎は前者をさすともいわれる。

**葎の門**(むぐらのかど) 「葎の宿」と同意。

**葎の宿**(むぐらのやど) 荒れ果てた家、貧しい家のたとえ。葎の門。

**むぐら【▽土▽竜・▼鼹▼鼠】** モグラの異名。

**むぐら-もち【▽土▽竜・▼鼹▼鼠】** モグラの異名。

**むくり** 腹立ち。

**むくりを煮やす**(むくりをにやす) 腹をたてる。

**むく・れる【▼剝れる】**(下一自) ①はがれる。むける。②《俗語》怒って、ふくれる。

**むくろ【▼軀・▼骸】** ①なきがら。死体。corpse ②朽ち木の幹。③からだ。body

**むくろ-じ【無▽患子】** ムクロジ科の落葉高木。暖地の山野にはえる。栽培もされる。高さ約一五m。葉は羽状複葉。夏に淡緑色の小花が咲く。果実は球形で約二cm。黒い種子は硬く、羽根つきの羽根の球に用い、果皮はせっけんの代用とする。果肉は薬用。ツブ。↓写

**むけ【向け】**(接尾) ①向けること。用例一般—。②合うようにつくること。用例東京—。

**む-げ【無下】** 古語(名・形動ナリ) ①程度がはなはだしいこと・さま。用例—にうたてきことどもなり(平家・二・大納言死去)。②身分がきわめて低いこと・さま。用例—の者は、手をすりて拝む(宇治拾遺・一一)。③あまりにひどいこと・さま。用例殊勝の事は御覧じとがめずや。—なり(徒然・二三六)。④それ以外の何ものでもないこと。用例今は、—の親ざまにもてなして(源氏・薄雲)。参照無下に。

**無下にする**(むげにする) 捨てて、顧みない。すげなくする。treat coldly

**む-げ【無▼碍・無▼礙】**(名・形動) 何にも妨げられず、自由自在であること・さま。用例融通—。

**む-けい【無形】** 形がないこと・もの。formless 対義有形。

**む-けい【無▼稽】**(名・形動) よりどころのないこと・さま。でたらめ。用例荒唐—。

**む-げい【無芸】**(名・形動) 遊芸の心得がないこと・さま。have no accomplishments 用例—大食。

**むけい-ざいさん【無形財産】** 形で表せない財産。著作権・特許権など。intangible assets 対義有形財産。

**むげい-たいしょく【無芸大食】** 大飯を食べるだけで、これといって身につけた芸が何もないこと・人。

**むけい-ぶんかざい【無形文化財】** 日本で、演劇・音楽・工芸技術その他の無形の文化的所産で、歴史上または芸術上価値の高いもの。なかでも重要なものは国により「重要無形文化財」に指定され、その保持者を俗に「人間国宝」という。

**むげがわ【武▽芸川】**〈町〉 岐阜県南西部、美濃市西隣の町。稲作と刃物製造などの家内工業を行う。宅地化も著しい。人口六七七三(一九八八)。

**む-けつ【無欠・無▼闕】**(名・形動) 欠けたところのないこと・さま。flawless; perfect 用例完全—。

**む-けつ【無血】** 血を流さないこと。戦闘をしないで済ますこと。bloodless 用例—革命。

**む-げつ【無月】** 俳句で、曇って月の見えないこと。とくに十五夜の無月をさす。用例中秋—。

**むげ-に【無下に】**(副) 一概に。むやみに。coldly 用例—断われない。

**む・ける【向ける】** (下一自他) ①(他)㋐向くようにする。turn 用例顔を右に—。水を—。㋑行かせる。send 用例使いを—。㋒…のほうへ当てる。apply …to 用例臨時費に—。②(自)その方向へ向かう。進む。head for 用例ヨーロッパに—・けて旅立つ。

**む・ける【▼剝ける】**(下一自) 皮・皮膚などが、はがれる。peel off

●ムクロジ

**む-げん【夢幻】** ①ゆめまぼろし。fantasy ②はかないこと。ephemerality

**む-げん【無間】** 《仏教語。古くは「むけん」》「無間地獄」の略。

**む-げん【無限】**(名・形動)かぎりがないこと・さま。infinity 対義有限。

**むげん-かじょ【無限花序】** 花の配列様式の一つ。花が下から上へ順に咲いていくもの。indefinite inflorescence 対義有限花序。

**むげん-きどう【無限軌道】** 戦車・トラクターなどの車輪の回りに取り付ける帯状の装置。キャタピラー。caterpillar

**むげん-きゅうすう【無限級数】** 無限個の項からなる級数。infinite series

**むげん-じごく【無間地獄】**《仏教語》八大地獄の一つ。五逆罪を犯した者が、絶えず苦しみを受ける所。阿鼻地獄。無間。

**むげん-しゅうごう【無限集合】** 無限個の要素からなる集合。infinite set

**むげん-しょう【無限小】** 微分積分学における基本概念の一つ。変数 $x$ の絶対値が、0に収束する場合、変数 $x$ は無限小になるという。また、このときの変数 $x$ のこと。記号 $x \to 0$ で表す。infinitesimal

**むげん-しょうすう【無限小数】** 小数点以下に、0でない数が無限に続く小数。infinite decimals

**むげん-すうれつ【無限数列】** 無限個の項からなる数列。infinite sequence

**むげん-せきにん【無限責任】** 債務者の現在および将来の全財産で、債務の履行を負担する責任。unlimited liability 対義有限責任。

**むげん-だい【無限大】**(名・形動) ①限りなく大きいこと・さま。infinity ②微分積分法における基本概念の一つ。変数 $x$ の値が絶対値の十分大きな任意の正(負)数よりもさらに大きく(小さく)なっていく場合、変数 $x$ は無限大になるという。記号 $x \to \infty$ ($x \to -\infty$) で表す。infinity

**むけん-だいり【無権代理】** 代理権のない者が本人の代理人と称して法律行為をすること。

**むげん-てき【夢幻的】**(形動) 夢幻の感じのさま。dreamy

**むげんれんさ-こう【無限連鎖講】** 鼠講の別称。

**むこ【婿・▼壻・▼聟】** 対義嫁。①娘の夫。son-in-law 用例—を取る。②新婚の男性。bridegroom 用例花—。③夫。husband

**む-こ【無▼辜】** 罪がないこと・人。用例—の民。

**む-ご【無期】** ①期限がないこと。むき。②いつまでも続くこと。続けざまなこと。

**むご・い【▽惨い・▽酷い】**(形) ①見るにたえないほど痛ましい。悲惨だ。piteous 用例—

▼常用漢字表外。 ▽常用漢字表の音訓外。

生活。②残酷である。無慈悲である。cruel 用例 —仕打ち。派生 むごさ(名)

むこ-いじめ【婿▼苛め】婚礼のときなどに若者たちが婿に加える慣習的ないたずら。結婚への若者組の関与や統制の名残が形式化したもの。

むこ-いり【婿入り】(名・サ変自) ①婿になって、嫁の家の籍に入ること・儀式。②結婚後、夫がはじめてその妻の生家に行くこと。

むこいり-こん【婿入(り)婚】男性が女性の両親と親子杯をくみかわすことにより成立し、その後一定期間夫婦の寝所が嫁方にある婚姻方式。招婿婚。対義 嫁入り婚。

むこう【向(こ)う】《「向かい」の転》①むかい。正面。前方。opposite 用例 —の家。②あるものを越えた所。there 用例 山の—。③今から。今後。next 用例 — 一週間。④相手。先方。the other party 用例 —様。⑤舞台正面の桟敷。用例 大—。参考 動詞「むかう」の終止形・連体形が名詞化したものとみて、歴史的仮名遣いを「むかふ」とする説もある。

向こうに回す 相手として、張り合う。競争する。in rivalry with

向こうを張る 張り合う。対抗する。

む-こう【無効】(名・形動) ①ききめ・効果のないこと・さま。invalidity 対義 有効。②法律上の効力が生じないこと。nullity

むこう【▽向▽日】〈市〉京都市の南西に接する市。京都市の衛星都市で、京都・大阪を結ぶ交通の要地。竹の子の産地でも知られる。人口五万二五五七(一九八八)。

むこう-いき【向(こ)う意気】負けまいと張り合う気持ち。まけんき。むこうき。unyielding spirit 用例 —が強い。

むこう-がわ【向(こ)う側】①ものをはさんで、こちらと反対のがわ。あちらがわ。opposite side ②相手方。the other party

むこう-き【向(こ)う気】きかぬ気。鼻っぱし。aggressiveness 用例 —が強い。

むこう-ぎし【向(こ)う岸】川や海峡などの向こうがわの岸。対岸。opposite bank

むこう-きず【向(こ)う傷・向(こ)う▼疵】敵と戦ってからだの前面に受けた傷。顔やひたいに受けた傷。wound in the forehead

むこう-ぎり【向(こ)う切り】茶室の炉の切り方。炉を点前畳の客畳寄りに切る。

むこう-さんげん【向(こ)う三軒】道を隔てた正面の家と、その左右の家。用例 —両隣。

むこうじま【向島】東京都墨田区にある地区。旧向島区。隅田川をへだてて浅草の対岸にあたる江戸時代の行楽・別荘地で、百花園・白鬚神社などがある。

むこう-じょうちゅう【無▼鉤条虫】頭部に鉤がなく四個の吸盤をもつ大形の条虫。長さ数メートル。成虫は人の腸内に寄生。ウシが中間宿主。人体外に出た卵を牧草とともに食べたウシの体内で幼虫が育ち、ヒトがその生肉を食べることによって感染。カギナシサナダ。対義 有鉤条虫。

むこう-じょうめん【向(こ)う正面】①向かって正面の方角、前面。②芝居などで、舞台正面の観客席。③相撲場で、土俵の南側のところ。対義 正面。↓相撲図

むこう-ずね【向(こ)う▼脛】すねの前面。shin ↓足図

むこう-づけ【向(こ)う付け】①日本料理で、膳の中央から奥に付ける料理。刺身・酢の物など。②相撲で、組み合ったとき相手の胸に自分の額を付けること。

むこう-づら【向(こ)う面】向き合った相手の顔。むこうっつら。用例 —を張りたおす。

むこう-ぬの【向(こ)う布】ポケット口の口布に対して身頃側につける布。ポケット口から袋布が見えないように表布の共布を袋布に付けるもの。

むこう-はちまき【向(こ)う鉢巻き】額の上に結び目をつくった鉢巻き。前で結んだ鉢巻き。対義 後ろ鉢巻き。↓図

●向こう鉢巻き

むこう-みず【向(こ)う見ず】(名・形動) 先のことを考えもしないで物事をすること・さま・人。無鉄砲。reckless

むこ-がね【婿がね】《「がね」は接尾語》やがて婿になる人。婿と決めている人。

むこ-がわ【武庫川】兵庫県東部を流れる川。長さ六五km。丹波高原白髪岳付近に発し、三田盆地をへて大阪湾に注ぐ。神戸市などの上水道に利用される。

む-こく【無告】苦しくなっても、救いを求めるところがないこと。

無告の民 身寄りのない年寄りや、寄る辺のない幼児。

む-こくせき【無国籍】どの国の国籍ももたないこと。stateless

む-ごし【無腰】刀剣などを身につけていないこと。丸腰。

むご・し【▽惨し】古語 (形ク) ↓むごい(惨い)

ムコ-たとうるい【ムコ多糖類】糖とたんぱく質の複合体。動物の結合組織で多く作られる。mucopolysaccharide

むご-たらし・い【▽惨たらしい・▽酷たらしい】(形) いかにもむごい。very cruel 派生 むごたらしげ(形動) むごたらしさ(名)

むこ-とり【婿取り】(名・サ変自) 婿を迎えること。

むこ-ようし【婿養子】娘の婿として迎える養子。

む-こん【無根】(名・形動) 根拠がないこと・さま。根も葉もないこと・さま。groundless 用例 事実—。

む-ごん【無言】ものを言わないこと。silence 用例 —の行。

むごんか【無言歌】《原題 Lieder ohne Worte ドイツ》メンデルスゾーン作曲のピアノ小曲集。全四八曲。『春の歌』『紡ぎ歌』などが有名。歌うような旋律をもつ。一八四五年完成。また、その後の、歌曲風の器楽小曲をいうこともある。

むごん-げき【無言劇】せりふのない、表情と身振りだけの劇。パントマイム。pantomime 対義 せりふ劇。

む-さい【無才】(名・形動) 才知・知識のないこと・さま。むざえ。用例 無能—。

むさ・い(形)《俗語》汚い。比較 むさくるしい。派生 むささ(名)

む-ざい【無罪】刑事被告事件が正当防衛や証拠不十分などの理由で、犯罪として成立しないこと。not guilty; innocence 比較 無実。対義 有罪。用例 —放免。

む-さいしき【無彩色】白・灰色・黒などの総称。

ムサカ【musacà ルーマニア】なすと、羊のひき肉を使った、トルコまたはギリシアの料理。

む-さく【無策】(名・形動) 計略・対策が思い浮かばないこと・さま。lack of policy 用例 無為—。

む-さくい【無作為】特別にくふうをせず、偶然に任せてすること。at random

むさくい-ちゅうしゅつほう【無作為抽出法】↓ランダムサンプリング

むさ-くるし・い(形) ①乱雑で、汚らしい。messy ②みすぼらしい。shabby 派生 むさくるしげ(形動) むさくるしさ(名)

●ムササビ

むささび【▼鼯▼鼠・▼鼺▼鼠】前後肢と体側のあいだの飛膜を広げて滑空するリス科の齧歯類。体長約四〇cm。森林にすみ夜行性で、昼間は木の洞穴などにひそむ。日本・中国・朝鮮半島に分布。giant flying squirrel ↓写

むさし【武▽蔵】①武蔵国。②旧日本海軍の世界最大の戦艦。大和と同型。昭和一七年(一九四二)完成。四六cm砲九門を装備。排水量六万九一〇〇トン。同一九年(一九四四)レイテ沖海戦で沈没。

むさし【武▽蔵】〈町〉大分県北東部、国東半島の東にある町。ミカンなどの栽培がさかん。大分空港がある。人口五九六二(一九八八)。

むさし-あぶみ【武▽蔵▼鐙】①昔、武蔵国で造ったあぶみ。鞍から吊すのに鎖を用いず、鉄板に透しをいれたものであぶみまで固定。駅馬用。②サトイモ科の多年草。海岸近くの林中に自生する。高さ約四〇cm。三個の広卵形の小葉がある。こん棒状の花序を仏焰苞が袋状に包むさまを鐙にたとえた。

むさし-しちとう【武▽蔵七党】平安末期から鎌倉時代にかけて武蔵国に存在した同族的武士団の総称。村山・横山・猪股・児玉・丹・西・私市・野与・綴などのうちの七党が挙げられる。

むさし-の【武▽蔵野】㊀①東京都・埼玉県両域にわたる関東平野南西部の洪積台地。主として多摩川により形成された扇状地。②《「広々としていて、一目では野を見(=飲み)尽くすことができない」のしゃれから》大きな杯。㊁国木田独歩の処女創作集。明治三四年(一九〇一)刊。東京郊外での生活の見聞や武蔵野の自然を、一八編の小編に綴る。

むさしの【武▽蔵野】〈市〉東京都中東部、杉並・練馬区に接する住宅都市。中心の吉祥寺は交通の要地で、商店が集中し繁華街を形成する。人口一三万五四二九(一九八八)。

むさし-の-くに【武▽蔵国】旧国名。現在の東京都・埼玉県と神奈川県北東部。東海道の一国。「延喜式」では大国、二一郡。国府は府中市南府中、国分寺は国分寺市にあった。明治四年(一八七一)廃藩置県により東京府と神奈川・埼玉・入間三県になり、入間県は同六年(一八七三)熊谷県を経て、同九年(一八七六)埼玉県に編入。武州。武蔵。

むさしむらやま【武▽蔵村山】〈市〉東京都中北部、狭山丘陵の南の市。住宅・工業都市で、狭山茶・村山大島紬の産地。人口六万二四五一(一九八八)。

む-さつ【無札】乗車券や入場券などを持たないこと。用例 —入場。

む-ざつ【無雑】(名・形動) 混じり気がないこと・さま。用例 純一—。

むざ-と(副) ①惜し気もなく。②わけもなく。むざむざと。③うっかりと。無造作に。

む-さべつ【無差別】(名・形動) 差別がないこと・さま。差別をつけないこと・さま。やたら。indiscrimination

むさべつ-きゅう【無差別級】柔道競技で、体重による差別をしない級。体重制による八階級の一つで、試合にさいし体重による制限のないクラス。open-weight category

むさべつ-ばくげき【無差別爆撃】軍事目標と民家などの非軍事目標とを区別せずに行う爆撃。indiscriminate bombing

むさぼり-よ・む【▼貪り読む】(五他) いくら読んでも読みたりないというように熱中して読む。貪欲に読む。read a book avidly 用例 推理小説を—。

むさぼ・る【▼貪る】(五他) ①飽きずに、欲しがる。欲ばる。devour ②飽きずに、しつづける。

むざ-むざ(と)(副) ①あっけなく。easily 用例 —と欺かれる。②惜し気もなく。lavishly

む-さん【無産】財産を持たないこと。対義 有産。

む-さん【霧散】(名・サ変自) きりが散るように消えてなくなること。雲散霧消。vanish

ムサン【茂山】(Musan) ↓もさん(茂山)

む-ざん【無残・無惨・無▼慚・無▼慙】(名・形動) ①むごたらしいこと・さま。cruelty ②いたわしいこと・さま。ふびん。miserable ③《仏教語。「無慚」「無慙」で》罪を犯しながら、恥を知らないこと。

むさん-かいきゅう【無産階級】財産がなく、労働で得た賃金で生活する階級。プロレタリアート。対義 有産階級。

むさん-しょう【無酸症】塩酸の欠乏で、胃液の酸度が減少や欠如した状態。萎縮性胃炎・胃癌などでみられる。anacidity

むさん-せいとう【無産政党】第二次大戦前、労働者・農民を基盤とした社会主義政党の総称。大正末から昭和初期に活動。労働農民党・社会民衆党・日本労農党など。

むさんそ-エネルギー【無酸素エネルギー】人間が運動を開始するときの原動力となる酸素の供給を必要としないエネルギー。アデノシン三燐酸(ATP)が、アデノシン二燐酸(ADP)と燐酸(P)に分解するときなどに発生する。anaerobic energy 対義 有酸素エネルギー。

むさんそけっ-しょう【無酸素血症】血液内に、必要なだけの酸素が欠乏しているために起こる病気。呼吸・循環器系の障害、貧血などで起こり、呼吸困難・チアノーゼが現れる。低酸素血症。anoxemia

むさんそてき-うんどう【無酸素的運動】↓アネロビクス

むさんそ-どう【無酸素銅】酸素含有量がきわめて少ない純銅。一酸化炭素と窒素の混合

ガス中で還元、または真空中で溶解して製造。高い導電性があり、電子機器に利用。oxygen-free copper

**むさんそ-とうちょう【無酸素登頂】** 登山で、ヒマラヤなどの高峰に登頂するとき、酸素ボンベを使わないで登ること。ascent without oxygen support

**むざん-むき【無▼慚無▼愧】**《仏教語》恥じる心のないこと。自らを省みて恥じるのを慚、他に対し恥じるのを愧という。

**むし【虫】** ㊀(名) ①昆虫。insect ②昆虫を含む小動物。人・鳥・獣・魚・貝などを除いたもの。worm [用例] ―がわく。[数え方] 一匹。③鳴き声を楽しむ虫。スズムシ・マツムシなど。insect [用例] すだく―の声。④回虫・寄生虫。roundworm; parasite [用例] ―下し。⑤うじ。maggot [用例] ―がわく。⑥幼児の軽い症状の病気。ひきつけなど。convulsive fit [用例] かんの―。⑦なんとなく心に感じること。hunch ⑧かんしゃく。temper ⑨一つの事に熱中する人。enthusiastic person [用例] 芸の―。⑩親などからみて好ましくない異性。unlikable person [用例] ―がつく。㊁《接尾的》見下げたり、あざけっていう語。[用例] 泣き―。

**虫が好い**（むしがいい） 他人の都合や公共のことは考えにいれずに、自分の利益ばかりを願う。身勝手だ。自分勝手だ。調子がいい。take a lot for granted [用例] ―提案だ。

**虫が納まる**（むしがおさまる） 立腹が直る。regain one's temper

**虫が齧る**（むしがかぶる） ①腹痛が起こる。②産気づいて陣痛が起こる。

**虫が嫌う**（むしがきらう） なんとなく好きになれない気がする。虫が好かない。have a dislike for

**虫が知らせる**（むしがしらせる） 予感がする。have a hunch

**虫が好かない**（むしがすかない） なんとなく気に入らない。dislike

**虫が付く**（むしがつく） ①本などを虫が食う。be infested with insects ②娘に恋人ができる。One's daughter has a lover.

**虫が取り上す**（むしがとりのぼす） ①腹が痛む。②陣痛が起こる。

**虫の息**（むしのいき） 今にも絶えそうな息。at death's door

**虫の居所が悪い**（むしのいどころがわるい） 機嫌が悪く、怒りっぽい状態にある。be in a bad mood

**虫の知らせ**（むしのしらせ） 何かちょっとしたことで、不幸な出来事などを予感すること。なんとなく、それと感じること。premonition

**虫も殺さぬ**（むしもころさぬ）《小さな虫を殺すようなことさえしない、の意から》性質が穏やかだ。innocent-looking

**虫を起こす**（むしをおこす）「虫を患う」と同意。

**虫を殺す**（むしをころす） 腹立ちを我慢する。かんしゃくをおこすのを、こらえる。keep one's temper

**虫を摩る**（むしをさする）「虫を殺す」と同意。

**虫を死なす**（むしをしなす）「虫を殺す」と同意。

**虫を患う**（むしをわずらう） 寄生虫などのため腹痛を起こす。またそれが原因で病気になる。

**む-し【無死】** 野球で、ひとりもアウトにならないこと。ノーダウン。

**む-し【無私】**(名・形動) 自分の利益を考えないこと・さま。私心のないこと・さま。disinterest [比較] 無我。[用例] 公平―。

**む-し【無始】**《仏教語》限りなく遠い昔のこと。永遠の昔。

**む-し【無視】**(名・サ変他) 存在を認めないこと。ないがしろにすること。ignore

**む-し【夢死】**(名・サ変自) なにもせずに、空しく一生を送ること。[用例] 酔生―。

**む-じ【無地】** 全体が一色で、模様のないこと・もの。plain

**むし-あつ・い【蒸(し)暑い】**(形) 蒸されるように暑い。風がなく湿気が多く、気温が高い。muggy [用例] ―夜。

**むし-おくり【虫送り】** 稲につく害虫を除く呪術的行事。藁人形をつくり、鉦や太鼓を打ち鳴らして、害虫を村外に送り出す。

**むし-おさえ【虫押(さ)え】** ①幼児に疳が起こらないように飲ませる薬。虫薬。②空腹を紛らすために、少し食べること。虫養い。

**むし-かえ・す【蒸(し)返す】**(五他) ①蒸し直す。resteam ②いちおう解決したことを、また問題とする。rehash

**む-しかく【無資格】**(名・形動) 資格がないこと・さま。unlicensed; unqualified

**む-じかく【無自覚】**(名・形動) 自覚がないこと・さま。unconsciousness

**むし-がし【蒸(し)菓子】** 和菓子の一種。蒸して作ったもの。まんじゅうなど。蒸し物。

**むしかり** スイカズラ科の落葉低木。高さ約二～四m。葉は卵円形。春に、枝先に白い花を密集。花序の周囲に大きな装飾花、中央に小形の正常花がある。オオカメノキ。↓[写]

●ムシカリ

**むし-がれい【虫▼鰈】** カレイ科の海水魚。眼のある側は暗褐色で、大小不同の淡褐色の輪状紋が散在。全長約六〇cm。ミズガレイの異称があるように肉は水っぽく、干物が美味。日本全土・朝鮮半島・台湾に分布。モンガレイ。

**むし-き【蒸(し)器】** 水蒸気によって食品を蒸す調理器具の総称。木製のせいろう・金属製のご飯蒸し器・調理専門家用の蒸銅壺・中国の蒸籠などがある。steamer

**むしき-かい【無色界】**《仏教語》三界の一つ。肉体や物質を超えた精神活動だけの世界。[対義] 色界・欲界。

**むし-くい【虫食い・虫▼喰い】** ①虫が食って損じること。そのあと。②陶磁器で釉の剝落ができたもの。中国、明末のものに多く、茶人によろこばれた。人工的にも作られる。③《「虫食」「虫喰」で》ウグイス科ムシクイ属の総称。羽色は黄緑色を主とし、全長一〇～一三cm。ヒマラヤに多くの種類がいる。日本では夏鳥で、センダイムシクイなど四種が森林にすみ、冬は東南アジアに渡る。

**むしくい-ば【虫食(い)歯】** 虫歯。

**むし-ぐすり【虫薬】** 子どもの虫気を直す薬。

**むし-くだし【虫下し】** 腹の中の寄生虫を駆除する薬。駆虫剤。

**むし-け【虫気】** 回虫・消化不良などのため、子どもが神経質になり、不眠・癇癪などを起こす症状。虫。

**むし-けら【虫▼螻】** ①虫を卑しめて言う語。insect; worm ②人を卑しめて言う語。worthless fellow [用例] ―ども。

**むし-けん【虫▼拳】** じゃんけんの一種。親指をカエル、人さし指をヘビ、小指をナメクジとし、ヘビはカエルに、カエルはナメクジに、ナメクジはヘビに勝つ。

**む-しけん【無試験】** 試験がないこと。without examination

**むしけん-けんてい【無試験検定】** 特定の資格のある者を試験なしで資格を検定し、免許状などを与えること。

**む-じこ【無事故】** ①事故のないこと。without an accident ②事故を起こさないこと。no accident

**むし-ごけ** 不完全地衣類。高山や極地に多く、地上のコケ類などに混じり発生する。地衣体は白色で中空の円筒形。北半球に多く分布。

**むし-こぶ【虫▼瘤】** アブラムシ・ハチなどの昆虫が植物体に産卵・寄生することにより、植物組織が異常に肥大したこぶ状のもの。虫癭。gall

**むし-しぐれ【虫時雨】** 虫が鳴きしきるのを時雨の音にたとえたもの。

**むし-ず【虫酸・虫▼唾】** 胸がむかつくとき、胃から口に出る不快な酸性の液。

**虫酸が走る**（むしずがはしる） ①口中に虫酸が出る。②ひどく不快になる。be disgusted

**むし-ずし【蒸(し)▼鮨】** なま物の具を使わないちらしずしを蒸した温かいすし。関西で冬によく食べる。ぬくずし。

**む-じつ【無実】** ①事実がないこと。無根。groundless ②罪がないのに罪を着せられること。ぬれぎぬ。false charge [比較] 無罪。[用例] ―の罪。

**むしとり-すみれ【虫取▼菫】** タヌキモ科の多年生食虫植物。高山の岩上にはえる。葉は長楕円形で粘液を出して虫を捕らえる。夏に、小紫花が咲く。

**むしとり-なでしこ【虫取▼撫子】** ナデシコ科の一、二年草。高さ約五〇cm。茎上部の節から粘液を出す。晩春に、紅色や白色の径約一cmの五弁花を密集してつける。観賞用。南ヨーロッパ原産。ハエトリナデシコ。campion ↓[写]

●ムシトリナデシコ

**むじな【▼狢・▼貉】** タヌキあるいはアナグマの異名。地方により意味するものが異なり、両種を混同してムジナという地方もある。

**むし-なべ【蒸(し)▼鍋】** 物を蒸すのに使うなべ。小さなあなのたくさんあいた中底を入れ、蒸気が上がる仕組みになっている。steamer

**むじな-へん【▼豸偏】** 漢字を組み立てている部分の名。「貉・豹」などの左にある「豸」。

**むじな-も【▼狢藻】** モウセンゴケ科の食虫植物。池や沼の水中に浮遊する。長さ六～二五cm。葉身がハマグリ状に開閉する捕虫葉。各節に数枚輪生する。夏に淡緑色の五弁花が咲く。特別天然記念物。↓[写]

●ムジナモ

**むし-に【蒸(し)煮】** 料理で、ごく少量の煮汁で、弱火で長時間煮る調理法。

**むし-ば【虫歯・▼齲歯】** 口腔内の細菌におかされた歯。また、その疾患。放置すると、歯髄炎・歯根膜炎へと拡大する。原因は糖分のとりすぎ、口腔内の不潔、栄養のかたよりなど。decayed teeth

**むし-ば・む【虫▽食む・▼蝕む】**(五他) ①虫食いになる。get worm-eaten ②悪習や病気が精神や肉体を損なう。undermine

**むしばよぼう-デー【虫歯予防デー】** 虫歯予防の意識を高めるための日。六月四日。昭和三年(一九二八)、「むし」の日と読めるこの日を「虫歯予防デー」と決めた。同二四年(一九四九)からは六月一〇日までの週間行事となり、正式には「歯の衛生週間」という。

**むし-ばら【虫腹】** 回虫などのために、胃・腸が痛むこと。

**む-じひ【無慈悲】**(名・形動) 思いやりがないこと・さま。残酷。merciless

**むしひき-あぶ【虫引▼虻】** ムシヒキアブ科の昆虫の総称。体長五～五〇mm。他の昆虫を捕らえて体液を吸う。世界に約四〇〇〇種、日本に約三〇〇種。robber fly ↓[写]

●ムシヒキアブ

**むし-ピン【虫ピン】** 昆虫標本作製時に使用する頭の小さな針。pin

**むし-ふうじ【虫封じ】** むしが起きないようにまじないをすること。その護符。

**むし-ぶろ【蒸(し)風▼呂】** 風呂の一種。とじた部屋・箱の中に蒸気をみたし、それでからだを蒸して、汗を流す。サウナ風呂はこの一種。steam bath

**む-しぶんれつ【無糸分裂】** 細胞の核分裂の一種。染色体も紡錘体も現れず、核がいきなりくびれるようにして分裂する現象。特殊な細胞分裂とされているが、分裂過程や微細構造はまだ明らかではない。直接分裂。amitosis

**むし-へん【虫偏】** 漢字を組み立てている部分の名。「蚊・蝶」などの左にある「虫」。

**むし-ぼし【虫干し】**(名・サ変自他) 衣類・調度・書籍などの湿気を除き、虫やカビを防ぐために風を通すこと。時期により土用干し・秋干し・寒干しなどという。かざいれ。

**むし-むし【蒸し蒸し】**(副・サ変自) 蒸し暑いさま。be muggy

**むし-むしゅう【無始無終】**《仏教語》始めも終わりもないこと。常住不変。

**むし-めがね【虫眼鏡】** 物を拡大して見る凸

レンズ。拡大鏡やルーペ。単体のレンズのものが多く、二〜三枚のレンズを組み合わせたもの・張り合せたものもある。magnifying glass

**むし-もの【蒸(し)物】** ①蒸気で食品に熱を通す調理法。形くずれや焦げがなく栄養も逃げない。茶わん蒸し・魚介類の酒蒸しなど。steamed food ②蒸しもち。蒸し菓子。steamed cake

**む-しゃ【武者】** 戦いをする人。つわもの。武士。武人。warrior

**むし-やき【蒸(し)焼き】** 材料を間接的に熱して火を通す方法。ほうろくを用いたり、和紙やアルミ箔で包んだり、木の板ではさんだり、熱い灰にくべたりする。ロースト。roast

**む-じゃき【無邪気】**(名・形動) ①心に悪気がないこと・さま。innocence ②あどけないこと・さま。純真。simpleminded

**むしゃく【無錫】** 中国東部、江蘇省の太湖に臨む商工業都市。米・絹織物の産地。人口八二・五万(一九八四)。ウーシー。

**むじゃく【無着・無著】**(三一〇ごろ 三九〇ごろ) インドの僧。世親の兄。唯識説を継承して体系化し、大乗の諸教義を宣布。著書『摂大乗論』など。アサンガ。

**むしゃ-くしゃ**(副・サ変自) ①気分が晴れないさま。be in a bad mood ②むやみに腹が立つさま。be irritated

**むしゃ-じけん【霧社事件】** 昭和五年(一九三〇)台湾の台中州霧社で起こった高砂族の抗日反乱事件。日本の高砂族に対する差別政策に起因。警察・民家を襲撃し、日本人一三四名を殺害。台湾総督府により徹底的に弾圧された。

**むしゃ-しゅぎょう【武者修行】** 武士が、武芸の修行のために、諸国をめぐり歩くこと。転じて、他の所に行って、腕前や芸を磨くこと。

**むしゃ-どころ【武者所】** ①上皇の御所を警備する武士。その詰め所。②建武新政の中央機関の一つ。新田氏一族を中心におもに京都市中の警備に当たったとされる。

**むしゃ-にんぎょう【武者人形】** 五月五日、端午の節句に飾られる人形類。おもに鎧・兜をつけた武者物が多い。五月人形。↓写

●武者人形

**むしゃのこうじ-さねあつ【武者小路実篤】**(一八八五 一九七六) 小説家・画家。東京生まれ。東大中退。志賀直哉と並ぶ白樺派の代表的作家。友人らと雑誌『白樺』を創刊。平明清新な文体で率直な自己肯定の思想を描く。「新しき村」運動を主唱。昭和二六年(一九五一)文化勲章受章。小説『お目出たき人』『友情』、戯曲『人間万歳』など。↓写

●武者小路実篤

**むしゃのこうじ-せんけ【武者小路千家】** 茶道流派の一つ。三千家の一つで、江戸初期、千宗旦の次男宗守が、京都の武者小路に官休庵を建てたのに始まる。官休庵千家。参照 表千家・裏千家・三千家。

**むしゃ-ぶぎょう【武者奉行】** 戦国時代、武士の進退と、戦時の軍中の指揮に当たった役。

**むしゃ-ぶり【武者振り】** ①鎧・兜を着けた武士の姿。②武人としての働き・振る舞い。

**むしゃ-ぶりつ・く**(五自) 夢中になって組みつく。seize tight hold of

**むしゃ-ぶるい【武者震い・武者振るい】**(名・サ変自) 勇みたって、からだが震えること。shake with excitement

**むしゃ-まど【武者窓】** 太い縦格子のある窓。比較 連子窓。

**むしゃ-むしゃ**(副) ①物を無作法に食べるさま。munch 用例 ―と平らげる。②ひげなどが密生しているさま。

**むしゃ-りんどう【武佐竜胆】** シソ科の多年草。日当たりのよい高原にはえる。高さ約四〇cm。葉は線形。初夏に紫色の唇形花を数個つける。滋賀県近江八幡市武佐で発見。

**む-しゅう【無臭】** におい・くさみのないこと。odorless 用例 無味―。

**む-しゅう【無終】**《仏教語》終わりのないこと。はてのないこと。むじゅう。

**む-じゅう【無住】** ①寺に住職がいないこと。その寺。無住寺。②文語的 心がむなしいこと。

**むじゅう【無住】**(一二二六 一三一二) 鎌倉後期の禅僧。号は一円。字は道暁。鎌倉の人。尾張長母寺の住持。仏教説話集『沙石集』『雑談集』などを残す。

**む-しゅうきょう【無宗教】** ①信じる宗教を持たないこと。②宗教には関係のないこと。用例 ―葬。

**む-じゅうりょう【無重量】** 重力の作用が消えて、物の重さが感じられないこと。zero-gravity 用例 ―の状態。

**むじゅうりょう-じょうたい【無重量状態】** 重力がゼロになったと同様の状態。引力と遠心力がつりあった状態にある宇宙船内などでこの状態が実現する。無重力状態。gravity-free state

**むじゅうりょく-じょうたい【無重力状態】** ↓むじゅうりょうじょうたい(無重量状態)

**む-しゅく【無宿】** ①住む家のないこと。また、その者。②戸籍のないこと。③江戸時代、一定の住居・正業をもたない浮浪人。または、人別帳に記載されていない浮浪人。人足寄せ場を設け救済。比較 無籍者。

**む-しゅみ【無趣味】**(名・形動) 楽しみにするもののないこと・さま。無風流。lack of taste 対義 多趣味。

**む-じゅん【矛盾】**(名・サ変自) ①ほことたて。②《中国の楚の国に矛と盾を売る者があって、この矛はどんな盾をも貫くと言い、この盾はどんな矛でも防ぐと言ったが、その矛でその盾をついたらどうなるかと反問されて、答えられなかったという『韓非子』にある故事から》前後のつじつまが合わないこと。contradiction 比較 自家撞着。③哲学で、一方が成り立てば他方が成り立たないこと。また、その関係。相互に否定し合って両立しないこと。antinomy

**むじゅん-がいねん【矛盾概念】** 有と無、賢と非賢などのように、互いに否定し合って、その中間に第三者をいれない概念。contradictory concept

**むじゅん-げんり【矛盾原理】** ↓むじゅんりつ(矛盾律)

**むじゅん-りつ【矛盾律】** 論理学の基本原理の一つ。「AはＡではない」または「AはBであって同時に非Bであることはできない」という形式で表す。矛盾原理。law of contradiction

**む-しょう【無償】** ①報償がないこと。また、代価を支払わないですむこと。ただ。無料。for nothing 対義 有償。用例 ―奉仕。②報いられることを考えないこと。voluntary; rewardless 用例 ―の愛。

**む-じょう【無上】**(名・形動) もっともすぐれていること・さま。この上もないこと・さま。supremeness 用例 ―の光栄。

**む-じょう【無城】** 江戸時代、陣屋を居所とし、城をもたなかった大名。

**む-じょう【無常】**(名・形動) ①きまりがないこと・さま。uncertainty ②《仏教語》万物が変転して常住でないこと。対義 常住。③人の世のはかないこと・さま。transitory

**む-じょう【無情】** 一(名)《仏教語》心の働きがないこと。精神作用がないこと。非情。対義 有情。二(名・形動) 思いやりや同情心がないこと・さま。

**むし-ようかん【蒸(し)羊羹】** 和菓子の一つ。小豆あんに砂糖・小麦粉・くず粉などを練り混ぜて蒸したもの。

**むじょう-かん【無常感】** 世の中はすべてはかないと感じること。sense of vanity of life

**むじょう-かん【無常観】**《仏教語》宇宙のいっさいは生まれ、育ち、変わり、滅びるものであるという法則・考え方。

**むしょう-けいやく【無償契約】** 契約者の一方だけが義務を負い、相手方は対価を支払わない契約。贈与・使用貸借など。gratuitous contract 対義 有償契約。

**む-じょうけん【無条件】** どんな条件をもともなわないこと。unconditional

**むじょうけん-こうふく【無条件降伏】** 何の条件もつけないで降参すること。unconditional surrender

**むしょう-こうふ【無償交付】** 株式会社で、法定準備金または株式の券面超過額を資本金に組み入れる場合、株主に無償で新株式を交付すること。free issue

**むじょう-しょうがく【無上正覚】**《仏教語》最高の悟り。完全な悟り。阿耨多羅三藐三菩提。

**むじょう-じんそく【無常迅速】** ①人の世の移り変わりの速いこと。②死の早く来ること。

**むじょうということ【無常といふ事】** 小林秀雄の評論集。昭和二一年(一九四六)刊。『西行』『実朝』などを収める。

**むしょう-に【無性に】**(副) むやみに。やたらに。excessively 用例 ―腹が立つ。

**む-しょく【無色】** ①色のないこと。colorless 対義 有色。用例 ―透明。②一党一派に偏しないこと。neutral

**む-しょく【無職】** 決まった職のないこと。without occupation

**むし-よけ【虫除け】** ①毒虫の害を取り去ること・しかけ・薬。insect repellent ②虫除けにきくという守り札。

**むしよけ-ぎく【虫除菊】** ジョチュウギク「の別名。

**む-しょぞく【無所属】** 党派や政党に所属していないこと。independence

**む-しょとく【無所得】**《仏教語》おもに禅宗で、縁起の理を悟って執着や分別を離れた、何ものにもとらわれない自由の境地。対義 有所得。

**むしり-と・る【毟り取る】**(五他) むしって取る。もぎとる。無理に奪い取る。tear off

**むしる 8画【毟】** 部首[毛]け 和製漢字 JIS 6159 ↓むしる[毟る・挘る]

**むしる 9画【挘】** 部首[扌]てへん 和製漢字 ↓むしる[毟る・挘る]

**むし・る【毟る・挘る】**(五他) ①つかんで、引き抜く。pluck up 用例 草を―。②細かくちぎりとる。pluck up 用例 魚の身を―。

**む-じるし【無印】** しるしがないこと。しるしをつけてないこと。unmarked 用例 ―の優良品。

**むしろ【筵・蓆・席・莚】** ①敷物の一つ。イグサ・スゲ・藁・竹などを編んで作る。土間や庭に敷いたり、風除け・霜除けなどにも使う。straw mat 数え方 一枚。②座席。場。seat 用例 うたげの―。参考 ②では、もとは「席」と書いた。

**むしろ【寧ろ】**(副) どちらかといえば。いっそ。rather

**むしろ-がい【筵貝】** オリイレヨフバイ科の巻き貝。浅海の砂礫底にすむ。殻高約二cm。殻表に数多くの凸状の縦すじが走っている。腐肉をあさる。本州以南・西太平洋に分布。↓図

●ムシロガイ

**むしろ-ばた【筵旗】** むしろで仕立てた旗。農民一揆などで掲げはじめた。

**む-しん【無心】** 一(名・形動) ①心に邪念のないこと・さま。無邪気。innocent 対義 有心。用例 ―の境地。②古語 ㋐思慮・分別のないこと・さま。用例 いと―にしなしてしわざかし(源氏・玉鬘)。㋑風流心のないこと・さま。用例 柳の葉を百たび当てつべき舎人どものうけばりて射取る。―なりや(源氏・若菜下)。③《仏教語》一切の妄念から解放された心。対義 有心。二(名・サ変他) 人に金銭や品をねだること。用例 ―をいう。三(名)「無心連歌」の略。

**む-じん【無人】** 人が住んでいないこと。むにん。uninhabited 比較 ぶにん。対義 有人。用例 ―島。

**む-じん【無尽】** ①なくならないこと。inexhaustibility ②《「無尽講」の略》庶民金融の一種。親(発起人)が仲間をつくって一定の掛け金を出し、入札・抽選で落札者を決める。室町時代に起こり、江戸時代に盛行。頼母子の頼母子講。

**む-しんけい【無神経】**(名・形動) ①感じが鈍いこと・さま。鈍感。stolidity ②恥・外聞、人の気持ちなどを気にしないこと・さま。thick-skinned

**むしんこく-かさんぜい【無申告加算税】** 付帯税の一つ。申告納税方式をとる国税について、納税期限後に申告や決定などのあった場合、納付するべき税額に一定割合(一〇%)を乗じた額が課される。



↓行き先項目、図版・写真参照印。 JIS 日本工業規格情報交換用漢字符号コード(区点コード)。

む

**むじん-ぞう【無尽蔵】** ㊀（名）《仏教語。尽きることのない財宝を収納する蔵、の意から》仏法の無限の功徳のたとえ。㊁（名・形動）いくらとっても、つきないこと・さま。inexhaustible

**むじん-とう【無尽灯】** ①《仏教語》あかりの火が次から次へと限りなく移されるように、教法が無尽に伝わり広まること。仏法。②油がなくなるにしたがって、自然に油皿に油が注ぐようにつくられた灯台。lampstand with endless oil supply

**むしん-れんが【無心連歌】** 機知・滑稽を旨とする連歌。[対義]有心連歌。

**むしん-ろん【無神論】** 哲学で、神の存在をみとめない思想的立場。①不可知論的・懐疑論的な無神論。プロタゴラスなど。②汎神論が無神論と目されたもの。スピノザなど。③神の存在を完全に否定する徹底的無神論。機械的唯物論・弁証法的唯物論・実存主義の一部など。atheism

**む・す【蒸す】**（五自他）①（自）蒸し暑く感じられる。feel muggy ②（他）蒸気で熱する。ふかす。steam [用例]餅米を—。

**む・す【▽生す・▽産す】** [古語]（四自） 生まれる。はえる。生じる。[用例]いはほとなりて苔の—まで（古今・賀）。

**む・す【▼噎す】** [古語]（下二自） ↓むせる（噎せる）

**むず** [古語]（助動 サ変型）《「むとす」の約。用言の未然形に付く》＝んず。①推量の意を表す。…だろう。[用例]かのもとの国より、迎へに人々まうで来—（竹取）。②意志を表す。…しよう。[用例]必ず恨みきこえむずるぞ（大鏡・道隆）。③適当・当然の意を表す。…するのがよい。[用例]方々の手分けこそせられむずれ（保元）。

**む-すい【無水】** ①水分を含まないこと。waterless [用例]—アルコール。②水和水のない化合物につける語。[用例]—硫酸銅。③酸の一または二分子から水を除いた形の化合物につける語。anhydride [用例]—酢酸。—硫酸。

**むすい-あひさん【無水亜▼砒酸】** ↓さんかひそ（酸化砒素）

**むすい-アルコール【無水アルコール】** 水を含まないエタノール。absolute alcohol

**むすい-けいさん【無水▼珪酸】** ↓にさんかけいそ（二酸化珪素）

**むすい-さくさん【無水酢酸】** 化学式 $(CH_3CO)_2O$ アセトアルデヒドの酸化脱水により生成する無色で刺激臭をもつ液体。アセチル化剤として利用。acetic anhydride

**むすい-さん【無水酸】** 無機酸の化学式から一分子以上の水を失った形で書くことのできる酸化物、あるいは酸性酸化物。無水硫酸 $SO_3$ など。acid anhydride

**むずい-しんけいせんい【無髄神経線維】** 髄を欠く神経線維。無鞘と有鞘とがあり、無鞘は神経線維の両端、有鞘は交感神経の大部分にみられる。

**むすい-たんさん【無水炭酸】** ↓にさんかたんそ（二酸化炭素）

**むすい-フタルさん【無水フタル酸】** 化学式 $C_8H_4O_3$ 特異臭をもつ昇華性の無色の結晶。可塑剤・染料・アルキド樹脂の原料など。phthalic anhydride

**むすい-ぶつ【無水物】** ある化合物から水分子を除いたあとに得られる化合物の総称。単に水和水のとれたもの、水酸化物や酸から水のとれたものなど。anhydride

**むすい-マレインさん【無水マレイン酸】** 化学式 $C_4H_2O_3$ ベンゼンを空気で酸化させるとできる無色の昇華性のある結晶。アルキド樹脂などの原料。maleic anhydride

**む-すう【無数】**（名・形動） 数えきれないほど多いこと・さま。innumerable [対義]有数。

**むずかし・い【難しい】**（形）＝むつかしい。①わかりにくい。hard; difficult [対義]易しい。[用例]—文章。②やっかいだ。わずらわしい。troublesome [対義]易しい。[用例]—手続き。③実現しにくい。困難だ。hard; difficult [対義]易しい。④病状が思わしくない。very ill [用例]全快は—。⑤苦情が多い。気難しい。hard to please [用例]—人。⑥機嫌が悪い。sullen [用例]—顔。[派生]むずかしが・る（五自） むずかしげ（形動） むずかしさ（名）

**むず-がゆ・い【むず▼痒い】**（形） むずむずとかゆい。itchy [用例]背中が—。[派生]むずがゆさ（名）

**ムスカリ[muscari]** ユリ科の多年草。高さ一五〜三〇cm。地下に鱗茎があり、葉は線形で根生する。春に、青紫・白などの小花が総状に咲く。観賞用に栽培。↓[写]

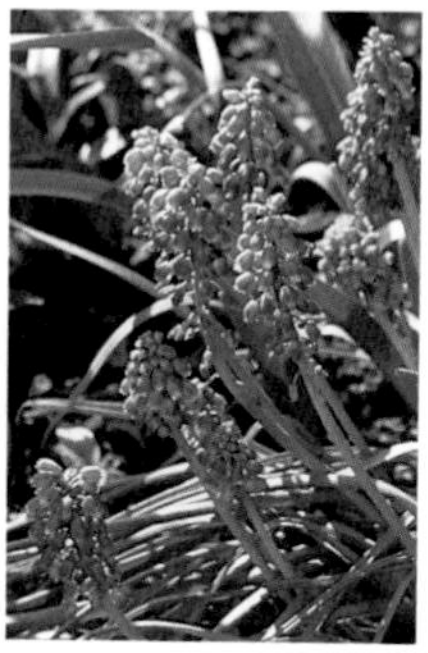

●ムスカリ

**ムスカリン[muscarine]** 毒キノコに含まれるアルカロイド。発汗・縮瞳（瞳孔の縮小）・嘔吐などを起こす。

**むずか・る【▽憤る】**（五自） 子どもがじれて泣く。機嫌が悪い。むつかる。be fretful

**ムスクーリ[Nana Mouskouri]**（一九三四） ギリシア生まれの女性ポピュラー歌手。美しい演唱で知られ、代表曲『緑の輝き』『恋の歓び』など。

**むす-こ【息子・▽息】**《「生す子」の意》その家の男の子。せがれ。son [対義]娘。

**ムスタキ[Georges Moustaki]**（一九三四） ギリシア人のシャンソン作詞・作曲家・歌手。エジプト生まれ。作品『私の孤独』など。

**ムスタング[mustang]** 北米西部の草原に野生の状態で生活するウマ。一六世紀以降スペイン人がもたらしたウマが野生化したもの。

**むず-と**（副） 激しい勢いで、力をこめてするさま。むんずと。violently [用例]—つかむ。

**むすび【結び】** ①ひも状のものを結ぶこと。また、結んだもの。tie; knot ②人と人とを親しくさせること。[用例]—の神。③終わり。しめくくり。終結。conclusion; end ④握りめし。[用例]お—。⑤文法で、文の終わりの動詞・形容詞・形容動詞・助動詞を、係りに照応させる用法。[対義]係り。[用例]係り—。↓[図]

**むすび【▽産▽霊】** 天地万物を生成すること。その霊力。むすひ。

**むすび-いと【結び糸】** 結びによってできる形。数学で、結び糸を交差しない形で円に変形できるかどうかという「結び糸の問題」があり、まだ完全には解かれていない。組糸。knot ↓[図]

**むすび-つ・く【結び付く】**（五自） ①結んで一つになる。be tied up ②関係がつく。be connected

**むすび-つ・ける【結び付ける】**（下一他） ①結んでとめる。tie ②関係を持たせる。connect with

**むすび-とうだい【結び灯台】** 三本の棒のなかほどより上でひもを結び、結び目の上下を開いて長いほうを足とし、上に油皿を置いて明かりとしたもの。

**むすび-の-かみ【▽産▽霊の神】** 万物を生みなす神。

**むすび-の-かみ【結びの神】** 男女の縁組みを扱う神・人。結ぶの神。the god of marriage

**むすび-みつば【結び三つ葉】** ミツバを数本合わせて形よく結んだもの。汁の実やなべ料理、茶わん蒸しのあしらいなどに用いる。

**むすび-め【結び目】** 結び合わせた所。knot

**むす・ぶ【結ぶ】**（五自他） ①（他）㋐二つの場所・点・ものをつなぐ。connect [用例]二点を—直線。二人は—・ばれた。㋑たばねる。ゆう。tie [用例]ひもを—。㋒かまえる。build [用例]いおりを—。㋓ある関係を持つ。約束する。取り決める。conclude [用例]同盟を—。㋔生じる。できる。bear [用例]実を—。㋕終わりとする。しめくくる。finish [用例]論文を—。㋖口などを、かたくとじる。shut [用例]口を—。㋗指を印の形に組み合わせる。[用例]印を—。㋘からめ合わせて一つの塊をつくる。tie [用例]帯を—。ネクタイを—。②（自）㋐つゆ・氷ができる。dewfall; freeze [用例]つゆを—。㋑仲間になる。ally [用例]有力者と—。

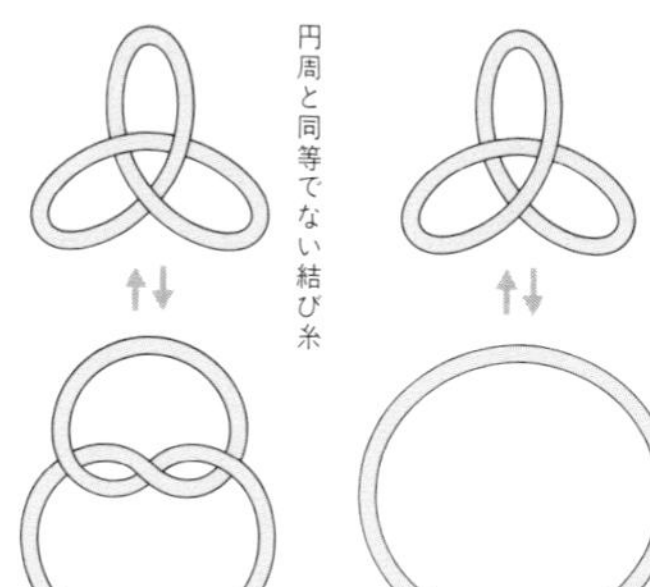

●結び糸
円周と同等の結び糸
円周と同等でない結び糸

**むす・ぶ【▼掬ぶ】** [古語]（四他） 水を手ですくって飲む。[用例]袖ひちて—・びし水のこほれるを（古今・春上）。

**むすぼ・れる【結ぼれる】**（下一自） ①結ばれて解けなくなる。②気がふさぐ。③つゆなどができる。

**むず-むず**（副・サ変自） ①虫などがはいまわるような感じ。feel itchy ②何かしたいのを我慢して、もどかしく思うさま。be impatient [用例]腕が—する。

**むす-め【娘・▽女・▽嬢】**《「生す女」の意》①その家の女の子。daughter [対義]息子。②未婚の女性。おとめ。girl

**娘十八、番茶も出花**（むすめじゅうはち、ばんちゃもでばな） 粗末な番茶でもいれたてはおいしいように、器量に難があっても、娘ざかりは美しい。[類似]鬼も十八、番茶も出花。

**娘一人に婿八人**（むすめひとりにむこはちにん） 人や物事に対して、望み手が多いたとえ。

**むすめ-ぎだゆう【娘義太▽夫】** 女性の義太夫語り。また、その義太夫節。明治期に全盛。女義太夫・女流義太夫ともいう。

**むすめ-ごころ【娘心】** 娘らしい、うぶな気持ち。娘かたぎ。girlish sentiments

**むすめ-ざかり【娘盛り】** 娘が美しく見える年ごろ。

**むすめ-し【娘師】**《隠語》土蔵破り。

**むすめどうじょうじ【娘道成寺】** 歌舞伎舞踊。長唄。本名題『京鹿子娘道成寺』。宝暦三年（一七五三）初演。藤本斗文作詞、杵屋弥作十郎・杵屋弥三郎作曲。道成寺物の代表的作品。

**むすめ-やど【娘宿】** 村の娘たちが年輩者の家を宿に頼み、夜ごとに寄り合って手仕事などをして過ごす習俗。[比較]若者宿。

**ムスリム[Muslim]** イスラム教において、信と行とを完備した者。イスラム教徒。

**ムスリム-どうほうだん【ムスリム同胞団】**（Ikhwān al-Muslimīn） 一九二九年エジプトで結成された、イスラム復古主義と民族主義を基調とする政治結社。エジプト革命などに大きな影響をもたらした。

**ムスリム-れんめい【ムスリム連盟】**（All India Muslim League） 回教徒連盟。インドのイスラム教徒がつくった宗教政党。一九〇六年結成。ジンナーらを中心に四七年パキスタンの分離独立を実現したが、五八年以後衰退。

**む-せい【無性】** 雌雄の区別のつかないこと。下等動物などにみられる。asexual

**む-せい【無声】** ①音声を伴わないこと。[用例]—映画。②発音のとき、声帯が振動しないこと。[対義]有声。

**無声の詩**（むせいのし） 絵画の別称。無韻の詩。

**む-せい【夢精】**（名・サ変自） 夜間睡眠中に無意識のうちに射精すること。生理的現象だが、回数が多く、身体的衰弱が加われば病的である。いせい。nocturnal emission

**む-ぜい【無税】** 税金のかからないこと。税をかけないこと。tax-free [対義]有税。

**む-ぜい【無勢】** 人数が少ないこと。ぶぜい。smaller force

**むせい-えいが【無声映画】** トーキー出現のころまでの、音声を伴わない映画。サイレント（沈黙）映画。silent movie

**むせい-おん【無声音】** 声帯の振動を伴わない音声。主として子音の[p][t][k][s][ʃ][h]の類。voiceless sound [対義]有声音。

**むせい-が【無性芽】** 植物の雌雄の区別のない繁殖器官のことで、これが散って新しい個体をつくる。オニユリの珠芽やゼニゴケなど。gemma

**む-せいげん【無制限】**（名・形動） 制限がないこと・さま。制限をしないこと・さま。unlimited

**むせい-せいしょく【無性生殖】** 雌雄の配偶子が接合することなく新しい個体が生まれること。母体の一部の細胞が分かれたり、単独で発育しうる無性胞子や卵細胞を生じたりする。asexual reproduction [対義]有性生殖。[参照]無性世代。

**むせい-せだい【無性世代】** 世代交代の存在する生物の生活環において、無性生殖を行う世代。胞子体世代。asexual generation



▼常用漢字表外。　▽常用漢字表の音訓外。

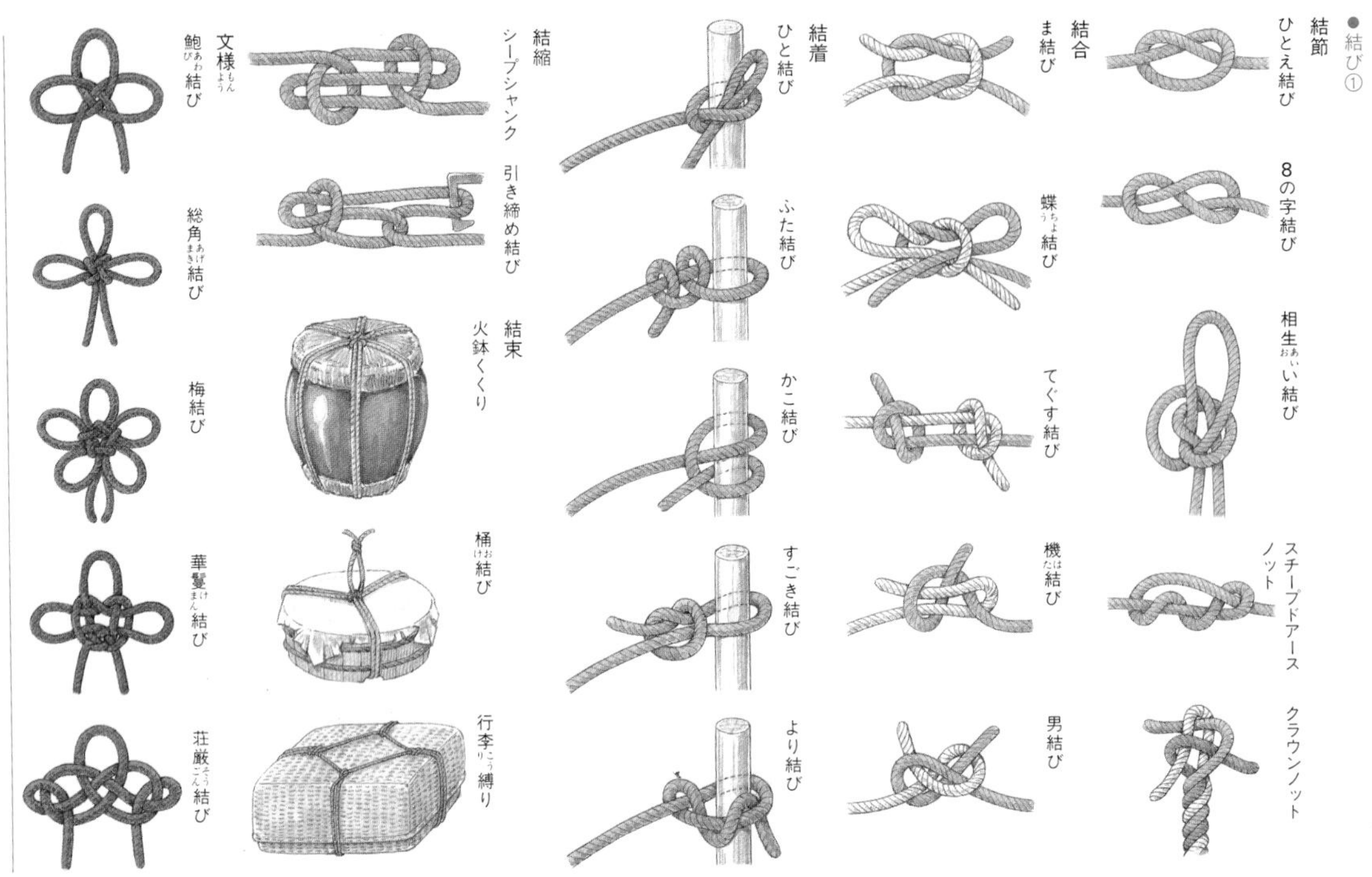


**む-せいふ【無政府】** 政府が存在しないこと。ないも同然なこと。anarchy 用例 ―状態。

**むせいふ-しゅぎ【無政府主義】** ↓アナーキズム

**むせい-ぶつ【無生物】** 生活機能のないもの。水・鉱物など。inanimate object 比較 無機物。対義 生物。

**むせい-ほうでん【無声放電】** 音を伴わない放電。silent discharge

**むせい-らん【無精卵】** 受精していない卵。wind egg

**むせ-かえ・る【▼噎せ返る】**(五自) ①ひどくむせる。choke ②ひどくむせび泣く。sob convulsively

**むせきつい-どうぶつ【無▼脊▼椎動物】** 脊椎をもたない動物の総称。一〇～二〇の門に分類される。invertebrates 対義 脊椎動物。

**む-せきにん【無責任】**(名・形動) ①責任がないこと・さま。irresponsibility ②取るべき責任を感じないこと・さま。でたらめ。irresponsibility

**むせき-もの【無籍者】** 戸籍のない者。homeless wanderer; vagabond 比較 無宿。

**むせび-な・く【▼噎び泣く】**(五自) 息をつまらせるように泣く。

**むせ・ぶ【▼噎ぶ・▼咽ぶ】**(五自) ①飲食物・煙・感動などで、息がつまりそうになる。むせる。be choked with ②のどにつまるような声で泣く。むせび泣く。sob ③風の音、水の音などがむせび泣くように聞こえる。

**む・せる【▼噎せる・▼咽せる】**(下一自) 息がつまりそうになる。むせぶ。choke

**む-せん【無銭】** ①お金を持っていないこと。have no money 用例 ―飲食。②お金のかからないこと。お金をかけないこと。without money 用例 ―旅行。

**む-せん【無線】** ①電線を架け渡さないこと。電線を用いないこと。wireless 対義 有線。②「無線電信」「無線電話」の略。

**むせん-きょく【無線局】** 無線通信設備をもち、その操作を行う者の総体。開設には郵政大臣の許可が、また操作する者は目的に応じたそれぞれの資格が必要。radio station

**むせん-そうじゅう【無線操縦】** 人が乗りこまないで、電波で船・飛行機などをあやつること。ラジコン。radio control

**むせん-でんしん【無線電信】** 電線を使わず、電波を用いて行う通信。おもに遠隔地で利用する。

**むせん-でんわ【無線電話】** 電線を使わず、電波を利用した電話。radiotelephone

**むせん-ひょうしき【無線標識】** 航空機や船舶に、航路を示すための無線信号を発射する標識。ラジオビーコン。radio beacon

**む-そ【六▽十】** ろくじゅう。むそじ。

**む-そう【無双】** ①二つとないこと。比べるものがないこと。無二。無比。unparalleled ②《「夢想」とも》衣服・器具などで、表と裏、内と外が同じ作り・材質のもの。和裁では表裏同一の布あるいは同色の布で仕立てたもの。無双袖・無双羽織など。用尺不足の場合は半無双にする。用例 ―だんす。③相撲で、片手を相手のももに当てて倒すわざ。用例 外―。

**む-そう【無想】** 何も考えないこと。無心。用例 無念―。

**む-そう【夢想】**(名・サ変他) ①夢の中で思い見ること。dream ②夢の中で、神仏のお告げがあること。oracle in a dream ③当てもないことを考えること。fancy 比較 空想。④↓むそう(無双)②

**む-ぞうさ【無造作・無雑作】**(名・形動) ①造作ないこと。たやすいこと・さま。facility ②慎重さのないこと・さま。casually 用例 ―に承知する。

**むそう-じたて【無双仕立(て)】** 表地と裏生地をまったく同じ生地で仕立てること。袋仕立て。両面仕立て。

**むそう-そせき【夢窓疎石】**(一二七五〜一三五一) 鎌倉末・室町初期の臨済宗の僧。伊勢の人。後醍醐天皇・足利尊氏の帰依を受け、天竜寺の開山となるなど多くの寺を開き、門流が栄えた。著書『夢中問答集』など。

**むそう-だいし【無相大師】** 関山慧玄の諡。

**むそう-ばおり【無双羽織】** 表布と裏布が同じ絹織物の高級羽織。表布を折り返して胴裏にする。

**むそう-まど【無双窓】** 連子を仕組んだ引き戸を取り付けた窓。閉めると一枚の板張りのようになり、開けると連子窓の外観になる。

**むそく-にん【無足人】** 中・近世、知行地をもたない状態にある家臣。江戸時代には、とくに扶持米取・蔵米取の下層武士をさした。

**むそ-じ【六▽十路】** ①六〇。sixty ②六〇歳。sixty years old

**む-ぞり【無反り】** ①反りのないこと。②刀身がまっすぐなこと。

**ムソルグスキー【Modest Mussorgsky】**(一八三九〜一八八一) ロシアの作曲家。「五人組」の一人で、ロシア国民楽派の巨匠。独特な音楽様式を確立。オペラ『ボリス=ゴドゥノフ』、交響詩『禿山の一夜』、ピアノ組曲『展覧会の絵』など。

**むた【▽共・▽与】** 古語《格助詞「の」「が」の下に付いて》…とともに。用例 風の―寄せ来る波に漁する(万葉・一五・三六六一)。

**むだ【無駄・▽徒】**(名・形動) 役に立たないこと・さま。かいがないこと・さま。また、そのもの。useless 用例 ―な努力。―を省く。

**むだ-あし【無駄足】**(名・サ変自) 足を運んだかいがないこと。fool's errand 用例 ―を踏む。

**む-たい【無体・無代・無台】** 一(名・形動) ①無法。無理。用例 無理―。②ないがしろにすること・さま。無視。二(名) 形のないこと。

**む-だい【無代】** 代金のいらないこと。ただ。

**む-だい【無題】** ①題のないこと。without title ②題をつけずに作った詩・歌。対義 題詠。

**むたい-ざいさんけん【無体財産権】** 財産権の一つ。無形の知的創造物を排他的に利用する権利。特許権や著作権など。知的所有権。right to intangible property

**むたい-さいばい【無袋栽培】** リンゴやナシなどの果実を袋掛けせずに育てる栽培法。糖分やビタミンが増す。

**むたい-ぶつ【無体物】** 法律で、音・香り・電気・熱など有形的な存在をもたないもの。incorporeal thing 対義 有体物。

**むだ-がき【無駄書(き)】** いたずら書き。scribble

**むだ-ぐい【無駄食い】**(名・サ変自) ①あいだ食い。間食。eat between meals ②必要以上に食べること。また、働かないで無為に日をすごすこと。徒食。live an idle life

**むだ-ぐち【無駄口】** 無益なおしゃべり。むだ言。chatter 用例 ―をたたく。

**むだ-ごと【無駄言】** 無駄口。chatter

**むだ-ごと【無駄事】** 役に立たないことをすること。無益な事柄。useless things

**むだ-じに【無駄死に】**(名・サ変自) 無意味に死ぬこと。犬死に。useless death

**むだ-づかい【無駄遣い】**(名・サ変他) 役に立たない金のつかい方をすること。浪費。waste one's money

**むだ-ばな【無駄花】** 咲いても実を結ばない花。あだ花。

**むだ-ばなし【無駄話】** 無益でつまらない話。雑談。idle talk

**むだ-ぼね【無駄骨】** 無益な労力。骨折り損。

**無駄骨を折る**(むだぼねをおる) してもかいのない、無益な骨折りに終わる。やったかいがない。wasted efforts

**むだ-めし【無駄飯】** 働きもせずに食うめし。徒食。eat idle bread

**無駄飯を食う**(むだめしをくう) 《仕事をしないで飯ばかり食う、の意》何の役にも立たずに、ぶらぶらと暮らす。また、何らの貢献もしないで、恩恵にだけ浴する。lead an idle life

**む-だん【無断】** ことわらないこと。許しを得ないこと。無許可。without permission 用例 ―欠勤。

**むだん-へんそくそうち【無段変速装置】** 自動車・機械などに用いられる変速装置の一つ。原動機側の軸の回転を、連続的に出力側の

軸に伝えるもの。流体を利用したトルクコンバーターと、円錐状の回転板とV字形のベルトを組み合わせた機械式のものとの二つがある。

**むたんぽ-しゃさい【無担保社債】** 物的担保がつかず、発行会社の信用にもとづくだけの社債。担保手数料が不要なため、発行側には低コストで資金調達ができる利点がある。unsecured corporate debenture 対義 担保付き社債。

**むち【▼鞭・▼笞・▽策】** ①馬や牛などを打って進ませたり、罪人を打ったりするための細長い棒や皮ひも。whip 用例 —をあてる。②物を指し示すために使う細長い棒。stick 用例 黒板の字を—で指す。③自分や人をはげましたりしかったりする、ことばや行為。用例 愛の—。

**鞭、鐙を合わせる**（むち、あぶみをあわせる） むちをくれるとともに、あぶみで馬をあおる。馬を急がせるさま。

**鞭の加持**（むちのかじ） 競馬の勝利を神仏に祈ること。

**鞭を揚ぐ**（むちをあぐ） 速く走らせるために、馬に鞭を当てる。

**む-ち【無知・無▼智】**（名・形動） ①ものを知らないこと・さま。ignorance ②知恵がないこと・さま。愚か。fool

**む-ち【無恥】**（名・形動） はじ知らず。shameless 用例 厚顔—。

**むちうち-しょう【▼鞭打(ち)症】** 自動車の追突事故などによる頸部の損傷。鞭がしなうように頭部が前後に激しく振れるため、頸椎関節が捻挫(ときに脱臼・骨折)し、脳震盪、頭頸部の痛み、しびれ、悪心などの急性症状を示す。多く慢性症状になりやすい。whiplash injury

**むち-う・つ【▼鞭打つ】**（五自他） ①むちで打つ。whip ②励ます。encourage 用例 老骨に—。

**むち-も【▼鞭藻】** 褐藻植物ムチモ科の海藻。波の静かな潮だまりに生育する。体長約四〇cmで暗褐色。軟骨質の体枝には分枝が多く、表面にいぼ状の突起がある。本州中南部の太平洋岸に分布。

**むち-もうまい【無知▼蒙▼昧】**（名・形動） 物を知らず、道理にうといこと・さま。

**むちゃ【無茶】**（名・形動）《当て字》 ①筋道が立たないこと・さま。乱暴。unreasonable ②程度のはなはだしいこと・さま。excessive

**むちゃ-くちゃ【無茶苦茶】**（名・形動）《当て字》「むちゃ」を強めていう語。目茶苦茶。disorderly; absurd

**む-ちゃくりく【無着陸】** 航空機などが目的地につくまで中途で着陸しないこと。nonstopflight 用例 —飛行。

**む-ちゅう【夢中】** 一(名) 夢を見ている間。in a dream 用例 —遊行症。二(名・形動) 興奮したり、物事に熱中して、われを忘れること・さま。absorption; forget oneself 用例 無我—。—になる。—で逃げ出す。

**む-ちゅう【霧中】** ①きりのなか。in the fog ②見通しや見当がつかないこと。at a loss 用例 五里—。

**むちゅう-しんごう【霧中信号】** 霧などで視界不良のとき、衝突を避けるため、海上の船舶や灯台が発する汽笛などの信号。fog signal 参照 霧笛。

**むちゅう-もんどう【夢中問答】** 仏教書。夢窓疎石の問答体の法語録。三巻。康永三年(一三四四)刊。俗信から仏教信仰、さらに禅の教理を具体的に説くもの。

**むちょう-おんがく【無調音楽】** 調性のない音楽。中心となる主音のない状態。一九世紀後半から無調的な音楽が作られるようになり、シェーンベルクが代表的。これを徹底させたものが十二音音楽。atonal music

**む-ちん【無賃】** 運賃や料金のいらないこと。また、払わないこと。free of charge 用例 —乗車。

**ムチン【mucin】** 動物の外分泌腺から分泌される粘性物質の総称。主体は糖たんぱく質。唾液・胃液などに含まれている。

**むつ【▼鯥】** 沖合いの深所にすむムツ科の海水魚。全長約六〇cm。体色は褐色系だが変異が大きい。一二～三月、浅い所で産卵。幼魚は浅海にすむ。冬季のものは美味。本州中部以南に分布。

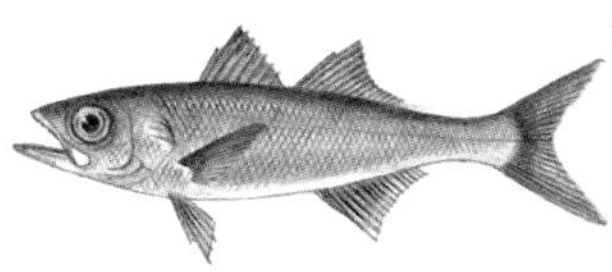

●ムツ

**む-つ【六つ】** ①一の六倍。五つの次の数。むっつ。six ②昔の時刻の名。明け方(＝明け六つ)と夕暮れ(＝暮れ六つ)。現在の、午前と午後の六時ごろ。六つどき。

**むつ**〈市〉 青森県東部、下北半島にある市。田名部・大湊町が合併、大湊田名部市となり、昭和三五年(一九六〇)現市名に改称。農業と漁業が主体。霊場恐山がある。人口五万一九三二(一八九八)。

**むつ** 日本原子力船研究開発事業団が、原子力船の建造運航技術の確立などを目的として、建造した原子動力実験船。八三五〇総トン。

**むつ【▽陸▽奥】** ①陸奥国。②旧日本海軍の戦艦。大正一〇年(一九二一)完成。四〇cm砲を八門搭載、排水量三万二七二〇トン。昭和一八年(一九四三)瀬戸内海で、原因不明の火薬庫爆発により沈没。姉妹艦「長門」。

**む-つう【無痛】** いたみのないこと。painless

**むつう-ぶんべん【無痛分▼娩】** 医学的処置によって陣痛と出産時の痛みを除くか、やわらげて分娩すること。睡眠薬や麻酔薬による方法と、一種の暗示による精神的方法とがある。painless labor

**むつか・し【▽難し】** 古語（形シク） ①気分が晴れ晴れしない。うっとうしい。用例 女君は暑く、—とて御髪すまして(源氏・若菜下)。②気味が悪い。恐ろしい。用例 右近は、ただあな—と思ひける心地みなさめて(源氏・夕顔)。③見苦しい。風情がない。用例 竜胆は、枝ざしなども—・しけれど(枕・草の花は)。④わずらわしい。めんどうだ。用例 その事果てなば、とく帰るべし。久しく居たる、いと—(徒然・一七〇)。

**むつかし・い【▽難しい】**（形） ↓むずかしい(難しい)

**むつか・る【▽憤る】**（五自） ↓むずかる(憤る)

**むつき【▼睦月】** 陰暦正月の異称。

**むつき【▼襁▼褓】** ①おしめ。おむつ。diaper; nappy ②うぶ着。baby clothes

**ムック【mook】**《和製語。雑誌magazineと書籍bookとの合成語》形態は雑誌的で、内容は書籍的な性格の出版物。昭和四〇年代の半ばごろから刊行されるようになった。一般にビジュアルなものが多い。

**むっく-と**（副） 急に起き上がるさま。むくと。sit up abruptly

**むっくり**（副） ①急に起き上がるさま。suddenly ②よく太っているさま。plumply

**ムックリ**（mukkuriアイヌ） アイヌの楽器。東南アジアや太平洋諸島、東欧などにも分布する口琴の一種。竹製や金属製がある。

**むつ-ごと【▼睦言】** ①仲よく語り合う話。②男女が寝室で交わす話。寝物語。lovers' talk

**むつごろう【▼鯥五郎】** 軟泥の干潟に孔道を掘ってすむハゼ科の魚。全長約一八cm。暗緑色の地にコバルト色の斑点が散在。両眼は相接して頭上に突出。干潟を胸びれではい、また跳ねて移動。食用。日本では有明海北部の特産。↓図

●ムツゴロウ

**むつざわ【▼睦沢】**〈町〉 千葉県房総半島南東部、茂原市の南に接する町。稲作中心で酪農・園芸農業もさかん。人口八〇二一(一八九八)。

**ムッシュー【monsieurフランス】** ①《男性の名に付けて》氏。ミスター。Mr. ②男性に呼びかけることば。sir 対義 マダム。

**ムッソリーニ【Benito Mussolini】**（一八八三～一九四五） イタリアの政治家。初め社会党左派に属して活躍。一九一九年ファシスタ党を結成。二二年政権を掌握してファシズム独裁体制を確立。エチオピアを侵略、スペイン内戦に干渉。日本・ドイツと結んで第二次大戦を強行したが四三年敗北、失脚。四五年パルチザンにより銃殺される。

**むっちり**（副・サ変自） 肉づきがよく、弾力のあるさま。plumply 用例 —とした腕。

**むっ-つ【六つ】** ①六。五より一つ多い数。six ②六歳。six years old 比較 むつ。用例 —になる。

**むっつり**（副・サ変自） ①不機嫌でものを言わないさま。sullenly ②愛想がなく口数が少ないさま。taciturn 用例 —屋。

**むっ-と**（副・サ変自） ①不機嫌になったり、腹をたてたりするさま。be offended 用例 —なって、にらみつける。②悪臭・熱気などがたちこめていて、息がつまりそうなさま。stifling 用例 人いきれで—する。

**むつ-の-くに【▽陸▽奥国】** ①旧国名。現在の福島・宮城・岩手・青森県全域と秋田県北東部。東山道の一国。「延喜式」では大国、三五郡。国府は宮城県多賀城市、国分寺は仙台市木ノ下。明治元年(一八六八)磐城国・岩代国・陸前国・陸中国・陸奥国の五国に分割。奥州。陸奥。②旧国名。現在の青森県と岩手県北西部。明治元年(一八六八)当時の陸奥国より九郡を分割して設置。同四年(一八七一)廃藩置県により青森県。同九年(一八七六)二戸郡を岩手県に編入。陸奥。

**むつ-の-はな【六つの花】**《結晶の形から》雪の美称。六花。

**むつ・ぶ【▼睦ぶ】** 古語（上二自） むつまじくする。親しくする。用例 姫君の御あたりを—・びて(源氏・末摘花)。

**むつまじ・い【▼睦まじい】**（形） 互いに情愛が細やかだ。仲がいい。親しい。むつましい。harmonious 派生 むつまじげ(形動) むつまじさ(名)

**むつみ**〈村〉 山口県中北部の山間の村。稲作中心で野菜栽培・畜産も行う。世界でも珍しい無角牛を飼育。人口二八七一(一八九八)。

**むつみ-あ・う【▼睦み合う】**（五自） 互いに仲よくする。互いに親しみ合う。make love

**むつ・む【▼睦む】**（五自） 仲よくする。親しむ。むつぶ。

**むつ-むねみつ【▽陸▽奥▽宗▽光】**（一八四四～一八九七） 明治の外交官・政治家。和歌山藩出身。脱藩して尊攘運動に参加。のち第二次伊藤内閣では外相として条約改正や下関条約締結に尽力。著書『蹇蹇録』。↓写

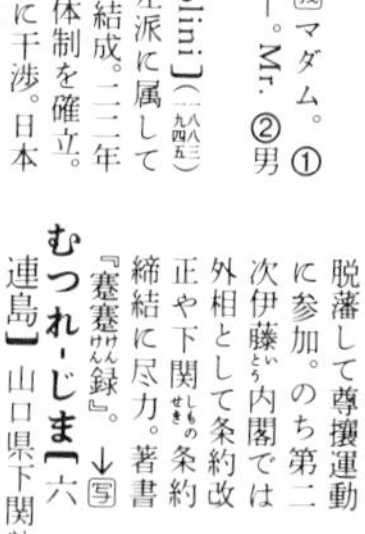

●陸奥宗光

**むつれ-じま【六連島】** 山口県下関市に属し、下関港の西約五kmにある島。面積〇・七km²。灯台・検疫所・給油所がある。

**むつわき【▽陸▽奥話記】** 平安中期、前九年の役の経緯を記した軍記物語。作者不詳。康平五年(一〇六二)ごろ成立。軍記物語の先駆。

**むつ-わん【▽陸▽奥湾】** 青森県、下北半島・津軽半島に囲まれた湾。湾内に青森・野辺地の・大湊湾があり、平舘海峡をへて津軽海峡に通じる。湾内ではホタテガイ・カキなどの養殖がさかん。

**む-て【無手】** ①なにもたないこと。素手。空手。②手段がないのに、物事を行うこと。

**むてい-うんどう【無定位運動】** ↓キネシス

**む-ていけい【無定形】** ①一定の形をもたないこと・物。shapeless ②結晶質でない固体。amorphous

**む-ていけい【無定型】** 決まった型のないこと。用例 —短歌。

**むていけい-たんそ【無定形炭素】** 炭素の同素体のうち、木炭・コークス・すすなどはっきりした結晶構造をとらないものの総称。amorphous carbon

**む-ていけん【無定見】**（名・形動） しっかりした意見・見解がないこと・さま。lack of fixed opinion

**む-ていこう【無抵抗】**（名・形動） 手向かいしないこと・さま。争わないで従うこと・さま。nonresistance

**むていこう-しゅぎ【無抵抗主義】** 政治的暴力に対し、暴力によらずに主張を通そうとする思想と運動。トルストイやガンジーが主張。非暴力主義。principle of nonresistance

**むてかつ-りゅう【無手勝流】**《「無手で勝つ」を流派にもじった》 ①戦わないで機略で勝つ方法。②自己流。

**む-てき【無敵】**（名・形動） かなうものがないこと・さま。対抗するものがないこと・さま。invincible 用例 天下—。

**む-てき【霧笛】** 霧が深く視界が悪いとき、衝突を避けるために船舶や灯台が鳴らす汽笛。foghorn 参照 霧中信号。

**むてき-かんたい【無敵艦隊】** 一五八八年、スペイン王フェリペ二世がイギリス進攻を目

▼常用漢字表外。　▽常用漢字表の音訓外。

的に編成した一三一隻の艦隊。ドレークらの率いるイギリス艦隊に大敗。スペイン没落の契機となった。アルマダ。Invincible Armada

**む-てっぽう【無鉄砲】**(名・形動) 前後を考えないでうること・さま。向こう見ず。無思慮。reckless

**ムデハール-ようしき【ムデハール様式】**《ムデハールはスペイン語で「服従せる」の意で、イベリア半島がキリスト教徒に再征服されたのち、残留を許可されたイスラム教徒をさす》イスラム建築をとり入れた一一～一六世紀のスペイン独特の建築様式の名。アラベスク模様・馬蹄形アーチなどが特徴。Mudejar style

**む-でん【無電】**「無線電信」「無線電話」の略。用例 ―装置。

**む-てんか【無添加】** 食品などで、着色剤や合成保存料などを使っていないこと・もの。additive-free 用例 ―食品。

**むてんぽ-はんばい【無店舗販売】** 店舗をもたずに販売活動を行うこと。通信販売・訪問販売・テレホンショッピングなどの方法がある。

**むてん-ぽん【無点本】**→すほん(素本)①

**ムト【Mut】** エジプト神話の女神。神々の母。アメン=ラーの妻で、子コンスとともにテーベ三神一座をなす。禿鷹の姿で表される。

**む-とう【無灯】** 夜、あかりをつけていないこと。without lights

**む-どう【無道】**(名・形動) ①道理にはずれていること・さま。非理。②道徳に背くこと・さま。非道。

**むとう-きよし【武▼藤清】**(一九〇三～八九) 建築工学者。茨城県生まれ。東大教授。耐震構造理論の研究で著名。日本初の超高層ビル「霞が関ビル」建築のさい、その理論が応用された。

**むとう-さんじ【武▼藤山治】**(一八六七～一九三四) 実業家・政治家。岐阜県生まれ。慶応義塾卒。三井銀行をへて鐘淵紡績社長。衆議院議員。昭和七年(一九三二)時事新報社長に就任し、帝人事件を摘発して暗殺された。

**むどき-ぶんか【無土器文化】** 先土器文化の別称。

**む-どく【無毒】** 毒がないこと。nontoxic 対義 有毒。

**む-とどけ【無届(け)】** 届け出をしないこと。without giving notice

**む-とんじゃく【無▼頓着】**(名・形動) 気にかけないこと・さま。平気なこと・さま。むとんちゃく。indifference

**むなあて-ゆうびん【無名宛郵便】** ダイレクトメールなどで、特定の地域の全世帯配布を目的とするために、個人の宛名を省略した郵便。

**ムナーリ【Bruno Munari】**(一九〇七～) イタリアの造形作家。実験的作品が多い。著書『芸術としてのデザイン』など。

**むな-いた【胸板】** ①胸の、平たい部分。chest ②よろいの胸の部分。→胴丸図 →腹巻き図

**むな-がい【▼鞅・胸▼繋・胸▽懸】**《「むなかき」の転》馬の胸からくらにかけるひも。比較 面掛・鞦。→馬具図

**むなかた【▽宗▽像】**〈市〉 福岡県北部の市。福岡・北九州市の中間に位置し両市の住宅地となっている。行政機関の集まる東郷と旧宿場町の赤間が中心で、農業と商業がさかん。人口六万二一四八(一九八八)。

**むなかた-しこう【棟方志功】**(一九〇三～七五) 版画家。青森市生まれ。縄文的で民芸的特質をもった生気ある独自の板画(木版画)を制作。昭和四五年(一九七〇)文化勲章受章。作品『大和し美し』『釈迦十大弟子』など。→写

●棟方志功『大和し美し』「倭建命の柵」。昭和一一年(一九三六)。

**むなかた-たいしゃ【▽宗▽像大社】** 福岡県宗像郡玄海町にある旧官幣大社。海辺の辺津宮、大島の中津宮、沖ノ島の沖津宮三社からなる。祭神はそれぞれ市杵島姫神・湍津姫神・田心姫神の宗像三女神。沖ノ島の祭祀遺跡は「海の正倉院」として知られる。

**むな-ぎ【棟木】** むねに使う木材。→和風住宅図

**むな-くそ【胸▼糞】**《俗語》気持ち。むねくそ。

**胸糞が悪い**(むなくそがわるい) 不快だ。いまいましい。feel disgusted at

**むな-ぐら【胸倉・胸▽座】** 衣服の、左右の襟が重なり合うあたり。breast 用例 ―をつかむ。

**胸倉を取る**(むなぐらをとる) 相手の胸倉をつかむ。seize a person by the breast

**むな-ぐるし・い【胸苦しい】**(形) 胸が押さえつけられているようで息苦しい。feel tight in the chest 派生 むなぐるしげ(形動) むなぐるしさ(名)

**むな-ぐろ【胸黒】** 顔の下半分から胸・腹にかけて黒いチドリ科の鳥。翼長約一六cm。シベリア東北部などで繁殖し、冬はオーストラリアなどに渡る。その途中、春秋二回日本全土を通過し、耕地・海浜などに群れる。Eastern golden plover

**むな-げ【胸毛】** 胸のあたりの毛・羽根。chest hair

**むな-さき【胸先】** ①みぞおちのあたり。胸元。胸おち。pit of the stomach ②胸の前。breast

**むな-さわぎ【胸騒ぎ】**(名・サ変自) 心配や、よくない予感などで、胸がどきどきすること。uneasiness; presentiment

**むな-ざんよう【胸算用】**(名・サ変自他) 心の中で計算すること。見つもり。むなづもり。むねざんよう。estimation 比較 皮算用。

**むな・し【▽空し】** 古語 (形シク) →むなしい(空しい)

**むなし・い【▽空しい・▽虚しい】**(形) ①中に物がない。からっぽだ。内容がない。empty ②事実がない。groundless ③かいがない。無駄。useless ④はかない。vain ⑤この世にいない。死んでいる。dead 派生 むなしさ(名)

**空しき骸**(むなしきから) 死骸。なきがら。

**空しき煙**(むなしきけむり) 火葬の煙。無常の煙。

**空しき空**(むなしきそら) 大空。虚空。

**空しき名**(むなしきな) 実際には価値・実質がないのに立てられる評判。

**空しき船**(むなしきふね) 譲位した後の先帝。上皇の別称。

**空しくする**(むなしくする) =むなしゅうする。①からっぽにする。用例 心を―。②殺してしまう。無駄にしてしまう。

**空しくなる**(むなしくなる) 死ぬ。die

**むな-だか【胸高】** 帯を、高く胸のあたりにしめること。

**むなつき-はっちょう【胸突(き)八丁】** ①富士山で、頂上まであと八丁(約九〇〇m)の、登りのきつい難所。一般の山道にもいう。②物事をなしとげる直前の、もっとも困難な時期。the most difficult period

**むな-づもり【胸積(も)り】** →むなざんよう(胸算用)

**むな-ひも【胸▼紐】** =むなひぼ・むねひも。①着物の胸のあたりに付けたひも。②胸ひもの付いた着物を着る幼いころ。

**むな-ふだ【棟札】** 建造物の棟上げや修造のさいに、工事の由緒・建築主・工匠・年月日などを記して棟木に打ちつける札。これらは棟木など用材そのものに記されることもあり、貴重な史料とされる。

**むな-もと【胸元】** →むなさき(胸先)

**むな-もん【棟門】** 門構えの左右に立てた二本の円柱の上に切り妻破風造りの屋根をのせた門。むなかど。むねもん。

**むな-やけ【胸焼け】** →むねやけ(胸焼け)

**む-に【無二】** またとないこと。並ぶもののないこと。matchless 用例 ―の親友。

**ムニエル【meunièreフランス】** 魚の切り身などに小麦粉をまぶし、バター焼きにする調理法。パセリのみじん切り・レモン汁などをかける。

**むに-むさん【無二無三】** =むにむざん。①《仏教語》『法華経』「方便品」の語。仏になる道はただ一乗のみで、二乗や三乗の区別のないこと。無二亦無三。②ひたすら。わき目もふらないこと。earnest

**むにゃ-むにゃ**(副) 口の中で、あいまいにいうさま。寝言をいうさま。mumble

**む-にん【無人】** ①人が全く住んでいないこと。むじん。uninhabited 用例 ―の境を行く。②人手がないこと。比較 ぶにん。

**むにんしょ-しょう【無任所相】** 無任所大臣の通称。

**むにんしょ-だいじん【無任所大臣】** 行政事務を分担管理せず、各行政部の長(各省大臣)の座につかない国務大臣の通称。無省大臣。無任所相。minister without portfolio

**むね【旨】** 物事のおもむき。趣旨。effect

**旨とする**(むねとする) 主とする。重んじる。make it a principle to

**むね【▽宗】** 主とすること。本体。中心。principle

**むね【胸】** ①頸と腹のあいだの部分。一対の乳房(男子では未発達)があり、その下層に大胸筋、その内側には中央の胸骨とその両側にある一二対の肋骨とからなる胸郭がある。chest ②心臓。heart ③肺。lung ④胃。stomach ⑤心。思い。考え。heart; mind ⑥女性の乳房。breasts

**胸開く**(むねあく) 心が晴れ晴れする。be cheerful

**胸が痛む**(むねがいたむ) つらく思う。心痛する。be deeply worried

**胸が一杯になる**(むねがいっぱいになる) 喜びや悲しみを強く心に感じる。感きわまる。胸が詰まる。get a lump in one's throat

**胸が焦がれる**(むねがこがれる) 「胸を焦がす」と同意。

**胸が裂ける**(むねがさける) 胸が引き裂かれるほど、苦しみや悲しみを堪えがたく感じる。break one's heart

**胸が騒ぐ**(むねがさわぐ) 何か悪いことが起こりそうで、心が落ちつかない。胸騒ぎがする。feel a presentiment

**胸がすく**(むねがすく) 気持ちがさっぱりする。気分がすっとする。feel refreshed

**胸が狭い**(むねがせまい) 心が狭い。狭量である。

**胸が痞える**(むねがつかえる) ①食物がうまく腹に入っていかない。be choked up ②心配などのため、感情が高ぶる。胸が詰まる。be choked up

**胸が潰れる**(むねがつぶれる) ①びっくりする。be surprised ②心配する。be anxious ③ひどく悲しむ。feel sorry

**胸が詰まる**(むねがつまる) 悲しみ・悩み・感動などで、胸が満たされるように感じる。胸が一杯になる。get a lump in one's throat 用例 悲しみで―。

**胸が轟く**(むねがとどろく) ひどく胸騒ぎがする。

**胸が張り裂ける**(むねがはりさける) 悲しみ・悩み・憎しみ・くやしさなどで、胸を引き裂かれるような苦痛がある。heartbreaking

**胸が晴れる**(むねがはれる) 気持ちが軽くなる。すっきりする。take a load off one's mind

**胸が塞がる**(むねがふさがる) 悲しみ・悩みなどで胸が一杯になって、晴れ晴れしない。a lump in one's throat 用例 友の死に―。

**胸が焼ける**(むねがやける) むねやけがする。heartburn

**胸三寸に納める**(むねさんずんにおさめる) 心に秘めておく。

**胸に当たる**(むねにあたる) 思い当たる。用例 ―ことがある。

**胸に一物**(むねにいちもつ) 悪いたくらみを、心に持っていること。have some plot in mind

**胸に聞く**(むねにきく) よく考える。用例 自分の胸に聞いてみろ。

**胸に刻む**(むねにきざむ) 心にしっかりとどめる。しっかり記憶する。bear in one's mind

**胸に釘打つ**(むねにくぎうつ) 弱点を突かれて心が痛む。

**胸に迫る**(むねにせまる) 深く感じる。come home to

**胸に畳む**(むねにたたむ) 心に秘めて人に語らない。keep to oneself

**胸に痞える**(むねにつかえる) ①食物が食道にひっかかっている気がして、苦しい。be choked ②気にかかっていて、悩む。hung on one's mind

**胸に手を当てる**(むねにてをあてる) 落ち着き、心を静めて、よく考えるようす。think a matter over 用例 胸に手を当てて考える。

**胸に手を置く**(むねにてをおく) よく考える。think over

**胸に秘める**(むねにひめる) 自分だけの気持ちとして外へ出さないで隠しておく。keep ... to oneself

**胸に鑢を掛く**(むねにやすりをかく) 心中ひどく苦しむ。

**胸の内**(むねのうち) ほんとうの気持ち。心の中。in one's heart

**胸の霧**(むねのきり) 不安・心配が晴れないことのたとえ。

**胸の煙**(むねのけむり) 《胸がこがれるときの煙、の意》もやもやした胸の思い。

**胸の関**(むねのせき) 《「関」は関所で、ふさぐ意》胸が



↓行き先項目、図版・写真参照印。 JIS 日本工業規格情報交換用漢字符号コード(区点コード)。

ふさがることにいう語。

**胸の痞え**(むねのつかえ) 心の中のわだかまり。気のふさがり。心が晴れ晴れしないさま。the pressure in one's chest

**胸の月**(むねのつき) 心中に何のやましいところもないたとえ。

**胸の火**(むねのひ) 激しくてせつない恋慕・嫉妬などの情のたとえ。

**胸の隙開く**(むねのひまあく) 心が晴れ晴れする。

**胸の焰**(むねのほのお) 「胸の火」と同意。

**胸拉ぐ**(むねひしぐ) 心配・悲しみなどで、胸が押しつぶされるような感じがする。

**胸塞がる**(むねふさがる) 「胸が塞がる」と同意。

**胸を痛める**(むねをいためる) たいへん心配する。be worried about

**胸を打つ**(むねをうつ) 感動する。感動させる。be touching

**胸を躍らせる**(むねをおどらせる) 気持ちをわくわくさせる。get excited

**胸を貸す**(むねをかす) 相撲で、上位の力士が下位の力士にけいこの相手になる。give a workout

**胸を借りる**(むねをかりる) ①相撲で、先輩力士にけいこの相手をしてもらう。be given a workout ②一般に、実力ある相手にけいこをつけてもらう。be given a workout

**胸を焦がす**(むねをこがす) 恋慕などのため、心中で苦しみもだえる。あこがれる。しきりに思う。burn with love for

**胸を摩る**(むねをさする) ほっとする。安心する。heave a sigh of relief 類似 胸を撫で下ろす。

**胸を叩く**(むねをたたく) 快諾する。頼まれたことをしっかと請け合う気持ちを表すようす。take all responsibility for

**胸を突く**(むねをつく) ①はっとする。ひどく驚く。用例 胸をつかれることば。②ひどく感動する。また、そうさせられる。go to the heart 用例 —思い。③たいへん急な坂道にいう。用例 —ような坂道。

**胸を潰す**(むねをつぶす) ひどく驚く。また、たいそう思い悩む。be astonished 類似 肝を潰す。

**胸をときめかす**(むねをときめかす) うれしさで、胸をどきどきさせる。throb one's heart

**胸を撫で下ろす**(むねをなでおろす) ほっと安心する。feel relieved 類似 胸を摩る。

**胸を弾ませる**(むねをはずませる) 喜び・期待で、どきどきする。one's heart leaps with expectation

**胸をはだける**(むねをはだける) ①暑いときなどに衣服の胸の辺りを開けて肌を露出させる。expose one's chest ②だらしない格好のたとえ。

**胸を晴らす**(むねをはらす) 気にかかっていたことをやり終えたり、悩みが解消したりして、すっきりした気分になる。take a load off one's mind

**胸を張る**(むねをはる) ①姿勢を正して、胸をそらす。stick one's chest out ②自信に満ちた態度をとる。また、いばる。boast

**胸を冷やす**(むねをひやす) 驚き恐れる。ぞっとする。肝を冷やす。

**胸を膨らます**(むねをふくらます) 希望などで、元気がみなぎり、胸がいっぱいになる。be full of

**胸を病む**(むねをやむ) 肺結核など、胸の病気になる。

**胸を割る**(むねをわる) 心の底をうちあける。

**むね【棟】** ㊀(名) ①屋根の面が交わり、もっとも高くなっている部分。位置と構造によって大棟・隅棟・降り棟・稚子棟などがある。また、棟木。ridge ②家・建物。house ③牛車の屋形の上に前後に渡した木。④《「刀背」とも》刀のみね。㊁(助数) 家を数える語。↓民家図 ↓屋根図 ↓牛車図 ↓日本刀図

**むね-あげ【棟上げ】** 木造建築で棟木を上げて取りつけること。ビル工事などでは、コンクリートの打ち終え、また、鉄骨工事完了時とする。上棟。

**むねあげ-さい【棟上(げ)祭】** 建築儀礼の一つ。柱・梁などを組みあげて棟木を上げるときに行う神事。破魔弓・破魔矢を飾り、餅などをまく。上棟式。建前。

**むね-あて【胸当て】** ①胸部に当てる防具。よろい。胸甲。breastplate ②江戸時代の火消し・飛脚・馬子などがつけた胸の当て布。③子ども用の胸かけ・よだれかけ。bib

**むね-くそ【胸▼糞】** ↓むなくそ(胸糞)

**むね-ざんよう【胸算用】** ↓むなざんよう(胸算用)

**む-ねつ【無熱】** 体温がふつうであること。平熱。

**むね-と【▽宗徒】** 古語 《「宗と」から転じた語》おもだった者。主要な者。用例 —の侍どもなかばすぎてほろびぬ(平家・一〇・藤戸)。

**むね-と【▽宗と】** 古語 (副) おもに。もっぱら。用例 一生のうち、—あらまほしからん事の中に(徒然・一八八)。

**むねなが-しんのう【▽宗▽良親王】**(一三一一?) 後醍醐天皇の皇子。倒幕計画に加わって北条氏と戦い、捕らわれて讃岐に配流。建武新政後は足利方に対抗し、中部・東海地方に転戦。『新葉和歌集』を撰した。

**むね-の-もり【胸の守】** 婚礼のとき、新婦が胸にかける、守り袋。

**むねべつ-せん【棟別銭】** 中世、家屋の棟数に応じて課せられた税。初めは荘園領主・将軍などが臨時費用調達のため実施したが、しだいに定期的課税となった。

**むね-まわり【胸回り】** 胸部のもっとも高いところの水平のひと回り。またはその回り寸法。洋裁で、婦人服では胸囲、バストまたはバストライン、紳士服では上胴。around a chest ↓採寸図

**むね-むね・し【▽宗▽宗し】** 古語 (形シク) ①中心的である。用例 家司なども—・しき人もなかりければ(源氏・橋姫)。②しっかりしている。たよりになる。用例 —・しからぬ軒のつまなどに這ひまつはれたるを(源氏・夕顔)。

**むね-もん【棟門】** ↓むなもん(棟門)

**むね-やけ【胸焼け】** 胃から食道内、咽頭に上ってくる灼熱性または痙攣性の疼痛感覚。嘈囃。heartburn

**むねわり-ながや【棟割(り)長屋】** 一棟の建物を壁で仕切った、数戸の住まい。

**む-ねん【無念】** ㊀(名) 《仏教語》とらわれがなく無心であること。正念。㊁(名・形動) 悔しく思うこと・さま。残念。regret

**むねん-むそう【無念無想】** 無我の境地に入って、なにも考えないこと。free from worldly thoughts

**む-のう【無能】** (名・形動) 能力がないこと・さま・人。incompetence 対義 有能。用例 —無才。

**むのう-りょく【無能力】** (名・形動) ①物事をする力がないこと・さま。inability ②法律上、単独では完全な法律行為をすることができないこと・さま。incompetence

**むのうりょく-しゃ【無能力者】** 単独では完全な法律行為ができない者。民法は未成年者・禁治産者・準禁治産者の三種を定める。incompetent

**む-は【無派】** どの党派にも属さないこと。

**む-はい【無配】** 株式で、配当がないこと。無配当。non-dividend paying 対義 有配。

**むはいとう-ほけん【無配当保険】** 利益配当がなく保険料の安い保険。nonparticipating insurance

**むはいにゅう-しゅし【無▼胚乳種子】** 胚乳が発達せず、養分が子葉に貯えられた種子。エンドウ・アサガオなど。exalbuminous seed 対義 有胚乳種子。

**むば-たま【▽射▽干玉】** ↓ぬばたま(射干玉)

**むばたま-の【▽射▽干玉の】** [枕ことば]《「ぬばたま(ヒオウギの実)の」の変化したもの。ヒオウギの実が黒く、黒や暗い、に関連することから》「黒・夜・闇・髪・夢」などにかかる。うばたまの。用例 いとせめてこひしき時は—夜の衣をかへしてぞきる(古今・恋二)。

**ムババネ【Mbabane】** アフリカ南東部、スワジランドの首都。錫の採掘がさかん。標高一二〇〇m前後の高原都市。人口二・三万(一九七六)。

**むはんどう-ほう【無反動砲】** 射撃時の爆発ガスを尾栓の噴出孔から後方に噴出させて、砲の反動を少なくした火砲。軽量で小型。recoilless gun

**ムハンマド【Muhammad アラビア】**(五七〇ごろ〜六三二) 《たたえられる者、の意》イスラム教の開祖・預言者。アラビアのメッカ生まれ。四〇歳のころ、アラーの啓示を受け、布教活動に入る。六二二年迫害を避けてメディナに移住。六三〇年にはメッカを支配し、イスラムの聖地とした。「神の使徒」とよばれ、宗教的・政治的にアラビアを統一した。マホメット。

**む-ひ【無比】** (名・形動) 他に比べるものがないこと・さま。類がないこと・さま。無双。無二。matchless 用例 古今—。

**む-び【夢▼寐】** 眠って夢を見ること。眠ること。

**ムヒカ-ライネス【Manuel Mujica Láinez】**(一九一〇〜八四) アルゼンチンの小説家・美術評論家。ヨーロッパ中世などに取材した歴史小説に傑出。作品『ボマルソ』『一角獣』など。

**む-ひつ【無筆】** ①文字が書けないこと・人。②文章が書けないこと・人。用例 —の旅日記。

**むび-にも【夢▼寐にも】** (副) 《下に打ち消しをともなって》決して。用例 —忘れない。

**む-ひはん【無批判】** (名・形動) 考えなしであること・さま。批判しないこと・さま。uncritically 用例 —に受け入れる。

**む-ひょう【霧氷】** 氷点下の雲や霧が樹の枝などについてできる氷。樹木など地上にある物体に対する着氷現象の総称。樹霜・樹氷・粗氷など。rime

**む-びょう【無病】** 病気をしないこと。達者。用例 —息災。

**む-ひょうじょう【無表情】** (名・形動) ①感情の動きが顔にあらわれないこと・さま。without expression ②表情の動きが鈍いこと・さま。無愛想。impassive

**むびよく-き【無尾翼機】** 水平尾翼、または水平・垂直両尾翼のない飛行機。主翼だけで機体の安定が保てるように設計されている。tailless airplane

**むび-るい【無尾類】** 尾のない両生類の総称。カエルの仲間。体は短くて幅広く、後肢がよく発達する。幼生がオタマジャクシで、鰓や尾をもち水中生活をするが、変態後はそれらを失い、肺や四肢が発達。世界に二〇〇〇種以上、日本には二六数種。salientian

**ムファレレ【Ezekiel Mphahlele】**(一九一九〜) 南アフリカ共和国の黒人小説家。自伝小説『二番街にて』、短編集『生者と死者』など。

**む-ふう【無風】** 風がないこと。calm

**むふう-たい【無風帯】** 気候上、風の弱い地帯。亜熱帯高圧帯や赤道付近など。calm belt

**ムフロン【mouflon】** 家畜ヒツジの原種とされる野生ヒツジ。肩高七〇cm内外。野生ではコルシカ島、サルジニア島に分布。ゲンヨウ。

**む-ふんべつ【無分別】** (名・形動) 分別のないこと・さま。後先の考えのないこと・さま。無謀。thoughtless 対義 上分別。用例 —にもほどがある。

**むふんべつ-ち【無分別▼智】** 《仏教語》相対的な主観や客観を超えた絶対的な智。識別や弁別する以前の真実の智慧。

**むべ【▼郁▽子・▽野▽木▼瓜】** アケビ科のつる性常緑低木。山地にはえる。葉は楕円形の小葉が掌状につく。春に、淡紫色の花が咲き、秋に紫熟する果実は食用。トキワアケビ。ウベ。↓写

●ムベ

**むべ【▽宜】** 古語 (副) なるほど。道理で。げに。うべ。用例 —山風をあらしといふらむ(古今・秋下)。

**むべ-むべ・し【▽宜▽宜し】** 古語 (形シク) もっともらしい。うべうべし。用例 —・しき所の前栽にはいとよし(枕・故殿の御服のころ)。

**む-へん【無辺】** (名・形動) 限りのないこと・さま。果てしのないこと・さま。用例 広大—。

**むへん-ざい【無辺際】** (名・形動) 限りなく広いこと・さま。むへんさい。

**む-ほう【無法】** (名・形動) ①理に合わないこと・さま。でたらめ。乱暴。unreasonable 用例 —者。②法がないこと・さま。また、法が無視されていること・さま。lawless; illegal 用例 —地帯。

**む-ぼう【無謀】** (名・形動) 向こう見ずなこと・さま。無茶。無分別。reckless

**む-ほうしゅう【無報酬】** 報酬がないこと。報酬を受けないこと。without reward

**む-ぼうび【無防備】** 防備がないこと。defenseless 用例 —都市。

**むほうまつのいっしょう【無法松の一生】** 岩下俊作の小説。『富島松五郎伝』の題名で昭和一六年(一九四一)発表。粗野な車ひき富島松五郎が、美しい未亡人とその子のために献身する純愛物語。映画化。

**む-ほん【無▽品】** 親王で、位階をもたないこと。むぼん。

**む-ほん【謀反・謀▼叛】** (名・サ変自) 臣下が主君に対して、また、時の権力者にそむいて兵をあげること。rebellion

**む-ま【夢魔】** ①夢の中に現れて苦しめる悪魔。②不安・恐れのはなはだしい夢。

**む-み【無味】** (名・形動) ①味がないこと・さま。tasteless 用例 —無臭。②おもしろみがないこと・さま。dull

▼常用漢字表外。 ▽常用漢字表の音訓外。

**むみ-かんそう【無味乾燥】**(名・形動) おもしろくなく、興味をそそらないこと・さま。dry and tasteless; dull

**む-みょう【無明】**《仏教語》十二因縁の第一支で、根源的な無知。人間存在のもっとも根本的な煩悩で、物事の真実の姿を理解できず、迷いや苦しみの原因となる。用例 ——の闇。

**無明の酒**(むみょうのさけ) 無明の状態を酒の酔いにたとえた語。

**無明の眠り**(むみょうのねむり) 無明の状態を眠りにたとえた語。

**無明の闇**(むみょうのやみ) 無明の状態を、闇夜にたとえた語。無明長夜。

**むみょうしょう【無名抄】** 鴨長明の歌論書。建暦元年(一二一一)ごろ成立。詠歌心得・故実・逸話・歌人批評など、約八〇章段の和歌随筆的作品。幽玄論が有名。

**むみょう-じょうや【無明長夜】**《仏教語》衆生の迷いの状態を、いつまでも続く夜にたとえた語。無明の闇。

**むみょうぞうし【無名草子】** 鎌倉前期の評論文学。作者は未詳だが、藤原俊成女とする説もある。建仁二年(一二〇二)ごろ成立した。『源氏物語』以下の物語を批評し女流文学者論に及ぶ。物語評論の最初の書。建久物語。

**む-めい【無名】** ①名がわからないこと。obscure ②名を書かないこと。無記名。anonymous ③有名でないこと。unknown 対義 知名・有名。

**む-めい【無銘】** 書画・刀剣などに、それをつくった人の名が入っていないこと。その製作物。unsigned 対義 在銘。

**むめい-し【無名氏】** 名のわからない人。姓名を書かない人。失名氏。anonymous person

**むめい-し【無名指】** くすりゆび。

**むめい-すう【無名数】** 単位の名のつかない、ふつうの数。対義 名数。

**むめい-せんし【無名戦士】** 名のわからない兵士。unknown soldier 用例 ——の墓。

**む-めんきょ【無免許】** 免許を受けていないこと。unlicensed 用例 ——運転。

**むもう-うん【無毛雲】** 積乱雲で、その頂部のこぶが輪郭を失いはじめているが、まだ羽毛状の巻雲が現れていないもの。calvus

**むもう-しょう【無毛症】** 先天的に体毛の欠如している状態。とくに女性に多い陰部無毛症は、ホルモンの異常で、治療には男性ホルモンを用いる。atresia

**む-もん【無文】** 対義 有文。①衣服などに文様のないこと。②能楽で、演技の内面にこめられた深い味わい。③和歌・連歌・俳諧で着想や風情の表現に趣向の乏しいもの。

**む-もん【無門】**《仏教語》修行者を導くのに、関門をもうけないこと。悟りに入るためには門はないということ。用例 大道——。

**む-もん【無紋】** ①紋のないこと。②布に、模様のついていないこと。無地。

**むもん-うすきちょう【無紋淡黄蝶】** ウスキシロチョウの無紋型。開張約六・五cm。食草はマメ科のタガヤサンなど。沖縄以南のアジアの熱帯地域に分布。

**むもんかん【無門関】** 中国、宋代の禅の書。無門慧開の著。一巻。公案四十八則を選び、頌と批評を加えたもの。

**む-やく【無役】** 役目・職務のないこと。off duty 比較 無職。

**む-やく【無益】**(名・形動) →むえき(無益)

**む-やみ【無闇】**(形動)《当て字》①結果を考えないでするさま。reckless ②度を越しているさま。

**むやみ-やたら【無闇矢鱈】**(形動)《当て字》「むやみ」を強めた語。reckless

**むゆう-じゅ【無憂樹】** マメ科の常緑樹。インド南部にはえる。この木の下で仏陀が誕生したとされる。葉は羽状複葉。花は黄、橙で芳香があり、円錐状。アシュカジュ。

**むゆう-びょう【夢遊病】** 睡眠中に突然起き上がって、歩き回ったり話したりするが、あとでなにも覚えていない状態。小児に多く、原因の多くは心因性だが、てんかん発作の場合もある。夢中遊行症。離魂病。夢幻様状態。somnambulism

**む-よう【無用】**(名・形動) ①役に立たないこと・さま。useless 対義 有用。②してはいけないこと・さま。forbidden 用例 天地——。

**無用の長物**(むようのちょうぶつ) あっても役に立たないもの。無駄なもの。deadwood

**無用の用**(むようのよう)《『荘子』にあることば》一見無用と思われるものに、かえって大きな効用があるということ。

**む-よく【無欲・無慾】** 欲がないこと。disinterested 対義 大欲。

**むよ-ねはん【無余涅槃】**《仏教語》悟りを

●村上華岳『日高河清姫』(部分)。大正八年(一九一九)、東京国立近代美術館。

えて一切の煩悩を断ち切り、生死輪廻することがなくなった人が、肉体をも滅した境地。灰身滅智。対義 有余涅槃。

**むら【村】** ①地方公共団体として行政上最下級の単位。村。village 対義 市・町。②《接頭的》都会風に対して、田舎風。village 用例 ——芝居。

**むら【斑】** ①色の濃い薄いが一様でないこと。まだら。uneven ②物事がそろわないこと。irregular ③気が変わりやすいこと。caprice

**むら【群・叢・簇】** 群がること。群がるもの。

**ムラート【mulato スペイン】** ラテンアメリカで、白人の父と黒人の母の間の混血児。

**むらい-まさなり【村井正誠】**(一九〇五—) 洋画家。岐阜県生まれ。文化学院に学ぶ。モダンアート協会を設立。作品『ウルバン』『黒い線』など。

**むら-いり【村入り】** 新たに村に定住を求めるための手続き儀礼。新戸が「一軒前」と認められるためには、村の有力者を仮親に立て村寄り合いで紹介してもらったり、共有林野や漁場の権利を買うなど、種々の手続きと年月を要した。

**むらおか【村岡】**〈町〉 兵庫県北西部山間の町。陣屋町、宿場町として栄えた。牧牛がさかんで但馬子牛のせり市で有名。人口七七九九(一九八八)。

**むら-おきて【村掟】** 江戸時代の村落において、村政運営のため村中の百姓が協議して定めた規約。村極。村議定。村定。

**むら-かた【村方】** ①村の方面。対義 町方・浦方。②「村方三役」の略。

**むらかた-さんやく【村方三役】** 江戸時代の村役人の総称。郡代・代官の下で村政に当たった庄屋(名主)・組頭・百姓代の三役。地方三役。村方。

**むらかた-そうどう【村方騒動】** 江戸時代の村政改革運動の一つ。村役人の不正私得、権利乱用などを一般農民が摘発し領主に訴えた。江戸中期以降各地に頻発。

**むらかみ【村上】**〈市〉 新潟県北部、日本海に臨む市。旧城下町で、一六世紀末、村上氏入府以来の地名。商工・観光都市で、茶・漆器(堆朱)生産やサケ漁もさかん。瀬波温泉がある。人口三万二五一二(一九八八)。

**むらかみ-かがく【村上華岳】**(一八八八—一九三九) 日本画家。大阪生まれ。本名、震一。文学的かおりの強い瞑想的な画風で、晩年は風景画や仏画が多い。作品『日高河清姫』『裸婦』など。↓写

**むらかみ-きじょう【村上鬼城】**(一八六五—一九三八) 俳人。江戸生まれ。本名、荘太郎。正岡子規・高浜虚子に師事。耳疾と貧困を詠んだ句に特色がある。句集『定本鬼城句集』など。

●ムラサキ①

**むらかみ-げんぞう【村上元三】**(一九一〇—) 小説家・劇作家。朝鮮の元山生まれ。幅広い素材を時代小説に描く。作品『佐々木小次郎』『水戸黄門』など。

**むらかみ-たけじろう【村上武次郎】**(一八八二—一九六九) 冶金学者・化学者。京都生まれ。京大卒。アーク溶接などに業績。昭和三一年(一九五六)文化勲章受章。

**むらかみ-てんのう【村上天皇】**(九二六—九六七) 第六二代天皇(在位九四六—九六七)。醍醐天皇の皇子。在位中、親政を行い「天暦の治」とよばれた。

**むらかみ-なみろく【村上浪六】**(一八六五—一九四四) 小説家。本名信。堺生まれ。町奴の仁侠の世界を描いた「撥鬢小説」で有名。作品『三日月』『当世五人男』など。

**むら-が・る【群がる・叢がる・簇がる】**(五自) 多くのものが一か所に集まる。集中する。むれる。crowd

**むら-き【斑気】** 常に変わりやすい気持ち・性質。むらぎ。caprice

**むら-ぎえ【斑消え】** ふぞろいに消えること。用例 雪の——。

**むらぎも-の【群肝の】**[枕ことば]《「むらぎも」は五臓六腑のこと。心は内臓の働きによるものと考えられていたことから》「心」にかかる。むらきもの。用例 ——情くだけてかくばかりわが恋ふらくを知らずかあるらむ(万葉・四・七二〇)。

**むら-くも【群雲・叢雲】** ひとかたまりになった状態の雲。にわかにむらがり立つ雲。gathering clouds 用例 月に——。

●ムラサキカタバミ

**むらくも-の-つるぎ【叢雲の剣】**「天の叢雲の剣」の略。

**むらさき【紫】** ①ムラサキ科の多年草。高さ三〇〜七〇cmで山野にはえる。全体に粗毛があり、根は太い。白色の小花をつける。根は紫根といい、紫色の染料や薬用。ネムラサキ。ムラサキソウ。②紫色。赤と青の中間の色。purple ③ムラサキの根でそめた赤みがかった紫色。古代紫。④あい色の勝った紫色。江戸紫。⑤しょうゆ。↓写

**紫の縁**(むらさきのゆかり)《「紫の一本ゆゑに武蔵野の草はみながらあはれとぞ見る(古今・雑上)」による》一つの関係から情愛が他におよぶたとえ。草のゆかり。

**むらさき-いがい【紫貽貝・淡菜貝】** 殻が紫がかったイガイ科の海産二枚貝。殻長約九cm、殻高約五cm。内湾の岩礁やいかだなどに付着し、カキや真珠の養殖の害になるが、ムールガイとよばれ食用にもなる。ヨーロッパ原産だが、日本全土のほか世界各地に分布。blue mussel ↓図

●ムラサキイガイ

**むらさき-うに【紫海胆】** 潮間帯付近の岩礁に多いナガウニ科のウニ。殻表に濃紫色のとげを密生し、殻径約五cm。卵巣は雲丹として食用。日本固有種で北海道南部以南に分布。↓図

●ムラサキウニ

**むらさき-うまごやし【紫馬肥】** マメ科の多年草。葉は三出の複葉。夏に、淡紫色の蝶形花が咲く。牧草用に栽培。アルファルファ。中央アジア原産。alfalfa

**むらさき-おもと【紫万年青】** ツユクサ科の常緑多年草。高さ約三〇cm。葉はオモトに似るが、表は暗緑色、裏は暗紫色。夏に、小白花が咲く。観葉植物として栽培。メキシコ原産。

**むらさき-がい【紫貝】** ウチムラサキガイの異名。

**むらさき-かたばみ【紫酢漿草】** カタバミ科の多年草。地上茎はなく、葉は根生で長柄の三出複葉。夏に、淡紅紫色の五弁花が咲く。江戸時代に渡来し、野生化した。南アメリカ原産。キキョウカタバミ。↓写

**むらさき-キャベツ【紫キャベツ】** 表皮が赤紫色をしたキャベツの一品種。サラダの彩りに使われる。アカキャベツ。red cabbage



↓行き先項目、図版・写真参照印。 JIS 日本工業規格情報交換用漢字符号コード(区点コード)。

**むらさき-くんしらん**【紫君子▼蘭】アガパンサスの別名。

**むらさき-けまん**【紫華▼鬘】低山の林縁などにはえるケシ科の二年草。全体に柔らかく無毛で高さ約三〇cm。葉は羽状に細裂。春に、茎の先に紅紫色の花を密生。マンダラソウ。ヤブケマン。

**むらさき-さぎごけ**【紫▼鷺▼苔】田のあぜ道に多いゴマノハグサ科の多年草。地面をはうように枝を出し、夏に、白色または淡紫色の花が咲く。サギゴケ。サギグサ。↓写

**むらさき-しきぶ**【紫式部】クマツヅラ科の落葉低木。高さ一～三m。山野にはえる。葉は対生で楕円形。初夏に、淡紫色の小花を葉腋に密生。果実は紫色に熟す。ミムラサキ。↓写

**むらさき-しきぶ**【紫式部】(九七三ごろ-一〇一四ごろ) 平安中期の女流文学者・歌人。その著『源氏物語』は日本古典の最高峰。中古三十六歌仙の一人。藤原為時の娘。本名未詳。藤原宣孝と結婚し大弐三位の賢子を生むが、夫と死別。のち一条天皇の中宮彰子に仕える。著書『紫式部日記』、家集『紫式部集』。↓写

**むらさきしきぶにっき**【紫式部日記】一条天皇の中宮彰子に仕えた紫式部の宮仕

●ムラサキシキブ

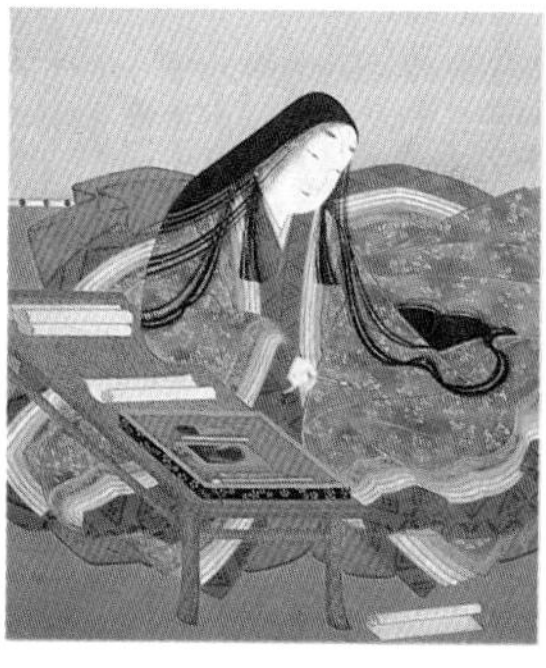

●紫式部 石山寺(滋賀県)。

え記録。寛弘五年(一〇〇八)から同七年(一〇一〇)にいたる。前半は敦成親王誕生前後の記録的部分が中心で、後半は随想的消息文に託した人生論や人物論を述べる。

●ムラサキサギゴケ

**むらさき-しじみ**【紫▽小▼灰▼蝶】秋によくみられるシジミチョウ科のチョウ。開張約四cm。紫色で外縁は黒い。幼虫の食草はアラカシ・ウラジロガシなど。関東以西の日本各地に分布。↓写

●ムラサキシジミ 雌。

**むらさき-しめじ**【紫占地】担子菌類キシメジ科のキノコ。かさは径四～八cm、全体が淡紫色。食用。↓キノコ写

**むらさき-ずいしょう**【紫水晶】紫色の水晶。二月の誕生石。アメシスト。amethyst

**むらさき-そう**【紫草】ムラサキの別名。

**むらさき-だ・つ**【紫立つ】古語(四自) 紫がかる。用例 ―・ちたる雲の細くたなびきたる(枕・春はあけぼの)。

**むらさき-つばめ**【紫▼燕▼蝶】シジミチョウ科のチョウ。開張約四・五cm。黒褐色で、前後の翅の基半部が紫色に輝く。食草はシリブカガシ・マテバシイ。近畿以西の日本各地、台湾などに分布。

**むらさき-つめくさ**【紫詰草】アカツメクサの別名。

**むらさき-つゆくさ**【紫露草】ツユクサ科の多年草。高さ約五〇cm。葉は細長く先がとがる。五～八月に、紫青色の一日花が茎頂に多数咲く。観賞用に栽培。北アメリカ原産。↓写

**むらさき-とびむし**【紫跳虫】赤紫色の原始的な微小昆虫。体長約一・二mm。翅はなく、よく跳ねる。じめじめした所を好み、雨後の水たまりなどに集まる。日本全土・中国に分布。

**むらさき-の**【紫の】[枕ことば]《ムラサキの根を染料にして染めた色の美しいことから》「匂ふ・色・藤」などにかかる。用例 ― にほへる妹を憎くあらば人妻ゆゑにわれ恋ひめやも(万葉・一・二一)。

**むらさき-はしどい**【紫▽丁▽香▽花】ライラックの和名。

**むらさき-ほこりかび**【紫▼埃▼黴】変形菌植物の一つ。腐朽した木や枯れ葉などの上に発生する。変形体は白色。胞子嚢は紫褐色の円柱形で、高さ約二cm。胞子は赤褐色または灰色で約一〇マイクロメートル。

**むらさき-やしおつつじ**【紫八▼汐▼躑▼躅】亜高山帯にはえるツツジ科の落葉低木。高さ一～二m。葉は倒卵形で枝先に集まってつく。初夏に、枝先に数個の濃紅紫色の花が咲く。

**むら-ざと**【村里】田舎で、人家の集まった所。village

**むら-さめ**【群雨・▼叢雨・村雨】短時間に強く降る雨。強くなったり弱くなったりする。驟雨。にわか雨。通り雨。

**むらじ**【▽連】古代の姓の一つ。臣と並ぶ有力な姓で、とくに大伴・物部からは大連が任ぜられ、大和朝廷の中枢となった。八色の姓の制定後、大半は宿禰に昇格し、連は第七位の姓となった。

**むら-しぐれ**【群時雨】さっと降って過ぎる時雨。shower

**むら-しばい**【村芝居】①田舎で興行する芝居。田舎芝居。②村人たちのする芝居。

**むら・す**【蒸らす】(五他) 炊きあがった飯などが、むれるようにする。steam

**むら-すずめ**【群▼雀】群れをなしているスズメ。

**むらた**【村田】〈町〉宮城県、仙台市の西に接する町。江戸時代はベニバナの集散地。東北自動車道が通り、工業化が進んでいる。人口一万三七七〇(一九八八)。

**むら-だか**【村高】近世における一村単位の公定総生産高。年貢・諸役を賦課するときの基準。検地により田畑を四等級(上・中・下・下々)に分類し、その反当たり収穫量を表示した石盛に耕地面積を乗じ、全村集計したもの。

●ムラサキツユクサ

**むら-たけ**【群竹】群がってはえている竹。

**むらた-じゅう**【村田銃】明治一三年(一八八〇)村田経芳が開発した国産小銃。歩兵用の単発銃で、陸軍最初の制式銃として採用された。

**むらた-じゅこう**【村田珠光】(一四二三-一五〇二) 室町時代の茶人。茶道の始祖。奈良、称名寺の僧であったが還俗して一休禅師に師事。禅の精神による侘茶の茶法を創始。

**むらた-せいふう**【村田清風】(一七八三-一八五五) 幕末の長州藩士。藩政改革の指導者。財政の確立・兵制改革などを実施し、倒幕運動の基礎を築いた。

**むらた-ぞうろく**【村田蔵六】↓おおむらますじろう(大村益次郎)

**むらた-はるみ**【村田春▽海】(一七四六-一八一一) 江戸中期の国学者・歌人。通称平四郎。江戸の人。賀茂真淵に師事。加藤千蔭と江戸派の中心となる。著書『和学大概』『歌がたり』、家集『琴後集』など。

**むら-ちどり**【群千鳥】群がっている千鳥。

**むらとり-の**【群鳥の】[枕ことば]「群れ・立つ」などにかかる。用例 ― たちにし我名今更に事なしぶともしるしあらめや(古今・恋三)。

**むらの-しろう**【村野四郎】(一九〇一-一九七五) 詩人。東京生まれ。慶大卒。存在の根源と詩的方法論を重視する詩風。詩集『体操詩集』『亡羊記』など。

**むらの-とうご**【村野▼藤▼吾】(一八九一-一九八四) 建築家。佐賀県生まれ。早大卒。戦前から在野の建築家として活躍。代表作『日生日比谷ビル』など。昭和四二年(一九六七)文化勲章受章。

**むら-はちぶ**【村八分】《葬式と火事の二分を除くことからとも》①江戸時代以降、規約違反の村民に対して行われた、私的制裁の一種。全村がその村民とのつきあいを絶った。②《転じて》仲間はずれにすること。ostracism

**むら-ばらい**【村払い】所払いの一つ。江戸時代、罪人をその村から追い出した刑。

**むら-びと**【村人】村に住んでいる人。villager

**ムラビヨフ**【Nikolay Nikolayevich Murav'yov】(一八〇九-一八八一) ロシアの政治家。極東経略を推進。一八五八年、清朝と愛琿条約を結んでアムール川以北を略取。六〇年北京条約により沿海州を獲得。

**ムラビンスキー**【Evgeny Mravinsky】(一九〇三-一九八八) ソ連の代表的指揮者。雄大な演奏で自国作品にすぐれる。レニングラードフィル常任指揮者。

**むらまさ**【村正】(生没年未詳) 室町時代の伊勢国桑名の刀工。また、村正の作った刀。徳川家にきらわれ妖刀とされた。

**むらまつ**【村松】〈町〉新潟県中部、五泉市南隣の町。城下町として栄えた。産業は農林業・繊維工業。人口二万二六三九(一九八九)。

**むらまつ-しょうふう**【村松▼梢風】(一八八九-一九六一) 小説家。本名義一。静岡県生まれ。慶大中退。考証的伝記を特色とする。作品『本朝画人伝』『近世名勝負物語』など。

**むら-むら**(副) 激しい感情、とくに怒りの高まるさま。furiously 用例 ― と怒りがこみあげてくる。

**むら-やくにん**【村役人】↓むらかたさんやく(村方三役)

**むら-やくば**【村役場】地方公共団体である村の、行政事務を行う役所。village office

**むらやま**【村山】〈市〉山形県北部の市。旧城下町の楯岡を中心に発達。地方商業の中心で、農業・機業・木工業・食品加工業などもさかん。人口三万二三八五(一九八九)。

**むらやま-かいた**【村山▼槐多】(一八九六-一九一九) 洋画家・詩人。横浜生まれ。強烈な自我を力強い素描力と深い陰影で表現。大正期デカダンスの画家。作品『バラと少女』、詩集『槐多の歌へる』など。↓写

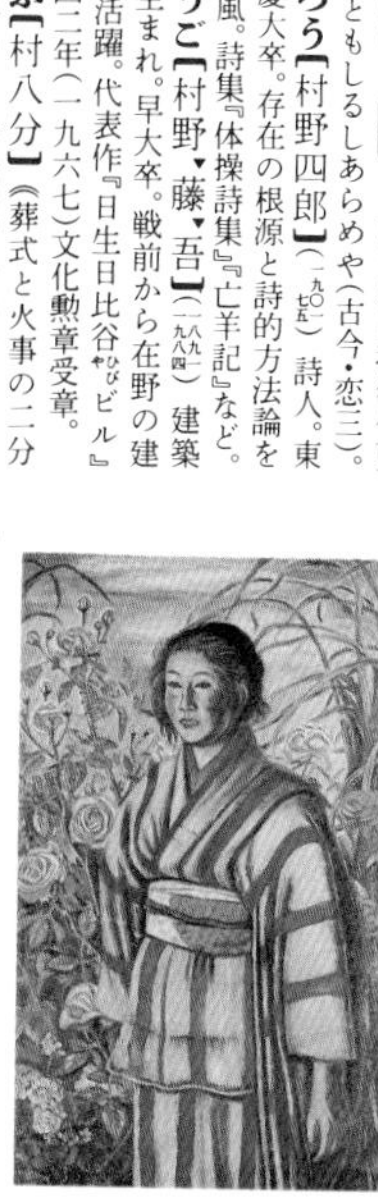

●村山槐多『バラと少女』。大正六年(一九一七)、東京国立近代美術館。

**むらやま-ともよし**【村山▽知▽義】(一九〇一-一九七七) 劇作家・演出家。東京生まれ。プロレタリア演劇運動に入り、指導的地位に立つ。戦前リアリズム演劇の確立に貢献。作品『暴力団記』など。

**むらやま-りゅうへい**【村山竜平】(一八五〇-一九三三) 新聞経営者。三重県生まれ。『朝日新聞』創刊に参加、同社社長。報道第一主義をとり、朝日新聞を日本の代表的全国紙に育てた。

**むら-よりあい**【村寄合】村人が村内の諸問題について協議・決議をする機関。正月や祭りなどの定期のものと臨時のもの、政治的な常会と宗教的な講などがあった。

**む-り**【無理】(名・形動・サ変自) ①道理・理由がないこと・さま。unreasonable 用例 ― を通す。②押し切ってすること・さま。compulsion 用例 ― 心中。― に出かける。③することが難しいこと。できそうもないこと・さま。impossible 用例 ― な注文。― な要求。

**無理が通れば道理が引っ込む** 無理が通用する社会では道理にかなったことは通用しない。Where might is master, justice is servant.

**無理も無い** 納得がいく。もっともだ。it's no wonder

▼常用漢字表外。 ▽常用漢字表の音訓外。

**むり‐おうじょう【無理往生】**(名・形動) 無理に押しつけて、従わせること・さま。

**むり‐おし【無理押し】**(名・サ変自他) 無理をして行うこと。無理に押しきること。by force

**む‐りかい【無理解】**(名・形動) 理解がないこと・さま。察しが悪いこと・さま。思いやりがないこと・さま。lack of understanding

**むり‐からぬ【無理からぬ】**(連語) 無理でない。もっともな。reasonable

**むり‐かんすう【無理関数】** 変数を無理式の形で含む関数。irrational function

**むり‐さんだん【無理算段】**(名・サ変他) 無理をして計画すること。しいて融通をつけること。scrape together

**む‐りし【無利子】** 利子がつかないこと。無利息。no interest

**むり‐じい【無理強い】**(名・サ変他) できないことを、また、嫌だというのを無理にやらせること。force

**むり‐しき【無理式】** 代数式で、文字変数が根号の中に入った形のもの。irrational expression 対義 有理式。

**むり‐しんじゅう【無理心中】** 死ぬ気のない相手を、無理に道づれにしてする心中。forced double suicide

**むり‐すう【無理数】** 分数の形で表せない実数。たとえば$\sqrt{2}$や$\sqrt[3]{5}$および円周率$\pi$など。irrational number 対義 有理数。

**む‐りそく【無利息】** 無利子。no interest

**ムリダンガ【mṛdaṅga梵】** インドの打楽器。おもに南インドで、古典音楽に使用。ビヤだる形の両面太鼓で、締め太鼓風に革ひもで両面の革を引っ張り、支柱を使って張り具合いを調節する。膝の上に横たえて演奏。

**むり‐なんだい【無理難題】** 無法な言いがかり。できかねる要求。completely unreasonable demand 用例 ―をふっかける。

**むり‐ほうていしき【無理方程式】** 未知数を無理式のかたちで含む方程式。irrational equation

**むり‐むたい【無理無体】**(名・形動) ①しいてすること・さま。②乱暴すること・さま。

**むり‐やり【無理▽遣り・無理矢理】**(副) 《「矢理」は当て字》無理に行うさま。しいてするさま。by force

**む‐りょ【無慮】**(副) 《多数のときの》およそ。ざっと。about 用例 ―数万。

**む‐りょう【無料】** 料金のいらないこと。ただ。for nothing; free 対義 有料。用例 入場―。―奉仕。

**む‐りょう【無量】** はかり知れないほど多いこと。用例 感慨―。

**むりょうぎ‐きょう【無量義経】** 法華三部経の一つ。『法華経』の序説にあたるものとされる。

**むりょう‐こうぶつ【無量光仏】** 阿弥陀仏の別称。

**むりょうじゅ‐きょう【無量寿経】** 浄土三部経の一つ。康僧鎧の訳。二巻。無量寿仏(阿弥陀仏)の四十八願の成就と、衆生が念仏で極楽浄土に往生する因果を説いた経。大無量寿経。大経。

**む‐りょく【無力】**(名・形動) ①力・勢力がないこと・さま。powerless 対義 有力。②資力がないこと・さま。貧乏。lack of fund

**ムリリョ【Bartolomé Esteban Murillo】**(一六一八〜八二) スペインの画家。暖かみのある色調で聖母子像や子供たちを描く。作品『さいころ』『無原罪のお宿り』など。↓写

●ムリリョ 『無原罪のお宿り』。一六七八年ごろ、プラド美術館(スペイン)。

**むりん‐せんざい【無▼燐洗剤】** 燐分を含まない衣料用の合成洗剤。燐による水質汚染をなくすため、昭和五五年(一九八〇)から販売されている。

**む・る【群る】** 古語 (下二自) ↓むれる(群れる)

**む‐るい【無類】**(名・形動) 比べもののないこと・さま。無比。matchless 用例 珍―。―の好人物。

**ムルシア【Murcia】** スペイン南東部、セグーラ川沿いの商工業都市。同名州の州都。一四世紀創建のゴシック式大聖堂は有名。人口二八・九万(一九八一)。

**ムルタン【Multan】** パキスタン中部、パンジャブ地方南部の商工業都市。同地方の工業・商業・交通の中心地。人口七三万(一九八一)。

**ムルナウ【Friedrich Murnau】**(一八八八〜一九三一) ドイツの映画監督。作品『最後の人』『サンライズ』など。

**ムルマンスク【Murmansk】** ソ連北西端、コラ半島基部の不凍港湾都市。バレンツ海に臨む北洋漁業基地。海軍基地もある。人口四一・二万(一九八四)。

**むれ【群れ】** ①多くのものが集まった状態。また、その集団。一般には無秩序。一時的な集団もある。herd; school; flock; group 用例 羊の―。―をなす。②同類の集まり。仲間。group; crowd

**むれ【▼牟▽礼】**〈町〉 香川県北東部、志度湾に臨む町。高松市の北東に接する同市のベッドタウンで、農業、石材業、窯業、養殖漁業も行う。札所の八栗寺のある五剣山は観光地。人口一万七三〇〇(一九八八)。

**むれ【▼牟▽礼】**〈村〉 長野県北東部、長野市の北に接する村。稲作、果樹・野菜栽培を行い、宅地化も著しい。人口六九五〇(一九八八)。

**むれ‐あそ・ぶ【群れ遊ぶ】**(五自) むらがって遊ぶ。集まって遊ぶ。play in a group

**むれ‐すずめ【群▼雀】** マメ科の落葉低木。高さ約一・五m。たてに稜線が走る小枝がよく分岐する。葉は四個の偶数羽状複葉。五月に、葉腋に一個の黄色い蝶形の花が垂れ下がる。庭植え・いけばな用。中国原産。↓写

**むれ‐た・つ【群れ立つ】**(五自) ①むらがって立つ。②むらがって飛び立つ。fly away in a group

**むれ‐つど・う【群れ集う】**(五自) むらがり集まる。crowd together 用例 ―人々。

**む・れる【蒸れる】**(下一自) ①熱気がこもる。湯気が通って、やわらかくなる。be steamed ②蒸し暑く感じる。be muggy ③get stuffy

**む・れる【群れる】**(下一自) 一か所に集まる。むらがる。crowd 用例 鳥が―・れて飛ぶ。

**むろ【▼榁】** 13画 部首[木]へん 和製漢字 JIS 6035 ネズの古名。ヒノキ科の常緑小高木。むろのき。

**むろ【室】** ①物の保存などを目的に、外気に触れないように造った、特別の部屋。cellar 用例 氷―。②こもり住む所。とくに、僧の家。僧房。③山腹などに掘った岩屋。用例 石―。cave ④古代の、家の奥に設け、土で塗りこめた寝室。

●室生寺金堂。

●ムレスズメ

**む‐ろ【無▽漏】**《仏教語》苦悩や迷いを離れた清らかな境地。煩悩のない清浄の境界。対義 有漏。

**むろ‐あじ【室▼鰺・▼鯥】** アジ科の海水魚のうち背びれと臀びれの後方に、それぞれ一個の離れびれをもつ数種のものの総称。全長約四〇cm。背面は暗青色、腹面は銀白色。食用で、くさやにも加工。本州中部以南に分布。アカゼ。scad ↓図

●ムロアジ

**むろう【室▽生】**〈村〉 奈良県北東部の村。農・林業が主で、茶を産する。史跡や文化財が多く、室生寺で知られる。人口七一七八(一九八八)。

**むろう‐さいせい【室▽生▼犀星】**(一八八九〜一九六二) 詩人・小説家。本名照道。金沢市生まれ。叙情詩人として出発、のち庶民の生活感情を反映した詩情豊かな小説を書く。詩集『愛の詩集』『抒情小曲集』、小説『性に眼覚める頃』『あにいもうと』『杏っ子』『蜜のあはれ』など。

**むろう‐じ【室▽生寺】** 奈良県宇陀郡室生村にある真言宗室生寺派の大本山。役行者の開創、空海の再興とされるが、宝亀年間(七七〇〜七八〇)賢璟の創建ともいわれる。女性の参拝を許したため、女人禁制の高野山に対して、女人高野とよばれた。↓写

**ムロージェク【Sławomir Mrożek】**(一九三〇〜) ポーランドの小説家。グロテスクと風刺が特徴。短編集『象』、戯曲『タンゴ』など。

**むろ‐きゅうそう【室▼鳩巣】**(一六五八〜一七三四) 江戸中期の儒者。名は直清。江戸の人。木下順庵の門下で、加賀藩の儒官を経て八代将軍徳川吉宗の侍講。著書『六諭衍義大意』『駿台雑話』など。

**む‐ろく【無▼禄】** 知行・扶持がないこと。

**むろ‐ざき【室咲き】** 室や温室で花を咲かせること。

**むろつ【室津】** 山口県南東部、上関町にある漁港。中・近世、西瀬戸内の要港として栄え、明治以降多くの海外移民を出した。

**むろと【室戸】**〈市〉 高知県南東部、太平洋に臨む市。マグロ・カツオなどの遠洋漁業基地。ビニールハウスによる野菜栽培もさかん。景勝の室戸岬がある。人口二万六〇四六(一九八八)。

**むろと‐ざき【室戸▽岬】** 高知県南東端、土佐湾に突き出した岬。海岸段丘が発達し奇岩が多い。室戸阿南海岸国定公園の一部で、亜熱帯植物の自生地。むろとみさき。

**むろと‐たいふう【室戸台風】** 昭和九年(一九三四)九月、西日本に大被害をもたらした大型台風。死者・不明者三〇〇〇名余。

**むろね【室根】**〈村〉 岩手県南部、宮城県気仙沼市と接する村。稲作などの農業が主。北部の室根山(八九五m)一帯は国民休養村となっており、スキー場・ツツジの群生地などがある。人口七〇九四(一九八八)。

**むろ‐の‐き【▼榁】** ネズの古名。

**むろまち【室町】** 京都市中央部、烏丸通りの西側を南北に走る通りとその周辺地区。全国有数の繊維問屋街。平安京の東洞院大路と西洞院大路との間の室町小路にあたり、足利氏の幕府がおかれたところ。

**むろまち‐じだい【室町時代】** 足利氏が京都室町に幕府を開いた時代。建武三年(一三三六)の建武式目の制定または暦応元年(一三三八)の足利尊氏の征夷大将軍就任から、天正元年(一五七三)足利義昭が織田信長に京都を追われるまでの約二四〇年間をさす。南北朝時代を含まない説、応仁の乱以降を戦国時代として区別する説もある。足利時代。

**むろまちじだい‐びじゅつ【室町時代美術】** 禅宗を背景にして、中国の宋元の美術が強い影響を及ぼし、精神主義的な様相を示す一方、新興庶民の生活感情が反映した明快・率直な美が生まれ、近世への橋渡しとなった。住宅建築に書院造りが発生し、禅宗寺院を中心に庭園が発達。彫刻では仏像は衰退するが、肖像や能面にすぐれた作品を生み出した。絵画では宋元画の影響をうけた水墨画が流行、大和絵はしだいに衰微する。工芸は明代の工芸品に影響をうけた。↓写(次ページ)

**むろまち‐ばくふ【室町幕府】** 建武三年(一三三六)足利尊氏が京都に樹立した武家政権。有力守護大名の連合政権的性格が強く、応仁の乱以後著しく弱体化。天正元年(一五七三)一五代将軍義昭が織田信長に追放されて滅亡。足利幕府。↓幕府図

●室町時代美術
雪舟『天橋立図』。京都国立博物館。

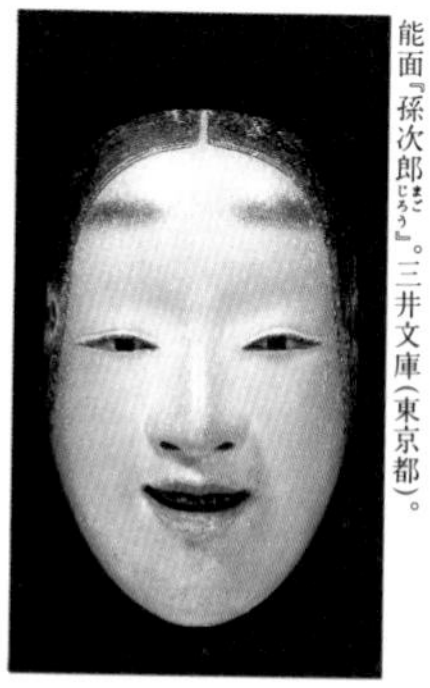
能面『孫次郎』。三井文庫(東京都)。

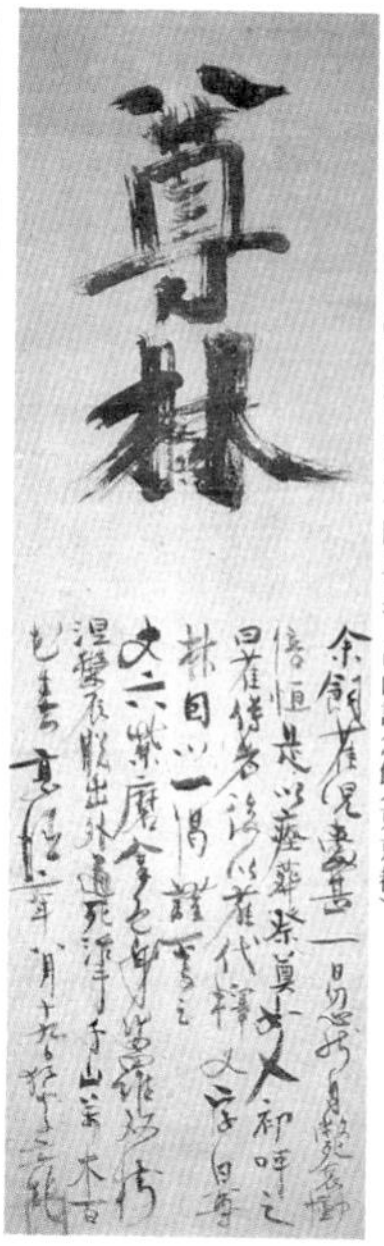
一休宗純『尊林』。享徳二年(一四五三)、畠山記念館(東京都)。

慈照寺(銀閣寺)東求堂内の書院『同仁斎』。文明一八年(一四八六)、(京都府)。

『古蘆屋松梅文真形霰釜』。永正一四年(一五一七)、根津美術館(東京都)。

**むろまち-ぶんか【室町文化】** 室町時代、一四世紀後半から一五世紀後半に栄えた文化。三代将軍足利義満による北山文化と、八代将軍義政による東山文化の二つに大別。貴族・武家文化、中国文化、五山文化、庶民文化などが融合した折衷・複合の文化。

**むろらん【室▼蘭】**〈市〉北海道南西部、内浦湾に臨む市。明治以来、石狩炭田の積み出し港として発展。鉄鋼・石油・造船などを中心とする工業・港湾都市。室蘭港は特定重要港湾・国際貿易港に指定。人口一三万四六九(一九八八)。

**むろらん-ほんせん【室▼蘭本線】** JR北海道の鉄道幹線の一つ。長万部と岩見沢を結ぶ二〇九・三kmと、東室蘭と室蘭を結ぶ八・一km。昭和三年(一九二八)開通。

**む-ろん【無論】**(副) 言うまでもなく。もちろん。当然。of course

**ムンク【Edvard Munch】**(一八六三-一九四四) ノルウェーの画家・版画家。愛と死・不安などの主題を幻想的に表現し、表現主義に大きな影響を与えた。作品『叫び』など。↓写

●E=ムンク『叫び』。一八九三年、オスロ国立美術館。

**ムンク【Kaj Munk】**(一八九八-一九四四) デンマークの劇作家・牧師。戯曲『カント』『勝利』など。

**むんず-と**(副) 強くつかむようす。むずと。with all one's strength

**ムンダ-ぞく【ムンダ族】** 中・東部インドに古くから住む民族。アウストロアジア語属に属するムンダ系諸語を用いる人々の総称で、狭義にはビハール州の一部に住む人々をさす。稲作に従事。Munda people

**むん-むん**(副・サ変自) 湿気・熱気・においなどが立ちこめるさま。むれるさま。stuffy 用例 人いきれで—する。

# め メ

**め【め・メ】** 五十音図ま行第四の仮名。平仮名「め」は「女」の草体。片仮名「メ」は「女」の草体の略。

**メ** 14画 **【▼瑪】** 部首[王] JIS 6485
音 バ・メ
「瑪瑙」は、宝石の一つ。石英・玉髄・蛋白石などが混合したもの。

**メ** 15画 **【▼碼】** 部首[石] JIS 6691
音 バ・メ・マ
①「碼碯」は、宝石の一つ。瑪瑙。②ヤード(yard)。ヤード-ポンド法の長さの単位。三フィート。約九一・四四cm。ヤール。

**め【女】** 対義 男。①女性。woman 用例 遊び—。②(「妻」とも)つま。wife

**め【目・▽眼】** 一(名) ①動物が光を感受する器官。ヒトでは左右一対あり、光は角膜から入りレンズの役目をする水晶体で屈折されて硝子体に入り、網膜の視細胞を刺激する。この刺激が視神経をへて脳に達する。eye 比較 まなこ。用例 —で見る。②目つき。look 用例 するどい—。③よく見ること。注目。監視。observation; attention 用例 世間の—。④見分ける力。discerning eye; power of appreciation 用例 —がそなわる。⑤見方。考え方。view 用例 専門家の—。⑥視力。sight 用例 —が悪い。⑦見たときのようす・姿。figure 用例 —がよくない。⑧位置や形が目に似たもの。用例 台風の—。⑨縦横に交わった線に囲まれたすきま。用例 網の—。⑩歯の形に並んだもののすきま。teeth 用例 くしの—。⑪碁盤のくぎり。square 用例 碁盤の—。⑫もくめ。grain 用例 柾—。⑬さかいのすじ。fold 用例 折り—。⑭場合。体験。experience 用例 ひどい—に遭う。⑮目もり。graduations 用例 はかりの—。⑯目方。weight 用例 —減り。⑰「匁」の略。用例 百—。二(接尾) ①その時・所。用例 結び—。物価の上がり—。②程度。用例 厚—。三(助数) その順番である。用例 三回—。↓図

**目が合う**(めがあう) 思いがけず、見合う。視線が合う。their eyes met

**目が明く**(めがあく) ①見えなかった目が見えるようになる。come to see ②わからなかったことがはっきりわかるようになる。come to understand ③願いがかなったしるしに、だるまに目を書きこむ。④負け続けていた力士が初めて勝つ。

**目が有る**(めがある) 物事や人物などを見抜く力がある。have a critical eye for

**目が良い**(めがいい) ①視力が正常でよく見える。have good sight ②芸術品などの値打ちがよくわかる。have an expert eye for ③判断力が豊かである。

**目が霞む**(めがかすむ) ①物がぼんやり見える。get dim ②判断が確かでなくなる。

**目が堅い**(めがかたい) 子どもなどが、夜遅くまで寝たがらない。

**目が利く**(めがきく) 見分ける力が鋭い。have a sharp eye for

**目が眩む**(めがくらむ) ①めまいがする。feel dizzy ②まぶしくて、見えなくなる。be dazzled ③迷わされて、分別がなくなる。be blinded 用例 欲に—。

**目が肥える**(めがこえる) よいものをいつも見ているので、物事の価値を判断する力がそなわる。物を見る目がある。have an expert eye

**目が冴える**(めがさえる) ①眠ろうとしても眠れない。cannot sleep ②物事がはっきり見える。awake completely

**目が覚める**(めがさめる) ①眠りから覚める。wake up ②迷いが解け、本心に立ち返る。come to one's senses ③非常に美しい物事の形容。dazzling 用例 —ような桜の満開。

**目が据わる**(めがすわる) 怒ったり、酒に酔ったりして目玉が動かない。with fixed eyes

**目が高い**(めがたかい) 鑑識する力がすぐれている。鑑識眼がある。have an expert eye for 類似 見る目がある。

**目が散る**(めがちる) 心が落ち着かず、視線が定まらない。

**目が潰れる**(めがつぶれる) ①目が見えなくなる。lose one's sight ②碁で欠け目になる。

**目が出る**(めがでる) ①さいころの、ある面が上になる。②幸運が巡ってくる。The luck is in one's favor. ③「目が飛び出る」と同意。

**目が届く**(めがとどく) 注意が行き届く。take every possible care

**目が飛び出る**(めがとびでる) =目玉が飛び出る。①高価なことにおどろく。be surprised at a high price ②ひどくしかられるさまを言う。be severely scolded 用例 —ほどどなられる。

**目が無い**(めがない) ①夢中になる。非常に好きだ。very fond of ②鑑識眼・洞察力がない。lack of discernment

**目が離せない**(めがはなせない) 常に注意して、見守っていなくてはならない。keep a watchful eye on

**目が光る**(めがひかる) 鋭い目で見る。また、監視が厳重である。keep a close eye 用例 先生の目が

▼常用漢字表外。 ▽常用漢字表の音訓外。

光っている。
**目が回る**（めがまわる） ①めまいがする。feel giddy ②非常に忙しいさまをいう。be in a whirl of business
**目が物を言う**（めがものをいう） 思うところを目つきで相手に知らせる。
**目が行く**（めがゆく） ①その方を見る。look toward ②心が引かれて、または気がかりで、その方に目が向く。one's attention is drawn to
**目から鱗が落ちる**（めからうろこがおちる）《新約聖書『使徒行伝』にあることば》何かを契機として、真実の姿が見えてくる。よく理解できるようになる。the scales drop from one's eyes
**目から鼻へ抜ける**（めからはなへぬける） 頭がきれる。また、抜け目なく、すばしこい。目から鼻に抜ける。very smart
**目から火が出る**（めからひがでる） 頭を強く打ったときなどの感じに言う。see stars 比較 顔から火が出る。
**目で追う**（めでおう） 動いているものの、動きに注目しながら、目を動かす。また、文字などを、順を追って読みながら、目を動かす。look after
**目で見て口で言え**（めでみてくちでいえ）《軽々しくものを言うことを戒めることば》事情を見きわめた上で言え。
**目で物を言う**（めでものをいう） 目配せして、考えを伝える。signal with a wink
**目と鼻の先**（めとはなのさき） 距離が非常に近いことのたとえ。すぐ目の前。目と鼻の間。close to
**目に余る**（めにあまる） 黙って見ていられない。あまりにひどい。too much to tolerate
**目に遭わす**（めにあわす） 人に嫌な思いをさせるような行為をする。用例 ひどい―。
**目に一丁字も無い**（めにいっていじもない） 無学で、全く文字を知らない。
**目に浮かぶ**（めにうかぶ） 実際には見えないが、思い描くことができる。rise in one's mind
**目に掛かる**（めにかかる） ①目に見える。②お会いする。お目に掛かる。
**目に掛ける**（めにかける） ①世話をする。注意して、めんどうを見る。take care of ②お見せする。御目に掛ける。
**目に角を立てる**（めにかどをたてる） 怒って人をにらみつける。stare at with rage
**目に障る**（めにさわる） ①目のためによくない。②見たとき、気に障る。目障りになる。offensive sight
**目に染みる**（めにしみる） ①煙などが目に入って、痛く感じる。eyes smart ②色彩が鮮明なことの形容。vivid ③見飽きる。be tired of
**目に立つ**（めにたつ） 目だつ。目に付く。eye-catching
**目に付く**（めにつく） ①目だって見える。注意を引く。attract a person's attention ②目先にちらついて、離れない。something haunts one's eyes
**目に留まる**（めにとまる） ①目だって見える。catch a person's eyes ②気に入る。take to
**目に留める**（めにとめる） 注意して見る。notice
**目には青葉、山時鳥、初松魚**（めにはあおば、やまほととぎす、はつがつお） 初夏の風物を並べて季節感を出した、山口素堂（やまぐちそどう）の句。
**目に入る**（めにはいる） 目に見える。catch sight of
**目には目を歯には歯を**（めにはめをはにははを）《「ハンムラビ法典」、また旧約聖書『レビ記』にあることば》害を加えた者に対し、それに見合うだけの仕返しをするたとえ。目には目、歯には歯。An eye for an eye, a tooth for a tooth.
**目に触れる**（めにふれる） 「目に入る」と同意。catch one's eye
**目に見えて**（めにみえて） 見た目にも明らかに。remarkably 用例 ―病気が回復する。
**目にも留まらぬ**（めにもとまらぬ） 非常に速度が速くて見定めることができない。as quick as lightning
**目に物言わす**（めにものいわす） 目で気持ちを伝える。talk with eyes
**目に物見せる**（めにものみせる） ①はっきりとわからせる。teach a good lesson ②懲らしめのために、ひどい目にあわせる。punish
**目の色を変える**（めのいろをかえる） 怒ったり、驚いたり、夢中になったりして、目つきを変える。change one's countenance
**目の上の瘤**（めのうえのこぶ） 自分より地位・実力が上で何かにつけ活動の邪魔になる人のたとえ。目の上のたんこぶ。eyesore
**目の敵にする**（めのかたきにする） ひどく憎む。hate
**目の黒い内**（めのくろいうち） 生きている間。目の玉の黒い内。while one is alive
**目の覚める様な**（めのさめるような） 見た目にはなやかな、また、鮮やかな。brilliant
**目の鞘が抜ける**（めのさやがぬける） 抜け目がない。すばしこい。
**目の鞘が外れる**（めのさやがはずれる） 「目の鞘が抜ける」と同意。
**目の鞘を外す**（めのさやをはずす） 油断せずによく注意する。
**目の正月**（めのしょうがつ） よいものを見て、楽しみ喜ぶこと。
**目の付け所**（めのつけどころ） 着眼点。注目すべき要点。point aimed at 用例 さすが―が違う。
**目の毒**（めのどく） 見ると欲しくなるもの。temptation
**目の中へ入れても痛くない**（めのなかへいれてもいたくない） 子どもなどをひどくかわいがることのたとえ。be the apple of one's eye
**目の保養**（めのほよう） 美しいもの、珍しいものを見て楽しむこと。a feast for one's eyes
**目の前**（めのまえ） 空間的・時間的にきわめて近いことにいう。すぐ前。直前。in front of; soon 用例 試験が―に迫った。
**目の前が暗くなる**（めのまえがくらくなる） 「目の前が真っ暗になる」と同意。
**目の前が真っ暗になる**（めのまえがまっくらになる） 何もかもわからなくなるほどの絶望感に襲われる。sunk in the depth of despair
**目の寄る所へは玉も寄る**（めのよるところへはたまもよる） 同類は自然に相集まる。
**目は口程に物を言う**（めはくちほどにものをいう） 気持ちを込めて見やる目つきは、ことばと同じように相手にその気持ちを伝える。Eyes are as eloquent as the tongue.
**目は心の鏡**（めはこころのかがみ）《『孟子（もうし）』の、心が正しいと目もはっきりしている、という語から》心の中の動きは、目に現れる。類似 目は心の窓。
**目は心の窓**（めはこころのまど） 「目は心の鏡」と同意。
**目は空**（めはそら） ほかのことに気をとられて、浮かぬ顔のさま。
**目引き袖引き**（めひきそでひき） 声には出さずに、そっと知らせあうさま。
**目引き鼻引き**（めひきはなひき） 目くばせや鼻先で、合図しあうこと。
**目振る間**（めふるま） またたく間。
**目も当てられない**（めもあてられない） みじめで、また残酷で、まともに見られない。too terrible to look at
**目も綾に**（めもあやに） まばゆいほど美しく。dazzlingly beautiful
**目も合わない**（めもあわない） 眠れない。
**目も及ばず**（めもおよばず） ①正視することができないほど美しい。②目に留まらないほど速い。
**目も呉れない**（めもくれない） 見向きもしない。眼中におかない。take no notice
**目も無く**（めもなく） 目を細くして。
**目も遥に**（めもはるに） 目に見える限り、遠く遥かに。
**目病み女に風邪引き男**（めやみおんなにかぜひきおとこ）《眼病で目のうるんだ女と、風邪を引いてる男は粋で魅力的だ、の意》昔の、美女美男の形容。
**目を遊ばす**（めをあそばす） あちこちを眺める。見ていて楽しいものを、次々と見る。look this way and that 用例 展覧会で―。
**目を射る**（めをいる） ①暗い中で急に光が目に当たること。be blinded ②鋭い目に見つめられる。be stared at
**目を入れる**（めをいれる） ひいきにする。目をかけて、何かと力になる。
**目を疑う**（めをうたがう） 見たことが信じられない。全く意外に思う。cannot believe one's own eyes
**目を移す**（めをうつす） ある物から他の物へ目を動かしていく。視線を動かす。shift one's gaze to
**目を奪う**（めをうばう） 目を見張らせる。心を捕らえる。fascinate
**目を奪われる**（めをうばわれる） すっかり見とれる。be fascinated by
**目を起こす**（めをおこす） ①さいころで、よい目を出す。②好運に出合う。
**目を落とす**（めをおとす） 視線を下に向ける。cast a downward look
**目を掛ける**（めをかける） ①よく世話をする。かわいがる。取り立てる。take care of ②注意して見る。watch out for
**目を掠める**（めをかすめる）《悪いことをするときにいう》人に見られないようにして、何かをする。do in secret
**目を極む**（めをきわむ） 見える限り遠方を見る。
**目を下す**（めをくだす） 「目を掛ける」と同意。
**目を配る**（めをくばる） 注意して、あちこちを見る。keep a watchful eye on 用例 周囲に―。
**目を晦ます**（めをくらます） 他人の目をごまかす。deceive
**目を呉れる**（めをくれる） ちょっとそっちの方を見る。glance at
**目を食わす**（めをくわす） 目配せする。
**眼を肥やす**（めをこやす） ①よいものを見て、目を楽しませる。appreciate ②よいものを見て、鑑識力を高める。develop artist's eyes
**目を凝らす**（めをこらす） じっと見る。見つめる。strain one's eyes
**目を遮る**（めをさえぎる） 目の前をおおうなどして、見えないようにする。obstruct
**目を覚ます**（めをさます） ①眠りから覚める。wake up ②迷いから覚める。また、非を悟る。come to one's senses
**目を曝す**（めをさらす） くまなく見る。
**目を皿にする**（めをさらにする） 目を皿のように丸く大きく開く。驚いたり探し物をするときなどの神経を集中させているさまに言う。with one's eyes wide open
**目を三角にする**（めをさんかくにする） 怒ってけわしい目つきをする。with an angry look
**目を忍ぶ**（めをしのぶ） 人目につかぬようにする。
**目を白黒させる**（めをしろくろさせる） 苦しんだり、驚いたりするさまを言う。goggle
**目を澄ます**（めをすます） 注意してよく見る。
**目を注ぐ**（めをそそぐ） 注意して見る。watch carefully
**目を欹てる**（めをそばだてる） 見かねて、目をそらす。まともに見ずに、横目で見る。目を側（そば）める。
**目を側める**（めをそばめる） 「目を欹（そば）てる」と同意。
**目を背ける**（めをそむける） 見ないようにする。見るに堪えない。turn one's eyes away 用例 思わず―。
**目を逸らす**（めをそらす） 視線を他の方へ向ける。turn one's eyes away
**目を着ける**（めをつける） 見当をつける。注目する。keep one's eye on
**目を瞑る**（めをつぶる） ①目をとじる。close one's eyes ②死ぬ。die ③知っていながら、知らないふりをする。overlook ④我慢する。put up with

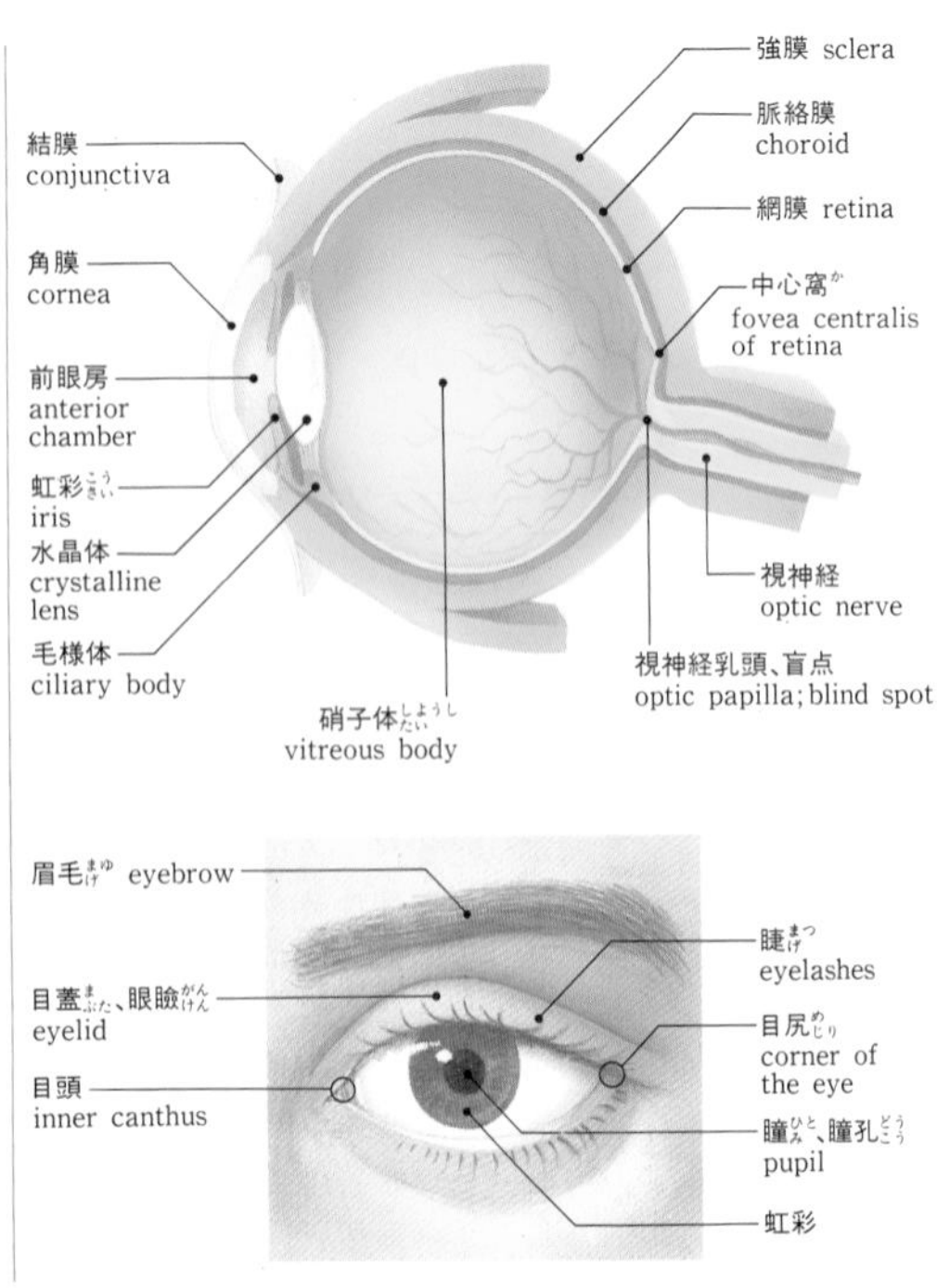


●目㊀① ヒトの目の各部名称

め



↓行き先項目、図版・写真参照印。 JIS 日本工業規格情報交換用漢字符号コード(区点コード)。

**目を通す**(めをとおす) 全体を一通り見る。run one's eyes over

**目を止める**(めをとめる) 注意を向けて見る。注目する。take notice of

**目を長くす**(めをながくす) 気を長くして結果を見る。長い目で見る。

**目を無くす**(めをなくす) 目を細めて微笑する。うれしくて、また、かわいくてたまらない顔つきをする。have a weakness for

**目を抜く**(めをぬく) 人目をごまかす。

**目を盗む**(めをぬすむ) 隠れてする。in secret

**目を外す**(めをはずす) 「目を逸らす」と同意。

**目を離す**(めをはなす) ①一時そこから他へ目を移す。look aside ②注意をおろそかにする。take one's eyes off 用例 この子は何をするかわからないから、—ことができない。

**目を光らす**(めをひからす) 厳しく監視する。keep a watchful eye on

**目を引く**(めをひく) ①人の目をひきつける。attract ②目配せをする。wink

**眼を開く**(めをひらく) ①仏法の真理をさとる。開眼する。②新事実などに気づき、前途が開ける。③文字が読めるようになる。

**目を伏せる**(めをふせる) 悪いことをしたときなどに、相手をまともに見られないで、うつむく。cast down one's eyes

**目を細くする**(めをほそくする) 多く、子どもなどがかわいくて、うれしそうな顔をする。one's eyes light up

**目を丸くする**(めをまるくする) 驚いて、目を大きく見開く。stare in wonder

**目を回す**(めをまわす) ①気を失う。faint ②忙しくてうろたえる。be in a whirl of business

**目を見す**(めをみす) ①気持ちを目に表す。②ひどい目にあわせる。

**目を見張る**(めをみはる) 目を大きく広げる。りっぱなものや美しいもの、あるいは今までとあまりに変わっているようすや意外な状態などを見て驚くさまにいう。open one's eyes wide

**目を剝く**(めをむく) 怒って、目を大きく見開く。glare at

**目を向ける**(めをむける) ①ある方向を見る。turn one's eyes to ②関心を示す。be interested in

**目を遣る**(めをやる) 目をその方向に向ける。ある方向を眺める。注意を向ける。look at 用例 庭へ—。

**目を喜ばす**(めをよろこばす) 見て楽しむ。please eyes of a person

**め【芽】** ①種からはえたばかりの植物。germ ②くきや枝についていて、葉や花になるもの。bud ③物事のきざし。sign; omen

**芽が出る**(めがでる) ①草木の芽が生える。sprout ②幸運がめぐってくる。目が出る。get a lucky break

**芽の内に摘む**(めのうちにつむ) 「芽を摘む」②と同意。

**芽を出す**(めをだす) ①草木の芽が出る。sprout ②物事が成長するきざしを示す。get a lucky break

**芽を摘む**(めをつむ) ①草木の芽をむしり取る。nip a bud ②物事を大事に至らぬうちに処理したり、また、才能などを開花しないうちにだめにしたりする。芽のうちに摘む。nip a plot in the bud 用例 悪の—。

**芽を吹く**(めをふく) 草木が、芽を出す。sprout

**め【雌・▼牝】** 対義 雄。①めす。female 用例 —牛。②近くに二つあるもののうち、小さい、または弱いほう。用例 —滝。

**め【▽奴】**(接尾)《体言に付いて》①悪く言うとき添える語。用例 ばか者—。②自分をへりくだって言う語。用例 わたし—が。

**め-あか【目▼垢】** 目から出る粘液の固まったもの。目やに。eye mucus

**め-あかし【目明(か)し】** 江戸時代、町奉行所の役人が犯罪人を捕らえるために採用した私的な使用人。公的権限はもたなかった。岡引。手先。小者。御用聞き。

**めあかん-だけ【雌▼阿寒岳】** 北海道東部、阿寒国立公園にある活火山。標高一四九九m。おもに円錐火山からなる複雑な山容。西麓に雌阿寒温泉がある。

**め-あき【目明き】** ①目の見える人。a person who can see ②道理のわかる人。sensible person ③文字の読める人。literate person

**目明き千人、盲千人**(めあきせんにん、めくらせんにん) 世間には、物事のわかる人も多いが、わからない人も多いというたとえ。盲千人、目明き千人。Some are wise and some are otherwise.

**め-あたらし・い【目新しい】**(形) 今まで見たことのない新しさが感じられる。珍しい。新奇だ。new; novel

**め-あて【目当て】** ①目をつけて見る所。ねらい。眼目。aim ②行く先。あてど。end ③物事を行う、よりどころ。めやす。標準。standard

**メアリー〈一世〉【Mary I】**(一五一六～五八) イギリス女王(在位一五五三～五八)。ヘンリー八世と王妃キャサリンとの子。前王エドワード六世の新教化政策を否定し、旧教復帰を強行。多数の国教徒・新教徒を処刑・弾圧して、「流血のメアリー」とよばれた。

**メアリー〈二世〉【Mary II】**(一六六二～九四) イギリス女王(在位一六八九～九四)。旧教徒ジェームズ二世の長女。オレンジ公ウィリアムと結婚。名誉革命後、イギリス王座に迎えられ、夫とともにウィリアム三世・メアリー二世として共同統治。即位時に「権利宣言」に署名。

**メアリー-スチュアート【Mary Stuart】**(一五四二～八七) スコットランド女王(在位一五四二～六七)。フランス皇太子妃であったが、夫の死で帰国。一五六七年、反乱により子のジェームズ六世に譲位、イングランドに亡命。エリザベス一世により一九年間幽閉ののち、女王暗殺事件に連座して処刑される。

**め-あわ・す【▽妻合す・▽妻す・▼娶す】**(五他) ↓めあわせる(妻合わせる)

**め-あわ・せる【▽妻合(わ)せる・▽妻せる・▼娶せる】**(下一他)《「女ぁ合わせる」の意》添わせて妻とする。めあわす。marry

**メイ 6画【名】** 部首[口] 教育小1 JIS 4430

音 メイ・ミョウ
訓 な

①な。なまえ。対義 氏・姓。「家名・記名・氏名・指名・命名」用例《接尾的》学校—。書店—。②なだけのもの。うわべ。形式。対義 実。「虚名」「名目」③すぐれた。なだかい。ほまれ。評判。「高名・著名・有名」「名案・名作・名利」用例《接頭》—ピアニスト。④人を数えるのに用いる。人。用例《助数》友人五—。↓ミョウ【名】

**メイ 8画【命】** 部首[口] 教育小3 JIS 4431

音 メイ・ミョウ・ベイ
訓 いのち

①いのち。「人命・生命・存命・長命・余命」用例(名)—を絶つ。②いいつける。名づける。いいつけ。もうしつけ。「厳命・任命」「命題・命名・命令」用例(名)—により。③なりゆき。まわりあわせ。天の定め。「運命・革命・宿命」「命数」用例(名)—は天にあり。④みこと。神・貴人の名の下につける敬称。↓ミョウ【命】

**命、旦夕に迫る**(めい、たんせきにせまる) いのちは、きょうかあすが限りである。病、旦夕に迫る。Tomorrow never knows.

**命は義に縁って軽し**(めいはぎによってかろし) 「命は義によりて軽し」と同意。

**命は天に有り**(めいはてんにあり) 運命は、人間の力ではどうすることもできない。

**メイ 8画【明】** 部首[日] 教育小2 JIS 4432　8画【▼朙】 旧字

音 メイ・ミョウ・ミン
訓 あかり・あかるい・あかるむ・あからむ・あきらか・あける・あく・あくる・あかす

①あかるい。あきらか。はっきりしている。あきらかにする。対義 暗・滅。「説明・鮮明・透明」「明快・明確」②あける。夜があける。夜あけ。「天明・黎明」③みるはたらき。視力。「失明」用例(名)—を失う。④かしこい。立派な。「賢明」「明敏」⑤ものごとをみとおす力。用例(名)先見の—。⑥この世。現世。対義 幽。「幽明」↓ミョウ・ミン【明】

**メイ 9画【▼茗】** 部首[艹] JIS 7212

音 ベイ・ミョウ・メイ

①お茶。茶の木。特に、おそくつんだ茶。「茗渓」②「茗荷」は、ショウガ科の多年草。

**メイ 9画【迷】** 部首[辶] 教育小5 JIS 4434　10画【▼迷】 部首[辶] 旧字

音 メイ・ベイ
訓 まよう

①まよう。まどう。まよわす。まよい。比較 惑。「混迷・低迷」「迷彩・迷信・迷路・迷惑」②《名のしゃれ》こまった。だめな。用例《接頭的》—案。—答。

**メイ 10画【▼冥】** 部首[冖] JIS 4429

音 ベイ・ミョウ・メイ

①くらい。くらがり。やみ。「晦冥・幽冥」②おろか。「頑冥」③ふかい。奥ふかい。④あの世。死者のいく暗い世界。「幽冥」「冥土」↓ミョウ【冥】

**メイ 13画【▼蓂】** 部首[艹]

音 ベイ・ミョウ・メイ

「蓂莢」は、中国の伝説上の皇帝堯のとき、はえたというめでたい草。月の一日から一五日までは毎日一葉がでて、一六日から晦日までは毎日一葉がおちた。これによって暦をつくったという。こよみぐさ。

**メイ 13画【▼溟】** 部首[氵] JIS 6282

音 ベイ・メイ

①くらい。小雨がふりしきって、うすぐらい。②うみ。水の色が黒い海。「滄溟・南溟・北溟」

**メイ 13画【盟】** 部首[皿] 教育小6 JIS 4433

音 メイ・ベイ・モウ

①ちかう。ちかい。ちかったなかま。「加盟・同盟・連盟」「盟主・盟約・盟友」用例(名)—を結ぶ。—を破る。②中国で、清朝が、モンゴル統治のために施行した行政単位。

**メイ 13画【▼酩】** 部首[酉] JIS 7841

音 ベイ・メイ

よう。よっぱらう。「酩酊」

**メイ 14画【▼暝】** 部首[日] JIS 5889

音 ベイ・ミョウ・メイ

くらい。くらがり。やみ。

**メイ 14画【▼榠】** 部首[木] JIS 6053

音 ベイ・メイ

お茶。茶の木。特に、おそくつんだ茶。

**メイ 14画【銘】** 部首[金] 常用 JIS 4435

音 メイ・ベイ・ミョウ

①かきつけたり、きざみつけたりすることばや、作者の名。「碑銘」「銘文」用例(名)座右の—。刀の—。②しるす。心にきざみつける。「感銘」「銘記」③名のとおった。商品などにつける名。「銘菓・銘茶」↓日本刀図

**銘の物**(めいのもの) ①銘を打ってあるもの。②確かな品物。

**銘を打つ**(めいをうつ) 製作物に、製作者が自分の名をきざむ。

**メイ 14画【鳴】** 部首[鳥] 教育小2 JIS 4436

音 メイ・ミョウ
訓 なく・なる・ならす

①なく。鳥や虫などがなく。比較 泣。「鶏鳴・悲鳴」②なる。音がする。ならす。音をだす。「共鳴・雷鳴」「鳴弦・鳴動」

**メイ 15画【▼瞑】** 部首[目] JIS 6652

音 ベイ・ミョウ・メイ

①目をとじる。目をあわす。「瞑想・瞑目」②くらい。よくみえない。

**メイ 16画【▼螟】** 部首[虫] JIS 7406

音 ベイ・ミョウ・メイ

ずいむし。チョウ目メイガ科に属するガの幼虫。特に、ニカメイガの幼虫。「螟蛾・螟虫」

**メイ 17画【▼謎】** 部首[言] JIS 3870　16画【▼謎】 異体字

音 ベイ・メイ

なぞ。①なぞなぞ。意味をかくしたことばをいって、その意味をあてさせる遊び。②遠まわしにいうこと・ことば。③正体不明のこと・もの。

**めい【▼姪】** 兄弟・姉妹の娘。niece 対義 甥。

**めい-あん【名案】** よい案・考え。すぐれた思いつき。good idea 用例 なるほど、それは—だ。

**めい-あん【明暗】** 一 ①明るさと暗さ。light and dark ②色の強弱・濃淡をはっきりさせること。bright and shade 用例 —法。③幸と不幸。happiness and unhappiness 用例 人生の—。 二 夏目漱石の小説。大正五年(一九一六)『朝日新聞』連載。作者の死により未完。津田とお延夫婦を中心に、人間のエゴイズムや虚栄を精緻に描く。

▼ 常用漢字表外。 ▽ 常用漢字表の音訓外。

**明暗を分ける**(めいあんをわける) あることを境に、幸・不幸・勝ち負けなどがはっきりきまる。decide the outcome of

**めいあん-じゅんのう【明暗順応】** 光に対する網膜視神経の反応。明所では網膜の光感受性が低下し、暗所では増大すること。adaptation to luminosity

**めい-い【名医】** 腕前のすぐれた医師。国手。great doctor

**めいいたいほうろく【明▼夷待訪録】** 中国、清朝初期の政治論書。黄宗羲著。官僚制の腐敗と専制体制を批判し、共和制を提唱。清末の知識階級に大きな影響を与えた。

**めい-う・つ【銘打つ】**(五自) 名前・名目をつける。mark 用例 家庭用と—って売り出す。

**めい-うん【命運】** 運命。fate 用例 —尽きる。

**メイエルホリド【Vsevolod Meyerkhold】**(一八七四〜一九四〇) ソ連の演出家。既成演劇の打破と革命演劇の創造を唱えた。

**めい-えん【名園・名▼苑】** すぐれた庭園。有名な庭園。fine garden; famous garden

**めい-えん【名演】** すぐれた演技・演出・演奏。fine performance

**めいおう【明応】** 室町末期の年号。延徳から改元。元年(一四九二)七月一九日〜一〇年(一五〇一)二月二九日。次に、文亀に改元。

**めいおう-せい【▼冥王星】** 太陽系の最外周を公転している惑星。一九三〇年に発見。太陽からの平均距離三九・五四天文単位、公転周期二四八・五年。自転周期約六・三九日。衛星は一個知られている。Pluto ↓太陽系図

**めい-か【名花】** ①有名な花。celebrated flower ②美人。celebrated beauty

**めい-か【名家】** ①名望のある家柄。honorable family ②名人。名声のある人。famous person ③中国、春秋戦国時代の諸子百家の一つ。論理的分析に徹し、言語表現の法則を追究した論理学派で、結果的には詭弁に流れた。公孫竜や恵施が著名。

**めい-か【名歌】** 名高い和歌。すぐれた和歌。

**めい-か【名菓】** 有名な菓子。すぐれた、おいしい菓子。cake of a well-known brand; excellent cake

**めい-か【銘菓】** 特別の名をもつ、由緒のある菓子。cake of a famous brand

**めい-が【名画】** 名高いすぐれた絵・映画。famous picture

**めい-が【▼螟▼蛾】** メイガ科に属するガの総称。開張一〜三cmの小形種が多い。幼虫は植物の葉・茎・果実などを食害することが多いが、代表的な大害虫はニカメイガとサンカメイガ。世界に一万種以上、日本に六〇〇種余。

**めい-かい【明快】**(名・形動) ①さっぱりと気持ちのよいこと・さま。clear ②筋道がよく通って快いこと・さま。clear

**めい-かい【明解】** はっきりと解釈すること。その解釈。clear explanation

**めい-かい【迷界】**《仏教語》物事の真実を知らず、誤ったことに執着している世界。衆生が輪廻流転する迷いの世界。三界。対義 悟界。

**めい-かい【▼冥界】** 死後の世界。あの世。めいど。other world; Hades

**めい-かく【明確】**(名・形動) 明らかで確かなこと・さま。clearness

**めい-がら【銘柄】** ①商品につけられる商標。とくに一流品の名称。ブランド。brand ②売買取引で使われる、商品や有価証券の通り名。brand 用例 株式—。

**めいがら-まい【銘柄米】** 良質米の生産奨励を目的として、政府が指定した米。

**めい-かん【名鑑】** 名前を集めた本。名簿。directory

**めい-かん【明鑑】** ①あきらかでくもりのない鏡。明鏡。②あきらかな鑑定。きわだった見識。

**めい-かん【銘肝】**(名・サ変他) 肝に銘ずること。心に刻みつけて忘れないこと。銘記。bear in mind 比較 感銘。

**めい-かん【鳴管】** 鳥類の発音器。気管が気管支に分かれるところにある。気管壁の骨環の間の薄膜のひだを振動させ鳴き声を発する。syrinx

**めい-き【名器】** すぐれていて、めずらしい器物・楽器など。有名な器物・楽器など。excellent article; exquisite instrument

**めい-き【明器】** 中国で葬礼用に作られ、遺骸にそえて埋葬された器物。生前愛用した器具・動物などの模型を、土・木・金属などで作製。戦国・漢代に発達し、唐代が最盛期。

**めい-き【明記】**(名・サ変他) はっきりしるすこと。write clearly

**めい-き【銘記】**(名・サ変他) ①心に深く刻みつけて忘れないこと。銘肝。bear in mind ②銘として書きつけること。inscribe

**めい-き【鳴器】** 広義には動物の発音器。狭義には昆虫、とくにセミの発音器。

**めい-ぎ【名▼妓】** 有名な芸者。舞や謡などにすぐれた芸者。

**めい-ぎ【名技】** すぐれたわざ。excellent arts

**めい-ぎ【名義】** ①表だった名前。形式上、名目上使用される名前。name ②名にふさわしい義理。名分。

**めいぎ-かきかえ【名義書(き)換え・名義書換】** 権利の主体として証券・帳簿上に記載された氏名・名称を変更すること。transfer

**めいぎ-にん【名義人】** 表面に名前を出している人。holder of a title deed

**めい-きゅう【迷宮】** ①通路が複雑で、中に入ると出口がわからなくなるように造った建物。labyrinth ②犯罪事件の解決困難な状態。

**めいきゅう-いり【迷宮入り】** 犯罪事件の捜査が行きづまり、解決がまったくつかなくなること。to go unsolved

**めいきゅう-かい【名球会】** 昭和生まれで、プロ野球に貢献した選手の集まり。資格は、通算二〇〇勝以上の投手と、安打二〇〇〇本以上の打者。昭和五三年(一九七八)発足。昭和名球会。

**めい-きょう【明鏡】** 曇りがなくて、物がよく映る鏡。

**明鏡も裏を照らさず**(めいきょうもうらをてらさず)《良質な鏡も、物の反対側までをも映しだすことはできない、の意から》かしこい人にも目の行き届かないところがある。

**めいきょう-しすい【明鏡止水】**《曇りのない鏡と、澄んで静かな水、の意》わだかまりや、やましさのない心境。clear mind

**めい-きょく【名曲】** 名高い楽曲。すぐれた楽曲。famous music

**めい-きん【鳴▼禽】** 鳴き声の美しい小鳥。よくさえずる小鳥。用例 —類。

**めい-ぎん【名吟】** すぐれた詩・歌・俳句。

**めい-く【名句】** ①名高いことば。すぐれた文句。famous phrase ②すぐれた俳句。秀句。対義 駄句。

**めい-くん【名君】** すぐれた君主。名主。wise ruler

**めい-くん【明君】** 賢くすぐれた君主。明主。wise ruler 対義 暗君。

**めい-けい【明経】** ↓みょうぎょう(明経)

**めい-けい【▼茗渓】**《「茗」は茶、の意》東京文京区を流れる神田川(=お茶の水の谷)の美称。

**めい-げつ【名月】** ①陰暦八月十五夜の月。中秋の名月。芋名月。harvest moon ②陰暦九月十三夜の月。のちの月。栗名月。豆名月。

**めい-げつ【明月】** ①清く澄んだ月。bright moon ②名月。harvest moon

**めいげつ-かえで【名月▼楓】** ハウチワカエデの別名。

**めいげつき【明月記】** 藤原定家の日記。治承四年(一一八〇)から嘉禎元年(一二三五)間の公武関係・歌道に関する見聞などを記録。鎌倉時代の重要史料の一つ。

**めい-けん【名犬】** 有名な犬。利口で、すぐれた犬。famous dog; good dog

**めい-けん【名剣】** 名高い剣。すぐれた剣。famous sword; excellent sword

**めい-げん【名言】** すぐれたことば。名高いことば。wise saying; famous saying 用例 —を吐く。

**めい-げん【明言】**(名・サ変自他) はっきり言うこと。declare

**めい-げん【鳴弦】** 矢をつがえない弓の弦を強くうち鳴らして、邪気を払うまじない。天皇の入浴、貴人の出産、憑き物落としなどにさいして行われた。つるうち。

**めい-ご【迷悟】** 迷いと悟り。

**めい-こう【名工】** 技術のすぐれた職人。名高い職人。skillful craftsman; famous craftsman

**めい-こう【名香】** すぐれた香。有名な香。

**めいごうおうらい【明衡往来】** 現存最古の往来物。藤原明衡の消息文集で、平安末期の成立。

**めい-コンビ【名コンビ】**《コンビは「コンビネーション」の略》うまい組み合わせ。非常に息の合った二人組み。good pair

**めい-さい【迷彩】** 相手の目をごまかすため、戦車・火砲・航空機・建造物・戦闘服などに周囲と区別しにくいように色を塗ること。カムフラージュ。camouflage

**めい-さい【明細】**(名・形動) 細かいところまで詳しいこと・さま。詳細。details

**めいさい-しょ【明細書】** 内容を明細に記した文書。明細書き。specifications

**めい-さく【名作】** 名高い作品。すぐれた作品。傑作。masterpiece 対義 駄作。

**めい-さつ【名▼刹】** 名高い寺。用例 古寺—。

**めい-さつ【明察】**(名・サ変他) ①はっきりと事態を見抜くこと。penetration ②《ふつう上に「御」を付けて》相手の「推察」をいう敬語。

**めい-さん【名産】** その土地に産する有名な産物。special product

**めい-ざん【名山】** 有名な山。姿などの美しいすぐれた山。famous mountain; beautiful mountain

**めい-し【名士】** 有名な人。世間によく名前を知られた人。りっぱな人。big name; prominent person

**めい-し【名刺】**《中国で竹を削って姓名を記したものを「刺」と称したことから》自己の姓名・住所・肩書きなどを記した小形のカード。紙製の印刷物が多い。calling card米; visiting card英 数え方 一枚・一葉。

**めい-し【名詞】** 品詞の一つ。人や物や事柄の名を表すことば。活用のない自立語で、主語になることができる。代名詞とともに体言とよばれる。普通名詞・固有名詞・数詞・形式名詞に分ける。「本・運動・花子・三枚・こと」など。noun

**めい-し【明視】**(名・サ変他) はっきりと見ることができること。用例 —距離。

**めい-じ【名辞】**《論理学の用語》概念を言語で表したもの。term

**めい-じ【明示】**(名・サ変他) はっきり示すこと。めいし。express clearly

**めいじ【明治】** 明治天皇時代の年号。慶応から改元。元年(一八六八)九月八日〜四五年(一九一二)七月三〇日。次に、大正に改元。

**めいじ-いしん【明治維新】** 一九世紀後半、江戸時代の幕藩体制の崩壊から明治新政府による近代統一国家の成立まで、近代日本の出発点となった政治変革。御一新。

**めいし-うけ【名刺受け】** 来客の名刺を受ける器。card tray

**めいじ-けんぽう【明治憲法】** 大日本帝国憲法の通称。

**めいじ-ざ【明治座】** 東京日本橋浜町にある劇場。明治六年(一八七三)創設の喜昇座が前身。同二六年(一八九三)現名称となる。商業演劇を上演。

**めいじ-じだい【明治時代】** 明治元年(一八六八)の新政府発足から、明治四五年(一九一二)天皇の崩御までの四四年間。元号による便宜的な呼称。

**めいじじゅうよねん-の-せいへん【明治十四年の政変】** 明治一四年(一八八一)参議大隈重信らが自由主義官史を追放した政変。これによって薩長藩閥政府が確立。

**めいじ-じんぐう【明治神宮】** 東京都渋谷区代々木神園町にある旧官幣大社。祭神は明治天皇と昭憲皇太后。大正九年(一九二〇)創建。

**めいじ-せいか【明治製菓(株)】** 大手製菓会社の一つ。抗生物質を中心とする医薬品事業でも知られる。大正五年(一九一六)設立。

**めいじ-せつ【明治節】** 第二次大戦前の、明治天皇を記念する国家の祝日。昭和二年(一九二七)明治天皇の誕生日一一月三日に制定。

**めいじ-だいがく【明治大学】** 私立総合大学の一つ。明治一四年(一八八一)明治法律学校として創立。昭和二四年(一九四九)現制。本部は東京都千代田区神田駿河台。

**めい-じつ【名実】** ①名前と実質。name and reality ②形式と内容。form and contents

**名実相適う**(めいじつあいかなう) 評判と実際が合っている。名実相伴う。live up to one's reputation

**名実相伴う**(めいじつあいともなう) 「名実相適う」と同意。

**名実共に**(めいじつともに) 世評と実際両方とも。in fact as well as in name 用例 —第一人者。

**めいじ-てんのう【明治天皇】**(一八五二〜一九一二) 第一二二代天皇(在位一八六七〜一九一二)。孝明天皇の第二皇子。名は睦仁。倒幕派に擁されて王政復古を実現。明治維新をへて、日本の近代国家への道をひらく。↓写

●明治天皇

**めいじ-の-もり【明治の森】** 東京都八王子市にある明治の森高尾国定公園と大阪府箕面



↓ 行き先項目、図版・写真参照印。 JIS 日本工業規格情報交換用漢字符号コード(区点コード)。

面市の明治の森箕面国定公園の通称。明治百年記念事業として、昭和四二年(一九六七)に東京・大阪近郊の自然林が指定されたもの。それぞれが東海自然歩道の起点と終点になっている。

**めいし-ばん【名刺判】** 写真の大きさの一つ。八・三×六㎝。

**めいじ-びじゅつかい【明治美術会】** 日本最初の洋風美術団体。明治二二年(一八八九)小山正太郎・浅井忠らが結成。白馬会の勃興により不振となり、同三四年(一九〇一)解散。翌年、若手たちによって太平洋画会として再出発。

**めいじ-むら【明治村】** 愛知県犬山市入鹿池畔にある野外建築博物館施設。昭和四〇年(一九六五)開設。日本各地から明治時代の建築・風俗資料を収集・展示。

**め-いしゃ【目医者・▽眼医者】** 目の治療を専門とする医師。眼科医。oculist

**めい-しゅ【名手】** ①腕前のすぐれた人。名人。expert 用例 バイオリンの―。②碁・将棋などで、すぐれた一手。

**めい-しゅ【名主】** りっぱな主君。名君。wise monarch

**めい-しゅ【明主】** 賢い主君。明君。wise ruler

**めい-しゅ【盟主】** 同盟の主宰者。leader

**めい-しゅ【名酒】** 有名な酒。評判のおいしい酒。well-known liquor

**めい-しゅ【銘酒】** とくに念を入れて造り、特別な名をもつ清酒。high-quality sake

**めい-しゅう【迷執】**《仏教語》物事の真実を知らず偏執すること。また、その執念。

**めいしゅ-や【銘酒屋】** ①銘酒を売る店。②銘酒を置く飲み屋を装う売春宿。明治二〇年(一八八七)ごろから東京の浅草に出現。その後全国的にひろまり、大正時代までみられた。

**めい-じゅんのう【明順応】** 暗所から明所に出たとき、視覚が明るさに慣れる現象。light adaptation

**めい-しょ【名所】** けしきや古跡で有名な土地。名どころ。勝地。名勝。名跡。the sights 用例 東京の新―。

**名所に見所無し**(めいしょにみどころなし)《多く、いわれるほどのものではないことから》名は必ずしも実を伴わないたとえ。

**めい-しょう【名匠】** すぐれた、有名な学者・芸術家・工芸家・大工。master artist; master craftsman

**めい-しょう【名将】** 有名な武将。すぐれた武将。famous general; great commander

**めい-しょう【名称】** 呼び名。名前。称呼。name

**めい-しょう【名勝】** けしきのすぐれた地。名所。勝地。scenic spot

**めい-しょう【明証】** ①はっきり証明すること。その証拠。確証。clear evidence ②哲学で、ある判断あるいは認識が疑うことができなく、確実であること。直証。evidence

**めい-じょう【名状】**(名・サ変自) 状態を言い表すこと。

**めいじょうし-がた・い【名状し難い】**(形) その状態を言い表すことは、難しい。beyond expression

**めいじ-ようすい【明治用水】** 愛知県中部、矢作川から取水する農業用水。幹線延長五二㎞。安城市付近一帯約一〇〇$km^2$を灌漑する。明治一三年(一八八〇)完成。

**めいしょう-てんのう【明正天皇】**(一六二三〜九六) 後水尾天皇の第二皇女。第一〇九代天皇(在位一六二九〜四三)。名は興子。

**めいしょ-き【名所記】** 近世初めに流行した名所案内記。挿絵を入れ、寺社の縁起・口碑・伝説に和歌・俳句・狂歌などを織りこむ。すぐれたものは浮世草子に分類される。『京童』『東海道名所記』など。

**めい-しょく【明色】** 明るい色。明度の高い色。bright color 対義 暗色。

**めいしょ-ずえ【名所図会】** 江戸時代中・後期につくられた絵入りの名所案内の総称。各地の名所旧跡の由来や物産などを紹介したもの。

**めい・じる【命じる】**(上一他) ↓めいずる(命ずる)

**めい・じる【銘じる】**(上一他) ↓めいずる(銘ずる)

**めいじろくねん-せいへん【明治六年政変】** 明治六年(一八七三)一〇月、西郷隆盛ら征韓派を追放し、大久保利通ら内治派が政権を確立した政変。政府は薩長主導の新陣容をととのえた。

**めい-しん【名臣】** 有名な臣下。すぐれた、りっぱな臣下。famous subject; excellent subject

**めい-しん【名神】** 名古屋と神戸を併せていう略称。用例 ―高速道路。

**めい-しん【迷信】** 間違って信じられていること。また、そのように言い伝えられてきたこと。superstition 参照 俗信。

**めい-じん【名人】** ①一芸一道にすぐれ、それを極めた人。master; expert ②江戸時代の碁所・将棋所の司。③囲碁・将棋名人戦の勝者に贈られる称号。

**めいしん-か【迷信家】** 迷信にこる人。ごへいかつぎ。superstitious person

**めいじん-かたぎ【名人▽気▽質】** 名人にありがちな、一風変わった性質。名人肌。temperament of a master 比較 職人気質。

**めいしんげんこうろく【名臣言行録】** 中国、南宋の朱熹が北宋八代、南宋四代の名臣の言行を集めた書。前集一〇巻、後集一四巻。のちに李幼武が続集八巻・別集二六巻・外集一七巻を編み、合わせたものを総称する。別名『宋名臣言行録』。

**めいしん-こうそくどうろ【名神高速道路】** 愛知県小牧市から岐阜県と京都・大阪府を通り兵庫県西宮市までを結ぶ、日本最初の高速道路。長さ一八九・三㎞。昭和四〇年(一九六五)開通。

**めい・す【▼瞑す】** 文語的(サ変自) ①目をつぶる。②眠る。死ぬ。

**以て瞑す可し**(もっていすべし) それで安心してあの世へ行けるであろう。それで満足すべきだ。

**めい-すう【名数】** ①数の名前をつけて呼ばれる、一組みのものの名称。「三筆・四天王・七福神」など。②数学で、単位名と数値をつけた数。「一〇g・三人」など。denominate number 対義 無名数・不名数。

**めい-すう【命数】** ①いのちの長さ。life span 用例 ―が尽きる。②運命。宿命。fate ③数学で、ある数に名をつけること。その数。用例 ―法。

**めい・する【銘する】**(サ変他) 金石に文字をきざみつける。銘を打つ。銘す。engrave

**めい・ずる【命ずる】**(サ変他) =命じる・命ず。①言いつける。命令する。order ②ある地位につける。任じる。appoint

**めい・ずる【銘ずる】**(サ変他) 心にとどめて忘れない。銘じる。銘ず。bear in mind 用例 肝に―。

**めい-せい【名声】** ほまれ。よい評判。fame; reputation 用例 ―を博す。

**めい-せき【名跡】** ①有名な古跡。famous historic spot ②↓みょうせき(名跡)

**めい-せき【明▼晰・明▼晳】**(名・形動) 明らかで、はっきりしていること・さま。clear 用例 頭脳―。

**めい-せつ【名節】** 名誉と節操。honor and integrity 用例 ―を重んずる。

**めい-せん【銘仙】** 玉糸などで密に織った平織りの絹織物。主として、くず糸を使うので丈夫で安価。実用的な和服・夜具地に用いた。

**めい-そう【名僧】** 学問にすぐれ、徳の高い僧。有名な僧。

**めい-そう【迷走】**(名・サ変自) 予期した道すじをたどらずに進むこと。stray 用例 ―台風。

**めい-そう【▼瞑想・▼冥想】**(名・サ変自) 目をとじて、じっと考えること。沈思黙考。黙想。meditation 用例 ―にふける。

**めいそう-じょうき【明窓浄▼几・明窓浄机】**《明るいまどと、清らかなつくえ、の意》明るくて、さっぱりした書斎。

**めいそう-しんけい【迷走神経】** 脊椎動物の第一〇番目の脳神経。脳から胸・腹・内臓に広く分布し、脳に内臓の情報を伝える重要な知覚路。副交感神経および自律神経を含む。vagus nerve

**めい-ぞく【名族】** 由緒ある家柄。名門。distinguished family

**め-いた【目板】** ①板塀や羽目などの板と板の合わせ目に打ち付け、すきまをふさぎ、つぎ目ともなる幅の狭い板。panel strip ②「メイタガレイ」の略。

**めい-だい【命題】** ①題をつけること。また、その題。title ②論理学・哲学などで、判断をことばで表したもの。proposition 用例「AはBである」という―。③与えられた問題。proposition 用例 ―を解明する。

**めいだい-ろんりがく【命題論理学】** 記号論理学の一部門。形式化された命題と命題の関係について研究。論理学命題計算。propositional logic

**めいた-がれい【目板▼鰈】** 目が突き出たカレイ科の海水魚。全長約三〇㎝。眼のある側は褐色で、体に暗褐色斑が散在。肉に厚みがあり食用。北海道南部以南に分布。

**めい-たつ【明達】**(名・形動) 賢くて、道理に通じること・さま・人。用例 ―の士。

**めい-だん【明断】**(名・サ変他) ものごとを明快に裁断すること。また、その裁断。pass a clear judgment

**めい-ち【明知・明▼智】** はっきり知ること。すぐれた知恵。英知。wisdom

**めいち-だい【▽眼一▼鯛】** 外形はマダイに似た、フエフキダイ科の海水魚。体は紫がかった銀灰色。両眼の間に一本の褐色帯がある。肉食で、沿岸の岩礁帯にすむ。白身の高級な魚で夏に美味。本州中部以南に分布。

**めい-ちゃ【銘茶】** とくに念を入れてつくった、特別の名のある茶。tea of well-known brand

**めい-ちゅう【命中】**(名・サ変自) ねらいにぴたりと当たること。的中。hit the mark

**めい-ちゅう【▼螟虫】** メイガ科のガの幼虫の総称。おもに、イネの髄を食害するニカメイガとサンカメイガの幼虫をさす。日本全土に分布。髄虫。

**めい-ちょ【名著】** すぐれた内容の、有名な書物。great book

**めい-ちょう【明徴】** ㊀(名・サ変他) 明らかにすること。用例 国体―。㊁(名) はっきりした証拠・しるし。

**めい-ちょう【明澄】**(名・形動) 曇りなくすみわたること・さま。lucidity 用例 ―の気。

**めい-ちょう【迷鳥】** その種の分布域や渡りの経路から遠くはなれた地域で発見される鳥。数年に一羽程度の頻度で現れる。比較 漂鳥。

**め-いっぱい【目一杯】**(名・副)《はかりの目盛りいっぱいまで、の意から》ぎりぎりのところ。精いっぱい。the utmost 用例 ―働く。

**めい-てい【明帝】**(二八〜七五) 中国、後漢の第二代皇帝(在位五七〜七五)。光武帝の方針を継承、儒教をおこし、内治充実をはかった。仏教がその治世に伝来したといわれる。

**めい-てい【▼酩▼酊】**(名・サ変自) 過度の飲酒、薬物の吸飲などにより精神機能が正常でなくなる状態。drunkenness

**めい-てき【鳴▼鏑】** 鏑矢。鳴りかぶら。

**めい-てつ【明哲】**(名・形動) 知恵がすぐれて、道理に明らかなこと・さま・人。sagacity

**めいてつ-ほしん【明哲保身】** 道理によって、巧みに事を処理し、自分の地位や身を安全にたもつこと。

**めい-てん【名店】** 有名な店。famous store

**めいてん-がい【名店街】** 有名な店が、ずらりと並んでいる町筋。また、そのような店が並ぶデパートやショッピングセンターの一画。street of well-known stores

**めい-てんし【明天子】** 賢明な、すぐれた天子。

**めい-ど【明度】** 色の三要素の一つ。色の明るさの程度。brightness 比較 色相・彩度。

**めい-ど【▼冥土・▼冥途】**《仏教語》死者が迷っていくとされる暗やみの世界。閻魔庁があり冥官が生前の罪過を裁き罰するという。中国の冥府信仰に由来。冥界。黄泉。

**冥土にも知る人**(めいどにもしるひと) どんなところへ行っても、誰か知人はいることのたとえ。

**冥土の旅に出る**(めいどのたびにでる) 死ぬ。go down to the shades

**冥土の土産**(めいどのみやげ) 死んでいくときの、あの世への土産。用例 ―に教えてやろう。

**めい-とう【名刀】** 有名な刀。すぐれてよい刀。famous sword; excellent sword

**めい-とう【銘刀】** 銘の入っている刀。

**めい-とう【名答】** うまい答え。clever answer 対義 愚答。

**めい-とう【明答】**(名・サ変自) はっきりした返事をすること。確答。definite answer

**めい-とう【迷答】**《「名答」をもじった俗語》見当はずれの答え。

**めい-どう【鳴動】**(名・サ変自) 音をたてて、ゆらぐこと。地鳴りがすること。rumble 用例 大山―。

**めい-とく【明徳】** ①りっぱな徳性。virtue ②曇りのない本性。one's real nature ③日本の南北朝で、北朝の年号。康応から改元。元年(一三九〇)三月二六日〜五年(一三九四)七月五日。次に、応永に改元。

**めいとくき【明徳記】** 室町前期の軍記。明徳の乱を描いた作品。作者未詳。『承久記』『応仁記』とともに「三代記」と称される。

**めいとく-の-らん【明徳の乱】** 明徳二年(一三九一)山名氏清・満幸が室町幕府に対して起こした反乱。将軍足利義満が、

▼常用漢字表外。 ▽常用漢字表の音訓外。

勢力を誇る山名氏一族の内紛に乗じてこれを挑発、氏清は京都、満幸は出雲で敗死。

**めいどのひきゃく【▾冥途の飛脚】** 人形浄瑠璃世話物。近松門左衛門作。正徳元年(一七一一)初演。歌舞伎では改作の『恋飛脚大和往来』を上演。飛脚屋忠兵衛は遊女梅川となじみ、公金に手をつける。駆け落ちした二人は故郷の新口村で捕らえられる。通称、梅川忠兵衛。

**めい-にち【命日】** 毎年、または毎月めぐってくる、その人の死亡した日。忌日。anniversary of a person's death 比較 祥月命日。

**めい-ば【名馬】** 名高い馬。すぐれた馬。famous horse; fine horse

**めい-はく【明白】**(名・形動) 明らかで疑う余地のないこと・さま。clearness 対義 曖昧。用例 ―な事実。

**めいはん-どうろ【名▾阪道路】** 東名阪(名古屋〜亀山間五三・二km)と、西名阪(天理〜松原間二七・二km)の有料高速自動車道と名阪国道(亀山〜天理間七三・三km)の無料自動車専用道路の総称。昭和五〇年(一九七五)開通。

**めい-はんのう【明反応】** 緑色植物の光合成反応で、光エネルギーを蓄積する段階。このあと暗反応がつづいておこり、炭酸同化を行う。light reaction

**めい-び【明▾媚・明美】**(名・形動) 山水が清らかで、けしきのよいこと・さま。picturesque 用例 風光―。

**めい-ひつ【名筆】** すぐれた書画・文章。また、それをかく人。

**めい-ひん【名品】** 出来ばえのすぐれた品物・作品。名器。fine article

**めい-びん【明敏】**(名・形動) 才知・才能の鋭いこと・さま。sharp 用例 頭脳―。

**めい-ふ【▾冥府】** ①あの世。よみじ。めいど。②地獄。閻魔の庁。

**メイフィールド[Curtis Mayfield]**(一九四〇) アメリカの黒人歌手・作曲家。ブラック-シネマの音楽でも成功。

**めい-ふく【▾冥福】** 死後の幸福。来世の幸福。repose of soul 用例 ―を祈る。

**めい-ぶつ【名物】** ①有名なもの・人。notable 用例 ―男。②その土地で有名な産物。名産。specialty ③由緒ある、すぐれた茶器。

**名物に旨い物無し**(めいぶつにうまいものなし) 《名物・名産品であるとして喧伝されているものは、実際に食べてみると、それほどのことはなくて、まずいものが多い、の意から》言いはやされている名が、かならずしも実をともなっているものではないことのたとえ。類似 名所に見所無し。

**めいぶつ-ぎれ【名物▿裂・名物切(れ)】** ①茶人が、名物茶碗など茶器の袋や掛け軸の表装に用いた、中国渡来の織物の総称。金襴・緞子・間道など。古くは古切れなどとよばれた。②《「名物切」で》古筆切の中で、とくに名高いもの。↓写

●名物裂① 有栖川錦 京都国立博物館。

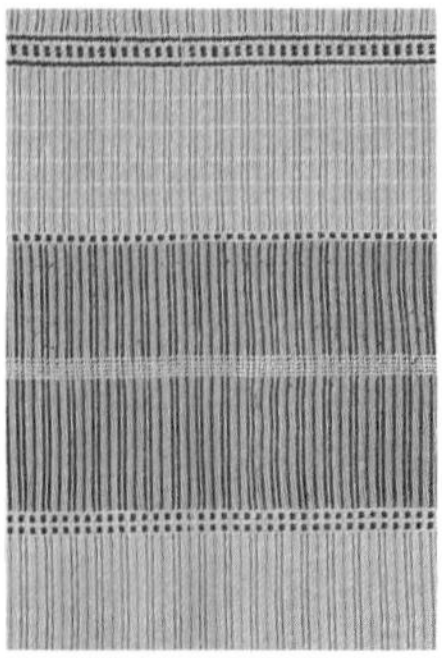

舟越間道 東京国立博物館。

笹蔓緞子 東京国立博物館。

鶏頭金襴 東京国立博物館。

**メイフラワー-ごう【メイフラワー号】** 一六二〇年、ピルグリム-ファーザーズを運んだ一八〇トンの帆船。九月一六日イギリスのプリマスを出港、一二月二一日にアメリカのマサチューセッツ州に全員上陸、入植してプリマスと命名した。the Mayflower

**めい-ぶん【名分】** 君に対する臣、親に対する子などの、名・身分によって守るべき道徳上の立場。moral duty 用例 大義―。

**めい-ぶん【名聞】** 世間のうわさ・評判。みょうもん。reputation 用例 ―をはばかる。

**めい-ぶん【名文】** すぐれた文章。有名な文章。some great writing; famous passage 対義 悪文。

**めい-ぶん【明文】** ①法文として記されている文章。express provision ②筋の通った文。clear sentence

**めい-ぶん【銘文】** 銘として記した文章。inscription

**めいぶん-か【明文化】**(名・サ変他) ①口約束や慣行を、条文などにして文書に書き表すこと。put in the statutory form ②文書にはっきりと書き表すこと。stipulate

**めい-べん【明弁・明▾辯】**(名・サ変他) ①ものの道理をはっきりわきまえること。用例 順逆を―する。②はっきり述べること。

**めい-ぼ【名簿】** ①氏名・住所などを記す帳簿。list ②↓みょうぶ(名簿)

**めい-ほう【名宝】** 有名な宝。rare treasure

**めい-ほう【盟邦】** 盟約した国。同盟国。ally

**めい-ぼう【名望】** 人望が高くて、世間の人々の評判がよいこと。high reputation 用例 ―家。

**めい-ぼう【明▾眸】** 澄みきった美しいひとみ。

**めいぼう-こうし【明▾眸▾皓歯】** 美しい澄みきったひとみと白い歯。美人の形容。

**めい-ぼく【名木】** ①いわれのある木。すぐれた木。②すぐれた香木。伽羅。

**めい-ぼく【銘木】** 床柱・床框などに使う木目・材質・形状が美しく、おもむきのある木材。precious wood

**めいぼくせんだいはぎ【▾伽▿羅先代▾萩】** 人形浄瑠璃・歌舞伎時代物。奈河亀助の同名の歌舞伎狂言などをもとに脚色。松貫四・高橋武兵衛・吉田角丸合作。天明五年(一七八五)初演。伊達騒動の劇化。歌舞伎では、妖術を使う逆臣仁木弾正と忠臣荒獅子男之助が対立する「床下」が荒事の独自の演出として有名。通称、先代萩。↓写

**めい-みゃく【命脈】** いのち。寿命。life 用例 ―を絶つ。

**命脈を保つ**(めいみゃくをたもつ) 生き続ける。生きながらえる。survive

**めい-む【迷夢】** 夢のようなとりとめのない考え。心の迷い。illusion

**めい-む【迷霧】** ①方角がわからないほどの深いきり。dense fog ②《仏教語》心の迷い。delusion

**めい-めい【命名】**(名・サ変自) 名前をつけること。name 用例 ―式。

**めい-めい【▾冥▾冥】**(形動トタル) ①暗いさま。②はっきり現れないさま。③自然に心に感じるさま。

**冥冥の裡**(めいめいのうち) 知らず知らずのうち。

**めい-めい【銘銘】** 一(名) おのおの。ひとり ひとり。各自。各人。each 二(副) だれもかれも。てんでに。individually

**めいめい-ざら【銘銘皿】** 食べ物をめいめいに取り分けるため、各人に配られる皿。

**めいめい-しょ【命名書】** 生児に付けた名前を紙に書いたもの。一般に誕生後七日目に行われるお七夜(命名式)のとき、神棚の下や床柱に張って、招いた人々に披露する。

**めいめい-はくはく【明明白白】**(名・形動) 《「形動トタル」の活用もある》非常に明らかで、少しの疑いもないこと・さま。「明白」を強めた言い方。very evident 用例 ―になる。―たる事実。

**めい-めつ【明滅】**(名・サ変自) あかりなどが、光ったり消えたりすること。明るくなったり暗くなったりすること。blink 比較 点滅。用例 波間に―するいさり火。

**め-いも【芽芋】** サトイモを多湿な暗所で発芽させた葉柄。ふつう早生種の親いもを使う。白色で軟らかい。

**めい-もう【迷妄】** 道理に暗いこと。心の迷い。illusion

**めい-もく【名目】** =みょうもく。①よび方。名前。名称。name ②口実。理由。pretext 対義 実質。

**めい-もく【▾瞑目】**(名・サ変自) ①目を閉じること。close one's eyes ②安らかに死ぬこと。pass away

●伽羅先代萩 人形浄瑠璃。

**めいもく-ちんぎん【名目賃金】** 貨幣の額で表された賃金。インフレなどによる貨幣価値の変動で実質的価値を表さないことからいう。nominal wages 対義 実質賃金。

**めい-もん【名門】** 由緒ある家柄。名家。門閥。distinguished family

**めい-やく【名訳】** すぐれた翻訳。excellent 「translation

**めい-やく【名薬】** 効き目のよい、評判の薬。

**めい-やく【盟約】**(名・サ変他) 神にかけて誓うこと。かたい約束。pledge 用例 ―を結ぶ。

**めい-ゆう【名優】** すぐれた、有名な俳優。great actor

**めい-ゆう【盟友】** かたい約束をした友。同志。sworn friend

**めい-よ【名誉】** 一(名・形動) すぐれたものとして認められること・さま。ほまれ。光栄。評判。honor 対義 不名誉。二(名) ①人間としての自覚。自尊心。dignity ②《接頭的》地位や職名に冠して尊敬のしるしとして贈られる称号。honorary 用例 ―会長。三 古語 (名・形動ナリ) ①名高いこと・さま。評判。用例 隠れなき強盗、―の大剛の者にて候ふ(平治)。②奇妙なこと・さま。不思議だ。用例 これは―な、下に穴があいてゐる(歌舞伎・傾城壬生大念仏)。

**めいよ-かくめい【名誉革命】** 一六八八年イギリスに起きた市民革命。王政復古後、ジェームズ二世の専横に対抗して議会は、王の長女メアリーと夫オレンジ公ウィリアムをメアリー二世、ウィリアム三世として迎え、両名の共同統治を決議。八九年権利章典を制定、議会中心の立憲君主制を樹立した。ジェームズ二世は国外に逃亡。無血で成功したためにこの名が与えられた。Glorious Revolution

**めいよ-きそん【名誉▾毀損】** 人の名誉を傷つけること。名誉汚損。defamation of character; libel

**めいよきそん-ざい【名誉▾毀損罪】** 公然と他人の社会的評価を害するような事実を、表示する罪。libel

**めいよ-きょうじゅ【名誉教授】** 大学教授として一定の年限を勤めた人や研究上とくに功績のあった人に、退職後与えられる称号。professor emeritus

**めいよ-しょく【名誉職】** 他に本業をもつことができ、生活費としての俸給を受けない公職。イギリスの治安判事、日本の旧市町村制下での議員など。honorary post

**めいよ-ばんかい【名誉▾挽回】** 失っていた名誉を回復すること。名誉を取りもどすこと。redeem one's honor

**メイ-ランファン【梅蘭芳】**(一八九四〜一九六一) 中国、京劇の名優。美貌と美声の女方で京劇中興の祖。北京生まれ。主演作『天女散花』『白蛇



↓行き先項目、図版・写真参照印。 JIS 日本工業規格情報交換用漢字符号コード(区点コード)。

伝』『貴妃酔酒』など。

**めい-り【名利】** 名誉と利益。みょうり。fame and wealth

**めい-りゅう【名流】** 有名な人たち。名士。名家。

**めい-りょう【明▾亮】**(名・形動) 声などが、明らかではっきりしていること・さま。

**めい-りょう【明▾瞭】**(名・形動) 明らかなこと・さま。はっきり。明白。clear 用例 ―な事実。

**めいりょう-ど【明▾瞭度】** 音声の伝送において、送った音声単位の総数と正しく受聴された音声単位の数との比をパーセントで表示したもの。articulation 参照 了解度。

**めいりん-かん【明倫館】** 江戸時代、長州藩の藩校。享保四年(一七一九)藩主毛利吉元の創立。朱子学を重点に教育。宇和島・丸亀・高取藩などにも同名の藩校がある。

**め-い・る【▿滅入る】**(五自) ①気が沈む。元気がなくなる。ふさぐ。be depressed ②深く入りこむ。めりこむ。

**めい-るい【銘▾誄】** 死者の功績などを書きしるした文章。

**めい-れい【命令】** ㊀(名・サ変自他) 他者に、言動などで実行を強制する意思表示をすること。言いつけ。おおせ。order 用例 ―を下す。㊁(名) ①政令・省令など、憲法・法律以外の行政法規の総称。②訴訟法上、裁判官が単独で行う、決定以外の、裁判。③行政処分としての職務命令など。order ④文法で、「命令形」の略。

**命令一下**(めいれいいっか) 命令が下るとすぐ、いっせいに。用例 ―配置につく。

**めいれい-けい【命令形】** 活用形の一つ。命令の意味で言い切る形。「走れ!」「起きろ!」などの形。口語の形容詞・形容動詞のように、この形のないものもある。

**めいれい-ぶん【命令文】** 表現の上から見た文の種類の一つ。命令や禁止の意味を表した文。「早く起きなさい」「だれにも言うな」など。imperative sentence 比較 平叙文・疑問文。

**めいれき【明暦】** 江戸初期の年号。承応から改元。元年(一六五五)四月一三日〜四年(一六五八)七月二三日。次に、万治に改元。

**めいれき-の-たいか【明暦の大火】** 明暦三年(一六五七)一月一八日に起こった江戸の大火。火元は本郷。焼失町数八〇〇町、焼死者十余万といわれる。振袖火事。

**め-いろ【目色】** 目の色・ようす。目つき。look 用例 ―を変える。

**めい-ろ【迷路】** ①迷いやすい道。maze ②通り抜けるのがむずかしいように考えてつくった、遊びの施設。また、ゲーム。labyrinth ③内耳。inner ear

**めい-ろう【明朗】**(形動) ①明るく、ほがらかなさま。cheerful ②ごまかしがなく公正なさま。clean 用例 ―会計。

**めいろく-ざっし【明六雑誌】** 明六社の機関誌。学術的論文を広範囲にわたって掲載し、自由思想を啓蒙した。明治七年(一八七四)創刊。翌年、言論統制により廃刊。

**めいろく-しゃ【明六社】** 明治六年(一八七三)森有礼を中心に、福沢諭吉・加藤弘之・中村正直らが同人となって結成された日本初の学術文化団体。同七年(一八七四)三月発刊の機関誌『明六雑誌』は政府の言論統制で同八年(一八七五)一一月第四三号までで廃刊、同社も事実上解散。

**めい-ろん【名論】** すぐれた、りっぱな議論。excellent opinion 用例 ―卓説。

**めい-ろん【迷論】**《「名論」をもじった俗語》筋の通らない議論。

**めいろん-たくせつ【名論卓説】** すぐれた内容の、議論・意見。excellent opinions and theories

**めいわ【明和】** 江戸中期の年号。宝暦から改元。元年(一七六四)六月二日〜九年(一七七二)一一月一六日。次に、安永に改元。

**めいわ【明和】**〈町〉 三重県伊勢平野南部、伊勢湾に臨む町。漁港大淀があり、大根の産地でも知られる。人口二万一五三九(一九八八)。

**めいわ【明和】**〈村〉 群馬県南東部、館林市の南に接する村。稲作のほか、ナシ・ブドウ(巨峰)の産地で知られる。工業化も著しい。人口一万三三二四(一九八八)。

**めい-わく【迷惑】**(名・形動・サ変自) わずらわしく、嫌な目にあって困ること・さま。trouble; annoyance 比較 当惑。用例 人に―をかける。いい―だ。

**めいわ-じけん【明和事件】** 明和四年(一七六七)江戸幕府が尊王論者の山県大弐・藤井右門ら三十余人を処罰した事件。

**め-うえ【目上】** 地位または年齢が自分より上のこと・人。superior; senior 対義 目下。

**め-うし【▾牝牛・雌牛】** めすの牛。cow 対義 牡牛。

**め-うち【目打ち】** ①千枚通し。eyeleteer ②裁縫・手芸用具の一種。襟先を縫い返したときに整えたり、ミシン目をほぐしたり、小さな穴をあけたりするときなどに用いる。eyeleteer ③ウナギなどをさくとき、目に打ち込む道具。また、その道具を打ち込むこと。④郵便切手・入場券などに切り目をつけるために一列の小さな穴をあけること。また、その穴。perforation →写

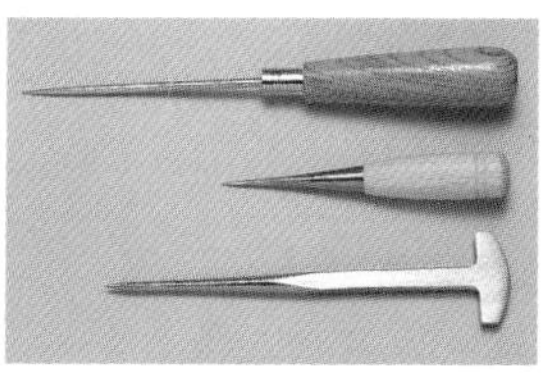

●目打ち　上から、千枚通し、裁縫用、調理用。

**め-うつり【目移り】**(名・サ変自) あれこれ見て迷うこと。be puzzled which to choose

**メーカー【maker】** ①機械・器具の製造元。製作者。②日本で名の知れた大手の製造元。

**メーカー-もの【メーカー物】** 有名な製造元が製造した商品。メーカー品。name-brand item

**メーキャップ【makeup】** ①顔にほどこすこしらえ。美しく見せるための化粧と、俳優などがその役柄を表現するための舞台化粧・扮装などがある。メークアップ。②印刷で、活版印刷の組み版。

**メーキャップ-アーチスト【makeup artist】** 化粧を職業とする専門家。撮影のために、俳優やモデルの化粧・整髪・着付けをする人のこともいう。

**メークアップ【makeup】** →メーキャップ

**メーザー【maser】**《microwave amplification by stimulated emission of radiation の略》マイクロ波の増幅発振器。物質と電磁波の相互作用による誘導放出を利用する。気体メーザーと固体メーザーがあり、前者は周波数標準・原子時計などに、後者は衛星通信・超遠距離レーダーなどに応用される。

**メージャー【major】** →メジャー(major)

**メース【mace】** 香辛料の一つ。ニクズクの実の鮮紅色の種皮を乾燥したもの。種子の仁がナツメグ。肉料理・菓子に用いる。ニクズク。

**メーストル【Joseph Marie de Maistre】**(一七五三〜一八二一) フランスの政治家・政治学者・作家。王権神授説を主張してフランス革命に反対し、イタリアへ亡命。著書『聖ペテルブルク夜話』など。

**メーストル【Xavier de Maistre】**(一七六三〜一八五二) フランスの小説家。短編『シベリアの少女』など。

**メースフィールド【John Masefield】**(一八七八〜一九六七) イギリスの詩人・小説家。叙情詩『海の歌曲』、物語詩『黄水仙原』など。

**メーソン【Joseph Warren Teets Mason】**(一八七九〜一九四一) アメリカの新聞人。神道に関心をもち、三度来日して研究。著書『神ながらの道』『神道神話の精神』など。

**メーソン【Luther Whiting Mason】**(一八一八〜一八九六) アメリカの音楽教育家。明治初期の日本の洋楽教育に貢献。著書『国民音楽教程』など。

**メータ【Zubin Mehta】**(一九三六〜) インドの指揮者。アメリカを中心に活躍。一九七八年ニューヨーク-フィルハーモニック音楽監督。

**メーター【meter】** ①計量器。用例 ガス―。②メートル。

**メーター-タク**《和製語》メーターの付いたタクシー。「円タク」に対していった語。

**メー-デー【May Day】** ①ヨーロッパなどで五月一日に行われる農村の祭り。五月祭。②毎年五月一日に世界各地で行われる、労働者の団結を示すための国際的な祭典。一八八六年アメリカで行われた、労働時間八時間制を要求する示威運動が起源。日本では大正九年(一九二〇)東京の上野公園で行われたのが最初。

**メーデー-じけん【メーデー事件】** 昭和二七年(一九五二)サンフランシスコ講和条約発効直後のメーデーにデモ隊と警官隊が皇居前広場で衝突し、死者二名と多数の検挙者を出した事件。血のメーデー。

**メーテルリンク【Maurice Maeterlinck】**(一八六二〜一九四九) ベルギーの劇作家・詩人。象徴主義演劇の代表者。独自の神秘的世界をうみだした。一九一一年ノーベル文学賞受賞。戯曲『ペレアスとメリザンド』『モンナ-バンナ』『青い鳥』、エッセー『貧者の宝』など。

**メード【maid】** 女中。お手伝いさん。とくに、ホテルや欧米人の家庭で働く人をいう。

**メード-イン-ジャパン【made in Japan】** 日本製。

**メートル【mètre フランス・米】** 長さの国際基本単位。一九八三年、光が真空中で二億九九七九万二四五八分の一秒間に進む距離を一メートルと規定。記号m。メーター。

**メートルを上げる**(メートルをあげる) 酒に酔って大言を吐く。have a drink and talk big 比較 気炎を上げる。

**メートル-グラス**《和製語》メートル法による目盛りを刻んだガラス容器。薬液の計量用。メスシリンダー。

**メートル-げんき【メートル原器】** 一メートルの長さの基準となるものさし。X形の断面をもつ棒状合金(白金九〇%、イリジウム一〇%)で、一七九九年に完成。一九六〇年、メートルを光の波長で定義するようになったため廃止された。prototype of meter

**メートル-じょうやく【メートル条約】** メートル法度量衡の制定普及のために、一八七五年締結された国際条約。これに基づき、国際度量衡委員会が発足。日本は明治一八年(一八八五)に加盟。Convention of Meter

**メートル-ド-バレエ【maître de ballet フランス】** バレエ教師および振付師。バレエ団で団員の教育・訓練を行い、振り付けなども行う人。アメリカなどではバレエマスター、フランスではバレエ団の総監督・芸術監督をさす。

**メートル-トン【metric ton・米噸】** メートル法での一〇〇〇kg。仏トン。参照 トン。

**メートル-ほう【メートル法】** 計量単位の国際的統一を目的につくられた単位系。一八世紀末に、フランスのタレーランの提案で実施された。日本も昭和三四年(一九五九)に採用。metric system

**メーヌ-ド-ビラン【Maine de Biran】**(一七六六〜一八二四) フランスの哲学者。主意主義的な哲学を展開し、晩年は神秘主義に接近。著書『思考能力に及ぼす習慣の影響』など。

**メービウス-の-おび【メービウスの帯】** 長方形の一辺を一八〇度ねじり、相対する辺をはり合わせてできる曲面。境界はあるが表裏がない。位相幾何学の対象となる空間図形。メビウスの帯。Möbius band →図

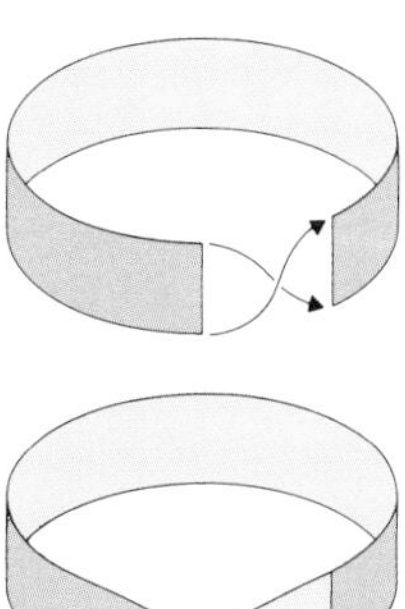

●メービウスの帯

**メー-ファーズ【没法子 中】**(méifǎ-zi)(感) しかたがない。

**メープル-シロップ【maple syrup】** 北米原産のサトウカエデの木の樹液からつくる液体甘味料。ホットケーキなどにかける。

**メーメル-がわ【メーメル川】**(Memel) ソ連西部の川。白ロシア共和国のミンスク中部からリトアニア共和国を経て、バルト海に注ぐ。長さ九三七km。ネマン川。

**メーヤー【Maria Geoppert Mayer】**(一九〇六〜一九七二) アメリカの女性物理学者。ドイツ生まれ。原子核理論の研究。原子核の殻模型を提唱し、一九六三年ノーベル物理学賞受賞。

**メーヨー【George Elton Mayo】**(一八八〇〜一九四九) アメリカの産業心理学者。オーストラリア生まれ。ホーソン実験を行い、産業における人間関係論を提唱。

**メーラー【Norman Mailer】**(一九二三〜) アメリカの小説家。全体の中の個、社会と個人のかかわり合いを描く。作品『裸者と死者』『鹿の園』『アメリカの夢』など。

**メーラト【Meerut】** インド北部、ウッタルプラデシュ州北西部の商工業都市。鉄道の要衝。人口五三・八万(一九八一)。

**メーリケ【Eduard Mörike】**(一八〇四〜一八七五) ドイツの詩人・小説家。優雅な叙情詩はウォルフらによって作曲された。小説『画家ノルテン』『プラハへの旅路のモーツァルト』など。

**メーリング【Franz Mehring】**(一八四六〜一九一九) ドイツの評論家。スパルタクス団に参加。マルクス主義理論家として活動。著書『ドイツ社会民主党史』など。

**メール**[mail] ①郵便。②郵便物。用例 エア―。
**メール-オーダー**[mail order] 通信販売。
**メールボックス**[mailbox] 郵便受け。
**メーロ**[Manuel de Melo](一六〇八〜六六) ポルトガルの詩人・劇作家。戯曲『貴族修業』、『韻文集』など。
**メーン**[Maine] アメリカ北東端、ニューイングランドの州。州都オーガスタ。全域の八〇%以上が山林で、林業がさかん。人口一二二・五万(一九九〇)。
**メーン**[Henry James Sumner Maine](一八二二〜八八) イギリスの法学者。同国における歴史法学派の祖。法を進化論的に研究し、「身分から契約へ」の命題で知られる。主著『古代法』。
**メーン**[main]《接頭的》=メイン。①主要なもの。中心になるもの。②主要な、中心の、の意。
**メーン-アンプ**《和製語》↓パワーアンプ
**メーン-エベント**[main event] いくつもの番組のうちの、主要な試合。メーンイベント。
**メーン-スタンド**《和製語》競技場の正面見物席。
**メーン-ストリート**[main street] 本通り。大通り。
**メーン-タイトル**[main title] 作品などの、正式の題名。主題。対義 サブタイトル。
**メーン-テーブル**[main table] 会議・宴席などで中央正面の席。
**メーン-バンク**[main bank] ある企業の取引銀行のうち、もっとも多額に融資し、資本関係だけでなく人的・情報的にも密接なつながりをもつ銀行。主力銀行。
**メーンマスト**[mainmast] 船の主となる帆柱。大檣。↓帆船図
**め-おと**【夫婦・女夫・妻夫】①ふうふ。連れ合い。みょうと。married couple ②夫婦のように二つ並んでいるもの。また、大小で一組みになったもの。pair 用例 ―岩。
**めおと-ぢゃわん**【夫婦茶碗】男女用に大小が対になった飯茶わんや湯飲み茶わん。
**メカ** ①「メカニズム」の略。②「メカニック」の略。
**メガ**[méga](接頭) 単位で一〇〇万倍を表す。記号M。用例 ―トン。―サイクル。
**め-がお**【目顔】目つき。目の表情。look 用例 ―で知らせる。
**め-かくし**【目隠し】(名・サ変自) ①目を布でおおうこと。その布。blindfold ②子どもの遊びで、めんない千鳥。③外から見えないようにするための、囲い・塀など。blind; screen
**め-かけ**【妾】《目をかける、の意》妻帯する男性が経済的な援助を与えて継続的に情交している女。愛人。二号。mistress
**めかけ-ばら**【妾腹】↓しょうふく(妾腹)
**め-が・ける**【目掛ける】(下一他) ねらいをつける。めざす。
**メガケロス**[megaceros ラテン] てのひらのような形をした大きな角をもつ、絶滅したシカ。角のさしわたしは、大きなものでは三・七mに達する。氷河時代、ユーラシアの森林・草原地域にすんでいた。
**め-かご**【目籠】物を盛る、目の粗い竹かご。目ざる。
**メガサイクル**[megacycle] 周波数の単位。一〇〇万サイクル。一〇〇〇キロサイクル。
**めかし・い**(接尾)《「めく」の形容詞化。名詞、形容詞の語幹について》…のように見える。…と感じられる。用例 古―。
**め-かじき**【眼梶木・眼旗魚】メカジキ科の海水魚。上顎が剣状に突き出す。マカジキに似るが、腹鰭がなく、二つの背鰭が著しく離れている。全長約四・五m、体重約五〇〇kg。灰褐色。性質が荒い。食用。世界の温・熱帯海域に分布。swordfish
**めかし-こ・む**【粧し込む】(五自) 派手に化粧をし、着飾る。dress oneself up
**めかし-や**【粧し屋】おしゃれな人。しゃれ者。dandy
**め-がしら**【目頭】目の、鼻に近いほう。inner canthus 対義 目じり。↓目図 ↓頭図
**目頭が熱くなる**(めがしらが あつくなる) 感動して、涙が出そうになる。be moved to tears
**目頭を押さえる**(めがしらを おさえる) 涙がこぼれるのを、手やハンカチで防ぐ。泣く。wipe one's tears
**目頭を拭う**(めがしらを ぬぐう) 涙をふく。wipe tears 比較 目頭を押さえる。
**めか・す**(五自)《「色めかす」の略》身なりを飾る。しゃれる。dress up
**めか・す**(接尾)《名詞などに付いて動詞をつくる。五段型》…らしくする。用例 冗談―。
**め-かた**【目方】重さ。weight
**めかた-うり**【目方売り】買い手の望む分量だけ売ること。量り売り。sell by weight
**め-がたき**【女敵・妻敵】妻の情夫。用例 ―討ち。
**めがたき-うち**【女敵討(ち)】自分の妻と姦通した男を討つこと。通常、同時に、自分の妻も殺害した。
**メガテリウム**[Megatherium ラテン] 鮮新世から洪積世にかけて南北アメリカにいた、地上生活をする巨大なナマケモノ。体長約六m。四肢に大きな爪をもち、前肢は甲を地面につけて歩行したとされる。草食。俗称オオナマケモノ。
**め-かど**【目角】目のはし。目じり。
**目角が強い**(めかどが つよい) ①物事を鋭く見抜く。②よく見覚えている。
**目角を立てる**(めかどを たてる) 厳しい目つきをして、怒る。比較 目くじらを立てる。

●メガネザル

**メカトロニクス**《mechanics(機械工学)とelectronics(電子工学)の合成語》機械技術と電子技術を有機的に結合させた新しい技術。産業用ロボットなど。
**メカトロニクス-さんぎょう**【メカトロニクス産業】IC・LSI・マイクロコンピューターなどのエレクトロニクス技術と機械を結びつけた産業。電卓・電子ミシン・数値制御装置・産業用ロボットなどが代表的製品。
**メガトン**[megaton] 重量で一〇〇万t。おもに核兵器の威力を示すときに使う。
**メガトン-ばくだん**【メガトン爆弾】TNT火薬一〇〇万t分に匹敵する威力をもつ核爆弾。一九五〇年代水爆の実用化によって出現。megaton bomb
**メカニズム**[mechanism] ①しかけ。しくみ。からくり。装置。②組織。機構。③機械論。
**メカニック**[mechanic](形動) 機械的。
**め-がね**【眼鏡】①視力を矯正するために目の前に装着する、レンズを用いた器具。強い光線から目を保護するためのものも含む。glasses 数え方 一個。②望遠鏡。双眼鏡。telescope ③ものごとの理非・善悪を見抜くこと。目きき。鑑識。discrimination; judgment
**眼鏡が狂う**(めがねが くるう) 見損なう。判断をまちがう。misjudge
**眼鏡に適う**(めがねに かなう) 目上の人に気に入られる。お眼鏡に適う。win one's confidence
**めがね-あげは**【眼鏡揚羽蝶】トリバネチョウの仲間で、大形の美しいアゲハチョウ。開張約一三cm。ニューギニア・オーストラリア北東部・モルッカ諸島に分布し、山地によって翅の色は異なる。メガネトリバネ。テイオウチョウ。
**メガネウラ**[meganeura ラテン] トンボによく似た史上最大の昆虫。フランスから発見された種は開張七五cmに達する。石炭紀後期に栄え、ジュラ紀に絶滅。
**めがね-え**【眼鏡絵】凸レンズを通して見る、線遠近法を誇張して描いた絵。オランダと中国から伝来。単に拡大して見る覗き絵と、覗き機関用の左右逆像のからくり絵がある。日本人に透視遠近法を教えた。
**めがね-ぐま**【眼鏡熊】体は黒色で、目の周囲に白い輪があるクマ科の動物。体長一・五〜一・八m。果実・木の実が主食。南米のアンデス山地に分布するが数は少ない。spectacled bear
**めがね-ざる**【眼鏡猿】メガネザル科の動物の総称。三種あり、いずれも大きな円形の眼と耳介をもち、体長一二〜二〇cm。指先に吸盤状のふくらみをもつ。夜行性。フィリピンなどに分布。tarsier ↓写
**めがね-ばし**【眼鏡橋】二連のアーチからなる石造りの橋。寛永一一年(一六三四)に、中国の僧の如定が長崎に構築したのに始まる。↓写

●眼鏡橋 長崎市中島川の眼鏡橋。一九八二年の長崎水害で破壊されたが翌年復元された。

**めがね-へび**【眼鏡蛇】コブラ科のヘビ。有毒で、首のうしろの眼鏡状の斑紋が特徴。インドコブラ。Indian cobra
**め-かぶ**【雌株】雌雄異株の植物で、雌花あるいは造卵器だけをつけるもの。female plant 対義 雄株。
**メガヘルツ**[megahertz] 周波数の単位。一ヘルツの一〇〇万倍。記号MHz 従来は、メガサイクルといった。
**メガホン**[megaphone] 音声を遠方に、また一方向に伝えるための簡便な器具。薄い金属や板紙で作ったらっぱ形のもの。
**メガホンを握る**(メガホンを にぎる)《映画監督はメガホンで皆に伝達・命令することから》監督を担当して、映画をつくる。
**め-がみ**【女神】女性である神。じょしん。goddess 対義 男神。
**メガラヤ**[Meghalaya] インド東部、カシ丘陵地帯にある州。州都シロン。世界的な多雨地帯。人口一三二・八万(一九八一)。
**めかり-の-しんじ**【和布刈の神事】《「和布刈」は、ワカメなどの海藻を刈ること》和布を大晦日の夜半に刈って、元旦の神前に供える神事。下関市の住吉神社、北九州市の和布刈神社で行われるものが有名。
**め-かるがや**【雌刈萱】イネ科の多年草。稈は高さ約一m。山野にはえる。葉は長線形。秋、上部の葉腋から総状の花穂を生じる。カルガヤは主としてこれをさす。
**メガロ**[megalo フランス](接頭) 巨大な、の意。
**メガロパ**[megalopa] カニ類の幼生段階の一つで、ゾエアにつぐ幼生。エビ類のミシスに相当し、この段階をへて成体になる。付属肢を含めて頭胸部は成体に似るが、腹部は後方に伸びたまま。浮遊生活から水底の生活への移行期で、流れ藻上に見られる。
**メガロポリス**[megalopolis] 都市がその面積・機能ともに発展し、隣接する他の都市と連結して形成する巨大な都市域。たとえば、東京・名古屋・京阪神などを連続して一つの都市とみたもの。フランスの地理学者ジーン=ゴットマンの命名。
**め-ぎ**【女木・雌木】対義 男木。①アサなど雌雄異株の植物で雌花だけをつける木。②木材を結合するときの凹状のもの。また、下に組み合わせるほう。
**め-ぎ**【目木】山野にはえるメギ科の落葉小低木。高さ約二m。枝はよく分枝し、とげがある。葉は倒卵形。四月に、黄色の小花が咲く。果実は紅熟。コトリトマラズ。↓写

●メギ

**め-きき**【目利き】(名・サ変他) ①目が利くこと。また、その人。connoisseur ②鑑定。また、それに巧みな人。judge
**メキシコ**【Estados Unidos Mexicanos スペイン・墨西哥】(United Mexican States) 北アメリカ南部の国。首都メキシコシティ。一八二一年スペインから独立。かつてはマヤ・アステカ文明が栄えた。農業は綿花・コーヒーなどが中心。鉱物資源が豊富で、銀・石油などを産出。面積一九七・三万km²。人口七九五六万(一九八六)。正称メキシコ合衆国。
**メキシコ**[Mexico]〈市〉メキシコ合衆国の首都。同国の南部、標高二三〇〇mの高原に位

置し、政治・経済・文化の中心。軽工業や機械工業が発達。インディオのアステカ文化の中心で、アメリカ大陸最古の都市の一つとして遺跡も多い。人口一二九三・二万(一九八〇)。メキシコシティ。

**メキシコ-かくめい【メキシコ革命】** 二〇世紀初頭にメキシコで起きた革命。一九一一年、マデロの指導下にディアス独裁政権を打倒。一三年には、ウエルタによる反革命クーデター政権が樹立された。その後内戦が続いたが一七年には新憲法が制定され、封建的土地所有の廃止、鉱山・石油などの国有化、労働者の権利保障などが規定された。Mexican Revolution

**メキシコ-かんしょう【メキシコ干渉】** 一八六一〜六七年、フランスによって行われた対メキシコ内政干渉。ナポレオン三世はメキシコの財政混乱に乗じ、共和政府を廃してマクシミリアンを帝位につけたが、反乱により失敗。マクシミリアンは処刑され、ナポレオン三世は威信を失墜した。French intervention in Mexico

**メキシコ-ぎん【メキシコ銀】** 一六世紀以降、スペインが東方貿易に使用した銀貨。メキシコ産の銀で鋳造。日本でも幕末・明治初年に開港場で流通。墨銀。洋銀。

**メキシコ-シティ【Mexico City】** →メキシコ〈市〉

**メキシコ-りょうり【メキシコ料理】** 牧畜がさかんなので牛肉をよく食べるほか、トウモロコシ粉で作るトルティーヤとトウガラシ・トマトを使う料理が多い。飲み物はテキーラなど。

**メキシコ-わん【メキシコ湾】**(Gulf of Mexico) 北アメリカ大陸南東部、フロリダ・ユカタンの二半島とキューバ島に囲まれた湾入。沿岸に海岸平野が発達している。

**メキシコわんがん-ゆでん【メキシコ湾岸油田】**(Mexico Gulf Oil Fields) アメリカ南部、テキサス・ルイジアナ両州のメキシコ湾沿岸に広がる大油田地帯。

**メキシコわん-りゅう【メキシコ湾流】** 北大西洋のアメリカ東岸沖を流れる世界最大の海流。風成海流で海流上の大規模な風が成因とされている。湾流。the Gulf Stream

**めぎ-じま【女木島】** 香川県、高松市沖合いの島。面積二・六km²。ハマチの養殖がさかん。また、桃太郎伝説の島として知られる。洞窟とオーテ(防風・防潮の石塁)が有名。通称鬼ケ島。

**めき-めき**(副) 成長・進歩などが、著しいさま。remarkably 用例 — 腕をあげる。

**め-キャベツ【芽キャベツ】** アブラナ科の一、二年草。キャベツに近縁。直立した茎の葉腋に生じる芽球を収穫して食用。明治初年に渡来。ヨーロッパ原産。コモチカンラン。コモチタマナ。Brussels sprouts

**め-ぎれ【目切れ】** 目方の不足。

**め・く**(接尾)《名詞などに付いて動詞をつくる。五段型》…らしくなる。…らしく見える。用例 春—。

**め-くぎ【目▼釘】** つかから刀身が抜けないようにさす、竹または銅の釘。目貫。

**めぐさ-はっか【目草薄荷・▽眼草薄荷】** ペニロイヤルミントの別名。

**め-くされ【目腐れ】**《俗語》①目の病気で目の縁がただれること。ただれた人。②人をののしっていう語。

**めくされ-がね【目腐れ金】** わずかのお金。はしたがね。small sum

**めぐ・し【▽愛し】** 古語(形ク) ①かわいらしい。いとおしい。用例 妻子見れば — 愛し(万葉・五・八〇〇)。②いたいたしい。用例 —くや君が恋に死なする(万葉・一一・二五六〇)。

**め-くじら【目くじら】** 目のはし。目じり。corner of the eye

**目くじらを立てる**(めくじらをたてる) わずかのことを取り立てて、責める。find fault with 比較 目角を立てる。

**め-ぐすり【目薬・▽眼薬】** ①眼病を予防・治療するときに目にさす薬。点眼薬。eye drops ②ごくわずかな賄賂。petty bribe 比較 鼻薬。

**めぐすり-の-き【▽眼薬の木】** カエデ科の落葉高木。高さ約一〇m。葉は三小葉複葉で、秋に紅葉。春に、白花を開く。山地にはえる。民間療法で、樹皮を煎じて洗眼薬とする。チョウジャノキ。→写

● メグスリノキ

**め-くそ【目▼糞・目▼屎】**《俗語》目やに。

**目糞、鼻糞を笑う**(めくそ、はなくそをわらう) 自分の欠点に気づかず、人のことをあざけるたとえ。The pot calls the kettle black.

**め-くち【目口】** 目と口。

**目口はだかる**(めくちはだかる) あきれたために、目や口がふさがらず、あきっぱなしになる。あきれはてる。

**メクネス【Meknès】** 北アフリカ、モロッコ中部、アトラス山脈北麓の商業都市。繊維・食品・セメント工業が発達。ローマ遺跡をはじめ、一七世紀のスルタンの王宮など遺跡が多い。人口四八・七万(一九八二)。

**め-くばせ【目配せ・▼眴】**(名・サ変自) 目つきで知らせること。目くわせ。wink

**め-くばり【目配り】**(名・サ変自) あちこち注意の目を向けること。keep a watch

**めぐま・れる【恵まれる】**(下一自) ①よいことを受ける。be blessed with 用例 幸運に —。②たくさんある。不自由しない。rich in 用例 水に —・れた土地。

**めぐみ【恵み】** ①恵むこと。あわれみ。慈愛。blessing ②施し。charity

**恵みの雨**(めぐみのあめ) 草木を潤す雨。merciful rain

**め-ぐみ【め組】** 江戸時代の町火消しいろは四十八組の一つ。日本橋から南側、八丁堀周辺を受け持った。

**め-ぐ・む【芽ぐむ・▼萌む】**(五自) 芽が出そうになってふくらむ。きざす。bud

**めぐ・む【恵む・▼恤む】**(五他) ①あわれむ。いたわる。have mercy on ②かわいそうだと思って物を与える。施す。give in charity

**め-くら【▽盲・▼瞽】**《卑語。目暗、の意から》①目の不自由な人。blind person ②文字が読めない人。文盲。illiterate

**盲が杖を離れた様**(めくらがつえをはなれたよう) 頼りとするところがなくなるたとえ。

**盲千人、目明き千人**(めくらせんにん、めあきせんにん) 「目明き千人、盲千人」と同意。

**盲、蛇に怖じず**(めくら、へびにおじず) 事情を知らない人は、物おじしないで大胆なふるまいをするというたとえ。盲蛇。Fools rush in where angels fear to tread.

**めくら-うなぎ【▽盲▼鰻】** 水深五〇〇〜一〇〇〇mの海底にすむメクラウナギ科の海水魚。全長約五〇cm。体色は青褐色から青藍色。目は退化。他の魚や死魚を食べる。太平洋に広く分布。hagfish →図

● メクラウナギ

**めくら-ぐも【▽盲▼蜘▼蛛】** メクラグモ目の動物の総称。多くは体長七〜八mm。体に比べ脚がきわめて長い。陰湿な場所を好む。世界各地に分布。日本には約八〇種いる。ザトウムシ。harvestmen

**めくら-ごよみ【▽盲暦】** 文字が読めない人のため、絵で示す暦。絵暦。

**めくら-さがし【▽盲探し】**(名・サ変他)《俗語》当てもなくさがすこと。

**めくら-じま【▽盲▼縞】** 縦・横とも紺色の先染め綿糸で平織りした無地の小幅木綿。青縞。織り紺。

**めぐら・す【巡らす・▽回らす・▼廻らす】**(五他) ①巡るようにする。回りを囲む。surround 用例 城のまわりに堀を —。②回転させる。回す。turn 用例 こうべを —。③心を働かせる。あれこれ考える。think over; work out 用例 計略を —。考えを —。

**めくら-ばん【▽盲判】**《俗語》書類の内容を見もしないで押す判。rubber-stamp

**めくら-へび【▽盲蛇】** ①ミミズに似たメクラヘビ科の爬虫類の総称。全長約一六cm。トカゲとヘビの中間的存在。地中にすみ、目はうろこの下に埋没。熱帯各地に約一八〇種が分布。blind snake ②「盲、蛇に怖じず」の略。

**めくら-めっぽう【▽盲滅法】**(副)《俗語》見当もつけず、むやみに。

**めくり【▼捲り】** ①めくること・物。turn over ②花札。

**めぐり【巡り・▽回り・▼廻り・▽周り】** ①巡ること。回ること。circulation 用例 血の —。②周囲。周辺。回り。近所。circumference 用例 池の —。家の —。③あちこち回り歩くこと。pilgrimage 用例 名所 —。

**めぐり-あ・う【巡り会う】**(五自) ①巡り巡って出会う。come across ②思いがけず出会う。meet by chance

**めぐり-あわせ【巡り合(わ)せ】** 回り合わせ。運命。luck; fate

**めぐり-めぐって【巡り巡って】**(連語) あちらこちらとまわったあげく。回り回って。用例 — もどって来た。

**めく・る【▼捲る】**(五他) まくる。はがす。turn over; tear off

**めぐ・る【巡る・▽回る・▼廻る・▽周る】**(五自) ①《「循る」とも》ひとまわりする。turn round 用例 — 杯影さして(土井晩翠・荒城の月)。②周囲に沿って行く。go round 用例 池を —。③あちこち歩く。walk about 用例 諸国を —。④元へ返る。come around 用例 季節が —。因果が —。⑤取り囲む。surround 用例 堀が —。⑥あることを中心として、それに関連する。concern 用例 教育を — 諸問題。

**回る因果**(めぐるいんが) 因果のめぐって来ること。その因果。

**め-くるめ・く【目▼眩く】**(五自) 目がくらむ。くるめく。dazzle

**めく・れる【▼捲れる】**(下一自) ひとりでにめくったようになる。まくれる。be turned up

**メクレンブルク【Mecklenburg】** 東ドイツ北部、バルト海に臨む地域。低地域で氷河湖が多い。農牧業地域。

**め-ぐろ【目黒】** メジロに似た、ミツスイ科の小鳥。翼長約六・五cm。背面は暗緑色、腹面は黄色で、目のまわりが黒い。森林や林縁にすみ美声でさえずる。小笠原諸島特産で、特別天然記念物。→図

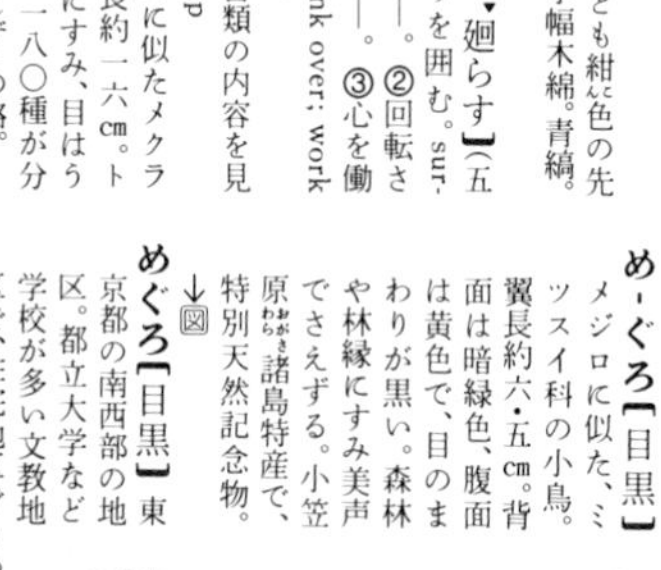

● メグロ

**めぐろ【目黒】** 東京都の南西部の地区。都立大学など学校が多い文教地区で、住宅地区でもある。目黒不動・祐天寺などの名刹がある。

**めぐろのさんま【目黒の▽秋▽刀▽魚】** 落語の題名。遠乗りに目黒まで出かけた殿様が、農家で食べたサンマの味が忘れられず、「サンマは目黒にかぎる」という滑稽噺。

**め・げる**(下一自) ①弱る。疲れる。元気がなくなる。be tired; be disheartened 用例 度重なる不幸にも —・げず。②壊れる。くだける。用例 茶碗が —。

**め-こ【▽妻子】** 古語 妻と子。用例 — 見ればめぐし愛し(万葉・五・八〇〇)。

**め-ごち【雌▼鯒】** ①日本沿岸の浅い砂泥底にすむネズッポ科の魚。ネズミゴチ・ヌメリゴチなどの混称。体表が粘液でぬるぬるしている。てんぷらの材料。②コチ科の海水魚。体長約二〇cm。体は上下に平たく、各ひれも大きいが、体表はぬるぬるしていない。練り製品の原料。南日本沿岸に多い。flathead

**め-こぼし【目▼溢し】**(名・サ変他) ①見てもとがめないこと。見逃すこと。overlook 用例 お — にあずかる。②めこぼれ。

**め-こぼれ【目▼溢れ】** 見落としたもの。things overlook

**メコン-がわ【メコン川】**(Mekong) 東南アジア最大の国際河川。チベット高原から中国の雲南省を経て、インドシナ半島下流域にメコンデルタを形成し、南シナ海に注ぐ。長さ約四〇〇〇km。上流域は森林、下流域は米作地帯。

**メサ【mesa スペイン】** 硬い岩層が粘土や軟らかい地層の上に重なってできた、テーブル状の台地。周囲の全部または一部が急崖で囲まれている。

**メサイア【Messiah】** ヘンデル作曲のオラトリオ。一七四二年初演。歌詞は聖書からとられ、キリスト降誕の預言からその復活までを三部に分けて描く。「ハレルヤ」を含むコーラスが有名。

▼常用漢字表外。 ▽常用漢字表の音訓外。

**め-さき【目先・目▽前】** ①目の前。眼前。under one's nose ②当座の機転。ready wit ③将来の見通し。foresight
**目先が利く**(めさきがきく) ①先の先まで見通すことが、じょうずである。be farsighted ②機転が利く。witty
**目先を変える**(めさきをかえる) その場の趣向を変える。趣を変える。do something new
**め-ざし【目刺(し)】** 目を刺して干した魚の干物。カタクチイワシ・ウルメイワシなどを塩水に一晩つけ、三～一〇尾ぐらいずつ、竹やわらに刺し連ねて干す。
**め-ざ・す【目指す・目差す】**(五他) 目当てにする。ねらう。aim at 用例 優勝を—。
**め-ざ・す【芽差す】**(五自) 芽が少し出る。
**め-ざと・い【目▽敏い】**(形) ①見つけるのが早い。sharp-eyed ②眠りから、すぐ目が覚める。easily awakened
**メサバード-こくりつこうえん【メサバード国立公園】**(Mesa Verde National Park) アメリカ中西部、コロラド州南西部の国立公園。インディアンの住居遺跡などが有名。面積二〇〇km²。
**メサビ-てつざん【メサビ鉄山】**(Mesabi Range) アメリカ中北部、ミネソタ州北東部にある同国第一の鉄鉱山脈。標高六〇〇～一五〇〇m。採鉱は機械化された露天掘りによる。一八六六年発見され、九二年から採掘・積み出しが行われた。
**め-ざまし【目覚(ま)し】** ①目を覚ますこと。また、その手段。awake ②「目覚まし時計」の略。③幼児が目を覚ましたときに与える菓子。おめざ。
**め-ざま・し【目覚まし】** 古語(形シク)《善悪にかかわらず、目が覚めるようだ、の意。「めさまし」とも》①素晴らしい。驚くほどだ。用例 いとよしよししう気ｹ高きさまして、—・しうもありけるかなと(源氏・明石)。②気にくわない。心外だ。用例 —・しきものにおとしめそねみたまふ(源氏・桐壺)。
**め-ざまし・い【目覚(ま)しい】**(形) 目が覚めるほどりっぱだ。素晴らしい。remarkable 派生 めざましさ(名)
**めざまし-ぐさ【目覚草】** タバコ・チャ・マツ・ハギの異名。
**めざまし-どけい【目覚(ま)し時計】** 予定の時刻にベルやチャイムの鳴る仕掛けをした時計。alarm clock
**め-ざま・す【目覚ます】**(五他) ①目を覚まさせる。wake ②感情や理性などの働きを呼び起こす。recall
**め-ざ・む【目覚む】** 古語(下二自) ↓めざめる(目覚める)
**め-ざ・める【目覚める】**(下一自) ①眠りから覚める。眠気が去る。wake up ②迷いが解ける。awake ③自覚する。be conscious of ④古語 りっぱさ・意外さに驚く。用例 乱れがはしきことの、さすがに—・めてかどかどしきぞかし(源氏・若菜上)。
**め-ざる【目▽笊】** 目の粗い笊。
**めさ・れる【召される】**(下一自) ①「召す」の受け身。用例 天国に—。②「召す」の尊敬語。③「する」の尊敬語。なさる。あそばす。用例 お年を—・た方。
**め-ざわり【目障り】**(名・形動) ①見るのを、邪魔すること・もの・さま。obstacle ②見て、嫌な気持ちを起こさせること・さま。気にかかること・さま。eyesore
**めし【飯】** ①米を炊いたもの。本来は穀類を炊いたものの総称。ごはん。cooked rice 比較 粥ゅか・重湯ゆおも。②食事。meal 数え方 一膳ぜん・一杯・一人前。
**飯の食い上げ**(めしのくいあげ) 生計の道を失うこと。lose one's job
**飯の種**(めしのたね) 生活していくための仕事。means of living
**飯も喉を通らない**(めしものどをとおらない) 心配なことがあって食事もする気にならない。
**飯を食う**(めしをくう) ①食事をする。eat ②生活をしていく。生計をたてる。make a living

●メシエ星団星雲表　おもなメシエ天体

| メシエ番号 | NGC番号 | 位置する星座 | 通称 | 種類 | 等級 |
|---|---|---|---|---|---|
| M 1 | 1952 | おうし座 | かに星雲 | 惑星状星雲 | 8.4 |
| M 8 | 6523 | いて座 | 干潟ひがた星雲 | 散光星雲 | 6.0 |
| M 13 | 6205 | ヘルクレス座 | ヘルクレス座の球状星団 | 球状星団 | 5.7 |
| M 17 | 6618 | いて座 | オメガ星雲 | 散光星雲 | 7.0 |
| M 20 | 6514 | いて座 | 三裂星雲 | 散光星雲 | 9.0 |
| M 27 | 6853 | こぎつね座 | 亜鈴状星雲 | 惑星状星雲 | 7.6 |
| M 31 | 224 | アンドロメダ座 | アンドロメダ星雲 | 銀河系外星雲 | 4.8 |
| M 42 | 1976 | オリオン座 | オリオンの大星雲 | 散光星雲 | 4.0 |
| M 44 | 2632 | かに座 | プレセペ | 散開星団 | 3.7 |
| M 45 | —— | おうし座 | プレアデス星団、すばる | 散開星団 | 1.4 |
| M 57 | 6720 | こと座 | 環状星雲 | 惑星状星雲 | 9.3 |
| M 97 | 3587 | おおぐま座 | ふくろう星雲 | 惑星状星雲 | 12.0 |
| M104 | 4594 | おとめ座 | ソンブレロ星雲 | 銀河系外星雲 | 8.7 |

**飯を食って直ぐ寝ると牛になる**(めしをくってすぐねるとうしになる) 「食べて直ぐ寝ると牛になる」と同意。
**めじ** マグロ(ホンマグロ)の小さいもの。メジマグロ。ヨコワ。
**め-じ【目地】** れんが・ブロックを積む場合やボード・タイルを張る場合にできるつぎ目。joint
**め-じ【目路・▽眼路】** 目に見える限り。眼界。用例 —はるかに。
**メシア【mashiah ヘブライ】**《油注がれた者、の意》①救世主。『旧約聖書』の預言に基づき、イスラエル民族が待望する終末時の救済者・王。ギリシア語訳はキリスト。②キリスト教で、イエスの尊称。
**めし-あが・る【召(し)上がる】**(五他) 「・飲む」の尊敬語。「食う
**めし-あ・げる【召(し)上げる】**(下一他) ①貴人の前や役所に、呼び出す。summon ②没収する。confiscate
**メシアン【Olivier Messiaen】**(一九〇八) フランスの作曲家。前衛音楽を指導。独自なリズム法を創案し、神秘主義的傾向がある。宗教音楽にも秀作が多い。作品『トゥランガリーラ交響曲』など。
**メジアン【median】** 度数分布の平均の一つ。統計資料を値の大きさの順に並べたとき、中央にあたる資料がもつ値。中位数。中央値。メディアン。
**め-しい【▽盲】**《卑語》視力を失ったこと・「人。blind
**めし-い・ず【召し▽出ず】** 古語(下二他) ↓めしだす(召し出す)
**め-し・いる【▽盲いる】**(上一自) 目が見えなくなる。lose one's sight
**めし-うど【▽囚▽人】** ↓めしゅうど(囚人)
**めし-うど【召▽人】** ↓めしゅうど(召人)
**メシエ【Charles Messier】**(一七三〇〜一八一七) フランスの天文学者。二一個の彗星すいせいを発見。メシエ星団星雲表の発表で著名。
**メシエ-せいだんせいうんひょう【メシエ星団星雲表】** メシエが一七八一年に作った一〇三個の星団・星雲の目録。アンドロメダ星雲をM31などともよぶのは、この目録に由来する。Messier's catalogue ↓図
**メシェド【Meshed】** マシュハドの別称。
**めし-かえ【召(し)替え】**《上に「お」を付けて》「着替えること」の敬語。着替えの着物。
**めし-かか・える【召(し)抱える】**(下一他) 給与を与えて家来とする。employ
**めし-ぐ・す【召し具す】** 古語(四他) 貴人が従者を引き連れていく。用例 たのもしく覚えて—・して行くほどに(徒然・八七)。
**めし-じょう【召(し)状】** お上からの呼び出し状。召し文。召喚しょうかん状。
**め-した【目下】** 地位・年齢が自分より下のこと・人。subordinate; junior 対義 目上。
**め-しだ【雌▽羊▽歯】** オシダ科のシダ。日本全土の深山にはえる。葉は三回羽状に分裂し、やわらか。包膜は半月形または鉤かぎ形。鱗片りんぺんは褐色。ミヤマメシダ。↓図

●メシダ

**めし-たき【飯炊き】** 飯を炊くこと。それを仕事とする者。
**めし-だ・す【召(し)出す】**(五他) ①貴人の前や役所に、呼び出す。summon ②職と給料を与える。
**メシチレン【mesitylene】** 化学式$C_6H_3(CH_3)_3$。石炭の乾留、石油留分から得られる無色の液体。各種の有機溶剤に溶ける。染料などの合成に利用。
**めし-つかい【召(し)使い・召使】** ①貴人が、身近において使う者。servant ②奉公人。domestic servant
**めし-つか・う【召(し)使う】** 文語的(五他)《貴人が人を召し出して使う意》人をやとい、身辺で働かせる。hire a person as a servant
**めし-つぶ【飯粒】** ごはんつぶ。rice
**めし-つ・れる【召(し)連れる】**(下一他) 供として連れていく。召し具す。be accompanied by 用例 従者を—。
**めし-と・る【召(し)捕る・召(し)取る】**(五他) 官命によって罪人を捕らえる。捕縛ほばくする。arrest
**メシトロビチ【Meštrović】** ↓メシュトロビチ
**めじな【目▽仁▽奈】** 沿岸の岩礁帯に群泳するメジナ科の海水魚。全長約五〇cm。体は楕円だえん形で扁平へんぺい。青灰黒色。冬季美味。北海道以南から東シナ海に分布。グレ。opaleye ↓図
●メジャーリーグ②

| ナショナルリーグ | | |
|---|---|---|
| | チーム名 | 創設 |
| 東地区 | シカゴ-カブス | 1876年 |
| | セントルイス-カージナルス | 1876 |
| | フィラデルフィア-フィリーズ | 1883 |
| | ピッツバーグ-パイレーツ | 1887 |
| | ニューヨーク-メッツ | 1962 |
| | モントリオール-エキスポズ | 1969 |
| 西地区 | アトランタ-ブレーブス | 1876年 |
| | シンシナチ-レッズ | 1876 |
| | サンフランシスコ-ジャイアンツ | 1883 |
| | ロサンゼルス-ドジャース | 1890 |
| | ヒューストン-アストロズ | 1962 |
| | サンディエゴ-パドレス | 1969 |

| アメリカンリーグ | | |
|---|---|---|
| | チーム名 | 創設 |
| 東地区 | クリーブランド-インディアンス | 1883年 |
| | ボストン-レッドソックス | 1901 |
| | デトロイト-タイガース | 1901 |
| | ボルチモア-オリオールズ | 1902 |
| | ニューヨーク-ヤンキース | 1903 |
| | ミルウォーキー-ブリューワーズ | 1969 |
| | トロント-ブルージェイズ | 1977 |
| 西地区 | シカゴ-ホワイトソックス | 1901年 |
| | ミネソタ-ツインズ | 1901 |
| | オークランド-アスレチックス | 1901 |
| | カリフォルニア-エンゼルス | 1961 |
| | テキサス-レンジャーズ | 1961 |
| | カンザスシティ-ロイヤルズ | 1969 |
| | シアトル-マリナーズ | 1977 |

**めし-びつ【飯▼櫃】** 飯を入れる木製の、ふたのある丸い入れ物。おひつ。おはち。
**め-しべ【雌▼蕊】** 種子植物の花の中心にある雌性の生殖器官。被子植物では、一～数枚の心皮が集合して生じる。先端を柱頭、胚珠はいしゅを入れる基部を子房、中間を花柱という。しずい。pistil 対義 雄蕊。
**めじ-まぐろ【めじ▼鮪】** メジの異名。
**めし-もり【飯盛(り)】** 江戸時代、街道筋の旅籠はたご屋で客の食事の世話や雑用をした女性。また、売春も行った。飯盛り女。おじゃれ。
**めし-や【飯屋】** 飲食店の一種。現在の大衆食堂の前身で米飯に煮魚・味噌汁みそしるなどの食事の注文に応じ、のちに酒類も扱った。近世中期以降から大正末ごろまで栄えた。

●メジナ

**メジャー【major】** 一(形動) 大きいさま、多いさま、また主要であるさま。対義 マイナー。二(名) ①音楽で、長音階。対義 マイナー。②《Majorsで。International Oil Majorsの略》国際石油資本。エクソン・モービルなどアメリカ系五社と、イギリス系二社の総称。石油の生産と価格決定を支配していたが、一九七三年の石油危機以降影響力が低下。メージャー。
**メジャー【measure】** ①物差しではかること。寸法。②物差し。とくに、小さな巻き尺。
**メジャー-リーグ【Major League】** ①スポーツ競技で最上位リーグのこと。②アメリカ



↓ 行き先項目、図版・写真参照印。 JIS 日本工業規格情報交換用漢字符号コード(区点コード)。

プロ野球の最上位リーグ。一二球団からなるナショナルリーグ、一四球団からなるアメリカンリーグに分かれる。大リーグ。↓図

**めしゅう**【▽囚▽人】捕らえられた人。しゅうじん。prisoner

**めしゅうど**【召▽人】歌会始の詠進歌の選などをつかさどる人。よりゅうど。

**メシュトロビチ**【Ivan Meštrović】(一八八三〜一九六二) ユーゴスラビアの彫刻家。神話伝説にちなんだ作品が多い。一九四七年以後アメリカで活躍。

**め-しょう**【目性】目のたち。用例 ―が悪い。

**めし-よ・せる**【召(し)寄せる】(下一他) ①貴人が、目下の者を近くへ呼び寄せる。近寄せる。②目下の者に持って来させる。

**め-じり**【目▼尻・▼眥】目の、耳に近いほうのはし。corner of the eye 対義 目頭。↓目図 ↓頭図

**目尻を下げる**(めじりをさげる) ①うれしいときの顔付きの形容。be all smiles ②好色そうな顔付きの形容。make eyes at a woman

**めし-りょう**【召(し)料】貴人のお使いになる物。

**め-じるし**【目印・目▽標】覚えに付けるしるし。目あて。mark

**め-じろ**【目白・▽眼白・▼繡▽眼▽児】メジロ科の小鳥。翼長約六cm。体が黄緑色で目の周囲が白い。平地から低山帯にかけてすむ。秋季群れをなして人里にも飛来。ツッチーチーと美声で鳴く。日本全土に分布。white-eye ↓図

●メジロ

**めじろ**【目白】東京都豊島区南部の地区。文教・住宅地区で、地名は江戸五色不動の一つ、目白不動があったことによる。

**めじろ-おし**【目白押し】《メジロが枝に押し合うように並んでとまることから》人・物事が一か所に集まってこみ合うこと。jam

**めじろ-ざめ**【目白▼鮫】メジロザメ科の軟骨魚の総称。また、その一種。おもに沿岸にすむ。全長約二m。体は灰褐色。練り製品の原料。世界の温・熱帯域に広く分布。requiem shark

**めす**【雌・▼牝】①動物で、子や卵を生むほう。female 対義 雄。②女性をののしっていうことば。

**め・す**【召す】《「見す」の意。目上の者の動作を尊敬していう語。多く「お召しになる」の形で》(五他) ①「呼び寄せる」の尊敬語。②「任ずる」の尊敬語。③「食べる・飲む」の尊敬語。お上がりになる。④身に付けるの意の尊敬語。用例 和服をお―・しになる。⑤「乗る」の尊敬語。用例 お車をお―・しになる。⑥かぜをひく意の尊敬語。用例 おかぜを―。⑦「買う」の尊敬語。用例 花を―・しませ。⑧湯に入るの意の尊敬語。用例 おふろをお―・しになる。⑨年寄るの意の尊敬語。用例 お年を―。⑩好むの意の尊敬語。用例 お気に―。⑪腹を切る意の尊敬語。⑫《動詞の連用形に付いて》高い敬意を表す。用例 おぼし―。きこし―。

**メス**【mes(オランダ)】手術や解剖のときに用いる、刃の鋭い小刀。多くの種類がある。scalpel

**メスを入れる**(メスをいれる) ①外科などで、切開する。operate ②事態の抜本的な解決や、不正の解明などにむけて、着手する。clean up

**メス**【Metz】フランス北東部の工業都市。モーゼル川に沿い、古来交通の要地として栄え、歴史的建造物なども多い。人口一一・九万(一九八二)。メッツ。メッス。

**め-ず**【▽馬頭】《仏教語》地獄の獄卒の一種。からだは人、頭は馬。対義 牛頭。

**め・ず**【▽愛ず】古語 (下二他) ↓めでる(愛でる)

**めす-あかむらさき**【雌赤紫▼蝶】タテハチョウ科のチョウ。雌雄で色彩・斑紋が異なるチョウの代表の一つ。開張約七cm。雌は赤橙色、雄は黒がかった紫藍色。斑紋も全く異なる。食草はスベリヒユ。熱帯に広く分布し、日本では沖縄でみられる。

**メス-ジャケット**【mess jacket】夏季の晩餐用の準盛装の男子の上着。燕尾服から燕尾の部分を取り去った形で、白が多い。現在はレストラン関係者のユニホームに姿をとどめている程度。

**メスシリンダー**【Meßzylinder(ドイツ)】液体のおよその体積をはかりとるために用いる目盛りつきのガラス円筒。出し口と台座があって直立できる。メートルグラス。↓図

●メスシリンダー

**メスティソ**【mestizo(スペイン)】スペイン人・ポルトガル人と、中南米原住民のインディオとの混血者のこと。また、欧化したインディオをもさす。

**メスバウアー**【Rudolf Ludwig Mössbauer】(一九二九) ドイツの物理学者。γ線のメスバウアー効果の研究と実験的証明により、一九六一年ノーベル物理学賞受賞。

**メスバウアー-こうか**【メスバウアー効果】固体中に存在する放射性原子核が、γ線をそのエネルギーによるはね返りを伴わずに、放出または共鳴吸収する現象。固体中での原子核と電子との相互作用の研究などに用いる。Mössbauer effect

**めずら-か**【珍か】(形動) 珍しい感じのさま。

**めずら・し**【珍し】古語 (形シク) ①すばらしい。用例 ―とわが思ふ君は秋山の(万葉・八・一五八四)。②目新しい。清新だ。用例 昨日にかはりたりとは見えねど、ひきかへ―・しきここちぞする(徒然・一九)。③↓めずらしい(珍しい)

**めずらし・い**【珍しい】(形) ①めったにない。あまりみあたらない。unusual 用例 ―・く早起きをする。―お品をありがとう。②久しぶりである。用例 これは、お―。派生 めずらしが・る(五他) めずらしげ(形動) めずらしさ(名)

**めずらしづか-こふん**【珍▽敷塚古墳】福岡県浮羽郡吉井町にある装飾古墳。横穴式石室の奥壁に、櫂を操る人物と鳥のいる舟を中心に、太陽・星などが描かれている。↓写

●珍敷塚古墳

**メセタ**【Meseta】スペイン中央部を占める広大な台地。北にカンタブリア山脈、南にシエラモレーナ山脈が走る。平均標高六四〇m、中心都市はマドリード。

**め-せん**【目線】演劇・テレビ関係の用語で、視線のこと。

**めそ** 細くて小さいウナギ。東京でいう。

**メソアメリカ-ぶんめい**【メソアメリカ文明】紀元前二〇〇〇年ごろから後一五〇〇年ごろ、中央アメリカに興亡した文明。形成・古典・後古典の三期に分かれる。オルメカ・マヤ・トルテカ・アステカ文化など。Meso-American civilizations

**メソジスト-きょうかい**【メソジスト教会】プロテスタント三大教派の一つ。イギリス国教会の司祭ウェスレーに始まり、その死後、一七九一年国教会から分離独立。Methodists Church

**メソゾーム**【mesosome】細菌の胞子形成過程で細胞膜の一部が内部にくびれ込み生ずる重層・環状または小胞状の組織。

**メゾ-ソプラノ**【mezzo soprano(イタリア)】ソプラノとアルトの中間の女声声域。また、その歌手。メッツォソプラノ。mezzo soprano ↓声楽図

**メソッド**【method】①方法。方式。②体系。秩序。

**メソニエ**【Juste-Aurèle Meissonier】(一六九五〜一七五〇) フランスの建築家・室内装飾家・金工家。イタリア生まれ。ルイ一五世に仕え、装飾意匠を創始しロココ様式を推進。銅版図集が残る。

**メゾネット**【maisonette】マンションのような集合住宅で、二層以上にまたがっている住戸の形式。内部は専用階段で結ばれ、出入り口のある階とない階がある。テラスハウスなど。複層住戸。

**メゾ-ピアノ**【mezzo piano(イタリア)】音楽の強弱を示す発想記号の一つ。「やや弱く」の意。記号 *mp*

**メゾ-フォルテ**【mezzo forte(イタリア)】音楽の強弱を示す発想記号の一つ。「やや強く」の意。記号 *mf*

**メソポタミア**【Mesopotamia】チグリス・ユーフラテス両川の中・下流域の総称。現在のイラク中心部。ギリシア語で「川の間の地」の意。世界最古の文明の発祥地である。

**メソポタミア-ぶんめい**【メソポタミア文明】メソポタミア地方におこった、世界最古の文明。紀元前三〇〇〇年ごろからのシュメール都市文明が基礎となり、楔形文字が全域で共通に使われた。前二〇〇〇年ごろからはアッシリア文明・バビロニア文明がおこった。Mesopotamian civilization ↓写

**めそ-めそ**(副・サ変自) 声もたてずに弱々しく泣くさま。すぐ、べそをかくさま。weep 用例 ―と泣く。

**メソン**【meson】↓ちゅうかんし(中間子)

**メゾン**【maison(フランス)】家屋。住宅。

**メタ**【meta】(接頭) ①後に、共に、変化して、などの意。②超、高次、の意。③ベンゼンの二置換体の置換基の位置が一位と三位の関係にあることを示す。比較 オルト・パラ。④酸素酸とその塩の分類に用いる。酸素酸のうち水を含む程度がもっとも低いもの。比較 オルト。用例 ―燐酸。

**め-だい**【目▼鯛】メダイ科の目の大きな海水魚。全長約一m。老若で形や体色がかなり異なり、灰青色のものから赤っぽいものまである。白身で美味。日本各地の沖合いに分布。

**めだい-ちどり**【目大千鳥】チドリ科の鳥。全長約二〇cm。背は灰褐色、額・のど・腹面が白く、上胸に赤錆色の横帯と黒帯がある。シベリア東部で繁殖し、東南アジア・オーストラリアなどで越冬。日本では旅鳥で、春秋二回各地の干潟や河口に渡来。Mongolian plover

**メダウォー**【Peter Brian Medawar】(一九一五〜一九八七) イギリスの免疫学者。皮膚移植の拒否反応を免疫学的見地から研究。一九六〇年ノーベル生理学医学賞受賞。

**め-だか**【目高】平野部の池沼、細流にすむメダカ科の淡水魚。全長約四cm。群れをなして水面近くを泳ぐ。日本・朝鮮半島・中国に分布。飼育品種のヒメダカ・アオメダカを含めて実験・観賞用。メダカ。cyprinodont ↓図

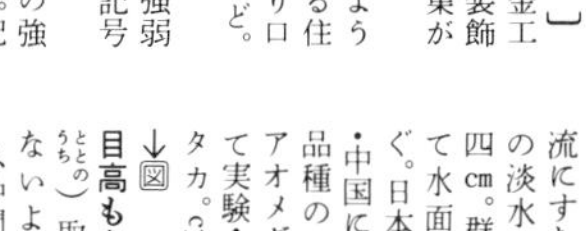
●メダカ 雄。

**目高も魚の中**(めだかもととのうち) 取るに足りないようなものも、仲間には違いないことのたとえ。

**め-たからこう**【雌たから香】キク科の多年草。深山の谷間にはえる。高さ一mに達する。葉は三角状の心臓形。夏に、黄色の頭花が穂状に多数咲く。

**め-だき**【雌滝・女滝】近くにある二つの滝のうち、小さくて水勢のゆるやかなほうの滝。対義 雄滝。

**メタクリル-さん**【メタクリル酸】化学式 $CH_2=C(CH_3)COOH$ 刺激臭のある無色の液体。重合しやすい。水に溶ける。メタクリル樹脂の原料。methacrylic acid

**メタクリル-じゅし**【メタクリル樹脂】メタクリル酸エステルを重合して得られる熱可塑性樹脂。有機ガラスとして重要。透明性、耐油・耐久性にすぐれる。風防ガラス・看板などに利用。methacrylic resin

**め-だけ**【女竹・雌竹】イネ科の常緑のタケ。川岸や丘陵地に藪を作る。幹が細く、高さ約六m。上部で密に分枝し、楕円状披針形の葉をつける。関東南部以西に分布。つりざお・かごなどに用いる。ナヨタケ。オナゴダケ。ニガタケ。シノダケ。シノベダケ。アキタケ。

**メタ-げんご**【メタ言語】批評・研究の対象となる対象言語の構造や、それによる判断の真偽を論ずるための言語。高次言語。metalanguage

**メタサイコロジー**【metapsychology】意識を扱うサイコロジー(＝心理学)に対して、無意識を扱う理論心理学としてフロイトが創唱した精神分析理論。メタ心理学。

**メタ-すうがく**【メタ数学】数学の体系を研

●メソポタミア文明

『ウルの軍旗』前二七〇〇年ごろ、大英博物館。

『ハンムラビ法典の碑』(部分)。前一八世紀、ルーブル美術館。

『ギルガメシュ』(部分)。前八世紀末、ルーブル美術館(フランス)。

『グデア立像』(部分)。前二二〇〇年末、ルーブル美術館。

『アッシュールバニパル王のライオン狩り』(部分)。前六五〇年ごろ、大英博物館。

究対象とする数学。ヒルベルトが提唱した形式主義の数学基礎論。超数学。証明論。metamathematics

**メタスタージョ**〔Pietro Metastasio〕(一六九八～一七八二) イタリアの詩人・劇作家。音楽の要素が主体をなしていたメロドラマを、文学の領域においても確立した。メロドラマの台本『見棄てられたディド』『ティトゥスの慈悲』など。

**メタセコイア**〔metasequoia〕 スギ科メタセコイア属の属名。新生代針葉樹の代表。葉は対生、球果の鱗片(りんぺん)は十字に対生。庭木・公園樹として植栽。中国で現生種が発見され、生きている化石として著名。アケボノスギ。↓写

**メタセンター**〔metacenter〕 船などが傾いたときの浮力の作用線が船の中心線(傾いていないときの重力の作用線)と交わる点。傾きの中心で、船の安定のために、この点が重心よりも高いことが必要。傾心。↓図

●メタセンター

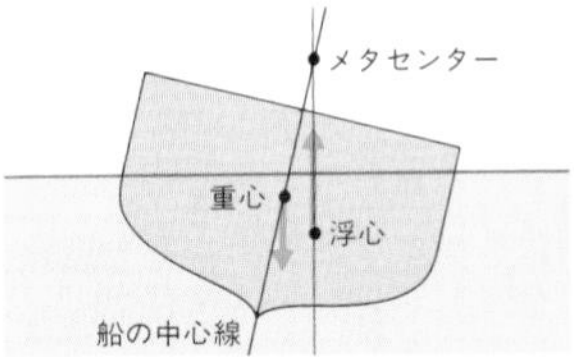


**め-だたし・い**【目立たしい】(形) いちじるしい。人目につきやすい。目立つ。

**め-だち**【芽立ち】 草木の芽などのもえたつこと。芽生え。bud; sprout

**め-だ・つ**【目立つ】(五自) 人の目に触れやすくなる。人の目をひく。際立つ。stand out

**め-たて**【目立て】 のこぎりの刃・やすり・石うすなどの目が鈍くなったのを、鋭くすること。set

**メタノール**〔methanol〕 化学式$CH_3OH$ もっとも構造の簡単なアルコール。無色で粘性の小さい沸点六四・七℃の可燃性の液体。飲用すると、少量で視力障害をおこす。ホルムアルデヒドなどの製造原料。メチルアルコール。木精(もくせい)。

**メタファー**〔metaphor〕 隠喩(いんゆ)。

**メタフィジーク**〔Metaphysik ドイツ〕《「メタ」は後、「フィジーク」は物理。アリストテレスの著作集で物理学のあとに置かれたことから》形而上学。metaphysics

**メタボリズム**〔metabolism〕 ①↓たいしゃ(代謝)。②建築で、現代の都市の変化を生物の新陳代謝になぞらえて捉(とら)える考え方。

**め-だま**【目玉】 ①目の玉。まなこ。眼球。eyeball ②《上に「お」を付けて》しかられること。get a scolding ③人をひきつける核となる事柄。用例 選挙公約の——。——番組。

●メタセコイア

**目玉が飛び出る程**(めだまがとびでるほど) ひどくおどろくくらい。多く、値段がたいへん高くておどろくさまに言う。目玉が抜け出る程。目の玉が飛び出る程。cannot believe one's eyes

**目玉が抜け出る程**(めだまがぬけでるほど) 「目玉が飛び出る程」と同意。

**目玉の黒い内**(めだまのくろいうち) 生きている間。目の黒い内。as long as one is alive

**めだま-しょうひん**【目玉商品】 客寄せのために通常の価格より大幅に値下げしてある商品。loss leader

**めだま-やき**【目玉焼(き)】 フライパンに卵を割り入れ、黄身をくずさないまま焼いたもの。sunny-side up egg

**メタモルフォーゼ**〔Metamorphose ドイツ〕 変形。変身。

**メタモルフォセス**〔Metamorphōsēs ラテン〕 オウィディウスの『転身物語』の原題。

**メタリコン**〔metallikon〕 めっきの一種。溶融金属を噴霧状に金属表面などに吹きつける方法。金属溶射法。

**メダリスト**〔medalist〕 メダル受賞者。用例 ゴールド——。

**メタリック-ヤーン**〔metallic yarn〕 金属箔(はく)などを使った糸。金属糸。錦(にしき)・お召しなどの織り糸・編み糸などに利用。

**メタ-りんさん**【メタ▼燐酸】 化学式$HPO_3$ 微生物・昆虫などに存在し、燐を供給していると考えられる無色透明の固体。簡単なものでも環式構造をもつ。氷状燐酸。ガラス状燐酸。metaphosphoric acid

**メタル**〔metal〕 ①金属。用例 ——フレーム。②ベアリングの俗称。③「メタルテープ」の略。④《なまって》メダルのこと。

**メダル**〔medal〕 ①賞・記念に与える金属製の記章。メタル。②古銭。

**め-だる・い**【目▽怠い】(形) ①目が疲れたようすである。②見ていてじれったい。まだるい。irritating 用例 お——・うはございましょうが。

**メタル-テープ**〔metal tape〕 酸化されていない鉄やコバルトなどの金属とその合金の微粒子を使用した録音用磁気テープ。高周波域の周波数特性がよく、生の音に近いハイファイ音が実現できる。

**メタル-レンズ**〔metal lens〕 金属板によって構成された電波を集束させるレンズ。

**メタン**〔Methan ドイツ〕 化学式$CH_4$ もっとも簡単なアルカン。無色で無臭の気体。水にほとんど溶けない。メタノール・アセチレンなどの原料。沼気(しょうき)。メタンガス。

**メダン**〔Medan〕 インドネシア西部、スマトラ島北部にある同島第一の都市。周辺は農園地帯でタバコ・ゴムなどの栽培がさかん。人口一三七・九万(一九八〇)。

**メタンけい-たんかすいそ**【メタン系炭化水素】 ↓アルカン

**メタン-はっこう**【メタン発酵】 嫌気性細菌によって有機物を分解し、メタンと二酸化炭素を生成する発酵。屎尿(しにょう)処理や産業廃液の処理に応用される。methane fermentation

**メタンフェタミン**〔methanephetamine〕 代表的な覚醒アミン。中枢・交感神経末梢(まっしょう)の興奮作用、鎮痛作用がある。参考「ヒロポン」は、この塩酸塩の商標名。

**メチエ**〔métier フランス〕 文学・美術などで、その作家特有の表現技巧。

**メチオニン**〔methionine〕 カゼインの構成アミノ酸の一つ。必須(ひっす)アミノ酸。肝臓の働きをよくする。

**め-ちがい**【目違い】 見損ない。見違い。mistake

**メチニコフ**〔Élie Metchnikoff〕(一八四五～一九一六) フランスの動物・病理学者。ロシア生まれ。病理学・免疫学を研究し、食細胞説を唱えた。一九〇八年ノーベル生理学医学賞受賞。

**めちゃ**【目茶・▽滅茶】(名・形動)《いずれも当て字》①道理に合わないこと・さま。無茶。用例 ——なことを言うな。②度がひどく過ぎること・さま。用例 ——な値段。

**めちゃ-くちゃ**【目茶苦茶・▽滅茶苦茶】(名・形動)《いずれも当て字》=めちゃめちゃ。①ものがちりぢりばらばらなこと・さま。in a mess 用例 ——にこわれる。②度はずれていること・さま。exorbitant 用例 車を——にとばす。③道理に合わず、話にならないこと・さま。ridiculous 用例 ——なことを言う。

**めちゃ-めちゃ**【目茶目茶・▽滅茶▽滅茶】(名・形動)《いずれも当て字》↓めちゃくちゃ(目茶苦茶)

**メチル**〔methyl〕 ①↓メチルき(メチル基)。②「メチルアルコール」の略。

**メチル-アルコール**〔methyl alcohol〕 ↓メタノール

**メチルアルコール-ちゅうどく**【メチルアルコール中毒】 メチルアルコール(=メタノール)の飲用・吸入による中毒。頭痛・めまいなどを訴え、重症では呼吸困難・昏睡(こんすい)などの

状態となり、視力障害を残す。エチルアルコールとまちがって飲むことが多いので注意が肝要。methyl alcohol intoxication

**メチル-エーテル**［methyl ether］↓ジメチルエーテル

**メチル-オレンジ**［methyl orange］アゾ基をもつ色素の一つ。橙黄色の葉状の結晶。水・エタノールに溶ける。酸塩基指示薬であるが、酸化還元指示薬として使うこともある。

**メチル-き**【メチル基】化学式$CH_3-$ メタンから水素原子一個を除いた一価の原子団。アルキル基のうちもっとも簡単なもの。メチル。methyl group

**メチル-すいぎん**【メチル水銀】水銀とメチル基が結合した化合物の総称。ジメチル水銀$(CH_3)_2Hg$や塩化メチル水銀$CH_3HgCl$をさすこともある。有毒。水俣病など有機水銀化合物による公害の原因物質の一つ。

**メチル-バイオレット**［methyl violet］青みがかった紫色の塩基性染料。堅牢度は低いが安価。木綿・羊毛・絹・紙・革などの染色、インキ・顔料・酸塩基指示薬などに用いられる。

**メチル-レッド**［methyl red］アゾ色素の一つ。紫色の結晶。酸塩基指示薬としてよく使われる。

**メチレン**［methylene］メタンから二個の水素原子を除いた二価の原子団$-CH_2-$または$CH_2=$ 前者は二個の原子団と単結合で、後者は一個の原子団と二重結合で結合。

**メチレン-ブルー**［methylene blue］青色の塩基性染料。繊維・生体組織などの染色、酸化還元指示薬として利用。タール系色素（青色四〇一号）。

**メツ** 13画【滅】部首［氵］常用 JIS 4439

音 メツ・ベツ

訓 **ほろびる・ほろぼす**

①ほろびる。ほろぼす。なくす。対義 生。「潰滅・全滅・摩滅」「滅却・滅菌・滅亡」②きえる。火がきえる。対義 明。「点滅・明滅」③涅槃。坊さんがしぬ。比較 寂。「寂滅・入滅」「滅後」用例（名）—をとる。

**メッカ**［Mecca］①サウジアラビア西部、ヘジャズ地方の宗教都市。ムハンマドの出生地で、イスラム教第一の聖地。人口三六・七万（一九七四）。②《meccaで》物事が始まった所。③あこがれのまと。④物事のさかんな所。中心地。用例 野球の—。

**めっ-かち**《卑語》片目の不自由なこと・人。独眼。one-eyed person

**めっ-き**【▼鍍▽金・滅▽金】（名・サ変他）①金属製品の表面を他の金属の薄膜でおおう方法の総称。耐食性・耐摩耗性・装飾性の向上などの目的で行う。電気めっきが代表的で、ほかに溶融めっき・金属浸透法・金属溶射法・真空蒸着などの方法がある。また、プラスチックなど非金属のめっきも行われる。ときん。plating ②質の悪いものの外見をかざること。かざった物。pretense

**鍍金が剝げる**（めっきがはげる）飾りがとれて、本性が現れる。show one's true colors 類似 馬脚を露わす。

**鍍金をさす**（めっきをさす）鍍金を施す。

**め-つき**【目付き】見る目のようす。look 用例 —が悪い。

**目付きで殺す**（めつきでころす）悩ましい目つきで、相手の心を捕らえる。目で殺す。

**め-つぎ**【芽接ぎ】接ぎ木の一方法。盛夏から秋の枝の充実したときに芽をそぎ取り、台木の切り開いた所へ接合・結束する。bud grafting ↓接ぎ木図

**めっ-きゃく**【滅却】（名・サ変自他）消え滅びること。消し去ること。extinguish 用例 心頭を—すれば、火もまた涼し。

**めっ-きり**（副）変化などの目立つさま。remarkably 用例 —やせる。

**めっ-きん**【滅菌】（名・サ変自他）細菌を死滅させること。薬品や熱を用いる。sterilization

**めっきん-ぎゅうにゅう**【滅菌牛乳】一四〇℃の超高温で二秒以上加熱処理した牛乳。滅菌状態で紙容器に詰めれば、冷蔵しないでも六〇〜九〇日間保存できる。ロングライフ牛乳。sterilized milk

**め-つけ**【目付】①室町幕府以来の武家の職名。江戸時代には幕府・諸藩に設置。幕府では若年寄に直属し、旗本・御家人を監視。②ひそかに監視すること。また、その人。密偵。spy

**めつけ-ばしら**【目付(け)柱】能舞台で、正面観客席から向かって左前方の柱。↓能楽図

**めっけ-もの**【目っけ物】①見つけ物。掘り出し物。bargain; good buy ②思いがけない幸運。good luck

**めっ-ける**【目っける】（下一他）「見付ける」のなまり。

**メッケル**［Klemens Wilhelm Jakob Meckel］（一八四二〜一九〇六）ドイツの軍人。明治一八年（一八八五）来日し、参謀本部顧問・陸軍大学校教官として陸軍近代化に貢献。

**めつ-ご**【滅後】《仏教語》入滅ののち。釈迦の死後。

**めつ-ざい**【滅罪】《仏教語》念仏や、懺悔などの力で、罪業を消し去ること。

**めつざい-しょうぜん**【滅罪生善】《仏教語》仏の力によってこの世の罪を滅ぼし、あの世のため善根を助けること。

**メッシーナ**［Messina］イタリア南部、シチリア島北東端の港湾都市。メッシーナ海峡を隔ててイタリア半島南端に対する。人口二六・四万（一九八三）。

**めっし-ほうこう**【滅私奉公】自分の利害を捨てて、公のことに励むこと。devotion

**メッシュ**［mesh］①網目。網。②ふるいの目開きを表す用語。アメリカ式では、目開きが三分の一インチ以上の場合はその間隔、それ以下では一インチ内の網目数を示す。ドイツ式は、一$cm^2$内の網目数で示す。

**メッシュ-コロレ**［mèche colorée フランス］毛染めの方法。一部分の髪房だけを染色し、髪の流れに濃淡をつける。

**メッシュ-とうけい**【メッシュ統計】地図を網の目のように区切り、それぞれの目のなかの人口や住宅数などを集計して細分化された地域別データを示すための統計。mesh statistics

**めつ-じん**【滅尽】（名・サ変自他）滅ぼし尽くすこと。滅びてなくなること。

**めつじん-じょう**【滅尽定】《仏教語》一切の精神作用を断って行う禅定。仮死状態。

**めっ-する**【滅する】（サ変自他）＝滅す。①ほろびる。ほろぼす。die; destroy ②消える。消す。なくす。extinguish

**メッセ**［Messe ドイツ］見本市。常設国際見本市。

**メッセージ**［message］①伝言。口上。挨拶。②《記号論の用語》一定の約束（コード）によって記号化された伝達内容。

**メッセンジャー**［messenger］使者。配達人。

**メッセンジャー-アールエヌエー**［messenger RNA］たんぱく質合成のさい、DNA上の遺伝情報を転写する一本鎖のRNA。mRNAと略記。伝令RNA。

**メッセンジャー-ボーイ**［messenger boy］商品・手紙などの配達をする少年・男。

**めっ-そう**【滅相】㊀（名）《仏教語》業が尽きて心身の滅びること。㊁（形動）とんでもない迷惑であるさま。法外。用例 これは—な。

**滅相も無い**（めっそうもない）《けんそんして言う》とんでもない。out of the question 類似 滅相な。

**めった**【滅多】（形動）《当て字》分別のないさま。むやみ。やたら。無茶苦茶。thoughtless 用例 —なことは言えない。

**めった-うち**【滅多打ち】めちゃめちゃに打つこと。所かまわずむやみに打つこと。また、野球で、打ちまくること。

**めった-に**【滅多に】（副）《下に打ち消しをともなって》ほとんど。まれにしか。seldom 用例 —怒らない。

**めった-やたら**【滅多矢▼鱈】（形動）《「矢鱈」は当て字》「めった」を強めた語。reckless

**メッチェン**［Mädchen ドイツ］少女。参考 旧制高校の学生語。

**メッツォ-ソプラノ**［mezzo-soprano］↓メゾソプラノ

**メッテルニヒ**［Klemens von Metternich］（一七七三〜一八五九）オーストリアの政治家。ウィーン会議を主宰して、ウィーン体制の指導的地位を確保。以後神聖同盟・四国同盟を駆使し、保守反動勢力の中心として内外の自由主義運動を弾圧。またドイツ連邦結成を推進した。一八四八年の三月革命により失脚。一時イギリスに亡命。

**めっ-ぱ**【目っ▽張】目のふちの皮膚がつっぱって、目がひきつれていること・人。

**目っ張を回す**（めっぱをまわす）①目をまわす。②目がまわるほどに、忙しい。

**め-つぶし**【目▼潰し】灰や砂などを投げて、相手の目をくらますこと。その灰や砂など。throw ashes into one's eyes

**めつ-ぼう**【滅亡】（名・サ変自）ほろびること。fall

**めっ-ぽう**【滅法】㊀（名）《仏教語》①因縁によってつくられるものではないもの。②涅槃。㊁（形動）《俗語》めったやたら。むやみ。めっぽうかい。用例 —な寒さ。㊂（副）甚だしく。むやみに。用例 —おもしろい。

**め-づま**【目▼褄】人の、自分を見る目。

**目褄を忍ぶ**（めづまをしのぶ）①人目をぬすむ。②男女が密会する。

**め-づまり**【目詰(ま)り】（名・サ変自）網・布などの細かな目が、ごみなどでつまること。be clogged

**め-づら**【目面】目と顔。

**目面も明かぬ**（めづらもあかぬ）非常に忙しいさまのたとえ。

**めづら・し**【珍し】古語（形シク）↓めずらしい（珍しい）

**めつ-れつ**【滅裂】（名・形動）裂け破れて、形を失うこと・さま。disruption 用例 支離—。

**め-て**【▽馬手・▽右手】《馬の手綱を持つ手、の意》対義 弓手。①みぎて。right hand ②右のほう。right side

**メディア**［media］媒材。媒介物。手段。用例 マス—。

**メデイア**［Mēdeiā］エウリピデスの悲劇の傑作。紀元前四三一年上演。夫イアソンに裏切られ、苦悩と憎悪の果てにわが子二人を手にかけるという、美しい魔女メデイアの悲運の物語。

**メディア-イベント**［media event］①マスメディア向きに計画された催し。②マスコミの報道によって大きな事件に仕立てあげられた事件。

**メディア-おうこく**【メディア王国】紀元前七〜前六世紀イラン高原に栄えた王国。イラン系のメディア人がエクバタナ（現ハマダーン）を中心に建国した。前七世紀ごろさかんとなり、アッシリアを滅ぼし、西はカッパドキア、東はインダス川にまで勢力を伸張。前五五〇年ペルシア帝国に征服された。Median Empire

**メディアクラシー**［mediacracy］情報媒体である新聞やテレビなどが巨大化して大きな影響力をふるい、社会を支配する状況。

**メディア-ミックス**［media mix］新聞・雑誌・ラジオ・テレビなど、各種の広告媒体を有機的に組み合わせて、広告効果を高めようとすること。

**メディアン**［median］↓メジアン

**メディカル-エレクトロニクス**［medical electronics］医用電子工学。電子工学の医学への応用を開発研究する技術。ME。

**メディカル-センター**［medical center］総合病院と各種専門病院が集合して構成する一体的な医療組織。地域医療の中心。医療センター。

**メディカル-ソーシャル-ワーカー**［medical social worker］医療社会事業を職業として行う人。医療機関や社会福祉機関に所属し、解決困難な問題を抱えた患者の救済・社会復帰にあたる。MSW。

**メディケア**［medicare］アメリカの制度で、六五歳以上の医療費を援助する公的老人医療保険。入院中のベッド代や看護・給食料金などを保障。また血液透析患者にも適用。

**メディシン-ボール**［medicine ball］①運動用具の一種。トレーニング用の大きな革製のボール。②大勢がたてに並んで、ボールを後ろの人につぎつぎに渡していく遊び。

**メディチ-け**【メディチ家】（Medici イタリア）イタリア、ルネサンス期フィレンツェの名門。東方貿易と金融で産をなし、一五世紀後半以降ジョバンニ・コシモ・ロレンツォを輩出。市政を掌握したが、一七三七年断絶。その間に教皇二人、フランス王妃二人を出し、またルネサンス期学問・芸術の保護に貢献。

**メディナ**［Medina］サウジアラビア西部、ヘジャズ地方の宗教都市。ナツメヤシの大産地。マホメットが没した地で、メッカに次ぐイスラム教の聖地。人口一九・八万（一九七四）。アルマディーナ。

**メディニラ**［medinilla］ノボタン科メディニラ属の総称。温室観賞用の常緑低木。高さ約一m。暗緑色の大きな円形の葉を対生。桃色の苞をもつ花穂を下垂。

**めでた・い**【目出▽度い・芽出▽度い】（形）《「目出度」「芽出度」は、当て字》①祝う価値がある。喜ばしい。happy 用例 合格して、何より—。②《上に「お」を付けて》だまされやすい。お人よしだ。simple soul 用例 彼はお—男だ。③すぐれている。まさっている。high standing 用例 社長の覚えが—。派生 めでたが・る（五自）めでたげ（形動）めでたさ（名）

**目出度くなる**（めでたくなる）「死ぬ・こわれる」などを

▼常用漢字表外。 ▽常用漢字表の音訓外。

忌んで言う語。

**めでた・し**【▽愛でたし】 古語（形ク）①すばらしい。美しい。用例さま、かたちのいと―・くおはしければ（伊勢・六）。②↓めでたい（目出度い）

**メデリン**［Medellín］ コロンビア西部、アンデス山脈中の工業都市。商業・文化の中心地。古くから繊維工業が発達。人口一四六・八万（一九八五）。

**め・でる**【▽愛でる】（下一他）①愛する。love ②心をひかれる。fascinate ③《「賞でる」とも》褒める。感心する。admire

**め-ど**【目▽処】 目ざすところ。目当て。目標。用例月末を―にする。

**目処が立つ**（めどがたつ） 見通しがつく。目標達成の見込みがつく。先の展望が開ける。The prospects for a solution look brighter.

**目処が付く**（めどがつく） 「目処が立つ」と同意。

**め-ど**【▽針▽孔】 糸を通すための、はりの穴。eye

**メドゥーサ**［Medūsa ギリシア］ ギリシア神話の怪物ゴルゴン三姉妹の一人。髪はヘビで、イノシシの牙と黄金の翼をもち、その醜悪な顔を見る人を石に変える力をもつ。ペルセウスに首を切り落とされて殺された。

**め-どおし**【目通し】（名・サ変他） 始めから終わりまで、一通り見ること。skim through

**メトーデ**［Methode ドイツ］ ↓メソッド

**メトード**［méthode フランス］ ↓メソッド

**め-どおり**【目通り】 ①貴人の前に出ること。拝謁。謁見。audience 用例―がかなう。②目の高さ。目の高さで計った立ち木の太さ。↓木図

**めど-き**【▼蓍・▼筮】 易占に用いる道具の一つ。古くは蓍萩の茎を使ったが、のちに竹製となった。筮竹。筮。めどぎ。

**メドック**［Médoc］ ①フランス南西部、ジロンド川下流左岸の地域。ブドウ栽培地域で、ぶどう酒の世界的産地。②①で作られたぶどう酒。

**めど-はぎ**【▼蓍▼萩】 マメ科の多年草。高さ約一m。三出複葉で、小葉は線状くさび形。初夏に、葉腋に小形白色の蝶形花をつける。豆果はレンズ形で、毛がある。

**め-と・る**【▼娶る】（五他）《「妻取る」の意》妻として迎える。marry

**メドレー**［medley］ ①音楽で、いろいろな曲の中から、有名な部分をつづり合わせた曲。混成曲。②「メドレーリレー」の略。

**メドレー-リレー**［medley relay］ ①競泳種目の一つ。四名の泳者が等距離を背泳・平泳ぎ・バタフライ・自由形の順に泳ぎ継いでいく。二〇〇mと四〇〇mがある。比較個人メドレー。②陸上競技の競走で、四人の走者が、それぞれ一〇〇m、二〇〇m、三〇〇m、四〇〇mを走るリレー。

**メトロ**［métro フランス］ パリの地下鉄。subway

**メトロノーム**［Metronom ドイツ］ 音楽のテンポを正確に刻む機械。オランダで発明され、ドイツのメルツェルが改良したぜんまい仕掛けの複振り子のものと、電気的発振を利用したものとがある。metronome

**メトロポリス**［metropolis］《本来は、ギリシア語で植民都市に対する母都市（中心都市）の意》首都。大都市。また、人口が過度に集中した大都市地域をいう。

**メトロポリタン-かげきじょう**【メトロポリタン歌劇場】 アメリカ、ニューヨークにある歌劇場。一九世紀末以来、世界の檜の舞台とされる。一八八三年開場。Metropolitan Opera House

**メトロポリタン-びじゅつかん**【メトロポリタン美術館】 アメリカ、ニューヨークにある世界有数の私立美術館。収蔵品は約三〇〇万点。一八六六年募金に着手、七〇年までに設立。八〇年現在地に開館。Metropolitan Museum of Art

**めなだ**【▽眼▼奈太・▽赤▽目▽魚】 内湾にすむボラ科の海水魚。全長約一m。背面および体側は青く、腹面は銀白色。日本各地の沿岸に分布。

**メナド**［Menado］ インドネシア中北部、スラウェシ島北東端の港湾都市。コプラ・香料などの集散地。近年、真珠の養殖がさかん。ミナハサ族の居住地。人口二一・七万（一九八〇）。

**め-なみ**【女波・女▽浪】 高い低いのある波の、低く弱く寄せるほうの波。対義男波。

**メナム-がわ**【メナム川】（Menam） ビルマ山地に発し、タイ中央部を南に流れてシャム湾に注ぐ、タイ第一の河川。長さ一二〇〇km。下流のデルタは主要農業地域。正称チャオプラヤ川。

**め-なもみ**【▼豨▼薟】 キク科の一年草。山野にはえる。高さ約一m。葉は対生し卵円形。秋に黄色の小頭花が多数咲く。総包片の腺毛から粘液を出し、人畜について種子を散らす。日本各地に分布。↓図

● メナモミ

**め-な・れる**【目慣れる・目▼馴れる】（下一自） 見慣れる。get used to seeing

**メナンドロス**［Menandros］（BC三四二ごろ〜BC二九一ごろ） ヘレニズム時代のギリシアの劇作家。アテネの市民生活をテーマにした喜劇一〇〇編余を書いた。後代の西欧文学に与えた影響は大きい。現存作品『気むずかし屋』。

**メニエール-びょう**【メニエール病】 耳鳴り・難聴・めまいをくり返す病気。内耳の血管の異常が原因と考えられている。メニエール症候群。Ménière's syndrome

**メニスカス**［meniscus］ 毛管現象によって曲面になった液体の自由表面の形。また、眼鏡用のレンズをさすこともある。

**メニュー**［menu］ おもに西洋料理の、献立や献立表。

**メニューイン**［Yehudi Menuhin］（一九一六〜） アメリカのバイオリン奏者。ロシア系ユダヤ人。華麗な演奏効果に精神主義的傾向を加える。

**メヌエット**［menuet フランス］ ①フランスの田園舞踊。四分の三拍子の小さくて優雅なステップで踊る。のち社交ダンス化。②ヨーロッパで愛好された舞曲。一八世紀初めから組曲に導入され重要な地位を確立。

**め-ぬき**【目抜き】 ①主要な場所。main 用例―通り。②めぼしいこと・物。important

**め-ぬき**【目▽貫（き）】 ①刀の柄の目釘をさす穴。また、その釘。②釘隠しとして用いる金具。↓日本刀図

**め-ぬけ**【目抜】 カサゴ科の海水魚のうち体色が赤く大形のものの総称。バラメヌケ・サンコウメヌケなど。全長四〇〜五〇cm。深海にすむ底生魚。重要な食用魚。北日本に分布。↓図

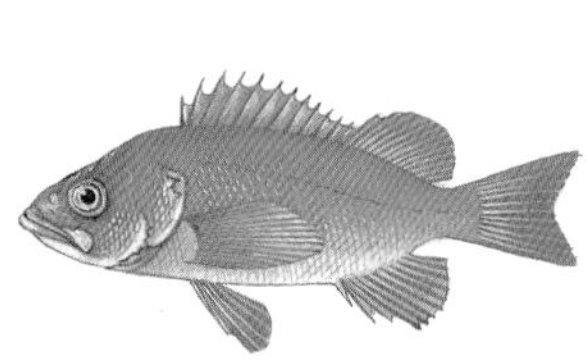
● メヌケ　サンコウメヌケ

**めぬま**【▽妻沼】〈町〉埼玉県北部、熊谷市の北、利根川に臨む町。野菜栽培がさかんで、ネギの産地としても知られる。人口二万八〇三二（一九八八）。

**め-ぬり**【目塗り】 ①合わせ目を塗ること・物。plaster ②火事のとき、土蔵の戸前を塗りふさぐこと。

**め-ねじ**【▼雌▼螺▽子】 雄螺子をさしこむ穴状の螺子。対義雄ねじ。

**メネス**［Menes］ 古代エジプトの王。紀元前三〇〇〇年ごろ第一王朝を創始したといわれる。メンフィスを都とした。ナルメル王に比定。

**メネラオス**［Menelāos ギリシア］ ギリシア神話の英雄。アガメムノンの弟で、ヘレネの夫。パリスに妻をさらわれ、兄とトロヤに遠征、パリスと一騎打ちして傷つける。戦後ヘレネとともに帰国する。

**メネンデス-イ-ペラーヨ**［Marcelino Menéndez y Pelayo］（一八五六〜一九一二） スペインの文献学者・批評家。一九世紀のスペイン学界をリード。著書『小説の起源』など。

**メネンデス-ピダル**［Ramón Menéndez Pidal］（一八六九〜一九六八） スペインの文献学者。近代言語学・実証的文学研究に顕著な業績を残す。著書『わがシードの歌』など。

**めのあいご-デー**【目の愛護デー】 目の不自由な人に対する福祉思想の啓発と、目の保護と病気予防の知識の普及をはかる日。一〇月一〇日。一〇と一〇を横に並べると眉と目の形に見えることから。昭和六年（一九三一）制定。

**め-のう**【▼瑪▼瑙】 珪酸を主成分とする石英質の石。玉髄の一種で、透明度の異なる同心円状の縞模様がある。火山岩の空洞をみたして産出する。樹脂状光沢がある。色は乳白・灰・青白・褐・緑・青色など変化に富み、装飾品や印材として広く用いられる。agate

**めのこ-ざん**【目の子算】 そろばんなど使わずに、目で見て計算すること。概算。目の子。目の子勘定。rule of thumb

**め-の-した**【目の下】 ①目の下のほう・あたり・部分。②魚などの、目から尾の先までの長さ。用例―一尺のタイ。

**め-の-たま**【目の玉】 まなこ。目玉。eyeball

**目の玉が飛び出る程**（めのたまがとびでるほど） ひどく驚くくらい。exorbitant 用例―高価な品。

**目の玉の黒い内**（めのたまのくろいうち） 生きているうち。目の黒い内。目玉の黒い内。as long as one is alive

**メノッティ**［Gian Carlo Menotti］（一九一一〜） アメリカの作曲家。イタリア生まれ。劇的効果・舞台効果を発揮したオペラで有名。オペラ『電話』『領事』『最重要人物』、室内オペラ『霊媒』など。

**め-の-と**【▼傅】 男で、貴人の子を養育する役。守役。後見。

**め-の-と**【▽乳▽母・▽乳▽人】 母親に代わって、子にちちを飲ませて育てる女。うば。

**め-の-まんねんぐさ**【雌の万年草】 ベンケイソウ科の多年草。高さ約一五cm。山地の岩上にはえる。茎は地をはい、先は直立。葉は互生し、円柱状。五月、五弁の黄色い花が咲く。マンネングサ。

**メノルカ-とう**【メノルカ島】（Menorca） 地中海西部、バレアレス諸島北東端の島。面積七〇二km²。牧畜、製靴、観光業が主産業。ミノルカ島。

**め-ばえ**【芽生え】 ①芽が出ること。発芽。sprout ②種から生えること。生えた草木。bud ③物事の起こり始め。beginning 用例愛情の―。

**め-ば・える**【芽生える】（下一自） ①芽が出ている。sprout; bud ②物事が起こり始める。begin to grow 用例友情が―。

**め-はし**【目端】 場合を見はからう才。機転。quick-witted 用例―がきく。

**目端を利かす**（めはしをきかす） 気をきかせる。目先をきかせる。use tact

**め-はじき**【目▽弾】 道ばたにはえるシソ科の二年草。高さ一・五m内外。根出葉は三つに深裂し、対生する。夏に、淡紅紫色の花が咲く。本州以南に分布。ヤクモソウ。↓図

● メハジキ

**め-ばしこ・い**【目▽敏▼捷い】（形） 見つけるのがすばやい。目ざとい。quick-eyed

**め-ばたき**【目ばたき】 瞬き。

**め-ばち**【目▼撥・▽眼▼撥】 サバ科の海水魚。マグロ類の一種。体長約二m。目が大きく体は肥厚。重要な食用魚で、刺身として賞味。世界の暖海域に分布。シビ。↓図

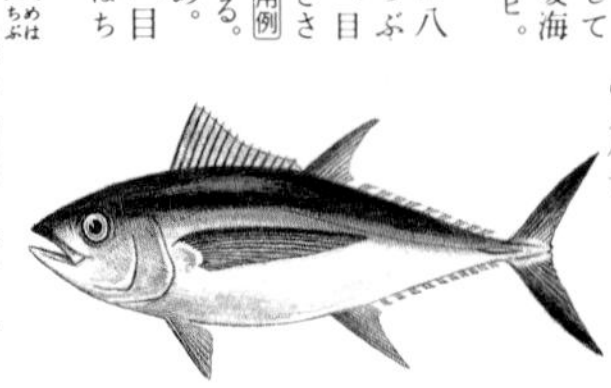
● メバチ

**め-はちぶ**【目八分】 ＝めはちぶん。①両手で、目より少し低くささげ持つこと。用例―に差し上げる。②容器の八分め。

**め-はちぶん**【目八分】 ↓めはちぶ（目八分）

**目八分に見る**（めはちぶんにみる） 見くだした態度で、相手に接する。

**め-はな**【目鼻】 ①目と鼻。eyes and nose ②顔立ち。features

**目鼻が付く**（めはながつく） だいたいのことが決まる。見通しがつく。take shape

**目鼻を付ける**（めはなをつける） 物事のおおよその方向性をつける。概要を定める。見込み・目算を立てる。give shape to

**め-ばな**【雌花】 雌性だけの生殖機能をもつ花。雌しべがよく発達し、雄しべがないか、あっても退化して機能をもたないもの。植物により雌雄異株と雌雄同株の場合がある。female flower 対義雄花。

**めはな-だち**【目鼻立ち】 目鼻のありさま。顔立ち。features

**目鼻立ちが整う**（めはなだちがととのう） 美しい顔だちをしている。good-looking



↓行き先項目、図版・写真参照印。 JIS 日本工業規格情報交換用漢字符号コード（区点コード）。

め-ばや・い【目早い】(形) 見つけるのがすばやい。目ざとい。

め-ば・ゆ【芽生ゆ】[古語](下二自) ↓めばえる(芽生える)

め-ばり【目張り・目▼貼り】(名・サ変他) ①物のすきまに紙などをはること。また、そのための材料。②目を大きく見せるための化粧法。まつげのきわに墨・アイラインなどを細く塗る。めはり。eyeliner [用例]――を入れる。

めはり-ずし【目張(り)▼鮨】《ほおばるとき、目が張るところから》高菜の漬物で巻いた、子どもの頭大の大きなにぎり。和歌山県の郷土料理。

めばる【▼鮴】17画 部首[魚]うおへん 和製漢字 [JIS]8232

↓めばる[目張・眼張・鮴]

め-ばる【目張・▽眼張・▼鮴】沿岸の藻場に多いカサゴ科の海水魚。全長約三〇cm。体色は変異に富むが、体側に五、六本の黒色横帯がある。目が大きい。卵胎生で、春季、仔魚を産む。食用。北海道中部以南に分布。↓[図]

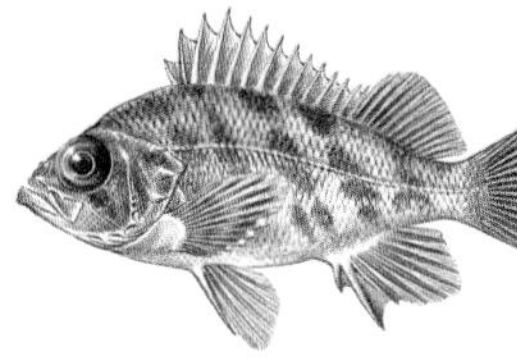
●メバル

メビウス-の-おび【メビウスの帯】↓メービウス-の-おび(メービウスの帯)

メヒカリ【Mexicali】メキシコ北西部、アメリカのカリフォルニア州と国境を接する都市。綿花など農作物の集散地。人口五一・一万(一九八〇)。

メヒコ【México】メキシコ中部の州。州都トルカ。アナワク高原を占める。人口七五四・六万(一九八〇)。

め-ひしば【雌日芝】イネ科の一年草。日当たりのよいところにはえる。稈は分枝して地をはう。葉は広線形で、長さ約一五cm。夏から秋に長柄の花序を穂状につける。ジシバリ。スモウトリグサ。ヒジワ。

め-ひるぎ【雌▼蛭木】ヒルギ科の常緑小高木。九州南部から南方の地の遠浅の海岸のマングローブを構成。高さ約五m。気根を出し、幹を支える。葉は長楕円形。夏に白色五弁花が咲く。リュウキュウコウガイ。

メフィストフェレス【Mephistopheles】ファウスト伝説中の悪魔。ファウストに現世のあらゆる快楽を与えるが、代償に死後の魂を奪う。メフィスト。

め-ぶ・く【芽吹く】(五自)《林などを遠望して》芽が出始める。芽を吹く。bud

め-ぶし【雌節・女節】カツオの腹肉でつくったかつおぶし。[対義]雄節。

メフメット-アリ【Mehmet 'Ali】(一七六九～一八四九) エジプト最後の王朝メフメットアリ朝の創始者(在位一八〇五～四九)。ナポレオン一世のエジプト侵入に抗戦。一八〇五年オスマン帝国によりエジプト太守(=パシャ)に任命され、事実上独立。西欧の技術を導入、エジプトの近代化に努力。

メプロバメート【meprobamate】もっとも広く使われている精神安定剤。不安感・精神緊張・筋緊張をやわらげ、意識の混濁を起こさない。毒性が低い。

め-ぶんりょう【目分量】ものさしなどを使わずに、目で見て大体の分量をはかること。measure by eye

め-べり【目減り】(名・サ変自) ①漏れたり蒸発したりして、目方・量が減ること。loss in weight ②二つの物事などを比較してみたとき、一方の実質的な価値などが下がること。物価の上昇率に対する預貯金の利率など。decrease in value [用例]貯金の――。

め-へん【目偏】漢字を組み立てている部分の名。「眼・眠・睡」などの左にある「目」。

め-ぼうき【目▼箒】シソ科の一年草。熱帯植物。全草に芳香がある。葉は長く披針形。夏、淡紫色の花が咲き、黒色で小形の種子を結ぶ。種子は薬用。葉はハーブとして料理に用いる。アフリカ・ブラジル原産。バジリコ。バジル。basil

め-ぼし【目星】①目あて。見当。aim ②眼球にできる白い小点。

目星を付ける およその見込みを立てる。見当をつける。ねらいをつける。have a rough idea

めぼし・い (形) 目立って値打ちがある。著しい。conspicuous [派生]めぼしさ(名)

め-まい【目▼眩・▼眩▼暈】(名・サ変自) 目がくらむこと。身体の平衡感覚が失われ、不安定感、運動感覚の異常を覚える状態。原因は、一過性の脳血行障害・自律神経失調・平衡感覚器の障害など。げんうん。vertigo; dizziness

め-まぐるし・い【目まぐるしい】(形) 目先にあるものがあまりに早く動きまわるので、目が回るようだ。dizzy [派生]めまぐるしさ(名)

め-まぜ【目交ぜ・▽瞬】(名・サ変自) 目配せ。『目くわせ。

め-まつ【雌松】アカマツの別名。[対義]雄松。

めまんべつ【女満別】〈町〉北海道北東部、網走市の南に接する町。畑作が主で、稲作の北東限界地点。空港があり、北見地方の空の玄関として発展。人口六三一七(一九八八)。

め-みえ【目見え・目見得】(名・サ変自) ↓おめみえ(御目見え)

めみょう【▽馬▽鳴】(生没年未詳) 一～二世紀ごろのインドの仏教詩人。バラモン教から仏教に帰依。仏陀の生涯をうたった叙事詩『ブッダチャリタ』(漢訳『仏所行讃』)は仏教文学の名作とされる。アシュバゴーシャ。

メムリンク【Hans Memling】(一四四〇ごろ～九四) フランドルの画家。ドイツ生まれ。調和的で静かな画風。肖像画や宗教画にすぐれる。作品『最後の審判』など。↓[写]

●メムリンク『洗礼者ヨハネ(左)と聖ラウレンティウス(右)』。一五世紀後半、ロンドン-ナショナル-ギャラリー。

めむろ【芽室】〈町〉北海道南部、十勝平野の西に位置する町。畑作地帯で、ジャガイモ・テンサイなどを産し、その加工もさかん。人口一万六九八四(一九八八)。

めめし・い【女女しい】(形) ①弱々しい。いくじがない。sissy [対義]雄々しい。[用例]――男。②心残りなさま。未練がましい。regretful [派生]めめしさ(名)

メモ【memo】(名・サ変他)《「メモランダム」の略》心覚えに、おもだった事柄を書くこと。書きつけたもの。[用例]――をとる。――帳。

め-もと【目元・目▽許】①目のあたり。around one's eyes ②目つき。eyes

目元が涼しい 目のあたりがさわやかで、すっきりしている。すがすがしい顔つきにいう。with clear eyes

メモランダム【memorandum】覚え書き。控え。摘要。備忘録。メモ。

め-もり【目盛(り)】長さ・重さ・容積・区画などを示すために、しるしを付けること。そのために付けたしるし。graduation

メモリアル-ホール【memorial hall】何かを記念して建てた建物。記念館。

メモリー【memory】①思い出すこと。記憶。②電子計算機内の記憶装置。

メモリー-スコープ【memory scope】電子的な記憶能力を備えたブラウン管オシログラフ。観測中の波形の静止表示ができる。

メモワール【mémoires フランス】著者が参与し、その生涯の、あるいは国の歴史に関係した諸事件の思い出を書き記したもの。回想録。memoirs

め-や [古語](連語)《推量の助動詞「む」の已然形に係助詞「や」の付いたもの》反語の意を表す。どうして…ようか、そんなことはない。[用例]束の間もわれ忘れ――(万葉・二・一一〇)。

め-やす【目安】①古文書の形式の一つ。箇条書きにして読みやすくした文書。目安状。目安書き。②鎌倉・室町時代、箇条書き形式の訴状・陳状のこと。③江戸時代、奉行所に提出した訴状のこと。④珠算で、そろばんの右端に置く乗数・除数。⑤めど。目あて。aim

目安が付く 大体の見当が付く。have a rough idea [用例]完成の――。

目安を付ける ①およその見当をつける。have a rough idea ②訴状を差し出す。

め-やす・し【目安し】[古語](形ク) 見て感じがよい。見苦しくない。[用例]髪ゆるるかにいと長く、――・き人なめり(源氏・若紫)。

めやす-ばこ【目安箱】享保六年(一七二一)八代将軍徳川吉宗が民意聴取のため設置した投書箱。以後歴代将軍も踏襲。訴状箱。

め-やに【目▽脂】目から出る分泌物がかたまったもの。涙・皮脂・脱落した上皮細胞などが主成分。結膜炎などでは分泌量がふえる。学問的には眼脂という。目くそ。目あか。sebum palpebrale

め-ゆい【目結(い)】①布などをところどころ糸でくくり、くくり目を染め抜いたもの。くくり染め。纐纈。鹿の子絞り。②紋所の名。染め抜きの白い目を紋章化したもの。佐々木氏の代表紋。一つ目結いから一六目結いまである。また、平四つ目・隅立て四つ目・繋ぎ六つ目などもある。↓[図]

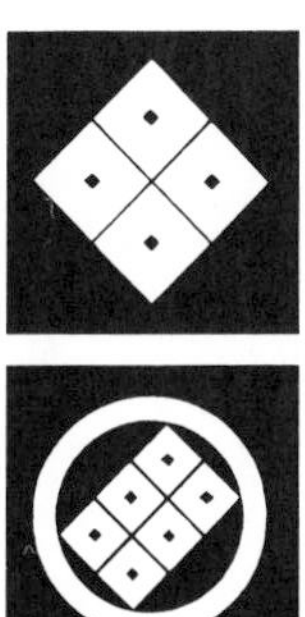
●目結い② 隅立て四つ目　堀尾目結い

メラニン【melanin】各種の動物の体表に広くみられる褐色または黒色の色素。顆粒となって色素胞に入っていることが多い。

メラネシア【Melanesia】太平洋西部、オーストラリア大陸の東北岸沿いに北西から南東に連なる島々の総称。メラネシア民族の居住地域。パプアニューギニア・ソロモン諸島・バヌアツ・フィジーなどの国がある。

メラネシア-じん【メラネシア人】メラネシア原住民の総称。メラネシア人種。言語はメラネシア語。その言語から、パプア諸族と狭義のメラネシア人に分かれる。掘り棒を唯一の農具とする原始的焼き畑農耕、漁労などに従事。Melanesian

メラノーマ【melanoma】メラニン細胞の分布が多い皮膚・粘膜に多く発生する悪性腫瘍。転移しやすく予後は不良。白人に多く日本人には少ない。悪性黒色腫。

めらのしょう【▽米▽良▽荘】宮崎県中西部、九州山地の一ッ瀬川上流地域の名称。平家の落人の村といわれる。

メラピ-さん【メラピ山】(Gunung Merapi) インドネシア、ジャワ島中部の円錐形活火山。標高二九一一m。二〇世紀に入って噴火が活発化。

メラミン【melamine】化学式$C_3N_3(NH_2)_3$ 石灰窒素から得られるジシアンジアミドを加圧・加熱することにより合成される白色の結晶。メラミン樹脂の原料。

メラミン-じゅし【メラミン樹脂】メラミンとホルムアルデヒドから得られる熱硬化性の樹脂。耐熱・耐薬品・耐水性にすぐれ、硬い。化粧板・木材接着剤・織物加工剤などに利用。melamine resin

めら-めら(と)(副) 炎が物をなめるように燃え広がるさま。flare up

メラレン-こ【メラレン湖】(Mälaren) スウェーデン南東部、ストックホルム西方の湖。面積一一〇〇km²。無数の島が点在し、風景が美しい行楽地。

メランコリー【melancholy】①《黒い胆汁の意》うつ病。中世医学では、腎臓から分泌する黒い胆汁がうつ病の原因と考えられていたための名。憂鬱症。②気が重く、ふさぐこと。憂鬱。

メランヒトン【Philipp Melanchthon】(一四九七～一五六〇) ドイツの人文主義者・神学者。ルターとともに宗教改革運動に活躍。「アウグスブルク信仰告白」を執筆。著書『神学総覧』ほか。

メランプス【Melampūs ギリシア】ギリシア神話のディオニュソス神の神官。ヘビを助けたため動物言語を理解する能力を得、また病の治療術を身につけた。

めり [古語](助動 ラ変型)《用言の終止形に付く。ラ変型動詞では連体形に付く》①目に見える事柄についての推量の意を表す。…ようだ。…と見える。[用例]あはれことしの秋もいぬ――(千載・雑上)。②ことばをやわらげて言う。[用例]竜田河紅葉乱れてながる――(古今・秋下)。[参考]「めり」が視覚に基づく推量であるのに対して、「なり」は聴覚に基づくもの、「らむ」は見えないものを推量する。

メリ【Veijo Meri】(一九二八～) フィンランドの小説家。前衛的な戦争小説を書く。作品『マニラロープ』『軍曹の息子』など。

メリアム【Charles Edward Merriam】(一八七四～一九五三) アメリカの政治学者。シカゴ大学教授。現代諸科学を総合的に活用し、実践的政策

▼常用漢字表外。　▽常用漢字表の音訓外。

原理としての政治学の体系化を構想した。著書『政治学体系』など。

**メリー-ウィドー**【The Merry Widow】レハール作曲のオペレッタ。三幕。一九〇五年初演。レオンとシュタインの台本。パリ社交界を背景に、美しい未亡人と騎兵中尉との恋を描く。『ビリアの歌』などが有名。

**メリー-クリスマス**【Merry Christmas; Merry Xmas】(感) クリスマスおめでとう。

**メリー-ゴー-ラウンド**【merry-go-round】遊園地などの遊具の一つ。円形の台に木馬などをすえ、人を乗せて動かす機械装置。回転木馬。メリーゴーランド。

**メリーランド**【Maryland】アメリカ東部、チェサピーク湾に臨む州。州都アナポリス。独立当時の一三州の一つ。人口四二一・七万(一九八〇)。

**メリエ**【Jean Meslier】(一六六四〜一七二九) フランスの司祭。無神論者で啓蒙社会主義の先駆者。死後に発見・出版された『遺言』といわれるその手記の中で、既成宗教と僧侶・貴族の支配に反対し、人民の蜂起による社会秩序の実現を説いた。

**メリエス**【Georges Méliès】(一八六一〜一九三八) フランスの映画製作者・監督。映画誕生期の先覚者の一人で、特殊撮影の創始者。作品『月世界旅行』『ドレフュス事件』など。

**めり-かり**【▽乙▽甲・▽減▽甲】①笛・尺八などの邦楽の演奏で、基本の音より低くすること(＝めり)と高くすること(＝かり)。②音調。

**メリケン**【▽米利堅】《Americanの転》①米国の、の意。②げんこつでなぐること。

**メリケン-こ**【メリケン粉】《もと、日本製のうどん粉に対し、アメリカ製の精製したものをさした》小麦粉。wheatflour

**メリケン-はとば**【メリケン波止場】外国船の着く波止場。international port

**メリケン-ばり**【メリケン針】《アメリカから輸入されたところから》洋裁用の縫い針。針穴は楕円形。太さは六〜九番で、番数が小さいものほど太い。needle

**めり-こ・む**【▽減り込む】(五自) 重みで深く食い入る。sink into

**メリスマ**【melismaギリシア】声楽曲で、歌詞の一音節(一母音)に、多くの音符からなる旋律を配した装飾的な形。

**メリダ**【Mérida】メキシコ南東部、ユカタン半島北部の商業都市。ユカタン州の州都。サイザル麻栽培の中心地。人口四二・五万(一九八〇)。

**メリッサ**【melissaラテン】シソ科の宿根草。高さ約五〇cm。全草に芳香がある。葉は披針形で、対生する。夏の開花前の葉を香辛料として使用。

**メリット**【merit】①功績。実績。②価値。取り柄。利点。長所。対義デメリット。

**メリット-ざい**【メリット財】その消費について、個々人の自由な選択にまかせるよりは公的な介入によって助長または強制・抑制・禁止したほうが社会的に望ましい財。学校給食・義務教育・低家賃住宅など。価値財。merit goods

**メリット-システム**【merit system】職員を任用する場合、その職が要求する能力または資格を備えた人物を選任する制度。実績主義。比較スポイルズシステム。

**メリノ-しゅ**【メリノ種】毛用のヒツジの一品種。体にしわがあり、毛脂が多い。毛質は細かく最良。スペインが原産。Merino

**メリノ-ようもう**【メリノ羊毛】スペイン原産メリノ種のヒツジからとれる羊毛。細くて、しなやかな弾力性に富み、上質。merino wool

**めり-はり**【▽減り張り・▽乙張り】①緩むことと張ること。強弱の変化。modulation 用例 —をつける。②芝居で、役者の意気ごみと、観客のうけ。用例 —がよく合う。

**メリフィールド**【Bruce Merrifield】(一九二一〜 ) アメリカの化学者。ペプチド合成のための、固相反応による化学合成法を開発。一九八四年ノーベル化学賞受賞。

**メリメ**【Prosper Mérimée】(一八〇三〜一八七〇) フランスの小説家。簡潔冷厳な文体で生々しい情熱を描いた短・中編を数多く残した。作品『コロンバ』『カルメン』など。

**めり-めり**(副) 物がきしみながらくだけたり、つぶされたりする音・さま。crack 用例 —とこわれる。

**めりやす**《三味線音楽用語》①長唄、歌舞伎下座音楽の一種。俳優の所作を助ける短い情緒的な唄。②義太夫節で、歌舞伎の場面を描写的演奏で引き立てる三味線だけの旋律。

**メリヤス**【medias スペイン・莫大小】《靴下の意》編み物用機械によって編まれたものの総称。編み目の状態により横メリヤスと縦メリヤスに大別される。伸縮性に富む。knitwear

**メリヤス-あみ**【メリヤス編み】棒針編みによる基本的な編み地。表目と裏目とを一段ごとに交互に編む。機械編みでは天竺編み。平編み。素編み。stockinet ↓写

●メリヤス編み

**め-りょう**【▽馬寮】昔、宮中や御料牧場の馬を管理した役所。左馬寮と右馬寮とがあった。

**メリル-せん**【メリル線】生物地理学上の分布境界線。アメリカの植物学者メリルがウォーレス線を一部修正した、その修正箇所をいう。新ウォーレス線。Merrill's line

**メリル-リンチ**【Merrill Lynch and Company, Inc.】証券事業を中心に不動産・保険などを営む企業グループの持ち株会社。一九七三年設立。

**メリンス**【merinos】《スペイン産のメリノ種の羊毛で織られたところから》梳毛織物の一種。明治・大正時代に、唐縮緬ともいわれた、薄地の柔らかな布地。モスリン。

**メルー-さん**【メルー山】(Meru) アフリカ東部、タンザニア北東部の活火山。標高四五六五m。東方のキリマンジャロと並んで南麓は農業地域。

**メルカトル**【Gerardus Mercator】(一五一二〜一五九四) オランダの地図学者。メルカトル図法による航海用の世界地図を完成した。

**メルカトル-ずほう**【メルカトル図法】地図投影法の一つ。一五六九年、オランダのメルカトルが考案。赤道で地球に接する円筒に経緯線を投影すると、互いに直交する直線群となる。この場合に地球上と地図上の対応する点での角が等しくなるように、緯線の間隔を定めたもの。航程線が直線で表されるので、海図などに利用される。正角図法。Mercator's projection ↓地図図

**メルカプタン**【mercaptan】一般式RSH(Rはアルキル基)で表される有機化合物の総称。強い悪臭をもつ。メチルメルカプタンは気体、他は液体。チオアルコール。

**メルグイ-しょとう**【メルグイ諸島】(Mergui Archipelago) ビルマ南東部、メルグイ西方沖に散在する諸島。大小約八〇〇の島からなる。大部分が未開発の熱帯雨林地域。

**メルクーリ**【Melina Mercouri】(一九二五〜 ) ギリシアの映画女優・政治家。文化相。ダッシン監督夫人。主演作『宿命』『日曜はダメよ』『トプカピ』など。

**メルクマール**【Merkmal ドイツ】目じるし。指標。mark

**メルクリウス**【Mercurius ラテン】↓マーキュリー

**メルシ**【merci フランス】(感) ありがとう。thank you

**メルセン-じょうやく**【メルセン条約】ベルダン条約後、フランク王国の再分割を定めた条約。八七〇年、東フランク王ルードヴィヒと西フランク王シャルルがメルセンで締結。中部フランクを分割、東西それぞれに併合を決定。Treaty of Meerssen

**メルトダウン**【meltdown】原子力発電所で、事故などによって核分裂反応の制御が不能となり、原子炉が破壊されること。炉心溶融。

**メルトン**【melton】羅紗の一種。紡毛糸を織り、フェルト加工して、けばを切ったもの。地合いが密で保温性・耐久性に富む。

**メルバ**【Nellie Melba】(一八六一〜一九三一) オーストラリアのオペラ歌手。コロラトゥーラソプラノの第一人者として欧米で活躍。

**メルビル**【Herman Melville】(一八一九〜一八九一) アメリカの小説家。アメリカ文学の大作家の一人。人間精神を探究する哲学的な小説を書いた。長編『白鯨』『ピエール』、叙事詩『クラレル』、短編『ビリー＝バッド』など。

**メルビル**【Jean-Pierre Melville】(一九一七〜一九七三) フランスの映画監督。作品『サムライ』『影の軍隊』など。

**メルヘン**【Märchen ドイツ】おとぎ話。童話。fairy tale

**メルヘン-かいどう**【メルヘン街道】ロマンチック街道の別称。

**メルボルン**【Melbourne】オーストラリア南東部、ビクトリア州南岸の商業・港湾都市。金融・商業の中心で、羊毛・小麦・食肉の輸出港。人口二八六・五万(一九八三)。

**メルルーサ**【merluza スペイン】メルルーサ科メルルシウス属の深海魚の総称。全長七〇cm内外。太平洋北部、大西洋から遠洋トロール漁業によって漁獲され、冷凍魚として市場に流通。↓図

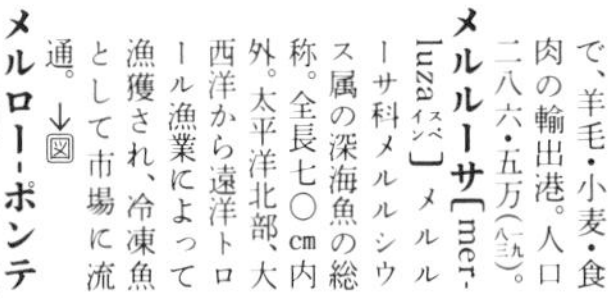

●メルルーサ

**メルロー-ポンティ**【Maurice Merleau-Ponty】(一九〇八〜一九六一) フランスの実存主義哲学者。コレージュ-ド-フランス教授。フッサールの現象学を継承、発展させた。著書『行動の構造』『知覚の現象学』など。

**メレアグロス**【Meleagros ギリシア】ギリシア神話のカリュドンの王オイネウスの子。大イノシシ狩りを催し、報奨のことで叔父二人を殺す。怒った母が彼の命の棒を燃やしたため死んだ。

**メレジコフスキー**【Dmitry Sergeyevich Merezhkovsky】(一八六五〜一九四一) ロシアの小説家・批評家。ロシア象徴主義の代表者の一人。詩集『象徴』、小説『キリストと反キリスト』、評論『トルストイとドストエフスキー』など。

**メレディス**【George Meredith】(一八二八〜一九〇九) イギリスの小説家・詩人。上流・知識階級の心理にひそむ偽善を痛烈に風刺。長編『エゴイスト』、評論『喜劇論』など。

**メレンゲ**【meringue】卵白を固く泡立て、砂糖と香料などを混合したもの。そのまま、または焼き色をつけて、ケーキなどの飾り、料理などに使う。

**め-ろう**【女郎】①女の子。②女をののしる語。bitch 対義野郎。

**メロス-とう**【メロス島】(Mílos) ミロス島の別称。

**メロッツォ-ダ-フォルリ**【Melozzo da Forlì】(一四三八〜一四九四) イタリアのウンブリア派の画家。独特な短縮遠近法による壁画を残す。

**メロディー**【melody】旋律。ふし。

**メロドラマ**【melodrama】元来は一八世紀から一九世紀前半にかけて西欧で発展、流行した、音楽をともなった娯楽的な大衆向けの演劇。今日では観客の感傷にうったえる通俗的な恋愛劇。

**メロビング-ちょう**【メロビング朝】フランク王国の王朝。五世紀末フランク族を統一したクロービスに始まり、大国家に発展したが内紛が多く、実権は宮宰が掌握。七五一年小ピピンが王位を奪い、カロリング朝へ移行。Merovingian dynasty

**めろ-めろ** 一(形動) 意気地がなく、だらしのないさま。cowardly and loose 二(副) たやすく燃え広がるさま。めらめら。

**メロン**【melon】ウリ科のつる性一年草。マクワウリと同種。果実は球または楕円形。果面は平滑か、亀裂がコルク化して網目を形成する。果肉は緑かサーモンピンク。香りがよく、柔軟多汁で甘い。明治以降渡来。日本では温室栽培が多い。↓写

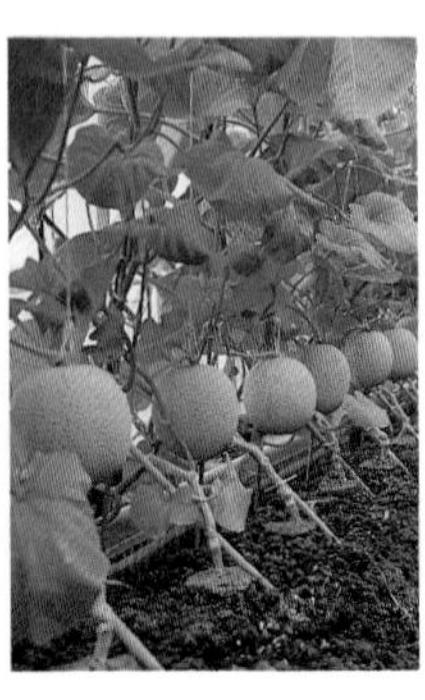

●メロン

**メロン-ざいばつ**【メロン財閥】モーガン・ロックフェラーと並ぶアメリカの巨大財閥。メロン銀行を中核としてアルコアやウェスチングハウスなどの巨大企業を支配している。

**メン**【免】8画 部首[儿] 常用 JIS 4440 【▼免】7画 旧字

音メン・ベン
訓まぬかれる

①まぬかれる。のがれる。「免疫」②ゆるす。き

きいれる。「赦免・放免」「免許・免除・免状・免税」③職などをやめさせる。やめる。比較 解。対義 任。「任免・罷免」「免官・免職」用例《接尾的》懲戒―。④江戸時代の年貢の賦課率。「免五つ」は、石高の五割の賦課をさす。

**メン** 9画 **【面】** 部首[面] 教育小3 JIS 4444
音 **メン**・ベン
訓 **おも・おもて・つら**

面 面 面 面 面 面

①かお。つら。「洗面・覆面」②むきあう。まみえる。あう。「対面」「面接・面談」用例(名)―と向かって。③おもて。うわべ。そとがわ。「地面・水面・表面・平面」「面積」用例(名)相対する―。④平たいもの。「書面・扇面・帳面」⑤文章がかかれているところ。「文面」⑥平たいものを数えるのに用いる。用例(助数)鏡二―。⑦むき。方角。「一面・局面・四面」「正面・前面・方面」用例(名)いろいろの―でこまる。⑧それをあつかうページ。用例《接尾的》政治―。⑨顔や頭をかたどったもの。マスク。「仮面・能面」用例(名)お―。数え方 一枚・一頭。⑩頭にかぶる剣道や野球の用具。用例(名)―をつける。↓剣道図

**面が割れる**(めんがわれる) 顔・名前・身元などが警察にわかる。be identified

**面と向かって**(めんとむかって) まともに相手と顔を合わせて。right to one's face

**面を打つ**(めんをうつ) 神楽・能などの面を作る。

**面を被る**(めんをかぶる) ①仮面を顔にかぶる。put on a mask ②恥ずべき行いをしながら知らないふりをする。本性を隠している。mask oneself

**面を取る**(めんをとる) ①角の部分を、平らにしたり丸みをつけて削り取る。②剣道で、相手の面に打ち込み一本取る。

**メン** 12画 **【▼棉】** 部首[木] JIS 4441
音 メン
①ワタ。ワタの木。アオイ科ワタ属の総称。多くは一年草。種子に生じる毛から綿をつくる。「原棉」「棉花」②きわた。カポック。パンヤ。

**メン** 12画 **【▼湎】** 部首[氵] JIS 6262
音 ベン・メン
しずむ。ふける。おぼれる。心をうばわれる。「沈湎」

**メン** 14画 **【綿】** 部首[糸] 教育小5 JIS 4442
音 **メン**・ベン
訓 **わた**
15画 **【▼緜】** 異体字 JIS 6936

綿 綿 綿 綿 綿 綿

①《棉とも》ワタ。もめんわた。もめん。「原綿・純綿」「綿花・綿糸」用例(名)―の着物。②つらなる。つづく。「連綿」「綿々」③こまかい。ちいさい。「綿密」

**メン** 15画 **【▼緬】** 部首[糸] JIS 4443
音 ベン・メン
①ほそいいと。細く長い糸。②はるか。とおい。③ものおもうさま。④ビルマ(緬甸)のこと。⑤「縮緬」は、縦糸によりのない生糸、横糸によりの強い生糸を用いて、平織りにし、精練して、ちぢませた織物。

**メン** 15画 **【▼麪】** 部首[麦] JIS 8349
音 ベン・メン
20画 **【▼麵】** 異体字
16画 **【▼麺】** 部首[麦] 異体字 JIS 4445
15画 **【▼糆】** 部首[米] 異体字
12画 **【▼粫】** 部首[米] 異体字 JIS 6872

①小麦粉。うどん粉。メリケン粉。②そば・うどん・そうめんなど。「麪類」

**めん【▽雌・▼牝】** めす。female 対義 おん。用例 ―どり。

**めん-えき【免役】** 服役を免除すること。

**めん-えき【免疫】** ①生体が病原体や毒素など、自己と異質な物質(=抗原)に対し抗体ができて、発病をおさえる現象。immunity ②物事がたび重なって、それに慣れて反応を示さなくなること。immunity

**めんえき-かんよう【免疫寛容】** 生体に免疫反応を起こさせるはずの物質(=抗原)に対し、その生体が無反応である状態。まだ免疫能力ができていない胎生期から出生前後にかけて接触した抗原に起こりやすい。immunological tolerance

**めんえき-ぎょ【免疫魚】** 魚の予防接種法の一つ。ウイルス病・細菌病などに対して、人工免疫で抗体をもたせる。immune fish

**めんえき-グロブリン【免疫グロブリン】** 体液中に存在する免疫活性のあるグロブリンの総称。疾患により、血清中のそれぞれが特有の反応を示す。immunoglobulin

**めんえき-けっせい【免疫血清】** 予防や治療に使う、免疫性の血清。immune serum

**めんえき-そくしんざい【免疫促進剤】** 生体の免疫反応を促進する薬剤。癌の免疫療法のうち、とくに腫瘍に対する免疫作用を増強し、抗癌剤の副作用を軽減する。BCGなどの菌体成分、レンチナンなどの多糖類など種類が多い。免疫賦活剤。immuno modulator

**めんえき-たい【免疫体】** 病原体に冒された動物の体内で、それに抵抗して生じ、再度の発病を防ぐ物質。抗体。immune body

**めんえきふぜん-しょうこうぐん【免疫不全症候群】** 免疫反応をつかさどる因子に異常があり、感染に対する防御反応が十分でない状態。immunodeficiency syndrome

**めんえき-よくせい【免疫抑制】** 生体にとって不利にはたらく免疫反応を抑制すること。これにより、自己免疫疾患が発生したり、臓器移植のさいの拒絶反応への対処が考えられる。immunosuppression

**めんえき-よくせいざい【免疫抑制剤】** 末梢リンパ組織の機能を停滞させることによって免疫反応を減少させる薬剤。核酸の代謝阻害剤・副腎皮質ホルモン剤など。immunosuppressant

**めんえき-りょうほう【免疫療法】** 免疫の知識を応用した疾病の予防・治療法。BCG・ワクチンなどのほか、癌の免疫療法も行われる。immunotherapy

**めん-おりもの【綿織物】** 綿糸で織った織物。摩擦に強く、吸湿性に富んでいるが、洗濯で縮み、しわになりやすい欠点がある。綿布。木綿。cotton fabrics; cotton cloth

**めん-か【綿花・▼棉花】** ワタの種子を包む白色の繊維。綿糸の原料となる。raw cotton

**メンガー【Anton Menger】**(一八四一〜一九〇六) オーストリアの法学者。経済学者カール=メンガーの弟。労働者の基本権として生存権・労働権・全労働収益権を主張し、法曹社会主義の指導的役割を演じた。著書『全労働収益史論』など。

**メンガー【Carl Menger】**(一八四〇〜一九二一) オーストリアの経済学者。ウィーン大教授。近代経済学の建設者の一人として限界効用理論を唱え、オーストリア学派を創始した。著書『国民経済学原理』など。

**めん-かい【面会】**(名・サ変自) 人と会うこと。また、会って話をすること。面接。応接。対面。meet 比較 会見。

**めんかい-しゃぜつ【面会謝絶】** 病状が悪かったり就業中だったりするため、人と会うのを断わること。No visitors allowed.

**めんかくいっていーの-ほうそく【面角一定の法則】** 同一物質の結晶は、大きさや見かけに関係なく、対応する二つの面のなす角は常に一定であるという法則。constancy of interfacial angles

**めんがた-すずめ【面形▼雀▼蛾】** スズメガ科の大形のガ。胸部背面に人の顔のようにみえる斑紋をもつ。開張約一〇cm。前翅は黒褐色、後翅は黄色で、それぞれに斑紋がある。体は紡錘形で太く、長さ約五cm。黄色の腹部には黒縞が入る。食草はナス・ゴマ・タバコなど。幼虫・さなぎ・成虫とも捕らえられると音を発する。本州以南に分布。

**めん-かやく【綿火薬】** ↓めんやく(綿薬)

**めん-かん【免官】**(名・サ変他) 官職をやめさせること。dismiss from an official post 用例 依願―。

**めん-きつ【面詰】**(名・サ変他) 面と向かって責めること。面責。blame

**めん-きょ【免許】**(名・サ変他) ①ふつうの人には認められない資格・権利などを、一定の条件をみたした人にだけ許可する行政処分。医師免許・漁業権免許など。license ②師匠が門人に、その道の奥義を伝えること。license

**めんきょ-えいぎょう【免許営業】** 官庁に申請して免許を受けなければ行えない営業。運送業・風俗営業など。許可営業。licensed business

**めんきょ-かいでん【免許皆伝】** 武道や芸道などで、師から弟子に技術の極意や奥義を残らず伝えること。また、その伝えられたこと。

**めんきょ-しょう【免許証】** 特定の資格・権利などの免許を証明する文書。license

**めん-ぐ【面具】** 顔面を防護するための武具。多く甲冑に付属。顔全体をおおうものや頰や顎など一部をおおうものなど。

**めん-くい【面食い】**《俗語》器量のいい人ばかりを好きなこと・人。器量好み。person who only goes for pretty faces

**メングス【Anton Raphael Mengs】**(一七二八〜一七七九) ドイツの画家。古典主義を主張し、絵画論を著述。作品『パルナッソス』など。

**めん-くら・う【面食らう】**(五自) 突然のことで、まごつく。あわてる。be taken aback

**メンゲルベルク【Willem Mengelberg】**(一八七一〜一九五一) オランダの指揮者。ドイツ後期ロマン派作品が得意。コンセルトヘボウ管弦楽団常任指揮者。

**メンケン【Henry Louis Mencken】**(一八八〇〜一九五六) アメリカの批評家・ジャーナリスト。アメリカ独自の文化をもつべきだと主張。評論集『偏見』、研究『アメリカ語』など。

**めん-こ【面子】** 子どもの遊具の一つ。厚紙などで作った円形や角形のカード。地面で打ち合い、相手のものを裏返しにしたり、円外にはじきだしたりして遊ぶ。江戸時代は面形の土焼きを用いた。↓写

**めん-ご【面▼晤】**(名・サ変自) 直接会って話すこと。面談。

**めんこ・い**(形)《方言》東北地方で、かわいい。

**めんこう-ふはい【面向不背】** 前後どこから見ても、形が整い、美しいこと。

**めん-ざい【免罪】** 罪を許すこと。acquittal

**めんざい-ふ【免罪符】** 贖宥状の別称。

**めん-し【綿糸】** 綿花を主原料に紡績した糸の総称。太さによって太糸・中糸・細糸に分ける。ガス糸・シルケット糸などの加工糸もある。木綿糸。cotton yarn

**メンシェビキ【mensheviki ロシア】**《少数派の意》ロシア社会民主労働党の一派。一九〇三年、第二回党大会でボリシェビキと対立して成立。マルトフ・プレハーノフが指導。自由主義ブルジョワとの提携を主唱。三月革命では臨時政府と協調。十月革命で崩壊した。

**めん-しき【面識】** 互いに顔を知っていること。知り合い。acquaintance 用例 ―がない。

**めんじつ-ゆ【綿実油】** ワタの実からしぼりとった半乾性油。食用やせっけんの原料などに利用。cottonseed cake oil

**めん-しゅう【免囚】** 刑期を終えて刑務所から出た人。discharged prisoner

**めんじゅう-ふくはい【面従腹背】**(名・サ変自) その人の面前では従うように見せかけていて、実は反抗していること。false obedience

**めん-じょ【免除】**(名・サ変他) ①義務などをはたさなくてよいこと。exemption 用例 授業料の―。②債権者が債務者に対し、一方的な意思表示によって債権を消滅させること。exemption

**めん-じょう【免状】** ①免許・資格の文書。免許状。license ②卒業証書。diploma

**めん-しょく【免職】**(名・サ変他) 過失・不服従などの理由で職をやめさせること。fire 比較 辞職。

**めん・じる【免じる】**(上一他) ↓めんずる(免ずる)

**めんしん-こうぞう【免震構造】** 建築で、地震による建物の揺れを少なくする構造。建物と基礎の間にゴムなどを利用した振動吸収装置を設ける。base isolated system

**めんしんりっぽう-こうぞう【面心立方構**

●面子 昭和初期のもの。

造】結晶構造の一つ。単位格子は立方体で、各頂点および各面の中心に格子点がある。もっとも密な構造の一つで、どの球も一二個の他の球に接する。金・銀・銅など。立方最密構造。face-centered cubic structure

**メンス**《Menstruation ドイツ の略》月経。

**めん・する【面する】**(サ変自) 向く。向かう。面す。face

**めん・ずる【免ずる】**(サ変他) ＝免じる・免ず。①許す。免除する。exempt 用例 会費を—。②顔を立てて、許す。for one's sake 用例 親に—・じて。③職を解く。dismiss 用例 公職を—。

**めん-ぜい【免税】**(名・サ変自他) 本来課税されるべき税の全部または一部を免除すること。免租。tax exemption

**めんぜい-こうぎょう【免税興行】** 入場料から税金を取らない興行。純益が教育・福祉に支出される場合に承認される。duty-free performance

**めんぜい-しょとく【免税所得】** 本来課税されるものであるが、国の政策推進上とくにその所得税を免除される所得。免除には納税義務者の申告・申請が必要。tax-free income 比較 非課税所得。

**めんぜい-てん【免税点】** 税を課さない限界の価格・料金など。tax exemption limit

**めん-せき【免責】**(名・サ変他) 債務者としての法律上の義務を免れること。exemption

**めん-せき【面責】**(名・サ変他) 面と向かって責めること。面詰。personal reproof 用例 —特権。

**めん-せき【面積】** 平面上または空間内の面の部分の広さ。単位の長さを一辺とする正方形の面積を単位として測る。曲線に囲まれた平面図形や曲面の面積は積分によって計算する。area

**めんせき-うりょう【面積雨量】** ある地域全体の面積に降った雨量。河川の流域の水資源を知るうえで重要。areal rainfall depth 対義 地点雨量。

**めんせき-グラフ【面積グラフ】** 数量の関係を長方形や扇形の面積で表したグラフ。area graph

**めんせき-けい【面積計】** 平面上の閉曲線でかこまれた部分の面積を測定する器具。アムスラー面積計など。プラニメーター。planimeter

**めんせき-しょうけん【免責証券】** 債務者が証券の正当でない所持人に対して弁済しても、債務者に悪意や重大な過失がなければ債務を免れる証券。有価証券の大部分はこの性質をもつ。

**めんせき-じょうこう【免責条項】** ↓めんせきやっかん(免責約款)

**めんせき-そくど【面積速度】** 原点から質点に引いた動径が単位時間に描く面積。areal velocity

**めんせきそくど-の-ほうそく【面積速度の法則】** ケプラーの第二法則。惑星と太陽を結ぶ動径が、一定時間にえがく面積は、つねに一定であるという法則。law of areal velocity

**めんせき-とっけん【免責特権】** ①議員特典の一つ。国会議員が議院内で行った演説・討論・表決について、院外で名誉毀損や秘密漏洩などの責任を問われない権利。②アメリカで、証言する代償として刑事訴追を免除すること。イミュニティ。immunity from prosecution

**めんせき-やっかん【免責約款】** 契約内容の一つとして、契約の当事者が、特定の場合に特定の事項についての責任を軽減または免除されることを規定した条項。免責条項。escape clause

**めん-せつ【面接】**(名・サ変自) じかにその人に会うこと。面会。interview 用例 —試験。

**めん-セル【綿セル】** セルに似せた綿織物。

**めん-ぜん【面前】** 人の目の前。目前。in presence of

**めん-そ【免租】**(名・サ変自) 法律に定められた理由がある場合、行政処分によって租税の一部または全部を免除すること。免税。exemption from taxation

**めん-そ【免訴】**(名・サ変他) 刑事訴訟上、刑罰権の存在を否定し、訴訟の打ち切りを言い渡す判決。確定判決をへているとき、大赦や時効にかかるときなど。

**めん-そう【面相】** ①顔つき。looks 比較 おもざし。用例 百—。②穂先が細くて、腰の強い絵筆。顔の細部をかくのに用いる。面相筆。

**メンソール【menthol】** 天然にはハッカ油の主成分として存在する固形物。無色の結晶。芳香をもち、香料や医薬に利用。メントール。

**めんだ【免田】**〈町〉熊本県南東部、球磨川に沿う町。人吉盆地にあり稲・麦作中心、才園古墳がある。人口六四九九(一九八八)。

**めん-たい【▽明太】** スケトウダラの朝鮮半島での呼び名。

**めんたい-こ【▽明太子】** たらこ。とくに、唐辛子を使って加工したものをいう。

**めん-たいしょう【面対称】** 一つの図形Fと一つの平面Pがあるとき、平面Pに垂直な直線が図形Fと交わる二点を結ぶ線分がすべて平面Pによって二等分されるならば、この図形Fは平面Pについて面対称であるという。二つの図形が平面Pに対して用いる場合もある。symmetry with respect to a plane ↓対称図

**めん-だこ【面▼蛸】** メンダコ科の深海にすむ平盤な形のタコ。体長約二〇cm。体は寒天質で暗黄褐色。胴部は背腹に押しつぶされ、かさ膜は円板状に広がる。相模湾から九州に分布。↓タコ図

**メンタル【mental】**(形動) ①精神的。心的。②知的。

**メンタル-テスト【mental test】** 知能検査。

**メンタル-ヘルス【mental health】** 精神衛生。精神の健康をとり扱う医療分野で、社会的人間関係を円滑にし、精神障害の早期発見・治療などを行い、個人的・社会的不幸を防止する。

**めん-だん【面談】**(名・サ変自) 面会して話すこと。interview 用例 委細—。

**メンチ-カツ**《和製語。「メンチ」はmince》ハンバーグ用の生地を平たい小判形にまとめ、フライ衣をつけて揚げたもの。

**メンチ-ボール** ↓ミートボール

**めん-ちょう【面▼疔】** 顔にできる悪性のはれもの。ブドウ球菌の侵入による顔面皮膚の毛包や皮脂腺の急性炎症。悪化すると敗血症・髄膜炎などを起こすこともある。facial furuncle

**メン-ツ【面子 中】**(miàn-zi) 体面。面目。face; honor 用例 —が立たない。

**めん-つう【面▼桶】** 一人前ずつ飯を盛る曲げ物。

**めん-てい【面体】** 顔かたち。面相。looks

**メンテナンス【maintenance】** 維持・保全・整備。また、営繕。用例 航空機の—時間。

**メンデリズム【Mendelism】** ①メンデルの法則に基づいて種々の遺伝現象を解明しようとする学説。②メンデルの遺伝の三法則。

**メンデル【Gregor Johann Mendel】**(一八二二〜八四) オーストリアの修道僧で植物学者。遺伝学の開祖。メンデルの法則を確立。

**メンデル-しゅうだん【メンデル集団】** 個体間で交配可能な生物の集合体。進化における最小単位。Mendelian population

**メンデルスゾーン【Felix Mendelssohn-Bartholdy】**(一八〇九〜四七) ドイツ-ロマン派の作曲家。古典的な形式美にロマン主義的な表現を調和させた作風が特徴。交響曲、バイオリン協奏曲、劇付随音楽『真夏の夜の夢』、ピアノ曲集『無言歌』など。

**メンデル-の-ほうそく【メンデルの法則】** メンデルが発見した遺伝の法則。エンドウの交配実験から導き出された。一八六五年発表の分離の法則・優劣の法則・独立の法則の三つからなる。Mendel's laws

**メンデレーエフ【Dmitry Ivanovich Mendeleyev】**(一八三四〜一九〇七) ロシアの化学者。元素に関する周期律の発見と、今日の周期表の原型を確立。

**メンデレス-がわ【メンデレス川】**(Menderes) ①大メンデレス川。トルコ南西部を流れてエーゲ海に注ぐ川。長さ二六〇km。古称メアンデル川。川の蛇行(＝メアンダー)の語源となる。②小メンデレス川。トルコ北西部を流れてダーダネルス海峡に注ぐ川。長さ一二〇km。

**メンデレビウム【mendelevium】** 超ウラン元素の一つ。人工放射性元素。元素記号Md原子番号一〇一。一九五五年カリフォルニア大学ではじめてつくられた。

**めん-でん【免田】** 荘園領主への年貢・公事を免除された田。荘園管理の報酬として、荘官や手工業職人などのほか地頭にも与えられた。

**めん-どう【面倒】**(名・形動) ①解決・処理するのに手数がかかること・さま。厄介。trouble 用例 —な仕事。—を起こす。②世話。care

**面倒を掛ける**(めんどうをかける) 他人の世話になる。trouble a person

**面倒を見る**(めんどうをみる) 人の世話をする。take care of

**めんどう-が・る【面倒がる】**(五自) 面倒だとして嫌がる。think ... very troublesome

**めんどう-くさ・い【面倒臭い】**(形) ひどく面倒だ。めんど臭い。troublesome

**めんどう-み【面倒見】** 他人の世話をすること。用例 —がよくない。

**面倒見が良い**(めんどうみがいい) 人の世話をよくする。be obliging

**メンドーサ【Mendoza】** アルゼンチン中西部、アンデス山脈東麓の商工業都市。交通の要地。人口五九・七万(一九八〇)。

**めん-とおし【面通し】** 刑事事件の容疑者を、事件の関係者に見せて確かめること。面わり。首実検。lineup

**メントール【Menthol ドイツ】** ↓メンソール

**めん-とり【面取り】** ①柱や用材などの、稜角をけずりとること。chamfer ②料理で、煮くずれを防ぐため、芋・大根などの野菜の角をけずって、丸みをつけること。↓図

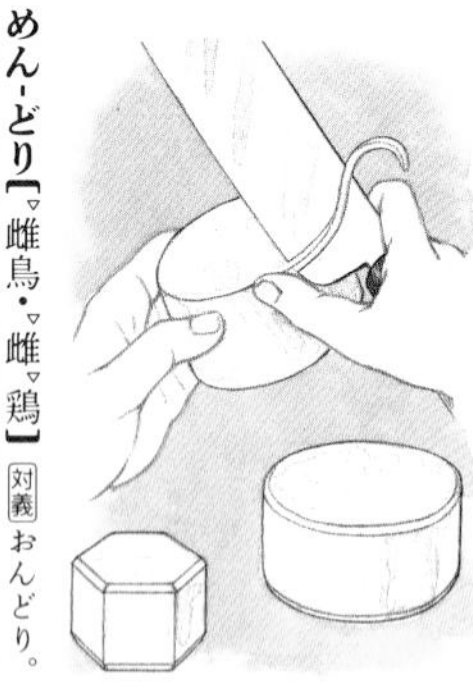

●面取り②

**めん-どり【▽雌鳥・▽雌▽鶏】** 対義 おんどり。①めすの鳥。female bird ②めすのニワトリ。hen

**雌鳥歌えば家滅ぶ**(めんどりうたえばいえほろぶ) 妻が意見を通す家は、やがて滅びるたとえ。

**雌鶏勧めて雄鶏時を作る**(めんどりすすめておんどりときをつくる) 夫が、妻の意見によって動き、うまく収まる。また、夫が、妻の言いなりになる。

**めんない-ちどり【めんない千鳥】**《「めんない」は「目の無い」の転》子どもの遊びの一つ。ひとりが目隠しして、他の者を追いつかまえて、交替するもの。目隠し。目隠し鬼。

**めん-ネル【綿ネル】**《「綿フランネル」の略》フランネルに似せた綿織物。flannelet 対義 本ネル。

**めん-ば【面▼罵】**(名・サ変他) 面と向かってののしること。abuse to one's face

**メンバー【member】** 組織・団体を構成している一員・人々。

**めん-ぴ【面皮】** ①つらの皮。skin of a face ②世間への面目。face

**面皮を欠く**(めんぴをかく) 人に顔合わせができなくなる。比較 面目を失う。

**面皮を剝ぐ**(めんぴをはぐ) 厚かましいやつを、やっつけて、はずかしめる。つらの皮を剝ぐ。put to shame by revealing one's true colors

**メンヒル【menhir フランス】** 巨石記念物の一種。細長い自然石を垂直に立てたもので、西ヨーロッパ新石器時代に特徴的。記念碑・墓碑・信仰の対象などの説がある。

**めん-ビロード【綿ビロード】** 綿糸で織ったビロード。別珍。velveteen

**めん-ぷ【綿布】** 綿糸で織った織物。cotton cloth

**メンフィス【Memphis】** アメリカ南部、テネシー州南西部の商工業・河港都市。ミシシッピ川に臨む水陸交通の要地。人口六四・六万(一九八〇)。

**メンフィス【Memphis】** エジプトの古代都市。第一王朝のメネスが創建したといわれ、古王国時代の首都として繁栄。遺跡はギゼーの南約一・五km。一九〇八年ピートリーが発掘。神殿・宮殿の遺構がある。

**めん-ふくろう【面▼梟】** メンフクロウ科に属する鳥の総称。また、その一種。世界に一種いるが日本には産しない。日本のフクロウに似るが、顔面は長めのハート形。全長約三二cm。脚が長く、先に剛毛がある。夜行性で、小鳥・小獣を捕食。世界的に分布。barn owl

**めん-ぺき【面壁】** かべに面して座禅すること。また、座禅。

**面壁九年**(めんぺきくねん) 禅宗の菩提達磨が嵩山の少林寺で、壁に面して座ること九年、はじめて悟ったということ。達磨はそのため手足がなくなってしまったという伝説がある。

**メンヘングラートバハ【Mönchengladbach】** 西ドイツ西部、ルール地方西方の繊維工業都市。同国綿織物工業の中心地。機械・金属・木工業なども発達。人口二五・五万(一九八五)。

**めん-ぼう【綿棒】** 細い棒の先に脱脂綿をつけたもの。耳・鼻などに薬を塗るのに使う。cotton swab

**めん-ぼう【▼麺棒・▼麪棒】** 小麦粉をこねた生地を薄くのばすときに用いる棒。木やプラスチック製。rolling pin

**めん-ぼお【面▼頰】** ①剣道の、面。②かぶとに付いて、顔をおおう鉄製の面。

**めん-ぼく【面目】**《「ぼく」は漢音》＝めんもく。①人にあわせる顔。体裁。honor 用例 ―がつぶれる。②ありさま。ようす。appearance

**面目次第も無い**(めんぼくしだいもない) 人にあわせる顔がない。be ashamed of oneself

**面目丸潰れ**(めんぼくまるつぶれ) 完全なまでに、名誉を傷つけられること。lose face

**面目を失う**(めんぼくをうしなう) 名誉を傷つけられる。体面を損なう。lose face

**面目を潰す**(めんぼくをつぶす) 名誉を傷つけられる。自分の不手際によって、世間の評判を落とす。lose face

**面目を施す**(めんぼくをほどこす) 名誉を保ち、また高める。体面を損なわないですむ。誉れを得る。win honor

**めんぼく-だま【面目玉】** 面目。

**面目玉を踏み潰す**(めんぼくだまをふみつぶす) 体面をひどく傷つけて、世間に顔向けできないようにする。

**めんぼく-な・い【面目無い】**(形) 人に合わせる顔がない。恥ずかしい。be ashamed of oneself

**メンマ【▼麺麻・▼麪麻】**(miàn-mǎ) 中国料理の材料の一つ。麻竹あるいは孟宗竹の筍を塩漬けにして乳酸発酵させたのち、天日で干したもの。しなちく。

**めん-みつ【綿密】**(名・形動) ①細かいこと・さま。精密。minute 対義 粗雑。②すきまのないこと・さま。細心。scrupulous

**めん-めん【面面】** ①めいめい。各自。each one ②各方面。each side

**面面の蜂を払え**(めんめんのはちをはらえ) 他人のことよりも、まず自分のことを反省せよ。

**面面の楊貴妃**(めんめんのようきひ) 人はみな、自分の妻・愛人を美人だと思うものである。

**めん-めん【綿綿】**(形動トタル) 続いていて絶えないさま。unceasing 用例 ―と愚痴を言う。

**めん-もく【面目】**《「もく」は呉音》↓めんぼく(面目)

**面目が立つ**(めんもくがたつ) 恥ずかしい結果にならないですむ。名誉・面子が保たれる。save one's face

**面目、躍如たるものが有る**(めんもく、やくじょたるものがある) いかにもその人らしい立派なようすである。

**面目を一新する**(めんもくをいっしんする) 今までのようすをすっかり改めて、受けていた評価を、それまでよりも高からしめる。

**めん-やく【綿薬】** 火薬として用いられる硝酸セルロースの別名。窒素含量によって強綿薬・ピロ綿薬・弱綿薬に分類。綿火薬。nitrocotton

**めん-よう【面容】** 顔のようす。顔かたち。looks

**めん-よう【▼緬羊・綿羊】** 家畜化されたヒツジ。とくに毛用種を意味する。

**めん-よう【面▼妖】**(名・形動) 怪しいこと・さま。不思議なようす。strange 用例 なんとも―な話。

**めん-るい【▼麺類・▼麪類】** 小麦粉・そば粉などに水を加えて練り、細長く作った食品。うどん・そば・そうめん・スパゲティなど。noodles

**めん-わり【面割り】** 面通し。check for identification

# も　モ

**も【も・モ】** 五十音図ま行第五の仮名。平仮名「も」は「毛」の草体。「モ」は「毛」の略。

**モ** 8画 **【茂】** 部首[艹] 常用 JIS 4448
音 モ・ボウ
訓 しげる
①しげる。草などがしげる。「繁茂」②ゆたか。さかん。③よい。うつくしい。

**モ** 13画 **【▼摸】** 部首[扌] JIS 4446
音 バク・マク・ボ・モ
①さぐる。さがす。「摸索」②にせる。まねる。まねて書く。「摸写」

**モ** 14画 **【模】** 部首[木] 教育小6 JIS 4447
16画 **【▼糢】** 部首[米] 異体字 JIS 6887
音 モ・ボ

模 模 模 模 模

①かた。かたどる。のっとる。「模型・模範・模様」②《摸・摹とも》㋐にせる。まねる。まねて書く。対義 創。「模擬・模写・模倣」㋑さぐる。さがす。「模索」↓ボ【模】

**も【▽面】** 古語《「おも」の略》おもて。表面。用例 筑波嶺のこの―かの―に影はあれど(古今・東歌)。

**も【喪】** 死を穢れとする考えに基づき、その穢れに触れた親族などが、一定期間忌み慎む状態。本来は魂の蘇生を待つ意味。mourning 用例 ―に服す。

**も【▼裳】** ①上代から平安期にかけて、腰から下に着けた衣。②令制で、男子が礼装のとき表袴の上につけたもの。③平安以降、高貴の女性が正装のとき、唐衣の腰から下、後方につけた前だれ風のもの。↓女房装束 図

**も【藻】** 水中で生育する隠花植物の総称。藍藻類・ミドリムシ類・褐藻類・紅藻類・緑藻類などの種類がある。alga

**も** 一(係助)《種々の語、活用形に付く》①並列の意を表す。用例 あれ―これ―うまくいく。②同様な事柄のうち一つをあげて言う。用例 ぼく―行く。③全部を肯定または否定するときに用いる。用例 だれ―できない。どれ―よい。④強調を表す。用例 雪が二m―積もる。用例 一〇〇円―出せば買える。⑥ほかに何かがあるのではないが、含みをもたせるときに用いる。用例 芝居―佳境に入る。二 古語(接助)《用言の連体形に付く》①既定の逆接条件を表す。…のに。…けれども。用例 内裏へ参らむと思しつる―出で立たれず(源氏・橋姫)。②仮定の逆接条件を表す。…とも。…ても。用例 来むといふ―来ぬ時あるを来じといふを(万葉・四・五二七)。三 古語(終助) 詠嘆の意を表す。…よ。…なあ。用例 この夕かげに鶯鳴く―(万葉・一九・四二九〇)。

**モア【moa】** モア目の絶滅鳥。シチメンチョウぐらいの大きさから高さ三・五m以上のものまでいた。ニュージーランドにのみ分布したが一九世紀に絶滅。キョウチョウ。

**モアイ【moai】** 南東太平洋の、イースター島に残る巨大な石像。↓写

●モアイ

**モアッサン【Ferdinand-Frédéric-Henri Moissan】**(一八五二～一九〇七) フランスの化学者。弗素の単離に成功。また難融化合物・耐火物の研究を行い高温化学・電熱化学工業の基礎を築いた。一九〇六年ノーベル化学賞受賞。

**モアレ【moiré フランス】** ①木目や波状模様になるように織られた布地。または、その光沢ある地模様。動きに伴って流動するような効果がある。ドレスやリボンに利用。②規則正しい点列または線を重ねたとき、それらのわずかなずれによってできる斑紋。印刷・写真などでみられる。③格子定数の異なる格子を重ねたときに生じる干渉縞。モアレ模様。

**モイーズ【Marcel Joseph Moyse】**(一八八九～一九八四) フランスのフルート奏者。豊かで輝きのある音色が特徴。

**モイセーエフ【Igor Moiseyev】**(一九〇六～) ソ連の舞踊家。民族舞踊を採り入れた。

**モイマン【Ernst Meumann】**(一八六二～一九一五) ドイツの心理学者・教育学者。実験教育学を提唱し、教育学と心理学を結合。著書『実験教育学』。

**モイラ【Moira ギリシア】** ギリシア神話の運命をつかさどる女神。三人とされ、複数形モイライ。ラケシスは運命を割りあて、クロトは生命の糸をつむぎ、アトロポスはそれを断つ。人が生まれる瞬間に同席して、その運命を決める。

**モウ** 3画 **【亡】** 部首[亠] 教育小6 JIS 4320
3画 **【▼亾】** 旧字
音 ボウ・モウ・ブ・ム
訓 ない
筆順 ↓ボウ【亡】
①しぬ。しんだ。「亡者」②わすれる。「敗亡」③なくなる。うしなう。「焼亡」↓ボウ【亡】

**モウ** 4画 **【毛】** 部首[毛] 教育小2 JIS 4451
音 モウ・ボウ
訓 け

毛 毛 毛 毛

①け。皮膚・植物などの表面に生じる糸状のもの。「羽毛・紅毛・純毛」「毛根・毛髪」②作物のできること。「二毛作・不毛」③小数点以下第三位のけたを示す。または、一割の一〇〇分の一。④尺貫法の長さの単位。一寸の一〇〇〇分の一。〇・〇三〇三㎜。⑤尺貫法の目方の単位。一匁の一〇〇〇分の一。三・七五㎎。⑥お金の単位。一厘の一〇分の一。

**モウ** 6画 **【妄】** 部首[女] 常用 JIS 4449
6画 **【▼妄】** 旧字
音 モウ・ボウ
①わけもわからずに。やたらに。「妄執・妄従・妄信」②でたらめ。うそ。みだり。「虚妄」「妄言・妄語・妄想・妄念・妄評」↓ボウ【妄】

**モウ** 6画 **【▼网】** 部首[网] JIS 7006
5画 **【▼罒】** 部首[罒] 異体字
5画 **【▼罓】** 部首[罓] 異体字
4画 **【▼冈】** 部首[冈] 異体字
音 ボウ・モウ
①あみ。②部首の一つ。あみがしら。あみめ。

**モウ** 8画 **【▼孟】** 部首[子] 人名用 JIS 4450
音 ボウ・マン・モウ
①中国の戦国時代の思想家、孟子のこと。「孔孟」「孟母」②かしら。はじめ。「孟夏・孟秋・孟春・孟冬」





▼常用漢字表外。▽常用漢字表の音訓外。

**モウ** 8画【盲】 部首[目] 常用 JIS 4453 ― 8画【盲】 旧字
音**モウ**・ボウ
①目がみえない人・こと。みわけられない。「群盲・色盲・文盲」「盲唖・盲人・盲点・盲目」 ②つきぬけていない。「盲管銃創・盲腸」 ③わけもわからずに。やたらに。「盲従・盲信」

**モウ** 8画【罔】 部首[罒] JIS 7008
音ボウ・モウ
①あみ。㋐糸や縄を編んで、狩りや漁に用いるもの。㋑法のあみ。法律。 ②しいる。こじつける。事実をまげていう。 ③ない。なかれ。

**モウ** 10画【冡】 部首[冖]
音ボウ・モウ
①おおう。おおわれる。 ②くらい。㋐うすぐらい。㋑道理にくらい。無知。

**モウ** 10画【耄】 部首[老] JIS 7046
音ボウ・モウ
おいぼれる。おいる。おいぼれ。老人。「老耄」「耄碌」

**モウ** 10画【耗】 部首[耒] 常用 JIS 4455 ― 10画【耗】 旧字 ― 9画【秏】 部首[禾] 異体字
音**モウ・コウ**・ボウ
へる。すりへる。へらす。「消耗・損耗」 ↓コウ[耗]

**モウ** 11画【莽】 部首[艹] ― 10画【莾】 異体字 ― 9画【莽】 異体字 JIS 7247
音ボウ・モウ
くさ。雑草。くさぶかい。くさぶかいところ。くさむら。くさはら。「草莽」

**モウ** 11画【望】 部首[月] 教育小4 JIS 4330 ― 11画【朢】 旧字
音**ボウ・モウ**
訓**のぞむ**
筆順 ↓ボウ[望]
のぞむ。ねがう。のぞみ。ねがい。「願望・所望・大望・本望」 ↓ボウ[望]

**モウ** 11画【猛】 部首[犭] 常用 JIS 4452
音**モウ**・ボウ
あらあらしい。はげしい。たけだけしい。「勇猛」「猛威・猛火・猛然・猛烈」 用例《接頭的》—運動。—勉強。

**モウ** 13画【蒙】 部首[艹] JIS 4456
音ボウ・モウ
①くらい。道理にくらい。無知。「啓蒙」 用例(名)—をひらく。 ②うける。こうむる。「蒙塵」 ③蒙古のこと。「外蒙」
**蒙を啓く**(もうをひらく) 知識をもたないものに教える。啓蒙する。enlighten

**モウ** 14画【網】 部首[糸] 常用 JIS 4454 ― 14画【網】 旧字
音**モウ**・ボウ
訓**あみ**
①あみ。あみ状のもの。「漁網・法網」「網膜」 ②各地にわたって、たがいに連絡できるようにした組織。 用例《接尾的》放送—。 ③のこらずとる。「網羅」

**モウ** 15画【輞】 部首[車]
音ボウ・モウ
おおわ。たが。車輪の外周をつつむもの。

**モウ** 16画【濛】 部首[氵] JIS 6334
音ボウ・モウ
①くらい。うすぐらい。はっきりしないさま。「濛々」 ②きりさめ。こさめ。きり・こさめのふるさま。「濛々」

**モウ** 17画【曚】 部首[日] JIS 5904
音ボウ・モウ
くらい。 ①うすぐらい。 ②道理にくらい。無知。

**モウ** 17画【朦】 部首[月] JIS 5915
音ボウ・モウ
おぼろ。ぼうっとしているさま。月がぼんやりとかすむさま。「朦々・朦朧」

**モウ** 17画【檬】 部首[木] JIS 6108
音ボウ・モウ
「檸檬」は、レモン。ミカン科の常緑低木。また、その果実。

**モウ** 18画【矇】 部首[目] JIS 6662
音ボウ・モウ
①視力をうしなった人。盲人。 ②くらい。㋐うすぐらい。㋑道理にくらい。無知。

**モウ** 18画【魍】 部首[鬼] JIS 8219
音ボウ・モウ
「魍魎」は、すだま。山川・木石から生じるという精霊。

**モウ** 19画【艨】 部首[舟] JIS 7165
音ボウ・モウ
いくさぶね。軍艦。「艨艟」

**も・う**【思う】 古語 (四他) 《「おもう」の略》 ↓おもう(思う)

**もう** ㊀(副) ①もはや。すでに。already 用例 —一時だ。—だめだ。 ②まもなく。やがて。soon 用例 —来るころだ。 ③さらに。この上。これ以上(は)。further; another 用例 —一つ、いかが。—いたしません。 ㊁(感) 感情を強く表したり、語調を強めたりするときに使う語。more 用例 —うれしくて。
**もう一息**(もうひといき) あとわずかな努力で。あとちょっと。もう少し。one more effort 用例 —で頂上だ。

**もう-あ**【盲唖】 目の不自由な人と、口の不自由な人。blind and dumb 用例 —学校。

**もう-あい**【盲愛】(名・サ変他) 理性を失ってむやみにかわいがること。blind love 用例 長男を—する。

**もう-あく**【猛悪】(名・形動) 残酷で悪いこと・さま。

**もう-い**【猛威】 激しく強い勢い。rage 用例 —をふるう。

**もう-か**【孟夏】《「孟」は、はじめ、の意》 ①初夏。対義 孟冬。 ②陰暦四月の異称。

**もう-か**【猛火】 激しく燃える火。raging flames

**もう-か**【孟軻】 孟子の本名。

**もうがく-どうぶつ**【毛顎動物】 動物界の一門。あごの部分に剛毛をもつ小形の海生動物。体長五〜三〇㎜。ヤムシ類が代表的。chaetognath

**もう-がっこう**【盲学校】 視覚障害のある児童・生徒に対して、普通教育に準ずる教育や生活に必要な特別教育を行う学校。school for the blind

**もうか・る**【儲かる】(五自) 利益を得る。得をする。make a profit

**もう-かん**【毛管】 ①毛細管の学術名。 ②「毛細血管」の略。

**もう-かん**【盲官】 昔、盲目で琵琶・箏・按摩・鍼などを業とした者に与えられた官名。検校・別当・勾当・座頭・衆分などがあり、江戸時代には総検校が統轄。

**もう-かん**【盲管】 一端が閉じられているくだ。

**もうかん-げんしょう**【毛管現象】 ↓もうさいかんげんしょう(毛細管現象)

**もうかん-じゅうそう**【盲管銃創】 銃弾が突き抜けないで、からだの中に残っている傷。対義 貫通銃創。

**もうかん-ぶんせき**【毛管分析】 毛細管内で、物質の拡散速度の差を利用する分析法。クロマトグラフィーの一つ。capillary analysis

**もう-き**【盲亀】 目の見えないカメ。
**盲亀の浮木**(もうきのふぼく) 《一〇〇年に一度水面に浮かびあがる盲目のカメが、浮き木の穴にはいることのようにむずかしい、の意》めったに出会えないことのたとえ。浮き木の亀。

**もう-ぎゅう**【蒙求】 中国、唐代の児童むけの教科書。李瀚編。古代から南北朝までの聖賢・忠臣・悪人・美女など有名な人物の伝記・説話を述べる。四字句の韻文で暗唱しやすい。

**もう-きん**【猛禽】 性質がたけだけしく、小鳥や小動物などを捕って食べる、大形の鳥。ワシ・タカなど。猛鳥。bird of prey

**もうけ**【設け】 つくり備えること。備えた物。用意。preparation; provision

**もうけ**【儲け】 もうけること。得。profit 対義 損。

**もう-げき**【猛撃】(名・サ変他) 激しく攻撃すること。fierce attack

**もうけ-ぐち**【儲け口】 金もうけの仕事。way to make a fast buck

**もうけ-の-きみ**【儲けの君】 皇太子を敬って言う語。儲君。

**もうけ-もの**【儲け物】 思いがけないもうけ。godsend

**もう・ける**【設ける】(下一他) ①前もって備えておく。準備する。prepare 用例 一席—。 ②こしらえる。設置する。set up; establish 用例 規則を—。本部を—。口実を—。

**もう・ける**【儲ける】(下一他) ①利益を得る。得をする。make a profit 用例 一〇〇〇円—。 ②子を得る。have a child 用例 二男一女を—。

**もう-けん**【猛犬】 性質が荒くて強い犬。fierce dog

**もう-げん**【妄言】 道理に合わないことば。無茶なことば。reckless words
**妄言を吐く**(もうげんをはく) 何の根拠もなく、出まかせを言い散らす。いいかげんなことをしゃべりまくる。

**もうげん-たしゃ**【妄言多謝】《人の作品などを批評したあとで言うあいさつ語》勝手なことを申し上げた失礼、幾重にもお許しください。

**もう-こ**【猛虎】 たけだけしいトラ。fierce tiger

**もう-こ**【蒙古】 中国の北、シベリアの南に位置する、現在のモンゴル人民共和国と中華人民共和国内蒙古自治区とを合わせた地域の古称。一三世紀の初めにチンギス＝ハンが帝国を樹立。モンゴリア。Mongolia

**もう-ご**【妄語】《仏教語》五戒の一つ。うそをつくこと。偽ること。

**もう-こう**【猛攻】(名・サ変他) 激しく攻めたてること。violent attack 比較 速攻。

**もう-こう**【孟郊】(七五一〜八一四) 中国、中唐の詩人。字は東野。武康の人。困窮と社会不正を鋭く訴え、賈島と「郊寒島痩」と評された。詩集『孟東野詩集』。

**もうこ-うし**【蒙古牛】 ウシの一種。モンゴル地方で飼育される。体は小形で、肩高一・二m内外。濃い赤褐色。乳は飲用、糞は燃料などに利用。

**もう-こうぜん**【孟浩然】(六八九〜七四〇) 中国、盛唐の詩人。襄陽の人。郷里に隠棲。自然美を詠じて王維に似るが、しばしば憂愁を帯びる。詩集『孟浩然集』。もうこうねん。

**もうご-かい**【妄語戒】 仏教の五戒・十戒の一つ。うそをついてはいけないという戒め。

**もうこげんりゅう**【蒙古源流】 モンゴルの史書。オルドスの王族サガン＝セチェン著。一六六二年完成。太古から清初に至るモンゴルの歴史。原名『諸ハンに関する宝の歴史』。

**もうこ-ご**【蒙古語】 バイカル湖付近のブリヤート語、甘粛省のモングォル語、アフガニスタンのモゴール語、ボルガ川下流のカルムイク語などを含むモンゴル語族の総称。狭義にはモンゴル人民共和国のハルハ語および内蒙古の同系諸語をいう。モンゴル語。Mongolian

**もうこしゅうらいえことば**【蒙古襲来絵詞】 鎌倉後期の絵巻物。二巻。永仁元年(一二九三)ごろ制作。元軍が筑紫に来寇したときの、肥後の武人竹崎季長の戦功を描く。史料としても貴重。御物。

**もうこ-しょう**【蒙古症】 ↓ダウンしょうこうぐん(ダウン症候群)

**もうこ-じんしゅ**【蒙古人種】 ↓おうしょくじんしゅ(黄色人種)

**もうこ-のうま**【蒙古野馬】 プシバルスキーウマの異名。

**もうこ-はん**【蒙古斑】 主として小児の尻などにみられる青色の斑紋。出生時に顕著で、一年後には退色を始める。蒙古人種に多くみられる。Mongolian spot

**もうこ-ひだ**【蒙古襞】 上眼瞼縁の内側端が小さなひだとなり内眼角をおおっているもの。蒙古人種に多くみられる。epicanthus

**もうこ-ひつじ**【蒙古羊】 モンゴル・中国原産のヒツジの一品種。体重は雌四〇kg内外、雄六〇kg内外。おとなしく、体質強健で、粗飼料にも耐える。肉用・毛皮用など。

**もうこ-もじ**【蒙古文字】 モンゴル民族の文字。一七世紀の中ごろつくられたもの。左から縦に書く。Mongolian script

**もう-こん**【毛根】 皮膚の中に埋没した毛の部分。毛包に包まれていて、末端のふくらみの先端はくぼんで毛乳頭が入りこむ。hair root

**もうさい-かん**【毛細管】 ①毛細血管。capillary ②毛細管現象を起こすような細いガラス管。毛管。capillary tube

**もうさいかん-げんしょう**【毛細管現象】 細い管を液の中に立てると、管の中と外で液面の高さが違ってくる現象。毛管現象。capillary phenomenon

も

**もうさい-けっかん【毛細血管】** 動脈と静脈とをつなぐ細い血管。体全体に網目状に分布する。血液と組織との間で物質代謝を行う。毛管。capillary vessel

**もうさい-リンパかん【毛細リンパ管】** 血管と同じように、体内に広く分布するリンパ系の末端部。リンパ管はここから始まり、互いに合流して本幹となる。lymphatic capillaries

**もうさ-く【申さく・▽白さく】** 古語 (連語)《「まおす」の未然形に「く」が付いた「まおさく」の転》申すこと。申し上げることには。用例 をのこども、仰せの事を承はりて―(竹取)。

**もうさ-ば【申さば】** 文語的 (副)《「言えば」の丁寧語》試みに申すならば。

**もうし【▼孟子】**(BC三七二ごろ～BC二八九ごろ) 中国、戦国時代の思想家。名は軻。孔子の仁に基づく礼治主義をもって、諸国を遊説したが用いられず、教育と著述に専念。弟子たちとの言行を集録した『孟子』は、人の性を性善説でとらえ、王道による天下統一を説く。朱子学では四書の一つにあげられ、『論語』とともに「孔孟の道」として儒学の代表的経典とされる。

**もうし【申し】**(感)《「申す」の連用形》呼びかけに使う語。もしもし。

**もうし-あ・げる【申(し)上げる】**(下一他) ①「言う」の謙譲語。②《「お」「ご」の付いた動詞の連用形や動作性のある体言に付いて》けんそんの意を表す。用例 ご遠慮―。

**もうし-あわ・す【申し合わす】** 古語 (下二他) ↓もうしあわせる(申し合わせる)

**もうし-あわ・せる【申し合(わ)せる】**(下一他) ①相談する。話し合って取りきめる。arrange ②打ち合わせる。約束する。agree on

**もうし-いで【申(し)▽出で】** ①言い出ること。その内容。もうしで。proposal ②行政機関に特定の意思を表示すること。③民事訴訟で、訴訟当事者が裁判所に特定の訴訟行為(裁判・証拠調べなど)を要求すること。申し立て。申請。proposal

**もうし-い・れる【申(し)入れる】**(下一他) こちらの意見・希望・条件などを相手に申しこむ。propose; request

**もうし-う・ける【申(し)受ける】**(下一他) 申し出て、受ける。また与えられる。accept; ask for

**もうし-おくり【申(し)送り】** 申し送ること。とくに、口頭で事務の引き継ぎをすること。hand over

**もうし-おく・る【申(し)送る】**(五他) ①お伝えする。②後任者に必要な事柄を伝える。

**もうし-おく・れる【申(し)遅れる】**(下一他)《「言い遅れる」の謙譲語》申し上げるのが遅れる。

**もうし-か・ねる【申(し)兼ねる】**(下一他) ①言いにくい。hard to say ②言いたいが、言うことができない。言いかねる。find it hard to say 用例 嫌とは―。

**もうし-きか・せる【申(し)聞かせる】**(下一他) よく言い聞かせる。「言い聞かせる」の重々しい言い方。admonish

**もうし-き・ける【申(し)聞ける】**(下一他)《「言い聞かせる」の謙譲語》申し伝える。言い聞かせる。

**もうし-ご【申(し)子】** ①神仏に願って、できた子。用例 観音様の―。②霊力のあるものから生まれた子。転じて、特定の背景から生まれたもの。用例 天狗の―。占領政策の―。

**もうし-こし【申(し)越し】** 言ってよこすこと。send word

**もうし-こみ【申(し)込み・申込】** ①申し込むこと。application; proposal ②法律で、相手方の承諾があれば契約を成立させる旨の意思表示。offer

**もうしこみ-しょ【申込書】** 申し込みをする用紙。それを書き込んだ文書。application form

**もうしこみ-じょう【申込状】** 申込書。application form

**もうし-こ・む【申(し)込む】**(五他) ①申し入れる。propose ②契約の意思表示をする。apply for; subscribe

**もうし-そ・える【申(し)添える】**(下一他)《「言い添える」の謙譲語》つけ加えて申し上げる。

**もうし-たて【申(し)立て】** ①とりたてて言うこと。言いぶん。主張。statement ②当事者が裁判所に一定の訴訟行為を要求する行為。申し出。申請。

**もうし-た・てる【申(し)立てる】**(下一他) ①強く言い張る。言い立てる。declare; plead ②上申する。appeal

**もうし-つ・く【申し付く】** 古語 (下二他) ↓もうしつける(申し付ける)

**もうし-つけ【申(し)付け】** ①命令。order ②注文。order

**もうし-つ・ける【申(し)付ける】**(下一他) 上の者が下の者に、用を命ずる。order

**もうし-つた・える【申(し)伝える】**(下一他)《「言い伝える」の謙譲語》伝える。用例 母に―・えます。

**もうし・でる【申(し)出る】**(下一他) 言って出る。offer

**もうし-の・べる【申(し)述べる】**(下一他)《「言い述べる」の謙譲語》ことばで申し上げる。お述べ申し上げる。

**もうし-ひらき【申(し)開き】**(名・サ変他)《「言い開き」の謙譲語》弁明。言いわけ。

**もうし-ぶみ【申(し)文】** ①昔、公卿などが任官・昇進などを朝廷に上申した書類。②下位の者から上位の者に差し出す文書。

**もうし-ぶん【申し分】** ①非難すべき点。point to criticize 用例 ―がない。②言い分。excuse; claim

**もう-しゃ【猛射】**(名・サ変他) 激しく射撃すること。

**もう-じゃ【亡者】**《仏教語》①死んだ人。死者。②成仏しないで、魂がこの世で迷っている者。③《接尾的》よくない執念にとりつかれている者。用例 我利我利―。

**もう-しゅう【妄執】**《仏教語》真実でない、迷いの世界への執着。もうじゅう。

**もう-しゅう【▼孟秋】**《「孟」は、はじめ、の意》①初秋。対義 孟春。②陰暦七月の異称。

**もう-しゅう【猛襲】**(名・サ変他) 激しくおそいかかること。attack fiercely

**もう-じゅう【盲従】**(名・サ変自) 言われるままに、なんでも従うこと。blind obedience

**もう-じゅう【猛獣】** 性質の荒い肉食獣。fierce animal

**もう-しゅん【▼孟春】**《「孟」は、はじめ、の意》①初春。対義 孟秋。②陰暦一月の異称。

**もう-しょ【猛暑】** 激しい暑さ。激暑。酷暑。intense heat

**もう-しょう【猛将】** 強くて、すぐれた将軍。brave general

**もう-じょう【毛▼茸】** 植物体の表皮の細胞が、毛のようになっているもの。hair

**もう-じょう【網状】** あみの目のような形。netlike

**もうじょう-うん【毛状雲】** 毛状の組織構造をもった雲。主として巻雲や巻層雲がこの形をとる。fibratus

**もうしょう-くん【▼孟▼嘗君】**(生没年未詳) 中国、戦国時代の斉の宰相。戦国四君の一人。有能の士数千人を食客として遇した。「鶏鳴狗盗」により難を逃れた故事は有名。

**もうじょう-みゃく【網状脈】** 葉脈の形の一つ。双子葉植物にふつうみられ、主脈から側脈へとだんだん細かく分かれ網目状になる。netted venation

**もうし-るい【毛▼翅類】** 二対の翅が微細な毛でおおわれた、小形のガに似た昆虫群。トビケラの仲間でトビケラ目を構成。ふつう開張三cm以下。完全変態する。幼虫は水生で、砂粒などをつづり合わせて巣をつくるが、巣とともに移動するものもある。世界に約五〇〇〇種、日本に約一五〇種。trichopteran

**もうし-わけ【申し訳】** ①「言い訳」の謙譲語。②通りいっぺんであること。用例 ―程度の掃除。

**申し訳が立つ**(もうしわけがたつ) 言い訳ができる。償いをすることができる。be able to excuse

**もうしわけ-な・い【申し訳無い】**(形) 言い訳が立たない。すまない。inexcusable

●モウセンゴケ

**もうし-わたし【申(し)渡し】** ①申し渡すこと。言い渡し。②江戸時代、裁判が決定して原告・被告または罪人に宣告すること。

**もうし-わた・す【申(し)渡す】**(五他) ①上の者が下の者に命令・処分などを、伝える。宣告する。tell ②つぎつぎと言い伝える。申し送る。pass the word

**もう-しん【妄信・盲信】**(名・サ変他) わけもわからず、むやみに信じること。blind faith

**もう-しん【盲進】**(名・サ変自) むやみやたらと進むこと。advance blindly

**もう-しん【猛進】**(名・サ変自) 激しい勢いで進むこと。dash 用例 猪突―。

**もう-じん【盲人】** 目の不自由な人。blind person

**もう-じん【▼蒙▼塵】**(名・サ変自)《塵をかぶることから、外へ出かける、の意》天子が、危険を避けて、居所からよそへ逃れて行くこと。

**もう-す【▽帽子】** 禅宗の僧侶がかぶる頭巾。

**もう・す【申す】**(五他) ①《上代は「まをす」と表記し、のち「まうす」に転じた。「白す」「告す」とも》「言う・話す・告げる」の謙譲語。用例 ―までもございません。高山と―者です。②《「お」「ご」の付いた動詞の連用形や動作性のある体言に付いて》けんそんの意を表す。用例 ご遠慮―・します。お願い―・しあげます。

**もう・ず【▼詣ず】** 古語 (下二自) ↓もうでる(詣でる)

**もう-せい【猛省】**(名・サ変自他) 厳しく反省すること。serious reflection 用例 ―を促す。

**もう-せつ【妄説】** まちがった説。でたらめな意見。false opinion

**もう-せん【毛▼氈】** 羊・ラクダの毛などをからみ合わせたフェルト製の敷物。中国から伝来し、茶席の敷物に使用。carpet; rug 数え方 一枚。

**毛氈を被る**(もうせんをかぶる) ①《歌舞伎で、死人の役者を毛氈で、隠して舞台から去らせることから》不首尾になる。主人や親の手前をしくじる。勘当される。②《遊女が、見世で毛氈を敷いたことから》遊郭で金を遣う。また、金がなくなる。

**もう-ぜん【猛然】**(形動タルト) 勢いの激しいさま。fiercely 用例 ―と走り出す。

**もうせん-ごけ【毛▼氈▼苔】** モウセンゴケ科の多年草。山中の湿地などにはえる。叢生する葉は扁円形で長い葉柄をもつ。葉身に密生した腺毛で昆虫を捕らえて消化する。夏に、白い小花が咲く。sundew ↓写

**もう-そう【毛▼瘡】** 俗にいう、カミソリまけ。男性のひげの部分の毛孔がつぎつぎに化膿し、かさぶたや赤いしこりができる。原因はブドウ球菌の感染。sycosis

**もう-そう【妄想】**(名・サ変他) ①事実や経験の裏付けのないことを信じこむこと。その考え。根拠のない判断。delusion ②《仏教語》心の迷いから生ずる、正しくない考え。もうぞう。③思考の障害で、主として自己に結びつけられた誤った病的な確信。被害妄想・誇大妄想など。delusion

**もうそう-ちく【▼孟宗竹】**《真冬、母のためにタケノコをさがし求めた二十四孝の一人、孟宗の名にちなむ》イネ科の多年草。高さ約一〇m。径約二〇cmで節は一重。広く栽培され、茎は器具材。タケノコは食用。モウソウダケ。↓タケ 写

**もう-だ【猛打】**(名・サ変他) ①激しく打つこと。heavy blows ②野球で、激しく打ちまくること。heavy hits 用例 ―をあびせる。

**もう-たくとう【毛沢東】**(一八九三～一九七六) 中国革命の最高指導者。中華人民共和国初代主席。湖南省生まれ。一九二一年中国共産党創立に参加し、農民運動を指導。抗日戦と内戦に勝利して四九年中華人民共和国を建国、政府主席となる。五四年国家主席。大躍進政策がふるわず五九年劉少奇に国家主席を譲ったが、文化大革命で指導権を奪回。マオ＝ツェドン。↓写

●毛沢東

**もう-たん【妄誕】** でたらめ。

**もう-だん【妄断】** 証拠や根拠もなしに軽々しく判断すること。rash decison 用例 ―を慎む。

**もう-ちょう【盲腸】** ①大腸の初部で、回腸の開口部より下の部分。長さ五～六cm。右腸骨窩に接着し、先端部に虫垂がさがる。cecum ②虫垂炎の俗称。appendicitis; typhlitis ↓腸 図

**もう-ちょう【猛鳥】** 猛禽。

●毛越寺 平安時代末期の代表的な庭園。

**もうつ-じ【毛▽越寺】** 岩手県西磐井郡平泉町にある天台宗の寺。嘉祥三年(八五〇)円仁の開基。平安末期、藤原基衡が再興・完成し、その規模は中尊寺をこえたと伝えられる。常行堂や庭園などが残存。↓写

**もうで-く【▼詣で来】** 古語(カ変自)《「まゐでく」の転》①「来く」「行く」の謙譲語。参上する。用例殿の御催しにてなん、―・きつる(蜻蛉・中)。②「来」「行く」の丁寧語。やってきます。用例ともだちのひさしう―・こざりけるもとに(古今・雑下・詞書)。

**もう・でる【▼詣でる】**(下一自) 神社や寺におまいりする。参拝する。make a pilgrimage

**もう-てん【盲点】** ①網膜の視神経が入ってくる部分。ここには視細胞がなく光が当たっても反応しない。盲斑。blind spot ②網膜疾患などで、視野の中の視覚を失っている領域。③人の気がつかない点。だれからも注意されていない点。blind spot 用例論理の―。↓目図

**もうと【▼間▽人】** 中・近世、下層農民の呼称。田地をもたず、村政から排除された。もうど。

**もう-とう【▼孟冬】**《「孟」は、はじめ、の意》①初冬。対義孟夏。②陰暦一〇月の異称。

**もう-とう【毛頭】**(副)《下に打ち消しをともなって》毛の先ほども。少しも。決して。いささかも。not at all 用例―考えない。

**もう-どう【妄動・盲動】**(名・サ変自) 考えなしに、むやみに行動すること。act blindly 用例軽挙―。

**もう-どう【▼艨▼艟】** 軍艦。戦艦。いくさぶね。

**もうどう-けん【盲導犬】** 目の不自由な人の歩行を助けるためにとくに訓練されたイヌ。ラブラドルレトリーバー・シェパードなど。guide dog; Seeing Eye dog

**もう-どく【猛毒】** 激しい作用をする毒。劇毒。deadly poison

**もう-ねん【妄念】**《仏教語》衆生の迷妄による執念。妄執。

**もう・のぼ・る【▽参上る】** 古語(四自)《「まゐのぼる」の転》参上する。用例―といふ事を聞きて(竹取)。

**もう-はい【盲拝】**(名・サ変他) むやみにありがたがること。盲信。blind faith

**もう-ばく【盲爆】**(名・サ変他) 目標を選ばずに、どこでも、むやみに爆撃すること。

**もう-ばく【猛爆】**(名・サ変他) 激しく爆撃すること。intensive bombing

**もう-はつ【毛髪】** 人の頭髪と体毛。髪の毛は毛小皮・毛皮質・毛髄質からなり、ここに含まれるメラニンの量で毛色が異なる。色・形に人種上の特徴がある。hair 数え方一本・一筋。

**もうはつ-けんさ【毛髪検査】** 法医学的検査の一つで、毛によって個人の識別をすること。人毛から発生部位・人種・性別・年齢・血液型などが推定できる。examination of hair

**もうはつ-しつどけい【毛髪湿度計】** 人間の毛髪が湿度の変化によって伸縮することを利用した湿度計。hair hygrometer

**もう-はん【盲▼斑】** ↓もうてん(盲点)①

**もうひ-じゅう【毛皮獣】** けがわにするのによい動物。

**もう-ひつ【毛筆】** 筆記用具の一つ。獣毛を用いて作った筆。

**もう-ひとつ【もう一つ】**(副)《下に打ち消しをともなって》もう少し。今一歩。ちょっと。a little more 用例―つっこみが足りない。

**もう-ひょう【妄評】**(名・サ変他) ①でたらめの批評をすること。その批評。inadequate criticism ②自分の批評をけんそんして言う語。ぼうひょう。用例―多謝。

**もう-ふ【毛布】** 寝具・ひざ掛け・肩掛け用の紡毛織物。厚地で軽く弾力があり、保温性・吸湿性が大きい。ブランケット。ケット。blanket

**もう-ふぶき【猛吹雪】** 激しいふぶき。強い降雪に加え、風速が毎秒五〜六mを超えると、積もった雪も吹き上がって先が見えにくくなる。

**もう-ぼ【▼孟母】** 孟子の母。賢母の典型として知られる。

**孟母、三遷の教え** 孟子の母が、環境が子におよぼす影響を心配して、三度も住まいをかえたという故事。三遷の教え。

**孟母、断機の戒め** 孟子の母が、機で織っていた布の糸を断ち切り、学問も中途でやめればこのとおり役にたたないと言って、孟子を戒めたという故事。断機の戒め。

**もう-まい【▼蒙▼昧】**(名・形動) 知識がひらけず、道理に暗いこと・さま。ignorance 用例無知―。

**もう-まく【網膜】** 眼球壁を構成する膜の一つ。一〇層の組織からなり、神経と視細胞に富み、光を感じる。retina ↓目図

**もうまくがさいぼう-しゅ【網膜芽細胞▼腫】** 網膜に生じ、小児にもっとも多い悪性腫瘍。白色瞳孔(猫眼)、斜視などが初発症状。眼内の悪性腫瘍中もっとも多い。網膜芽腫。retinoblastoma

**もうまくしきそ-へんせいしょう【網膜色素変性症】** 小児期より発症する先天性の眼病。網膜が緑灰白色となり、黒色色素の斑点が多数現れる。夜盲・進行性視野狭窄などが主症状。pigmentary degeneration of the retina

**もうまく-はくり【網膜▼剝離】** 網膜が浮き上がってはがれる眼病。放置すると数日から数か月で失明。強度の近視の場合に起こりやすいが、目の強打や老化による変性などによっても起こる。retinal detachment

**もう-もう【▼濛▼濛・▼朦▼朦】**(形動トタル) 霧・ほこり・煙などがたちこめて、視界がきかなくなるさま。thick; dense

**もう-もく【盲目】** ①盲人。blind person ②理性を失い、常軌を逸すること。blind

**もうもく-てき【盲目的】**(形動) 理性がなくて、感情におぼれるさま。blind 用例―な愛情。

**もう-ゆう【猛勇】** 強くて勇ましいこと。dauntless courage

**もうよう-たい【毛様体】** 眼球内のブドウ膜のうち細いひだ状になった先端部分。水晶体の周囲に輪状についているので、毛様体の収縮で水晶体の厚さが変わり、焦点距離が調節される。ciliary body ↓目図

**もうようたい-きん【毛様体筋】** 眼球の中膜にある毛様体の大部分を占める平滑筋。筋の収縮によって水晶体の厚さを調節する。調節筋。ciliary muscle

**もう-ら【網羅】**(名・サ変他)《「網」は魚を捕るあみ、「羅」は鳥を捕らえるあみ》残らず取り込むこと。関係のある事柄をすべてとりあげること。必要なものをとりそろえること。include all

**もうり-し【毛利氏】** 戦国・江戸時代の大名。一四世紀に相模から安芸に移る。元就のとき、中国地方一〇か国を支配。その孫輝元は関ケ原の戦いで西軍に属し、敗れて周防・長門二国に減封。

**もうり-たかちか【毛利▽敬▽親】**(一八一九〜七一) 幕末の大名。長州藩主。村田清風らを登用し、藩政改革を断行。禁門の変で官位を剝奪されたが、のち討幕の密勅で復位。維新後、率先して版籍を奉還。

**もうり-てるもと【毛利▽輝元】**(一五五三〜一六二五) 安土桃山時代の武将。元就の孫。中国地方を支配し、織田信長に対抗。本能寺の変後、豊臣秀吉と和睦し、のち五大老の一人。関ケ原の戦いでは西軍の主将となり、敗れて周防・長門の二国に減封された。

**もうり-もとなり【毛利元▽就】**(一四九七〜一五七一) 戦国時代の武将。陶晴賢・尼子義久などを滅ぼして、中国地方一〇か国の領主となる。三本の矢の教訓で有名。

**もう-りょう【▼魍▼魎】** 水の神や木石の精。赤黒色の体で、小さな子どもの姿をした妖怪。人をだますといわれる。参照魑魅。

**もう-れつ【猛烈】**(形動) 勢いの激しいさま。violent 用例―な勢いでくってかかる。

**もう-ろう【▼朦▼朧】**(形動トタル) ①ものの形がおぼろげなさま。dim ②意識がはっきりしないさま。faint ③物事がはっきりしないさま。あいまい。vague

**もうろう-じょうたい【▼朦▼朧状態】** 意識障害の一つ。夜中のねぼけが典型例で、意識の混濁は軽く、一見まとまった行動をとり、覚醒後は忘れる。twilight state

**もう-ろく【▼耄▼碌】**(名・サ変自) 老年期になって精神活動力が減退をきたした状態。また、その人。dotage; senile dementia

**もえ-あが・る【燃(え)上がる】**(五自) ①火が燃えて、炎が高く上がる。burn up ②感情が激しく高まる。kindle

**もえ-い・ず【▼萌え▽出ず】** 古語(下二自) ↓もえでる(萌え出る)

**もえ-がら【燃え殻】** 燃えたあとに残ったもの。cinder

**もえ-ぎ【▼萌▼葱・▼萌黄】**《ネギのもえ出る色という》緑と黄との間の色。薄緑。

**もえ-くい【燃え▼杭】** 燃え残りの木。やけぼっくい。もえぐい。

**燃え杭には火が付き易い** 関係のあった者は、縁が切れてもまた元にもどりやすいというたとえ。比較焼け棒杭に火が付く。

**もえ-くさ【燃え▽種】** 火を燃しつける材料。kindling

**もえ-さか・る【燃(え)盛る】**(五自) さかんに燃える。blaze up

**もえ-さし【燃(え)▽止し・燃(え)差し】** 燃え残り。ember 用例マッチの―。

**もえ-たぎ・る【燃(え)▼滾る】**(五自) 激しく燃えて沸き上がる。kindle 用例―情熱。

**もえ-た・つ【▼萌(え)立つ】**(五自) 勢いよく芽を出す。さかんに芽を出す。burst into bud

**もえ-た・つ【燃(え)立つ】**(五自) ①さかんに燃えて炎を立てる。blaze ②感情がさかんに高まる。burn

**もえつき-しょうこうぐん【燃(え)尽き症候群】** 一所懸命に働き、生きがいを感じていた人が、あるとき突然、仕事への意欲を失い、生きがいをも見失ってしまう状態。心身症・抑うつ症状におちいる。burn-out syndrome

**もえ-つ・きる【燃(え)尽きる】**(上一自) すっかり燃えてしまう。

**もえ-つ・く【燃(え)付く】**(五自) 火がつく。火が燃え移る。catch fire

**もえ・でる【▼萌(え)出る】**(下一自) 芽を出す。芽ぐむ。sprout

**もえ-のこり【燃(え)残り】** 燃え切れないで残った物。燃えさし。ember

**も-えび【藻▽海▽老】** 内湾の砂泥底の藻場にすむクルマエビ科のエビ。体長約一二cm。淡黄色か淡青緑色。シバエビに似るが甲殻は平滑。食用。本州中部以南に分布。

**もえ-ひろが・る【燃(え)広がる】**(五自) 燃える範囲がしだいに広くなる。spread

**も・える【▼萌える】**(下一自) 草木が芽を出す。きざす。めぐむ。sprout 用例若草が―。

**も・える【燃える】**(下一自) ①火がついて、炎が立つ。burn ②意欲・情熱がさかんに起こる。burn with 用例向学心に―。希望に―。③ゆらゆらと立ちのぼる。用例かげろうが―。

**燃える様** ①赤色が、非常に鮮やかであるさま。②熱さ、あるいは熱中・打ち込み方の度合いが、火が燃えるように激しいさま。熱気があって、盛んなようす。aglow

**モー【mho】**《ohm(オーム)の逆つづり》電気抵抗の逆数の単位で、「ジーメンス」ともいう。オームの逆数。一アンペアの電流を流したとき、両端の電位差が一ボルトになるような導線の導電率。記号℧。

**モーア【Paul Elmer More】**(一八六四〜一九三七) アメリカの批評家。新ヒューマニズム運動を推進。評論集『シェルバーン-エッセーズ』など。

**モーア【Thomas More】**(一四七八〜一五三五) イギリスの人文主義者・政治家。エラスムスと親交。ヘンリー八世の信を受け大法官に昇進。厳格な旧教徒として国王の離婚、首長令に反対し、反逆罪に問われて斬首刑に処せられる。著書『ユートピア』はイギリス社会を批判し、理想的社会を描き出したもの。

**もおか【▽真▼岡】**〈市〉栃木県南東部、鬼怒川の東側に位置する市。真岡木綿の産地で知られ、近年は工業団地の造成で人口が増えてきている。人口五万九六五七(八九)。

**もおか-もめん【▽真▼岡木綿】** 栃木県真岡町付近に原産した白木綿織物。明治時代の名古屋の岡木綿は、これをまねたもの。

**モーガン【Charles Langbridge Morgan】**(一八九四〜一九五八) イギリスの小説家。小説『泉』、評論集『精神の自由』など。

**モーガン【Helen Morgan】**(一九〇〇〜四一) アメリカの歌手・女優。哀しい歌を得意とした。ミュージカル『ショーボート』の混血女ジュリーが当たり役。

**モーガン【John Pierpont Morgan】**(一八三七〜一九一三) アメリカの金融資本家。モーガン財閥の創始者。カーネギーの事業その他を統合して初の一〇億ドル会社USスティールを設立するな

ど、企業集中によってアメリカ産業界・金融界を支配した。美術品収集家としても知られる。モルガン。

**モーガン**【Thomas Hunt Morgan】(一八六六～一九四五) アメリカの発生学・遺伝学者。ショウジョウバエを用いた実験遺伝学を確立。一九三三年ノーベル生理学医学賞受賞。

**モーガン-ざいばつ**【モーガン財閥】 一九世紀後半に形成され、アメリカ最大の金融資本としてアメリカ資本主義の発達に大きな影響を与えた財閥。GEやIBMなどの各社を支配下におく。一八七一年設立。J.P.Morgan and Company

**モーグル**【mogul】《こぶ、の意》フリースタイルスキーの種目の一つ。こぶの多い急斜面を滑り降りて、スピード・ターン・エア(＝空中ジャンプ)の技を競う。

**モーゲージ**【mortgage】《消失した権利、の意から》抵当。抵当権。担保。

**モーション**【motion】 ①運動。 ②動作。身ぶり。 ③活動。行動。

**モーションを起こす**(モーションをおこす) ①動作を始める。 ②野球で、投手が投球動作に入る。wind up

**モーションを掛ける**(モーションをかける) ①働きかける。try to influence ②色目をつかう。cast sheep's eyes at

**モーション-ピクチャー**【motion picture】映画。ムービー。

**モース**【Edward Sylvester Morse】(一八三八～一九二五) アメリカの生物学者・日本研究家。ダーウィンの進化論を日本に紹介し、その普及に努めた。明治一〇年(一八七七)来日。大森貝塚を発掘し、日本の考古学・人類学の基礎をつくった。著書『日本、その日その日』『大森介墟古物編』。

**モース**【Friedrich Mohs】(一七七三～一八三九) ドイツの鉱物学者。グラーツ大学、ついでフライブルク大学教授。「モースの硬度計」の考案者。

**モース**【Samuel F.B.Morse】(一七九一～一八七二) アメリカの画家・発明家。電磁石を応用した電信機を発明してモールス符号を考案した。モールス。

**モース-の-こうどけい**【モースの硬度計】 鉱物の硬度を知るためにドイツの鉱物学者モースによって定められた一〇種類の鉱物。軟らかいものから硬いものの順で、滑石一、石膏二、方解石三、蛍石四、燐灰石五、正長石六、石英七、黄玉八、鋼玉九、ダイヤモンド一〇とする。これで順次引っかき、硬度未知の鉱物の硬さを知る。Mohs' scale of hardness

**モーズリー**【Henry Gwyn-Jeffreys Moseley】(一八八七～一九一五) イギリスの物理学者。いろいろの元素の固有X線の波長を測定、比較して「モーズリーの法則」を発見した。第一次大戦で戦死。

**モーズリー-の-ほうそく**【モーズリーの法則】 原子から放射される、元素に固有のX線の振動数が近似的に原子番号の二乗に比例するという法則。原子番号の決定に役立つ。Moseley's law

**モーセ**【Mōšeh(ヘブライ)】 イスラエル民族の最大の指導者。紀元前一三世紀ごろ、神の啓示をうけて同胞の出エジプトを指導する。シナイ山で神と契約を結び、民に十戒をあたえた。モーゼ。Moses

**モーセ-ごしょ**【モーセ五書】「旧約聖書」巻頭の五つの書の総称。『創世記』『出エジプト記』『レビ記』『民数記』『申命記』の五書。ユダヤ教では律法(トーラー)という。Pentateuch

**モーセとアロン**《原題Moses und Aaron(ドイツ)》シェーンベルク作曲・台本のオペラ。二幕。一九五七年初演。十二音技法を駆使し『旧約聖書』に取材した宗教的性格劇。

**モーゼル-がわ**【モーゼル川】(La Moselle) ライン川の支流。フランス北東部ボージュ山脈から西ドイツを経てライン川に合流。長さ五四五km。

**モーゼル-れんぱつじゅう**【モーゼル連発銃】 ドイツ人モーゼルの発明した後装連発銃。旧日本陸軍の三八式歩兵銃はじめ各国の軍用銃のモデルとなった。Mauser rifle

**モーター**【motor】 原動機の総称。電動機をさす場合が多い。モートル。[数え方] 一基。

**モーター-カー**【motor car】 原動機を装備した車両。自動車。

**モーターサイクル**【motorcycle】 原動機をつけた二輪車。

**モーター-スポーツ**《和製語》自動車・オートバイ・モーターボートなど、モーターで動く乗り物で行う競技の総称。スピード・耐久力・運転技術などを競う。motor race

**モーターバイク**【motorbike】 小型のガソリンエンジンつき自転車。総排気量五〇cc以下の小型オートバイ。バイク。

**モーター-プール**【motor pool】 自動車置き場。駐車場。

**モーターボート**【motorboat】 内燃機関の動力で推進する小型船の総称。

**モーターボート-レース**【motorboat race】 モーター付きのボートで、その速さを競う競技。外洋長距離レース、直線距離で加速を競うドラッグレース、一定距離の浮標間を往復するスピードレースなどがある。

**モータリゼーション**【motorization】 自動車が生活の中に広く浸透する現象。自動車の大衆化。

**モーツァルト**【Wolfgang Amadeus Mozart】(一七五六～一七九一) オーストリアの作曲家。古典的形式を整備し新しい器楽形式を確立、ハイドンとともに古典派音楽の完成者といわれる。幼くしてまれな楽才を発揮、多くの個性的な名作を作った。オペラ『フィガロの結婚』『ドン=ジョバンニ』『魔笛』、交響曲・協奏曲・室内楽曲、教会音楽『レクイエム』など。→[写]

●モーツァルト

**モーテル**【motel】《motoristとhotelからの合成語》自動車旅行者のための安価で簡便な宿泊施設。また、乗車したまま入館できる連れ込み宿。モテル。

**モード**【mode】 ①様式。型式。 ②流行。流行の型。[用例] トップ――。 ③音楽で、旋法。 ④統計で、母集団のなかにもっとも多く生じる数値。最頻値。並数。

**モートル**【motor(オランダ)】 モーター。

**モートン**【Jelly-Roll Morton】(一八八五～一九四一) アメリカのジャズ・ピアニスト・作曲家。初期のニューオーリンズ=ジャズに活躍。

**モーニエ**【Thierry Maulnier】(一九〇九～) フランスの批評家・劇作家。評論『ラシーヌ論』、戯曲『瀆神の人』など。

**モーニング**【morning】 ①朝。午前。 ②《モーニングコートの略》男子の通常礼服。

**モーニング-コート**【morning coat】 昼間に着用する男子の正式礼服。前裾をそぎとった形の長上着もチョッキも黒のドスキン。ズボンは黒とグレーの縞。→[図]

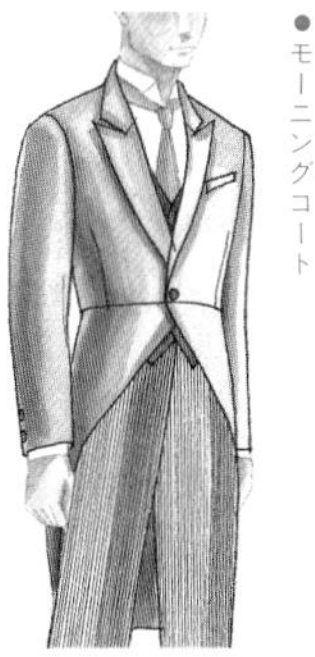

●モーニングコート

**モーニング-コール**【morning call】 ホテルなどで、朝、客が指定した時刻に起こしてくれるサービス。電話によることが多い。

**モーパッサン**【Guy de Maupassant】(一八五〇～一八九三) フランスの小説家。ペシミストの目で人間の愚劣と迷妄を描いた自然主義作家で、簡明的確な筆致と構成に長じた短編の名手。長編『女の一生』『ベラミ』『ピエールとジャン』、短編『脂肪の塊』など。

**モービル**【mobile】《接頭的》可動性の、の意を表す。モビール。モビル。

**モービル**【Mobil Corporation】 テキサコと並ぶアメリカの巨大総合石油会社。メジャー(＝国際石油大資本)の一つ。一八八二年設立。

**モービル-ハウス**【mobile house】→モービルホーム

**モービル-ホーム**【mobile home】 トレーラー式の移動住宅。専用の場所で車をはずして基礎を固定し、配管などを接続して住宅を作る。モービルハウス。

**モーム**【William Somerset Maugham】(一八七四～一九六五) イギリスの小説家・劇作家。平明で物語性に富む作品を書いた。長編『人間の絆』『月と六ペンス』、短編『雨』『赤毛』、戯曲『ひとめぐり』『フレデリック夫人』、評論『要約すると』など。→[写]

●モーム

**モーメント**【moment】＝モメント。 ①瞬間。 ②時機。きっかけ。 ③哲学で契機。 ④ある点Aの基準点Oからの距離(位置ベクトル)と、点Aに作用する力などのベクトル量との積をOの回りのモーメントという。力のモーメントや運動量のモーメントなど。原点の回りの回転運動の説明などに使われる。

**モーラ**【mora】 日本語の音韻的長さの単位。仮名一字、拗音、促音、長音が一モーラに当たる。音節とは必ずしも一致せず、たとえば「本」は一音節であるが、二モーラになる。拍。

**モーラス**【Charles Maurras】(一八六八～一九五二) フランスの思想家・詩人。精神の回復と君主制への復帰を説いた右翼の理論的指導者。対独協力のため終身禁錮。評論集『アンティネア』『知性の未来』など。

**モーラル**【moral】→モラル

**モーラン**【Paul Morand】(一八八八～一九七六) フランスの小説家。一九二〇年代モダニズム文学の代表的作家。作品『夜ひらく』『夜閉ざす』など。

**モーリ**【Christopher Darlington Morley】(一八九〇～一九五七) アメリカの小説家・ジャーナリスト。小説『巡回図書館』『キティ=フォイル』など。

**モーリア**【Paul Mauriat】(一九二五～) フランスの楽団指揮者・作曲家・編曲者。『恋は水色』のヒットで世界的に知られる。

**モーリシャス**【Mauritius】 マダガスカル島東方、インド洋上の島国。首都ポートルイス。一九六八年イギリスから独立。火山島で、サトウキビ・茶・タバコを栽培。面積二〇四〇km²。人口九九万(一九八六)。

**モーリタニア**【Mauritania】(Islamic Republic of Mauritania) アフリカ西端、大西洋に臨む回教共和国。首都ヌアクショット。一九六〇年フランスから独立。北東部の大部分はサハラ砂漠でオアシスが散在。鉄鉱石などの鉱物資源と、牧畜や漁業が中心。面積一〇三・一万km²。人口一九五万(一九八六)。正称モーリタニア回教共和国。

**モーリッツ**【Móricz Zsigmond】(一八七九～一九四二) ハンガリーの小説家。同国のリアリズム文学を確立。長編『泥金』『神の背のうしろ』など。

**モーリヤック**【Claude Mauriac】(一九一四～) フランスの小説家・評論家。フランソワ=モーリヤックの子。作品『あらゆる女は妖婦である』『忘却』など。

**モーリヤック**【François Mauriac】(一八八五～一九七〇) フランスのカトリック小説家。救いのない人間の心の葛藤を描き続けた。一九五二年ノーベル文学賞受賞。小説『愛の砂漠』『テレーズ=デスケイルー』『蝮のからみあい』、戯曲『アスモデ』など。

**モール**【mall】 木陰が多く、自動車に妨げられることなく、買い物や散歩のできる市街地内の遊歩道。また、それに面した商店街。

**モール**【maul】 ラグビーで、ボールを持った選手の周囲に、両チームのプレーヤーが立ったまま密集する状態。[比較] ラック。

**モール**【mogol(ポルトガル)・莫臥児・莫臥爾】 ①《インドのムガル帝国時代にさかんに作られたもので、そのなまりから》女性の帯地などに用いられる、緞子に似た絹織物。横糸が金糸のものを金モール、銀糸のものを銀モールという。モール織り。braid ②金糸・銀糸・色糸などをより合わせた飾り糸。braid

**モール**【Hugo von Mohl】(一八〇五～一八七二) ドイツの植物学者。細胞学の基礎を確立。プロトプラズマの造語者。

**モールス**【Samuel F.B.Morse】→モース

**モールス-ふごう**【モールス符号】 短点とその三倍の長さの長点との組み合わせで文字・記号を表す電信符号。アメリカの発明家サムエル=モースが考案。トンツー。Morse code

**モールトン**【Richard Green Moulton】(一八四九～一九二四) イギリスの文芸批評家。著書『世界文学』『文学の近代的研究』など。

**モールメーン**【Moulmein】 ビルマ中東部、サルウィン川河口にある河港都市。米・木材などの集散・積み出し港。精米・製材業などが発達。人口二二〇・三万(一九七三)。

**モーロワ**【André Maurois】(一八八五～一九六七) フランスの小説家。正確な資料を駆使した伝記文学で名高い。伝記『ジョルジュ=サンドの生涯』、通史『イギリス史』『フランス史』、心理小説『愛の風土』など。

**モカ**【mocha】 アラビア半島のモカ港から輸出されるコーヒー。イエメン産。強い酸味と芳醇な香りがある。

**も-が** [古語](終助)《係助詞「も」に終助詞「が」の付いたもの。体言、形容詞の連用形に付く》願望を表す。…でありたいなあ。[比較] もがな・

▼常用漢字表外。 ▽常用漢字表の音訓外。

もがも・もがもな。用例あしひきの山は無くも月見れば(万葉・一八・四〇七六)。

**モ-ガ**《和製語》↓モダンガール

**もが・く**【▼踠く・藻▽掻く】(五自) ①もだえ苦しんで、からだを動かす。あがく。struggle; writhe ②いらだつ。あせる。じれる。be impatient

**も-がさ**【▽疱▼瘡】ほうそう。天然痘。

**モカシン**【moccasin】足の底から一枚革で包み込み、甲にU字形の革をつけた靴。↓写

●モカシン

**モガディシオ**【Mogadiscio】アフリカ東部、ソマリアの首都。インド洋に臨む港湾都市。製粉など農産物加工を主産業とする。人口二七・七万(一九八〇)。

**もが-な** 古語(終助)《終助詞「もが」に終助詞「な」の付いたもの。体言、形容詞、打ち消し・断定の助動詞の連用形、副詞に付く》願望を表す。…てほしい。…たいなあ。用例世の中にさらぬ別れのなく——(伊勢・八四)。

**もがみ**【▽最上】〈町〉山形県北東部、秋田・宮城県境の町。小国川上流域の農業の町で、瀬見・赤倉温泉やスキー場で知られる。人口一万二九六三(一九八八)。

**もがみ-がわ**【▽最上川】山形県中部を流れる川。長さ二二九km。山形・福島県境の吾妻山に発し、米沢・山形・新庄盆地と庄内平野を貫流し、酒田市で日本海に注ぐ。日本有数の急流といわれ、碁点・三河瀬・隼の三難所がある。古くは舟運で栄えた。

**もがみがわ-ふなうた**【▽最上川舟▼唄】山形県の民謡。最上川の船頭が下り舟で歌う『酒田追分』と上り舟の掛け声を組み合わせたもの。

**もがみ-とくない**【▽最上徳内】(一七五五～一八三六)江戸時代後期の探検家。出羽の農民出身。本多利明に天文・測量を学んだ。天明六年(一七八六)以降、幕府の蝦夷地調査に従事。その足跡は南千島・樺太・択捉島に及んだ。

**もが-も** 古語(終助)《終助詞「もが」に終助詞「も」の付いたもの》願望を表す。…があるといいものを。用例焼きほろぼさむ天の火——(万葉・一五・三七二四)。

**もがも-な** 古語(連語)《終助詞「もがも」に終助詞「な」の付いたもの》願望の意を表す。…であったらなあ。もがな。用例み空行く雲に——今日行きて(万葉・一四・三五一〇)。

**もがり**【▼虎▽落】戦時の陣取りにさいして、先をとがらせた竹を組み合わせて作った防御用の柵。

**もがり**【▼殯】《「喪あがり」の転という》↓あらき(荒城)

**もがり-ぶえ**【▼虎▽落笛】冬の強い季節風が柵や竹垣に吹きあたって発する笛のような音。

**も-ぎ**【模擬・▼摸擬】まねること。似せること。imitation

**もぎ-しけん**【模擬試験】入学試験・採用試験などの実際の形に則して行う試験。trial examination 対義本試験。

**もぎ-てん**【模擬店】園遊会や学園祭などで、実物の店をまねて設ける臨時の飲食所。refreshment booth

**もぎ-どう**【▽没義道】(名・形動)人としての道に背くこと・さま。むごいこと・さま。無法。非道。brutality; inhumanity

**もぎ-と・る**【▼捥ぎ取る】(五他)①もいで取る。pluck off ②しゃにむに取る。pluck off

**もぎり**【▼捥り】《入場券の半分をもぎって取るところから》劇場・映画館などの改札係の俗称。ticket-collector

**もぎ・る**【▼捥る】(五他)ねじって切る。ちぎる。もぐ。wrench off

**モク** 4画【木】部首[木] 教育小1 JIS 4458
音ボク・モク
訓き・こ
筆順↓ボク[木]
①き。たちき。用材。きでつくったもの。対義草。「材木・樹木」「木工・木質・木造・木炭・木版」②五行の第一。「木火土金水・木星」③七曜の一つ。「木曜日」↓ボク[木]

**モク** 5画【目】部首[目] 教育小1 JIS 4460
音モク・ボク
訓め・ま

①め。まなこ。みる。比較眼。「耳目・注目」「目前・目測・目標・目礼」②碁盤の目を数えるのに用いる。用例(助数)三——の勝ち。③かなめ。大切な点。「眼目・要目」④一つ一つのなまえ。見出し。「書目・品目・名目」「目録」⑤分類の小わけ。予算編成上は、項と節の間。生物では、綱と科の間。「科目・綱目・細目」⑥めざす。ねらい。「目的」⑦いま。現在。「目下」↓ボク[目]

**モク** 7画【▼沐】部首[氵] JIS 6184
音ボク・モク
あらう。頭・髪をあらう。「沐浴」

**モク** 8画【▼苜】部首[艹] JIS 7192
音ボク・モク
「苜蓿」は、ウマゴヤシ。マメ科の二年草。

**モク** 15画【黙】部首[黒] 常用 JIS 4459
16画【▼默】部首[黒] 旧字 JIS 6452
音モク・ボク
訓だまる
だまる。もだす。何もいわない。口数がすくない。「暗黙・寡黙・沈黙」「黙想・黙読・黙認・黙秘・黙々」

**も-く** 7画【▼杢】部首[木] 和製漢字 JIS 4461
①こだくみ。大工。②「もくめ」の略。特に、年輪・繊維の現れかた、色の現れかたが不規則で、特殊の紋様を示す木目。

**もく**《俗語。煙を雲に見立てた、その倒語》タバコ。その吸い殻。用例洋——。

**も・ぐ**【▼捥ぐ】(五他)無理にねじって取る。wrench off

**もくあみ**【木▼阿▼弥】「元の木阿弥」の略。参照元も。

**もくあみ**【黙▼阿▼弥】↓かわたけもくあみ「(河竹黙阿弥)」

**もくあん**【黙▼庵】(生没年未詳)鎌倉末期～南北朝時代の禅僧画家。その道釈画は宋元画を消化し、牧谿の再来と評される。初期水墨画史上の重要画家。作品『四睡図』など。

**もく-おん**【黙音】書き表されるが発音されない文字。また、その音。英語honestの[h]、columnの[n]など。mute

**もく-か**【木化】植物の細胞壁にリグニンがたまり、厚く強固になること。木質化。lignification

**もく-ガス**【木ガス】木材を乾留するとき得られる可燃性のガス。成分は一酸化炭素・炭化水素など。乾留の熱源に利用される。薪ガスと同義に使うこともある。wood gas

**もく-ぎょ**【木魚】木製の仏具。お経を読むとき、たたいて鳴らすもの。

**もく-ぐう**【木偶】木でつくった人形。でく。

**もく-げ**【木▼槿】↓むくげ(木槿)

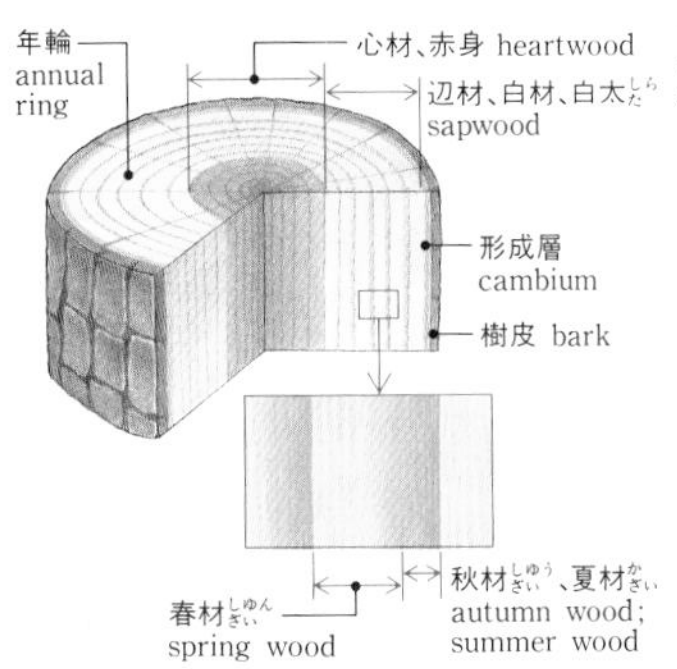

●木材

**もく-げい**【目迎】(名・サ変他)相手の目を見るだけでむかえること。対義目送。

**もくげい-もくそう**【目迎目送】前を通り過ぎる人を、通り過ぎるあいだじゅう注目して表す礼。

**もく-げき**【目撃】(名・サ変他)実際に目で見ること。witness

**もく-げき**【黙劇】せりふなしで、身ぶり・表情によって演ずる劇。無言劇。パントマイム。pantomime 対義せりふ劇。

**もくげき-しゃ**【目撃者】犯罪などの行われた現場を見た人。eyewitness

**もくげん-じ**【木▼槵子】ムクロジ科の落葉高木。葉は奇数の羽状複葉。初夏に、四弁の黄色い花が多数咲く。種子は球形で黒く、数珠に使われる。モクレンジュ。センダンバノボダイジュ。

**もくけんれん**【目▼犍連】《Mahāmaudgalyāyana梵の漢名》釈迦の十大弟子の一人。神通第一と称された。餓鬼道に落ちて苦しむ母を救うため、僧を供養したのが盂蘭盆会のおこりとする説もある。目連。目連尊者。

**もく-こう**【木工】↓もっこう(木工)

**もく-こう**【黙考】(名・サ変自)↓もっこう(黙考)

**もぐさ**【▼艾】①ヨモギの葉を乾燥し、うすでついて葉裏の白い繊維を取り出したもの。灸に使われる。moxa ②ヨモギの異称。③色の異なる縦糸と横糸を用いた織り模様。

**もく-ざい**【木材】伐採した樹木を建築・製紙・合板など種々の用途に適するように加工したもの。材木。lumber ↓図

**もくざい-パルプ**【木材パルプ】木材から物理的・化学的方法で繊維を取りだしたもの。紙・人絹・セロハンなどの原料となる。パルプの九〇％以上は木材から得られている。wood pulp

**もく-さく**【木▼柵】木でつくった柵。

**もく-さく**【木酢・木▼醋】木材を乾留して得られる液体。防腐用塗料。

**もく-さつ**【黙殺】(名・サ変他)取り合わないこと。問題にしないこと。無視。ignore deliberately

**もく-さん**【目算】(名・サ変自他)①見積もり。estimate ②もくろみ。予定。plan 用例——が立たない。

**目算が無い**(もくさんがない)計画が整っていない。大まかな見当もついていない。当てがない。

**もく-し**【黙止】(名・サ変他)だまったままでいること。何も言わずに、捨てておくこと。keep quiet

**もく-し**【黙示】①《おおいを取り除く、の意のapocalypsisに由来》キリスト教で、未来に関するできごとの啓示、とくに世の終わりのできごとの啓示。もくじ。apocalypse ②暗黙のうちに意志を示すこと。

**もく-し**【黙視】(名・サ変他)だまって見ていること。pass over

**もく-じ**【目次】①項目・箇条の順序。②書物の内容の見出し。目録。contents

**もくじき**【木食】↓もくじきしょうにん(木食上人)

**もくじき-しょうにん**【木食上人】木食戒を受け火食肉食を避け、一切の世欲を断った僧。二人が有名。①応其(一五三六～一六〇八)は高野山で出家。興山上人。京都大仏殿の造営に関与。②明満(一七一八～一八一〇)は別名五行。一〇〇〇体以上の仏像を各地で彫刻。作品『不動明王像』など。↓写

●木食上人② 明満『白刻像』。寛政一三年(一八〇一)、日本民芸館(東京都)。

**もく-しつ**【木質】①植物の組織で細胞壁にリグニンがたまり、堅く丈夫になっている部分。xylem ②木の性質。quality of wood ③木材に似た性質。woody quality

**もくしつ-せんい**【木質繊維】↓もくぶせんい(木部繊維)

**もく-しゅんぎく**【木春菊】マーガレットの「和名」。

**もく-しょう**【目▼睫】目とまつげ。

**目睫の間**(もくしょうのかん)すぐ目の前。ごく近い所。目前。near at hand 用例——に迫る。

**もくしょう-ぜん**【黙照禅】公案を用いず、もっぱら座禅修行を行う禅風。一般に曹洞禅をさす。対義看話禅。

**もくしろく**【黙示録】『ヨハネの黙示録』の略。

**も-くず**【藻▼屑】①海藻などのくず。②水中のごみ。

**海の藻屑となる**(うみのもくずとなる)海で死ぬ。海の藻屑と消える。be drowned at sea

**もくず-がに**【藻▼屑▼蟹】イワガニ科のカニ。川の上流から河口までにすむ。甲幅約六cm。青黒色。はさみ脚にやわらか

●モクズガニ



↓行き先項目、図版・写真参照印。 JIS 日本工業規格情報交換用漢字符号コード(区点コード)。

●木星　アメリカのボイジャー一号で撮影。

い毛が密生。肺吸虫の中間宿主。日本全土に分布。↓図

**もくず-しょい**【藻▼屑▽背▽負】クモガニ科のカニ。体全面に密生した黄色の毛があり、甲や脚にごみや海綿などをつけている。甲は卵形で、甲長約三・五cm、甲幅約二・五cm。沿岸の岩礁帯の藻の多い所にすむ。東京湾以南に分布。

**もく・する**【目する】(サ変他)＝目す。①見る。注目する。②目配せする。③判断する。評価する。認める。用例 張本人と―・される。

**もく・する**【黙する】(サ変自) だまる。もだす。黙す。be silent

**もく-せい**【木星】太陽系の第五惑星。軌道半径五・二〇三天文単位、自転周期〇・四一四日。公転周期一一・八六二年。太陽系最大の惑星。おもな衛星は一六個。Jupiter ↓写 ↓太陽系図

**もく-せい**【木▼犀】モクセイ科の常緑小高木。キンモクセイ・ギンモクセイ・ウスギモクセイなどの総称で、一般にはギンモクセイをさす。雌雄異株。秋、芳香のある白い小花が多数咲き、観賞用に栽培される。中国原産。↓写

**もく-せい**【木精】①こだま。②メチルアルコール。

**もく-せい**【木製】器具などを木でつくること。つくってあるもの。wooden 比較 木造。

**もくせいがた-わくせい**【木星型惑星】木星・土星・天王星・海王星の惑星。いずれも質量・半径は大きいが、平均密度は小さくて、水素・ヘリウムを主体とする濃い大気におおわれている。Jupiter-type planet 比較 地球型惑星。

**もくせい-しだ**【木生▽羊▽歯】シダのなかで茎が直立して長くのびたもの。太い幹の頂端から大形羽状葉が叢生。ヘゴ・マルハチなど。熱帯植物。tree fern

**もくせい-そう**【木▼犀草】モクセイソウ科の一年草。高さ約三〇cm。葉はへら形。夏に、モクセイに似た香りの白い花を開く。観賞用に栽培される。地中海原産。レセダ。reseda

**もく-ぜん**【目前】目の前。まのあたり。眼前。before one's eyes 用例 ―に迫る。

**もく-ぜん**【黙然】(形動トタル) だまっているさま。もくねん。silent

**もく-そう**【目送】(名・サ変他) 通り過ぎる人を、ずっと目を注いで送ること。follow with one's eyes 対義 目迎。

**もく-そう**【黙想】(名・サ変自) だまって思いめぐらし、考えこむこと。meditation 用例 ―にふける。

**もく-ぞう**【木造】木を材料として建物・船などをつくること。また、つくられたもの。wooden 比較 木製。

**もく-ぞう**【木像】木でつくった像。wooden statue

**もくぞう-けんちく**【木造建築】主要な構造を木材で構成した建築。wooden building

**もく-そく**【目測】(名・サ変他) 目分量で、はかること。measure ... with the eye 用例 ―を誤る。

**もく-だい**【目代】①平安・鎌倉時代、国司の代理として任地に赴き、政務をつかさどった職、また役人。②中世、伊勢神宮の神官の一つ。③江戸時代、代官のこと。

**もく-だく**【黙諾】(名・サ変他) 暗黙のうちに承諾すること。tacit consent to

**もく-たん**【木炭】①木材を炭がまで蒸し焼

●モクセイ　ギンモクセイ(右)、キンモクセイ(左)。

きにしてつくった固形燃料。かつては家庭燃料の中心だったが、最近では、廃材や樹皮などを炭化し、土壌改良剤に使われる。炭。charcoal ②デッサンや下絵などをかくやわらかい炭。fusain

**もくたん-が**【木炭画】木炭でかいた絵。charcoal drawing

**もく-ちょう**【木彫】木材に彫刻すること。また、その像。世界各地にあるが、とくに日本でさかんで、一木造り、寄せ木造りなどの技法を発達させた。wood carving 用例 ―の仏像。

**もく-つう**【木通】アケビのつる茎の漢方薬名。

**もく-てき**【目的】①めざす所。めあて。目標。aim 対義 手段。用例 ―を果たす。―地。②哲学などで、意志によってその実現が要求され、行為のめあてとして、行為を規定し、方向づけるもの。principle

**目的の為には手段を選ばず**(もくてきのためにはしゅだんをえらばず) 目的を達するためには、どんな手段でも使う。achieve one's aims by any means

**もくてき-いしき**【目的意識】自分の行動の目的に対する、はっきりした自覚。sense of purpose

**もくてき-いん**【目的因】アリストテレスの説く四原因の一つ。事物が存在生成、変化する原因は、それらがそのために存在する目的にあるとする。final cause

**もくてき-かく**【目的格】文法で、格の一つ。目的語であることを示すもの。objective case

**もくてきけい-しゅぎ**【目的刑主義】↓きょういくけいしゅぎ(教育刑主義)

**もくてき-ご**【目的語】《英文法でいうobjectの訳語》文の成分の一つ。「本を読む」「木を切る」などの「本を」「木を」に当たる文節。日本文法では、ふつう連用修飾語として一括する。

**もくてき-ぜい**【目的税】特定の経費にあてるために課される租税。揮発油税・自動車取得税・都市計画税など。earmarked tax 対義 普通税。

**もくてき-ろん**【目的論】哲学で、人間の行動から歴史・自然の事象までのすべてを目的・手段の関係で理解しようとする立場。アリストテレスが最初に体系的に展開。中世スコラ哲学、ヘーゲルらに引き継がれた。teleology 対義 機械論。

**もく-と**【目途】めあてにすること。目的。めど。aim

**もく-と**【目▼睹】(名・サ変他) 実際に目で見ること。目撃。

**もく-とう**【黙▼禱】(名・サ変自) 声を出さずに心の中で祈ること。pray silently

**もく-どく**【黙読】(名・サ変他) 声を出さないで読むこと。read silently 対義 音読。

**もく-にん**【黙認】(名・サ変他) ①暗黙のうちに認めること。tacit permission ②見逃し。目こぼし。overlook

**もく-ねじ**【木▼螺子】胴にらせんの刻んである釘。木材に、木材や薄い金物などを取り付けるとき、ねじ込んで固着させる。wood screw 比較 ボルト。

**もく-ねん**【黙然】(形動トタル) ↓もくぜん(黙然)

**もく-ば**【木馬】①木で作った馬の形。乗馬練習用・子どもの遊具・神社への奉納物としてなど用いられる。wooden horse ②体操用具の一つ。木材で馬の背形に作ったもの。vaulting horse ③昔の拷問用具の一つ。

**もく-はい**【木杯・木▼盃】木製のさかずき。wooden cup

**もくば-かん**【木馬館】東京都台東区浅草二丁目にある演芸場。正式名称は演芸木馬館。二階建てで階下は浪花節の定席。階上は大衆演劇の劇団が出演。

**もく-はん**【木版】サクラやブナなどの木材の板目や木口、文字や絵画などを彫刻してつくった印刷用の版。また、その版で印刷したもの。wood block

**もくはん-が**【木版画】木版を用いた凸版形式の版画の一つ。woodcut ↓写

●木版画　棟方志功『湧然の柵』。昭和三七年(一九六二)、神奈川県立近代美術館。

**もく-ひ**【木皮】木の皮。bark 用例 草根―。

**もく-ひ**【黙秘】(名・サ変自他) だまっていて、何も言わないこと。stand mute

**もくひ-けん**【黙秘権】被告人・被疑者が自己に不利益な供述を拒否できる権利。right of silence 比較 供述拒否権。

**もく-ひつ**【木筆】①えんぴつの異称。②日本画でヤナギなどの、なま木の端を焼いて、下絵をかく筆として用いるもの。また、木の先端を砕いて墨汁をふくませて筆としたもの。やきふで。③読書のさい、書中の文字をさすために使う木や竹製の具。字指し。

**もく-ひょう**【目標】めあて。めじるし。aim; mark

**もくひょう-かんり**【目標管理】企業などで、各構成員にそれぞれの仕事の範囲内で目標を設定させ、その積み重ねによって全体目標の達成をめざす管理方式。ＭＢＯ。management by objectives

**もく-ぶ**【木部】①植物の維管束のうち、道管・仮道管・木部繊維などの集まっている部分。木では、ここが年々厚くなり材となる。導管部。xylem ②木でできている部分。wooden part ↓維管束図

**もくぶ-せんい**【木部繊維】被子植物の木部を構成するもので、材に堅さを与える組織。両端のとがった細長い細胞。細胞壁は厚く、膜孔をもつ。細胞内容をもたない死細胞。wood fiber

**もく-ふよう**【木▼芙▼蓉】フヨウの別名。

**もく-へん**【木片】木の端。木切れ。chip of wood

**もくへん-セメントばん**【木片セメント板】木材のチップ(長さ五～一〇mm)とセメントを混ぜて水でねり、板状に圧縮成形したもの。防火・吸音・断熱性にすぐれる。cemented excelsior board

**モクポ**【木浦】(Mokp'o) ↓もっぽ(木浦)

**もく-ほん**【木本】茎や根が肥大・成長して木化する植物。高木・低木、常緑樹・落葉樹、針葉樹・広葉樹などに分類。木。樹木。woody plant 対義 草本。

**もく-まおう**【木麻黄】モクマオウ科の常緑高木。亜熱帯地方で観賞用・砂防用とされる。高さ約二〇m。枝は細く、垂れ下がり、各節に鱗片状の葉が十数枚輪生。オーストラリア原産。

**もく-め**【木目】木材の断面のもよう。木取り法によって、組織などの向きがまっすぐ、螺旋状、波状など、さまざま。木理。木目。grain

**もくもう-セメントばん**【木毛セメント板】木材を糸状に削った木毛とセメントを混ぜて水でねり、圧縮成形した薄板。不燃内装材。cemented excelsior board

**もく-もく**【黙黙】(形動トタル) だまっているさま。silent 用例 ―と働く。

**もく-もく**(副) けむり・雲などが、さかんにわきたつさま。むくむく。send up 用例 黒いけむりを―と吐く。

**もぐ-もぐ**(副・サ変自) 口をとじてものをかむさま。口をじゅうぶんあけないで、ものをいうさま。もごもご。mumble 用例 口を―させる。

**もく-やく**【黙約】公表はしないで、陰で了解

し合った約束。tacit agreement

**もくよう-とう【木曜島】**（Thursday Island）オーストラリア北東端、トレス海峡南部にある小島。面積三km²。良港があり、真珠貝採取で知られる。

**もくよう-び【木曜日】** 週の第五番目の日。水曜日の次の日。木曜。Thursday

**もく-よく【▼沐浴】**（名・サ変自）湯水で体を清めること。髪や体を洗うこと。湯あみ。bathing

**もくよく-かいめん【▼沐浴海綿】** モクヨクカイメン科の海綿動物。弾性に富む海綿質繊維を骨格にもつ。体色は黒色か黒褐色。熱帯・亜熱帯海域に生息。化粧用など。湯浴海綿。浴用海綿。bathsponge ↓カイメン図

**もぐら【▼葎】** ムグラの別名。

**もぐら【▽土▽竜・▼鼹▼鼠】** 地下に坑道を掘ってすむモグラ科の小動物。体長約一五cm。前足は土掘りに適し、目は皮下に埋まり、耳介はない。地中の昆虫・ミミズを捕食。北海道を除く日本各地に分布。モグラモチ。ムグラ。ウゴロモチ。mole ↓写

●モグラ

**もぐら-うち【▽土▽竜打(ち)】** 田畑を荒らすモグラを除く呪法として、藁苞で家の前を囃しながら叩きまわる小正月の予祝行事。

**もく-らん【木▼蘭】** ①モクレンの別名。②《「木蘭色」の略》黄・赤・紅の雑色。③縦糸が黒、横糸が黄の織り色。④襲の色目の名。表は黄、裏は黒。

**もくらんのじ【木▼蘭辞】** 中国、六朝期の北朝の長編叙事詩。作者未詳。北魏の民間歌謡を原型とする。父親の身代わりに男装して従軍した木蘭という娘が、武勲を立てて凱旋、ふたたび可憐な乙女に変身する。木蘭詩。木蘭歌。

**もく-り【木理】** ↓もくめ(木目)

**もぐり【潜り】** ①水の中などに潜ること・もの。diving ②禁制を犯し、また許可・免許を受けずにすること・人。unlicensed

**もぐり-こ・む【潜り込む】**（五自）①水や物の中、物の下などに入りこむ。get into ②こっそりとしのびこむ。潜入する。slip into

**もぐ・る【潜る】**（五自）①水中・人ごみ・物の下などに、入って見えなくなる。go underwater; hide ②こっそり行う。go underground

**もく-れい【目礼】**（名・サ変自）目であいさつすること。また、その礼。greet with eyes

**もく-れい【黙礼】**（名・サ変自）だまったまま敬礼すること。また、その礼。bow in silence

**もく-れん【木▼蓮・木▼蘭】** モクレン科の落葉低木。シモクレン・ハクモクレンなどの総称で、狭義にはシモクレンをさす。シモクレンは高さ約四m。葉は広卵形で長さ八〜一五cm。春に暗紫色六弁の大形の花を開く。観賞用。中国原産。magnolia ↓写

**もくれん【目連】**「目犍連」の略。

**もく-れんが【木▼煉▼瓦】** 木材を煉瓦の形にしたもの。建築用・舗装用。きれんが。wooden block

**もく-ろう【木▼蠟】** ハゼノキの果実の中果皮の脂肪。主成分はパルミチン酸のグリセリド。かつてはポマード・クレヨン・ろうそくなどの原料とされた。Japan wax

**もく-ろく【目録】** ①贈り物の品目を書いたもの。list of presents 数え方 一通。②所蔵・展示・販売するものの名などを書き並べたもの。catalog ③書物の内容の見出しを並べたもの。目次。contents ④進物として包んで贈るお金。⑤師が門弟に芸道の奥書きを伝える文書。

**もくろみ【目▽論見・目▽論み】**「づもり。意図。plan

**もくろみ-しょ【目▽論見書】** 有価証券の発行者が、その募集・売り出しのために事業内容を説明した文書。prospectus

**もくろ・む【目▽論む】**（五他）くわだてる。計画する。plan

**もくろ・む** くわだてる。心

**も-け【▽木▼瓜】** ボケの転。

**も-けい【模型】** ①同形のものを作るための型。鋳型。mold ②ある物に似せて作った物。一般に実物より小形で、形態模型と作動模型に大別される。ひながた。model; miniature ③複雑な対象を支配する基本法則から組み立てられる理論上の模倣物。基本法則の検証に用いる。モデル。model 用例 原子—。

**モケット【moquette】** 地糸に綿糸か化繊糸、パイル糸に毛糸・化繊糸を用い、ビロード状にする織物。乗り物の椅子張りなどに用いる。

**も・げる【▼捥げる】**（下一自）ちぎれる。取れて落ちる。come off

**も-こ【模▼糊・▼糢▼糊】**（形動トタル）明らかでないさま。ぼんやりしているさま。dim 用例 曖昧—。

**も-こう【▽帽▽額】** 神社などの御簾の上を飾るために、上長押に張り回した布帛。

**も-こし【▼裳▽階・▼裳▽層】** 仏堂や仏塔の軒下外壁に作られた一種の廂。法隆寺金堂や薬師寺三重塔にみられる。↓五重の塔図

●モクレン

**も-こそ** 古語（連語）《係助詞「も」に係助詞「こそ」の付いたもの》①「も」の意味をさらに強調する意を表す。…も。…だって。用例 眼—二つあれ、ただ一つある鏡をたいまつる（土佐）。②悪い事態を予想して、あやぶむ気持ちを表す。…したらたいへんだ。…したら心配だ。用例 色にはいでじ人—しれ(古今・春下)。③よい事態を予想して、期待する気持ちを表す。…かもしれない。用例 きよくさかうること—あれ(平家・六・祇園女御)。参照 もぞ。

**もご-もご**（副・サ変自）①口をとじてものをかむさま。口をじゅうぶんあけないで、ものをいうさま。もぐもぐ。chomp 用例 口を—させる。②物をかぶせられた状態でうごめくさま。squirm 用例 ふとんの中で—動く。

**も-さ【猛者】**《俗語》①強く勇ましい人。②腕前のすぐれた人。用例 その道の—。

**モザイク【mosaic】** ①工芸品または建築物やそれに付属する地面などの表面を、各種の色の天然石・ガラス片・陶片などをしきつめておい、文様・人物・風景などを表す技法。②寄せ木細工。↓写

●モザイク① ビザンチン様式のモザイク画（キリスト像、部分）。一一世紀、聖ソフィア大聖堂(トルコ)。

**モザイク-パーケットフロア**《和製語。mosaicとparquetからの合成語》合板の表面に自然木の薄片を、寄せ木細工風に張った床材。一般に細かい模様のものをいう。

**モザイク-びょう【モザイク病】** 多くはアブラムシが媒介するウイルスによる植物の病気。葉茎や葉の色素体に異常を生じ、黄・黄緑色部分と濃緑色部分がモザイク状になる。mosaic

**モザイク-らん【モザイク卵】** 分割中の卵の一部が欠け、完全な胚を生じることができなくなった卵。これらの卵では、卵の部分により役割がきまっていて、それぞれがモザイクガラスのように組みこまれているという考えによる。ツノガイの卵など。mosaic egg 対義 調節卵。

**も-さく【模作】**（名・サ変他）作品などを、まねて作ること。また、まねた作品。imitation 比較 模造。

**も-さく【模索・▼摸索】**（名・サ変他）手探りで探すこと。見当のつかないものを探すこと。grope for 用例 暗中—。

**モササウルス【Mosasaurus ラテン】** 白亜紀後期に栄えた海生の絶滅爬虫類。大形で全長約一〇m。海中生活に適応したトカゲともいうべきもので、細長い体に、櫂状の四肢を備える。肉食性で、アンモナイトが好物であったらしい。

**もさっ-と**（副）ぼんやりして、気がきかないさま。やぼったいさま。ぼさっと。clumsy 用例 —つっ立つ。

**モサデク【Mohammad Mosaddeq】**（一八八〇〜一九六七）イランの民族主義的政治家。一九五一年首相として石油国有化を断行し、イギリスとの間に石油紛争を起こした。五三年に反モサデクのクーデターで失脚。

**モサド【Mossad ヘブライ】**《協会の意》イスラエル中央情報局。ナチスの残党の追及や、アラブ系政治組織に対する秘密工作をおもな任務とする。

**モサラベ-ようしき【モサラベ様式】**《「モサラベ」は、アラブ統治下のスペインのキリスト教徒、の意》中世初期スペイン美術の一様式。スペインのキリスト教美術に、イスラム的要素が加味している。

**もさん【茂山】** 北朝鮮(朝鮮民主主義人民共和国)北東部、豆満江上流の鉱業都市。茂山鉄山は良質の磁鉄鉱を産出、他に製材・製紙工業がさかん。ムサン。

**モザンビーク【Mozambique】**（People's Republic of Mozambique）アフリカ南東部の人民共和国。首都マプート。一九七五年ポルトガルから独立。ザンベジ川で南北に二分され、北部は高原。カシューナッツ・サトウキビ・綿花栽培が中心。面積八〇・二万km²。人口一四一七万(一九八六)。正称モザンビーク人民共和国。

**モザンビーク-かいきょう【モザンビーク海峡】**（Mozambique Channel）アフリカ大陸南東部、モザンビークとマダガスカル島間の海峡。幅四〇〇〜一〇〇〇km。

**もし【▽若し】**（副）①仮定して言う語。まんいち。仮に。if 用例 —晴れたら出掛ける。②疑い推定して言う語。ひょっとして。あるいは。by any chance 用例 —こちらに伺ってはいませんか。

**もし**（感）《「申し」の約》よびかけるときに言う語。もしもし。Say.

**も-じ【文字】** ㊀(名) ＝もんじ。①ことばを、視覚的に表すために、点や線の組み合わせに一定の単語・音を連合させた記号。また、その体系。字。漢字などの表意文字と仮名・ローマ字などの表音文字に分けられる。character; letter 数え方 一字。②ことば。文言。words 用例 —どおり。③文章。sentence 用例 —を読む。④学問。letters 用例 —に疎い。㊁(接尾)《女房ことば》ことばの頭音に添えて、遠回しに言う別名をつくる語。「すし」を「すもじ」、「はづかし」を「はもじ」など。参照 もじことば。

**もじ【▽門▽司】** 福岡県、北九州市東端の港湾・工業地区。関門海峡をへだてて下関市と関門トンネル・関門橋で結ぶ。明治二四年(一八九一)鉄道開通以来、九州の玄関・貿易港として急成長。昭和三八年(一九六三)合併で北九州市に加わる。

**もじ-あわせ【文字合(わ)せ】** 漢字を偏・冠・旁に分けて札に書き、組み合わせて文字を作る遊び。

**もじ-え【文字絵】** 文字を組み合わせて絵を作る遊び。文字で書いた戯画。「へへののもへじ」「あひる」「ピエロ」など。

**も-しお【藻塩】** 海藻に海水をかけて塩分を付着させ、焼いて水に溶かし、上ずみ液を煮つめてとった塩。

**もしお-ぐさ【藻塩草】** ①シバナの別名。②藻塩の材料にする海藻。③アマモの古名。④書き集めたもの。歌集・随筆など。

**もし-か【▽若しか】**（副）①仮定して言う語。もしも。if 用例 —負けたら。②疑いをふくむ推定。あるいは。possibly 用例 —わが子ではないかと。

**もじ-かいかく【文字改革】** ある社会に伝統的であった文字の体系・字体や使い方を改めること。

**もしか-したら【▽若しかしたら】**（副）ひょっとすると。possibly

**もしか-すると【▽若しかすると】**（副）もしかしたら。



↓ 行き先項目、図版・写真参照印。 JIS 日本工業規格情報交換用漢字符号コード(区点コード)。

**も-しき【模式】** ①基準となる形式。②わかりやすく説明するために、複雑な事物を単純化して示すもの。用例 —図。

**もじ-ぐさり【文字鎖】** ①句の終わりの文字を次の句の初めに置いて、鎖のように連ねる和歌。②文字遊びの一つ。一人が古歌をよみ、次の人が前の歌の最後の音を頭に置いた別の古歌をよみ、つぎつぎに続ける女子の遊び。

**もし-くは【▽若しくは】**(接続) どちらかを選ぶ語。さもなければ。あるいは。or

**もじ-げんご【文字言語】** 文字によって伝えられる言語。音声言語を基礎とするが、それ自体完結した体系がある。書きことば。written language

**もじ-ごけ【文字▼苔】** モジゴケ科の固着地衣類の総称。平地の樹木上に生育する。灰白色で、生殖器官は黒い線状のため、白紙に文字を書いたように見える。クロミモジゴケなど日本に五〇種以上ある。

**もじ-ことば【文字言葉・文字▽詞】**《女房ことば》物事をあからさまに言わないために、ことばの頭音に「もじ」を添えて言うもの。「髪」を「かもじ」、「ひだるし」を「ひもじ」など。

**もじ-ずり【▼捩▼摺】** ネジバナの別名。

**もし-それ【▽若し▽夫れ】** 文語的(接続) 新しい条件を仮定して、問題を展開する語。そもそも。用例 —戦ひをいどまんか、たちまち大戦とならん。

**もじ-たじゅうほうそう【文字多重放送】** テレビジョンの画像走査線が右下隅から左上隅に戻る期間(電波のすき間)を利用して文字・図形などを送る放送。国際的にはテレテキストという。teletext

**もじ-づかい【文字遣い】** 文字の遣い方。

**もじ-づら【文字面】** ①文字の形や並び方から受ける感じ。字面。appearance of written words ②文字の表面的な意味。superficial meaning of sentences 用例 —に捕らわれてはいけない。

**もじ-でんそうき【文字電送機】** ①電信により文字を直接受信紙に印刷する機械。印刷電信機。telex ②ファクシミリ。facsimile

**もじ-どおり【文字通り】**(副) 文字に書いてある通り。そのまま。literally

**もし-は【▽若しは】** 文語的(接続) もしくは。または。

**もじ-ばん【文字盤】** ①時計の文字の書いてある面。dial ②タイプライターなどの活字をおさめた盤。

**もじ-ふだ【文字札】** 全国の名所・魚・鳥などや、古典の中の文句を書いた札を散らしておき、読み手の読み上げる札を取って遊ぶもの。また、その札。

**もじ-ぶんか【文字文化】** 文字が発明されてから以後の文化。文字の発達にともなう文化。literate civilization

**もし-も【▽若しも】**(副) もし。もしまた。if

**もし-もし**(感)《「申し申し」の約》相手に呼びかけるとき言う語。電話で話の初めに使う語。もし。Say.; Hello. 用例 —、ハンカチが落ちましたよ。—、山田さんのお宅でしょうか。

**もじ-もじ**(副・サ変自) 恥ずかしさや遠慮などで、はにかんだり、ためらったりするさま。hesitate 用例 顔を赤らめて—する。

**もしも-の-こと【▽若しもの事】**(連語) 万一のできごと。思いがけない食い違い。accident

**も-しゃ【模写・▼摸写】**(名・サ変他) まねて、写すこと。写したもの。copy 用例 声帯—。

**もし-や【▽若しや】**(副) もしかしたら。ことによると。possibly

**もしゃ-でんしん【模写電信】** 図面を電送するための電信。

**もじゃ-もじゃ**(副) 毛などが、汚らしく乱れているさま。もしゃもしゃ。shaggy

**も-しゅ【喪主】** 弔いを行う当主。chief mourner

**モジュール[module]** ①建築物の部分の基準となる単位寸法。この倍数ですべてを設計・施工し、寸法上の有機的な管理をはかる。②電気回路素子などでできた一組みの装置の構成単位。これをいくつも組み合わせてゆく。③歯車の基準の直径(ピッチ円直径)を歯数で割ったもの。

**モジュラー-せいさん【モジュラー生産】** ある種の製品群に共通に使われる標準部品をつくり、それにさまざまな部品を組み合わせることによって、消費者の好みに応じた多様な製品を送りだす生産方式。modular production

**も-しょう【喪章】** 死を悼む気持ちを表するし。黒色の布など。mourning band; crape 用例 —を左腕につける。

**もじ-よみ【文字読み】** ①漢語を一字一字の訓によって読むこと。「鶏林」を「とりのはやし」と読むなど。比較 文選読み。②素読。

**もじ-よみとりそうち【文字読(み)取り装置】** 文字を自動的に読み取ってコンピューターに入力する装置。光学的装置と磁気的装置がある。character reader

**もじり【▼捩り】** ①もじること。もじったもの。まがい。parody ②古人の作品の句・調子をもじって、こっけいにしたもの。パロディー。parody ③男子の和服用の外とう。そでを和服のように仕立てたもの。

**モジリアニ[Modigliani]** →モディリアーニ

**もじり-おり【▼綟り織り】** 二本の縦糸が横糸をはさんで、もじるようにからみ、すきまを出した織物。横糸一本が紗、三〜五本が絽。からみ織り。

**もじり-そで【▼捩り▼袖】** 袖口はせまく、袖付けに向かって広くなる袖型。労働に便利。和装コートや半纏に用いる。むきみや袖。

**もじ・る【▼捩る】**(五他) ①ねじる。wrench; twist ②こっけいにまねて表す。parody 用例 古典を—・った作品。

**も・す【燃す】**(五他) 燃やす。たく。burn 用例 紙を—。

**モス** 「モスリン」の略。

**モス【MOSS】**《market oriented sector selective の略》特定の品目別・市場別に日本の市場開放問題を討議する、日米間の通商協議。市場重視型個別協議。

**もず【▽百▽舌・▽百▽舌▽鳥・▼鵙】** モズ科の小鳥。翼長約一〇cm。かぎ状の嘴がある。昆虫やカエルを木の枝などに刺す習性があり「モズのはやにえ」という。秋から冬にかけて平野・村落付近の林にすむ。日本全土に分布。↓写

●モズ

**百舌の草潜** モズが春になると里にいなくなることを、草に隠れたと言ったもの。

**もず-かんじょう【▽百▽舌勘定】** 他人に勘定を多く負担させて、自分は少なくて済ますこと。モズ・ハト・シギが買い食いをし、ハトとシギに代金を出させたモズの寓話から。

**モスキート-きゅう【モスキート級】** アマチュアボクシングで、ジュニアの部の体重制階級の一つ。四五kg以下のクラス。mosquito weight

**モスク[mosque]** イスラム教の礼拝堂・寺院。正面の壁に聖地メッカの方向を示す半円形のくぼみ(=ミフラーブ)がある。広い中庭には礼拝者のきよめのための泉水がある。

**もずく【▽水▽雲・▽海▼蘊】** 褐藻類モズク科の海藻。干潮線付近のホンダワラ類に着生する。全体が暗褐色。柔らかで粘りけが多い細いつる状の体が分枝して三〇cm内外になる。食用。モクズ。モゾク。

**モスクビン[Ivan Mikhailovich Moskvin]**(一八七四〜一九四六) ソ連の俳優。モスクワ芸術座で活躍。主演作『皇帝フョードル』など。

**モス-グリーン[moss green]**《苔の緑、の意》くすんだ黄緑色。苔色。

**モス-グレー**《和製語》緑がかった灰色。モスグリーンに近い灰色のこと。greenish gray

**モスクワ[Moskva ロシ; Moscow 英・莫斯科]** ソ連および同連邦構成国の一つであるロシア共和国の首都。ヨーロッパ-ロシアの中央にあり、ボルガ川に合流するオカ川の支流モスクワ川に沿う。一一五六年に築かれた要塞クレムリンを中心に発達。主産業は食品・家具・タバコ・繊維など消費財生産の軽工業。人口八七一・四万(一九八六)。モスコー。

**モスクワ-うんが【モスクワ運河】** (Kanalimeni Moskvy) ソ連中西部、モスクワ川と北方のボルガ川上流部とを結ぶ運河。長さ一三〇km。

**モスクワ-えんせい【モスクワ遠征】** 一八一二年、フランス皇帝ナポレオン一世が、大陸封鎖令に反抗したロシアへの報復として行った遠征。六〇万余のフランス軍はモスクワを占領したが、ロシア軍の焦土作戦のため糧道を断たれ退却。

**モスクワ-おんがくいん【モスクワ音楽院】** ソ連の伝統ある音楽学校。一八八六年にロシア音楽協会モスクワ支部により開設された音楽教室を母体とする。

**モスクワ-がわ【モスクワ川】**(Moskva) ソ連中西部、モスクワ高原からモスクワを横切って東流、オカ川に注ぐ川。長さ五〇〇km。モスクワ運河でボルガ川と連絡。

**モスクワ-げいじゅつざ【モスクワ芸術座】** (Moskovsky khudzhestvenny akademichesky teatr SSSR imeni M. Gorkogo ロシ) ソ連の、モスクワにある劇場・劇団。一八九八年スタニスラフスキーとネミロビチ=ダンチェンコが創立。ソ連演劇の指導的地位に立っている。正式名はゴーリキー記念ソビエト連邦国立モスクワ芸術アカデミー劇場。

**モスクワ-せいめい【モスクワ声明】** 一九六〇年モスクワで開かれた八一か国共産党・労働者党代表者会議で採択された声明。各国の党の間の統一と団結を求める国際共産主義運動の共同綱領。Moscow Declaration

**モスクワ-だいがく【モスクワ大学】** (Moskovsky Gosudarstvenny Universitet Imeni M.V.Lomonosova ロシ) モスクワにあるソ連で最古最大の大学。創立は一七五五年。社会主義諸国の研究・教育の中心をなす。

**モスクワ-たいこうこく【モスクワ大公国】** 一四〜一六世紀、東ヨーロッパに成立した封建国家。北東ロシアのモスクワ公国が前身で、一三二八年イワン一世が基礎を築き、キプチャク-ハン国を破って勢力を拡大。一六世紀初めイワン三世が北東ロシア統一を達成。イワン四世がツァーリを称した。

**モスクワ-フィルハーモニーこうきょうがくだん【モスクワ-フィルハーモニー交響楽団】** ソ連の管弦楽団。一九五一年創立。整然とまとまり、力強い表現力をもつ。現代作品の初演が多い。U.S.S.R.State Philharmonic Orchestra

**モスクワ-ほうそう【モスクワ放送】** ソビエト連邦の閣僚会議付属放送委員会(ソ連国営放送)がおもにモスクワから送信する国際放送の通称。

**モスコー[Moscow]** モスクワの英語名。

**も-すこし【も少し】**(副) なお少し。もう少し。a little more

**もず-こふんぐん【▽百▽舌▽鳥古墳群】** 大阪府堺市百舌鳥野台地上にある、古墳時代中期を中心とした大古墳群。仁徳天皇陵に比定される大仙古墳をはじめ、一四基の大形前方後円墳を含む。

**も-すそ【▼裳▼裾】** 裳や衣の裾。train

**もすそ-がい【▼裳▼裾貝】** 殻が薄くてもろい球卵形のエゾバイ科の巻き貝。殻皮は灰黄色で、殻高約五cm、殻径約三・五cm。浅海の砂泥底にすむ。食用。伊勢湾以北に分布。↓図

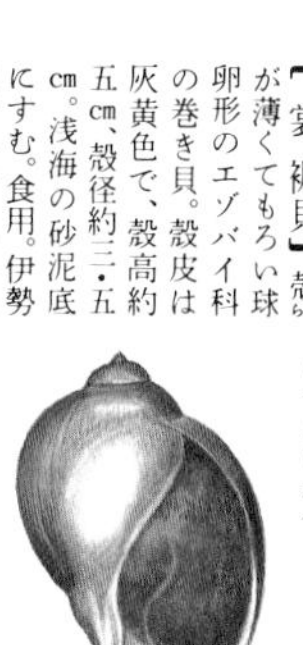

●モスソガイ

**もず-の-はやにえ【▽百▽舌の早▼贄】**(連語) モズが小枝や有棘鉄線などに突き刺しておいた獲物。カエル・トカゲなど。

**もずめ-たかみ【▽物▽集高見】**(一八四七〜一九二八) 国語学者。大分県生まれ。『広文庫』『群書索引』の編者。

**モスリン[muslin・毛斯綸]** 薄地の柔らかな毛織物。無地染め・友禅・捺染などをして用いる。メリンス・唐縮緬。綿製は新モスという。モス。

**も・する【模する・▼摸する・▼摹する】**(サ変他) =模す。①まねてつくる。ある形に似せる。imitate ②引き写して書く。copy

**モスル[Mosul]** イラク北部、チグリス川右岸の商工業都市。付近にアッシリア文明の遺跡が多い。人口二九・三万(一九七〇)。

**もせうし【▽妹背牛】**〈町〉 北海道西部、石狩・雨竜川の合流点近くの町。稲作中心の農業が主体。人口五五二五(一九八八)。

**も-ぞ** 古語(連語)《係助詞「も」に係助詞「ぞ」の付いたもの》①「も」の意味をさらに強調する意を表す。…も。…だって。用例 立ちて思ひ居ゐて—思ふ(万葉・一一・二五五〇)。②悪い事態を予想して、あやぶむ気持ちを表す。…したらたいへんだ。…したら心配だ。用例 ながらへばしのぶることのよわり—する(新古今・恋一)。③よい事態を予想して、期待する気持ちを表す。…かもしれない。用例 忘れぬ人はかりに—訪とふ(正治初度百首)。

**も-ぞう【模造・▼摸造】**(名・サ変他) 形などを、似せてつくること。また、つくった物。imitation 比較 模作。

**もぞう-し【模造紙】** 日本の局紙に似せた紙。オーストリアで亜硫酸パルプを原料として作られ、それを日本でさらに模造して作られた。

**もぞう-ひん【模造品】** まがいもの。imitation

**もそっ-と**(副・サ変自)《俗語。「もそりと」の転か》動きの鈍いさま。用例 ―した男。

**も-そっと**(副) もう少し。a little more 用例 ―寄れ。

**もぞ-もぞ**(副・サ変自) ①虫などがうごめくさま。squirmingly ②落ち着きのないさま。restlessly

**もそり-と**(副) 鈍く少し動くさま。

**モダーン【modern】**(形動) ↓モダン

**もたい【▼瓮・▼甕】** 五斗(=約九〇ℓ)入りぐらいの中型のかめ。酒をかもしたり、酒・醬・酢などの貯蔵、穀物やその種入れ、水入れなどに用いた。

**もだ・える【▼悶える】**(下一自) ①悩む。思い煩う。be in anguish over ②苦痛・快感でからだをねじり動かす。suffer an agony 用例 身を―・えて苦しむ。

**もた・ぐ【▼擡ぐ】** 古語(下二他) ↓もたげる(擡げる)

**もた・げる【▼擡げる】**(下一他) 持ち上げる。raise 用例 首を―。

**もた・す【持たす】**(五他) 持たせる。

**もだ・す【▽黙す】** 古語(四自) ①だまっている。用例 辱を忍び辱を―・して事も無く(万葉・一六・三七九五)。②そのままにしておく。見過ごす。用例 山門の訴訟は―・しがたし(平家・一・願立)。

**もた-せ【持たせ】**《上に「お」を付けて》訪問者の持参した手みやげ。caller's present

**もたせ-か・ける【▼凭せ掛ける】**(下一他) 立てかけて、支えさせる。lean against

**もたせ-ぶり【持たせ振り】**(名・形動) もったいぶること・さま。思わせぶり。mystification

**もた・せる【持たせる】**(下一他) =持たす。①持つようにする。支えさせる。have someone hold 用例 気を―。②持って行かせる。have ... carry ③持って来させる。have ... bring ④長く保つようにする。keep 用例 気力で―。⑤金銭を負担させる。

**もた-つ・く**(五自)《俗語》すらすら運ばない。まごまごする。

**モダニスト【modernist】** ①近代主義者。現代主義者。②新しがりや。

**モダニズム【modernism】** ①伝統的なものを退け、現代の機械文明・個人主義の最先端を行き、都会的な感覚を重んずる考え方。近代主義。現代主義。②芸術上では、とくに一九二〇年代の欧米の、表現主義・未来主義・ダダイスム・シュールレアリスムなど、新しい芸術の諸傾向・運動をさす。日本では、大正末・昭和初期に、欧米から移入された芸術の傾向・運動が、美術や文学などにおいて展開された。③最新の流行を追う傾向。現代好み。新しがり。

**も-だま【藻玉】** マメ科の常緑つる性植物。熱帯の海岸にはえる。葉は二回偶数の羽状複葉。葉軸の先は巻きひげになる。初夏、淡黄緑色の小花を密集。長さ約一mのさやを結び、種子は平たい円形。

**もた-もた**(副・サ変自) 態度・動作がはっきりしないさま。ぐずぐずしていて、物事がはかどらないさま。slow 用例 ―していて逃げられた。

**もだ・ゆ【▼悶ゆ】** 古語(下二自) ↓もだえる(悶える)

**もたら・す【▼齎らす】**(五他) 持って来る。持って行く。bring 用例 吉報を―。被害を―。

**もた・る【▼凭る】** 古語(下二自) ↓もたれる(凭れる)

**もたれ-かか・る【▼凭れ掛(か)る】**(五自) ①よりかかる。lean ②人に頼ろうとする。rely

**もた・れる【▼凭れる・▼靠れる】**(下一自) ①よりかかる。lean 用例 壁に―。いすに腕を―。②食べた物がいつまでも消化しないで、胃に負担を感じる。remain undigested

**モダン【modern】**(形動) 最近の。現代風の。モダーン。

**モダン-アート【modern art】** 主として二〇世紀に入ってから第二次大戦前までに展開された、新しい美術の総称。大戦後の「現代美術」とは区別される。キュビスム・ダダイスム・シュールレアリスムなどの美術。

**モダン-ガール**《和製語》昭和初期に現れた西洋風ファッションの女性。断髪、短いスカートにハイヒールが特徴。当時としては流行の先端を行った。モガ。比較 モダンボーイ。

**モダン-ジャズ【modern jazz】** 一九四〇年代のバップ以後、現代に至るジャズのスタイルの総称。ハードバップ・クールジャズなど、すべてのスタイルを包括する。

**モダン-ジャズ-カルテット【Modern Jazz Quartet】** アメリカの室内楽的なジャズコンボ。一九五二年結成。ジャズにバロック音楽的手法を導入した新鮮な演奏で世界的にファンをもった。MJQ。

**モダン-ダンス【modern dance】** 現代舞踊。バレエの否定から出発し、二〇世紀に創造された芸術舞踊。初めノイエタンツといわれたが、のちモダンダンスと総称される。

**モダン-デザイン【modern design】** 近代デザイン。産業革命以後の成果をふまえ、二〇世紀前半に確立された概念。材料や構造・技術を合理的に扱い、機能性を重視した明快な表現を生んだ。

**モダン-バレエ【modern ballet】** ディアギレフの「ロシア-バレエ団」以降の創作バレエをいう。クラシック-バレエの技術を基本に置くが、自由に構成し、新しい動きを入れたバレエ。

**モダン-ボーイ**《和製語》昭和初期に現れた西洋風ファッションの男性。髪はオールバック、ロイド眼鏡にらっぱズボンが特徴。当時としては流行の先端であった。モボ。比較 モダンガール。

**モチ** 4画 **【▼勿】** 部首[勹] JIS 4462

音 ブツ・モチ

①なかれ。…するな。禁止の意。②ない。…がない。否定の意。③俗に、「勿論」のこと。

**もち【持ち】** ①持つこと。hold 用例 太刀―。②負担。charge 用例 自分―。③長く保つこと。keep 用例 ―がいい。④所有すること・人。possession 用例 土地―。⑤受け持ち。turn 用例 ―番。⑥勝負がつかないこと。分け。持。

**もち【▽望】** ①望月。②陰暦で、月の一五日。

**もち【▼餅】** もち米を蒸して臼でついたもの。正月、節句などの行事食、また菓子材料。雑煮・きな粉もち・いそべ巻き・しる粉などに用いる。rice cake 数え方 一枚・一個・一重ね・一臼。

**餅に搗く**《「黐に付く」にかけて》扱い・処置に困る。もてあます。

**餅は餅屋** 物事にはおのおの専門家がいるものだというたとえ。また、その道のことは、それぞれの専門の人が行うのがいちばんよいということ。餅屋は餅屋。Every man knows his own business best.

**餅を搗く** ①もちつきをする。②蚊が多く群れて、上下しあう。③性交する。

**もち【▼糯】** 米、アワ、キビなどの粘りけの強い品種。種子のでんぷんが、アミロペクチンを主とするもの。これに対して、「うるち」はアミロースを主体とする。「もち」は粘性が高いので、餅および菓子の原料とされる。対義 粳。

**もち【▼黐】** ①「モチノキ」の略。②モチノキの樹皮から作ったとりもち。

**もち-あい【持(ち)合い・▽保(ち)合い】** ①互いに力を合わせてもつこと。share a burden ②勢力の平均がとれること。keep balance ③相場がほぼ一定の水準をたもって、あまり変化しないこと。steadiness; no change

**もち-あが・る【持(ち)上がる】**(五自) ①平面などが上へ上がる。lift ②事が起こる。happen 用例 一騒動―。③教師が、生徒の進級とともに替わらずに担任を続ける。

**もち-あ・ぐ【持(ち)上ぐ】** 古語(下二他) ↓もちあげる(持ち上げる)

**もち-あぐ・む【持(ち)▼倦む】**(五自) 取り扱いに困る。

**もち-あ・げる【持(ち)上げる】**(下一他) ①持って上げる。lift ②《俗語》おだてる。flatter

**もち-あじ【持(ち)味】** ①もとからそなわっている味。natural flavor ②人・芸術作品などの持つ独特の味・よさ。characteristic

**もち-あつか・う【持(ち)扱う】**(五他) ↓もてあつかう(持て扱う)

**もち-あわせ【持ち合(わ)せ・持合(わ)せ】** そのとき持っているもの・お金。have ... with 用例 ―がない。

**もち-あわ・せる【持ち合(わ)せる・持合(わ)せる】**(下一他) 都合よく今、持っている。have on hand

**もち-い【▽望▽日】** 陰暦一月一五日。望。もち節句。望年。小正月。

**もち-いえ【持(ち)家】** 所有している家屋。もちや。one's own house

**もちいえ-せいど【持(ち)家制度】** 従業員が自分の家を持てるよう企業が資金的に助成する制度。労務管理の一環。

**モチーフ【motif フランス】**《元来あるものを動かす根元的な力、の意》=モティーフ。①美術・文学などで、表現の動機となる中心思想。②音楽で、音楽形式を構成する最小単位の旋律。③手芸などで、作品を構成する基本単位となる文様。

**モチーフ-あみ【モチーフ編み】** 編み物の一種。長方形や花形などのモチーフ(=小片)を編みつないだもの。編みながらつなぐ方法と、編んでからつなぐ方法がある。motif joining

**もち・いる【用いる】**(上一他)《「持ち率る」の意で、ワ行上一段活用であったが、平安中期以降混同されて「もちひる」とも表記されるようになり、ハ行上二段活用も生じた。また、中世以降ヤ行にも活用した》①使う。役立たせる。use 用例 道具を―。工業用に―。②職につかせる。任用する。employ 用例 新人を―。③採用する。adopt 用例 意見を―。④心を働かせる。気遣いする。mind 用例 心を―。意を―。

**もち・う【用う】** 古語(上二他)《「もちゐる」の転》↓もちいる(用いる)

**もち-うち【▽望打(ち)】** 小正月に行われる予祝行事。祝い棒で嫁の尻や果樹をたたいて、豊産を願う風習。

**もち-おい【▼餅負い】** 子どもの初めての誕生日を祝う行事の一つ。餅をついて子どもに背負わせたり、踏ませたりして健やかな成長を祝う。子どもが七歳に達するまで行う所もある。力餅。踏み餅。餅踏み。

**もち-おもり【持(ち)重り】**(名・サ変自) ①持って重く感じること。用例 ―のする子。②持ち続けているうちに重くなって、手が疲れること。

**もち-かえ・る【持(ち)帰る】**(五他) 持って帰る。carry back 用例 議案を―。

**もち-か・ける【持(ち)掛ける】**(下一他) 話を持ちだす。話を持ちだして働きかける。誘いかける。propose 用例 相談を―。

**もち-がし【▼餅菓子】** もち状に作った和菓子の通称。つきもち、またはもち粉・上しん粉・しん粉・小麦粉・かたくり粉などをもち状にし、あんなどとりあわせて作る。

**もちがせ【用瀬】**〈町〉鳥取県東部、岡山県境の町。旧市場町・宿場町。千代川に沿う商業の町で、室町時代以来の流しびなは有名。人口五〇四二(一九八八)。

**もち-かぶ【持(ち)株】** 所有している株式・債券のこと。独占禁止法は、金融機関が他社株式の五%以上を所有することを禁じている。stock holdings

**もちかぶ-がいしゃ【持株会社】** 他の会社の株式を保有し、これを支配することをおもな事業とする会社。日本では独占禁止法により設立を禁止されている。holding company

**もちかぶ-せいげん【持株制限】** 事業支配力の過度の集中を防止するため、企業による他企業の株式の所有を制限すること。独占禁止法に規定されている。restriction on stockholding by corporation

**もち-きり【持(ち)切り】** ①ずっと持ち続けること・もの。hold all the while ②そのうわさ話ばかりで時間が費やされること。talk about nothing but 用例 野球の話で―だ。

**もち-ぐさ【▼餅草】**《餅に入れて草餅をつくることから》ヨモギの別名。もちくさ。

**もち-ぐされ【持(ち)腐れ】** 持っていても活用しないこと。useless possession 用例 宝の―。

**もち-くず・す【持(ち)崩す】**(五他) 身持ちを悪くする。品行を乱す。ruin oneself 用例 身を―。

**もち-こし【持(ち)越し】** 持ち越すこと。carrying over

**もちこし-まい【持(ち)越し米】** 一一月一日の米穀年度始めのときの、保有米。

**もち-こ・す【持(ち)越す】**(五他) 残して次へ延ばす。carry over 用例 仕事を―。

**もち-こた・える【持(ち)▽堪える】**(下一他) なんとか維持する。hold out

**もち-ごま【持(ち)▼駒】** ①将棋で、相手から取った駒。局面に応じ、いつでも自軍の戦力として自由に使える。②《転じて》自分の意向で動かせる人や物。

**もちこみわたし-ねだん【持(ち)込み渡し値段】** 商品を買い手の指定する場所まで届けるために必要な費用を、すべて売り手が負担したときの価格。delivered price

**もち-こ・む【持(ち)込む】**(五他) ①運び入れ

も

る。carry into ②ある状況に進める。bring… to 用例同点に―。③もめごとなどの解決などを頼みに来る。bring 用例おじさんの所に―。

**もち-ごめ【▼糯米・▼餅米】** 餅や赤飯に用いる米。ねばりが強い。白玉粉や道明寺粉などの加工品は菓子材料に用いる。対義うるち。

**もち-ざお【▼黐▼竿】** 先にとりもちを付けた竹ざお。

**もち-さ・る【持(ち)去る】**(五他) 別のところへ持って行く。運び去る。carry away

**もち-じかん【持(ち)時間】** ①囲碁や将棋で、主として専門棋士の対局の場合に、それぞれが考えるために与えられた一定の時間。②講演やテスト・クイズなどで、発表したり考えたりするために与えられる一定の時間。

**もち-ぞめ【持(ち)初め】** 正月二日の仕事始めに初めて肥料を田に運ぶ行事。三月に行う所もある。雪の多い地方では、そりで堆肥を田畑に運ぶ。作り初め。

**もち-だし【持(ち)出し】** ①外に持ち出すこと。carry out 用例―禁止。②不足の費用を自分で出すこと。pay one's own expense ③洋裁で、明きの部分の重なりとして裁ち出したり、別布を足したりした部分。

**もちだし-がいか【持(ち)出し外貨】** 海外旅行などのため、国外に持ち出すことのできる外国通貨。わが国では、昭和五三年(一九七八)四月以降から制限はなくなった。

**もち-だ・す【持(ち)出す】**(五他) ①持って外へ出す。take out ②自分の金を使う。自腹を切る。pay out of one's own pocket ③言いだす。提出する。訴え出る。offer 用例会議に―。

**もち-つき【▼餅▼搗き・▼餅▼舂き】** 餅をつくこと。また、つく人。餅は晴れの日の食物として重要視され、暮れの二九日や大晦日の餅つきを忌むこともある。

**もち-づき【▽望月】** ㊀満月のこと。陰暦一五日の月。満月に当たる日を望の日という。full moon ㊁能の曲名。四番目物。主を殺され宿屋を営んでいる家臣のもとへ、旧主の妻子と敵が泊まり合わせる。宿屋の亭主は相手の隙をつき妻子に敵を討たせる筋。

**もちづき【▽望月】**〈町〉長野県東部、蓼科山北麓の町。中山道の宿場町として発達。野菜・果樹栽培がさかんで、薬用ニンジンの産地で知られる。人口一万一五六二(一九八八)。

**もちづき-さんえい【▽望月三英】**(一六九七〜一七六九) 江戸中期の幕府医官。名は乗。三英は通称。讃岐の人。折衷派医学を唱えた。著書『医官玄稿』『明医小史』など。

**もちづき-の【▽望月の】**〔枕ことば〕《満月は欠けたところが無いこと、また、美しいことから》「足る・めづらし」などにかかる。用例斎児も妹に如しかめや―満たれる面わに花の如笑みて立てれば(万葉・九・一八〇七)。

**もち-つ・ける【持(ち)付ける】**(下一他) 持ち慣れる。いつも持っている。always have

**もち-つつじ【▼黐▼躑▼躅】** ツツジ科の常緑低木。庭木。伊豆半島以西の山地にはえる。高さ約二m。楕円形の葉が枝先に集まって互生。春に、淡紅紫色の花が咲く。花柄と萼片に腺毛があり、よくねばる。ネバツツジ。

**もちつ-もたれつ【持ちつ持たれつ】**(連語)《「つ」は接続助詞》互いに助け合うこと。また、その関係。give and take

**もち-て【▽以て】** 古語(連語)《「持つ」の連用形に接続助詞「て」の付いたもの》…によって。用例人見ずはわが袖―隠さむを(万葉・三・二六九)。

**もち-どし【▽望年】** 小正月の異称。

**もち-なお・す【持(ち)直す】**(五自他) ①(他)改めて持つ。change one's grip 用例荷物を―。②(自)もとのよい状態に向かう。pick up 用例天気が―。

**もち-にげ【持(ち)逃げ】**(名・サ変他) 人の物を盗んで逃げること。make off with

**もち-ぬし【持(ち)主】** その物を持っている人。所有者。possessor; owner

**もち-の-き【▼黐の木】** モチノキ科の常緑高木。暖地にはえる。高さ約一〇m。葉は楕円形で革質。春に黄緑色の小花を葉腋に密集。球形の赤い実をつける。樹皮からとりもちを作る。トリモチノキ。モチ。↓写

●モチノキ

**もち-ば【持(ち)場】** ①自分の占めている場所。one's post ②受け持っている場所・方面。one's duty 用例―がちがう。

**もち-はこ・ぶ【持(ち)運ぶ】**(五他) 手に持って運ぶ。運搬する。carry

**もち-はだ【▼餅肌・▼餅▽膚】** きめの細かい、なめらかな肌。soft,velvety skin

**もち-ばな【▼餅花】** 正月・小正月・節分などの飾り物。藁か木の枝に餅や団子をさして、稲の花のようにつくったもの。秋の実りを約束させるためのおまじない。

**もち-ばん【持(ち)番】** 受け持ちの番。turn

**もちひと-おう【▽以▽仁王】**(一一五一〜一一八〇) 後白河天皇の第二皇子。治承四年(一一八〇)源頼政のすすめで平氏討伐の令旨を諸国の源氏に発したが発覚し、宇治で戦死。

**もち-ふみ【▼餅踏み】** 初誕生ごろに、子どもに餅を踏ませる祝いの風習。餅をついて箕に入れ、助産婦などが体を支えて踏ませる。背に負わせてわざと転ばすこともある。転び餅。踏み餅。餅負い。

**もち-ふるし【持(ち)古し】** 持ち古した物。long-used thing

**もち-ふる・す【持(ち)古す】**(五他) 長く使って古くする。have long in use 用例―・した万年筆。

**もち-ぶん【持(ち)分】** ①共有者が共有分に対してもつ権利の割合。share ②社員権。share ③合名・合資会社などの構成員がその法人に対してもつ、財産上の請求権。equity

**モチベーション【motivation】** 動機を与えること。動機づけ。

**モチベーション-リサーチ【motivation research】** 動機調査。

**もち-まえ【持(ち)前】** ①生まれつき。天性。nature ②持ち分。share

**もち-まわり【持(ち)回り】** 関係者の間で、次から次へと持って回ること。rotation

**もちまわり-かくぎ【持(ち)回り閣議】** 大臣を集めることなく、首相の指示で各大臣の所に案件を持ち回って行う閣議。round-robin cabinet

**もち-まわ・る【持(ち)回る】**(五他) ①あちこちへ持って歩く。carry about ②議案などを関係者の間に回す。carry about

**もちもち-ぜっく【もちもち節句】** 小正月の異称。

**もち-もの【持(ち)物】** ①身に持っている物。所持品。one's belongings ②所有物。one's possessions

**もち-や【持(ち)家・持(ち)屋】** 所有している家。もちいえ。one's own house

**もち-や【▼餅屋】** 餅を売る店・人。用例餅は―。

**餅屋は餅屋**(もちやはもちや)「餅は餅屋」と同意。

**もち-やま【持ち山】** 財産として持っている山。所有する山。mountain of one's own

**もち・ゆ【用ゆ】** 古語(上二他)《「用ゐる」がヤ行と混同され、二段活用になってできた語》↓もちいる(用いる)

**も-ちゅう【喪中】** 喪にこもる期間。

**もち-よ・る【持(ち)寄る】**(五他) めいめいが持って集まる。bring

**もち-ろん【▼勿論】**(副) 言うまでもなく。無論。of course

**モツ** 8画 **【物】** 部首[牛]うしへん 教育小3 JIS 4210

音ブツ・モツ・モチ 訓もの

筆順↓ブツ【物】

①もの。しな。「貨物・御物・書物・食物・進物・臓物・荷物」②こと。ことがら。「禁物」↓ブツ【物】

**もつ【▽臓】**《俗語。「臓物」の略》牛・豚・鶏などの内臓のこと。はつ(=心臓)・ひも(=腸)など。guts; giblets

**も・つ【持つ】**(五自他) ①(自)長くその状態が続く。その状態を保つ。維持する。keep 用例二〇年は―材料。天気が―。②(他)㋐手に取る。hold 用例荷物を―。㋑身につける。carry 用例ハンカチを―。㋒自分のものにしている。have got 用例土地を―。考えを―。㋓心に抱く。bear 用例希望を―。悩みを―。㋔受け持つ。担当する。take charge of 用例新入生の組を―。㋕費用などを負担する。pay 用例学資は国で―。㋖会合を開く。hold 用例総会を―。会議を―。㋗ある性質や、状態を有する。possess 用例ねばりを―。㋘相手とのかかわりを有する。have 用例交渉を―。

**持ちも提げもならぬ**(もちもさげもならぬ) どうにも処置する方法がない。

**持って行き所**(もっていきどころ) 文句を言うべき相手。責任の所在、また、仕事を預ける先。

**持つ可きものは友**(もつべきものはとも) いざというときに相談相手になり、助けてくれるのは友だちだ。友人は持っていなければならない。

**持つ可きものは女房**(もつべきものはにょうぼう) 女房は、もつだけの値打ちがある。女房を粗末にしてはいけないということ。

**もっ-か【木▼瓜】**《「もくか」の変》①ボケの別称。②果実の形から、カリン・ボケ・マルメロの異名。

**もっ-か【目下】**(名・副)《「もくか」の変》①目の前。すぐ近く。目前。in face of 用例―の敵勢。②さしあたり。現在。now 用例―のところ。―考慮中。

**もっ-か【黙過】**(名・サ変他)《「もくか」の変》知らないふりをして過ごすこと。overlook

**もっ-かつ【木活】**《「もくかつ」の変》木製の活字。木活字。

**もっ-かん【木管】**《「もくかん」の変》①木で作った管。②紡績機の糸巻き管。wood pipe

**もっ-かん【木簡】**《「もくかん」の変》文字を記した短冊形の板。物品の付け札、あるいは文書的なものに使用。中国では漢代のものが発掘されているが、日本でも平城宮址から多量に出土。

**もっかん-がっき【木管楽器】** 木製の管楽器。笛の類。フルート・オーボエ・クラリネットなど。woodwind instrument 対義金管楽器。

**もっ-きょ【黙許】**(名・サ変他)《「もくきょ」の変》暗黙のうちに許可すること。とがめずにそのままにしておくこと。黙認。overlook

**もっ-きり【盛っ切り】**《「もりきり」の転》食べ物を一度盛ったきりで、お代わりのないこと。

**もっ-きん【木琴】**《「もくきん」の変》打楽器。調律された木片を並べ、桴で打奏。トレモロ奏法が多い。シロホン。xylophone 参照マリンバ。

**もっ-け【物▽怪・▼勿▽怪】** 思いがけないこと。意外。unexpected 用例―の幸い。

**もっ-けい【黙契】**《「もくけい」の変》暗黙のうちに承知し合うこと。tacit agreement

**もっけい【▽牧▼谿】**(生没年未詳) 中国、宋末元初の禅僧・画家。名は法常。中国では粗悪とも評されたが、日本では珍重され、画壇に大きな影響を与えた。作品『観音・猿・鶴図』など。↓写

●牧谿 『観音・猿・鶴図』「観音図」。南宋時代(一三世紀)、大徳寺(京都府)。

**もっ-こ【▼畚】**《「持ち籠」の意》むしろ、または、わら縄を網状に編んで四隅につりひもをつけた用具。天秤棒を通して土石や農産物などを運ぶのに用いた。straw basket

**畚に乗る**(もっこにのる)《江戸時代、処刑者を畚で刑場に運んだことから》死刑になる。

**もつ-ご【持子】** コイ科の淡水魚。全長六〜九cm。食用。関東以南の平野部の河川・池沼に自然分布。近年は移殖により東北・北海道にも分布。↓図

●モツゴ

**もっ-こう【木工】**《「もくこう」の変》①大工。carpenter ②木で家具・調度などをつくること・職・人。woodwork

**もっ-こう【木▼瓜】**《神社の御簾の帽額に付けられた文様からきた名称に木瓜の字をあてたものか》紋所の名。地上の鳥の巣を紋章化

したもの。横木瓜・割り木瓜など。窠紋。もこう。↓図

**もっ-こう【木香・▽唐▽木香】**《「もくこう」の変》キク科の多年草。高さ約二m。葉は広楕円形、枝頂に暗紫色の頭花をつける。根は乾燥すると芳香があり、薬用や防虫に用いる。インド北部原産。

**もっ-こう【▼沐▼猴】**《「もくこう」の変》サル類。

**沐猴にして冠す**(もっこうにしてかんす)《項羽を評したことば》衣冠はりっぱだが、人間的な内容はないたとえ。類似 猿に烏帽子。

**もっ-こう【黙考】**(名・サ変自)《「もくこう」の変》だまったままで、考えること。meditation 用例 沈思―。

**もっこう-かぐ【木工家具】** 木材を加工して作った家具。wooden furniture

**もっこう-きかい【木工機械】** 木材を切断・切削・穿孔する機械。かんな盤・のこ盤・角のみ盤など。woodworking machinery 参照 工作機械。

**もっこう-ぐ【木工具】** 木材の加工に使用する手工具の総称。かんな・のこぎり・のみ・きり・小型モーターを使った電動工具など。woodworking tools

**もっこう-じょ【木工所】** 木材を加工して家具・木製玩具などを製造する工場。woodworking plant

**もっこう-ばら【木香▼薔▼薇】** バラ科のつる性常緑低木。枝にとげがなく、葉は奇数羽状複葉。五月に、淡黄色または白色の八重咲きの花を開き、白花には芳香がある。享保年間に中国より渡来。観賞用に栽培。↓写

木瓜

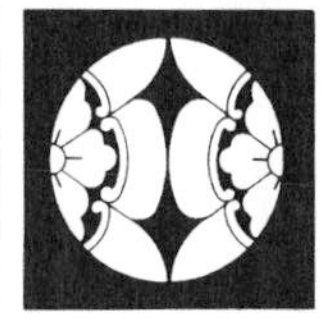
割り木瓜

●木瓜(もっこう)

●モッコウバラ

**もっ-こく【木▼斛】**《「もくこく」の変》ツバキ科の常緑高木。暖地の海岸地方にはえる。高さ約一〇m。葉は倒卵形で光沢がある。夏に径約二cmの白花が咲き、果実は紅熟。庭木にもされる。材は櫛・細工用。木の皮は染料用。↓写

**もっ-こつ【木骨】**《「もくこつ」の変》建築の骨組みを木造にすること。また、その骨組み。外装をれんが・モルタルなどで仕上げた場合をいう。timber framed construction

**もっ-こつ【▽没骨】** 東洋画の画法。墨線で輪郭をとらず、隈取りを主にした彩色で描く。おもに花鳥画に用いる。中国、五代の徐熙に始まり、孫の徐崇嗣によって完成。惲寿平の画風は日本にも影響。没線描法。

**もっ-こん【目今】**《「もくこん」の変》さしあたり。いま。目下。現今。

**もっこん-しき【木婚式】**《「もくこんしき」の変》結婚五周年の祝い。

**モッサ[mossa]**《外観が「モス(=苔)」に似ていることから》織物の一種。羊毛・合織で織った、やや厚手の生地の布面の毛足を直立させるように起毛して、短く剪毛する。

**もっさり**(副・サ変自)《俗語》①気のきかないさま。②毛が厚く生えているさま。

**もっしょく-し【▽没食子】**↓ぼっしょくし(没食子)

**モッセ[Albert Mosse]**(一八四六〜一九二五)ドイツの法学者。内閣および内務省法律顧問として大日本帝国憲法の制定に貢献。また、市町村制創設の指導も行った。

**もっ-そう【物相・盛相】**《「相」は、木型の意》①茶事で用いる型器。押し枠の一種。茶の湯の点心に使う、型盛りした飯の、その抜き型。②一般の型抜きご飯用の、抜き型。木製のほかに、近年はステンレス製などもある。③飯を盛って、量をはかる器。④飯器の一種。盛り切り飯の用具。一人一食分の飯を、各人に等分に盛りつける器。多く、短い円筒型の曲げ物。古く、囚人に与える食事用とした。⑤「物相飯」の略。

**もっそう-めし【物相飯】**=物相・もっそ・もっそうい。①物相②に詰め、型抜きした飯。型抜きご飯。②物相④に盛った飯。型抜きせず、盛り切りのままの飯。とくに、江戸時代の牢屋で、囚人に与えられた飯。盛り切り飯。

**物相飯を食う**(もっそうめしをくう)《刑務所の食事が物相飯であることから、牢獄の飯を食う、の意》罪人として、刑務所につながれる。類似 臭い飯を食う。

**もっ-たい【▼勿体・物体】** ものものしく、いばったありさま。もたい。

**勿体を付ける**(もったいをつける) 権威あるようにみせかける。気どる。もったいぶる。assume an air of importance

**もったい-な・い【▼勿体無い】**(形)①おそれ多い。恐縮である。gracious ②身分にふさわしくない。too good for ③使わずにおいたり、捨ててしまったり、むだに扱うのが惜しい。too good to 派生 もったいながる(五自) もったいなさ(名)

**もったい-ぶ・る【▼勿体振る】**(五自) ものものしく振る舞う。尊大ぶる。put on airs

**もったい-らし・い【▼勿体らしい】**(形) いかにも仰々しい。ことごとしい。pompous

**もっ-て【▽以て】**(連語)①《接続詞的》そして。and 用例 刻苦勉励―学を修める。②語調を強める語。用例 今―そのままだ。③《「…をもって」の形で、格助詞のように》㋐…を使って。…によって。by 用例 書面を―あいさつに代える。㋑…のために。…という理由で。for 用例 天才を―世に聞こえた。㋒「を」の重重しい言い方。用例 なんじを―臣下となす。

**以てする**(もってする) 性質や能力を働かせる。活用する。use

**以ての外**(もってのほか) ①思いもよらない。out of the question ②とんでもない。けしからぬこと。outrageous

**以て瞑す可し**(もってめいすべし) それによって、満足して死ねるだろう。これで満足すべきで、不平はないはずである。

**もって-うまれた【持って生(ま)れた】**(連体) それをはじめから身につけて生まれた。生まれつきの。natural 用例 ―性質。

**もって-きて【持って来て】**(連語)《「…へもってきて」の形で》さらに。さらにその上に。用例 道に迷ったところへ―雨にあった。

**もって-こい【持って来い】**(連語) おあつらえむきであるさま。うってつけ。just right

**もって-しても【▽以てしても】**(連語) …によってしても。by means of

**もって-まわ・る(まはる)【持って回る】**(五他)①持ち回る。carry about ②遠回しである。roundabout 用例 ―・った言い方。

**モッテルソン[Ben Mottelson]**(一九二六〜)アメリカ出身のデンマークの理論物理学者。原子核の集団運動模型の発展に寄与した。一九七五年ノーベル物理学賞受賞。

●モッコク

**もっ-と**(副) 量や程度がそれ以上になることを表す語。その上に。さらに。more 用例 ―左。―悪いことだ。

**モット[Nevill Francis Mott]**(一九〇五〜)イギリスの物理学者。原子核・衝突現象・固体量子論の研究などを行う。一九七七年ノーベル物理学賞受賞。

**モットー[motto]** ①日常の活動で指針にしている事柄。信条。②スローガン。

**もっとも【▼尤も】** ㊀(形動) 道理にかなうさま。当然。right 用例 ―な話だ。―なご意見。㊁(接続) 前に述べた事柄を受けながらも、あとから条件を補うときの語。ただし。そうはいうものの。but 用例 肉はからだにいい。―、食べ過ぎてはいけないが。

**もっとも【最も】**(副) 他に比べて最上。…の中でいちばん。most 用例 世界で―大きい島。

**もっとも-らし・い【▼尤もらしい】**(形)①いかにも道理にかなっているようである。plausible ②まじめくさっている。serious

**もっとも-らしげ【▼尤もらしげ】**(形動) いかにも、もっともらしいさま。plausible

**もっぱら【専ら】**(副)《「もはら」の転》ひたすら。いちずに。専心。wholeheartedly; solely 用例 ―勉強にいそしむ。君は近々結婚すると―のうわさだ。

**専らにする**(もっぱらにする) ①そのことに専念する。devote oneself to ②意のままにする。用例 権勢を―。

**モッブ[mob]** ①やじうま。②群集心理により攻撃性を帯びた行動を示す人々の集まり。心理的パニックを背景に生まれ、しばしば暴動・リンチ・テロなどの形をとる。暴徒。

**モップ[mop]** ふき掃除の道具。よりのゆるいごく太い糸を束ねて棒にとりつけ、柄をつけた雑巾。

**モッブ-シーン[mob scene]** 映画などで、群集が現れる場面。

**もっぽ【木浦】** 韓国南西部、全羅南道西海岸の港湾都市。朝鮮多島海に臨む漁業の中心地。人口二三・六万(一九八五)。モクポ。

**もつ-やき【▽臓焼(き)】** 鳥・けもののぞうもつを切って、くしに刺して焼いた料理。

**もつ-やく【▽没薬】** 生薬の一つ。東アフリカ・南アラビアの限られた地域にはえるカンラン科高木から得たゴム状樹脂。昔は収斂薬に用い、いまは口中の炎症のうがい薬に用いる。ミルラ。myrrh

**もつ・る【▼縺る】** 古語(下二自)↓もつれる(縺れる)

**もつれ-ぐも【▼縺れ雲】** 組織状の雲のすじが不規則に曲がったり、もつれあったように見える巻雲。intortus

**もつれ-こ・む【▼縺れ込む】**(五自) 決着がつかずもつれた状態のままで、次の段階に移る。proceed though unsettled 用例 試合が延長戦に―。

**もつ・れる【▼縺れる】**(下一自)①絡みあって、解けなくなる。tangle ②混乱する。become complicated 用例 話が―。③思うように動かない。get twisted 用例 舌が―。

**もて**(接頭)《動詞について》意味を強めたり、語調を整えたりする語。用例 ―はやす。

**も-て【▽以て】** 古語(連語)《「もちて」の転》①手段・方法・材料などを表す。…によって。用例 何物―か命継がまし(万葉・一五・三七三三)。②原因・理由を表す。…のために。用例 わが心―、はかなき御調度どもなどもとり失なはせたまはず(源氏・蓬生)。③上の語を強調する。…をもって。用例 貧しき者は財を―礼とし(徒然・一二二)。

**もて-あそ・ぶ【▼玩ぶ・▼弄ぶ・▼翫ぶ】**(五他)①手に持って遊ぶ。toy with ②慰みにかわいがる。toy with ③なぶる。おもちゃにする。play with ④思うままに扱う。play with 用例 詭弁を―。

**もて-あつか・う(あつかふ)【持て扱う】**(五他)①取り扱う。世話をする。treat ②持て余す。not know what to do with

**もて-あま・す【持て余す】**(五他) 処置に困る。手に余る。not know what to do with 用例 だだっ子を―。

**モティーフ[motif フランス]**↓モチーフ

**モディリアーニ[Amedeo Modigliani]**(一八八四〜一九二〇)エコール-ド-パリの代表的画家。イタリア生まれ。流麗な線描表現により叙情性の強い人物画を多く描いた。彫刻はアフリカ黒人彫刻の影響が強い。作品『横たわる裸婦』など。↓写(次ページ)

**もてぎ【▽茂木】**〈町〉栃木県南東部、茨城県境の町。旧城下町。タバコの主産地で、製造工場がある。人口一万九七四七(一九八八)。

**モテット[motet]** 声楽曲の一名称。①中世では、テノール声部の定旋律上に一〜三声部が同時に歌われる形式。②ルネサンスでは、数声部の対位法による多声楽曲。③バロックでは、無伴奏または通奏低音伴奏つきの宗教的な独唱および合唱曲。

**モデナ[Modena]** イタリア中北部、アペニン山脈北麓の都市。自動車・機械・食品工業が発達。ローマ時代以来の都市で、一一〜一二世紀の大聖堂や、一三〜一八世紀にこの地を支配したエステ家の遺構などが残る。人口一八万(一九八二)。

**もて-なし【持て成し】** ①もてなすこと。とりなし。treatment ②待遇。hospitality ③ごちそう。ふるまい。entertainment



↓ 行き先項目、図版・写真参照印。 JIS 日本工業規格情報交換用漢字符号コード(区点コード)。

●モディリアーニ『横たわる裸婦』。一九一九年、ニューヨーク近代美術館。

**もて-な・す【持て成す】** ㊀(五他) ①接待する。ごちそうする。entertain ②取り扱う。待遇する。treat ㊁古語(四他) ①もてはやす。ほめそやす。用例 珍しきを言ひ広め―こそ、またうけられね(徒然・七八)。②ふるまう。そのようにみせかける。用例 さらぬていに―・して申しけるは(平家・九・越中前司最期)。

**もて-はや・す【持て▼囃す・持て栄やす】**(五他) さかんに褒める。make much of

**モデム【MODEM】**《Modulator and Demodulator の略》コンピューターのデータ伝送用の変復調装置。デジタル信号をアナログ信号に、アナログ信号をデジタル信号に変換する。

**もて-もて**《俗語》たいそうもてはやされること。ちやほやされること。たいへん人気があること。

**モデラート【moderato イタリア】**《音楽で、速さを示す語》中ぐらいの速さで、の意。アンダンテとアレグロのあいだの速さ。

**モデリスト【modelist】** 服飾デザイナーの職分の一つで、洋服の型見本を作る人。

**モデリング【modeling】** ①彫刻で、粘土や石こうなどの柔らかい材料を曲げたりして自由に像を作ること。肉づけ。②絵画で、立体感を出すこと。③模型製作。工業デザインで、縮尺または原寸大で模型を作ること。

**も・てる【持てる】**(下一自) ①ちやほやされる。人気がある。popular with ②保たれる。持つことができる。can carry

**もてる【持てる】**(連体)《「持つ」に、完了の助動詞「り」の付いたもの》持っている。豊かな。of one's own 用例 ―力。

**モデル【model】** ①模型。見本。②美術作品の対象となる人や物。③小説・戯曲などで素材とされた事件や実在の人物。④「ファッションモデル」の略。

**モデル-ケース【model case】** 手本となるような例・場合。

**モデル-スクール【model school】** 他校の模範や参考とされる学校。特定の教育法などを計画的に実施する。

**モデル-チェンジ【model change】** 製品名を変えずに、外観デザインや機能を改良すること。

**モデル-ちんぎん【モデル賃金】** ある賃金体系の中で、ふつうに昇給する人を仮定して計算される標準的な賃金、または昇給の曲線。平均賃金を集成した賃金構造をさす場合もある。

**モデルノロジー**《和製語。modern と ology から》考現学。study of modern social phenomena

**もと【下・▽許】** ①ものの下。した。under 用例 旗の―に。②その人の所。その人の影響が及ぶ範囲。そば。under 用例 親の―。③事情・条件などが及ぶ範囲。in; on 用例 約束の―に。

**もと【元・▽原】** ㊀(名) ①始まり。起こり。beginning 対義 末。用例 この習わしの―を探る。②《「旧」「故」とも》前の状態。former state 用例 ―へ戻らない。③原因。cause 用例 失敗は成功の―。④資本。もとで。capital 用例 ―がかかる商売。⑤原価。cost price 用例 ―を切って売る。⑥素性。one's origin 用例 身―。⑦原料。raw material 用例 草木を―にして作った漢方薬。⑧酒を造る材料としてのこうじ。用例 ―を仕込む。⑨和歌の上の句。対義 末。㊁(接頭) 以前。比較 前・新・現。用例 ―大臣。

**元の鞘に収まる** 仲たがいや離縁した者が、元通りになる。get back together

**元の木阿弥** 栄えたのもつかのまで、やっぱり前の悪い状態に戻ること。be right back where one started from

**元も子も無い**《元金も利息もない、の意から》失敗したり、損をしたりして、何もかもない。lose everything

**もと【本】** ㊀(名) ①中心となるもの。基本。foundation 対義 末。用例 ―を正す。②根もと。つけ根。root 対義 末。用例 木の―に肥料を施す。㊂(助数) 木などを数える語。用例 一―の桜。

**もと【▽素】** ①万物を生じるもの。原質。origin 用例 自然万物の―。②ものをこしらえる材料・原料となるもの。material; stuff; ingredient 用例 ケーキの―。

**もと【基】** 土台。もとい。物事の根本。foundation 用例 農は国の―。

**もとい【基】**《「本居(もとい)」の意》①土台。基礎。いしずえ。ground ②根本。basis

**もといれ-しほん【元入(れ)資本】** ↓じこしほん(自己資本)

**モドゥーニョ[Domenico Modugno]**(一九二八―) イタリアのカンツォーネ歌手・作詞・作曲家。モダンな作風でカンツォーネを現代化。作品『チャオ-チャオ-バンビーナ』など。

**もと-うけ【元請(け)】** 発注者から仕事を請け負い、それを下請けに回すこと。また、その業者。元請け負い。prime contraction

**もと-うた【元歌・本歌】** ほんか。original song 対義 替え歌。

**もとおり-うちとお【本▽居内遠】**(一七九二―一八五五) 江戸後期の国学者。旧姓、浜田。本居大平の養子。名古屋の人。紀州侯に仕え『紀伊続風土記』を撰定。

**もとおり-おおひら【本▽居大平】**(一七五六―一八三三) 江戸後期の国学者。号は藤垣内。伊勢の人。宣長の養子。養父の学説・歌風を門人に伝えた。著書『神楽歌新釈』など。

**もとおり-とよかい【本▽居▽豊▼穎】**(一八三四―一九一三) 国学者・歌人。名古屋の人。宣長の曾孫。内遠の子。家集『秋屋の集』など。

**もとおり-ながよ【本▽居長世】**(一八八五―一九四五) 作曲家。東京生まれ。豊穎の子。東京音楽学校卒。大正期の童謡運動・新日本音楽運動に貢献。童謡『七つの子』『赤い靴』など。

**もとおり-のりなが【本▽居▽宣長】**(一七三〇―一八〇一) 江戸中期の国学者・歌人。国学四大人の一人。号は鈴屋。伊勢松坂の人。京で医学を修め松坂で開業。契沖の著書に啓発され、『源氏物語』や和歌を研究、「もののあはれ」の文学論を組織した。賀茂真淵に会い古道研究の志を固め、三五年を経て大著『古事記伝』を完成。注釈書『源氏物語玉の小櫛』の

●本居宣長　本居宣長記念館(三重県)。

文学評論、『てにをは紐鏡』『字音仮字用格』の語学研究、また古道研究の著書の他に、歌論『石上私淑言』、学問論『うひ山ぶみ』、随筆『玉勝間』、家集『鈴屋集』など。↓写

**もとおり-はるにわ【本▽居春庭】**(一七六三―一八二八) 江戸後期の国学者。号は後鈴屋。伊勢の人。宣長の長男。中年で失明し、家督を宣長の養子、本居大平に譲った。著書に、文法の活用研究の基礎を築いた『詞の八衢』『詞の通路』、家集『後鈴屋集』など。

**もとお・る【▽回る・▼廻る】** 古語(四自) 歩き回る。ぶらつく。用例 岩の間をい行き―・り(万葉・四・五〇九)。

**もどか・し** 古語(形ク)《「もどく」の形容詞化した語》①非難されそうなさま。用例 装束わるくて物見る人、いと―(枕・よろづのことよりも)。②↓もどかしい

**もどかし・い**(形) はがゆい。じれったい。impatient 派生 もどかしが・る(五自) もどかしげ(形動) もどかしさ(名)

**もと-かた【元方・本方】** ①問屋。製造元。②事業などの元手を出す人。出資者。

**もと-き【本木】** 木の幹。または根のほう。対義 末木。

**本木に勝る末木無し** いろいろと変えてみても、やはり最初のものよりよいものはない。多く男女の間についていう。Of soup and love, the first is the best.

**もど・き【▽抵▼牾・▼抵▼牾】** ①もどくこと。とがめること。非難。②日本の芸能で、主役をまねたりからかったりする道化役。

**もどき【▽擬き】**(接尾) あるものに似せていること。似せて作ること。in the style of; imitation 用例 芝居―。がん―。

**もとき-しょうざえもん【本木▼庄左▽衛門】**(一七六七―一八二二) オランダ通詞。フランス語・英語を修め、最初の英和辞書『諳厄利亜語林大成』、また『和仏蘭対訳語林』などを編集。

**もとき-しょうぞう【本木▼昌造】**(一八二四―一八七五) 技術者。日本の活版印刷の創始者。長崎の人。明治二年(一八六九)上海からアメリカ人をまねいて活字鋳造に成功。

**もとき-よしなが【本木良永】**(一七三五―一七九四) 江戸中期のオランダ通詞。蘭学者。長崎の人。『天地二球用法』の翻訳により、日本にはじめてコペルニクスの地動説を紹介。

**もと-きん【元金】** ①貸し借りしたもとの金銭。また、銀行などに預け入れた最初の金銭。がんきん。principal 対義 利子。②元手。資本金。capital

**もど・く【▽擬く・▽抵▼牾く・▼抵▼牾く】** 古語(四他) ①他の物に似せてつくる。まねる。用例 この七歳なる子、父を―・きて、高麗人と詩を作り交はしければ(宇津保・俊蔭)。②逆らって非難する。悪く批評する。用例 さすがに人の上をば―・き、ものをいとよういふよ(枕・はづかしきもの)。

**モトクロス【motocross】** オートバイによるクロスカントリーレース。荒れ地に設けたコースを周回してスピードを競う。↓写

●モトクロス

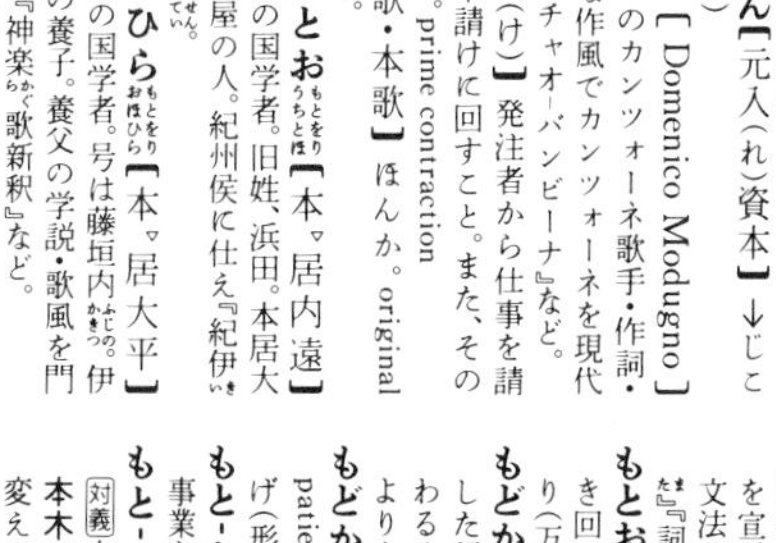

**もと-ごえ【基肥・元肥】** 植物の種まきや定植の前に田畑にほどこす肥料。原肥。basal application 対義 追い肥。

**もと-ごめ【元込め】** 弾薬を銃身や砲身の後ろの部分から装塡する銃砲。breechloader 対義 先込め。

**もどし-げんぜい【戻し減税】** 税額が確定し納税が完了した過去の年度分の所得税額の一部を、あとで減税することによって払い戻すこと。tax rebate

**もどし-こうざつ【戻し交雑】** 交雑によって生じた雑種第一代と両親のいずれかとの交雑。雑種第一代の遺伝子型を調べるために行う。戻し交配。backcross

**もどし-こうはい【戻し交配】** ↓もどしこうざつ(戻し交雑)

**もどし-ぜい【戻し税】** 関税納付済みの輸入貨物が法律で定める一定の条件をそなえた場合に、その納付済みの関税の全部または一部を払い戻すこと。また、その税金。tax refund

**もと-じめ【元締(め)】** ①全体を率いること・人。manager ②金銭勘定などの締めくくりの役・人。chief treasurer ③ばくち打ちなどの親分。

**もとす【本巣】**〈町〉 岐阜県南西部、岐阜市の北西に接する町。富有柿・タマネギの産地で、セメントなどの工業もある。人口八四〇五(一九八八)。

**もど・す【戻す】**(五段他) ①元の場所・状態に返す。return ②乾燥食品を水やぬるま湯に浸し、やわらかくすること。soften ③食品の強すぎる塩分・甘味・酸味を水や湯に浸して抜くこと。remove ④食べたものを吐く。vomit

**もと・すえ【本末】** ①もとと、すえ。②大切なことと、そうでないこと。ほんまつ。③歌の、上の句と下の句。

**もとす・こ【本栖湖】** 山梨県南部、富士山北西麓にある湖。面積五㎢、標高九〇〇m。富士五湖の一つで、その最西端に位置する。

**もと・せん【元栓】** ガス・水道などを家屋に導き入れるとき、器具の栓に対して管の元にある栓。main stopcock 用例—を閉める。

**もと・だか【元高】** 歩合算で、計算の元になる金高。元金・原価など。principal; cost

**もとだ・ながざね【元田永孚】**(一八一八〜一八九一) 漢学者・教育家。明治天皇の侍講。熊本生まれ。教育勅語の起草者の一人。明治初期の文教政策を指導し、皇道主義的教育理念の礎を築いた。編著書『幼学綱要』など。

**もと・ちく【素畜】** 肉用家畜として肥育するために購入する子ウシや子ブタ。ウシの場合は「素牛」、ブタでは「素豚」などといい、血統・体型などで選ばれる。feeder stock

**もと・ちょう【元帳】** 簿記の主要簿の一つ。取り引きを勘定科目別に分類して記録する帳簿。総勘定元帳と補助元帳がある。ledger

**もと・づ・く【基づく】**(五自) もとにしている。そこから始まる。よりどころにする。be based on 用例事実に—。

**もと・づ・ける【基づける】**(下一他) 基づくようにする。base

**もと・づめ【元詰(め)・本詰(め)】** 製造元でつめること・もの。

**もと・で【元手】** ①事業を始めるのに必要なお金。資本。capital ②何かをする根本になるもの。asset 用例からだが—だ。

**もと・どおり【元通り】**(名・副) 元の状態のままであること・さま。as it used to be 用例—元気になる。

**もと・どり【髻】**《「本取」の意》髪の毛をまとめて結んだところ。たぶさ。

**髻を切る**(もとどりをきる) ①出家する。②相撲の力士が引退・廃業する。

**髻を放つ**(もとどりをはなつ) 冠や烏帽子をかぶらず、髻をあらわに出す。

**もと・な** 古語(副)《上代語》①何の理由もなく。根拠もなく。用例何しかも—とぶらふ(万葉・二・二三〇)。②やたらに。みだりに。用例妻を求むと鶯の木末を伝ひ鳴きつつ—(万葉・一〇・一八二六)。

**もと・なり【本生り・本成り】** 植物の根に近いほうに実がなること。その実。fruit grown near the root 対義うらなり。

**もと・ね【元値】** 商品を仕入れた値段。cost price 比較原価。対義売値。

**元値が切れる**(もとねがきれる) 売値が元値より安くて、損をする。sell below cost

**もとの【本埜】**〈村〉千葉県北西部、成田市の西に接する村。農業が主。西端部は千葉ニュータウンの一部。人口四七四八(一九八八)。

**もと・はず【本筈・本弭】** 弓の、射るとき下になる方の筈。対義末筈。↓弓図

**もと・ばらい【元払い】** 荷物などを送る人が送るとき払うこと。prepayment 対義先払い。用例—運賃。

**もとぶ【本部】**〈町〉沖縄県沖縄島北部、本部半島にある町。県下パイナップル栽培の発祥地。また、中心地。渡久地港・本部港がある。人口一万五一五二(一九八八)。

**もと・ぶね【元船・本船】** ①小船をつれている大船。親船。mother ship 対義枝船。②沖にあって、はしけで陸上と連絡する大船。depot ship 対義上荷船。③漁船操業の基準になる船。同じ漁場で同じ漁業を行う船の中で、いちばん先に到着し、いちばん先に漁労をはじめる。

**もとぶ・はんとう【本部半島】** 沖縄県、沖縄島北西部にある半島。低地により南北二つの山塊に分けられる。沖縄記念公園には日本最大の水族館がある。

**もと・へ【元へ】**(感) =もとい。①体操などでやりなおしを命じるときの語。②言い誤りに気付き、訂正するときの語。

**もと・みや【本宮】** ①中心となる神社。本社。ほんぐう。対義末社。②神体を安置する御殿。本殿。対義拝殿。

**もとみや【本宮】**〈町〉福島県中部、郡山市の北、阿武隈川に臨む町。かつては、生糸業で栄え、現在は電気機器などの工場が進出。人口二万四三二(一九八八)。

**もと・む【求む】** 古語(下二他) ↓もとめる(求める)

**もと・め【求め】** ①さがし求めること。search ②あつらえ。注文。request ③要求。需要。demand ④買うこと。purchase

**もとめ・て【求めて】**(副) 自分から進んで。willingly

**もと・める【求める】**(下一他) ①《「索める」とも》探す。look for 用例人を—。ありかを—。②欲しいと願う。望む。wish for 用例平和を—。名声を—。③買う。buy 用例本を—。④悪い結果などを自分から招く。invite 用例災いを—。⑤相手に望む。頼む。ask 用例助けを—。反省を—。

**求めよ然らば与えられん**(もとめよさらばあたえられん)《新約聖書『マタイによる福音書』第七章のことば》熱心に求めれば、必ず手に入れることができるであろう。Ask, and it shall be given you.

**もと・もと【元元】** ㊀(名) 損も得もないこと。始めと変わらないこと。be none the worse of ㊁(副) 元来。もとより。from the beginning

**もとやま【本山】**〈町〉高知県北部、吉野川上流域の町。山がちでヒノキの良材とシイタケを産出。人口五三一三(一九八八)。

**もとやま・ひこいち【本山彦一】**(一八五三〜一九三二) 新聞経営者。熊本県生まれ。大阪毎日新聞社社長。毎日新聞を日本の代表的全国紙に育てた功労者。新聞商品論や漢字制限論は有名。

**もと・ゆい【元結(い)】** もとどりを結ぶ細い糸・ひも。

**元結いを切る**(もとゆいをきる) 髪を切って、僧形になる。出家する。

**もとよし【本吉】**〈町〉宮城県北東部、三陸海岸の町。農漁業の町で、養蚕・タバコ栽培・酪農と養殖漁業などが行われる。人口一万三三一八(一九八八)。

**もと・より【元より・固より・素より】**(副) ①はじめから。from the first 用例—承知の上。②もちろん。of course

**もどり【戻り】** ①元にもどすこと。return ②帰り。one's way home 対義行き。③鉤・釣り針の端にある逆向きにとがったところ。④下がった相場が回復すること。

**もどり・がけ【戻り掛け】** ①帰ろうとすること・とき。on one's leaving ②帰る途中。on one's way home

**もどり・かご【戻り駕籠】** ㊀客を乗せて送ったあとで帰るかご。乗り賃の安いのがふつう。㊁《戻駕》歌舞伎舞踊。常磐津。本名題『戻駕色相肩』。天明八年(一七八八)初演。

**もどり・づゆ【戻り梅雨】** 梅雨が明けたのに、再び梅雨のようになること。戻り梅雨。

**もと・る【悖る】**(五自) 道理に背く。逆らう。go against

**もど・る【戻る】**(五自) もとの場所や状態に帰る。go back 用例落とし物が—。家に—。記憶が—。体調が—。

**も・なか【最中】** ①中央。さいちゅう。さなか。middle 用例秋の—。②もち米で作った二枚の薄皮に、種々のあんを入れた半生菓子。江戸時代に創製。

**最中の月**(もなかのつき) 陰暦の、十五夜の月。

**モナコ[Monaco]** 地中海北岸、モナコ公国の首都。王宮や海洋博物館、先史人類博物館などがある。人口一二〇〇(一九八二)。

**モナコ・こうこく【モナコ公国】**(Principality of Monaco) 地中海に臨み、フランスとイタリア国境近くの小国。首都モナコ。気候が温和で国際的な観光・保養地。面積一・五㎢。人口三万(一九八六)。

**モナド・ろん【モナド論】** ライプニッツの哲学の根本原理。世界は、形も広がりもなく分割できない無数の単純な実体モナド(=単子)からなり、それは神の予定調和によって統一されていると説く。monadology

**モナミ[mon ami(e) フランス]** わたしの友人・恋人。

**モナ・リザ[Monna Lisa イタリア]** ①《リザ夫人の意》レオナルド=ダ=ビンチによる肖像画。モデルはフランチェスコ=デル=ジョコンドの妻リザ(エリザベッタ)とされる。②《転じて》神秘的な女性。↓写

●モナ=リザ① ルーブル美術館(フランス)。

**モナルダ[Monarda]** シソ科ヤグルマハッカ属の多年草。約一八種知られ、タイマツバナ・ヤグルマハッカなどがある。

**モニス[António Caetano de Abreu Freire Egas Moniz]**(一八七四〜一九五五) ポルトガルの神経病理学者。早発性痴呆症・分裂病などの精神病治療に前頭葉切開手術を開発した業績で一九四九年ノーベル生理学医学賞受賞。

**モニター[monitor]** ①マスメディアや企業から依頼され、番組・CM・記事・商品などについて一定期間継続的に感想や批判を報告する人。②作動中の機械やシステム、または重症の患者などの状態を監視する装置。

**モニュメント[monument]** ①事件・人物などを記念して建てられる碑・像。②歴史的遺物・遺構。③不朽の記録・功績・事業。

**モニュメント・バレー[Monument Valley]** アメリカ、アリゾナ州北東部とユタ州南東部にかけて広がる砂漠。

**も・ぬけ【蛻・藻抜け・裳脱け】** セミやヘビなどが、外の皮を脱ぐこと。脱皮。

**蛻の殻**(もぬけのから) ①抜け殻。cast-off skin ②人が抜け出したあとの住居や寝床のたとえ。empty residence or bed

**モネ[Claude Monet]**(一八四〇〜一九二六) フランス印象派の代表的画家。印象主義を大胆かつ純粋に推進。『印象—日の出』は「印象派」の呼び名をつくった。作品『ルーアン聖堂』『睡蓮』など。↓写 ↓印象派美術写

**もの【物】** ㊀(名) ①見たりさわったりできる物体・物品。thing; object 対義こと。用例—を大切に。②ものごと。matter 用例—は試し。③ことば。書物や文章。word 用例—を書く。④わけ。道理。reason —のわかった人。⑤所有物。possession 用例学校の—。人の—。⑥とり立てていうべき事柄・事物。something 用例—の数ではない。⑦霊。たたりをする霊。物の怪。用例—に憑かれる。⑧そのような事柄・対象を漠然という。用例親切という—。⑨…べきである。…のがふつう。用例勉強はする—だ。⑩感心する気持ちを表す。用例よく考えた—だ。⑪過去に起こったことを回想する意を表す。用例昔はよく遊んだ—だ。⑫疑問や否定をともなって強調する意を表す。用例そんなことがある—か。だれがわかった—ではない。⑬《接尾的》㋐その内容に属する物品や状態・作品であることを表す。用例夏—服。冷や汗—。現代—。㋑産地名などに付いて、その土地の産物であることを表す。用例北海—。㊁(接頭)《形容詞・形容動詞に付いて》なんとなく、そのようであるの意。用例—悲しい。

**物言う花**(ものいうはな) 美人。類似解語の花。

**物言えば唇寒し秋の風**(ものいえばくちびるさむしあきのかぜ)《芭蕉の句》なまじ余計なことを言うと、災いを招

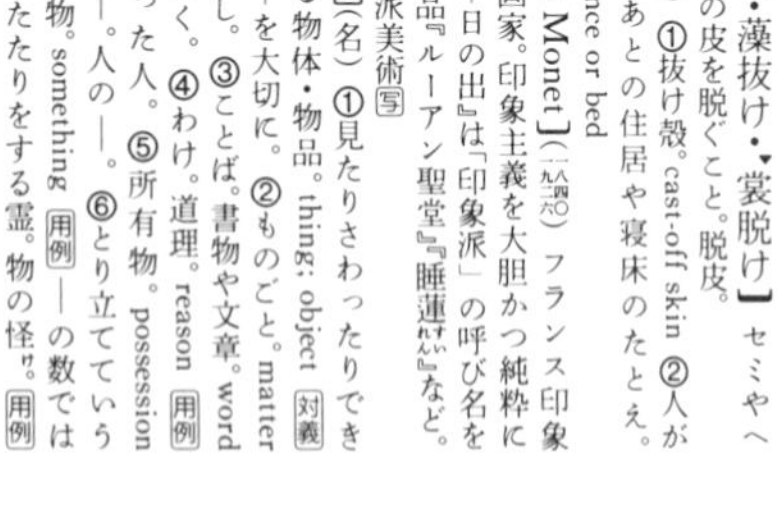

●モネ『黄昏、ベネチア』一九〇八年、ブリヂストン美術館(東京都)。

く。Silence is golden.

**物言わぬ花**(ものいわぬはな) 草木の花。

**物言わねば腹膨る**(ものいわねばはらふくる) 思っていることを言わずにがまんしていると、気持ちがすっきりしない。Feel uneasy if something is left unsaid.

**物覚ゆ**(ものおぼゆ) ①物事を分別することができる。正気である。②物心がつく。

**物が無い**(ものがない) ①味わいも風情もない。つまらない。②命がない。

**物ともしない**(ものともしない) びくともしない。問題にしない。make nothing of

**物に当たる**(ものにあたる) 物に突き当たって平静さを失う。あわてるさまに言う。

**物にする**(ものにする) ①りっぱにしあげる。master ②自分のものにする。take possession of

**物になる**(ものになる) ひとかどの人・腕前、また、まともな作品・製品などになる。become something

**物に似ず**(ものににず) 他に比べるものがない。たとえようもない。

**物には七十五度**(ものにはしちじゅうごたび) 物事には限度がある、ということ。類似 物には程がある。

**物には程が有る**(ものにはほどがある) 《極端を戒めたり、難じたりして言う》物事には、越えてはならない限度・限界というものがある。類似 物には七十五度しちじゅうごど。

**物にも非ず**(ものにもあらず) 認めるほどのものでもない。気にかけるに及ばない。

**物の哀れを知る**(もののあわれをしる) ①物事の、しみじみとしたおもむきが分かる。②人情をもつ。

**物の数ではない**(もののかずではない) 取るに足りない。問題にならない。insignificant

**物の先を折る**(もののさきをおる) 出鼻をくじく。

**物の弾み**(もののはずみ) ちょっとしたきっかけ・成り行き。何かの拍子。by chance

**物の用**(もののよう) 何かの役。

**物は言い様**(ものはいいよう) 「物も言い様」と同意。

**物は考え様**(ものはかんがえよう) 物事は、自分の考え方しだいで、良いようにも悪いようにも受け取ることができる。It depends on how you look at it.

**物は相談**(ものはそうだん) 人と話し合うと、よい知恵も出、仕事もうまくいくものだ。相談が大切。物は談合。Lend me your ears a while.

**物は試し**(ものはためし) 物事は実際にやってみて、はじめて良し悪しがわかる。The proof of the pudding is in the eating.

**物は談合**(ものはだんごう) 物事は人に相談してみるとうまくいくこともあるということ。物は相談。

**物は使い様**(ものはつかいよう) どんな物・人でも、うまく使えば役に立つものである。It depends on how you use it.

**物も言い様**(ものもいいよう) 口のききかたで、事がうまくも、まずくもなる。物は言い様。To make or mar depends on the telling. 用例 —で角かどが立つ。

**物を言う**(ものをいう) ①話す。talk ②力になる。役に立つ。talk ③証拠になる。speak for itself

**物を言わす**(ものをいわす) 力を十分に発揮させる。利用する。take advantage of

**もの【者】** 他の語句について、その状態にある人を表す。person 用例 一八歳未満の—。知らない—はない。私のような—。

**もの** ㊀(終助)《文末の終止形に付く》不満・恨み・甘えなどの気持ちで、言い訳や理由を述べるときに用いる。もん。用例 だって、長いこと待ったんです—。㊁(接助)《用言の終止形に付く》原因・理由を述べる。用例 風邪だ—、しかたないよ。

**モノ【mono】**《接頭的》ギリシア語で、一の意。用例 —レール。

**モノアミン【monoamine】** アミノ基を一個もつ化合物。

**モノアミン-オキシダーゼ【monoamine oxidase】** カテコールアミン類やモノアミン類をアルデヒドに転ずる酵素。肝臓・腎臓じん・胃などに存在。精神の賦活かつ・血圧降下作用もある。

**ものあら-がい【物洗貝】** モノアラガイ科の巻き貝。淡水産で、殻高約二・五cm。淡褐色の殻は卵形で薄い。カンテツ(肝蛭)の中間宿主。北海道から九州に分布。↓写

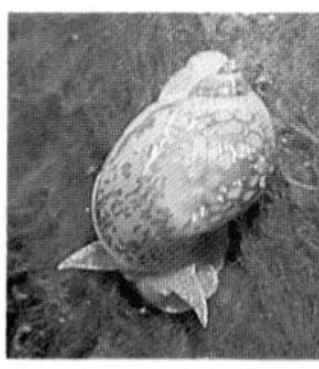

●モノアラガイ

**もの-あわせ【物合(わ)せ】** 物と物をつき合わせて優劣を競う遊びの総称。貝合わせ・香合わせ・草合わせなどがある。

**もの-あわれ【物哀れ】**(名・形動) なんとなく哀れなこと・さま。

**もの-あんじ【物案じ】**(名・サ変自) 考えこむこと。案じること。

**もの-いい【物言い】** ①ものの言い方。way of speaking ②うわさ。rumor ③口あらそい。口論。dispute ④相撲で、行司の判定に対し検査役(＝審判委員)や控え力士が異議を申し立てること。judge's objection to the referee's decision

**物言いが付く**(ものいいがつく) ①大相撲で、行司が下した勝負の判定に対して、検査役や控え力士などから異議が唱えられる。②ある決定・裁定に対して、権威や勢力をもつ者から文句が出る。

**もの-い・う【物言う】** ㊀(五自) ①口をきく。話す。talk ②効力を発揮する。ものをいう。be effective 用例 金が—。㊁古語(四自) ①気のきいたことをいう。秀句・しゃれなどをいう。用例 このことば、なにとにはなけれども、—やうにぞきこえたる(土佐)。②男女が情を通わせる。用例 むかし、—・ひける女に、年ごろありて(伊勢・三二)。

**もの-いみ【物忌み】** ①決められた期間に、身を浄きよめ、禁忌を守り、飲食を断ったりすること。精進潔斎しょうじんけっさい。②不吉の前兆として、ある物事を忌むこと。縁起かつぎ。③塞ふさがりを犯すのを忌み、家にこもって慎むこと。④③のときのしるしとして「物忌」と書いて、冠・簾すだれなどにかけたもの。物忌みの札。⑤伊勢い神宮や鹿島かしま・香取・加茂かも・春日かすがなどの大社に仕えた男女の童子。

**もの-いり【物入り】** 費用のかかること。出費。expenses

**もの-いれ【物入れ】** 物を入れるもの・所。「bag; closet

**もの-う【▽桃▽生】**〈町〉宮城県北東部、北上川下流域の町。稲作のほか畜産・施設園芸など。香積こうしゃく寺・日高見ひたかみ神社がある。人口九四四五(一九八八)。

**もの-う・い【物憂い・▼懶い】**(形) ①なんとなく気が進まない。おっくうだ。languid ②だるい。dull 派生 ものうげ(形動) ものうさ(名) 「い(物憂い)

**もの-う・し【物憂し】** 古語(形ク) ↓ものう

**もの-うらやみ【物▼羨み】**(名・サ変他) 人の物事をうらやむこと。ねたむこと。嫉妬しっと。用例 —の強い人。

**もの-うり【物売り】** 店を構えないで品物を売り歩くこと・人。行商人。peddler

**モノー【Jacques Lucien Monod】**(一九一〇〜七六) フランスの生化学者。たんぱく質合成の調節機構に関し、フランシス＝ジャコブとともにオペロン説を提唱。一九六五年ノーベル生理学医学賞受賞。

**もの-おき【物置】** 燃料・漬物・雑具などを入れておく小屋、または場所。納屋なや。shed

**もの-おじ【物▽怖じ】**(名・サ変自) こわがること。おくびょう。timidity

**もの-おしみ【物惜しみ】**(名・サ変自) 物を惜しむこと。けち。stinginess 用例 —もほどほどに。

**もの-おそろし・い【物恐ろしい】**(形) なんとなく恐ろしい。そら恐ろしい。派生 ものおそろしげ(形動) ものおそろしさ(名)

**もの-おと【物音】** 物の立てる音。sound 用例 —がした。

**もの-おぼえ【物覚え】** 物事を覚えること。記憶力。memory

**もの-おもい【物思い】** 心配したり考えこんだりすること。thought 用例 —に沈む。

**もの-おもわし・い【物思わしい】**(形) 何となく気がかりで物思いするさまである。pensive 派生 ものおもわしげ(形動)

**もの-か**(終助)《文末の連体形に付く》＝もんか。①強い打ち消しの決意を示す。用例 頼まれたって、行ってやる—。②強い打ち消しの断定を表す。用例 あんなやつにできる—。

**もの-かき【物書(き)】** ①文章を書くこと。また、その役についている人。write; writer ②文章を書いて生活する人。文筆家。著述家。writer

**もの-かげ【物陰】** 物に隠れて見えない所。place behind something

**もの-かげ【物影】** 物の影。なにかの形・姿。figure 用例 —をちらと目にした。

**もの-かず【物数】** ①品物の数。②ことば数。

**ものかず-ならぬ【物数ならぬ】**(連語) とくに数えたてるほどのものではない。重要ではない。物の数ではない。

**もの-がた・い【物堅い】**(形) ①義理堅い。律儀だ。②慎み深い。品行が正しい。

**もの-がたり【物語】** ①物語ること。narrative ②語り伝えられた話。legend ③日本の散文文学の一様式。写実物語・歌物語・伝奇物語・軍記物語・歴史物語など。比較 小説。

**ものがたり-せい【物語性】** 物語としての性質。筋立てに変化・起伏があって、おもしろいこと。用例 —に富む作品。

**ものがたり-ぶんがく【物語文学】** 平安時代から鎌倉かまくら時代にかけて作られた、仮名散文による虚構の文学の総称。『竹取物語』を祖に、伝奇的虚構物語『宇津保うつほ物語』と歌物語『伊勢いせ物語』の二系列を統合し、女流日記文学の方法を継いで『源氏物語』が書かれた。以後、長編物語『狭衣さごろも物語』、短編物語集『堤中納言つつみちゅうなごん物語』などがあり、平安末期から『住吉すみよし物語』などの擬古物語が作られ、室町時代の御伽草子おとぎぞうしへと連なる。

**もの-がた・る【物語る】**(五他) ①まとまった話をする。tell ②告げる。表す。show 用例 苦労を—顔のしわ。

**もの-がなし・い【物悲しい】**(形) なんとなく悲しい。sad 派生 ものがなしげ(形動) ものがなしさ(名)

**もの-かは**(連語)《形式名詞「もの」に係助詞「かは」の付いたもの》①なんとも思わない。かまわない。用例 雨風も—。②古語 ㋐反語の意を表す。……であろうか、いやそうではない。用例 月はくまなきをのみ見る—(徒然・一三七)。㋑強い感動の意を表す。なんと…ではないか。用例「この矢あたれ」と仰せらるるに、同じものを中心なかにはあたる—(大鏡・道長上)。

**もの-から** 古語(接助)《形式名詞「もの」に格助詞「から」の付いたもの。連体形に付く》①《既定の逆接条件を示す》けれども。用例 怪しき—、うれしとなむ思ほしける(源氏・紅葉賀)。②《近世以降の用法。既定の順接条件を示す》…だから。用例 さすがに辺土の遺風忘れざる—、殊勝に覚えらる(奥の細道)。

**モノカルチャー【monoculture】** ①単作。単式農法。単一栽培。②単一的な文化。③一種または数種の農産物や鉱産物の生産だけに頼っている経済構造。

**モノカルボン-さん【モノカルボン酸】** 分子内にカルボキシル基を一個もつ有機化合物。酢酸・安息香酸など。monocarboxylic acid

**ものき-ぼし【物着星】** 爪つめにみられる白斑はくはん。女性の場合は着物が手に入る前兆といわれる。また、立身出世の前兆ともいわれる。

**もの-ぐさ【物臭・▼懶】**(名・形動) めんどうがること・さま・人。lazy

**ものくさたろう【物くさ太郎】** 室町時代の御伽おとぎ草子。信州の無精者ぶしょうもの物くさ太郎が上京して内裏の女房を妻とし、出世して国司となり、死後は大明神となる。民間伝承に取材。のちには「物ぐさ太郎」ともいわれた。

**モノグラム【monogram】** 氏名のかしら文字など、二字以上の文字を組み合わせて、一字のようにした飾り文字。組み字。組み合わせ文字。

**もの-ぐるい【物狂い】** 気が狂うこと。また、その人。madman

**もの-ぐるおし・い【物狂おしい】**(形) 精神が異常に高ぶっている。気が変になりそうだ。frantic 派生 ものぐるおしげ(形動) ものぐるおしさ(名)

**もの-ぐるわし・い【物狂わしい】**(形) 物狂おしい。frantic

**モノクローナル-こうたい【モノクローナル抗体】** 生体のある種の細胞、あるいは抗原にだけ特異的に反応する抗体。monoclonal antibody

**モノクローム【monochrome】** ①単色。②単一の色で表現された写真や絵。白黒写真をいうことが多い。単色画。③映画・テレビの白黒の画面。モノクロ。

**もの-ごい【物▼乞い】** ㊀(名・サ変自)物をくれるように、頼むこと・人。beg ㊁(名) こじき。beggar

**もの-こいし・い【物恋しい】**(形) なんとなく恋しい。miss

**もの-ごころ【物心】** 人情・道理などがわかる心。discretion

**物心が付く頃**(ものごころがつくころ) 人間世界のようすが理解できるようになる年ごろ。reach the age of reason

**もの-ごし【物腰】** ①ことばつき。manner ②態度。manner 用例 上品な—。

**もの-ごし【物越し】** 物を隔てること。with something in between

**もの-ごと【物事】** 物と事。すべての有形・無形のもの。いろいろなこと。things 用例 —を気に病む。



▼常用漢字表外。 ▽常用漢字表の音訓外。

**もの-さし【物差(し)・物指(し)】** ①物の長さをはかる道具。長さの単位の目盛りが刻んである。さし。measure; ruler 数え方 一本。②標準。用例 考えの—がちがう。

**もの-さびし・い【物寂しい・物▼淋しい】**（形）なんとなく寂しい。うら寂しい。lonesome 用例 秋の夕暮れは—。派生 ものさびしげ（形動）ものさびしさ（名）

**もの-さ・びる【物▽寂びる】**（上一自）①なんとなく荒れている。②古びていて味わいがある。

**もの-さわがし・い【物騒がしい】**（形）①うるさく物音がする。noisy ②穏やかでない。物騒である。unsettled 派生 ものさわがしげ（形動）ものさわがしさ（名）

**もの-しずか【物静か】**（形動）①ひっそりしていかにも静かなさま。quiet ②態度・ことばなどが、穏やかなさま。calm

**もの-じたい【物自体】**《Ding an sich の訳語》カントの哲学の中心概念。現象の奥にある究極の原因・実在で、人間にとって知ることのできないもの。本体。thing in itself

**もの-しらず【物知らず・物▽識らず】**（名・形動）常識がないこと・さま・人。日常生活や礼儀作法などにわきまえのないこと・さま・人。ignorance

**もの-しり【物知り・物▽識り】** なんでも知っていること・人。博識。extensive knowledge

**ものしり-がお【物知り顔】** なんでも知っているぞという顔つき・ようす。knowing look

**もの・す【物す】**（五自他）「ある・する・行う・つくる・書く」などの動作を遠回しにいう語。物する。

**もの-ずき【物好き】**（名・形動）特殊の物事を好むこと・さま・性質・人。風変わり。curiosity

**モノスキー【monoski】** 一枚板を操るスキー。サーフィンやスケートボードに似る。

**もの-すご・い【物▼凄い】**（形）①ひどく恐ろしい。気味が悪い。horrible ②甚だしい。大変だ。terrific 派生 ものすごさ（名）

**モノスコープ【monoscope】** テレビの試験信号発生器。撮像管の受光面に一定の画が印刷されていて、これを走査し常に一定の試験用画像信号を得る。

**もの-すごく【物▼凄く】**（副）《俗語》非常に。並はずれて。

**もの-すさまじ・い【物▼凄まじい】**（形）なんともすごい。派生 ものすさまじさ（名）

**もの・する【物する】**（サ変自他）↓ものす（物す）

**モノセックス**《和製語》服装・髪型・行動などで、男性が女性化、女性が男性化し、外見的には男女の区別がつかないこと。ユニセックス。unisex

**モノタイプ【Monotype】** 文字盤のキーをたたくと活字の鋳造・植字が自動的にできる活字鋳植機。ライノタイプは一行分の活字を鋳造するが、モノタイプは一箇ずつ鋳造する。比較 ライノタイプ。

**もの-だち【物断ち】** 願かけなどで、断ち物をすること。茶断ち・塩断ちなど。

**もの-だね【物種】** ①もののもとになるもの。材料。origin 用例 命あっての—。②草木の種。たねもの。seed

**物種は盗まれず** 血統は争えない。

**もの-たらな・い【物足らない】**（形）↓ものたりない（物足りない）

**もの-たりな・い【物足りない】**（形）なんとなく不十分だ。不満足だ。物足らない。unsatisfied 派生 ものたりなげ（形動）ものたりなさ（名）

**もの-づくし【物尽(く)し】** その種類に属する物を全部並べて言うこと・もの。物は尽くし。

**もの-つくり【物作り】** ①農耕をすること。また、農民。②豊作を願って、餅・藁・木などで農具や農作物の飾り物を作って飾る小正月の呪術行事。また、その飾り物。

**モノディー【monody】** 音楽で、①古代ギリシア悲劇におけるモノローグ風な独唱部分。②一六世紀末に起こった器楽伴奏つき独唱声楽曲の様式。

**もの-どお・い【物遠い】**（形）①遠い。distant ②おろそかである。疎遠だ。negligent 用例 世事に—。③回りくどい。roundabout 用例 —説明。

**モノトーン【monotone】**（名・形動）単調であること・さま。一本調子。

**もの-ども【者共】**（代）従者など、目下の者に呼びかける語。その方ども。用例 —参れ。

**モノドラマ【monodrama】** 俳優一人だけで演じられる芝居。一八世紀後半、ドイツの俳優ブランデスが創始。コクトーの作品『声』など。一人芝居。

**もの-とり【物取り】** 人の物を奪うこと。泥棒。盗人。追いはぎ。robbery; robber 用例 —強盗。

**もの-なつかし・い【物懐かしい】**（形）なんとなく心ひかれるさまである。なんとなくなつかしい。dear 派生 ものなつかしさ（名）ものなつかしげ（形動）

**もの-なら**（接助）《連体形に付く》①《「う・よう」に付いて》それがきっかけで、なりゆきが大変なことになるという仮定の順接条件を示す。用例 それを言おう—、事だ。②実現が難しい事柄を仮定した順接条件を示す。用例 それでいい—、苦労は無い。

**もの-ならず【物ならず】**（連語）なんでもない。問題にしない。no difficulty 用例 千里の道も—。

**もの-な・れる【物慣れる・物▼馴れる】**（下一自）物事に慣れて、じょうずになる。熟練する。become skillful

**ものによせておもいをのぶる-うた【▽寄▽物▽陳▽思歌】**『万葉集』における部立の一つ。ある事物を借りて心情を表現する歌。正述心緒歌・譬喩歌と並び相聞に属する。

**もの-の【物の】**（連体）ほんの。ちょっと。だいたい。only 用例 —五分とたたないのに。

**もの-の**（接助）《連体形に付く》思わしくない結果を導く、既定の逆接条件を示す。用例 引き受けてはみた—、気が進まない。

**もの-の-あわれ【物の哀れ】** 日本文芸の美的理念の一つ。本居宣長が『源氏物語』の性格を規定してから、平安時代の文芸の本質を把握する概念として用いられるようになる。理性と感情との調和によって生み出された、優美繊細で沈潜した情趣気分。

**もの-の-かず【物の数】** 取り立てて言うほどのこと。問題とするほどのこと。count for nothing 用例 —ではない。

**もの-の-ぐ【物の具】** ①道具。調度。②よろい。具足。

**もの-の-け【物の▽怪・物の気】** たたりをする死霊・生霊。妖怪。変化。

**もの-の-な【物の名】** 和歌や俳諧で、事物の名を意味に関係なくさりげなく詠み込むこと。また、その作品。物名。隠題。

**もの-の-ふ【物▽部・▽武▽士】** ①古代、朝廷・貴人に仕えた文官・武官の総称。②平安末・鎌倉時代以降、武芸を職能とする者。ぶし。さむらい。武人。武者。つわもの。

**もののふ-の【物▽部の】**〔枕ことば〕《「もののふ」は、上代、朝廷に仕えた者。その氏の数が多いことから》「八十」などにかかる。用例 —八十少女らが汲くみまがふ寺井の上の堅香子の花（万葉・一九・四一四三）。

**もののべ-し【物▽部氏】** 大和朝廷の有力氏族。軍事関係を担当し、大伴氏とともに代々大連に就任。仏教受容問題で受容派の蘇我氏と対立し、物部守屋が蘇我馬子らと戦って敗れ衰退。

**もののべ-の-もりや【物▽部守屋】**（？～五八七）敏達・用明天皇時代の大連。排仏を主張して、蘇我馬子と対立。用明天皇の死後、馬子らと戦って敗死。

**もの-の-ほん【物の本】** その方面のことが書いてある本。しかるべき本。book 用例 —によると。

**もの-の-みごとに【物の見事に】**（連語）非常にみごとに。excellently 用例 —完投した。

**ものは-づくし【物は尽(く)し】** ↓ものづくし（物尽くし）

**ものは-づけ【物は付け】** 雑俳で、点者の「…の物は」という課題に、答えの句を付けるもの。寛保年間（一七四一～四四年）ごろから江戸で流行。なぞづけ。

**もの-び【物日】** ①節日や祭日など、特別な行事が行われる日。古くは、商家の決算日とされた。②江戸時代、遊里での紋日。

**モノフォニー【monophony】** 一つの旋律しかもたない音楽。複数の声部であっても、各声部が同一旋律のものはモノフォニー。

**ものべ【物▽部】**〈村〉高知県北東端、徳島県境の村。四国山地の山村で、スギ・ヒノキ・ユズ・ワサビなどを産出。人口四三七二（一九八八）。

**ものべ-がわ【物▽部川】** 高知県白髪山に発し、高知平野東部をへて土佐湾に注ぐ川。長さ七一km。重要な農業用水。

**モノポール【monopole】** ↓じきたんきょくし（磁気単極子）

**もの-ほし【物干し】** 洗濯物や寝具などを乾燥させるために干す場所。物干し場。また、その設備・器具。

**もの-ほしげ【物欲しげ】**（形動）いかにもなにか欲しそうなさま。greedy 用例 —な目つき。

**ものほし-ざお【物干(し)▼竿】** 洗濯物をかけて干す竿。

**もの-ほしそう【物欲しそう】**（形動）物欲しげ。greedy

**モノポリー【monopoly】** 独占。専売。専売特許。

**モノマー【monomer】** 高分子化合物の合成の材料となる低分子の物質。一般に気体あるいは液体。単量体。

**モノマニア【monomania】** 一つの事に凝り固まって、ほかに頭の回らない人。偏執狂。

**もの-まね【物真▽似】**（名・サ変自他）①寄席演芸の一つ。鳥・獣・虫の鳴き声などを巧みにまねてみせる芸。また、その人。現在では、声色、声帯模写などもいう。mimicry ②他人の創意工夫を模倣すること。mimicry

**もの-み【物見】** ①見物。sightseeing ②斥候。scout ③見張り。watch

**ものみ-だい【物見台】** 遠くを見るために設けた高い台。

**ものみ-だか・い【物見高い】**（形）なんでも見たがる傾向がある。好奇心が強い。curious 用例 江戸っ子は—。

**ものみ-やぐら【物見▼櫓】** 見張りや偵察のためのやぐら。望楼。watchtower

**ものみ-ゆさん【物見遊山】** 催し物を見物したり、山野に行き、遊び楽しむこと。

**もの-むつか・し【物難し】** 古語（形シク）①なんとなくいとわしい。うっとうしい。用例 日の光もさやかならず、いみじう—（更級）。②なんとなく気味が悪い。用例 奥の方は暗う—と、女は思ひたれば（源氏・夕顔）。

**もの-めずらし・い【物珍しい】**（形）なんとなく珍しい。いかにも珍しい。curious 用例 —・そうに、ぞろぞろ集まってくる。派生 ものめずらしげ（形動）ものめずらしさ（名）

**もの-もう・す【物申す】**（五自）①「物を言う」の謙譲語。②案内を請う。③文句を言う。

**もの-もうで【物▼詣(で)】**（名・サ変自）神社や寺へお参りすること。参詣。物参り。

**もの-もち【物持(ち)】** ①物を長い間なくさず、壊さず持っていること。take good care of things 用例 —がいい。②金持ち。財産家。rich person

**ものもの-し・い【物物しい】**（形）①いかめしい。おごそかである。りっぱだ。imposing ②大げさだ。showy 派生 ものものしげ（形動）ものものしさ（名）

**もの-もらい【物▼貰い】** ①こじき。②まぶたの汗腺・毛包・瞼板腺に黄色ブドウ球菌が侵入して起こる炎症。学問上の名は、麦粒腫。hordeolum

**もの-やわらか【物柔らか】**（形動）穏やかなさま。しとやかなさま。gentle 用例 —な物腰で応対する。

**もの-やわらか・い【物柔らかい】**（形）穏やかだ。しとやかだ。用例 —言い回し。派生 ものやわらかげ（形動）ものやわらかさ（名）

**もの-ゆえ【物故】** 古語（接助）①既定の順接条件を表す。…なので。用例 事ゆかぬ—、大納言をそしりあひたり（竹取）。②既定の逆接条件を表す。…だけれども。用例 たが秋にあらぬ—をみなへし（古今・秋上）。

**モノラル【monaural】** レコードなどで、立体音でなく、ふつうの音を出すこと。一つのスピーカーによる放送・録音・レコードなど。モノ。対義 ステレオ。

**モノレール【monorail】** 一本のレールで車両を走行させる交通機関。車両がレールをまたぐ跨座式と、つり下がる懸垂式がある。単軌鉄道。

**モノローグ【monologue】** ①演劇で、登場人物が舞台に一人いて語る台詞。ハムレットの独白が有名。独白。比較 ダイアローグ。②《転じて》周囲の人に口を出させず、一人で長く話すこと。

**もの-わかり【物分(か)り】** 飲み込み。理解。understanding 用例 —がよい。

**もの-わかれ【物別れ】** 意見が一致しないで別れること。fail to reach an agreement 用例 交渉は—に終わった。

**もの-わすれ【物忘れ】**（名・サ変自）物事を忘れること。度忘れ。forgetfulness 用例 —がひどい。

**もの-わび・し【物▼侘し】** 古語（形シク）なんとなくうらさびしい。用例 独り寝もまめや





も

かに—・しうて(源氏・明石)。

**もの-わらい【物笑い】** 人をあざけり、笑うこと。laughingstock 用例 —の種にされる。

**もの-を**《連体形に付く》㊀(接助)逆接的な気持ちを示す。…ものだのに。用例 こうやれば成功したであろう—、不幸な結果になった。㊁(終助)強い詠嘆の意を示す。…のになあ。

**も-ば【藻場】** コンブ・ワカメやアマモ類が密生している内湾の浅い海域。魚介類が多く集まる。えさ場、外敵からの逃避場所として重要。seaweed bed

**モハーベ-さばく【モハーベ砂漠】**(Mojave Desert)アメリカ西部、カリフォルニア州南部、シエラネバダ山脈南方に続く乾燥地域。

**モハメッド-アリ【Muhammad Ali】**(一九四二—)アメリカの元プロボクシング選手。前名カシアス=クレー。一九六四年、世界ヘビー級チャンピオン。タイトルを三度奪取の記録を持つ。ムハマド=アリ。

**モハメット-きょう【モハメット教】**《Mohammedは開祖の名》↓イスラムきょう(イスラム教)

**も-はや【▾最早】**(副)今となっては。すでに。もう。already; no longer

**も-はら【▿専ら】** 古語(副)①ひたすら。もっぱら。用例 逢ふことの—絶えぬるときにこそ(古今・恋五)。②《下に打ち消しの語をともなって》全然。ちっとも。用例 —、さやらの宮仕へ仕うまつらじと思ふを(竹取)。

**もばら【茂原】**〈市〉千葉県九十九里平野南端の市。宿場・市場町として発達。天然ガスを産出、化学・電機工業などがさかん。人口七万九〇一五(一九八八)。

**も-はん【模範】** 見習うべきもの。手本。model

**もはん-ぎかい【模範議会】**(Model Parliament)一二九五年、イギリス王エドワード一世が召集した身分制議会。貴族・聖職者のほか騎士・市民両身分を加えたことから、のちの議会構成の模範とされた。

**もはん-じあい【模範試合】** すぐれた技量や型などを見せる試合。exhibition match

**モヒ** 「モルヒネ」の略。

**モビール【mobile】** ①動く彫刻のこと。アメリカの彫刻家コールダーが一九三二年に始める。針金・金属片・糸・木片などを使って平衡をとると、空気の少しの振動にも微妙に動く。②↓モービル(mobile)

**モビール-オイル【mobile oil】** 発動機のシリンダーなどに使う潤滑油。モビル油。

**モヒカン-ぞく【モヒカン族】** 北米東部の森林地帯に住むインディアンの一種族。男の毛髪をとさか状に残して剃る習慣で知られる。Machican

**モファット-トンネル【Moffat Tunnel】** アメリカ、コロラド州のロッキー山脈を横切る鉄道トンネル。長さ約一〇km。一九二八年開通。

**モフ-かんじょう【MOF勘定】**《MOFはMinister of Financeの略》大蔵大臣名義で日本銀行などに設けられた外資勘定。為替の集中にともなう政府外資受け払いの処理を目的とする。

**も-ふく【喪服】** 喪中・葬儀・法事に着る衣服。黒色・薄墨色がふつう。mourning ↓写

●喪服

**モブス【MOBS】**《multiple orbital bombardment systemの略》多数軌道爆撃システム。何度も軌道を回る攻撃衛星を、所期の時間と場所で大気圏に再突入させて核爆撃を行うもの。比較 フォブス。

**モヘア【mohair】** ①アンゴラヤギの毛。また、その織物。②梳毛織物の一種。縦に綿糸、横にアンゴラヤギの毛の糸を用いた織物。

**モヘンジョ-ダロ【Mohenjo Daro】** ハラッパーと並ぶインダス文明の都市の遺跡。パキスタンのインダス川下流西岸に位置。一九二二年発見。東西・南北に大路が通じ、下水溝も完備。住宅は煉瓦造りで、大浴場・穀物倉・集会所などの公共建築を備える。彩文土器・銅器・青銅器・土偶・装身具・印章などが出土。印章にかかれた絵文字は未解読。↓写

●モヘンジョダロ

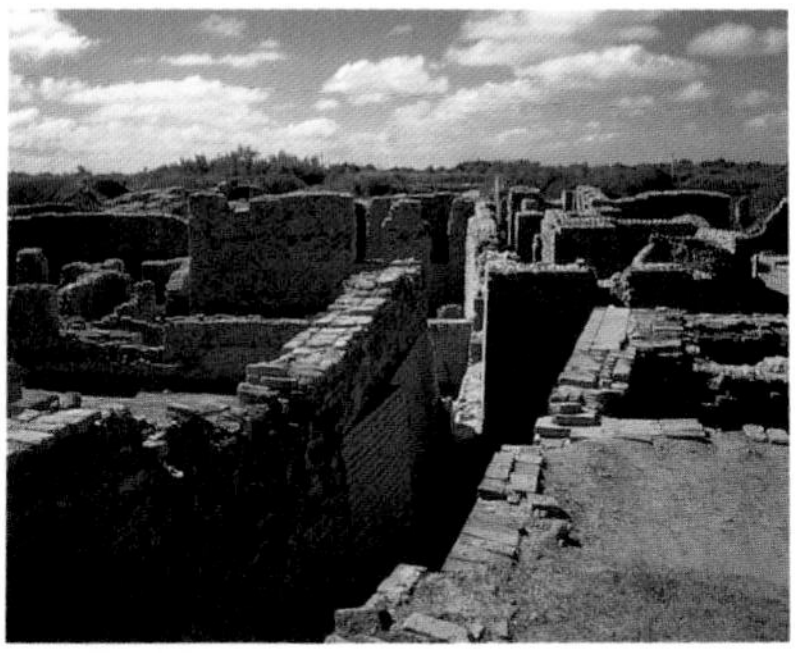

●モミ

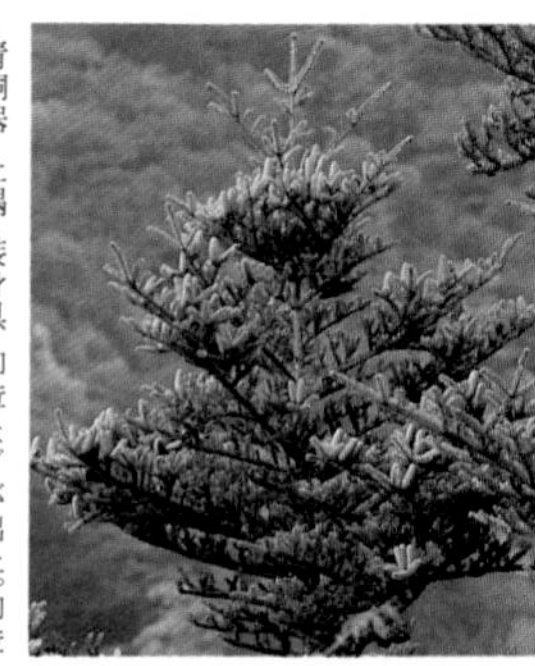

**モ-ボ**《和製語》↓モダンボーイ

**も-ほう【模倣・▾摸倣】**(名・サ変他)①似せること。まねること。imitation 対義 創造。②他人の行動や精神作用に対して同一または類似の行為をすることにより、その人間に同化していく行動様式。imitation

**もほう-げいじゅつ【模倣芸術】**《建築・工芸などに対して》絵画・彫刻のように、自然の姿を写す芸術。imitative arts

**もほう-せつ【模倣説】** 社会学で、あらゆる社会現象のもとが模倣にあると説く学説。代表的なものは、フランスの社会学者タルドの見解。imitation theory

**モホ-めん【モホ面】** 「モホロビチッチ不連続面」の略。

**モホリ-ナジ【László Moholy-Nagy】**(一八九五—一九四六)アメリカの画家・写真家・芸術理論家。ハンガリー生まれ。著作は造形理論とデザイン教育の基本書となる。著書『ザ-ニュービジョン』など。

**モホロビチッチ-ふれんぞくめん【モホロビチッチ不連続面】** 地殻とマントルの境界面。ユーゴスラビアの地震学者モホロビチッチが発見。地下数十キロメートルにあり、地震のP波の速度が急に大きくなるところ。モホ面。Mohorovičić's discontinuity ↓地球図

**も-ほん【模本・▾摸本・▾摹本】** ①模写した本。②習字・図画などの、手本。絵の下書き。粉本。

**も-また【▾亦】**(連語)《漢文で、「亦」の字を「又・復」と区別して呼ぶ語》↓また(又)

**もみ** 9画 **【▾籾】** 部首[米]こめへん 和製漢字 JIS 4466

①もみ米。もみがらがついたままの米。②もみがら。イネなどの穀物の実の外皮。

**もみ【▿紅・▿紅▿絹】** 平絹を鬱金で下染めし、紅花で上染めした紅色の絹布。現在は、酸性染料、または直接染料で染める。婦人和服の裏地。

**もみ【▾樅】** マツ科の常緑高木。本州・四国・九州の山地にはえる。幹は直立し、高さ約四〇m、径約一・八m。枝は水平に広がる。葉は線形。五月に開花し、一〇月に球果が成熟。材は建材・製紙用。クリスマスツリーにする。日本特産。オミノキ。fir ↓写

**もみ-あ・う【▾揉(み)合う】**(五自)①入り乱れて、激しく争う。jostle one another ②さかんに議論し合う。have a heated argument

**もみ-あげ【▾揉(み)上げ】** 左右の耳の前の部分に生えている毛。sideburns ↓頭図

**もみ-あらい【▾揉(み)洗い】** ↓てもみあらい(手揉み洗い)

**もみ-うら【▿紅裏】** 紅絹を女物の和服の裏地として使うこと。また、その裏地。上質品には紅花染の本紅・本紅絹などがある。

**もみ-うり【▾揉▾瓜】** ①ウリ科シロウリ(白瓜)の別名。②ウリの薄く刻んだものを塩で揉み、酢をかけたもの。うりもみ。

**もみ-がら【▾籾殻】** もみ米の外皮。もみ米を玄米にするときに出る殻。籾糠。chaff

**もみ-かわ【▾揉み革】** なめし革をもんで、やわらかくしたもの。buff

**もみ-くちゃ【▾揉みくちゃ】**《「くちゃ」は「苦茶」とも当てる》もまれて、くしゃくしゃになったようす。もみくしゃ。もみくた。crumpled

**もみ-け・す【▾揉(み)消す】**(五他)①燃えついたものを、もんで消す。crush ②不利な事件などが表面化しないように隠す。hush up

**もみ-ごめ【▾籾米】** イネの実。外皮をとる前の米。

**もみじ** 11画 **【▾椛】** 部首[木]きへん 和製漢字 JIS 1981

↓もみじ[紅葉・黄葉・栬・椛]

**もみじ【紅葉・▿黄▿葉・▾栬・▾椛】**《上代は「もみち」》①秋に植物の葉が紅変、または黄変すること。また、その葉。葉中のクロロフィルが分解し、共存していた黄色のカロチノイドが目立つのが黄葉で、紅色のアントシアンが生成するのが紅葉である。autumn tints ②カエデの通称。③シカの肉。venison ④襲の色目の名。表は紅、裏は紅梅。または、表は白、裏は紅。

**紅葉の様な手** 赤ん坊や幼児の、小さくてかわいい手の形容。lovely little hand

**紅葉を散らす** 恥ずかしさに顔を赤くする。blush

**もみじ-あおい【紅葉▾葵】** 観賞用に栽培される耐寒性多年草。高さ約二m。葉は長柄掌状で深裂。夏に、赤色の径約一五cmの大きな花が咲く。北米原産。コウショクキ。rose mallow ↓写

**もみじ-いちご【紅葉▾苺】** キイチゴの別名。

**もみじ-おろし【紅葉卸(し)】** ①赤唐辛子を加えて紅く染めた大根おろし。大根に唐辛子を刺し込んですりおろすか、ペースト状の赤唐辛子を加える。②大根おろしとにんじんおろしを混ぜたもの。

**もみじ-がい【紅葉貝】** 沿岸の砂地にすむヒトデ。星形で、腕長約八cm。灰青色から淡褐色。日本全土に分布。名前は、外形からモミジの葉にみたてたもので、ヒトデはかつては貝と考えられていた。

**もみじ-がさ【紅葉▾笠・紅葉傘】** ①まわりを白い紙で、中央を青い紙で張った雨傘。貞享ころから江戸で流行した。②キク科の多年草。山林内に群生。高さ約九〇cm。葉は掌状で五〜七裂。初秋、枝頂に管状の白色花が密集。新芽は食用。

**もみじ-からまつ【紅葉唐松】** キンポウゲ科の多年草。山地にはえる。高さ約六〇cm。葉は掌状で七〜九裂。夏に、茎頭に白色の花が多数咲く。

**もみじ-がり【紅葉狩(り)】** ㊀山野に出て紅葉を観賞すること。古代から平安時代にかけて花見とともに広く行われた行楽。㊁《紅葉狩》①能の曲名。五番目物(切能物)。観世信光作。戸隠山で、上臈姿の鬼女が本性を現して平維茂を襲うが逆に討たれる。②新歌舞伎十八番の一つ。能『紅葉狩』による歌舞伎舞踊。③長唄・荻江節・地歌・一中節などの曲名。

**もみじば-の【▿紅▿葉の・▿黄▿葉の】** [枕ことば]《上代は「もみちばの」。紅葉が散る意から》「移る・過ぐ」などにかかる。用例 沖つ藻の靡きし妹は—過ぎて去にきと玉梓の使の言へば(万葉・二・二〇七)。

**もみじやま-ぶんこ【紅葉山文庫】** 徳川将軍家の図書館。慶長七年(一六〇二)徳川家康が設けた富士見亭文庫を、寛永一六年(一六三九)江戸城内の紅葉山に移蔵。現在

●モミジアオイ

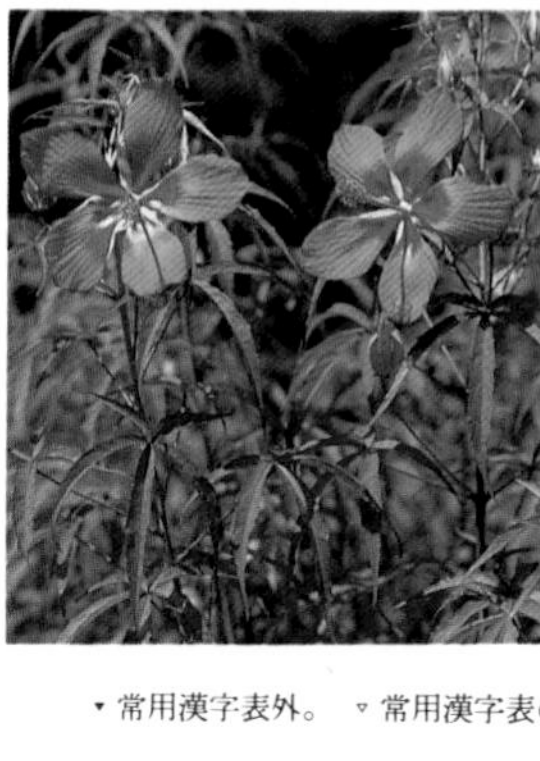

は宮内庁書陵部と国立公文書館内の内閣文庫とに分蔵。

**もみ・ず**【▽紅▽葉ず・▽黄▽葉ず】古語（上二自）《上代は「もみつ」で四段活用》草木の葉が変色して、紅または黄にかわる。用例 つひに—・ぢぬ松も見えけれ（古今・冬）。

**もみ-すり**【▼籾▼摺り】もみ米を臼ですり、玄米ともみ殻とを分ける操作。現代では、籾摺り機を用いる。hulling rice

**もみすり-き**【▼籾▼摺(り)機】乾燥したもみをすってもみがらを飛ばし、玄米にする機械。huller

**もみ-だ・す**【▼揉(み)出す】（五他）①もんで外に出す。squeeze out 用例 汚れを—。②もみはじめる。begin to squeeze

**もみ-た・てる**【▼揉(み)立てる】（下一他）①激しくもむ。crumple ②せきたてる。いらだたせる。irritate

**もみ-で**【▼揉み手】両手の指を互いにもむようにすること。頼み・弁解・謝罪などのさいの手つき。rubbing one's hand

**もみ-ぬか**【▼籾▼糠】籾殻。

**もみのきはのこった**【▼樅の木は残った】山本周五郎の時代小説。昭和二九～三一年（一九五四～五六）発表。伊達騒動の原田甲斐を忠臣として新解釈、その人間性と苦悩を描く。

**もみ-のり**【▼揉み▽海▼苔】海苔をあぶり、もんで細かくしたもの。

**もみ-りょうじ**【▼揉み療治】マッサージ。

**も・む**【▼揉む】（五他）①肩などの筋肉を、つかむように、繰り返し力を加えて、やわらかにする。massage ②茶を両手で持って、すり合わせて、やわらかにする。rub ③紙を手のひらの間で、すり合わす。crumple ④きりを手のひらの間にはさんで、すり合わす。よるようにする。drill ⑤大勢が、からだを強く触れあう。jostle 用例 人込みに—・まれる。⑥大勢の中で鍛えられる。give training 用例 社会に出て—・まれる。⑦大勢で議論する。debate hotly 用例 審議が紛糾して—・みに—。⑧いらだつ。もだえる。be in agony 用例 悲しみに身を—。

**気を揉む** あれこれと心配する。be anxious

**モムゼン**【Theodor Mommsen】（一八一七～一九〇三）ドイツの歴史家。近代ローマ史学の基礎を確立。自由主義の立場からビスマルクの政策を攻撃、一時教壇を追われた。一九〇二年ノーベル文学賞受賞。著書『ローマ史』『ローマ国法』など。

**もめ**【▼揉め】争い。もめごと。trouble 用例 内輪—。

**もめ-ごと**【▼揉め事】ごたごた。争い。trouble

**も・める**【▼揉める】（下一自）①ごたごたが起きる。have trouble ②そわそわして落ち着かない。

●モモ①
花モモ 矢口
花モモ 菊桃
花モモ 源平枝垂
白桃
雄鳳
倉方早生

**気が揉める** ↓き（気）

**も-めん**【木綿】①綿の種子の表面に着生する繊維。丈夫で水ぬれに強く弾力性・吸湿性・保温性に富む。ふとんなどに入れる。木綿わた。きわた。めん。コットン。cotton ②「木綿糸」の略。③「木綿織り」の略。

**もめん-いと**【木綿糸】綿花をつむいだ糸。また、それを何本かより合わせた糸。綿糸。cotton thread

**もめん-おり**【木綿織(り)】綿糸でつくった織物。綿布。木綿。cotton cloth

**もめん-づる**【木綿▼蔓】マメ科の多年草。茎は倒れて伸び、先端はたち上がる。高さ約五〇cm。葉は奇数羽状複葉。夏に、黄白色の蝶形花が総状に葉腋につく。

**モメント**【moment】↓モーメント

**もめん-どうふ**【木綿豆腐】にがりを加えて固めた豆乳を、穴のあいた箱に木綿布を敷いて入れ、軽く押しをして水気を切って作った豆腐。布目が豆腐の表面についているのが特徴。

**もめん-はば**【木綿幅】木綿織りの幅。小幅。並幅。約三六cm。

**もめん-ばり**【木綿針】和裁の手縫い用の針（和針）のなかで、木綿用の太めの針。

**もも**【▽百】①ひゃく。また、数が多いこと。②《接頭的》名詞の上につけて、数が多いことを表す。用例 —千鳥。

**もも**【▼股・▼腿】足の、ひざがしらの上から付け根までの部分。thigh ↓足図

**股を割いて腹に充たす** やみくもに自分の利益を図り、かえって自分が倒れるたとえ。

**もも**【桃】①バラ科の落葉果樹。高さ三～四m。葉は披針形～長楕円形。春、五弁の白・淡紅色の花を開く。果実は球形、果肉の色は白・黄・赤。ハナモモは、花木として観賞用に植栽。中国原産。peach ②《形が桃の実に似ている》ワタの実。cotton seed ③紋所の名。桃の実をかたどる。↓写

**桃栗三年、柿八年** 芽生えてから、桃と栗は三年、柿は八年たって実を結ぶということ。何事も、時期が来なくてはできないというたとえ。

**ももいし**【▽百石】〈町〉青森県南東部、太平洋に臨む町。農業の町だが、八戸・三沢市に接し通勤者も多い。人口一万五（一九八）。

**もも-いろ**【桃色】①桃の花のような淡い赤色。pink ②男女の、性に関したことにいう語。erotic 用例 —遊戯。③《俗語》やや左翼的であること。

**ももいろ-さんご**【桃色▼珊▼瑚】淡紅色をした装飾用サンゴ。高さ約一m。他の装飾用サンゴ（シロサンゴ・アカサンゴ）よりも深所の岩礁に生育する。上質の細工物に使われ、美しく高価。四国沖・九州西部・小笠原などが主産地。

**もも-しき**【▽百敷・▽百▼磯▽城】古語《枕ことば「ももしきの」から転じた語》宮中。皇居。用例 山川の音にのみ聞く—を（古今・雑下）。

**ももしき-の**【▽百敷の・▽百▼磯▽城の】〔枕ことば〕《多くの石や木で造った御所の意から》「大宮」などにかかる。用例 春草の繁く生ひたる霞立ち春日の霧れる—大宮処見れば悲しも（万葉・一・二九）。

**もも-じり**【桃▼尻】《桃の実が丸くてすわりの悪いことから》乗馬が下手でくらにしりが据わらないこと。

**ももぞの-てんのう**【桃園天皇】（一七四一～六二）第一一六代天皇（在位一七四七～六二）。名は遐仁。桜町天皇の第一皇子。

**ももた-そうじ**【▽百田宗治】（一八九三～一九五五）詩人。大阪市生まれ。民衆詩派の代表詩人。平明な口語自由詩で日常生活や労働の喜びをうたった。詩集『最初の一人』『ぬかるみの街道』など。

**もも-だち**【▼股立(ち)】袴の腰部の左右両側のあきを縫い止めたところ。

**股立ちを取る** 股立ちをつまみあげ、帯や腰のひもに挟む。活動しやすい状態にするために行う。

**もも-たまな** シクンシ科の半落葉性の高木。小笠原・沖縄などの熱帯海岸にはえる。高さ約一五m。卵形の葉は秋に紅葉。夏に、穂状に淡緑白色の小花が咲く。街路樹のほか、材は建材、樹皮はタンニン原料。コバテイシ。

**もも-たらず**【▽百足らず】〔枕ことば〕《百に足りない数の意から》「八十」などにかかる。用例 —八十の衢に夕占にも卜にもそ問ふ死ぬべきわがゆゑ（万葉・一六・三八一一）。

**ももたろう**【桃太郎】昔話の一つ。桃から生まれた桃太郎が、犬・猿・雉を家来にして、鬼ケ島の鬼を退治し、財宝を得るという話。また、その話の主人公の名。

**もも-づたう**【▽百伝う】〔枕ことば〕《数えていって百に達する数の意から》「八十」などにかかる。用例 —八十の島廻を漕ぐ船に乗りにし心忘れかねつも（万葉・七・一三九九）。

**ももて-まつり**【▽百手祭(り)】正月や春秋の祭礼時に行われる的射の行事。百手神事。

**もも-とせ**【▽百▽歳・▽百▽年】①一〇〇年。a hundred years ②たいへん長い年月。hundreds of years

**もも-にく**【▼股肉】食肉の部位の名称。枝肉をカットしたときのもも部分の肉。柔らかいが少し筋がある。

**もものい-こうわかまる**【桃井幸若丸】（生没年未詳）幸若舞の祖とされる。名は直詮。幸若丸は幼名。南北朝期の武将桃井直常の孫。越前の人。曲舞などの曲節を採り入れ、軍記物などに節付けして幸若舞を創始。

**もものい-しゅんぞう**【桃井春蔵】（一八二五～八五）幕末の剣客。沼津の人。鏡心明智流桃井氏の養子となり、四代目春蔵を襲名。千葉周作・斎藤弥九郎と並び称された。

**もも-の-せっく**【桃の節句】↓ひなのせっく（雛の節句）

**もも-ひき**【▼股引(き)】足にぴったりするズボン形の衣服。江戸時代から職人・農民などが着用した。現在はメリヤス地の防寒用下着が多い。パッチ。ズボン下。

**ももやま**【桃山】京都市伏見区にある地区。地名は豊臣秀吉築城の伏見城跡に多くの桃の木が植えられたことによる。明治天皇の桃山御陵がある。

**ももやま**【桃山】〈町〉和歌山県北西部、和歌山平野西縁の町。県下有数の桃の産地で、果樹苗木・花卉も産出。人口九二五五（一九八）。

**ももやま-じだい**【桃山時代】豊臣秀吉が全国統一支配をなしとげた時代。天正一〇年（一五八二）本能寺の変以後、慶長三年（一五九八）秀吉が死去するまで、または同五年（一六〇〇）の関ケ原の戦いまで。秀吉の築いた伏見城の地を桃山と呼んだところからの呼称。

**ももやま-ぶんか**【桃山文化】一六世紀末、豊臣秀吉の時代の文化。都市豪商を中心とした民衆文化。絢爛豪華さが特色。安土桃山文化。

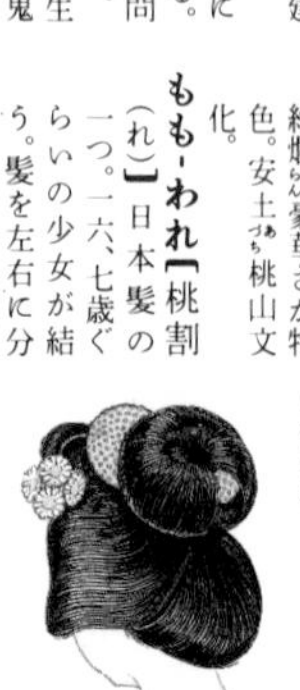
●桃割れ

**もも-われ**【桃割(れ)】日本髪の一つ。一六、七歳ぐらいの少女が結う。髪を左右に分けて束ね、後頭上部で輪を作る。明治・大正期に流行。↓図

**ももんが**【▼鼯▼鼠】リス科の齧歯類。体長約一八cm。ムササビに似て、飛膜を広げて滑空

●モモンガ

する。目が大きい。山林にすみ夜行性。本州・九州に分布。flying squirrel →写

**ももんがあ** 着物をかぶり、ひじを張って、ムササビのまねをすること。子どもを脅すいたずら。

**ももんじ-や【ももんじ屋】**《「ももんじ」はイノシシやシカなどのこと》江戸時代にイノシシやシカなどの獣肉を専門に売った店。

**もや【▼靄】** 空気中に浮かんでいる煙霧の粒子に水蒸気が凍りついた状態。霧と煙霧の中間の状態。水平の視程距離は一㎞以上。mist 比較かすみ。

**も-や【▽母屋・▽身屋・▽身▽舎】** ①家屋の主体となる部分。庇に対していう。対義庇。②家人の住まいにする家。おもや。本屋。main house ③小屋組みで、棟および軒げたに平行して垂木を受ける横木。purlin →神社建築図 →民家図 →和風住宅図

**も-や** 古語(連語) ①《係助詞「も」に間投助詞「や」の付いたもの》強い感嘆の意を表す。…まあ。…よ。用例われは―安見児得たり皆人の(万葉・二・九五)。②《係助詞「も」に係助詞「や」の付いたもの》疑い危ぶむ意を表す。…かもしれない。用例忘れ草枯れ―すると(古今・恋五)。

**もやい【▽催▽合い・▽最▽合い】** 村仕事などを協力して行ったり、共同生産したものを共有、また分配すること。共同。共有。共同生産。

**もやい-ぶね【▼舫い船】** ①つないである船。boat moored to the shore ②互いにつなぎ合わせている船。boats moored to each other

**もや・う【▼舫う】**(五他) ①船と船とをつなぎ合わせる。moor ②船をつなぎとめる。moor

**もや・う【▼靄う】**(五自) もやがかかる。もやる。be covered with mist

**もやし【▼萌やし・▼糵】** 人為的に日光を遮断し、発芽させた米・麦・豆類・野菜類などの若芽。ビタミンCに富む。いため物・漬物などに用いる。bean sprouts

**もや・す【燃やす】**(五他) ①火をつけて炎を立てる。燃えるようにする。燃す。たく。burn 用例紙を―。②感情を高まらせ、積極的な行動に出ようとする。burn with 用例意欲を―。

**もや-もや** 一(副・サ変自) ①煙などが、薄く立ちのぼるさま。hazy ②気持ち・態度がはっきりしないさま。unclear ③情欲の起こるさま。have an itch ④草や毛が生え茂っているさま。二(名) わだかまり。ill feelings

**もやもや-びょう【もやもや病】** 脳底部に異常血管網を示す疾患。小児では片麻痺・言語障害・意識障害などの症状を示し、成人ではクモ膜下出血として発病する。ウィリス動脈輪閉塞症。

**もや・る【▼靄る】**(五自)《「もや」の動詞化》もやが立ちこめる。haze 用例むこう岸が―・っている。

**も・ゆ【▼萌ゆ】** 古語(下二自) →もえる(萌える)

**も・ゆ【燃ゆ】** 古語(下二自) →もえる(燃える)

**もよい【▽催い】**(接尾) そのきざしが見えることを表す。用例雨―。

**も-よう【模様】** ①衣服、その他のものに、装飾的意味や変化を与えるためにつけた図形。文。紋様。柄。pattern ②ありさま。ようす。look

**もよう-あみ【模様編(み)】** 編み物で、模様を作り出す編み方の総称。透かし模様・編み込み模様などがあり、これらを二つ以上組み合わせることもある。pattern stitch knitting

**もよう-がえ【模様替え】**(名・サ変他) 物事の方法・順序、室内の調度などを替えること。rearrangement

**もよう-びゆ【模様▼莧】** テランセラの別名。

**もよう-ふぐ【模様▽河▽豚】** フグ科の海水魚。体長約五〇㎝。幼魚と成魚の体色は著しく異なる。成魚は白地で、全身に多数の黒点と小さな棘があり、卵巣と皮に毒がある。本州中部以南から、太平洋・インド洋に分布。

**もよおし【催し】** ①くわだて。計画。plan ②きざし。sign ③古語促すこと。用例―ばかりの言を添ふるになし侍らむ(源氏・澪標)。

**もよおし-もの【催し物】** 公演・演芸・展示などの行事。イベント。event

**もよお・す【催す】** 一(五自他) ①(自)㋐起ころうとする。きざす。feel 用例吐き気を―。㋑便意が起こる。②(他)くわだてる。行う。hold 用例送別会を―。二古語(四他) ①せきたてる。促がす。用例船とくこげ、日のよきにと―・せば(土佐)。②召集する。用例侍ども―・せ(平家・二・西光被斬)。

**も-より【最寄り】** 手近。近所。nearby

**もより-ひん【最寄(り)品】** 消費者が一般の商店で頻繁に購入する日用品。convenience goods

**モヨロ-かいづか【モヨロ貝塚】** 北海道網走市の網走川河口で発掘されたオホーツク文化の遺跡。貝塚・住居址・墓などが出土。

**モラール【morale】** 士気。志気。勤労意欲。集団のメンバーが、業務の遂行に対してもつ意欲や自発的意志。

**モラール-サーベイ【morale survey】** 労務管理を改善するために、従業員の労働意欲や仕事と会社に対する意識・態度を調査すること。また、その技法。

**もらい【▼貰い】** もらうこと・もの。祝儀・布施など。alms 用例あわてるこじきは、―が少ない。

**もらい-う・ける【▼貰い受ける】**(下一他) よそからもらって、自分のものにする。get; be given

**もらい-ご【▼貰い子】** 他人の子をもらって養育すること。また、その子。現在は民法七二七条によって養子縁組みという形をとる。養子。養女。adopted child

**もらい-さげ【▼貰い下げ】** 警察などに留置されている者を、身元を保証して引き取ること。

**もらい-ぢち【▼貰い乳】** 生母以外の女性に授乳してもらうこと。人工栄養法が発達する前は、各地で広く行われていた。もらいぢち。

**もらい-ちち【▼貰い乳】** →もらいぢ(貰い乳)

**もらい-て【▼貰い手】** もらい受ける人。receiver 対義くれ手。

**もらい-どし【▼貰い年】** 厄年の人が災厄から逃れるために、実際の年齢より多い年齢を称すること。また、その余分の年数。

**もらい-なき【▼貰い泣き】**(名・サ変自) 人の泣くのにつられて泣くこと。cry in sympathy

**もらい-び【▼貰い火】** ①燃え移ってきた火事。類焼。catch fire ②もらってきた火種。

**もらい-ぶろ【▼貰い風▼呂】** 他家の風呂に入れてもらうこと。もらい湯。

**もらい-みず【▼貰い水】** よそから水をもらうこと。その水。

**もらい-もの【▼貰い物】** 人からもらった物。到来物。present

**もらい-ゆ【▼貰い湯】** 人の家の風呂に入れてもらうこと。もらいぶろ。

**もら・う【▼貰う】** 一(五他) ①与えられたり、贈られたりして、自分のものにする。get 対義やる・くれる。用例時計を―。手紙を―。②自分の身に受ける。用例大めだまを―。③引き受ける。undertake 用例そのけんかはおれが―・った。④家族の一員として迎える。adopt 用例嫁を―。⑤自分の責任でなく、ひきおこす。うつされる。catch 用例学校から風邪を―・ってくる。⑥買う。buy 用例これを―。二(補動)《「…してもらう」の形で》①人の動作から利益を受ける。get … to do 用例書いて―。読んで―。②人の行為を期待する。用例たくさん勉強して―・おう。

**貰う物は夏も小袖** もらう物なら、時期はずれのものでもなんでもかまわない。Half a loaf is better than no bread.

**モラエス【Wenceslao de Moraes】**(一八五四～一九二九) ポルトガルの日本研究家。日本に帰化し徳島で没。著書『日本精神』『徳島の盆踊』など。

**もら・す【漏らす・▼洩らす】**(五他) ①漏れるようにする。こぼす。leak ②秘密を知らせる。leak 用例情報を―。leak ③思っていることを口に出す。express 用例本心を―。④落とす。取り逃がす。用例細大―・さず書きとる。

**モラティン【Leandro Fernández de Moratín】**(一七六〇～一八二八) スペインの劇作家。喜劇『娘たちのハイ』など。

**モラトリアム【moratorium】** ①恐慌・戦争・天災などの非常時に、国家が債務の支払いを一定期間延期し猶予する応急措置。また、その期間。信用機構の全面的崩壊を防ぐことが目的。支払猶予。②自発的に実施を一時中止すること。核実験の停止や原子力発電所の設置停止措置などについていう。③心理学で、人間が成長して、なお社会的義務の遂行を猶予される期間。青年期にみられる。

**モラトリアム-にんげん【モラトリアム人間】** いつまでもモラトリアム(猶予期間)の状態に踏みとどまって、実社会に同化できないでいる若者たち。一九六〇～七〇年代に見られるようになった。

**モラバ【Morava】** チェコスロバキア中央部、ドナウ川の支流モラバ川の上・中流域の地方。農業・皮革工業などがさかん。モラビア。

**モラバ-がわ【モラバ川】**(Morava) ユーゴスラビア東部、セルビア地方の川。長さ二四〇㎞。ドナウ川の一支流。べリカ(大)モラバ川。

**モラバ-がわ【モラバ川】**(Morava) チェコスロバキア中部、ズデーデン山脈からモラバ地方を南に流れてドナウ川に合流する川。長さ三五〇㎞。マルク川。

**モラビア** →モラバ

**モラビア【Alberto Moravia】**(一九〇七～ ) イタリアの小説家。リアリズムを基盤にするが、長編では心理主義的な手法も加味される。小説『無関心な人びと』『ローマの女』『軽蔑』など。

**モラリスト【moraliste フランス】** ①道徳的な人。②フランス文学で、人間の風俗・性向を観察し、心理を洞察して記す文筆家。一般に同傾向をもつ作家たちをひろく含めていう。モンテーニュ・ラ＝ロシュフーコー・ラ＝ブリュイエールらが代表的。

● モリアオガエル

**モラル【moral】** ①道徳。倫理。②生き方についての考え・態度。道義。比較モラール。用例―に欠ける。

**モラル-ハザード【moral hazard】** 預金保険制度・損害保険制度の充実が、かえって利用者に損害に対する不注意や無関心を起こさせることによる危険。

**モラル-マジョリティー【Moral Majority】** 道徳的多数派。一九七九年に設立されたアメリカの保守的なキリスト教徒の政治団体。

**モラレス【Luis de Morales】**(一五一〇ごろ～一五八六ごろ) スペインの宗教画家。神秘的作品を描き、エル＝グレコの先駆的存在。作品『聖母子像』など。

**モランディ【Giorgio Morandi】**(一八九〇～一九六四) イタリアの画家。静物を題材とした瞑想的な作風が特色。キリコらと形而上絵画を推進。

**もり【守(り)】** ①番をしてまもること・人。keeper 用例島―。②子守。baby-sitting; baby-sitter 用例―をする。

**もり【盛り】** ①盛ること。盛った程度・量。helping 用例―がよい。②「もりそば」の略。用例―を二枚食べる。

**もり【漏り】** ①水が漏ること。leak ②雨漏り。leak

**もり【森・▼杜】** ①木が集まって茂っている所。forest 用例木を見て―を見ず。―の都。②神社の境内にある木立ち。forest 用例鎮守の―。

**もり【▼銛】** 槍状の漁具。マグロ・カジキ・クジラなどを刺してとる。手で投げる銛と、捕鯨砲などで飛ばす銛がある。harpoon

**もり【森】**〈町〉北海道南部、渡島半島東岸、駒ケ岳北西麓の町。タラ・エビ中心の漁業と農業の町で、かつてニシンの漁場としても知られた。人口一万七二五九(一九八八)。

**もり【森】**〈町〉静岡県南西部、袋井市の北にある町。旧宿場町。農業中心で、山間部は良質の茶・シイタケの栽培地。次郎柿の産地としても知られる。人口二万一〇八八(一九八八)。

**もり-あおがえる【森青▼蛙】** 山地にすむアオガエル科のカエル。体長雌六～九㎝、雄五～七㎝。緑色で暗褐色斑がある。指先に吸盤が発達し木登りが巧み。五～六月に水辺の木の枝に泡状の卵塊を産む。本州・四国・九州に分布。→写

**もり-あが・る【盛(り)上がる】**(五自) ①積み重なって山のようになる。rise ②下からふくれ上がる。rise ③内側からさかんになる。高まる。rise 用例世論が―。

▼常用漢字表外。 ▽常用漢字表の音訓外。

**もり‐あ・げる【盛(り)上げる】**(下一他) ①高く盛る。盛って高くする。pile up ②気持ちや雰囲気などが高まるようにする。encourage

**もり‐あざみ【森▼薊】** ゴボウアザミの別名。根はヤマゴボウとよばれ食用。

**もり‐ありのり【森有▽礼】**(一八四七〜八九) 政治家。鹿児島生まれ。英米に留学。明六社を設立。日本初代の文相として近代日本の教育制度の基礎を確立。国粋主義者に暗殺された。

**もり‐ありまさ【森有正】**(一九一一〜七六) 哲学者。東京生まれ。東大卒。東大助教授を辞してフランスに定住。著書に、デカルトの研究書のほか、思索的で抒情に富むエッセー『バビロンの流れのほとりにて』『流れのほとりにて』『遥かなノートルダム』など。

**もり‐あわ・せる【盛り合(わ)せる・盛合(わ)せる】**(下一他) 一つの入れ物に、違ったものを合わせてもる。assort

**もり‐いのしし【森▼猪】** 中央アフリカにすむ大形のイノシシ科の動物。肩高約八〇㎝。深い森林にすみ夜行性で、二〇世紀に発見された。giant forest hog

**モリエール【Molière】**(一六二二〜七三) フランスの喜劇作家・俳優。本名ジャン=バティスト=ポクラン。コルネイユ・ラシーヌとともにフランス古典劇を代表する。喜劇を根本から革新し、奇癖や悪徳を風刺的に描きつつ、人間味と生命あふれる典型的人物を創造した。喜劇『タルチュフ』『ドン=ジュアン』『ミザントロープ』『守銭奴』『女学者』など。

**もり‐おうがい【森▼鷗外】**(一八六二〜一九二二) 小説家・翻訳家・評論家・軍医。本名、林太郎。別号、観潮楼主人。島根県生まれ。東大卒。ドイツ留学後、陸軍軍医総監・帝室博物館総長などを歴任。雑誌『しがらみ草紙』『スバル』などにより活躍。近代日本文学の確立に貢献した明治・大正の代表的文学者。翻訳『即興詩人』『ファウスト』、小説『舞姫』『青年』『雁』『阿部一族』『高瀬舟』、史伝『渋江抽斎』など。↓写

●森鷗外

**もりおか【盛▼岡】**〈市〉 岩手県中部、北上川・雫石川・中津川の合流点に位置する市。県庁所在地。南部氏の盛岡城(=不来方城)の城下町として発達。東北新幹線・東北自動車道が通る交通の要地。南部鉄器や牛馬の市でも知られる。人口二三万七六二一(一九八八)。

**もり‐かいなん【森▼槐南】**(一八六三〜一九一一) 漢詩人。名は公泰。名古屋生まれ。絢爛華麗な修辞はわが国独歩と称され明治漢詩壇の第一人者。著書『唐詩選評釈』、漢詩集『槐南集』など。

**もり‐かえ・す【盛(り)返す】**(五他) 一度衰えた勢いを、元どおりさかんにする。挽回する。rally

**もり‐がし【盛(り)菓子】** 器物に山盛りにした菓子。神仏の前に供える。

**もりかわ‐きょりく【森川許▽六】**(一六五六〜一七一五) 江戸前期の俳人。名は百仲。彦根藩士。蕉門十哲の一人。晩年の芭蕉に師事、蕉風理念の伝承に活躍。俳文選集『本朝文選(風俗文選)』編、俳論『俳諧問答』など。

**もり‐きり【盛(り)切り】** 一度盛って入れただけで、お代わりのないこと・もの。もっきり。用例——飯。

**もりぐち【守口】**〈市〉 大阪府中部、大阪市の北東に接する市。京街道の宿場町として発達。大阪市の衛星都市で、電気機器工業がさかん。人口一五万七五一四(一九八八)。

**もりぐち‐だいこん【守口大根】** ダイコンの一品種。根は白色で細長く一m以上。肉が硬く、もっぱら奈良漬けに使用。大阪府守口が原産であるが、いまは岐阜が主産地。ナガダイコン。↓ダイコン図

**もり‐こ・む【盛(り)込む】**(五他) ①食べ物を器に入れる。盛って中に入れる。serve ②いっしょに組み入れる。含ませる。incorporate into 用例要求を——。

**もり‐ころ・す【盛(り)殺す】**(五他) ①毒を飲ませて殺す。②薬の調合をまちがえて、病人を死なす。

**もり‐コンツェルン【森コンツェルン】** 昭和初期に森矗昶によって創設された新興財閥。昭和電工・日本冶金工業などを中心とする企業グループ。第二次大戦後解体され、芙蓉グループに加わった。

**もりさだまんこう【守▽貞漫稿】** 江戸時代の風俗書。喜田川守貞著。嘉永六年(一八五三)成稿。全三四巻。明治四一年(一九〇八)『類聚近世風俗志』の名で刊行。嘉永年間(一八四八〜五四)における江戸・京都・大坂の庶民風俗を記述。

**もり‐じお【盛(り)塩】** 神前・かまど前・門口などに盛った塩。また、塩を盛ること。料亭・寄席などにも見られる。浄めの力があるといわれる。盛り花。

**もりしげ‐ひさや【森▽繁久▼弥】**(一九一三〜) 俳優。大阪生まれ。早大中退。映画・演劇・テレビに軽妙多彩な芸を発揮。森繁劇団主宰。

**もりした‐ようこ【森下洋子】**(一九四八〜) バレリーナ。広島県生まれ。本姓、清水。世界的に活躍する代表的舞踊家。松山バレエ団所属。

**もり‐しゅんとう【森春▼濤】**(一八一九〜八九) 幕末・明治初期の漢詩人。本名、魯直。槐南の父。尾張の人。遺稿『春濤詩鈔』など。

**モリス【William Morris】**(一八三四〜九六) イギリスの詩人・工芸家・社会改良家。詩作活動のほか、装飾美術の普及に貢献した。晩年にケルムスコット印刷所を創立。政治活動にも従事。叙事詩『地上楽園』など。

**モリス【Wright Morris】**(一九一〇〜) アメリカの小説家。田舎町の人間の情熱と哀歓を描く。作品『視野』『火の説教』など。

**モリス‐ダンス【Morris dance】** イギリスの民俗舞踊で、豊穣祈願の仮装舞踊。二拍子または四拍子の伴奏。

**もり‐ずな【盛(り)砂】** 貴人をむかえるときなどに、車寄せの左右に高く盛った砂。たてずな。

**もり‐すみお【森澄雄】**(一九一九〜) 俳人。兵庫県生まれ。九大卒。俳誌『寒雷』同人。『杉』主宰。句集『雪櫟』『鯉素』、評論『森澄雄俳話百題』など。

**モリゾ【Berthe Morisot】**(一八四一〜九五) フランスの女流画家。印象派との交流により、繊細で情趣豊かな主題を明るい色彩で描く。作品『ゆりかご』など。

**もり‐そせん【森▼狙仙】**(一七四七〜一八二一) 江戸後期の画家。名は守象。大坂に住む。狩野派・円山四条派を学び、独自の画風を開く。サルの図で名高い。作品『群猿図』『竜鹿図』など。

**もり‐そば【盛(り)▼蕎▽麦】** ゆでたそばを蒸籠に盛りつけたもの。辛口のつゆをつけて食べる。もり。対義かけそば。

**モリソン【George Ernest Morrison】**(一八六二〜一九二〇) イギリスのジャーナリスト。『ロンドンタイムズ』北京駐在員。在任期間中に収集した極東関係図書はモリソン文庫として知られ、東洋文庫の母体となった。

**モリソンごう‐じけん【モリソン号事件】** 天保八年(一八三七)徳川幕府がアメリカ船モリソン号を砲撃した事件。日本の漂流民を送還し、通商を求めて来航した同船を浦賀と鹿児島で撃退。

**もりた【森田】**〈村〉 青森県西部、弘前市の北西に接する村。稲作のほかリンゴ・ニンニク栽培がさかん。人口五五三一(一九八八)。

**もりた‐かんや【守田勘▼弥】** 歌舞伎俳優および守田座(森田座)座元名。屋号、喜の字屋。現在一四世まで。一〇世まで「森田」。一二世(一八四六〜九七)は明治期の大興行師。守田座を新富座と改称。歌舞伎俳優の社会的地位の向上に貢献。一三世(一八八五〜一九三二)は大正期の名優。新作物や翻訳劇にも活躍。文芸座をおこす。一四世(一九〇七〜七五)は江戸系の二枚目。

**もり‐だくさん【盛(り)沢山】**(形動) ①たくさん盛り込んであるさま。a lot of ②分量が多いさま。内容が豊かなさま。

**もりたけ【守▽武】** ↓あらきだもりたけ(荒木田守武)

**もりた‐ざ【森田座】** 歌舞伎劇場。江戸三座の一つ。万治三年(一六六〇)森田太郎兵衛が木挽町に創設。守田座を経て、明治五年(一八七二)新富町に移り、同八年新富座と改称。関東大地震で焼失。

**もりた‐しけん【森田思軒】**(一八六一〜九七) 翻訳家・新聞記者。岡山県生まれ。本名、文蔵。慶応義塾に学ぶ。新旧過渡期の文体で、『十五少年』などベルヌや、ユゴーの作品を翻訳。

**もりた‐そうへい【森田草平】**(一八八一〜一九四九) 小説家。本名、米松。岐阜県生まれ。東大卒。夏目漱石に師事。翻訳も多い。作品『煤煙』『輪廻』『細川ガラシャ夫人』など。

**もりた‐たま【森田たま】**(一八九四〜一九七〇) 随筆家。札幌生まれ。森田草平に師事。日常生活を繊細な感覚と柔軟な知性でとらえた。著書『もめん随筆』など。

**もり‐た・てる【守(り)立てる】**(下一他) ①まもり育て上げる。bring up ②助けて高い地位につかせる。support 用例幼君を——。③再興する。rally 用例旧家を——。

**もりた‐りょうほう【森田療法】** 森田正馬によって創唱された神経症の独自な治療法。作業療法を主体とし、あるがままの自分を受けいれる態度を体得させる。

**もりちか‐うんぺい【森近運平】**(一八八一〜一九一一) 明治の社会運動家。岡山県生まれ。平民社に入り社会主義運動に参加。『大阪平民新聞』を創刊。大逆事件で刑死。

**もり‐つ・ける【盛(り)付ける】**(下一他) 料理を皿などに盛って、きれいにまとめる。dish up

**もり‐つち【盛(り)土】**(名・サ変自) 土を盛って高くすること。その土。fill

**もり‐つばめ【森▼燕】** ツバメに似た黒っぽい鳥。全長一八㎝前後。森にすみ、空中で昆虫を捕食。東南アジア・オーストラリアに分布。white-breasted woodswallow

**もり‐つぶ・す【盛(り)▼潰す】**(五他) 酒をたくさん飲ませて、正体を失わせる。

**もりなが‐しんのう【▽護▽良親王】**(一三〇八〜三五) 後醍醐天皇の第一皇子。倒幕をはかって勤王軍を組織。建武政権で征夷大将軍、のち足利尊氏により鎌倉に幽閉され、足利直義の臣により殺害された。大塔宮。もりよししんのう。

**もりなが‐せいか【森永製菓(株)】** 大手の総合製菓会社の一つ。森永グループの中心。明治四三年(一九一〇)設立。

**もりのうた【森の歌】**《原題Pesn' desakh ロシア》 ショスタコービチ作曲のオラトリオ。植林事業を主題とする。一九四九年作。ドルマトフスキーの詩による。

**もりのせいかつ【森の生活】**《原題Walden, or Life in the Woods》アメリカの思想家ソローのエッセー。一八五四年刊。ウォールデン湖畔の森での二年余の思索と自然観照の生活の記録。

**もり‐ばな【盛(り)花】** ①華道の様式の一つ。水盤・かごなどの中に剣山を使い、多くの花を盛るように入れる生け方。瓶華とともに、二〇世紀初め小原雲心によって始められた。自然の尊重、自然の再現が特徴。比較投げ入れ花。②盛り塩。

**もり‐はなえ【森▽英恵】**(一九二六〜) 服飾デザイナー。島根県生まれ。東京女子大卒。東洋調を生かしたモチーフで世界的に有名。

**モリブデン【Molybdän ドイツ】** 金属元素。記号Mo 原子番号四二。原子量九五・九。比重一〇・二。光沢のある銀白色で硬い。モリブデン鋼・不銹鋼などのほか、電気接点用材料・顔料・触媒などに使用。水鉛。molybdenum

**モリブデン‐こう【モリブデン鋼】** クロム、ニッケルなどとともにモリブデンを〇・二〜〇・三%加えた合金鋼。焼き入れにより硬度・高温強度を向上させ、窒化により焼きもどし脆性を防止できる。molybdenum steel

**モリブデンさん‐アンモニウム【モリブデン酸アンモニウム】** アンモニアのパラモリブデン酸塩。燐酸イオンの検出試薬。ammonium molybdate

**もり‐べ【守▽部】** 上代、陵・墓・山野などの番人。その事に当たった集団。

**もり‐まさゆき【森▽雅▼之】**(一九一一〜七三) 俳優。有島武郎の長男。本名、行光。札幌市生まれ。映画や新派などで活躍。映画『羅生門』で国際的名声を得た。

**もり‐めし【盛(り)飯】** どんぶりなどに盛りつけた飯。

**盛り飯に箸を立てるものではない** 茶碗に盛った飯に箸を立てるのは、死者に供えるときの作法で縁起がよくないから、しないように、という戒め。

**もりもと‐かおる【森本薫】**(一九一二〜四六) 劇作家。大阪生まれ。京大卒。知性的対話喜劇を書き、のち文学座に所属し年代記風の作品を発表。戯曲『華々しき一族』『女の一生』など。

**もりもと‐ろくじ【森本六▼爾】**(一九〇三〜三六) 考古学者。奈良県生まれ。三宅米吉に師事。東京考古学会を創立。弥生文化の研究に業績がある。

**もり‐もの【盛(り)物】** ①おぜんに供える食物。②神仏の供え物。供物。

**もり‐もり**(副・サ変自) ①物事を猛烈な勢いで推し進めるさま。②さかんに食べるさま。用例——と食べる。③力強くもり上がっているさま。用例——した筋肉。

**もりや【守▽谷】**〈町〉 茨城県南西部の町。取手市に隣接し都市化が著しい。森林公園、西林寺がある。人口二万八六六(一九八八)。

**もり‐やく【守役・▼傅役】** お守りをして育て

る役・人。nurse; nanny

**もりやま【守山】**〈市〉滋賀県南西部、琵琶湖東岸の市。野洲川下流域に古くから開けた米の産地。阪神圏の拡大により都市化が著しい。人口五万七二一(一九八八)。

**もりやま【森山】**〈町〉長崎県、島原半島にある町。諫早市の東に接し、米・麦のほかミカンなどを産出。人口六二〇〇(一九八八)。

**もりよし【森▽吉】**〈町〉秋田県北部、米代川の支流阿仁川中流域の町。大半が山岳地帯で、林業・酪農がさかん。人口九七六七(一九八八)。

**もり-よしお【森▽芳雄】**(一九〇八)洋画家。東京生まれ。作品『二人』など。

**もり-らんまる【森▼蘭丸】**(一五六五〜八二)安土桃山時代の武士。美濃の人。幼年より織田信長に仕えて寵を受け、本能寺の変で戦死。

**もり-りつこ【森律子】**(一八九〇〜一九六一)女優。東京生まれ。大正時代に帝劇女優として活躍、のち新派に参加。著書『女優生活廿年』。

**も・る【盛る】**(五他)①高く積む。いっぱい入れる。heap up; fill ②薬、とくに毒を調合して人に飲ませる。poison 用例 一服―。③目盛りをつける。はかる。measure ④思想・感情などを文中に表現する。put into 用例 文章に―・られた内容。

**も・る【漏る・▼洩る】**(五自)漏れる。leak out

**も・る【▽守る】** 古語 (四他)①見まもる。番をする。用例 山田―秋のかりいほに置く露はまくらきの(古今・秋下)。②人目をはばかる。用例 ひとめ―我かはあやな花すすき(古今・恋一)。

**モル【mole】** 物質量を示す国際単位。アボガドロ数と同数の構成要素からなる物質の量を一モルとする。記号mol

**モルガン【Claude Morgan】**(一八九六〜一九六六)フランスの小説家。第二次大戦中・戦後の左翼文学を代表する。作品『人間のしるし』など。

**モルガン【Lewis Henry Morgan】**(一八一八〜八一)アメリカの文化人類学者。アメリカインディアンの社会を研究、その社会制度を進化論的な立場によって説明した。現代文化人類学の始祖とされる。主著『古代社会』。

**モルガン【Michèle Morgan】**(一九二〇)フランスの映画女優。主演作『霧の波止場』『田園交響楽』『狂熱の孤独』など。

**モル-ぎょうこてんこうか【モル凝固点降下】** 溶媒一〇〇〇gに溶質一モルを溶かしたときの凝固点降下。溶質に関係なく溶媒により一定の値を示す。molar depression

**モルグ【morgue フランス】** 死体公示所。身元のわからない死体を安置する所。

**モルゲンシュテルン【Christian Morgenstern】**(一八七一〜一九一四)ドイツの詩人。ナンセンス詩を多く書いた。詩集『絞首台の歌』など。

**モルジブ【Maldives】**(Republic of Maldives)インド亜大陸南西洋上、モルジブ諸島からなる共和国。首都マレ。一九六五年イギリスから独立。一二〇〇の環礁を形成し漁業が中心。面積三〇〇$km^2$。人口一九万(一九八六)。正称モルジブ共和国。

**モル-すう【モル数】** 物質の質量をモル単位で表した値。物質の構成粒子である原子・分子・イオンのアボガドロ数($6.02×10^{23}$個)の粒子集団を単位とし、これを一モルとよぶ。たとえば、水素一モルは質量二・〇g、水一モルは質量一八gである。molarity

**モル-たいせき【モル体積】** 物質一モルが占める体積。理想気体一モルの占める体積は、0℃、一気圧で約二二・四ℓ。molar volume

**モルダウ-がわ【モルダウ川】**(Moldau)ブルタバ川のドイツ語名。

**モルダビア【Moldavia】** モルドバの別称。

**モルダビア-きょうわこく【モルダビア共和国】**(Moldavskaya SSR)ソ連を構成する共和国の一つ。首都キシニョフ。ソ連南西端にあり、ルーマニアに接する。黒土地帯で、ブドウなど果樹栽培が主。面積三・四万$km^2$。人口四〇八万(一九八四)。正称モルダビア-ソビエト社会主義共和国。

**モルタル【mortar】** セメントと砂を混ぜて水で練ったもの。壁・床などの仕上げ、石・れんが・ブロックなどの接合に用いる。

**モルタル-けんちく【モルタル建築】** 木造建築の耐火性を向上させるため、外壁と軒裏にモルタルを塗って仕上げた建築。防火構造としてはモルタルの厚みが二cm以上必要。mortar coated building

**モルッカ-しょとう【モルッカ諸島】**(Moluccas Islands)インドネシア東部、セレベス島とニューギニア島間にある島群。ハルマヘラ島など。香料群島・マルク諸島。

**モルテール【mortier オランダ】** 臼砲。

**モルト【malt】** ①大麦を発芽させたもの。ビールやウイスキーの原料に用いる。麦芽。②「モルトウイスキー」の略。

**モルトケ【Helmuth Karl Barnhard von Moltke】**(一八〇〇〜九一)プロイセンの軍人。参謀総長として陸軍の近代化に尽力。普墺戦争、普仏戦争に勝って天才的戦術家とうたわれ、大モルトケと称された。

**モルドバ【Moldova】** ルーマニア北東部、プルート川とカルパチア山脈間の歴史的地名。一四世紀半ばにモルダビア人によって侯国が建設され、以来トルコ・ロシアの支配を受け、現在はルーマニアとモルダビア-ソビエト社会主義共和国となっている。面積三・四万$km^2$。モルダビア。

**モルドワ-じちきょうわこく【モルドワ自治共和国】**(Mordovskaya ASSR)ソ連中西部、モスクワ南東の自治共和国。首都サランスク。主産業は農牧業・化学工業・農産加工業。面積二・六万$km^2$。人口九八・四万(一九八一)。正称モルドワ自治ソビエト社会主義共和国。

**モルナール【Molnár Ferenc】**(一八七八〜一九五二)ハンガリーの劇作家・小説家。小市民の生活を機知に富んだ筆致で描き、西欧風の都会文学を導入した。戯曲『リリオム』、少年小説『パール街の少年たち』など。

**モル-のうど【モル濃度】** 溶液一ℓ中に含まれる溶質のモル数。記号はmol/ℓまたはMを用いる。molarity

**モルヒネ【morphine オランダ】** 麻薬の一つ。アヘンの主成分のアルカロイド。麻酔薬として、また鎮痛薬としてほとんどの痛みをとめることができる。連用により効果が弱くなり、中毒状態になる。モヒ。モルフィン。

**モルフォ-ちょう【モルフォ▼蝶】** モルフォチョウ科に属するチョウの総称。約三〇種が知られ、開張七〜二〇cm。雄は翅の表面が青藍色の金属光沢をもつ美しいものが多い。中・南米の特産。morpho →図

●モルフォチョウ

**モル-ふってんじょうしょう【モル沸点上昇】** 溶媒一〇〇〇gに溶質一モルを溶かした溶液の沸点上昇。溶質に関係なく溶媒により一定の値を示す。molar elevation

**モル-ぶんりつ【モル分率】** 混合物の組成を表示する方法の一つ。混合物中のある成分のモル数を全成分のモル数の和で割った値。molar fraction

**モルモット【marmot オランダ】** ①テンジクネズミの別名。テンジクネズミを初めて見たオランダ人が、ヨーロッパ産のマーモットの一種と誤認したことからの名。医学の実験用動物としてよく使われる。②あることの実験台になる人。

**モルモン-きょう【モルモン教】** 末日聖徒イエス=キリスト教会の俗称。一八三〇年、アメリカでジョセフ=スミスが創立。聖書のほかに『モルモン経』を経典とする。Mormonism

**モルワイデ-ずほう【モルワイデ図法】** 地図投影法の一つ。円筒図法を面積が正しく表れるように変形したものの一つ。経線は楕円曲線、緯線は高緯度ほどせまい平行直線で示される。Mollweide's projection →地図図

**もれ【漏れ・▼洩れ】** ①もれること。leak ②脱落。omission

**モレアス【Jean Moréas】**(一八五六〜一九一〇)フランスの詩人。ギリシア貴族出身。象徴派内の古典主義的傾向を代表。詩集『情熱の巡礼』『スタンス』など。

**モレーン【moraine】** 氷河に運搬された岩片や砂・粘土などの堆積物。また、それが氷河の末端などに堆積して生じた小丘状の地形。堆石。氷堆石。

**もれ-き・く【漏れ聞く・▼洩れ聞く】**(五他)①ふと耳にする。overhear ②「聞く」の謙譲語。

**もれ-なく【漏れ無く】**(副)すべてに。残る所なく。without omission

**モレノ【Jacob Levy Moreno】**(一八九二〜一九七四)アメリカの精神医学者・社会心理学者。ルーマニア生まれ。サイコドラマ、ソシオメトリーなどの手法を開発し、集団心理療法の発展に貢献。

**モレリ【Giovanni Morelli】**(一八一六〜九一)イタリアの美術史家。作品鑑定にモレリ方式を提唱。著書『イタリア絵画の批評的研究』など。

**モレリア【Morelia】** メキシコ中南部、メキシコシティ西方二〇〇km、標高一九〇〇mの高原上の商工業都市。農産物の集散・加工のほか、食品・繊維工業が行われる。人口三五・三万(一九八〇)。

**も・れる【漏れる・▼洩れる】**(下一自)①液体・気体・光・音などが、すきまから出る。leak 用例 水が―。日ざしが―。②秘密がばれる。leak 用例 暗殺計画が―。③抜ける。除外される。be omitted 用例 通知が―。選に―。

**もろ【▽諸】**(接頭)①二つ。両方。用例 ―刃。②おのおの。めいめい。③多くの。用例 ―びと。④ともにすること。用例 ―涙。

**もろ-あぶみ【▽諸▼鐙】** 左右のあぶみ。

**諸鐙を合わす**(もろあぶみをあわす)乗った馬を速く走らせるために、左右の鐙で馬の腹をける。

**もろ・い【▼脆い】**(形)①壊れやすい。砕けやすい。fragile 対義 かたい。②我慢する気力に乏しい。sentimental 用例 情に―。派生 もろさ(名)

**モロー【Gustave Moreau】**(一八二六〜九八)フランスの画家。幻想的なロマンティシズムで神秘的な画題をとり扱った作が多い。マティス・ルオーらの師。作品『一角獣』『踊るサロメ』など。→写

●G=モロー『踊るサロメ』。一八七六年、ギュスターブ=モロー美術館(フランス)。

**モロー【Jeanne Moreau】**(一九二八)フランスの映画女優。主演作『死刑台のエレベーター』『恋人たち』『突然炎のごとく』など。

**もろ-おりど【▽諸折(り)戸・▽両折(り)戸】** 片折り戸二枚が一対になり、左右に開くもの。double folding doors 比較 片折り戸。

**もろ-かずら【▽諸▼葛・▽諸▼鬘】** ①賀茂の祭りに、カツラの枝にアオイを添えて、簾にかけたり、頭にかざしたりしたもの。②フタバアオイの別名。

**もろ-きゅう**(「もろみきゅうり」の略)キュウリに、もろみを添えたもの。前菜や酒の肴に用いる。

**もろ-ぐそく【▽諸具足】** 戦陣に必要な具足類のすべてを完備した武具。

**もろ-くち【▽諸口】** ①馬を引くのに両口を取ること。②障子紙の一種。③多数のことば。もろごえ。

**もろく-も【▼脆くも】**(副)わけもなく。簡単に。easily 用例 ―敗れる。

●モロコ
ホンモロコ
タモロコ

**もろ-こ【▽諸子】** コイ科の淡水魚の一群。ホンモロコ・タモロコなど。体長八〜一二cm。平野部の池や川にすむ。食用。琵琶湖を中心とする西日本に分布。関東地方にも移殖。→図

**もろ-ごえ【▽諸声】** 互いに和して発する声。大勢が声を合わせること。in chorus

**もろ-こし【▽唐▼黍・▼蜀▼黍】** イネ科の一年草。高さ約二m。節数八〜一五。外観はトウモロコシに似る。病害虫ややせ

●モロコシ

地に強い。子実は長円形で小粒。色は褐色から白色。酒原料。飼料。アフリカ原産。トウキビ。タカキビ。モロコシキビ。コーリャン。sorghum →図

**もろ-こし**【▽唐▽土・▽唐】昔、日本から中国を呼んだ名。から。とうど。

**もろ-ざし**【▽両差(し)・▽双差(し)】相撲で、両腕を相手の脇に差し入れること。二本差し。

**もろ・し**【▼脆し】古語(形ク)→もろい(脆い)

**もろ-せ** 江戸の町火消し二番組の通称。二番組は日本橋のあたりが分担区域で、も組・ろ組・せ組が含まれた。

**モロ-ぞく**【モロ族】フィリピン、ミンダナオ島と付近の島に住むイスラム教徒の総称。イスラム共和国の独立要求闘争を展開。Moro

**もろた-ぶね**【▽諸手船】①多くの櫂でこぐ船、または二挺櫓の早船。②島根県の美保神社などに現存する諸手船神事に用いる船。

**もろつか**【▽諸塚】〈村〉宮崎県北部、耳川上流の村。九州山地の村で、林業が主。シイタケの産地で知られる。人口三一三〇(一九八八)。

**モロッコ**【Morocco】(Kingdom of Morocco) アフリカ北西部、大西洋と地中海に臨む王国。首都ラバト。一九五六年フランス・スペインから独立。北部のアトラス山脈は燐鉱石・鉄鉱石などの鉱物資源に富む。海岸部は地中海性気候で、小麦・オリーブ・オレンジを栽培。面積四四・七万km²。人口二二四八万(一九八六)。正称モロッコ王国。

**モロッコ-がわ**【モロッコ革】モロッコ特産の良質のヤギのなめし革。薄くて柔らかく、書物の装丁、手袋、装身具などに用いる。morocco leather

**もろ-て**【▽諸手・▽両手・▽双手】両方の手。両の手。both hands

**諸手を挙げて** 大賛成の気持ちを表す語。

**モロトフ**【Vyacheslav Mikhaylovich Molotov】(一八九〇〜一九八六) ソ連の政治家。一九三〇年に首相、のち外相を兼任し、戦時外交を指導。副首相・外相などを歴任後、五七年追放されたが八四年名誉回復。

**もろどみ**【▽諸富】〈町〉佐賀県東部、筑後川に沿う町。旧河港町で、江戸時代は米の積み出し港として栄えた。産業は稲作・食品加工業など。人口一万二六二五(一九八八)。

**もろ-とも**【▽諸共】(副) ともども。一緒。together

**もろ-に** (副)《俗語》①やたらに。②完全に。根から。③まともに。用例 ―ぶつかる。

**モロニ**【Moroni】インド洋中西部、アフリカ大陸とマダガスカル島の間にある島国コモロの首都。グランドコモロ島西岸に位置し、香料・コプラなどを輸出。人口二〇・一万(一九八〇)。

**もろ-は**【▽諸刃・▽両刃】刀の両縁に刃のあること・刀。りょうば。double edge 対義 片刃。

**諸刃の剣** 役に立つと同時に、危険をともなうもののたとえ。double-edged sword

**もろ-はく**【▽諸白】上等な清酒。こうじ・蒸し米の二つとも、よく精白した米を用いた。江戸時代の呼び名。

**もろはし-てつじ**【▽諸橋▼轍次】(一八八三〜一九八二) 中国哲学者。新潟県生まれ。東京高師卒。東京文理大教授。『大漢和辞典』一三巻を編集。昭和四〇年(一九六五)文化勲章受章。

**もろ-はだ**【▽諸肌・▽諸▽膚】左右の肩の肌。上半身の肌。両肌。both shoulders 対義 片肌。

**諸肌脱ぐ** ①上半身の肌を現す。strip oneself to the waist ②全力で事に当たる。engage in … with might and main

**もろ-ひざ**【▽諸▼膝】左右のひざ。両ひざ。both knees

**もろ-びと**【▽諸人】多くの人々。一同。many people 用例 ―こぞりて、むかえまつれ。

**モロヘイヤ**【mulu-khiyya】シナノキ科の一年草。繊維作物ジュートの類で、インド・エジプトなどでは幼茎や葉を野菜として食用。タイワンツナソ。

**もろ-み**【▽諸味・▼醪】清酒・みそなどの醸造やアルコール発酵の過程で生じる液状の物。

**もろ-もろ**【▽諸▽諸・▽諸・▽庶】各人。多くの人。多くのもの。all kinds of

**もろ-や**【▽諸矢】①的に向かって弓を射る時、二本の矢を持つこと。また、その矢。甲矢と乙矢。②的に全部射当てること。

**もろやま**【▽毛▼呂山】〈町〉埼玉県南西部、坂戸市の西に位置する町。林業・農業が主体だが、宅地化も著しい。鎌北湖がある。人口三万四六三九(一九八八)。

**もろ-よりいと**【▽諸▼撚(り)糸】二本の片より糸(右より糸と左より糸)をより合わせた糸。organzine

**モワレ**【moiré(フランス)】→モアレ

**モン** 4画【文】部首[文]ぶん 教育小1 JIS 4224

音 ブン・モン
訓 ふみ
筆順 →ブン[文]

①もじ。ことば。ふみ。本。「経文・本文」「文句・文字・文書」「文盲」②あや。模様。ありさま。「地文・天文」「文様」③昔のお金の単位。一貫の一〇〇〇分の一。用例 (名)朝起きは三―の徳。④靴・足袋の大きさの単位。用例 (名)十一半。→ブン[文]

**モン** 8画【門】部首[門]もん 教育小2 JIS 4471

音 モン・ボン
訓 かど

①かど。屋敷・道などの出入り口につくった建造物。「開門・校門・山門・水門」「門衛・門限・門前・門番」用例 (名)―をとざす。《接尾的》通用―。②出入り口。経由するところ。「陰門・肛門・水門・登竜門」③同じ先生におそわったなかま。「同門・破門」「門下・門人」用例 (名)先生の―に入る(=弟子入りする)。④いえ。いえがら。「一門・名門」「門地・門閥」⑤学問などのそれぞれの方面。「専門・部門・仏門」「門外漢」用例《接尾的》浄土―。⑥生物分類上、もっとも大きな区分。綱の上。「脊椎動物門」⑦砲を数えるのに用いる。用例 (助数)大砲二―。⑧夏目漱石の小説。明治四三年(一九一〇)発表。宗助・お米夫妻の静かな日常生活にひそむ、心の傷をえがく。『それから』の続編的傾向をもつ。

**門に入る** 弟子になる。弟子入りする。入門する。

**門の前の痩せ犬** 弱い者も、後ろ盾があると強いことのたとえ。

**モン** 10画【▼們】部首[人・イ]にんべん JIS 4878

音 モン

…ら。…たち。ともがら。自称・対称・他称にそえて複数を表す。

**モン** 10画【紋】部首[糸]いとへん 常用 JIS 4470

音 モン・ブン

①あや。模様。図形。「指紋・波紋」「紋様」用例 (名)小さな―を散らす。《接頭的》―縮緬。―繻子。②家門のしるし。「家紋」「紋章・紋服」用例 (名)巴の―を付けた羽織。

**モン** 11画【問】部首[口]くち 教育小3 JIS 4468

音 モン・ブン
訓 とう・とい・とん

①きく。たずねる。とう。とい。対義 答。「学問・疑問・顧問・質問・不問」「問題・問答」②問題のこと。「難問」③問題の順序を示すのに用いる。用例 (助数)第三―。④問題を数えるのに用いる。用例 (助数)すべてで六―。⑤おとずれる。みまう。「慰問・訪問」

**モン** 11画【▼捫】部首[扌]てへん JIS 5763

音 ボン・モン

①なでる。さする。②さぐる。さがす。③「捫著」は、もめごと。あらそい。悶着。

**モン** 12画【▼悶】部首[心]こころ JIS 4469

音 モン

①もだえる。思いわずらう。なやみ苦しむ。「苦悶・煩悶」「悶死・悶絶・悶々」②もめごと。あらそい。「悶着」

**モン** 14画【聞】部首[耳]みみ 教育小2 JIS 4225

音 ブン・モン
訓 きく・きこえる
筆順 →ブン[聞]

①きく。きこえる。比較 聴。「見聞・聴聞・未聞」②うわさ。きこえ。評判。「名聞」→ブン[聞]

**もん** (終助・接助) →もの

**もん-あみ**【文▼阿▼弥】室町末期の阿弥系統の華道家。初代(?〜一五一七)は、号は綉谷庵。伝書が数種残存。また、二代(?〜一五三〇ころ)の名が知られる。

**もん-いん**【門院】天皇の生母・准母・三后・女御・内親王などに朝廷から与えられた称号。待遇は上皇に準ずる。皇居の門号を付した。

**もん-えい**【門衛】門を守る番人。門番。守衛。gatekeeper

**もん-おめし**【紋▽御召(し)】紋様を織りだした御召し縮緬。浮き糸・繻子組織などで紋様をあらわす。

**もん-おり**【紋織(り)】①模様を浮かし織りにすること。その織り物。②「紋織物」の略。

**もん-おりもの**【紋織物】平織り・斜文(=綾)織り・繻子織りなどを組み合わせた織物。また、色糸や金糸などで紋模様を織り出した織物の総称。

**もん-か**【門下】教えを受けるために、その先生についていること・人。弟子であること・人。門人。disciple

**もん-か** (終助) →ものか

**もん-がい**【門外】①門のそと。outside the gate ②専門以外。部門外。局外。not in one's line

**もんがい-かん**【門外漢】①門外にある男。②専門外の人。直接に関係のない人。layman outsider

**もんがい-ふしゅつ**【門外不出】貴重で、めったに外部に出さないこと。not to be loaned out 用例 ―の名刀。

**もんがく**【文覚】(生没年未詳) 平安末〜鎌倉初期の真言宗の僧。もと遠藤盛遠という武士だったが、誤って人妻を殺し、出家。源頼朝の挙兵に助勢し、のちにその庇護により神護寺を再興、東寺の修理を成し遂げた。

**もんか-しょう**【門下省】中国古代の中央官署名。おもに勅命の出納を担当した。隋・唐時代に制度が完備したが、次第に名目化して元代に廃止。

**もんか-せい**【門下生】弟子。門人。disciple

**もん-がまえ**【門構え】①門を構えること。門の構え方。style of a gate ②門を構えた家。house furnished with a gate ③漢字を組み立てている部分の名。「聞・問・関」などの「門」。

**もんがら-かわはぎ**【紋殻皮▼剝】黒褐色の体が白・淡青・黄・橙色の斑紋で派手にいろどられる、モンガラカワハギ科の海水魚。全長約五〇cm。観賞魚のほか、乾燥して飾り物にされる。本州中部以南に分布。

**もん-かん**【門鑑】門を出入りするときに見せる手形・証明書。

**もんき-あげは**【紋黄揚羽▼蝶】大形のアゲハチョウ。開張一一〜一四cm。黒色で、後翅の大きな黄白斑が特徴。幼虫の食草はミカン科植物。関東地方以南に分布。→写

●モンキアゲハ

**モンキー**【monkey】①サル。英語圏では有尾猿だけをさし、無尾猿すなわち類人猿をエイプ(ape)キツネザルなどの原猿類をプロウシミアン(prosimian)といって使い分けている。②杭打ち機の落とし槌。③「モンキーレンチ」の略。

**モンキー-スパナ**《和製語》→モンキーレンチ

**モンキー-レンチ**【monkey wrench】ボルトやナットの大きさに合わせて調節できるスパナ。モンキースパナ。→スパナ図

**もんき-ちょう**【紋黄▼蝶】山野に多いチョウ。開張約五cm。地色は、雄は黄、雌は黄と白の二型で、外縁は褐色。食草はマメ科植物。日本全土に分布。Oriental Clouded sulfur →写

●モンキチョウ 雄。

**もんきり-がた**【紋切(り)型】①紋の形を切り抜くための一定の型。②形式が決まっていること。決まりきっていること。杓子定規。stereotype

**もん-く**【文句】①文章の語句。words ②《仏教語》経文の語句の注釈。もんぐ。用例 法華―。③言いたいこと。言い分。苦情。言いがかり。grumble; complaint 用例 ―を言う。なにか―あるか。

**文句無し** 苦情を言いたてる余地がない。完璧だ。

**文句を付ける** 苦情を言いたてる。言いがかりをつける。complain

**モンク**【Thelonious Monk】(一九二〇〜一九八二) アメリカの黒人ジャズ-ピアニスト・作曲家。独自の個性でモダンジャズ界に活躍。

**モン-クメール-ごぞく【モン-クメール語族】** アウストロアジア語族の一語族をなす語群。インドシナ半島に広く散在。モン語・クメール語など。Mon-Khmer

**もん-げん【門限】** ①夜、門を閉める時刻。curfew ②そこへの出入りを差し止める刻限。用例 ―を守る。

**もん-こ【門戸】** ①かどぐち。入り口。door ②一流派。

**門戸を成す**(もんこをなす) 独立して一家をおこす。また、一派をつくる。

**門戸を張る**(もんこをはる) ①りっぱに一家を構える。set up house ②一流派を立てる。found a school of one's own

**門戸を開く**(もんこをひらく) 制限をしないで、自由に出入りを許す。学問・芸術・武芸などの分野で、他流派の人や一般の人が参加・入門できるようにしてある。throw open one's doors to

**もん-こう【聞香】** ↓ぶんこう(聞香)

**もんごう-いか【紋甲▾烏▿賊】** 本来は、本州中部以南に分布するコウイカ科カミナリイカの市場名であったが、近年は、アフリカ西岸やヨーロッパで漁獲される大形コウイカ類の市場名。胴長約四〇cm。肉厚の甲をもち、食用。

**もんこ-かいほう【門戸開放】** ①制限しないで、出入りを自由にすること。open door ②一国が外国の経済活動に対して、国内の一定の領土ないし領域を開放すること。open door

**もんこかいほう-せいさく【門戸開放政策】** 一八九九年、国務長官ヘイが発表して以来のアメリカの対中国政策。中国における通商の機会均等と中国の領土保全を、イギリス・ドイツなど列強に提示。中国へのアメリカの経済的進出をねらったもの。Open Door Policy

**モンゴメリー【Montgomery】** アメリカ南部、アラバマ州中部、アラバマ川左岸の商業都市。アラバマ州の州都。綿花・畜産物の主要市場。人口一七・八万(一九九〇)。

**モンゴメリー【Bernard Law Montgomery】**(一八八七〜一九七六) イギリスの元帥・子爵。第二次大戦中、北アフリカでロンメル指揮下のドイツ・イタリア軍をエル・アラメインで撃破、その功により戦後はNATO軍副司令官。モントゴメリー。

**モンゴメリー【Lucy Maud Montgomery】**(一八七四〜一九四二) カナダの女流小説家。『赤毛のアン』をはじめとする少女小説「アン-シリーズ」で有名。

**モンゴリア【Mongolia】** モンゴルと中国の内モンゴル自治区を中心とするモンゴル族の居住地。標高一六〇〇mの高原。大部分が砂漠・草原で、古来東西交通の要地。蒙古。

**モンゴリズム【mongolism】** ↓ダウンしょうこうぐん(ダウン症候群)

**モンゴル【Mongol】**(Mongolian People's Republic) アジア中央部、ソ連と中国に囲まれモンゴル高原の大部分を占める社会主義国。首都ウランバートル。一九二一年中国から独立、二四年人民共和国となる。南部はゴビ砂漠と草原で牧草地が広く、ウマ・ヒツジなどの牧畜がさかん。面積一五六・五万km²。人口一九四万(一九八六)。正称モンゴル人民共和国。

**モンゴル-こうげん【モンゴル高原】** モンゴリアと中国の内モンゴル自治区の大部分を占める高原。標高一六〇〇m。ゴビ砂漠により、北の外モンゴルと南の内モンゴルに分かれる。蒙古高原。Mongolian Plateau

**モンゴル-ぞく【モンゴル族】** モンゴル諸語を用いる民族の総称。典型的な黄色人種。狭義にはモンゴル人民共和国のハルハ族と中国のチャハル族をさす。一三世紀に大帝国を建設。五畜を主とした牧畜に従事。大部分はラマ教徒。Mongol

**モンゴル-ていこく【モンゴル帝国】** 一二〇六年チンギス=ハンが建設した大帝国。アジアの大半とロシアにまたがる大領域を支配。首都はカラコルム。ハンの直轄地であるモンゴル本土と四ハン国から成る。一二七一年、フビライは元朝を建て帝国の宗主権を主張。これに反対したハイズーの反乱を機に四ハン国が独立し、事実上帝国は分裂。Mongol Empire

**モンゴル-ぶ【モンゴル部】** チンギス-ハンを出した部族。唐代にはハイラル付近に拠っていたが、一〇世紀ごろモンゴル草原へ移動し、周辺諸部族の中心となった。

**モンゴルフィエ-きょうだい【モンゴルフィエ兄弟】**(Montgolfier) フランスの製紙業者・発明家。兄ジョセフ=ミッシェル Joseph-Michel(一七四〇〜一八一〇)、弟ジャック=エティエンヌ Jacques-Etienne(一七四五〜一七九九)。一七八三年に人を乗せた熱気球で初の空中飛行に成功した。

**モンゴロイド【Mongoloid】** 黄色人種。

**もん-ごん【文言】** 文章の中の語句。文句。

**もん-ざい【問罪】**(名・サ変自) 罪を追及すること。

**問罪の師**(もんざいのし) 問罪のために繰り出す軍隊。征討軍。

**もん-さつ【門札】** ①門にかかげる住人の名札。表札。門標。nameplate ②出入りの許可証。門鑑。gate pass

**モン-サン-ミッシェル【Mont-Saint-Michel】** フランス西部、モンサンミッシェル島にある僧院、城郭を中心とした観光名所。中世は巡礼の聖地。

**もん-し【門歯】** 歯列の中央部にある上下左右八本の歯。中心の四本を中切歯(前歯)、次の四本を側切歯という。incisor ↓歯式図

**もん-し【▾悶死】**(名・サ変自) もだえ苦しんで死ぬこと。die in agony

**もん-じ【文字】** ↓もじ(文字)

**もん-した【紋下】** 人形浄瑠璃芝居の一座の代表者で、最高の地位の太夫。やぐら下。

**もんじ-の-ごく【文字の獄】** 中国で思想統制を目的とした筆禍事件の総称。とくに異民族出身の清朝において漢人の対清批判にきびしく、禁書令や著述の弾圧にとどまらず、多数の処刑者を出した。

**もん-しゃ【紋▾紗】** からみ織りの一種。紋様のある紗。すかし目のある薄物に平織りの紋様を入れたもの。brocade gauze

**もん-しゅ【門主】** 門跡である住職。

**もんじゅ【文殊】**「文殊菩薩」の略。

**三人寄れば文殊の知恵**(さんにんよればもんじゅのちえ) みんなで話し合ったり、知恵を出し合ったりすると、素晴らしい考えが浮かぶということ。Two heads are better than one.

**もん-じゅう【文集】** ①文を集めた本。②《『白氏文集』の略》唐の詩人、白居易の詩文集。

**もん-じゅす【紋▾繻子】** 紋織りのしゅす。

**もんじゅ-ぼさつ【文殊▾菩▾薩】**《「文殊」はMañjuśrī梵の音写「文殊師利」の略》悟りの智慧を象徴する菩薩。普賢菩薩とともに釈迦如来の脇侍として、左に侍す。右手に知剣、左手に青蓮華をもって獅子にのる姿で表される。マンジュシュリー。↓写

●文殊菩薩(もんじゅぼさつ) 東大寺(奈良県)。

**もん-じょ【文書】** 書き物。ぶんしょ。document 用例 古―。

**もん-しょう【紋章】** 国家・会社・学校・家などの標識として用いる図柄。日本では平安中期から家具調度・装束・輿などに、西洋では中世から旗・楯などに、目印として独特の図案化した物象を描いたのが始まり。coat of arms; crest

**もんじょう-しょう【文章生】** 律令制下、大学寮で漢詩文・歴史などの文章道を学び、式部省の試験に合格した者。

**もんじょう-どう【文章道】** 古代・中世の学制。大学寮の一科。中国の詩文に紀伝道を合わせ、のちには史学も教えた。

**もんじょう-はかせ【文章博士】** 古代律令制下の大学寮に属して、詩文と歴史とをつかさどった教官。

**もんしろ-ちょう【紋白▾蝶】** シロチョウ科のチョウ。農地や開けた原野にもっともふつうにみられる。開張五cm前後。幼虫は青虫といい、アブラナ科野菜類の害虫。日本全土・ヨーロッパ・アジアに分布。cabbage butterfly ↓写

●モンシロチョウ

**もん-しん【門神】** 中国で、正月に門の扉の左右にはる神像。

**もん-しん【問診】**(名・サ変他) 医師の診療行為の一つ。患者の訴えを聞き、対話を通じて病歴・病状をつかみ、診断の助けとする。interview

**もん-じん【門人】** ①弟子。門生。pupil ②いそうろう。hanger-on; dependent

**モンス【Mons】** ベルギー南西部、エノー州中部の工業都市。同名州の州都。炭田の中心。人口九万(一九八六)。

**モンスーン【monsoon】**《mausimアラ(季節の意)に由来》夏は海洋から大陸へ、冬は大陸から海洋へ向かって吹く風。インド、東南アジア、中国南部、西南日本などに著しい。季節風。

**モンスーン-きこう【モンスーン気候】** モンスーン地帯に特徴的な気候。夏季は海からの季節風のため高温多湿で雨が多く、冬季は大陸からの季節風のため乾燥する。温帯では冬季寒冷。熱帯では雨季・乾季の別が顕著。季節風気候。monsoon climate

**モンスター【monster】** ①怪物。②ずばぬけた人。超人。③巨大なもの。

**モンステラ【monstera】** サトイモ科の常緑のつる性植物。茎から気根を出す。葉は楕円形で多数の切れ込みがある。温室栽培。中南米原産。ホウライショウ。↓写

**もん-せい【門生】** 弟子。門人。門下生。pupil

**もん-せき【問責】**(名・サ変他) 責任を問うこと。blame

**もん-ぜき【門跡】** ①特定の僧の法門を受け継いでいる僧。用例 弘法大師の―。②皇族・貴族が出家し、住んだ、寺格の一つ。仁和寺・大覚寺・青蓮院など。③本願寺管長の俗称。

**もん-ぜつ【▾悶絶】**(名・サ変自) もだえ苦しんで気絶すること。faint in agony

**もん-ぜん【門前】** 門の前。とくに、神社・寺院の門前。

**門前、市を成す**(もんぜん、いちをなす) 地位・名声などにひかれて、出入りする人が多く、にぎわうたとえ。have many visitors

**門前、雀羅を張る**(もんぜん、じゃくらをはる)《スズメを捕らえるあみを張るほど、の意から》訪ねて来る人もなく、寂れはてていることのたとえ。

**門前の小僧習わぬ経を読む**(もんぜんのこぞうならわぬきょうをよむ) 見慣れ聞き慣れて、知らず知らずのうちに学び知ることのたとえ。A good candle holder proves a good gamester.

**もんぜん【文選】** 中国、梁代の詩文集。梁の昭明太子蕭統の編。三〇巻。五三〇年ごろ成立。東周から梁にいたる約一〇〇〇年間のすぐれた文学作品約八〇〇編を集めた中国最古の詞華集。日本に伝来し、『白氏文集』とともに貴族の必読書とされた。

**もんぜん【門前】**〈町〉 石川県、能登半島北西端の町。かつて曹洞宗大本山総持寺の門前町として栄えた。同寺が火災後横浜市に移ったため往時の賑わいはないが、能登観光の名所となっている。人口一万一五〇七(一九八八)。

**もんぜん-ばらい【門前払い】** ①訪問者に会うことなく追い帰すこと。slam the door in one's face 用例 ―を食わせる。②江戸時代の追放刑のもっとも軽いもの。奉行所の門前から追放した刑。

**もんぜん-まち【門前町】** 中世末期以降、社寺の門前に形成された町。信濃の善光寺、伊勢の宇治山田などが有名。比較 城下町・宿場町。

**もんぜん-よみ【文選読み】** 漢文訓読のときの読み方の一種。同一の熟字をまず音で読みさらに訓で読むもの。「雎鳩」を「しょきゅうのみさご」、「蟋蟀」を「しっしゅつのきりぎりす」、「摺写の御経」を「しゅうしゃのすりうつせる御経」と読むなど。かたちよみ。

**モン-ぞく【モン族】** 南ビルマに住む、モン語を用いる民族。七〜一六世紀にいくつかの王

●モンステラ

国をつくったが、現在は衰退。水稲耕作に従事。Mon

**モンタージュ**【montage(フランス)】(名・サ変他)《組み立て・構成、の意》映画で、個々の画面をつなぎ合わせて、意味を表現し伝達する基本的な技法。映画の編集。

**モンタージュ-しゃしん**【モンタージュ写真】合成写真。とくに犯人捜査のため、目撃者の記憶に基づいて合成された犯人の似顔写真。montage

**モンターレ**【Eugenio Montale】(一八九六～一九八一) イタリアの詩人。ウンガレッティおよびクァジーモドと並び現代詩の主流「エルメティズモ」の代表者。一九七五年ノーベル文学賞受賞。詩集『烏賊の骨』『機会』『サートゥラ』など。

**もん-だい**【問題】①答えさせるために出す問い。question 対義 解答。用例 ―集。―を解く。数え方 一問。②研究・検討などして解決すべき事柄。problem 用例 社会―。③争い・欠陥などめんどうな事柄。trouble 用例 ―を起こす。④注目を集めること。be controversial 用例 ―の人物。⑤疑問のままであること。用例 うまく行くかどうか―だ。⑥事情。事。matter 用例 別―。⑦《「…の問題」の形で》「それによって解決されること」をしめす。用例 交渉の成立は時間の―だ。

**もんだい-いしき**【問題意識】ある事柄を解決すべきものとして受けとめる考え・自覚。critical mind

**もんだい-げき**【問題劇】社会問題などを題材にして、観客の関心をうながすことをめざした劇作品。イプセン『人形の家』など。problem play

**もんだい-さく**【問題作】批評・議論の対象になる作品。controversial work

**もんだい-じ**【問題児】①特別な指導や教育が必要な児童・生徒。problem child ②あることで、たびたびやっかいなことを起こす人物。

**もんだい-てん**【問題点】問題となっている事柄。point at issue 用例 政界の―。

**モンタナ**【Montana】アメリカ北西部、山岳地域の州。州都ヘレナ。東部は農業地帯、西部は鉱業がさかん。人口七八・七万(一九八〇)。

**モンタノス-は**【モンタノス派】二世紀中ごろ、小アジアのフリュギアのモンタノスが起こした熱狂的キリスト教運動。異端とされた。モンタニズム。Montanism

**モンタン**【Yves Montand】(一九二一～一九九一) フランスのシャンソン歌手・映画俳優。イタリア生まれ。『枯葉』などで人気を獲得。映画『恐怖の報酬』などに主演。

**もん-ち**【門地】家柄。家格。門閥。family status

**もん-ちゃく**【∀問着】もつれあうこと。もめごと。争い。紛争。trouble 用例 ひと―起こる。

**もん-ちゅう**【門中】沖縄本島やその周辺の離島、八重山列島に存在する父系親族集団。むんちゅう。参照 門中墓。

**もん-ちゅう**【門柱】門のはしら。gatepost

**もんちゅう-じょ**【問注所】鎌倉・室町幕府の中央機関の一つ。鎌倉幕府では訴訟機関、室町幕府では文書の保管が主な仕事。元暦元年(一一八四)源頼朝が設置。初代執事は三善康信。

**もんちゅう-ばか**【門中墓】沖縄地方の、父系親族集団「門中」の共同の墓。巨大なものが多い。むんちゅうばか。

**もん-ちりめん**【紋▽縮▼緬】文様を織りだした縮緬。平織りの地に繻子組織などで地文をだす。

**もん-つき**【紋付(き)】家紋をつけた衣服。今日では和装の礼服。正装は五つ紋とし、三つ紋・一つ紋の略装がある。技法上では染め抜き紋・縫い紋・切り付け紋などがある。紋服。

**モンティ**【Vincenzo Monti】(一七五四～一八二八) イタリア新古典主義の代表的詩人。長詩『バスビリアーナ』、悲劇『アリストデーモ』。他に『イーリアス』のイタリア語訳など。

**もん-てい**【門弟】弟子。門人。門下。門弟子。pupil

**もん-ていし**【門弟子】→もんてい(門弟)

**モンティセリ**【Adolphe Monticelli】(一八二四～一八八六) フランスの画家。強い色彩と厚塗り描法で神話や恋愛場面を多く描いた。作品『引きあわせ』など。

**モンテーニュ**【Michel Eyquem de Montaigne】(一五三三～一五九二) フランスのモラリスト。『随想録(エセー)』により、モラリスト文学の祖とされ、「エッセー」のジャンルを確立。自己の内面を追求し、自然と人間とを肯定・尊重し、おおらかに享受する晩年の境地に至る。↓写

●モンテーニュ

**モンテ-カルロ**【Monte Carlo】モナコ公国の一地区。モナコ湾をへだててモナコ市の対岸に位置する、世界的に名高い観光保養地。人口一・二万(一九八二)。

**モンテカルロ-ほう**【モンテカルロ法】偶然現象に対する統計利用法。乱数やランダム実験によって数学的な問題の近似解を得る方法。ルーレットやダイスの技術に類似性をもつことから、カジノで知られるモンテカルロとかけていわれる。Monte Carlo method

**モンテクリストはく**【モンテクリスト伯】《原題 Le Comte de Monte-Cristo(フランス)》デュマ(父)の小説。一八四四～四五年刊。日本でも黒岩涙香の翻案『巌窟王』で有名。孤島の牢獄に一四年間幽閉された主人公が、脱獄し冒険のすえ復讐をとげる物語。

**モンテジソン**【Montedison S.p.A.】イタリア最大の化学会社。モンテカチニ社とエジソン社が合併し、一九六六年設立。

**モンテスキュー**【Charles-Louis de Secondat de Montesquieu】(一六八九～一七五五) フランスの啓蒙思想家。法社会学や知識社会学の先駆者とされ、三権分立論で知られる。主著『法の精神』。

**モンテッソーリ**【Maria Montessori】(一八七〇～一九五二) イタリアの女流教育家・医学者。一九〇七年「児童の家」を創設。子どもの自発的活動の重視、独自の教具による感覚の訓練、日常生活の訓練を重視した「モンテッソーリ法」を創唱した。

**モンテネグロ**【Montenegro】ユーゴスラビアの六構成共和国の一つ。首都チトーグラード。同国中部の山地を占め、牧畜が主産業。人口五八・四万(一九八一)。ツルナゴーラ。

**モンテビデオ**【Montevideo】南米、ウルグアイの首都。ラプラタ川河口の港湾都市で、畜産品・小麦などの貿易港。経済・文化・交通の中心地。人口一二三・七万(一九七五)。

**モンテベルディ**【Claudio Monteverdi】(一五六七～一六四三) イタリアの作曲家。初期バロック最大の音楽家。創始期オペラの第一人者。オペラ『オルフェオ』、マドリガル集・宗教音楽など。

**モンテマヨール**【Jorge de Montemayor】(一五二〇ごろ～一五六一) スペインの小説家。ポルトガル生まれ。スペイン最初の牧人小説『ディアナ』で知られる。

**モンテルラン**【Henry Millon de Montherlant】(一八九六～一九七二) フランスの小説家・劇作家。人間蔑視の思想を貫き、救いのない人間の状況を克明に描いた。小説『闘牛士』『若き娘たち』、戯曲『ポール-ロワイヤル』など。

**モンテレー**【Monterrey】メキシコ北東部の工業都市。ヌエボレオン州の州都。アメリカ国境に近い交通の要地。人口一九一・六万(一九八〇)。

**モンテ-ローザ**【Monte Rosa】スイスとイタリア国境西部、アルプス山脈中第二の高峰で、標高四六三四m。

**もん-でん**【門田】→かどた(門田)

**もん-と**【門徒】《仏教語》同じ宗門の信者、とくに浄土真宗の信者。

**門徒、物知らず**(もんと、ものしらず) 信心に凝って他を顧みない人をののしることば。

**もん-とう**【門灯】門に付ける照明。夜間の出入りや防犯のための灯火。gate lamp

**もん-どう**【問答】(名・サ変自) 一方が問い、他方が答えること。問いと答え。question and answer

**モントゥー**【Pierre Monteux】(一八七五～一九六四) フランスの指揮者。中庸を得た味わい深い演奏を行った。多くの現代音楽を初演。

**もんとく-てんのう**【文徳天皇】(八二七～八五八) 第五五代天皇(在位八五〇～八五八)。仁明天皇の第一皇子。政治の実権は藤原良房が掌握。

**モントゴメリー**【Montgomery】→モンゴメリー

**もん-どころ**【紋所】家々で定められている紋章。初めは、貴族や武家が他家との区別のため用いたが、江戸中期以後は庶民にまで広まった。家紋。定紋。family crest

**モントピーリア**【Montpelier】アメリカ北東部、バーモント州の州都。クリーン山脈東麓の都市。良質の花崗岩の特産地。林業もさかん。人口八万(一九八〇)。

**モントブレチア**【montbretia】アヤメ科の春植え球根草。花壇植え用。高さ約八〇cm。葉は長線形。夏に、分枝した花茎に六弁の橙紅花を穂状につける。ヒオウギズイセン。

**もん-どり**【▽翻▽筋▽斗】宙返り。とんぼ返り。用例 ―打って倒れる。

**モンドリアン**【Piet Mondrian】(一八七二～一九四四) オランダの画家。幾何学的抽象主義の中心的指導者。「デ-ステイル」を結成。パリで「新造形主義」を提唱。作品『ブロードウェー-ブギウギ』など。↓写

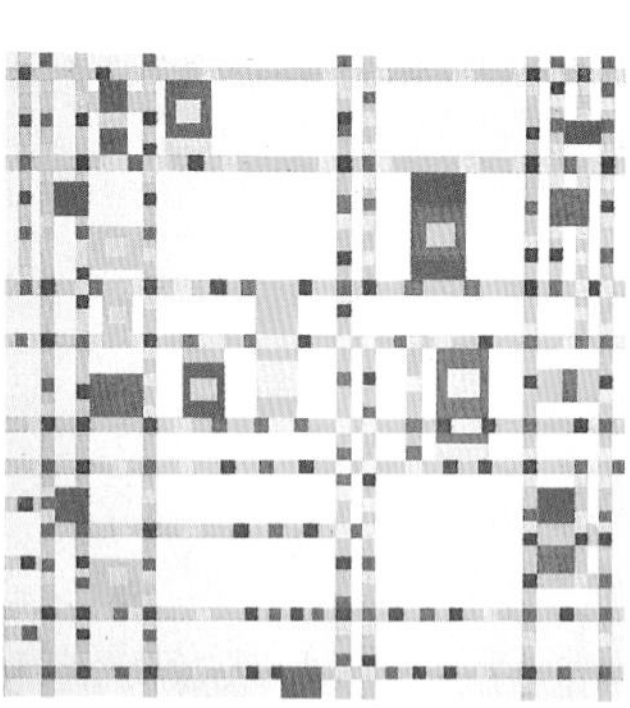

●モンドリアン『ブロードウェー-ブギウギ』。一九四二～四三年、ニューヨーク近代美術館。

**もんどり-うつ**【▽翻▽筋▽斗打つ】(五自) からだが空中で一回転する。とんぼ返りをする。turn a somersault

**モントリオール**【Montréal】カナダ、ケベック州南部、セントローレンス川中流にある同国第一の工業都市で貿易港。フランス系移民が多い。人口九九・八万(一九八一)。

**もん-ない**【門内】門のうち。

**もん-なし**【文無し】①持ち金がまったく無いこと。一文なし。無一文。penniless ②とびぬけて大きい足袋。

**もん-ぱ**【門派】宗門の流派。

**もん-ぱく**【門▼畠】→かどた(門田)

**モンバサ**【Mombasa】ケニア南部、インド洋岸の港湾都市。東アフリカの重要港湾。人口三四万(一九七九)。

**もん-ばつ**【門閥】①家の格付け。家柄。②良い家柄の家。

**もん-はぶたえ**【紋羽二重】紋様を織りだした羽二重のこと。平織り地に組織を変えて紋様を出す。北陸地方がその産地。

**モンパルナス**【Montparnasse】フランス、パリのセーヌ川左岸の町。二〇世紀初頭、モンマルトルから作家・芸術家たちが移住。キャバレー・劇場などが多い。

**もん-ばん**【門番】門の所に詰める番人。

**もん-び**【紋日】《当て字。「物日」の転》祝日・縁日・祭礼など、行事のある日。

**もん-ぴ**【門扉】門のとびら。door of a gate

**もん-ぴょう**【門標】表札。門札。

**モンフォール**【Simon de Monfort】(一二〇八ごろ～一二六五) フランス系イギリス貴族。ヘンリー三世に反抗する諸侯を指導。一二五八年オックスフォード条項を王から獲得。六五年諸侯、聖職者のほか州・都市代表者からなるイギリス最初の議会を召集したが同年国王軍により敗死。

**もん-ぷく**【紋服】紋所のついた着物。白抜きの五つ紋が正式で、三つ紋・一つ紋・縫い取り紋は略式とされる。紋付き。

**もんぶ-しょう**【文部省】学校教育・社会教育・学術・文化の振興普及のための指導と条件整備を主管する中央行政機関。明治四年(一八七一)に設置された。

**もんぶしょう-うちゅうかがくけんきゅうじょ**【文部省宇宙科学研究所】昭和五六年(一九八一)東大宇宙航空研究所の宇宙部門を切り離して再編した文部省付属の共同研究所。全国大学研究機関の共同研究の効率化、さらには国際協力の推進をめざす。

**もんぶしょう-しょうか**【文部省唱歌】旧制小学校の教科「唱歌」のための教科書として作られた、明治四四～大正三年(一九一一～一四)刊、昭和七年(一九三二)改訂の『尋常小学唱歌』全六巻に掲載された歌。

**もんぶ-だいじん**【文部大臣】国務大臣の一人。文部省の長。文相。

**モン-ブラン**【Mont-Blanc】アルプス山脈中の最高峰。フランスとイタリアの国境にそびえ、標高四八〇七m。頂上はフランス。万年雪におおわれ、山岳氷河がみられる。

**モンブラン-どうろトンネル**【モンブラン道路トンネル】(Mont-Blanc Tunnel) フラ

ンスのシャモニーとイタリアのクールマユールを結びアルプス山脈を貫通する道路トンネル。長さ一一・六㎞。一九六五年開通。

**もんぺ** 山袴の一種。後ろ布と前布が対になり、襠がある。仕立てがゆるやかで、長着の上から着用。労働用・防寒用。→写

●もんぺ

**もんべつ【門別】**〈町〉北海道南部、日高地方の太平洋に臨む町。農業と漁業が主で、競走馬の産地でもある。人口一万四四〇五(一九八八)。

**もんべつ【紋別】**〈市〉北海道北東部オホーツク海に臨む市。北洋漁業の基地でタラ・カニ漁がさかん。人口三万八八〇(一九八八)。

**モンペリエ【Montpellier】** フランス南部、ローヌ川下流平野の商工業都市。一四世紀建築のベネディクト修道院がある。人口二〇・一万(一九八二)。

**もん-ぼう【聞法】** 仏の教えを聞くこと。もんぽう。

**モンマルトル【Montmartre】** フランス、パリ北端の繁華街。一九世紀以来各国の芸術家たちが集まり、近代美術の発祥地となった。丘の上にサクレクール聖堂があり、観光客も多い。

**もん-みゃく【門脈】** 腹部の消化器系臓器からの血液を肝臓に導く静脈。消化管で吸収された栄養を肝臓へ運ぶ重要な経路。門静脈。portal vein

**もんむ-てんのう【文武天皇】**(六八三〜七〇七) 第四二代天皇(在位六九七〜七〇七)。草壁皇子の子。母は元明天皇。聖武天皇の父。大宝律令を制定。

**もん-め** 4画 **【匁】** 部首[勹] 常用 和製漢字 JIS 4472

訓 **もんめ**

①め。尺貫法の重さの単位。一貫の一〇〇〇分の一。約三・七五g。②江戸時代の銀貨の重量単位。小判一両の五〇〜八〇分の一。時代や日々の相場によってことなった。

**もん-もう【文盲】** 文字が読めないこと・人。無学。illiteracy

**もん-もん【▼悶▼悶】**(形動トタル) もだえ苦しむさま。in distress 用例 事業が不調で——とする。

**もん-よう【文様・紋様】** ①紋の形。②模様。pattern

**もん-よう【門葉】** 一門。一族。

**もん-りゅう【門流】** 一門の分かれ・流派。branch of a school

**モンロー【James Monroe】**(一七五八〜一八三一) アメリカの政治家。第五代大統領(在任一八一七〜一八二五)。独立戦争に参加。自由州と奴隷州の均衡を保ち、アメリカ外交の基調を明示したモンロー主義を表明。

**モンロー【Marilyn Monroe】**(一九二六〜一九六二) アメリカの映画女優。性的魅力のある女優として世界的人気を得た。主演作『ナイアガラ』『七年目の浮気』『荒馬と女』など。→写

●M=モンロー 『七年目の浮気』。

**モンロー-しゅぎ【モンロー主義】** ①一八二三年アメリカ大統領モンローが発表した外交原則。アメリカ大陸に対するヨーロッパ列強の干渉の排除、ヨーロッパに対するアメリカの不干渉を基本とする。Monroe Doctrine ②《転じて》他の干渉を許さず、また他に干渉しないこと。Monroeism

**モンロビア【Monrovia】** 西アフリカ、リベリアの首都。鉄鉱石・ゴム・ダイヤモンドなどを輸出する港湾都市。一八二二年アメリカからの解放奴隷が入植。人口四二・五万(一九八四)。

# や ヤ

**や【や・ヤ】** 五十音図や行第一の仮名。平仮名「や」は「也」の草体。片仮名「ヤ」は「也」の略。

**ヤ** 3画 **【▼也】** 部首[乙] 人名用 JIS 4473

音 ヤ・エ

①なり。…である。断定の意を表す。②や。か。…であるか。疑問・反語・感嘆・強調の意を表す。③また。…もまた。

**ヤ** 7画 **【▼冶】** 部首[冫] JIS 4474

音 ヤ

①いる。金属をとかす。金属をふきわける。「鍛冶」「冶金」②なまめかしい。なまめく。「艶冶」

**ヤ** 8画 **【夜】** 部首[夕] 教育小2 JIS 4475

音 ヤ
訓 よ・よる

夜 夜 夜 夜 夜 夜

よ。よる。対義 日・昼。「昨夜・深夜・昼夜・徹夜」「夜雨・夜気・夜業・夜具・夜話」

**ヤ** 9画 **【▼耶】** 部首[耳] 人名用 JIS 4477

音 ヤ・ジャ

①や。か。疑問・反語・感嘆の意を表す。②「耶蘇」は、ラテン語Jesusの中国音訳を、さらに日本で字音読みした語。イエス。キリスト。

**ヤ** 11画 **【野】** 部首[里] 教育小2 JIS 4478

11画 **【▼埜】** 部首[土] 異体字 JIS 3924

音 ヤ
訓 の

野 野 野 野 野 野

①の。のはら。「原野・荒野・山野・平野」「野外・野球」②範囲。「視野・分野」③あらっぽい。未開の。「粗野」「野人・野蛮」④のそだち。「野犬・野性・野草・野鳥」⑤だいそれた。「野心・野望」⑥民間。対義 官・朝。「下野・在野」「野党」用例(名)——に下る。⑦下野国の こと。「野州」

**野に遺賢無し**(やにいけんなし) 才能のある人で、役につかずに、民間にうずもれているような人は、いない。政治がよく行われていることのたとえ。

**野に居る**(やにいる) 官職についていない。在野。be out of office

**野に下る**(やにくだる) 役人生活をやめる。下野。leave government service 類似 官を退く。

**ヤ** 12画 **【▼揶】** 部首[扌] JIS 5772

音 ヤ

からかう。あざける。もてあそぶ。「揶揄」

**ヤ** 13画 **【▼椰】** 部首[木] JIS 6031

音 ヤ

ヤシ。ココヤシ。ヤシ科の常緑高木。「椰子」

**ヤ** 13画 **【▼爺】** 部首[父] JIS 4476

音 ヤ

①ちち。父親。②じじ。じじい。男の老人。じい。「好好爺・老爺」③おやじ。㋐主人。親玉。㋑男が老人をよぶのに用いる。㋒飲食店などの主人。

**ヤ** 19画 **【▼鵺】** 部首[鳥] JIS 8312

音 ヤ

ぬえ。①トラツグミ。ヒタキ科の鳥。②想像上の動物。頭はサル、胴はタヌキ、足はトラ、尾はヘビ、声はトラツグミにているという。③曖昧な態度。正体不明の人。

**や【八】** ①やっつ。はち。eight 用例 なな、——、この、とお。②数の多いこと。many 用例 ——重咲き。

**や【矢・▼箭】** ①弓につがえて射る武器。矢柄と鏃と羽からなり、矢柄の基部には弦をうける筈がある。対義 弓。数え方 一本・一条・一筋・一束(長さ)。②かたい木や石を割るときに打ちこむくさび。③紋所の名。矢を組み合わせて紋章化したもの。→図

**矢でも鉄砲でも持って来い**(やでもてっぽうでももってこい) 《覚悟を決めたとき、または捨てばちな気持ちのときなどに言う》どんな手を使ってもよいから、かかって来い。

**矢の如し**(やのごとし) 非常に速いことのたとえ。like an arrow 用例 光陰——。

**矢の催促**(やのさいそく) しきりにせきたてること。「press hard

**矢の使い**(やのつかい) 続けざまの使者。

**矢も楯も堪らない**(やもたてもたまらない) 思いつめて、じっとしていられない。on tenterhooks

**矢を射るが如し**(やをいるがごとし) 非常に速いことのたとえ。

**矢を刺す**(やをさす) 弓に矢をつがえる。

**矢を矧ぐ**(やをはぐ) ①矢竹に羽を付け、矢を作る。②弓に矢をつがえる。

**や【▽谷】** たに。やつ。valley 用例 市が——。

**や【屋】** 一(名) 屋根。roof 用例 ——の棟の、三寸下がるまで夜中。二(接尾) ①商売をする所・人。用例 本——。仕立て——。②《見下げて》ある性質を持っている人。用例 気どり——。やかまし——。③《見下げて、または、けんそんして》専門家。用例 技術——。事務——。④《「家」とも》雅号や、歌舞伎役者の家号などに添える語。用例 音羽——。

**や【家】** いえ。house 用例 二階——。

**や【▼輻】** 車輪の中央にある轂と外輪を放射状につなぎ、車輪を支える棒。→牛車図

**や**(感) ①呼びかけの語。やあ。おや。②驚きを表す語。やあ。おや。③かけ声。また、はやし声。

**や** 一(格助) 並列の意を表す。用例 紙——鉛筆。参考 並立助詞とする説もある。二(接助) 《動詞・動詞型活用の終止形に付く》「…するとすぐ」の意を表す。用例 それを知る——、飛び出した。三(間助) ①古語 ㋐詠嘆を表す。用例 われはも——安見児得たり(万葉・二・九五)。㋑語調を整える。用例 ほととぎすなく——さ月のあやめ草(古今・恋一)。②《名前に付いて》親しみをこめた呼びかけに用いる。用例 英子——おいで。③《副詞に付いて》意味を強めていう。用例 必ず——成功するだろう。四(終助) 《体言および用言・助動詞の終止形・命令形に付く》①誘い・命令の意を表す。用例 さあ、行こう——。②軽く言い放す気持ちで用いる。用例 まあいい——。五 古語 (係助) 《文末の活用語は連体形をとる。参照 係り結び》①疑問を表す。…か。用例 郭公——聞き給へる(徒然・一〇七)。②反語を表す。用例 友——違はむわれも依りなむ(万葉・一六・三七九七)。

**や**(接尾) 目下の人の名などにつけて親しみを表す語。用例 じい——。坊——。

**やあ**(感) →や(感)

●矢①

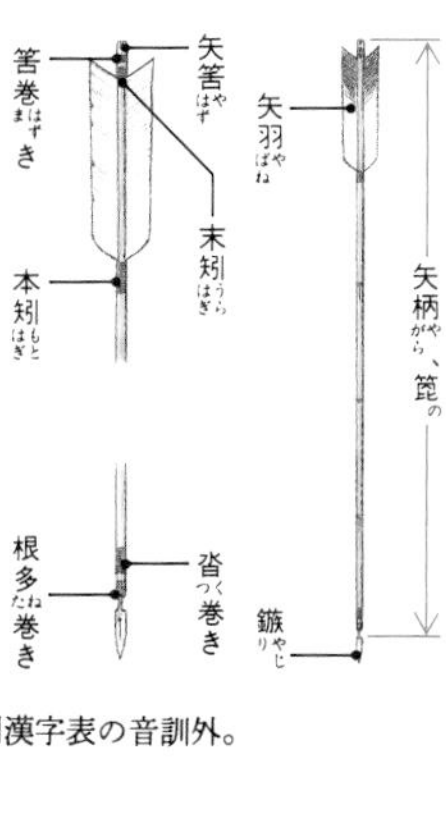


●矢③

**ヤーウェ**【Yahweh】↓ヤハウェ

**ヤーキス-てんもんだい**【ヤーキス天文台】(Yerkes Observatory) シカゴ大学の天文台。口径一〇二cmの世界最大の屈折望遠鏡がある。ウィスコンシン州にあり、一八九五年創設。

**ヤークート**【Yaqut al-Rumi】(一一七九〜一二二九) イスラムの地理学者。ギリシア系奴隷としてバグダードの商人に買われ、高い教育を受けた。各地を旅して見聞を広め、著述に専念。『諸国集成』はイスラム世界の地名辞典。

**やあさん**《俗語》やくざもの。やあ公。

**ヤード**【yard・碼】ヤード-ポンド法における長さの基本単位。イギリス・アメリカともに、一ヤードは〇・九一四四m。

**ヤード-ポンド-ほう**【ヤード-ポンド法】基本単位にヤードとポンドを採用した単位系。体積名はガロンで、十進法を用いない。イギリス・アメリカなどで使用。yard-pound system

**やあ-やあ**(感) ①男子が用いる軽い挨拶の語。やあ。②相手の気をひくための語。

**ヤール**《yardのオランダ読み「ヤールド」の転》おもに織物の長さを測るときの単位。ヤード。

**ヤール-チアン**【鴨緑江】(Yālù Jiāng)↓おうりょっこう(鴨緑江)

**ヤール-はば**【ヤール幅】洋服地の幅の一種。約九一cm幅。また、その幅で織られた布。

**や-あわせ**【矢合(わ)せ】(名・サ変自) 戦いを始める通告として、互いにかぶら矢を射たこと。

**ヤーン**【Friedrich Ludwig Jahn】(一七七八〜一八五二) ドイツの教育者・体操家。グーツ=ムーツの『青年のための体操』に感銘して体操場を開設、その活動をトゥルネンTurnenと名づけて、水平棒・平行棒・あん馬・平均台などを使った体操を普及、今日の器械体操の基礎を築いた。

**ヤーン**【Hans Henny Jahnn】(一八九四〜一九五九) ドイツの小説家。オルガン製作者としても有名。小説『岸辺なき流れ』、戯曲『盗まれた神』など。

**ヤーン**【Niels Kai Jerne】(一九一一) イギリスの生化学者。生体が抗体をつくって抗原を無力化する免疫システムを、分子レベルで理論的に解明。免疫学発展の基礎をつくった。一九八四年ノーベル生理学医学賞受賞。

**やい** ㊀(感) ののしって呼びかける語。用例 ――、若僧。㊁(終助) 親しみや軽蔑をこめて言うときに添える語。用例 よせ――。

**やい-かがし**【▽焼▼嗅】節分の厄払いの一つ。この夜、イワシの頭・髪の毛・ネギ・ニンニクなど、におうものを火にあぶって串やヒイラギの枝に刺して戸口に挿し、悪臭によって疫病神を追い払おうというもの。やきかがし。

**や-いし**【矢石】↓ベレムニテス

**や-いた**【矢板】建築や土木工事で土止めや水止めのため、地盤に打ち込む板状のくい。シートパイル。sheet pile

**やいた**【矢板】〈市〉栃木県北部、高原山南東麓の市。農林業と工業がさかん。レンゲツツジの名所八方ケ原高原がある。人口三万五二四八(一九八八)。

**やいづ**【▽焼津】〈市〉静岡県中部、駿河湾に臨む市。水産業がさかんで、遠洋漁業の基地として水揚げ高は全国有数。鰹節・練り製品などの水産加工業もさかん。人口一一万一四一七(一九八八)。

**やい-と**【▼灸】《「焼き処」の転》灸。

**やいと-ばな**【▼灸花】ヘクソカズラの別名。

**やいと-び**【▼灸日】灸をすえると効果があるとされている日。正月二〇日や、二月と八月の二日という地方が多い。

**やいの-やいの**(副) 迫った気持ちを訴えるさま。また、強く要求をするさま。用例 ――と責めたてる。

**やい-ば**【▽刃】《「焼き刃」の転》①焼き刃。blade ②刃物。刀。sword 用例 氷の――。

**刃に掛かる** 刃物で殺される。die by the sword 用例 主君の――。

**刃に掛ける** 刃物で殺す。put to the sword

**刃に伏す** 刀で自殺する。kill oneself by the sword

**やい-やい** ㊀(感) 尊大に相手に呼びかける語。㊁(副) ①ねだったり催促したりするさま。やいのやいの。用例 ――せがむ。②うるさく騒ぐさま。用例 ――騒ぐ。

**やいろ-ちょう**【八色鳥】深山の森林にすむヤイロチョウ科の夏鳥。翼長約一二cm。「ポポピー」と鳴く。名は、羽色が赤・青・緑・紫・茶・黒・白などに彩られていることに由来。本州中部以南に渡来。pitta ↓図

●ヤイロチョウ

**や-いん**【夜陰】夜。夜の暗いとき。darkness of the night 用例 ――に乗ずる。

**や-う**【夜雨】夜の雨。夜降る雨。night rain

**やうつり-がゆ**【屋移り▼粥・家移り▼粥】新築や屋根の葺き替え、また引っ越しした新居を祝って炊く粥。新しい竈で炊いた小豆粥に、銭や小石を入れて神前に供えたり、柱に振りかけたりなどする。やがゆ。やわたりがゆ。

**ヤウンデ**【Yaoundé】赤道アフリカ、カメルーンの首都。中部高原に位置し、コーヒー・カカオの集散地。国際空港と港のあるドアラと鉄道で連絡。人口四三・六万(一九八一)。

**や-え**【八重】①幾重にも重なっていること・もの。multilayer ②花弁が重なっていること・花。double 用例 ――咲き。

**八重の潮風** 八重の潮路を吹いて来る風。

**八重の潮路** はるかな、遠い海路。八潮路。

**八重の山路** 幾重にも曲がり続く、非常に長い山道。

**や-えい**【夜営】(名・サ変自) ①夜、陣を張ること。また、その陣営。camp ②夜、野外で宿ること・所。camp out

**や-えい**【野営】(名・サ変自) ①野外に陣を張ること。camp ②野外に宿営すること。露営。camp

**やえ-がき**【八重垣】幾重にも造った垣根。

**やえごろも**【八重衣】地歌・箏曲の曲名。石川勾当が地歌に作曲。一九世紀初めごろの作品。のち、幕末に八重崎検校が箏曲に編曲。歌詞は衣に関する和歌からなる。

**やえ-ざき**【八重咲き】花弁がいくつにも重なって咲くこと。また、その花。double-petaled

**やえざき-けんぎょう**【八重崎検▽校】(一七七六ごろ〜一八四八) 地唄・箏曲演奏家・作曲家。地唄の手事物の代表曲に箏の旋律をつけて箏曲に編曲。『四季の眺め』『八重衣』などが有名。

**やえ-ざくら**【八重桜】サトザクラの中の八重咲き品種の通称。花は新葉と同時に咲き、花期はやや遅い。花は塩漬けにして食用。

**やえす**【八重▼洲】東京都中央区の町名。東京駅八重洲口前の商業地で、地名は江戸初期に来日したオランダ人、ヤン=ヨーステンの居住地に由来。

**やえ-だけ**【八重岳】鹿児島県屋久島の山岳群の総称。最高峰は宮之浦岳(一九三五m)で、霧島屋久島国立公園に属する。

**やえ-なり**【八重▽生り】①枝の先に実が多数なること。②リョクトウの別名。

**やえ-ば**【八重歯】歯の横に重なるように生えた歯。そいば。鬼歯。double tooth

**やえ-むぐら**【八重▼葎・▼拉▼拉▼藤】①アカネ科の一、二年草。山野にはえる。高さ六〇〜九〇cm。茎は四角で下向きのとげがある。葉は輪生で線形。夏に黄花が咲く。果実にはとげが密生。②茂るにまかせた葎。↓図

●ヤエムグラ①

**やえやま-かずら**【八重山▼葛】ヒルガオ科のつる性多年草。サツマイモの一品種で、沖縄地方で栽培。セイヨウアサガオに似た濃緑色の若葉は食用。白色の芋は食用にならない。

**やえやま-ごい**【八重山語▼彙】沖縄県八重山諸島の方言集。編者は宮良当壮。昭和五年(一九三〇)刊。総説と語彙(八重山語を五十音順に配列した甲編と、共通語と対比しABC順に列記した乙編)からなる。

**やえやま-さそり**【八重山▼蠍】コガネサソリ科の暗褐色のサソリ。体長約三・五cm。樹皮下や石の下にすむ。夜行性。毒性は弱く、刺されても危険はない。日本では沖縄の宮古列島・八重山列島にいるだけであるが、東南アジア・オーストラリアなどに広く分布。

**やえやま-ひるぎ**【八重山▼蛭木】ヒルギ科の常緑高木。熱帯の河口・海岸にマングローブを構成。葉は長楕円形で約一五cm。萼・花弁ともに四個。沖縄八重山列島に多い。

**やえやま-れっとう**【八重山列島】沖縄県南西部、石垣島以西の島群。先島諸島の西半を占め、石垣・西表島のほか、竹富・小浜島など大小一九の島々がある。高温多湿気候で亜熱帯の密林やマングローブなどがみられ、パイナップル・サトウキビの産地でもある。

**や-えん**【野猿】野生のサル。また、単にサルのこと。wild monkey

**やお**【八尾】〈市〉大阪府東部、大阪市の南東に接する市。東本願寺別院の寺内町として発達。大阪市の衛星都市で、ブラシ・撚糸生産のほか各種工業がさかん。恩智遺跡・高安千塚古墳群・八尾御坊(=大信寺)などがある。人口二六万九四三九(一九八八)。

**ヤオ-ぞく**【ヤオ族・▼瑶族】中国南部からインドシナ北部の山岳地帯に住む少数民族。言語はミャオ-ヤオ語派に属する。焼き畑農耕に従事。Yao

**やお-ちょう**【八百長】《八百屋の長兵衛という人が、碁の勝負で弱い相手にわざと負けていたことから》①わざと負けること。rigged affair ②スポーツ競技や賭け事などで、前もって勝敗を決めておき、表面だけ真剣にとりつくろって行う勝負。fixed game ③《転じて》事前にしめし合わせ、なれあいで事を運ぶこと。put-up job

**やおつ**【八▽百津】〈町〉岐阜県南部、木曽川に沿う町。中山道の裏道、木曽川水運の河港として栄えた。飛騨木曽川国定公園に属し、渓谷美で有名な蘇水峡がある。人口一万五二七二(一九八八)。

**や-おもて**【矢面・矢表】①矢の飛んで来る正面。spot within the enemy's bowshot ②質問・非難などの集まる立場・位置。bear the brunt of

**矢面に立つ** 他人からの攻撃をまともに受ける役をつとめる。bear the full brunt of

**やお-や**【八百屋】①野菜類の小売商。また、その店。青果商。vegetable store米; greengrocer英 ②学問・趣味などについて、広く浅く知っていること・人。jack-of-all-trades ③何にでも広く手を出すこと・人。なんでも屋。jack-of-all-trades

**やおや-おしち**【八百屋お七】(一六六八〜八三) 江戸本郷駒込の八百屋の娘。天和二年(一六八二)の大火で寺に避難したとき、寺小姓に恋し、再会を願って放火。火刑に処せられた。西鶴の『好色五人女』などに作品化されている。

**やおや-ぼうふう**【八百屋防風】ハマボウフウの別名。

**やお-よろず**【八▽百▽万】数の非常に多いこと。数限りないこと。用例 ――の神々。

**やおら**(副) おもむろに。ゆうゆうと。静かに。deliberately

**や-が**【夜▼蛾】ヤガ科のガの総称。種類が多く、日本産約九〇〇種。夜行性で灯火に飛来。幼虫は野菜・草木を食害。世界各地に分布。↓図

●ヤガ　カブラヤガ

**や-かい**【夜会】①夜間の会合。night meeting ②西洋スタイルの夜の会合。おもに、舞踏会。evening party

**や-がい**【野外】家の外。のはら。open air

**やがい-かんさつ**【野外観察】屋外へ出て自然状態での動植物を観察すること。

**やがい-げき**【野外劇】屋外で、自然を背景にして行う劇。ページェント。pageant

**やがい-ちょうさ**【野外調査】フィールドワークの訳語。

**やかい-ふく**【夜会服】夜間の晩餐会・舞踏会・観劇などに着用する正式な礼装。男性は燕尾服、女性はイブニングドレスが正式。evening dress

**やかい-まき**【夜会巻(き)】女性の髪型の一つ。明治・大正期に結われた束髪の一種。襟足から上へね

●夜会巻き



↓行き先項目、図版・写真参照印。 JIS 日本工業規格情報交換用漢字符号コード(区点コード)。

じり上げた毛先を左右に分けて輪をつくり、留めたもの。夜会結び。↓図

**や-かく**【野▼鶴】①野にいるツル。②浮世離れした人。用例閑雲―。

**や-がく**【夜学】①夜、勉強すること。night study ②夜、授業を行う学校。夜間学校。夜学校。night school

**やかげ**【矢掛】〈町〉岡山県南西部の町。山陽道の旧宿場町で、昔の本陣の跡が残る。農林業の町だが、宅地化が著しい。人口一万八〇五六(一九八八)。

**や-かず**【矢数・矢▽員】①矢の数。また、矢を射て的に当たった数。②通し矢などで可能なかぎり多くの矢を射ること。また、その数を競うこと。大矢数。

**やかず-はいかい**【矢数俳▼諧】俳諧形式の一つ。江戸時代、一昼夜に一人でどれだけ多くの句を詠むことができるかを競ったもの。

**や-がすり**【矢▼絣・矢▽飛▽白】絣柄の一つ。形が矢羽根に似ているのでこの名がある。↓絣 写

**や-かた**【屋形・▽館】①仮の家・宿所。②貴人の家・宿所。③《転じて》貴人の尊称。用例お―様。④舟・牛車の屋根。↓牛車図

**やかた-いさき**【矢形▼伊佐木】河口付近に多いシマイサキ科の近海魚。全長約三〇cm。褐色がかった淡青色で、腹側は銀白色。背に沿って三本の灰黒色帯が走る。うきぶくろで音を発する。食用。本州中部以南に分布。コトヒキ。

**やかた-ぶね**【屋形船】船の上に屋根を設け、遊覧などを目的とした和船。慶長のころ、江戸で平田舟に屋根をかけて船遊びしたのが始まりという。比較御座船。

**や-がため**【屋固め】①新築祝いの儀式。神官や僧侶に祈禱をしてもらい、銭や小石を入れた小豆粥をたいて祝う。渡座し。屋移り祝い。②対馬地方で若い人が続いて死んだとき、神主などにお払いをしてもらう風習。

**やがて** 24画【▼軀】部首［身］ 和製漢字 JIS7733
19画【▼軅】異体字 和製漢字 JIS7732

↓やがて［軀て］

**やがて**【▼軀て】(副)①そのうちに。まもなく。soon 用例父は―戻ります。②かれこれ。おおかた。almost 用例―一年になる。③結局。すなわち。after all 用例それが、―大事故へとつながるのだ。④古語㋐…した、そのまま。用例筆にも書きとどめぬれば、―定まりぬ(徒然・七三)。㋑すぐに。早速に。…と同時に。用例名を聞くより、―面影は推しはかるる心地するを(徒然・七一)。

**やがて-は**【▼軀ては】(副)「やがて」を強めた語。by and by

**やかまし・い**【▼喧しい】(形)①音や声が大きくて不快である。騒がしい。noisy 用例―道路工事の音。②めんどうだ。わずらわしい。troublesome 用例―手続きが多い。③小言が多い。理屈っぽい。picky 用例―おやじ。④厳しい。strict 用例しつけに―。⑤好みが難しい。particular 用例食べ物に―。⑥盛んに話題にされている。much discussed 用例世に―・く取りざたされている問題。派生やかましが・る(五他) やかましげ(形動) やかましさ(名)

**やかまし-や**【▼喧し屋】理屈・小言・好みをうるさくいう人。fussy person 用例有名な―。

**やかま-の-おうけつ**【八▼釜の▼甌穴】愛媛県南東部、高知県境付近(柳谷村)の仁淀川支流黒川にある甌穴群。直径九～一二m、深さ七～一三mの釜状の甌穴が八つある。特別天然記念物。

**や-がゆ**【家▼粥・屋▼粥】↓やうつりがゆ(屋移り粥)

**やから**【▽族】①一族。一家一門。親族。うから。clan; family ②《「輩」とも。さげすむ気持ちでいう》なかま。連中。clan; party 用例不逞の―。

**や-がら**【矢柄・矢▽幹・▼簳】①矢の幹の部分。篦。②ヤガラ科の海水魚の総称。また、その一種アカヤガラを指す。アカヤガラは、体は非常に細長く、たてに扁平。吻も管状に伸び、尾びれ中央も細く鞭状に伸びる。全長約一・五m。赤褐色で腹は淡色。食用。本州中部以南に分布。↓図 ↓矢図

●ヤガラ② アカヤガラ

**やが・る**(接尾)《動詞と助動詞「れる」「せる」などの連用形に付いて動詞をつくる。五段型》さげすみの気持ちを表す語。用例ぬかし―。

**や-かん**【夜間】夜のあいだ。日没から日の出までの間。nighttime 用例―受付。

**や-かん**【▽薬缶・▽薬▼罐】《「やっかん」の略。元来は薬をせんじるもの》①金属製の土びん形の湯わかし器具。kettle ②《「やかん頭」の略》はげ頭。baldhead

**薬罐で茹でた蛸の様**(やかんでゆでたたこのよう)《手も足も出ないというしゃれ》手の打ちようのないさま。また、内に閉じこもっているさま。

**やかんきゅうじつ-しんりょう**【夜間休日診療】地方自治体と地域医師会が協力して、地域の病院・診療所が輪番制で夜間と休日に急患の診療を行うこと。

**やかん-ちゅうがっこう**【夜間中学校】経済的あるいは身体的理由などで中学教育をうけなかった社会人のために特別に設けられた、夜間の授業を行う中学校。学校教育法に基づくものではなく、各学校の自主的努力により運営されている。

**やがん-てつどう**【野岩鉄道】関東地方北部と南会津地方を直結する、第三セクターの鉄道。栃木県の新藤原と福島県の会津高原を結ぶ。営業キロ三〇・七km。昭和六一年(一九八六)開業。会津鬼怒川線。

**やかん-ほいくえん**【夜間保育園】夜間、子どもの世話ができない親に代わって、預かって保育する施設。

**やき**【焼き】①焼くこと。焼いた物・程度。bake ②鉄鋼を火で熱し、急に水に入れて、質をかたくすること。おもに刀の刃の焼き入れ。temper

**焼きが回る**(やきがまわる)①刃物を焼くのに、火が回りすぎて、かえって切れ味が鈍る。②《転じて》衰えて、ぼける。become dull

**焼きを入れる**(やきをいれる)①焼きを行う。temper ②私刑を加える。拷問する。torture ③緩んだ気持ちを引き締めさせる手段をとる。teach ... a lesson

**や-き**【夜気】①夜の空気。夜の静かなようす。night air ②夜の静かな気持ち。stillness of night

**やぎ**【▽山▽羊・野▽羊】ウシ科の中形哺乳類。古くから乳・肉・毛・毛皮を目的に飼われる。多くの品種がある。ふつう鎌形の角があるが、品種によってはない。草や樹葉を主食とし、強健で放牧に適する。世界各地に分布。ゴート。goat ↓写

**やぎ**【八木】〈町〉京都府中部、亀岡盆地の北西にある町。マツタケの産地として知られる。人口一万三七七(一九八八)。

**やき-あが・る**【焼(き)上がる】(五自) すっかり焼ける。焼いてできあがる。be baked 用例パンが―。

**やき-あ・げる**【焼(き)上げる】(下一他)①焼いて作り上げる。焼いて完成させる。bake; burn; roast; grill ②最後まで十分に焼く。すっかり焼き終わらせる。bake

**やき-あみ**【焼(き)網】直火の上にのせて材料を焼くための網。gridiron

**やぎ-アンテナ**【八木アンテナ】《「八木-宇田アンテナ」の略》八木秀次と宇田新太郎が大正一五年(一九二六)に発明した強い指向性と高利得を得る超短波用アンテナ。テレビ受信・無線通信に使用。八木-宇田アンテナ。

**やき-いた**【焼(き)板】焼きめをつけた板つきかまぼこ。

**やき-いも**【焼(き)芋】サツマイモを皮ごと鉄がまで蒸し焼きにしたり、熱した小石やつぼの中で焼いたりしたもの。石焼き芋・つぼ焼き芋など。

**やき-いれ**【焼(き)入れ】①焼きをいれること。hardening ②高温に加熱した金属材料を、水・油などで急冷する熱処理。硬さ・強度を増すため鋼に広く適用される。刀など。quench

**やき-いん**【焼(き)印】焼いて物に押しつけ、焼き跡をつける金属製の印。また、その押した跡。烙印。brand

**やぎ-うだ-アンテナ**【八木-宇田アンテナ】↓やぎアンテナ(八木アンテナ)

**やき-うち**【焼(き)討ち・焼(き)打ち】(名・サ変他) 火をつけて攻めること。火攻め。set fire

**やき-え**【焼(き)絵】焼きごてや薬品などで木・竹・紙などに絵・文様などを焼きつける工芸の手法。また、その作品。

**やき-がね**【焼(き)金・焼(き)▽鉄】①牛馬に熱した鉄で印を付けること。また、その印。昔、罪人にも印をつけた。烙印。brand ②はり術で用いる火で熱した針。ひばり。heated needle

**やき-きり**【焼(き)切り】薬品または道具を使って、物を焼いて切ること。burn off 用例―強盗。

**やき-ぐし**【焼(き)▼串】食品を焼くときに打つ、くし。焼き鳥などの竹ぐし、魚や野菜に用いる、とがった長い金ぐし、西洋料理用の金ぐし(=ブロシェット)など。skewer

**やき-ぐり**【焼(き)▼栗】殻に切れ目を入れ、熱い灰に埋めて焼いたクリ。また、甘く煮たクリを、金網にのせて焼き目だけつけたもの。roast chestnut

●ヤギ

**やき-ごえ**【焼(き)肥】塵芥などをむし焼きにして作った肥料。

**やき-ごて**【焼(き)▼鏝】①炭火で熱して、布のしわをのばしたり、折り目をつけたりするのに用いる鏝。最近は電熱を利用することが多い。hot iron ②焼き絵をかくのに用いるこて。hot iron

**やき-ごめ**【焼(き)米】新米をもみのまま炒り、臼でついて殻を除いたもの。roasted rice

**やぎ-ざ**【▽山▽羊座】南天の星座。黄道十二星座の一つ。輝星はないが、夏の天の川の東側で、逆三角形に並ぶ星の配列が、目につきやすい。九月三〇日ごろの午後八時ごろに南中。面積四一四平方度。Capricornus ↓図

●山羊座

**やき-ざかな**【焼(き)魚・焼(き)▼肴】魚を姿のまま、あるいは切り身にして焼いたもの。塩を振っただけの塩焼き、たれを塗るつけ焼きなど。grilled fish

**やき-しお**【焼(き)塩】粗塩をからいりして苦みを取り除いた、さらさらの塩。マグネシウムなどの塩化物が酸化物になる。

**やき-しめ**【焼(き)締め】＝やきしめ。①成形した器物から水分を取り除くために窯で低火度で焼くこと。②釉をつけないで高温で焼いたやきもの。備前焼・信楽焼など。

**やき-しも**【焼(き)霜】《焼いた部分が白くなり、霜のように見えることから》表面だけさっと焼き、すぐ冷水に移してさます料理法。くせのある魚や、生食にする牛肉に風味をつけたりするのに用いる。

**やぎ-じゅうきち**【八木重吉】(一八九八～一九二七) 詩人。東京生まれ。東京高師卒。キリスト教信仰告白と純粋な心情の素直な流露の詩が多い。詩集『秋の瞳』『貧しき信徒』など。

**やぎしり-とう**【▽焼▼尻島】北海道北西部、羽幌町の沖合い二〇kmにある島。面積五・三km²。イチイ(=オンコ)の美林で知られる。

**やき-すぎ**【焼(き)杉】杉材の表面を焼きこがし、磨いて木目を突起させたもの。工芸品・器物・下駄などに利用する。

**やき-す・てる**【焼(き)捨てる】(下一他)①焼いてそのままにしておく。burn ②不用と考えて焼いてしまう。burn up

**やき-ずみ【焼(き)炭】** 木を蒸し焼きにしてつくった炭。

**やき-せっこう【焼(き)石▼膏】** 石膏(硫酸カルシウムの二水和物)を焼いて得られる白色粉末。硫酸カルシウムの二分の一水和物と無水物との混合物。水で練れば石膏となって硬化する。塗装用プラスター・型材・歯科用など。しょうせっこう。calcined gypsum

**やき-そば【焼(き)▼蕎▽麦】** 中華めんを肉や野菜などの具とともに、油でいためた料理。めんを油で揚げ、具やあんをかけたものもいう。fried noodle

**やき-たて【焼(き)立て】** 焼いて作られた直後であること。fresh-baked; fleshly roasted 用例 ―のほやほや。

**やき-だま【焼(き)玉】** 焼き玉エンジンの赤熱した点火部。

**やきだま-エンジン【焼(き)玉エンジン】** 二サイクルの内燃機関。シリンダー頭部にある焼き玉(鋼鉄製の球)を外部から赤熱し、これにピストンで圧縮した燃料と空気の混合ガスを噴射して爆発燃焼させる。漁船や小型貨物船に使われる。焼き玉機関。hot bulb engine

**やきだま-きかん【焼(き)玉機関】** ↓やきだまエンジン(焼き玉エンジン)

**やき-つぎ【焼(き)接ぎ】** 欠けた陶器を、釉をかけて焼いて接ぐこと。

**やき-つ・く【焼(き)付く】**(五自) ①焼けてくっつく。焦げ付く。scorch and stick to ②心に強く残る。be printed on one's mind 用例 印象が胸に―。

**やき-つけ【焼(き)付け】** ①釉をかけて焼いた陶磁器に顔料で模様などを描き、再び窯で焼きつけること。上絵付。enamel ②めっき。plating ③写真で、陰画を通して印画紙を露光し、現像・定着して陽画を作ること。printing

**やきつけ-とりょう【焼(き)付け塗料】** 塗布後、約一二〇～一五〇℃に加熱して乾燥させる塗料。密着性・かたさ・耐久性などに優れる。焼き付けワニス・焼き付けエナメルなどがある。baking finish

**やき-つ・ける【焼(き)付ける】**(下一他) ①釉をかけて焼いた陶磁器に模様をかき、再びかまに入れて焼く。bake ②めっきする。plate ③写真で、感光紙に、陰画を通した光を当てて陽画をつくる。プリント。print ④印象を強く残す。burn into one's memory

**やき-どうふ【焼(き)豆腐】** ①固めにつくった木綿豆腐の表面を焼いて焦げ目をつけたもの。すき焼き・田楽などに用いる。②《焼き豆腐を焼くとき、くしを二本刺すので》江戸時代、武士をののしった語。二本ざし。

**やき-とり【焼(き)鳥】**《本来は、野鳥を焼いたもの》鶏肉やそのもつを切ってくしに刺して素焼きし、塩やたれをつけた食品。数え方 一串。

**やき-なおし【焼(き)直し】** ①一度焼いたものを、もう一度焼くこと・焼いたもの。grill again ②他人の作品や以前に作った自分の作品に手を加えて新作のようにみせたもの。re-hash

**やき-なまし【焼(き)▽鈍し】**(名・サ変他) 加工や熱的効果で硬化した金属材料を、加熱したのちゆっくり冷却する熱処理。軟化して展性・延性が増す。焼鈍。anneal

**やき-ならし【焼(き)▽均し】** 鋼を高温に熱して空冷し、内部のひずみを除去して均質な組織を得るための熱処理。normalizing

**やき-にく【焼(き)肉】** 肉を網・フライパンなどで焼いたもの。ふつうは、朝鮮料理の焼き肉をいう。材料は牛・豚・鶏・羊・仔羊・内臓類など。grilled meat

**やぎのうた【▽山▽羊の歌】** 中原中也の処女詩集。昭和九年(一九三四)刊。青春の喪失感と苦痛、普遍的な愛と幸福への希求を表現。

**やき-のり【焼(き)▽海▼苔】** 乾し海苔を火であぶったもの。

**やき-ば【焼(き)刃】** ①焼きを入れた刃物。tempered blade ②刃の面に見える波形の模様。watered pattern

**やき-ば【焼(き)場】** 死体を焼く所。火葬場。「crematory

**やき-ばた【焼(き)畑】** 草木を焼き払って、そのあとに作物を作ること・はたけ。火田。やきはた。slash-and-burn

**やきはた-のうこう【焼(き)畑農耕】** 山林・原野の表面を焼き払い、その灰を肥料として雑穀・イモ類などを栽培する原始的な農法。東南アジア・中南米・アフリカ・中国の一部などにみられる。朝鮮半島や日本では、現在ほとんど行われていない。swidden agriculture

**やき-はまぐり【焼(き)▼蛤】** 砂出しをした殻つきのハマグリを直火焼きにしたもの。むき身をくしに刺して焼いたものもある。

**やき-ばめ【焼(き)▼嵌め】** 外側部品を加熱によって膨張させ、穴などを大きくした状態のところにはめ合わせ、その後、冷却収縮によって締める方法。shrinkage fit

**やき-はら・う【焼(き)払う】**(五他) ①全部焼く。burn up ②焼いて追い払う。burn and drive away

**やぎ-ひげ【▽山▼羊▼鬚】** ヤギのひげのようにあごの下に垂れ下がった形のひげ。goatee ↓写

● 山羊鬚

**やぎ-ひでつぐ【八木▽秀次】**(一八八六～一九七六) 電気工学者。大阪市生まれ。東大卒。東工大学長・大阪大学総長・技術院総裁。東北大学で宇田新太郎と八木アンテナを発明した。昭和三一年(一九五六)文化勲章受章。

**やき-ふ【焼(き)▼麩】** 小麦粉を水で練ったものからでんぷん質を除いてできる生麩を、あぶり焼きした食品。

**やぎ-ぶし【八木節】** 栃木と群馬の両県にまたがる八木地方の民謡・盆踊り唄。歌詞は国定忠治などの語り物を主とする七七調。酒だるを中心に、にぎやかな鳴り物ではやす。

**やき-ぶた【焼(き)豚】** 中華料理の一種。豚肉の塊をしょうゆなどにつけ、蒸し焼きにしたもの。チャーシュー。

**やき-ふで【焼(き)筆】** 下絵をかくのに使う筆。ヤナギなどの木の端を焦がしたもの。

**やき-まし【焼(き)増し】**(名・サ変他) 一枚の陰画からさらに必要な枚数の写真をつくること。また、その写真。extra printing

**やき-みょうばん【焼(き)明▼礬】** 化学式 $KAl(SO_4)_2$ みょうばんを一六〇℃以下で加熱、水和水を除いた白色粉末。食品加工剤・写真硬膜剤などに利用。枯礬。burnt alum

**やき-むすび【焼(き)結び】** おむすび(=にぎりめし)を網で焼き、しょうゆ・みそなどを塗ったもの。

**やき-めし【焼(き)飯】** ①チャーハン。fried rice ②にぎりめしを火にあぶって、少しこがしたもの。

**やき-もき**(副・サ変自) 気になって、いらだつさま。fret

**やき-もち【焼(き)▼餅】** ①焼いたもち。②嫉妬。ねたみ。jealousy

**焼き餅焼くとて手を焼くな** 度の過ぎた嫉妬は相手に嫌われ、自分に災いを招くことになる。

**焼き餅を焼く** 嫉妬する。ねたむ。be「jealous

**やきもち-やき【焼(き)▼餅焼き】** 嫉妬深い人。jealous person

**やき-もどし【焼(き)戻し】** 焼き入れしてもろくなった鋼を比較的低い温度で再加熱し、粘り強さをもたすための熱処理。temper

**やき-もの【焼(き)物】** ①陶器・磁器・土器などの総称。pottery ②焼いた料理の総称。直火焼きと間接焼きがある。一般に、料理のコースの中心になる。broiled food ③焼きを入れて作った刃物。tempered cutlery

**や-きゅう【野球】** 九人ずつの二チームが攻守を交替しながら、守備側の投手が投げるボールを、攻撃側が一人ずつ順番にバットで打ち、四つのベースを一周した得点を争うスポーツ。アメリカで生まれ、世界各国に普及。日本では軟式もある。baseball ↓図

**や-ぎゅう【野牛】** ①スイギュウ類以外の野生のウシの総称。buffalo ②バイソンのこと。

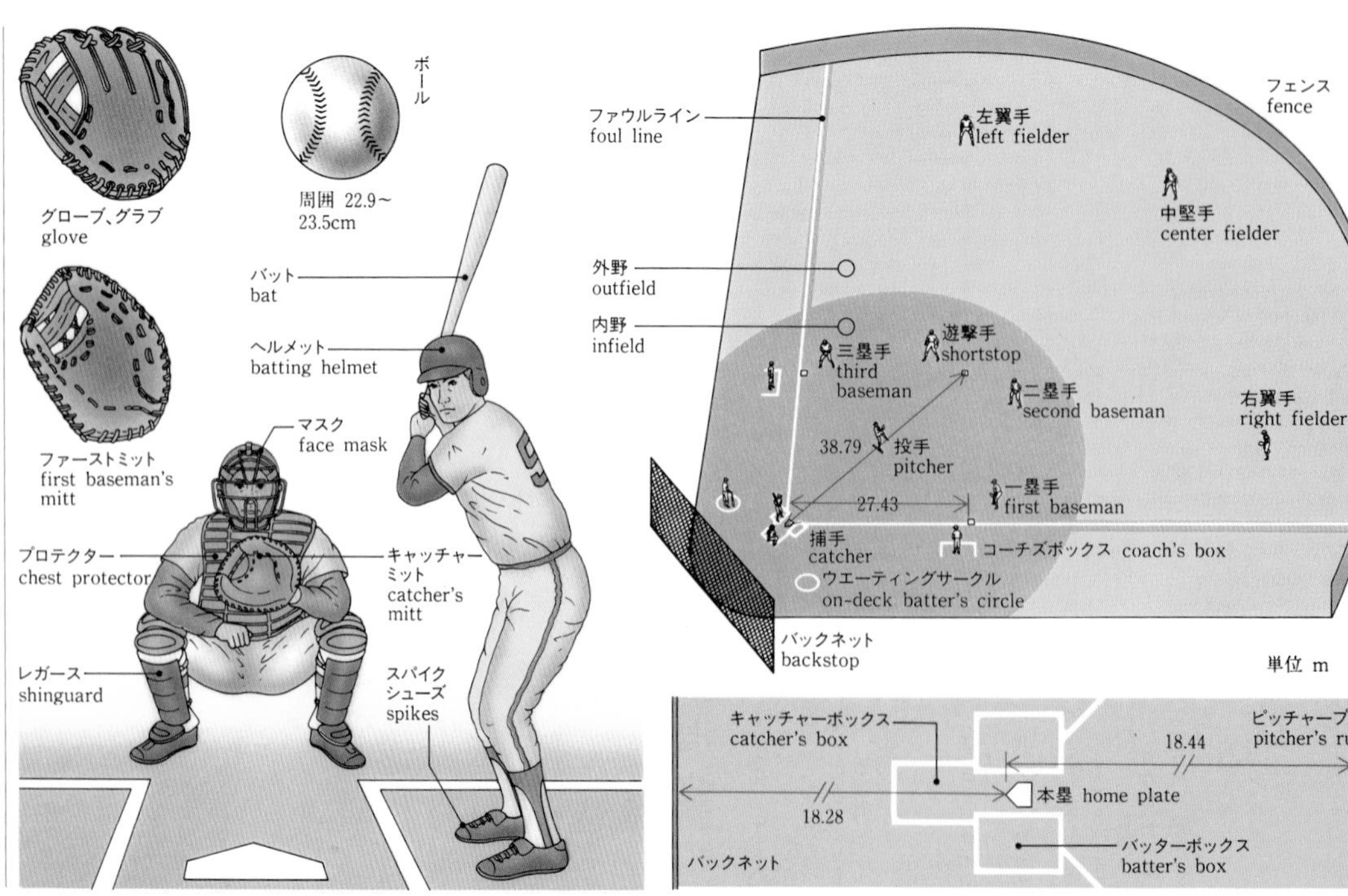


● 野球 硬式野球



↓ 行き先項目、図版・写真参照印。 JIS 日本工業規格情報交換用漢字符号コード(区点コード)。

●ヤギュウ② アメリカバイソン

アメリカバイソンとヨーロッパバイソンの二種をさす。体長約三m。黒褐色。頭が大きく、肩から頸にかけてこぶ状の隆起があり、頸や肩の毛が長い。bison ↓写

**やぎゅう【▽柳▽生】** 奈良市北東部、笠置山地にある地区。もと柳生村・大柳生村で、柳生新陰流で名高い柳生氏発祥の地。

**やぎゅう-がさ【▽柳▽生▼笠】** 紋所の名。笠紋の一種。二個の笠を横半分重ねた形。笠の形は同じだが紐の配置が違う。柳生氏で専用しているので、この名がある。↓図

●柳生笠

**やきゅう-かた【野球肩】** 投球動作のくり返しによって起こる肩関節部の障害。回旋筋の付着部周縁の軽い組織断裂による。baseball shoulder

**やきゅう-きょうやく【野球協約】** プロ野球で、おもに球団と選手の契約の方法や禁止事項などを定めたもの。昭和二六年(一九五一)発効。プロフェッショナル野球協約。

**やきゅう-けん【野球▼拳】** 宴席での遊びの一つ。互いに野球の身振りをしながら、歌に合わせてじゃんけんをし、負けると着衣を一枚ずつ脱いでいく。

**やぎゅう-じゅうべえ【▽柳▽生十▽兵▽衛】**(一六〇七―一六五〇) 江戸初期の剣客。名は三厳。宗矩の子。祖父宗厳の創始した柳生新陰流を修め、諸国を巡歴。晩年は郷里大和国(奈良県)柳生で門弟を指南。

**やきゅう-でんどう【野球殿堂】** ①アメリカ、ニューヨーク州のクーパースタウンにある野球博物館。野球界の発展に寄与した人々を記念し、その功績が記されている。名誉の殿堂。Hall of Fame ②東京都文京区の東京ドーム内にある野球体育博物館の通称。日本野球の発展に寄与した人々を記念し、その功績が記されている。

**やきゅう-ひじ【野球▼肘】** 投手によくみられる肘関節の軟骨部分における炎症。肘関節部にくり返し衝撃が加わると起こる。baseball elbow

**やぎゅう-むねのり【▽柳▽生▽宗▼矩】**(一五七一―一六四六) 江戸初期の剣客。宗厳の子。大和国(奈良県)柳生藩主。但馬守。徳川秀忠・家光に剣術を指南。総目付となって諸大名の動静を監察。

**や-ぎょう【夜行】**(名・サ変自) ↓やこう(夜行)□

**や-ぎょう【夜業】** 夜の間にする仕事。よなべ。night work

**やきょう-しょう【夜驚症】** 子供が睡眠中に急に起き上がり、泣き叫びながら部屋を歩き回ったりする症状。翌朝はそのことを覚えていない。night terror

**や-きょく【夜曲】** セレナード。serenade

**やぎ-りゅういちろう【八木隆一郎】**(一九〇六―一九六五) 劇作家。秋田県生まれ。中間演劇運動に加わり、商業演劇に進出。戯曲『熊の唄』『湖の娘』など。

**や-きん【▼冶金】** ①鉱石から金属を分離・精製する技術。metallurgy ②採取した金属を目的に応じて加工する技術。また、その学問。最近は、金属工学とほぼ同義。metal engineering

**や-きん【夜勤】**(名・サ変自) 夜、勤務すること。夜業。night duty 対義 日勤。

**や-きん【野▼禽】** 野生の鳥。野鳥。wild bird 対義 家禽。

**ヤク** 4画 **【厄】** 部首[厂] 常用 JIS 4481

音 ヤク・アク

①くるしむ。わざわい。災難。「災厄・大厄」「厄年」用例 (名)類焼の―に遭う。②厄年のこと。用例 (名)後―。前―。

**ヤク** 7画 **【役】** 部首[彳] 教育小3 JIS 4482

音 ヤク・エキ

役 役 役 役 役 役 役

①つとめ。しごと。うけもち。「大役」「役員・役人・役割」用例《接尾的》年寄り―。接待―。②仕事の上で地位をもっていること・人。「三役・重役・助役」用例《接頭的》―力士。《接尾的》取締―。③映画・芝居などで、俳優のうけもち。「主役・適役」「役者」用例 (名)―につく。④花札・マージャンなどで、特定の条件にかなった札がそろうこと。用例 (名)―ができる。⑤えだち。政府に労働力として徴発されること・人。「課役・夫役」↓エキ[役]

**役に立たずの門立ち**(やくにたたずのかどだち) 無能な者が、門に立って騒いでも、なんにもならない。

**役に立つ**(やくにたつ) 有用である。使える。useful

**役を振る**(やくをふる) 仕事・芝居などで、各人に受け持ちを割り当てる。用例 いい役をふってもらう。

**ヤク** 7画 **【▼阨】** 部首[阝] JIS 7985

音 アイ・アク・ヤク

①ふさがる。へだたる。また、さまたげる。②くるしむ。なやむ。困難。↓アイ[阨]

**ヤク** 7画 **【▼扼】** 部首[扌] JIS 5715

音 アク・ヤク

おさえる。おさえつける。しめつける。「扼殺・扼腕」

**ヤク** 9画 **【疫】** 部首[疒] 常用 JIS 1754

音 エキ・ヤク

①えやみ。流行病。②えやみの神。病魔。「疫病神」↓エキ[疫]

**ヤク** 9画 **【約】** 部首[糸] 教育小4 JIS 4483 9画 **【▼約】** 旧字

音 ヤク

約 約 約 約 約 約 約

①むすぶ。ちかう。ちかい。比較 誓い。「解約・規約・契約・公約」「約定・約束」用例 (名)―を果たす。②つづめる。まとめる。ひかえめにする。「倹約・節約・大約・要約」「約数・約分」③文法で、つづく二音節がつづまって、一音節になること。「約音」④おおよそ。ほぼ。用例 (連体)―半月。―五か年。

**ヤク** 10画 **【益】** 部首[皿] 教育小5 JIS 1755 10画 **【▼益】** 旧字

音 エキ・ヤク

筆順 ↓エキ[益]

ためになる。めぐみ。ききめ。「御利益」用例 (名)―もない。↓エキ[益]

**益も無い**(やくもない) たわいない。つまらない。

**ヤク** 11画 **【訳】** 部首[言] 教育小6 JIS 4485 20画 **【▼譯】** JIS 7603 旧字

音 ヤク・エキ

訓 わけ

訳 訳 訳 訳 訳 訳 訳

①他のことば、特に、他の国語にいいなおす。いいなおしたもの。いいなおす人。「英訳・誤訳・口語訳・通訳・名訳・和訳」「訳読」用例 (名)へたな―だ。②わけ。意味。事情。道理。面倒。

**ヤク** 11画 **【▼軛】** 部首[車] JIS 7735

音 アク・ヤク

くびき。車の轅の先につける横木。牛・馬の首にあてるもの。

**ヤク** 12画 **【▼葯】** 部首[艹] JIS 7264

音 ヤク

おしべの先の、花粉をつくるふくろ形の器官。成熟すると、さけたり、一端に穴があいたりして、内部の花粉を放出する。↓花図

**ヤク** 13画 **【▼搤】** 部首[扌]

音 アク・ヤク

おさえる。おさえつける。しめつける。

**ヤク** 16画 **【薬】** 部首[艹] 教育小3 JIS 4484 18画 **【▼藥】** JIS 7327 旧字

音 ヤク

訓 くすり

薬 薬 薬 薬 薬 薬 薬

①くすり。「医薬・丸薬・散薬・毒薬・服薬・妙薬・良薬」「薬局・薬剤」用例《接尾的》胃腸―。消毒―。内服―。②化学的変化をおこさせる材料。「火薬・弾薬・爆薬」

**ヤク** 17画 **【▼龠】** 部首[龠] JIS 8394

音 ヤク

ふえ。三孔、または、六孔の短い笛。

**ヤク** 21画 **【躍】** 部首[足] 常用 JIS 4486 21画 **【▼躍】** 旧字

音 ヤク・テキ

訓 おどる

おどる。はねる。とびあがる。比較 跳ちょう・踊よう。「跳躍・飛躍・勇躍」「躍如・躍進」

**ヤク** 23画 **【▼籥】** 部首[竹] JIS 6864

音 ヤク

①ふえ。三孔、または、六孔の短い笛。②かぎ。かぎをかける。

**ヤク** 25画 **【▼鑰】** 部首[金] JIS 7948

音 ヤク

かぎ。錠。かぎをかける。とざす。とじる。

**やく【屋久】**〈町〉 鹿児島県大隅諸島、屋久島の南半部を占める町。屋久杉で知られ、サトウキビ・ポンカンなどを栽培。観光化も進む。人口六九四三(一九八九)。

**や・く【焼く】**(五他) ①火をつけて灰にする。燃やす。burn 用例 紙くずを―。②熱を加えて食べられるようにする。火を通す。broil; roast 用例 魚を―。③日光で黒くする。焦がす。tan 用例 肌を―。④火や熱を加えて物をつくる。bake 用例 炭を―。茶碗を―。⑤写真で、原板から陽画をつくる。print 用例 サービス判で―。⑥あれこれめんどうを見る。take care of 用例 手を―。⑦《「妬く」「嫉く」とも》しっとする。ねたむ。やける。be jealous of

**世話を焼く**(せわをやく) いろいろと人のめんどうを見る。take care of

**ヤク[yak]** 家畜にもされるウシ科の哺乳類。雄の体高は約一・九m。長くて大きな角をもつ。全身長毛でおおわれ、黒褐色。高地の厳しい環境によく適応。チベット高原・ヒマラヤ地方に分布。労役用のほか乳・肉・毛・皮・糞を利用。犛牛。氂牛。↓写

●ヤク

**や-ぐ【夜具】** 夜、寝るときに使う用具。ふとん・掻巻きの類の総称。夜着。bedding 数え方 一組み。

**やく-いん【役員】** ①ある役を担当する人。person in charge ②法人の業務執行や監査を行う機関を構成する者。公益法人などの理事・監事、株式会社の取締役・監査役など。executive ③国会法上、両議院の議長・副議長・仮議長・常任委員長・事務総長の総称。director

**やく-いん【▽施▽薬院】** ↓せやくいん(施薬院)

**ヤクーツク[Yakutsk]** ソ連、ロシア共和国東部、ヤクート自治共和国の首都。レナ川中流の河港都市で水陸交通の要地。人口一八・九万(一九八五)。

**ヤクート-じちきょうわこく【ヤクート自治共和国】**(Yakutskaya ASSR) ソビエト連邦を構成する自治共和国の一つ。首都ヤクーツク。東シベリアの大半を占める。面積四・二万$km^2$。人口九八・四万(一九八九)。正称ヤクート自治ソビエト社会主義共和国。

**ヤクート-ぞく【ヤクート族】** ソ連、ヤクート自治共和国の中心的民族。ウシ・ウマ・トナカイを中心とした遊牧、川や湖の漁労に従事。Yakut

**やく-えき【薬液】** くすりを溶かした液。液状のくすり。liquid medicine

**やく-えん【薬園】** 薬草を植える畑。garden for medical herbs

**やくおう-いん【薬王院】** 東京都八王子市高尾山山頂にある真言宗智山派の別格本山。行基の創建と伝えられ、南北朝時代に俊源が再興。
**やくおう-ぼさつ【薬王▼菩▼薩】** 衆生の心身の病苦を良薬を施して救うという菩薩。阿弥陀如来の二十五菩薩の一人。
**やく-おとし【厄落(と)し】**(名・サ変自) 厄年などの厄難を祓い除くこと。社寺に参詣したり、衣服や櫛などを辻に落としたり、節分の豆を年の数だけ紙に包んで辻に捨てたりなど、種々の風習がある。厄払い。
**やく-おん【約音】** つづく二音節がつづまって一音節になること。「さしあぐ」が「ささぐ」になるなど。約。contraction 比較 略音。
**やく-がい【薬害】** 人体に用いる医薬品や植物体に用いる殺虫剤・除草剤などが、本来の目的以外に有害な作用をおよぼすこと。harmful effect of medicine 比較 薬毒。用例 ——訴訟。
**やく-がえ【役替え】** 役目を他の人に替えること。転役。change of post
**やく-がく【薬学】** 医薬の製法、検定と評価、利用などに関する理論と応用について研究する学問の一分野。pharmacy
**やく-かた【役方】** 江戸幕府の職名。側用人・奉行などの、行政・経済の諸職にあたった。対義 番方。
**やく-がら【役柄】** ①役目のある身分。position ②役目に対する体面。③役目の性質。役向き。nature of one's position
**やく-ぎ【役儀】** ①役目。任務。務め。②租税。課役。
**やくぎ-がら【役儀柄】**(名・副) 役目柄。
**やく-ぎょう【訳業】** 翻訳の仕事。
**やく-げん【約言】** 一(名・サ変他) 要点だけ、かいつまんでいうこと。summarization 二(名) ①約音。contraction ②約束のことば。口約束。verbal promise
**やく-ご【厄子】** 親の厄年に生まれた子。育ちにくいというので、拾い親を頼んでおいて、一度捨てるまねをする風習がある。
**やく-ご【訳語】** 訳したことば。対義 原語。
**やくざ** 《花札の三枚という賭博で、八・九・三の目が出ると点にならないことから》 一(名) 役に立たないもの・人間。ならずもの。対義 かたぎ。二(名・形動) まともでないこと・さま。用例 ——な仕事。——な性格。
**やく-さい【訳載】**(名・サ変他) 翻訳して、雑誌などにのせること。
**やく-ざい【薬剤】** 種々の薬物を調合し、最大の効果が得られるよう性状を整えたもの。薬。薬品。medicine
**やくざい-アレルギー【薬剤アレルギー】** 薬剤の服用により生体におこる過敏反応。発

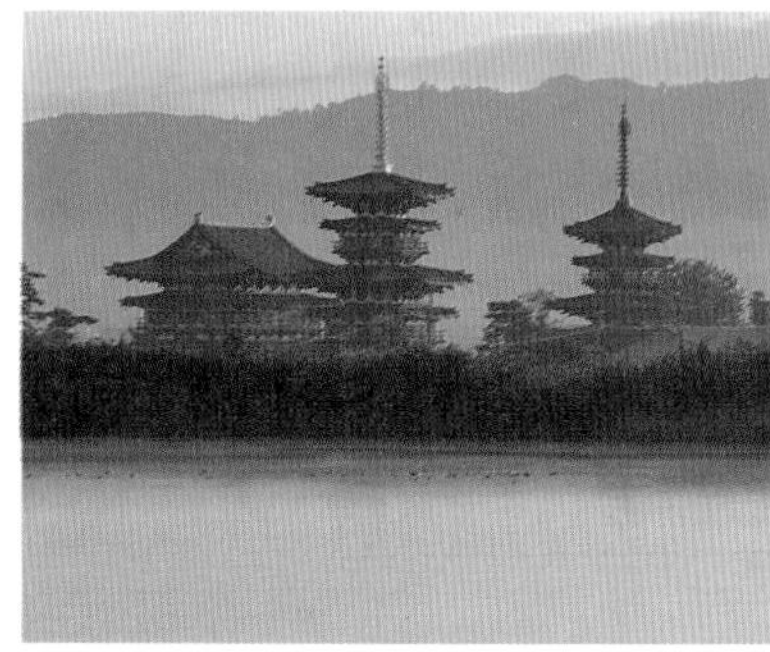
●薬師寺

疹・関節痛・浮腫などのほか、ショックもおこす。薬物アレルギー。drug allergy
**やくざい-し【薬剤師】** おもに医薬品の調剤・交付・保存に関する実務を行う者。薬剤師国家試験の合格者で、厚生大臣の免許を受ける必要がある。pharmacist
**やくざ-えいが【やくざ映画】** やくざを主人公とした映画。
**やく-さつ【▼扼殺】**(名・サ変他) 腕や手でのどをしめて殺すこと。strangulation 比較 絞殺。
**やく-さつ【薬殺】**(名・サ変他) 毒薬を与えて殺すこと。poison 用例 ——処分。
**やくさ-の-かばね【八▽色の▽姓】** 古代の姓の制度。天武一三年(六八四)天武天皇が従来の姓を整理再編し、八種の姓を新たに制定。皇室中心の社会体制の確立を図った。真人・朝臣・宿禰・忌寸・道師・臣・連・稲置。八姓。
**やく-し【▼扼死】** 頸部を手や腕で圧迫することによりおこる死。通常は他殺による。strangle to death
**やく-し【訳詞】** 外国の歌曲の歌詞を訳すこと。訳したもの。translated lyrics
**やく-し【訳詩】** 外国語の詩を訳すこと。また、訳した詩。
**やく-し【薬師】**「薬師如来」の略。
**やく-じ【薬事】** 薬剤師・調剤・医薬品に関すること。drugs and medical instruments 用例 ——法。
**やく-じ【薬▼餌】** ①くすりと食物。medicine and diet 用例 ——療法。②くすり。薬石。medicine
**薬餌に親しむ**(やくじにしたしむ) 病気がちである。

**やく-しか【屋久▼鹿】** 屋久島に分布するニホンジカの一亜種。
**やくし-きょう【薬師経】** 薬師如来の十二誓願と功徳を説く経典。漢訳中、玄奘訳『薬師瑠璃光如来本願功徳経』一巻が知られる。
**やくし-さんぞん【薬師三尊】** 仏像の形式の一つ。薬師如来を中尊とし、脇侍として多くは左に日光菩薩、右に月光菩薩を配したもの。↓白鳳時代写
**やくし-じ【薬師寺】** 奈良市西ノ京町にある法相宗の大本山。南都七大寺の一つ。天武九年(六八〇)天武天皇が藤原京に創建し、平城京遷都で現在地へ移転。↓写
**やくし-そう【薬師草】** キク科の二年草。高さ三〇～六〇cm。日当たりのよい山地にはえる。葉は茎の基部を抱き、切ると白汁がでる。秋、枝先に黄色い頭花を多数つける。↓写

●ヤクシソウ

**やくし-だけ【薬師岳】** 富山県南東部、飛驒山脈にある山。標高二九二六m。もとは信仰の山として開けた山で、山頂に薬師堂がある。東斜面にある氷食地形のカールは特別天然記念物。
**やくし-にょらい【薬師如来】** 東方浄瑠璃世界の教主。一二の大願をたて、病苦などに苦しむ衆生を救うという仏。一般に右手に施無畏印を結び、左手は薬壺をもつ姿で表される。日光・月光両菩薩を脇侍とし十二神将にとりまかれている。東方浄瑠璃医王。医王。薬師瑠璃光如来。薬師仏。↓写 ↓平安時代美術写
**やくじ-ほう【薬事法】** 薬事行政の基礎となる法律。医薬品・医薬部外品・化粧品・医療用具に関する事項を規制し、適正をはかることを目的とする。pharmaceutical of fairs law
**やく-しま【屋久島】** 鹿児島県大隅諸島に属する島。九州最南端佐多岬の南約七〇kmにあり、面積五〇二・六km²、上屋久・屋久町からなる。中央に宮之浦岳(一九三五m)がそびえ、年降水量は日本一。屋久杉で知られ、霧島屋久国立公園に含まれる。
**やくしま-ざる【屋久島猿】** 屋久島の森林にすむニホンザルの一亜種。本土のものよりやや小さくて暗色が強く、手足はとくに黒い。屋久島はニホンザル分布の南限地。
**やく-しゃ【役者】** ①役目にあたっている人。役人。②役に扮して劇などを演じる人。とくに、能・歌舞伎などの俳優。③弁舌やかけひきなどにすぐれている人。
**・役者が一枚上**(やくしゃがいちまいうえ) 人物・能力・かけひきなどが、いちだんとすぐれていること。outclass
**やく-しゃ【訳者】** 訳した人。翻訳者。translator
**やくしゃばなし【役者▽論▽語】** 元禄期歌舞伎名優の芸談集。四巻四冊。八文字屋自笑編。安永五年(一七七六)刊。やくしゃろんご。
**やく-しゅ【薬酒】** ①薬になるという酒。焼酎に生薬を加えて浸出させたもので、薬局で取り扱うもののほか、強壮などの保健的意味をもつものがある。くすり酒。薬用酒。medicinal liquor ②朝鮮の清酒の一種。Korean drink
**やく-しゅ【薬種】** くすり。きぐすり。とくに漢方薬の材料。用例 ——問屋。
**やくしゅ-しょう【薬種商】** 薬・漢方薬などを調合・販売する店。また、その商人。くすりや。
**やく-しゅつ【訳出】**(名・サ変他) 翻訳すること。translation
**やく-じゅつ【訳述】**(名・サ変他) 訳して、内容をわかりやすく述べること。また、その書物。比較 著述。
**やく-しょ【役所】** 役人が公務をあつかう所。官庁。官公署。public office 比較 役場。
**やく-しょ【訳書】** 訳した書物。translation 対義 原書・原著。
**やく-じょ【躍如】**(形動トタル) 生き生きとして目に見えるようなさま。vivid
**面目、躍如たるものが有る**(めんもく、やくじょたるものがある) 《人の、得意・活躍などにいう》いかにもその人らしい。action that shows one's true character

●薬師如来　薬師寺(奈良県)。

**やく-じょう【約定】**(名・サ変自) 契約して、とりきめること。契約。contract 用例 ——済み。
**やくじょう-りそく【約定利息】** 当事者の契約によって定められる利息。contracted interest
**やくじょう-りりつ【約定利率】** 当事者間の契約によって定められる利率。利息制限法により、その最高限が決められている。特約利率。agreed rate of interest 対義 法定利率。
**やく-しょく【役職】** ①役目と職務。post ②企業や官庁などで、管理・監督の立場にある職。管理職。managerial post 用例 ——手当。
**やくしょく-いん【役職員】** ①役員と職員。executives and the staff ②役職にある人。管理職の人。
**やくしょ-しごと【役所仕事】** 役所によく見られる、形式的で能率の悪い仕事ぶり。red tape
**やくしるりこう-にょらい【薬師▼瑠▼璃光如来】** ↓やくしにょらい(薬師如来)
**やく-しん【薬▼疹】** 薬物の副作用として発生した皮膚の病変。薬物の単なる中毒によるものと、体質によるものがある。一定の部位に紅斑ができる固定疹と、全身性のものがある。drug eruption
**やく-しん【躍進】**(名・サ変自) めざましく前進、発展すること。rapid progress 用例 ——する工業。
**やくじん-アレルギー【薬▼塵アレルギー】** 薬剤師が粉薬を調合しているときにかかる、アレルギー性の皮膚炎・鼻炎などの総称。
**やく・す【約す】**(五他) =約する。①束ねる。引き締める。②約束する。promise 用例 再会を——。③切り詰める。節約する。economize ④簡略にする。simplify ⑤数学で、約分する。reduce
**やく・す【訳す】**(五他) =訳する。①ある国の言語・文章を他の国の言語・文章に直す。翻訳する。translate ②昔の文、また、難しい語を今のことばや簡明なことばで解釈する。interpret
**やく-すう【約数】** 整数 $a$ が整数 $b$ で割りきれるとき、$b$ は $a$ の約数であるという。整式についてもいう。divisor; measure 対義 倍数。
**やく-すぎ【屋久杉】** 屋久島にはえるスギ。針葉が長く、幅が広い。材は木目が複雑で装飾用。島では巨大なものだけをヤクスギとよぶ。サツマスギ。
**やく・する【▼扼する】**(サ変他) =扼す。①握りしめる。押さえつける。hold ②ある要所をおさえる。block 用例 天険を——。③手で絞め殺す。strangle
**やく・する【約する】**(サ変他) ↓やくす(約す)

**やく・する**【訳する】(サ変他) ↓やくす(訳す)

**やく-せき**【薬石】《「石」は石針で、古代の医療器具》①薬と石針。それを用いて治療すること。また、種々の薬。治療法。用例 ―効なく死去。②昔、禅家で使った温石。夕食をぬくので腹に抱いて空腹や寒さをしのいだ石。のち、夜食としてとった粥、または夕食をいう。③その人にとって益になること。

**やく-そう**【役僧】寺の事務をとる僧。

**やく-そう**【薬草】薬用にもちいられる植物の総称。薬用植物。medicinal herb

**やく-そく**【約束】(名・サ変他) ①相手とともに、将来のことについて取り決めること。その取り決め。promise 用例 ―を守る。―を破る。②決まっている運命。宿命。fate 用例 前世の―。③規定。ルール。rule 用例 競技の―に従う。

**約束を反故にする** 約束をやぶる。約束をないものにする。

**やくそく-ごと**【約束事】①約束した内容・ことがら。promise ②宿命。因縁。fate

**やくそく-てがた**【約束手形】発行者(=振出人)が、受取人など証券の正当な所持人に対して一定金額の支払いを約束する形式をそなえた有価証券。promissory note

**やく-たい**【益体】役に立つこと。しまり。らち。useful

**益体無し** 「益体も無い」と同意。

**益体も無い** 役に立たない。だらしない。益体無し。useless; worthless

**やくたい-し**【薬袋紙】生薬を入れる袋に用いる紙。ガンピとコウゾを原料として漉き、ヤマモモの皮などで、茶褐色・黄褐色に染めた和紙。比較 薬包紙。

**やく-たく**【役宅】その役目にある人を住まわせるために造られた住宅。官舎。公舎。official residence

**やく-だく**【約諾】(名・サ変他) 約束して承知すること。誓ってうけあうこと。agreement

**やく-たたず**【役立たず】(名・形動) 役に立たないもの・人。また、そのさま。useless

**やく-だ・つ**【役立つ】(五自) 使える。役にたつ。有効な働きをする。useful

**やく-だ・てる**【役立てる】(下一他) 役立つようにする。効果的に使う。make use of

**やく-ち**【益▼智】生薬の一つ。ショウガ科植物の乾燥果実。中国の海南島・雷州半島産。健胃・整腸剤。家庭薬の原料とする。bitter seeded cardamon

**やぐち-の-まつり**【矢口の祭(り)】狩りに参加した人が初めて獲物をとったときに行う祝いのこと。三色の矢口餅を供えて山の神を祭り、親類縁者を招いて酒宴を行った。矢口の祝い。矢開きの祝い。

**やく-ちゅう**【訳注・訳▼註】①訳と注。translation and annotation ②訳者の書き添えた注。translator's note 対義 原注。

**やく-づか**【厄塚】人々に災厄をもたらす厄神を封じ込めたり、参詣人の厄を負わせるために築いた塚。厄神塚。

**やく-づき**【役付き】役に付いていること。また、その人。やくつき。person holding a responsible post

**やく-て**【約手】「約束手形」の略。

**やく-てん**【約転】連続する二音節において、母音の脱落や変化によって音が変わること。「しておく」が「しとく」になるなど。combinative change

**やく-と**【役と】(副) ①主として。もっぱら。②わざと。故意に。③非常に。たいそう。

**やく-とう**【薬湯】①くすりを入れて、からだをひたす湯。くすり湯。medicated bath ②薬用植物をはじめ、動物や鉱物など、薬用成分のあるものを煎じたもの。せんじぐすり。decoction

**やく-どう**【躍動】(名・サ変自) 生き生きと活動すること。throb 用例 青春の―。

**やく-とく**【役得】その役目に付いていることで得る特別な利益。side benefit 用例 ―がある。

**やく-どく**【訳読】(名・サ変他) 外国語・古典などの原文を訳して読むこと。oral translation

**やく-どく**【薬毒】薬に含まれている有害な成分。poison in medicine 比較 薬害。

**やく-どころ**【役所】その人にぴったりした役目・地位。もっとも適した配役。suitable role

**やく-どし**【厄年】陰陽道で、災厄にあいやすいとされる年齢。数え年で一般に男は二五歳と四二歳、女は一九歳と三三歳。とくに男の四二歳と女の三三歳を大厄とし、男女の厄年の前後を前厄・後厄として忌み慎む風習がある。年忘れ。年忌み。

**やく-な・し**【益無し】古語 (形ク) かいがない。むだだ。用例 あはれ絶えざりしも、―・き片思ひなりけり(源氏・帚木)。

**やく-にん**【役人】政府・自治体の仕事を扱う人。官公吏。公務員。government official

**役人風を吹かす** 役人であることを、これ見よがしに見せつけて、いばる。

**やくにん-こんじょう**【役人根性】杓子定規で国民に横柄でいばりたがるなど、役人に特有にみられるとされる気質。

**やくの**【夜久野】〈町〉京都府北西部の町。林野に囲まれ、ヒノキの良材や豆類などを産出。人口五八六四(一九八八)。

**やく-ば**【役場】地方公共団体の中で、町村の職員が公務を行う場所。また、公証人が公務を行う所。town office; village office 比較 役所。

**やく-はく**【薬博】「薬学博士」の略。

**やく-はらい**【厄払い】(名・サ変自) ①神仏に祈って、災いを逃れること。厄落とし。②大みそか・節分などに、災難よけのことばを唱え、米・銭をもらい歩くこと・こじき。

**やく-び**【厄日】①陰陽道で、厄難にあいやすいので忌み慎まなければならないとされる日。②二百十日・二百二十日など、農事に関して、気象的な災厄が多いとされる日。③《転じて》悪いことが重なって起こる日。ついていない日。

**やく-び**【役日】節日や祭日などの特別な行事が行われる日。物日。やくにち。

**やく-びょう**【疫病】伝染性の熱病。えきびょう。plague

**やくびょう-がみ**【疫病神】①疫病を流行させるといわれる神。門口に呪符をはって厄除けにしたり、人形を作って送り出す風習がある。えやみのかみ。②みなからきらわれている人。pest

**やく-ひん**【薬品】①くすり。薬剤。medicine; drug ②化学変化を起こさせるための、固体や液体など。chemical

**やく-ぶそく**【役不足】(名・形動) ①役者が、自分の配役に不満をもつこと・さま。dissatisfaction with one's allotted part 用例 ―を言いたてる。②力量に対して役目が軽いこと・さま。worthy of a better role 用例 かれには―の感がある。

**やく-ぶつ**【薬物】薬になるもの。くすり。drug

**やくぶつ-いぞん**【薬物依存】薬の連用による、同一薬物に対する欲求の発現。薬物に対する精神的・身体的依存を生じる薬物習慣ないし薬物耽溺に代わる概念として、WHO(世界保健機関)が提唱した。drug dependency

**やくぶつ-じゅようたい**【薬物受容体】薬物が選択的に結合する部位。ある種の薬物は生体膜上の特定の部位と結合し、薬理反応をひきおこす。drug receptor

**やくぶつ-たいせい**【薬物耐性】抗菌剤の反復使用により、微生物が抵抗性をもつ現象。drug resistance

**やくぶつ-りょうほう**【薬物療法】薬物を用いる治療法。医療の重要な一分野。自然治癒能力促進・原因療法・対症療法に大別される。pharmacotherapy

**やく-ぶん**【約分】(名・サ変他) 分数または分数式の分母と分子を共通の約数(=公約数)で割って値を変えないで簡単な分数にすること。通約。reduction of fraction

**やく-ぶん**【訳文】訳した文章。translated sentence 用例 よくこなれた―。

**やく-ほ**【薬舗】薬を売る店。薬屋。pharmacy

**やく-ほう**【薬方】薬を調合する方法。薬の処方。

**やくほう-し**【薬包紙】粉末の薬品を湿気から守り包むのに用いる正方形の紙。薬品の種類、用い方により、白模造紙、青・赤色のざら紙、パラフィン紙、セロハン紙などがある。powder paper 比較 薬袋紙。

**やく-ほん**【訳本】訳した書物。translation 対義 原本。

**やく-まえ**【厄前】厄年の前の年。一般に数え年で男は二四歳、四一歳。女は一八歳、三二歳。前厄。

**やく-まわり**【役回り】割り当てられた役目。part 用例 ありがたくない―だ。

**やく-まん**【役満】麻雀のあがり役で、ふつう、満貫の四倍に数えられる、とくに点数の高い役。大三元・四暗刻・国士無双など。役満貫。

**やく-み**【薬味】①くすりの種類。②料理にそえて香味を生かし食欲を進める香辛料。ネギ・ワサビ・海苔・ユズ・大根おろしなど。spice; condiments

**やくみ-ざら**【薬味皿】そばやなべ料理などに添える、薬味を入れるための小さな皿、または小鉢。

**やくみ-しゅ**【薬味酒】漢方の生薬など、強壮剤や栄養剤を原料の一部に用いる酒。

**やく-むき**【役向き】役目の性質。役がら。nature of one's position

**やく-め**【役目】役としてなすべきこと。役どころ。つとめ。職分。役儀。duty

**やくめ-がら**【役目柄】(名・副) 役目にふさわしいこと。職務上。役目上。役儀柄。considering one's duty 用例 ―をわきまえる。―、行かないわけにはいかない。

**やく-めい**【役名】役の名まえ。役職名。official title

**やく-めい**【訳名】原名を訳してつけた名。対義 原題。

**や-くも**【八雲】①いく重にも重なった雲。八重雲。②《素戔嗚尊の「八雲立つ出雲八重垣妻籠みに八重垣作るその八重垣を(古事記・上)」が和歌の初めと伝えられることから》和歌。歌道。

**八雲の道** 《「八雲」②から》和歌の道。歌道。敷島の道。

**やくも**【八雲】〈町〉北海道南西部、渡島半島東岸、内浦湾に臨む町。農業と漁業の町で、道南の酪農地帯としても知られる。人口一万九五一二(一九八八)。

**やくも**【八雲】〈村〉島根県北東部、松江市の南西に接する村。米・シイタケ・ワサビなどを産出。人口五九九四六(一九八八)。

**やくも-ごと**【八雲琴】撥弦楽器。江戸末期に発明された二弦琴。全長約一mの中空の胴に張った二本の弦を、左中指にはめた象牙の円筒で押さえ、右人差し指にはめた爪で弾いて演奏する。いずもごと。

**やくも-さす**【八雲さす】[枕ことば]《多くの雲が勢いよく立ちのぼる意から》「出雲」にかかる。用例 ―出雲の子らが黒髪は吉野の川の沖になづさふ(万葉・三・四三〇)。

**やくも-そう**【益▽母草】《乾燥して産前産後の薬にもちいることからの名》メハジキの別名。

**やくも-たつ**【八雲立つ】[枕ことば]《多くの雲が立ちのぼる意から》「出雲」にかかる。用例 ―出雲八重垣妻籠みに八重垣作るその八重垣を(古事記・上)。

**やくもみしょう**【八雲▽御抄】鎌倉初期の歌学書。六巻。順徳天皇著。承久三年(一二二一)ごろ初稿なる。歌体・歌病・歌会や歌合の作法、修辞など歌学の知識を集大成し、歌論を述べる。類書中もっとも組織的。八雲抄。

**やく-や**【役家・役屋】江戸時代、公事・夫役を課せられた農民の総称。一人前の村役を負担する家格の農民の意で、上・中層農民の呼称ともなった。

**やく-よう**【薬用】①薬として用いること。medicinal ②薬を用いて治すこと。

**やくよう-しゅ**【薬用酒】↓やくしゅ(薬酒)

**やくよう-しょくぶつ**【薬用植物】医薬品として有効な成分を含む植物の総称。古来、世界各地で経験的に選択・使用。medicinal plant

**やくよう-せっけん**【薬用石▼鹸】医薬または衛生用に用いる、殺菌消毒作用のあるせっけん。手指・創傷・器具の洗浄消毒に用いる。medicinal soap

**やくよう-たん**【薬用炭】胃腸薬の一つ。腸内の毒物や有害産物を吸着し、下痢止め・発酵制止・解毒などの効果がある。activated charcoal

**やくよう-にんじん**【薬用人▽参】生薬の一つ。チョウセンニンジンの根を乾燥したもの。数種のサポニンなどを含み、強壮剤として用いる。朝鮮人参。

**やく-よく**【薬浴】(名・サ変自他) 薬などを入れた湯にはいること。また、家畜を消毒液などで水浴させること。take a medicated bath; dip

**やく-よけ**【厄▽除け】災難をはらいよけること。厄年の災厄を除くための祈願や呪い。災厄の種別によって、それぞれに効験があるといわれる社寺があり、種々の呪法がある。

**や-ぐら**【▼櫓・矢倉】①武器を納める倉。armory ②城郭建築で、敵情視察・指揮・射撃などのため構築した高い建物。turret ③江戸時代、劇場正面の入り口の上に、公許の証としてのせた床。興行権を示す。④相撲場で、相撲の始まりと終わりを知らせる太鼓を打つ高い建造物。⑤一般に丸太材などを組み合わせて



▼常用漢字表外。 ▽常用漢字表の音訓外。

●櫓門② 高知城の大手門。

高くつくった塔。火の見櫓・建築の工作用など。turret; scaffold ⑥こたつの布団をかける木製のわく。こたつやぐら。⑦《「櫓投げ」の略》相撲の決まり手の一つ。⑧将棋で、金将・銀将を使って王将を堅く囲う戦法。矢倉囲い。用例金—。

**櫓を上げる**(やぐらをあげる) ①櫓を造る。②興行を始める。

**やぐら-した【▼櫓下】**《昔、劇場の櫓の下に座頭太夫など代表太夫の名を書いた看板を出したことから》文楽で、最上位の太夫。紋下。

**やぐら-だいこ【▼櫓太鼓】** 相撲・芝居の興行を知らせるために高い櫓の上で打つ太鼓。また、その太鼓の音。↓写

●櫓太鼓 歌舞伎座(東京都)。

**やぐら-なげ【▼櫓投げ】** 相撲の決まり手の一つ。相手の回しを引きつけ、ひざで相手の大腿部をもち上げるようにして吊りぎみに投げる技。

**やぐら-ねぎ【▼櫓▼葱】** ネギの変種。晩春に花茎が伸びてねぎ坊主となり、その中の花が鱗茎となり、これが子ネギに伸び、さらにその頂上に孫ネギができ、二～四段にネギが櫓状になる。北陸でわずかに栽培。

**やぐら-もん【▼櫓門・矢倉門】** ①中世の武家屋敷で、上にやぐらのある門。②近世、城郭の渡りやぐらの下にある門。↓写

**やく-り【薬理】** 薬品や化学物質が生体におよぼす反応・変化。drug action 用例—作用。

**やくり-がく【薬理学】** 薬物・毒物などの生体に対する影響を明らかにし、薬物と病理学的諸機構との相互作用を明らかにする基礎医学の一部門。pharmacology

**やく-りきし【役力士】** 大相撲で、横綱・大関・関脇・小結の地位にある力士の総称。

**やく-りょう【薬料】** ①くすりの代金。くすり代。medical fee ②薬品の材料。medicine's composition

**や-ぐるま【矢車】** ①矢を挿しておく台。②軸の回りに矢の形を放射状にとりつけたもの。端午の節句の幟などに用いる。また、その形の風車。arrow wheel ③矢の羽根を放射状に並べた図柄の紋。↓写

**やぐるま-ぎく【矢車菊】** キク科の秋まき一年草。ヨーロッパ原産で、観賞用に栽培。高さ三〇～九〇㎝。春に、径約五㎝の矢車形のキク状花が咲く。花色は青・淡紅・白など。花壇・切り花用。ヤグルマソウ。cornflower ↓写

●ヤグルマギク

**やぐるま-そう【矢車草】** ①ユキノシタ科の多年草。高さ約一m。深山にはえる。五葉の掌状複葉は深裂して、全体が五〇㎝余になるものもある。初夏に小白花を密生。②ヤグルマギクの通称。↓写

**やく-れい【薬礼】** 医師に払う薬代と謝礼。medical fee

**やく-ろう【薬▼籠】** ①薬を入れる箱。medical chest ②印籠。

**自家薬籠中の物**(じかやくろうちゅうのもの) 思いのままになるもの・人。また、技術などを自在にふるうことができること。something under one's perfect command

**やく-わり【役割】** 役目を割り当てること。その役目。任務。part; role 用例—を果たす。

●矢車②

**やくわり-えんぎ【役割演技】** ↓ロールプレーイング

**やくわり-りろん【役割理論】** 社会学の一分野。社会・組織・集団などのなかで受け持つ役割によって個人や集団同士の関係・作用を分析する理論。role theory

**やく-わん【▼扼腕・▼扼▼腕・▼搤腕】**(名・サ変自) ①自分の腕を握りしめること。clench one's fists ②はがゆがったり、残念がったりすること。regret 用例切歯—。

**やけ【焼け】**《「焼ける」の名詞形》①焼けること。多くの語と複合した形で使われる。burn 用例日—。まる—。②空が赤く見えること。glow 用例夕—。③地表に出た赤茶色の金属鉱床。

**やけ【▽自▽棄】** 希望や自信をなくして、どうでもいいという気持ちになること。見境もなくなること。捨て鉢。やけくそ。desperation 用例—をおこす。

**自棄のやん八**(やけのやんぱち) 《「やけ」を強めて、人名にもじった語》やけくそ。last-ditch desperation

**やけ-あと【焼け跡】** 火災で焼けた跡。ruins of a fire

**やけ-あな【焼け穴】** 布などの一部が焼けこげてできたあな。

**や-けい【夜景】** 夜のけしき。夜色。night view

**や-けい【夜警】** 夜間の警戒。夜回り。夜番。night watch

**や-けい【野鶏】** ニワトリの原種(セキショクヤケイ)を含むキジ科の四種の鳥の総称。全長四五～七〇㎝。羽色は赤・黄・黒のまだら模様や縞模様からなる。森林にすみ、地上を歩いて餌をあさるが、ねぐらは樹上。インドから東南アジアに分布。jungle fowl

●ヤグルマソウ①

**やけい-こっか【夜警国家】**《Nachtwächterstaatの訳》一八～一九世紀のヨーロッパ自由主義国家の国家機能観。国家の目的はもっぱら個人の自由と財産の保護にあり、国家の仕事は国防・治安維持などに限定すべきだとする考え方。ラサールが批判的に用いた語。

**やけ-いし【焼け石】** 焼けて、熱くなった石。hot stone

**焼け石に水**(やけいしにみず) 少しばかりの援助・努力では効果のないことのたとえ。a mere drop in the bucket

**やけいし-だけ【焼石岳】** 岩手県南西部、奥羽山脈にある休火山。標高一五四八m。成層火山であるが浸食が進み、火山の面影は少ない。北東麓に夏油温泉がある。

**やけ-う・せる【焼け▽失せる】**(下一自) 焼けて、あとかたもなくなる。burn up completely

**やけ-お・ちる【焼け落ちる】**(上一自) 焼けて崩れ落ちる。be burned down

**やけ-くそ【▽自▽棄▼糞】**《俗語》捨て鉢になること。自暴自棄。desperation

**やけ-こげ【焼け焦げ】** 火に焼けて焦げること。焦げた所。burn 用例タバコで—をつくる。

**やけ-こ・げる【焼け焦げる】**(下一自) 火に焼けて焦げる。burn

**やけ-ざけ【▽自▽棄酒】** やけになって飲む酒。drinking in desperation

**やけ-し・ぬ【焼け死ぬ】**(五自) 火に焼かれて死ぬ。be burned to death

**やけ-だけ【焼岳】** 岐阜・長野県境、飛驒山脈の中部、穂高岳の南にある北アルプス唯一の活火山。標高二四五五m。大正四年(一九一五)の大爆発で梓川を堰止め、大正池を形成。

**やけ-だされ【焼け出され】** 家が焼けて、住む所をなくすこと。なくした人。be burned out

**やけ-ださ・れる【焼け出される】**(下一自) 家が焼け、住む所がなくなる。be burned out 用例戦火に—。

**やけ-つ・く【焼け付く】**(五自) 熱せられて、火が付く。焦げるほどに焼ける。burn 用例—ような暑さ。

**やけっ-ぱち【▽自▽棄っぱち】**(形動)《「やけ(自棄)」を強めていう語》やけくそ。すてばち。self-abandonment 用例—な態度。

**やけ-ど【▽火▽傷】**(名・サ変自)《「焼け処」の意》①熱による生体の損傷、また、それによる傷の通称。医学的には熱傷の一つで、火による熱傷をとくに火傷という。損傷の深さで四段階に分ける。かしょう。burn ②失敗したり、痛い目を見ること。bitter experience

**火傷、火に懲りず**(やけど、ひにこりず) 同じ失敗を繰り返すたとえ。類似焼け面、火に懲りず。

**やけ-に**(副)《俗語》ひどく。むやみに。用例—腹が立つ。

**やけ-の【焼け野】** 野火で焼けた野原。burnt field

**焼け野の鴉**(やけののからす) 黒いものが、なお黒く見えるたとえ。

**焼け野の雉夜の鶴**(やけののきぎすよるのつる) 《野火に会ったキジは、身の危険を冒して子を救い、寒さの厳しい夜、ツルは子を羽の下に入れて暖める、の意から》子を思う親の情がきわめて深いことのたとえ。The mother's heart yearns over her child.

**やけ-のこ・る【焼け残る】**(五自) 焼けないで残る。一部が焼けないで残る。escape the fire

**やけ-のはら【焼け野原】** ①野火で焼けた野原。焼け野。burnt field ②火事であたり一面焼けてしまって、何もない所。焼け野が原。ruins of a fire

**やけ-のみ【▽自▽棄飲み】** やけになって酒をがぶがぶ飲むこと。やけ酒を飲むこと。

**やけ-ばら【▽自▽棄腹】** 捨て鉢になって、腹を立てること。

**やけ-ぶとり【焼け太り】**(名・サ変自) 火事で焼けたあと、前よりもかえって生活が豊かになったり、事業が伸びたりすること。prosperity after a fire

**やけ-ぼっくい【焼け木▼杭・焼け▽棒▼杭】**《俗語》焼け焦げたくい。燃えさしの切り株。

**焼け棒杭に火が付く**(やけぼっくいにひがつく) 一時縁の切れていたものが、もとの関係に戻る。多く、男女関係にいう。Wood half-burned is easily kindled.

**やけ-やすで【焼▽馬▽陸】** 日本各地にふつうみられるヤスデ。体長約二㎝。紫褐色か黒褐色で、腹面と足は黄色。平地から山地、田畑や洞穴にすむ。全世界に分布。

**やけ-やま【焼け山】** ①野火などで焼けた山。burnt mountain ②休火山。dormant volcano

**やけやま【焼山】** 青森県南部、十和田町の地区。十和田湖への東の玄関で、名勝奥入瀬渓谷がある。

**やけ-やま【焼山】** 秋田県北東部にある活火山。標高一三六六m。十和田八幡平国立公園に属し、山麓に後生掛・玉川温泉がある。

**やけ-やま【焼山】** 新潟県南西部、妙高高原町と糸魚川市の境にある活火山。標高二

四〇〇m。

**や・ける【焼ける】**(下一自) ①火で燃える。burn 用例 家が——。②熱・火が通る。broil; bake 用例 もちが——。③日光にあたって色が変わる。tan 用例 日に——。たたみが——。④非常に熱くなる。be burning 用例 海岸の砂が——。⑤日の出や日の入りのころの空が赤くなる。glow 用例 西の空が——。⑥火熱を加えて作る物が、できあがる。be baked 用例 炭が——。茶碗が——。⑦噴火する。erupt 用例 浅間山が——。⑧胸焼けがする。have heartburn 用例 胸が——。⑨世話がかかる。⑩《「妬ける」「嫉ける」とも》ねたましく感じる。be jealous of 用例 あいつばかりがもてるので——。

**世話が焼ける** ①気がもめる。feel anxious ②手数がかかる。be troublesome

**ヤゲロ-ちょう【ヤゲロ朝】** ポーランドの王朝。一三八六年ポーランド女王と結婚し、ウラディスラフ二世となったリトアニア大公ヤゲロが創始。一五七二年ジグムント二世で断絶。Jagiellon Dynasty

**や-けん【野犬】** 飼い主のない犬。のらいぬ。ownerless dog

**や-げん【▽薬研】** ①生薬を粉末にするための器具。鉄製鋳物でV字状のみぞをもつ舟形容器と、中心に棒のついた円板とを組み合わせた道具。容器に生薬などを入れて円板とこすりあわせ、粉末をつくる。②V字形にくぼんだ形。用例 ——堀。

**やげん-おんせん【▽薬研温泉】** 青森県下北半島北部、恐山北麓の大畑川上流にある温泉。ヒバの原始林に囲まれた紅葉の名所で、上流には奥薬研温泉がある。

**やけん-がり【野犬狩(り)】** 防疫などの目的で、野犬を捕らえること。roundup of ownerless dogs

**やげん-だい【▽薬研台】** 罫書作業で、円筒状の工作物をのせるV字形の溝をもった台。Vブロック。V block

**やご【▽水▼蠆】** トンボ類の幼虫。すべて水生で、浅い水底や泥中などで生育。直腸内の鰓で呼吸する。肉食性で小魚などを捕らえる。→図

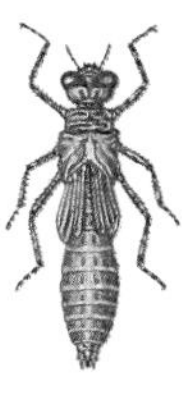
●ヤゴ　オニヤンマ

**や-こう【夜光】** ①暗い所で光ること。また、その光。glow in the dark ②月や星の光以外に夜空から来る光全体。地球上層大気の分子・原子の発する大気光、太陽系内の塵に太陽光が反射する黄道光などがある。夜間大気光。night airglow

**夜光の珠** ①昔、中国で暗夜に光ったという宝石。②金剛石。

**や-こう【夜行】** ㊀(名・サ変自) 夜、動き回ること。やぎょう。nocturnal 用例 百鬼——。㊁(名)「夜行列車」の略。

**や-ごう【屋号】** ①村落での住居・屋敷の通称。同姓の区別のため地形・職業などによる呼称を使用した。②商家の通称。③歌舞伎役者の家の通称。

**や-ごう【野合】**(名・サ変自) ①正式な結婚によらないで男女が通じること。私通。illicit union ②ひそかに関係をつけること。用例 与野党——して法案を通す。

**やこう-うん【夜光雲】** 北ヨーロッパ・ソ連・カナダなどの高緯度地方で観測される雲。日没後や日の出前の数時間、暗い空に青みを帯びて白く輝く。巻積雲・巻層雲に似ている。高度は約八〇km。noctilucent cloud

**やこう-がい【夜光貝】** 浅海の岩礁にすむ大形巻き貝。殻高約一八cm。殻は重厚堅固で、内面は真珠の光沢。奄美諸島以南に分布。

**やこう-せい【夜行性】** 動物の、おもに夜間に行動する性向。nocturnal

**やこう-ちゅう【夜光虫】** ヤコウチュウ科の原生動物。球状で、その直径は一〜二mm。長い触手一本で浮遊する。波動などの刺激で発光。異常増殖すると赤潮の原因となる。noctiluca ↓図

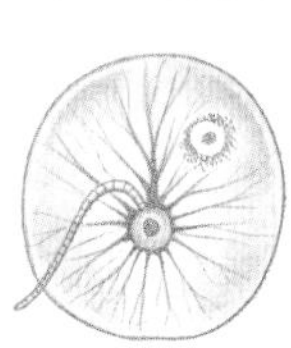
●ヤコウチュウ

**やこう-どうぶつ【夜行動物】** 夜間に活動し、昼間に休息するような周期活動をする動物。ネズミ・フクロウ・ガ・ゴキブリなど。nocturnal animal

**やこう-とりょう【夜光塗料】** 蛍光・燐光を発する顔料を入れた塗料。夜間や暗い所で発光する。硫化亜鉛・硫化カルシウムなどを原料とする。微量の放射性物質を混入したものもある。時計の文字盤・夜間標識などに利用。発光塗料。luminous paint

**やこう-ぼく【夜香木】** ナス科の低木。温室栽培。葉は長楕円形。一年中、白色筒状の花が葉腋に数個つき、夜間に芳香を放つ。西インド諸島原産。

**やこう-れっしゃ【夜行列車】** 夜間に運行される列車。寝台車だけで編成されるものもあり、長距離列車が多い。夜汽車。夜行。night train

**や-ごえ【や声】**「や」というかけ声。えいごえ。

**や-ごえ【矢声】** 射手が、矢を射当てたときにあげる声。矢叫び。archer's cry

**ヤコービ【Friedrich Heinrich Jacobi】**(一七四三〜一八一九) ドイツの哲学者。実在(=神)を把握するのは知よりも信であるとする感情哲学を唱えた。著書『スピノザ論』など。

**やこ-ぜん【野▼狐禅】** 禅の奥義をきわめてもいないのに、自分では悟ったとうぬぼれること・人。

**ヤコブ【Iakōb ギリシア】** ①『旧約聖書』中の人物。イサクの子でエサウの弟。神の祝福をうけてイスラエルと改名。一二人の息子はイスラエル一二部族の祖となる。②(?〜四四ころ)十二使徒の一人。使徒ヨハネの兄弟。大ヤコブ。③(?〜六二ころ)イエスの兄弟。初期エルサレム教会司教。④十二使徒の一人。小ヤコブ。ヤコボ。Jacob

**ヤコブしょ【ヤコブ書】** ヤコブの手紙の別称。

**ヤコブセン【Jens Peter Jacobsen】**(一八四七〜一八八五) デンマークの小説家。新文学運動の旗手として清新典雅な傑作を残す。長編『マリー=グルッベ夫人』『ニールス=リーネ』、短編『モーンス』など。

**ヤコブソン【Roman Jakobson】**(一八九六〜一九八二) アメリカの言語学者。ロシア生まれ。プラハ学派の理論的指導者。構造言語学、とくに音韻論の発展に寄与。

**ヤコブのてがみ【ヤコブの手紙】**(The General Epistle of James)『新約聖書』中の公同書簡の一つ。正しい信仰のあり方をとくため、イエスの兄弟ヤコブの名で書かれた文書。ヤコブ書。

**ヤコペッティ【Gualtiero Jacopetti】**(一九一九〜) イタリアの映画監督。作品『世界残酷物語』『さらばアフリカ』など。

**ヤコポーネ-ダ-トーディ【Jacopone da Todi】**(一二三〇ころ〜一三〇六) イタリアの詩人。中世の文学的な宗教表現の結実たる賛歌、とくに『聖母の嘆き』など。

**や-ごろ【矢▼頃・矢▽比】** ①弓道で十分に弓をひきしぼり、まさに射る寸前の状態。②矢を射るのにほどよい距離。③物事をなすのに適当なころあい。

**やごろう【▼弥五郎】** 災厄・流行病などを、村外に送り出す呪術に使われる藁人形。ごろうは御霊の変化。弥五郎祭り。

**や-ざ【矢座】** 北天の小星座。夏の北天の天の川の中にある。輝星はないが矢状に並んだ星の配列が見事。この付近の天の川は北天でもっとも見事な場所の一つ。九月一二日ごろの午後八時ごろに南中。面積八〇平方度。Sagitta

**や-さい【野菜】** 食用のため栽培する草木の総称。根菜類・果菜類・葉菜類などに分けられる。蔬菜。青物。vegetable 数え方 一本・一個・一株。

**やさい-からすうり【野菜▼烏▼瓜】** ウリ科のつる性一年草。葉は卵形で掌状、厚く柔らかい。白い五弁花が咲く。果実は長さ約五cmの長楕円形で、赤熟する。若葉と若い果実は食用。

**やさ-おとこ【優男】** ①顔かたちの、優しい男。gentle-looking man ②気だての優しい、穏やかな男。effeminate man

**やさか【八坂】**〈村〉長野県北西部、犀川西岸の村。大町市の東に接し、高原野菜栽培などが主。鷹狩山などがある。人口一四五六(一九八八)。

**やさか【▼弥栄】**〈町〉京都府北西部、丹後半島の中央にある町。農林業と機業の町で、丹後縮緬の産地。人口六五二六(一九八八)。

**やさか【▼弥栄】**〈村〉島根県南西部、浜田市の南東に接する村。松・杉材、シイタケ、米などを産する農山村で、農産物加工も行う。人口二〇一九(一九八八)。

**や-さがし【家捜し・家探し】**(名・サ変自) ①家の中を残らず捜すこと。家宅捜索。house search ②住む家を探すこと。house hunting

**やさか-じんじゃ【八坂神社】** 京都市東山区祇園にある旧官幣大社。祭神は素戔嗚尊・奇稲田姫命・八柱御子神。祇園祭りや白朮祭りで知られる。全国の八坂社の本宮。祇園社。祇園さん。

**やさ-がた【優形】** ①優しい姿。ほっそりと上品な姿。slender figure ②性質・顔つきの優しいこと。gentle nature

**やさか-どり【八▽尺鳥】**［枕ことば］《「やさか」は、長い。また、大きい。水中での息の長い水鳥、の意から》「息づく」にかかる。用例 沖に住も小鴨のもころ——息づく妹を置きて来のかも(万葉・一四・三五二七)。

**やさかに-の-まがたま【八▽尺▼瓊の曲玉】** ①三種の神器の一つ。天照大神の天の岩戸隠れのとき、神々が奉った曲玉。②上代貴族の装身具。非常に大きな曲玉。一説に、多くの曲玉を長いひもで貫いたもの。

**や-さき【矢先】** ①矢じり。arrowhead ②矢の飛んで来るほう。矢おもて。brunt ③ねらう目当て。target ④物事の始まる直前。まぎわ。just as one is about to 用例 出ようとした——に、雨が降りだした。

**や-さけび【矢叫び】** ①矢を射当てたときの叫び声。矢ごえ。②戦場で、矢合わせのときの叫び。比較 矢たけび。

**やさ・し【優し・▽恥し】** 古語 (形シク) ①つらい。用例 世間を憂しと——と思へども(万葉・五・八九三)。②恥ずかしい。みっともない。用例 年のおもはん事ぞ——・しき(古今・雑体)。③けなげだ。感心である。用例 あな——、いかなる人にて在せば、み方の御勢は皆落ち候ふに、ただ一騎のこらせ給ひたる(平家・七・実盛)。④つつましい。控え目である。用例 繁樹は百八十におよびてこそさぶらふめど、——・しく申すなり(大鏡・序)。⑤↓やさしい(優しい)

**やさし・い【易しい】**(形) 対義 難しい。①すぐわかる。easy ②簡単だ。すぐできる。easy 用例 ——文章。——説明。用例 ——問題。派生 やさしげ(形動) やさしさ(名)

**やさし・い【優しい】**(形) ①しとやかだ。上品である。優美である。graceful 用例 ——顔をした人形。②すなおだ。おとなしい。gentle 用例 気立てが——。③情け深い。親切である。kind 用例 ——ことばをかける。派生 やさしげ(形動) やさしさ(名) やさしみ(名)

**やさと【八▽郷】**〈町〉茨城県中部、筑波山東麓の町。野菜・果樹栽培、酪農などがさかんで、中心の柿岡は商業地。地磁気観測所がある。人口二万九五三三(一九八八)。

**や-し【野史】** 民間で作った歴史書。外史。私史。野乗。

**や-し【▽香▽具師・野師・▼弥四】** 縁日・祭礼などで、大道芸などをして人を集め、品物などをたくみに売りつけることを職業とする者。街商。的屋。

**や-し【▼椰子】** ヤシ科の常緑高木の総称。熱帯・亜熱帯・温帯にはえ、種類は三〇〇〇種を越える。直立した幹の頂部に、長い葉がまとまってつく独特の姿のものが多い。葉には掌状葉と羽状葉とがあり、分類上の二群となっている。果実は食用・油脂原料などになるものが多く、観賞用として植栽されるものも多い。日本ではふつうココヤシのことをさす。palm tree ↓写

●ヤシ　ココヤシ

**や-じ【野次・▼弥次】**《当て字》①やじること・ことば。hoot ②「やじうま」の略。

**野次を飛ばす** やじる。hoot; jeer

**やじ-うま【野次馬・▼弥次馬】** 自分にかかわりがないのに、人のあとについて、むやみに騒ぐ人。rubberneck 用例 ——根性。

**やしお【八潮】**〈市〉埼玉県南東端、中川流域の市。繊維・機械などの工業がさかんで、ゆかた地の産地で知られる。東京に接し宅地化

▼常用漢字表外。▽常用漢字表の音訓外。

が進む。人口六万八七五二(九八)。

**やしおじ【八潮路】** 多くの海路。海の遠く。

**やし‐がい【椰子貝】** ヤシの実に似た球卵形の殻をもつ海産のヒタチオビガイ科の巻き貝。殻高約二二cm、殻径約一四cm。黄橙色の地に黒褐色斑をめぐらす。浅海の砂底にすむ。肉は食用、殻は置物や細工物用。台湾以南の南西太平洋に分布。ハルカゼ。

**やし‐がに【椰子蟹】** 大形のオカヤドカリ科の海産動物。甲長約一二cm、体重約一・三kg。海岸の湿地にすみ、鰓室膜で空気呼吸する。ヤドカリとはちがって貝殻に入らない。沖縄から南洋諸島に分布。coconut crab →写

●ヤシガニ

**や‐しき【屋敷・邸】** ①家の敷地。premises ②広大な邸宅。mansion

**やしき‐がみ【屋敷神】** 屋敷内や屋敷周辺の小さな祠に祭られる家や屋敷の守護神。稲荷・不動などの例が多い。内神。

**やじ‐きた【弥次喜多】** ①十返舎一九の滑稽本『東海道中膝栗毛』の主人公、弥次郎兵衛と喜多八のふたり。江戸の日本橋から京都までの旅の途中、多くの失敗・滑稽を重ねる。②『弥次喜多道中』の略。③滑稽者ふたりの組み合わせ。

**やじきた‐どうちゅう【弥次喜多道中】** 友達ふたりの気楽な旅。

**やしき‐まち【屋敷町】** ①大きな住宅ばかり建ち並ぶ町。②武家屋敷のある町。

**やしき‐りん【屋敷林】** 農家の屋敷の周囲に植えられた防風林。堆肥をつくるための落ち葉や燃料の供給源ともなっている。屋敷森。

**やし‐ざる【椰子猿】** ブタオザルの異名。

**やしない【養い】** ①衣食を与えて育てること。養育。bring up ②からだを強くするもの。滋養分。nutrition

**やしない‐おや【養い親】** 子をもらって養う親。養子の親。養い育ててくれた親。養父母。foster parent

**やしな・う【養う】**(五他) ①子を育てる。動物を飼う。植物を大きくする。bring up 用例子を―。苗を―。②世話をする。扶養する。support 用例家族を―。③養生する。take care of oneself 用例病を―。④気力など衰えないように、蓄える。cultivate 用例英気を―。⑤人の子を自分の子として育てる。adopt 用例孤児を―。⑥だんだん作りあげる。form 用例よい習慣を―。

**や‐しま【八洲・八島】** 日本国の古称。おおやしま。

**やしま【矢島】**(町) 秋田県南西部、子吉川上流に沿う町。生駒氏の城下町として発達。農林業が主。鳥海山北側の登山口でもある。人口七三九三(九八)。

**や‐しま【屋島】** 香川県高松市北東部、瀬戸内海に突出する溶岩台地。南北五km、東西二km、標高二九三m。頂上部は北嶺・南嶺に分かれ、古くは島であった。源平の古戦場で知られ、瀬戸内海国立公園に属する。

**やしま‐の‐たたかい【屋島の戦い】** 源氏と平氏の合戦。一ノ谷の敗戦後、平氏はその本拠を讃岐国の屋島に置いたが、文治元年(一一八五)源義経の軍の奇襲をうけ、敗れて瀬戸内海を西下。

**やしゃ【夜叉】**《yakṣa梵の音写》インド神話で、富の神のベーラの従者。仏教で毘沙門天に属し、仏法の守護神。八部衆の一つ。

**やしゃ‐ご【玄孫】**《「やしわご」の転》孫の孫。ひ孫の子。great-great-grandchild

**やしゃじん‐とうげ【夜叉神峠】** 山梨県西部、芦安村にある峠。標高一七七〇m。南アルプス林道(野呂川林道)が通り、南アルプスの展望がよい。鳳凰三山への登山口。

**やしゃ‐ぶし【夜叉五倍子】** カバノキ科の落葉小高木。山地にはえる。高さ約七m。葉は卵形。三月に新葉の出る前に単性の小花が咲く。果実は染料として使用。砂防に植える。ミネバリ。→写

●ヤシャブシ

**やしゃる**(助動 下二・四段混在型) 尊敬の意を表す。…なさる。

**やしゃんす**(助動 サ変型) 尊敬・丁寧の意を表す。…なさいます。

**や‐しゅ【野手】** 野球で、投手と捕手を除く守備者のこと。内野手と外野手の総称。fielder

**や‐しゅ【野趣】** ①野山のようす。②自然で、素朴なさま。ひなびたおもむき。rusticity 用例―に富む。

**やし‐ゆ【椰子油】** ヤシの実の油。コプラを圧搾して得る。ラウリン酸などの飽和脂肪酸を主成分とし、オレイン酸・リノール酸を含む。せっけん・マーガリンなどの原料。パーム油。coconut oil

**や‐しゅう【夜襲】**(名・サ変他) 夜の暗さに紛れて敵を攻めること。夜討ち。night attack

**や‐しゅう【野州】** 下野国の別称。

**や‐じゅう【野獣】** ①野生の獣。wild beast ②野蛮な行為をする者。brute

**やじゅう‐は【野獣派】** →フォービスム

**やしゅだら【耶輸陀羅】**《Yaśodharā梵の音写》釈迦が太子であったときの妃。羅睺羅を生み、のち出家した。ヤショーダラー。

**や‐じょう【野乗】** 民間で編纂した歴史。野史。用例稗史―。

**や‐しょく【夜色】** 夜のけしき。夜景。night view

**や‐しょく【夜食】** ①夕食後、夜おそくに食べる軽い食事。late-night snack ②夕食。夕飯。supper

**や‐じり【鏃・鏃・矢尻】** 矢の先端にとりつける利器。後期旧石器時代から出現。材質は石・骨・角・木・青銅・鉄など。形状は多様。矢の根。arrowhead →矢図

**や‐じり【家尻】** 家や蔵などの裏の方。

**家尻を切る**(やじりをきる) 盗人が家・蔵などの裏手を破って忍び込む。

**やじ・る【野次る・弥次る】**(五他)《「野次」の活用語》人の言動を、わきから冷やかし、あざけってはやしたてる。hoot; jeer

**や‐じるし【矢印】** ①持ち矢に記す紋や名。②矢の形で方向を表すしるし。「→」など。

**や‐しろ【社】** 神道で、神を祭る一定の地域。古代、神が来臨するときの神座となる神籬を依代とした臨時の斎場が、後世常設化して、殿社となった。神社。

**やしろ【社】**(町) 兵庫県中南部、加古川中流域の町。佐保神社の門前町で、播磨北東部の行政の中心。灘の酒造米の産地で知られる。人口一万九八七三(九八)。

**やじろう【弥次郎】**(生没年未詳) 日本人最初のキリシタン。マラッカでザビエルに会い受洗、天文一八年(一五四九)案内役として薩摩に上陸。アンジロウ。

**やしろ‐じま【屋代島】** 山口県東部、瀬戸内海の島。面積一二九・七km²。山口県のミカン栽培の中心で、近年は真珠の養殖もさかん。小松・大島間に大島大橋。別称、大島。

**やしろ‐せいいち【矢代静一】**(一九二七〜) 劇作家。東京生まれ。早大卒。戯曲『絵姿女房』『夜明けに消えた』『写楽考』など。

**やしろ‐ひろかた【屋代弘賢】**(一七五八〜一八四一) 江戸後期の国学者。江戸の人。幕府の右筆。塙保己一に国学を学び、『群書類従』の編集を助けた。編纂『古今要覧稿』。

**やじろべえ【弥次郎兵衛】**《与次郎という門付けが、この人形を使ったことが語源といわれる》短い立棒(人形)の両腕を半円の形にはり、両端におもりをつけ、バランスをとってたおれないようにした玩具。重心の理論を応用している。与次郎兵衛。与次郎人形。balancing toy →写

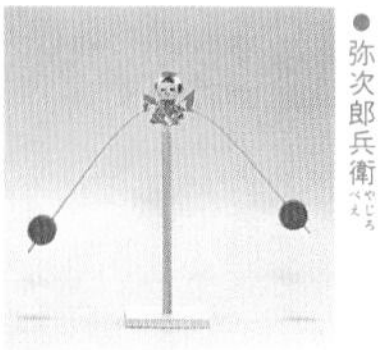
●弥次郎兵衛

**や‐しん【野心】** ①人を押しのけようとする悪心。scheme to succeed ②身分・能力にふさわしくない望み。野望。ambition ③大きな仕事をしとげようとする意欲。大志。大望。aspiration

**や‐じん【野人】** ①田舎者。countryman 用例田夫―。②官に仕えていない人。民間人。private citizen ③素朴で誠実な人。simple and honest person ④がさつな人。野暮な人。boor

**野人、暦日無し**(やじんれきじつなし) 田舎に住んで自然を楽しむ人は、月日のたつのも知らずに過ごしてしまう。

**やしん‐か【野心家】** 野心を持っている人。ambitious person

**やしん‐さく【野心作】** 独自のすばらしいできばえを見せようとする意欲的な作品。ambitious work

**やす【簎・矠】** 木や竹の柄に、先がとがった数本の細い鉄棒がついた漁具。魚介類を突き刺してとる。spear →図

**やす【夜須】**(町) 高知県北東部、土佐湾に臨む町。農業と漁業が中心。手結海水浴場、手結港がある。人口五〇〇〇(九八)。

**やす【夜須】**(町) 福岡県中央部、筑紫野市の東に接する町。農業と工業が中心。ナシ・ブドウなども栽培。県立の野外活動センターがある。人口一万三七六五(九八)。

**やす【野洲】**(町) 滋賀県中南部、野洲川下流の町。農業と工業が中心。近江富士とよばれる三上山や古墳群で知られる。人口三万一八七二(九八)。

**や・す【痩す】** 古語(下二自) →やせる(痩せる)

**やす**(助動 サ変型)《方言。「ます」の転。動詞の連用形、および「で」に付く》京阪地方で、…なさい。…あそばせ。用例お越し―。

**やす【安】** 〔一〕(接頭) ①金額や値段の安いこと。用例―月給。―物。②粗末なこと。安易なこと。いい加減なこと。用例―普請。―請け合い。〔二〕(接尾) 値段の安くなること。用例株価は五円―。

**やす‐あがり【安上がり】**(名・形動) 安い費用でできること・さま。economical

**やす・い【安い】**(形) ①(「廉い」とも)安価である。low-priced; cheap 対義高い。用例値段が―。②安心である。平静である。calm 用例―・からぬ思い。③軽々しい。frivolous 用例―・く見られる。④(俗語。上に「お」を付け、下に打ち消しをともなって)ひととおりでない、の意で、男女が親密にしているさまをうらやみ、からかい、冷やかす語。用例お―・くないぞ。派生やすさ(名)

**安かろう悪かろう**(やすかろうわるかろう) 値段も安いが、品物も悪い。You get what you pay for.

**やす・い【易い】** 〔一〕(形) らくらくとできる。たやすい。容易である。easy 用例お―ことだ。〔二〕(接尾)《動詞の連用形に付いて形容詞をつくる》①とかくそうなる。すぐ…する。用例怠け―。まちがい―。②しやすい。たやすい。対義にくい・がたい。用例書き―ペン。派生やすさ(名)

**やすい‐さんてつ【安井算哲】**(生没年未詳) 江戸初期の幕府の棋士。河内国の人。囲碁四家の一つ安井家の祖で八段。徳川家康の招きで駿府に出仕。渋川春海の父。

**やすい‐そうたろう【安井曾太郎】**(一八八八〜一九五五) 洋画家。京都生まれ。東京芸大教授。写

●簎

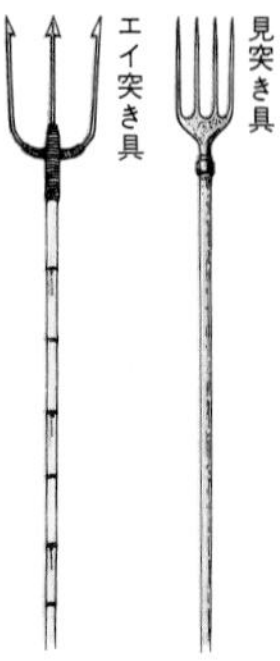
見突き具
エイ突き具

簎を使うウニ漁。北海道積丹半島。

●安井曾太郎『金蓉』。昭和九年(一九三四)、東京国立近代美術館。

実を基調とした堅実な作風の個性的様式を確立。昭和二七年(一九五二)文化勲章受章。作品『金蓉』『秋の城山』など。↓写

**やすい-そっけん**【安井息軒】(一七九九〜一八七六) 江戸末期の儒者。日向国飫肥藩士。昌平黌に学び、のち同校教授。著書『論語集説』など。

**やすい-どうとん**【安井道▼頓】(一五三三〜一六一五) 桃山・江戸初期の築城・土木家。名は成安。河内国の人。豊臣秀吉に仕え、大坂築城に従事。梅津川(のちの道頓堀)の開削を手がけ、今日にその名を残す。

**やすい-なかじ**【安井仲治】(一九〇三〜一九四二) 写真家。大阪生まれ。関西での近代写真の先駆者。絵画的写真を脱却した。作品『犬』など。

**やす-うけあい**【安請(け)合い】(名・サ変自) よく考えもしないで軽々しく引き受けること。make a rash promise

**やすうら**【安浦】〈町〉広島県南部、呉市の東に位置する町。瀬戸内海に臨む園芸農業と養殖を中心にした町で工業もさかんになりつつある。人口一万二八九一(一九八八)。

**やす-うり**【安売り】(名・サ変他) ①値段を安く売ること。投げ売り。bargain sale ②気軽に応じること。ready to comply with

**やすおか**【▽泰▼阜】〈村〉長野県、天竜川中流東岸の山村。コンニャクやシイタケの産地で知られる。人口二四五三(一九八八)。

**やすおか-しょうたろう**【安▼岡章太郎】(一九二〇〜) 小説家。高知市生まれ。慶大卒。「第三の新人」の一人。作品『悪い仲間』『海辺の光景』『幕が下りてから』『流離譚』、評論『志賀直哉私論』など。

**やすかわ-かずこ**【安川加▽寿子】(一九二二〜) ピアニスト。兵庫県生まれ。パリ音楽院卒。東京芸大教授。近代フランス音楽と現代日本音楽の作品演奏に功績。

**やすき**【▽易き】《「やすし」の連体形》物事をするのが、たやすいこと。easy 対義 かたき。

**易きに就く**(やすきにつく) 楽なほうを選ぶ。take the easy way out

**やすぎ**【安来】〈市〉島根県東端、中海に臨む市。中世以来、中国山地の砂鉄を原料とした鉄の積み出し港として発展。出雲はがねの産地で知られる。『安来節』の発祥地。人口三万三四一三(一九八八)。

**やすぎ-ぶし**【安来節】島根県安来から出た民謡。踊りは「どじょうすくい」として有名。

**やす-くに**【▼靖国】国を安んずること。

**やすくに-じんじゃ**【▼靖国神社】東京都千代田区九段にある旧別格官幣社。明治維新前後から第二次大戦までの、国事に殉じた人々二五〇万の霊を祭る。明治二年(一八六九)東京招魂社として創建、同一二年(一八七九)改称。

**や-すけ**【▼弥助】《『義経千本桜』に出てくるすし屋の名からともいう》「すし」の異名。

**やすけ-く**【安けく】古語(連語)《上代語。形容詞「やすし」の未然形に「く」の付いたもの。この未然形は上代のみ》心が安らかなこと。用例 わたつみの恐き路を——も(万葉・一五・三六九四)。

**やす・し**【安し・▽易し】古語(形ク) ①穏やかだ。安全だ。用例 世治まり、民——・うして(増鏡・おどろのした)。②たやすい。用例 あやまちは、——・き所に成りて、必ず仕る事に候(徒然・一〇九)。③簡単だ。そうなりがちだ。用例 ただありのままに、——・く付けるなり(徒然・一一六)。派生 やすらか(形動)

**やすだ**【安田】〈町〉新潟県北東部の町。阿賀野川北岸にあり、国道四九号が通る。稲作や乳牛飼育などの農業と工業の町で、安田瓦を産出。人口一万五六一(一九八八)。

**やすだ**【安田】〈町〉高知県東部、安芸市の南東に位置する町。旧市場町。野菜や園芸農業がさかん。人口四三四二(一九八八)。

**やすだ-かさいかいじょうほけん**【安田火災海上保険(株)】日本の代表的な損害保険会社。昭和一九年(一九四四)設立。

**やすだ-ざいばつ**【安田財閥】第二次大戦前の、四大財閥の一つ。創業者安田善次郎が幕末の開国による金流出のとき、金の買い占めを行い巨富を獲得。安田保善社を中心に金融財閥として発展。戦後、財閥解体により分割。

**やすだ-ぜんじろう**【安田善次郎】(一八三八〜一九二一) 実業家。越中富山の人。安田財閥の創始者。幕末・維新期に投機で成功し、金融事業を中心に活躍。大正一〇年(一九二一)暗殺された。

**やすだ-ゆきひこ**【安田▼靫▼彦】(一八八四〜一九七八) 日本画家。東京生まれ。本名新三郎。簡潔典雅な色感と線描にすぐれ、史的題材に新鮮な解釈を加えて近代的な歴史画を創造した。昭和二三年(一九四八)文化勲章受章。作品『夢殿』『黄瀬川の陣』など。↓写

**やすだ-よじゅうろう**【▽保田与重郎】(一九一〇〜一九八一) 文芸評論家。奈良県生まれ。東大卒。『日本浪曼派』創刊。民族的美意識を強調した。著書『後鳥羽院』『現代畸人伝』など。

**やすだ-りゅうもん**【▽保田竜門】(一八九一〜一九六五) 彫刻家。和歌山県生まれ。東京美術学校卒。作品『クリスティーヌの首』など。

**やすづか**【安塚】〈町〉新潟県南西部、上越市の東にある町。豪雪地帯で、稲作のほか肉用牛飼育などを行う。人口四九八四(一九八八)。

**やすっ-ぽ・い**【安っぽい】(形) ①いかにも、安物のようにみえる。cheap ②下品である。vulgar ③取るに足らない。valueless 派生 やすっぽさ(名)

●ヤスデ ヤケヤスデ

**やすで**【▽馬▽陸】節足動物の倍脚綱に属する動物の総称。頭部には一対の触角、胴部の各体節には二対の歩脚がある。体長二〜四㎝。落葉・石などの下にすむ。世界各地に分布。millipede ↓図

**やす-で**【安手】(名・形動) どちらかといえば安いこと・さま。安っぽい。安い種類。やすて。

**やすで-もどき**【▽馬▽陸▽擬】少脚目に属する微小な節足動物の総称。生殖門が胸部に開き、体節が二つずつ融合している点がヤスデと共通。体長一〜二㎜。体節は一一あるが、初めの一〇節が二つずつ融合して外見は六節。歩脚は九対。触角が分岐するのも特徴的。樹皮下や枯れ葉下などにすむ。種類も少なく、採集されるのもまれ。

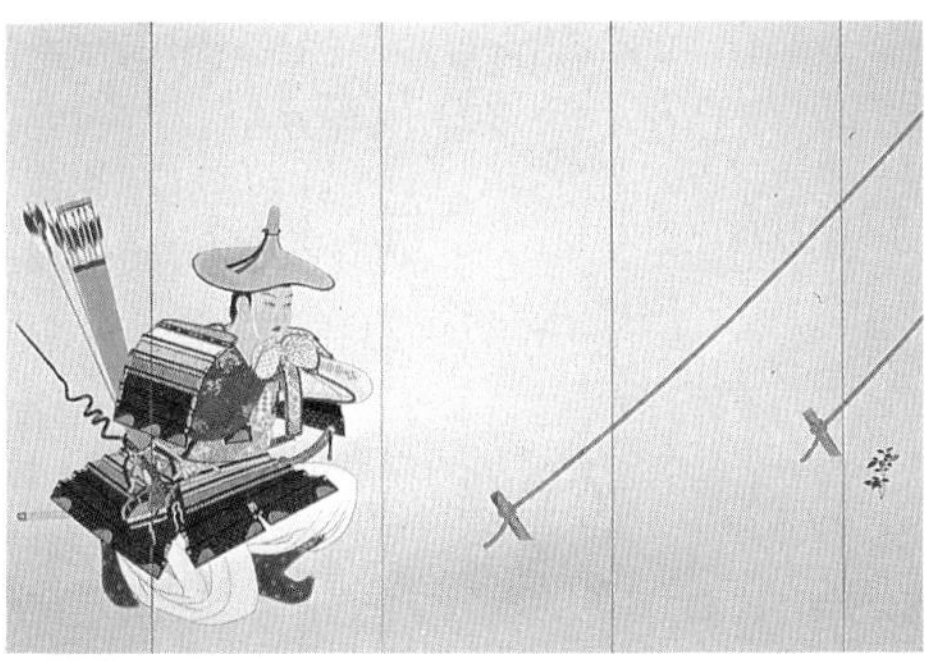

●安田靫彦『黄瀬川の陣』(部分)。昭和一五〜一六年(一九四〇〜四一)、東京国立近代美術館。

**やすとみ**【安富】〈町〉兵庫県、姫路市の北西に位置する町。播磨工業地域の後背地。兼業農家が多い。人口五一四七(一九八八)。

**やすな**【▽保名】歌舞伎舞踊。清元。七変化所作事で本名題『深山桜及兼樹振』の一つ。文政元年(一八一八)初演。

**やすながた-いせき**【安永田遺跡】佐賀県鳥栖市安永田で発掘された弥生時代の集落遺跡。銅鐸・銅矛の鋳型破片が出土し、銅鐸の分布・年代の問題を考える上で貴重な資料を提供。

**やす-ね**【安値】①安い値段。inexpensive price ②取引市場で、その日の立ち合いでもっとも安い値段。low price 対義 高値。

**やす-の-ごき**【▽養の御器】門松に結びつける、わらで作った漏斗状の小さな器。これに年男が供物を供える。御養。やす。

**ヤスパース**【Karl Jaspers】(一八八三〜一九六九) ドイツの哲学者・精神病理学者。実存哲学の代表者の一人。人間の実存を「限界状況」ととらえ、超越者の象徴をよみとること(＝暗号解読)に救済を求めた。著書『世界観の心理学』『哲学』など。

**やすはら-ていしつ**【安原▼貞室】(一六一〇〜一六七三) 江戸前期の俳人。本名正章。京の人。松永貞徳に学び、師の没後「花の本二世」を称す。編著『正章千句』『玉海集』など。

**やすふく-はるお**【安福春雄】(一九〇七〜一九八三) 能楽囃子方・大鼓方。堅実重厚な技法を完成。重要無形文化財保持者。

**やす-ぶしん**【安普請】金をかけない、つくりの粗末な家。jerry-built house

**やすま・せる**【休ませる】(下一他) 休むようにさせる。休める。rest

**やすま・る**【休まる】(五自) 心身が安らかになる。静まる。feel relaxed 用例 気が——。からだが——。

**やすみ**【休み】①休むこと。休息。rest; pause 用例 ——なく歩く。②学校や勤めにいかないこと。absence 用例 青木君は——です。③休む時間。休暇。休日。break; holiday 用例 昼——。夏——。あすは——だ。④寝ること。sleep 用例 お——の時間ですよ。

**やすみ-しし**【八隅知し・安見知し】[枕ことば]《安らかに治める意から》「わが大君・わご大君」にかかる。用例 ——わご大君の聞こし食す天の下に国はしも多にあれども(万葉・一・三六)。

**やすみ-やすみ**【休み休み】(副) 間をおいて。by easy stages 用例 ばかも——言え。

**やす・む**【休む】(五自) ①活動・仕事を中止する。suspend; close 用例 少し——・んでから始める。店は日曜日ごとに——。②からだを楽にする。休息する。rest 用例 ゆっくり——。③横になる。寝る。go to bed 用例 朝が早いから、もう——・みなさい。④欠勤・欠席する。be absent from 用例 学校を——。

**やす-め**【安め】(名・形動) 物価の安いこと・さま。inexpensive 対義 高め。

**やす-め**【安目】①丁半賭博で賭けたほうとは逆の目が出ること。負け目。②麻雀の上がりで、上がり牌により手段の点数の高い安いがあるとき、安いほうの牌での上がり。

**やす・める**【休める】(下一他) ①休ませる。安らかにする。rest ②休養させる。rest ③安心させる。set one's mind at ease

**やす-もの**【安物】値段の安い、質のよくない品物。cheap article

**安物買いの銭失い**(やすものがいのぜにうしない) 安物は、それ相応に質が悪く、結局は損になる。Buy cheap and waste your money.

**安物は高物**(やすものはたかもの) 安物は品質が悪く、結局は高くつくということ。

**やすやす-と**【安安と】(副) いかにも安らかなさま。

**やすやす-と**【▽易▽易と】(副) たいへんたやすいさま。easily 用例 ——持ち上げる。

**やす-やど**【安宿】宿泊料が安く、設備や待遇もそれに相応した粗末な宿屋。

**やすらい**【休らい・安らい】《「やすらう」の名詞形》①休むこと。休息。rest ②ためらうこと。③深く心にとめないこと。かりそめ。

**やすら・う**【休らう・安らう】古語 ㊀(四自) ①ためらう。迷う。用例 心恥づかしくて——・ひ給ふ(源氏・末摘花)。②立ちどまる。たたずむ。用例 過ぎがてに——・ひ給へるさま(源氏・夕顔)。③滞在する。用例 其比宋朝よりすぐれたる名医わたって、本朝に——ことあり(平家・三・医師問答)。④休む。休息する。用例 いといみじき花の蔭に、しばしも——・はず(源氏・若紫)。㊁(下二他) やすませる。また、ゆるめる。用例 貞任、くつばみを——・へ(古今著聞集・九)。

**やす-らか**【安らか】(形動) ①穏やかなさま。無事。peaceful ②心配のないさま。peaceful

**やすら・ぐ**【安らぐ】(五自) 安らかな気持ちになる。穏やかな気持ちになる。feel at ease 用例 心が——。

**やすらけ・し**【安らけし】古語(形ク) 安らかである。用例 もろ人の願ふ心の近江なるやすらの里の——・くして(栄花・日蔭のかづら)。

**やすり【▼鑢】**①金属製の棒状の工具。鋼棒の表面に小さな突起状の切り刃(目)をつけたもの。工作物を平らに仕上げるのに使う。棒やすり。file ②紙やすりや布やすりの俗称。file
**やすり-がみ【▼鑢紙】**↓かみやすり(紙鑢)
**やすり-ばん【▼鑢板】**謄写版の原紙に字や絵をかくとき、下において使う細い筋目のついた鉄板。
**やすん・ずる【安んずる】**(サ変自他) =安んじる・安んず。①(自)㋐安心する。用例 ―・じて暮らす。㋑満足する。甘んずる。be contented 用例 小成に―。②(他)安心させる。set one's mind at ease 用例 心を―。
**やせ【▼瘦せ・▼瘠せ】**やせること。やせている人。lean 対義 でぶ。
**瘦せの大食い**(やせのおおぐい) やせている人が意外にたくさん食べること。
**やせ【八瀬】**京都市左京区、高野川の渓谷に臨む地区。紅葉の名所で、比叡山への登山口でもある。
**や-せい【野生】**㊀(名・サ変自) 動植物が自然に山野に育つこと。その動植物。grow wild ㊁(代) 男が自分をけんそんしていう語。
**や-せい【野性】**自然のままの性質。本能的な荒々しい性質。wild nature 比較 獣性。
**やせ-うで【▼瘦せ腕】**①やせた腕。slender arm ②働きの少ない腕前。poor income 用例 女の―。
**やせ-うま【▼瘦せ馬】**やせて、力のない馬。
**瘦せ馬に鞭を加える**(やせうまにむちをくわえる) 弱い者に打撃を与える。
**やせ-おとろ・える【▼瘦せ衰える】**(下一自) からだがやせて、弱くなる。grow thin
**やせ-がた【▼瘦せ形】**やせたからだつき。slender figure
**やせ-がまん【▼瘦せ我慢】**(名・サ変自) 無理にこらえて、平気なように見せかけること。endure for pride's sake
**瘦せ我慢を張る**(やせがまんをはる) 無理に我慢をして平気なような顔をしている。put up with from pride
**やせ-ぎす【▼瘦せぎす】**(名・形動) やせて骨ばってみえること・さま・人。skinny
**やせ-こ・ける【▼瘦せこける】**(下一自) やせて肉が落ちる。ひどくやせる。get too skinny
**やせ-さらば・える【▼瘦せさらばえる】**(下一自) やせて骨と皮だけになる。waste away
**やせ-さらぼ・う【▼瘦せさらぼう】**古語(四自) やせて骨と皮ばかりになる。やせこける。やせさらばえる。用例 影のやうに―・ひつつ(宇治拾遺・六)。
**やせ-しょう【▼瘦せ症】**バセドー病・糖尿病などや神経性食欲不振症などで起こる病的なやせかた。emaciation
**やせ-ち【▼瘦せ地】**養分が少なく、植物の生育条件の悪い土地。barren soil
**やせっ-ぽち【▼瘦せっぽち】**たいへんやせていること・人。skinny person
**やせ-ほそ・る【▼瘦せ細る】**(五自) やせて細くなる。lose flesh
**やせ-やま【▼瘦せ山】**地味が悪くて、木などがよく育たない山。
**や・せる【▼瘦せる・▼瘠せる】**(下一自) ①からだの肉が落ちる。細る。get thin 対義 太る。用例 病気で―。②財産が減る。reduce 用例 身代が―。③土に農作物などを育てる力がなくなる。become sterile 用例 ―・せた土地。④流れが細くなる。narrow 用例 川が―。
**瘦せても枯れても**(やせてもかれても) どんなに落ちぶれても。no matter how low one falls
**や-せん【夜戦】**夜間の戦い。夜いくさ。night battle
**や-せん【野戦】**①山野を戦場として戦うこと。城・要塞の攻防と市街戦以外のすべての陸上戦。field operations; open battle ②戦地。戦場。battlefield
**や-せん【野選】**《「野手選択」の略》↓フィルダースチョイス
**や-ぜん【夜前】**ゆうべ。昨夜。last night
**やせんかんわ【夜船閑話】**禅の書。白隠慧鶴の著。一巻。内観法で神経衰弱や結核を克服した自身の体験を説いた書。
**ヤセンスキー【Bruno Yasensky】**(一九〇一―四一) ソ連の小説家。ポーランド生まれ。粛清されたが、死後に名誉回復。作品『パリを焼く』『無関心な人々の共謀』など。
**やせん-びょういん【野戦病院】**戦場の後方に設けられ、傷病兵を一時収容し、治療する施設。field hospital
**や-そ【八▽十】**①八の一〇倍。はちじゅう。eighty ②数の多いこと。large number
**やそ【▼耶▼蘇】**《Jesus(ポルトガル)の中国での音訳語「耶蘇」から》キリスト教。また、キリスト教徒。
**や-そう【野草】**山野にはえる草。耕地や人里など人間の往来する場所に生育するのは雑草として区別する。wild grass
**や-そう【野僧】**㊀(名) 田舎の寺の僧。㊁(代) 僧が自分をけんそんしていう語。拙僧。
**や-ぞう【▼弥蔵】**着物の中で握りこぶしをつくり、その手を胸のあたりに構えて、着物をつっぱらせた格好を人名のようにいう語。用例 ―を決めこむ。
**やそう-きょく【夜想曲】**音楽で、夜の気分を表す静かでロマンチックな曲。ピアノ曲が多い。ノクターン。nocturne
**やそ-かい【▼耶▼蘇会】**イエズス会の別称。
**やそかいしにほんつうしん【▼耶▼蘇会士日本通信】**安土桃山時代、日本布教にあたったイエズス会宣教師らの、インド・ヨーロッパに送った書簡集。一五四九年(天文一八)から一五八〇年(天正八)までの書簡・報告書を収録。当時の日本の情況を知る貴重な史料。
**ヤソ-きょう【▼耶▼蘇教】**キリスト教。
**やそ-じ【八▽十・八▽十路】**①八〇。やそ。eighty ②八〇歳。また、八〇年。eighty years old
**やそしま-まつり【八▽十島祭(り)】**中古、大嘗会の翌年の吉日に、摂津国の難波の津に天皇の使いを送って、海に臨んで多くの神々を祭り、治世の安泰を祈った儀式。
**やそしま-もうで【八▽十島▼詣(で)】**①八十島祭りのさいに詣でること。②八十島祭りの使いとして、住吉神社などを巡拝すること。
**やそむら-ろつう【八▽十村路通】**↓ろつう(路通)
**や-たい【屋台・屋体】**①屋根のある移動式の台。屋台店。②《「踊り屋台」の略》祭礼のときに踊りをする屋根のある台。③小さい、粗末な家。④「屋台骨」の略。⑤演劇などで、舞台の上に作る建物や大道具の類。
**や-だいじん【矢大神・矢大臣】**①神社の随身門に安置してある二つの神像の俗称。向かって右を左大神、左を矢大神ということもある。門守神。②《①の形に似ているので》居酒屋でたるに腰かけて酒を飲むこと。用例 ―をきめる。
**やたい-ばやし【屋台▼囃子】**祭礼にひく屋台や山車の上で演奏する器楽。太鼓・笛・鉦などが主体となる。京都の祇園囃子、江戸では葛西囃子・神田囃子が名高い。
**やたい-ぼね【屋台骨】**①屋台の骨組み。また、家屋の柱・はり・けたなど主要な骨組み。framework ②一家の生計を支える資力。また、それを生み出す人。大黒柱。身代。support; supporter 用例 ―がかたむく。
**やたい-みせ【屋台店】**移動できる台の上に障子や屋根をつけて小さい家の形にし、そこで物を売る店。食物を扱う店として江戸時代からあったが、明治以降全国的に普及。車がついたもの、かつぐものなどさまざま。屋台。
**やた-がらす【八▽咫▼烏】**日本神話の神武天皇の東征に出てくる鳥。天皇の軍が熊野から大和に入るとき先導したという。
**や-たけ【▼弥▽猛】**(形動)《「弥」はますます、の意》いよいよ勇み立つさま。
**や-だけ【矢竹・▼箭竹】**タケの一種。茎は高さ約四m、径約二cm。上部の節から枝を出し、狭披針形の葉は、革質で裏が白い。矢の材料。↓ササ 写
**やたけ-ごころ【▼弥▽猛心】**いよいよ勇む心。
**やたけ-に【▼弥▽猛に】**(副) 勇みに勇んで。
**や-たけび【矢▽叫び】**《「矢さけび」と「雄たけび」の混交か》戦いのときなどにあげる、勢いよいさけび声。
**やだ-そうん【矢田挿雲】**(一八八二―一九六一) 俳人・小説家。本名義勝。金沢市生まれ。早大中退。考証的読み物・歴史小説で知られる。読み物『江戸から東京へ』、小説『太閤記』など。
**や-たて【矢立て】**①矢を入れる具。やなぐいなど。②持ち歩きのできる筆記具。墨つぼと筆を入れる筒とを一つにしたもの。
**や-だね【矢種】**射るために身におびている矢。one's store of arrows 用例 ―が尽きる。
**やた-の-かがみ【八▼咫の鏡】**《「た(咫)」は、古代の長さの単位》伊勢神宮内宮の御神体。三種の神器の一つ。天照大神が岩戸に籠ったとき、石凝姥命が作ったという鏡。天孫降臨にさいし瓊瓊杵尊に授けられたとされ、皇位継承のしるしとする。
**や-たば【矢束】**①矢の長さ。②矢を束ねたもの。
**やたべ-りょうきち【矢田▽部良吉】**(一八五一―九九) 植物学者・詩人。静岡県生まれ。東大教授。日本に植物学の基礎を確立。新体詩運動に加わり詩壇でも活躍。また、ローマ字の普及にも大きな業績を残す。著書『日本植物図解』『羅馬字を以て日本語を綴るの説』、編著『新体詩抄』。
**や-だま【矢玉・矢弾】**①矢と弾丸。arrows and bullets ②矢。arrows
**やたら【矢▼鱈】**(副・形動)《当て字》秩序も節度もないさま。むやみ。みだり。blindly; too much
**やたら-じま【矢▼鱈▼縞】**縞柄の一つ。縞の間隔や色の配列が不規則なもの。↓縞 写
**やち** 11画 **【▼萢】** 部首[艹](くさかんむり) 和製漢字 JIS 7245
↓やち[谷地・谷・萢]
**や-ち【▽谷地・▽谷・▼萢】**低い台地や丘陵地を刻む谷が泥土で埋積された低湿地。じめじめした所。さわ。やつ。やと。swamp
**やち-ぐさ【八千▽種・八千草】**=やちくさ。①多くの種類。many kinds ②《「八千草」で》多くの草。a lot of plants
**やち-さんご【▽谷地▼珊▼瑚】**アッケシソウの別名。
**やち-だ【▽谷地田】**山間の細長い浸食谷にある水田。paddy field in ravine
**やち-だも【▽谷地だも】**モクセイ科の落葉高木。中部以北の湿地にはえる。高さ二〇~二五m。葉は長柄で奇数の羽状複葉。楕円形の小葉が葉軸につく部分に褐色の毛が密生。春に、黄白色の小花を密生。
**やち-ねずみ【野地▼鼠・▽谷地▼鼠】**半地下生活をする野ネズミ。体長一〇cm内外。背中が赤栗色。森林や原野の地下にトンネルを掘ってすむ。イネ科植物や木の根などを食べる。北海道・本州北部に分布し、北海道では林木に大害を与えることがある。
**やちほ【八千穂】**〈村〉長野県東部、茅野市の北東に位置する村。八ケ岳の北東麓にあり、農・林業が主。キャンプ場・スケート場などもある。人口五〇九七(一九八八)。
**やちほこ-の-かみ【八千▼戈神】**大国主命の別称。
**や-ちまた【八▼衢】**道がいくつにも分かれる所。
**やちまた【八▽街】**〈町〉千葉県、千葉市の東に接する町。下総台地上の、もと野馬放牧地が明治初年以来開墾された畑作地帯。落花生栽培の中心地で、加工業もさかん。人口四万二六四一(一九八八)。
**やち-やなぎ【▽谷地柳】**ヤマモモ科の落葉低木。高層湿原にはえる。葉は互生し、倒卵形で基部はくさび形。春に、楕円形の花穂をつける。エゾヤマモモ。
**や-ちゅう【夜中】**夜のうち。夜間。夜分。nighttime
**や-ちょ【野▼猪】**イノシシの異名。
**野猪にして介する者**(やちょにしてかいするもの)《「介」は、鎧の意》イノシシが鎧を着たようなもの。むこう見ずの人。猪突猛進の者。
**やち-よ【八千代】**八〇〇〇年。長い長い年代。thousands of years
**やちよ【八千代】**〈市〉千葉県北西部、船橋市の東に接する市。大規模な住宅団地と、中小工場を主とする工業団地がある。酪農もさかん。人口一四万四八七九(一九八八)。
**やちよ【八千代】**〈町〉茨城県西部、結城市の南に位置する町。稲作と近郊野菜栽培がさかんで、メロンの産地としても有名。人口二万四五七六(一九八八)。
**やちよ【八千代】**〈町〉兵庫県南東部、西脇市西隣の町。綿織物(播州織)のほか、シイタケ・花卉などを栽培。人口六三三九(一九八八)。
**やちよ【八千代】**〈町〉広島県中西部の町。広島市の北に接し、国道五四号が通る。米・木材・木製品などを産出。土師ダム・八千代湖がある。人口四四五九(一九八八)。
**や-ちょう【野鳥】**野生の鳥。wild bird
**やちょう-こうえん【野鳥公園】**野鳥保護のために設けられた自然公園。日本野鳥の会によるバードサンクチュアリなど。
**や-ちょく【夜直】**夜の当直。宿直。night duty 対義 日直。
**やちよじし【八千代▼獅子】**地唄・箏曲の曲名。政島検校が尺八の曲を胡弓に編曲し、藤永検校が三味線に編曲。竹と松にちなむめでたい内容の歌詞。
**や-ちん【家賃・屋賃】**家の借り賃。貸家の賃借料。店賃。借家料。rent
**やっ**(感) ①力むときの掛け声。②驚いたときの語。③男子の軽いあいさつの語。やあ。
**やつ【▽奴】**㊀(名) 人をののしる語。また、親しんでいう語。物品にもいう。用例 嫌な―。こ

や

れと同じ―。㊂(代) 他人や目下の者をいやしめたり、親しんで呼ぶ語。あいつ。

**やつ【ᐁ谷】** 水はけの悪い低湿地のこと。関東地方の地名に多い。やち。やと。

**や-つ【八つ】** ①一の八倍。eight ②昔の時刻の名。今の午前と午後の二時ごろ。やつどき。③八歳。eight years old ④《上に「お」を付けて》午後の間食。afternoon snack

**やつ-あたり【八つ当(た)り】**(名・サ変自) 見境なく、だれかれに当たり散らすこと。take it out on anybody

**やつお【八尾】**〈町〉 富山県南部、井田川の谷口にある町。市場町から発展した和紙・薬草などの集散地。人口二万二九一七(一九八八)。

**やっ-か【薬価】**《「やくか」の変》 ①薬の値段。price of medicine ②薬代。medical fee

**やつか【八ᐁ束】**〈町〉 島根県北東部、中海の大根島を中心とする町。牡丹栽培で知られ、薬用ニンジンも産出。人口四七六七(一九八八)。

**やつか【八ᐁ束】**〈村〉 岡山県北端、中国山地の村。北に蒜山三山がそびえ、蒜山高原など観光地として知られる。人口三四三九(一九八八)。

**やっ-かい【厄介】**《「やくかい」の変》 ㊀(名) 世話。care ㊁(名・形動) めんどうなこと・さま。手数のかかること・さま。trouble 用例 ―な問題をかかえる。

**厄介になる**(やっかいになる) 世話になる。depend on

**厄介を掛ける**(やっかいをかける) 世話を焼かせる。迷惑をかける。trouble

**やっ-かい【訳解】**(名・サ変他) 《「やくかい」の変》訳して説明すること。説明したもの。

**やっかい-ばらい【厄介払い】** めんどうなものごと・人などを追い立てて遠ざけること。get rid of a nuisance

**やっかい-もの【厄介者】** ①世話の焼ける者。nuisance ②食客。いそうろう。hanger-on

**やっか-きじゅん【薬価基準】** 健康保険診療によって薬品を投与するときの値段。厚生省が年一回、医療品の実勢価格を調査し、薬価の基準を改定する。

**やつ-がしら【八頭】** サトイモの一品種。親いもから子いもが完全に分球せず、肥大。いもは煮物に適し、葉柄は「ずいき」として食用。また、水盤に生けて葉を観賞。↓サトイモ 図

● ヤツガシラ(戴勝)

**やつ-がしら【▾戴ᐁ勝】** 顕著な羽冠をもつヤツガシラ科の鳥。翼長約一五cm。体は赤みがかった黄褐色で、背・翼・尾は黒地に白色の横帯が走る。ユーラシア・アフリカに分布。日本では迷鳥。hoopoe ↓図

**やつが-たけ【八ケ岳】** 長野・山梨県境にある火山群の総称。最高峰の赤岳(二八九九m)を中心に権現岳・横岳・硫黄岳など八峰が南北に連なる。山麓は広い緩斜面で、牧場・高冷地野菜畑・別荘地・観光地などになっている。

**やっか・む**(五他) 《方言》関東などで、うらやむ。ねたむ。そねむ。

**やつがれ【ᐁ僕】**(代) 《「奴吾」の約か。古くは「やつかれ」。上代には、男女ともに用いた》 自分をけんそんしていう語。わたくしめ。

**やっ-かん【約款】**《「やくかん」の変》 ①法令・契約などの個々の条項。②不特定多数の利用者を画一的に処理するため、あらかじめ定型的に定められている契約条項。stipulation 用例 保険―。

**やっ-き【薬器】**《「やくき」の変》薄茶を入れる容器の一種。扁平で下部は細くなっていて、上部は一文字、あるいは多少盛りあがっているものもある。

**やっ-き【躍起】**(名・形動) 《「やくき」の変》あせって、むきになること・さま。get excited

**やつぎ-ばや【矢継(ぎ)早】**(名・形動) 《矢を続けて射る技がはやい、の意》続けざまに行うこと・さま。in rapid succession 用例 ―に質問を浴びせる。

**やっ-きょう【薬▾莢】**《「やくきょう」の変》銃砲弾の発射火薬をつめた容器。黄銅・鉄などのほか、狩猟用では紙・プラスチック製もある。cartridge

**やっ-きょく【薬局】**《「やくきょく」の変》薬剤師が医薬品を調剤する場所。または販売・授与するための場所。開設には所在地の都道府県知事の許可が必要。pharmacy

**やっきょく-ほう【薬局方】** 医薬品の品質に関する国の法令で、一般に使用される重要な医薬品の品質・性状・常用量・使用法などを規定したもの。pharmacopoeia 用例 日本―。

**やつ-ぎり【八つ切り】** ①一つのものを八等分に切ること。また、その一つ。②写真印画紙のサイズの一つ。一六五mm×二一六mm。

**やつ-くち【八つ口】** 女物や子ども物の和服の袖付けの下のあきの部分。身八つ口。

**や-づくり【家造り】** ①家を造ること。②家の構え。

**ヤッケ【Jackeᵈᵉᵘ】** 防寒・防風用のフードつき上着。ナイロン製が多く、登山・釣りなどに着用。ウインドヤッケ。アノラック。

**やっこ【ᐁ奴】**《「やつこ」の転》 ①江戸時代の武家の従僕。行列に撥鬢・鎌髭姿で槍などを持って供先をつとめた。②江戸時代の男伊達。旗本奴・町奴など。③男伊達の気風を好むこと。また好む遊女。④しもべ。召使。⑤心身がままならぬことをたとえていう。とりこ。用例 恋の―。⑥「奴凧」の略。⑦「奴豆腐」の略。

**や-つ-こ【ᐁ奴・ᐁ臣】** 古語 《「家つ子」の意。「つ」は「の」の意の格助詞》 ㊀(名) ①神や朝廷に仕える人。用例 死にますときに殉ひまつらずは、これ―だにもあらず(日本書紀・安康)。②上代の奴隷の一種。奴婢。用例 住吉の小田を刈らす子―かも(万葉・七・一二七五)。③人をののしっていう語。用例 中上り来ぬ麿といふ―(万葉・九・一七八三)。㊁(代名) 自分をけんそんしていう語。わたくしめ。やつがれ。用例 ―已に娠めり(日本書紀・神代下)。

**やっ-こう【薬効】**《「やくこう」の変》薬の効果。薬の効能、ききめ。薬理的効果。effect of medicine

**やっこ-ささげ【ᐁ奴▾豇ᐁ豆】** マメ科のつる性一年草。ササゲのうち、白色に黒斑のあるもの。

**やっこ-さん【ᐁ奴さん】** ㊀(代) 人をやや軽くみたり、また、親しんでいう語。やつ。大将。that fellow ㊁(名) 折り紙の形の一つ。やっこだこの形。

**やっこ-しょうがつ【ᐁ奴正月】** 正月二〇日の称。この日ひもじい思いをすると、その年一年間ひもじいという伝承がある。乞食正月。

**やっこ-そう【ᐁ奴草】** シイの木の根に群生するヤッコソウ科の白色の寄生植物。高さ約七cm。鱗片葉を十字形に対生。秋に白花が茎頂に咲き、蜜を出す。↓図

● ヤッコソウ

**やっこ-だこ【ᐁ奴▾凧】** 和凧の一種。江戸時代の武家の従僕「やっこ」が両袖を張った姿を凧にしたもの。江戸中期に創案されたといわれ、江戸町人に好まれた。江戸奴凧・上野奴凧など。↓写

**やっこ-どうふ【ᐁ奴豆腐】**《武家の従僕の衣服につけられた紋所に形が似ているところから》四角に切った豆腐。冷ややっこ。

**やつ-ざき【八つ裂き】** ずたずたにたち切ること。寸断。tear apart

**やっさ-もっさ**(副) ①こみあっているさま。どさくさ。hurly-burly ②交渉がもつれるさま。in a tangle

**やつし-がた【▾俏(し)形】** 歌舞伎の役柄。また、それを得意とする役者。高位の身分の人や金持ちの息子などが、家の没落・敵討ちといった事情でみすぼらしいなりをしている。

**やつし-ごと【▾俏(し)事】** 歌舞伎で和事の一つ。勘当されて放浪する若殿や若旦那がみすぼらしい姿で女とたわむれる。また、その演技。

**やつしろ【八代】**〈市〉 熊本県南部、球磨川河口の市。城下町・河港町として発達。工業用水と原料に恵まれ、セメント・製紙工業などがさかん。人口一〇万九九四(一九八八)。

**やつしろ【八代】**〈町〉 山梨県中央部、甲府市の南東に接する町。笛吹川に沿う農業の町で、ブドウ・メロンの産地で知られる。人口七三八四(一九八八)。

**やつしろ-かい【八代海】** 熊本県南西部、九州本島と天草諸島との間の海域。北部が浅く、古くから干拓がさかん。南部一帯は水俣湾ともよばれる。不知火海。

**やつしろ-がい【八代貝】** 浅海の砂底にすむヤツシロガイ科の巻き貝。殻高約一九cm。殻は球状で、表面を太いすじが横に走り、褐色斑がある。食用。北海道南部以南に分布。

**やつしろ-そう【八代草】** キキョウ科の多年草。九州の高原でまれに見られる。全草に粗毛。高さ約八〇cm。葉は狭卵形で鋸歯をもつ。夏に、青紫色で漏斗状の花を密生。

**やつしろ-へいや【八代平野】** 熊本県南西部、球磨川の沖積と、古くからの干拓でできた平野。米・イグサの産地。

**やつしろ-みかん【八代▾蜜▾柑】** ウンシュウミカンの近縁種。果実は小さい。果面は橙色で油状のつやがある。庭木として、和歌山地方でわずかに栽培。

**やつしろ-やき【八代焼】** 熊本の八代細川藩の御用窯で焼かれた茶陶焼。朝鮮の陶工尊階(上野喜蔵)が、寛永一〇年(一六三三)奈良木に開窯。のち平山に移り白土象眼技法による陶器をつくる。高田焼。平山焼。

● 奴凧 江戸奴凧。

**やつ・す【▾俏す・▾窶す】**(五他) ①目立たないように、みすぼらしい身なりに変える。be disguised ②やせるほど、悩む。pine away ③化粧する。めかす。make up

**やっちゃ-ば【やっちゃ場】** 青物市場の異称。

**やっ-つ【八っつ】** ①七の次の数。やつ。はち。eight ②八歳。eight years old ③八個。eight pieces

**や-づつ【矢筒】** 矢を入れておく筒。

**やっ-つけ【ᐁ遣っ付け】** 大ざっぱにすること。いい加減。slipshod

**やっつけ-しごと【ᐁ遣っ付け仕事】** 間に合わせにする雑な仕事。slipshod job

**やっ-つ・ける【ᐁ遣っ付ける】**(下一他) ①思いきり実行する。carry out to one's heart's content ②懲らしめる。負かす。beat

**やつ-で【八手】** ①ウコギ科の常緑低木。高さ約二m。葉は大形掌状。晩秋に白花を茎頂に球形につける。関東以西の海に近い林中にはえる。庭木用。テングノハウチワ。②漁に用いる網の一種。四つ手網に四本手をつけたもの。「八つ手網」の略。↓写

● ヤツデ①

**やって-の・ける【ᐁ遣ってᐁ退ける】**(下一他) ①みごとにやり終える。pull off ②勇ましく物事にぶつかる。dash against

**やつで-ひとで【八手ᐁ海ᐁ星】** 沿岸にごくふつうにみられるヒトデ科の海産動物。長さ不同の腕が七〜一〇本あって、八本とは限らない。腕長約五cm。こげ茶色の地色に青・白の斑点などがある。本州中部以南に分布。↓ヒトデ 図

**やっ-と**(副) 苦心した末。ようやく。かろうじて。barely 用例 ―助かった。

**やっとこ【▾鋏】** 針金・板金・熱い鉄などをはさむ工具。やとこ。tongs ↓写

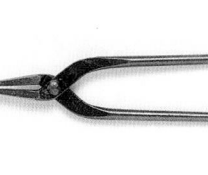

● 鋏

**やっとこ-さ** 一(副) かろうじて。やっとのことで。with difficulty; finally 用例 四キロ歩くのが―だ。二(感) 力仕事をするときに発する掛け声。やっとこせ。どっこいしょ。Heave ho!

**やっと-な**(感) 動作を起こすときの掛け声。どっこいしょ。

**やっとの-ことで【やっとの事で】**(連語) ようやくのことで。どうにかこうにか。with great difficulty 用例 ―難をのがれた。

**やつ-はし【八つ橋】** ①池などに、何枚かの板を折れ曲がった形でつぎ足したようにかけた橋。②京都名物の堅焼きせんべい。琴形で、砂糖・肉桂入り。生八つ橋もある。

**やっぱし**(副)《「やっぱり」の転》やはり。after all

**やつはし-けんぎょう【八橋検▽校】**(一六一四〜一六八五) 現行の箏曲(=俗箏)の開祖。新しい組み歌の創作、箏の調弦法の改良などを行う。作品『六段』など。

**やつはし-の【八つ橋の】**［枕ことば］《八つの橋を八本の手足をもつクモにたとえて》「蜘蛛手」にかかる。用例 うち渡し長き心は―くもでに思ふことは絶えせじ(後撰・恋二)。

**やつはし-りゅう【八橋流】** 箏曲の流派名。八橋検校を源とする。同じ俗箏でも、生田流・山田流とかなり異なる面がある。

**やつ-ばら【▽奴原・▽奴▼儕】**《「やつ」の複数。「原」は当て字》多くの人を卑しめていう語。やつら。

**やっ-ぱり【矢っ張り】**(副) ↓やはり(矢張り)

**ヤッピー［yuppie］**《Young Urban Professionalsの頭文字YUPに「ヒッピー」(hippie)をもじってIEをつけた米語》都市周辺をおもな生活基盤とし、知的職業にたずさわるネオリベラリズム志向の若い人たち。

**ヤッフォ［Yafo］** イスラエル西部、地中海に臨むエルサレムの外港。世界最古の都市の一つで、初期キリスト教の司教区。ヤファ。ヤフォ。

**やつ-ぶさ【八房】** ナス科トウガラシの品種の一つ。タカノツメに近く、これに似た赤熟した果実が房になって直立。静岡が主産地。キムチに使用。テンジクマモリ。テンジョウマモリ。

**やつぶさ-うめ【八房梅】** ウメの一品種。小枝を多く出し、早春、葉の前に紅色で半ば八重咲きに花が咲く。実が多数集まってつくウメの意。ザロンバイ。

**ヤップ-とう【ヤップ島】**(Yap Island) 太平洋西部、カロリン諸島西部の島。面積一〇〇km²。ミクロネシア連邦に所属。

**や-つぼ【矢▼壺・矢坪】** 矢を射当てる所。矢どころ。

**ヤッ-ホー［yo-ho］**(感) 登山者が呼び合う声。また、うれしいときなどに発する歓声。

**やつめ-うなぎ【八目▼鰻】** ヤツメウナギ科の魚類の総称。体長約六〇cm。体はウナギ形で、目の後方に七対の鰓孔がある。春、産卵のため海から遡河する。日本には本州中部以北に数種が分布。食用。ビタミンAが多い。lamprey ↓図

●ヤツメウナギ カワヤツメ(上)、スナヤツメ(下)。

**やつめ-さす** ［枕ことば］《語義、かかりかたとも未詳》「出雲」にかかる。用例 ―出雲建が佩ける刀黒葛多纏きさ身無しにあはれ(古事記・中)。

**やつめ-らん【八目▼蘭】** ノキシノブの別名。葉裏の中脈の両側に、円形の胞子囊群が数多く並んでいることから名づけられた。

**やつ-ら【▽奴▽等】** ↓やつばら(奴原)

**やつ・る【▼窶る】** 古語 (下二自) ↓やつれる(窶れる)

**やつ・れる【▼窶れる】**(下一自) ①やせおとろえる。get thin and haggard ②みすぼらしくなる。be worn out ③面変わりする。get haggard

**やと【▽谷】** ↓やつ(谷)

**や-と【野▼兎】** 野生のウサギ。のうさぎ。hare

**やど【宿】** ①家。住みか。用例 埴生の―。②旅先で泊まること・所。宿屋。③妻が、他に対して自分の夫をいう語。主人。宅。④奉公人の親元、また、保証人の家。用例 ―に下がる。

**宿を借りる**(やどをかりる) 他人の家に泊めてもらう。stay 用例 一夜の―。

**宿を取る**(やどをとる) 宿屋を決めて、そこに泊まる。put up at

**やとい【雇い・▼傭い】** ①人を雇うこと。employment 用例 ―主。②雇われた人。employee 用例 日―。③もと官庁で、官吏の身分を持たなかった職員。雇員。temporary employee

**やといいれ-けいやく【雇い入れ契約】** 海上労働について、労働契約以外に、船員の労働条件の基準や手続きなど特殊な規定をおく契約。乗船契約。contract of employment

**やとい-い・れる【雇い入れる】**(下一他) 人を雇う。雇って使用人にする。employ 用例 新しく運転手を―。

**やとい-にん【雇い人】** 雇われた人。使用人。employee 対義 雇い主。

**やとい-ぬし【雇い主】** 人を雇って働かせる人。employer 対義 雇い人。

**やど-いり【宿入り】**(名・サ変自) 奉公人が休みで実家に帰ること。やぶ入り。

**や-とう【夜盗】** 夜、盗みをすること・人。burglar

**や-とう【野党】** 政権を担当していない党。opposition party

**やと・う【雇う・▼傭う】**(五他) ①給料を払って人を使う。employ 用例 運転手を―。秘書を―。②料金を払って乗り物を利用する。hire 用例 車を―。舟を―。

**やど-おや【宿親】** 若者宿や娘宿の主人夫婦。泊まりこむ若者は多く宿子として仮の親子関係を結び、終生親密なつきあいをした。

**やど-がえ【宿替え】**(名・サ変自) 転居。引っ越し。

**やど-かり【宿借り】** ①宿を借りること、また、その人。借家。同居。厄介。借家人。同居人。居候。rent a house; tenant ②おもに巻き貝の殻の中に入ってすむ、海産の甲殻類の総称。成長とともに宿貝を替える。世界各地に分布。キキョウ。ゴウナ。オバケガイ。hermit crab ↓写

●ヤドカリ② ケアシホンヤドカリ

**やどく-がえる【矢毒▼蛙】** 中央・南アメリカの熱帯にすむ小形の毒ガエル類。体長三cm内外。赤や黄などの斑紋のある種類が多く、美しいが皮膚から強い毒液を分泌し、インディオはこれを毒矢に利用。ジャンプ力はなく歩き回る。みずかきがない代わりに各指先に吸盤があり、水辺の岩などにとまる。

**やど-ぐるま【宿車】** 車宿に待機していて、顧客の依頼によって営業する人力車。また、その車夫。

**やど-さがり【宿下がり】** 奉公人が休みをもらって、実家または保証人の家へ帰ること。

**やど・す【宿す】**(五他) ①夜、人を泊まらせる。宿を貸す。give a night's lodging ②はらむ。妊娠する。conceive 用例 子を―。③とどまらせる。用例 露を―。月を―池。

**やど-せん【宿銭】** 宿泊費。宿賃。hotel charges

**やど-ちょう【宿帳】** 旅館で、宿泊人の氏名・住所などを記す帳面。hotel register

**やど-ちん【宿賃】** 宿泊の料金。宿銭。hotel charges

**やと-な【雇女】** 臨時雇いの仲居。関西で、待合や料理屋などに招かれ宴席にはべり、芸者の代わりに酒の相手もすれば、芸もする女性。

**やど-なし【宿無し】** 住居のないこと・人。homeless

宿無し犬(やどなしいぬ) ①野良犬。stray dog ②野良犬のように、決まった住み家のない者。homeless person

**やど-ぬし【宿主】** ①宿の主人。家の主。innkeeper ②↓しゅくしゅ(宿主)

**やど-ひき【宿引き】**(名・サ変自) 泊まり客を自分の宿へ誘って、宿泊をすすめること・人。客引き。

**やと-びょう【野▼兎病】** 野兎病菌の感染で起こる急性熱性疾患。ノウサギ・リス・ダニが媒介。ツラレミア。大原病。tularemia

**やとみ【▼弥富】**〈町〉 愛知県南西端、木曽川河口の町。農業の町だが、キンギョ・ブンチョウの生産地としても知られる。名古屋への通勤者も多い。人口三万二二七七(一九八八)。

**やど-もと【宿元・宿▽許】** ①居住する所。②泊まっている所。③奉公人などの親元。身元引受人。

**やど-や【宿屋】** 旅客を泊めることを営業とする家。旅館。はたごや。inn

**やどや-の-めしもり【宿屋飯盛】** 石川雅望の別号。

**やどり【宿り】** ①宿ること・所。住みか。house; lodgment 用例 仮の―。②動きが止まること・所。用例 花散らす風の―はたれか知る(古今・春下)。

**やどり-ぎ【宿木・▽寄▽下・▽寄▽生木】** ①ヤドリギ科の常緑低木。広葉樹に寄生。高さ約五〇cm。枝は緑色。葉は対生し、長楕円形。早春に黄緑色の小花を開く。球形の液果は、淡黄色に熟す。ホヨ。ホヤ。mistletoe ②ほかの植物に寄生する植物の総称。parasite ↓図

●ヤドリギ①

**やどり-ばえ【▽寄▽生▼蠅】** 寄生性ハエ類の総称。幼虫が他の昆虫に寄生する。ドクガヤドリバエなど、ヤドリバエ科に属するものが多い。tachinid fly

**やどり-ばち【▽寄▽生蜂・宿▼蜂】** ↓きせいばち(寄生蜂)

**やど・る【宿る】**(五自) ①旅先などで、泊まる。宿泊する。stay ②とどまる。たまる。stay 用例 葉に―つゆ。③寄生する。live ④はらむ。妊娠する。conceive 用例 子種が―。⑤星がその星座の位置に移る。

**やど-ろく【宿六】**《俗語。「宿のろくでなし」の略》妻が夫を卑しめ、また、親しんでいう語。亭主。

**やど-わり【宿割(り)】** 大勢の人を泊めるために宿・部屋を割り当てること。その係り。assignment of lodgings

**やな** 17画 **【▼簗】** 部首［竹］ 和製漢字 JIS 6844

↓やな［梁・簗］

**やな【▼梁・▼簗】** 魚をとるために、せき止めた川の一か所に水路を作り、流れをすくうような形に設けた簀棚。fish weir ↓写

**梁を打つ**(やなをうつ) 梁を仕掛ける。

●梁 大千瀬川のアユ漁(愛知県)。

**や-な** 古語 (連語)《間投助詞「や」に終助詞「な」の付いたもの》感動・詠嘆を表す。…だなあ。用例 悲し―、羽衣なくては飛行の道も絶え(謡曲・羽衣)。

**や-な-あさって【▼弥な▽明▽後▽日】**「やのあさって」の転。

**ヤナーチェク［Leoš Janáček］**(一八五四〜一九二八) チェコスロバキアの作曲家。民族色の濃い作品を書いた。オペラ『イェヌーファ』、民謡編曲『モラビア民謡集』など。

**やない【▽柳井】**〈市〉 山口県南東部、平郡島などを含む市。柳井商人の地。柳井縞の機業地から発展した商工業都市で、瀬戸内海に臨む港湾都市でもある。茶臼山古墳が知られる。人口三万七一八一(一九八八)。

**やないづ【▽柳津】**〈町〉 福島県、会津盆地西方の町。円蔵寺の門前町として発達。柳津・西山温泉がある。人口五五五二(一九八八)。

**やないづ【▽柳津】**〈町〉 岐阜県南西部、岐阜市南隣の町。県南部の物流拠点として、卸・運輸



↓ 行き先項目、図版・写真参照印。 JIS 日本工業規格情報交換用漢字符号コード(区点コード)。

業が発達し、倉庫がならぶ。人口一万一二一一（一九八八）。

**やない-ばこ【▽柳▼筥】** ヤナギの細枝を編むか、ヤナギの木を断面が三角形の細い棒に削り、糸やこよりでとじて作った箱。のちには硯・筆・冠などをのせるものとして蓋だけを用いた。

**やないはら-ただお【矢内原▽忠雄】**（一八九三～一九六一）経済学者・キリスト者。愛媛県生まれ。東大卒。戦争批判により東大教授の職を追われたが、戦後、東大総長となる。著書『植民及植民政策』ほか。

**やなか【▽谷中】** 東京都台東区北西部、日暮里駅西側の地区。地名は上野と駒込の中間の谷の意で、江戸時代から寺院が多い。

**やながせ【▽柳ケ瀬】** 滋賀県北部、余呉町の地区。北国街道と敦賀道の分岐点で、江戸時代彦根藩の関所がおかれた。

**やな-がわ【▽柳川】**「やながわなべ」の略。

**やながわ【▽柳川】**〈市〉福岡県南西部、有明海に臨む市。筑後・矢部両川の下流で水路が縦横に走る低湿な平野と干拓地からなり、水郷とよばれる。稲作・イグサ栽培、海苔養殖などがさかん。北原白秋の生地。古くは柳河と書いた。人口四万五六二二（一九八八）。

**やながわ【▼梁川】**〈町〉福島県北東部、阿武隈川に沿う町。旧城下町で、養蚕地帯の中核として栄えた。産業はメリヤス工業と桃・リンゴ栽培など。人口二万三〇〇六（一九八九）。

**ヤナ-がわ【ヤナ川】**（Yana）ソ連、ロシア共和国東部、ヤクート自治共和国北部の川。ベルホヤンスク山脈から北に流れ、ラプテフ海に注ぐ。長さ一五〇〇km。

**やながわ-けんぎょう【▽柳川検▽校】**（?～一六八〇）地唄の演奏家・作曲家。大坂の人。柳川流の始祖。三味線の名手。三味線組み歌の破手組を作曲した。

**やながわ-しゅんよう【▽柳川春葉】**（一八七七～一九一八）小説家。本名専之。東京生まれ。尾崎紅葉に師事、通俗小説に転じた。作品『生さぬ仲』など。

**やながわ-せいがん【▼梁川星▼巌】**（一七八九～一八五八）江戸末期の漢詩人。名は孟緯。美濃の人。江戸に玉池吟社を開く。唐詩の風格がある格調高い詩風で有名。著書『星巌集』など。

**やながわ-なべ【▽柳川▼鍋】** 背割りにしたドジョウとささがきごぼうを浅いなべで煮て、卵でとじた料理。やながわ。

**やなぎ【柳・▼楊▽柳】** ①ヤナギ科ヤナギ属の落葉高木または低木の総称。北半球の温帯に広く分布。葉は互生し、長楕円形。花は虫媒花、早春に開き花穂を形成。日本に三〇種以上生育する。とくに、シダレヤナギのことをいう。ハルスキ。willow ②襲の色目の名。表は白、裏は青。↓写 ↓襲の色目図

**柳に風** 「柳に風と受け流す」の下略。

**柳に風と受け流す** 少しもさからわず、穏やかにあしらうさま。風に柳。柳に風。remain a passive listener

**柳に蹴鞠** 絵の取り合わせの一定型。蹴鞠の庭の四隅にはふつうヤナギを植えたことから。

**柳に雪折れ無し** しなやかなものは、かたいものよりも、かえってよく事にたえられるたとえ。Oaks may fall when reeds stand the storm.

**柳の糸** 《細長いのを、糸にたとえたことば》柳の枝。

**柳の下に何時も泥鰌は居ない** 《柳の木の下の水辺でたまたま泥鰌をつかまえたことがあるからといって、そこに行けばいつでも泥鰌が得られるとはかぎらないことから》一度成功したからといって、同じ方法で幸運が得られるとはかぎらない。柳の下の泥鰌。柳の下に泥鰌は居ない。Good luck does not always repeat itself.

**柳の眉** 美人のまゆ。柳眉。

**柳は緑、花は紅** ①自然のままの姿。また、物事に自然の理が備わっていることのたとえ。②春の美しい景色の形容。

**柳を折る** 《ヤナギの枝はしなやかなため、曲げても元へ返るので、帰還の意の「帰る」にかけたもの》ヤナギの枝を折って、別れる人に、帰りを期待して贈る。中国の風習。

●ヤナギ① シダレヤナギ

**やなぎ-えいじろう【柳永▽二郎】**（一八九五～一九八四）新派俳優。東京生まれ。新生新派を中心に活躍。

**やなぎ-ごうり【柳行▼李】** コリヤナギの若枝の皮を、麻糸で編んで作ったこうり。衣類などを入れるのに用いる。やなぎごり。

**やなぎ-ごし【柳腰】** 女の細くしなやかな腰つき。美人の腰の形容。slender waist

**やなぎさわ-きえん【柳沢▼淇園】**（一七〇四～一七五八）江戸中期の文人画家。柳里恭ともいう。大和の人。多方面の才人で、絵は写生にもとづく濃彩の花鳥画を得意とし、指頭画にすぐれた。作品『彩竹図』、著書『ひとりね』など。

**やなぎさわ-よしやす【柳沢▽吉▽保】**（一六五八～一七一四）江戸中期の政治家。五代将軍徳川綱吉の信任を得、側用人・老中を経て甲府藩主となる。元禄の文治政治を推進。

**やなぎだ【柳田】**〈村〉石川県北東部、能登の半島の珠洲・輪島両市の間にある村。農・林業を主とする。人口五七三七（一九八八）。

**やなぎた-くにお【柳田国▽男】**（一八七五～一九六二）民俗学者。兵庫県生まれ。貴族院書記官長。朝日新聞論説委員。民間伝承の会・民俗学研究所を創立、日本民俗学の樹立と研究者の育成に半生を捧げた。著書『雪国の春』『遠野物語』など多数。昭和二六年（一九五一）文化勲章受章。↓写

●柳田国男

**やなぎた-しょう【柳田賞】** 柳田国男を記念して設けられた学術賞。昭和三七年（一九六二）から毎年、民俗学上すぐれた業績を残した人、または団体に贈られる。

**やなぎ-たで【柳▼蓼】** タデ科の一年草。水辺にはえる。高さ三〇～八〇cm。ヤナギに似た葉は、辛味があるため辛味料とする。秋に、花穂を下垂する。ホンタデ。マタデ。

**やなぎ-だる【柳▼樽】** ①祝いごとに使う柄のついた、朱塗りの酒だる。柄樽。角樽。②酒。

**やなぎだる【柳多留】**『誹風柳多留』の略。

**やなぎ-は【柳派】** 柳家・柳亭などを芸名に名のる落語家一門の総称。

**やなぎばし【柳橋】** 東京都台東区南端、隅田川と神田川に臨む地区。江戸時代からの花街。神田川にかかる橋の名が地名のおこり。

**やなぎ-はっか【柳薄荷】** ヒソップの和名。

**やなぎば-ぼうちょう【柳刃包丁】** 先がとがっている細い刺身包丁。関西方面で用いる。

**やなぎはら-びゃくれん【柳原白▼蓮】**（一八八五～一九六七）歌人。本名宮崎燁子。東京生まれ。旧伯爵家に生まれ二度離婚後、社会運動家宮崎竜介と結婚。情熱的な歌風で有名。歌集『踏絵』など。

**やなぎはら-よしたつ【柳原▽義達】**（一九一〇～）彫刻家。神戸生まれ。東京美術学校卒。作品『坐する女』など。

**やなぎ-まつたけ【柳松▼茸】** 担子菌類オキナタケ科のキノコ。かさは径五～一〇cm、黄土褐色。広葉樹の枯れ木などに発生。食用。栽培もされる。

**やなぎむし-がれい【柳虫▼鰈】** 肉は薄いが、干物として珍重されるカレイ。カレイとしては小形で全長約二五cm。橙色にすいて見える卵巣をもったものは、「子持ち」といってとくに美味。眼のある側は褐色。北海道南部以南に分布。

**やなぎ-むねみち【柳▽宗▽理】**（一九一五～）工業デザイナー。東京生まれ。宗悦の子。いす・食器などで日本の伝統的・民芸的フォルムの近代化に貢献。

**やなぎ-むねよし【柳▽宗▽悦】**（一八八九～一九六一）宗教哲学者・美学者。民芸運動の指導者。東京生まれ。東大卒。著書『工芸の道』など。

**やなぎ-も【柳藻】** ヒルムシロ科の多年生水草。小川などの水中に生育する。葉はヤナギに似る。茎は扁平で細い。夏に、黄緑色の小花の集まった花穂を水面近くにつける。ササモ。

**やなぎや-きんごろう【柳家金語楼】**（一九〇一～一九七二）落語家・喜劇俳優。本名山下敬太郎。東京生まれ。自作『兵隊落語』で人気を得、映画・舞台・テレビに大活躍。有崎勉のペンネームで死ぬまで落語界に多くの新作を提供した。

**やなぎや-こさん【柳家小さん】** 落語家。現在五代まで。五代（一九一五～）は本名小林盛夫。東京生まれ。滑稽噺を得意とし、落語協会会長もつとめる。

**やなぎ-らん【柳▼蘭】** アカバナ科の多年草。アジア・ヨーロッパ・北アメリカなどに広く分布。高さ約一・五m。葉は長楕円形。夏、紅紫色の花を茎頂に穂状につける。種子は冠毛で飛ぶ。↓写

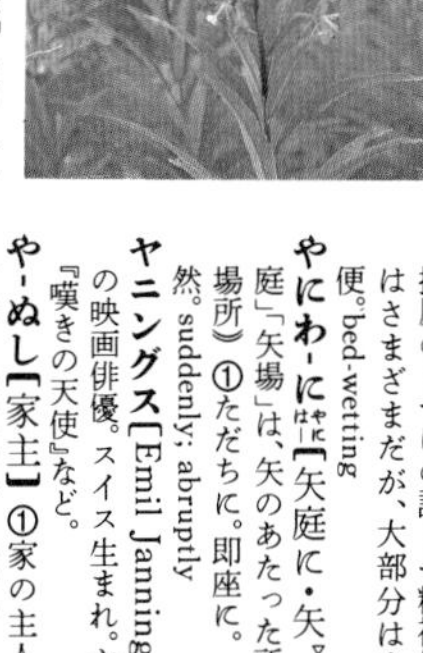
●ヤナギラン

**や-なぐい【▼胡▼簶・▼胡▼簶】** 矢を入れて背に負う武具。筒状のものは壺胡簶、平たいものは平胡簶。

**やなせ【▽魚▽梁瀬】** 高知県東部、奈半利川上流にある森林地域。特別保護林の千年山天然林を中心とするスギ・ケヤキの美林で有名。平家伝説の地で知られた古い集落は、昭和四〇年（一九六五）魚梁瀬ダムの建設で水没。

**やなせ-まさむ【▽柳瀬正夢】**（一九〇〇～一九四五）漫画家。愛媛県生まれ。プロレタリア漫画の代表的作家。前衛画家グループ「マヴォ」を結成。

**やなだ-ぜいがん【▼梁田▼蛻▼巌】**（一六七二～一七五七）江戸中期の儒者・漢詩人。名は邦美。江戸の人。明石藩に出仕。詩文集『蛻巌集』など。

**やなだに【▽柳谷】**〈村〉愛媛県南東部、四国山地の村。杉・ヒノキ・シイタケなどを産出。八釜の甌穴がある。人口一九六九（一九八九）。

**やなはら【▼柵原】**〈町〉岡山県東部、吉井川中流域の町。硫化鉄鉱の産出で知られる柵原鉱山がある。人口七七五二（一九八九）。

**やなはら-こうざん【▼柵原鉱山】** 岡山県東部、柵原町にある鉱山。高品位の硫化鉄鉱と金・銀鉱を産出。

**や-なみ【矢並（み）】** ①えびらに差した矢のならび。②矢柄の狂いがないこと。その狂いをなおすこと。

**や-なみ【家並（み）・屋並（み）】** ①家の並び方。並んだ家。row of houses ②家ごと。毎戸。each house

**や-なり【家鳴り】** 家が鳴り動くこと・音。rumble of a house

**やに【▽脂・▼膠】** ①樹皮から出る粘液。樹脂。resin ②パイプにたまるタバコの粘液。tar ③目やに。eye mucus

**やに-さが・る【▽脂下がる】**（五自）①やにが吸い口の方へ下がるように、雁首を上向きにキセルをくわえる。②得意になって、にやける。look complacent

**やにっ-こ・い【▽脂っこい】**（形）①やにが多い。粘り気が強い。sticky ②性質が、しつこい。persistent 派生 やにっこさ（名）

**やにょう-しょう【夜尿症】** 就眠中に、夢うつつの状態でしばしば尿をもらす症状。一般に四歳以上の子どもの場合は病的とされる。排尿のしつけの誤りや精神的なものなど原因はさまざまだが、大部分は自然に治る。寝小便。bed-wetting

**やにわ-に【矢庭に・矢▽場に】**（副）《「矢庭」「矢場」は、矢のあたった所、また、矢を射る場所》①ただちに。即座に。②だしぬけに。突然。suddenly; abruptly

**ヤニングス【Emil Jannings】**（一八八四～一九五〇）ドイツの映画俳優。スイス生まれ。主演作『最後の人』『嘆きの天使』など。

**や-ぬし【家主】** ①家の主人。あるじ。householder ②家の持ち主。いえぬし。大家。landlord; landlady 対義 店子。

**ヤヌス【Janus】** 古代ローマの神。門や扉の守護神で、物事の初めをつかさどる双面の神。神殿の扉の開放は戦争を、閉鎖は平和を表す。神々の序列でも最初で、ローマ暦の一月（Januarius）はヤヌスの名を冠する。

**や-ね【屋根】** ①雨露をしのぐ建物の上部のおおい。roof 用例 ―にのぼる。②物体の上部のおおい。用例 自動車の―。③一番高い所。用例 世界の―。↓図

**屋根を葺く** カヤ・板・瓦などでおおって、屋根を作る。

**やね-いた【屋根板】** 屋根に葺いてある板。屋根を葺くための板。shingle

**やね-うら【屋根裏】** ①屋根の裏側。また、天

●屋根① 形状と各部名称

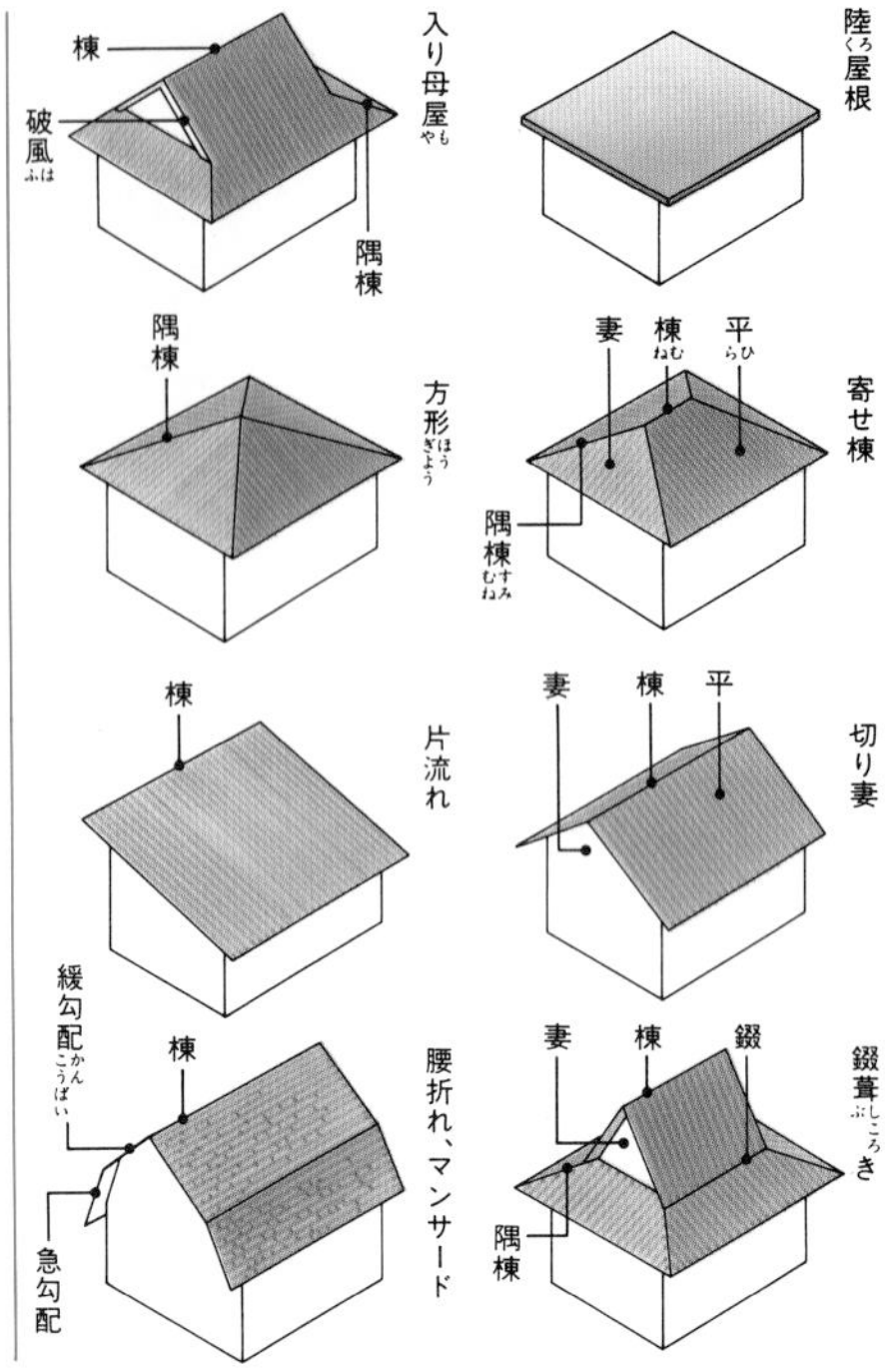


井から屋根までの空間。loft ②屋根のすぐ下にある部屋。屋根裏部屋。attic

**やねうら-べや【屋根裏部屋】** 屋根と天井の間の空間を利用して作られた部屋。納屋や物置のほか、居室としても使用される。garret; attic

**やね-がわら【屋根▼瓦】** ↓かわら(瓦)①

**やね-しょく【屋根職】** 屋根を葺く職人。古代からの宮廷や社寺などの檜皮葺き・瓦葺き職人、中世の草葺き屋根職人、スギ・クリなどの割り板によるこけら葺き職人などが専業化した。roofer

**やね-ぶね【屋根船】** 簡素な小屋をのせた小船。大型の屋形船と区別した江戸での呼称。日除け船。

**や-の-あさって【▼弥の▽明▽後▽日】** 「あさって」の次の日。やなあさって。two days after tomorrow 参考 東京では、「しあさって」の次の日。

**やのくち-まつり【矢の口祭(り)】** 狩人たちが年の初めにあたって、獲物がたくさんとれるようにと餅などを供え、山の神に祈る祭り。

**や-の-じ【やの字】** 「やの字結び」の略。

**やのじ-むすび【やの字結び】** 女帯の結び方の一種。「や」の字の形に結ぶこと。やの字。

**や-の-ね【矢の根】** ①矢尻。②歌舞伎十八番の一つ。『扇恵方曾我』中の一幕。享保一四年(一七二九)二世市川団十郎が初演。曾我五郎が矢の根を研いでまどろむうち、兄の十郎が夢に現れ、敵工藤に捕らえられていると告げる。五郎ははだか馬で工藤の館へはせ向かう。

**やのね-いし【矢の根石】** 石器時代に矢尻として矢の先につけた石。

**やの-りゅうけい【矢野竜渓】**(一八五〇〜一九三一) 小説家・政治家。本名文雄。大分県生まれ。慶応義塾卒。立憲改進党結成に参画。郵便報知新聞社社長。政治小説『経国美談』など。

**や-は** 古語(連語)《係助詞「や」に係助詞「は」の付いたもの》①反語の意を表す。どうして…だろうか。用例 色こそみえね香—かくるる(古今・春上)。②疑問の意を表す。…だろうか、いや…ではない。用例「翁丸か。この頃かかる犬—ありく」といふに(枕・うへにさぶらふ御猫は)。③《「やは…ぬ」の形で》命令・希望の意を表す。…してくれ。…てくれたらいいのに。用例 外になくねをこたへ—せぬ(古今・夏)。

**や-ば【矢場】** ①弓を射る所。弓道場。②楊弓場。遊戯用の小さな弓を使う矢場を設け、矢場女を置いて接待させた娯楽場。③《表向きは楊弓場のように見せ、矢場女に売春をさせていたことから》売春宿の別称。

**や-ば【野馬】** ①はなしがいの馬。のうま。②かげろう。陽炎。

**やば【野▼坡】** ↓しだやば(志田野坡)

**やば・い**(形)《隠語》見つかったり、つかまえられたりしそうだ。危険だ。

**ヤハウェ【Yahweh】** 古代イスラエルの唯一絶対の神の名。ヘブライ語でYHWHの四つの子音からなる語。ユダヤ人はこの神名がけがされるのを恐れてアドーナイ(=主)とよび、正式な読み方が忘れられた。一六世紀ごろ、母音を付けてエホバと読まれたが、現在はヤハウェと推読する。ヤーウェ。

**やば-おんな【矢場女】** 矢場で矢を拾う役などをする女性。売春をかねる者が多かった。矢取女。

**や-はぎ【矢▽作・矢▼矧】** 矢をつくること。また、つくる人。

**やはぎ-がわ【矢▽作川】** 愛知県中部を流れる川。長さ一一七km。美濃三河高原に発し、西尾市で新旧両河道に分かれて三河湾に注ぐ。

**やはぎ-べ【矢▽作▽部・矢▼矧▽部】** 大化の改新前の品部の一つ。矢の製作にあたった部民。

**や-はく【夜泊】**(名・サ変自)①夜、船中にとまること。②夜、船が港などに停泊すること。

**やば-けい【▼耶馬渓】** 大分県北部、山国川の本流と支流の上・中流域にある景勝地。花崗岩を基底に溶岩台地が浸食を受けた地形は奇岩深渓に富み、新緑・紅葉との調和が美しい。青の洞門、羅漢寺などがある。

**やばけい【▼耶馬渓】**〈町〉大分県北西部の町。名勝耶馬渓をもつ観光の町で、産業は稲作・シイタケ栽培などの農業や林業が中心。人口六八六七(一九八八)。

**や-はず【矢▼筈】** ①矢の上の端の、弦を受ける所。はず。その形の模様。②竹の先にまたを付けた、かけ物をかける具。↓矢図、

**やはず-えんどう【矢▼筈▼豌豆】** カラスノエンドウの別名。羽状複葉の小葉のつき方が矢筈を思わせる。

**やはず-そう【矢▼筈草】** マメ科の一年草。野原や路傍にはえ、高さ約三〇cm。葉は互生し複葉。秋に、淡紅色の蝶形花をつける。葉をちぎった跡が矢筈形になる。

**やばせ【矢▽橋】** 滋賀県琵琶湖東岸、草津市の地区。近江八景の一つ「矢橋の帰帆」で知られるが、風景の変貌著しく、昔の面影はない。

**やばせ-ゆでん【八▽橋油田】** 秋田市西部にある油田。天然ガスも産出。かつて産油量日本一をほこったが、昭和三五年(一九六〇)ごろをピークに減少。

**やはた【八▼幡】** 福岡県北九州市南西部、洞海湾に臨む重化学工業地区。明治三〇年(一八九七)八幡製鉄所開設により、農漁村から工業都市に急激に発展。北九州工業地帯の中核をなす。昭和三八年(一九六三)合併で北九州市となる。

**やはた-せいてつ【八▼幡製鉄】** 製鉄会社。明治三四年(一九〇一)福岡県に設立された官営製鉄所が前身。昭和四五年(一九七〇)富士製鉄と合併して新日本製鉄となる。

**や-ばね【矢羽・矢羽根】** 矢の端についたワシ・タカなどの鳥の羽。矢をまっすぐ進めるために付けるもの。feathers of an arrow ↓矢図

**やばね-むぎ【矢羽麦】** ↓ビールむぎ(ビール麦)

**やはば【矢▼巾】**〈町〉岩手県中央部、盛岡市の南にある町。農業と工業の町で、岩手流通センターがある。人口一万五〇〇八(一九八八)。

**やはり【矢張り】**(副)《「矢張」は当て字》=やっぱり。①前と同じように。依然として。still 用例 今回も—うまくいかない。②他と同じように。同様に。too; also 用例 それも—わからない。③思った通り。案の定。as one expected 用例—うそだった。④結局は。どう見ても。after all 用例 いいものは—いい。

**矢張り野に置け蓮華草** レンゲソウのような野の花は、野原に咲いてこそ似つかわしい。ものには、ふさわしい場所というものがもともとある。

**や-はん【夜半】** ①よなか。よわ。midnight ②子の時。九つ。現在の午後一二時ごろ。

**や-ばん【野蛮】**(名・形動)①文明からほど遠く、文化の開けていないこと・さま。savage ②教養がなく、粗野なこと・人・さま。rude

**やばん-じだい【野蛮時代】** 人類が生まれてから魚類の食用、火の使用、弓矢の発明に至る時代。比較 未開時代・文明時代。

**やばん-じん【野蛮人】** ①野蛮な人。barbarian ②乱暴で、無作法な人。wild man

**やはん-らい【夜半来】**(名・副)よなかから続いていること。

**や-ひ【野卑・野▼鄙】**(名・形動)下品で、いやしいこと・さま。対義 都雅・高尚。

**やひこ【▼弥▼彦】**〈村〉新潟県北部、佐渡弥彦米山国定公園に属する観光の村。弥彦温泉郷・弥彦神社で知られる。人口八二七九(一九八八)。

**やひこ-じんじゃ【▼弥▼彦神社】** ↓いやひこじんじゃ(弥彦神社)

**や-びらき【矢開き・▼箭開き】** ①武家の男児が初めて射た鳥獣の肉を調理して、三色の餅とともに山の神に供えて祝った習俗。②鹿児島地方で正月二日の狩り初めの式。③長野県安曇地方などで、陰暦正月二日に明きの方に向いて弓や鉄砲を射る行事。

**や-ふ【野夫】** 田舎者。野人。田夫。

**やぶ【▼藪】** ①草・竹・灌木などがむらがり生えた所。thicket; bushes ②「やぶ医者」の略。

**藪から棒** だしぬけなこと。唐突なこと。out of the blue

**藪に剛の者** ①ばかにされている者たちの中にも、立派な人物がいる。②やぶ医者と見られている医者の中にも、名医がいる。

**藪に馬鍬** できないことを、あえて行うことのたとえ。

**藪に目** 秘密が漏れやすいことのたとえ。類似 壁に耳。

**藪の中**《芥川竜之介の短編の題名から》当事者の話が食い違って真相はわからないこと。

**藪を突いて蛇を出す** 不必要なことをして、災いを受けるたとえ。藪蛇。Let sleeping dogs lie.

**やぶ【▽養父】**〈町〉兵庫県北部、円山川上流域の町。繊維工業、また、和牛飼育・養蚕・錦鯉の産地としても知られる。人口九五五四(一九八八)。

**ヤファ【Yafa】** ↓ヤッフォ

**やぶ-いしゃ【▼藪医者】**《俗語》へたな医者。やぶ。quack doctor

**やぶい-ちくあん【▼藪医竹▼庵・▼藪井竹▼庵】**《俗語》「やぶ医者」を人名めかしていった語。

**やぶ-いぬ【▼藪犬】** ↓ブッシュドッグ

**やぶ-いり【▼藪入り】** 盆と正月に奉公人や嫁が休みをもらい、実家に帰る習慣。また、その日。元来は先祖祭りの日であったが、のち休日の意味に変化した。

**やぶ-か【▼藪蚊・▼豹▽脚蚊】** シマカの別名。

**やぶ-がらし【▼藪枯】** ブドウ科のつる性多年草。山野にはえる。五小葉からなる葉は巻きひげと対生。夏に淡緑色の小花を密生。ビンボウカズラ。↓写

●ヤブガラシ

**やぶ-かんぞう【▼藪▼萱草】** ユリ科の多年草。路傍にはえる。高さ約一m。葉は線形で幅二〜五cm。夏に黄赤色で径約八cmの重弁花が咲く。ワスレグサ。

**やぶき【矢吹】**〈町〉福島県、郡山盆地南部の町。旧宿場町で、産業は稲作・畜産のほか製材・酒造など。人口一万八〇八三(一九八八)。

**やぶ-きり【▼藪▼螽▼蟖】** 木の上でシリシリシリと鳴く、キリギリス科の昆虫。体長約五cm。緑色型と暗褐色型とがある。成虫の出現はキリギリスよりやや早い。本州・四国・九州に分布。

**やぶ・く【破く】**(五他)《「破る」と「裂く」との混交》破る。裂く。tear

**やぶ・ける【破ける】**(下一自)《俗語》破れる。get torn

**やぶ-こうじ【▼藪▼柑子】** ヤブコウジ科の常緑小低木。山林下にはえる。高さ約二〇cm。葉は長楕円形。初夏に花冠の五裂する小白花が咲き、実は球形で、秋から冬赤く熟す。観賞用。ヤマタチバナ。アカダマノキ。↓写

●ヤブコウジ

**やぶさか【▼吝か】** 文語的(形動)①物惜しみするさま。けち。吝嗇。②《「…にやぶさかでない」の形で》ためらわずに、喜んで、気持ちよく…するの意。用例同意するに―でない。

**やぶさ-め【▽流▼鏑▽馬】** 鎌倉時代の武技の一つ。射手が馬を走らせながら三か所に立てた的を鏑矢で順に射るもの。室町時代以降は儀式としてのみ残る。↓写

●流鏑馬 鶴岡八幡宮(神奈川県)。

**やぶ-さめ【▼藪雨】** 沢沿いの茂みなどにすみ、「シシシ…」と鳴くヒタキ科の小鳥。全長約一〇cm。ウグイスに近縁の鳥だが、はるかに小さく、尾も短い。羽色も背から尾は暗褐色、胸腹部は淡黄色と全体に地味。日本各地の低山地に夏鳥として渡来、繁殖し、冬は東南アジアなどに去る。short-tailed bush warbler

**やぶ-さんざし【▼藪山査子】** ユキノシタ科の落葉低木。高さ約一m。葉は卵状円形。春に、葉と同時に黄緑色の小花が束生。サンザシに似た赤い果実をつける。庭木。

**やぶ-しめじ【▼藪占地】** 担子菌植物シメジ科のキノコ。タケ・ササのやぶに群生。かさは黄褐色または黄赤褐色で、径五～一〇cm、中央がくぼむ。有毒。ヤケドタケ・ドクササコ。

**やぶ-じらみ【▼藪▼虱】** セリ科の二年草。山野にはえる。高さ約一m。全体に剛毛。葉は卵状三角形で二回三出複葉。夏に、複散形花序に白花が咲く。果実の先端の針で衣服などにつくことから、シラミに見立てた名。

**や-ぶすま【矢▼衾】** ①弓の射手が透き間なく並ぶこと。②矢が一面に絶え間なく飛んで来ること。

**やぶ-そてつ【▼藪▼蘇鉄】** シダ植物オシダ科の常緑シダ。山林や路傍にはえる。高さ約七〇cm。葉は一回羽状複葉、羽片は広い鎌形。裏面に胞子嚢群が散在。↓写

●ヤブソテツ

**やぶ-そば【▼藪▼蕎▽麦】**《「藪」を名乗るそば屋で出すそばの特色から》薄緑色のそば。

**やぶた-ていじろう【▼藪田貞治郎】**(一八八八～一九七七) 化学者。滋賀県生まれ。東大卒。東大教授。高等植物の生長物質であるジベレリンの結晶化に成功。昭和三九年(一九六四)文化勲章受章。

**やぶ-タバコ【▼藪タバコ】** キク科の二年草。山野にはえる。高さ約一m。茎は太くて堅く、細毛がある。葉は大形の長楕円形。淡黄色の小形管状花が穂状につく。

**やぶづかほん【▼藪塚本】**〈町〉群馬県南東部、桐生市と伊勢崎市の中間に位置する町。農業の町で、小玉スイカ・たくあんの産地。藪塚温泉がある。人口一万五六〇九(一九八八)。

**やぶ-でまり【▼藪手▼毬】** スイカズラ科の落葉低木。湿った山地にはえる。高さ二～五m。葉は有柄の広卵形で鋭い鋸歯がある。春に咲く白い花は散房花序で、その外側を大きな装飾花が囲む。庭木用。へミ。

**やぶ-にっけい【▼藪肉▼桂】** クスノキ科の常緑高木。暖地の海岸にはえ、庭木にもする。高さ約一〇m。葉は長楕円形で香気がある。初夏に、淡黄色の小花が咲く。果実は黒色。関東以西に分布。

**やぶ-にらみ【▼藪▼睨み】**《卑語》①物を見るとき、一方の瞳が斜めに向いていること・人。斜視。squint ②見当ちがいの見方・考え。wrong view

**やぶ-にんじん【▼藪人▽参】** 山野の木陰にはえるセリ科の多年草。ニンジンに似た葉をつける。春に、複散形花序を出し、小白花が咲く。

**やぶのうち-りゅう【▼藪内流】** 茶道流派の一つ。安土桃山時代の藪内宗巴が遠祖。京都四流の一つで、三千家の上流に対し、下流と称した。

**やぶ-へび【▼藪蛇】**《「藪を突ついて蛇を出す」の略》余計なことをして、思わぬ面倒をおこすこと。cause more trouble than necessary

●ヤブマオ

**やぶ-まお【▼藪▼苧▽麻】** イラクサ科の多年草。やぶの陰にはえ、葉は卵形。高さ約一m。夏から秋に、細長い花穂を出し、淡緑色の小花が咲く。↓写

**や-ぶみ【矢文】** 矢に結びつけ、射て、先方に届ける手紙。

**やぶ-みょうが【▼藪▼茗荷】** ツユクサ科の多年草。山地の林内などにはえる。根は白色で地をはう。茎は高さ約九〇cm。葉は長楕円形。夏に、円錐花序を立て、三弁の白小花が多数咲く。

**やぶ-むらさき【▼藪紫】** クマツヅラ科の落葉低木。山地にはえる。枝葉に毛が密生。葉は卵状長楕円形。初夏に、がく・花冠の四深裂した淡紫花が咲く。庭木用。

**やぶ-らん【▼藪▼蘭】** 樹陰にはえるユリ科の常緑多年草。幅一cmほどの線形葉が根生。八月ごろ、三～八個の濃紫色花を束生する。根は薬用。本州以南に分布。ヤマスゲ。↓写

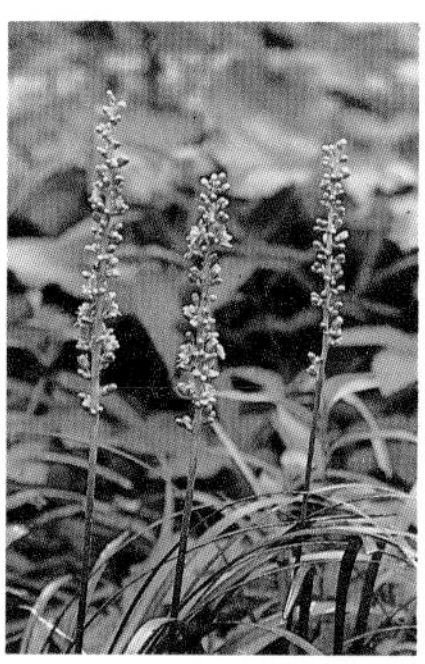
●ヤブラン

**やぶ・る【破る】**(五他)①裂いて、形を壊す。tear 用例シャツを―。紙を―。②壊す。傷つける。break 用例かきねを―。③決めた物事に背く。break 対義守る。用例約束を―。規則を―。④線を越える。break 用例記録を―。関所を―。⑤負かす。beat 用例論敵を―。⑥眠りや平和な状態をみだす。disturb 用例眠りを―。静寂を―。

**やぶ・る【敗る】** 文語的(下二自)敗れる。用例昨年の優勝校―。

**やぶれ【破れ】** 破れること。破れた所・程度。tear

**やぶれ-がさ【破傘】** キク科の多年草。山地の木陰にはえる。高さ六〇～九〇cm。葉は掌状に裂け、早春に、かさをつぼめたような形で現れる。夏に白頭花が咲く。↓写

**やぶれ-かぶれ【破れかぶれ】**(形動)やけになるさま。捨て鉢。desperate

**やぶれ-め【破れ目】** 破れたところ。tear 用例障子の―。

●ヤブレガサ

**やぶ・れる【破れる】**(下一自)①切れて分かれる。裂ける。穴があく。tear 用例障子が―。着物が―。②こわれる。傷つく。break 用例水道管が―。③成り立たずに終わる。fail 用例縁談が―。夢が―。④平和な状態がみだされる。be disturbed 用例平和が―。

**やぶ・れる【敗れる】**(下一自)負ける。敗北する。be beaten 用例惜しくも決勝戦で―・れた。

**ヤブロノイ-さんみゃく【ヤブロノイ山脈】**(Yablonovyy Khrebet) ソ連南東部、バイカル湖東方の山脈。最高峰クソトゥイ山は標高一六八〇m。古生層からなり、第三紀の断層運動により、平坦な山頂と深い谷とが交錯。

**や-ぶん【夜分】** よる。よなか。

**やべ【矢▽部】**〈町〉熊本県中東部、緑川上流域の町。農林業が主で、米・肉牛・茶などを産出。重要文化財の通潤橋がある。人口一万五七五六(一九八八)。

**やべ【矢▽部】**〈村〉福岡県南東部、大分・熊本県に接する山間の村。林業を主とし、ワサビ・茶・木工芸品なども生産。日向神ダムがある。人口二四六二(一九八八)。

**やべ-がわ【矢▽部川】** 福岡県南部を流れる川。長さ六一km。大分・福岡県境の竹原峠付近に発し、筑後川の南を並流、柳川市で有明海に注ぐ。日向神渓・日向神ダム・船小屋温泉が知られる。

**やべ-ひさかつ【矢▽部▽長▽克】**(一八七八～一九六九) 古生物学者・地質学者。東京生まれ。東大卒。東北大教授。日本の化石・地質層序・地質構造など地史を研究。昭和二八年(一九五三)文化勲章受章。

**や-へん【矢偏】** 漢字を組み立てている部分の名。「知・短」などの左にある「矢」。

**やぼ【野暮】**(名・形動)《当て字》①世間・人情に通じていないこと・さま。know little of the world 対義粋。②田舎くさいこと・さま・人。武骨。unrefined 対義粋。③遊興の事情に疎いこと・さま・人。inelegance 対義通。

**や-ほう【野砲】** 地上戦闘で、おもに歩兵支援のために使用する砲。かつては口径七五mmのものが中心となっていた。field piece; field artillery

**や-ぼう【野望】** だいそれた望み。分を越えた望み。野心。非望。ambition 用例―を抱く。

**や-ほち【夜▽発】** 夜間、道ばたで客を誘い売春をする女。やほつ。辻君。夜鷹。

**やぼっ-た・い【野暮ったい】**(形) 野暮な感じがする。unpolished

**やぼ-てん【野暮天】** ひどく野暮なこと・人。

**やぼ-よう【野暮用】** やむをえずしなければならない、つまらない用事。minor business

**やま【▼岾】** 8画 部首[山]やまへん 和製漢字 JIS 5419 山の、特につきでた部分。

**やま【山】** 一(名)①起伏がいちじるしく、平地より高くそびえる土地。丘陵より高度や起伏が大きい。mountain 対義川・野・海。用例―に登る。②山のような形に高く積んだもの。pile 用例滞貨物の―。みかん一―。③物事の絶頂。climax 用例今が―だ。④樹木の群生している所。山林。forest 用例―を持っている。⑤鉱山。mine 用例―がさびれる。⑥《鉱山経営は当たりはずれが多いことから》非常に確率の低い幸運への期待。まぐれ当たりをねらう予想。speculation 用例―が外れる。⑦「やまぼこ」の略。⑧比叡山。また延暦寺。対義寺。二(接頭)①野生の意。用例―ねこ。②山のすきな、また山に住むの意。用例―男。

**山が当たる** 自分の思っていたことが、うまくあたる。思惑通りになる。山を当てる。turn out as one expected

**山が見える** 先の見通しがつく。The end is in sight.

**山から里へ**《「山」は寺のこと。一般の人が寺から物をもらう意から》物事があべこべであることを言う。類似寺から里へ。

**山高きが故に貴からず**(やまたかきがゆえにたっとからず) どんなに外観はりっぱでも、実質が伴わなければ、すぐれているとはいえない。Do not judge a book by its cover.
**山高く水長し**(やまたかくみずながし) 君子の徳がすぐれていることを言う。
**山と言えば川**(やまといえばかわ) 人のいうことに、反対ばかりすることのたとえ。類似 右といえば左。
**山に千年、海に千年**(やまにせんねん、うみにせんねん) ↓うみせんやません(海千山千)
**山眠る**(やまねむる) 冬の山の、寝静まったような、静かな感じの形容。対義 山笑う。
**山笑う**(やまわらう) 春の山の、明るい感じの形容。対義 山眠る。
**山を当てる**(やまをあてる) =山が当たる。①鉱山で、うまく鉱脈をさがし当てる。dig out a mine ②勘などに頼り、試験の出題など、当たる可能性の少ないことを適中させる。anticipate rightly ③物事の急所となる点を、あらかじめいい当てる。その結果として、うまく適中する。
**山を鋳、海を煮る**(やまをい、うみをにる) 鉱山から金属をとり、海水から塩をとる。国内で物産が豊富なことのたとえ。
**山を掛ける**(やまをかける) 万一の幸運をあてにして、準備する。冒険をしてみる。speculate 類似 山を張る。
**山を越す**(やまをこす) ①いちばん大切なところ、難所を通り過ぎる。病気のいちばん危険な状態を脱する。get over a difficulty ②盛りを過ぎて衰え始める。decline
**山を成す**(やまをなす) 山のような形をつくる。物がたくさん積んである。物事が多く重なっている。pile high 用例 仕事が―。
**山を抜く力**(やまをぬくちから) 力が強大なことの形容。
**山を張る**(やまをはる) 「山を掛ける」と同意。
**やま-あい**【山▽間】①山と山との間。たにま。山かい。かい。②山の中。
**やま-あい**【山▼藍】トウダイグサ科の多年草。山地の林にはえる。地下茎は長く横にのび、茎は直立。葉は有柄で卵状長楕円形。春から夏に、紫色の小花を穂状につける。古代の藍染めの染料とされた。
**やま-あがり**【山上がり】死者の遺族が喪屋にこもり忌みつつしむ風習。古代の遺風と考えられ、長崎県対馬などに残る。
**やま-あざみ**【山▼薊】キク科の多年草。山地にはえる。高さ約二m。葉は羽状に深裂。秋に、紅紫色で無柄の頭花が穂状に多数つく。暖地に分布。
**やま-あじさい**【山▽紫▽陽▽花】ユキノシタ科の落葉低木。福島以西の山地にはえる。葉は長楕円形で鋸歯をもつ。夏に、周縁に青色の中性花のある散房花序をつける。サワアジサイ。

**やま-あそび**【山遊び】春先の野遊びのこと。三月三日あるいは四月八日に、食物を用意して山や野で酒宴を催す行事。比較 磯遊び。
**やま-あらし**【山荒(ら)し】山林の盗伐など、山を荒らすこと、また人。stealer of forest trees
**やま-あらし**【山▼嵐】山から吹いてくる強風。山に吹くあらし。mountain storm
**やま-あらし**【▽豪▼猪・山荒】ヤマアラシ科の哺乳動物。熱帯産で夜行性。ネコぐらいの大きさで、背の毛はかたく、針状。porcupine ↓図

ヤマアラシ

**やま-あららぎ**【山▼蘭】コブシの別名。
**やま-あり**【山▼蟻】ヤマアリ亜科のアリの総称。体長五～九mm。クロヤマアリ・アカヤマアリなど日本に約六〇種。日本全土に分布。
**やまい**【病】①《「疾」とも》病気。illness ②よくない癖。bad habit ③苦労の種。
**病革まる**(やまいあらたまる) 危篤になる。
**病、膏肓に入る**(やまい、こうこうにいる) 《「膏肓」を「こうもう」と読むのは誤り》①不治の病気にかかる。②とうてい治せないほど、状態が悪くなる。③《転じて》どうにもとめようがないほど、物事に熱中する。
**病に冒される**(やまいにおかされる) 病気になる。become ill
**病の床**(やまいのとこ) 病気で寝ている床。病床。また、病床につくこと。病気でふせっていること。sickbed 用例 ―に臥す。
**病は気から**(やまいはきから) 病気は、気の持ちようで、よくも悪くもなる。Fancy may kill or cure.
**病は口より入り禍は口より出ず**(やまいはくちよりいりわざわいはくちよりいず) 病気は口に入る飲食物がよくないから、わざわいは口から発することばに慎重でないことから、それぞれ起こる。
**やま-い**【山▼藺】カヤツリグサ科の多年草。山中の湿地にはえる。稈の高さ約六〇cm。稈頂に二cmほどの小穂、基部に包葉がつく。
**やま-いたち**【山▼鼬・山▼鼬▼鼠】オコジョの異名。
**やまい-だれ**【病垂れ】漢字を組み立てている部分の名。「病・疫・痛」などの「疒」。比較 麻垂れ。
**やまいち-しょうけん**【山一▼證券(株)】四大証券会社の一つ。昭和一八年(一九四三)設立。

**やま-いぬ**【山犬】①ニホンオオカミの別称。②野生化して山にすむイヌ。wild dog 対義 里犬。
**やま-いぬ**【▽病犬】《「やまいいぬ」の転》①悪い癖のある犬。②狂犬。
**やま-いも**【山芋・▼薯▼蕷】ヤマノイモの別名。
**やま-うぐいす**【山▼鶯】①山にすむウグイス。②ヤマルリソウの別名。
**やま-うずら**【山▼鶉】↓しゃこ(鷓鴣)
**やまうち**【山内】〈町〉佐賀県南西部、伊万里・武雄市に接する町。稲作のほかミカン栽培などを行う農業の町で、暖地性植物群の宝庫として知られる。人口一万四三三五(一九八八)。
**やま-うど**【山▽独▽活】ウコギ科の多年草。山にはえている野生のウド。
**やま-うば**【山▼姥】深山に住むとされる女性姿の妖怪。人を食う鬼女。やまんば。↓写

山姥『百鬼夜行絵巻』より。

**やま-うるし**【山漆】ウルシ科の落葉小高木。山地にはえる。葉は奇数羽状複葉で、小葉は卵状楕円形。春に、黄緑色の小花が円錐花序につく。秋に美しく紅葉する。
**やまえ**【山江】〈村〉熊本県南部、人吉市の北に位置し、人吉盆地に面する村。大部分が山林で、クリなどの果樹栽培もさかん。人口四四二八(一九八八)。
**やまおか**【山▼岡】〈町〉岐阜県南東部、恵那市の南に接する町。寒天製造がさかんで、西部は古くからの陶土の産地。瑞浪高原スキー場がある。人口五九四二(一九八八)。
**やまおか-げんりん**【山▼岡元隣】(一六三一～七二)江戸前期の俳人・国学者。伊勢山田の人。北村季吟門下。仮名草子・古典注釈・俳諧に活躍。俳文集『宝蔵』、仮名草子『他我身の上』など。
**やまおか-そうはち**【山▼岡荘八】(一九〇七～七八)小説家。本名藤野庄蔵。新潟県生まれ。時代小説などに活躍した。作品『徳川家康』など。
**やまおか-てっしゅう**【山▼岡鉄舟】(一八三六～八八)幕末・明治初期の剣客。通称鉄太郎。千葉周作に剣を学び、のち一刀正伝無刀流を開く。勝海舟とともに江戸無血開城に貢献。維新後、明治天皇の侍従。
**やま-おだまき**【山▼苧▽環】キンポウゲ科の多年草。山地の道ばたにはえる。根生葉は二回三出複葉。夏、枝先に一個ずつ下向きに花が咲く。がくは紫褐色で五個、花弁も五個で黄色。↓写

ヤマオダマキ

**やま-おとこ**【山男】①山に住むとされる男の怪物。giant ②山に住む男。山で働く男。woodsman ③山登りの好きな人。alpinist
**やま-おろし**【山▼颪】①山から吹きおろす風。②歌舞伎下座音楽の一つ。大太鼓を長い桴で打って近くに山のある場面であることを表す。
**やま-が**【山家】山中にある家。山里の家。cottage in a mountain village 用例 ―育ち。
**やまが**【山香】〈町〉大分県国東半島、八坂川上流域の町。稲作・野菜栽培・畜産などの農林業のほか、酒造業なども行う。人口一万一八九(一九八八)。
**やまが**【山▼鹿】〈市〉熊本県北部、菊池川中流域の市。平安時代以来の、山鹿温泉を中心とする古い湯の町。かつては河川交通の拠点で、宿場町。商業・サービス業がさかん。人口三万三九七八(一九八八)。
**やま-かい**【山▽峡】山あい。ravine
**やま-かがし**【山▽棟▽蛇・▽赤▽棟▽蛇】ヤマカガシ科の有毒ヘビ。水辺に多い。全長一～一・五m。背面は緑褐色で黒斑が混じり、体側に紅斑がある。頸部にある頸腺と後牙から毒液を射出。本州・四国・九州に分布。ニシキヘビ。↓図

ヤマカガシ

**やま-がき**【山▼柿】シナノガキの古名。
**やま-かけ**【山掛(け)】①高く積むこと。pile ②とろろをかけた料理の総称。ヤマトイモ・ジネンジョなどをすりおろし、鶏卵・調味料をすり混ぜて、マグロやそば・豆腐などにかける。

**やま-かげ**【山陰】山にさえぎられるため、日の当たらない所。recess of a mountain 用例 ―の家。
**やま-かご**【山▼駕▼籠】旅行のとき、とくに山道などで用いたかご。竹で編み、底は円形、屋根は網代に作り、垂れのない粗末なもの。山輿。
**やま-がさ**【山▼笠】①祭礼のときなどに用いる装飾された笠。②福岡県福岡市櫛田神社で七月一～一五日にかけて行われる祇園祭りの通称。博多祇園山笠。
**やま-かじ**【山火事】たばこやたき火の不始末、あるいは自然発火などによる山林原野の火災。春季・乾燥時に多い。山焼け。山火。forest fire
**やま-がしゅう**【山何首▼烏】ユリ科のつる性落葉植物。山地にはえる。茎には大小の硬いとげと、長い巻きひげがある。葉は卵円形で、脈が目立つ。春に、黄緑色の花が咲き、秋、球形の液果が黒熟する。
**やま-かぜ**【山風】夜間、放射冷却で、山の斜面が冷えてできた冷気が、山頂から山麓に流れ下る風。mountain wind 対義 谷風。
**やま-かせぎ**【山稼ぎ】きこり・猟師などが、山へ働きに行くこと。
**やまが-そこう**【山▼鹿素行】(一六二二～八五)江戸前期の儒者・兵学者。会津の人。近世古学の開祖。朱子学を批判した『聖教要録』で幕府の怒りを買い、播磨国赤穂に配流。のち許されて江戸に戻った。著書『山鹿語録』『武家事紀』『中朝事実』など。
**やま-がた**【山形】①山のような形。②弓の的の後ろに引く幕。
**やまがた**【山方】〈町〉茨城県北部、久慈川中流域の町。肉牛の飼育・稲作・タバコ栽培などが主で、西之内和紙でも知られる。人口九三二一(一九八八)。
**やまがた**【山形】〈県〉東北地方南西部、日本海側の県。県庁所在地は山形市。奥羽山脈・朝日山地など山岳が多く、豪雪地であるが、最上川沿いに盆地や平野が開けて、人口密度が高い。稲作・果樹栽培などの農業がさかん。面積九三二七km²、人口一二六万二〇三八(一九八八)。
**やまがた**【山形】〈市〉山形県、山形盆地の南部にある市。県庁所在地。最上氏以来の旧城下町。ベニバナなどの集散で栄えた。県の商業中心地で、果樹栽培や鋳物などの工業もさかん。蔵王山・蔵王温泉が有名。人口二四万三〇二五(一九八八)。
**やまがた**【山形】〈村〉岩手県北東部、久慈市の西に接する村。林業と肉牛飼育、平庭高原観光で知られる。人口四四三〇(一九八八)。
**やまがた**【山形】〈村〉長野県中央部、松本市の南西に接する村。スイカ・ナガイモ・アスパ



↓ 行き先項目、図版・写真参照印。 JIS 日本工業規格情報交換用漢字符号コード(区点コード)。

ラガスなどを産出。人口六五〇五(一九八八)。

**やまがた-ありとも**【山▽県有▼朋】(一八三八〜一九二二) 明治・大正の軍人・政治家。長州藩出身。奇兵隊を率い倒幕運動で活躍。維新後、兵制調査のため渡欧、徴兵制を制定。参議・初代参謀本部長・初代内相などを歴任。のち首相・枢密院議長。伊藤博文が暗殺された後は元老筆頭として政界に君臨。↓写

●山県有朋

**やまがた-だいに**【山▽県大弐】(一七二五〜六七) 江戸中期の兵学者。尊王論者。甲斐の人。『柳子新論』を著して尊王論を説き、明和事件に連座して死罪。

**やま-がたな**【山刀】 猟師・きこり・炭焼きなど山仕事をする人や登山者が使う刃物。鉈のような形をし、刃の幅が広く地が厚い。

**やまがた-ばんとう**【山片▼蟠桃】(一七四八〜一八二一) 江戸後期の町人学者。播磨の人。大坂で両替商を営む一方、儒学・天文学・蘭学を学び、合理主義精神で無神論を唱える。著書『夢の代』など。

**やまがた-ぼんち**【山形盆地】 山形県中東部、最上川中流域にある盆地。かつてベニバナ栽培で知られた。県の穀倉地帯の一つで、米・サクランボ・リンゴなどを産出。

**やまがた-まさお**【山形▼昌▽夫】(一八九八〜一九八一) 造船学者。東京生まれ。東大卒。東大教授。わが国造船学の創始者。昭和四二年(一九六七)文化勲章受章。

**やま-がち**【山勝ち】(名・形動) 平地が少なく、山が多いこと・さま。mountainous

**やま-がつ**【山▼賤】 猟師・きこりなど山に住む人を卑しめていったことば。また、その家。

**やま-がら**【山▼雀】 シジュウカラ科の小鳥。翼長約八cm。腹面が赤褐色。山林にすむ。「ツーツーチー」と鳴く。人になれ、また芸をよくする。日本全土に分布。↓写

●ヤマガラ

**やま-がり**【山狩(り)】(名・サ変自他) ①山で狩りをすること。hunt a mountain for game ②山中に逃げ込んだ犯人などを追って、山中をくまなく捜すこと。comb a hill

**やまが-りゅう**【山▼鹿流】 兵学の一流派。江戸時代前期、山鹿素行が甲州流兵学を基礎として創始。

**やま-かわ**【山川】《「やまがわ」は別語》①山と川。mountains and rivers ②山の神と川の神。

**やまかわ**【山川】〈町〉 徳島県北部、吉野川中流にある町。旧市場町の川田を中心に発達。産業は果樹栽培や伝統の和紙製造など。人口一万二六八九(一九八八)。

**やまかわ**【山川】〈町〉 福岡県南部の町。農業を主とし、ミカン・竹の子の産地。人口六五四五(一九八八)。

**やま-がわ**【山川】《「やまかわ」は別語》山の中を流れる川。谷川。mountain stream

**やまがわ**【山川】〈町〉 鹿児島県、薩摩半島南東端の町。カツオ漁業の根拠地で、鰹節製造がさかん。鰻池がある。人口一万三一四三(一九八八)。

**やまかわ-きくえ**【山川菊▽栄】(一八九〇〜一九八〇) 社会運動家。東京生まれ。山川均の夫人。社会主義の立場で婦人解放運動に活躍。昭和二二年(一九四七)労働省婦人少年局の初代局長。

**やまかわ-けんじろう**【山川健次郎】(一八五四〜一九三一) 物理学者。会津生まれ。東大教授をはじめ、九大・京大・東大の総長、枢密顧問官を歴任。

**やまかわ-とみこ**【山川登▽美子】(一八七九〜一九〇九) 歌人。本名、とみ。福井県生まれ。与謝野鉄幹に師事、『明星』で活躍。共著歌集『恋衣』。

**やまがわ-の**【山川の】〔枕ことば〕《流れの速く激しいことから》「速し・たぎつ・音・流る・流れ」などにかかる。用例 嘆きせば人知りぬべみ――激つ情を塞きあへてあるかも(万葉・七・一三八三)。

**やまかわ-ひとし**【山川▽均】(一八八〇〜一九五八) 社会主義者。岡山県生まれ。マルクス経済学の普及に貢献。日本共産党創立に参画、のち党を離れ労農派で論陣を張った。

**やま-かん**【山勘】《俗語》①山師のような行為。②人をペテンにかけること。さぎ。③あてずっぽう。

**やま-かんむり**【山冠】 漢字を組み立てている部分の名。「岸・岩」などの、上にある「山」。

**やまぎし-かい**【山岸会】 社会運動家山岸巳代蔵を中心に昭和二八年(一九五三)に結成された共同体。自然と人間との調和ある共有共産的理想社会をめざした生活実践を行う。本部は三重県。

**やまきた**【山北】〈町〉 神奈川県西端、御殿場線に沿う町。丹沢登山の基地で、ミカン・茶を栽培。人口一万四二五二(一九八八)。

**やま-きちょう**【山黄▼蝶】 本州の中部山地に局地的に生息するシロチョウ科のチョウ。開張約六・五cm。雄の羽は濃黄色、雌は蒼白色。食草はクロツバラ。↓図

●ヤマキチョウ

**やま-ぎり**【山▼桐】 アブラギリ・ハリギリ・サワグルミなどの別名。

**やま-ぎり**【山霧】 山地に発生する霧。空気が山腹に沿って上昇するとできる。mountain fog

**やま-ぎわ**【山際】 ①山に接した空。mountain ridge 用例 ――にかかる月。②山に近い所。place near the mountain 用例 ――の農家。

**やまぎわ-かつさぶろう**【山極勝▽三郎】(一八六三〜一九三〇) 病理学者。長野県生まれ。東大卒。ウサギの耳にコールタールを反復塗布し、皮膚癌を人工的に発生させた。明治四〇年(一九〇七)学術誌『癌』を創刊。

**やま-くさ**【山草】 ①山にはえている草。②ウラジロの異名。

**やま-くじら**【山鯨】 イノシシの肉。

**やま-くずれ**【山崩れ】 山の斜面上の表土や岩盤の一部が、急激に崩れ落ちる現象。降雨や雪どけ水および地震などによって起こる。landslide

**やま-ぐち**【山口】 山の登り口。登山口。

**やまぐち**【山口】〈県〉 中国地方西端の県。県庁所在地は山口市。一般に低山性の地形で、西部に石灰岩台地の秋吉台がある。稲作や柑橘類の栽培などの農業、遠洋漁業主体の漁業がさかん。瀬戸内海沿岸では重化学工業が発達。面積六一〇六km²、人口一五八万三〇二一(一九八八)。

**やまぐち**【山口】〈市〉 山口県中央部に位置する市。県庁所在地。中世、大内氏の城下町として繁栄。農業人口の多い田園都市で、県下一の広域都市。国宝の瑠璃光寺五重塔、常栄寺庭園など史跡・文化財に富む。湯田温泉がある。人口一二万三二一九(一九八八)。

●ヤマグルマ

**やまぐち**【山口】〈村〉 長野県南西部の村。中山道の旧宿場、馬籠で知られる。島崎藤村の生地。農・林業が主。人口二一五〇(一九八八)。

**やまぐち-かおる**【山口薫】(一九〇七〜六八) 洋画家。群馬県生まれ。東京美術学校卒。作品『紐』など。

**やまぐち-かつひろ**【山口勝▼弘】(一九二八〜 ) 美術家。東京生まれ。日大卒。ガラス・電光・ビデオなどによる前衛的作品で国際的に活動。

**やまぐち-さい**【山口祭】 伊勢神宮の式年遷宮時の行事の一つ。社殿造営用材を伐り出す御杣山の山口に坐す神を祭り、伐採作業の安全を祈る儀式。やまぐちまつり。

**やまぐち-さだお**【山口定雄】(一八六一〜一九〇七) 新派創始期の俳優。徳島県生まれ。歌舞伎から新派に転向。出演作『都新聞娘義太夫』など。

**やまぐち-せいし**【山口誓子】(一九〇一〜 ) 俳人。京都市生まれ。東大卒。本名、新比古。『ホトトギス』で活躍後、素材の拡充と構成法で新興俳句に寄与。『天狼』主宰。句集『凍港』など。

**やまぐち-せいそん**【山口青▼邨】(一八九二〜一九八八) 俳人。本名、吉郎。盛岡市生まれ。東大卒。東大教授。高浜虚子に師事。『夏草』主宰。句集『雑草園』など。

**やまぐち-そどう**【山口素堂】(一六四二〜一七一六) 江戸前期の俳人。名は信章。甲斐の人。松尾芭蕉と交遊が深く、蕉風の展開に影響を与えた。脱俗清雅な句風。著書『とくとくの句合』など。

**やまぐち-たけお**【山口▽長▽男】(一九〇二〜八三) 洋画家。ソウル生まれ。東京美術学校卒。東洋的情感のある抽象画を描く。作品『平面』など。

**やまぐち-ひとみ**【山口▼瞳】(一九二六〜 ) 小説家。東京生まれ。早大中退。作品『江分利満氏の優雅な生活』『血族』など。

**やまぐち-ほうしゅん**【山口▼蓬春】(一八九三〜一九七一) 日本画家。北海道生まれ。東京美術学校卒。日本画に近代西欧画の手法を移入。昭和四〇年(一九六五)文化勲章受章。作品『市場』など。

**やまぐち-ぼんち**【山口盆地】 山口県のほぼ中央、椹野川の中流域にある盆地。水田農村地帯。

**やまくに**【山国】〈町〉 大分県北西部、福岡県境の山間の町。山国川上流域にあり、林業が中心。猿飛甌穴群・鷹ノ巣山がある。人口四三四一(一九八八)。

**やま-ぐに**【山国】 山の多い国。山で囲まれた地方。mountainous region

**やまくに-がわ**【山国川】 大分県北部を流れる川。長さ六三km。英彦山に発し、耶馬渓溶岩台地を浸食、中津市で周防灘に注ぐ。

**やま-ぐるま**【山車】 暖地の林内にはえるヤマグルマ科の常緑高木。高さ約一〇〜二〇m。葉は卵形で枝先に集まる。初夏に黄緑色の小花が咲く。樹皮でとりもちを作る。トリモチノキ。↓写

**やま-ぐわ**【山桑】 山野の日当たりのよい所にはえる落葉高木。高さ約一〇〜一五m。葉は対生し、卵形。春に、淡黄色の小花を穂状につける。果実は黒紫色に熟し、食用。樹皮は製紙原料。

**やま-け**【山気】 投機・冒険などを好む心。山っ気。やまき。やまぎ。speculative disposition

**やま-げら**【山▼啄▽木▽鳥】 額が赤く、背面が淡黄緑色のキツツキ科の鳥。全長約三〇cm。ユーラシアに広く分布し、日本では北海道に生息。gray-headed woodpecker

**やま-こ**【山子】 ①山持ちに雇われて山林業に従事する人。②山中にすむという妖怪。③山の精気が集まったもの。こだま。すだま。山中にすむ年を経た大猿。

**やま-こうばし**【山香ばし】 クスノキ科の落葉低木。山地にはえる。葉は長楕円形。四月に淡黄緑色の小花が咲く。果実は球形で黒熟。折るとショウブの香気がある。

**やま-ごえ**【山越え】 ①山を越えること・所。climb over a mountain ②関所を避けて、間道の裏山を通ること。

**やまこし**【山古志】〈村〉 新潟県中央部、長岡市の南に接する村。豪雪地帯で、牧牛や棚田の用水池を利用した錦鯉の養殖でも知られる。人口三二三五(一九八八)。

**やま-ごし**【山越し】 ①山を越えること・所。climb over a mountain 用例 ――の道。②山をへだてること。また、へだてた所。beyond the mountain; place beyond the mountain 用例 ――の村。

**やま-ことば**【山言葉・山▽詞】 きこり・猟師などが、山仕事のときに使う忌みことば。犬を「せた」というなど。

**やま-ごぼう**【山▽牛▼蒡】 ヤマゴボウ科の多年草。茎は太く緑色で直立。夏に、総状花序が枝先につき、多数の小白花が咲く。果実は熟すと紫黒色。根は薬用。漬物として販売されているものはモリアザミの根。↓写

●ヤマゴボウ

**やま-ごもり**【山▼籠り】 山の中に籠り住むこと。また、俗世間を離れ、山中で修行や訓練に集中すること。

**やま-ごや**【山小屋】 山中に作られた簡便な

宿泊施設。林業関係者や登山者などが宿泊したり休息したりするためのものが多い。mountain hut

**やま-ゴリラ【山ゴリラ】** マウンテンゴリラの和名。

**やま-さか【山坂】** ①山と坂。hills and slopes ②山にある坂。やまざか。mountain slope 用例 —を登る。

**やまさき【山崎】**〈町〉兵庫県西部、揖保川中流の町。林業がさかんで盆栽でも有名。人口二万七六九四(一九八八)。

**やまざき【山崎】** 大阪府島本町と京都府大山崎町にまたがる地域。京都盆地と大阪平野の境界で、古くから交通の要所となっている。天正一〇年(一五八二)、豊臣秀吉と明智光秀の合戦のあった古戦場として有名。

**やまざき-あんさい【山崎▼闇斎】**(一六一八〜八二) 江戸前期の儒者・神道家。京都の人。谷時中に朱子学を学び開塾、数千人の弟子を育成。晩年、吉川惟足より神道を伝授され、垂加神道を創唱。著書『垂加文集』など。

**やまざき-しこう【山崎紫紅】**(一八七五〜一九三九) 劇作家。横浜生まれ。新史劇の育成に貢献。戯曲『三七信孝』『破戒曾我』『歌舞伎物語』など。

**やまざき-そうかん【山崎宗鑑】** ↓そうかん(宗鑑)

**やまざき-ちょううん【山崎朝雲】**(一八六七〜一九五四) 彫刻家。福岡県生まれ。木彫に洋風彫刻の写実性を生かす。作品『大葉子』など。

**やまざき-とよこ【山崎▽豊子】**(一九二四〜) 小説家。大阪生まれ。京都女専卒。社会派小説に新分野を開拓。作品『花のれん』『白い巨塔』『不毛地帯』など。

**やまさき-なおまさ【山崎直▽方】**(一八七〇〜一九二九) 地理学者。東大教授。高知県生まれ。氷河地形・断層地形などを研究し、日本の地理学・地形学の基礎を築く。

**やまざき-の-たたかい【山崎の戦い】** 明智光秀と豊臣秀吉の合戦。天正一〇年(一五八二)本能寺の変の直後、中国地方にいた秀吉はただちに兵を返し山城国大山崎村で明智光秀軍を撃破。これにより秀吉は織田信長の後継者となる。

**やまざき-まさかず【山崎正▽和】**(一九三四〜) 劇作家・評論家。京都生まれ。京大卒。独自の文明批評を展開。作品『世阿弥』『実朝出帆』、評論『劇的なる精神』『鷗外 闘う家長』など。

**やま-ざくら【山桜】** ①バラ科の落葉高木。高さ一〇〜二〇m。四月初旬に新葉とともに淡紅色の花が咲く。宮城県以南の山地に分布。庭園・街路などに植える。②山にさくサクラ。↓サクラ 写

**やま-さち【山幸】** 山野の狩りによって得た鳥獣。山の幸。比較 海幸。

**やまさち-ひこ【山幸▼彦】** 海幸山幸神話の山幸。瓊瓊杵尊と木花之開耶姫との間に生まれた子。狩猟の神とされる。兄は海幸彦(火照命)。火遠理命。彦火火出見尊。

**やま-ざと【山里】** 山の中の村里。山に近い村里。mountain village

**やま-ざる【山猿】** ①山にすむ猿。②田舎者を悪くいう語。

**やま-し【山師】** ①山で働く人。きこりや鉱物を掘り出す人など。a person who works in mountains ②山林の売買、鉱山の経営などを業とする人。lumber dealer ③投機を好む人。speculator ④人をだまして、利をうばう人。さぎ師。swindler

**山師の玄関**(やましのげんかん)《山師が、相手を信用させようとして、玄関の構えをとくに立派にするところから》実質がなく、外観ばかり立派に飾りたてること。

**やまし【▽知▽母】** ハナスゲの別名。

**やま・し【▽疾し】** 古語(形シク) ↓やましい(疾しい)

**やまじ** 夏から秋にかけて、山から吹き下ろす風。台風が日本海へ抜けたときに、愛媛県瀬戸内沿岸で吹く南風が典型的なやまじ。

**やま-じ【山路】** 山の小道。山道。mountain path

**やまじ-あいざん【山路愛山】**(一八六四〜一九一七) 明治時代の評論家。東京生まれ。民友社に入り、「国民新聞」記者として多くの政治評論・史論・文学論を発表。国家社会主義を標榜。著書『現代金権史』など。

**やまし・い【▽疾しい・▼疚しい】**(形) ①気がひける。②良心に恥じる点がある。後ろ暗い。feel guilty 対義 潔い。派生 やましげ(形動) やましさ(名)

**やま-しぎ【山▼鷸】** 嘴が長く、体のずんぐりしたシギ科の鳥。全長約三〇cm。羽は褐色や黒の斑紋や縞模様。他のシギのように水辺ではなく林内にすみ、ミミズや昆虫を捕食。肉味がよいので狩猟鳥。ユーラシアに分布し、冬は南下。日本では北海道・本州などで繁殖し、他の地方では冬鳥。ボトシギ。woodcock

**やま-しごと【山仕事】** ①山の中でする仕事。②大もうけをあてこんだ仕事。speculation

**やま-じそ【山紫▼蘇】** シソ科の一年草。日当たりのよい山地にはえる。高さ約三〇cm。葉は短柄長卵形。秋に、枝先に四cmほどの花穂をつけ、淡紅紫色の唇形花を密に開く。

**やました-しんたろう【山下新太郎】**(一八八一〜一九六六) 洋画家。東京生まれ。東京美術学校卒。印象派的作風。油絵修復技術研究の先駆者。作品『読書』『靴の女』など。

**やました-ちょう【山下町】** 横浜市中区にある地区。横浜開港時の外人居留指定地で、外国商社・領事館が多く、山下公園・中華街がある。

**やました-ともゆき【山下▽奉▽文】**(一八八五〜一九四六) 太平洋戦争中の陸軍大将。高知県生まれ。太平洋戦争開戦時、マレー作戦を指揮してシンガポールを攻略・占領。戦後、戦犯としてマニラで処刑。

**やました-やすひろ【山下▽泰▽裕】**(一九五七〜) 元柔道選手。熊本県生まれ。昭和五二年(一九七七)から全日本選手権九連覇。同五九年(一九八四)のロサンゼルスオリンピックで無差別級優勝。同年国民栄誉賞受賞。

**やましな【山▽科】** 京都市東部、東山と醍醐山地に囲まれた住宅地区。奈良・近江を結ぶ街道の要地で、京都の東の玄関口として繁栄。天智天皇山科御陵などがある。

**やましな-ときつぐ【山▽科▽言継】**(一五〇七〜七九) 戦国時代の公卿。権大納言。皇室経済の維持に努力。故実・装束・音楽などに通じた。日記『言継卿記』で知られる。

**やましな-よしまろ【山▽階▽芳▼麿】**(一九〇〇〜八九) 鳥類研究家。東京生まれ。東大卒。明治天皇の孫。昭和一七年(一九四二)山階鳥類研究所を設立。鳥類の保護に尽力。同五六年(一九八一)ヤンバルクイナを発見。

**やま-しばかえで【山▼柴▼楓】** チドリノキの別名。

**やま-しゃくやく【山▼芍薬】** キンポウゲ科の多年草。関東以西の山地にはえる。葉は二回三出複葉で、小葉は楕円形。春、白色の花が一つ、上向きに咲く。シャクヤクに似る。

**やま-しょうびん【山▼翡▼翠】** カワセミ科の鳥。翼長約一三cm。水辺で魚などを捕食。アジア東部に分布。本州には迷鳥として渡来する程度である。black-capped kingfisher

**やましろ【山城】** ↓やましろのくに(山城国)

**やましろ【山城】**〈町〉京都府南東部、木津川東岸の町。農業が主で、茶・竹の子などを産出。蟹満寺・神童寺・涌出神社がある。人口九四二七(一九八八)。

**やましろ【山城】**〈町〉徳島県西端、愛媛・高知両県に接する町。吉野川中流域で林業が主産業。奥小歩危温泉がある。人口六八五一(一九八八)。

**やま-じろ【山城】** 山頂・山腹などに山の地形を利用して築かれた城。中世の城に多く、近世は多くが平城に移行。さんじょう。

**やましろ-おんせん【山代温泉】** 石川県南西部、加賀市にある温泉。加賀温泉郷の一つで、古くからの名湯。付近に名所・旧跡も多い。

**やま-しろぎく【山白菊】** キク科の多年草。山地にはえる。高さ約八〇cm。ヨメナに似る。秋、茎頂に白い舌状花と黄色い中心花とからなる頭花をつける。若葉は食用。シロヨメナ。

**やましろ-ぐも【山城▼蜘▼蛛】** 上あごの先端の口から粘液を出し獲物を捕らえるクモ。体長五〜八mm。紫黒色。屋内や石垣などに生息。本州以南に分布。

**やましろ-の-おおえのおう【山▽背大▽兄王】**(?〜六四三) 聖徳太子の子。推古天皇の死後、蘇我氏の擁立した田村皇子(舒明天皇)と皇位を争うが敗れ、その後、蘇我入鹿に襲われ妻子とともに自殺。

**やましろ-の-くに【山城国】**《大和から見て山の背後にあるところから、古くは「山背国」と書かれたが、延暦一三年(七九四)平安遷都により「山城国」と変更》旧国名。現在の京都府中南部。五畿内の一国。「延喜式」では上国、八郡。国府は京都市、国分寺は相楽郡加茂町例幣。明治四年(一八七一)廃藩置県により京都府。雍州。城州。山城。

**やましろのくに-いっき【山城国一▼揆】** 文明一七年(一四八五)山城国南部の国人たちを中心に起こった一揆。応仁の乱以来同地域を戦場とした畠山政長・義就両軍の撤退、寺社本所領返還などを要求し、これを実現。自治的権力を結成して八年間存続。

**やましろ-りゅういち【山城隆一】**(一九二〇〜) グラフィックデザイナー。岡山県生まれ。広告デザインに新生面を開いた。

**やま-すげ【山▼菅】** ヤブランの古名。

**やますげ-の【山▼菅の】**［枕ことば］《「やますげ」は、山にはえるスゲ。同音の繰り返し、また、その実ということから》「止まず・乱る・実」などにかかる。用例 —実成らぬことをわれに依せ言はれし君は誰とか宿らむ(万葉・四・五六四)。

**やま-すそ【山▼裾】** 山の下のなだらかに広がった部分。山のふもと。foot of a mountain

**やま-せ【山背】** ①《「山背風」の略》山を越えて吹き降ろす風。②《「やみかぜ(闇風)」からの転化とみられる》夏の東北地方で、太平洋岸に吹く冷たい北東風。冷害の原因となる。

**やませ-しょういん【山▽勢松韻】** 山田流箏曲の家元名。五世(一九一六〜)は東京生まれ。今井慶松に学ぶ。

**やま-せみ【山▼翡▼翠・山▽魚▼狗】** カワセミ科の鳥。日本産カワセミの最大種で、全長約四〇cm。腹面は白いが、その他は白黒斑をなす。頭上に冠羽がある。日本全土の山間渓流付近に一年中すみ、川魚を捕食。カノコショウビン。

**やま-ぜり【山▼芹】** セリ科の多年草。本州の太平洋側、四国・九州の谷川のほとりなどにはえる。高さ約七〇cm。短い地下茎があり、茎は分枝。根出葉は長柄で、二〜三回三出複葉。秋に、枝先に白い小花が咲く。

**やま-ぞい【山沿い】** 山のふもとに沿っていること。また、その場所。along the foot of mountains 用例 —の道。

**やまぞえ【山添】**〈村〉奈良県北東部の村。農・林業が主で、茶の栽培がさかん。名阪国道の開通で交通が便利になった。人口五九一〇(一九八八)。

**やま-そわ【山▼岨】** 山の険しい所。山のがけ。

**やま-だ【山田】** 山にある田。山間の田。

**やまだ【山田】**〈市〉福岡県中部、遠賀川上流の市。農山村から炭鉱都市へと発展したが閉山により衰退。その後、内陸工業地に変容。人口一万四一七八(一九八八)。

**やまだ【山田】**〈町〉岩手県東部、三陸海岸の山田湾に臨む町。イカ漁を中心とする港町で、国営サケ・マス養殖試験場がある。陸中海岸国立公園に含まれる景勝地。人口二万四五七九(一九八八)。

**やまだ【山田】**〈町〉千葉県北東部、下総台地東部の町。農業が中心で、サツマイモ・落花生の産地。府馬の大楠は天然記念物。人口一万二三二五(一九八八)。

**やまだ【山田】**〈町〉宮崎県南西部、都城市の北に接する町。稲作・畑作・畜産などが主で、工業も行われる。人口八八七九(一九八八)。

**やまだ【山田】**〈村〉富山県中部、富山市南東西方の村。山田温泉・村営スキー場がある。人口二一四八(一九八八)。

**やまだ-あきよし【山田▽顕▽義】**(一八四四〜九二) 明治の軍人・政治家。長州藩出身。松下村塾に学び、戊辰戦争・西南の役に従軍。のち陸軍中将から法相・枢密院顧問官などを歴任。

**やま-だい【山台】** 歌舞伎の大道具の一つ。歌舞伎舞踊その他で常磐津などの演奏者が舞台上で乗る台。

**やまたい-こく【▽邪馬台国】**『魏志』「東夷伝」(『魏志倭人伝』)に記された二〜三世紀に日本にあったという国の名称。魏と通交のあった強大な国で、女王卑弥呼が支配。その位置については北九州説と大和説がある。やばたいこく。

**やまだ-いすず【山田▽五▽十鈴】**(一九一七〜) 映画・舞台女優。大阪生まれ。主演作『浪華悲歌』『祇園の姉妹』『女優』など。

**やまだ-おんせん【山田温泉】** 長野県北東部、高山村の松川渓谷にある温泉。紅葉が美しく、スキー場としても知られる。

**やまたか-ぼうし【山高帽子】** 男性用の、堅いフェルトの丸形クラウン(山)の帽子。つばの左右が反り上がったものもある。ボーラー。ダービーハット。derby; bowler英 ↓図

●山高帽子

**やまだ-こうさく【山田耕▼筰】**（一八八六〜一九六五）作曲家。東京生まれ。東京音楽学校卒。伝統的要素を生かしたロマン主義的作品が多い。日本の交響楽・オペラの確立に貢献。昭和三一年（一九五六）文化勲章受章。オペラ『黒船』、歌曲『からたちの花』など。

**やま-だし【山出し】**①山から木・炭などを運び出すこと。carry out of mountains ②地方から都会へ出てきたばかりの人。country cousin

**やまだ-しょうたろう【山田抄太郎】**（一八九九〜一九七〇）長唄三味線演奏家・作曲家。東京生まれ。重要無形文化財保持者。作品『橡の木』など。

**やまたず-の【山たずの】**［枕ことば］《「やまたず（ニワトコの古名）」の枝や葉が向かい合っていることから》「迎へ」にかかる。用例 君が行き日長くなりぬ―迎へを往かむ待ちには待たじ（万葉・二・九〇）。

**やま-だち【山立ち】**①山中に潜んで人を襲い、追いはぎをする盗賊。山賊。bandit ②猟師。狩人。hunter ③東北地方の山間に集団で住む猟師。またぎ。

**やま-たちばな【山▼橘】**①野生のタチバナの古名。②ヤブコウジの古名。③ボタンの異名。

**やま-たて【山立て】**①仕事始めの一つ。正月二日、ないし三日ごろ山へ木を伐りに行く習俗。この日伐った木は小正月の作り物や飾り物に使う所が多い。初山入り。伐り初め。若山踏み。②和歌山県南部で墓穴を掘ること。

**やまだでら-あと【山田寺▼址】**七世紀中・後期、蘇我倉山田石川麻呂が建立した寺のあと。奈良県桜井市山田にあり、昭和五七年（一九八二）回廊の一部が倒壊したままの形で発掘された。

**やまだ-ながまさ【山田長▽政】**（?〜一六三〇）一七世紀初期、シャム（＝タイ）の日本人町で活躍した伝説的な人物。駿河の人。シャムに渡り、内乱を鎮圧し外征に活躍したが、のち反対派に毒殺されたという。

**やまたに-かぜ【山谷風】**山風と谷風。山岳地帯では、日中斜面が温められて谷から山頂に向かう谷風が吹き、夜は逆の山風が吹く。mountain and valley breeze

**やまた-の-おろち【八▽岐▽大▽蛇】**『古事記』の神話で、出雲国の、頭も尾も八つあったという大きなヘビ。素戔嗚尊がこれを退治して奇稲田姫を救い、その尾から天の叢雲の剣を得たという。

**やまだ-びみょう【山田美妙】**（一八六八〜一九一〇）詩人・小説家。本名、武太郎。東京生まれ。尾崎紅葉らと硯友社を結成。小説や新体詩に他に先がけて言文一致を試みた。小説『武蔵野』『蝴蝶』など。

**やまだ-ふうたろう【山田風太郎】**（一九二二〜）小説家。本名、誠也。兵庫県生まれ。東京医大卒。推理小説から時代小説へ移り、忍法ブームを生む。作品『眼中の悪魔』『甲賀忍法帖』『戦中派不戦日記』など。

**やまだ-もりたろう【山田盛太郎】**（一八九七〜一九八〇）マルクス経済学者。愛知県生まれ。東大卒。東大教授。日本資本主義の構造的分析によって講座派の理論的支柱となった。著書『日本資本主義分析』など。

**やまだ-ようじ【山田洋次】**（一九三一〜）映画監督。大阪生まれ。東大卒。作品『男はつらいよ』シリーズ、『家族』『故郷』など。

**やまだ-よしお【山田▽孝雄】**（一八七三〜一九五八）国文学者・国語学者。富山市生まれ。東北大教授。神宮皇学館大学学長。独自の文法体系を構成、国文学にも貢献。著書『日本文法論』など。昭和三二年（一九五七）文化勲章受章。

**やまだ-りゅう【山田流】**箏曲の流派名。生田流と並ぶ二大流派の一つ。一八世紀末から一九世紀初めに山田検校が江戸でおこし、関東で普及。歌を主とし、語り物的性格が強い。

**やま-づたい【山伝い】**山から山を伝って行くこと。from mountain to mountain

**やま-つつじ【山▼躑▼躅】**山地にはえるツツジ科の半落葉低木。高さ一〜三m。よく分枝する。葉に毛がある。春に、赤色系の花をつける。園芸品種が多い。↓ツツジ写

**やま-つなみ【山津波】**山くずれによって発生する土石流。くずれた土砂や岩石が雨水や地下水によって泥水状になって、山間部から流れ出してくる。広い範囲に災害をもたらす。mud flow

**やま-つ-み【山▼祇・山津見】**《「山の霊」の意》山の神。山を治める神。

**やま-づみ【山積み】**（名・サ変自他）①山のように高く積み上げること。big pile ②たくさんたまっていること。山積。a heap of

**やまつり【矢祭】**〈町〉福島県南東部、久慈川に沿う町。コンニャクの産地で、スギの美林で知られる。矢祭山公園はツツジの名所。人口七九四五（一九八八）。

**やま-て【山手】**①山に近いほう。hilly section ②高台にある住宅地。山の手。residential section; uptown 対義 下町。

**やまて【山手】**〈村〉岡山県南部、岡山平野にある村。総社・岡山・倉敷市に接する。吉備路の中心の一つで史跡が多い。人口三六〇二（一九八八）。

**やまて-きいちろう【山手▽樹一郎】**（一八九九〜一九七八）小説家。本名、井口長次。栃木県生まれ。巧みな構成と明快な文体をもつ時代小説作家。作品『桃太郎侍』『崋山と長英』など。

**やま-でら【山寺】**山の中にある寺。

**やまでら【山寺】**①山形市北東部の地区。凝灰岩の風化による天狗山などの奇岩・怪岩が起伏する景勝地。立石寺がある。②立石寺の通称。

**やまと【大和・▼倭】**㊀（名）①日本国の別称。やまとの国。Japan ②《「大和」で》大和国のこと。③《「大和」で》旧日本海軍の、世界最大の戦艦。武蔵と同型。昭和一六年（一九四一）完成。四六cm砲九門を装備。排水量六万九一〇〇トン。同二〇年（一九四五）沖縄への特攻作戦途上、アメリカ機動部隊の攻撃により沈没。㊁（接頭）《日本固有の物事、の意》日本。日本の。用例 ―ことば。↓写

●大和㊀③

**やまと【大和】**〈市〉神奈川県中北部、東京都町田市と隣接する市。東京・横浜へ直結する鉄道の開通で宅地化が急速に進むとともに、大企業の進出により工業都市へと変容。アメリカ軍の厚木基地がある。人口一八万三六四七（一九八八）。

**やまと【大和】**〈町〉新潟県南部、魚野川中流の町。農業と観光の町で、普光寺の裸押合祭が有名。スキー場もある。人口一万五三三〇（一九八八）。

**やまと【大和】**〈町〉岐阜県西部の町。長良川上流域に位置する町。林業と農業が中心。天然記念物のオオサンショウウオが生息。人口七四七二（一九八八）。

**やまと【大和】**〈町〉山口県南東部、柳井・光両市に接する町。良質米の産地で、周南工業地区のベッドタウンでもある。人口九〇〇〇（一九八八）。

**やまと【大和】**〈町〉福岡県南西部、有明海に臨む町。北部はクリーク地帯、南部は干拓地。稲作・イグサ栽培と海苔の養殖などがさかん。人口一万九四七〇（一九八八）。

**やまと【大和】**〈町〉佐賀県中部、脊振山麓の町。肥前国府の地で、遺跡・古墳が多い。ミカン・干し柿などを産出。人口二万四七（一九八八）。

**やまと【大和】**〈村〉茨城県西部、筑波山地北西の村。園芸農業・野菜栽培のほか、石材採掘とその加工もさかん。人口七八八四（一九八八）。

**やまと【大和】**〈村〉山梨県北東部、大月・塩山市に接する山間の村。村域のほとんどが山林で、農林業が主。鞍馬石の産地で知られる。人口一八八二（一九八八）。

**やまと【大和】**〈村〉鹿児島県、奄美大島の名瀬市南西の村。果樹栽培のほか、香料用のトケイソウや、パルプ材も産出。人口二一三九一（一九八八）。

**やまと【山都】**〈町〉福島県北西端、山形・新潟両県に接する町。阿賀野川上流飯豊山地の中にあり、林業と農業が主体。人口五二六三（一九八八）。

**やまと-いも【大和芋】**ヤマノイモ科のナガイモの栽培品種。不規則な塊状のいもをつけ、とろろ汁とされるだけでなく、製菓・蒲鉾加工に用いる。

**やまと-うた【大和歌・▼倭歌】**和歌。対義 唐歌。

**やまと-え【大和絵・▼倭絵】**純日本的な題材と様式をもつ世俗画の総称。中国絵画ないし日本の中国画風の世俗画の総称である唐絵に対する語。平安時代に発生し、室町時代では土佐派で代表される。

**やまと-がく【大和楽】**日本音楽の種目名。昭和八年（一九三三）大倉喜七郎が創始。清元節を基礎に古曲など三味線音楽の特色を加え、洋楽も参考にした。

**やまと-がわ【大和川】**奈良県の笠置山地に発し、奈良盆地・大阪平野を流れて、大阪湾に注ぐ。長さ六八km。飛鳥時代からの重要な河川。

**やまと-ぐさ【大和草】**ヤマトグサ科の多年草。山地の木陰にはえる。高さ約三〇cm。葉は有柄の卵形で、やや厚い。花は淡緑色の単性花。雄花は節ごとにつき、雄しべが多数下垂する。日本特産。

**やまと-ぐら【大和▼鞍・▼倭▼鞍】**和様の鞍。大陸伝来の唐様の鞍に対しての呼称。

**やまとこおりやま【大和▽郡山】**〈市〉奈良県北西部の市。豊臣秀長以来の旧城下町で、武士の副業から発展した金魚の養殖で有名。紡績工業もさかん。人口九万一六〇五（一九八八）。

**やまと-ごきぶり【大和▼蜚▼蠊】**関東以北に多い日本原産のゴキブリ。褐色で、雄の体長約三cm。雌は小形で翅も非常に短い。夜行性で、衛生害虫。

**やまと-ごころ【大和心】**①日本人としての心情。②漢学の力を借りず、日本人のもっている生活・習慣などをもとにした思想や行動。対義 漢心。③↓やまとだましい（大和魂）

**やまと-ごと【大和琴】**日本の撥弦楽器。神楽・東遊・久米舞・大和舞などの伴奏に用いられる。和琴。

**やまと-ことば【大和言葉・大和▽詞】**①日本固有のことば。和語。対義 漢語・外来語。②和歌。③雅語。

**やまと-さるがく【大和猿楽】**丹波猿楽・近江猿楽などに対し、中世に大和（奈良）春日神社の神事に従事した猿楽の総称。結崎（観世）・外山（宝生）・円満井（金春）・坂戸（金剛）の四座。

**やまと-さんざん【大和三山】**奈良県北西部、奈良盆地の南にある畝傍山・耳成山・天香久山の三山。付近には古代の史跡が多い。

**やまと-さんみゃく【やまと山脈】**（Yamato Mountains）南極、昭和基地南南西の山脈。最高峰は福島岳二三六〇m。昭和三五年（一九六〇）発見。

**やまと-しじみ【大和▽小▽灰▼蝶】**暖かい地域にすむシジミチョウ科のチョウ。開張約三cm。雄の翅は表面が青藍色。食草はカタバミ。東北地方以南に分布。↓図

●ヤマトシジミ

**やまと-じだい【大和時代】**日本史の時代区分の一つ。大和地方の豪族連合から出発した大和朝廷が、全国支配を推進した時代。律令制施行以前の時代。

**やまと-しまね【大和島根】**日本国の別称。

**やまと-せいけん【大和政権】**三世紀から五世紀、畿内の首長の連合政権。大和を中心とした諸豪族の連合体から出発し、五世紀後半以降、同様に地方で成立していた政治組織に対する支配を強め、大和朝廷へ移行していったと推測される。大和王権。

**やまと-せつげん【大和雪原】**南極のロス氷棚上に広がる雪原。一九一二年日本の白瀬隊が命名。

**やまと-たい【大和▼堆】**日本海のほぼ中央部に位置する海底の巨大な高まり。三〇〇mより浅い平坦な頂面を示し、周囲は急斜面で下降する。好漁場。

**やまとたかだ【大和高田】**〈市〉奈良県、奈良盆地南西部の市。当麻氏以来城下町として発達。紡績を主とする工業都市で、大阪への通

▼常用漢字表外。 ▽常用漢字表の音訓外。

勤者が多い。人口六万六六七五(一九八八)。

**やまとたける-の-みこと**【▽日本▽武▽尊・▽倭▽建▽命】大和国家成立期の伝説的英雄。景行天皇の皇子。名は小碓尊。天皇の命で九州の熊襲を討ち、その首領から日本武尊の称を奉られた。さらに東国の蝦夷を討ち、その帰途、伊勢の能褒野で没したという。

**やまと-だましい**【大和魂】①日本民族固有の、事に当たってみごとに処理する能力。②日本民族固有とされた、身命をも惜しまない勇猛果敢な精神的伝統。やまとごころ。

**やまと-ちょうてい**【大和朝廷】大和地方にあった日本初の統一政権。五世紀末〜六世紀初、天皇家(大王家)を中心に大和地方周辺に分立する小国家・豪族を統合したと考えられる。氏姓制度と部民制による支配機構を確立し、しだいに各地方の豪族を支配下に組み込む。七世紀初頭の大化の改新以後、朝廷は難波・近江に移り律令制国家へと脱皮。

**やまと-なでしこ**【大和▼撫子】①日本女性の美称。②↓なでしこ(撫子)

**やまと-に**【大和煮】カツオ・牛肉などをしょうゆ・砂糖・みりん・ショウガなどを合わせた調味液でよく煮たもの。多く、缶詰にする。

**やまと-にんぎょう**【大和人形】手足が曲折し、衣装の着せ替えができる日本人形。江戸時代は市松人形の名で流行。現在の呼称は昭和初期から。

**やまと-の-あやうじ**【▽東▽漢氏・▼倭▽漢氏】古代、大和地方南部にいた渡来人系氏族。姓は直。阿知使主の子孫と称し、朝廷の財政・外交に関与。

**やまと-の-くに**【大和国・▼倭国】《古くは「大倭国」。天平九年(七三七)「大養徳国」と改めたが、同一九年(七四七)旧に復す。「大和国」の表記は天平宝字元年(七五七)ごろから》旧国名。現在の奈良県。五畿内の一国。「延喜式」では大国、一五郡。国府は大和郡山市今国府町。国分寺は奈良市の東大寺で、全国の総国分寺をも兼ねた。明治四年(一八七一)廃藩置県により奈良県。同九年(一八七六)堺県、同一四年(一八八一)大阪府に併合。同二〇年(一八八七)再び奈良県が設置された。和州。倭州。大和。

**やまと-の-ふひとべ**【▽東▽史▽部】古代、文筆を専門とした渡来系技術者集団。五世紀以降、現在の奈良県および大阪府東部に住み、史を世襲。

**やまとひめ-の-みこと**【▼倭姫▽命】垂仁天皇の皇女。天照大神を伊勢の五十鈴川のほとりに祭ったと伝えられる。甥の日本武尊が東征におもむくおり、天の叢雲の剣を授けたとされる。

**やまと-ぶえ**【大和笛】↓かぐらぶえ(神楽笛)

**やまと-べい**【大和塀】①地長押から笠木までのあいだにスギの皮を縦に張り、竹で水平の押さえをした塀。数寄屋の庭などに用いる。②横貫の内と外に、交互に板を縦に打ち付ける、大和張りにした塀。

**やまとほんぞう**【大和本草】江戸初期の博物学者、貝原益軒の著書。総数一三六二種の動物・植物・鉱物の名称・形状・来歴などを記載。

**やまと-まい**【大和舞(い)・▼倭舞(い)】①雅楽の一種。宮中で新嘗祭の前夜に行われる儀式の歌舞。歌は大和歌という。②神社で行われる神事を終えたあとの舞。

**やま-どめ**【山止め】(名・サ変他) 山に入り、山のものをとるのを禁じること。

**やま-どめ**【山留め】鉱山などで、土砂の崩壊を防ぐための工法。また、その支持架構。landslide protection wall

**やまとものがたり**【大和物語】平安中期の歌物語。作者未詳。天暦五年(九五一)ごろ成立、以後増補。雑多な和歌説話の集成。一七三段で、前半は歌人の話、後半は物語的説話を配列。

**やま-どり**【山鳥】①山にすむ鳥。mountain bird ②山林にすむキジ科の鳥。日本特産。翼長約二三cm。雄は全身赤褐色で、尾は長く四五cm〜一m。習性はキジに似る。猟鳥。本州・四国・九州に分布。↓図

●ヤマドリ② 雄(上)と雌(下)。

**やま-とりかぶと**【山鳥▼兜】トリカブトの別名。カブトギクもトリカブトとよばれるので、これと区別するためにヤマトリカブトの名がある。

**やまどり-しだ**【山鳥▽羊▽歯】ヤマドリゼンマイの別名。

**やまどり-ぜんまい**【山鳥▼薇】ゼンマイ科の大形シダ。山地の湿原に群生する。栄養葉は羽状複葉。高さ約一m。胞子葉は赤褐色で小形。渦状の若葉を食用。ヤマドリシダ。↓写

**やまどり-たけ**【山鳥▼茸】担子菌類イグチ科のキノコ。大形でかさは径一〇〜二〇cm、黄褐色ないし暗褐色。食用。

**やまどり-の**【山鳥の】[枕ことば]《ヤマドリは雌雄が別れて眠ると考えられていたことから、また山鳥の尾の意から》「ひとり寝」「尾上」などにかかる。用例 秋風の吹き寄るごとに——独りし寝ればものぞ悲しき(古今和歌六帖・二)。

**やまな-あやお**【山名▽文▽夫】(一八九七〜一九八〇) グラフィックデザイナー。和歌山県生まれ。商業美術の草分けとして独自のスタイルを生む。

**やま-ない**【▽止まない・▼已まない】(連語)《「…してやまない」の形で》どこまでも…する。keep on doing 用例 祈って——。

**やまな-うじきよ**【山名氏清】(一三四四〜九一) 南北朝時代の武将。時氏の子。足利義詮・義満に仕え、守護となる。のち義満の山名一族分裂策により反乱、敗死。

**やまなか**【山中】〈町〉石川県南部、大聖寺川の上・中流域を占める町。山中温泉と、漆器の産地として知られる。人口一万一七六一(一九八八)。

**やまなか-こ**【山中湖】山梨県南部、富士山北東麓の湖。富士五湖の一つ。五湖の東端に位置する。面積六・四km²(五湖の中で最大)、最深一三・三m。湖畔は避暑・観光地で、別荘が多い。

**やまなかこ**【山中湖】〈村〉山梨県、富士吉田市南東に位置する村。山中湖を中心とした観光の村で、農業もさかん。人口五二一六(一九八八)。

**やまなか-さだお**【山中▽貞雄】(一九〇九〜三八) 映画監督。京都生まれ。作品『抱寝の長脇差』『盤嶽の一生』『人情紙風船』など。

●ヤマドリゼンマイ

**やまなか-しかのすけ**【山中▼鹿▼之助】(?〜一五七八?) 戦国時代の武将。名は幸盛。尼子氏の家臣。主家の再興に奔走し播磨の上月城を奪ったが、毛利軍に攻められ、捕らえられて斬首。

**やまなか-ぶし**【山中節】石川県の民謡。南部の温泉地帯でうたわれる情緒のこまやかなお座敷唄。

**やまなか-みねたろう**【山中▼峯太郎】(一八八五〜一九六六) 小説家。大阪府生まれ。陸大中退。少年冒険小説や実録物で知られる。作品『敵中横断三百里』『亜細亜の曙』など。

**やま-なし**【山▼梨】山中にはえるバラ科の落葉高木。高さ約一五m。葉は卵形。春に径約二cmの白色の花が咲く。果実は径約三cmで褐色。日本ナシの原種。コナシ。

**やまなし**【山▼梨】〈県〉中部地方東部、内陸の県。県庁所在地は甲府市。山地が大部分で中央に甲府盆地がある。内陸性気候で寒暖の差が大きい。ブドウ・モモなどの果樹中心の農業が主体。食品などの工業もある。面積四四六三km²、人口八四万四四七四(一九八八)。

**やまなし**【山▼梨】〈市〉山梨県中部、甲府盆地の北東の市。ブドウ・モモ栽培と養蚕がさかんで、酒醸造・繊維などの工業も発達。人口三万一〇四一(一九八八)。

**やま-なす**【山なす】(連体) ①山のような。大きな。mountainlike 用例 ——波浪。②山と積んだ。たくさんの。a mountain of

**やまな-そうぜん**【山名宗全】(一四〇四〜七三) 室町中期の武将。名は持豊。宗全は法名。但馬・備後などの守護。嘉吉の乱で赤松氏を討ち、その功で播磨領などを獲得。応仁の乱では西軍の総帥として細川氏と対立、その陣中で病没。

**やま-なみ**【山並(み)・山▽脈】山が連なっていること。山脈。連山。mountain range

**やまなみ-ハイウエー** 大分県湯布院町と熊本県一の宮町を結び、阿蘇国立公園を貫通する有料道路。長さ五二・四km。昭和三四年(一九五九)開通。

**やまな-もちとよ**【山名持▽豊】山名宗全の本名。

**やま-ならし**【山鳴】ハコヤナギの別名。

**やま-なり**【山▽形】山のように弧を描くこと。用例 ——のスローボール。

**やま-なり**【山鳴り】(名・サ変自) 山が鳴りひびくこと・音。火山の大爆発の前兆の一つ。比較 海鳴り。

**やま-ね**【山▼鼠】ヤマネ科の齧歯類。体長約七cm。ネズミに似るが、長い尾は長毛でおおわれている。体は淡褐色で、背中に一本の黒帯が走る。山林にすみ、冬眠する。本州・四国・九州に分布。dormouse ↓写

●ヤマネ

**やま-ねこ**【山猫】ネコ科の哺乳動物。イエネコ大の野生ネコ。ネコとの類縁関係があるとされるのはヨーロッパヤマネコとリビアヤマネコ。日本には、ツシマヤマネコとイリオモテヤマネコが生息する。ワイルドキャット。wildcat ↓写

●ヤマネコ　アカオオヤマネコ

**やまねこ-ざ**【山猫座】北天の星座。ぎょしゃ座とおおぐま座の間にあり輝星が少ない。三月一六日ごろの午後八時ごろに南中。面積五四五平方度。Lynx

**やまねこ-スト**【山猫スト】労働組合の一部が、正規の機関決定を無視してストライキに突入すること。また、そのストライキ。wildcat strike

**やま-ねこやなぎ**【山猫柳】バッコヤナギの別名。

**やま-の-いも**【山の芋・▼薯・▼蕷】ヤマノイモ科のつる性多年草。日本特産で、本州・四国・九州の山地にはえる。雌雄異株。葉は対生で、卵円形または心臓形。根は多肉で、でんぷん質に富む。葉腋に「むかご」をつける。ジネンジョ。ヤマイモ。↓図(次ページ)

**山の芋が鰻になる**(やまのいもがうなぎになる) 物事が、急に意外なものに変化するたとえ。また、卑しい者が、急に出世するたとえ。

**やまのうえ-の-おくら**【山上▽憶▽良】(六六〇〜七三三ごろ) 奈良前期、『万葉集』の歌人。遣唐少録となり渡唐。のち筑前守。儒教・仏教などの知識を身につけた思想家として、老病貧死などの人生苦や子への愛をうたった作品が多い。現実的散文的な作風は和歌史上特異。『類聚歌林』編集。作品『貧窮問答歌』など。

**やまのうち**【山ノ内】〈町〉長野県北東部、群馬県境の町。湯田中・発哺など一四の温泉をもつ山ノ内温泉郷と志賀高原がある。人口一万八三六〇(一九八八)。

**やまのうち-かずとよ**【山内▽一▽豊】(一五四六〜一六〇五) 安土桃山・江戸初期の武将。土佐藩

の祖。尾張の人。織田信長・豊臣秀吉に仕えたのち、関ケ原の戦いで徳川方に属し、土佐二〇万石を領有。妻が鏡の裏に蓄えていた金で名馬を買って夫を助けた話は有名。

**やまのうち-とよしげ【山内▽豊▽信】** 山内容堂の本名。

**やまのうち-ようどう【山内容堂】**(一八二七～七二) 幕末の大名。土佐藩主。名は豊信。容堂は号。吉田東洋らを起用して藩政を改革。はじめ公武合体派。長州征伐の失敗で幕府の威信が失墜するや、将軍徳川慶喜に大政奉還を進言。維新後、新政府の議定。

**やま-の-お【山の尾】** ①山のふもと。山すそ。②山の尾根。山の峰続き。

**やまのおと【山の音】** 川端康成の小説。昭和二四～二九年(一九四九～五四)発表。一家の老主人の死の恐怖、性のゆらめきなどを描く。

**やま-の-かみ【山の神】** ①山を支配し、守護する神。神道では大山祇神・木花之開耶姫とするが、民間信仰では多様。秋の収穫後は山にいて、春になると下り、田の神になるといわれる。さんじん。god of the mountain ②《俗語》頭が上がらなくなった自分の妻の称。one's wife ③カジカ科の淡水魚。体長約一五㎝。筑後川付近に産する。食用。

**やまのくち【山▼之口】**〈町〉宮崎県南西部、都城盆地東端の町。宮崎自動車道や日豊本線が通る。畜産などの農業や瓦造りがさかん。人口七九九六(一九八八)。

**やま-の-くちあけ【山の口明け】** 山林共有地での草木などの採取が解禁になる日。採取の期間を設け、村人が平等に利用できるようにした制度。山開け。

**やまのぐち-ばく【山▼之口▼貘】**(一九〇三～六三) 詩人。本名山口重三郎。沖縄生まれ。庶民的生活感情を、風刺と諧謔とによって平明に表現した。詩集『思弁の苑』など。

**やまのこ-まつり【山の▽講祭(り)】** 二月と一〇月(または一一月)の二度行われる山の神の祭り。講を組織した信者たちが団体で行う。

**やま-の-さち【山の幸】** ↓やまさち(山幸)

**やま-の-て【山の手】** ①山に近いほう。山手。対義 浜手。②東京都西部の台地上の地域で、東部の隅田川ぞいの下町に対する呼称。江戸時代、武士階級の多い屋敷町を中心に形成、拡大された住宅地域。一般には高台の住宅地をさす場合もある。対義 下町。

**やまのて-せん【山手線】** JR東日本の鉄道路線の一つ。東京都区内を環状に走る。品川～新宿～池袋～田端～上野～東京～品川の長さ三四・五㎞。明治三六年(一九〇三)上野～東京間を除き、開通。環状運転開始は大正一四年(一九二五)。

**やま-の-は【山の端】** 山のはし。山と空とが接して見えるところ。

**やまのべ【山辺】**〈町〉山形県東部、山形市の西に接する町。旧城下町。地方商業の中心地で、じゅうたんの産地としても知られる。人口一万四八六二(一九八八)。

**やまのべ-の-みち【山の辺の道】** 歴史にみえる日本最古の道。奈良盆地東側の三輪山麓から北の春日山麓にかけての道。沿道に古墳など遺跡多数。

**ヤマハ【ヤマハ(株)】** 世界最大手の楽器メーカー。明治三〇年(一八九七)日本楽器製造として設立。昭和六二年(一九八七)改称。

●ヤマノイモ

**やま-ば【山場】** 物事のいちばん重大な局面。クライマックス。climax 用例 試合の――を迎える。

**やま-ばかま【山▼袴】** 袴の一種。仕事着用の袴の総称。もんぺ・裁着けなど。

**やま-はぜ【山▽黄▼櫨】** ウルシ科の落葉低木。山地にはえる。ハゼノキに似る。葉は奇数羽状複葉。秋の紅葉が美しい。春に、やや下垂した円錐花序に黄緑色の小花が咲く。ハニシ。

**やま-はだ【山肌・山▽膚】** 山の地肌。

**やま-ばた【山畑】** 山にあるはたけ。

**やま-はっか【山薄荷】** シソ科の多年草。日あたりのよい場所にはえる。高さ三〇～五〇㎝。葉は卵形。秋に、枝先に藍紫色の花を多数つけた穂を出す。

**やま-ばと【山▼鳩】** 山にすむ野生のハト。キジバトやアオバトをさすことが多い。

**やまばと-いろ【山▼鳩色】** 日本の伝統色の一つ。青味をおびた黄灰色。ヤマバトの背から首に見られる灰色がかった緑。天皇の日常の袍の色である「麴塵」に近い色。bluish yellow

**やま-ははこ【山母子】** キク科の多年草。山地や高原にはえる。高さ六〇㎝内外。葉は細長く、下面に綿毛がある。秋に白い総包に包まれた小頭花が咲く。

**やま-ばん【山番】** 山の番人。山守り。

**やま-はんのき【山▼榛木】** カバノキ科の落葉高木。山地にはえる。高さ一八mにも達する。葉は広卵円形で、浅く五～八裂。細長い円柱状の花穂が、枝先に数本垂れ下がる。

**やま-びこ【山▼彦】** ①山などで、音声が反響すること。こだま。echo ②山の神。山霊。

**やまびこがっこう【山びこ学校】** 無着成恭によって編集発行された山形県山元村の中学生たちの詩・作文集。昭和二六年(一九五一)刊。戦後の生活綴り方教育復興の契機となった。

**やま-ひだ【山▼襞】** 山の、ひだのように見える尾根や谷のでこぼこ。

**やま-びと【山人】** ①山に住む人。mountain folks ②炭焼き・きこりなどのような山で働く人。やまうど。山賤。mountain worker ③仙人。hermit

**やま-ひめ【山姫】** ①山を守り支配する女神。②アケビの異名。

**やま-びらき【山開き】** ①山に新しく道をつけること。②その年はじめて一般の登山を許すこと。また、その日。山小屋などが開かれ、夏山シーズンを迎えること。③霊山が禁をとき、主として夏期に信者や一般人に登山を許す神事。

**やま-びる【山▼蛭】** 山野湿地の茂みにすむヒル。体長約二㎝。黄褐色でくり色のしまがある。人畜の血を吸う。本州中部以南に分布。

**やま-びる【山▼蒜】** ギョウジャニンニクの別名。

**やま-びわ【山▼枇▼杷】** アワブキ科の常緑小高木。関東以西の山地にはえる。葉はビワに似て、革質で長楕円形。初夏、円錐花序に白い小花をつけ、果実は赤く球形。材は堅く、農具の柄や天秤棒にする。

●ヤマブキ①

**やま-ぶき【山吹】** ①バラ科の落葉低木。山地にはえる。高さ約二m。八重咲きもある。晩春に径約四㎝の黄金色五弁花が咲く。庭木用などに栽植。②《色が①の花の色に近いので》金貨。大判または小判。↓写

**やま-ぶき【山▼蕗】** ①山地にはえるフキ。②ツワブキの異名。

**やまぶき-いろ【山吹色】** ①黄色。こがね色。bright yellow ②大判・小判。

**やまぶき-しょうま【山吹升麻】** バラ科の多年草。山地にはえる。高さ約一m。葉は二回三出複葉で、小葉はヤマブキに似る。春から夏に、多数の白い小花を総状につける。若芽は食用。

**やまぶき-そう【山吹草】** 山地の樹陰にはえるケシ科の多年草。高さ二五～四〇㎝。葉は羽状複葉。春に黄色の四弁花が一～二個咲く。クサヤマブキ。↓写

●ヤマブキソウ

**やまぶき-でっぽう【山吹鉄砲】** 竹鉄砲の一種。細い竹筒に、ヤマブキの髄をちぎって詰め、それを一方の端から棒で強く押し出して、空気圧で飛び出させるもの。

**やま-ふじ【山▼藤】** マメ科のつる性落葉植物。兵庫県以西の山地にはえる。フジに似るが、つるは左巻き。春に、フジよりも短い総状花序を下垂し、紫色の大形の蝶形花が咲く。芳香があり、庭木などにする。

**やま-ぶし【山伏・山▼臥】** ①野宿。②山中に隠れ住むこと・人。③仏道修行のため、山野に生活する僧。④修験者。

**やまぶし-たけ【山伏▼茸】** 担子菌類ハリタケ科のキノコ。広葉樹の枯れ木に発生する。全体が白色で、表面に無数の長い針を密生。食用。中国料理に使われる。

**やま-ぶどう【山▼葡▼萄】** ブドウ科のつる性落葉植物。山地にはえる。葉は五角形で秋に紅葉。初夏に、黄緑色の小花が咲く。果実は黒く熟し食用。wild vine ↓写

●ヤマブドウ

**やま-ふところ【山懐】** 山に深く囲まれた所。山間のくぼ地。heart of a mountain

**やま-べ【山辺】** ①山のほとり。mountainside ②山。mountain ③いくつかの淡水魚の俗称。関東地方ではコイ科のオイカワ・モロコなどを、東北・北海道ではサケ科のヤマメをさす。

**やまべ-の-あかひと【山▽部赤人】**(生没年未詳) 奈良前期、『万葉集』の歌人。三十六歌仙の一人。行幸に従っての歌も多く、宮廷歌人的存在。清澄な自然美を端正にうたった叙景歌人。柿本人麻呂と並び称された。

**やま-へん【山偏】** 漢字を組み立てている部分の名。「峰・峡」などの左にある「山」。比較 山冠。

**やま-ほうし【山法師】** 延暦寺の僧。対義 寺法師。

**やま-ぼうし【山法師】** ミズキ科の落葉小高木。山野にはえる。葉は対生し楕円形。初夏に、四枚の大きな白い苞葉の中心に、多数の小花が球状につく。赤熟した果実は食べられる。庭木にもする。ヤマグワ。↓写

**やま-ぼくち【山火口】** キク科の多年草。日あたりのよい山地にはえる。高さ約一m。葉は三角状卵形。秋にアザミに似た淡紫色の頭状花をつける。果実の冠毛を火口に用いた。根茎・若葉は食用。

**やま-ぼこ【山▼鉾】** 祭礼のさいひき歩く山車の一種。山車の上に鉾・なぎなたなどを立て

●ヤマボウシ

たもの。ほこやま。やま。

**やま-ほど【山程】**(副) 山のように。たくさん。a mountain of 用例 言いたいことは—ある。

**やま-ほととぎす【山▼杜▼鵑・山▽時▽鳥】** ①ホトトギスの異名。②ユリ科の多年草。高さ五〇cm内外で、山地の樹下にはえる。九月ごろホトトギスに似た花が開く。花被片が六枚で、白地に紫色の斑点がある。

**やま-ほめ【山▽誉め】** 正月、初めて山に入り、山の神に御幣や米などを供えて祭る儀式。木伐り初めをして家に木を迎えてきたり、その木で飯を炊いて食べる所もある。山誉め祭り。

**やままゆ-が【山繭▼蛾】** 日本原産の大形のガ。繭から糸をとるために飼育されることもある。開張約一五cm。翅は黄褐色〜赤褐色で、眼状紋と黒条が目立つ。幼虫はクヌギ・ナラ・クリなどの葉を食べ、楕円形で黄緑色の長さ六cmほどの繭をつくる。日本全土に分布。テンサン。ヤマコ。↓図

●ヤママユガ

**やま-みち【山道】** 山の中の道。mountain path

**やま-みや【山宮】** 山頂または中腹に祭る神社や祠。多くは山麓に里宮をもつ。

**やま-むすめ【山娘】** カラス科の鳥。体が青く、尾羽が長く美しい。全長四〇cm内外。飼い鳥として飼育。台湾特産種。

**やまむら-ざ【山村座】** 江戸の歌舞伎劇場。山村小兵衛により寛永一九年(一六四二)創立という。江戸三座に並び栄えたが、正徳四年(一七一四)江島生島事件で廃絶。

**やまむら-ぼちょう【山村暮鳥】**(一八八四〜一九二四) 詩人。本名土田八九十。群馬県生まれ。聖三一神学校卒。象徴詩から人道的な口語自由詩に転じた。詩集『聖三稜玻璃』『風は草木にささやいた』『雲』など。

**やまむら-りゅう【山村流】** 上方舞の一流派。一九世紀初め振付師山村友五郎(舞扇斎吾斗)が創設。多くの地唄舞を大成した。

**やまむろ-ぐんぺい【山室軍平】**(一八七二〜一九四〇) 日本救世軍の創設者。岡山県生まれ。キリスト教を平明に説き、慈善鍋、廃娼運動など社会事業に貢献。著書『平民の福音』など。

**やま-め【山女・▽山▽女▽魚】** サクラマスの河川型。全長約三〇cm。渓流にすむ。食用。美味。北海道・本州・九州・台湾に分布。東北・北海道ではヤマベという。↓図

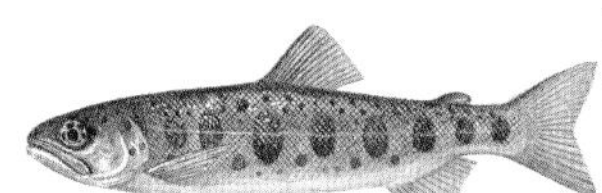
●ヤマメ

**やま-もがし【山もがし】** ヤマモガシ科の常緑小高木。暖地にはえる。高さ約六m。葉は長楕円形で革質。夏に花穂を出し、白い花を密生する。果実は紫黒色に熟す。

**やま-もと【山下】** 山のふもと。

**やま-もと【山元】** ①山の所有者。②鉱山の所在地。

**やまもと【山元】**〈町〉 宮城県南部、太平洋に臨む町。福島県境に位置し、温暖な気候を利用した園芸農業がさかんで、リンゴ・ブドウの産地。人口一万八二八七(一九八八)。

**やまもと【山本】**〈町〉 秋田県北西部、八郎潟干拓地の北東にある町。農林業が主で、ジュンサイの産地。人口九八八九(一九八八)。

**やまもと【山本】**〈町〉 香川県南西部、観音寺市の東に接する町。稲作中心の農業と工業の町。弥生期から開けたところで、各所に遺物が出土し大化の改新の条里制が残る。人口八二九九(一九八八)。

**やまもと-いそろく【山本▽五▽十六】**(一八八四〜一九四三) 海軍軍人・元帥。新潟県生まれ。太平洋戦争開戦時の連合艦隊司令長官として真珠湾攻撃を指揮。ソロモン諸島上空で戦死。↓写

●山本五十六

**やまもと-かけい【山本荷▼兮】**(一六四八〜一七一六) 江戸中期の俳人。名は周知。名古屋の人。松尾芭蕉門下で『冬の日』『春の日』『曠野』などを編集。晩年、連歌師に転向。

**やまもと-かじろう【山本▼嘉次郎】**(一九〇二〜一九七四) 映画監督。東京生まれ。慶応義塾卒。作品『綴方教室』『馬』『ハワイ・マレー沖海戦』など。

**やまもと-かなえ【山本▼鼎】**(一八八二〜一九四六) 洋画家・版画家。愛知県生まれ。東京美術学校卒。創作版画・児童自由画教育を推進。作品『サーニア』など。

**やまもと-かんさい【やまもと寛斎】**(一九四四〜 ) 服飾デザイナー。横浜市生まれ。大胆な色使いが特徴。

**やまもと-かんすけ【山本勘助】**(生没年未詳) 戦国時代の兵法家。武田信玄に兵法・戦術をもって仕え、川中島の合戦で戦死したという。『甲陽軍鑑』に登場するが、架空の人物ともいわれる。

**やまもと-きゅうじん【山本丘人】**(一九〇〇〜一九八六) 日本画家。東京生まれ。東京美術学校卒。昭和五二年(一九七七)文化勲章受章。作品『北濤』『来り去る時雨』など。

**やまもと-けんきち【山本健吉】**(一九〇七〜一九八八) 文芸評論家。本名石橋貞吉。長崎市生まれ。慶大卒。古典から現代に至る感受性の伝統を追求。昭和五八年(一九八三)文化勲章受章。著書『古典と現代文学』『芭蕉』『詩の自覚の歴史』『いのちとかたち』など。

**やまもと-ごんのひょうえ【山本権▽兵▽衛】**(一八五二〜一九三三) 《名は「ごんべえ」とも》海軍軍人・政治家。薩摩藩の出身。日清・日露戦争を遂行、歴代内閣の海相をつとめ海軍の拡張を推進。二度にわたり組閣。

**やまもと-さつお【山本▼薩▽夫】**(一九一〇〜一九八三) 映画監督。鹿児島県生まれ。早大中退。作品『真空地帯』『荷車の歌』『不毛地帯』など。

**やまもと-さねひこ【山本▽実▼彦】**(一八八五〜一九五二) 出版経営者・政治家。鹿児島県生まれ。日大卒。大正八年(一九一九)改造社を設立し総合雑誌『改造』を創刊。全集物で円本ブームをつくる。衆議院議員。昭和二一年(一九四六)協同民主党委員長。

**やまもと-しゅうごろう【山本周五郎】**(一九〇三〜一九六七) 小説家。本名清水三十六。山梨県生まれ。庶民の哀歓を叙情深く描く。作品『樅ノ木は残った』『青べか物語』など。

**やまもと-せんじ【山本宣治】**(一八八九〜一九二九) 生物学者・社会運動家。京都府生まれ。東大卒。産児制限運動から無産運動に参加。最初の普通選挙で労農党より当選。治安維持法に反対し暗殺される。↓写

●山本宣治

**やまもと-たろう【山本太郎】**(一九二五〜一九八八) 詩人。東京生まれ。東大卒。人間存在に対する問いを独自の詩形式に表現。詩集『歩行者の祈りの唄』『糺問者の惑いの唄』など。

**やまもと-とうじろう【山本東次郎】** 狂言師。大蔵流。現在四世まで。初世(一八三六〜一九〇二)は東京大蔵流の第一人者。格調高く軽妙洒脱な名人。

**やまもと-とよいち【山本▽豊市】**(一八九九〜一九八七) 彫刻家。東京生まれ。作品『若い女』など。

**やまもと-ふじこ【山本富士子】**(一九三一〜 ) 映画女優。大阪生まれ。主演作『金色夜叉』『夜の河』など。

**やまもと-ほうすい【山本芳▼翠】**(一八五〇〜一九〇六) 洋画家。美濃の生まれ。洋画の進展に尽力。作品『西洋婦人像』など。

**やまもと-ぼうよう【山本亡羊】**(一七七八〜一八五九) 江戸後期の本草学者・医者。京都生まれ。名は世孺、亡羊は号。小野蘭山の弟子。博識で知られ、自宅で物産会を数多く開いた。著書『百品考』。

**やまもと-ほくざん【山本北山】**(一七五二〜一八一二) 江戸中期の折衷学派の儒者。名は信有。江戸の人。詩文にすぐれ江戸詩文社団の中心として活躍。著書『孝経集覧』『作文志彀』など。

**やまもと-やすえ【山本安▽英】**(一九〇六〜 ) 新劇女優。東京生まれ。築地小劇場・新築地劇団に参加。第二次大戦後ぶどうの会結成。山本安英の会主宰。主演作『夕鶴』など。

**やまもと-ゆうぞう【山本有▽三】**(一八八七〜一九七四) 劇作家・小説家。本名勇造。栃木県生まれ。東大卒。社会問題を取り上げ、人間性を洞察し、人生の理想を追求した。第二次大戦後は国語国字問題に尽力。昭和四〇年(一九六五)文化勲章受章。戯曲『嬰児殺し』、小説『波』『女の一生』『路傍の石』など。

**やまもと-ようじ【山本▼耀▽司】**(一九四三〜 ) 服飾デザイナー。東京生まれ。おさえた色調の着やすい服作りが特徴。

**やま-もみじ【山紅葉】** カエデ科の落葉高木。山地にはえ、美しく紅葉する。高さ五〜一〇m。イロハカエデに似るが、葉は大きく、深裂する。中部以北に分布。↓カエデ写

**やま-もも【山桃・▼楊▽梅】** ヤマモモ科の常緑高木。暖地の山野にはえる。高さ約一五m。葉は長楕円形。雌雄異株。春に、葉腋に花穂をつけ、夏ごろ暗赤色の果実が熟す。食用。樹皮は褐色の染料。ヨウバイ。↓写

**やま-もり【山守】** 山番。

**やま-もり【山盛(り)】** うず高く盛ること。また、盛った物。heap 対義 すり切り。

**やま-やき【山焼(き)】** 春浅い時期に、枯れ草などに火をつけ山肌を焼くこと。害虫の卵などが駆除され、また灰が草の生長をよくする。

**やま-やま【山山】** ㊀(名) 多くの山。mountains ㊁(副) ①たくさんあるさま。②この上なく熱望するさま。very much 用例 欲しいのは—だが。

**やま-ゆき【山行き】** 野山に遊ぶこと。登山・ハイキングなど。

**やま-ゆき【山雪】** 日本海沿岸の山間部を中心に降る雪。一日に二〇cmも降った例がある。対義 里雪。

**やま-ゆり【山▽百▽合】** ユリ科の多年草。本州の中部以北・北海道の山野にはえる。高さ一〜一・五m。葉は披針形。夏に赤褐色の斑点のある香りの強い白花が咲く。観賞用に栽培もされる。ホウライジユリ。ヨシノユリ。↓写

●ヤマユリ

**やま-よもぎ【山▼艾】** キク科の多年草。山地にはえる。高さ約二m。ヨモギに似るが大形。夏に、淡黄色の小頭花が円錐花序をつくる。葉からもぐさを作る。

**やま-らっきょう【山▼薤】** ユリ科の多年草。高原にはえる。鱗茎は狭卵形で約三cm。葉は円柱状で断面は鈍三角形。秋に、花茎の先端に紅紫色の花が多数咲く。

**やま・る【▽止まる】**(五自) ①とまった状態になる。やむ。stop ②やめることができる。can stop

**やま-るりそう【山▼瑠▼璃草】** ムラサキ科の多年草。山地の湿った所にはえる。高さ一〇〜二〇cm。根出葉は大きく披針形でロゼット状。春に、淡青紫色の花が咲く。ヤマウグイス。

**やまわき-しんとく【山▼脇信徳】**(一八八六〜一九五二) 洋画家。高知県生まれ。東京美術学校卒。在学中

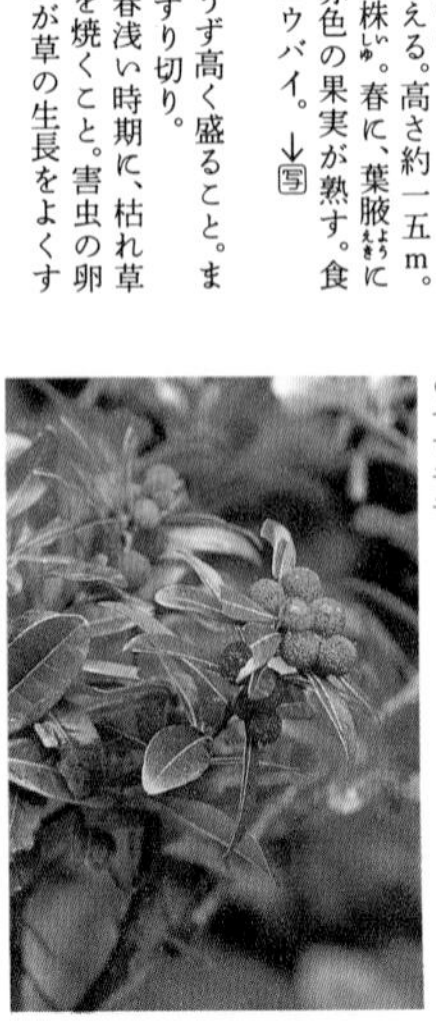
●ヤマモモ

『停車場の朝』で認められ、以後、文展・院展で活躍。

**やまわき-とうよう【山▼脇東洋】**（一七〇五〜六二）江戸中期の医家。京都の人。本名清水尚徳。古医方を修めその実験精神に傾倒。宝暦四年（一七五四）京都で刑死体を解剖。その所見に基づき同九年（一七五九）『蔵志』二巻を刊行、日本の解剖学の先駆となった。

**やま-わけ【山分け】**（名・サ変他）手に入れたものを皆で等分すること。また、目分量で同じぐらいずつ分けること。split equally 用例 獲物を―する。

**やま-わろ【山▽童】** 山に住むとされる少年に似た小妖怪。山中で、斧で木を切る音・葉ずれの音・石を割る音・地響きなどを立てて人を脅すといわれる。

**やま-んば【山▼姥】**＝やまうば。①能の曲名。五番目物（切能）。山姥の曲舞が得意な都の遊女が、善光寺参りの途中、本物の山姥に出会う話。②歌舞伎舞踊の一系統。もとになる近松門左衛門の浄瑠璃『嫗山姥』は、遊女が山姥となり坂田金時を育てるという筋。③↓やまうば（山姥）

**やまんば-もの【山▼姥物】** 歌舞伎舞踊と日本音楽の一系統。能の『山姥』に基づく近松門左衛門の浄瑠璃『嫗山姥』が最初。山姥の山めぐりの所作と怪童丸の荒事が中心。『薪荷雪間の市川』（『新山姥』）など。

**やみ【▼闇】** ①夜、暗いこと。光のない状態。darkness ②思慮・分別がなくなること。迷い。be at a loss 用例 心の―。③合法的でないこと。第二次大戦中から戦後、統制された諸物資が、公定価格以上の値段でひそかに取り引きされたこと。

**闇から牛を引き出す**（やみからうしをひきだす）見分けがつきかねるたとえ。また、のっそりしていて、動作が鈍い人のたとえ。類似 暗がりから牛。

**闇から闇に葬る**（やみからやみにほうむる）物事を世間にわからないうちに始末する。cover up 類似 闇に葬る。

**闇に烏**（やみにからす）「闇夜に烏」と同意。

**闇に暮れる**（やみにくれる）①日が暮れて、闇夜になる。②悲しみ・嘆きのため、分別を失う。

**闇に咲く花**（やみにさくはな）売春婦。闇の花。

**闇に惑う**（やみにまどう）①くらやみのため、道に迷う。lose one's way in the darkness ②思慮・分別を失って、迷う。be at a loss

**闇の夜の錦**（やみのよのにしき）無駄なこと、無意味なことのたとえ。闇夜に錦。夜の錦。

**やみ-あがり【病み上がり】** 病気が治ったばかりの時期・人。病後。convalescent

**やみ-いち【▼闇市】** 正規なルートを通さず統制品などを売る市場。第二次大戦直後、東京などの焼け跡に登場し、深刻な食糧危機を背景に、商品が基準価格の数十倍もの高値で売られた。ブラックマーケット。black market

**やみ-うち【▼闇討ち】**（名・サ変他）①やみに乗じて人を襲うこと。attack in the dark ②不意打ち。surprise attack

**やみ-かかくきょうてい【▼闇価格協定】**↓やみカルテル（闇カルテル）

**やみ-がた・い【▽止み難い・▼已み難い】**（形）押さえ切れない。とめられない。irresistible 派生 やみがたさ（名）

**やみ-カルテル【▼闇カルテル】** 独占禁止法に違反して結ばれる価格協定など。同法は不況カルテル・合理化カルテル以外を禁止している。闇価格協定。unauthorized cartel

**やみ-くも【▼闇雲】**（形動）むやみ。やたら。めくらめっぽう。reckless

**やみ-さいはん【▼闇再販】** 公正取引委員会が再販契約を認めた品目でないのに、製造業者が卸売・小売価格を指示し、守らせる行為。

**やみ-じ【▼闇路】** ①闇夜の道。dark road ②心が迷い、分別がつかないこと。用例 恋の―。③あの世。冥途。用例 ―に赴く。

**やみ-じる【▼闇汁】** 仲間どうしが相手に知られないように材料を持ちより、灯火を消した闇の中でなべに入れて煮、はしで取ったものを必ず食べる遊び。また、そのなべ料理。闇の夜汁。

**やみ-そうば【▼闇相場】** 闇取引での相場。とくに価格統制下で公定価格を無視して統制品などを売買する相場をさす。やみ。black-market price

**ヤミ-ぞく【ヤミ族】** 台湾島の原住民族高砂族の一部族。同島南東部の蘭嶼に居住。半農半漁民。Yami

**やみぞ-さんち【八溝山地】** 茨城・栃木県境を南北に走る山地。最高峰の八溝山（一〇二二m）と鷲ノ子・鶏足・筑波山などからなる。地質は古・中生層。

**やみ-つ・く【病み付く】**（五自）①病気になる。become sick ②癖になって、やめられなくなる。give oneself up to

**やみ-とりひき【▼闇取引】** ①価格や物資に関する法的規制に違反して売買すること。やみ。black-marketing ②交渉などを公式のルートによらず、ひそかに進めること。secret dealings

**やみ-ね【▼闇値】** 闇取引の値段。black-market price

**やみのおく【▼闇の奥】**《原題Heart of Darkness》コンラッドの小説。一八九九年作。アフリカ奥地で経験した人間性の荒廃と、商社代理人の最期を船長が物語る。

**やみ-の-おんな【▼闇の女】** 夜、街角に立つ売春婦。街娼。

**やみ-ほお・ける【病み▼耄ける】**（下一自）病気で弱って、ぼんやりする。病気でぼける。

**やみ-や【▼闇屋】** 品物を闇値で売買する者。black marketeer

**やみ-やみ【▼闇▼闇】**（副）みすみす。むざむざ。やみやみと。

**やみ-よ【▼闇夜】** 月の出ていないまっ暗な夜。dark night 対義 月夜。

**闇夜に烏**（やみよにからす）見分けにくいことのたとえ。闇に烏。

**闇夜に鉄砲**（やみよにてっぽう）①目当てのないたとえ。It is ill to drive black hogs in the dark. 類似 闇夜の礫。②効き目のないたとえ。aimless attempt 類似 闇夜の礫。

**闇夜に目有り**（やみよにめあり）こっそりと悪事をしても、かならず露見する。藪に目。

**闇夜の提灯**（やみよのちょうちん）困っているとき、頼りになるものにめぐり会うことのたとえ。

**闇夜の礫**（やみよのつぶて）くらやみに投げる小石。転じて、当たらないこと、目当てのないことのたとえ。類似 闇夜に鉄砲。

**闇夜の灯火**（やみよのともしび）「闇夜の提灯」と同意。

**闇夜の錦**（やみよのにしき）「夜の錦」と同意。

**や・む【▽止む・▼已む】** ㊀（五自）①続いていたことが終わる。とまる。stop 用例 雨が―。騒音が―。虫の音が―。②文語的 中止する。suspend 用例 倒れてのち―。㊁古語（下二他）↓やめる（止める）

**止むに止まれぬ**（やむにやまれぬ）どうしてもやめられない。どうしようもない。compelled by forces beyond one's control 用例 ―事情。

**止むを得ない**（やむをえない）しかたがない。cannot be helped; unavoidable

**や・む【病む】**（五自他）①病気にかかる。get sick ②傷が痛む。suffer from ③気にかかる。worry about 用例 試験を苦に―。

**病んで後、初めて健康の価値を知る**（やんでのち、はじめてけんこうのかちをしる）病気をしてはじめて、健康が大切であるということに気付く。You don't appreciate the value of good health until you lose it.

**ヤム-いも【ヤム芋】** ヤマノイモ科ヤマノイモ属のうち食用種の総称。西アフリカの主食で、シロヤムイモ・ギニアヤムイモが栽培される。東南アジアではダイジョが主要品種。でんぷんのほかに少量のたんぱく質を含む。yam

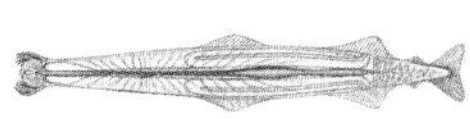
●ヤムシ　オオヤムシ

**や-むし【矢虫】** 毛顎動物門に属する動物の総称。代表的な海生の肉食プランクトン。体長約一・五㎝。種類が多いが、すべて海生。世界の温水域に分布。arrowworm ↓図

**ヤムチャ【飲茶中】**（yǐnchá）中国の簡単な食事。お茶を何杯もお代わりしながら、点心類などをつまむ。

**ヤムナ-がわ【ヤムナ川】**（Yamuna）インド北部、ガンジス川の支流。ヒマラヤからガンジス川の南側をほぼ並行して流れ、アラハバードで合流。長さ一四〇〇㎞。ジャムナ川。

**やむ-なく【▽止む無く・▼已む無く】**（副）しかたなく。have no choice but to 用例 ―中止した。

**やむ-を-えず【▽止むを得ず・▼已むを得ず】**（副）しかたなく。やむなく。inevitably

**やめ【八女】**〈市〉福岡県南部、矢部川中流の市。城下町・市場町として発達。茶、筑後和紙・ちょうちんなどを産出。岩戸山古墳がある。人口四万五一六（一九八八）。

**や・める【▽止める・▼已める】**（下一他）①続けていたことを終わりにする。よす。stop 用例 勉強を―。②しようとしていたことを思いとどまる。よす。give up 用例 旅行を―。計画を―。

**や・める【辞める・▽罷める】**（下一他）職や仕事から離れる。retire 用例 会社を―。

**や・める【病める・▽痛める】**（下一自）①痛む。suffer from 用例 歯が―。②心配でならない。worry about 用例 気が―。

**やめる【病める】**（連体）《「病みてある」から》病んでいる。病気の。sick; ill 用例 ―都市。

**や-も** 古語（係助）《係助詞「や」に係助詞「も」の付いたもの》①詠嘆を含む疑問の意を表す。…かなあ。用例 ここにして家―何処白雲の（万葉・三・二八七）。②詠嘆を含む反語の意を表す。…であろうか、いや、そんなことはない。用例 勝れる宝子に及しかめ―（万葉・五・八〇三）。

**やもう-しょう【夜盲症】** 暗順応の機能が低下して暗所で目が見えにくい症状。先天的なものと、ビタミンA欠乏による後天的なものとがある。鳥目。night blindness

**やも-お【▼鰥▽夫・▽寡▽男】** 妻のない男性。妻を亡くした男性。男やもめ。やもめ。

**やもと【矢本】**〈町〉宮城県東部、石巻湾に臨む町。稲作などの農業のほか、工業も発達。航空自衛隊松島基地がある。人口二万八三〇九（一九八八）。

**やも-め【▼鰥・▼鰥▽夫】** 妻のない男性。妻を亡くした男性。男やもめ。widower

**やも-め【▽寡・▽寡▽婦・▼孀】** 夫を亡くした女性。未亡人。後家。widow

**や-もり【▽守▽宮】**《家守りの意》ヤモリ科の爬虫類。全長約一二㎝。足の裏のひだに多数の微細なかぎづめがあり、壁や天井をはい回る。夜行性。本州以南に分布。gecko ↓写

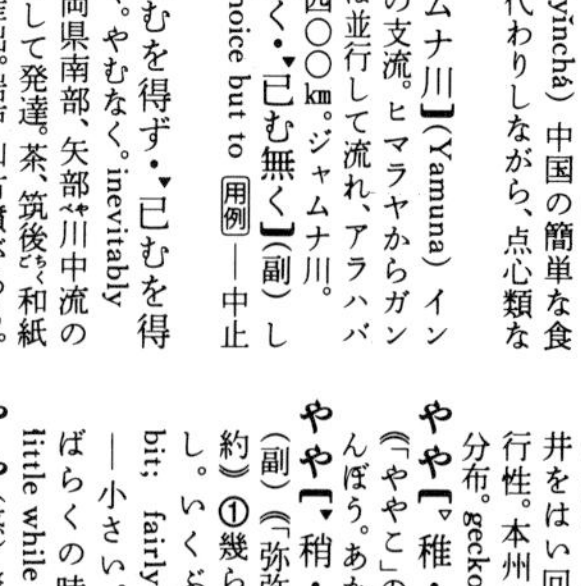
●ヤモリ　ミドリヤモリ

**やや【▽稚・▽児】**《「ややこ」の略》赤んぼう。あかご。

**やや【▼稍・▽漸】**（副）《「弥弥」の約》①幾らか。少し。いくぶん。a bit; fairly 用例 ―小さい。②しばらくの時間。a little while

**や-や**（感）驚いたり、ふと思いついたりしたときに、思わず口をついてでる語。おっ。ぎょっ。おやおや。

**やや-こ【▽稚▽児】** 赤んぼう。あかご。やや。

**ややこし・い**（形）こみいっている。複雑である。complicated 派生 ややこしげ（形動）ややこしさ（名）

**ややも-すれば【▽動もすれば】**（副）どうかすると。ともすれば。ややともすれば。ややもすると。apt to

**や-ゆ【▼揶▼揄】**（名・サ変他）からかうこと。make fun of

**やゆう【▼也有】**↓よこいやゆう（横井也有）

**や-よ** 文語的（感）呼びかける声。やあ。やい。

**やよい【▼弥▽生】**《「いやおひ」の転》陰暦三月の異称。

**やよい【▼弥▽生】**〈町〉大分県南東部、佐伯市西隣の町。農・林業が主体で、化学・機械などの工業もある。人口七三八五（一九八八）。

**やよい-じだい【▼弥▽生時代】** 縄文時代につぎ古墳時代へつづく、紀元前三世紀ごろから後三世紀ごろまでの時代。弥生土器を製作・使用。金属器の使用や水稲耕作が始まり、階層分化が生じて小国家も形成された。

**やよい-じん【▼弥▽生人】** 弥生時代の日本の住民。現代日本人に直接つながる人種と見られる。縄文人とは人種的に異なるようにいわれたこともあるが、大陸からの多少の人々の移住、文化の流入はあるものの、むしろ主体は縄文人から連続するものとみられている。

**やよい-どき【▼弥▽生土器】** 縄文土器についで、紀元前三世紀ごろから後三世紀ごろまで製作・使用された土器。赤茶色で、文様は簡単なものが多い。最初の出現は九州北部と考えられる。明治一七年（一八八四）東京都文京区弥生から出土した壺形土器に由来する名称。

**やら** ㊀（副助）《「やらん」の転、「やらう」の略》①不確かな疑問の意を表

す。用例なに―話している。②並立の意を表す。用例泣く―わめく―。参考並立助詞とする説もある。三(終助)不確かな推量を表す。用例どこまで行った―。

**や-らい【矢来】** 昔、戦場などで竹・丸太などを縦横にあらく組んでつくった柵。江戸時代には処刑場などの囲いに用いられた。用例竹―。

**や-らい【夜来】**(名・副) ①昨夜から。over-night 対義朝来。用例―の雨。②ここ数夜。数夜このかた。for the last few nights

**やら-か・す【▽遣らかす】**(五他)《俗語》やる。する。しでかす。用例失敗を―。

**やら・す【▽遣らす】**(五他) やらせる。させる。make; let

**やらず【▽遣らず】**(連語)《「やる」の未然形に打ち消しの助動詞「ず」が付いたもの》やらないこと。与えないこと。

**遣らずの雨**(やらずのあめ) 客を出て行かせないよう、また、人を帰さないようにひきとめるためであるかのように降りだす雨。

**遣らず打っ手繰り**(やらずぶったくり) 人に与えることはしないで、取り上げるばかりであること。類似遣らず取ったり。

**やらせ【▽遣らせ】**《俗語》①ドキュメンタリー・報道番組などで、内容を仕組んだり、出演者に演技をさせたりすること。②なれ合いですること。

**やら・せる【▽遣らせる】**(下一他) させる。make ... do 用例この仕事は、彼に―つもりだ。

**やら・れる【▽遣られる】**(下一自)《「やる」の受け身形》①被害を受ける。suffer 用例空き巣に―。②やりこめられる。負かされる。be beaten

**やら-ん** 古語(連語)《断定の助動詞「なり」の連用形に係助詞「や」、動詞「あり」の未然形「あら」、推量の助動詞「ん」の付いた「にやあらむ」の転》①不確かな意を表す。…であろうか。用例何事にて候―、かかるめにあひ候(平家・二・小教訓)。②婉曲に表現する。用例やすく思へば、必ず落つと侍る―(徒然・一〇九)。

**やり** 22画【▼鑓】部首[金](かねへん) 和製漢字 21画【▼鑓】異体字 和製漢字 JIS 4490

↓やり[槍・鎗・鑓]

**やり【▼槍・▼鎗・▼鑓】** ①長い柄の先に、細長い刃をつけた武器。lance ②槍術。③将棋の駒の一。香車。↓図

**槍が降っても**(やりがふっても) どんな事があっても。雨が降ろうが槍が降ろうが。

**槍一筋の家**(やりひとすじのいえ) 武士の家柄。

**槍一筋の主**(やりひとすじのぬし) 槍持ちを連れて歩くほどの、武士の身分。

**やり-あ・う【▽遣り合う】**(五自) 互いに争う。いがみ合う。argue with

**やり-いか【▼槍▼烏▽賊】** ジンドウイカ科の大形のイカ。胴長約四〇cm。胴は円錐形で槍の先に似る。食用。乾製品を笹鯣という。日本全土の沿岸に分布。ササイカ。↓イカ図

**やり-がい【▽遣り▽甲▼斐】** する値打。して喜べること。しがい。worth doing 用例―のある仕事。

**やり-かえ・す【▽遣り返す】**(五他) ①しなおす。try again ②逆にやりこめる。answer back

**やり-かた【▽遣り方】** する方法。しかた。way

**やり-が-たけ【▼槍ケ岳】** 長野・岐阜県境、飛驒山脈中央部の山。標高三一八〇m。氷食地形がみられ、山頂までの約七〇mが槍の穂先のように直立している。北アルプス縦走の中心。

**やりきれ-な・い【▽遣り切れない】**(形) 閉口だ。我慢できない。cannot stand 用例しつこくて、―。

**やり-くち【▽遣り口】** やりかた。しかた。way 用例―が卑劣だ。

**やり-くり【▽遣り繰り】**(名・サ変他) 工夫して、都合をつけること。management 用例仕事の―がつかない。

**やりくり-さんだん【▽遣り繰り算段】**(名・サ変自) とくに、お金をあれこれ工面すること。また、その工夫。efforts to manage 用例―して、やっと支払った。

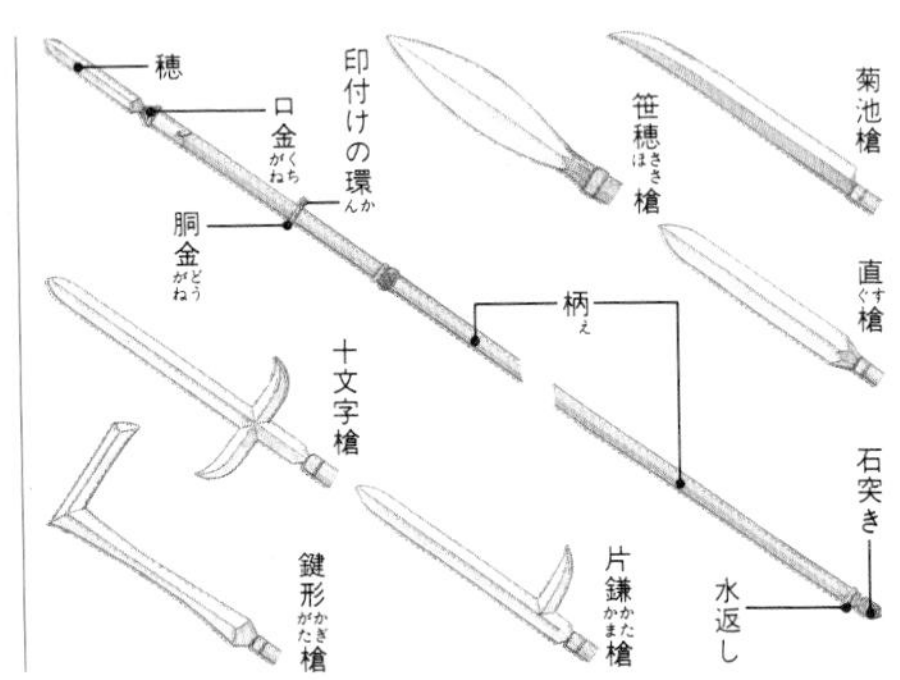

● 槍① 各部名称とおもな種類

**やり-こな・す【▽遣り▽熟す】**(五他) うまく処理する。やってのける。get through

**やり-こ・める【▽遣り込める】**(下一他) 論じ詰めて、黙らせる。言い負かす。talk down

**やり-さき【▼槍先】** やりの先。spearhead

**槍先の功名**(やりさきのこうみょう) 戦場でのてがら。military exploits

**やりさび【▼槍▼錆】** 端唄・うた沢の曲名。歌詞は「槍は錆びても名は錆びぬ」で始まる。歌舞伎下座音楽としても用いられる。

**やり-すご・す【▽遣り過(ご)す】**(五他) ①後ろから来た者を、前へ行き過ぎさせる。let ... go past ②程度を越えてする。やり過ぎる。do too much 用例酒を―。

**やり-そこな・う【▽遣り損なう】**(五他) しそんじる。失敗する。fail

**やり-だ・す【▽遣り出す】**(五他) し始める。begin

**やり-たなご【▼槍▼鱮】** コイ科の淡水魚。全長約八cm。体形はフナに似る。釣りの対象魚。冬、美味。岩手・秋田以南に分布。

**やり-だま【▼槍玉】** やりを手玉に取るように自在にあつかうこと。また、やりで人を突くこと。

**槍玉に挙げる**(やりだまにあげる) 攻撃の対象とする。やっつける。また、犠牲にする。single out for criticism

**やりつ-あぼき【▼耶律▼阿保機】**(八七二～九二六) 中国、遼の初代皇帝(在位九一六～九二六)。廟号は太祖。契丹の迭剌部出身。九一六年契丹を統一して皇帝と称した。突厥など西方諸族を征し、さらに九二六年渤海を滅ぼした。

**やり-つ・ける【▽遣り付ける】**(下一他) ①することに慣れている。しなれる。be accustomed to ②やりこめる。やっつける。

**やりつ-そざい【▼耶律▼楚材】**(一一九〇～一二四四) モンゴル帝国初期の宰相。遼の王族出身。一二一五年以降チンギス＝ハンの政治顧問、つづいてオゴタイの宰相となり、中国本土の統治に貢献。

**やりつ-たいせき【▼耶律大石】**(一〇八七～一一四三) 中央アジア、カラキタイ(＝西遼)の初代皇帝(在位一一三二～一一四三)。遼の皇族の出身。一一二四年遼の滅亡後西に逃れ、一一三二年中央アジアの諸部族を征して建国。

**やりっ-ぱなし【▽遣りっ放し】** したままで、あと始末をしないこと。leave half-done

**やり-て【▽遣り手】** ①事を行う人。doer ②物を与える人。giver ③腕前のある人。敏腕家。wheeler-dealer ④「遣り手婆」の略。

**やりて-ばば【▽遣り手▽婆】** 遊女屋で主人に代わって遊女を取り締まり、客との応対その他を切り回す老女。多くは遊女の古手。花車。やりて。

**やり-ど【▽遣り戸】** ↓ひきど(引き戸)

**やり-と・げる【▽遣り遂げる】**(下一他) 最後までやりおおせる。しとげる。完成する。accomplish

**やり-とり【▽遣り取り】**(名・サ変他) ①物を与えたり取ったりすること。give and take ②ことばの受け答え。③杯をとりかわすこと。

**やり-なお・す【▽遣り直す】**(五他) 改めて、もう一度する。し直す。do over again

**やり-なげ【▼槍投げ】** 陸上競技、投擲種目の一つ。槍(男子八〇〇g以上、女子六〇〇g以上)を持って助走して投げ、その飛距離を競う。javelin throw ↓写

● 槍投げ

**やり-ぬ・く【▽遣り抜く】**(五他) どこまでもやる。最後までやり通す。accomplish

**やり-ば【▽遣り場】** 持って行く所。向けるべき所。用例目の―に困る。

**やり-ぶすま【▼槍▼衾】** やりを衾のようにすきまなく並べて突きつけること。比較矢衾。

**やり-みず【▽遣り水】** ①寝殿造りの庭園で、外部から水を引いてつくった流れ。②植木や盆栽などに水を与えること。↓寝殿造り図

**やり-もち【▼槍持(ち)】** 武家で、主人の外出にやりを持って供をする人。

**や・る【▽遣る】** 一(五他) ①行かせる。send 用例学校に―。②送る。派遣する。send 用例使いを―。③与える。give 比較譲る。対義もらう。用例金を―。えさを―。植木に水を―。④する。行う。do 用例へまを―。⑤心を晴らす。drive away 用例うさを―。⑥飲む。食う。take 用例一杯―。⑦ほかへ移らせる。move 用例自転車を向こうへ―。⑧生活する。live 用例元気で―・っている。⑨《動詞の連用形に付いて》㋐動作が遠くまでおよぶ意を表す。用例眺め―。㋑《多く下に打ち消しの語をともなって》動作をやり終える意を表す。用例興奮未だ覚め―・らず。三(補動)《「…てやる」の形で》①他のために…する。比較あげる。用例書いて―。②怒り・憎しみの気持ちで、相手に接する。用例怒って―。③やけになって、する。用例あてつけに死んで―。

**や・る【▽破る】** 古語 一(四他) やぶる。用例とまれかうまれ、とく―・りてん(土佐)。三(下二自) やぶれる。用例うち日さす宮路を行くにわが裳は―・れぬ(万葉・七・一二八〇)。

**ヤルート-とう【ヤルート島】**(Jaluit) 太平洋西部、マーシャル諸島西部の八十余りの小島からなる環礁。面積一〇$km^2$。マーシャル諸島共和国に所属。

**やるかた-な・い【▽遣る方無い】**(形) 思いを晴らす方法・手段がない。disconsolate 用例憤懣―。

**ヤルカンド【葉爾羌】**(Yarkant) 中国、新疆ウイグル自治区南西部の県。タリム盆地の西縁に位置し、古来、東西交通の要地。莎車。

**やる-き【▽遣る気】** 物事に積極的に取り組もうとする気持ち。will 用例―をなくす。

**やるせ-な・い【▽遣る瀬無い】**(形) 気持ちを満たす方法がない。心が慰められないで苦しい。disconsolate 派生やるせなげ(形動) やるせなさ(名)

**ヤルタ【Yalta】** ソ連南西部、黒海に突出したクリミア半島南岸の港湾都市。保養地。一九四五年、英・米・ソ三国のヤルタ会談の開催地。

**ヤルタ-かいだん【ヤルタ会談】** 第二次大戦末期の一九四五年二月、クリミア半島のヤルタで開かれたルーズベルト(アメリカ)・チャーチル(イギリス)・スターリン(ソ連)の三首脳会談。ドイツに対する戦後処理、国際連合の設立、ソ連の対日参戦などが決定された。Yalta Conference

**ヤルタ-ひみつきょうてい【ヤルタ秘密協定】** 一九四五年二月のヤルタ会談で英・米・ソ三首脳が結んだ秘密協定。ソ連の対日参戦や南樺太・千島の取得などが主な内容。The Yalta Agreement

**やれ【▽破れ】** ①やぶれたもの・所・程度。やぶれ。tear 用例ひどい―。②印刷で、刷り損なった紙。用例―を見こむ。

**やれ**(感) ①呼びかけの声。おい。やあ。用例―打つな。②急に強く心が動いたときの語。ああ。おお。用例―うれしや。③並べて言うときの語。さあ。それ。用例―映画だ、―芝居だと遊び回る。

**やれ-ま【▽破れ間】** やぶれた所。

**やれ-やれ**(感) ①感動したときの語。用例―うまくやった。②安心したときの語。用例―よかった。③がっかりしたときの語。用例―また駄目か。

**や-ろう【野老】** ①田舎の老人。村翁。②老人が自分をけんそんしていう語。③ヤマノイモ科トコロの異名。

**や-ろう【野郎】** ①男をののしる語。対義女郎。②「野郎頭」の略。③野郎頭の役者。

**やろう【夜郎】** 漢時代、中国西南の部族名。漢王朝の強大なのも知らず、自らの威力をほこ



↓ 行き先項目、図版・写真参照印。 JIS 日本工業規格情報交換用漢字符号コード(区点コード)。

ったという。

**やろう-あたま【野郎頭】** ①頭の中ほどを細く剃るか、または前髪をおいて中を剃った髪型。②後頭部と鬢を残して広く頭髪を剃り、全髪を髷にして頭頂に結ったもの。

**やろう-かぶき【野郎歌舞▼伎】** 歌舞伎の初期に、若衆歌舞伎が禁じられたのち、野郎頭の役者が演じた歌舞伎。比較 女歌舞伎・若衆歌舞伎。

**やろう-じだい【夜郎自大】** 自分の力量も知らず、仲間の間で羽振りをきかすたとえ。うぬぼれ。参照 夜郎。

**ヤロー【Rosalyn Sussman Yalow】**(一九二一―) アメリカの女性の医学者・物理学者。放射性沃素で標識したインシュリンを使い、極微量の血中インシュリン濃度の定量分析法を開発した。一九七七年ノーベル生理学医学賞受賞。

**ヤロスラブリ【Yaroslavl】** ソ連中西部、ボルガ川上流右岸の河港都市。機械・化学工業を中心とする工業都市。人口六三万(一九八六)。

**やわ【柔】** 一(名) やわらかいこと。soft 二(形動) 弱いさま。壊れやすいさま。weak 用例 ―なつくり。

**や-わ【夜話】** ①夜、集まってする話。それを筆記したもの。よばなし。②くだけた論説。うちあけ話。③禅宗で、修行のための夜の訓話。

**やわ・い【柔い】**(形) ①やわらかい。soft ②弱い。weak

**やわ-か** 古語(副) ①反語の意を表す。どうして…か。用例 いかなる新田殿とものたまへ、―こらへ候ふや(太平記・一七)。②《下に打ち消しの推量表現をともなって》よもや。万が一にも。用例 ―さやうには仰せ候まじ(謡曲・檀風)。

**やわた【八▼幡】**〈市〉京都府南部、淀川南岸の市。石清水八幡宮の門前町として発達。八幡ゴボウなどの産地で知られたが、現在では隣接する大阪市などの住宅地化している。人口七万三四〇七(一九八八)。

**やわた【八▼幡】**〈町〉山形県北西部、酒田市の北東に接する町。ナメコ・竹の子の産地。湯の台温泉がある。人口八三一四(一九八八)。

**やわた-そう【八▼幡草】** ユキノシタ科の多年草。深山の林中にはえる。根出葉は大形の円形で、掌状に浅裂する。初夏に、淡黄色の五弁花が数個咲く。

**やわた-の-やぶしらず【八▼幡の▽不▽知▼藪】** ①千葉県市川市八幡の呪詛伝説を伝える藪。この藪に入れば再び出ることができないとか、祟りがあるとか伝えられる。②《転じて》一度入り込むと迷って出られないこと。

**やわたはま【八▼幡浜】**〈市〉愛媛県西部、宇和海に臨む市。生糸の集散で栄えた。トロール漁業の基地で水産加工業がさかん。伊予柑の産地でもある。人口四万二五四(一九八八)。

**やわた-まき【八▼幡巻(き)】** 煮たゴボウに、アナゴ・ウナギなどの魚の身を巻き、つけ焼きや煮付けにした料理。京都の八幡町がゴボウの産地なのでこの名がつく。

**やわ-はだ【柔肌・柔▽膚】** 女の柔らかい肌。soft skin

**やわら【柔(ら)】** 柔術あるいは柔道の旧称。

**やわら【▽谷▽和▽原】**〈村〉茨城県南西部、水海道市の南東小貝川に臨む村。農業中心であったが工場が進出し、都市化が進む。人口一万一八〇五(一九八八)。

**やわら** 古語(副) ↓やおら

**やわら-か【柔らか】**(形動) ①手触りがふんわりしているさま。soft ②しなやかであるさま。③穏やかなさま。温和。gentle ④考え方などに、融通性があるさま。supple

**やわら-か【軟らか】**(形動) 軟らかいさま。soft

**やわらか・い【柔らかい】**(形) 対義 かたい。①手触りがふんわりしている。soft 用例 ―布団。②しなやかである。flexible 用例 ―身のこなし。③穏やかだ。なごやかだ。gentle 用例 人当たりが―。―日ざし。④考え方などに融通性がある。supple 用例 頭の―人。派生 やわらかげ(形動) やわらかさ(名) やわらかみ(名)

**やわらか・い【軟らかい】**(形) 対義 硬い。①物が、わずかな力で形などがかわる状態である。soft 用例 ―土。豆を―・く煮る。②かたくるしくない。lax 用例 ―話。態度が―。派生 やわらかげ(形動) やわらかさ(名) やわらかみ(名)

**やわら・ぐ【和らぐ】** 一(五自) ①やわらかになる。穏やかになる。soften 用例 寒さが―。②親しみを持ってくる。soften 用例 態度が―。二 古語(下二他) ↓やわらげる(和らげる)

**やわら・げる【和らげる】**(下一他) ①和らぐようにする。soften 用例 声を―。②わかりやすくする。moderate

**やをら**(副) ↓やおら

**ヤン【Chen-Ning Yang・楊振寧】**(一九二二―) アメリカの物理学者。中国生まれ。二次元格子の統計力学などを研究。弱い相互作用における偶奇性の非保存性理論で、一九五七年李政道とともにノーベル物理学賞受賞。

**ヤンガー-ジェネレーション【younger generation】** 若い人たち。若い世代。

**ヤンガンド【両江道】**(Yanggan Do) ↓りょうこうどう(両江道)

**ヤンキー【Yankee】** ①アメリカ人の通称。また、軽く卑しめて言う語。②アメリカ南部の人が、北のニューイングランド地方の人を言う語。

●ヤンバルクイナ

**ヤング【young】** 若いこと・人。若者。用例 ―パワー。

**ヤング【Arthur Young】**(一七四一―一八二〇) イギリスの農業経済学者。ヨーロッパ各地を視察旅行。封建的農業に反対し、農業革命に貢献。著書『フランス旅行記』『農業経済論』など。

**ヤング【Lester Young】**(一九〇九―一九五九) アメリカのジャズ-テナーサックス奏者。クールなアドリブはモダンジャズへの道を示唆した。

**ヤング【Terence Young】**(一九一五―) イギリスの映画監督。作品『007は殺しの番号』『バラキ』など。

**ヤング【Thomas Young】**(一七七三―一八二九) イギリスの物理学者・考古学者。光の干渉の発見、弾性率の研究、古代エジプトの象形文字の解読などの業績を残した。

**ヤング【Victor Young】**(一九〇〇―一九五六) アメリカの作曲家・指揮者。ポピュラー音楽の第一人者として活躍。作品『シェーン』など。

**ヤング-の-かんしょうじっけん【ヤングの干渉実験】** 一八〇七年にトマス=ヤングが光の波動説を確かめるために行った干渉じまの実験。Young's interference experiment

**ヤング-パワー**《和製語》若々しい力。若者のさかんな勢い。新興勢力。

**ヤング-りつ【ヤング率】** トマス=ヤングの発見した伸びの弾性率。断面積が一様な棒の軸方向に張力を加えたとき、ある長さだけ伸びた場合、棒の断面積にはたらく力は棒の単位長さ当たりの伸びに比例する。この比例定数をいう。Young's modulus

**やんごとな・い【▽止ん事無い】**(形) 身分や家柄が高貴である。ひじょうに尊い。おそれ多い。noble 用例 ―うまれ。

**やんごとな・し【▽止ん事無し】** 古語(形ク) ＝やむごとなし。①捨てておかれない。やむをえない。用例「うちにしも、―・きことあり」とて(蜻蛉・上)。②なみなみでなく、格別だ。用例 法師なれど、いと心恥づかしく、人がらも―・く(源氏・若紫)。③貴重である。大切だ。用例 ―・き物持たせて、人のもとにやりたるに(枕・おぼつかなきもの)。④↓やんごとない(止ん事無い)

**ヤンゴン【Yangon】** ↓ラングーン

**やん・す**(助動 サ変型) ①尊敬の意を表す。…なさる。②丁寧の意を表す。…ます。

**ヤンセン【Cornelius Otto Jansen】**(一五八五―一六三八) オランダの神学者・司教。ジャンセニズムの祖。アウグスティヌスの恩恵論・予定論を奉じてイエズス会士らと論争し迫害される。

**ヤンソン【Tove Marika Jansson】**(一九一四―) フィンランドの女流童話作家・画家。スウェーデン系の出身で、作品はスウェーデン語で書く。童話『たのしいムーミン一家』など。

**やん-ちゃ**(名・形動) 子どもが、だだをこねること・さま。また、その子。いたずら。わがまま。naughty

**ヤンチョウ【揚州】**(Yángzhōu) ↓ようしゅう(揚州)

**ヤンツー-チアン【揚子江】**(Yángzǐ Jiāng) ↓ようすこう(揚子江)

**やんぬる-かな【▼已んぬる▼哉】** 文語的(連語)《「やみぬるかな」の転》もう、おしまいだ。今はどうにもならない。

**やんばる-くいな【▽山▽原▽水▽鶏】** 沖縄本島北部で昭和五六年(一九八一)に発見されたクイナ科の鳥。全長約三〇cm。嘴と脚は鮮紅色。飛べない。天然記念物。↓写

**やんばる-てながこがね【▽山▽原手長黄金▽虫】** コガネムシ科の昆虫。大形の甲虫で、体長約六cm、雄は脚を含めると一三cm余。夜行性。昭和五九年(一九八四)一月に沖縄本島北部で発見。天然記念物。↓写

●ヤンバルテナガコガネ　雄。

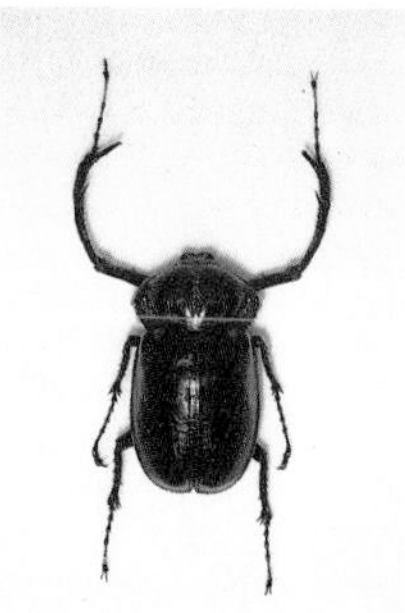

**ヤンバン【両班】**(yaŋ-ban朝) 朝鮮の高麗、李朝における官僚および官僚を出しうる特権階級。文官は東班、武官は西班とされたのでこの称がある。李朝では重要官職をすべて独占世襲し、多くの特権をもった。りょうはん。

**やんま【▼蜻▼蜓】** おもにヤンマ科のトンボの総称。大形・敏速で、枝にぶら下がるようにしてとまる。ヤンマ科は世界に約二五〇種。他にオニヤンマ科・サナエトンボ科・ムカシヤンマ科などがある。Aeshnidae; Aeschnidae ↓図

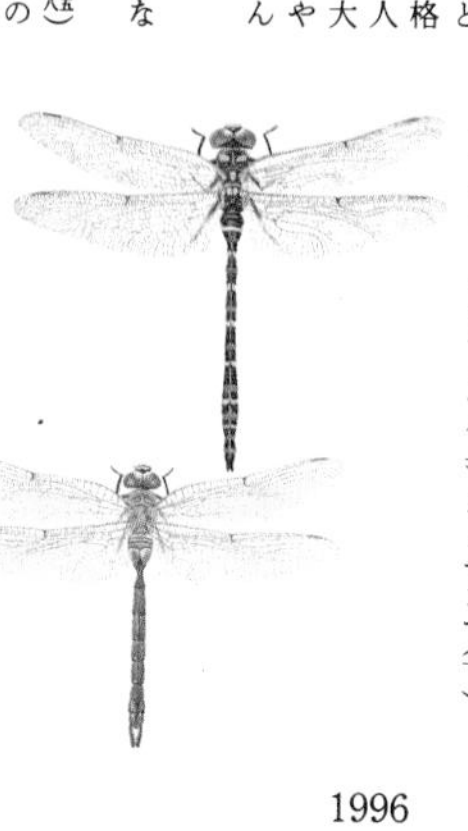
●ヤンマ　オニヤンマ(上)、ギンヤンマ(下)。

**やん-や**(感) 褒め、はやす声。用例 ―と喝采する。

**ヤン-ヨーステン【Jan Joosten van Lodensteijn】**(一五五六?―一六二三) 江戸初期、日本に漂着したオランダ人航海士。日本名耶揚子。アダムズ(＝三浦按針)らとともにリーフデ号に乗り豊後に漂着。徳川家康に仕えた。居住地をその名から八重洲と呼んだ。

**やんわり**(副) ①やわらかに。softly ②穏やかに。gently 用例 ―と制止する。③おもむろに。じょじょに。gradually

▼常用漢字表外。　▽常用漢字表の音訓外。

# ゆ ユ

**ゆ【ゆ・ユ】** 五十音図や行第三の仮名。平仮名「ゆ」は「由」の草体。片仮名「ユ」は「由」の部分。

**ユ** 5画 **【由】** 部首[田] 教育小3 JIS 4519
音 **ユ・ユウ・ユイ**
訓 **よし**
由 由 由 由 由
よる。へる。よってくる。ゆえ。よし。「経由」「由緒・由来」↓ユイ・ユウ【由】

**ユ** 8画 **【油】** 部首[氵] 教育小3 JIS 4493
音 **ユ**・ユウ
訓 **あぶら**
油 油 油 油 油 油
あぶら。液体のあぶら。比較 脂。「肝油・軽油・香油・重油・石油」「油煙・油脂・油井・油田」
↓ユウ【油】

**ユ** 9画 **【兪】** 部首[入] JIS 4933
音 ユ
①しかり。はい。応答することば。②ますます。いよいよ。

**ユ** 9画 **【臾】** 部首[臼] JIS 7144
音 ユ
「須臾」は、しばらく。すこしのあいだ。

**ユ** 12画 **【喩】** 部首[口] JIS 5140
音 ユ
①さとす。いいきかせる。さとし。②さとる。さとり。③たとえる。たとえ。「引喩・隠喩・活喩・換喩・直喩・提喩・譬喩・諷喩」

**ユ** 12画 **【庾】** 部首[广]
音 ユ
くら。こめぐら。米をいれるくら。

**ユ** 12画 **【萸】** 部首[艹] JIS 7248
音 ユ
「茱萸」は、①かわはじかみ。ゴシュユ。ミカン科の落葉小高木。②グミ。グミ科の落葉または常緑の樹木。

**ユ** 12画 **【遊】** 部首[辶] 教育小3 JIS 4523 / 13画 **【遊】** 部首[辶] 旧字
音 **ユウ・ユ**
訓 **あそぶ**
筆順 ↓ユウ【遊】
あそぶ。あそびたのしむ。「遊山」↓ユウ【遊】

**ユ** 12画 **【愉】** 部首[忄] 常用 JIS 4491 / 12画 **【愉】** 旧字
音 **ユ**
たのしい。たのしむ。「愉悦・愉快・愉楽」

**ユ** 12画 **【揄】** 部首[扌] JIS 5773
音 ユ
①ひく。ひきだす。②ほめる。ほめそやす。③からかう。「揶揄」

**ユ** 12画 **【渝】** 部首[氵] JIS 6265
音 ユ
かえる。かわる。変化する。うつりかわる。

**ユ** 13画 **【逾】** 部首[辶] JIS 7807
音 ユ
①こえる。こす。またぐ。②ますます。いよいよ。

**ユ** 13画 **【愈】** 部首[心] JIS 4492
音 ユ
①まさる。すぐれている。②ますます。いよいよ。

**ユ** 13画 **【腴】** 部首[月] JIS 7111
音 ユ
①こえる。下腹部がふとる。②あぶら。肉のあぶら。こえて、あぶらぎった肉。

**ユ** 13画 **【楡】** 部首[木] JIS 6032
音 ユ
ニレ。ニレ科ニレ属の植物の総称。

**ユ** 13画 **【瑜】** 部首[王] JIS 6481
音 ユ
①美しい玉の一種。②玉の美しい光。

**ユ** 15画 **【窳】** 部首[穴]
音 ユ
①くぼむ。ひくい。②ゆがむ。形がいびつである。

**ユ** 15画 **【蝓】** 部首[虫] JIS 7401
音 ユ
「蛞蝓」は、ナメクジ。マキガイ綱に属する軟体動物。

**ユ** 16画 **【覦】** 部首[見] JIS 7516
音 ユ
のぞむ。こいねがう。希望する。

**ユ** 16画 **【諛】** 部首[言] / 15画 **【諛】** JIS 7571 異体字
音 ユ
へつらう。人の気にいるように、機嫌をとる。おもねる。へつらい。おべっか。「阿諛」

**ユ** 16画 **【諭】** 部首[言] 常用 JIS 4501 / 16画 **【諭】** 旧字
音 **ユ**
訓 **さとす**
さとす。いいきかせる。さとし。「教諭・告諭・説諭」「諭告・諭旨」

**ユ** 16画 **【踰】** 部首[足] JIS 7692
音 ユ・ヨウ
①こえる。こす。またぐ。②ますます。いよいよ。

**ユ** 16画 **【輸】** 部首[車] 教育小5 JIS 4502 / 16画 **【輸】** 旧字
音 **ユ**・シュ
輸 輸 輸 輸 輸 輸
①おくる。うつす。はこぶ。「運輸・空輸」「輸血・輸出・輸送・輸入」②まける。やぶれる。「輸贏」↓シュ【輸】

**ユ** 18画 **【癒】** 部首[疒] 常用 JIS 4494 / 18画 **【癒】** 旧字 / 14画 **【瘉】** JIS 6572 異体字
音 **ユ**
①いえる。いやす。病気がなおる。「快癒・全癒・治癒・平癒」②「癒着」は、生物のはなれているはずの器官が、組織的にくっつくこと。

**ゆ【湯】** ①水をわかしたもの。hot water 対義 水。用例 —をわかす。②ふろ。ふろ屋。bath 用例 —に行く。③温泉。いでゆ。hot spring 用例 —の町。④熱し溶かした金属。⑤くすり湯。せんじ薬。
**湯の辞儀は水になる** 《遠慮して、入浴を譲り合っているうちに、湯が冷めてしまう、の意》遠慮深いのも、時と場合によるものだ。
**湯を立てる** ①ふろを沸かす。get the bath ready ②湯立の儀式を行う。
**湯を使う** ふろに入る。take a bath
**湯を引く** 湯で、体を洗う。入浴する。
**湯を沸かして水にする** 苦労を無駄にするたとえ。

**ゆ** 古語 (格助) 《上代語》①動作の起点を示す。…から。用例 天地の別れし時—(万葉・八・一五二〇)。②経過する場所を示す。…を通って。…から。用例 田児の浦—うち出でて見れば真白にそ(万葉・三・三一八)。③手段・方法を示す。…で。…をもって。用例 目—か汝を見むさ寝ざらなくに(万葉・一四・三三九六)。④比較の基準を示す。…より。用例 うち靡く春見まし—は夏草の(万葉・九・一七五三)。

**ゆ** 古語 (助動 下二型) 《四段・ナ変・ラ変動詞の未然形に付く》①自発の意を表す。自然に…される。用例 瓜食めば子ども思ほ—栗食めばまして偲はゆ—(万葉・五・八〇二)。②受身の意を表す。…れる。用例 想はぬ人の衣に摺ら—な(万葉・七・一二九八)。③《打ち消しの語をともなって》不可能の意を表す。…することができない。用例 君が心は忘ら—まじ(万葉・二〇・四四八二)。

**ゆ-あか【湯垢】** 鉄びん・湯ぶね・ボイラーなどの内部に付着するかす。水中の石灰分などが固まったもの。fur

**ゆ-あがり【湯上がり】** ①ふろの出たて。after taking a bath ②ふろを出て着る、ひとえもの。bathrobe ③湯治によって、病気などが治癒すること。④ふろから出て体をふく、大きいタオル。湯上げタオル。バスタオル。bath towel

**ゆあさ【湯浅】**〈町〉 和歌山県中部、紀伊水道に臨む町。熊野街道の旧宿場町。室町時代、日本で初めてしょうゆを生産した地といわれ、金山寺みそでも有名。人口一万六八九一(一九八八)。

**ゆあさ-じょうざん【湯浅常山】**(一七〇八～八一) 江戸中期の儒者。岡山藩士。太宰春台・服部南郭に古文辞学を学ぶ。主著『常山紀談』は戦国武将の言行を平易に記したもの。

**ゆあさ-はんげつ【湯浅半月】**(一八五八～一九四三) 詩人・キリスト者。群馬県生まれ。本名、吉郎。同志社卒。『旧約聖書』の諸書を私訳。わが国最初の個人詩集『十二之石塚』を刊行。

**ゆ-あたり【湯中り】**(名・サ変自) 過度の入浴によって起きる倦怠感・食欲不振・頭痛・不眠などの症状。二～三日でしだいに軽快する。一過性の自律神経系失調によると考えられる。thermal crisis

**ゆあつ-き【油圧器】** 密閉容器中の油を加圧し、その圧力を油を介して他に伝達する装置。hydraulic equipment

**ゆ-あみ【湯浴み】**(名・サ変自) ①ふろをあびること。入浴。take a bath ②温泉に入ること。湯治。take a hot spring bath

**ゆあみ-かいめん【湯浴海綿】** 柔らかく、利用度の高いモクヨクカイメンの異名。

**ユイ** 5画 **【由】** 部首[田] 教育小3 JIS 4519
音 **ユ・ユウ・ユイ**
訓 **よし**
筆順 ↓ユ【由】
よる。よし。わけ。いわれ。「由緒」↓ユ・ユウ【由】

**ユイ** 11画 **【唯】** 部首[口] 常用 JIS 4503
音 **ユイ・イ**
ただ。ひたすら。それだけ。そればかり。「唯一・唯我独尊・唯心論・唯物論」↓イ【唯】

**ユイ** 15画 **【遺】** 部首[辶] 教育小6 JIS 1668 / 16画 **【遺】** 部首[辶] 旧字
音 **イ・ユイ**
筆順 ↓イ【遺】
のこす。のこる。あとにのこす。「遺戒・遺言」↓イ【遺】

**ゆい【結い】** ①結うこと。結ぶこと。また、そのもの・人。②村内近隣で組をつくり、労働力を交換するならわし。また、その労働力となる人。農村に多く、田植え・稲刈りなど一時的に多くの労働力を必要とするときに行われる。

**ゆい【由比】**〈町〉 静岡県中部、駿河湾に臨む町。旧宿場町。農漁業の町で、サクラエビ漁とミカン栽培がさかん。人口一万一三三〇(一九八八)。

**ゆい-あ・げる【結(い)上げる】**(下一他) ①結んで上へ上げる。wear one's hair up ②結い終える。arrange the hair 用例 髪を—。

**ゆい-いつ【唯一】** ただひとつだけ。only

**ゆいいつしん-きょう【唯一神教】** 有神論的宗教のうち、唯一の神の存在しか認めないもの。キリスト教やイスラム教など。一神教。

**ゆいいつ-しんとう【唯一神道】** 吉田神道の別称。

**ゆいいつ-むに【唯一無二】** 唯一を強めた語。the one and only

**ゆいえん【唯円】**(生没年未詳) 鎌倉中期の僧。親鸞の直弟子。常陸国河和田に住み、親鸞の没後、生前のことばを集めて『歎異抄』を著した。

**ゆい-かい【遺戒・遺誡】** ↓いかい(遺戒)

**ゆいが-どくそん【唯我独尊】** ①↓てんじょうてんげゆいがどくそん(天上天下唯我独尊)。②うぬぼれること。ひとりよがり。

**ゆい-が-はま【由比ケ浜】** 神奈川県、鎌倉市の相模湾に臨む砂浜海岸。東部の材木座海岸と区別して滑川河口以西をさす。海水浴場でも有名。

**ゆいきょう-ぎょう【遺教経】** 大乗経典の一つ。釈迦の最後の教えとされるものをまとめたもの。鳩摩羅什訳。一巻。禅宗で仏祖三経の一つとして重んじられる。正称は『仏垂般涅槃略説教誡経』。仏遺教経。

**ゆい-きり【ー】** 紅藻植物テングサ科の海藻。暗紫色の円柱状で叉状に分枝する。高さ約二〇cm。表面に海綿動物が付着して、鳥の脚の皮膚を思わせ、トリアシともいう。寒天の原料。

**ユイグ【René Huyghe】**(一九〇六～) フランスの



↓ 行き先項目、図版・写真参照印。 JIS 日本工業規格情報交換用漢字符号コード(区点コード)。

美術史家。著書に芸術心理学的な総合的美術論『魂と芸術』など。

**ゆい-げ【遺▼偈】** 禅僧が臨終のさいに遺す偈。禅門の辞世の語。いげ。

**ゆい-げさ【結(い)▼袈▼裟】** 修験者用の袈裟。不動袈裟。

**ゆい-ごん【遺言】** →いごん(遺言)

**ゆい-しき【唯識】**《仏教語》仏教の唯識派の基本的な教説。一切の現象は、心の本体である識によって仮につくり出されたものであるとする。唯心。spiritualism

**ゆいしき-は【唯識派】** 中観派と並ぶ、インド大乗仏教の代表的な二大学派の一つ。現象世界を唯識によって説明する。無着・世親によって体系化され、中国・日本の法相宗の基礎となった。瑜伽派。

**ゆい-しょ【由緒】** ①物事のよってきた筋道。いわれ。来歴。history ②りっぱな歴史。正しい血統。long and distinguished history 用例 —ある家柄。

**ゆい-しょうせつ【由井正雪】**(一六〇五—一六五一) 江戸初期の軍学者。駿河国の由比村の人。江戸で軍学塾を開き、門弟五〇〇〇人と称された。慶安四年(一六五一)倒幕をもくろんだが露見し自殺(慶安の乱)。

**ゆい-しん【唯心】** ①《仏教語》すべては心のあらわれであり、心以外の一切のものは存在しないということ。唯識。②哲学で、いっさいのものがすべて、精神の作用であるとすること。spiritualism 対義唯物。

**ゆいしん-ろん【唯心論】** 哲学で、世界を構成する根源的実在を精神的なものとする立場。プラトンのイデア説、ライプニッツのモナド説など。spiritualism 比較観念論。対義唯物論。

**ユイスマンス【Joris-Karl Huysmans】**(一八四八—一九〇七) フランスの小説家。自然主義・唯美主義を経て神秘主義小説を書いた。作品『さかしま』『大聖堂』など。

**ゆい-つ・ける【結(い)付ける】**(下一他) ①結びつける。tie ②髪の毛を結うのに慣れている。③一定の髪型にいつも結っている。

**ゆい-のう【結納】** 婚約成立のしるしに婿方と嫁方が金銭や品物を取り交わすこと。また、その交換物。新たに姻戚関係を結ぶ二家が、共同で飲食した酒肴を意味する「ゆいのもの」が起源といわれる。ゆいいれ。

**ゆいび-しゅぎ【唯美主義】** 美の創造と享受以外に価値を認めない一種の世界観。実生活の芸術化、精神より感覚・官能の重視、美を善悪の上に置くこと、形式・技巧の重視などが特徴。一九世紀後半のボードレール・ワイルドらに代表される。耽美主義。aestheticism

**ゆい-ぶつ【唯物】** 物質だけが真存在であると考え、物質を重視すること。物質だけをありがたがる考え方。materialism 対義唯心。

**ゆいぶつ-しかん【唯物史観】** マルクス主義の歴史観の基本的概念。人間社会の歴史に弁証法的唯物論を適用したもの。人間の歴史を、神の摂理や英雄・天才の活躍などによってではなく、物質的生活の生産様式から説明し、階級闘争の必然性とその帰結としての共産主義を説くもの。史的唯物論。historical materialism

**ゆいぶつ-てき【唯物的】**(形動) ①物質を考えの基本におくさま。②利益だけを求めるさま。打算的。現実的。calculating

**ゆいぶつ-べんしょうほう【唯物弁証法】** →べんしょうほうてきゆいぶつろん(弁証法的唯物論)

**ゆいぶつ-ろん【唯物論】** 哲学で、精神に対して物質の根源性を主張する立場。生命・心・社会などに関する一切の現象を、物質的諸条件とその法則性のみによって規定しようとする。一八世紀に成立した用語だが、古代ギリシアの原子論以来の歴史的系譜をもつ。materialism 対義唯心論・観念論。

**ゆいま【▽維摩】**『維摩経』に登場する人の名。インドのバイシャーリに住んでいた富豪で、智慧のすぐれた在家信者とされる。経中の文殊との問答が有名。維摩居士。浄名居士。ビマラキールティ。

**ゆいま-きつ【▽維摩詰】** 維摩の正称。

**ゆいま-ぎょう【▽維摩経】** 大乗経典の一つ。維摩詰と文殊菩薩の対話の形式によって、実生活に即した大乗仏教の教えを説く。原典は失われ、鳩摩羅什訳など三種類の漢訳がある。維摩詰所説経。

**ゆいめい-ろん【唯名論】** 中世スコラ哲学において、個物の実在を主張し、類・種のような普遍は個物の後にできた一般的な名前にすぎないとする立場。名目論。ノミナリズム。nominalism

**ユイメン【玉門】**(Yùmén) →ぎょくもん(玉門)

**ゆい-わた【結(い)綿】** ①真綿の中央を結び束ねた祝い物。②日本髪の一つ。未婚女性の髪型。島田髷を鹿の子の手絡や、かんざしで飾ったもの。前髷の輪を大きく広げたのが特徴。→図

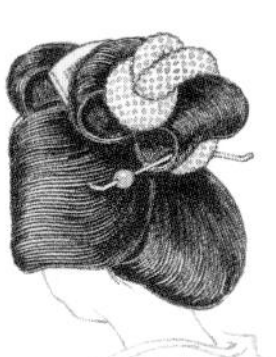

●結い綿②

**ユウ【▽又】** 2画 部首[又] 常用 JIS 4384
音 ユウ
訓 **また**
また。さらに。ふたたび。

**ユウ【友】** 4画 部首[又] 教育小2 JIS 4507
音 **ユウ**
訓 **とも**
友 友 友 友
①ともだち。とも。「級友・交友・師友・親友・朋友」「友愛・友情・友人」「友好」用例(形動)兄弟に—に。②なかよくたすけあう。

**ユウ【▼尤】** 4画 部首[尢] JIS 4464
音 ユウ
もっとも。とりわけ。もっともすぐれていること。用例(名)—なる者。

**ユウ【右】** 5画 部首[口] 教育小1 JIS 1706
音 **ウ・ユウ**
訓 **みぎ**
筆順 →ウ[右]
①みぎ。みぎて。そば。対義左。「座右」「右筆」②たっとぶ。おもんじる。「右文」→ウ[右]

**ユウ【由】** 5画 部首[田] 教育小3 JIS 4519
音 **ユ・ユウ・ユイ**
訓 **よし**
筆順 →ユ[由]
①よし。わけ。いわれ。「因由・事由・来由・理由」②よる。したがう。「自由」→ユ・ユイ[由]

**ユウ【有】** 6画 部首[月] 教育小3 JIS 4513 ｜ 6画【▼有】旧字
音 **ユウ・ウ**
訓 **ある**
有 有 有 有 有 有
①…がある。対義無。「有益・有効・有志・有望」用例《接頭的》—資格者。②もつ。そなえている。たもつ。「固有・所有・特有・万有・保有」用例(名)外国の—に帰した。③また。さらに。用例《接尾的》十—四年。→ウ[有]

**ユウ【▼佑】** 7画 部首[人・亻] 人名用 JIS 4504
音 ユウ・ウ
たすける。たすけ。「天佑」

**ユウ【▼攸】** 7画 部首[攵] JIS 5833
音 ユウ
①ところ。場所。②とおい。はるか。

**ユウ【▼邑】** 7画 部首[邑] JIS 4524 ｜ 3画【▼阝】異体字 部首[阝]
音 ユウ・オウ
①まち。みやこ。「都邑」②むら。大きなむら。集落。③くに。領地。④うれえる。心がふさぐ。⑤部首の一つ。おおざと。漢字の旁になると、阝を用いる。

**ユウ【▼酉】** 7画 部首[酉] 人名用 JIS 3851
音 ユウ
①とり。十二支の第一〇。②部首の一つ。ひよみのとり。とりへん。さけづくり。

**ユウ【▼侑】** 8画 部首[人・亻] 人名用 JIS 4850
音 ユウ・ウ
①すすめる。食事をすすめる。「侑食」②たすける。たすけ。

**ユウ【▼呦】** 8画 部首[口]
音 ユウ
なく。むせびなく。鹿のなく声。

**ユウ【▼肬】** 8画 部首[月] JIS 7079 ｜ 9画【▼疣】異体字 部首[疒] JIS 6547
音 ユウ
いぼ。皮膚にできる小さい突起物。

**ユウ【▽油】** 8画 部首[氵] 教育小3 JIS 4493
音 **ユ**・ユウ
訓 **あぶら**
筆順 →ユ[油]
雲がさかんにわきたつさま。「油然」→ユ[油]

**ユウ【勇】** 9画 部首[力] 教育小4 JIS 4506 ｜ 9画【▼勇】旧字
音 **ユウ**・ヨウ
訓 **いさむ**
勇 勇 勇 勇 勇 勇
いさむ。いさましい。たけだけしい。「義勇・沈勇・蛮勇・武勇」「勇敢・勇気・勇壮・勇猛」用例(名)—をふるう。
**匹夫の勇**(ひっぷのゆう) →ひっぷ(匹夫)
**勇を鼓す**(ゆうをこす) 勇気をふるいおこす。gather oneself up

**ユウ【▼囿】** 9画 部首[囗] JIS 5192
音 ユウ
その。庭園。動物園。

**ユウ【▼宥】** 9画 部首[宀] JIS 4508
音 ユウ
①ゆるす。大目にみる。ゆるめる。「宥恕」②なだめる。やわらげしずめる。とりなす。「宥和」

**ユウ【幽】** 9画 部首[幺] 常用 JIS 4509
音 **ユウ**
①くらい。あの世。対義明。「幽界・幽明・幽霊」②おくふかい。「幽玄・幽谷」③ひっそりと。かくれる。「幽居」④とらえる。おしこめる。「幽囚・幽閉」

**ユウ【▼柚】** 9画 部首[木] JIS 4514
音 ユウ・ユ
ユズ。ミカン科の常緑小高木。また、その果実。「柚子」

**ユウ【▼祐】** 9画 部首[ネ] 人名用 JIS 4520 ｜ 10画【▼祐】旧字 部首[示]
音 ユウ
たすける。たすけ。「祐筆」

**ユウ【▼莠】** 10画 部首[艹] JIS 7228
音 ユウ
エノコログサ。イネ科の一年草。はぐさ。

**ユウ【▼悒】** 10画 部首[忄] JIS 5605
音 ユウ
うれえる。心がふさぐ。気がおもい。

**ユウ【▼挹】** 10画 部首[扌]
音 ユウ
①くむ。くみとる。②とる。ひく。③おさえる。へりくだる。

**ユウ【郵】** 11画 部首[阝] 教育小6 JIS 4525
音 **ユウ**
郵 郵 郵 郵 郵 郵
政府がおこなう、信書や物品などを全国的・世界的に運送する通信事業。もと、しゅくつぎ。しゅくば。宿場の飛脚。「郵券・郵政省・郵税・郵送・郵便」

**ユウ【悠】** 11画 部首[心] 常用 JIS 4510
音 **ユウ**
①ゆったりと。のんびりと。「悠然・悠長・悠々・悠揚」②はるか。とおい。はるかにとおい。「悠遠・悠久」

**ユウ【▼蚰】** 11画 部首[虫] JIS 7356
音 ユウ
「蚰蜒」は、ゲジ。ムカデ綱ゲジ目に属する節足動物。げじげじ。

**ユウ【遊】** 12画 部首[⻌] 教育小3 JIS 4523 ｜ 13画【▼遊】旧字 部首[⻌]
音 **ユウ・ユ**
訓 **あそぶ**
遊 遊 遊 遊 遊 遊
①あそぶ。あそびたのしむ。「園遊会・豪遊」「遊園地・遊戯・遊興」②はたらいていない。「遊金・遊資・遊民」③遠くへいく。まわりあるく。「回遊・外遊」「遊学・遊説」④自由にうごく。「遊軍・遊撃」⑤《游とも》うかぶ。およぐ。

▼常用漢字表外。 ▽常用漢字表の音訓外。

「浮遊」「遊泳」↓ユ【遊】

**ユウ** 12画【▼揖】 部首[扌] JIS 4512
音ユウ・シュウ
①お辞儀。両手を胸の前で組み合わせて、上下・左右などさせてする会釈。「一揖」 ②ゆずる。へりくだる。

**ユウ** 12画【▼游】 部首[氵] JIS 6266
音ユウ・ユ
①うかぶ。およぐ。「浮游」「游泳」 ②あそぶ。あそびたのしむ。はたらいていない。遠くへいく。自由にうごく。

**ユウ** 12画【猶】 部首[犭] 常用 JIS 4517
12画【▼猶】 旧字
7画【▼犹】 異体字 JIS 6427
音**ユウ**
①ためらう。ぐずぐずする。「猶予」 ②なお…のようである。にている。「猶子」

**ユウ** 12画【裕】 部首[衤] 常用 JIS 4521
音**ユウ**・ユ
ゆたか。ゆったりと。「富裕・余裕」「裕福」

**ユウ** 12画【▼釉】 部首[釆] JIS 7856
音ユウ
①つや。ものの光沢。 ②うわぐすり。つやぐすり。素焼きの器の表面にぬって、つやをだすガラス質の粉末。「釉薬」

**ユウ** 12画【雄】 部首[隹] 常用 JIS 4526
音**ユウ**
訓**お・おす**
①おす。お。対義 雌。「雌雄」「雄性」 ②おおしい。立派な。ひいでた人。「英雄・群雄」「雄志・雄大・雄弁」 用例 (名)一方の―。

**ユウ** 13画【▼楢】 部首[木] JIS 3874
音シュウ・ユウ
ナラ。ブナ科の落葉または常緑の高木。

**ユウ** 13画【▼猷】 部首[犬] JIS 4518
音ユウ
はかる。はかりごと。計略。

**ユウ** 14画【▼熊】 部首[灬] 人名用 JIS 2307
音ユウ
クマ。ネコ目に属する哺乳動物。

**ユウ** 14画【誘】 部首[言] 常用 JIS 4522
音**ユウ**
訓**さそう**
さそう。いざなう。さそいだす。みちびく。ひきおこす。「勧誘」「誘致・誘導・誘発・誘惑」

**ユウ** 15画【▼蕕】 部首[艹] JIS 7304
音ユウ・ユ
①カリガネソウ。クマツヅラ科の多年草。悪臭をもつ。 ②くさい。くさみ。また、悪人などの意に用いられる。

**ユウ** 15画【憂】 部首[心] 常用 JIS 4511
音**ユウ**・ウ
訓**うれえる・うれい・うい**
うれえる。なげく。心配。うれい。「一喜一憂」「内憂外患」「憂苦・憂愁・憂慮」

**ユウ** 15画【▼槱】 部首[木]
14画【▼槱】 異体字 JIS 6051
音ユウ
やく。たく。かがり火。木を積みあげてやき、天の神をまつる。

**ユウ** 15画【▼熠】 部首[火]
音ユウ・シュウ
あざやか。あきらか。かがやく。ひかり。

**ユウ** 15画【▼牖】 部首[片]
音ユウ
①まど。かべのまど。連子まど。 ②みちびく。

**ユウ** 15画【▼蝣】 部首[虫] JIS 7402
音ユウ
「蜉蝣」は、カゲロウ。カゲロウ目に属する昆虫。短命なことから、はかないことのたとえとされる。

**ユウ** 16画【融】 部首[虫] 常用 JIS 4527
音**ユウ**
①とける。とかす。比較 溶。「溶融」「融解・融合・融雪・融和」 ②とおる。くりあわす。「金融」「融資・融通」

**ユウ** 16画【▼輶】 部首[車]
音ユウ
①狩猟などに用いる、かるい車。 ②かるい。

**ユウ** 17画【優】 部首[人・亻] 教育小6 JIS 4505
音**ユウ**・ウ
訓**やさしい・すぐれる**

①やさしい。しとやか。「優雅・優美」 ②てあつい。ゆたかに。十分に。「優遇・優待」 用例 (副)六尺は―にこえる。 ③まさる。すぐれる。対義 劣。「優越・優秀・優勝・優勢・優長」 ④評価の第一。用例 (名)―良可。 ⑤わざおぎ。役者。「女優・俳優・名優」 ⑥のんびりしている。ぐずぐずしている。「優柔不断・優長」

**ユウ** 17画【▼繇】 部首[糸]
音ヨウ・ユウ
よる。より。から。よりて。よって。↓ヨウ【繇】

**ユウ** 17画【▼黝】 部首[黒] JIS 8359
音ユウ
あおぐろ。青みがかった黒色。あおぐろい。

**ユウ** 18画【▼鯈】 部首[魚]
22画【▼鰷】 異体字
音ユウ・チュウ・ジョウ
はや。はえ。カワムツ・アブラハヤ・ウグイなど、淡水にすむコイ科の小魚。

**ユウ** 18画【▼鼬】 部首[鼠] JIS 8376
音ユウ・ユ
イタチ。ネコ目に属する哺乳動物。

**ゆう**【夕】 日暮れ。夕方。夕べ。evening 対義 朝。用例 朝に―に。

**ゆう**【▽木▽綿】 コウゾの樹皮の繊維でつくった糸状のもの。幣帛など神事用。

**ゆう**【由宇】〈町〉 山口県南東部、岩国市に隣接する町。瀬戸内海に臨む農・漁業の町で、繊維工業なども発展。人口八九五九(一九八八)。

**ゆ・う**【結う】(五他) ①むすぶ。縛る。tie ②髪の毛を束ねて整える。do up ③むすんでつくる。組み立てる。make 用例 垣根を―。

**ユー**【U・u】 ①アルファベットの第二一文字。②《大文字で》ウランの元素記号。

**ゆう-あい**【友愛】 友人・兄弟間の親しみ。friendship

**ゆうあい-かい**【友愛会】 大正元年(一九一二)鈴木文治を会長に創立された労働者の協調団体。共済団体として発足したが、労働組合的性格を強め、大正一〇年(一九二一)日本労働総同盟と改称。

**ゆう-あかり**【夕明(か)り】 夕暮れにまだ残っている明るさ。残照。evening light

**ゆう-あく**【優▼渥】(形動) 恵みが行き届いて、厚いさま。

**ゆう-あん**【幽暗】(名・形動) ①奥深く暗いこと・さま。darkness ②暗い沈んだ気分のこと・さま。gloominess

**ゆうあん-やき**【幽▼庵焼(き)】 魚の照り焼きの一種。しょうゆ・みりん・酒などを合わせたたれを使う。近江の茶人、北村祐庵(幽庵)の創案といわれる。幽庵漬け。

**ゆう-い**【有為】(名・形動) 《「なすある」の意》才能があり、役に立つ見込みのあること・さま。talented 用例 ―の青年。

**ゆう-い**【有意】 ①意味のあること。有意義。meaningful ②思慮・下心のあること。intentional ③意志のあること。intentional 対義 無意。

**ゆう-い**【雄偉】(名・形動) 雄々しくてすぐれていること・さま。雄壮で偉大なこと・さま。

**ゆう-い**【優位】 ①他よりもすぐれた立場・地位。上位。superiority; predominance 用例 ―に立つ。 ②動物の摂食その他の行動において、順位が上位であること。ニワトリのつつきの順位における優位など。 ③遺伝学における優性の状態。dominance

**ゆう-いぎ**【有意義】(名・形動) やりがいのあること・さま。意義深いこと・さま。significance 対義 無意義。

**ゆうい-さ**【有意差】 統計的に、偶然に起こったものとは認められない差異。significant difference

**ゆうい-すいじゅん**【有意水準】 統計的仮説検定において、第一種の過誤を犯す確率。すなわち、仮説が正しいにもかかわらず、この仮説を棄却し、誤った判定がなされる確率。level of significance

**ゆうい-てき**【有意的】(形動) 考えたうえでの。意識的。intentional

**ゆう-いん**【誘引】(名・サ変他) 誘い込むこと。attraction

**ゆう-いん**【誘因】 ある作用・物事をひき起こす原因。cause

**ゆう-うつ**【憂▼鬱・幽▼鬱】(名・形動) 心配で気がふさぐこと・さま。melancholy

**ゆううつ-しつ**【憂▼鬱質】 人生に対して自信が持てず、悲観的で、つねに否定的で陰鬱な性質。melancholic character

**ゆう-えい**【遊泳・▼游泳】(名・サ変自) ①泳ぐこと。水泳。swimming ②《世間の荒波をわたる意》世渡り。処世。get along in the world 用例 ―術。

**ゆうえい-せいぶつ**【遊泳生物】 ↓ゆうえいどうぶつ(遊泳動物)

**ユー-エイチ-エフ**【UHF】《ultra high frequency の略》超短波のうち、周波数三〇〇〜三〇〇〇メガヘルツ(波長一m〜一〇cm)の電磁波。極超短波。

**ユーエイチエフ-テレビほうそう**【UHFテレビ放送】 UHFを使ったテレビ放送。四七〇〜七七〇メガヘルツの五〇チャンネルが、おもに難視聴区域解消の目的で使用されている。

**ゆうえい-どうぶつ**【遊泳動物】 水中を自由に泳ぎ回ることのできる動物。魚類のほか、イカ類・クジラ類・ウミガメ類・ペンギン類など。nekton

**ユー-エー-エー-シー**【UAAC】《Un-American Activities Committee の略》非米活動委員会。

**ユー-エー-エル**【UAL】《United Airlines の略》ユナイテッド航空。

**ユー-エー-ダブリュー**【UAW】《United Automobile Workers の略》全米自動車労働組合。

**ゆう-えき**【有益】(名・形動) ためになること・さま。役に立つこと・さま。useful 対義 無益。

**ゆう-えき**【誘▼掖】(名・サ変他) ①導き助けること。補佐。②誘い出すこと。誘導。

**ユー-エス-アイ-エス**【USIS】《United States Information Service の略》アメリカ広報文化交流局。連邦政府広報庁(USIA)の海外活動機関として対外的な宣伝や文化紹介を担当した。一九七〇年廃止。

**ユー-エス-エー**【USA】《United States of America の略》アメリカ合衆国。

**ユー-エス-エス-アール**【USSR】《Union of Soviet Socialist Republics の略》ソビエト社会主義共和国連邦。

**ユー-エス-エックス**【USX Corporation】 アメリカ最大手の鉄鋼会社。一九〇一年設立のUSスチールが、非鉄鋼部門の拡大にともない八六年に社名変更したもの。

**ユー-エス-エム**【USM】《underwater-to-surface missile の略》水中対水上ミサイル。

**ユー-エス-スチール**【United States Steel Corporation】 USXの旧社名。

**ユー-エス-ダブリュー-エー**【USWA】《United Steel Workers of America の略》全米鉄鋼労働組合。

**ユー-エス-ティー-アール**【USTR】《Office of the United States Trade Representative の略》アメリカ通商代表部。

**ゆう-えつ**【優越】(名・サ変自) 他よりすぐれまさること。superior

**ゆうえつ-かん**【優越感】 自分が優越しているという快感。superiority 対義 劣等感。用例 ―にひたる。

**ユウェナリス**【Decimus Jūnius Juvenālis】 一〇〇年ごろのローマの代表的風刺詩人。腐敗した社会を批判・痛罵した『風刺詩集』五巻がある。

**ユー-エヌ**【UN】《United Nations の略》国際連合。

**ユー-エヌ-アール-ダブリュー-エー**【UNRWA】 ↓アンルワー(UNRWA)

**ユー-エヌ-アイ-ディー-オー**【UNIDO】《United Nations Industrial Development Organization の略》国連工業開発機構。

**ユー-エヌ-イー-エフ**【UNEF】《United Nations Emergency Forces の略》国際連合緊急軍。国連軍の一つで、強制行動を行わない平和維持活動を任務とし、一九五六年のスエズ動乱から一一年間中東に派遣された。ユネフ。

**ユー-エヌ-イー-ピー**【UNEP】《United Nations Environment Program の略》国連環境計画。

**ユー-エヌ-エイチ-シー-アール**【UNHCR】《Office of the United Nations High Commissioner for Refugees の略》国連難民高等弁務官事務所。

**ユー-エヌ-エス-シー**【UNSC】《United Nations Security Council の略》国連安全保障理事会。

**ユー-エヌ-エス-ジー**【UNSG】《United Nations Secretary General の略》国連事務総長。

**ユー-エヌ-エフ**【UNF】《United Nations Forces の略》国連軍。

**ユー-エヌ-シー**【UNC】《United Nations Charter の略》国連憲章。

**ユー-エヌ-ジー-エー**【UNGA】《United Nations General Assembly の略》国連総会。

**ユー-エヌ-ディー-アール-オー**【UNDRO】《United Nations Disaster Relief Organization の略》↓アンドゥロー（UNDRO）

**ユー-エヌ-ディー-シー**【UNDC】《United Nations Disarmament Commission の略》国連軍縮委員会。

**ユー-エヌ-ディー-ピー**【UNDP】《United Nations Development Programme の略》国連開発計画。

**ユー-エフ-オー**【UFO】↓ユーフォー（UFO）

**ユー-エル-エス-アイ**【ULSI】《ultra large scale integration の略》シリコンチップ上に組み込まれた素子の数が、VLSI（超LSI）よりさらに高密度のLSI（大規模集積回路）。記憶容量が一〇〇万ビット級を超える。ウルトラLSI。超超LSI。

**ゆう-えん**【悠遠】（名・形動） はるかに遠いこと・さま。faraway 用例 ― なる歳月。

**ゆう-えん**【優▼婉・優▼艶】（名・形動） やさしく上品で美しいこと・さま。grace

**ゆう-えん**【幽▼婉・幽▼艶】（名・形動） たしなみ深く美しいこと・さま。奥ゆかしく美しいこと・さま。elegant

**ゆう-えん**【幽遠】（名・形動） 奥深く遠いこと・さま。deep and remote

**ゆうえん-ち**【遊園地】 各種の娯楽・レクリエーション施設を備えた公園風の場所。amusement park

**ゆう-おう**【幽王】（?〜BC七七一） 中国、周の第一二代の王（在位BC七八一〜BC七七一）。性暗愚で失政が多く、寵妃褒姒の愛におぼれて国の備えを軽んじ、犬戎に攻められて驪山で殺害された。

**ゆうおう-まいしん**【勇往▼邁進】（名・サ変自） 恐れずに突進すること。ひたすらな前進。dash forward

**ゆう-か**【有価】 金銭上の値打ちのあること。

**ゆう-が**【優雅】（名・形動） 奥ゆかしく上品なこと・さま。elegance 対義 粗野。

**ゆう-かい**【幽界】 死後に行く世界。あの世。めいど。

**ゆう-かい**【誘拐】（名・サ変他） だまして連れ出すこと。かどわかすこと。kidnapping 比較 略取。用例 ― 犯。

**ゆう-かい**【融解】（名・サ変自他） ①とけること。とかすこと。melt ②物質が、固体から液体に変化する現象。melt

**ゆう-がい**【有害】（名・形動） 害になること・さま。害のあるもの。harmful 対義 無害。

**ゆう-がい**【有▼蓋】 ふたのあること。対義 無蓋。用例 ― 貨車。

**ゆうかい-ざい**【誘拐罪】↓りゃくしゅゆうかいざい（略取誘拐罪）

**ゆうがい-しょくひん**【有害食品】 健康障害を起こす物質・微生物を含む食品。一般には有害な食品添加物・農薬・公害誘起物質を含む食品をさす。harmful food

**ゆうかい-てん**【融解点】↓ゆうてん（融点）

**ゆうがい-てんかぶつ**【有害添加物】 食品の加工・保存の目的で使うもののうち、有害なもの。チクロ・サリチル酸など。additive

**ゆうかい-ねつ**【融解熱】 固体を融解させて同温度の液体にするのに必要な熱量。潜熱の一つ。heat of fusion

**ゆう-がお**【夕顔】 ㊀《夕方花を開いて、朝萎むことから》①ウリ科のつる性一年草。長さ六〜一〇m。葉は心臓形で掌状に浅裂。初夏に白い花が咲く。果実は洋なし形で長さ約五〇cm、かんぴょうの原料。コカ。②ヨルガオの別名。㊁謡曲。三番目物。『源氏物語』が素材。夕顔の上の霊が舞を舞い、回向を受けて消え去る。↓写

ユウガオ㊀①

**ゆうが-ぎく**【▼柚香菊】 キク科の多年草。山野にはえる。高さ約五〇cm。葉は薄く、羽状に深裂。秋、中心が黄色の白い花を茎頂につける。中部以北に分布。↓写

**ゆう-かく**【遊客】 ①遊び暮らす人。②遊覧する人。③遊里で遊ぶ人。

**ゆう-かく**【遊郭・遊▼廓】 遊女が集団的に居住し、売春業が公認されていた特定の地域。色町。遊里。くるわ。

ユウガギク

**ゆう-がく**【遊学】（名・サ変自） よその土地・外国へ行って勉強すること。study away from home 比較 留学。

**ゆう-かげ**【夕陰】 夕方、物の陰となる所。用例 ― が延びる。

**ゆう-かげ**【夕影】 ①夕日の光。②夕日に映える姿。

**ゆうか-しょうけん**【有価証券】 財産権を表示する証券で、権利の発生・行使・移転が証券によってなされることを要するもの。株券・社債券・小切手・手形・倉庫証券・商品券など。negotiable securities

**ゆうかしょうけん-ぎぞうざい**【有価証券偽造罪】 使用の目的で有価証券を偽造・変造またはこれに虚偽の記入をする罪。

**ゆうかしょうけん-とりひきぜい**【有価証券取引税】 流通税の一つ。国債・証券・株券などの有価証券の譲渡に対して課される国税。譲渡者が納税義務者となり、課税標準は売買価額または譲渡時の価額。transfer tax

**ゆうかしょうけん-ほうこくしょ**【有価証券報告書】 上場会社などが決算期ごとに大蔵大臣に提出することを義務づけられた、会社内容の報告書。事業・資産内容を公開させることにより投資者の保護をはかる。

**ゆう-がた**【夕方】 日の暮れ方。夕刻。たそがれ。evening 対義 朝方。

**ゆうが-とう**【誘▼蛾灯】 昆虫の走光性を利用して、害虫を誘殺する青色蛍光灯。光源下にある水盤に落下させ殺す。light trap

**ユーカラ**（Yukarアイヌ）《詞曲の意》アイヌの口承による民族叙事詩。「神々のユーカラ」と「英雄のユーカラ」とがある。英雄ポイヤウンペの物語など。

**ユーカリ**【eucalyptusラテン】 フトモモ科ユーカリノキ属の総称。約四〇〇種ある。多くは常緑高木。高さ一〇〇m余に達するものがある。生長が速く、材は耐久性に富み、建築・造船用。葉からのユーカリ油は薬用・香料用。オーストラリア原産。ユーカリノキ。↓写

**ユーカリ-ゆ**【ユーカリ油】 ユーカリの葉を水蒸気蒸留して得られる精油。無色ないし淡黄色で芳香がある。せっけん・リキュール用の香料・医薬品などに利用。eucalyptus oil

**ゆう-かん**【夕刊】 夕方に出す新聞。evening paper 対義 朝刊。

**ゆう-かん**【有閑】 ①ひまのあること。leisured ②資産があり働かなくてよいこと。leisured

**ゆう-かん**【勇敢・勇▼悍】（名・形動） 恐れず、押し切って行うこと・さま。bravery 対義 臆病。

**ゆうかん-かいきゅう**【有閑階級】 生産的労働に従事せず、社交などの非生産的なことに時間を費やす階級。利子生活者・大地主など。アメリカの経済・社会学者ベブレンの用語。leisured class

**ゆうかん-じしん**【有感地震】 人体に感じられる地震。felt earthquake

**ゆう-き**【有期】 期間が決まっていること。definite term 対義 無期。

**ゆう-き**【有機】 対義 無機。①生活機能と生活力とを持つこと・もの。organism ②有機物に関すること。organic

**ゆう-き**【勇気】 なにものも恐れない強い気力。勇ましい心。courage 用例 ― を出す。― 凛々。

**ゆう-き**【幽鬼】 ①死人の魂。亡霊。幽霊。用例 ― の如き姿。②化け物。

**ゆう-き**【結▽城】「結城紬」の略。

**ゆうき**【結▽城】〈市〉 茨城県西部、栃木県小山市に接する市。旧城下町。結城紬の産地で知られる。商工業が主であるが、果樹栽培もさかん。人口五万三二六三（一九八八）。

**ゆうき**【雄基】 北朝鮮（朝鮮民主主義人民共和国）最北部、日本海に臨む港湾都市。海運の要地で水産基地。一九二一年に開港された。ウンギ。

**ゆう-ぎ**【友▼誼】 友だちのよしみ。友情。friendship

**ゆう-ぎ**【遊技】 楽しみに行う勝負事。game

**ゆう-ぎ**【遊戯】（名・サ変自） ①遊び、たわむれること・事柄。遊び。play ②幼児が集まってする、運動を兼ねた遊び。play

ユーカリ

**ゆうき-あいそうか**【結▽城哀草果】（一八九三〜一九七四） 歌人。本名光三郎。山形県生まれ。斎藤茂吉に師事、田園生活を質実にうたった。歌集『山麓』など。

**ゆうき-えいようせいぶつ**【有機栄養生物】↓じゅうぞくえいようせいぶつ（従属栄養生物）

**ゆうき-おん**【有気音】 音声学で、破裂直後にとくに呼気をともなう破裂音。aspirated sound

**ゆうき-かがく**【有機化学】 有機化合物の構造・性質・反応・製法・用途などを研究する化学の一分野。organic chemistry 対義 無機化学。

**ゆうき-かごうぶつ**【有機化合物】 炭素原子を骨格の基礎とする化合物の総称。生物体（＝有機体）の構成要素で、約一〇〇〇万種が知られている。有機物。organic compound 対義 無機化合物。

**ゆうき-ガラス**【有機ガラス】 無色透明なプラスチックのこと。ポリメタクリル酸メチル・塩化ビニル樹脂など。ガラスにくらべて、着色・成形が容易で、軽いが、傷つきやすく熱に弱い。organic glass

**ゆうききんぞく-かごうぶつ**【有機金属化合物】 分子内に炭素と金属との結合をもつ有機化合物の総称。メチル水銀・グリニャール試薬など。organometallic compound

**ゆうき-けい**【有期刑】 一定の期間身柄を拘禁する自由刑。有期懲役・有期禁錮・拘留の三つ。対義 無期刑。

**ゆうき-ごうせい**【有機合成】 有機化合物を人工的につくること。置換・付加・脱離・転移・重合などの反応が用いられる。organic synthesis

**ゆうき-さん**【有機酸】 酸性を示す有機化合物。カルボン酸がもっとも代表的。その他、スルホン酸・フェノールなど。organic acid 対義 無機酸。

**ゆうきしつ-ひりょう**【有機質肥料】 動植物体などの有機物を成分とする肥料。魚粕・油粕・堆肥など。有機肥料。organic fertilizer

**ゆうき-しょうじ**【結▽城▼昌治】（一九二七〜） 小説家。東京生まれ。本名、田村幸雄。早大専門部卒。作品『ゴメスの名はゴメス』『軍旗はためく下に』など。

**ゆうきすいぎん-かごうぶつ**【有機水銀化合物】 炭素と水銀が化学結合している有機化合物。毒性が強く、環境汚染物質の一つ。メチル水銀など。有機水銀。organomercury compound

**ゆうきすいぎん-ちゅうどく**【有機水銀中毒】 有機水銀化合物の摂取によっておこる中毒。脳が冒され、視野狭窄・感覚障害・運動麻痺などの神経症状を示す。水俣病が有名。organomercurial poisoning

**ゆうき-そめい**【結▽城素明】（一八七五〜一九五七） 日本



▼常用漢字表外。 ▽常用漢字表の音訓外。

画家。東京生まれ。本名、貞松。東京美術学校卒。日本画近代化に活躍。作品『囀』『薄光』など。

**ゆうき-たい【有機体】** ①有機物からなる生き物。生物体。動植物。有機組織。organism ②各部分が互いに結び合って統一された全体。organism

**ゆうき-たく【雄器▼托】** ゼニゴケなどの苔類の雄株の葉状体上にでき、造精器を生ずる部分。長い柄の先に円盤状のかさをつけ、その上面に造精器ができ、そこから精子が流れでる。male receptacle ↓蘚苔植物[図]

**ゆうき-つむぎ【結▽城▼紬】** 茨城県結城市を中心に作られる絹織物。絣や縞を主とする。無形文化財の一つ。↓紬[写]

**ゆうき-てき【有機的】**(形動) 多くの部分が集まって、互いにつながりを持ち、それが全体を形づくり、よく統一がとれているさま。organic

**ゆうぎ-てき【遊戯的】**(形動) 遊び半分であるさま。playful

**ゆうき-とよたろう【結▽城▽豊太郎】**(一八七七〜一九五一) 財政家。山形県生まれ。東大卒。安田財閥の指導者となり、日本興業銀行総裁・蔵相・日本銀行総裁を歴任。

**ゆうき-ねんきん【有期年金】** 年金の受取期間があらかじめ定められ、受取人がその期間内に生存している場合にだけ支払われる年金。terminable annuity [対義]終身年金。

**ゆうき-のうぎょう【有機農業】** 無機肥料や農薬を使わず、堆肥や鶏ふんなどの有機肥料により農作物栽培を行う農業。地力の保持と安全な食糧供給が目的。organic agriculture

**ゆうき-はんどうたい【有機半導体】** 有機化合物で半導体の性質を示すもの。アントラセン・ポリアセチレンなど。organic semiconductor

**ゆうき-ひでやす【結▽城▽秀▽康】**(一五七四〜一六〇七) 江戸初期の大名。徳川家康の二男。初め豊臣秀吉の、さらに結城晴朝の養子となり結城家を継ぐ。関ケ原の戦いののち、越前国福井六七万石の領主。

**ゆうき-ぶつ【有機物】** [対義]無機物。①生体内でできる物質。②有機化合物。

**ゆうき-まごさぶろう【結▽城▽孫▽三郎】** 糸操り人形遣いの座元名。現在一一世まで。九世(一八七一〜一九四七)は明治時代に演出を歌舞伎化し市村座で興行。弟子の竹田三之助は竹田人形座を創設。

**ゆうき-むねひろ【結▽城▽宗広】**(?〜一三三八) 南北朝時代の武将。奥州白河荘の地頭。新田義貞の鎌倉攻めに参加。建武政権に重用され、北畠顕家とともに東国を転戦。のち足利尊氏の軍を京都に破るが、伊勢で病死。

**ゆうき-もめん【結▽城木綿】** 茨城県結城市原産の縞木綿の織物。

**ゆう-きゅう【有給】** 給料が支給されること。paid [対義]無給。[用例]—休暇。

**ゆう-きゅう【悠久】**(名・形動) 年月の長く久しいこと・さま。長久。永久。eternity

**ゆう-きゅう【遊休】** 設備などが利用されずにほうっておかれること。idle [用例]—施設。

**ゆうきゅう-しほん【遊休資本】** 適当な投資対象や貸付先がないため活用されていない資本。遊資。idle capital

**ゆう-きょ【幽居】**(名・サ変自) 世間から離れて、ひっそり暮らすこと。また、その住まい。

**ゆう-きょう【遊▼侠・▼游▼侠】** おとこだて。侠客。あそびにん。

**ゆう-きょう【遊興】**(名・サ変自) ①遊び楽しむこと。amusement ②料亭・キャバレーなどで飲食して遊ぶこと。merrymaking

**ゆうき-ようぶん【有機養分】** 炭水化物・脂肪・たんぱく質の三大栄養分とビタミンなどを含む栄養分。

**ゆう-ぎり【夕霧】** 夕方立ちこめる霧。evening mist [対義]朝霧。

**ゆうぎり-そう【夕霧草】** キキョウ科の多年草。高さ約一m。葉は卵形。夏に、茎頂に小花を多数傘形につける。花は青紫・白・桃色など。観賞用に栽培。トラケリウム。↓[写]

●ユウギリソウ

**ゆう-きん【遊金】** 使わないでしまってあるお金。あそびがね。idle money

**ゆう-ぎん【遊吟】**(名・サ変自) そぞろ歩きをしながら詩歌などを詠むこと。吟行。吟遊。

**ゆう-く【憂苦】** 心配と苦しみ。sorrow

**ゆう-ぐ【遊具】** 遊びに用いる道具。遊び道具。toy

**ゆう-くい【▽世▽乞い】** 沖縄県内の各地で行われる豊年祈願の行事。八重山地方では陰暦の六月、宮古本島では陰暦の九月など期日は一定ではない。

**ゆう-ぐう【優遇】**(名・サ変他) 手厚く待遇すること。厚遇。favorable treatment [対義]冷遇・酷遇。

**ゆうぐう-てがた【優遇手形】** 日銀の再割引または、担保貸し付けの対象となる手形。一般の手形にくらべ金利面で優遇される。preferential bill

**ユークリッド【Euclid】**(BC三三〇ごろ〜BC二九〇ごろ)《ギリシア名エウクレイデスの英語名》アレクサンドリアの数学者。歴史上初めての数学の理論体系である『幾何学原論』の著者。

**ユークリッド-きかがく【ユークリッド幾何学】** 古代ギリシアでつくられた古典幾何学。ユークリッドは図形に関する性質を、公理・公準に基づいて論理的・系統的にまとめ、『幾何学原論』を著した。もっとも特徴的なのは平行線公理で、これを否定したものが非ユークリッド幾何学である。Euclidean geometry

**ユークリッド-くうかん【ユークリッド空間】** 空間の点を $n$ 個の実数の組で表現でき、二点 $(x_1, x_2, \ldots, x_n)$ と $(y_1, y_2, \ldots, y_n)$ の距離が、$\sqrt{(x_1-y_1)^2+(x_2-y_2)^2+\cdots+(x_n-y_n)^2}$ で定義される空間。Euclidean space

**ゆう-ぐれ【夕暮(れ)】** 日が沈みかかって暗くなること・時間。たそがれ。日暮れ。dusk

**ユーグレナ【Euglena ラテン】** ミドリムシの別名。

**ゆう-くん【遊君】** 遊女。あそびめ。

**ゆう-ぐん【友軍】** 味方の軍隊。allied army [対義]敵軍。

**ゆう-ぐん【遊軍・▼游軍】** ①戦列から離れていて、時機を見て戦いに参加するための部隊。reserve forces ②一定の部署をもたず、予備として待機している者。reserve persons [用例]—記者。

**ゆう-げ【夕▼餉】** 夕方の食事。夕飯。夕け。supper [対義]朝げ・昼げ。

**ゆう-けい【夕景】** 夕方。また、そのけしき。晩景。evening

**ゆう-けい【有形】** 形があること・もの。materiality [対義]無形。

**ゆう-けい【雄▼勁】**(名・形動) ①雄々しく強いこと・さま。vigorous ②文章・文字の力強いこと・さま。powerful

**ゆう-げい【遊芸】** 遊びごとにまつわる芸能。長唄などの謡いもの、舞踊・琴などの弾きもの、講談などの語りもの、また、香・茶の湯・生け花などの総称。

**ゆうけい-ざいさん【有形財産】** 土地・家屋・商品・お金など、形のある財産。tangible assets [対義]無形財産。

**ゆうけい-ぶんかざい【有形文化財】** 文化財の一つ。建造物、絵画、彫刻、工芸品、書跡、典籍、古文書、その他の有形の文化的所産で、歴史上または芸術上価値の高いもの、及び考古資料、歴史資料をいう。tangible cultural properties

**ユー-ケー【UK】**《United Kingdom の略》↓イギリス

**ゆう-げき【遊撃】** ①機に応じて敵を攻め、味方を助けること。その部隊。guerrilla ②野球で、遊撃手。ショートストップ。shortstop

**ゆうげき-せん【遊撃戦】** 主力部隊の戦闘を有利にするため、別動隊が行う牽制・陽動・持久戦の総称。奇襲戦。ゲリラ戦。guerrilla warfare

**ゆう-げしょう【夕化粧】** ①夕方にする化粧。②マツヨイグサの栽培品種。③《夕方に花を開くことから》オシロイバナの別名。

**ユーゲニズム【yugenism】**《幽玄をもとにした語》美術で、絵の幽玄なおもむき。

**ゆう-けむり【夕煙・夕▼烟】** =ゆうけぶり。①夕食の仕度の煙。②夕方にたなびく煙。

**ゆう-けん【勇健】**(名・形動) ①勇ましく、力があること・さま。②達者。壮健。無事息災。

**ゆう-けん【郵券】** 郵便切手。

**ゆう-げん【有限】** かぎりがあること。limited [対義]無限。

**ゆう-げん【幽玄】**(名・形動) ①奥深く微妙で、はかりしれないこと・さま。あじわいが深いこと・さま。②上品でやさしいこと・さま。③日本古典文学や芸術での美的理念の一つ。基本的には縹渺として捕らえがたい、やさしい美しさをさす。㋐歌論などで、神秘的で理解を絶すること、言外の余情のある美。㋑能楽論などで、美しく柔和であること、たおやかなやさしさ、優艶をいう。

**ゆうげん-がいしゃ【有限会社】** 営利活動を目的として有限会社法に基づき設立された社団法人。社員は会社に対して出資額を限度とする責任を負うだけで、会社債権者に対する責任を負わない。limited company

**ゆうげん-かじょ【有限花序】** 花の配列様式の一つ。頂端から咲き始め他の部分におよぶ。definite inflorescence [対義]無限花序。

**ゆうげん-きゅうすう【有限級数】** 有限個の項からなる級数。finite series

**ゆうけん-しゃ【有権者】** ①権利をもっている人。②選挙権をもっている人。日本では年齢満二〇歳以上の日本国民。electorate

**ゆうげん-しゅうごう【有限集合】** 有限個の要素からなる集合。finite set

**ゆうげん-しょうすう【有限小数】** 小数点以下に、0でない数が有限個ある小数。finite decimal

**ゆうげん-すうれつ【有限数列】** 有限個の項からなる数列。finite sequence

**ゆうげん-せきにん【有限責任】** 債務者の財産中のある物だけ、または一定額を限度に債務の履行を負担すればよいとする場合の責任。limited liability [対義]無限責任。

**ゆうげん-ちょくせん【有限直線】** ↓せんぶん(線分)

**ユーゲント-シュティール【Jugendstil ドイツ】** ドイツ・オーストリアにおけるアール-ヌーボー様式の呼び名。この運動の機関誌『ユーゲント』に由来する。

**ユーゴ【Yugo】** ↓ユーゴスラビア

**ゆう-こう【友好】** 友達のように仲のよいつきあい。友達のよしみ。friendship [用例]—関係。

**ゆう-こう【有功】** 手柄のあること。[用例]—章。

**ゆう-こう【有効】**(名・形動) 効力・効果のあること・さま。validity [対義]無効。[用例]—期間。

**ゆう-こう【遊行】**(名・サ変自) 遊び歩くこと。あてもなく行くこと。wander

**ゆう-ごう【融合】**(名・サ変自) 一つにとけあうこと。融和。[用例]異文化との—。細胞—。

**ゆうこう-きゅうじんばいりつ【有効求人倍率】** 公共職業安定所に登録されている求職者数で求人数を割った数。労働需給の状態を示す。active opening ratio

**ゆうこう-じゅよう【有効需要】** 買いたいという欲求だけでなく実際の購買力をもった需要のこと。effective demand

**ゆうこう-じょうちゅう【有▼鉤条虫】** 人の腸内に寄生する大形の条虫。頭部に固着・吸着器官として約三〇個の鉤と四個の吸盤をもつ。成虫の長さ数メートル。人体外に出た卵はブタの体内に入って幼虫となり、その生肉を食べると人に感染。カギサナダ。pork tapeworm [対義]無鉤条虫。

**ゆうこう-すうじ【有効数字】** ①0以外の1から9までの数字。②近似値や測定値で、信頼のおける桁数までの数字。significant figure

**ゆうこう-せんぶん【有向線分】** 向きを考えた線分。有向線分 $\overrightarrow{AB}$ はAからBへ向かう線分を意味する。oriented segment

**ゆうこう-ちゅう【有孔虫】** おもに海底にすみ、殻をもつ原生動物。単細胞で、顕微鏡的なものから数センチメートルの大きさまである。現存種と化石で約一万八〇〇〇種。foraminifer

**ゆう-こく【夕刻】** 日暮れ。夕方。evening

**ゆう-こく【幽谷】** 奥深く静かな谷。deep ravine [用例]深山—。

**ゆう-こく【憂国】** 国のありかた・状態を心配すること。patriotism [用例]—の志士。

**ユーゴスラビア【Yugoslavia】**(Socialist Federal Republic of Yugoslavia) 東ヨーロッパ、バルカン半島北西部の社会主義連邦共和国。首都ベオグラード。国名は「南スラブ」の意。スロベニア・クロアチア・セルビア・ボスニア-ヘルツェゴビナ・モンテネグロ・マケドニアの六共和国からなる。小麦・トウモロコシ栽



↓行き先項目、図版・写真参照印。 JIS 日本工業規格情報交換用漢字符号コード(区点コード)。

培が中心。鉱物資源にも恵まれる。面積二五・六万km²。人口二三二七万(一九八六)。正称ユーゴスラビア社会主義連邦共和国。

**ユーコミス**【Eucomis】 ユリ科の春植え球根草。根出葉は長楕円形。夏、花茎の先端にパイナップルに似た花穂をつける。鉢植え・花壇植え用などに栽培。南アフリカ原産。

**ゆう-こん**【幽魂】 死者のたましい。亡霊。亡魂。spirit of a dead person

**ゆう-こん**【雄▼渾】(名・形動) ①雄々しいこと・さま。勢いのあること・さま。vigorous ②文字・文章が力強くのびのびしていること・さま。bold; vigorous 用例 —な筆致。

**ユーコン-がわ**【ユーコン川】(Yukon River) 北アメリカのカナダ北西部ユーコン地方から、アメリカのアラスカ州を経てベーリング海に注ぐ川。長さ三七〇〇km。

**ユーコン-テリトリー**【Yukon Territory】 カナダ北西部、ロッキー山脈北部の連邦直轄領。山がちで寒冷な地域のため、農牧業には適さないが、鉱産・森林資源が豊か。人口二・二万(一九八一)。

**ユーザー**【user】 実際に品物を買う人。商品の使用者。需要者。

**ゆう-ざい**【有罪】 ①罪があること。guilty ②裁判で、犯罪の成立が認められること。guilty 対義 無罪。

**ゆう-ざい**【融剤】 ↓フラックス

**ゆう-さつ**【誘殺】(名・サ変他) 誘い寄せて、殺すこと。

**ゆう-さり**【夕さり】 古語 夕方になること。夕方。用例 あしたには狩にいだしたてやり、—は帰りつつ(伊勢・六九)。

**ゆう-さ・る**【夕さる】 古語 (四自) 夕方になる。用例 玉かぎる—・り来れば猟人の(万葉・一〇・一八一六)。

**ゆうされ-ば**【夕されば】 文語的 (連語) 夕方になると。

**ゆう-さん**【有産】 財産があること。金持ち。対義 無産。

**ゆうさん-かいきゅう**【有産階級】 資本家・地主など、財産を持っている、豊かな階級。ブルジョアジー。bourgeoisie 対義 無産階級。

**ユーザンス**【usance】 ①為替手形の支払い期限までの猶予期間。手形期限。②貿易金融の形式の一つ。輸出入代金の支払いに猶予期間をつける方式。

**ユーザンス-ビル**【usance bill】 期限付き手形。

**ゆうさんそ-エネルギー**【有酸素エネルギー】 人間の体内で、酸素の供給が続く限り持続的に生み出されるエネルギー。解糖で生じた乳酸が分解されるときに発生する。aerobic energy 対義 無酸素エネルギー。

**ゆうさんそてき-うんどう**【有酸素的運動】 ↓エアロビクス

**ゆう-し**【有史】 歴史として、文字で書かれた記録が残っていること。historic 用例 —以来。

**ゆう-し**【有司】《つかさある人、の意》役人。官吏。用例 —百官。

**ゆう-し**【有志】 ①こころざしのあること・人。volunteer ②ある団体の内部で、ある事物にとくに関心のある人々。interested persons 用例 町内—。

**ゆう-し**【勇士】 ①勇気のある人。brave man ②軍人の美称。brave soldier

**ゆう-し**【勇姿】 いさましいすがた。brave figure

**ゆう-し**【雄姿】 ①男らしいすがた。英姿。brave figure ②雄大な姿。magnificent view

**ゆう-し**【雄志】 大いにやろうとするこころざし・意気。雄大な意気。ambition

**ゆう-し**【雄視】(名・サ変自) 威勢を張って見下ろすこと。比較 君臨。

**ゆう-し**【遊子・▼游子】 旅人。旅客。行客。用例 雲白く、—悲しむ(島崎藤村・落梅集)。

**ゆう-し**【遊資】「遊休資本」の略。

**ゆう-し**【猶子】 ①兄弟の子。おい。めい。②養子。養子。

**ゆう-し**【融資】(名・サ変自) 資金を融通すること。その資金。financing 用例 —を受ける。

**ゆう-じ**【有事】 戦争・大災害などの緊急事態が起きること。emergency 対義 無事。用例 —の際。

**ゆう-しお**【夕潮】 夕方に満ち干する海水。対義 朝潮。

**ユージオメーター**【eudiometer】 水の電気分解により得られる気体の体積から電気量を求める装置。水素と酸素から水を合成する実験にも使用される。水電量計。酸水素クーロメーター。

**ゆうしかい-ひこう**【有視界飛行】 操縦士が地形や地物を見て操縦する航行方式。視界が良好なときに限って行う。visual flight

**ゆう-しき**【有識】 ①学問があり、見識の高いこと。learned ②物知り。ゆうそく。対義 計器飛行。

**ゆうしき-しゃ**【有識者】 学識のある人。learned man

**ゆうし-ぎん**【遊子吟】 旅人の作った歌。

**ユーじ-こく**【U字谷】 氷河の浸食によってできたUの字型の谷。U-shaped valley

**ゆうしつ-どうぶつ**【有▼櫛動物】 動物界の一門。体表には八本の櫛板の列があり、櫛板の繊毛を動かして海の表層を泳ぐ。クシクラゲなど。世界の暖海に分布。ctenophore

**ゆうし-てっせん**【有刺鉄線】 とげを付けた鉄線。barbed wire 参照 ばら線。

**ゆうしで-の**【▽木▽綿四手の・▽木▽綿▽垂の】 [枕ことば]《「ゆうしで」は、コウゾの皮の繊維を糸にしたもので作り、しめなわなどに垂れ下げた。神前で用いることから》「神」にかかる。用例 心狂気に馴れ衣の、巳の日の祓ひや—神の助けも波の上(謡曲・松風)。

**ユージノ-サハリンスク**【Yuzhno-Sakhalinsk】 樺太(=サハリン)南部の工業都市。「南サハリン市」の意。日本領時代の名は豊原。人口一四万(一九七九)。

**ゆうし-ぶんれつ**【有糸分裂】 真核生物のもっとも一般的な細胞分裂。染色体や紡錘体などが関与する。核分裂のさい、紡錘糸が形成されるのでこの名がある。体細胞分裂と減数分裂の二種類がある。mitosis

**ゆうしほうげん**【遊子方言】 田舎老人多田爺作の洒落本。明和七年(一七七〇)ごろ刊。吉原で半可通の男が冷遇され、純情な若者がもてる話。のちの作品の範となった。

**ゆう-しゃ**【勇者】 勇気がある人。勇士。brave man

**ゆう-じゃく**【幽寂】(名・形動) 奥深く静かなこと・さま。profound

**ゆう-じゃく**【有若】(生没年未詳) 中国、春秋時代の儒者。孔子の門人。字は子有。孔子の言説風貌が孔子に似ていたため、孔子没後弟子たちが師に見立てて追慕したという。有子。

**ユー-シャン**【玉山】(Yù Shān) ↓ぎょくざん(玉山)

**ゆう-しゅう**【有終】 終わりをりっぱに仕遂げること。achievement

**有終の美を飾る**(ゆうしゅうのびをかざる) 最後までよくやって、りっぱな成果をあげる。bring… to perfection

**ゆう-しゅう**【幽囚】 捕らえられて獄に押し込められること・人。confinement

**ゆう-しゅう**【憂愁】 うれいと悲しみ。melancholy

**ゆう-しゅう**【優秀】(名・形動) とくにすぐれていること・さま。excellence 対義 拙劣。

**ゆう-じゅう**【優柔】(名・形動) ①やさしくてものやわらかなこと・さま。tenderness ②ものごとに煮えきらないこと・さま。はきはきしないこと・さま。indecisive

**ゆうしゅう-せい**【優秀性】 優秀であること。優秀な性能。excellence

**ゆうじゅう-ふだん**【優柔不断】(名・形動) ぐずぐずして、なかなか決断できないこと・さま。irresolution

**ゆう-しゅつ**【▼湧出・▼涌出】(名・サ変自) 《「ようしゅつ」の慣用読み》わき出ること。spring out 用例 —量。

**ゆうしゅ-どうぶつ**【有▼鬚動物】 動物界の一門を構成する動物群。体は細長く、自分の分泌物でつくった棲管の中にすむ。体の前部にある触手に並ぶ小枝で餌を吸収・消化するので、消化器はない。pogonophoran

**ゆう-しゅん**【優▼駿】 足の速い、すぐれた競走馬。fleet racehorse

**ゆうしゅんひんば-きょうそう**【優▼駿▼牝馬競走】 日本の競馬で、「オークス」の正式名称。

**ゆう-じょ**【▼宥▼恕・優▼恕】(名・サ変他) ①寛大な心により許してとがめないこと。generosity ②被害者が加害者の行為を許容する感情をあらわすこと。forgiveness

**ゆう-じょ**【遊女】 近代以前の売春婦の総称。近世にはおもに太夫・格子・花魁などの上級の公娼に用いられた。明治以降は娼妓とよばれる。あそびめ。女郎。prostitute

**ゆう-しょう**【有償】 一方から利益をうけたとき、他方がそれに対してつぐないをすること。代価を払うこと。onerousness 対義 無償。用例 —交付。

**ゆう-しょう**【勇将】 強くて勇ましい大将。brave general 比較 知将。対義 弱卒。

**勇将の下に弱卒無し**(ゆうしょうのもとにじゃくそつなし) 勇敢な大将のもとには、それに影響されて、弱い兵隊がいない。責任者がりっぱだと、部下も皆しっかりしている。A good general makes good men.

**ゆう-しょう**【▼湧昇】 海洋において数百メートルの深層から冷水が上昇してくる現象。深層から栄養塩を運ぶので好漁場となる。upwelling

**ゆう-しょう**【優勝】(名・サ変自) ①いちばんすぐれていること。②第一位になること。victory

**ゆう-しょう**【優賞】(名・サ変他) 手厚く賞すること。その褒美。

**ゆう-じょう**【友情】 ㊀友人どうしの愛情。friendship ㊁武者小路実篤の小説。大正八年(一九一九)発表。若い芸術家の友情と恋愛の葛藤を描く。

**ゆう-じょう**【優▼諚】 天子の特別なおぼしめしのことば。

**ゆうしょう-き**【優勝旗】 競技会などで、優勝した人やチームに、その名誉を賞するために与えられる旗。通常は次の競技会のときに返還する。championship flag

**ゆうしょう-けいやく**【有償契約】 一方の契約者が相手方へ代金や賃料を支払い、双方が財産上の利益を受けあう契約。売買や賃貸借など。onerous contract 対義 無償契約。

**ゆうしょう-はい**【優勝杯】 優勝した人・団体などに贈る記念のカップ。trophy

**ゆうしょう-れっぱい**【優勝劣敗】 生存競争で、すぐれたものが勝ち、おとったものが負けること。強者が栄え、弱者が滅びること。survival of the fittest

**ゆう-しょく**【夕食】 夕方に食べる食事。supper

**ゆう-しょく**【有色】 色があること。colored 対義 無色。

**ゆう-しょく**【有職】 ↓ゆうそく(有職)

**ゆう-しょく**【▼侑食】 ①貴人とともに食事をすること。陪食。②食事を勧めること。

**ゆう-しょく**【憂色】 心配そうな顔つき・ようす。anxious look 対義 喜色。用例 —濃いものがある。

**ゆうしょく-じんしゅ**【有色人種】 皮膚の色が白くない人種。黄色人種・黒色人種などの総称。colored race

**ゆうしょく-たい**【有色体】 植物細胞の中にあり、葉緑素以外のカロチン・キサントフィルなどの色素を含む色素体。ニンジン・トウガラシなどに発色する。chromoplast 参照 白色体。

**ゆうしょく-やさい**【有色野菜】 色の濃い野菜。野菜の食べられる部分一〇〇gについて、カロチン六〇〇マイクログラム以上を含む野菜。ホウレンソウ・ニンジン・カボチャ・トマトなど。緑黄色野菜。colored vegetables

**ゆうじ-りっぽう**【有事立法】 日本への武力攻撃に対する自衛隊や政府の対処のしかたを法律的に整備しようとすること。emergency defense legislation

**ゆう-しん**【雄心】 はやり立つ気持ち。用例 —勃々としておこる。

**ゆう-じん**【友人】 ともだち。朋友。friend

**ゆう-じん**【有人】 人工衛星や深海調査船などに、それを操作する人が乗っていること。対義 無人。用例 —宇宙飛行。

**ゆうしん-ろん**【有神論】 ①神の存在を認める哲学上ならびに宗教上の立場。対義 無神論。②神は世界をつくり、支配している超自然的存在であるという論。theism 比較 理神論。③神は世界をつくったが、のちに世界と関係なく、世界の外にあるという論。theism 比較 汎神論。

**ゆう-すい**【幽▼邃】(名・形動) けしきが奥深く静かなこと・さま。

**ゆう-ずい**【雄▼蕊】 ↓おしべ(雄蕊)

**ゆうずい-しんけいせんい**【有髄神経線維】 髄をもつ神経線維。無鞘と有鞘があり、無鞘は高等動物の中枢神経、有鞘は脊椎動物の脳脊髄神経にみられる。

**ゆうすい-ち**【遊水池】 洪水時に河川水を一時的に貯留、水量を調節する天然または人工の貯水池。中国伝来の治水工法。

**ゆう-すう**【有数】(名・形動) ①数えるほどしかないこと・さま。対義 無数。②有名なこと・さま。指折り。prominence

**ゆう-ずう**【融通】(名・サ変他) ①すらすら通

ること。差別も障害もなく広がること。ゆずう。smooth progression 用例 ―無碍。②金銭・物品などの都合をつけること。貸借すること。やりくり。accommodation ③そのとき、その場に応じて物事を処理すること。adaptability 用例 ―がきかない。

**ゆうずう-せい【融通性】** その場に応じて処理できる能力。adaptability

**ゆうずう-てがた【融通手形】** 実際の商取引のためでなく、単に資金を融通してもらうために振り出す手形。空手形。好意手形。accommodation bill 比較 商業手形。

**ゆうずう-ねんぶつしゅう【融通念仏宗】** 日本浄土教の一宗派。永久五年(一一一七)良忍が開宗。自他の念仏は互いに融通することを唱えた。総本山は大念仏寺。

**ゆうずう-むげ【融通無▾碍】**《仏教語》異なったものが相互に滞りなく融けあい、自由に通ずること。

**ゆう-すげ【夕▾萓】** ユリ科の多年草。山野にはえる。高さ約一m。葉は線形。初夏に花軸を出し、数個のユリに似た淡黄色の花が咲く。花には香りがあり、夕方に開き、翌朝にしぼむ。キスゲ。↓写

●ユウスゲ

**ゆうすしき-どき【▿夜▾臼式土器】** 縄文時代晩期の標式土器。福岡県粕屋郡新宮町にある夜臼遺跡から出土したところからの呼称。

**ゆう-すずみ【夕涼み】**(名・サ変自) 夏の夕暮れに、外で涼むこと。enjoy the evening cool

**ユースタチック-うんどう【ユースタチック運動】** 地質時代を通じて起こった海面の昇降運動。とくに海水量自体の変化による海面の昇降をさす。その大部分は氷河の消長にともなう氷河性海面変動と考えられている。eustatic movement

**ユース-ホステル【youth hostel】** 青少年旅行者のための健全で低料金の宿泊施設。一九〇九年、ドイツで始まり、以後ヨーロッパから世界各地へと普及。日本では昭和二六年(一九五一)日本ユースホステル協会が設立された。

**ゆう・する【有する】**(サ変他) 持っている。有す。possess

**ゆう-せい【有声】** 発音のとき、声帯が振動すること。voiced 対義 無声。

**ゆう-せい【有性】** 同一種類のものに、雌雄の区別があること。sexual 対義 無性。

**ゆう-せい【幽▾棲・幽▾栖】**(名・サ変自) 世間を離れて、静かに住むこと。また、その住まい。secluded life

**ゆう-せい【郵政】** 郵便についての行政。postal administration

**ゆう-せい【遊星】** 惑星。planet

**ゆう-せい【雄性】** ①おす。男性。male ②おすに特有の性質。おすとしての特徴。male

**ゆう-せい【優生】** よい遺伝を保って、子孫の素質をすぐれたものにすること。eugenic 用例 ―学。

**ゆう-せい【優性】** 互いに対立形質をもつ両親を交雑した場合に、雑種第一代に一方の形質が他方をおさえて現れること。dominance 対義 劣性。

**ゆう-せい【優勢】**(名・形動) 勢いが他よりもすぐれていること・さま。predominance 対義 劣勢。

**ゆう-ぜい【有税】** 税がかかること。taxable 対義 無税。

**ゆう-ぜい【郵税】** 郵便料金。

**ゆう-ぜい【遊説】**(名・サ変自) 各地を回って主義・政策を説くこと。canvass 用例 ―のため西下する。

**ゆうせい-おん【有声音】** 声帯の振動をともなう音。日本語では母音・濁音およびナ・マ・ヤ・ラ・ワの子音と、はねる音。voiced sound 対義 無声音。

**ゆうせい-がく【優生学】** 人類の遺伝的素質の向上を目的とする学問。個人が結婚・出産の意思決定をするさい、将来生まれるべき子どもの遺伝子型を予測することなど。イギリスの人類学者フランシス＝ゴールトンの提唱にはじまる。ユーゼニックス。eugenics

**ゆうせいじぎょう-とくべつかいけい【郵政事業特別会計】** 造幣・印刷とならぶ政府の企業的事業である郵政事業に関する歳出入を経理する特別会計。郵便貯金特別会計から資金が繰り入れられる。

**ゆうせい-しょう【郵政相】** 郵政大臣。

**ゆうせい-しょう【郵政省】** 郵便・電気通信に関する行政事務を主管する中央官庁。昭和二四年(一九四九)逓信省の解体で発足。大臣官房と郵務・電気通信などの六局のほか、地方郵政監察局・地方電気通信管理局などの地方部局がある。Ministry of Posts and Telecommunications

**ゆうせい-せいしょく【有性生殖】** 生物界の主要な生殖法で、雌と雄の配偶子の合体による生殖。sexual reproduction 対義 無性生殖。

**ゆうせい-せだい【有性世代】** 有性生殖をいとなむ世代。世代交代を行う生物について用いることが多く、植物では配偶体の世代がこれにあたる。sexual generation

**ゆうせい-せんじゅく【雄性先熟】** 雌雄同体の動物で、精巣など雄の生殖器官が、雌のそれよりも先に成熟すること。protandry

**ゆうせい-だいじん【郵政大臣】** 国務大臣の一人。郵政省の長。郵政相。Minister of Posts and Telecommunications

**ゆうせい-の-ほうそく【優性の法則】** メンデルの遺伝法則の一つ。一対の対立形質に注目すると、雑種第一代において、両親のいずれか一方のみの形質をあらわす現象。law of dominance

**ゆうせい-はぐるまそうち【遊星歯車装置】** 歯車式伝動装置の一つ。互いにかみ合う一対の歯車の一方は固定されており、他方はかみ合いつつそのまわりを回る。planetary gears

**ゆうせい-ほごほう【優生保護法】** 国民の遺伝的性質の改善および母体の健康保護を目的とした法律。優生手術と人工妊娠中絶の適用範囲の規定がある。昭和二三年(一九四八)制定。the Eugenic Protection Act

**ゆうせき-はいぐうしゃ【有責配偶者】** 夫婦のうち、不貞・遺棄・虐待などにより夫婦関係が壊れる原因をつくったほうの当事者。昭和六二年(一九八七)最高裁判所は、特別の事情があれば有責配偶者側からの離婚請求も認める判断を示した。

**ゆう-せつ【融雪】** 雪のとけること。また、とかすこと。日射や暖気のほか風や雨が影響する。melting of snow 用例 ―期。

**ゆうせつ-こうずい【融雪洪水】** 流域内の積雪が気温の上昇や雨によってとけ、大量の水となって流れ出るために起こる洪水。flood of melted snow

**ユーゼニックス【eugenics】** 優生学。

**ゆう-せん【有線】** ①電線を用いること。電線のあること。その電話・放送。wired 対義 無線。②「有線電信」「有線放送」などの略。

**ゆう-せん【勇戦】**(名・サ変自) 勇敢に戦うこと。fight bravely

**ゆう-せん【郵船】** 郵便船。mail ship

**ゆう-せん【優先】**(名・サ変自) 他よりも先にすること。give priority 用例 会員―。

**ゆうぜん【友禅】**「友禅染」の略。

**ゆう-ぜん【▿油然】**(形動トタル) さかんにわき起こるさま。用例 ―と雲がわく。

**ゆう-ぜん【悠然】**(形動トタル) ゆったりと落ち着いているさま。easy and relaxed 用例 ―と構える。

**ゆうせん-かぶ【優先株】** 利益配当や残余財産の分配で、普通株より優先権をもつ株式。preferred stock 対義 後配株。

**ゆうせんくつ【遊仙▾窟】** 中国、唐代の小説。張鷟作。中国では早く滅び、日本に伝わり親しまれた。旅の途中に仙境へ迷いこんだ男が、美しい姉妹に歓待される話。

**ゆうせん-けん【優先権】** 優先する権利があること。その権利。priority

**ゆうせん-しゅ【優占種】** 植物群落内で群性格をきめている種。その地の環境によく適応したもので、季節による交代もある。dominant species

**ゆうぜん-ぞめ【友禅染】** 染色模様の様式およびその技法。絹布などに山水・花鳥などの模様を写実的に豊富な色彩で染め出すもの。近世、京都の宮崎友禅が創案した。友禅。↓写

●友禅染

**ゆうせん-テレビ【有線テレビ】** ↓シーエーティーブイ(CATV)

**ゆうせん-でんしん【有線電信】** 電線を用いて通信・符号を遠隔地に送ること。

**ゆうせん-ど【優占度】** 植物群落内の各種類の量的な関係を示す数値。dominance

**ゆうせん-ふんとう【勇戦奮闘】**(名・サ変自) 勇ましく力をふりしぼって戦うこと。fight bravely

**ゆうせん-ほうそう【有線放送】** 有線で公衆に放送すること。また、加入者に情報・音楽を送ること。また、その施設。CATVなども含む。cable broadcasting

**ゆう-そう【勇壮】**(名・形動) いさましく元気なこと・さま。bravery 用例 ―活発。

**ゆう-そう【郵送】**(名・サ変他) 郵便で送ること。mail; post

**ゆうそう-し【遊走子】** 無性生殖を行う胞子の一種で、鞭毛をもっていて水中を運動するもの。藻類や下等な菌類に見られる。swarm spore

**ゆうそう-じん【遊走▾腎】** 呼吸による腎臓の上下移動の程度の強いもの。腎臓がよく固定しないためにおこる。wandering kidney

**ゆうそう-どうぶつ【有▾爪動物】** 動物界の一門で、カギムシの類。体長一～一五cm。体は細長く、体節はない。付属肢の先端に鉤爪をもつ。環形動物と節足動物をつなぐ動物とされる。世界に約七〇種。

**ゆう-そく【有▿職】**《古くは「有識」とも》＝ゆうしょく。①物知り。②朝廷や武家の、故実・礼式などに通じていること・人。用例 ―故実。

**ゆうそく-か【有▿職家】** 有職故実に通じている人。また、それを修め伝える家柄。

**ゆうそく-こじつ【有▿職故実】**《古い事に精通していること》朝廷や武家古来の儀式・礼法・法令などに関する定型、およびそれを研究する学問。公家については藤原実頼(小野宮流)・藤原師輔(九条流)の二家が祖とされ、武家に関しては伊勢氏・小笠原氏が有職家として成立。

**ゆうそく-もんよう【有▿職文様】** 古典文様の代表的なもの。平安時代以降近世まで、家格や位階に応じて、公家が装束や調度につけた文様。霰・唐草など中国の文様が日本化したもので、日本の文様の基調をなしている。

**ゆう-だ【遊惰】**(名・形動) 遊び、怠けること・さま。怠惰。indolence 用例 ―の徒。

**ユー-ターン【U-turn】**(名・サ変自) 自動車などが道路上でU字形に回って、もと来たほうへ戻ること。逆戻りすること。

**ユーターン-げんしょう【Uターン現象】** 農・漁村から都市に移動した人口が、ふたたび農・漁村に戻ること。高度成長期から低成長期になって目立つようになった現象。

**ゆう-たい【勇退】**(名・サ変自) 後進のため、進んで職などをやめること。voluntary retirement 比較 引退。

**ゆう-たい【優退】**(名・サ変自) 運動競技などで、続けて勝ったあと引き下がること。

**ゆう-たい【優待】**(名・サ変他) 手厚くもてなすこと。優遇。warm treatment 用例 ―券。

**ゆう-たい【郵袋】** 郵便物を入れて輸送するふくろ。もと、行嚢。mailbag

**ゆう-だい【雄大】**(名・形動) 大きく堂々としていること・さま。grandeur

**ゆうだい-せきうん【雄大積雲】** 雄大に発達した積雲。頂部はもくもくと高い塔のように立ち、さらに発達すると積乱雲になる。雄大雲。congestus

**ゆうたい-ぶつ【有体物】** 法律で、物理的に空間の一部を占め、権利の客体となりうるもの。生きている人間は含まない。corporeal thing 対義 無体物。

**ゆうたい-るい【有袋類】** 原始的な哺乳動物の一群。子宮の発達が悪く、子は発育不完全の状態で生まれ、雌の腹部の育児嚢で育

ゆ



↓行き先項目、図版・写真参照印。 JIS 日本工業規格情報交換用漢字符号コード(区点コード)。

つ。カンガルー・コアラ・フクロネズミなど。marsupial

**ゆう-だすき【▽木▽綿▼襷】**［枕ことば］《木綿で作った、たすきを掛ける、また、結ぶことから》「掛く・結ぶ」などにかかる。用例 ― かけてもいふなあだ人のあふひてふ名は禊にぞせし(後撰・夏)。

**ゆう-だたみ【▽木▽綿畳】** ①木綿を折りたたむこと。また、たたんだもの。神事に使う。②［枕ことば］《①を神にささげることから》「手向け」にかかる。用例 ― 手向の山を今日越えていづれの野辺に廬せむわれ(万葉・六・一〇一七)。

**ゆう-だち【夕立】** 夏の夕方などに降るにわか雨。雷をともなうことが多い。積乱雲の発達と、その移動にともなって降る。shower

**夕立は馬の背を分ける** 夕立は、狭い地域に降るたとえ。

**ユータナジー【euthanasie(フランス)】** 安楽死。

**ゆう-たん【▼熊胆】** ↓くまのい(熊の胆)

**ゆう-だん【勇断】**(名・サ変他) 勇気をふるって決断すること。その決断。courageous decision 比較 英断。

**ゆうだん-しゃ【有段者】** 剣道・柔道・碁・将棋などで、段位を持つ人。

**ゆう-ち【有知・有▼智】** 知恵のあること・人。

**有知無知三十里** 知恵のある者とない者との差が、きわめて大きいことのたとえ。

**ゆう-ち【誘致】**(名・サ変他) 企業などを、その土地に招き寄せること。attraction 用例 工場―。

**ゆうちく-のうぎょう【有畜農業】** 作物生産と畜産を組み合わせた農業経営。経営の安定と向上が目的。

**ユーチャリス【Eucharis】** ヒガンバナ科の常緑球根草。葉は長柄の広楕円形。四季咲きで、純白で香りの高い六弁花をつける。南アメリカ原産。アマゾンリリー。

**ユーチュワン-シャン【玉泉山】**(Yùquán Shān) ↓ぎょくせんざん(玉泉山)

**ゆう-ちょう【優長】**(形動タル) 物事にすぐれているさま。

**ゆう-ちょう【悠長】**(形動) ①落ち着いているさま。calm ②のんびりと気が長いさま。slow

**ゆう-づう【融通】**(名・サ変他) ↓ゆうずう(融通)

**ゆう-づきよ【夕月夜】** まだ暮れきらない月夜。暮れ方の月明かり。ゆうづくよ。moonlit evening 対義 朝月夜。

**ゆう-づくよ【夕▽月夜】** ①↓ゆうづきよ(夕月夜)。②［枕ことば］《夕月夜の月は夜中に沈み、暁には月の無い暗やみになることから》「あかときやみ」「をぐらし」などにかかる。用例 ― 暁闇の朝影にわが身はなりぬ汝を思ひかねに(万葉・一一・二六六四)。

**ゆう-づる【夕▼鶴】** ①木下順二の戯曲。一幕。佐渡の民話「鶴の恩返し」に取材。民話劇のジャンルを確立した。昭和二四年(一九四九)ぶどうの会初演。②戯曲を団伊玖磨が作曲でオペラ化。昭和二七年(一九五二)初演。

**ユーティーエー-フランスこうくう【UTAフランス航空】**(Union de Transports Aériens(フランス)) フランスの航空会社。一九六三年民間航空二社が合併して設立。UTA。

**ユーディーエフ【UDF】**《Union pour la Démocratie Française(フランス)の略》フランス民主連合。

**ユーティリティー【utility】** ①有用なこと。用途が広いこと。②「ユーティリティールーム」の略。

**ユーティリティー-プログラム【utility program】** 汎用プログラム。共通のデータ処理機能をもち、頻繁に繰り返し使用される。

**ユーティリティー-ルーム【utility room】** ①ホテル・病院などの洗濯・配膳などの作業を行う部屋。ユーティリティー。②↓かじしつ(家事室)

**ゆうてい-るい【有▼蹄類】** 足の先端にひづめをもつ草食性の哺乳類の総称。ふつう、ウマ・サイなどの奇蹄目と、シカやウシなどの偶蹄目をさす。ungulate

**ゆう-てん【融点】** 融解が起きる温度。一定圧力で、その物質の固相と液相とが平衡を保つ温度。気圧によって違い、ふつう一気圧の下における融点をさす。水では0℃。融解点。melting point

**ゆうてん-こうか【融点降下】** 純成分の融点にくらべて、それにほかの成分を加えた混合物の融点がより降下する現象。樟脳の融点降下は有機化合物の分子量の測定に利用される。depression of melting point

**ゆうでん-そんしつ【誘電損失】** 絶縁材料に交流電場を加えたとき生じる熱による損失。電気エネルギーの一部が材料中で熱として消費される現象。誘電加熱に利用。dielectric loss

**ゆうでん-たい【誘電体】** 電場を加えると誘電分極を生じる物質。絶縁体は一般に誘電体。dielectric substance; dielectrics

**ゆうでん-ぶんきょく【誘電分極】** 誘電体に外から電場を加えたとき、分子や原子内の電子分布がずれて、一方に正、他方に負の電荷があらわれる現象。dielectric polarization

**ゆうでん-りつ【誘電率】** 電束密度と電場の比。絶対誘電率。dielectric constant

**ゆう-と【雄図】** 雄大な計画。壮図。grand project 用例 ― むなしく。

**ゆう-と【雄途】** 雄々しい出発。brave start 用例 ― につく。

**ゆう-とう【友党】** 行動をともにする政党。allied party

**ゆう-とう【遊▼蕩】**(名・サ変自) 遊興にふけること。放蕩。道楽。dissipation

**ゆう-とう【優等】** 他よりいちだんとすぐれていること。excellence 対義 劣等。用例 ― 生。―賞。

**ゆうとう【雄踏】**〈町〉 静岡県南西部、浜名湖東岸の町。ウナギ養殖がさかん。工場も進出。人口一万四一四一(一九八八)。

**ゆう-どう【誘導】**(名・サ変他) ①さそいみちびくこと。guide ②電気や磁気が電場や磁場におよぼす作用。感応。induction ③動物発生学で、胚のある部分に他の部分を移植することで、その部分が予定されたものとは異なった組織に分化する現象。induction

**ゆうどう-えんぼく【遊動円木】** 子どもの平衡感覚を育てるのが目的の運動施設。丸太の両端を鉄の鎖で低くつり、前後に揺り動かせるようになっている。swinging log

**ゆうどう-きでんりょく【誘導起電力】** 電磁誘導によって生じる起電力。磁束の変化を妨げるような向きに電流が生じ、磁束の時間的変化に比例する大きさの起電力が発生。誘導電圧。induced electromotive force

**ゆうどう-コイル【誘導コイル】** 低い電圧の直流電源から高電圧を生じる装置。磁力線の変化によって生じる誘導起電力を利用。感応コイル。induction coil

**ゆうどう-こうそ【誘導酵素】** 細胞や組織内に通常はほとんど存在しないが、特定の物質を与えると生産されるようになる酵素。これに対し生体が本来そなえている酵素は構成酵素という。適応酵素。inducible enzyme

**ゆうどう-じんもん【誘導尋問】** 訴訟などで、尋問者が自分の欲する答えを暗示して供述を誘導するような質問。原則として許されない。leading question

**ゆうどう-たい【誘導体】** 有機化合物の分子内の水素原子または特定の原子団を、他の原子または原子団で置換してできる化合物。derivative

**ゆうどう-たんい【誘導単位】** 基本単位から導かれる単位。面積($m^2$)・体積($m^3$)・速さ(メートル毎秒)・圧力(ニュートン毎平方メートル)・電力(W)・電圧(V)など。組み立て単位。derived unit

**ゆうどう-でんあつ【誘導電圧】** 磁力線の変化(電磁誘導)によって生じる起電力。誘導起電力。induced voltage

**ゆうどう-でんどうき【誘導電動機】** 交流だけで動作する電動機。固定巻き線がつくる回転磁場によって回転子コイルに電流が誘導され、回転子にトルクを生ずる交流電動機。巻き線型とかご型がある。induction motor

**ゆうどう-でんりゅう【誘導電流】** 閉回路を貫く磁束が変化したとき回路に流れる電流。電磁誘導によってこの回路に誘導起電力が生じるためにおきる。induced current

**ゆうどう-ミサイル【誘導ミサイル】** 遠隔操作や内部の装置で飛行経路を維持し、目標に向かうミサイル。GM。guided missile

**ゆう-とく【有徳】**(名・形動) =うとく。①徳を備えていること・人・さま。virtuous ②金持ち。the rich

**ゆう-どく【有毒】**(名・形動) 対義 無毒。①毒になること・さま。poisonous ②毒を含むこと・さま。poisonous

**ゆうどく-きん【有毒菌】** 有毒な物質を含んでいるキノコ・カビなどの菌類。テングダケなどの毒キノコ。poisonous fungi

**ゆうどく-しょくぶつ【有毒植物】** 有毒成分を含み、接触したり食べたりすると、人畜に有害な植物。有毒成分はおもにアルカロイドで、医薬として有効なものもある。トリカブト・ドクウツギ・アセビなど。poisonous plant

**ゆうどく-どうぶつ【有毒動物】** 有毒な物質を体内外にもっている動物。昆虫・魚・爬虫類などに多く、その毒は外敵から身を守るためのものが多い。毒ヘビ・ムカデ・ハチ・フグなど。poisonous animal

**ユートピア【Utopia】**《ギリシア語のou(無)とtopos(場所)からの合成語で、存在しない所、の意》㊀トーマス=モアの著書。一五一六年刊。当時のイギリス社会の現状を批判し、空想の島ユートピアという形で理想郷としての平等で、自由な社会を描いた。㊁《utopiaで》空想で描いた理想社会。理想郷。無何有郷。陶淵明の桃源郷など。用例 現代人は生活においまわされて、心の中に ― さえない。

**ユートピアン【utopian】** 空想家。夢想家。

**ゆう-なぎ【夕▼凪】** 海岸地方で、昼の海風から夜の陸風に交替する夕方の二〜三時間、風がやんで海がなぐこと。evening calm 対義 朝なぎ。

**ゆうなみ-ちどり【夕波千鳥】**《柿本人麻呂の造語という》夕方の波の上を飛ぶ千鳥。用例 淡海の海 ― 汝が鳴けば(万葉・三・二六六)。

**ゆう-に【優に】**(副) 十分に。sufficiently 用例 ― 一〇万を超える。

**ゆう-にじ【夕▼虹】** 夕方に現れる虹。夕方の虹。

**夕虹、百日の旱** 夕方に虹が立つのは、晴天の続く前兆である。

**ユー-ネックライン**《和製語》襟ぐりの形の一種。U字型の襟あきのこと。↓ネックライン図

**ゆう-のう【有能】**(名・形動) 才能のあること・人・さま。competence; talent 対義 無能。

**ユーバー-カップ**《Lady's International Badminton Championship for The Uber Cupから》バドミントンで、国別対抗の女子団体の世界選手権大会。

**ゆう-はい【有配】** 株式で、配当があること。対義 無配。

**ゆうはいにゅう-しゅし【有▼胚乳種子】** 胚乳の発達している種子。イネ・カキなど。albuminous seed 対義 無胚乳種子。

**ゆう-ばえ【夕映え】** 夕日に空が照り輝くこと。夕焼け。evening glow

**ゆう-はつ【誘発】**(名・サ変他) ある事が原因になって、他の事件や作用などを起こすこと。cause

**ゆうはな-の【▽木▽綿花の】**［枕ことば］《「ゆうはな」は、木綿で作った髪飾り用の造花。枯れずに白く美しく栄える意から》「栄ゆ」にかかる。用例 ― 栄ゆる時にわご大王皇子の御門を神宮に装ひまつりて(万葉・二・一九九)。

**ゆうばり【夕張】**〈市〉 北海道中部、夕張山地の西にある市。石狩炭田の炭鉱都市として、一時は人口一〇万を超えたが、閉山などで衰退。人口二万七〇五一(一九八八)。

**ゆうばり-がわ【夕張川】** 北海道中西部を流れる川。長さ一三六km。夕張岳に発し、夕張山地を下って石狩平野の江別市で石狩川に合流。上流に大夕張ダムがある。

**ゆうばり-さんち【夕張山地】** 北海道中部を南北に連なる山地。最高峰は芦別岳(一七二七m)。東側は富良野の盆地、西側には石狩平野が広がる。

**ゆうばり-たんでん【夕張炭田】** 北海道中央部、夕張市にある炭田。かつて多くの炭坑があったが、ほとんどが閉山した。

**ゆう-はん【夕飯】** 夕方の食事。夕食。晩めし。supper 対義 朝飯。

**ゆう-はん【雄藩】** 勢力の強大な藩。

**ゆう-はん【有半】**(接尾)《「有」は「また」の意》…と、その半分。半。用例 一年 ― 。

**ゆう-ひ【夕日・夕▽陽】** 西に沈もうとする太陽。入り日。setting sun 対義 朝日。

**ゆう-ひ【雄飛】**(名・サ変自) さかんに活躍すること。embark on 対義 雌伏。用例 海外に ― する。

**ゆう-び【優美】**(名・形動) 上品で美しいこと・さま。elegance

**ユーピーアイ【UPI】**《United Press International の略》アメリカの世界的通信社。一九五八年UPとINSの合併によって設立。

**ゆう-びえ【夕冷え】**(名・サ変自) 夕方、日



▼常用漢字表外。　▽常用漢字表の音訓外。

差しが弱まり、外気温が下がって肌寒くなること。また、その冷え。evening cool

**ゆうひ-かげ**ゆふひ-【夕日影】夕日の光。[対義]朝日影。

**ゆう-ひつ**【右筆・▼祐筆】①筆をとって文を書くこと。②文筆に長じている人。③武家の職名。文書・記録に当たった人・職。書記。

**ゆうびょう-りつ**【有病率】ある時点での、ある地域における全患者数の地域内人口に対する割合。問題の病気が与える影響の大きさを知るうえで重要な指標。prevalence rate [比較]罹病率。

**ゆうび-るい**【有尾類】イモリ・サンショウウオの仲間。体が細長く、四肢があり、よく発達した尾をもつ両生類で、有尾目を構成。幼時は体の外側に鰓(えら)をもち、水中で生活する。変態後は陸上生活に移るが、一生水中にすむものもある。世界に約三〇〇種、日本に約一七種。tailed amphibian

**ゆう-びん**【郵便】①信書(手紙・はがき)・印刷物その他所定の物品などを全国・全世界に送達する通信制度。各国とも政府管轄(かんかつ)の事業。日本では、前島密(まえじまひそか)が明治四年(一八七一)に官営郵便を創業したのに始まる。mail ②《「郵便物」の略》郵便で送る手紙・はがき・小包などの総称。mail [用例]—が届く。—を出す。③郵便局で取り扱うものに冠する語。[用例]—貯金。

**ゆうびん-うけ**【郵便受け】郵便物を受けるための入れもの。門柱や玄関ドアなどに取り付ける。郵便箱。メールボックス。mail box

**ゆうびん-かわせ**—かはせ【郵便為替】郵便局を通じて行われる簡易・確実な送金手段。普通為替・電信為替・定額小為替の三種。postal money order

**ゆうびん-きって**【郵便切手】郵便物にはりつけて郵便料金前納の証とする印紙。一八四〇年、イギリスのローランド=ヒルが創始。日本では、明治四年(一八七一)に発行された竜切手四種類が最初。とくに発行枚数を定めない通常切手と、発行枚数を限定して一時的に発行する特殊切手(記念切手・年賀切手など)がある。postage stamp

**ゆうびん-きょく**【郵便局】郵便・郵便貯金・郵便為替などの現業事務を取り扱う郵政省の機関。普通郵便局・特定郵便局のほか地方公共団体などに窓口業務を委託した簡易郵便局がある。post office

**ゆうびん-しょかん**【郵便書簡】郵便料金をあらわす証紙が印刷してある封筒兼用の便箋(びんせん)。二五gを超えない範囲で写真などの封入が認められている。ミニレター。

**ゆうびん-せん**【郵便船】離島などに定期的に郵便物を運ぶ船。郵船。mail boat

**ゆうびん-ちょきん**【郵便貯金】郵便局で取り扱う国営の貯金事業。通常・積立・定額・定期の各郵便貯金など。一人の預金限度額は三〇〇万円以下で非課税とされていたが、昭和六三年(一九八八)から限度額を五〇〇万円以下とし利子所得に課税することになった。postal savings

**ゆうびん-ねんきん**【郵便年金】郵便局が扱う簡易な年金保険。国民の経済生活安定をはかることが目的。終身年金・定期年金の二種。postal annuity

**ゆうびん-はいたつ**【郵便配達】手紙・はがき・小包など郵便物を各宛先へ届けること。また、その業務を行う人。mail; mailman

**ゆうびん-はがき**【郵便葉書】第二種郵便物として取り扱う通信用紙。官製はがきは郵政大臣が規格を定め、郵便料金を表す証票などを印刷して発行する。通常はがき・往復はがき・小包はがきがあり、前二者は私製も認められる。postal card米; post card英

**ゆうびん-ばんごう**【郵便番号】全国の郵便局の配達地域ごとにつけられた番号。郵便物の仕分け作業の効率化・機械化のため各国で導入され、日本では昭和四三年(一九六八)から実施。zip code

**ゆうびん-ポスト**【郵便ポスト】通常郵便物を発信するために投入する箱。速達はその表示をすればよいが、小包・書留などは投入できない。郵便規則では、郵便差し出し箱という。mailbox米; pillar box英

**ゆう-ふ**【有夫】夫があること。married [用例]—の女性。

**ゆう-ぶ**【勇武】(名・形動) 勇気があって武芸にすぐれること・さま。bravery

**ユーブイ-フィルター**【UV filter】《UVはultra violetの略》写真撮影に有害な紫外線を吸収するフィルター。

**ゆう-ふう**【雄風】風力階級六の風(毎秒一〇・八～一三・八m)の和名で、旧気象用語。大枝が動き、電線が鳴り、傘の使用が困難となる程度の風。strong wind

**ユーフォー**【UFO】《unidentified flying objectの略》未確認飛行物体。目撃者はいるが、その存在は科学的に立証されていないものをいう。空飛ぶ円盤。ユーエフオー。

**ゆう-ふく**【裕福】(名・形動) 金持ちで生活の豊かなこと・さま。富裕。wealthy

**ゆうふつ-へいや**【勇払平野】北海道南部、太平洋岸の平野。勇払・厚真(あつま)川流域で、低湿で泥炭地が多い。

**ユーフラテス-がわ**—がは【ユーフラテス川】(Euphrates) 西アジア第一の大河。トルコ東部の山地から、シリア・イラクをへて、チグリス川と合しペルシア湾に注ぐ。長さ二八〇〇km。下流域のメソポタミア平原は世界最古の文明発祥地。

**ゆう-ふん**【憂憤】心をいため、憤慨すること。indignation

**ゆう-ぶん**【右文】学問・文事方面のことを重く見ること。[対義]左武。

**ゆう-べ**ゆふ-【夕べ】①日が沈むころ。日ぐれ。夕方。evening [対義]あした。[用例]秋の—。②ある催し物をする夜。evening [用例]音楽の—。

**夕べの色**(ゆうべのいろ) 夕方の空の色。

**夕べを残す**(ゆうべをのこす) 夜になっても、夕方のようすを残している。

**ゆう-べ**【▽昨▽夜】《「よべ・ようべ」の転か》前日の晩。さくや。last night

**ゆう-へい**【幽閉】(名・サ変他) 人をとじこめること。confinement

**ゆうべつ**【▼湧別】〈町〉北海道北東部、オホーツク海に臨む町。酪農と畑作、サケ・マス・ホタテガイ漁などが主産業。人口六〇〇四(一九八八)。

**ゆう-へん**【雄編・雄▼篇】すぐれた著作。雄大な作品。great work

**ゆう-べん**【雄弁・雄▼辯】(名・形動) 弁舌が力強く、よどみのないこと・さま。eloquence [比較]能弁。[用例]—をふるう。

**雄弁は銀、沈黙は金**(ゆうべんはぎん、ちんもくはきん)《トーマス=カーライルのことば》沈黙を守るほうが、弁舌さわやかに話すより効果がある。Speech is silver, silence is golden.

**ゆう-ほ**【遊歩】(名・サ変自) そぞろ歩き。散歩。walk; ramble

**ゆう-ほう**【友邦】仲のよい関係にある国。friendly nation

**ゆう-ぼう**【有望】(名・形動) よい見込みのあること・さま。promise

**ユー-ボート**【U-Boat】《Unterseeboot(ドイツ)から》第一次・第二次大戦で活躍したドイツの潜水艦の通称。

**ゆう-ぼく**【遊牧】自然の牧草と水を求めて、家畜とともに移動する牧畜形態。乾燥地や寒冷地にみられる。nomadism

**ゆうぼく-こっか**【遊牧国家】遊牧を基本的経済活動とする民族による国家。最も有力な部族長を君主とする部族連合国家の形態をとる場合が多く、経済的には中継貿易や農耕地域からの略奪に依存する傾向が強い。スキタイ・匈奴(きょうど)・突厥(とっけつ)・ウイグル・モンゴル帝国など。

**ゆうぼく-みん**【遊牧民】移動しながら牧畜を営む民族。牧草と水を求めての移動に便利なテントを住居とする。サハラからモンゴリアまでの乾燥地域、スカンジナビア半島北東部のツンドラ地域などに分布。nomad

**ゆうぼくみん-ぶんか**【遊牧民文化】遊牧を生活の基盤とする文化。ユーラシア北部、中東に分布。不安定かつ一定規模以下の集団生活のため、文化は大きく発展することはない。男子中心の家父長的大家族制が特徴。唯一神を信仰するユダヤ教・キリスト教・イスラム教の発生母体。nomadic culture

**ゆうほ-どう**【遊歩道】本来は、公園や庭園内の散策路のこと。最近では、幹線道路の両側にある広い歩道や、市街地の歩行者専用道路や歩行者天国用道路などをさす。promenade

**ゆう-まぐれ**ゆふ-【夕間暮(れ)】《「まぐれ」は「目暗(まぐれ)」の意。「間暮」は当て字》夕暮れ。夕方。evening

**ゆう-みん**【遊民・▼游民】働かずに遊び暮らす人。idler

**ゆう-めい**【有名】(名・形動) 広く世に知られていること・さま。名高いこと・さま。著名。famous [対義]無名。[用例]—な人。—作品。

**ゆう-めい**【勇名】勇者であるという評判。fame for one's bravery [用例]—をはせる。

**ゆう-めい**【幽明】①暗いことと、明るいこと。②来世と現世。

**幽明、相隔つ**(ゆうめい、あいへだつ)「幽明、境を異にす」と同意。

**幽明、境を異にす**(ゆうめい、さかいをことにす) 死別する。[類似]幽明、相隔つ。

**ゆう-めい**【幽▼冥】①かすかで暗いこと。②あの世。めいど。

**ゆうめい-かい**【幽▼冥界】①神仏のいる世界。②あの世。冥土(めいど)。黄泉(こうせん)。

**ゆうめい-むじつ**【有名無実】(名・形動) 名目だけで実質がともなわないこと・さま。be nominal [用例]禁令が—になる。

**ゆう-めし**ゆふ-【夕飯】夕方にとる食事。晩飯。supper [対義]朝飯。

**ユーモア**【humor】品のよいしゃれ・こっけい。暖かみのあるおもしろさ・おかしみ。[比較]ウイット。[用例]—を解する。

**ゆう-もう**【勇猛】(名・形動) 強くて、たけだけしいこと・さま。intrepidity [用例]—果敢。

**ゆう-もや**ゆふ-【夕▼靄】夕方の靄。evening haze [対義]朝もや。

**ユーモラス**【humorous】(形動) ユーモアのあるさま。[用例]—な表情。

**ユーモリスト**【humorist】①ユーモアのある人。②ユーモア作家。

**ユーモレスク**【humoresque(フランス)】↓ユモレスク

**ゆう-もん**【幽門】胃の末端部で、十二指腸に連なるやや細くなった部分。第一腰椎(ようつい)の右側の位置。幽門の口を閉じる幽門弁がある。pylorus ↓胃[図]

**ゆう-もん**【憂▼悶】(名・サ変自) 心配して、もだえること。anguish

**ゆうもんきょうさく-しょう**【幽門狭▼窄症】胃の幽門が狭まり、食物などの通過が悪くなる病気。食物や胃液が貯留するため、嘔吐(おうと)が続く。原因は胃癌(いがん)・胃潰瘍(いかいよう)など。pyloric stenosis

**ゆう-やく**【勇躍】(名・副・サ変自) 心が勇み立つこと。また、そのようす。in high spirits [用例]—、出発する。

**ゆう-やく**【▼釉薬】うわぐすり。glaze

**ゆう-やけ**ゆふ-【夕焼け】日のしずむとき、日光の反射で西の空が黄赤色に染まること。大気中の空気分子と浮遊微塵(みじん)による太陽光の散乱と回折が原因。青色の光は散乱し、波長の長い赤色の光が大気層を透過する。夕ばえ。evening glow [対義]朝焼け。

**夕焼けは晴れ朝焼けは雨**(ゆうやけははれあさやけはあめ) 夕焼けは晴れの、朝焼けは雨の前触れである。Red sky at night, shepherd's delight; red sky in the morning, shepherd's warning.

**ゆう-やみ**ゆふ-【夕▼闇】①日が沈んだあとの暗さ。twilight [用例]—が迫る。②夕方、月がなくて暗いこと。darkness

**ゆうや-ろう**【遊▼冶郎】着飾った道楽者。

**ゆう-ゆう**【悠悠】(形動トタル) ①ゆったりしたさま。composed ②時の、はるかに遠いさま。eternal [用例]—三〇〇〇年の昔。

**ユー-ユー-エム**【UUM】《underwater-to-underwater missileの略》水中対水中ミサイル。

**ゆうゆう-かんかん**【悠悠閑閑】(形動トタル) 気の長いさま。のんびりしているさま。

**ゆうゆう-じてき**【悠悠自適】(名・サ変自) 世間のわずらわしさを離れて、心静かに暮らすこと。live free from worldly cares

**ゆう-よ**【猶予】(名・サ変自) ①ぐずぐずしていて決断しないこと。hesitation ②期日を延ばすこと。delay [用例]執行—。

**ゆう-よ**【有余】(接尾)《「有」は「また」の意》…以上。…あまり。[用例]一〇年—。

**ゆう-よう**【有用】(名・形動) 役に立つこと・さま。価値があること・さま。有益。usefulness [対義]無用。

**ゆう-よう**【悠揚】(形動トタル) ゆったり落ち着いているさま。composed [用例]—とした態度。

**ゆうようざっそ**【▼西陽雑▼俎】中国、唐代の随筆集。全三〇巻。晩唐の段成式(だんせいしき)の著。道教・仏教・人界・幽界から動植物にいたる異聞を記し、内容別にまとめる。

**ゆう-よく**【遊▼弋・▼游▼弋】(名・サ変自) 軍艦などが、航行しながら待機すること。

**ゆう-らく**【遊楽】(名・サ変自) 遊び楽しむこと。amusement

**ゆうらく-ちょう**【有楽町】東京都、千代田区南東部の地区。銀座に接する繁華街で、有楽町駅を中心に地下鉄各線が集中する。

**ユーラシア**【Eurasia】ヨーロッパとアジア大陸の総称。面積五四一〇万$km^2$で、世界の陸地面積の約四〇%を占める。

**ユーラトム【EURATOM】**《European Atomic Energy Communityの略》ヨーロッパ原子力共同体。

**ユーラフリカ【Eurafrica】**《EuropeとAfricaの合成語》ヨーロッパとアフリカを単一の広域経済圏とみるときの呼称。

**ゆう-らん【遊覧】**(名・サ変自) 見物して回ること。go sightseeing

**ゆうらん-せん【遊覧船】** 湖や川・内海などの景色を見物してまわるための船。pleasure boat

**ゆう-り【有利】**(名・形動) 対義 不利。①利益・見込みがあること・さま。profitable ②都合・形勢のよいこと・さま。advantage

**ゆう-り【遊里】** 遊興をする場所。遊女屋のある土地。遊郭。gay quarters

**ゆう-り【遊離】**(名・サ変自) ①他の影響をうけずに存在すること。self-existence ②元素が他の元素や化合物などと化合することなく単体で存在していること。または反応性の強い原子・イオン・電子などが結合しないで自由に行動していること。isolation

**ユーリー【Harold Clayton Urey】**(一八九三〜一九八一) アメリカの化学者。重水素を発見、同位体化学に飛躍的進歩をもたらした。一九三四年ノーベル化学賞受賞。

**ゆうり-き【遊離基】** 不対電子をもつ原子・原子団。分子の化学結合が切断されて生じるため、きわめて不安定で反応性が大きい。ラジカル。フリーラジカル。free radical

**ゆうりき-はんのう【遊離基反応】** 遊離基による二重結合への付加反応、遊離基どうしの二量化反応など、遊離基の関与する反応。ラジカル反応。free radical reaction

**ゆうり-ご【遊里語】** 江戸時代、遊女が使った特殊なことば。さとことば。

**ゆうり-しき【有理式】** 整式と分数式の総称。rational expression 対義 無理式。

**ゆうり-すう【有理数】** 整数または、分母・分子がともに整数の分数をいう。rational number 対義 無理数。

**ゆうりゃく-てんのう【雄略天皇】** 記紀で第二一代天皇。允恭天皇の第五皇子。四七八年中国南朝の宋に遣使した倭王武に比定される。

**ゆう-りょ【憂慮】**(名・サ変他) 気遣うこと。心配。anxiety 用例 —にたえない事態。

**ゆう-りょう【有料】** 料金がいること。代金を払うこと。charged 対義 無料。

**ゆう-りょう【遊猟】**(名・サ変自) 狩りをして遊ぶこと。

**ゆう-りょう【優良】**(名・形動) すぐれてよいこと・さま。superiority 対義 劣悪。

**ゆうりょう-どうろ【有料道路】** 通行や利用に対して料金を徴収する道路。建設・管理費の一部または全部を償還するために料金を徴収する。toll road

**ゆうりょう-ろうじんホーム【有料老人ホーム】** 老人が余生を送るための有料の福祉施設。多くは個人や民間企業によって運営される。pay nursing home

**ゆう-りょく【有力】**(名・形動) ①勢力があること・さま。influential 対義 無力。②見込みがあること・さま。promising

**ゆうりょく-しゃ【有力者】** ある方面で、強い勢力を持っている人。influential person

**ゆうりん-るい【有▼鱗類】** ①哺乳類の一目で、センザンコウの仲間。全身が鱗におおわれ吻が長い。オオセンザンコウ・ミミセンザンコウなど。②爬虫類の一目。トカゲ亜目・ヘビ亜目・メクラヘビ亜目がある。

**ゆう-れい【幽霊】** ①死者の霊魂。亡霊。ghost ②死者の霊が生前の姿をして現れるといわれる現象。特定の人の前に時を選ばず現れるという。ghost ③実体はないのに、あるように見せかけるもの。bogus 用例 —会社。

**幽霊の正体見たり枯れ尾花** 幽霊の姿のように見えても、実際は枯れたススキの穂であるように、恐れているものも、実体を確かめてみると、何でもない平凡なものである。

**ゆうれい-いか【幽霊▼烏▽賊】** ユウレイイカ科のイカ。体は透明で寒天質。深海産。胴長約二五cm、胴幅約五cm。ひれは左右に広げると円形。腕は長く、とくに第四腕は太く胴長よりも長い。触腕は細長く胴長の二倍の長さ。触腕などが発光。本州中部以南に分布。

**ゆうれい-がいしゃ【幽霊会社】** 法的な手続きをしていない名前だけの会社。あるいは、手続きがしてあっても実体のない会社。bogus company

**ゆうれい-ぐも【幽霊▼蜘▼蛛】** ユウレイグモ科のクモ。体のわりに脚が非常に長く、弱々しい。体長一cm前後。灰褐色。屋内に平たい棚網をつくる。本州以南に分布。野外にいる小形のものは別種。なお俗に、メクラグモ(=ザトウムシ)をさすこともある。

**ゆうれい-じんこう【幽霊人口】** 書類上に記載があるが、実際は存在または居住しない、虚偽の人口。bogus population

**ゆうれい-たけ【幽霊▼茸】** ギンリョウソウの別名。「名。

**ゆうれい-ばな【幽霊花】** ヒガンバナの異名。

**ユーレイル-パス【Eurail Pass】** イギリスを除く西ヨーロッパ一六か国の国鉄全線に利用できる周遊券。一等運賃のほか、特急・急行料金が含まれる。通用期間は七日から三か月まで各種ある。

**ユーレカ-けいかく【ユーレカ計画】**《「ユーレカ(EURECA)」はEuropean Research Coordination Actionの略》ヨーロッパ先端技術共同研究計画。第六世代コンピューター・マイクロエレクトロニクス・人工頭脳・新素材・光技術・高エネルギーの六分野で西ヨーロッパ一七か国が共同研究を行うもの。一九八五年のヨーロッパ閣僚会議で合意。EURECA program

**ゆう-れき【遊歴】**(名・サ変自) 諸国をめぐり歩くこと。遍歴。tour

**ゆう-れつ【優劣】** まさりおとり。長短。merits and demerits

**ユーロ【Euro】**(接頭) ヨーロッパの。西欧の。用例 —ダラー。

**ゆうろう【▼挹▼婁】** 中国、漢・魏時代に満州(現在の中国東北部)北部にいたツングース系とされる部族。周代に粛慎、唐代には靺鞨と称された。

**ユーロ-えんさい【ユーロ円債】** ヨーロッパをはじめとする海外の金融市場で発行される円建ての債券。Euro-yen bond

**ユーロカレンシー【Eurocurrency】** ユーロダラー・ユーロスターリング・ユーロ円など、ヨーロッパの国際金融市場に預託されている外貨建て資金の総称。ユーロマネー。

**ユーロクラシー【Eurocracy】** ヨーロッパ共同体(EC)事務局の政策的意思決定グループの通称。

**ユーロクレジット【Eurocredit】** ユーロカレンシーをあつかっているヨーロッパ各地の銀行が貸し出す中・長期ローン。

**ユーロコミュニズム【Eurocommunism】** 一九七〇年代後半に西ヨーロッパ諸国、とりわけイタリア・フランス・スペインの共産党がとった政治路線。暴力革命とプロレタリア独裁を排し議会制民主主義を認め、多数派による社会主義への移行をめざす柔軟路線。西欧型共産主義。白い共産主義。

**ユーロシマ【Euroshima】**《EuropeとHiroshimaの合成語》一九八一年以来ヨーロッパで反核運動のスローガンとなった言葉。ヨーロッパが広島のように被爆地となる可能性を意味する。

**ユーロダラー【Eurodollar】** アメリカ以外の銀行、とくにヨーロッパの銀行に預けられた米ドル資金。各国間の金利差を求めて投機的な動きをみせることが多い。一九七三年の石油危機以降急増した。

**ユウロピウム【europium】** 希土類元素の一つ。元素記号Eu 原子番号六三。原子量一五二。銀白色の金属。中性子をよく吸収するので、原子炉の制御棒に使用。ブラウン管の赤色蛍光体、磁性合金などに利用。

**ユーロビジョン【Eurovision】** ヨーロッパ放送連合(EBU)に加盟している放送機関が、テレビの番組・ニュースを互いに交換するためにつくったネットワーク。一九五四年設立。

**ユーロポート【Europort】** オランダ北西部、北海に臨む広大な港湾地区。ロッテルダム港の新港。

**ゆう-わ【▼宥和】**(名・サ変自) 不満を大目に見て、仲よくすること。appeasement

**ゆう-わ【融和】**(名・サ変自) ①打ち解けて、仲よくなること。harmony ②とけ合って一つになること。integration

**ゆうわ【雄和】**〈町〉秋田県中部、秋田市の南東に接する町。雄物川に沿う農業の町で、新秋田空港がある。人口九一九五(一九八八)。

**ゆう-わく【誘惑】**(名・サ変他) 心を迷わせて、悪い道に誘い込むこと。temptation

**ゆうわ-せいさく【▼宥和政策】** 現状を打破しようとする国の要求を一時的な平和維持のために受け入れる妥協外交。ナチス-ドイツに対するイギリス・フランス・イタリアのミュンヘン協定など。緩和政策。appeasement policy

**ゆえ【故】** ㊀(名) ①わけ。理由。reason ②由緒。history ㊁(接助) …のため。…だから。because

**ユエ【Huế】** フエの別称。

**ゆえ-あって【故有って】**(連語) 事情があって。用例 —店を閉める。

**ゆ-えい【輸▼贏】**《「しゅえい」の慣用読み》勝負。用例 —を決す。

**ゆ-えき【輸液】** 水分・電解質・栄養素などを非経口的に与えて、体液バランスの異常を是正すること。ふつうは点滴静脈注射で行う。transfusion

**ゆ-えつ【▼兪▼樾】**(一八二一〜一九〇六) 中国、清代の考証学者。号は曲園。古典の解釈に新説を立てた『群経平議』『諸子平議』で知られる。

**ゆ-えつ【愉悦】**(名・サ変自) 心から楽しみ喜ぶこと。joy

**ゆえ-づ・く【故付く】** 古語 ㊀(四自) なにか、わけがありそうである。由緒ありげにみえる。用例 いと—・きたるさまにて、ささやかなる童ひとりを具して(徒然・四四)。㊁(下二他) 趣を添える。子細ありげにふるまう。用例 おのづから一つ—・けて、し出づることもあり(源氏・帚木)。

**ゆえ-なく【故無く】**(副) わけがなく。理由がなく。without any reason 用例 —断るのは失礼である。

**ゆえ-に【故に】**(接続) 条件から結びへ続ける語。だから。そういうわけで。so

**ユエヤン【岳陽】**(Yuèyáng) →がくよう(岳陽)

**ゆえ-よし【故由】** ①わけ。理由。②いわれ。由緒。

**ゆ-えん【由縁】** 事のわけ。ゆかり。由来。history

**ゆえん【▽所▽以】**《「ゆゑになり」の転「ゆゑんなり」から生じた語》①わけ。理由。reason ground 用例 かれを推す—。②値打ち。よりどころ。用例 人の人たる—は。③方法。みち。way 用例 友人に尽くす—は。

**ゆ-えん【油煙】** ①油脂やベンゼンなどが不完全燃焼したときに生じるすすを集めたもの。黒色で微細の炭素粉で灰分を含む。ゴム・塗料・印刷インキ・墨などに利用。ランプブラック。lamp soot ②油煙と膠を練り固めてつくった墨。油煙墨。

**ゆおう【▽硫黄】** →いおう(硫黄)

**ゆか【床・▼牀】** ①建築で、地面より高く根太をわたし、板敷きまたはたたみ敷きとして、人の寝起きするところ。また、廊下など人の立って歩くところ。floor 対義 天井。用例 —がぬける。②歌舞伎・人形浄瑠璃で、主として義太夫の演奏される場所。ちょぼ床。

**ゆが【▼瑜▼伽・▼瑜▼誐】**《yoga梵の音写》①ヨーガ。②信仰の対象と一体となること。その体験。

**ゆ-かい【愉快】**(名・形動) 楽しく気持ちのよいこと・さま。楽しくおもしろいこと・さま。pleasant 対義 不愉快。用例 —に過ごす。—な人。派生 ゆかいが・る(五自) ゆかいげ(形動) ゆかいさ(名)

**ゆか-いた【床板】** 床に張る板。また、張ってある板。floorboard →和風住宅図

**ゆか-うえ【床上】** 床の上。床より上。above the floor level 対義 床下。用例 —浸水。

**ゆか-うんどう【床運動】** 体操競技種目の一つ。一二m四方の平らな弾性板上で、平均技・静止技・宙返り技などの演技を競う。演技時間は男子五〇〜七〇秒、女子六〇〜九〇秒で、女子は伴奏音楽を用いる。floor exercise →写

●床運動

**ゆ-が・く【湯▼掻く】**(五段他) 熱湯にしばらく入れてゆでる調理法。あくやくせを取り除く。湯引く。scald

**ゆ-がけ【▽弓懸(け)・▼弽・▼韘】** 弓を射るときにつける皮の手袋。ゆみかけ。

**ゆ-かげん【湯加減】** ふろの湯などの温度をほどよく調節すること。また、その状態。用例

▼常用漢字表外。▽常用漢字表の音訓外。

──を見る。

**ゆか・し** 〔古語〕(形シク) ①興味・関心をひかれるさま。知りたい。見たい。〔用例〕参りたる人ごとに山へ登りしは、何事かありけん、──・しかりしかど(徒然・五二)。②懐かしい。なんとなく慕わしい。〔用例〕山路来て何やら──すみれ草(芭蕉)。

**ゆかし・い【床しい】**(形)《「床」は当て字》①なんとなく心がひかれる。奥床しい。modest ②上品である。りっぱだ。refined 〔派生〕ゆかしが・る(五自) ゆかしげ(形動) ゆかしさ(名)

**ゆがしじろん【▼瑜▼伽師地論】** 仏教書。弥勒あるいは無著の著とされる。玄奘訳。法相宗の所依とする論書で、唯識説の基本教理を説く。瑜伽論。

**ゆか-した【床下】** 床の下。縁の下。under the floor 〔対義〕床上。

**ゆかした-しゅうのうこ【床下収納庫】** おもに台所の床下に設けられた貯蔵庫。瓶類・野菜・漬物などを収納する。floor cache

**ゆがしま-おんせん【湯ケ島温泉】** 静岡県伊豆半島中部、天城湯ケ島町にある温泉。近くに浄蓮滝などがある。

**ゆかず-ごけ【行かず後家】** 嫁に行かないまま年をとった女性。ハイミス。老嬢。いかず後家。old maid; spinster

**ゆ-かた【浴衣】** ①木綿の単長着。夏、または入浴後に着る。高級物には綿縮み・綿絽などがある。湯あがり。②「ゆかたびら」の略。

**ゆかた-がけ【浴衣掛(け)】** 浴衣一枚着ただけの、くつろいだ身なり。

**ゆ-かたびら【湯▼帷▽子】** 入浴のときや入浴後に着た、ひとえの着物。

**ユカタン-はんとう【ユカタン半島】**(Yucatán Peninsula) 中央アメリカ、カリブ海とメキシコ湾の間に突出する半島。北部の大半はメキシコ領、基部はベリーズとグアテマラ領。マヤ文明の遺跡が多い。

**ゆか-だんぼう【床暖房】** 床からの放射熱による暖房法。床下にパイプを配管し、温水を通す温水床暖房と、金属導体箔を使った電気床暖房がある。floor heating

**ゆがの-おんせん【湯ケ野温泉】** 静岡県伊豆半島南部、河津町の河津川沿いにある温泉。近くの天城峠とともに小説『伊豆の踊子』で有名。

**ゆが-は【▼瑜▼伽派】** ①唯識派の別称。②ヨーガ派の別称。

**ゆ-がま【▼柚▼釜】** ユズを上下二つに割り、中身を除いて器にするもの。酒の肴などを詰め、葉つきの上半分をふたにしたりする。

**ゆがみ【▼歪み】** ①形が曲がっていること。distortion ②不正なこと。injustice

**ゆが・む【▼歪む】**(五自)《「いがむ」の転》形がねじれる。心がまっすぐでない。曲がる。twist; be warped

**ゆが・める【▼歪める】**(下一他) ①ゆがむようにする。曲がらせる。distort ②正しさを失わせる。distort

**ゆか-めんせき【床面積】** 建造物の床部分を総合計した面積。壁や柱の中心線で囲まれた区画をいう。floor area; floor space 〔比較〕建坪。

**ゆかり** 紅藻植物ユカリ科の海藻。全長一〇～一五cm。鮮紅色でやや硬い感じの体が房状に分かれ、最末端の小枝はくしの歯状となる。本州中部以南の干潮線付近に生育。

**ゆかり【▽縁・▽所▽縁】** ①つながり・関係のあること・人。よるべ。縁故。縁。connection ②塩漬けした赤ジソの葉をきざんで天日で乾燥させたのち、もんで粉末にしたもの。

**縁の色** ①《「紫の一本ゆゑに武蔵野の草はみながらあはれとぞ見る」(古今・雑上)から》紫色。②一つの関係から情愛が他におよぶたとえ。紫の縁。

**ゆがわ【湯川】**〈村〉福島県北西部、会津盆地の中央にある村。米の反当たり収量が高いことで知られ、良質米を産出。人口三八四三(一九八八)。

**ゆかわ-ひでき【湯川▽秀▽樹】**(一九〇七～八一) 理論物理学者。東京生まれ。京大卒。京大・東大教授。素粒子の相互作用を媒介する中間子の存在を予言し、中間子論を発表。非局所場理論・素領域理論などを展開。核兵器全廃と戦争廃絶の世界平和アピール七人委員会の一人。昭和一八年(一九四三)文化勲章受章。同二四年(一九四九)ノーベル物理学賞受賞。

**ゆがわら【湯河原】**〈町〉神奈川県南西部、相模湾に臨む町。関東最古といわれる温泉で知られる町で、箱根への入り口の一つ。人口二万六八七八(一九八八)。

**ゆ-かん【湯▼灌】** 仏式の葬儀で、入棺前に遺体を湯で洗うこと。

**ゆき** 11画 **【▼裄】** 部首[衤]ころもへん 和製漢字 JIS 7466 衣服の、背縫いから袖口までの長さ。かたゆき。〔対義〕丈。〔用例〕(名)羽織の──。↓着物〔図〕 ↓羽織〔図〕

**ゆき【行き・▽往き】** 一(名) ①行くこと・方向・道。going 〔対義〕帰り・戻り。②〔古語〕旅行。〔用例〕君が──日長くなりぬ山たづね(万葉・二・八五)。二(接尾) 行く先や方向を示す語。〔用例〕京都──。

**行き大名の帰り乞食** 旅行で、往路はぜいたくし、帰路は旅費が欠乏するたとえ。

**行きは良い良い帰りは恐い** 《童歌『通りゃんせ』の一節》行くときは何事もなかろうが、帰りに困難が起きそうで行くのがためらわれる。

**ゆき【雪】** ①水が氷の結晶になって降るもの。水蒸気を多量に含んだ空気が上昇冷却し、昇華して結晶となる。六角形の結晶が基本で針状や角柱状および板状結晶など多様な形がある。snow ②白い物の形容。snowy 〔用例〕──の肌。③しらが。gray hair

**雪と墨** 正反対に違うことのたとえ。

**雪に白鷺** 見分けにくいこと。また、目立たないことのたとえ。〔類似〕闇夜に烏。

**雪に閉ざされる** 雪のために外部との連絡がとれなくなる。be snowbound

**雪は豊年の兆し** 大雪が降るのは、豊作になる前ぶれであるという言いつたえ。

**雪を欺く** 非常に白いさまにいう。

**雪を戴く** ①山の頂上に雪が積もる。snowcapped ②白髪で、頭が真っ白になる。gray-haired

**雪を回らす** 風に舞う雪のように、美しく舞う。

**ゆき【▽悠紀・▽斎忌・由基】** ①神聖な酒。②大嘗祭で、新穀を奉る国郡の第一。あるいはその斎場。平安時代以降は近江国に一定。〔対義〕主基。

**ゆき【由岐】**〈町〉徳島県南東部、太平洋に臨む町。漁業の町で、海女の潜水漁法は有名。海岸部は室戸阿南海岸国定公園に属する。人口四四九七(一九八八)。

**ゆき【油木】**〈町〉広島県東部の町。農・林業の町で、コンニャク栽培・和牛飼育がさかん。帝釈峡谷がある。人口三九八〇(一九八八)。

**ゆき【湯来】**〈町〉広島県西部の山間の町。酪農・シイタケ栽培・養蚕などがさかん。湯来・湯の山温泉がある。人口七九九六(一九八八)。

**ゆぎ【▼靫】** 矢を入れて背に負う古墳時代の武具。細長い箱形で、平安時代以降は壺胡簶をいう。

**ゆき-あい【行(き)合い】** ①出会うこと。②夏から秋にかけてのころ。〔用例〕──の空。

**ゆき-あ・う【行(き)合う・行(き)▼逢う】**(五自) 出会う。come across

**ゆき-あかり【雪明(か)り】** 積もった雪の反射で、明るく見えること。また、その明るさ。snow light

**ゆき-あたり【行き当(た)り・行当(た)り】** つき当たること・所。end of a road

**ゆきあたり-ばったり【行き当(た)りばったり・行当(た)りばったり】**(名・形動) なりゆきに任せること・さま。無計画なこと・さま。happy-go-lucky

**ゆき-あた・る【行き当(た)る・行当(た)る】**(五自) ①進んで行って突き当たる。hit ②当面する。ぶつかる。run into ③行き詰まる。come to a deadlock

**ゆき-あな【雪穴・雪▽洞】** 積雪を掘って作った穴。倉庫用や雪中登山の露営用、また正月に子供たちが遊ぶための穴。

**ゆき-あわ・す【行き合(わ)す・行合(わ)す】**(五自) その場に行ってたまたまそのことに出会う。行き合わせる。come across

**ゆき-うさぎ【雪▼兎】** ①盆の上などに雪でウサギの形をつくり、ナンテンの実を目、ユズリハの葉を耳にしたもの。②ウサギ科の動物。冬に、耳の先の濃褐色部を除いて全身白色となる。体長五五cm内外。夏毛は茶褐色。植林木・果樹を食害。ユーラシア大陸北部に分布。日本では、北海道に生息する亜種のエゾユキウサギ(エゾノウサギ)をさす。varying hare

**ゆき-おおい【雪覆い】** 雪害を防ぐために物の上に設けたおおい。地方によっては井戸や離れた厠にも設ける。

**ゆき-おこし【雪起(こ)し】**《やがて強い雪が降ってくることから》冬季、日本海沿岸地方を寒冷前線が通過するときに鳴る雷。

**ゆき-おとこ【雪男】** ヒマラヤ山中にいると伝えられ、姿が人間に似ているといわれる生物。正体は確認されていないが、足跡の発見などの報告は多い。イエティ。yeti; Abominable Snowman

**ゆき-おれ【雪折れ】** 積もった雪で竹や木の枝が折れること。また、その枝。〔比較〕風折れ。

**柳に雪折れ無し** ↓やなぎ(柳)

**ゆき-おろし【雪下ろし・雪降ろし】** 一(名・サ変自) 雪国で屋根に積もった雪を落とすこと。二(名)《「雪颪」とも》①山から激しく吹きつける雪混じりの風。②歌舞伎の鳴り物の一つ。降雪や雪崩の場面に用いられる。③菅笠の一種。

**ゆき-おんな【雪女】** 雪の精の妖怪。雪の降る夜に白い衣を着た女の姿で現れるとされ、年神の零落して妖怪化した一例といわれる。雪女郎。雪婆。雪娘。snow fairy

**ゆき-かい【行(き)交い】** 行ったり来たり。行き来。往来。traffic

**ゆき-か・う【行(き)交う】**(五自) ①一方が行き、他方が来る。行き違う。往来する。come and go 〔用例〕──人々みな美しき。②過ぎて行く。pass

**ゆき-かえり【行き帰り】** 行きと帰り。往復。both ways

**ゆき-がかり【行き掛(か)り・行掛(か)り】** ①行きがけ。in passing ②やりかけた勢い。また周囲の事情で中止できないこと。by force of circumstances 〔用例〕──上、引き下がれない。

**ゆき-かか・る【行き掛(か)る・行掛(か)る】**(五自) ①行きはじめる。start going ②通りかかる。さしかかる。pass by

**ゆき-かき【雪▼搔き】** 一(名・サ変自) 積もった雪をかきのけること。snow shoveling 二(名) 雪を取りのけるのに使うスコップのような道具。snow shovel

**ゆき-がき【雪垣】** 吹雪から家を守るための垣根。冬の間だけ家の回りに木を組み、これに板やわらをめぐらせて作る。

**ゆき-がけ【行(き)掛け】** 行くついで。途中。on one's way to

**行き掛けの駄賃** ついでにする、ちょっとした仕事。

**ゆき-がこい【雪囲い】** ①吹雪から家を守るための囲い。雪垣。snowshed ②草木を霜や雪の害から守るため、藁や薦などで囲うこと。snowshed

**ゆき-かた【行き方】** やりかた。しかた。方法。いきかた。one's way; course

**ゆき-がた【行き方】** 行った方向。ゆくえ。whereabouts

**ゆき-がっせん【雪合戦】** 雪を丸めて投げつけ合う遊び。雪投げ。snowball fight

**ゆき-がまえ【行構え】** 漢字を組み立てている部分の名。「術・衝」などの「行」。

**ゆき-き【行き来・▽往き来】**(名・サ変自) ①往来。traffic 〔用例〕人の──。②親しくつきあうこと。association 〔用例〕かれとは──がない。

**ゆき-ぐつ【雪▼沓】** 雪国で雪の中を歩くときの藁で作った深いくつ。保温力がよく、各地方で雪質に応じたものがある。snow boots

**ゆき-ぐに【雪国】** 一雪の多く降る国・地方。snowy province 二川端康成の小説。昭和一〇～二二年(一九三五～四七)発表。雪国の自然を背景に、愛することの喜びと切なさを描く。

**ゆき-ぐも【雪雲】** 雪を降らせる暗灰色の雲。

**ゆき-くら・す【行き暮(ら)す・行暮(ら)す】**(五自) 日の暮れるまで歩く。

**ゆき-く・る【行き暮る】** 〔古語〕(下二自) ↓ゆきくれる(行き暮れる)

**ゆき-く・れる【行(き)暮れる】**(下一自) 行く途中で日が暮れる。be overtaken by darkness

**ゆき-げ【雪▽消】** 雪が消えること・時・所。雪解け。thaw

**ゆき-げしき【雪景色】** 雪の降る景色。降り積もった景色。snow-scape

**ゆき-げしょう【雪化粧】**(名・サ変自) 山などに雪が積もって美しく見えること。〔用例〕──した富士山。

**ゆき-けむり【雪煙】** 雪が舞い上がって煙のように見えること。smoke of snow 〔用例〕──を立ててすべって行く。

**ゆき-ごおり【雪氷】** 結氷した氷の上で水を含んだ雪が凍結してできる氷。気泡のため白く見え、水から凍った氷と区別される。

**ゆき-さき【行き先】** ①目的地。destination ②行った先。ゆくえ。whereabouts ③将来。前途。future



↓ 行き先項目、図版・写真参照印。 JIS 日本工業規格情報交換用漢字符号コード(区点コード)。

**ゆき-ざさ【雪▼笹】** ユリ科の多年草。山地の樹陰にはえる。高さ二〇～六〇㎝。葉は二列に並んでつき、長楕円形。初夏に、白色の小花が咲き、果実は球形で赤熟。↓図

●ユキザサ

**ゆき-しぐれ【雪時雨】** 寒い日に降る、雪混じりの雨。比較みぞれ。

**ゆき-しつ【雪質】** 雪の性質。降雪時および積雪後の気象条件、時間の経過により、雪質は変化してゆく。新雪・しまり雪・ざらめ雪・しもざらめ雪などがある。

**ゆき-しな【行きしな】**《「しな」は接尾語》行くついで。行きがけ。いきしな。on one's way to 対義 来しな。

**ゆき-じゃく【雪尺】** 積雪の深さを測るものさし。地平面から鉛直に立てた角柱にセンチ単位の目盛りを付けたもの。snow scale

**ゆき-じょろう【雪女郎】** 雪女。

**ゆきじるし-にゅうぎょう【雪印乳業(株)】** 大手総合乳業会社。昭和二五年(一九五〇)設立。

**ゆき-すき【雪▼鋤】** 屋根に積もった雪を周囲におとすこと。また、そのための木製の鋤。

**ゆき-すぎ【行(き)過ぎ】** ①止まる所を過ぎて先へ行くこと。going too far ②度を越すこと。やり過ぎ。overdoing

**ゆき-す・ぎる【行(き)過ぎる】**(上一自) ①通り過ぎる。go past ②目的地よりも先へ行く。go too far ③程度を越して行う。でしゃばる。go too far

**ゆき-ずり【行き▼摺り・行き▽摩り】** ①道ですれ違うこと。passing 用例 ―の人。②通りすがり。passing ③かりそめにすること。temporary

**行き摺りの宿世** 道ですれ違うのも、前世からの因縁であるということ。類似 袖振り合うも他生の縁。

**ゆき-ぞら【雪空】** 雪の降りそうな空模様。snowy sky

**ゆき-だおれ【行(き)倒れ】** 飢え・寒さ・病気などで、道端や野原で倒れること。また、倒れた人。野垂れ死に。行路病者。die on the street

**ゆき-たけ【▼裄丈】** ①衣服のゆきと丈。②ゆきの長さ。和服の背縫いから、袖口までの長さ。③つじつま。前後の関係。用例 話の―が合わない。

**ゆき-だま【雪玉】** 雪を丸くかためたもの。また、雪の小さな塊が雪の積もった斜面をころがって、球状になったもの。snowball

**ゆき-だるま【雪▽達磨】** 雪をかためてだるま形につくったもの。snowman

**ゆき-だわら【雪俵】** 雪の小塊が強い風で雪面上をころがって俵状になったもの。庄内地方では、ときに直径六〇㎝にもなる。

**ゆき-ちがい【行(き)違い】** ①両方から行って会えないこと。crossing ②手はずが狂うこと。食い違い。misunderstanding

**ゆき-つ・く【行(き)着く】**(五自) ①目的地に着く。到着する。arrive at 用例 夕暮れに、ようやく―。②精力・資力などが終わりになる。end up 用例 ―ところまでやる。

**ゆき-つばき【雪▼椿】** ツバキ科の常緑低木。日本海側の積雪地帯の山中にはえる。高さ約二m。幹の下部は地面をはう。花色は赤・白。

**ゆき-つぶ【雪粒】** 雪の粒。新雪の雪粒は結晶のくっつきあった塊であるが、積雪後は融解と凍結を繰り返して氷の粒に変化する。

**ゆき-づま・る【行き詰(ま)る・行詰(ま)る】**(五自) ①先へ行けなくなる。reach a dead end 用例 袋小路で―。②施す手がなくなる。進めない。come to a deadlock 用例 研究が―。

**ゆきつ-もどりつ【行きつ戻りつ】**(連語) 行ったり来たりすること・さま。go up and down 用例 ―考えこむ。

**ゆき-づり【雪▼吊り】** 雪の重みで庭木などの枝が折れることを防ぐため、枝を細なわなどで吊りあげておくこと。

**ゆき-つり【雪釣(り)】** 糸の先に炭などを結びつけ、積雪の上に投げて雪を付着させる遊び。

**ゆき-つ・れる【行(き)連れる】**(下一自) 一緒に行く。go with

**ゆき-どけ【雪解け】** ①暖かくなって雪が解けること・時期。雪消。thaw 比較 霜解け。②《ソ連の作家イリア＝エレンブルグの小説の題名から》対立する両者の間の緊張が和らぐこと。とくに、東西関係の緊張が緩和すること。デタント。thaw 用例 ―ムード。

**ゆきどけ-みず【雪解け水】** 積雪がとけた水。重要な水資源であるが、春になって急に大量の水が出ると洪水を起こす。

**ゆき-とど・く【行(き)届く】**(五自) 注意・心遣いが行き渡る。よく気がつく。be considerate

**ゆき-どまり【行き止(ま)り・行止(ま)り】** ①行く先がふさがること・所。行き詰まり。blind alley 対義 行き抜け。②突き当たり。dead end

**ゆきとも-りふう【行友▼李風】**(一八七七～一九五九) 小説家・劇作家。本名、直次郎。広島県生まれ。新国劇の専属作者として活躍。戯曲『月形半平太』『国定忠治』、小説『修羅八荒』など。

**ゆき-な【雪菜】** ①雪の多い地方で、雪の中で栽培する菜類。②コマツナの変種。米沢地方の特産。耐寒性が強く、雪の下で太い花茎を出す。

**ゆき-なげ【雪投げ】** 雪合戦。snowball fight

**ゆき-なだれ【雪雪崩】** 斜面の雪が、広い面積にわたってすべり落ちる現象。雪崩。snowslide

**ゆき-なや・む【行(き)悩む】**(五自) ①進むのに困難を感じる。hard to go forward ②思うように、はかどらない。come to a deadlock

**ゆき-ぬけ【行(き)抜け】** 通り抜けること・所。go through 対義 行き止まり。用例 ―路地。

**ゆき-の-した【雪の下】** ユキノシタ科の常緑多年草。山野の湿ったところにはえる。高さ約三〇㎝。初夏に白色五弁の小花が咲く。観賞用に栽培もする。葉は根から直接はえ、薬用。↓写

●ユキノシタ

**ゆき-の-はな【雪の花・雪の華】** ↓スノードロップ

**ゆき-ば【行き場】** 行くべき場所。落ち着く所。place to go

**ゆき-ばかま【雪▼袴】** もんぺ。

**ゆき-はだ【雪肌・雪▽膚】** ①降り積もった雪の表面。surface of the snow ②雪のように白い肌。雪の肌。snow-white skin

**ゆき-ばら【雪腹】** 雪が降るとき、腹が冷えて痛むこと。

**ゆき-ばれ【雪晴(れ)】** 雪のあと、よい天気になること。また、その天気。clear weather after a snowfall

**ゆき-びさし【雪▼庇】** 屋根の端や、山の尾根の風下がわに、ひさしのように突き出して積もった雪。後者は、雪崩の原因となる。せっぴ。drifted snow projecting like eaves

**ゆき-ひも【雪▼紐】** 木の枝や電線・塀の上などに積もった雪が、紐状にたれ下がったもの。snow garland

**ゆき-ひょう【雪▼豹】** ネコ科の動物。高山の積雪地帯にすむヒョウの仲間。体長約一・一m。斑紋はヒョウに似るが、毛足が長く尾も長い。シベリア南部から中央アジア山地に分布。snow leopard ↓図

●ユキヒョウ

**ゆき-ひら【行平・雪平】** 「行平なべ」の略。

**ゆきひら-なべ【行平▼鍋・雪平▼鍋】**《在原行平が、海女に潮をくませて塩を焼いた故事にちなむという》取っ手・ふた・注ぎ口のある陶製の平なべ。↓写

●行平鍋

**ゆき-ふみ【雪踏み】** 雪の多い地方で、降雪のあと、道を通すために路上の雪を踏み固めること。

**ゆき-ふり【雪降り】** 雪が降ること・日・天候。snowfall

**ゆき-ほおじろ【雪▼頰白】** 体の主色が白色のホオジロ科の鳥。翼長約一〇㎝。北半球北部で繁殖し、冬は南下。日本へは北海道に冬鳥として少数が渡来。Oriental snow bunting

**ゆき-ま【雪間】** ①雪がしばらく降りやんでいるあいだ。雪の晴れ間。②積もった雪が、ところどころ消えた所。③積もった雪の中。

**ゆき-まつり【雪祭(り)】** ①長野県下伊那郡阿南町の伊豆神社で、一月一四日に行われる豊作予祝神事。②市民などが種々の雪像を作り展観する、北国で行われる観光行事。とくに札幌市のものが有名。↓写

**ゆき-まど・う【行(き)惑う】**(五自) どう進んでよいか迷う。be puzzled where to go

**ゆき-み【雪見】** 雪景色を観賞すること。また、その宴。古くから貴族の遊興として存在。近世に入り、雪を見ながら座敷や船の中で宴をはる風俗が生まれた。

**ゆきみ-ぐさ【雪見草】** ウツギの異名。

**ゆきみ-ざけ【雪見酒】** 雪景色を眺めながら酒を飲むこと。また、その酒。

**ゆき-みち【雪道】** 雪の降り積もっている道。snowy road

**ゆきみ-づき【雪見月】** 陰暦の一一月。

**ゆきみ-どうろう【雪見灯▼籠】** かさが大きく、三本足の広がった低い石灯籠。庭に置く。

**ゆき-むし【雪虫】** ①ワタムシの異名。②雪国で、積雪上に現れるトビムシ・ユキガガンボ・カワゲラなどの俗称。

**ゆき-むすめ【雪娘】** 雪女。

**ゆき-め【雪目・雪▽眼】** ↓せつもう(雪盲)

**ゆき-もち【雪持(ち)】** ①木や竹が雪をかぶっていること。②屋根の雪の落ちるのを防ぐしかけ。

**ゆきもち-そう【雪持草】** 山地の樹下にはえるサトイモ科の多年草。高さ約三〇㎝。葉は二枚で、小葉は三～五枚。葉の間に一個の肉穂花序を出す。仏焔苞は紫褐色。付属体が白く餅のように球形。

**ゆき-もどり【行き戻り・▽往き戻り】** ①行きと戻り。その途中。going and returning ②出戻り。divorced woman

**ゆき-もよい【雪▽催い】** 空がどんより曇って、雪が降りそうなようす。

**ゆき-もよう【雪模様】** 雪が降りそうな空模様。weather threatening to snow

**ゆき-やけ【雪焼け】**(名・サ変自) ①日本海沿岸地方で、霜焼け。また、その崩れたもの。②雪による日光の反射で、皮膚が黒くなること。snow-tanned

**ゆき-やなぎ【雪柳・▽噴▽雪▽花】** バラ科の落葉低木。高さ約一・五m。葉は小さく狭楕円形。春に白色五弁の小花を細長い枝いっぱいにつける。関東以西に分布。庭木用に植栽もする。コゴメバナ。コゴメヤナギ。イワヤナギ。spirea ↓写

**ゆき-やま【雪山】** ①雪の積もった山。snow-covered mountain ②雪を山のように積み上げたもの。

**ゆ-ぎょう【遊行】**《「ゆうこう」は別語》①僧が諸国をめぐって説法、教化すること。行脚。用例 ―聖。②「遊行上人」の略。

**ゆぎょう-じ【遊行寺】** 清浄光寺の俗称。

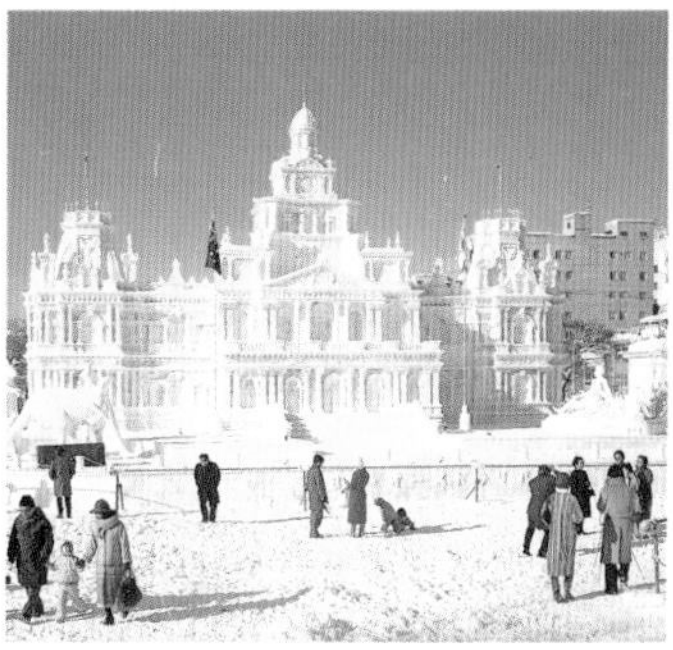
●雪祭り② 札幌市、大通公園。

▼常用漢字表外。 ▽常用漢字表の音訓外。

●ユキヤナギ

ゆぎょう-しょうにん【遊行上人】①時宗総本山、遊行寺の住職のこと。②時宗遊行派の開祖、一遍をさしていう。

ゆき-わ【雪輪】雪片の六角形を丸く形どりして図案化した紋所の名。

ゆき-わかれ【行(き)別れ】別れて、違ったほうに行くこと。parting from

ゆき-わた・る【行(き)渡る】(五自) 残るところなく及ぶ。普及する。diffuse

ゆきわり-そう【雪割草】①サクラソウ科の多年草。山地の湿地にはえる。高さ五～一五cm。根出葉はへら形。初夏に、サクラソウに似た紅紫の小花が咲く。②ミスミソウの別名。③スハマソウの異名。↓写

●ユキワリソウ①

ゆ・く【行く・▽往く】㊀(五自) ＝いく。①前へ向かって進む。go 対義 帰る・来る・退く・止まる。用例 山へ―。海へ―。②通じる。lead 用例 町へ―道。③通う。attend 用例 会社へ―。学校へ―。④通り過ぎる。去る。pass 用例 ―春を惜しむ。道を―人。⑤よい結果や状態が得られる。get to 用例 得心が―。⑥よそへ移る。用例 嫁に―。㊁(補動)《「…てゆく」の形で》だんだん変わる意。become; grow 用例 解けて―。参考 古くから「いく」ともいった。音便形は「いって」「いった」となる。

行くさ来さ(ゆくさくさ) 行くときと来るとき。行き来の途中。

行くとして可ならざるは無し(ゆくとしてかならざるはなし) どこへ行っても、また、どんな仕事をさせても、うまくやる。

行く水に数書く(ゆくみずにかずかく) 跡形もないこと、はかないことのたとえ。

ゆ・く【逝く】(五自) ①死ぬ。pass away 用例 母が―。②行ったまま帰らない。pass 用例 ―水。

ゆく-あき【行く秋】過ぎ去って行く秋。晩秋。departing autumn 対義 行く春。

ゆく-え【行方】①行くべき先・方角。destination ②行った先。whereabouts 用例 ―不明。③将来。前途。future

ゆくかげ-の【行く影の】[枕ことば]《空の月の光が移りゆく意から》年月の「月」にかかる。用例 わが思ふ心知らずや―月も経へ行けば玉かぎる日もかさなり(万葉・一三・三二五〇)。

ゆく-かた【行く方】①行く先。②気を晴らす方法。やるかた。

ゆくかわ-の【行く川の】[枕ことば]《川の水が流れてゆくようにの意から》「過ぐ」にかかる。用例 ―過ぎにし人の手折らねばうらぶれ立てり三輪の檜原は(万葉・七・一一一九)。

ゆく-さき【行く先】①目的地。到着地。ゆきさき。destination ②将来。前途。future

ゆく-すえ【行く末】将来。前途。なりゆき。future 対義 来し方。

ゆく-て【行く手】向かって行く所・道。行く先。one's way 用例 ―をはばむ。

ゆく-とし【行く年】過ぎ去って行く年。the passing year 対義 来る年。

ユグドラシル【Yggdrasil】北欧神話で、大地を貫いてそびえるトネリコの巨木。その根は三本あり、巨人・小人の国々にのびて神々の国アスガルドまで広がる。全世界滅亡の日、炎に包まれてたおれる。

ゆくとり-の【行く鳥の】[枕ことば]《鳥が先を争うように飛び立つ、また、群れをなして飛び立つことから》「争ふ・群がる」にかかる。用例 露霜の消なば消ぬべく―あらそふ間に渡会の斎の宮ゆ神風にい吹き惑はし(万葉・二・一九九)。

ユグノー【huguenot フランス】一六～一八世紀フランスのカルバン派の新教徒に対する旧教徒からの卑称。

ユグノー-せんそう【ユグノー戦争】一六世紀後半、フランスのカルバン派教徒と旧教徒の間に起きた宗教内乱。一五六二年、旧教徒のギーズ公によるバシーの虐殺を契機に武力衝突が続発。七二年のサン=バルテルミーの虐殺で最高潮に達した。九八年「ナントの勅令」の発布で新教が認められ、終結。Wars of Religion

ゆく-の-き【ゆくの木】マメ科の落葉高木。暖地の山野にはえる。葉は奇数羽状複葉。初夏に枝先に二〇cmの円錐花序をつけ、白色の蝶形の花が多数咲く。材は硬く、器具材。

ゆくはし【行橋】〈市〉福岡県北東部、周防灘に臨む市。北九州市の住宅衛星都市。宿場町の行事と市場町の大橋が合併した旧行橋町が市の中心。人口六万五六一六(一九八八)。

ゆく-はる【行く春】過ぎ去って行く春。晩春。departing spring 対義 行く秋。

ゆくふね-の【行く船の】[枕ことば]「過ぐ」にかかる。用例 わが恋を夫は知れるを―過ぎて来べしや言も告げなむ(万葉・一〇・一九九八)。

ゆくみず-の【行く水の】[枕ことば]《流れてゆく水の状態から》「過ぐ・絶えず」などにかかる。用例 潮気立つ荒磯にはあれど―過ぎにし妹が形見とそ来し(万葉・九・一七九七)。

ゆく-ゆく【行く行く】(副) ①歩きながら。on one's way ②しまいに。やがて。将来。some day

ゆくり-なく(も)(副) 思いがけず。ふと。unexpectedly

ゆくり-な・し 古語(形ク) 思いがけない。不意だ。用例 ―・く風吹きて漕げども漕げども、後へしぞきにしぞきて(土佐)。

ゆ-け【遊化】《仏教語》僧が諸国を巡り歩いて、衆生を教化すること。

ゆ-け【湯気】入浴中の脳貧血。

湯気に中る(ゆけにあたる) 入浴中に、脳貧血を起こす。feel dizzy

ゆ-げ【湯気】湯などの表面から立ち上る水蒸気が冷えて煙状になったもの。steam

湯気が立つ(ゆげがたつ) ①水蒸気が立ちのぼる。steam ②怒りが激しいことをいう。fly into a rage

ゆ-げ【遊▽戯】《仏教語》心のままに、自在に仏の境地を喜び楽しむこと。

ゆげ【▽弓▽削】〈町〉愛媛県北東部、芸予諸島の弓削島を中心とする町。商船高等専門学校があり、海運関係者や因島の造船所への通勤者が多い。人口五一八四(一九八八)。

ゆげい【▼靫▽負】《「ゆきおい」の転。靫を背負って宮中の警護にあたったことから》六衛府の武官の総称。

ゆげ-しま【▽弓▽削島】愛媛県、芸予諸島東部の島。面積一〇$km^2$。もと京都東寺の荘園で塩田地。道鏡を祭る弓削神社がある。

ゆ-げた【湯▼桁】湯ぶね。その縁。

ゆ-けつ【輸血】(名・サ変自) 人の血液、または、その成分を他の人の血管内に注入すること。供血者と受血者の血液型の適合が必要。blood transfusion

ゆ-けむり【湯煙・湯▼烟】ふろ・温泉などから立ちのぼる湯気。steam; vapor

ゆ-ごい【湯▼鯉】暖・熱帯の海水と接触する河川や池沼にすむユゴイ科の魚。全長約二〇cm。体は銀白色で背に小さい黒斑が散在。分布の北限、静岡県伊東市の浄ノ池では天然記念物に指定。広く世界に分布。↓図

●ユゴイ

ゆ-こう【▼柚▼柑】ミカン科の常緑小高木。ユズの一変種。中国・四国地方で栽培。果実は大形で香りが高い。枸櫞酸製造の原料。

ゆ-ごう【癒合】(名・サ変自) 傷が治り、皮膚・筋肉がくっついて、ふさがること。融合。conglutination

ユゴー【Victor Marie Hugo】(一八〇二～一八八五) フランスの詩人・劇作家・小説家。人道主義の使徒でロマン派の統率者。詩集『静観詩集』『諸世紀の伝説』、小説『ノートル=ダム=ド=パリ』『レ=ミゼラブル』、戯曲『エルナニ』『リュイ=ブラス』など。↓写

●ユゴー

ゆ-こく【諭告】(名・サ変自) ①さとして聞かせること・ことば。admonition ②官庁から一般へ告げること。また、そのことば。諭示。public announcement

ゆ-ごて【▽弓▼籠手】弓を射るとき、そでが弓絃に触れないように、左腕の手首から肩にかけておおう物。

ゆざ【遊佐】〈町〉山形県北西部、庄内平野の北にある町。旧城下町。農業が主で、鳥海山への登山口で知られる。人口二万五五五五(一九八八)。

ゆ-さい【油彩】油絵の具で色を塗ること。また、塗った絵。あぶら絵。oil painting 比較 水彩。

ゆ-ざい【油剤】油のような、または、油の入った薬剤。

ゆさ-ぶ・る【揺さぶる】(五他) ①揺り動かす。揺すぶる。shake ②心を動揺させる。shock

ゆ-ざまし【湯冷まし】①冷ました湯。冷めた湯。boiled water ②湯を冷ます器。water cooler

ゆ-ざめ【湯冷め】(名・サ変自) 入浴後、からだがひえること。feel cold after taking a bath 用例 ―が風邪のもと。

ゆさ-ゆさ(副) 大きくゆれ動くさま。sway 用例 家が―とゆれる。

ゆざわ【湯沢】〈市〉秋田県、横手盆地南東部の市。城下町として栄えた。酒造がさかんで、東北の灘といわれる。曲木細工でも有名。人口三万六七〇七(一九八八)。

ゆざわ【湯沢】〈町〉新潟県南部の町。上越新幹線・関越自動車道が通る。上信越高原国立公園の北の玄関口で、スキー場と温泉で知られる。人口九二五四(一九八八)。

ゆざわ-おんせん【湯沢温泉】新潟県北部、関川村にある温泉。荒川渓谷に沿う景勝地の古湯。

ゆざわ-おんせん【湯沢温泉】新潟県南東部、湯沢町の温泉。川端康成の小説『雪国』の舞台として知られる。冬はスキーでにぎわう。越後湯沢温泉。

ゆ-さん【遊山】(名・サ変自) ①山に遊びに行くこと。紅葉狩り・桜狩りなど。②遊びに出かけること。行楽。気晴らし。excursion 用例 物見―。

ゆ-し【油脂】高級脂肪酸のグリセリンエステルの総称。動植物体を構成する重要な成分の一つ。常温で液状のものを脂肪油または油、固体のものを脂肪または脂という。原料により植物性と動物性に分けられる。食品・医薬品・塗料など各種の工業で広く使用される。fats and oils

ゆ-し【油紙】↓あぶらがみ(油紙)

ゆ-し【諭旨】わけを言い聞かせること。official suggestion 用例 ―退学。

ゆし-こうぎょう【油脂工業】動植物から油脂を採油精製したり、採油した油脂を食用油・せっけん・塗料・潤滑油・医薬品などに加工する工業。fats and fatty oils industry

ゆし-の-き【▼柞】イスノキの異名。

ゆしま【湯島】東京都文京区東部、御茶ノ水駅の北にある地区。湯島天神や孔子をまつった湯島聖堂などがあり、小説『婦系図』の舞台としても有名。

ゆしま-せいどう【湯島聖堂】東京都文京区湯島にある孔子廟。元禄四年(一六九一)五代将軍徳川綱吉が上野忍岡から移建。

ゆ-しゅつ【輸出】(名・サ変他) 外国へ産物や製品・技術などを売りに出すこと。export 比較 移出。対義 輸入。

ゆしゅつ-かちょうきん【輸出課徴金】輸出規制のため輸出品に課される税金。貿易収支のバランス回復が目的。export surcharge 対義 輸入課徴金。

ゆしゅつ-カルテル【輸出カルテル】輸出品の価格や数量についての企業間協定によって成り立つカルテル。輸出の安定と促進をはかるためのもの。export cartel

**ゆしゅつ-くみあい【輸出組合】** 輸出入取引法にもとづいて結成される輸出業者の組合。輸出貿易の振興、紛争調停などを目的とする非営利団体。取引条件に関する輸出カルテルは、独占禁止法の適用から除外される。exporters' association 対義 輸入組合。

**ゆしゅつ-けんさ【輸出検査】** 輸出検査法にもとづく、輸出品の品質の確保・向上をはかるための検査。export inspection

**ゆしゅつ-じしゅきせい【輸出自主規制】** 相手国の求めに応じて輸出国が輸出品の数量や金額を制限すること。輸出カルテルの結成、輸出貿易管理令によるなどの方法がある。voluntary export restriction

**ゆしゅつ-しんよう【輸出信用】** 輸出業者が輸入業者に与える信用。具体的には、支払金利を下げたり支払期間を猶予したりすること。一九七八年、経済協力開発機構(OECD)加盟国間で結ばれた輸出信用協定では、最低金利以上で輸出信用供与を行わないよう規定した。export credit

**ゆしゅつしんよう-きょうてい【輸出信用協定】** 経済協力開発機構(OECD)加盟国が共産圏と発展途上国に対する輸出信用供与の過当競争を規制するためにガイドラインを設定した非公式の協定。一九七六年締結。七八年改訂。輸出信用供与紳士協定。

**ゆしゅつ-しんようじょう【輸出信用状】** 国際間の貿易取引で、代金の支払いを保証する信用状を輸出側からみたときの呼称。export letter of credit 対義 輸入信用状。

**ゆしゅつ-ちょうか【輸出超過】** 輸出の総額が、輸入の総額より多いこと。出超。excess of exports 対義 輸入超過。

**ゆしゅつ-てがた【輸出手形】** 輸出入貿易にともなって振り出される手形を輸出国側からみたときの呼称。かつては、輸出業者に対し輸出品の生産・集荷資金を調達する目的で振り出される手形のこともさした。export bill 対義 輸入手形。

**ゆしゅつ-にゅう【輸出入】** 輸出と輸入。import and export

**ゆしゅつにゅう-ぎんこう【輸出入銀行】** 「日本輸出入銀行」の略。

**ゆしゅつぼうえき-かんりれい【輸出貿易管理令】** 「外国為替及び外国貿易管理法」(外為法)に基づき、輸出貿易を管理するための諸規定を定めた政令。昭和二四年(一九四九)制定。貿易管理令。貿管令。

**ゆしゅつ-ほけん【輸出保険】** 輸出貿易その他の対外取引にさいして生じる通常の保険では救済できない種類の危険を補うための国営保険。export insurance

**ゆしゅつほけん-とくべつかいけい【輸出保険特別会計】** 国が民間保険を補完するために経営している輸出保険に関して、その経理を明確にするために設けられた特別会計。

**ゆ-じゅん【由旬】** 《yojana梵の音写。踰繕那とも》古代インドの距離の単位。牛車の一日の旅程。約一一km、約一五kmほか、諸説ある。ゆうじゅん。

**ゆ-じょう【油状】** 油のような状態。oily

**ゆ-しん【▼庾信】**(五一三〜五八一) 中国、南北朝時代の詩人。字は子山。南陽新野の人。初め梁に仕え、のち北朝の西魏・北周に仕えて、亡国の悲哀を歌う。『哀江南賦』『擬詠懐』が代表作。梁時代の美文艶詩は徐陵とともに「徐庾体」の名がある。詩文集『庾子山集』。

**ゆ-ず【▼柚・▼柚子】** ミカン科の常緑小高木。耐寒性が強く、他種の台木に用いる。初夏、白い小花が咲き、黄色い果実は球形で表面は粗い。果肉は多汁で酸味が強く、芳香があり、香味料。中国原産。ユノス。ユウ。ユ。↓写

● ユズ

**ゆ-ずう【▽融通】** ↓ゆうずう(融通)

**ゆす・ぐ【▽濯ぐ】**(五他) ゆり動かして洗う。ざっと洗う。rinse

**ユスティニアヌス**〈一世〉【Justinianus Ⅰ】(四八二/三〜五六五) ビザンチン帝国皇帝(在位五二七〜五六五)。妃のテオドラと共同統治。ローマ帝国復興をめざし、バンダル王国・東ゴート王国を征服。皇帝教皇主義の確立に尽力。聖ソフィア聖堂など建築をさかんに行い、『ローマ法大全』を編纂させた。大帝。

**ユスティノフ**【Peter Alexander Ustinov】(一九二一〜 ) イギリスの劇作家・俳優・映画監督・シナリオ作家・小説家。戯曲『ロマノフとジュリエット』など。

**ゆすはら【▼檮原】**〈町〉 高知県北西部、四国山地の町。林業が中心で、米・シイタケ・クリなども産出。石灰岩台地で知られる大野ケ原がある。人口五一三八(一九八八)。

**ゆす-ぶ・る【揺す振る】**(五他) 揺すって動かす。揺さぶる。揺する。shake

**ゆず-ぼう【▼柚坊】** ユズやカラタチなどの葉を食べるアゲハチョウ類の幼虫の俗名。

**ゆず-みそ【▼柚味▼噌】** 合わせみその一種。練りみそに、すりおろしたユズの皮を混ぜたもの。

**ゆず-ゆ【▼柚湯】** 冬至の日、ユズの実を入れてたてるふろ。比較 菖蒲湯。

**ゆすら-うめ【▽梅▽桃・▽英▽桃】** バラ科の落葉低木。高さ約三m。春に、新葉と同時に白または淡紅色の小花が咲く。果実は初夏に赤く熟し、食用。実が白く熟す品種もある。庭木にする。中国原産。ユスラ。↓写

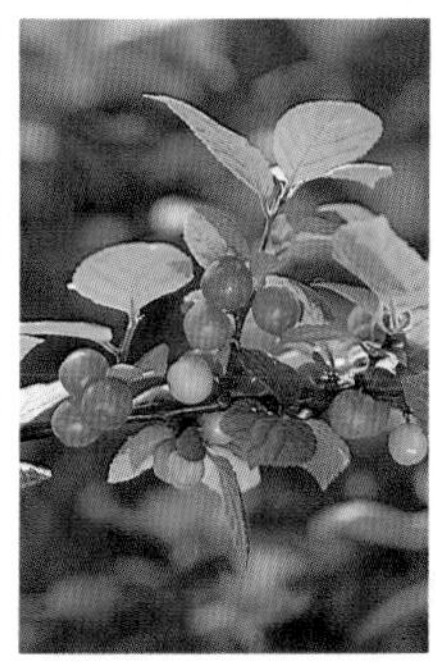
● ユスラウメ

**ゆすり【▽強▽請】** ゆすること・者。extortion 用例 ―たかり。

**ゆずり【譲り】** 譲り受けること。getting from 用例 親―の短気。

**ゆずり-あ・う【譲り合う】**(五他) 互いにゆずる。互いに遠慮しあう。make mutual concessions

**ゆすり-あ・げる【揺すり上げる】**(下一他) ゆすって上げる。ゆり上げる。joggle

**ゆずり-う・ける【譲り受ける】**(下一他) ほかの人から譲られて受け取る。take over

**ゆすり-か【揺蚊】** ユスリカ科の昆虫の総称。種類は多く、体長五mm以下のものが多い。カに似るが吸血はしない。世界各地に分布。midge ↓図

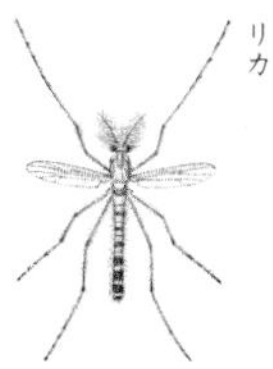
● ユスリカ　セスジユスリカ

**ゆずり-じょう【譲り状】** 譲り渡すことを書いた証文・文書。assignment

**ゆずり-は【譲葉】** 《新葉が生長して古い葉が落ちることから》トウダイグサ科の常緑高木。高さ約八m。葉は枝先に互生。初夏に淡黄色の小花が咲く。暖地の林中に生じる。正月の飾りに使用。庭木。葉や樹皮は薬用。オヤコグサ。ユズルハ。↓写

**ゆずり-わた・す【譲り渡す】**(五他) 譲って、ほかの人に渡す。hand over

**ゆする【▼泔】** 髪を洗って、くしけずること。また、それに使う湯水。

**ゆす・る【▽強▽請る】**(五他) 脅かして、無理に金品を出させて、奪う。extort

**ゆす・る【揺する】**(五他) ふるえるように動かす。揺さぶる。shake; swing

**ゆ・する【輸する】**(サ変他) 《「しゅする」の慣用読み》=輸す。①送る。運ぶ。②ひけをとる。負ける。用例 一籌を―。

**ゆず・る【譲る】**(五他) ①自分のものを他人に与える。所有権を渡す。hand over 比較 やる。用例 財産を―。車を安く―。②自分は退いて人を先にする。give way 用例 道を―。③自分の考えや主張を抑える。譲歩する。concede 用例 一歩も―・らぬ論戦。④あと回しにする。put off 用例 他日に―。

**ゆする-つき【▼泔▼坏】** 公家が髪を調えるときに用いた、蓋のついた碗状の器。米のとぎ水を入れ、これを盆状の台にのせ、さらに五脚の台の上に置いて使った。

**ゆずる-は【譲葉】** ユズリハの古名。

**ゆす・れる【揺すれる】**(下一自) ふるえるように動く。shake

**ゆ-せい【油井】** 石油をとるために掘った井戸。oil well

**ゆ-せい【油性】** 油の性質。oily

**ゆせい-かん【輸精管】** 精巣の精子を生殖孔まで移送する管。末端に射精管を分化することが多い。精管。vas deferens

**ゆせい-とりょう【油性塗料】** 乾性油や樹脂を塗膜形成の主要素とする塗料。耐水性がある。油性調合ペイント・油性ワニス・油性エナメルなど。oil paint

**ゆせい-ワニス【油性ワニス】** 乾性油と天然樹脂または加工樹脂を加熱融合し、溶剤でうすめたもの。木製品の透明塗装用。油ワニス。oil varnish

**ゆ-せん【湯▼煎】**(名・サ変他) なべを二つ使って、直火の代わりに沸騰した湯で加熱すること。一〇〇℃以下で処理できるので、焦げつきやすいものやゆっくりと煮とかすときに用いる。boil with double boiler

**ゆ-せん【湯銭】** ふろ銭。入浴料。bathing fee

**ゆ-そう【油層】** 石油を含んでいる地層。地中の石油は比較的すき間の多い砂岩・礫岩などの層に集まっている。石油層。oil reservoir

● ユズリハ

**ゆ-そう【油槽】** 石油を入れるおけ・タンク。oil tank

**ゆ-そう【輸送】**(名・サ変他) 人または財貨を異なる地点に運び送ること。船・車・航空機などの輸送機関は安全・迅速・正確などが条件となる。transport

**ゆそう-き【輸送機】** 人や貨物を輸送するための飛行機。transport

**ゆそう-げんしょう【輸送現象】** 分子自体の移動による現象。熱伝導・粘性・気体の拡散など。transport phenomenon

**ゆそう-せん【輸送船】** 軍隊・軍需品を輸送する客船・貨物船。transport

**ゆそう-せん【油槽船】** タンカー。

**ゆそう-トンキロ【輸送トンキロ】** 貨物など物品輸送の量を示す単位。たとえば五〇tの貨物を一〇km輸送すると五〇〇トンキロ。輸送機関別輸送量の比較などで使用。

**ゆそう-にんキロ【輸送人キロ】** 旅客輸送人員とともに旅客輸送の量を示す単位。たとえば、五〇人の旅客を一〇km輸送すると五〇〇人キロ。輸送機関別輸送量の比較などで使用。

**ゆそう-ぼく【癒▼瘡木】** ハマビシ科の常緑高木。高さ一〇mに達する。葉は羽状複葉。材は黒く堅い。グアヤク樹脂をとり、薬用とする。中南米原産。グアヤクノキ。lignum vitae

**ゆそ-でん【輸租田】** 律令制下、田租を課された田。口分田・位田・墾田など。対義 不輸租田。

**ユタ【Utah】** アメリカ西部の山岳州。州都ソルトレークシティ。鉱業と農牧業がさかん。人口一四六・一万(一九八〇)。

**ゆだ【湯田】**〈町〉 岩手県南西部、和賀川流域の町。農・林業が中心。豪雪地帯で過疎化が著しい。湯本・湯川温泉がある。人口五〇〇一(一九八八)。

**ユダ**〈イスカリオテの〉【Judas Iscariot】 ①イエスの十二使徒の一人。銀三〇枚でイエスをユダヤの祭司に売った。のちに悔いて自殺。②背教者。裏切り者。

**ユダ-おうこく【ユダ王国】** ソロモンの死後、紀元前九二二年ごろ南北に分裂したイスラエルのうちの南王国。首都エルサレム。前五八六年新バビロニアに滅ぼされ、前五三八年までバビロンの捕囚が続いた。ユダヤ王国。Judah

**ゆだ-おんせん【湯田温泉】** 山口県、山口盆地の中央部にある温泉。山口市街地の一部で、市内の史跡や萩・秋吉台への観光基地。

**ゆたか【豊】**〈町〉 広島県南部、芸予諸島大崎下島の大部分と三角島の一部を含む町。大長ミカンの産地。人口四三六三(一九八八)。

**ゆたか【豊か・▽裕か】** 曰(形動) ①十分あるさま。満ち足りているさま。豊富。富裕。abundant; rich 対義 貧しい。用例 ―な暮らし。②

おおらかで、のびのびしたさま。generous 用例 ―な心。㊁(接尾) 十分、たっぷり、のびのび、おおらかの意。用例 六尺―。

**ゆだがわ‐おんせん**【湯田川温泉】 山形県鶴岡市、金峰山北麓にある温泉。八世紀初めに発見された古い温泉。

**ゆ‐だき**【湯炊き】(名・サ変他) 湯で物を煮ること。とくに、洗った米を、水でなく湯に入れて炊く方法。boil

**ゆ‐だく**【油濁】 海や川などが石油・廃油などで汚れること。pollution with oil

**ゆだて‐の‐しんじ**【湯立ての神事】 禊の一種。巫女・神職などが神前の釜の周囲を回り、熱湯に笹をひたして参詣人にふりかける行事。もとは神懸り・託宣のための神事とされる。ゆだち。

**ゆだなか‐おんせん**【湯田中温泉】 長野県北東部、山ノ内町にある温泉。山ノ内温泉郷に属し、志賀高原観光の玄関口として知られる。

**ゆたに‐たゆたに**【▽寛にたゆたに】(連語) ゆらゆらと揺れ動いて。寛のたゆたに。

**ゆだ・ぬ**【▽委ぬ】 古語 (下二他) ↓ゆだねる(委ねる)

**ゆだ・ねる**【▽委ねる】(下一他) 他の人に任せる。委任する。entrust 用例 選択を会長に―。

**ゆ‐だま**【湯玉】 ①湯が煮えくり返ったとき、わき上がる泡。湯花。bubbles of boiling water ②玉となって飛び散る熱湯。drops of hot water

**ユダヤ**【Judea・猶太】 前一〇～前六世紀ごろ、現在のパレスチナ地方にあった王国の名。また、その民族や地域をさすことば。エルサレムが中心地。旧約聖書中のユダの名前に由来。ユダヤ人は久しく国をつくらずに経済・学問の分野で活躍してきたが、一九四八年パレスチナにイスラエル共和国を建国した。

**ユダヤ‐きょう**【ユダヤ教】 ユダヤ人の宗教。古代イスラエル民族の宗教を受け継ぐもので、モーセの律法に基づき、唯一の神ヤハウエを信仰。イエス=キリストを認めず、神から選ばれたこの民族のために地上に神の国をもたらすメシアが来るとする。キリスト教の母胎となった。『旧約聖書』と『タルムード』を聖典とする。Judaism

●ユッカ　キミガヨラン

**ユダヤ‐じん**【ユダヤ人】 セム系のイスラエル人を祖先にパレスチナを原住地とする民族。おもにユダヤ教徒。紀元前六世紀のバビロン捕囚後は各地に離散。中世には激しい差別と迫害を受け、一八世紀以後ようやくユダヤ人解放思想が生じ、シオニズム運動へと発展した。第二次大戦後イスラエル共和国が成立したが、アラブ諸国との抗争が続いている。Jew

**ユダヤ‐れき**【ユダヤ暦】 紀元前から現在までユダヤ民族の間で用いられている暦法。ユリウス暦の紀元前三七六一年一〇月七日を紀元とする。Jewish calendar

**ゆだ・る**【▽茹る】(五自) ゆでられる。蒸される。うだる。be boiled

**ゆ‐たん**【油単】 ①油をひいた防湿用の紙・布。敷物にしたり、調度や器物のおおいにしたりする。②たんすや長持ちなどにかぶせる布。唐草模様の木綿のもの。

**ゆ‐だん**【油断】(名・サ変自) 気を許すこと。注意を怠ること。carelessness

**油断大敵** 油断は身を誤るもとであるから、よくよく用心せよ。Do not let down your guard.

**油断は怪我の基** 油断することは、災いの原因である。

**油断も隙も無い** 《気を抜くと、すぐつけこんでくる人に言う》少しも気が許せない。cunning

**ゆ‐たんぽ**【湯▽湯▽婆】《「たん」「ぽ」は「湯」「婆」の唐音》容器の中に湯を入れ、布などで包んでふとんに入れて暖をとる器具。金属製・陶製・プラスチック製などがある。↓写

●湯湯婆

**ゆ‐ちゃ**【湯茶】 湯と茶。湯または茶。用例 ―の接待。

**ゆ‐ちゃく**【癒着】(名・サ変自) ①裂傷した皮膚がくっつくこと。また、もともと離れているべき器官の面が炎症を起こしてくっつくこと。adhesion ②ものごとが離れがたく、また、なれあって関係すること。collusion 用例 政財界の―。

**ユッカ**【Yucca ラテン】 リュウゼツラン科イトラン属の常緑樹の総称。葉はかたい剣状で叢生し、晩夏、白色六弁の花を多数、穂のようにつける。観賞用で、庭園・公園などに植える。イトラン・キミガヨランなどがふつう。北米原産。↓写

**ゆづかみ**【湯津上】〈村〉 栃木県北東部、那珂川と箒川にはさまれた村。農業および酒造業などを行う。人口六〇八一(一九八八)。

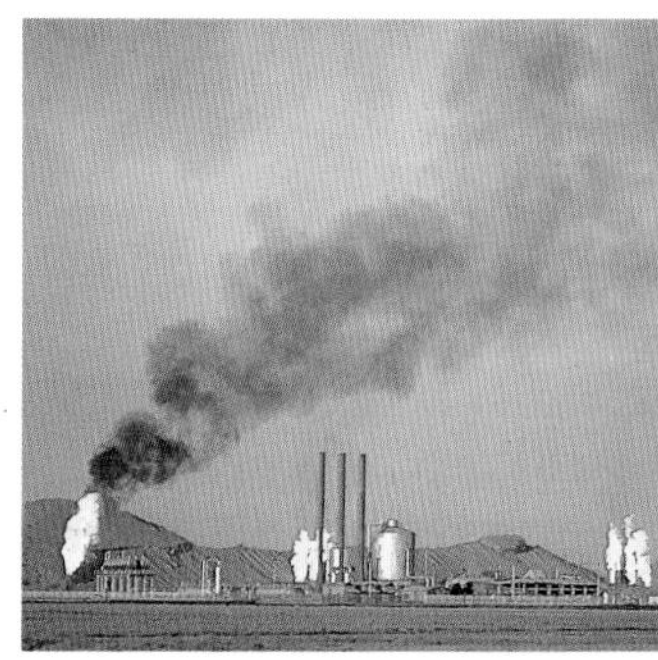
●油田　イラン、アワス地区の原油採掘基地。

**ゆ‐づかれ**【湯疲れ】(名・サ変自) ふろ・温泉などに長時間入って、疲れること。fatigue caused by a long bath

**ゆづき‐の‐きみ**【▽弓月君・▽融▽通▽王】 五世紀ごろの百済の渡来人。秦氏の始祖とされる伝説的人物。

**ゆっくり** ㊀(副・サ変自) 急がないさま。急ぐ必要がないさま。slowly 用例 ―して行く。―と近づいてくる。㊁(副) ゆとりがあるさま。ゆったり。たっぷり。amply 用例 ―座れる。―間に合う。

**ユッケ**(yuk-hoe 朝) 朝鮮料理の一つ。牛の赤身の肉をたたき、しょうゆ・ごま油・唐辛子みそ・おろしにんにく・すりごま・卵黄などと混ぜ合わせたもの。

**ゆ‐づけ**【湯漬(け)】《「湯漬け飯」の略》湯をかけて食べる飯。

**ゆったり**(副・サ変自) ①ゆとりがあるさま。ゆるやかなさま。spacious 用例 ―とした間取り。②くつろいださま。leisurely 用例 ―と腰を下ろす。

**ゆ‐つぼ**【湯▽壺】 温泉などの湯をたたえている所。湯ぶね。

**ゆ‐づる**【▽弓弦】 弓の弦。

**ゆづるは‐さんち**【諭▽鶴羽山地】 瀬戸内海東部、淡路島の最南部を形成する山地。和泉山脈の延長にあり、最高峰は六〇八mの諭鶴羽山。

**ゆで‐あずき**【▽茹で小豆】 ゆでた小豆、また、これに甘味をつけたもの。うで小豆。

**ゆで‐こぼ・す**【▽茹で▽溢す】(五他) ゆでて、その汁をあふれさせる。boil over

**ゆで‐だこ**【▽茹で▽蛸】 ①ゆでたタコ。うでだこ。boiled octopus ②入浴・飲酒などで全身が赤くなった人。man as red as a lobster

**ゆで‐たまご**【▽茹で卵】 卵を殻ごとゆでたもの。半熟卵とかたゆで卵がある。boiled egg 比較 生卵。

**ゆ・でる**【▽茹でる】(下一他) 熱湯で煮る。うでる。boil 用例 ホウレン草を―。

**ゆ‐でん**【油田】 地層中に一定の広がりをもつ石油鉱床があり、採油が可能な地域。oil field 比較 炭田。↓写

**ゆ‐ど**【油土】 油を混ぜてつくった人工粘土。彫刻や鋳金などの原型用。あぶらつち。clay mixed with oil

**ゆ‐とう**【油桃】 ネクタリンの別名。

**ゆ‐とう**【湯▽桶】 木製で、注ぎ口や柄のある漆塗りのおけ。酒や湯などを入れる。

**ゆ‐どうふ**【湯豆腐】 昆布をだしにした湯で豆腐を煮て食べるなべ料理。削り節・ネギなどの薬味入りのつけじょうゆで食べる。

**ゆとう‐よみ**【湯▽桶読み】《湯を「ゆ」と訓読し、桶を「とう」と音読することから》漢字二字で表される語の、先の字を訓、あとの字を音で読むこと。「手製・雨具」など。対義 重箱読み。

**ゆ‐どおし**【湯通し】(名・サ変他) ①織物を仕立てる前にぬるま湯に浸すこと。のりをおとして柔らかくしたり、縮みをあらかじめ予防したりするのが目的。②料理材料を熱湯にさっとおとすこと。ぬめりやくさみをとり、色をよくする。

**ユトケービチ**【Sergey Yutkevich】(一九〇四〜八五) ソ連の映画監督。作品『銃を持つ人』『オセロ』など。

**ゆ‐どの**【湯殿】 ①ふろ場。浴室。bathroom ②古くは、入浴すること。また、入浴のとき身の回りの世話をする役。③《湯殿の近くにあったことから》料理部屋。

**ゆどの‐さん**【湯殿山】 山形県中部、月山の南西にある山。標高一五〇四m。出羽三山の一つで、古くから月山・羽黒山の奥の院として羽黒派修験道の極意の山といわれた。

**ゆどのさん‐じんじゃ**【湯殿山神社】 山形県東田川郡羽黒町湯殿山にある旧国幣小社。祭神は大山祇神ほか二神。古来社殿を設けず、熱湯湧出の霊石を御霊代と仰ぐ。出羽三山神社の一つ。

**ユトランド‐はんとう**【ユトランド半島】 ↓ユランはんとう(ユラン半島)

**ゆとり** 物事に余裕のあること。くつろぎ。leisure

**ユトリロ**【Maurice Utrillo】(一八八三〜一九五五) フランスの画家。パリの下町など多くの風景画を描く。作品『モンマニー風景』『コタン袋小路』など。↓写

**ユトレヒト**【Utrecht】 オランダ中西部の商工業都市。同名州の州都。鉄道交通の要地で、古くから商業・金融業・文化の中心。一六三六年創立の大学がある。人口二三万(一九八六)。

**ユトレヒト‐じょうやく**【ユトレヒト条約】 スペイン継承戦争の講和条約。一七一三年ユトレヒトで調印。フェリペ五世のスペイン王位継承は承認され、イギリスはフランス・スペインから領土を獲得。Utrecht treaty

**ゆ‐な**【湯▽女】 ①江戸時代初期、市中の風呂屋にいた客の背を流す役の女。風紀の乱れにつながるとして、幕府の禁令が出たため、一七世紀後半(寛文のころ)には消滅した。②温泉宿で、客の入浴の世話をした女。

**ユナイテッド‐アーチスツ**【United Artists Corporation】 アメリカの映画会社。一九一五年設立。八一年MGMと合併。

**ユナイテッド‐こうくう**【ユナイテッド航空】(United Airlines, Inc.) アメリカの航空会社。シカゴを拠点に全土に路線をもつ。一九三一年設立。UAL。

**ユナイテッド‐テクノロジーズ**【United Technologies Corporation】 アメリカの航空機エンジン・ヘリコプターの大手メーカー。一九三四年設立。UTC。

**ユナイテッド‐ブランズ**【United Brands Company】 食肉その他の食品の生産・加工・販売を世界的に行うアメリカの会社。一八八九年設立。

**ユナイテッド‐フルーツ**【United Fruit Company】 アメリカの食品会社ユナイテッドブランズの一部門。バナナ・やし油・その他の果物類の生産販売を担当。

**ユナニミスム**【unanimisme フランス】 一体主義。フランス文学界の一思潮。一九〇八年ジュール=ロマンが提唱。集団の中に人間本来の姿を見、集団生活による世界の調和を説く理想主義。ロマンの小説に具象化されている。代表的文学者は他にデュアメル・ビルドラックなど。

**ゆ‐に**【湯煮】 湯で煮ること。また、その煮たもの。boil

**ゆに**【由仁】〈町〉 北海道南西部、夕張川中流西岸の町。農業の町で、酪農がさかん。人口八

●ユトリロ　『コタン袋小路』。一九一〇年ごろ、パリ国立近代美術館。



↓行き先項目、図版・写真参照印。　JIS 日本工業規格情報交換用漢字符号コード(区点コード)。

二五四(一九八八)。

**ユニーク**【unique】(形動) そのものだけにあるさま。独特。独自。特有。

**ユニオン**【union】①結合。連合。同盟。組合。②同業組合。③労働組合。

**ユニオン-カーバイド**【Union Carbide Corporation】アメリカにある世界有数の総合化学会社。一九一七年設立。

**ユニオン-ジャック**【Union Jack】イギリスの国旗。

**ユニオン-ショップ**【union shop】雇用する労働者に労働組合への加入を義務づける制度。労働組合を脱退するか除名された者は自動的に解雇される。比較 クローズドショップ・オープンショップ。

**ユニオンパシフィック-てつどう**【ユニオンパシフィック鉄道】(Union-Pacific Railroad) アメリカ中西部の民営鉄道。カンザスシティとロサンゼルス・シアトルを結ぶ。一八六二年設立。

**ユニコーン**【unicorn】①一角獣。額にねじれた一本の角のあるウマに似た伝説上の動物。イギリス王室の紋章でライオンと相対している。②小形クジラのイッカクの別名。↓写

●ユニコーン①

**ゆにしがわ-おんせん**【湯西川温泉】栃木県北西部、栗山村にある温泉。鬼怒川の支流湯西川の上流にあり、平家落人の伝説で知られる。

**ユニシスト**【UNISIST】《United Nations Intergovernmental System of Information in Science and Technologyの略》国連科学技術交流機関。国際的な学術交流を行う組織。

**ユニセックス**【unisex】↓モノセックス

**ユニセックス-ファッション**【unisex fashion】《「ユニセックス」は、ただ一つの性の意》男女の別にとらわれないファッション。ジーンズの流行したころによく使われた。

**ユニセフ**【UNICEF】《United Nations Children's Fundの通称》国連児童基金。発展途上国や被災国の児童の健全な発育を支援する機関。一九四六年に設立された国連国際児童緊急基金(United Nations International Children's Emergency Fund)の事業と略称をうけつぎ、五三年に経済社会理事会の常設下部機構として設立。

**ユニゾン**【unison】《同音あるいは同度、の意》音楽用語。①いくつかの楽器またはオーケストラ全体で、同じ音か同じ旋律を奏すること。②斉唱。

**ユニタリー-タックス**【unitary tax】合算課税。アメリカの数州が採用している企業課税方式。州内に事業所や工場をもつ企業の所得と、州外にあるその企業の親会社や子会社の所得とを合算して州税の課税対象にする。

**ユニチカ**【ユニチカ(株)】繊維の総合メーカー。昭和四四年(一九六九)ニチボーと日本レイヨンの合併により設立。

**ユニット**【unit】①↓たんい(単位)①。②構成・組み立て単位。用例 ―式バス。③教育で、単元。用例 ―学習。

**ユニット-かぐ**【ユニット家具】共通した寸法・構造・デザインなど一定の基本形をもつ各種家具。使用条件に合わせて多様な組み合わせが可能。unit furniture

**ユニットがた-とうししんたく**【ユニット型投資信託】投資信託の形態の一つ。追加設定がなく、設定された信託財産は一つの独立した単位として運用される。元本一万円。期間五年。単位型投資信託。unit-type investment trust

**ユニット-キッチン**《和製語》調理台・ガスレンジ・流しなどの各設備が機能的にまとめられた台所。

**ユニット-システム**【unit system】単位組立方式。複数の製品に共通して使える単位部品を作り、その組み合わせにより完成品を作る。家具・機械などに多い。

**ユニット-じゅうたく**【ユニット住宅】プレハブ住宅の一種。各種の部屋がボックス状の単位で工場生産され、建築現場でそれを組み合わせて作る住宅。

**ユニット-ヒーター**《和製語》空気加熱器と送風機を結び合わせた暖房設備。

**ユニット-プライス**【unit price】商品の単位あたりの価格。比較購買を容易にするために、一〇〇gあたり何円というように表示する。単位価格。

**ユニットロード-システム**【unit-load system】貨物輸送方式の一つ。貨物をあらかじめ標準の重量または体積にまとめ、可能な限り一貫した機械力で荷役・輸送する方式。

**ユニテリアン**【Unitarians】プロテスタントの一派。三位一体論に反対して神の単一性を主張、イエス=キリストの神性を否定する教派。一八～一九世紀にかけて、イギリス・アメリカで成立。

**ユニドー**【UNIDO】《United Nations Industrial Development Organizationの略》国連工業開発機構。

**ユニバーサル**【Universal Pictures Inc.】アメリカの映画会社。一九一二年設立。

**ユニバーサル**【universal】(形動) ①宇宙的。世界的。②一般的。

**ユニバーシアード**【Universiade】全世界の学生のスポーツ総合競技会。学生のオリンピックともいわれる。第一回大会は一九五七年。以来、二年ごとに夏と冬に開催。ベルギーに本部がある国際大学スポーツ連盟が主催。

**ユニバーシティー**【university】総合大学。対義 カレッジ。

**ユニホーム**【uniform】①一つの形にそろえた服。集団の目的・性格を表し、また機能的なもの。揃いの運動服。制服。②軍服。

**ゆ-にゅう**【輸入】(名・サ変他) 外国から産物や製品・技術などを買い入れること。import 比較 移入。対義 輸出。

**ゆにゅう-いそんど**【輸入依存度】一国の経済が輸入に依存する割合。国民所得または国民総生産に対する輸入額の比率によって示される。degree of dependence upon imports

**ゆにゅう-インフレ**【輸入インフレ】外国との貿易によって国内の物価が上昇しインフレ状態になること。輸入品とくに原材料の価格の高騰や、相手国のインフレによって引き起こされる輸出超過などが原因。import inflation

**ゆにゅう-かちょうきん**【輸入課徴金】輸入を規制するため、輸入品に対し関税に加えて課される税金。国内産業の保護育成が目的。import surcharge 対義 輸出課徴金。

**ゆにゅうぎょうしゃ-きょうてい**【輸入業者協定】あつかう商品のバランスが過度に偏向したり投機的行動に走ったりするのを防ぐため、輸入業者どうしが結ぶ紳士協定。

**ゆにゅう-くみあい**【輸入組合】輸出入取引法に基づく輸入業者の団体。輸入取引の混乱をふせぎ、取り引きを円滑にするために設けられる法人。import association 対義 輸出組合。

**ゆにゅう-じゆうか**【輸入自由化】輸入品の金額や数量などに対する制限を撤廃し、自由な輸入活動を行うこと。貿易自由化の中心をなす。import liberalization

**ゆにゅう-しょうにん**【輸入承認】貨物が輸入されるとき外国為替銀行が行う輸入許可。輸入貿易管理令に基づき輸入割り当ての範囲内で承認される。IL。import license

**ゆにゅう-しんようじょう**【輸入信用状】国際間の貿易取引で、代金の支払いを保証する信用状を輸入側からみたときの呼称。import letter of credit 対義 輸出信用状。

**ゆにゅう-ぜい**【輸入税】輸入品に対して課される租税。関税と、消費税などの内国消費税。import duties

**ゆにゅう-せいげん**【輸入制限】外国産物資の輸入を一定の金額・数量以内に制限すること。関税を課す場合と、直接的に金額・数量の限度を定める場合とがある。import restrictions

**ゆにゅうだいこう-ぎょう**【輸入代行業】個人輸入のさい、顧客がカタログなどで指定した外国製品の輸入手続きを代行する業務。

**ゆにゅう-ちょうか**【輸入超過】輸入の総額が輸出の総額より多いこと。入超。excess of imports 対義 輸出超過。

**ゆにゅう-てがた**【輸入手形】輸出入貿易にともなって振り出される手形を輸入国側からみていうときの呼称。かつては、輸入業者に対し輸入取引の決済資金を供給する目的で振り出される手形のこともさした。import bill 対義 輸出手形。

**ゆにゅう-ぼうえきかんりれい**【輸入貿易管理令】「外国為替及び外国貿易管理法」(外為法)に基づき、輸入貿易を管理するための諸規定を定めた政令。昭和二四年(一九四九)制定。

**ゆにゅう-ユーザンス**【輸入ユーザンス】輸入代金の延べ払いのこと。輸入業者が輸入手形の期限を延長し、その代金を金融機関などに立て替えてもらう方式。import usance

**ゆにゅうわりあて-せいど**【輸入割当制度】輸入管理の一つ。各年度ごとに品目別の輸入額を決め、輸入資金を割り当てる制度。国内産業の保護がおもな目的。IQ制度。import quota contingent system

**ゆにょう-かん**【輸尿管】尿を腎臓から膀胱に送る管。長さ二八～三〇cmで左右二本ある。尿管。ureter

**ユニリーバ**【Unilever】オランダのUnilever NVとイギリスのUnilever PLCを中心とする、世界的な日用品・食品製造・販売の企業グループ。一九二七年設立。

**ユネスコ**【UNESCO】《United Nations Educational, Scientific and Cultural Organizationの略》国連教育科学文化機関。教育・科学・文化面での国際協力を促進し、相互理解を深めて平和の基礎をつくるのが目的。一九四六年設立。

**ユネスコ-けんしょう**【ユネスコ憲章】教育・科学・文化によって諸国民間の協力を促進し、平和と安全保障に寄与することを目的として国連教育文化会議が採択した憲章。一九四六年発効。これに基づいて、ユネスコが発足。the charter of UNESCO

**ゆねん-かいげん**【▼踰年改元】《「踰」は、越える、の意》天皇即位の翌年に改元をすること。明治以前はこの例が多かった。

**ユノ**【Jūnō ラテ】ローマ神話の最高の女神。女性および結婚の守護神。ジュノー。

**ゆのかわ-おんせん**【湯川温泉】北海道函館市の東部にある温泉。湯川・鮫川・根崎の三つの温泉を総称することが多い。

**ゆのごう-おんせん**【湯郷温泉】岡山県東部、美作町にある温泉。美作三湯の一つ。

**ゆのこ-おんせん**【湯の▽児温泉】熊本県水俣市の北、八代海に臨む温泉。天草諸島から雲仙方面への眺望がよく、海水浴場としても知られる。

**ゆ-のし**【湯▼熨】(名・サ変他) 織物や染め物の仕上げ法の一つ。蒸気を当てて柔らかくし、しわを伸ばして幅をそろえる。

**ゆのたに**【湯▼之谷】〈村〉新潟県南東部、越後山脈の村。豪雪地で電源地帯。奥只見・尾瀬観光の基地の一つ。人口六五二〇(一九八八)。

**ゆのつ**【▽温▽泉津】〈町〉島根県中部、日本海に臨む町。古くは港町として栄えた。温泉津温泉を中心とする温泉町で、漁業・造船業なども行われる。人口五一九九(一九八八)。

**ゆのつる-おんせん**【湯ノ▼鶴温泉】熊本県水俣市南東の山間にある温泉。湯出川の渓流に沿う。湯出温泉。

**ゆ-の-はな**【湯の花・湯の華】①温泉水中の鉱物成分の沈殿物がかたまったもの。硫黄華・石灰華・珪華など。湯花。②湯垢。

**ゆのはま-おんせん**【湯野浜温泉】山形県鶴岡市にある温泉。日本海に臨む庄内海岸にあり、海水浴場としても知られる。

**ゆのひら-おんせん**【湯平温泉】大分県中部、湯布院町にある温泉。花合野川渓谷にあり、湯治場として知られる。

**ゆのまえ**【湯前】〈町〉熊本県南東部、人吉盆地北東部の町。農・林産物の集散地で、木材・焼酎・みそを産出。人口五七七六(一九八八)。

**ゆ-のみ**【湯飲み・湯▼呑み】湯茶を飲む茶わん。湯飲み茶わん。teacup

**ゆのみね-おんせん**【湯峰温泉】和歌山県南東部、本宮町にある温泉。古くから熊野詣での湯垢離場で、浄瑠璃などに登場する小栗判官の伝説がある。

**ゆのもと-おんせん**【湯▼之元温泉】鹿児島県薩摩半島北西部、東市来町にある温泉。鹿児島本線沿いにあり、交通の便がよい。

**ゆのもと-おんせん**【湯本温泉】長崎県壱岐島の勝本町にある温泉。壱岐対馬国定公園に属し、勝本湾の美観で知られる。

**ゆのやま-おんせん**【湯の山温泉】三重県北部、菰野町の御在所山麓にある温泉。名古屋・大阪方面からの交通の便がよい。

**ゆ-ば**【湯葉】豆乳を煮て、表面にできる薄皮を干した食品。乾燥させない生ゆばもある。精進料理・椀種などに使う。うば。

**ゆ-はず【弓筈・弓弭】** 弓の両端の、弦をかける部分。ゆみはず。ゆはら。

**弓筈の調**(ゆはずのみつぎ) 上代、男子が貢物としてたてまつった、狩りの獲物。

**ゆ-ばな【湯花】** ①湯の花。②湯玉。

**ゆ-ばら【湯腹】** 湯を飲んで、ふくれた腹。

**湯腹も一時**(ゆばらもいっとき) 湯を飲んでも、しばらくは空腹をしのげる。一時の間に合わせになるたとえ。類似 茶腹も一時。

**ゆばら【湯原】**〈町〉岡山県北部、旭川上流域の町。美作三湯の一つ湯原温泉のある温泉町で、特別天然記念物オオサンショウウオの生息地で有名。肉牛の飼育もさかん。人口四三九三(一九八八)。

**ゆはら-の-おおきみ【湯原王】**(生没年未詳) 奈良前期の歌人。志貴皇子の子。清明な叙景歌で知られる。

**ゆ-ばり【尿】** 小便。いばり。ゆまり。

**ユパンキ【Atahualpa Yupanqui】**(一九〇八〜) アルゼンチンのフォルクローレ歌手・作詞作曲家・ギタリスト。作品『インディオの道』『牛車にゆられて』など。

**ゆび【指】** 四肢の末端の分かれた部分。基節骨・中節骨・末節骨からなり、互いに蝶番関節で連結している。finger

**五本の指に入る**(ごほんのゆびにはいる) 上位から五位以内に入る。one of the top five 類似 五指に数えられる。

**指一本、指させない**(ゆびいっぽんささせない) 人に、非難や干渉をさせない。指一本もささせない。leave no room for blame

**指の股を広げる**(ゆびのまたをひろげる) 遊郭での、太鼓持ちが遊客をほめ、おだてて機嫌をとるときのようすにいう。

**指を折る**(ゆびをおる) 指を一本一本折り曲げていって、確かめながら物を数えあげる。また、たくさんある中で、とくに指を折り曲げて数えあげるほどにすぐれている。count on one's fingers

**指を切る**(ゆびをきる) 指切りをする。

**指を銜える**(ゆびをくわえる) 欲しがりながら、ただむなしく見ている。look enviously at

**指を指す**(ゆびをさす) ①指さす。point to; indicate ②指で触る。touch with a finger ③陰で、そしる。criticize

**指を染める**(ゆびをそめる) 物に指を触れる。物事に着手する。

**指を詰める**(ゆびをつめる) やくざなどが、誓い・謝罪のしるしに、指の先を切り落とす。

**ゆび-おり【指折り】** ①指を折って数えること。count on one's fingers ②多数の中から数え上げられるほど、すぐれたこと・人。屈指。one of the prominent

**指折り数える**(ゆびおりかぞえる) 待ち遠しく思うさま。eagerly wait for 用例 入学の日を指折り数えて待つ。

**ゆ-びき【湯引き】** 調理の下ごしらえの一つ。熱湯でさっとゆでたり、熱湯を注ぎかけること。かたいものをやわらげたり、材料のくせなどを取り除く。湯振り。

**ゆび-きり【指切り】** ①古来の誓約の形式。誠実の心を示すため小指を切ること。とくに、江戸時代の遊里で行われた。②子どもなどが互いに小指を曲げて引っかけ合い、約束のしるしとすること。げんまん。

**ゆ-び・く【湯引く】**(五他) ↓ゆがく(湯掻く)

**ゆび-さ・す【指差す】**(五他) 指でその方を示して知らせる。point to

**ゆび-しゃぶり【指しゃぶり】** 幼児が指をしゃぶること。thumb-sucking

**ゆび-ずもう【指相撲】** 双方が親指を立て、他の指をそろえて組み合わせ、親指で相手の親指を押さえつけた方を勝ちとする遊び。

**ゆびそ-おんせん【湯檜曾温泉】** 群馬県北部、水上町にある温泉。水上温泉郷に属し、近くにスキー場もある。

**ユピテル【Jupiter ラテン】** ローマ神話の天空神。ギリシア神話のゼウスにあたる。ジュピター。

**ゆび-にんぎょう【指人形】** 人形の体内や衣装の中に手を入れ、指であやつり動作をさせることのできる人形。ギニョール。hand puppet

**ゆび-ぬき【指貫(き)】** 裁縫をするとき、針の頭を押すために指にはめる輪形の革や金属の用具。欧米ではキャップ式を用いる。thimble

**ゆび-の-はら【指の腹】** 指の末の関節(第三節)から先の部分の、内側。

**ゆび-わ【指輪・指環】** 指にはめる装身具。宝石などをちりばめた装飾的な指輪と、結婚など契約や象徴を表す指輪に大別される。日本では明治以降に一般化。リング。ring 数え方 一点。

**ゆふいん【湯布院】**〈町〉大分県中部、別府市の西に接する町。由布岳南西麓の温泉郷で、由布院・湯平・塚原温泉がある。人口一万二〇七七(一九八八)。

**ゆふいん-おんせん【由布院温泉】** 大分県中部、湯布院町にある温泉。九州横断道路が通り、九重連山方面への玄関口。

**ゆ-ぶくろ【弓袋】** 弓を入れておく袋。ゆみぶくろ。

**ユプシロン【Υ・υ】** ギリシア字母の第二〇字。upsilon

**ゆふ-だけ【由布岳】** 大分県別府市の西方にある火山。標高一五八四m。溶岩円頂丘(鐘状火山)で、イワカガミなど高山植物の群落がある。豊後富士。

**ゆ-ぶね【湯船・湯槽】** 入浴用の湯をたたえておく大きな箱、または桶。浴槽。bathtub

**ゆ-ぶり【湯振り】** ↓ゆびき(湯引き)

**ゆ-へいはく【兪平伯】**(一九〇〇〜) 中国の学者・詩人。浙江省出身。詞の研究などで知られる。詩集『冬夜』、評論『紅楼夢弁』。

**ゆ-べし【柚餅子】** 和菓子の一種。ユズの実の上端を切って中身をくりぬき、米粉・みそ・砂糖などにユズの実の汁を加えて練ったものを詰めて、蒸す。練り菓子風のつくりのものにも言う。

**ゆぼ-けつがん【油母頁岩】** ↓オイルシェール

**ゆ-まき【湯巻(き)】** ①平安時代、宮中の貴人の入浴に付きそう女官が、ぬれないよう腰に衣服の上からまとった衣。②女性の腰巻き。湯文字。

**ユマニテ【humanité フランス】** ㊀人間性。ヒューマニティー。humanity ㊁《L'Humanité》フランス共産党の中央機関紙。日刊。一九〇四年創刊。

**ゆみ【弓】** 矢を射る道具。竹や木をそらせて弦を張り、弦で矢を弾きとばす。狩猟用や武器として中石器時代より世界各地に普及。bow 対義 矢。数え方 一張り。↓図

**弓折れ矢尽きる**(ゆみおれやつきる) ①戦いで、さんざんに敗れる。be completely defeated ②力尽きて、もはやどうすることもできなくなる。be at the end of one's rope

**弓と弦**(ゆみとつる) ①曲がっているものと、まっすぐなもの。②回り道と近道。

**弓は袋に太刀は鞘**(ゆみはふくろにたちはさや) 平和な世のさま。

**弓は袋を出さず**(ゆみはふくろをいださず) 平和になり、武器の用がなくなる。

**弓は三つ物**(ゆみはみつもの) 弓術で重要なのは、流鏑馬・笠懸・犬追物の三種である。

**弓も引き方**(ゆみもひきかた) ①矢は、弓の引き方により的に当たったり外れたりする。②関係のある者をひいきにすることのたとえ。

**弓を加う**(ゆみをくわう) 弓に矢をつがえる。

**弓を鳴らす**(ゆみをならす) 魔よけのため、手で弓の弦を鳴らす。弦打ち。鳴弦。

**弓を外す**(ゆみをはずす) 弓の弦を外す。武装を解く。

**弓を引く**(ゆみをひく) ①弓を射る。shoot an arrow ②主君にはむかう。反逆する。rebel against

**ゆみ-がた【弓形】** 弦を張った弓の形。ゆみなり。

**ゆみ-が-はま【弓ケ浜】** 鳥取県西部、美保湾と中海をへだてる砂州。灌漑により耕地化され、ネギなどの栽培がさかん。米子空港がある。夜見ケ浜。

**ゆみ-し【弓師】** 弓づくりの職人。奈良時代ごろまでは自然木を削る方式がふつうで、弓削とよばれたが、のちに竹で作るようになり、矢師と区別して弓師といわれた。

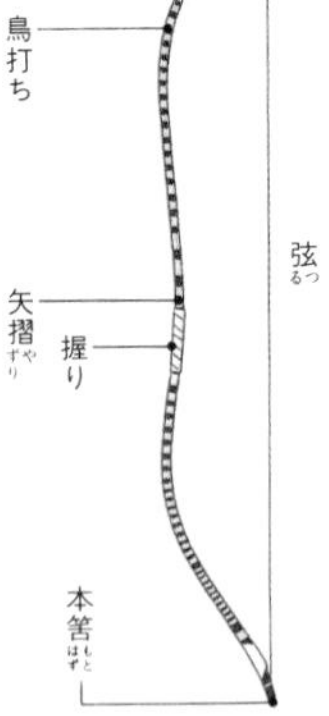

●弓 重籐の各部名称

**ゆ-みず【湯水】** ①湯と水。water and hot water ②どこにでもたくさんあるもののたとえ。abundant like water 用例 —のように使う。

**ゆみ-づる【弓弦】** 弓に張る糸。ゆづる。数え方 一筋・一条。

**ゆみ-とり【弓取り】** ①弓の巧みなこと・人。archer ②弓矢をとるのを勤めとすること・人。武士。③「弓取り式」の略。

**ゆみとり-しき【弓取(り)式】** 結びの相撲の勝者が弓を賞として受けるさいの儀式。大相撲では結びの相撲のあと勝者の代理の力士が行う。

**ゆみ-なり【弓形】** 弦を張った弓のような形。ゆみがた。用例 —にからだを反らす。

**ゆみ-はり【弓張り】** ①弓を張ること・人。②弓を張った形。③「弓張り提灯」の略。④「弓張り月」の略。

**ゆみはり-ぢょうちん【弓張(り)提灯】** 弓状に曲げた竹の両端にひっかけて、上下に張り開くようにしたちょうちん。弓張り。

**ゆみはり-づき【弓張(り)月】** 弓形の月。弦月。弓張り。

**ゆみ-ひ・く【弓引く】**(五自) ①弓を射る。shoot an arrow ②主君に背く。反抗する。rebel against

**ゆみ-へん【弓偏】** 漢字を組み立てている部分の名。「引・強・弦」などの左にある「弓」。

**ゆみ-や【弓矢】** ①弓と矢。bow and arrow ②武器。arms ③武道。military arts

**弓矢取る身**(ゆみやとるみ) 武士。

**弓矢の家**(ゆみやのいえ) 代々、武芸にたずさわっている家。武士の家柄。武門。

**弓矢の神**(ゆみやのかみ) 弓矢をつかさどる神。いくさの神。弓矢神。

**弓矢の道**(ゆみやのみち) ①弓を射る術。射術。②武士道。

**ゆみや-はちまん【弓矢八幡】** ㊀(名) 弓矢の神である八幡神。㊁(感)《武士が誓うときいう語》誓って、必ず。

**ゆ-むき【湯剝き】** 調理の下ごしらえの一つ。材料の皮をむきやすくするために、熱湯にさっと通すこと。トマトが代表的。

**ゆ-むし【螠】** 潮間帯下の砂泥底にU字形の穴を掘ってすむ環形動物。体は紡錘形で、体長一〇〜三〇cm。釣りえさ。日本全土の沿岸に分布。↓図

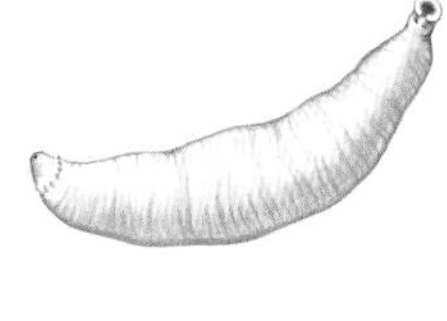
●ユムシ

**ゆむら-おんせん【湯村温泉】** 山梨県、甲府市西部にある温泉。二月の厄除地蔵尊祭が有名で、渓谷美で知られる昇仙峡にも近い。

**ゆむら-おんせん【湯村温泉】** 兵庫県北西部、美方郡温泉町にある温泉。一〇〇℃近い高熱泉源の荒湯で知られる。

**ゆめ【夢】**《「寝目」の転という》①眠っている間に、さまざまなできごとをまるで実際におこっているかのように見聞きしたり感じたりする現象。dream 用例 —を見る。②はかないこと。transient 用例 —を追う。③たやすく実現できない願い。dream ④理想として予想されるもの。dream 用例 —の超特急。⑤現実から離れた、甘い考え。dream 用例 新婚の—。

**夢か現か**(ゆめかうつつか) 《意想外のことに遭遇したときなどに言う》夢なのか現実なのか、はっきりしない気持ちだ。feel as if in a dream

**夢から覚めた様**(ゆめからさめたよう) 正気になるさま。迷いなどがふっきれるようす。come to one's senses

**夢騒がし**(ゆめさわがし) 悪い夢を見て、胸騒ぎがする。夢見が悪く、気持ちが落ちつかない。

**夢違う**(ゆめたがう) 夢の中で行われていたことが、実際には行われない。夢で予言されたことが、実現しない。

**夢なら早く覚めて呉れ**(ゆめならはやくさめてくれ) 《思いがけない不幸などを受けた場合に、祈るような気持ちで言うことば》これが悪夢であるのならば、こんなものは早く消えてほしい。

**夢に成れ**(ゆめになれ) 《災難をはらうときに言う語》現実でなく、夢になれ。

**夢に夢見る**(ゆめにゆめみる) 夢の中で夢を見る。はかないさまのたとえ。

**夢の浮き橋**(ゆめのうきはし) ①奈良県の吉野川の名所、夢淵に渡した浮き橋。②夢の中の危ない通路。はかないこと。

**夢の通い路**(ゆめのかよいじ) 夢路。

**夢の徴**(ゆめのしるし) 夢で示された前兆。夢の中に、何かの前兆が現れること。

**夢の手枕**(ゆめのたまくら) 夢の中で、恋しい人がしてくれる手枕。転じて、はかないことを言う。

**夢の告げ**(ゆめのつげ) 神仏が、夢の中に現れて、するお告げ。divine message in one's dream

●ユリ

テッポウユリ

ササユリ

オトメユリ

ヤマユリ

ヒメユリ

エゾスカシユリ

カノコユリ

オニユリ

**夢の間**(ゆめのま) ①夢を見ているあいだ。while dreaming ②短いあいだ。for a moment ③たちまち。at once
**夢の又夢**(ゆめのまたゆめ) ひどくはかないこと。夢の夢。but an empty dream
**夢の世**(ゆめのよ) 夢のようにはかない世の中。transient life
**夢の様**(ゆめのよう) ①ほんとうのこととは思われないさま。as if it were not real ②はかないことのたとえ。transient
**夢は五臓の疲れ**(ゆめはごぞうのつかれ) 《夢見が悪いときに、慰めに言うことば》夢を見るのは、五臓が疲れているからだ。
**夢は逆夢**(ゆめはさかゆめ) 《悪夢を見たときに、縁起直しに言うことば》夢では、現実とは逆の形を見るものだ。
**夢を合わす**(ゆめをあわす) 夢で、吉凶を占う。
**夢を描く**(ゆめをえがく) 将来を空想する。have a dream
**夢を追う**(ゆめをおう) ①理想を実現させるために努力する。②できもしない願いや望みを追いかける。
**夢を託する**(ゆめをたくする) 希望をかける。place one's hope on 用例 我が子の将来に—。
**夢を見る**(ゆめをみる) ①ある物事を夢で見る。dream ②空想にふける。fall into a reverie
**夢を結ぶ**(ゆめをむすぶ) 夢を見る。また、安眠する。
**ゆめ【▽努】** 文語的 (副)《下に打ち消しをともなって》①強く禁じる語。決して。用例 —疑うなかれ。②少しも。用例 —知らず。
**ゆめ-あわせ【夢合(わ)せ】** 夢によって吉凶を占うこと。夢占い。夢判断。oneiromancy
**ゆめ-うつつ【夢▽現】** ①夢と現実。dream and reality ②夢か現実かはっきりしないこと。half asleep and half awake
**ゆめ-うら【夢▽占】** 《「夢占い」の略》夢の内容によって吉凶を占うこと。正月の初夢はその一例。夢解き。夢判じ。夢合わせ。oneiromancy
**ゆめ-がたり【夢語り】** ①夢に見たことを話すこと。その話。account of a dream ②夢のように、頼りない話。夢物語。fantasy
**ゆめ-ごこち【夢心地】** うっとりした、夢のような気持ち。夢見心地。half in a dream
**ゆめさき【夢▽前】**〈町〉兵庫県南部、姫路市の北に接する町。夢前川上流に沿う農業の町。近年は工業地化・宅地化が著しい。雪彦山・塩田温泉がある。人口一万九六七九(一九八八)。
**ゆめ-さら【夢更】**(副)《下に打ち消しをともなって》少しも。夢にも。夢更更。
**ゆめ-じ【夢路】** 夢を見ること。dream
**夢路を辿る**(ゆめじをたどる) 夢を見る。気持ちよく眠る。dream
**ゆめ-ちがえ【夢違え】**(名・サ変自) 悪い夢を見たとき、まじないなどをして災難を逃れること。ゆめちがい。
**ゆめ-とき【夢解き】** 夢の吉凶を占うこと・人。oneiromancy
**ゆめ-にも【夢にも】**(副)《下に打ち消しをともなって》ちっとも。少しも。まるで。never 用例 —思わない。
**ゆめの-きゅうさく【夢野久作】**(一八八九〜一九三六) 小説家。本名、杉山泰道。福岡県生まれ。慶大中退。幻想と怪奇が説話的文体と交錯した異色作を残す。作品『押絵の奇蹟』『ドグラ-マグラ』など。
**ゆめ-の-しごと【夢の仕事】** フロイトの精神分析用語。実際に見る夢は、夢の原動力である無意識の材料が、圧縮・置き換え・象徴化などにより変形されたものであると考えた。この変形作業を夢の仕事と呼ぶ。dream work
**ゆめのしろ【夢の代】** 江戸後期の教訓書。一二巻。山片蟠桃著。文政三年(一八二〇)成立。天文・地理・歴史・経済など多岐にわたり、合理主義精神で著述。無神論・地動説・自由経済論などを説く。
**ゆめ-ばかり【夢ばかり】**(副) ほんの少し。least 用例 —も想像しなかった。
**ゆめ-はんだん【夢判断】** 夢合わせ。夢判じ。oneiromancy
**ゆめ-まくら【夢▼枕】** 夢を見ている枕元。
**夢枕に立つ**(ゆめまくらにたつ) 夢の中に神仏などが、ある事を知らせるために、現れる。appear in one's dream
**ゆめ-まぼろし【夢幻】** 夢と幻。はかないもののたとえ。unreal
**ゆめ-み【夢見】** 夢を見ること。見た夢。dream 用例 —がいい。
**夢見騒がし**(ゆめみさわがし) 「夢騒がし」と同意。
**ゆめみ-ごこち【夢見心地】** 夢心地。
**ゆめ・みる【夢見る】**(上一自他) ①(自)夢を見る。dream ②(他)理想を描く。空想する。dream 用例 宇宙旅行を—。
**夢に夢見る**(ゆめにゆめみる) ↓ゆめ(夢)
**ゆめ-ものがたり【夢物語】** ①いろいろ想像して、作りあげた話。楽しい空想をめぐらした話。fantastic story ②はかない、見込みのない話。pipe dream
**ゆめ-ゆめ【▽努▽努】**(副)《下に打ち消しをともなって》①かならず。決して。never ②少しも。さらさら。never
**ゆ-もじ【湯文字】**《女房ことば》①腰巻き。湯巻き。②ゆかた。
**ゆ-もと【湯元・湯本】** 温泉がわき出るもと。「土地。
**ゆもと-おんせん【湯本温泉】** 山口県長門市の山峡にある温泉。藩政時代からの温泉で、萩史跡・青海島観光の基地でもある。長門湯本温泉。
**ユモレスク【humoresque フランス】** 器楽曲の形式の一つ。ユーモアのある気まぐれな性格をもつ曲。シューマン・ドボルザークの作品など。
**ゆ-や【湯屋】** ①風呂場。②風呂屋。せんとう。
**ゆや【▽熊野】** ①《「湯谷」とも》能の曲名。三番目物。鬘物。世阿弥作か。『平家物語』巻一〇に基づく。平宗盛の愛妾熊野は花見の供を命ぜられ、病母を気づかい悩むが、散る花に母も散ろうと歌によみ、帰国を許される。②山田流箏曲の曲名。流祖山田検校作の四大代表曲の一つ。③河東節・長唄・歌沢の曲名。④日本のオペラ。ユンケル作曲。明治四五年(一九一二)初演。
**ゆや【油▽谷】**〈町〉山口県北西部、油谷湾に臨む町。山陰本線に沿う農・漁業の町で、中心は人丸地区。人口一万五五三二(一九八八)。
**ゆ-やせ【湯▼瘦せ】**(名・サ変自) 度を過ごした入浴のため、からだがやせること。
**ゆやばん【湯屋番】** 落語の題名。若旦那が風呂屋に奉公するが、番台の上で空想にふけってしまい、その中でいろいろおかしな体験をするという滑稽噺。
**ゆゆ・し** 古語 (形シク)《神聖の意を表す「斎」から派生した語》①神聖でおそれ多い。忌みはばかられる。用例 かけまくも—・しきかも言はまくもあやに畏き(万葉・二・一九九)。②気味が悪い。恐ろしい。用例 火ともしたれど、吹き消ちて、いみじくくらければ、夢のみちのここちして、いと—・しく(蜻蛉・中)。③↓ゆゆしい(由由しい)
**ゆゆ-し・い【由由しい・▽忌▽忌しい】**(形) ①《悪い場合に使う》一大事だ。たいへんである。grave 用例 —問題だ。②忌まわしい。不吉だ。ominous 派生 ゆゆしげ(形動) ゆゆしさ(名)
**ゆ-よく【湯浴】** ↓すいよく(水浴)②
**ゆら【由▽良】** 兵庫県洲本市の地区。淡路島の南東端で第二次大戦中の要塞地帯。友ケ島水道に臨む美しい海岸で知られ、ミカン栽培や養殖漁業がさかん。
**ゆら【由▽良】**〈町〉和歌山県西部、紀伊水道に臨む町。柑橘類を栽培。由良港は天然の良港で漁業もさかん。人口九〇五七(一九八八)。
**ゆ-らい【由来】** ㊀(名・サ変自) 物事のいわれ。来歴。由緒。origin ㊁(副) 元来。もともと。originally
**ゆら-がわ【由▽良川】** 京都府を流れる川。長さ一四六km。東部の福井・滋賀県境付近に発し、丹波高地を西流、福知山盆地を経て若狭湾に注ぐ。古来舟運と、アユで知られる。
**ゆらぎ【揺らぎ】** ①ゆらぐこと。sway ②物理的・数学的な量の平均値からのずれ。また、その現象。交流電流の周波数変動やブラウン運動など。fluctuation
**ゆ-らく【愉楽】** たのしみ。
**ゆら・ぐ【揺らぐ】**(五自) ①ゆらゆらと動く。揺れる。sway ②物事の基盤がぐらつく。shake 用例 身代が—。
**ゆら・す【揺らす】**(五他) ゆり動かす。ゆさぶる。shake
**ゆら-め・く【揺らめく】**(五自) ゆらゆらと動く。ゆらゆらする。揺らぐ。sway
**ゆら-ゆら**(副) ゆるやかにゆれ動くさま。ゆり動かすさま。drift 用例 けむりが—と立ちのぼる。
**ゆらり-と**(副) 軽く、ゆっくりとゆれ動くさま。sway 用例 ボートが—ゆれる。
**ゆらん-かん【輸卵管】** 卵巣の卵子を生殖孔まで移送する管。哺乳類では輸卵管の一部が子宮となり、子宮と体外への開口部とのあいだが膣となるので、子宮・膣以外の部分が狭義の輸卵管。ラッパ管。卵管。oviduct
**ユラン-はんとう【ユラン半島】**(Jylland) デンマーク、北海東端に突出した半島。面積三万$km^2$。世界的に有名な酪農地。ユトランド半島。
**ゆり【▼峅】** 8画 部首[山] 和製漢字 JIS 5416
山の上の平らな場所。地名にも用いられる。
**ゆり【▼閖】** 12画 部首[門] 和製漢字 JIS 7961
地名に用いられる。「ゆる・ゆれる」とも。
**ゆり【▽百▽合】** ユリ科の多年生球根草の総称。北半球の温帯に約一〇〇種、日本に約一五種が分布。葉は線形または披針形で、五〜八月に六枚の花被片からなる大きな両性花をつけ

る。花色はさまざまで美しく、観賞用として栽培されるものも多い。球根は鱗茎で、オニユリ・ヤマユリなどのものは食用にされる。サユリ。ユル。リリー。lily ↓写

**ゆり【由利】**〈町〉秋田県南西部、本荘市の南、子吉川に沿う町。稲作のほか酪農・肉牛飼育なども行う。人口七〇五三(一九九八)。

**ゆり** 古語(格助)《上代語。「より」とほぼ同意》起点・経由を示す。…から。用例押し照るや難波の津―船装ひ(万葉・二〇・四三六五)。

**ゆり-あ・げる【揺(り)上げる】**(下一他) ゆり動かして上げる。ゆすり上げる。joggle

**ユリア-じゅし【ユリア樹脂】**↓にょうそじゅし(尿素樹脂)

**ユリアヌス【Flavius Claudius Juliānus】**(三三二〜三六三) ローマ皇帝(在位三六一〜三六三)。ギリシア哲学に熱中し、異教復興に努めたので背教者と称された。ペルシア遠征中に戦死。

**ゆり-うごか・す【揺(り)動かす】**(五他) ①ゆすって動かす。shake ②心をぐらつかせる。shake

**ユリウス-び【ユリウス日】** 紀元前四七一三年一月一日正午(世界時)から数えた通日のこと。曜日などが簡単に求められる。Julian day

**ユリウス-れき【ユリウス暦】** 紀元前四六年、ユリウス=カエサル(=シーザー)がローマ暦を改めて採用した太陽暦。一年の長さは三六五・二五日。Julian calendar

**ゆり-おこ・す【揺り起(こ)す・揺起(こ)す】**(五他) 揺り動かして、眠りを覚まさせる。shake to awake

**ゆり-かえし【揺(り)返し】** ①揺れた反動で、また揺れること。reactive shake ②大きい地震の反動。余震。aftershock

**ゆり-かご【揺(り)▼籠】** 乳児を入れて揺り動かし、寝かしつけるためのかご。揺籃。cradle

**揺り籠から墓場迄**(ゆりかごからはかばまで)《第二次大戦後、英国労働党の掲げたスローガン》生まれてから死ぬまで。社会保障制度が行き届いて、安心して暮らせるたとえ。from the cradle to the grave

**ゆり-かもめ【▽百▽合▼鷗】** カモメ科の渡り鳥。翼長約三〇cm。からだは白く、嘴と足が赤い。カムチャツカ地方で繁殖し、冬、日本に来る。隅田川で都鳥とよばれたのは、この鳥という。blackheaded gull ↓写

●ユリカモメ

**ゆり-きみまさ【由利▽公正】**(一八二九〜一九〇九) 明治の政治家。福井藩の人。藩政改革を助け、のち維新政府の参与。「五箇条の御誓文」の起草に参加。東京府知事・元老院議官をへて貴族院議員。

**ユリシーズ【Ulysses】** ㊀↓オデュッセウス。㊁ジョイスの小説。一九二二年刊。二〇世紀小説の金字塔的作品。「意識の流れ」「内的独白」などの手法を駆使して、人生の諸相をダブリン市の一日にとらえる。

**ゆり-ずいせん【▽百▽合水仙】** ヒガンバナ科の秋植え球根草。葉より早く、六月に茎を伸ばし、暗赤色の約三cmの筒状花をつける。花壇植え。ブラジル原産。アルストロメリア。alstroemeria

**ゆ-りつ【輸率】** 電解質溶液に電圧をかけたとき、陰・陽両イオンが分担して運ぶ電気量の割合。電場内におけるイオンの移動度を示す。transport number; transference number

**ゆり-にごう【ゆり二号】** 日本初の実用放送用静止衛星。昭和五九年(一九八四)一月二三日に打ち上げられ、カラー二チャンネルの容量をもつが、中継器が故障し、試験放送にとどまっている。

**ゆり-の-き【▽百▽合の木】** モクレン科の落葉高木。高さ約一五m。葉が浅裂し半天の形に似る。初夏に大形の黄色い花が咲く。街路樹・公園樹などにする。ハンテンボク。チューリップノキ。tulip tree ↓写

●ユリノキ

**ゆ-りょう【湯量】** 温泉からわき出る湯の量。quantity of hot springs 用例ゆたかな―。

**ゆりわか【▽百▽合若】** 伝説の一つ。幸若舞、説経として流行。無人島に残された百合若大臣が無事帰国、妻を奪った家来を殺して幸福になる。

**ゆり-わさび【▽百▽合▽山▼葵】** アブラナ科の多年草。山地にはえる。高さ約一八cm。根出葉は有柄で心円形。春、茎の先端に白小花をつける。地下の葉柄の基部が肥厚してユリ根のようになる。若い葉は食用。

**ゆる【▽百▽合】** ユリの上代東国地方の方言。

**ゆ・る【▼淘る】**(五他) 米・砂金などを水中で揺すって洗う。選別する。よなげる。

**ゆ・る【揺る】**(五他) 揺り動かす。揺する。

**ゆる・い【緩い・▼弛い】**(形)=緩し。①きつくない。穏やかだ。寛大である。mild 対義きつい。用例取り締まりが―。②激しくない。slow 用例―流れ。―坂道。③薄い。かたくない。thin 用例―く溶く。④ゆとりがある。引き締まらない。loose 対義きつい。用例帯が―。ひもが―。⑤ゆっくりしている。slow 用例―球。派生ゆるさ(名) ゆるみ(名) ゆるやか(形動)

**ゆるが・す【揺るがす】**(五他) 揺り動かす。揺する。shake 用例大地を―。

**ゆるがせ【▼忽せ】** なおざりにすること。おろそか。ゆるかせ。neglect 用例仕事を―にする。一点一画も―にしない。

**ゆるぎ【揺るぎ】** 揺れること。揺るぐこと。shake

**ゆるぎ-あり・く【揺るぎ▽歩く】** 古語(四自) ①からだを揺すりながら歩く。悠然と歩きまわる。用例あはれ、いみじう―・きつるものを(枕・うへにさぶらふ御猫は)。②よろよろと歩きまわる。うろつく。用例来年の国々、手を折りてうち数へなどして―・きたるも(枕・すさまじきもの)。

**ゆるぎ-な・い【揺るぎ無い】**(形) ゆれ動かない。しっかりしている。solid 用例―地位。

**ゆる・ぐ【揺るぐ】**(五自) 揺れる。動揺する。shake

**ゆるし【許し】** ①許すこと。許可。容赦。permission ②罪や過失を免じること。forgiveness ③芸道で、師が弟子に与える免許の階級の一つ。用例奥―。

**ゆる・し【緩し】** 古語(形ク)↓ゆるい(緩い)

**ゆるし-いろ【許し色・▽聴し色】** 平安時代に、だれでも自由に使えた衣服の色。紅色・紫色などの淡い色。ゆるしのいろ。対義禁色。

**ゆる・す【許す】**(五他) ①緩くする。打ち解ける。relax 用例気を―。心を―。②自由にさせる。束縛しない。permit 用例事情が―・せば。③他の自由にまかせる。allow 用例肌を―。④認める。admit 用例自他ともに―。⑤願いを聞き入れる。許可する。allow 用例結婚を―。⑥《「赦す」とも》免じる。免除する。forgive 用例罪を―。

**ユルスナール【Marguerite Yourcenar】**(一九〇三〜一九八七) フランスの女流小説家。本姓ド=クレイヤンクール。古典的教養とみごとな文体が特徴。作品『ハドリアヌス帝の回想』『黒の過程』など。

**ゆるま・る【緩まる・▼弛まる】**(五自) 緩くなる。緩む。loosen 用例警戒が―。寒さが―。

**ゆる・む【緩む・▼弛む】**(五自) ①緩くなる。緩やかになる。loosen 対義締まる。用例制限が―。②油断する。be off one's guard 用例気が―。③相場が少し下がる。slack ④やわらぐ。moderate 用例寒さが―。

**ゆる・める【緩める・▼弛める】**(下一他) ①緩くする。loosen 対義締める。用例手綱を―。②緩く寛大にする。loosen 対義締める。用例取り締まりを―。③速度を遅くする。slow down 用例スピードを―。④油断する。relax 用例気を―。

**ゆる-やか【緩やか】**(形動) ①傾斜や曲線がなだらかなさま。gentle 用例―な坂。②ゆとりのあるさま。loose 用例―に着こなす。―な気分。③動きが急でなく、ゆったりしたさま。slow 用例―な川の流れ。④厳しくないさま。寛大なさま。generous 用例―な規則。

**ゆる-ゆる【緩緩】** ㊀(形動) ゆるんでいるさま。loose 用例―のズボン。㊁(副) 急がないさま。ゆったりしたさま。くつろいださま。そろそろ。slowly; leisurely 用例―と進む。

**ゆる-らか【緩らか】**(形動) 緩やか。

**ゆるり(と)【緩り(と)】**(副) ①ゆっくり。②落ち着いて。at home 用例―くつろぐ。②楽に。ゆったり。at ease 用例―した気分。

**ゆれ【揺れ】** 揺れること・程度。shaking

**ゆれ-うご・く【揺れ動く】**(五自) ①あちらこちらへ動く。shake; vibrate ②絶えず変化する。be unstable 用例―中東情勢。

**ゆれ-も【揺藻】** 水田などに発生する藍藻植物の一種。藍青色の円盤状の細胞が一列に並んで糸状群体となる。細胞系が自らゆれ動く種類があるため、その名がある。

**ゆ・れる【揺れる】**(下一自) ①ある点を中心に、上下・前後・左右に動く。swing 用例木が―。バスが―。②不安定な状態になる。waver 用例考えが―。―経済界。

**ゆわえ-つ・ける【結わえ付ける】**(下一他) むすび付ける。bind

**ゆわ・える【結わえる】**(下一他) むすぶ。しばる。結わく。bind

**ゆ-わかし【湯沸(か)し】** 湯を沸かす器具。kettle

**ゆわ・く【結わく】**(五他) ↓ゆわえる(結わえる)

**ユンカー【Junker ドイツ】**《貴族の若い息子、の意》プロイセンの領地を有する貴族の称。保守的・権威主義的で、上級官吏や上級将校の地位を独占し、国家の中心をなしていた。統一後のドイツ帝国でも社会的、政治的に大きな影響をおよぼしたが、第二次大戦後消滅した。ユンケル。

**ユンガー【Ernst Jünger】**(一八九五〜) ドイツの小説家。作品『大理石の断崖の上で』『ヘリオポリス』など。

**ユング【Carl Gustav Jung】**(一八七五〜一九六一) スイスの精神医学者。精神分裂病者への心理療法的接近を初めて試み、フロイトの精神分析学の発展に寄与したが、その後、独自の分析心理学を創始した。無意識を個人の無意識と普遍的無意識に分け、普遍的無意識をとらえる原型は幻覚や神話などに見出されると主張。さらに自我と区別して、無意識的な自己の概念を明らかにし、自己実現の過程を重視した。著書『人間のタイプ』『人間と象徴』など。

**ユンクイ-こうげん【ユンクイ高原・▽雲▽貴高原】**(Yúnguì) ↓うんきこうげん(雲貴高原)

**ユング-シュティリング【Johann Heinrich Jung-Stilling】**(一七四〇〜一八一七) ドイツの文筆家。自伝的作品『ハインリヒ=シュティリングの青春時代』など。

**ユングフラウ【Jungfrau】** スイス南部、アルプス山脈中の高峰。標高四一五八m。中腹まで登山電車が通じている。

**ユンケル【Junker ドイツ】** ↓ユンカー

**ゆん-ぜい【▽弓勢】**《「ゆみせい」の転》弓を引き絞る力の強さ。ゆぜい。

**ゆんた** 沖縄県八重山諸島の民謡。結い唄(共同作業の唄)の意といわれる。男女のかけ合いで歌われていたが、近年は三線も用いられる。『安里屋ゆんた』など。

**ゆん-だけ【▽弓丈】** 弓の長さ。ゆんづえ。

**ユンチョン【運城】**(Yùnchéng) ↓うんじょう(運城)

**ゆん-づえ【▽弓▼杖】** ①弓をつえにして休むこと。ゆづえ。②弓丈。

**ゆん-で【▽弓手・▽左手】**《弓を持つ手、の意》①左手。bow hand; left hand ②左のほう。左側。left side 対義馬手。

**ユンナン【雲南】**〈省〉(Yúnnán) ↓うんなん(雲南)

**ゆん-べ【▽昨▽夜】**《俗語》きのうの晩。ゆうべ。さくや。

# よ ヨ



**よ【よ・ヨ】** 五十音図や行第五の仮名。平仮名「よ」は「与」の草体。片仮名「ヨ」は「與」の一部。

**ヨ【与】** 3画 部首［一］ 常用 JIS 4531 ／ 14画【▼與】 部首［臼］ 旧字 JIS 7148
音ヨ 訓**あた**える
①あたえる。さずける。やる。対義奪。「給与・賞与・譲与・贈与・貸与」「生殺与奪」②くみする。なかまになる。あずかる。関係する。「関与・参与」「与党」

**ヨ【予】** 4画 部首［亅］ 教育小3 JIS 4529 ／ 16画【▼豫】 部首［豕］ 旧字 JIS 4814
音ヨ
予 予 予 予
①あらかじめ。まえもって。かねて。「予期・予言・予告・予習・予想・予定・予報」②ぐずぐずする。ためらう。「猶予」③伊予国のこと。「予州」④《豫は用いない》われ。わたくし。余。用例(代)―は、教師なり。参考予は、もとは、豫とは別の字。

**ヨ【余】** 7画 部首［人・𠆢］ 教育小5 JIS 4530 ／ 16画【▼餘】 部首［食］ 旧字 JIS 8117
音ヨ 訓**あま**る・**あま**す
余 余 余 余 余 余
①あまる。あます。あまり。のこり。ほか。「月余・残余」「余暇・余情・余地・余分・余裕」用例(名)百の―。十年―。―の儀でない。②《餘は用いない》われ。わたくし。予。用例(代)―の子孫。参考余は、もとは、餘とは別の字。
**余の辞書には不可能という言葉は無い**(よのじしょにはふかのうということばはない)《ナポレオンのことばとして伝わる》自分が行うことに、できないことはない。There is nothing that I can't do.

**ヨ【▼妤】** 7画 部首［女］
音ヨ
うつくしい女。女の美称。

**ヨ【▼舁】** 10画 部首［臼］ ／ 9画【▼舁】 異体字 JIS 7145
音ヨ
かく。かつぐ。二人以上で、一緒にものを肩にかつぐ。

**ヨ【▼畬】** 12画 部首［田］ ／ 12画【▼畭】 異体字 JIS 6534
音ヨ・シャ
あらた。新たに開墾して二年目、または、三年目の田。↓シャ【畬】

**ヨ【誉】** 13画 部首［言］ 常用 JIS 4532 ／ 21画【▼譽】 旧字 JIS 7605
音ヨ 訓**ほまれ**
ほまれ。よい評判。ほめる。類似栄。対義毀。「栄誉・名誉」「誉望」

**ヨ【預】** 13画 部首［頁］ 教育小5 JIS 4534
音ヨ 訓**あず**ける・**あず**かる
預 預 預 預 預
①あずける。あずかる。「預金・預託」②あらかじめ。まえもって。かねて。「預言」

**ヨ【▼飫】** 13画 部首［食］ JIS 8112
音ヨ・オ
①あきる。たべあきる。満腹する。②さかもり。立食の宴会。

**ヨ【▼蕷】** 16画 部首［艹］ JIS 7317
音ヨ
「薯蕷」は、ナガイモ。ヤマノイモ科のつる性多年草。

**ヨ【▼輿】** 17画 部首［車］ JIS 4533 ／ 21画【▼轝】 異体字
音ヨ
①こし。かご。乗り物。「神輿・輦輿」②大地。「輿地」③もろもろ。多くの人々。「輿望」

**ヨ【▼歟】** 18画 部首［欠］ JIS 6135
音ヨ
か。や。疑問・推測・反語などの意を表す。

**よ【世】** ①社会。世間。この世。world 用例―を捨てる。―の荒波にもまれる。②《「代」とも》時代。時勢。times 用例―に従う。③《「代」とも》一生。life 用例―を終わる。④生活。living ⑤《仏教語》過去・現在・未来のおのおのの称。用例あの―。この―。⑥古語㋐《「代」とも》年齢。用例君が―もわが―も知るや磐代の(万葉・一一〇)。㋑男女の仲。用例思ふかひなき―なりけり年月を(伊勢・二一)。
**世が世ならば**(よがよならば) 自分が栄えているときなら。物事が順調にいってさえすれば。if times were better
**世に会う**(よにあう) 時を得て世に栄える。はぶりをきかす。ときめく。
**世に在り**(よにあり) ①生きている。存命する。②世の人に認められている。
**世に入れられる**(よにいれられる) 多くの人々から認められる。be properly received by the world
**世に行われる**(よにおこなわれる) 世間で、役立つもの、正式なものとして広く用いられる。be generally accepted
**世に阿る**(よにおもねる) 世間の気に入るようなことを、言ったりしたりする。阿世。truckle to the times
**世に知らず**(よにしらず) 世にたぐいがない。またとない。類似世に無し。
**世に背く**(よにそむく) ①世間の趨勢に逆らう。②出家する。類似世を捨てる。
**世に出る**(よにでる) 世間に認められる。出世する。rise in the world
**世に問う**(よにとう) 公にして、多くの人々の、また、世間からの評価を求める。make public 用例作品を―。
**世に無し**(よになし) ①この世にまたとない。非常にすぐれている。類似世に知らず。②世間に認められない。
**世に似ず**(よににず) この上もない。
**世に盗人の種は尽きまじ**(よにぬすびとのたねはつきまじ) 「石川や浜の真砂は尽きるとも、世に盗人の種は尽きまじ」の上略。
**世に憚る**(よにはばかる) 世間に遠慮する。世を忍ぶ。世を憚る。avoid public notice
**世にはばかる**(よにはばかる) 《「憎まれっ子」に続けて言うことば》世間で幅を利かす。のさばる。make one's influence felt
**世に旧る**(よにふる) ①世間で珍しくなくなる。古くなる。②結婚した経験がある。
**世に経る**(よにふる) 生きながらえる。世をすごす。
**世は様様**(よはさまざま) 世の中の人の生き方や考え方には、いろいろある。
**世は情け**(よはなさけ) 世の中を渡るには、相互の思いやりが大切である。上に「旅は道連れ」と付けたりして言う。参照旅は道連れ世は情け。
**世は張り物**(よははりもの) 世渡りは、見えを張るのが普通であるということ。
**世は回り持ち**(よはまわりもち) 貧富の運は、代わる代わる巡って来るということ。天下は回り持ち。
**世も末**(よもすえ) 世の中がよくなりそうにない。救いがたい世である。What a degenerated world!
**世を挙げて**(よをあげて) 世の中の人みんなが一致して。all the world
**世を出ず**(よをいず) 「世を捨てる」と同意。
**世を送る**(よをおくる) 生活していく。世を渡る。live
**世を忍ぶ**(よをしのぶ) 世間の人の目をおそれる。世間から隠れる。世を憚る。incognito
**世を知る**(よをしる) ①世の中のことを理解する。②男女の情がわかる。③国を治める。
**世を捨てる**(よをすてる) 出家する。隠者になる。類似世に背く。世を背く。
**世を保つ**(よをたもつ) 国を治める。
**世を尽くす**(よをつくす) ①一生を終わる。②したい放題のことをする。
**世を逃れる**(よをのがれる) 「世を捨てる」と同意。
**世を離る**(よをはなる) 俗世間の汚れから逃れて、出家する。
**世を憚る**(よをはばかる) 「世を忍ぶ」と同意。
**世を張る**(よをはる) 世間体を繕う。見えを張る。
**世を響かす**(よをひびかす) 世間の評判となる。
**世を済す**(よをわたす) 衆生を涅槃にわたらせる。済度する。世の人を救う。
**世を渡る**(よをわたる) 生活する。暮らしていく。世を送る。get along in the world

**よ【代】** ひとり、または、その血筋の支配者が、国や家を治める期間・時代。だい。reign 用例明治の―。

**よ【四】** よっつ。し。four 用例ひ、ふ、み、―。―年。

**よ【夜】** 太陽の沈んでいる間。よる。night 対義日。用例―がふける。
**夜の紛れに**(よのまぎれに) 夜の暗さを利用して。夜陰に乗じて。under the cover of darkness
**夜も日も明けず**(よもひもあけず) それがないと、ちょっとの間も我慢できないほど、夢中になること。be crazy about
**夜を明かす**(よをあかす) 一晩じゅう寝ないで過ごす。stay up all night
**夜を籠めて**(よをこめて) まだ暗いうちに。夜明け前に。
**夜を徹す(る)**(よをてっす(る)) 一晩じゅう起きている。徹夜する。sit up all night
**夜を日に継ぐ**(よをひにつぐ) 夜も昼も休まず、続けてする。昼夜兼行。day and night

**よ【▽節】** ①竹などの、ふしとふしとの間。用例一―。一―切り。②ふし。

**よ** ㊀(感) 軽く呼びかける声。よっ。よう。用例―、どちらへ。㊁(終助)《体言および言い切りの形に付く》①感動または呼びかけの意を表す。用例美しい星―。三郎―、待ちなさい。②念をおしたり、強めていうのに用いる。用例これはぼくの本だ―。③命令・誘いかけの意を表す。用例早く行こう―。④軽い感動を表す。用例嫌だ―。ありがと―。⑤なげやりな気持ちを表す。用例どうせそうでしょう―。⑥《「…のよ」の形で、女性がいう》断定の気持ちを軽く表す。用例それがうまくいったの―。お高いんですの―。㊂古語(格助)《体言や活用語の連体形に付く》①起点・経由を示す。…から。…より。用例天地の遠き始め―世の中は(万葉・一九・四一六〇)。②比較の基準を示す。…より。用例雲に飛ぶ薬はむ―は都見ば(万葉・五・八四八)。

**よ-あかし【夜明(か)し】**(名・サ変自) 夜通し起きていること。徹夜。sit up all night 比較夜更かし。

**よ-あけ【夜明け】** ①明け方。暁。dawn ②新しい時代の始まり。dawn

**よあけまえ【夜明け前】** 島崎藤村の小説。昭和四～一〇年(一九二九～三五)発表。木曽馬籠宿を舞台に、一庄屋の生涯を通じ維新前後の動乱期を描く。モデルは藤村の父。

**よ-あそび【夜遊び】**(名・サ変自) 夜、遊び歩くこと。nighttime pleasure seeking

**よ-あつ【与圧】**(名・サ変他) ①圧力を加えること。加圧。pressurization ②気圧の低い高高度を飛ぶ航空機などで、気密になった機内に加圧して、地上に近い気圧の状態に保つこと。pressurization

**ヨアヒム【Joseph Joachim】**(一八三一～一九〇七) ハンガリー生まれのバイオリン奏者・作曲家。バッハ・ベートーベンの権威。弦楽四重奏団を結成。

**よ-あらし【夜▼嵐】** 夜、吹くあらし。

**よ-あるき【夜歩き】**(名・サ変自) 夜、出歩くこと。go out late at night

**よい【酔い】** 酔うこと。酔った程度。えい。intoxication 用例―が回る。
**酔いが回る**(よいがまわる) 十分に酔う。酔っ払う。get drunk

**よい【宵】** 夜の、まだ更けないころ。初夜。初更。evening 用例―の明星。

**よ-い【余威】** ①はずみのついた勢い。余勢。②先人の残した威光。

**よ・い【良い・善い・▽好い】**(形) 対義悪い。①正しい。right 用例君の答えのほうが―。②好ましい。結構である。すぐれている。good 用例頭が―。―眺め。③適当である。right 用例きみが―例だ。④ためになる。good 用例―本。⑤値が高い。high 用例―値段。⑥…してもかまわない。can; may 用例行っても―。⑦…する必要がない。need not 用例行かなくても―。⑧親しい。good 用例―仲。⑨善である。right 用例―悪いの分別。⑩こころよい。pleasant 用例気持ちが―。⑪十分だ。sufficient 用例―・く注意する。⑫満足・安心できる状態だ。good 用例間にあって―・かった。―・くおいでくださいました。⑬《動詞の連用形について》…しやすい。…につごうがよい。用例歩き―靴。参考口語の終止形・連体形は多く「いい」も用いるが、「よい」のほうが改まった言い方となる。派生よが・る(五自) よげ(形動) よさ(名)
**良い星の下に生まれる**(よいほしのもとにうまれる) 幸せを受けるような運命に生まれてきている。be born

▼常用漢字表外。 ▽常用漢字表の音訓外。

under the influence of a lucky star

**良う言わんわ**(ようい わんわ)《方言》主として大阪で、あきれて物が言えない。ばかばかしい。

**よい-かげん**【好い加減】(名・形動) =いい加減。①ほどよい程度。そのさま。moderate ②でたらめなこと・さま。無責任。irresponsible; random

**よい-ごこち**【酔(い)心地】①気持ちよく酒の回った気分。intoxication ②うっとりしたよい心持ち。intoxication

**よい-ごし**【宵越し】前夜から持ち越すこと。一夜を越すこと。overnight 用例 ——の金

**宵越しの銭は持たぬ**(よいごしのぜにはもたぬ)《江戸っ子の気質を表すことば》その日の収入は、その日のうちに使い切る。

**よい-さ**(感) 力みかえるときの掛け声。よいやさ。よいしょ。

**よい-ざまし**【酔(い)醒まし】酒の酔いをさますこと。また、そのための手段。

**よい-ざめ**【酔(い)醒め・酔(い)覚め】酒の酔いからさめること。そのさめた状態。sober up

**酔い醒めの水は甘露の味**(よいざめのみずはかんろのあじ) 酔いざめに飲む水のうまいということ。

**よい-しょ**(感) ↓よいさ

**よい-し・れる**【酔(い)痴れる】(下一自) ①ひどく酔って、正気がなくなる。be fuddled ②夢中になって分別をなくす。be intoxicated with

**よいた**【与板】〈町〉新潟県中部、信濃川西岸の町。旧城下町で、河港としても栄えた。のこぎり・かんななど大工道具の産地で知られる。人口七六一九(一八八)。

**よいち**【余市】〈町〉北海道西部、積丹半島北東岸の町。石狩湾に臨む農・漁業の町。リンゴなどの果樹栽培、水産加工業のほかウイスキーの生産地としても有名。人口二万五九九四(一八八)。

**よい-づきよ**【宵月夜】宵の間だけ月のある夜。夕月夜。

**よいっ-ぱり**【宵っ張り】夜遅くまで起きていること・人。night owl 対義 宵寝。用例 ——の朝寝坊。

**よい-つぶ・れる**【酔(い)潰れる】(下一自) 酔って動けなくなる。drink oneself down

**よいと-まけ**《地固めで、重いつちなどを滑車で上げ下げするときのかけ声から》地固めの作業・人。

**よい-どれ**【酔いどれ】ひどく酔った人。酔っぱらい。泥酔者。drunk

**よい-ね**【宵寝】(名・サ変自) 夜、早くから寝ること。早寝。対義 宵っ張り。

**よい-の-くち**【宵の口】夜になって間もない時。early evening

**よい-の-みょうじょう**【宵の明星】夕方、西の空にマイナス四等ほどの明るさでひときわ輝いて見える金星。evening star 対義 明けの明星。

**よいまち-ぐさ**【宵待草】《夕方に花を開くことから》オオマツヨイグサの異名。ツキミソウ。

**よい-まつり**【宵祭(り)】本祭りに先だち、その前夜に宮ごもりをして神の降臨を仰ぐ儀式。宵宮。宵宮祭り。夜宮祭り。比較 前夜祭。

**よいみや-まつり**【宵宮祭(り)】↓よいまつり(宵祭り)

**よいや-さ**(感) ①俗謡などのはやしことば。②↓よいさ

**よい-やみ**【宵闇】①夕方の暗さ。夕闇。陰暦の一六日から二〇日ごろまで、宵のうちは月が出ないので暗いこと。②夜のやみ。

**よい-よい**《俗語》手足がしびれたり口が回らなくなったりする病気。また、その人。

**よい-よい**【宵宵】宵ごと。毎晩。

**よ-いん**【余韻】①あとにまで残る響き・味わい。reverberation ②言外のおもむき。余情。suggestiveness

**ヨウ** 3画【幺】部首[幺] JIS 5486
音 ヨウ
①ちいさい。おさない。②部首の一つ。いとがしら。

**ヨウ** 4画【夭】部首[大] JIS 5280
音 ヨウ・オウ
①わかい。おさない。②わざわい。まがごと。凶事。③わかじに。はやじにする。短命。「夭死・夭逝・夭折」

**ヨウ** 5画【孕】部首[子] JIS 5352
音 ヨウ
はらむ。みごもる。妊娠する。

**ヨウ** 5画【幼】部首[幺] 教育小6 JIS 4536
音 ヨウ・ユウ
訓 おさない

幼 幼 幼 幼 幼

おさない。いとけない。おさなご。こども。対義 長・老。「幼魚・幼児・幼稚・幼年」用例(名)——にして、すでに敏。

**ヨウ** 5画【用】部首[用] 教育小2 JIS 4549
音 ヨウ
訓 もちいる

用 用 用 用 用

①もちいる。つかう。「悪用・運用・応用・慣用・誤用・採用・無用・乱用・濫用」「用語・用法・用例」②必要なこと。つかいみち。用例(名)——がない。③…がつかう。…につかう。用例《接尾的》婦人——の自転車。ジャンプ——のスキー。④ついえ。つかう金品。「費用」「用度・用品」⑤はたらく。はたらき。「活用」「用意」⑥しごと。「公用・私用」「用事」⑦大小便。「小用・」「用便」用例(名)——をたす。⑧《傭とも》やとう。もちいる。「雇用」

**用が足りる**(ようがたりる) 用事が果たせる。役に立つ。また、間に合う。be of use

**用を成さない**(ようをなさない) 役に立たない。useless

**無用の用**(むようのよう)《『荘子』にある語》役立たないでいることに、実は意義があるということ。

**ヨウ** 6画【羊】部首[羊] 教育小6 →教育小3 JIS 4551
音 ヨウ
訓 ひつじ

羊 羊 羊 羊 羊 羊

ヒツジ。ウシ科の哺乳動物。「亡羊・牧羊」「羊腸・羊頭狗肉・羊毛」

**ヨウ** 7画【妖】部首[女] JIS 4537
音 ヨウ
①なまめく。なまめかしい。「妖艶」②あやしい。ばけもの。「妖怪・妖婦」

**ヨウ** 7画【沃】部首[氵] JIS 4564
音 オク・ヨク・ヨウ
ヨード(Jodドイ)の音訳。「沃素・沃度」↓ヨク[沃]

**ヨウ** 7画【甬】部首[用] JIS 6521
音 ヨウ
①みち。両側を塀でかこった道。②斛。中国古代の容積の単位。一〇斗。

**ヨウ** 8画【佯】部首[人・亻] JIS 4851
音 ヨウ
いつわる。だます。ふりをする。

**ヨウ** 8画【拗】部首[扌] JIS 5725
音 オウ・ヨウ
①ねじる。ねじれる。ねじける。「拗音」②すねる。ひがむ。ひねくれる。

**ヨウ** 8画【杳】部首[木] JIS 5866
音 ヨウ
①くらい。はっきりしない。「杳然」②はるかとおい。「杳然」

**ヨウ** 8画【殀】部首[歹] JIS 6140
音 ヨウ
わかじに。はやじにする。短命。

**ヨウ** 9画【俑】部首[人・亻] JIS 4860
音 ヨウ・トウ
ひとがた。古代、殉死者のかわりに、死者と一緒にうずめた人形。「兵馬俑」↓トウ[俑] ↓写

**俑を作る**(ようをつくる)《昔、中国で、俑を埋める風習が殉死を生んだことから》よくないことを始める。悪例をつくる。set a bad example

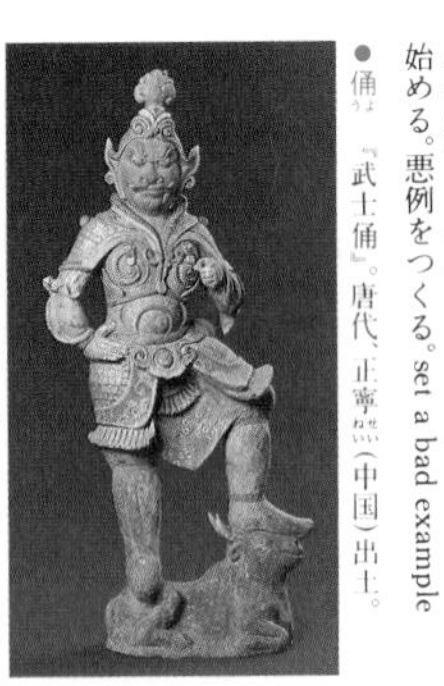
●俑『武士俑』。唐代、正寧(中国)出土。

**ヨウ** 9画【姚】部首[女] JIS 5313
音 ヨウ
うつくしい。器量がよい。みめよい。

**ヨウ** 9画【徉】部首[彳]
音 ヨウ
さまよう。いきつもどりつする。あてもなくあるく。「彷徉」

**ヨウ** 9画【昜】部首[日] JIS 5870
音 ヨウ
あがる。たかくあがる。また、とびあがる。

**ヨウ** 9画【洋】部首[氵] 教育小3 JIS 4546
音 ヨウ

洋 洋 洋 洋 洋 洋

①おおうみ。なだ。「遠洋・海洋・大洋」「洋上」用例《接尾的》太平——。南氷——。②ひろい世界。「西洋・東洋」用例(名)——の東西を問わない。③西洋のこと。対義 邦・和。「洋行・洋酒・洋食」④ひろい。ひろびろとした。「洋々」

**ヨウ** 9画【祆】部首[示]
音 ヨウ
わざわい。まがごと。凶事。災難。

**ヨウ** 9画【要】部首[襾] 教育小4 JIS 4555
9画【要】旧字
音 ヨウ
訓 いる

要 要 要 要 要 要

①かなめ。大切なところ。しめくくり。「肝要・主要・重要」「要旨・要素・要点・要約」用例(名)——を得た話。②いる。もとめる。のぞむ。必用。「強要・必要」「要求・要請・要望」用例(名)あわてる——はない。

**ヨウ** 9画【頁】部首[頁] JIS 4239
音 ケツ・ヨウ
ページ(page)。本やノートなどの紙の片面。↓ケツ[頁]

**ヨウ** 10画【容】部首[宀] 教育小5 JIS 4538
音 ヨウ

容 容 容 容 容 容

①中へいれる。中身。「内容・包容」「容器・容量」②ゆるす。うけいれる。「寛容・許容・受容」「容認」③かたち。すがた。様子。「形容」「容姿・容体」④たやすい。「容易」⑤ゆったりと。「従容」

**ヨウ** 10画【恙】部首[心] JIS 5589
音 ヨウ
つつが。①ツツガムシ。ダニ目に属する節足動物。②やまい。病気。心配ごと。

**ヨウ** 10画【窈】部首[穴] JIS 6756
音 ヨウ
①ふかい。おくふかい。②おくゆかしい。このましい。たおやか。「窈窕」

**ヨウ** 11画【庸】部首[广] 常用 JIS 4539
音 ヨウ
①普通。かたよらない。つね。「中庸・凡庸」「庸愚」②《傭とも》やとう。もちいる。「登庸」「庸人・庸兵」③律令制度の課税の一つ。大役につくかわりとして、布・米などを政府におさめたもの。比較 租・調。

**ヨウ** 11画【痒】部首[疒] JIS 6558
音 ヨウ
①かさ。できもの。はれもの。②かゆい。「搔痒・痛痒」「痒疹」③やむ。やまい。病気。心配ごと。

**ヨウ** 12画【葉】部首[艹] 教育小3 JIS 4553
音 ヨウ・ショウ
訓 は

葉 葉 葉 葉 葉 葉

①植物の、は。「荷葉・紅葉・落葉」「葉脈・葉緑素」②つまらないこと。すえ。はし。「枝葉」③時代。世。「中葉・末葉」④紙。「厚葉・薄葉」⑤植物のはのような形のもの。「肺葉」⑥紙や写真などを数えるのに用いる。用例(助数)写真一——。

**ヨウ** 12画【遥】部首[辶] 人名用 JIS 4558

よ

音ヨウ
①さまよう。ぶらつく。「逍遥」②はるか。とおい。はるかにとおい。「遥拝」③ながい。ながくつづく。
14画【▼遙】部首[⻍]しんにゅう JIS 8403 旧字

**ヨウ** 12画【陽】部首[阝]こざとへん 教育小3 JIS 4559
音ヨウ
阝 陽 陽 陽 陽 陽
対義陰。①あらわれている。人目につく。いつわる。「陽動作戦・陽報」用例(名)陰に—に。②気分がはればれする。「陽気・陽々」③川の北がわ。山の南がわ。「山陽」④易で、陰と交流して万物を生成変化させる気。⑤天地・日月・男女などに陽と陰をあてて、積極的な意に用いる。「太陽暦」「陽極・陽性」⑥日。天。おもて。「斜陽・夕陽・落陽」

**ヨウ** 12画【揚】部首[扌]てへん 常用 JIS 4540
音ヨウ
訓あげる・あがる
①あげる。あがる。対義抑。「意気揚々・掲揚・高揚・浮揚」「揚水」②ほめる。あらわす。「顕揚・称揚・発揚」③大言する。「揚言」

**ヨウ** 12画【揺】部首[扌]てへん 常用 JIS 4541
13画【▼搖】JIS 5774 旧字
音ヨウ
訓ゆれる・ゆる・ゆらぐ・ゆるぐ・ゆする・ゆさぶる・ゆすぶる
ゆれる。ゆらぐ。ゆりうごかす。「動揺」「揺籃」

**ヨウ** 12画【▼湧】部首[氵]さんずい JIS 4515
10画【▼涌】JIS 4516 異体字
音ヨウ・ユウ
わく。①液体が地中からふきでる。「湧出」②ひとりでに、さかんにでてくる。③虫などが発生する。④精神的に、なにごとかが発生する。

**ヨウ** 13画【▼傭】部首[人・亻]にんべん JIS 4535
音ヨウ
やとう。もちいる。「雇傭」「傭兵」

**ヨウ** 13画【▼徭】部首[彳]ぎょうにんべん JIS 5552
音ヨウ
えだち。夫役。昔、公用に人民を徴発したこと。「徭役」

**ヨウ** 13画【▼蓉】部首[艹]くさかんむり 人名用 JIS 4554
音ヨウ
「芙蓉」は、①ハスの花の別名。②アオイ科の落葉低木。木芙蓉。

**ヨウ** 13画【▼暘】部首[日]ひへん JIS 5888
音ヨウ
①ひので。日がたかくあがる。②あきらか。あかるい。③かわく。かわかす。

**ヨウ** 13画【腰】部首[月]にくづき 常用 JIS 2588
13画【▼腰】旧字
音ヨウ
訓こし
こし。背骨と骨盤とがつながる部分。「腰間・腰椎・腰痛」

**ヨウ** 13画【▼楊】部首[木]きへん JIS 4544
音ヨウ
ヤナギ。ネコヤナギ。ヤナギ科の落葉低木。かわやなぎ。「楊弓・楊柳」

**ヨウ** 13画【▼楪】部首[木]きへん JIS 6036
音ヨウ・チョウ・チャ
など。連子まど。格子まど。

**ヨウ** 13画【溶】部首[氵]さんずい 常用 JIS 4547
音ヨウ
訓とける・とかす・とく
①水にとける。とかす。「水溶性」「溶液・溶媒」②《鎔とも》熱で液状にする。「溶解・溶岩・溶鉱炉・溶接」

**ヨウ** 13画【▼煬】部首[火]ひへん JIS 6376
音ヨウ
あぶる。やく。かわかす。

**ヨウ** 13画【▼瑶】部首[王]たまへん 人名用 JIS 6486
14画【▼瑤】JIS 8404 旧字
音ヨウ
たま。美しい玉。玉のように美しい。

**ヨウ** 13画【▼蛹】部首[虫]むしへん JIS 7376
音ヨウ
さなぎ。昆虫の幼虫が成虫になるまえの状態。

**ヨウ** 13画【▼雍】部首[隹]ふるとり JIS 8022
音ヨウ・ユ
①やわらぐ。おだやか。なごやか。②ふさぐ。とじる。ふさがる。③だく。いだく。かかえる。

**ヨウ** 14画【▼慂】部首[心]こころ JIS 5642
音ヨウ
「慫慂」は、すすめる。そばから、すすめる。さそいすすめる。勧誘する。

**ヨウ** 14画【▼慵】部首[忄]りっしんべん JIS 5657
音ショウ・ヨウ
ものうい。面倒くさい。億劫。

**ヨウ** 14画【▼榕】部首[木]きへん JIS 6055
音ヨウ
①アコウ。クワ科の常緑高木。あこぎ。②ガジュマル。クワ科の常緑高木。がじまる。

**ヨウ** 14画【様】部首[木]きへん 教育小3 JIS 4545
15画【▼樣】JIS 6075 旧字
音ヨウ
訓さま
木 様 様 様 様 様
①さま。かたち。しかた。形式。「同様・二様」「様式・様子・様相」②方法。用例《接尾的》いい—がない。③ことには。用例《接尾的》ある人のいう—。④にた形。用例《接尾的》かなづち—のもの。⑤図がら。あや。「模様・文様」
**様に依りて胡蘆を画く**(ようによりてころをえがく)《様式に頼り、外形だけの胡蘆(=ひょうたん)の絵を描く意》先人のまねだけで、独創性のないたとえ。

**ヨウ** 14画【▼漾】部首[氵]さんずい JIS 6301
音ヨウ
ただよう。水にゆれうごく。「漾々」

**ヨウ** 14画【▼瘍】部首[疒]やまいだれ JIS 6571
音ヨウ
かさ。できもの。はれもの。「潰瘍」

**ヨウ** 14画【踊】部首[足]あしへん 常用 JIS 4557
16画【▼踴】JIS 7693 異体字
音ヨウ
訓おどる・おどり
①おどる。はねる。とびあがる。比較躍。「踊躍」②おどり。ダンス。「舞踊」

**ヨウ** 15画【▼曄】部首[日]ひへん
14画【▼曄】JIS 5901 異体字
音ヨウ
①かがやく。かがやかす。②さかん。ひかりあふれるさま。

**ヨウ** 15画【▼燁】部首[火]ひへん
音ヨウ
①かがやく。かがやかす。②さかん。ひかりあふれるさま。

**ヨウ** 15画【▼瑢】部首[禾]のぎへん JIS 6746
音ヨウ
意義未詳。

**ヨウ** 15画【窯】部首[穴]あなかんむり 常用 JIS 4550
15画【▼窰】JIS 6763 異体字
音ヨウ
訓かま
かま。かわら・陶器などをやくかまど。「窯業」

**ヨウ** 15画【養】部首[食]しょく 教育小4 JIS 4560
15画【▼養】旧字
音ヨウ
訓やしなう
養 養 養 養 養 養
①やしなう。ゆたかにする。やしない。「栄養・教養・滋養・修養・静養」「養育・養成」②そだての。比較義。対義実。「養家・養子・養女・養父」

**ヨウ** 16画【▼壅】部首[土]つち JIS 5257
音ヨウ
ふさぐ。とじる。ふさがる。

**ヨウ** 16画【▼徼】部首[彳]ぎょうにんべん JIS 5553
音キョウ・ギョウ・ヨウ
さえぎる。まちかまえる。↓キョウ[徼]

**ヨウ** 16画【擁】部首[扌]てへん 常用 JIS 4542
音ヨウ
①まもる。たすける。「擁護・擁立」②だく。いだく。かかえる。「抱擁」

**ヨウ** 16画【謡】部首[言]ごんべん 常用 JIS 4556
17画【▼謠】JIS 7579 旧字
音ヨウ
訓うたい・うたう
①うたう。うた。はやりうた。比較歌。「歌謡・俗謡・童謡・民謡」②うたい。「謡曲」③うわさ。風説。「謡言」

**ヨウ** 17画【▼邀】部首[⻍]しんにゅう JIS 7819
音ヨウ
①むかえる。まちかまえる。さえぎる。「邀撃」②もとめる。のぞむ。

**ヨウ** 17画【▼膺】部首[月]にくづき JIS 7131
音ヨウ・オウ
①むね。胸。「服膺」②うつ。討伐する。「膺懲」

**ヨウ** 17画【▼繇】部首[糸]いと
音ヨウ・ユウ
①したがう。つきしたがう。②しげる。のびる。③えだち。夫役。昔、公用に人民を徴発したこと。↓ユウ[繇]

**ヨウ** 17画【▼鞫】部首[革]つくりがわ
音ヨウ・トウ
つづみ。中空の胴の両はしに革をはって、手などでうつ楽器。

**ヨウ** 18画【曜】部首[日]ひへん 教育小2 JIS 4543
18画【▼曜】旧字
音ヨウ
日 曜 曜 曜 曜 曜
①一週間の一日一日をよぶ名。「七曜・日曜」「曜日」②かがやく。ひかり。「曜々」

**ヨウ** 18画【▼瀁】部首[氵]さんずい JIS 6339
音ヨウ
ひろい。広大な。水のはてしなくひろいさま。

**ヨウ** 18画【▼燿】部首[火]ひへん JIS 6402
音ヨウ
かがやく。ひかる。かがやき。ひかり。

**ヨウ** 18画【▼鎔】部首[金]かねへん JIS 7916
14画【▼熔】部首[火]ひへん JIS 4548 異体字
音ヨウ
とける。とかす。金属を熱で液状にする。「鎔解・鎔鉱炉」

**ヨウ** 18画【▼颺】部首[風]かぜ
音ヨウ
あがる。あげる。風が吹きあげる。鳥が飛びあがる。声を張りあげる。

**ヨウ** 19画【▼蠅】部首[虫]むしへん JIS 7404
15画【▼蝿】JIS 3972 異体字
音ヨウ
ハエ。ハエ目に属する昆虫。

**ヨウ** 20画【▼癢】部首[疒]やまいだれ JIS 6588
音ヨウ
①かゆい。②「伎癢・技癢」は、腕がなる。腕前をしめしたくて、もどかしくおもうこと。

**ヨウ** 20画【▼耀】部首[羽]はね JIS 4552
音ヨウ
かがやく。ひかる。かがやき。ひかり。「耀々」

**ヨウ** 20画【▼鰑】部首[魚]うおへん
音ヨウ
するめ。ほしいか。イカをさいて内臓をのぞき、かわかした食べ物。

**ヨウ** 21画【▼廱】部首[广]まだれ JIS 5511
音ヨウ
やわらぐ。おだやか。なごやか。

**ヨウ** 21画【▼瓔】部首[王]たまへん JIS 6493
10画【▼珱】JIS 6494 異体字
音エイ・ヨウ
「瓔珞」は、玉をつないでつくった首飾り。

**ヨウ** 21画【▼鰩】部首[魚]うおへん
音ヨウ
①トビウオ。トウゴロウイワシ目に属する魚。②エイ。エイ目に属する軟骨魚。

**ヨウ** 21画【▼鷂】部首[鳥]とり JIS 8324

音 ヨウ
ハイタカ。ワシタカ科の鳥。はしたか。

**ヨウ** 23画 **【▼癰】** 部首［疒］ JIS 6594
音 ヨウ
はれもの。たちのわるい、できもの。互いに隣接する毛孔に、黄色ブドウ球菌が感染して化膿したもの。高齢者や糖尿病の人にできやすい。

**ヨウ** 23画 **【▼靨】** 部首［面］ JIS 8052
音 ヨウ
えくぼ。わらうとき、ほおにできるくぼみ。

**よ・う【酔う】**（五自）①酒を飲んで、快い気持ちになる。get drunk 用例 一杯で―。②乗り物や人ごみの中で、気分が悪くなる。get sick 用例 船に―。③心を奪われる。be intoxicated 用例 名曲に―。

**よう【善う・▽能う】**（副）《「よく」の音便》よく。用例 ―似ている。―来てくださいました。

**よう**（感）①親しい相手に呼びかけるときの語。ようよう。②感動を表すときの語。③はやしたてたりひやかしたりするときの掛け声。ようよう。用例 ―大統領。

**よう** （助動 特殊型）《五段以外の動詞および助動詞「せる・させる・れる・られる」の未然形に付く》①意志・誘いかけを表す。用例 よく見―。さあ勉強し―。②推量を表す。用例 すぐ知られ―。③《「ようか」の形で》反語を表す。用例 そんなこと彼にでき―か。参照 う。

**よう-あん【溶暗】** ↓フェードアウト

**よう-い【用意】**（名・サ変自他）①気をつけること。用心。注意。caution 用例 万一の時の―。②仕度すること。準備。preparation 用例 旅行の―をする。

**よう-い【容易】**（形動）たやすいさま。easy 対義 困難。

**よう-イオン【陽イオン】** 正に帯電した原子または原子団。水素や金属の多くは陽イオンになりやすい。カチオン。cation 対義 陰イオン。

**よう-いく【養育】**（名・サ変他）やしない、育てること。bring up 用例 ―費。

**よう-い-しゅうとう【用意周到】**（形動）用意が行き届いて、手抜かりのないさま。careful

**よう-いてい【▼楊維▼楨】**（一二九六～一三七〇）中国、元代の文人・書家。字は廉夫。諸暨の人。古楽府に特異な才能を示し、書は行書・草書にすぐれた。詩文集『東維子文集』『鉄崖古楽府』など。

**よう-いん【要因】** おもな原因・条件。primary factor

**よう-いん【要員】** 必要な人・人員。personnel 用例 保安―。

**よう-うん【▼妖雲】** 不吉な感じのする雲。

**よう-えい【揺▼曳】**（名・サ変自）①ゆらゆら動くこと。trail ②あとをひいて、なびくこと。linger

**よう-えき【用役】** ①資本・政府・人間などの、役に立つ働き。service ②弁護士・教師などの、職務上のサービス。service

**よう-えき【用益】** 使用と収益。

**よう-えき【葉▼腋】** 葉のつけ根のところ。ふつう、ここから側芽が出る。axil of leaf

**よう-えき【▼徭役】** 律令制下、公民に課せられた労役。雑徭と歳役の総称。

**よう-えき【溶液】** 分子またはイオンのレベルで二種類以上の物質からなる均一な混合物で液体状のもの。solution

**ようえき-ぶっけん【用益物権】** 他人の土地を一定の目的で使用・収益する物権。地上権・永小作権・地役権など。usufruct

**よう-えん【▼妖▼婉・▼妖▼艶】**（名・形動）①あやしいまでに美しいこと・さま。charming ②なまめかしく色っぽいこと・さま。seductive

**よう-えん【陽炎・陽▼焰】** かげろう。

**よう-おく【▼楊億】**（九七四～一〇二〇）中国、北宋の文人。字は大年。建州の人。劉筠・銭惟演らと詩の唱和をし、『西崑酬唱集』を編んだ。華麗な作風で「西崑体」とよばれる詩風の代表者。

**よう-おん【▼拗音】** 日本語で「や・ゆ・よ・わ」の仮名を他の仮名の下に小さく添えて表す音。「きゃ・しゅ・ちょ・くゎ」など。

**よう-か【八日】** ①月の第八日。the eighth day of a month 用例 四月―は灌仏会。②日数で数えて八つ。八日間。eight days

**よう-か【▼沃化】** ①沃素と化合すること。②ある元素名の前につけて、その元素が沃素と化合物をつくっていることを示す。

**よう-か【▼妖花】** あやしく、美しい花。また、そのような美女。enchanting beauty

**よう-か【溶化・▼熔化】**（名・サ変他）火にかけて溶解し、形を変えること。smelting

**よう-か【▼蛹化】**（名・サ変自）完全変態する昆虫で、幼虫が脱皮して蛹になること。pupation

**よう-か【養家】** 養子先の家。adoptive family 対義 実家。

**ようか【八▼鹿】**〈町〉兵庫県北部、円山川上流の町。古くから交通の要地で、山陰本線と国道九号が通る。産業は牛の飼育や木材の集散など。人口一万二七九五（一九八八）。

**よう-が【幼芽】** 小さな芽。出たばかりの芽。生長して茎となる部分。plumule

**よう-が【洋画】** ①西洋画。Western painting 対義 日本画。②海外の映画。foreign film 対義 邦画。

**よう-が【葉芽】** 葉になる芽。leaf bud 対義 花芽。

**よう-が【陽画】** 被写体の明暗・色調がそのまま再現されている写真画像。ポジ。positive 対義 陰画。

**よう-かい【▼妖怪・▼祆▼恠】** 現実には存在しない異様な姿の生物や物体。幽霊と違い不特定の人の前に現れるという。化け物。変化。supernatural being 用例 ―変化。

**よう-かい【容▼喙】**（名・サ変自）横から口出しすること。差し出口。横やり。干渉。interfere

**よう-かい【溶解】**（名・サ変自他）①気体、液体または固体の物質が、他の液体中に溶け込み、溶液をつくること。また、その現象。気体のときは吸収、液体どうしのときは混合ということがある。dissolution ②《「溶解」「鎔解」とも》火熱で金属が溶けて液状になること。融解。melting

**よう-がい【要害】** ①地形が険しく、敵を迎撃つのによい地。strategic point 用例 天然の―。②とりで。stronghold

**ようかいち【八日市】**〈市〉滋賀県中南部、愛知川中流域の市。市場町から発展した商工業都市で、繊維・機械工業が主。琵琶湖湖東の交通の要地でもある。人口四万一二四（一九八八）。

**ようかいちば【八日市場】**〈市〉千葉県九十九里平野北部の市。市場町から発展した商業都市。周辺は農業地帯で植木も産出。人口三万二五五六（一九八八）。

**ようかい-ど【溶解度】** ある物質（溶質）が他の物質（溶媒）に溶解する上限値。固体の液体に対する溶解度は温度とともに増加。気体の液体に対する溶解度は温度が上がると減少。solubility

**ようかいど-きょくせん【溶解度曲線】** 溶媒の温度を横軸に、物質の溶解度を縦軸に表したグラフ。物質に固有の形を示す。solubility curve

**ようかいど-せき【溶解度積】** 水に溶けにくい塩の飽和溶液中の陽イオンと陰イオンのモル濃度の積。温度により一定。solubility product

**ようかい-ねつ【溶解熱】** 溶質が溶媒に溶けて溶液になるとき発生または吸収する熱量。heat of dissolution

**ようかい-パルプ【溶解パルプ】** レーヨン・セロハンなどの製造に使う良質の化学パルプ。かつてはレーヨンパルプとよんだ。dissolving pulp

**ようかい-ろ【溶解炉】** 一般に金属を溶解する設備。キューポラ・電気炉・るつぼ炉などで、製錬用の転炉・平炉を含めることもある。melting furnace

**ようか-カリウム【▼沃化カリウム】** 化学式KI 無色の岩塩型結晶。水に溶けやすく、水溶液は沃素をよく溶かす。医薬品などに用いられる。potassium iodide

**ようかカリウムでんぷん-し【▼沃化カリウム▼澱粉紙】** 沃化カリウムとでんぷん水溶液の混合液を紙にしみ込ませた試験紙。酸化剤によって沃素でんぷん反応を起こし、青色を呈する。potassium iodide starch paper

**ようか-ぎん【▼沃化銀】** 化学式AgI 硝酸銀と沃化カリウムから生じる黄色の粉末。感光性が大きく、水に溶けない。製版・写真乳剤に使用される。silver iodide

**よう-がく【洋学】** 江戸時代の西洋の学問・語学の総称。比較 蘭学。対義 国学・漢学。

**よう-がく【洋楽】** 西洋音楽。対義 邦楽・和楽。

**ようがく-しょ【洋学所】** 江戸幕府が安政の初めに、蘭学を講習させた所。蕃書調所の前身。

**よう-がさ【洋傘】** こうもり傘。umbrella

**よう-がし【洋菓子】** 西洋伝来の菓子。また、西洋風に作った菓子の総称。ケーキ・ビスケット・キャンデー・チョコレートなど。cake 対義 和菓子。

**ようか-すいそ【▼沃化水素】** 化学式HI 無色の発煙性の気体。強い還元性をもち、還元剤として使用。hydrogen iodide

**ようかすいそ-さん【▼沃化水素酸】** 沃化水素の水溶液。無色の強い一塩基酸。強い還元性がある。hydriodic acid

**ようか-ぶき【八日吹き】** 陰暦一二月八日の事納めの日に、雪をともなって吹きあれる風。東北・山陰地方でいう。

**ようか-ぶつ【▼沃化物】** 沃素を負の一価で含む化合物の総称。金属沃化物のほかに少数の非金属沃化物も知られている。iodide

**よう-かん【羊▼羹】** あんに寒天を入れて、蒸すか、練り固めて棒状にした和菓子。蒸しようかん・練りようかん・水ようかんなど。数え方 一切れ・一棹・一本。

**よう-かん【洋館】** 西洋風の建物。西洋館。

**よう-かん【腰間】** こし。こしのあたり。

**腰間の秋水**（ようかんのしゅうすい） 腰にさした、秋の水のように曇りのない、とぎすました刀。日本刀のたとえ。

**よう-がん【容顔】** 顔つき。顔だち。かんばせ。features

**よう-がん【溶岩・▼熔岩】** マグマが地表または水中に流れ出たもの。また、固まったもの。lava

**ようかん-いろ【羊▼羹色】** 黒や、紫色があせて、赤みをおびた色。

**ようがん-えんちょうきゅう【溶岩円頂丘】** 粘性の大きな溶岩が火口上に盛り上がってできた釣り鐘をふせたような形の丘。昭和新山など。トロイデ。塊状火山。lava dome ↓火山 図

**ようがん-こ【溶岩湖】** 溶融状態の溶岩が、低い場所にたまって池のようになったもの。ハワイのキラウェア火山に多数存在。lava lake

**よう-かんすう【陽関数】** 独立変数 $x$ と従属変数 $y$ との関数関係が、$y=f(x)$ のように直接求められる形式の関数。$y=x+3$, $y=\sqrt{x-3}$ など。explicit function 対義 陰関数。

**ようがん-だいち【溶岩台地】** 大陸の広い地域の割れ目から流出した粘性の小さい溶岩流によってできた広大な台地。ペディオニーテ。lava plateau ↓火山 図

**ようがん-とう【溶岩塔】** 粘性の大きい溶岩が地表に鋭く突出してできた塔状のもの。溶岩尖塔。ベロニーテ。lava tower

**ようがん-トンネル【溶岩トンネル】** 溶岩流がトンネル状に空洞になったもの。溶岩流の外部は冷えて固まるが、内部の溶岩はさらに流れて空洞を形成する。富士山の風穴が有名。lava tunnel

**ようがん-りゅう【溶岩流】** 火口から流れ出た溶岩。また、その状態で固まった溶岩。lava flow

**よう-き【用器】** 器具や器械を使うこと。その器具・器械。tool; instrument

**よう-き【▼妖気】** あやしい気配。たぶらかされるような、不気味な気配。weird air

**よう-き【▼妖▽姫】** あやしい感じを漂わせている女性。妖女。

**よう-き【容器】** 物を入れるうつわ。入れ物。container

**よう-き【陽気】** ㊀（名）①万物が発し動こうとする気。対義 陰気。②気候。時候。weather 用例 ―がいい。㊁（形動）対義 陰気。①明るく、晴れ晴れしいさま。cheerful 用例 ―にふるまう。②にぎやかに人づきあいをするさま。cheerful 用例 ―な人。

**陽気発する処、金石また透る**（ようきはっするところ、きんせきまたとおる） 気持ちを集中して行えば、どんな困難なことにも打ち勝て、また、難しいことを成し遂げられる。

**よう-き【揚棄】** 《aufheben ドイの訳語》↓しよう（止揚）

**よう-ぎ【要義】** 根本の意義。大事な趣旨。用例 道徳の―。

**よう-ぎ【容疑】** 罪を犯した疑い。suspicion

**よう-ぎ【容儀】** 礼儀正しい態度・姿・装い。用例 ―帯佩。

**ようき-が【用器画】** 定規・コンパス・分度器などの製図器具を用いて、物体の形を幾何学的に正確に表現したもの。instrumental drawing; mechanical drawing 対義 自在画。

**ようぎ-しゃ【容疑者】** 犯罪の疑いをかけられた者に対する呼称。刑事訴訟法などでは「被疑者」という。suspect

よ

**よう-きひ【▼楊貴妃】**(七一九〜七五六) 中国、唐の玄宗の寵妃。寵愛をもっぱらにし、貴妃の一族も栄位に進むなど厚遇されたため国政が乱れ、やがて安史の乱を招いた。四川へ逃れる途中、馬嵬で殺された。

**よう-きゅう【洋弓】** ↓アーチェリー

**よう-きゅう【要求】**(名・サ変他) こうしてほしいと強く求めること。demand [比較]請求・要請。[用例]賃上げの―。熟練が―される仕事。

**よう-きゅう【▼楊弓】** 楊柳でつくった遊具用の小弓。また、その弓による射的の賭博。もとは平安貴族の遊び。江戸時代初期に流行した。

**ようきゅう-ば【▼楊弓場】** 神社の境内や盛り場などで、料金をとって楊弓で遊ばせた所。矢場。

**ようきゅう-はんのう【溶球反応】** 金属の塩または酸化物を硼砂か燐塩とともに熱するとき生じる、金属に特有な色のガラス状の小球を利用する、重金属の定性分析法。硼砂球反応。bead reaction

**よう-ぎょ【幼魚】** 卵からかえって間もない魚。稚魚。young fish

**よう-ぎょ【養魚】** 稚魚を育てたり、魚を飼って、殖やしたりすること。fish farming [用例]―場。

**よう-きょう【容共】** 共産主義の政策・運動などを容認すること。pro-communist [対義]反共・防共。

**よう-きょう【▼佯狂・陽狂】** いつわって狂気を装うこと。にせ気違い。

**よう-ぎょう【窯業】** ①陶磁器・瓦・れんがなどの製造業。ceramic industry ②非金属鉱物を窯炉で高温処理し(焼成)、製品化する工業。セメント・ガラス・耐火物・炭素繊維・ニューセラミックスの製造など。ceramic industry

**よう-きょく【謡曲】** ①能楽で、声による旋律的な部分である節とせりふにあたる詞をさす。謡。②能楽のテキスト。謡本。

**よう-きょく【陽極】** ①二つの電極間で、電流の流れ出る電位の高い側の電極。正極。プラス極。アノード。anode [対義]陰極。②磁石の北極。north-seeking pole

**ようきょく-せん【陽極線】** 正電荷をもつ陽イオンまたは原子核からなる粒子線。anode ray

**よう-きん【用金】** ①公用の金銭。②江戸時代に、幕府や領主が臨時に富豪の町人や領民から取り立てた金。御用金。

**よう-きん【洋琴】** ①ピアノのこと。②中国・朝鮮の弦楽器の一つ。台形の平たい木製胴に多数の弦を張ったもの。竹製の細い棒で打って鳴らす。楊琴。

**よう-ぎん【洋銀】** ①銅四五〜六五%、ニッケル六〜三五%、亜鉛一五〜三五%の広い範囲の組成をもつ合金の総称。食器・装飾品・医療器械などに使用。ジャーマンシルバー。ニッケルシルバー。洋白。german silver; nickel silver ②西洋の銀貨。European silver coin

**よう-ぐ【用具】** 仕事をするために使う道具。tool; instrument

**よう-ぐ【要具】** 必要な道具。necessary tool [用例]登山―。

**よう-ぐ【庸愚】**(名・形動) 平凡で、おろかなこと・さま・人。

**よう-くん【幼君】** おさない主君。

**よう-けい【養鶏】** 卵や肉を得るためにニワトリを飼育すること。poultry farming

**よう-けい【▼楊▼炯】**(六五〇〜六九三?) 中国、初唐期の詩人。華陰の人。修辞的な五言律詩をよくした。王勃・盧照鄰・駱賓王とともに「初唐の四傑」とよばれる。詩文集『楊盈川集』。

**ようけい-せいじゅく【幼形成熟】** 動物の個体発生がある段階でとまったまま(幼生)で生殖腺が成熟し繁殖すること。アホロートルなどにみられる。幼態成熟。ネオテニー。neoteny

**よう-げき【要撃】**(名・サ変他) 敵を待ちぶせして、攻撃すること。ambush

**よう-げき【▼邀撃】**(名・サ変他) ↓げいげき(迎撃)

**よう-けつ【要▼訣】** 大事な奥の手。急所。要点。奥義。

**ようけつせい-おうだん【溶血性黄▼疸】** 赤血球が破壊し、ヘモグロビンが大量に遊離し、ビリルビンが過剰に形成されて起こる黄疸。人も家畜もかかる病気で、遺伝的体質による先天的なものと、原虫・細菌・ウイルスなどの感染による後天的なものがある。hemolytic icterus

**ようけつせい-ひんけつ【溶血性貧血】** いろいろな原因で赤血球が急速に溶けてしまい、赤血球の産生が追いつかなくなることによる貧血。hemolytic anemia

**ようけつせい-れんさきゅうきん【溶血性連鎖球菌】** 連鎖球菌のうち、赤血球を崩壊させ溶血を起こす毒素をつくる細菌群。化膿・猩紅熱・敗血症などを起こす。溶連菌。

**ようけつ-はんのう【溶血反応】** なんらかの原因で赤血球の膜がこわれ、ヘモグロビンが外に出てしまう現象。hemolysis

**よう-けん【用件】** 用向き。また、その内容。用事。business

**よう-けん【要件】** ①大切な用件。important business ②必要な条件。requirements [用例]資格―。

**ようけん【▼楊堅】** 中国、隋の文帝の名。

**よう-げん【用言】** 動詞・形容詞・形容動詞の総称。活用のある自立語で、それだけで述語になることができるもの。[比較]活用語。[対義]体言。

**よう-げん【▼妖言】** 不吉な、あやしいことば。人を迷わせることば。

**よう-げん【揚言・▼颺言】**(名・サ変他) ①声を張り上げて言うこと。declaration ②自分のことに関して堂々と言い触らすこと。open declaration

**よう-げん【謡言】** うわさ。とりざた。

**よう-けんえい【葉剣英】**(一八九八〜一九八六) 中国の軍人・政治家。長征に参加。八路軍参謀長。文革で一時批判されたが一九七三年党副主席となり、国防部長・全人代常務委員長などを歴任。

**ようげん-きん【溶原菌】** バクテリオファージの感染を受けても菌体が溶けない細菌。ファージのDNAが独立すると菌体と溶ける。

**よう-こ【腰鼓】** 伎楽用のつづみの一種。腰につけて、両面を両手で打ち鳴らす。

**よう-こ【養▼虎】** トラを飼い養うこと。

**養虎の患え**(ようこのうれえ) 将来に不安の種を残すたとえ。leave anxiety about one's future

**よう-こ【養▼狐】** 毛皮をとる目的で、キツネを飼うこと。[用例]―場。

**よう-ご【用語】** ①ことばを使うこと。ことば遣い。wording [比較]用字。②会話・文章また特定の部門などで使うことば。term [用例]経済―。

**よう-ご【要語】** 大切なことば。重要語。important word

**よう-ご【養護】**(名・サ変他) ①大事にして、養うこと。nursing ②体の弱い子どもの心身の発達状態に応じて、からだを守り、鍛えて、その成長を助けること。protective care [用例]―学級。

**よう-ご【擁護】**(名・サ変他) 危害や侵害の動きから、かばい守ること。protection [用例]憲法―。

**よう-こう【▼妖光】** あやしい光。不吉な光。weird light

**よう-こう【洋行】** 一(名・サ変自) 欧米へ旅行・留学すること。go abroad 二(名) 中国で、外人の経営する商店のこと。

**よう-こう【要港】** ①交通上、重要な港。important port ②もと海軍で、海軍要港部をおいた港。軍港に次ぐ海軍基地の一つ。

**よう-こう【要項】** 必要で大切な項目。important points

**よう-こう【要綱】** ①重要な事柄をまとめたもの。gist ②要点を述べたもの。summary

**よう-こう【陽光】** 太陽の光。日光。sunlight

**よう-ごう【▽影向】**《仏教語》仏や菩薩が衆生教化のため、仮の姿でこの世に現れること。えいごう。

**ようこう-がえり【洋行帰り】**《海外旅行が珍しかったころに使われた》外国から帰ったばかりの人。西洋に留学したことのある人。

**ようこう-ひ【揚抗比】** 航行中の航空機にはたらく揚力と抗力(運動を妨げる抵抗力)の比。航空機の性能の重要な指標。揚抗比の大きい航空機は滑空性がよく、航続距離が長い。lift-drag ratio

**ようこう-ろ【溶鉱炉・▼鎔鉱炉】** 金属を鉱石から製錬するたて型炉。製鉄用は高炉とよばれる。blast furnace

**ようご-がっこう【養護学校】** 心身障害児のための特殊学校の一つ。普通教育とともに、障害に対応するための技能教育などを行う。school for the handicapped

**ようご-きょうゆ【養護教諭】** 小・中・高等学校、養護学校などに置かれている学校保健専任の教員。

**よう-こく【陽刻】**(名・サ変自他) 文字や図柄を浮き彫りの凸形に高く彫ること。[対義]陰刻。

**ようご-しせつ【養護施設】** 児童福祉法に基づく施設の一つ。保護者がいなかったり虐待されていたり不適切な環境にある児童を収容して保護・養育する。protective institution

**よう-こそ**(副)《「よくこそ」の転》人が訪ねて来たのを、喜び迎える語。ほんとうによく。よくまあ。[用例]―いらっしゃいました。[参考]感動詞的な用い方もされる。

**よう-こん【幼根】** 種子の胚にできている根。発芽ののちは主根となる。radicle

**よう-さい【洋裁】**《「洋服裁縫」の略》洋服をしたてること。とくに婦人服について言う。dressmaking [対義]和裁。

**よう-さい【要▼塞】** 国防上、重要な地域に設けた永久的な防備施設。陣地。fortress

**よう-さい【▼雍菜・▼蕹菜】** ヒルガオ科のつる性植物。サツマイモの近縁で、亜熱帯に分布。若葉を食用にする。アサガオナ。エンサイ。

**ようさい【▽栄西】** ↓えいさい(栄西)

**よう-ざい【用材】** ①建築・木工などに使用する材木。timber ②材料として使うもの。material

**よう-ざい【溶剤・溶材】** 目的の物質を溶かすために用いる物質。工業で使うことが多い。アルコールなど。溶媒。solvent

**ようさい-るい【葉菜類】** 葉を食用とする野菜類の総称。ホウレンソウ・キャベツ・レタスなど。leafy vegetable

**よう-さん【葉酸】** 緑葉野菜中に多く含まれるビタミンB複合体。動物の成長促進や造血促進物質として知られている。欠乏すると貧血が起こる。ビタミンM。folic acid

**よう-さん【養蚕】** 繭をとるためにカイコを飼うこと。sericulture

**よう-し【▼夭死】**(名・サ変自) 若死にすること。早死に。夭折。early death

**よう-し【用紙】** 特定のことに用いるための紙。paper [用例]答案―。包装―。

**よう-し【洋紙】** 西洋紙。paper [対義]和紙・日本紙。

**よう-し【要旨】** 述べられたことの、もっとも重要なところ。肝要な事柄。gist [比較]大意。

**よう-し【容止】** ①身のこなし。立ち居振る舞い。②かくまうこと。

**よう-し【容姿】** 顔と姿。みめかたち。figure [用例]―端麗。

**よう-し【陽子】** 原子核を構成する粒子の一つ。水素の原子核で、中性子とともに原子核を構成する。自由な状態では安定。電荷は正で電気素量に等しい。プロトン。proton

**よう-し【養子】** 養子縁組みによって養親の子となった者。adopted child

**よう-じ【幼児】** ①おさなご。infant ②医学で、満一歳から満六歳までの小児。児童福祉法で、満一歳から小学校へ就学するまでの小児。child

**よう-じ【幼時】** おさないころ。子どものころ。childhood

**よう-じ【用字】** ①字を使って書きしるすこと。writing ②使用する文字。characters; letters [比較]用語。

**よう-じ【用事】** なすべき仕事。用。用件。business [用例]―で出かける。

**よう-じ【洋字】** 西洋の文字。ローマ字。アルファベット。alphabet

**よう-じ【要事】** 必要な、また、大事な事柄。

**よう-じ【▼楊枝・▼楊子】** ①歯を掃除したり、菓子などを刺す細い棒。つまようじ。toothpick ②《転じて》歯ブラシ。toothbrush

**楊枝で重箱の隅を穿る**(ようじでじゅうばこのすみをほじくる) 細かいこと、つまらないことまでうるさくいうことのたとえ。重箱の隅を楊枝で穿る。split hairs

**楊枝に目鼻を付けた様**(ようじにめはなをつけたよう) やせた人のことをいう。

**楊枝を一本削った事も無し**(ようじをいっぽんけずったこともなし) 細工仕事に慣れていないたとえ。

**楊枝を違える**(ようじをちがえる) 小さい間違いをする。

**ようじ-うお【▼楊子魚】** 内湾の藻場にすむ箸のように細長いヨウジウオ科の海水魚の総称。タツノオトシゴ類は除く。全長約三〇cmで、暗褐色。雄の尾部腹面に育児嚢があり、卵と子魚を保護。北海道以南に分布。タケウマ。pipefish

**ようし-えんぐみ【養子縁組(み)】** 親子の血縁のない者の間に嫡出子と同じ法律関係を成立させる法律行為。adoption

**よう-しき【洋式】** 西洋風の様式。western style [対義]和式。

**よう-しき【要式】** 一定の方式を必要とすること。

**よう-しき【様式】** ①ようす。かたち。mode

②一定の形式。form ③芸術作品に現れる作家の個性的な表現の特質を総括していう。㋐特定の時代や民族・流派などにみられる、独特の表現形態。スタイル。style ㋑作品の形式などの種類。

**ようじ-き【幼児期】** 一歳以上、就学前までの期間。歩行と言語機能が未成立の時期を乳児、以後を幼児と区分することもある。

**ようしき-こうい【要式行為】** 書面の作成など、一定の方式に従ってなされることを要する法律行為。formal act

**ようじ-きゅうせいいちょうえん【幼児急性胃腸炎】** 乳児に起こる急性乳児下痢症とよばれる病気に、二歳以後かかり、症状が胃腸に限定されるもの。infantile acute gastro-enteritis

**ようじ-きょういく【幼児教育】** 小学校就学前の幼児を対象とする教育。preschool education

**ようじ-ご【幼児語】** 幼児がことばを習得しはじめたときに使う幼児特有の言語。また、大人が幼児に対するときに用いることば。マンマ・アンヨなど。赤ちゃん語。育児語。baby talk

**よう-しし【養嗣子】** 旧民法で、家督相続人の身分を持った養子。adopted heir

**ようじ-じへいしょう【幼児自閉症】** 幼児が親兄弟も含めた外界との接触を拒否する一種の精神障害。予後は不良なので、専門医による慎重な特殊教育が必要。early infantile autism

**よう-しつ【洋室】** 西洋風の部屋。洋間。room furnished in Western style 対義 和室。

**よう-しつ【溶質】** 溶液中に溶解している物質。液体または固体どうしの場合には、量の少ないほうをいう。solute 対義 溶媒。

**ようじ-ほう【用字法】** ①一字一字についての表記上の用法。②表記法。

**ようじ-みせ【▼楊枝店】** 房楊枝、お歯黒用の染料の五倍子などを売る店。近世後期、江戸の市中や寺社の門前に専門店ができ、看板娘をそろえて繁盛した。

**よう-しゃ【用捨】**(名・サ変他) ①いるものを取り、いらないものを捨てること。取捨。②手加減すること。容赦。

**よう-しゃ【容赦】**(名・サ変他) ①ゆるすこと。pardon ②手加減すること。遠慮。mercy 用例 情け―もなく。

**よう-じゃく【幼弱】**(名・形動) 幼くて、まだ弱々しいこと・さま・人。sickly child

**ようじゃく-ホルモン【幼若ホルモン】** 幼虫形質の維持などの作用をもつホルモン。昆虫の脳後方にある内分泌腺であるアラタ体から分泌される。アラタ体ホルモン。幼虫ホルモン。

**よう-しゅ【幼主】** おさない君主。幼君。young lord

**よう-しゅ【洋酒】** 西洋から渡来した酒。また、その製法による酒の総称。醸造酒・蒸留酒・混成酒の三種に分類される。foreign liquors 対義 日本酒。

**よう-しゅ【洋種】** 西洋の系統の種類。西洋種。Western origin one

**よう-しゅ【▼楊朱】**(生没年未詳) 中国、戦国時代の思想家。諸子百家の一人。為我説(個人主義)と快楽主義を唱えた。

**よう-じゅ【陽樹】** 明るい光の下でよく発芽し、生長も早い樹種。アカマツ・シラカバ・ヌルデ・コナラなど。intolerant tree 対義 陰樹。参照 陽性植物。

**よう-じゅ【▼遥授】** ↓ようにん(遥任)

**よう-じゅ【▼榕樹】** ガジュマルの別名。

**ようしゅう【揚州】** 中国江蘇省中部の都市。揚子江左岸と大運河の交点として発達。人口三八・二万(一九八四)。ヤンチョウ。

**よう-しゅう【▼雍州】** ①古代中国で、首都洛陽を含む州。現在の陝西・甘粛両省付近。②山城国。

**ようしゅう-はっかい【揚州八怪】** 中国、清代中期(一八世紀)、江蘇省揚州の個性的画風を代表する八人の文人画家の総称。金農・李鱓ら。

**ようしゅ-ちょうせんあさがお【洋種朝鮮朝顔】** ナス科の一年草。熱帯アメリカ地方原産で、明治初年に渡来。高さ約一・八m。チョウセンアサガオに似るが、茎と葉柄は紫色。葉・種子にヒヨスシアミンを含み薬用とする。

**よう-しゅつ【▼湧出】**(名・サ変自) ↓ゆうしゅつ(湧出)

**よう-じゅつ【▼妖術】** 人をまどわしたりたぶらかしたりする術。魔術。magic

**ようしゅ-やまごぼう【洋種山▽牛▼蒡】** 都市の荒地にはえるヤマゴボウ科の多年草。北アメリカ原産で、明治初期に渡来。高さ一〜二m。茎は帯赤色で太く、上部で分枝。夏から秋に小さな白花が多数咲き、黒紫色の実が下垂する。アメリカヤマゴボウ。

**よう-しゅん【陽春】** ①春。spring ②陰暦の正月。

**よう-しょ【用所】** =ようじょ。①用いることのできる所。使い場所。②用事のある場所。③便所。

**よう-しょ【洋書】** 西洋の書物。洋本。対義 和書・国書。

**よう-しょ【要所】** 大事なところ。要点。important point 用例 ―を引き締める。

**よう-じょ【幼女】** 幼い女子。little girl

**よう-じょ【▼妖女】** ①なまめかしい美女。妖婦。バンプ。enchantress ②男を迷わす女。vamp ③西洋の民話などの妖精。また、魔女。fairy; witch

**よう-じょ【葉序】** 茎葉植物における葉の配列の様式。種・属などの判別に重要。節に付く葉の枚数で、互生・対生・輪生の三つの型に分けられる。phyllotaxis

**よう-じょ【養女】** ①養子となった女子。adopted daughter 参考 法律上は養女も養子という。②人の娘をもらって育てること。また、その娘。fostering a girl as one's daughter; adopted daughter

**よう-しょう【幼少】** 幼いこと。childhood 用例 ―のころの面影。

**よう-しょう【要衝】** 交通・軍事などで、重要な位置を占める地点。important position 用例 交通の―。

**よう-しょう【要償】** 代償を要求すること。損害賠償の請求など。claim

**よう-しょう【葉▼鞘】** 葉の基部が茎を包むさやのような形になっているもの。イネ科・タデ科などにみられる。leaf sheath

**よう-じょう【洋上】** 広い海の上。on the sea

**よう-じょう【養生】**(名・サ変自) ①健康に注意すること。摂生。take good care of oneself ②病後の保養をすること。recuperation ③土木・建築工事で、打ち込んだコンクリートが固まらないうちに崩壊したりすることのないよう手当てすること。curing

**よう-しょうきん【葉紹▽鈞】**(一八九四〜一九八八) 中国の小説家。字は聖陶。江蘇省生まれ。文学研究会に参加。創作童話を開拓。長編『倪煥之』、童話『稲草人』など。

**ようじょうくん【養生訓】** 江戸中期の医学的教訓書。八巻。貝原益軒著。正徳三年(一七一三)成立。日常生活における健康管理法を詳述。益軒十訓の一つ。

**ようじょう-けい【葉状茎】** 茎が平たくなって葉のように見えるもの。ナギイカダ・アスパラガス・サボテンなどにみられる。phylloclade

**よう-しょうこん【▼楊尚昆】**(一九〇七〜) 中国の政治家。長征に参加。共産党中央委員などをつとめたが文革で失脚。一九七八年に復活し、党・国家中央軍事委副主席などをへて八八年国家主席。

**ようじょう-しょくぶつ【葉状植物】** 根・茎・葉などの器官ができていない植物の総称。藻類・菌類・コケ植物など、種子植物とシダ植物を除くすべて。thallophytes

**ようじょう-たい【葉状体】** 茎葉の区別がなく維管束をもたない植物の体。コケや藻類の体がこれに当たる。thallus

**よう-しょく【洋食】** 西洋風の料理。明治時代に西洋料理店が開業して以来普及し、現在では日常の家庭料理となっている。western foods 対義 和食。数え方 一皿・一コース。

**よう-しょく【要職】** 大切な職・地位。important post 用例 ―につく。

**よう-しょく【容色】** 顔かたち。また、その美しさ。器量。みめ。looks; beauty

**よう-しょく【養殖】**(名・サ変他) 有用な水産動物の発生・成長を人工的に増進し、収穫の増大をはかること。魚類・貝類・藻類など。aquiculture 用例 ―ハマチ。参考 最近はミンク・カブトムシなど、水産物以外の飼育・増殖についてもいう。↓図

● 養殖　養殖の方法とおもな産物

| | | | | |
|---|---|---|---|---|
| 淡水養殖 | 池中養殖 | 流水式 | 常に新しい水を流す | サケ・マス類、アユ、コイ、ウナギ |
| | | 半流水式 | 一定時間、新しい水を流す | ウナギ、コイ |
| | | 止水式 | ほとんど給水しない | コイ、ウナギ、キンギョ、テナガエビ |
| | ため池養殖 | | ため池を利用する | コイ、フナ、エビ、ソウギョ |
| | 水田養殖 | | 水田を利用する | コイ、ドジョウ、タニシ |
| | 網いけす養殖 | | 湖などにいけすを作って行う | コイ、ニジマス、ウナギ |
| 海水養殖 | 池中養殖 | | 海岸の池などで潮の干満を利用して行う | クルマエビ、ガザミ、ボラ、クロダイ |
| | 海面区画養殖 | 築堤式 | 海面を堤で区画して行う | ブリ、マダイ、フグ、クルマエビ |
| | | 網仕切り式 | 海面を網で区画して行う | ブリ、マダイ |
| | いけす養殖 | 網いけす | 海中に網いけすをつるす | ブリ、マダイ、フグ、シマアジ、カンパチ |
| | | 箱いけす | 海中に木箱のいけすを作る | タコ |
| | 無区画養殖 | いかだ式 | いかだから海中に養殖かごや縄をつるす | カキ、ホタテガイ、アコヤガイ |
| | | はえ縄式 | はえ縄から海中に養殖かごをつるす | カキ、ホタテガイ、ワカメ、コンブ、アコヤガイ |
| | | 杭打ち式 | 海中に立てた杭と杭の間に稚貝をつるす | カキ |
| | | 網ひび | 海面と水平に網やすだれを張って行う | ノリ |
| | | そだひび | 竹や木の枝を浅い海に立てて行う | カキ、ノリ |
| | | 浮き流し式 | 水位に応じて海面を浮動するひびを使う | ノリ |
| | | 地まき式 | 稚貝を浅い海にまく方法 | カキ、アサリ、ハマグリ、ホタテガイ |

網いけす　マダイの養殖、三重県紀勢町。

網ひび　アオノリの養殖、三重県南勢町。

**ようしょく-かき【養殖▼牡▼蠣】** 養殖されているカキ。マガキが大部分。カキ殻やホタテガイ殻に卵を付着させる。

**ようしょく-しんじゅ【養殖真珠】** 養殖によって作られた真珠。アコヤガイ・イケチョウガイなどの外套膜内に核を挿入し、一～三年間育成する。cultured pearl

**ようしょっき【洋食器】** 西洋料理の食事に使う器具・容器の総称。皿・カップ・グラス・ナイフ・フォーク・スプーン、その他ポットやサービス用のフォーク・スプーンなど。tableware

**ようしん【▼痒▼疹】** 神経性の皮膚疾患の一つ。皮膚にぼつぼつができ、激しいかゆみをともなう。虫刺されに対する過敏な反応によるものが多い。prurigo

**よう-しん【葉身】** 葉の主要部。ふつうは平たく広がるが、多くの変化がある。lamina →葉図

**よう-じん【用心・要心】**(名・サ変自) 万一に備え、気をつけること。警戒すること。注意。caution 用例 火の—。

**用心に越した事は無い**(ようじんにこしたことはない) 用心しなかったために起きてしまった事態や問題の処理をすることの大変さに比べれば、用心のためにしておかなければならないことのほうが、楽であり、負担が軽くてすむ。用心にまさる安全策はない。You cannot be too careful.

**用心はして悔やめ**(ようじんはしてくやめ) 《用心しなかったために悔やむよりは、しすぎたことを悔やむほうがよい、の意》用心するに越したことはない。何事にも用心しろ。

**よう-じん【要人】** 重要な地位にいる人。VIP。用例 政府の—。

**ようじん-ぶか・い【用心深い】**(形) 注意がよく行き届いている。よく考えて事を行っている。careful

**ようじん-ぼう【用心棒】** ①戸締まりの棒。しんばり棒。②護衛のために雇っておく腕利きの者。bodyguard

**よう-す【様子・容子】** ①ありさま。state 用例 —をうかがう。②身なり。姿。appearance 用例 みすぼらしい—。③物事が起こりそうな気配。用例 雨の降り出しそうな—だ。④そぶり。sign 用例 —がおかしい。⑤事情。わけ。meaning 用例 —ありげに目配せする。

**よう・す【▼夭す】** 文語的(サ変自) 年が若いうちに死ぬ。早世する。

**ようず** 主として春に南から吹いてくるなまぬるくて湿気の多い風。おもに西日本でいう。

**よう-ず【要図】** 必要な部分・事柄をしるした図や地図。

**よう-すい【用水】** ①水を使うこと。使う水。water ②灌漑・防火・飲料用などに使う水。water 用例 —池。③灌漑・防火・飲料用の水を引く水路。irrigation canal 用例 愛知—。

**よう-すい【羊水】** 胎児と羊膜の間にある無色・無臭・透明の液体。妊娠中、外部の温度変化や衝撃から胎児を保護するもの。amniotic fluid

**よう-すい【揚水】**(名・サ変自) 水を上げること。用例 —機。

**ようすいかた-しょう【羊水過多症】** 羊水の量が二〇〇〇cc以上で、胸部圧迫や腹部膨満などの臨床症状がみられるもの。胎児奇形のことが多い。polyhydramnious

**ようすい-けん【用水権】** →すいりけん(水利権)

**ようすいしき-はつでん【揚水式発電】** 水力発電方式の一つ。発電に使用した水をダムの下にためておき、それを豊水時や深夜などに生じる余剰電力で上の貯水池にくみ上げ、需要の大きい昼間時に再利用する。pumping-up hydraulic power generation

**ようすい-しんだん【羊水診断】** 妊娠中の母親から羊水を採取して検査し、妊娠の異常の有無を診断する方法。screening of amniotic fluid

**ようすいちえき-けん【用水地役権】** 他人の所有する土地にわき出る水を自分の所有地で使用する権利。servitude for use of water

**ようす-こう【揚子江】** 中国最大の川、長江の別称。正しくは長江の下流の局地的な名称であるが、西欧や日本では全域の名称として一般化している。ヤンツーチアン。

**ようすこう-きだん【揚子江気団】** 春秋、おもに揚子江流域にでき、移動性高気圧となる温暖で乾いた気団。

**ようすこう-わに【揚子江▼鰐】** 中国産のアリゲーター科のワニ。全長約二m。吻が幅広くて短い。暗褐色に不規則な灰黄色の横帯がある。ワニの中ではおとなしい。揚子江下流に分布。シナワニ。Chinese alligator

**よう-ずみ【用済み】** ①用事が済むこと。finish one's business ②不要になること。out of use

**よう・する【要する】**(サ変他) ＝要す。①必要とする。入用である。need 用例 注意を—。②待ち伏せする。ambush 用例 敵を道に—・して。③まとめる。要約する。summarize

**よう・する【擁する】**(サ変他) ＝擁す。①抱きかかえる。embrace 用例 相—・して泣く。②持つ。含む。have 用例 巨万の富を—・して。③引き連れる。command 用例 三万の兵力を—・して。④長としていただく。盛り立てる。set up 用例 幼君を—・して。

**ようする-に【要するに】**(副) 今まで述べたことをまとめると。つまり。結局。in short 用例 —君は断りたいのだね。

**よう-せい【▼夭逝】**(名・サ変自) 若死にすること。早死に。夭折。early death

**よう-せい【幼生】** 動物の個体発生の過程で、成体(親)とはまったく形態の異なる幼期のもの。変態して初めて成体となる。海中で生活する無脊椎動物で一般的に観察されるほか、昆虫の幼虫やオタマジャクシもこれにあたる。larva

**よう-せい【▼妖星】** 災難の起こるきざしとして現れると考えられた星。流星・彗星をいう。ominous star

**よう-せい【▼妖精】** ヨーロッパの昔話にでてくる超自然的な存在。美女や醜怪な小人などさまざまな姿をとり、魔法をよくする。フェアリー。fairy

**よう-せい【要請】**(名・サ変他) ①頼むこと。うったえ求めること。request 比較 要求。用例 立候補を—する。②哲学で、証明は不可能だが、学問上・実践上、基本的な前提として承認されるべき命題。公準。postulate

**よう-せい【陽性】**(名・形動) 対義 陰性。①明るい性質。cheerful ②医学で、検査の反応が、はっきりあること。positive 用例 —反応。

**よう-せい【養成】**(名・サ変他) 教え導いて、技術や能力を身につけさせること。涵養。training 用例 専門家の—。

**ようせい-きかん【幼生器官】** 動物の幼生に一時的にみられる器官。成長すると消失。昆虫では幼虫器官という。オタマジャクシの尾・鰓、ヤゴの気管鰓など。larval organ

**ようせい-げんそ【陽性元素】** アルカリ金属やアルカリ土類金属の元素のように、電気陰性度の小さな元素。電離したとき陽イオンとなる。electro positive element

**ようせい-しょくぶつ【陽生植物】** 光の当たるところでよく発芽し早く生長する植物。日陰になると生育が妨げられる。多くの一年草や農作物などはこれにあたる。sun plant 比較 陰生植物。

**ようせい-せいしょく【幼生生殖】** 動物の幼生が、成熟する前に体内の生殖細胞で単為生殖する現象。新しい幼生は母幼生を破って出てくる。タマバエや吸虫のカンテツなどにみられる。paedogenesis

**ようせい-せっけん【陽性石▼鹸】** ふつうのせっけんとは逆に、水中で陽イオンとなるせっけん。殺菌力が強く、手指の消毒や患部の清浄に用いる。刺激は少ない。逆性せっけん。positive soap

**ようせい-てい【▼雍正帝】**(一六七八～一七三五) 中国、清朝第五代の皇帝(在位一七二二～一七三五)。廟号は世宗。康熙帝の第四子。内政に意を用い、朋党の弊を粛正、軍機処の設置、地丁銀制の採用など独裁体制を整備確立。対外的にはチベットを征討、ロシアとキャフタ条約を締結。

**ようぜい-てんのう【陽成天皇】**(八六八～九四九) 第五七代天皇(在位八七七～八八四)。名は貞明。清和天皇の第一皇子。

**ようせいのじょおう【▼妖精の女王】** 《原題Faerie Queene》スペンサーの叙事詩。『神仙女王』とも訳す。一五九〇～九六年刊。徳を代表する騎士たちの武者修業を描く寓意詩。

**ようせい-りんぴ【溶成▼燐肥】** 燐酸肥料。燐鉱石と蛇紋岩を高温で溶融後、急冷して製造する。塩基性で、火山灰土や老朽化水田に有効。fused magnesium phosphate

**よう-せき【容積】** ①容器の内部に入れられる流体の体積の最大値。立方メートルやリットルなどの単位で測る。capacity ②立体が占めている空間の大きさ。体積。容量。volume

**ようせき-りつ【容積率】** 敷地面積に対する建築物の延べ床面積の比率。rate of building volume to lot

**よう-せつ【▼夭折】**(名・サ変自) 若死にすること。早世。early death

**よう-せつ【要説】** 大切な点を選んで説明すること。説明したもの。explanation of important points 用例 国語史—。

**よう-せつ【溶接・▼熔接】**(名・サ変他) 金属・ガラス・プラスチックの接合部を加熱溶融状態で、または粘性状態で加圧して、接合する方法。前者を融接、後者を圧融接法という。融接にはアーク溶接・ガス溶接・テルミット溶接などがあり、圧融接法には電気抵抗による発熱を利用したスポット溶接などがある。また、母材より融点の低い合金を流して接合する鑞付けという方法もある。welding

**よう-せん【▼傭船・用船】**(名・サ変他) 船を使う運送業者が船主から船を借りること。また、その船。雇用船。チャーター。chartered ship

**よう-せん【用▼箋】** 手紙用の紙。便箋。用紙。書簡紙。letter paper

**よう-ぜん【▼杳然】**(形動トタル) ①はるかに遠いさま。②暗くて、はっきりしないさま。

**よう-ぜん【▼窈然】**(形動トタル) おく深くはるかなさま。profound

**よう-せんぽう【陽旋法】** 日本の伝統音階のうち、半音を含まない五音音階による旋法。陰旋法(都節)と対照的に用いられてきた。上原六四郎の命名。現在では律音階と民謡音階の二種類で説明される。田舎節。対義 陰旋法。

**ようせん-ろ【熔銑炉】** →キューポラ①

**よう-そ【▼沃素】** ハロゲンの一つ。元素記号I。原子番号五三。原子量一二七。単体は金属光沢のある紫黒色の鱗片状の結晶。熱すると昇華して紫色の蒸気となる。医薬品・消毒剤・分析試薬などに利用。iodine

**よう-そ【要素】** ①物事の成立・効力に欠くことのできない性質・条件。factor 用例 不可欠の—。危険な—。②事物を構成している、それ以上分析できない成分。element 用例 空気の主—。

**よう-そう【洋装】**(名・サ変自) 対義 和装。①婦人が洋服を着ること。また、その服装。Western style of dress ②本の洋とじ。western binding

**よう-そう【様相】** ①もののありさま。存在のしかた・形式・状態。aspect 比較 様態。用例 世の中は混乱の—を呈している。②哲学・論理学で、㋐物事は現実、可能、必然のいずれかの状態で存在すること。modality ㋑命題は蓋然的、可能的、必然的という性質による種類があること。modality

**ようそう-ろんりがく【様相論理学】** 必然性・可能性・現実性という様相概念を取り扱う論理学。modal logic

**ようそ-か【▼沃素価】** 油脂の不飽和脂肪酸の含有量を示す数値。不飽和度を示し、油脂を乾性油・半乾性油・不乾性油に分類する基準となる。iodine value

**ようそさん-カリウム【▼沃素酸カリウム】** 化学式 $KIO_3$ 沃化カリウムの電解酸化によって得られる無色の結晶。水に可溶。分析試薬などに利用。potassium iodate

**ようそ-てきてい【▼沃素滴定】** 酸化還元滴定の一つ。ふつう、沃化カリウムを還元剤とし、反応で遊離した沃素をチオ硫酸ナトリウム標準液で滴定する。溶存酸素や塩素などの酸化剤の定量に使う。iodometric titration

**ようそ-でんきゅう【▼沃素電球】** ハロゲン電球の代表で、沃素を封入したタングステン白熱電球。iodine lamp

**ようそでんぷん-はんのう【▼沃素▼澱粉反応】** でんぷんが沃素によって赤紫から青紫色を呈する反応。熱すると色は消え、冷却で再び呈色する。iodo-starch reaction

**ようそようかカリウム-ようえき【▼沃素▼沃化カリウム溶液】** 水に不溶の沃素を沃化カリウム水溶液に溶かしたもの。

**よう-そろ【▽宜う▽候・良う▽候】**(連語) 《「よろしくそうろう」の転》船で、舵を切って所定の針路に向いたとき、その針路を維持せよという号令。また、その号令に対する答えの語。

**ようぞん-さんそ【溶存酸素】** 水に分子として溶けこんでいる酸素。水質の汚染の指標に用いる。一万分の一パーセント(ppm)の単位で表し、きれいな河川は七～一〇ppm。水中の有機物がふえると、酸素は消費され汚染は進む。DO。dissolved oxygen

**よう-だ【様だ】**(助動 形動型) 《用言および助動詞「せる・させる・れる・られる・ない・たい・た・ぬ」の連体形に、また「の・この・その・あの・どの」に付く》①あるものを例にして比べ、

▼ 常用漢字表外。 ▽ 常用漢字表の音訓外。

たとえる意を表す。用例まるで雪の—。②不確かな断定の意を表す。用例あす出発する—。③例示する場合に用いる。用例このような事件。④《連用形「ように」の形で》㋐「そのとおりに」の意を表す。用例好きなようにしろ。㋑目標を表す。用例合格できるように勉強する。㋒祈願や軽い命令にともなって用いられる。用例うまくいきますように。参考丁寧に言う場合は、「だ」の代わりに「です」を用いて、「行くようです」の形をとる。

**よう-たい【要▼諦】** ①《仏教語》肝要な悟り。②大切な点。ようてい。important point 用例成功の—。

**よう-たい【様態】** ①物の存在や動作のありさま。ようす。state 比較様相。②文法で、状況から推測して事柄を述べる言い方。たとえば「雨が降りそうだ」の「そうだ」は、様態を表す助動詞という。

**よう-だい【容体・容態・様体】** =ようたい。①ようす。ありさま。なりふり。姿。appearance ②病気の具合。病状。condition

**よう-だい【▼姚▼鼐】**(一七三一―一八一五) 中国、清代の学者・文人。号は惜抱。「桐城派」の古文の発展に尽くす。『古文辞類纂』を編む。詩文集『惜抱軒文集』。

**よう-だい【▼煬▽帝】**(五六九―六一八) 中国、隋の第二代皇帝(在位六〇四―六一八)。父文帝を殺して即位。大運河の開削、長城の修築など大土木工事をおこした。吐谷渾・林邑・台湾など四方に外征したが、高句麗遠征に大敗。農民反乱を招き、動乱中揚州で殺害された。

**ようたい-せいじゅく【幼態成熟】** ↓ようけいせいじゅく(幼形成熟)

**ようだい-ぶ・る【容体振る】**(五自) もったいぶる。きどる。

**よう-たし【用足し・用▽達】**(名・サ変自) ①用事。用を済ませること。business; transaction of business ②官庁・会社などに品物を納めること・商人。御用達。purvey; purveyor ③大小便をすること。go to the washroom

**よう-だ・つ【用立つ】**(五自) 役に立つ。まにあう。useful

**よう-だ・てる【用立てる】**(下一他) ①役に立てる。使う。make use of ②金銭を立て替える。貸す。lend

**よう-だん【用談】**(名・サ変自) 用事について相談をすること。また、その話。

**よう-だん【要談】**(名・サ変自) ①重要な談話。important talk ②大事な相談をすること。また、その話。important talk

**よう-だんす【用▼簞▼笥】** 手回りの品物を入れる小さいたんす。cabinet

**よ-うち【夜討(ち)】** 夜、不意に敵を攻めること。夜襲。夜駆け。night attack 対義朝駆け。

**夜討ち朝駆け**(ようちあさがけ) ①夜や早朝の奇襲。②《新聞・雑誌の記者などの取材方法をいう語》会うことのむずかしい人物に対して、家にいる事が多い深夜あるいは早朝に訪れて、情報などを得るやりかた。

**よう-ち【幼稚】**(名・形動) ①おさないこと・さま。very young ②知能が十分に発達していないこと・さま。young in wisdom 用例—な考え。③未熟なこと・さま。inexperience 用例技術が—だ。

**よう-ち【用地】** 事に使用するための土地。site 用例建築—。

**よう-ち【要地】** 重要な土地・地点。important place

**ようち-えん【幼稚園】** 学校教育法による学校の一つ。三歳ごろから小学校入学までの幼児を対象に保育・教育にあたる。一八三七年ドイツのフレーベルが創始。kindergarten

**よう-ちく【養畜】**(名・サ変他) 家畜を飼うこと。また、その家畜。

**よう-ちゅう【幼虫】** 昆虫や多足類など陸上の節足動物の幼生。卵から孵化し、まだ成虫前の状態にあるもの。larva

**よう-ちゅうい【要注意】** 注意が必要であること。need special attention 用例—人物。

**よう-ちょう【羊腸】** ㊀(名) ヒツジの腸。ラケットの網などに使う。sheep's gut 用例—線。㊁(形動トタル)《ヒツジの腸のように》曲がりくねっているさま。つづらおり。winding 用例—たる山道。

**よう-ちょう【▼膺懲】**(名・サ変他) 討ちこらしめること。用例—の剣。

**よう-ちょう【▼窈▼窕】**(形動トタル) ①しとやかで奥ゆかしいさま。②美しく、なまめかしいさま。

**よう-ちん【葉▼枕】** 葉柄の基部に、また複葉では小葉の基部に見られるふくらみ。葉の就眠運動はこの部分の細胞の体積の変化によるものが多い。pulvinus

**よう-つい【腰▼椎】** 脊柱の一部をなす椎骨。椎骨中最大で、五個ある。lumbar vertebrae

**ようつい-せんし【腰▼椎▼穿刺】** 腰椎の間(通常第三〜第四腰椎の間)から脊髄内に針を入れること。検査のための髄液採取、薬品・造影剤の注入などが目的。lumbar puncture

**よう-つう【腰痛】** 腰の部分に生じる痛みの総称。原因はさまざまで、椎間板ヘルニア・腰筋筋膜症・悪性腫瘍など。

**よう-てい【要▼諦】** ↓ようたい(要諦)

**よう-てい【葉▼挺】**(一八九六―一九四六) 中国の軍人。共産党員。一九二六年の北伐で勇戦し、「鉄軍」の異名をとる。二七年新四軍軍長。四一年皖南事件で国民党に捕らえられ、四六年釈放されたが航空事故死。

**ようてい-ざん【羊▼蹄山】** 北海道南西部、後志地方にある成層火山。標高一八九三m。美しい山容で支笏洞爺国立公園の一部。蝦夷富士。

**よう-です【様です】**(助動 特殊型) ↓ようだ(様だ)

**よう-てん【要点】** 大切なところ。要所。point 用例—をかいつまんで話す。

**よう-てん【陽転】**(名・サ変自) ツベルクリン反応で、陰性から陽性に変わること。結核菌の感染を自然に受けた場合を自然陽転、BCG接種によるものをBCG陽転という。positive conversion

**よう-でんき【陽電気】** 水素の原子核と同符号の電気。正電気。positive electricity 対義陰電気。

**よう-でんし【陽電子】** 電子の反粒子。電荷は電子と符号が反対で、正。その他の性質は電子と同じ。ポジトロン。positron 対義陰電子。

**よう-と【用途】** 使いみち。use 用例—が広い。

**よう-ど【用度】** ①費用。入費。かかり。expense ②会社などで、事務用品などを供給すること。supply 用例—係。

**よう-とう【羊桃】** ゴレンシの別名。

**よう-とう【洋島】** ↓たいようとう(大洋島)

**よう-とう【揺▼蕩】**(名・サ変自) ゆれ動くこと。ゆり動かすこと。shake

**よう-どう【幼童】** おさない子ども。幼児。わらべ。infant

**よう-どう【陽動】**(名・サ変自) 相手を欺くために、ことさらに目立つ行動をとること。feint

**よう-どう【揺動】**(名・サ変自他) ゆれ動くこと。ゆり動かすこと。動揺。

**ようとう-くにく【羊頭▼狗肉】**《ヒツジの頭を店先に出して、実はイヌの肉を売ること》見せかけだけで実質のともなわないことのたとえ。いんちき。羊頭を懸げて狗肉を売る。Cry wine and sell vinegar.

**ようどう-さくせん【陽動作戦】** 真の攻撃目標を隠すために、敵の注意を引き付けて判断を誤らせるような別の行動をとること。feint operation

**よう-とじ【洋▼綴(じ)】** 洋風に製本すること。対義和綴じ。

**よう-として【▼杳として】**(副) ①はるかに遠いさま。long way off ②暗くてはっきりしないさま。行方などが、はっきりわからないさま。obscurely

**ようと-ちいき【用途地域】** 用途地域制により、市街化区域内で用途を法的に規定された地域。第一種住居専用地域・第二種住居専用地域・住居地域・近隣商業地域・商業地域・準工業地域・工業地域・工業専用地域の八つに区分される。

**ようとちいき-せい【用途地域制】** 都市の環境保全や利用価値の向上のために、地域の建築物の用途を制限する制度。

**よう-とん【養豚】** 肉・皮革などを得るほか、種ブタ・肉用子ブタを生産するためブタを飼育すること。hog raising

**よう-なし【用無し・要無し】** ①用事のないこと。idle ②むだ。useless

**よう-なし【洋▼梨】** 日本ナシ・中国ナシに対して、ヨーロッパ・西アジア原産のナシのこと。果実は達磨形で芳香がある。ラ-フランス・バートレットなどの品種がある。西洋ナシ。pear

**よう-に【陽に】**(副) おもてだっては。うわべでは。outwardly 対義陰に。

**陰に陽に**(いんにように) ↓いんに(陰に)

**よう-に【様に】**《助動詞「ようだ」の連用形》↓ようだ(様だ)④

**よう-にく【羊肉】** ヒツジの肉。生後一年以上の肉をマトン、一年以内のものをラムという。肉に特有の臭気がある。mutton; ram

**よう-にん【用人】** 江戸時代の武家の職名。大名・旗本などの家で出納・雑務に当たった重職。

**よう-にん【容認】**(名・サ変他) 許し、認めること。認容。admission

**よう-にん【▼傭人】** 雇われた人。雇い人。使用人。雇員より下の雇い人。employee

**よう-にん【▼遥任】** 奈良・平安時代、在京の官吏が国司に任命されても、その俸禄だけを得て現地に赴任しなかったこと。遥授。対義受領。

**よう-ねん【幼年】** おさない年齢。子ども。「childhood

**よう-は【要は】**(副) だいじなことは。要するに。the essential thing is...; in short

**よう-はい【▼遥拝】**(名・サ変他) 神社など礼拝の対象を、遠く離れた地から遥かに拝むこと。

**よう-ばい【▼楊梅】** ヤマモモの別名。

**よう-ばい【溶媒】** 溶液において、溶質を溶かしている液体。液体または固体どうしの場合には、量の多いほうをいう。工業では、溶剤。solvent 対義溶質。

**ようばいちゅうしゅつ-ほう【溶媒抽出法】** 互いに混合しない二種類の溶媒をかくはんしたとき、一方の溶媒に溶けていた成分が他方の溶媒に移行し濃縮されるのを利用して、目的の成分を分離・回収する方法。solvent extraction method

**ようばい-わ【溶媒和】** 溶液中で、溶質分子またはイオンがいくつかの溶媒分子と結合して一つの分子集団をつくる現象。solvation

**よう-はく【洋白】** ↓ようぎん(洋銀)①

**よう-はつ【洋髪】** 西洋風の女の髪の形。対義日本髪。

**よう-はん【羊▼斑】** 太陽の黒点近くにある明るい領域。水素またはカルシウムの単色光として観測される。羊毛斑。プラージュ。flocculus

**よう-ばん【洋盤】** ①西洋音楽のレコード。record of foreign music ②外国で製作されたレコード。record made in foreign country 対義邦盤。

**よう-ばんり【▼楊万里】**(一一二七―一二〇六) 中国、南宋の詩人。号は誠斎。南宋四大家の一人。詩風は自由活達、平易な用語で機知に富む作品を残した。詩集『誠斎集』。

**よう-び【▼妖美】** 人を惑わす、不気味なほどの美しさ。fascinating beauty

**よう-び【曜日】** 曜でよぶ、一週間の、それぞれの日。day of the week 用例—がわからなくなった。

**ようひ-し【羊皮紙】** ヒツジ・ヤギなどの獣皮を加工した記録用材料。耐久性があり、ヨーロッパではパピルスに代わって中世末まで使われた。パーチメント。parchment

**よう-ひつ【用筆】** ①使う筆。brush ②筆づかい。運筆。penmanship

**よう-ひん【用品】** ①使う品物。utensil ②必要な品物。necessary utensil

**よう-ひん【洋品】** ①洋風の身の回りの品。とくに、洋服の附属品や装身具など。Western-style and accessories ②西洋産の品。Western items

**よう-ひん【養浜】** 浸食海岸に砂を供給し、海浜を造成すること。人工養浜。人工養砂。

**よう-ふ【▼妖婦】** 男を迷わす、なまめかしい女。妖女。毒婦。バンプ。vamp

**よう-ふ【養父】** 養子に行った先の家の父。adoptive father

**よう-ぶ【洋舞】** 西洋舞踊。バレエ・ダンスなど。対義日舞。

**よう-ぶ【腰部】** 腰の部分。waist

**よう-ふう【洋風】** 西洋の様式。Western style 対義和風。

**ようふう-が【洋風画】** 桃山時代と江戸時代後期、西洋画の表現技法にならって描かれた

●洋風画 伝信方『婦女弾琴図』。江戸時代(一七世紀前半)、大和文華館(奈良県)。



↓行き先項目、図版・写真参照印。 JIS 日本工業規格情報交換用漢字符号コード(区点コード)。

絵。第一期洋風画は南蛮絵。第二期は紅毛画・オランダ絵とよばれる。第二期は長崎・江戸・秋田が洋風画制作の中心。平賀源内・小田野直武・司馬江漢・亜欧堂田善ら。→写(前ページ)

**ようふう-じゅうたく【洋風住宅】** 西欧風の小屋組みで造られている住宅。様式は一様ではなく、細部の造りは和風である場合などさまざま。Western-style house 対義 和風住宅。

**よう-ふく【洋服】** 肌着を含めた西洋風の衣服。Western clothes 対義 和服。数え方 一着・一組み・一揃い。

**ようふく-だんす【洋服▼簞▼笥】** 洋服をハンガーに掛けて収納できる簞笥。wardrobe

**ようぶつ-けいやく【要物契約】** 当事者間の意思表示の一致のほかに、物の引き渡しがあってはじめて成立する契約。消費貸借契約など。比較 諾成契約。

**ようふよう-せつ【用不用説】** フランスの進化学者であるラマルクの進化学説。使用した器官は代を重ねるにつれてよく発達するようになるが、反対にあまり使用しなかった器官は退化し、やがて消滅していくという考え。現在は認められていないが、最初に進化の考えを示した意義は大きい。theory of use and disuse

**よう-ぶん【養分】** 生物の生長に必要な栄養となる成分。植物では窒素・燐酸・カリウムなど。動物では炭水化物やたんぱく質など。nutriment

**よう-へい【用兵】** 兵・軍隊を使うこと・方法。tactics 用例 —の妙。

**よう-へい【▼傭兵】** 雇いの兵。mercenary soldier 用例 —制。

**よう-へい【葉柄】** 葉身を支える柄の部分。茎・枝との連絡をするが、これを欠く葉もある。petiole →葉図

**よう-へき【擁壁】** ①土地の高さの差を維持するように設計された壁。retaining wall ②土が崩れるのを防ぐ土止めの壁。崖や切り通しの斜面などに使用。retaining wall

**よう-べや【用部屋】** ①用事を処理する部屋。②江戸城内の、最高の政務を議する重職の部屋。御用部屋。

**よう-べん【用弁・用▼辨】** 用事を済ますこと。

**よう-べん【用便】**(名・サ変自) 大小便をすること。do one's needs

**よう-ぼ【養母】** 養子に行った先の家の母。adoptive mother

**ようほ-いちげん【幼保一元】** 文部省管轄の教育機関である幼稚園と、厚生省管轄の福祉機関である保育所を、行政機構・保育制度・保育内容の上で一本化しようという考え方。

**よう-ほう【用法】** 使い方。用い方。usage

**よう-ほう【陽報】** むくいがはっきりと現れること。そのむくい。対義 陰徳。用例 陰徳あれば—あり。

**よう-ほう【養▼蜂】**(名・サ変自) はちみつ、みつろうなどの採取を目的としてミツバチを飼育すること。ハチの花粉媒介による果樹類・ウリ類などの結実にも役立つ。apiculture →写

●養蜂

**よう-ぼう【要望】**(名・サ変他) その実現を強く望むこと。切望。request 用例 —にこたえる。

**よう-ぼう【容▼貌】** 顔かたち。みめ。looks

**よう-ぼく【用木】** 材料として使う木。用材。lumber; timber

**よう-ほし【揚補▼之】**(一〇九七〜一一六九) 中国、南宋の文人画家。水墨の人物・松石を描き、墨梅にすぐれた。作品『四梅図』など。

**よう-ほん【洋本】** 対義 和本。①洋書。②洋とじの書物。

**よう-ま【▼妖魔】** 化け物。魔物。goblin

**よう-ま【洋間】** 西洋風の部屋。洋室。対義 日本間。

**よう-まく【羊膜】** 胚膜のうちもっとも内側にあり、胚を直接おおう膜。外胚葉と中胚葉からなる。羊膜類(爬虫類・鳥類・哺乳類)では、胚との間の腔所に羊水をみたし、胚の発生に必要な液体環境を与えるなどの役割をする。ヒトでは、胎児を守りつつむ膜。amnion

**よう-まひ【腰麻▼痺】** 脳脊髄が冒され、腰部が麻痺するウマ・ヒツジ・ヤギの病気。ウシに寄生するフィラリアの幼生を蚊が媒介する。hip paralysis

**よう-みゃく【葉脈】** 葉の中にある維管束。養分・水分の通路。また、葉の支持体として役立つ。単子葉植物に平行脈、双子葉植物に網状脈がある。vein →葉図

**よう-みょう【幼名】** →ようめい(幼名)

**よう-む【用務】** 仕事。用事。business

**よう-む【要務】** 大切な務め。important business 用例 —を帯びて出発。

**よう-む【洋▼鵡】** 体が灰色で、尾が赤いオウム科の鳥。全長約四〇㎝。インコ・オウム類の中でも、とくにものまねがうまい。熱帯アフリカに分布。gray parrot

**ようむ-いん【用務員】** 学校・会社などで、雑用をする人の旧称。janitor

**ようむ-うんどう【洋務運動】** 一九世紀末に清朝が富国強兵のために行った近代化政策。曽国藩・李鴻章・左宗棠らが提唱。推進。官営軍需工場の設立、陸海軍の強化、鉄道建設、製鉄所建設などを実施したが、日清戦争の敗北で挫折した。

**よう-むき【用向き】** ①用事。②用事の内容。business

**よう-めい【幼名】** 幼いときの名前。元服前の名前。ようみょう。childhood name

**よう-めい【用命】** 用を言いつけること。注文。order

**よう-めい【揚名】** ①名をあげること。家名を高くすること。②名目だけで実質のないこと。虚名。空名。用例 —関白(=藤原実頼のこと)。③名目だけで職務・俸禄のない官職。参考 平安時代以降、職務も俸禄もない名目だけの国司の次官を「揚名の介」といった。

**よう-めい【容明】** →フェードイン

**ようめい-がく【陽明学】** 中国、明代の王陽明が唱えた哲学。心即理を根本思想にした知行合一説、致良知説を主張。また心を理としたため、性即理、人欲否定の朱子学を批判する欲望肯定的な方向も生じた。王学。比較 朱子学。

**ようめいがく-は【陽明学派】** 陽明学を奉ずる学者の称。中国では李卓吾・黄宗羲ら、日本では中江藤樹・熊沢蕃山・大塩平八郎・佐久間象山らが代表的。

**ようめい-てんのう【用明天皇】**(?〜五八七) 第三一代天皇(在位五八四〜五八七)。欽明天皇の第四皇子。母は蘇我稲目の娘。

**ようめい-もん【陽明門】** ①平安京の大内裏外郭十二門の一つ。②日光東照宮の楼門。豪華な装飾で有名。寛永年間に建築され、国宝。→大内裏図

**ようめんせき-しすう【葉面積指数】** ある群落で、単位面積に対して、葉の全面積の割合を数字で示したもの。leaf area index

**よう-もう【羊毛】** ヒツジの体毛からとれる動物繊維。毛糸や毛織物の原材料。紡ぎやすく、柔軟で強い。吸水性に富み、保温力が高い。緬毛(ウール)と粗毛(ヘア)に分かれる。綿とともに重要な天然の紡織繊維。wool

**ようもう-はん【羊毛▼斑】** →ようはん(羊斑)

**ようもう-りょう【養毛料】** 毛髪の栄養補給を目的とする化粧品。水分・油分を補うヘアクリーム、消毒作用もつ毛髪栄養化粧水のヘアトニックなど。hair tonic

**よう-もく【要目】** だいじな項目。essential points

**よう-やく【要約】**(名・サ変他) 長い話や文章を短くまとめて、要点を明らかにすること。また、まとめたもの。summary 比較 梗概・概括。

**よう-やく【踊躍】**(名・サ変自) おどりあがること。とびはねること。leap 用例 歓喜—。

**ようやく【▼漸く】**(副) ①やっと。かろうじて。at last 用例 —家にたどりついた。②しだいに。だんだん。gradually 用例 —春らしくなってきた。

**よう-ゆう【溶融・▼熔融】**(名・サ変自) 固体が熱せられて液体に変わること。融解。fusion

**よう-ゆうき【養由基】** 中国、春秋時代楚の弓の名人。弓矢の仕度をしただけでサルが鳴き叫び、一〇〇歩離れたヤナギの葉を、百発百中で射あてたという。養由。

**よう-よう【要用】** ①必要であること。need ②重要な用事。

**よう-よう【陽葉】** 日光のよく当たる場所に生育した葉。一般に柵状組織がよく発達し、葉は小形で厚みがある。sun leaf

**よう-よう【洋洋】**(形動トタル) ①水がみちみちているさま。広々と大きいさま。vast ②望みが多いさま。promising 用例 前途—。

**よう-よう【揚揚】**(形動トタル) 得意なさま。exultant 対義 消沈。用例 意気—。

**よう-よう【陽陽】**(形動トタル) ①あやのあるさま。②心を遣うことのないさま。のんきなさま。③得意なさま。④自若としたさま。

**よう-よう【揺揺】**(形動トタル) ①船などがゆらゆらゆれるさま。②心配で落ち着かないさま。

**よう-よう【▼漾▼漾】**(形動トタル) ゆれ動くさま。ただようさま。

**よう-よう【曜曜・▼耀▼耀】**(形動トタル) 光り輝くさま。

**ようよう【▼漸う】**(副)(「ようやく」の転) ①やっと。かろうじて。at last ②次第に。だんだん。gradually

**よう-よう**(感) =よう。①親しい相手に呼びかけるときの語。②はやしたてたりひやかしたりするときの掛け声。わあい。

**よう-らく【羊酪】** ヒツジの乳の脂肪を固めた食品。

**よう-らく【▼瓔▼珞】** ①珠玉などをひもで貫いた飾りで、仏像の頸・腕・臂・脚などに飾られることが多い。本来はインドの装身具の名称。②仏殿などに下げる飾り。

**ようらく-つつじ【▼瓔▼珞▼躑▼躅】** 山地にはえるツツジ科の落葉低木。高さ約二m。葉は楕円形で、裏面はやや白色。初夏、枝先に数個の釣り鐘形の花が咲く。花冠は紅紫色の筒形で、浅く四裂。

**よう-らん【洋▼蘭】** 熱帯・亜熱帯産の園芸用ラン。原産はさまざまであるが、多くはヨーロッパで品種改良された。オンシジウム・カトレア・シンビジウム・デンドロビウムなど。東洋蘭に対していう名称。

**よう-らん【要覧】** 統計・図表を中心に、重要な事柄を、見やすくまとめたもの。handbook

**よう-らん【揺▼籃】** ①ゆりかご。cradle ②物事が成長・発展する初め。端緒。beginning 用例 —期。

**ようらん-じだい【揺▼籃時代】** ①幼年時代。the cradle ②物事の始まったころ。the cradle 用例 人類の—。

**ようらん-の-ち【揺▼籃の地】** ①人の生まれた所。出生地。birthplace ②物事の発生した所。発祥地。the cradle

**よう-り【葉理】** 同時に堆積したと認められる粒子の配列がわかる薄い葉片状の地層。地層を構成する最小単位。ラミナ。lamina

**よう-り【養▼鯉】** コイを養殖すること。用例 水田—。

**よう-りく【揚陸】**(名・サ変他) ①船荷を陸にあげること。陸あげ。landing ②上陸。landing

**ようりく-かんてい【揚陸艦艇】** 兵員・車両・機材などの敵前上陸を目的とする艦艇。二〇〇トン程度から一〇〇〇〇トン以上まで多くの種類がある。landing ship

**よう-りつ【擁立】**(名・サ変他) ①支持し、もり立てること。back up ②もりたてて、君主の位につかせること。help to the throne

**よう-りゃく【要略】**(名・サ変他) 必要な部分を取り上げ、不要な部分を省いて述べること。また、そのまとめたもの。概略。outline

**よう-りゅう【▼楊柳】**(「楊」はカワヤナギ、「柳」はシダレヤナギの意) ①ヤナギ。②織物に縦しぼを出す加工の方法。しぼの形をロールで限定する。クレープ・ジョーゼットに使用。

**ようりゅう-かんのん【▼楊柳観音】** 三十三観音の一つ。右手に薬効があるとされる柳の枝をもち、左手に施無畏の印を結ぶ姿の観音。

**よう-りょう【要領】** ①大事な箇所。要点。the point 用例 —を得ない。②物事をうまく進めるこつ。また、巧みに立ち回る方法。knack 用例 —をつかむ。—がいい。

**よう-りょう【用量】** 薬などの、一回また一日分の使用量。dosage 用例 —を超えては危険である。

**よう-りょう【容量】** ①器物に入れられる分量。容積。capacity 用例 びんの—。②含みうる情報の量。capacity 用例 コンピューターの記憶—。③「静電容量」「熱容量」の略。

**ようりょう-ぶんせき【容量分析】** 試料・試薬の溶液の体積を測定して行う定量分析法の

▼常用漢字表外。 ▽常用漢字表の音訓外。

一つ。滴定法とガス容量法があり、一般には滴定法をさす。volumetric analysis

**よう-りょく**【揚力】飛行機の翼のように、流れの中に置かれた物体にはたらく流れに垂直な力の上向き成分。浮揚力。lift

**ようりょく-そ**【葉緑素】植物色素の一種。光合成を行う中心的な物質。多くの植物細胞では、葉緑体の中に含まれる。クロロフィル。chlorophyll

**ようりょく-たい**【葉緑体】緑色植物の細胞質内にある色素体。葉緑素を含み光合成反応を行う。楕円形または凸レンズ形で、無色の基質の中に層状に重なり合っている。chloroplast →細胞図

**よう-れい**【幼齢】おさない年齢。幼年。infancy

**よう-れい**【用例】①使い方の例。example ②実際に用いられている例。実例。example

**よう-れき**【陽暦】太陽暦。新暦。solar calendar 対義陰暦。

**ようれん-きん**【溶連菌】→ようけつせいれんさきゅうきん(溶血性連鎖球菌)

**よう-ろ**【要路】①主要な道筋。principal road ②重要な地位。important position 用例—の大官。

**よう-ろ**【溶炉・▼熔炉】金属をとかすための炉。smelting-furnace

**よう-ろう**【養老】①老人をいたわって安楽に過ごさせること。②奈良時代の年号。霊亀から改元。元年(七一七)一一月一七日～八年(七二四)二月四日。次に、神亀に改元。

**よう-ろう**【養老】〈町〉岐阜県南西部、濃尾平野の西端に位置する町。孝子伝説で名高い養老ノ滝のある町で、産業は農業と運動具製造など。人口三万三三九六(一九八八)。

**ようろう-いん**【養老院】扶養してくれる家族のいない老人を収容・保護する公共施設。老人ホームのかつての呼び名。asylum for the aged

**ようろう-さんち**【養老山地】岐阜・三重県境を北西から南東に連なる傾動地塊山地。標高五〇〇～九〇〇m。山頂は平坦で、東側は断層崖。東斜面に養老ノ滝がある。

**ようろう-ねんきん**【養老年金】一定期間の掛け金によって、ある年齢に達したときから死亡するまで給付される年金。old-age pension

**ようろう-の-たき**【養老ノ滝】岐阜県、養老山地北部の東斜面にある滝。落差三〇m。能の『養老』に出てくる孝子源丞内の伝説で知られる滝で、桜・紅葉の名所でもある。

**ようろう-ほけん**【養老保険】生命保険の一つ。被保険者が一定の年齢に達する前(保険期間中)に死亡した場合にも、その年齢(満期)まで生存した場合にも保険金が支払われるもの。endowment insurance

**ようろう-りつりょう**【養老律▼令】古代の法典。律一〇巻、令一〇巻。藤原不比等らが養老二年(七一八)に編纂開始、大宝律令を部分的に修正。天平宝字元年(七五七)施行。

**よう-わ**【養和】平安末期の年号。治承から改元。元年(一一八一)七月一四日～二年(一一八二)五月二七日。次に、寿永に改元。

**ようわ-きゅう**【▼雍和宮】北京にあるラマ僧の廟。清朝雍正帝のときに建立。正月三〇日に打鬼(鬼やらい)の儀式が行われるので有名。

**よ-うん**【余▼蘊】あまった蓄え。余り。

**よ-えい**【余映】残っている輝き。余光。残光。残照。afterglow 用例落日の—。

**よ-えい**【余栄】死後にまで残る名誉。

**よ-えん**【余炎・余▼焔】①消え残りのほのお。②残暑。

**よ-おう**【余▼殃】悪事の報いとして子孫に現れる災難。対義余慶。用例積悪の—。

**ヨーガ**【yoga梵】《結合、修練の意》=ヨガ。①心身を統一して絶対者との合一をめざすインド古来の黙想的な修行法。漢訳は瑜伽。yoga ②心身の修練を主とする健康法の一つ。yoga

**ヨーカイ**【Mór Jókai】(一八二五～一九〇四) ハンガリーの小説家。社会小説・歴史小説を数多く書いた。作品『ハンガリーの大尽』など。

**ヨーガ-は**【ヨーガ派】インド六派哲学の一つ。パタンジャリの創唱で、ヨーガによる解脱を説く。根本聖典は『ヨーガ‐スートラ』。Yoga

**ヨーク**【yoke】裁縫で、身ごろやスカートの上部に切り替えて入れる当て布。横位置に入れられ、下にギャザーやタックを寄せたりすることが多い。↓ワイシャツ図

**ヨーク**【York】イギリス中東部、ウーズ川河畔の古都。城壁や聖堂に中世の大都市の面影を残す。人口一〇・二万(一九八五)。

**ヨーク-け**【ヨーク家】(the House of York) イギリスの王家。ヨーク公エドマンドが始祖。ランカスター家と王位継承権を争い、ばら戦争を起こした。一四六一年、エドワードが王位を得てエドワード四世と称し、ヨーク朝が成立。八五年リチャード三世がチューダー家のヘンリー七世により敗死、ヨーク家支配は終わった。

**ヨークシャー**【Yorkshire】①イギリス、イングランド北東部の地方。羊毛・鉄鋼・化学などの工業が発達。②↓ヨークシャーしゅ(ヨークシャー種)

**ヨークシャー-しゅ**【ヨークシャー種】ヨークシャー地方原産の、ブタの優良な一品種。耳は直立し、体毛は白色。早熟・多産。成豚は三〇〇kgをこえる。Yorkshire ↓ブタ写

**ヨークシャー-テリア**【Yorkshire terrier】イヌの一品種。肩高約二〇cm。絹状の長毛でおおわれた、均整のとれた小形のテリアで、利口で表情にとむ。愛玩犬。イギリス原産。比較エアデールテリア。

**ヨークシャー-プディング**【Yorkshire pudding】小麦粉と牛乳、卵などを混ぜ合わせ、型に流してオーブンで蒸し焼きにしたもの。塩味。ローストビーフのつけ合わせにする。

**ヨーグルト**【Jogurtドイ】牛乳などに乳酸菌を加えて発酵させ、クリーム状にした栄養食品。酸味と特有の風味をもち、整腸作用がある。yogurt

**ヨース**【麗水】(Yŏsu) →れいすい(麗水)

**ヨース**【Kurt Jooss】(一九〇一～一九七九) ドイツの舞踊家。バレエ団を主宰。作品『緑のテーブル』で有名。

**ヨーゼフ**〈二世〉【Joseph II】(一七四一～一七九〇) 神聖ローマ皇帝(在位一七六五～一七九〇)。マリア=テレジアの長男。一七八〇年まで母后と共同統治。典型的な啓蒙専制君主で、信教の自由を認め、農民保護政策を打ち出すなど、急進的改革を推進した。

**ヨーチン**「ヨードチンキ」の略。

**ヨーデル**【Jodelドイ】スイスやチロル地方のアルプス山地の民謡。また、その歌い方。ふつうの声と裏声を交互に、すばやくまぜて歌うもの。yodel; yodle

**ヨード**【Jodドイ・沃度】沃素。ヨジウム。iodine

**ヨードチンキ**《Jodtinkturドイから》七〇%エタノールに沃素六gと沃化カリウム四gを溶かし、全体を一〇〇ccにしたもの。皮膚表面の消毒薬として、また胸膜炎・慢性関節炎・凍瘡・リンパ管炎などにも用いる。ヨジウムチンキ。ヨーチン。tincture of iodine

**ヨードホルム**【Jodoformドイ】化学式$CHI_3$ 黄色の板状結晶。水・ベンゼンに不溶、エタノール・エーテルに可溶。防腐・殺菌・消毒剤に用いる。劇薬。特異なにおいがある。

**ヨードホルム-はんのう**【ヨードホルム反応】アセチル基をもつ物質に沃素と水酸化ナトリウム水溶液を加えると、ヨードホルムの黄色沈殿を生じる反応。iodoform reaction

**ヨーネ-びょう**【ヨーネ病】結核菌の感染によるウシ・ヒツジなどの慢性伝染病。頑固な下痢を特徴とする。家畜法定伝染病。Johne's disease

**ヨーマン**【yeoman】イギリスの独立自営農民。一五世紀以降台頭し、中産的生産者として社会近代化の中核となったが、農業革命による大規模経営の発展のため、一八世紀以降に没落。

**ヨーヨー**【yo-yo】玩具の一つ。木・プラスチックなどでつくられた車輪形のものを二つ合わせ、軸に糸を巻きつけ、回転の惰性を利用して、上下に動かし回転させて遊ぶもの。

**ヨーロッパ**【Europe・欧羅巴】《Europaオランダ・ポルトガルの音から》六大州の一つ。ユーラシア大陸の西部を占め、アジアとはウラル山脈・カスピ海などを境としてへだてられる。北は北極海、西は大西洋に臨み、南は地中海でアフリカ大陸と区切られる。数多くの独立国があり、高水準の文化圏を形成している。ヨーロッパ大陸。欧州。

**ヨーロッパ-うちゅうきかん**【ヨーロッパ宇宙機関】(European Space Agency) フランス・西ドイツ・イギリスなど西ヨーロッパ諸国共同の宇宙開発組織。それまでの関連機構を発展的に解消して、一九七五年に発足。本部はパリで、西ドイツ・イタリア・オランダにセンターがある。ESA。

**ヨーロッパおうだん-こくさいきゅうこうれっしゃ**【ヨーロッパ横断国際急行列車】(Trans Europe Express) 西ヨーロッパ各国の主要都市を高速で結ぶ豪華特急列車。一九五七年開設。TEE。

**ヨーロッパ-きいちご**【ヨーロッパ木▼苺】ラズベリーの和名。

**ヨーロッパ-ぎかい**【ヨーロッパ議会】(European Parliament) ヨーロッパ共同体(EC)の予算決定権やその委員の罷免権をもつ議決機関。

**ヨーロッパ-きょうどうたい**【ヨーロッパ共同体】→イーシー(EC)

**ヨーロッパ-ぐり**【ヨーロッパ▼栗】ブナ科の落葉高木。カフカス西部原産で、南・西ヨーロッパに分布。高さ三〇mに達する。果実は小さく、甘味は中程度。肉質はすぐれ、マロングラッセ・焼き栗の原料。European chestnut

**ヨーロッパ-ぐんしゅくかいぎ**【ヨーロッパ軍縮会議】(Conference on Confidence & Security - Building Measures and Disarmament in Europe) 偶発戦争防止と軍事的対立の緩和を目的に、一九八五年から八六年までストックホルムで開かれた国際会議。アルバニア以外の全ヨーロッパ諸国にアメリカ・カナダを加えた三五か国が参加。CDE。

**ヨーロッパ-けいざいいいんかい**【ヨーロッパ経済委員会】(Economic Commission for Europe) 国連経済社会理事会の地域経済委員会の一つ。一九四七年設立。ECE。

**ヨーロッパ-けいざいきょうどうたい**【ヨーロッパ経済共同体】→イーイーシー(EEC)

**ヨーロッパ-けいざいきょうりょくきこう**【ヨーロッパ経済協力機構】(Organization for European Economic Cooperation) 第二次大戦後のアメリカによるヨーロッパ復興計画(=マーシャルプラン)を受け入れるためのヨーロッパ諸国の協力機関。一九四八年イギリス・フランスなどヨーロッパ一六か国により結成され、六一年経済協力開発機構(OECD)に改組。OEEC。

**ヨーロッパ-けっさいどうめい**【ヨーロッパ決済同盟】(European Payments Union) 第二次大戦後のヨーロッパ諸国による多角的決済機関。一九五〇年OEEC加盟諸国によって設立され、五八年、ヨーロッパ通貨協定に改組。ヨーロッパ支払同盟。EPU。

**ヨーロッパ-げんしりょくきかん**【ヨーロッパ原子力機関】(European Nuclear Energy Agency) 経済協力開発機構(OECD)の専門機関の一つ。西ヨーロッパ諸国の原子力共同開発と共同管理を目的とし、各種研究機関をもつ。一九五八年に設立。ENEA。

**ヨーロッパ-げんしりょくきょうどうたい**【ヨーロッパ原子力共同体】(European Atomic Energy Community) ヨーロッパ共同体(EC)を構成し、加盟国内の原子力産業の発展と平和利用を目的とする共同体。一九五八年に設立。EURATOMユーラトム。EAEC。

**ヨーロッパ-ごうどうげんしかくけんきゅうきかん**【ヨーロッパ合同原子核研究機関】→セルン(CERN)

**ヨーロッパ-こまどり**【ヨーロッパ▼駒鳥】日本産のコマドリに近縁のツグミ科の小鳥。全長約一五cm。背は黄褐色、のどから胸は橙赤色、腹は白い。ユーラシア・北アフリカに分布。イギリスの国鳥。ロビン。European robin

**ヨーロッパ-しはらいどうめい**【ヨーロッパ支払同盟】ヨーロッパ決済同盟の別称。

**ヨーロッパ-じゆうぼうえきれんごう**【ヨーロッパ自由貿易連合】→エフタ(EFTA)

**ヨーロッパ-しんぎかい**【ヨーロッパ審議会】(Council of Europe) 一九四九年ヨーロッパの統合を目的に、チャーチルらの提唱によって創設された政府間機構。加盟二一か国。本部はフランスのストラスブール。

**ヨーロッパ-じんけんじょうやく**【ヨーロッパ人権条約】(European Convention on Human Rights) ヨーロッパ審議会の主導のもとに一九五〇年調印された、人権と基本的自由保護のための国際条約。世界最初の人権条約。一九五三年発効。

**ヨーロッパ-すもも**【ヨーロッパ▼李】バラ科スモモの一品種。花は帯緑白色、果実は黄色で小さい斑点がある。果肉は黄色で硬く、芳香がある。アジア西部原産。セイヨウスモモ。common European plum

**ヨーロッパ-せきたんてっこうきょうどうたい**【ヨーロッパ石炭鉄鋼共同体】(European Coal and Steel Community) ヨー

よ



↓行き先項目、図版・写真参照印。 JIS 日本工業規格情報交換用漢字符号コード(区点コード)。

ロッパ共同体(EC)を構成する三本柱の一つ。ヨーロッパの石炭・鉄鋼の生産・価格などについて管理する国際機関。フランス・西ドイツ・イタリア・オランダ・ベルギー・ルクセンブルクの六か国が参加して一九五二年発足。ECSC。

**ヨーロッパ-つうかききん【ヨーロッパ通貨基金】**(European Monetary Fund) 一九七九年に発足したヨーロッパ通貨制度(EMS)を支える信用制度として、ヨーロッパ通貨協力基金(EMCF)を拡充するものとなる予定の組織。EMF。

**ヨーロッパ-つうかきょうてい【ヨーロッパ通貨協定】**(European Monetary Agreement) ヨーロッパ経済協力機構(OEEC)加盟一八か国が加盟国間の多角的決済機構を設立するために結んだ通貨協定。一九五五年調印、五八年発効。七三年、経済協力開発機構(OECD)加盟国による新協定発効により解消。EMA。

**ヨーロッパ-つうかきょうりょくききん【ヨーロッパ通貨協力基金】**(European Monetary Cooperation Fund) ヨーロッパ共同体(EC)加盟国の中央銀行をメンバーとして一九七三年に発足した信用・決算機関。EC為替市場の機能についての協議や、EC域内の債権債務を多角的に決済することを目的とする。EMCF。

**ヨーロッパ-つうかせいど【ヨーロッパ通貨制度】**(European Monetary System) ヨーロッパ共同体(EC)域内の通貨面の統合を目的として一九七九年に発足した通貨協力体制。共同変動相場制の維持、変動幅二・五%の設定、ヨーロッパ通貨単位(ECU)の創設を内容とする。EMS。

**ヨーロッパ-つうかたんい【ヨーロッパ通貨単位】**(European Currency Unit) ヨーロッパ通貨制度(EMS)の基礎として、為替の表示単位や決済手段とするために創設された貨幣単位。EC加盟国の通貨バスケットによって算定する。ECU。

**ヨーロッパ-ふっこうけいかく【ヨーロッパ復興計画】**(European Recovery Program) アメリカ国務長官マーシャルの構想に基づく西ヨーロッパ一六か国に対する大規模な戦災復興計画。一九四八年から五二年なかばまでに一三〇億ドルが提供された。ERP。マーシャルプラン。

**ヨーロッパ-ほうそうれんめい【ヨーロッパ放送連盟】**(European Broadcasting Union) 西ヨーロッパ各国の放送機関が放送文化の発展のために結成した連合組織。一九五〇年設立。本部ジュネーブ。EBU。

**ヨーロッパ-やまねこ【ヨーロッパ山猫】**イエネコとほとんど同大の野生ネコ。体長五〇〜八〇cm、尾長三〇cm内外。森林や草原にすみ、ネズミや甲虫などを捕食。ヨーロッパの中部以南、小アジアに分布。wildcat

**ヨーロッパ-よたくしょうけん【ヨーロッパ預託証券】**ヨーロッパの銀行が外国の株式の預託を受けて株式の代わりに発行・売買する証券。EDR。European Depositary Receipt

**ヨーロッパ-ろうれん【ヨーロッパ労連】**(European Trade Union Confederation)《「ヨーロッパ労働組合連合」の略》ヨーロッパ各国の労働組合のナショナルセンターの連合体。一九七三年結成。ETUC。

**ヨーンソン【Eyvind Johnson】**(一九〇〇〜七六) スウェーデンの小説家。奔放な想像力、苦い風刺と戯画化が特徴。一九七四年ノーベル文学賞受賞。作品『イタカへの帰還』など。

**ヨーンゾン【Uwe Johnson】**(一九三四〜八四) ドイツの小説家。作品『ヤーコプについての推測』『記念の日々』など。

**よ-か【予価】**予定の価格。予定価。expected price

**よ-か【予科】**本科への予備の課程。preparatory course 対義 本科・学部。

**よ-か【余暇】**仕事などのあいまの、ひまな時間。あまりの時間。レジャー。leisure

**よ-かく【与格】**西欧文法の格の一つ。おもに動詞の作用の向かう方向を示し、英語では間接目的語をつくる。ほぼ日本語の「に」にあたる。dative

**よ-かく【余角】**二つの角の和が九〇度のとき、この二つの角は互いに他の余角をなすと言う。complementary angle

**よ-かぐら【夜神楽】**夜に行われる神楽。九州山地一帯に伝わるもので、一一月中旬から翌年二月上旬に、民家で夜を徹して採物の舞や古代神話に取材した仮面舞踊劇などが演じられる。日向神楽。高千穂神楽。

**よ-がけ【夜駆け・夜▼駈け】**(名・サ変他) 夜討ち。night attack 対義 朝駆け。

**よ-がたり【世語り】**世間の評判。世間話。

**よ-がたり【夜語り】**夜、話をすること。その話。夜ばなし。夜話。night chat

**よ-かつ【余割】**正弦の逆数。コセカント。cosecant

**よがな-よっぴて【夜がな夜っぴて】**(連語) 一晩中。夜一夜。all night long 対義 日がな一日。

**よ-が・る【善がる】**(五自) いい心持ちになる。うれしがる。feel pleased

**よかれ-あしかれ【善かれ▽悪しかれ】**(連語) よくても悪くても。よくも悪くも。とにかく。for good or ill 用例 ―、事は終わった。

**よか-れん【予科練】**《「海軍飛行予科練習生」の略》昭和五年(一九三〇)旧日本海軍が航空兵養成のために創設。第二次大戦後期には、飛行機のみでなく水中・水上などの特攻隊にも参加した。

**よかわ【▽吉川】**〈町〉兵庫県南東部、神戸市の北に接する町。灘五郷などの酒米「山田錦」の産地として知られるが、都市化も著しい。人口七九八七(一九八八)。

**よ-かん【予感】**(名・サ変他) 事前にそれとなく感じること。また、その感じ。虫の知らせ。presentiment

**よ-かん【余寒】**立春後の寒さ。大寒が明けてからの寒さ。残寒。比較 残暑。

**よ-き【予期】**(名・サ変他) 前もって結果を推測・期待、または、覚悟すること。expectation 用例 ―に反する。

**よ-ぎ【余技】**専門以外のたしなみ・慰み。hobby

**よ-ぎ【夜着】**①夜寝るときにかけるふとん。bedclothes ②着物の形をしていて、大形に仕立て、厚く綿を入れたかけぶとん。よかぶり。かいまき。数え方 一枚・一領・一襲。

**よ-ぎしゃ【夜汽車】**夜間に運行している列車。夜行列車。night train

**よぎ-な・い【余儀無い】**(形) しかたがない。やむを得ない。unavoidable 用例 ―事情で欠席する。

**よ-きょう【余興】**宴席・集会などで、座をおもしろくするための演芸・隠し芸など。entertainment

**よ-ぎり【夜霧】**夜たちこめる霧。night fog 対義 朝霧。

**よぎ・る【▽過る】**㊀(五自) 通りすぎる。通過する。pass ㊁古語(四自) ついでに立ち寄る。用例 ―・りおはしましける由(源氏・若紫)。

**よ-きん【預金】**(名・サ変他) 銀行などの金融機関にお金を預けること。また、そのお金。預金者にとっては資産運用の一つ、金融機関にとってはおもな資金源となる。当座預金・普通預金・定期預金などがある。deposit 比較 貯金。

**よきん-じゅんびりつ【預金準備率】**↓しはらいじゅんびりつ(支払準備率)

**よきんじゅんびりつ-そうさ【預金準備率操作】**↓しはらいじゅんびりつそうさ(支払準備率操作)

**よきん-つうか【預金通貨】**《現金にかえなくても、小切手や振替制度により通貨としての機能をもつことからいう》当座預金や普通預金などの、要求払い預金のこと。振替貨幣。deposit money

**よきん-ほけん【預金保険】**金融機関の経営がゆきづまって預金支払いが不能になる場合にそなえ、各金融機関が預金保険機構に一定料率の保険料を積み立てて預金者を保護する制度。昭和四六年(一九七一)実施。

**ヨク 3画【▼弋】**部首[弋] JIS 5521
音 ヨク
①いぐるみ。矢に糸をつけて、鳥をいたとき、まきくるんでおとすようにしかけたもの。②「遊弋」は、軍艦などが、航行しながら待機すること。③部首の一つ。いぐるみ。しきがまえ。

**ヨク 7画【抑】**部首[扌] 常用 JIS 4562
音 ヨク
訓 おさえる
おさえる。とめる。対義 揚。「謙抑」「抑圧・抑止・抑制・抑揚・抑留」

**ヨク 7画【▼杙】**部首[木] JIS 5927
音 ヨク
くい。牛や馬などをつなぎとめる木のくい。

**ヨク 7画【▼沃】**部首[氵] JIS 4564
音 オク・ヨク・ヨウ
①そそぐ。水をふりかける。②こえる。地味がこえている。「肥沃・豊沃」「沃土・沃野」↓ヨウ【沃】

**ヨク 10画【▽峪】**部首[山] JIS 5427
音 ヨク
たに。や。やつ。山と山のあいだの低いところ。

**ヨク 10画【浴】**部首[氵] 教育小4 JIS 4565
音 ヨク
訓 あびる・あびせる

浴 浴 浴 浴 浴 浴

あびる。水や湯などをあびる。ゆあみ。「水浴・入浴」「浴客・浴室・浴場」用例《接尾的》日光―。海水―。森林―。

**ヨク 11画【欲】**部首[欠] 教育小6 JIS 4563
音 ヨク
訓 ほっする・ほしい

欲 欲 欲 欲 欲 欲

①ほっする。のぞむ。ほしがる。ねがいもとめる心。「大欲・無欲」「欲求・欲望」用例(名)―に目がくらむ。《接尾的》知識―。②異性をほしがる気持ち。色情。「愛欲・情欲」「欲情」

**欲が深い**(よくがふかい) 必要以上に物を欲しがる気質である。greedy

**欲と色との二筋道**(よくといろとのふたすじみち) 金銭欲と情欲との両方。

**欲と二人連れ**(よくとふたりづれ) 欲心に釣られて行動すること。

**欲の皮が突っ張る**(よくのかわがつっぱる) 大変な欲張りである。be bursting with avarice

**欲の皮が張る**(よくのかわがはる) 「欲の皮が突っ張る」と同意。

**欲の熊鷹、股を裂く**(よくのくまたか、またをさく)《欲張りの熊鷹が、左右に逃げる二頭のイノシシをつかまえ、放そうとしなかったため股が裂けたという故事から》欲が深いと災いを招くたとえ。

**欲も得も無い**(よくもとくもない) 欲や得などの希望を言ってはいられない。ほかに何も欲しいものはない。forget everything else

**欲を言えば**(よくをいえば) いっそう完全であることを望むと。I wish that…

**欲をかく**(よくをかく) 欲張ったことをしたうえに、さらに欲張る。

**ヨク 11画【▼翊】**部首[羽] JIS 7036
音 ヨク
①とぶ。鳥がとぶ。②つつしむ。用心深くする。③たすける。補佐する。

**ヨク 11画【翌】**部首[羽] 教育小6 JIS 4566 ┃11画【▼翌】旧字
音 ヨク

翌 翌 翌 翌 翌 翌

あくる。つぎの。類似 来。「翌月・翌日・翌春・翌朝・翌年」用例(連体)―十五日。

**ヨク 15画【▼慾】**部首[心] JIS 4561
音 ヨク
ほしがる気持ち。ねがいもとめる心。欲望。「私慾」

**ヨク 17画【翼】**部首[羽] 常用 JIS 4567 ┃18画【▼翼】旧字
音 ヨク
訓 つばさ
①つばさ。はね。「右翼・羽翼・左翼・比翼」②飛行機のはね。進行中に揚力を生じ、空気中で重量をささえる。また、方向・姿勢をかえたり、安定をたもったりする。「主翼・尾翼」用例(名)―を振る。③たすける。補佐する。「扶翼」「翼賛」④うやうやしいさま。びくびくしているさま。「小心翼々」

**よく【良く・善く・▽能く・▽克く】**(副)《形容詞「よし(よい)」の連用形から》①注意して。詳しく。carefully 用例 ―御覧ください。②うまく。上手に。well 用例 ―できた。③ややもすれば。たびたび。often 用例 ―見かける人。④そっくり。ちょうど。用例 ―似た人。⑤能力がじゅうぶんあるさま。用例 ―詩を理解する。⑥うれしい気持ちを表す。用例 ―お知らせくださいました。⑦困難に打ち勝って。事に耐えて。用例 大地震にも―残った建物。⑧感心しないさま。よくもまあ。用例 ―そんなことが言えたものだ。

**良く有る話**(よくあるはなし) 世間でたびたび聞く話。珍しくもないこと。common affair

**良くしたもの**(よくしたもの) おのずと、都合よく、望ましい方向に行くものだ。by good providence; luckily

**よく-あさ【翌朝】** 次の日の朝。よくちょう。next morning

**よく-あつ【抑圧】**(名・サ変他) ①強くおさえつけること。圧迫。用例報道を—する。②《精神分析の用語》不快感や不安をよび起こす記憶や観念を、無意識の中に閉じこめておこうとする防衛機制。repression

**よくい-にん【▼薏▼苡▽仁】** 生薬の一つ。ハトムギの成熟した種子の殻を除き、精白・乾燥したもの。消炎・健胃・利尿作用があり、民間ではいぼとりなどに、あるいはハトムギ茶として用いる。

**よくうつ-しょう【抑▼鬱症】** ↓うつびょう(鬱病)

**よくうつ-じょうたい【抑▼鬱状態】** 気分が沈んだ状態。何事にも喜びが感じられず、すべてに思い悩むこと。不安・絶望からときに自殺を企てる。うつ病患者によくみられる。depressive state

**よく-か【翼果】** 果皮の一部が翼状にのびた果実。風によって散布される。カエデ類・トネリコ類・ニレ類などにみられる。翅果。key fruit; samara

**よく-かい【欲海】**《仏教語》愛欲などの煩悩の、非常に深く無限であることをいう。よっかい。

**よく-かい【欲界】**《仏教語。kāmadhātu 梵の訳語》三界の一つ。財・色・食・名・睡など心身の欲望から離れられない境界。よっかい。対義色界・無色界。

**よく-け【欲気】** ほしがる気持ち。欲心。over-greediness

**よく-げつ【翌月】** その月の次の月。next month

**よく-ご【浴後】** 入浴のあと。湯あがり。after one's bath

**よく-さん【翼賛】**(名・サ変他) ①力を添えて助けること。補佐。②天皇を助けて政治を行うこと。

**よくさんせいじ-かい【翼賛政治会】** 昭和一七年(一九四二)翼賛選挙直後、東条英機首相の提唱で挙国一致体制強化を目的に設立された政治組織。

**よくさん-せんきょ【翼賛選挙】** 太平洋戦争下の昭和一七年(一九四二)四月の、東条内閣による総選挙。政府が設置した翼賛政治体制協議会の推薦候補が議席の八割を占め、独裁体制が強化された。

**よく-し【抑止】**(名・サ変他) おさえて、やめさせること。deterrence 用例—力。

**よくし-せんりゃく【抑止戦略】** 敵の攻撃に対する報復・反撃力をもつことによって、戦争を防止する戦略。戦略核戦力が基本となるが、通常戦力も抑止に寄与するとされている。deterrence

**よく-しつ【浴室】** 入浴のための設備を整えた部屋。和・洋ふたつの様式がある。風呂場。湯殿。bathroom

**よく-じつ【翌日】** 次の日。あくる日。next day

**よく-しゅう【翌週】** つぎの週。また、今週の次の週。次週。next week

**よくしゅ-りゅう【翼手竜】** 中生代の、空を飛ぶ爬虫類である翼竜類を二群に大別したうちの一つ。もう一方は嘴口竜。ジュラ紀後期から白亜紀後期にかけて栄え、尾はない。代表的なものはプテロダクチルスとプテラノドン。翼指竜。

**よくしゅ-るい【翼手類】** 前肢が変化した翼をもち飛翔できる唯一の哺乳類。いわゆるコウモリ類で、果実を食べ一般に大形の大翼手亜目と、虫を食べ超音波を出す小形の小翼手亜目がある。北極と南極を除き、約九五〇種が全世界に分布。chiropter

**よく-しゅん【翌春】** 翌年の春。来春。next spring

**よく-じょう【抑情】**(名・サ変自) 欲情をおさえ止めること。restrain one's desire

**よく-じょう【浴場】** ①風呂屋。銭湯。bathhouse 用例公衆—。②風呂場。湯殿。浴室。bathroom 用例ホテルの大—。

**よく-じょう【欲情】** □一(名) 欲心。desire □二(名・サ変自) 色欲の情を起こすこと。情欲。sexual desire

**よく-しん【欲心】** よくばった気持ち。欲気。avarice

**よく・する【善くする】**(サ変他) ①手落ちなく、する。do well ②《「能くする」とも》巧みに、することができる。be skillful 用例書を—。③たびたびする。often do

**よく・する【浴する】**(サ変自) =浴す。①入浴する。あびる。また、あたる。bathe ②受ける。被る。be favored with 用例恩典に—。

**よく-せい【抑制】**(名・サ変他) ①おさえとどめること。抑止。restraint 用例感情を—する。②興奮、または興奮しようとする傾向を低下させる作用。また、興奮状態などの患者に対し、危険防止のため一定の体位をとらせること。用例—剤。inhibition

**よくせい-さいばい【抑制栽培】** 野菜や草花をふつうの出荷時期より遅く出荷できるように栽培する方法。高冷地で栽培する、電灯照明で花芽形成を遅らせる、などの方法がとられる。late raising

**よく-せき**(副) 考え抜いたあげく。よくよく。deliberately

**よく-ぞ【善くぞ】**(副) うまくやったなどのことを褒めるさま。よくまあ。おりよく、まあ。How well! 用例—言った。

**よく-そう【浴槽】** 入浴用の湯船。材料はポリエステル・ステンレスなど多種。湯の沸かし方により、内だき式・外だき式・ボイラーによる給湯式などに分かれる。風呂桶。bathtub

**よぐそ-みねばり【夜▼糞峰▼榛】** 山地にはえるカバノキ科の落葉高木。葉は卵形で先がとがり、鋸歯がある。枝を折ると独特のにおいがする。材を建築・楽器などに用いる。古く梓弓とした。アズサ。ミズメ。

**よく-ち【▼沃地】** ①地味のよく肥えた土地。沃土。肥土。fertile land ②オアシス。oasis

**よく-ちょう【翌朝】** 次の日の朝。あくるあさ。よくあさ。next morning

**よく-ど【▼沃土】** 地味のよく肥えた土地・土壌。沃地。肥土。fertile land

**よく-とく【欲得】** 欲や利益。mercenariness

**よくとく-ずく【欲得▽尽く】** すべてを欲得から判断し、処理すること。打算的。そろばんずく。mercenary

**よく-とし【翌年】** 次の年。あくる年。よくねん。next year

**ヨクナパトーファ-サーガ【Yoknapatawpha Saga】** フォークナーが架空の郡ヨクナパトーファを舞台に南部家族の興亡を描いた作品群の総称。

**よく-ねん【欲念】** ほしいと思う心。欲心。desire

**よく-ねん【翌年】** 次の年。あくる年。よくとし。next year

**よく-ばり【欲張り】**(名・形動) 欲張ること・さま・人。greediness

**よく-ば・る【欲張る】**(五自) 必要以上に物をほしがる。欲が深い。be greedy

**よく-ばん【翌晩】** 次の日の晩。next evening

**よく-ふか【欲深】**(名・形動) 欲が深いこと・さま・人。greediness

**よく-ぼう【欲望】** ①ほしいと思うこと・心。desire ②不足を満たそうとする心。desire 用例—が人を駆り立てる。

**よく-め【欲目】** 自分に都合のよいように見る見方。ひいき目。partiality 用例親の—。

**よく-も【善くも】**(副) ①とてもできそうもないことをしたときなどにいう語。よくまあ。用例—来たものだ。②人の不当な行為を、驚き、憎む気持ちの語。How dare! 用例—殴ったな。

**よく-や【▼沃野】** 地味のよく肥えた平野。fertile plain

**よく-よう【抑揚】** ①ことば・音楽などの、調子の上げ下げ。イントネーション。intonation ②けなしたり、褒めたりすること。

**よく-よう【浴用】** 入浴のときに使うもの。入浴用。for bath 用例—せっけん。

**よくよう-かいめん【浴用海綿】** モクヨクカイメンの異名。

**よくよう-ほう【抑揚法】** 修辞法の一つ。褒め上げ、続いて欠点を指摘したり、否定的な面をいったのちに肯定したり、前後を対比させて論述する方法。

**よく-よく【翼翼】**(形動タルト) ①敬い、慎むさま。prudent ②用心深いさま。very careful 用例小心—。

**よく-よく【善く善く】** □一(副) ①念入りに。注意深く。carefully 用例—考えると。②きわめて。very 用例—つきがない。③本当にやむをえず。よほど。用例—困ったときに。□二(形動) ①想像以上であるさま。very 用例—のお人よし。②本当にやむをえないさま。very 用例—の事情。

**よく-よく【翌翌】**(連体) 次のまた次の。用例—月。

**よく-りゅう【抑留】**(名・サ変他) ①むりにひきとめておくこと。detension ②逮捕に引き続いて、比較的短期間、身柄を拘束すること。detension ③国際法上、捕虜や物件、とくに船舶などの自由な移動を制限し、自国内のある場所にとどめおくこと。detention

**よく-りゅう【翼竜】** 中生代の飛行性爬虫類。嘴口竜亜目と翼手竜亜目があり、前者の代表がジュラ紀のランフォリンクス、後者の代表が白亜紀のプテラノドン。↓恐竜図

**よ-くん【余薫】** ①あとに残るかおり。余香。②あとに残る恵み・人徳。余光。

**よけ【▽除け・▽避け】**《接尾的》その害をよけるためのもの。用例風—。虫—。

**よ-けい【余恵】** 余分なめぐみ。もともと受けるはずでなかった利益・恩恵。おこぼれ。用例—にあずかる。

**よ-けい【余慶】** 善行の報いとして子孫が受ける幸福。余光。対義余殃。用例積善の—。

**よ-けい【余計】** □一(形動) ①一定の数量よりも余っているさま。余分。too much ②無駄なさま。unnecessary 用例—な心配。□二(副) ますます。もっと。いっそう。all the more 用例注意すると—反抗的になる。

**余計な御世話**(よけいなおせわ) はたからの必要以上の手助け。無用の口出しや手出し。Mind your own business.

**よけい-もの【余計者】** ①いなくてもいいような人。②一九世紀ロシア文学に登場する青年貴族の一タイプ。知性も教養もありながら才能を役立てず、無為に生きる。オネーギン・オブローモフ・ルージンなど。

**よ-けつ【預血】** 血液を血液センターなどに預け、後日、自分が必要になったときに提供してもらう制度。昭和五七年(一九八二)三月までで廃止。

**よ・ける【▽避ける・▽除ける】**(下一他) ①わきへ寄る。さける。avoid 用例水たまりを—て行く。②害を防ぐ。逃れる。avoid ③除外する。exclude

**よ-けん【与件】** 推理・思惟の前提として与えられる、論議の余地のない事実や原理。認識活動の可能性の構成要素をなす。所与。data; given

**よ-けん【予見】**(名・サ変他) 前もって知ること。見通すこと。先見。foresee 用例一〇年先を—する。

**よ-げん【余弦】** =コサイン。①三角関数の一つ。平面上で、原点を中心とする単位円周上を動く点について、偏角に対応する横座標の関係。cosine ②三角比の一つ。直角三角形の底角に対する、底辺と斜辺の長さの比。記号cos cosine

**よ-げん【予言】**(名・サ変他) 未来を予測して言うこと・ことば。prophecy 比較預言。用例—が的中した。

**よ-げん【預言】**(名・サ変他) キリスト教で、神託を受けて言うこと・ことば。prophecy 比較予言。

**よげん-しゃ【預言者】** 聖書中、宗教上の指導者。主として紀元前八〜前六世紀の古代イスラエルで、神の代弁者と考えられた人々。イザヤ・エレミヤ・エゼキエルなど。prophet

**よげん-ていり【余弦定理】** 三角形の三辺の長さと一つの角の余弦との関係式。$a = b\cos C + c\cos B$(第一余弦定理)。$a^2 = b^2 + c^2 - 2bc\cos A$(第二余弦定理)。ただし $a$、$b$、$c$ は頂点A、B、Cの対辺。A、B、Cは頂角。theorem of cosines

**よこ【横】** ①左右の方向。その長さ。width 対義縦。用例—に書く。首を—にふる。②かたわら。そば。側面。side 用例テレビの—にある。③局外。はた。用例—からの口出し。④織物の横糸。緯。woof 対義縦。

**横と出る**(よこと でる) ことさらに意地の悪い態度をとる。

**横に車を押す**(よこにくるまをおす) 「横車を押す」と同意。

**横になる**(よこになる) 寝る。寝そべる。lie

**横に寝る**(よこにねる) ①借りた物を返さないでいる。②横領する。

**横の物を縦にもしない**(よこのものをたてにもしない) めんどうくさがって、何もしない。ひどくものぐさなことのたとえにいう。do not lift a finger

**横を向く**(よこをむく) ①気に入らないとの態度を示す。②無視する。ignore

**よ-ご【予後】** ①病気・手術などの経過についての見込み。prognosis 用例この病気は—不良。②俗に、病後の経過。prognosis

**よご【余呉】**〈町〉 滋賀県北部の町。町域の大部分が山林で、稲作のほか林業がさかん。余呉湖がある。人口四九〇二(一九八八)。

**よこ-あい【横合(い)】** ①横のほう。かたわら。side ②当事者以外の者。局外者。outsider

よ

用例―から口を出す。

**よこ-あな【横穴】** 対義竪穴。①山などに横に掘った穴。cave ②古墳時代の墓葬形式の一つ。山腹・崖などに横穴をうがって墓室をつくるもの。横穴古墳。

**よこあなしき-せきしつ【横穴式石室】** 古墳の石室に、羨道を通って横から入れる形式。日本では古墳時代後期に盛行した墓室構造で、数回にわたり埋葬を追加していることがある。→図

●横穴式石室
伊勢塚古墳石室　群馬県藤岡市。

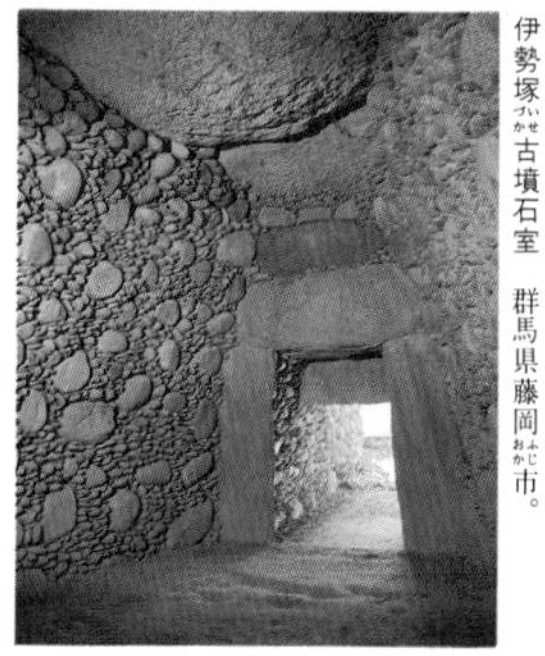

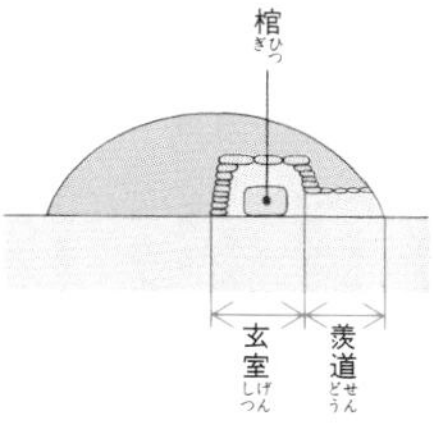


**よこい-しょうなん【横井小▼楠】**(一八〇九〜六九) 幕末の思想家。熊本藩士。公武合体・殖産興業・軍備強化をもって絶対主義形成をめざした。維新後、政府の参与となるが暗殺された。

**よこ-いた【横板】** ①木目を横に向けて用いる板。②能舞台で、囃子方の座の後方、鏡板の前の場所。

**横板に雨垂れ**(よこいたにあまだれ) 《「立て板に水」のもじり》つかえつかえに、ものを言うたとえ。

**よこ-いと【横糸・▽緯糸・▽緯】** 織物で、横に通して織る糸。ぬき糸。woof 対義縦糸。

**よこい-ときよし【横井時▽敬】**(一八六〇〜一九二七) 農学者・農業経済学者。肥後の人。駒場農学校(東大農学部)卒。東大教授。科学的農法を唱え、イネもみの塩水選を考案。農本主義を説き、農民教育に努力。

**よこい-やゆう【横井▼也有】**(一七〇二〜八三) 江戸中期の俳人。名は時般。尾張藩の重臣。美濃派系の俳諧のほか、和歌・漢詩文・狂歌・俳画などをよくした。軽妙洒脱な句に特色。俳文集『鶉衣』、句集『蘿葉集』など。

**よ-こう【予行】**(名・サ変他) 前もって、実際のように行ってみること。rehearsal 用例運動会の―演習。

**よ-こう【余光】** ①日没のあとに残った光。②先人の残したお陰。余徳。余慶。

**よ-こう【余香】** ①あとに残ったかおり。うつりか。余薫。②今もって慕われている先人の徳。

**よこ-えび【横▽海▽老】** 端脚目ヨコエビ科に属する、小エビに似た甲殻類の一群。体は左右に平たく、体長はふつう一cm内外。干潮線付近の石の下にいる海生のものが多いが、河川や湖沼、さらに洞穴や井戸にすむものもある。

**よこお-ただのり【横尾▽忠▽則】**(一九三六〜) グラフィック-デザイナー。兵庫県生まれ。土俗性をもつポップアート風の作風を確立。画家としても活動。

**よこ-がお【横顔】** ①横から見た顔。プロフィール。profile ②人の、あまり知られていない一面。unknown side

**よこ-がき【横書(き)】** 一字一字を横に連ねて書くこと。write horizontally 対義縦書き。参考欧米語や第二次大戦後の日本語では左からの横書きだが、アラビア語は右から左へ書く。

**よこ-がみ【横紙】** ①すき目を横にした紙。②紙を横にして使うこと。

**よこがみ-やぶり【横紙破り】** 《和紙は横には破りにくいことから》無理と知っていて、言い分を通そうとすること・人。横車。

**よこがわ【横川】**〈町〉 鹿児島県北部、霧島山南西麓の町。スギ・ヒノキ材、野菜などを産出。人口六一五五(一九八八)。

**よこかわ-きゅうちゅう【横川吸虫】** ヒト・イヌ・ネコなどの小腸粘膜に寄生する吸虫。きわめて小さく、一・五mm内外の卵形。アユの生食により感染し、下痢・腹痛などを起こす。日本・南アジアに分布。横川定によって発見された。

**よこ-ぎ【横木】** ①横に渡した木。crosspiece ②人力車などで、ながえに対し横に渡した木。

**よこ-ぎ・る【横切る】**(五他) ある所を横に渡って通る。横の方向に過ぎる。横断する。cross 用例目の前を―。

**よ-こく【与国】** 助け合う国。同盟国。

**よ-こく【予告】**(名・サ変他) 前もって知らせること。advance announcement 用例新刊―。次週上映―。

**よこく-かいさん【予告解散】** 政府があらかじめその日付を定め公表して行う衆議院の解散。対義抜き打ち解散。

**よこく-てあて【予告手当】** 使用者が労働者を解雇するさい、解雇を三〇日以上前に予告しなかったときに支給しなければならない手当て。労働基準法で義務づけられている。

**よこくび-がめ【横▼頸▼亀】** ヨコクビガメ科のカメの一群。長い首を甲羅の間に横に曲げてかくすのが特徴。淡水産で、南アメリカ・アフリカ・マダガスカルに一四種が分布。

**よこく-へん【予告編】** 映画・テレビなどで、宣伝のために場面の一部などを抜き出したりしてつくったもの。preview

**よこ-ぐみ【横組(み)】** 活字などを横に並べて組みこむこと。horizontal typesetting 対義縦組み。

**よこ-ぐも【横雲】** 横にたなびく雲。棚雲。

**よこ-ぐるま【横車】** 車を横向きに押すように、無理と知っていて押し通そうとすること。横紙破り。perverse

**横車を押す**(よこぐるまをおす) 強引に、無理を押し通す。have one's own way against all reason

**よご-こ【余呉湖】** 滋賀県北部、琵琶湖の北にある断層湖。面積一・九km²。最深一三m。羽衣伝説で知られる。よごのうみ。

**よこ-こう【横坑】** 鉱山で、横に掘った坑道。drift 対義立て坑・斜坑。

**よこごし【横越】**〈村〉 新潟市南隣、阿賀野川に臨む村。稲作・生鮮野菜の栽培が主で、近年は工業化も進む。人口九三五三(一九八八)。

**よ-ごころ【世心】** 人情、とくに男女間の情がわかる心。いろけ。用例―がつく。

**よこ-ざ【横座】** ①横手の座席。②炉の正面の座で、主人が座る所。③かみざ。上席。客席。

**よこ-ざま【横様】** =よこさま。㊀(名) 横の方向。横向き。sideways ㊁(形動) 道理に合わないさま。よこしま。非道。unjust

**よごし【汚し】** 《接尾的》①けがすこと・人。shame 用例つら―。②あえもの。用例ごま―。

**よこ-じく【横軸】** 対義縦軸。①横に長い軸物。②数学で、平面の直交座標において、左右方向の軸。x軸のこと。axis of abscissa

**よこしば【横芝】**〈町〉 千葉県北東部、九十九里平野にある町。稲作・野菜栽培・園芸農業がさかんで、工業も発達。人口一万四五二一(一九八八)。

**よこ-しま【▽邪】**(名・形動) 正しくないこと・さま。心がねじけていること・さま。よこざま。wickedness 用例―な考え。

**よこしま【横島】**〈町〉 熊本県北西部、有明海に臨む町。干拓農業地帯で、稲作のほかミカン栽培などを行う。人口六一七五(一九八八)。

**よこ-じま【横▼縞】** 横筋の縞模様。対義縦縞。

**よこ-しゃかい【横社会】** 人間関係において平等なつきあいが重視される社会。対義縦社会。

**よこ・す【▽寄越す・▽遣す】** ㊀(五他) ①こちらへ来させる。送ってくる。send ②くれる。give ㊁(補動) 《「…てよこす」の形で》行為をしかける。…てくる。set about 用例書いて―。

**よご・す【汚す】**(五他) ①きたなくする。けがす。make dirty 用例ズボンを―。②あえ物をする。まぶす。用例ごまで―。

**よこすか【横▼須▽賀】**〈市〉 神奈川県三浦半島東部、東京湾口に位置する市。旧軍港として発達。現在は自動車工業の追浜、造船工業の浦賀を中心とする工業都市で、商業もさかん。米軍・自衛隊の基地、防衛大学校がある。人口四三万六五六(一九八八)。

**よこすか-せん【横▼須▽賀線】** JR東日本の鉄道路線の一つ。大船から久里浜を結ぶ。長さ二三・九km。昭和一九年(一九四四)全通。

**よこ-ずき【横好き】** 《じょうずでない人にいう》むやみに好きなこと。crazy about some art though no good at it 用例へたの―。

**よこ-すじ【横筋】** ①横に引いた線。②中心からはずれたこと・話。横道。用例話題が―にそれる。

**よこすじ-ふえだい【横▽条笛▼鯛】** フエダイ科の海水魚。全長三〇cm余。背側は黄褐色、腹側は銀白色。体側に吻端から目を通り尾びれに達する黒色縦帯がある。美味。南日本以南に分布。

**よこ-すべり【横滑り・横▼辷り】**(名・サ変自) ①横にすべること。skid ②同格の役職・地位に代わること。sideslip

**よこずれ-だんそう【横ずれ断層】** 断層面に沿う変位で、水平方向のずれの大きいもの。断層線の向こう側の岩体が右へ移動しているものを右横ずれ断層、左へ移動しているものを左横ずれ断層とよぶ。lateral fault

**よこ-ずわり【横座り・横▼坐り】**(名・サ変自) ひざから下を横にし、しりを落として座ること。姿勢を崩した座り方。sit sideways

**よこぜ【横瀬】**〈町〉 埼玉県南西部、秩父市の東に接する町。武甲山の北麓に位置し、同山の石灰石を原料とするセメント工場がある。人口一万一六七(一九八八)。

**よこせ-やう【横瀬夜雨】**(一八七八〜一九三四) 詩人。本名、虎寿。茨城県生まれ。恋愛への憧憬を切々と歌う。詩集『花守』『二十八宿』など。

**よこた【横田】**〈町〉 島根県南東端、斐伊川上流に沿う町。雲州そろばんの産地で知られ、野菜・砂鉄なども産出。人口九〇七〇(一九八八)。

**よこ-たう【横たう】** 古語 ㊀(下二他) →よこたえる(横たえる)。㊁(四自) 横になっている。横たわる。用例荒海や佐渡に―天の川(奥の細道)。

**よこ-た・える【横たえる】**(下一他) ①横にする。lay ②刀などを横にして腰につける。place across

**よこ-たおし【横倒し】** 横に倒すこと。その姿勢。fall sideways

**よこ-だき【横抱き】** 横にしてだくこと。小わきにかかえてだくこと。hold under one's arm

**よこ-たわ・る【横たわる】** ㊀(五自) ①横になる。倒れる。lie down 対義起き上がる。②大きいものや長いものなどが前方にある。用例岩が―。③前をさえぎる。lie 用例多くの困難が―・っている。㊁古語(下二自) 横になる。用例大きなる木の風に吹き倒されて、根をささげ―・れ臥せる(枕・むとくなるもの)。

**よこ-ちょう【横町・横丁】** 表通りから横に入った通り・道。side street

**よこ-づけ【横付け】**(名・サ変他) 船・車などをある場所へ横にぴたりと付けること。pull up… alongside

**よこっ-ちょ【横っちょ】** 《俗語》よこ。横のほう。わき。side

**よこ-づな【横綱】** ①力士の最高位。また、その地位の力士。もとは、大関で力量抜群のものに、栄誉として与えられた称号。今日では、大関で優秀な成績を収めたものを、日本相撲協会が横綱審議委員会に諮問し、その推挙により昇進を決定する。grand champion ②横綱力士が土俵入りにしめる綱。③同類中で、いちばんすぐれた者。the best →図

**横綱を張る**(よこづなをはる) 横綱の地位をつとめる。類似綱を張る。

**よこづな-しんぎかい【横綱審議会】** 横綱審議委員会の通称。大相撲で、横綱の推挙・引退勧告など、横綱に関する審議をするための、日本相撲協会の諮問機関。昭和二五年(一九五〇)設置。横綱の推挙は会の満場一致が条件。

**よこ-つら【横面】** 《俗語》=横っ面。①顔の側面。横顔。②横のほう。側面。

**よこ-て【横手】** 横のほう。側面。side

**よこて【横手】**〈市〉 秋田県南東部の市。横手盆地の農産物の集散地で、横手木綿・アケビのつる細工も産出。城下町跡を残した町並みと、冬の「かまくら」は有名。人口四万二七四(一九八八)。

**よこ-で【横手】** てのひらを思わず打ち合わせること。

**横手を打つ**(よこでをうつ) 感動したり、思い当たったりしたときなどに、思わず両手を打ち合わせる。

**よこて-ぼんち【横手盆地】** 秋田県南東部、雄物川中流域にある地溝盆地。中央部に横手市、北部に大曲市、南部に湯沢市がある。稲作地帯で、リンゴ・ブドウなども産出。

**よ-ごと【▽寿▽詞・▽吉言】** ①天皇の御代が長く栄えるように祝うことば。賀詞。②祈ることば。



▼常用漢字表外。　▽常用漢字表の音訓外。

**よ-ごと**【夜▽毎】(名・副) 毎夜。毎晩。夜な夜な。every night 対義 日毎。

**よこ-とじ**【横▼綴(じ)】(名・サ変他) 横に長くとじること。また、その本・帳面。

**よこ-とび**【横跳び・横飛び】 ＝横っ跳び。①横に跳ぶこと。jump aside ②体を斜めにして急いで走ること。

**よこ-どり**【横取り】(名・サ変他) わきから無理に奪い取ること。usurpation 用例 獲物を――される。

**よこ-なが**【横長】(名・形動) 横に長いこと・さま。oblong

**よこ-ながし**【横流し】(名・サ変他) 配給品・統制品などを、正規の筋道を通さないで売ること。sale... on black market

**よこ-ながれ**【横流れ】(名・サ変自) 正しくないやり方で品物が売られること。また、その品物。sell into illegal channels

**よこ-なぐり**【横殴り】 ①横から強く打つこと。横つらをなぐること。side blow ②横から吹きつけること。slant 用例 ――の雨。

**よこ-なみ**【横波】 ①進む方向に対して、横からくる波。side wave ②媒質中の各点の振動方向と進行方向とが直交している波動。媒質中に密度変化はなく、振動方向が二次元であるためかたよりを生じる。電磁波など。transverse wave

**よこ-ね**【横根】 性病にかかったときの鼠蹊リンパ節の炎症性のはれ。広義には、はれた鼠蹊リンパ節のこと。横痃。便毒。bubo

**よこ-ばい**【横▼這い】 ［一］(名・サ変自) 横にはうこと。crawl sideways 用例 かにの――。［二］(名) ①相場・物価などの変動量が、時間がたっても上がり下がりしないこと。level off ②ヨコバイ上科に属する昆虫の総称。体長数ミリメートル。農作物の害虫。一般に頭部が大きく、体の後方はせばまる。横に歩行。leafhopper

**よこはま**【横浜】〈市〉 神奈川県東部、東京湾岸の市。県庁所在地。政令指定都市。国際貿易港の横浜港を中心に発展した港湾都市で、京浜工業地帯の中核。国際色豊かな観光地も多く、商業もさかん。全国第二の人口をもつ。人口三二二万一六〇一(一九八八)。

**よこはま**【横浜】〈町〉 青森県下北半島基部、陸奥湾に臨む町。稲作・畑作などの農業のほか漁業も行う。人口六四二九(一九八八)。

**よこはま-こう**【横浜港】 横浜市にある国際貿易港。日米修好通商条約により、安政六年(一八五九)開港。第二次大戦前は生糸の輸出、戦後は工業原料の輸入・製品の輸出港として、わが国を代表する港。

**よこはま-じけん**【横浜事件】 太平洋戦争中の、神奈川県特高警察による言論弾圧事件。昭和一七年(一九四二)細川嘉六の論文をきっかけに、泊共産党再建事件を捏造し、関係出版人三十余名を投獄し、拷問による死者を出した。『改造』『中央公論』は廃刊。

**よこはましょうきん-ぎんこう**【横浜正金銀行】 明治一三年(一八八〇)に設立された、外国貿易金融を専業とする特殊銀行。昭和二一年(一九四六)東京銀行に改組。

**よこはま-バンド**【横浜バンド】 明治初の横浜で、アメリカの改革派教会宣教師バラーやブラウンの感化をうけ、キリスト教に入信した青年の一団。

**よこはま-みなとまつり**【横浜港祭(り)】 横浜市で、横浜開港を記念し、四月末から五月の連休あけの期間を中心に行われる行事。五月三日の国際仮装行列を主にバザー・横浜ドンタク・花火大会などが行われる。

**よこ-ばら**【横腹】 腹の左右の部分。わき腹。横っ腹。side

**よこ-ぶえ**【横笛】 ［一］管を横にして吹く笛の総称。「おうてき」と読むと、雅楽の竜笛のこと。［二］①『平家物語』に登場する女性。建礼門院の侍女。滝口入道との悲恋が伝えられる。②薩摩琵琶錦心流・平家琵琶・長唄の曲名。①の悲恋物語が主題。

**よこ-ぼう**【横棒】 横にかけ渡した棒。横にまっすぐな線。対義 縦棒。

**よこみぞ-せいし**【横溝正史】(一九〇二～八一) 小説家。神戸市生まれ。浪漫的な傾向をもつ本格推理小説を確立。作品『人形佐七捕物帳』『本陣殺人事件』『悪魔の手毬唄』など。

●横山大観『流燈』。明治四二年(一九〇九)、茨城県近代美術館。

**よこ-みち**【横道】 ①横に通ずる道。byroad ②本道からそれた道。sidetrack ③本道を横ぎる道。side issue ④正しい道からはずれること。邪道。wrong way ⑤本筋でない事柄。枝葉末節。digression

**横道に逸れる**(よこみちにそれる) 本筋からはずれていく。考えてもいなかった方向にいく。digress

**よこみつ-りいち**【横▽光利一】(一八九八～一九四七) 小説家。新感覚派の代表作家。福島県生まれ。早大中退。川端康成らと『文芸時代』創刊。作品『日輪』『上海』は新感覚派時代の、『機械』は新心理主義文学の代表作。他に『寝園』『紋章』『家族会議』など。『旅愁』は西洋対東洋を扱った未完の大作。

**よこ-むき**【横向き】 ①横に向くこと。turning sideways ②わき。側面。side

**よこ-め**【横目】 ①わき見をすること。side glance ②流し目。sidelong glance ③漢字の部首名。「あみがしら」のこと。

**よこ-もじ**【横文字】《横に書く文字の意》西洋の文字・ことば。European language 用例 ――に強い。

**よこ-もの**【横物】 ①横に長い形の物。②横長に表具した軸物・額・巻き物。

**よ-ごもり**【夜▼籠り】 ①深夜であること。②願かけのため、社寺にこもって夜を明かすこと。

**よこや-そうみん**【横▽谷宗▼珉】(一六七〇～一七三三) 江戸中期の金工。町彫の祖。高彫色絵や、片切彫の彫法を利用し躍動感ある作品を生んだ。作品『仁王の二所物』。

**よこやま-げんのすけ**【横山源▼之助】(一八七一～一九一五) 明治の社会問題評論家。富山県生まれ。東京法学院卒。横浜毎日新聞の記者となり、労働事情・貧民社会の実態などを調査。著書『日本之下層社会』『労働問題』など。

**よこやま-たいかん**【横山大観】(一八六八～一九五八) 日本画家。水戸生まれ。本名、秀麿。東京美術学校卒。岡倉天心らとともに日本美術院創立に参加、同院を再興。濃彩画や水墨画に独特の清澄な精神性を示し、日本画の革新・近代化を推進。昭和一二年(一九三七)第一回文化勲章受章。作品『生々流転』『老子』『流燈』など。↓写

**よこやま-たいぞう**【横山泰▽三】(一九一七～) 漫画家。高知県生まれ。隆一の弟。機知に富んだ作風。『朝日新聞』に「社会戯評」を連載。

**よこやま-みさお**【横山操】(一九二〇～七三) 日本画家。新潟県生まれ。濃彩の画風から独特の水墨画法に移る。作品『塔』『十勝岳』『越路十景』など。

**よこやま-りゅういち**【横山隆一】(一九〇九～) 漫画家。高知県生まれ。泰三の兄。漫画に新分野を開拓。作品『フクちゃん』など、動画『おんぶおばけ』。

●横綱① 歴代横綱一覧

| 代 | 力士名 | 出身地 | 在位期間 | 優勝回数 |
|---|---|---|---|---|
| 初 | 明石 | 不詳 | 不詳 | |
| 二 | 綾川 | 不詳 | 不詳 | |
| 三 | 丸山 | 宮城 | 不詳 | |
| 四 | 谷風 | 宮城 | 一七八九～九五 | |
| 五 | 小野川 | 滋賀 | 一七八九～九七 | |
| 六 | 阿武松 | 石川 | 一八二八～三五 | |
| 七 | 稲妻 | 茨城 | 一八三〇～三九 | |
| 八 | 不知火 | 熊本 | 一八四〇～四四 | |
| 九 | 秀ノ山 | 宮城 | 一八四五～五〇 | |
| 一〇 | 雲竜 | 福岡 | 一八六一～六五 | |
| 一一 | 不知火 | 熊本 | 一八六三～六九 | |
| 一二 | 陣幕 | 島根 | 一八六七～六七 | |
| 一三 | 鬼面山 | 岐阜 | 一八六九～七〇 | |
| 一四 | 境川 | 千葉 | 一八七六～八一 | |
| 一五(初) | 梅ヶ谷 | 福岡 | 一八八四～八五 | |
| 一六(初) | 西ノ海 | 鹿児島 | 一八九〇～九六 | |
| 一七 | 小錦 | 千葉 | 一八九六～一九〇一 | |
| 一八 | 大砲 | 宮城 | 一九〇一～〇八 | |
| 一九 | 常陸山 | 茨城 | 一九〇三～一四 | |
| 二〇(二) | 梅ヶ谷 | 富山 | 一九〇三～一五 | |
| 二一* | 若島 | 千葉 | 一九〇五～〇七 | |
| 二二 | 太刀山 | 富山 | 一九一一～一八 | 11 |
| 二三* | 大木戸 | 兵庫 | 一九一二～一四 | |
| 二四 | 鳳 | 千葉 | 一九一五～二〇 | 2 |
| 二五(二) | 西ノ海 | 鹿児島 | 一九一六～一八 | 1 |
| 二六 | 大錦 | 大阪 | 一九一七～二三 | 5 |
| 二七 | 栃木山 | 栃木 | 一九一八～二五 | 9 |
| 二八* | 大錦 | 愛知 | 一九一八～二二 | 4 |
| 二九* | 宮城山 | 岩手 | 一九二二～三一 | 2 |
| 三〇(三) | 西ノ海 | 鹿児島 | 一九二三～二八 | 1 |
| 三一 | 常ノ花 | 岡山 | 一九二四～三〇 | 10 |
| 三二 | 玉錦 | 高知 | 一九三二～三八 | 9 |
| 三三 | 武蔵山 | 神奈川 | 一九三五～三九 | 1 |
| 三四 | 男女ノ川 | 茨城 | 一九三六～四二 | 2 |
| 三五 | 双葉山 | 大分 | 一九三七～四五 | 12 |
| 三六 | 羽黒山 | 新潟 | 一九四一～五三 | 7 |
| 三七 | 安芸ノ海 | 広島 | 一九四二～四六 | 1 |
| 三八 | 照国 | 秋田 | 一九四二～五三 | 2 |
| 三九 | 前田山 | 愛媛 | 一九四七～四九 | 1 |
| 四〇 | 東富士 | 東京 | 一九四八～五四 | 6 |
| 四一 | 千代ノ山 | 北海道 | 一九五一～五九 | 6 |
| 四二 | 鏡里 | 青森 | 一九五三～五八 | 4 |
| 四三 | 吉葉山 | 北海道 | 一九五四～五八 | 1 |
| 四四 | 栃錦 | 東京 | 一九五四～六〇 | 10 |
| 四五(初) | 若乃花 | 青森 | 一九五八～六二 | 10 |
| 四六 | 朝潮 | 鹿児島 | 一九五九～六二 | 5 |
| 四七 | 柏戸 | 山形 | 一九六一～六九 | 5 |
| 四八 | 大鵬 | 北海道 | 一九六一～七一 | 32 |
| 四九 | 栃ノ海 | 青森 | 一九六四～六六 | 3 |
| 五〇 | 佐田の山 | 長崎 | 一九六五～六八 | 6 |
| 五一 | 玉の海 | 愛知 | 一九七〇～七一 | 6 |
| 五二 | 北の富士 | 北海道 | 一九七〇～七四 | 10 |
| 五三 | 琴桜 | 鳥取 | 一九七三～七四 | 5 |
| 五四 | 輪島 | 石川 | 一九七三～八一 | 14 |
| 五五 | 北の湖 | 北海道 | 一九七四～八五 | 24 |
| 五六(二) | 若乃花 | 青森 | 一九七八～八三 | 4 |
| 五七 | 三重ノ海 | 三重 | 一九七九～八〇 | 3 |
| 五八 | 千代の富士 | 北海道 | 一九八一～ | 30 |
| 五九 | 隆の里 | 青森 | 一九八三～八六 | 4 |
| 六〇 | 双羽黒 | 三重 | 一九八六～八七 | 0 |
| 六一 | 北勝海 | 北海道 | 一九八七～ | 6 |
| 六二 | 大乃国 | 北海道 | 一九八七～ | 1 |

(初)(二)(三)は同名横綱の代数を表す
*は大阪横綱
初代から二一代と二三代は優勝回数は不詳
平成二年(一九九〇)三月 日本相撲協会調べ

**よこ-やり**【横▼槍】 ①敵の横合いから、やりでつっかかること。②横から口出しをすること。interrupt in one's talk 用例 ――を入れる。

**横槍が入る**(よこやりがはいる) 第三者が、筋の通らない文句を言ってくる。interrupt

**よこ-ゆれ**【横揺れ】(名・サ変自) 対義 縦揺れ。①地震で、横にゆれ動くこと。水平動。horizontal motion ②船舶・航空機などが左右にゆれること。ローリング。rolling

**よご・る**【汚る】 古語 (下二自) ↓よごれる(汚れる)

**よごれ**【汚れ】 汚れること。汚れた所。dirt 用例 ――を落とす。

**よごれ-やく**【汚れ役】 映画・演劇などで、娼婦や犯罪者、また、浮浪者などよごれた身なりの人物を演じる役。

**よご・れる**【汚れる】(下一自) きたなくなる。けがれる。become dirty 用例 手が――。

**よこ-れんぼ**【横恋慕】(名・サ変自) 他人の夫・妻または愛人に恋をすること。love another's mate

**よ-さ**【善さ】 ①よいこと・程度。good point 対義 悪さ。②長所。good point

**よ-さ**【夜さ】《「さ」は接尾語》よる。用例 ――の泊りは、どこが泊りぞ。

**よ-ざい**【余罪】 そのほかにも犯している罪。other crimes

**よ-ざかり**【世盛り】 ①全盛であること・時期。②若い盛り。

**よ-ざくら**【夜桜】 ①夜の桜。②明かりをつけて、桜を見ること。

**よさこい-ぶし**【よさこい節】 高知県の民謡。僧純信と娘お馬との悲恋をうたう。曲名は囃詞「ヨサコイ」に由来。

**よ-さつ**【予察】(名・サ変他) 前もって察し知ること。

**よさの-あきこ【与▽謝野▽晶子】**（一八七八～一九四二）歌人・詩人。本名、しよう。堺市生まれ。鉄幹の妻。『明星』に詩歌を発表。情熱的で幻想美にみちた作風で、明治浪漫主義詩歌の全盛期をもたらした代表歌人。歌集『みだれ髪』『舞姫』『白桜集』、『新訳源氏物語』など。↓写

●与謝野晶子

**よさの-てっかん【与▽謝野鉄幹】**（一八七三～一九三五）歌人・詩人。本名、寛。京都生まれ。落合直文に師事、短歌革新運動を推進。東京新詩社を創立し『明星』を創刊、妻晶子と浪漫主義運動を展開。詩歌集『東西南北』『紫』、歌集『相聞』など。

**よさ-ぶそん【与▽謝▼蕪村】**（一七一六～一七八三）江戸中期の俳人・画家。本姓、谷口。摂津の人。中興期俳壇の中心作家。画家としては謝寅などを号し、近世南画の大成者の一人となった。二〇歳以前に江戸へ下り、俳諧・画を学び、のち関東中心に修業に励んだ。帰京後画家として一家をなす。撰集『続明烏』などを刊行し名声を馳せた。清新な浪漫的・唯美的な作風。句集『蕪村句集』、句文集『新花摘』、新体の詩『春風馬堤曲』など。画業『十便十宜画冊』など。↓南画写

**よ-さむ【夜寒】** 夜、寒いこと。夜の寒さ。とくに、晩秋の夜の寒さ。night cold

**よ-さり【夜さり】** よる。夜さ。

**よ-ざる【夜猿】** 森林にすむオマキザル科の夜行性サル。体長約三〇cm。灰褐色。顔は丸く大きな目をもちフクロウに似る。中南米の熱帯に分布。durukuli

**よ-さん【予算】** ①あらかじめ見積もりを立てること。estimate ②ある計画のために必要と判断して準備した金額。budget ③国または地方公共団体の一会計年度における歳入・歳出の計画。国会または議会の承認を経て成立。国の予算は一般会計予算と特別会計予算からなり、本予算・暫定予算・補正予算の別がある。budget

**よさん-げんそく【予算原則】** 国の予算を編成・運用するときに守るべき原則。公開の原則、事前承認の原則など。budget principle

**よさんせんぎ-けん【予算先議権】** 両院制をとる国で、下院が上院より先に予算案を審議する権限。近代憲法の原則の一つ。priority in budgetary discussions

**よさん-ほんせん【予▼讃本線】** JR四国の鉄道幹線の一つ。高松と宇和島を結び、瀬戸内海沿岸を走る。長さ二九七・五km。昭和二〇年（一九四五）開通。

**よし【▽止し】** よすこと。やめること。用例 いいかげんで、—にしよう。

**よし【由】** ①わけ。理由。事情。reason 用例 —ありげ。②いわれ。由来。origin ③よすが。手段。way 用例 知る—もなく。④言ったことの内容。旨。儀。effect 用例 お元気の—、なによりと存じ上げます。

**よし【▼葦・▼蘆・▼葭】**《アシの音が「悪し」に通じるので、「ヨシ（善し）」という名がついた》アシの別名。

**葦の髄から天井覗く**（よしのずいからてんじょうのぞく） 見識の狭いたとえ。類似 管の穴から天を覗く。

**よ・し【良し・善し・▽好し】** 古語（形ク）①身分が高く、教養もある。用例 —・き人は、知りたる事とて、さのみ知り顔にやは言ふ（徒然・七九）。②《「吉し」とも》めでたい。用例 なにか—・き日をも問はせたまふ（大鏡・師尹）。③→よい（良い）

**よし【▽縦】**（副）①不満足だが、そのままにしておく意。ままよ。用例 —、吹くなら吹け。②たとい。もしも。万一。用例 —、それがあったとしても。

**よし**（感）承知・承認・決意の意味を表す語。用例 —、おれがやろう。

**よ-じ【余事】** ①余力でする仕事。second job ②直接関係のない話。ほかのこと。他事。用例 —はさておく。

**よし-あし【善し▽悪し】** ＝よしわるし。①よいことと悪いこと。good or bad ②いい点もあれば悪い点もあること。いいか悪いかわからないこと。have both advantages and disadvantages 用例 それも—だ。

**よし-あ・り【由有り】** 古語（連語）①由緒がある。わけがある。用例 母北の方なむ、いにしへの人の—・るにて（源氏・桐壺）。②趣がある。おくゆかしい感じがする。用例 木立いと—・るは、「何人の住むにか」と問ひたまへば（源氏・若紫）。

**よしあり-げ【由有りげ】**（形動）わけがありそうなさま。

**よしい【▽吉井】**〈町〉群馬県南西部、高崎市の南に接する町。農業を主とするが、宅地化も著しい。日本三古碑の一つ、多胡碑で知られる。人口二万二九四八（一九八八）。

**よしい【▽吉井】**〈町〉岡山県中東部、吉井川左岸の町。旧河港町の周匝が中心。園芸農業がさかんで、工業も発展。人口六五七四（一九八八）。

**よしい【▽吉井】**〈町〉福岡県南部、筑後川中流に沿う町。稲作、果樹栽培などがさかん。装飾古墳で有名。吉井温泉がある。人口一万七九四八（一九八八）。

**よしい【▽吉井】**〈町〉長崎県北松浦半島中央部、松浦市と佐世保市の間にある町。かつては炭鉱で栄えた町で、農業のほか紡績工業も行う。人口五九六九（一九八八）。

**よしい【▽芳井】**〈町〉岡山県南西部の町。白菜・キャベツ・コンニャク栽培など農業が主で、石灰石も採掘。人口七二四六（一九八八）。

**よしい-いさむ【▽吉井勇】**（一八八六～一九六〇）歌人・劇作家。東京生まれ。早大中退。北原白秋らと『スバル』を編集。耽美享楽的な作風で幅広く活動した。歌集『酒ほがひ』『人間経』、戯曲『河内屋与兵衛』など。

**よしい-がわ【▽吉井川】** 岡山県東部を南流する川。長さ一三三km。中国山地に発し、津山盆地をへて岡山市で瀬戸内海に注ぐ。

**よしいひがしかしわざき-ガスでん【▽吉井東▼柏崎ガス田】** 新潟県柏崎市から、隣接の西山町に広がるガス田。

**よしうえ-しょうりょう【▽吉植▼庄▼亮】**（一八八四～一九五八）歌人。千葉県生まれ。東大卒。衆議院議員。農民短歌にすぐれた。歌集『寂光』『開墾』など。

**よしうみ【▽吉海】**〈町〉愛媛県北東部、芸予諸島の津島と大島の西部を中心とする町。稲作・ミカン栽培のほか、漁業も行う。人口五八四〇（一九八八）。

**ヨジウム【jodium ラテン・オランダ】** ヨード。

**よしえ-たかまつ【▽吉江▼喬松】**（一八八〇～一九四〇）詩人・仏文学者。長野県生まれ。早大卒。早大教授。フランス文学の普及に貢献。著書『仏蘭西文芸印象記』『吉江喬松詩集』など。

**よしえ-やし【▽縦えやし】** 古語（副）たとえ。よしんば。用例 —浦は無くとも（万葉・二・一三一）。

**よしおか【▽吉▼岡】**〈村〉群馬県中央部、榛名山東麓の村。稲作など農業が主であるが、斜面を利用した桑栽培・養蚕もさかん。人口一万二七〇〇（一九八八）。

**よしおか-ぜんじどう【▽吉▼岡禅寺洞】**（一八八九～一九六一）俳人。本名、善次郎。福岡県生まれ。『天の川』主宰。現代語俳句を唱えた。句集『銀漢』など。

**よしおか-みのる【▽吉▼岡実】**（一九一九～　）詩人。東京生まれ。詩集『僧侶』『静かな家』『サフラン摘み』など。

**よしおか-やよい【▽吉▼岡▼弥▽生】**（一八七一～一九五九）わが国の女医の先駆者。静岡県生まれ。済生学舎卒。明治三三年（一九〇〇）東京女医学校（現東京女子医科大学）を創設。女子医学教育の第一人者。

**よしお-こうぎゅう【▽吉雄耕牛】**（一七二四～一八〇〇）江戸中期のオランダ通詞・医者。本名、永章。長崎の人。天文・地理・本草を研究、吉雄流の外科をはじめた。前野良沢・杉田玄白・平賀源内ら多くの有名な弟子を育てた。『解体新書』の序文を書いている。

**よし-がも【▼葦▼鴨】** 中形のカモ科の鳥。雄の翼に鎌状の美しい簑の羽（風切りの一部が変形したもの）があり、金緑色の後頭部の羽毛は冠羽状に長く伸びる。全長約五〇cm。狩猟鳥。アジア大陸北部で繁殖し、その南部で越冬。日本ではふつう冬鳥で、江湾・湖沼に渡来。falcated teal

**よしかわ【▽吉川】**〈町〉埼玉県南東部、千葉県境江戸川沿いの町。早場米の産地で知られたが、武蔵野線の開通により東京への通勤者が増えている。人口四万五九七（一九八八）。

**よしかわ【▽吉川】**〈町〉新潟県、柏崎市と上越市の中間に位置する町。農業の町で、酒造地へ出稼ぎの杜氏の多いことで知られる。長峰湖がある。人口六四九四（一九八八）。

**よしかわ【▽吉川】**〈村〉高知県の高知平野の東端の村。暖かい気候を利用した園芸農業がさかん。人口二一九三（一九八八）。

**よしかわ-えいじ【▽吉川英治】**（一八九二～一九六二）小説家。本名、英次。横浜市生まれ。大衆文壇の第一人者として、大衆小説を国民文学の位置にまで高めた。昭和三五年（一九六〇）文化勲章受章。作品『鳴門秘帖』『宮本武蔵』『新・平家物語』など。↓写

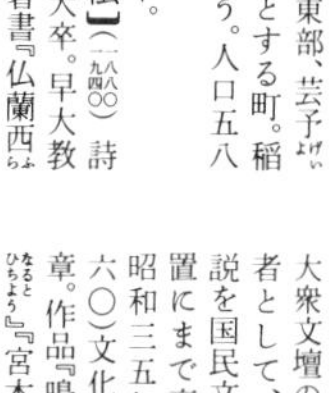
●吉川英治

**よしかわ-こうじろう【▽吉川幸次郎】**（一九〇四～一九八〇）中国文学者。神戸市生まれ。京大教授。中国古典の研究に多くの業績がある。著書『元雑劇研究』『杜甫私記』など。

**よしかわ-これたる【吉川▼惟足】** ↓きっかわこれたる（吉川惟足）

**よしかわ-しんとう【▽吉川神道】** 江戸前期、吉川惟足が創唱した神道説。吉田神道に宋学を取り入れて君臣の道としての神道をとき、幕府神道方として世に行われた。

**よし-きた【よし来た】**（感）《承知・決意の気持ちで》さあ。よろしい。さあ来い。ほい来た。

**よし-きり【▼葦切・▼葦▼雀・▼葭切】** ヒタキ科の鳥の総称。日本にはオオヨシキリとコヨシキリの二種が夏鳥として渡来するが、ふつうはオオヨシキリをさす。その鳴き声からギョウギョウシの名がある。reed warbler ↓写

●ヨシキリ　オオヨシキリ

**よしきり-ざめ【▼葦切▼鮫】** 外洋に多いメジロザメ科の魚。背は青く、腹は白い。長い胸びれをもつ。全長六mに達する。はんぺんやふかひれの材料。太平洋・大西洋に分布。blue shark ↓図

●ヨシキリザメ

**よ-じげん【四次元】** 三次元の空間と、時間を合わせた広がり。よんじげん。しじげん。用例 —空間。four dimention 対義 一次元・二次元・三次元。

**よし-ごい【▼葦五位】** 水辺のアシ群落にすむサギ科の鳥の総称。また、その一種。翼長約一四cm。人が近づくと嘴と頸を上方にのばして静止。日本全土に分布。

**よしこの-ぶし【よしこの節】** 江戸後期の流行歌。『潮来節』に由来するといわれ、江戸・名古屋・大坂で大流行した。徳島のいわゆる阿波踊りの曲『阿波よしこの』はこれが郷土化したもの。

**よしざき【▽吉崎】** 福井県北部、金津町の北端にある集落。戦国時代、蓮如上人が開いた寺内町で、東・西本願寺別院（吉崎御坊）がある。

**よしざき-ごぼう【▽吉崎御坊】** 福井県坂井郡金津町吉崎にあった浄土真宗の寺。文明三年（一四七一）蓮如が建立し、北陸教化の根拠地となった。

**よしざわ-あやめ【▽芳沢あやめ】** 歌舞伎俳優。京坂の女形。屋号、橘屋。五世まで。初世（一六七三～一七二九）は元禄～享保前期の代表的女形。女形の地芸を確立。芸談『あやめ草』がある。

**よしざわ-けんぎょう【▽吉沢検▽校】** 地歌・箏曲演奏家・作曲家。一般には二世（一八〇〇／〇八～一八七二）をさす。光崎検校の箏曲復興の志を継承。『千鳥の曲』は有名。

**よしざわ-よしのり【▽吉沢▽義▽則】**（一八七六～一九五四）国文学者・歌人。名古屋生まれ。東大卒。京大教授。著書『国語史概説』、歌集『山なみ集』など。

**よししげ-の-やすたね【▽慶▽滋▽保▼胤】**（九三一ごろ～一〇〇二）平安中期の漢詩人。菅原文時に師事。出家し寂心と号。著書『池亭記』『日本往生極楽記』。

**よ-じしょう【余事象】** 事象Aに対して、Aが起こらないという事象をAの余事象という。標本空間の部分集合として考えると、Aの

補集合である。complementary event

**よし-ず【葦簀・葭簀】** 葦を編んで作ったすだれ。日よけ・かこいなどに用いる。reed screen

**よしず-ばり【葦簀張り】** よしずで囲むこと。囲った小屋。

**よしずみ-こさぶろう【吉住小三郎】** 長唄唄方の芸名。現在六世まで。四世(一八七六-一九七二)は長唄研精会を創設。長唄を歌舞伎から独立させた。重要無形文化財保持者。昭和三二年(一九五七)文化勲章受章。

**よしだ【吉田】**〈町〉埼玉県北西部の山間の町。農林業が主で、園芸農業・観光ブドウ園がさかん。秩父霊場の一つ菊水寺がある。人口六六四一(一九八八)。

**よしだ【吉田】**〈町〉新潟県中部、信濃川の分流西川に沿う町。織物・洋食器などの工業がさかんで、宅地化も著しい。人口二万三三〇三(一九八八)。

**よしだ【吉田】**〈町〉静岡県中部、大井川河口の町。大井川の豊富な伏流水を利用した養殖ウナギの産地で知られる。人口二万四四四七(一九八八)。

**よしだ【吉田】**〈町〉広島県中部、江の川の上流可愛川流域の町。毛利氏発祥の地で、毛利元就の墓や郡山城址がある。産業は稲作のほか木工業など。人口一万一六一八(一九八八)。

**よしだ【吉田】**〈町〉愛媛県南西部、宇和島湾に臨む町。ミカンの産地で有名。水産加工業や養殖漁業も行われる。人口一万五三四五(一九八八)。

**よしだ【吉田】**〈町〉鹿児島県、薩摩半島北東部の町。鹿児島市に接するため宅地化が進んでいる。稲作・野菜栽培なども行う。人口九一一五(一九八八)。

**よしだ【吉田】**〈村〉島根県北東部の山間の村。農・林業が主で、米・和牛・ナメコなどを産出。湯村温泉がある。人口二八六〇(一九八八)。

**よしだ-いそや【吉田五十八】**(一八九四-一九七四) 建築家。東京生まれ。東京美術学校卒。東京芸大教授。古来からの日本建築のよさを現代に生かす作風で活躍。代表作、大和文華館・中宮寺本堂・五島美術館など。昭和三九年(一九六四)文化勲章受章。

**よしだ-いっすい【吉田一穂】**(一八九八-一九七三) 詩人。本名、由雄。北海道生まれ。早大中退。純粋な詩表現を主張、三行詩の連作『白鳥』で頂点を示した。詩集『海の聖母』『未来者』など。

**よしだ-えいざ【吉田栄三】** 文楽の人形遣い。二世まで。初世(一八七二-一九四五)は昭和期の名人。初め女形、のち立役に転じた。

**よしだ-おいかぜ【吉田追風】** 相撲の家元であった吉田司家の当主名。文治二年(一一八六)吉田豊後守家次が後鳥羽上皇から追風の名を賜ったのが始まりで、代々世襲。

**よしだ-かねとも【吉田兼倶】**(一四三五-一五一一) 室町時代の神道家。本姓は卜部。吉田神社の神職で、吉田神道を大成した。

**よし-たけ【葦竹・葭竹】** ダンチクの別名。

**よしだ-けんいち【吉田健一】**(一九一二-一九七七) 評論家・英文学者・小説家。東京生まれ。茂の長男。西欧文学の確実な消化のうえに、日本近代文学の疑似性を否定。評論『英国の文学』『ヨオロッパの世紀末』、小説『瓦礫の中』など。

**よしだ-けんこう【吉田兼好】** ↓けんこう(兼好)

**よしだ-げんじろう【吉田絃二郎】**(一八八六-一九五六) 小説家・随筆家・劇作家。本名、源次郎。佐賀県生まれ。早大卒。流麗な文章と叙情的な作風で多くの読者を得た。小説『島の秋』、随筆感想集『小鳥の来る日』など。

**よしだ-しげる【吉田茂】**(一八七八-一九六七) 政治家。東京生まれ。東大卒。外交官として駐英大使などをつとめ、昭和二一年(一九四六)から同二九年(一九五四)の間に五次、前後七年二か月にわたって内閣を組織。日本の独立回復にいたる政治・外交に重大な役割をはたし、長期保守政権の基礎を築いた。↓写

● 吉田茂

**よしだ-しょういん【吉田松陰】**(一八三〇-一八五九) 幕末の思想家。長州藩士。兵学を研究し、江戸で佐久間象山らに学ぶ。ペリー来航時に海外密航を志して失敗、入獄。萩で松下村塾を開き、高杉晋作・久坂玄瑞ら尊攘運動指導者を多数教育。安政の大獄で刑死。↓写

● 吉田松陰

**よしだ-じんじゃ【吉田神社】** 京都市左京区吉田神楽岡町吉田山にある旧官幣中社。春日大社の分社で、祭神は武甕槌命ほか三神。室町末期、吉田兼倶が出て吉田神道の根本道場となった。

**よしだ-しんとう【吉田神道】** 室町末期、吉田兼倶の創唱した神道。儒・仏・道教などの融合した部分を排して、日本固有の惟神の道を主張。唯一神道。卜部神道。

**よしだ-せいふう【吉田晴風】**(一八九一-一九五〇) 尺八演奏家・作曲家。熊本県生まれ。新日本音楽運動で宮城道雄とともに活躍。アメリカへも演奏旅行を行った。作品『春謳歌』など。

**よしだ-つかさけ【吉田司家】** 相撲の家元とされる家柄。江戸時代中期から力士・行司に免許を与えてきたが、昭和二六年(一九五一)から日本相撲協会に権限をゆずって、形式的なものとなった。

**よしだ-てつろう【吉田鉄郎】**(一八九四-一九五六) 建築家。富山県生まれ。東大卒。東京および大阪中央郵便局は代表作。独文の著書『日本の建築』によって日本建築学会賞。

**よしだ-とうご【吉田東伍】**(一八六四-一九一八) 歴史地理学者。新潟県生まれ。独学で歴史学を学び、早大教授となる。著書『大日本地名辞書』『倒叙日本史』など。

**よしだ-とうよう【吉田東洋】**(一八一六-一八六二) 幕末の土佐藩士。藩主山内容堂に起用され藩政改革を推進。一時失脚するが復帰し佐幕開国を主張。尊攘派により暗殺された。

**よしだ-とみぞう【吉田富三】**(一九〇三-一九七三) 病理学者。福島県生まれ。東大卒。人工肝癌を発生させ、また吉田肉腫を発見して腫瘍細胞の研究発展に貢献。昭和三四年(一九五九)文化勲章受章。

**よしだ-ならまる【吉田奈良丸】** 浪曲師。現在三代まで。二代(一八七九-一九六七)は本名、広橋元吉。奈良県生まれ。優美な節調で、桃中軒雲右衛門とともに明治から大正にかけて人気を二分した。

**よしだ-にくしゅ【吉田肉腫】** 病理学者の吉田富三が昭和一八年(一九四三)につくった、日本で最初のネズミの腹水腫瘍。現在でも癌研究に広く利用。Yoshida sarcoma

**よしだ-の-ひまつり【吉田の火祭(り)】** 山梨県富士吉田市の浅間神社で、八月二六・二七日に行われる祭礼。大松明を町中に立て、神を山に送る山じまいの送り火の行事で、富士山の怒りをしずめる祭りとも。

**よしだ-ひでかず【吉田秀和】**(一九一三-　) 音楽評論家。東京生まれ。東大卒。日本の音楽批評のスタイルを確立。著書『主題と変奏』『調和の幻想』『吉田秀和全集』全一六巻など。

**よしだ-ぶんごろう【吉田文五郎】** 文楽の人形遣い。三世まで。三世(一八六九-一九六二)は昭和期の名女形遣い。吉田栄三と栄三・文五郎時代を現出。重要無形文化財保持者。

**よしだ-ぶんざぶろう【吉田文三郎】** 文楽の人形遣い。三世まで。初世(?-一七六〇)は吉田姓の始祖。江戸中期大坂竹本座で活躍。三人遣いの大成者。冠子の筆名で作劇。

**よしだ-みつよし【吉田光由】**(一五九八-一六七二) 江戸前期の数学者。京都角倉氏の一族。中国の『算法統宗』を翻案して和算の入門書『塵劫記』を著述。

**よしだ-よししげ【吉田喜重】**(一九三三-　) 映画監督。福井県生まれ。東大卒。作品『秋津温泉』『エロス+虐殺』など。

**よ-じつ【余日】** ①残りの日数。用例 年内―もなく。②ひまな日。③ほかの日。他日。

**よしつね【義経】** ↓みなもとのよしつね(源義経)

**義経の八艘飛び**(よしつねのはっそうとび) 《源義経が壇ノ浦で平教経と戦ったときに、八艘の船を飛びこえたという故事から》身軽に飛びまわるさまにいう。

**よしつねせんぼんざくら【義経千本桜】** 人形浄瑠璃・歌舞伎時代物。五段。浄瑠璃・歌舞伎三大傑作の一つ。竹田出雲・三好松洛・並木千柳の合作。延享四年(一七四七)竹本座初演。平家の武将維盛・知盛・教経の三人が没落した平家の再興をはかる挿話に、義経の吉野落ちや狐忠信の恩愛の情などをからませて仕組む。↓写

● 義経千本桜　狐忠信を演じる二世尾上松緑

**よし-ど【葦戸・葭戸】** よしず張りの戸。

**よしとみ【吉富】**〈町〉福岡県東部、大分県中津市に接する町。周防灘に臨み、かつては漁業と農業が中心。今は工業化が進む。人口七六三九(一九八八)。

**よし-な・い【由無い】**(形) ①よりどころがない。理由がない。用例 ―申し出。②手段・方法がない。③つまらない。意味がない。④しかたがない。どうしようもない。用例 ―・く、かれのいうことを聞いた。

**よしな-おんせん【吉奈温泉】** 静岡県伊豆半島、天城湯ケ島町にある温泉。狩野川の支流吉奈川に沿い、古くから子宝の湯として有名。

**よしなが【吉永】**〈町〉岡山県東部の町。農業が主、クレー・蠟石・耐火れんがの産地でもある。観光開発もさかん。人口五六三六(一九八八)。

**よしな-に**(副) よいように。よろしく。properly 用例 ―頼む。

**よしの【吉野】** 奈良県南部、吉野町を中心とする一帯。南北朝時代の南朝の遺跡が多く、また平安時代からの修験道の本拠。古来、桜の名所として、また、吉野杉の産地としても名高い。

**よしの【吉野】**〈町〉奈良県中部、吉野川に沿う町。市場町から発達した林業の町で、桜と南朝史跡で名高い吉野山観光の基地。人口一万四四一〇(一九八八)。

**よしの【吉野】**〈町〉徳島県北東部、吉野川下流の町。農業が主体の町。西条・柿原など史跡が多い。人口九三七八(一九八八)。

**よしの-がみ【吉野紙】** コウゾを原料とした薄く、柔らかく、強い手すき和紙。大和国吉野の原産で懐紙、貴重品の包装などのほか漆をこすのに常用。和良紙。漆漉し。↓写

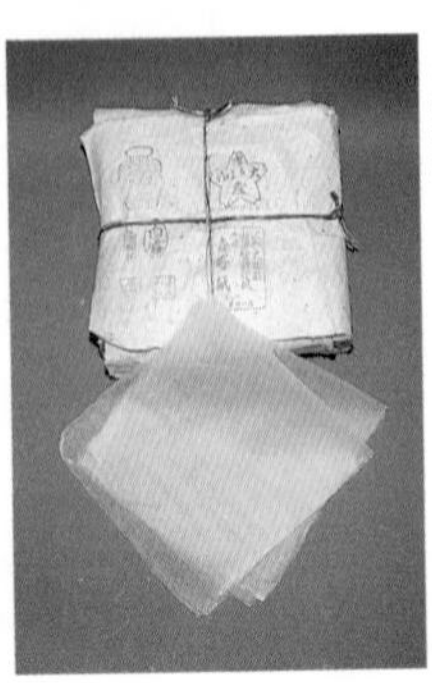
● 吉野紙

**よしのがり-いせき【吉野ケ里遺跡】** 佐賀県東部にある弥生時代の環濠集落遺跡。平成元年(一九八九)一月、国内最大規模の重要遺跡であることが確認された。

**よしの-がわ【吉野川】** 紀ノ川の上流部の奈良県での呼称。長さ約七〇km。大台ケ原山に発し、中央構造線に沿って西流、和歌山県に入って紀ノ川となる。流域は吉野林業の中心で、吉野杉の産地で有名。

**よしの-がわ【吉野川】** 高知・徳島県を流れる川。長さ一九四km。石鎚山脈に発し、高知県北部から四国山地を横断、徳島県の北部を東へ流れ、徳島市北部で紀伊水道に注ぐ。異称を四国三郎。

**よしの-くず【吉野葛】** 奈良県吉野地方特産のくず粉のでんぷん。つる性植物のクズの根からとる。久助くず。

**よしのくまの-こくりつこうえん【吉野熊野国立公園】** 奈良県中部から和歌山・三重県南部にまたがる国立公園。吉野山・大峰山・大台ケ原山・熊野の四地区からなり、山岳・峡谷・海岸・海中公園など変化に富む自然美が有名。昭和一一年(一九三六)指定。

よ

↓ 行き先項目、図版・写真参照印。　JIS 日本工業規格情報交換用漢字符号コード(区点コード)。

**よしの-げんざぶろう【▽吉野源▽三郎】**(一八九九〜一九八一) ジャーナリスト。東京生まれ。東大卒。岩波書店に入社後、総合雑誌『世界』を創刊。名編集長といわれた。

**よしの-さくぞう【▽吉野作造】**(一八七八〜一九三三) 政治学者。宮城県生まれ。東大教授。大正デモクラシーの指導的思想家。民本主義を唱導し、軍閥・枢密院・貴族院の権限縮小を主張。→写

●吉野作造

**よしの-ざくら【▽吉野桜】**①奈良県吉野山にはえるヤマザクラ。②サクラの栽培品種ソメイヨシノの誤称。

**よしの-じだい【▽吉野時代】**日本の南北朝時代の別称。

**よしの-じんぐう【▽吉野神宮】**奈良県吉野郡吉野町にある旧官幣大社。祭神は後醍醐天皇。明治二二年(一八八九)の創建。

**よしの-ず【▽吉野酢】**三杯酢や甘酢に、水溶きの吉野葛を加えて透き通るまで火を通したもの。さましてあえ物などに用いる。

**よしの-すぎ【▽吉野杉】**奈良県吉野地方に産する杉。酒樽の材料。

**よしのだに【▽吉野谷】**〈村〉石川県南部、白山北麓の村。村域の大部分が山林。中宮温泉がある。人口一五二五(一九八八)。

**よしのちょう-じだい【▽吉野朝時代】**南北朝時代を、吉野南朝を正統と考えての呼び名。

**よしの-に【▽吉野煮】**吉野くずを使った煮物。材料にくず粉をまぶして煮る。また、煮上げたあと、水溶きのくず粉を加える。くず煮。

**よしの-ひでお【▽吉野▽秀雄】**(一九〇二〜一九六七) 歌人。群馬県生まれ。慶大中退。会津八一に師事。歌集『寒蟬集』『吉野秀雄歌集』など。

**よし-のぼり【▼葦登】**河川や湖沼の底にすむハゼ科の淡水魚。雄の背びれにある一つ目の条は長い。全長約七㎝。日本全土にすむ。食用。→図ハゼ図

●ヨシノボリ

**よじ-のぼ・る【▼攀じ登る】**(五自) 物にすがりつきながらのぼる。climb up 用例 がけを―。木を―。

**よしの-やま【▽吉野山】**奈良県中部、吉野町の南にある山。標高四五五m。桜の名所で、吉野宮跡・後醍醐天皇陵など南朝の史跡でも知られる。

**よしはら-じろう【▽吉原治▽良】**(一九〇五〜一九七二) 洋画家。大阪生まれ。具体美術協会を創立し、代表として前衛運動を展開。作品『白い円』など。

**よします-とうどう【▽吉▽益東洞】**(一七〇二〜一七七三) 江戸時代の医師。広島の人。古医方の大成者。万病一毒論を唱えた。

**よしまつ【▽吉松】**〈町〉鹿児島県北東端、宮崎県境近くの町。稲作・畜産などの農業が中心。人口四九六九(一九八八)。

**よし-み【▼誼・▽好】**①親しみ。親しいつきあい。friendship 用例 ―を結ぶ。②ゆかり。因縁。縁故。friendly relations 用例 友人の―で。

**誼を通じる**(よしみをつうじる) 便宜を得るなどのために、親しい交際をしようと働きかける。make advances to

**よしみ【▽吉見】**〈町〉埼玉県中東部、東松山市の東に接する町。丘陵地帯にある農業の町で、イチゴの産地。吉見百穴で知られる。人口一万七五〇八(一九八八)。

**よしみ-ひゃっけつ【▽吉見百穴】**埼玉県中部、吉見町にある横穴古墳群。古墳時代の墓穴。明治二〇年(一八八七)の調査以来二百余個が発掘され、人骨や玉類など多く出土している。国指定史跡。

**よしむら-あきら【▽吉村▽昭】**(一九二七〜) 小説家。東京生まれ。学習院大中退。作品『星への旅』『戦艦武蔵』『破獄』など。

**よしむら-いじゅうろう【▽芳村▼伊十郎】**長唄唄方の芸名。六世(一八五八〜一九三五)は豪快な芸風。七世(一九〇一〜一九七三)は美声で有名。重要無形文化財保持者。

**よしむら-こうざぶろう【▽吉村公▽三郎】**(一九一一〜) 映画監督。滋賀県生まれ。作品『暖流』『偽れる盛装』『夜の河』など。

**よしむら-とらたろう【▽吉村▼寅太郎】**(一八三七〜一八六三) 幕末の尊攘派の志士。土佐藩士。土佐勤王党に加わり、翌年脱藩。天誅組を組織して大和で討幕の兵を挙げ、敗死。

**よしむら-ふゆひこ【▽吉村冬▼彦】**寺田寅彦の筆名。

**よしむら-りゅう【▽吉村流】**上方舞の一流派。明治中期に吉村ふじがおこす。地唄を主とした優雅な座敷舞。現家元は吉村雄輝。

**よしもと-たかあき【▽吉本▽隆明】**(一九二四〜) 詩人・評論家。東京生まれ。東京工大卒。独自の思想的立場から人間の自由と芸術の本質を徹底して追求している。著書『高村光太郎』『言語にとって美とは何か』『共同幻想論』『最後の親鸞』など。

**よし-や【▽縦や】**(副)《「よし」を強めた語》→よしんば(縦んば)

**よしや-のぶこ【▽吉屋▽信子】**(一八九六〜一九七三) 小説家。新潟県生まれ。作品『良人の貞操』『徳川の夫人たち』など。

**ヨシュア【Joshua】**旧約聖書『ヨシュア記』中の人物。モーセの後継者となり、カナンで一二部族に土地を分配する。

**よ-しゅう【予州】**伊予国。

**よ-しゅう【予習】**(名・サ変他) これから教わることを前もって学習すること。preparation of lessons 対義 復習。用例 ―が済んでいない。

**よ-しゅうごう【余集合】**→ほしゅうごう(補集合)

**よしゆき-じゅんのすけ【▽吉行▼淳▼之▽介】**(一九二四〜) 小説家。岡山市生まれ。東大中退。「第三の新人」の一人。性を通じて人間関係を描く。作品『娼婦の部屋』『寝台の舟』『砂の上の植物群』『夕暮まで』など。

**よしゅく-ぎょうじ【予祝行事】**小正月などに農作業のまねごとをして、その年の豊作をあらかじめ祝い、祈願すること。

**よ-じょう【余剰】**余り。残り。剰余。surplus: excess

**よ-じょう【余情】**①あとまで心に残る趣。suggestiveness ②言外の味わい。余韻。implicit feelings

**よじょう-はん【四畳半】**日本家屋で一間半(約二・七m)四方の室。たたみ四枚半の広さ。

**よじょうはん-むき【四畳半向き】**遊び・情事に適する風情であること。

**よ-しょく【余色】**補色。

**よじ・る【▼捩る】**(五他) ひねる。ねじる。twist

**よ・じる【▼攀じる】**(上一自) 登ろうとして、すがりつく。scramble

**よじ・れる【▼捩れる】**(下一自) ねじれる。よれる。be twisted

**よしわ【▽吉和】**〈村〉広島県西部、島根・山口両県に接する村。太田川の源流部にあり、ほとんどが山林。シイタケなどの園芸農業が主。人口九四八(一九八八)。

**よしわら【▽吉原】**江戸時代の公許の遊郭。元和三年(一六一七)、江戸の各地にあった遊女屋を日本橋の一画に集めて開設。明暦の大火(一六五七年)後、浅草裏に移転。それ以前の郭を元吉原、それ以後を新吉原(略して吉原)とよんだ。昭和三三年(一九五八)の売春防止法施行まで存続。

**よしわら-ことば【▽吉原言葉】**遊女の使う特別のことば。「ありんす」など。里ことば。

**よしわら-すずめ【▼葦原▼雀】**①ヨシキリの異名。②おしゃべりな人。talkative person

**よし-わるし【善し悪し】**→よしあし(善し悪し)

**よ-しん【予審】**フランス・オーストリアなどの大陸法系の刑事訴訟において、予審判事によって行われる起訴後公判前の準備手続き。日本では、旧刑事訴訟法のもとで行われたが、現行法では予断排除の建て前から採用されていない。preliminary investigation

**よ-しん【余震】**大きな地震発生直後から、その震源の周囲で誘発されて起こる小さな地震群。余震の発生領域である余震域は、本震が大きいほど広い。after shock

**よ-じん【余人】**ほかの人。別人。another person 用例 ―は知らず。

**よ-じん【余▼燼】**燃え残りの火。燃えさし。embers

**よしん-ぎょうむ【与信業務】**金融機関が取引先に対して行う貸出業務・支払承諾など、信用を供与する業務。授信業務。credit business

**よしん-ば【▽縦んば】**(副) かりにそうであっても。たとい。よしや。用例 ―成功したとしても、賛成しかねる。

**よ・す【▽止す】**(五他) やめる。中止する。stop: give up

**よ・す【寄す】**古語 ㊀(四自他) ①(自)近づく。寄る。用例 何ぞそも今夜―・しろ来まさぬ(万葉・一四・三四六九)。②(他)近づける。近よらせる。そばへよせる。用例 夫―・しこせね麻布小衾(万葉・一四・三四五四)。㊁(下二自他)→よせる(寄せる)

**よ・ず【▼攀ず】**古語 (上二自他) ①(他)つかんで引きよせる。用例 ―・ぢて手折りつ見せ吾妹子(万葉・八・一五〇七)。②(自)→よじる(攀じる)

**よす-が【▽縁・▽因・▽便】**①頼り。ゆかり。means 用例 思い出の―とする。②頼りにする相手。夫・妻・近親など。support

**よ-すがら【夜すがら・▽終▽夜】**(副) 夜通し。一晩中。夜もすがら。all night 対義 日すがら。

**よ-すぎ【世過ぎ】**世渡りすること。暮らし。生活。身過ぎ。living

**ヨステダール-ひょうが【ヨステダール氷河】**ノルウェー南部にある大氷河。長さ約八〇km、幅約一五km、氷の厚さ五〇〇m前後。Jostedals Breen

**よすて-びと【世捨(て)人】**①隠者。recluse ②僧。

**よ-すみ【四隅】**四方の隅・角。four corners

**よすみとっしゅつがた-ほうふん【四隅突出型方墳】**山陰地方を中心に、弥生時代末から古墳時代にかけて盛行した墳墓。方形の台状墓の四隅を貼り石などで突出させたもの。

**よせ【寄せ】**①㋐寄せること。let ... come near 用例 ―手。㋑寄せ集めること。gather 用例 客―。㋒碁・将棋で、終盤の手順。②古語 ㋐ゆかり。わけ。いわれ。用例 させることの―なけれども(徒然・一五六)。㋑後援。後見。support 用例 外戚の―なきにては漂はさじ(源氏・桐壺)。㋒のぞみを託すること。人望。用例 もしは位高く、時世の―いま一きはまさる人には(源氏・明石)。

**よせ【寄席】**《「よせせき」の略》落語・講談・漫才・音曲などの大衆演芸を上演する日本古来の小劇場。本格的な寄席は寛政一〇年(一七九八)、江戸と大坂に誕生。せき。席亭。

**よせ-あつめ【寄(せ)集め】**①寄せ集めること・人・物。gathering ②まとまりのないもの。臨時に数をそろえたもの。temporary group 用例 ―のチーム。

**よせ-あつ・める【寄(せ)集める】**(下一他) 散らばっているものを、ひと所に集める。gather

**よ-せい【余生】**盛りをすぎたあとの人生。残りの人生。老人の先の命。one's remaining years 用例 ―を郷里に送る。

**よ-せい【余勢】**①余った勢い。はずみ。②残りの勢力。

**余勢を駆る**(よせいをかる) 何かをやりとげた勢いに乗じて、次のことに立ち向かう。encouraged by 用例 余勢を駆って、一気に攻め立てる。

**よせ-がき【寄(せ)書き】**(名・サ変自) 数人が、一枚の紙・布に書画などを書くこと。また、書いたもの。collection of autographs

**よせ-か・ける【寄(せ)掛ける】**(下一他) ①もたせかける。lean ... against ②押しかける。攻め寄せる。invade

**よせ-ぎ【寄(せ)木】**木ぎれを寄せ集めてつくること。とくに、「寄せ木細工」の略。

**よせぎ-ざいく【寄(せ)木細工】**色や木目の違う木ぎれを組み合わせて、色々の形・模様をつくる細工。その作品。モザイク。parquetry

**よせぎ-づくり【寄(せ)木造り】**木像の各部を別材で造り、寄せ集めて一体とする造像法。平安後期に定朝が大成したという。

**よせ-ぎれ【寄(せ)切れ】**裁ち残りの布切れを寄せ集めたもの。

**よせ-ざん【寄せ算】**足し算。加法。addition

**よせ-せき【寄せ席】**→よせ(寄席)

**よせ-だいこ【寄せ太鼓】**①攻めかかる合図の太鼓。攻め太鼓。②興行場で、開場前に客寄せに打つ太鼓。

**よ-せつ【余接・余切】**正接の逆数。コタンジェント。cotangent

**よ-せつ【余説】**①補足の説明。②別の説。

**よせ-つぎ【寄(せ)接ぎ】**接ぎ木の方法の一つ。台木と接ぎ穂の幹の皮をはいで密着させてしばり、両者が癒着したのち、台木の上部を

▼常用漢字表外。 ▽常用漢字表の音訓外。

切断する。

**よせ‐つ・ける【寄(せ)付ける】**(下一他) 近寄らせる。let… come near

**よせ‐て【寄せ手】** 攻めて来る軍勢。攻撃軍。attacking force

**よせ‐なべ【寄せ▼鍋】** 多くの材料を一つのなべに入れて、薄味の汁で煮ながら食べる料理。魚貝・野菜・きのこ・豆腐・しらたきなどを入れる。

**よせ‐ば【寄(せ)場】** ①人々を寄せ集めておく場所。②「人足寄せ場」の略。

**よせ‐ばやし【寄席▼囃子】** 寄席で伴奏に用いる音楽。芸人の登場に演奏する「出囃子」と、演芸の伴奏である「地囃子」があり、三味線以外の楽器は前座が担当する。

**ヨセフ【Joseph】** 聖書中の人名。①旧約聖書『創世記』中の物語の主人公。ヤコブの一一番目の子。②イエスの母マリアの夫で、ガリラヤのナザレの大工。③アリマタヤのヨセフ。聖人。イエスの遺骸を自分の墓にほうむった。

**ヨセミテ‐こくりつこうえん【ヨセミテ国立公園】**(Yosemite National Park) アメリカ、カリフォルニア州中部、シエラネバダ山脈中の国立公園。一八九〇年制定。面積三一〇〇km²。ヨセミテ滝をはじめとする数多くの滝がかかる峡谷美や、巨大な一枚岩からなるハーフドーム、巨木セコイアの原生林などで名高い。

**よせむね‐づくり【寄(せ)棟造り】** 屋根の形の一種で、大棟の両端から四すみに棟(隅棟)がおりているもの。比較 入り母屋造り。↓写

**よせ‐もじ【寄席文字】** 寄席の看板・出演者連名・めくり・ビラ・番付などに用いる独特の書体。江戸文字と勘亭流を折衷したもの。ビラ字。↓写

●寄せ棟造り 川崎市立日本民家園。

●寄席文字 末広亭(東京都)。

**よせ‐もの【寄せ物】** くず・寒天・ゼラチン・卵などで材料を寄せ固めた料理。口取り・デザート・菓子類に使う。

**よ・せる【寄せる】**(下一自他) ①(自)寄る。近づく。come near 用例 波が—。②(他)㋐近づける。draw up 用例 机を窓ぎわに—。ひざを—。㋑一つに集める。gather 用例 客を—。㋒加える。add 用例 三に二を—と五になる。㋓心を傾ける。ある感情を持つ。take a fancy to 用例 思いを—。㋔頼る。任せる。go for help; trust to 用例 身を—。㋕書き送る。send 用例 原稿を—。㋖ちなむ。かこつける。under the pretext of 用例 祝いに—・せて粗品を贈る。

**よ‐せん【予選】**(名・サ変他) ①前もって選び出すこと。preelection ②競技で、決勝戦や本大会への出場者・チームを決める試合・競技会。preliminary 用例 —通過。地区—。

**よ‐ぜん【余▼喘】** ①今にも絶えそうな息。虫の息。用例 —を保つ。②あといくらもない命。余命。

**よせん‐かい【予▼餞会】**《前もって餞する、の意》卒業の前に行う卒業生送別会。send-off party

**よ‐そ【余▽所・▽他▽所】** ①ほかの場所。別の場所。another place 用例 —で遊びなさい。—を向く。②自分と直接関係のない所。他人。他人の家。another person 用例 —の子。—の国。③関係・関心のないこと。顧みないこと。ひとごと。indifference to 用例 親の心配を—に遊び回る。④よそよそしいこと。strangeness

**余所にする**(よそにする) いい加減にして顧みない。用例 家業を—。

**よそい【▽装い】** よそおい。

**よそ‐いき【余▽所行き】** ↓よそゆき(余所行き)

**よ‐そう【予想】**(名・サ変他) 前もって、こうだろうと考えること。anticipation 用例 —通り。

**よそ・う【▽装う】**(五他) ①飲食物をすくって食器に盛る。よそる。serve 用例 ご飯を—。②↓よそおう(装う)

**よそう‐がい【予想外】**(名・形動) 予想と違うこと・さま。思いのほか。意外。unexpected 用例 —の収穫。

**よそう‐し【予想紙】** 競馬・競輪などの、的中予想を載せる専門の新聞。データや関係者のコメントなどを掲載。racing form

**よそう‐や【予想屋】** 競馬や競輪などのギャンブルの的中予想を売る者。通常、場内・外、また、その付近で商売する。tipster

**よそ・える【▽寄える・▽比える】**(下一他) ①ことよせる。なぞらえる。②かこつける。

**よそおい【装い】** ①装うこと。身仕度。dress 用例 華やかな—の少女。②飾り。装飾。decoration ③趣。風情。appearance

**よそお・う【装う】**(五他) ①仕度する。準備する。prepare ②飾る。decorate ③衣服を着る。dress oneself in 用例 晴れ着を—。④ふりをする。pretend 用例 平静を—。

**よそ‐ぎき【余▽所聞き】** 人聞き。外聞。reputation 用例 —の悪い話。

**よ‐そく【予測】**(名・サ変他) ①前もっておしはかること。見込み。prediction ②経済現象などの見通しを立てること。需要・景気予測など。forecast

**よそ‐ごと【余▽所事】** 自分に直接関係のない事柄。matter of no concern 用例 —と聞き流す。

**よそ‐じ【四▽十路】** ①四〇。forty ②四〇歳。forty years old

**よそ‐ながら【余▽所▼乍(ら)】**(副) ①遠くから。陰ながら。それとなく。from a distance ②間接に。indirectly

**よそ‐み【余▽所見】**(名・サ変他) ほかを見ること。わき見。look aside

**よそ‐みみ【余▽所耳】** それとなく聞くこと。

**よそ‐め【余▽所目】** ①それとなく見ること。look in a casual manner ②他人の見る目。外見。はため。appearance ③よそ見。わき見。look aside

**よそ‐もの【余▽所者】** その土地の生まれでない人。stranger

**よそ‐ゆき【余▽所行き】** ①改まった外出のときに着る衣服。ふだん着と晴れ着の中間的意味合いをもつ日本独自の分類で、新調しての衣服や散歩着・街着・訪問着などをいう。Sunday best ②改まった態度・ことばづかい。

**よそよそ‐し・い【余▽所余▽所しい】**(形) 態度が冷たい。他人行儀だ。distant 用例 —口ぶり。派生 よそよそしげ(形動) よそよそしさ(名)

**よた【与太】** ①でたらめなこと。用例 —をとばす。②役に立たないこと・者。③与太者。④「与太郎」の略。

**よたい‐りつ【預貸率】** 銀行の預金残高に対する貸出金残高の比率。オーバーローンの指標の一つ。loan-deposit rate

**よ‐たか【夜▼鷹・▽蚊▽母▽鳥・▽怪▼鴟】** ①ヨタカ科の鳥。翼長約二二cm。タカに似るが嘴は扁平。飛んでいる小昆虫をとって食べる。夜行性。夏鳥として日本全土に渡来。②夜おそくまで出歩く者。③江戸時代に夜間、街頭に出て客を引いた下級な売春婦。↓図

●ヨタカ①

**よたか‐そば【夜▼鷹▼蕎▽麦】** ↓よなきそば(夜鳴き蕎麦)

**よだ‐がっかい【▽依田学海】**(一八三三〜一九〇九) 漢学者・劇作家・演劇評論家。江戸生まれ。演劇改良運動に参加、活歴を支持・指導。戯曲『吉野拾遺名歌誉』など。

**よたか‐まつり【夜高祭(り)】** 富山県東礪波郡福野町の神明社で、五月一・二日に行われる祭礼。竹と和紙でつくった夜高行灯の山車が数十台、夜の町を練り歩く。同じく同郡庄川町でも行われる。↓写

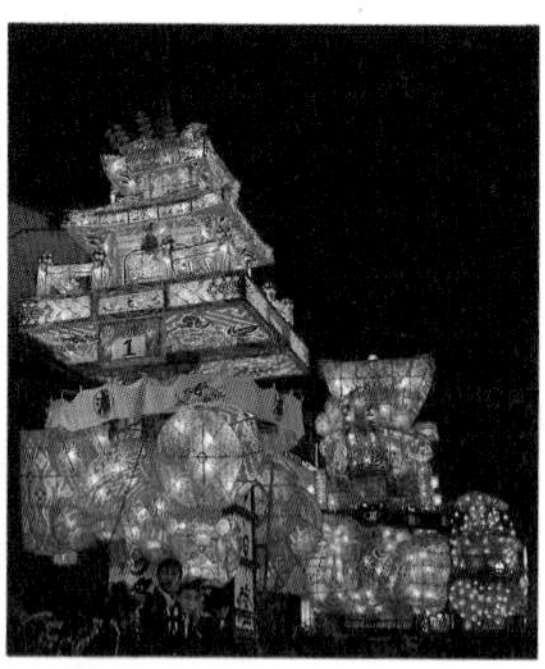

●夜高祭り

**よ‐たく【余沢】** ①先人のお陰。余徳。②他人にまで及ぶ大きな恵み。

**よ‐たく【預託】**(名・サ変他) お金や品物を、あずけて任せること。deposition

**よたく‐しょうけん【預託証券】** 海外で株式を売買するさい、現物の株式の代わりに流通させる証券。売買にともなう株券輸送の問題、制度・慣習の相違による支障を防ぐ目的で発行される。DR。depositary receipt

**よ‐だけ【▼裄丈】** 衣服のゆきの長さ。ゆきたけ。

**裄丈も無い**(よだけもない) 年が幼い。小さい。

**よだ‐じゅんいち【与田▼準一】**(一九〇五〜) 児童文学者・童謡詩人。福岡県生まれ。英知を重んじ、独自のメルヘンを展開。童話『五十一番めのザボン』、童謡集『旗・蜂・雲』など。

**よ‐だち【夜立ち】**(名・サ変自) 夜、旅立つこと。対義 朝立ち。

**よ‐だつ【与奪・予奪】** 与えることと奪うこと。give and deprive

**生殺与奪の権**(せいさつよだつのけん) 思うように動かすことのできる権力。power to decide life and death

**よ‐だ・つ【▼弥立つ】**(五自)《「いよだつ」の約》寒さ・恐れのために身の毛が立つ。shiver 用例 身の毛が—。

**よた‐もの【与太者】** ①ばか者。怠け者。good-for-nothing ②ならず者。scamp

**よだ‐よしかた【▽依田▽義▽賢】**(一九〇九〜) 脚本家。京都生まれ。作品『浪華悲歌』『西鶴一代女』など。

**よた‐よた**(副・サ変自) 足もとのたしかでないさま。ふらつくさま。よろよろ。totter 用例 —と歩く。

**よた・る【与太る】**(五自)《俗語。「よた」を動詞化した語》①不良じみた行動をする。②でたらめをいう。

**よ‐だれ【▼涎】** 無意識のうちに口外に流れ出る唾液。乳児では、生後三〜五か月ごろから出るようになる。slobber

**涎が出る**(よだれがでる) 欲しくてたまらない。drool over; have a strong desire for

**涎を流す**(よだれをながす) ＝涎を垂らす。涎が出る。①食べたくて我慢ができない。slaver ②自分のものにしたくて、我慢ができない。

**よだれ‐かけ【▼涎掛(け)】** 生後三〜五か月から二歳ごろまでの乳幼児のあごの下に掛けて、よだれなどで衣服の汚れるのを防ぐ布。bib

**よた‐ろう【与太郎】**《落語で、「よた者」を人名化した語》①ばか者。愚か者。②でたらめを言う人。

**よ‐だん【予断】**(名・サ変他) 前もって、それと判断すること。予測。prediction 用例 —を許さぬ情勢。

**よ‐だん【余談】** 用向き以外の話。雑談。digression

**よだん‐かつよう【四段活用】** 文語動詞の活用の型の一つ。「書く」の語尾が、「か・き・く・く・け・け」となるように、変化が五十音図の一行の四段にわたるもの。口語では、五段になる。

**よ‐ち【予知】**(名・サ変他) 事の起こる前にわ



↓行き先項目、図版・写真参照印。 JIS 日本工業規格情報交換用漢字符号コード(区点コード)。

●ヨット　センターボード艇の各部名称

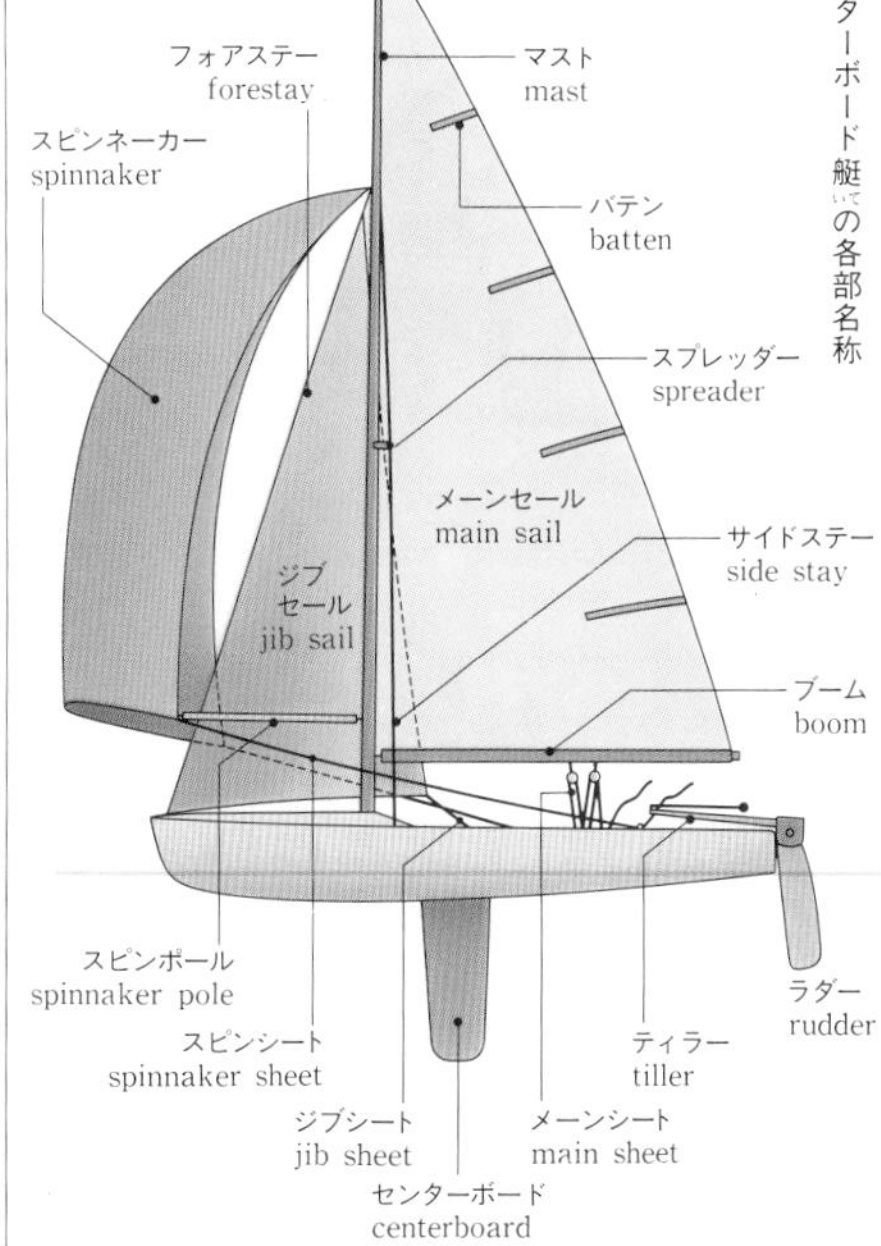


ヨットレース（オリンピックコース）

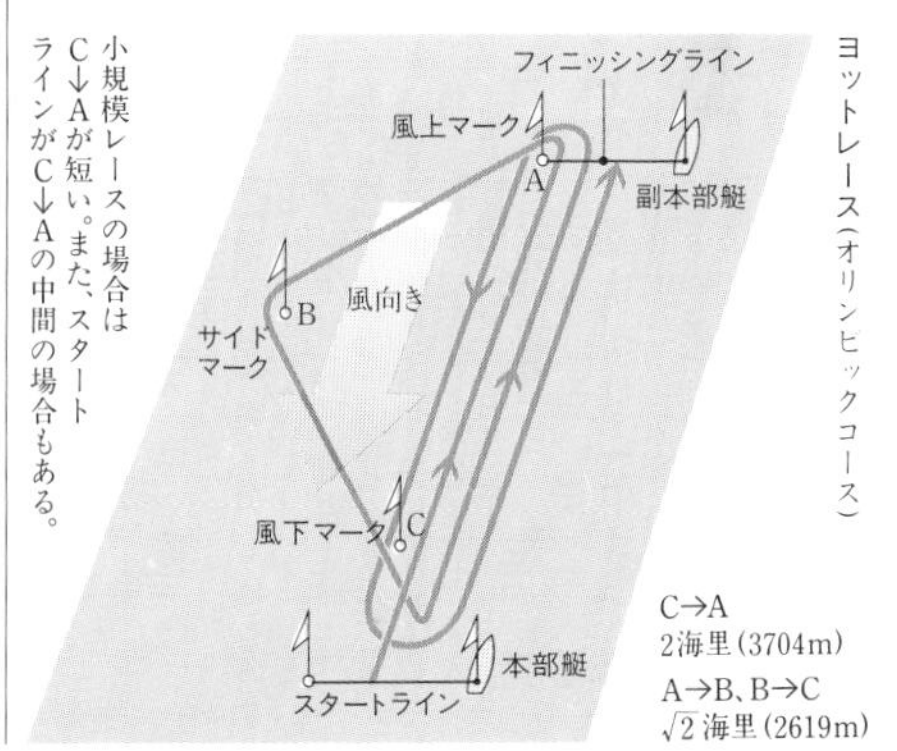


かること。foresee 用例 地震―。

**よ-ち【余地】** ①あいている土地・場所。あき地。room ②あき。すきま。room ③残り。余り。ゆとり。room

**よ-ち【▼輿地】**《万物を載せている輿の意》地球全体。全世界。

**よ-ちょきん【預貯金】** 預金と貯金の総称。→金融機関や郵便局が、同額または利子を加えて返還する約束で、不特定多数の人から受け入れる資金。deposits and savings

**よち-よち**（副） 幼児などが、たどたどしく歩くさま。toddle 用例 子どもが―歩き出す。

**よ-っ-つ【四つ】** ＝よっつ。①四個。four ②四歳。four years old ③昔の時刻の名。今の午前と午後の一〇時ごろ。④相撲で、互いに上手・下手を引き合うこと。

**四つに組む**（よつにくむ） ①相撲で、互いに上手・下手を十分に引き合うことをいう。②双方ががっちりと組み合う。grapple with

**よつ-あし【四つ足・四つ脚】** ①四本の足。しそく。four-footed ②「四つ足門」の略。

**よつあし-もん【四つ足門】** 丸い二本の主柱の前後に、四角な柱を二本ずつ立てた門。

**よっ-か【四日】** ①月の第四日。fourth day of a month 用例 三月―。②日数で数えて四つ。四日間。four days

**よっかいち【四日市】**〈市〉 三重県伊勢平野北部、伊勢湾に臨む市。市場・宿場・港から発展した工業中心の都市で、中京工業地帯の一画をなす。石油化学・繊維工業、窯業などが主で、人口二六万七八五〇（一九八八）。

**よっかいち-ぜんそく【四日市▼喘息】** 三重県四日市市コンビナートから排出される大気汚染物質により、地域的に集団発生した喘息のような疾患の総称。

**よつかいどう【四街道】**〈市〉 千葉県北部、千葉市と佐倉市間にある市。鉄道や幹線道路の通る交通の要地。宅地化・工業化が著しい。かつては江戸・千葉・成田・東金方面への四街道が交差したところからの地名。人口六万九五七六（一九八八）。

**よっ-かか・る【寄っ掛(か)る】**（五自） 「よりかかる」の音便。lean

**よっ-かく【浴客】**《「よくかく」の変》ふろ・温泉に来る客。よっきゃく。

**よつ-かど【四つ角】** ①四隅の角。four corners ②四つ辻。crossroads

**よ-つぎ【世継(ぎ)・世▽嗣(ぎ)】** ①皇位を継承すること。heir apparent ②家の跡目を継ぐこと・人。successor ③天皇・公家の代々の事跡を書き記した歴史書。『栄花物語』のほか、『大鏡』『今鏡』などの鏡物のこと。

**よっ-きゃく【浴客】** ↓よっかく（浴客）

**よっ-きゅう【欲求】**（名・サ変他）《「よくきゅう」の変》強くほしがること。desire

**よっきゅう-ふまん【欲求不満】** 欲求がみたされないで、いらいらすること。frustration

**よつ-ぎり【四つ切り】** ①一つのものを四等分に切ること。また、その一つ。②写真印画紙のサイズの一つ。二五四×三〇五mm。

**よ-づ・く【世付く】**（五自） ①世情に通じる。世慣れる。②色気づく。③世間並になる。

**よつ-ずもう【四つ相撲】** 互いに相手の上手・下手のまわしを取り、十分に組み合った相撲。

**よつ-だけ【四つ竹】** 楽器。日本の郷土芸能や歌舞伎の下座音楽に用いられるカスタネットのような打楽器。竹片四枚からなり、両手に各二枚ずつ重ねて握り打ち鳴らす。沖縄舞踊にも使われる。

**よっ-たり【四▽人】** よにん。四名。

**よっ-つ【四つ】** ↓よつ（四つ）

**よつ-つじ【四つ▼辻】** 道路が十字の形になっている所。十字路。交差点。四つ角。crossroads

**よっつ-の-きんだいか【四つの近代化】** 中国が目標とする農業・工業・国防・科学技術の近代化。一九七五年の全国人民代表大会で周恩来が提唱。Four Modernizations

**よっつ-の-じゆう【四つの自由】**《フランクリン＝ルーズベルトのことば》言論と意思表示の自由、信教の自由、欠乏からの自由、恐怖からの自由。一九四一年の年頭教書の中で表明された。Four Freedoms

**よつづの-れいよう【四角▼羚羊】** ウシ科の動物。肩高約六〇cm。雌は無角だが、雄は四本の角がある。インドに分布。ヨツヅノカモシカ。four-horned antelope

**よっ-て【因って・▽依って・▼仍って】**（接続）《「よりて」の転》そういうわけで。それだから。そこで。accordingly

**仍って件の如し**（よってくだんのごとし）《証文の終わりにしるした文句》以上のとおり、誤りがない。

**よつ-で【四つ手】** ①手が四つあること・もの。②「四つ手駕籠」の略。

**よつで-あみ【四つ手網】** 木・竹などで、枠をとった四角で浅い袋状の網漁具。河川・湖沼や浅い海域での魚の捕獲に使用。四つ手。four-arm scoop net ↓写

**よつで-かご【四つ手▼駕▼籠】** 竹を四隅の柱としたそまつな駕籠。江戸時代の庶民が用いた。

**よって-たかって【寄って▽集って】**（連語） 大勢で。in a crowd 用例 ―弱い者をいじめる。

**よって-もって【因って▽以って】**（接続） 「よって」を強めた語。accordingly

**ヨット【yacht】** スポーツや娯楽の目的に用いられる舟艇。一般に帆走（セーリング）ヨットをさすが、モーターヨットもある。↓図

**ヨット-パーカー【yacht parka】** ヨットに乗るときなどに着る、防風用のフードがついた上着。

**ヨット-ハーバー【yacht harbor】** ヨット用の港。

**ヨット-レース【yacht race】** 帆走用ヨットによる競走。定時刻にスタートし、定められたコースを反則なく完走し、先に決勝線に到達したものを勝ちとする。

**よつば-しおがま【四葉塩▼竈】** ゴマノハグサ科の多年草。高山の草原にはえる。高さ二〇〜六〇cm。葉は四枚輪生。夏に茎頂に、紅紫色の花が咲く。↓写

●ヨツバシオガマ

**よつば-むぐら【四葉▼葎】** アカネ科の一年草。田の畔や山すそにはえる。高さ約五〇cm。楕円形の葉が四枚輪生。春に一cmほどの淡黄花を葉腋につける。

**よっ-ぱらい【酔っ払い】** ひどく酔っている人。酔いどれ。drunkard

**よっ-ぱら・う【酔っ払う】**（五自） ひどく酔う。get drunk

**よっ-ぴ・く【▽能っ引く】** 古語（四他）《「よくひく」の転》弓を十分に引きしぼる。用例 三浦の石田次郎為久、おっかかって―・いてひやうふっと射る（平家・九・木曽最期）。

**よっ-ぴて【夜っぴて】**（副）《「夜ひとよ」の転》夜通し。一晩じゅう。終夜。all night long 用例 夜が―。

**ヨッフェ【Adolf Abramovich Ioffe】**（一八八三〜一九二七） ソ連の外交官。一九一八年対ドイツ休戦会談首席代表。二二年孫文らと交渉して国共合作の道を開いた。また、日本とも国交回復交渉を行った。のちトロツキー派として弾圧され自殺。

●四つ手網

**よっ-ぽど【余っ程】**（副） 「よほど」の転。

**よつ-また【四つ▼叉】** ①枝などの四つに分かれたまた。②四つ角。

**よつ-み【四つ身】** ①和裁で、着物の裁ち方の一つ。並幅の身丈の四倍で身頃を裁つこと。また、そのように仕立てたもの。四〜一〇歳前後の子ども用長着に用いられる。②相撲で、四つに組んだ体勢。

**よつ-め【四つ目】** ①目が四つあること・もの。four-eyed ②方形を四つ組み合わせた形・模様。four squares ③眼鏡をかけた人をからかっていう語。

**よ-づめ【夜▼爪】** 夜、つめを切ること。凶事が起こるとして嫌った。

**よつめ-うお【四目魚】** ヨツメウオ科の淡水魚の総称。両眼が突出し、瞳孔が水平の仕切りで上下に分かれ、目が四つあるようにみえる。全長一五〜二〇cm。メキシコ南部から中・南米北部に分布。four-eyed fish

**よつめ-がき【四つ目垣】** 竹垣の一種。木の柱を二mぐらいの間隔に立て、その間に丸竹を格子状に粗く組み、交差位置をしゅろ縄で結んだもの。↓写

**よつめ-も【四目藻】** 早春のころ水田などに見られる緑藻植物。単細胞が寒天質のなかに埋まって群体となり、袋状になる。

**よつや【四▽谷】** 東京都、新宿区南東部の地区。JR四ツ谷駅周辺一帯の地域で、上智大学などがある。

**よつやかいだん【四▽谷怪談】** 歌舞伎世

▼常用漢字表外。　▽常用漢字表の音訓外。

●四つ目垣

話物『東海道四谷怪談』の通称。

**よ-つゆ**【夜露】 夜、下りる露。evening dew [用例] —はからだに毒だ。

**よ-づり**【夜釣(り)】 夜の魚釣り。night fishing

**よつん-ばい**【四つん・▼這い】《「よつばい」の転》 ①両手・両足ではうこと。crawl on all fours ②両手をついて倒れること。fall flat

**よ-てい**【予定】(名・サ変他) 前もって決めること。前もって見込みを立てること。また、その事柄。plan; schedule [用例] —表。

**よてい-せつ**【予定説】 キリスト教神学で、人間の救いが人の意志や能力によるのではなく、神の自由な「恵みの選抜」によるという教説。predestination

**よてい-ちょうわ**【予定調和】(harmonie préétablie フラ) ライプニッツの哲学説。世界は無数の単純な実体モナド(単子)によって構成され、その間には神があらかじめ定めた調和があるとする。

**よてい-のうぜい**【予定納税】 所得税額を前年度所得をもとに推定し、前もって納入する制度。七月と一一月に分割して納め、翌年三月の確定申告によって清算する。prepayment of income tax

**よ-てき**【余滴】 ①雨のあとのしたたり。②筆先などの残りのしずく。③こぼれ話。

**よど**【▼淀・▼澱】 水のよどんだ所。よどみ。pool

**よど**【▼淀】 京都市伏見区の地区。桂・宇治・木津川の合流点付近にある住宅地区。京都競馬場がある。古くは河港で、淀君が住んだという淀城があった。

**よ-とう**【与党】 ①なかま。徒党。②議会制政党政治のもとで政権を担当している政党。ruling party [対義] 野党。

**よ-とう**【余党】 仲間のかたわれ。残党。

**よ-とう**【夜盗】 夜、ぬすみをする者。やとう。burglar; night thief

**よとう-が**【夜盗▼蛾】 ヤガ科のガ。開張約四・五cm。暗褐色で前翅に斑紋。幼虫はヨトウムシで野菜類の大害虫。日本全土・朝鮮半島・中国に分布。cabbage armyworm

**ヨトゥニ**【Marja Jotuni】(一八八〇〜一九四三) フィンランドの女流小説家。短編小説・戯曲にすぐれる。短編集『関係』『愛』など。

**よとう-むし**【夜盗虫】 ヨトウガ類の幼虫。褐色の芋虫(若いときは緑色)。野菜の大害虫。昼間は根のきわの土中にかくれ、夜間、作物に登って食害する。night crawler

**よどえ**【▼淀江】〈町〉 鳥取県北西部、美保湾に臨む町。大山の北西麓に位置し、雨傘(淀江傘)の産地で知られる。砂丘利用のタバコ栽培がさかん。人口九〇三五(一九八八)。

**よ-どおし**【夜通し】(副) 一晩じゅう。夜じゅう。終夜。all night long

**よど-がわ**【▼淀川】 滋賀県と京都・大阪府を流れる川。長さ七五km。琵琶湖に発し、瀬田川として西流、京都府に入って宇治川となり、山崎付近で桂川・木津川と合流し淀川となって大阪湾に注ぐ。かつては水運、現在は発電・上水道・工業用水などに利用されている。

**よどがわ-つつじ**【▼淀川▼躑▼躅】 ツツジ科の落葉低木。チョウセンヤマツツジの八重咲きのもので、庭に植える。葉は披針形で毛があり、両端がとがる。花色は紫紅。

**よどがわ-ながはる**【▼淀川長▽治】(一九〇九〜) 映画評論家。神戸生まれ。雑誌『映画の友』元編集長。テレビでの映画解説者の先駆。

**よ-とぎ**【夜▼伽】 ①夜、寝ないで付き添うこと。vigil ②女が男の夜の相手をつとめること。③死者のそばに夜通しつき添うこと。通夜。

**よど-ぎみ**【▼淀君】(一五六七〜一六一五) 豊臣秀吉の側室。名はちゃちゃ。浅井長政の長女。母は織田信長の妹お市の方。秀吉の寵を受けて淀城に住み鶴松・秀頼を産む。大坂落城にさいして自殺。淀殿。

**よ-とく**【余得】 余分の利益。余禄。extra profit

**よ-とく**【余徳】 先人の残した恵み。余沢。

**よどみ**【▼淀み・▼澱み】 ①水がよどむこと。よどんだ所。pool ②つかえて進まないこと。stagnation [用例] —なく述べる。

**よど・む**【▼淀む・▼澱む】(五自) ①水が、流れずにたまる。stagnate ②順調に進まない。be stagnant ③底に沈んで、たまる。settle at the bottom

**よどや-たつごろう**【▼淀屋▼辰五郎】(生没年未詳) 江戸中期の大坂の豪商。経歴は不明だが、大名貸しで巨利を得た淀屋の五代目とする説が有力。奢侈を極めて闕所となった。

**よ-とり**【世取(り)】 世継ぎ。跡取り。successor

**よ-な**(連語)《終助詞「よ」に間投助詞「な」の付いたもの》 ①念を入れて確かめる意を表す。…に違いないな。…だな。[用例] 明日は八時集合だ—。②[古語] 感動の意を表す。…だなあ。やな。[用例] 帝王の御感侍るにますことやはあるべき—(大鏡・伊尹)。

**ヨナ**【Jonah】 旧約聖書『ヨナ書』の主人公。預言者。神の命令にそむいて船旅の途中海に投げこまれ、三日三晩大魚の腹の中で過ごしたのち、悔い改めて使命をまっとうする。

**よない-みつまさ**【▽米内▽光▽政】(一八八〇〜一九四八) 軍人・政治家。海軍大将。岩手県生まれ。昭和一五年(一九四〇)組閣したが、日独伊三国同盟に反対して陸軍と対立し、半年で辞職。のち海相として戦争終結・敗戦処理に尽力。

**よ-なおし**【世直し】(名・サ変自) ①世間の悪い状態や乱れた風紀などを改めること。social upheaval ②「世直し一揆」の略。

**よなおし-いっき**【世直し一▼揆】 幕末維新期、農民が世直しをスローガンに各地で蜂起、打ち壊しなどを行った闘争。小作地返還や年貢減免・債務破棄を要求。世直し。

**よ-なか**【夜中】 夜の深いころ。真夜中。midnight

**よ-なが**【夜長】 夜の長いこと。long night [対義] 日永。[用例] 秋の—。

**よ-なき**【夜泣き】(名・サ変自) 夜、幼児が泣くこと。

**よ-なき**【夜鳴き・夜▼啼き】 ①鳥などが夜間に鳴くこと。②「夜鳴きそば」「夜鳴きうどん」の略。

**よなき-いし**【夜泣(き)石】 夜な夜な泣き声を出すという伝えのある石。また、その伝説。全国に分布しており、石に霊魂が籠もっていて、その思いを表そうと泣き声を上げるとされる。

**よなき-うぐいす**【夜鳴▼鶯】 夜間にもさえずる小鳥。ナイチンゲール。nightingale

**よなき-うどん**【夜鳴(き)▼饂▼飩】 「夜鳴きそば」の京阪地方の呼び名。

**よなき-そば**【夜鳴(き)▼蕎▽麦】 夜遅くまで、そば・うどんを売り歩く屋台のそば屋。また、そのそば・うどん。おもに江戸での呼び名。夜鷹そば。

**よなぐすく**【与▼那▽城】〈村〉 沖縄県、沖縄島の与勝半島と金武湾湾口の島々を村域とする村。平安座・伊計・宮城の各島は埋め立てなどにより本島とつながる。サトウキビ栽培や漁業が中心。石油備蓄基地がおかれる。人口一万四四四〇(一九八八)。

**よなぐに**【与▼那国】〈町〉 沖縄県八重山列島、与那国島を町域とする町。日本の最西端で、荒磯釣りの名所。天然記念物の蛾ヨナクニサンの生息地。人口一九二一(一九八八)。

**よなくに-さん**【与▼那国蚕】 ヤママユガ科のガ。最大級のガの一つで、開張約二〇cm。前翅の先端が突出するのが特徴。翅は赤褐色で、中央に透明な斑紋がある。国内では沖縄県与那国島に生息。↓[写]

●ヨナクニサン

**よなぐに-じま**【与▼那国島】 沖縄県八重山列島西端の島。面積二八・五$km^2$。日本最西端、台北の南東約一七〇kmにあり、晴天には台湾がみえる。

**よな・げる**【▼淘げる】(下一他) ①米をとぐ。②細かい物を水中でゆすり分ける。③より分けて悪い物を捨てる。

**よなご**【▽米子】〈市〉 鳥取県西部の市。旧城下町。中海に臨む商工業都市で、パルプ・食品・鉄鋼工業などが主。大山隠岐国立公園の観光基地でもあり、皆生温泉は有名。米子空港がある。人口一三万一一〇五(一九八八)。

**よなご-へいや**【▽米子平野】 鳥取県西部、日野川下流の平野。早くから開け、奈良時代の条里遺構がみられる。米・野菜などが中心。

**よなは-だけ**【与▼那覇岳】 沖縄島北部にある山。標高四九八m。沖縄動植物の宝庫として知られ、国の天然保護区域となっている。世界的珍鳥ノグチゲラが生息。

**よなばる**【与▼那▽原】〈町〉 沖縄島南部、中城湾に臨む町。サトウキビ栽培がさかんで、那覇市への通勤者も多い。沖縄戦跡国定公園に属する。人口一万三九八一(一九八八)。

**よ-なべ**【夜▼鍋・夜▽業】 夜の仕事。夜業。night work

**よな-よな**【夜な夜な】(副) 毎夜。毎晩。夜ごと。every night

**よ-な・れる**【世慣れる・世▼馴れる】(下一自) ①いろいろ経験して、世間の実情や慣習に通じる。get used to ②社交じょうずになる。get used to ③恋愛感情の動きがわかる。become sophisticated

**よ-に**【世に】 [古語](副) ①実に。とりわけ。非常に。[用例] 梨の花、—すさまじきものにして(枕・木の花は)。②《下に打ち消しをともなって》決して。きっと。[用例] 影さへ見えて—忘られず(万葉・二〇・四三二二)。

**よ-にげ**【夜逃げ】(名・サ変自) 夜のうちにこっそり逃げて、よその土地へ行くこと。flee by night

**よに-も**【世にも】(副)《「世に」を強めた語》きわめて。非常に。extremely [用例] —不思議な話。

**よね**【▽米】 こめ。[用例] —たまえ(=米をください)。

**よねかわ-ふみこ**【▽米川文子】(一八九四〜) 生田流箏曲演奏家。岡山県生まれ。地唄の東京地方への普及に貢献。重要無形文化財保持者。

**よねかわ-まさお**【▽米川正▽夫】(一八九一〜一九六五) ロシア文学者。岡山県生まれ。東京外語卒。訳書『ドストエーフスキイ全集』など。

**よねざわ**【▽米沢】〈市〉 山形県南部、米沢盆地の南にある市。上杉氏の旧城下町。伝統の米沢織のほか米・リンゴなどを産出、各種工業もさかん。県南交通の中心地。白布・小野川など温泉も多い。人口九万二八七〇(一九八八)。

**よねざわ-おり**【▽米沢織】 山形県米沢市付近で生産される絹織物の総称。江戸時代、米沢藩の奨励産業として始まった。米沢紬や黄八丈などが有名。

**よねざわ-ぼんち**【▽米沢盆地】 山形県南部、最上川上流域の断層盆地。東は奥羽山脈、西は飯豊山地に限られた盆地で、米のほかブドウ・サクランボ・リンゴなどの産地。

**よねしろ-がわ**【▽米代川】 秋田県北部を西流する川。長さ一三六km。奥羽山脈に発し、花輪・大館・鷹巣の盆地と能代平野を貫流、能代市で日本海に注ぐ。古来水運で栄え、流域には秋田杉の美林と水田が多い。

**よね-ず**【▽米酢】 調味料の一つ。米を原料として作った食酢。酢酸臭のほかに特有の香りがある。こめ酢。

**よ-ねつ**【余熱】 ①さめきらずに残っている熱気。ほとぼり。remaining heat ②秋にまで残る暑さ。残暑。lingering summer heat

**よね-の-いわい**【▽米の祝(い)】《米の字を分解すれば八十八となることから》八八歳の祝い。米寿。

**よねはら-うんかい**【▽米原雲海】(一八六九〜一九二五) 彫刻家。島根県生まれ。高村光雲に師事。木彫に巧緻な刀技をしめす。作品『仙丹』など。

**よね-やま**【▽米山】 新潟県、柏崎市南西部にある山。標高九九三m。民謡『三階節』『米山甚句』で知られ、山頂の米山薬師は有名。

**よねやま**【▽米山】〈町〉 宮城県北東部、迫川中流域の町。農業の町で、稲作と畜産の複合経営を行う。人口一万二五八六(一九八八)。

**よねやま-じんく**【▽米山甚句】 新潟県柏崎地方の民謡。江戸時代から流行したお座敷唄。明治以後東京で歌われ、のち全国的に流



↓行き先項目、図版・写真参照印。 [JIS] 日本工業規格情報交換用漢字符号コード(区点コード)。

行。

**よ-ねん【余念】** ほかの考え。用例 研究に——がない。

**よねん-なく【余念無く】**(副) 一心に。熱心に。be absorbed in

**よ-の【四▽幅・四▽布】** 並幅の四倍あること・布。用例 ——布団。

**よの【与野】**〈市〉 埼玉県南東部、浦和市と大宮市の間にある市。自動車関連産業・機械工業などがさかんで、東京への通勤者も多い。人口七万四〇三七(一九八八)。

**よ-の【余の】**(連体) ほかの。other 用例 ——者。

**よ-のう【予納】**(名・サ変他) 前もって納めること。前納。pay in advance

**よのうづ【▽米▽水津】**〈村〉 大分県南東部、豊後水道に臨む村。ミカン栽培・養殖漁業などを行う。人口三二二〇(一九八八)。

**よ-の-おぼえ【世の覚え】** 世間の評判。

**よ-の-かぎり【世の限り】** 一生。死ぬまで。

**よ-の-かため【世の固め】** 天下を治めること・人。reign

**よ-の-ぎ【余の儀】** ほかの事柄。他事。

**よ-の-さが【世の▽性】** 世間の習わし。

**よ-の-つね【世の常】** 世間によくあること。ふつう。common occurrence

**世の常の道**(よのつねのみち) この世の道理。the way of the world

**よ-の-なか【世の中】** ①世間。社会。world ②この世。this world ③時代世相。times 用例 原子力の——。

**世の中に寝る程楽は無きものを浮世の馬鹿は起きて働く**(よのなかにねるほどらくはなきものをうきよのばかはおきてはたらく)《あくせく働くだけの人をあざけった狂歌》この世の中で、寝ているほど楽なことはないのに、わざわざ起きて働いているばかがいる。

**世の中には月夜許りは無い**(よのなかにはつきよばかりはない)《多く、相手への脅し文句に使う》いつも明るい月夜ばかりではなく、襲うのに都合のよい闇夜もあって、つねに身の安全が保たれているとはかぎらないのだから、気をつけろ。

**世の中は相持ち**(よのなかはあいもち) 世の中は、互いに助け合うことにより円満に行くということ。

**世の中は三日見ぬ間の桜哉**(よのなかはみつかみぬまのさくらかな) 大島蓼太の句。世の中の移り変わりの激しいことのたとえ。三日見ぬ間の桜。

**世の中は盲千人、目明き千人**(よのなかはめくらせんにん、めあきせんにん) 「目明き千人、盲千人」と同意。

**よ-の-ならい【世の習い】** 世の常。the way of the world

**よの-ばかま【四▽幅▼袴】** 前後各二幅で仕立てた袴。丈は膝頭までで裾がやや狭く、菖蒲革または黒革の菊綴が二か所につく。中間や小者などが着用した。

**よ-の-め【夜の目】** 夜、眠ること。

**夜の目も寝ず**(よのめもねず) 眠りもしない。一生懸命にする。stay up all night

**よ-は【余波】** ①なごりの波。なごり。remains ②物事の他におよぼす影響。あおり。とばっちり。aftereffect 用例 円高の——。

**よ-はい【余輩・予輩】** 文語的 (代) われら。われわれ。

**よばい【▽婚い・夜▼這い】**《「呼ばう」の連用形から。「夜這い」は当て字》一般に、夜、男が女のもとへ通って行くこと。中世以降、嫁入り婚の普及で、相手の承諾なしに夜忍び込むことを意味するようになった。

**よばい-ぼし【▽婚い星】** 流れ星。

**よば・う【呼ばう】** 古語《「呼ぶ」の継続態》(四他) ①呼び続ける。呼ばわる。用例 宇治川を船渡せをと——・へども(万葉・七・一一三八)。②《「婚う」とも》男女が相手を呼び誘う。求婚する。用例 年をへて——・ひわたりけるを(伊勢・六)。

**よ-はく【余白】** 紙の、字などの書いてない白い部分。space; margin

**よ-ばたらき【夜働き】** ①夜、働くこと。work at night ②夜、盗みをすること・人。夜盗。night thief

**よ-ばなし【夜話・夜▼咄】** 夜、する話。夜語り。やわ。evening chat

**よ-ばな・れる【世離れる】**(下一自) 俗世間から遠ざかる。

**ヨハネ【Iōannēs ギリシア】** ①イエスの弟子で十二使徒の一人。ヤコブの兄弟。愛の使徒といわれ、イエスがもっとも愛した弟子。『ヨハネによる福音書』『ヨハネ黙示録』『ヨハネ三書簡』の著者と伝えられる。②『新約聖書』におけるイエスの先駆者。ユダヤの荒野で預言者として活躍。神の審判を力説し、人々に悔い改めの洗礼をほどこす。イエスも受洗。ヘロデ=アンティパス王の不倫を非難し、首を斬られた。John the Baptist

**ヨハネ-きしだん【ヨハネ騎士団】** 中世の三大騎士修道会の一つ。第一次十字軍時代に傷病兵看護を主目的に創立。一一一三年に教皇認可。全ヨーロッパに組織を拡大、十字軍の重要戦力となった。一三世紀以降、イスラムの圧迫でキプロス島・ロードス島・マルタ島に本拠地を移動。一七九八年解体。

**ヨハネスバーグ【Johannesburg】** 南アフリカ共和国北東部、トランスバール州南部の都市。産金地帯の中心にある世界有数の鉱業都市で、アフリカ最大の工業都市でもある。人口一五三・六万(一九八〇)。

**ヨハネでん【ヨハネ伝】** ↓ヨハネによるふくいんしょ(ヨハネによる福音書)

**ヨハネによるふくいんしょ【ヨハネによる福音書】**(The Gospel According to John)『新約聖書』の四福音書中、最後に成立した文書。著者は使徒ヨハネ、あるいは長老ヨハネとされる。ヨハネ福音書。ヨハネ伝。

**ヨハネもくしろく【ヨハネ黙示録】**(The Revelation to John the Divine)『新約聖書』巻末の書。使徒ヨハネが流刑地パトモス島で幻を見、小アジアの諸教会へ激励のために書き送ったもの。「この世の終末」「最後の審判」など、難解な象徴と神秘的な幻の描写で知られる。黙示録。

**よば・れる【呼ばれる】**(下一自) ①言われる。称される。be called ②招かれる。be invited ③ごちそうになる。be treated to

**よばわ・る【呼ばわる】**(五自) 大声で呼ぶ。呼び続ける。shout

**よ-ばん【夜番】** ①夜の当番。night watch ②夜、見回りをすること・人。夜回り。night watch

**ヨハンセン【Wilhelm Ludwig Johannsen】**(一八五七〜一九二七) デンマークの植物学者・遺伝学者。自家受精実験を繰り返し行い、純系をとり出し、純系内の個体差は遺伝的変異でないことを明らかにした。

**よ-び【予備】** ①前もって用意しておくこと。また、その物。reserve ②法律で、犯罪を実行するための準備行動。preparation

**よび-あ・げる【呼(び)上げる】**(下一他) ①声を高くして呼ぶ。呼びたてる。call out ②下にいる人を、呼んで上がらせる。call a person to come upstairs

**よび-あつ・める【呼(び)集める】**(下一他) 呼んで集める。call together

**よび-い・れる【呼(び)入れる】**(下一他) ①呼んで内にはいらせる。呼び込む。call in ②招待する。invite ③水などを引いて入れる。bring in

**よびうり-しょうにん【呼(び)売り商人】** 少量の商品を携え、一定の呼び声で売り歩く商人。明治・大正時代までは、季節の風物ともなっていた。金魚売り・さお竹売りなど。

**よび-えき【予備役】** 軍人が現役を終えたのち、一定期間服する兵役。演習や戦時には、召集に応じる義務がある。reserve duty

**よび-おこ・す【呼び起(こ)す・呼起(こ)す】**(五他) ①名などを呼んで目覚めさせる。wake up ②自覚させる。思い出させる。remind ... of

**よび-かけ【呼(び)掛け】** ①呼びかけること。call ②能で、橋がかりにいるシテが、舞台にいるワキに「のう」と呼びかけること。

**よび-か・ける【呼(び)掛ける】**(下一他) ①声をかけて呼ぶ。call ②誘う。invite ③見解を大衆に訴え、賛成や参加を求める。call out to the public

**よび-かわ・す【呼(び)交わす】**(五他) 呼び合う。call each other's names

**よび-こ【呼び子】** 人を呼ぶ合図に鳴らす小さい笛。呼ぶ子。whistle

**よび-こう【予備校】** 上級学校、とくに大学への進学希望者に受験指導などを行う各種学校。preparatory school

**よび-ごえ【呼(び)声】** ①呼びたてる声。call ②人選・任命などのうわさ。評判。rumor 用例 優勝の——が高い。

**よび-こみ【呼(び)込み】** 寄席・映画館・商店などの前で、道行く人を入場させようと誘い込むこと・人。また、その口上。barker

**よび-こ・む【呼(び)込む】**(五他) ①呼び入れる。call in ②そのほうへ引き入れる。引き込む。

**よび-さま・す【呼(び)覚ます】**(五他) ①呼んで目覚めさせる。wake up ②思い出させる。remind ... of 用例 記憶を——。

**よび-じえいかん【予備自衛官】** 有事に備えて自衛隊退職者から採用した非常勤の自衛官。各国の予備役制度にならったもの。

**よび-じお【呼(び)塩】** 塩分が強い漬物や塩蔵品の塩気を抜くとき、つけ水に加える少量の塩。水がよく浸透して塩が抜けやすい。

**よび-しけん【予備試験】** 本試験を受ける学力があるかどうかをみるため、前もってする試験。preliminary examination 対義 本試験。

**よび-すて【呼(び)捨て】** 人の名を、敬称を付けずに呼ぶこと。よびつけ。

**よび-せんきょ【予備選挙】** アメリカで、政党の公職候補者や、正副大統領候補者の指名権をもつ代議員を選ぶために行われる選挙。primary election

**よび-だし【呼(び)出し】** ①呼び出すこと・人・文書。②相撲で、取組の力士の名を呼び上げる役。呼び出しやっこ。

**よびだし-でんわ【呼(び)出し電話】** 他家の電話で、取り次いで通話させてもらうもの。

**よび-だ・す【呼(び)出す】**(五他) ①呼んで自分の所へ来させる。召し出す。呼び寄せる。call ②呼んで外へ出させる。誘い出す。call someone out

**よび-た・てる【呼(び)立てる】**(下一他) ①声を高く出して呼ぶ。call in a loud voice ②わざわざ招き寄せる。ask someone to come

**よび-ちしき【予備知識】** 前もって心得ておくべき知識。preliminary knowledge

**よび-つけ【呼(び)付け】** ①呼んで自分の所に来させること。summon ②呼び捨て。call without the honorific title

**よび-つ・ける【呼(び)付ける】**(下一他) ①呼んで自分の所に来させる。summon ②呼び慣れる。get used to call

**よび-と・める【呼(び)止める】**(下一他) 声をかけて立ち止まらせる。call ... to stop 用例 通行人を——。

**よび-な【呼(び)名】** ①ふだん呼び習わしている名。通り名。通称。common name 対義 実名。②昔、宮中などの女房に官名・国名をつけて呼んだ名。紫式部・清少納言・伊勢など。

**よび-な・れる【呼(び)慣れる】**(下一自) いつも呼んで慣れている。be used to call

**よび-ね【呼(び)値】** 取引所であつかう有価証券の一定数量(日本では株式は一株、債券は額面一〇〇円)に対して、売買当事者が売りまたは買いの意思表示をする値段。bid; quotes

**よび-ひ【予備費】** 予測できない歳出予算の不足を補うために認められる経費。内閣の責任で支出し、国会の事後承認を受ける。reserve fund

**よび-みず【呼(び)水】** ①ポンプの水が出ないとき、水が出るように注ぐ水。誘い水。priming water ②きっかけをつくること・もの。cause

**よび-もど・す【呼(び)戻す】**(五他) 呼んで元に戻らせる。呼び返す。call back 用例 出張先から——。

**よび-もと・める【呼(び)求める】**(下一他) しきりに求める。ask eagerly

**よび-もの【呼(び)物】** 人気を呼ぶ原因となるもの。評判のもの。attraction

**よび-や【呼(び)屋】** ①《俗語》おもに外国から芸能人を呼んで興行する職業。プロモーター。②江戸時代、京都・大坂の下級の遊女屋。

**よ-びょう【余病】** 一つの病気中に起こる他の病気。complication 用例 ——を併発する。

**よび-よ・せる【呼(び)寄せる】**(下一他) ①声をかけて来させる。call ②招き寄せる。summon 用例 電報で——。

**よび-りん【呼(び)鈴】** 人を呼び、また合図などをするために鳴らす鈴。ベル。call bell

**よ・ぶ【呼ぶ】**(五他) ①声をかける。さけぶ。call 用例 ——・べば答える。②《「喚ぶ」とも》呼び寄せる。call 用例 役所に——。③来てもらう。call 用例 医者を——。④招く。invite 用例 客を——。友達を——。⑤そのことを巻き起こす。bring about 用例 人気を——。⑥…という。…と名づける。称する。call 用例 名詞と——。五郎と——。

**よ-ふかし【夜更かし】**(名・サ変自) 夜遅くまで起きていること。sit up late at night 比較 夜明かし。

**ヨブき【ヨブ記】**(The Book of Job)『旧約聖書』中の一書。主人公ヨブが試練により資産や家庭を失い、病で苦しむが、神への信頼を失わず、最後に再び豊かな恵みを受ける信仰物語。

**よ-ふけ【夜更け】** 夜の更けること・ころ。深夜。late at night 用例 ——の街角。

**よぶ-こ【呼ぶ子】** ↓よびこ(呼び子)



▼ 常用漢字表外。 ▽ 常用漢字表の音訓外。

**よぶこ【呼子】**〈町〉佐賀県北西部、東松浦半島北端の町。沿岸漁業とニンニク栽培がさかん。玄海国定公園の景勝地で観光の町。人口七四一〇(一九八八)。

**よぶこ-どり【呼子鳥・▽喚子鳥】**《鳴き声が人を呼ぶように聞こえるところから》カッコウの異名。また、ホトトギスの異名。

**よぶすま-そう【夜▼衾草】** 深山の林下にはえるキク科の多年草。高さ約二m。葉は葉柄がある大形三角状。夏秋に白色筒状の頭花をつける。若い芽は食用。

**よ-ぶね【夜船】** 夜、航行する船。よふね。

**よ-ふん【余憤】** 怒りの晴れないこと。あとまで晴れない怒り。用例 —の収まらない顔つき。

**よ-ぶん【余分】**(名・形動) 必要、またふつう以上のこと・さま・部分。残り。余り。余計。spare; extra

**よ-ぶん【余聞】** こぼれ話。余話。用例 義士—。

**よ-べ【▽昨▽夜】** ゆうべ。昨晩。よんべ。last night

**よ-へい【余弊】** ①まだ残っている弊害。②付随して、同時に発生する弊害。用例 文明の—。

**よ-ほう【予報】**(名・サ変他) 前もって知らせること。また、その知らせ。とくに、天気予報。forecast

**よ-ぼう【予防】**(名・サ変他) 病気・災害などを前もってふせぐこと。気をつけて、起こらないようにすること。prevention

**よ-ぼう【誉望】** 名誉と声望。ほまれ。honor 用例 —を得る。

**よ-ぼう【▼輿望】** 世間の人望・期待。衆望。用例 —を担う。

**よぼう-いがく【予防医学】** 病気の発生、悪化を予防するため、保健・衛生の改善・対策などを目的とする医学。preventive medicine

**よぼう-けんそく【予防検束】** 公共の安全を害する恐れがある者の身柄を一時拘束し、警察署に連行・留置すること。旧行政執行法に規定されていたが、第二次大戦後廃止。

**よぼう-こうきん【予防拘禁】** 治安維持法のもとで、改悛(かいしゅん)の情のない犯人を再犯防止のため刑罰執行後も引き続き拘禁する処分。第二次大戦後廃止。preventive detention

**よぼう-せっしゅ【予防接種】** 伝染病を予防するため、ワクチンなどを接種して生体に人工的免疫(めんえき)を与えること。結核に対するBCGなど。法律で予防接種を行う疾患が決められている。vaccination ↓図

**よぼう-せん【予防線】** のちのちのことを考えて施す措置。guard 用例 —を張る。

**よぼう-せんそう【予防戦争】** 相手が有利な開戦条件を整えるまえに、これを予防するため先制して起こす戦争。国際法上は認められない。preventive war

**よ-ほど【余程】**(副) =よっぽど。①随分。かなり。そうとう。greatly 用例 —こりたとみえる。②思い切って。dare 用例 —言ってやろうかと思った。

**よぼ-よぼ**(形動・副・サ変自) 年をとって、からだがおとろえているさま。feeble 用例 —の老人。—歩く。—した歩き方。

**よまい-ごと【世▽迷(い)言】** 不平・愚痴を、くどくど言うこと。また、そのことば。わけのわからない繰り言。grumble

**よ-まき【余▼蒔き】** まき時より遅れて種をまくこと。またその年にとれた種を、もう一度まいて取り入れること。用例 —キュウリ。

**よま・せる【読ませる】**(下一他) ①人に読むようにさせる。have... read 用例 生徒に—。②おもしろくて自然に読み進ませる。be well written 用例 なかなか—小説だ。

**よ-まつり【夜祭(り)】** 夜に行う祭り。night festival

**よ-まわり【夜回り】** 夜、警戒のために回り歩くこと・人。夜番。night watch

**よみ【読み】** ①読むこと。読み方。reading ②碁・将棋などで、先の手順・なりゆきを考えること。insight ③物事のなりゆきを推察すること。用例 —が深い。④《「訓み」とも》漢字の訓。

**読みと歌**(よみとうた) 《読みガルタと歌ガルタの意》①似て非なること。②相手の出方により、自分の態度も決まること。③勘定ずくであること。④物事には、一長一短があることのたとえ。

**よみ【▽黄▽泉】** 地下にあって、死者の魂が行くという所。あの世。めいど。黄泉路(よみじ)。用例 —の国。

**よみあげ-ざん【読(み)上げ算】** 数字を読んでもらって、そろばんを入れる計算方法。比較 見取り算。

**よみ-あ・げる【読(み)上げる】**(下一他) ①大きな声で読む。read aloud ②終わりまで読む。read through

**よみ-あさ・る【読(み)▽漁る】**(五他) あちこち探して、あの本も、この本もと読む。read widely

**よみ-あやま・る【読(み)誤る】**(五他) ①読みまちがえる。misread ②意味を取り違える。misinterpret

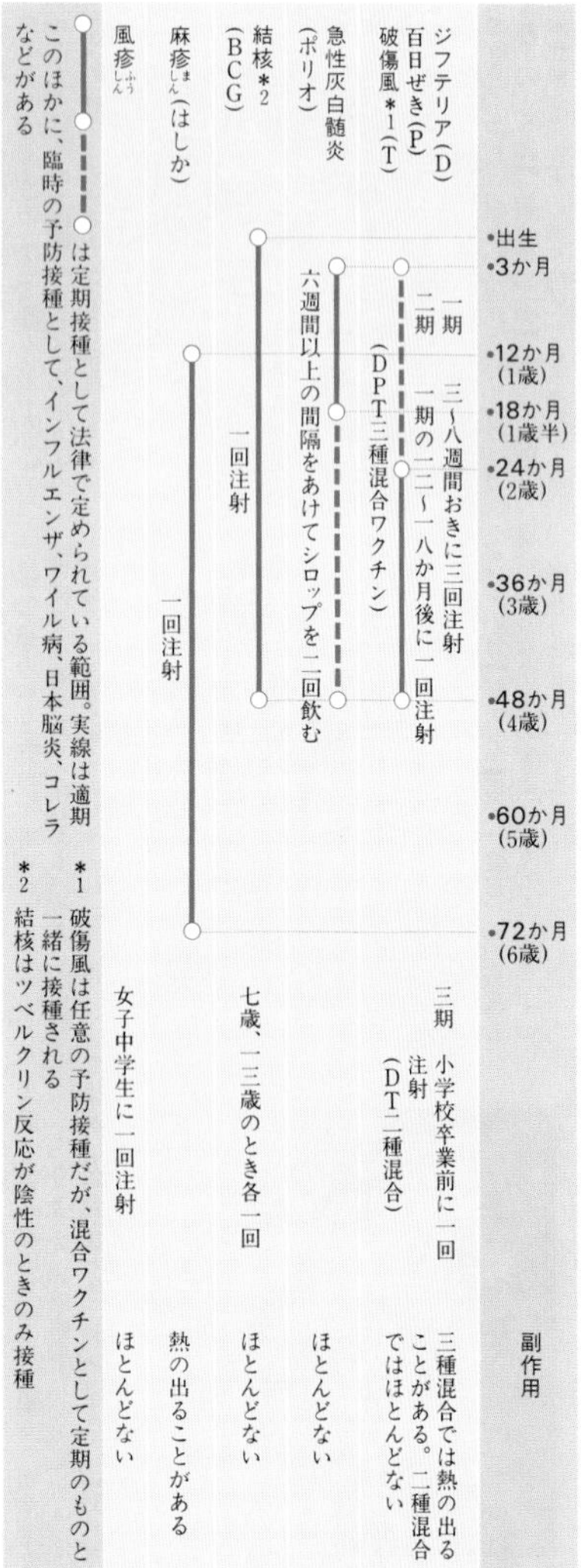

副作用
•出生
•3か月
•12か月 (1歳)
•18か月 (1歳半)
•24か月 (2歳)
•36か月 (3歳)
•48か月 (4歳)
•60か月 (5歳)
•72か月 (6歳)
ジフテリア(D)
百日ぜき(P)
破傷風＊1(T)
一期 三～八週間おきに三回注射
二期 一期の一二～一八か月後に一回注射
(DPT三種混合ワクチン)
三期 小学校卒業前に一回注射
(DT二種混合)
三種混合では熱の出ることがある。二種混合ではほとんどない
急性灰白髄炎
(ポリオ)
六週間以上の間隔をあけてシロップを二回飲む
ほとんどない
結核＊2
(BCG)
一回注射
七歳、一三歳のとき各一回
ほとんどない
麻疹(はしか)
一回注射
熱の出ることがある
風疹
女子中学生に一回注射
ほとんどない
は定期接種として法律で定められている範囲。実線は適期
このほかに、臨時の予防接種として、インフルエンザ、ワイル病、日本脳炎、コレラなどがある
＊1 破傷風は任意の予防接種だが、混合ワクチンとして定期のものと一緒に接種される
＊2 結核はツベルクリン反応が陰性のときのみ接種

●予防接種 定期予防接種の種類と接種時期

**よみ-あわせ【読(み)合(わ)せ・読合(わ)せ】** ①読み合わせること。read and compare ②演劇のけいこの段階の一つ。まず脚本を読み合うこと。本読み。scenario reading

**よみ-あわ・せる【読(み)合(わ)せる・読合(わ)せる】**(下一他) 同一の文章を、一方が読み、一方が聞きながら誤りを正す。read out and collate

**よみ-い・れる【詠(み)入れる】**(下一他) 詩や歌に、物の名や人名などを入れてつくる。詠み込む。

**よみ-うた【読(み)歌】** 雅楽寮で教習した大歌(おおうた)の一つ。読むように朗誦(ろうしょう)したことに基づく名という。『古事記』『琴歌譜(きんかふ)』にみえる。

**よみ-うり【読(み)売り】** 近世、ニュースを刷り物にして、声高く読みながら売り歩いたこと・人。

**よみうり-しんぶん【読売新聞】** 日本の代表的な全国紙の一つ。明治七年(一八七四)創刊。昭和二七年(一九五二)全国紙化。

**よみ-かえ・す【読(み)返す】**(五他) もう一度読む。繰り返して読む。read again

**よみ-か・える【読(み)替える・▽訓(み)替える】**(下一他) ①一つの漢字を別な読み方で読む。②法文を新しい範囲に適用するために、その法文の中の語句を他の語句に当てはめて読む。

**よみ-がえ・る【▼蘇る・▼甦る】**(五自) 《「黄泉(よみ)から帰る」の意》①生き返る。蘇生(そせい)する。come to life ②いったん失ったものが戻る。come back 用例 記憶が—。

**よみ-かき【読み書き】**(名・サ変他) ①読むことと書くこと。書物を読み、字を書くこと。reading and writing ②実用的・初歩的な勉強。literacy 用例 —そろばん。

**よみ-か・ける【読(み)掛ける】**(下一他) ①読み始める。begin to read ②中途まで読んで、やめる。読みさす。leave a book half-read

**よみ-かた【読み方】** ①読む方法。読みよう。how to read ②もと、国語教科の一分科。

**よみ-がな【読(み)仮名】** 漢字の読みを示すためにつけた仮名。振り仮名。

**よみ-が-はま【夜見ケ浜】** 弓ケ浜(鳥取県)の別称。

**よみ-きか・せる【読(み)聞かせる】**(下一他) 読んで人に聞かせる。read aloud to a person

**よみ-きり【読(み)切り】** ①読み終わること。finish reading ②一回で完結すること。また、その読み物。対義 連載。

**よみ-き・る【読(み)切る】**(五他) 終わりまで読む。全部読み終わる。read through

**よみ-くせ【読み癖】** ①ふつうとは異なる、習慣として定まった漢字の特別な読み方。春宮(とうぐう)など。customary pronunciation ②その人独特の読みぶり。peculiarity in reading

**よみ-くだし【読(み)下し】** 読み下すこと。その文。

**よみ-くだ・す【読(み)下す】**(五他) ①始めから終わりまで読む。②《「訓(み)下す」とも》漢文を日本文に読み直す。

**よみ-くち【詠(み)口】** 詩・歌などの作風。詠みぶり。

**よみ-ごたえ【読(み)▽応え】** ①読むのにかなり苦労すること。②読んで手ごたえのあること。be worth reading

**よみ-こな・す【読(み)▽熟す】**(五他) ①読んで十分に理解する。digest ②すらすらと読む。

**よみ-こ・む【詠(み)込む】**(五他) ↓よみいれる(詠み入れる)。

**よみ-こ・む【読(み)込む】**(五他) ①じっくり読んで内容を自分のものにする。read thoroughly 用例 作品を—。②将来までの見当をつける。read ahead 用例 値上がりを—。

**よみ-さ・す【読(み)▽止す】**(五他) 中途まで読んでやめる。読みかける。

**よみ-じ【▽黄▽泉路】** 黄泉へ行く道。めいどへの道。

**よみ-すご・す【読み過(ご)す・読過(ご)す】**(五他) ある内容に気づかずに読む。miss 用例 うっかり—。

**よみ-すす・む【読(み)進む】**(五他) ページを追って読んでいく。どんどん読む。読み進める。go on reading

**よみ-すす・める【読(み)進める】**(下一他) ↓よみすすむ(読み進む)

**よみ-す・てる【読(み)捨てる】**(下一他) ①読んだまま心にとめないでおく。glance over ②読んだものを二度と読もうとしない。would not read again

**よみ・する【▼嘉する】**(サ変他) 神・貴人などが褒める。よしとする。嘉す。

**よ-みせ【夜店・夜見世】** 夜、道ばたなどに出す小売店。用例 縁日の—。

**よみ-だし【読(み)出し】** 電子計算機で、記憶媒体からデータを受け取り、他の媒体に転送すること。read

**よみたん【読▽谷】**〈村〉沖縄島中部の村。村域の大半が米軍用地で、軍労務に従事する者が多い。サトウキビ栽培がさかん。人口三万二七七(一九八八)。

**よ-みち【夜道】** 夜の道。また、それを行くこと。go by night

**よみ-つ・ぐ【読(み)継ぐ】**(五他) ①前に読んだ次の行から読む。②各時代をとおして人々が読む。用例 —・がれてきた名作。

**よみ-づら・い【読(み)▽辛い】**(形) 読みにくい。hard to read



↓行き先項目、図版・写真参照印。 JIS 日本工業規格情報交換用漢字符号コード(区点コード)。

よ

**よみ-て【読(み)手】** ①文書を読む人・役。reader 対義聞き手。②(「詠(み)手」とも)その歌をつくった人。読み人。poet ③歌ガルタの文句を読みあげる人。reciter 対義取り手。

**よみ-で【読みで】** ①読むべき分量。volume to be read ②読みごたえ。be worth reading

**よみ-とり【読(み)取り】** 読み取ること。reading 用例—が正確だ。

**よみ-と・る【読(み)取る】**(五他) ①読んで、その意味・意向を理解する。interpret ②見抜く。read 用例心を—。

**よみ-なが・す【読(み)流す】**(五他) ①すらすらと読む。read smoothly ②ざっと読む。skim

**よみ-にく・い【読(み)▽難い・読み▽悪い】**(形) 読むのがむずかしい。読みづらい。hard to read

**よみ-の-くに【▽黄▽泉の国】** 古代の日本人が想像した、死者の魂が行くという所。よもつくに。よみ。黄泉(こうせん)。

**よみびと-しらず【読(み)人知らず・詠(み)人知らず】** 和歌で、作者不明、あるいは作者名を伏せる場合、作者名の代わりに書く語。

**よみ-ふけ・る【読(み)▼耽る】**(五自他) 読むことに熱中する。be absorbed in reading

**よみ-ふだ【読(み)札】** 百人一首カルタ・いろはカルタなどで、読むほうの札。対義取り札。

**よみ-ぶり【読(み)振り・詠(み)振り】** ①読むときのようす。②詩・歌などの作風。

**よみ-ほん【読(み)本】** ①読み習う書物。とくほん。②江戸時代の小説の一つ。前期読本は上方(かみがた)で発生し、上田秋成(あきなり)の『雨月物語』が有名。短編が多い。後期読本は文化文政期の江戸でもっとも本格的な読み物として確立。山東京伝(さんとうきょうでん)の『忠臣水滸伝(ちゅうしんすいこでん)』、滝沢馬琴(ばきん)の『南総里見八犬伝』など、史実や伝説による長編小説で、因果応報・勧善懲悪の思想を骨子とする。

**よみ-もの【読(み)物】** ①本などを読むこと。reading ②読むための書物。book ③興味本位の小説。④講談師が演じる題目。

**よみ-や【夜宮・▽宵宮】** 宵祭り。

**よみ-やぶ・る【読(み)破る】**(五他) 《「読破(どくは)」を訓読みにした語》読み通す。

**よ・む【詠む】**(五他) 和歌や俳句などをつくる。詠ずる。用例一首を—。

**よ・む【読む】**(五他) ①文字を追って語句・文章の意味・内容をとる。read 対義書く。用例本を—。新聞を—。②書かれた文字を声に出していう。用例大きな声で—。③見抜く。解く。read 用例相手の心を—。④数える。count 用例入場者の数を—。⑤碁・将棋で、先の先を考える。用例一〇手先まで—。⑥講釈師が講じる。用例講談を—。⑦経文を声に出して唱える。用例経を—。⑧《「訓む」とも》漢字を訓でいう。

**読んで字の如し**(よんでじのごとし) 書かれてあるとおりである。他意はなく、それがすべてだという気持ちで用いる。

**よめ【嫁・▼娵・▼媳】** 対義婿。①息子の妻。daughter-in-law ②新婦。bride ③妻。wife

**よ-め【夜目】** 夜、暗い中で見ること。see in the dark

**夜目遠目笠の内**(よめとおめかさのうち) 夜、暗い中で見る場合、遠くから見る場合、笠で隠れて顔の一部しか見えない場合などには、女性が実際よりも美しく見えるということ。

**よ-めい【余命】** ①これから先のいのち。余生。one's remaining days 用例—いくばくもなし。②あとどれぐらい生きられるかの年数。remainder of one's life 用例平均—。

**よめ-いり【嫁入り】**(名・サ変自) 女が結婚して妻となり、夫のもとへ嫁ぐこと。また、その儀式。marriage

**よめいり-こん【嫁入(り)婚】** 嫁入りをもって成立し、当初から夫婦の寝所が婿方に属する婚姻方式。近世以降、生活圏の拡大による遠方婚の発生など一般化した。対義婿入り婚。

**よめいり-どうちゅう【嫁入(り)道中】** 嫁入り道具を運ぶ行列。嫁方から親族たちが祝い歌をうたって運び、村境などで婿方に引きつぐ。近世から大正時代ごろまでさかん。

**よめ-が-かさ【嫁が▼笠】** 笠形の殻をもつツタノハ科の巻き貝。殻長約五cm。多くは表面が灰青色で放射状に凸状のすじが走る。潮間帯の岩礁に付着。北海道南部以南に分布。→図

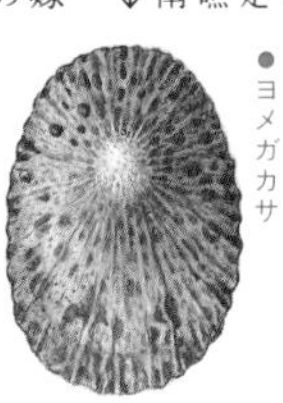

●ヨメガカサ

**よめ-が-はぎ【▼嫁が▼萩】** ヨメナの別名。

**よめ-ご【嫁御】** 「嫁」をいう尊敬語。嫁御寮。

**よめご-だいこん【嫁御大根】** 東北・北陸地方で、一二月八日・九日に行われる大黒祭に供える二股(ふたまた)ダイコン。大黒様のおかた。ヨメダイコン。

**よめ-ごりょう【嫁御寮】** 「嫁」をいう尊敬語。嫁御。

**よめ-じょ【嫁女】** 嫁を親しんでいう語。

**よめ-だいこん【嫁大根】** ヨメゴダイコンの別名。

**よめ-たたき【嫁▼叩き】** 子どもたちが、新嫁のしりを、祝い棒・孕(はら)め棒といわれる棒で叩き、妊娠を願う小正月の呪術(じゅじゅつ)的習俗。嫁祝い。

**よめ-とおめ【四目十目】** 結婚にさいして、不縁のもととして忌み嫌う俗信。男女の年齢が、一方から数えて四年目(=三つ違い)または一〇年目(=九つ違い)に当たること。

**よめ-とり【嫁取り】**(名・サ変自) 嫁を迎えること。wedding 対義婿取り。

**よめ-な【嫁菜】** キク科の多年草。山野にはえる。高さ三〇～一二〇cm。葉は披針形。七～一〇月に径約三cmで淡紫色の頭状花をつける。若芽は食用。ウハギ。オハギ。ハギナ。→写

●ヨメナ

**よめ-に【嫁荷】** 嫁入り婚で、嫁が婿方へ持参する衣装調度類。嫁入り道具。

**よめ-ぬすみ【嫁盗み】** 男が仲間の協力で好きな娘をさらい、結婚を成功させる習俗。通常の形ではまとまらない場合にとられる手段で、一般には嫁方の事後承諾をとった。

**よ・める【読める】**(下一自) ①文字を語として読むことができる。be able to read ②意味がわかる。合点がいく。了解する。be able to understand ③読む値打ちがある。worth reading ④碁・将棋で、先の手・手順がわかる。

**よ-も【四▽方】** ①東西南北。前後左右。しほう。②あちこち。ほうぼう。諸方。

**四方の海**(よものうみ) ①四海。②天下。

**よも** 古語(副)《多く下に打ち消しの助動詞「じ」をともなって》まさか。よもや。用例世俗の虚言をねんごろに信じたるもをこがましく、「—あらじ」など言ふも(徒然・七三)。

**よもぎ【▼艾・▼蓬】** ①キク科の多年草。山野にはえる。高さ八〇～一〇〇cm。葉は羽状に裂け、裏面に白い綿毛がある。秋に淡褐色(たんかっしょく)の小頭花が多数咲く。若葉は草もち、葉は薬用、また、葉裏の綿毛はもぐさ用。サシモグサ。ツクロイグサ。モチグサ。モグサ。②襲(かさね)の色目の名。表は萌葱(もえぎ)、裏は濃い萌葱。また、表は白、裏は青。五月に着用。→写 →襲の色目図

**よもぎ-う【▼蓬▽生】** ヨモギなどの茂った荒地。

**よもぎ-が-そま【▼蓬が▼杣】** ①ヨモギの生え茂っている所。②《自分の家をけんそんしていう語》拙宅(せったく)。

**よもぎ-が-やど【▼蓬が宿】** ヨモギの生え茂った、粗末な宿。荒れ果てた宿・家。あばらや。

**よもぎ-ぎく【▼艾菊】** キク科の多年草。ヨーロッパ・北米に分布。高さ約一m。葉は長楕円(ちょうだえん)形で羽状に深裂。頭花は黄金色で平面に並ぶ。全草がにおう。薬用。

**よもぎた【▼蓬田】**〈村〉 青森県北西部、青森湾に臨む村。農・林業が主で、水産業も行う。玉松海水浴場がある。人口四二五三(一九八八)。

**よもぎ-な【▼艾菜】** キク科の多年草。高さ約一m。ミツバに似た葉をつけ、秋に乳白色の小花が多数咲く。若い葉にはヨモギの香りがあり食用。中国南部原産。角菜。珍珠菜。

**よ-も-すがら【夜もすがら・▽終▽夜】**(副) 夜通し。夜すがら。all through the night 対義日もすがら・ひねもす。

**よもの-あから【四▽方赤▽良】** 大田南畝(なんぽ)の別号。

**よも-や**(副) 《多く下に打ち消しの語をともなって》まさか。用例—そのようなことはあるまい。

**よ-もやま【四▽方山】** ①世間。world ②色々。種々。all sorts of things 用例—の話。③四方の山々。mountains all round

**よ-やく【予約】**(名・サ変他) ①前もって約束すること。reservation; appointment 用例—金。②将来一定の契約を結ぶことを約束する契約。preliminary agreement

**よ-ゆう【余裕】** ①ゆとり。margin; room ②余り。remainder

**よゆう-は【余裕派】** 夏目漱石(なつめそうせき)・高浜虚子(たかはまきょし)らの文芸上の傾向への呼称。自然主義と異なり、余裕をもって現実に対処しようとする、東洋的で低徊(ていかい)趣味的でもある一派。

**よ-よ【代代・世世】** 代を重ねること。だいだい。for generations

**よ-よ【夜夜】** 夜ごと。まいばん。every night

**よよぎ【代々木】** 東京都渋谷区北部の地区。明治神宮がある緑地地域で、旧陸軍練兵場跡を利用し、東京オリンピックの選手村がつくられた。代々木公園や、国立代々木競技場などがある。

**よよ-と**(副) しゃくりあげて泣くさま。用例—泣き伏す。

**より【寄り】** ①集まること。gathering ②はれものなどの毒が一か所に集まること・もの。big tumor ③「寄り付き」の略。④相撲で、相手のまわしをとって進むこと。

**より【▼縒り・▼撚り】** よること・程度。よったもの。twist

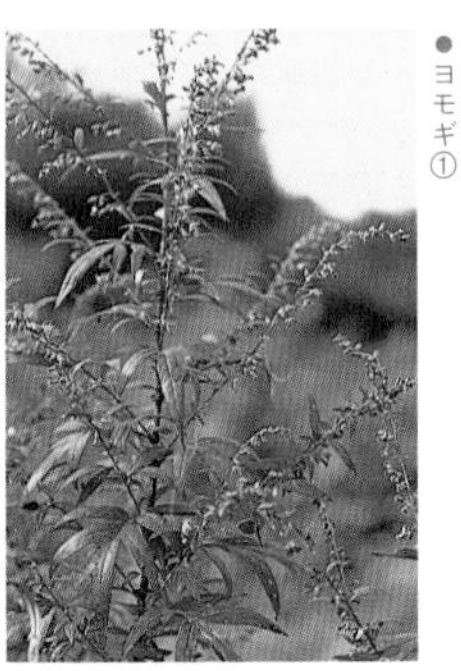

●ヨモギ①

**縒りを掛ける**(よりをかける) ①糸をよる。②いっそう精を出す。用例腕に—。

**縒りを戻す**(よりをもどす) 《とくに人間関係についていう》離れていた者が、もとの密接な関係になる。もとどおりの間がらとなる。縒りが戻る。get back together again; be reconciled

**より【因り・依り】** 文語的《動詞「よる」の連用形。「…により」の形で用いる》①原因・理由を示す。用例不正行為に—失脚する。②…に従って。用例命令に—着任する。

**より**(副) 《比較の基準を示す格助詞から》それよりいっそう。さらに。用例それは、—難しい問題だ。

**より**(格助) 《体言、それに準ずる語に付く》①比較の基準を示す。用例これ—あれのほうがよい。②《下に打ち消しをともなって》それ以外のものを否定し、それに限る意を表す。用例それ—しかたがない。③《「自り」とも。話しことばでは、ふつう「から」を用いる》動作・作用の出発点を表す。用例午後六時—始まる。④古語 ㋐動作・作用の経過する地点を示す。…を通って。…から。用例このまもりくる月のかげみれば(古今・秋上)。㋑原因・理由を示す。…ために。…ので。用例領巾(ひれ)振りし—負へる山の名(万葉・五・八七一)。㋒手段・方法を表す。…でもって。用例他夫(ひとづま)の馬—行くに(万葉・一三・三三一四)。㋓…するとすぐ。直ちに。用例うち見る—、珍らしうれしきにも、ひとつ涙ぞこぼれける(源氏・須磨)。

**より-あい【▽寄(り)合い・寄合】** ①寄り合うこと。また、その場所。gathering ②中・近世、村落住民の自治的会合。入会地(いりあいち)の運用や犯罪者の処罰の決定、村掟(むらおきて)を作るなど村の運営に当たった。近世には領主が命令下達(かたつ)のためにこの機能を利用。③江戸時代、旗本(はたもと)の中で禄高(ろくだか)三〇〇〇石以上の非職の人。

**よりあい-じょたい【寄(り)合い所帯】** ①いくつかの所帯が一か所に寄り集まって住むこと。また、その集まり。congeries ②まとまりのない、雑多な人々の集まり。motley crowd

**より-あ・う【寄(り)合う】**(五自) 寄り集まる。gather

**より-あつま・る【寄(り)集まる】**(五自) あちこちから一か所に集まる。参集する。寄り合う。gather together

**より-あわ・せる【▼縒り合(わ)せる・▼縒合(わ)せる】**(下一他) 糸などをよって一本にする。intertwine

**よりい【寄居】**〈町〉 埼玉県西部の町。荒川の谷口にあり、植木・盆栽栽培がさかん。八高(はちこう)線・秩父(ちちぶ)鉄道・東武東上線の通る交通の要地。人口三万二四〇九(一九八八)。

**より・いと【▼縒(り)糸・▼撚(り)糸】** よりをかけてある糸。また、それを何本かよりあわせた糸。twisted yarn; twine

**より・うど【寄▽人】** ↓よりゅうど(寄人)

**より・うど【▼縒(り)▽独▽活】** ウドの飾り切りの一種。ウドを五㎝ぐらいに切り、かつらむきにして、斜めに細く切り、水にはなすと、らせん状になる。↓図

●縒り独活

**より・おや【寄(り)親】** ①戦国時代、大名の軍事組織を形成するうえで根幹を成した上級家臣。これに下級武士からなる寄り子を預けて統率させた。②江戸時代、奉公人の身元引受人。

**より・かか・る【寄り掛(か)る・寄掛(か)る・▼倚り掛(か)る・▼倚掛(か)る】**(五自) ①もたれかかる。lean against ②頼りにする。rely on

**よ・りき【与力】** ①室町時代以降、有力な武将に加勢した武士。②江戸幕府の下級役人。江戸の町奉行配下の町与力がとくに有名。江戸市中の行政・警察・裁判の仕事を担当。

**より・きり【寄(り)切り】** 相撲で、組んだまま相手を土俵ぎわに追いつめて、足を土俵から出させる技。

**より・ぐけ【▼撚(り)▼絎け】** くけ方の一つ。ごく薄い布をくける技法。和裁では、くけ代をよりながら縦まつりをする。洋裁では、くけ代に端ミシンをかけ、それを芯によりながらまつりぐけをする。

**より・くず【▽選(り)▼屑】** 選んだあとに残った、よくないもの。えりくず。

**より・けり**(連語)《動詞「因る」の連用形に詠嘆の助動詞「けり」の付いたもの》それぞれによって決まることで、一概にはいえない。…次第である。用例冗談も時に—だ。

**より・ごのみ【▽選(り)好み】**(名・サ変他) すきなものだけ選ぶこと。好き嫌い。えり好み。choosy

**よりしま【寄島】**〈町〉 岡山県南西部、瀬戸内海沿岸の町。農・漁業の町で、地名は神功皇后が三韓出兵のさいに立ち寄ったことに由来するという。人口七六三〇(一九八八)。

**より・しろ【▽依代・▼憑代】** 神道で、神霊のよりつくもの。樹木・岩石・御幣・動物などに神霊がのり移ってその意思を表すと考えられた。

**より・すが・る【寄(り)▼縋る・▼倚(り)▼縋る】**(五自) ①よりそってすがりつく。cling to ②力として頼る。rely on

**より・すぐ・る【▽選りすぐる】**(五他) 多くの中から選び取る。選び抜く。えりすぐる。select

**より・そ・う【寄(り)添う】**(五自) 触れるほど、そば近く寄る。get close to 用例夫に—妻。

**より・たおし【寄(り)倒し】** 相撲で、四つに組み、相手を土俵際まで追い詰めて倒す技。

**より・だ・す【▽選(り)出す】**(五他) ①えらび分けて外に出す。えらび出す。select ②えらびはじめる。begin to choose

**より・つき【寄(り)付き・寄付】** ①寄り付くこと。②茶の湯で、庭園などに設けた簡単な休息所。③取引所で、その日の前場・後場の最初の取り引き。また、その値段。より。対義大引け。

**よりつき・ねだん【寄付値段】** 取引所で、寄り付きに成立した値段。寄り値。opening price

**より・つ・く【寄(り)付く】**(五自) ①そばへ寄る。近づく。get near ②取引所で、最初の立ち会い相場が成り立つ。

**より・て【因りて・▽依りて】**(接続) ↓よって(因って)

**より・どころ【▽拠(り)所】** ①頼る所。よりすがるもの。something to rely on ②成立する土台となるもの。根拠。grounds

**より・どり【▽選(り)取り】**(名・サ変他) 好き勝手に選び取ること。choice 用例—見取り。

**より・ぬき【▽選(り)抜き】** =えりぬき。①選んで抜き取ること。選んで抜き取ったもの。pick ②すぐれたもの。choice 用例クラスの—の選手。

**より・ぬ・く【▽選(り)抜く】**(五他) 多くのものの中からすぐれたものだけを選んで取る。えり抜く。select

**より・ふ・す【寄(り)伏す・寄(り)▼臥す】**(五自) そばに寄って横になる。lie close to

**より・まし【▼憑▽人・▼尸▽童】** 修験者が神意をうかがうとき、霊を乗り移らせる人。よりこ。かんこ。みこ。

**より・み【寄(り)身】** 相撲で、組んで相手をおし立てる姿勢・力。

**より・みち【寄(り)道】**(名・サ変自) ①回り道をすること。go out of one's way ②ついでに立ち寄ること。dropping in

**より・め【寄(り)目】** 瞳が鼻柱の方によっていること。内斜視の俗称。cross-eyed

**よりゅうど【寄▽人】** ①和歌所・御歌所などの職員。②鎌倉・室町時代、政所・侍所・問注所・侍所の職員。

**より・よ・い【より良い】**(形) いっそういい。もっといい。better

**よ・りょく【余力】** あり余る力。余裕。ゆとり。energy to spare

**より・より【寄り寄り・▽度▽度】**(副) おりおり。たびたび。ときどき。用例—集まって協議する。

**より・わ・ける【▽選(り)分ける】**(下一他) よいものと悪いものとに分ける。sort out

**よる【夜】** 太陽の沈んでいる間。日の入りから日の出まで。よ。night 対義昼。用例—もおそい。数え方一夜・一晩。

**夜となく昼となく** たえず。いつでも。night and day

**夜の女** 売春婦。prostitute

**夜の衣を返す** 夜寝るときに着る衣を、裏返しに着て寝る。俗信で、夢の中で恋しい人に会えるというもの。

**夜の蝶** ①夜飛びこんで来る蝶。不吉なしるしといわれる。②バーやキャバレーのホステス。

**夜の鶴** 「焼け野の雉、夜の鶴」の上略。

**夜の帳** 《「帳」は、垂れ幕、の意》夜の暗やみ。a veil of darkness 用例—がおりる。

**夜の錦** 《夜、美しい着物を着ても目立たない、の意から》その効果を発揮できず、残念なことのたとえ。

**夜を昼になす** 昼も夜も同じように行う。類似夜を日に継ぐ。

**よ・る【因る・▽由る・▽縁る・▽依る】**(五自) ①基づく。原因とする。because of; be based on 用例霜に—被害。事故に—遅刻。②手段とする。頼る。by means of 用例労働に—所得。音楽に—・って表す。③…によって決まる。depend on 用例天気に—・っては。④限る。limiting 用例何事に—・らず達者だ。⑤関係する。かかる。depend on 用例努力いかんに—。

**因って来る** そのもとになった。originate in 用例—原因を尋ねる。

**よ・る【▽拠る】**(五自) ①根拠とする。be based on 用例実験に—結論。彼の説に—。②たてこもる。用例城に—・って戦う。

**よ・る【寄る】**(五自) ①近づく。come near 対義離れる。用例波が—。②集まる。get together 用例大勢で—・って話しあう。③偏る。be biased 用例右へ—。④立ち寄る。drop in 用例デパートに—。⑤多くなる。get old 用例年が—。しわが—。⑥思いつく。think of 用例思いも—・らない。⑦《「倚る」「凭る」とも》もたれかかる。lean on 用例椅子に—。⑧相撲で、相手と組んだまま押し進む。

**寄らば大樹の陰** 人に頼るなら、力のある人に頼るべきだ。He that serves a good master shall have good wages.

**寄ると触ると** 寄り集まれば、いつも。折さえあれば。

**寄る年波には勝てない** 気持ちでは強がっていても、年をとってはどうにもならない。老化には、だれもかなわない。

**よ・る【▽選る】**(五他)《「える」の転》多くの中から選び出す。より抜く。選ぶ。choose

**選りに選って** ①丹念に選んで。choose carefully ②適当なものがほかにあると思われるのに、どうかと思われるようなものをわざわざ選んで。…of all things

**よ・る【▼縒る・▼撚る】**(五他) ①糸などに、らせん状の癖をつける。らせん状にひねった二本の糸をねじり合わせる。twist ②しわを寄せる。

**腹の皮を縒る** 大笑いする。split one's sides laughing

**よ-るい【余類】** 残った仲間。余党。残党。

**よる-がお【夜顔】** ヒルガオ科のつる性一年草。茎を切ると白い液がでる。葉は長柄、心臓形。夏、アサガオに似た純白の花が夕方に咲く。観賞用。ユウガオ。moon flower

**ヨルゲンセン【Jens Johannes Jørgensen】**(一八六六-一九五六) デンマークのカトリック詩人。評伝『アッシジの聖フランシス』、詩集『告白』など。

**よる-せき【夜席】** 夜に行われる寄席の興行。対義昼席。

**ヨルダーンス【Jacob Jordaens】**(一五九三-一六七八) フランドルの画家。神話や市民生活を主題に描く。作品『バッカス祭』など。

**ヨルダン【Jordan】**(Hashemite Kingdom of Jordan) アラビア半島北西部のアラブ系王国。首都アンマン。一九四六年イギリスから独立。国土の大部分は砂漠で、西部に死海がある。農工業ともになお発達が十分でなく、輸入に依存。面積九・八万㎢。人口三六六万(一九八六)。正称ヨルダンハシミテ王国。

**ヨルダン-がわ【ヨルダン川】**(Jordan) 西アジアの川。シリアのヘルモン山からティベリアス湖を経て死海に注ぐ。長さ三〇〇㎞。聖地の川として有名。

**ヨルダン-ちこうたい【ヨルダン地溝帯】**(Jordan) 西アジアの地中海沿いに、南北に走るヨルダン川の渓谷。長さ五〇〇㎞、幅一〇〜二〇㎞。底部の海抜の大部分が海面下。

**よる-の-もの【夜の物】** 寝具。布団。やぐ。bedclothes

**よる-ひる【夜昼】** ㊀(名) 夜と昼。night and day ㊁(副) 夜も昼も。日夜。あけくれ。night and day; continually

**よる-べ【寄る辺】** 頼っていく所・人。person to depend upon 比較知る辺。用例—のない人。

**よれ-すぎ【▼縒杉】** スギの一変種。葉が湾曲して密生するために、枝の周囲にらせん状に巻きついているように見える。観賞用。

**よれ-よれ**(形動) 使い古されて、張りを失ったさま。worn-out 用例—のコート。

**よ・れる【▼縒れる・▼撚れる】**(下一自) よったようになる。よじれる。もつれる。get twisted

**よろい【▼鎧・▽甲】** ①戦闘にさいし身体防護のために着用する武具の総称。armor ②大鎧の俗称。③兜や袖に対し胴鎧をさす。数え方一領・一具。

**よろい-いた【▼鎧板】** 室内の採光・通風・雨よけのため、窓の外側に、一定の傾斜をもたせた幅の狭い板を、横に何枚も取り付けたもの。

**よろい-おや【▼鎧親】** 武家時代、元服した男子が、よろいかぶとの着初めをするとき、着せる役をつとめた人。具足親。

**よろい-ぐさ【▼鎧草】** セリ科の多年草。茎は紫色で高さ約一m。葉は羽状複葉。白色の五弁小花が咲く。乾燥した根は「白芷」とよばれ、漢方薬とされる。

**よろい-ど【▼鎧戸】** ①鎧板で作った戸。視線をさえぎり、通風・換気ができる。louver-door ②多くの細長い鉄板を横に並べた巻き上げ戸。シャッター。shutter

**よろい-どおし【▼鎧通し】** 敵と取り組んだときに用いる短刀。反りがなく、重厚に作ってある。

**よろい-とかげ【▼鎧▼蜥▼蜴】** ヨロイトカゲ科に属する爬虫類の総称。全長三〇㎝前後。多くは全身に棘のある鱗板でおおわれる。南アフリカの岩地に生息。girdle-tailed lizard

**よろい-ひたたれ【▼鎧▽直垂】** 鎧の下に着る直垂。錦や綾で華やかに仕立てた。活動的になるように袖口と袴の裾口は紐で結ぶ。

**よ-ろく【余▼禄】** 余分の利益・もうけ。余得。additional gains

**よ-ろく【余録】** 本題を離れた記録。表立った記録には書かれないような事柄。余話。rumor

**よろけ【▼蹌▼踉・▼蹣▼跚】** ①よろけること。stagger; totter ②よろける病気。坑内労働者などがかかる。塵肺・珪肺の俗称。

**よろけ-おり【▼蹌▼踉織(り)】** 縦または横の糸を波打つように曲げて、波状のしま模様を織り出す織物。

**よろけ-じま【▼蹌▼踉▼縞】** 波状のしま模様。

**よろ・ける【▼蹌▼踉ける・▼蹣▼跚ける】**(下一自) 足もとがふらついて、倒れそうになる。

よろめく。stagger; totter

**よろこばし・い【喜ばしい・▽悦ばしい】**（形）喜ぶ値打がある。うれしい。delightful; joyous [対義]悲しい。[用例]—知らせ。今回の慶事はまことに—限りです。[派生]よろこばしげ（形動）よろこばしさ（名）

**よろこば・す【喜ばす】**（五他）→よろこばせる（喜ばせる）

**よろこば・せる【喜ばせる】**（下一他）喜ぶようにする。うれしがらせる。喜ばす。please

**よろこび【喜び・▽悦び】**①喜ぶこと。joy; pleasure [対義]悲しみ・怒り。②祝うこと。祝賀。congratulation ③《「慶び」とも》めでたいこと。祝い事。慶事。celebration

**よろこ・ぶ【喜ぶ・▽悦ぶ】**（五他）①うれしく思う。glad; be pleased [対義]悲しむ。[用例]入学を—。②よいとして受け入れる。be delighted to do [用例]—・んで出席します。③《「慶ぶ」とも》めでたいと思う。congratulate [用例]新年を—。

**よろ・し【▽宜し】**[古語]（形シク）①まずまずだ。悪くない。[対義]悪ろし。[用例]—・しうよみたるとおもふ歌を人のもとにやりたるに（枕・すさまじきもの）。②ふつうである。平凡である。[比較]よし。[用例]かかる所の儀式は、—・しきにだに、いと事多くうるさきを（源氏・梅枝）。③病気などが回復にむかう。[用例]この御悩みも—・しう見えたまふを（源氏・行幸）。

**よろし・い【▽宜しい】**（形）《「よい」の丁寧語》①すぐれている。よい。good [用例]その答えは大変—。②さしつかえない。適当である。ふさわしい。convenient; proper [用例]—・かったらどうぞ。③了解・了承したときにいう語。agree [用例]—、引き受けましょう。

**よろしき【▽宜しき】**[文語的]《形容詞「宜し」の連体形》ちょうどよいこと・程度。適切なこと。

**宜しきを得る**（よろしきをえる）ちょうどよい。よい程度である。適切だ。proper [用例]ご指導よろしきを得て。

**よろしく【▽宜しく】**（副）①ほどよく。適当に。at your own discretion [用例]あとは—やってくれ。②《文語文で、「よろしく…すべし」の形で》…すべきだ。③あいさつのことば。give one's best to [用例]どうぞ—。④《体言の下に付いて》「いかにもそれらしく」の意を表す。[用例]俳優—見得をきる。

**よろず【▽万】**㊀（名）①一〇〇〇〇の一〇倍。まん。ten thousand ②数の多いこと。great number [用例]—たび。㊁（副）すべて。みな。万事。in everything

**よろずちょうほう【▽万朝報】**黒岩涙香が創刊した大衆新聞。社会悪を追及する姿勢と、暴露記事や涙香の翻訳小説などを売り物にした。明治二五年（一八九二）創刊。昭和一五年（一九四〇）東京毎夕新聞に合併された。まんちょうほう。

**よろず-てつごろう【▽万鉄五郎】**（一八八五〜一九二七）洋画家。岩手県生まれ。東京美術学校卒。独自のフォービスム・キュビスムを展開し、記念碑的作品を残した。作品『日傘の裸婦』『もたれて立つ人』など。→[写]

●万鉄五郎『もたれて立つ人』。大正六年（一九一七）、東京国立近代美術館。

**よろず-や【▽万屋】**①なんでも売る店。general store ②なんでもよく知っている人。なんでもする人。Jack-of-all-trades

**よろずや-きんのすけ【▼萬屋▼錦▼之▽介】**（一九三二）映画俳優。前名、中村錦之助。東京生まれ。主演作『笛吹童子』『宮本武蔵』など。

**よろず-よ【▽万代】**限りなく長く続く世。永久。forever

**よろぼし【▽弱▽法師】**能の曲名。四番目物。観世元雅作。讒言によりわが子を追い出した父が、天王寺で施行をし、盲目の乞食僧となり弱法師とよばれる子の俊徳丸と再会する。よろぼうし。

**よろ-め・く【▼蹌▼踉めく】**（五自）①足がふらついて倒れそうになる。よろける。stagger ②《俗語。三島由紀夫の小説『美徳のよろめき』から》誘惑にのってしまう。浮気をする。

**よろ-よろ**（副・サ変自）足もとのふらつくさま。たしかでないさま。よたよた。stagger [用例]—とよろめく。

**よ-ろん【▼輿論・世論】**→せろん（世論）

**よろん【与論】**〈町〉鹿児島県、奄美諸島の与論島を町域とする町。サトウキビ栽培・畜産と観光産業が主。人口七一二四（一九八八）。

**よろん-じま【与論島】**鹿児島県、奄美諸島最南端の島。面積二〇・八$km^2$。平たい隆起珊瑚礁の島で、奄美群島国定公園に属する。

**よ-わ【夜▽半】**よる。夜中。midnight

**夜半の嵐**（よわのあらし）①夜中のあらし。②《親鸞の歌「明日ありと思ふ心の仇桜夜半に嵐の吹かぬものかは」による》桜の花を一夜で吹き散らす嵐。無常の風。

**夜半の寝覚め**（よわのねざめ）夜中過ぎに目が覚めること。夜中に目覚めがちなこと。

**よ-わ【余話】**こぼれ話。余談。余聞。gossip

**よわい【▽齢・▽歯】**①生きていく期間。とし。年齢。years ②年ごろ。年配。age

**齢を重ねる**（よわいをかさねる）年をとる。live to be…

**よわ・い【弱い】**（形）[対義]強い。①壊れやすい。頑丈でない。fragile [用例]ガラスは衝撃に—。②激しくない。weak [用例]抵抗力が—。日ざしが—。③《俗語》㋐不得手だ。得意でない。[用例]英語に—。㋑抵抗しにくい。irresistible [用例]そういわれると—。④力や勢いが劣っている。weak [用例]—チーム。[派生]よわげ（形動）よわさ（名）よわみ（名）よわめ（名）よわり（名）

**よわい・する【▽歯する】**（サ変自）仲間に加わる。同列に並ぶ。

**よわき【弱き】**[文語的]《「弱し」の連体形》弱いもの・人・所。

**弱きを助け強きを挫く**（よわきをたすけつよきをくじく）弱者を救い、横暴な者を懲らしめる。義侠心の根本とされる。help the weak and crush the strong

**よわ-き【弱気】**（名・形動）[対義]強気。①気力に欠けていること・さま。いくじのないこと・さま。気が弱いこと・さま。timid [比較]内気・気弱。②相場が下がると予想すること。bearish

**よわ-ぎん【弱吟】**謡曲の音階や発声法に関する用語。江戸時代派生した強吟に対し、比較的安定した音高で、優美・哀愁などの気分を表すとされる。

**よわ-ごし【弱腰】**㊀（名）腰の細くなった部分。㊁（名・形動）態度が消極的なこと・さま。weak-kneed [対義]強腰。

**よわ-さ【弱さ】**弱いこと・程度。weakness [比較]弱み。

**よわ・し【弱し】**[古語]（形ク）→よわい（弱い）

**弱き者よ汝の名は女也**（よわきものよなんじのなはおんななり）《シェークスピアの『ハムレット』にあることば》女は、心情的に弱く、人に動かされやすいものである。また、女は力が弱くて、かわいそうな存在だ。弱き者、汝の名は女なり。Frailty, thy name is woman.

**よわ・す【▽酔わす】**（五他）酔ったような状態にする。夢中にさせる。酔わせる。charm; intoxicate [用例]大衆を—。

**よ-わたり【世渡り】**（名・サ変自）暮らしていくこと。生活していくこと。渡世。処世。go on through the world [用例]—がへただ。

**よわなさけうきなのよこぐし【与話情浮名横▼櫛】**歌舞伎生世話物。九幕。三世瀬川如皐作。嘉永六年（一八五三）初演。日本橋の若旦那与三郎は、木更津で土地の親分のめかけお富との密通が露見し、全身三四か所も切られ、やくざに転落。三年後ゆすりに入った家でお富に再会する。「玄冶店」の場面が有名。通称、切られ与三。→[写]

●与話情浮名横櫛の与三郎。二世中村吉右衛門

**よわ-ね【弱音】**いくじのないことば。whine [用例]—を吐く。

**よわのねざめ【夜▽半の寝覚】**平安後期の物語。菅原孝標女作と伝える。成立時未詳。中間と末尾に欠巻があり、現存五巻。宿命に悩む女主人公寝覚の上の物語。『源氏物語』の影響を受ける。『夜の寝覚』。『寝覚』。

**よわ-び【弱火】**火力の弱い火。蛍火。simmer

**よわ-ふくみ【弱含み】**相場が下がりそうな傾向にあること。bearish [対義]強含み。

**よわま・る【弱まる】**（五自）弱くなる。弱る。weaken [対義]強まる。

**よわ-み【弱み】**後ろ暗い点。弱点。欠点。weak point [比較]弱さ。[対義]強み。[用例]—がある。人に—を見せる。

**弱みに付け込む**（よわみにつけこむ）人の困っていることや後ろ暗いところを問題にして、利益を得ようとする。take advantage of a person's weakness

**弱みを握る**（よわみをにぎる）相手の弱点や、何を後ろめたく思っているかを知る。have something on a person; know one's secret

**よわ・む【弱む】**[古語]（下二他）→よわめる（弱める）

**よわ-むし【弱虫】**いくじのない者をののしっていう語。弱みそ。coward; crybaby [用例]—毛虫、はさんで捨てろ。

**よわ・める【弱める】**（下一他）弱くする。weaken [対義]強める。

**よわよわし・い【弱弱しい】**（形）いかにも弱そうだ。feeble [派生]よわよわしげ（形動）よわよわしさ（名）

**よわり【弱り】**弱ること。衰弱。weakness

**よわり-は・てる【弱り果てる】**（下一自）①すっかり弱くなる。非常に衰える。be exhausted ②途方にくれる。困り抜く。非常に困る。be at a loss

**よわり-め【弱り目】**困ったとき。不運な場合。

**弱り目に祟り目**（よわりめにたたりめ）困ったときに、さらによくないことが重なること。Troubles never come alone. [類似]泣き面に蜂。

**よわ・る【弱る】**（五自）①弱くなる。weaken ②困る。be at a loss [用例]それは—・った。

**よん【四】**《「四」の転》よっつ。よ。four [用例]—種類。

**よんいちきゅう-かくめい【四・一九革命】**一九六〇年、韓国の李承晩政権を打倒した運動。不正選挙を契機に四月一九日ソウルで学生を中心とする大衆が蜂起、全国に波及。李はハワイに亡命し、八月第二共和国が成立したが、六一年朴正熙を中心とする軍事クーデターで崩壊。

**よんエイチ-クラブ【四Hクラブ】**《四Hは、head(頭)・hand(手)・heart(心)・health(健康)の略》農業生産技術や生活課題の学習を目的とする農村青少年組織。アメリカで生まれ、第二次大戦後、日本を含むアジア諸国に普及した。

**ヨンキント【Johan Barthold Jongkind】**（一八一九〜一八九一）一九世紀オランダの代表的画家。風景画にすぐれ、印象派の創始者たちに影響を及ぼした。作品『風景』『ロッテルダムの港』など。ヨングキント。

**よんサイクル-きかん【四サイクル機関】**四行程（ピストン二往復）で吸入・圧縮・膨張・排気の一サイクルを行う内燃機関。four-cycle engine

**よん-さいぼうき【四細胞期】**受精卵の初期の発生段階において、卵が第二卵割を終え、四つの等しい大きさの細胞になった状態。四つの割球からなる段階。

**よんしょく-もんだい【四色問題】**球面または平面上の地図を色わけするには、四色あれば十分であることを証明せよ、という問題。一九七六年アッペルとハーケンがコンピューターを駆使して肯定的に解決。four color problem →[図]

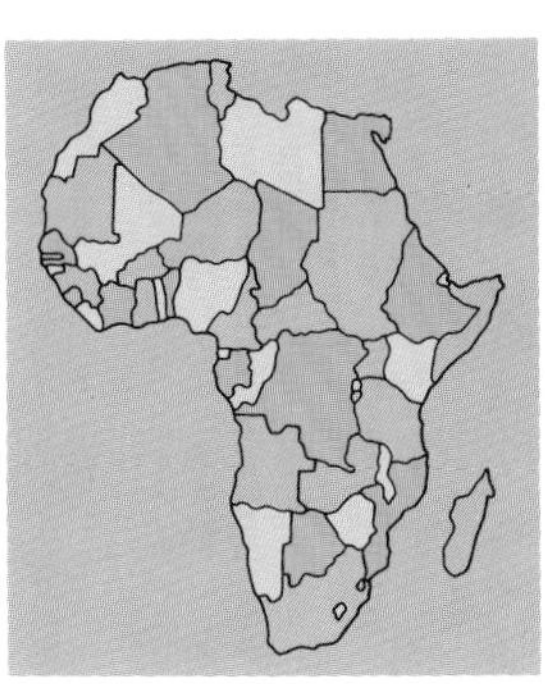

●四色問題　アフリカの例



▼常用漢字表外。▽常用漢字表の音訓外。

● 四大公害裁判

| | 原告＊ | 被告 | 提訴 | 訴訟内容 | 判決 |
|---|---|---|---|---|---|
| 新潟水俣病 | 水俣病患者・家族七六人 | 昭和電工(株) | 昭和四二年六月 | 水質汚濁 工場廃液によって汚染された阿賀野川の魚を食べた住民が有機水銀中毒症になったとして、賠償を請求 | 昭和四六年九月原告側全面勝訴 |
| 四日市ぜんそく | 公害病認定患者九人 | 昭和四日市石油(株)三菱油化(株)など六社 | 昭和四二年九月 | 大気汚染 四日市市(三重県)の石油コンビナートから排出される亜硫酸ガスでぜんそく症状が起きたとして、六社の共同責任を追及 | 昭和四七年七月原告側全面勝訴 |
| イタイイタイ病 | イタイイタイ病患者二八人 | 三井金属工業(株) | 昭和四三年三月 | 水質汚濁 神通川(富山県)上流にある鉱業所から流出した鉱毒が農地を汚染し、カドミウム中毒を起こしたとして賠償を請求 | 昭和四七年八月原告側全面勝訴 |
| 熊本水俣病 | 水俣病患者・家族一一二人 | 新日本窒素(株)現在のチッソ(株) | 昭和四四年六月 | 水質汚濁 工場廃液によって汚染された水俣湾(熊本県)の魚を食べた住民が有機水銀中毒症になったとして賠償を請求 | 昭和四八年三月原告側全面勝訴 |

＊原告の数は提訴が行われた時点のもの

**よん‐ぜんそう【四全総】**「第四次全国総合開発計画」の略。

**よんだい‐ぎょじょう【四大漁場】** 漁業生産量から見て、太平洋北西部・大西洋北東部・大西洋北西部・太平洋南東部の四海域。

**よんだい‐こうがいさいばん【四大公害裁判】** 新潟水俣病・四日市喘息・富山イタイイタイ病・熊本水俣病の四大公害病に関する裁判。↓図

**よんだい‐こうぎょうちたい【四大工業地帯】** 日本でもっとも工業が盛んな、京浜・中京・阪神・北九州の四つの工業地帯。

**よんだい‐トーナメント【四大トーナメント】** ①テニスで、全英選手権(＝ウィンブルドン)・全米選手権・全仏選手権・全豪選手権の四つのトーナメント。いずれも古い歴史を持ちオープン化されている。グランドスラムイベント。Grand Slam event ②ゴルフで、全英オープン・全米オープン・全米プロ・マスターズの四つのトーナメント。Grand Slam event

**よん‐ダブリュー‐エス【4WS】**《four wheel steeringの略》ハンドル操作で、前輪だけでなく後輪の向きをも変えられる車。カーブなどで後輪が横すべりせず、走行安定性が高い。四輪操舵。

**よん‐ダブリュー‐ディー【4WD】**《four wheel driveの略》↓よんりんくどうしゃ(四輪駆動車)

**ヨンティンホー【永定河】**(Yǒngdìng Hé) ↓えいていが(永定河)

**よんどころ‐な・い【▽拠ん所無い・▽拠無い】**(形) やむを得ない。しかたがない。unavoidable 用例 ―事情で欠席する。派生 よんどころなげ(形動) よんどころなさ(名)

**よんと‐だる【四斗▼樽】** ↓しとだる(四斗樽)

**よんのじ‐がため【4の字固め】** プロレスで、相手の脚を数字の4の形になるように、自分の脚をからめて固める痛め技。figure four leg lock

**よんばい‐たい【四倍体】** ↓しばいたい(四倍体)

**よん‐びょうし【四拍子】** ↓しびょうし(四拍子)

**ヨンベク‐へいや【ヨンベク平野・▽延▽白平野】**(Yŏnbaek) ↓えんぱくへいや(延白平野)

**よんりん‐くどうしゃ【四輪駆動車】** 前後四つの車輪に駆動を与えて走る自動車。山岳道路などの悪路での機動性・安全性が高い。全輪駆動。4WD。four wheel drive car

**よんりん‐しゃ【四輪車】** 車輪が前後合わせて四つある自動車。four-wheeled vehicle 用例 軽―。

# らラ

**ら【ら・ラ】** 五十音図ら行第一の仮名。平仮名「ら」は「良」の草体。片仮名「ラ」は「良」の上。

**ラ 10画【▼倮】** 部首[人・亻] 音 ラ・カ はだか。あかはだか。まっぱだか。

**ラ 13画【裸】** 部首[ネ] 常用 JIS 4571 音 ラ 訓 はだか はだか。あかはだか。はだかになる。「赤裸・全裸」「裸出・裸身・裸体」

**15画【▼躶】** 部首[身] 異体字

**ラ 17画【▼螺】** 部首[虫] JIS 4570 音 ラ にな。にし。カワニナ。マキガイ綱に属する軟体動物。

**19画【▼蠃】** 異体字

**ラ 19画【羅】** 部首[罒] 常用 JIS 4569 音 ラ ①あみ。あみでとる。「網羅」 ②うすもの。うすぎぬ。紗や絽のように、縦糸をよじらせて、あらく織った薄地の絹織物。「綺羅」 ③ならべる。つらねる。つらなる。「羅列」 ④ラテン(羅甸)のこと。⑤ローマ(羅馬)のこと。⑥ルーマニア(羅馬尼亜)のこと。

**ラ 21画【▼臝】** 部首[月] 音 ラ はだか。あかはだか。はだかになる。

**ラ 21画【▼騾】** 部首[馬] JIS 8164 音 ラ ラバ。ウマ科の哺乳動物。雌のウマと雄のロバとの交配による一代雑種。「騾馬」

**ラ 22画【▼蘿】** 部首[艹] JIS 7339 音 ラ かずら。つた。つる性植物の総称。

**ラ 23画【▼邏】** 部首[辶] JIS 7822 音 ラ めぐる。①みまわる。巡視する。また、その役目の人。「警邏・巡邏」「邏卒」 ②とりまく。山のまわりを雲がとりまく。

**ラ 27画【▼鑼】** 部首[金] JIS 7953 音 ラ どら。青銅製で盤状の打楽器。ばちでたたいて、ならす。「銅鑼」

**ら【▽等】**(接尾) ①《人や物に関する体言に添えて》複数を表す語。など。比較 たち。用例 彼―。②主だったものを示してほかを略すことを示す。用例 A氏―三名。③けんそん・見下しの意を表す。用例 わたし―のできることではない。おまえ―の出る幕ではない。④親愛の意を表す語。用例 子―。⑤場所・方向を示す語。用例 野―。あち―。

**ラー【Ra】** 古代エジプトの太陽神で最高神。信仰の中心地はヘリオポリス。第五王朝以後のファラオは「ラーの子」の称号をもった。

**ラーガ【rāga ヒンズー】** インドの音楽理論用語。音階ないし旋律型を意味する。

**ラーキン【Philip Larkin】**(一九二二～八五) イギリスの詩人・小説家。個人的体験に即した題材をイメージ豊かにうたった。詩集『欺かれざる者』、小説『ジル』など。

**ラーク【lark】** ヒバリ。

**ラークスパー【larkspur】** キンポウゲ科の一年草。葉は掌状に裂け、花序は総状または穂状。花は青色五弁。北米原産。ヒエンソウ。

**ラーゲ【Lage ドイツ】** 性行為のときの体位。

**ラーゲリ【lager ロシア】** ①捕虜収容所。②政治犯などの強制収容所。ラーゲル。

**ラーゲル【Lager ドイツ】** ↓ラーゲリ

**ラーゲルクビスト【Pär Lagerkvist】**(一八九一～一九七四) スウェーデンの詩人・小説家・劇作家。神への不信と懐疑などを主題とする。一九五一年ノーベル文学賞受賞。小説『バラバ』『聖地』など。

**ラーゲルレーフ【Selma Lagerlöf】**(一八五八～一九四〇) スウェーデンの女流小説家。地方の伝説や歴史を素材とし、空想豊かな物語を書いた。一九〇九年女性初のノーベル文学賞受賞。小説『エルサレム』、児童文学『ニルスの不思議な旅』など。

**ラージプート‐ぞく【ラージプート族】** インド北西部ラージャスターン州に住む民族。七～一三世紀に多くの王朝を形成。ヒンズー教徒。Rajput

**ラージャスターン【Rajasthan】** インド北西部、パキスタンと国境を接する州。州都ジャイプル。農業が中心。人口三二四一〇・三万(一九九一)。

**ラージン‐の‐らん【ラージンの乱】** 一六六七年ロシアで起きた農民の反乱。ドン＝コサックの首領ステンカ＝ラージンが圧制に抗し、コサックや逃亡農奴を率いてカスピ海、ボルガ川下流域地方で蜂起。勢威をふるったが、七〇年政府軍により鎮圧された。revolt of Razin

**ラーテル【ratel】** イタチ科のアナグマに似た動物。体長約七〇cm、尾長約二五cm。岩山・平原・森林にすみ、夜行性で、日中は足で掘った穴で休む。好物の蜂蜜は、ミツオシエという鳥の鳴き声による誘導によってミツバチの巣を発見して食べる。アフリカに分布。

**ラード【lard】** 料理用の豚の脂肪。融点は一般に二八～四八℃で、ヘットより低い。舌ざわりがなめらか。揚げ物・いため物に使う。

**ラードナー【Ring Lardner】**(一八八五～一九三三) アメリカの小説家。辛辣な風刺を盛ったユーモア小説を残す。作品『愛の巣』『おれは駆けだし投手』など。

**ラートブルフ【Gustav Lambert Radbruch】**(一八七八～一九四九) ドイツの法哲学者・刑法学者。価値相対主義による自由主義・民主主義・社会主義の基礎づけを試み、自由刑論や教育刑論でも知られる。著書『法哲学』など。

**ラービ【Isidor Isaac Rabi】**(一八九八～一九八八) アメリカの物理学者。オーストリア生まれ。原子線を用いた共鳴法により、原子核の磁気モーメントを正確に測定し、一九四四年ノーベル物理学賞受賞。

**ラーベ【Wilhelm Raabe】**(一八三一～一九一〇) ドイツの小説家。作品『雀横丁年代記』『死体運搬車』など。

**ラーマーヤナ【Rāmāyaṇa】** サンスクリットで書かれた古代インドの叙事詩。「ラーマ王の行伝」の意。詩人バールミーキの作とされ、二世紀ごろに現形が成立と推定される。七章二万四〇〇〇頌。「インド最初の詩作品」と称される。コーサラ国の王子ラーマをめぐる物語。

**ラーマクリシュナ【Rāmakrishna Paramahaṃsa】**(一八三六～八六) 近代インドの宗教家。神秘的体験をえて、神との合一をとく。カーストを否定し、すべての宗教を肯定した。

**ラーメン【老麺・拉麺 中】**(lāomiàn) ①中国風の手打ちめんの総称。Chinese noodles ②中華そばのこと。

**ラーメン‐きょう【ラーメン橋】** ラーメン構造に基づく橋。耐震性が大きく、高架橋などに用いられる。rigid-frame bridge ↓写(次ページ)

**ラーメン‐こうぞう【ラーメン構造】**《Rahmen ドイツは、骨組み、の意》構造物を構成している部材の接合部が回転しないように「剛」に固定してある構造。rigid-frame structure

**ラーユ【辣油 中】**(làyóu) 調味料の一つ。タカノツメなどのトウガラシを植物油の中でよく加熱し、辛味を抽出したもの。中国料理のめん類やギョーザのたれなどに用いる。

**ラーラ【Mariano José de Larra】**(一八〇九～三七) スペインの小説家・批評家。ロマン主義を導入した。戯曲『マシアス』など。

●ラーメン橋　東京都千代田区、御茶ノ水橋。

**ライ** 5画【礼】 部首[ネ] 教育小3 JIS 4673
―― 18画【▼禮】 部首[示] 旧字 JIS 6725
音 **レイ・ライ**
筆順 ↓レイ【礼】
①おがむ。お辞儀をする。「礼賛・礼拝」 ②六芸の一つ。れい。礼儀作法。 ③『礼記』『周礼』『儀礼』をあわせた称。三礼のこと。
↓レイ【礼】

**ライ** 6画【▼耒】 部首[耒] JIS 7048
音 ライ・ルイ
①すき。手でつかって土をおこす農具。 ②すきの柄。木をまげてつくる。 ③部首の一つ。らいすき。すきへん。

**ライ** 7画【来】 部首[木] 教育小2 JIS 4572
―― 8画【▼來】 部首[人] 旧字 JIS 4852
―― 11画【▼徠】 部首[彳] 異体字 JIS 5550
音 **ライ**
訓 **くる・きたる・きたす**

①くる。やってくる。対義 往・去。「往来・去来・到来・未来」「来聴・来訪」 ②つぎの。きたる。類似 翌。対義 先・去。「来月・来週・来春」 用例《接頭的》―学期。 ③このかた。…から。「以来・元来・年来」 用例《接尾的》五年―。

**ライ** 10画【▼勑】 部首[力]
音 ライ・チョク
ねぎらう。いたわる。なぐさめる。

**ライ** 11画【▼萊】 部首[艹]
―― 10画【▼莱】 異体字 JIS 4573
音 ライ
①アカザ。アカザ科の一年草。 ②あれち。くさむら。耕作をやめてしまって、雑草がはえている荒れ地。 ③雑草。おいしげる雑草。 ④のぞく。雑草をのぞく。

**ライ** 13画【雷】 部首[雨] 常用 JIS 4575
音 **ライ**
訓 **かみなり**
①かみなり。いかずち。「遠雷・春雷・避雷針・落雷」「雷雨・雷鳴」 用例(名)―のごとし。 ②かみなりのような。「付和雷同」「雷名」 ③爆発するもの。「魚雷・地雷・水雷」「雷管」
**雷の如し**(らいのごとし) 名声などが広まっているさま。 用例 名声―。

**ライ** 15画【▼磊】 部首[石] JIS 6693
音 ライ
①石がごろごろと沢山あるさま。 ②心が大きいさま。鷹揚なさま。「磊落」

**ライ** 15画【▼賚】 部首[貝] JIS 7647
音 ライ
①たまう。あたえる。たまわる。 ②たまもの。あたえられたもの。

**ライ** 16画【▼蕾】 部首[艹] JIS 7318
音 ライ
つぼみ。花のひらく前のふくらみ。

**ライ** 16画【▼擂】 部首[扌] JIS 5807
音 ライ
①する。みがく。とぐ。 ②おとす。ころがす。高いところから石をおしおとす。

**ライ** 16画【▼錑】 部首[金]
音 ライ
①かんな。大工道具の一つ。材木の表面をけずって平らにする。 ②もじり。もじ。そでがらみ。衣服の袖にからませて、人をひきたおす道具。長い棒の先に、まがったはりを多数とりつけてある。

**ライ** 16画【頼】 部首[頁] 常用 JIS 4574
―― 16画【▼賴】 部首[貝] 旧字
音 **ライ**
訓 **たのむ・たのもしい・たよる**
①たのむ。たよる。たよりにする。「依頼・信頼」「頼信紙」 ②たのもしい。たよりになりそうにみえる。

**ライ** 17画【▼儡】 部首[人・亻] JIS 4920
音 ライ
①やぶれる。 ②よわる。つかれる。 ③「傀儡」は、あやつり人形。くぐつ。でく。

**ライ** 18画【▼礌】 部首[石]
音 ライ
①おとす。ころがす。高いところから石をおしおとす。 ②石がごろごろと沢山あるさま。

**ライ** 19画【▼藾】 部首[艹] JIS 7333
音 ライ
①「藾蕭」は、カワラヨモギ。キク科の多年草。 ②おおう。かげ。

**ライ** 19画【▼櫑】 部首[木] JIS 6110
音 ライ
さかだる。雷雲の形がきざみつけてある、さかだる。

**ライ** 19画【▽瀬】 部首[氵] 常用 JIS 3205
―― 19画【▼瀨】 旧字
音 ライ
訓 **せ**
①浅くて流れの急なところ。 ②海のせまくなっているところ。 ③場合。時機。 ④たちば。ところ。

**ライ** 20画【▼礧】 部首[石]
音 ライ
①おおきないし。大石。 ②石がごろごろと沢山あるさま。 ③おとす。ころがす。高いところから石をおしおとす。

**ライ** 21画【▼癩】 部首[疒] JIS 6590
音 ライ
ハンセン病。皮膚や神経などをおかす慢性の伝染病。潜伏期間は三～五年。伝染力は弱い。特効薬プロミンなどの出現で、なおる病気となった。レプラ。「癩病」

**ライ** 21画【▼罍】 部首[缶] JIS 7003
音 ライ
さかだる。雷雲の形がえがいてあるさかだる。大きな壺のような形で、一石はいるという。

**ライ** 22画【▼籟】 部首[竹] JIS 6861
音 ライ
①ふえ。三つのあながある、ふえ。また、簫の別名ともいう。 ②ひびき。音。声。「松籟」

**ライ**【rye】 ライ麦。
**ライ**【Satyajit Ray】(一九二一～一九九二) インドの映画監督。作品『大地のうた』三部作、『遠い雷鳴』など。
**ライ**【RAI】《Radio Televisione Italiano の略》イタリア放送協会。

**らい-い**【来意】 訪ねてきたわけ・目的。purpose of one's visit 用例 ―を聞く。
**らい-う**【雷雨】 ㊀雷をともなう雨。激しい上昇気流によって生じた積乱雲から降る。雲の上部では、霰や雹が形成される。thunderstorm ㊁①《原題Groza ロシア》ロシアの戯曲。一八五九年オストロフスキー作。不義をはたらいた若妻の悲劇。 ②中国の戯曲。一九三四年曹禺作。近親相姦の悲劇。
**らいう-さいぼう**【雷雨細胞】 積乱雲で、対流運動により雷雨を形成する部分。直径三～五㎞の規模で、暖かい上昇流と冷たい下降流が循環する。雷雨セル。thunderstorm cell
**らいう-にっすう**【雷雨日数】 電光や雷鳴を観測した日の数。気象統計上は雷日数といい、弱い雷鳴だけの日は数に入れない。
**らい-うん**【雷雲】 電光や雷鳴をともなう雲。積乱雲。thundercloud
**らい-えん**【来援】(名・サ変他) 来て助けること。come and help
**らい-えん**【来演】(名・サ変自) その土地に来て、演劇・音楽などを演じること。come and give a performance
**らい-おう**【来往】(名・サ変自) 行き来すること。往来。
**ライオン**【lion】 ネコ科の肉食獣。雄には長いたてがみがある。体長一・六～二・六m。草原・疎林にすみ、レイヨウやシマウマを捕食。アフリカとインドの一部に分布。百獣の王。獅子。カラシシ。↓写
●ライオン　雄(上)と雌(下)。

**ライオンズ-クラブ**【Lions Club】《Lions は Liberty(自由)・Intelligence(知性)・Our Nation's Safety(わが国の安全)の略》アメリカに本部を置く国際的社会奉仕団体。一九一七年創設。日本支部は五二年(昭和二七)設立。
**ライオン-タマリン**【lion tamarin】 キヌザル科の哺乳動物。頭胴長二五～四〇㎝、尾も同じぐらい長い。全身は細くしなやかな毛でおおわれ、頭部と肩に長い毛がたてがみ状にはえる。果実・昆虫・トカゲなどを食べる。ブラジル南東部に分布。シシザル。
**らい-か**【雷火】 ①いなびかり。 ②落雷による火事。
**ライカ**【Leica ドイツ】《Leitz-Camera ドイツの略》ドイツのエルンスト-ライツ社製の三五ミリカメラの商標名。一九二五年にライカA型を発売。小型カメラの先駆。
**らい-が**【来▼駕】《上に「御」を付けて》相手が訪ねてくることをいう敬語。来訪。
**ライガー**【liger】《ライオン(lion)の"li"とトラ(tiger)の"ger"とを組み合わせた造語》雄ライオンと雌トラの交配種。トラに似たしま模様があり、雄はライオンに似たたてがみがある。
**らい-かい**【来会】(名・サ変自) ①一つの場所に集まること。 ②会に出席すること。
**ライカ-ばん**【ライカ判】 一九二五年に発表されたカメラ「ライカ」用のフィルムサイズ。二四㎜×三六㎜。
**らい-かん**【来館】(名・サ変自) 映画館・図書館などに来ること。用例 ―者。
**らい-かん**【来観】(名・サ変他) 来て見ること。見に来ること。
**らい-かん**【雷管】 爆薬を起爆させるための道具。金属製の容器に起爆薬として雷酸水銀などを用いることからの名。detonator
**らい-がん**【雷丸】 サルノコシカケ科のライガン菌の菌核。タケ類の根茎に寄生する。直径一～二㎝。外面は黒色、内部は白色。乾燥したものは駆虫薬。
**らいき**【礼記】 儒教の経書。五経の一つ。周末から漢にかけての礼に関する記録を戴徳がまとめ、甥の戴聖がさらに選録したもの。四九篇。朱子はその中の『大学』『中庸』を独立させ四書に加えた。
**らい-きゃく**【来客】 訪ねてきた客。客。visitor
**らい-ぎょ**【雷魚】 タイワンドジョウとカムルチーを区別せずにいう場合の俗称。両者はよく似ているが、黄灰色の体側に並ぶ暗褐色の斑紋が三列なのがタイワンドジョウ、二列なのがカムルチー。↓図

●ライギョ　カムルチー

**らい-きょう**【雷響】 かみなりが響きわたること。雷鳴。
**らい-きょうへい**【頼▼杏▽坪】(一七五六～一八三四) 江戸後期の儒者。名は惟柔。安芸国の人。

山陽の叔父。広島藩に仕えた。著書『春草堂詩鈔(しょう)』など。

**らい-くにとし【来国▽俊】**(生没年未詳) 鎌倉(かまくら)中期から後期の刀工。山城(やましろ)の来派を代表する。国俊と来国俊との同人・別人説がある。

**らい-げき【雷撃】**㊀(名) 雷が落ちること。struck by lightning ㊁(名・サ変他) 潜水艦・航空機などによる魚雷攻撃。torpedo attack 比較 爆撃。

**らいげき-ほうでん【雷撃放電】** 落雷の放電。高速度撮影の写真で見ると、雲から地面への前駆雷撃と、次に地面から雲へ帰る帰還雷撃とからなる。

**らい-げつ【来月】** 今月の次の月。翌月(よくげつ)。next month

**らい-げん【来源】**(名・サ変自) そこから来ること。また、そのみなもと。用例 仮名は漢字に―する。

**らい-こ【雷鼓】** ①雷神の太鼓。②かみなりの鳴る音。

**らい-こう【来光】** ↓ごらいこう(御来光)

**らい-こう【来航】**(名・サ変自) 外国から船で来ること。visiting by sea

**らい-こう【来貢】**(名・サ変自) 外国の使者が来て、みつぎものを差し出すこと。

**らい-こう【来▼寇】**(名・サ変自) 外国から攻めてくること。来襲。

**らい-こう【雷▼汞】** ↓らいさんすいぎん(雷酸水銀)

**らい-ごう【来▽迎】**《仏教語》念仏信者の臨終のさい、阿弥陀(あみだ)仏が二十五菩薩(ぼさつ)とともに迎えに現れ、極楽浄土に連れていくこと。

**らいごう-ず【来▽迎図】** 仏画の一つ。死者を浄土に迎えるため、仏・菩薩(ぼさつ)が雲に乗って飛来する光景を描く。中国におこった図様で、日本では平安時代以降、浄土教の思想の発達に伴って阿弥陀(あみだ)来迎図がさかんに描かれた。

**ライ-こむぎ【ライ小麦】** 小麦とライ麦を交配したイネ科の新作物。ライ麦に近く、耐寒性が強く、自家稔性(ねんせい)がある。飼料用。

**らい-さん【礼賛・礼▼讃】**(名・サ変他) ①仏を拝んで功徳(くどく)をたたえること。worship ②ありがたいと思って、ほめること。praise

**らい-さん【雷酸】** 化学式HONC 特異臭をもち、きわめて不安定。有毒で強酸。fulminic acid

**らいさん-すいぎん【雷酸水銀】** 雷酸水銀(II) $Hg(ONC)_2$ と雷酸水銀(I) $Hg_2(ONC)_2$ の総称。ともに爆発性で、起爆薬に利用。前者は雷汞(らいこう)とよばれる。mercury fulminate

**らい-さんよう【頼山陽】**(一七八〇〜一八三二) 江戸後期の儒者・歴史家。名は襄(のぼる)。安芸国(あきのくに)の人。春水(しゅんすい)の子。江戸で尾藤二洲(びとうじしゅう)に学ぶ。尊攘(そんじょう)派の志士の精神的支柱として大きな影響を与えた。著書『日本外史』など。

**らい-し【礼紙】** 文を書いた紙を包む白紙。ふつう、本文の紙と同じものを用いる。かけがみ。

**らい-じ【来示】**《上に「御ご」を付けて》相手が手紙に書いてきた内容をいう敬語。

**らい-しゃ【来社】**(名・サ変自) 客が会社におとずれて来ること。

**らい-しゃ【来車】**(名・サ変) ①車に乗ってくること。②《上に「御ご」を付けて》来訪することをいう敬語。来駕(らいが)。

**らい-しゃ【来者】** ①客。来客。②これから世に出る人。後進。③将来。今後。対義 往者。

**ライシャワー【Edwin Oldfather Reischauer】**(一九一〇〜一九九〇) アメリカの歴史家・外交官。東京生まれ。ハーバード大学教授。昭和三六〜四一年(一九六一〜六六)駐日アメリカ大使。著書『日本―過去と現在』ほか。

**らい-しゅう【来週】** 今週の次の週。next week

**らい-しゅう【来襲】**(名・サ変自) 攻めてくること。attack

**らい-じゅう【雷獣】** ①中国の想像上の怪獣。雷とともに落下し、人畜に危害を及ぼすと考えられた。木貂(きてん)。②第三紀漸新世の化石哺乳(ほにゅう)類。草食性。体高約二・五m。鼻の上に太い二本の奇妙な角をもつ。プロントテリウム。

**らいしゅう-はんとう【雷州半島】** 中国広東省南西部に突出する丘陵性の半島。南シナ海とトンキン湾を分け、海南島と相対する。レイチョウ半島。

**らい-しゅん【来春】** 来年の春。来年の正月。明春。らいはる。next spring

**らい-しゅんすい【頼春水】**(一七四六〜一八一六) 江戸後期の儒者。朱子学をもって広島藩に仕える。山陽の父。

**らい-しょ【来書】** よそから来た手紙。来信。来状。

**らい-じょう【来場】**(名・サ変自) その場所・会場に来ること。come 用例 ご―の皆様。

**ライ-しょうこうぐん【ライ症候群】** 乳幼児の高熱疾患(しっかん)のうち、肝障害をともなった急性脳症を発症し、きわめて死亡率の高いもの。原因として、インフルエンザ、水痘のウイルス、アスピリンなどのサリチル酸系の解熱(げねつ)剤が考えられている。Ray syndrome

**らい-しん【来信】** ①よそから来た手紙。来書。letter received ②届いた電信。telegraph received

**らい-しん【来診】**(名・サ変自) ①《患者の側からいう語》医師が患者の家に来て診察すること。come and see the patient 比較 往診。②患者が、診察を受けに病院などへ来ること。

**らい-じん【雷神】** 雷をつかさどる神。古く、雷は神立ちといい、神の出現と信じられていた。鬼の姿をして描かれることが多い。

**らいしん-し【頼信紙】**《「電報頼信紙」の略》電報を打つときに、電文を書く所定の用紙。現在の発信紙。telegram form

**ライス【rice】** ①米。②御飯。

**ライス【Elmer Rice】**(一八九二〜一九六七) アメリカの劇作家。実験的手法の『計算器』、写実的な『街の風景』などで知られる。

**ライス-カレー**《curry and riceから》↓カレーライス

**らい-すき【▼耒】** 漢字を組み立てている部分の名。すき偏。「耕・耘」などの左にある「耒」。

**ライス-センター**《和製語》大規模な米の乾燥調製施設。穀物の乾燥・もみすり調製・計量・袋詰めなどを行う。

**ライス-ペーパー【rice paper】** 薄葉紙(うすようし)の一種。紙巻きたばこ用の薄い紙。おもに麻繊維を原料とする。

**らい-せ【来世】**《仏教語》三世(さんぜ)の一つ。死後の世。後世(ごせ)。あの世。対義 前世・現世(げんせ)。

**ライセンス【license】** ①許可。免許。また、その証。②輸入・輸出許可証。③自動車運転免許証。④企業間などの技術使用の許可。また、その証。

**ライセンス-せいさん【ライセンス生産】** 民間企業が外国製品の特許などの使用についてのライセンス(許可)を取得して国内生産すること。license production

**らい-だ【▼懶惰・▼嬾惰】**「らんだ」の慣用読み。

**ライター【lighter】** 喫煙のさいに使う点火器。一九〇六年イギリス製のフリント石着火の揮発油ライターにはじまり、ガスライター・電池式ライターとつづき、最近は電子式が主流。

**ライター【writer】** ①作家。記者。用例 シナリオ―。②著者。著述家。

**ライダー【rider】** ①馬・車に乗る人。乗り手。騎手。②精密てんびんなどで、こまかいつりあいの調節に使う分銅。目盛り付きのてんびんの腕にまたがらせる。

**らい-たく【来宅】**(名・サ変自) 人が自分の家に来ること。call at one's house 用例 明朝御―ください。

**らい-だん【来談】**(名・サ変自) 来て話すこと。come to talk 用例 御―のほど、お願いいたします。

**ライチ【lychee; laichi】** ↓れいし(茘枝)①

**らい-ちゃく【来着】**(名・サ変自) こちらにつくこと。arrive

**らい-ちょう【来朝】**(名・サ変自) ①外国人が日本に来ること。来日。②外国の使節などが朝廷に参内すること。入朝。比較 帰朝。

**らい-ちょう【来聴】**(名・サ変自) 演説などを聞きに来ること。用例 御―の方々に申し上げます。

●F=L=ライト 代表作の旧帝国ホテル。

**らい-ちょう【雷鳥】** ライチョウ科の鳥。翼長約二〇cm。夏は風切り羽と腹部が白いほかは全身褐色で、冬は全身白色になる。本州の中部山岳や白山のハイマツ帯にすむ。北海道にはエゾライチョウが分布。特別天然記念物。↓写

●ライチョウ

**らい-てい【雷▼霆】** 激しいかみなり。

**らい-てん【来店】**(名・サ変自) 客が店に来ること。come to the shop

**らい-でん【雷電】** かみなりと、いなずま。thunderbolt

**ライデン【Leiden】** オランダ西部、ハーグの北東七五kmにある都市。伝統の毛織物業を主とする工業都市で、同国最古の大学がある文教都市。スペインからの独立戦争ゆかりの地。人口一〇・五万(一九八六)。レイデン。

**らいでん-ためえもん【雷電▽為▽右▽衛門】**(一七六七〜一八二五) 江戸後期の名力士。信濃国(しなののくに)の生まれ。大関在位一六年。二五四勝一〇敗。優勝二五回。

**ライデン-びん【ライデン瓶】** ガラス瓶の底と側面の内外に錫箔(すずはく)を張って作った蓄電器。初期のコンデンサー。Leyden jar

**ライト【light】** ①光。あかり。明るいこと。用例 ―ブルー。②軽いこと。

**ライト【right】** ①正義。②権利。③右がわ。対義 レフト。④野球で、右翼手。また、その守備領域。対義 レフト。⑤保守派。対義 レフト。

**ライト【Frank Lloyd Wright】**(一八六九〜一九五九) アメリカの建築家。シカゴでルイス=ヘンリー=サリバンに師事し、「形態と機能は一致する」という有機的建築論を展開し、シカゴ派の指導者になる。大正五〜一一年(一九一六〜二二)来日、旧帝国ホテルを設計し、日本の建築家に大きな影響を与えた。↓写

**ライト【Richard Wright】**(一九〇八〜一九六〇) アメリカの黒人小説家。抗議の文学としての黒人文学を確立。作品『アメリカの息子』『ブラック-ボーイ』など。

**らい-とう【来島】**(名・サ変自) 人がよそから島をおとずれること。

**らい-どう【雷同】**(名・サ変自)《雷が響くとものがそれに応じて響く意》わけもなく他の意見に同意すること。blind following 用例 付和―。

**ライト-ウエルターきゅう【ライトウエルター級】** アマチュアボクシングの体重制階級の一つ。六〇〜六三・五kg。light welterweight

**ライト-きゅう【ライト級】** 体重制競技の階級の一つ。アマチュアボクシングでは五七〜六〇kg、プロボクシングでは五八・九〜六一・二kg。lightweight

**ライト-きょうだい【ライト兄弟】**(Wright) アメリカの航空機技術者。兄ウィルバー Wilbur(一八六七〜一九一二)と弟オービル Orville(一八七一〜一九四八)。飛行機の研究を続け、動力飛行の実現に努力。一九〇三年人類初の動力飛行に成功。↓写

●ライト兄弟 兄ウィルバー(右)、弟オービル(左)。

**ライト-しょくひん【ライト食品】** 低カロリー・低脂肪・低塩分の食品。低カロリー飲料・低塩しょうゆ・低脂肪バター・低アルコールビールなどがある。

**ライト-ハウス【lighthouse】** 失明者のための福祉施設。

**ライト-バリュー** 《和製語》写真で、使用するフィルムの感光度に対して適正な露出となる光量を数字で表したもの。

**ライト-バン【light van】** 乗用車の後部座席が荷物室になっている箱形の自動車。station wagon

**ライト-フライきゅう【ライトフライ級】** アマチュアボクシングの体重制階級の一つ。四五～四八kg。light flyweight

**ライト-ヘビーきゅう【ライトヘビー級】** 体重制競技の階級の一つ。アマチュアボクシングでは七五～八一kg、プロボクシングでは七二・五～七九・三kg。light heavyweight

**ライト-ペン【light pen】** ブラウン管画面上の文字や図形の書き込み・消去を行うペン状の入力装置。中にレンズとフォトトランジスターがあり、ブラウン管面に当てると、その光を受けて、コンピューターにペンの位置を知らせる仕組み。

**ライト-ミドルきゅう【ライトミドル級】** アマチュアボクシングの体重制階級の一つ。六七～七一kg。light middleweight

**ライトモチーフ【Leitmotiv ドイ】** ①音楽で、曲の主題をなす楽句。主題旋律。main theme ②文学で、作品の基調をなす中心思想。main theme

**ライナー【liner】** ①野球で、地面とほぼ平行に一直線に飛んでいく飛球。ラインドライブ。②飛行機や船の定期便。③コートなどの裏地で、取り外しができるもの。ライニング。④レコードなどの保護用で、解説などが書いてあるジャケット。用例 ―ノート。

**らい-にち【来日】**(名・サ変自) 外国から日本に来ること。訪日。visit Japan

**らい-にん【来任】**(名・サ変自) 任地に来ること。着任。

**ライニング【lining】** ①内張り。裏張り。裏打ち。服飾では、保温力を増したり滑りをよくしたり、シルエットを強調したりするためにつける。②トンネル掘削後の地肌をコンクリートなどで被覆すること。覆工。③管・容器などの内側に、腐食・摩耗防止のため、金属などをはること。

**ライネケぎつね【ライネケ▼狐】** 《原題Reineke Fuchs ドイ》ゲーテの動物叙事詩。また、その主人公の狐。フランス中世の「狐物語」に材をとり、封建社会を風刺。一七九三年成立。

**らい-ねん【来年】** 今年の次の年。明年。翌年。next year

**来年の事を言うと鬼が笑う** (らいねんのことをいうとおにがわらう) 将来のことは、今から決めることはできない。Talk about next year and the devil will laugh.

**ライノタイプ【linotype】** 《商標名から》一行分の文字をまとめて鋳造する自動活字鋳植機。文字盤のキーを操作し、毎時一万五〇〇〇～一万八〇〇〇字の高能率を示す。ライノタイプ。比較 モノタイプ。

**らい-はい【礼拝】**(名・サ変他) 神仏に低頭して拝むこと。とくに、仏を拝むこと。比較 礼拝。

**らい-はる【来春】** 来年の春。らいしゅん。next spring

**ライバル【rival】** ①競争者。②恋がたき。

**らい-ばん【礼盤】** 《仏教語》本尊を礼拝するために、導師が上がる高い壇。らいはん。

**らい-ひ【来否】** ①来るかどうか。用例 ―を確かめる。②来ることと来ないこと。

**ライヒシュタイン【Tadeus Reichstein】** (一八九七～) スイスの化学者。ポーランド生まれ。天然有機化合物を研究。男性ホルモン作用を示すアドレステロンなどを副腎皮質より単離。一九五〇年ノーベル生理学医学賞受賞。

**らい-びょう【▼癩病】** ハンセン病の旧称。

**らい-ひん【来賓】** 招かれて、参会したお客。guest

**ライフ【life】** 一①生命。②生活。③一生。二《Life》アメリカのグラフ雑誌。人間生活の全領域を題材にして、独特の写真ジャーナリズムを築いた。一九三六年創刊。

**ライブ【live】** ①ラジオ・テレビなどの生放送。②《接頭的》生演奏・実況の意をあらわす。用例 ―コンサート。

**らい-ふく【礼服】** 大宝令の衣服令に基づいて制定された公家の礼服。一般の「れいふく」と区別して、「らいふく」という。

**らい-ふく【来復】** もう一度戻ってくること。用例 一陽―。

**ライフ-サイエンス【life science】** 生命とはなにかを従来の生物学・医学などのわくを超え、総合的に解明する学問。生命科学。

**ライフ-サイクル【life cycle】** ①受精にはじまって次の代の子を産むまでの動物の生命過程。②人生の周期。③生活周期。人間の成長発達にともなう社会との関係の推移を時系列的に把握しようとする考え方。生涯福祉計画の基礎をなす。④商品や産業の成長過程。導入期・成長期・成熟期・衰退期などの段階がある。

**ライフ-ジャケット【life jacket】** 救命胴衣。船舶や航空機の遭難時に水に浮くために身に着ける。

**ライフ-スタイル【life-style】** 生活の仕方。生活様式。

**ライプチヒ【Leipzig】** 東ドイツ南部の商工業都市。同名県の県都。見本市で有名。人口五五・五万(一九八五)。

**ライプチヒ-ゲバントハウス-かんげんがくだん【ライプチヒ-ゲバントハウス管弦楽団】** 東ドイツの名門オーケストラ。重厚で風格ある演奏に定評。一七四三年創立。Leipzig Gewandhaus Orchestra

**ライプチヒ-の-たたかい【ライプチヒの戦い】** 一八一三年一〇月、プロイセン・ロシア・オーストリアの連合軍が、ライプチヒでナポレオン軍を破った戦い。解放戦争最大の戦闘で、ナポレオンの敗北を決定的とした。諸国民の戦い。the Battle of Leipzig

**ライプニッツ【Gottfried Wilhelm Leibniz】** (一六四六～一七一六) ドイツの哲学者・数学者。微分積分学を形成するなど数学・自然科学で多方面に活躍。哲学ではモナド論・予定調和説により、機械論と目的論との対立の調停を試みた。著書『形而上学序説』『単子論』など。

**ライプニッツしき-けいさんほう【ライプニッツ式計算法】** 損害賠償などで、将来得られるはずだった利益を計算する方法の一つ。中間の利息を複利で控除するもの。Leibniz's calculation method

**ライブ-ハウス** 《和製語》生の演奏を主体に、飲み物や軽い食事も提供する店。収容人員が少ないので、聴衆は演奏者との一体感を感じることができる。

**ライフボート【lifeboat】** 船に積む避難用の救命ボート。救命艇。

**ライフライン【lifeline】** 命綱。生命線。また、電気・ガス・水道などをいう。

**ライフラフト【liferaft】** 救命用ゴムボート。救命いかだ。

**ライブラリー【library】** ①図書館。図書室。②蔵書。③叢書。

**ライフル【rifle】** ①ライフル銃。②銃身の内部に刻まれている、らせん状の溝。③射撃競技のうち、ライフル射撃競技の種目の一つ。スモールボアライフル・エアライフル・ビームライフルなど。

**ライフル-しゃげききょうぎ【ライフル射撃競技】** 射撃競技の一つ。標的を射ち、的中得点を争う。使用銃により、ライフルとピストルの二種目に大別される。rifle shooting 比較 クレー射撃競技。↓写

**ライフル-じゅう【ライフル銃】** 小銃の一種。銃身の内側にらせん条の溝(ライフル)を刻んだ銃。弾丸が回転するので射距離が伸び、命中精度が高くなる。施条銃。rifle

**ライフワーク【lifework】** 一生をかけた大仕事。代表作。

**ライヘンバッハ【Hans Reichenbach】** (一八九一～一九五三) アメリカの哲学者・物理学者。ドイツ生まれ。論理実証主義の代表者の一人。確率論理学を樹立。著書『科学哲学の形成』など。

**らい-ほう【来訪】**(名・サ変自) たずねて来ること。visit 対義 往訪。

**らい-ほう【来報】**(名・サ変他) ①人が来て知らせること。②知らせが来ること。また、その知らせ。③将来、来るべき報い。

**ライマ-ビーン【lima bean】** マメ科のつる性、または矮性の一年草。熱帯では多年草。さやは幅広、腎臓形で扁平。白または淡緑の種子を含む。煮豆用。熟した豆に中毒することがある。中米原産。アオイマメ。

**らい-みきさぶろう【頼三▽樹▽三郎】** (一八二五～一八五九) 幕末の尊攘派の志士。安芸の人。山陽の子。梅田雲浜らと国事に奔走、安政の大獄で捕らえられ刑死。

**ライム【lime】** ミカン科の常緑低木。果実はやや楕円形で小さい。果皮は薄く、果肉は淡青色、香気および酸味が強く、味は爽快。清涼飲料・調理・枸櫞酸製造用。インドからビルマ北部の地域原産。↓写

●ライム

**ライ-むぎ【ライ麦】** イネ科の一、二年生穀物。耐寒性が強く、やせ地にもよく育つ。西南アジアからヨーロッパ原産。主産地はソ連。黒パン用、飼料または緑肥用。ナツコムギ。ライ。rye ↓ムギ図

**ライムライト【limelight】** ①舞台照明の光源の一つ。石灰の棒や球を、酸水素炎で熱したときに生じる白い光。一九世紀後半ごろ、舞台照明として用いられた。②《転じて》人の名声・評判。

**ライムント【Ferdinand Raimund】** (一七九〇～一八三六) オーストリアの俳優・劇作家。作品『百万長者になった農夫』『浪費家』など。

●ライフル射撃競技

**らい-めい【雷名】** ①世に広く知られている名声。high fame ②人の名声・姓名をいう敬語。

**らい-めい【雷鳴】** 雷放電によって発生する音。異なる空気層を通ってくるため、離れたところではゴロゴロと聞こえる。thunder; thunderclap

**ライモンディ【Marcantonio Raimondi】** (一四七五ごろ～一五三四) イタリアの銅版画家。デューラー・ラファエロの作品を多く銅版画化した。

**らい-ゆ【来由】** 物事のいわれ。おこり。来歴。由来。らいゆう。

**らい-ゆう【来遊】**(名・サ変自) 遊びに来ること。来て遊ぶこと。come and see

**らい-らい【来来】**(連体) 今から数えて、次の次。用例 ―週。

**らい-らく【▼磊落】**(名・形動) 快活で、細かいことにこだわらないこと・さま。open-hearted 用例 豪放―。

**ライラック【lilac】** モクセイ科の落葉低木。高さ四～七m。葉は卵形で対生。五月ごろ、香りの高い小花が咲く。花色はふつう紫で、白・赤・青などもある。園芸品種が多い。カフカス・アフガニスタン原産。リラ。↓写

●ライラック

**ライラック-いろ【ライラック色】** ライラックの花のような薄紫色。紅藤色。リラ。lilac

**らい-りゅう【雷竜】** ↓ブロントサウルス

**らい-りん【来臨】**(名・サ変自) 人が出席することをいう尊敬語。比較 光臨。

**ライル【Martin Ryle】** (一九一八～一九八四) イギリスの電波天文学者。干渉計方式による電波望遠鏡を改良。宇宙の果て近くまでの電波源の分布を調べる。一九七四年ノーベル物理学賞受賞。

**らい-れき【来歴】** ①物事の経てきた次第。由来。history; origin 用例 故事―。②今までの身の上。経歴。personal history

**ライン【line】** ①線。行。列。道筋。②航路。航空路。用例 北極―。

**ライン【Joseph Banks Rhine】** (一八九五～一九八〇) アメリカの心理学者。デューク大学パラサイコロ

ら

▼常用漢字表外。 ▽常用漢字表の音訓外。

ジー研究所初代所長。超心理学(パラサイコロジー)における第一人者。

**ライン-アップ**【line-up】＝ラインナップ。①スポーツで、試合前に行う選手の整列。②野球で、試合に出場する選手の打順。バッティングオーダー。③顔ぶれ。

**ライン-がわ**【ライン川】(Rhein) ヨーロッパ中部の大河。アルプス山脈からヨーロッパ中部を北に流れ、北海に注ぐ。長さ一三〇〇km。ドイツのほか西ヨーロッパの重要な内陸水路。

**ライン-しょとう**【ライン諸島】(Line Islands) 太平洋中部に北西から南東に一九三〇kmにわたって連なる一一の珊瑚礁島群。アメリカ領のパルミラ島・ジャービス島などと、キリバス領のテライナ島・モールデン島などからなる。

**ライン-スタッフ-そしき**【ラインスタッフ組織】直系参謀組織。製造・販売などの直系組織であるライン部門と、専門的知識により助言・勧告を行う参謀組織であるスタッフ部門とで構成される組織。line and staff organization

**ラインズマン**【linesman】スポーツで、線審。テニス・バレーボール・サッカーなどの球技で、主としてラインぎわのボールについての判定をし、主審を補佐する。

**ライン-そしき**【ライン組織】意思決定と命令の権限を中心に、上司と部下の直属関係の連鎖によって形成されるピラミッド型の管理組織。直系組織。line organization 比較 職能組織。

**ライン-ダンス**《和製語》レビューで、大勢の踊り子が一列になってする踊り。a revue dance performed in a line

**ライン-ちこうたい**【ライン地溝帯】(Rhein) ライン川中流部、フランスと西ドイツにまたがる地溝帯。古くから南北ヨーロッパを結ぶ重要な交通路。

**ライン-ネットワーク**【line network】キー局を中心に系列化され、中継回線によって結ばれたラジオ・テレビ局のネットワーク。キー局と同じ番組を同時に放送できる。

**ラインハルト**【Django Reinhardt】(一九一〇〜一九五三) ジャズ-ギター奏者。ジプシー出身でヨーロッパで活躍。

**ラインハルト**【Max Reinhardt】(一八七三〜一九四三) オーストリア生まれのドイツの演出家・劇場経営者。反自然主義演劇の旗手で、今世紀最大の演出家といわれる。演出作『真夏の夜の夢』など。

**ライン-プリンター**【line printer】コンピューターの出力を一行単位で文字として打ち出す装置。一分間に六〇〇〜二〇〇〇行の印字速度をもち、大型機に用いられる。LP。比較 ページプリンター。

**ラインラント**【Rheinland】西ドイツ中西部の地方。狭義には旧プロイセン領ライン州をさす。フランスとの係争地であったが、一九四六年ラインラント-ファルツ州とノルトライン-ウェストファーレン州に分割。

**ラインラント-ファルツ**【Rheinland-Pfalz】西ドイツ中西部の州。州都マインツ。ライン川両岸のブドウ栽培は有名。人口三六二・八万(一九八四)。

**ラウ**【羅宇】《Laos(マラ)の転。ラオス国から産する竹を使ったことから》きせるの、雁首と吸い口をつなぐ竹の部分。ラオ。

**ラウール-の-ほうそく**【ラウールの法則】不揮発性の物質の希薄溶液における蒸気圧降下率は溶質のモル分率に等しく、溶媒および溶質の種類に無関係であるという法則。一八八六年フランスのラウールが実験的に見いだした。Raoult's law

**ラウエ**【Max Theodor Felix von Laue】(一八七九〜一九六〇) ドイツの物理学者。結晶のX線回折現象の理論的分析を行う。一九一四年ノーベル物理学賞受賞。

**ラウエ-はんてん**【ラウエ斑点】連続X線を静止した単結晶の小片にあて、その後方に置いた写真フィルムに適当時間露出するとき得られるX線回折像を構成する多くの斑点。Laue spot

**ラウオルフィア**【rauwolfia】生薬の一つ。キョウチクトウ科インドジャボクの根。インドでは、古くからヘビにかまれたときの傷の治療などに用いた。その他血圧降下・精神安定・鎮静催眠などに用いる。

**ラウシェンバーグ**【Robert Rauschenberg】(一九二五〜) アメリカの画家。現代の多元性を象徴する技法(コンバイン-ペインティング)を創始。ポップ-アートやハプニングの先駆者。作品『モノグラム』など。

**らうす**【羅臼】〈町〉北海道東部、知床半島東岸の町。海岸美と温泉に恵まれた観光と漁業の町で、イカ・コンブ漁などがさかん。知床観光の基地。人口七七六九(一九八八)。

**ラウス**【Francis Peyton Rous】(一八七九〜一九七〇) アメリカの病理学者。ニワトリで、移植が可能な肉腫を発見、そのウイルスの分離にも成功。ラウス肉腫の名が付けられている。一九六六年ノーベル生理学医学賞受賞。

**らうす-だけ**【羅臼岳】北海道東部、知床半島中央にある円錐形火山。標高一六六〇m。秘境の山で知られ、登山基地は羅臼・岩尾別温泉。

**ラウ-だけ**【羅宇竹】《「羅宇」は当て字》煙管の羅宇に使用する竹。本来はラオスから渡来した黒斑竹が用いられた。ラオだけ。

**らう-た-し**【労たし】古語(形ク)↓ろうたし(労たし)

●ラオコーン　バチカン美術館。

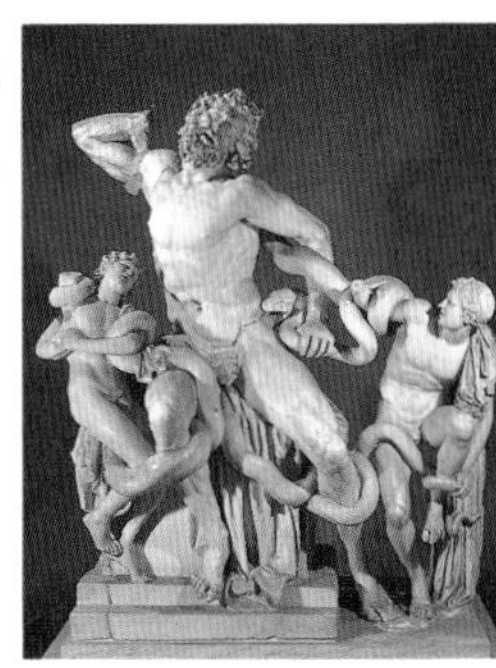

**ラウドスピーカー**【loudspeaker】音声をマイクで電気信号に変換したのち、増幅してスピーカーから拡大した音声として出す機器。拡声器。

**ラウリン-さん**【ラウリン酸】化学式$CH_3(CH_2)_{10}COOH$ 炭素の数が一二個の飽和脂肪酸。ヤシ油や月桂樹の果肉中にグリセリドとして存在。洗剤・界面活性剤・可塑剤の原料。ドデシル酸。ドデカン酸。lauric acid

**ラウンジ**【lounge】①ホテル・劇場・空港・列車などに設けられている休憩室や娯楽室。待合室・喫煙室などをさす場合もある。②長いす。寝いす。

**ラウンジ-ウエア**【lounge wear】リラックスするときの衣服。ゆったりした形でロング丈が多く、色や柄も明るいものが多い。

**ラウンジ-チェア**【lounge chair】安楽いすの一種。背もたれに傾斜のある一人掛けのゆったりした休息用の椅子。

**ラウンド**【round】①一周。一巡。②ゴルフコースでプレーヤーが各ホールを一巡すること。ふつう一八ホールをワンラウンド、九ホールをハーフラウンドという。③ボクシングの試合中の回。一ラウンドは三分間で、ラウンド間の休憩は一分。

**ラウンド-カラー**【round collar】襟型の一つ。襟先の丸い襟の総称。ピーターパンカラーなど。

**ラウンド-テーブル**【round table】①円形または楕円形の食卓。②《round table conferenceで》円卓会議。

**ラウンド-ナンバー**【round number】端数のつかない、最後のけたが0で終わる数字。概数。

**ラウンド-ネックライン**【round neckline】襟ぐりの形の一種。丸襟ぐりの総称。基本型は首のつけ根の線にそったもの。↓ネックライン 図

**ラウンド-ミッドナイト**【'Round Midnight】ピアノ奏者セロニアス=モンク作曲のモダンジャズの名曲。バーニー=ハニゲン作詞。

**ラエ**【Lae】ニューギニア島北東部、パプアニューギニアの港湾都市。同国の行政・経済の一中心。人口六・二万(一九八〇)。

**ラエネク**【René-Théophile-Hyacinthe Laënnec】(一七八一〜一八二六) フランスの内科医。聴診器を発明(一八一六年)した。結核の病理学にも多くの業績がある。著書『間接聴診法』。

**ラオ**【羅宇】↓ラウ(羅宇)

**ラオコーン**【Laokoōn(ギリシア)】ギリシア神話のトロヤの王子。アポロンの神官。ギリシア軍の大木馬を城内に入れるのに反対したため、女神アテナは大蛇を送り、彼と二人の息子を殺した。それを題材としたヘレニズム時代の有名な群像彫刻がある。Laocoon ↓写

**ラオス**【Laos】(Lao People's Democratic Republic) 東南アジア、インドシナ半島内陸部、メコン川中流域を占める人民民主共和国。首都ビエンチャン。もと王国。一九五三年フランスから独立。農業が基幹産業で、米・チーク材を産出。面積二三・七万km²。人口四二二万(一九八六)。正称ラオス人民民主共和国。

**ラオチュー**【老酒(中)】(lǎojiǔ) 中国の代表的醸造酒。一般には紹興酒のうち、良質で、長期間熟成したものをいう。アルコール分は低く風味がさわやか。ろうしゅ。

**ラオメドン**【Lāomedōn(ギリシア)】ギリシア神話のトロヤ王。プリアモスの父。アポロンとポセイドンをだましたので、神々は海の怪獣を送り、国を荒らした。

**ラ-おん**【ラ音】肺の聴診のときに聞かれる雑音。気道の腫脹、分泌物の貯留などでおこる。湿性ラ音と乾性ラ音に区別される。ラッセル音。rale

**ラガー**【rugger】ラグビー。また、その選手。

**ラガー-ビール**【lager beer】ビールの種類の一つ。日本では、生ビールに対して容器に詰めたあと、加熱殺菌した製品をいう。

**ラカディブ-しょとう**【ラカディブ諸島】(Laccadive Islands) アラビア海東部の珊瑚礁島群。主島カバラッティ島。インド領。ラッカディブ諸島。

**ら-かん**【羅漢】「阿羅漢」の略。

**ラカン**【Jacques Lacan】(一九〇一〜一九八一) フランスの精神分析学者。フロイト主義者として出発。犯罪学・言語学・哲学の諸分野にわたり活躍。構造主義の理論家。著書『エクリ』など。

**ら-がん**【裸眼】多く、視力をいうときに用いる語で、眼鏡をかけないで見るときの目。naked eye

**ら-かんちゅう**【羅貫中】(生没年未詳) 中国、元末明初の小説家。本名は羅本。『三国志演義』の作者。『水滸伝』を施耐庵と合作したといわれ、『平妖伝』の作者ともされる。

**らかん-まき**【羅漢・槙】庭木にされるマキ科の常緑小高木。高さ約五m。イヌマキより葉は小さく、枝に密生して直立する。

**らかん-まわし**【羅漢回し】大勢が車座にすわって、それぞれが滑稽な表情・身振りをして順にまねていく遊び。まねしそこなった者が負けで、江戸時代に酒席の遊びとして始まった。

**ラキ-かこうれつ**【ラキ火口列】アイスランド南部にある火山。一七八三年、地震をともなう割れ目噴火や玄武岩質溶岩の流出などが数か月続き、島の人口の四分の一が死亡。Laki crater row

**ら-ぎょう**【裸形】身に何もまとっていないこと。はだか。nakedness

**らぎょう-へんかくかつよう**【ラ行変格活用】文語動詞の活用の型の一つ。四段活用に似るが、終止形だけ異なる、特殊な活用。「あり・をり・はべり」の語。そのほか、「あり」の結合してできた形容動詞タリ活用・ナリ活用、助動詞「り・たり・けり」も、この型に属する。ラ変。

**ラク** 9画【咯】部首[口](くちへん) JIS 5130

音 ラク・カク

いいあらそう。うったえあらそう。

**ラク** 9画【洛】部首[氵](さんずい) JIS 4576

音 ラク

①都。京都。「上洛」「洛外・洛中・洛内」②中国の川の名。陝西省の秦嶺からながれだし、河南省をへて、黄河にそそぐ。「洛水」③中国の都市名。洛水のほとり、北側(陽)にある洛陽のこと。河南省洛陽市。

**ラク** 10画【烙】部首[火](ひへん) JIS 6364

音 ラク・カク

やく。こがす。鉄を熱して、からだ・ものにおしつける。「烙印」

**ラク** 10画【珞】部首[王](たまへん) JIS 6468

音 ラク

「瓔珞」は、くびかざり。珠玉をつないでつくったくびかざり。

**ラク** 12画【落】部首[艹](くさかんむり) 教育小3 JIS 4578

音 ラク

訓 おちる・おとす

落 落 落 落 落 落

①おちる。おとす。類似 墜。対義 騰。「下落・墜落・騰落」「落下・落葉・落雷」②合格しない。「及落」「落選・落第」③ぬけおちる。ぬかす。「脱落」「落伍」④せめおとす。せめおとされる。「陥落」「落城」⑤おちぶれる。おとろ

える。「没落・零落」「落魄」⑥おさまる。まとまる。「落着」⑦さと。人家のあつまったところ。「集落・村落・部落」⑧建物ができあがる。「落成」⑨さびしい。わびしい。「落莫」⑩わだかまりがない。「洒落・磊落」

**ラク** 12画【絡】 部首[糸] 常用 JIS 4577
音 ラク 訓 からむ・からまる
①からむ。からまる。「籠絡」②つながる。つづく。「短絡・連絡」「絡繹」③すじ。すじみち。「脈絡」

**ラク** 13画【楽】 部首[木] 教育小2 JIS 1958 15画【▼樂】 旧字 JIS 6059
音 ガク・ラク・ゴウ 訓 たのしい・たのしむ
筆順 ↓ガク【楽】
①たのしい。たのしむ。対義 哀・苦・悲。「安楽・快楽・歓楽・娯楽」「楽園・楽土」②たやすい。やさしい。比較 易。「楽勝・楽々」用例（名）—をしたがる。（形動）それくらいは—だ。③のんびり。ゆったり。「楽寝」用例（形動）—にすわる。④雅楽の曲。「太平楽」⑤千秋楽のこと。興行のおわり。「楽日」用例（名）—の日。↓ガク【楽】

**楽有れば苦有り**（らくあればくあり） 楽をしたあとには苦しみがやってくる。After pleasure comes pain. 類似 楽は苦の種、苦は楽の種。苦有れば楽有り。

**楽は苦の種、苦は楽の種**（らくはくのたね、くはらくのたね） 楽をすれば後で苦しみを味わわなければならないし、苦しみを耐え忍べば後で楽をすることができる。安逸を戒め、忍耐を勧めた箴言。

**ラク** 13画【酪】 部首[酉] 常用 JIS 4579
音 ラク
ちちしる。牛や羊などの乳からつくった飲み物・乳製品。「乾酪・牛酪・乳酪」「酪農」

**ラク** 14画【▼犖】 部首[牛] JIS 6424
音 ラク
①まだらうし。ぶちのうし。いろいろな色の毛がいりまじっている牛。②あきらか。くっきりしている。③すぐれる。こえている。超絶している。

**ラク** 16画【▼駱】 部首[馬] JIS 8149
音 ラク
①かわらげのうま。たてがみ・尾・背筋が黒い白馬。②「駱駝」は、ウシ目に属する哺乳動物。

**らく** 古語（接尾）《四段・ラ変以外の動詞や助動詞「つ」「ぬ」「しむ」などの終止形、上一段動詞の未然形に付く》①上の活用語を名詞化する。…すること。…することには。用例 見—少く恋ふ—の多き（万葉・七・一三九四）。②《文末に用いて》感動・詠嘆の意を表す。…ことよ。用例 草枕旅に久しくあらめやと妹に言ひしを年の経ぬ—（万葉・一五・三七一九）。

**らく-いち【楽市】** 戦国時代末から安土桃山時代、大名が独占的な座の特権を廃して商工業者の自由な営業を認めたこと。またその市場。参照 楽座。

**らく-いん【▼烙印】** 焼いて物に押す金属製の印。器具や動物に押し、所有者名などを表記した。また刑罰として額などに押した焼き印。brand

**烙印を押される**（らくいんをおされる） 消すことのできない不名誉の評判をとる。branded

**らく-いん【落▼胤】** 貴人が、妻でない女に生ませた子。落としだね。

**らく-いんきょ【楽隠居】**（名・サ変自） のんきに隠居すること・人。comfortable retirement

**ラグー【ragoût フラ】** 煮込み料理。シチュー。

**ラグーサ【Ragusa】** イタリア南部、ラグーサ県の県都。イルミニオ川右岸の丘陵地に位置。油田地域の中心地。人口六・四万（一九八一）。

**ラグーザ【Vincenzo Ragusa】**（一八四一～一九二七） イタリアの彫刻家。明治九年（一八七六）来日、工部美術学校で教える。日本に初めて西洋彫刻技術を伝えた。作品『日本の婦人』など。

**らくう-しょう【落羽松】** スギ科の落葉針葉高木。高さ約五〇m。葉は線形で羽状につき、秋には枝とともに落ちる。材は軽く、桶・屋根板に使用。アメリカ原産。ヌマスギ。bald cypress

**ラ-クール【Paul La Cour】**（一九〇二～一九五六） デンマークの詩人。内省的実存的詩風で、芸術派の中心的存在。詩集『生きた水』など。

**ラグーン【lagoon】** ↓せきこ（潟湖）

**らく-えき【絡▼繹・▼駱駅】**（形動トタル） 人や車の往来の絶えないさま。用例 人馬—。

**らく-えん【楽園】** 楽しい所。楽土。エデン。パラダイス。paradise

**らく-がい【▼洛外】** 対義 洛中。①都のそと。outside of the capital ②京都のそと。

**らく-がき【落書(き)・楽書(き)】**（名・サ変自他） 門や壁などにいたずら書きをすること。また、そのいたずら書き。社会などに対する風刺を記した落書・落首も落書きの一種。scribble; graffiti

**らく-がん【落▼雁】** ①空からまいおりるガン。用例 堅田の—。②干菓子の一種。打ち菓子に属する。みじん粉・きな粉などに砂糖・水あめを加えて練り、木型につめて抜き、焙炉で乾燥して作る。

**らく-ご【落▼伍・落後】**（名・サ変自） 《「伍」は隊列の意》隊・行進などの列から後れること。また、競争に取り残されること。drop out

**らく-ご【落語】** 大衆演芸の一つ。小咄から発達した日本独自の話芸。滑稽みを主眼とし、結末に「さげ」「落ち」がつく。おとしばなし。おわらい。

**らくご-きょうかい【落語協会】** 大正一二年（一九二三）設立の落語家・色物の芸人の組織。戦前戦後を通じ最大の組織で、何回かの分裂を経たが、現在東京都内のほとんどの定席に出演している。

**らくご-げいじゅつきょうかい【落語芸術協会】** 昭和四年（一九二九）に結成された落語家・色物の芸人の組織。

**らく-さ【落差】** ①河川や水路などで、上下流の二点間の水面の高低差。head ②《転じて》物事の考えなどの水準の高低の差や隔り。ギャップ。gap 用例 理論と実験の—。

**らく-ざ【楽座】** 安土桃山時代、座の特権を廃して、商工業者の自由な営業を認めたこと。また、その政策。領国内の経済発展のため各大名が実施。参照 楽市。

**らく-さつ【落札】**（名・サ変他） 入札して、目的物を自分のものにする権利を得ること。make a successful bid 対義 入札。

**らく-さん【酪酸】** 化学式$C_3H_7COOH$ グリセリドとして家畜の乳脂肪中に存在。不快な酸敗臭のある無色の液体。合成香料などに利用。butyric acid

**らくさん-きん【酪酸菌】** バチルス科、グラム陽性で嫌気性の大形桿菌。

**らく-じつ【落日】** 入り日。夕日。落陽。setting sun

**らく-しゅ【落手】**（名・サ変他） ①受け取ること。入手。落掌。②碁・将棋で、悪い手をさすこと。

**らく-しゅ【落首】** 落書のうち戯れ歌の形をとったもの。lampoon

**らくしょ【▼洛書】** 中国古代の伝説中の文によったという図。皇帝禹が洪水を治めたとき、洛水から現れた亀の背にあったもので、『書経』の「洪範九疇」はこれによるとされる。

**らく-しょ【落書】** ①むかし、政治に対する批判や権力者に対する風刺を匿名で書いて、道に落としておいたり、人目につく所に張ったりしたもの。落とし文。lampoon ②らくがき。graffiti ③落首。lampoon

**らく-しょう【落掌】**（名・サ変他） 落手。

**らく-しょう【楽勝】**（名・サ変自） らくらくと勝つこと。have an easy win 比較 大勝。対義 辛勝。

**らく-じょう【落城】**（名・サ変自） ①城が落ちること。fall of a castle ②物事を維持できず、なげだすこと。③《俗語》口説かれて承知すること。

**らく-しょく【落飾】**（名・サ変自） 髪の毛をそり落として仏門に入ること。落髪。剃髪。

**らく-す【絡子】** 掛絡の別称。

**らく-すい【▼洛水・▼雒水】** 中国、河南省西部を流れて洛陽の南側を通り黄河に注ぐ川の古名。現在は洛河。

**ラクスネス【Laxness】** ↓ラックスネス

**らく-せい【▼洛西】** 対義 洛東。①都の西。west of the capital ②京都の西の地域。

**らく-せい【落成】**（名・サ変自） 工事などができあがること。完工。completion 対義 起工。用例 —式。

**らく-せき【落石】**（名・サ変自） 山の上などから石が落ちること。落ちる石。falling rocks 用例 —事故。

**らく-せき【落籍】**（名・サ変他） 芸者などを身受けすること。ひかすこと。

**らく-せつ【落▼屑】** 表皮の角質層が大小の薄いかけらとなってはがれ落ちる現象。また、その細片。皮膚に異常があるときにおこるが、正常でもみられる。desquamation

**らく-せん【落選】**（名・サ変自） ①選に漏れること。be rejected 対義 入選。②選挙で落ちること。be defeated 対義 当選。

**らく-そう【落想】** 思いつき。着想。

**らく-だ【▼駱▼駝】** ラクダ科の動物。背に脂肪を蓄えるこぶがある。体高約二m。「砂漠の舟」として、砂漠の生活に不可欠。ヒトコブラクダは中近東・アフリカ産で、家畜。フタコブラクダは中央アジア産で、家畜のほか野生。camel ↓写

●ラクダ ヒトコブラクダ

**らく-たい【落体】** 重力によって地面に向かって落下する物体。ガリレオは落体運動を分析して、重力加速度は物質によらず一定であることを発見した。falling body

**らく-だい【落第】**（名・サ変自） 試験や審査に合格しないこと。flunk 対義 及第。

●洛中洛外図 旧舟木家本『洛中洛外図屏風』（部分）。桃山時代、東京国立博物館。

**ラグタイム【ragtime】** ジャズ形成の一要素となったピアノ音楽。シンコペーションをきかせたリズムをもつ。一九世紀末、黒人ピアニストの間から発生。

**らくだのシャンツ【▼駱▼駝▽祥▽子】** 中国の小説家老舎の長編小説。一九三六～三七年執筆。北京の人力車夫の生涯を描く。

**らく-たん【落胆】**（名・サ変自） がっかりすること。失望すること。力落とし。discourage

**らく-ちゃく【落着】**（名・サ変自） 物事のけりがつくこと。完結。settle

**らく-ちゅう【▼洛中】** ＝洛内。対義 洛外。①都の中。inside of the capital ②京都の市内。

**らくちゅうらくがい-ず【▼洛中▼洛外図】** 京都内外の名所や庶民生活を描いた図。室町末期から江戸時代にかけて盛行し、風俗画に新生面を開く。屏風が多く、絵巻や扇面もある。↓写

**らく-ちょう【落丁】** 本や雑誌のページが抜け落ちていること。have a missing page 比較 乱丁。

**らく-ちょう【落潮】** ①ひきしお。②物事が落ち目になること。③相場が下がり始めること。

**らく-てん【楽天】** ①物事のよい面を見ること。人生をよいものと考えること。比較 楽観。②自己の生活に満足して、くよくよしないこと。対義 厭世。

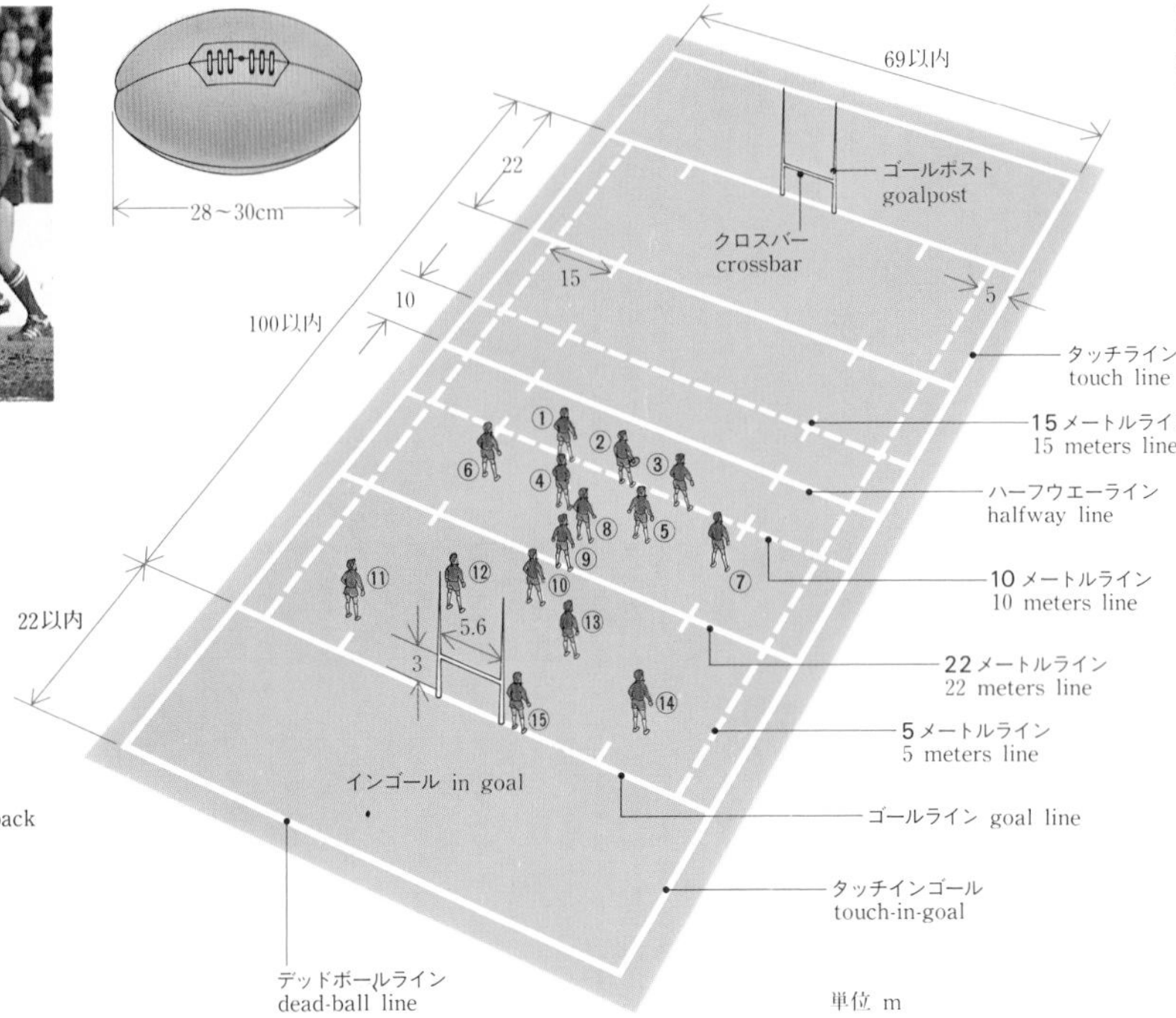


●ラグビー

ポジション(エイトシステムの場合)

FW フォワード forward
①③ プロップ prop
② フッカー hooker
④⑤ ロック lock
⑥⑦ フランカー flanker
⑧ ナンバーエイト Number 8

HB ハーフバック halfback
⑨ スクラムハーフ scrum halfback
⑩ スタンドオフ stand-off

TB スリークオーターバック three-quarter back
⑪⑭ ウイングスリークオーターバック wing three-quarter back
⑫⑬ センタースリークオーターバック center three-quarter back

FB フルバック fullback
⑮ フルバック

**らくてん-か【楽天家】** 楽天的な人。optimist
**らくてん-しゅぎ【楽天主義】** 人生・世界を、もともとよいものと考え、人の性質も善であるとし、自分の生活に満足して、現実を肯定する主義。オプティミズム。optimism
**らくてん-てき【楽天的】**(形動) ①運命や境遇を与えられたものと見て、それに満足し、くよくよしないさま。optimistic 対義 厭世的。②明朗快活で、やがてよくなるという希望を持っているさま。optimistic
**らく-ど【楽土】** 安楽な所。楽園。用例 王道—。
**ラクト-アイス【lacto ice】** アイスクリームの一種。乳固形分と衛生面の規制だけで、乳脂肪分の規定がない大衆的な製品。
**らく-とう【洛東】** 対義 洛西。①都の東。east of the capital ②京都の鴨川から東の地域。
**らくとう-こう【洛東江】** 韓国南東部の川。太白山脈南部から、大邱盆地を南に流れ、釜山西方で鎮海湾に注ぐ。長さ五三〇km。ナクトンガン。
**ラクトース【lactose】** →にゅうとう(乳糖)
**ラクトグロブリン【lactoglobulin】** 乳汁中にふくまれるグロブリンの総称。牛乳中の全たんぱく質のうちカゼインを除いた部分にきわめて多い。
**ラクトン【lactone】** エステルの特性をもつ原子団を環内に含む環式の有機化合物。γ-ラクトンはポリエステルの原料、δ-ラクトンは香料などに利用。
**らく-ない【洛内】** →らくちゅう(洛中)
**ラグナレク【Ragnarök】**《「神々の没落」の意で、「黄昏」は誤訳》北欧神話でいう世界終末の日。神々と魔軍との一大決戦で、神々は没落し世界は滅びる。ワーグナーの『神々の黄昏』で有名。
**らく-ね【楽寝】**(名・サ変自) ①らくらくと寝ること。②怠けて寝ていること。
**らく-のう【酪農】** おもに乳牛を飼育して牛乳および乳製品を生産する農業経営。dairy farming
**ラクノウ【Lucknow】** インド北部、ウッタルプラデシュ州の州都。ガンジス川中流域の商業・工業都市。大学がある。人口一〇〇・七万(一九八一)。旧称ラクナウ。
**らく-ば【落馬】**(名・サ変自) 乗っている馬から落ちること。fall from a horse
**らく-ばい【落梅】** ウメの花や実が落ちること。落ちたウメの花・実。
**らく-はく【落・剝】**(名・サ変自) はげ落ちること。come off
**らく-はく【落・魄】**(名・サ変自) おちぶれること。零落。be reduced to poverty
**らく-ばく【落・莫】**(形動トタル) もの寂しいさま。用例 秋風—。
**らく-はつ【落髪】**(名・サ変自) ①髪の毛をそり落とすこと。②髪の毛を切って仏門に入ること。落飾。
**らく-ばん【落盤・落・磐】**(名・サ変自) 鉱山・炭鉱・トンネルなどの坑内で、天井の岩石が崩れ落ちること。側壁の場合は崩壊という。cave-in
**らく-び【楽日】** 興行の最終の日。千秋楽の日。
**ラグビー【rugby】** 球技の一つ。一五名ずつの二チームが楕円形のボールを持って走り、相手陣地に持ち込んで得点を争うスポーツ。一般に試合時間は前・後半各四〇分。ラグビーフットボール。ラ式蹴球。比較 サッカー。→図
**らく-ひつ【落筆】**(名・サ変自) ①筆をとって書や絵をかくこと。②いたずら書き。
**らく-ひんき【・駱賓基】**(一九一七) 中国の小説家。東北吉林省出身。短編集『北望園の春』、長編『混沌』など。
**らく-ひんのう【・駱賓王】**(?～六八四) 中国、初唐期の詩人。婺州義烏の人。七言古詩に長じ、王勃・楊炯・盧照鄰とともに「初唐の四傑」といわれる。詩文集『駱臨海集』。
**らく-めい【落命】**(名・サ変自) 命を落とすこと。死ぬこと。die
**らく-やき【楽焼(き)】** ①楽家で作られた陶器の呼称。楽家始祖と伝えられる長次郎が焼造した茶碗・れんがに始まる。千利休に好まれ、侘茶の茶碗として用いられるようになった。②一般人のあそびとする、低火度、手づくりの軟質陶器。→写

●楽焼① 長次郎『赤楽茶碗(銘無一物)』。桃山時代、頴川美術館(兵庫県)。

**らく-よう【落葉】**(名・サ変自) 高等植物において、葉柄の基部に離層が発達し、水分の供給を絶たれた葉が枯れて落ちる現象。落ち葉。defoliation
**らく-よう【落陽】** 入り日。落日。
**らくよう【・洛陽】** ①中国、河南省西部の都市。黄河支流の洛水北岸にある交通の要地。東周・魏・隋・唐など古代王朝の首都で、遺跡が多い。西の長安に対して東の都として栄えた。人口一〇二・四万(一九八四)。ルオヤン。②平安京で、東の京(左京)の異称。また、平安京や京都の異称となる。③《転じて》みやこ。
**洛陽の紙価を高める**《晋の左思の『三都賦』を洛陽の人々が争って写したので、紙の値段が高くなった故事から》著書がたくさん売れる。
**らくよう-こうようじゅ【落葉広葉樹】** 植物で、落葉樹のうちの、平たくて広い葉をつける木の総称。温帯に多い。サクラ・ナラ・カシなど。deciduous tree
**らくようこうようじゅ-りん【落葉広葉樹林】** 日本では、ふつう夏緑樹林をさす。deciduous broad-leaved forest
**らくよう-じゅ【落葉樹】** 温帯地方では冬季に、熱帯地方では乾季に、落葉して休眠する樹木。寒さや乾燥などに対する適応と考えられている。広葉樹に多い。deciduous tree 対義 常緑樹。
**らくよう-しょう【落葉松】** カラマツの別名。
**らくようしんようじゅ-りん【落葉針葉樹林】** カラマツのような冬季に落葉する針葉樹の森林。シベリア中部のタイガはこの例。deciduous coniferous forest
**らく-らい【落雷】**(名・サ変自) 雷雲と地面のあいだに起こる放電現象。甚大な破壊力と激しい電光や雷鳴をともなう。falling of a thunderbolt
**らく-らく【楽楽】**(副) ①気楽なさま。のんびり。comfortably 用例 —と暮らす。②たいへんたやすいさま。easily 用例 —勝つ。
**ラグラン【raglan】** ラグランスリーブのオーバーコート。また、ラグランスリーブ風に切り替え線を入れたケープ。
**ラグラン-スリーブ【raglan sleeve】** 袖型の一つ。袖付けの線が、襟ぐりから袖下に斜めになっているもの。→スリーブ図
**らく-るい【落涙】**(名・サ変自) 涙を流すこと。shed tears
**ラクルテル【Jacques de Lacretelle】**(一八八八～一九六七) フランスの小説家。古典的な心理分析の手法で近代人の内面を描く。作品『ジルベルマン』『結婚愛』『オー＝ポン家の人々』など。
**ラクロ【Pierre Choderlos de Laclos】**(一七四一～一八〇三) フランスの軍人・小説家。心理分析小説の傑作『危険な関係』で有名。
**らくろう-ぐん【楽浪郡】** 紀元前一〇八年、前漢の武帝が衛氏朝鮮を滅ぼして設置した朝鮮四郡の一つ。朝鮮北西部(現在の平壌付近)を統治したが、三一三年、高句麗に滅ぼされた。
**ラクロス【lacrosseフランス】** ラクロスという先端

に皮製のネットのついたスティックでボールを取り合い、相手ゴールにシュートして得点を競う。一チーム一〇人制と一二人制がある。

**ラ-クンパルシータ**【La Cumparsita】アルゼンチン-タンゴの名曲。マトス=ロドリゲスが一九一五年ごろに作曲。

**ラケダイモン**【Lakedaimon ギリシア】①ギリシア神話の人物。ラケダイモン国の国祖。スパルテを妻とする。②古代ギリシアのスパルタの正式名称。

**ラケット**【racket】テニス・バドミントン・卓球などで、ボールやシャトルを打つ用具。杓子状の木枠や木板に、網状のガットやコルク・ラバーなどを張ったもの。

**ラケナリア**【Lachenalia】ユリ科の秋植え球根草。鉢植え用。葉は厚く細長いものが数枚。花茎に筒状小花を穂状につける。花色は豊富。南アフリカ原産。

**らご**【羅▼睺】《Rāhu 梵の音写》九曜星の一つ。白道と黄道の降交点にあるとされる架空の星。らごう。参照 計都。

**ラコシ**【Rákosi Mátyás】(一八九二～一九七一) ハンガリーの政治家。労働者党第一書記。首相。一九五六年のハンガリー動乱で民衆の批判の的となって失脚し、ソ連に亡命。

**ラゴス**【Lagos】西アフリカ、ナイジェリアの首都。ギニア湾に臨む港湾都市で、農林産物の積み出し港。人口一二八二・五万(一九八四)。

**ラコニア**【Lakonia】ギリシア、ペロポネソス半島南東部の県。県都スパルタ。農産物の集散地。人口九・三万(一九八一)。

**らごら**【羅▼睺羅】釈迦の子。釈迦の十大弟子の一人。戒律を守ることにすぐれ、密行第一と称せられた。ラーフラ。

**ラサ**【拉薩】(Lhasa) 中国、シーツァン自治区の区都。標高三六三〇mの高地に位置し、ラサ川に臨む。チベットの政治・経済・文化の中心地。ラマ教の聖地。人口一〇・四万(一九八四)。

**ラザーニャ**【lasagna イタリア】パスタの一種。小麦粉の生地を薄くのばした五～六cm角のもの。ゆでたあと、グラタンなどにする。

**ラサール**【Lassalle】→ラッサール

**ラ-サール**【Jean Baptiste de La Salle】(一六五一～一七一九) フランスのカトリック教育者。キリスト教学校修士会(ラ-サール会)の創始者。

**ラ-サール**【Robert Cavelier de La Salle】(一六四三～一六八七) フランスの探検家。オンタリオ湖地方やミシシッピ川を探検。同川の流域をルイ一四世の名にちなみルイジアナと命名した。

**ラサール-げんがくしじゅうそうだん**【ラサール弦楽四重奏団】ウォルター=レビンを中心に一九四九年結成。とくに現代曲における繊細鋭利な演奏に定評がある。La Salle Quartet

**ラザフォード**【Ernest Rutherford】(一八七一～一九三七) イギリスの物理学者。放射性同位元素の研究で、一九〇八年ノーベル化学賞受賞。

**ラサリーリョ-デ-トルメスのしょうがい**【ラサリーリョ-デ-トルメスの生涯】《原題 La vida de Lazarillo de Tormes スペイン》スペインのピカレスク小説の傑作。作者未詳。一五五四年版が最古。少年ラサロの目を通して社会を鋭く風刺。

**ラ-サル**【Antoine de La Sale】(一三八五ごろ～一四六〇ごろ) フランスの物語作家。作品『小姓ジャン=ド=サントレ』など。

**ラザロ**【Lázaros】『新約聖書』中の人名。①『ヨハネによる福音書』中、ベタニアのマルタとマリアの兄弟。イエスにより生きかえった。②『ルカによる福音書』中、金持ちとラザロのたとえ話で知られる貧乏人の名。

**ら-し**【▼螺子】ねじの別称。

**らし** 古語 (助動 特殊型)《用言の終止形に付く。ただしラ変型では連体形に付く》①確かな根拠から眼前の状況を推定する意を表す。…にちがいない。用例 春過ぎて夏来る―白栲の(万葉・一・二八)。②《明らかな事実を表す語に付いて》その原因・理由を推定する意を表す。…であるのは、…だからであるらしい。用例 古昔も然にあれこそうつせみも嬬をあらそふらしき(万葉・一・一三)。

**ラジアル-タイヤ**【radial tire】高速走行用に開発されたタイヤ。タイヤの側面の内側に補強用のコードを放射状に配列したもの。

**ラジアン**【radian】国際補助単位の一つ。角度の大きさを表す。一つの円で、半径に等しい長さの弧に対する中心角の大きさが一ラジアン。弧度。記号rad

**らしい** 一(助動 形型)《動詞・形容詞および助動詞「せる・させる・れる・られる・ない・たい・た・ぬ」の終止形、形容動詞の語幹、体言および助詞「の」に付く》よりどころを踏まえて、推量し、遠まわしに断定する意を表す。用例 来る―。静か―。だめだった―。二(接尾)《体言・副詞・形容動詞に付いて形容詞をつくる》①いかにも…にふさわしい、の意を表す。用例 男―態度。②…と感じられる、の意を表す。用例 もっとも―。嫌―。派生 らしげ(接尾 形動型) らしさ(接尾)

**ラジーシチェフ**【Aleksandr Nikolayevich Radishchev】(一七四九～一八〇二) ロシアの詩人・革命的思想家。著書『ペテルブルクからモスクワへの旅』などで、農民の悲惨を訴えた。流刑、のち自殺。

**ラシード**【Rashīd】エジプト北部、地中海沿岸、ナイル川西部の大きな支流の河口にある港湾都市。ロゼッタストーンの発見地。ロゼッタ。

**ラシード-アッディーン**【Rashīd ad-Dīn】(一二四七ごろ～一三一八) ペルシアの政治家・歴史家。五〇歳のころイルハン国のガーザーン=ハンの宰相として諸改革に参画したが、のち失脚、処刑された。歴史学など諸学に精通し、著書『総合史』はすぐれた世界史として有名。

**ラシーヌ**【Jean Racine】(一六三九～一六九九) フランス古典主義を代表する悲劇作家。情熱、とくに宿命的な恋愛の激しさを、緊密な筋立てにより格調高く描いた。戯曲『アンドロマック』『ブリタニキュス』『ベレニス』『フェードル』『アタリー』など。

**ラジウム**【radium】アルカリ土類金属の一つで放射性元素。元素記号Ra 原子番号八八。質量数二二六。一八九八年キュリー夫妻がピッチブレンドから抽出。白色の金属。かつてγ線源として医療用などに使用された。

**ラジウム-りょうほう**【ラジウム療法】ラジウム放射線を利用した癌の治療法。ラジウムをつめた針や細い管を直接癌組織に刺し入れて行う。子宮癌・舌癌などに用いられた。radium therapy

**ラジエーター**【radiator】①放熱器。暖房器。②自動車エンジンなど内燃機関の冷却器。③無線電信用の電波発生器。送信用アンテナ。→自動車 図

**ラジオ**【radio】一(名)①無線による音声放送。中波・短波・超短波の三つがある。主として中波放送をさす。②ラジオの受信機。数え方 一台・一セット。二(接頭)放射という意味を表す。用例 ―アイソトープ。

**ラジオアイソトープ**【radioisotope】放射性同位元素。

**ラジオ-カー**【radio car】超短波無線電話を「備えた自動車」。

**ラジオカルディオグラム**【radiocardiogram】放射性元素を利用した心臓病の診断法。血液中に放射性ヨードなどを注入し、これが心臓を通過する様子から心臓の状態をしらべる。

**ラジオ-コンパス**【radio compass】航空機や船舶の無線方向探知機。二つ以上の地上の無線標識の電波を受信し、現位置と進行方向を確かめる。

**ラジオ-せい**【ラジオ星】→でんぱてんたい(電波天体)

**ラジオゾンデ**【Radiosonde ドイツ】高層大気の気象資料を自動的に地上に送信する無線設備。気球をもっともよく利用して、上空に飛ばす。ゾンデ。radiosonde

**ラジオ-たいそう**【ラジオ体操】ラジオを通じての音楽伴奏とともに行う徒手体操全般。一般には、NHKが放送するラジオ体操をいう。

**ラジオ-ドラマ**【radio drama】ラジオで放「送する劇」。放送劇。

**ラジオ-ビーコン**【radio beacon】無線標識。無線方位測定機を装備した船舶や航空機のため、特定の電波を発射し、航行の指標とする。

**ラジオ-ブイ**【radio buoy】長期間の海洋観測を目的としたブイ。水温・電気伝導度・海流の速度・方向などのデータを陸地に向けて送信する。

**ラジオ-プレス**【Radio Press】《正式名ラヂオプレス通信社》各国の短波放送を傍受・翻訳し、新聞社・放送局・官庁に配信している。昭和二〇年(一九四五)設立。RP。

**ラジオメーター**【radiometer】放射のエネルギー・照度などを測定する装置。受けた放射の熱効果を利用するものと、光電効果を利用するものがある。放射計。

**ラジオロケーター**【radiolocator】電波探知器。レーダー。

**ラジ-カセ**《radio-cassette recorderから》ラジオとカセットテープレコーダーを組み合わせた複合商品の略称。

**ラジカリスト**【radicalist】急進主義者。ラ「ディカリスト」。

**ラジカリズム**【radicalism】急進主義。

**ラジカル**【radical】(形動)=ラディカル。①根本的。用例 ―な問題。②急進的。過激。用例 ―な人物。

**ラジカル-はんのう**【ラジカル反応】→ゆうりきはんのう(遊離基反応)

**ラジコン**《商標名。radicon》電波を使って遠隔操縦する、飛行機・自動車などの模型および操縦装置。

**ラジ-コン**《radio controlから》無線で装置・機械を操作すること。また、その装置・機械。

**らし-しょくぶつ**【裸子植物】胚珠が心皮に包まれないで裸出し、これが直接受粉して種子を生じる植物群。木本性で多くは常緑。系統的にはシダ植物に近く、ジュラ紀に繁栄。マツやスギなど、林業上重要な種が多い。gymnosperms 対義 被子植物。

**らし-せん**【▼螺▼獅線】→コンコイド

**ラシャ**【羅▼紗】《raxa ポルトガル の転》毛織物の一種。羊の毛で織る、目のつまった、地の厚い織物。製織後、縮絨・起毛をする。保温性に富み、手ざわりがなめらか。woolen cloth

**ラシャかき-ぐさ**【羅▼紗▼搔草】チーゼルの和名。果穂にある小苞片の先端が鉤状に曲がっているので、羅紗の起毛に用いることからの名。

**ラシャ-がみ**【羅▼紗紙】織物の羅紗に感じが似た厚紙。羅紗くずや毛糸くずを叩きほぐし、紙料繊維などを混ぜたものを原料としてつくる。壁紙・台紙用。flock paper

**ラシャ-めん**【羅▼紗綿・羅▼紗▼緬】①ヒツジ。②《外国の船員が船中でヒツジを飼っていたという俗説から》幕末から明治初期、外人のめかけになった日本婦人をいやしめていった語。

**らじゅう**【羅▼什】「鳩摩羅什」の略。

**ラジュース**【radius】《商標名》登山用具の一つで、携帯用の石油こんろ。

**ら-しゅつ**【裸出】(名・サ変自) むきだしになっていること。露出。

**ラシュモア-さん**【ラシュモア山】(Mount Rushmore) アメリカ、サウスダコタ州西部、ブラックヒルズにある山。標高一七〇七m。山腹にあるワシントンなどの彫像が有名。

**らしょう-もん**【羅生門・羅▽城門】=らじょうもん。一①京城の外郭の門。②平城京・平安京の朱雀大路の南方正面にあった大門。のち荒れ果てて死体の捨て場、盗賊の住みかとなった。二《羅生門》芥川竜之介の小説。大正四年(一九一五)発表。『今昔物語』に取材した歴史小説。王朝末期、飢餓の極限に現れる悪とエゴイズムの葛藤を描く。

**らしょうもん-かずら**【羅生門▼葛】シソ科の多年草。山地の林下にはえる。花茎は二〇～三〇cm。花は紫色の唇形花で、一方向をむいてつく。花冠は長さ四～五cm。名は、花冠を渡辺綱が羅生門で退治した鬼女の腕になぞらえたもの。本州以南に分布。→写

●ラショウモンカズラ

**ラショナリズム**【rationalism】合理主義。

**ラショナル**【rational】(形動) 合理的。理性的。

**ラ-シルフィード**【La Sylphide】バレエ作品。二幕。作曲シュナイツホッファー。一八三二年初演。空気の精に恋した若者の物語。

**ら-しん**【裸身】はだか。裸体。naked body

**らしん**【羅津】北朝鮮(朝鮮民主主義人民共和国)北東部、日本海に臨む港湾都市。水産基地で、造船所もある。北方の雄基港と雄羅トンネルで連絡。ナジン。

**らしん-ぎ**【羅針儀】→コンパス①

**らしん-ばん**【羅針盤】→コンパス①

**らしんばん-ざ**【羅針盤座】南天の星座。冬の天の川の東側にある。三月二一日ごろの午後八時ごろに南中。面積二二一平方度。Pyxis

**ラス**【lath】建築のさいに壁や吹き付け材の下地に使う金属製の網。メタルラス・リブラス・ワイヤーラスなどの種類がある。

**ラスウェル**【Harold Dwight Lasswell】(一九〇二～一九七八) アメリカの政治学者。イェール大教

▼常用漢字表外。 ▽常用漢字表の音訓外。

●ラスコー洞窟 ウマ、ウシ、シカなどの動物図(模写)、マルセイユ自然史博物館(フランス)。

授。シカゴ学派の代表的存在で、政策学の主唱者の一人。著書『精神病理学と政治学』など。

**ラスカー-シューラー**【Else Lasker-Schüler】(一八六九〜一九四五) ドイツの女流詩人。詩集『冥府の川』『ヘブライのバラード』など。

**ラスキ**【Harold Joseph Laski】(一八九三〜一九五〇) イギリスの政治学者。ロンドン大教授。多元的国家論者として出発し、階級国家論を主張。労働党の理論的指導者としても知られ、一九四五年党執行委員長。著書『政治学大綱』など。

**ラスキン**【John Ruskin】(一八一九〜一九〇〇) イギリスの批評家・思想家。美術批評で注目され、後半生は警世家として活躍。著書『近代画家論』『建築の七灯』『胡麻と百合』など。

**ラスク**【rusk】 一口大に薄く切ったパンを乾燥し、片面または両面にメレンゲを塗って天火で焼いた洋菓子。

**ラスコー-どうくつ**【ラスコー洞▼窟】 フランスのドルドーニュ県にある洞窟。旧石器時代後期の岩壁画がある。一九四〇年発見。赤・黒・黄などの色で、約二〇〇点の動物像・人物像などが描かれている。↓写

**ラスコーリニコフ**【Raskolnikov】 ドストエフスキーの小説『罪と罰』の主人公。道徳を超えて行動する強者になろうとし、殺人を犯す。一八六〇年代半ばのロシアの行動化しつつあるニヒリストの一典型。

**ラスト**【last】 いちばんあと。最終。最後。

**ラスト-イニング**【last inning】 野球で、最終回。第九回。

**ラスト-シーン**【last scene】 映画・演劇などで最後の場面。幕切れ。

**ラスト-スパート**【last spurt】 ①競走などで、ゴール間近に全力を振り絞ること。②最終段階でがんばること。

**ラスト-ヘビー**《和製語》最後のがんばり。追い込み。last spurt

**ラスパイレス-しすう**【ラスパイレス指数】《提唱者の名から》物価指数・賃金指数などの算出に用いる。日本ではとくに、国家公務員の給与水準を一〇〇としたときの、地方公務員の給与水準をいう。Laspeyres index

**ラス-パルマス**【Las Palmas】 アフリカ北西沖のグランカナリア島北東岸、大西洋に臨む港湾都市。カナリア諸島の中心地。国際的な避寒・観光地。人口七五・六万(一九八一)。

**ラスプーチン**【Grigory Yefimovich Rasputin】(一八七一〜一九一六) ロシアの修道僧。皇太子の血友病治療を機に、ニコライ二世と皇后の寵を受け、国政に影響力をもったが、暗殺された。その言動から種々の風説を生み、怪僧と呼ばれた。

**ラス-ベガス**【Las Vegas】 アメリカ西部、ネバダ州南東部の都市。賭博と歓楽の地として知られる。人口一六・五万(一九八〇)。

**ラ-スペチア**【La Spezia】 イタリア北部、リグリア州東部、ジェノバ湾に臨む港湾都市で軍港。人口一一万(一九八五)。

**ラズベリー**【raspberry】 バラ科キイチゴ類のつる性落葉低木。枝にとげがあり、花は白色。果実は、夏に赤・黒などに熟す。生食または加工用。ヨーロッパキイチゴ。↓写

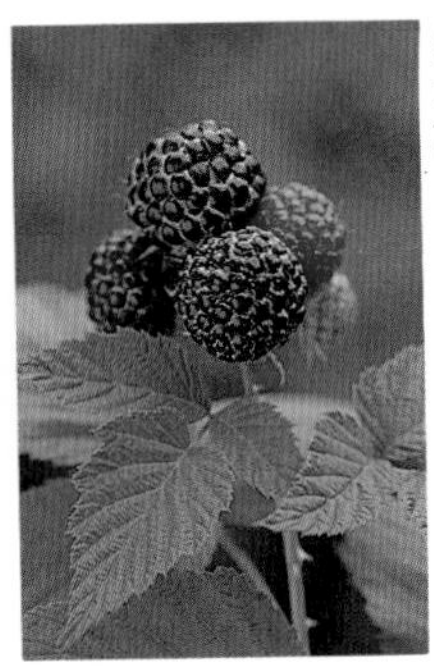
●ラズベリー

**ラセイタ**【raxetaポルトガル・羅背板】 羅紗織りの一種。生地が薄く、表面があらい。

**ラセイタ-そう**【羅背板草】《表面のざらつきがポルトガルの毛織物ラセイタに似ることから》イラクサ科の多年草。海岸にはえ、茎は太く、高さ約七〇㎝。葉は厚く広卵形。夏、葉腋に花穂をつける。

**らせつ**【羅▼刹】《Rākṣasa梵の音写》インド神話の鬼神。速疾・大力で人を魅惑し、人肉を食うという。仏教では守護神として毘沙門天に属する。

**らせつ-にち**【羅▼刹日】 暦注の一つ。二十八宿と七曜との組み合わせにより決められる凶日で、万事によくない日とされる。

**らせつ-にょ**【羅▼刹女】《仏教語》美しい姿をした女の羅刹。

**ラセミ-か**【ラセミ化】 光学異性体の半分が、その対掌体となり、旋光性を失うこと。酸や塩基の添加などで起こる。racemization

**ラセミ-たい**【ラセミ体】 光学異性体とその対掌体が当量ずつ混合し、あるいは、一対ずつ分子化合物をつくり、旋光性を失った物質。racemic modification

**ラセミ-ぶんかつ**【ラセミ分割】 ラセミ体をそれぞれの光学異性体に分けること。光学異性体どうしは物理的化学的性質が同じなので、一方の光学異性体とだけ反応する分割試薬を使って分離するなど特殊な方法がとられる。resolution

**ら-せん**【▼螺旋】 ①巻き貝のからのように、うず状に巻いているもの。spiral ②ねじ。screw

**ら-せん**【▼螺線】 ①ある点のまわりをたえず曲がりながら遠ざかる平面曲線。うずまき線。匝線。spiral ②ねじ。↓図

**らせん-かいだん**【▼螺旋階段】 洋風の回り階段。踏み板が中心支柱の回りに螺旋状に取り付けられている。spiral stairs

**らせん-そう**【羅▼氈草】 シナノキ科の一年草。高さ約一m。葉は有柄卵状楕円形で、脈上に堅い毛がある。八月、黄花を数個集散花序につける。

**ら-ぞう**【裸像】 人のはだかの姿・像。nude

**ら-そつ**【▼邏卒】 ①見回りの兵卒。②明治初年の警察の職。巡査の旧称。

**ら-たい**【裸体】 はだか。裸身。naked body

**らたい-が**【裸体画】 人間もしくは人間態(神・悪魔など)のものを裸で描いた絵。とくにヨーロッパでは絵画の重要なテーマとして発展してきた。nude

**ラダイト-うんどう**【ラダイト運動】 イギリスの産業革命期、機械導入で失業に瀕した手工業者や職人層が起こした機械破壊運動。一八一〇年代に中・北部の織物工業地帯に広まったが、政府のきびしい取り締まりで鎮静。この運動の指導者の名に由来。Luddite Movement

**ラタキア**【Latakia】 シリア西部、地中海に臨む港湾都市。フェニキア・ローマ時代より繁栄した古都。綿花・タバコ葉の輸出港。人口一九・七万(一九八一)。

**ラダク**【Ladakh】 カラコルム山脈東部、カシミール地方東部の山岳地域。パキスタン・インド二国の国境紛争地域。中心都市レー。

**ラタン-かぐ**【ラタン家具】 籐を材料にした各種の家具。強靭な茎をその皮で巻いたりして作る。rattan furniture

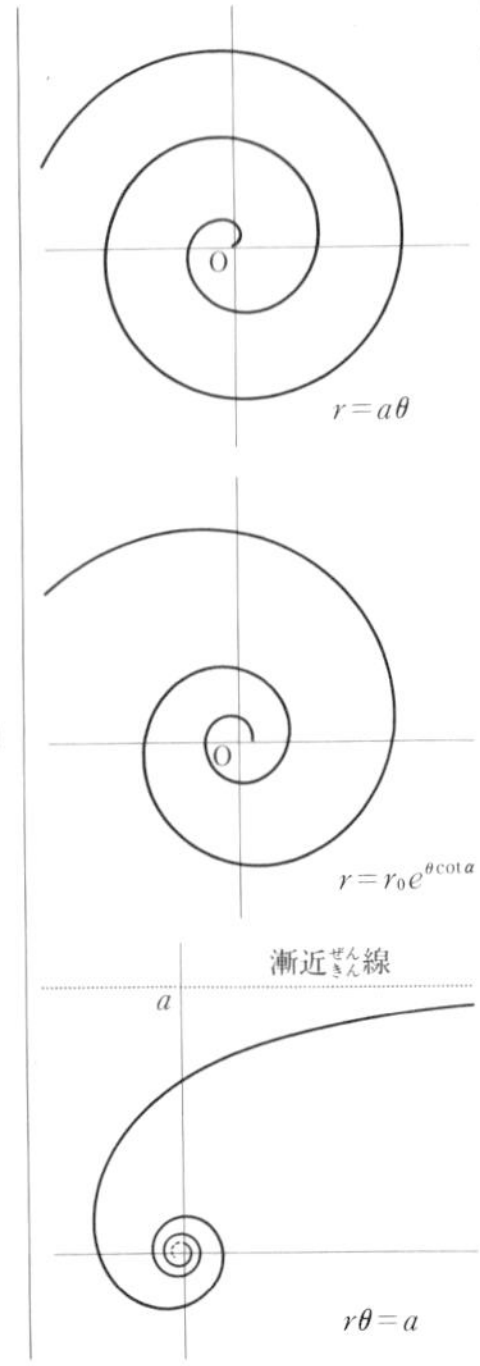

●螺線① アルキメデスの螺線

**ラチ** 10画【▼埒】 部首[土] JIS 5231 10画【▼埓】 異体字 JIS 5232

音 レッ・ラチ・ラツ

①かこい。低いかきね。②馬場のまわりのさく。③しきり。区ぎり。④つつみ。土手。⑤物事の限界。けじめ。「不埒」

**埒が明く**(らちがあく) 物事がはかどる。決まりがつく。come to a settlement

**埒も無い**(らちもない)《「臈次も無い」の転という》順序もない。とりとめもない。たわいもない。

**埒を明ける**(らちをあける) ①物事の決まりをつける。はかどるようにする。bring to a settlement ②きちんと説明する。explain

**ら-ち**【▼拉致】(名・サ変他) 無理に連れて行くこと。らっち。take away; kidnap

**ラチウム**【Latium】 ラチオのラテン名。

**ラチオ**【Lazio】 イタリア中部、ローマを中心とする州。カンパーニアの平野を占め、農牧業が中心。人口五一〇・二万(一九八五)。古称ラチウム。

**らち-がい**【▼埒外】 対義 埒内。①埒の外がわ。②一定の範囲外。beyond the bounds

**ラチチュード**【latitude】 写真感光材料の露出の寛容度。被写体の明暗の調子を正しく再現できる露光量の許容範囲をいう。

**らち-ない**【▼埒内】 対義 埒外。①埒の内がわ。②一定の範囲内。限定内。

**ラチメリア**【Latimeriaラテン】 生きている化石として有名な海水魚シーラカンスの属名。名は、一九三八年南アフリカの南東沖でとれた魚のなかからシーラカンスを発見したラチマー女史にちなむ。

**ラツ** 8画【▼拉】 部首[扌] JIS 5739

音 ロウ・ラ・ラツ

①くだく。おる。くじく。ひしぐ。②つれたつ。人をまちうけて同行する。「拉致」

**ラツ** 9画【▼剌】 部首[刂] JIS 4979

音 ラツ

①もとる。たがう。また、ひがむ。②「潑剌」は、きびきびして、元気のよいさま。活発。潑溂。

**ラツ** 12画【▼喇】 部首[口] JIS 5141

音 ラツ・ラ

①くちばや。はやくち。もののいいかたが、はやいこと。②「喇叭」は、金属製の管楽器。

**ラツ** 12画【▼溂】 部首[氵] JIS 6267

音 ラツ

「潑溂」は、きびきびして、元気のよいさま。活発。潑剌。

**ラツ** 14画【▼辣】 部首[辛] JIS 7769

音 ラツ

①からい。はなはだからい。②きびしい。はげしい。むごい。「悪辣・辛辣」「辣腕」

**ラ-ツール**【La Tour】 ↓ラトゥール

**らっ-か**【落下】(名・サ変自)《「らくか」の変》物が落ちること。drop; fall

**らっ-か**【落花】《「らくか」の変》花が枝を離れること。また、散った花。桜についていうことが多い。falling blossom

**落花、枝に返らず**(らっか、えだにかえらず) とりかえしのつかないことのたとえ。類似 覆水盆に返らず。

**落花、心有り**(らっか、こころあり) 散る花にさえも、水の流れに従う心がある。

**落花情有れども流水意無し**(らっかじょうあれどもりゅうすいいなし) 一方には情があるが、相手には通じないことのたとえ。

**ラッカー**【lacquer】 硝酸セルロースまたはアクリル樹脂を塗膜形成主成分とする塗料。速乾性で耐水・耐油・不粘着性に優れる。自動車・皮革などの塗装用。

**らっか-うんどう**【落下運動】 重力場中での物体の運動。空気抵抗が無視できる場合は等加速度運動となり、軌跡は、初速度の水平成分が0のときは鉛直線、それ以外のときは放





↓ 行き先項目、図版・写真参照印。 JIS 日本工業規格情報交換用漢字符号コード(区点コード)。

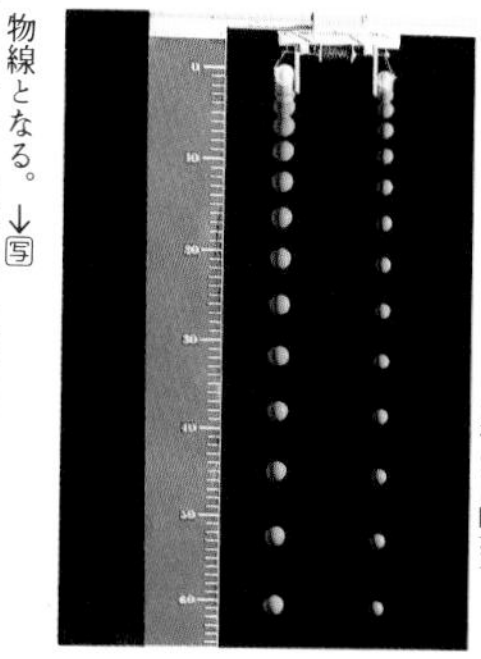
●落下運動　質量の異なる二球の同時落下。

物線となる。↓写

**らっか-さん【落下傘】**㊀布製の傘状の用具。飛んでいる飛行機などから飛び降りるときに使う。パラシュート。parachute 用例 —部隊。㊁金子光晴の詩集。昭和二三年(一九四八)刊。民衆の中の知識人としての戦争と国家権力への憎悪と批判を表現。

**らっか-せい【落花生】**《「らくかせい」の変》マメ科の一年草。高さ三〇～五〇㎝。夏秋に葉腋に一～三個黄色の小蝶形花が咲き、花柄がのびて地中に入り結実する。さやは繭形で表面は網目状。一～四個の子実を包む。種子は食用、また油を搾る。ナンキンマメ。ピーナッツ。peanut ↓図

**らっかせい-ゆ【落花生油】**ラッカセイの種子を圧搾して得られる油。不飽和脂肪酸の含有率が高く、良質の油。peanut oil

**ラッカディブ-しょとう【ラッカディブ諸島】**(Laccadive Islands) インド南西岸マラバル海岸沖合い、アラビア海上の珊瑚礁島群。中心はカバラッティ島。インド政府直轄地。ラカディブ諸島。

**らっか-りゅうすい【落花流水】**①落ちる花と流れる水。②男女で、一方に思いがあれば、相手にも慕う気持ちが生まれるというたとえ。

**らっか-ろうぜき【落花▼狼▼藉】**①花の散り乱れること。転じて、ひどく乱雑に散らかっていること。in utter disorder ②女性に乱暴を働くこと。assault 用例 —に及ぶ。

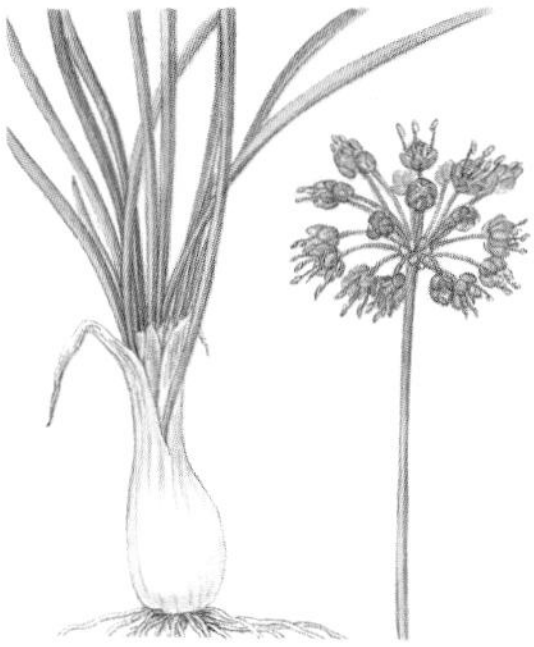
●ラッキョウ　花(右)と鱗茎(左)。

**らっ-かん【落款】**《「らくかん」の変》書画に筆者自身が署名すること。また、その署名。俗に押印までふくめていう。artist's signature and seal

**らっ-かん【楽観】**(名・サ変他)《「らくかん」の変》物事がうまく運ぶと思うこと。明るい見通しを持つこと。optimism 比較 楽天。対義 悲観。用例 事態は—を許さない。

**らっ-き【落▼暉】**《「らくき」の変》落日。夕日。

**ラッキー【lucky】**(形動) 運がよいさま。

**ラッキー-セブン**《lucky seventhから》野球の試合で、得点しやすいとされる七回目の攻撃。

**ラッキー-ゾーン**《和製語》野球場で、左右両翼後方、観客席前の柵で囲われた区域。打球が直接入るとホームランとなる。

**らっ-きゅう【落球】**(名・サ変自)《「らくきゅう」の変》野球で、一度受けたフライや送球のボールを取り落とすこと。fumble

**らっ-きょ【落居】**(名・サ変自)《「らくきょ」の変》物事が落ち着くこと。決着。

**らっ-きょう【▼辣▼韮・▼薤】**ユリ科の多年草。葉はネギに似るが細く、断面が五角形。秋に紫色の小花が咲く。鱗茎は白色で特有の香気があり、生食、甘酢漬けなどにする。漢方薬にも利用。オオニラ。↓図

**らっきょう-づけ【▼辣▼韮漬(け)】**らっきょうの漬け物。塩漬け、甘酢漬け、みりんじょうゆ漬けなどがある。

**ラック【lac】**塗料の一つ。ラックカイガラムシが分泌する樹脂状の物質を原料としたもの。シェラック。

●ラッカセイ　花(右)と実(左)。

**ラック【rack】**①平板に歯をつけたもの。小歯車(=ピニオン)とかみ合わせて回転運動と直線運動の変換を行う。②棚。物を乗せたり掛けたりする台。網棚。

**ラック【ruck】**ラグビーで、地上にあるボールの周囲に、両チームのプレーヤーが集まり、体を寄せ合って作る密集状態。比較 モール。

**ラック-かいがらむし【ラック貝殻虫】**カイガラムシ科の昆虫。雌は唯一の動物性天然樹脂であるラックを分泌し、ワニス・封蠟・塗料などの原料にされる。ムクロジ科その他種々の植物に寄生する。東南アジアに分布。

**ラックスネス【Halldór Kiljan Laxness】**(一九〇二)アイスランドの小説家。北欧左翼文学の代表者。一九五五年ノーベル文学賞受賞。作品『独立の民』『原爆基地』など。

**ラックスマン【Adam Kirilovich Laksman】**(一七六六—九六ごろ) ロシアの軍人。寛政四年(一七九二)大黒屋光太夫らの送還を名目に、ロシア使節として初めて北海道根室に来航し国交を求めたが、幕府はこれを拒否。

**らっ-けい【落慶】**《「らくけい」の変》社寺の工事が完成した喜び。また、その祝い。

**らっ-こ【▽猟▼虎・▽海▼虎・▽海▼獺・▼獺▼虎】**(rakkoアイヌ) イタチ科の海獣。体長約一m。濃褐色の毛に銀毛がまじる。カニ・貝類などを食べ、海上で背泳しながら生息。海藻を体にまきつけて眠る。北太平洋沿岸域に分布。sea otter ↓写

**猟虎の皮**《ラッコの毛は、なでつけるとどちらの方向にもなびくことから》だれに対してもいうままになる人のたとえ。

●ラッコ

**ラッサール【Ferdinand Johann Gottlieb Lassalle】**(一八二五—六四) ドイツの社会主義者・哲学者。一八六三年全ドイツ労働者同盟(のちのドイツ社会民主党)の初代会長。ヘーゲル的な国家論を唱えた。著書『既得権の体系』など。ラサール。

**ラッサ-ねつ【ラッサ熱】**ラッサウイルスによる悪性の急性熱性伝染病。感染すると高熱をともない、重症では全身に出血傾向をまねいて死亡する。日本では昭和五一年(一九七六)指定伝染病となった。Lassa fever

**らっ-し【▼臈次】**《「ろうじ」の変》物事の順序。席次。

**臈次も無い**(らっしもない)「埒も無い」と同意。

**ラッシュ【rush】**①混雑。突進。②にわか景気。ブーム。用例 ゴールド—。③「ラッシュアワー」の略。

**ラッシュ-アワー【rush hour】**大都市などで朝夕、通勤・通学者が大量に移動するため交通機関が混雑する一定の時間帯。

**らっ-する【▼拉する】**(サ変他) 無理に連れて行く。拉致する。

**ラッセル**(名・サ変自) ①登山で雪の深いときに、先頭の者が雪を分けたり踏みつけたりして道を開くこと。また、その人。②「ラッセル車」の略。

**ラッセル**《Rasselgeräuschドイから》気管支などに異状のあるとき、聴診器に聞こえる呼吸音。水泡音。rhonchus

**ラッセル【Bertrand Arthur William Russell】**(一八七二—一九七〇) イギリスの哲学者・数学者・文明批評家・平和運動家。ホワイトヘッドとの共著『プリンキピア-マテマティカ(数学原理)』で記号論理学を集大成。第二次大戦以後は核兵器反対運動に尽力。一九五〇年ノーベル文学賞受賞。著書『外界の認識』『社会改造の諸原理』など。↓写

●B=ラッセル

**ラッセル【George William Russell】**(一八六七—一九三五) アイルランドの詩人・批評家。筆名AE。アイルランド文芸復興に参与。戯曲『デアドラ』、『詩集』など。

**ラッセル【Henry Norris Russell】**(一八七七—一九五七) アメリカの天文学者。恒星スペクトル・恒星進化についての指導的研究をした。

**ラッセル-アインシュタイン-せんげん【ラッセル-アインシュタイン宣言】**(Russell-Einstein Manifesto) イギリスの哲学者ラッセルとアメリカの物理学者アインシュタインとが、一九五五年、アメリカ・ソ連・イギリス・フランス・中国・カナダの六か国元首に送った手紙。核兵器戦争による人類絶滅の危険を警告し、戦争回避を強調した。ラッセル声明。

**ラッセル-しゃ【ラッセル車】**《「ラッセル」は、発明者のアメリカ人Russellの名から》前部にすき形の雪かきを付けた除雪機関車。snowplow

**ラッセル-レース【raschel lace】**メリヤス編みに編んだレース地の総称。薄く平らな仕上がりが特徴で、婦人下着の装飾布がおもな用途。

**ラッソ【Orlando di Lasso】**(一五三二ごろ—九四) フランドル楽派の作曲家。ミサ曲・モテットのほか、各国の民族性を的確に表現した世俗歌曲を作った。ラッスス。

**らっ-ち【▼拉致】**(名・サ変他) ↓らち(拉致)

**ラッツェル【Friedrich Ratzel】**(一八四四—一九〇四) ドイツの地理学者。自然環境と人類の文化との関係を考察し、人文地理学の体系化に貢献。

**ラッツェンホーファー【Gustav Ratzenhofer】**(一八四二—一九〇四) オーストリアの政治学者・軍人。集団闘争を中心とする社会学的な国家論を展開した。著書『政治の本質と目的』など。

**ラット【rat】**↓だいこくねずみ(大黒鼠)

**らっ-ぱ【▽乱波】**①戦国時代、大名が用いた間者の一種。野武士・盗賊などの中から用いられた。透っ波。②江戸初期の無法な旗本奴のこと。

**らっぱ【▼喇▼叭】**①原始的な無弁のトランペット。②金管楽器の総称。③朝顔形の拡声器。

**喇叭を吹く**(らっぱをふく) 大きなことや大げさなことをいう。大言壮語する。brag

**らっぱ-うに【▼喇▼叭▽海▽胆】**潮間帯付近の岩礁にすむラッパウニ科のウニ。殻径約一〇㎝。棘は短く、先端が花弁状(らっぱ形)に開き、有毒。房総半島以南の太平洋岸に分布。

**らっぱ-かん【▼喇▼叭管】**卵管の別称。

**らっぱ-ずいせん【▼喇▼叭水仙】**ヒガンバナ科の多年草で園芸用に栽培。花は大輪で花冠は淡黄色、副花冠は濃黄色のらっぱ状。南西ヨーロッパ原産。daffodil

**らっぱ-のみ【▼喇▼叭飲み】**瓶などに口をつけて飲むこと。drink straight from the bottle

**らっぱ-ふき【▼喇▼叭吹き】**①らっぱを吹くこと・人。bugler; trumpeter ②ほらを吹くこと・人。blow one's own horn

**らっぱ-ぶし【▼喇▼叭節】**明治時代の演歌。のむき山人作詞・添田唖蟬坊作曲。曲名は囃子詞「トコトットットー」に由来するといわれる。

**らっぱ-むし【▼喇▼叭虫】**ラッパムシ科に属する原生動物の一群。伸長するとらっぱ状になり、長さ一～二㎜。おもに水底に固着して生活。多くは淡水産。↓写

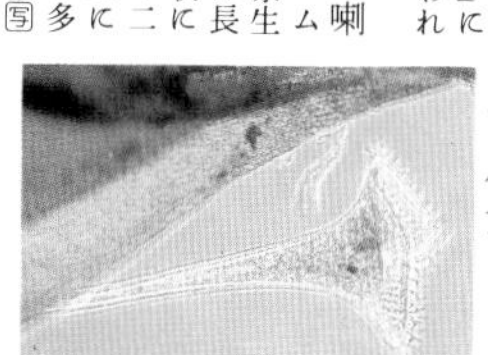
●ラッパムシ

▼常用漢字表外。　▽常用漢字表の音訓外。

**ラッピング**【lapping】平面・球面や歯車の歯面などを平滑にするための作業。砥粒を含む液ですり合わせる。ラップ仕上げ。

**ラップ**【lap】①陸上競技や水泳などで、トラックやプールを何回も回ったり往復したりするときの、一周または一往復。②「ラップタイム」の略。③綿や羊毛などの紡績原料を長いむしろのように圧搾したもの。むしろわた。④刃物や宝石などの表面を仕上げる特殊な研磨用工具。ラップ盤。

**ラップ**【wrap】《「包む」の意》食品を包むためのポリエチレン製のフィルム。食品を冷蔵庫に入れるときなどに使う。

**ラップ**【RAPP】《Rossyskaya assotsiatsiya proletarskikh pisateley ロシアの略》「ロシアプロレタリア作家協会」の略。ソ連の文芸団体。一九二五年創立、三二年解散。

●ラップコート

**ラップ-コート**《wrap around coatから》留め具やボタンなどを使わず、身体に軽く巻くようにして着るコートの総称。↓図

**ラップ-じん**【ラップ人】スカンジナビア半島に住む民族。ウラル語族フィン-ウゴル語派に属する言語を使用。トナカイ飼養、漁労に従事。サーミ人。Lapp

**ラップ-スカート**↓まきスカート(巻きスカート)

**ラップ-タイム**【lap time】《ラップはトラック一周の意》スポーツ競技で、競走や競泳中の途中計時。ゴールまでの一定地点ごとに所要時間を計る。陸上のトラック競技では一周ごと、競泳ではコースの片道または一往復ごと。

●螺鈿『秋草蒔絵螺鈿洋櫃』。桃山時代、南蛮文化館(大阪府)。

**ラップトップ-がた**【ラップトップ型】《lapは腰かけたときの腰からひざ頭までのこと》小型コンピューターやワープロで、持ち運びができ、すわって、ひざの上においても操作できる型のもの。厳密な規格はなく便宜的な呼称。

**ラップランド**【Lappland】ノルウェー・スウェーデン・フィンランド北部からソ連のコラ半島を含む地域。ほぼ北極圏内にあり、ツンドラやタイガが大部分を占める。モンゴル系のラップ人が居住するため、この名がある。

**ラッフル**【ruffle】洋服に用いられる装飾。幅の広いフリルなどにひだやギャザーを寄せた縁飾り布。ひだべり。

**らつ-わん**【辣腕】すごい腕前。腕利き。敏腕。outstanding ability 用例 ―をふるう。

**ラティーノ**【Latino】米国に住むラテンアメリカ系の市民。ヒスパニック。

**ラディカリスト**【radicalist】↓ラジカリスト

**ラディカリズム**【radicalism】急進主義。

**ラディカル**【radical】(形動)↓ラジカル

**ラティガン**【Terence Rattigan】(一九一一～七七) イギリスの劇作家。洗練された風俗喜劇で人気を博した。戯曲『深い青い海』など。

**ラディゲ**【Raymond Radiguet】(一九〇三～二三) フランスの小説家。心理分析に驚くべき正確さを示した。作品『肉体の悪魔』『ドルジェル伯の舞踏会』など。

**ラディッシュ**【radish】ハツカダイコンの別名。アカカブ。

**ラティフンディウム**【latifundium ラテン】古代ローマの大土地所有制。紀元前二世紀以降、有力者による土地占有と奴隷制大規模経営の進展にともなって発達。中小自営農民の没落を招き、三世紀ごろからコロヌス制へ移行した。

**ラテ-カセ** ラジカセにテレビも組み合わせた複合商品の略称。

**ラテックス**【latex】ゴムノキの樹皮を傷つけて採取する白濁の乳状液。ゴムの原料。酸を加えてゴム分を固まらせ、生ゴムをつくる。

**ラテライト**【laterite】熱帯や亜熱帯地方に分布する紅色の土壌。酸化鉄や酸化アルミニウムに富む。空気に触れると固化し、インドなどでは建築用材に利用。紅土。

**ラテン**【Latin・羅甸・拉丁】「ラテン語」「ラテン民族」の略。

**らでん**【螺鈿】ヤコウガイ・アワビ・チョウガイなどの真珠質の部分を文様に切り透かし、漆地または木地にはめ込んだり張ったりして装飾とする技法。日本には奈良時代に唐から伝わった。mother-of-pearl inlay ↓写

**ラテン-アメリカ**【Latin America】メキシコ以南の中南米、およびカリブ海諸国を含む地域の総称。ラテン語系のスペイン語・ポルトガル語・フランス語などを国語とし、ラテン系民族の文化を特徴とする社会。

**ラテンアメリカ-おんがく**【ラテンアメリカ音楽】メキシコ・中南米・西インド諸島などラテンアメリカの音楽。舞曲として発達したものが多く、多彩なリズムをもつ。ラテン音楽・中南米音楽。Latin music

**ラテンアメリカ-けいざいいいんかい**【ラテンアメリカ経済委員会】(Economic Commission for Latin America) 国連経済社会理事会の地域経済委員会の一つ。中南米とカリブ海諸国の経済開発などを援助する機関。本部サンチアゴ。一九四八年設立。ECLA。

**ラテンアメリカ-けいざいきこう**【ラテンアメリカ経済機構】(Latin America Economic System) メキシコの提唱により一九七五年にキューバを含む中南米諸国によって設立された経済協力機構。事務局はベネズエラのカラカス。中南米経済機構。LAES。SELA。

**ラテンアメリカ-じゆうぼうえきれんごう**【ラテンアメリカ自由貿易連合】↓ラフタ(LAFTA)

**ラテンアメリカ-とうごうれんごう**【ラテンアメリカ統合連合】(Latin American Integration Association) ラテンアメリカ自由貿易連合(LAFTA ラフタ)に代わるものとして一九八一年に発足した国際経済機構。中南米一一か国で構成。LAFTAの多国間協議の原則に対して、二国間協定を認めた。LAIA。

**ラテンアメリカ-ひかくちいきじょうやく**【ラテンアメリカ非核地域条約】(Treaty for the Prohibition of Nuclear Weapons in Latin America) ラテンアメリカにおける核兵器の実験・製造・取得・貯蔵・配備・使用などを禁止し、非核地域化するための条約。一九六七年メキシコで調印。トラテロルコ条約。

**ラテンアメリカ-ぶんがく**【ラテンアメリカ文学】メキシコ以南のスペイン語圏の文学と、ポルトガル語を公用語とするブラジルの文学とを含む総称。真の自立を遂げるのは一九四〇年代以降で、詩ではネルーダ・バリェッホ・パスらが、小説ではボルヘス・カルペンティエール・フエンテス・ガルシア＝マルケス・バルガス＝リョサらが高く評価されている。Latin-American literature

**ラテンアメリカ-れんたいきこう**【ラテンアメリカ連帯機構】(Organization for Latin America Solidarity) 中南米諸国人民の反帝国主義・反植民地闘争のための国際協力組織。一九六七年キューバの主導により発足。OLAS。

●G＝ラ＝トゥール『マグダラのマリア』。一六二五～三五年ごろ、ルーブル美術館(フランス)。

**ラテン-おんがく**【ラテン音楽】ラテンアメリカ音楽のこと。

**ラテン-ご**【ラテン語】《イタリアのラチウム方言から》インド-ヨーロッパ語族イタリック諸語に属する言語で、古代ローマ帝国の標準語。ローマの繁栄とともに優勢となり、ギリシア語とならんで知識層の一般語となった。口語は現在のフランス・イタリア・スペイン・ポルトガル語などロマンス諸語に変貌。文語は中世を通してヨーロッパの学術語、またカトリック教会の公用語として使われ、現在も存続。Latin

**ラテン-じん**【ラテン人】インド-ヨーロッパ語族イタリック族の一派。紀元前一〇世紀ごろイタリア半島ラチウム地方に定着。エトルリアと接触し、その文化を吸収。ローマ市を建設。のちローマ人と同義。Latin

**ラテン-ていこく**【ラテン帝国】一二〇四年、第四回十字軍がコンスタンチノープルを占領して建てた国。フランドル伯ボードアンが初代皇帝。六一年滅亡。

**ラテン-ぶんがく**【ラテン文学】紀元前三世紀末から帝政末期に至る古代ローマの文学。ラテン語で書かれ、ギリシア文学の影響下に発展し独自の特色を発揮した。Latin literature

●ラナンキュラス

**ラテン-みんぞく**【ラテン民族】アーリア人種のうち南ヨーロッパに分布し、ラテン語から分化した言語を使う民族。イタリア・フランス・スペイン・ポルトガルなどに住む民族。the Latin races

**ラテン-もじ**【ラテン文字】ローマ字の別称。

**ラド**【rad】放射線に照射された物質が吸収したエネルギー量の単位。一ラドは物質一グラム当たり一〇〇エルグのエネルギーを吸収するときの線量。記号rad

**ラ-トゥール**【Georges de La Tour】(一五九三～一六五二) フランスの画家。独特の明暗法で宗教画を描き、庶民の生活を主題にした風俗画もある。作品『キリストの降誕』など。↓写

**ラ-トゥール**【Maurice Quentin de La Tour】(一七〇四～八八) ルイ一五世時代のフランスの代表的画家。パステルによる肖像画などに名品が多い。作品『ポンパドゥール夫人』など。

**ラドガ-こ**【ラドガ湖】(Ladozhskoye Ozero) ソ連北西部、フィンランド国境付近にあるヨーロッパ最大の湖。面積一・八万km²。水深五一m。

**ラドクリフ**【Ann Radcliffe】(一七六四～一八二三) イギリスの女流小説家。恐怖小説を書いた。作品『ユードルフォの怪奇』『イタリア人』など。

**ラドクリフ-ブラウン**【Alfred Reginald Radcliffe-Brown】(一八八一～一九五五) イギリスの社会人類学者。機能主義的人類学の創始者の一人。アンダマン諸島やオーストラリア原住民を調査し、構造機能主義理論の一般化、社会構造論の精密化に尽力。

**ラトビア-きょうわこく**【ラトビア共和国】(Latviskaya SSR) ソビエト連邦を構成する共和国の一つ。首都リガ。ソ連北西部、バルト海沿岸にある。農牧業のほか、各種工業が発達。面積六・四万km²。人口二六四・八万(一九八七)。正称ラトビア-ソビエト社会主義共和国。

**ラドン**【radon】希ガス元素の一つで天然放射性元素。元素記号Rn 原子番号八六。天然には質量数が、二一九、二二〇、二二二から出発する三種類の崩壊系列が存在する。半減期が長く、地面近くの大気や水中に存在。γ線源として医療に用いられる。

**ラドン-シード**【radon seed】ラドンガスをつめた直径一mmの針のような金の管。体内に刺し入れ、腫瘍の放射線治療などに用いる。

**ラナオ-こ**【ラナオ湖】(Lake Lanao) フィリピン、ミンダナオ島中西部の湖。面積約三四〇km²。火山噴出物による堰止め湖で、湖岸は保養地。

**ラナンキュラス**【ranunculus ラテン】キンポウゲ科キンポウゲ属の総称。一年草または多年草。北半球に約四〇〇種、日本ではキンポウゲ・ミヤマキンポウゲなど約二六種が野生化。球根草花で四～五月に開花、径七cmほどの花の色は赤・紫・黄・白など。↓写

**ラニアー**[Sidney Lanier](一八四二〜八一) アメリカの詩人。一九世紀後半の南部の代表的詩人。小説『おにゆり』『詩集』など。

**ラ‐ニーニャ**[la niña(スペイン)] 赤道近くの東部太平洋で、海面の水温が異常に低くなる現象。赤道付近の偏東風が強まって暖水域が西に移動し、深海から冷水が上昇して起こるとされる。比較 エルニーニョ。

**ラニエリ**[Massimo Ranieri](一九五〇〜) イタリアのカンツォーネ歌手。映画にも活躍。

**ラノリン**[lanolin] 羊毛の脂肪を精製した油脂混合物。ステロール・アルコール・オキシ酸・グリコールなどのエステルを含む。乳化力が強く、化粧品・軟膏基剤などに利用。

**らーば**[▼騾馬] 雄のロバと雌のウマの交雑でできる家畜。この逆の交雑でできるものは駃騠という。体高約一・五m。ともに繁殖力はない。小形だが、粗食に耐え、耐久力が強い。スペイン・南フランスなどでは労役用。騾。[mule

**ラバ**[lava] 溶岩。

**ラバー**[rubber] ゴム。

**ラバー‐ソール**[rubber sole] ゴム底。また、それの付いた革靴。ラバソール。

**ラバーブ**[rabābah(アラビア)] さおの長い、一弦または三弦のリュート属の弓奏擦弦楽器。アラビアから発して東西に広まる。

**ラバウル**[Rabaul] パプアニューギニア、ニューブリテン島北東端の港湾都市。第二次大戦中は、日本海軍の航空基地となった。人口一五万(一九八六)。

**ラ‐パス**[La Paz] 南アメリカ、ボリビアの首都(憲法上はスクレ)。西部のアンデス山脈中標高三六〇〇mの高原に位置し、世界最高地の首都。首都を、それまでのスクレからここに移そうとして内乱が発生、妥協の産物として、スクレは法的な名目上の首都、ラパスは行政・立法の機関を備えた実質上の首都、となっている。人口八八・一万(一九八二)。

**ラパッキ‐あん**[ラパッキ案] 一九五七年にポーランド外相ラパッキが提唱した中部ヨーロッパ非核武装地帯設置案。東・西ドイツ、チェコ、ポーランドを非核武装地帯とするもの。不成立に終わったが、その後の核軍縮案に影響をもたらした。Rapacki plan

**ラハティ**[Lahti] フィンランド南部の都市。交通の要地で、家具製造の中心。スキー競技大会で有名。人口九・四万(一九八五)。

**ラバテラ**[Lavatera] アオイ科ハナアオイ属の総称。一般にはハナアオイをさす。高さ二m。葉はカエデに、花はムクゲに似て夏に咲く。花色は淡紅・濃桃・白。

**ラバト**[Rabat] 北アフリカ、モロッコの首都。文化の中心で、工業は織物・製粉など。付近のシェラにはカルタゴ・ローマ時代の遺跡が多い。人口五一・九万(一九八二)。

**ラバト‐かいぎ**[ラバト会議] 一九七四年モロッコの首都ラバトで開催されたアラブ首脳会議。イスラエルが撤退したのちのヨルダン川西岸にパレスチナ独立国家を建設することなどを決議した。

**ラバン**[Rudolf von Laban](一八七九〜一九五八) ドイツの舞踊家・舞踊理論家。ハンガリー生まれ。ノイエタンツ(=新舞踊)の理論的主導者でモダンダンスの父といわれる。舞踊譜を創案。

**ラビ**[rabbī(ヘブライ)]《わたしの大いなるもの、わたしの先生、の意》ユダヤ教の教師、または律法学者の敬称。rabbi

**ラビーシュ**[Eugène Labiche](一八一五〜八八) フランスの喜劇作家。ボードビルで人気作家となる。戯曲『イタリアの麦わら帽子』『ペリション氏の旅行』など。

**ラビット**[rabbit] アナウサギ類の英名。また、同系統の家畜カイウサギ。

**ラピドス**[Ted Lapidus](一九二九〜) フランスの服飾デザイナー。

**ラビリンス**[labyrinth] ①迷宮。②迷宮入りの事件。

**ラビリンスラ**[labyrinthura(ラテン)] 変形菌植物の無遊子綱の一目。活物に寄生。淡・海水生。遊走子は鞭毛を欠き集合して変形体となる。成熟後に胞子嚢を形成する。

**らーふ**[裸婦] はだかの女性。woman in the nude 用例 ―像。

**ラフ**[rough] 一(形動) ①粗っぽいようす。大ざっぱなさま。用例 ―スケッチ。②手ざわりがざらざらした感じ。用例 ―な布地。③形式ばらずくだけた感じ。用例 ―なスタイル。二(名) ゴルフのコースでフェアウエーの外側にある草の深い地帯。

**ラブ**[love] ①恋。愛情。②テニスで、無得点。

**ラ‐ファイエット**[Marie-Joseph-Paul-Yves-Roch-Gilbert du Motier de Lafayette](一七五七〜一八三四) フランスの軍人・政治家。アメリカ独立戦争に参加。フランス革命時には三部会議員。人権宣言起草に参加。フイヤン派を結成して国民軍司令官となったが、ジャコバン派と対立。一七九二年亡命。帰国後は帝政・王政復古に反対した。

**ラ‐ファイエット‐ふじん**[ラファイエット夫人](Marie-Madeleine Pioche de la Vergne de Lafayette)(一六三四〜九三)フランスの女流小説家。『クレーブの奥方』は、愛の心理を精緻な筆で描き、心理小説の伝統を築いた。

**ラファエル**[Raphael] →ラファエロ

**ラファエル**[Raphael](一九四五〜) スペインのポピュラー歌手。ラテンアメリカを通じ、高い人気をもつ。

**ラファエル‐ぜんぱ**[ラファエル前派] 一八四八年にイギリスにおこった革新的芸術運動。ロセッティ・ハント・ミレーらによる。ラファエロ以前のイタリア初期ルネサンス絵画の素朴誠実な作風を理想とし、自然への沈潜と装飾的要素の導入を提唱、批評家ラスキンの支持をうけた。Pre-Raphaelite Brotherhood

**ラファエロ**[Raffaello Sanzio](一四八三〜一五二〇) イタリアの画家・建築家。ルネサンスの巨匠の一人。調和のとれた優美な古典的様式を確立。作品『大公の聖母』『アテネの学園』『ガラテアの勝利』など。↓写

●ラファエロ 『大公の聖母』。一五〇五年ごろ、ピッティ美術館(イタリア)。

**ラファルグ**[Paul Lafargue](一八四二〜一九一一) フランスの社会主義者。キューバ生まれ。マルクスの次女と結婚。マルクス主義のフランスへの導入につとめ、一八八一年フランス労働党を創立。

**ラフィア‐やし**[ラフィア▼椰子] ヤシ科ラフィア属の総称。熱帯アフリカ・マダガスカルに分布。高さ二〇m余に達する。長い葉柄のある羽状葉をもち肉穂花序が頂生。果実は鱗片におおわれた楕円体。raffia palm

**ラ‐フィーユ‐マル‐ガルデ**[La Fille mal gardée] バレエ作品。一七八六年フランスで初演。現在も上演される最も古い作品。

**ラフォルグ**[Jules Laforgue](一八六〇〜八七) フランスの詩人。ウルグアイ生まれ。孤独と悲哀を軽妙な韻律にのせてうたった。自由詩を創始。詩集『嘆きうた』『最後の詩集』、散文『伝説寓話集』など。

**ラフォレット**[Carmen Laforet](一九二一〜) スペインの女流小説家。作品『ナダ』『新しい女』など。

**ラ‐フォンテーヌ**[Jean de La Fontaine](一六二一〜九五) フランスの詩人。古典主義の代表的作家。『寓話集』は『イソップ物語』を模倣し、おもに動物を主人公にし、人生や社会に対する風刺・感慨をのべた。ほかに『コント集』など。

**らーぶか**[羅▼鱶] ラブカ科の深海性のサメ。現存するサメの中でもっとも原始的とされる。全長約二m。暗褐色。口は前端にある。日本近海・東太平洋・東大西洋などに分布。

**ラフカディオ‐ハーン**[Lafcadio Hearn] 小泉八雲の本名。

**らーふく**[▼蘿▼蔔] ダイコンの別名。

**ラプコン**[RAPCON]《radar approach control の略》レーダーを使用して飛行機の動向を目で捕らえ、安全に誘導する体制。航空交通管制。

**ラブ‐シーン**[love scene] 劇や映画で、恋人同士が接吻や抱擁をする場面。ぬれ場。

**ラプソディー**[rhapsody] 狂詩曲。幻想曲風の自由な形式の器楽曲。叙事的・民族的性格を帯びた作品が多い。リストの『ハンガリー狂詩曲』など。

**ラプソディー‐イン‐ブルー**[Rhapsody in Blue] ガーシュウィン作曲のピアノと管弦楽のための作品。シンフォニック-ジャズの最初の成功作。一九二四年初演。

**ラフタ**[LAFTA]《Latin America Free Trade Association の略》ラテンアメリカ自由貿易連合。一九六一年、中南米七か国が関税の撤廃による貿易自由化と経済統合のために結成した連合体。加盟国が一一か国になったのち、一九八一年ラテンアメリカ統合連合(LAIA)に改組。

**ラブ‐チェア**《和製語》二人掛けの安楽いす。ラブシート。ロマンスシート。love seat

**らふてえ** 沖縄料理の一つ。豚の三枚肉の煮物。大きめに切り、ゆでたあと泡盛と砂糖・しょうゆで煮込む。

**ラプテフ‐かい**[ラプテフ海](More Laptevykh) 北極海の一部で、ソ連シベリア北方のノボシビルスク諸島とタイミル半島間の海域。面積六五万km²。八〜九月に航行可能。

**ラブ‐バード**[love bird] ボタンインコ。

**ラブ‐ホテル**《和製語》情事のさいの宿泊や休憩を対象として営業するホテル。参照 温泉マーク。

**ラフマニノフ**[Sergey Vasilyevich Rakhmaninov](一八七三〜一九四三) ロシアの作曲家・ピアニスト。後期ロマン派の様式を保持。ピアノ曲に秀作が多い。ピアノ協奏曲四曲、『パガニーニの主題による狂詩曲』など。

**ラプラード**[Pierre Laprade](一八七五〜一九三一) フランスの画家。調和的な色彩とこまやかな色調の室内や街の風景を得意とする。

**ラプラス**[Pierre Simon de Laplace](一七四九〜一八二七) フランスの数学者・天文学者・物理学者。方程式・確率・測地学などで業績をあげ、著書『天体力学』『確率論』は有名。

**ラ‐プラタ**[La Plata] アルゼンチン東部、ラプラタ川河口の港湾都市。パンパを背後にひかえ肉類・小麦の輸出港。人口四五・五万(一九八〇)。

**ラプラタ‐がわ**[ラプラタ川](Río de la Plata) 南アメリカ南東部の大河。ウルグアイとアルゼンチン間で入り江状となって大西洋に注ぐ。支流のパラナ川・ウルグアイ川を含めて長さ四八〇〇km。

**ラブラドル‐かいりゅう**[ラブラドル海流](the Labrador Current) 北大西洋の寒流。ラブラドル沿岸を南下しニューファンドランド沖に達する。メキシコ湾流と接触して潮境を形成し、好漁場となる。

**ラブラドル‐はんとう**[ラブラドル半島](Labrador Peninsula) カナダ北東部の半島。カナダ楯状地とよばれる広大な低地と同名の高原からなる。

**ラブラドル‐レトリーバー**[Labrador retriever] イヌの一品種。肩高六〇cm。短毛で、毛色は黒か黄金色。体質強健で水泳が巧み。盲導犬・鳥猟犬。カナダ原産。

**ラブラン**[Charles Louis Alphonse Laveran](一八四五〜一九二二) フランスの医学者。マラリアの病原体発見およびその一連の業績で一九〇七年ノーベル生理学医学賞受賞。

**ラ‐ブリュイエール**[Jean de La Bruyère](一六四五〜九六) フランスのモラリスト。透徹した目で人間の性格、社会の風習をとらえた著書『カラクテール(人さまざま)』で知られる。

**ラブレー**[François Rabelais](一四九四ごろ〜一五五三ごろ) フランスの作家・人文主義者・医師。代表作『ガルガンチュア-パンタグリュエル物語』は、フランス-ルネサンスを代表する傑作で、笑い・風刺・幻想などをあわせもつ。↓写

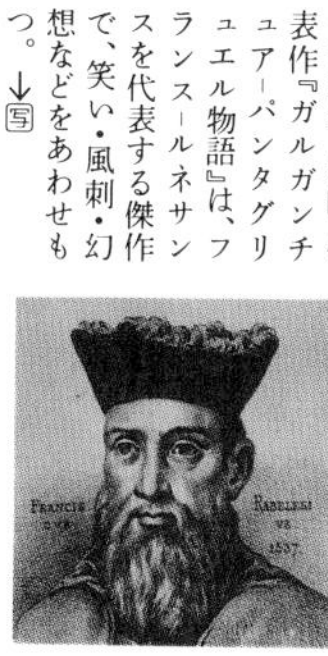

●ラブレー

**ラブレース**[Richard Lovelace](一六一八〜五七ごろ) イギリスの詩人。清新な叙情歌をうたいあげた。叙情詩集『リュカスタ』。

**ラフレシア**[rafflesia] ブドウ科の根に寄生するラフレシア科の植物。葉はなく、短い茎の上に径一mくらいの多肉の花をつけ、世界一の大きな花として知られる。悪臭を放つ。スマ

●ラフレシア

トラ・ボルネオ・ジャワなどに分布。↓[写]

**ラブ-レター**[love letter] 恋文。

**ラベ**[Louise Labé](一五二四ごろ～六六ごろ) フランスの女流詩人。情熱的・官能的な恋愛詩を残す。散文対話『痴愚女神と愛の神との争論』など。

**ら-へい**【羅聘】(一七三三～九九) 中国、清代中期の画家。『鬼趣図』で有名。揚州八怪の一人。

**ラベル**[label] 商標などの小さい張り紙。レッテル。

**ラベル**[Maurice Ravel](一八七五～一九三七) フランス近代の代表的作曲家。古典主義にモダニズムなどの要素を加えて独特な作風を完成。管弦楽曲『ボレロ』、バレエ音楽『ダフニスとクロエ』、ピアノ曲『クープランの墓』など。

**ラペル**[lapel] 背広やコートの折り返った襟に続く、前身ごろの折り返り部分でできる下襟のこと。下襟。

**ら-へん**【ラ変】「ラ行変格活用」の略。

**ラベンダー**[lavender] シソ科の常緑低木。高さ約九〇cm。葉は披針形、縁がそり返る。夏に淡紫色の唇形花を穂状につける。香気があり香料用に栽培。↓[写]

●ラベンダー

**ラベンダー-いろ**【ラベンダー色】ラベンダーの花のような、うすい紫色。日本の伝統的な色としては半色の彩度の低いものにあたる。lavender

**ラベンナ**[Ravenna] イタリア北部、アドリア海北西岸に近い商工業都市。ポー川デルタ南部の農業地域の一中心。人口一三・八万(一九八一)。

**ラボ**《laboratoryの略》①実験室。研究所。②製薬所。③フィルムの現像室。④↓ランゲージラボラトリ

**ラボアジエ**[Antoine-Laurent Lavoisier](一七四三～九四)フランスの化学者。フロギストン説の誤りを指摘し、正しい燃焼理論を提唱するなど、近代化学の出発点をうちたてた。政府委員や科学アカデミー委員など、科学以外でも活躍したが、フランス革命のさい断頭台で処刑された。

**ラ-ボエーム**[La Bohême] ↓ボエーム

**ラ-ボエシー**[Étienne de La Boétie](一五三〇～六三) フランスの法律家・作家。著書『奴隷根性について』など。

**ラホール**[Lahore] パキスタン北東部、パンジャブ地方の大都市。古来、イスラム教文化の中心地で、ムガル帝国時代の史跡が数多い。人口二九二・二万(一九八一)。

**ラポール**[rapport フランス] 精神療法において、治療者と患者の間に気持ちの通じ合う共感的関係ができること。疎通性。

**ら-ほつ**【螺髪】《仏教語》仏の三十二相の一つ。仏の頭髪が右巻きの螺(=巻き貝)状のつぶつぶになっていること。

**ラボラトリ**[laboratory] =ラボ。①研究室・実験室・演習室。②写真現像所。

**ラマ**[bla-ma チベット]【喇嘛・刺麻】《勝者、高徳の師、上人の意》チベット仏教(=ラマ教)の高僧、および一般の僧。

**ラマ**[lama] ラクダ科の背にこぶのない家畜。ラクダよりはるかに小形で、肩高約一・二m。体は長毛におおわれる。毛は織物用、肉は食用。祖先はグアナコ。アンデス山地で飼育される。↓[写]

●ラマ

**ラマーズ-ほう**【ラマーズ法】心理学を応用した無痛性の自然分娩法の一種。フランスの産科医ラマーズが一九五〇年代に開発。Lamaze technique

**ラマ-きょう**【ラマ教・喇嘛教】チベット仏教の欧米・日本における呼称。宗教上の師であるラマを崇拝するところから生まれた名称。七世紀にチベットに伝わった大乗仏教が盛んとなり、諸派が興起・発展し、のち蒙古・ネパール・ブータンなどに広がった。Lamaism

**ラマダーン**[Ramaḍān アラビア] イスラム暦第九月の名称。イスラム教で『コーラン』が啓示された月とされ、この一か月間、教徒は毎日、日の出から日没まで一切の飲食や喫煙、性交などが禁じられる。

**ラマピテクス**[Ramapithecus] かつて人類直系の祖先と考えられた第三紀霊長類に属する化石の一つ。現在では、類人猿などの祖とみなされる。一九三二年、インドのシワリクで発見。一二〇〇万～八〇〇万年前、インドから東アフリカに生息。

**ラマ-びょう**【ラマ廟】ラマ教の寺院。

**ラマルク**[Jean-Baptiste-Pierre-Antoine de Monet Lamarck](一七四四～一八二九) フランスの博物学者・進化学者。無脊椎動物学を確立し、進化論としてラマルク説(=用不用説)を唱えた。著書に『動物哲学』など。

**ラマルク-せつ**【ラマルク説】ラマルクの提唱した進化論。動物の器官は使用頻度に比例して発達し、獲得した形質は蓄積され遺伝するという説。用不用説。Lamarckism

**ラ-マルセイエーズ**[La Marseillaise フランス]《「マルセイユ軍団の歌」の意》フランス国歌。一七九二年軍人ルージェ=ド=リールが作詞・作曲。

**ラマルティーヌ**[Alphonse de Lamartine](一七九〇～一八六九) フランスの詩人。叙情性にすぐれ、『瞑想詩集』はロマン主義の開幕を告げる。二月革命で活躍。詩集『宗教諧調詩集』『静思詩集』など。

**ラマン**[Chandrasekhara Venkata Rāman](一八八八～一九七〇) インドの物理学者。一九二八年、ラマン効果を発見。一九三〇年ノーベル物理学賞受賞。

**ラマン-こうか**【ラマン効果】ある振動数の光を物質にあてたとき、その物質に固有の振動数だけ低い、または高い振動数の光が散乱されて出てくる現象。Raman effect

**ラ-マンチャ**[La Mancha] スペイン中部から南部の地域。荒れ地が大部分の高原地帯。ドン=キホーテの舞台として有名。

**ラ-マンチャのおとこ**【ラ-マンチャの男】《原題Man of La Mancha》アメリカのミュージカル。作曲リー、台本ワッサーマン。ドン=キホーテとその著者セルバンテスを描く異色作。一九六五年初演。

**ラミー**[ramie マレー] ①イラクサ科カラムシの変種で、東南アジア原産の繊維作物。カラムシに似るが、はるかに大形。高さ約二m。葉は互生し、有柄で先のとがった卵形。茎の皮から繊維をとる。②①からの繊維。丈夫で弾力性・吸湿性がある。漁網・ロープ・夏用衣料などに使用。苧麻。

**ラミナ**[lamina] ↓ようり(葉理)

**ラミネート**[laminate] プラスチックフィルム・アルミ箔・紙などを重ねて貼り合わせること。また、そのもの。包装材料や練り歯みがきのチューブなどに用いる。また、印刷物などの表面にポリエチレンフィルムを熱で圧着させることもいう。

**ラミューズ**[Charles-Ferdinand Ramuz](一八七八～一九四七) スイスのフランス語作家。故郷の農民生活を描いた。作品『天上の喜び』など。

**らむ** [古語](助動 四段型)《用言の終止形に付く。ラ変型では連体形に付く》=らん。①現在の事実について推量する意を表す。今ごろは…ているだろう。[比較]けむ。[用例]夜半にやきみがひとり越ゆ—(伊勢・二三)。②目の前になくて、はっきりしないことを推量する。…だろう。[用例]袖ひちてむすびし水の凍れるを春立つけふの風やとくらん(古今・春上)。③現在の事実を疑いをもって推量する意を表す。どうして…ているのだろう。[用例]からだに、いかで、ほととぎすのことをかけつ—(枕・五月の御精進のほど)。④婉曲・伝聞の意を表す。…という。…だそうだ。[用例]古に恋ふ—鳥は(万葉・二・一一二)。

**ら-む** [古語](連語)《完了の助動詞「り」の未然形に推量の助動詞「む」の付いたもの》…ているだろう。らん。[用例]生け—ほどは、武に誇るべからず(徒然・八〇)。

**ラム**[lamb] ①生後一年未満の子羊。②子羊の肉。脂肪が少なく繊維も柔らかい。③子羊からとる柔らかく上質の羊毛。

**ラム**[ram] ①雄羊。②おひつじ座。the Ram ③物を打ちこわす道具。④船首についた体当たり用の角。衝角艦。

**ラム**[rhm]《roentgen per hour at one meterの略》放射線源の有効強度を表す単位。一メートル離れた位置に、一時間あたり一レントゲンの線量を与えるような放射線源の強さを、一ラムという。

**ラム**【RAM】《random access memoryの略》コンピューターで、即時呼び出し記憶装置。データを番地のついた場所にただちに書き込み、必要なときはどの場所からもすぐに呼び出せる。[比較]ROM。

**ラム**[Charles Lamb](一七七五～一八三四) イギリスの随筆家・批評家。イギリス随筆文学の第一人者。ユーモアとペーソスに満ちた作品を書いた。随筆『エリア随筆』、姉との共著『シェークスピア物語』など。

**ラム**[Willis Eugene Lamb](一九一三～) アメリカの物理学者。水素の微細構造をマイクロ波で解析し、一九五五年ノーベル物理学賞受賞。

**ラム-ウール**[lamb's wool] 生後半年ほどの子羊から刈り取った羊毛。細くつやがあり、製品はしなやかで、手ざわりがよい。

**ラムサール-じょうやく**【ラムサール条約】正式名、「水鳥の生息地として国際的に重要な湿地に関する条約」。日本では一九八〇年に批准され、第一号はタンチョウヅルの生息保護地区として、釧路湿地が決まった。水辺渡り鳥条約。Ramsal Agreement

**ラム-ジェット**[ram jet] 高速機の動圧を利用して空気を圧縮するジェットエンジン。圧縮機がないので構造が簡単。マッハ数二以上で効率がよい。

**ラム-しゅ**【ラム酒】強い蒸留酒。サトウキビの糖蜜から作る。強烈な芳香が特徴。アルコール分四〇～八〇%。西インド諸島の特産。rum

**ラムゼー**[William Ramsay](一八五二～一九一六) イギリスの化学者。液体の蒸気圧・物質の臨界点における性質を研究し、ラムゼー-ヤングの規則を得る。大気中のネオン・クリプトン・キセノンなどの一連の不活性気体を発見。一九〇四年ノーベル化学賞受賞。

**ラムダ**[Λ・λ] ギリシア字母の第一一字。lambda

**ラムネ** ①《レモネードのなまり》炭酸ガスを水に溶かし砂糖・香料を加えた清涼飲料水。ガラス玉の栓のある特殊な瓶に入っている。soda pop ②《俗語。ラムネを飲むと、げっぷが出ることから》月賦。

**ラメ**[lamé フランス] 金糸・銀糸などのメタリックヤーン。また、それを織り込んだ織物。毛・絹織物に多く、光輝を放ち豪華な外観を与える。

**ラメセス**〈二世〉[Rameses II] エジプト第一九王朝の王(在位BC一二九〇ごろ～BC一二二四ごろ)。アマルナ革命で衰微したエジプトを復興。ヒッタイトと戦いその進出を阻止。アビュドス・テーベ・ヌビアのアブシンベルなどに神殿・葬祭殿を造営。↓エジプト美術[写]

**ラ-メトリ**[Julien Offroy de La Mettrie](一七〇九～五一) フランス啓蒙期の哲学者・医者。動物は霊魂をもたぬ機械にすぎないとするデカルトの考えを人間にまで徹底させる。著書『人間機械論』。

**ラメラ**[lamella] 葉緑体にみられる層状構造の膜。クロロフィルやチトクローム類などの諸成分を含む。

**ラモー**[Jean-Philippe Rameau](一六八三～一七六四) フランスの作曲家・音楽理論家。近代機能和声法を方向づけた。フランス宮廷歌劇を擁護。オペラ『イポリットとアリシー』など。著書『和声論』。[参照]ブフォン論争。

**ラモリス**[Albert Lamorisse](一九二二～七〇) フランスの映画監督。作品『赤い風船』『素晴らしい風船旅行』など。

**ラモン-イ-カハル**[Santiago Ramón y Cajal](一八五二～一九三四) スペインの神経解剖学者・組織学者。神経単位の確認など、脳神経の組織学分野に多くの業績がある。一九〇六年ノーベル生理学医学賞受賞。

**らゆ** [古語](助動 下二型) 可能の意を表す。…することができる。[用例]妹を思ひ眠の寝らえぬに秋の野に(万葉・一五・三六七八)。[参考]上代に「いのねらえぬ」の形でのみ用例がみられる。

**ララ**【LARA】《Licensed Agency for Relief of Asiaの略》アジア救済連盟。

**ララバイ**[lullaby] ①子守歌。②気持ちをや



↓行き先項目、図版・写真参照印。 [JIS]日本工業規格情報交換用漢字符号コード(区点コード)。

わらげる心地よい歌。

**ラリー**[rally] ①テニスや卓球などのゲームで、ボールの打ち合いの応酬。②自動車で、一般道路上に定められたコースを走る競技。指示速度にしたがって走るものと、速さを競うものとがある。↓写

●ラリー② アクロポリスラリー(ギリシア)。

**ラリック**[René Lalique](一八六〇〜一九四五) フランスの装飾芸術家。アール=ヌーボーとアール=デコ期の代表作家の一人。多色ガラスによる独特の美しさを表現。貴金属細工にもすぐれる。

**ら-りょう**【羅▼綾】 うすものと、あや。

**らる** 古語 (助動 下二型)《四段・ナ変・ラ変以外の動詞、使役の助動詞「す」「さす」の未然形に付く》①受け身の意を表す。…られる。用例 問ひつめられて、え答へずなり侍りつ(徒然・二四三)。②尊敬の意を表す。…なさる。用例 水車を造らせられけり(徒然・五一)。③可能の意を表す。…できる。用例 変りゆくかたちありさま、目も当てられぬこと多かり(方丈記)。④自発の意を表す。自然に…られる。用例 命長きは心うく思うたまへらるる世の末にもはべるかな(源氏・須磨)。参照 られる・れる。参考 ③④は命令形は用いられない。

**ラルー**[René Lalou](一八九〇〜一九六〇) フランスの批評家。著書『現代フランス文学史』など。

**ラルース**[Pierre-Athanase Larousse](一八一七〜一八七五) フランスの文法学者・辞典編集者。ラルース出版社を創設。今日のラルース辞典・百科事典の基礎を築いた。

**ラルース**[Larousse フランス] ピエール=アタナーズ=ラルースが設立したラルース出版社から発行される百科事典の総称。『一九世紀世界大辞典』をはじめ『大ラルース百科事典』など。

**ラルゲット**[larghetto イタリア] 音楽で、速さを示す語。やや遅い。ラルゴよりやや速く。

**ラルゴ**[largo イタリア] 音楽で、速さを示す語。幅広く、ゆったりと。

**ラルジリエール**[Nicolas de Largillière](一六五六〜一七四六) フランスの画家。華麗な肖像画を描いた。作品『画家の家族』など。

**ラルボー**[Valéry Larbaud](一八八一〜一九五七) フランスの小説家。小説手法上の冒険を試みた。作品『A=O=バルナブース全集』など。

**ラレータ**[Enrique Larreta](一八七五〜一九六一) アルゼンチンの小説家。みがかれた文体が特徴。歴史小説『ドン=ラミーロの栄光』など。

**ラレス**[Lares] 古代ローマの神、死者の霊。元来は農地の神。家族を守る先祖の霊と考えられ、のち国家を守護する神となった。

**ら-れつ**【羅列】(名・サ変自他) 物などが、ずらりと並ぶこと。また、並べたてること。enumeration 用例 文字の―。

**られる** (助動 下一型)《上一・下一・カ変の動詞および使役の助動詞「せる・させる」の未然形に付く》①受け身の意を表す。用例 人に見―。②尊敬の意を表す。用例 先生が来―。③可能の意を表す。用例 一人でもおり―。④自然にそうなること(=自発)の意を表す。用例 おのずから得―知識。参考 可能・自発には命令形がない。

**ラロ**[Edouard Lalo](一八二三〜一八九二) スペイン系のフランスの作曲家。すぐれた管弦楽法とリズム感を展開。管弦楽『スペイン交響曲』、バレエ音楽『ナムナ』、オペラ『イスの王』など。

**ラ-ロシェル**[La Rochelle] フランス西部、ビスケー湾岸の港湾都市。近海・遠洋漁業の基地。貿易港。旧市内は中世の面影を残す。人口七・八万(一九八二)。

**ラ-ロシュフーコー**[François Ⅵ de La Rochefoucauld](一六一三〜一六八〇) フランスのモラリスト。大貴族。辛辣な厭世的人間観を警句的に表現。著書『箴言集』など。

**ラロトンガ-とう**【ラロトンガ島】(Rarotonga Island) 太平洋中南部、クック諸島南西端の火山島。面積七〇km²。ポリネシア人が居住。ニュージーランド領。

**ラワルピンジ**[Rawalpindi] パキスタン北東部、パンジャブ地方の商工業都市。一九五九〜六六年の暫定首都。近郊にガンダーラ文化遺跡タクシラがある。人口九二・八万(一九八一)。

**ラワン**[lauan] フタバガキ科の常緑巨木のうち、材質が比較的軽くて良質なものの総称。代表的な南洋材で、北ボルネオのセラヤ、マライのメランチが含まれる。合板・建築・家具用。

**ラン**7画【乱】 部首[乙・乚] 教育小6 JIS 4580 ／ 13画【▼亂】 旧字 JIS 4812
音ラン・ロン 訓みだれる・みだす

乱 乱 乱 乱 乱 乱

①みだれる。みだす。みだれ。比較 濫。「混乱・錯乱・散乱」「乱雑・乱暴」②国がみだれること。比較 変。対義 治。「戦乱・動乱・内乱・反乱」「乱臣賊子」用例 (名)承久の―。

**ラン**7画【卵】 部首[卩] 教育小6 JIS 4581
音ラン 訓たまご

卵 卵 卵 卵 卵 卵

たまご。鳥や魚などのたまご。雌性配偶子の代表的なもの。一般に受精後に発生するが、単独でも発生する能力をもつものもある。「鶏卵・産卵・累卵」「卵黄・卵子・卵生・卵巣・卵白」用例 《接尾的》受精―。

**ラン**11画【▼婪】 部首[女] JIS 5326
音ラン
むさぼる。あきずに、ほしがる。「貪婪」

**ラン**11画【▼惏】 部首[忄]
音ラン・リン
むさぼる。あきずに、ほしがる。

**ラン**12画【▼嵐】 部首[山] JIS 4582
音ラン
①あらし。暴風雨。②青々とした山気。「青嵐」「嵐気」

**ラン**16画【▼儖】 部首[人・亻] JIS 4916
音ラン
みにくい。わるい。形がわるい。

**ラン**16画【▼爛】 部首[火] JIS 6383 ／ 16画【▼燗】 異体字
音ラン
かん。器にいれて、酒をあたためる。また、その温度。

**ラン**17画【覧】 部首[見] 教育小6 JIS 4587 ／ 21画【▼覽】 旧字 JIS 7521
音ラン

覧 覧 覧 覧 覧 覧

みる。みわたす。ながめ。「一覧・閲覧・回覧・観覧・展覧・便覧・遊覧」

**ラン**17画【▼闌】 部首[門] JIS 7976
音ラン
①てすり。おばしま。欄干。②さえぎる。ふせぐ。へだてる。③たけなわ。まっさかり。また、さかりをすぎて、一段落したとき。

**ラン**18画【▼藍】 部首[艹] 人名用 JIS 4585
音ラン
①アイ。タデ科の一年草。また、アイからとれる染料・色。あいいろ。青色。「出藍」②梵語 rāma の音訳字。「伽藍」

**ラン**18画【▼擥】 部首[手] ／ 24画【▼攬】 部首[扌] 異体字 JIS 5816
音ラン
①とる。つまむ。もつ。②すべる。すべくくる。まとめる。「収攬・総攬」

**ラン**18画【濫】 部首[氵] 常用 JIS 4584
音ラン・カン
①あふれる。ひろがる。「氾濫」「濫觴」②みだりに。むちゃくちゃに。「濫獲・濫造・濫伐・濫費」③みだれる。みだす。参考 乱を代用することが多い。

**ラン**19画【▼嬾】 部首[女] JIS 5347
音ラン
①おこたる。気がゆるむ。なまける。「嬾惰」②ものうい。気力がとぼしい。

**ラン**19画【▼蘭】 部首[艹] 人名用 JIS 4586 ／ 20画【▼蘭】 旧字
音ラン
①ラン科の植物の総称。観賞用に栽培されるもの。②フジバカマの古名。キク科の多年草。

●ラン①

カトレア

シンビジウム

デンドロビウム

バンダ

コチョウラン

パフィオペディルム

シュンラン

カンラン

▼常用漢字表外。 ▽常用漢字表の音訓外。

秋の七草の一つ。③オランダ(和蘭)のこと。「蘭学」↓写

**ラン** 19画【懶】 部首[忄] JIS 5681
音ラン・ライ
①おこたる。気がゆるむ。なまける。「懶惰」 ②ものうい。気力がとぼしい。

**ラン** 19画【襤】 部首[衤] JIS 7502
20画【𦆐】 部首[糸] 異体字 JIS 6981
音ラン
ぼろ。ぼろきれ。つづれ。「襤褸」

**ラン** 20画【欄】 部首[木] 常用 JIS 4583
21画【欄】 旧字
音ラン
①区ぎり。枠。記事の枠。「空欄・上欄」「欄外」 用例(名)—を設ける。《接尾的》学芸—。広告—。②てすり。おばしま。「高欄」「欄干・欄間」 用例(名)—による。

**ラン** 20画【瀾】 部首[氵] JIS 6349
音ラン
なみ。おおなみ。「狂瀾・波瀾」

**ラン** 20画【籃】 部首[竹] JIS 6855
音ラン
かご。かたみ。大きいかご。「魚籃・揺籃」

**ラン** 21画【爛】 部首[火] JIS 6405
音ラン
①ただれる。やけてくずれる。くさる。「糜爛・腐爛」「爛熟」 ②あきらか。かがやく。きらきらと。まっさかり。「絢爛・燦爛」「爛漫」

**ラン** 22画【巒】 部首[山] JIS 5461
音ラン
①こやま。とがった、小さい山。 ②みね。頂上がまるい峰。「翠巒」

**ラン** 22画【襴】 部首[衤] JIS 7506
音ラン
①ひとえ。うわぎとももすそがつながっている衣服。 ②「金襴」は、絹の繻子地に、平金糸を横糸につかった、高級な紋織物。↓衣冠図

**ラン** 23画【欒】 部首[木] JIS 6119
音ラン
①おうち。センダン。センダン科の落葉高木。②ひじき。うでぎ。柱の上にあって、ますがた・桁をささえる横木。③まどか。まるいさま。また、おだやか。やすらか。「団欒」

**ラン** 24画【讕】 部首[言]
音ラン
①あざむく。しいる。でたらめをいう。 ②くちばしる。くちがすべる。

**ラン** 25画【欖】 部首[木] JIS 6120
音ラン
「橄欖」は、①カンラン。カンラン科の常緑高木。②オリーブ。モクセイ科の常緑小高木。

**ラン** 27画【纜】 部首[糸] JIS 6992
音ラン
ともづな。ふなづな。舟をつなぎとめるつな。「解纜」

**ラン** 27画【鑾】 部首[金] JIS 7954
音ラン
①すず。天子の馬車や馬のくつわについている鈴。②天子の乗り物。馬車。また、天子。

**ラン** 30画【鸞】 部首[鳥] JIS 8334
音ラン
①中国で、想像上の鳥の名。からだはニワトリににて、羽毛は五色、声は五音の音階にあっているという。②すず。天子の馬車や馬のくつわについている鈴。また、天子の乗り物。「鸞輿」

**らん** 古語(助動)↓らむ

**ラン**【LAN】《local area networkの略》限られた地域内の工場や事業所内の企業内総合情報通信網。コンピューターや端末を、同軸ケーブルや光ファイバーなどで結び、ネットワーク化する。ローカルエリアネットワーク。

**らん-アルブミン**【卵アルブミン】 卵白中のたんぱく質の主成分。アミノ酸だけからなる単純たんぱく質。加熱により変性し良質のたんぱく質になる。オバルブミン。ovalbumin

**らん-い**【蘭医】 近世、オランダ医学を学んだ医者。蘭方医。対義漢方医。

**らんい-しゃ**【藍衣社】 中国国民党内の極右秘密結社。黄埔軍官学校出身者を中核に一九三一年結成。蒋介石の独裁達成を目的とし、反蒋運動弾圧にあたった。

**らん-うん**【乱雲】 ①乱れ飛ぶ雲。 ②乱層雲の旧称。rain cloud; nimbus

**らん-えい**【藍瑛】(一五八五〜一六六四) 中国、明末清初の画家。山水画を得意とし、浙派の最後を飾る人。作品『夏山雨後図』など。

**らんえい-せんそう**【蘭英戦争】 英蘭戦争の別称。

**らん-おう**【卵黄】 動物の卵の中にある貯蔵物質。一般に顆粒状(卵黄顆粒)になって散在するが、鳥類では大形の卵黄球となっている。黄身。yolk 対義卵白。↓卵図

**らんおう-のう**【卵黄嚢】 魚類・爬虫類・鳥類や軟体動物などの卵黄が多い卵に発達する胚膜の一種。卵黄塊を包みこみ卵黄の分解や吸収を行い胚に養分を補給する。yolk sac

**ランガー-きょう**【ランガー橋】 単純な桁橋をアーチで補強した橋。Langer bridge

**ランガージュ**【langage フランス】 ことば。言語活動。言語学者ソシュールの用語では、人間が、ことばによって自己を表現し、他人に理解させるために用いる手段の総体。言語活動。比較ラング・パロール。

**らん-がい**【欄外】 ①手すりのそと。欄干のそと。beyond the railing ②書物・新聞などの枠・版面のそと。margin

**らん-かく**【卵核】 卵細胞の核。egg-nucleus

**らん-かく**【卵殻】 たまごのから。↓卵図

**らん-かく**【濫獲・乱獲】(名・サ変他) 魚や鳥獣などをむやみに捕獲すること。catch excessively

**らん-がく**【蘭学】 江戸時代、オランダ語を通じて西洋の学問・技術、海外事情などを研究する学問の総称。江戸中期以降、青木昆陽・前野良沢・杉田玄白らによるオランダ書の翻訳によって興隆。大槻玄沢が芝蘭堂を開いて多くの蘭学者を養成、各地に広まる。開国後、英学・仏学の流入により衰退。比較洋学。

**ランカグア**【Rancagua】 チリ中部、サンチアゴ南方の都市。農畜産物の集散地。独立戦争ゆかりの地として有名。人口一四・二万(一九八二)。

**らんがく-かいてい**【蘭学階梯】 江戸末期の蘭学入門書。二巻。大槻玄沢著。天明三年(一七八三)成立。日蘭通商や蘭学勃興の由来、蘭語文法の初歩を解説。

**らんがく-ことはじめ**【蘭学事始】 杉田玄白の回想録。玄白の草稿を大槻玄沢が整理。二巻。文化一二年(一八一五)成立。『解体新書』翻訳の苦心談を中心に、蘭学発達の経過などを叙述。写本類では『蘭東事始』『和蘭事始』となっているが、活字化されたときに現行の書名になった。

**ランカシャー**【Lancashire】 イギリス、イングランド北西部の地域。繊維産業の中心地で、同国の代表的工業地域。ランカスター・リバプールなどの工業都市がある。人口一三七・二万(一九八一)。

**ランカスター**【Lancaster】 イギリス、イングランド北部、ランカシャー州の工業都市。中世以来の古城や聖堂がある。人口一二・七万(一九八一)。

**ランカスター**【Burt Lancaster】(一九一三〜) アメリカの映画俳優。主演作『ベラクルス』『エルマー・ガントリー』など。

**ランカスター-け**【ランカスター家】(the House of Lancaster) イギリスの王家。ヘンリー三世の子ランカスター伯エドマンドが開祖。一三九九年、ヘンリー四世が即位して最初の王となったが、ばら戦争中の一四六一年にヨーク家に王位を奪われた。

**らん-かつ**【卵割】 受精卵において連続的に起こる細胞分裂。卵割の結果できた細胞を割球という。cleavage

**らんかつ-こう**【卵割腔】 多細胞生物の発生の初期に、卵割が進むにつれて胚の内部に生ずる空所。blastocoel

**らん-かん**【卵管】 卵巣と子宮とを連結して卵を子宮に送る管。長さ約一〇㎝で左右一対ある。oviduct ↓生殖器図

**らん-かん**【欄干・闌干】 階段・橋などの手すり。おばしま。railing ↓擬宝珠図

**らん-かん**【闌干】(形動トタル) ①散り乱れるさま。②涙がとめどなくあふれ出るさま。③月や星が光り輝くさま。用例星斗—。

**らん-き**【嵐気】 山の中のもや。青々とした山気。

**らん-ぎく**【乱菊】 菊の花弁を長くみだれさせた模様・紋所。

**らん-ぎゃく**【乱逆】 謀反。反逆。rebellion

**らん-ぎょう**【乱行・濫行】 乱れた行い。不行跡。misconduct

**らん-ぎょく**【蘭曲・闌曲・乱曲】 =らんきょく。①世阿弥が能楽論『五音』で説く、祝言・幽曲・恋慕・哀傷に並ぶ音曲の曲趣の一つ。闌けた位の音曲とする。②能楽で、修業をつくしたのち、最高の芸位と技巧により、独吟で謡う謡曲およびそれと同位の囃子事の曲舞形式の謡い物のこと。

**らん-ぎょく**【藍玉】 緑柱石のうち、緑青色を呈するもの。大形の六方柱状結晶。宝石として使用される。アクアマリン。aquamarine

**らん-ぎり**【乱切り】 料理で野菜など厚みがあって形がさまざまなものを、だいたいの大きさにそろえて切ること。回し切りに似る。cut randomly

**らん-きりゅう**【乱気流】 大気中に起こる不規則な気流の流れ。発達中の積乱雲、強風下における山岳の下流、ジェット気流の周辺で発生する。turbulence

**ランキング**【ranking】 順位・等級づけ。成績順位。

**ランク**【rank】(名・サ変他) 順位をつけること。また、その順位。用例新人第一位に—される。

**ランク**【Joseph Arthur Rank】(一八八八〜一九七二) イギリスの映画事業家。製作作品『ヘンリー五世』『ハムレット』『赤い靴』など。

**ラング**【langue フランス】 ①舌。 ②しゃべること・人。③言語。言語体系。言語学者ソシュールの用語では、個人のうちに記憶されている社会的型としての言語。比較ランガージュ・パロール。

**ラング**【Dorothea Lange】(一八九五〜一九六五) アメリカの記録写真の女流第一人者。一九三〇年代エバンズらと農民の実態を撮影。

**ラング**【Fritz Lang】(一八九〇〜一九七六) ドイツ・アメリカの映画監督。オーストリア生まれ。作品『ドクトル・マブゼ』『メトロポリス』など。

**らん-ぐい**【乱杭・乱杙】 敵を防ぐため、地上や水底に不規則に打ちこんだくい。

**らんぐい-ば**【乱杭歯】 歯並びがふぞろいな歯。irregular teeth

**ラングール**【langur】 オナガザル科ラングール属に含まれる動物の総称。体長約六〇㎝、尾長約八〇㎝で、ほっそりとした体格。多くは樹上生活を営み、主食は木の葉。東南アジアを中心に、インドで聖獣とされるハヌマンラングールなど約一四種がいる。ヤセザル。

**ラングーン**【Rangoon・蘭貢】 ビルマの首都。マルタバン湾からラングーン川を三四㎞さかのぼった河岸に位置し、同国第一の貿易港。鉄道・道路交通の中心。人口二四五・九万(一九八三)。ヤンゴン。

**らん-くつ**【濫掘・乱掘】(名・サ変他) 鉱床を、無計画にむやみに掘ること。mine without plan

**ラングドック**【Languedoc】 フランス南部、地中海沿岸西部の地方。中心都市モンペリエ。地名は、かつてこの一帯に肯定の返事の「ウイ」を「オック」と言うなどの方言があり、それを「オック語(ラングドック)」と称したことに由来する。

**ラングミュア**【Irving Langmuir】(一八八一〜一九五七) アメリカの物理化学者。ガス入り白熱電球・原子状水素炎・水銀真空ポンプなどを発明。晩年には、人工降雨の実験を行った。一九三二年ノーベル化学賞受賞。

**ラングランド**【William Langland】(一三三〇ごろ〜一四〇〇ごろ) イギリスの詩人。教会や人間社会への批判をこめた宗教的寓話詩『農夫ピアズの幻』の作者とされる。

**ランクレ**【Nicolas Lancret】(一六九〇〜一七四三) フランスの画家。ワトーの追随者として活躍。作品『音楽のレッスン』など。

**らん-ぐん**【乱軍】 敵味方入り乱れて戦うこと。乱戦。confused fight

**ランケ**【Leopold von Ranke】(一七九五〜一八八六) ドイツの歴史家。厳密な史料批判による科学的歴史記述の方法論を確立。近代史学の祖とされる。政治的には保守主義に立脚、七月革命後自由主義を批判。著書『世界史』『ローマ教皇史』など。

**ランゲ**【Friedrich Albert Lange】(一八二八〜一八七五) ドイツの哲学者。著書『唯物論史』により、新カント学派の先駆者となった。

**らんけい-どうりゅう**【蘭渓道隆】(一二一三〜一二七八) 中国、宋の禅僧。寛元四年(一二四六)来日。北条時頼の依頼をうけ建長寺の開山と



↓行き先項目、図版・写真参照印。 JIS 日本工業規格情報交換用漢字符号コード(区点コード)。

なった。大覚禅師。

**ランゲージ-ラボラトリ**【language laboratory】語学実習室。テープレコーダー・マイク・イヤホーンなどを使って行う語学教育。また、その設備。エルエル。ラボ。

**らん-げき**【乱撃】(名・サ変他) やたらに撃つこと。fire at random 用例 乱射――。

**らん-げつ**【▾蘭月】陰暦七月の異称。

**ランゲッサー**【Elisabeth Langgässer】(一八九九～一九五〇) ドイツの女流小説家・詩人。詩集『羊の回帰線』、小説『消えない封印』など。

**ランゲルハンス-とう**【ランゲルハンス島】↓すいとう(膵島)

**らん-ご**【▾蘭語】オランダ語。Dutch

**らん-こう**【乱交】(名・サ変自) 二組み以上の男女がだれかれなしに性交をすること。sexual orgy 用例 ――パーティー。

**らんこう**【▾蘭更】↓たかくわらんこう(高桑蘭更)

**らん-こうげ**【乱高下】(名・サ変自) 物価・相場などが、極めて短い期間のうちに激しく変化すること。乱調。乱調子。

**らんこし**【▾蘭越】〈町〉北海道南西部、ニセコ連峰南麓にある町。良質米の産地。湯里・昆布・新見の各温泉やスキー場がある。人口七四六九(一九八八)。

**らん-こん**【乱婚】集団婚の旧称。

**らん-さいぼう**【卵細胞】動植物の雌性にそなわる配偶子。植物では胚嚢や造卵器中にある大形の細胞をさし、動物では卵巣内にある卵子をさす。卵。卵子。卵。egg cell

**らん-さく**【濫作・乱作】(名・サ変他) むやみに多く作ること。overproduction 比較 多作。

**らん-ざつ**【乱雑】(名・形動) 乱れ混じること・さま。散らかっていること・さま。disorder

**ランサム**【Arthur Ransome】(一八八四～一九六七) イギリスの児童文学者。海洋ものの連作長編で有名。作品『ツバメ号とアマゾン号』など。

**ランサム**【John Crowe Ransom】(一八八八～一九七四) アメリカの詩人・批評家。ニュークリティシズム派の中心人物で、作品の客観的分析による批評を主張。詩『寒気と熱病』、批評『ニュークリティシズム』など。

**らん-ざん**【▾嵐山】京都市の嵐山の別称。

**らんざん**【▾嵐山】〈町〉埼玉県中部、比企丘陵にある町。農業が主であるが住宅地としても発展。文化・公共施設が多い。景勝の嵐山渓谷がある。人口一万七三〇二(一九八八)。

**らん-し**【乱視】目の屈折異常の一つ。眼球がひずむことで眼に入る光が一点に像を結ばない状態。また、その目。astigmatism

**らん-し**【卵子】雌雄で配偶子の形がちがうとき、雌性配偶子をいう。精子と受精して新個体の出発点となる。卵黄素材の供給を受けて、卵黄原細胞から形成される。卵細胞。卵。ovum 対義 精子。

**ランジェリー**【lingerie】婦人の装飾的な下着の総称。広義には装飾的な薄地のネグリジェ・ナイトガウンなども含む。

**らん-しゃ**【乱射】(名・サ変他) 目標を定めず、滅茶苦茶に銃などを発射すること。乱撃。fire at random

**らん-じゃ**【▾蘭▾麝】《ランの花とジャコウの香》よいかおり。

**らんじゃ-たい**【▾蘭▾奢待】正倉院御物の黄熟香の雅名。わが国最高の名香とされる。

**らん-しゅ**【乱酒】①宴会で、席を乱して酒を飲むこと。②過度に酒を飲むこと。ふかざけ。

**らんしゅう**【▾蘭州】中国、甘粛省中部、黄河上流域に位置する都市。西部油田からの送油を利用した化学工業がさかん。古くは西域交通の要地。人口一四五・五万(一九八四)。ランチョウ。

**らん-じゅく**【▾爛熟】(名・サ変自) ①熟しすぎていること。overripe ②発達しきって、衰えの見え始めること。decadence 用例 ――期。

**ランジュバン**【Paul Langevin】(一八七二～一九四六) フランスの物理学者ならびに教育行政家。磁性体を研究し、常磁性と反磁性の理論を立てた。フランスの教育制度刷新にも貢献。

**らんじゅ-ほうしょう**【▾藍▾綬褒章】褒章の一つ。明治一四年(一八八一)制定。教育・社会福祉・厚生事業などの公益事業に功のあった人に藍色のリボンのついた記章とともに授与される。↓勲章 写

**らん-しょ**【▾蘭書】オランダの書物。オランダ語の本。

**らん-じょ**【乱序】①雅楽で、太鼓・鞨鼓(または三の鼓)・鉦鼓が奏する四拍子の曲。②能の囃子事。獅子の登場に用いる曲。③歌舞伎囃子の一種。能の乱序に由来。長唄・常磐津に用いる。

**らん-しょう**【濫▾觴】《觴(=さかずき)にあふれる意。一説に觴を濫べる意とも。長江の源も、それくらいの水量であることから》物事の始まり。起源。比較 嚆矢。

**らん-じょう**【乱声】①雅楽で、竜笛か高麗笛の独奏に、太鼓・鉦鼓が合わせて奏する独立性のない曲。おもに舞人の出に奏されるもの。②名のり、また、ときの声をあげること。

**らん-しん**【乱心】(名・サ変自) ①分別がなくなること。madness ②発狂すること。distraction

**らん-しん**【乱臣】反逆を起こした臣。rebellious subject; traitor

**ランシング**【Lansing】アメリカ中北部、ミシガン州の州都。グランド川沿いの工業都市。自動車・車両・金属・化学工業が発達。金融・商業の中心をなす。人口一三万(一九八〇)。

**らんしん-ぞくし**【乱臣賊子】乱臣と、親にそむく子。

**らんしん-らんりょう**【乱診乱療】医師による診療・治療がいいかげんで、不必要な投薬や注射など、過剰な医療行為を行うこと。erroneous diagnosis and overdosing

**ランス**【Reims】フランス北東部、シャンパーニュ地方の中心都市。繊維工業の中心地。シャンパン酒取引でも有名。ランス大聖堂の所在地。人口一八・二万(一九八二)。

**らん-すい**【乱酔・▾爛酔】(名・サ変自) だらしなく酒に酔うこと。get dead drunk

**らん-すう**【乱数】0から9までの数字を規則性なしに並べて得られる数列。0から9までの数字の現れる確率が一〇分の一ずつのものを一様乱数といい、それを変換することによって正規乱数・指数乱数・ポアソン乱数などの特殊乱数が得られる。random number

**らんすう-ひょう**【乱数表】0から9までの数字を規則性なしに並べた表。標本を無作為に抽出するためや、暗号の作成・解読などに用いられる。table of random numbers

**らん-する**【濫する】文語的 (サ変自) 乱れる。勝手気ままなことをする。

**ランスロット**【Lancelot】アーサー王伝説の円卓騎士団の一人。円卓第一の騎士で、王妃ギネビアと恋におち、聖杯探求に失敗する。マロリーの『アーサー王の死』などに描かれる。湖水のランスロット。

**らん-せい**【乱世】乱れた社会。戦乱の社会。troubled times 対義 治世。

**乱世の英雄**(らんせいのえいゆう) 乱れた世に、天下を統一するような大事をなしとげる英雄。また、乱世にあってこそ志を遂げられる英雄。

**らん-せい**【卵生】(名・サ変自) 動物の卵が母体の外に産み落とされて発育すること。単孔類を除く哺乳類以外の動物にみられる。oviparity 対義 胎生。

**らんせつ**【▾嵐雪】↓はっとりらんせつ(服部嵐雪)

**らん-せん**【乱戦】①敵味方入り乱れての戦い。乱軍。confused fight ②試合運びにしまりがなく、互いが点をやたら取りあったりして、荒れた試合。dog fight

●ランタナ

**らん-そう**【卵巣】雌性の生殖器内にあって卵子をつくる器官。ヒトでは子宮の両側に一対あり、楕円形をした腺。ホルモンの作用で排卵をおこし、自らも女性ホルモンを分泌する。ovary ↓生殖器 図

**らん-そう**【▾藍藻】↓らんそうしょくぶつ(藍藻植物)

**らん-ぞう**【濫造・乱造】(名・サ変他) むやみに造ること。overproduction 用例 粗製――。

**らんそう-うん**【乱層雲】十種雲形の一つ。暗灰色でおもに二〇〇〇～七〇〇〇mにできる厚い雲。乱雲。雨雲。nimbostratus

**らんそう-しょくぶつ**【▾藍藻植物】下等藻類の一門。単細胞か、それが糸状・塊状となり、浮遊する。核や色素体は見られない。葉緑素のほか藍藻素を含み、光合成ができ、青緑色から藍青色に見える。池や湿地に生育する。ユレモ・ネンジュモ・ミクロキスティスアオコなど。分裂藻。藍藻。blue-green alga

**ランソン**【Gustave Lanson】(一八五七～一九三四) フランスの文学史家。厳密な実証的・歴史的研究により文学研究の基礎をつくる。著書『フランス文学史』など。

**らん-だ**【乱打】(名・サ変他) ①むやみにたたくこと。めったうち。hit repeatedly 用例 警鐘を――する。②野球で、相手投手に次々と安打をあびせること。③テニス・卓球などの練習で、互いにボールを打ち合うこと。

**らん-だ**【▾懶惰・▾嬾惰】(名・形動) 怠けること・さま。無精。lazy; indolent

**らん-たいせい**【卵胎生】卵生の動物で、新個体が幼生の形で産まれること。母体からの栄養を受けずに孵化して体外に産み出される。ウミタナゴ・マムシなど。ovoviviparity 比較 卵生・胎生。

**ランダウ**【Lev Davidovich Landau】(一九〇八～一九六八) ソ連の理論物理学者。理論物理学の研究、液体ヘリウムの超流動をはじめ、広範にわたる研究を行う。一九六二年ノーベル物理学賞受賞。

**ランタナ**【lantana】クマツヅラ科の常緑小低木。高さ三〇～一〇〇cm。夏から秋に、黄から赤に変わる半球状の花をつける。黄・白花などの品種もある。不耐寒性で冬は温室で栽培。熱帯アメリカ原産。シチヘンゲ。↓写

**ランタノイド**【lanthanoids】原子番号五七のランタンから七一のルテチウムまでの一五元素の総称。性質が互いによく似ているため単離が難しい。合金に利用される。

**ランダム**【random】(名・形動) ①思慮を加えず、手当たり次第であること・さま。無作為。用例 ――に抽出する。②「ランダムサンプリング」の略。

**ランダム-アクセス**【random-access】コンピューターで、記憶データを呼び出す方法の一つ。メモリーの番地を指示するだけで、必要なデータを指定した場所に書き込み、また即座に取り出せるもの。対義 シークェンシャルアクセス。

**ランダムアクセス-メモリー**【random-access memory】↓ラム(RAM)

**ランダム-ウオーク**【random walk】位置変化に関する確立論モデルの一つ。たとえば、一定間隔の格子点をつくり、その点上をでたらめな方向に移動していくとき、$n$回の移動後の移動場所を確率として求める。確率論の代表的な問題。酔歩。

**ランダム-サンプリング**【random sampling】統計調査の標本をかたよりなく選び出す方法。くじ・乱数表などによって機械的に抽出する。無作為抽出法。任意標本法。

**ランタン**【lantern】角灯。ちょうちん。ランターン。

**ランタン**【Lanthan ドイツ】希土類元素の一つ。元素記号La 原子番号五七。原子量一三九。単体は錫白色の金属。合金やレンズ用のガラスなどに微量混ぜると特性を増す。水素吸蔵合金にも利用。lanthanum

**ランチ**【launch】①船艇に積載されている港内連絡用の小艇。②港内交通用の小型の蒸気船の総称。汽艇。はしけ。

**ランチ**【lunch】①洋風のかんたんな食事・料理。②昼食。弁当。

**ランチェラ**【ranchera スペイン】①メキシコ音楽の一種で、田舎風のポピュラーソング。②アルゼンチンの舞曲。ヨーロッパのマズルカの変形で、四分の三拍子。

**らんちき-さわぎ**【乱痴気騒ぎ】①入り乱れての騒ぎ。どんちゃん騒ぎ。spree ②男女間の嫉妬がからんだけんか。

**ランチ-コート**【ranch coat】表地に綿ギャバジンやスエード、裏地に毛皮やボアを使ったショートコート。↓図

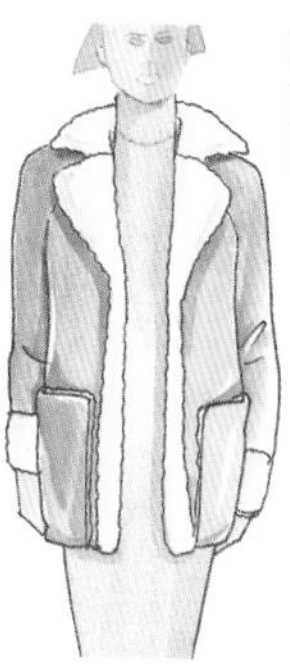
●ランチコート

**らん-ちゅう**【▾蘭鋳・▾蘭虫】キンギョの一品種。体は丸く、腹がふくらむ。背びれを欠き、頭部に多数の肉瘤をもつ。日本産種。↓キンギョ 写

**らん-ちょう**【乱丁】書物のページの順序がまちがってとじられていること。incorrect collating 比較 落丁。

**らん-ちょう**【乱調】①調子を乱すこと。ま

た、乱れた調子。用例ピッチングが突然―になる。disorder ②相場の変動がはげしいこと。乱高下。乱調子。violent fluctuations ③詩歌で、きまりを乱していること。また、その詩歌。

**らんちょう【蘭蝶】** ①新内節の曲名。『若木仇名草』の通称。一八世紀末に初世鶴賀若狭掾が作詞・作曲。声色師市川屋蘭蝶と女房、遊女の三角関係・義理人情を描く。②歌舞伎狂言。登場人物の蘭蝶を、忠義な武士に仕立てたもの。

**ランチョウ【蘭州】**(Lánzhōu) ↓らんしゅう(蘭州)

**らん-ちょうし【乱調子】** ①調子が乱れること。乱れた調子。らんぢょうし。confusion ②↓らんちょう(乱調)②

**ランチョン-マット【luncheon mat】** テーブルの上に敷く個人用の小さなテーブルクロス。ランチョンは、ランチ(昼食)よりやや正式の昼食。

**ランデ【Max Linder】**(一八八三〜一九二五) フランスの映画俳優。チャップリンの先輩格で映画界最初の国際スター。主演作『マックスと姑』など。

**らん-てい【蘭亭】** 中国、晋代に会稽山陰(浙江省紹興県の南西)にあった亭。三五三年に行われた蘭亭の会に王羲之が書いた『蘭亭帖』で知られる。

**らん-でいりゅう【乱泥流】** 海底斜面などに沿って動く比較的堆積物の密度の高い濁流。河川の濁流が湖に注ぐときや海底の地すべりにともなって起こる。混濁流。turbidity current

**ランデブー【rendez-vousフランス】** ①時刻を約束して人と会うこと。rendezvous ②男女のあいびき。密会。rendezvous ③人工衛星や宇宙船が合体などのため宇宙空間で出会うこと。rendezvous

**ランド【rand】** 南アフリカ共和国の通貨単位。記号R。

**ランド【Paul Rand】**(一九一四〜) アメリカのグラフィック-デザイナー。ポスター・雑誌広告・装丁・パッケージなどで活躍。

**らん-とう【乱闘】**(名・サ変自) 入り乱れて殴り合うこと。confused fight

**らん-とう【卵塔・蘭塔】** 墓石の一種。六角または八角の台座の上に、卵形の石塔婆をのせたもの。多く禅宗の僧侶の墓碑に用いる。無縫塔。↓写

●卵塔

**らんとう-ば【卵塔場】** 墓場。墓地。

**ランドー【Walter Savage Landor】**(一七七五〜一八六四) イギリスの詩人・批評家。古典的風格の詩作品と、散文作品『空想会談』で知られる。

**らん-どく【濫読・乱読】**(名・サ変他) さまざまな本を手当たり次第に読むこと。read at random 比較多読。対義精読。

**ランドサット【Landsat】** アメリカ航空宇宙局(NASA)が一九七二年以後打ち上げている地表探査用の人工衛星。植生や土地利用および鉱物資源などを調査。

**ラントシュタイナー【Karl Landsteiner】**(一八六八〜一九四三) オーストリアの病理学者。ヒトの血液型を確立し、輸血の安全な実施に貢献。Rh因子を発見。一九三〇年ノーベル生理学医学賞受賞。

**ランドセル**《ransel オランダの転》学童用の背負いかばん。牛皮・合成皮革製など。

**ランドフスカ【Wanda Landowska】**(一八七九〜一九五九) ポーランド生まれの女流チェンバロ奏者。チェンバロとその音楽の復興に功績を残す。一九四一年からアメリカ定住。

**らん-どり【乱取(り)】** 柔道で、めいめいが自由に組んで行う練習。

**ランドリー【laundry】** 洗濯を請け負う業者。洗濯屋。クリーニング屋。用例コイン―。

**ランドレース-しゅ【ランドレース種】** デンマーク原産のブタの一品種。毛は白色。体は長く、頭が小さい。耳介は大きく垂れる。日本では、雑種生産用の母豚として重用される。Landrace

**ランナー【runner】** ↓そうしゃ(走者)

**ランナーズ-ハイ【runners' high】** ランニング中にランナーが感じる快さや陶酔感。

**らん-にゅう【乱入・濫入】**(名・サ変自) 乱暴にどやどやと入りこむこと。不当に入りこむこと。break into; intrude

**ランニング【running】** ①走ること。ふつう、ゆっくり走るジョギングと対比して、やや速いスピードで走ることをいう。競走。②「ランニングシャツ」の略。③ヨットで、追い風を受けて帆走すること。

**ランニング-コスト【running cost】** 設備などを稼働させるための維持費。運転資金。

**ランニング-シャツ**《和製語》競技用の襟なし袖なしのシャツ。また、同形の男性用肌着。ランニング。athletic-style shirt; running vest

**ランニング-ステッチ【running stitch】** 刺繡の刺し方の一種。洋裁のぐし縫い、並縫いに同じ。表目と裏目を同じ長さにすくう。キャンバスワークなどに多く用いる。

**ランニング-ストック【running stock】** 運転在庫。生産・販売活動を維持するのに必要な在庫。正常在庫。

**らん-のう【卵嚢】** 卵を包んでいる丈夫な袋状の物。外敵からの保護、卵を固定し他物に付着させる役割をもつ。巻貝のアカニシ・テングニシのそれをウミホオズキという。egg capsule

**ランバート【Marie Rambert】**(一八八八〜一九八二) イギリスの女流舞踊家。ポーランド生まれ。舞踊家を養成しイギリスのバレエ界の発展に寄与。

**らん-ばい【乱売】**(名・サ変他) むやみに安く売ること。投げ売り。sacrifice sale

**らん-ぱく【卵白】** 鳥卵の卵黄(＝黄身)を中に包みこんでいる透明なたんぱく質。アルブミンを主とするたんぱく質で、カラザとともに卵黄を保護。卵が輸卵管内を下降中に卵黄に付加される。白身。egg white; albumen 対義卵黄。↓卵図

**らん-ばつ【濫伐・乱伐】**(名・サ変他) 山林の木をむやみに切り出すこと。cut down trees recklessly

**らん-ぱつ【濫発・乱発】**(名・サ変他) ①むやみに発行・発布すること。overissue 用例公債の―。②むやみに発砲すること。

**らん-ぱつ【乱髪】** 乱れた髪の毛。

**ランパル【Jean-Pierre Rampal】**(一九二二〜) フランスのフルート奏者。柔らかく澄んだ音色をもち多彩に活動。

**ランバレネ【Lambaréné】** アフリカ中西部、ガボン共和国西部の町。木材資源開発の中心地。シュバイツァー博士が病院を設けた地として有名。人口一・八万(一九七〇)。

**らん-はんしゃ【乱反射】**(名・サ変自他) 物体の表面が滑らかでなく、小さな凹凸があるため、光がいろいろな方向に反射される現象。diffused reflection

**らん-ぴ【濫費・乱費】**(名・サ変他) むやみに使うこと。無駄遣い。waste 用例国費を―する。精力を―する。

**ランビキ【蘭引】**《alambique ポルトガルの転》江戸時代、酒・香料などを蒸留するのに用いた器具。

**らん-ぴつ【乱筆】** ①乱暴に書くこと。書いた字。②手紙で、自分の筆跡をけんそんして言う語。

**らん-ぶ【乱舞】**(名・サ変自) ①夢中になって踊り狂うこと。dance wildly ②能の演技の間にする舞。③五節の舞のあと、貴族たちが今様に合わせて舞ったもの。

**ランプ【lamp・洋灯】** ①石油用灯火具の一種。石油容器に口金をつけ、灯心を立て、その周囲をガラス製の火屋でおおう。江戸末期に輸入され明治三〇年(一八九七)には全国に普及。数え方一個・一台。②電灯。

**ランプ【ramp】**《ramp way の略》立体交差している道路と道路をつなぐ弧状の道路。とくに、高速道路が一般道路と交差する接続部・出入り口。

**ランプ【rump】** 牛肉の部位の名称。腰骨の上の赤身の良質肉。脂も少なくやわらかい。ローストやステーキにする。

**ランブイエ【Rambouillet】** フランス中北部、パリの南西四五㎞にある町。森に囲まれた古城を中心とした町で、一九七五年、第一回主要先進国首脳会議(サミット)が行われた。人口二・二万(一九八二)。

**ランブイエこう-ふじん【ランブイエ侯夫人】**(Catherine de Vivonne, marquise de Rambouillet)(一五八八〜一六六五) フランスの文芸サロンの創始者とされる侯爵夫人。パリの自邸のサロン(客間)に貴族や文人などを招き、社交界の中心となった。

**ランブータン【rambutan】** マライに産するムクロジ科の常緑高木。高さ約一五m。葉は羽状複葉で革質、花弁のない小花を開く。果実は卵形でとげがある。果肉は白色、多汁で食用。↓熱帯果実写

**ランブール-きょうだい【ランブール兄弟】**(Limbourg) フランドル出身のミニアチュール(写本装飾)画家兄弟。ポール(Pol)・エルマン(Herman)・ジャヌカン(Jehanequin)の三兄弟。一五世紀初頭フランスのブルゴーニュ公、ついでベリー公に仕え、絵暦『ベリー公のいとも豪華なる時禱書』を残す。↓ゴシック美術写

**ランプ-シェード【lamp shade】** ランプや電灯の笠。光源の上部に取り付けて、または全体をおおって配光や光色を調節する。

**ランベルト-せいせきずほう【ランベルト正積図法】** 地図投影法の一つ。ドイツの数学者ランベルトが一七七二年に発表したもので、地形の面積が正しく表される図法。Lambert's equalarea projection

**らんぺん-はっせい【卵片発生】** 実験的に卵の組織の一部分を欠いた場合の発生。ふつう、精子の侵入によって発生が始まるが、人工的な刺激で発生の始まることもある。merogony

**らん-ぼう【乱暴】**(名・形動・サ変自) ①あばれること・さま。荒々しい行い。violent 用例―を働く。―した男。②丁寧でなく、粗雑なこと・さま。rude 用例―に書く。―な字。

**らん-ぽう【卵胞】** 卵巣の皮質にあり、卵細胞とそれを包む細胞性の膜。原始卵胞・発育卵胞・成熟卵胞に分かれる。ovarian follicle

**らん-ぽう【蘭方】** 江戸時代、オランダから伝わった医術。

**らんぽう-ホルモン【卵胞ホルモン】** 脊椎動物の卵巣の卵胞から、主として分泌される雌性ホルモンの一種。発情ホルモン。エストロゲン。follicle hormone

**ランボー【Jean-Nicolas-Arthur Rimbaud】**(一八五四〜一八九一) フランスの詩人。マラルメ・ベルレーヌとともに象徴派三大詩人の一人。感覚の錯乱を通して未知に到達しようとする「見者(ボワイヤン)の詩法」を実践し、キリスト教と近代ヨーロッパ文明からの脱出を希求した。詩『酔いどれ船』、散文詩集『地獄の季節』『イリュミナシオン』など。↓写

●ランボー

**らん-ぽん【藍本】**《「青は藍より出る」による》原本。原典。底本。

**らん-ま【乱麻】** 乱れ、もつれたアサ。世の中やものごとのもつれていることのたとえ。

**快刀乱麻を断つ**(かいとうらんまをたつ) ↓かいとう(快刀)

**らん-ま【欄間】** 鴨居や長押の上に設けた格子や透かし彫りをした板の部分。採光や通風などの機能もあるが、装飾の意味が強い。transom ↓和風住宅図

**らん-まく【卵膜】** 卵の周囲を包んでいる多種多様の物質の総称。必ずしも膜状とは限らない。egg membrane

**らん-まん【爛漫】**(形動トタル) ①花が咲き乱れるさま。in full bloom ②明らかに現れるさま。clear appearance 用例天真―。

**らん-みゃく【乱脈】**(名・形動) 乱れて、筋道の立たないこと・さま。乱雑。disorder 用例―な経理。―な人事。

**らん-よ【鸞輿】** 天子の乗り物。

**らん-よう【濫用・乱用】**(名・サ変他) むやみに使うこと。misuse; abuse 用例職権―。

**らん-らん【爛爛】**(形動トタル) 鋭く光り、輝くさま。きらきらするさま。glaring 用例―たるトラの目。

**らん-り【乱離】** 世が乱れて、人民が離散すること。dispersed 用例―塗炭の苦しみ。

**らん-りつ【乱立・濫立】**(名・サ変自) ①乱雑に立ち並ぶこと。be jumbled up ②多数がむやみに立候補すること。flooded with candidates

**らん-りゅう【乱流】**(名・サ変自) ①川すじが乱れて流れること。また、気流などの乱れ。turbulence ②物理で、不規則な変動を含む流れ。すべての流れはレイノルズ数が、ある臨界値を超えると乱流になる。turbulent flow

**らん-りん【乱倫・濫倫】** 人としての道に背くこと。男女関係の正しくないこと。破倫。

**らん-る【襤褸】** ①ぼろきれ。つづれ。②ぼろになった衣類。用例―をまとう。

# りり

**り【り・リ】** 五十音図ら行第二の仮名。平仮名「り」は「利」の草体。片仮名「リ」は「利」の右。

**リ** 6画 **【吏】** 部首[口] 常用 JIS 4589
音リ
つかさ。役人。「官吏・公吏・小吏・能吏」「吏員」 用例《接尾的》収税—。執行—。

**リ** 7画 **【利】** 部首[刂] 教育小4 JIS 4588
音リ 訓きく
利 利 利 利 利 利
①もうけ。益。もうける。対義害。「営利・権利・功利・福利」「利益・利子・利潤」 用例(名)—を生む。漁夫の—。②都合がよい。かちめ。「勝利・便利・有利」「利用」 用例(名)地の—。③ためにする。ためになる。「自利」「利己・利他・利敵・利用」④するどい。よくきれる。かしこい。対義鈍。「鋭利」「利剣・利発」⑤きく。よくはたらく。できる。
**利に走る**(りにはしる) 利益の追求にやっきとなる。follow after the profit
**利を得る**(りをうる) ①戦いで有利になる。勝つ。win ②利益を得る。とくをする。have advantage of
**利をかく**(りをかく) 利息を払う。
**利を食う**(りをくう) ①利子がつく。bear interest ②《取引用語》相場変動を巧みに利用して利益を得る。利食い。realizing; profit-taking
**利を見て義を忘る**(りをみてぎをわする) 利益ばかりを追い求め、欲に目がくらんで、道義を忘れてしまう。見利忘義。

**リ** 7画 **【▼李】** 部首[木] 人名用 JIS 4591
音リ
①スモモ。バラ科の落葉小高木。「桃李」「李下」②おさめる。すじみちをたてる。③「行李」は、つかい。使者。また、旅行の荷物。旅行用の荷物入れ。

**リ** 7画 **【里】** 部首[里] 教育小2 JIS 4604
音リ 訓さと
里 里 里 里 里 里
①さと。いなか。実家。「郷里・故里」②みちのり。行程。「里程」③尺貫法の距離の単位。三六町。約三・九二七km。用例(助数)五—。

**リ** 9画 **【▼俐】** 部首[人・亻] JIS 4862
音リ
かしこい。さかしい。利口な。

**リ** 9画 **【▼俚】** 部首[人・亻] JIS 4861
音リ
いなかじみる。いやしい。俗っぽい。「俚言・俚諺・俚語・俚耳・俚謡」

**リ** 10画 **【▼哩】** 部首[口] JIS 4373
音リ
マイル(mile)。ヤード-ポンド法の距離の単位。一マイルは、一七六〇ヤード。約一・六km。

**リ** 10画 **【▼莅】** 部首[艹] JIS 7214
音リ
のぞむ。出席する。君臨する。たずさわる。

**リ** 10画 **【▼莉】** 部首[艹] 人名用 JIS 7229
音レイ・ライ・リ
「茉莉花」は、ヒイラギ科の熱帯性常緑低木。花は、かおりがよく、中国では茶にまぜてのむ。

**リ** 10画 **【▼悧】** 部首[忄] JIS 5606
音リ
かしこい。さかしい。利口な。「怜悧」

**リ** 10画 **【▼浬】** 部首[氵] JIS 1929
音リ
①海里。ヤード-ポンド法の海上の距離の単位。一海里は、約一・八五二km。②ノット(knot)。船などの速さの単位。一ノットは、一時間に一海里を進む速さ。

**リ** 10画 **【▼涖】** 部首[氵]
音リ・レイ
のぞむ。出席する。君臨する。たずさわる。

**リ** 10画 **【▼狸】** 部首[犭] JIS 3512
14画 **【▼貍】** 部首[豸] 異体字 JIS 7630
音リ
タヌキ。イヌ科の哺乳動物。「狐狸」

**リ** 11画 **【▼梨】** 部首[木] 人名用 JIS 4592
音リ
①ナシ。バラ科の落葉樹。また、その果実。「梨園」②梵語 rya の音訳字。「阿闍梨」

**リ** 11画 **【理】** 部首[王] 教育小2 JIS 4593
音リ
理 理 理 理 理 理
①ことわり。わけ。すじみち。きまり。「学理・原理・条理・真理・道理・論理」「理由・理論」用例(名)—の当然。②おさめる。ととのえる。とりあつかう。つくろう。「管理・修理・調理・料理」「理事」③わける。区別する。「理解」④自然科学。対義文。「理科・理学」⑤すじめ。模様。「地理・木理」⑥宇宙万物をつらぬく普遍的基準。中国哲学、特に宋学における宇宙の基本的な法則。
**理が非でも**(りがひでも) 無理にも。類似是が非でも。
**理が非になる**(りがひになる) 道理のある正しいことが、説明のまずさなどのためかえって誤りとされる。
**理に落ちる**(りにおちる) 理屈っぽくなる。
**理に勝って非に落ちる**(りにかってひにおちる)・「理を以て非に落ちる」と同意。
**理に詰まる**(りにつまる) ①道理を言われて、どうしようもない。②理に落ちて、味わいがない。
**理を以て非に落ちる**(りをもってひにおちる) 道理の上で勝ちながら、かえって不利な立場になる。

**リ** 12画 **【▼犂】** 部首[牛] JIS 6420
11画 **【▼犁】** 異体字 JIS 6421
音リ・レイ
①すき。からすき。牛馬などにひかせ、人がおしながら土をほりおこす農具。②すく。たがやす。③まだらうし。いろいろの色の毛がいりまじった、ぶちの牛。

**リ** 12画 **【▼痢】** 部首[疒] 常用 JIS 4601
音リ
はらくだり。はらくだし。「疫痢・下痢・赤痢」「痢病」

**リ** 12画 **【▼詈】** 部首[言] JIS 7542
音リ
ののしる。悪口をいう。非難する。けなす。「罵詈」

**リ** 13画 **【▼蜊】** 部首[虫] JIS 7377
音リ
アサリ。マルスダレガイ科の軟体動物。

**リ** 13画 **【裏】** 部首[衣] 教育小6 JIS 4602
12画 **【▼裡】** 部首[衤] 異体字 JIS 4603
音リ 訓うら
裏 裏 裏 裏 裏 裏
①うら。うらがわ。対義表。「表裏」「裏面」②うちがわ。なか。「禁裏・内裏・脳裏」③そういうありさまのうちに。用例《接尾的》暗々—。成功—。

**リ** 14画 **【▼嫠】** 部首[女]
音リ
やもめ。夫をなくした女性。後家。寡婦。未亡人。

**リ** 14画 **【▼漓】** 部首[氵] JIS 6302
音リ
①うすい。かるい。②したたる。水・汗などが、たれておちる。「淋漓」

**リ** 15画 **【履】** 部首[尸] 常用 JIS 4590
音リ 訓はく
①ふむ。おこなう。「履行・履歴」②はきもの。くつ。対義冠。「弊履・木履」③はく。くつなどを足につける。

**リ** 15画 **【▼璃】** 部首[王] 人名用 JIS 4594
音リ
①「瑠璃」は、濃い青色の宝石。②「玻璃」は、水晶。また、ガラス。

**リ** 16画 **【▼罹】** 部首[罒] JIS 5677
音リ
かかる。あう。よくないことをうける。「罹災・罹病」

**リ** 18画 **【▼醨】** 部首[酉]
音リ
①しる。酒の薄いもの。②もそろ。上等でない酒。濁り酒。

**リ** 18画 **【▼釐】** 部首[里] JIS 7858
音リ・リン・キ
①治める。すじみちを通す。②りん。厘。㋐長さ・重さで、分の一〇分の一。㋑お金の単位で、銭の一〇分の一。㋒この上なくわずか。↓キ【釐】

**リ** 18画 **【▼鯉】** 部首[魚] 人名用 JIS 2481
音リ
コイ。コイ科の温帯性淡水魚。

**リ** 19画 **【離】** 部首[隹] 常用 JIS 4605
音リ 訓はなれる・はなす
①はなれる。はなす。わける。比較放。対義合。「隔離・距離・分離・別離・流離」「離散・離陸」②そむく。たがう。「背離」

**リ** 20画 **【▼黧】** 部首[黒]
音リ・レイ
くろい。黄色がかった黒。やつれた顔色。

**リ** 22画 **【▼蘺】** 部首[艹]
音リ
①みずびえ。くさびえ。イヌビエ。イネ科の一年草。②まがき。ませがき。ませ。垣根。

**リ** 22画 **【▼灕】** 部首[氵]
音リ
①ながれる。水がながれるさま。②しみる。しみこむ。もる。

**リ** 23画 **【▼邐】** 部首[辶]
音リ
つづく。つらなる。つらなりつづく。

**リ** 25画 **【▼籬】** 部首[竹] JIS 6865
音リ
まがき。ませがき。ませ。かき。しば・竹などを編んでつくった垣根。「垣籬」

**リ** 29画 **【▼驪】** 部首[馬] JIS 8175
音リ・レイ
くろこま。くろうま。まっくろな馬。

**り** 古語(助動 ラ変型)《四段動詞の已然形、サ変動詞の未然形に付く》①存続の意を表す。…ている。…てある。用例つひに回らで、いたづらに立て—けり(徒然・五一)。②完了の意を表す。…てしまった。用例浦島が子の七世の孫にあへ—しにもすぎ(平家・一・願立)。

**り【▽人】**(助数) 人を数える語。用例ひと—。ふた—。

**リア【rear】**《おもに自動車についていう》後ろ。後部。用例—サスペンション。

**リア【Edward Lear】**(一八一二〜一八八八) イギリスの画家・詩人。ナンセンス詩で有名。挿絵入り南欧旅日記を残す。作品『ナンセンスの本』など。

**リアーゼ【lyase】** 基質から、ある基をとりさって二重結合を残す反応、または、その逆の反応を触媒する酵素の総称。脱離酵素。

**リアウ-しょとう【リアウ諸島】**(Kepulauan Riau) インドネシア、マレー半島南東方のビンタン島・バタム島などの島々。ボーキサイトの採掘量が多い。リオー諸島。

**リアエンジン【rearengine】** 自動車の車体の後部に付けたエンジン。

**リアおう【リア王】**《原題King Lear》シェークスピア四大悲劇の一つ。一六〇五〜〇六年作。娘の裏切りと愛を通して、人間存在の悲劇的実相にめざめる老王の苦悩と狂気を描く。

**リア-カー** ↓リヤカー

**リアクタンス【reactance】** 交流回路で、インピーダンスから電気抵抗の実数部分を除いた量。単位オーム。記号Ω。

**リアスしき-かいがん【リアス式海岸】** 谷

●リアス式海岸　陸中海岸(岩手県)。

で細かく刻まれた土地が、陸地の沈降または海面の上昇により沈水して生じた、出入りに富んだ海岸線。rias coast ↓写

**リアトリス**[liatris]　キク科リアトリス属の多年草の総称。葉は線形、茎は直立。夏から秋に、穂状・球状に開花。観賞用に栽培。北アメリカ原産。キリンギク。ユリアザミ。

**リアリスチック**[realistic](形動)　①真に迫ったさま。写実的。②現実的。

**リアリスト**[realist]　①文芸で、現実を客観的にリアルに書く派の人。写実主義者。②現実の利害・打算に鋭い人。実際家。現実主義者。対義ロマンチスト。

**リアリズム**[realism]　①現実的・具体的な物事を重く見る主義。現実主義。②芸術上、主観よりも客観を重視し、現実の事象をその美醜にかかわらず、ありのままに忠実・的確に再現しようとする傾向。一八五〇年ごろのフランスで、意識的な手法として打ち出された。文学のフロベール、絵画のクールベなど。写実主義。現実主義。③哲学で、㋐物質的なものも精神的なものも、現実はすべて認識主観から独立して存在すると考える理論。実在論。㋑物の本質は、概念にさきだって、独立して存在しているという理論。

**リアリティー**[reality]　①文学で、現実、または現実性。小説や劇など虚構の作品が、読者や観客に与える現実感。用例 ―にみちた作品。②哲学で、実在、または実在性。③現実の具体的なものの奥にある本質。

**リアル**[rial〈ペルシア〉]　イランなどの通貨単位。一リアルは一〇〇ディナール。記号R。

**リアル**[real](形動)　①あるがまま。現実であるさま。現実的。②生き生きとした状態を伝えるさま。写実的。用例 ―に描く。

**リアル-タイム**[real-time](形動)　同時に。即時に。

**リアルタイム-しょり**【リアルタイム処理】　コンピューターで処理要求の発生したデータを、その時点でただちに処理する方式。座席予約システム・銀行のオンラインシステムなど。即時処理。real time processing 対義バッチ処理。

**リアルポリティック**[realpolitik]　現実主義的な政治路線。名分にとらわれないで実利を追求して行く政策。

**リー**[Jonas Lie](一八三三～一九〇八)　ノルウェーの小説家。海洋小説『水先案内人とその妻』など。

**リー**[Peggy Lee](一九二〇～)　アメリカの女性ポピュラー歌手。独特なハスキーボイスと巧みな表現技術をもつ。自作曲に『ジョニー―ギター』など。

**リー**[Robert Edward Lee](一八〇七～一八七〇)　アメリカの軍人。メキシコ戦争に従軍。南北戦争には南軍に投じ総司令官となったが、一八六五年降伏。

**リー**[Trygve Halvdan Lie](一八九六～一九六八)　ノルウェーの政治家。一九四六年から五三年まで初代国連事務総長。

**リー**[Tsung-Dao Lee・李政道](一九二六～)アメリカの物理学者。中国生まれ。素粒子論などを研究。ヤンとともに偶奇性の非保存性理論で、一九五七年ノーベル物理学賞受賞。

**リー**[Vivien Leigh](一九一三～一九六七)　イギリスの映画女優。主演作『風と共に去りぬ』『哀愁』『欲望という名の電車』など。↓写

●V＝リー　『風と共に去りぬ』。左はクラーク＝ゲーブル。

**リー**[Yuan Lee](一九三六～)　アメリカの物理化学者。台湾生まれ。化学反応の精密なようすや放出エネルギーなどの観察・解析方法を開発した業績で、一九八六年ノーベル化学賞受賞。

**リーガー**[leaguer]　野球で、ある連盟(＝リーグ)に加入しているチーム。また、その選手。用例 大―。

**リーガス**[Constantine Rhigas](一七五七～一七九八)　ギリシアの詩人・啓蒙思想家。口語で愛国詩を書く。ギリシアの独立運動を指導、捕らえられ射殺された。作品『マルセイエーズ』など。

**リーガル-リリー**[regal lily]　ユリ属の一種。高さ約一m。花は内面が黄白色で、外側は紫がかった白地。花期は六月。球根は苦味が強くて食用には不適。中国原産。

**リーキ**[leek]　ユリ科の二年草。葉は扁平で長さ六〇～九〇cm。葉鞘部を盛り土で軟白化し、食用にする。桃色の美花は切り花用。地中海地方原産。ニラネギ。ポロネギ。

**リーキー**[Louis Seymour Bazett Leakey](一九〇三～一九七二)　イギリスの人類学者。ケニア生まれ。猿人ジンジャントロプスやホモ＝ハビリスなど、化石人類の化石骨を発見。夫人のメアリー、息子のリチャードも、ともに高名な人類学者。

**り-いく**【李煜】(九三七～九七八)　中国、五代の南唐の最後の君主、詞人。前半生では華やかな宮廷生活をうたい、亡国後は故国の昔日を偲んだ悲哀の詞が多い。『南唐二主詞』中に約四〇首を残す。

**リーク**[leak](名・サ変自他)　機密情報などをわざと外部に漏らすこと。

**リーグ**[league]　連盟。連合。同盟。

**リーグ-せん**【リーグ戦】　そのリーグに参加・登録している選手やチームが、総当たりで優勝を争う試合方法。league match 比較トーナメント。

**リーグせん-グループ**【リーグ戦グループ】　大学ラグビーの関東地区で、リーグに加盟し総当たり試合を行っている大学のグループ。昭和四二年(一九六七)に結成。現在三部から成り、毎年入れ替えが行われる。

**リーグニッツ**[Liegnitz]　↓レグニーツァ

**リーグニッツ-の-たたかい**【リーグニッツの戦い】　一二四一年、シュレジエンのリーグニッツの近傍ワールシュタットで行われた、バツの率いるモンゴル軍とドイツ・ポーランド連合軍の戦い。モンゴル軍がハインリヒ二世の率いる連合軍を撃破。ワールシュタットの戦い。Battle of Legnica

**リーグル**[Alois Riegl](一八五八～一九〇五)　オーストリアの美術史学者。美術史におけるウィーン学派の中心。著書『様式論』『後期ローマ時代の工芸』など。

**リー-シャン**【驪山】(Lí Shān)　↓りざん(驪山)

**リーシュマニア**[Leishmania]　リーシュマニア属の鞭毛虫。トリパノソーマ類の寄生原虫で、サシチョウバエの媒介によりヒトに寄生し、黒熱病などの原因となる。

**リージョナリズム**[regionalism]　①地域主義。ヨーロッパ共同体(ＥＣ)のような国際的地域統合をすすめようとする考え方。②中央集権的な政治機構のなかで、いくつかの地方自治体を地域的特殊性によって区分した新しい行政単位(＝リージョン)を設けようとする考え方。

**リース**[lease](名・サ変他)　機械・設備・器具などを賃貸する制度。一般には、長期の賃貸をいう。比較レンタル。

**リーズ**[Leeds]　イギリス、イングランド北部、エアー川沿いの工業都市。古くからの羊毛工業の中心地。人口七一・四万(一九八一)。

**リース-さんぎょう**【リース産業】　機械・設備・器具などを比較的長期間にわたって賃貸する産業。leasing industry

**リーズネル**[Jean-Henri Riesener](一七三四～一八〇六)　フランスの家具工芸家。ドイツ生まれ。ルイ一六世様式の代表的作家。

**リースマン**[David Riesman](一九〇九～)　アメリカの社会学者。ハーバード大卒。シカゴ大学教授。多彩な方法によって大衆社会や豊かな社会の現実を鋭く追求した。著書『孤独な群集』など。

**リーゼガング-げんしょう**【リーゼガング現象】　互いに反応して沈殿する二種類の電解質がつくる周期的沈殿。沈殿層が同心円状になるので、これをリーゼガング環という。Liesegang ring

**リーゼント-スタイル**《和製語》男性の髪型の一つ。前髪を高くし、両横の長めの髪を後方に流し、地肌にぴったりなでつける。リーゼント。ducktail ↓図

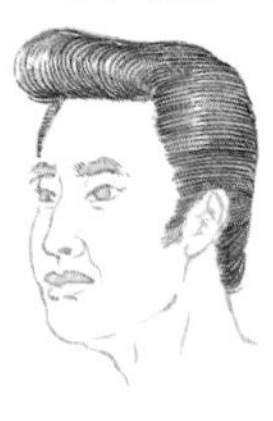

●リーゼントスタイル

**リー-ぞく**【黎族】　中国、海南島に住む少数民族。稲作農耕に従事。多神教。れい族。Li

**リーダー**[leader]　①指導者。指揮者。統率者。②印刷で、点線。

**リーダー**[reader]　①読本。②読者。

**リーダーシップ**[leadership]　①指導者としての地位や職責。②指導権。統率力。

**リーダーズ-ダイジェスト**[Reader's Digest]　アメリカの大衆月刊誌。既刊の雑誌から大衆向けの読み物や記事を平易に要約して掲載。多くの外国語版がある。一九二二年創刊。

**リーダー-せい**【リーダー制】　生態学で、集団の全メンバーとリーダーとの間に成立する社会的統合。順位制と対比される。鳥類・哺乳類など、高度な集団生活をする動物だけにみられる。leadership organization

**リーダーバーグ**[Joshua Lederberg](一九二五～)　アメリカの微生物遺伝学者。大腸菌の遺伝子組み換え現象、バクテリオファージによる形質導入などの研究で、一九五八年ノーベル生理学医学賞受賞。

**リーチ**【立直〈中〉】(lìzhí)　麻雀の手役の一つ。配牌から一度も吃・碰などをせず門前清で聴牌したとき「リーチ」を宣言できる。立直後は、手牌の交換はできない。

**リーチ**[reach]　①腕の長さ。とくに、ボクシングで、選手が腕を伸ばして届く距離。②テニスで、ネットプレーのときに、左右に腕を伸ばして守れる範囲。

**リーチ**[Bernard Leach](一八八七～一九七九)　イギリスの陶芸家。香港生まれ。来日し、陶芸を学ぶ。柳宗悦の民芸運動を助け、帰国後、イギリス陶芸界の第一人者となる。

**リーディング**[reading]　①英語の読み方。②朗読。③読書。

**リーディング-インダストリー**[leading industry]　主導産業。その時代の国民経済の発展の中心となる産業。現代の先端技術産業など。

**リーディング-ジョッキー**[leading jockey]　競馬で、最多勝利騎手。年間を通しても一着の回数が多い騎手。また、一定時点で最多勝である騎手。

**リーディング-ヒッター**[leading hitter]　↓しゅいだしゃ(首位打者)

**リート**[Lied〈ドイツ〉]《歌の意》ドイツの歌曲。一般に芸術作品として作曲された独唱曲をさすことが多い。シューベルト・シューマン・ウォルフなどの作品が有名。

**リード**[lead](名・サ変自他)　①みちびくこと。先へ進むこと。②スポーツの試合中、一方のチームや選手の得点や形勢が他方より勝っている状態。③野球で、走者が盗塁などの目的で塁を離れること。離塁。④野球で、捕手が投手の配球を指示すること。⑤新聞や雑誌で、見出しに続いて内容を要約した文。

**リード**[reed]　楽器の部分名。舌または簧のことで、管楽器やオルガンなどの発音に使われる振動体。葦・木・竹・金属などの薄い板。↓クラリネット図

**リード**[Carol Reed](一九〇六～一九七六)　イギリスの映画監督。作品『邪魔者は殺せ』『落ちた偶像』『第三の男』など。

**リード**[Charles Reade](一八一四～一八八四)　イギリスの小説家。問題小説『改むるにはばかるなかれ』、歴史小説『僧院と家庭』など。

**リード**[Herbert Read](一八九三～一九六八)　イギリスの詩人・批評家。文芸批評・美術批評などに活躍。詩『戦いの終わり』、評論『現代詩の形態』『芸術の意味』など。

**リード**[Thomas Reid](一七一〇～一七九六)　イギリスの哲学者。スコットランド常識学派の代表。ヒュームの思想を批判し、健全な常識の立場から

宗教・道徳などの諸価値を擁護した。

**リード-オルガン【reed organ】** リードを発音体とするペダル式の小型オルガン。日本でふつうオルガンとよぶ楽器。

**リードオンリー-メモリー【read-only memory】** →ロム(ROM)

**リート-けいしき【リート形式】**(Liedform ドイツ) 音楽で、二部分または三部分からなる小規模な楽曲形式。

**リーバーマン【Max Liebermann】**(一八四七〜一九三五) ドイツの画家。ドイツ印象主義の代表作家。ベルリン分離派を結成。作品『女と山羊たち』など。リーベルマン。

**リービス【Frank Raymond Leavis】**(一八九五〜一九七八) イギリスの文芸批評家。作品評価の基準としての倫理的価値を重視。著書『偉大なる伝統』など。

**リービヒ【Justus Freiherr von Liebig】**(一八〇三〜七三) ドイツの化学者。ギーゼン大学、ミュンヘン大学教授を歴任。有機元素分析法の確立、異性体の発見、クロロホルム・クロラールなど重要化合物の発見、近代有機化学発展の基礎を築いた。

**リービヒ-れいきゃくき【リービヒ冷却器】** 実験室で用いられる簡単な冷却器の一つ。ガラス製の二重管の周囲に冷却水を流し、内部のガラス管中を通過する蒸気が凝縮するようにしたもの。一八三一年リービヒが考案。Liebig condenser

**リーファー【reefer】** ①ダブルの背広・ジャケット。もとは船乗り用の防寒上着。②海軍士官の着る紺色のダブルの上着。

**リープクネヒト【Karl Liebknecht】**(一八七一〜一九一九) ドイツの革命家。第一次大戦時には反戦運動を展開し、一九一六年、ローザ＝ルクセンブルクらとスパルタクス団を組織。一八年のドイツ革命に参加。ドイツ共産党を創設したが、一九年一月武装蜂起に失敗。ローザとともに反共義勇軍将校により虐殺された。

**リープクネヒト【Wilhelm Liebknecht】**(一八二六〜一九〇〇) ドイツの社会主義者。三月革命に参加。ベーベルとドイツ社会民主党を創立。党中央機関紙『前進』の主筆。

**リーフデ-ごう【リーフデ号】** 慶長五年(一六〇〇)豊後国臼杵湾に漂着したオランダ商船。蘭・英の対日貿易の契機となる。乗員のウイリアム＝アダムズ、ヤン＝ヨーステンは徳川家康に仕えた。

**リーブモン-デセーニュ【Georges Ribemont-Dessaignes】**(一八八四〜一九七四) フランスの詩人・小説家。小説『眼を閉じた駝鳥』、詩集『この人を見よ』など。

**リーブルビル【Libreville】** アフリカ中西部、ガボンの首都。ギニア湾岸に位置する木材などの積み出し港で、商業の中心地。一八四九年解放奴隷が建設。地名は「自由の町」を意味する。人口二三五万(一九八三)。

**リーフレット【leaflet】** 一枚刷りの簡単な印刷物。宣伝・広告用のちらし、説明書など。ちらし。ちらし広告。

**リーベ【Liebe ドイツ】** ①恋愛。love ②愛人。恋人。lover

**リーベルマン【Liebermann】** →リーバーマン

**リーマー【reamer】** 金属にあけた穴を正確な寸法に仕上げる工具。ハンドリーマー、チャッキングリーマーなど。

**リーマン【Georg Friedrich Bernhard Riemann】**(一八二六〜六六) ドイツの数学者。リーマン空間論(非ユークリッド幾何学)やリーマン積分・ゼータ関数をはじめとする関数論で多大の貢献をした。

**リーマン【Hugo Riemann】**(一八四九〜一九一九) ドイツの音楽学者。音楽形式や様式研究で新分野を確立し、音楽学の発展に貢献。

**リーマン-きかがく【リーマン幾何学】** 非ユークリッド幾何学の一つ。ユークリッド幾何学の平行線公理の代わりに、「平面上で、直線外の一点を通って、この直線と交わらない直線は存在しない」ことを公理とした幾何学。また、曲面の微分幾何学を $n$ 次元に拡張した幾何学。Riemannian geometry

**リーム【ream】** 洋紙を数える単位。英国で四八〇枚、米国で五〇〇枚。日本の連(一〇〇〇枚)の語源となった。

**リーメンシュナイダー【Tilman Riemenschneider】**(一四六〇ごろ〜一五三一) ドイツの彫刻家。石彫・木彫が主で、整った構成で独特の優雅さがある。作品『アダムとエバ』など。

**リーユエタン【日月潭】**(Riyuè Tán) →じつげつたん(日月潭)

**リーリエンクローン【Detlev von Liliencron】**(一八四四〜一九〇九) ドイツの詩人。印象主義派。詩集『副官騎行』『ポグフレート』など。

**リール【reel】** ①釣り糸・フィルム・磁気テープなどを巻きつける枠。巻き芯。②映画フィルムの一巻。

**リール【Lille】** フランス北部、ベルギー国境近くの都市でノール県の県都。フランドル地方工業地域の中心で、織物工業が発達。人口一七・四万(一九八二)。

**リール-こくひしょう【リール黒皮症】** 顔・耳のまわり・首などの皮膚が紫灰色になる病気。化粧品のアレルギーに日光光線の作用が加わっておこる。Riehl's melanosis

**リーワード-しょとう【リーワード諸島】**(Leeward Islands) 西インド諸島東部、小アンティル諸島北部の島群。北のバージン諸島から南のドミニカ国に至る。独立国アンチグア-バーブーダ、セントクリストファー-ネイビスのほか、英・米・仏の領土ならびに自治領に分かれる。

**り-いん【吏員】** 官吏。官員。役人。公務員。official

**リーン【David Lean】**(一九〇八〜) イギリスの映画監督。作品『旅情』『戦場にかける橋』『アラビアのロレンス』など。

**リヴァイアサン【Leviathan】** →リバイアサン

**リヴァプール【Liverpool】** →リバプール

**リウィウス【Titus Livius】**(BC五九〜AD一七) 古代ローマの歴史家。アウグストゥスの庇護のもとに著した『ローマ建国史』(一四二巻、現存三二巻)は史料的、文学的に高く評価されている。

**リウィウス-アンドロニクス【Lūcius Livius Andronicus】**(BC二八四ごろ〜BC二〇四ごろ) ローマの詩人。ギリシア生まれ。初めてラテン語による喜劇・悲劇を書き、ローマで上演した。

**リヴィエラ【Riviera】** →リビエラ

**リヴィングストン【Livingstone】** →リビングストン

**リウチョウ【柳州】**(Liǔzhōu) →りゅうしゅう(柳州)

**リウマチ【rheumatic オランダ】** →リューマチ

**り-うん【利運】** よい運命。幸運。

**リエーカ【Rijeka】** ユーゴスラビア北西部、アドリア海に臨む港湾都市で同国の主要貿易港。その帰属をめぐりイタリアと係争した歴史がある。造船とその関連産業が主体。人口一九・三万(一九八一)。旧称フィウメ。

**リエージュ【Liège】** ベルギー東部、リエージュ州の州都、工業都市。ミューズ川の河港として、古くから交通・商業・文化の中心。人口二〇・二万(一九八六)。

**り-えき【利益】** ①もうけになること。とく。利分。profit 用例 ―を得る。②ためになること。profit 用例 社会の―。

**りえき-かんり【利益管理】** 企業がある事業年度について達成すべき利益目標を設定し管理していくこと。利益計画と利益統制とからなる。profit management

**りえき-しゃかい【利益社会】** →ゲゼルシャフト

**りえき-じゅんびきん【利益準備金】** 法定準備金の一つ。現金配当額の十分の一またはそれ以上を、資本金の四分の一に達するまで積み立てるもの。revenue reserve 比較 資本準備金。

**りえき-じょうよきん【利益剰余金】** 企業会計上、営業活動などの損益取引によって生じた剰余金。earned surplus 比較 資本剰余金。

**りえき-しょぶん【利益処分】** 企業が当期未処分利益の分配・留保を決定する手続き。appropriation of the surplus

**りえき-はいとう【利益配当】** 会社が決算で確定した利益を株主に分配すること。dividend

**りえき-ほけん【利益保険】** 火災や爆発などの事故で業務を休んだことによる利益の減少と、その間の人件費を含む経常費とを補う保険。business interruption insurance

**りえき-りつ【利益率】** 売上高や資本に対する利益の比率。収益性を示す指標。profit ratio

**リエット【rillettes フランス】** 豚やガチョウなどの肉を細かく切り、脂肪といっしょに煮くずれるくらいまで煮たもの。パンにのせて食べる。

**り-えん【▼梨園】** ①ナシの木が植えてある庭園。ナシ畑。②《ナシの木を植えた庭園で、唐の玄宗皇帝がみずから歌舞を教えた故事から》劇壇・演劇界のこと。とくに、歌舞伎俳優の社会。用例 ―の御曹司。

**り-えん【離縁】**(名・サ変自他) ①法律上、養子縁組みを解消すること。dissolution of adoption ②俗に、夫婦関係を解消すること。離婚。divorce

**り-えん【▼李▼淵】**(五六五〜六三五) 中国、唐の初代皇帝(在位六一八〜六二六)。廟号は高祖。隋の煬帝に仕えたが、次子李世民のすすめで挙兵。六一八年煬帝が殺害されると即位。国号を唐とし、長安に都した。

**りえん-じょう【離縁状】** 夫が、離縁の趣旨を書いて妻に与えた書きつけ。去り状。三下り半。

**リエントリー-ドラフト【reentry draft】** アメリカプロ野球の大リーグで、一九七六年から実施されていた、フリーエージェントを宣告した選手に対するドラフト制度。八五年に廃止。

**リエンユン-こう【リエンユン港・▽連▽雲港】**(Liányúngǎng) →れんうんこう(連雲港)

**リオ** リオデジャネイロ市の俗称。

**り-おうけ【▼李王家】** 朝鮮、李朝の王家。一九一〇年日韓併合にあたり、最後の王純宗を李王とし、李王家を創設。日本の皇族に準じた。

**リオー-しょとう【リオー諸島】**(Kepulauan Riau) →リアウしょとう(リアウ諸島)

**リオグランデ-がわ【リオグランデ川】**(Rio Grande) アメリカ合衆国南西部、メキシコとの国境をなす川。ロッキー山脈南部に発し、メキシコ湾に注ぐ。長さ三〇〇〇km。リオブラボ川。

**リオグランデ-ド-スール【Rio Grande do Sul】** ブラジル最南端の州。州都ポルトアレグレ。農牧業が中心で移民が多い。人口八三五・八万(一九八四)。

**り-おち【利落ち】** 有価証券や公債の利益配当や利子が支払済みになっていること。ex-interest 対義 利付き。

**リオ-ティント-ジンク【The Rio Tinto-Zinc Corporation PLC】** イギリスにある、鉱物採掘・エネルギー・化学・鉄鋼などの企業グループの持ち株会社。一八七三年設立。

**リオ-デ-ジャネイロ【Rio de Janeiro】** 〈州〉ブラジル南東部にある州。州都はリオデジャネイロ。農牧業・鉱業・工業が発達。古くはポルトガルの植民地。面積四・四万km²。人口一二五〇・二万(一九八四)。

**リオ-デ-ジャネイロ【Rio de Janeiro】** 〈市〉《一月の川、の意》ブラジル南東部、大西洋岸の港湾都市。一九六〇年までは首都。貿易港として発展、天然の良港は世界三大美港の一つとされ、国際的観光都市でもある。人口五〇九・一万(一九八〇)。リオ。

**リオナ-ソーセージ【lyoner sausage】** 豚肉と牛肉にグリーンピースなどを加えた彩りの美しいソーセージ。フランス、リヨン産。

**リオン-わん【リオン湾】**(Golfe du Lion) 地中海西部、フランス南部のトゥーロンからスペイン国境付近までの湾。大半が水深二〇〇m以内で、海岸には潟が多い。

**り-か【▼李下】** スモモの木の下。

**李下に冠を正さず** 《李下で、冠の曲がっているのを直そうとして手を上へのばすと、人からその実を盗むのかと疑われることから》疑われやすい行動は、しないほうがよいということ。李下の冠。類似 瓜田に履を納れず。

**李下の冠** 「李下に冠を正さず」と同意。類似 瓜田の履。

**り-か【理科】** ①自然界の事物・事象を研究する学科。natural sciences 対義 文科。②大学で、理学部。science course 用例 ―の出身。

**り-が【▼李賀】**(七九一〜八一七) 中国、中唐の詩人。字は長吉。昌谷の人。超自然的題材・強烈な幻想力により類のない詩境を開き、鬼才と称された。詩集『李賀歌詩篇』。

**リガ【Riga】** ソ連北西部、ラトビア共和国の首都。バルト海に注ぐ西ドビナ川河口の港湾都市で、古くから西ヨーロッパとの交易中継地として発展。機械工業が発達。人口八七・五万(一九八四)。

**リカー【liquor】** アルコール飲料。とくにアルコール度数の高い蒸留酒をさす。

**リカード【David Ricardo】**(一七七二〜一八二三) イギリスの経済学者。古典経済学の完成者で、投下労働説・差額地代論を提唱した。主著『経済学および課税の原理』。

**り-かい【理会】**(名・サ変他) 道理を会得すること。

**り-かい【理解】**(名・サ変他) ①物事の筋道やわけを正しく知るこ

▼常用漢字表外。 ▽常用漢字表の音訓外。

と。わかること。understand 用例 —に苦しむ。②事情・気持ち・意味を飲み込むこと。understand 用例 —を示す。

**り-がい【理外】** 道理のそと。理屈以外。**理外の理**(りがいのり) ふつうの道理では考えられない、不思議な道理。

**り-がい【利害】** 利益と損害。得失。interest

**りがい-かんけい【利害関係】** 利害が影響し合う関係。interest

**りがい-しゅうだん【利害集団】** ↓インタレストグループ

**り-かいせい【▼李▼恢成】**(一九三五〜) 小説家。樺太(サハリン)生まれ。早大卒。在日朝鮮人文学の旗手。作品『またふたたびの道』『砧(きぬた)をうつ女』『見果てぬ夢』など。

**りかい-ぜい【利改税】** 中国の経済改革の一つ。政府が企業の利潤に対して法人税を課す制度。企業が得た利潤をすべて国に上納する形式を改め、税引き後の利潤は企業の意志で自由にできるようにしたもの。一九八三年から暫定的に実施。

**りがい-とくしつ【利害得失】** 利益と損害。得ることと失うこと。profit and loss

**りかい-りょく【理解力】** 理解する能力。また、その程度。understanding

**リカオン【lycaon】** イヌ科の肉食獣。肩高約六〇cm。草原にすみ、集団狩猟をする。アフリカに分布。ハンティングドッグ。↓写

●リカオン

**りか-がく【理化学】** 物理学と化学。physics and chemistry

**りかがく-けんきゅうじょ【理化学研究所】** 科学技術に関する総合的研究と、その成果の普及を目的とする財団法人。大正六年(一九一七)に高峰譲吉(たかみねじょうきち)の提唱により設立。初代所長は菊池大麓(きくちだいろく)。三代所長大河内正敏(おおこうちまさとし)のとき、研究資金獲得を目的に企業化され、コンツェルン化して発展。昭和一〇年(一九三五)には仁科芳雄(にしなよしお)らによるサイクロトロン研究に着手。同二一年(一九四六)解散、同二三年(一九四八)に再建、同三三年(一九五八)特殊法人となった。所在地、埼玉県和光市。理研。Institute of Physical and Chemical Research

**り-がく【理学】** ①自然科学。natural science ②物理学。physics ③中国、宋(そう)代の儒学。Confucianism in the Song Dynasty

**りがく-りょうほう【理学療法】** ↓ぶつりりょうほう(物理療法)

**りがくりょうほう-し【理学療法士】** 身体障害者の動作能力の回復をはかるため、治療体操・マッサージなどの医学的リハビリテーション業務を行う者。PT。physical therapist 比較 作業療法士。

**りかそうのへんせん【▼李家荘の変遷】** 中国の小説家、趙樹理(ちょうじゅり)の長編小説。一九四五年執筆。中華民国初年からの村の変遷と、革命にめざめていく農民の姿を描く。

**り-かん【離間】**(名・サ変他) 仲を悪くさせること。estrangement; alienation 用例 —策。

**り-がん【離岸】**(名・サ変自) 船が岸や岸壁からはなれること。set sail

**りがん-てい【離岸堤】** 沖合いに海岸線と平行に築造された堤。波の減衰や浸食防止などが目的。offshore breakwater 参照 防波堤。

**り-かんよう【▼李完用】**(一八五八〜一九二六) 朝鮮、李朝末の親日派政治家。一九〇五年日本の保護条約強要を支持。一九〇七年首相として韓国併合を推進、一〇年調印した。

**リキ** 2画 **【力】** 部首[力](ちから) 教育小1 JIS 4647

音 **リョク・リキ**

訓 **ちから**

筆順 ↓リョク[力]

①ちから。はたらき。うでまえ。「怪力・眼力(がんりき)・自力・地力(じりき)」「力士・力量」用例(名)—のちがいだ。《接尾的》千人—。神通—。②つとめ、はげむ。ほねおり。「力泳・力作・力説・力走」

↓リョク[力]

**リキ** 16画 **【▼篥】** 部首[竹](たけかんむり) JIS 6837

音 リツ・リキ

「篳篥(ひちりき)」は、雅楽に用いる九穴の管楽器。

**り-き【利器】** ①鋭い刃物・兵器。sharp-edged tool ②便利な器具・機械。conveniences 用例 文明の—。③役に立つ才能。

**り-き【▼李季】**(一九二二〜一九八〇) 中国の現代詩人。長編叙事詩『王貴と李香香』、詩集『玉門詩抄』など。

**り-き** 古語 (連語)《完了の助動詞「り」の連用形に過去の助動詞「き」の付いたもの》…ていた。用例 沖つ波高く立つ日にあへ—と(万葉・一五・三六七五)。

**りき-えい【力泳】**(名・サ変自) 力いっぱい泳ぐこと。がんばって泳ぐこと。swim with all one's strength

**り-きえい【▼李▼箕永】**(一八九五〜一九八四) 北朝鮮(朝鮮民主主義人民共和国)の小説家。現代朝鮮文学の第一人者。短編『貧しき人々』、長編『大地』『豆満江(とまんこう)』など。

**りき-えき【力役】** ①力仕事。りょくえき。②労力を提供する義務。りきやく。

**りき-えん【力演】**(名・サ変自他) 力いっぱい演ずること。熱演。enthusiastic performance

**りき-がく【力学】** 物体に働く力と運動の関係を研究する物理学の一分野。力の釣り合いを論ずる静力学、外力の作用による運動を論ずる動力学など。一般に、ニュートンらによって確立された古典力学をさすが、統計力学や量子力学などを含めることもある。mechanics

**りきがく-だいしゃ【力学台車】** 衝突または分裂などの力学実験に用いられる台車。carriage for mechanical experiment

**りきがくてき-エネルギー【力学的エネルギー】** 物体の運動エネルギーと位置エネルギー、あるいはそれらの和のこと。質量と速度、位置座標などの力学量によって決まる。mechanical energy

**りき-さく【力作】** 精力をこめて作った作品。tour de force work

**りき-し【力士】** ①力の強い人。strong person ②相撲を取ることを職業とする者。相撲取り。sumo wrestler ③《「金剛(こんごう)力士」の略》仏法を守護するため、寺の門などに一対で置かれる、手に金剛杵(しょ)などをもった菩薩(ぼさつ)。仁王(におう)。

**りき-しゃ【力車】**「人力車」の略。

**りき-しょっき【力織機】** イギリスのカートライトが一七八五年ごろ発明した織布機。動力として蒸気機関を使用。一九世紀に入り急速に普及。繊維業における産業革命を促進。a power loom

**りき-せき【力積】** 力とそれが作用する時間との積。力積は、力を受けた物体のその時間内における運動量の変化に等しい。impulse

**りき-せつ【力説】**(名・サ変他) 強く主張すること。stress; emphasize

**り-きせつ【理気説】** 中国、宋(そう)代の朱子学の哲学説。宇宙は形而(けいじ)上のものである理と、形而下のものである気とから成るという説。程頤(ていい)に発想され、朱子が大成した。

**りき-せん【力戦】**(名・サ変自) 力の限り戦うこと。fighting with all one's strength

**りき-せん【力線】** 電場・磁場のような、力が作用している場に、仮想的に考えられた曲線群。ある点での力の方向は接線の方向で、場の強さは力線の数できまる。line of force

**りき-そう【力争】** ↓りょくそう(力争)

**りき-そう【力走】**(名・サ変自) 力いっぱい走ること。run hard

**りき-そう【力▼漕】**(名・サ変自) ボートなどを、力いっぱいこぐこと。row powerfully

**リキッド【liquid】** ①液体。②液体状の整髪料。へアリキッド。

**りき-てん【力点】** ①とくに強調する点。力を入れた点。主眼となる点。point; emphasis ②梃子(てこ)で物体を動かすとき、力を加える点。effort 対義 重点・支点。↓梃子 図

**りき-とう【力投】**(名・サ変自) 力いっぱい投げること。pitching with all one's strength

**りき-とう【力闘】**(名・サ変自) 力の限り戦うこと。力戦。fight with all one's strength

**りきどうざん【力道山】**(一九二四〜一九六三) プロレスラー。韓国(かんこく)生まれ。本名、百田光浩(ももたみつひろ)。大相撲の力士(最高位関脇(せきわけ))からプロレスに転向。空手チョップを得意とし、日本のプロレスリングの創設・発展に貢献した。

**リキニウス【Valerius Licinianus Licinius】**(?〜三二五) ローマ皇帝(在位三〇八〜三二四)。三一三年、西ローマ帝国の正帝として、当時の副帝コンスタンティヌス一世と連名でミラノ勅令を発してキリスト教を公認。のち東ローマ帝国を支配したが、キリスト教を弾圧、コンスタンティヌスと対立し、敗れて刑死。

**りきみ-かえ・る【力み返る】**(五自) 非常に力む。strain oneself

**りき・む【力む】**(五自) ①力をこめる。strain oneself ②張り切る。be full of pep ③虚勢を張る。いばる。put on a bold front

**り-きゅう【離宮】** 皇居からはなれた所にある、皇室の御殿。

**りきゅう【利休】** ↓せんのりきゅう(千利休)

**りきゅう-あげ【利休揚(げ)】** 揚げ物の一つ。材料にゴマをつけて揚げるか、または糝薯(しんじょ)地に黒ゴマを混ぜて揚げたもの。千利休(せんのりきゅう)がゴマを好んだことからついた名。

**りきゅう-いろ【利休色】** 黒みがかった緑色。

**りきゅう-こうじゅう【裏急後重】** 疼痛(とうつう)をともなう便意がしばしばあるのに、肛門筋肉の痙攣(けいれん)のため排泄(はいせつ)がほとんど、あるいはまったくできない症状。直腸炎や赤痢のときにみられる。しぶり腹。tenesmus

**りきゅう-だんす【利休▼簞▼笥】** 茶道の棚物の一種。桐(きり)の箱で、中の棚に水指(みずさし)・棗(なつめ)・茶碗(ちゃわん)・柄杓(ひしゃく)など茶器一式が収納できる。秀吉の小田原(おだわら)攻めに同行した千利休(せんのりきゅう)が、旅行用に創案したといわれる。野点(のだて)などに用いる。旅簞笥。利休旅簞笥。

**りきゅう-ねずみ【利休▼鼠】** 緑色をおびた鼠色。

**りきゅう-ばい【利休梅】** バラ科の落葉低木。庭木・切り花用。葉は細長い卵形で全縁。春に、枝先に純白の五弁花を総状につける。明治末に渡来。中国原産。ウメザキウツギ。↓写

●リキュウバイ

**リキュール【liqueur(フランス)】** アルコール飲料に、薬草・香料・果実などを混ぜた甘味と香りのある混成酒の総称。アニゼット・キュラソー・マラスキーノなど。

**り-ぎょ【▼李漁】**(一六一一〜一六八〇ごろ) 中国、明(みん)末清(しん)初の文人。字(あざな)は笠翁(りゅうおう)。蘭谿(らんけい)の人。戯曲集『笠翁十種曲』、短編集『覚世名言十二楼』『無声戯』など。

**り-きょう【離京】**(名・サ変自) 都をはなれること。とくに東京、または京都をはなれること。対義 着京。

**り-きょう【離郷】**(名・サ変自) ふるさとを去ること。

**り-きょう【▼李▼嶠】**(六四四〜七一三) 中国、初唐の詩人。字(あざな)は巨山。賛皇の人。則天武后(そくてんぶこう)・中宗朝の文壇の元老。六朝(りくちょう)風の詠物詩『李嶠雑詠』で知られる。

**りき-りつ【力率】** 交流電力は、電圧と電流と両者の位相差角の余弦に比例する。この位相差角の余弦を力率という。power factor

**りき-りょう【力量】** 能力・腕前の程度。ability

**りきん-ファンド【利金ファンド】** 公社債投資信託の一つ。公社債の利息を自動的に受け入れて運用される、利金専用で追加型のもの。

**リク** 11画 **【陸】** 部首[阝](こざとへん) 教育小4 JIS 4606

音 **リク・ロク**

①おか。くが。水面上にでている土地。岩石や土でできている。対義 海(かい)・空(くう)・水(すい)。「水陸・大陸(たいりく)・着陸・離陸」「陸軍・陸上・陸地(りくち)・陸風」用例(名)—に上がる。②つぎつぎと。「陸続」のこと。③あざやか。「光彩陸離」④陸軍・陸上自衛隊のこと。「陸海空軍・陸将」⑤陸奥国(むつのくに)のこと。「陸中」↓ロク[陸]

**リク** 11画 **【▼淕】** 部首[氵](さんずい) JIS 6244

音 リク・ロク

みぞれ・雪が、ものをうるおす。

**リク** 13画 **【▼勠】** 部首[力](ちから) JIS 5013

音 リク

あわす。あわせる。力をあわす。力を一つにする。

**リク** 15画【▼戮】 部首[戈]ほこづくり JIS 5704
音 リク
ころす。罪人を死刑にする。「殺戮・誅戮」

**リク** 19画【▼鯥】 部首[魚]うおへん
音 リク・ロク
ムツ。スズキ目に属する海水魚。

**リグ**【rig】 油田、とくに日本では海底油田の掘削装置。

**りく-あげ**【陸揚げ】(名・サ変他) 船の荷物を、陸上に揚げること。荷揚げ。landing

**り-ぐい**【利食い】(名・サ変自) 株が値上がりしたときは売り、値下がりしたときは買い戻しなどして、その差額でもうけること。profit taking

**りく-う**【陸羽】 東北地方の旧国、陸奥・出羽地方の総称。

**リクード**【Likud(ヘブライ)】《連合の意》イスラエルの右派連合政党。一九七三年ヘルート党を中心に右派三党が連合して結成。強硬な反アラブ主義を掲げる。

**りく-うん**【陸運】 陸路を利用し、貨物や旅客を輸送すること。陸上運送・陸上運輸。transportation by land 対義 水運・海運。

**りくうん-きょく**【陸運局】 運輸省の地方部局の一つ。地方陸運行政の実質的な推進機関。全国主要九都市にある。

**リクエスト**【request】(名・サ変他) ①要望すること。要求。②ラジオ・テレビなどで、視聴者が曲目などについて放送を希望すること。また、その曲目。用例 ―番組。

**りく-えふ**【▽六▽衛府】 左右の近衛府・衛門府・兵衛府の総称。ろくえふ。

**りく-か**【▽六科】 中国、唐初の科挙における六つの科目。秀才・明経・進士・明法・明書・明算。

**りく-かい**【陸海】 ①陸と海。land and sea ②陸軍と海軍。army and navy

**りく-かい-くう**【陸海空】 ①陸と海と空。②陸軍と海軍と空軍。land, sea and air forces

**りく-かぜ**【陸風】 →りくふう(陸風)

**りく-がめ**【陸▼亀】 陸生のカメの総称。大部分はリクガメ科に属し、甲羅はドーム状。ガラパゴス諸島などにいる巨大なゾウガメを含み、世界に約四〇種が分布。tortoise

**りく-き**【陸機】(二六一～三〇三) 中国、西晋の詩人。字は士衡。華亭の人。五言詩にすぐれ、作品は多く楽府体。六朝修辞主義を開く。文学評論「文賦」など。

**りく-ぎ**【▽六義】 ①古代の中国詩の六種の体裁。風・雅・頌・賦・比・興。②和歌の六種の体裁。『古今和歌集』で、そえ歌・かぞえ歌・なずらえ歌・たとえ歌・ただこと歌・いわい歌。転じて、和歌。③六書。

**りくぎ-えん**【▽六義園】 東京都文京区にある都立公園。江戸中期、柳沢吉保の下屋敷としてつくられたもので、和歌の六義にちなむ配置といわれる池泉回遊式庭園。明治以降は岩崎家の別邸。特別名勝に指定。

**りく-きもう**【陸▼亀▼蒙】(?～八八一ごろ) 中国、晩唐の文人。蘇州の人。江南での隠遁生活をうたった作品が多く、友人皮日休との唱和詩を『松陵集』に編む。詩文集『甫里集』。

**りく-きゅうえん**【陸九▼淵】 陸象山の本名。

**りく-ぐん**【陸軍】 地上戦闘をおもな任務とする軍隊。ソ連では地上軍と呼称。army 対義 海軍・空軍。

**りくぐん-けいりがっこう**【陸軍経理学校】 旧日本陸軍の経理事務担当将校の養成機関。

**りくぐん-しかんがっこう**【陸軍士官学校】 旧日本陸軍の兵科将校を養成した学校。明治七年(一八七四)東京に創立。大正九年(一九二〇)以降、予科、本科制を採用。昭和二〇年(一九四五)廃校。士官学校。陸士。比較 海軍兵学校。

**りくぐん-しょう**【陸軍省】 旧日本陸軍の軍政統轄機関。明治五年(一八七二)兵部省の解体により海軍省と分かれて設立。昭和二〇年(一九四五)まで内閣の一省。

**りくぐん-ぞうへいしょう**【陸軍造兵▼廠】 兵器・弾薬などの設計・製造・修理を行った旧日本陸軍の施設。大正一二年(一九二三)に砲兵工廠を改称して設立。

**りくぐん-だいがっこう**【陸軍大学校】 旧日本陸軍の将校に高等用兵を教育し、参謀将校や高級指揮官を養成した学校。陸軍士官学校卒業後の隊付き勤務者から選抜し、通常三年間教育した。明治一六年(一八八三)開校。陸大。

**りくぐん-なかのがっこう**【陸軍中野学校】 旧日本陸軍の特殊情報活動要員を教育・訓練した学校。大正二年(一九一三)後方要員養成所として東京九段に設置され、のち中野に移転して改称。

**りくぐん-ようねんがっこう**【陸軍幼年学校】 旧日本陸軍の将校養成のための初等学校。中学一、二年から入学し修業年限三年。卒業後、陸軍士官学校予科に進学。明治五年(一八七二)創設。仙台・東京・名古屋・大阪・広島・熊本の六校。

**りく-けい**【▽六経】 儒教の基本的な六経典。『詩経』『書経』『礼記』『楽経』『易経』『春秋』をいう。春秋時代に定まったと思われる。このうち『楽経』は亡失。代わりに『周礼』を入れる。六芸。

**りく-げい**【▽六芸】 ①中国、周代に定まった卿・士大夫の修むべきものとされた教科。礼・楽・射(=弓術)・御(=馬術)・書・数をいう。②六経。

**りくけい-とう**【陸▼繋島】 砂州によって陸つづきになった島。沿岸流や波で運ばれた砂礫が、波の弱い島かげの部分に堆積して、陸繋砂州(=トンボロ)になる。函館山や潮岬など。land-tied island

**りくごう-ざっし**【▽六合雑誌】《「六合」は宇宙の意》キリスト教思想に立つ総合雑誌。革新的論調で思想界をリードした。明治一三年(一八八〇)創刊。大正一〇年(一九二一)廃刊。

**りく-さん**【陸産】 陸上で生産されること。また、その物。対義 海産・水産。

**りくさん-ぶつ**【陸産物】 陸からとれる産物。land products 対義 海産物・水産物。

**りく-し**【陸士】「陸軍士官学校」の略。

**りく-しょ**【▽六書】 ①漢字の成立・使用法についての六種の区別。象形・指事・会意・形声・仮借・転注。六義。②六体。

**りく-じょう**【陸上】 ①陸の上。地上。land 対義 水上・海上。②「陸上競技」の略。

**りくじょう-きょうぎ**【陸上競技】 走る・跳ぶ・投げるという、人間の陸上における基本的な運動能力を競うスポーツ。古代オリンピックを創始とする。競走・障害・リレー・競歩・跳躍・投擲・混成の七部門からなる。陸上。track-and-field events

**りく-しょうざん**【陸象山】(一一三九～一一九二) 中国、南宋の儒者。名は九淵。字は子静。心即理説を唱え、朱子の性即理・天理人欲説と対立。

**りくじょう-じえいたい**【陸上自衛隊】 防衛庁に所属し、日本の陸上防衛にあたる自衛隊の部隊。陸上幕僚長の補佐を受けて防衛庁長官が統括、内閣総理大臣の最高指揮を受ける。昭和二九年(一九五四)発足。Ground Self-Defense Force

**りく・す**【▼戮す】 文語的 (サ変他) 罪のある者を残酷なやり方で殺す。

**りく-すい**【陸水】 地球上の海水以外の水。地下水・地表水(川・湖・沼・池)・湧泉・異質水(温泉・雪)・氷河など。その量は地球全体の水の約三%。inland water

**りくすい-がく**【陸水学】 河川・湖沼・地下水などの由来・状態・分布・移動などを研究する学問。limnology

**りく-せい**【陸生・陸▼棲】 生物が陸地上に生育すること。terrestrial 対義 水生。

**りくせい-そう**【陸成層】 陸上に堆積した地層。風の運搬物による風成層や氷河運搬物の地層などがある。淡水に堆積した湖成層も含めることがある。continental sediment

**りく-せん**【陸戦】 陸上の戦闘。land combat

**りくせん-たい**【陸戦隊】「海軍陸戦隊」の略。

**りくぜんたかた**【陸前高田】〈市〉 岩手県南部、太平洋に臨む市。カツオ・マグロ漁と養殖漁業がさかんな水産都市。海岸部は陸中海岸国立公園に属し名勝が多く、椿島はウミネコの繁殖地で有名。人口二万九九八〇(一九八八)。

**りくぜん-の-くに**【陸前国】 旧国名。現在の宮城県中北部と岩手県南東部。東山道の一国。明治元年(一八六八)陸奥国より一四郡を分割して設置。同四年(一八七一)廃藩置県により仙台・一関二県。仙台県は同五年(一八七二)宮城県と改称。一関県は水沢県を経て、同八年(一八七五)磐井県と改称。同九年(一八七六)宮城・岩手二県に分割編入。同一〇年(一八七七)気仙郡を岩手県に編入。陸前。

**りく-そう**【陸送】(名・サ変他) ①陸上を輸送すること。land transportation ②未登録の自動車を、工場から販売店などへ運転して送り届けること。

**りく-そう**【陸曹】 陸上自衛隊の階級の一つ。一等・二等・三等がある。旧軍の下士官に当たる。

**りく-ぞく**【陸続】(形動タルト) 続いてとぎれないさま。続々。one after another

**りく-たい**【▽六体】 漢字の六種の書体。大篆・小篆・八分・隷書・行書・草書。六書。

**りく-だな**【陸棚】 陸地の周辺の海で、水深約二〇〇mまで緩やかに傾斜した陸地の延長部分。大陸棚。りくほう。continental shelf

**りく-たんび**【陸探微】(生没年未詳) 中国、南朝宋(五世紀)の画家。周密繊細な描線による肖像・故実画にすぐれた。六朝三大家の一人。

**りく-ち**【陸地】 陸である土地。地球表面の約三〇%をしめる。陸。land

**りくち-めん**【陸地綿】 ワタの一種。北米で栽培。茎の高さ一・五m前後。夏に大形の白花が咲く。果実は上向きにつき、熟すると裂開する。綿毛は白色で長い。種子から綿実油をとる。

**りくちゅう-かいがん**【陸中海岸】 三陸海岸のうち、岩手県の地域をさす呼称。

**りくちゅうかいがん-こくりつこうえん**【陸中海岸国立公園】 岩手・宮城県の太平洋沿岸、リアス式海岸を中心とする国立公園。壮大な海食崖と深く入りくんだ海岸美が特色。昭和三〇年(一九五五)指定。

**りくちゅう-の-くに**【陸中国】 旧国名。現在の岩手県の大部分と秋田県北東部。東山道の一国。明治元年(一八六八)陸奥国より一二郡を分割して設置。同四年(一八七一)廃藩置県により盛岡・一関二県。盛岡県は同五年(一八七二)岩手県と改称。一関県は水沢県を経て、同八年(一八七五)磐井県と改称、同九年(一八七六)岩手・宮城二県に分割編入。同一〇年(一八七七)鹿角郡を秋田県に編入。陸中。

**りく-ちょう**【▽六朝】 中国の三国時代から隋の統一まで、建業(=南京)に都し、江南に興亡した六王朝。南北朝の宋・斉・梁・陳とそれ以前の呉・東晋。魏晋南北朝と同時代。南朝。

**り-くつ**【理屈・理▼窟】 ①物事の道理。筋道。reason ②こじつけ。quibble

**理屈を捏ねる** いろいろ並べ立てる。筋の通らない理屈を、いろいろ並べ立てる。quibble

**理屈を付ける** 無理につじつまを合わせる。首尾を一貫させるために、へ理屈を言う。split hairs

**りくつっ-ぽ・い**【理屈っぽい】(形) すぐ理屈を並べ立てる傾向がある。quibbling

**りくつ-や**【理屈屋】 すぐ理屈を並べ立てる人。quibbler

**りく-てん**【▽六典】 中国、周代における、国を治めるための六法典。治典・教典・礼典・政典・刑典・事典。

**りく-でん**【陸田】 ①はたけ。②畑であった所を灌漑し、水田としたもの。

**リクテンスタイン**【Roy Lichtenstein】(一九二三～) アメリカの画家。ポップ-アートの創始者の一人。人気漫画を印刷の網目まで拡大してみせるような手法で制作した。

**りく-とう**【陸島】 大陸棚上にある島。もと大陸の一部であった陸地が、島になったと考えられるもの。大ブリテン島・日本列島など。大陸島。

**りく-とう**【陸稲】 畑に栽培されるイネ。茎葉が粗大で分蘖が少なく、吸水力が強く耐旱性がある。おかぼ。対義 水稲。

**りくとう-さんりゃく**【▽六▼韜三略】 ①中国古代の兵法書の『六韜』と『三略』のこと。『六韜』は魏晋時代の作で、文・武・竜・虎・豹・犬韜の六巻から成る。『三略』は後漢から隋代の間に成立。上・中・下略の三略に分かれる。いずれも老荘思想の影響が大。韜略。②兵法の極意。虎の巻。奥の手。

**リグナム-バイタ**【lignum vitae】 熱帯アメリカや西インド諸島産のハマビシ科の常緑高木。材は硬くて重く、滑車・定規などに用いる。癒瘡木。

**りく-なんぷう**【陸軟風】 陸風のこと。land breeze 対義 海軟風。

**リグニン**【lignin】 木化した植物体の主成分の一つ。フェニルプロパンを骨格とする構成単位が縮合してできた網状の高分子化合物。木材中間層と細胞膜に含まれている。

**りく-はんきゅう**【陸半球】 地球上の陸地面積が最大になるようにとった半球。極点はフランス北西部で、水陸の比は約五対五。land

hemisphere 対義 水半球。

**りく-ぶ【▽六部】** 中国、唐代から清末まで行政を分掌した六官署の総称。吏部・戸部・礼部・兵部・刑部・工部。

**りく-ふう【陸封】**(名・サ変他) 産卵のため海から川をさかのぼる遡河性の魚類などが、なんらかの原因で陸地の水域中に閉じ込められ、そこで一生生活するようになること。ヤマメはマスの陸封型。land-lock

**りく-ふう【陸風】** 海岸付近で、夜間に、陸から海に向かって吹く風。海風よりは弱い。陸軟風。りくかぜ。land breeze 対義 海風。

**リグ-ベーダ**《原題Rg-veda-samhitā梵》インド最古の宗教的文献。バラモン教の根本聖典の一つで、もっとも重要なもの。諸神にささげた自然崇拝の宗教的叙情詩を主要部分とする。最古の部分の成立は紀元前一五世紀ごろ。

**りくべつ【陸別】**〈町〉北海道東部、利別川上流の町。林業がさかんだが、酪農やジャガイモなどの栽培も行われる。人口四二八〇(一九八八)。

**りく-やね【陸屋根】** ↓ろくやね(陸屋根)

**りく-ゆう【陸▼游】**(一一二五〜一二一〇) 中国、南宋の詩人。字は務観。号は放翁。山陰の人。南宋第一の詩人。生涯に約一万首を残す。国を憂え悲憤するもの、田園に自適するものに秀作が多い。詩集『剣南詩稿』、文集『渭南文集』。

**りくゆえんぎ【▽六諭▼衍義】** 明の洪武帝の「六諭」の解説書。清初の范鋐の著。八代将軍徳川吉宗のとき日本に伝えられ、寺子屋の教科書として普及した。

**リクライニング-シート【reclining seat】** 自動車や鉄道用客車などで、背もたれの角度を調節できるようにした座席。

**りく-り【陸離】**(形動トタル) 光が入り乱れて美しく輝くさま。用例 光彩――。

**リグリア【Liguria】** イタリア北部、リグリア海に臨む州。州都ジェノバ。温暖で、リビエラ海岸は国際的避寒地。人口一八〇・一万(一九八八)。

**リグリア-かい【リグリア海】**(Ligurian sea) 地中海北部の海域。フランスのプロバンス地方とイタリアのリグリア州、コルシカ島に囲まれる。入り江が多く、良港ジェノバがある。

**リクリエーション【recreation】** ①改造。再生。②↓レクリエーション

**リクルート【recruit】** 兵士・社員などを募集すること。また、新入りの人。新参。

**リクルート-じけん【リクルート事件】** 政官界の中枢を巻き込んだリクルート社(情報出版業を核とする企業)の贈収賄事件。昭和六三年(一九八八)に表面化。竹下内閣崩壊の一因となった。

**りく-れい【▽六礼】** ①中国で、人生の六種の大切な礼儀とされる、冠・婚・葬・祭・郷飲酒(送別会)・相見(対面)の総称。②結婚のときの六種の礼儀とされる、納采・問名・納吉・納徴・請期・親迎の総称。

**りく-ろ【陸路】** 対義 海路。①陸上の道。land route ②陸上の道を通って行くこと。by land 用例 ――をとる。

**リケッチア【rickettsiaラテ】** 細菌とウイルスの中間の大きさをもつ一群の微生物の総称。発疹チフス・ツツガムシ病・Q熱などの病原体。

**リゲティ【György Ligeti】**(一九二三〜) オーストリアの作曲家。ハンガリー生まれ。民族音楽に関心をもつ一方、新しい手法による前衛的な作品を書いている。管弦楽曲『アトモスフェール』など。

**り-けり** 古語(連語)《完了の助動詞「り」の連用形に過去の助動詞「けり」が付いたもの》…ていたそうだ。…ていたということだ。用例 あざわらひてこそ立て――(宇治拾遺・三八)。

**リゲル【Rigel】**《アラビア語で、巨人の左足の意》オリオン座β星。等級〇・一等。距離約七〇〇光年。観測好期は二月。和名、源氏星。

**り-けん【利剣】** 切れ味のよいつるぎ。

**り-けん【利権】** ①利益と権利。rights ②利益を専有する権利。とくに政府機関との結託によって形式上は公的手続きをとって得られる権益。政府資金の利用や国有財産の払い下げなど。concession

**り-げん【▼俚言】** ＝俚語。①俗世間のことば。対義 雅言。②ある地域でのみ使われる、共通語にはない独特の形の単語。

**り-げん【▼俚▼諺】** 民間で言い伝えられてきた、ことわざ。proverb

**り-げんこう【▼李元▼昊】**(一〇〇三〜一〇四八) 西夏の初代皇帝(在位一〇三二〜一〇四八)。廟号は景宗。タングート族の出で、父李徳明を継いで夏王となり、中国にならって文物制度を整備。皇帝を称し、国を大夏とした。西夏文字を制定。

**りげんしゅうらん【▼俚言集覧】** 江戸中期の国語辞典。二六巻。太田全斎編。俗語・ことわざを集成。明治三三年(一九〇〇)、井上頼圀・近藤瓶城が増訂し『増補俚言集覧』として流布。

**りげん-だいし【理源大師】** 聖宝の諡。

**りけん-や【利権屋】** ①利権をあさる人。profiteer ②利権のための取り引きの仲介をして手数料を取る人。agent for concessions

**り-こ【利己】** 自分ひとりの利益を図り、他人のことを顧みないこと。selfishness 対義 利他。

**り-ご【▼俚語】** ↓りげん(俚言)

**り-こう【利口・▼悧巧・利巧】**(名・形動) ①頭がよいこと・さま。賢いこと・さま。wise 用例 ――な子ども。②口先がうまく、抜け目のないこと・さま。要領がいいこと・さま。clever; smart 用例 小――。――に立ちまわる。③《「お利口」の形で、子どもに対していう》聞き分けがよいこと・さま。good boy; good girl 用例 お――さんですね。

**り-こう【理工】** ①理学と工学。science and engineering ②大学の理学部と工学部。department of science and engineering

**り-こう【履行】**(名・サ変他) ①実際に行うこと。execution 用例 約束を――する。②債務者が債務の内容を実現すること。弁済を債権の効力としてとらえたことば。fulfillment

**り-こうしゅ【▼李光▼洙】**(一八九二〜?) 朝鮮の小説家。朝鮮の新文学開拓者の一人。短編『少年の悲哀』『彷徨』などは朝鮮最初の近代小説といわれる。長編『開拓者』『土』『愛』など。

**りごう-しゅうさん【離合集散】**(名・サ変自) 離れたり合ったり、集まったり散ったりすること。団体などの結束の定まらないこと。meeting and parting 用例 ――を繰り返す。

**り-こうしょう【▼李▼鴻章】**(一八二三〜一九〇一) 中国、清末の政治家。安徽省出身。曾国藩の幕僚となり、太平天国の乱には義勇軍を編成して活躍。直隷総督・北洋大臣の要職につき、洋務運動を推進。日清戦争の敗北で一時失脚したが、その後露清密約や義和団事件など外交問題で活躍。

**りこう-せい【里甲制】** 中国、明代から清初にかけての郷村組織。一三八一年制定。一一〇戸を一里とし、賦役負担能力の高い一〇戸を里長戸、残り一〇〇戸を甲首戸として一〇甲に分け、里長・甲首は一年交替で、里内の徴税・治安維持・賦役黄冊作成などに当たった。

**りこう-ちたい【履行遅滞】** 債務者が期限内に債務を履行できるのに履行しないこと。procrastination of execution

**り-こうでん【▼李広田】**(一九〇六〜一九六八) 中国の詩人・小説家。山東省生まれ。長編小説『引力』が代表作。何其芳らと詩集『漢園集』を出す。

**り-こうりん【▼李公▼麟】**(一〇四九ごろ〜一一〇六) 中国、北宋後期の文人画家。馬を得意とし、白描画を再興した。作品『五馬図巻』など。

**リコー【(株)リコー】** 大手の事務・電子機器メーカー。昭和一一年(一九三六)設立。

**リゴー【Hyacinthe Rigaud y Ros】**(一六五九〜一七四三) フランスの画家。王や貴族の肖像を華麗に描いた。作品『ルイ十四世像』など。

**リコーダー【recorder】** 縦吹きの木管楽器。下端部が先細りの円錐管で、指孔は八個。本来は木製だが、プラスチック製や象牙製もある。音質は柔らかく、大小六種がある。吹奏が容易なため、教育楽器としても用いられる。ブロックフレーテ。

**リコール【recall】**(名・サ変他) ①直接民主制の一つ。国または地方公共団体の公職にある者を国民・住民が投票により任期中に解職させる制度。日本では最高裁判所裁判官国民審査、地方公共団体の長・議員などの解職請求がこれにあたる。②欠陥商品などを回収すること。

**リコール-せい【リコール制】** 国民が自分たちの意思によって公職者をやめさせることのできる制度。国民解職制。recall system

**り-こくよう【▼李克用】**(八五六〜九〇八) 中国、唐末の群雄の一人。突厥沙陀族出身。黄巣の乱鎮圧に功をあげ、八八三年河東節度使となったが朱全忠と対立、戦死。

**りこ-しゅぎ【利己主義】** 他人の迷惑をかまわず、自分の利益・快楽だけを第一とする考え方。エゴイズム。エゴ。egoism 対義 利他主義。

**りこ-しん【利己心】** 自分の利益だけを追求しようとする思い。selfishness; egoism 対義 公共心。用例 かれは――の権化だ。

**りこ-てき【利己的】**(形動) ＝エゴイスティック。①自分ひとりの利益・快楽を追うさま。egoistic 用例 ――な態度。②ひとりよがりで自分を第一とするさま。egoistic 用例 ――で人のことは考えない世相。

**リゴドン【rigaudon】** 南フランスのプロバンス地方に興った踊り・舞曲。四分の二拍子の跳躍のある陽気な踊り。バレエや芸術音楽にも取り入れられた。

**リコピン【lycopene】** 赤色のカロチノイド色素。カロチンの異性体。植物に広く分布し、とくにトマトに多く含まれる。

**リコリス【lycoris】** 多年生で有毒なヒガンバナ科の球根植物。花の後に線形帯状の葉を生じ、七〜九月に、五〜二〇個の漏斗状の白・桃・黄色などの花をつける。

**リゴリズム【rigorism】** 理性の命ずるままに自己を失わず、欲望・情熱を厳しく抑えることを生活の理想とする考え方。厳格主義。厳粛主義。ストイシズム。カントの道徳説など。

**リゴレット【Rigoletto】** ベルディ作曲のオペラ。全三幕。一八五一年初演。ユゴー原作によるピアーベの台本。ベルディ中期の代表作。『女心の歌』などが有名。

**り-こん【利根】** 賢い性質。利発。対義 鈍根。

**り-こん【離婚】**(名・サ変自他) 夫婦が生存中に婚姻を解消すること。協議離婚と裁判離婚の二形態がある。divorce

**りこん-びょう【離魂病】** ①魂が肉体から離れてもう一人の同じ人間が現れると信じられていた病気。②↓むゆうびょう(夢遊病)

**リサーチ【research】**(名・サ変自) 調査すること。研究。

**リザーブ【reserve】** ㊀(名・サ変他) 座席やホテルの部屋などの予約をすること。㊁(名) 競技で、補欠。

**リザーブ-トランシュ【reserve trancheフラ】** 国際通貨基金(IMF)加盟国がIMFから自由に引き出せる外貨の限度枠。比較 クレジットトランシュ。

**リサール【José Rizal】**(一八六一〜一八九六) フィリピンの革命家。小説『我に触れるなかれ』を著して、スペインの植民地政策を批判。フィリピン同盟を結成して独立運動に活躍したが、捕らえられ刑死。

**り-さい【▼罹災】**(名・サ変自) 災害に会うこと。被災。suffer from a disaster

**り-ざい【▼李在】**(生没年未詳) 中国、明初の画家。郭熙・馬遠風の山水画を得意とした。

**り-ざい【理財】** 財産・資産・商品をうまく活用すること。finance

**りざい-か【理財家】** 理財の道に詳しい人。経済家。financier

**リサイクリング【recycling】** ①資源などの再利用。産業廃棄物の資源化。②国際的な資金の偏在を是正するためのシステム。通貨危機によって大量に投機的資金が移動したさい、流入国から流出国へ資金を還流させること。

**リサイクル-ショップ**《和製語。「リサイクル」は、廃棄物の再利用、の意。「ショップ」は店》一般消費者から不要になった品物を預かって、または買いとって売りさばく店。

**りさい-しょうめいしょ【▼罹災証明書】** 風水害・火災などにより被害を受けた場合、税金の減免や保険金の支払いを受けるため税務署・保険会社などに提出する証明書。ふつうは役所の公害防災課、火災については各消防署が発行する。disaster certificate

**リサイタル【recital】** 独唱会。独奏会。

**リサジュー-の-ずけい【リサジューの図形】** 二つの互いに直交する単振動の合成によって生じる図形。両者の振幅・振動数・位相の違いでいろいろな図形ができる。フランスの物理学者リサジューが発見。Lissajous's figure

**り-さつ【利札】** 債権などに付いていて、それと引き換えに利子が支払われる札。りふだ。

**り-ざや【利▼鞘】** 相場で、売買の価格の差によって得る利益金。profit margin 用例 ――をかせぐ。

**り-さん【離散】**(名・サ変自) はなればなれになること。ちりぢりになること。break up; disperse 用例 一家――。

**り-ざん【離山】** ＝りさん。㊀(名) ぽつんと一つある山。孤山。はなれ山。㊁(名・サ変自)《仏教語》僧が寺を出ること。

**り-ざん【▼驪山】** 中国、陝西省中部の山。標高六二〇m。秦の始皇帝の墓や、新石器時代の村落遺跡がある。リーシャン。

**りざん-きゅう【▼驪山宮】** 華清宮の別称。

**り-さんぺい【▼李参平】**(?〜一六五五) 朝鮮の陶工。金江の人。慶長の役(一五九七〜九八)の

さいに来日し帰化、金ケ江三兵衛を名のる。日本最初の白磁染付を焼成、有田焼の始祖とされる。

**りさん-へんりょう【離散変量】** とびとびの値をとる変量。discrete random variable

**り-し【利子】** 資金の借り手が貸し手に支払う一定割合の賃貸料。利息。interest 対義 元金。

**り-し【▼李▼斯】**（？〜BC二一〇）中国、秦の宰相。荀子に学び、法家の学をもって始皇帝に仕え、天下統一を助けた。郡県制の実施、焚書坑儒、度量衡・文字の統一などを献策する。始皇帝の死後、宦官趙高の讒にあって刑死。

**り-じ【▼俚耳】** 世間の人々の耳。俗耳。

**俚耳に入り易い**（りじにはいりやすい） 一般の人々にわかりやすい。俗耳に入り易い。

**り-じ【理事】** 団体や法人を代表し、業務を執行する機関や人。director; trustee

**りしうみ-しほん【利子生資本】** マルクス経済学の概念。他人に貸し付けることで利子を得るために運用される貨幣資本。利子付き資本。貸付資本。interest-bearing capital 参照 産業資本・商業資本。

**リシェ【Charles Robert Richet】**（一八五〇〜一九三五）フランスの生理学者・血清学者。抗原抗体反応に基づく生体反応であるアナフィラキシー現象（＝過敏症）を発見。これがビルケーのアレルギー学説の機縁となった。一九一三年ノーベル生理学医学賞受賞。

**り-しくん【▼李思訓】**（六五三〜七一八）中国、唐代の画家。濃彩で細密な筆法の神仙山水を得意とし、北宗画の祖とされる。

**りし-ぜい【利子税】** 付帯税の一つ。延納または納税申告書の提出の遅れに対し、その税額に一定割合を乗じて課される税。interest tax

**り-じせい【▼李自成】**（一六〇六〜一六四五）中国、明末の反乱指導者。陝西の貧農出身。一六二八年の飢饉を契機に起きた反乱に投じ、首領となる。一時は敗れたが再起し、農民の絶大な支持を得て、四四年北京を占領、明朝を滅ぼしたが、清軍に敗れ自殺。

**りし-ちょうせん【▼李氏朝鮮】** 李朝①の正称。

**り-じちん【▼李時珍】**（一五一八ごろ〜一五九三ごろ）中国、明代の医師・本草家。医業のかたわら古来の本草文献の研究、実物観察を行い、二十数年を費やして『本草綱目』を編した。

**リジディティー【rigidity】** ①行動や態度に疎通性がなく硬直化していること。その人特有の反応型に固執し、場面変化に応じた行動ができない性質やその程度。②物理で、剛性。

**リシプロシティ【reciprocity】** →ごしゅうせい（互酬性）

**りしへいこう-ぜい【利子平衡税】** アメリカで、自国人が外国証券を購入したときの利子所得に対して課された税。長期資本の流出を防ぐドル防衛策の一つ。一九六四年成立、七四年廃止。金利平衡税。ＩＥＴ。interest equalization tax

**りし-ほきゅう【利子補給】** 公団などの借入資金の利子支払いのための費用を、国や地方公共団体が援助すること。interest subsidy

**り-じめい【▼李慈銘】**（一八二九〜一八九四）中国、清代の文人。字は炁伯。会稽の人。経学・史学に通じ、詩文にもすぐれた。著書『越縵堂日記』など。

**り-しゅう【履修】**（名・サ変他） 規定の学業の課程などを修得すること。study; take

**り-しゅう【離愁】** 別れる悲しみ。

**りしゅ-きょう【理趣経】** 般若経典の一つ。不空の漢訳。一巻。密教の極意や即身成仏の実現などを説く。真言宗の基本経典。般若理趣経。大楽金剛不空真実三摩耶経般若波羅蜜多理趣分。

**リシュリュー【Armand-Jean du Plessis de Richelieu】**（一五八五〜一六四二）フランスの政治家。ルイ一三世の実質的な宰相。大貴族やユグノーの勢力を抑え、絶対王政の確立に貢献。対外的にはスペインのハプスブルク家と対決し、三十年戦争に介入。アカデミー-フランセーズを創設、文学・美術の保護・奨励に努めた。

**り-じゅん【利潤】** ①利益。もうけ。profit ②企業の総売上額から原材料費・賃金・設備費・地代・利子など、販売までに要したすべての費用を差し引いた残額。profit

**りじゅん-げんり【利潤原理】** 企業が投資をするのは長期的な利潤と売上高の増大を追求するためだとする原理。利益原則。速度原理。profit principle

**り-しゅんしん【▼李▼舜臣】**（一五四五〜一五九八）朝鮮、李朝の武将。一五九二年壬辰倭乱（文禄の役）に日本水軍を破り大功をたてたが、党争にからんで引退。九七年再度の倭乱（慶長の役）に起用され、勝利をおさめたが翌年戦死。

**りじゅんぶんぱい-せいど【利潤分配制度】** 企業が得た利潤を従業員に分配する制度。労使協調の精神を強化する効果が大きい。profit-sharing system

**りじゅん-りつ【利潤率】** 投下総資本に対する利潤の比率。剰余価値を総資本で割ったもの。rate of profit

**りじゅんりつのけいこうてきていらく-の-ほうそく【利潤率の傾向的低落の法則】** 資本主義が発達し、一人の労働者が使う生産手段が増加するにつれて利潤率はだんだんに減少するという法則。マルクスが定式化。law of the tendency of the rate of profit to fall

**り-しょう【利生】**《仏教語》仏が衆生に与える利益。利益。用例 ご—。

**り-しょう【離床】**（名・サ変自） ①寝床を離れること。起床。②病気が治って、床を離れること。

**り-しょう【離礁】**（名・サ変自） 船が、乗り上げた暗礁から離れること。対義 座礁。

**り-しょういん【▼李商隠】**（八一二〜八五八ごろ）中国、晩唐の詩人。字は義山。号は玉谿生。懐州河内の人。律詩を得意とし、典故の駆使・豊かな色彩を特色とし耽美的。「無題」などの恋愛詩に傑作が多い。駢文にすぐれる。詩集『李義山詩集』など。

**り-しょうばん【▼李承晩】**（一八七五〜一九六五）韓国の政治家。黄海道出身。早くから独立運動に参加。一九〇五年渡米し独立のための外交工作に努力。第二次大戦後帰国し、アメリカの支援下に四八年以降大統領。極端な親米反共的独裁政治のために国民の支持を失い、六〇年四月の大衆蜂起（＝四・一九革命）で失脚。ハワイへ亡命。

**りしょうばん-ライン【▼李承晩ライン】** 一九五二年（昭和二七）韓国の李承晩大統領が国家主権の行使を宣言し、日本漁船の立ち入りを禁止した朝鮮半島周辺の水域。一九六五年（昭和四〇）日韓漁業協定の締結により消滅。李ライン。

**り-しょく【利殖】**（名・サ変自他） 利子または利益によって財産をふやすこと。貯蓄・不動産投資などがその手段。money making

**り-しょく【離職】**（名・サ変自） 職務や職業から離れること。失職。失業。leave one's job

**りしり【利▼尻】**〈町〉 北海道北部、日本海の利尻島西半分を占める町。漁業と観光の町で、利尻礼文サロベツ国立公園の一部。利尻山がある。人口五三〇〇（一九八八）。

**りしり-こんぶ【利▼尻昆布】** 褐藻植物マコンブの一種。利尻地方など、やや暖かい海に産する。だし用。

**りしり-ざん【利▼尻山】** 北海道北部、利尻島にある成層火山。標高一七一九m。高山植物のリシリヒナゲシ・ヒメイワタデなどがはえる。利尻富士。

**りし-りつ【利子率】** 一定の期間に支払われる利子の元金に対する比率。interest rate

**りしり-とう【利▼尻島】** 北海道の北端に近い火山島。面積一八二・八$km^2$。島の大部分を利尻山が占める。礼文島とともに利尻礼文サロベツ国立公園の中心。

**りしりれぶんサロベツ-こくりつこうえん【利▼尻▽礼文サロベツ国立公園】** 北海道北端近くの利尻・礼文島と、対岸のサロベツ原野を含む日本最北の国立公園。昭和四九年（一九七四）指定。

**り-しん【▼李真】**（生没年未詳） 中国、唐代（九世紀初め）の宮廷画家。長安の寺院壁画を描き、周昉と並び称された。

**り-じん【利刃】** よく切れる刃物。利剣。

**リジン【lysine】** αアミノ酸の一種。必須アミノ酸。生体を構成するたんぱく質のほとんどに含まれる。リシン。

**りじん-しょう【離人症】** 神経症・精神分裂病・うつ病などに現れる症状。自己の体験に生き生きとした現実感が伴わなくなった状態。客観的には正常にみえる。depersonalization

**りしん-りつ【離心率】** 円錐曲線を特徴づける定数の一つ。定点（＝焦点）と定直線（＝準線）への距離の比を意味し、離心率が一のとき放物線、一より小さいとき楕円、一より大きいとき双曲線となる。eccentricity

**りしん-ろん【理神論】** 啓蒙期のヨーロッパ思想の一つ。創造主としての神を認めるが、奇跡や啓示を否定し、宗教を理性によって基礎づけようとする立場。ロック・ボルテール・ディドロらが代表。自然神論。deism 比較 有神論・汎神論。

**り-す【▼栗▼鼠】** リス科の哺乳動物。体長二〇〜三〇㎝。長い毛のはえたふさ状の尾がある。樹上にすみ、昼行性で果実を食べる。本州以南に産するニホンリス、北海道産のエゾリス・シマリスなど。キネズミ。squirrel ↓写

●リス

アカリス

ホンドリス

**リスアニア【Lithuania】** リトアニアの別称。

**り-すい【利水】** 水の流れをよくすること。水を有効に利用すること。irrigation 用例 —工事。

**り-すい【離水】**（名・サ変自） 水面を離れて、飛び上がること。take off from the water 対義 着水。

**りすい-かいがん【離水海岸】** →りゅうきかいがん（隆起海岸）

**り-すう【里数】** 距離を里で表した数。

**り-すう【理数】** 理科と数学。science and mathematics 用例 —科。

**リスク【risk】** 危険。損失負担。

**リスク-マネージメント【risk management】** 危機管理。経営活動に生じる可能性のある不測の事態を最小限に抑えるため、あらかじめ方策を立てること。危険管理。

**リスケジューリング【rescheduling】** 債務返済期間を繰り延べること。累積債務国の弁済が不能または困難になったときの措置。リスケ。

**りす-ざる【▼栗▼鼠猿】** 小形で一見リスに似たオマキザル科のサルの総称。体長約二〇㎝。尾は太く、体長より長い。中南米の熱帯林にすむ。squirrel monkey

**リスター【Joseph Lister】**（一八二七〜一九一二）イギリスの外科医。創傷化膿が細菌の侵入によるとするパスツールの説を応用し、フェノールによる創傷防腐・殺菌手術を始めた。

**リステリア-しょう【リステリア症】** リステリア菌によって鳥獣類やヒトに起こる疾病。血液中の単核球が増加するのが特徴で、病型としては敗血症型・髄膜炎型・腺腫型などがある。listeriosis

**リスト【list】** 名簿。一覧表。目録。カタログ。

**リスト【wrist】** 手首。用例 —の使い方。

**リスト【Franz Liszt】**（一八一一〜一八八六）ハンガリーの作曲家・ピアニスト。史上最高のピアニストといわれ、ピアノ演奏技巧の面で大きく寄与。作曲家としては、交響詩の確立に貢献した。ピアノ曲『超絶技巧練習曲』『ハンガリー狂詩曲』など。

**リスト【Franz von Liszt】**（一八五一〜一九一九）ドイツの刑法学・刑事政策学者。刑法学を今日の形に発展させた最大の功績者の一人。教育刑論・主観主義刑法論を展開した。著書『刑法教科書』など。

**リスト【Friedrich List】**（一七八九〜一八四六）ドイツの経済学者。歴史学派の先駆者。生産力理論に基づき、保護主義的国民経済学と経済発展段階説を唱えた。著書『経済学の国民的体系』『農地制度論』など。

**リスナー【The Listener】** イギリスのＢＢＣ発行の週刊誌。一九二九年創刊。ＢＢＣ第三放送の放送原稿・番組紹介・放送評のほか、政治・経済・文化関係の記事や充実した書評などを集録掲載する。

**リスプ【ＬＩＳＰ】**《list processing languageの略》マサチューセッツ工科大学で開

▼常用漢字表外。　▽常用漢字表の音訓外。

発された関数型のプログラム言語。定理の証明や記号処理・意味論・情報検索・人工知能の研究などに広く使われている。

**リスペクトール**【Clarice Lispector】（一九二五～七七）ブラジルの女流小説家。ソ連生まれ。詩的で内省的な傾向が目立つ。作品『闇の中のリンゴ』。

**リスボン**【Lisbon】ポルトガルの首都。同国中西部、タホ川河口の貿易港で、同国最大の都市。フェニキア人が建設、古代はローマに属し、一二世紀半ばから、ポルトガル王が領有。産業・文化の中心。人口八〇・八万（一九八一）。リズボーア。

**リズミカル**【rhythmical】（形動）調子のよいさま。音律的。律動的。

**リズム**【rhythm】①運動の秩序。②音楽で、楽曲の上に現れた音の刻まれ方。拍子に基づいた拍節的リズムと、拍子と明確な拍をもたない自由リズムなどがある。律動。③続いて、または繰り返して起こる事がらの組み合わせ。また、それによって起こる快い印象。④詩の韻律。

**リズム-アンド-ブルース**【rhythm and blues】一九四〇年代末のニューヨークに始まる、リズムを強調したブルース音楽。黒人的大衆音楽で、ロックの基盤となった。R&B。

**リズム-うんどう**【リズム運動】音楽などのリズムに合わせてする体操や運動。おもに学校体育で採用。rhythmic exercises

**リズム-がっき**【リズム楽器】音楽の三要素（旋律・和声・律動）の中の、律動（リズム）の演奏に適した楽器の総称。ジャズ用のドラムセットは代表的。

**りす-もどき**【▼栗▼鼠▼擬】↓ツパイ

**リスリン**《「グリセリン」の転》↓グリセリン

**り・する**【利する】（サ変自他）＝利す。①（自）利益を得る。profit ②（他）㋐利益を与える。profit 用例 敵を—行為。㋑利用する。take advantage of 用例 地勢を—。

**リセ**【lycée フランス】フランスのコレージュの上につづく五年制の中等教育機関。バカロレア（＝大学入学資格）を得るための準備教育を中心とする。

**り-せい**【理性】①すじ道を立てて考え、正しく判断する能力。理知。reason 対義 感情。②本能・感情・欲望をおさえ、自分を律する先天的性質・能力。知性。reason ③哲学で、人間の最高の認識能力。㋐認識をつくりあげる能力。理論理性。㋑人間の行為や意志の従うべききまりを定め、それに合致するようにみちびく能力。実践理性。㋒経験界をこえた最高の実在（神など）を認識する能力。純粋理性。㋓世界を支配する根本原理。ロゴス。reason; logos

**り-せい**【▼李成】（九一九～九六七）中国、五代の宋初の文人画家。北宗山水画の先駆者。広く展開する平坦な風景を描く平遠山水の大成者。

**り-せい**【▼李▼靖】（五七一～六四九）中国、唐初の武将。李世民を助けて天下統一を助け、その即位後は突厥・吐谷渾を征して武功をあげた。

**りせい-がいねん**【理性概念】理念。

**り-せいけい**【▼李成▼桂】（一三三五～一四〇八）朝鮮、李朝の開祖（在位一三九二～九八）。廟号は太祖。高麗の武将として女真や倭寇の討伐で功をあげ、親元派を追って実権を掌握。一三九二年高麗王を廃して新王朝を創立。

**り-せいしょう**【▼李清照】（一〇八四～一一五一ごろ）中国、北宋末から南宋初めの女流詩人。号は易安居士。詞では女流第一とされる。詞集『漱玉詞』。

**りせい-てき**【理性的】（形動）①すじ道を立て、冷静に考えていくさま。rational ②人間として踏み行うべき道にかなっているさま。reasonable ③宇宙の原理に従っているさま。

**りせい-の-きけい**【理性の▼詭計】《ヘーゲルの用語》理性（神）が個人の自由な活動を許しつつも、個人の意図とは別な歴史的・社会的な普遍的目的や相互依存の体系を生み出して、自己の法則を必然的に貫徹していくことをいう。理性の狡智。trick of reason

**り-せいみん**【▼李世民】（五九八～六四九）中国、唐朝の第二代皇帝（在位六二六～六四九）。廟号は太宗。高祖（李淵）の第二子。隋末、父・兄とともに挙兵し群雄を平定、唐王朝を建国。兄建成を玄武門の変で殺し、父より皇帝位を譲り受ける。突厥など西域諸国を征し、律令制を整備。その治世は「貞観の治」と称される。

**りせい-ろん**【理性論】合理主義。rationalism

**り-せき**【離籍】（名・サ変他）旧民法のもとで、戸主が家族を戸籍からぬき、その身分を剝奪すること。また、その制度。

**リセッション**【recession】不況とまではいかない景気の一時的な後退。

**リゼルグさん-ジエチルアミド**【リゼルグ酸ジエチルアミド】幻覚剤ＬＳＤの正式名称。

**り-せん**【離船】（名・サ変自）乗組員などが船を離れ去ること。leave the ship

**り-ぜん**【▼李▼鱓】（一六八六～一七六二ごろ）中国、清代の画家。花卉雑画にすぐれ、着色花卉にも新風を開いた。揚州八怪の一人。

**り-せんねん**【▼李先念】（一九〇五～　）中国の政治家。一九五四年副総理兼財政部長。文化大革命期に批判されたが周恩来に擁護され、七七年党副主席兼政治局常務委員。八三年から八八年まで国家主席。

**り-そう**【理想】①考えられる完全で最高・最善のもの・状態。ideal 対義 現実。用例 —の姿。②意志と努力の究極の目標を表すもの。ideal 用例 —に向かって進む。

**り-そう**【離層】葉・花・果実などが落ちるさいに、前もって基部にできる特殊な細胞組織。落ちた跡にコルク組織が発達し表面をおおう。abscission layer

**りそう**【離騒】《「離」は遭う、「騒」は憂い、の意》中国、楚の屈原の自伝的長編詩。「楚辞」の代表作。王室から裏切られ、信ずる道が行われず、祖国の運命への絶望と煩悶から死にいたる悲愁と苦悩をうたう。

**りそう-か**【理想化】（名・サ変他）①理想の状態に近づけようとすること。idealize ②物事を理想的な状態で考えること。idealize

**りそう-きたい**【理想気体】ボイル-シャルルの法則に完全に従うと仮定された気体。微視的には、相互作用のまったくない大きさを無視した分子からなる気体に相当する。完全気体。ideal gas

**りそう-きょう**【理想郷】人が理想として思い描く完全で平和な場所・社会。ユートピア。utopia

**りそう-しゅぎ**【理想主義】①ものを考えたり行ったりするとき、理想ばかり追求する態度。現実を無視して行動し思考する態度。idealism ②道徳的理想、すなわち真・善・美を実現するために生活を律し、それを人生の意義と考える態度。idealism 対義 現実主義。

**りそう-てき**【理想的】（形動）対義 現実的。①理想に合っているさま。ideal ②理想に近づいているさま。ideal

**りそう-ろん**【理想論】現実とは違っているが、望ましい状態を想定してのべられる意見。idealism 対義 現実論。

**リソース**【resource】＝リゾース。①資源。物資。②財源。③方便。まにあわせ。④気晴らし。娯楽。

**リゾート**【resort】保養地。避暑地。行楽地。

**リゾート-ウエア**【resort wear】避暑地・避寒地・保養地などで着る衣服の総称。デザインや色の派手なものが多い。

**リゾート-ハウス**《和製語》観光地・保養地などに建てられる、レクリエーションのための住宅。別荘。villa

**リゾール**【Lysol ドイツ】クレゾールのせっけん溶液。消毒用。lysol

**り-そく**【利息】金銭を貸したことに対して、一定の割合で支払われる報酬。利子。interest

**りそくせいげん-ほう**【利息制限法】金銭の貸借などのさいの利息と賠償額の予定の利率を一定以下に制限する法律。昭和二九年（一九五四）公布。

**リソスフェア**【lithosphere】地球の一番外側の層。地殻とマントルの上部をあわせたもので、硬く強い。厚さは海洋部で約七〇㎞、大陸部で約一五〇㎞。岩石圏。対義 アセノスフェア。↓プレートテクトニクス 図

**リソソーム**【lysosome】細胞内にあり各種の加水分解酵素を含む細胞小器官。リソソームの単一膜が破れるとそれらの酵素が外に出て細胞内物質の消化を引き起こす。ライソソーム。

**リソチーム**【lysozyme】細菌細胞壁のムコ多糖を加水分解する酵素。生菌に作用させると菌を死滅溶解させる。動物の組織・分泌液・卵白などに広く分布。フレミングが鼻の粘液から発見。

**リゾット**【risotto】イタリア、ミラノ地方で名物の、雑炊風料理。米をベースにスープとワインで煮、サフランやチーズ・魚介類などを入れる。

**リソルジメント**【Risorgimento イタリア】《再興の意》一八世紀末以降、イタリアの統一と独立・自由を求めた運動の総称。

**り-そん**【離村】（名・サ変自）村から出て、よそへ行って住むこと。leave one's village 用例 挙家—。

**り-そんきょく**【▼李存▼勗】（八八五～九二六）中国、五代の後唐の建国者（在位九二三～九二六）。廟号は荘宗。突厥の出身。父李克用を継ぎ、九二三年後梁を滅ぼし建国。極端な側近政治などで政治が混乱し、その部将に殺された。

**り-た**【利他】①自分を犠牲にし、他人の利益をはかること。altruism 対義 利己。②《仏教語》自分の功徳のために修行することより、他の人々の救済を優先すること。対義 自利。

**リターン-マッチ**《和製語》プロボクシングで、タイトルを奪われた前チャンピオンが、新チャンピオンの最初の挑戦者となる試合。タイトルマッチの契約のさいにあらかじめ取り決められるが、ＷＢＡ（世界ボクシング協会）はこれを禁止。rematch

**リタイア**【retire】（名・サ変自）①引退。退職。②自動車レースなどで、棄権・試合放棄すること。

**り-たいしょう**【▼李大▼釗】（一八八九～一九二七）中国の思想家。中国共産党の創立者の一人。早大中退。北京大学教授。五・四運動で指導的役割。国共合作で活躍したが、分裂後張作霖に捕らえられ刑死。

**り-たいはく**【▼李太白】↓りはく（李白）

**り-たくご**【▼李卓▼吾】（一五二七～一六〇二）明代の思想家。陽明学左派。名は贄。「童心（真心）」を尊重し、それを害する「仮（にせ）」を憎悪し、道学者の偽善を批判。ために迫害を受け、投獄され獄中で自殺。吉田松陰は彼に傾倒。著書に『焚書』『蔵書』など。

**りた-しゅぎ**【利他主義】《コントの造語》他の人々のために生きることで自分の幸福が実現される、と説く倫理説。altruism 対義 利己主義。

**り-だつ**【離脱】（名・サ変自他）離れること。抜け出すこと。leave 用例 党籍を—する。

**リタッチ**【retouch】（名・サ変他）絵画・写真・文章などを、修正すること。加筆すること。手入れ。

**リチ**　9画　【律】　部首［彳］ぎょうにんべん　教育小6　JIS 4607

音 リツ・リチ

筆順 ↓リツ［律］

ただす。きまり。のり。「律儀」↓リツ［律］

**り-ち**【理知・理▼智】①理性と知性。知識と論理に基づいて物事を判断する能力。intellect ②《仏教語》道理と智慧。真如の理法と、それをさとる智慧。

**リチウム**【lithium】アルカリ金属の一つ。元素記号Li 原子番号三。原子量六・九四。銀白色のやわらかい金属。金属中でもっとも軽い。水とはげしく反応し、水素を発生。原子炉の制御棒・有機反応の重合剤などに利用。

**リチウム-でんち**【リチウム電池】陰極に金属リチウム、陽極にフッ化黒鉛または二酸化マンガンなどを用いた電池。起電力三ボルト。小型・薄型化が容易。lithium battery

**リチウム-ばくだん**【リチウム爆弾】重水素化リチウムをつかった水素爆弾。一九五三年ソ連が完成。重水素化リチウムは固体状で運搬しやすいため、現在の水爆はすべてこのタイプ。lithium bomb

**リチェルカーレ**【ricercare イタリア】一六～一七世紀の器楽曲に適用された名称。フーガの前段階的な曲種とされる。

**りち-ぎ**【律儀・律義】（名・形動）義理がたいこと・さま。実直。conscientious; honest

**律儀者の子沢山**（りちぎもののこだくさん）律儀な者は、遊びにふけることもなく夫婦仲が円満なので、自然と子どもが多い。

**リチャーズ**【Dickinson Woodruff Richards】（一八九五～一九七三）アメリカの内科医。心臓カテーテルの研究・業績でクールナンやフォルスマンらとともに一九五六年ノーベル生理学医学賞受賞。

**リチャーズ**【Ivor Armstrong Richards】（一八九三～一九七九）イギリスの文芸批評家。心理学的方法を応用して新しい批評の一派を開く。意味論の研究者でもある。著書『文芸批評の原理』『意味の意味』など。

**リチャーズ**【Theodore William Richards】（一八六八～一九二八）アメリカの化学者。多数の元素の原子量を精密測定。また、熱化学・熱力学・高圧化学にも貢献した。一九一四年ノーベル化学賞受賞。

**リチャード**〈一世〉【Richard I】（一一五七～九九）イギリス王（在位一一八九～九九）。第三次十字軍に参加。エジプトのサラディンと戦い勇名をとどろかせ



↓行き先項目、図版・写真参照印。　JIS 日本工業規格情報交換用漢字符号コード（区点コード）。

た。フランス遠征中に戦死。その武勇は騎士道の華とたたえられた。獅子心王。

**リチャード〈三世〉[Richard Ⅲ]**（一四五二～八五）イギリス王（在位一四八三～八五）。幼王エドワード五世を廃し即位。ボワーズの戦いでチューダー家のヘンリー（ヘンリー七世）のため敗死。ヨーク家が断絶。

**リチャードソン[Dorothy Miller Richardson]**（一八七三～一九五七）イギリスの女流小説家。「内的独白」の手法を開拓した。連作『遍歴』一二巻。

**リチャードソン[Owen Willans Richardson]**（一八七九～一九五九）イギリスの物理学者。熱電子現象の研究を行い、それに関する法則性を発見し、一九二八年ノーベル物理学賞受賞。

**リチャードソン[Samuel Richardson]**（一六八九～一七六一）イギリスの小説家。フィールディングとともにイギリス近代小説の祖。書簡体小説で女性心理を詳細に解剖した。作品『パミラ』『クラリッサ』など。

**リチャードソン[Tony Richardson]**（一九二八～）イギリスの映画監督。作品『怒りをこめてふり返れ』『トム=ジョーンズの華麗な冒険』『蜜の味』など。

**り-ちゃく-りく【離着陸】**（名・サ変自）飛行機などが飛び立ったり着陸したりすること。離陸と着陸。take off and landing

**りちゅう-てんのう【履中天皇】** 記紀で、第一七代天皇。仁徳天皇の第一皇子。『宋書』倭国伝の、倭の五王の一人である珍あるいは讃とする説がある。

**り-ちょう【▼李朝】** ①朝鮮最後の王朝。一三九二年李成桂が高麗を倒して建国。都は漢陽（ソウル）。儒教を重んじ、ハングルを国字に定めるなど文化も隆盛。一六世紀以降、両班の党争、日本の侵入などで国土は疲弊。一九世紀にはロシア・清・日本の勢力が錯綜し、日清・日露戦争を経て、一九一〇年（明治四三）日本に併合され断絶。李氏朝鮮。②ベトナムの王朝。一〇一〇年李公蘊が建国。都を昇竜城（ハノイ）、国号を大越と称した。一二二五年陳朝に滅ぼされた。

**り-ちょう【里長】** 律令制下、国郡里制の最小単位である里（五〇戸）の長。郡司の監督下で農業の奨励や課役の催促などを行った。さとおさ。

**りちょうじつろく【▼李朝実録】** 朝鮮の史書。李朝の太祖から哲宗までの歴代諸王の治績を編年体で記述。李朝史研究の根本資料。

**リツ** 5画 **【立】** 部首［立］ 教育小1 JIS 4609

音リツ・リュウ
訓たつ・たてる

立 立 立 立 立

①足でたつ。「起立・直立」「立脚・立食・立像」②たつ。しっかりきまる。たてる。なりたせる。「確立・共立・県立・孤立・公立・国立・樹立・成立・並立」「立案・立憲・立証・立法」③リットル（litre）。容積の単位。↓リュウ［立］

**リツ** 9画 **【律】** 部首［彳］ 教育小6 JIS 4607

音リツ・リチ

律 律 律 律 律 律

①きまり。のり。「規律・不文律・法律」②飛鳥・奈良時代の罪を罰するおきて。対義令。用例《接尾的》養老―。③三蔵の一つ。僧のまもるおきて。「律師・律蔵」④原理。「因果律」⑤音楽で、音の調子。また、その規定。「音律・楽律・旋律」「律動」⑥中国古代の楽論による名称。一オクターブ一二音のうち、陽性の六音。対義呂。⑦漢詩の一形式。五言または七言の八句から成る。「律詩」↓リチ［律］

**リツ** 10画 **【▼栗】** 部首［木］ 人名用 JIS 2310

音リツ

①クリ。ブナ科の落葉高木。また、その実。②おののく。おそれる。

**リツ** 11画 **【率】** 部首［玄］ 教育小5 JIS 4608 ／ 11画 **【▼率】** 旧字

音ソツ・リツ・シュツ・スイ
訓ひきいる
筆順↓ソツ［率］

わりあい。ぶあい。できぐあい。「高率・低率・能率・比率・利率」用例（名）合格の―がいい。《接尾的》円周―。百分―。昇給―。↓ソツ［率］

**リツ** 12画 **【▼溧】** 部首［氵］

音リツ

さむい。さむくて身ぶるいがする。

**リツ** 12画 **【▼葎】** 部首［艹］ JIS 4610

音リツ

むぐら。アカネ科のヤエムグラ、クワ科のカナムグラなどの総称。うぐら。もぐら。

**リツ** 13画 **【▼慄】** 部首［忄］ JIS 5643

音リツ

①おそれる。おそれてすくむ。「慄然」②おののく。ふるえる。「戦慄」

**りつ-あん【立案】**（名・サ変自他）①計画を立てること。plan ②文案を作ること。draft

**りっ-か【▽六花】**《「りくか」の変》雪の結晶の多くが六方晶系で、六弁の花に似ていることから》雪の異称。ろっか。六出花。むつのはな。

**りっ-か【立花・立華】** ①銅製の花器に松・梅などの花木を立てて生ける、仏前供花の法式。②いけばなの様式の一つ。もっとも古く成立した様式で、花や木を立てて生ける①が定式化したもの。一七世紀、二代目池坊専好により大成。仏教の世界観・自然観・人生観が根本思想になっている。たてばな。

**りっ-か【立夏】** 二十四節気の一つ。五月六日ごろ。この日から夏が始まるとする。春分と夏至の中間にあたる。対義立冬。

**りつ-がん【立願】**（名・サ変自）神仏に願を立てること。願がけ。りゅうがん。

**り-つき【利付(き)】** 証券に利子支払いのための利札または配当がつくこと。また、それのついた証券。interest-bearing 対義利落ち。

**りつき-さい【利付債】** 利子付きで発行され、券面に利札がつけてある債券。interest-bearing bond 対義割引債。

**りっ-きゃく【立脚】**（名・サ変自）①場所を占めること。be founded ②立場・よりどころを定めること。be based on

**りっきゃく-ち【立脚地】** よりどころとする立場。立脚点。standpoint

**りっ-きょう【陸橋】**《「りくきょう」の変》河川・水路以外の道路・鉄道線路などの上に架けた橋。渡線橋。跨線橋。ブリッジ。viaduct

**りっきょう-かいしゅう【立教開宗】** 仏説を判別して体系的にまとめ、それに基づいて新しく一つの宗派を開くこと。

**りっきょう-だいがく【立教大学】** キリスト教系の私立総合大学の一つ。明治七年（一八七四）アメリカ人宣教師が創立した聖パウロ学校が前身。昭和二四年（一九四九）現制。本部は東京都豊島区西池袋。

**リック-てんもんだい【リック天文台】**（Lick Observatory）カリフォルニア大学付属天文台。口径三〇五cm反射望遠鏡などを設置。サンフランシスコ東部のハミルトン山に一八七五年設立。

**リッケルト[Heinrich Rickert]**（一八六三～一九三六）ドイツの哲学者。西南ドイツ学派の代表者。自然科学に対する文化科学の独自性を明らかにした。主著『文化科学と自然科学』。

**りっ-けん【立憲】** 憲法を制定すること。constitutionalism

**りつ-げん【立言】**（名・サ変自）意見を確立して、世間に発表すること。

**りっけん-おうこく【立憲王国】** 憲法に基づいて政治を行っている王国。constitutional monarchy

**りっけんかいしん-とう【立憲改進党】** 明治時代の政党。大隈重信を中心に、明治一五年（一八八二）結成。立憲君主制を基調とし漸進主義を唱える。同二九年（一八九六）他党と合同して進歩党を結成し解消。

**りっけん-くんしゅ【立憲君主】** 立憲王国の君主。constitutional monarch

**りっけんくんしゅ-せい【立憲君主制】** 近代における市民階級の政治的台頭にともなって登場した、君主の権力が憲法によって一定の制限を受ける統治形態。制限君主制。constitutional monarchy

**りっけん-しゅぎ【立憲主義】** 憲法によって国家権力を制限し、個人の権利や自由を守ろうとする考え方。また、その制度。constitutionalism

**りっけん-せいじ【立憲政治】** 憲法に基づき、基本的人権の保障、法の支配、三権分立、司法権の独立などを規定して行われる政治。constitutional government

**りっけん-せいたい【立憲政体】** 憲法を定めて立法・司法・行政それぞれ独立の機関を設け、法治主義のもとで国民の参政権を認める政体。constitutional government

**りっけんせいゆう-かい【立憲政友会】** 明治から昭和初期にかけての代表的政党。明治三三年（一九〇〇）伊藤博文が憲政党や官僚・地主を母体として創設。昭和一五年（一九四〇）解党。

**りっけんていせい-とう【立憲帝政党】** 自由民権運動期の御用政党。明治一五年（一八八二）福地源一郎らが結成。自由民権運動に対抗して欽定憲法・制限選挙を主張。翌年解党。

**りっけんどうし-かい【立憲同志会】** 大正時代の政党。大正二年（一九一三）桂太郎が組織。桂の死後、総裁は加藤高明。同五年（一九一六）憲政会に改組し政友会と対抗。

**りっけんみんせい-とう【立憲民政党】** 昭和初期の政党。昭和二年（一九二七）憲政会と政友本党が合同して結成。初代総裁は浜口雄幸。立憲政友会と並ぶ二大政党の一つ。民政党。

**りつ-ご【律語】** 音楽的な調子を持ったことば。調子の美しい文章。韻文。

**りっ-こう【力行】**（名・サ変自）《「りきこう」の変》努め行うこと。りょっこう。用例苦学―。

**りっ-こう【立后】** 三后（太皇太后・皇太后・皇后）を定めて立て、その位につけること。

**りっ-こう【陸行】**（名・サ変自）《「りくこう」の変》陸路を行くこと。

**りっ-こうほ【立候補】**（名・サ変自）選挙によって選任される公職や役職の候補者になること。candidacy米; candidature英

**りっ-こく【立国】** ①建国。foundation of a nation 用例―の精神。②それを基本政策にして国を繁栄させること。用例工業―。

**りっこく-ごみ【▽六国五味】** 香道に用いる伽羅・香木の分類基準。匂いの特徴により大別したものが六国で、伽羅・羅国・真南賀・真南蛮・佐曾羅・寸門多羅。五味とは匂いの特徴を表すことばで、甘・酸・辛・苦・鹹。

**りっ-こくし【▽六国史】**《「りくこくし」の変》奈良・平安時代における官撰の六つの史書。すべて漢文で書かれている。『日本書紀』『続日本紀』『日本後紀』『続日本後紀』『日本文徳天皇実録』『日本三代実録』。

**リッコボーニ[Riccoboni]** 一七～一八世紀のイタリアの俳優一族の家名。コメディア-デラルテの役者。アントニオAntonio（生没年未詳）は老父役で人気。ルイジLuigi（一六七六～一七五三）はパリのブルゴーニュ座で活躍。

**りっ-し【立志】**（名・サ変自）こころざしを立てること。人生に目的を立て、なしとげようと決心すること。

**りっ-し【律師】**《仏教語》①戒律に通達した僧。②僧綱の一つ。僧正・僧都につぐ第三位の僧官の名称。

**りっ-し【律詩】** 中国古典詩体の一つ。五言または七言で、八句からなる。第三・四句と第五・六句は対句とする。絶句とともに唐代に完成され、この両者を近体詩という。比較絶句。

**りっし-しゃ【立志社】** 自由民権運動の指導的政治結社。明治七年（一八七四）板垣退助を中心に土佐藩士族らが組織。国会開設の建白書を提出。自由党結成の中心となる。

**りっし-でん【立志伝】** こころざしを立て、それを達成した人々の伝記。success story

**りっしゃく-じ【立石寺】** 山形市山寺にある天台宗の寺。貞観二年（八六〇）円仁の創建で、比叡山延暦寺の常灯明を分灯。山寺。

**りっ-しゅう【立秋】** 二十四節気の一つ。八月八日ごろ。この日から秋が始まるとする。夏至と秋分の中間にあたる。対義立春。

**りっ-しゅう【律宗】** 戒律の実践を主とする仏教宗派の一つ。中国では『四分律』に基づく道宣の南山律宗が栄え、天平勝宝五年（七五三）鑑真が日本に伝えて唐招提寺を創建する。その他に西大寺の真言律宗がある。

**りっ-しゅん【立春】** 二十四節気の一つ。二月四日ごろ。この日から春が始まるとする。冬至と春分の中間にあたる。陰暦では正月の節として祝うところもある。対義立秋。

**りっしゅん-だいきち【立春大吉】**「立春大吉」の四文字を書いた紙の札。立春の日に、禅寺の門前に張ったり檀家に配ったりする。

**りっ-しょう【立証】**（名・サ変他）証拠をあげて、事実を明らかにすること。証明。prove 用例無実を―する。

**りっしょうあんこくろん【立正安国論】** 仏教書。日蓮の著。文応元年（一二六〇）北条時頼に献じたもの。一巻。正法とされる『法華経』によって国家の安泰をはかることを提唱し、容れられず流罪となった。

**りっしょうこうせい-かい【立正▾佼成会】** 新宗教の一つ。法華経信仰を基礎として、昭和一三年(一九三八)長沼妙佼・庭野日敬らが霊友会から分派独立。

**りっしょう-せきにん【立証責任】** ↓きょしょうせきにん(挙証責任)

**りっ-しょく【立食】**(名・サ変自) 立ったまま食べること。とくに、洋風の宴会形式の一つで、席を定めず、飲食物をテーブルの上に並べ、好きなものをとって飲食するもの。ビュッフェ。buffet 用例 —形式。

**りっしょく-パーティー【立食パーティー】** 立食形式のパーティー。飲み物や料理はまとめてテーブルに置かれ、主としてセルフサービス。各人が自由に移動して歓談する形式。buffet party

**りっ-しん【立身】**(名・サ変自) ①自分の地歩を固め、一人前になること。②高い地位につくこと。出世すること。success in life

**りっしん-しゅっせ【立身出世】**(名・サ変自) 立身して名声が世に現れること。success in life

**りっしん-べん【立心偏】** 漢字を組み立てている部分の名。「性・快」などの左にある「忄」。

**りっ-すい【立▾錐】** きりを突き立てること。

**立錐の地**(りっすいのち) 《きりをようやく突き立てられる程度のせまい場所、の意》きわめてせまい土地。わずかにあいている場所。

**立錐の余地も無い**(りっすいのよちもない) ある場所にぎっしり詰まっていること。会場などの、人がいっぱいで身動きもできない状態などに言う。packed like sardines 比較 蟻の這い出る隙も無い。

**りっ・する【律する】**(サ変他) =律す。①定める。決める。make regulations ②ある規律に当てはめて処置する。judge

**りっ-せん【律旋】** 雅楽旋法の一種。五声音階の第三音(角)が主音(宮)に対し完全四度になる音階。雅楽の旋律の中心となった。律旋法。

**りつ-ぜん【▾慄然】**(形動トタル) ぞっとして恐れるさま。horrified

**りつ-ぞう【立像】** 立っている姿の像。standing figure 対義 座像。

**りつ-ぞう【律蔵】** 仏教の三蔵の一つ。仏教教団の規則である戒律の集成書。対義 経蔵・論蔵。

**リッター【Karl Ritter】**(一七七九〜一八五九) ドイツの地理学者。ベルリン大学教授。自然と人間との関係を考察することで近代地理学の基礎を確立した。

**リッター-カー** 《和製語。一リットル(リッター)は一〇〇〇ccであることから》排気量一〇〇〇cc未満のエンジンを搭載した自動車。

**りっ-たい【立体】** ①長さ・幅・厚さをもち、空間の一部を占めるもの。三次元の広がりをもつもの。solid body 用例 —模型。②盛り上がったり、突き出たりするように感じられるもの。three dimensional 用例 —映画。—放送。—写真。

**りったい-いせい【立体異性】** 分子内における原子の結合順序や結合の種類などは同じであるが、その空間的配置が異なるために区別される化合物の関係。不斉炭素原子に基づく光学異性と、二重結合により束縛された自由回転に基づく幾何異性がある。stereoisomerism

**りったい-いせいたい【立体異性体】** 立体異性の関係にある化合物。光学異性体と幾何異性体がある。stereoisomer

**りったい-いんさつ【立体印刷】** 画像が立体的に見えるようにした印刷。視差のある二枚の画像を〇・五㎜くらいずらして印刷し、その上に厚さ一㎜くらいで幅〇・五㎜のかまぼこ型の凸レンズが並んだレンチキュラースクリーンをはりつける。stereo printing

**りったい-えいが【立体映画】** 両眼の視差を利用し、スクリーン平面上の像で立体感を得る方式の映画。3D映画。three-dimentional film

**りったい-おんきょう【立体音響】** 音の方向・移動・遠近・広がりを感じさせるように再生した音響。また、その効果。二個以上のマイクロホンで音を受け、別々の伝送系を通しマイクロホンと相似に配置したスピーカーから音を再生する音響システム。ステレオ。stereophonic sound

**りったい-かいろ【立体回路】** マイクロ波伝送用回路の総称。波長のきわめて短い電波の伝送には三次元機構が必要なため、この名がある。導波管・同軸ケーブル・ストリップ線路など。microwave circuit

**りったい-かがく【立体化学】** 化合物内の原子や原子団の空間的な配置、おもに立体異性体の構造とその安定性などについて研究する化学の一分野。stereochemistry

**りったい-かく【立体角】** 一点Oとある閉曲面の周縁上を直線でつないだときできる錐面が、点Oを中心とする半径一の球面上に切りとる面積。単位はステラジアン。solid angle 用例 錐面がつくる—。↓図

● 立体角

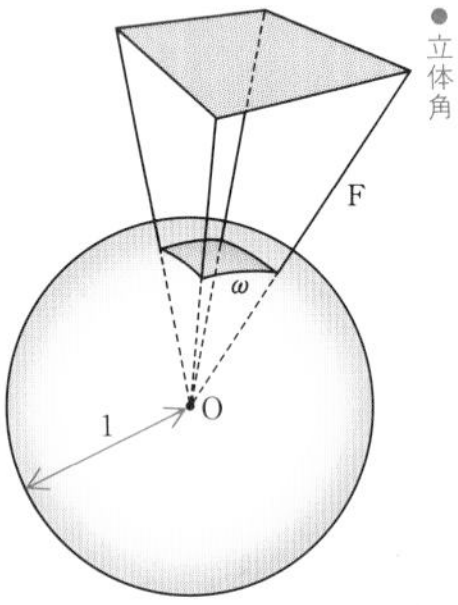


ωの面積の値を錐面Fの立体角という

**りったい-きかがく【立体幾何学】** 立体図形の性質を研究する数学の一分野。solid geometry

**りったい-きょう【立体鏡】** ↓ステレオスコープ

**りったい-こうさ【立体交差・立体交▾叉】** 道路や線路などが同じ平面でまじわらず、上下に交差する状態・方式。grade separation

**りったい-さいだん【立体裁断】** 服の型作りの方法の一つ。人台または体に、仮布もしくは本布を直接当てて裁断し、立体的にかたちづくる。婦人服はドレーピング、男子服ではスロービングという。draping; sloping

**りっ-たいし【立太子】** 皇太子を立てること。皇太子の地位は立太子の儀によって定まり、儀式は平安中期から踏襲されている。用例 —礼。

**りったい-し【立体視】** ある物体を左右の目で同時に見るときに生じる立体的な遠近感。各視線の方向のわずかな違いからおこる視差による。実体視。stereopsis

**りったい-しゃしん【立体写真】** ↓ステレオしゃしん(ステレオ写真)

**りったいし-れい【立太子礼】** 正式に皇太子を立てるときに行われる儀式。

**りったい-ずけい【立体図形】** 空間内の図形。空間図形。solid figure

**りったい-せん【立体戦】** 平面的な戦いである陸・海だけの戦闘に、空軍が加わって行われる総力戦。

**りったい-ちず【立体地図】** 地表面の起伏を立体的に表した地図。土地の起伏を強調するため、高さの縮尺は水平縮尺より大きくする。relief map

**りったい-てき【立体的】**(形動) 対義 平面的。①立体のようであるさま。物事に深さ・奥行き・厚みのあるさま。three-dimensional ②一つの物事をいろいろの角度から、もれなく検討するさま。from all angels

**りったい-は【立体派】** ↓キュビスム

**りったい-はいち【立体配置】** 分子を構成する原子・原子団の空間的配置のこと。configuration

**りったい-ほうそう【立体放送】** ↓ステレオほうそう(ステレオ放送)

**りっ-ち【立地】** ①農・工・商業の経営などのために、地勢・地質などの自然的条件や、人口・交通などの社会的条件を考慮して場所を定めること。location 用例 —条件がよい。②立場。stand

**リッチ【rich】**(形動) ①裕福であるさま。用例 —な気分。②豊富であるさま。

**リッチモンド【Richmond】** アメリカ南部、バージニア州東部、ジェームズ川沿いの河港都市。同州の州都。南北戦争当時の南部同盟の首都で、当時の遺跡も多い。人口二一・九万(一九八〇)。

**りつ-つぼ【立坪】** ↓りゅうつぼ(立坪)

**りっ-とう【立刀】** 漢字を組み立てている部分の名。「利・剣」などの右にある「刂」。

**りっ-とう【立冬】** 二十四節気の一つ。一一月七日ごろ。この日から冬が始まるとする。秋分と冬至の中間にあたる。対義 立夏。

**りっ-とう【立党】** 政党などを結成すること。form a party

**りっとう【▾栗東】**〈町〉 滋賀県南部、草津市の東に接する市。国道一号と八号の分岐点で、名神高速道路の通る自動車交通の要地。工業地化・宅地化が著しい。人口四万三二五五(一九八八)。

**りつ-どう【律動】**(名・サ変自) 規則正しく繰り返される運動。リズム。rhythm

**リットル【litre(フランス)・立】** メートル法の体積の単位。一〇〇〇$cm^3$に同じ。記号ℓ。

**リットン【Bulwer-Lytton, George Earle Lytton, first Baron Lytton】**(一八〇三〜一八七三) イギリスの政治家・小説家。歴史小説『ポンペイ最後の日』、政治小説など。

**リットン【Victor Alexander George Robert Lytton】**(一八七六〜一九四七) 英国の外交官。昭和七年(一九三二)国際連盟から満州事変の調査のため派遣され、日本の行為を侵略とするリットン報告書を連盟に提出。↓写

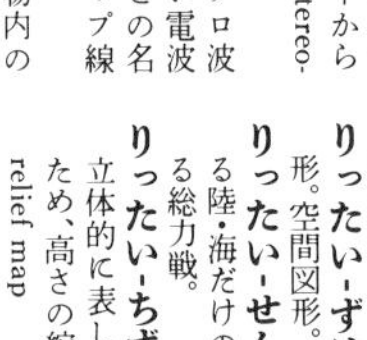

● V=リットン

**リットン-ちょうさだん【リットン調査団】** 満州事変の事実究明のため、国際連盟が派遣した調査団。昭和七年(一九三二)イギリスのリットン卿を団長とし、日本の軍事行動の正当性を否認する報告を発表。Lytton Commission

**りっ-ぱ【立派】**(形動) すぐれてすばらしいさま。みごとなさま。申し分のないさま。excellent 用例 —な人。—に暮らしていく。

**リッピ【Filippino Lippi】**(一四五七ごろ〜一五〇四) イタリアの画家。フラ=フィリッポ=リッピの子。作品『聖ベルナルドの幻想』など。

**リッピ【Fra Filippo Lippi】**(一四〇六ごろ〜一四六九) イタリアの画家で修道僧。聖母子像を多く描き、現世的な女性美を表現した。作品『聖母戴冠』など。↓写

**リップ【lip】** 唇。口。

**りっ-ぷく【立腹】**(名・サ変自) 腹をたてること。怒ること。腹立。anger

**リップ-クリーム【lip cream】** 唇の荒れを防ぎ、滑らかな美しさを保たせるための唇専用のクリーム。

**リップ-サービス【lip service】** 口先だけのお世辞。その場限りの、ことばだけは調子のよい話し方。

**リップス【Theodor Lipps】**(一八五一〜一九一四) ドイツの心理学者・哲学者・美学者。哲学の基礎に心理学をおく心理主義に立ち、美学では感情移入説を唱えた。著書『倫理学の根本問題』『心理学原論』など。

**リップスティック【lipstick】** 棒状に固めた口紅。ふつう、唇の荒れを防ぎ、滑らかさを保つためにつけるものにいう。

**リップ-バン-ウィンクル【Rip Van Winkle】** アービング作『スケッチ-ブック』中の一編、その主人公。狩りに出て眠り、目覚めたら二〇年たっていたという物語。

**リップマン【Fritz Albert Lipman】**(一八九九〜一九八六) ドイツ生まれのアメリカの生化学者。エネルギー代謝の基本概念を確立。一九五三年ノーベル生理学医学賞受賞。

**リップマン【Gabriel Jonas Lippmann】**(一八四五〜一九二一) フランスの物理学者。光の干渉を利用した天然色写真の研究により、一九〇八年ノーベル物理学賞受賞。

**リップマン【Walter Lippmann】**(一八八九〜一九七四) アメリカの政治評論家・ジャーナリスト。ハーバード大卒。新聞のコラム・記事により、社会心理学的立場から政治を分析。ピュリッツァー賞受賞。著書『世論』など。

**リップリーディング【lip reading】** 耳の不自由な人などに用いられる口話法。読唇術。

**リップル【ripple】** ①さざ波。②おもに綿・レーヨン地に波形の縮みを表した織物。皮膚に密着せず、軽快で洗濯がきく。夏の実用着向き。

**リップル-マーク【ripple mark】** 水や風の

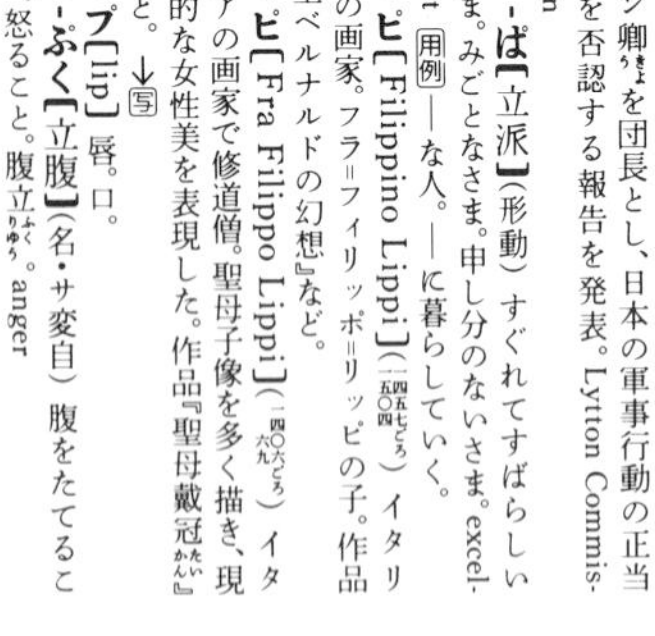

● F=F=リッピ 『聖母戴冠』。一四四一〜四七年、ウフィッツィ美術館(イタリア)。



↓ 行き先項目、図版・写真参照印。 JIS 日本工業規格情報交換用漢字符号コード(区点コード)。

作用により砂の堆積物の表面に残された波形模様。砂丘・遠浅の海岸・浅い砂底に多い。漣痕。

**りつ-ぶん【律文】** ①法律の条文。②詩や歌など、韻律のある文章。韻文。

**リッベントロップ【Joachim von Ribbentrop】**(一八九三〜一九四六) ドイツの政治家。一九三二年ナチス入党。主として外交政策を担当。日独伊防共協定・独ソ不可侵条約を結ぶなど強硬外交を推進。第二次大戦後、ニュルンベルク裁判で死刑。

**りっ-ぽう【立方】** ①同じ数または文字、式などを三回掛けること。$a$の立方を$a^3$と書く。三乗。cube ②長さを表す数量のあとにつけて、その長さを一辺とする立方体の体積を表す語。cube 用例 五メートル —。③長さを表す単位の前につけて、体積を表す単位をつくる語。cubic 用例 五 — メートル。

**りっ-ぽう【律法】** ユダヤ教のおきて。祭司や預言者を通じて神から与えられた宗教的法規で、法典化された生活の規則。『旧約聖書』中の「トーラー」(モーセ五書)のこと。Torah

**りっ-ぽう【立法】**(名・サ変自他) 法を制定すること。形式的には国会の法律制定作用をいうが、実質的には、抽象的規範を定立する作用一般をさす。legislation 対義 司法・行政。

**りっぽう-いん【立法院】** 台湾政府やアメリカ支配時代の沖縄の琉球政府などの最高立法機関。legislature

**りっぽう-きかん【立法機関】** 立法権を行使する国家機関。立法府。legislative organ

**りっぽう-けん【立法権】** 司法権・行政権とならぶ国の統治権の一つ。国会が法律を制定する権限。legislative power

**りっぽう-こっか【立法国家】** 統治機構の中で、立法権が行政権や司法権より優越している国家。一八〜一九世紀のイギリスが典型。legislative state

**りっぽう-こん【立方根】** 三乗して$a$になる数を$a$の立方根といい、$\sqrt[3]{a}$と表す。三乗根。cubic root

**りっぽうさいみつ-こうぞう【立方最密構造】** ↓めんしんりっぽうこうぞう(面心立方構造)

**りっぽう-しゃく【立方尺】** 尺貫法の体積の単位。一尺立方。〇・〇二七八三$m^3$。

**りっぽう-たい【立方体】** すべての面が正方形である六面体。正六面体。cube

**りっぽう-ふ【立法府】** 立法機関。legislature

**リッポルド【Richard Lippold】**(一九一五〜) アメリカの彫刻家。ブロンズ・鉄板・針金などで幾何学的抽象作品を制作。

**り-づめ【理詰(め)】** 合理的におしすすめること。reasoning 用例 — の戦法。

**りつ-めい【立命】** 天命に従って、心安らかにしていること。りゅうめい。用例 安心 —。

**りつめん-ず【立面図】** 投影図法で、物体を正面・側面などから水平に見て描いた図。elevation

**りつもう-きん【立毛筋】** 毛根にある平滑筋。交感神経の興奮などによって収縮し、毛を直立させて鳥はだをつくる。また、毛包腺より分泌物をしぼり出す。

**りつ-りょ【律▼呂】**《中国・日本の音楽の理論用語》①音律。十二律の奇数律を「律」、偶数律を「呂」という。②音階・旋法の律旋と呂旋のこと。③ある音に対してオクターブまたは五度上の音を「律」、下の音を「呂」という。

**りつ-りょう【律▽令】** 律と令。唐代に大成された中国歴代王朝の基本法典で、「律」は刑法、「令」は行政法・民法などにあたる。東アジア諸国にも広まり、古代律令国家を形成。りつれい。比較 格式。

**りつりょう-きゃくしき【律▽令▽格式】** 中国の隋・唐時代に大成された四種の法典の総称。「律」は刑法、「令」はそれ以外の行政法、「格」は律・令の規定を修正したもの、「式」は律・令・格の施行細則。

**りつりょう-こっか【律▽令国家】** 古代、律令を国の基本法典として統治した国家。古代中国に始まり唐代に完成。その影響は東アジア諸国にも広まった。

**りつりょう-せい【律▽令制】** 律・令・格・式を基礎とする古代の中央集権的な国家制度。日本では、唐を手本に「大化の改新」以降その実施をめざし、大宝元年(七〇一)の大宝律令により制度の成文化が完成。天皇を君主にいただき、畿内の豪族団が全国の土地と人民を官僚制度によって支配。

**りつりん-こうえん【▼栗林公園】** 香川県高松市南部にある県立公園。旧高松藩主生駒家・松平家の旧別荘地。紫雲山を背景に香東川旧河床の湧水による池泉回遊式庭園で、特別名勝に指定。

**りつ-れい【立礼】** 立ったままで、あるいは起立してする礼。対義 座礼。

**りつ-ろん【立論】**(名・サ変自) 議論の趣旨・筋道を立てること。論の立て方。また、その議論。argument 用例 — の過程。

**り-てい【里程】** ①里を単位として計った距離。里数。②道のり。

**リディア-おうこく【リディア王国】** 紀元前八世紀ごろから前六世紀ごろの小アジア西部の王国。首都サルデス。東西交通の要路を占め、黄金に富み、最古の刻印貨幣を製造。前五四六年クロイソス王のときにペルシアのキュロス大王に征服された。Kingdom of Lydia

**りてい-ひょう【里程標】** 道路のわきなどに立てた、里程を記した標識。milestone

**り-てき【利敵】** 敵を有利にすること。用例 — 行為。

**り-てき【▼李▼迪】**(生没年未詳) 中国、南宋前期の画院画家。美しい色彩の花鳥・竹石を得意とした。作品『芙蓉図』など。↓花鳥画 写

**り-てん【利点】** 利益のある点。有利な箇所。advantage

**り-と【吏▽読・吏吐・吏▽道】** 古代朝鮮で、朝鮮語の助詞・助動詞を書き表すため、漢字を借りたもの。

**リトアニア-きょうわこく【リトアニア共和国】**(Litva SSR) ソビエト連邦を構成する共和国の一つ。首都ビリニュス。バルト海に臨み、バルト三国の南端に位置。もとポーランド領で一八世紀末ロシアに併合。面積六・五万$km^2$。人口三六〇・三万(一九八六)。正称リトアニア-ソビエト社会主義共和国。

**り-とう【吏党】** 明治の帝国議会開設後、藩閥政府を支持した諸党派の俗称。民党に対する語で軽蔑的意味を含む。吏権党。官権党。御味方議員。

**り-とう【離党】**(名・サ変自) 政党などから離れること。党員でなくなること。leave a party

**り-とう【離島】** ㊀(名) 離れ島。isolated island ㊁(名・サ変自) 島を離れて移住すること。leave an island

**り-とう【▼李唐】**(生没年未詳) 中国、北宋後期〜南宋初期の画家。南宋画院の第一人者で院体山水画を大成。作品『山水図』など。

**り-どう【吏道】** 官吏として踏み行うべき道。

**り-どう【里道】** 国道や県道以外の公共の道路の古称。村などで設置した道路。村里の道。

**り-とうよう【▼李東陽】**(一四四七〜一五一六) 中国、明中期の文人。号は西涯。茶陵の人。盛唐詩を範とする柔軟な詩風で、復古主義運動の先駆。詩集『懐麓堂集』。

**リドカイン【lidocaine】** 局所麻酔剤。抗不整脈剤。白色で、結晶性の粉末。効き目がはやく持続性がある。キシロカイン。

**り-と-かん-ぱく【▼李・▼杜・▼韓・白】** 中国、唐代を代表する四人の文学者。李白・杜甫・韓愈・白居易の四人をいう。

**り-とく【利得】** もうけ。利益。profit

**り-とくぜん【▼李徳全】**(一八九六〜一九七二) 中国の婦人政治家。馮玉祥の未亡人。はやくから社会事業に取り組み、解放後、紅十字会会長。残留日本人の引き揚げに協力した。

**リトグラフ【lithograph】** 石版画。

**リトビノフ【Maksim Maksimovich Litvinov】**(一八七六〜一九五一) ソ連の政治家。各種の国際会議代表を歴任。一九二九年、東欧七か国不戦条約を成立させた。三〇年以降、外務人民委員として西ヨーロッパとの協調に努め、平和外交を展開。

**リトポン【lithopone】** 硫化亜鉛と硫酸バリウムの混合物からなる白色顔料。標準品は硫化物を三割含む。純白で、隠蔽力・着色力は鉛白や亜鉛華より大きい。塗料・ゴム配合剤に用いる。

**リトマス【litmus】** 地衣類から得られる色素の混合物。紫色の粉末。水・アルコールに溶かし酸やアルカリの指示薬とする。変色域はpHが五・五〜八・〇。酸性で赤色、アルカリ性で青色を呈する。

**リトマス-ごけ【リトマス▼苔】** リトマスゴケ科の地衣植物の総称。地中海沿岸などの岩上にはえる。約三〇種が知られ、数種が色素リトマスの原料となる。↓図

●リトマスゴケ

**リトマス-しけんし【リトマス試験紙】** リトマスの溶液に濾紙を浸し、乾燥したもの。溶液や気体の酸性・アルカリ性を判別するのに用いる。青色のものは酸性溶液につけたとき赤変、赤色のものはアルカリ性溶液で青変する。litmus paper

**リトミック【rythmique フランス】** リズム教育法の一つ。スイスの作曲家ダルクローズが提唱・実践した。音楽リズムの感覚・表現能力の発達を意図し、音楽・舞踊・体育を統合。

**リトルアメリカ-きち【リトルアメリカ基地】**(Little America Station) 南極、ロス氷棚にあるアメリカの観測基地。一九二八年以降、ロス海沿岸に数次にわたり開設。

**リトル-トウキョウ【Little Tokyo】** アメリカ西部、カリフォルニア州ロサンゼルス市の中心部にある日系人の商業地区。

**リトル-リーグ【Little League】** 九〜一二歳までが出場できる少年野球リーグ。六イニング制で小型の硬球を使用するなど、年少者向きのルールで行う。本部はアメリカにあり、毎年世界大会が開かれる。

**リトル-ロック【Little Rock】** アメリカ南部、アーカンソー州中部にある同州最大の商業都市。州都。一九五七年人種差別問題で暴動が発生した。人口一五・九万(一九八〇)。

**リトレ【Maximilien Paul Émile Littré】**(一八〇一〜一八八一) フランスの哲学者・言語学者。実証主義の普及につとめ、『フランス語辞典』を編纂。

**り-どん【利鈍】** ①刀剣などの、するどいことにぶいこと。②賢いことと愚かなこと。③幸運と不運。

**リナリア【linaria】** ゴマノハグサ科の秋まき一年草。高さ約三〇cm。花は紫紅色の唇状花で総状につく。切り花用。ヒメキンギョソウ。

**リナロール【linalool】** 化学式$C_{10}H_{18}O$ 芳香のある無色の液体。遊離またはエステルの型で天然に広く存在する。化粧品・せっけんの香料など。

**リニア-プログラミング【linear programming】**《リニアは、線状、線形、の意》オペレーションズリサーチ(OR)の代表的なもの。一次式の体系によって最適の生産計画・輸送計画・人員配置・投資選定などを決定する数学的手法。LP。線形計画法。

**リニア-モーター【linear motor】** 誘導電動機の一つ。誘導電動機の回転運動を直線運動として取り出す。

**リニア-モーター-カー【linear motor car】** リニアモーターを駆動力にして走る車両。高速駆動・高加速が可能で、時速五〇〇km以上の超高速鉄道ができる。

**り-にち【離日】**(名・サ変自) 外国人が日本を去ること。leave Japan

**り-にゅう【離乳】**(名・サ変自) 乳児におかゆなどの半流動食から、しだいに半固形食を経て固形食を与えていく過程。ちばなれ。weaning

**りにゅう-しょく【離乳食】** 母乳をやめる準備として、生後五か月ぐらいから歯のはえはじめに、乳児に与える食事。baby food

**り-にょう【利尿】** 小便の通じをよくすること。尿の量を増大させること。diuresis 用例 — 作用。

**りにょう-ざい【利尿剤】** 尿量を増加させむくみを除く薬物。あらゆる型のむくみに用いられる。副作用として低ナトリウム血症をおこしやすい。diuretic

**り-にん【離任】**(名・サ変自) 任地・任務をはなれること。leave one's office 対義 着任。

**リネージ【lineage】** 文化人類学の概念で、祖先との系譜関係が明確に認知できる場合、その共通の祖先から出自をたどることができる人々の集団。通常、単系的出自集団であり、外婚制をともなう。

**り-ねん【理念】** 哲学で、理性の判断によって得た最高の概念。イデー。idea

**リネン【linen】** 亜麻織物の総称。薄い織物で吸水性・耐久性・光沢に富む。涼感があり夏の衣料に好適。リンネル。

**リネン【Feodor Lynen】**(一九一一〜一九七九) ドイツの生化学者。脂肪酸の生成とそれに関与する酵素の作用の機構を研究。一九六四年ノーベル生理学医学賞受賞。

**りねん-けい【理念型】**《Idealtypus ドイツ の訳語》マックス＝ウェーバーが社会科学の研究を進めるために示した方法論上の概念。複雑な現実を認識・評価する手段とするため、現象の特定の側面を抽出して構成した型。ideal type

**リノ【Reno】** アメリカ西部、ネバダ州西部、シ



▼常用漢字表外。 ▽常用漢字表の音訓外。

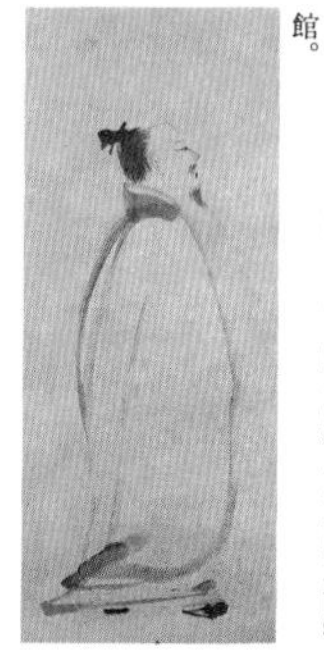
●李白 梁楷『李白吟行図』。東京国立博物館。

エラネバダ山脈東の観光都市。ラスベガスと同様、合法的な賭博と、離婚の容易さで知られる。人口一〇・一万(一九八〇)。

**り-のう【離農】**(名・サ変自) 農業をやめて転職すること。

**リノール-さん【リノール酸】** 不飽和脂肪酸の一つ。化学式$C_{17}H_{31}COOH$ グリセリドとして綿実油などの半乾性油中に存在。水に溶けない無色の液体。マーガリン・軟せっけんの原料。linolic acid

**リノリウム【linoleum】** 亜麻仁油を空気で酸化してリノキシンとし、これにコルクの粉末などの添加剤を混ぜて麻布などに塗り、固化させたもの。耐摩耗性・弾性にすぐれる。合成建材・床張りに広く使用。

**リノリウム-はんが【リノリウム版画】** 柔らかいリノリウムを用いた版画。原理的には木版画と同じだが、彫りやすく軽快な味。版画入門にも利用。linocut

**リノレン-さん【リノレン酸】** 不飽和脂肪酸の一つ。化学式$C_{17}H_{29}COOH$ 亜麻仁油などの植物油中にグリセリドとして存在。水に溶けない無色の液体。linolenic acid

**リバーサイド【Riverside】** アメリカ西部、カリフォルニア州南西部の都市。柑橘類・果樹栽培の中心地。人口一七万(一九八〇)。

**リハーサル【rehearsal】** 映画・演劇・放送などの下げいこ。とくに、出演者が全員集まる仕上げのけいこ。舞台げいこ。対義本番。

**リバーシブル【reversible】**《裏返しできる、の意》①表裏両用の生地。両面生地。②表裏なく両面着用できる衣服。

**リパーゼ【lipase】** 脂質に作用してそのエステル結合を加水分解し、グリセリンと脂肪酸に分解する酵素の総称。脂質の代謝に重要な役割をはたす。

**リバー-レース【leaver lace】**《機械の発明者リバーの名に由来》機械レースの一種。優美で品質もよくレースの王といわれ、多くの種類がある。地糸はナイロン、柄糸は綿糸・レーヨン糸が主。↓レース写

**リバイアサン【Leviathan】**《旧約聖書『ヨブ記』に登場する怪物の名から》ホッブズの主著。一六五一年刊。近代政治学の古典。人間が自然状態を脱して国家を形成するメカニズムを社会契約説の立場から説明し、国家主権の絶対性をリバイアサンにたとえて主張した。リヴァイアサン。

**リバイバル【revival】**(名・サ変自)《復活・再生、の意》①古い映画や演劇が再上映・再上演されること。②いったんすたれた物事が、再び流行すること。

**り-はく【理博】**「理学博士」の略。

**り-はく【李白】**(七〇一—七六二) 中国、盛唐の詩人。字は太白。号は青蓮居士。西域に生まれ、蜀(四川省)で育つ。杜甫とともに「李杜」と並称され、杜甫の「詩聖」に対し「詩仙」と称される中国最高の詩人。非凡な発想による絶句、民間歌曲を再発見した楽府が、古代の詩風を復活した古風に功績がある。その詩風は自由奔放な性格と放浪に過ごした生涯そのままに、明るく率直で力強く、縦横の想像力を駆使したもの。詩文集『李太白集』。↓写

**り-はつ【利発】**(名・形動)《「利口発明」の略》賢いこと・さま。bright 用例—な子ども。

**り-はつ【理髪】**(名・サ変自) 髪を整えること。調髪。散髪。hairdressing 用例—店。

**リバティー【liberty】** 解放。自由。

**リバティー-プリント【liberty print】** 織物の柄の名。イギリスのリバティー社独特の、全面に小花模様などを施した一九世紀以来のプリント地。また、それを模倣したプリント地。↓写

●リバティープリント

**り-はば【利幅】** 利益のはば。profit margin 用例—が薄い。

**リハビリテーション【rehabilitation】** 障害者を身体的・精神的・社会的、その他あらゆる面で可能な最大限度まで回復させること。身体・心理に対する医学的訓練や職業訓練など。更生指導。社会復帰療法。リハビリ。

**リバプール【Liverpool】** イギリス、イングランド北西部、ランカシャー地方の港湾都市。マージー川河口にあり、ロンドンにつぐ貿易港で、造船・食品などの工業が発達。人口五〇・三万(一九八三)。

**リパブリック【republic】** 共和国。

**り-ばらい【利払い】** 利息の支払い。payment

**り-はん【離反・離叛】**(名・サ変自) 背き、離れること。estrangement 用例人心の—。

**り-はんりょう【李攀竜】**(一五一四—一五七〇) 中国、明代の文人。字は于鱗。号は滄溟。歴城の人。王世貞とともに「後七子」の筆頭として、「文は秦漢、詩は盛唐」を理想とし、その格調の模倣を主張した。『古今詩刪』を編む。詩文集『李滄溟集』。

**り-ひ【理非】** 道理にかなっていることと、はずれていること。是非。rights and wrongs 用例—曲直。

**リビア【Libya】**(Socialist People's Libyan Arab Jamahiriya) アフリカ中北部、地中海に臨む社会主義共和国。首都トリポリ。一九五一年独立。南西部はリビア・サハラ両砂漠が占める。北東部に油田地帯がある。面積一七六万$km^2$。人口三七四万(一九八六)。正称社会主義人民リビア-アラブ国。

**リビア-さばく【リビア砂漠】**(Libyan Desert) アフリカ北東部、サハラ砂漠東部の砂漠。ナイル川からスーダン・リビア東部に広がる。

**リビア-やまねこ【リビア山猫】** イエネコの原種とされる野生ネコ。体長約六〇cm。しま模様があり、大きな家畜のトラネコによく似ている。アフリカからインドに分布。Libyan wildcat

**リビー【Willard Frank Libby】**(一九〇八—一九八〇) アメリカの化学者。放射化学を研究。炭素一四の測定による年代の決定法を確立。一九六〇年ノーベル化学賞受賞。

**リピート【repeat】** ①繰り返すこと。②再放送。再上映。③音楽で、反復記号。

**リビエール【Jacques Rivière】**(一八八六—一九二五) フランスの批評家。『NRF』誌で活躍。明晰で誠実な批評により影響を与えた。著書『エチュード』など。

**リビエラ【Riviera】** イタリア北西部、ラスペチアからフランス国境にいたるジェノバ湾岸名。国際的保養地・避寒地で、夏は海水浴場。

**リヒター【Adrian Ludwig Richter】**(一八〇三—一八八四) ドイツの画家・版画家・挿絵画家。童話・民話に取材した多くの挿絵を描く。

**リヒター【Burton Richter】**(一九三一— ) アメリカの実験物理学者。重い新素粒子(チャームクォークとその反粒子対の束縛状態)を発見し、一九七六年、チンとともにノーベル物理学賞受賞。

**リヒター【Hans Richter】**(一八四三—一九一六) ドイツの指揮者。ワーグナー作品の紹介に尽力。

**リヒテル【Svyatoslav Rikhter】**(一九一五— ) ソ連のピアニスト。スケールの大きさ・技巧の高さは現代屈指といわれる。

**リヒテンシュタイン【Liechtenstein】**(Principality of Liechtenstein) 中央ヨーロッパ、スイス・オーストリア間の小公国。首都ファドゥーツ。観光・切手発行・精密工業などで有名。面積一六〇$km^2$。人口二万(一九八六)。正称リヒテンシュタイン公国。

**リヒテンベルク【Georg Christoph Lichtenberg】**(一七四二—一七九九) ドイツの思想家・物理学者。放電によって絶縁体上に描かれるリヒテンベルク図形を発見。人生観察に卓抜な才能を示す。著書『箴言集』など。

**リビドー【libido】**《欲望の意》精神分析の用語で、心のエネルギーのこと。フロイトは性的エネルギー、ユングはより広く生命エネルギーとみなした。

**リピドーシス【lipidosis】** 先天性の脂質代謝異常による病気の総称。脳・肝臓・脾臓などに脂質がたまり、痴呆・運動障害・痙攣などをおこす。脂質蓄積症。脳脂質症。

**リヒトホーフェン【Ferdinand von Richthofen】**(一八三三—一九〇五) ドイツの地理学者・地質学者。ベルリン大学教授。とくに中国主要部の地形・地質の調査・研究で知られる。

**り-びょう【罹病】**(名・サ変自) 病気にかかること。get ill

**りびょう-りつ【罹病率】** 一定期間内に一定集団から発生した新患者の率。ふつう人口一〇万人当たりの年間発生患者数で表す。罹患率。morbidity 比較有病率。

**リビング【living】** 生活。用例モダン—。

**リビング-キッチン【living kitchen】** 居間の中に台所を含めた形式の部屋。食堂の機能も果たす。

**リビング-シアター【Living Theater】** アメリカの劇団。無政府主義・平和主義を標榜する前衛演劇グループ。一九四七年ニューヨークで結成、七〇年ヨーロッパで分裂。

**リビングストン【David Livingstone】**(一八一三—一八七三) イギリスの宣教師で探検家。伝道医師として一八四一年南アフリカに渡り、ザンベジ川・ビクトリアの滝などを発見。六六年再びアフリカに渡り、ナイル川水源など探検。七三年現地で病死。↓写

●リビングストン

**リビングストン-デージー【Livingstone daisy】** ツルナ科の一年草。高さ五cm前後。葉はへら状の多肉葉で、表裏に水泡をもつ。花はマツバギクに似、花色は豊富。アフリカ原産。

**リビング-セット**《和製語》居間や応接室用にセットされた家具。標準はセンターテーブル・長椅子・肘掛け椅子二点のセット。living room set

**リビング-ルーム【living room】** 洋風住宅の居間。一般に、応接間・客間を兼ねることが多い。

**りふ【利府】**〈町〉宮城県中部の町。仙台市の北東に接し、ベッドタウンとしての役割が強い。利府ナシの産地でもある。金属などの工業も行う。人口一万二七八三(一九八八)。

**リフ【riff】**《ジャズ用語。refrainから》二ないし四小節の短い楽句を、何度もくり返す演奏法。また、そのメロディー。

**リブ【lib】**《liberationの略》↓ウーマンリブ

**リブ【rib】** 牛肉の部位の名称。第六肋骨から第一二肋骨の七本がついた肉。ローストビーフに最適。背肉。

**リファール【Serge Lifar】**(一九〇五—一九八六) フランスの舞踊家・振付師。ロシア生まれ。パリ-オペラ座の中心として活躍。

**リファイン【refine】**(名・サ変他) ①精製・精練して品質をよくすること。②上品・優美にすること。洗練。

**リファレンダム【referendum】** ↓レファレンダム

**リフォーム【reform】**(名・サ変他) 型の古くなった洋服などを仕立て直すこと。また、建物を改築すること。

**り-ふく【利福】** しあわせ。さいわい。

**リプシッツ【Jacques Lipchitz】**(一八九一—一九七三) フランスの彫刻家。リトアニア生まれ。キュビスム運動に参加。前衛的抽象形態に情感をこめた個性的作品を制作。作品『ギターを弾く女』など。

**り-ふじん【理不尽】**(名・形動) 道理に合わないこと・さま。無理に押し付けること・さま。無理無体。unreasonable

**リプスコム【William Nunn Lipscomb】**(一九一九— ) アメリカの化学者。化学結合の問題を解明するボラン化合物の構造を研究。一九七六年ノーベル化学賞受賞。

**り-ふだ【利札】** ↓りさつ(利札)

**リフト【lift】** ①図書館・食堂などで使う床面積一$m^2$以下の小型昇降機。②スキー場などで人を運ぶ腰掛け式のロープウエー。③修理などのために自動車をもちあげる装置。オーバーリフト。

**リプリント【reprint】**(名・サ変他) ①復刻。翻刻。②録音・録画テープを複製すること。ダビング。

**リフレイン【refrain】** 詩や楽曲で、同じ語句・部分をくり返すこと。また、その部分。折り返し。リフレーン。ルフラン。

**リフレーション【reflation】** 景気がデフレーションを脱し、まだインフレーションにはなっていない状態。または、その状態へ景気を誘導すること。

**リフレーン【refrain】** ↓リフレイン

**リフレクター【reflector】** ＝レフレクター。①写真撮影で、採光用の反射板。②自動車や自転車の後ろに付けた反射板。↓自転車図

り

**リフレッシュ**[refresh](名・サ変他) からだや心をさわやかにすること。元気回復。[用例]—休暇。

**り-へい**【利弊】 利益と弊害。有利と不利。advantage and disadvantage

**リベイロ**[Aquilino Ribeiro](一八八五～一九六三) ポルトガルの小説家。力強い個性と表現力をもつ。作品『嵐の庭』『サンチアゴの道』など。

**リベイロ**[Bernardim Ribeiro](一四八二?～一五五二?) ポルトガルの詩人・小説家。田園詩の創始者。詩集『牧歌』、自伝物語『少女とむすめ』など。

**リベート**[rebate] ①割り戻し。販売促進をねらいとして、回収した売上代金の一部を得意先に払いもどすこと。また、その金銭。割り戻し金。②世話料。世話に対するお礼。手数料。また、賄賂。

**リベジンスキー**[Yury Nikolayevich Libedinsky](一八九八～一九五九) ソ連の小説家。作品『一週間』『英雄の誕生』など。

**り-べつ**【離別】(名・サ変自他) ①人に別れること。別離。separate ②離婚。divorce

**リペツク**[Lipetsk] ソ連南西部、モスクワ南方、ドン川支流ボローネジ川に沿う鉱工業都市。鉱泉があり保養地としても知られる。人口四五・六万(一九八六)。

**リベット**[rivet] 接合用の鋲。金属板などを重ねて穴通ししたあと、頭と反対側を押しつぶして止める。

**リベット-こむぎ**【リベット小麦】 イギリスコムギの別名。

**リベット-せつごう**【リベット接合】 鋼板などの金属板や形鋼の接合部に穴をあけ、リベット鋲を打ち込んで接合する方法。rivet connection

**リベラ**[Diego Rivera](一八八六～一九五七) メキシコの画家。メキシコの社会的現実と民衆の生活をテーマに壁画大作を残す。

**リベラ**[José de Ribera](一五九一～一六五二) スペインの画家。明暗の対比鋭く、きびしくリアリズムを追求した。生涯の大半をイタリアで過ごす。作品『ヤコブの梯子』など。↓[写]

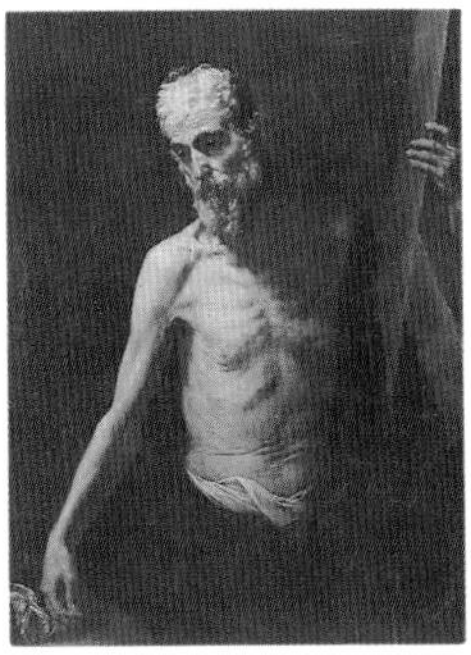

●J=リベラ 『聖アンドレア』。一六三五年ごろ、プラド美術館(スペイン)。

**リベラリスト**[liberalist] 自由主義者。

**リベラリズム**[liberalism] 自由主義。

**リベラル**[liberal](形動) 自由なさま。自由主義的。

**リベラル-アーツ**[liberal arts] 中世ヨーロッパの学校で教えられた、一般教養としての学芸の総称。文法・修辞学・論理学・算術・幾何・天文学・音楽の七科目。自由七科。

**リベリア**[Liberia](Republic of Liberia) アフリカ北西部、大西洋に臨む共和国。首都モンロビア。一八四七年、アメリカの解放奴隷が建国。鉄鉱石の大産地で、ゴムも栽培。便宜置籍船が多いことでも知られる。面積一一・一万km²。人口二二二万(一九八六)。正称リベリア共和国。

**リベリア-コーヒー**[Liberian coffee] アカネ科の常緑高木。アラビアコーヒーより花も果実も大形で、年間を通して何度も開花・結実する。アフリカ西部原産。

**リベルタン**[libertin フランス] 自由思想家。とくに、一七世紀フランスで活躍し啓蒙思想への過渡的な役割をはたした人々をいう。ガッサンディ・サン=テブルモン・ベールなど。

**り-べん**【利便】 利益と便宜。便利。convenience

**りべん-か**【離弁花・離▼瓣花】 花弁が一枚一枚分離している花。花弁の欠けている無弁花も含む。サクラ・ツバキ・エンドウなど。choripetalous flower [対義]合弁花。[参照]花冠。

**りべんか-しょくぶつ**【離弁花植物】 双子葉植物のうち離弁花および無弁花をもつ植物の総称。アブラナ・サクラ・キンポウゲなど。choripetalous plants [対義]合弁花植物。

**リポイド**[lipoid] 動植物から得られる、油脂に類似した物質の総称。おもに複合脂質をさす。類脂質。

**り-ほう**【理法】 理にかなった正しいきまり。のり。法則。law [用例]自然の—。

**り-ほう**【▼李▼鵬】(一九二八～) 中国の政治家。電力工業部長をへて一九八三年副総理。八五年国家教育委員会主任を兼務し、八七年首相代行。八八年首相に就任。

**り-ほうか**【▼李宝▼嘉】(一八六七～一九〇六) 中国、清末の小説家・編集者。字は伯元。山東の人。当時の世相や政界の腐敗を写す『官場現形記』『文明小史』などを発表。譴責小説の第一人者。

**り-ぼうよう**【▼李▽夢陽】(一四七二～一五二九) 中国、明代の文人。字は献吉。号は空同。慶陽の人。「前七子」の指導者として、「文は秦漢、詩は盛唐」を最高規範とし、その模倣を文学の至上目的とした。詩文集『空同集』。り=むよう。

**リボー**[Théodule Armand Ribot](一八三九～一九一六) フランスの心理学者・精神病理学者。感情の研究を中心に実証的、自然科学的な心理学研究を行った。

**リボース**[ribose] 化学式$C_5H_{10}O_5$ 代表的な炭素の数が五個のアルドース。D型は、リボ核酸や各種の補酵素の構成成分として、すべての動植物の細胞に存在。ビタミン$B_2$の合成原料。

**リポート**[report] ↓レポート

**リボ-かくさん**【リボ核酸】 ↓アールエヌエー(RNA)

**リボソーム**[ribosome] すべての生物の細胞質中に含まれる顆粒。小胞体の表面に付着してまたは離れて散在して、たんぱく質合成に中心的役割をはたす。

**リポ-たんぱくしつ**【リポ▼蛋白質】 脂質を含む複合たんぱく質の総称。たとえば、血清のリポたんぱく質は燐脂質とコレステロールエステルを含む。lipoprotein

**リボニア**[Livonia] バルト海東岸地方。現在のソ連のラトビア・エストニア両共和国の占める地域の歴史的な呼称。

**リボヌクレアーゼ**[ribonuclease] リボ核酸に作用し、ヌクレオチド間の燐酸ジエステル結合の加水分解を触媒する酵素。RNA分子内部の結合を切る。RNaseと略記。

**リボフ**[L'vov] ソ連南西部、ウクライナ共和国の商工業都市。古くからキエフと西ヨーロッパとの交通の要地として発展。人口七二・八万(一九八四)。旧称レンベルク。

**リボルノ**[Livorno] イタリア中部、リグリア海沿岸の港湾都市。同国有数の貿易港で、ぶどう酒・オリーブ油・大理石などを輸出。人口一七・五万(一九八二)。レグホーン。

**リボルバー**[revolver] ↓レボルバー

**リボン**[ribbon] ①幅〇・五～二〇cmぐらいのテープ状細幅織物。帽子・花束・衣服などの装飾用。②新体操で用いる手具の一つ。帯状布。③タイプライター・ワードプロセッサーなどの印字用テープ。↓帽子[図]

**リボン-グラス**[ribbon grass] イネ科の耐寒性多年草。葉は線形で長さ二〇～三〇cm。白い縦じまがある。花壇の縁取りに最適。チグサ。↓[写]

●リボングラス

**リボン-ほうでん**【リボン放電】 雷の放電路が風に流されて、雷光が幅をもったリボンのように見える放電。

**リマ**[Lima] 南アメリカ、ペルーの首都。同国中部、太平洋岸、リマック川流域に位置する。一五三五年、スペイン人ピサロにより建設され、植民地文化のなごりを残す。周辺は農業地域、繊維・食品などの軽工業が中心。外港はカヤーオ。人口五二五・九万(一九八三)。

**り-まわり**【利回り】 株券・債券など有価証券の買い入れ価格に対する利子・配当の割合。投資効率を示すうえでの重要な指標。rate of yield

**リマン-かいりゅう**【リマン海流】(Liman Current) シベリア東岸沖を南下する日本海北部の寒流。対馬暖流の末流。

**リミット**[limit] 限界。限度。

**り-みん**【離民】 ①避難民。refugees ②国外亡命者。exile

**リム**[rim] 車輪の外縁の部分。タイヤを固定するところ。輪縁。輪周。↓自転車[図]

**リムーザン**[Limousin] フランス中部、中央山塊北西部の地域。中心都市リモージュ。標高四〇〇～一〇〇〇mの丘陵地域に位置。リムーザン種の牛の産地。

**リムジン**[limousine] ①大型の箱型自動車。運転室と客室が窓つきの壁でしきられ、後部座席の前に、折り畳み座席がある。定員六～九人。②空港などの乗客送迎用バス。リムジンバス。↓自動車[図]

**リムスキー-コルサコフ**[Nikolay Rimsky-Korsakov](一八四四～一九〇八) ロシア国民楽派の作曲家。「五人組」の一人。管弦楽法の大家。オペラ『サトコ』、交響組曲『シェエラザード』、著書『和声学実習』など。

**リムセ**(rimuse アイヌ) アイヌ民族の伝承民謡の一つ。踊りながら歌う形式のもので、祭りのときなどに、掛け声を入れ、手拍子を打ちながら歌い踊る。『カムイ(神)リムセ』『エムシ(刀)リムセ』など多くの曲がある。

**リムド-こう**【リムド鋼】 脱酸(酸素の除去)の度合いが低い鋼塊。凝固中に炭酸ガスを発生して、外側には比較的均質な縁(=リム)が形成され内部は不均質となる。圧延鋼材として使用。rimmed steel [比較]キルド鋼。

**リムパック**[RIMPAC]《Rim of the Pacific Exerciseの略》環太平洋合同演習。アメリカ・カナダ・オーストラリア・ニュージーランドの各国海軍の合同演習。昭和五五年(一九八〇)以来、日本の海上自衛隊も参加。

**り-むよう**【▼李夢陽】 ↓りぼうよう(李夢陽)

**り-めん**【裏面】 [対義]表面。①うらがわ。back [用例]鏡の—。②うちまく。内情。inside [用例]—史。—工作。

**リモージュ**[Limoges] フランス中部の商工業都市。オートビエンヌ県の県都。良質の粘土による製陶業は世界的に有名。人口一四・四万(一九八二)。

**リモート-センシング**[remote sensing] 物体が放射する電磁波をとらえて処理・解析する技術。人工衛星から地上の資源の有無や気象を調査するさいなどに用いる。遠隔探査。

**リモ-コン**《「リモートコントロール」の略》遠く離れたところから機械などを操作すること。遠隔操作。遠隔制御。

**りもつ-の-すいじゃく**【利物の垂▼迹】(連語) 仏が衆生を救うために、種々の姿で現れ、教えをわかりやすく説くこと。

**リモネン**[limonene] テルペンの代表的化合物。オレンジ油・松葉油・樟脳油などに含まれる。レモンの香りをもち、柑橘系の香料とする。

**リヤオトン-はんとう**【リヤオトン半島・▼遼▽東半島】(Liáodōng) ↓りょうとうはんとう(遼東半島)

**リヤオニン**【遼寧】〈省〉(Liáoníng) ↓りょうねい(遼寧)

**リヤオ-ホー**【遼河】(Liáo Hé) ↓りょうが【(遼河)】。

**リヤ-カー**《和製語。rearとcarから》鋼管を溶接した車体で、一軸の二輪車。自転車の後部に連結したり、人が引いて荷物を運ぶ。リアカー。

**リャク** 11画【▼掠】 部首[扌]てへん [JIS]4611
[音]リャク・リョウ
かすめる。かすめとる。うばいとる。「掠奪」

**リャク** 11画【略】 部首[田]たへん 教育小5 [JIS]4612
11画【▼畧】 異体字 [JIS]6532
[音]リャク
田 略 略 略 略 略
①はぶく。簡単にする。ほぼ。おおよそ。[対義]詳。本。「簡略・省略・前略・大略」「略字・略式・略図」[用例](名)以下—。日本史—。②はかる。はかりごと。「計略・策略・商略・謀略」③《掠とも》かすめとる。うばいとる。おかす。「攻略・侵略」「略奪」

**り-やく**【利益】《仏教語》神仏から授かる利福。利生。

**りゃくおう**【▽暦応】 日本の南北朝で、北朝の年号。建武から改元。元年(一三三八)八月二八日～五年(一三四二)四月二七日。次に、康永に改元。

**りゃく-おん**【略音】 複合語などで、連続する二つの音節が一音節となって、一方の音節が脱落すること。「あらいそ(荒磯)」が「ありそ」となる類。[比較]約音。

**りゃく-が**【略画】 線で主要部を簡単にかいた絵。細かい部分を省いた絵。sketch

**りゃく-ぎ**【略儀】 略式。[用例]—ながら。

**りゃく-げ**【略解】(名・サ変他) 要点だけをあらまし解釈すること。りゃっかい。[対義]詳解・精解。

**りゃく-げん**【略言】(名・サ変自他) ①大要を



り

簡単に述べること。summary [用例]以下—する。②一語中の音節が略されたことば。略音。abbreviation

**りゃく-ご【略語】** 語の一部分を省いたことば。「ゴムながぐつ」を「ゴムなが」、「特別急行」を「特急」、Asia Africaを「AA」、「日本放送協会」を「NHK」、science fictionを「SF」などにする類。abbreviation

**りゃく-こう【歴劫】**《仏教語》無限の時間を経ること。

**りゃく-ごう【略号】** 簡略化するための、文字による記号。貨車の横腹などに書いてある「トム(=無蓋車)」など。code

**りゃく-し【略史】** かんたんに概略を記した歴史。

**りゃく-じ【略字】** 画数の多い漢字の、その点や線などを省いて簡単にした字。「礼(=禮)・応(=應)・発(=發)」など。簡易字体。[対義]本字・正字。

**りゃく-しき【略式】** 正式の順序・手続きの一部を省略したやりかた。informal [対義]正式・本式。

**りゃくしき-きそ【略式起訴】** 公判を開かないで書面審理によるための、簡易裁判所への起訴手続き。

**りゃくしき-てつづき【略式手続(き)】** 簡易裁判所が公判を開かないで罰金・科料を科する簡易な裁判手続き。不服があれば一四日以内に正式の公開裁判を求められる。

**りゃくしき-めいれい【略式命令】** 略式手続きによる裁判。刑事事件について、簡易裁判所が通常の公判手続きをへずに書面審理で罰金・科料を科する。summary order

**りゃく-しゅ【略取】**(名・サ変他) ①奪いとること。capture ②力ずく、または脅して連れ出すこと。[比較]誘拐。[用例]—誘拐罪。

**りゃく-じゅ【略綬】** 勲章などのかわりにつける略式のしるし。

**りゃく-じゅつ【略述】**(名・サ変他) 要点をまとめて簡略に述べること。略叙。[対義]詳述。

**りゃくしゅゆうかい-ざい【略取誘拐罪】** 暴行・脅迫、あるいはそれ以外の手段によって、他人を自己または第三者の支配下におくことにより成立する罪の総称。

**りゃく-しょ【略書】**(名・サ変他) 省いて書くこと。また、書いたもの。

**りゃく-じょ【略叙】**(名・サ変他) 大体を述べること。略述。[対義]詳叙。

**りゃく-しょう【略称】**(名・サ変他) 簡単にした呼び名。その名前。「農水省(=農林水産省)・東大(=東京大学)」など。abbreviation

**りゃく-しょう【略章】** 略式の記章・勲章。

**りゃく-す【略す】**(五他) ↓りゃくする(略する)

**りゃく-ず【略図】** ①簡単な図。sketch ②大体の道すじを書いた地図。rough map

**りゃく-する【略する】**(サ変他) =略す。①省いて簡単にする。省略する。omit;abbreviate ②《「掠する」とも》かすめとる。奪いとる。capture

**りゃく-せつ【略説】**(名・サ変他) あらましを説明すること。また、その説明。概説。summary; outline [対義]詳説。

**りゃく-そう【略装】** 略式の服装。略服。informal dress [対義]正装。

**りゃく-たい【略体】** 字体の一つ。正体の字画を簡単にしたもの。[対義]正体。

**りゃく-だつ【略奪・掠奪】**(名・サ変他) 奪いとること。かすめとること。奪略。plunder

**りゃくだつ-こん【略奪婚】** 原始社会などで、女性を他の集団から奪って妻とする婚姻形態。marriage by capture

**りゃく-でん【略伝】** 簡単な伝記。[対義]詳伝。

**りゃくにん【暦仁】** 鎌倉中期の年号。嘉禎から改元。元年(一二三八)一一月二三日～二年(一二三九)二月七日。次に、延応に改元。

**りゃく-ひつ【略筆】**(名・サ変自他) ①要点を簡略に書くこと。省筆。略述。②↓りゃくたい(略体)

**りゃく-ひょう【略表】** 大体のことを書き示した表。

**りゃく-ふ【略譜】** ①算用数字で書いた簡略な楽譜。[対義]本譜。②大体のことを表した系譜。

**りゃく-ふく【略服】** 略式の服装。略装。informal dress

**りゃく-ぼう【略帽】** 軍隊で、戦闘・訓練・作業などのときに着用する帽子。戦闘帽。

**りゃく-ほんれき【略本暦】** 本暦から、一般の人が必要とする事項だけ抜き出した簡略な暦。

**りゃく-れき【略暦】**「略本暦」の略。

**りゃく-れき【略歴】** 簡単な履歴。brief personal record

**リャザン【Ryazan'】** ソ連中西部、モスクワ南東、オカ川右岸の河港都市。一一世紀に興り、一三世紀、モンゴル族の破壊後に再建。人口五〇万(一九八六)。

**リャシコ【Nikolay Nikolayevich Lyashko】**(一八八四～一九五三) ソ連の小説家。作品『溶鉱炉』など。

**りゃっ-かい【略解】**(名・サ変他)《「りゃくかい」の変》↓りゃくげ(略解)

**りゃっ-き【略記】**(名・サ変他)《「りゃくき」の変》略してしるすこと。しるした書物。[対義]詳記。

**リヤド【Riyadh】** サウジアラビアの首都。同国中部ナジド台地に位置する。豊かなオアシスを中心に発展、ナツメヤシ・穀類などを産する。現在は同国の石油収益の発展などから、各種施設の充実、市街の近代化が著しい。人口六六・七万(一九七四)。

**リャノ【Llanos】** 南アメリカ北西部、オリノコ川流域の熱帯草原。ベネズエラからコロンビア東部にわたり、面積約四〇万$km^2$。リャノス。[参照]ステップ。

**リャン-コ【両個中】**(liǎnggè) ①二個。二つ。②《江戸時代の俗語。二本差し、の意から》武士。

**リュイシュン【旅順】**(Lǚshùn) ↓りょじゅん(旅順)

**リュウ** 5画【立】 部首[立] 教育小1 [JIS]4609
[音]リツ・リュウ
[訓]たつ・たてる
[筆順]↓リッ[立]
①たつ。たてる。あらわす。「建立・不立文字」②立方。「立坪・立米」↓リッ[立]

**リュウ** 8画【▼苙】 部首[艹] [JIS]7194
[音]リュウ・キュウ
①おり。ブタなどを飼うための囲い。②ヨロイグサ。セリ科の多年草。

**リュウ** 9画【柳】 部首[木] 常用 [JIS]4488
[音]リュウ
[訓]やなぎ
①ヤナギ。シダレヤナギ。ヤナギ科の落葉高木。いとやなぎ。「蒲柳・楊柳」②ヤナギの木や葉にたとえる。「蒲柳の質」「柳眉・柳腰」

**リュウ** 10画【流】 部首[氵] 教育小3 [JIS]4614 9画【▼流】旧字
[音]リュウ・ル
[訓]ながれる・ながす

流 流 流 流 流 流

①ながれる。ながす。ながれ。「下流・逆流・急流・合流・濁流」「流域・流失・流出・流星・流通・流動」②さすらう。「流亡・流離」③ひろまる。ひろめる。「流言」④遠くへうつす。「流刑」⑤なりたたないでしまう。「流会・流産」⑥しな。くらい。「一流・三流」⑦やりかた。しかた。系統。[比較]派。「我流」「流儀」[用例]《接尾的》観世—。自己—。⑧《旒とも》旗などを数えるのに用いる。[用例](助数)長旗三—。↓ル[流]

**リュウ** 10画【▼琉】 部首[王] 11画【▼琉】異体字 [JIS]4616
[音]リュウ・ル
①「琉璃」は、濃い青色の宝石。瑠璃。②「琉球」は、九州本島と台湾の間の海上にある列島。

**リュウ** 10画【留】 部首[田] 教育小5 [JIS]4617 12画【▼畱】異体字 8画【▼畄】異体字 [JIS]6523
[音]リュウ・ル
[訓]とめる・とまる

留 留 留 留 留 留

①とどまる。とまる。とどめる。とめる。とめておく。[比較]止・停・泊。「寄留・拘留・保留」「留意・留学・留置・留任」②地球からみた惑星の動きが、静止しているようにみえる状態。また、その時刻・位置。それを境に、順行から逆行へ、または、その逆方向へうつりかわる。③《溜とも》純粋な成分をとること。「乾留・蒸留」↓ル[留]

**リュウ** 10画【竜】 部首[竜] 常用 [JIS]4621 16画【▼龍】 部首[龍] 旧字 [JIS]4622
[音]リュウ・リョウ
[訓]たつ
①たつ。想像上の動物。巨大な爬虫類の形をしていて、鳳・麟・亀とともに四霊の一つ。雲をおこし雨をよぶ。「天竜・登竜門・独眼竜・飛竜」「竜虎・竜神」[用例](名)—が天にのぼる。②将棋で、飛車が成ったもの。成り飛車。竜王。③天子のことに付けて用いる。「竜顔」↓リョウ[竜]

**竜の髭を蟻が狙う** 力がないのに大それたことを望んだり、強い者に反抗したりするたとえ。

**竜は一寸にして昇天の気有り** すぐれている者は、幼時から非凡なところがあるたとえ。

**リュウ** 11画【隆】 部首[阝] 常用 [JIS]4620 12画【▼隆】旧字
[音]リュウ
①たかい。なかだか。たかくなる。「隆起・隆鼻」②さかん。さかんになる。「興隆」「隆運・隆盛・隆々」

**リュウ** 11画【▼笠】 部首[竹] [JIS]1962
[音]リュウ
かさ。かぶりがさ。柄のないかさ。頭にかぶるかさ。

**リュウ** 11画【粒】 部首[米] 常用 [JIS]4619
[音]リュウ
[訓]つぶ
①つぶ。「微粒子」「粒子・粒状」②つぶ状のものを数えるのに用いる。[用例](助数)丸薬一—。

**リュウ** 12画【▼旒】 部首[方] 13画【▼旒】異体字 [JIS]5856
[音]リュウ
①はたあし。はたのひるがえる部分。②はたなどを数えるのに用いる。[用例](助数)軍艦旗三—。

**リュウ** 12画【硫】 部首[石] 常用 [JIS]4618 11画【▼硫】旧字
[音]リュウ・ル
①いおう。ゆおう。火山・温泉地帯からとれる黄色の鉱物。元素の一つ。「硫化物・硫気・硫酸」②硫酸のこと。「硫安」

**リュウ** 13画【▼溜】 部首[氵] [JIS]4615 15画【▼澑】異体字 [JIS]6317
[音]リュウ
①ためる。たまる。ため。たまり。「溜水」②とどこおる。「溜飲」③したたる。したたり。しずく。④純粋な成分をとること。「乾溜・蒸溜」

**リュウ** 13画【▼鉚】 部首[金] [JIS]7886
[音]リュウ
美なる金。精緻で美しい金。

**リュウ** 14画【▼榴】 部首[木] [JIS]6056 16画【▼橊】異体字
[音]リュウ
ザクロ。ザクロ科の落葉性小高木。また、その果実。

**リュウ** 15画【▼劉】 部首[刂] [JIS]4613
[音]リュウ
①ころす。人をころす。②中国で、姓氏の一つ。特に、漢の王家の姓。

**リュウ** 15画【▼嶐】 部首[山] [JIS]5455
[音]リュウ
山が、こんもりともりあがって、高いさま。

**リュウ** 15画【▼瘤】 部首[疒] [JIS]6578 17画【▼癅】異体字
[音]リュウ・ル
こぶ。①病気で、また、打たれて、筋肉のもりあがったもの。たんこぶ。②こぶにた形のもの。結び目など。③厄介もの。邪魔もの。特に、こども。

**リュウ** 17画【▼窿】 部首[穴] [JIS]6767
[音]リュウ
天空が弓なりにまがっているさま。「穹窿」

**リュウ** 18画【▼嚠】 部首[口] [JIS]5172
[音]リュウ
「嚠喨」は、管楽器の音などが、高くさえわたるさま。

**リュウ** 18画【▼瀏】 部首[氵] [JIS]6340



↓行き先項目、図版・写真参照印。 [JIS]日本工業規格情報交換用漢字符号コード(区点コード)。

**リュウ** 18画【▼霤】 部首[雨] JIS 8037
音リュウ
①きよい。水がきよらかなさま。②はやい。風がはやくふくさま。③あきらか。きよくあかるいさま。

**リュウ** 19画【▼鏐】 部首[金] JIS 7925
音リュウ
あまだれ。軒などからおちる雨のしずく。
〔※原文の順に従う〕

**リュウ** 19画【▼鏐】 部首[金] JIS 7925
音リュウ
紫磨金。紫磨黄金。紫金。紫色をおびてかがやく最上の金。

**リュウ** 19画【▼餾】 部首[食] JIS 8126
音リュウ
①むす。飯をむす。米をふかす。②めし。むした飯。

**リュウ** 20画【▼飂】 部首[風]
音リュウ・リョウ
空高くふく風。また、その風の音。

**リュウ** 21画【▼鰡】 部首[魚] JIS 8263
音リュウ
ボラ。ボラ目に属する海水魚。

**り-ゆう**【理由】①なぜそうするか、なぜそうしたかという、わけ。reason 用例 ―を明らかにする。②口実・言いわけ。pretext 用例 風邪を―にして会社を休む。

**りゅう-あし**【柳亜子】(一八八七〜一九五八) 中国の詩人。本名は柳慰高、のち棄疾と改名。江蘇省の人。清末に革命的文学結社「南社」を組織、作詩以外にも広範な創作活動を行う。

**りゅう-あん**【硫安】「硫酸アンモニウム」の略。

**りゅう-あん**【▼劉安】(BC一七九?〜BC一二二) 中国、漢の高祖の孫。准南王。学を好み、多くの文人らを招いて『准南子』を撰した。武帝のとき謀反の罪に問われて自殺。

**りゅうあん-かめい**【柳暗花明】①《ヤナギは茂って暗く、花は咲いて明るい、意》春の野の美しいながめ。②遊里。遊郭。

**りゅう-い**【留意】(名・サ変自) 気にとどめること。note; attention

**リュー-イー-ソー**【緑一色中】(lüyisè) 麻雀の手役「役満」の一つ。緑発・二索・三索・四索・六索・八索だけを使った組み合わせの上がり。この六種類の牌はすべて緑色のみが使われているため。オールグリーン。all-green

**りゅう-いき**【流域】川の流れに沿った両側の地域。河川が降水を集める範囲で、分水界に囲まれる。流域面積は、河川の大きさを決める有力な基準となる。drainage basin

**りゅう-いん**【▼溜飲】漢方で、胃に食物がたまって、酸っぱい液が出る症状。water brash
**溜飲を下げる**(りゅういんをさげる) 胸がさっぱりする。また、心にひっかかっていることを言い放って、気持ちがすっきりする。不快・不満が晴れる。思いを晴らす。溜飲が下がる。feel heartily gratified

**りゅう-うしゃく**【▼劉▼禹▼錫】(七七二〜八四二) 中国、中唐の詩人。字は夢得。中山の人。民謡形式の「竹枝詞」が有名。晩年は白居易との贈答詩が多い。詩文集『劉賓客文集』。

**りゅう-うん**【隆運】さかんな運勢。運が向いてくること。good fortune 対義 衰運。

**りゅう-えい**【柳営】①《漢の周亜夫が細柳という地に陣営を構えた故事から》将軍の陣営。②将軍。

**りゅう-えい**【柳永】(九八七ごろ〜一〇五三ごろ) 中国、北宋の詞人。崇安の人。柳屯田と号した。長編の詞(慢詞)を芸術的に完成させ、旅情・艶情をうたった傑作が多い。詞集『楽章集』。

**りゅう-えん**【▼劉▼淵】(?〜三一〇) 中国、五胡十六国の前趙の創建者(在位三〇四〜三一〇)。廟号は高祖。南匈奴の単于の子孫。晋に仕えたが、内乱に乗じて挙兵。平陽を都に建国。

**りゅう-おう**【竜王】①竜族の王。仏教では、八大竜王のこと。中国では、雨神として信じられ、農村に竜王廟が祭られ、日照りには雨乞い祈願が行われる。②将棋で、飛車が敵陣に入り成ったもの。成り飛車。竜。

**りゅうおう**【竜王】〈町〉山梨県北西部、釜無川東岸に位置する町。甲府市の南西に接し都市化が進む。稲作のほか養蚕なども行う。人口三万二五一一(一九八八)。

**りゅうおう**【竜王】〈町〉滋賀県中南部の町。近江米・近江牛の産地で、工業も発達。名神高速道路のインターチェンジがある。人口一万一一六六(一九八八)。

**りゅうおう-ざん**【竜王山】香川県讃岐山脈にある山。標高一〇五七mで、同山脈の最高峰。北側は急傾斜し、南側が緩傾斜面の一種のケスタ地形をなす壮年期の山。

**りゅう-おん**【流音】音声学で、上あごに近づけた舌の中間、または両側面から有声の呼気を出して形づくる子音。[r][l]など。liquid

**りゅう-か**【硫化】①硫黄と化合すること。②ある元素名の前につけて、その元素が硫黄と化合物をつくっていることを示す。sulfuration米; sulphuration英

**りゅうか-あえん**【硫化亜鉛】化学式$ZnS$ 白色の粉末。天然には閃亜鉛鉱として産出。白色顔料(とくにリトポン)の原料、蛍光スクリーンの材料として利用。zinc sulfide

**りゅう-かい**【流会】(名・サ変自) 会が成立せず、中止になること。adjournment of meeting

**りゅうか-カドミウム**【硫化カドミウム】化学式$CdS$ 水に溶けにくい黄橙色の結晶。黄色顔料(カドミウムイエロー)・光導電セルに利用。cadmium sulfide

**りゅうか-ぎん**【硫化銀】化学式$Ag_2S$ 水に不溶の黒色の粉末または灰黒色の結晶。天然には輝銀鉱または針銀鉱として産する。silver sulfide

**りゅう-がく**【留学】(名・サ変自) 外国に住んで学ぶこと。study abroad 用例 ―生。

**りゅうか-こうぶつ**【硫化鉱物】硫黄と金属との化合物である鉱物の総称。各種の重金属の原料として用いられる鉱物が多い。sulfide mineral

**りゅうがさき**【▼龍ケ崎】〈市〉茨城県南部、利根川北岸の市。首都圏に近いため農業・商業地帯から住宅・工業都市に変容。人口五万二〇九二(一九八八)。

**りゅうかしき-えんでん**【流下式塩田】製塩方式の一つ。くみ上げた海水を傾斜面に流しながら、濃縮して塩をつくる。揚げ浜式・入り浜式の塩田に代わって開発された。

**りゅうか-すいぎん**【硫化水銀】①硫化水銀(Ⅰ)。化学式$Hg_2S$ 黒色の固体できわめて不安定。mercuric sulfide ②硫化水銀(Ⅱ)。化学式$HgS$ 黒色と赤色の二種類が存在し、天然には赤色の辰砂として産出。赤色顔料・医薬品などに用いる。mercuric sulfide

**りゅうか-すいそ**【硫化水素】化学式$H_2S$ 硫黄と水素の化合物。腐卵臭がある無色で有毒の気体。水溶液は弱酸性。還元剤。天然には、火山ガス・温泉などに含まれる。重金属イオンを含む水溶液に吹き込むと、金属特有の色をもつ硫化物を沈殿するので、金属イオンの分析に利用。hydrogen sulfide

**りゅうか-すず**【硫化▼錫】①硫化錫(Ⅳ)。化学式$SnS_2$ 黄色の結晶。塩酸・硝酸に不溶。tin sulfide ②硫化錫(Ⅱ)。化学式 $SnS$ 黒褐色の結晶で、水に溶けにくい。tin sulfide

**りゅうか-せんりょう**【硫化染料】硫黄またはポリ硫化ナトリウムと芳香族化合物を反応させてつくる人工染料の総称。黒・青色が多い。堅牢で非常に安価なため、木綿の染色に多量に用いられる。sulfur dye

**りゅうがたけ**【▼龍ケ岳】〈町〉熊本県、天草上島の南東端にある町。竜ケ岳とその山麓の町で、大小一〇の島々も含む。農・漁業が主。人口六六五二(一九八八)。

**りゅうか-てつ**【硫化鉄】①硫化鉄(Ⅱ)。化学式$FeS$ 灰黒色の塊状。希酸に溶け硫化水素を発生。iron sulfide ②硫化鉄(Ⅲ)。化学式$Fe_2S_3$ 黒色粉末で水に溶けない。iron sulfide ③二硫化鉄。化学式$FeS_2$ 黄鉄鉱型と白鉄鉱型があり、五〇〇℃以上で硫化鉄(Ⅱ)と硫黄に分解。硫酸の製造原料。iron sulfide

**りゅうか-どう**【硫化銅】①硫化銅(Ⅰ)。化学式$Cu_2S$ 銀灰色の結晶。超イオン導電体。copper sulfide ②硫化銅(Ⅱ)。化学式$CuS$ 黒色の粉末または青黒色の結晶。コロイドになりやすい。copper sulfide

**りゅうが-どう**【▼龍河洞】高知平野東端、秋葉山麓にある鍾乳洞。延長約四km。古生層の石灰岩が浸食されたもので、弥生時代の住居遺跡としても名高い。

**りゅうか-なまり**【硫化鉛】化学式$PbS$ 天然には方鉛鉱として産出。黒色で硝酸に溶ける。過酸化水素を作用させると硫酸塩に変わる。半導体。金属鉛の原料。lead sulfide

**りゅうか-ぶつ**【硫化物】硫黄とそれよりも陽性の強い元素との化合物の総称。重金属は硫化物として産出するものが多く、一般に水に溶けない。半導体の性質を示すものがある。sulfide

**りゅう-かん**【流汗】あせを流すこと。流れ出るあせ。sweat 用例 ―淋漓。

**りゅう-かん**【流感】「流行性感冒」の略。

**りゅう-がん**【立願】(名・サ変自) ↓りつがん(立願)

**りゅう-がん**【竜眼】ムクロジ科の常緑高木。高さ約一〇m。葉は羽状複葉で光沢がある。春に円錐花序をつくり、よい香りの黄白色の小花を開く。果実は球形で食用・薬用。

**りゅう-がん**【竜顔】天子の顔。中国では、竜は麒麟・鳳凰・亀とともに四霊の一つに考えられ、天子についての表現などに用いられる。りょうがん。

**りゅう-き**【隆起】(名・サ変自) ①高く盛り上がること。rise ②土地が変動して高くなること。heave; rise up 対義 沈下・沈降。

**りゅう-き**【硫気】硫黄分を含んだガス。

**りゅう-ぎ**【流儀】①昔から伝えてきた技術・芸能などの法式。style ②物事のしかた。しきたり。way

**りゅうき-かいがん**【隆起海岸】陸地の隆起または海面の下降により、浅海底が陸上に現れた海岸地形。海岸平野や海岸段丘がみられ、海岸線は一般に平滑。離水海岸。coast of elevation

**りゅうき-がん**【▼榴輝岩】ほとんど石榴石と輝石からなる、塩基性の完晶質変成岩。密度が高い。エクロジャイト。eclogite

**りゅう-ぎけい**【▼劉義慶】(四〇三〜四四四) 中国、六朝宋の文人。彭城の人。魏・晋・六朝期の士大夫の言行を記した『世説新語』を編纂、遺聞佚事をよく伝える。

**りゅうき-こう**【硫気孔】火山でおもに硫化水素や亜硫酸ガスを噴出する噴気孔。付近の岩石は変質し、植生も発達せずに裸地となる。solfatara

**りゅうき-じゅんへいげん**【隆起準平原】河川の浸食によって海面と同じぐらいまで削られた土地が、その後隆起したと考えられる地形。河川の新たな浸食で刻まれ、上部にもとの小起伏の面が残っている。吉備高原・三河高原・阿武隈高地など。uplifted peneplain; elevated peneplain

**りゅう-きへい**【竜騎兵】近代ヨーロッパにおける銃を装備した騎兵。また、のちの装甲騎兵隊の称。dragoon

**りゅう-きゅう**【▼琉球】沖縄の旧称。『隋書』東夷伝に「流求」とあるが、この国については沖縄説と台湾説とがあり、起源は定かでない。沖縄本島に分立していた三国が一四世紀に中国の明に入貢し、一五世紀に全島が統一されて琉球王国を形成、以後一八七九年(明治一二)まで、琉球が沖縄の公式名称として用いられた。小琉球(=台湾)に対して、大琉球とも。

**りゅうきゅう-あい**【▼琉球▼藍】キツネノマゴ科の多年草。高さ約八〇cm。卵形葉。唇形花をつける。枝葉からインジゴを抽出。沖縄・台湾に分布。キアイ。

**りゅうきゅう-い**【▼琉球▼藺】シチトウイの別名。琉球表の材料となる。

**りゅうきゅう-いも**【▼琉球芋】サツマイモの異名。

**りゅうきゅう-おうこく**【▼琉球王国】一五世紀初期、中山王の尚氏により沖縄諸島に成立した王国。都は首里。一六〇九年(慶長一四)薩摩軍に征服されたが、一方で中国への朝貢もしていた。一八七九年(明治一二)明治政府の沖縄県設置まで王国として存続。

**りゅうきゅう-おもて**【▼琉球表】琉球藺の茎を横とし、麻糸を縦として織られた畳表。縁をつけないこと、また強靭なのが特徴。

**りゅうきゅう-かいこう**【▼琉球海溝】琉球列島の東方に沿って奄美大島から沖縄諸島および台湾の東側に横たわる海溝。深さ五〇〇〇m以上で、沖縄島と宮古島との間の沖では七八八〇m。南西諸島海溝。Ryukyu trench

**りゅうきゅう-がも**【▼琉球▼鴨】ガンカモ科の鳥。沖縄でまれに発見される水鳥。全長約四〇cm。カモと名付けられているがガンの仲間で、渡りをしない。雌雄同色で背面は褐色、あご・のどは白く、胸以下の下面は赤褐色。目の周りは黄色。水中に潜って採食。インド・東南アジアなどに分布。Indian whistling duck

**りゅうきゅう-ご**【▼琉球語】↓りゅうきゅうほうげん(琉球方言)

**りゅうきゅう-こうがい**【▼琉球▼笄】メヒルギの別名。南西諸島の海岸のマングローブを形成する。

**りゅうきゅう-しょとう**【▼琉球諸島】沖縄諸島と先島(宮古・八重山列島)諸島の総

●リュウキンカ

称。種子島から与那国島まで続く南西諸島の沖縄県部分の島々。

**りゅうきゅう-しょぶん【▼琉球処分】** 明治五～一二年(一八七二～七九)明治政府が断行した琉球帰属問題の処置。日本と中国(清)に両属する形だった琉球に対し、政府は沖縄県の設置を強行し日本領とした。

**りゅうきゅう-せいふ【▼琉球政府】** 昭和二七年(一九五二)アメリカ占領下の沖縄で発足した住民側の琉球中央政府。同四七年(一九七二)の沖縄返還まで存続。

**りゅうきゅう-つつじ【▼琉球▼躑▼躅】** ツツジ科の常緑低木。高さ一・五m前後。葉は披針形で、革質で細毛が密生。春、白色の漏斗状花を一～二個つける。

**りゅうきゅう-つのまた【▼琉球角▼叉】** キリンサイの別名。

**りゅうきゅう-ぶんがく【▼琉球文学】** 沖縄で成立した琉球語の文学。古式の歌謡や舞踊が伝承され、神歌「おもろ」、叙情文芸「琉歌」、楽劇「組踊り」などがある。

**りゅうきゅう-ぼうえき【▼琉球貿易】** 主として一五世紀以降、琉球(沖縄)が日本・中国・朝鮮および東南アジア諸国と行った中継貿易。一七世紀以降、薩摩の島津氏の統制下におかれた。

**りゅうきゅう-ほうげん【▼琉球方言】** 鹿児島県の奄美諸島と、沖縄県下の琉球諸島で話される方言。古代日本語から分派したものと考えられる。

**りゅうきゅう-まつ【▼琉球松】** マツ科の常緑針葉高木。針葉は二葉でやわらかく長い。球果は約五cmで卵形、鱗片にとげ状の突起。奄美諸島・沖縄諸島に分布。材は堅く重い。

**りゅうきゅう-むらさき【▼琉球紫▼蝶】** タテハチョウ科のチョウ。開張約八・五cm。黒紫色で、翅の一部が青紫色に輝く。幼虫の食草はサツマイモ。沖縄から東洋の亜熱帯に分布。

**りゅう-きょう【▼劉▽向】**(BC七七～BC六) 中国、前漢末の学者。字は子政。沛の人。宮中の蔵書を整理校訂し、また古代の逸話教訓書を編集した。著書『説苑』『新序』『列女伝』など。

**りゅう-きん【▼琉金】** キンギョの一品種。腹がふくらみ体が全体として丸く、ひれが大きい。尾びれは三つ尾か四つ尾。赤または赤白のまだら。中国産種で、江戸時代に琉球より渡来。↓キンギョ 写

**りゅう-きん【▼劉▼歆】**(BC五三ごろ～AD二三ごろ) 中国、前漢末の古文学者。字は子駿。父の劉向と諸文献を整理、七種に分類した中国最古の書籍目録『七略』を編した。

**りゅうきん-か【立金花】** キンポウゲ科の多年草。沼地や湿地にはえる。高さ約六〇cm。根出葉は葉柄が長く円形。四～七月に径約二cm、萼が花弁状の黄花が咲く。↓写

**りゅう-ぐう【流▼寓】**(名・サ変自) さすらって他国に住むこと。また、その住まい。

**りゅう-ぐう【竜宮】** 深海の底にあって竜王のすむという宮殿。『浦島太郎』などの昔話に出てくる。その背景には、海の向こうに楽園があるとの信仰がある。竜宮城。

**りゅうぐうのおとひめのもとゆい-の-きりはずし【竜宮▽乙姫元結の切外】** アマモの別名。

**りゅう-けい【流刑】** ↓るざい(流罪)

**りゅうげ-え【竜華会】** 弥勒菩薩の法座。釈迦入滅後五六億七千万年ののち、この世に下生した弥勒菩薩が竜華樹の下で悟りを開き、三度人々に説法するというもの。竜華三会。弥勒三会。

**りゅう-けつ【流血】** けがをして、血を流すこと。その血。bloodshed 用例 ―の惨。

**りゅうけつ-じゅ【竜血樹】** 熱帯にはえるリュウゼツラン科の高木。高さ約二〇m。樹齢数千年に達するものがある。上部は多数分枝し、葉は剣状。樹脂は血赤色で竜血とよばれ染料となる。カナリア諸島原産。

**りゅう-げん【流言】** 根のないうわさ。流説。groundless rumor

**リューゲン-とう【リューゲン島】**(Rügen) バルト海南西部、東ドイツ北部にある同国最大の島。面積九二七km²。農・漁業が中心。本土とは鉄道・道路で連絡。

**りゅうげん-ひご【流言飛語・流言▼蜚語】** 根も葉もない、いい加減なうわさ。groundless rumor

**りゅう-こ【竜▼虎】** =りょうこ。①りゅうと、とら。②力量に優劣のない、すぐれたふたり。two mighty rivals

**竜虎相搏つ** いずれ劣らぬ強者が勝負を争う。竜攘虎搏。Diamonds cut diamonds.

**りゅう-ご【▽輪鼓・▽輪子・立鼓】** ①胴がくびれた鼓のような形。②平安時代、くびれた胴に糸を巻いて回転させながら投げたり受けたりする曲芸の道具。のちには子どものおもちゃ。③糸を紡ぐときにつかう糸巻きの一種。④紋所の名。輪鼓の形を紋章化したもの。↓図

●輪鼓④
輪鼓
丸に中陰輪鼓

**りゅう-こう【流行】**(名・サ変自) ①社会に広く行われること・様式。はやり。fashion 用例 ―におくれる。②世間にもてはやされること。popular 用例 ―作家。③伝染性の病気が一時的にひろがること。prevalence 用例 ―性感冒。④移り変わること。change 用例 ―不易。

**りゅう-こう【隆光】**(一六四九～一七二四) 江戸中期の新義真言宗の僧。大和の人。知足院に住持し、護持院と改称。将軍綱吉の相談役として活躍、生類憐みの令の実施を勧めた。

**りゅうこう-か【流行歌】** ある一時期に多くの人々のあいだに伝わり、好んで歌われる歌。はやり歌。歌謡曲。popular song

**りゅうこう-ご【流行語】** 新語の一種。ある期間、人々にさかんに使われることば。また、すでにあった語が特定の意味で流行するときにもいう。word in vogue

**りゅうこう-しょく【流行色】** 流行している色。産業界では予想流行色という意味を含めて使われる。fashionable color

**りゅうこう-せい【流行性】** 伝染力が強い性質。epidemic

**りゅうこうせい-かくけつまくえん【流行性角結膜炎】** アデノウイルスによりおこる伝染性の強い眼病。おもな症状は、結膜の充血やぷつぷつとした濾胞が発生、流涙などで、角膜(黒目)にまでおよぶのが特徴。はやりめ。epidemic keratoconjunctivitis

**りゅうこうせい-かんえん【流行性肝炎】** A型の肝炎ウイルス(=HA抗原)が主として口から感染しておこる肝炎。一五～五〇日の潜伏期ののち発病。発熱・頭痛・食欲不振などの症状ののち黄疸が出る。epidemic hepatitis

**りゅうこうせい-かんぼう【流行性感冒】** ①ウイルスによっておこる急性の伝染性疾患。高熱を発し、頭痛・筋肉痛・無力感などをともない、肺炎をひきおこしやすい。インフルエンザ。流感。influenza ②発熱と呼吸器症状をともなうウシなどの伝染病。牛流行熱とイバラキ病の二つのウイルス性疾患が含まれる。家畜法定伝染病。enzootic fever

**りゅうこうせい-じかせんえん【流行性耳下▼腺炎】** 耳下部のはれ・いたみ・発熱をともなう伝染性の炎症。学童期の小児に多く、一度かかると生涯免疫ができる。おたふくかぜ。mumps

**りゅうこうせい-のうえん【流行性脳炎】** ①日本脳炎の旧称。②ウシ・ウマ・ヒツジ・ブタなどがかかる日本脳炎ウイルスによる伝染病の総称。家畜法定伝染病。発熱・麻痺などの症状を呈し、死亡する。enzootic encephalitis

**りゅう-こつ【竜骨】** ①古代のゾウなど大形脊椎動物の歯や骨の化石。古くから漢方の鎮静剤として用いられた。②船底の中央部を船首から船尾まで縦に通っている材。キール。keel ③「竜骨突起」の略。

**りゅうこつ-ざ【竜骨座】** 南天の星座。日本では一部分しか見られない。三月二八日ごろの午後八時ごろに南中。面積四九四平方度。Carina

**りゅうこつ-しゃ【竜骨車】** 灌漑用の揚水機。江戸前期に、畿内で用いられた。長い箱状の水槽の中で、多数の水かき板をつけたベルト状のものを足踏み式で回転させながら水を押し上げる。外形が竜の骨に似ている。keel wheel ↓図

●竜骨車

**りゅうこつ-とっき【竜骨突起】** 鳥類の胸骨下面中央部の出っ張り。胸骨の構造を強化するとともに、胸筋の付着面を大きくしている。飛翔力の強いものはよく発達しているが、ダチョウなどのように飛べない走鳥類では退化。

**りゅう-さ【流砂・流▼沙】** =りゅうしゃ。①川水などに押し流された砂。quicksand ②きわめて大きい浸透圧で浮いた状態にある砂粒子。人や物が上にのると引き込まれてしまう。クイックサンド。quicksand ③中国北西部にあるゴビ砂漠・タクラマカン砂漠をいう。

**りゅう-ざ【竜座】** 北天の星座。北極星を含むこぐま座を取り囲むように並ぶ星の配列。頭部にある二等星・三等星・四等星が作る小さな台形が特徴。ジャコビニ流星群の放射点がある。八月二日ごろの午後八時ごろに南中。面積一〇八三平方度。Draco

**りゅうさ-げんしょう【流砂現象】** 大地震などで、地下の砂層が地上に噴出したり、地盤全体が液状化して流動する現象。quicksand

**りゅう-さん【硫酸】** 化学式$H_2SO_4$ 強酸性で無色の粘性をもつ液体。また、その水溶液。希硫酸は強い二塩基酸。濃硫酸は強い脱水作用と酸化作用を示す。酸化剤・触媒・化学工業原料などに利用。sulfuric acid

**りゅう-ざん【流産】**(名・サ変自他) ①妊娠二八週未満で胎児が死んで分娩されること。この期間には、胎児が子宮外で生存可能なまでに成長していないので早産と区別する。abortion ②計画が中断し、実現しないこと。abortion; failure

**りゅう-ざん【流▼竄】** ①流罪。②放浪。

**りゅうさん-あえん【硫酸亜鉛】** 化学式$ZnSO_4$ 白色の粉末で水に溶けやすい劇薬。白色顔料(リトポン)・防腐剤・医薬品などに利用。zinc sulfate

**りゅうさん-アルミニウム【硫酸アルミニウム】** 化学式$Al_2(SO_4)_3$ 無色の結晶。水に溶け、弱酸性。医薬・媒染剤・皮なめしなどに利用。aluminum sulfate

**りゅうさん-アンモニウム【硫酸アンモニウム】** 化学式$(NH_4)_2SO_4$ 無色の結晶。水に溶けやすく、熱すると分解。窒素肥料として利用され、速効性があるが土壌を酸性にする。硫安。ammonium sulfate

**りゅうさん-う【硫酸雨】** 硫酸を含み酸性度の高い雨。工業排気中の硫黄酸化物が大気中の水分に溶けたことによる。人体・植物・魚などに被害を与える。acid rain 参照 酸性雨。

**りゅうさん-えん【硫酸塩】** 硫酸イオン$SO_4^{2-}$と陽イオンでできている塩の総称。安定な結晶を構成し、水和水をもつものが多い。sulfate

**りゅうさんえん-せん【硫酸塩泉】** 鉱水一kg中に一〇〇〇mg以上のいろいろな物質が溶けこみ、かつ硫酸イオンが主成分の温泉や鉱泉。sulfate springs

**りゅうさん-カリウム【硫酸カリウム】** 化学式$K_2SO_4$ 天然にはアルカナイトとして産出。無色の結晶。カリ肥料・ガラス原料・医薬などに利用。potassium sulfate

**りゅうさん-カルシウム【硫酸カルシウム】** 化学式$CaSO_4$ 無水物は無色の結晶。二水和物は石膏、二分の一水和物は焼き石膏とよばれる。calcium sulfate

**りゅうさん-し【硫酸紙】** ぼろ布や化学パルプを原料とする原紙を、濃硫酸で処理し、水洗い、乾燥した半透明の薄い紙。羊皮紙に似せてあり、耐水性や耐脂性がある。バター・チーズ・肉類の包装に使う。パーチメントペーパー。parchment paper

**りゅうさん-ジメチル【硫酸ジメチル】** 化学式$(CH_3O)_2SO_2$ 無色無臭で油状の液体。毒性が非常に強い。メチル化剤として利用。ジメチル硫酸。dimethyl sulfate

**りゅうさん-だん【▾榴散弾】** おもに兵員の殺傷を目的とする砲弾。爆発によって弾体が細片となり、内蔵した散弾とともに飛散する。shrapnel

**りゅうさん-てつ【硫酸鉄】** ①硫酸鉄(Ⅲ)。化学式$Fe_2(SO_4)_3$ 種々の水和水をもち、無水塩は白色から淡黄色の粉末で、媒染剤、鉄明礬の製造などに利用。iron sulfate ②硫酸鉄(Ⅱ)。化学式$FeSO_4$ 緑色の結晶。七水和物は緑礬という。iron sulfate 参照 緑礬。

**りゅうさんてつ-アンモニウム【硫酸鉄アンモニウム】** 化学式$(NH_4)_2Fe(SO_4)_2$ の硫酸鉄(Ⅱ)アンモニウムと、$(NH_4)Fe(SO_4)_2$ の硫酸鉄(Ⅲ)アンモニウムがある。前者の六水和物はモール塩とよばれ、鉄の分析試薬として利用される。ammonium iron sulfate

**りゅうさん-どう【硫酸銅】** 無水物は白色の粉末、五水和物は青色の結晶。化学式$CuSO_4$ 顔料・農薬(ボルドー液)・防腐剤などに利用。copper sulfate

**りゅうさん-ナトリウム【硫酸ナトリウム】** 化学式$Na_2SO_4$ 天然にはテナルド石として産出。無色の結晶で水に溶ける。一〇水和物は芒硝とよばれ冷却剤などに利用。sodium sulfate

**りゅうさん-なまり【硫酸鉛】** 化学式$PbSO_4$ 天然には硫酸鉛鉱として産出。白色の粉末。強酸・過剰のアルカリ・酢酸塩などに錯塩をつくって溶ける。lead sulfate

**りゅうさん-ニッケル【硫酸ニッケル】** 化学式$NiSO_4$ 六水和物は風解性をもつ青緑色の結晶。ニッケルめっき、水素添加用の触媒・媒染剤・顔料製造に利用。nickel sulfate

**りゅうさん-バリウム【硫酸バリウム】** 化学式$BaSO_4$ 天然には重晶石として産出。白色で水にきわめて溶けにくい。白色顔料(リトポン)・X線写真造影剤に利用。barium sulfate

**りゅうざん-ぶんか【竜山文化】** 中国新石器時代後期の文化。山東省竜山鎮城子崖遺跡により命名。仰韶文化に続く文化で、黒陶を特徴とする。ろくろを使用。農耕と牧畜を営み、農耕技術はかなり発達。副葬品には品質差があり階級差の発生を示す。山東・河南を中心に陝西・山西・遼東に分布。ロンシャン文化。

**りゅうさん-マグネシウム【硫酸マグネシウム】** 化学式$MgSO_4$ 無水物は白色の粉末。七水和物は苦汁の主成分。局所鎮痛剤・緩下剤など。magnesium sulfate

**りゅうさん-マンガン【硫酸マンガン】** ①硫酸マンガン(Ⅱ)。化学式$MnSO_4$ 淡赤色の結晶。インキの乾燥剤・窯業用顔料・肥料などに利用。manganese sulfate ②硫酸マンガン(Ⅲ)。化学式$Mn_2(SO_4)_3$ 潮解性をもつ。manganese sulfate ③硫酸マンガン(Ⅳ)。化学式$Mn(SO_4)_2$ 黒色の粉末で酸化剤などに利用。manganese sulfate

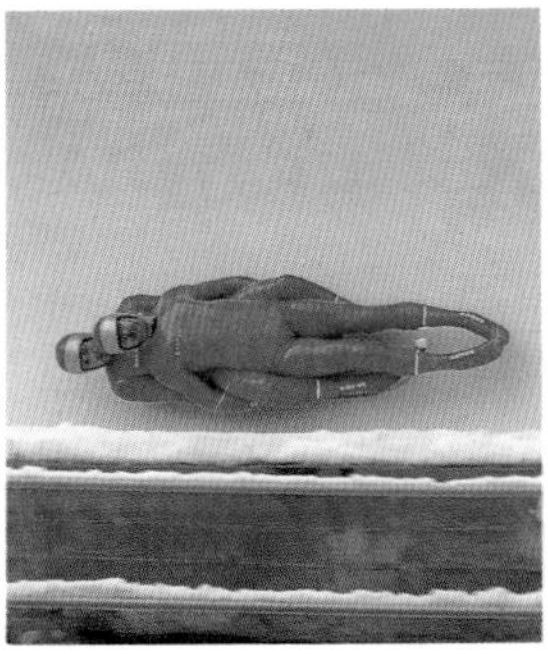
●リュージュ　男子二人乗り競技。

**りゅうさん-ミスト【硫酸ミスト】** 浮遊する霧状の硫酸の微粒子。夏、高湿度のとき大気中の二酸化硫黄の酸化によって発生する。sulfuric acid mist

**りゅう-し【粒子】** ①こまかなつぶ。particle ②物質の微視的な構成要素。物質構造の階層の違いにより、コロイド・分子・原子・電子・陽子・中性子などがある。particle

**りゅうしんろん【柳子新論】** 江戸中期の思想書。山県大弐著。宝暦九年(一七五九)成立。朱子学的な大義名分論により尊王論を説き江戸幕府を批判。

**りゅうし-せん【粒子線】** 微視的粒子の細い流れの集団。分子線・原子線・電子線・陽子線・中性子線など。corpuscular beam

**りゅう-じち【流質】** 質流れ。

**りゅう-しつ【流失】**(名・サ変自) 洪水などで、流されてなくなること。be washed away 用例 ―家屋。

**りゅう-しゃ【流砂・流▾沙】** ↓りゅうさ(流砂)

**りゅう-しゃく【留▾錫】**(名・サ変自)《「錫」は錫杖の意》僧が修行・布教の途中、土地の寺院に泊まること。

**りゅうじゅ【竜樹】**(一五〇ごろ～二五〇ごろ)《Nāgārjuna梵の漢訳》インドの仏教哲学者。南インドのバラモン出身。空の思想を哲学的に基礎づけ、大乗仏教を確立した。中観派の祖。中国・日本では諸宗の祖師として八宗の祖とされる。著書『根本中論頌』『十二門論』『大智度論』など多数。密教では竜猛と漢訳。ナーガールジュナ。

**リュージュ【luge フランス】** 木製のそりによる滑走競技。雪斜面に設けられた滑走路を滑りおりて、所要時間を競うもの。ハンドルもブレーキもなく、手綱で操作する。参照 トボガン。↓写

**りゅうしゅう【柳州】** 中国、広西壮族自治区中央部の商工業都市。柳江に臨む水陸交通の要地。古来、景勝地としても知られる。人口六一・八万(一九八四)。リウチョウ。

**りゅう-しゅつ【流出】**(名・サ変自) ①液体が流れて外へ出ること。流れ出すこと。flow out ②重要なものが国などの外へ出ていくこと。用例 金の海外―。

**りゅう-しゅつ【留出・▾溜出】**(名・サ変自) 蒸留するとき、液体となって流れ出ること。

**りゅう-じょ【柳▾絮】**《「絮」は「わた」》綿毛のついたヤナギの種子。ヤナギのわた。また、それが飛び散るさま。

**りゅう-しょう【隆▾昌】** さかんなこと。栄えること。隆盛。prosperity

**りゅう-じょう【柳条】** ヤナギの枝。

**りゅう-じょう【粒状】** つぶになっているさま。granular

**りゅう-しょうき【▾劉少奇】**(一八九八～一九六九) 中国の政治家。一九五九年以後国家主席をつとめ、毛沢東の後継者とされたが、文化大革命によって資本主義路線の実権派と批判され失脚。死後名誉を回復された。

**りゅうじょうこう-じけん【柳条溝事件】** ↓りゅうじょうこじけん(柳条湖事件)

**りゅうじょう-こし【竜▾驤▾虎視】** ↓りょうじょうこし(竜驤虎視)

**りゅうじょうこ-じけん【柳条湖事件】** 昭和六年(一九三一)九月一八日、日本の関東軍が奉天(遼寧省瀋陽)北郊の満鉄線路を爆破した事件。関東軍参謀板垣征四郎らはこれを張学良軍によるものと主張して奉天を占領、満州事変をおこした。最近まで、事件発生地は柳条溝とされていたが、これは新聞などの誤報によるもので、正しくは柳条湖。

**りゅうじょう-こはく【竜▾攘▾虎▾搏】**《りゅうと、とらが打ち合う、の意》英雄・豪傑が争うこと。竜虎相搏つ。

**りゅうじょう-はん【粒状▾斑】** 太陽面に見られる粒状の小斑点。寿命は数分ぐらい。太陽光球の対流による現象。granule

**りゅう-しょく【粒食】** 穀物をつぶのまま食べること。対義 粉食。

**りゅう-じん【竜神】** りゅうまたはへびの姿をして雨・水を支配し、仏法を守護する神。竜王。

**りゅうじん【▾龍神】**〈村〉 和歌山県中央部の山間の村。弘法大師が開いたという竜神温泉があり、高野竜神国定公園の一部。人口五一一一(一九八八)。

**りゅうじん-ばやし【竜神▾囃子】** ①雨ごいのとき、竜神を慰めるために鳴らす太鼓の囃子。②長唄囃子の一つ。海に関係のある曲に用いられ、笛・太鼓・大太鼓・ちゃっぱ(銅製の小形のシンバル)などで奏される。

**りゅう-ず【竜頭】** ①たつがしら。りゅうとう。②釣り鐘の上部の、竜の形をした釣り手。③腕時計・懐中時計の、ぜんまいを巻いたり、針を動かしたりするためのつまみ。stem

**りゅう-すい【流水】** ①流れる水。running water ②流れ。川。flow; current

**りゅう-せい【流星】** 惑星間空間に散在している固体粒子(流星物質)が、地球の引力を受けて地球大気中に飛びこんで光を発する現象。とくに明るいものを火球とよぶ。流れ星。meteor

**りゅう-せい【隆盛】**(名・形動) 勢いのさかんなこと・さま。さかんに栄えていること・さま。prosperity

**りゅう-せい【柳青】**(一九一六～一九七八) 中国の小説家。本名は劉蘊華。陝西省生まれ。長編『銅墻鉄壁』『創業史』など。

**りゅうせい-う【流星雨】** 流星群のとくに著しい現象。流星体のとくに密になっている場所を地球が通過するときに見られる。meteoric shower

**りゅうせい-ぐん【流星群】** 毎年きまった時季に、多数の流星が空のある一点(放射点)から放射状に飛ぶように見える現象。彗星に起源があると考えられている。meteoric swarm ↓写

●流星群　ペルセウス座流星群。一九八〇年八月一三日、福島県吾妻山で撮影。

**りゅうせい-じん【流星▾塵】** 深海の底、南極の氷の中などに見られる地球外起源の球状の微塵。鉄質・岩石質など。雨水や空中からも採集できる。micrometeorite

**りゅう-せいりゅう【柳成竜】**(一五四二～一六〇七) 朝鮮、李朝中期の宰相。壬辰倭乱(文禄の役)には抗戦に努めたが、党争により辞職。『懲毖録』は戦いに関する体験見聞を手記したもの。

**りゅう-せつ【流説】** 出所のはっきりしないうわさ。流言。浮言。るせつ。groundless rumor

**りゅうせつ-こう【流雪溝】** 多雪地の道路に設けてある積雪を流すための溝。

**りゅうぜつ-さい【竜舌菜】** キク科の一年草。高さ約二m。葉は披針形。秋に茎頂に黄色い花が咲く。茎葉を傷つけると黄白色の液がでる。葉は家禽の飼料。中国南部原産。

**りゅうぜつ-らん【竜舌▾蘭】** ヒガンバナ科の常緑多年草。狭義には、葉に斑入りの種をいう。葉は長さ一～二m。へりに針のようなとげが並び、先端はとがる。まれに六～九mの花茎を出し、花を多数つけると枯死。メキシコ原産。アガベ。マンネンラン。agave ↓写

●リュウゼツラン

**りゅう-せん【流線】** 流体の流れの方向が、曲線上の各点における接線方向に一致するように考えられた曲線。streamline

**りゅうせん-けい【流線形・流線型】** 飛行機の翼や胴体、魚の体など、物体が流体中を運動するときに抵抗がもっとも小さくなるような形。りゅうせんがた。streamline shape

**りゅうぜん-こう【竜▾涎香】** マッコウクジラの腸内からとる香料。麝香に似た芳香がある。

**りゅうせん-どう【竜泉洞】** 岩手県東部、岩泉町の宇霊羅山東麓にある鍾乳洞。確認部分の長さは二五〇〇mで、支洞が三五。洞内のウサギコウモリなどは天然記念物。

**りゅうせん-よう【竜泉窯】** 中国、浙江省竜泉県を中心とした窯。北宋時代に始まり、南宋時代には中国最大の青磁窯となる。

**りゅう-そうげん【柳宗元】**(七七三～八一九) 中国、中唐の詩人・文章家。字は子厚。河東の人。韓愈とともに古文復興を首唱し、唐宋八大家の一人。文章では山水遊記「永州八記」や寓話などを書く。詩は自然詠にすぐれ、王維・孟浩然・韋応物と合わせ「王孟韋柳」の称がある。詩文集『柳河東集』。

**りゅうぞうじ-し【竜造寺氏】** 中世、肥前の豪族・大名。一二世紀末以来、竜造寺氏を名のり、一六世紀中ごろ隆信のとき最盛期。の

ち家臣の鍋島氏に実権を奪われる。

**りゅう-そく【流速】** 流体の流れる速さ。speed of a current

**りゅう-ぞく【流俗】** ①世間の習わし。世俗。②世間。世人。

**りゅうそく-けい【流速計】** 流体の流れる速度を測定する装置の総称。ピトー管・翼車式流速計・熱線風速計など。current meter

**りゅう-たい【流体】** 一般的には気体と液体の総称。流れの方向に対して復元力が働かず、相互に自由に移動し流れることができる物質の集合体。流動体。fluid

**りゅう-たい【隆替】** さかんなことと、衰えること。栄枯。盛衰。興廃。

**りゅうたい-つぎて【流体継(ぎ)手】** 水や油などの液体を媒介として、二軸間に回転運動を伝える装置。水力継ぎ手。hydraulic coupling

**りゅうたい-りきがく【流体力学】** 物理学の一分野。流体の運動状態や、流体が物体におよぼす力などを研究する。hydrodynamics

**りゅうたつ-ぶし【隆達節】** 中世から近世初期に流行した小唄。歌詞は七・五・七・五のものが多い。高三隆達(一五二七〜一六一一)がうたい始め、隆達小唄の名もある。

**りゅう-たん【竜胆】** 生薬の一つ。リンドウ科リンドウの根茎および根を乾燥したもの。褐色で苦味があり、苦味健胃剤に用いる。主成分はゲンチオピクロシド。

**りゅう-だん【流弾】** それだま。流れだま。stray bullet

**りゅう-だん【▼榴弾】** 肉厚の薄い弾体に大量の炸薬を充塡し、火砲や建造物、軍艦の艦上構造物などの破壊や人員の殺傷をはかる弾丸。high explosive shell

**りゅうだん-ほう【▼榴弾砲】** 臼砲とカノン砲の中間の砲。曲射弾道で目標の上方から弾丸を落とす。howitzer

**りゅう-ち【留置】**(名・サ変他) ①とどめおくこと。detain ②人やものを、ある機関や人の支配下に置くこと。detention

**りゅう-ちえん【▼劉知遠】**(八九五〜九四八) 中国、五代の後漢の創建者(在位九四七〜九四八)。廟号は高祖。突厥沙陀部出身。後晋の高祖(石敬瑭)に重用されたが、後晋が契丹に滅ぼされると太原で帝位についた。

**りゅうち-けん【留置権】** ある物を占有している人が、その物について生じた債権の弁済を受けるまでそれを留置する権利。修繕代を受け取るまで修繕品を預かるなど。lien

**りゅうち-じょう【留置場】** 容疑者などを留置するために警察本部や警察署に付属して設置される施設。ぶたばこ。house of detention

**りゅう-ちょう【留鳥】** 季節による移動をほとんどしないで、一年を通じて同じ場所にいる鳥。スズメ・ハシブトガラス・シジュウカラ・ヤマドリなど。resident bird 〔比較〕漂鳥。〔対義〕渡り鳥・候鳥。

**りゅう-ちょう【流▼暢】**(形動) ことばが、すらすらとよどみのないさま。なめらか。fluent

**りゅう-ちょうけい【▼劉長▼卿】**(七〇九〜七八〇ごろ) 中国、中唐初期の詩人。河間の人。五言律詩にすぐれ、「五言の長城」と称された。詩集『劉随州詩集』。

**りゅう-つう【流通】**(名・サ変自) ①流れてとどこおらないこと。circulation ②世間に広く通用すること。circulation ③商品・貨幣・証券などの所有者が取り引きによって替わること。circulation

**りゅうつう-かくめい【流通革命】** 大量生産と大量消費によってなりたつ現代社会に対応するため、流通機構を大規模な量販体制などを通じて単純化・合理化すること。日本では昭和三七年(一九六二)ごろから積極的に行われた。distribution revolution

**りゅうつう-かへい【流通貨幣】** ↓つうか(通貨)

**りゅうつう-けいざい【流通経済】** 商品が交換され、社会の各経済主体の間を移転することによって成立する経済。

**りゅうつう-さんぎょう【流通産業】** 商品を生産者から消費者に仲介する機能をはたす産業。卸・小売業、スーパーマーケット、総合商社など。distribution industry

**りゅうつう-しほん【流通資本】** 資本が流通過程にあるときにとる形態。商品資本と貨幣資本とがある。capital of circulation

**りゅうつう-ぜい【流通税】** 権利の取得・移転をはじめ取り引きに関する各種の事実的・法律的行為を対象として課される租税。印紙税・登録免許税・有価証券取引税・不動産取得税など。transfer tax

**りゅうつう-センター【流通センター】** 商品の流通を効率化するため、トラックターミナル・倉庫・卸売業事務所・市場・加工場などの施設を集中させた区域。distribution center

**りゅう-つぼ【立坪】** 尺貫法の体積の単位。土砂などを量る。六尺(=約一・八m)立方。二一六立方尺。六・〇一〇五$m^3$。りつつぼ。

**りゅう-てい【流▼涕】**(名・サ変自) 涙を流して泣くこと。

**りゅうてい-たねひこ【柳亭種▼彦】**(一七八三〜一八四二) 江戸後期の戯作者。本名、高屋彦四郎知久。江戸の旗本。合巻の代表作家。天保の改革で譴責を受ける。長編合巻『偐紫田舎源氏』『邯鄲諸国物語』、考証随筆『還魂紙料』など。

**りゅうてい-りじょう【▽滝亭▼鯉丈】**(?〜一八四一) 江戸後期の戯作者。本名池田八右衛門。江戸の人。滑稽本末期の代表作者。滑稽本『花暦八笑人』『滑稽和合人』など。

**りゅう-てき【竜笛】** 雅楽の管楽器。横笛の一種。おもに唐楽に使用。横笛。

**りゅう-と**(副・サ変自) 服装などが、すっきりとりっぱなさま。〔用例〕―した身なり。

**リュート【lute】** 撥弦の古楽器。イチジクを縦割りにした形の胴にフレットつきの指板をもつ。複弦で、棹先の糸倉はほぼ直角に曲がっている。一五〜一八世紀ヨーロッパで盛んに用いられた。

**りゅう-ど【粒度】** 粒子の大きさ。ふるい・顕微鏡・沈降法などで測定する。grain size

**リュード【François Rude】**(一七八四〜一八五五) フランスのロマン主義彫刻家。動的構成と激しい感情表現を示す。作品『ラ・マルセイエーズ』など。

**りゅう-とう【流灯】** 盂蘭盆の夜に、灯籠に火をともし川や海へ流す行事。灯籠流し。流灯会。

**りゅう-とう【竜灯】** ①ともし火のように現れる海上の火。不知火。②神社でともす神灯。

**りゅう-とう【竜頭】** ↓りょうとう(竜頭)

**りゅう-どう【流動】**(名・サ変自) ①流れ動くこと。flow ②常に移り変わること。mutability

**りゅうとう-え【流灯会】** ↓りゅうとう(流灯)

**りゅうとう-き【竜灯鬼】** 鎌倉前期の彩色木彫。奈良興福寺にある天灯鬼と一対をなす彫刻の一つ。六角灯籠を頭上に戴き身体にりゅうを巻く鬼形像。建保三年(一二一五)、康弁作。

**りゅうとう-げきしゅ【竜頭▼鷁首】** ↓りょうとうげきす(竜頭鷁首)

**りゅうどう-こうさい【流動公債】** 予算を実施するさい、収入と支出の時期的ずれにともなう財源不足などを補う目的で発行される短期公債、または一時借入金。floating debt

**りゅうどう-しさん【流動資産】** 比較的短期間に現金化されたりして形を変えやすい資産。預金・売掛金・受取手形などの当座資産、商品・製品・原材料・仕掛かり品などの棚卸資産が中心。current assets 〔対義〕固定資産。

**りゅうどう-しほん【流動資本】** 原材料などに投下され、一回の生産でその価値がすべて商品に移転される資本。circulating capital 〔対義〕固定資本。

**りゅうどう-しょく【流動食】** 液状の食物。病中病後・外科的手術後など、消化吸収機能衰弱時に用いられる。おもゆ・くず湯・スープ・牛乳など。liquid diet

**りゅうどうせい-ジレンマ【流動性ジレンマ】** 米ドルなど一国の通貨を国際通貨として使用する場合、国際流動性を増加させるためには、通貨の国外流出によってその国の国際収支を赤字にする必要があり、その場合には国際通貨としての信頼性が低下するという矛盾。liquidity dilemma

**りゅうどうせい-せんこうせつ【流動性選好説】** ケインズが唱えた利子理論。人は資産を貨幣として持つときの交換の容易性や安全性、つまり流動性を好み、これを他人に預ける形で手放すことに対する報酬が利子であるとみなす。したがって、政府の貨幣供給量と人々の貨幣需要量がつりあうように利子率は決定されるとする説。貨幣選好説。liquidity-preference theory

**りゅうどう-たい【流動体】** ①流体。liquid ②流動しやすい状態のもの。fluid

**りゅうとう-だび【竜頭蛇尾】** 《頭はりゅうで、尾はへび、の意》最初は勢いがよいが、終わりには衰えて、ふるわないこと。頭でっかちの、しりつぼみ。りょうとうだび。peter out

**りゅうどう-てき【流動的】**(形動) 物事がその時その時の状況につれて変わり動いて、さだまらないさま。unsettled 〔用例〕情勢は―だ。

**りゅうどう-パラフィン【流動パラフィン】** 比較的軽質の潤滑油の留分を高度に精製した飽和炭化水素油。低揮発性で無色無臭。外観は似ているが、パラフィンではない。潤滑油・香粧品・軟膏などの原料。liquid paraffin

**りゅうどう-ひりつ【流動比率】** 流動資産に対する流動負債の比率。財務流動性を示す経営指標の一つ。current ratio

**りゅうどう-ぶつ【流動物】** 流動体のもの。とくに流動食をいう。fluid; liquid diet 〔対義〕固形物。

**りゅうどうモザイク-モデル【流動モザイクモデル】** 生体膜の構造についての基礎的な考え方の一つ。燐脂質の二重膜上にたんぱく質分子が流動性をもって分布しているとする。シンガーとニコルソンの提唱。fluid mosaic model

**りゅうとこうあん【竜図公案】** 中国、明代の白話(=口語)小説。作者・成立年未詳。宋の名裁判官包拯を主人公とした裁判物語一〇〇話。一名『包公案』。

**りゅうど-すい【竜吐水】** ①昔の消火用手押しポンプ。ポンプを収納した大きな箱に水を満たし、箱の上にわたしてあるポンプの横木をシーソーのように上下させて中の水をふき出させる。②水鉄砲。

**リュードベリ-ていすう【リュードベリ定数】** 原子のスペクトルの波長を導きだす式のなかに現れる定数。スウェーデンの物理学者リュードベリは、スペクトルの波長から実験的にその値を定めた。Rydberg constant

**りゅう-にち【留日】**(名・サ変自) 外国人が日本にとどまっていること。滞日。

**りゅう-にゅう【流入】**(名・サ変自) ①水などが流れてはいること。flow in ②多くの人や金などが、ほかからはいること。flow in

**りゅう-にん【留任】**(名・サ変自) 今までの役職・役目にとどまること。remain at one's post

**リューネベルイ【Runeberg】** ↓ルーネベリ

**りゅう-ねん【留年】**(名・サ変自) 進級・卒業しないで原級にとどまること。repeat the same class 〔用例〕―生。

**りゅう-のう【竜脳】** ボルネオ産のリュウノウジュなど広く植物精油中に存在するテルペンの一つ。香料・セルロイドの原料、防虫剤など。ボルネオール。borneol

**りゅうのう-ぎく【竜脳菊】** キク科の多年草。高さ五〇cm前後。山地の日当たりのよいところにはえる。竜脳に似た香りがする。葉は卵形で三中裂、裏面は密毛のため灰白色。秋に白色の舌状花を開く。↓〔写〕

●リュウノウギク

**りゅう-の-ひげ【竜の▼鬚】** ジャノヒゲの別名。

**りゅう-は【流派】** ①川のながれすじ。②流儀のちがいによって分かれた系統。一派。school

**りゅう-び【柳▼眉】** 《ヤナギの細い葉のようなまゆ、の意》美人のまゆ。蛾眉。fair eyebrows

**柳眉を逆立てる**(りゅうびをさかだてる) 美人がまゆをつりあげて怒る。

**りゅう-び【▼劉備】**(一六一〜二二三) 中国、三国時代の蜀漢の建国者(在位二二一〜二二三)。字は玄徳。前漢景帝の子孫と称した。関羽・張飛を配下に黄巾の乱討伐に参加。しだいに強大となり、諸葛孔明を迎えて天下三分の計を案じ、呉と結んで魏を赤壁で破り、蜀(現在の四川省)に拠って漢室を復興。魏・呉と抗争。

**りゅうび-じゅつ【隆鼻術】** 鼻を人工的に高くしたり形を整えたりすること。材料は医療用シリコンブロックなど用いる。rhinoplasty

**りゅう-ひょう【流氷】** 生成された場所から

●流氷 北海道、斜里町。

流れ出し、海上を漂流している氷。日本では一月中旬から四月中旬にかけて、北海道のオホーツク海側で見られ、沿岸付近で生成したもののほか、北方からのものがある。drift ice ↓写

**りゅうひょう-まつり【流氷祭(り)】** 北海道の網走や紋別市で二月上旬に行われる冬の祭り。流氷で作った氷像展や流氷地曳きが行われる。

**りゅうびん-たい【竜▼鬢▼苔】** リュウビンタイ科の常緑性シダ。暖地の山林中にはえる。根茎は塊状で太い。葉は一～二回羽状に分裂し、長さ一mほど。縁に胞子嚢群が列をなす。伊豆半島以南に分布。

**りゅう-ふく【竜伏】** 家の礎石を据えつける儀式。祭壇をその礎石の所とほかに一か所設けて行う。

**りゅう-へい【流弊】** 前から世間に行われている悪習。

**りゅう-べい【立米】** 《「米」は「メートル」の当て字》立方メートル。

**りゅう-べつ【留別】**(名・サ変自) 旅立つ人が、あとに残る人に別れを告げること。対義 送別。

**リューベック【Lübeck】** 西ドイツ北東部、バルト海に臨む港湾都市。一三世紀末以降、ハンザ同盟の中心として繁栄。人口二一・一万(一九八五)。

**りゅう-ほ【留保】**(名・サ変他) ①一時ひかえておくこと。現状をたもって処置を将来に残しておくこと。保留。reservation ②条約の加盟国の一部が、特定の条項や適用地域などに条件をつけて法的効果を制限すること。reservation

**りゅう-ほ【立▼圃】** ↓ののぐちりゅうほ(野々口立圃)

**りゅう-ほう【▼劉邦】**(BC二四七～BC一九五) 中国、前漢の初代皇帝(在位BC二〇二～BC一九五)。廟号は高祖。江蘇沛県の農民の出。遊侠の徒と交わり、紀元前二〇九年呉広・陳勝に次いで挙兵。関中に入り前二〇六年秦を滅ぼした。のち項羽と覇を争い、前二〇二年これを垓下で破り、長安を都に定めて即位。秦の官制を継承、郡国制をしいて中央集権化をはかり、帝国の基礎確立に努めた。

**りゅう-ぼう【流亡】**(名・サ変自) 流離。るぼう。wandering

**りゅうほく【竜北】**〈町〉 熊本県中央部、八代海に臨む町。八代平野の北にある農業の町で、イグサ・果樹栽培、稲作などを行う。人口九五二二(一九八八)。

**りゅう-ぼく【立木】** 土地に生育する樹木やその集合。「立木ニ関スル法律」(立木法)に基づき、登記によって独立の不動産として取り引きの対象となる。trees

**りゅう-ぼく【流木】** ①川や海に流れ、漂っている材木。driftwood ②山で切り出して、川に流し下す材木。timber floated down a river

**リューマチ【rheumatism】** 《ギリシア語で「流れる」の意》身体各部の関節・筋肉・骨などが痛んだりはれたりする原因のはっきりしない病気。リウマチ。ロイマチス。

**リューマチ-ねつ【リューマチ熱】** ある種の溶血性連鎖球菌感染をきっかけとする免疫学的異常によっておこる炎症性疾患。おもに心臓・関節・神経系が冒される。rheumatic fever

**りゅう-みん【流民】** ①他国にさまよう民。流浪の民。wandering people ②難民のうち、どこにも定住できず、転々とする人々。refugees

**りゅう-め【竜▽馬】** ①すぐれた馬。駿馬。名馬。りょうめ。②将棋で、角の成ったもの。成り角。馬。「りゅうま」は俗称。

**りゅう-めい【立命】** ↓りつめい(立命)

**りゅう-もん【流紋】** 流水状の紋様。用例 砂あらしが―を描く。

**りゅうもん-がん【流紋岩】** 火山岩の一種。石基はごく細粒かガラス質で、ときに縞状構造を示す。珪酸を約七〇%含む。斑晶は石英・アルカリ長石・黒雲母など。灰白色の緻密な岩石。rhyolite

**りゅうもんがんしつ-マグマ【流紋岩質マグマ】** 化学組成が流紋岩に似たマグマ。冷却し固まって流紋岩や石英斑岩をつくる。rhyolite magma

**りゅうもん-せっくつ【竜門石▼窟】** 中国、河南省洛陽の南にある石窟群。四九四年、北魏の洛陽遷都から唐の中期にかけて造営。仏教美術の宝庫。↓写

**りゅう-ゆう【▼劉裕】**(三五六～四二二) 中国、南朝の宋の建国者(在位四二〇～四二二)。廟号は武帝。東晋の武将として軍事権を掌握。恭帝を廃して即位した。

**りゅう-よう【柳腰】** ヤナギの枝のように細くしなやかな腰。美人の腰のたとえ。やなぎごし。

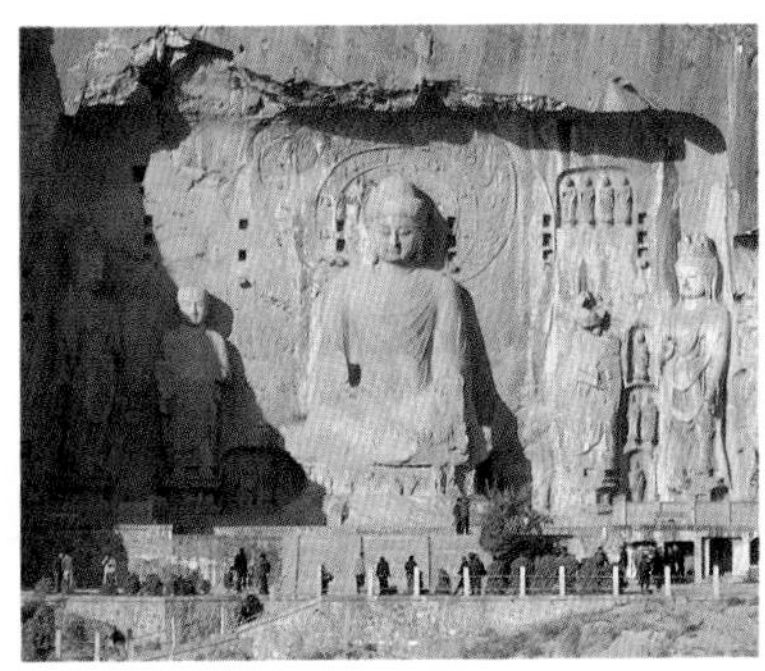
●竜門石窟 奉先寺洞の本尊毘盧舎那仏。上元二年(六七五)。(河南省洛陽、中国)。

**りゅう-よう【流用】**(名・サ変他) 予定していたものを他の目的に振りかえて使うこと。融通。divert 比較 転用。

**りゅうよう【竜洋】**〈町〉 静岡県南西部、浜松市の南東に接する町。稲作など農業が主体。天竜川河口にあり、掛塚は木材の積み出し港として栄えた。人口一万七四八八(一九八八)。

**りゅう-り【流離】**(名・サ変自) ふるさとを離れて、さまよい歩くこと。流浪。

**リューリック【Ryurik】**(？～八七九) ロシアの建国者。『ロシア年代記』によれば、ノルマンの首長で八六二年にノブゴロドを征服したとされる。ルーリック。

**りゅう-りゅう【流流】** ①技芸などのそれぞれの流派・流儀。②それぞれの仕方・方法。用例 細工は―。

**りゅう-りゅう【隆隆】**(形動トタル) ①勢いのさかんなさま。②盛り上がっているさま。quite muscular 用例 筋肉―。

**りゅう-りゅう【粒粒】** ひとつぶひとつぶ。

**りゅうりゅう-しんく【粒粒辛苦】**(名・サ変自) 《米の一粒一粒にかけている農民の努力、の意》苦心に苦心を重ねて完成につとめること。toil; work hard

**りゅう-りょう【▼嚠▼喨】**(形動トタル) 管楽器の音が、さえて高らかに鳴り響くさま。喨々。

**りゅう-りょう【流量】** ①流れの横断面を考え、そこを単位時間に通過する流体の体積または質量。flow rate ②川の一地点で単位時間に流れる水量。流水量。

**りゅうりょう-けい【流量計】** 管や水路の中を流れる流体の質量を測定する装置の総称。面積流量計・翼車流量計・差式流量計など。flowmeter

**りゅう-れい【▼劉▼伶】**(生没年未詳) 中国、西晋の文人。字は伯倫。竹林の七賢の一人。酒を愛し、『酒徳頌』を著した。

**りゅう-れい【流麗】**(形動) 詩文の語句・メロディーなどが、のびのびと美しいさま。elegant 用例 行文―。

**りゅうれい-しき【立礼式】** 茶道の洋式の点前。円椅(＝椅子)と点茶盤(＝テーブル)を用い、腰かけて行う。点前は風炉・薄茶を基本とし、他は茶室に準ずる。裏千家一一世玄々斎宗室が、明治初年、外国人向けに考案。立礼。

**りゅう-れん【流連】**(名・サ変自) 遊びふけって、帰るのを忘れること。いつづけ。

流連荒亡 《「荒亡」は、楽しみにふけり、またすさんで日を送って、なすべきことをおこたり、また、志をなくすこと》遊びほうけて、心がすさみ、本来のつとめをなまけること。物事に熱中しすぎて、おぼれること。

**りゅう-ろ【流露】**(名・サ変自他) ①隠さずに、ありのままを現すこと。用例 真情を―する。②うちにあるものが、そとに現れ出ること。用例 愛情の―した文章。

**リュクサンブール-こうえん【リュクサンブール公園】**(Jardin du Luxembourg) フランス中北部、パリ南部、同名宮殿の南にある庭園。一七世紀初めフランス式庭園として造園。

**リュクルゴス【Lykurgos】** ①ギリシア神話のトラキア王。ドリアスの子。ディオニュソス神と狂信女たちを海中に追ったため、神罰により盲目となる。一説では気を狂わせられて死んだという。②伝説的なスパルタの立法者。スパルタ特有の軍国的国制、市民生活を規定したと伝えられる。非実在説も強い。

**リュシッポス【Lysippos】**(生没年未詳) 古代ギリシアの彫刻家。紀元前四世紀中ごろから末期に活躍。躍動美あふれる人体美を表現、のちのヘレニズム彫刻の範となる。作品『アポクシュオメノス像』(模刻)など。↓写

●リュシッポス 『アレクサンドロスの胸像(模刻)』。前四世紀、ルーブル美術館(フランス)。

**リュックサック【Rucksackドイ】** 登山などに用いる両肩にかけ背に負う袋。縦長で左右にポケットのあるキスリングと小型でポケットなしのサブザック、用途の広いデイパックなど。ルックザック。rucksack

**リュッケルト【Friedrich Rückert】**(一七八八～一八六六) ドイツ-ロマン派の詩人・東洋学者。ペルシア詩など東洋の詩を紹介。詩集『ドイツ詩集』など。

**リュトブフ【Rutebeuf】**(生没年未詳) 一三世紀フランスの詩人。貧困をうたった身辺詩や風刺詩を残す。詩『変貌ルナール』、宗教劇『テオフィルの奇跡』など。

**リュネ-ポー【Aurélien Lugné-Poe】**(一八六九～一九四〇) フランスの演出家・俳優。制作座を創立し象徴主義演劇を確立。内外の新進劇作家を紹介。

**リュブリャーナ【Ljubljana】** ユーゴスラビアを構成するスロベニア共和国の中部にある商工業都市。歴史的建造物の多い古都で、同共和国の首都。人口三〇・五万(一九八一)。

**リュミエール【Louis Lumière】**(一八六四～一九四八) フランスの映画製作者。一八九五年兄オーギュストとともに「シネマトグラフ」を発明。

**リュリ【Jean-Baptiste Lully】**(一六三二～八七) フランスの作曲家。イタリア生まれ。華麗なフランス宮廷オペラの様式を確立した。オペラ『アルミード』『ルノー』、コメディー-バレエ『町人貴族』など。

**リュルサ【Jean Lurçat】**(一八九二～一九六六) フランスの画家・タペストリー作家。キュビスムの画家からタペストリーに転じ、現代タペストリーを復興させた。

**リョ** 7画 **【▼呂】** 部首「口」 人名用 JIS 4704
音 リョ・ロ
①せぼね。脊柱。②中国古代の楽論による名称。一オクターブ一二音のうち、陰性をもつ六音。対義 律。③「風呂」は、ゆぶね。その湯。また、湯殿。銭湯。

**リョ** 9画 **【▼侶】** 部首「人・亻」 JIS 4623
音 リョ・ロ
とも。なかま。つれ。「僧侶・伴侶」

**リョ** 10画 **【旅】** 部首「方」 教育小3 JIS 4625 10画【▼旅】旧字
音 リョ
訓 たび

①たび。たびする。「行旅」「旅客・旅館・旅情・旅程・旅費」②軍隊。軍勢。軍隊の単位の一つ。「征旅」「旅団」

**リョ** 11画 **【▼梠】** 部首「木」 JIS 5981
音 リョ・ロ

ひさし。のき。屋根のはし。

**リョ** 13画【虜】 部首［虍］ 常用 JIS 4626 ｜ 12画【▼虜】 旧字

音リョ・ロ

いけどる。とりこ。「捕虜」「虜囚」

**リョ** 14画【▼膂】 部首［月］ JIS 7116

音リョ・ロ

①せぼね。脊柱。②ちから。筋肉のちから。「膂力」

**リョ** 15画【慮】 部首［心］ 常用 JIS 4624

音リョ

かんがえる。おもんぱかる。気くばり。「遠慮・苦慮・考慮・配慮・不慮」「慮外」

**リョ** 15画【▼閭】 部首［門］ JIS 7967

音リョ・ロ

①さとの門。むらざとの門。②さと。むらざと。

**リョ** 23画【▼鑢】 部首［金］ JIS 7944

音リョ・ロ

やすり。金属などをすり、とぐ工具。

**リョウ** 2画【了】 部首［亅］ 常用 JIS 4627

音リョウ

①おわる。おえる。おわり。「完了・終了・修了・読了・未了」用例（名）四月二十六日—。②かんがえ。「了見」③《諒とも》納得する。承知する。さとる。「了解・了察・了承」

**リョウ** 5画【▽令】 部首［人・𠆢］ 教育小4 JIS 4665

音レイ・リョウ

筆順↓レイ［令］

飛鳥・奈良時代の行政法・民法・訴訟法、その他の国家制度全般の規定。中国のものをまねた。対義律。↓レイ［令］

**リョウ** 6画【両】 部首［一］ 教育小3 JIS 4630 ｜ 8画【▼兩】 部首［入］ 旧字 JIS 4932

音リョウ

両 両 両 両 両 両

①ふたつ。そろい。ふたつながら。比較双。対義片。「両岸・両眼・両者」用例（名）—の手。《接頭的》—大関。②昔の金貨幣の単位。江戸時代、金一両は四分で、銀五〇〜八〇匁。用例（名）小判一—。③《輛とも》くるまを数えるのに用いる。用例（助数）客車七—。

**リョウ** 7画【良】 部首［艮］ 教育小4 JIS 4641

音リョウ・ロウ・ラ

訓よい

良 良 良 良 良 良 良

①よい。すぐれている。おだやか。比較善。「改良・善良・不良」「良工・良心・良民」②評点の一つ。用例（名）優—可。

**リョウ** 9画【▼亮】 部首［亠］ 人名用 JIS 4628

音リョウ

①あきらか。あかるい。「明亮」②まこと。まことに。③すけ。大宝令で、中宮職や大膳職などの次官。

**リョウ** 10画【▼倆】 部首［人・亻］ JIS 4879

音リョウ

たくみ。うでまえ。てなみ。わざ。「伎倆」

**リョウ** 10画【▼凌】 部首［冫］ JIS 4631

音リョウ

①しのぐ。相手の上にでる。「凌駕」②おかす。はずかしめる。「凌辱」

**リョウ** 10画【料】 部首［斗］ 教育小4 JIS 4633

音リョウ

料 料 料 料 料 料

①はかる。はからう。かんがえる。「思料」「料理」②もと。たね。もとになるもの。「飲料・原料・資料・肥料」用例《接尾的》調味—。③料理のこと。「料亭」④てあて。代金。「給料・見料・送料・損料・無料」「料金」用例《接尾的》観覧—。受験—。

**リョウ** 10画【▽竜】 部首［竜］ 常用 JIS 4621 ｜ 16画【▼龍】 部首［龍］ 旧字 JIS 4622

音リュウ・リョウ

訓たつ

①たつ。想像上の動物。「画竜」②天子のことに付けて用いる。「竜顔」↓リュウ［竜］

**リョウ** 11画【▼崚】 部首［山］ JIS 5437

音リョウ

山が高くかさなってそびえているさま。

**リョウ** 11画【▼菱】 部首［艹］ JIS 4109 ｜ 14画【▼蔆】 異体字 JIS 7249

音リョウ

ヒシ。ヒシ科の水生一年草。

**リョウ** 11画【陵】 部首［阝］ 常用 JIS 4645

音リョウ

訓みささぎ

①みささぎ。天子などの墓。「山陵」「陵墓」用例《接尾的》桃山—。②おか。大きなおか。「丘陵」③《凌とも》㋐おかす。はずかしめる。「陵辱」㋑しのぐ。相手の上にでる。「陵駕」

**リョウ** 11画【▼梁】 部首［木］ JIS 4634

音リョウ

①はし。橋の横木。「橋梁」②はり。うつばり。屋根の重みをうける材。「棟梁」「梁上の君子・梁塵」③中国の王朝名。六朝の一つ。五〇二〜五五七年。蕭衍（武帝）が、斉を滅ぼして建てた南朝第三代めの国。陳により滅亡した。

**リョウ** 11画【涼】 部首［氵］ 常用 JIS 4635 ｜ 10画【▼凉】 部首［冫］ 異体字 JIS 4958

音リョウ

訓すずしい・すずむ

①すずしい。すずむ。「秋涼・清涼・納涼」「涼風・涼味」用例（名）—をとる。—をいれる。②さびしいさま。「荒涼」

**涼を取る**（りょうをとる） 風通しをよくするなどして、涼しさが得られるようにする。涼を入れる。enjoy the cool

**リョウ** 11画【猟】 部首［犭］ 常用 JIS 4636 ｜ 18画【▼獵】 旧字 JIS 6458

音リョウ

①かり。かる。鳥・けものなどをとる。類似狩。比較漁。「禁猟・狩猟」「猟師・猟銃」用例（名）—に出かける。②あさる。「渉猟」「猟奇」

**リョウ** 11画【▼聊】 部首［耳］ JIS 7056

音リョウ

いささか。すこし。かりそめ。しばらく。「聊爾」

**リョウ** 12画【▼喨】 部首［口］ JIS 5142

音リョウ

あきらか。音が高く澄んで、明るくひびきわたるさま。「瀏喨・喨々」

**リョウ** 12画【▼椋】 部首［木］ JIS 4426

音リョウ

ムクノキ。ニレ科の落葉高木。

**リョウ** 12画【量】 部首［里］ 教育小4 JIS 4644

音リョウ

訓はかる

量 量 量 量 量 量 量

①ものをはかる。「計量・測量・度量衡」「量器」②めかた。かさ。かず。対義質。「重量・数量・多量・分量」「量目」用例（名）—が多い。—より質。《接尾的》流水—。積載—。③かんがえる。おしはかる。みはからう。「裁量・思量・商量・推量」④心の大きさ。ちから。「雅量・器量・度量」「力量・技量」⑤《倆とも》うでまえ。てなみ。わざ。

**リョウ** 13画【▼楞】 部首［木］ JIS 6033

音ロウ・リョウ

かど。すみ。角材や方形の箱などのかど。

**リョウ** 13画【▼稜】 部首［禾］ JIS 4639

音ロウ・リョウ

①かど。すみ。多面体の二つの面のまじわるところ。「三稜鏡」「稜線」②いつ。みいつ。威光。威徳。

**リョウ** 13画【▼粱】 部首［米］ JIS 6877

音リョウ

アワ。イネ科の一年草。オオアワ。

**リョウ** 13画【▼裲】 部首［衤］ JIS 7476

音リョウ

うちかけ。①朝廷の儀式で、武官が袍の上につけた服。②江戸時代、武家の婦人の礼服。着物の上からはおり、裾を長くひいた小袖。

**リョウ** 14画【僚】 部首［人・亻］ 常用 JIS 4629

音リョウ

①なかま。とも。「同僚」「僚機・僚友」②つかさ。役人。「官僚・属僚・百僚」

**リョウ** 14画【▼寥】 部首［宀］ JIS 5376

音リョウ

さびしい。ものしずか。むなしい。「寂寥・寥々」

**リョウ** 14画【▼廖】 部首［广］ JIS 5501

音リョウ

①中国で、姓氏・人名に用いられる。②むなしい。

**リョウ** 14画【▼蓼】 部首［艹］ JIS 7290

音リョウ・リク

タデ。タデ科の草本植物。

**リョウ** 14画【漁】 部首［氵］ 教育小4 JIS 2189

音ギョ・リョウ

筆順↓ギョ［漁］

すなどる。いさる。魚・貝など水産物をとること。そのえもの。「大漁・不漁」「漁期・漁師」用例（名）—のぐあいはどうか。参考「リョウ」は、猟の音の転用による。↓ギョ［漁］

**リョウ** 14画【▼綾】 部首［糸］ 人名用 JIS 1629

音リョウ

あや。①あやぎぬ。模様を織りだしてある絹布。②模様。紋様。③いきさつ。しくみ。

**リョウ** 14画【領】 部首［頁］ 教育小5 JIS 4646

音リョウ・レイ

領 領 領 領 領 領

①おさめる。支配する。手にいれる。「占領」「領事・領主・領地・領土・領分・領有」用例《接尾的》旧日本—。②かしら。おさめる人。「首領・大統領・頭領」③おおもと。かなめ。「綱領・本領・要領」④うけとる。「受領・拝領」「領収」⑤のみこむ。「領承」⑥くび。うなじ。着物のえり。「領袖」⑦一そろいの鎧兜などを数えるのに用いる。用例（助数）鎧一—。

**リョウ** 15画【寮】 部首［宀］ 常用 JIS 4632

音リョウ

①寄宿舎。大勢の学生などがすむ建物。「学寮」「寮歌・寮生・寮長・寮母」用例（名）—の生活。《接尾的》母子—。独身—。②数寄屋。「茶寮」③つかさ。昔の令制の官制で、八省の下の役所。その格は、職の下、司の上。「大学寮」

**リョウ** 15画【▼遼】 部首［辶］ 人名用 JIS 4643 ｜ 16画【▼遼】 部首［辶］ 旧字

音リョウ

①はるか。とおい。「遼遠」②国の名。モンゴル族系のキタイ（契丹）族の耶律阿保機（太祖）が東モンゴルに建国した。九一六〜一一二五年。国号は、契丹とも称した。後に中国東北部を占領。女真族の金が興り、漢族の宋との挟撃をうけて滅亡。

**リョウ** 15画【▼撩】 部首［扌］ JIS 5792

音リョウ

①おさめる。すじだてる。②とる。すくいとる。かすめとる。③いどむ。挑発する。④みだれる。いりみだれる。「撩乱」

**リョウ** 15画【▼諒】 部首［言］ 人名用 JIS 4642

音リョウ

①まこと。まことに。②納得する。承知する。さとる。「諒察・諒恕」③「諒闇」は、天子が父母の喪に服する期間。また、そのための建物。

**諒とする**（りょうとする） よしとする。もっともだと思う。understand

**リョウ** 15画【▼輘】 部首［車］

音リョウ・ロウ

①きしる。すれあう。②ふむ。ふみにじる。車でひきつぶす。

**リョウ** 15画【▼輛】 部首［車］ JIS 7749

音リョウ
**リョウ** 13画【▼輛】異体字 JIS 7750
くるまを数えるのに用いる。用例(助数)八―編成。

**リョウ** 15画【霊】部首[雨] 常用 JIS 4678
音レイ・リョウ
訓たま
24画【▼靈】旧字 JIS 8045
7画【▼灵】部首[火] 異体字
たましい。みたま。たま。「死霊・精霊」↓レイ[霊]

**リョウ** 16画【▼暸】部首[日] JIS 5902
音リョウ
あきらか。あかるい。はっきりしている。

**リョウ** 16画【▼燎】部首[火] JIS 6389
音リョウ
①にわび。そとび。かがりび。地上でもやす火。②やく。もやす。もえる。「燎原」

**リョウ** 17画【療】部首[疒] 常用 JIS 4637
音リョウ
いやす。病気をなおす。「医療・施療・治療」「療法・療養」

**リョウ** 17画【▼瞭】部首[目] JIS 4638
音リョウ
あきらか。はっきりしている。はっきりわかる。「一目瞭然・明瞭」

**リョウ** 18画【糧】部首[米] 常用 JIS 4640
音リョウ・ロウ
訓かて
13画【▼粮】異体字 JIS 6878
かて。たべもの。穀物。旅行や行軍のとき、もっていく食料。「口糧・食糧」「糧食・糧道・糧米」↓ロウ[糧]

**リョウ** 18画【▼繚】部首[糸] JIS 6971
音リョウ
①めぐる。めぐらす。②まとう。まつわる。③みだれる。いりみだれる。「繚乱」

**リョウ** 18画【▼魎】部首[鬼] JIS 8220
音リョウ
すだま。山川・木石から生じるという精霊。「魑魅魍魎」

**リョウ** 20画【▼鐐】部首[金] JIS 7933
音リョウ
①しろがね。良質の銀。②あしかせ。罪人の足にはめる鉄のくさり。

**リョウ** 23画【▼鷯】部首[鳥] JIS 8330
音リョウ
「鷦鷯」は、ミソサザイ。スズメ目に属する鳥。

**リョウ** 25画【▼鬣】部首[髟] JIS 8207
音リョウ
①かみのけ。また、ひげ。②たてがみ。馬・獅子などの首すじのふさふさした毛。

**リョウ** 26画【▼鱲】部首[魚]
音リョウ
からすみ。ボラなどの卵巣を塩づけにしてから、干し固めた食品。形が中国の唐代の墨ににている。

**り-よう**【利用】(名・サ変他)①役に立つように使うこと。make use of 用例廃物―。タクシーを―。②自分の利益のために、手段として使うこと。take advantage of; exploit 用例地位を―する。

**り-よう**【里謡・▼俚謡】田舎で昔からうたわれている歌。民謡。俗謡。folk song

**り-よう**【理容】頭髪の刈り込みやひげそりなどで容姿を整えること。明治以後、西洋風の髪型になったことから、髪結いにかわって使われだしたことば。hairdressing 比較美容。用例―師。

**りょう-あん**【良案】よい思いつき・考え。good idea

**りょう-あん**【▼諒▼闇・▼諒▽陰・▼亮▽陰】天皇が父母の喪に服する期間。一年間。

**りょうあん-じ**【▽竜安寺】京都市右京区にある臨済宗妙心寺派の寺。宝徳二年(一四五〇)細川勝元の創建。「虎の子渡し」とよばれる石組みの庭で知られる。↓写

●竜安寺 石庭。

**りょう-い**【陵▼夷】(名・サ変自)《陵がしだいに夷になる、の意》勢いがしだいに衰えること。

**りょう-い**【霊異】↓れいい(霊異)

**りょう-いき**【領域】①領地の区域。②関係する範囲。領分。domain; field ③国家の主権がおよぶ範囲。領土・領海・領空で構成される。territory

**りょう-いん**【両院】国会の衆議院と参議院。二院制議会の上院と下院。両議院。二院。both Houses

**りょういん-きょうぎかい**【両院協議会】国会の衆参両議院の意見が一致しなかった議案について、両院の歩みよりで案件の成立をはかるため設けられる一種の委員会。各議院独立活動の原則に対する例外で、各議院選任の一〇人ずつの委員からなる。

**りょういん-せい**【両院制】両院で国会を組織する制度。一院制に対していう。二院制。

**りょう-う**【涼雨】すずしい感じのする雨。

**りょう-うん**【▼凌雲・陵雲】①雲よりも高いこと。②俗世を超越していること。
**凌雲の志**(りょううんのこころざし) 俗世を超越したいという高い志。

**りょううんしゅう**【▼凌雲集】平安初期のわが国初の勅撰漢詩集。正称『凌雲新集』。一巻。弘仁五年(八一四)嵯峨天皇の命で小野岑守らが撰進。延暦元年(七八二)以後の二四人の詩九一首を収める。七言詩が主で、漢詩文全盛期を象徴する華麗勇壮な作品が多い。

**りょう-えん**【良縁】ふさわしい縁組み・縁談。good match

**りょう-えん**【▼遼遠】(形動)はるかに遠いさま。remote 用例前途―。

**りょうおう**【陵王】雅楽の左方舞楽の曲名。竜頭の面をつけた一人の走舞で、右手に桴をもって舞う。蘭陵王。

**りょう-か**【良家】↓りょうけ(良家)

**りょう-か**【良貨】品質のよい貨幣。実勢価格と法定価格が近い貨幣。good money 対義悪貨。

**りょう-か**【寮歌】その寮の寮風をうたった歌。とくに、学生寮の寮歌で、旧制高等学校や大学予科の寮でうたわれたものが有名。比較校歌。

**りょう-が**【▼凌▼駕・陵▼駕】(名・サ変他)他をしのいで上に出ること。surpass 用例はるかに師を―する腕前。

**りょう-が**【▼遼河】中国、東北地区の南部平野を貫流する大河。大興安嶺南部から、東遼河などを合わせ遼東湾に注ぐ。長さ約一四三〇km。一~三月は氷結。リヤオホー。

**りょう-かい**【了解・▼諒解・領解・領会】(名・サ変他)①よくわかること。understand ②納得して承知すること。agree to; agree with

**りょう-かい**【領海】国家の主権のおよぶ水域。沿岸基線から一二海里の沿岸海域とする国が多い。territorial sea 比較領空・領土。対義公海。

**りょう-かい**【▼梁▼楷】(生没年未詳)中国、南宋中期の画院画家。号は梁風子。山水・人物・鬼神を得意とし、減筆体で名高い。室町以降の日本水墨画への影響大。作品『雪景山水図』など。↓写

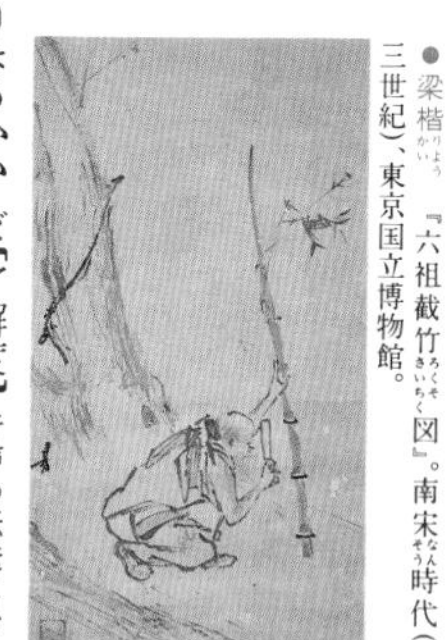
●梁楷『六祖截竹図』。南宋時代(一三世紀)、東京国立博物館。

**りょうかい-ど**【了解度】音声の伝送において、送った単語または文章の総数に対して、正しく受聴された単語または文章の割合をパーセントで表示したもの。intelligibility 参照明瞭度。

**りょうかい-まんだら**【両界▼曼▼荼羅】真言密教の根本曼荼羅で、智をあらわす金剛界曼荼羅と理をあらわす胎蔵界曼荼羅の併称。両部曼荼羅。金胎両部。↓密教美術写

**りょう-がえ**【両替】(名・サ変他)①ある通貨をそれと同額の他の通貨と取り替えること。change 用例一万円札を千円札に―する。②他国の通貨と取り替えること。change 用例ドルを円に―する。

**りょうがえ-しょう**【両替商】①江戸時代、金・銀・銭三貨幣の相互交換を業とした商人。大坂でもっとも発達し、明治以降、銀行業に転じた。②大蔵大臣の認可をうけて、外国通貨や旅行小切手の売買を営む業者。

**りょうが-きょう**【▼楞▼伽経】大乗仏教の経典の一つ。漢訳は三種。如来蔵思想と阿頼耶識思想の融合をはかったものといわれ、とくに禅宗で重視された。

**りょう-かく**【▼稜角】多面体で、二つの面が交わっているかど。

**りよう-かち**【利用価値】利用するだけの値打ち。utility value

**りょうかみ**【両神】〈村〉埼玉県西部、両神山西側の山間の村。農・林業のほか、電機・食品などの軽工業も行う。人口三三二六(一九八八)。

**りょうかみ-さん**【両神山】埼玉県西部、秩父山地の山。標高一七二四m。秩父古生層からなる。山頂付近は岩壁で、鋸状の山容をもつ。ツツジと紅葉の名所。

**りょう-がわ**【両側】両方のがわ。両側面。both sides 対義片側。

**りょう-かん**【涼感】すずしげな感じ。cool feeling 用例―をさそう風物。

**りょう-かん**【猟官】官職にありつこうとして手を尽くすこと。office-hunting

**りょう-かん**【量感】大きさ・厚み・重みのある感じ。重量感。ボリューム。volume; massiveness

**りょう-かん**【僚艦】同じ任務を持って、いっしょに行動する軍艦。

**りょうかん**【良寛】(一七五八～一八三一)江戸後期の禅僧・歌人。俗名は山本栄蔵。号は大愚。越後の人。出家して諸国行脚ののち、郷里に住み托鉢生活を続けた。万葉調の和歌や、禅によって到達した気品の高い漢詩・書を残す。弟子貞心尼編の歌集『蓮の露』など。↓写

●良寛 良寛記念館(新潟県)。

**りょう-がん**【両岸】川などの左右の岸。両方の岸。both banks

**りょう-がん**【両眼】左右の目。双眼。both eyes

**りょう-がん**【▽竜顔】↓りゅうがん(竜顔)

**りょうかん-せい**【猟官制】「スポイルズシステム」の訳語。

**りょう-き**【涼気】すずしい空気・気配。cool air

**りょう-き**【猟奇】怪奇・異常なものに興味を持ち、それをあさること。grotesque; bizarre

**りょう-き**【猟期】①鳥獣の捕れる時期。hunting season ②狩猟法で、鳥獣を捕っていいと決められた期間。open season

**りょう-き**【量器】①物の量をはかる器具。ます。②役にたつ才能。器量。

**りょう-き**【僚機】同じ任務をおびていっしょに行動する飛行機。

**りょう-き**【漁期】=ぎょき。①魚の捕れる時期。fishing season ②アユなど、特定の魚種について魚を捕っていいと決められた期間。open season

**りょう-きゃく**【両脚】両方のあし。both legs

**りょうきゃく-き【両脚規】** ↓コンパス②

**りょう-きゅう【陵丘】** 小高いおか。丘陵。

**りょう-きょく【両極】** ①両方の端。両端。both ends ②南極と北極。two poles ③陽極と陰極。the positive and the negative poles

**りょう-きょくたん【両極端】** 隔たりの甚だしいこと・もの。extremes

**りょう-ぎり【両切り】** 両端を切ったままの吸い口の付いていない紙まきタバコ。両切りタバコ。cigarette

**りょう-きん【良▼禽】** よい鳥。賢い鳥。

**良禽は木を択んで棲む**(りょうきんはきをえらんですむ) 賢人は、良い君主をえらんで仕える。

**りょう-きん【料金】** 物を使用したり、利用したりしたことに対して支払うお金。charge; fee 用例 —を支払う。電気—。特急—。

**りょうきんべつのう-ゆうびん【料金別納郵便】** 同一料金で、郵便物を五〇通以上を同時に出す場合に適用される制度。合計郵便料金を一括して納付し、郵便物にその表示をする。

**りょう-ぐ【猟具】** 鳥獣などの狩りに使う道具。網・かぎ・もちざお・わななど。hunting implements

**りょう-くう【領空】** 国家の主権のおよぶ空域。領土・領海上の空域をさす。territorial airspace 比較 領海・領土。

**りょう-くん【両君】** ①二人の君主・主君。②同輩または目下の二人の男性に対して使う語。あなたがたおふたり。

**りょう-ぐん【両軍】** 両方の軍隊・チーム。both sides

**りょう-け【両家】** 両方の家。both families 用例 —の親族。

**りょう-け【良家】** =りょうか。①身分のいい家庭。good family ②健全な家庭。good family

**りょう-け【領家】** 荘園の上級領有者の一つ。実質的な所有者から寄進され、一定の年貢を受けて保護に当たった。比較 本所。

**りょう-けい【良計】** よい思いつき。良策。good plan

**りょう-けい【量刑】**(名・サ変他) 刑罰の程度をきめること。assesment of a case

**りょう-けい【▼菱形】** ↓ひしがた(菱形)

**りょう-けいちょう【▼梁啓超】**(一八七三〜一九二九) 中国、清末民国初期の啓蒙思想家・政治家。康有為に師事。一八九八年戊戌の政変で日本に亡命。活発な文筆活動を展開。民国成立後帰国、北京政府の司法総長・財政総長などを歴任。

**りょうげ-の-かん【▽令外の官】** 律令制下で、令制の規定外に新たにおかれた官職や官庁。内大臣・中納言・蔵人・検非違使など。

**りょうけ-へんせいたい【領家変成帯】** 中央構造線の西および北側に分布する低圧型の広域変成帯。ジュラ紀から白亜紀の広域変成作用により形成。領家帯。Ryoke metamorphic belt

**りょう-けん【料▽簡・了▽簡・了見】** 一(名) ①考え。思慮。分別。idea; discretion ②《仏教語》天台宗で、経文の解釈をめぐる意見のちがいを、論議によって調和させること。二(名・サ変自) こらえること。ゆるすこと。

**りょう-けん【猟犬】** 狩猟に使う犬。鳥を探知して位置を示し、追い立てる鳥猟犬のほか、獣猟犬・万能猟犬などがある。hound

**りょう-げん【▼燎原】** 火を放って野原を焼くこと。また、火を放たれて火の手があがった野原。

**燎原の火**(りょうげんのひ) 物事の勢いがさかんで、防ぎとめられないたとえ。spread like wildfire

**りょうげん【良源】** ↓がんざんだいし(元三大師)

**りょうけん-ざ【猟犬座】** 北天の星座。北斗七星の南にあり、六月二日前後の午後八時ごろに南中。面積四六七平方度。Canes Venatici

**りょう-こ【両▼虎】** ①二匹のトラ。②優劣のない、ふたりの勇者・英雄。

**両虎相闘えば勢い倶に生きず**(りょうこあいたたかえばいきおいともにいきず) 両雄が戦えば、どちらかが倒れる。また、両方ともに倒れることをいう。

**りょう-こ【良▼賈】** すぐれた商人。

**良賈は深く蔵して虚しきが若し**(りょうこはふかくぞうしてむなしきがごとし) よい商人は、品物を奥深くしまっていて店頭には飾らない。転じて、賢者が学徳を隠してみだりに現さないことのたとえ。

**りょう-こ【▽竜▼虎】** ↓りゅうこ(竜虎)

**りょう-こ【陵戸】** 古代、皇室の墓を守った賤民。のち、良民とされた。

**りょう-こう【良工】** 技術のすぐれた職人。良匠。skillful craftsman

**りょう-こう【良好】**(名・形動) 成績・状態などが、よいこと・さま。good 用例 成績—。

**りょう-こう【良港】** よい港。good harbor

**りょうこう-どう【両江道】** 北朝鮮(朝鮮民主主義人民共和国)北部の道。道都は恵山。標高一〇〇〇m以上の蓋馬高原にあり、銅・マグネサイトなどの鉱産資源・林産資源が豊か。ヤンガンド。

**りょうごく【両国】** 東京都東部、隅田川をはさんで、墨田区南西端から中央区北東端にかけての地区。武蔵と下総両国の境をなした地で、回向院・震災記念堂・国技館などがある。

**りょう-ごく【領国】** 領有する国。territory

**りょう-さい【良妻】** よい妻。good wife 対義 悪妻。

**りょう-ざい【良材】** ①よい材木。good timber ②すぐれた人物。capable person 用例 天下に—を求める。

**りょうさい-けんぼ【良妻賢母】** 夫にはよい妻で、子にはかしこい母であるような女性。good wife and wise mother

**りょうさいしい【▼聊斎志異】** 中国、清代初期の怪異短編小説集。蒲松齢作。一六巻。四〇〇編余り。一七六六年刊行。神女・狐妖・幽霊などに関する不思議な話を文語体で記す。

**りょう-さく【良策】** すぐれたはかりごと。良計。good plan

**りょう-さつ【了察・▼諒察】**(名・サ変他) 相手の気持ち・事情を思いやること。consider

**りょう-さん【量産】**(名・サ変他) 同じ型の商品を大量に生産すること。大量生産。マスプロ。mass production

**りょう-さんど【両三度】** 二、三度。a couple of times

**りょうざん-ぱく【▼梁山泊】** ①中国山東省西部、梁山の麓にあった沼沢地。古来天険の要地。宋代、反乱を起こした宋江らの根拠地。『水滸伝』で知られる。鉅野沢。②《転じて》野心家や豪傑の集まる所。

**りょう-し【両氏】** おふたかた。二人の氏。用例 佐藤、鈴木—。

**りょう-し【良師】** すぐれた、よい師匠・教師。good teacher

**りょう-し【料紙】** 物を書くのに使う紙。用紙。

**りょう-し【猟師】** 鳥・獣などを捕って生活する人。かりゅうど。hunter

**りょう-し【量子】** 微視的領域で、エネルギーや光などの物理量のとる最小単位。物理量は、この値の整数倍をとり不連続となる。一九〇〇年、プランクが熱輻射の法則を説明するために導入したエネルギー量子が最初。ほかに、光量子(=フォトン)や電気素量など。quantum

**りょう-し【漁師】** 魚や貝などをとって生活する人。漁民。fisherman

**りよう-し【理容師】** 理容を職業とする人。各都道府県の理容師試験の合格者。理髪師。barber

**りょう-じ【▽令旨】** 皇太子・三后・女院からの文書。のちには親王・王・女院から発する文書もいう。れいし。

**りょう-じ【両次】** 二回。二度。用例 —にわたる大戦。

**りょう-じ【▼聊▼爾】**(名・形動) ①軽はずみなこと・さま。そこつ。②ぶしつけなこと・さま。失礼。

**りょう-じ【領事】** ①《「領事官」の略》一国を代表し、外国にあって自国の経済的利益と在留民の利益の保護にあたる職務。また、その人。consul ②①の階級の一つ。総領事・領事・副領事がある。

**りょう-じ【療治】**(名・サ変他) 病気を治すこと。治療。cure

**りょうし-エレクトロニクス【量子エレクトロニクス】** 原子・分子と電磁波の相互作用を通信・制御などに利用するエレクトロニクス。quantum electronics

**りょうし-か【量子化】** 古典的な物理量を量子力学的な量におきかえるための操作。位置や運動量などの量子化と、粒子の消滅・生成を表す場の量子化がある。quatization

**りょうし-かがく【量子化学】** 量子力学を基盤とし、シュレーディンガー方程式から出発して、分子構造、化学結合の強さ、分子の反応性を演繹的に説明する化学の一分野。quantum chemistry

**りょう-しき【良識】** 健全ですぐれた見識・判断力。good sense 比較 常識。

**りょうじ-さいばん【領事裁判】** 国外で、駐在している領事が本国の法律に基づいて自国人を裁判する制度。consular jurisdiction 参照 治外法権。

**りょうし-すう【量子数】** 量子力学で、定常状態などの量子状態を指定するための整数または半整数の組。quantum number

**りょうシチリア-おうこく【両シチリア王国】** 一八一六年、ブルボン家出身のシチリア王兼ナポリ王フェルディナントが、シチリア王国とナポリ王国を合併、成立させた国。六〇年イタリア統一をめざすガリバルディによって征服され、イタリア王国に統合。Kingdom of the Two Sicilies

**りょう-しつ【良質】**(名・形動) 品質のよいこと・さま。good quality 対義 悪質。

**りょうし-でんじりきがく【量子電磁力学】** 電子と光子からなる系を研究する相対論的場の量子論。quantum electrodynamics

**りょうし-ぶつりがく【量子物理学】** 物理学の分野の一つ。微視的対象に適用される量子力学を基礎にして、量子過程が関係した物理現象や物質構造および状態などを研究する。quantum physics

**りょう-しゃ【両者】** 両方の人・もの。二者。両々。双方。both 用例 —互角。

**りょう-しゃ【寮舎】** 寮の建物。dormitory

**りょう-しゅ【良種】** ①よい品種。good breed ②よい種子。good seed

**りょう-しゅ【領主】** ①ヨーロッパ封建社会で、領地の所有者。日本で、荘園の所有者。②領土を持つ者。江戸時代、城を持たない小藩主や大名をさす。比較 城主・国主。

**りょう-しゅう【涼秋】** ①すずしい秋。cool autumn ②陰暦九月の異称。

**りょう-しゅう【領収】**(名・サ変他) 受け取ること。receipt

**りょう-しゅう【領▼袖】**《領と袖、の意で、目立つことから》主となる者。幹部。かしら。leader

**りょうしゅう【涼州】** 中国甘粛省中央部の武威県の古名。河西走廊地帯にあって、シルクロードの要地として繁栄。

**りょう-じゅう【猟銃】** 狩猟に用いる銃。火薬を用いる装薬銃で、鳥や小形獣には散弾銃、クマ・イノシシ・シカなど大形の獣にはライフル銃が使われる。hunting gun

**りょうしゅう-しょ【領収書】** お金を受け取ったしるしに渡す書き付け。受取。レシート。領収証。receipt

**りょうじゅ-せん【霊▼鷲▽山】** インドのマガダ国王舎城の東北にあったという山名。現在のチャタギリとされる。釈迦が『法華経』『無量寿経』などを説いたといわれる。霊山。鷲峰山。耆闍崛山。

**りょう-しょ【両所】** ①二つの場所。②ふたりの人に対する敬称。用例 御—。

**りょう-しょ【良書】** よい書物。すぐれた本。good book 対義 悪書。

**りょう-じょ【▼諒▼恕】**(名・サ変他) 事情を思いやって許すこと。用例 御—をこう。

**りょう-しょう【了承・▼諒承・領承】**(名・サ変他) 事情をくみとって承知すること。納得すること。understand 用例 —を得る。

**りょう-しょう【良匠】** すぐれた大工・工芸家。

**りょう-しょう【良将】** すぐれた将軍。名将。good general

**りょう-しょう【領掌】**(名・サ変他) =りょうじょう。①領地を支配すること。②聞き入れること。承諾。承知。

**りょう-しょう【料▼峭】**(形動タルト)《「料」は「なでる」、「峭」は「きびしい」の意》春風が、肌に寒く感じられるさま。用例 春寒—の候。

**りょう-じょう【▼梁上】** 梁のうえ。

**梁上の君子**(りょうじょうのくんし) ①《中国、後漢の陳寔が、盗人が梁の上に忍び込んでいるのを知って、子どもたちに「悪い人も、もとは悪人でないが、習慣が性質となるものだ。梁の上の君子も、そのひとりだ」と戒めたので、盗人はその罪をわびたという故事から》盗人。盗賊。②《転じて》ネズミ。

**りょうじょう-こし【▽竜▼驤▼虎視】**《竜のように天にのぼり、虎のように鋭く見る意》英雄・豪傑が、世に威勢をふるうさま。りゅうじょうこし。

**りょう-しょうし【▼廖承志】**(一九〇八〜一九八三) 中国の政治家。東京生まれ。早大中退。長征に参加。革命後対日関係の責任者となり、一九六二年LT貿易の覚書に署名。一九六三年中日友好協会初代会長。日中国交回復に尽力した。

**りょう-しょく【糧食】** 食糧。食物。かて。food

**りょう-じょく【▼凌辱・陵辱】**(名・サ変他) ①はずかしめること。insult ②暴力で婦人を犯すこと。rape

**りょうし-りきがく【量子力学】** 分子や原子および素粒子など微視的な系の現象を取り扱う力学。一九二〇年代に確立。プランク定数$h$を0にする極限が従来の古典力学に対応。quantum mechanics

**りょうし-ろん【量子論】** 量子力学に基づいて物理現象を解明する理論の総称。古典物理学では説明できない現象を解明するために、プランクの提出した量子仮説に始まり、アインシュタインの光量子説、ボーアの原子構造理論を経て、物質粒子や光のもつ粒子と波動の二重性が明らかにされていった。この理論体系を前期(古典)量子論という。一九二〇年代、微視的世界でニュートン力学に代わるものとして量子力学が現れ、物理学・化学・工学・生物学など多くの分野に適用されている。quantum theory

**りょう-しん【両親】** 父と母。ふたおや。parents

**りょう-しん【良心】** 自分の言行のよしあしを判断する意識。conscience

**りょう-じん【良人】** ①いい人。善良な人。②おっと。亭主。husband

**りょう-じん【▼梁▼塵】** ①梁の上に積もったちり。②《「梁塵を動かす」の故事から》すぐれた音楽・歌謡。

**梁塵を動かす**(りょうじんをうごかす) 《漢代、魯の虞公の美声は梁上のちりを動かしたという故事から》歌う声のよいことのたとえ。

**りょう-じん【猟人】** かりゅうど。hunter

**りょうしん-おん【両唇音】** 音声学で、調音位置による子音の分類の一つ。上下の唇を用いて発音する。[b][m]など。bilabial

**りょう-しんぎょ【▼梁▼辰魚】**(一五二〇〜八〇) 中国、明代の戯曲作家。字は伯竜。崑山の人。音曲にくわしく「浣紗記」の作者として知られる。

**りょうしん-てき【良心的】**(形動) 良心に従ってするさま。いい加減ではすまさないさま。conscientious

**りょうしんてき-さんせんきょひしゃ【良心的参戦拒否者】** 戦闘行為への参加を宗教的・思想的信念や良心に基づいて拒否する人。第一次大戦にさいしてイギリスとアメリカは、兵役法で彼らを非戦闘的業務につけることを規定した。conscientious objector

**りょうじんにっき【猟人日記】** 《原題Zapiski okhotnika(ロシ)》ツルゲーネフの短編集。一八四七〜五二年発表。農奴体制下の農民の生活を、狩りに出た貴族の見聞の形で描く。

**りょうしん-の-じゆう【良心の自由】** 自分の良心にしたがって行動することの自由。基本的人権の一つとして、日本国憲法で保障されている。

**りょうしん-の-しゅうじん【良心の囚人】** 思想・信条・人種・肌の色などの理由で拘束されている人々。その救済組織であるアムネスティ-インターナショナルが使ったことば。prisoner of conscience

**りょうじんひしょう【▼梁▼塵秘抄】** 平安後期の歌謡集。後白河院編著。二〇巻のうち歌詞集巻一(断簡)・巻二、口伝集巻一(断簡)・巻一〇が現存。一二世紀後半ごろなる。歌詞集には長歌・古柳・今様・法文歌・四句神歌・二句神歌、計五六六首を収める。これらは総括して今様(広義)、雑芸などとよばれる短唱叙情歌謡である。

**りょう-すい【量水】** 河川・水路・池などの水位・水量をはかること。gauge water 用例 ——計。——標。

**りょう-すい【領水】** 領海・領土内の水域。

**りょう・する【了する】**(サ変自他)＝了す。①(自)終わる。すむ。end ②(他)㋐終える。すませる。finish ㋑決める。㋒さとる。のみこむ。understand

**りょう・する【領する】**(サ変他)＝領す。①自分のものとする。所有する。own ②領地とする。own ③受け取る。領収する。receive ④承知する。understand

**りょう・する【▼諒する】**(サ変他) 事情を読み取る。諒とする。諒す。understand

**りょう-せい【両生・両▼棲】** 生物が水中・陸上の両方で生活ができること。また、その動物・植物。植物ではエゾノミズタデ、動物ではイモリなど。amphibian

**りょう-せい【両性】** ①二つの違った性質。two different natures ②雄の性と、雌の性。男性と女性。both sexes

**りょう-せい【良性】** たちのよいこと。とくに、腫瘍について、手術によって完治する性質のものをいう。benign 対義 悪性。

**りょう-せい【寮生】** 寮に住む学生や生徒。boarding student

**りょうせい-イオン【両性イオン】** 同一物質の中に正・負の電荷を両方含むイオン。全体としては電荷をもたない。ampho-ion

**りょうせい-か【両性花】** 一つの花におしべとめしべをあわせもつ花。両全花。bisexual flower 対義 単性花。

**りょうせい-かごうぶつ【両性化合物】** 酸に対しては塩基として作用し、塩基に対しては酸として作用する化合物。水酸化アルミニウムなど。amphoteric compound

**りょうせい-げんそ【両性元素】** 両性酸化物をつくる元素。アルミニウムなど。amphoteric element

**りょうせい-ざっしゅ【両性雑種】** 優性と劣性の両遺伝子をもった雑種。dihybrid

**りょうせい-さんかぶつ【両性酸化物】** 酸化物のうち、酸に対しては塩基として、塩基に対しては酸として反応する酸化物。amphoteric oxide

**りょうせい-しゅよう【良性▼腫▼瘍】** 腫瘍のうち、とくに浸潤や転移を起こさず身体に悪影響を与えないもの。ただし、脳や腸など発生部位により悪性となることもある。benign tumor

**りょうせい-せいしょく【両性生殖】** 有性生殖のうち、雌雄の異形配偶子(＝卵子と精子)の受精によって新しい個体を生じるもの。bisexual reproduction

**りょう-せいせん【両性▼腺】** 雌雄同体の動物で、卵と精子の両方をつくりうる生殖腺。カタツムリなど。卵精巣。hermaphroditic gland

**りょうせいばい【両成敗】** 両方を罰すること。punish both parties 用例 けんか——。

**りょうぜい-ほう【両税法】** 中国の唐代後期から明代中期までの税制。均田制の崩壊に伴い、租庸調の税体系がくずれ、農地と戸の財産を対象に課税。夏と秋の両季に徴収。

**りょうせい-るい【両生類】** 脊椎動物の一綱をなす動物。発生の過程で変態。皮膚は裸出し、幼生は鰓呼吸、成体の多くは肺呼吸を行う。現存するのは約二五〇〇種。アシナシイモリなどの無足目、イモリなどの有尾目、カエルなどの無尾目がある。amphibian

**りょう-ぜつ【両舌】** ①《仏教語》十悪の一つ。二人の間に立ってそれぞれの悪口をいい、仲たがいさせること。②うそをつくこと。二枚舌。

**りょうせん【良▼詮】**(生没年未詳) 良全とも書く。正平年間(一三四六〜七〇)ごろの画僧。初期水墨画家として重要。作品『白衣観音図』など。

**りょう-せん【良▼賤】** 律令制下の社会的な身分制度。良民と賤民のこと。

**りょう-せん【▼稜線】** 山の峰から峰を結ぶ線。山の尾根。mountain ridge

**りょう-せん【僚船】** なかまの船。同じ仕事をしているなかまの船。consort ship

**りょう-ぜん【両全】** 両方とも完全であること。二つのことを完全に行うこと。用例 文武——。

**りょう-ぜん【霊▽山】** 福島県北東部、阿武隈高地北部の山。標高八〇六m。霊山城跡などの史跡が多く、集塊岩の奇峰としても知られる。

**りょうぜん【霊▽山】**〈町〉 福島県、阿武隈高地北部の町。東に名山として知られる霊山がある。製材・製糸などが行われる。人口一万一五七二(一九八八)。

**りょうぜん【良▼暹】**(生没年未詳) 平安中期の歌僧。祇園別当。『後拾遺和歌集』など勅撰集に約三〇首入集。

**りょう-ぜん【▼瞭然】**(形動トタル) 明らかで、疑いのないさま。判然。歴然。obvious 用例 一目——。

**りょうぜん-か【両全花】** ↓りょうせいか(両性花)

**りょうそう-ようすい【両総用水】** 千葉県佐原市で利根川から取水し、九十九里平野南部の灌漑と、低湿地の排水のためにつくられた用排水路。延長七四kmで、灌漑面積一五〇$km^2$。

**りょう-ぞく【良俗】** よい風俗・習慣。美風。good custom

**りょうそで-づくえ【両▼袖机】** 左右両方に収納用の袖箱のついた机。double pedestal desk 比較 片袖机。

**りょうた【▼蓼太】** ↓おおしまりょうた(大島蓼太)

**りょう-だて【両建(て)】** ①先物取引で、一人の人が、同一の銘柄の同一の限月の売り建てと買い建ての両方をたてておくこと。double option ②「両建預金」の略。

**りょうだて-よきん【両建預金】** 拘束預金の一つ。金融機関が貸し出しの条件として貸出額の一部を預金させるもの。compensatory deposit

**りょう-だめ【両▽為】** 両方の利益になること。用例 いわないのが——だ。

**りょう-たん【両端】** ①両方のはし。両はし。both ends 対義 一端。②初めと終わり。首尾。beginning and end ③ふたごころ。用例 首鼠——を持す。

**りょう-だん【両断】**(名・サ変他) 二つにずばりと切ること。cut in two 用例 一刀——。

**りょう-ち【了知】**(名・サ変他) 事柄の内容をよく知ること。さとり知ること。

**りょう-ち【良知】** 《『孟子』の語》生まれつきの知能。用例 ——良能。

**りょう-ち【料地】** ある目的に使う土地。用地。preserved land

**りょう-ち【量地】** 土地を測量すること。

**りょう-ち【領地】** ①国家の主権の及ぶ土地。一国の領有する地域。領土。territory ②大名、寺社などが支配する土地。

**りょう-ち【領知】**(名・サ変他) ①領有し、支配すること。②仕事を受け持ち、責任を負うこと。

**りょう-ち【領置】** 刑事訴訟法で押収の一種。裁判所は被告人の、捜査機関は被疑者の遺留、または所有者・所持者・保管者が任意に提出した物を占有し、その管理下におくこと。

**りょう-ちょう【寮長】** 寮の責任者。housemaster

**りょうつ【両津】**〈市〉 新潟県佐渡島中東部、両津湾に臨む市。佐渡島の玄関にあたる水産・観光都市で、重要港湾の両津港と佐渡空港がある。人口二万五一七(一九八八)。

**りょう-て【両手】** 左右の手。both hands 対義 片手。

**両手に花**(りょうてにはな) 二つの、美しくよいものをひとり占めにすること。また、左右に美人をはべらせることのたとえ。doubly blessed

**りょう-てい【料亭】** おもに、日本料理を供する料理屋。

**りょう-てい【量定】**(名・サ変他) はかって決定すること。用例 刑の——。

**りょう-てき【量的】**(形動) 量に関するさま。物を量の上から見るさま。quantitative 対義 質的。用例 ——にめぐまれている。

**りょう-てっこう【▼菱鉄鉱】** 炭酸鉄を主成分とする重要な鉄鉱石。三方晶系。ガラス光沢があり、淡色から暗赤色に変色。堆積岩や鉱脈中より産出。siderite

**りょう-でん【良田】** 米のよくできるたんぼ。美田。

**りょう-てんびん【両天▼秤】** ふたまたをかけること。両天。aim at two objects at once 用例 ——に掛ける。

**りょう-ど【両度】** 二度。ふたたび。

**りょう-ど【領土】** ①領有している土地。領地。②一国の排他的な支配権と処分権が認められる空間。国家の領域。territory 用例 日本の——。③②のうち、土地からなる空間。land space 比較 領空・領海。

**りょう-とう【両刀】** ①太刀とわきざし。大小。②「両刀遣い」の略。

**両刀を遣う**(りょうとうをつかう) ①二本の刀を遣う。②相反したり相対立したりする両方を、ともに取り上げる。とくに、酒と甘いものの両方ともを好む。ambidextrous

**りょう-とう【両頭】** ①二つの頭。用例 ——のヘビ。②ふたりのかしら・支配者。用例 ——政治。

**りょう-とう【▽竜頭】** りゅうの頭。りゅうとう。りゅうず。

**りょう-とう【▼遼東】**(Liao-tung) 《遼河の東、の意》中国遼寧省東南部一帯。

**遼東の豕**(りょうとうのいのこ) 《昔、遼東の地で豚が白頭の子を生んだので珍しく思い、天子に献上しようと河東(山西省)まで来たら、白頭の豚がたくさんいたという中国の故事から》見聞が狭いので、ありふれたことを珍しがって、うぬぼれること。ひとりよがり。

**りょう-どう【両道】** 二つの道・方面。both ways 用例 文武——。

**りょう-どう【糧道】** ①食糧を送る道筋。②糧を得る道。生計をたてるための仕事。sup-

ply line 用例 ―を絶つ。

**りょうとう-げきす【竜頭鷁首】** 平安時代の貴族の御座船。二隻で一対。一隻の船首にりゅうを、他の一隻には鷁という想像上の水鳥を彫刻したもの。庭の池に浮かべ、楽人を乗せ音楽を奏させた。りゅうとうげきしゅ。↓写

●竜頭鷁首 『紫式部日記絵巻』より。藤田美術館(大阪府)。

**りょうどう-たい【良導体】** 電気・熱をよく伝えるもの。銅・銀など。導体。good conductor 対義 不良導体。

**りょうとう-づかい【両刀遣い】** ①両手に刀を持って戦う剣法・人。②二つの物事をかね行うこと・人。③《俗語》酒も菓子類も好きな人。

**りょうとう-てつりつ【両統迭立】** 鎌倉中期以降、皇室が持明院統(後深草天皇系)と大覚寺統(亀山天皇系)の二統に分かれ、交互に皇位についたこと。六代の後、南北朝の争乱となった。

**りょうとう-はんとう【遼東半島】** 中国、東北地区の南部に突出する半島。山東半島と相対して、黄海と渤海を分ける。もと日本の租借地で、第二次大戦後中国に返還。リヤオトン半島。

**りょうとう-ろんぽう【両刀論法】** 二つの条件を対立させて、そのどちらをとっても同じような結論に導く論法。結論がどちらになっても、困らないように組み立てられた議論のしかた。ジレンマ。dilemma

**りょう-とく【両得】** ①一度に二つの利益をえること。double gain 用例 一挙―。②ふたりが得をすること。

**りょう-とく【領得】**(名・サ変他) ①さとること。納得すること。understand ②他人の財産を、自分または第三者のものとすることを目的に獲得すること。用例 ―罪。

**りょう-どなり【両隣】** 左右両方の隣。また、両方に隣り合う家。houses on both sides 用例 向こう三軒―。

**りょう-ない【領内】** 領土の中。領域内。within a territory

**りょうなん【綾南】**〈町〉 香川県中部、綾川中流域の町。溜池灌漑による農業の町。菅原道真を祭る滝宮の天満宮の、雨乞いの念仏踊りは有名。人口一万六九三六(一九八八)。

**りょう-にん【両人】** 両方の人。二人。both of them 用例 似合いのご―。

**りょうにん【良忍】**(一〇七二～一一三二) 平安後期の僧。融通念仏の創唱者。尾張の人。永久五年(一一一七)阿弥陀の示現により融通念仏を感得したという。摂津国の住吉に修楽寺(のち大念仏寺)を創建。

**りょうねい【遼寧】**〈省〉 中国、東北地区南部の省。省都は瀋陽。小麦・大豆の生産が多く、鉱物資源にも恵まれ、各種重工業が発達。人口三五九二万(一九八四)。リヤオニン。

**りょう-のう【良能】** 生まれつきの才能。用例 良知―。

**りょうのぎげ【令義解】** 養老令の官撰注釈書。一〇巻。清原夏野らの撰で天長一〇年(八三三)成立。翌年から法令として施行。

**りょうのしゅうげ【令集解】** 養老令の私撰注釈書。現存三五巻。惟宗直本の撰。貞観年間(八五九～八七七)ごろ成立。

**りょう-の-て【両の手】** 両方の手。両手。both hands

**りょう-ば【両刃】** 両がわに刃のつけてある刃物。もろ刃。double-edged sword 対義 片刃。

**両刃の剣**(りょうばのけん) 一面では非常に役だつが、他の面では大害をもたらす危険があること。諸刃の剣。double-edged

**りょう-ば【良馬】** すぐれた馬。駿馬。good horse

**りょう-ば【猟場】** 鳥や獣を捕る場所。狩り場。hunting ground

**りょう-ば【漁場】** 魚や貝などがよく捕れる所。ぎょば。ぎょじょう。fishing ground

**りょうはく-さんち【両白山地】** 石川・福井県境にある北部の白山山地と、岐阜・福井県境にある南部の能郷白山山地の総称。主峰は北部が白山(二七〇二m)、南部が能郷白山(一六一七m)。北部は白山国立公園の中心。美濃加賀山地。加濃越山地。濃越山地。

**りょう-はし【両端】** 一つの物の左右のはし。りょうたん。りょうはじ。both ends 対義 片端

**りょう-はだ【両肌・両膚】** ↓もろはだ(諸肌)

**りょうばつ-きてい【両罰規定】** 法人などの事業主体の代表者や使用人が、業務に関して犯罪行為をした場合に、行為者とともにその事業主体をも罰する規定。

**りょう-ばば【良馬場】** 競馬場の走路の状態が良好なこと。good racetrack 対義 重馬場。

**りょうはん-てん【量販店】** 大量に商品を販売する小売店。スーパーマーケットや大規模な専門店をさす。discount store

**りょう-ひ【良否】** もののよしあし。good or bad 比較 可否。

**りょう-ひ【寮費】** 寮に納める費用。boarding-expenses

**りょう-ひつ【良弼】** 補佐にすぐれた臣下。

**りょう-ひつ【良筆】** ①よい筆。good pen ②すぐれた書・文章。good penmanship ③すぐれた筆者。good penman 対義 悪筆。

**りょう-ひょう【猟豹】**《「狩猟豹」の略。古くからインドでチーターを飼い慣らしてシカやレイヨウ狩りに用いたのによる》チーターの異名。

**りょう-びらき【両開き】** 二枚の扉が左右に開くこと。また、その扉。観音開き。French door

**りょう-ひん【良品】** 質のよい品物。high-quality goods

**りょう-ぶ【令法】** 山地にはえるリョウブ科の落葉小高木。高さ約六m。夏に枝先に総状花序をつくり、白色の小花を多数つける。樹皮はなめらかで茶褐色。葉は倒披針形。材は床柱、良質の木炭となる。若葉は食用。↓図

●リョウブ

**りょう-ぶ【両部】** ①両方の部分。②《仏教語》真言宗で、金剛界と胎蔵界。③「両部神道」の略。

**りょう-ふう【良風】** よい風俗。good custom 用例 ―美俗。

**りょう-ふう【涼風】** 夏に吹く涼しい風。すずかぜ。cool breeze

**りょうぶ-しんとう【両部神道】** 真言密教と結合して発達した神道説。大日如来を本地、天照大神をその垂迹とした。

**りょうぶ-まんだら【両部曼荼羅】** 両界曼荼羅の別称。

**りょう-ぶん【両分】**(名・サ変他) 二つに分けること。二分。cut in two

**りょう-ぶん【領分】** ①領地。領土。territory ②関係する範囲。縄張り。domain; territory

**りょう-へん【両辺】** ①二つのへり・ふち。both sides ②図形の角の左右の辺。③等式や不等式で左右の辺をあわせた呼び名。both sides

**りょう-べん【両便】** ①大便と小便。②両方に便利なこと。両用。

**りょう-ぼ【陵墓】** 天皇および皇族の墓所の総称。みささぎ。山陵。参考 天皇・皇后・太皇太后・皇太后を葬るところを「陵」、他の皇族を葬るところを「墓」という。

**りょう-ぼ【寮母】** 寮に住む学生や生徒などの世話をする女性。housemother; matron

**りょう-ほう【両方】** 対義 片方・一方。①《二つあるものの》どちらも。双方。both 用例 ―とも正しい。②二つの方面。二方向。both 用例 ―に分かれる。

**りょう-ほう【良法】** よいしかた。すぐれた方法。good way

**りょう-ほう【領邦】** 一三世紀以降、神聖ローマ帝国、ドイツ王国を構成した地方小国家。皇帝(王)権の弱小化に起因したドイツ独特の形態。領邦君主は完全な独立権を掌握。帝国直属の領邦は約三〇〇に達した。分邦。

**りょう-ほう【療法】** 病気を治療する方法。cure

**りょうぼ-せい【両墓制】** 一人の死者に関して、死体を埋める埋め墓と、石碑を立てて霊を祭る参り墓とを設ける風習。近畿地方を中心に広く分布する。

**りょう-まい【糧米】** 食糧にする米。rice for provisions

**りょう-まえ【両前】** 洋服で、前の打ち合わせの重なりを多くして、ボタンを二列につけたもの。ダブル。double breast 対義 片前。

**りょう-また【両股】** ①先が二またに分かれていること。forked ②両方にまたがること。play both ways 用例 ―にかける。

**りょう-まつ【糧秣】** 兵士の食糧と、軍馬のえさ。

**りょう-み【涼味】** すずしい感じ。すずしさ。「coolness

**りょう-みん【良民】** ①善良な人民。一般の人民。good citizen ②律令制下、賤民に対して用いられた身分上の区分の一つ。貴族・公民・品部・雑戸・僧尼などの階級。

**りょう-みん【領民】** 領主の支配下にある民。subjects

**りょう-め【量目】** めかた。はかりめ。weight

**りょう-めん【両面】** ①表と裏。both sides ②二つの方面。both sides 対義 片面。

**りょうめん-しだ【両面羊歯】** ウラボシ科の常緑性シダ。山地の林下の湿地に群生する。葉は叢生し、長さ約一・五m。葉身は三回羽状に分裂し、表裏が同じように見える。コガネシダ。ゼンマイシノブ。

**りょうめん-ずり【両面刷(り)】** 一枚の紙の表と裏に印刷すること。その印刷物。print on both sides

**りょうめん-テープ【両面テープ】** 接着テープの一種。テープの表側と裏側に接着剤がついているもの。

**りょう-もう【両毛】** 上毛野国のと、下毛野国の併称。上野と下野。

**りょう-もうしょ【凌濛初】**(一五八〇～一六四四) 中国、明代の文人。字は玄房。浙江の烏程の人。歴代の短編小説を編集した『拍案驚奇』が名高い。

**りょう-や【良夜】** 月の明るい夜。とくに、陰暦八月一五日の夜。

**りょう-や【涼夜】** すずしい夜。cool night

**りょう-やく【良薬】** よく効く薬。good medicine

**良薬は口に苦し**(りょうやくはくちににがし) 病気によく効く薬が苦くて飲みにくいように、身のためになるような忠告は、聞きづらいものだ。Good medicine tastes bitter.

**りょう-ゆう【両雄】** ふたりの英雄。two great men

**両雄並び立たず**(りょうゆうならびたたず) 両雄がいる状態は、片方が勝ち、他方が負けねば、おさまらない。Two great men cannot coexist.

**りょう-ゆう【良友】** つきあって、ためになる友達。good friend 対義 悪友。

**りょう-ゆう【僚友】** 同じ職場の仲間。同僚。colleague

**りょう-ゆう【領有】**(名・サ変他) ①自分のものとして所有すること。possession; dominion ②領地として所有すること。

**りょう-ゆう【療友】** 療養をしているとき、知り合った友達。同じ療養をしている仲間。

**りょう-よう【両用】** ①二つを兼ねて使うこと。ふた通りに使えること。兼用。combined use 用例 水陸―。②大小便。両便。feces and urine

**りょう-よう【両様】** 両方の様式。ふた通り。both ways

**和戦両様の構え**(わせんりょうようのかまえ) 和睦にも戦争にも、どちらにも応じられる用意・態勢。be prepared for either war or peace

**りょう-よう【療養】**(名・サ変自) 病気を治すために養生すること。recuperate 用例 自宅―。

**りょうよう-じょ【療養所】** 療養するために設けられた建物。sanitarium米; sanatorium英

**りょう-よく【両翼】** ①左右のつばさ。both wings ②陣地・隊列などの右方と左方。both flanks

**りょう-ら【綾羅】** 綾織りと薄絹。

**りょうら-きんしゅう【綾羅錦繡】** 美しい衣服。

**りょう-らん【繚乱・撩乱】**(形動トタル) 入り乱れるさま。花が咲き乱れるさま。bloom all over 用例 百花―。

**りょう-り【良吏】** よい役人。good official 比較 能吏。

**りょう-り【料理】** (名・サ変他) ①物事をとりさばくこと。処理すること。きりもり。manage 用例 ごたごたをうまく―する。②食品を調理して食べられ



↓ 行き先項目、図版・写真参照印。 JIS 日本工業規格情報交換用漢字符号コード(区点コード)。

るようにすること。また、その食べ物。cooking 数え方 一品・一皿・一人前。

**りょうりいんしょくとう-しょうひぜい【料理飲食等消費税】** 料理店や旅館などで一定額以上の遊興・飲食・宿泊をした者に都道府県が課する消費税。平成元年(一九八九)消費税の創設にともない廃止され、特別地方消費税となる。

**りょう-りつ【両立】**(名・サ変自) 二つのものが並び立つこと。両方とも成り立つこと。be compatible

**りょうり-ばん【料理番】** 料理を作る係りの者。cook

**りょうり-や【料理屋】** 客に飲食を提供する店。料亭。restaurant

**りょう-りょう【両両】** 両方。二つながら。用例 ―相まって。

**りょう-りょう【▼喨▼喨】**(形動トタル) ラッパの音などが、明るく響くさま。嚠喨。

**りょう-りょう【▼稜▼稜】**(形動トタル) 角立って厳しいさま。用例 気骨―。

**りょう-りょう【▼寥▼寥】**(形動トタル) ①ひっそりと寂しいさま。②数の少ないさま。

**りょう-りん【両輪】** ①車の左右にある二つの輪。two wheels ②両方一緒になって、はじめて、成り立っているたとえ。inseparable

**りょう・る【料る】**(五他)《「料理」の動詞化》料理する。

**りょう-ろん【両論】** 両方の議論。二つの議論。pros and cons 用例 賛否―。

**リョーマチ[rheumatisch オランダ]** ↓リューマチ

**りょ-がい【慮外】**(名・形動) ①思いがけないこと・さま。意外。unexpected ②ぶしつけなこと・さま。無礼。impolite; rude 用例 ―者。

**りょ-かく【旅客】** 旅をする人。りょきゃく。traveler; passenger 用例 ―列車。

**りょかく-き【旅客機】** 旅客輸送を主目的とする商業用航空機。passenger plane 比較 軍用機。↓図

**りょかく-せん【旅客船】** ↓きゃくせん(客船)

**りょ-かん【旅館】** 人を宿泊させることを業とする家。今日では、旅館業法で「和式の構造と設備を主とする」などの諸基準に適合する有料宿泊施設をいう。宿屋。inn 参照 ホテル。

**りょ-き【▼呂紀】**(生没年未詳) 中国、明代中期の画家。装飾的な着色花鳥画にすぐれる。作品『四季花鳥図』など。

**りょ-きゃく【旅客】** ↓りょかく(旅客)

**リョク** 2画 **【力】** 部首「力」 教育小1 JIS 4647
音 リョク・リキ
訓 ちから

力 力

①ちから。はたらき。「威力・火力・強力・国力・財力・勢力・体力・動力・有力・労力」用例《接尾的》経済―。理解―。②つとめ、はげむ。ほねおり。「尽力・努力」↓リキ【力】

**リョク** 4画 **【▼仂】** 部首「人・亻」 JIS 4830
音 ロク・リョク・リキ
つとめ、はげむ。ほねおり。参考 働の略字として誤用される。↓ロク【仂】

**リョク** 6画 **【▼朸】** 部首「木」 JIS 5922
音 リョク
①もくめ。木の年輪。②おうご。ものをかつぐのに用いる棒。天秤棒。

**リョク** 14画 **【緑】** 部首「糸」 教育小3 JIS 4648
14画 **【▼綠】** 旧字
音 リョク・ロク
訓 みどり

緑 緑 緑 緑 緑

①みどり。青と黄の間色。木や草のみどり。「新緑」「緑陰・緑地」②こく、つやのある。「緑髪」③おさない。大宝令で、三歳以下。「緑児」↓ロク【緑】

**り-よく【利欲・利▼慾】** 利益をむさぼろうとする欲。greed

**りょく-いん【緑陰・緑▼蔭】** 青葉のこかげ。shade of a tree

**りょく-う【緑雨】** 新緑のころに降る雨。

**りょ-ぐう【旅▼寓】** 旅先の宿。旅宿。

**りょくおうしょく-やさい【緑黄色野菜】** ↓ゆうしょくやさい(有色野菜)

**りょく-か【緑化】**(名・サ変自他) ↓りょっか(緑化)

**りょく-ぎょく【緑玉】** エメラルドの別称。

**りょく-じ【緑児】** 三歳くらいまでの幼児。みどりご。

**りょく-しゅ【緑酒】** ①みどり色の酒。②うまい酒。用例 ―に月のかげ宿し。

**りょく-じゅ【緑樹】** 青葉の茂った立ち木。green tree

**りょく-じゅうじ【緑十字】** 植林運動を表す、みどり色の十の字のマーク。green cross

**りょくじゅ-ほうしょう【緑▼綬褒章】** 褒章の一つ。徳行にすぐれ、実業に精励して人々の模範となる者に与えられる緑のリボンのついた記章。↓勲章写

**りょくしょく-しょくぶつ【緑色植物】** 葉緑体を含み、光合成を行う植物。植物中で最大の群。

**りょくしょく-そうるい【緑色藻類】** ↓りょくそうしょくぶつ(緑藻植物)

**りょくしょく-へんがん【緑色片岩】** 塩基性凝灰岩が、低温で中程度の圧力下で変成作用を受けてできた岩石。斜長石・緑簾石・緑泥石などを主成分とし、緑色を呈す。greenschist

**りょくしょく-やさい【緑色野菜】** 緑色をした野菜類。サラダナ・ホウレンソウ・コマツナなど。green vegetables

**りょく-ず【緑豆】** ↓りょくとう(緑豆)

**りょく-そう【力争】** 力ずくであらそうこと。りきそう。

**りょくそう-しょくぶつ【緑藻植物】** 植物界の一門。クロロフィルを多量にもつ緑色の藻類。光合成によりでんぷんを作る。体制は鞭毛のある単細胞から複雑なものまで変化に富む。広く淡海水中に分布。海水産のアオノリやミル、淡水産のヒビミドロなど。緑色藻類。↓図

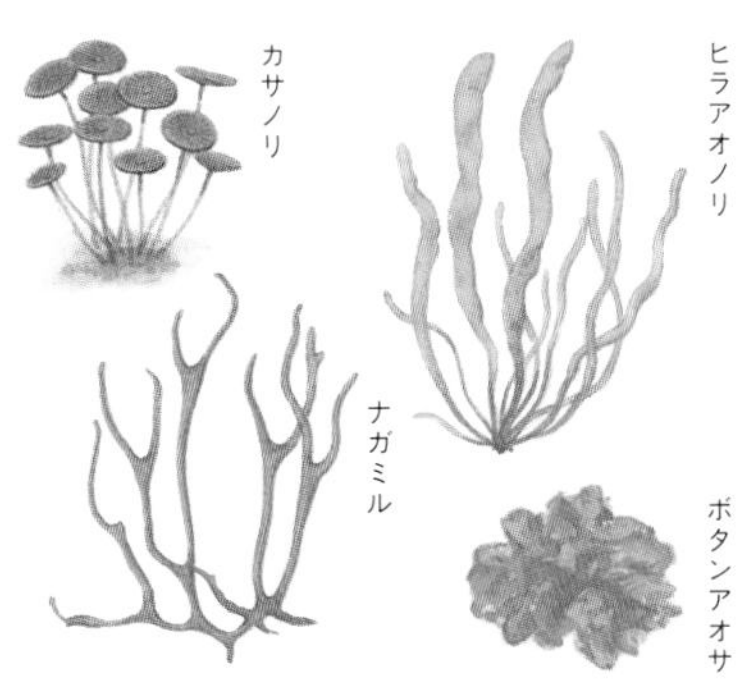

●リョクソウ植物

**りょく-ち【緑地】** 草木の茂った所。green tract of land

**りょくち-けいかく【緑地計画】** 都市の緑地を系統的に確保・配置し、保全・整備する計画。plan for tree-planting

**りょくち-たい【緑地帯】** 市街地や工場敷地などで、防火・環境衛生・美観などのために草木を植えた区域。green belt

**りょく-ちゃ【緑茶】** 若葉を蒸してもんだり、焙炉で炒った緑色の茶。玉露・ひき茶(抹茶)・煎茶・番茶などがある。green tea 比較 紅茶。

**りょくちゅう-せき【緑柱石】** 六角柱状の結晶で、緑色をおびた鉱物。透明緑色のエメラルド、淡青色のアクアマリンなどの宝石になる。ブラジルが主産地。beryl

**りょく-でい【緑泥】** 海緑石(雲母質の粘土鉱物)に富む濃緑色の泥。陸から運ばれた海底堆積物。大陸斜面およびそれより深い泥質堆積物中に緑泥の薄層がはさまっていることが多い。green mud

**りょくでい-せき【緑泥石】** マグネシウム・アルミニウム・鉄などの珪酸塩鉱物。単斜晶系。六角板状結晶もあるが、多くは細かい鱗片状結晶の集合体として産出。真珠光沢やガラス光沢をもつ。緑・白・黄・紅色など。石榴石・角閃石・黒雲母などの変質によって生成。chlorite

**りょく-ど【緑土】** ①沿岸の沈殿物のうち、有孔虫の殻の仁を形づくっていた珪酸塩鉱物を含むため緑色を呈するもの。②黒雲母などが変質・分解した緑色の鉱物。③草木のしげった土地。green land

**りょく-とう【緑豆】** マメ科の一年草。高さ約四〇cm。葉は三小葉の複葉。さやは約八cmの円柱形、一〇～一五個の緑色長卵形の種子を含む。はるさめの原料。豆もやし用。りょくず。ヤエナリ。

**りょく-どう【緑道】** 都市公園の一つ。災害時の避難路や生活の安全をはかるために設けられた緑地。植物帯・歩行者路・自転車路など。

**りょく-ないしょう【緑内障】** 眼球内の液体循環が乱れ、眼圧が上昇することによりおこる眼病。瞳孔が青く見えることがある。放置すると失明する。青底翳。glaucoma

**りょくのう-きん【緑▼膿菌】** グラム陰性の桿菌。化膿病巣に混合感染してうみを黄緑色にする。抗菌剤に抵抗が強い。

**りょく-はつ【緑髪】** つやのよい、ふさふさとした髪の毛。

**りょく-ばん【緑▼礬】** 硫酸鉄(Ⅱ)七水和物の俗称。化学式 $FeSO_4 \cdot 7H_2O$ 淡緑色の結晶。還元剤・青写真感光剤・顔料製造などに利用。green vitriol

**りょく-ひ【緑肥】** 青刈りした植物をそのまま土にすきこんで、肥料とするもの。レンゲソウ・ウマゴヤシ・クローバーなど。草ごえ。green manure

**りょく-ふう【緑風】** 青葉を渡る初夏の風。

**りょくふう-かい【緑風会】** 昭和二二年(一九四七)参議院の保守系無所属議員七四人で結成された院内交渉団体。一時は九六人を擁したが、参議院の政党別組織化にともなって勢力を失い、同四〇年(一九六五)解散。

**りょく-べん【緑便】** 乳児の急性下痢などのさいの緑色の便。ビリベルジンがかなり含まれるため緑色となり、酸臭または腐敗臭がある。母乳栄養児の緑便は生理的なものと考えられる。greenish stool

**りょく-もん【緑門】** スギ・ヒノキなどの小枝でおおったアーチ形の門。運動会・祝典などに設けられる。アーチ。

**りょく-や【緑野】** 草木の青々とした野原。green field

**りょくよう-かんらん【緑葉甘▼藍】** アブラナ科キャベツの種。結球せず、葉は大きく葉柄が長い。ふつう縮れているが、縮れのないものをコラードという。観賞用としても栽培。ハゴロモカンラン。ケール。kale

**りょく-りん【緑林】** ①青々とした林。greenwood ②《昔、中国で盗賊の本拠であった山の名から》盗賊。馬賊。

**りょ-けん【旅券】** 外務大臣が渡航先政府に対して発行する、渡航者の身分・国籍証明書。数次往復旅券と一回のみ往復の通常旅券がある。パスポート。passport 比較 査証・ビザ。

**りょけん-ほう【旅券法】** 旅券の発給や効力などについて定めた法律。昭和二六年(一九五一)公布。passport act

**りょ-こう【旅行】**(名・サ変自) 旅をすること。観光・商用・研究など種々の目的で、定住地を一時的に離れて他の土地へ出かけていくことをいう。旅。trip; journey; tour; travel

**りょ-こう【▼呂后】**(BC?～一八〇) 中国、前漢の高祖の皇后。高祖の死後、幼帝を擁して実権を握り、劉氏をおさえ呂氏一族を登用して権力をふるったが、その死後一族は滅ぼされた。

**りょこう-こぎって【旅行小切手】** 海外旅行の時、多額の現金を持ち歩かないための小切手。現地の金融機関が、購入時と利用時の二つの署名で本人を確認し、現金化ができる仕組み。トラベラーズチェック。traveler's check

**りょこう-だいりてん【旅行代理店】** 交通機関や宿泊施設の手配、旅券やビザの手続きの代行など、旅行に関するサービスを提供する業者。travel agency

**りょこう-ばと【旅行▼鳩】** ハト科の鳥。乱獲のため絶滅した動物の代表として有名。全長四〇cm内外。尾が非常に長い。頭上・背・尾は灰紫色、胸腹部は淡赤橙色。北アメリカ東部の森林にすみ、渡りのさいには空が暗くなるほど数が多かったが、食用にするため乱獲され、野生のものは一八九九年に、飼育されているものも一九一四年に死に、絶滅。passenger pigeon

**りょ-じ【旅次】** ①旅宿。②道中。

**りょししゅんじゅう【▼呂氏春秋】** 中国の雑家書。秦の丞相呂不韋が多くの学者を集め、撰したといわれる。諸子百家の説を集大成したもの。呂覧。

**りょし-の-らん【▼呂氏の乱】** 中国、前漢の高祖のあと、皇后呂后の計らいで政権の座にあった呂氏一門が、呂后の死後滅ぼされた事件。斉王劉襄が高祖の遺臣周勃や陳平らと協力、漢室の危機を回避した。

**りょ-しゅう【虜囚】** 敵に捕らえられた人。とりこ。捕虜。prisoner of war

**りょ-しゅう【旅愁】** 旅中に感じる、ものわびしさ・もの悲しさ。客愁。pathos on journey

●旅客機　ボーイング767の各部名称

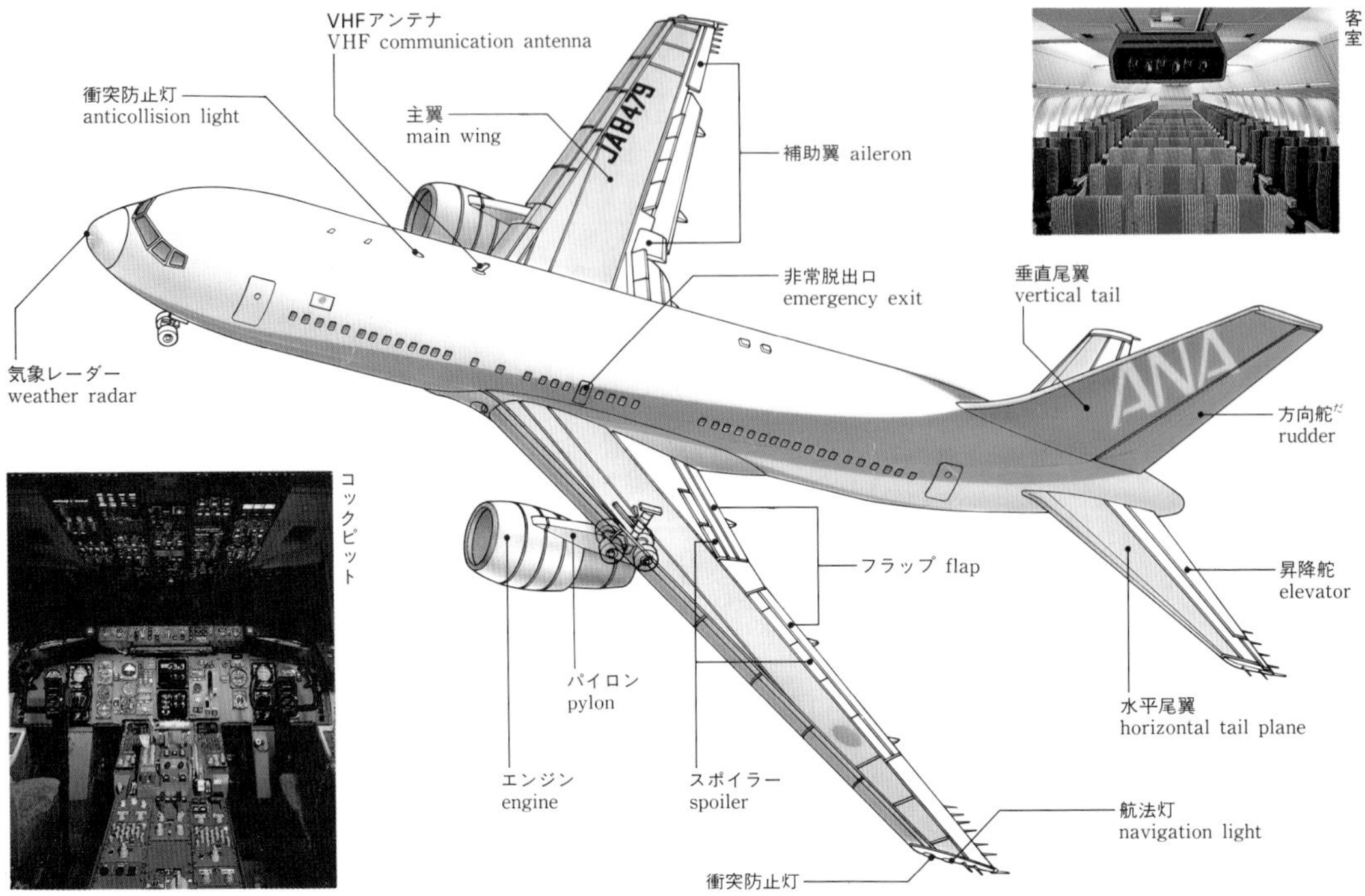


㊁横光利一の小説。昭和一一〜二一年(一九三七〜四六)発表。ヨーロッパと日本が舞台。矢代と千鶴子の恋愛を軸に、西洋文化対日本の問題を扱う大作。

**りょ-しゅく【旅宿】** 旅先で泊まること。その宿屋。旅泊。

**りょじゅん【旅順】** 中国、遼寧省の遼東半島南西端にある軍港。現在は大連市の一部。日清・日露戦争で日本が占領。第二次大戦後はソ連の管理を経て、中国海軍の基地となっている。人口一二二万(一九八四)。ポートアーサー。リュイシュン。

**りょ-しょう【▼呂尚】** 太公望の本名。ろしょう。

**りょ-じょう【旅情】** 旅行中の気持ち。旅人の心情。旅心。traveler's sentiment

**りょ-じん【旅人】** 旅びと。用例 ―宿。

**りょ-そう【旅装】** 旅の身仕度。旅仕度。traveling outfit

**旅装を解く** 目的地に着き、また旅から帰って、くつろぐ。rest after a journey

**りょ-そけん【▼呂祖謙】**(一一三七〜八一) 中国、宋代の儒者。号は東莱。古義・史学に通じ、『近思録』編纂にあたり朱子に協力。著書『東莱左氏博議』など。

**りょだい【旅大】** ↓だいれん(大連)

**りょ-だん【旅団】** 陸軍の部隊単位の一つ。連隊と師団の中間。旧日本陸軍では二個連隊で編制。brigade

**りょ-ちゅう【旅中】** 旅行している間。

**りょっ-か【緑化】**(名・サ変自他)《「りょくか」の変》植栽や種子散布によって、その土地の植物をふやすこと。plant trees 用例 ―運動。

**りょっ-こう【力行】**(名・サ変自) ↓りっこう(力行)

**りょ-てい【旅亭】** 旅館。はたごや。

**りょ-てい【旅程】** 旅の日程。旅行の道のり。travel plans

**りょ-どうひん【▼呂洞賓】** 中国、唐代の道士。八仙の一人。伝説的英雄として民衆の信仰を集めたが、実在は疑わしい。

**りょ-はく【旅泊】** 旅で宿泊すること・所。

**りょ-ひ【旅費】** 旅行にかかる費用。路銀。travel expenses

**りょ-ふい【▼呂不▼韋】**(?〜BC二三五) 中国、戦国時代の秦の丞相。富商として秦の王室と結び、始皇帝が即位すると相国となり、学者を集めて『呂氏春秋』を編纂したという。のち始皇帝に蜀に移されようとしたため自害。

**りょ-よう【旅用】** 旅費。用例 ―の調達。

**りょ-りょく【▼膂力】** 筋肉の力。腕力。用例 ―、衆にすぐれる。

**リヨン【Lyon】** フランス南東部、ローヌ・ソーヌ両川の合流点にある河港都市。ローヌ県の県都。起源は紀元前のローマ時代。古くから絹織物業が栄え、現在は自動車・電機などの工業が発達し、商工業・交通・学術の中心。人口四一・八万(一九八二)。

**リラ【lilas フランス】** ↓ライラック

**リラ【lira イタリア】** ①イタリアの貨幣単位。記号L。②トルコの貨幣単位。トルコポンド。記号TL。

**リラ【lyre】** 撥弦楽器。共鳴胴に二本の腕木を立て、横木を渡し弦を張ったもの。ひざの上に置き、弦をはじく。古代ギリシアでよく用いられた。

**リライト【rewrite】**(名・サ変他) もとの文章に手を入れて書き直すこと。

**リラクセーション【relaxation】** ①リラックスすること。不眠・いらいら・緊張などを解消する方法。気晴らし。②筋肉にかかる緊張やストレスを取り除くために行う運動。

**リラダン【L'Isle-Adam】** ↓ビリエ=ド=リラダン

**リラックス【relax】**(名・サ変自) 心身の緊張をとくこと。くつろぐこと。

**りり【▼裡里】** 韓国、全羅北道北西部の中心都市。交通の要地で農畜産物の集散地。人口一九・二万(一九八五)。イリ。

**リリー【lily】** ユリの英語名。

**リリー【John Lyly】**(一五五四ごろ〜一六〇六) イギリスの劇作家・小説家。技巧的文体で知られる。散文物語『ユーフュイーズ』、戯曲『エンディミオン』など。

**リリーサー【releaser】** 動物がもっている音声や身振りなどの行動が、同種個体間の特定の反応をひき起こす要因になっていること。カモメの母親の出す警戒音を聞くと、ひなは逃避行動をとり、草むらにかくれる。この警戒音を、ひなにとってのリリーサーという。

**リリース【release】** ボウリングなどで、ボールが手から離れる瞬間。あるいは、その動作。

**リリーフ**(名・サ変他)《relief pitcherから》救援すること。とくに野球で、投手の続投が不利と判断された場合に救援する投手。救援投手。

**リリーフ-カー**《和製語》プロ野球などの球場で、登板する救援投手をブルペンからマウンド付近まで運ぶ小型の車。bullpen cart; bullpen car

**リリエンソール【David Eli Lilienthal】**(一八九九〜一九八一) アメリカの政治家。一九四一年テネシー川流域開発公社(TVA)理事長。四六年原子力委員会委員長。

**リリカル【lyrical】**(形動) 叙情詩的。情緒的。

**り-りく【離陸】**(名・サ変自) 航空機が陸地から飛び立つこと。take off 対義 着陸。

**りりし・い【▼凜▼凜しい】**(形) きりっとして勇ましい。manly 派生 りりしげ(形動) りりしさ(名)

**リリシズム【lyricism】** 叙情的であること。叙情風。

**り-りつ【利率】** 元金に対して支払われる利息の割合。年利・日歩などで表される。rate of interest 用例 ―は年六分。

**リリック【lyric】** 叙情詩。対義 エピック。

**り-りつさん【▼李立三】**(一八九六〜一九六七) 中国共産党初期の指導者。本名は、李隆郅。五・三〇事件を指導。極左冒険主義政策を強行、批判されて失脚。

**リリパット【Lilliput】** スウィフトの『ガリバー旅行記』で、ガリバーが漂着する小人国の名。

**リリ-ヤン【lily yarn】** おもに人絹糸で、メリヤス編みにした手芸用の紐。紐の中心は空洞。マクラメや文化刺繡に利用。リリアン。↓写

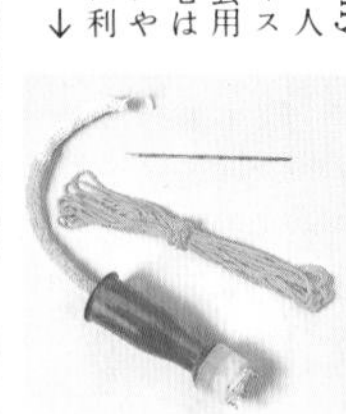
●リリヤン

**り-りゅうほう【▼李流芳】**(一五七五〜一六二九) 中国、明代後期の画家。号は檀園など。山水画に独自の画風を確立。

**り-りょう【▼驪▽竜】** 体が、黒い色のりゅう。

**驪竜頷下の珠** 危険を冒さないと手に入れることができないもののたとえ。

**り-りょう【▼李陵】**(BC一三〇ごろ〜BC七四) 中国、前漢の武将。紀元前九九年匈奴と戦って捕虜となり、二〇余年を経て病死。これを弁護した司馬遷は宮刑に処せられた。

**リルケ【Rainer Maria Rilke】**(一八七五〜一九二六) ドイツの詩人。プラハ生まれ。二〇世紀ドイツ詩の第一人者。現代人の魂の究極的な詩的表現を達成した。詩集『時禱詩集』『新詩集』『ドゥイノの悲歌』『オルフォイスに捧げるソネット』、小説『マルテの手記』など。

**リレー【relay】** ㊀(名・サ変他) うけついで順次送り伝えること。中継。㊁(名) ①↓けいでんき(継電器)。②スポーツで、「リレーレース」の略。

**リレー-レース【relay race】** 競技方式の一つ。陸上・水泳などで、一チーム通常四人の選手がそれぞれ一定の距離や区間を分担し、速さを競う種目。継走。継泳。リレー。

**り-れき【履歴】** 個人の、学業・職業などの経歴。personal history

**りれき-しょ【履歴書】** 履歴を書いた文書。personal history

**り-ろ【理路】** 話・論議の筋道。logic

**リロケーション【relocation】** 配置しなおすこと。

**りろ-せいぜん【理路整然】**(名・形動タル) 話や論などが、きちんと筋を追っていること・



↓ 行き先項目、図版・写真参照印。　JIS 日本工業規格情報交換用漢字符号コード(区点コード)。

さま。logical

**り-ろん【理論】** ①筋道を立てて考えた論。ある物事について、ある原理・原則をもととし、そこから筋道を立てて、だれにも納得のゆくように構成された論。theory 用例 ――と実際。②事実とそれに対する認識とを統一的にまとめて、実際に働きかけるための、よりどころとなりうる知識の体系。theory 対義 実践。③特定の問題に関する学説・見解。theory

**リロングウェ【Lilongwe】** アフリカ南東部、マラウイの首都。同国中西部、標高一一〇〇mの高原に位置する商業都市。交通の要地。同国南部のゾンバ市にかわって、一九七五年に新首都となった。人口一〇・三万(一九七七)。

**りろん-せいけいひ【理論生計費】** 標準的な世帯が正常な生活を営むために必要な財・サービスの額を、理論的・総合的に算出したもの。theoretical cost-of-living

**りろん-ち【理論値】** 原理または仮説などに基づいて、理論的に求められた値。theoretical value 対義 実験値。

**りろん-とうそう【理論闘争】** 理論上の闘争。とくに、革命をめざす政治党派の内部や対立グループのあいだで階級闘争の一つとして行われる論争。ideological dispute

**りろん-ぶつりがく【理論物理学】** 数学や推論による、理論的な研究を主とする物理学。theoretical physics

**リン** 7画 【▼吝】 部首[口] JIS 5071
音 リン
おしむ。やぶさか。しわい。けち。「吝嗇」

**リン** 8画 【林】 部首[木] 教育小1 JIS 4651
音 リン
訓 はやし
①はやし。木や竹が、多く広くむらがっているところ。比較 森。「山林・森林・造林」「林業・林野」用例《接尾的》原始――。防風――。②ものごとや人が、多くあつまっているところ。また、あつまったもの。「翰林院・芸林・辞林・書林・禅林」

**リン** 9画 【厘】 部首[厂] 常用 JIS 4650
音 リン・リ・テン
①ごくわずか。「厘毛」②尺貫法の長さの単位。一寸の一〇〇分の一。約〇・〇三〇三cm。③尺貫法の重さの単位。一匁の一〇〇分の一。約三七・五mg。④割合の単位。一割の一〇〇分の一。一分の一〇分の一。〇・一%。⑤金銭の単位。一銭の一〇分の一。

**リン** 10画 【倫】 部首[人・亻] 常用 JIS 4649
音 リン
①のり。人としてまもるべき、すじ。「人倫・不倫」「倫理」②たぐい。なかま。ともがら。「絶倫・比倫」

**リン** 10画 【▼悋】 部首[忄] JIS 5607
音 リン
①おしむ。やぶさか。しわい。けち。②ねたむ。やく。嫉妬する。「悋気」

**リン** 11画 【▼菻】 部首[艹] JIS 7250
音 リン
キツネアザミ。キク科の二年草。

**リン** 11画 【▼淋】 部首[氵] JIS 4652
音 リン
①したたる。水などが、たれておちる。「流汗淋漓」②ながあめ。三日以上もふりつづく雨。③りんびょう。性病の一つ。淋菌によって尿道がいたみ、うみがでる病気。「淋病」

**リン** 11画 【▼淪】 部首[氵] JIS 6245
音 リン・ロン
①さざなみ。細かにたつ波。②しずむ。水没する。また、おちぶれる。「沈淪」「淪落」

**リン** 12画 【▼棆】 部首[木] JIS 6018
音 リン
木の名。クスノキの類。

**リン** 12画 【▼琳】 部首[王] JIS 4654
音 リン
①美しい玉の一種。②玉がふれあってなる、すんだ音。

**リン** 13画 【▼痳】 部首[疒] JIS 6569
音 リン
①りんびょう。性病の一つ。痳菌によって尿道がいたみ、うみがでる病気。②疝気。下腹や腰がいたむ病気。

**リン** 13画 【▼稟】 部首[禾] JIS 6740 ／ 13画 【▼禀】 部首[示] 異体字 JIS 6741
音 ヒン・リン
くら。こめぐら。穀物をいれるくら。↓ヒン【稟】

**リン** 13画 【鈴】 部首[金] 常用 JIS 4675
音 レイ・リン・リョウ
訓 すず
すず。ベル。「風鈴」用例(名)――をならす。呼び――。↓レイ【鈴】

**リン** 14画 【▼綸】 部首[糸] JIS 6937
音 リン・カン
①いと。太い糸。釣り糸や弦楽器の糸。②天子のおおせ。「綸言・綸旨」③おさめる。すべる。「経綸」④「綸子」は、紋様をおりだした、つやのある絹織物。

**リン** 15画 【▼凜】 部首[冫] ／ 15画 【▼凛】 異体字 JIS 4959
音 リン
①さむい。さむさがきびしいさま。「凜乎・凜然・凜冽」用例(形動トタル)――とした朝の大気。②顔・態度がりりしいさま。「凜平・凜然」用例(形動トタル)――とした目もと。

**リン** 15画 【輪】 部首[車] 教育小4 JIS 4656
音 リン
訓 わ
①わ。比較 円・丸。「五輪・車輪・日輪・法輪・両輪」②くるま。「競輪」「輪禍」③順番にまわす。かわるがわるする。「輪講・輪作・輪読・輪番」④外まわり。「輪郭」⑤仏教で、地水火風空の五つの元素。地輪・水輪など。五大。「五輪塔」⑥花などを数えるのに用いる。用例(助数)梅一――。

**リン** 15画 【▼醂】 部首[酉] JIS 7846
音 ラン・リン
①さわしがき。渋をぬいたカキの実。②さわす。カキの実の渋をぬく。③モモの実の塩づけ。④「味醂」は、調味料にする甘い酒。

**リン** 16画 【▼廩】 部首[广] JIS 5509
音 リン
①くら。こめぐら。穀物をいれるくら。「倉廩」②俸禄。扶持。給与。

**リン** 16画 【▼遴】 部首[辶]
音 リン
①なやむ。ゆきなやむ。かたんずる。②むさぼる。欲ばる。

**リン** 16画 【隣】 部首[阝] 常用 JIS 4657 ／ 15画 【▼隣】 旧字 ／ 15画 【▼鄰】 部首[阝] 異体字 JIS 7835
音 リン
訓 となる・となり
となり。となる。相接する。「近隣・四隣・善隣」「隣家・隣室・隣人・隣接・隣邦」

**リン** 16画 【▼懍】 部首[忄] JIS 5678
音 リン
①おそれる。おじる。つつしむ。あやぶむ。②さむい。さむさがきびしいさま。「懍慄」

**リン** 16画 【▼燐】 部首[火] ／ 17画 【▼燐】 異体字 JIS 4653
音 リン
①おにび。ひとだま。「燐火・燐光」②元素の一つ。元素記号P。原子番号一五。原子量三一・〇。動植物中には、骨格、核酸の構成要素として存在する。マッチ・殺鼠剤・農薬などの原料となる。「黄燐・赤燐」「燐鉱」

**リン** 16画 【▼閵】 部首[門]
音 リン・レン
ふむ。ふまえる。ふみつける。ふみにじる。

**リン** 16画 【▼霖】 部首[雨] JIS 8035
音 リン
ながあめ。三日以上もふりつづく雨。「秋霖」「霖雨」

**リン** 17画 【▼磷】 部首[石]
音 リン
①うすい石。きらら。雲母。②うすらぐ。すりへってうすくなる。③元素の一つ。元素記号P。燐。

**リン** 18画 【臨】 部首[臣] 教育小6 JIS 4655
音 リン
訓 のぞむ
①のぞむ。その場にあたる。おさめる。比較 望。「君臨」「臨海・臨月・臨検・臨時・臨終・臨席」②身分の高い人が、その場にでむく。「親臨・来臨」「臨幸」③うつす。手本をみて、かく。「臨画・臨書・臨模」④臨時のこと。「臨休・臨急」

**リン** 19画 【▼藺】 部首[艹] JIS 7334
音 リン
い。イグサ。イグサ科の多年草。とうしんそう。

**リン** 19画 【▼轔】 部首[車]
音 リン
①とどろく。車がきしり、ひびく音。②きしる。③ひく。ふみにじる。

**リン** 22画 【▼驎】 部首[馬]
音 リン
①くちびるの黒い白馬。②まだらうま。連銭あしげ。

**リン** 23画 【▼躪】 部首[足] JIS 7724 ／ 26画 【▼躙】 異体字 JIS 7725
音 リン
ふむ。ふみにじる。ふみくだく。「蹂躪」

**リン** 23画 【▼鱗】 部首[魚] ／ 24画 【▼鱗】 異体字 JIS 4658
音 リン
うろこ。こけら。魚類や爬虫類などの、からだの表面をおおう堅い小片。「魚鱗・銀鱗」

**リン** 23画 【▼麟】 部首[鹿] ／ 24画 【▼麟】 異体字 JIS 4659
音 リン
「麒麟」は、①中国の想像上の動物。聖人があらわれる前に出るという。②ウシ目に属する哺乳動物。ジラフ。

**りん-う【▼霖雨】** 幾日も降り続く雨。梅雨・秋霖・春霖などをいう。なが雨。淫雨。

**りん-えん【林園・林▼苑】** 樹木のおいしげった庭園。

**りん-か【輪禍】** 自動車・オートバイなどに、ひかれたりはねられたりする災難。traffic accident

**りん-か【隣家】** となりの家。左右の家。next-door neighbor

**りん-か【▼燐火】** 燐の燃える青い火。鬼火。きつね火。陰火。will-o'-the-wisp

**りん-が【臨画】**(名・サ変自) 手本を見て、絵を習うこと。また、その絵。

**りん-が【▼鱗芽】** 腋芽の一種。多肉な鱗片葉が芽を包み、球状になったもの。これが地面に落ちて新しい個体となる。オニユリなどにみられる。bulblet

**リンガ【linga梵】** ヒンズー教の三大主神の一つであるシバ神を象徴する、男根形の石柱。陽石。

**リンガー【Sydney Ringer】**(一八三五～一九一〇) イギリスの医学者。一八八二年、体液の代用となる生理的塩類溶液(リンゲル液)を初めて処方した。

**リンカーン【Lincoln】** アメリカ中北部、ネブラスカ州南東部の商工業都市。同州の州都。交通の要地で肉牛取引の中心地。人口一七・二万(一九八〇)。

**リンカーン【Lincoln】** イギリス、イングランド中部、ウィザム川に沿う古都。工業が発達。司教区教会・古城などの史跡が多い。人口七・七万(一九八一)。

**リンカーン【Abraham Lincoln】**(一八〇九～一八六五) アメリカの政治家。第一六代大統領(在任一八六一～一八六五)。開拓農民の子として生まれる。弁護士から政界に入り、共和党結成とともに大統領に当選。南北戦争により国内を統一し、奴隷解

●リンカーン

放に成功。一八六四年大統領に再選されたが、翌年暗殺。ゲティスバーグで行った演説中の「人民の人民による人民のための政治」の名文句は後世に残る。↓写

**リンカーン-しゅ【リンカーン種】** ヒツジの一品種。大形の長毛種で、体重一一〇〜一三五kg。雌雄とも無角で白色。強健で、粗放な飼養に耐える。肉用種。アルゼンチン・オーストラリアに多い。イギリス原産。Lincoln

**リンカーン-センター【Lincoln-Center】** ニューヨークにある総合的な音楽・演劇センター。フィルハーモニックホール・メトロポリタン歌劇場・州立劇場・音楽院などがある。

**りん-かい【臨海】** 海に面していること。海辺にあること。seaside

**りん-かい【臨界】** ①さかい。境界。さかいめに立つこと。border ②原子炉の炉心で、連鎖反応が始まって、中性子の生成と消失が均衡した状態。critical state

**りんかい-あつりょく【臨界圧力】** 臨界温度下で気体を圧縮したときの、気体が液化しはじめる圧力の強さ。臨界圧。critical pressure

**りんかい-おんど【臨界温度】** 気体が液体になり始めるときの境界の温度。critical temperature

**りんかい-かく【臨界角】** 屈折率の大きい媒質から小さい媒質へ進行する光線が、その境界面で全反射を起こす限界の入射角。critical angle

**りんかい-がっこう【臨海学校】** 夏休みに、海岸付近で子どものからだを鍛えながら学習させる、臨時の教育施設。seaside school

**りんかい-げんしょう【臨界現象】** 臨界温度・臨界圧力下にある物質に見られる諸現象。critical phenomena

**りんかい-こうぎょうちたい【臨海工業地帯】** 海岸部に位置し、海上輸送のための港湾を備えた工業地域。原料を海外に求めることの多い日本では、石油精製・石油化学・製鉄などの大工場を中心とする臨海工業地域が形成されている。coastal industrial zone [対義]内陸工業地帯。

**りんかい-じっけん【臨界実験】** 開発された原子炉などの本格的な運転の前に、原子炉に核燃料を入れて、各種の調査や研究を行うための実験。critical experiment

**りんかい-じょうたい【臨界状態】** ①物質が臨界点にある状態。このとき、物質は気体とも液体ともいえない。critical state ②原子炉などで、核分裂連鎖反応が一定の割合で維持される状態。critical state

**りんかい-せき【▼燐灰石】** 弗素と塩素を含む、カルシウムの燐酸塩鉱物。燐の主要鉱石鉱物。六方晶系。柱状ないし板状結晶または粒状。樹脂状光沢やガラス光沢がある。色は白・緑・灰・黄・青など。ときに蛍光や燐光を発する。肥料・薬品・工業原料などに用いる。動物の骨や歯の主要成分で、人造骨材物質として人工合成が可能。アパタイト。apatite

**りんかい-てん【臨界点】** 同じ物質の液体と気体が共存して熱平衡状態にあるときの温度と圧力の値。このとき、液体と気体それぞれの密度が等しくなって、その区別ができなくなる。critical point

**りんかいプラズマ-じょうけん【臨界プラズマ条件】** 核融合反応を持続させるための条件。一億℃に熱したプラズマを、一cm³当たり一〇〇兆個の密度で一秒間、磁場の中に閉じこめることが最低必要とされる。break-even condition of plasma [参照]ローソン条件。

**りん-かいほう【林海▼峯】**(一九四二〜) 囲碁棋士。九段。中国上海生まれ。昭和二七年(一九五二)呉清源に認められ、来日。同四〇年(一九六五)二三歳で名人。以後、名人位通算七期。本因坊戦でも三期連覇した。

**りんかい-りょう【臨界量】** 原子炉などで、連鎖反応を起こすのに必要な核燃料の最小量。臨界質量。critical mass

**りん-かく【輪郭・輪▼廓】** ①まわり。周囲の線。outline ②外形。outline ③顔だち。features ④物事のあらまし。アウトライン。outline

**りん-がく【林学】** 森林および林業・林産業に関する技術や理論を研究する学問。forestry

**りんか-すいそ【▼燐化水素】** ↓ホスフィン

**りん-かん【林冠】** 林を構成する樹木で、梢の枝葉の広がりの全体。canopy of leaves

**りん-かん【林間】** 林のあいだ。林の中。through a forest

**りん-かん【輪▼奐】** 建物の、大きくてりっぱなこと。[用例]——の美。

**りん-かん【輪▼姦】**(名・サ変他) ひとりの女を、複数の男がかわるがわる犯すこと。gang rape

**りんかん-がっこう【林間学校】** 夏休みに、高原などで児童・生徒のからだを鍛えながら学習させる、臨時の教育合宿。camp school

**りん-き【▼悋気】**(名・サ変自) やきもちをやくこと。嫉妬。jealousy

**りん-き【臨機】** その時、その場に応じること。impromptu

**りん-ぎ【▼稟議】**(名・サ変他)《「ひんぎ」の慣用読み》会議を開かずに、関係者に議案を回して承認を得ること。[用例]——書。——にかける。

**りんき-おうへん【臨機応変】** その時その場に応じて、処置・処理すること。according to circumstances

**りんぎ-せいど【▼稟議制度】** 日本独特の管理制度の一つ。諸問題について、下位機関で原案を作成し、関係機関に回付のうえ同意を求め、上位機関に提出して決定を受ける手続き。

**りん-きゅう【臨休】**「臨時休業」「臨時休校」の略。

**りん-ぎょ【臨御】**(名・サ変自) ↓りんこう(臨幸)

**りん-ぎょう【林業】** 森林を育成し、木材など林産物を採取して利益を得る産業。林産物生産だけでなく、森林の環境保全の機能を重視した森林の取り扱いも主要な内容。forestry

**りんぎょう-きほんほう【林業基本法】** 林業の発展と林業従事者の地位の向上、森林資源の確保などのための基本的施策を示した法律。昭和三九年(一九六四)公布。

**りんぎょう-こうしゃ【林業公社】** 県や市町村が資金を出しあい、民有林の造林を推進するための機関。全国造林面積の一割弱を造林している。

**りんぎょう-しけんじょう【林業試験場】** 林業に関する試験・分析・鑑定・調査・講習・標本の生産および配布を行う農林水産省の付属機関。Experimental Forestry Station

**りん-きょうしん【臨教審】**「臨時教育審議会」の略。

**りんぎょう-はくしょ【林業白書】** 林業基本法に基づいて、毎年国会に報告される「林業の動向に関する年次報告」。

**リンク【link】** 一(名・サ変自他) つなぐこと。連動すること。二(名) ①機械装置で、運動や力を伝達する目的で連結に使う細長い鋼製の棒。②くさりの輪。③↓リンクせい(リンク制)

**リンク【rink】** ①スケート場。スケートリンク。②周囲をフェンスで囲んだアイスホッケーの競技場。

**リング【ring】** ①丸い輪。②指輪。腕輪。イヤリング。③ボクシング・レスリングなどの試合が行われる囲いをした場所。

**リング【Pehr Henrik Ling】**(一七七六〜一八三九) スウェーデンの体育指導者。生理学・解剖学に基づいた科学的な体操「スウェーデン体操」をつくり、世界に普及させた。

**リング-アウト**《和製語》プロレスで、試合中にリングの外に選手が出ること。二〇秒以内にリング内に戻らないと負けになる。

**リング-アナウンサー【ring announcer】** プロボクシングやプロレスなどで、リング上で選手の紹介をしたりセレモニーの司会をする人。

**リングサイド【ringside】** ボクシングなどの試合場のいちばん前列の見物席。

**リンクス【links】**《海辺の砂地、の意。ゴルフの創始期に、スコットランドでは多くのゴルフ場がこのような場所に作られたために言う》ゴルフ場。

**リンクス【lynx】** 大形の野生ネコ。体長約一m。耳の先に黒く長い毛がある。森林にすみ、夜行性。性質は荒い。ユーラシア大陸北部・北米に分布。オオヤマネコ。

**リンク-せい【リンク制】** 貿易取引のさい、一定の輸出を条件に輸入を許可する制度。製品の輸出を条件に原料を輸入するなど。リンク貿易制度。輸出入リンク制度。link system

**リンク-そうち【リンク装置】** いくつかの金属棒を自由回転できるピンで連結した装置。ピストンクランク機構など。linkage

**リング-ネーム【ring name】** ボクシングやプロレスなどで、興行上の目的からつけられる選手のニックネーム。

**リング-ノート**《和製語》背を金属またはプラスチック製のリングで綴るノート。バインダー。また、リングで綴るよう穴をあけたノート用紙。自由にぬきさしができる。リングブック。ring binder

**りん-け【林家】** 江戸時代、幕府の儒官として文教をつかさどった林家。徳川家康に仕えた羅山が祖。朱子学を幕臣に講じ、公的文書の起草などにあたった。

**りん-けい【▼鱗形】** 魚の鱗に似た形。うろこがた。

**りん-けい【▼鱗茎】** 地下茎の一つ。茎のまわりに養分を蓄え肥大した鱗片葉が密につき球状になったもの。ユリ・チューリップ・タマネギなど。球根。buld

**りんけいさい-るい【▼鱗茎菜類】** 肥厚した鱗茎をもつ野菜。タマネギ・ラッキョウなど。bulbous vegetable

**りんけい-じん【輪形陣】** 艦隊の陣形の一つ。主力艦を中心にして、それを囲む輪のように護衛の艦艇を配置する。ring formation

**リンケージ【linkage】** ①人間関係や国際関係で、とくに重要なつながり。②外交交渉で、いくつかの問題を組み合わせて互いの得失を調整し、まとめて妥協にもちこむやり方。③染色体の遺伝子が組み合わさって遺伝する現象。連関。連鎖。

**りん-げつ【臨月】** 出産予定月。うみづき。last month of pregnancy

**リンゲル-えき【リンゲル液】**《創始した医学者リンガーの名から》血液の代用液の一つ。血漿と等張の生理食塩水にカルシウム・カリウムなどを加えたもの。出血や衰弱がひどい場合などに注射する。リンガー液。Ringer solution

**リンゲルナッツ【Joachim Ringelnatz】**(一八八三〜一九三四) ドイツの詩人。詩集『かぎ煙草入れ』など。

**リンゲルマン-スモーク-チャート【Ringelmann Smoke Chart】** 煤煙濃度表。煙突から出る煙の濃度の測定に用いる。

**りん-けん【臨検】**(名・サ変他) ①行政法規が守られているかどうかを監視するための立ち入り検査。inspection ②租税犯則事件を調査するための収税官吏の立ち入り検査。③国際法上、船舶を捕獲するかどうか決定するために、その船舶の書類を検査すること。boarding

**りん-げん【▼綸言】**《天子の言は、そのもとは糸のように細いが、下に達するときは綸(＝組み糸)のように太くなる、の意》天子のおことば。みことのり。

**綸言、汗の如し**(りんげん、あせのごとし) 出た汗は二度と体内に戻らないように、天子の言は、いったん口へ出したら取り消せない。

**りん-こ【▼凜▼乎】**(形動トタル) きりりとして勇ましいさま。凜然。[用例]——たる態度。

**りん-ご【林▼檎・▼苹▽果】** バラ科の落葉高木または低木。果樹。寒地に適し、葉は楕円形。晩春、白から淡紅色の五弁の花が咲く。果実は偽果で食用部は花托が肥大したもの。球形または扁球形。果皮は緑・黄・紅。品種が多く、栽培種は、明治時代に米国から移入。アップル。apple [数え方]一個・一顆・一箱 ↓写(次ページ)

**りん-こう【輪講】**(名・サ変他) 一冊の書物を数人の人が順次に講義すること。[比較]輪読。

[用例]『平家物語』の——。

**りん-こう【▼燐光】** ①黄燐が空気中に放つ白い光。phosphorescence ②光刺激によるルミネッセンス。刺激光を取り去ったとき、すぐに消滅する発光を「蛍光」、さらに持続する発光を「燐光」という。phosphorescence

**りん-こう【▼燐鉱】** 燐の原料鉱石。主要な鉱物は燐灰石。phosphoric ores

**りん-こう【臨幸】**(名・サ変自) 天子がその場に出ること。臨御。

**りんこう-せん【臨港線】** 本線から港の桟橋まで引いた鉄道。貨物の運送などに使う。harbor railroad

**りん-ごく【隣国】** となりの国。neighboring country

**りんご-さん【林▼檎酸】** リンゴやブドウの果実中に存在する酸。TCA回路の中の一化合物。清涼飲料用の酸味に利用。オキシ琥珀酸。malic acid

**りんご-しじみ【林▼檎▽小▼灰▼蝶】** シジミチョウ科のチョウ。日本では北海道のみに分布する。開張約三cm。灰橙色。食草はエゾノウワミズザクラ・スモモ。国外では朝鮮半島・中国からヨーロッパに分布。エゾリンゴシジミ。

**りんご-しゅ【林▼檎酒】** リンゴの果汁を発酵させた醸造酒。発泡性のあるものとないものがある。アルコール分約五%。シードル。cider

**りんご-す【林▼檎酢】** 調味料の一つ。リンゴの果汁を発酵させて作る酢。リンゴの香りと

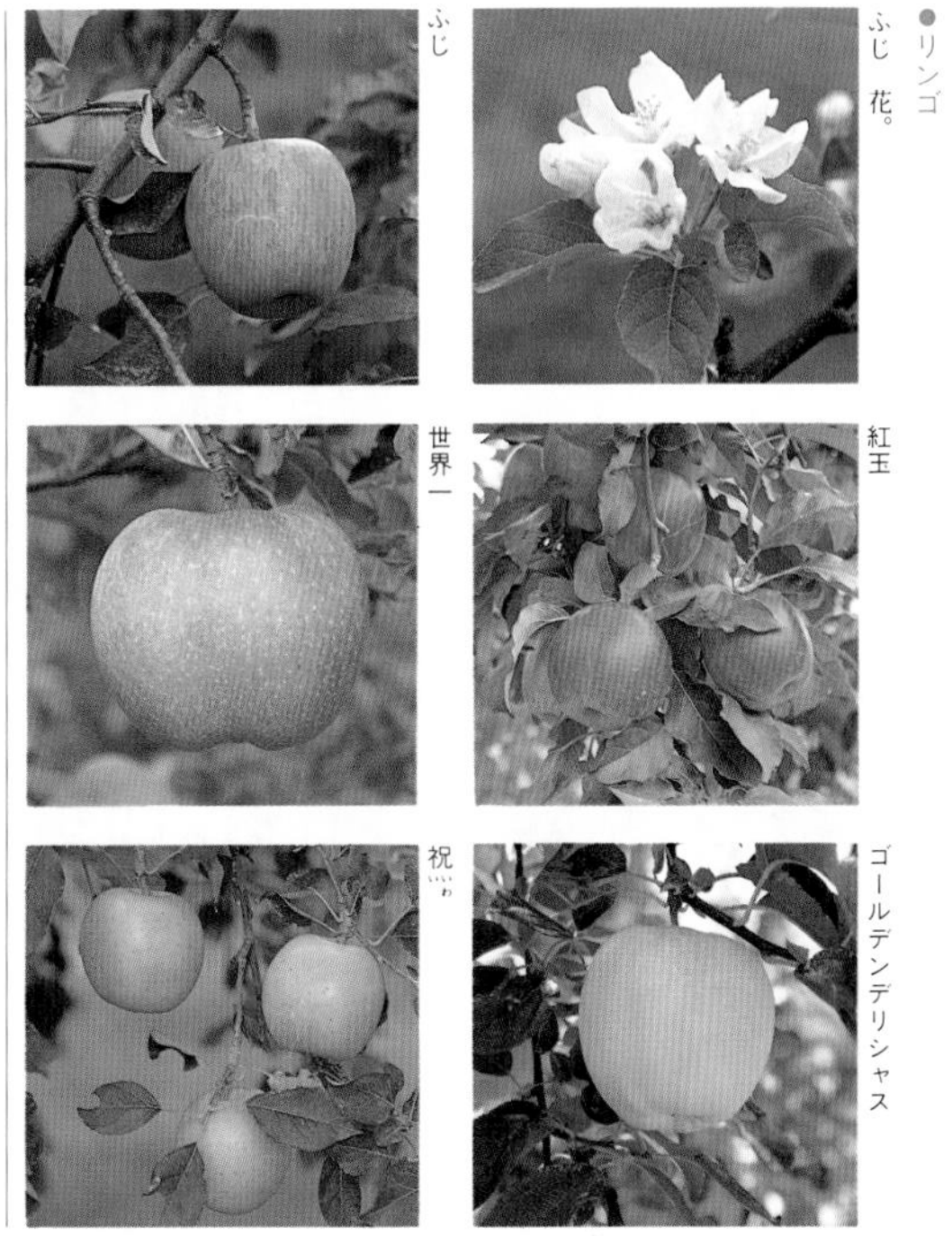
●リンゴ
ふじ 花。 ふじ 紅玉 世界一 ゴールデンデリシャス 祝

酸味がある。サラダのドレッシングなどに用いる。apple vinegar

**りん-ごどう【林語堂】**(一八九五〜一九七六) 中国の小説家・随筆家。原名は玉堂。福建省生まれ。雑誌『論語』『人間世』を創刊。一九三六年渡米後は中国紹介の文を書く。随筆集『生活の発見』、歴史小説『北京好日』など。

**りんご-びょう【林▼檎病】** おもに学童の間に流行する疾患で、赤いリンゴのように頰が真っ赤になるのでこの名でよばれる。ウイルスによる発症と考えられている。予後は良好。一度かかると生涯免疫ができる。正称は伝染性紅斑。

**りんご-わたむし【林▼檎綿虫】** ワタアブラムシ科の昆虫。リンゴの害虫。有翅型と無翅型があり、体長二〜三mm前後。有翅型は、体表が綿のような蠟物質でおおわれており、リンゴの木に寄生すると、枝にこぶができ白い綿のように見える。全世界に分布。ユキムシ。

**りん-さい【輪栽】**(名・サ変他) ↓りんさく(輪作)

**りんざい【臨済】**(?〜八六七) 中国唐代の禅僧。臨済宗の開祖。名は義玄。曹州南華の人。黄檗希運の法をつぎ、その法系は中国の禅宗中もっとも盛行した。言行録を集録した『臨済録』がある。

**臨済の喝、徳山の棒**(りんざいのかつ、とくさんのぼう) 指導のため、臨済禅師はよく大喝を与え、徳山和尚はよく痛棒を加えたということ。禅の修行の厳しいことを言う。

**りんざい-しゅう【臨済宗】** 禅宗の五家七宗の一つ。臨済義玄を祖とする。座禅に公案を用いる看話禅を特色とする。日本では鎌倉時代栄西が入宋して伝えたのに始まり、京都と鎌倉に五山が制定された。江戸時代の白隠を中興の祖とし、現在多くの派に分かれる。

**りんざい-ぜん【臨済禅】** 臨済宗に伝わる禅風。おもに公案によって弟子を接化する看話禅の禅法をいう。

**りんざいろく【臨済録】** 中国唐代の禅書。臨済宗の祖臨済義玄の法語や言行を、弟子慧然が編集。二巻。

**りん-さく【輪作】**(名・サ変他) 性質の異なった作物を計画的に組み合わせ、同じ耕地に交替に栽培すること。輪栽。crop rotation 対義 連作。

**りん-さん【▼燐酸】** 化学式$H_3PO_4$ 五酸化燐と水を反応させるか、黄燐を硝酸と反応させてできる酸。純粋なものは白色の固体。市販品は八五〜八八%水溶液。オルト燐酸。正燐酸。phosphoric acid

**りん-さん【林産】** 山林から産出すること。また、そのもの。forest products

**りんさん-カルシウム【▼燐酸カルシウム】** カルシウムの燐酸塩。動物の骨や歯の主成分。燐灰石として産出する。土壌中にも存在し、植物の栄養源となる。肥料・エナメル・不透明ガラスなどの原料。calcium phosphate

**りんさん-ナトリウム【▼燐酸ナトリウム】** ①燐酸三ナトリウム$Na_3PO_4$ 白色の結晶。ふつうは一二水和物で、硬水軟化剤・皮なめし剤などに利用。sodium phosphate ②工業・医薬部門で、燐酸水素二ナトリウム$Na_2HPO_4$のこと。白色の粉末で、陶磁器材料、洗剤などに利用。sodium phosphate

**りんさん-ひりょう【▼燐酸肥料】** 燐酸を多量に含む肥料。過燐酸石灰や溶成燐肥など。遅効性で元肥に適する。phosphate fertilizer

**りんさん-ぶつ【林産物】** 森林から産出する木材・薪炭・苗木・山菜などの産物の総称。forest products

**りん-し【輪死】**(名・サ変自) 車にひかれて死ぬこと。れきし。

**りん-じ【▼綸旨】** 昔、天皇の命を下達した文書の形式の一つ。蔵人所から出す文書。りんし。

**りん-じ【臨時】** ①その時、その場に応じて特別に行うこと。不定時。special 対義 定例・通常・経常・恒例。用例 — 列車。②一時的なこと。temporal

**リンジ【Vachel Lindsay】** ↓リンゼー

**りんじ-きごう【臨時記号】** 音楽用語。楽曲の途中で臨時に、その調に固有の音でない音を使うことを示す記号。シャープ・フラット・本位記号など。accidental

**りんじ-きょういくしんぎかい【臨時教育審議会】** 教育改革を審議する内閣総理大臣の諮問機関。昭和五九年(一九八四)発足。設置期間は三年。各界代表から二五人の委員。臨教審。

**りんじ-ぎょうせいちょうさかい【臨時行政調査会】** 国の行政全分野の実態調査と改革案の答申を主任務とした調査機関。第一次は昭和三七年(一九六二)設置、同三九年(一九六四)答申。第二次は同五六年(一九八一)設置、同五八年(一九八三)最終答申を提出。臨調。

**りんじ-こう【臨時工】** 通常、一年未満の期間を定めて雇用契約を結んだ工場労働者。temporary worker

**りんし-こじょう【臨▼淄古城】** 中国山東省臨淄県にある周代の斉の都城址。四km四方の城域から、文様のある半瓦当や塼、文字を押した土器などが出土。

**りんじ-こっかい【臨時国会】** 通常国会以外に、臨時に召集される国会。extraordinary Diet session 対義 通常国会。

**りんじ-さい【臨時祭】** 臨時に行う祭り。臨時の祭り。extra festival 対義 例祭。

**りん-ししつ【▼燐脂質】** 燐酸を含む脂質の総称。phospholipid

**りん-しつ【隣室】** となりのへや。next room

**りんじ-ひ【臨時費】** ある会計年度に臨時に計上される経費。戦費・災害復旧費など。extraordinary expenditure 対義 経常費。

**りんし-もく【▼鱗▼翅目】** ↓りんしるい(鱗翅類)

**りん-しゃ【臨写】**(名・サ変他) ↓りんも(臨模)

**りんじ-やとい【臨時雇い】** 一時的に雇うこと。雇われた人。temporary employment 対義 常雇い。

**リンシャン-カイホー【嶺上開花 中】**(lǐng shàng kāi huā) 麻雀の手役の一つ。槓を宣言し、王牌から引いてきた補充牌(=嶺上牌)で和了すること。

**りん-じゅう【臨終】** 死に臨むこと。死にぎわ。いまわのきわ。one's deathbed

**りん-しょ【臨書】**(名・サ変自他) 手本を見て字を書くこと。また、書かれたもの。

**りん-じょ【林▼紓】**(一八五二〜一九二四) 中国、清末の翻訳家。字は琴南。福建省出身。西欧・日本の小説を翻訳。近代文学の発展に影響を与えた。

**りん-しょう【輪唱】**(名・サ変他) 二声部以上が同じ旋律を一定の間隔で追いかけながら歌うこと。round

**りん-しょう【臨床】** ①病床にのぞむこと。clinic ②実際の治療・診察に当たること。clinic

**りん-じょう【輪状】** 輪のような形。ring-shaped

**りん-じょう【臨場】**(名・サ変自) その場に出ること。その場にのぞむこと。臨席。attend

**りんじょう-かん【臨場感】** 実際にその場にのぞんでいるような感じ。presence 用例 — あふれる放送。

**りんしょう-けんさ【臨床検査】** 医師の診察に加え、患者から生物学的・物理学的・化学的情報を得て、診断をより精密にするための検査。病院の検査室などで臨床検査技師により行われる。clinical examination

**りんしょうけんさ-ぎし【臨床検査技師】** 医師の指導監督のもとに、細菌・血清・血液・病理組織・寄生虫などに関する検査業務を行う者。厚生大臣の免許が必要。medical technologist

**りんしょうけんさ-センター【臨床検査センター】** 臨床検査を集中して行う施設。おもに開業医から検査物を集めて結果を報告する。

**りんしょう-こうぎ【臨床講義】** 実際に患者の治療に当たりながらする医学の講義。clinical lecture

**りん-しょうじょ【▼藺相如】**(生没年未詳) 中国、戦国時代の趙の臣。「和氏の璧」と一五城交換のため秦に使いし、恵文王に認められ上卿となる。廉頗との「刎頸の交わり」で有名。

**りんしょう-じんもん【臨床尋問】** 病床にある証人に対し、裁判所がそこへ出向いて口頭で問いただすこと。clinical examination

**りんしょう-しんりがく【臨床心理学】** 応用心理学の一分野で、個人の心理的適応に関する測定・分析・解決の理論と技術の研究を中心とする。心理学的検査、診断、心理療法の領域の学問。clinical psychology

**りん-しょく【▼吝▼嗇】**(名・形動) ひどくけちなこと・さま・人。けち。しみったれ。stingy 用例 — 家。

**りんし-るい【▼鱗▼翅類】** 二対の翅が鱗粉でおおわれている昆虫。チョウ・ガの類。口器は蜜などを吸う長い管状の吸収口で、ぜんまい状に巻くことが多い。幼虫はいわゆる芋虫・毛虫で、完全変態。世界に二〇万種以上が分布。その大部分がガで、チョウはその一〇%の約二万種。lepidopteron

**りん-じん【隣人】** となり近所の人。neighbor

**りんじん-あい【隣人愛】** キリスト教で、人種・国籍を問わずに同じように愛し合う心。neighborly love

**リンス【rinse】**(名・サ変他)《ゆすぐ・すすぐ、の意》洗髪のさい、シャンプーのアルカリを中和するためや、潤いをもたせるために、薬剤やレモン汁・椿油などを入れてすすぐこと。また、その液。

**りん-ず【▼綸子・▼綾子】** 絹の紋織物の一種。表の縦繻子の地に文様を裏繻子で表す。和服地・帯地などに使う。figured satin →写

●綸子

**りん-せい【林政】** 森林・造林に関する行政。

**りん-せい【▼稟請】**(名・サ変他)《「ひんせい」の慣用読み》①上役に請求すること。申請。petition ②旧刑事訴訟法で、国務大臣を起訴するため、最高検察庁が総理大臣に承認を求めること。

**りん-せい【輪生】**(名・サ変自) 葉のつき方(葉序)の一つ。茎の一つの節に三枚以上の葉が輪状につくこと。verticillation 対義 互生・対生。

▼常用漢字表外。 ▽常用漢字表の音訓外。

**りん-せいどう【▼燐青銅】** 銅に錫三～九%、燐〇・〇三～〇・五%加えた合金。強度・耐食性・耐摩耗性にすぐれ機械用部品に、また電気抵抗が少なく通信機に使用。phosphor bronze

**リンゼー【Vachel Lindsay】**(一八七九～一九三一) アメリカの詩人。色彩的イメージ、力強いリズムと音楽性が特徴。詩集『ブース将軍天国に入る』など。

**りん-せき【隣席】** となり合った席。next seat

**りん-せき【臨席】**(名・サ変自) その場に出ること。出席。attend

**りん-せつ【▼鱗▼屑】** 表皮の角化が異常のため、かけらとなってはげ落ちる部分。この現象を落屑という。ふけもその一種。scale

**りん-せつ【隣接】**(名・サ変自) となり合うこと。next to 用例 ―地。

**りんせつ-けん【隣接権】**「著作隣接権」の略。

**りん-せん【林泉】** 木立・池・小川などのある庭園。用例 ―の美。

**りん-せん【臨戦】**(名・サ変自) 戦場に出ること。戦闘にのぞむこと。prepare for action 用例 ―態勢。

**りん-ぜん【▼凜然】**(形動トタル) ①寒さが身にしみるさま。bitterly cold ②きりりとしたさま。凜乎。dignified

**りん-そう【林相】** 森や林の形態や様相。forest physiognomy

**りん-ぞう【輪蔵】** 寺院で一切経を収納するための八角の経蔵。中央の柱に回転するようになった八面の経架(書架)を設置。転輪蔵。

**りんそう-るい【輪藻類】** ↓しゃじくもしょくぶつ(車軸藻植物)

**りん-そくじょ【林則徐】**(一七八五～一八五〇) 中国、清朝の政治家。阿片厳禁策を容認され、一八三八年臨時派遣の欽差大臣として広州で取り締まりを強行。阿片戦争を惹起し、イリへ流罪。五〇年太平天国討伐を命じられ、赴任途中で病死。

**りん-タク【輪タク】**《「タク」は、「タクシー」の略》自転車の後ろ、また横に客席を設けた三輪の乗り物。

**りん-たんぱくしつ【▼燐▼蛋白質】** 燐酸を含有する複合たんぱく質の総称。代表的なものとして、カゼイン・ビテリン・フォスビチンなど。phosphoprotein

**りん-ち【林地】** 林業を目的とする土地。forest land

**りん-ち【臨池】**《昔、中国の張芝が、池のほとりであまり熱心に書を学んだので、池の水が墨で黒くなったという故事から》習字。手習い。書道。

**リンチ【lynch】**(名・サ変他) ↓しけい(私刑)

**りん-ちょう【臨調】**「臨時行政調査会」の略称。

**リンツ【Linz】** オーストリア北部、ドナウ川に沿う河港都市。オーバーエステルライヒ州の州都。鉄鋼・造船・化学などの工業が中心。人口二〇万(一九八一)。

**リンツこうきょうきょく【リンツ交響曲】**(Linz Symphonie ドイ) モーツァルト作曲の交響曲第三六番、ハ長調、K四二五の通称。四楽章。一七八三年作、同年リンツで初演。後期の代表作の一つ。

**りん-てん【輪転】**(名・サ変自) 輪のように回転すること。rotate

**りんてん-き【輪転機】** 円筒状の版面を高速度で回転させて印刷する機械。大量の印刷に適する。rotary press

**リンデンバウム【Lindenbaum ドイ】** シナノキ科の落葉高木。高さ約三〇m、径約一m。葉は有柄の円形で紅葉する。初夏に淡黄色の花を開く。樹皮の繊維・材を利用。本種は、シューベルトの歌曲『菩提樹』のテーマで有名。和名セイヨウボダイジュ。

**リント【lint】** ①亜麻。②綿繰り車で種を除いただけの綿。くりわた。③綿・麻繊維などを原料とした粗布。包帯・湿布などに用いる。リント布。

**リンド【Robert Wilson Lynd】**(一八七九～一九四九) イギリスの随筆家・批評家。アイルランド生まれ。珠玉のエッセーが多い。批評『古今の巨匠たち』など。

**りん-どう【林道】** 林産物の運搬を目的として森林内に開設された道路の総称。広義には、鉄道・木馬道・牛馬道・索道なども含めるが、自動車道が一般的。forestry road

●リンドウ①

●竜胆②

竜胆車

浮線竜胆

**りん-どう【▽竜▽胆】** ①リンドウ科の多年草。山野にはえ、切り花用にも栽培される。高さ二〇～九〇cm。葉は細長く、葉脈が目立つ。秋に紫色の長さ約五cm、花冠の五裂する花が咲く。根茎と根は苦味健胃剤。クタニ。②紋所の名。①の花や葉の形を紋章化したもの。③襲の色目の名。表は蘇芳(一説に黄)、裏は青。秋に用いる。↓図

**りん-どく【輪読】**(名・サ変他) 一つの本を数人がかわるがわる読み、問題点などを論じ合うこと。read by turns 比較 輪講。用例『万葉集』を―する。

**リンドグレン【Astrid Lindgren】**(一九〇七～) スウェーデンの女流児童文学者。作品『長靴下のピッピ』『少年探偵カッレ』など。

**リンナ【Väinö Linna】**(一九二〇～) フィンランドの小説家。戦争文学にすぐれる。作品『無名戦士』『ここ北極星の下に』など。

**リンナンコスキ【Johannes Linnankoski】**(一八六九～一九一三) フィンランドの小説家。新ロマン主義の代表作『真紅の花の歌』『逃亡者』など。

**りん-ね【輪▼廻】**(名・サ変自)《「りんえ」の変》①《仏教語》衆生が煩悩と業によって三界六道に生死をくり返すこと。流転。転生。②連歌・俳諧の付け合いで、三句目に同意・同想の語や意味を繰り返すこと。付け合い上の禁制事項。

**リンネ【Carl von Linné】**(一七〇七～一七七八) スウェーデンの生物学者。現代の生物分類学の基礎をつくった。生物を、種名と属名で表記する二名法を確立。著書に、『自然の体系』『植物の種』など。

**リンネ-そう【リンネ草】** 高山にはえるスイカズラ科の小低木。枝は針金状ではう。葉は倒卵形。七月、小枝の先に淡紅色の鐘形の花が二個ずつ咲く。生物学者リンネにちなんだ名。↓写

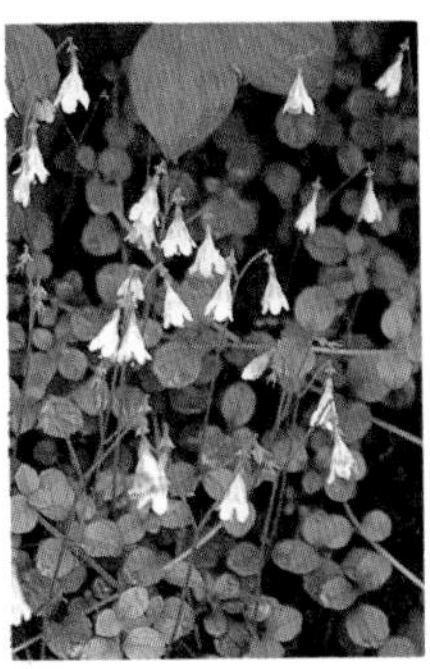

●リンネソウ

**リンネル【linière フラ】** アマの繊維で織った薄地の織物。リネン。linen

**りん-のう【輪王】**《「りんおう」の変》↓てんりんのう(転輪王)

**りんのう-じ【輪王寺】** 栃木県日光市にある天台宗の寺。山号は日光山。勝道が四本竜寺として開基。満願寺をへて慶長一八年(一六一三)天海が再興。東照宮の別当寺となり、明暦元年(一六五五)輪王寺と称した。明治四年(一八七一)神仏分離で二荒山神社と東照宮・満願寺に分離、のち改称した。

**りんのうじ-ごうはんしき【輪王寺強飯式】** 栃木県日光市の輪王寺で四月二日に行われる強飯の行事。山伏姿の僧が大杯・高盛り飯・タバコを参加者に強いるもの。日光三社権現から御供をいただいたことに由来。日光責め。

**りん-ぱ【▼琳派】** 江戸時代の画流。本阿弥光悦と俵屋宗達に始まり、尾形光琳・乾山兄弟や酒井抱一などに受けつがれて、江戸絵画史の重要な流れを形成。大和絵を基本とする装飾画が主だが、この派の装飾意匠は工芸の分野でも広く活用された。宗達光琳派。

**リンパ【lymph・淋巴】** 身体のリンパ管系を流れる無色透明の液体。組織液がリンパ毛細管に入り、リンパ管・リンパ節を通って静脈に流れ込む。おもな役目は細菌の感染防止。

**リンパ-かん【リンパ管】** 組織中のリンパを集めて運搬する管。血管とともに全身に循環系を構成する。リンパ管のルートの途中には多数のリンパ節がみられる。lymphoduct

**リンパ-きゅう【リンパ球】** 白血球の一種。抗体の産生に重要な働きをする。BリンパとTリンパ球に分けられる。lymphocyte

**リンパせい-はっけつびょう【リンパ性白血病】** 白血病の一つ。リンパ球が異常に増殖しつづけ、リンパ節がいちじるしくはれる。急性は小児に多く、慢性は日本ではまれ。lymphocytic leukemia

**リンパ-せつ【リンパ節】** リンパ管の途中に存在する卵形または豆形の器官。リンパ球や免疫抗体を産生し、細菌感染を予防する。臨床医学では、リンパ腺。lymph node

**リンパ-せん【リンパ▼腺】** ↓りんぱせつ(リンパ節)

**りん-ばつ【輪伐】**(名・サ変他) 森林を毎年一部ずつ順次伐採していって、最後の伐採のときには、最初の部分がまた利用できるようにする伐採法。

**リンパ-にくしゅ【リンパ肉▼腫】** 本質的にはリンパ性白血病と同じだが、全身のリンパ節がはれるのを特徴とする病気。最初に頸部リンパ節がはれ、しだいに全身に広がり、同時に脾臓・肝臓・腎臓なども冒されてゆく。lymphosarcoma

**リンパ-ふしゅ【リンパ浮▼腫】** リンパ管が閉塞し、皮下組織にリンパ液が蓄積する状態。皮下組織が厚く硬くなり、むくみを呈する。lymphedema

**りん-ばん【輪番】** ①順ぐり。順番。by turns ②《仏教語》ある期間、寺の事務を扱う僧の役名。

**りん-ぴ【▼燐肥】**「燐酸肥料」の略。

**りん-びょう【▼淋病】** 淋菌によっておこる性病。おもに性交によって感染する。主症状は尿道の不快感、排尿時の痛み、尿道口の発赤とうみなど。治療を怠ると慢性になる。gonorrhea

**りん-ぴょう【林▼彪】**(一九〇七～一九七一) 中国の軍人・政治家。湖北省生まれ。一九五〇年朝鮮戦争で中国人民義勇軍司令官。党副主席・国防部長として軍の実権を握り、文化大革命では毛沢東に協力して党規約でもその後継者とうたわれたが、七一年クーデターに失敗。ソ連に飛行機で逃亡する途上、モンゴルで墜落死した。

**りん-ぶ【輪舞】**(名・サ変自) 大勢の人が輪になって回りながら踊ること。round dance

**リンフォカイン【lymphokine】** リンパ球がつくる免疫反応に関係する物質のなかで、抗体を除いたものの総称。生体の細胞にさまざまな伝達を行う。抗癌作用で注目されるインターフェロンもその一つ。

**りんぶ-きょく【輪舞曲】** 輪舞に使う音楽。ロンド。rondo

**リンブルフ【Limburg】** ヨーロッパ中部、マース川中流域の地域名。かつてロレーヌ公国から分離した小封建国家で、一八三九年オランダ領とベルギー領に分裂。両国それぞれの同名州となっている。

**りん-ぶん【林分】** 樹種・樹齢・生育状況などがほぼ同じで、一つのまとまりをもち、周囲から区分できる林の範囲。stand

**りん-ぷん【▼鱗粉】** 昆虫類、とくにチョウやガなど鱗翅類の翅の表面をおおう扁平で微細な薄片。鱗片。scale

**りん-ぺん【▼鱗片】** うろこの細片。また、その形の細片。

**りん-ぽ【臨模・臨▼摹】**(名・サ変他) ↓りんも(臨模)

**りん-ぽ【隣保】** となり近所の家。また、その人々。

**りん-ぽ【林▼逋】**(九六七～一〇二八) 中国、北宋の詩人。字は君復。杭州銭塘の人。梅花と西湖の美しさを詠じた繊細な作品で知られる。仁宗に和靖という諡を賜った。詩集『林和靖先生詩集』。

**りん-ぼう【輪宝】**《仏教語》①古代インドの理想の国王とされた転輪聖王の七宝の一つ。車輪形で金・銀・銅・鉄の四種類があり、王の遊行時には回転して敵を破り砕き、四方を征するという。②輪宝を文様化したもの。仏教の象徴。↓持物 図

**りん-ぽう【隣邦】** となりの国。隣国。neighboring country



↓行き先項目、図版・写真参照印。 JIS 日本工業規格情報交換用漢字符号コード(区点コード)。

**りんぼう-がい**【輪宝貝】低い円錐形をしたリュウテンサザエ科の巻き貝。殻高約三cm、殻径約五cm。殻の周縁に八、九本の細長い突起をめぐらす。赤褐色。水深五〇～三〇〇mの砂泥底にすむ。房総以南に分布。

**リンボー-ダンス**《limboから》西インド諸島発祥の曲芸ダンス。踊りながら反り身になって、横に渡した棒の下をくぐり抜け、その棒の位置をどんどん低くしていく。

**リンホカイン**【lymphokine】↓リンフォカイン

**りんぽ-かん**【隣保館】その近隣地域の住民を対象として、生活の向上・改善をはかるための福祉施設。

**りん-ぼく**【林木】森林の樹木。forest tree

**りん-ぼく**【▼橉木】暖地の山にはえるバラ科の常緑高木。高さ約五m。長楕円形で、長さ約五cmの葉が互生。秋に、葉腋に房状の小白花が咲く。材は堅く道具に用いる。ヒイラギガシ。カタザクラ。

**りん-ぼく**【▼鱗木】古生代中期から後期(約五億七〇〇〇年前から二億四〇〇〇年前)の水際の湿地に繁茂した大形の木本性シダ植物。現生のヒカゲノカズラ類の化石シダ。樹高三〇m以上、径約二mにおよぶ。ウロコギ。ヒイラギカシ。Lepidodendron

**りんぽ-じぎょう**【隣保事業】↓セツルメント

**りんぽ-せい**【隣保制】中国で、家を単位に近隣の数家を結合して治安維持に連帯責任を負わせた制度。秦代の什伍の制、北魏の三長制、唐代の五保、宋の保甲法、税徴収のための明の里甲制など。朝鮮・日本にもみられる。

**リンポポ-がわ**【リンポポ川】(Limpopo River) アフリカ南東部の川。南ア共和国北東部から、ボツワナとジンバブエの国境をなして流れ、モザンビーク南部でインド洋に注ぐ。長さ一八〇〇km。クロコダイル川。

**りん-ぽん**【臨本】書画で、見て写すための手本。

**りん-まい**【▼廩米】①倉に蓄えてある米。蔵米。②給与に与える米。扶持米。禄米。

**りん-も**【臨模・臨▼摹】(名・サ変他) 手本・実物を見ながら書き、また、すき写すこと。臨写。りんぼ。

**りん-もう**【厘毛】①厘と毛。②ごくわずか。

**りん-もう**【▼鱗毛】植物体の表面にある毛の一種。うろこ状や盾状で短い柄があり、茎・葉をおおい、保護する。scaly hair

**りん-や**【林野】森林と野原。forests and fields

**りんや-ちょう**【林野庁】農林水産省の外局の一つで、林野行政の中央機関。国・公有林などの管理・経営、民有林に対する指導・監督など林業の発達・改善をはかる。営林局・営林署は林野庁の地方部局。Forestry Agency

**りん-ゆう**【林▼邑】二世紀末から八世紀中ごろまでのチャンパに対する中国側の呼称。

**りんゆう-がく**【林▼邑楽】今のベトナムにあった林邑国の音楽。日本へは天平勝宝元年(七四九)ごろに伝来したと思われる。日本化され、雅楽の唐楽に編入。

**りん-よう**【▼鱗葉】冬芽の外側をつつむ数枚の鱗状の葉。鱗片葉。scaly leaf

**りん-らく**【▼淪落】(名・サ変自)《「淪」は、しずむ、の意》おちぶれて、堕落すること。ruin

**りん-り**【倫理】①人として踏み行うべき道。人倫。ethics [用例]―に背く。②人間の内面にある道徳意識に基づいて人間を秩序づけるきまり。moral

**りん-り**【▼淋▼漓】(形動トタル) 水・汗・血などが、ぽたぽたとしたたるさま。dripping [用例]流汗―。

**りんり-がく**【倫理学】《ethicsの井上哲次郎による訳語》道徳の起源や本質、道徳現象などについて研究する学問。

**りん-りつ**【林立】(名・サ変自) 林の木のように多くのものが並び立つこと。stand close together

**りん-りつ**【▼懍▼慄】(名・サ変自) おそれ、おののくこと。

**りんり-てき**【倫理的】(形動) ①倫理に関係のあるさま。ethical ②倫理の法則に合うさま。ethical [用例]―判断の欠如。

**りん-りょう**【林良】(生没年未詳) 中国、明代中期の画家。水墨花鳥画を得意とし、着色花鳥画の画家の呂紀と並び称された。

**りん-りん**【▼凜▼凜】(形動トタル) ①寒さがきびしく身にしむさま。piercingly cold ②勇ましく、りりしいさま。凜然。high-spirited [用例]勇気―。

**りん-りん**(副) ①鈴やベルなどの鳴る音。②スズムシの鳴く音。

**りん-れつ**【▼凜▼冽・▼凜烈】(形動トタル) 寒さのきびしいさま。bitterly cold

# るル

**る**【る・ル】五十音図ら行第三の仮名。平仮名「る」は「留」の草体。片仮名「ル」は「流」の右の下。

**ル** 10画【流】部首[氵] 教育小3 JIS 4614 ／ 9画【▼流】旧字
音 **リュウ・ル** 訓 **ながれる・ながす**
筆順↓リュウ[流]
①ながれる。ひろまる。さすらう。「流通・流説・流転・流布・流浪」②遠くへうつす。ながす。「遠流・配流」「流刑」↓リュウ[流]

**ル** 10画【留】部首[田] 教育小5 JIS 4617 ／ 12画【▼畱】異体字 ／ 8画【▼畄】異体字 JIS 6523
音 **リュウ・ル** 訓 **とめる・とまる**
筆順↓リュウ[留]
とどまる。とまる。とどめる。とめる。「留守」↓リュウ[留]

**ル** 11画【▼婁】部首[女] JIS 4712
音 ロウ・ル
①ひく。ひっぱる。②ちりばめる。ほりこむ。きざみつける。③しばしば。たびたび。④つなぐ。つながれる。↓ロウ[婁]

**ル** 14画【▼屢】部首[尸] ／ 12画【▼屡】異体字 JIS 2840
音 ル
しばしば。たびたび。しきりに。「屢次・屢述・屢報」

**ル** 14画【▼瑠】部首[王] 人名用 JIS 4660 ／ 16画【▼璢】異体字 JIS 6469
音 リュウ・ル
「瑠璃」は、①濃い青色の宝石。②紫青色。③ガラス。

**ル** 16画【▼瘻】部首[疒] JIS 6581
音 ロウ・ル
背中がまがる病気・病人。「痀瘻」↓ロウ[瘻]

**ル** 16画【▼褸】部首[衤] JIS 7490
音 ル・ロウ
ぼろ。ぼろきれ。つづれ。「襤褸」

**ル** 17画【▼縷】部首[糸] JIS 6963
音 ル・ロウ
①いと。いとすじ。糸のように細長いもの。「一縷」②くわしい。こまかい。「縷言・縷述・縷説・縷々」③ぼろ。ぼろきれ。つづれ。

**る** [古語](助動 下二型)《四段・ナ変・ラ変動詞の未然形に付く》①受身の意を表す。[用例]毀り笑はるるにも恥ぢず(徒然・一五〇)。②尊敬の意を表す。[用例]御門、なほめでたく思しめさるる事せき止めがたし(竹取)。③可能の意を表す。[用例]冬はいかなる所にも住ま―(徒然・五五)。④自発の意を表す。[用例]けふは京のみぞ思ひやらるる(土佐)。[参照]れる・られる。[参考]③④は命令形は用いられない。

**ルアー-フィッシング**【lure fishing】魚釣りの方法の一つ。小魚などを模した擬餌(ルアー)に鉤をつけ、魚に食いつかせて釣りあげる。

**ル-アーブル**【Le Havre】フランス北西部、セーヌ川河口の港湾都市。パリの外港で貿易港。造船・石油化学などの工業もさかん。人口二〇万(一九八二)。

**ルアンダ**【Luanda】アフリカ南西部、アンゴラの首都。大西洋岸の港湾都市で、コーヒー・砂糖・綿花などを輸出する。同国商業の中心。一六世紀ごろからは奴隷貿易の中心でもあった。人口九六万(一九八四)。

**ルアン-プラバン**【Luang Prabang】ラオス北部の都市。旧王都。メコン川と支流ナムカン川の合流点に位置する河港都市。古くから木材・絹織物などの集散地。人口四・四万(一九七三)。

**ルイ** 10画【涙】部首[氵] 常用 JIS 4662 ／ 11画【▼淚】旧字 ／ 8画【▼泪】異体字 JIS 6205
音 **ルイ** 訓 **なみだ**
なみだ。なみだをながす。なく。「暗涙・感涙・血涙・声涙・落涙」「涙腺」

**ルイ** 11画【累】部首[糸] 常用 JIS 4663 ／ 21画【▼纍】異体字
音 **ルイ**
①かさねる。かさなる。「累加・累計・累積」②つづいて。つぎつぎに。「累進・累代」③かかわりあい。わずらわしい関係。「係累」[用例](名)―を他に及ぼす。
**累を及ぼす** 影響をあたえる。とくに、自分への災いを、他人やほかのものにまで与える。迷惑をかける。まきぞえにする。cause trouble to

**ルイ** 12画【塁】部首[土] 常用 JIS 4661 ／ 18画【▼壘】旧字 JIS 5262
音 **ルイ**
①とりで。小さいしろ。「城塁・敵塁」「塁壁」②野球のベース。「残塁・盗塁・二塁・本塁・満塁」「塁審」[用例](名)―をぬすむ。
**塁を摩す** ①敵陣のすぐ近くまで迫る。②同じくらいの地位・腕前になる。

**ルイ** 13画【▼誄】部首[言] JIS 7549
音 ルイ
しのびごと。死者の生前の功をたたえ、その死をいたむことば。「銘誄」「誄歌・誄詞」

**ルイ** 15画【▼樏】部首[木] ／ 25画【▼欙】異体字
音 ルイ
かんじき。かじき。雪の上で、すべったり、もぐったりしないように、はきものの下に付ける用具。

**ルイ** 16画【▼瘰】部首[疒] JIS 6580
音 ラ・ライ・ルイ
「瘰癧」は、結核菌によって、首のリンパ腺がはれる病気。ぐりぐり。

**ルイ** 17画【▼縲】部首[糸] JIS 6964
音 ルイ
①しばる。つなぐ。②なわ。とりなわ。罪人をしばるなわ。「縲絏・縲紲」

**ルイ** 18画【類】部首[頁] 教育小4 JIS 4664 ／ 19画【▼類】旧字
音 **ルイ**

①にたもの。たぐい。なかま。「異類・種類・親類・比類・部類・分類・無類」「類推・類別」[用例](名)―がない。《接尾的》文房具―。②共通の性質をもつもの。[対義]種。「類概念」③生物の分類。「魚類・哺乳類」④にる。にている。「類句・類型・類語・類似・類書」⑤災難がおよぶ。「類火・類焼」
**類が無い** 比べるものがない。比肩するものがない。たぐいまれである。unparalleled; unique
**類に触る** 縁故をたどる。縁故につく。
**類は友を呼ぶ** 気の合う者は、自然に寄り集まる。Birds of a feather flock together. [比較]類を以て集まる。
**類を以て集まる** 似かよった者同士が自然に集まる。[比較]類は友を呼ぶ。

**ルイ** 19画【▼羸】部首[羊] JIS 7032

[音]ルイ ①つかれる。やせつかれる。やみつかれる。②よわい。かよわい。「羸弱」

**ルイ〈九世〉【Louis Ⅸ】**(一二一四〜七〇) フランス王(在位一二二六〜七〇)。王領を拡大。パリ高等法院を創設して中央集権を強化。第七回、第八回十字軍を組織、遠征中に病死。信仰心が厚く聖王と称された。

**ルイ〈一一世〉【Louis Ⅺ】**(一四二三〜八三) フランス王(在位一四六一〜八三)。宿敵ブルゴーニュ公シャルルを孤立させることに成功。その死後公領を接収。王権を伸張し絶対主義の基礎を固めた。

**ルイ〈一三世〉【Louis ⅩⅢ】**(一六〇一〜四三) フランス王(在位一六一〇〜四三)。一六一七年ごろまでは母后マリ=ド=メディシスが摂政であったが、二四年リシュリューを宰相に登用、中央集権強化に努めた。

**ルイ〈一四世〉【Louis ⅩⅣ】**(一六三八〜一七一五) フランス王(在位一六四三〜一七一五)。幼少で即位し、一六六一年宰相マザランの死を機に親政。コルベールを登用。重商主義政策をとり、軍備・官制を改良強化し、中央集権的絶対主義を形成。イギリス・オランダと主導権を争い、四次にわたり大規模な戦争を行った。文芸を保護、モリエール・ラシーヌらが出て、古典主義文化が開花した。また、ベルサイユ宮殿を造営。内外に示したその威光のため「太陽王」と称された。↓[写]

●ルイ一四世

**ルイ〈一五世〉【Louis ⅩⅤ】**(一七一〇〜七四) フランス王(在位一七一五〜七四)。一四世の曾孫。その治世は、経済的には好況であったが、オーストリア継承戦争、七年戦争に介入したため、インドおよび北アメリカの植民地を失い、絶対主義崩壊の兆候を見せ始めた。

**ルイ〈一六世〉【Louis ⅩⅥ】**(一七五四〜九三) フランス王(在位一七七四〜九二)。チュルゴーらを登用し改革をはかったが失敗。フランス革命を招くに至った。一七九一年国外逃亡を企て逮捕。九二年王権を停止され、九三年処刑。

**ルイ〈一八世〉【Louis ⅩⅧ】**(一七五五〜一八二四) フランス王(在位一八一四〜二四)。ルイ一六世の弟。フランス革命中は亡命。ナポレオン一世失脚後、新憲章を認めて即位。百日天下で一時亡命。復位後は絶対主義への復帰を企て反動的政策を推進。

**ルイーニ【Bernardino Luini】**(一四八一/八二〜一五三二) イタリアの画家。レオナルド=ダ=ビンチから多大の影響を受け、後年独自の画風を確立、叙情的作品を描いた。作品『聖カタリナ』など。

**るい-えん【類縁】** ①親類。身内。relative ②生物の近縁関係。比べる分類群が系統発生上近縁なこと。relationship

**るい-おん【類音】** 似た発音。diaphone

**るいおん-ご【類音語】** 音の似通った語。「病院・美容院」「いち・しち」「おばあさん・おばさん」など。[比較]同音語。

**るい-か【累加】**(名・サ変自他) 重なり増えること。重なり増やすこと。cumulate

**るい-か【▼誄歌】** 死者の生前の徳を褒め、哀悼の意を表す歌。

**るい-か【類火】** もらい火。類焼。

**るい-か【類歌】** 表し方・内容の似た歌。

**るい-がいねん【類概念】** 諸概念の相互関係において、他の概念よりも外延の広い概念。上位概念。genus [対義]種概念。[用例]動物は人間の—。

**るい-き【類規】** 似た種類の法規。like laws and regulations

**るいぎ-ご【類義語】** 同じ言語のなかで、音は違うが、意味の近い語。「推量・推測」「延焼・類焼」など。また、「衣服・着物」「腹・おなか」「である・だ・です」など。類語。synonym

**るい-く【類句】** ①似た語句。similar phrase ②似た俳句。[比較]類歌。③和歌・俳句の各句をいろは順・五十音順などに配列して検索に便するもの。

**るい-けい【累計】**(名・サ変他) 小計を順々に加えて計算すること。また、その額。累算。total [比較]総計。

**るい-けい【類型】** ①似た型。similar type ②似たものの間に共通した型。type [比較]典型。

**るいけい-がく【類型学】** 個々の存在のあいだの類似点を探して類型をつくり、その本質を探る学問の方法。生物学・心理学・文化人類学・芸術学などに応用。typology

**るいけい-てき【類型的】**(形動) ありふれていて、特色・創意・個性のないさま。stereotyped

**るい-げつ【累月】** 月を重ねること。数か月も続くこと。連月。

**るい-げん【累減】**(名・サ変自他) だんだんへること。だんだんへらすこと。[対義]累増。

**るいげん-ぜい【累減税】** 課税物件の数量や価額の増加にともなって、しだいに低い税率を適用する租税。逆進税。regressive tax [対義]累進税。

**るい-ご【類語】** ↓るいぎご(類義語)

**るい-さん【累算】**(名・サ変他) 累計。total

**るい-さん【類▼纂】**(名・サ変他) 同種類のものを集めて編集すること。また、その書物。類集。

**るいさん-き【累算器】** ↓アキュムレーター

**るい-し【▼誄詞】** 死者の生前の功をたたえ、哀悼の意を表すことば。

**るい-じ【累次】** ①重なり続くこと。②たびたび。しばしば。

**るい-じ【類字】** 形の似た文字。「に」と「た」、「田」と「由」と「甲」、「巳」と「已」と「己」など。

**るい-じ【類似】**(名・サ変自) 似ていること。resemble

**ルイジアード-しょとう【ルイジアード諸島】**(Louisiade Archipelago) パプアニューギニア南東端の島々。タグラ・ミシマ・ロッセルなどの火山島と多くのサンゴ島からなる。中心地はミシマ島のブワガオイワ。

**ルイジアナ【Louisiana】** アメリカ南部、メキシコ湾に臨む州。州都バトンルージュ。フランス系人が開拓。綿花・サトウキビ栽培や石油関連工業が発達。人口四二〇・四万(一九八〇)。

**るい-ししつ【類脂質】** ↓リポイド

**るい-じつ【累日】** 日を重ねること。連日。

**るいじ-てん【類似点】** 似ているところ。similarity

**るい-じゃく【▼羸弱】**(名・形動) 身体のか弱いさま。虚弱。[用例]—の身。

**るい-じゅ【類▼聚】**(名・サ変他) 同じ種類のものを集めること。また、その本。[用例]『和名—抄』。

**るい-じゅう【類従】**(名・サ変他) 種類に従って集めること。また、集めたもの。[用例]『群書—』。

**るい-じゅう【類▼聚】** ↓るいじゅ(類聚)

**るいじゅかりん【類▼聚歌林】** 山上憶良編の歌集。成立年未詳。現存しない。

**るいじゅこくし【類▼聚国史】** 平安前期の勅撰史書。本編二〇〇巻。菅原道真編。寛平四年(八九二)成立。六国史の内容を部門別に分類して年代順に編集。

**るいじゅさんだいきゃく【類▼聚三代▽格】** 平安時代中期の法令集。三〇巻(現存一五巻)。編者・年代は未詳。弘仁・貞観・延喜の三代の格を神祇・仏事などに分類編集。

**るいじゅみょうぎしょう【類▼聚名義抄】** 現在知られる最古の漢和辞書。平安末期の成立。編著者は未詳。アクセントを含む古代語研究の貴重な資料。

**るい-しょ【類書】** ①同類の書物。似たような本。②中国で編集された書物の形式の一つ。種々の書物から抜粋した記事を、分野別・事項別に体系的に編集したもの。

**るい-しょう【類焼】**(名・サ変自) よそから出た火事で、自分の家が焼けること。もらい火。catch fire

**るい-じょう【累乗】**(名・サ変他) 同じ数・文字・式を何回か掛けあわせること。べき。power

**るいじょう-こん【累乗根】** $x$を累乗すると$a$となるとき、$x$を$a$の累乗根という。とくに、二乗根を平方根、三乗根を立方根という。radical root

**るい-しん【累進】**(名・サ変自) ①地位などがつぎつぎに進み昇ること。successive promotion ②値・数量が増すにつれて、それに対する率が高くなること。progressive increase

**るい-しん【塁審】** 野球で、一塁・二塁・三塁付近に位置して各塁での判定を担当、また球審を補佐する審判員。base umpire

**るいじん-えん【類人猿】** 霊長目ショウジョウ科に属するオランウータン・チンパンジー・ゴリラとテナガザル科のテナガザルとの総称。ヒトニザル。anthropoid

**るいしん-こうざつ【累進交雑】** 未改良の家畜を改良種に近づけるため、改良種の雄と何代かにわたって交雑を繰り返す育種法。累化法。grading

**るいしん-ぜい【累進税】** 課税物件の数量や価額の増加にともなって、しだいに高い税率を適用する租税。所得税・相続税など。progressive tax [対義]累減税。

**ルイス【Clive Staples Lewis】**(一八九八〜一九六三) イギリスの批評家・小説家。中世ヨーロッパ文学の宮廷恋愛の研究にすぐれる。評論『愛とアレゴリー』、児童文学『ナルニア国物語』など。

**ルイス【Day Lewis】** ↓デイ=ルイス

**ルイス【George Lewis】**(一九〇〇〜六八) アメリカのジャズ-クラリネット奏者。ニューオーリンズジャズの初期に活躍。

**ルイス【Harry Sinclair Lewis】**(一八八五〜一九五一) アメリカの小説家。アメリカの全体像を痛烈に戯画化した社会的風俗小説を書く。一九三〇年アメリカで初のノーベル文学賞受賞。作品『本町通り』『アロースミス』『エルマー=ギャントリー』など。

**ルイス【John Lewis】**(一九二〇〜) アメリカのジャズ-ピアニスト・作曲家・編曲者。一九五二年モダンジャズ-カルテットを結成。映画音楽・バレエ曲でも活躍。

**ルイス【John Llewellyn Lewis】**(一八八〇〜一九六九) アメリカの労働組合運動指導者。炭鉱夫組合の会長として一九三五年産業別組合会議(CIO)を結成し議長をつとめた。

**ルイス【Matthew Gregory Lewis】**(一七七五〜一八一八) イギリスの小説家・政治家。恐怖小説『修道士』で知られる。

**ルイス【Percy Wyndham Lewis】**(一八八二〜一九五七) イギリスの小説家・画家・批評家。キュビスムとイマジズムを総合した渦巻主義を唱えた。小説『ター』、評論『時間と西欧人』など。

**ルイス【Pierre Louÿs】**(一八七〇〜一九二五) フランスの詩人・小説家。象徴主義の影響のもとに官能的な美の世界をうたった。詩『ビリチスの歌』、小説『アフロディット』など。

**るい-すい【類推】**(名・サ変他) 似ている点をもとにして他の事象をおしはかっていくこと。類比。analogy

**ルイス-デ-アラルコン【Juan Ruiz de Alarcón】**(一五八一ごろ〜一六三九) スペインの劇作家。黄金時代に活躍した大劇作家の一人。性格創造にすぐれる。戯曲『疑わしい真実』など。

**るい・する【類する】**(サ変自) =類す。①似る。resemble ②肩を並べる。be comparable [用例]これに—作品はない。

**るい-せい【累世】** 代を重ねること。世々。代々。累代。るいせ。

**るい-せき【累積】**(名・サ変自他) 積み重なること。積み重ねること。accumulate [用例]—赤字。

**るいせき-さいむ【累積債務】** 発展途上国、とくに非産油発展途上国が先進国や国際機関に対して負っている債務の残高。debt accumulation

**るいせき-とうひょう【累積投票】** ①株式会社で同時に二人以上の取締役を選任する場合、株主に一株につき選任する取締役数と同数の投票権を与え、多数得票者から順次選任する制度。cumulative voting ②大選挙区連記投票制で、選挙人に議員定数と同数の投票権を与えて、投票を一人の候補者に累積することを認める制度。

**るいせき-どすう【累積度数】** 統計の度数分布において、もっとも小さい階級からある階級までの度数を順に加えたもの。cumulative frequency

**るい-せつ【▼縲▼絏・▼縲▼紲】**《「縲」は黒い縄、「絏」「紲」はつなぐ、の意》罪人として、縄をかけられること。[用例]—の恥。

**るい-せん【涙▼腺】** 涙を分泌する腺。窩涙腺・眼瞼涙腺・副涙腺があり、副交感神経と交感神経の支配をうける。lacrimal gland

**るいせんけい-どうぶつ【類線形動物】** ハリガネムシ類と浮遊生活をする游線虫類からなる小群。全長数センチメートル〜数十センチメートル。幼虫はきわめて小さく、バッタやカマキリなどの昆虫や海産の甲殻類に寄生するが、成熟後、宿主から脱出、淡水または海水中で自由生活をする。体表にクチクラ層が発達する。

**ルイセンコ【Trofim Denisovich Lysenko】**(一八九八〜一九七六) ソ連の生物学者・農学者。小麦の春化処理の研究を行った。メンデルやモーガンの遺伝学に対して、環境の変化で生物の遺伝形質を変えられると説いたが、のちに、学説は否定された。

**るい-ぞう【累増】**(名・サ変自他) だんだんふえること。だんだんふやすこと。[対義]累減。

**るい-だい【累代】** 代を重ねること。世々。代々。累世。

**るい-だい【類題】** ①同類の問題。similar question ②和歌・俳句を、同類の題によって分類した歌集・句集。

**るい-たんどく【類丹毒】** ブタ丹毒菌が起こす丹毒に似た病気。食肉業者・漁師などの手指に多く、外傷による菌の侵入部位を中心として赤くはれて痛む。発熱などの全身症状はまれ。erysipeloid

**るい-どう【類同】**(名・サ変自) 似ていること・もの。同類。of the same kind; resemblance

**るい-ねん【累年】** 年を重ねること。毎年。連年。

**るい-のう【涙▼囊】** 涙管の一部。小涙管から流れてきた涙液が集まるふくろ。saccus lacrimalis

**るい-はん【累犯】** 犯罪を繰り返し行うこと。累犯者は責任も重く危険性も高いので、法定の要件に該当すれば刑が加重される。repeated offense

**るい-ひ【類比】**(名・サ変他) ①くらべること。比較。comparison ②類推。analogy

**ルイ-ヒール【Louis heel】** 婦人靴のかかとの一種。ルイ一五世のころ流行したヒール。つけ根が太く、先が細くカーブしている。ルイフィフティーンヒール。

**るいひ-すいり【類比推理】** 論理学で、二つの事物の既知の性質の類似性をもとにして、他の未知の性質に関しても一方から他方へと推理を進めるもの。類推。analogy; analogical inference

**ルイビル【Louisville】** アメリカ南部、ケンタッキー州中北部、オハイオ川に沿う河港都市。ケンタッキー州最大の都市。世界屈指のタバコの産地として知られ、鉄鋼業もさかん。ケンタッキーダービーでも有名。人口二九・九万(一九八〇)。ルイスビル。

**ルイ-フィリップ【Louis-Philippe】**(一七七三〜一八五〇) フランス王(在位一八三〇〜四八)。オルレアン家出身。フランス革命時には国民軍に参加したが、一七九三年に亡命。七月革命により「フランス人の王」として即位。金融資本家支配の七月王政を推進したが、二月革命で退位、亡命。

**ルイ-フェロー【Louis Feraud】**(一九二一〜 ) フランスの服飾デザイナー。

**ルイベ**(ruipeアイヌ)《凍った魚、の意》凍らせたサケやホタテガイなど。刺身につくり、わさびじょうゆで食べる。

**るい-へき【塁壁】** とりで。また、そのかべ。城壁。

**るい-べつ【類別】**(名・サ変他) 種類によって分けること。分類。classify

**るい-ほん【類本】** 似ている本。同類の本。類書。similar books

**るいよう-しょうま【類葉升麻】**《サラシナショウマに似て大形の葉をつけることから》キンポウゲ科の多年草。深山の林中にはえる。高さ約七〇㎝。晩春、茎の先に白小花が多数咲く。

**るいよう-ぼたん【類葉▼牡丹】**《葉がボタンに似ていることから》深山の林中にはえるメギ科の多年草。高さ約五〇㎝。春、茎の先に径一㎝ほどの緑黄色の花が咲く。

**るい-らん【累卵】**《積み重ねた卵、の意》不安定で危険なこと。sit on a volcano 用例 ―の危うきにある。

**るい-るい【累累】**(形動トタル) たくさん重なり合うさま。in heaps 用例 ―たる死体。

**るい-れい【類例】** 似通った例。

**ルイレーエフ【Kondraty Fyodrovich Ryleyev】**(一七九五〜一八二六) ロシアーロマン主義の代表的詩人。叙事詩『ワイナロフスキー』『ナリワイコ』など。

**るい-れき【▼瘰▼癧】** 頸部けいリンパ節結核の別名。痛みはほとんどなく、数個のリンパ節がかたまり、連鎖状にはれる。化膿して、のちに破れる。ぐりぐり。king's evil

**ルー【roux フランス】** バターなどの油脂を溶かし、小麦粉を加えていためたもの。ソースやスープなどのとろみをつけるために用いる。いためかげんからホワイト・ブロンド・ブラウンの三種類。

**ルー【Wilhelm Roux】**(一八五〇〜一九二四) ドイツの動物学者。発生過程を因果分析的に研究する必要性を唱え、実験発生学を創始。カエルの半胚はんばい実験は有名。

**ルーアン【Rouen】** フランス中北部、パリ西北西、セーヌ川下流の河港で工業都市。セーヌマリチーム県の県都。ジャンヌ=ダルク処刑の地。人口一〇・五万(一九八二)。

**ルウェンゾリ-さんぐん【ルウェンゾリ山群】**(Ruwenzori Mountains) アフリカ中部、ザイール・ウガンダ国境の山群。最高峰マルゲリータ山は標高五一一〇m。

**ルウォフ【André Lwoff】**(一九〇二〜 ) フランスの微生物学者。酵素とウイルスの合成の遺伝的制御を研究した。一九六五年ノーベル生理学医学賞受賞。

**ルーカス【George Lucas】**(一九四五〜 ) アメリカの映画監督・製作者。作品『スター-ウォーズ』『レイダース』など。

**ルーキー【rookie】** 新兵。新人選手。

**ルーゴンマカールそうしょ【ルーゴンマカール▼叢書】**《原題Les Rougon-Macquart, Histoire naturelle et sociale d'une famille sour le Second Empireフランス》ゾラの長編小説群の総称。二〇巻。一八七一〜九三年刊。第二帝政時代の社会各層を一家族の歴史の形で描く。『居酒屋』『ナナ』『ジェルミナール』などを含む。

**ルーサン【leucerne】** アルファルファの別名。和名ムラサキウマゴヤシ。

**ルージ【Lódź】** →ウッジ

**ルーシャン【廬山】**(Lú Shān) →ろざん(廬山)

**ルージュ【rouge】** ①赤。②紅。口紅・ほお紅など。

**ルース【George Herman Ruth】**(一八九五〜一九四八) アメリカのプロ野球選手。全盛時はニューヨークヤンキースの外野手。一シーズン本塁打六〇本・通算七一四本の記録は、ともに三〇年以上破られなかった。ベーブ=ルース。

**ルーズ【loose】**(形動) ①ゆるいさま。②だらしないさま。

**ルース-スクラム【loose scrum】** ラグビーで、ラック・モールの旧称。比較 タイトスクラム。

**ルース-たいふう【ルース台風】** 昭和二六年(一九五一)一〇月、九州や四国に大被害を与えた台風。死者・不明者九四三名。

**ルーズベルト【Franklin Delano Roosevelt】**(一八八二〜一九四五) アメリカの政治家。第三二代大統領(在任一九三三〜四五)。民主党。大統領に四期連続当選。大恐慌だいきょうこうの危機克服にあたりニューディール政策を断行。中南米に対する善隣外交を推進。第二次大戦にさいしチャーチル、スターリンとともに連合国を指導したが、戦争終結直前に没。→写

●F=ルーズベルト 中央。スターリン(右)とチャーチル(左)。一九四五年ヤルタ会談にて。

**ルーズベルト【Theodore Roosevelt】**(一八五八〜一九一九) アメリカの政治家。第二六代大統領(在任一九〇一〜〇九)。共和党。トラスト規制などの改革政策を実施。パナマ運河地帯獲得、海軍力増強など帝国主義的対外政策を推進。日露戦争の講和を調停。一九〇六年ノーベル平和賞受賞。

**ルーズ-リーフ【loose-leaf】**《loose-leaf notebookの略》用紙を取りはずしできるノート。また、その用紙。リングノート。

**ルーセ【Ruse】** ブルガリア北部、ルーマニアとの国境をなすドナウ(ダニューブ)川に臨む河港・工業都市。対岸はジュルジュー。人口二九・九万(一九八四)。

**ルーセル【Albert Roussel】**(一八六九〜一九三七) フランスの作曲家。異国的旋法に基づく和声や主題法などが特徴。バレエ音楽『蜘蛛くもの饗宴きょうえん』など。

**ルーダキー【Rūdakī】**(?〜九四〇) ペルシアの詩人。「ペルシア詩の父」と称される。叙事詩『カリーラとディムナ』(断片)。

**ルーダ-そう【ルーダ草】** ①アリタソウの別名。②ヘンルーダの別名。

**ルーチン【routine】** ①きまりきった日常の業務。手順。ルーティン。②コンピュータープログラムの一部で、特定の仕事を実行するための一連の命令。

**ルーツ【roots】**《rootの複数形》①根源。起源。②先祖。始祖。発祥地。

**ルーティン【routine】** ①→ルーチン①。②シンクロナイズドスイミング競技の一種目。音楽に合わせて自由なふりつけで演技する。フリー。自由課題。

**ルーテル【Luther】** →ルター

**ルート【root】** ①根本。土台。②数学で、方程式の根(解)、乗根など。通常は平方根をいう。記号√

**ルート【route】** ①道筋。②手づる。

**ルートウィヒ【Karl Friedrich Wilhelm Ludwig】**(一八一六〜九五) ドイツの生理学者。ルートウィヒ神経節を発見。また、血管内を流れる血液の容量・速度をはかる血流計(ルートウィヒ血流計)を考案。

**ルートウィヒ【Otto Ludwig】**(一八一三〜六五) ドイツの小説家。小説『天と地の間』、悲劇『世襲山林監督官』など。

**ルートウィヒ〈二世〉【Ludwig II】**(八〇四ごろ〜八七六ごろ) 東フランク王(在位八四三〜八七六)。バイエルンを根拠地として活躍。ベルダン・メルセン両条約により東フランク王国を確立。「ドイツ人王」と称された。

**ルート-さばく【ルート砂漠】**(Dasht-e-Lūt) イラン東部、カビール砂漠南東方につづく砂漠。標高四〇〇m。典型的な砂漠で、風食地形が発達。

**ルート-セールス【route sales】** セールスマンが担当地域を定期的に巡回して販売すること。巡回販売。

**ルートビヒスハーフェン【Ludwigshafen】** 西ドイツ南西部、ライン川中流左岸の新興工業都市。ライン川水運の要地。人口一五・四万(一九八五)。

**ルート-マップ【route map】** 地質調査で、露頭での観察結果をルートにそって地図に記入したもの。地質図作成用の基礎資料。路線地質図。

**ルーネベリ【Johan Runeberg】**(一八〇四〜七七) フィンランドのロマン派詩人。スウェーデン語で執筆。物語詩『ストール旗手物語』の冒頭の一編『わが国』はフィンランド国歌となる。

**ルーバー【louver】** 細長い薄板(羽根板)を、鉛直または水平に間をあけて平行に組み立てたもの。光と通風の調整を目的とし壁や天井などに使われる。がらり戸。

**ルービック-キューブ【Rubik's Cube】**《商標名》一面ずつの色が異なる二七個の立方体がつながっている、正六面体のパズル玩具がんぐ。各立方体をいろいろに回転させて、六面をそれぞれ同色にそろえる。ハンガリーの数学者ルービックの考案。マジックキューブ。→写

●ルービックキューブ

**ルーフ【roof】** 屋根。屋上。

**ループ【loop】** ①糸・ひも・布などでつくった輪。ボタンの留め具や、ベルト通しに用いる。②飛行機の宙返り。③スケートのフィギュアの一つ。④「ループアンテナ」の略。⑤コンピューターで、繰り返される操作。

**ループ-アンテナ【loop antenna】** アンテナの一種。導線が正方形・円形などの枠形をしている。ラジオ受信用として室内で使われる。

**ルーフィング【roofing】** 屋根をふく材料。一般にはフェルト状にすいた有機質の繊維にアスファルト加工したアスファルトルーフィングをさす。屋根防水層などに使用。

**ルーフ-ガーデン【roof garden】** 屋上庭園。

**ループ-ジャンプ【loop jump】** フィギュアスケートで、ジャンプの種類の一つ。外側エッジで踏み切り、空中で回転して、同じ足の外側エッジで着氷する。ドイツのワーナー=リットベルガーが考案。

**ループ-ステッチ【loop stitch】** 輪奈わなを用いる刺繡ししゅうの刺し方の総称。チェーンステッチ・ボタンホールステッチなどがある。

**ループ-せん【ループ線】** 山間部の急勾配こうばいの地に鉄道を敷設するとき、勾配を緩やかにするため、線路を螺旋らせん状にしたもの。loop line 比較 スイッチバック。

**ループ-タイ**《和製語》ネクタイの一種。ひも状で、留め具がついている。bolo tie

**ループ-ヤーン【loop yarn】** 変わり毛糸の一種。糸の表面にループを出した飾り糸。軽くて保温性があり、ショールなどに適する。輪奈糸わないと。アストラカン。

**ルーフ-ラック【roof rack】** 乗用車の屋根に取り付けた荷物棚。

**ルーブリ【rublロシア】** →ルーブル

▼常用漢字表外。 ▽常用漢字表の音訓外。

**ルーブル**【Palais du Louvre（フランス）】↓ルーブルきゅうでん（ルーブル宮殿）

**ルーブル**【rubl'（ロシア）】ソ連の通貨単位。カペイカの一〇〇倍。記号R。ルーブリ。ruble

**ルーブル-きゅうでん**【ルーブル宮殿】（Palais du Louvre（フランス））フランス、パリにある大宮殿。現在はおもにルーブル美術館として使用。中世のルーブル城の跡に一五四六年から建造され、増改築された。ルーブル。

**ルーブル-びじゅつかん**【ルーブル美術館】（Musée National du Louvre（フランス））フランスの国立美術館。もとルーブル宮殿。パリ市セーヌ川右岸にある。フランソワ一世以降の歴代の王の収集品が中心で、一般公開はフランス革命後。ルーブル宮殿の大部分を占め、古代オリエント、古代エジプト、古代ギリシア-ローマ、絵画・デッサン、彫刻、工芸の六部門に分かれる。収蔵品は『ミロのビーナス』、レオナルド=ダ=ビンチの『モナ=リザ』など多数。↓写

**ルーペ**【Lupe（ドイツ）】虫眼鏡。拡大鏡。

**ルーベンス**【Peter Paul Rubens】（一五七七～一六四〇）フランドルの画家。ティツィアーノらに学び、絢爛たる色彩美・官能美にあふれる豪華な作風を確立。バロック美術の代表的画家。広く宗教・歴史・肖像・風景などを描く。作品『十字架建立』『マリー=ド=メディシスの生涯』など。↓写 ↓バロック美術写

●ルーブル美術館

**ルーマニア**【Romania・羅馬尼・羅馬尼亜】（Romania）東ヨーロッパ、バルカン半島北東部に位置する国。首都ブカレスト。一八七七年トルコから独立。南部のワラキア平野にドナウ川が流れ、黒海に注ぐ。人口の半数は農民であるが、鉄鉱石・ボーキサイトなども産出し工業化も進展。面積二三・八万km²。人口二三一七万（一九八六）。一九八九年の革命で社会主義共和国の名称をはずす。

●ルーベンス『麦藁帽子の女』。一六二五年ごろ、ロンドン=ナショナルギャラリー。

**ルーマニア-ゆでん**【ルーマニア油田】（Romania）バルカン半島北東部、ルーマニア中部の油田。石油のほか、天然ガスも産出。

**ルーミー**【Rūmī】（一二〇七～一二七三）ペルシアの神秘主義詩人。詩集『精神的マスナビー』はペルシア語のコーランとも称される。

**ルーミス-しじみ**【ルーミス小灰蝶】絶滅が心配されるシジミチョウ。開張約三cm。黒褐色で、前後両翅の基半部が青紫色に輝く。食草はイチイガシ。奈良県春日山で天然記念物に指定。関東以南・四国・九州に分布。↓図

●ルーミスシジミ

**ルーム**【room】部屋。

**ルーム-アクセサリー**【room accessory】室内で用いられる付属的な装飾品。実用性を備えたものが多い。絵画・民芸品・時計・鏡・照明器具など多くの種類がある。

**ルーム-クーラー**《和製語》空気を冷やして室内を涼しくする装置。冷房装置。air conditioner

**ルーム-サービス**【room service】ホテルなどで、客室まで食事や飲み物を運んでくれるサービス。

**ルーム-チャージ**【room charge】ホテルなどの宿泊代。

**ルームメート**【roommate】寄宿舎・アパートなどで、同室者・同宿人。

**ルーム-ライト**【room light】↓ルームランプ

**ルームランプ**【roomlamp】自動車の室内につける豆電灯。ルームライト。

**ルーメン**【lumen】光束の単位。すべての方向の光度がいちように一カンデラである点光源から一ステラジアンの立体角内に放射される光束。記号lm

**ルーラー**【ruler】①定規。②薄記に使う丸い棒。薄記棒。

**ルール**【rule】規則。きまり。用例—ブック。

**ルール**【Ruhr】西ドイツ中西部にある西ヨーロッパ最大の鉱工業地域。ライン川と支流ルール・リッペ川にはさまれた炭田地帯を中心に一九世紀から急速に発展。ドルトムント・エッセンなどが主要都市。

**ルールコーレ**【Ruhrkohle AG】西ドイツの大手石炭会社。子会社によってガス・電力などの事業も行う。一九六九年設立。

**ルール-せんりょう**【ルール占領】第一次大戦後ルール地方をめぐって起きた国際紛争。一九二三年、ドイツの賠償支払い不履行を理由に、フランス・ベルギー軍が占領した。二五年に解決。occupation of the Ruhr by French-Belgian forces

**ルール-たんでん**【ルール炭田】（Ruhr Kohlenfeld）西ドイツ中西部、ライン川下流域に広がる西ヨーロッパ屈指の大炭田。ルール工業地域の基盤を形成している。

**ルーレット**【roulette（フランス）】賭博用の機械の一種。高速で回る区画されたすり鉢形円盤に小さな玉を投げ入れ、その止まる位置の区画を予想し、金銭をかけて勝負する。

**ルーン-もじ**【ルーン文字】古代ゲルマン族の文字。三世紀ごろから一四世紀ごろ、おもに北欧諸国で用いられた文字でラテン文字に近い。rune

**ルエダ**【Lope de Rueda】（一五一〇ごろ～一五六五）スペインの劇作家。旅役者として巡業。庶民的な笑劇「パソ」を創造。戯曲『オリーブの実』など。

**ルオー**【Georges Rouault】（一八七一～一九五八）フランスの画家・版画家。二〇世紀キリスト教絵画の第一人者。売春婦・道化師などを激しい筆致で描く。やがてキリスト教的神秘感にあふれた作品を描いた。キリスト像の名作が多い。作品『キリストの顔』、版画集『ミセレーレ』など。↓写

●ルオー『キリストの顔』。一九三二年、パリ国立近代美術館。

**ルオヤン**【洛陽】（Luòyáng）↓らくよう（洛陽）

**ルカ**【Loukâs（ギリシア）】新約聖書『ルカによる福音書』『使徒行伝』の著者とされる人物。医者。使徒パウロの同伴者。Luke

**ルカーチ**【Lukács György】（一八八五～一九七一）ハンガリーの哲学者・文学史家。マルクス主義の立場から美学的認識やヒューマニズムについて問題を提起。著書『歴史と階級意識』など。

**ルカス-ファン-ライデン**【Lucas van Leyden】（一四九四～一五三三）オランダの画家・銅版画家。ネーデルラントの画風にイタリア風の明快な構図を与えた。写実的な手法で多くの銅版画を描き、肖像画にもすぐれた。作品に油絵『最後の審判』、銅版画『聖パウロの改宗』など。

**ルカでん**【ルカ伝】↓ルカによるふくいんしょ（ルカによる福音書）

**ルカによるふくいんしょ**【ルカによる福音書】（The Gospel According to Luke）『新約聖書』中、最長文の福音書。使徒パウロの同伴者で医者のルカが、異邦人伝道のために書いたもの。貧しい者・罪人・婦人に強い共感を示す。ルカ伝。ルカ福音書。

**ルカヌス**【Mārcus Annaeus Lūcānus】（三九～六五）ローマの叙事詩人。皇帝ネロの側近となるが、のち陰謀加担が発覚して自殺。叙事詩『内乱』一〇巻。

**ルガノ**【Lugano】スイス南部、チチノ州南部の観光・保養都市。ルガノ湖北岸に位置し、イタリア風の家並みで知られる。ダ=ビンチの『最後の晩餐』の壁画をもつアンジョリ教会がある。人口二・八万（一九八〇）。

**ルカふくいんしょ**【ルカ福音書】↓ルカによるふくいんしょ（ルカによる福音書）

**ルキアノス**【Lūkiānos】（一二〇ごろ～一八〇ごろ）ローマ帝政期のギリシアの作家。風刺をこめた対話八〇編を著す。作品『神々の対話』『本当の話』など。

**ルキリウス**【Gāius Lūcilius】（BC一八〇ごろ～BC一〇二ごろ）ローマの風刺詩人。自由で穏やかな調子で、都会・田園生活、政治世情などをうたう。

**ルクス**【lux】照度の国際組立単位。一ルーメンの光束で一m²の面を一様に照らす場合の照度。記号lx。ルックス。

**ルクセンブルク**【Luxembourg】（Grand Duchy of Luxembourg）西ヨーロッパ、ベルギー南東の内陸部にある公国。首都ルクセンブルク。ベネルクス三国の一つ。国土の大半はアルデンヌ高原で鉄鉱石を産出し、鉄鋼業がさかん。面積二六〇〇km²。人口三六・七万（一九八六）。正称ルクセンブルク大公国。

**ルクセンブルク**【Luxembourg】ヨーロッパ西部、ルクセンブルク大公国の首都。アルゼッテ川に沿う。一〇世紀以来要塞都市として発展、城壁や古塔が残る。政治・経済・文化の中心。郊外に鉄鋼業中心の工業地域を形成。人口七・六万（一九八六）。

**ルクセンブルク**【Rosa Luxemburg】（一八七〇～一九一九）ドイツの婦人革命家・経済学者。ポーランド生まれ。ドイツ社会民主党左派として第一次大戦中にスパルタクス団、次いで一九一八年にはドイツ共産党を創設。一九年一月の武装蜂起の直後、リープクネヒトとともに虐殺された。著書『資本蓄積論』など。

**ルクソル**【Luxor】上エジプト、ナイル川右岸の古代都市テーベの南にある町。アメンホテプ三世建造のルクソル神殿など遺跡が多い。↓エジプト美術写

**ルグラン**【Michel Legrand】（一九三二～）フランスの作曲家・ピアニスト。映画音楽『シェルブールの雨傘』など。

**ルクランシェ-でんち**【ルクランシェ電池】減極剤に酸化マンガン(Ⅳ)を用いた一次電池。起電力は一・五ボルト。一八六八年フランスのルクランシェが発明。現在のマンガン乾電池の基礎をなす。Leclanché cell

**ルクレール**【Jean-Marie Leclair】（一六九七～一七六四）フランスのバイオリン奏者・作曲家。演奏技巧にすぐれ、またバイオリン曲の様式確立に貢献した。

**ル-クレジオ**【Jean-Marie Gustave Le Clézio】（一九四〇～）フランスの小説家。ヌーボー-ロマン以後の世代の代表作家の一人。作品『調書』『大洪水』など。

**ルクレティウス**【Titus Lucretius Carus】（BC九四/九七ごろ～BC五五ごろ）古代ローマの詩人・哲学者。エピクロスを信奉。『物の本質について』で原子論を壮麗な詩の形で展開した。

**る-けい**【流刑】↓るざい（流罪）

**る-げん**【縷言】（名・サ変他）↓るせつ（縷説）

**るこう-そう**【縷紅草・留紅草】ヒルガオ科のつる性一年草。茎は二m以上伸びて左巻きにからむ。葉は羽状に細かく分裂。夏、径約

●ルコウソウ

二㎝の星状の花が咲く。花色は緋紅色。ルコウ。cypress vine →写

**ルゴール-えき【ルゴール液】** グリセリンに沃素・沃化カリウム・フェノール・ハッカ油を溶解した赤褐色の液体。殺菌剤・刺激剤・殺カビ剤で、咽頭炎などに外用。Lugol's solution

**る-こく【▼鏤刻】**(名・サ変他)《「鏤」は金属に彫る、「刻」は木に彫る、の意》＝ろうこく。①彫り刻むこと。彫刻。②文章を何回も直して仕上げること。

**る-こつ【▼鏤骨】** ＝ろうこつ。①骨に刻み込むほど、よく記憶しようとすること。②文章などをつくるのに苦心すること。用例 彫心—。

**ル-コック【Albert von Le Coq】**(一八六〇〜一九三〇) ドイツの東洋学者・探険家。一九〇四〜一六年に四回、東トルキスタンのトルファン・庫車などを探険・調査。仏教遺跡・マニ教文献・絵画資料などを紹介し、西域文明研究に貢献。

**ル-コルビュジエ【Le Corbusier】**(一八八七〜一九六五) スイス生まれのフランスの建築家。本名シャルル＝エドゥワール＝ジャンヌレ。鉄筋コンクリート建築のための造形的に明快な論理のもと、住宅から都市計画まで幅広く国際的に活躍。世界の現代建築に多大の影響を与えた。→写

●ル＝コルビュジエ　教会。ロンシャン(フランス)。

**ルコント-ド-リール【Charles Marie Leconte de Lisle】**(一八一八〜一八九四) フランスの詩人。高踏派の代表。人間の苦悩を沈痛冷厳にうたった。詩集『古代詩集』『夷狄詩集』など。

**ルサージュ【Alain René Lesage】**(一六六八〜一七四七) フランスの小説家・劇作家。ピカレスク小説の流れをくむ。写実主義の先駆者。小説『ジル＝ブラース物語』など。

**る-ざい【流罪】** 罪人を遠方に配流し、とどめる刑。律令時代には遠流・中流・近流の三つがあった。江戸幕府法では遠島と追放が正称。明治四一年(一九〇八)廃止。流刑。

**ルサカ【Lusaka】** アフリカ南部、ザンビアの首都。標高一三〇〇mの高原に位置する。同国の政治・文化の中心で、交通の要地。農畜産物の集散地。人口五三・九万(一九八〇)。

**ルサンチマン【ressentiment フランス】** 恨み。怨念。とくに弱者の強者に対する内攻した憎悪。復讐心。

**る-じ【▼屢次】** しばしばおこること。たびたびのこと。

**ルジーチカ【Leopold Stephen Ružička】**(一八八七〜一九七六) スイスの化学者。ポリメチレン類・ポリテルペン類・炭水化物・アンドロステロンなどを研究。性ホルモンに関する研究でブテナントとともに、一九三九年ノーベル化学賞受賞。

**ルシタニアごう-じけん【ルシタニア号事件】** 第一次大戦中の一九一五年、イギリス客船ルシタニア号がドイツ潜水艦に無警告撃沈された事件。中立国であったアメリカ人約一〇〇名が死亡したため問題化し、アメリカ参戦の一契機となった。the sinking of the Lusitania

**ル-シッド【Le Cid】** コルネイユの五幕韻文悲劇。カストロの『エル＝シードの青年時代』に取材。一六三六〜三七年初演。恋人の父を殺したロドリーグとその恋人との間の愛情と義務の葛藤を描く。

**ルシファー【Lucifer】** 魔王。元来は「明けの明星」(金星)のことで、没落するバビロン王の形容辞。教会教父らは、この語を「サタン」と結びつけ、暗闇の首領となった堕落天使とした。ルシフェル。ルーキフェル。

**ルシフェラーゼ【luciferase】** 生物発光に重要な働きをする酵素。ルシフェリンの酸化を触媒し、発光を起こす。発光酵素。

**ルシフェリン【luciferin】** 発光生物がつくる発光物質。ルシフェラーゼ酵素で酸化されるとき発光する。発光素。

**ル-シャトリエ【Henry Louis Le Chatelier】**(一八五〇〜一九三六) フランスの化学者。パリ大学教授。高温測定法の研究。ル＝シャトリエの法則を発見。

**ル-シャトリエ-の-ほうそく【ル＝シャトリエの法則】** 化学的に平衡状態(温度・圧力など)にある混合物質に変化を与えるとき、その変化を妨げる方向に平衡の移動が起こるという法則。平衡移動の法則。ル＝シャトリエ-ブラウンの法則。Le Chatelier's law

**るしゃな-ぶつ【▼盧遮▼那仏・▼盧舎▼那仏】**「毘盧遮那仏」の略。

**ルジャンドル【Adrien-Marie Legendre】**(一七五二〜一八三三) フランスの数学者。整数論・楕円関数論・最小二乗法・幾何学の研究がある。

**る-じゅつ【▼屢述】**(名・サ変他) しばしば述べること。繰り返し言うこと。

**る-じゅつ【▼縷述】**(名・サ変他) こまごまと述べること。詳述。

**る-す【留守】**(名・サ変自) ①家などにいないこと。不在。absence 用例 家を—にする。②主人・家人の外出中、その家の番をすること。また、その人。留守番。left in charge of the house 用例 —家族。③《上に「お」を付けて》注意が一方にだけ集中されて、他方がおろそかになること。neglect 用例 手元がお—になる。

**留守を預かる**(るすをあずかる) 留守中のすべてのことをまかせられている。依頼を受けて留守番をする。look after the house

**留守を使う**(るすをつかう) 家にいても、いないふりをする。居留守を使う。pretend to be out

**るす-い【留守居】** ㊀(名・サ変自) 留守番をすること・人。留守番。caretaker 比較 居留守。㊁(名) ①江戸幕府の職名。江戸城大奥の取り締まりや、将軍不在のときの城中警備などに当たった職。②江戸時代、大名が在国中、江戸にいて藩を代表した職。留守居役。

**る-ずう【流通】**(名・サ変自)《仏教語》その教義がさわりなく広まり行われること。

**ルスカ【Ernst Ruska】**(一九〇六〜一九八八) 西ドイツの物理学者。電子顕微鏡の原理を考え設計に貢献した業績で、一九八六年ノーベル物理学賞受賞。

**るす-がみ【留守神】** 陰暦一〇月(神無月)、神々が出雲に行くという伝承に対し、出雲に行かず残る神。その時期に祭りの行われる神や家の神(荒神など)が多い。

**るすつ【留▽寿都】**〈村〉 北海道南部、羊蹄山と洞爺湖の間にある村。ジャガイモなどの畑作が主で、畜産も行う。スキー場がある。人口二二一七(一九八八)。

**るす-ね【留守寝】**(名・サ変自) 留守番役であるのに寝てしまうこと。

**るす-ばん【留守番】**(名・サ変自) 主人が家をあけて外出しているときその家を守ること。また、その人。caretaker

**るすばん-でんわ【留守番電話】** 留守中にかかってきた電話の内容を記録する装置のついた電話機。カセットテープレコーダーを接続したものと、それらが内蔵されたものがある。answer phone

**ルスランとリュドミラ**(Ruslan i Lyudmila ロシア) グリンカ作曲のオペラ。プーシキンの詩から作曲者らが台本製作。一八四二年初演。さらわれた娘を恋人が魔法の剣で助ける物語。

**る-せつ【流説】** ①いい広められた説。common theory ②根も葉もないうわさ。流言。りゅうせつ。groundless rumor

**る-せつ【▼屢説】**(名・サ変他) たびたび繰り返して説明すること。

**る-せつ【▼縷説】**(名・サ変他) こまごまと説明すること。縷言。

**ルソー【Henri Rousseau】**(一八四四〜一九一〇) フランスの画家。素朴画派の代表者で、独特の清純無垢な画風で名高い。作品『眠れるジプシー』『夢』など。→写

**ルソー【Jean-Jacques Rousseau】**(一七一二〜一七七八) フランスの文学者・啓蒙思想家。スイス生まれ。『学問芸術論』で人間が文明社会で失った自然の善性を回復する道を多角的に追求、『人間不平等起源論』『社会契約論』では共和制を主張しフランス革命に影響を与えた。ほかに教育論『エミール』、恋愛小説『新エロイーズ』、自伝的作品『告白』など。

**ルソー【Théodore Rousseau】**(一八一二〜一八六七) フランスの画家。バルビゾン派の代表者。自然描写にすぐれた風景画を残す。作品『フォンテンブローの森の出口』など。

**るそん-すけざえもん【▼呂▼宋助左▽衛門】** 納屋助左衛門の別称。

**ルソン-とう【ルソン島】**(Luzon) フィリピン北部にあるフィリピン諸島中最大の島。面積一〇・五万㎢は諸島全面積の約三五%。首都マニラがある。一六世紀初めからスペイン人が入植、一八九八年からのアメリカ領時代に米・タバコ・サトウキビなどの農業生産が拡大。人口二三七九万(一九八〇)。

**ルター【Martin Luther】**(一四八三〜一五四六) ドイツの宗教改革者。一五一七年、ローマ＝カトリック教会の贖宥状発行を批判した「九五か条の提題」を発表し、宗教改革の口火を切る。二一年破門。二二年『新約聖書』、三四年に全聖書のドイツ語訳を完成。賛美歌の作詩・作曲なども行った。ルーテル。

**る-たく【流▼謫】**《「謫」は、罰する、の意》島流し。流刑。

**ルタバガ【rutabaga】** →スウェーデンかぶ(スウェーデン蕪)

**ルチア【Lucia di Lammermoor イタリア】** ドニゼッティ作曲のオペラ。全三幕。一八三五年初演。カマラーノ台本。ルチアとその兄を敵とするエドガルドとの悲恋を描く。

**ルチン【rutin】** ソバ・タバコ・マメ科のエンジュのつぼみなどに多量に含まれる配糖体。ビタミンP因子。毛細血管を強くする作用をもつ。

**ルツェルン【Luzern】** スイス中部、ルツェルン湖北西岸の観光都市。同名州の州都。アルプス観光の基地。人口六万(一九八五)。

**ルッカ【Lucca】** イタリア中部、トスカーナ州北西部の商業都市。県都。前二世紀以来の古都で、中世の文化遺産が多い。人口九万(一九八一)。

●H＝ルソー　『眠れるジプシー』。一八九七年、ニューヨーク近代美術館。

**ルツき【ルツ記】**(The Book of Ruth)『旧約聖書』中の一書。異国の女ルツが、夫の死後、しゅうとめに従ってベツレヘムへ移住して孝養を尽くし、のちに夫の親族と再婚してダビデの先祖となる物語。

**ルック【look】** 様子。スタイル。モード。用例 カレッジ—。

**ルック-イースト【Look East】** 一九八一年マレーシアのマハティール首相が提唱した、東方の日本や韓国を見習おうとする経済振興政策。

**ルックザック【Rucksack ドイツ】** →リュックサック

**ルックス【looks】** 容貌。姿かたち。見た目。

**ルックス【lux】** →ルクス

**ルッサン【André Roussin】**(一九一一〜一九八七) フランスの劇作家・俳優。風俗劇に風刺を加味したブールバール劇を自作自演し、商業劇場の寵児となる。戯曲『掘立小屋』『女占師』など。

**ルッソロ【Luigi Russolo】**(一八八五〜一九四七) イタリアの画家・音楽家。未来派運動に参加。画作と並行して「騒音芸術」宣言を発表、活動も行う。

**ルッツ-ジャンプ【lutz jump】** フィギュアスケートのジャンプの一種。外側エッジで踏み切り、空中で滑走弧線の反対方向に回転し、反対足の外側エッジで着氷する。ノルウェーのソニア＝ヘニーが考案。

**ルットマン【Walter Ruttmann】**(一八八七〜一九四一) ド

▼常用漢字表外。　▽常用漢字表の音訓外。

イツの映画監督。作品『伯林ベルリン—大都会交響楽』『ドイツ機甲部隊』など。

**る-つぼ【▼坩▼堝】** ①固体試料の強熱・融解・金属の精錬などの高温処理に用いる耐熱・耐食性の容器。白金はっきん製・石英製・磁製などがある。crucible ②熱狂した状態。興奮のきわみの状態。③いろいろのものがまざっているたとえ・場所のたとえ。用例ニューヨークは人種の——といわれる。↓図

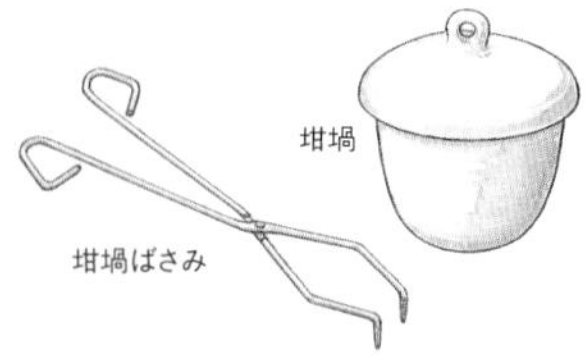

●坩堝るつぼ①

**るつぼ-ろ【▼坩▼堝炉】** ガラスや金属を溶融するためのるつぼを収容して熱するための炉。るつぼがま。pot furnace

**ルテイン【lutein】** 植物の緑葉中に多量に存在する色素。黄色の結晶。カロチノイドの中のキサントフィルの一種で、光合成を補助する。

**ルテオリン【luteolin】** 黄色の植物色素。フラボンの誘導体で黄色針状結晶。ジギタリスの葉などに含まれる。

**ルテチウム【lutetium】** 希土類元素の一つ。元素記号Lu 原子番号七一。原子量一七五。希土類元素の中でもっとも産出量の少ないものの一つ。性質はイットリウムに似る。一九〇五年に発見された。

**ルテニウム【ruthenium】** 白金族の希少金属元素。記号Ru 原子番号四四。原子量一〇一。比重一二・〇六。銀白色で光沢があり硬くてもろい。気体を吸蔵する性質がある。装飾用・電気接点材料のほか二酸化物はIC用ペーストに使用。

**る-てん【流転】**(名・サ変自) ①たえず移り変わること。vicissitudes 用例万物——。②↓るでん(流転)

**る-でん【流転】**《仏教語》迷妄のため人間が六道四生の間を生まれ変わり死に変わりして、生死・因果の関係が無限に続くこと。るてん。輪廻りんね。

**ルドベキア【rudbeckia】** キク科の一年草または多年草。約三〇種あり、オオハンゴンソウ・アラゲハンゴンソウなどは日本に帰化。改良品種が多い。観賞用に栽培。北アメリカ原産。↓写

**ルドルフ〈一世〉【Rudolf I】**(一二一八～一二九一) ハプスブルク朝初代の神聖ローマ皇帝(在位一二七三～一二九一)。その即位により大空位時代が終了。

**ルドルフ-こ【ルドルフ湖】**(Lake Rudolf) 東アフリカ、ケニア・エチオピア・スーダンにまたがる塩湖。面積七一〇〇km²。アフリカ大地溝帯に含まれる。ツルカーナ湖。

**ルドン【Odilon Redon】**(一八四〇～一九一六) フランスの画家。黒白による夢想的象徴的な版画から出発、晩年色彩豊かな神秘的油絵やパステル画の創作へ進んだ。作品に石版画集『夢の中で』など。↓写

●ルドン『白い花瓶の花』。一九一六年、ニューヨーク近代美術館。

**ルナール【Jean Renart】**(一一七〇～一二五〇ごろ) フランスの詩人・作家。冒険物語『ギヨーム＝ド＝ドール』など。

**ルナール【Jules Renard】**(一八六四～一九一〇) フランスの小説家・劇作家。鋭い観察眼と独自の簡潔な文体をもつ。小説『にんじん』、散文『博物誌』など。

**ルナチャルスキー【Anatoly Vasilyevich Lunacharsky】**(一八七五～一九三三) ソ連の批評家。マルクス主義芸術理論の創始者の一人。革命後の文芸政策の推進者。批評『実証美学の基礎』『文学的シルエット』など。

**ルナリア【Lunaria】** アブラナ科の耐寒性の二年草。高さ約五〇cm。果実の隔膜が月のように丸いので、ラテン語の月(＝ルナ)の名がある。直立した茎に短い枝がつき、白か紫の十字花が咲く。ヨーロッパ原産。

**ルナン【Ernest Renan】**(一八二三～一八九二) フランスの哲学者・宗教史家。テーヌと並ぶ実証主義の代表的思想家。流麗典雅な文体と繊細な心理的洞察により文筆家としても著名。著書『科学の未来』『キリスト教起源史』など。

●ルドベキア

**ルナン-きょうだい【ルナン兄弟】**(Le Nain) 一七世紀フランスの画家兄弟。長男アントワーヌ Antoine(一五八八?～一六四八)、次男ルイ Louis(一五九三?～一六四八)、三男マティウ Mathieu(一六〇七～一六七七)。農民などの姿を簡潔な筆致で描いた。作品『農夫の家族』など。

**ルニャール【Jean-François Regnard】**(一六五五～一七〇九) フランスの喜劇作家。戯曲『賭博者とばくしゃ』『包括受遺者』など。

**る-にん【流人】** 流罪に処せられた人。exile

**ルネサンス【Renaissanceフランス】**《再生の意》一四～一六世紀、イタリアを中心にヨーロッパ各地に興った政治・文化の諸分野にわたる革新的思潮および運動。人文主義を柱に、中世キリスト教的束縛からの解放、古典古代文化への復帰、人間尊重の立場からの個我の解放がうたわれた。文芸復興。ルネッサンス。

**ルネサンス-びじゅつ【ルネサンス美術】** 一五世紀から一六世紀にいたる西洋美術の総称。狭義には一五～一六世紀のイタリア美術をさす。絵画のマサッチョ、彫刻のドナテロ、建築のブルネレスキが先駆者で、レオナルド＝ダ＝ビンチ・ミケランジェロ・ラファエロ・ティツィアーノらによって盛期を迎える。ファン＝アイク・ボス・デューラー・クラナハらの北方の絵画も豊かな世界を展開した。Renaissance art ↓写(次ページ)

**ルネッサンス【Renaissanceフランス】** ↓ルネサンス

**ルノアール【Renoir】** ↓ルノワール

**ルノー-こうだん【ルノー公団】**(Régie Nationale des Usines Renault) フランス国営自動車メーカー。一八九八年設立。

**ルノード【Théophraste Renaudot】**(一五八六～一六五三) フランスにおけるジャーナリズムの開祖。一六三一年公的な報道新聞『ガゼット-ド-フランス』を発刊。著書『マザラン伝』など。

**ルノード-しょう【ルノード賞】**(le prix Renaudotフランス) フランスの文学賞。フランスの新聞の先駆者ルノードを記念して一九二六年創設。文学関係記者がその年のすぐれた小説を選ぶ。

**ルノルマン【Henri René Lenormand】**(一八八二～一九五一) フランスの劇作家。フロイトの影響を受け心理劇を書いた。戯曲『時は夢なり』など。

**ルノワール【Jean Renoir】**(一八九四～一九七九) フランスの映画監督。画家ルノワールの次男。詩的リアリズムの大家。作品『どん底』『大いなる幻影』『河』『フレンチ-カンカン』など。

**ルノワール【Pierre-Auguste Renoir】**(一八四一～一九一九) フランスの画家。印象派の運動に参加し、豊かで明るい色調の画面を創造。官能的な雰囲気の人物描写を得意とした。作品『ムーラン-ド-ラ-ギャレット』『浴女たち』など。↓写 ↓印象派美術写

**ルバート【rubatoイタリア】**《盗まれた、の意》音楽で、旋律に表情を与えるため、いくぶんテンポを速めたり遅くしたりして、基礎的なテンポのわく内で自由に変化させること。

**ルバーブ【rhubarb】** タデ科の多年草。茎は高さ二mに達し、根出葉は心臓形で長さ約四〇cm。葉柄が長くて、若い葉柄を食用にする。ショクヨウダイオウ。↓写

●ルバーブ

**ルバイヤート【Rubāʿīyāt】** 近代ペルシア語の四行詩集。ルバーイー(＝四行詩)の複数形。七世紀以前に行われ一〇世紀ごろ復興、一一～一二世紀にとくに東部イランで流行。オマル＝ハイヤームの『四行詩集』はフィッツジェラルドの紹介後世界的に有名になる。

**ルバシカ【rubashkaロシア】** ロシアの男性用民族衣装。立ち襟で前あきが左寄りの途中までのゆったりしたスモック風上着。袖口そでぐちや裾すそに刺繡ししゅうがあるものが多い。ルパシカ。↓写

**ルパン【Arsène Lupin】** ルブランの創作した怪盗。一九〇五年発表の短編に登場以来、『怪盗紳士ルパン』『奇岩城』などの小説の中で活躍し、絶大な人気を得た。

●A＝ルノワール『ムーラン-ド-ラ-ギャレット』。一八七六年、オルセー美術館(フランス)。

●ルバシカ イルクーツク地方のもの。

**ルバング-とう【ルバング島】**(Lubang Island) フィリピン、マニラ南西に位置するルバング諸島の主島。面積一九〇km²。タガログ族が稲作・家畜飼育に従事。

**ルビ**《五号活字のふりがなに用いられた七号活字がルビーとよばれていたことから》ふりがな用活字。また、ふりがなのこと。漢字一字分に二字の仮名が付くのが基準。すべての漢字にルビをつけたものを「総ルビ」、部分的につけたものを「パラルビ」という。

**ルビア【Carlo Rubbia】**(一九三四～) イタリアの実験物理学者。陽子・反陽子衝突装置を用い、弱い相互作用を媒介するW粒子・Z粒子の発見に貢献し、一九八四年ノーベル物理学賞受賞。

**ルピア【rupiah】** インドネシアの通貨単位。「記号Rp

**ルビー【ruby】** 鋼玉(コランダム)の一種。透明な濃紅色をしており、古くから珍重された宝石。七月の誕生石。紅玉。↓誕生石写

**ルピー【rūpaiyāヒンディー】** インド・スリランカ・ネパール・パキスタンの通貨単位。記号R。ルーピー。

**ルビー-あかやどりこばち【ルビー赤宿小▼蜂】** 果樹や庭木の害虫ルビーロウカイガラムシに幼虫が寄生して殺す、トビコバチ科の微小なハチ。体長一・五mm内外。頭胸部は黄橙おうとう色、腹部は赤褐色。九州原産。ルビーロウカイガラムシの天敵であることが発見されてから、日本の各地に移入された。

**ルビー-ガラス** 金コロイド・銅コロイド・セレンコロイドなどを混ぜて赤く着色した色ガラス。工芸品・高級食器類・信号用ガラス・フィルターなどに使用。赤ガラス。ruby glass

**ルビー-ろうむし【ルビー▼蠟虫】** カイガラムシ科の昆虫。柑橘かんきつ類やチャ・ツバキ・カキなどの樹木の害虫。関東以西・四国・九州に分布。red wax scale

**ルビコン【Rubicon】** イタリア北東部の川の

●ルネサンス美術

レオナルド=ダ=ビンチ『岩窟の聖母』。一四八三〜八六年ごろ、ルーブル美術館（フランス）。

ミケランジェロ『ジュリアーノ=デ=メディチの墓碑』。一五二四〜三四年、サン-ロレンツォ聖堂（フィレンツェ、イタリア）。

ラファエロ『美しき庭師の聖母』。一五〇七年ごろ、ルーブル美術館。

マサッチョ『貢の銭』。一四二七年、サンタ-マリア-デル-カルミネ聖堂（フィレンツェ）。

ドナテロ『ダビデ』。一四三四年ごろ、国立バルジェロ美術館（フィレンツェ）。

『サンタ-マリア-ノベラ聖堂』。一四五六〜七〇年、（フィレンツェ）。

『サンタ-マリア-デル-フィオーレ大聖堂』。一四二〇〜三四年、（フィレンツェ）。

古代ローマ時代の名称。イタリアと属州ガリアキサルピナの国境で、紀元前四九年、カエサルが元老院令を無視して「骰子は投げられた」とこれを渡り、ポンペイウス討伐の軍を進めたことで知られる。

**ルビジウム**【rubidium】アルカリ金属の一つ。元素記号Rb 原子番号三七。原子量八五・五。銀白色のやわらかい金属。性質はカリウムに似る。微弱な放射能をもつ。

**ルビジウム-ストロンチウム-ほう**【ルビジウム-ストロンチウム法】岩石や鉱物の年代決定の一方法。ルビジウム八七が半減期約四七〇億年でストロンチウム八七に崩壊することを用いた方法。半減期が長いので、一〇〇〇万年より若い年代は求められない。rubidium-strontium method

**ルビッチ**【Ernst Lubitsch】（一八九二〜一九四七）アメリカの映画監督。ドイツ生まれ。作品『ラブ-パレード』『ニノチカ』など。

**ルピナス**【Lupinus】マメ科ルピナス属の園芸植物の総称、またはその一種。長柄の掌状複葉を根生し、紫または黄の小花を総状につける。キバナルピナス、ラッセルルピナスなど。ハウチワマメ。

**ルビンシテイン**【Anton Grigorievich Rubinshtein】（一八二九〜九四）ロシアのピアニスト・作曲家。ロシア音楽の近代化に貢献。

**ルビンシテイン**【Nikolai Grigorievich Rubinshtein】（一八三五〜八一）ロシアのピアノ奏者・教育者。一八六六年モスクワ音楽院を設立。

**ルビンスタイン**【Artur Rubinstein】（一八八七〜一九八二）ポーランド生まれのピアニスト。一九四六年アメリカに帰化。けんらんたる技巧、明快で色彩的な演奏が特徴。

**る-ふ**【流布】（名・サ変自他）世に広まること。spread

**ルブアルハーリー-さばく**【ルブアルハーリー砂漠】（Rub'al Khālī）アラビア半島南部の大砂漠。不毛地であるが、東部は石油の産地。

**ルフェーブル**【Henri Lefèbvre】（一九〇五〜）フランスの哲学者。パリ大学教授。硬直した現代マルクス主義の危機を指摘。著書『弁証法的唯物論』など。

**ル-フォール**【Gertrud von Le Fort】（一八七六〜一九七一）ドイツの女流小説家。魂と神の触れあいを描く。作品『ベロニカの聖帛』など。

**ルフトハンザ-ドイツこうくう**【ルフトハンザドイツ航空】（Deutsche Lufthansa Aktiengesellschaft ドイ）西ドイツの航空会社。一九二六年設立。DLH。

**るふ-ぼん**【流布本】流布している本。通行本。popular edition 比較 異本・定本。

**ル-ブラン**【Charles Le Brun】（一六一九〜九〇）フランスの画家。ルイ一四世治下の宮廷画家として活躍。ベルサイユ宮殿鏡の間の装飾など。

**ルブラン**【Maurice Leblanc】（一八六四〜一九四一）フランスの推理小説家。アルセーヌ=リュパン（邦訳ルパン）を主人公とするシリーズで有名。作品『813』『水晶の栓』など。

**ルブリン**【Lublin】ポーランド中東部、ワルシャワ南東の商工業都市。農産物の集散と工業がさかん。人口三二・四万（一九八五）。

**ルブンバシ**【Lubumbashi】アフリカ中部、ザイール南東部の商工業都市。シャバ州の州都。今世紀に建設された高原都市で、銅採掘の中心。人口五四・三万（一九七六）。

**ルベーグ**【Henri Lebesgue】（一八七五〜一九四一）フランスの数学者。ルベーグ積分を創始。この概念が、集合論・実関数論・フーリエ級数論・ポテンシャル論・位相幾何学などに著しい影響を与えた。

**ルベーグ-せきぶん**【ルベーグ積分】リーマン積分の概念を拡張したもの。リーマン積分が可能な関数の範囲よりも、さらに広い範囲の関数にまで積分が定義できるようにした。Lebesgue integral

**るべしべ**【留辺▼蘂】〈町〉北海道北東部、北見盆地西方の町。農林業と観光の町で、温根湯温泉がある。人口一万二二二八（一九八八）。

**ルベルディ**【Pierre Reverdy】（一八八九〜一九六〇）フランスの詩人。現代詩の先駆者の一人。詩集『散文詩集』『手仕事』など。

**ルポ**「ルポルタージュ」の略。

**る-ほう**【▼屢報】（名・サ変他）繰り返し報道すること。

**ルポ-ライター**《和製語。reportage フランス と writer を合成したもの》おもに社会的な事件・問題について、自分で現地取材して記事・出版物にまとめる人。

**ルポルタージュ**【reportage フランス】①現地報告記事。記録番組。ルポ。②事実をありのままに書く文学形式。第一次大戦後の文学の一ジャンル。記録文学。報道文学。

**ル-ボン**【Gustave Le Bon】（一八四一〜一九三一）フランスの社会心理学者。群集現象の非合理性を強調、群集心理を中心とした研究で有名。著書『群集心理』など。

**る-また**【ル又】《「ル」と「又」とを合わせたような形であることからいう》漢字を組み立てている部分の名。「殳」。「役・投・段」などの右にある「殳」。ほこつくり。

**ル-マン**【Le Mans】フランス北西部、サルト川沿いの商工業都市。サルト県の県都。自動車の二四時間耐久レースが有名。人口一五万（一九八二）。

**ルミナール**【Luminal】鎮静・催眠薬フェノバルビタールの商標名。

**ルミネッセンス**【luminescence】刺激を受けた物質が、吸収したエネルギーを可視光付

近の電磁波として放出・発光する現象。発熱をともなわない。冷光。

**ルミノール**[luminol] 化学式 $C_8H_7N_3O_2$ 広い場所や暗がりで血痕(けっこん)を検出するのに使う白色の有機物質。

**ルミノール-しけん**【ルミノール試験】ルミノールによる血痕(けっこん)鑑識検査。ヘモグロビンの赤色色素ヘムに存在する鉄イオンがルミノールと反応、青白く発光する。luminol test

**る-みん**【流民】→りゅうみん(流民)

**ルムンバ**[Patrice Lumumba](一九二五〜六一) コンゴ(現在のザイール)の政治家。コンゴ独立運動の指導者でアフリカ民族の英雄といわれる。一九六〇年独立とともに初代首相に就任。六一年内戦で反対派に殺害された。

**ルメートル**[Jules Lemaitre](一八五三〜一九一四) フランスの批評家。印象批評の代表者の一人。評論集『現代作家論』『演劇の印象』など。

**ルメット**[Sidney Lumet](一九二四〜) アメリカの映画監督。作品『十二人の怒れる男』『オリエント急行殺人事件』など。

**るもい**【留▾萌】〈市〉北海道北西部、日本海に臨む市。かつてニシンの大漁で栄えた漁港。留萌港は重要港湾で、木材などの積み出し港。底引き網漁業と水産加工業もさかん。人口三万四一〇二(一九八八)。

**ル-モンド**[Le Monde フランス] フランスの代表的高級夕刊紙。政治的には中立。写真を使わず、評論・解説を重視。一九四四年創刊。

**るり**【▾瑠▾璃・▾琉▾璃】①《vaidūrya 梵の音写「べいるり(吠瑠璃)」の略》七宝の一つ。濃い青色の宝石。lapis lazuli ②紫青色。るり色。blue ③ガラスの古名。④ツグミ科の鳥、オオルリ・コルリの俗称。

**瑠璃も玻璃も照らせば光る**(るりもはりもてらせばひかる) 物は違っても、瑠璃や玻璃は光を当てると輝くからすぐわかるように、すぐれた人はどこにいてもわかる。

**ルリア**[Salvador Edward Luria](一九一二〜) アメリカの微生物学者。イタリア生まれ。ウイルスの増殖機構および遺伝学的構造を研究した。一九六九年ノーベル生理学医学賞受賞。

**るり-がい**【▾瑠▾璃貝】(ーがひ) アサガオガイ科に属する浮遊性の巻き貝。殻高約四cm。殻は薄く球状で淡紫色。軟体の足に浮嚢(ふのう)を分泌する。暖・熱帯海域に分布。

**るり-かけす**【▾瑠▾璃懸巣】カラス科の鳥。頭部・翼・尾羽がるり色で

●ルリカケス

美しい。全長約三五cm。留鳥で、天然記念物。奄美(あまみ)大島・徳之島(とくのしま)に生息。→図

**るりこう-にょらい**【▾瑠▾璃光如来】《「薬師瑠璃光如来」の略》→やくしにょらい(薬師如来)

**るり-しじみ**【▾瑠▾璃▽小▽灰▾蝶】山野・市街地などでふつうに見られるシジミチョウ。開張二・五〜三・五cm。食草はフジ・ハギ。日本全土に分布。→写

●ルリシジミ　雄。

**ルリスターン**[Luristan] イラン西部、ザグロス山脈北部の州。州都ホラマーバード。前一五〜前五世紀ごろの青銅器の出土による、古代ルリスターン美術で知られる。人口一一二・六万(一九八三)。

**るり-そう**【▾瑠▾璃草】①ホタルカズラの別名。②ムラサキ科の多年草。高さ約三〇cmで山地にはえ、四〜六月ころ花冠が五裂したるり色の小花をまばらにつける。

**るり-たては**【▾瑠▾璃立羽▾蝶】雄の翅(はね)の表が青藍(せいらん)色の、日本各地に見られるタテハチョウ科のチョウ。開張約六cm。クヌギなどの樹液に集まる。成虫で越冬。→写

●ルリタテハ

**るり-たまあざみ**【▾瑠▾璃玉▾薊】キク科の多年草。高さ約一m。葉はアザミに似る。夏、淡青色球形の頭花が咲く。花壇・切り花用に栽培。南ヨーロッパ原産。エキノプシス。→写

**るり-とらのお**【▾瑠▾璃▾虎尾】(ーとらのを) ゴマノハグサ科の多年草。高さ約一m。葉は卵形で対

●ルリタマアザミ

生。夏、濃青紫色の小花を尾状に密生する。切り花用として栽培される。

**るり-はこべ**【▾瑠▽璃▾繁▾縷】サクラソウ科の一年草。海岸付近にはえる。高さ約三〇cm。茎は細くて、よく分枝する。春に、るり色で花冠の五裂した花が咲く。→図

●ルリハコベ

**るり-びたき**【▾瑠▾璃▾鶲】背面が青色、わきが黄橙(おうとう)色、腹面が黄白色のヒタキ科の小鳥。全長約一五cm。ユーラシア北部で繁殖し、冬は南方に渡る。日本では北海道と本州の高地で繁殖し、四国・九州などで越冬。

**るり-ひなぎく**【▾瑠▾璃▾雛菊】ブルーデージーの和名。

**るり-まだら**【▾瑠▾璃▾斑▾蝶】小形のマダラチョウ。開張約七cm。幼虫の食草はクワ科植物。東南アジアに分布。沖縄で迷チョウが数例発見されている。

**るり-まつり**【▾瑠▾璃▾茉▾莉】イソマツ科の常緑低木。葉は長楕円(だえん)形。春秋に、がくは筒状、花冠は五片の白花を次々に開く。南アフリカ原産。

**るり-やなぎ**【▾瑠▾璃柳】ナス科の常緑低木。葉は有柄で披針形。夏秋、長い花枝を出し、多数の淡紫花を下垂して順次に開く。観賞用に栽培。南米原産。

**る-る**【▾縷▾縷】(形動トタル) ①長く続くさま。めんめん。continuously ②こまごまと述べるさま。in detail

**ルルー**[Gaston Leroux](一八六八〜一九二七) フランスの推理小説家。青年探偵ルルタビーユを主人公とする古典的名作を残した。作品『黄色い部屋の秘密』など。

**ルルーシュ**[Claude Lelouche](一九三七〜) フランスの映画監督。作品『男と女』『パリのめぐり逢(あ)い』『白い恋人たち』など。

**ルルド-の-いずみ**【ルルドの泉】カトリックの聖地の一つ。フランス、中部ピレネー山麓(さんろく)の町ルルド付近の洞窟(どうくつ)内にある霊泉。難病治癒(ゆ)の奇跡で有名。spring of Lourdes

**ルルフォ**[Juan Rulfo](一九一八〜八六) メキシコの小説家。革命後の退廃を幻想をまじえつつ鋭くえぐる。長編『ペドロ=パラモ』など。

**ルレット**[roulette] 洋裁用具。とがった歯車に柄を取りつけたもの。木綿や麻・化繊などに印つけをしたりするときに使う。ルーレット。

**る-ろう**【流浪】(名・サ変自) さまようこと。さすらい。wander 用例 ―の旅。

**流浪の民**(るろうのたみ) 日①一定の住所をもたないで生活する風習の人々。ジプシー。Gypsy; nomadic people ②生活の根拠をもたないで、不安定にさまよい歩く人々。wanderer ③失職している人々。日《原題 Zigeunerleben ドイツ》シューマン作曲の四重唱曲。ガイベルの詩による『三つの詩』の第三曲。一八四〇年作。ジプシーの生活を描く内容。おもに合唱曲として歌われる。

**ルワンダ**[Rwanda](Republic of Rwanda) アフリカ中央部の内陸にある共和国。首都キガリ。一九六二年ベルギーから独立。国土は山地・高原で占められ、湖が多い。コーヒー・茶などを生産。面積二・六万$km^2$。人口六二七万(一九八六)。正称ルワンダ共和国。

**ルンゲ**[Lunge ドイツ] ①肺。lung ②肺結核。pulmonary tuberculosis

**ルンゲ**[Philipp Otto Runge](一七七七〜一八一〇) ドイツ-ロマン派の画家。象徴性の強い画風を確立。作品『朝』など。

**ルンド**[Lund] スウェーデン南東部の大学都市。南部地方の文化・教育の中心。一〇二〇年ごろ建設。人口八・二万(一九八五)。

**ルンバ**[rumba] ラテンアメリカ系のダンス。また、そのリズム。キューバの原住民の民俗舞踊から起こる。四分の二拍子。一九三〇年代から欧米に普及した。

**ルンビニー-えん**【ルンビニー園】釈迦(しゃか)生誕の地と伝える園。現在のネパール領南部のルンミンデーイーにあり、アショーカ王石柱で知られる。四大仏跡の一つ。

**ルンペン**《Lump ドイツ(=ぼろを着ている人)の複数形 Lumpen(=ぼろくず)から》①家がなくてうろついている者。浮浪者。tramp ②失業者。unemployed person

**ルンペン-プロレタリアート**[Lumpenproletariat ドイツ] 資本主義経済のもとで労働者階級にも属さない浮浪的な極貧層。多くが労働意欲を失って社会的に寄生し、反動政治にも利用される。



# れ
# レ

**れ**【れ・レ】五十音図ら行第四の仮名。平仮名「れ」は「礼」の草体。片仮名「レ」は「礼」の右。

**レア**[rare]《生焼きの、の意》ビーフステーキの焼きかげんの一つ。周囲だけさっと焼きつけ、内部はほとんど生の赤い状態。

**レア**[rhea] 砂漠や草原にすむレア科の鳥。ダチョウよりやや小さく、体高約一・二m。灰褐色か灰白色。飛ぶことができず、よく走る。羽毛は装飾用。ブラジル・アルゼンチンに分布。アメリカダチョウ。→図

●レア

**レア**[Rhea ギリシア] ギリシア神話のティタン神族の一人。クロノスの妻。生まれる子どもをつぎつぎとクロノスがのみこんだので、末子ゼウスが生まれたときにはクロノスに石をのませ、ゼウスを隠して育てた。

**レア-メタル**[rare metal] →ききんぞく(希金属)

**レアリスム**[réalisme フランス] →リアリズム

**レイ**【令】5画 部首[人・𠆢]ひとがしら 教育小4 JIS 4665

音 レイ・リョウ

①いいつけ。おきて。のり。「訓令・指令・辞令・法令・命令」「令状」用例(名)―を下す。《接尾的》戒厳―。統制―。②上につけて、敬意を示すのに用いる。「令嬢・令息」③よい。「令聞(れいぶん)・令名(れいめい)」④おさ。長官。「県令」⑤しむ。せしむ。させる。→リョウ[令]

**レイ**【礼】5画 部首[ネ]しめすへん 教育小3 JIS 4673

【▾禮】18画 部首[示]しめすへん 旧字 JIS 6725

音 レイ・ライ

礼 礼 ネ ネ 礼 礼

①儀式。作法。「婚礼・祭礼」「礼儀・礼式・礼装・礼服」用例《接尾的》即位―。立太子―。②人のまもるべき、社会生活上のきまり 用例(名) 仁義―知信。③人に対する敬意のもち方。「失礼・非礼・無礼」用例(名)―をつくす。④お辞儀。お辞儀をする。「敬礼・答礼・拝礼・目礼・立礼」用例(名)―をする。⑤敬意・謝意を表すための行為や贈り物。「謝礼・返礼」「礼金・礼状」用例(名)―を出す。―をする。↓ライ

〔礼〕

**礼を失する**(れいをしっする) きちんとした礼儀を守らない。失礼な態度をとる。礼儀に反する。go against etiquette 用例 礼を失した態度だ。

**レイ** 7画 【▼伶】 部首[人・イ] 人名用 JIS 4666

音 レイ・リョウ

わざおぎ。音楽をかなでる人。楽人。俳優。「伶人」

**レイ** 7画 【冷】 部首[冫] 教育小4 JIS 4668

音 **レイ**・リョウ

訓 **つめたい・ひえる・ひや・ひやす・ひやかす・さめる・さます**

冷 冷 冷 冷 冷 冷

①ひえる。ひやす。さめる。さます。対義 熱。②つめたい。さむい。対義 温・暖。「寒冷・秋冷」「冷気・冷水」③ひややか。同情しない。「冷遇・冷厳・冷酷・冷笑・冷静・冷評」

**レイ** 7画 【励】 部首[力] 常用 JIS 4669 ―16画【▼勵】 旧字 JIS 5015

音 **レイ**

訓 **はげむ・はげます**

はげむ。つとめる。はげます。すすめる。比較 奨。「激励・奨励・督励・奮励・勉励」「励行」

**レイ** 7画 【戻】 部首[戸] 常用 JIS 4465 ―8画【▼戾】 旧字

音 **レイ**

訓 **もどす・もどる**

①そむく。もとる。「暴戻」②かえす。もどす。「返戻」「戻入」

**レイ** 8画 【例】 部首[人・イ] 教育小4 JIS 4667

音 **レイ**

訓 **たと**える

例 例 例 例 例 例

①たぐい。同じようなこと。その見本。たとえ。「実例」「例外・例文」用例(名)―がない。―を引く。(助数)三―をあげる。《接尾的》除外―。少数―。②ためし。ならわし。きまったやり方。「慣例・恒例・前例・通例」③きまり。おきて。「条例」④いつもの。ふだんの。用例(名)―のとおり。

**例ならず**(れいならず) ①ふつうと違っている。珍しい。unusual ②からだがふつうの状態でない。病気や妊娠などについていう。

**例に漏れず**(れいにもれず) 例外とはならずに。同種の他のものと異なることなく。like the rest; as usual

**例によって**(れいによって) いつものように。as usual

**例に依って例の如し**(れいによってれいのごとし) いつもの通りで、別に変わったところもない。the same as usual

**レイ** 8画 【▼囹】 部首[囗] JIS 5190

音 レイ

ひとや。ろうや。おり。人をとじこめておくところ。「囹圄」

**レイ** 8画 【▼苓】 部首[艹] JIS 4674

音 レイ・リョウ

①ミミナグサ。ナデシコ科の多年草。②「茯苓」は、サルノコシカケ科のブクリョウタケが、マツの根に寄生して形成する、菌糸のかたまり。漢方薬として用いる。まつほど。

**レイ** 8画 【▼怜】 部首[忄] 人名用 JIS 4671

音 レイ・レン

さとい。かしこい。利発。「怜悧」

**レイ** 8画 【▼泠】 部首[氵]

音 レイ・リョウ

①きよい。きよらか。すずやか。②わざおぎ。音楽をかなでる人。

**レイ** 9画 【▼茘】 部首[艹] JIS 7213

音 リ・レイ

①ラッキョウ。ユリ科の多年草。おおにら。②「茘枝」は、㋐ムクロジ科の常緑高木。㋑ツルレイシ。ウリ科のつる性一年草。にがうり。

**レイ** 9画 【▼玲】 部首[王] 人名用 JIS 4672

音 レイ

玉のなる、すずしい音。「玲瓏」

**レイ** 11画 【▼唳】 部首[口] ―10画【▼唳】 異体字 JIS 5126

音 レイ

なく。鶴や雁がなく。また、そのなき声。

**レイ** 11画 【▼捩】 部首[扌] ―10画【▼捩】 異体字 JIS 5764

音 レツ・レイ

ばち。琵琶の弦をかきならす撥。↓レツ〔捩〕

**レイ** 11画 【▼笭】 部首[竹]

音 レイ・リョウ

①かたみ。小さいかご。②すのこ。ゆか。船底にしくもの。

**レイ** 11画 【▼羚】 部首[羊] JIS 7025

音 レイ・リョウ

カモシカににた動物。

**レイ** 11画 【▼翎】 部首[羽]

音 レイ・リョウ

はね。鳥のはね。羽毛。

**レイ** 11画 【▼聆】 部首[耳] JIS 7057

音 レイ・リョウ

①きく。ききとる。②さとる。はっきりとする。

**レイ** 11画 【▼蛉】 部首[虫] JIS 7357

音 レイ

「蜻蛉」は、トンボ。トンボ目に属する昆虫。あきつ。

**レイ** 12画 【▼棙】 部首[木]

音 レイ

①ばち。琵琶の弦をかきならす撥。②ねじる。ねじ。ぜんまい。

**レイ** 13画 【鈴】 部首[金] 常用 JIS 4675

音 **レイ・リン**・リョウ

訓 **すず**

すず。ベル。「金鈴・銀鈴・振鈴・電鈴」↓リン〔鈴〕

**レイ** 13画 【零】 部首[雨] 常用 JIS 4677

音 **レイ**

①ゼロ。空または無を意味し、記号0で表される。位取りの原理による記数法で、空位を表すのに用いられる。「零点・零度・零敗」用例(名)―が重なるばかり。②わずか。あまり。「零細・零本」③おちぶれる。しぼむ。「零落」

**レイ** 14画 【▼厲】 部首[厂]

音 レイ・ライ

①といし。と。あらと。②とぐ。みがく。こすってするどくする。③はげしい。たけだけしい。④おごそか。きびしい。⑤やむ。やまい。また、病人。

**レイ** 14画 【▼綟】 部首[糸] ―13画【▼綟】 異体字 JIS 6938

音 レイ

もじ。もじり。麻糸をよじって織った、目のあらい布。

**レイ** 15画 【霊】 部首[雨] 常用 JIS 4678 ―24画【▼靈】 旧字 JIS 8045 ―7画【▼灵】 部首[火] 異体字

音 **レイ・リョウ**

訓 **たま**

①たましい。みたま。たま。対義 肉。「英霊・心霊・亡霊・幽霊」「霊界・霊魂・霊前」用例(名)―の世界。先祖の―をまつる。②きよい。おごそかな。宗教的な。「霊域・霊場」③すぐれた。不思議な力のある。「霊感・霊妙・霊薬」↓リョウ〔霊〕

**レイ** 15画 【▼黎】 部首[黍] JIS 8353

音 レイ・リ

①くろい。くろ。黒色。②もろもろ。たみ。多くの人々。「黎民」③ころ。ころおい。「黎明」

**レイ** 16画 【▼澪】 部首[氵] JIS 6326

音 レイ

①みお。みよ。川・海で、船の通行に適する水路。②「澪標」は、みおつくし。船に水路をしらせるためにたてた杭。

**レイ** 16画 【隷】 部首[隶] 常用 JIS 4676 ―17画【▼隸】 旧字 JIS 8017

音 **レイ**

①しもべ。めしつかい。したがう。「奴隷」「隷属」②漢字の書体の一種。「隷書」用例(名)―で書く。

**レイ** 16画 【▼鴒】 部首[鳥] JIS 8289

音 レイ

「鶺鴒」は、スズメ目に属する鳥。

**レイ** 17画 【▼嶺】 部首[山] 人名用 JIS 4670

音 レイ・リョウ

みね。山のてっぺん。「山嶺・峻嶺・分水嶺」

**レイ** 17画 【▼癘】 部首[疒] JIS 6586

音 レイ・ライ

えやみ。はやりやまい。流行病。「癘気」

**レイ** 17画 【齢】 部首[歯] 常用 JIS 4680 ―20画【▼齡】 部首[齒] 旧字 JIS 8384

音 **レイ**

よわい。とし。比較 年。「高齢・樹齢・年齢・妙齢・幼齢・老齢」

**レイ** 18画 【▼藜】 部首[艹] JIS 7328

音 レイ

アカザ。アカザ科の一年草。

**レイ** 19画 【▼邌】 部首[辶]

音 レイ・ライ・チ

①おもむろ。おそい。②ねる。徐行する。行列などをととのえて、ゆっくりすすむ。

**レイ** 19画 【▼礪】 部首[石] JIS 6674 ―10画【▼砺】 異体字 JIS 3755

音 レイ

①といし。と。あらと。②とぐ。みがく。こすって、するどくする。「礪行」

**レイ** 19画 【麗】 部首[鹿] 常用 JIS 4679

音 **レイ**・リ

訓 **うるわ**しい

うるわしい。うつくしい。「華麗・秀麗・端麗・美麗」「麗人」

**レイ** 20画 【▼糲】 部首[米] JIS 6890

音 レイ・ライ

①くろごめ。精白していない米。玄米。②あらい。粗末な。

**レイ** 20画 【▼蠣】 部首[虫] JIS 7358 ―11画【▼蛎】 異体字 JIS 1934

音 レイ

カキ。イタボガキ科の軟体動物。

**レイ** 20画 【▼醴】 部首[酉] JIS 7852

音 レイ・ライ

あまざけ。ひとよざけ。一晩かもした甘い酒。

**レイ** 21画 【▼儷】 部首[人・イ] JIS 4922

音 レイ

①つれあい。夫婦。配偶。②たぐい。ともがら。なかま。③ならぶ。二つならぶ。二つそろう。

**レイ** 21画 【▼櫺】 部首[木] JIS 6118

音 レイ・リョウ

連子。窓などにとりつけた格子。連子窓。

**レイ** 21画 【▼蠡】 部首[虫] JIS 7434

音 レイ・ラ

①むしばむ。虫がくう。②キクイムシ。コウチュウ目に属する昆虫。③わける。④ひょうたん。ひさご。⑤ホラガイ。フジツガイ科の軟体動物。

**レイ** 24画 【▼醽】 部首[酉]

音 レイ

①こしざけ。こして、かすをとった酒。②酒をこす。

**レイ** 24画 【▼鱧】 部首[魚] JIS 8271

音 レイ

ハモ。ハモ科の海水魚。

**レイ** [lei ハワイ] ハワイで、訪問客を歓迎して首に

かける、ハイビスカスなどで作られた花輪。もとはカナカ族の風習。

**レイ**【Francis Lai】(一九三二)フランスの映画音楽作曲家・ソング-ライター。『ある愛の詩』でアカデミー作曲賞受賞。

**レイ**【Man Ray】↓マン＝レイ

**レイアウト**【layout】(名・サ変他)①新聞・雑誌などの紙面の割り付け。②展示・配列の仕方。

**れいあん-しつ**【霊安室】病院などで死体をしばらく安置する部屋。

**れい-あんぽう**【冷▼罨法】つめたい水・薬液で湿布する罨法。対義温罨法。

**れい-い**【霊位】いはい。memorial tablet

**れい-い**【霊威】不思議な威力。mysterious power 用例神の—。

**れい-い**【霊異】不思議なこと。りょうい。

**れい-いき**【霊域】社寺などの神聖な地域。霊地。

**れいいき**【霊異記】↓にほんりょういき(日本霊異記)

**れい-いんし**【零因子】代数系において、$a≠0$, $b≠0$であるが$ab=0$となるとき、$a$, $b$を零因子という。zero divisor

**れい-う**【冷雨】つめたい雨。cold rain

**れい-えん**【霊園】公園風に造られた広い共同墓地。cemetery 用例多磨—。

**れい-おうぎ**【礼扇】年始に配る扇。

**レイ-オフ**【lay off】操業短縮や、製造中の機種のモデルチェンジなど、企業側の都合で、再雇用を条件に労働者を一時的に解雇すること。日本では、解雇せず一定期間自宅待機にする一時帰休制の意味でも使う。

**れい-おん**【冷温】①低い温度。low temperature 用例—貯蔵。②冷たいことと温かいこと。cold and warm

**れい-か**【冷夏】平年にくらべて気温の低い夏。cool summer

**れい-か**【冷菓】冷たい菓子。とくに、シャーベット・アイスクリーム・ババロア・ゼリーなど洋風の菓子をさすことが多い。ices

**れい-か**【零下】セ氏温度計の水銀柱が示す零度以下。氷点下。below zero

**れい-か**【隷下】従属する者。配下。てした。

**れい-かい**【例会】日を決めてする定期の集会。定例会。regular meeting

**れい-かい**【例解】(名・サ変他)例をあげて解釈すること。illustrate

**れい-かい**【霊界】①精神の世界。spiritual world 対義肉界。②霊の住む世界。あの世。the otherworld

**れい-がい**【冷害】夏の異常低温や日射量の不足で農作物の収穫が大きく減少する被害。とくに、東北地方の稲作への影響が大きい。cool summer damage

**れい-がい**【例外】原則からはずれていること・もの。exception 対義原則。

**例外の無い規則は無い**(れいがいのないきそくはない)どんな規則にも例外がある。世の中には、どんな規則も適用しきれない事例がある。There is no rule without exceptions.

**れい-がく**【礼楽】礼儀と音楽。儒教で知識人必修の教養とされた科目。六芸に属する。

**れい-がく**【▼厲▼鶚】(一六九二〜一七五二)中国、清代の詩人。号は樊榭。銭塘の人。詩風は淡白だが技巧的。詞は「浙西派」の大家。詩文集『樊榭山房集』。『絶妙好詞箋』『宋詩紀事』の編者。

**れい-かん**【冷汗】ひやあせ。cold sweat 冷汗三斗(れいかんさんと)恐縮し、また、恐れる形容。用例—の思い。

**れい-かん**【冷寒】(名・形動)つめたく寒いこと・さま。寒冷。chill 用例—地帯。

**れい-かん**【霊感】①神仏の不思議な感応。②ぴんとくる不思議な感じ。インスピレーション。inspiration

**れい-がん**【冷眼】冷たいまなざし。さげすんだような、よそよそしい目つき。用例—視する。

**れいかん-かこう**【冷間加工】金属に再結晶温度以下で圧延・絞り・引き抜きなどの塑性加工を施すこと。高い寸法精度を要する加工に適するが、加工硬化を生じる。常温加工。cold working 対義熱間加工。

**れいがん-じま**【霊岸島】東京都中央区の隅田川河口右岸の旧地名。江戸初期、隅田川河口にあった島で中島とよばれていたが、寛永元年(一六二四)に霊岸寺(＝霊巌寺)が建立されて以来の名称。

**れい-き**【冷気】ひややかな空気。chill 用例朝の—。

**れい-き**【励起】(名・サ変自)原子や分子が、エネルギーの低い定常状態から高い状態に移ること。excitation

**れい-き**【例規】習わしに基づく規則。慣例。established rule

**れい-き**【霊気】不思議な神秘的な気分。神聖な気配。mysterious atmosphere 用例深山の—。

**れいき**【霊▼亀】奈良時代の年号。和銅から改元。元年(七一五)九月二日〜三年(七一七)一一月一七日。次に、養老に改元。

**れい-き**【▼癘気】熱病などを起こさせる風土・気候。

**れい-ぎ**【礼儀】社会の秩序を保つための、人間相互間の行動・作法。そうした敬意の表し方。courtesy; manners 用例—作法。—を欠く。—知らず。

**れい-きゃく**【冷却】(名・サ変自他)ひえること。ひやすこと。cool

**れいきゃく-き**【冷却器】物体を冷却する機器の総称。蒸気を冷却・凝縮させて液体や固体にするものを言う。蒸留のさい用いられる、リービヒ冷却器が代表的。condenser

**れいきゃく-きかん**【冷却期間】①感情をしずめて事態を落ちつかせるための期間。cooling time ②労働争議が調停にかけられた場合、調停による解決をまつために争議行為をさしひかえる一定の期間。cooling-off period

**れいきゃく-ざい**【冷却材】核分裂反応で原子炉内に発生した熱を取り出し、熱交換器に運ぶ材料。水・ヘリウム・液体金属ナトリウムなど。coolant

**れいきゃくようすい-ろ**【冷却用水路】火力発電所や原子力発電所の、復水器の冷却用水を取りこむための水路。また、その設備。cooling water channel

**レイキャビーク**【Reykjavik】アイスランドの首都。同国南西部レイキャネース半島北岸、ファクサ湾に臨む近代的港湾都市。政治・経済・文化の中心で教育施設も多い。人口九万(一九八五)。貿易・漁業・缶詰製造業がさかん。

**れい-きゅう**【霊▼柩】死体を入れたひつぎ。coffin

**れいきゅう-しゃ**【霊▼柩車】死者の亡骸を入れたひつぎを乗せてひく車、または自動車。hearse

**れい-ぎょ**【▼囹▼圄】↓れいご(囹圄)

**れい-ぎょうれつ**【零行列】すべての成分が0の行列。ふつう大文字Oで表す。zero matrix

**れい-きん**【礼金】謝礼として出すお金。reward

**れい-きん**【霊菌】でんぷん上で赤い色素を産生する雑細菌の一種。水・土壌中などに広く分布。小形の菌なので、細菌濾過器の性能検査に用いられる。

**れい-く**【麗句】飾ったことば・文句。beautiful phrase 用例美辞—。

**れい-ぐう**【礼遇】(名・サ変他)礼を厚くして待遇すること。polite reception 比較厚遇。

**れい-ぐう**【冷遇】(名・サ変他)冷たくあしらうこと。冷淡な待遇。cold shoulder 対義優遇・厚遇。

**れい-けい**【令兄】他人の兄をいう敬語。

**れい-けい**【令▼閨】他人の妻をいう敬語。令夫人。令室。

**れい-けつ**【冷血】㊀(名)冷たい血。体温が低いこと。cold-bloodedness ㊁(形動)人情の欠けているさま。冷酷。cold-blooded 用例—漢。

**れい-げつ**【例月】①毎月。every month ②いつもの月。

**れいけつ-どうぶつ**【冷血動物】①体温が外界の温度によって変化する動物。無脊椎動物・魚類・爬虫類など。変温動物。cold-blooded animal ②冷酷で無情な人。heartless fellow

**れい-けん**【霊剣】不思議な働きをする剣。holy sword

**れい-げん**【冷厳】(名・形動)①沈着でおごそかなこと・さま。stern 用例—な態度。②重大できびしいこと・さま。grim 用例—な事実。

**れい-げん**【例言】(名・サ変自)①その書物の編集上の方針、使い方などを述べたことば。凡例。explanatory notes ②例としていうこと。

**れい-げん**【霊験】祈願などに対して神仏があらわす不思議なしるし。神秘的な利益。れいけん。miracle 用例—あらたか。

**れいげん-てんのう**【霊元天皇】(一六五四〜一七三二)第一一二代天皇(在位一六六三〜八七)。名は識仁。後水尾天皇の第一九皇子。

**れい-ご**【▼囹▼圄】ろうや。獄。れいぎょ。

**れい-ご**【例語】例としてあげる語。a word for example 比較語例。用例—の人となる。

**れい-こう**【冷光】↓ルミネッセンス

**れい-こう**【励行・▼厲行】(名・サ変他)①努力して行うこと。make an effort ②厳格に実行すること。carry out strictly 用例時間—。

**れい-こう**【▼礪行】(名・サ変他)《「礪」は、磨く、の意》修行に努めること。

**れい-こく**【冷酷】(名・形動)思いやりのないこと・さま。heartless 対義慈悲。

**れい-こく**【例刻】いつもの時刻。usual time

**れい-こん**【霊魂】肉体のうちにあって生命や精神を支配すると信じられている存在。たましい。精神。soul; spirit 対義肉体。

**れいこん-ふめつ**【霊魂不滅】肉体は滅びても、魂は滅びないとする考え。immortality of the soul

**れい-さい**【例祭】毎年決まって行う祭り。対義臨時祭。

**れい-さい**【零細】(名・形動)非常に細かいこと・さま。わずかなこと・さま。微細。small

**れいさい-きぎょう**【零細企業】事業主とその家族をおもな従業者として営まれる企業。中小企業の最下層に位置する、規模のもっとも小さな企業群。small business

**れいさい-けいえい**【零細経営】きわめて規模の小さい企業の経営。通産省の定義では、従業員五人以下の事業所についていう。small business

**れいさい-のう**【零細農】耕地が少なく、賃労働もして生計を立てるような貧しい農家。subsistence farming

**れい-さつ**【霊▼刹】尊い仏を祭る寺。

**れい-ざん**【霊山】①神仏を祭った神聖な山。②信仰の対象となっている山。

**れい-し**【令姉】他人の姉をいう敬語。

**れい-し**【令嗣】他人の跡取りをいう敬語。

**れい-し**【▼茘枝】①ムクロジ科の常緑高木。高さ約八m。葉や花はリュウガンに似るが、果皮はうろこ状突起でおおわれる。果肉は白色で美味。果樹として栽培。ライチ。litchi ②↓にがうり(苦瓜)↓写

●レイシ(茘枝)①

**れい-し**【霊▽芝】①マンネンタケの別名。②①を乾燥した民間薬。神経衰弱や消化不良に用いる。抗癌作用があるといわれる。芝草。

**れい-し**【麗姿】うるわしい姿。beautiful figure

**れい-じ**【励磁】(名・サ変他)磁化していない強磁性体に外部磁場を加えたり、電磁石に電流を通じたりして、これらを磁化すること。magnetize

**れい-じ**【例示】(名・サ変他)一例として示すこと。例をあげること。illustrate

**れい-じ**【零時】午前または午後の一二時。また、二四時。noon; midnight

**れい-じ**【霊▼轜】ひつぎぐるま。ひつぎをのせる車。喪車。轜車。霊柩車。

**レイジー-デージー-ステッチ**【lazy daisy stitch】《「レイジー」は怠惰な・不精な、などの意。簡単に花形が刺せることから》刺繡の刺し方の一つ。チェーンステッチを四つ以上、放射状に刺す。

**れいし-うん**【霊▽芝雲】キノコのレイシの形に似た雲。古来、東洋では雲紋に使われた。現在使われている十種雲形では尾流雲の一種とみられる。

**れいし-がい**【▼茘枝貝】潮間帯下部の岩礁にすむアクキガイ科の巻き貝。殻高約六cm。灰黄色の殻は紡錘形。他の貝を食害。房総半島から沖縄に分布。↓図

●レイシガイ



↓行き先項目、図版・写真参照印。 JIS 日本工業規格情報交換用漢字符号コード(区点コード)。

れ

**れい-しき【礼式】** ①礼儀の正しい仕方。礼法。etiquette ②礼の意味の贈り物。reward

**れい-しき【例式】** 決まった仕方。従来の方法。established form

**レイシズム[racism]** 人種主義。

**れいじ-せんぼう【例時▼懺法】**《仏教語》天台宗で行う朝の法華懺法の勤行と、夕方の例時作法。

**れい-しつ【令室】** 他人の妻をいう敬語。令夫人。令閨。

**れい-しつ【霊室】** 神霊・位牌などを安置した部屋。

**れい-しつ【麗質】** ①もって生まれたすぐれた素質。genius 用例 天成の—。②生まれつきの美人。beauty

**れい-じつ【例日】** いつもの、決まった日。用例 会の日取りは—どおりで。

**れい-しっぷ【冷湿布】** 冷たい水・薬液などでする湿布。冷罨法。cold compress 対義 温湿布。

**れい-しゃ【礼者】** 年賀に歩く人。

**レイシャリズム[racialism]** ↓レイシズム

**れい-しゅ【冷酒】** ①燗をしないで飲む酒。ひやざけ。②冷用酒。

**れい-じゅう【霊獣】** 尊く不思議な獣。めでたいしるしとされている獣。中国の想像上の動物、麒麟など。比較 霊鳥。

**れい-じゅう【隷従】**(名・サ変自) 他の支配を受け、言うなりに従うこと。

**れい-しょ【令書】** 命令の文書・書類。用例 徴税—。

**れい-しょ【隷書】** 漢字の書体の一つ。中国の秦の時代に、小篆を簡略化してつくられた。のち漢代に入って装飾的になり、これは八分と呼ばれた。一般に隷書といえば、八分をさす。

**れい-しょう【冷床】** 温暖な気候のときに育苗する苗床。人為的に温度・湿度・光線・通風などを調節しない。

**れい-しょう【冷笑】**(名・サ変他) さげすんで笑うこと。せせらわらい。あざわらい。sneer 比較 憫笑。用例 —を浮かべる。

**れい-しょう【例証】**(名・サ変他) 例をあげて証明すること。証拠となる前例。illustrate

**れい-じょう【令状】** ①命令を記した文書。warrant ②裁判所が捜査官に対し、一定の行為を命じ、または許可する文書。逮捕状・勾引状など。warrant

**れい-じょう【令嬢】** ①他人のむすめをいう敬語。お嬢さん。②良家のむすめ。

**れい-じょう【礼状】** お礼の手紙。thank-you letter

**れい-じょう【礼譲】** 礼を尽くし、へりくだること。

**れい-じょう【霊場】** 神仏に関係する神聖な場所。霊地。

**れい-しょく【令色】** ①こびへつらう顔つき。servile look 用例 巧言—。②威儀を正した顔つき。dignified look

**れい-じん【▼伶人】** 音楽を演奏する役目の人。とくに、雅楽を演奏する人。楽人。

**れい-じん【霊神】** 霊験あらたかな神。

**れい-じん【麗人】** 美しい婦人。美人。beauty

**れいじん-そう【▼伶人草】** キンポウゲ科の多年草。高さ約六〇cm。根出葉は掌状。夏に、雅楽を奏する伶人の冠に似た淡紫色の花が穂状に咲く。山地にはえる。根は薬用。↓写

●レイジンソウ

**れい-すい【霊水】** 飲むと、病気が治るという、尊く不思議な水。miraculous water

**れいすい【麗水】** 韓国、全羅南道南東部の港湾都市。近海漁業の基地。秀吉の朝鮮出兵に対抗した朝鮮の海軍根拠地。人口一七・二万(一九八五)。ヨース。

**れい-すい【冷水】** 冷たい水。ひや水。cold water

**れい-すいかい【冷水塊】** 海洋において低温の中層水が湧き上がってできた水塊や海域。紀伊半島沖で発生した現象に由来する術語。付近の海域では、生物相が変化する。cold water mass

**れいすい-まさつ【冷水摩擦】** 冷水にひたしてしぼった手ぬぐいで、皮膚を強くこすること。血行をよくし、皮膚の抵抗力を増すとされている健康法。a rubdown with a cold wet towel 対義 乾布摩擦。

**れいすい-よく【冷水浴】** 冷水をあびること。健康法として行う。cold bath 対義 温浴。

**れい・する【令する】**(サ変他) 言いつける。命令する。令す。order

**れい-せい【令婿】** 他人のむこをいう敬語。

**れい-せい【冷製】** 調理して、冷たくした料理。魚・貝・肉類・卵などを使う。主として西洋料理で用いる。cool dish

**れい-せい【冷静】**(名・形動) 感情に動かされず、落ちついていること・さま。calm 用例 沈着—。

**れい-せい【励声・▼厲声】** 声を張り上げること。用例 —一番。

**れい-せい【励精・▼厲精】**(名・サ変自) 精を出すこと。はげむこと。精励。

**れいぜい-け【冷▽泉家】** 歌道家。御子左家の藤原定家の孫為相が始祖。二条家・京極家とともに歌学の三大宗家。のち上冷泉・下冷泉の二家に分かれた。

**れいぜい-ためすけ【冷▽泉▽為▽相】**(一二六三〜一三二八) 鎌倉後期の歌人。藤原為家と阿仏尼の子。冷泉家の祖。家集『藤谷和歌集』は後人の編。

**れいぜい-ためむら【冷▽泉▽為村】**(一七一二〜一七七四) 江戸中期の歌人。冷泉家中興の祖。小沢蘆庵ら門人多数。家集『冷泉為村卿和歌』、歌学書『樵夫問答』など。

**れいぜい-てんのう【冷▽泉天皇】**(九五〇〜一〇一一) 第六三代天皇(在位九六七〜九六九)。名は憲平。村上天皇の第二皇子。病気がちで、即位後二年余で譲位。

**れい-せつ【礼節】** 礼儀と節度。etiquette

**れい-せつ【例説】**(名・サ変他) 例をあげて説明すること。また、その説明。illustrate

**れい-せん【冷泉】** ①冷たい水がわく場所。spring; fountain ②二五℃以下で、鉱物質を多く含む湧泉。cold springs 対義 温泉。

**れい-せん【冷戦】** 武力を行使しない抗争状態。第二次大戦後のアメリカ・ソ連両陣営の対立・緊張状態を表現することば。ウォルター=リップマンが論文の標題に使い一般化した。冷たい戦争。cold war

**れい-せん【霊泉】** ①霊験のある不思議な泉。miraculous fountain ②病気に効き目のある温泉。hot spring with miraculous virtues

**れい-ぜん【霊前】** 神または死者の霊を祭った所の前。仏前・神前など。

**れい-ぜん【冷然】**(形動トタル) 気持ちや態度が、ひややかなさま。cold

**れいせんじ-おんせん【霊泉寺温泉】** 長野県東部、丸子町の温泉。霊泉寺の寺湯として発達した温泉で、近くに美ケ原高原がある。

**れい-そう【礼奏】** アンコールにこたえてする演奏。

**れい-そう【礼装】**(名・サ変自) 礼服を着ること。儀式に出る服装。formal dress

**れい-ぞう【冷蔵】**(名・サ変他) 飲食物を低温で貯蔵すること。refrigerate

**れいぞう-こ【冷蔵庫】** 食品などを冷凍、低温保存などする装置。貯蔵室と冷却装置からなり、冷却には氷・電気・ガスなどを使う方法がある。refrigerator 数え方 一台。

**れい-そく【令息】** 他人のむすこをいう敬語。御子息。

**れい-ぞく【隷属】**(名・サ変自) 人につき従うこと。従属。subordination; be subject to

**れい-そん【令孫】** 他人の孫をいう敬語。

**れい-たい【冷帯】** 亜寒帯にみられる気候。最寒月平均気温はマイナス三℃未満だが、最暖月平均気温は一〇℃以上で、冷帯夏雨気候と冷帯多雨気候に分かれる。boreal climate

**れい-だい【例題】** 練習のために出す問題。exercise

**れいたいか-うきこう【冷帯夏雨気候】** 冷帯気候のうち、夏に雨が多く、冬は乾燥し晴天の多い気候。シベリア東部・中国東北部にみられる。boreal rainy summer climate

**れい-たいさい【例大祭】** その神社が、毎年きまった日に行う大きなまつり。

**れいたいたう-きこう【冷帯多雨気候】** 冷帯気候のうち、年中、平均的に雨が降る気候。降雨量は温帯より少ない。夏は二〇℃を超え、作物栽培が可能。北アメリカ北部・東ヨーロッパからシベリア西部までの地域が含まれる。boreal rainy climate

**れいたい-りん【冷帯林】** ↓あかんたいりん(亜寒帯林)

**れい-たつ【令達】**(名・サ変他) ①命令を伝えること。また、その命令。②命令として出すこと。

**れい-たん【冷淡】**(名・形動) ①愛情のないこと・さま。よそよそしいこと・さま。つめたいこと・さま。cold 用例 —な人。②関心・興味のないこと・さま。indifferent 用例 —な反応。

**れいだん-じち【冷暖自知】**《仏教語》人が水を飲んではじめてその冷暖を知るように、悟りは自分で実践体得する以外にないということ。

**れいだん-ぼう【冷暖房】** 冷房と暖房。また、その設備。

**れい-ち【霊地】** 社寺のある神聖な地。霊験があらたかな地。霊場。

**れい-ち【霊知・霊▼智】** 不思議にすぐれた知恵。mystic wisdom

**れい-ちょう【霊長】** 不思議な能力をもつ、もっともすぐれたもの。lord 用例 人間は万物の—である。

**れい-ちょう【霊鳥】** 尊く不思議な鳥。めでたいしるしとされている鳥。鳳凰など。比較 霊獣。

**れい-ちょう【▼黎朝】** ベトナムの王朝。九八〇年黎桓が開いた前黎朝と後黎朝があるが、一般に後黎朝をいう。明の支配を排して一四二八年黎利が建国。都をハノイ(東京)。国号を大越とした。第四代聖宗のときに最盛となったが、一五二七年莫登庸に位を奪われた。一五三二年に阮淦が王朝を回復したが、一七八九年タイソン党の乱で滅亡。

**レイチョウ-はんとう【レイチョウ半島・▽雷▽州半島】**(Léizhōu) ↓らいしゅうはんとう(雷州半島)

**れいちょう-るい【霊長類】** 哺乳綱の一目。サル類とヒト類を含む。手足には平爪をもった五本の指があり、第一指は他の指と離れ、物をにぎることができる。二つの目は、多く前方を向き、双眼視が可能で、色覚が発達している。大脳もよく発達し、知能が高い。サル目。Primates

**れい-てい【令弟】** 他人の弟をいう敬語。

**レイテおき-かいせん【レイテ沖海戦】** 昭和一九年(一九四四)一〇月、フィリピンのレイテ島沖で行われたアメリカ艦隊と日本の連合艦隊との海戦。連合艦隊は主力を失い事実上壊滅した。

**れい-てき【霊的】**(形動) ①霊・精神に関係があるさま。spiritual 対義 肉的。用例 —世界。②神聖で清らかなさま。sacred

**れい-てつ【冷徹】**(名・形動) 考え方などが冷静で鋭く、物事の深部まで見通すこと・さま。cool-headed

**レイテ-とう【レイテ島】**(Leyte) フィリピン中東部の島。面積七二〇〇km²。第二次大戦末期の日米激戦地。サトウキビ栽培がさかん。

**れい-てん【礼典】** ①礼儀の法則。礼法。②礼法のことを書いた本。

**れい-てん【礼▼奠】** 神仏または死者の霊前に物を供えること。その供え物。

**れい-てん【冷点】** 皮膚の表面で冷たいと感じるところ。一cm²以内に六〜二三個の冷点がある。cold point 対義 温点。

**れい-てん【零点】** ①得点のないこと。zero ②まったく値打ちのないこと。zero ③温度計で、零度。氷点。freezing point

**れい-でん【霊殿】** ①神仏の祭ってある堂。②死者の霊が祭ってある建物。みたまや。霊廟。

**レイデン[Leiden]** ↓ライデン

**れいてん-ぐ【▼釐▽等具】**(「れい」「てん」は、共に唐音》釐・毫などの、微細な単位の量をはかるのに用いた秤。黒檀・象牙などで作り、金・銀などをはかった。

**れい-ど【零度】** 度数を計算する起点となる度。zero

**れい-とう【冷凍】**(名・サ変他) 物体から熱を奪って周囲の温度よりも低い温度(ふつう0℃以下)にすること。食品・輸血液などを保存・運搬のため人工的に凍らせる。refrigeration; freezing 比較 チルド。用例 —魚。

**れいとううんどう-りょうほう【冷凍運動療法】** 関節リューマチ患者などに行う療法。極低温ガスを患部に吹き付け、皮膚表面や関節の痛みを取り除いたうえで、関節を曲げるなどの運動をさせるもの。ergotherapy combined with crytherapy

**れいとう-うんぱんせん【冷凍運搬船】** 冷凍食品を運搬するため船倉に冷蔵設備をもつ専用船。refrigerate and transport ship

**れいとう-き【冷凍機】** 冷却・冷凍作用を行

う機械。圧縮式・吸収式・噴射式がある。製氷機・冷凍庫・冷蔵庫などに使用。機械装置は熱ポンプと同じ。refrigerating machine

**れいとう-こ【冷凍庫】** 冷凍食品などを保存するために低温に保つ装置。freezer

**れいとう-ざい【冷凍剤】** ↓れいばい(冷媒)

**れいとう-しゅじゅつ【冷凍手術】** 液体窒素などを使って生体組織を凍結して患部除去・組織破壊を行う手術法。各種の癌が、白内障など適用は広い。凍結手術。cryosurgery

**れいとう-じゅせいらん【冷凍受精卵】** 零下一九六℃以下の液体窒素で凍結したヒトの体外受精卵子。母体が妊娠しやすい時期に解凍して子宮にもどし着床させる。不妊症のさいに利用。一九八四年にオーストラリアで初めて成功した。凍結受精卵。

**れいとう-しょくひん【冷凍食品】** 凍結保存している食品。生鮮品をそのままか、湯通ししたり、半調理・完全調理したりしてから凍らせる。frozen food

**れいとう-せん【冷凍船】** 冷凍設備および冷蔵庫を備えた船。ほかの漁船が漁獲した水産物を鮮度を保ったまま市場へ運ぶ。refrigerator ship

**れい-にく【冷肉】** 蒸し焼きにして、ひやした肉。コールド-ミート。cold meat

**れい-にく【霊肉】** 霊魂と肉体。

**れいにく-いっち【霊肉一致】** 霊魂と肉体の不可分を説くキリスト教の人間論。精神と肉体が一体をなして人格を構成するという思想。unity of body and spirit

**れい-にゅう【戻入】**(名・サ変他) もどし入れること。

**れいねつ-はつでん【冷熱発電】** LNG(=液化天然ガス)の冷熱をエネルギーとしてとりだす発電方法。LNGで冷却された液化プロパンが、海水で温められて気化膨張するときの勢いでタービンをまわす。

**れい-ねん【例年】** いつもの年。毎年。every year; annual

**れい-の【例の】**(連体)《話し手と聞き手との間で、お互いによく知っている事柄についていう》いつもの。あの。用例 ——とおり。——人。——場所。

**レイノ【Eino Leino】**(一八七八〜一九二六) フィンランドの叙情詩人。伝承詩を素材に独自の詩風を確立した。作品『ヘルカの歌』『蜃気楼』など。

**れい-のう【隷農】** 封建社会の農民。領主に隷属し、おもに生産物で地代を払う。農奴。serf

**レイノー-げんしょう【レイノー現象】** 寒冷時、手足の末端が発作的に循環障害を起こし、冷たく蒼白になり、チアノーゼとなる現象。主原因はレイノー病・膠原病・神経疾患など。Raynaud's phenomenon

**レイノー-びょう【レイノー病】** レイノー現象を起こす病気。若い女性がなりやすい。手足の血管が過敏に収縮するためで、暖めると治る。Raynaud's disease

**レイノルズ【Joshua Reynolds】**(一七二三〜九二) イギリスの肖像画家。暖かみのある色彩で調和のとれた雅趣豊かな画風。婦人や子どもの肖像を気品高く描いた。作品『ネリー=オブライエン』など。

**レイノルズ-げんしょう【レイノルズ現象】** 流動性のあるコロイド溶液が急激な外力を加えられて固くなる現象。水で練ったでんぷんや、水を吸った砂地などにみられる。ダイラタンシーとよばれることもある。

**れい-ば【冷罵】**(名・サ変他) あざけりののしること。sneer; abuse

**れい-はい【礼拝】**(名・サ変他) 尊崇の念を表しておがむこと。諸宗教に共通な基本的要素。仏教では「らいはい」。worship

**れい-はい【零敗】** 一(名) 一試合も敗けないこと。lose no game 用例 三勝——二分け。二(名・サ変自) 得点できず敗けること。スコンク。fail to score 用例 ——を喫する。

**れい-はい【霊牌】** いはい。霊位。

**れい-ばい【冷媒】** 冷凍機などの中を循環させ、気化熱として熱を除去するための流体。液体アンモニア・フレオンなど。冷凍剤。refrigerant

**れい-ばい【霊媒】** 霊界と現世との通信のなかだちをするといわれる人。巫女・市子・神子・口寄せなど。medium

**れいばい-じゅつ【霊媒術】** 霊媒を介して死者の霊と生者とを交流させる術。

**れいはい-どう【礼拝堂】** キリスト教で、教会以外に造営された礼拝の場所。宮殿・学校・病院・軍隊などの内部に付設。チャペル。chapel

**れい-ひつ【麗筆】** ①美しい筆跡。beautiful handwriting ②巧みな文章。beautiful writing 用例 ——をふるう。

**れい-ひょう【冷評】**(名・サ変他) 皮肉半分にけなすこと。冷淡な批評。unkind criticism

**れい-びょう【霊廟】** 先祖の霊を祭った建物。おたまや。mausoleum

**レイプ【rape】**(名・サ変他) 暴行・脅迫により、または心神喪失などを利用して婦女を犯すこと。強姦。

**れい-ふく【礼服】** 儀式のときに着る服。和装と洋装がある。formal dress 対義 平服。

**れい-ふじん【令夫人】** 他人の妻をいう敬語。令室。令閨。

**れい-ぶん【令聞】** よい聞こえ・評判。令名。

**れい-ぶん【例文】** ①根拠としてあげる文・文章。example ②決まり文句として印刷してある決まった型の文。stereotype

**れい-へい【例幣】** 中古、朝廷から毎年恒例として神に捧げた幣帛。とくに九月一一日の伊勢神宮へ奉献した幣帛をいう。江戸期には日光東照宮へも行った。

**れいぼ【鈴慕】** ①普化尺八の曲名。中国の張伯が普化禅師の鈴の音を慕って作曲したものという説が伝えられている。②琴古流などの尺八本曲の曲名のあとに付けられる語。『虚空鈴慕』。

**れい-ほう【礼法】** 礼儀のきまり。作法。manners

**れい-ほう【礼砲】** 軍隊の礼式の一種。敬意を表すために発射する一定の数の空砲。salute 比較 祝砲。

**れい-ほう【霊宝】** 神聖なたからもの。sacred treasure

**れい-ほう【霊峰】** 神仏を祭ってある山。神聖な山。霊山。sacred mountain

**れい-ぼう【礼帽】** 礼服のときにかぶる帽子。ceremonial hat

**れい-ぼう【冷房】**(名・サ変自他) 一定空間の気温を人為的に適度に冷やすこと。また、その装置。air cooling 対義 暖房。

**れい-ぼうこう【礼奉公】** 奉公人が年季をつとめ終わったのちも、しばらくとどまって働くこと。御礼奉公。

**れいぼう-びょう【冷房病】** 過度の冷却など、不適当な冷房によって起こる症状群。頭痛・食欲不振・下痢・だるさなどの症状。cooling disorder

**れいほく【苓北】**〈町〉 熊本県天草下島北西部の町。中心の富岡は旧城下町で、キリシタン遺跡で知られる。産業はミカン栽培や陶石・石灰石の採掘など。人口一万四五五五(八九)。

**れい-ぼく【零墨】** 筆跡の断片。用例 断簡——。

**れい-ぼく【霊木】** 霊が宿るという木。神木。sacred tree

**レイボビッツ【René Leibowitz】**(一九一三〜七二) フランスの作曲家・指揮者・理論家。ポーランド生まれ。ウェーベルン・シェーンベルクに師事。フランスの十二音音楽の代表者。

**れい-ほん【零本】** 端本。対義 完本。

**れい-まい【令妹】** 他人の妹をいう敬語。

**れい-まわり【礼回り】** お礼に回って歩くこと。回礼。

**れい-みょう【霊妙】**(名・形動) 人知でははかり知れないほど、すぐれていること・さま。miraculous

**れい-みん【黎民】** 人民。たみくさ。

**れい-む【霊夢】** 神仏のお告げのある、不思議な夢。

**れい-めい【令名】** よい評判。名声。令聞。high reputation 用例 ——が高い。

**れい-めい【黎明】** 夜明け。明け方。あけぼの。dawn

**れいめい-き【黎明期】** 新しい文化・運動が起こりかけているころ。dawning

**れい-もつ【礼物】** お礼として贈る品物。進物。return present

**レイモント【Reymond】** ↓レーモント

**レイヤード-ルック【layered look】**《「レイヤード」は、重ね着の意》洋服のスタイルの一つで重ね着姿のこと。半袖セーターの下からブラウスの長袖をのぞかせたりする自由な組み合わせの着方。

**れい-やく【霊薬】** 不思議によく効く薬。miraculous medicine

**れい-ゆう【霊囿】** 中国、周の文王が禽獣を放し飼いにした園。

**れいゆう-かい【霊友会】** 新宗教の一つ。久保角太郎・小谷喜美らにより大正一四年(一九二五)発足。先祖供養と『法華経』の霊験を尊ぶ。

**れい-よう【羚羊】** ウシ類・ヤギ類を除いたウシ科の一群の偶蹄類。インパラ・エランドなど。外形はシカに似て、一般に走るのに適する。約九〇種あり、主としてアフリカに、一部がアジアに分布。アンテロープ。antelope ↓

写 ● レイヨウ スプリングボック

**れい-よう【麗容】** うるわしい形・姿。

**れいよう-しゅ【冷用酒】** 燗をしないで、冷やして飲む日本酒。cold sake

**レイヨナン-ようしき【レイヨナン様式】** 一三世紀半ばから一四世紀に至るフランスゴシック建築の様式。窓の上部に放射状に広がる円輪形をもつ。Rayonnant style

**れい-らく【零落】**(名・サ変自) おちぶれること。落魄。come down in the world

**れい-り【怜悧・伶俐】**(名・形動) 賢いこと・さま。利口。利発。clever

**レイリー【John William Strutt Rayleigh】**(一八四二〜一九一九) イギリスの物理学者。音響学を研究。一八九四年アルゴンを発見。一九〇四年ノーベル物理学賞受賞。

**れい-りょう【冷涼】**(名・形動) ひえびえとして、すずしいこと・さま。cool 用例 ——の気。

**れい-りょく【霊力】** 不思議な力。miraculous power

**れいれい-し・い【麗麗しい】**(形) わざと人目にたつように飾ってある。ぎょうぎょうしい。showy; ostentatious 派生 れいれいしげ(形動) れいれいしさ(名)

**れい-ろう【玲瓏】**(形動タルト) ①音色のさえているさま。clear 用例 ——とした声。②明るく、美しく輝くさま。clear and bright 用例 ——たる月影。

**れい-わ【例話】** 例としてあげる話。

**レインウォーター【James Rainwater】**(一九一七〜八六) アメリカの実験物理学者。核子の独立粒子運動と原子核の変形を結びつけた原子核の集団運動模型を提唱。一九七五年ノーベル物理学賞受賞。

**レインジャー【ranger】** ↓レーンジャー

**レインボー【rainbow】** 虹。

**レウ【leu ルーマニア】** ルーマニアの通貨単位。記号L。

**レヴィ-ブリュール【Lévy-Bruhl】** ↓レビブリュール

**レヴィン【Kurt Lewin】**(一八九〇〜一九四七) ドイツの心理学者。ゲシュタルト心理学の首唱者の一人で、実験的研究や場理論の導入で貢献。ナチスに追われ渡米、グループ-ダイナミックスを創始。主著『トポロジー心理学の原理』など。

**レウキッポス【Leukippos】** 紀元前五世紀ごろのギリシアの哲学者。エレア学派の一人。原子論を創唱。デモクリトスの原子論的唯物論哲学に影響を与えた。

**レーヴィト【Karl Löwith】**(一八九七〜一九七三) ドイツの哲学者。第二次大戦前、東北大講師、戦後ハイデルベルク大教授。実存哲学の研究家で批判者。著書『ヘーゲルからニーチェへ』など。

**レーウィン【rawin】**《radar と wind の合成語》気球を使って上空の風向・風速を測定する装置。気球につけた電波発信器の電波を探知して、高度二〇㎞まで測定できる。

**レーウェンフーク【Antonie van Leeuwenhoek】**(一六三二〜一七二三) オランダの博物学者。顕微鏡を製作。細菌・原生動物を発見。また、動物の精子の最初の記載者。

**レーガー【Max Reger】**(一八七三〜一九一六) ドイツの作曲家。ロマン派後期から現代音楽への過渡期に、古典主義的な絶対音楽の流れをくむ。作品『無伴奏バイオリン-ソナタ』など。

**レーガン【Ronald Reagan】**(一九一一〜 ) アメリカの政治家。第四〇代大統領(在任一九八一〜八九)。映画俳優から政界入りし、一九六六年カリフォルニア州知事。八〇年の大統領選で、共和党から立候補、カーターを破る。八四年には再選をはたした。強いアメリカを標語に大幅減税と軍備増強路線を掲げ、初め対ソ強硬姿勢をとったが、のち柔軟な姿勢を示して、八七年、ソ連

●レース

との間に中距離核戦力(INF)全廃条約を締結した。

**レーキ**[lake] ①水溶性の有機色素を金属塩や酸などで沈殿させ、不溶性にした有機顔料の総称。色調は鮮明だが、着色力は小さい。印刷インキ・絵の具などに利用。レーキ顔料。②有機顔料の総称。

**レーキ**[rake] 粗い櫛型にならべた短い鉄の歯に柄をつけた農具。畑地のならし、草かきなどに使用。

**レーキ-がんりょう**[レーキ顔料] ↓レーキ(lake)①

**レーク**[lake] 湖。

**レークサイド**[lakeside] 湖畔。用例 —ホテル。

**レーク-ディストリクト**[Lake District] イギリス、イングランド北西部の山地。約一五の湖がある。最高峰スコーフェルパイク山は標高九七七m。国立公園指定の景勝地。

**レーゲンスブルク**[Regensburg] 西ドイツ南東部、ドナウ川南岸の河港都市。ローマ時代の建設で中世に繁栄。人口一三・二万(八九)。

**レーゴ-カバルカンティ**[José Lins do Rego Cavalcanti](一九〇一〜五七) ブラジルの小説家。作品『製糖農場の少年』など。

**レーサー**[racer] 競走用の自転車・オートバイ・ヨット・自動車など。また、それらを操縦し競技する人。

**レーザー**[laser]《light amplification by stimulated emission of radiation(誘導放出による光の増幅)の略》原子や分子の誘導放出によって光の増幅・発振を行う装置。レーザー光は位相がそろい、指向性・単色性にすぐれる。固体・気体・液体・半導体などの種類があり、通信・計測・微細加工・医療などに応用。

**レーザー-かくゆうごう**[レーザー核融合] 核融合の一方式。重水素などの入った燃料容器にレーザー光を照射して、核融合反応に必要な高温で高密度のプラズマを実現しようとする方式。慣性閉じ込め。laser nuclear fusion

**レーザー-かこう**[レーザー加工] レーザー光の出力と細いビームを利用した、高精度で微細な加工技術。金属や木材の切断や溶接、半導体集積回路のプロセス技術などに応用。laser process

**レーザー-こうせん**[レーザー光線] レーザー発振によって得られる光線。単色光の細い光線で、遠距離に届き、光通信・光計測などに用いられる。laser beam

**レーザー-ダイオード**[laser diode] レーザー光を発生するダイオード。高速光通信用の光源、コンパクトディスクやレーザーディスクの情報読み出し用光源として用いられる。

**レーザー-ちりょう**[レーザー治療] レーザー光を利用した医療。たとえば微小部分にエネルギー集中ができ、患部を切りながら血管などのたんぱく質を瞬時に固め、無血手術ができる。laser therapy

**レーザー-つうしん**[レーザー通信] ↓ひかりつうしん(光通信)

**レーザー-ディスク**[laser disk]《商標名》光学方式によるビデオディスク。ディスク(=円盤)にレーザー光線を当て、盤面の反射の有無・信号の長短を読み取り、音声・映像を再生する。

**レーザー-プリンター**[laser printer] レーザー光で感光膜上を走査して文字像をつくり、それを現像し、用紙に熱圧着する電子写真プリンター。高速で、精密な印字が可能。レーザービームプリンター。

**レーザー-へいき**[レーザー兵器] 高エネルギーのレーザー光線を照射して目標を破壊する兵器。ミサイル・軍事衛星などの高速目標に有効で、アメリカ・ソ連がともに開発中。high energy laser weapon

**レーザー-ホログラフィー**[laser holography] レーザー光で三次元の物体を記録・再現する技術。

**レーザー-メス**《和製語》レーザー光線を利用して患部の焼結・止血などを行う装置。眼底網膜出血や悪性腫瘍の治療に利用。laser surgical knife

**レーシング-カー**[racing car] 自動車レース用車両の総称。

**レース**[lace] 糸を撚り合わせたり、編み合わせたりして、透かし目の多い模様を表したものの総称。また、その手法。用例 —のカーテン。↓写

**レース**[race] 競走。競泳。競漕など。

**レース-あみ**[レース編み] レース糸を用いた編み物の総称、およびその技法。繊細な編み物で、鉤針によるものが一般的。lacework

**レース-そう**[レース草] 観賞用に栽培されるレースソウ科の水生植物。水中葉は卵形で長さ約二〇cm、葉脈は格子状。花茎は高さ約四〇cm。大正年間渡来。マダガスカル原産。↓写

●レースソウ

**レース-ペーパー**《laceとpaperから》レース状に作った紙。ケーキやサンドイッチの下に敷いたり包んだりする。doily

**レーズン**[raisin] ほしぶどう。

**レーゼドラマ**[Lesedrama ドイ] 読むための戯曲の意。上演を目的としない、あるいは上演に適さない戯曲をいう。一八〜一九世紀のロマン主義時代にもっとも多く書かれた。

**レーゾン-デートル**[raison d'être フラ] 存在理由。存在価値。

**レーゾン-デタ**[raison d' État フラ] 国家理性。国家を維持するための指針。また、そのために支配者に与えられる特権。

**レーダー**[radar]《radio detecting and ranging の略》送信機から発射されたパルス波の目標物からの反射波を受信し、目標物までの距離や方向を測定する装置。航空機・船舶・気象用などがある。電波探知機。

**レーダー-サイト**[radar site] レーダー監視所。領空に近づく航空機の識別を行う。

**レーダー-てんもんがく**[レーダー天文学] レーダー技術を応用して天体の距離や表面の状態を研究する学問。radar astronomy

**レーダーバーグ**[Joshua Lederberg](一九二五〜) アメリカの微生物遺伝学者。大腸菌で遺伝子組み換えを、ネズミチフス菌で形質導入の現象を発見した。微生物遺伝学の先駆者。一九五八年ノーベル生理学医学賞受賞。

**レーダーマン**[Leon Lederman](一九二二〜) アメリカの物理学者。加速器を用いて二種のニュートリノを確認。「弱い相互作用」を実験的・理論的に研究する道を開く。シュワルツ・スタインバーガーとともに、一九八八年ノーベル物理学賞受賞。

**レート**[rate] ①割合。率。相場。歩合。用例 為替—。②等級。

**レーナウ**[Nikolaus Lenau](一八〇二〜五〇) オーストリアの詩人。ハンガリー生まれ。憂愁にみちた詩風。詩『葦の歌』、詩劇『ファウスト』など。

**レーナルト**[Philipp Eduard Anton Lenard](一八六二〜一九四七) ドイツの物理学者。光電効果の研究など。一九〇五年ノーベル物理学賞受賞。

**レーニ**[Guido Reni](一五七五〜一六四二) イタリアの画家。アンニバレ=カラッチに師事、師とともに宮殿壁画を多く手がけた。サンタ-マリア-マジョーレの礼拝堂の壁画など。

**レーニア-さん**[レーニア山](Mount Rainier) アメリカ北西部、カスケード山脈中最高峰の休火山。標高四三九二m。周辺はレーニア国立公園。

**レーニン**[Vladimir Ilich Lenin](一八七〇〜一九二四) ロシアのマルクス主義革命家。ソ連邦の創設者。本名ウリヤーノフ。一七歳で革命運動に参加。流刑と亡命生活を続け、一九〇三年ボリシェビキを形成。一七年十月革命に成功。以後ソ連政府首班として国家建設を指導。マルクス主義を現実に適用、理論的・実践的に国際社会主義運動に大きな影響を与えた。著書『唯物論と経験批判論』『帝国主義論』『国家と革命』。↓写

●レーニン

**レーニン-しゅぎ**[レーニン主義] マルクス-レーニン主義の別称。Leninism

**レーバー**[labor] 労働。

**レーバー-ユニオン**[labor union] 労働組合。

**レービ**[Carlo Levi](一九〇二〜七五) イタリアの小説家・画家。代表作の小説『キリストはエボリに止まりぬ』はネオレアリズモ文学の先駆的作品の一つ。

**レービ**[Otto Loewi](一八七三〜一九六一) アメリカの薬理学者。ドイツ生まれ。神経刺激の化学伝播を研究し、迷走神経刺激により心機能が抑制されることを証明した。一九三六年ノーベル生理学医学賞受賞。

**レーピン**[Ilya Yefimovich Repin](一八四四〜一九三〇) ロシア-リアリズムの代表的画家。移動派の主要メンバー。作品『宣伝家の逮捕』など。↓写

●レーピン 『トルコ王に手紙を書くザポロージェ-コサック』(部分)。一八八〇〜九一年。国立ロシア美術館(ソ連)。

**レーベル**[label] ①レコードなどで、製造会社の商標。②ラベル。

**レーベン**[Leben ドイ] =ライフ。①生命。活力。life ②人生。life ③生活。life

**レーマン**[Rosamond Nina Lehmann](一九〇一〜) イギリスの女流小説家。心理描写にすぐれる。作品『伝説と起源』『こだまの森』など。

**レーマン**[Wilhelm Lehmann](一八八二〜一九六八) ドイ

▼常用漢字表外。 ▽常用漢字表の音訓外。

ツの詩人。レールケとともに自然詩派の双璧。詩集『沈黙の答え』『緑の神』など。

**レーミゾフ**[Aleksey Mikhaylovich Remizov](一八七七〜一九五七) ロシアの小説家。小説『池』『十字架の姉妹』、神秘劇『皇帝マクシミリアン』など。

**レームブルック**[Wilhelm Lehmbruck](一八八一〜一九一九) ドイツ表現主義彫刻の先駆者。極端に人体などを引き伸ばし、ゴシック的垂直感で単純化した手法が特色。作品『跪く女』など。

**レーモント**[Władysław Stanisław Reymont](一八六七〜一九二五) ポーランドの小説家。農村生活を描いた大作『農民』で一九二四年ノーベル文学賞受賞。作品『約束の地』など。

**レーヨン**[rayon] 再生セルロースを主成分とする繊維の総称。ビスコース人絹・銅アンモニアレーヨンなど。人造絹糸。人絹。

**レーリス**[Michel Leiris](一九〇一〜) フランスの小説家・文化人類学者。自伝『成熟の年齢』『ゲームの規則』など。

**レール**[rail] ①電車・汽車・引き戸などが移動するときの車輪の道筋を定める鉄製などの軌条。とくに、鉄道の軌条。②手すり。柵。防護用の横棒。③物事をうまく進めるためのしかけ。下準備。

**レール-ガン**[rail gun] 滑走レールを用いた電磁砲。二本のレール間に大電流を流し、発生した電磁力で弾丸を加速・発射する。すばやく連射できるのが特徴。SDI構想の一環として、アメリカが開発中。

**レールケ**[Oskar Loerke](一八八四〜一九四一) ドイツの詩人。レーマンとともに自然詩派の代表。詩集『大地のいぶき』『銀あざみの森』など。

**レール バス**[railbus] 鉄道レール上を走るバス。鉄道車両の車輪が取りつけられていて、ガソリンエンジンで走行する。

**レールモントフ**[Mikhail Yuryevich Lermontov](一八一四〜一八四一) ロシア-ロマン主義の代表的詩人・小説家。物語詩『ムツイリ』『悪魔』『商人カラーシニコフの歌』、ロシア最初の心理小説『現代の英雄』など。

**レーン**[lane] ①ボウリングで、ボールをころがす木の床とそれに付属する設備。助走を行うアプローチ、ボールのころがるアレイ・ガターなどを含む。②車線。用例 バス専用——。

**レーン**[rain] 雨。レイン。

**レーン**[Jean-Marie Lehn](一九三九〜) フランスの化学者。クラム・ペダーセンとともに、酵素のように反応の選択性が高い分子の合成で、一九八七年ノーベル化学賞受賞。

**レーンコート**[raincoat] 雨で衣服をぬらさないために着るコートの総称。素材は防水加工した綿やポリエステル・綿ギャバジンなど。ダスターコートや防寒コートと兼用のものも多い。

**レーンジャー**[ranger] ＝レインジャー。①アメリカの森林警備隊員。②《「レーンジャー部隊」の略》各種のゲリラ戦法を用いて、敵の側面や背後などから奇襲する特殊部隊。また、そのメンバー。レンジャー。③《①にならって》国立公園管理人の通称。

**レーン-シューズ**[rain shoes] 雨のときにはく靴。足首をこす長さのブーツ型が多い。ふつうの靴にかぶせてはくビニール製のカバー型もある。ゴム・合成樹脂などで作る。雨靴。

**レーンス**[Hermann Löns](一八六六〜一九一四) ドイツの小説家。自然を描いた動物作家。作品『私の緑の本』『私の茶色の本』など。

**レーン-ハット**《和製語》雨の日にかぶる帽子。

**レオーノフ**[Leonid Maksimovich Leonov](一八九九〜) ソ連の小説家。ドストエフスキー的伝統の継承者。小説『あなぐま』『泥棒』『ロシアの森』、戯曲『吹雪』、SF小説『マッキンリー氏の逃亡』など。

**レオタード**[leotard] 上下続きの体にぴったりした服。伸縮性のある布地で作られている。本来ダンサーや曲芸師が着用したが、現在は体操などのスポーツ用として普及。↓写

●レオタード

**レオトー**[Paul Léautaud](一八七二〜一九五六) フランスの批評家。その『文学日記』は辛辣な精神であらゆる権威を攻撃し、文壇裏面史ともなっている。

**レオナルド-ダ-ビンチ**[Leonardo da Vinci](一四五二〜一五一九) イタリア-ルネサンス期の代表的画家。科学者・技術家・思想家としても活躍。『最後の晩餐』で遠近法や演劇性を取り入れて名声を得る。きびしい写実主義に深い精神性を融合し、盛期ルネサンス美術の古典様式を確立。「万能の人」の偉大な典型とされる。作品『岩窟の聖母』『モナ＝リザ』『聖アンナと聖母子』など。↓写 ↓ルネサンス美術写

**レオニダス**[Leōnidas](?〜BC四八〇) スパルタ王(在位BC四八七〜BC四八〇)。ペルシア戦争中、少数の兵を率いてテルモピュライにペルシア軍を迎撃したが全滅。ギリシア武人の範と称された。

**レオパルディ**[Giacomo Leopardi](一七九八〜一八三七) イタリアの大詩人。厭世的な叙情詩人、思索家。詩集『カンティ』、対話形式の散文『教訓的小話集』、手記『随想集』など。

**レオパルト**[Leopard] 西ドイツの主力戦車。II型は重量五五・二t、最高時速七二km、一二〇mm滑腔砲一門、乗員四名。

**レオポルドビル**[Léopoldville] キンシャサの旧称。

**レオポン**[leopon] 雄ヒョウと雌ライオンとの間に生まれる一代雑種。雌雄とも豹紋をもち、雄はたてがみがある。比較 タイゴン。

●レオポン

**レオミュール**[René-Antoine Ferchault de Réaumur](一六八三〜一七五七) フランスの物理学・生理学者。消化が化学作用であることを確認。温度計の考案でも有名。

**レオロジー**[rheology] 広義には物質の変形と流動を扱う学問の総称。通常の弾性力学や流体力学では扱わない、複雑な変形や流動を取り扱う学問分野をいう。

**レオン**[León] ニカラグア西部、太平洋岸近くの都市。農牧業・工業の中心地。一八五五年まで首都。人口一二九〇万(一九八四)。

**レオン**[León] スペイン北西部、カンタブリア山脈南麓の交易都市。同名県の県都。中世レオン王国の首都。人口一三・一万(一九八一)。

**レオン**[Luis de León](一五二七〜一五九一) スペインの詩人・聖職者。神秘主義的な作家。詩『隠遁生活』、散文『キリストの御名』など。

**レオンカバルロ**[Ruggero Leoncavallo](一八五七〜一九一九) イタリアの作曲家。マスカーニとともにベリズモ(真実主義)オペラ作家として有名。オペラ『道化師(パリアッチ)』など。

**レオンチェフ**[Wassily Leontief](一九〇六〜) アメリカの経済学者。ロシア生まれ。ハーバード大教授。アメリカ経済に関する産業連関表の分析で知られる。一九七三年ノーベル経済学賞受賞。著書『アメリカ経済の構造』など。

●レオナルド＝ダ＝ビンチ 『聖アンナと聖母子』。一五一〇年ごろ、ルーブル美術館(フランス)。

**レオンチエフ**[Konstantin Nikolayevich Leontev](一八三一〜一八九一) ロシアの思想家・批評家。ロシア君主制・正教会を擁護。著書『東洋、ロシア、およびスラブ』など。

**レオンチェフ-ひょう**[レオンチェフ表] ↓さんぎょうれんかんひょう(産業連関表)

**レガーズ**《和製語。レッグガードが訛ったもの》野球の捕手・球審や、ホッケーのゴールキーパーなどが身につけるすねあて。レガス。shin guard

**レガート**[legato イタリア] 音楽で、音と音との間をくぎらず、なめらかに続けて演奏すること。また、その奏法。

**レガスピ**[Miguel López de Legazpi](一五〇七ごろ〜一五七二) スペインの初代フィリピン総督。一五四五年メキシコに赴任後、六四年西方諸島探検隊司令官に任ぜられ、六五年セブ島に到着。七一年ルソン島マニラを占領、植民地経営の基礎を築いた。

**レガッタ**[regatta] ボート・スカル・ヨットなどのレース。また、その競技会。

**レキ** 10画 [鬲] 部首[鬲] JIS 8215
音 レキ・カク
①かなえ。食べ物を煮たり蒸したりするのに用いた三本足の器物。②部首の一つ。れき。かなえ。↓カク[鬲]

**レキ** 14画 [暦] 部首[日] 常用 JIS 4681 16画 [曆] 旧字
音 レキ・リャク
訓 こよみ
こよみ。カレンダー。「陰暦・旧暦・新暦・西暦」「暦日・暦年・暦年齢・暦法」

**レキ** 14画 [歴] 部首[止] 教育小4 JIS 4682 16画 [歷] 旧字
音 レキ・リャク

歴 歴 歴 歴 歴

①とおってきたみち。「学歴・経歴・職歴・履歴」「歴史」用例《接尾的》教職——。②つぎつぎと。ひとつひとつ。「遍歴」「歴代・歴任・歴訪」③はっきりと。ありありと。「歴然」④えらい人。「歴歴」

**レキ** 18画 [攊] 部首[扌] JIS 5822
音 レキ・リャク・ラク
①うつ。たたく。②はらう。はらいのける。③くすぐる。こそぐる。

**レキ** 19画 [櫟] 部首[木] JIS 6111 17画 [栎] 異体字 JIS 6112
音 レキ・ロウ・ヤク
クヌギ。ブナ科の落葉高木。

**レキ** 19画 [瀝] 部首[氵] JIS 6345
音 レキ
①したたる。したむ。しずくが、たれておちる。「瀝血」②「瀝青」は、ピッチ。チャン。コールタールから揮発成分を蒸留して、のこったもの。防水剤・道路舗装用材などに用いる。

**レキ** 20画 [櫪] 部首[木] JIS 6114
音 レキ
①かいおけ。かいばおけ。馬のえさをいれるおけ。②クヌギ。ブナ科の落葉高木。

**レキ** 20画 [皪] 部首[白]
音 レキ・ラク・ハク
①白い。白いさま。②あきらか。かがやく。

**レキ** 20画 [礫] 部首[石] JIS 6710
音 レキ
こいし。いしころ。「瓦礫・火山礫・砂礫」「礫岩」

**レキ** 21画 [癧] 部首[疒] JIS 6592
音 レキ
「瘰癧」は、結核菌によって、首のリンパ腺がはれる病気。ぐりぐり。

**レキ** 22画 [轢] 部首[車] JIS 7764
音 レキ
①ひく。車でふみくだく。「轢殺・轢死」②きしる。きしむ。すれあって、きしきし音がする。また、にくみあう。「軋轢」

**レキ** 23画 [轣] 部首[車] JIS 7765
音 レキ
「轣轆」は、①いとぐるま。ぬきかぶり。糸を管にまきつける車。②わだち。車のとおった輪のあと。③車などのきしる音。

**レキ** 24画 [靂] 部首[雨] JIS 8046
音 レキ
「霹靂」は、かみなり。いかずち。雷鳴。

**れき-がく**[暦学] 天体の運行や暦について の学問。天文学の昔の呼称。

**れき-がん**[礫岩] 礫や岩片が珪質、または粘土質の物質で固結された堆積岩の一種。礫岩の種類は、粒度・礫種・固結する物質などで分けられる。こもち岩。conglomerate

**れき-けつ**[瀝血]《「瀝」は、したたる、の意》真心を示すこと。

**れき-さつ**[轢殺](名・サ変他) 車で、ひき殺すこと。run over and kill

**れき‐し【▼轢死】**(名・サ変自) 汽車・電車・自動車などにひかれて死ぬこと。輪死。be run over and killed

**れき‐し【歴史】** ①人類が生み出してきた社会・国家・文明などの変遷・興亡の経過。また、それを一定の体系をもって書き表した叙述・記録。history ②ある事物の時間的な変化。history ③「歴史学」の略。**歴史は繰り返す**（れきしはくりかえす） 世の中というものは、過去にあったことと同じようなことが繰り返し起こるものである。History repeats itself.

**れきし‐が【歴史画】** 一般に歴史的事件や人物を主題にした絵画。広い意味では伝説的・文学的内容で歴史的主題の絵画も含める。

**れきし‐がく【歴史学】** 過去における人類の生活の営みや社会活動など、諸事象の実態を明らかにし、その意味を追究する学問。history

**れきし‐がくは【歴史学派】** 一九世紀中葉から二〇世紀初めにかけて、イギリスの古典学派に対抗しドイツで展開された経済学派。経済現象を時代や国によって異なる相対的・個別的なものとみなし、歴史的研究や政策論を主要な課題とした。リスト・ロッシャー・シュモラーなどが代表者。Historical School

**れきし‐かん【歴史観】** 歴史的な事象を解釈するための立場・見解。史観。historical view

**れきし‐こうこがく【歴史考古学】** 歴史時代の社会や文化を、考古学的手法により探究する学問。historical archaeology

**レキシコン［lexicon］** ①辞書。とくにギリシア語・ラテン語・ヘブライ語などの辞典を意味する。②特定の作家や作品、集団などの語彙集。

**れきし‐じだい【歴史時代】** 同時代の人が書き残した文字による記録が存在する時代。有史時代。historic times

**れきし‐しゅぎ【歴史主義】** すべてを歴史的な見地から判断しようとする思想的立場。一八世紀の合理主義史観への反抗としてのディルタイやトレルチなどの立場。historicism

**れきし‐しょうせつ【歴史小説】** 歴史上の事件・人物を題材とする小説。historical novel 比較 時代小説。

**れきし‐ちりがく【歴史地理学】** 人文地理学の一分野。先史・歴史時代の自然・人文現象の地理学的研究、現代の地理的現象の歴史的考察などを行う。historical geography

**れき‐じつ【暦日】** ①こよみで定められた一日。calendar day ②月日。年月。years

**山中暦日無し**（さんちゅうれきじつなし） 世の中から離れて山の中に生活していると、年月の過ぎていくのがわからない。

**れきし‐てき【歴史的】**(形動) ①歴史と関係をもっているさま。歴史の。歴史に関する。historical 用例 ―な因果関係。②昔から伝わっているさま。historical 用例 ―な服装。③歴史に書きとめられる価値のあるさま。historic 用例 ―な業績。④過去の存在であるさま。historic 用例 ―建築。

**れきしてき‐かなづかい【歴史的仮名遣い】** 仮名遣いの一つ。語を仮名で表記するさいに、過去の文献に典拠を求める仮名遣い。ふつう、平安中期以前の万葉仮名文献を規準にして契沖が定めたものを、明治以後の教育にとり入れ、昭和二一年(一九四六)現代仮名遣いが公布されるまで一般に用いられていたものをいう。旧仮名遣い。対義 現代仮名遣い。

**れきしてき‐げんざい【歴史的現在】** 修辞法の一つ。過去の事態を現在形で表すこと。

**れきし‐てつがく【歴史哲学】** 歴史の起源と目的、意味と動態、および歴史認識の方法などを考察する哲学。historical philosophy

**れきし‐ぶんぽう【歴史文法】** ある言語の起源や変遷を記述して、その文法上の原理を求めるもの。説明文法の一つ。

**れきし‐ものがたり【歴史物語】** ①仮名文で書かれた物語風の歴史書。歴史的事実を題材として叙述する。『栄花物語』や『大鏡』『今鏡』『水鏡』『増鏡』『池の藻屑』『月の行方』など。比較 作り物語。②史実をもとにした小説的作品。

**レキシントン［Lexington］** アメリカ、ケンタッキー州中部の商業都市。農牧地帯の中心で、タバコ取引がさかん。人口二〇・四万(一九八〇)。

**れき‐すう【暦数】** ①日や月の運行の度数をはかり、それから暦をつくること。②めぐりあわせ。運命。one's lot ③年代。the number of years 用例 ―すでに五〇〇年。

**れき‐せい【歴世】** ①世から世へと移り過ぎていくこと。②代々。歴代。

**れき‐せい【▼瀝青】** ①石油・天然ガス・アスファルトなどの炭化水素の混合物を一括していう語。bitumen ②コールタールから揮発成分を除いた残りかす。ピッチ。チャン。pitch

**れきせい‐たん【▼瀝青炭】** 炭化度が褐炭と無煙炭の中間の石炭。一般に石炭といえばこれをさす。揮発分が多く、燃料やコークス・石炭ガスの原料となる。黒炭。bituminous coal

**れき‐せっき【▼礫石器】** 旧石器時代の石器の一つ。礫の一端を打ちかいて刃をつけたもので、人類最古の石器。礫器。チョッパー。チョッピングツール。chopping stoneware

**れき‐せん【歴戦】** 戦闘の経験が多いこと。veteran 用例 ―の勇士。

**れき‐ぜん【歴然】**(形動トタル) 明らかなさま。evident 用例 証拠―。

**れき‐だい【歴代】** 代々。世々。歴世。successive generations 用例 ―の天子。

**れきだいめいがき【歴代名画記】** 中国、唐の張彦遠の撰した画史・画論。一〇巻。八五三年ごろに成立。

**れき‐だん【▼轢断】**(名・サ変他) 列車などが、人をひいて、からだを断ち切ること。run over and cut off 用例 死後―。

**れき‐ちゅう【暦注】** 暦本やカレンダーの日付の近くなどに示されている注記事項。大安・友引のような六輝、また干支や二十四節気など、陰暦を用いたころからの生活や習慣に根ざした事象が多くみられる。calendar informative notes

**れき‐てい【歴程】** 一通ってきた道すじ。二詩雑誌名。草野心平・逸見猶吉・中原中也らを中心に昭和一〇年(一九三五)創刊、現在に至る。個性的詩人の集団をモットーとする。

**れき‐ど【▼礫土】** 小石を多く含んだ土。土壌のうち粒径二㎜以上のものを礫といい、礫を全容積の五〇%以上含むもの。農耕不適。gravelly soil

**れき‐にん【歴任】**(名・サ変他) つぎつぎに種々の官職に任命されて勤めること。hold various posts successively 用例 要職を―する。

**れき‐ねん【暦年】** ①こよみの上の一年。calendar year ②年月。years

**れき‐ねん【歴年】** ①年月を経ること。②毎年。年々。

**れき‐ねんれい【暦年齢】** 生まれてから現在までを、こよみで数えた年齢。満年齢と数え年がある。生活年齢。

**れき‐ひょうじ【暦表時】** 天体力学の理論により決められたいちような時系。一九六七年、秒の定義は暦表秒から原子秒に変更。ET。ephemeris time

**れき‐ほう【暦法】** 天体の運行についての学問。また、その観察に基づいて、こよみをつくる方法。

**れき‐ほう【歴訪】**(名・サ変他) あちこちを、つぎつぎに訪問すること。visit one after another 用例 欧米―。

**れき‐ゆう【歴遊】**(名・サ変自) あちこち旅をして回ること。遊歴。

**レギュラー［regular］** 一(名・形動) 正式。正規。二(名)《「レギュラーメンバー」の略》①正員。正選手。②ラジオ・テレビの番組などで、常時出演している人。常連。対義 ゲスト。

**れき‐れき【歴歴】** 一(名) 社会的に名高い人々。お歴々。top people 二(形動トタル) 明らかなさま。ありありと見えるさま。evident 用例 勝算―。

**れき‐ろく【▼轣▼轆】**(名・形動トタル) 車などのきしる音。

**レギンス［leggings］** ①乳幼児用のぴったりした長ズボン。②皮革製の長ゲートル。③すね当て、脚絆。

**レクイエム［requiem ラテ］** ①カトリック教会・聖公会・ルター派教会の一部における死者のためのミサ。②死者のミサのための楽曲。古来からの典礼曲としてはグレゴリオ聖歌、近代ではモーツァルトらの名曲がある。

**レクオナ［Ernest Lecuona］**(一八九五—一九六三) キューバの作曲家・ピアニスト。とくにポピュラーの分野で活躍。作品『シボネー』『マラゲーニャ』など。

**レクチャー［lecture］** ①演説。講演。②講義。

**レクチン［lectin］** 動植物の細胞膜表面から鎖状に出ている糖たんぱく質や糖脂質の糖部分と特異的に結合し、細胞を凝集させたり、免疫にかかわる細胞の分裂を誘発したりするたんぱく質の総称。植物の種子に多いが、細菌や動物の体液・組織の中にも含まれる。

**レグニーツァ［Legnica］** ポーランド南西部の商工業都市。一二四一年ワールシュタットの戦いで知られる。人口四八・五万(一九八四)。リーグニッツ。

**レグホーン［leghorn］** ニワトリの一品種。イタリアのリボルノ(=リグホーン)原産。白色および褐色。卵をとるために飼う。レグホン。用例 白色―。

**レグミン［Legumin］** グロブリンに属するたんぱく質。エンドウ・アズキ・ダイズなどの豆類に多量に存在する。

**レクラム［Reclam ドイ］** ドイツの出版社。一八二八年アントン=レクラムがライプチヒに創立。世界各国の名著を翻訳した『レクラム文庫』で有名。

**レクリエーション［recreation］** 心身の疲労回復のために行うスポーツ・娯楽などの余暇活動。また、それを行うこと。気ばらし。休養。

**レグルス［Regulus］**《ラテン語で、小さな王、の意》しし座α星。実視光度一・三等。距離約七〇光年。四月ごろよく見える。黄道上にある。

**レゲエ［reggae］** 一九六八年ごろジャマイカの黒人が生んだ新しいポピュラー音楽。後拍にアクセントをもつ二拍子が特徴的で、歌詞は下層の人々の心情を反映したものが多い。

**れこ**(代)《俗語。「これ」の倒語》相手にもよくわかっているが、あからさまに言えないときに使う》あるもの。とくに、恋人・情人。

**レコーダー［recorder］** ①記録係。②記録器。用例 タイム―。③録音器。用例 テープ―。

**レコーディング［recording］** ①記録すること。②録音。

**レコード［record］** ①記録。陸上・水上・スケートなど各種競技の成績。とくに最高記録。②円盤上に、外周から内側に向かって螺旋状に刻まれた音溝の変化により音を機械的に記録したもの。音盤。③コンピューターのファイルを構成する基本単位。

**レコードを破る**（レコードをやぶる） 新記録をつくる。break the record

**レコード‐おんがく【レコード音楽】** 円盤・テープなどに録音された音楽。一九二五年ごろから本格的な録音が開始された。

**レコードコンサート**《和製語》レコードなどで、音楽を聞く集まり。

**レコード‐プレーヤー［record player］** レコードに録音されている信号を再生する機械。ターンテーブル・モーター・音声振動を電気信号に変えるピックアップなどからなる。

**レコードホールダー［recordholder］** 記録保持者。

**レコンキスタ［Reconquista スペ］** 中世後期、イベリア半島におけるキリスト教徒の、イスラム教徒からの領土回復運動。七二〇年ごろのコバドンガの戦いを端緒に、一四九二年グラナダ奪回までの約八〇〇年に及んだ。

**レザー［leather］** ①なめしがわ。用例 ―コート。②「レザークロス」の略。

**レザー［razor］** かみそり。レーザー。用例 ―カット。

**レザー‐カット［razor cut］** 西洋かみそりでカットするヘアカット技術。毛髪をそぎとるように刈っていく。

**レザークラフト［leathercraft］** 革を材料とする手工芸。革細工。

**レザー‐クロス［leather cloth］** 紙または織物を硝酸セルロース、あるいは合成樹脂などで被覆加工し、皮に似せたもの。美しく、耐久性にすぐれる。帽子・靴・鞄・いすカバーなどに利用。

**レザー‐シャー［Rizā Shāh Pahlavi］**(一八七七—一九四四) イランのパハレビー朝創設者(在位一九二五—四一)。第一次大戦後の一九二一年、クーデターに成功して実権を掌握。二五年カージャール朝に代わる新王朝を樹立。三五年国名をイランと改称。四一年イギリス・ソ連の干渉で退位。

**レザイエ［Rezā'iyeh］** ウルミエの旧称。

**レザノフ［Nikolay Petrovich Rezanov］**(一七六四—一八〇七) 江戸後期来日したロシア使節。文化元年(一八〇四)遣日特使として日本人漂流者送還をかねて長崎に来航したが、幕府に通商を拒否され帰国。

**レサマ‐リマ［José Lezama Lima］**(一九一〇—七六) キューバの小説家。濃密な内面描写と難解な措辞が特徴。長編『楽園』『オピアノ=リカリオ』など。

**レジ** 「レジスター」の略。

**レシート［receipt］** 領収書。受取。

**レシーバー［receiver］** ①受話器。受信機。

②卓球・テニスなどで、レシーブするほう。

**レシーブ**[receive](名・サ変他) テニス・卓球・バドミントン・バレーボールなどで、サーブや相手側の攻撃ボールを受けること。

**レジェ**[Fernand Léger](一八八一～一九五五) フランスの画家。キュビスムの流れに加わるが、明るい色彩とダイナミックな構図で独自の画風を確立。晩年は群像構図が多い。作品『結婚』『モナ・リザと鍵』など。↓写

●レジェ 『建設者たち』。一九五〇年、国立レジェ美術館(フランス)。

**レシェートニコフ**[Fyodor Mikhaylovich Reshetnikov](一八四一～七一) ロシアの小説家。作品『ポドリープノエの村人』など。

**レシオ**[ratio]《比・割合、の意》①株価収益率。株価を一株あたりの年間税引き利益金で割って算出する。PER。price-earning ratio ②複本位制のもとでの金銀の価値比率。

**レジオ**[José Regio](一九〇一～六九) ポルトガルの詩人・劇作家。近代派の代表者。作品『神と悪魔の詩』『ヤコブと天使』など。

**レジオン-ドヌール-くんしょう【レジオンードヌール勲章】**(Légion d'honneur フランス) 軍事・文化に功績のあった者に大統領が直接授与するフランス最高の勲章。一八〇二年ナポレオン一世が制定。

**レジス**[Jean Baptiste Régis](一六六三～一七三八) フランスのイエズス会士。一六九八年中国に渡り、康熙帝の命によりほぼ全国を測量して、一七一五年『皇輿全覧図』を完成。中国名は雷孝思。

**レジスター**[register] ①金銭登録器。②商店などで金銭の出し入れをする場所・係。レジ。③コンピューターで、中央処理装置のうち、記憶装置からのデータや演算結果などを一時的に記憶する装置。

**レジスタンス**[résistance フランス]《抵抗の意》第二次大戦中、ドイツ・イタリアの被占領地における一般市民の抵抗運動。抵抗運動。

**レシタティーブ**[recitative] ↓レチタティーボ

**レシチン**[lecitin] 生物界にもっとも広く分布している燐脂質。白ないし微黄色の蠟状物質。酸化しやすく、不安定。ホスファチジルコリン。

**レジデンシャル-ホテル**[residential hotel]《長期滞在客のホテルの意》分譲形式のホテル。都心部に集中し会社員などの利用が多い。

**レジデンス**[residence] 住所。住宅。邸宅。

**レジデント**[resident] アメリカで、医学部卒業後、さらに病院で臨床医学を実習する住み込み医師。日本では大病院で専門分野の医学を実習する医師。

**レシピエント**[recipient] 臓器を提供してもらい、移植手術を受ける患者のこと。対義ドナー。

**レシフェ**[Recife] ブラジル北東部、大西洋に臨む港湾都市。同国北東部の経済の中心地。製糖など工業が発達。人口一一八・四万(一九八〇)。

**レシプロ**《「レシプロエンジン」の略》ピストンの往復運動を、クランクシャフトで回転運動に変えるもの。reciprocating engine 参照ロータリーエンジン。

**レジャー**[leisure] ①仕事・家事などから解放された自由な時間。余暇。②余暇を楽しむこと。疲労の回復・ストレス解消・他人との交際・自己啓発など、人間生活に欠かせない目的をもつ。

**レジャー-さんぎょう【レジャー産業】** レジャー施設・情報・サービスの提供、レジャー機器用品の生産・販売などを行う産業。leisure industry

**レジャー-ランド**《和製語》各種のレクリエーション設備をそなえた娯楽施設。遊園地などの遊技施設や、プール・テニスコートなどのスポーツ施設、宿泊施設などをもつ。recreational area

**レジュメ**[résumé フランス] 要約。大意。レジメ。summary; abstract

**レ-シルフィード**[Les Sylphides] バレエ作品。一幕。ショパンの曲に基づき、フォーキンが振り付け。一九〇九年初演。月光の森に踊る空気の精たちを描く。

**レズ**《和製語》「レスビアン」の略。

**レスコフ**[Nikolay Semyonovich Leskov](一八三一～九五) ロシアの小説家。作品『僧院の人々』『魅せられた旅人』『封印された天使』など。

**レスター**[Leicester] イギリス、イングランド中部の工業都市。メリヤス工業の中心。古代ローマ軍の駐屯地。人口二八・二万(一九八三)。

**レス-テル**《和製語。「レストラン」と「ホテル」から》観光地などに多く、食事・宿泊・休憩ができるホテル。

**レスト-ハウス**[rest house] 旅行者の休憩・休養・宿泊のための施設。一時的な休憩所なども含む。

**レストラン**[restaurant フランス] 西洋料理を食べさせる店。世界共通の名称。元来はパリの食べ物屋の呼称。西洋料理店。

●レスリング グレコローマンスタイル(右)、フリースタイル(左)。

**レスビアン**[Lesbian] 女性どうしの同性愛。また、その女性。紀元前六世紀ごろ、エーゲ海のレスボス島に住んでいた女流詩人サッフォーが、島の乙女たちと同性愛にふけったという伝説から。レズ。レズビアン。

**レスピーギ**[Ottorino Respighi](一八七九～一九三六) イタリアの作曲家。絵画的な管弦楽法と叙情的な旋律が特徴。三部作の交響詩『ローマの泉』『ローマの松』『ローマの祭』など。

**レスボス-とう【レスボス島】**(Lésvos) エーゲ海東部の島。面積一六〇〇km²。ギリシア領。古く東西交易で栄えた。ミティリーニ島。

**レスポンス**[response] 反応。応答。

**レスポンデント-じょうけんづけ【レスポンデント条件付け】** 人または動物に特定の刺激を与え、特定の受動的な反応をするように訓練すること。respondent conditioning

**レスラー**[wrestler] レスリングの選手。

**レスリング**[wrestling] 格闘技の一つ。二人の選手がマット上で素手で取り組み、相手の両肩を同時にマットに押さえつけた選手を勝ちとする。体重別の階級制で、ウエストラインから下を使って攻防してはならないグレコローマンスタイルと、規制のないフリースタイルの二種目がある。↓写

**レセダ**[reseda] ↓もくせいそう(木犀草)

**レセップス**[Ferdinand-Marie de Lesseps](一八〇五～九四) フランスの外交官。駐マドリード大使などを歴任。一八五九年、エジプトの認可を得てスエズ運河建設に着工、六九年完成。八一年パナマ運河建設を計画、着工したが失敗。

**レセプション**[reception] 歓迎会。使節・訪問者などを招待する宴会。

**レセプター**[receptor] ↓じゅようたい(受容体)

**レセプト**《Rezept ドイツ(指示・指図)から》医師の処方箋。医療保険の請求書。

**レセルピン**[reserpin] 生薬ラウオルフィアに含まれるアルカロイド。中枢神経および交感神経末梢に作用して血圧を下げ、中枢の興奮を抑制して鎮静作用を示す。高血圧症・精神病に用いる。

**レソト**[Lesotho](Kingdom of Lesotho) 南ア共和国に囲まれた高原の王国。首都マセル。旧称バストランドで、一九六六年イギリスから独立。焼き畑農業と牧畜が主産業。面積三万km²。人口一五六万(一九八六)。正称レソト王国。

**レゾルシノール**[resorcinol] 化学式 $m\text{-}C_6H_4(OH)_2$ 無色の針状結晶。空気中で酸化されやすい。医薬・ゴム接着剤・防腐剤に利用。レゾルシン。

**レゾルシン**[resorcin] ↓レゾルシノール

**レダ**[Lēdā] ギリシア神話のスパルタ王テュンダレオスの妃。白鳥の姿をかりたゼウスと交わり、ヘレネ・クリュタイムネストラとディオスクロイ(カストルとポリュデウケス)を産む。

**レター**[letter] ①文字。②手紙。用例ラブ「――」。

**レター-ペーパー**[letterpaper] 便箋。

**レタス**[lettuce] キク科の一、二年草。葉は長楕円形または倒卵形。結球葉を食べる玉チシャ、葉が厚く料理のそえものにするサラダ菜など品種が多い。食用。チシャ。↓写

●レタス

**レタックス**《レター とファクシミリの合成語》郵政省が、電子郵便につけた愛称。

**レタッチ**[retouch] 写真製版で、印刷効果を高めるために、透明ポジまたはネガに、補筆や網点の減少など部分的な修正を加える操作。修整。

**レダマ**[retama スペイン・連玉] マメ科の落葉低木。高さ二m前後。地中海沿岸にはえる。葉は線形で小さい。春秋に、枝先に黄色で芳香のある花を総状花序につける。暖地の庭植え・切り花用に栽培。レタマ。

**レタリング**[lettering] 宣伝や広告などで、デザイン効果を考えてつくられた文字。また、その文字を書くこと。

**レチクル**[Reticulum] 南天の小星座。日本からは一部分しか見ることができない。一月一四日ごろの午後八時ごろに南中。面積一一四平方度。

**レチタティーボ**[recitativo イタリア] 音楽で、叙唱。話しことばの口調を音楽に移した声楽様式。オペラやオラトリオで、状況説明や物語を進行させる役割をもつ。レシタティーブ。recitative 比較アリア。

**レチネン**[retinene] ヒトをはじめとする大部分の哺乳類の眼に存在するカロチノイド色素。ビタミンAの誘導体で、オプシンと結合して光感受性のロドプシンになる。レチナール。

**レツ**6画 **【列】** 部首[刂] 教育小3 JIS 4683

列列列列列列

音 レツ

①つらねる。長くならぶ。ならんだもの。「行列」「序列・同列」「隊列・陳列・配列」「列挙・列車・列島・列立」用例(名)――をつくる。②なかま。順序。③くわわる。「参列」「列席」

**列を乱す** ①きちんと並んでいるものを、ばらばらにする。put in disorder ②列に割り込みをしたりして、順序を狂わせる。break into the queue

**レツ**6画 **【劣】** 部首[力] 常用 JIS 4684

音 レツ

訓 おとる

①おとる。力がたりない。対義優。「優劣」「劣悪・劣性・劣勢」②いやしい。「下劣・卑劣」「劣情」③おろか。つたない。「愚劣・拙劣」

**レツ**8画 **【冽】** 部首[冫] JIS 4956

音 レツ・レイ

①はげしい。寒さや風などが、きびしい。「凜冽」②さむい。つめたい。「清冽」③きよい。いさぎよい。水がきよらか。「清冽」

**レツ**9画 **【洌】** 部首[氵] JIS 6216



↓行き先項目、図版・写真参照印。 JIS 日本工業規格情報交換用漢字符号コード(区点コード)。

**レッ** 10画 【烈】 部首[灬] 常用 JIS 4685

音レッ

①はげしい。きびしい。あらい。「強烈・激烈・壮烈・熱烈・猛烈」「烈火・烈日・烈風」 類似 激・劇。②みさおがかたく、気性がつよい。「義烈・忠烈」「烈士・烈女」 ③いさおし。てがら。「遺烈」

**レッ** 11画 【▼捩】 部首[扌] ｜10画【▼捩】異体字 JIS 5764

音レッ・レイ

①ねじる。ひねる。ねじれる。②ねじ。螺旋状の溝のあるもの。③もじる。滑稽にまねて表す。↓レイ[捩]

**レッ** 12画 【▼蛚】 部首[虫]

音レッ

「蜻蛚」は、コオロギ。バッタ目に属する昆虫。

**レッ** 12画 【裂】 部首[衣] 常用 JIS 4686

音レッ

訓さく・さける

①さく。さける。「亀裂・決裂・破裂・分裂」「裂傷」 ②めちゃくちゃになる。「四分五裂・支離滅裂」 ③きれ。織物のきれはし。

**れつ-あく【劣悪】**(名・形動) 品質などの、はなはだしく悪いこと・さま。inferior 対義 優良。

**れつ-い【劣位】** 他よりもおとっている地位・立場・位置。

**れっ-か【列火】** 漢字を組み立てている部分の名。四つ点。連火。「照・焦・烈・然・無」などの下にある「灬」。

**れっ-か【劣化】**(名・サ変自) 品質・性能などが低下すること。deterioration

**れっ-か【烈火】** 激しく燃える火。blazing fire 用例 —のごとく怒る。

**レッカー-しゃ【レッカー車】** 起重機を取りつけた自動車。故障した自動車や駐車違反の車を移動させるのに使う。wrecker

**れっかい-か【裂開果】** 熟すと果皮が乾いて裂け、種子を散らす果実の総称。豆果・袋果・角果などを含む。dehiscent fruit

**れっ-き【列記】**(名・サ変他) 一つ一つ並べて書くこと。list 比較 連記。用例 重要項目を—する。

**れっき-と【▽歴と】**(副)《「れきと」の転。多く「れっきとした」の形で》①身分・家柄などが、世間にじゅうぶん認められているさま。由緒正しいさま。ちゃんとしているさま。歴々。respectable ②明白であるさま。確かであるさま。clear 用例 —した証拠。

**れっ-きょ【列挙】**(名・サ変他) 一つ一つ並べあげること。list 用例 考えられる原因を—する。

**れっ-きょう【列強】** 強い国々。the Great Powers

**レッグウオーマー**[legwarmers] 足を温めるニットの脚絆式のもの。長さはひざ下から足首まで。↓

●レッグウォーマー

**レックス**[Rhex] 写 イエネコの一品種。毛はちぢれ、毛色はさまざま。体形は細長く、やせていて、かたい筋肉質。イギリス・ドイツ原産。

**れっ-こう【列侯】** 多くの大名。諸侯。

**れっ-こう【裂▼肛】** 肛門のふちにできた裂創または潰瘍。もともと、この部位は弾力性が乏しく、硬い便などの通過で裂創ができやすい。痔裂。anal fissure

**れっ-こう【烈公】** 徳川斉昭の諡号。

**れっ-こく【列国】** 多くの国々。諸国。nations

**れっこく-ぎかいどうめい【列国議会同盟】**(Inter-Parliamentary Union) 一八八九年に設立された国際的な国会議員の交流組織。国連の活動に対する支援や国際平和への寄与などを目的とする。本部はジュネーブ。IPU。

**れつ-ざ【列座】**(名・サ変自) 列席。

**レッサー-パンダ**[lesser panda] アライグマ科の哺乳類の一種。体は赤褐色で、体長四〇cm前後。高地にすみ、木の実や植物を主食にする。中国南部からシッキム・ネパールに分布。

**れっ-し【烈士】** 正義の念が強く、節義のかたい人。烈夫。upright man

**れっし【列子】** 中国の道家の思想書。八編。『荘子』に基づく部分、仏教に関係ある部分などが混在し、内容的統一に欠ける。戦国時代の列禦寇の作とされるが、疑わしい。

**れっし-おんど【列氏温度】** 水の氷点を0℃、沸点を八〇℃とする温度目盛りで、一七三〇年フランスの科学者レオミュールが考案。列氏。Reaumur temperature

**れつ-じつ【烈日】** 激しく照りつける太陽。scorching sun 用例 秋霜—。

**れっ-しゃ【列車】** 人や物資を輸送するため、一定の鉄道路線上を運行する一つながりの車両。train 用例 貨物—。数え方 一本・一両。

**れつ-じゃく【劣弱】**(名・形動) おとっていて弱いこと・さま。inferior 対義 剛勇。

**れっしゃ-ダイヤ【列車ダイヤ】** 一定の線路を走る列車の運転状況を図で表したもの。列車番号・種類・通過・停車などを記載。ダイヤグラム。train diagram

**れっしゃ-ひょうしき【列車標識】** 鉄道で、旅客列車や貨物列車などであることを示す標識。先頭車両の白色前照灯、最後部車両の赤色尾灯など。

**れつ-じょ【烈女・列女】** 気性が激しく、操のかたい女性。烈婦。chaste and strong-minded woman 用例 —伝。

**れっ-しょう【裂傷】** 皮膚などのさけてできた傷。laceration

**れつ-じょう【劣情】** 卑しい情欲。性欲。passions

**レッジョ-ディ-カラブリア**[Réggio di Calábria] イタリア南部、カラブリア州の州都。メッシーナ海峡をへだててシチリア島と対する港湾都市。前八世紀ギリシア人が建設。人口一七・八万(一九八五)。

**れつじょでん【列女伝】** 中国、前漢の劉向の著。七巻。舜のときから漢代までの烈女の伝記。母儀・賢明・仁智・貞慎・節義・弁通・孼嬖の七類に分類、後世の詩文、小説・戯曲の材源となった。別名『古列女伝』。

**レッジョ-ネレミーリア**[Reggio nell'Emilia] イタリア、エミリアロマーニャ州の商工業都市。前二世紀ローマ人が建設。人口一三・一万(一九八五)。

**れっ-しん【烈震】** 震度六の地震。家屋の倒壊は三〇%以下で、山崩れが起き、地割れを生じる。多くの人は立っていられないほどの激しい震動。disastrous earthquake →震度図

**レッシング**[Doris May Lessing](一九一九〜) イギリスの女流小説家。南ローデシア育ち。政治・社会問題小説のほかSFも書く。作品『草は歌う』『黄金のノート』など。

**レッシング**[Gotthold Ephraim Lessing](一七二九〜八一) ドイツ啓蒙主義の批評家・劇作家。終始自由な人間の復権のために戦った。喜劇『ミンナ=フォン=バルンヘルム』、劇詩『賢者ナータン』、美学論文『ラオコーン』など。

**れっ-する【列する】**(サ変自他) =列す。①並ぶ。並べる。line up ②仲間に加わる。加える。rank with 用例 台閣に—。

**レッスン**[lesson] ①学課。課業。②教科書などの課目。③日課としてのけいこ・練習。用例 ピアノの—。④授業。練習の指導。

**れっ-せい【列世】** 代々。歴世。歴代。用例 —の天子。

**れっ-せい【列聖】** ①「代々の天皇」を言う敬語。②ローマカトリックで、聖人の位に列すること。

**れっ-せい【劣性】** 両親のもつ遺伝子の対立形質のうち、雑種第一代に表現型として現れない方をいう。潜性。recessive 対義 優性。用例 —遺伝。

**れっ-せい【劣勢】**(名・形動) 勢いがおとっていること・さま。inferior in strength 対義 優勢。

**れっ-せき【列席】**(名・サ変自) 会に出席すること。座に連なること。列座。attend

**レッセ-フェール**[laisser-faire; laissez-faire フランス] 自由放任主義。

**レッテル**[letter オランダ] ①しるしとして商品に付ける紙の札。商標。label ②人物・物事についての評価。用例 じゃじゃ馬の—をはられる。

**レッテルを貼る**(レッテルをはる) 人・物事の値打ちを決めつける。label

**れつ-でん【列伝】** ①紀伝体の史書で、帝王以外の人々の伝記の部分。対義 本紀。用例 史記—。②多くの人々の個々の伝記を並べた本。series of biographies 用例 剣豪—。③「列伝体」の略。

**れつでん-たい【列伝体】** 中国の歴史記述の一形式。列伝の形をとるもの。biographical style 比較 紀伝体・編年体。

**レッド**[red] ①赤。②左派。左翼。共産主義者。

**れっ-とう【列島】** 連なり並ぶ多くの島。archipelago 用例 日本—。

**れっ-とう【劣等】**(名・形動) 程度・品質が、ふつうよりおとっていること・さま。inferior 対義 優等。

**れっとう-かん【劣等感】** 自分が他人よりおとっているという感情。inferiority complex 対義 優越感。

**れっとう-じょうちゅう【裂頭条虫】** 宿主に吸着するための二個の縦溝が頭(=頭節)にある条虫。たくさんの節(=片節)からなる扁平で細長い寄生虫の総称。代表的なのは広節裂頭条虫で、長さ一〇m。ヒト・イヌ・ネコなどの腸管内に寄生。

**レッドウッド**[redwood] セコイア(アメリカスギ)の建築用材としての名。

**レッド-データ-ブック**[Red Data Book] スイスに本部を置く国際自然保護連合(IUCN)が一九六六年、野生生物を絶滅の危険性の程度によってランク分けして発行した刊行物。表紙に危険信号を意味する赤色を使用したのが名称の由来。日本では昭和六一年(一九八六)、国内の約一〇〇〇種を対象に環境庁が「日本版レッド・データ・ブック」の作成に着手した。

**レッドデーニッシュ-しゅ【レッドデーニッシュ種】** デンマーク原産のウシの品種の一つ。乳牛だが、強健で肥育にも適し、肉質もよい。Red Danish

**レッド-テープ**[red tape]《イギリスで公文書を正式に縛るとき、赤テープを用いたことから》お役所的・官僚的な過度の形式主義。繁文縟礼。

**レッド-パージ**[red purge] 共産党員やその同調者を職場、とくに公職から解雇すること。日本では昭和二五年(一九五〇)、GHQの勧告で言論関係者・公務員などに多数の追放者が出た。

**レッドフォード**[Robert Redford](一九三七〜) アメリカの映画俳優。主演作『明日に向って撃て!』『スティング』など。

**レッドベリー**[Leadbelly](一八八〇ごろ〜一九四九) アメリカの伝説的黒人民謡歌手・作曲家。数多くの民謡を民衆のフィーリングで歌った。

**れっ-ぱい【劣敗】** おとっているものが競争に負けること。用例 優勝—は、世のならい。

**れっ-ぱく【裂▼帛】**《きぬをさく、の意》①鋭い音や高いさけび声の形容。sharp 用例 —の気合い。②ホトトギスの悲しげな鳴き声の形容。shrill

**れっ-ぱん【列藩】** 多くの藩。諸藩。用例 奥羽—同盟。

**れっ-ぷ【烈婦】** 烈女。chaste and strong-minded woman

**れっ-ぷう【烈風】** ①激しい風。violent wind ②気象用語では、木の幹を動かすほどの強風。violent storm

**れつ-ベクトル【列ベクトル】** ただ一つの列からなる行列。column vector

**レッペ-はんのう【レッペ反応】** 適当な触媒と圧力を利用してアセチレンから種々の化合物を合成する反応。ドイツの科学技術者ウオルター=レッペらが開発。Reppe reaction

**れつ-りつ【列立】**(名・サ変自) 並び立つこと。

**れつ-れつ【烈烈】**(形動トタル) 勢いが激しくさかんなさま。violent; intense 用例 —たる闘志。

**レテ**[Lēthē ギリシア] ギリシア神話で冥界にある忘却の川。死者はこの川の水を飲んで、この世の記憶を忘れる。

**レディ**[Francesco Redi](一六二六〜九七) イタリアの医師・博物学者・詩人。ウジは自然発生するのではなく、ハエの生みつけた卵から発生することを実験的に示した。著書『昆虫の発生』、詩集『トスカナのバッカス』。

**レディ**[Helen Reddy](一九四一〜) アメリカの女性ポピュラー歌手。オーストラリア生まれ。ヒット曲『私は女』など。

**レディー**[lady] 貴婦人。淑女。対義 ジェントルマン。

**レディー-ファースト**[lady first] 婦人を優先させること。女性尊重。

**レディー-メード**[ready-made]《ready-made clothingから》できあいの服。既製服。転

▼常用漢字表外。 ▽常用漢字表の音訓外。

じて、できあい。既製。対義オーダーメード。

**レディネス**[readiness] 学習や教育が効果的に行われるために必要な学習者の側の下地・準備ができていること。個人の一般的発達水準と、学習のための知識・技能の修得がある。

**レティフ-ド-ラ-ブルトンヌ**[Nicolas Edme Restif de La Bretonne](一七三四〜一八〇六) フランスの小説家。写実主義の先駆者。作品『堕落百姓』『ムッシュー-ニコラ』など。

**レト**[Lētōギリ] ギリシア神話のティタン神族の一人。ゼウスに愛されてヘラの嫉妬をかい、妨害をうけたが、デロス島でアポロン・アルテミスの母となる。

**レトキ**[Theodore Roethke](一九〇八〜六三) アメリカの詩人。初期には自由詩体を示したが、のち理知的色彩が強くなる。詩集『迷える息子』『目覚め』など。

**レトリック**[rhetoric] ①ことば・文章の効果を高めるための技術。修辞学。②口先だけのたくみなことば。美辞麗句。

**レトリバー**[retriever] カモ猟やウサギ猟に用いられる猟犬。盲導犬としても活躍するラブラドル-レトリバーなど、いくつかの種類がある。

**レトルト**[retort] ①ガラスまたは金属製の気体発生装置兼蒸留装置。フラスコの首の曲がったもの。反応の種類に応じて、白金・銀・鉄・錫などを用いたものもある。②石炭ガスを製造するための乾留装置。

**レトルト-しょくひん**[レトルト食品] アルミ箔と合成樹脂で作ったパック(レトルトパウチ)に詰めた完全調理ずみの食品。製造原理は缶詰と同じ。食前にパックごと湯で温める。保存期間は約一〇か月。レトルトパウチ食品。pouch-packed foods

**レトロウイルス**[retorovirus] RNAを遺伝子としてもつ腫瘍ウイルスの一群。白血病ウイルス・肉腫ウイルスなど。

**レナ-エニセイ-たんでん**[レナ-エニセイ炭田](Lena-Yenisei Bassein) ソ連、中央シベリア高原一帯の炭田。埋蔵量は同国全体の七割にも達するが、大半は未開発。

**レナ-がわ**[レナ川](Lena) ソ連、バイカル湖の西方山地から東シベリアを北東に流れ、北極海に注ぐ大河。長さ四三〇〇km。半年間は氷結。

**レニウム**[rhenium] 金属元素。記号Re 原子番号七五。原子量一八六。比重二一・二。単体は銀白色、粉末は黒色で発火性。触媒や電子工業用材料に使用。

**レニエ**[Henri de Régnier](一八六四〜一九三六) フランスの詩人・小説家。格調正しい優雅な詩を書いた。詩集『水の都』、小説『深夜の結婚』など。

**レニエ**[Mathurin Régnier](一五七三〜一六一三) フランスの詩人。詩集『風刺詩集』。

**レニン**[rennin] ↓レンニン

**レニングラード**[Leningrad] ソ連第二の大都市。同国西部、バルト海のフィンランド湾に注ぐネバ川のデルタにある。一七〇三年ピョートル大帝の築いた都で、一九一八年までロシア帝国の首都。人口四九〇・四万(一九八六)。旧称ペテルブルグ・ペトログラード。

**レニングラード-バレエだん**[レニングラード-バレエ団](Leningradsky teatr opery i baleta imeni S.M.Kirovaロシ) ソ連の代表的なバレエ団。正式にはキーロフ記念レニングラード国立オペラ-バレエ劇場バレエ団。一七四二年の起源とされ、一九三五年に現名称となる。

**レニングラード-フィルハーモニー-こうきょうがくだん**[レニングラード-フィルハーモニー交響楽団](Simfonichesky orkestr Leningradskoy filarmonyロシ) ソ連最初の国立オーケストラ。一九二一年発足。ムラビンスキーが常任指揮者となり世界的な実力をもつにいたる。Leningrad Philharmonic Orchestra

**レネ**[Alain Resnais](一九二二〜) フランスの映画監督。作品『夜と霧』『二十四時間の情事』『去年マリエンバードで』など。

**レノグラム**[renogram] 放射性同位体を利用した腎機能の検査法。患者に負担を与えずに検査できるのが利点。

**レノン**[John Lennon](一九四〇〜八〇) イギリスのロック演奏家・作曲家。ビートルズの中心として世界のポピュラー音楽界に大きな影響を与える。ニューヨークで凶弾に倒れた。

**レバー**[lever] 軸を回転させるため、軸に直角に付けたにぎり。自動車の変速装置の操作棒など。てこ。槓杆。

**レバー**[liver] 食品として用いる、牛や豚などの肝臓。各種のビタミン・鉄分などに富む。レバ。

**レパートリー**[repertoire] ①劇団・音楽家などが、いつでも上演・演奏できるよう用意している作品・種目。用例——が広い。②得意な分野。守備範囲。

**レパートリー-システム**[repertory system] 演劇興行の形態。劇団や劇場などが、一シーズンの上演演目をあらかじめ発表し、それをかわるがわる上演する方法。

**レバー-ペースト**[liver paste] 牛・豚・鶏の肝臓を加熱してすりつぶし、裏ごしして調味したもの。栄養価が高い。パンなどに塗る。

**レハール**[Franz Lehár](一八七〇〜一九四八) オーストリアの作曲家。オペレッタ作曲家として活躍。オペレッタ『メリー-ウィドー』、ワルツ『金と銀』など。

**レバノン**[Lebanon](Republic of Lebanon) 西アジア、地中海に臨む共和国。首都ベイルート。一九四四年フランスから独立。海岸部は地中海性気候で果実の栽培がさかん。面積一・〇五万km²。人口二七一万(一九八六)。正称レバノン共和国。

**レバノン-さんみゃく**[レバノン山脈](Jabal Lubnān) レバノン中部、地中海に沿って南北に連なる山脈。最高峰クルネット-エス-サウダ山は標高三〇八八m。

**レバレッジ**[leverage] 企業などが、借入金などの他人資本を梃子として利用し、自己資本利益率を高めること。レバレッジ効果、または梃子の効果ともいう。

**レパント-おき-の-かいせん**[レパント沖の海戦] 一五七一年ギリシアのレパント沖で、スペイン、ベネチア、ローマ教皇の連合艦隊がトルコ艦隊を壊滅させた海戦。オスマン-トルコに対する西欧の最初の勝利。Battle of Lepanto

**レビき**[レビ記](Leviticus) 『旧約聖書』のモーセ五書の一つ。祭儀にかかわる細かい規定を記述。

**レビ-ストロース**[Claude Lévi-Strauss](一九〇八〜) フランスの代表的な文化人類学者。ベルギー生まれ。構造主義の手法を創唱。コレージュ-ド-フランスの初代社会人類学教授。著書『悲しき熱帯』など。

**レビ-ブリュール**[Lucien Lévy-Bruhl](一八五七〜一九三九) フランスの哲学者・社会学者。デュルケームに共鳴して社会学的立場をとり、未開社会における思考の研究で知られる。著書『未開社会の思惟』など。

**レビ-モンタルチーニ**[Rita Levi-Montalcini](一九〇九〜) イタリアの細胞生物学者。神経成長因子を発見した業績で、一九八六年ノーベル生理学医学賞受賞。

**レビュー**[review] 批評。評論。用例ブック「——」。

**レビュー**[revueフラ] 歌と踊りを中心とした、寸劇・曲芸などを組み合わせたスペクタクルショー。

**レフ** ①「レフレックス-カメラ」の略。②「レフレクター」の略。

**レフ**[LEF] 芸術左翼戦線。マヤコフスキーら旧未来派系を中心とするソ連の文学グループで、一九二二年から二九年まで存続。

**レファレンス**[reference] ①参考。参照。②図書館で、参考資料を収集し、調査・回答するなど、利用者の便宜をはかる業務。

**レファレンス-グループ**[reference group] ↓じゅんきょしゅうだん(準拠集団)

**レファレンス-サービス**[reference service] 公共図書館などで、情報・資料の提供など、館員によって行われる利用者への個別的サービス。

**レファレンダム**[referendum] 国民投票。直接民主制の一つとして、特定の議案の可否について国民が直接投票で決すること。

**レフェリー**[referee] 球技・格闘技などで、競技場内で試合を管理したり採点したりする人。審判員。

**レフェリー-ストップ**[referee stop] ボクシングで、選手の負傷などで試合の続行が不可能であるとレフェリーが判断して試合を中止すること。

**レプチャ-ご**[レプチャ語] シナ-チベット語族チベット-ビルマ語派に属する言語。主に、インドのシッキム地方に住むレプチャ族が用いる。Lepcha

**レプチャ-ぞく**[レプチャ族] シッキム・ネパール東部・ブータン西部に居住し、レプチャ語を用いる少数民族。人口約三万。チベット・ネパールの文化的影響が大。宗教はラマ教。ロン。Lepcha

**レフト**[left] 対義ライト。①左。左側。②急進派。③野球で、左翼手。また、その守備領域。

**レプトシホン**[Leptosiphon] ハナシノブ科の一年草。高さ約三〇cm。五〜九裂した掌状葉をつけ、春、頂部に径約二cmの五弁花が咲く。花色は藤・淡紅・青・白。カリフォルニア原産。

**レプトスピラ-しょう**[レプトスピラ症] スピロヘータ科に属する微生物レプトスピラの感染による急性疾患。代表的なものはワイル病で、高熱・黄疸・出血・蛋白尿が特徴。ネズミの媒介によるとされる。leptospirosis

**レプトスペルマム**[leptospermum] 鉢花として栽培される常緑低木。線形の小葉を互生し、ウメの花に似た五弁花が多数咲く。オーストラリア・ニュージーランド原産。

**レプトセファルス**[leptocephalus] ウナギ・アナゴ・ウツボ・ギスなどの魚類の特異な形をした幼生。成魚の形とは違い、透明で柳葉状。全長三〇cm余になる種もある。レプトケファルス。

**レプトン**[lepton] 電子・中性微子・ミュー粒子・タウ粒子など、強い相互作用をしない、スピン二分の一の素粒子の総称。軽粒子。

**レプラ**[Lepraドイ] ハンセン病。Hansen's disease; leprosy

**レフラー**[Friedrich August Löffler](一八五二〜一九一五) ドイツの細菌学者。ジフテリア菌を発見し純粋培養に成功。コッホ伝染病研究所長をつとめた。

**レプリカ**[replica] ①複製品。模造品。②絵画などの、模写・模作。

**レフレクター**[reflector] =リフレクター・レフ。①銀紙などを張った反射板。反射鏡。②写真撮影で使われる採光反射板。

**レフレックス-カメラ**[reflex camera] レンズからの入射光を鏡で反射させ、ピントグラスに結像させてピントや撮影範囲をきめる方式のカメラ。一眼レフ・二眼レフなど。リフレックス。

**れぶん**[礼文]〈町〉 北海道北部、日本海に浮かぶ礼文島全域を町域とする町。昆布・スケトウダラなどの漁業と観光が主体。人口五四五九(一九八八)。

**れぶん-とう**[礼文島] 北海道北端近くの島。面積八一・七km²。利尻島の北約一〇kmにあるテーブル状の島。礼文岳(四九〇m)があり、レブンソウ・レブンウスユキソウなどの高山植物で知られ、利尻礼文サロベツ国立公園に属する。

**レベラーズ**[Levellers] 一七世紀イギリスのピューリタン革命における急進派。中層以下の市民・農民が中心で、リルバーンが指導。一六四七年、人民協約を提案したが、クロムウェルに弾圧され崩壊。水平派。平等派。

**レベル**[level] ①水準器。②水準。標準。③段階。用例民間——。

**レベル-アップ**(名・サ変自他)《和製語》水準が上がること。また、上げること。質がよくなること。raise the level of

**レベル-ダウン**(名・サ変自他)《和製語》水準が下がること。また、下げること。lower the level

**レポ** ①「レポート」「レポーター」の略。②連絡員。とくに非合法の政治活動で、連絡にあたった者。

**レポーター**[reporter] ①報告者。②現地報告をする記者。通信員。レポ。

**レポート**[report] =リポート・レポ。①報告。報告書。報告記事。②学生の研究小論文。

**レポ-せん**[レポ船]《レポはレポートから》日本の情報や電子機器などの物品提供と引き換えに、ソ連領海内での操業を黙認されている漁船。

**レボルバー**[revolver] 弾倉回転式拳銃。また、その弾倉もいう。引き金を引くたびに銃身の後部にある蓮根状の弾倉が回転して連続的に弾丸を発射する。リボルバー。

**レマルク**[Erich Maria Remarque](一八九八〜一九七〇) ドイツの小説家。戦争悲劇を主題とする問題作を発表した。作品『西部戦線異状なし』『凱旋門』『愛する時と死する時』など。

**レマン-こ**[レマン湖](Lac Léman) スイス西部、フランスとの国境沿いにある湖。面積五八〇km²、最大深度三一〇m。湖畔にはジュネーブ・ローザンヌ等の都市がある。ジュネーブ湖。

**レ-ミゼラブル**[Les Misérables] ユゴーの小説。一八六二年刊。『噫無情』の邦訳題名で知られる。主人公ジャン=バルジャンの運命を描き、社会悪を告発する。

**レミング**[lemming] ネズミ科の哺乳動物。体長約一五cm。三〜四年周期で大発生し、

●レミング　ウッドレミング

集団移動をする。ユーラシア大陸とアメリカ大陸の北部に分布。タビネズミ。→写

**レム**【rem】《roentgen equivalent in man の略》放射線の人体への影響の度合いを示す線量当量。一八八九年に新単位のシーベルト(Sv)に変わった。1Sv＝100rem

**レム-すいみん**【レム睡眠】《「レム」は Rapid Eye Movement から》熟睡しているのに脳波に覚醒波が見られ、急激な眼球運動がたびたびおこり、夢を多くみる状態の睡眠。成人では全睡眠の四分の一ほど。逆説睡眠。REM sleeping

**レムニスケート**【lemniscate】方程式 $(x^2+y^2)^2=2a^2(x^2-y^2)$ で与えられる曲線。連珠形。→図

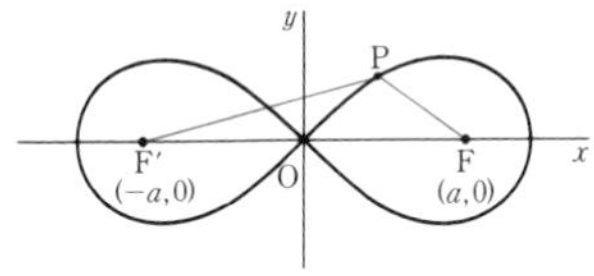

$FP \times F'P = a^2$(一定)
●レムニスケート

**レモネード**【lemonade】レモン果汁に砂糖を加え、水で薄めた飲料。ソーダ水で薄めたものも含まれる。レモナード。

**れもん**【▼檸▼檬】梶井基次郎の小説。処女作で代表作。大正一四年(一九二五)発表。青春の不安を表現し、詩的結晶度が高い。

**レモン**【lemon・檸檬】ミカン科の常緑小高木。高さ三m前後。亜熱帯性の柑橘類。とげがあり、葉は淡緑色。五月に外側は紫色で内側は白の花が咲き、初冬に熟す果実は紡錘形。果皮は鮮黄色で芳香がある。果汁は豊富で酸味が強く、ビタミンCが多い。主として調味料および飲料用。→写

**レモン**【Jack Lemmon】(一九二五―) アメリカの映画俳優。主演作『お熱いのがお好き』『アパートの鍵貸します』など。

**レモン-イエロー**【lemon yellow】鮮やかな緑がかった黄色。熟したレモンの果皮のような色。レモン色。

**レモン-グラス**【lemon grass】おもに暖地で栽培されるイネ科の多年草。香料植物の一つ。高さ一・五m前後。葉は線形。大形の円錐花序をつける。茎葉からレモングラス油をとる。レモンソウ。→写

●レモングラス

**レモン-スカッシュ**【lemon squash】レモン果汁に砂糖を加え、冷やしたソーダ水で薄めた飲料。

**レモン-ティー**《和製語》レモン汁をたらしたり、レモンの薄切りを浮かせたりした紅茶。tea with lemon

**レユニオン-とう**【レユニオン島】(Réunion) インド洋西部、マダガスカル島の東にある火山島。中心都市サンドニ。面積二五〇〇km²。フランスの海外県。サトウキビ、香料などを産する。

**レリーフ**【relief】浮き彫り。

**レリジオ-ポリティックス**【religio-politics】自国の政治的行為を神の意思に結びつけ、国民の宗教信仰にからませながら行っていく政治。第二次大戦前の日本の「神国」思想やイランのホメイニ師のやり方がその例。

**れる**（助動 下一型）《五段・サ変の動詞の未然形に付く》①受身の意を表す。passive 用例人に笑わ―。②尊敬の意を表す。honorific 用例先生が言わ―。③可能の意を表す。possible 用例一日に四〇キロは行か―。④自然にそうなること(＝自発)の意を表す。spontaneous 用例故郷がしのば―。参考可能・自発には命令形がない。

**レルビエ**【Marcel L'Herbier】(一八九〇―一九七九) フランスの映画監督。無声映画期から活躍。作品『エルドラド』『生けるパスカル』など。

●レモン

**レロアール**【Luis Federico Leloir】(一九〇六―一九八七) アルゼンチンの生化学者。炭水化物の生合成における糖ヌクレオチドを発見し、その役割を研究。一九七〇年ノーベル化学賞受賞。

**レン** 10画【連】部首[辶]しんにゅう 教育小4 JIS 4702 ／ 11画【▼連】部首[辶]しんにゅう 旧字
音 レン
訓 **つらなる・つら**ねる・**つ**れる

連連連連連連

①《聯とも》㋐つらなる。つらねる。つらなり。つづき。「一連・関連」「連結・連合・連接・連想・連続・連邦・連盟・連絡」㋑連合・連合組織や連邦・連盟などのこと。「国連・水連・全学連・ソ連」②つづけて。しきりに。「連呼・連日・連戦連勝」用例《接頭的》―安打。③つれる。ともなう。「連行」④つれ。なかま。「連中」用例(接尾)文士―。⑤《聯とも》㋐柱・壁などに左右相対してかける、対句などをかいた細長い板。用例(名)竹の―。㋑漢詩の律詩での対句。㋒詩などの区切りを数えるのに用いる。用例(助数)この詩の二―につき。⑥《嗹とも》洋紙一〇〇〇枚を一単位として数えるのに用いる。用例(助数)一―ずつ。⑦むらじ。飛鳥・奈良時代の姓の一つ。

**レン** 10画【恋】部首[心]こころ 常用 JIS 4688 ／ 23画【▼戀】旧字 JIS 5688
音 レン
訓 **こう・こい・こ**いしい

こい。したう気持ち。こう。こいしくおもう。比較愛。「失恋・悲恋」「恋愛・恋情・恋慕・恋々」

**レン** 13画【廉】部首[广]まだれ 常用 JIS 4687 ／ 13画【▼廉】旧字
音 **レン**

①いさぎよい。心が正しくて、利益にひかれない。類似潔。「清廉潔白・破廉恥」「廉潔・廉直廉」②やすい。値段がやすい。類似安。「低廉」「廉価・廉売」③かど。㋐箇条。点。㋑理由。

**レン** 13画【▼楝】部首[木]きへん JIS 6034
音 レン

おうち。センダン。センダン科の落葉高木。

**レン** 13画【▼煉】部首[火]ひへん ／ 12画【▼煉】異体字 JIS 4691
音 レン

①ねりかためる。「煉瓦」「精煉」②ねる。金属をとかして、ねりきたえる。

**レン** 14画【▼嗹】部首[口]くちへん JIS 5156

音 レン
①くどくどという。多言のさま。②英語 ream の音訳字。洋紙一〇〇〇枚を一単位として数えるのに用いる。連。用例(助数)上質紙三―。

**レン** 14画【▼蓮】部首[艹]くさかんむり ／ 13画【▼蓮】異体字 JIS 4701
音 レン

ハス。スイレン科の水生多年草。はちす。「紅蓮・白蓮」「蓮華・蓮根・蓮台・蓮府・蓮歩」

**レン** 14画【▼漣】部首[氵]さんずい ／ 13画【▼漣】異体字 JIS 4690
音 レン

①さざなみ。細かにたつ波。さざなみがたつ。②なみだをこぼすさま。

**レン** 14画【練】部首[糸]いとへん 教育小4→教育小3 JIS 4693 ／ 15画【▼練】旧字
音 **レン**
訓 **ね**る

練練練練練練

ねる。きたえる。ねれる。なれる。比較錬。「訓練・試練・修練・熟練・精練・洗練・老練」「練習・練達」

**レン** 15画【▼匳】部首[匚]はこがまえ JIS 5029 ／ 14画【▼奩】部首[大]だいかんむり 異体字 JIS 5294
音 レン

はこ。くしげ。櫛・鏡・香などをいれるはこ。

**レン** 15画【▼憐】部首[忄]りっしんべん ／ 16画【▼憐】異体字 JIS 4689
音 レン

あわれむ。いじらしくおもう。「可憐」「憐憫」

**レン** 15画【▼輦】部首[車]くるま JIS 7751
音 レン

①てぐるま。こしぐるま。人の手でうごかす車。また特に、屋根の上に鳳凰をつけた天子の乗り物。「鳳輦」②こし。てごし。たごし。「葱華輦」

**レン** 16画【▼濂】部首[氵]さんずい JIS 6318 ／ 13画【▼溓】異体字
音 レン

①うすい。味がうすい。②わずかな水のながれ。

**レン** 16画【錬】部首[金]かねへん 常用 JIS 4703 ／ 17画【▼鍊】旧字
音 **レン**

ねる。金属をとかして、ねりきたえる。「精錬・鍛錬」「錬金術・錬磨」

**レン** 17画【▼斂】部首[攵]ぼくにょう JIS 5844
音 レン

①おさめる。㋐とりあげる。「苛斂誅求・収斂」㋑遺体を棺にいれる。②しまる。ちぢまる。「収斂」

**レン** 17画【▼瞼】部首[月]にくづき JIS 7132
音 ケン・レン

①まぶた。まなぶた。下まぶた。②かお。顔面。

**レン** 17画【▼殮】部首[歹]がつへん
音 レン

①おさめる。遺体を棺にいれる。②かりもがり。もがり。あらき。遺体をほうむるまえ、棺におさめて仮に安置すること。

**レン** 17画【▼縺】部首[糸]いとへん JIS 6965
音 レン

もつれる。①糸がいりみだれて、とけなくなる。むすぼれる。②混乱する。③おもうようにうごかない。

**レン** 17画【▼聯】部首[耳]みみへん JIS 4694 ／ 15画【▼聨】異体字 JIS 7063
音 レン

①つらなる。つらねる。つらなり。つづき。「関聯」「聯句・聯珠・聯帯・聯盟」②二つ相対させて対にしたもの。連。「聯句」

**レン** 18画【▼鎌】部首[金]かねへん 人名用 JIS 1989 ／ 18画【▼鎌】旧字
音 レン

かま。草などをかる農具。

**レン** 19画【▼簾】部首[竹]たけかんむり JIS 4692
音 レン

すだれ。す。竹やアシなどを編んでつくった、とばり。「垂簾」「簾中」

**レン** 19画【▼鏈】部首[金]かねへん JIS 7926
音 レン

①くさり。チェーン。②鉛のあらがね。まだ精錬してない鉛。

**レン** 20画【▼蘞】部首[艹]くさかんむり
音 レン

①ヤブガラシ。ブドウ科のつる性多年草。ひさごづる。びんぼうかずら。②えぐい。えごい。いぐい。いがらっぽい。

**レン** 20画【▼瀲】部首[氵]さんずい JIS 6350
音 レン

①水のみちあふれるさま。②うかぶ。うかびただよう。③みぎわ。なみうちぎわ。

▼常用漢字表外。　▽常用漢字表の音訓外。

**レン**【▾鰊】20画 部首[魚]うおへん JIS 8257
音 レン
ニシン。ニシン科の海水魚。

**レン**【▾孌】22画 部首[女]おんな
音 レン
うつくしい。みめよい。うるわしい。

**レン**【▾鰱】22画 部首[魚]うおへん
音 レン
タナゴ。コイ科の淡水魚。

**レン**【▾攣】23画 部首[手]て JIS 5827
音 レン
①かかわる。つらなる。②ひく。ひっぱる。③ひきつる。こわばる。「痙攣」

**レン**【▾臠】25画 部首[肉]にく JIS 7140
音 レン
①きりにく。きりみ。肉をきったもの。②みそなわす。御覧になる。「見る」の敬語。

**レン**【Ludwig Renn】(一八八九〜一九七九)ドイツの小説家。作品『戦争』『戦後』、児童文学『トリーニ』など。

**れん-あい**【恋愛】(名・サ変自) 特定の異性に対して強い愛情をいだくこと。恋。love

**れんあい-けっこん**【恋愛結婚】 恋愛で結ばれた結婚。love match; marriage for love 対義 見合い結婚。

**れんうん-こう**【連雲港】 中国、江蘇省北東部、黄海沿岸の港湾都市。付近は塩田が多く、製塩業が発達。人口四四・六万(一九八四)。旧称新海連。リエンユン港。

**れん-おん**【連音】 通常は発音されない語尾の子音が、次の語頭の母音と結合して発音されるようになること。フランス語の特徴の一つ。リエゾン。liaison

**れん-か**【恋歌】 異性間の情愛をうたった歌・和歌。こいうた。

**れん-か**【廉価】(名・形動) 値段が安いこと・さま。安価。low-price 対義 高価。

**れん-が**【連火】↓れっか(列火)

**れん-が**【連歌】 短歌形式から派生した日本独特な文芸。平安時代から室町時代に流行し、江戸時代に俳諧にひきつがれた。短歌の五七五の上の句(長句)と、七七の下の句(短句)とを交互に数人でよみあうもの。二句で完了する一句連歌(短連歌)と、長句(発句)・短句(脇)・長句(第三)と順次よみ連ねる鎖連歌(長連歌)とがある。一〇〇句連ねる百韻が基本、他に五十韻・歌仙(三六句)などもある。比較 連句・俳諧。

**連歌と盗人は夜が良い**(れんがとぬすびとはよるがよい) 連歌を詠むには静かな夜がよいということと、盗人の仕事も夜がやりやすいということとを並べたもの。

**れんが**【▾煉▾瓦】 砂と粘土などを練って成型し、焼いたもの。建築・土木材料。brick

**れん-かく**【▾蓮角】 足指と爪がたいへん長く、スイレンの葉の上などを歩くレンカク科の鳥。全長約三五cm。尾が長い。沼沢地にすみ、浮き草の上を歩きながら水生昆虫を捕食。南アジアに分布。日本で見られるのは迷鳥。pheasant-tailed jacana

**れんが-し**【連歌師】 連歌の専門作者。連歌の宗匠。連歌にたくみな人。

**れんが-づくり**【▾煉▾瓦造(り)】 煉瓦を積んで造った家・門・塀。brickwork

**れん-かん**【連▾桿】↓れんせつぼう(連接棒)

**れん-かん**【連管】 日本音楽の尺八楽で、吹奏者二人以上の演奏をいう。厳密には斉奏のことで、二つ以上の旋律を奏する場合には「吹き合わせ」という。

**れん-かん**【連関・▾聯関】(名・サ変自) ①つながりをもつこと。かかわり。関連。connection; relation ②いくつかの物事が関係をもち、全体として統一されていること。linkage ③↓れんさ(連鎖)③

**れん-き**【連記】(名・サ変他) 名前などを並べて書くこと。plural entry 比較 列記。対義 単記。

**れん-ぎ**【連木】 すりこぎ。

**連木で腹を切る**(れんぎではらをきる) しようとしても、できもしないことのたとえ。

**れんき-とうひょう**【連記投票】 一人の選挙人が複数の被選挙人の名前を列記して投票する制度。plural ballot 対義 単記投票。

**れん-きゅう**【連休】 休日が連続すること。続いた休日。consecutive holidays

**れん-ぎょ**【▾鰱魚】 アジア大陸原産のコイ科の淡水魚。全長一mに達し、プランクトンを食す。アジア東部に分布。日本では利根川水系に生息。

**れん-ぎょう**【連▾翹】 ①モクセイ科の落葉低木。高さ一〜二・五m。枝は長く下垂し、葉は卵形。早春に葉の出るのに先だって径約二・五cmの黄花を開く。観賞用。果実は薬用。イタチグサ。②生薬の一つ。①の果実を乾燥したもの。解毒・消炎・排膿・利尿などの作用がある。weeping golden bell ↓写

●レンギョウ①

**れん-ぎん**【連吟】(名・サ変自) 謡曲で、ある部分を二人以上の者がそろってうたうこと。

**れんきん-じゅつ**【錬金術・▾煉金術】 卑金属を貴金属に変えようとし、また、不老長寿の薬をつくろうとした原始的な化学技術。古代エジプトに始まり、ギリシア・アラビアを経て一二世紀半ばにヨーロッパに伝わり、一八世紀の近代化学成立まで行われた。alchemy

**れん-く**【連句】 「俳諧連歌」の発句(第一句)が独立したものを明治以後に俳句とよび、これと区別して、二句以上連ねる形式を連句という。連歌と同じく五七五の長句に七七の短句をつけ、以下、長短の句を交互に連ね、ふつう一〇〇句または三六句で一巻。最後の短句を挙句という。蕉風連句では余韻を重んじ、文芸性が高い。比較 連歌。

**れん-く**【▾聯句】 ①中国の古典詩で、二人以上が同じ韻で交互に句を連ね、一首の詩を作ること。②律詩の中の二句をまとめた称。聯。

**レングス**【length】 服飾で、長さ・丈など上から下にかけての縦の長さ。コート丈はコートレングス、ドレスの床までの裾いっぱいの丈はフルレングスという。

**れん-げ**【▾蓮華・▾蓮花】 ①ハスの花。②ゲンゲ・レンゲソウのこと。③《「散り蓮華」の略》陶で作られた匙。

**れん-けい**【連係・連▾繋・▾聯▾繋】(名・サ変自他) 互いにつながること。つなぐこと。つながり。connection 用例 —プレー。

**れん-けい**【連携】(名・サ変自) 連絡をとりあって物事を行うこと。cooperate 用例 —をたもつ。

**れんげ-ざ**【▾蓮華座】《仏教語》仏像で、仏・菩薩のすわるハスの花の形をした台座のこと。蓮台。蓮華台。

**れんげ-しょうま**【▾蓮華升麻】《花がハスに、葉がショウマに似ることから》本州太平洋側の深山にはえるキンポウゲ科の多年草。高さ約八〇cm。夏、茎の上部に淡紫色の美花が咲く。↓写

**れんげ-そう**【▾蓮華草】 マメ科の二年草。高さ一〇〜二五cm。茎は根もとで多数分枝。葉は羽状複葉。春に紅紫色の蝶形の花を花柄の先に輪状につける。緑肥。養蜂の蜜源植物。ゲンゲ。レンゲ。Chinese milk vetch ↓写

**れんげぞう-せかい**【▾蓮華蔵世界】《仏教語》①『華厳経』『梵網経』に説かれた浄土観で、毘盧舎那仏のいる世界。華蔵界。②浄土教で阿弥陀仏の極楽浄土。

**れん-けつ**【廉潔】(名・形動) 欲がなく、心や行いによごれたところのないこと・さま。清廉潔白。integrity 用例 —の士。

**れん-けつ**【連結】(名・サ変他) つなぎ合わせること。connect

**れんけつ-き**【連結器】 鉄道などの車両を連結する装置。coupling

**れんけつ-けっさん**【連結決算】 親会社と子会社・関連会社を含めた決算。会社としては法的に独立していても経済的実体としては同一体とみなしうる企業集団の決算処理。

**れんけつ-ざいむしょひょう**【連結財務諸表】 親会社と関連子会社を一つの事業体とみなして作成する財務諸表。consolidated statements

**れんげ-つつじ**【▾蓮華▾躑▾躅】 高原にはえるツツジ科の落葉低木。高さ一〜二m。葉はへら形で有毛。初夏に朱赤色、黄色の花が咲く。観賞用にも栽培。↓ツツジ 写

**れんげつに**【▾蓮月尼】↓おおたがきれんげつ(太田垣蓮月)

**れん-こ**【連呼】(名・サ変他) 続けざまに同じ名やことばを言うこと。shout repeatedly

**れん-ご**【連碁・▾聯碁】 囲碁で、双方が二人以上のチームを組み、一定数の手を交代して打ち進める競技法。交代の手数は五手、一〇手などあるが一手交代のときはとくに「一手碁」という。

**れん-ご**【連語】 二つ以上の単語が連結して一つのまとまった意味を表し、一つの単語と等しい働きをもつもの。「なくもがな」「のるかそるか」など。collocation 参考 二語以上の単語の結合で、まだ文になっていないものをいうこともある。「なければならない」など。

**れん-こう**【連行】(名・サ変他) 犯人などを連れていくこと。take a person

**れん-こう**【連衡】 中国、戦国時代の縦横家(策士)張儀が唱えた外交政策。強大国の秦が個別に他の六国(韓・魏・趙・楚・燕・斉)と東西(横)に連合する策。参照 合従。

●レンゲショウマ

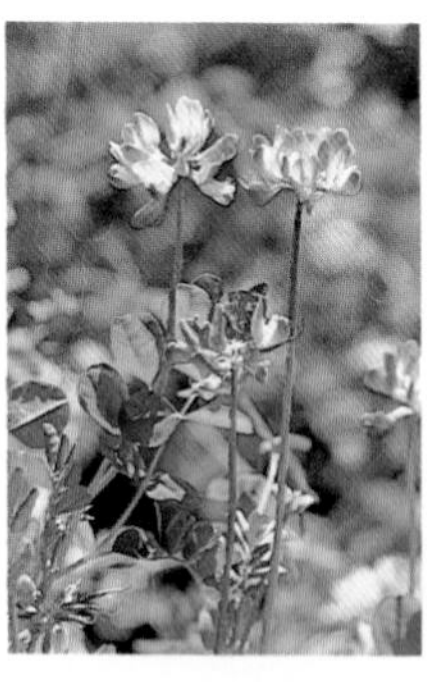

●レンゲソウ

**れん-ごう**【連合・▾聯合】 一(名・サ変自他) 二つ以上のものが組み合うこと。組み合わせること。unite 二(名)《「日本労働組合総連合会」の略》昭和六二年(一九八七)に既成の労働界を再編して成立した、主要な民間労働組合の全国中央組織。

**れんごう-かんたい**【連合艦隊】 二つ以上の艦隊を集めて編成された旧日本海軍の主力艦隊。日清戦争で初めて編成され、第二次大戦後消滅。

**れんごう-ぐん**【連合軍】 ①二か国以上の軍隊で構成し共通の目的で行動する軍隊。combined forces ②第一次大戦中の三国協商側の軍隊。また、第二次大戦中の連合国側の軍隊。連合国軍。Allied Forces

**れんごう-こく**【連合国】 ①第一次大戦においてドイツ・オーストリア側に対抗して三国協商側に参加した諸国の総称。the Allied Powers ②第二次大戦において、日本・ドイツ・イタリアなどの枢軸国側に対抗して戦ったアメリカ・イギリス・フランス・中国・ソ連などの総称。the Allied Powers

**れんごうこく-きゅうさいふっこうきかん**【連合国救済復興機関】(United Nations Relief and Rehabilitation Administration) 第二次大戦により戦災をうけた一七か国の救済のための国際機関。一九四三年設置。四六年国際難民機構に事業をひきついで解散。UNRRA。

**れんごうこく-きょうどうせんげん**【連合国共同宣言】 一九四二年、アメリカ・イギリス・中国・ソ連など二六か国が、第二次大戦の戦争目的などについて共同で発表した宣言。the Declaration of the United Nations

**れんごうこく-さいこうしれいかん**【連合国最高司令官】 第二次大戦後の日本の占領・管理の最高責任者。GHQの長。初代はマッカーサー、ついでリッジウェイが対日講和条約発効まで在任。SCAP。Supreme Commander for the Allied Powers

**れんごう-こっか**【連合国家】 連邦国家の別称。

**れんごう-せいけん**【連合政権】 議会政治で、いくつかの政党が協同し提携しあってつくった政権。coalition government

**れん-こく**【▾輦▾轂】 天子の乗り物。

**れんこく-の-もと**【▾輦▾轂の下】 天子のひざもと。皇居の地。

**れん-ごく**【▾煉獄】 ローマカトリック教会の教理で、死者が天国に入る前に、罪のつぐないを果たすまで苦しみを受け、浄化されるという場所。Purgatory

**れんこ-だい**【連子▾鯛】 キダイの異名。



↓ 行き先項目、図版・写真参照印。 JIS 日本工業規格情報交換用漢字符号コード(区点コード)。

**れん-こん**【▼蓮根】ハスの地下茎が肥大したもの。長さ約一・八mにも達する。くびれた部分は節、穴は通気組織。主成分はでんぷん。秋に収穫。食用。ハスネ。ハスノネ。ハス。

**れん-こん**【▼漣▼痕】↓リップルマーク

**れん-さ**【連鎖】①くさり。chain ②互いにつらなり合うこと。linkage ③生物学で、二種類以上の異なる形質の遺伝子が同一の染色体上に位置し、減数分裂のとき行動をともにする現象。連鎖は染色体上の位置が近い遺伝子ほど強く、遠いものほど弱い。連関。linkage

**れん-ざ**【連座・連▼坐】㊀(名・サ変自)①いっしょに座ること。②他人の罪にかかわりあって罰せられること。まきぞえ。連累(れんるい)。㊁(名)①ある人が犯した罪に対する責任を、その人と関係のある他の人にも連帯して負わせる制度。日本では律令(りつりょう)制のもとではじまった。②公職選挙で、選挙運動に責任をもつ一定の者などの選挙違反行為の有罪が確定したとき、当選人の当選を無効とする制度。

**れん-さい**【連載】(名・サ変他)新聞・雑誌などに、続き物としてのせること。publish serially 対義 読み切り。

**れんさ-きゅうきん**【連鎖球菌】細菌の一種で、形態上、球菌が鎖状をなすもの。グラム陽性で通常は嫌気性。心内膜炎の原因となる緑色連鎖球菌(α(アルファ)型)と病原性の溶血性連鎖球菌(β(ベータ)型)、病原性のない非溶血性連鎖球菌(γ(ガンマ)型)がある。連鎖状球菌。streptococcus

**れん-さく**【連作】(名・サ変他)①同じ土地に同じ作物を毎年作り続けること。continuous cropping 対義 輪作。②芸術で同じモチーフやテーマで一連の作品を作ること。③文学で数人の作家が分担執筆し、全体で一編にまとめた小説を作ること。また、その作品。連作小説。④和歌・俳句で、一人が同じテーマで数首または数句を連ねて、全体として趣深いものに構成すること。また、その作品。

**れんさ-ぐん**【連鎖群】同一染色体上にあって、互いに連鎖を示す遺伝子の一群。結びついて行動するのでメンデルの独立遺伝の法則に従わない。linkage group

● 連子窓(れんじまど) 奈良市、唐招提寺(とうしょうだいじ)、東室(ひがしむろ)。

**れんさ-げき**【連鎖劇】実演の途中に映画を、また、映画の途中に実演を入れた演劇。大正期に流行。a screen-and-stage play

**れんさじょう-きゅうきん**【連鎖状球菌】連鎖球菌の別称。

**れん-さつ**【▼憐察】(名・サ変他)かわいそうだと、相手の心を推しはかること。

**れんさ-てん**【連鎖店】チェーンストア。chain store

**れんさ-はんのう**【連鎖反応】①化学で、一つの反応から、つぎの反応を引き起こし、さらにつぎの反応というように、連続して進行する反応。chain reaction ②物理で、ウラン二三五・プルトニウム二三九などの原子核が、中性子によって連続的に核分裂を引き起こす反応。③一つの事件にからんでつぎつぎと新しい事件が引き起こされること。chain reaction

**れん-ざん**【連山】つらなり続いている山々。連峰。mountain range

**れん-し**【連枝】①一本の木の、つらなったえだ。off-shoot 比較 連理。②貴人の兄弟姉妹をいう敬語。sibling of a noble family

**れん-し**【錬士】①武道家の称号の一つ。明治中期に定められ、範士・教士に次ぐ。②全日本剣道連盟などで用いられる称号で範士・教士に次ぐもの。段位・年齢などの資格を満たし、一定の審査を経た者に与えられる。

**れん-じ**【連子・▼櫺子・連滋】細い木や竹などを縦、または横に間隔を少しあけて並べた格子(こうし)。窓などに用いられ、採光・通風を図り、視線をさえぎる。連子格子。連子窓。

**レンジ**【range】①天火(てんぴ)の上にこんろのついた調理器具。ガスレンジ・電子レンジなどがある。②範囲。領域。照準・有効距離。

**れんじし**【連▼獅子】歌舞伎(かぶき)舞踊。長唄(ながうた)。二世杵屋勝三郎(きねやかつさぶろう)作曲と三世杵屋正次郎作曲の二種類がある。河竹黙阿弥(かわたけもくあみ)作詞。能の『石橋(しゃっきょう)』による。

**れん-しつ**【連失】野球などで、続いてミスをすること。続いた失敗・失策。consecutive errors

**れん-じつ**【連日】(名・副)くる日もくる日も。毎日。日々。every day

**レンジ-フード**【range hood】レンジの上に設けるおおい。鉄板やステンレスで作り、煙や料理の臭いを効率よく排出させるためのもの。

**れんじ-まど**【連子窓・▼櫺子窓】連子を取り付けた窓。社寺建築・茶室などに用いる。比較 武者窓・無双窓。↓写 ↓五重の塔図

**れん-しゃ**【▼輦車】小型で庇(ひさし)があり、前後の轅(ながえ)を四人以上でひく車。平安時代に勅許を得た貴人が内裏(だいり)の中で乗った。れんじゃ。輦。腰車。手車。↓写

● 輦車(れんしゃ) 『石山寺縁起絵巻』より。

**レンジャー**【ranger】↓レーンジャー

**れん-じゃく**【連尺・連▽索】物を背負う道具。二枚の板に縄をつけたもの。あるいは肩に当たる部分が幅広く編んである荷縄。また、それをつけた背負子(しょいこ)。

**れん-じゃく**【連▼雀】レンジャク科の小鳥の総称。頭上に羽冠がある。日本へはキレンジャクとヒレンジャクの二種が冬鳥として渡来。waxwing ↓図

● レンジャク キレンジャク

**れん-しゅ**【連取】(名・サ変他)試合の得点などをつづけて取ること。

**れん-じゅ**【連珠・▼聯珠】①玉をつなぎならべること。また、その玉。beads ②五目並べのルールを整備した室内遊戯。十五道盤と碁石を用い、黒が先手で交互に打ち、先に五目連続して並べたほうを勝ちとする。

**れん-しゅう**【練習】(名・サ変他)①繰り返し習うこと。practice 用例 ―を積む。②正式に行う前にためしにすること。rehearsal 用例 発表会の前の―。

**れん-じゅう**【連中】つれ。仲間。れんちゅう。lot; party

**れんしゅう-きょく**【練習曲】ある楽器の演奏技巧を修得するために作曲された楽曲。演奏会用練習曲もある。エチュード。étude

**れんしゅう-せん**【練習船】商船・水産関係の学校で、学生の航海技術訓練に用いられる船。school ship

**れん-しゅく**【▼攣縮】①ひきつりちぢむこと。②筋肉が興奮により収縮し、ついで弛緩(しかん)する状態。また、皮膚や筋肉の障害で関節などが硬直した状態。twitch

**れんじゅ-けい**【連珠形】↓レムニスケート

**れん-しょ**【連署】(名・サ変他)二人以上が同じ書面に並べて署名すること。また、その署名。連名。joint signature

**れん-しょう**【連勝】㊀(名・サ変自)続けざまに勝つこと。straight victories 対義 連敗。用例 連戦―。㊁(名)《「連勝式」の略》競馬・競輪などで、同じレースの一着と二着を組にして当てる方式。連。連式。quinella combination 対義 単勝。複勝。

**れん-じょう**【連声】二語が結合するとき前につく漢語の末尾の子音が、あとにくる漢語の語頭の母音と結びついて別の音に変わること。たとえば三位(サンイ→サンミ)、安穏(アンオン→アンノン)など。

**れん-じょう**【連乗】(名・サ変他)いくつかの数または数式をつぎつぎにかけ合わせること。比較 累乗。

**れん-じょう**【連城】数多くの城をつらねること。また、その城。

**連城の璧**(れんじょうのたま)《秦(しん)の昭王が、趙(ちょう)の恵王の秘玉を城一五と交換したいと言った故事から》この上なく尊い宝玉。和氏(かし)の璧。

**れん-じょう**【恋情】異性を恋い慕う気持ち。こいごころ。tender passion

**れんしょう-たんしき**【連勝単式】競馬・競輪などで、一着と二着の着順を当てる投票の方法。また、その投票券。連単。perfecta 対義 連勝複式。

**れんしょう-ふくしき**【連勝複式】競馬・競輪などで、一着と二着を当てる投票の方法。また、その投票券。一、二着の着順が逆でも的中となる。連複。quiniela 対義 連勝単式。

**レンズ**【lens】ガラスなど透明な物質の両面、または片面を球面に加工したもの。中心の厚さが縁より大きいものを凸レンズ、小さいものを凹レンズという。また面が球面でない非球面レンズもある。

**レンズ-ぐも**【レンズ雲】横から見ると、凸レンズやアーモンドの形に似た輪郭のはっきりした雲。高積(こうせき)雲や層積(そうせき)雲にできる。lenticularis

**レンズ-シャッター**【lens shutter】カメラの鏡胴内に、レンズとともに組み込まれたシャッター。一枚ないし数枚の金属製の羽根が、ばねの力で開閉する。

**れん-せい**【連星】二個またはそれ以上の恒星が、相互の引力により共通の重心のまわりを公転しているもの。binary star 比較 重星。

**れん-せい**【錬成・練成】(名・サ変他)①ねりみがいて、仕上げること。train ②心身をきたえて、りっぱにすること。錬磨育成。train

**れん-せつ**【連接】(名・サ変自他)つなぐこと。つらなること。connect

**れんせつ-ぼう**【連接棒】ピストン機関で、ピストンとクランク軸とを連結する棒。ピストンの直線運動をクランク軸を使って回転運動に変える。連桿(れんかん)。connecting rod

**れん-せん**【連戦】(名・サ変自)続けて何度も戦うこと。successive battle 用例 ―連勝。

**れん-せん**【連銭】紋所の名。銭紋(ぜにもん)の一つ。丸い貨幣を数個、縦または横に並べた形。真田(さなだ)銭など二列に並べた例もある。↓図

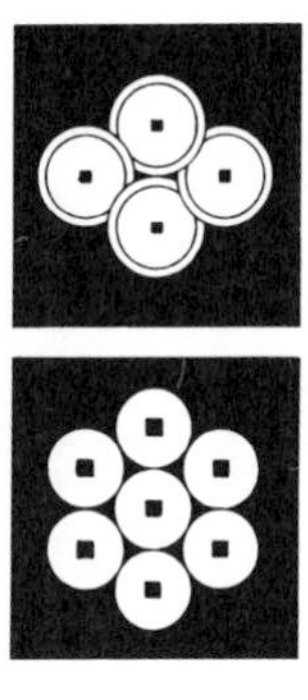
● 連銭(れんせん) 四つ重ね銭(ぜに) 七つ銭

**れんぜん-あしげ**【連銭▼葦毛】馬の毛色の名。葦毛に薄墨色の丸い斑点のあるもの。

**れん-そう**【連奏・▼聯奏】(名・サ変他)①二人以上で同種の楽器を演奏すること。②神祇官(じんぎかん)や陰陽寮(おんようのつかさ)などの、官人の位階を申請する奏文(そうぶん)に数名を併記すること。

**れん-そう**【連想・▼聯想】(名・サ変他)一つの観念から、それとつながりのある他の観念を思い浮かべること。また、その思い浮かべられた物事。association

**れん-そう**【▼斂葬】死者を地中にほうむること。埋葬。

**れん-ぞく**【連続】(名・サ変自他)①つづくこと。つづけること。continuation 対義 断絶。②関数$f(x)$において、$x$が$a$に限りなく近づくとき、$f(x)$が$f(a)$に限りなく近づくならば、$f(x)$は$x=a$で連続であるという。continuous

**れんぞく-えいが**【連続映画】一つの物語が毎週少しずつ封切られ、数週間で完結する形式の映画。無声映画初期から一九三〇年代にかけて流行した。serial film

**れんぞく-かんすう**【連続関数】定義域内のすべての点で連続である関数。continuous function

**れんぞく-きょう**【連続橋】梁(はり)が二つ以上連続した構造の橋。continuous bridge

**れんぞく-スペクトル**【連続スペクトル】波長のある範囲にわたって連続的に分布したスペクトル。固体や液体から放出される熱放射スペクトル、気体分子・原子のイオン化による発光スペクトルなど。continuous spectrum

**れんぞく-ちゅうぞう**【連続鋳造】インゴ

▼ 常用漢字表外。 ▽ 常用漢字表の音訓外。

ット(鋳塊)の鋳造を連続的に行う方法。垂直に長く底の開いた鋳型へ溶融金属を注入し、鋳型を通る間に冷却凝固させ、底から連続して取り出して、必要な長さに切断する。continuous casting

**れんぞく-へんりょう【連続変量】** 連続した値をとる変量。温度など。

**れん-だ【連打】**(名・サ変他) ①続けざまに打つこと。ひっきりなしにたたくこと。beat repeatedly ②野球で、ヒットが続くこと。straight hits

**れん-たい【連体】** ①名詞・代名詞などの体言に続くこと。②文法で、「連体形」の略。

**れん-たい【連帯・▼聯帯】** ㊀(名・サ変自) ①結びつながること。solidarity ②連合して責任を負うこと。collective 用例 —責任。㊁(名)(Solidarność ポーランド) ポーランドの自主管理労組の全国連合本部。一九八〇年設立。議長はレフ=ワレサ。党・政府から独立した労組として社会的影響力を強め、「自主管理共和国」の樹立をめざした。大弾圧を受け、八二年非合法化されたが、八九年合法組織の地位を回復。

**れん-たい【連隊・▼聯隊】** 軍隊の編制単位の一つ。師団または旅団の下。数個大隊または中隊で構成する。regiment

**れん-だい【▼蓮台】** 仏像の台座。蓮華座。

**れん-だい【▼輦台】** 江戸時代、旅人を川を渡すのにのせた台。台に二本の棒を渡し、川越え人足が数人でかついだ。↓写

●輦台 歌川広重『大井川かち渡り』より。

**れんたい-けい【連体形】** 活用形の一つ。体言を修飾する形。現代語では形容動詞と助動詞「だ」「そうだ」「ようだ」などのほかは終止形と同形。「走る馬」などの「走る」の形。文語では「ぞ・か・や・なん」などの係りに対する結びとしても用いられる。

**れんたい-さいむ【連帯債務】** 一つの債務について、複数の債務者がそれぞれ全額の弁済義務を負う債務関係。joint liability

**れんたい-し【連体詞】** 品詞の一つ。活用のない自立語で、もっぱら、体言を修飾する。「ある人」「こんな本」「去る三月」の「ある・こんな・去る」など。

**れんだいじ-おんせん【▼蓮台寺温泉】** 静岡県伊豆半島南部、下田市にある温泉。行基開創の蓮台寺跡で、吉田松陰が滞在した家も残っている。

**れんたい-しゅうしょく-ご【連体修飾語】** 体言にかかって、その意味内容を詳しくしている文節の呼び名。「大きな川」「ぼくの本」「とんだ失敗」の「大きな・ぼくの・とんだ」など。対義 連用修飾語。

**れんたい-じょし【連体助詞】** 助詞の一種。「わたしの本」の「の」のように、体言を体言へ関係づけるもの。口語で「の」、文語で「の・が・つ」など。

**れんたい-ほしょう【連帯保証】** 保証人が主債務者と連帯して債務を負うことを約束すること。債権者と保証人の契約によって生じ、商行為による債務の保証はすべて連帯保証となる。joint liability on guarantee

**れんだい-わたし【▼輦台渡し】** 輦台に客を乗せて川を渡すこと。また、輦台をかつぐ人。

**レンタ-カー【rent-a-car】** 賃貸自動車。車種は、乗用車からトラックまで各種にわたる。

**れん-だく【連濁】** 二語が複合する場合、あとにつく語の語頭の清音が濁音に変わること。「ハナ→クサバナ」「カワ→タニガワ」など。比較 転音。

**れん-たつ【練達】**(名・サ変自) 物事によく慣れて、巧みなこと。expert 用例 —の士。

**レンダリング【rendering】** 工業デザインにおける製品の完成予想図。

**レンタル【rental】** 不特定多数の人に、比較的短期間、耐久財を賃貸しすること。貸し自動車・貸し衣装・貸しぶとんなど。比較 リース。用例 —ビデオ。

**レンタル-ルーム** 《和製語》都会の盛り場などにみられる、時間貸しの小部屋。若い人たちがデートに利用するなどのため、昭和五四年(一九七九)ごろから登場。

**れん-たん【▼煉丹】** 不老不死の妙薬。中国で、道士が仙術を用いてつくったという。

**れん-たん【練炭・▼煉炭】** 木炭・石炭・コークスなどの粉末にピッチ・ふのりなどを混ぜて練り、成形加工した固体燃料。豆炭・棒炭・炭団・穴あき練炭など。coal briquette ↓写

●練炭

**れん-だん【連弾・▼聯弾】**(名・サ変他) 二人の奏者が並んで、一台のピアノを弾く二重奏。四手。four-handed performance 比較 つれびき。

**れんたん-じゅつ【▼煉丹術】** 古代中国で盛んであった不老不死の仙薬をつくったり、卑金属を貴金属に変えたりする術。

**れん-ち【廉恥】** 心が清らかで、恥を知ること。sense of honor 対義 破廉恥。

**レンチ【wrench】** ↓スパナ

**れん-ちゅう【連中】** ↓れんじゅう(連中)

**れん-ちゅう【▼簾中】** ①すだれの中。②公卿・大臣の夫人の敬称。

**れん-ちょく【廉直】**(名・形動) ①潔白で正直なこと・さま。upright ②安価、安直なこと・さま。

**レンツ【Heinrich Friedrich Emil Lenz】**(一八〇四〜六五) ドイツの物理学者。導体の電気抵抗と温度の関係を研究し、「レンツの法則」を発見。

**レンツ【Jakob Michael Reinhold Lenz】**(一七五一〜九二) ドイツの詩人・劇作家。シュトゥルム-ウント-ドラング期の代表。戯曲『家庭教師』『軍人たち』など。

**レンツ【Siegfried Lenz】**(一九二六〜) ドイツの小説家。作品『影との決闘』『国語の時間』など。

**れんつう-かん【連通管】** 二つ以上の容器と容器の底部を管でつなぎ、自由に液体が通じるようにしたもの。U字管など。communicating tube; communicating vessel

**レンツ-の-ほうそく【レンツの法則】** 電磁誘導によって生じる誘導電流の向きは、常に磁束の変化を妨げる向きであるという法則。Lenz's law

**れん-てつ【錬鉄・練鉄】** ①よくきたえた鉄。wrought iron ②炭素含有量〇〜〇・一%の軟鉄。半溶融状態で鍛造し、内部のスラグを追い出す。柔らかく粘りがある。

**レンテンマルク【Rentenmark ドイツ】** 第一次大戦後のインフレで崩壊した紙幣マルクに代わり、一九二三年、ドイツで発行された不換紙幣。一兆紙幣マルクと一レンテンマルクが交換され、これによりドイツの貨幣価値は安定。

**レント【lento イタリア】** 《おそい、の意》音楽で「おそく、ゆっくりと」の速度・情緒表示語。

**れん-とう【連投】**(名・サ変自) 野球で、ひとりの投手が二試合以上続けて投げること。pitch in successive games 用例 三日—。

**れん-どう【連動】**(名・サ変自) 機械などで、一部分を動かすと、それに連結している他の部分が作動すること。linkage 用例 —装置。

**れんどう-き【連動機】** 鉄道の信号機・転轍機などの操作を一か所に集めて統合的に行えるよう機械的に連結したもの。interlocking machine

**レントゲン【roentgen】** 《ドイツの物理学者レントゲンにちなむ》 ①X線およびγ線の照射線量の単位。一レントゲンは、一kgの空気中に正、負それぞれ$2.58\times10^{-4}$クーロンの電荷イオンを生成する照射線量。記号R。一九八九年に新単位のクーロン毎キログラム(C/kg)に変わった。1C/kg=3876R ②「レントゲン写真」の略。

**レントゲン【Wilhelm Konrad Röntgen】**(一八四五〜一九二三) ドイツの物理学者。一八九五年、X線を発見。他に毛管現象などの研究を行う。一九〇一年、最初のノーベル物理学賞受賞。

**レントゲン-さつえい【レントゲン撮影】** X線(=レントゲン線)が物質を通り抜ける力を利用して、人体の内部を調べるために写真をとること。X線撮影。take an X-ray

**レントゲン-しゃしん【レントゲン写真】** X線(=レントゲン線)で透過像を得た写真。人体を調べる医療用のほかに、物体内部の構造や傷の有無などを調べるために利用される。X-ray photograph

**レントゲン-せん【レントゲン線】** ↓エックスせん(X線)

**レントラー【Ländler ドイツ】** オーストリアのバイエルン・ベーメン地方の舞踊・舞曲。四分の三または八分の三拍子のゆるやかな、ワルツに近い求愛の踊り。ワルツの祖型。

**れん-にく【▼蓮肉】** 生薬の一つ。ハスの成熟果実を乾燥させ殻を除いたもの。下痢(とくに長期の下痢)・食欲不振・動悸・遺精・不眠などに用いる。蓮子。

**れん-にゅう【練乳・▼煉乳】** 牛乳を濃縮加工した食品。蔗糖入りで、やや保存のきく加糖練乳(=コンデンスミルク)と、保存のきかない無糖練乳(=エバミルク)とがある。condensed milk

**れんにょ【▼蓮如】**(一四一五〜九九) 室町中期の浄土真宗の僧。本願寺第八世。寛正六年(一四六五)比叡山僧徒に大谷を焼かれて越前吉崎に移り、北陸を中心に教化。のち山科と大坂に本願寺を建立。本願寺教団発展の基礎を固め、中興の祖とされる。著書『正信偈大意』『御文章』など。

**レンニン【rennin】** 子ウシの第四胃から分泌されるたんぱく質分解酵素プロテアーゼの一種。結晶化されたレンニンは、分子量約四万の単純たんぱく質。強力な凝乳作用を示す。凝乳酵素。レニン。

**レンヌ【Rennes】** フランス北西部、ブルターニュ半島基部の商工業都市。イル-エ-ビレーヌ県の県都。旧ブルターニュ公国の首都。人口二〇万(一九八二)。

**レンネット【rennet】** チーズ製造用の凝乳酵素剤。カゼインを凝固するレンニンを主成分とする。

**れん-ねん【連年】**(名・副) 一年一年続けること。毎年。year after year

**れん-ぱ【連破】**(名・サ変他) 続けて相手を負かすこと。win successively

**れん-ぱ【連覇】**(名・サ変自) 続けて優勝すること。gain successive victories

**れん-ぱ【廉▼頗】**(生没年未詳) 中国、戦国時代の趙の将軍。恵文王に仕え、秦・燕・魏・斉を討って功があったが、悼襄王に疎外され、魏、さらに楚に仕えて没。藺相如との「刎頸の交わり」で有名。

**れん-ばい【廉売】**(名・サ変他) 安く売ること。安売り。bargain sale

**れん-ぱい【連俳】** ①連歌と俳諧。②俳諧の連句。

**れん-ぱい【連敗】**(名・サ変自) 続けて負けること。lose game after game 対義 連勝。用例 連戦—。

**れん-ぱつ【連発】**(名・サ変自他) ①物事が続けて起こること。succession ②ことばを続けて発すること。用例 だじゃれを—する。③続けざまに発射すること。つるべ撃ち。fire in rapid succession 対義 単発。用例 —銃。

**レンバハ【Franz von Lenbach】**(一八三六〜一九〇四) ドイツの画家。肖像画にすぐれ、鋭い性格描写を得意とした。作品『ビスマルク肖像』など。

**れん-ばん【連判】**(名・サ変自) 連名で印判を押したり、花押を書いたりすること。れんぱん。

**れんばん-じょう【連判状】** 同志が連署して印を押した誓いの文書。

**れん-ぴ【連比】** 三つ以上の数の比。$a:b:c$ というように表したもの。continued ratio

**レン-ヒイ【鰱魚 中国】**(liányú) 中国原産の淡水魚、レンギョの漢名。

**れん-ぴれい【連比例】** 三つ以上の数または量の割合が、それぞれ対応する数または量の割合に等しいとき、これらは連比例するという。continued proportion

**れん-びん【▼憐▼憫・▼憐▼愍】** あわれみ。pity 用例 —の情。

**れん-ぶ【▼蓮▽霧・▼葦▽霧】** 東南アジア各地で栽培されるフトモモ科の高木。三cmくらいの白い花が咲く。果実は洋梨形で、白または鮮紅色。果肉は白く、味はリンゴに似る。生食または砂糖漬け。

**れん-ぶ【練武】** 武技をねり、鍛えること。

**れん-ぷ【▼蓮府】** 《中国晋の大臣王倹がハスを好んだことから》①大臣。②大臣の屋敷。

**れん-ぷ【▼臉譜】** 京劇など中国古典演劇で俳優が顔にほどこす化粧法の一形式。日本の歌舞伎の隈取りに似ている。おもに英雄豪傑役などの浄と三枚目・道化役の丑の役柄に限る。

**れんぷく-そう【連福草】** スイカズラ科の多年草。竹やぶに群生。茎葉は三裂し短柄。春、茎頂に五個の黄緑色の小花が咲く。

**レンブラント【Rembrandt Harmensz van Rijn】**(一六〇六〜六九) オランダの画家・版画家。前期はバロック的構図や明暗法を用いるが、しだいに精妙な明暗の表現、人間の深い精神性の描写に卓越し、作品は内的・神秘的となった。肖像画・風景画などのほか数多くのエッチング・素描も残す。作品『夜警』『バテシバ』『放蕩息子の帰宅』など。↓[写]

●レンブラント 『夜警』。一六四二年、国立アムステルダム美術館。

**れん-ぶんすう【連分数】** 分数の分母が、分数をふくみ、さらにその分母がまた分数をふくむというようにつづく形の分数。continued fraction ↓[図]

●連分数

$$\cfrac{1}{a_1+\cfrac{1}{a_2+\cfrac{1}{a_3+\cfrac{1}{a_4+\cdots}}}}$$

**れん-べい【連▼袂・▼聯▼袂】**(名・サ変自)《袂を連ねる、の意》進退・行動をともにすること。[用例]—辞職。

**れんぺい-じょう【練兵場】** 兵士や部隊に教練や基礎的戦闘動作などの教育をする平坦地。drill ground

**れん-ぼ【恋慕】**(名・サ変自) 恋い慕うこと。love [用例]—の情断ちがたし。

**れん-ぽ【▼蓮歩】**《黄金製のハスの花の上を美人に歩かせたという中国の故事から》美人のなよやかな歩み。

**れん-ぽう【連峰】** つらなり、続くみね。連山。mountain range [用例]立山—。

**れん-ぽう【連邦・▼聯邦】** ①それぞれ独立した主権を持つ、多数の国家の連合。commonwealth [用例]イギリス—。②↓れんぽうこっか(連邦国家)

**れんぽう-こっか【連邦国家】** 複数の州や共和国を単一の主権の下に結合し構成する国家。アメリカ・ソ連・西ドイツなど。連合国家。連邦。federal state; Federation

**れんぽう-じゅんびせいど【連邦準備制度】**(Federal Reserve System) アメリカの中央銀行制度。政策決定にあたる理事会と連邦準備銀行からなる。一九一三年設立。FRS。Fed.

**れんぽうじゅんびせいど-りじかい【連邦準備制度理事会】**(Federal Reserve Board) アメリカの連邦準備制度(FRS)の中心的運営機関。議長以下七人の理事からなり、全国一二地区の連邦準備銀行を統轄し金融政策を決定する。FRB。FED。

**れんぽう-せい【連邦制】** 一定の自治権をもつ複数の国や支分国(州・邦・カントンなど)の連合からなる国家形態。federal system

**れんぽう-とりひきいいんかい【連邦取引委員会】**(Federal Trade Commission) アメリカ大統領直属の独立行政機関。五人の委員で構成され、シャーマン法・クレイトン法などの反トラスト法の実施状況の監査、不公正な競争方法の取り締まりなどにあたる。一九一四年設立。FTC。

**れん-ま【練磨・錬磨】**(名・サ変他) 技芸をねりみがくこと。train [用例]百戦—。

**れん-めい【連名】** 姓名を並べて書くこと。その書いたもの。連署。joint signature

**れん-めい【連盟・▼聯盟】** 共通の目的のため同じ行動をとることを誓うこと。また、その団体。同盟。league

**れん-めん【連綿】**(形動トタル) 長く続いて絶えないさま。on and on

**れんめん-たい【連綿体】** 書道で、漢字の行書・草書や仮名を書くときに、二字三字と文字を連続させて書くもの。

**れん-や【連夜】**(名・副) 毎夜。毎晩。よなよな。every night

**れん-よ【▼輦▼輿】** 轅を肩にかついで運ぶ貴人の乗り物。

**れん-よう【連用】** □一(名・サ変他) 続けて用いること。[用例]薬を—する。□二(名) ①動詞・形容詞・形容動詞などの用言に続くこと。②文法で、「連用形」の略。

**れんよう-けい【連用形】** 活用形の一つ。そのままの形で、文を中止したり、他の用言や、助動詞「ます」「たい」などに続けたりする。「空は青く」の「青く」、「早く走る」の「早く」、「立ちます」の「立ち」を連用形とよぶ。

**れんよう-しゅうしょくご【連用修飾語】** 用言にかかって、その意味内容を詳しくしたり、限定したりする文節の呼び名。「静かに歩く」「本を読む」「決して行かない」の「静かに・本を・決して」など。[対義]連体修飾語。

**れんよう-ちゅうしほう【連用中止法】** ↓ちゅうしほう(中止法)

**れん-らく【連絡・▼聯絡】**(名・サ変自他) ①つながりをつけること。つながること。connection [用例]特急に—するバス。②知らせること。contact; communication [用例]学校からの—。—をとる。

**れんらく-せん【連絡船】** 旅客や貨物を、河川・離島・海峡など比較的短距離間で定期的に輸送する船舶。ferryboat

**れん-り【連理】** ①一つの木の枝が、ほかの木の枝と一続きになっていること。[比較]連枝。②夫婦・男女の仲の親密なこと。[用例]比翼—。**連理の枝**(れんりのえだ) 夫婦・男女の仲のむつまじいことのたとえ。[類似]比翼の鳥。

**れんり-そう【連理草】** マメ科の多年草。川岸などの草原にはえる。高さ約五〇cm。葉は複葉で小葉は線形。初夏に紫色の蝶形花が咲く。中軸の先に巻きひげがある。↓[図]

●レンリソウ

**れん-りつ【連立・▼聯立】**(名・サ変自他) 同時に二つ以上のものが並んで立つこと。並べ立てること。coalition [用例]—する句と句。

**れんりつ-ないかく【連立内閣】** 複数の政党が連携し協力しあって組織した内閣。coalition cabinet [対義]単独内閣。

**れんりつ-ふとうしき【連立不等式】** 何個かの不等式を組にしたもの。simultaneous inequalities

**れんりつ-ほうていしき【連立方程式】** 二つ以上の未知数を含む方程式を、二つ以上組にしたもの。simultaneous equations

**れん-るい【連累】**(名・サ変自) 他人の罪の科が及ぶこと。まきぞえ。連座。

**れん-れん【恋恋】**(形動トタル) ①恋い慕う気持ちを思い切れないさま。ardently attached to ②未練が残って思い切れないさま。reluctant to give up [用例]地位に—としがみつく。

**レンロト【Lönnrot】** ↓ロンルート



# ろ ロ

**ろ【ろ・ロ】** 五十音図ら行第五の仮名。平仮名「ろ」は「呂」の草体。片仮名「ロ」は「呂」の一部。

**ロ** 8画 **【炉】** 部首[火] 常用 [JIS]4707 ／ 20画 **【▼爐】** 旧字 [JIS]6404
[音]ロ
いろり。かまど。ひばち。ボイラーで燃料をもやす部分。金属を加熱する装置。「囲炉裏・夏炉冬扇・懐炉・香炉・暖炉」「炉辺」[用例](名)—をかこんでうたう。—を切る。《接尾的》溶鉱—。原子—。

**ロ** 11画 **【▼鹵】** 部首[鹵] [JIS]8335
[音]ロ
①しお。天然の塩。②しおち。しおさわ。塩分をふくんだ土地・沢。③たて。おおだて。大きいたて。「鹵簿」④かすめる。かすめとる。うばいとる。「鹵獲」⑤部首の一つ。しお。

**ロ** 13画 **【▼絽】** 部首[糸] [JIS]6924
[音]リョ・ロ
絹織物の一種。糸目をすかして織る。もじり織り(からみ織り)の一種。夏の和服地。ほかに、綿・レーヨンなどでも。[用例](名)—の羽織。《接頭的》—縮緬。

**ロ** 13画 **【▼賂】** 部首[貝] [JIS]4708
[音]ロ
まいなう。たのみごとがあって、財貨をおくる。まいない。おくりもの。袖の下。「賄賂」

**ロ** 13画 **【路】** 部首[足] 教育小3 [JIS]4709
[音]ロ
[訓]じ

路 路 路 路 路

①みち。じ。[比較]道・経。「悪路・遠路・進路・通路」「路次・路線・路面」[用例]《接尾的》交通—。②すじみち。条理。「理路整然」③大切な地位。「当路・要路」

**ロ** 13画 **【▼輅】** 部首[車] [JIS]7742
[音]ロ
①ながえしばり。車をひくとき胸にあてる、轅にしばりつけた横木。②おおぐるま。大きな車。③みくるま。天子ののる車。

**ロ** 14画 **【▼滷】** 部首[氵] [JIS]6303
[音]ロ
しおち。しおさわ。塩分をふくんだ土地・沢。

**ロ** 15画 **【▼魯】** 部首[魚] [JIS]4705
[音]ロ
①おろか。にぶい。「魯鈍」②中国の周代の国の一つ。?〜前二四九年。都は曲阜(山東省)。孔子がうまれた国。『春秋』は、この国の年代記にもとづく。③ロシア(魯西亜)のこと。

**ロ** 16画 **【▼蕗】** 部首[艹] 人名用 [JIS]4189
[音]ロ
フキ。キク科の多年草。

**ロ** 16画 **【▼盧】** 部首[皿] [JIS]6626
[音]ロ
①めしいれ。飯をいれる器。②ひいれ。火をいれる器。③くろい。くろ。くろい色。④酒をうる一画。⑤ほこの柄。⑥中国人の姓の一つ。

**ロ** 18画 **【▼濾】** 部首[氵] [JIS]6341
[音]リョ・ロ
こす。こまかいすきまをくぐらせて、かすをとりのぞく。「濾過」

**ロ** 19画 **【▼壚】** 部首[土]
[音]ロ
①くろつち。あらつち。色がくろくて、あらい土。②酒をうる一画。

**ロ** 19画 **【▼廬】** 部首[广] [JIS]5510
[音]リョ・ロ
①いおり。粗末なこや。②いえ。やどや。③すむ。とまる。④「廬山」は、中国の山の名。江西省の北部、九江市の南にある。

**ロ** 19画 **【▼蘆】** 部首[艹] [JIS]7335 ／ 7画 **【▼芦】** 異体字 [JIS]1618
[音]ロ
アシ。イネ科の多年草。よし。「蘆花・蘆荻」

**ロ** 19画 **【▼櫓】** 部首[木] [JIS]4706
[音]ロ
①たて。おおだて。大きいたて。②舟をこぎすすめる道具。[比較]櫂。[数え方]一丁。③やぐら。㋐ものみやぐら。㋑火燵やぐら。

**ロ** 19画 **【▼櫚】** 部首[木] [JIS]6113
[音]リョ・ロ
①カリン。バラ科の落葉高木。②「棕櫚」は、ヤシ科の常緑高木。

**ロ** 19画 **【▼瀘】** 部首[氵] [JIS]6346

音ロ
「瀘水」は、中国の川、金沙江の旧称。雲南省をながれ、四川省で岷江と合流して、揚子江となる。

**ロ** 20画【▼臚】部首[月] JIS 7138
音リョ・ロ
①はだ。かわ。からだの表皮。②はら。腹部。また、はらがはる。③ならべる。つらねる。④つたえる。上から下へ、ことばをつたえる。

**ロ** 20画【▼櫨】部首[木] JIS 4007
8画【▼栌】異体字 JIS 5937
音ロ
はぜ。ハゼノキ。ウルシ科の落葉高木。

**ロ** 21画【▼艪】部首[舟] JIS 7166
18画【▼艣】異体字
音ロ
舟をこぎすすめる道具。

**ロ** 21画【露】部首[雨] 常用 JIS 4710
音ロ・ロウ
訓つゆ
①つゆ。水滴。「雨露」②のみもの。「甘露」③はかない。わずか。「露命」④おおいがない。雨ざらし。「露営・露座・露台・露店」⑤あらわれる。あらわす。「暴露・発露」「露見・露出・露呈・露頭」⑥ロシア(露西亜)のこと。「日露戦争」
↓ロウ[露]

**ロ** 21画【▼髏】部首[骨] JIS 8180
音ロウ・ロ
「髑髏」は、されこうべ。しゃれこうべ。雨風にさらされた頭の骨。

**ロ** 22画【▼艫】部首[舟] JIS 7167
10画【▼舮】異体字 JIS 7168
音ロ
①へさき。へ。みよし。船首。②とも。船尾。「舳艫」

**ロ** 23画【▼轤】部首[車] JIS 7766
音ロ
「轆轤」は、①くるまぎ。円転木。②重いものをひき、また、あげるのに用いる滑車。③傘の柄の上端で、骨のあつまっている部分。④ものをまるくけずる工具。⑤円形の陶器をつくる、回転盤についた台。

**ロ** 24画【▼鑪】部首[金] JIS 7946
12画【▼鈩】異体字 JIS 7947
音ロ
いろり。かまど。ひばち。ボイラーで燃料をもやす部分。金属を加熱する装置。

**ロ** 24画【▼鷺】部首[鳥] JIS 2677
音ロ
サギ。コウノトリ目に属する鳥。シラサギ・ゴイサギなど。「烏鷺」

**ロ** 25画【▼顱】部首[頁] JIS 8101
音ロ
かしら。あたま。こうべ。「顱頂骨」

**ロ** 26画【▼驢】部首[馬] JIS 8170
音リョ・ロ
ロバ。ウマ科の家畜。うさぎうま。「驢馬」用例(名)―の上の人となる。

**ロ** 27画【▼鱸】部首[魚] JIS 8273
音ロ
スズキ。スズキ科の海水魚。

**ろ** 古語(間助)《上代語》感動・詠嘆の意を表す。…よ。用例夕占にも今夜と告らろ―わが背なは(万葉・一四・三四六九)。

**ロアール-がわ**【ロアール川】(Loire) ↓ロワールがわ(ロワール川)

**ろ-あく**【露悪】自分の悪い点を、わざとさらけ出すこと。対義偽善。

**ろあく-しゅみ**【露悪趣味】露悪をして、人が嫌がるのをおもしろがること。

**ろ-あし**【▼櫓脚・▼艪脚】①櫓が水中につかる部分。②櫓をこいでいるとき、そのあとに立つ波。

**ロイカルト**[Karl Georg Friedrich Rudolf Leuckart] ドイツの動物学者。無脊椎動物の分類に貢献。寄生虫学の基礎を築いた。

**ロイシン**[leucine] アミノ酸の一つ。化学式$C_6H_{13}O_2N$ L型は必須アミノ酸で、大部分のたんぱく質に含まれ、遊離アミノ酸としてヒトの臓器などにも存在。

**ロイズ**[Lloyd's] イギリスの個人保険事業者の集団。世界の損害保険取引の中心。一七世紀後半、ロイド経営のコーヒー店に海運・保険関係者が集まって取り引きしたのが起源。

**ロイスダール**[Jacob van Ruisdael] オランダの画家。底知れぬ自然の魅力を巧みに描いた。風景画家として有名なロイスダール家四人の画家の一人。作品『ハールレム近辺の風景』など。

**ロイター**[Fritz Reuter] ドイツの小説家。北ドイツ方言で田園生活を描く。作品『わが農民時代より』など。

**ロイター**[Paul Julius von Reuter] イギリスの通信事業家。ドイツ生まれ。一八五一年ロンドンにロイター通信社を設立。

**ロイター**[Reuters Ltd.] イギリスの世界的通信社。イギリス新聞社主協会の協同機関。一八五一年設立。

**ロイチン**[瑞金](Ruijin) ↓ずいきん(瑞金)

**ロイド**[Harold Lloyd] アメリカの喜劇映画俳優。無声映画時代からトーキーにかけて活躍。主演作『豪勇ロイド』など。

**ロイド-ジョージ**[David Lloyd George] イギリスの政治家・自由党領袖。南ア戦争に反対。第一次大戦中に軍需相・陸相を歴任後、一九一六年、戦時体制内閣の首相となり戦争を遂行。パリ講和会議の全権。

**ロイド-めがね**【ロイド眼鏡】《アメリカの映画俳優ハロルド=ロイドがかけ始めたからという》円形で、セルロイド製の太い縁の眼鏡。

**ロイヒリン**[Johannes Reuchlin] ドイツの人文主義者。ドイツでのヘブライ学の創始者。

**ロイブ**[Jacques Loeb] アメリカの実験発生学者。ドイツ生まれ。薬品を使って、ウニ卵の人工的な単為生殖に成功。

**ロイマチス**[Rheumatismus ドイ] ↓リューマチ

**ロイヤル**[royal] 国王の。王室の。ローヤル。

**ロイヤル-アカデミー**[Royal Academy of Arts] イギリスの王立美術院。美術家の養成をめざして毎年展覧会を開くほか、美術学校をもつ。一七六八年ジョージ三世の庇護のもとにロンドンに創立。

**ロイヤル-コート-げきじょう**【ロイヤル-コート劇場】(Royal Court Theatre) ロンドンにある劇場。イギリスの現代演劇運動の一つの拠点。一八八八年開場、一九五二年再建。

**ロイヤル-シェークスピア-げきだん**【ロイヤル-シェークスピア劇団】(Royal Shakespeare Company) イギリスのシェークスピア劇団。シェークスピアの生誕地ストラトフォード-アポン-エーボンのロイヤル-シェークスピア劇場が本拠。シェークスピア劇に現代劇を加えたレパートリーを組み活動。

**ロイヤル-ゼリー**[royal jelly] 働きバチが咽頭腺から分泌する物質で、女王バチになる幼虫の食料。淡黄色バター状で、老衰防止・強精・美容に有効とされる。王乳。

**ロイヤル-ソサエティー**[Royal Society] ロンドン王立協会。自然科学部門のアカデミーで、科学的問題に関し政府の諮問に応じる。一六六〇年創設。

**ロイヤル-ダッチ-シェル-グループ**[Royal Dutch/Shell Group] オランダのロイヤル-ダッチ石油会社とイギリスのシェル貿易運輸会社のグループ提携による世界有数の国際石油企業。一九〇七年に形成。

**ロイヤルティ**[royalty] ①王位。王権。王の尊厳。②特許権・著作権・ノウハウなどの使用料。

**ロイヤル-バレエだん**【ロイヤル-バレエ団】(Royal Ballet) イギリスを代表するバレエ団。一九三一年発足。五六年現在の名称。

**ロイヤル-ブルー**[royal blue]《英王室がこの色を使うので》紫がかった青。

**ロイヤル-ボックス**[royal box] 劇場などの特別席・貴賓席。

**ろいろ-うるし**【▼蠟色漆】蠟色塗りに用いられる漆。生漆に油類を加えずに精製する。ろう色漆。

**ろいろ-ぬり**【▼蠟色塗(り)】漆塗りの技法の一つ。蠟色漆を塗って乾かし、磨いて光沢を出す。

**ロウ** 6画【老】部首[老] 教育小4 JIS 4723
4画【▼耂】異体字 部首[耂]
音ロウ
訓おいる・ふける
老 老 老 老 老 老
①としをとる。おいる。ふける。対義若・幼少。「老朽・老人」②としより。「敬老・古老・養老」「老境」用例《接頭的》―学者。③としよりに敬意を表して用いる。比較翁。用例(接尾)橋田―。④としよりの自称。「愚老」「老生」⑤経験をつむ。造詣がふかい。「老巧・老成・老舗・老練」⑥おもい役・人。「家老・元老・大老」「老中」⑦老子のこと。「老荘」参考部首に用いる耂は、老の省略形。

**ロウ** 7画【労】部首[力] 教育小4 JIS 4711
12画【▼勞】旧字 JIS 5009
音ロウ
労 労 労 労 労 労 労
①はたらく。つかれる。ほねおり。「勤労・功労・疲労」「労苦・労働」用例(名)その―にむくいる。②労働者・労働組合のこと。「官公労・炭労」「労使・労資・労農」③ねぎらう。いたわる。
用例(名)―とする。
**労多くして功少なし** 苦労の多い割によい結果が少ない。laborious but fruitless
**労を惜しむ** 横着して、努力をしない。積極的にやることを、いやがる。not make efforts
**労を多とする** ほねおりを、ありがたいと思う。
**労を取る** 人のために、面倒がらず力をつくす。骨を折る。take pains 用例媒酌の―。

**ロウ** 7画【▼弄】部首[廾] JIS 4714
10画【▼挵】部首[扌] 異体字
9画【▼挊】部首[扌] 異体字
音ロウ
①もてあそぶ。「玩弄・愚弄・嘲弄・翻弄」「弄花・弄筆」②たわむれる。たわむれ。

**ロウ** 7画【▼牢】部首[牛] JIS 4720
音ロウ
①いけにえ。神へのそなえもの。「太牢」②ひとや。罪人などをいれるところ。「土牢」「牢獄・牢屋」③しっかりと、かたい。「堅牢」「牢記・牢固」

**ロウ** 9画【▼哢】部首[口] JIS 5104
音ロウ
こえ。音声。

**ロウ** 9画【郎】部首[阝] 常用 JIS 4726
10画【▼郞】旧字
音ロウ
①おとこ。男子。「一郎・三郎・次郎・野郎」②おっと。「新郎」③中国の官名。④家来。めしつかい。「下郎」「郎従・郎党」

**ロウ** 9画【▼陋】部首[阝] JIS 7991
音ロウ
①せまい。せまくて、みぐるしい。また、心などがせまい。「固陋」「陋屋・陋見・陋巷」②いやしい。程度のわるい。「卑陋」「陋習・陋劣」

**ロウ** 9画【▼桏】部首[木] JIS 5954
音ロウ
①おれた木。②くだく。ひしぐ。くじく。おる。

**ロウ** 10画【▼哢】部首[口] JIS 5115
音ロウ
さえずる。鳥がうたう。小鳥がしきりになく。

**ロウ** 10画【▼莨】部首[艹] JIS 7230
音ロウ
タバコ。ナス科の一年草。また、その葉をほしてつくった、火をつけてすう嗜好品。煙草。

**ロウ** 10画【朗】部首[月] 教育小6 JIS 4715
11画【▼朗】旧字
11画【▼朖】異体字 JIS 5913
音ロウ
訓ほがらか
朗 朗 朗 朗 朗 朗
①ほがらか。あかるい。「晴朗・明朗」「朗報」②たからか。声があかるくとおる。「朗詠・朗吟・朗唱・朗読」

**ロウ** 10画【浪】部首[氵] 常用 JIS 4718
音ロウ
①なみ。おおなみ。比較波。「波浪・風浪」②さまよう。さすらう。きまった籍のない。「浮浪・



↓行き先項目、図版・写真参照印。 JIS日本工業規格情報交換用漢字符号コード(区点コード)。

放浪」「浪人」③むだに。みだりに。「浪費」

**ロウ** 10画【▼狼】 部首[犭] JIS 4721
音ロウ
①オオカミ。イヌ科の哺乳動物。また、オオカミのように凶悪なもの。「虎狼」②うろたえる。「狼狽」③ちらかる。ちらかす。みだれる。さからう。「狼藉・狼戻」

**ロウ** 11画【▼婁】 部首[女] JIS 4712
音ロウ・ル
たたらぼし。おひつじ座付近の星宿。二十八宿の一つ。↓ル【婁】

**ロウ** 11画【▼琅】 部首[王] JIS 6470 ―― 14画【▼瑯】 異体字 JIS 6471
音ロウ
①玉ににた、一種の美しい石。②「琺琅」は、金属器・陶磁器の表面にやきつける、ガラス質の釉。

**ロウ** 12画【廊】 部首[广] 常用 JIS 4713 ―― 13画【▼廊】 旧字
音**ロウ**
わたどの。ほそどの。「画廊・回廊・歩廊」「廊下」

**ロウ** 13画【▼僂】 部首[人・亻] JIS 4904
音ロウ・ル
①背中がまがる病気・病人。②かがむ。かがめる。背をまげる。

**ロウ** 13画【楼】 部首[木] 常用 JIS 4716 ―― 15画【▼樓】 旧字 JIS 6076
音**ロウ**
①たかどの。高い建物。やぐら。「高楼・鐘楼・登楼・望楼」「楼閣・楼台」 用例 (名)―にのぼる。《接尾的》摩天―。岳陽―。②旅館や料理店などの名の下に付けて用いる。 用例 《接尾的》山水―。

**ロウ** 13画【▽滝】 部首[氵] 常用 JIS 3476 ―― 19画【▼瀧】 旧字 JIS 3477
音ロウ・ソウ
訓**たき**
①雨がふるさま。②はやせ。急な流れ。奔流。③たき。急ながけをおちくだる川の水。また、その場所。

**ロウ** 13画【▼蜋】 部首[虫] ―― 16画【▼螂】 異体字 JIS 7407
音ロウ・リョウ
「蟷蜋」は、カマキリ。カマキリ目に属する昆虫。

**ロウ** 14画【▼榔】 部首[木] ―― 13画【▼梛】 異体字 JIS 4717
音ロウ
「檳榔子」は、ヤシ科の常緑高木。また、その果実。

**ロウ** 14画【漏】 部首[氵] 常用 JIS 4719
音**ロウ・ロ**
訓**もる・もれる・もらす**
①もる。もれる。もらす。もれ。「遺漏・脱漏」「漏水・漏電・漏斗」②水時計。「漏刻」

**ロウ** 14画【▼踉】 部首[足] JIS 7684
音リョウ・ロウ
「蹌踉」は、よろめくさま。

**ロウ** 15画【▼撈】 部首[扌] JIS 5793
音ロウ・リョウ
とる。すくいとる。ひっかけてとる。「漁撈」

**ロウ** 15画【▼潦】 部首[氵] JIS 6319
音ロウ
①おおみず。②ながあめ。ふりつづく雨。③たまりみず。にわたずみ。地上にたまり、流れる水。

**ロウ** 16画【▼薐】 部首[艹] JIS 7319
音ロウ・レン
「菠薐草」は、アカザ科の一、二年草。

**ロウ** 16画【▼瘻】 部首[疒] JIS 6581
音ロウ・ル
首すじなどにできるはれもの。「痔瘻」↓ル【瘻】

**ロウ** 17画【▼癆】 部首[疒] JIS 6584
音ロウ
①薬の副作用。②肺病。肺結核。「癆痎」

**ロウ** 17画【▼簍】 部首[竹] JIS 6845
音ロウ・ル
かご。たけかご。竹を編んでつくった、目のあらいかご。

**ロウ** 17画【▼螻】 部首[虫] JIS 7419
音ロウ・ル
ケラ。バッタ目に属する昆虫。おけら。

**ロウ** 18画【糧】 部首[米] 常用 JIS 4640 ―― 13画【▼粮】 異体字 JIS 6878
音**リョウ・ロウ**
訓**かて**
かて。たべもの。穀物。旅行・行軍用の食料。「兵糧」↓リョウ【糧】

**ロウ** 18画【▼醪】 部首[酉] JIS 7850
音ロウ
にごりざけ。どぶろく。こしてない酒。

**ロウ** 19画【▼壟】 部首[土] JIS 5266 ―― 19画【▼壠】 異体字
音リョウ・ロウ
①うね。くろ。あぜ。②つか。はか。おか。「壟断」

**ロウ** 19画【▼蘢】 部首[艹] JIS 7336
音ロウ
①タデの一種。オオケタデ、また、イヌタデとも。②草木が一面をおおうさま。③あつまるさま。

**ロウ** 19画【▼隴】 部首[阝] JIS 8015
音リョウ・ロウ
①おか。つか。②はたけ。うね。③中国の甘粛省の別称。
**隴を得て蜀を望む**《後漢の光武帝が隴を得たのち、さらに蜀を望んだ故事から》一つの望みを達して、さらに大きな望みを持つこと。欲望の限りないたとえ。望蜀。

**ロウ** 19画【▼臘】 部首[月] JIS 7136 ―― 16画【▼膓】 異体字 JIS 7137
音ロウ
①年末の祭事。②年のくれ。陰暦の一二月のこと。「客臘・旧臘」「臘月・臘日・臘梅・臘八」③年功をつむこと。「上臈」

**ロウ** 19画【▼鏤】 部首[金] JIS 7927
音ロウ・ル
ちりばめる。ほりこむ。きざみつける。える。「鏤刻・鏤骨」

**ロウ** 20画【▼朧】 部首[月] JIS 5916
音ロウ
おぼろ。①月の光のぼうっとしているさま。「朦朧」②そぼろ。田麩。魚肉などをすりほぐして、甘くにた食品。

**ロウ** 20画【▼櫳】 部首[木] ―― 14画【▼槞】 異体字 JIS 6057
音ロウ
①おり。猛獣・罪人などをいれるはこ・へや。②まど。連子まど。格子まど。

**ロウ** 20画【▼瓏】 部首[王] JIS 6492
音ロウ
①玉がふれあう音。②あきらかなさま。ひかりかがやくさま。「玲瓏」

**ロウ** 21画【▼蠟】 部首[虫] ―― 14画【▼蝋】 異体字 JIS 4725
音ロウ
動植物からとる脂肪にた物質。熱をくわえると、すぐとけ、もえやすい。また、脂肪のかたまり。長鎖脂肪酸と高級アルコールとのエステル。灯火・防水・つやだし用。「封蠟・木蠟」「蠟石・蠟燭」
**蠟を嚙む様**(ろうをかむよう) 味がなくて、まずいさま。詩文などがつまらないことのたとえ。 類似 砂を嚙む様。

**ロウ** 21画【露】 部首[雨] 常用 JIS 4710
音**ロ・ロウ**
訓**つゆ**
あらわれる。あらわす。「披露」↓ロ【露】

**ロウ** 22画【▼籠】 部首[竹] JIS 6838 ―― 16画【▼篭】 異体字 JIS 4722
音ロウ
①かご。たけかご。「灯籠」②こもる。とじこめる。「参籠」「籠城」

**ロウ** 22画【▼聾】 部首[耳] JIS 4724
音ロウ
耳の不自由なこと・人。「聾啞」

**ロウ** 22画【▼髝】 部首[高]
音ロウ
「髝髞」は、①いそぐ。②高いさま。

**ロウ** 23画【▼鑞】 部首[金] JIS 7945
音ロウ
「白鑞」は、はんだ。しろめ。錫と鉛の合金。金属をつぎあわせるときに、とかして用いる。

**ロウ**【Frederick Loewe】(一九〇一～一九八八) アメリカの作曲家。ウィーン生まれ。ミュージカル『マイ・フェア・レディ』が有名。

**ろう-あ**【▼聾▼啞】 聴力障害があって聞こえないために、話すことができなくなる状態。また、その人。先天性や二歳以下で聴力障害をきたすと、耳からの言語の記憶ができないため、放置すると話すことができなくなる。deaf-mutism

**ろういろ-うるし**【▼蠟色漆】↓ろいろうるし(蠟色漆)

**ろう-えい**【朗詠】 ㊀(名・サ変他) 詩歌をふしをつけてうたうこと。㊁(名) 雅楽の声楽曲の一種で、漢詩文の句を一定の曲節で歌うもの。

**ろう-えい**【漏▼洩・漏▼泄】(名・サ変自他)《「ろうせつ」の慣用読み》秘密、あるいは液体などがもれること。また、もらすこと。leak

**ろう-えき**【労役】 骨の折れる仕事。力仕事。labor

**ろう-えん**【▼狼煙・▼狼▼烟】 のろし。狼火。signal fire; beacon

**ろう-えん**【労演】《「勤労者演劇協会」の略》第二次大戦後、働く人が、よい演劇を安く鑑賞できるようにつくられた観客組織。昭和二三年(一九四八)東京勤労者演劇協同組合がつくられ、以後は各地に組織ができて、同三八年(一九六三)全国労演に発展。

**ろう-おう**【老翁】 年をとった男。おきな。old man

**ろう-おう**【老▼媼】 年をとった女。老婆。おうな。

**ろう-おう**【老▼鶯】 春が過ぎてからも鳴いているウグイス。

**ろう-おく**【▼陋屋】 ①狭くて、むさ苦しい家。②自分の家をけんそんして言う語。

**ろう-おん**【労音】《「全国勤労者音楽協議会連絡会議」の略》よい音楽を安く、多くの人に提供することを目的とした音楽鑑賞組織。昭和二四年(一九四九)大阪で設立。

**ろう-か**【老化】(名・サ変自) ①年をとることで、人間の肉体の一部、あるいは各部が衰えること。senile deterioration ②生物学で、受精ののち個体が性的に成熟して生殖を営んだあと、しだいに年老いていく現象。senile change ③化学で、ゴムやプラスチックなどが時間とともに弾性を失いもろくなること。ageing

**ろう-か**【▼弄花】 花札で遊ぶこと。

**ろう-か**【▼狼火】 のろし。狼煙。signal fire; beacon

**ろう-か**【廊下】 家屋内の細長い通路。回り廊下・渡り廊下・中廊下・片廊下などがある。廊。corridor

**ろう-が**【▼蠟画】 古代絵画の一技法。紀元前四世紀ごろ発明され、建築物や彫刻の彩色にも広く応用された。蠟をまぜた絵の具で板や大理石上に描き、熱したへらで焼きつけて、表面に光沢をもたせる。

**ろう-かい**【老▼獪】(名・形動) 経験を積んでいて、ひどくずる賢いこと・さま。cunning 用例 ―な政治家。

**ろう-がい**【労▼咳・▼癆▼痎】 漢方で、肺結核のこと。肺病。pulmonary tuberculosis

**ろう-かく**【楼閣】 たかどの。楼台。lofty building 用例 空中―。

**ろう-がた**【▼蠟型】 鋳金の技法の一つ。金銅仏・銅印そのほか精巧なものを作るのに適する。蜜蠟で原型を作り、鋳型土でぬり込め、中の蠟を火で焼き流し、できた空洞に溶けた金属を流し入れて鋳造する。

**ろう-がっこう**【▼聾学校】 聴覚に障害のある児童・生徒に対し、普通教育に準じて必要な教育を行う学校。school for the deaf

**ろうか-とんび**【廊下▼鳶】《遊女屋で、相方の遊女を待つ客のふるまいから》それほど用もないのに廊下を行ったり来たり、うろつき回ること・人。

**ろう-かん**【▼琅▼玕】 中国産の美しい玉石。半


▼常用漢字表外。 ▽常用漢字表の音訓外。

透明で暗青色。

**ろう-がん【老眼】** 目の老化現象。水晶体の弾性が減少して調節ができないため、近くをよく見ることができなくなった状態。また、その目。presbyopia

**ろう-き【老▼驥・老▼騏】** ①老いた駿馬(しゅんめ)。②年老いた英雄。

**老驥、千里を思う**(ろうき、せんりをおもう)《すぐれた馬は、年老いても一〇〇〇里を走ることを考える、の意》英雄の、年老いてもなお英気の衰えないことのたとえ。

**ろう-き【▼牢記】**(名・サ変他) しっかり覚えること。銘記。

**ろう-ぎ【老▼妓】** 年をとった芸者。

**ろうき-ほう【労基法】**「労働基準法」の略。

**ろう-きゅう【老朽】**(名・サ変自) 古くなって役に立たなくなること・もの。decrepit

**ろう-きゅう【▼籠球】** ↓バスケットボール

**ろうきゅうか-すいでん【老朽化水田】** 作土から鉄・マンガン・カルシウム・有機物などが溶解脱落して、稲の秋落ちを起こすようになった水田。degraded paddy

**ろう-きょ【▼籠居】**(名・サ変自) 家の中にとじこもっていること。閉居。

**ろう-きょ【▼陋居】** ↓ろうおく(陋屋)

**ろう-きょう【老境】** ①年をとった心境。mental stage in the declining age ②老年。晩年。old age

**ろう-きょく【浪曲】** ↓なにわぶし(浪花節)

**ろう-ぎん【労銀】** 労働によって得る賃金。労賃。

**ろう-ぎん【朗吟】**(名・サ変他) 詩歌などを声高らかに、節をつけてうたうこと。朗詠。recite

**ろう-く【老▼軀】** 年をとったからだ。老体。老骨。one's old bones 用例 —をひっさげて。

**ろう-く【労苦】** 骨折り。苦労。辛苦。labor

**ろう-くみ【労組】**《「労働組合」の略》ろうそ。

**ろう-けい【老兄】** ①年をとった兄。aged big brother ②年長の友人に対していう敬語。

**ろう-けち【▼臈▼纈・▼蠟▼纈】** ↓ろうけつぞめ(臈纈染め)

**ろう-けつ【▼臈▼纈・▼蠟▼纈】**「臈纈染め」の略。

**ろう-げつ【▼臘月】** 陰暦一二月の異称。師走。極月(ごくげつ)。

**ろうけつ-ぞめ【▼臈▼纈染(め)】** 染色法の一種。蠟(ろう)や樹脂などで模様を防染する技法。蠟のひび割れにより、ひび入りの模様ができて変化に富む。ろうけち。ろうけつ。batik ↓写

**ろう-けん【▼陋見】** ①つまらない意見。②自分の意見をけんそんして言う語。私見。

**ろう-こ【▼牢▼乎】**(形動トタル) しっかりして動かないさま。強固。firm 用例 —たる自信。

**ろう-こ【▼牢固】**(名・形動トタル) しっかりしていて、容易に崩れないこと・さま。堅固。firm 用例 —として抜きがたい。

**ろう-こ【漏▼壺】** 漏刻に用いたつぼ。底に小孔があり、満たした水の減り具合を漏箭(ろうせん)で読んで時刻を知る。

**ろう-ご【老後】** 年をとってのち。one's old age 用例 —の楽しみ。

**ろう-こう【老公】** 身分の高い老人を言う敬語。用例 水戸(みと)のご—。

**ろう-こう【老巧】**(名・形動) 経験を積んで、たくみなこと・さま。老練。experienced

**ろう-こう【▼陋▼巷】** 狭くて、汚い裏町。むさ苦しい路地。

**ろう-ごうきん【▼鑞合金】** 鑞付けに使用する合金の総称。約四〇〇℃以上の融点をもつ硬鑞と、それ以下の半田(はんだ)で代表される軟鑞がある。

**ろう-こく【漏刻・漏▼剋】** ①中国伝来の水時計。日本では中大兄皇子(なかのおおえのおうじ)が斉明(さいめい)六年(六六〇)に初めてつくったとされる。②漏箭(ろうせん)に刻む目盛り。

**ろう-こく【▼鏤刻】**(名・サ変他) ↓るこく(鏤刻)

**ろう-ごく【▼牢獄】** ろうや。ひとや。監獄。prison

**ろう-こつ【老骨】** 老体。老軀(ろうく)。one's old bones

**老骨に鞭打つ**(ろうこつにむちうつ) 年をとったわが身を励まして、仕事などをする。work in spite of advanced age

**ろう-こつ【▼鏤骨】** ↓るこつ(鏤骨)

**ろう-さい【老妻】** 年をとった自分の妻をさす語。one's aged wife

**ろう-さい【労災】** ①労働上の災害。②「労働者災害補償保険」の略。

**ろう-ざいく【▼蠟細工】** 蠟を使っていろいろなものを作ること。また、作ったもの。wax-work

**ろうさい-ぶし【▼弄斎節】** 江戸初期の流行歌(はやりうた)。隆達節のあとをうけて、元和(げんな)・寛永(かんえい)年間(一六一五～四四)ごろ、遊里を中心に歌われた。

**ろうさい-ほけん【労災保険】**「労働者災害補償保険」の略。

●臈纈(ろうけつ)染め

**ろうさ-きょうしんしょう【労作狭心症】** 狭心症の一つ。運動時や精神的に興奮したとき、または食事や排便時などにおこる。effort angina

**ろう-さく【労作】** ①骨折って働くこと。labor ②苦労して作ること。また、その作品。力作。tour de force

**ろうさく-きょういく【労作教育】** 工作・調理・園芸など身体的活動による作業を中心とした、自主性・能動性を養うための教育法の一つ。education through working

**ろう-ざん【老残】** おいぼれて生きながらえること。wasted with age 用例 —の身。

**ろうざん-ぎょう【▼籠山行】** 最澄(さいちょう)が定めた天台宗の修行の一つ。比叡(ひえい)山に一二年間籠(こも)り、止観業(しかんごう)(＝天台学)と遮那業(しゃなごう)(＝真言学)を修すること。

**ろうざんゆうき【老残遊記】** 中国、清(しん)末の長編風刺小説。劉鶚(りゅうがく)作。二〇回。一九〇六年刊行。清末の官僚社会を痛烈に批判する。

**ろう-し【老死】** ㊀(名・サ変自) 年をとって死ぬこと。老衰死。die of old age ㊁(名)《仏教語》十二因縁の一つ。老いることと死ぬこと。

**ろう-し【老師】** ①年をとった教師・師匠。old teacher ②年をとった僧。

**ろう-し【労使】** 労働者と使用者。labor and management

**ろう-し【労資】** 労働者と資本家。labor and management

**ろう-し【▼牢死】**(名・サ変自) 牢の中で死ぬこと。獄死。die in prison

**ろう-し【浪士】** 主家を去って禄(ろく)を離れた武士。浪人。

**ろう-し【老子】** 中国、周代の思想家。姓は李(り)。名は耳。字(あざな)は聃(たん)。道家の祖。太上老君と尊称された。隠棲(いんせい)にさいし『老子』を残したと伝えられる。『老子』は、『道徳経』ともいい、道学の諸思想を収めた箴言(しんげん)集で、宇宙の本体としての道と無為自然の教えを説く。

**ろうし-きょうぎせい【労使協議制】** 経営者と労働者または労働組合が、生産性向上や福利厚生など経営に関する問題について協議する制度。joint labor-management consultation system

**ろうし-きょうちょう【労使協調】** 労働者と使用者が企業の繁栄・維持のために協力し合うこと。労働運動の分裂をまねく要因ともなる。労資協調。labor-management cooperation

**ろうし-きょうちょう【労資協調】** ↓ろうしきょうちょう(労使協調)

**ろうし-ぐん【▽娘子軍】**「じょうしぐん」の慣用読み。

**ろう-じつ【老実】**(名・形動) 事に慣れていて誠実なこと・さま。

**ろう-じつ【▼臘日】** ①暦注の一つ。大寒にもっとも近い辰(たつ)の日。②一二月八日。この日に粥(かゆ)をたく行事があった。臘八。③一年の最後の日。大晦日(おおみそか)。大年。おおつごもり。

**ろう-しゃ【▼聾者】** 耳の聞こえない人。deaf

**ろう-しゃ【老舎】**(一八九九～一九六六) 中国の小説家・劇作家。本名は舒慶春(じょけいしゅん)。満州族出身。北京(ペキン)の市民生活を愛情をこめてユーモアのある筆致で描いた。戯曲『竜鬚溝(りゅうしゅこう)』、小説『駱駝祥子』、大河小説『四世同堂』など。

**ろう-じゃく【老若】** ↓ろうにゃく(老若)

**ろう-じゃく【老弱】** ①年寄りと、幼い子。老幼。young and old ②年をとって弱くなること。また、その人。become frail with age

**ろう-しゅ【老手】** 手慣れて、巧みな腕前・人。

**ろう-しゅ【老酒】** ↓ラオチュー(老酒)

**ろう-しゅ【楼主】** ①楼と名のつく所の主人。②遊女屋の主人。

**ろう-じゅ【老儒】** 年をとって学識の高い儒者・学者。

**ろう-じゅ【老樹】** 年月をへた木。おいき。old tree

**ろう-しゅう【老醜】** 年をとって、みにくくなっていること。ugliness of old age 用例 —の身をさらす。

**ろう-しゅう【▼陋習】** 悪いならわし。evil custom 用例 旧来の—を破る。

**ろう-じゅう【老中】** 江戸幕府の職制の一つ。常置の最高の役職で、将軍を補佐して全政務を総括。譜代(ふだい)有力大名から選任され、定員は四～五名。月番交代制で、重要事項は合議で裁決。

**ろう-じゅう【郎従】** ↓ろうどう(郎等)

**ろう-じゅく【老熟】**(名・サ変自) 経験を積んで、練れていること。円熟。老成。

**ろう-しゅつ【漏出】**(名・サ変自他) もれ出ること。もらして出すこと。

**ろう-じょ【老女】** ①年をとった女性。old woman ②武家の侍女の長。

**ろう-しょう【老少】** 老人と若者。老若(ろうにゃく)。young and old

**ろう-しょう【老松】** 年月をへた松。おいまつ。

**ろう-しょう【老将】** ①年をとった将軍。old general ②経験を積んで、戦いに慣れた将軍。veteran general

**ろう-しょう【労相】** 労働大臣のこと。

**ろう-しょう【朗笑】**(名・サ変自) 明るく笑うこと。ほがらかな笑い。hearty laugh

**ろう-しょう【朗▼誦・朗唱】**(名・サ変他) 声高く読み上げること。また、となえること。朗読。recite

**ろう-じょう【老嬢】** 年のいった、未婚の女。婚期をかなり過ぎた女性。オールドミス。spinster

**ろう-じょう【▼籠城】**(名・サ変自) ①敵に囲まれて城にこもること。be besieged ②閉じこもって外出しないこと。stay at home

**ろうしょう-ふじょう【老少不定】**《仏教語》死は年齢に関係なく、だれがいつ死ぬかわからないこと。

**ろう-しん【老臣】** ①年をとった家来。old retainer ②重臣。chief retainer

**ろう-じん【老人】** 年をとった人。年寄り。老年の人。老人福祉法では六五歳以上をいう。old people

**ろうじんかてい-ほうしいん【老人家庭奉仕員】** 老衰や心身障害により介護が必要な六五歳以上の老人の身の回りの世話をするため、その家に地方公共団体から派遣される人。

**ろうじん-せい【老人星】** りゅうこつ座のα星カノープス。二月ごろの夕方、日本や中国など北半球の中緯度地帯で真南の地平線すれすれに見える。全天第二の明るい恒星。南極老人星。

**ろうじんせい-ちほう【老人性痴▼呆】** 老人に現れる慢性的な知能および記憶力の低下状態。いわゆるぼけ状態。老年性痴呆。senile dementia

**ろうじん-の-ひ【老人の日】** 敬老の日の旧称。

**ろうじん-びょう【老人病】** 老年になって多く現れる病気。老人性痴呆(ちほう)・骨粗鬆(こつそしょう)症など。老年病。diseases of old people 比較 成人病。

**ろうじん-びょういん【老人病院】** おもに慢性疾患の老人を収容する病院。介護を重点にした医療が必要なことから、医師・看護婦の配置などに特例が設けられている。都道府県知事の特殊許可を受けた病院と、特殊許可外の病院とがある。

**ろうじん-ふくし【老人福祉】** 老人の生活安定や健康保持をはかり、生きがいを与えるための公私の社会福祉サービス。昭和三八年(一九六三)老人福祉法が制定された。welfare for the aged

**ろうじん-ホーム【老人ホーム】** 老人福祉法に基づき地方公共団体および社会福祉法人が設置する、老人が余生を送るための福祉施設。養護老人ホーム・特別養護老人ホーム・軽費老人ホームの三種類がある。民間の有料施設もある。senior citizens' home

**ろうじん-もんだい【老人問題】** 老人の経済的自立・社会的適応や、それから派生する諸問題。高齢化社会の到来で新たな対応が必要とされる。problems of a graying society

**ろう-ず**《中国語の「蘆頭」の転》古び、または、壊れて売れ残った商品。用例 —物。

**ろう-すい【老衰】**(名・サ変自) 生体が心身が老化して老人期に達し、生理的機能が自然におとろえていく状態。また、その状態での死。decrepitude 用例 —死。

**ろう-すい【漏水】**(名・サ変自) 水がもれるこ

ろ

と。また、もれた水。leakage of water
**ろう・する【労する】**(サ変自他) =労す。①(自)働く。苦労する。labor; take pains 用例―・して効なし。②(他)㋐苦労させる。わずらわす。trouble 用例人手を―。㋑ねぎらう。労とする。thank; appreciate
**ろう・する【▼弄する】**(サ変他) もてあそぶ。弄す。play with 用例詭弁を―。
**ろう・する【▼聾する】**(サ変他) 耳の聴こえを悪くさせる。聴こえなくする。聾す。deafen 用例耳を―歓声。
**ろう-せい【老生】**(代) 老人が自分をけんそんしていう語。
**ろう-せい【老成】**(名・サ変自) ①おとなびること。precocious ②経験を積んで、練れていること。老熟。mature
**ろう-せい【労政】** 労働に関する行政。labor administration 用例―事務所。
**ろうせい-しゅうき【▼狼星周期】** 古代エジプトにおいて、狼星(シリウス)が日の出時にのぼる日を記録して発見した、三六五・二五日の周期。Sothic cycle
**ろう-せいねい【郎世寧】**(一六八八〜一七六六) イタリアのイエズス会修道士・画家。ジュゼッペ=カスティリオーネの中国名。画家として清の宮廷に仕え、西洋画を折衷した画風を生む。
**ろう-せき【▼蠟石】** 主成分として葉蠟石(パイロフィライト、酸化アルミニウムの珪酸塩)を含む岩石。緻密な非晶質塊状で、蠟の感じがする。各種岩石の熱や水による変質によってできる。印材・石筆・彫刻材などに用いられ、耐火れんがや農薬などの原料としても使われる。pyrophyllite
**ろう-ぜき【▼狼▼藉】**(名・形動)《オオカミが草を藉いて寝たあとの乱れたようすから》①物が散らかっていること・さま。乱雑なようす。disorder ②無法な乱暴。violence 用例―を働く。
**ろう-せつ【漏▼洩・漏▼泄】**↓ろうえい(漏洩)
**ろう-せん【漏▼箭】** 漏壺に立てる矢。これに刻んだ目盛りで時刻をみる。
**ろう-そ【労組】**「労働組合」の略。ろうくみ。
**ろう-そう【▼狼▼瘡】** さまざまな病気が原因で皮膚が破壊された状態。紅斑性狼瘡・尋常性狼瘡・結核性狼瘡などがある。lupus
**ろう-そう【老僧】** 年をとった僧。old priest 対義老尼。
**ろう-そう【老荘】** ①老子と荘子。②老荘の虚無恬淡の学。
**ろうそう-しそう【老荘思想】** 老子と荘子の学を祖述する道家の思想。儒教・仏教とともに中国の三大思想潮流を形成。正統的思想である儒教に対し、無為自然の道を説いた。
**ろう-そく【▼蠟▼燭】** 可燃性の芯のまわりを蠟で包んだ灯火用品。近年は蠟のかわりにパラフィンとステアリン酸の混合物を用いる。candle 数え方一本・一束・一箱。
**ろう-ぞめ【▼蠟染(め)】** 蠟で防染をして模様を染める染色法。
**ろう-たい【老体】** ①年寄りの衰えたからだ。old body 用例―にむちうって働く。②老人を親しんでよぶ語。用例ご―。③能の三体の一つ。老人の風体。
**ろう-だい【老大】** 年をとったこと・人。old person; old age
**ろう-だい【老台】** 手紙で、年長者に対していう敬語。
**ろう-だい【楼台】** 高い建物。高殿。高閣。mansion
**ろう-たいか【老大家】** 年をとった、その道の大家。elderly master
**ろう-たいこく【老大国】** 国勢が衰微し、ふるわない大国。great nation on the decline
**ろう-たく【浪宅】** 浪人の住まい。
**ろう-た・ける【▼臈▽長ける】**(下一自) ①経験を積み重ねる。well experienced ②年をとって、りっぱになる。mature ③とくに女性が、美しくて気品がある。noble looking
**ろう-た・し【労たし】** 古語(形ク) かわいい。いとしい。愛らしい。かれんである。用例よろづの嘆き忘れてすこしうちとけゆく気色、いと―(源氏・夕顔)。参考「うつくし」が、汚れのないものに向けられる賞美に対して、「労たし」は弱々しく、いたわりたくなる状態をいう。派生ろうたが・る(四自) ろうたげ(形動)
**ろう-だん【▼壟断】** ㊀(名) 高い丘の、断ち切ったような所。㊁(名・サ変他)《ある男が高い所から市場を見渡してよい場所を見つけ、利益を独占したという孟子のたとえ話から》権利や利益をひとりじめにすること。独占。
**ろうちょう-ほう【労調法】**「労働関係調整法」の略。
**ろう-ちん【労賃】** 労働賃金。労銀。wages
**ろう-づけ【▼鑞付け】**(名・サ変他) 錫の合金などを接合材として、金属製品を接合すること。はんだ付け。soldering
**ろう-でん【漏電】**(名・サ変自) 電流が正規の通路以外に漏れて流れること。屋内配線の絶縁不良によることが多い。漏電電流によるジュール熱から火災を起こしたり感電の原因となる。リーク。short circuit
**ろう-と【漏斗】** 上部へ円錐形に広がり、下部が細い管になった器具。びんなどの口にさしこんで液体を移すのに便利なもの。じょうご。funnel ↓図
**ろう-どう【郎等・郎党】** =ろうとう。①武士の従者。主人と血縁関係になく、所領を持たない者。騎乗の資格を持つ。郎従。比較家の子。②一般に、武士の家来。
**ろう-どう【労働】**(名・サ変自) ①からだを使って働くこと。labor; work ②人間が、その存在にとって必要なものを、頭脳・身体・道具を使って自然に働きかけるなかから作り出す、目的意識的な活動。labor
**ろうどうあんぜんえいせい-ほう【労働安全衛生法】** 危害防止基準を確立し、職場における労働者の安全と衛生を確保して、快適な作業環境を実現するための法律。昭和四七年(一九七二)公布。
**ろうどう-いいんかい【労働委員会】** 労働組合法、公共企業体等労働関係法によって認められた機関。労働者側・使用者側・公益法人の三者の構成委員会。不当労働行為の判定、救済命令やその他組合の資格審査等の準司法的機能と、労使紛争の斡旋・調停・仲裁などの調整的機能とを兼ねている。labor relations commission
**ろうどう-うんどう【労働運動】** 労働者が労働条件を改善し、みずからの経済的・社会的要求を有利に実現するために行う組織的活動。labor movement
**ろうどう-えいせい【労働衛生】** 労働者の労働と生活の条件を整える方法を研究する科学と技術、およびそれらを実践すること。occupational health
**ろうどう-かがく【労働科学】** 労働条件や労働環境などを総合的に研究するために、生理学・衛生学・病理学・環境工学・心理学、および社会科学を統合して体系化した学問分野。science of labor
**ろうどうかち-せつ【労働価値説】** 商品の価値の大きさは、その生産に要した労働の量で決まるとする学説。ペティ・ボアギユベール・ケネーらによって樹立され、スミス・リカード・マルクスなどが継承し体系化した。labor theory of value

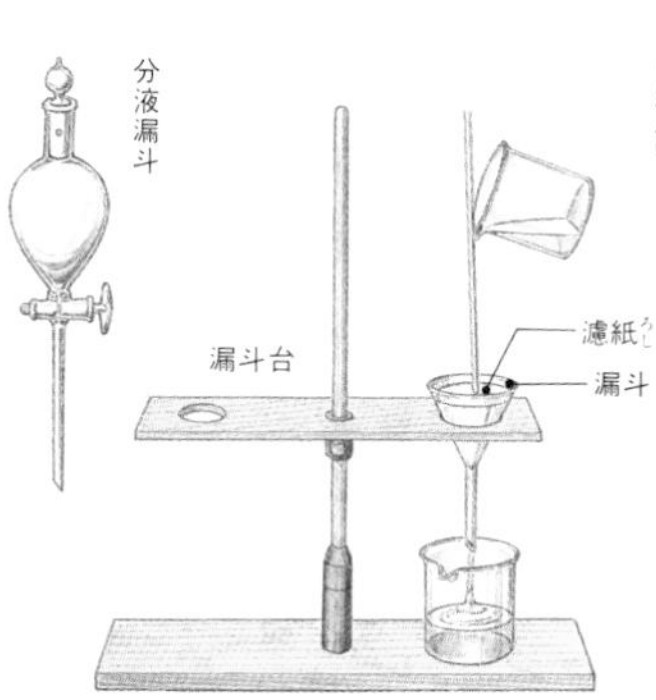

●漏斗

**ろうどうかんけい-ちょうせいほう【労働関係調整法】** 労働関係の公正な調整をはかり、労働争議を予防または解決し、産業の安定を維持することを目的とする法律。昭和二一年(一九四六)公布。労働基準法・労働組合法と並ぶ労働三法の一つ。
**ろうどうきじゅん-かんとくしょ【労働基準監督署】** 労働省の地方出先機関。労働基準法・最低賃金法・災害補償などの実施監督にあたる。
**ろうどうきじゅん-きょく【労働基準局】** 労働省の内局の一つ。労働基準法などの規定の実施状況を都道府県基準局を通じて監督する。Labour Standards Bureau
**ろうどうきじゅん-ほう【労働基準法】** 労働者の労働条件に対する統一的な保護を目的とした法律。昭和二二年(一九四七)公布。労働組合法・労働関係調整法と並ぶ労働三法の一つ。労基法。
**ろうどう-きぞく【労働貴族】** ①労働者のなかで、熟練した技術をもつため高賃金や特権を得ている人々。labor aristocrat ②労使協調路線をとることによって厚遇されている大企業の労働組合幹部。labor aristocrat
**ろうどう-きほんけん【労働基本権】** 労働者の労働権と、団結権・団体交渉権・争議権のいわゆる労働三権の総称。生存権的基本権・社会権の一つ。
**ろうどう-きょうやく【労働協約】** 労働者と使用者または使用者団体とが、労働条件の基準その他について守るべき規定を定めた協定。labor agreement
**ろうどう-きんこ【労働金庫】** 労働組合・消費生活協同組合などの団体と労働者個人の出資金や預金をもとに運営される金融機関。営利を目的とせず、労働者の生活資金や労働者団体の事業などへの貸し付けを行う。
**ろうどう-くみあい【労働組合】** 労働者が経済的・社会的要求を実現するために組織する団体。職業別・産業別・企業別など多様な形態がある。労組。トレードユニオン。labor union
**ろうどうくみあい-きせいかい【労働組合期成会】** 労働組合の結成を促進するために設立された日本最初の近代的労働団体。明治三〇年(一八九七)アメリカから帰国した高野房太郎を中心に結成され、同三四年(一九〇一)活動を停止。
**ろうどうくみあい-しゅぎ【労働組合主義】** 労働組合による経済闘争を重視し、社会改良的な立場から社会主義を実現しようとする考え方。trade unionism
**ろうどうくみあい-ほう【労働組合法】** 労働組合に関する基本的な事項を定めた法律。昭和二四年(一九四九)公布。労働基準法・労働関係調整法と並ぶ労働三法の一つ。
**ろうどう-けいやく【労働契約】** 労働者が使用者に労務を提供し、それに対し使用者が賃金を与えることを約する契約。その内容は、労働基準法に規制される。labor contract
**ろうどう-けん【労働権】** 労働の意思と能力をもちながら職につけない者が、国に対して労働の機会の確保を要求する権利。憲法も「勤労の権利」として保障している。勤労権。right to work
**ろうどう-さい【労働祭】** ①アメリカ合衆国の休日。九月の第一月曜日。Labor Day ②メーデー。
**ろうどう-さいがい【労働災害】** 労働者が勤務中に受ける傷害・疾病・死亡などの災害。被災者には無過失賠償責任制度に基づいて使用者から災害補償が与えられる。労災。workmen's accident
**ろうどう-さんけん【労働三権】** 労働者がもつ団結権・団体交渉権・争議権の三つの権利。民主主義社会の労働者の基本的権利とされている。
**ろうどう-さんぽう【労働三法】** 労働組合法・労働基準法・労働関係調整法の総称。
**ろうどう-じかん【労働時間】** 労働者が労働に従事する時間。八時間が原則。勤務時間。就業時間。working hours
**ろうどう-しさい【労働司祭】** カトリック教会の司祭の中で、労働者のために働く者の通称。二〇世紀中ごろから、とくにフランスで労働者とともに生活・労働しながら伝道に従事した司祭をいう。worker priest
**ろうどう-しじょう【労働市場】** 資本主義社会で、労働力の需要と供給が調節され、その配分と賃金水準が決定されるメカニズム。labor market
**ろうどう-しゃ【労働者】** 労働力を提供して得た賃金により生活を維持する者。法形式上は、資本家と対等の立場で労働契約を結ぶ。経済的にはいっさいの生産手段をもつことなく、自分の労働力を商品とする。laborer 対義資本家。
**ろうどうしゃ-かいきゅう【労働者階級】** 労働力を提供し、その賃金によって生活する階層。産業革命期以降に明確に形成された。プロレタリアート。working class 対義資本家階級。
**ろうどうしゃさいがいほしょう-ほけん【労働者災害補償保険】** 社会保険の一つ。労働者災害補償保険法に基づき、労働者の業務上の負傷・病気・廃疾・死亡に対しての補償を確保するための制度。労災保険。労災。workmen's compensation insurance
**ろうどうしゃのうみん-とう【労働者農民党】** 昭和二三年(一九四八)日本社会党から分離した小政党。社共両党の中間的立場をと

ったが、同三二年(一九五七)社会党に吸収。労農党。

**ろうどうしゅうやくがた-さんぎょう【労働集約型産業】** 他の生産要素にくらべて労働者を多数必要とする産業。生産の効率は低く一人当たりの生産額は低い。農林業・繊維工業・サービス業などが典型。資本節約型産業。labor-intensive industry 対義 資本集約型産業。

**ろうどう-しょう【労働省】** 労働行政を主管とする中央官庁。昭和二二年(一九四七)設置。現在は、大臣官房と五局からなり、外局として中央労働委員会など、また地方部局に公共職業安定所・労働基準監督署などがある。Ministry of Labour

**ろうどう-じょうけん【労働条件】** 労働者が雇用されて働く場合、雇用者との間で取り決められる諸条件の総称。賃金・労働時間・労働強度など。working conditions

**ろうどう-せいさんせい【労働生産性】** 労働の投下量と、それによる生産高との比率。生産力の増大を測定する一指標で、技術や設備、労働者の知識や熟練度により変動する。labor productivity

**ろうどう-そうぎ【労働争議】** 労働条件や解雇などをめぐって労働者と使用者との間に起こる紛争。争議権は労働者の基本的権利として憲法二八条で保障されている。labor dispute

**ろうどう-だいじん【労働大臣】** 国務大臣の一人。労働省の長。労相。Minister of Labour

**ろうどう-だんたい【労働団体】** 労働者がつくる団体。ふつうは労働組合の全国組織、つまりナショナルセンターをさす。labor-federation

**ろうどう-とう【労働党】** ①労働者の階級的利害を代表する政党。labor party ②イギリスの社会民主主義政党。一九二〇年代以降、保守党と並ぶ二大政党の一つ。一九〇六年、労働代表委員会が改称して成立。Labour Party

**ろうどうふくし-じぎょうだん【労働福祉事業団】** 昭和三二年(一九五七)制定の労働福祉事業団法に基づいて設立された法人。労働者災害補償保険の保険施設の設置・運営、また事業者に対する労働災害防止資金貸し付けなどの事業を行う。

**ろうどう-ぶんぱいりつ【労働分配率】** 生産によって新たにつくり出された付加価値ないし所得のうち、賃金・俸給の占める割合。labor share

**ろうどう-ほう【労働法】** 資本主義社会における労働者と経営者の不平等を是正し、労働者の生存の確保を目的とする法規の総称。日本では労働基準法・労働組合法・労働関係調整法の労働三法を中心とする。labor law

**ろうどう-もんだい【労働問題】** 労働および労働者のおかれた環境から派生する社会問題。幼少年・婦人労働問題、失業問題、賃金問題など。labor problem

**ろうどう-よんだんたい【労働四団体】** 一九六〇年代から日本の労働運動をリードしてきた四つの労働組合全国中央組織(＝ナショナルセンター)。総評・同盟・中立労連・新産別の総称。昭和六二年(一九八七)全日本民間労働組合連合会(＝連合)の発足にともなって、後の三者は連合に合流し、総評と連合がそれぞれ官公労と民間組合を組織する体制が誕生した。

**ろうどう-りょく【労働力】** 人間の労働能力。とくに資本に対し商品として売買される肉体的・精神的能力をさす。labor power

**ろうどうりょく-じんこう【労働力人口】** 労働する意志と能力のある者の人口。一五歳以上の生産年齢人口のうち就業者と失業者の合計をさす。total labor force

**ろうと-エキス【▼莨▼菪エキス】** 《「ろうと」は莨菪根の意》ハシリドコロの根茎を乾燥したものの粉末をアルコールまたはアルコールと水で浸出してつくったエキス。アルカロイドを含み、劇薬。鎮痛・鎮静剤として胃痛・百日咳に用いる。Scopolia extract

**ろう-どく【朗読】**(名・サ変他) 声高く読むこと。read aloud; recite

**ろうと-ぐも【漏斗雲】** 雲の底から漏斗のようにたれ下がった雲。積乱雲やときに積雲に現れ、地面に達すると竜巻となる。tuba

**ろうと-こん【▼莨▼菪根】** 生薬の一つ。ナス科のハシリドコロの根茎。スコポリンなどを含み、鎮痛・抗痙攣剤として胃痛・百日咳に用いる。Scopolia root

**ろうと-して【▼牢として】**(副) かたくてびくともしないさま。牢乎として。unmovable; undaunted 用例 ―抜きがたい信念。

**ろう-とする【労とする】**(連語) 骨折りを、骨折りとして認める。ねぎらう。thank; appreciate 用例 その苦心を―。

**ろう-なぬし【▼牢名主】** 江戸時代、牢内で他の囚人を取り締まった囚人。各房から一人任命された。囚人のかしら。

**ろう-に【老尼】** 年をとったあま。対義 老僧。

**ろう-にゃく【老若】** 老人と若者。ろうじゃく。young and old 用例 ―男女を問わず。

**ろう-にん【浪人】** ①《「牢人」とも》主家を離れて所領・俸禄のない武士。浪士。②職のない人。失業者。man out of work ③入学試験に失敗し、なお来年の入試を期して勉学中の人。

**ろう-にんぎょう【▼蠟人形】** ろうを素材とした写実的な人形。西欧で、古代に信仰的に用いたものが玩具化したもの。ロンドンのろう人形館では、有名な人物そっくりのろう人形が展示されている。wax figure

**ろう-ぬけ【▼牢抜け】** ↓ろうやぶり(牢破り)

**ろう-ねん【老年】** 年老いたこと。年寄り。old age

**ろうねん-いがく【老年医学】** 老化期に入っていく人々にみられる医学的諸問題を扱う医学の一分野。その人の活動期を少しでも長く進展させ、積極的な生活へ導くことを目的とする。老年学と一体不可分になっている。geriatrics

**ろうねん-がく【老年学】** 成人病の予防や治療、長寿の研究、家庭における老人問題、元気な老人の職業問題や社会施設などを総合的に研究する学問。老年医学と老年社会科学を総合したもの。ジェロントロジー。gerontology

**ろうねん-き【老年期】** 老化によって、精神的・身体的に機能が減退する時期。感情的不安定・記憶力減退などが生じる。成人期・壮年期とは異なる新しい役割と活動へ向けてエネルギーを再方向づけしたり、自分の人生の受容・統合・死に対する見方の発達といった課題に直面する。老人期。senescence

**ろうねんき-ちけい【老年期地形】** 浸食作用の末期にできる地形。山頂は丸みを増し、山腹の傾斜はゆるやかになり、谷は幅を増す。aged topography

**ろうねん-せいしんびょう【老年精神病】** 六〇歳以上の老人に発生する精神障害の総称。記憶障害を中心とする知能低下と、感情面での反応がにぶくなったことによる人格水準の低下を主症状とする。senile psychosis

**ろう-のう【老農】** ①年老いた農夫。old farmer ②農業に経験の深い農夫。senior farmer

**ろう-のう【労農】** 労働者と農民。laborers and farmers

**ろうのう-とう【労農党】** 「労働者農民党」の略。

**ろうのう-どうめい【労農同盟】** 労働者階級と農民との同盟。また、その組織。

**ろうのう-は【労農派】** 昭和初期、日本資本主義論争で講座派と対したマルクス主義理論集団。昭和二年(一九二七)創刊の雑誌『労農』による呼称。山川均・大内兵衛・向坂逸郎ら。

**ろうのう-ロシア【労農ロシア】** ソビエトロシアの別称。

**ろう-の-き【▼蠟の木】** 《果実からろうをとることから》ハゼノキの別名。

**ろう-ば【老婆】** 老婦人。老女。対義 老爺。

**ろう-はい【老廃・老▼癈】**(名・サ変自) 年をとったり古くなったりして、役に立たなくなること。wastes

**ろう-はい【老輩】** 一(名) 年をとった人々。老人たち。the old 二(代) 老人が自分をけんそんしていう語。

**ろう-ばい【老梅】** 年月をへたウメの木。

**ろう-ばい【▼狼▼狽】**(名・サ変自) あわてること。うろたえること。confusion; lose one's mind 用例 周章―。

**ろう-ばい【▼蠟梅】** ロウバイ科の落葉低木。高さ約三m。葉は卵形。早春、葉に先だち蠟細工のような光沢をした芳香のある黄色い花が咲く。観賞用に庭園に植える。中国原産。カラウメ。ナンキンウメ。↓写

●ロウバイ

**ろうはい-ぶつ【老廃物】** ①古くなって役に立たないもの。②生体内における物質代謝の結果生じる無用または有害な産物。一般に汗・尿・糞とともに体外へ排出される。waste product

**ろうば-しん【老婆心】** 余計な心配をして、世話を焼く気持ち。必要以上の親切心。out of friendship

**ろう-はち【▼臘八】** 《仏教語。「臘」は陰暦一二月》一二月八日の称。釈迦が悟りを開いたという日。

**ろうはち-え【▼臘八会】** 釈迦が悟りを開いた日とされる臘月(陰暦一二月)八日に行われる禅宗の法会。成道会。

**ろうはつ-せっしん【▼臘▽八接心】** 釈迦が悟りを開いたとされる一二月八日を記念して禅宗で行われる仏事。一日から八日朝まで、坐禅修行に専念するもの。

**ろう-ばん【▼牢番】** 牢屋の番人。jailer米; gaoler英

**ろう-ひ【老▼婢】** 年をとった召し使いの女。

**ろう-ひ【浪費】**(名・サ変他) お金・時間・力などを無駄遣いすること。waste 比較 乱費。

**ろう-ひつ【▼弄筆】**(名・サ変他) ①必要以上に飾った文章を書くこと。②事実を曲げて書くこと。曲筆。

**ろう-びょう【老病】** 老衰から起こる病気。senile disease

**ろう-びょう【廊▼廟】** 《表御殿の意》政務を執る御殿。廊堂。朝廷。

**廊廟の器**(ろうびょうのうつわ) 天子を補佐して政治を執るにふさわしい人物。宰相の器量。

**ろう-ふ【老父】** 年をとった父。old father 対義 老母。

**ろう-ふ【老婦】** 年をとった女。老女。old woman

**ろう-へい【老兵】** ①年をとった兵。old soldier 用例 ―は死なず、ただ消えゆくのみ。②経験を積んだ古兵。veteran

**ろうべん【▽良弁・▽良▼辨・朗弁・朗▼辨】** (六八九～七七三) 奈良時代の僧。義淵に法相宗を学び、新羅僧審祥につき華厳を修めて日本華厳宗第二祖となった。東大寺建立に尽力し初代別当。

**ろう-ほ【老舗・老▼鋪】** 何代も続いている商店。しにせ。long-established store

**ろう-ぼ【老母】** 年をとった母。old mother 対義 老父。

**ろう-ほう【朗報】** うれしい知らせ。good news 対義 悲報。

**ろう-ぼく【老木】** 年をへた樹木。old tree

**ろう-ぼく【老僕】** 年をとった召し使いの男。

**ろうまん-しゅぎ【浪漫主義】** ↓ロマンしゅぎ(ロマン主義)

**ろう-む【労務】** ①労賃を得るためにする労働。labor ②労働者に関する事務。labor management 用例 ―課。

**ろうむ-かんり【労務管理】** 経営管理の一つ。企業目標達成に向けて、労働力を効率的に運用するために経営者が行う諸方策。人事・安全衛生・福利厚生・組合対策・教育・苦情処理など。labor management

**ろうむ-とうさん【労務倒産】** 人手不足、人件費の負担、労使紛争などの労務問題によって引き起こされる倒産。

**ろう-もう【老▼耄】**(名・サ変自) 老いぼれること・人。

**ろう-もん【楼門】** 二階造りの門のうち、下層に屋根のないもの。上・下層の間に、高欄付きの回り縁がめぐる。比較 二重門。↓写

●楼門 山梨県、恵林寺の四脚門。

**ろう-や【老▼爺】** 年をとった男。老人。対義 老婆。

**ろう-や【▼牢屋】** 罪人を捕らえて入れておく所。牢獄。ひとや。監獄。獄屋。prison

ろ

**ろう-やくにん【▼牢役人】** 江戸時代、牢獄を監視する役人。

**ろう-やぶり【▼牢破り】** 牢を抜け出すこと・者。脱獄。牢抜け。

**ろう-ゆう【老雄】** 年をとった英雄。

**ろう-ゆう【老優】** ①年をとった俳優。old actor ②経験を積んで、芸のすぐれた俳優。veteran actor

**ろう-よう【老幼】** 老人と幼児。老弱。［用例］—婦女。

**ろう-らい【老来】**（副） 老年になってこのかた。

**ろう-らく【▼籠絡】**（名・サ変他） うまく言いくるめて、人を自由に操ること。cajole

**ろう-らん【楼▼蘭】** 中国、漢代に栄えた西域のオアシス都市。東西交通の要地で、漢の西域経営の基地となった。一九〇一年ヘディンが遺跡を発見。スタインや大谷探険隊が発掘調査。寺院址・ガンダーラ様式の仏像・仏画・文書などが出土。

**ろう-りょく【労力】** ①働くこと。骨折り。ef-fort ②労働力。labor

**ろうりん-さんみゃく【▼狼林山脈】** 北朝鮮（朝鮮民主主義人民共和国）北部の山脈。蓋馬高原の西部を南北に走り、平安南道と咸鏡南道を分ける。主峰狼林山は標高二〇一四m。ナンリム山脈。

**ろう-れい【▼狼戻】** ①オオカミのように欲が深く、人の道に反すること。②乱れ散らばること。狼藉。

**ろう-れい【老齢】** 年をとっていること。高齢。old age

**ろうれいか-しすう【老齢化指数】** 六五歳以上の人口の、総人口に対する割合。平均寿命の延長につれて、この指数も大きくなる。

**ろうれい-じんこう【老齢人口】** 六〇歳以上の人々の数。the old population

**ろうれい-ねんきん【老齢年金】** 老後の生活保障を目的に支給される公的な年金。一定の加入期間が必要。老齢基礎年金・老齢厚生年金・退職共済年金など。old-age pension

**ろうれいふくし-ねんきん【老齢福祉年金】** 所得が一定限度以下で他の年金を受けられない七〇歳以上の老人に、掛け金なしで支給される年金。non-contributory old-age pension

**ろう-れつ【▼陋劣】**（名・形動） 心が卑しいこと・さま。卑劣。mean

**ろう-れん【老練】**（名・形動） 経験を積み、熟練していること・さま。老巧。experienced

**ろう-れん【労連】**「労働組合連盟」「労働組合連合会」などの略。

**ろう-ろう【浪浪】** ①さまよい歩くこと。さすらうこと。流浪。wandering ②職がなくて、ぶらぶらしていること。out of work ［用例］—の身。

**ろう-ろう【朗朗】**（形動トタル） ①声が明るく澄んでいるさま。sonorous ［用例］音吐—。②光が明るく、曇りのないさま。bright ［用例］明月—の夜。

**ろう-わ【漏話】** 電話で通話中に、当事者以外の通話が混入すること。cross talk ［参照］混信。

**ろ-えい【露営】**（名・サ変自） ①野外に陣営を張ること。camp out ②テントなどを張って野宿すること。camp out; bivouac

**ろ-えき【▼濾液】** 固体と液体の混合溶液から、濾過の操作によって得た液。filtrate

**ロエスレル［Karl Friedrich Hermann Roesler］**（一八三四～九四） ドイツの法学者・経済学者。明治一一年（一八七八）来日した御雇外国人。外務省・内閣顧問として明治憲法制定に貢献。商法草案を起草。同二六年（一八九三）帰国。

**ロー［P・ρ］** ギリシア字母の第一七字。rho

**ロー［low］** ①《「ローギア」の略》自動車の変速ギアの前進一段目。②《接頭的》低い。安い。［対義］ハイ。［用例］—ヒール。—コスト。

**ローイ［Otto Loewi］** ↓レービ

**ローウィ［Raymond Loewy］**（一八九三～一九八六） アメリカのデザイナー。工業デザイン界の開拓者の一人。著書『口紅から機関車まで』。

**ロー-ウエスト［low waist］** 洋服で、普通の位置より低いウエストライン。［対義］ハイウエスト。

**ローエル［Amy Lowell］**（一八七四～一九二五） アメリカの女流詩人。イマジズム運動を推進。詩集『男と女と幽霊』『時間は何時』、評論『キーツ』など。

**ローエル［James Russell Lowell］**（一八一九～九一） アメリカの詩人・批評家。風刺と機知が特色。詩集『ビグローペーパーズ』、評論『書斎の窓』など。

**ローエル［Robert Lowell］**（一九一七～七七） アメリカの詩人。寓話性の強い詩を堅実な技法で書く。詩集『ウィアリー卿の城』『人生研究』など。

**ローエングリン［Lohengrin］** ワーグナー作曲の歌劇。全三幕。作曲者自身の台本により、一八五〇年リストの指揮で初演。中世の伝説などを素材にしている。前奏曲や『結婚行進曲』が有名。

**ローエンシュタイン［Daniel Casper von Lohenstein］**（一六三五～八三） ドイツ-バロック期の詩人・劇作家。悲劇『クレオパトラ』など。

**ローカリズム［localism］** ①地方第一主義。郷土偏愛。②地方色。

**ローカル［local］**（形動） 地方の。地方特有の。田舎の感じをもつさま。

**ローカル-エリア-ネットワーク［local area network］** ↓ラン（LAN）

**ローカル-カラー［local color］** その地方特有の情調。郷土色。地方色。

**ローカル-せん【ローカル線】** 鉄道やバス・航空機などで、地方中心に運行されている路線。地方路線。local line

**ローカル-ニュース［local news］** 特定の地域を対象にしたニュース。地元のニュース。地方ニュース。

**ローカル-ばん【ローカル版】** ↓ちほうばん（地方版）

**ローカル-ばんぐみ【ローカル番組】** ラジオ・テレビの各地の放送局が地元の視聴者向けに制作する放送番組。local program

**ローガン［Joshua Logan］**（一九〇八～八八） アメリカの映画監督。作品『ピクニック』『南太平洋』など。

**ローガン-さん【ローガン山】**（Mount Logan） カナダ、ユーコンテリトリー南西部、セントイライアス山脈中の高峰。標高六〇五〇m。同国の最高峰。

**ローガンベリー［loganberry］**《最初の栽培者の名、ローガンにちなむ》バラ科ラズベリーとブラックベリーの雑種。暗赤色の、酸味のある大きな果実をつける。

**ロー-コスト［low cost］** 安い費用。

**ローザ［Guimarães Rosa］**（一九〇八～六七） ブラジルの小説家。地方主義的な傾向と言語的な実験性をあわせもつ。短編集『サガラーナ』、長編『大奥地』。

**ローザ-ルクセンブルク［Rosa Luxemburg］** ↓ルクセンブルク

**ローザンヌ［Lausanne］** スイス西部、レマン湖北岸の観光・保養都市。ボー州の州都。交通の要地。人口一二・七万（一九八〇）。

**ローザンヌ-かいぎ【ローザンヌ会議】**（The Lausanne Conference）一九三二年スイスのローザンヌで開かれた、ドイツの賠償問題に関する会議。賠償額の大幅削減を決定。

**ローザンヌ-がくは【ローザンヌ学派】** スイスのローザンヌ大学を拠点に形成された経済学の一派。ワルラスやパレートらの一般均衡理論を中心とする。Lausanne school

**ローザンヌ-しょう【ローザンヌ賞】** スイスのローザンヌの国際バレエコンクールで与えられる最高の賞。コンクールは若手の発掘と育成を目的として毎年開催される。

**ロージ［Francesco Rosi］**（一九二二～八四） イタリアの映画監督。作品『シシリーの黒い霧』『黒い砂漠』など。

**ローシー［Giovanni Rosi］**（生没年未詳） イタリアの舞踊家。日本のバレエ・オペラ開拓に寄与。大正元年（一九一二）来日。

**ロージー［Joseph Losey］**（一九〇九～八四） イギリスの映画監督。作品『召使』『暗殺者のメロディー』『人形の家』など。

**ローション［lotion］** ①アルコールを含んだ化粧水。ヘアローション・ボディーローション・カーマインローションなど。②洗浄液。

**ロー-シルク［raw silk］** 繭から繰りとったままの絹糸。生糸。［参照］練り糸。

**ロース**《焼く、の意の「ロースト」の転》牛肉や豚肉の部位で、柔らかい上等の肉。また、鴨の胸肉（抱き身）。

**ローズ［rose］** ①バラ。②《「ローズレッド」の略》バラ色。紫がかった、鮮やかな赤。［参考］フランス語の「ロゼ（rosé）」は、ピンクに相当する、薄い赤系統の色。

**ローズ［Cecil John Rhodes］**（一八五三～一九〇二） イギリスの政治家。南アフリカでダイヤモンド採掘に従事し巨富を得る。一八九〇年ケープ植民地首相となり、アフリカ中央部進出を計画。タンガニーカ湖付近を占領し、自らの名にちなんでローデシアと命名した。九五年トランスバール侵攻をはかったが、ブール人の抵抗で失敗。

**ロースター［roaster］** 獣肉・鳥肉などを、ふつう丸ごとあぶり焼きする器具。

**ロースト［roast］** 肉の蒸し焼き料理。鳥獣肉をかまどであぶり焼くか、オーブンで焼く。ロティ。

**ロースト-ビーフ［roast beef］** 牛肉を大きいかたまりのままオーブン焼きにしたもの。

**ローズ-ピンク［rose pink］** 紫をおびたピンク。

**ローズマリー［rosemary］** シソ科の常緑低木。葉は細長く小形で、芳香がある。初夏、淡青色の小花が咲く。薬用・香料用に栽培。マンネンロウ。マンルソウ。メイテツコウ。↓［写］

●ローズマリー

**ローズマリー-ゆ【ローズマリー油】** ローズマリーの葉と花から採取された精油。シネオール・ボルネオールを主成分とする。せっけんなどの香料のほかウスターソースにも加える。迷迭香油。

**ローゼッガー［Peter Rosegger］**（一八四三～一九一八） オーストリアの小説家。作品『森の故郷』『最後の男ヤーコプ』など。

**ローゼット［rosette］**《正しくはロゼット》天井から電気コードをつるすために天井に取り付ける器具。

**ローゼル［roselle］** アオイ科の一年草。熱帯地域で栽培。高さ約二m。葉は卵形で三裂。黄色い花を開き、萼は赤色で厚みがあり、酸味がある。未熟の果実をジャムやローゼル酒にする。葉は生食。

**ローゼンストック［Josef Rosenstock］**（一八九五～一九八五） アメリカの指揮者。ポーランド生まれ。日本の交響楽団育成に貢献。NHK交響楽団を指揮。

**ローソン-じょうけん【ローソン条件】** 核融合反応を実現する基準となる条件。核融合によるエネルギーの出力が、プラズマ加熱エネルギーの二倍になる場合をいう。Lawson condition ［参照］臨界プラズマ条件。

**ローター［rotor］** ↓かいてんし（回転子）

**ローダー［loader］** 機械的ショベルなどのように荷の積み込みに使う機械。船積み用・土木作業用などがあり、とくに鉱山では坑内積み込み機のことをいう。

**ロータス［lotus］** ギリシアの伝説上の植物。その実を食べると憂いを忘れるといわれる。ここから、夢見勝ちで怠惰な生活を送る人を、ロータスイーターという。

**ローダミン［rhodamine］** 古くから使われている塩基性の染料。羊毛・絹を美しいピンク色調に染める。日光にきわめて弱い。

**ロータリー［rotary］** ①交差点の中央に設けた、円形の区域。②「ロータリー車」の略。

**ロータリー-エンジン［rotary engine］** ①内燃機関の一つ。三角形のおむすび形の回転ピストンがまゆ形のケーシング内を回転して、吸入・圧縮・爆発・排気を行う。往復ピストンに比べ、軽量小型で効率がよい。②固定クランクのまわりに配置された数個のシリンダーが回転する形式の機関。かつて航空機に使用。

**ロータリー-クラブ［Rotary Club］** 親睦と社会奉仕をモットーに設立された国際的な社交団体。一九〇五年アメリカのシカゴに設立。地域ごとに一業種一人の会員制をとる。日本では大正九年（一九二〇）東京で第一号支部が設立された。

**ロータリー-しゃ【ロータリー車】** ロータリー式除雪車の通称。前方に羽根車を装備し、雪を掻き取って吹き飛ばしながら進む。ロータリー。rotary snowplow

**ローダンセ［rhodanthe］** キク科の一年草。高さ約四〇cm。葉は平滑な卵形。春、中央が黄色で、そのまわりが淡桃色の花が咲く。ドライフラワーにする。オーストラリア原産。ヒロハハナカンザシ。ロダンテ。

**ローツェ-さん【ローツェ山】**（Lhotse） ネパール-ヒマラヤ東部、エベレスト山の南にある高峰。標高八五〇一mで世界第四位。一九五六年スイスのエグラー隊が初登頂。

**ローティーン**《和製語》一〇代の前半。一三～一五歳。early teens 対義 ハイティーン。

**ローテーション**〔rotation〕①交代の順序や組み合わせ。用例 ―を組む。②バレーボール(六人制)のルールで、サービス権を得たときに、ポジションを時計回りに一つずつ移動すること。③《pitching rotationから》野球で、先発投手を起用する順番。④テニスなどのダブルスで、選手が、規定にしたがい守備位置を変えること。

**ローデシア**〔Rhodesia〕アフリカ南部、ザンビア・モザンビーク・南ア共和国・ボツワナに接する旧地方名。現在、北ローデシアはザンビアに、南ローデシアはジンバブエに分割されている。

**ローデシア-ニアサランド-れんぽう**【ローデシア-ニアサランド連邦】(Rhodesia and Nyasaland) アフリカ、旧イギリス植民地の南・北ローデシアとニアサランドで構成した連邦。一九五三年結成、六三年解体。現在はジンバブエ・ザンビア・マラウイの三独立国に分かれている。

**ローテンブルク**〔Rothenburg〕西ドイツ中部の小都市。中世の姿をとどめている町として有名。ロマンチック街道に沿う観光地。人口一・二万(一九八〇)。

**ロート**〔André Lhote〕(一八八五～一九六二) フランスの画家。キュビスム運動に参加し、独自の理論による特徴ある作風を示す。著書『絵画―魂と精神』。

**ロート**〔Joseph Roth〕(一八九四～一九三九) オーストリアの小説家。作品『ラデツキー行進曲』『酔いどれ聖者の伝説』など。

**ロード**〔Lord〕イギリスで、公爵以外の貴族、上院議員である大僧正・僧正などに対する尊称。卿きょう。

**ロード**〔road〕①道。道路。②《theを付けて、米国で》地方興行。巡回興行。

**ロード-アイランド**〔Rhode Island〕アメリカ北東部、ニューイングランド南岸の州。州都プロビデンス。同国最小の州で、独立当時の一三州の一つ。人口九四・七万(一九八〇)。

**ロードアイランドレッド-しゅ**【ロードアイランドレッド種】アメリカで改良されたニワトリの一品種。卵肉兼用。卵殻は赤褐色。Rhode Island Red

**ロード-ゲーム**〔road game〕自チームの本拠ほんきょ地を離れた試合場で行う試合。遠征試合。

**ロード-ショー**〔road show〕一般封切り前に特定の映画館で独占的に公開する興行。

**ロードスター**〔roadster〕乗用自動車の型式の一つ。扉は二つ、座席は一列、上部は幌ほろで、後部は荷物入れになっているもの。

**ロードス-とう**【ロードス島】(Ródhos) ギリシアのドデカニソス諸島南端の主島。面積一四〇〇$km^2$。ギリシア・ローマ時代の遺跡に富む。避暑地。古代から東方貿易で繁栄。

**ロード-テスト**〔road test〕自動車などの性能を調べるために路上で走行などを行う実地試験。

**ロードヒポキシス**〔Rhodohypoxis〕ヒガンバナ科の小形球根植物。細長い葉を秋に出し、春に、淡紅色の花が咲く。南アフリカ原産。アッツザクラ。

**ロード-ミラー**《和製語》道路の交差点やカーブに設けられた凸面鏡とつめんきょう。見通しのよくない部分を見るためのもの。

**ロート-ゆ**【ロート油】界面活性剤の一つ。ひまし油に濃硫酸を作用させてつくる硫酸エステル。耐酸性・耐硬水性が大きい。染色助剤などに利用。硫酸化油。Turkey red oil

**ロー-トル**【老頭児中】(laotóur) 老人。

**ロートレアモン**〔Comte de Lautréamont〕(一八四六～一八七〇) フランスの詩人。南米ウルグアイ生まれ。本名イジドール＝デュカス。神への反逆と呪のろい、人類への愛と憎悪を斬新な発想で奔放にうたった。シュールレアリスムの先駆者。散文詩集『マルドロールの歌』、『詩学断想』など。

**ロード-レーサー**〔road racer〕①ロードレースの競技者。②競技用の自転車やオートバイで、ロードレースのための専用車。未舗装道路や悪路の走行に備え、専用のブレーキ・タイヤ・変速機などを装備。

**ロード-レース**《road racingから》道路を走路として行う競走の総称。長距離の陸上競技・自動車レース・オートバイレース・自転車レースなど。

**ロートレック**〔Henri Marie Raymond de Toulouse-Lautrec〕(一八六四～一九〇一) フランスの画家。貴族出身。モンマルトルのキャバレーや娼家しょうかの情景を、鋭い筆致で描いた。デッサン・石版画にも才能を発揮。作品『ムーラン-ルージュにて』など。↓写

●ロートレック『ムーラン-ルージュにて』。一八九二年、シカゴ美術館。

**ロード-ローラー**〔road roller〕土木建設機械の一つ。鉄またはセメント製の円筒状ローラーを二、三個そなえ、自重で路面や建設用地の地固め、また舗装表面の仕上げを行う。↓写

●ロードローラー

**ロードワーク**〔roadwork〕スポーツのトレーニング法の一つ。とくにボクシング選手が、持久力・脚力を高めるために、シャドーボクシングなどをしながら屋外を走ること。

**ローヌ-がわ**【ローヌ川】(Rhône) スイス南部のアルプス山中から西に流れ、レマン湖を経てフランスに入り、マルセイユの西方で地中海に注ぐ川。長さ八一二km。

**ローヌ-プーラン**〔Rhône-Poulenc SA〕フランス最大手の化学工業グループの持ち株会社。一〇〇%政府出資。一八九五年設立。

**ロー-ネックライン**〔low neckline〕襟ぐりの形の一種。前襟ぐりが、深く切れこんだ襟あき。背まであけられたものはデコルテという。↓図

●ローネックライン

**ローバー-グループ**〔The Rover Group PLC〕イギリスの国営自動車メーカー。オースチン・MGなどの乗用車で知られている。もとのBL社。一九七七年設立。

**ロー-ヒール**〔low heels〕かかとの低い靴の総称。カッターシューズ・フラットシューズなど。対義 ハイヒール。

**ローブ**〔robe〕①ゆったりとした丈長の部屋着。②裁判官の法服や僧侶の法衣ほうえなどの上下一組みになった礼服。dress

**ロープ**〔rope〕繊維・鋼鉄線などをより合わせたもの。繊維ロープは麻・綿・ビニロン・ナイロンなどで作られる。ワイヤーロープは鋼索こうさくともいい、鋼鉄の針金をより合わせたもの。なわ。つな。

**ローファー**〔Loafer〕《怠け者、の意》男女向きの、気楽にはける靴の一種。ひもを用いず、足をすべり込ませる型のスリッポンの一種。

**ロー-ファット**〔low-fat〕低脂肪。用例 ―ミルク。

**ロープウエー**〔ropeway〕空中に張り渡した鋼索に箱形の車体をつるし、人や貨物を乗せて運ぶ装置。架空索道。索道。空中ケーブル。

**ロープシン**〔V. Ropshin〕(一八七九～一九二五) ロシアの小説家・革命家・テロリスト。本名ボリス＝ビクトロビチ＝サビンコフ。社会革命党幹部。獄中で自殺。自伝的小説『蒼あおざめた馬』など。

**ローブソン**〔Paul Robeson〕(一八九八～一九七六) アメリカの黒人バス歌手・俳優。ミュージカル『ショーボート』で絶賛を博す。黒人霊歌に卓越する。

**ローブ-デコルテ**〔robe décolletée フランス〕袖そでなしで、襟あきが大きく、胸・背を広く出し、裾すそが床まである夜会服の総称。イブニングドレスとして多用される。

**ローブ-モンタント**〔robe montante フランス〕女性の通常礼服。

**ロー-ブロー**〔low blow〕ボクシングの反則の一つ。ベルトラインよりも下を打撃すること。

**ロペ-デ-ベーガ**〔Lope Félix de Vega〕↓ベガ

**ローマ**〔Roma〕古代イタリアを代表する都市。紀元前八世紀ごろ、ローマ七丘周辺にラテン人など諸部族の集落がしだいに形成されたのに始まる。前六世紀以降ローマ帝国期にかけ、巨大な城郭都市に発展、帝国の首都として繁栄した。四世紀に西ローマ帝国滅亡後は衰退したが、中世にローマ教皇の権威増大とともに教皇国家の首都として再建。一八七一年イタリア王国の首都となった。参照 ローマ帝国。

**ローマは一日にして成らず**(ローマはいちにちにしてならず) 偉大な事業は、長い年月と大きな努力によって成るというたとえ。Rome was not built in a day.

**ローマ**【Roma・羅馬】〈市〉イタリアの首都。テベレ川下流沿岸にあり、政治・経済・文化の中心地。古代ローマの本拠地で、コロセウム・カラカラ大浴場跡など多くの遺跡がある国際的観光都市。バチカン市国がある。人口二八四万(一九八一)。

**ローマ-がくは**【ローマ楽派】一六世紀にローマを中心に栄えた音楽の一派。ア-カペラ様式による教会音楽の絶頂を築いた。作品はおもにミサ曲・モテットで、パレストリーナが代表的作曲家。Roman school

**ローマ-カトリック-きょうかい**【ローマ-カトリック教会】カトリック教会の正称。

**ローマ-きょうこう**【ローマ教皇】↓きょうこう(教皇)

**ローマ-クラブ**〔Club of Rome〕人類の危機とその対策を研究する国際的な民間団体。一九六八年イタリアのアウレリオ＝ペッチェイの呼びかけによって発足。科学者・経営者など一〇〇人からなり、日本人も参加。

**ローマ-じ**【ローマ字】ラテン語表記に用いる音素文字。ギリシア文字に由来し、現在は英語をはじめ欧米の多くの言語、アジアの一部の国語表記に用いられる。一般には二六文字。ラテン文字。Roman alphabet

**ローマじ-つづり**【ローマ字▼綴り】日本語をローマ字で表記すること。つづり方にポルトガル式・オランダ式があり、明治以後はヘボン式、日本式が唱えられた。昭和一二年(一九三七)内閣訓令で定められた方式を、世に訓令式という。現在は、同二九年(一九五四)内閣告示第一号「ローマ字のつづり方」がよりどころとなっている。

**ローマ-じょうやく**【ローマ条約】(Treaty of Rome)《ヨーロッパ経済共同体の設立に関する条約の通称》フランス・西ドイツ・イタリア・ベルギー・オランダ・ルクセンブルク六か国が一九五七年にローマで締結。

**ローマ-しんわ**【ローマ神話】古代ローマ固有の神話。その神々は、ギリシア神話に圧倒されてギリシア神の性格をもったため、もとの形ではほぼ現存しない。the Roman myths

**ローマ-すうじ**【ローマ数字】古代ローマで用いられた数字。現在、番号の表記や時計の文字盤などに用いられる。Ⅰ Ⅱ Ⅲ Ⅳ Ⅴなど。時計数字。Roman numerals 比較 アラビア数字。

**ローマ-だいがく**【ローマ大学】(Università degli Studi di Roma イタリア) ローマにあるイタリア最大の国立総合大学。一三〇三年設立。

**ローマ-たいしょう**【ローマ大賞】フランス美術アカデミーが毎年、絵画・彫刻・建築・音楽のコンクールの一等に対して与える賞。受賞者は四年間ローマ留学の奨学金を得る。一八〇三年、音楽部門の第一回を実施。

**ローマ-ていこく**【ローマ帝国】イタリア半島テベレ川河畔にラテン人が建てた都市国家に発し、ヨーロッパ、地中海世界を支配した古代の大帝国。伝説によれば紀元前八世紀、ロムルスが建設。初め王政、ついで共和政となり前三世紀に半島を統一。前二世紀にはポエニ戦争に勝って地中海を制圧。三頭さんとう政治をへ



↓行き先項目、図版・写真参照印。 JIS 日本工業規格情報交換用漢字符号コード(区点コード)。

●ローマ美術

『プリマ-ポルタのアウグストゥス像』。前二〇年ごろ、バチカン美術館。

『コロセウム』(円形劇場)。八〇年、(ローマ、イタリア)。

『トラヤヌス帝記念柱』(部分)。一一三年、(ローマ)。

『マルクス=アウレリウス帝騎馬像』。一六一〜一八〇年、(ローマ)。

『少女(ミナティア=ポルラ)の胸像』。四一〜五四年、ローマ国立博物館。

秘儀の家の壁画。前六〇年ごろ、(ポンペイ、イタリア)。

て、前二七年アウグストゥスによる帝政が成立。二世紀のトラヤヌス帝治下に、領土は最大となったが以後衰退。軍人皇帝時代をへて、二八四年専制君主制(ドミナトゥス)。三九五年東・西ローマ帝国に分裂。西ローマは四七六年に滅亡したが、東ローマは一四五三年まで存続。その文化はギリシア文化継承の域を出なかったが、建築・土木に独自の才を示し、水道橋・浴場・凱旋門・円形劇場などを残した。Roman Empire

**ローマナイズ**【romanize】(名・サ変他) ローマ字化すること。ローマ字で書き表すこと。

**ローマのおんな**【ローマの女】《原題 La Romana(イタリア)》イタリアの小説家モラビアの代表的長編。一九四七年刊。愛の問題の分析を通して、無自覚な若い男女が社会意識にめざめていく過程を描く。

**ローマ-びじゅつ**【ローマ美術】 古代ローマ人の支配した地域における美術活動の総称。エトルリア美術・ギリシア美術の影響下に初期の段階を形成し、紀元前二世紀から後四世紀に独自の活動を展開。土木建築にすぐれ、肖像彫刻や記念浮き彫りなどに特徴的作品を生んだ。Roman art ↓写

**ローマびとへのてがみ**【ローマ人への手紙】『新約聖書』にあるパウロ四大書簡の一つ。キリスト教信仰の核心を論述。ロマ書。The Letter of Paul; the Epistle of Paul to the Romans

**ローマ-ほう**【ローマ法】 ローマ建国以来、ユスティニアヌス一世時代までに生成発展した法律の総称。とくにローマ法大全に収められた法をいう。ドイツ・フランスなどのヨーロッパ諸国が継承し、日本の立法にも間接的に影響を与えた。Roman law

**ローマ-ほうおう**【ローマ法王】 ↓きょうこう(教皇)

**ローマほうたいぜん**【ローマ法大全】《原題 Corpus Juris Civilis(ラテン)》五世紀に東ローマ帝国のユスティニアヌス一世が、トリボニアヌスらの法学者に編纂させたローマ法の集大成。

**ローマン-しゅぎ**【ローマン主義】 ↓ロマンしゅぎ(ロマン主義)

**ローム**【loam】 ①砂とシルト(微砂)および粘土が混合した土壌。②《関東ロームが火山灰起源であることから》火山灰が風化した赤褐色の土。用例 関東―層。③鋳型をつくるときに用いる砂・シルト・粘土の混合物。

**ローム-そう**【ローム層】 ロームと同じ組成をもつ土壌や堆積物。loam

**ローヤル**【royal】 ↓ロイヤル

**ローヤル-ゼリー**【royal jelly】 ↓ロイヤルゼリー

**ローラー**【roller】 筒形で回転するもの。地ならし用の機具、印刷用のインク棒、移動用の転、金属の圧延用のロールなど。ルーラー。ロール。↓チェーン図

**ローラー**【Heinrich Rohrer】(一九三三〜) スイスの物理学者。走査型トンネル電子顕微鏡の開発に貢献した業績で、一九八六年ノーベル物理学賞受賞。

**ローラー-カナリア**【roller canary】 カナリアの一品種。きれいな、ふるえるような声でさえずる。全長約一四cm。鳴き声に重点をおいて改良された。羽色は緑か黄色。カナリア諸島原産。

**ローラー-ゲーム**【roller game】 ローラースケートをはき、五人ずつの二チームで楕円形トラックを走り、相手をひじ打ちなどで妨害しながら多くの相手を抜きあうゲーム。

**ローラー-スケート**《roller skatingから》靴に車輪をつけて滑走するスポーツ。また、その靴。競技としては、氷上スケートと同様、スピード・フィギュア・ホッケーがあり、ローラーゲームなどもある。比較 アイススケート。

**ローラー-ベアリング**【roller bearing】 ↓ころじくうけ(ころ軸受け)

**ローライフレックス**【Rolleiflex(ドイツ)】 ドイツのフランケ-ハイデッケ社で、一九二九年に作られたロールフィルム専用のはじめての二眼レフカメラ。

**ローラシア**【Laurasia】 古大陸の一つ。パンゲアとよばれた古大陸が中生代に南北に二分されたときの、北半球側の大陸。

**ローラット-ほう**【ローラット法】 インド政庁が第一次大戦後の民族運動弾圧のために一九一九年に施行した治安立法。令状なしの逮捕、裁判ぬきの投獄が可能。これに反対する抗議集会で虐殺事件(アムリツァル事件)が起き、ガンジーはサチャグラハ(非暴力的抵抗)を組織した。Rowlatt Act

**ローランサン**【Marie Laurencin】(一八八五〜一九五六) フランスの女流画家。優美で繊細な少女像を淡い色調で描いた。作品『二人の女』など。

**ローランド-ゴリラ**【lowland gorilla】 ゴリラの三亜種からマウンテンゴリラ亜種を除いたもの。体毛は黒ないし褐色がかった灰色。身長と体重は、雄約一七〇cm・一六〇kg前後、雌約一五〇cm・九〇kg前後。森林で地上生活し草食。背部が銀白色のウエスタンローランドゴリラはカメルーン・中央アフリカなどに、イースタンローランドゴリラはザイール東部に生息。

**ローランのうた**【ローランの歌】《原題 Chanson de Roland(フランス)》フランス最古の叙事詩。一一〇〇年ごろの作。作者未詳。武勲詩の最高傑作。シャルルマーニュの甥の勇将ローランは、継父の裏切りで異教徒に奇襲され戦死する。帝は復讐戦に大勝、継父は処刑される。

**ローリー**【Raleigh】 アメリカ南部、ノースカロライナ州中部の商業都市。同州の州都。六つの大学がある文教都市。人口一五万(一九八〇)。

**ローリー**【Malcolm Lowry】(一九〇九〜五七) イギリスの小説家。ジョイス的な内的告白の手法で、挫折者の運命を描く『活火山の下』で知られる。

**ローリー**【Walter Raleigh】(一五五二ごろ〜一六一八) イギリスの提督・探検家。エリザベス一世の寵をうけ、北アメリカ植民を企図したが失敗。一六〇三年、ジェームズ一世への謀反に連座、投獄された。出獄後、南アメリカ探検を試み失敗。帰国後、王命違反の罪で処刑。獄中で『世界史』を書いた。

**ローリエ**【laurier(フランス)】 月桂樹。乾燥葉はベイリーフという香辛料。ローレル。

**ローリング**【rolling】 ①回転すること。②横揺れ。船舶や航空機が前後を結ぶ軸のまわりに横に揺れる運動。対義 ピッチング。③水泳競技中に、体が左右にゆれること。

**ローリングズ**【Marjorie Kinnan Rawlings】(一八九六〜一九五三) アメリカの女流小説家。子鹿への少年の愛情を描いた『子鹿物語』で有名。

**ローリング-ストーンズ**【The Rolling Stones】 イギリスのロックグループ。歌手のミック=ジャガーを中心に一九六二年結成。ヒット曲『サティスファクション』など。

**ローリング-トゥエンティーズ**【Roaring Twenties】 狂乱の二〇年代。アメリカで経済的繁栄を背景に都市文明と大衆文化が発展した一九二〇年代をいう。ジャズと狂騒の時代。

**ローリンソン**【Henry Rawlinson】(一八一〇〜九五) イギリスのオリエント学者。楔形文字の解読に成功するなど、オリエント古代史研究の発展に貢献。アッシリア学の基礎を築く。

**ロール**【roll】 ①巻くこと。巻いて円筒形にすること。また、そのもの。巻き毛。渦巻きパンなど。用例 ―ハム。②↓ローラー。

**ロール-カラー**【roll collar】 襟型の一つ。襟腰が高めに立って、首のまわりを巻くよ

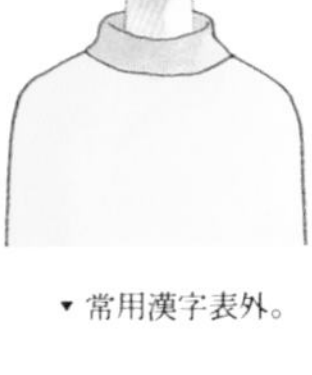
●ロールカラー

▼常用漢字表外。 ▽常用漢字表の音訓外。

うに囲んで折り返っている襟の総称。↓図

**ロール-キャベツ**【rolled cabbage】ひき肉・パン粉・パセリなどをこね合わせたものを、ゆでたキャベツの葉で包み、スープなどで柔らかく煮た料理。キャベツ巻き。

**ロール-ぐも**【ロール雲】ロールパンのような形の雲。おもに層積雲のことで、高積雲や高層雲のこともある。よく山の風下側に現れる。ローター雲。roll cloud

**ロール-ケーキ**《和製語》薄く焼いたスポンジ生地に、クリームやジャムなどを塗り、端から巻いた菓子。jelly roll

**ロール-サンド**《和製語。rollとsandwichからの略》薄切りのパンに具をのせ、のり巻きのように巻いたサンドイッチ。sandwich roll

**ロール-し**【ロール紙】片面だけにつや出し加工をした西洋紙。明治初年に輸入されたとき巻き取り紙になっていたので、この名が残っている。rolled paper 参照 西洋紙。

**ロールシャッハ-テスト**【Rorschach test】スイスの精神科医ロールシャッハによって創案された性格検査法。投影法の一つで、左右対称のインクのしみ状の図版を用いて、それが何に見えるかを答えさせ、人格の特性などを診断する。

**ロールス-ロイス**【Rolls-Royce Ltd.】イギリスの世界的エンジンメーカー。一九〇六年設立。七一年から国営となり航空機用エンジンなどを生産。乗用車部門は八〇年ビッカーズ社と合併。

**ロール-バック**【roll-back】①巻き返し。②割り戻し方式の物価対策。

**ロール-パン**《和製語》パン種を小さく巻き、天板を使って焼く小型のパン。roll

**ロールフィルム**【rollfilm】巻きフィルム。

**ロール-プレーイング**【role playing】心理学で、現実場面を想定し、期待される役割を自由に演じさせるもの。元来は心理療法に用いられていたが、現在では企業の社員教育などにとりいれられている。役割演技。

**ローレライ**【Lorelei】①西ドイツ、ライン川中流部の峡谷右岸にある巨岩。高さは川面から一三二m。舟人を歌声で誘惑した妖女伝説やハイネの詩で名高い。②《Die Lorelei》①の伝説を題材としたハイネの詩に、一八三七年ジルヒャーが作曲した歌曲。日本では近藤朔風の「なじかは知らねど」の訳詩で愛唱される。

**ローレル**【laurel】↓ローリエ

**ローレン**【Sophia Loren】(一九三四〜) イタリアの映画女優。主演作『河の女』『昨日・今日・明日』『ひまわり』など。

**ローレンシウム**【lowrencium】超ウラン元素の一つ。元素記号Lr 原子番号一〇三。質量数二六〇。寿命はかなり短い。一九六一年、カリフォルニア大学の加速器で生成された。

**ローレンス**【David Herbert Lawrence】(一八八五〜一九三〇) イギリスの小説家・批評家・詩人。自然のままの人間性への復帰をとなえ、性の意義をうたいあげた。小説『息子と恋人』『虹』『恋する女たち』『チャタレー夫人の恋人』など。

**ローレンス**【Ernest Orlando Lawrence】(一九〇一〜一九五八) アメリカの物理学者。一九三〇年にイオン加速器のサイクロトロンを発明し、反陽子を実証。一九三九年ノーベル物理学賞受賞。

**ローレンス**【Thomas Edward Lawrence】(一八八八〜一九三五) イギリスの探検家・考古学者。中東の遺跡を調査。第一次大戦中、アラブ独立のための反トルコゲリラを指導。イギリスの外交政策に不満をもち辞職。「アラビアのローレンス」として知られる。主著『知恵の七柱』。

**ローレンス**【Thomas Lawrence】(一七六九〜一八三〇) イギリスの画家。優美な肖像画作でレイノルズの後継者となる。

**ローレンツ**【Hendrik Antoon Lorentz】(一八五三〜一九二八) オランダの物理学者。古典電子論の開拓者。ゼーマン効果の研究で、ゼーマンとともに一九〇二年ノーベル物理学賞受賞。

**ローレンツ**【Konrad Lorenz】(一九〇三〜一九八九) オーストリアの動物心理学者。エソロジー(比較行動学)を創始。一九七三年ノーベル生理学医学賞受賞。著書『攻撃・悪の自然誌』など。

**ローレンツ-きょくせん**【ローレンツ曲線】アメリカの統計学者ローレンツが考案した、所得の分布状態を示す図表。Lorenz curve

**ローレンツ-へんかん**【ローレンツ変換】アインシュタインの相対論において、互いに等速運動する慣性系の間でなされる時空座標の変換。光速度一定の原理を基礎にしており、変換によって基本法則の形は変わらない。Lorentz transformations

**ローレンツ-りょく**【ローレンツ力】電子のような荷電粒子が、磁場中を運動するときに受ける力。ローレンツの力。Lorentz force

**ローン**【lawn】六〇番手以上の細糸の平織り綿布。漂白して薄のり仕上げをする。麻織物のような感触がある。本来は亜麻の薄地織物。

**ローン**【loan】①金融機関などがお金を貸すこと。また、そのお金。貸付金。②信用取引。

**ローン-テニス**【lawn tennis】テニス。とくに、芝生のコートで行うテニス。

**ろ-か**【▼濾過】(名・サ変自) ①水などをこして、清浄にすること。②化学で、液体や気体をフィルターなどの多孔質物質に通して、不純固体物質をとり除くこと。filtration

**ろ-かい**【▼櫓▼櫂】船の櫓と櫂。用例 —船。

**ろかい**【▼蘆▼薈】《aloeを「ロエ」とよんで漢字を当てたもの》アロエの別名。

**ろか-き**【▼濾過器】液体や気体中の不純固体物質を分離・除去する装置。重力濾過器・加圧濾過器・真空濾過器・遠心濾過器などがある。filter

**ろ-かく**【▼鹵獲】(名・サ変他) 敵の軍用品などをぶんどること。

**ろ-かじ**【▼櫓▼舵】①船の櫓と舵。②船具の総称。

**ろかせい-びょうげんたい**【▼濾過性病原体】↓ウイルス

**ろ-かた**【路肩】道路の両側の端。ろけん。shoulder 用例 —駐車禁止。

**ろか-ち**【▼濾過池】上水道の水源池で、河川などから取り入れた水をこす装置のある池。

**ロカビリー**【rockabilly】《「ロックンロール」と、アメリカ南部の山岳民謡に基づく「ヒルビリー」との合成語》カントリー的感覚のロック。エルビス=プレスリーの曲に代表される。

**ろ-かも** 古語 (連語)《上代語。間投助詞「ろ」に終助詞「かも」の付いたもの》情愛を添えた感動・詠嘆の意を表す。…よ。用例 常なりし咲ひ振舞いや日異に変らふ見れば悲しき—(万葉・三・四七八)。

**ロガリズム**【logarithm】対数。ログ。

**ロカルノ**【Locarno】スイス南部、ティチノ州、マジョーレ湖北西岸の観光・保養都市。人口一・四万(一九八〇)。

**ロカルノ-じょうやく**【ロカルノ条約】一九二五年、スイスのロカルノでイギリス・フランス・ドイツなど七か国が結んだ安全保障条約。ラインラント非武装化と現国境維持などを決定。the Locarno Pact

**ロキ**【Loki】北欧神話の邪神。巨人族の出身でオーディンと義兄弟になり、アスガルドの一員となる。容貌美しく才知にすぐれるが腹黒く、世界滅亡の因をつくった。「神々と人間の恥辱」とよばれる。

**ろ-ぎょ**【▼魯魚】「魯」の字と「魚」の字は似ていて、まちがいやすいことをいう。
**魯魚の誤り**(ろぎょのあやまり) 文字の誤り。魯魚章草の誤り。

**ろ-ぎょ**【▼鱸魚】スズキの異名。

**ろ-ぎん**【路銀】旅行に使うお金。路用。

**ロク** 4画【▼仂】部首[人・亻] JIS 4830
音 ロク・リョク・リキ
あまり。のこり。はした。余数。↓リョク【仂】

**ロク** 4画【六】部首[八] 教育小1 JIS 4727
音 ロク・リク
訓 む・むっ・むっつ・むい
六 六 六 六
むつ。むっつ。「丈六・第六感」「六地蔵・六法」用例 (名)—の数。

**ロク** 6画【▼肋】部首[月] JIS 4730
音 ロク
あばら。あばらぼね。「鶏肋」「肋骨・肋膜」

**ロク** 11画【▼勒】部首[力] JIS 8053
音 ロク
くつわ。くつばみ。馬の口にはめて、たづなをつける金具。

**ロク** 11画【▼陸】部首[阝] 教育小4 JIS 4606
音 リク・ロク
筆順 ↓リク【陸】
①おか。くが。たかくたいらな土地。「北陸道」②たいら。水平。「陸屋根」③《碌とも》㋐ものごとの正常なさま。㋑すわり方を楽にすること。たいら。用例 (名)—にいる。↓リク【陸】
**陸に居る**(ろくにいる) 安楽な姿勢でいる。あぐらをかく。

**ロク** 11画【▼鹿】部首[鹿] 人名用 JIS 2815
音 ロク
シカ。ウシ目に属する哺乳動物。か。「逐鹿」「鹿砦・鹿鳴館」

**ロク** 12画【▼禄】部首[ネ] 人名用 JIS 4729
13画【▼祿】部首[示] 旧字 JIS 6719
音 ロク
①ふち。おかみからの扶持米。役人・武士の給与。俸給。「高禄・食禄・秩禄・美禄・微禄・俸禄」「禄高・禄米」②当座の賞与。かずけもの。③さいわい。神のめぐみ。福徳。「福禄」
**禄を盗む**(ろくをぬすむ)《あざけって言う》力量や実績もなく、多くの禄をもらう。
**禄を食む**(ろくをはむ) 主君に仕えて、禄をもらう。

**ロク** 13画【▼碌】部首[石] JIS 6681
音 ロク
①「碌々」は、小さい石のように、平凡で役にたたないさま。②《碌は当て字。陸とも》㋐正常でなく、好ましくないさま。用例 (形動)—なやつでない。—でもない。㋑十分満足に…しないさま。用例 (形動)—に挨拶もしない。

**ロク** 14画【▼漉】部首[氵] JIS 2587
音 ロク
①こす。細かいすきまをくぐらせて、かすをとりのぞく。②すく。紙や海苔などをつくる。

**ロク** 14画【緑】部首[糸] 教育小3 JIS 4648
14画【▼綠】旧字
音 リョク・ロク
訓 みどり
筆順 ↓リョク【緑】
みどり。青と黄の間色。「緑青」↓リョク【緑】

**ロク** 15画【▼醁】部首[酉]
音 リョク・ロク
うまざけ。よい酒。上等の酒。

**ロク** 16画【録】部首[金] 教育小4 JIS 4731
16画【▼錄】旧字
音 ロク・リョク
録 録 録 録 録
①しるす。かきしるす。かきつけたもの。「記録・再録・採録・実録・登録」用例《接尾的》会議—。興信—。②ものごとの品目などをしるしたもの。「目録」③うつす。おさめる。「録音・録画」④さかん。大宝令で、省の四等官の第四位。

**ロク** 18画【▼轆】部首[車] JIS 7760
音 ロク
「轣轆」は、①いとぐるま。ぬきかぶり。糸を管にまきつける車。②わだち。車のとおった輪のあと。③車などのきしる音。

**ロク** 19画【▼簶】部首[竹]
音 ロク
「胡簶」は、やなぐい。矢をいれてせおう武具。矢筒。

**ロク** 19画【▼麓】部首[鹿] JIS 4728
音 ロク
ふもと。山の下の方。「山麓」

**ロク** 22画【▼籙】部首[竹]
音 ロク
かきつけたもの。書籍。予言書。未来記。

**ログ**【log】①《「ロガリズム」の略。記号logから》対数。②船の航程・速度などを計る機器。測程器。③航海日誌。航空日誌。潜水日誌。ログブック。④丸木。丸太。

**ろ-ぐい**【▼櫓▼杭】↓ろべそ(櫓臍)

**ろく-えふ**【六▽衛府】↓りくえふ(六衛府)

**ろく-おん**【録音】(名・サ変他) 音の再生を目的として記録保存すること。レコード録音・磁気録音・光学録音などがある。sound recording 用例 —器。

**ろくおん-じ**【▼鹿▼苑寺】金閣寺の正称。

**ろくおん-ほうそう**【録音放送】録音したテープを再生して行うラジオ放送。transcription 対義 生放送。

**ろく-が**【録画】(名・サ変自他) テレビ映像の再生を目的として記録保存すること。また、その映像。ビデオテープによる磁気録画が広く

ろ

●ロココ美術

シェーンブルン宮殿「古漆の間」。一七四四～四九年、(ウィーン、オーストリア)。

フラゴナール『水浴の女たち』。一七六五年ごろ、ルーブル美術館(フランス)。

ワトー『ジル』。一七一九年、ルーブル美術館。

ニーデルビエの磁器。一八世紀前半、パリ装飾美術館。

利用されている。video recording 用例 ― 中継。

**ろく-がつ【六月】** 一年の第六番の月。June 比較 水無月。

**ろく-かんのん【六観音】** 六道の衆生を救う六種の観音菩薩。聖・千手・馬頭・十一面・如意輪の五観音に、真言宗では准胝、天台宗では不空羂索を加え六つとする。ろっかんのん。

**ログ-キャビン【log cabin】** 丸太を組み合わせて作った家。丸太小屋。

**ろく-ぐ【六具】** 六種類で一そろいの武具。種々あり、よろいの六具は胴・籠手・袖・脇楯・脛楯・臑当をいうが、異説も多い。

**ろく-げい【六芸】** ↓りくげい(六芸)

**ろく-ごう【六号】** 活字の大きさの一つ。六号活字。八ポイント活字よりやや小さい。

**ろくごう【六郷】**〈町〉 秋田県、横手盆地の中央にある町。湧水が多いことで知られる町で、稲作のほかに湧水を利用した清酒・サイダーなどを生産。人口八〇七三。

**ろくごう【六郷】**〈町〉 山梨県南西部、富士川東岸の町。印章の生産で知られる町で、養蚕・稲作なども行う。人口四七四七。

**ろくごう-がわ【六郷川】** 東京都大田区と川崎市との境を流れる多摩川下流の別称。もと東海道の舟渡し場があり、国道一五号の六郷橋がかかる。付近は京浜工業地帯の一部で、河口北岸の羽田には東京国際空港がある。

**ろくごう-きじ【六号記事】**《「六号」は約三mm角の活字》新聞・雑誌で、おもに六号活字によって組まれる雑文・雑報などの記事。

**ろくごう-の-わたし【六郷の渡し】** 旧東海道、六郷川(多摩川下流)の渡し。東京都大田区南六郷と神奈川県川崎市の間を結んでいた。大正一四年(一九二五)廃止。

**ろく-さい【▼鹿▼砦・▼鹿▼柴】** 昔、敵の侵入を防ぐため、シカの角のように枝分かれした木の枝でつくった障害物。さかもぎ。

**ろく-ざい【▼肋材】** 船の骨組みを組み立てる材料。frame lumber

**ろくさい-いち【六斎市】** 中世から近世にかけ月六回開かれた定期市。一と六、二と七などの日の組み合わせで開く。

**ろくさん-せい【六三制】** 初等教育六年と前期中等教育三年の義務教育を基本とする学校制度。昭和二二年(一九四七)より実施。これに高等学校三年と大学四年を加え、六・三・三・四制ともいう。

**ろく-じ【六時】**《仏教語》一昼夜を六つに分けた時間。晨朝・日中・日没・初夜・中夜・後夜の六つ。

**ろく-しき【六識】**《仏教語》六根をよりどころとして、それぞれの対象である色・声・香・味・触・法を分別、認識する六作用。眼識・耳識・鼻識・舌識・身識・意識。

**ろくし-げどう【六師外道】** 釈迦と同時代、インド中部で勢力のあった六人の思想家の総称。道徳否定論のプーラナ-カッサパ、因果否定論のパクダ-カッチャーヤナ、運命論のマッカリ-ゴーサーラ、唯物論のアジタ-ケーサカンバリン、懐疑論のサンジャヤ-ベーラッティプッタ、ジャイナ教のニガンタ-ナータプッタ。

**ろく-じぞう【六地蔵】**《仏教語》六道にいて衆生を救うという六種類の地蔵菩薩。宝珠・宝印・持地・除蓋障・日光・檀陀菩薩の総称。↓写

**ろくじ-の-みょうごう【六字の名号】**「南無阿弥陀仏」の六文字のこと。六字名号。

**ろく-しゃく【六尺】** ①一尺の六倍。約一・八m。②「六尺ふんどし」の略。

**ろく-しゃく【六尺・▽陸尺】** ①近世、貴人のかごや輿を担いだ人足。かごかき。②武家の小者。

**ろくしゃく-ふんどし【六尺▼褌】** 男性の下帯の一つ。長さ六尺(約一八〇cm)のさらし木綿を用いる。ろくしゃく。↓褌図

**ろくしゃく-ぼう【六尺棒】** ①罪人を捕らえるときなどに用いる、カシなどでつくった長さ六尺(約一・八m)ほどの棒。②↓てんびんぼう(天秤棒)

**ろくしゃ-さんご【六射▼珊▼瑚】** ↓ろっぽうさんご(六放珊瑚)

**ろく-しゅ【六趣】** ↓ろくどう(六道)

**ろく-じゅう【六十】** ①六の一〇倍。sixty ②六〇歳。sixty years old

**六十の手習い**《六〇歳になって字を習い始める、の意》晩学。Never too late to learn.

**ろくじゅうぶん-ほう【六十分法】** 時間や角度の単位を定めるのに用いる方法。六〇分の一が単位となる。一時間の六〇分の一を一分、一分の六〇分の一を一秒とする。

**ろくじゅう-よしゅう【六十余州】** 日本全国。畿内・七道の六六国と壱岐・対馬。

**ろくじゅうろく-ぶ【六十六部】** 回国巡礼の一つ。書き写した『法華経』を全国六六か所の霊場に一部ずつ納めて歩く行脚僧。室町時代に始まり、江戸時代、俗人も六部笠をかぶり、厨子を背負って鉦や鈴を鳴らして、米銭を請い歩いた。六部。

**ろく-しょう【緑青】** 銅または銅合金の表面に生じる緑色のさび。組成は水酸化炭酸銅など。緑色顔料に使う。verdigris

**ろく-じょう【▼鹿▼茸】** 生薬の一つ。マンシュウアカジカ・ハナシカの雄の幼角を乾燥したもの。強壮・強精に用いる。

**ろくじょう-がわら【六条河原】** 京都市下京区六条通の東端、鴨川べり一帯の古地名。中世ごろまで罪人などが処刑された場所。

**ろくじょう-てんのう【六条天皇】**(一一六四～一一七六) 第七九代天皇(在位)。名は順仁。二条天皇の第二皇子。

**ろくしょ-おんる【六所遠流】** 江戸時代、遠島刑の罪人を送った六所。伊豆七島・薩摩の五島・天草・隠岐・壱岐・佐渡の各島。

**ろく-じん【六、▼塵】**《仏教語》心を汚す六つのもの。色・声・香・味・触・法の称。

**ろく-じんずう【六神通】**《仏教語》仏・菩薩のもつ六種の超能力。天眼・天耳・他心・宿命・神足・漏尽の六通。

**ろく-しんとう【六親等】** 親子関係を一世として、六世離れた親族関係。またいとこがこれにあたる。血族の場合、ここまでを親族とする。

●六地蔵　飛驒民俗村。

**ろく-すっぽ【▼碌すっぽ・▽陸すっぽ】**(副)《俗語。「碌」は当て字。下に打ち消しをともなって》あまり。根っから。用例 ― 見もしない。

**ろく・する【▼勒する】**(サ変他) ①取り締まる。regulate ②彫る。刻む。carve 用例 石に―。

**ろく・する【録する】**(サ変他) 書き記す。記録する。録す。record

**ろくせい【▼鹿西】**〈町〉 石川県北部、羽咋市の北東に接する町。古くからの機業地で、能登上布で知られる。人口五八四九。

**ろくぜん-きょう【六全協】** 昭和三〇年(一九五五)の日本共産党第六回全国協議会の略称。この大会で日本共産党は極左路線に対する自己批判決議を行い伊藤律を除名、民族解放・民主統一戦線を打ち出した。

**ろくそ-えのう【六祖▼慧能】** 慧能の通称。

**ろくそだんきょう【六祖壇経】** 中国の禅書。慧能の著。北宗禅に対する南宗禅の要旨を示したもので、頓悟見性・定慧不二を説く。法宝壇経。

**ろく-だい【六大】**《仏教語》世界を形づくる六種の要素。地・水・火・風・空・識。

**ろく-だいし【六大師】** 朝廷から大師号をおくられた六人の高僧。真言宗の弘法、天台宗の伝教・慈覚・智証・慈慧、浄土宗の円光の六人の大師。

**ろく-だいしゅう【六大州・六大▼洲】** 地球上を六つの大きな地域に分けていう場合の総称。アジア州・アフリカ州・北アメリカ州・南アメリカ州・ヨーロッパ州・大洋州をいう。六大陸。the six continents

**ろく-だいとし【六大都市】** 日本を代表する大都市。東京・横浜・大阪・名古屋・京都・神戸をさす。いずれも周辺に衛星都市をかかえて大都市圏を形成する。

**ろく-だか【▼禄高】** 武士の俸禄の額。石高。

**ろくだん【六段】** 箏曲の曲名。八橋検校作曲。箏曲の代表曲として知られ、日本音楽には数少ない器楽曲としても貴重。

**ろくで-なし【▼碌でなし・▽陸でなし】**《「碌」は当て字》役に立たない者。つまらないやつ。good-for-nothing

**ろく-どう【六道】**《仏教語》衆生が自己の行為の結果として生死をくり返すとされる、六つの迷いの世界。地獄・餓鬼・畜生・阿修羅・人間・天上をいう。六趣。六界。

**ろくどう-え【六道絵】** 仏教の世界説にある六道の有様を描いた絵画。インドにおこり、中国では唐代に盛行。日本では平安中期以後、浄土教がおこると極楽浄土図に対比して大いに描かれた。遺品に『地獄草紙』『餓鬼草紙』など。↓写

**ろくどう-せん【六道銭】**《仏教語》三途の川の渡し賃として、ひつぎに入れる六文のお





▼常用漢字表外。　▽常用漢字表の音訓外。

●六道絵 『人道無常相』(部分)。鎌倉時代(一三世紀)、聖衆来迎寺(滋賀県)。

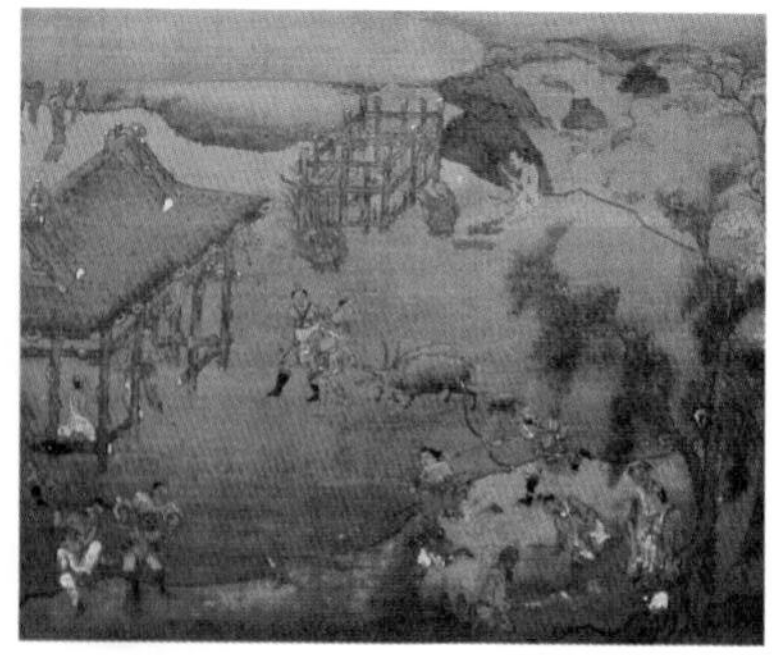

金。

**ろくどう-めぐり【六道巡り】** 葬列が、墓へ行く途中、棺を左回りに三回回す風習。

**ろくどう-りんね【六道輪▼廻】**《仏教語》衆生が、生まれ変わり死に変わりして、六道の間を経めぐること。

**ろく-な【▼碌な・▽陸な】**(連体)《「碌」は当て字。下に打ち消しをともなって》十分な。たいした。用例 ― ことはない。

**ろく-に【▼碌に・▽陸に】**(副)《「碌」は当て字。下に打ち消しをともなって》十分に。満足に。用例 ― 返事もしない。

**ろくにん-ぐみ【六人組】**(Les Six フランス)ミヨー・オネゲル・オーリック・プーランク・デュレ・タイユフェールの六人のフランスの作曲家グループ。反ロマン主義・反印象主義的な、単純・直截な曲を作った。

**ろくにんせい-バレー【六人制バレー】** 一チーム六人で行うバレーボール。プレーヤーは三人ずつ前衛と後衛に分かれ、ポジションはローテーション方式となる。比較 九人制バレー。

**ろく-ぬすびと【▼禄盗人】** 才能・功績がなく、無駄に給与を受けている者をののしって言う語。ろくぬすっと。a person unworthy of his salary

**ろくのへ【六▽戸】**〈町〉青森県南東部、三本木原にある農業の町。稲作のほか畑作も行う。館野公園は桜の名所。人口一万二二四(一九八八)。

**ろくはら【六波羅】** 京都市東山区松原町付近の旧地名。応和三年(九六三)空也上人創建の六波羅蜜寺周辺の地の呼称。平安末期、平氏一門の邸宅が並び、平氏政権の中心地であった。また、鎌倉時代には六波羅探題が設置された。

**ろくはら-たんだい【六波羅探題】** 鎌倉幕府の職名。承久の乱を契機に京都六波羅におかれ、西国の裁判・行政・軍事を担当。六波羅守護。

**ろく-はらみつ【六波羅▼蜜】** 仏教において、菩薩が涅槃に至るために修する六つの実践行。布施・持戒・忍辱・精進・禅定・智慧の六つ。ろっぱらみつ。

**ろくはらみつ-じ【六波羅▼蜜寺】** 京都市東山区大和大路にある真言宗智山派の寺。応和三年(九六三)西光寺として空也が創建。のち弟子の中信が改称。西国三十三所第一七番の札所。

**ろく-ふ【六府】** ↓りくえふ(六衛府)

**ろく-ぶ【六部】** ①六部門。②六冊。③《「六十六部」の略》㋐巡礼。㋑ものごい。

**ろくぶん-ぎ【六分儀】** 天文航法用の簡易天測器機。天体の水平線からの高度を測る。sextant ↓写

**ろくぶんぎ-ざ【六分儀座】** ほぼ天の赤道にある星座。しし座の南にあり、輝星がないので、あまり目立たない。四月二〇日ごろの午後八時ごろに南中。面積三一三平方度。Sextans

**ろく-ぼく【▼肋木】** スウェーデン体操の代表的な器械。数本の柱のあいだに、丸い横木を平行にとり付けたもの。

**ろく-まい【▼禄米】** 禄として与えられる米。扶持米。

**ろく-まく【▼肋膜】** ①胸郭の内面と肺の表面をおおう薄い膜。胸膜。pleura ②《「肋膜炎」の略》肋膜の炎症。pleurisy

**ろくまく-えん【▼肋膜炎】** ↓きょうまくえん(胸膜炎)

**ろくむさい【六無斎】** 林子平の号。「親もなし妻無し子無し板木無し金も無けれど死にたくも無し」の和歌に由来。

**ろくめい-かん【▼鹿鳴館】** ①明治一六年(一八八三)、東京の内幸町にできた、イギリス人のコンドル設計の洋風建築。条約改正の交渉のための社交場であった。昭和一六年(一九四一)取りこわされた。②三島由紀夫の戯曲。昭和三一年(一九五六)文学座初演。鹿鳴館を舞台に政治的抗争を愛憎の葛藤として引き受ける女主人公の悲劇。

**ろくめいかん-じだい【▼鹿鳴館時代】** 明治中期の、欧化主義政策による西洋化に急であった時期。この時代の象徴であった鹿鳴館による。

**ろくめん-たい【六面体】** 六つの面で囲まれた立体図形。立方体・直方体など。hexahedron

**ろく-やく【六役】** 葬送のとき、色着と称する白衣を着る者で、位牌持ち・柩かき・水桶持ち・飯盆持ち・土掛け・松明持ちなどの六つの役をいう。

●六分儀

**ろく-やね【▽陸屋根】** 勾配が小さく、ほとんど平らな屋根。鉄筋コンクリート建築に多くみられる。flat roof ↓屋根図

**ろく-よう【六曜】** 暦注の一つ。先勝・友引・先負・仏滅・大安・赤口の総称。この六曜星を各日にあてはめ、その日の吉凶を占う。六輝。

**ろくよく-てん【六欲天】**《仏教語》三界のうちの欲界に属する六つの天。四王天・忉利天・夜摩天・兜率天・楽変化天・他化自在天。

**ろく-れんせん【六連銭】** 紋所の名。連銭紋の一種。一文銭を三個ずつ横二列に並べた紋。合計六個の銭は六道(地獄・餓鬼・畜生・阿修羅・人間・天上)の衆生を救うため三途の川を渡る渡船料を意味するという。真田氏のものが著名。六文銭。↓図

●六連銭

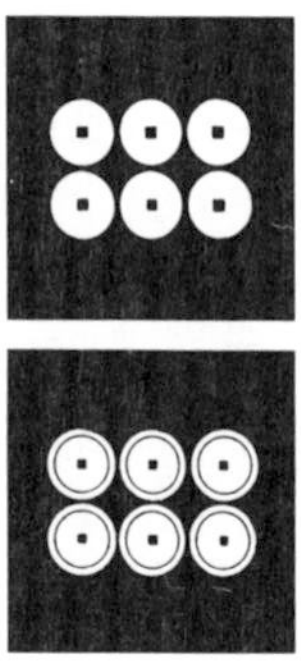

真田銭

安部銭

**ろく-ろ【▼轆▼轤】** ①重い物を引き、また上げるのに使う滑車。pulley ②唐傘の柄の上端で、骨の集まっている部分。③「ろくろがな」の略。④「ろくろだい」の略。

**ろくろ-がな【▼轆▼轤▼鉋】** 回転軸の先端につけた刃で、木地や錫などを丸くえぐる工具。ろくろがんな。

**ろくろ-ぎ【▼轆▼轤木】**《材をろくろに使用したことから》エゴノキの別名。

**ろく-ろく【▼碌▼碌】** ㊀(形動トタル)平凡で、役に立たないさま。good-for-nothing 用例 ― として官にあり。㊁(副)《本来は、「陸陸」とも書いた。下に打ち消しをともなって》じゅうぶん満足に…しないさま。ろくに。hardly 用例 ― 本も読めない。

**ろくろく-ばん【六六判】** ↓シックスばん(シックス判)

**ろくろ-くび【▼轆▼轤首】** 長くて、伸び縮み自在の首を持った化け物。ろくろっ首。

**ろくろ-だい【▼轆▼轤台】** 円形の陶器を作るための道具。台上に土などの陶材を置き、円盤ごと回転させながら、手で形を作り上げていくろくろ。↓写

●轆轤台

**ロケ**「ロケーション」の略。

**ロケーション【location】** 撮影所外の実際の土地などで映画撮影すること。野外撮影。現地撮影。通称ロケ。

**ロケーション-ハンティング【location hunting】** ↓ロケハン

**ロケット【locket】** 写真などを入れる小型コンパクト状のケースで、リボンや鎖に通して首にかける胸飾り。金属製が主。

**ロケット【rocket】** ガスを噴射した反動で推進する飛行体。酸化剤を内蔵しているので、大気圏外でも飛行できる。燃料と酸化剤に固体を使う固体ロケット、液体を使う液体ロケットがある。気象観測・宇宙開発・兵器などに利用される。↓写

**ロケット-サラダ【rocket salad】** アブラナ科の一年草。地中海沿岸で栽培。高さ約八〇cm。葉は広披針形で鋸歯をもつ。秋に紫色の脈のある白花を開く。若葉は柔らかく食用。

**ロケット-だん【ロケット弾】** 火薬・化学剤などの燃焼によって自力飛行する弾丸。ミサイルと異なり誘導がない。rocket

**ロケット-ランチャー【rocket launcher】** ロケットの発射台。人工衛星打ち上げ用の巨大なものから、航空機に搭載する小型のものまで各種ある。

**ロケ-ハン**《「ロケーション-ハンティング」の略》映画や写真の野外撮影のために、適切な場所を探すこと。また、そのグループ。用例 撮影候補地の―。

**ろ-けん【路肩】** ↓ろかた(路肩)

**ろ-けん【露見・露顕】**(名・サ変自) 秘密・悪事が発覚すること。expose

**ろげんぼう【▼盧元坊】**(一六八八〜一七四七) 江戸中期の俳人。通称、仙石与兵衛。美濃の人。各務支考門で、後継者として美濃派の基礎を築く。

**ろ-ご【露語】** ロシア語。

**ロゴ【Logo】** ①おもに図形を描くことを目的とするプログラミング言語。幼児や児童にプログラムやコンピューターのしくみを理解させるのにも適する。②《logoで》「ロゴタイプ」の略。

**ろ-こう【露光】** ↓ろしゅつ(露出)②

**ろこう-きょう【▼盧溝橋・▼蘆溝橋】** 中国、北京市南西部の永定河にかかる橋。マルコ=ポーロがヨーロッパに紹介したため、マルコポーロ橋ともいう。一九三七年の盧溝橋事件で知られる。長さ二三五m。ルーコーチャオ。

**ろこうきょう-じけん【▼盧溝橋事件】** 日中戦争の発端となった事件。昭和一二年(一九三七)七月七日、北京南西郊の盧溝橋付近で夜間演習中の日本軍が、数発の射撃音と一名の兵士の一時行方不明を理由に、中国軍を攻撃。その後全面戦争に突入した。

**ロココ【rococo】** 芸術様式の一つ。一八世紀に、フランスを中心にヨーロッパで流行した。繊細、優雅で装飾的。ロココ音楽は、フランスのクープランなどに代表される、一八世紀初めから中ごろの音楽の様式。比較 バロック。

**ロココ-びじゅつ【ロココ美術】** 一七一〇年ごろから七〇年ごろにかけて、フランスでもっともさかんだったヨーロッパ美術の様式。感覚的で繊細な趣味性を強調した室内装飾や、陶磁器などの工芸品にすぐれた作品が多い。絵画ではワトー・シャルダン・ブーシェ・フラゴナールらが活躍し、柔和な光のもとで宮廷や都市風俗を描いた。パステル画も流行した。Rococo art ↓写(前ページ)

**ロゴス【logos ギリシア】** ①ことば。意義。概念。②

●ロケット アメリカのサターンVアポロ。

↓行き先項目、図版・写真参照印。 JIS 日本工業規格情報交換用漢字符号コード(区点コード)。

ものに内在する論理・法則。③理性。思考能力。対義パトス。④変化流転のあいだに存在する調和統一の法則。⑤世界を支配している宇宙理性。

**ロゴタイプ**【logotype】《もとは、複数の文字を一本の活字に鋳込んだ合成活字》会社名や商標などに使われる、個性的なデザインの合成文字。ロゴ。

**ろ-こつ**【露骨】(名・形動) 飾らないで、ありのままに表すこと・さま。むきだし。open; undisguised 対義婉曲。

**ろ-こん**【▼蘆根】 生薬の一つ。イネ科のアシの根茎・茎を乾燥させたもの。利尿・止血作用があり、嘔吐をしずめる。

**ろ-ざ**【炉座】 南天の星座。輝星にとぼしく、日本では南天に低い。一二月二三日ごろの午後八時ごろに南中。面積三九七平方度。Fornax

**ろ-ざ**【露座・露▼坐】(名・サ変自) 屋根のない所にすわること。用例 ―の大仏。

**ろ-ざし**【▼絽刺(し)】 日本刺繡で、絽の織り目を拾って、縫い、模様を刺しうめる技法。糸はゆるくよった絹糸・金糸・銀糸・漆糸など。袋物・札入れなどにする。→写

●絽刺し 懐紙入れ。

**ロザムンデ**【Rosamunde】 シューベルトがシェジーの劇『キプロスの女王ロザムンデ』につけた付随音楽。序曲・間奏曲・舞踊音楽などの抜粋で演奏されることが多い。

**ロサリオ**【Rosario】 アルゼンチン北東部、パラナ川下流の河港都市。重要貿易港。農畜産物の大集散地。人口九五・五万(一九八〇)。

**ロザリオ**【rosário ポルトガル】 カトリック教徒の信心用具。ふつう十字架のついた数珠状のもので、大珠六個、小珠五三個からなる。大珠を「主の祈り」に、小珠をアベ-マリアを唱えるために用いる。この祈りをもロザリオという。rosary →写

**ろ-ざん**【▼廬山】 中国江西省北部、九江南西の山。標高一四七四m。同国有数の景勝地で、また仏教の聖地。ルーシャン。

**廬山の真面目**(ろざんのしんめんもく) 《「廬山」は、見る方向によってその形がさまざまに見えることから。「真面目」は、本当のすがた、の意》大きく、また、複雑で、はかりしれない実体・実像のたとえ。

**ろざん-かいぎ**【▼廬山会議】 中国、江西省廬山で開かれた重要会議の総称。一九二七年の南京・武漢の両政府合同会議、三七年の中国国民党と中国共産党間の会議、五九年の中国共産党中央委全体会議など。

●ロザリオ

**ロサンゼルス**【Los Angeles】 アメリカ、カリフォルニア州南部にある太平洋岸最大の都市。ニューヨーク・シカゴと並んでアメリカを三分する経済の中心地。航空機・電子工業など各種の大規模工業が発達。避寒・避暑地、観光地としても有名。人口二九六・九万(一九八〇)。

**ロサンゼルス-タイムズ**【Los Angeles Times】 アメリカの代表的な朝刊紙。タイムズミラー-グループの一つ。一八八一年創刊。

**ろ-し**【▼濾紙】 液体を濾過するための多孔質の紙。定性用と定量用に大別される。こしがみ。filter paper →漏斗 図

**ろ-じ**【路次】 道すがら。道中。ろし。

**ろ-じ**【路地】 ①門内や庭の通路。lane ②家と家との間の狭い通路。alley

**ろ-じ**【露地・露路】 ①屋根などのおおいのない土地。bare ground ②草庵式の茶室に配された庭。ふつう内露地と外露地からなり、飛び石、植え込みなどが配置される。

**ロシア**【Rossiya・露西亜・魯西亜】 ①東ヨーロッパからシベリアにかけて、現在のソ連のもとになったスラブ民族を中心とする君主国。九世紀ノブゴロド公国の成立に始まり、近代には、ロシア帝国として発展したが、一九一七年のロシア革命で倒れ、ソビエト社会主義共和国連邦(ソビエト連邦)が成立した。②ソビエト連邦のロシア共和国の占める地域。

**ロシア-かくめい**【ロシア革命】 第一次大戦末期の一九一七年、ロシアに起こった革命。広くは一九〇五～〇七年の第一次ロシア革命をも含める。三月(ロシア暦二月)ロマノフ朝が打倒されてソビエトが形成され、その支持で臨時政府が成立したが、以後ソビエトと臨時政府の対立が続いた。一一月(ロシア暦一〇月)ボリシェビキが臨時政府を圧倒して政権を掌握。ソビエト政権が成立。一九一九年社会主義社会建設を宣言した。the Russian Revolution

**ロシア-きょうわこく**【ロシア共和国】 (Rossyskaya Sovetskaya Federativnaya Sotsialisticheskaya Republika) ソビエト連邦を構成する最大の共和国。首都モスクワ。ヨーロッパロシアから極東までに及び、一六自治共和国、五自治州と一五民族管区などからなる連邦形式をとる。面積一七〇七・五万km²。人口一億四〇八〇万(一九八六)。ロシア連邦共和国。通称大ロシア。正称ロシア-ソビエト連邦社会主義共和国。略称RSFSR。

**ロシアげんしょねんだいき**【ロシア原初年代記】 ロシア最古の年代記。編者未詳。スラブ民族の成立、ロシア建国から一二世紀初めまでのロシア史を記した歴史書で、文学的価値が高い。ネストル年代記。

**ロシア-ご**【ロシア語】 インド-ヨーロッパ語族スラブ語派東スラブ語群に属する言語。ソビエト連邦の公用語。同じ東スラブ語群の白ロシア・ウクライナ(小ロシア)語と比較的近く、区別して大ロシア語ともいう。Russian

**ロシア-こくみんがくは**【ロシア国民楽派】 →ごにんぐみ(五人組)②

**ロシア-せいきょうかい**【ロシア正教会】 東方正教会で最大の正教会。グルジア正教会を除く、すべてのソ連国内の正教会を網羅。日本ではハリストス教会。Russian Orthodox Church

**ロシア-ていこく**【ロシア帝国】 (Rossiiskaya imperia ロシア) 一八世紀初頭から二〇世紀初頭までのロシア国家。帝室はロマノフ家。首都はペテルブルク。東方正教を国教とした。一九〇五年に第一次ロシア革命が起こり、一七年二月の第二次ロシア革命により帝国は滅んだ。帝政ロシア。

**ロシア-トルコ-せんそう**【ロシア-トルコ戦争】 一八七七～七八年、バルカン半島の支配権をめぐるロシアとトルコ間の戦争。勝利を収めたロシアは、サンステファノ条約によりバルカン進出を決定的にしたが、イギリスなど列強が干渉。ベルリン会議の結果、同条約は無効とされた。露土戦争。Russo-Turkish wars

●ロシア文字

| 大文字 | 小文字 | ローマ字 |
|---|---|---|
| А | а | a |
| Б | б | b |
| В | в | v |
| Г | г | g |
| Д | д | d |
| Е | е | e |
| Ё | ё | yo |
| Ж | ж | zh |
| З | з | z |
| И | и | i |
| Й | й | i |
| К | к | k |
| Л | л | l |
| М | м | m |
| Н | н | n |
| О | о | o |
| П | п | p |
| Р | р | r |
| С | с | s |
| Т | т | t |
| У | у | u |
| Ф | ф | f |
| Х | х | kh |
| Ц | ц | ts |
| Ч | ч | ch |
| Ш | ш | sh |
| Щ | щ | shch |
| Ъ | ъ* | — |
| Ы | ы* | y |
| Ь | ь* | ' |
| Э | э | e |
| Ю | ю | yu |
| Я | я | ya |

* 通常大文字は用いない。ъ, ьは独自の音価をもたない発音上の記号

**ロシア-バレエだん**【ロシア-バレエ団】 (Ballets Russes フランス) モダンダンスの影響を受けたバレエ団。一九〇九年パリで結成。ディアギレフが主宰し、モダンバレエ団の先駆となる。バレエ-リュス。

**ロシア-フォルマリズム**【Russian Formalism】 一九一五～一六年にロシアに現れた文学批評につけられた名称。文学を言語活動の特別な機能としてとらえ、その面から文学作品の形態や様式を分析し、作品の成立要素の構造的連関を明らかにしようとした。言語学者ヤコブソン・シクロフスキー・トゥイニャーノフらが参加。

**ロシアほうち**【ロシア報知】 (Russky vestnik ロシア) ロシアの文芸・政治月刊誌。一八五六～一九〇六年刊行。『罪と罰』『戦争と平和』などを連載。しだいに保守的色彩を強め、進歩派と対立した。

**ロシア-もじ**【ロシア文字】 ロシア語を表すのに用いられる文字。九世紀、ギリシア語の大文字をもとに、スラブ語表記に適するように考案されたキリル文字が、ピョートル大帝の文字改革により統一され、現行の文字のもととなった。Russian alphabet →図

**ロシア-りょうり**【ロシア料理】 ロシアおよび周辺共和国の料理。寒くて長い冬に応じた脂肪分に富む料理。保存のきく塩漬け・酢漬け・燻製などにした材料の使用が特色。ボルシチ・ピロシキ、羊肉を使うくし焼きなどが代表的。

**ロシアン-コンフリー**【Russian comfrey】 ムラサキ科の多年草。コーカサス地方原産。葉面に毛が密生。晩春、白・青などの花をつける。昭和三〇年(一九五五)ごろ、飼料用に導入されたものが普及した。食用・薬用。コンフリー。

**ろじ-あんどん**【露地行▽灯】 茶の湯に用いる行灯。待合で上客の席のそばに置く角形の低いものと、茶室の露地で持ち歩く角形の小さなものがある。

**ロシアン-ブルー**【Russian blue】 イエネコの一品種。短毛で青灰色、目は緑色。下毛は密で厚く、寒さに強い。体と顔は細い。北欧原産。

**ロシアン-ルーレット**【Russian roulette】 レボルバー式拳銃に一発だけ弾丸を込め、弾倉を無作為に回転させてから自分をめがけて引き金を引くこと。転じて、危険な賭け。

**ロジウム**【rhodium】 白金族の金属元素。記号Rh 原子番号四五。原子量一〇三。比重一二・四四。銀白色で展性・延性に富む。金属単体は触媒、白金との合金は熱電対・るつぼなどに使用。

**ロジェストベンスキー**【Zinovy Petrovich Rozhdestvensky】(一八四八～一九〇九) ロシアの提督。日露戦争中に第二太平洋艦隊司令長官となり、一九〇五年五月の日本海海戦で惨敗、捕虜となった。

**ロジェ-ワグナー-がっしょうだん**【ロジェ-ワグナー合唱団】(Roger Wagner Chorale) アメリカの合唱団。一九四六年発足。宗教音楽から現代のポピュラーまで幅広いレパートリーをもつ。

**ロジカル**【logical】(形動) 論理的。論理上の。

**ろじ-さいばい**【露地栽培】 作物を温室などでなく、屋外の畑・花壇などで栽培すること。raising outdoors 対義温室栽培。

**ロジスティックス**【logistics】 ①軍事補給。兵站。②企業の物資調達から製品流通まで、すべての物流を合理的に管理するシステム。

**ロジック**【logic】 論法。論理。論理学。

**ロジャーズ**【Carl Ransom Rogers】(一九〇二～一九八七) アメリカの心理学者。来談者中心療法の創始者。行動主義と精神分析が主流だったアメリカ心理学界に、第三の波といわれる人間性心理学の流れを加えた。著書『カウンセリングと心理療法』『パーソナリティー変化の必要にして十分な条件』など。

**ロジャーズ**【Richard Rodgers】(一九〇二～一九七九) アメリカの作曲家・プロデューサー。一九二〇年代から四〇年間、数々のミュージカルを手がけ、成功を収めた。作品『王様と私』『サウンド-オブ-ミュージック』など。

**ろ-しゅつ**【露出】(名・サ変自他) ①あらわにすること。むきだしになること。expose ②感光材料に写真像をつくる目的で光を当てるこ

ろ

と。レンズの絞りやシャッタースピードなどの露光時間で露光量を調節する。露光。exposure

**ろしゅつ-けい【露出計】** 写真撮影で、被写体の明るさを測定して適正露出をきめる器具。光電池を使う電気式のものが一般的。露光計。exposure meter

**ろしゅつ-しょう【露出症】** 異常性欲の一種。異性の注意を自分の肉体とくに性器に集めることによってのみ性的・心理的満足を得る傾向。exhibitionism

**ロシュフォール【Rochefort】** フランス西部、ビスケー湾に臨む港湾都市。古くからの海軍基地。人口二・三万(一九九九)。

**ロシュミット-すう【ロシュミット数】** 《オーストリアの物理学者ヨゼフ=ロシュミットが測定したことから》0℃、一気圧の理想気体一$cm^3$中に含まれる分子の数。$(2.6871 \pm 0.0002) \times 10^{19}$ Loschmidt's number

**ろ-しょう【路床】** ↓ろばん(路盤)②

**ろ-しょう【▼呂尚】** ↓りょしょう(呂尚)

**ろ-じょう【路上】** ①道のうえ。道のほとり。on the street; in the street ②途中。on the way

**ろ-じょう【露場】** 気温や湿度および雨量などの気象観測を行うための芝生を植えた広場。百葉箱・雨量計・蒸発計などを置く。observation field

**ろ-しょうりん【▼盧照▼鄰】**(六三七?〜六八九?) 中国、初唐期の詩人。字は昇之。范陽の人。王勃・楊炯・駱賓王とともに「初唐の四傑」の一人で、長編の古詩にもすぐれた。詩文集『幽憂子集』。

**ろ-しん【炉心】** 原子炉の中心部。鋼鉄製の圧力容器に核分裂反応を起こさせる燃料棒と、反応を調節する制御棒が収まっている。core

**ろ-じん【▼魯迅】**(一八八一〜一九三六) 中国の文学者・思想家。本名は周樹人。浙江省紹興の人。中国現代文学の初期を代表。日本に留学。帰国後、西洋や日本の近代文学・思想の翻訳・紹介と創作活動を行い、「文学革命」の実質的な指導者となった。小説集『吶喊』(「狂人日記」「阿Q正伝」など収録)・『彷徨』、散文詩集『野草』など。↓写

●魯迅

**ロジン【rosin】** 天然樹脂の一つ。生松脂を精製するか、マツの根株などから抽出するもの。淡黄色ないし褐色透明の光沢のあるかたまり。製紙用サイズ・ワニスインキなどに利用。コロホニウム。ロージン。

**ロジン-バッグ【rosin bag】** 野球で、松脂の粉の入った袋。投手や打者がすべり止めのために手につける。ロージンバッグ。

**ろしん-ひみつきょうてい【露▽清秘密協定】** 一八九六年、李鴻章とロシア外相ロバノフおよび蔵相ウィッテが結んだ、ロシア・清国間の秘密条約。日本を仮想敵国とする同盟条約で、ロシアは清国港湾の自由使用権、さらに東清鉄道建設経営権を獲得、満州進出への端緒がつくられた。李-ロバノフ条約。

**ろしん-ようゆう【炉心溶融】** ↓メルトダウン

**ロス【loss】** 無駄。損失。

**ロス** ロサンゼルスの俗称。用例 ―警察。

**ロス【Diana Ross】**(一九四四〜) アメリカの黒人女性歌手。映画『ビリー=ホリデイ物語』に主演し好評を博す。

**ロス【Edmundo Ros】**(一九一〇〜) ベネズエラの楽団指揮者・編曲者。イギリスで活躍、スマートな演奏とラテン-アレンジで人気を得る。

**ロス【James Clark Ross】**(一八〇〇〜一八六二) イギリスの極地探検家。一八三一年北磁極を発見、四一年南極のビクトリアランド・ロス海・ロス島などを発見した。

**ロス【Philip Roth】**(一九三三〜) アメリカの小説家。痛烈な風刺精神による多彩な話題作を書く。短編集『さようなら、コロンバス』、長編『ポートノイの不満』など。

**ロス【Ronald Ross】**(一八五七〜一九三二) イギリスの細菌学者。ヒトおよび蚊の体内におけるマラリア原虫の発育を明らかにし、マラリア防疫に貢献。一九〇二年ノーベル生理学医学賞受賞。

**ロス-アラモス【Los Alamos】** アメリカ、ニューメキシコ州北部、ロスアラモス郡の町。世界最初の原子爆弾製造地で、世界最大の原子力研究所がある。人口一・一万(一九八〇)。

**ロス-かい【ロス海】**(Ross Sea) 南極海、太平洋部分の西部、マリー-バードランド北西部とビクトリアランド間の湾入部。一八四一年イギリス人のロスが発見した。

**ロスコー【Mark Rothko】**(一九〇三〜一九七〇) アメリカの画家。ロシア生まれ。長方形の色面の浮動する独自の抽象作品をつくる。

●ロゼッタストーン 大英博物館。

**ロスタン【Edmond Rostand】**(一八六八〜一九一八) フランスの劇作家。ロマンチックな韻文劇にすぐれる。戯曲『シラノ=ド=ベルジュラック』など。

**ロスチャイルド-け【ロスチャイルド家】**(Rothschild) 一九世紀から二〇世紀にかけてヨーロッパ金融界の中心となった、ユダヤ系の国際的財閥。現在はロンドンの一族が有名。ロートシルト家。

**ロストウ【Walt Whitman Rostow】**(一九一六〜) アメリカの経済史家・政治家。マサチューセッツ工科大教授。一九六六〜六九年、大統領特別補佐官。独特の経済発展段階説を唱える。著書『経済成長の諸段階』など。

**ロスト-ジェネレーション【Lost Generation】** 失われた世代。第一次大戦を体験した「戦争の世代」に属するアメリカの文学者をさす。ガートルード=スタインのことばに由来。審美主義運動に参加後、新しいリアリズム文学の道を開いた。ヘミングウェー・フォークナー・ドス=パソス・フィッツジェラルドなど。

**ロストック【Rostock】** 東ドイツ北部、ワルノー川下流の港湾都市。同名県の県都。中世のハンザ同盟都市。人口二四・三万(一九八五)。

**ロストフ-ナ-ドヌー【Rostov-na-Donu】** ソ連南西部、アゾフ海に注ぐドン川下流の港湾都市。人口九九・二万(一九八六)。ロストフ。

**ロストロポービチ【Mstislav Rostropovich】**(一九二七〜) ソ連のチェロ奏者・指揮者。現代最高のチェロの実力をうたわれる一人。

**ロス-ひょうほう【ロス氷▽棚】**(Ross Ice Shelf) 南極海太平洋部分西部、ロス海の南半を占める世界最大の氷棚。面積五三万$km^2$。一八四一年発見。

**ロゼ【rosé(フランス)】** 薄い赤色のワイン。

**ろせい-の-ゆめ【▼盧生の夢】**(連語) ↓かんたんのゆめ(邯鄲の夢)

**ロゼー【Françoise Rosay】**(一八九一〜一九七四) フランスの映画女優。フェデー監督夫人。主演作『外人部隊』『ミモザ館』『女だけの都』など。

**ろせつ【▼蘆雪】** ↓ながさわろせつ(長沢蘆雪)

**ロゼッタ【Rosetta】** ラシードの別称。

**ロゼッタ-ストーン【Rosetta Stone】** 一七九九年、ナポレオンのエジプト遠征軍の一士官が、ナイル河口のラシード(=ロゼッタ)付近で発見した石碑の断片。黒色玄武岩製で、上段にヒエログリフ(=神聖文字)、中段にデモティック(=民衆文字)、下段にギリシア文字で刻されたプトレマイオス五世の頌徳碑。シャンポリオンのエジプト文字解読の重要資料となった。ロゼッタ石。↓写

**ロセッティ【Christina Georgina Rossetti】**(一八三〇〜一八九四) イギリスの女流詩人。ダンテ=ガブリエル=ロセッティの妹。詩集『妖精の市場』『王子の旅』など。

**ロセッティ【Dante Gabriel Rossetti】**(一八二八〜一八八二) イギリスの詩人・画家。「ラファエル前派」を結成して芸術革新をめざした。ソネット『生命の家』、絵画『ダンテの夢』など。

**ロゼット【rosette】** ①植物が地面をはうように放射状に葉を広げた形のこと。冬の寒さに耐えるための生態型。タンポポ・オオバコなどにみられる。②子供服などにみられるバラ型の飾り。↓写

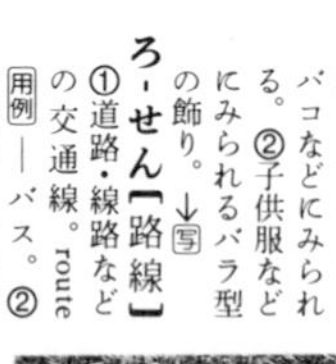
●ロゼット① タンポポ

**ろ-せん【路線】** ①道路・線路などの交通線。route 用例 ―バス。②方針。やりかた。line; way 用例 大衆―。

**ろせん-か【路線価】** 主要道路に面した土地の評価額。相続税・贈与税課税の基準とするため、国税局が算定。

**ろ-そう【▼魯桑】** クワの一品種。葉は大きな心臓形で厚く、収量も大きいために、広く栽培される。中国中南部特産。

**ロゾー【Roseau】** カリブ海、小アンティル諸島中部のドミニカの首都。島の南西部に位置する港湾都市。熱帯性作物輸出や漁業が中心。人口二万(一九八一)。

**ろ-そん【路村】** 集落の一形態。一すじの道にそって発達した集落。商店は少なく、道路への依存度は小さい。武蔵野の新田集落など。

**ろ-だい【露台】** ①建物から張り出して設けた、屋根のない台。バルコニー。②露天の舞台。

**ろ-たいぐ【▼盧泰愚】** ↓ノテウ(盧泰愚)

**ロダン【François Auguste René Rodin】**(一八四〇〜一九一七) フランスの彫刻家。陰影のあるやわらかな人体表現で独自の様式を確立し、近代彫刻の基礎を築く。群像や肖像彫刻にすぐれ、普遍的人間像を生みだした。作品『地獄の門』『カレーの市民』『バルザック像』など。↓写

**ロダンバック【Georges Rodenbach】**(一八五五〜一八九八) ベルギーの詩人・小説家。故郷フランドルの風物や静かな夢想的世界をうたった。詩集『閉ざされた生活』、小説『死都ブリュージュ』など。

**ロチ【Pierre Loti】**(一八五〇〜一九二三) フランスの小説家。異国情緒豊かな作品を書く。日本を訪れ、その風俗を活写した。作品『アフリカ騎兵』『お菊さん』など。

**ロチェスター【Rochester】** アメリカ、ニューヨーク州西部、オンタリオ湖南岸の港湾都市。工業がさかん。人口二四・二万(一九八〇)。

**ろ-ちゅうれん【▼魯仲連】**(生没年未詳) 中国、戦国時代の斉の雄弁家。諸国を遊歴し、勲功を立て爵位を与えられても受けなかったという。魯連。

**ろちょうあつ-はつでん【炉頂圧発電】** 製鉄所の高炉から出る高圧ガスを利用する発電。

**ろちょう-こつ【▼顱頂骨】** 頭骨の大部分を構成する骨。頭頂骨。

**ろ-ちりめん【▼絽▽縮▼緬】** 縮緬に用いる糸で絽組織に織った織物。絽組織は、絡み織りの一種ですき間が多く薄地。織りあげたのち、精練して仕上げる。

**ろつう【路通】**(一六四九〜一七三八) 江戸中期の俳人。姓は斎部、また八十村。芭蕉の門人。乞食僧として奇行が多く、同門の不評を買った。著書『俳諧勧進牒』『芭蕉翁行状記』など。

**ろっ-か【六花】** 《「ろくか」の変》雪。りっか。snow

**ロッカー【locker】** 《かぎのかかるもの、の意》個人用のものを入れておく、かぎ付きの保管庫。用例 コイン―。

**ろっ-かい【六界】** 《「ろくかい」の変》↓ろくどう(六道)

**ろっ-かく【六角】**(名・形動)《「ろくかく」の変》①かどが六つあること。six-sided 用例 ―堂。②「六角形」の略。

**ろっかく-けい【六角形】** 六つの辺と六つの頂点をもつ多角形。hexagon

**ろっかく-さい【▼鹿角菜】** フノリの別名。叉状分岐を繰り返す形状を鹿の角にたとえた名。

**ろっかく-しすい【六角紫水】**(一八六七〜一九五〇) 漆芸家。本名、注多良。広島県生まれ。古来の漆技術を研究、漆工界に貢献。

**ろっかく-どう【六角堂】** 京都市中京区

●ロダン『カレーの市民』。一八八四〜八六年、国立西洋美術館(東京都)。

六角通東洞院西入堂ノ前町にある天台宗頂法寺の通称。寺内の坊の一つを池坊といい、立花の名手を輩出した。西国三十三所第一八番の札所。

**ろっかく-よしかた【六角▽義▽賢】**（一五二一〜九八）戦国時代の武将。近江南半部を領し、将軍足利義晴・義輝を庇護。足利義昭を奉じて織田信長と戦ったが、敗れて降伏。

**ろっか-クロム【六価クロム】** 六価のクロムイオンの俗称。結晶および水溶液は黄色ないし赤橙色。合金・めっき・触媒などに使われる。クロムイオン中もっとも毒性が強く、製造過程で従業員に肺癌や鼻骨に孔のあく病気の危険があり、鉱滓も有毒。chromium

**ろっかしょ【六ケ所】**〈村〉 青森県東部、下北半島基部の太平洋に臨む村。むつ小川原開発の拠点となった。石油備蓄基地がつくられている。人口一万一七七八（一九八八）。

**ろっ-かせん【六歌仙】** ①『古今和歌集』仮名序で論評している、六人の歌人を尊重した呼び方。遍照・在原業平・文屋康秀・喜撰・小野小町・大伴黒主。 ②歌舞伎舞踊『六歌仙容彩』のこと。

**ろっ-かん【▼肋間】**《「ろくかん」の変》あばら骨のあいだ。intercostal

**ろっかん-きん【▼肋間筋】** 肋間にあって肋骨を連絡する筋肉。外肋間筋・内肋間筋からなり、前者は吸気、後者は呼気の運動を行う。intercostal muscles

**ろっかん-しんけい【▼肋間神経】** 脊椎の神経のなかで、胸髄から出る一二対の胸神経の前枝。肋間に分布。胸壁の肋間筋、腹壁の筋などを支配し、呼吸運動に深くかかわる。intercostal nerve

**ろっかん-しんけいつう【▼肋間神経痛】** 肋間神経に起こる痛み。intercostal neuralgia

**ろっ-かんのん【六観音】** ↓ろくかんのん（六観音）

**ろっ-き【六器】**《「ろくき」の変》密教法具の一つ。六個の金銅製の小さい鋺に皿台をつけたもの。火舎の左右に対に並べ、閼伽・塗香・華鬘を盛る。

**ろっ-き【六輝】**《「ろくき」の変》↓ろくよう（六曜）

**ロッキー-さんみゃく【ロッキー山脈】**（Rocky Mountains） 北アメリカ大陸西部を南北に走る大山脈。コルディエラ山系に属する。最高峰エルバート山は標高四三九九m。

**ロッキード【Lockheed Corp.】** アメリカにある、軍事・航空・宇宙産業の大手メーカー。一九三二年設立。

**ロッキード-じけん【ロッキード事件】** アメリカのロッキード社の航空機売り込みにさいし、田中角栄首相はじめ日本の政財界の要人に巨額の金が渡された事件。昭和五一年（一九七六）アメリカの上院外交委員会で表面化し、日本の政界の汚職構造と金権体質が問われた。

**ロッキー-やぎ【ロッキー▽山▽羊】** 家畜ヤギに似たシロイワヤギの異名。

**ろっ-きょう【六境】**《仏教語。「ろくきょう」の変》六つの認識作用の対象の六つの境界のこと。色境・声境・香境・味境・触境・法境の六境。

**ロッキング-チェア【rocking chair】** 揺りいす。ふつう床に接する部分が円弧状になっている。一八世紀後半以降、おもにイギリス・アメリカで流行した。

**ろっく【六区】** 東京都台東区浅草、浅草寺西側にある大衆娯楽街の通称。旧浅草公園六区画の第六区にあたるための呼称。

**ロック【rock】** ①岩。岩石。②「ロックンロール」の略。用例――ミュージック。③「オンザロック」の略。

**ロック【John Locke】**（一六三二〜一七〇四） イギリスの哲学者・政治思想家。イギリス経験論の代表者で、近代認識論の端緒を開いた。社会契約説をとなえイギリス市民革命・フランス革命に思想的影響を及ぼす。著書『人間悟性論』『市民政府二論』など。

**ロックアウト【lockout】**（名・サ変他） ①しめだすこと。 ②労使間の紛争にさいし、使用者が労働者の争議行為に対抗するため、工場・事業所などを一時閉鎖して就労させないようにすること。工場閉鎖。事業所閉鎖。作業所閉鎖。③学生のストに対し、学校側が学校を閉鎖すること。

**ロック-ウール【rock wool】** ↓がんめん（岩綿）

**ロックウェル-インターナショナル【Rockwell International Corporation】** アメリカにある、軍用機・ロケットエンジン・自動車部品などの大手メーカー。一九二八年設立。

**ロッグウッド-の-き【ロッグウッドの木】** マメ科の常緑高木。高さ約一〇m。三〜五対の小葉からなる羽状複葉をつけ、芳香のある淡黄色の五弁花を密生。心材から染色用のヘマトキシリンをとる。logwood

**ロックーン【rockoon】**《rocketとballoon（気球）からの合成語》観測用ロケットの形式。大きな気球に小型の固体ロケットをつるし、気球が最高高度に達したところでロケットを発射する。気象観測などに用いる。

**ロック-ガーデン【rock garden】** 岩石を用いて小高い山をつくり、その斜面に高山植物などを配置し、山岳風景を表現した庭園。岩石園。アルペンガーデン。

**ロック-クライミング【rock climbing】** 登山で、急な岩壁を登ること。また、その技術。ザイルやハーケンなどの特別な用具を用い、転落を防ぎながら登る。岩登り。

**ロック-ちょう【ロック鳥】** アラビアの神話の中に出て来る想像上の大鳥。インド洋上の島にすみ、その爪でゾウを運ぶという。roc

**ロックフィル-ダム【rock-fill dam】** 石塊や岩塊を積み上げて堤とした構造の重力ダム。↓写

●ロックフィルダム　岐阜県、御母衣ダム。

**ロックフェラー【John Davison Rockefeller】**（一八三九〜一九三七） アメリカの実業家。石油事業に進出し、一八七〇年スタンダード石油会社を設立。八二年にはトラストを結成。引退後はロックフェラー財団を設立、慈善事業に尽力。

**ロックフェラー-ざいだん【ロックフェラー財団】**（Rockefeller Foundation） アメリカの石油王ジョン＝ロックフェラーが設立した財団。公益と福祉の増進につとめる。一九一三年設立。

**ロックフェラー-ざいばつ【ロックフェラー財閥】** アメリカ三大財閥の一つ。ジョン＝ロックフェラーの石油事業により一九世紀末に形成され、多様な分野で世界的に事業を展開。アメリカ実業界・政界に強い影響力をもつ。

**ロックフォール【Roquefort フランス】** 世界的に有名な青カビチーズ。羊乳が原料。フランスのロックフォール村の洞窟で作られる。ロックフォールチーズ。↓チーズ図

**ロックンロール【rock'n'roll】**《rock and rollの略》アメリカで生まれたポピュラー音楽の一形式。黒人のリズム-アンド-ブルースを白人が模倣。一九五〇年代中ごろ創始。強烈なビートと刺激的なサウンドが最大の特徴。ロック。

**ろっこう-さん【六甲山】** 兵庫県南東部、神戸市街の背後にそびえる山。六甲山地の主峰で、標高九三一m。山名は神功皇后が六つの甲を埋めたとの言い伝えに由来するという。遊園地・ゴルフ場などのある行楽地。

**ろっこう-さんち【六甲山地】** 兵庫県南東部、神戸市街の背後を東西に走る山地。最高峰六甲山。六甲・摩耶山など観光地が多く、瀬戸内海国立公園に属する。

**ろっこう-トンネル【六甲トンネル】** ①兵庫県南東部の六甲山地を貫く山陽新幹線のトンネル。長さ一万六二五〇m。昭和四六年（一九七一）開通。②六甲山地を南北に貫く有料道路トンネル。長さ二八四三m。昭和四二年（一九六七）開通。

**ろっ-こつ【▼肋骨】** 胸郭を形成する一二対の弓状の骨。上方の七対を真肋、下方の五対を仮肋という。俗称、あばらぼね。rib

**ろっこつ-うん【▼肋骨雲】** 雲塊が肋骨のように並んだ雲。おもに巻雲に現れる。ろっこつぐも。vertebratus

**ろっ-こん【六根】**《仏教語。「ろくこん」の変》六識を生じる六つの感覚器官。眼・耳・鼻・舌・身・意の総称。

**ろっこん-しょうじょう【六根清浄】** ①人間の身心の清浄であること。②修験者など登山の行者が、身心の清浄と無事な修行を祈願して唱え念ずることば。

**ロッジ【lodge】** 山中に作られている避難や休息・宿泊などのための建物。山小屋。番小屋。

**ロッシーニ【Gioacchino Rossini】**（一七九二〜一八六八） イタリアの作曲家。流麗・清新な旋律や巧みな管弦楽法による新傾向の作風で成功。オペラ『セビリアの理髪師』『ウィリアム＝テル』など。

**ロッシェル-えん【ロッシェル塩】** 酒石酸ナトリウムカリウムの立体異性体の一つ、L-酒石酸ナトリウムカリウムの別名。フランスの港町ラ-ロシェルにいた薬剤師が利尿剤に用いてから、この名がついた。Rochelle salt

**ロッシュ【Léon Roches】**（一八〇九〜一九〇一） 幕末の駐日フランス公使。元治元年（一八六四）来日。軍制改革・幕政改革の進言などイギリスに対抗して幕府を支持。明治元年（一八六八）帰国。

**ロッセリーニ【Roberto Rossellini】**（一九〇六〜七七） イタリアの映画監督。ネオレアリズモの代表者。作品『無防備都市』『戦火のかなた』『ロベレ将軍』など。

**ロッソ-ディ-サン-セコンド【Rosso di San Secondo】**（一八八七〜一九五六） イタリアの劇作家。グロテスク派の一人。戯曲『眠れる美女』など。

**ロッソ-フィオレンティーノ【Il Rosso Fiorentino】**（一四九四〜一五四〇） イタリアの画家・装飾家。初期マニエリズモの代表者の一人。作品『キリスト降架』など。

**ロッテルダム【Rotterdam】** オランダ南西部、南ホラント州の商工業都市。マース川河口部にあり、ヨーロッパ最大の貿易港。人口五七・一万（一九八六）。

**ロット【Lorenzo Lotto】**（一四八〇〜一五五六） イタリアの画家。静かで内省的な画風で有名。肖像画にすぐれ、性格描写が巧み。作品『青年の肖像』など。

**ロッド【rod】** ①さお。棒。②つりざお。

**ロット-せいさん【ロット生産】** 同じ仕様の製品を一定の数量（＝ロット）ずつ、まとめてつくる生産方式。lot production

**ろっ-ぱく【六白】** 九星の一つ。北西を本位とし、金星に配する。

**ろっぱ-てつがく【六派哲学】** インドのバラモン思想に属する六つの哲学体系。ミーマーンサー・ベーダーンタ・サーンキヤ・ヨーガ・バイシェーシカ・ニヤーヤ派の総称。

**ろっ-ぱらみつ【六波羅▼蜜】** ↓ろくはらみつ（六波羅蜜）

**ロッビア【Andrea Della Robbia】**（一四三五〜一五二五） イタリアの彫刻家。ルカ＝デラ＝ロッビアの甥で弟子。祭壇彫刻を美しい光沢の彩色で制作した。

**ロッビア【Luca Della Robbia】**（一三九九〜一四八二） イタリアの彫刻家。釉を施したテラコッタの特技で一家をなし、甥のアンドレア＝ロッビアにより伝承された。作品『聖母子と天使』など。

**ろっぴゃくばんうたあわせ【六百番歌合】** 鎌倉初期の歌合。建久四年（一一九三）藤原良経の主催。判者藤原俊成。定家・家隆ら一二人が各一〇〇首を出した。新旧両派が激論をたたかわせたことで有名。

**ろっ-ぷ【六▼腑】**《「ろくふ」の変》漢方で、大腸・小腸・胆（＝肝臓）・胃・三焦・膀胱をいう。用例五臓――。

**ロップ**「ロープ」のなまり。

**ろっ-ぽう【六方】**《「ろくほう」の変》①東西南北に天地を加えた六つの方角。②六つの面をもつ立方体。③《「六法」とも》㋐歌舞伎で、役者が花道を通って揚げ幕に入って行くときにする、特別な所作をともなう歩き方。飛び六方・片手六方などいろいろな種類がある。㋑侠客。

**六方を踏む**（ろっぽうをふむ） ①六方のしぐさをする。②からいばりをして歩く。

**ろっ-ぽう【六法】**《「ろくほう」の変》①現行成文法の代表的な六種の法律。憲法・刑法・民法・商法・民事訴訟法・刑事訴訟法。②「六法全書」の略。

**ろっぽう-かいめん【六放海綿】** 骨格が珪質で、六放星体・両盤体の微小骨片をもつ海綿動物の一群。深海性で、一〇〇m以下の浅海にすむものはまれ。カイロウドウケツ・ホッスガイなどが代表。

**ろっぽうさいみつ-こうぞう【六方最密構造】** もっとも密な結晶構造の一つ。六方晶系の格子で、各球は同じ層内の球六個と上下の

▼常用漢字表外。　▽常用漢字表の音訓外。

層の球各三個の計一二個の球に接する。亜鉛・マグネシウムなど。hexagonal closest structure

**ろっぽう-さんご【六放▼珊▼瑚】** イソギンチャク・イシサンゴなどの仲間で、ポリプの数が六、一二またはその倍数を基本とする腔腸動物の一群。一般に海中で着生生活を営む。

**ろっぽう-しょうけい【六方晶系】** 一平面上で互いに一二〇度で交わる三軸と、これらに垂直な一軸を結晶軸とする結晶系。水晶や方解石など。hexagonal system

**ろっぽう-ぜんしょ【六法全書】** 現行成文法を代表する憲法・刑法・民法・商法・刑事訴訟法・民事訴訟法の六つと特別法規などを収載した書物。

**ロッホナー【Stefan Lochner】**(一四一〇〜一四五一) ドイツ、ケルン派国際ゴシック様式の代表的画家。優美な人物表現と華麗な色彩の画風。作品にケルン聖堂の『三博士礼拝』など。

**ろっぽんぎ【六本木】** 東京都港区の地区。世界中の商品・料理が集まり、高級な雰囲気の店や個性的な品物を扱う店が並ぶ。テレビ局などがあり、有名人や外国人の往来が多い。

**ロティ【rôtis フランス】** ↓ロースト

**ろ-てい【路程】** 道のり。道程。行程。distance

**ろ-てい【露呈】**(名・サ変他) 現すこと。むき出しにすること。come out; expose

**ロデオ【rodeo】** アメリカで、カウボーイが荒馬や暴れ牛をならす技を披露する競技会。荒馬乗り・牛乗り・投げ縄・子牛を組み伏せるなどの競技がある。

**ろ-てき【▼蘆▼荻】** アシとオギ。

**ろ-てん【露天】** 青空の下。屋根のない所。野天。open air

**ろ-てん【露店】** 露天で商いをする店。street stall 用例 —市。

**ろ-てん【露点】** 空気が冷え続けたとき、物体の表面に露ができはじめる温度。このとき、水蒸気は飽和していて、湿度は一〇〇%となる。上昇した空気が冷えて露点に達すると、雲ができる。露点温度。dew point

**ろてん-おんど【露点温度】** ↓ろてん(露点)

**ろてん-けい【露点計】** 金属面を徐々に冷やし、露や霜の付着しはじめる温度(=露点)を測る温度計。その値から湿度も求めることができる。dew indicator

**ろてん-しょう【露天商】** 路傍などに臨時の売り場を設けて商いをする商人。古代では高市、近世では天道乾しなどといい、おもに古物を扱った。街商。pitchman

**ろてん-ぼり【露天掘り】** 地表近くの土石を除去し、鉱床や炭層を露出させて採掘する方法。岡掘り。opencut mining 対義 坑内掘り。参照 採鉱。

**ろ-とう【路頭】** 道のほとり。道端。roadside

**路頭に迷う** 生活の道をなくす。暮らしに困る。be turned adrift

**ろ-とう【露頭】** ①かぶりものをつけないで、頭をあらわにすること。また、その頭。barehead ②地層や岩石が地表に露出していること。谷沿い・道路の切り割り・海岸などに多い。outcrop

**ろ-どう【▼盧▼仝】**(?〜八三五) 中国、中唐期の詩人。号は玉川子。范陽の人。韓愈の門下で古風な詩を作った。「月蝕」詩で知られ、『玉川子詩集』がある。

**ろと-せんそう【露土戦争】** ロシア-トルコ戦争。

**ロドプシン【rhodopsin】** 脊椎動物の視細胞の一つである桿状体に含まれる、紫紅色の色素たんぱく質。光の感覚に関係し、光を受けて分解・再合成し、もとにもどる。視紅。

**ロドリゲス【Amalia Rodrigues】**(一九二〇) ポルトガルの女性ポピュラー歌手。ファドの第一人者。映画主題歌『暗いはしけ』など。

**ロドリゲス【João Rodriguez】**(一五六一〜一六三四) ポルトガルのイエズス会宣教師。天正五年(一五七七)来日。日本語に熟達し、豊臣秀吉・徳川家康の知遇を得て通訳として活躍。著書『日本大文典』『日本教会史』など。

**ロドリゴ【Don Rodrigo de Vivero Velasco】**(?〜一六三六) スペインのフィリピン長官。慶長一四年(一六〇九)帰国の途中、上総国に漂着。徳川家康よりメキシコ通商斡旋を依頼された。著書『日本見聞録』。

**ろ-どん【▼魯鈍】**(名・形動) おろかで、にぶいこと・さま。愚鈍。stupid; dull

**ろ-は** 《俗語。「只」の字を「ロ」と「ハ」に分解したもの》ただ。無料。

**ろ-ば【▼驢馬】** ウマ科の家畜。肩高一m内外。ウマに似るが前髪がない。粗食で、不良環境に耐える。農耕・運搬用。地中海沿岸・中国・南米などで飼育。ウサギウマ。donkey ↓写

●ロバ

**ロバート-ショー-がっしょうだん【ロバート-ショー合唱団】**(Robert Shaw Chorale) アメリカの混声合唱団。一九四八年結成。レパートリーはクラシックを中心に民謡にまで及び幅広い。

**ロハス【Manuel Roxas】**(一八九二〜一九四八) フィリピンの政治家。下院議長を経て一九三八年コモンウェルス財務長官。第二次大戦中は日本軍に捕らえられ、一九四六年独立後初代大統領に就任。親米政策を推進したが事故死。

**ロハス-ソリーリャ【Francisco de Rojas Zorrilla】**(一六〇七〜一六四八) スペインの劇作家。戯曲『国王のほかは容赦せず』など。

**ろ-ばた【炉端・炉▽辺】** いろりのそば。炉辺。fireside

**ろは-だい【ロハ台】** 《「ろは」は、無料の意》公園などのベンチ。

**ロバチェフスキー【Nikolay Ivanovich Lobachevsky】**(一七九二〜一八五六) ロシアの数学者。カザン大学教授。ボーヤイとならんで非ユークリッド幾何学を創始。

**ろ-はん【▼魯般】**(生没年未詳) 中国、春秋時代の魯の工匠。機械を作るのに巧みで、雲梯という城攻めの道具を作製したという。大工・左官・石工などの技術者に百工技芸の祖師として崇拝された。公輸般。

**ろ-ばん【路盤】** ①鉄道線路を支える基礎となる地盤。road bed ②道路を舗装するときに、地面を掘って地ならしをした地盤。路床。road bed

**ろ-ばん【露盤】** 仏塔の頂上の相輪の基部にある四角な台。↓五重の塔図

**ロビー【lobby】** ①ホテル・劇場など比較的大きな建物の玄関に続いて設けられる広間。廊下・待合室・応接間の役割も兼ねる。②議会で議員が外部の人と会うための控え室。

**ロビイスト【lobbyist】** 特定の団体などの利益をはかるため、議会の立法活動や予算編成に影響を与える院外活動の専門家。

**ろ-ひょう【路標】** 道の方向・道のりなどを書き記したもの。道しるべ。道標。guidepost

**ろ-びょうし【▼櫓拍子】** 船の、櫓をこぐ調子。rhythm of rowing 用例 —そろえて沖合いへ。

**ろ-びらき【炉開き】** 茶道で、夏のあいだ使用していた風炉をしまい、地炉を開いて使いはじめること。陰暦の一〇月一日、または一〇月の中の亥の日に行われる。対義 炉塞ぎ。

**ロビン【robin】** コマドリ。

**ロビンズ【Frederick Chapman Robbins】**(一九一六) アメリカの医学者。ポリオウイルス(小児麻痺ウイルス)の培養に成功した業績により、一九五四年、エンダース・ウェラーとともにノーベル生理学医学賞受賞。

**ロビンズ【Jerome Robbins】**(一九一八) アメリカの舞踊家・振付師。『ウエスト-サイド物語』などを振り付ける。

**ロビンソン【Edward G. Robinson】**(一八九三〜一九七三) アメリカの映画俳優。ルーマニア生まれ。主演作『犯罪王リコ』『キー-ラーゴ』など。

**ロビンソン【Edwin Arlington Robinson】**(一八六九〜一九三五) アメリカの詩人。失意や挫折のなかにも人間の営為の価値を信じた。詩集『空を背にした男』など。

**ロビンソン【Joan Violet Robinson】**(一九〇三〜一九八三) イギリスの女流経済学者。ケンブリッジ大教授。ケインズ左派に属し、不完全競争の理論を確立した。著書『不完全競争の経済学』など。

**ロビンソン【Robert Robinson】**(一八八六〜一九七五) イギリスの化学者。アルカロイド・ステロイドなど、広範な有機化合物を合成し、その構造を解明。一九四七年ノーベル化学賞受賞。

**ロビンソン-クルーソー【Robinson Crusoe】** デフォーの小説、その主人公。イギリス小説の先駆的作品。一七一九年刊。無人島に漂着し、困難にめげず独力で生活してゆく船員の物語。

**ロビンソン-ふうそくけい【ロビンソン風速計】** 三杯または四杯の風杯の回転数から風速を測る器械。Robinson cup anemometer ↓写

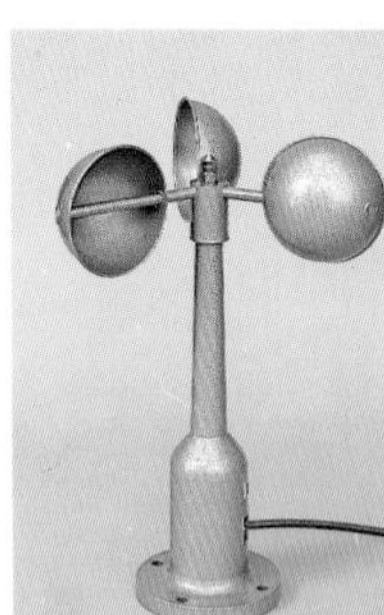

●ロビンソン風速計

**ロビン-フッド【Robin Hood】** イギリスの伝説上の英雄。弓の名人で、一二世紀ごろシャーウッドの森に住んだ義賊。一四世紀の『農夫ピアズの幻』をはじめ、詩や劇に多く登場する。

**ロブ【lob】** テニス・卓球などで、相手側コートの奥をねらって、ボールを高く打つこと。また、そのボール。ロビング。

**ロフォーテン-しょとう【ロフォーテン諸島】**(Lofoten) ノルウェー北西岸沖に並ぶ島群。近海は一〜三月ニシン・タラの大漁場。

**ロブ-グリエ【Alain Robbe-Grillet】**(一九二二) フランスの小説家。ヌーボー-ロマンの代表的作家。作品『消しゴム』『嫉妬』『快楽の館』など。

**ろ-ふさぎ【炉▼塞ぎ】** 茶道で、使っていた炉をふさいで、風炉を用いること。陰暦の三月晦日、または、その前後に行われる。対義 炉開き。

**ロブスター【lobster】** アカザエビ科の大形甲殻類。体長六五cm、体重一五kg余に達する。食用。ヨーロッパ・アメリカ・アフリカ南西岸に各一種が分布。日本・地中海などでは、イセエビとその近縁種をさすことがある。ウミザリガニ。↓図

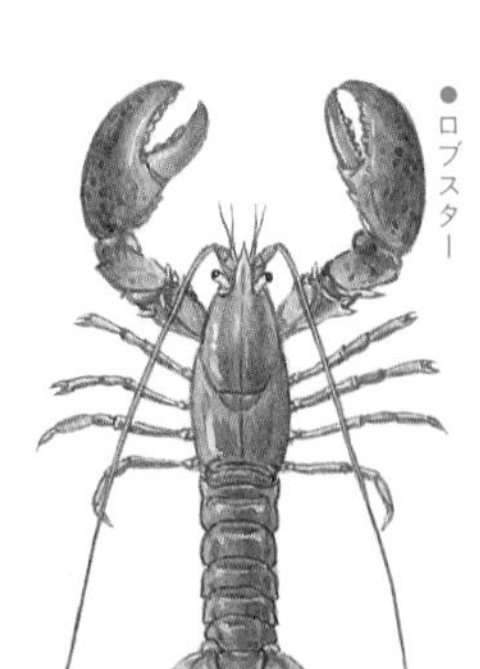

●ロブスター

**ロブスタ-コーヒー【robusta coffee】** アカネ科の常緑小低木。結実が早く多収で、病気に強いことから、アラビアコーヒーノキの適さない土地で栽培。豆は灰色で、香りは強い。コンゴ地方原産。コンゴコーヒー。

**ロブソン-さん【ロブソン山】**(Mount Robson) カナダ南西部、ロッキー山脈中の山。標高三九五四mでカナダ-ロッキーの最高峰。国立公園に属する。

**ロフチング【Lofting】** ↓ロフティング

**ろ-ぶつ【露仏】** 屋根のない所に安置した仏像。露座の仏。

**ろふつ-どうめい【露▽仏同盟】** 一八九一年の政治協定、ついで九三〜九四年に批准した軍事協定締結によって成立したロシア・フランス間の同盟。ドイツを中心とする三国同盟に対抗する防御を目的とした。Franco-Russian alliance

**ロフティング【Hugh John Lofting】**(一八八六〜一九四七) アメリカの児童文学者。イギリス生まれ。人道主義とユーモアにみちた作品で有名。作品『ドリトル先生の航海』など。

**ロフト【loft】** 屋根裏部屋。

**ロプ-ノール【羅布泊・羅布諾爾】**(Lop Nur) 中国、新疆ウイグル自治区、タリム盆地にあった塩湖。位置が移動するとされ、「さまよえる湖」とよばれた。

**ろ-ぶん【露文】** ①ロシア語の文章。writing in Russian ②「ロシア文学」の略。Russian literature ③大学の露文科。ロシア文学科。department of Russian literature

**ロベージ【lovage】** セリ科の多年草。茎は太く、三出複葉が輪生。夏に緑黄花を複散形花序

ろ



↓行き先項目、図版・写真参照印。 JIS 日本工業規格情報交換用漢字符号コード(区点コード)。

につける。全草に強い香りがあり、調味料とする。イタリア原産。

**ロベスピエール**【Maximilien de Robespierre】（一七五八～一七九四）フランス革命期の政治家。国民公会では山岳派を率い、ジロンド派を倒して独裁政治を推進。さらにエベール派・ダントン派の左右両勢力を打倒、革命の徹底を期したが、テルミドールのクーデターにより逮捕・処刑された。

**ろ-べそ**【▼櫓▼臍】和船の船尾あるいは船側に固着した小突起。これに櫓の入れ子をはめる。櫓を漕ぐときの支点。櫓杭（ろぐい）。

**ロベリア**【lobelia】キキョウ科の秋まき一年草。高さ一〇～二〇cmで半球状に育つ。春に、濃紺紫・青・白・桃色の小花が咲く。花壇・鉢植え用。ルリチョウチョウ。↓写

●ロベリア

**ロベリン**【lobeline】キキョウ科ロベリアに含まれるアルカロイド。ニコチンによく似た作用を示し、反射性の呼吸興奮作用がある。現在、治療には使用されない。

**ろ-へん**【炉辺】炉のほとり。炉端。

**ろへん-だんわ**【炉辺談話】①炉端での、くつろいだ話。fireside chat ②《フランクリン=ルーズベルトが始めた》政見発表の一形式。親しみやすい口調で放送する。fireside talk

●ロボット②　自動車工場内でのスペアタイヤの取り付け作業。

●ロマネスク建築　西ドイツ、マリア-ラーハ修道院。

**ろ-ぼ**【▼鹵簿】行幸・行啓の行列。

**ろ-ほう**【▼濾胞】動物の腺（せん）組織で、多数の細胞からなる袋状の構造。狭義には卵胞をさす。follicle

**ろ-ほう**【露▼鋒】書道で、筆の穂先を線の外側に現して書く筆法。蔵鋒（ぞうほう）の線に比べ、鋭く激しい線を表現できる。対義蔵鋒。

**ろ-ぼう**【路傍】道のほとり。道端。roadside

**路傍の人**（ろぼうのひと）自分とはなんの関係もない人。stranger

**ろぼうのいし**【路傍の石】山本有三（やまもとゆうぞう）の小説。昭和一二～一五年（一九三七～四〇）発表。未完。逆境に負けずに生きてゆく吾一（ごいち）少年の姿を描く。

**ろ-ぼく**【▼蘆木】トクサの仲間で古生代後期に繁茂したシダ植物。茎に節があり、枝条を分枝。各節に単脈の細長い単葉を輪生。高さ二〇mに達するものがある。

**ロボット**【robot】《チェコスロバキアの作家チャペックの造語》①人造人間。人工の自動人間。オートマトン。機械人形。②特定の作業や操作を行う自動機械・装置。産業用ロボットなど。③他人の意のままにあやつられる人。傀儡（かいらい）。参照サイボーグ。↓写

**ロボット-うりょうけい**【ロボット雨量計】山岳などの、人里離れた場所の降水量を自動的に測り、その値を無線で伝達する装置。robot rain gauge

**ロボット-こうがく**【ロボット工学】人間のする作業を代行させるロボットを研究する学問。コンピューターによる情報処理と実際の機械的な動きを結びつける。産業用ロボットは、自動車産業などに多用されている。ロボティックス。robotics

**ロボトミー**【lobotomy】精神外科療法の一つ。精神分裂病患者などの前頭葉（ぜんとうよう）白質を切除する手術。人格の荒廃をきたすとして、現在では行われていない。

**ロボトロジー**【robotology】ロボット学。ロボット研究。

**ロマーノ**【Giulio Romano】（一四九九～一五四六）イタリア、マニエリズモの画家・建築家。作品『キリストの変容』（ラファエロと共作）。

**ロマネスク**【romanesque フランス】（形動）伝奇的。小説風。空想的。用例—な筋立ての作品。

**ロマネスク-けんちく**【ロマネスク建築】一〇世紀後半から一二世紀のヨーロッパで、教会堂を中心に行われた建築様式。木造から石造のボールト構造となり、平面はラテン十字型のバシリカ形式をとる。Romanesque architecture ↓写

**ロマネスク-びじゅつ**【ロマネスク美術】一一世紀から一二世紀、地域により一三世紀まで続いたヨーロッパの美術。古代ローマ・東方キリスト教建築などに多くを負う宗教建築や、彫刻、壁画・写本挿絵などが発達した。ゴシック美術へと続く。Romanesque art ↓写

**ロマノフ-おうちょう**【ロマノフ王朝】ロシアの王朝。一六一三年、ミハイル=ロマノフがツァーリに選ばれて創始。ピョートル一世、エカテリーナ一世らが現れ、専制政治を確立し、大帝国を形成、勢威をふるったが、一九一七年ロシア革命で倒された。Romanov dynasty

**ロマン**【roman フランス】①散文の物語。長編小説。novel ②ロマンチックな気分。冒険。出来事。romantic adventures 用例男の—。

**ロマン**【Jules Romains】（一八八五～一九七二）フランスの小説家・劇作家・詩人。集団の生命と精神を描こうとするユナニミスム（一体主義）の思想に基づいて、生きる意味と希望を追求した。大河小説『善意の人々』、小説『プシュケ』、詩集『一体生活』など。

**ロマン-しゅぎ**【ロマン主義】一八世紀末から一九世紀初めにかけて、全ヨーロッパ的におこった文化的運動。既成の秩序に反発し、自我の力や精神の自由を重んじ、個性的で感情的表現をめざした。文学のホフマン・ヘルダーリン・バイロン・キーツ・ユゴー、美術のジェリコー・ドラクロワ、音楽のシューベルト・シューマン・ワーグナーなど。日本では明治中期の『文学界』『明星』などの文学運動をさす。ロマンチシズム。浪漫主義。romanticism 対義現実主義。↓写

**ロマンス**【romance】①《元来は口語ラテン語の方言であるロマンス語で記された物語、

●ロマネスク美術　『ピサ大聖堂』。一一～一三世紀後半。（イタリア）。

『ベズレー修道院』内部。一一〇四～三二年ごろ。（フランス）。

サン-ラザール大聖堂の柱頭。一一二五～三五年。（オータン、フランス）。

モワサック旧修道院扉口ティンパヌム。一一一五～二五年。（フランス）。

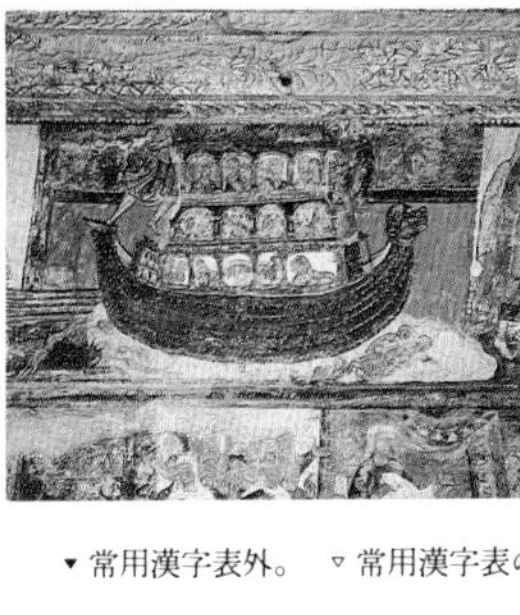

『ノアの箱船』。一一世紀末、サン-サバン-シュール-ガルタンプ修道院壁画（フランス）。

ろ

の意》一二世紀ごろのフランスを中心に、中世ヨーロッパに栄えた韻文物語。騎士道と宮廷恋愛を描いたもの。②恋物語。恋愛小説。③男女間の愛情に関する話・事件。恋愛ざた。

**ロマンス-カー**《和製語》座席がすべてロマンスシートになっている客車。deluxe train

**ロマンス-グレー**《和製語》初老男性の白髪。その人。silver-gray hair

**ロマンス-ご【ロマンス語】** インド-ヨーロッパ語族の一つ。古代の口語ラテン語を祖語として発展した諸言語。イタリア語・フランス語・スペイン語・ポルトガル語・ルーマニア語など。the Romance languages

**ロマンス-シート**《和製語》列車や劇場などで、二人がならんで一緒に座れるようにできた座席。love seat

**ロマンチシズム**【romanticism】①ロマン主義。②夢見るような感傷的・主観的情緒を好む傾向。

**ロマンチスト**《romanticistの転》①ロマンチシズムの信奉者。ロマン主義者。②空想家。夢想家。対義リアリスト。

**ロマンチック**【romantic】(形動)①物語の中にあるような甘く美しいさま。②空想的。

**ロマンチック-かいどう【ロマンチック街道】**(Romantische Straße ドイツ) 西ドイツのビュルツブルクとフュッセンを結ぶ道路の通称。長さ約三〇〇km。街道筋にローテンブルクなど中世からの有名な都市や城がある。ロマンティッシェ-シュトラーセ。

**ロマン-ロラン**【Romain Rolland】↓ロラン

**ロミオとジュリエット**《原題Romeo and Juliet》シェークスピアの悲劇。一五九四〜九五年作。争いあう家に生まれた男女の愛の悲劇。

**ロム【ROM】**《read only memoryの略》読み出し専用記憶装置。内容の変更はできず、固定した情報を読み出して半永久的に使う。

**ロムニー**【George Romney】(一七三四〜一八〇二) イギリスの画家。肖像画にすぐれ、一八世紀イギリスの代表的肖像画家となる。ハミルトン夫人を描いた作品が有名。

**ロムルス**【Romulus】伝説上のローマ建国者。初代の王。双生児の弟レムスとともに、叔父(おじ)にテベレ川に捨てられたが、狼(おおかみ)に育てられた。のち叔父とレムスを殺しローマ市を建設。

**ロメ**【Lomé】アフリカ中部、トーゴ共和国の首都。同国南西端ギニア湾に臨む港湾都市で、カカオ・パーム油を輸出。繊維・食品加工工業などが発達。内陸への鉄道の起点。人口三六・六万(一九八三)。

**ろ-めい【露命】** はかないいのち。transient life 用例 ―をつなぐ。

**ロメ-きょうてい【ロメ協定】**(Lomé Convention) ヨーロッパ経済共同体(EEC)加盟九か国とアフリカ・カリブ・太平洋地域諸国の間の経済協力について定めた協定。一九七五年トーゴの首都ロメで調印。

**ろ-めん【路面】** 道路の表面。road surface

**ろめん-でんしゃ【路面電車】** ふつうの道路の一部に敷かれたレールを走る電車。市街電車。ちんちん電車。streetcar米; tram英

**ロモノーソフ**【Mikhail Vasilyevich Lomonosov】(一七一一〜六五) ロシアの詩人・言語学者・科学者。自然科学の諸分野で先駆的な仕事をしたほか、文章語を改革し、ロシア詩法の基礎を確立。著書『ロシア文法』など。

**ろ-よう【路用】** 旅費。路銀。traveling expenses

**ロヨラ**【Ignatius de Loyola】(一四九一〜一五五六) イエズス会の創立者の一人。初代総会長。聖人。スペイン生まれ。著書『霊操』。

**ロラン【LORAN】**《long range navigationの略》遠距離航行援助施設。地上のいくつかの定点から同時に長波パルス電波を発信して、船舶・航空機の遠距離航行を援助する地上の施設。船舶・航空機は一対の電波を受信し、その時間差から自分の位置を知る。

**ロラン**【Claude Lorrain】(一六〇〇〜八二) フランスの画家。ローマで活動。風景画に叙情に満ちた独自の画境を開く。作品『シバの女王の乗船』など。

●ロマン主義
ドラクロワ『民衆を率いる自由の女神』。一八三一年、ルーブル美術館(フランス)。

ジェリコー『メデューズ号の筏(いかだ)』。一八一九年、ルーブル美術館。

フリードリヒ『アイヘンバルトの祭壇』。一八〇九年ごろ、シャルロッテンブルク宮殿(西ドイツ)。

**ロラン**【Romain Rolland】(一八六六〜一九四四) フランスの小説家・思想家。理想主義により社会の悪を糾弾し、つねに人間性擁護のために戦った。一九一五年ノーベル文学賞受賞。小説『ジャン＝クリストフ』『魅せられたる魂』、評伝『ベートーベンの生涯』、戯曲『愛と死の戯れ』など。

**ロラン-こうほう【ロラン航法】** ロランを利用する船舶や航空機の遠距離航法。long range navigation; LORAN

**ロリ-コン**《Lolita complexの略》成人男性が、少女にしか性欲を感じないこと。また、そのような人。一九五五年パリで出版されたナボコフの小説『ロリータ』から。

**ロリス**【loris】ロリス科に属する動物。大きな円形の眼(め)をもつ下等なサル。体長一七〜二五cm。森林にすみ夜行性。動作は鈍い。南アジア産。ノロマザル。

**ロリンズ**【Sonny Rollins】(一九三〇〜) アメリカの黒人ジャズ-テナーサックス奏者・作曲家・指揮者。豪快で個性的なスタイルで、一九五〇年代中期以降モダンジャズ界のリーダー的存在。

**ロルカ**【Lorca】↓ガルシア＝ロルカ

**ロレーヌ**【Lorraine】フランス北東部、パリ盆地東部からボージュ山地西斜面にいたる地域。鉱産資源を利用した大工業地域がある。歴史的にドイツとの係争地。ロートリンゲン。

**ろ-れつ【呂律】**《「呂律(りょりつ)」の転という》ことばの調子。articulation

**呂律が回らない**(ろれつがまわらない) 酒酔いなどのために、はっきりした発音でしゃべれない。inarticulate

**ロレンゼッティ-きょうだい【ロレンゼッティ兄弟】**↓ロレンツェッティきょうだい(ロレンツェッティ兄弟)

**ロレンソ**【Lourenço】(一五二六〜九二) キリシタン初期のイエズス会の日本人修道士。日本教会屈指の大布教者。肥前生まれ。本名は不詳。隻眼(せきがん)の琵琶法師であったが、ザビエルより受洗。才知と能弁をもって諸大名をキリシタンに導いた。

**ロレンソ-マルケス**【Lourenço Marques】マプートの旧称。

**ロレンツェッティ-きょうだい【ロレンツェッティ兄弟】**(Lorenzetti) イタリア、シエナ派の画家兄弟。①兄ピエトロ Pietro(一二八〇ごろ〜一三四八ごろ)は激情的な画風。作品『聖母子』。②弟アンブロジオ Ambrogio(一二九〇ごろ〜一三四八ごろ)は優雅で柔和な作風。民衆を風俗画的に取り扱い、遠近法を駆使し、田園や街の風景を描く。作品『善政と悪政』など。

**ロレンツォ-デ-メディチ**【Lorenzo de' Medici】(一四四九〜九二) ルネサンス最盛期のフィレンツェの富豪。コシモの孫。フィレンツェの支配者として、政治・外交的手腕をふるった。文芸・美術を保護奨励して、フィレンツェをルネサンスの中心地とし、偉大公(イル-マニフィコ)と称された。

**ロロ**【Rollo】(八六〇ごろ〜九三二ごろ) ノルマン人の首長。八九〇年ごろ北フランス地方を侵攻。九一一年、西フランク王シャルル三世よりノルマンディーを封土(ほうど)として受けた。ロルフ。

**ロロ-ぞく【ロロ族】** 中国南部一帯に住む少数民族。チベット-ビルマ語族イ語系の言語を使用。農耕・牧畜に従事。イ(彝)族。Lolo; Yi

**ろ-わ【露和】** ①ロシア語と日本語。Russian and Japanese ②「露和辞典」の略。Russian-Japanese dictionary 対義和露。

**ロワ**【Claude Roy】(一九一五〜) フランスの小説家。ルポルタージュにすぐれる。作品『地上の太陽』『絵画への愛』など。

**ロワ**【Jules Roy】(一九〇七〜) フランスの小説家。人道主義的立場から、戦争を主題に小説などを書く。作品『幸福な谷間』など。

**ロワール-がわ【ロワール川】**(Loire) フランス中部の中央高地から北西に流れ、ビスケー湾に注ぐ川。長さ一〇〇〇km。同国最長の河川。

**ろわ-じてん【露和辞典】** ロシア語に、日本語でその意味・用法などの説明を付けた辞書。Russian-Japanese dictionary

**ロン** 8画 **【侖】** 部首[人・𠆢(ひとがしら)] JIS 4853
音ロン・リン
①すじ。すじみちをたてる。②おもう。

**ロン** 11画 **【崙】** 部首[山(やま)] JIS 5438
11画 **【崘】** 異体字 JIS 5439
音ロン
①中国の西方にあるとかんがえられた霊山。②中国の山脈の名。新疆(しんきょう)ウイグル自治区とチベット自治区の境にある。
「崑崙(こんろん)」は、

**ロン** 15画 **【論】** 部首[言(ごんべん)] 教育小6 JIS 4732
音ロン・リン
論 論 論 論 論 論
①あげつらう。道理をのべる。かんがえ。意見。「言論(げんろん)・国論・世論(せろん・せいろん・よろん)・討論・評論・理論・立論」「論議・論証・論説・論文・論理」用例(名)同日の―でない。《接尾的》歴史―。人生―。②仏教で、三蔵の一つ。経典(きょうてん)の注釈的研究。③漢文の文体の一つ。自己の意見を述べたもの。④『論語』のこと。「論孟(ろんもう)」

**論より証拠**(ろんよりしょうこ) 物事を明らかにするには、言い合うより証拠のほうが強い。The proof of the pudding is in the eating.

**論を俟たない**(ろんをまたない) わかりきっている。言うまでもない。of cource; needless to say

**ロン【栄中】**(rông) 麻雀で、相手の捨てた牌で和了すること。また、そのときに発する語。栄和。

**ロン【Marguerite Long】**(一八七四～一九六六) フランスの代表的な女流ピアニスト。近代・現代フランス音楽に優れ教育にも活躍。一九四三年ロン-ティボー国際音楽コンクールを開設。

**ろん-がい【論外】**(名・形動) ①その議論の範囲外であること・さま。out of the question ②論ずるまでもないこと・さま。もってのほか。unreasonable

**ろん-かく【論客】** ↓ろんきゃく(論客)

**ろん-ぎ【論議】**(名・サ変自他) ①論じて定めること・さま。argument ②意見を述べ合うこと。議論。discussion 用例 ―をよぶ。

**ロンギ【Pietro Longhi】**(一七〇二～八五) イタリアの画家。ベネチア市民の種々相を軽妙優美に描いた風俗画を多く制作。息子のアレッサンドロ Alessandro(一七三三～一八一三)は一八世紀ベネチアの代表的肖像画家。ロココ風のすぐれた肖像画を描いた。

**ろん-きつ【論詰】**(名・サ変他) 論じて、なじり責めること。論難。criticize

**ろん-きゃく【論客】** =ろんかく。①言論を通じて、世論に影響を与える力量のある人。controversialist 用例 文壇きっての―。②討論に巧みな人。controversialist

**ろん-きゅう【論及】**(名・サ変自) そのことに、論じおよぶこと。touch upon; refer to 用例 私生活にまで―する。

**ろん-きゅう【論究】**(名・サ変他) 物事の道理を論じきわめること。discuss thoroughly

**ろん-きょ【論拠】** 議論のよりどころ。ground of an argument

**ロング【long】** 時間・距離が長いこと。対義 ショート。用例 ―ヘア。―ヒッター。

**ロングアイランド-とう【ロングアイランド島】**(Long Island) アメリカ、ニューヨーク州南東端、マンハッタン島に東接する島。面積三六〇〇km²。西端部はニューヨーク市の二区をなす。

**ロング-シュート【long shoot】** バスケットボールやサッカーなどで、ゴールから遠く離れた地点からのシュート。

**ロング-ショット【long shot】** ①映画などで、遠くの人物・風景などを写すこと。遠景画面。比較 クローズアップ。②ゴルフで、長打。

**ロング-セラー【long seller】** 品質・内容に定評があり長期にわたって売れつづける商品。

**ロング-トン【long ton】** 英トン。参照 トン。

**ロング-ビーチ【Long Beach】** アメリカ、カリフォルニア州南部の港湾都市。リゾート地で近年工業も発達。人口三六・一万(一九八〇)。

**ロング-ヒット【long hit】** 野球で、二塁打・三塁打・本塁打のこと。長打。対義 シングルヒット。

**ロングフェロー【Henry Wadsworth Longfellow】**(一八〇七～八二) アメリカの詩人。伝統的で平明な物語詩や詩劇を書き、広く愛読された。詩集『夜の声』、物語詩『エバンジェリン』など。

**ロング-ヘア【long hair】** 長い髪。肩より長く、背中に届くかあるいはそれ以上の長さがある髪のこと。

**ロングポイント-カラー**《和製語》ワイシャツの襟型の一つ。襟先の長さが、七・五cm以上で、先が閉じかげんのもの。↓ワイシャツ図

**ロング-ホール【long hole】** ゴルフで、基準打数が五打のホール。一般的には、四三一m以上のホール。比較 ショートホール。

**ロングライフ-ぎゅうにゅう【ロングライフ牛乳】** 常温長期保存用牛乳。一四〇℃前後の高温で二秒以上加熱し、あらゆる細菌を死滅させ、無菌状態で容器に充塡した牛乳。LLミルク。long life milk

**ロング-ラン【long run】** 演劇や映画を長期にわたって興行すること。

**ロング-リリーフ**《long relief pitcher から》野球で、投手が比較的長いイニングを救援登板すること。

**ロング-レール【long rail】** レールの端部を溶接し、一本の長さを二〇〇m以上にしたレール。長尺レール。

**ろんご【論語】** 儒教の基本経典。四書の一つ。孔子の言行や弟子との問答を記したもの。二〇編。日常生活に即した実践的倫理を説き、孔子の思想をもっともよく伝えるものとして、最重要の経典とされる。成立については諸説があるが、漢代までに現在みられる形に整理されたものと思われる。

**論語読みの論語知らず**(ろんごよみのろんごしらず) 書物で理屈を学んでいても、実行のともなわないこと・人。learned fool

**ろん-こう【論考・論▼攷】**(名・サ変他) 論じ、考究すること。その著作。study 用例 明治文学―。

**ろんこう【論衡】** 中国の雑家書。後漢の王充の著。事実を重視し、俗信や時代の矛盾を批判し、気の哲学に基づいた宿命論を説く。

**ろんこう-こうしょう【論功行賞】** 手柄を評定して、それに相当する賞を与えること。grant of rewards according to each person's merits

**ろん-こく【論告】**(名・サ変他) 刑事訴訟上、証拠調べ終了後、検察官が証拠に現れた事実の見方や犯罪の成否、これに適用する法律などについて意見を述べること。求刑はその一部。prosecutor's final speech 比較 判決。

**ろんごしっかい【論語▽集解】**『論語』の注釈書。魏の何晏の著。漢魏に行われた諸注釈を集成したもの。朱子の『論語集注』(新注)に対して古注とよばれる。

**ロンサール【Pierre de Ronsard】**(一五二四～八五) フランス-ルネサンス期の大詩人。プレヤード派の領袖。フランス詩の革新をめざした。作品『オード集』『恋愛詩集』『エレーヌへのソネ』など。

**ろん-さく【論策】** 時事の方策・意見を論じた文章。

**ろん-さん【論賛】**(名・サ変他) ①業績を論じて褒めること。②史伝の終わりに、その業績について記述者が加える論評。

**ろん-さん【論▼纂】** 論文を編集した書物。論集。

**ろん-し【論旨】** 議論の主旨・要旨。論意。point of an argument

**ろん-しゃ【論者】** ①議論をする人。disputant ②議論を好む人。論客。disputant ③論じている当人。disputant

**ろん-しゃく【論釈】**(名・サ変他) ①論じて意味を明らかにすること。②議論して疑いを晴らすこと。

**ろん-しゅう【論宗】** 仏教で、特定の論書を所依に開宗された宗派。三論宗・法相宗・成実宗・倶舎宗・地論宗・摂論宗など。

**ろん-しゅう【論集】** 論文を集めた書物。

**ろん-じゅつ【論述】**(名・サ変他) 論じ述べること。また、その論。state

**ろん-しょう【論証】**(名・サ変他) ①よりどころを示して、判断の真偽を論じ、結論が正しいことを証明すること。demonstration; reasoning 用例 ―をかさねて真理に近づく。②証拠によって、議論の正しさや物事を証明すること。demonstration; reasoning ③与えられた前提から出発し、定められた推論の規則にしたがって、論理的に結論まで到達すること。数学では証明の意味に用いられる。proof

**ろん・じる【論じる】**(上一他) ↓ろんずる(論ずる)

**ろん-じん【論陣】** 議論・弁論するときの論の組み立て・構え。argument 用例 堂々の―を張る。

**ろん・ずる【論ずる】**(サ変他) =論じる・論ず。①道理を述べる。理屈を言う。argue ②言い争う。議論する。argue ③問題にする。consider; take up

**論ずるに足りない**(ろんずるにたりない) 議論するだけの値打ちがない。not worth discussing

**論ずる物は中から取れ**(ろんずるものはなかからとれ) 一つのものをふたりが争っているときは、第三者がそれを取ってしまえ。

**ろん-せつ【論説】** ㊀(名・サ変他) 自分の考えを主張し、人の見解を批判して説得すること。また、その文章。article 比較 解説。㊁(名) 新聞の社説。editorial 用例 ―委員。

**ろん-せん【論戦】**(名・サ変自) 議論をたたかわすこと。討論すること。debate

**ろん-そう【論争】**(名・サ変自他) 論じ争うこと。自分の意見を主張して争うこと。dispute 比較 争論。

**ろん-そう【論▼叢】** 論文を集めた書物。論集。

**ろん-ぞう【論蔵】**《仏教語》三蔵の一つ。経・律に関する聖賢の説を集めたもの。対義 経蔵・律蔵。

**ろん-だい【論題】** ①論じている問題。②議論の題目。

**ろん-だん【論断】**(名・サ変自他) 論じて断定すること。

**ろん-だん【論壇】** ①議論する場所。platform ②言論界。world of criticism

**ろん-ちょう【論調】** ①議論の調子。tone of argument 用例 激しい―で非難する。②論説の傾向。tone of comment 用例 新聞の―に変化がみられる。

**ろん-てい【論定】**(名・サ変自他) 論じて決めること。

**ロン-ティボー-こくさいおんがくコンクール【ロン-ティボー国際音楽コンクール】**(Concours International Marguerite Long-Jacques Thibaud フランス) 一九四三年からパリで隔年に開催されるピアノとバイオリンの国際コンクール。フランスの女流ピアニストのロンとバイオリニストのティボーの主宰で始まる。

**ろん-てき【論敵】** 主義・主張が対立して論争を続けている相手。one's opponent in a debate

**ろん-てん【論点】** 議論の要点・中心。point at issue

**ロンド【rondo イタリア】** ①多くの人が丸い輪をつくって踊ること。また、そのための舞踏曲。輪舞。rondo ②ロンド形式の器楽曲。回旋曲。rondo

**ロンド-けいしき【ロンド形式】** 主要な主題が挿入部(=エピソード)をはさんで、繰り返しあらわれる楽曲の形式。ソナタの終楽章におかれることも多いが、独立の楽曲もある。rondo form

**ロンドン【London】** カナダ、オンタリオ州南東部の商工業都市。一八世紀末、イギリスからの植民当初に首都に予定されたため、この名が付いた。人口二五・四万(一九八一)。

**ロンドン【London・倫敦】** イギリスの首都。イングランド南東部、テムズ川河口から八〇km上流にある同国最大の都市。都心はシティーといい、古くから世界経済の中心地の一つ。現在は市街地が拡大し、大ロンドンとよばれる広域都市化が進んでいる。人口六七五・五万(一九八三)。

**ロンドン【Jack London】**(一八七六～一九一六) アメリカの小説家。自然の厳しさと生命力をうたう小説と、社会批判の文学も多い。作品『荒野の呼び声』『海狼』『鉄の踵』など。

**ロンドン-かいぐんじょうやく【ロンドン海軍条約】** 一九三〇年、ロンドン軍縮会議でイギリス・アメリカ・日本の間に成立した海軍軍縮協定。主力艦数をそれぞれ一五、一五、九隻、補助艦艇の総トン数比率を一〇、一〇、七と定めた。フランス・イタリアも参加したが途中で脱退。

**ロンドン-ガゼット【The London Gazette】** イギリスの官報。一六六五年チャールズ二世が創刊。現在、週二回刊行。

**ロンドン-きんしじょう【ロンドン金市場】**(London bullion market) ロンドンにある世界最大の国際自由金市場。一九六八年に金の二重価格制がしかれて以来、ここでの金価格は国際情勢を敏感に反映するものとなっている。

**ロンドン-ぐんしゅくかいぎ【ロンドン軍縮会議】** 海軍軍備の制限に関する国際会議。一九三〇年ロンドンで開催。アメリカ・イギリス・日本・フランス・イタリアが参加し、補助艦総トン数の国別比率などを決定。Conference of London

**ロンドン-こうきょうがくだん【ロンドン交響楽団】**(London Symphony Orchestra) イギリスの管弦楽団。一九〇四年発足。六六年には合唱団を併設。

**ロンドン-しょうけんとりひきじょ【ロンドン証券取引所】**(London Stock Exchange) イギリス最大の証券取引所。外国証券も多く取り引きされる国際的な市場。一七七三年設立。

**ロンドン-だいがく【ロンドン大学】**(London University) イギリス最大の国立大学。一八二七年創立のユニバーシティ-カレッジと三一年創立のキングズ-カレッジを合併して三六年創立。

**ロンドンデリー【Londonderry】** イギリス、北アイルランド北西部の港湾都市。同名県の県都。民謡で有名。人口六・三万(一九八一)。

**ロンドンデリーのうた【ロンドンデリーの歌】**《原題 Londonderry Air》北アイルランドの港湾都市ロンドンデリーの民謡。さまざまな歌詞があり、『ダニーボーイ』が有名。

**ロンドン-とう【ロンドン塔】** ㊀(Tower of London) ロンドンのテムズ川北岸にある中世以来の城塞。一一世紀末にウィリアム一世が、ホワイト-タワーを築き居城とし、のちには国事犯の牢獄として、王族・貴族が幽閉された。現在は軍事博物館。㊁《倫敦塔》夏目漱石の小説。明治三八年(一九〇五)発表。ロンドン塔を見物した体験をもとにした浪漫的作品。↓写

▼常用漢字表外。 ▽常用漢字表の音訓外。

●ロンドン塔

**ロンドン-ナショナルギャラリー**【National Gallery, London】ロンドンのトラファルガー広場にある国立美術館。アーガスティン-コレクションを基礎に一八二四年創設。五三年現在地へ移る。

**ロンドン-ばし**【ロンドン橋】(London Bridge) イギリス、ロンドンのテムズ川にかかるロンドン市最古の橋。長さ二八三m。一九七三年新ロンドン橋が完成。

**ロンドン-フェスティバル-バレエだん**【ロンドン-フェスティバル-バレエ団】(London Festival Ballet) イギリスの主要バレエ団の一つ。一九四九年創立。

**ロンドン-よたくしょうけん**【ロンドン預託証券】(London depositary receipt) ロンドンの銀行が外国の株式の預託を受けて、株式の代わりに発行する証券。LDR。

**ろん-なく**【論無く】(副) 言うまでもなく。もちろん。of course

**ろん-なん**【論難】(名・サ変他) 論じて非難すること。論詰(ろんきつ)。criticize

**ろん-ぱ**【論破】(名・サ変他) 論じて相手の意見を成り立たなくすること。言い負かすこと。confute

**ロンバーグ**【Sigmund Romberg】(一八八七〜一九五一) アメリカの作曲家。ハンガリー生まれ。一九二〇年代ウィーン-オペレッタ風のミュージカルにヒット作を残した。作品『学生王子』など。

**ロンパース**【rompers】上下が一続きの幼児用遊び着。ブルーマーズを土台に胸当て・つりひもをつけた形と、上着とつないだ形がある。オーバーオール。

**ロンバード-がい**【ロンバード街】(Lombard Street) ロンドンのシティー中東部にある街区。イングランド銀行・手形交換所などが密集し、ロンドン金融市場の別称となっている。

**ろん-ばく**【論▼駁】(名・サ変他) 論じて他説を攻撃すること。反論。argue against

**ロンバルディア**【Lombardia】イタリア北部、ポー川中流平野からアルプス南麓(なんろく)にひろがる州。州都ミラノ。同国の経済・文化の中心地の一つ。人口八八八・二万(一九八五)。

**ロンバルディア-へいげん**【ロンバルディア平原】(Lombardia) イタリア北部、ポー川中流域の平野。パダノ-ベネタ平野の一部分で、イタリア最大の農業地域。

**ろん-ぱん**【論判】(名・サ変自他) ①論じて事のよしあしを決めること。その判定。②言い合い。言い争い。

**ろん-ぴょう**【論評】(名・サ変他) 内容を論じて批評すること。comment 比較評論。用例 ―を加える。

**ロンブローゾ**【Cesare Lombroso】(一八三六〜一九〇九) イタリアの精神病学者・法医学者。犯罪生物学をとなえ、今日の犯罪心理学・犯罪精神医学・犯罪人類学の先駆的業績を残す。

**ろん-ぶん**【論文】意見または研究の結果を筋道をたててまとめた文章。thesis; dissertation 用例 卒業―。

**ろん-べん**【論弁・論▼辨・論▼辯】(名・サ変自) 論じてよしあしを明らかにすること。意見を述べ説くこと。

**ろん-ぽう**【論法】論争のしかた。議論の進め方。logic 用例 ―を考える。

**ろん-ぽう**【論▼鋒】①議論のほこさき。議論の主目標。force of an argument 用例 ―を政府に向ける。②議論の勢い。舌端。論調。tone of an argument 用例 ―が鋭い。

**ロンボク-とう**【ロンボク島】(Lombok) インドネシア、小スンダ列島にある島。バリ島の東に接する。面積四七〇〇km²。北部に最高峰リンジャニ火山(標高三七二六m)がある。

**ロンム**【Mikhayl Ilich Romm】(一九〇一〜一九七一) ソ連の映画監督。作品『十月のレーニン』『一九一八年のレーニン』『一年の九日』など。

**ロンメル**【Erwin Rommel】(一八九一〜一九四四) ドイツの軍人。陸軍元帥。第二次大戦中の北アフリカ作戦で勇名をはせ、「砂漠の狐(きつね)」といわれた。ヒトラー暗殺を計画したとされ自殺。

**ろん-もう**【論▼孟】『論語』と『孟子』。

**ろん-り**【論理】①思考や議論の筋道。logic ②法則的に物事が関連していること。logic ③推論の運び方。logic

**ろんり-えんざん**【論理演算】《logical operationの訳》コンピューターの、四則演算(加・減・乗・除)以外の論理に関する操作のこと。論理和・論理積・否定などが含まれる。

**ろんり-かいろ**【論理回路】コンピューターのデジタル信号を論理的に処理する計算回路。論理和・論理積・否定の論理演算を行う。logical circuit

**ろんり-がく**【論理学】正しい思考の形式・法則を研究する学問。思考の内容から切りはなされた形式的構造を扱う形式論理学、対象を認識するための思考の構造を扱う認識論的論理学に分かれる。logic

**ろんり-じっしょうしゅぎ**【論理実証主義】ウィーン学団が掲げた哲学的方法。形而上学(けいじじょうがく)的哲学に反発し、諸科学の言語の論理的分析を展開。logical positivism

**ろんり-しゅぎ**【論理主義】認識論・倫理学などで心理的過程でなく、その真偽の論理的基礎づけを重視する立場。新カント学派が代表。logicism 対義 心理主義。

**ろんりせき-かいろ**【論理積回路】0と1だけの二種類の値で行われる論理演算の一つで、すべての入力端子に1が入力されたときだけ、1が出る回路。アンド(AND)回路。AND circuit

**ろんり-せっけい**【論理設計】デジタル機器の論理回路や装置全体の論理構成を設計すること。logic design

**ろんり-そし**【論理素子】コンピューターの中央処理装置の中で論理演算を行う回路を構成する素子(単位)。論理和・論理積・否定の論理演算を行う。logical element

**ろんり-てき**【論理的】(形動) 対義 非論理的。①論理の法則にかなっているさま。logical ②理詰めに考えるさま。logical ③論理の点から見るさま。logical 用例 ―にはまちがっていない。

**ろんりわ-かいろ**【論理和回路】0と1だけの二種類の値で行われる論理演算の一つで、和演算を行う回路。オア(OR)回路。OR circuit

**ロンルート**【Elias Lönnrot】(一八〇二〜一八八四) フィンランドの口承文芸研究家。神話的民族叙事詩を体系化して『カレワラ』を編纂(へんさん)。叙情詩を中心に『カンテレタル』を編む。

# わ ワ

**わ**【わ・ワ】五十音図わ行第一の仮名。平仮名「わ」は「和」の草体。片仮名「ワ」は「和」の右、または輪の形「○」から。

**ワ** 7画 【▽把】 部首[扌](てへん) 常用 JIS 3936
音 ハ・ワ
《「ハ」の音からの転。前にくる音によって、「ワ・バ・パ」になる》たばねたものを数えるのに用いる。用例 (助数)薪(まき)一―。↓ハ【把】

**ワ** 8画 【和】 部首[口](くち) 教育小3 JIS 4734 22画【▽龢】部首[龠](やく) 異体字
音 ワ・オ・カ
訓 やわらぐ・やわらげる・なごむ・なごやか
和 和 和 和 和 和
①気があう。なかよくする。「共和・親和・調和・不和(ふわ)・平和」「和解」用例 (名)人の―。②平和。対義 戦(せん)。「講和」「和議・和戦」用例 (名)―をこう。③おだやか。なごやか。「温和・柔和(にゅうわ)」「和気(わき)」④《倭とも》日本・日本語のこと。日本の自称。対義 漢(かん)・洋(よう)。「英和・漢和・独和」「和歌・和算・和風・和洋折衷」⑤数学で、二つ以上の数をくわえた値。対義 差(さ)。「総和・累積和」用例 (名)二つの数の―。⑥まぜあわせる。あえる。「混和」⑦音楽で、音をまぜあわせること。調合すること。「和音(わおん)・和声(わせい)」⑧大和国(やまとのくに)のこと。「和州」⑨なぎ。風がやみ、波が静かになる状態。↓オ【和】
**和を以て貴しと為す**(わをもってとうとしとなす) 世の中は、人々がなかよくするということが大切だ。

**ワ** 9画 【▽哇】 部首[口](くちへん) JIS 5087
音 アイ・ワ
「哇哇(ああ)(わわ)」は、こどもの声。また、わらい声などの声。↓アイ【哇】

**ワ** 10画 【▽倭】 部首[人・亻](にんべん) JIS 4733
音 ワ・イ
やまと。昔、中国・朝鮮での日本の呼称。また、日本の自称。「倭寇(わこう)」参照 和(わ)。

**ワ** 12画 【▽萵】 部首[艹](くさかんむり) JIS 7266
音 ワ
「萵苣(わきょ)」は、チシャ。レタス・カキチシャなど、キク科の一、二年草の総称。ちさ。

**ワ** 13画 【話】 部首[言](ごんべん) 教育小2 JIS 4735
音 ワ・カイ
訓 はなす・はなし
話 話 話 話 話 話
①はなし。はなす。かたる。「会話・講話・対話(たいわ)・談話・電話」「話術・話題」②ものがたり。「神話・民話・夜話」

**ワ** 14画 【▽窪】 部首[穴](あなかんむり) JIS 2306 14画【▽漥】部首[氵](さんずい) 異体字
音 ワ・ア
くぼむ。くぼみ。くぼ。深いくぼみ。

**わ**【輪・▽環】①長いものを曲げて端と端をつなぎ、丸い形にしたもの。中空の円形。ring; loop; circle ②車輪。wheel ③紋所の名。輪を紋章化したもの。菊輪・雪輪・細輪・丸輪・藤輪など。↓図
**輪にも葛にも掛からず**(わにもかずらにもかからず) 扱いようがない。手がつけられない。あきれかえって、物も言えない。比較 箸にも棒にも掛からない。
**輪を掛ける**(わをかける) さらに、激しくする。大げさに言う。exaggerate 類似 之繞(しんにゅう)を掛ける。

●輪③

丸輪　藤輪(ふじわ)

**わ**【我・▽吾】古語 (代) わたくし。われ。あ。用例 倭(やまと)を過ぎ―が見が欲し国は葛城高宮(かづらきたかみや)吾家(わぎへ)のあたり(古事記・下)。

**わ**(終助)《終止形に付く。文語の係助詞「は」の転》①表現をやわらげるのに用いる。女性に多い。用例 すぐ行く―。②感動・驚きを表す。用例 降った―、降った―、一面の銀世界。

**わ**【▽回・▽曲】(接尾) 曲がって入り込んでいる所。とり囲まれている所。囲み。用例 浦―。

**わ**(は)【羽】(助数)《前に来る音によって、ワ・バ・パになる》鳥・ウサギなどを数える語。用例 一(いち)―・三(さん)―(ば)・六(ろっ)―(ぱ)。

**わあ**(感) 驚いたときに思わず口をついてでる語。わっ。

**わあい**(感) はやしたてたりひやかしたりするときの語。ようよう。わあいわあい。

**ワーカホリック**【workaholic】《work(仕事)とalcoholic(アルコール中毒患者)との合成語》働くことが習性となって制御が利かなくなった状態。外国人が日本の労働者の働き



↓行き先項目、図版・写真参照印。 JIS 日本工業規格情報交換用漢字符号コード(区点コード)。

わ

過ぎを批判するさいに使われることば。仕事中毒者。仕事の虫。

**ワーキング-ホリデー**[working holiday] 海外旅行中の青少年が訪問国で働くことを認める制度。昭和五五年(一九八〇)日本・オーストラリア間で初めて採用された。就業許可つき休暇旅行。

**ワーク**[work] ①仕事。作業。課業。勉強。②作品。著作。

**ワーク-サンプリング**[work sampling] 統計の無作為抽出(ランダムサンプリング)の手法を工場などの作業状態に適用して、作業の余裕や稼働率などを測定する方法。

**ワーク-シェアリング**[work-sharing] 仕事を分け合って雇用の機会をふやす政策。仕事の分かちあい。雇用分割。

**ワークショップ**[workshop] ①作業場。②参加者が自主的に運営・活動する方式の研究集会。教職員の研修、観客参加による演劇・芝居づくりなど。

**ワーク-ステーション**[work station] コンピューターの中央処理装置に接続された端末が設置されていて、事務作業をする場所。また、独自のデータ処理もできる端末そのものをもさす。

**ワーグナー**[Adolf Heinrich Gotthilf Wagner](一八三五〜一九一七) ドイツの経済学者。新歴史学派の右派。経費膨張の法則を唱え財政学を体系化した。著書『財政学』など。

**ワーグナー**[Gottfried Wagner](一八三一〜一八九二) ドイツの化学者。明治工芸界の指導者。明治元年(一八六八)来日し、有田焼の改良に貢献。開成学校で教え、東京職工学校(現在の東京工業大学)で製陶・七宝などを指導。

**ワーグナー**[Richard Wagner](一八一三〜一八八三) ドイツの作曲家。音楽・劇・文学を統合する新しい劇音楽としての「楽劇」を創始。示導動機・無限旋律の使用など、新しい作曲法や和声を考案し、近代音楽への道を開いた。歌劇『タンホイザー』、楽劇『トリスタンとイゾルデ』『ニュルンベルクのマイスタージンガー』『ニーベルングの指輪』など。↓写

●R＝ワーグナー

**ワークブック**[workbook] 補助教材として児童・生徒が使用する図書。学習帳。練習帳。

**ワーグマン**[Charles Wirgman](一八三二〜一八九一) イギリスの画家。文久元年(一八六一)来日し、明治初期日本における洋画に影響を与えた。五姓田義松・高橋由一らを指導。漫画雑誌『ジャパン-パンチ』創刊。

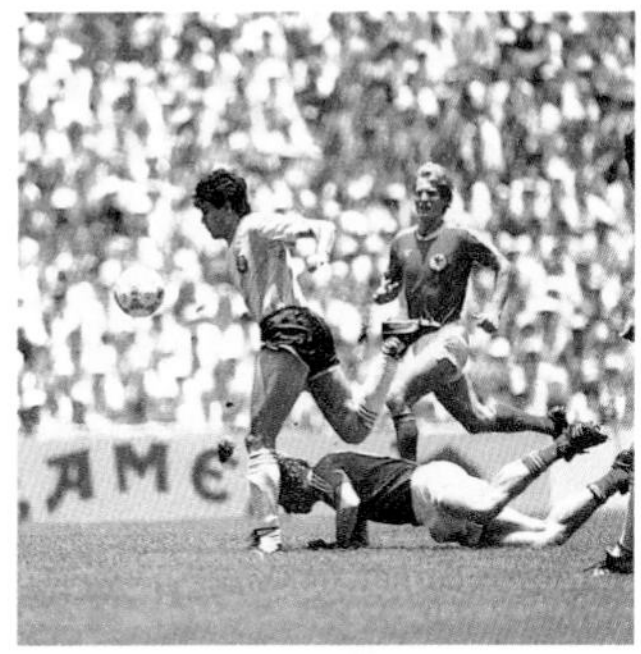

●ワールドカップ サッカー。一九八六年、メキシコ。

**ワースト**[worst] もっとも悪いこと。最悪。対義ベスト。用例―テン。

**ワーズワース**[William Wordsworth](一七七〇〜一八五〇) イギリスの詩人。コールリッジとともに『叙情民謡集』を著し、ロマン主義の詩を確立。自然との共感のもとに書かれた、優しい叙情詩や瞑想的な詩編が多い。詩『ティンタン寺院』『不滅の頌』、自伝詩『序曲』など。

**ワーゾフ**[Ivan Vazov](一八五〇〜一九二一) ブルガリアの小説家。民族解放の思想を貫き、同国近代文学の基礎を築く。作品『くびきの下で』など。

**ワーテルロー**[Waterloo] ベルギー中部の町。一八一五年、ナポレオン一世の率いるフランス軍が、イギリスとプロイセンの連合軍に敗れた地。人口二・五万(一九八一)。ウォータールー。

**ワーテルロー-の-たたかい**[ワーテルローの戦い] 一八一五年、エルバ島を脱出したナポレオン一世が率いるフランス軍とウエリントン率いるイギリス軍が、ベルギーのワーテルローで行った戦闘。プロイセン軍が合流するに及んでフランス軍は大敗。百日天下は崩壊した。Battle of Waterloo

**ワード**[word] ことば。単語。

**ワード-プロセッサー**[word processor] コンピューターによる文書作成用の機械。仮名またはローマ字でキーボードから入力し、ディスプレー上で文字の校正・追加・削除・入れ替えなどの編集作業ができる。保存機能をもち、完成した文章はプリンターで出力する。ワープロ。

**ワードローブ**[wardrobe] ①衣装だんす。洋服だんす。②衣装だんすの中の衣装、つまり持ち衣装のこと。

**ワーナー-ブラザーズ**[Warner Brothers Pictures, Inc.] アメリカの映画会社。一九二三年設立。

**ワープ**[warp]《ゆがみ・ひずみ、の意》SFで使われる宇宙船航法。四次元空間を利用して宇宙船が超光速航行すること。

**ワープロ**「ワードプロセッサー」の略。

**ワールド**[world] 世界。

**ワールド-エンタープライズ**《和製語》多国籍企業。multi-national enterprise

**ワールド-カップ**[World Cup] サッカー・スキー・バレーボール・陸上競技などで、各競技別に開かれている国際競技会。比較ジャパンカップ。↓写

**ワールド-シリーズ**[World Series] アメリカプロ野球の、最強チームを決める選手権試合。毎年ナショナル・アメリカン両リーグの優勝チーム同士で行われる。

**ワールド-ユースサッカー**[World Youth Soccer] 若い選手による国際サッカー競技大会。プロ・アマを問わず一六〜一九歳までの選手からなる各国代表チームが参加する。一九七七年創始、以降二年おきに開催。

**ワールブルク**[Otto Heinrich Warburg](一八八三〜一九七〇) ドイツの生化学者。ワールブルク検圧計の考案や鉄オキシゲナーゼの発見などの業績で、一九三一年ノーベル生理学医学賞受賞。

**ワールブルク-けんあつけい**[ワールブルク検圧計] 組織・細胞・酵素などの生体反応にともなうガスの放出・吸収量を精密に測定する装置。Warburg's manometer

**ワイ**[▼歪] 9画 部首[止] JIS 4736
音ワイ
ゆがむ。まがる。ゆがめる。ゆがみ。ひずみ。「歪曲」

**ワイ**[▼淮] 11画 部首[氵] JIS 6246
音カイ・エ・ワイ
「淮水」は、中国の川の名。河南省に発し、黄河と揚子江の間をながれる。

**ワイ**[▼隈] 12画 部首[阝] JIS 2308
音ワイ・エ
①くま。㋐山のまがってはいりこんだところ。㋑水の岸にまがりこんだところ。㋒くまどり。俳優の顔のいろどり。②すみ。もっとも奥のところ。

**ワイ**[▼猥] 12画 部首[犭] JIS 6448
音ワイ
①とりちらかす。みだれる。「猥雑」②みだり。みだら。いやしい。「淫猥・卑猥」「猥褻・猥談」

**ワイ**[▼煨] 13画 部首[火]
音ワイ
うずみび。いけずみ。灰の中にうずめてある炭火。

**ワイ**[▼矮] 13画 部首[矢] JIS 6668
音アイ・ワイ
みじかい。ひくい。丈がみじかい。「矮軀・矮小」

**ワイ**[賄] 13画 部首[貝] 常用 JIS 4737
音ワイ・カイ
訓まかなう
①まいなう。おくりもの。まいない。「収賄・贈賄」「賄賂」②まかなう。㋐食事をつくって、だす。㋑処理する。まにあわせる。

**ワイ**[▼薈] 16画 部首[艹] JIS 7307
音ワイ・カイ
①しげる。草木が繁茂する。②おこる。雲や霧がわきおこる。

**ワイ**[▼穢] 18画 部首[禾] JIS 6750
音ワイ・エ・アイ
①雑草がおいしげる。あれる。雑草。②けがれる。よごれる。けがす。よごす。けがれ。よごれ。③けがらわしい。きたない。「汚穢」「汚穢」↓アイ・エ[穢]

**わい**[▽私](代)《方言》①男性の自称。わたし。②おまえ。

**わい**(終助)↓わ(終助)②

**ワイ**[Y・y] ①アルファベットの第二五文字。②《大文字で》イットリウム(yttrium)の元素記号。③缶詰の製造年月で一一月を示す。

**ワイアット**[Thomas Wyatt](一五〇三ごろ〜一五四二) イギリスの詩人。イタリアの詩を手本に英詩ルネサンスを起こした。

**ワイエス**[Andrew Wyeth](一九一七〜) アメリカの画家。水彩・テンペラを用い、精緻な写実描写に徹した画風。作品『クリスティーナの世界』など。

**ワイエス-いちいち**[YS11] 第二次大戦後日本ではじめて開発された輸送機。六〇人乗りの双発ターボプロップ機。昭和四〇年(一九六五)に就航、生産数一八二機で打ち切られた。

**ワイ-エム-シー-エー**[YMCA]《Young Men's Christian Association の略》キリスト教青年会。キリスト教精神に基づく国際的な青年運動団体。一八四四年創設。

**ワイエルシュトラス**[Karl Theodor Willhelm Weierstrass](一八一五〜一八九七) ドイツの数学者。実関数論・一般関数論・楕円関数論・無理数論などを研究。

**ワイオミング**[Wyoming] アメリカ西部、ロッキー山脈とグレートプレーンズからなる山岳州。州都シャイアン。人口四七万(一九八〇)。

**わい-が**[▼淮河] 中国の大河。河南省南部の桐柏山から安徽省を経て洪沢湖に流入し、江蘇省に出て大運河に連なる。長さ一一〇〇km。中華人民共和国成立後、治水工事が進んだ。ホワイホー。

**わいか-さいばい**[▼矮化栽培] 果樹や草花を小さく育てること。早期多収、経費の節約、品質向上が目的。dwarfing culture

**ワイ-きかん**[Y器官] 甲殻類の触角部にある内分泌器官。脱皮を促進するホルモンを分泌する。Y organ

**ワイキキ-ビーチ**[Waikiki Beach] アメリカ、ハワイ州ホノルル東部の海岸。観光保養地として有名。東端にダイヤモンドヘッドがある。

**わい-きょく**[▼歪曲](名・サ変自他) ゆがみ曲がること。ゆがめ曲げること。distort 用例事実を―する。

**わい-く**[▼矮▼軀] 背丈の低いからだ。short

**ワイ-ごうきん**[Y合金] 耐熱アルミニウム合金の一種。銅三・五〜四・五%、マグネシウム一・二〜一・八%、ニッケル一・七〜二・三%、残部はアルミニウム。ディーゼルエンジンのピストンなどに使用。Y alloy

**わい-ざつ**[▼猥雑](名・形動)《もと、入り乱れる、の意》ごたごたして品のないこと・さま。秩序のないこと・さま。dirty; squalid

**ワイ-ざひょう**[y座標] $x$軸と$y$軸との直交座標で点の位置を表すときに、その点から$y$軸におろした垂線の足の$y$軸における座標。y-coordinate

**ワイジー-テスト**[YGテスト] 質問票による性格検査法。アメリカの心理学者ジョイ＝ギルフォードの性格調査票をもとに心理学者矢田部達郎が考案したものを用いる。矢田部-ギルフォード検査。Yatabe-Guilford personality inventory

**ワイシャツ**《white shirt の転》背広の下に着る男子用シャツ。前あき・ボタンどめで、カラーとカフスがつく。Yシャツ。↓図

**わい-しょう**[▼矮小](名・形動) ①背が低く小さいこと・さま。dwarfish ②小さくこぢんまりしていること・さま。

**わい-じん**[▼矮人] 背が低い人。こびと。midget

**矮人の観場**《矮人が、劇場で背の高い人の後ろで見物し、見ることもできないのに前の人の批評に同調する意から》識見のないこと。また、やたらと他に雷同すること。

**ワイス**[Peter Weiss](一九一六〜一九八二) ドイツの小説家・劇作家。スウェーデン国籍。社会的関心を示した劇作で注目された。小説『両親との別れ』、戯曲『マラーとサド』『追究』など。

**ワイズ**[Robert Wise](一九一四〜) アメリカの映画監督。作品『ウエスト-サイド物語』『砲艦サンパブロ』など。

**ワイスマン**[August Weismann](一八三四〜一九一四) ドイツの動物学者。発生学・形態学の研究者。

▼常用漢字表外。 ▽常用漢字表の音訓外。

獲得形質の遺伝を否定し、生殖質のみが遺伝すると唱える。

**ワイズミューラー**[Johnny Weissmuller](一九〇四〜八四)アメリカの水泳選手・映画俳優。一九二四年パリ・二八年アムステルダム両オリンピックで五個の金メダルを獲得。引退後一九本のターザン映画に主演。

**わい‐せい**[▼矮性]遺伝または病気が原因で、生物体の大きさがその種の標準値より小さくなっている状態。

**わい‐せい**[▼矮星]主系列星のうち半径・温度とも太陽と同じか、それより小さい星。太陽はその典型。dwarf star 対義 巨星。

**わい‐せつ**[▼猥▼褻]いたずらに性欲を刺激し、一般人の正常な性的羞恥心を傷つけ、社会の性意識を害するような行為。また、その物。obscenity

**わいせつ‐ざい**[▼猥▼褻罪]猥褻な行為を公然と行うことによって成立する罪の総称。猥褻な文書を頒布・販売・陳列する猥褻物等頒布罪・強制猥褻罪など。

**ワイ‐せんしょくたい**[Y染色体]X染色体と並ぶ性染色体の一つ。雄ヘテロ型性決定を行う生物において、雄個体だけがもつ性染色体。XYとなると雄、XXとなると雌。Y-chromosome

**ワイダ**[Andrzej Wajda](一九二六〜)ポーランドの映画監督。作品『地下水道』『灰とダイヤモンド』『夜の終わりに』など。

**ワイダー‐バンド**[wider band]為替相場に弾力性をもたせるため、為替の変動幅を拡大して認めること。一九七一年のスミソニアン会議は、IMF協定による変動幅を平価の上下各一%から二・二五%に拡大した。

**ワイ‐ダブリュー‐シー‐エー**[YWCA]《Young Women's Christian Association の略》キリスト教女子青年会。キリスト教精神に基づく国際的な女子青年運動団体。一八五五年創設。

**わい‐だん**[▼猥談]性に関する、おもしろ半分の話。dirty talk

**ワイデン**[Rogier van der Weyden](一四〇〇ごろ〜六四)フランドルの画家。深い精神性あふれる宗教画を描いた。作品『十字架降下』など。↓写 ↓フランドル美術写

**ワイデンライヒ**[Franz Weidenreich](一八七三〜一九四八)ドイツの解剖学者・人類学者。化石人類、とくにシナントロプスの発掘と研究で有名。

**ワイド**[wide](名・形動)幅が広いこと・さま。大型であること・さま。

●ワイシャツ

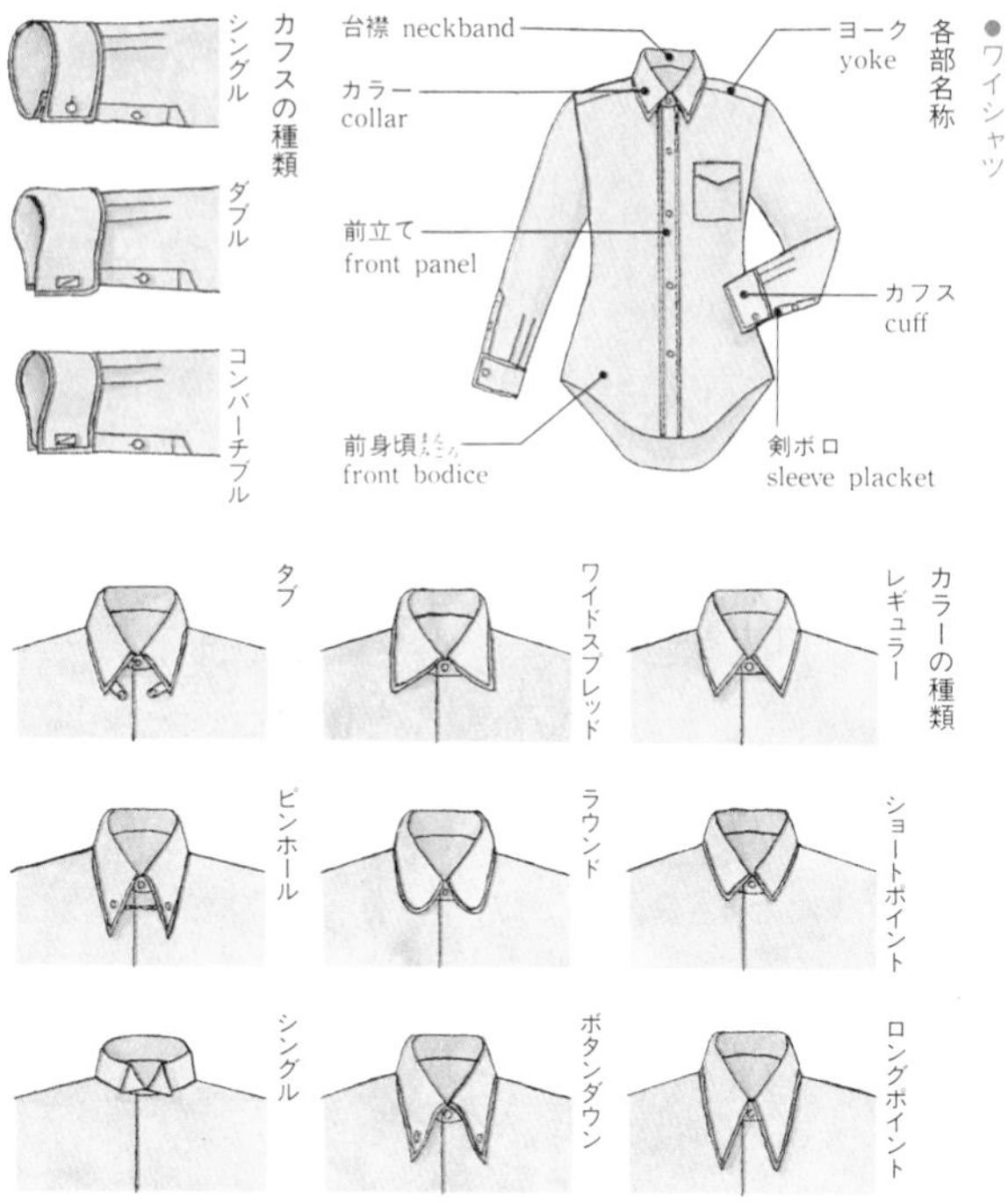

●ワイデン『聖母を描く聖ルカ』。ボストン美術館。

**ワイド‐スクリーン**[wide-screen]横長の大型映写幕。それに映写する映画の方式。シネラマ・シネマスコープなど。

**ワイドスプレッド‐カラー**[widespread collar]襟型の一つ。襟の前が、両方に広く開いたシャツ襟。ヨーロッパ独特の襟型。コンチネンタルカラー。↓ワイシャツ図

**ワイト‐とう**[ワイト島](Isle of Wight)イギリス、ブリテン島の南、イギリス海峡の島。面積四〇〇km²。「花園の島」とよばれる観光地。牧羊も行われる。

**ワイド‐ニュース**《和製語》ニュースをアナウンスするだけでなく、録画・中継・解説・対談などを交えて多角的に構成される長時間報道番組。news program

**ワイド‐ばんぐみ**[ワイド番組]ラジオ・テレビなどの長時間番組。special TV (or radio) program; lengthened TV (or radio) program

**ワイドマン**[Charles Weidman](一九〇一〜七五)アメリカの舞踊家。アメリカのモダンダンスの主流をなした。

**ワイド‐レンズ**《和製語。wide-angle lens から》五〇度以上の広い角度の範囲を写すレンズ。広角レンズ。

**わいない‐さだゆき**[和井内▽貞行](一八五八〜一九二二)十和田湖のヒメマス養殖の創始者。魚がすめないという十和田湖に、明治三六年(一九〇三)支笏湖からヒメマスを移殖し、成功した。

**わいなん**[▼淮南]中国安徽省、淮河中流の鉱工業都市。炭鉱の発展とともに急速に大都市化。人口一〇六・三万(一九八四)。ホワイナン。

**ワイナリー**[winery]ぶどう酒醸造所。

**わい‐の** 古語(連語)《終助詞「わい」に間投助詞「の」の付いたもの》詠嘆をこめて念を押す意を表す。…よ。用例 明日またすぐに貸す—(浄瑠璃・女殺油地獄)。

**ワイパー**[wiper]ふくもの。とくに、自動車などのフロントガラスの水滴を自動的にぬぐい取る装置。↓自動車図

**わいはく**[▼濊▼貊・▼穢▼貊]中国東北部(満州)や朝鮮方面の古代住民に対する秦・漢代の中国側からの呼称。ツングース系種族とされる。かいばく。

**わいはん‐ないかく**[▼隈板内閣]第一次大隈内閣の通称。明治三一年(一八九八)六〜一一月。組閣の大命が大隈重信・板垣退助の二人に降下したことからの呼称。憲政党を基礎にした最初の政党内閣。首相大隈、内相板垣。

**ワイフ**[wife]妻。女房。対義 ハズバンド。

**ワイプ**[wipe]映画・テレビで、一場面が片隅からぬぐうように消えたあとから、次の場面が現れる技法。

**わい‐ほん**[▼猥本]性について、みだらに書いた低俗な本。obscene book

**ワイマール**[Weimar]東ドイツ南西部、チューリンゲン地方の都市。一八〜一九世紀ドイツの芸術・文化の中心地。ワイマール憲法制定地。人口六・四万(一九八一)。

**ワイマール‐きょうわこく**[ワイマール共和国](Weimarer Republik ドイ)一九一八年、ドイツ革命による帝政崩壊後に成立した共和制ドイツ。一九年ワイマール憲法を制定。主導権を握った社会民主党は、旧勢力を存続させたため、民主的勢力の定着をみないままナチスの勢力拡大を許し、三三年ヒトラー政権成立により崩壊。

**ワイマール‐けんぽう**[ワイマール憲法](Weimarer Verfassung ドイ)第一次大戦後成立したドイツ共和国憲法。二〇世紀の民主主義憲法の典型とされる。一九三三年のナチスの政権獲得により事実上効力を失った。

**ワイヤ**[wire]=ワイヤー。①針金。②電線。③楽器の金属弦。

**わい‐やい** 古語(連語)《終助詞「わい」に終助詞「やい」の付いたもの》感動をこめて念を押したり強調する気持ちを表す。…だな。用例 馬鹿を尽くしたこの刀、捨て所がない—(浄瑠璃・心中天の網島)。

**ワイヤ‐グラス**[wire glass]金網の入ったガラス。

**ワイヤレス**[wireless]①無線。線のないこと。②無線電信。無線電話。無線電報。

**ワイヤレス‐マイクロホン**[wireless microphone]内部に小型無線送信機をもつマイクロホン。受信機で電波を受けて増幅しスピーカーを鳴らす。ワイヤレスマイク。

**ワイヤ‐ロープ**[wire rope]鋼鉄のはりがねをより合わせた綱。鋼索。

**わい‐ら**(代)《方言》①おまえら。目下の複数の相手に用いる。you ②自分。自分たち。単数にも複数にも用いる。

**ワイラー**[William Wyler](一九〇二〜八一)アメリカの映画監督。フランス生まれ。作品『嵐が丘』『我等の生涯の最良の年』『ローマの休日』『ベン=ハー』など。

**わい‐りょく**[▼歪力]↓おうりょく(応力)

**ワイル**[Kurt Weill](一九〇〇〜五〇)アメリカの作曲家。ドイツ生まれ。ジャズの手法を取り入れ、親しみやすいスタイルで劇音楽を作曲。ブレヒトと協力したオペラ『三文オペラ』など。

**ワイルダー**[Billy Wilder](一九〇六〜)アメリカの映画監督。オーストリア生まれ。作品『サンセット大通り』『七年目の浮気』『アパートの鍵貸します』など。

**ワイルダー**[Thornton Niven Wilder](一八九七〜一九七五)アメリカの小説家・劇作家。肯定的な世界観に立ち、人間存在の永遠かつ本質的な課題を追求。小説『サン=ルイス=レイ橋』、戯曲『わが町』『危機をのがれて』など。

**ワイルド**[wild](形動)野蛮なさま。粗野で乱暴なさま。荒々しいさま。

**ワイルド**[Oscar Wilde](一八五四〜一九〇〇)イギリスの詩人・劇作家・小説家。世紀末文学を代表する作家。芸術至上主義の立場から、唯美主義を誇示する作品を書いた。小説『ドリアン=グレーの肖像』、喜劇『ウィンダミア夫人の扇』、悲劇『サロメ』、獄中記『深淵より』、童話集『幸福な王子』など。

**ワイルドキャット**[wildcat]↓やまねこ(山猫)

**ワイルド‐ピッチ**[wild pitch]野球で、投手の暴投。走者のいるときだけ記録される。

**ワイル‐びょう**[ワイル病]黄疸出血性レプトスピラによる感染症。感染したネズミの尿から口や皮膚を通してうつり、筋肉痛・発熱・出血・肝障害などの症状があらわれる。一八八六年、ドイツのアドルフ=ワイルが報告、稲田竜吉・井戸泰が病原体を発見。Weil's disease

**ワイル‐フェリックス‐はんのう**[ワイル‐フェリックス反応]発疹チフス・発疹熱・恙虫病などリケッチアの各診断に用いられる凝集反応試験。Weil-Felix reaction

**わい‐ろ**[賄▼賂]職務に関して受けた不法な報酬。金品はもちろん、遊興飲食の供応、地位の供与、情交なども含まれる。まいない。そでの下。bribe

**わい‐わい**(副)①大勢の人がさわぐ声。そのさま。din of a crowd 用例 小学生が—とさわぐ。②口うるさく催促するさま。pester 用例 —せきたてる。

**ワイン**[wine]ブドウの果汁を発酵させて造る醸造酒。色により、赤・白・ロゼに分かれ、性質により、ナチュラル・発泡性・アルコール強化ワインに分かれる。ぶどう酒。

**ワインガルテン**[Romain Weingarten]

（一九二六）フランスの劇作家。「新演劇」の先駆者。戯曲『アカラ』『夏』など。

**ワインガルトナー**【Felix von Weingartner】（一八六三〜一九四二）オーストリアの指揮者・作曲家。ドイツ古典派、とくにベートーベンの作品で高名。

**ワイン-グラス**【wine glass】ぶどう酒を飲むためのグラス。足つきで、深形。赤ワインのグラスは白ワイン用より大きめ。

**ワインドアップ**【windup】野球で、投手の投球準備動作の一つ。投球前に両腕を頭上に伸ばし振りかぶる。

**ワインバーグ**【Steven Weinberg】（一九三三〜）アメリカの理論物理学者。弱い相互作用と電磁相互作用を統一するゲージ理論への貢献、とくにその存在を予言した中性カレントが実証されたことにより、一九七九年ノーベル物理学賞受賞。

**ワインヘーバー**【Josef Weinheber】（一八九二〜一九四五）オーストリアの詩人。詩集『高貴と没落』『ここに言葉あり』など。

**ワイン-レッド**【wine red】赤ぶどう酒のような濃い赤紫色。ワインカラー。

**ワウ**【wow】おもにレコードプレーヤーのターンテーブルの回転むらのうち、一秒間に六周期以下のもの。それ以上のものをフラッターという。

**わ-えい**【和英】①日本語と英語。Japanese and English languages ②「和英辞典」の略。Japanese-English dictionary 対義 英和。

**わえい-じてん**【和英辞典】日本語から、それに相当する英語を見つけ出すための辞典。Japanese-English dictionary

**わおう-ぶ**【▼倭王武】古代中国南朝の史書『宋書』の「夷蛮伝」などにみえる倭の五王の一人。雄略天皇にあてる説もある。

**わ-おん**【和音】①日本風になった漢字の音。②平安時代、正音（漢音）に対する呉音のこと。③音楽で、高さの異なる二つ以上の音が同時に響いたときの合成音。ヨーロッパの機能和声で用いられる和音は、三つの音を三度で積み重ねた三和音。かおん。chord →図

**わ-か**【和歌・▼倭歌】①漢詩に対する語。日本文学の代表的な詩歌形態の一つ。五音と七音を基調とした長歌・短歌・旋頭歌などの総称。やまとうた。数え方 一首。②短歌のこと。

**わが**【和賀】〈町〉岩手県南西部、北上川の支流和賀川に沿う農業の町。夏油温泉がある。人口一万五三一九（一九八八）。

**わ-が**【我が・▼吾が】（連体）《文語では「わ」を代名詞、「が」を助詞とする》①わたくしの。われわれの。わたくしたちの。my; our ②自分の。one's own

**我が家の仏尊し**（わがいえのほとけとうとし）「吾が仏尊し」と同意。

**我が意を得たり**（わがいをえたり）《自分の推測などが当たったときなどに言う》果たして自分の思ったとおりだ。agree with one's own idea or wish; I told you.

**我が田へ水を引く**（わがたへみずをひく）《「我田引水」の読み下し》自分の都合のよいように言ったりとりはからったりすること。

**我が世の春**（わがよのはる）もっともよいとき。全盛時代。heyday; prime 用例 ―を謳歌する。

**ワガーノワ**【Agrippina Vaganova】（一八七九〜一九五一）ロシア・ソ連の女流舞踊家。

**わか-あゆ**【若▼鮎】若く、元気のいいアユ。

**わ-かい**【和解】（名・サ変自）①互いに心がやわらいで、うちとけること。なかなおり。reconciliation ②争っている当事者が互いに譲歩して争いをやめる契約。法律では、民法上の和解と裁判上の和解がある。compromise 比較 示談。

**わ-かい**【和▼諧】やわらぎ調和すること。なかよくすること。

**わか・い**【若い】（形）①おさない。young 用例 ―ころ。②元気さかんである。その年ごろである。youthful 用例 ―うちに。③十分でない。未熟だ。immature; green 用例 考えが―。筆づかいが―。④年が下である。young 用例 三つ―。⑤年齢から考えられるより元気だ。young in spirit 用例 気が―。⑥数や番号が小さい。low 用例 番号の―順に並べる。派生 わかげ（形動） わかさ（名） わかやか（形動） わかや・ぐ（五自）

● 和音③

**若い時の苦労は買うてもせよ**（わかいときのくろうはこうてもせよ）若いときの努力や労苦は、年がいってから大いに役に立つので、みずから進んでしろ。

**わかい-しゅ**【若い衆】＝わかいしゅう。①年の若い男。青年。young people ②商家で、若い男の店員。young male employees ③町内・村内で祭事など色々の世話をする若者。わかいし。young people in the neighborhood 比較 若衆。

**わかい-つばめ**【若い▼燕】女が愛人にしている、年下の若い男。young lover

**わがいのち-を**【我が命を】［枕ことば］《自分の命が長く続くようにの意で、「長し」と同音を含むことから》「長門」にかかる。用例 ―長門の島の小松原幾代を経てか神さびわたる（万葉・一五・三六二一）。

**わかいひと**【若い人】石坂洋次郎の小説。昭和八〜一二年（一九三三〜三七）発表。青年教師、不良性のある女学生、純粋な女教師の三人が展開する学園青春小説。

**わかい-もの**【若い者】①若者。青年。young people ②若い使用人。若い衆。young male employees ③子分。young follower

**わか-いんきょ**【若隠居】まだ若いのに、家職を退き、または家の責任をゆずって隠居すること・人。

**わか-えだ**【若枝】伸びだして間もない、やわらかい枝。sprig

**わか-えびす**【若恵比▼須・若▼夷・若▼戎】江戸時代、京や大坂で元日の朝に売られた縁起物の札。夷神の姿を刷ったもので、これを門口に貼ると福を得るといわれた。

**わか-がえ・る**【若返る】（五自）年を忘れて若々しい気分になる。feel young again

**わか-がき**【若書(き)・若▽描(き)】若いころの作品。多く、詩文・書画についていう。

**わかき**【若き】文語的 若い人。用例 老いも―も。

**わか-ぎ**【若木】はえてからまだ年のたたない木。わかき。young tree 対義 老い木。

**わかきウェルテルのなやみ**【若きウェルテルの悩み】《原題Die Leiden des jungen Werthers ドイツ》ゲーテの書簡体小説。一七七四年刊。友人の婚約者ロッテへの恋で破滅する青年の激しい情熱を描く。

**わか-ぎみ**【若君】①年若い主君。幼君。②貴人・主君の若い子息。若様。

**わ-がく**【和楽】邦楽。対義 洋楽。

**わ-がく**【和学・▼倭学】日本古来の文学・歴史・法制・故実などを研究する学問。国学。対義 漢学・洋学。

**わがく-こうだんしょ**【和学講談所】江戸後期の和学学問所。寛政五年（一七九三）塙保己一が幕府の公許のもとに創設。『群書類従』など史料の編纂を行う。

**わか-くさ**【若草】春先、まだ芽を出したばかりのやわらかい草。green grass

**わかくさ**【若草】〈町〉山梨県中部、釜無川西岸の町。農業が主で、粘土がわらの産地でもある。物々交換の十日市（二月）で知られる。人口八六三四（一九八八）。

**わかくさ-いろ**【若草色】若草のように鮮やかな黄緑色。同種の色名に若菜色・若芽色・若緑などがある。スプリンググリーン。chartreuse green

**わかくさ-の**【若草の】［枕ことば］《若草がやわらかくてみずみずしいことから》「つま・新手」などにかかる。用例 かすが野はけふはなやきそ―つまもこもれり我もこもれり（古今・春上）。

**わかくさものがたり**【若草物語】《原題Little Women》アメリカの女流小説家オールコットの少女小説。一八六八〜六九年刊。マーチ家の四人の姉妹、メグ・ジョー・ベス・エミーの成長の姿を描く物語。

**わかくさ-やま**【若草山・▼嫩草山】奈良市街東方の山。標高三四二m。芝草におおわれた優美な山で、一月一五日の山焼きは有名。三段重ねにみえる山容から三笠山ともよばれる。

**わかくさやま-やき**【若草山焼(き)】早春、奈良市街東方の若草山で、斜面の芝を焼く山焼きの行事。→写

● 若草山焼き

**わが-くに**【我(が)国】自分の国。自分の属している国。my country

**わか-げ**【若気】㊀（名）若者にありがちな、血気にはやる、無分別な気持ち。youthful impetuosity ㊁（形動）いかにも若いさま。quite young

**若気の至り**（わかげのいたり）《若者が、失敗したことなどについて、恥じ入る、また、いいわけの気持ちで言う》若さにまかせて、無分別なことをやってしまうこと。youthful follies

**わかさ**【若▽狭】→わかさのくに（若狭国）

**わかさ**【若▽桜】〈町〉鳥取県南東端の町。林業の町で、町域の大部分は山林。氷ノ山観光の基地でもあり、氷ノ山後山那岐山国定公園に属する。人口六三六五（一九八八）。

**わか-ざかり**【若盛り】年が若くて、元気のいちばんさかんなころ。



**わかさぎ** 19画【▼鰙】部首［魚］うおへん 和製漢字 ↓わかさぎ〔公魚・若鷺・鰙〕

**わか-さぎ**【▽公▽魚・若▼鷺・▼鰙】キュウリウオ科の小形魚。全長約一五㎝。背面は暗灰色、側面は銀白色。冬季、湖表面に穴をあけて釣る。食用。汽水域から淡水域にすみ、日本では北海道から九州に至る各地の湖沼に生息。→図

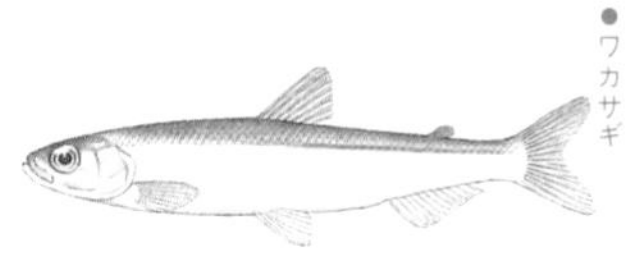
● ワカサギ

**わかさ-ぬり**【若▽狭塗】福井県小浜地方でつくられる漆器。彩漆を乱雲形に塗り、金銀箔を付着させ、透漆を塗って研ぎ出したもの。慶長年間（一五九六〜一六一五）から始まる。

**わかさ-の-くに**【若▽狭国】旧国名。現在の福井県南西部。北陸道の一国。「延喜式」では中国、三郡。国府は小浜市府中、国分寺は同市国分。明治四年（一八七一）廃藩置県により小浜県。のち敦賀県、同九年（一八七六）滋賀県を経て、同一四年（一八八一）福井県。若州。若狭。

**わか-さま**【若様】貴人の男の子を言う敬語。

**わ-かざり**【輪飾り】藁を輪に編み、下方に数本の藁を垂らした正月の飾り物。ウラジロ・ユズリハなどを添えて、門口や柱に飾る。

**わかさ-わん**【若▽狭湾】福井県中部の越前岬と、京都府北西部の丹後半島経ケ岬を結ぶ湾入。沿岸はリアス式海岸で、敦賀・小浜・舞鶴・宮津など小湾がある。湾岸一帯は若狭湾国定公園に指定され、三方五湖・天橋立などの景勝がある。

**わかし** ブリの幼魚名。

**わか・し**【若し】古語（形ク）↓わかい（若い）

**わ-がし**【和菓子】日本独特の菓子。おもにあんを用い、季節感を出し細工が細かい。生菓子・干菓子・あめ菓子などの種類に分かれる。対義 洋菓子。

**わか-しお**【若潮】①潮の干満の差が大き



▼常用漢字表外。 ▽常用漢字表の音訓外。

くなってくること。また、その潮。②西日本で、一月一日に海からくんでくる潮水。比較 若水。

**わか-しき**【和歌四式】四歌学書『歌経標式』『喜撰式』『孫姫式』『石見女式』の総称。四家式。四家歌式。

**わか-じに**【若死に】(名・サ変自) 若くて死ぬこと。早世。夭折。die young 対義 長生き。

**わか-しゅ**【若衆】①元服前の前髪のある男児。若者。わかしゅう。②江戸時代、歌舞伎役者で、男色の対象となった少年。歌舞伎若衆。陰間。

**わかし-ゆ**【沸(か)し湯】沸かした湯・ふろ。heated water

**わかしゅ-かぶき**【若衆歌舞▼伎】前髪立ちの少年役者によって演じられた歌舞伎。寛永六年(一六二九)、女歌舞伎が禁じられてから興ったが、承応元年(一六五二)禁止。比較 女歌舞伎・野郎歌舞伎。

**わかしゅ-ぐみ**【若衆組】↓わかものぐみ(若者組)

**わか-しらが**【若白髪】若い人に生える白髪。福白髪。prematurely graying hair

**わか・す**【沸(か)す】(五他) ①水をにえたたせる。boil 用例 ふろを—。湯を—。②水を熱くする。heat 用例 ③金属をとかす。とろかす。melt ④発酵させる。ferment 用例 甘酒を—。⑤熱狂させる。excite 用例 満場を—・した好プレー。

**わか-ず**【分(か)ず】(連語)《「分く」の未然形に打ち消しの助動詞「ず」が付いたもの》区別しないで。分かたず。用例 昼夜を—。

**わか・せる**【沸(か)せる】(下一他) ①沸かすことができる。can be boiled ②熱狂させる。沸かす。excite 用例 観衆を—。

**わか-ぞう**【若造・若蔵・若僧】若者や未熟な者を見下げて言う語。youngster 用例 —のくせに、生意気だ。

**わがそこく**【わが祖国】《原題 Má vlast チェコ》スメタナ作曲の連作交響詩。一八七九年完成。ボヘミアの歴史と自然を独自の音楽語法で表現。『モルダウ』はとくに名高い。

**わかたいじっしゅ**【和歌体十種】平安前期の歌論書。序文から壬生忠岑著、天慶八年(九四五)成立とされているが、異論もある。歌体を一〇種に分け、例歌をあげ、歌の内面にもむかう批評をめざしている。忠岑十体。

**わか-たか**【若▼鷹】一歳のタカ。

**わか-たけ**【若竹】その年に生え出た竹。

**わかたけ-に**【若竹煮】春の新ワカメと竹の子を煮た料理。木の芽を添え、季節感を出す。若竹汁は、その吸い物。

**わか-だんな**【若▼旦▼那】①主人の長男を言う敬語。対義 大旦那。②大家の子息を言う敬語。

**わかち**【分(か)ち・▽別ち】区分。区別。けじめ。distinction 用例 —なく。

**わかち-あ・う**【分(か)ち合う】(五他) 互いに分け合う。share 用例 喜びや苦しみを—。

**わかち-あた・える**【分(か)ち与える】(下一他) 分け与える。divide

**わかち-がき**【分(か)ち書き】文章を書くとき、一定の方針で語句の単位を切り、その切れ目ごとに間隔をおく書き方。分別書法。参考 小学校低学年の国語教科書などにみられる。

**わか・つ**【分(か)つ・▽別つ】(五他) ①分ける。しきる。divide; separate ②区別する。distinguish ③《「頒つ」とも》分配する。distribute

**わかつき-れいじろう**【若▼槻礼次郎】(一八六六～一九四九) 政治家。島根県生まれ。東大卒。大正一五年(一九二六)憲政会総裁を継ぎ首相となる。昭和五年(一九三〇)ロンドン軍縮会議首席全権。翌年民政党総裁となり再び首相、辞職後は重臣。

**わか-づくり**【若作り】年よりも若く見えるようにすること・化粧・服装。youthful make up

**わがつま-さかえ**【我妻栄】(一八九七～一九七三) 民法学者。山形県生まれ。東大卒。東大教授。判例や社会学的視点を重視し、民法学の指導的地位にあった。著書『民法講義』など。

**わか-て**【若手】①働きざかりの若い人。young person ②集団のなかの若いほうの人。younger member 用例 —は元気がいい。

**わか-とう**【若党】①武士の従者で年の若い者。young servant ②武士の従者で身分が低く、馬に乗る資格を持たない者。若徒。foot-man; foot soldier

**ワガドゥグー**【Ouagadougou】西アフリカの内陸国、ブルキナファソ(旧オートボルタ)の首都。同国中部の商工業都市で、主産業はナッツ類など農産物の集散加工。人口三七・五万(一九八五)。

**わがとうそう**【わが闘争】《原題 Mein Kampf ドイツ》ヒトラーの著書。一九二五～二六年刊。ナチズムを理解するうえで不可欠の文献。著者の前半生の自伝を語りながら政治観・歴史観・政治綱領を述べたもの。

**わかと-おおはし**【若戸大橋】福岡県北九州市の洞海湾入り口にかかる大吊り橋。若松区と戸畑区を結ぶ。長さ二〇六八m。昭和三七年(一九六二)完成。

**わか-どころ**【和歌所】和歌のことをつかさどるため宮中に臨時に設置された役所。天暦五年(九五一)『後撰和歌集』撰進のさいの「撰和歌所」に始まる。明治時代に御歌所が設けられた。

**わか-どしより**【若年寄】①江戸幕府の職制の一つ。老中を補佐し幕政を運営。小禄の譜代大名から三～五名を選任。月番交代制で、旗本・御家人を管轄。②若いのに老人じみている人。

**わか-との**【若殿】①幼い君主。②主君の跡取り。対義 大殿。

**わかとの-ばら**【若殿原】①貴人・武家の若い子弟たち。②若い侍たち。

**わか-どり**【若鳥・若▽鶏】生後三か月ぐらいのひな鶏。食用鶏として品種改良されていて、大規模に飼育される。chicken

**わか-な**【若菜】①初春にはえる、食用の草・野菜類。②宮中で、正月の初の子の日に内膳司が吸い物として奉った七種の新菜。のち、一月七日の「七草粥」となる。

**わかなしゅう**【若菜集】島崎藤村の処女詩集。明治三〇年(一八九七)刊。伝統的詩情と西欧詩のロマンチシズムを融合した清新な調べのなかに、新時代の青春の苦悩を表現。日本近代詩を確立する役割を果たす。

**わかな-むかえ**【若菜迎え】正月五日もしくは六日に、七草粥の準備として七種類の菜を採集すること。

**わが・ねる**【▼綰ねる】(下一他) たわめ曲げて、輪のように丸くする。

**わか-の-うら**【和歌浦】和歌山市南西部、和歌浦湾岸の地区。『万葉集』の歌枕で知られた名所で、玉津島神社がある。海食美の新・奥和歌浦とともに瀬戸内海国立公園に属する。

**わかのはな-かんじ**【若▼乃花幹士】(一九二八～) 大相撲の元力士。青森県生まれ。本名、花田勝治。第四五代横綱。優勝一〇回。引退後は年寄二子山。日本相撲協会理事長。

**わか-ば**【若葉】はえたばかりの葉。新緑。young leaves

**わが-はい**【我(が)輩・▼吾(が)輩】(代) ①われわれ。われら。we ②《尊大の意をふくむ自称》自分。おれ。

**わがはいはねこである**【▼吾輩は猫である】夏目漱石の処女作。明治三八～三九年(一九〇五～〇六)『ホトトギス』に連載。猫の目を通して文明社会に生きる人間像を風刺・批判した小説。猫の語りのユーモアが評判を高めた。

**わか-はげ**【若▼禿(げ)】若くして頭がはげること・人。premature baldness

**わか-まつ**【若松】①はえて、年月を経ていない松。小松。②正月の飾りにする小松。

**わかまつ**【若松】福岡県北九州市の区。旧若松市。現若松区。洞海湾の北側、若松半島の大部分を占める。かつては石炭の積み出し港。若戸大橋により対岸と直結。響灘側の埋め立てにより工業化が進展。

**わかまつ**【若松】〈町〉長崎県五島列島中部、若松・日ノ・有福・漁生浦・中通島の一部を町域とする町。ハマチ養殖がさかんで、若松港は若松瀬戸の観光基地。人口五七二五(一九八八)。

**わかまつ-しずこ**【若松▼賤子】(一八六四～一八九六) 翻訳家。福島県生まれ。本名、巌本甲子。バーネットの『小公子』『小公女』の翻訳で有名。

**わかまつ-はんとう**【若松半島】福岡県北部、洞海湾をいだく半島。北九州市若松区の市街地にあたる。

**わが-まま**【我(が)▼儘】(名・形動) 自分がしたいままにふるまうこと・さま。気まま。身がって。selfish; self-centered 用例 —を言う。—な子ども。

**わかみ**【若▽美】〈町〉秋田県北西部、男鹿半島の基部にあり、日本海に臨む町。中川油田がある。ブドウ・メロンなどを栽培。人口八七七〇(一九八八)。

**わが-み**【我(が)身】㊀(名) ①自分のからだ。one's own body ②自分。自身。oneself ㊁古語(代) ①われ。わたくし。I 用例 —は女なりとも(平家・一一・先帝身投)。②目下の者に対していう語。なんじ。おまえ。用例 —はこの国の者か(源平盛衰記・三)。

**我が身を抓って人の痛さを知る**(わがみをつねってひとのいたさをしる) 自分にひきあてて、人の苦労を察する。He that has a head of glasses must not throw stones at another.

**我、日に我が身を三省す**(われ、ひにわがみをさんせいす)《『論語』にある句》一日に三度、自分の考え・言動などを反省してみる。

**わか-みず**【若水】昔、宮中で立春の日の朝、天皇に奉った水。後世では、元旦にくむ水。恵方の井戸や泉からくんでくることもある。その年一年の邪気を除くといい、その水で雑煮を煮たり、福茶をわかし、年神へ供えたりする。

**わか-みどり**【若緑】①若葉の色。新緑。fresh green ②松の若葉。young leaves of a pine-tree

**わか-みや**【若宮】①おさない皇子。対義 大宮。②親王・将軍の子。③境内に、本宮の祭神の子神を祭った神社。④本宮の分霊を他の地に祭った新宮。

**わかみや**【若宮】〈町〉福岡県北部、三群山地の東にある町。農業の町で、筑豊の米どころ。脇田温泉・竹原装飾古墳は有名。人口一万八八八(一九八八)。

**わか-むき**【若向き】若い人にふさわしいこと。suitable for the young 用例 —の色。

**わか-むしゃ**【若武者】①年の若い武士。②青年。

**わか-むらさき**【若紫】うすい紫色。

**わか-め**【若▽布・▽和▽布】褐藻植物コンブ科の一年生海藻。長さ〇・五～二m。黄褐色ないし緑褐色。下部の茎は、岩に付着、体の上部まで連続した中肋の両側に、切れこみの多い膜質葉片が広がる。成熟すると葉片下部の茎の両側に胞子葉を生じる。汁の実、酢の物など食用とする。メノハ。ニギメ。メキ。↓図

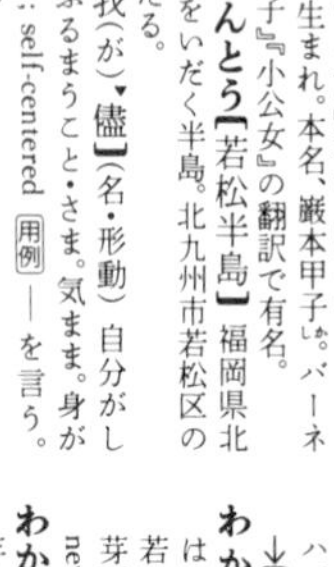
●ワカメ

**わか-め**【若芽】はえ出たばかりの若々しい草や木の芽。新芽。sprouts; new shoots

**わか-もの**【若者】年の若い人。青年。わこうど。young person

**わがもの-がお**【我(が)物顔】自分の所有・領分のようにふるまうこと。ずうずうしく、ひとりでいばっていること。act as if one owned the place

**わかもの-ぐみ**【若者組】村の青年男子の組織的な年齢集団。組織化は中世以降で、一五歳前後に該当者は全員が加入し、若者頭や宿親の指導のもとに集団生活をした。若衆組。若連中。

**わかもの-やど**【若者宿】若者の集会所、また「寝宿」とよばれる宿泊所。若者組の習俗が残っていた時代のもの。比較 娘宿。

**わが-や**【我(が)家】自分のうち。わが家庭。one's house; one's home

**わかやぎ-りゅう**【若▽柳流】日本舞踊の一流派。明治二六年(一八九三)若柳吉松(寿童)が花柳流から独立して創始。のち二派に分立。

**わか-や・ぐ**【若やぐ】(五自) ①若々しくふるまう。become rejuvenated ②若返ったようになる。feel younger

**わかやなぎ**【若柳】〈町〉宮城県仙台平野北部、迫川中流域の町。稲作中心で、縫製・電子などの工業も発達。ハクチョウ・マガンなどが渡来する伊豆沼がある。人口一万六一九八(一九八八)。

**わかやま**【和歌山】〈県〉近畿地方南部の県。県庁所在地は和歌山市。紀伊山地が大半を占め、北部の紀ノ川流域に和歌山平野が開ける。気候が温暖で、林業や柑橘類などの果樹栽培がさかん。和歌山市と周辺に製鉄・精油などの工業地域が発達。面積四七二五km²、人口一〇九万四四六(一九八八)。

**わかやま**【和歌山】〈市〉和歌山県北西部、紀ノ川河口の市。県庁所在地。浅野・紀州徳川家の城下町から発展した商工業都市。金属・石油化学・木材工業などがさかん。紀三井寺・和歌浦の名所がある。人口四〇万一一九四(一九八八)。

**わかやま-ふみ**【若山踏み】正月の仕事始めに山へ木を伐りに行くこと。若山。初山入り。

**わかやま-へいや**【和歌山平野】和歌山県北部、紀ノ川河口の沖積平野。河口部には三列の砂丘が並び平野の形成過程を物語る。周辺部には先史遺跡が多い。県の穀倉地帯。紀ノ川

わ

平野。

**わかやま-ぼくすい【若山牧水】**(一八八五〜一九二八) 歌人。本名、繁。宮崎県生まれ。早大卒。尾上柴舟に師事。実感を流露させた平明な調べに特色があり、酒と旅の歌人としても広く知られた。歌集『別離』『路上』『山桜の歌』など。

**わか-ゆ【若湯】** 正月に、はじめてわかすふろ。

**わからず-や【分(か)らず屋・▽没▽分▽暁▽漢】**《「没分暁漢」は当て字》①もののの道理のわからない人。blockhead ②道理を聞きわけない人。obstinate person

**わかり【分(か)り・▽解り・▽判り】** のみこみ。さとり。会得。了解。understanding 用例 —が早い。

**わかり-き・る【分(か)り切る】**(五自)《多く「わかりきった」の形で》すっかり分かっている。当たり前の。evident 用例 —・ったことを言うな。

**わか・る【分(か)る・▽解る・▽判る】**(五自) ①はっきりする。明白になる。prove; turn out 用例 結果が—。犯人が—。居場所が—。②物の意味・内容・事情が理解できる。さとる。了解する。see; understand 用例 音楽が—。英語が—。気持ちは—。③世情に通じている。事情をわきまえる。sensible 用例 物の—・った人。

**わか・る【分かる】** 古語 (下二自) ↓わかれる(分かれる)

**わか・る【別る】** 古語 (下二自) ↓わかれる(別れる)

**わかれ【分(か)れ】** ①本筋から分かれ出ること。出たもの。branch 用例 枝—。本家の—。②《「岐れ」とも》道が分かれること・地点。fork

**わかれ【別れ】** ①いっしょにいた人と離れること。別離。parting 用例 生き—。②死別。parting 用例 永遠の—。③別れのあいさつ。いとまごい。farewell 用例 —を告げる。

**わかれ-じ【別れ路】** 分かれ道。branch; crossroads

**わかれ-じも【別れ霜】** 八十八夜ごろの、春の最後の霜。晩霜。忘れ霜。

**わかれ-ばなし【別れ話】** 夫婦や恋人が、別れようという話。離婚話。divorce 用例 —がこじれる。

**わかれ-みち【分(か)れ道・別れ道】** ①二つ以上に分かれている道。forked road ②枝道。branch road ③行動・手段を決する所。decisive moment 用例 人生の—。

**わかれ-め【分(か)れ目】** 分かれるところ。turning point 用例 勝敗の—。

**わか・れる【分(か)れる】**(下一自)《「岐れる」とも》①一つだったもの・いっしょだったものが別々になる。fork 対義 合う。用例 町外れで道が—。②本筋から枝に出る。branch off 用例 本線から—。③区別がつく。be divided 用例 勝敗が—。④分けた状態になる。be split 用例 意見が—。

**わか・れる【別れる】**(下一自) ①人が、別々になる。part from 対義 会う。用例 友人と—。②死なれる。be bereaved 用例 親に—。③離婚する。divorce 用例 夫婦が—。

**わかれ-わかれ【別れ別れ】** 離れ離れ。別々。separate 用例 一家—になる。

**わか-れんじゅう【若連中】** 若者組。

**わかわか-し・い【若若しい】**(形) いかにも若い。生気にみちている。young 派生 わかわかしげ(形動) わかわかしさ(名)

**わ-かん【和▼姦】** 男女が合意のうえで行う姦通。sexual intercourse 対義 強姦。

**わ-かん【和漢】** ①日本と中国。Japan and China ②和学と漢学。③和文と漢文。

**わかん-こんこうぶん【和漢混交文・和漢混▼淆文】** 文語文の一種。平安時代の漢文訓読文と仮名文のことばを素地として、中世の俗語をもとり入れた、漢字仮名交じり文。『保元物語』『平家物語』など。

**わかんさんさいずえ【和漢三才図会】** 江戸中期の図説百科事典。一〇五巻。寺島良安著。正徳三年(一七一三)刊。明の王圻の『三才図会』に倣い、和漢古今の事物を分類、絵図入りで解説。

**わ-かんじき【輪▼樏】** 雪の上を歩くとき、深く足を踏み込まないように、靴などの底部につけるもの。木・竹・蔓などを輪状に曲げて作る。

**わ-かんむり【ワ冠】** 漢字を組み立てている部分の名。「写」「冠」などの上にある「冖」。

**わ-かん-よう【和漢洋】** 日本と中国と西洋。また、その学。

**わかんろうえいしゅう【和漢朗詠集】** 平安中期の歌謡集。二巻。藤原公任撰。長和二年(一〇一三)ごろ成立。朗詠に適した漢詩文の句五八八首、和歌二一六首を収める。上巻は四季、下巻は雑の部。漢詩文の句では白楽天・菅原文時・菅原道真ら、和歌では紀貫之・凡河内躬恒らの作が多い。流麗優雅な詩歌は、中世の文学に大きな影響を与えた。

**わき【ワキ・▼脇】** 能楽で、シテ(主役)の相手役。ワキ師。対義 シテ。

**わき【▼脇】** ①そば。かたわら。side 用例 —をかためる。②よそ。よこ。side 用例 —にそれる。③「脇句」の略。④《「腋」とも》身体・衣服の胸・腹の両がわ。side 比較 わきの下。用例 —にはさむ。

**脇が甘い**(わきがあまい) 相撲で、ひじを体に密着させないので、相手の有利な組み手にされやすい。転じて、守りの態勢ができていないさま。

**脇を掻く**(わきをかく) 得意になったり、気負ったりしたときのようすを言う。

**脇を詰める**(わきをつめる) 着物のわきの下を縫ってふさぐ。転じて、成人する。元服する。

**わ-き【和気】** ①おだやかな気候。②なごやかな気分・雰囲気。

**わき【和木】**〈町〉 山口県東部、岩国市北隣の町。岩国・大竹市の石油コンビナートの一環として発達した町。人口七一〇九(一九八八)。

**わき【▼脇】**〈町〉 徳島県北部、吉野川中流の町。藩政時代、阿波西部の中心として栄えた農業の町。現在は工業化も進展。人口一万九三七七(一九八八)。

**わ-ぎ【和議】** ①なかなおりの相談。reconciliation ②法律で、債務者が破産宣告を受けそうなとき、債務者の負担を軽減して更生させ、債権者も破産の場合より有利な弁済を受けることを目的になされる債務者と債権者団体との合意。また、その手続き。reconciliation

**わき-あいあい【和気▼藹▼藹・和気▼靄▼靄】**(形動トタル) 人々が、なかよく楽しんでいるさま。harmonious

**わき-あが・る【沸(き)上がる】**(五自) ①煮え立つ。沸騰する。come to a boil ②熱狂して大騒ぎになる。沸き返る。get excited

**わき-あけ【▼脇明け】** ①袖から下の両脇を縫わないで襴(よこぬの)をつけない袍。脇明けの衣。闕腋の袍。②婦人・子供の和服で、袖付けの下の部分を、縫わないであけておくこと。その部分。また、その衣服。わきあき。

**わき-おうかん【▼脇往還】** 江戸時代、幕府直轄の五街道に対し、その副道や支線にあたる諸街道の呼称。水戸街道・美濃路・西国路など。脇街道。

**わき-おこ・る【▼湧き起(こ)る・▼湧起(こ)る・沸き起(こ)る・沸起(こ)る】**(五自) ①内部からふきあがるように出てくる。well up 用例 悲しみが—。②大勢の間に急激に起こる。arise 用例 拍手が—。

**わき-が【▼腋▽臭・▼狐▽臭】** わきの下の汗が悪臭を放つもの。思春期に多く発現し、壮年を過ぎて軽減する。優性遺伝する。腋臭症。わきくさ。わきくそ。hircismus

**わき-かいどう【▼脇街道】** ↓わきおうかん(脇往還)

**わき-かえ・る【沸(き)返る】**(五自) ①ぐらぐら沸く。煮えくり返る。boil hard ②心が乱れさわぐ。get disturbed ③熱狂して大騒ぎになる。be excited

**わき-きょうげん【▼脇狂言】** ①能楽の正式の番組で脇能の次に、つまり狂言では最初に演じられる初番目狂言のこと。めでたい内容をもち神物がある点では脇能と同じ。②初期の歌舞伎狂言で、三番叟の次に演じた狂言。

**わき-く【▼脇句】** 連歌・俳諧で、発句に続ける七・七の句。わき。

**わき-げ【▼脇毛・▼腋毛】** 思春期ごろからわきの下にはえる毛。underarm hair

**わき-ざ【ワキ座・▼脇座】** 能舞台で、向かって右の、ワキのすわる場所。ワキ柱のやや正面寄り。

**わき-ざし【▼脇差(し)・▼脇指(し)】** ①常に腰に差す小さな刀。腰刀。守り刀。②腰に差す大刀・小刀のうちの、小刀。③江戸時代、庶民が旅などのときに差すことを許された刀。道中差し。数え方 一腰・一口。

**わき-し【ワキ師・▼脇師】** ↓わき(ワキ)

**わき-じ【▼脇士・▼脇侍】** 中尊をはさんで左右に立つ仏像。脇侍。

**ワキシー-コーン【waxy corn】** トウモロコシの一種。甘味種と軟粒種の中間的な性質。でんぷんはもち性。

**わき-した【▼脇下】** 衣服、とりわけ和服の脇の下から裾までの部分。また、その長さ。

**わき-じょうめん【ワキ正面・▼脇正面】** 能舞台で、シテ柱と目付け柱の中間の所。ワキ座から見ての正面。舞台の向かって左側の所。

**わき-せん【▼脇線】** 洋裁で、そでぐりの下、すそまでの線。

**わきた-かず【▼脇田▽和】**(一九〇八〜) 洋画家。東京生まれ。ベルリン国立美術大学に学ぶ。作品『鳥と話す』『あらそい』など。

**わき-たけ【▼脇丈】** 洋裁で、採寸箇所の一つ。ワンピースの場合は袖ぐり下から着丈までの部分、スカートは胴からの着丈、ズボンは胴から外側のくるぶしまで、をそれぞれいう。side length

**わき-だち【▼脇立ち】** ↓わきじ(脇士)

**わき-た・つ【沸(き)立つ】**(五自) ①湯などがぐらぐらわく。煮えくり返る。boil ②興奮して大騒ぎになる。熱狂する。get excited ③発酵する。ferment

**わき-ちゅう【▼脇注・▼脇▼註】** ページの右または左わきにおいた注釈。side note 対義 頭注・脚注。

**わき-づけ【▼脇付】** 手紙などのあて名の左下に書き添えて、敬意などを表す語。御中・侍史・机下などのこと。また、手紙の内容について、親展・急用などと書くものもいう。

**わき-つれ【ワキツレ・▼脇連】** 能楽で、ワキにつき従って相手をする人。ワキにつくツレ。わきづれ。

**わき-て【▽別きて】** 古語 (副) とくに。とりわけ。用例 わび人の—たちよるこのもとは(古今・秋下)。

**わき・でる【▼湧(き)出る・▼涌(き)出る】**(下一自) ①水が、地中から自然に出てくる。gush out ②涙があふれ出る。brim over with tears ③考えや感情などが、急にあふれ出る。spring ④虫などが多く発生する。breed

**わき-ど【▼脇戸・▼腋戸】** 主たる戸の両脇または片脇に設けた小さな戸。片開き戸や引き戸などの形式のものが多い。side door

**わき-のう【▼脇能】** 正式の能番組(五番立て)で最初に演じられる能。神の祝福の能。『高砂』『老松』など。『翁』があるときはその次に演じられる。神能。

**わきのさわ【▼脇野沢】**〈村〉 青森県、下北半島南西部の村。野生猿の北限生息地。同半島の西海岸にあたる地域は下北半島国定公園の一部。人口三三八〇(一九八八)。

**わき-の-した【▼脇の下・▼腋の下】** 腕の付け根の下がわの、くぼんだ所。わき。armpit ↓腕図

**わき-ばさ・む【▼脇挟む】**(五他) わきの下に挟みかかえる。hold under one's arm 用例 カバンを—。

**わき-ばしら【ワキ柱・▼脇柱】**《その前方にワキが着座するので》能舞台正面の、向かって右前面の柱。比較 シテ柱。↓能楽図

**わき-ばら【▼脇腹】** ①横腹。わきっぱら。one's side ②本妻以外の女から生まれること。また、その子。庶出。

**わき-ほんじん【▼脇本陣】** 江戸時代、宿駅の本陣の副次的な宿舎。本陣だけでは人員を収容できない場合に備えたもの。

**わきま・う【▽弁う】** 古語 (下二他) ↓わきまえる(弁える)

**わきまえ【▽弁え・▼辨え】** ①弁別。分別。sense; discretion ②弁償。③心得。作法などの知識。knowledge 用例 お茶の—がある。

**わきま・える【▽弁える・▼辨える】**(下一他) ①見分ける。判別する。discern; distinguish ②心得る。見分け方を知る。know 用例 進退を—。

**わき-み【▼脇見】**(名・サ変自) かたわらのほうを見ること。よそ見。わき目。look away 比較 盗み見。

**わき-みず【▼湧き水・▼涌き水】** 地中からわいて出る水。泉。ゆうすい。spring water

**わき-みち【▼脇道】** ①横道。byroad 用例 —にそれる。②抜け道。間道。byroad ③不正。deviation

**わき-め【▼脇目】** ①わきを見ること。よそ見。よそ目。わき見。look away ②はた目。おか目。eyes of a casual observer 用例 —にはよく見える。

**脇目も振らず**(わきめもふらず) 目的の物事以外にはよそ見もせずに。一生懸命に。be absorbed in 類似 面も振らず。

**わき-め【▼腋芽】** ↓えきが(腋芽)

**わぎ-も【▼吾▽妹】** 古語 《「わがいも」の転》女性



▼ 常用漢字表外。 ▽ 常用漢字表の音訓外。

を親しみをこめて呼ぶ語。用例 くろざやのまさづ子―(古事記・下)。

**わぎも-こ【▼吾▽妹子】** 古語《「こ」は接尾語》↓わぎも(吾妹)

**わぎもこ-に【▼吾▽妹子に】** [枕ことば]《「わぎも子に会う」意で、「会う」と同音を含むことから》「近江・淡路」などにかかる。用例 浦廻より漕ぎて渡れば―淡路の島は夕されば雲居隠りぬ(万葉・一五・三六二七)。

**わき-やく【▼脇役・▽傍役】** 主役を助けて演ずる役・人。supporting role 対義 主役。

**わ-ぎゅう【和牛】** 日本にもとから存在していた牛の俗称。改良過程の違いにより、黒毛和種・褐毛和種など四品種がある。従来は運搬作業用・肉用であったが、近年は肉用が主。

**わ-きょう【和協】**(名・サ変自) 仲よく協力すること。

**わ-きょう【和鏡】** 日本式の鏡。古墳時代以来の中国式の仿製鏡に対し、平安時代以後に発達したものを言う。

**わぎょくへん【和玉▼篇・▼倭玉▼篇】** 漢和辞書。長享三年(一四八九)・延徳三年(一四九一)の古本があるが、編者・成立時とも未詳。漢字を部首分類し、音訓を付したもの。室町時代ごろより盛行し、漢和辞書の代名詞的存在となった。わごくへん。

**わ-ぎり【輪切り】** 円筒形のもの、おもに大根・ニンジン・ナス・芋類などの料理材料を、切り口が円形になるようにして、薄く切ること。round slice 用例 大根の―。

**わ-きん【和金】** 原種のフナに似た、キンギョの一品種。色は赤か赤白のまだら。価格が安く、丈夫で飼いやすいので大衆向き。日本産種。↓キンギョ 写

**ワク** 8画 **【▼或】** 部首[戈] JIS 1631
音 イキ・ワク
①あるいは。あるは。または。おそらくは。②あるもの。あるひと。③ある。㋐存在する。㋑不定のものを示す。

**ワク** 12画 **【惑】** 部首[心] 常用 JIS 4739
音 ワク
訓 まどう
①まどう。まどわす。まどい。比較 迷い。「疑惑・幻惑・困惑・当惑・迷惑・誘惑」「惑乱」②仏教で、煩悩のこと。

**ワク** 20画 **【▼籰】** 部首[竹]
音 ワク
いとわく。いとくり。糸をまきつける枠。

**わく** 8画 **【枠】** 部首[木] 常用 和製漢字 JIS 4740
訓 わく
①いとわく。いとくり。糸をまきつけるために、木をくんだもの。用例(名)―にまきつける。②かこみ。ふち。輪郭。用例「黒枠」③まわりをささえる、かたい材質。用例(名)障子の―。④ものごとをはめこむ、きまった形・大きさ。制限。範囲。用例(名)予算の―。良識の―。
**枠に嵌まる**(わくにはまる) やり方やスタイルなどが型通りで、独創性がない。conventional
**枠を嵌める**(わくをはめる) 制約を加える。規制・制限する。枠に嵌める。restrict

**わ・く【沸く】**(五自) ①にえ立つ。boil 用例 湯が―。②ちょうどよい湯加減になる。be ready 用例 ふろが―。③熱狂・熱中する。be excited 用例 観衆が―。議論が―。④発酵する。ferment 用例 甘酒が―。ぬかみそが―。

**わ・く【▼湧く・▼涌く】**(五自) ①液体が地からふき出る。spring out 用例 清水が―。温泉が―。②ひとりでに、さかんに出てくる。appear 用例 雲が―。③虫などが発生する。用例 うじが―。ふけが―。④精神面に何事かが発生する。spring 用例 興味が―。希望が―。⑤突然現れる。break out 用例 降って―・いたような災難。

**わ・く【分く・▽別く】** 古語 一(四他)㋐分かつ。区分する。別々にする。用例 冬夏と―ことなく白栲に雪は降り置きて(万葉・一七・四〇〇三)。㋑見分ける。判別する。用例 心ざしのおもむきに従ひて、あはれをも―・きたまへ(源氏・胡蝶)。二(下二他)↓わける(分ける)

**わく-がい【枠外】** ①区切りのそと。beyond the confines ②制限のほか。outside the limit

**わく-ぐみ【枠組(み)】** ①枠を組んだもの。組んだ枠。frame 用例 コンクリートの―。②物事の大筋の仕組み。outline

**わくぐみかべ-こうほう【枠組(み)壁構法】** ツーバイフォー工法の別称。

**わく-ご【▽若子・▽緑子】** 古語 若い男子をほめて言う語。幼子をさすこともある。用例 殿の―が取りて嘆かむ(万葉・一四・三四五九)。

**わく-じゅん【枠順】** 競馬で、連勝式の対象となる馬番に関係ない一〜八のグループ番号。日本では現在八枠制。馬番は抽選で決定。八頭以上の場合には、外枠の八枠から順に一頭ずつ内枠へ増やされる。post position of starting gate

**ワクスマン【Selman Abraham Waksman】**(一八八八〜一九七三) アメリカの細菌学者。一九四四年にストレプトマイシンを発見し、抗生物質の開発に貢献。五二年ノーベル生理学医学賞受賞。

**わく-せい【惑星】** ①太陽のまわりを運行し、自らは光を発しない天体。太陽に近いものから順に、水星・金星・地球・火星・木星・土星・天王星・海王星・冥王星の九個をいう。遊星。planet 対義 恒星。②一般には腕前が知られていないが、有力な人。ダークホース。dark horse 用例 政界の―。

**わくせいかん-じん【惑星間▼塵】** 惑星間空間にある塵状粒子。黄道光や対日照の原因となる。interplanetary dust

**わくせいかん-ぶっしつ【惑星間物質】** 惑星間空間に低密度で存在する、ガスや粒子などの物質。interplanetary matter

**わくせいじょう-せいうん【惑星状星雲】** 見かけの形がほぼ円盤状の星雲。高温の白色矮星を囲む希薄な電離したガスからなり、中心星からの紫外線放射を受けて、自ら光を放射する。planetary nebula ↓星雲 写

**わくせい-たいき【惑星大気】** 惑星を包む気体の層。地球型惑星の大気は火山作用により生成され、木星型惑星では太陽系誕生のころの気体により構成されている。atmosphere of planet

**わくせい-でんぱ【惑星電波】** 惑星から放射されている電波。惑星上の電離ガスなどから放射されるもの。radio emission from planet

**ワクチン【vaccine】** 感染症の予防・治療に用いられる抗体で、免疫状態をつくりだすために用いる免疫原。生ワクチン・死菌ワクチン・不活化毒素などがある。ワクチン接種により免疫が成立し、感染・伝播・流行が阻止される。

**わく-でき【惑▼溺】**(名・サ変自) 深く迷って、分別を失うこと。be addicted to 用例 酒色に―する。

**ワグナー【Wagner】** ↓ワーグナー

**ワグナー-ほう【ワグナー法】**(Wagner Act) 一九三五年七月に制定された、アメリカの全国労働関係法の通称。全国労働局委員長ワグナーの名にちなむ。これにより、労働者の団結権・団体交渉権が確立された。

**ワグナー-ヤウレック【Julius Wagner von Jauregg】**(一八五七〜一九四〇) オーストリアの精神病理学者。神経梅毒や精神分裂症に対するマラリア病原体接種による発熱療法の創始・導入により、一九二七年ノーベル生理学医学賞受賞。

**わく-ない【枠内】** ①区切りのうち。inside the frame ②制限のなか。within the limit 用例 予算の―。

**わく-ほう【枠法】** ↓コードラートほう(コードラート法)

**わく-も【▽鶏▼蜱】** ニワトリや飼い鳥などに寄生するワクモ科のダニ。昼間は暗い場所にひそみ、夜間に出て吸血する。ときにヒトも刺される。

**わく-もん【▼或問】** 仮に質問を設け、それに答える形で、自分の意見を述べる文章形式。

**わくや【▼涌▽谷】**〈町〉宮城県北部、江合川に沿う町。旧城下町で、稲作・果樹栽培を主とし、工業も発達。人口二万一三八〇(一九八八)。

**わくら-おんせん【和倉温泉】** 石川県能登半島南部、七尾市にある温泉。七尾湾に臨み、もと泉源が海中にあった。

**わくら-ば【▽病葉】** ①病気におかされた葉。②色づいて、枯れかかった葉。すがれた葉。朽ち葉。decayed leaf; dead leaf

**わくらば-に** 古語(副) 偶然に。たまさかに。まれに。用例 ―人とはあるを人並に(万葉・五・八九二)。

**わく-らん【惑乱】**(名・サ変自他) 心がまどい乱れること。まどわすこと。be confused; confuse 用例 人心を―する。

**わく-わく**(副・サ変自) 期待などで胸が高鳴って、心が落ち着かないさま。be excited 用例 待ち遠しくて、胸が―する。

**わ-くん【和訓・▼倭訓】** 漢字に和語をあてて読むこと。また、そのよみかた。訓。「やま」は「山」の和訓であるなど。

**わくんのしおり【和訓▼栞】** 江戸後期の国語辞書。谷川士清著。安永六年(一七七七)から百余年の間、数次にわたって刊行。採録語の第二音節までを五十音順に配列し、出典と語釈・用例を示す。わが国最初の近代的国語辞典とされている。わくんかん。

**わけ【分け・▽別け】** ①分けること。分配。division 用例 山―。②区別。分かち。distinction ③引き分け。draw

**わけ【▽別】** 上代、姓の一つ。多く、皇族出身の地方豪族がなったもの。

**わけ【訳】** ①意味。meaning 用例 語の―を調べる。②原因。理由。事情。reason; circumstances 用例 休んだ―は? ③道理。すじ道。reason 用例 ―の分からない話。④めんどう。difficulty 用例 ―のない仕事。⑤人情。human nature 用例 ―知り。⑥男女の関係。情事。用例 ―のある仲。⑦《「…というわけだ」の形で》断定をやわらげ、そうなるはずだという気持ちを表した言い方。用例 君が届けてくれれば助かるという―だ。⑧《「…わけに(は)いかない」の形で》そう簡単に…する状況ではないという言い方。…できない。cannot 用例 結果を発表する―にはいかない。
**訳が有る**(わけがある) 隠れた事情がある。含みがある。reason 用例 二人が別れたのには、何か―。
**訳が違う**(わけがちがう) 一概にくらべることはできない。くらべものにならない。内情が違う。That's not the same thing. 用例 君達とは―。
**訳が分かる**(わけがわかる) 事情・理由が理解・納得できる。sensible 用例 訳がわからないことを言うものではない。
**訳も無い事**(わけもないこと) ①とりとめもないこと。vague ②たやすくできること。easy
**訳を立てる**(わけをたてる) ①筋道を立てる。問題を解決する。②支払いを済ませる。③男女が情を交わす。

**わけ【和気】**〈町〉岡山県南東部、吉井川に沿う町。和気清麻呂ゆかりの地で、県南の米どころ。河港町から発達した地方交通の要地でもある。人口一万三七九三(一九八八)。

**わけ-あい【訳合(い)】** 理由。事情。意味。

**わ-げい【話芸】** 話術で人を楽しませる芸。講談・落語・漫才などをいう。amusing dialogue; storytelling

**わけい-せいじゃく【和敬清寂】** 茶道の精神を示した禅語。「和」「敬」は亭主と客の間の「清」「寂」は茶室・茶器などの状態についての心得を言ったもの。

**わけ-い・る【分け入る】**(五自) かき分けて中へはいる。go into 用例 深山に―。

**わけ-がら【訳柄】** わけ。わけあい。

**わけ-ぎ【分▼葱】** ユリ科の多年草。ネギの変種とされる。長さ約三〇cm。鱗茎があり、葉は細い円筒状。開花・結実せず、株分けで繁殖。食用。フユキ。↓写

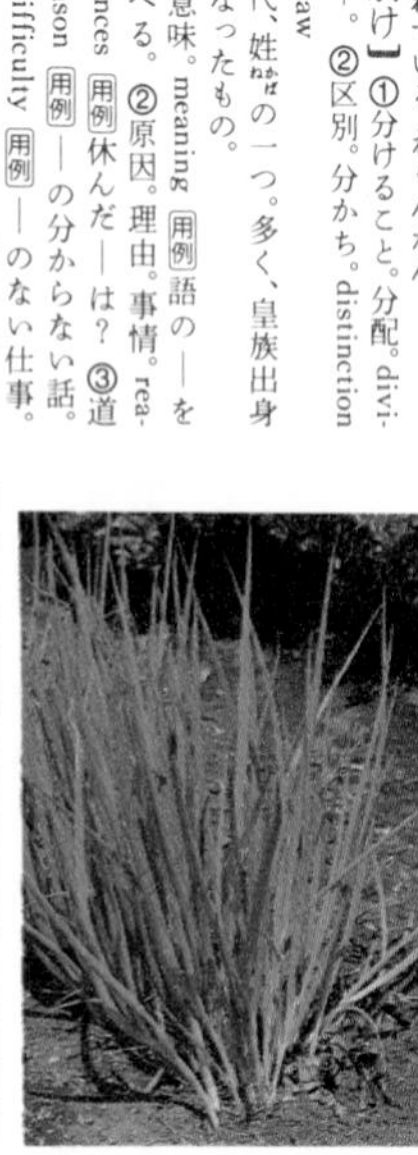

●ワケギ

**わ-げき【話劇】** 中国の近代劇。日本の新劇に相当するもの。戯曲とせりふに重点をおき、思想内容の劇的展開を追求する。二〇世紀初めごろに始まり、最初は上海の文明戯を中心に日本の新派劇の技法を移入したが、しだいに欧米の演劇も紹介し、やがて多くの創作劇を生んだ。

**わ-げさ【輪▼袈▼裟】** 首にかけて、胸に下げる、幅の狭い小型の袈裟。

**わけ-しり【訳知り】** ①男女間のことに理解があること・人。粋人。②物事の事情や人情によく通じていること・人。

**わけ-て【分けて・▽別けて】**(副) とりわけ。とくに。別して。わきて。especially

**わけて-も【分けても・▽別けても】**(副)「わけて」を強めた語。especially

**わけ-どり【分け取り】**(名・サ変他) めいめいが、分けて取ること。

**わけ-な・い**【訳無い】(形) たやすい。なんでもない。easy

**わけ-なく**【訳無く】(副) 容易に。たやすく。あっさり。easily

**わけ-の-きよまろ**【和気清麻▼呂】(七三三〜七九九) 奈良末・平安初期の廷臣。皇位を望む道鏡を、宇佐八幡宮の神託を受けて阻止したため大隅に流されたが、のち召還され桓武天皇のもとで栄進した。平安遷都を推進。

**わけ-の-ひろむし**【和気広虫】(七三〇〜七九九) 奈良末期の女官。清麻呂の姉。孝謙上皇に仕え、上皇の出家に従い自らも出家。道鏡事件で備後に配流。道鏡失脚後召還され、桓武天皇のもとで栄進した。

**わけ-へだて**【分け隔て・▽別け隔て】(名・サ変他) 人によって差別すること。えこひいき。discrimination

**わけ-まえ**【分け前】 分配する額・量。取り前。share

**わけ-め**【分け目】 ①分けた所。parting line 用例 髪の─。②物事が分かれ定まる境目・時。turning point 用例 天下─の戦い。

**わけ-も・つ**【分け持つ】(五他) ①一つの物を分けて持つ。carry together ②分担する。share

**わげ-もの**【▼綰物・▽曲物】 杉・檜などの薄い板を曲げて作った、短い円筒形の容器。薄板の端どうしの合わせめを桜などの木皮でとじ、底板をつけたもの。まげもの。

**わ・ける**【分ける・▽別ける】(下一他) ①全体をいくつかに分割する。分類する。別々にする。divide; separate; classify 用例 三つに─。色で─。②力を加えて両側へ寄せる。押し開く。push 用例 なわのれんを─。人ごみを─・けて進む。③割って与える。分配する。share 用例 利益を─。土地を─。血を─・けた兄弟。④引き分ける。draw 用例 勝負を─。け んかを─。⑤筋道を見分ける。順序立てる。systematize 用例 事を─・けて話した。

**わ-けん**【和犬】 日本に、もとからいる犬。秋田犬・柴犬など。日本犬。

**わ-こ**【▼吾子】 自分の子。わが子。あこ。

**わ-こ**【和子・▽若子】 ①貴人の子を言う敬語。②貴人が、自分の子を呼んだ語。

**わ-ご**【和語・▼倭語】 漢語や外来語に対していう、日本固有の語。やまとことば。対義 漢語・外来語。

**わ-こう**【和鋼】 日本古来の製鉄法であるたら吹きのうちの、鉧押しでつくった鋼。鉧は炉から取り出した鋼塊で、部分的に品質が異なるため、これを破砕・選別して造鋼とし、刀剣類の原料とする。わはがね。

**わ-こう**【▼倭▼寇・和▼寇】 一三〜一六世紀、朝鮮半島や中国大陸沿岸で略奪を繰り返した日本人の海賊的集団に対する中国・朝鮮側からの呼称。北九州・瀬戸内海の土豪が私貿易を目的にしつつ海賊化したもの。勘合貿易の開始により衰退。八幡。↓写

●倭寇 『倭寇図巻』より。東京大学史料編纂所。

**わこう**【和光】〈市〉 埼玉県南東部、東京都に接する市。東武東上線に沿う住宅・工業地域で、住宅団地や自動車関連企業、食品・機械工場などが多い。人口五万四二四八(一九八八)。

**わ-ごう**【和合】(名・サ変自) ①むつまじく、親しみ合うこと。harmony ②結婚すること。

**わこうど**【若人】《「わかひと」の転》年の若い人。青年。young people

**わこう-どうじん**【和光同▼塵】《『老子』にあることば》すぐれた才徳を隠して、俗世間に交わり合うこと。

**わ-こく**【和国・▼倭国】 ①日本の古称。②古代中国で、日本の呼称。

**わこく-の-たいらん**【▼倭国の大乱】 中国の史書に記された、倭国に起こったという争乱。『魏志』倭人伝、『後漢書』東夷伝ほかに記載がある。『魏志』倭人伝では、これを収めるために一女子を王としたとある。

**わ-ごぜ**【我御▽前】 古語(代) 婦人を親しんで呼んだ称。用例 ─身を投げば(平家・一・祇王)。

**わ-ごと**【和事】 歌舞伎で、恋愛・情事などを主たる題材とした写実主義の芸態。おもに上方に伝承された。対義 荒事。↓写

**わごと-し**【和事師】 おもに和事を演ずる役者。それが得意な役者。対義 荒事師。

**わ-ゴム**【輪ゴム】 輪状のゴム。物を束ねるときに使う。大小各種のサイズがある。ゴムバンド。ゴム輪。rubber band

**わ-ごりょ**【我御▼寮・我御▽料】 古語(代) 対等もしくは目下の男女を親しんで呼んだ語。わごりょう。用例 ─は最前からざれ事深い人ぢゃ(狂言・三人夫)。

**わ-ごん**【和▽琴】 日本固有の撥弦楽器。神楽などの伴奏に用いられる。弦は絹糸製で、六本ある。大和琴。↓写

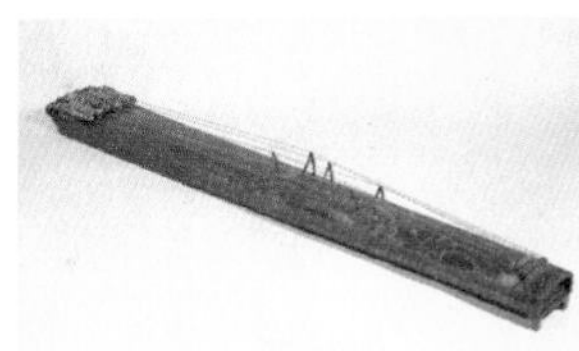

●和琴

**ワゴン**【wagon】 ①馬がひく四輪の荷車。②食事や茶果・酒類のサービス用に使う、車(=キャスター)つきのテーブル。ティーワゴン。サービスワゴン。

**わこん-かんさい**【和魂漢才】 日本人としての固有の精神と、中国からの学問・知識。古く、それらを合わせもつべきことを学者の理想として強調した語。

**わこん-ようさい**【和魂洋才】《「和魂漢才」をもじった語》日本人固有の精神をもちつづけながら、西洋の学問・知識を吸収し、それを活用すること。

**わ-さ**【輪差】 ひもなどを輪の形に結んだもの。わな。

**わざ**【技・▽術】 ①武芸・スポーツ・工芸などの腕前。技術。skill 用例 ─を競う。②相撲・柔道などで、相手にかける術。technique 用例 ─がきまる。

**わざ**【業】 ①行い。仕業。act 用例 人間─。②仕事。事業。task 用例 生きるための─。③やり方。方法。method 用例 ─をきそう。

**わざ-あり**【技有り】 柔道の勝負を判定する要素の一つ。一本とは認め難いが、ほぼ近い効果が認められるときのもの。抑え技では、二五秒間抑え込んだ場合、投げ技では、相当な勢いで、あおむけに投げた場合を言う。

●和事 『曾根崎心中』。

**わ-さい**【和裁】《「和服裁縫」の略》和服を裁縫すること。洋服の普及により、洋裁が学校教育に採用されたため、「洋裁」の語とともにこの語が起こった。裁縫。対義 洋裁。

**わざいきょくほう**【和剤局方】 中国北宋時代の国定処方集。全五巻。徽宗の命で陳師文らが一一〇六年に出版。中国と日本の医療に大きな影響を与えた。

**わざ-うた**【▽謡歌・▽童▽謡】 上代、政治などをあてこすった、作者不明の、歌謡。

**わざ-おぎ**【▽俳▽優】 ＝わざびと。①上代、こっけいな動作で歌い、舞い、神・貴人を慰め、楽しませたこと・人。②役者。

**わざ-くれ** ①たわむれごと。②なりゆき任せ。やけ。

**わざ-し**【業師】 ①相撲・柔道などで、技の巧みな人。skillful athlete ②かけひきのうまい人。策略家。schemer; shrewd person 用例 政界の─。

**わざ-と**【▽態と】(副) 故意に。わざわざ。on purpose 用例 新しい服を─よごす。

**わざと-がまし・い**【▽態とがましい】(形) いかにもわざとらしい。unnatural

**わざと-らし・い**【▽態とらしい】(形) 意識的に行っているようすがよくわかる。ことさらめいている。unnatural; affected

**わさび**【▽山▼葵】 アブラナ科の多年草。水が清く水温が低い山間の渓流にはえる。葉はアオイに似て、葉柄は長さ約三〇㎝。三〜五月に四弁の白花が開く。根茎を香辛料として用いるため、栽培もされる。葉・茎・根茎は、わさび漬け・辛味料にする。辛味は、シニグリンが加水分解され、からし油に変化して生じたもの。薬用にもされる。↓図

**山葵が利く**(わさびがきく) ①ワサビの味とかおりが強いこと。②人の心に、ぴりっとした、鋭い印象を与える。smart

**山葵を利かす**(わさびをきかす) ①ワサビの辛味・香味を十分に出させる。②ぴりっと引き締まった言動をする。

**わさび-おろし**【▽山▼葵卸(し)】 ワサビをすりおろすための器具。サメの皮で作られたものは、突起の目が細かく、高級。

**わさび-ず**【▽山▼葵酢】 二杯酢や三杯酢に、おろしたワサビを溶き入れた合わせ酢。

**わさび-だいこん**【▽山▼葵大根】 アブラナ科の多年草。根は肥大し、黄白色。根出葉は長円形。春、白色の十字花が咲く。根に辛味と香味があり、肉料理などに添える。粉わさびの原料ともする。ヨーロッパ原産。セイヨウワサビ。ホースラディッシュ。horseradish

**わさび-づけ**【▽山▼葵漬(け)】 ワサビの根茎と葉をきざんで、酒かすに漬けたもの。特有の香りと辛味がある。静岡県の名産品。

●ワサビ

**わさび-の-き**【▽山▼葵の木】 ワサビノキ科の落葉小高木。高さ六m前後。葉は羽状複葉。白色の蝶形花を開く。果実は棒状で下垂。若葉・花を食用。根はワサビの代用。種子から油を採る。インド原産。

**わざ-もの**【業物】 名工の鍛えた、切れ味のよい刀剣。

**わざ-わい**【災い・▽禍】 悪い、不幸なできごと。災難。mishap 用例 ─を招く。

**災いする**(わざわいする) その事が原因となって、悪い結果となる。bring ruin upon

**災いも三年**(わざわいもさんねん) わざわいも時がたてば、幸福のいとぐちになることがある。

**禍を転じて福と為す**(わざわいをてんじてふくとなす) わざわいをうまく利用して、しあわせになるように取り計らう。turn a misfortune into a blessing

**わさ-わさ**(副) ①ざわめくさま。tremble 用例 木が─ゆれる。②気が落ち着かないさま。そわそわ。be disturbed 用例 来客で家の中が─している。

**わざ-わざ**【▽態▽態】(副) ①ついでではなく、そのために。特別に。expressly 用例 ─会いに来る。②故意に。わざと。on purpose 用例 ─いやがらせをする。

**わ-さん**【和算】 中国の影響を受けて、とくに江戸時代に日本独自の発展をとげた数学。主流は関孝和の流れをくんでいる。

**わ-さん**【和▼讃】 和語による仏教讃歌。仏・菩薩やその教え、祖師先徳の偉業をたたえたもの。七五調四句を一節とする。千観作『阿弥陀和讃』、源信作『極楽六時讃』などが有名。対義 漢讃・梵讃。

**わし**【▼鷲】 ワシタカ科の大形猛禽の総称。翼長六〇〜八〇㎝。一般に嘴、四指の爪は鋭くかぎ状に曲がる。世界各地に分布。日本にはイヌワシ・オジロワシなど数種がある。マトリ。eagle ↓写

**わし**【▽私・▼儂】(代)《「わたし」の略。自称》近世、主として女性が用いた。現在では、年配の男子が目下に用いるが、やや尊大な感じがす

●ワシ
イヌワシ

オジロワシ

る。
**わ‐し【和市】** ①平安時代、市で合意の上で行われた売買・取引。②《転じて》中世には、市場における売買価格・相場。
**わ‐し【和紙】** コウゾ・ミツマタ・ガンピなどの靭皮繊維を原料として作った紙の総称。手すき和紙と機械すき和紙に分かれ、質的には前者が優れるが、量的には後者が多い。日本紙。Japanese paper 対義 洋紙。
**わ‐じ【和字・▼倭字】** ①日本の文字。平仮名・片仮名。対義 漢字。②漢字にならって、日本でつくった字。「辻・峠・躾」など。国字。
**ワジ【wādiy アラビア】**《河谷の意》乾燥地域で、激しい降水のあったときだけ水が流れる川。ふだん水のない川底は平坦であるため、隊商路に利用される。涸れ谷・涸れ川。ワディ。wadi
**わ‐しき【和式】** 日本古来の、または固有の様式。日本式。対義 洋式。
**わじき【▼鷲敷】**〈町〉徳島県南東部の町。那賀川中流域の谷口に位置し、果樹栽培などの農業を主とする。人口三六八九(一九八八)。
**わし‐ざ【▼鷲座】** 北天の星座。ほぼ天の赤道にあり、夏の天の川の中にある。一等星アルタイルは七夕の彦星(牽牛星)で、この星座のα星。九月一〇日ごろの午後八時ごろに南中。面積六五三平方度。Aquila ↓図
**わ‐じしょう【和事象】** 事象A、Bに対して、A、Bの少なくとも一方が起こるという事象。A、Bを標本空間の部分集合と考えると、和集合A∪Bで表される。sum of event
**わじしょうらんしょう【和字正濫▼鈔】** 江戸中期の仮名遣い研究書。契沖著。五巻。元禄八年(一六九五)刊。古文献に基づいて定家仮名遣いの誤りを正し、のちの歴史的仮名遣いの基礎を確立した。
**わしたか‐るい【▼鷲▼鷹類】** ワシ・タカ・トビ・ハヤブサなど、タカ目を構成する鳥類。特徴は大きな目、鉤形に曲がった鋭い嘴、強大な脚とかぎづめ、大きな翼と尾羽など。肉食性。世界に約二九〇種がいる。eagles and hawks
**わ‐しつ【和室】** 日本風の畳敷きの部屋。日本間。対義 洋室。
**わし‐づかみ【▼鷲▼掴み】** 指をひろげて、物を荒々しくつかむこと。grab
**わし‐ばな【▼鷲鼻】** ワシの嘴のように曲がった鼻。かぎばな。わしっぱな。hooked nose
**わしま【和島】**〈村〉新潟県中西部、越後平野にある村。稲作中心の農業地帯。国道一一六号が通り、良寛の遺跡がある。人口五六一九(一九八八)。
**わじま【輪島】**〈市〉石川県能登半島北端の市。奥能登地方の中心地で、輪島港は漁港、また避難港。輪島塗と海女漁業で知られ、観光地も多い。人口三万二四六九(一九八八)。
**わじま‐ぬり【輪島塗】** 石川県輪島市でつくられる漆器。室町時代の応永年間(一三九四〜一四二八)に始まるとされ、日本の代表的漆器。堅牢な食器類が主。加飾技法の沈金が特色の一つ。
**わし‐みみずく【▼鷲▽木▼菟】** フクロウ科の赤褐色地に黒斑のある大きなミミズク。長さ七cm余もある耳羽(＝羽角)が目立つ。全長約六六cm。脚は指まで羽毛でおおわれる。ユーラシア・アフリカに分布するが、日本では北海道に少数が生息。eagle owl
**わしみや【▼鷲宮】**〈町〉埼玉県北東部、久喜市の北に接する町。東武伊勢崎線に沿い宅地化が著しい。稲作・野菜栽培がさかん。人口二万八五七二(一九八八)。

●鷲座
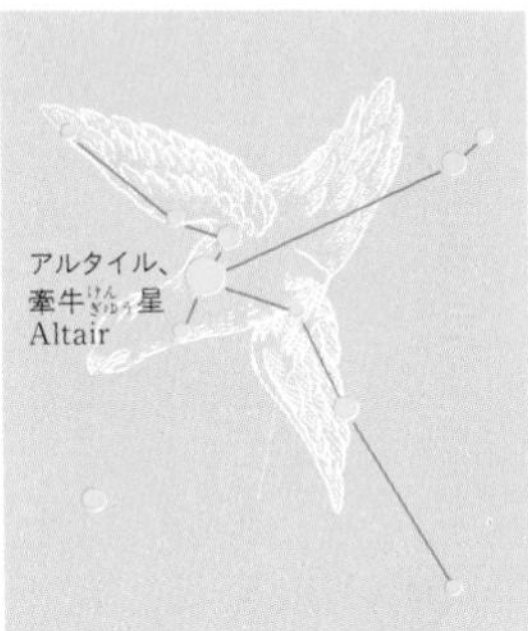


**わ‐しゃ【話者】** 話をする人。話し手。speaker; narrator
**わ‐しゅう【和習】** ①日本のならわし。②日本人がつくった漢詩文にみられる日本的な習癖、また独特の用法。和臭。
**わ‐しゅう【和臭】** ①日本のものだけにみられる、独特な傾向。日本くささ。②↓わしゅう(和習)②
**わ‐しゅう【和州・▼倭州】** 大和国の。
**わ‐しゅう【和宗】** 昭和二四年(一九四九)天台宗より分派独立した仏教教団。大阪市天王寺区にある四天王寺が総本山。聖徳太子の教えを信奉する。
**わ‐じゅう【輪中】** 洪水防止のため、村落・耕地が人工堤防で囲まれた土地。また、その水防協同体。木曽・長良・揖斐川下流地域の三角州にみられる。
**わ‐しゅうごう【和集合】** 集合A、Bに対して、A、Bの少なくとも一方に属する要素全体からなる集合。A∪Bで表す。合併集合。union ↓集合図
**わしゅう‐ざん【▼鷲羽山】** 岡山県倉敷市南部、児島半島に突出した丘陵。標高一三三m。花崗岩からなる奇岩と松の調和が美しく、瀬戸内海の島々の眺望は絶景で、瀬戸内海国立公園特別地域に指定。
**わ‐じゅつ【話術】** 話のしかた。話の技巧。art of conversation; art of narration
**わ‐じゅん【和順】**(名・形動) ①気候が穏やかなこと・さま。②性質がおとなしいこと・さま。
**わ‐しょ【和書】** ①日本語の書物。対義 洋書・漢籍。②和とじの書物。
**わ‐じょう【和上・和尚】** 律宗・真言宗などで、師僧を言う敬語。比較 おしょう・かしょう。用例 鑑真——。
**わ‐しょく【和食】** 日本風の食事。日本料理。対義 洋食。
**わ‐しょっき【和食器】** 本来は日本料理を盛るための器。飯碗・汁碗・皿・向こうづけ・鉢・どんぶりのほか茶器などがある。種類は陶磁器や木製品、漆器。
**わし・る【▽走る】** 古語 (四自) ①はしる。用例 東西に急ぎ、南北に——(徒然・七四)。②世俗のことにあくせくする。用例 身を知り、世を知れれば、願はず、——・らず(方丈記)。
**ワシレフスカヤ【Vanda Lvovna Vasilevskaya】**(一九〇五〜一九六四) ソ連の女流小説家。ポーランド生まれ。ポーランド語で作品を書いた。作品『虹』『夜明け』など。
**わ‐しん【和親】** ①仲良くすること。②国と国との友好。用例 ——条約。
**わ‐じん【▼倭人・和人】** 中国人などによる日本人の古称。
**わじんでん【▼倭人伝】** ↓ぎしわじんでん(魏志倭人伝)
**ワシントン【Washington】**〈州〉アメリカ西部、北はカナダ、西は太平洋に臨む州。州都オリンピア。森林に恵まれ、製材・製紙・パルプ工業などが発達。人口四一三万(一九八〇)。
**ワシントン【Washington・華盛頓】**(Washington, District of Columbia) アメリカの首都。同国東部、ポトマック川左岸に臨む。正式にはワシントン‐コロンビア特別区と呼称、どの州にも属していない。国際政治、外交の中心地。一八〇〇年フィラデルフィアから遷都された。人口六三・八万(一九八〇)。ワシントンDC。
**ワシントン【George Washington】**(一七三二〜一七九九) アメリカの政治家。初代大統領(在任一七八九〜一七九七)。独立戦争には司令官として戦功をたて、国民的英雄となった。一七八七年憲法制定会議の議長となり、憲法発効とともに大統領。九六年三選を辞退。そのさいの孤立主義外交を主唱した告別演説は有名。建国の父とされる。↓写

●ワシントン

**ワシントン‐かいぎ【ワシントン会議】** 軍備制限・太平洋問題・中国問題に関する国際会議。大正一〇年(一九二一)一一月から翌年二月までワシントンで開催。イギリス・アメリカ・フランス・日本・イタリア・中国・ベルギー・オランダ・ポルトガルの九か国が参加。Washington Conference
**ワシントン‐じょうやく【ワシントン条約】** 絶滅の恐れのある野生動植物の種の、国際間の取り引きを規制する条約。一九七三年にワシントンで開かれた国際会議で採択。日本は八〇年(昭和五五)批准・発効。Washington Agreement
**ワシントン‐ナショナル‐ギャラリー【National Gallery of Art, Washington】** ワシントンDCにある国立美術館。一三世紀以降の絵画・彫刻を主に、二万点以上を収蔵。一九三七年設立。建物は世界最大の大理石造り。
**ワシントン‐ポスト【The Washington Post】** アメリカの代表的日刊紙。ウォーターゲート事件のスクープなどで有名。一八七七年創刊。
**わずか【▼僅か・▼纔か】**(副・形動) ①いささか。少しばかり。a few; a little 用例 残り——。——に進歩した。②やっと。かろうじて。barely; narrowly 用例 ——に身をもって逃れた。③小さい。せまい。small 用例 ——なすきま。④たった。only 用例 ——一〇〇円しかない。
**ワスカラン‐さん【ワスカラン山】**(Huascarán Nevado) 南アメリカ、ペルー中部アンデス山脈中の高峰。標高六七六八mで同国の最高峰。
**ワスプ【WASP】**《White Anglo-Saxon Protestantの略》アメリカのアングロサクソン系白人プロテスタント。初期の移民の子孫たちで、アメリカ社会の主流をなしてきた。
**わずらい【煩い】** 心配。苦労。worry; trouble
**わずらい【患い】** 病気。illness
**わずらい‐つ・く【患い付く】**(五自) 病気になる。病みつく。be taken ill
**わずら・う【患う】**(五自他) 病気になる。胸を——。be taken ill 用例 ——・ったことはない。
**わずら・う【煩う】** ①(五自) 悩み苦しむ。悩む。worry 用例 何も——ことはない。②《動詞の連用形に付いて》すらすらとは…できない。ためらう。hesitate 用例 言い——。思い——。
**わすら・れる【忘られる】**(下一自) 忘れられる。be forgotten
**わずらわ・し【煩わし】** 古語 (形シク) ①口うるさい。やかましい。用例 大将殿の、常に——・しく聞こえ給へば(堤中納言・花桜折る少将)。②気が置かれる。はばかられる。用例 黒木の鳥居どもは、さすがにかうがうしく見えわたされて、——・しきけしきなるに(源氏・賢木)。③病気が重い。用例 年久しくありて、なほ——・しくなりて死ににけり(徒然・四二)。④↓わずらわしい(煩わしい)
**わずらわし・い【煩わしい】**(形) ①めんどうだ。うるさい。troublesome ②複雑だ。煩雑だ。complicated 派生 わずらわしげ(形動) わずらわしさ(名) わずらわしが・る(五他)
**わずらわ・す【煩わす】**(五他) ①苦しめる。悩ます。worry 用例 心を——。②めんどう・手数をかけさせる。trouble; bother 用例 手を——。
**わす・る【忘る】** 古語 ㊀(四他) ①思い出さないようにする。忘れようとつとめる。用例 ——・らむて野行き山行き(万葉・二〇・四三四四)。②自然に忘れる。用例 都の風習——・らえにけり(万葉・五・八八〇)。㊁(下二他) ↓わすれる(忘れる)
**わ・する【和する】**(サ変自) ＝和す。①親しむ。仲よくなる。make friends with ②調子が合う。harmonize ③応ずる。answer; reply ④人の詩歌にこたえて、詩歌をつくる。compose a poem in reply to another's
**和して同ぜず**(わしてどうぜず)《『論語』にある語》道理に合っているならば協調するが、いたずらに雷同しない。比較 是是非非。

わ

**わするな-ぐさ【忘るな草】** ワスレナグサの異名。

**わすれ【忘れ】** 忘れること。forget 用例 ど——。——もしない。

**わすれ-がい【忘貝】** 浅海の底にすむマルスダレガイ科の二枚貝。殻は円形で、殻高約七cm。褐色で、紫褐色の放射帯や網紋がある。内面は紫白色。房総半島以南に分布。コイワスレガイ。

**わすれ-がた・い【忘れ難い】**(形) 忘れられない。unforgettable

**わすれ-がたみ【忘れ形見】**《「忘れ難い」の意味と「形見」との合成》①忘れないための記念の品。keepsake ②親の死後に残された子ども。child of the late parents

**わすれ-ぐさ【忘草・▼萱草】**《この花を見ると憂いを忘れるという中国の故事から》ヤブカンゾウの別名。

**わすれ-ぐさ【忘れ▽種・忘れ草】** 心配ごとを忘れさせてくれるもの。

**わすれぐさによす【▼萱草に寄す】** 立原道造の私家版処女詩集。昭和一二年(一九三七)刊。ソネット一〇編を収録。生の孤独と不安を暗示。

**わすれ-じも【忘れ霜】**→わかれじも(別れ霜)

**わすれっ-ぽ・い【忘れっぽい】**(形) 忘れやすい。forgetful

**わすれな-ぐさ【▼勿▽忘草】** ムラサキ科の多年草。秋まきの草丈は約四〇cm。耐寒性で、春～夏に、枝先の尾状に巻いた花序に、青紫色の小花を総状につける。ヨーロッパ原産。ワスルナグサ。ミオソチス。フォーゲットミーナット。forget-me-not →写

●ワスレナグサ

**わすれ-みず【忘れ水】** 野中や木陰などを、人知れず流れている水。

**わすれ-もの【忘れ物】** 忘れて置いていった物。物を置き忘れること。thing left behind

**わす・れる【忘れる】**(下一他) ①覚えていない。思い出さない。forget 用例 恩を——。名前を——。②気がつかない。forget 用例 時のたつのを——。③ぼんやりして置いたままにする。leave 用例 傘を——・れた。④うっかりしてすべきことをしないでいる。うっかりする。forget 用例 宿題を——。

**わすれん-ぼう【忘れん坊】** 物事をすぐ忘れる人。わすれんぼ。forgetful person

**わせ【▽早▽稲・▽早▽生】** ①《「早稲」で》はやく成熟するイネ。early rice crop 対義 中手・晩稲。②作物・果実の成熟の早いもの。early plants 対義 晩生。③ませた子ども。precocious child 対義 奥手。

**わ-せい【和声】** 音楽で、和音が連続するさいの、その連続のありかた。旋律・リズムとともに音楽の三要素の一つとされる。ハーモニー。かせい。harmony

**わ-せい【和製】** 日本で作られた品物。日本製。比較 国産。

**わせい-えいご【和製英語】** 英語の単語を組み合わせたり、造語法を応用したりして日本でつくった、本来の英語ではない単語。ナイター・ガソリンスタンド・イメージアップなど。

**わせい-ご【和製語】** 日本でつくった、外国語まがいの語。「オールドーミス(英語と英語)・ナイター」などの和製英語や「ロールーパン(英語とポルトガル語)」など。広い意味では、日本でつくった漢語も含む。和製洋語。

**わせい-ほう【和声法】** 和音をもとにして旋律をつくる方法。

**わせい-ポップス【和製ポップス】**《「ポップス」はポピュラー音楽のこと》ジャズやラテン-リズムなどをとりいれ、日本でつくられたポピュラー-ソング。

**わせ-だ【▽早▽稲田】** 東京都新宿区北部の地区。明治一五年(一八八二)大隈重信が創設した早稲田大学(旧東京専門学校)を中心に発展した商業・住宅地区。

**わせだ-だいがく【▽早▽稲田大学】** 私立総合大学の一つ。明治一五年(一八八二)大隈重信が設立した東京専門学校が前身。大正九年(一九二〇)より現在の名称。本部は東京都新宿区西早稲田。

**わせだぶんがく【▽早▽稲田文学】** 文芸雑誌。早稲田大学関係の文学者を多数世に出した。明治二四年(一八九一)坪内逍遥を主宰に創刊。断続しつつ現在に至る(第八次)。第二次(明治三九～昭和二年)は自然主義文学の牙城となった。

**ワセリン【Vaseline ドイ】** 石油から得られる半固体のろうを高度に精製し脱色したもの。白色か淡黄色の軟膏状の物質。軟膏基材などの医薬品・化粧品原料・さび止め剤などに利用。

**わ-せん【和船】** 江戸時代に完成された、日本の伝統的な木造船の総称。構造上、竜骨がないのが特徴。弁財船・伝馬船など。

**わ-せん【和戦】** ①平和と戦争。②戦争をやめて、仲直りすること。

**和戦両様の構え**(わせんりょうようのかまえ) 平和にも戦争にも、どちらであってもよい用意があること。その態勢にあること。

**わ-そう【和装】** 対義 洋装。①日本風の服装。着物に袴など。②日本風の装訂。

**わ-そう【我僧・和僧】**(代) 僧を親しんで、または軽んじて呼ぶ語。

**わそう-ぼん【和装本】** 日本古来の方法で製本された書籍。折り本・巻子本・冊子本などがある。

**わた【▽海】** 古語 うみ。用例 ——の底しづく白玉(万葉・七・一三一七)。

**わた【▽腸】** 動物の内臓の総称。牛・豚のわたが焼き鳥の材料にされるほか、アユ・ウナギなど魚類でも珍重されるものが多い。はらわた。entrails 用例 魚の——を抜く。

**わた【綿・▼棉・▽草▽綿】** ①アオイ科の一年草。熱帯では多年生木本。高さ一mほど。葉は掌状。花は五弁で白・黄・紫色など。綿毛は種子の表皮細胞の一部が伸長発育したもの。数十種類ある。綿毛は衣料品・火薬。種子は油脂原料。インド・エジプト原産。cotton ②《「綿」で》真綿・もめん綿の総称。数え方 一枚・一包み。③②に似たもの。用例 ——毛。→写

**綿の様に疲れる**(わたのようにつかれる) くたくたに疲労する。dog-tired

●ワタ① 花(右)と綿毛(左)。

**わだ【和田】**〈町〉 千葉県南部、太平洋に臨む町。無霜地帯で冬の草花栽培や避寒で知られ、南房総国定公園に属する。沿岸漁業も行われ、酪農もさかん。人口六五九九(一九八八)。

**わだ【和田】**〈村〉 長野県中部、松本市の南東に接する村。中山道の旧宿場町で、国道一四二号が通る。農業が主体。美ケ原高原がある。人口二九二九(一九八八)。

**わた-あぶら【綿油】** 綿の種からとった油。綿実油。コットン油。cottonseed oil

**わた-あめ【綿▼飴】** 菓子の一種。ざらめを溶かして回転しながら噴出させ、糸状になったものを割りばしなどにからめて作る綿のような菓子。綿菓子。電気あめ。cotton candy

**わ-だい【話題】** その席で主として話の題材とされる事柄。話の種。topic 用例 ——が豊富。——にのぼる。——をまく。——をさらう。

**わた-いれ【綿入れ】** ①ふとんなどに綿を入れること。②表布と裏布のあいだに綿を入れて防寒用に仕立てた冬用の和服。

**わた-うち【綿打ち】**(名・サ変自) ①繰り綿を打ってやわらかくし、綿をつくること・職人。②《「綿打ち弓」の略》繰り綿を打って、やわらかくする道具。綿弓。

**わだ-えいさく【和田英作】**(一八七四～一九五九) 洋画家。鹿児島県生まれ。東京美術学校教授。外光派的写実の作風。昭和一八年(一九四三)文化勲章受章。作品『渡頭の夕暮』など。

**わた-か【▽腸香・▽黄▼鯝▽魚】** コイ科の淡水魚。ウグイに似るが銀白色。全長約三〇cm。水草の茂った浅い所にすみ、雑食性。日本特産種で、本来の分布は琵琶湖・淀川水系に限られていたが、近年は日本各地に広まった。食用。

**わた-がし【綿菓子】**→わたあめ(綿飴)

**わだかまり【▼蟠り】** ①わだかまること。隔てがあること。こだわり。bad feeling ②心にひっかかるもののあること。feeling of discontent

**わだかま・る【▼蟠る】**(五自) ①気持ちがさっぱりしない。こだわる。have bad feelings ②輪の形に曲がる。とぐろをまく。coil

**わた-がみ【綿上・綿▼噛(み)・▽肩上】** ①よろいの胴をつるす、両肩に当たる細い部分。②頭の、後ろの部分・髪。

**わたくし【私】** 一(名) ①個人的な事柄。private affairs 対義 公。用例 公と——をはっきりわける。②内証。秘密。secret 対義 公。用例 ——に願います。③自分かって。selfishness 用例 ——が過ぎる。④自分の利益。用例 ——をはかる。二(代)《「わたし」より改まった、男・女の自称》自分。対義 あなた。

**わたくし-ごと【私事】** 対義 公事。①一個人に関した事柄。しじ。private affairs ②秘密の事柄。隠し事。secret

**わたくし-しょうせつ【私小説】**→ししょうせつ(私小説)

**わたくし・する【私する】**(サ変他) ①自分のために公のものを利用する。appropriate ②横取りする。embezzle ③自分だけの利益をはかる。seek only one's own interests

**わたくし-ずれ【私ずれ】**(代)《自分をけんそんして言う語》わたくしのような、つまらない者。

**わたくし-りつ【私立】**《「市立」と紛れるのを避けた言い方》しりつ。

**わた-ぐも【綿雲】** 綿のような感じの雲。高さは〇・五～一・五km。積雲。fleecy clouds

**わた-くり【綿繰り】** ①綿花を繰って、種を取り去ること。gin ②「綿繰り車」の略。

**わたくり-ぐるま【綿繰(り)車】** 綿花から種子を取り除き、綿繊維だけを取り出す道具。綿繰り。gin block

**わた-げ【綿毛】** 綿のように、白くやわらかい毛。にこ毛。うぶ毛。down

**わた-こ【綿子】** ①胴着用または子供用の、袖なしの綿入れ。ちゃんちゃんこ。②真綿を布で包まず、そのまま縫った衣服。③真綿。

**わだ-さんぞう【和田三造】**(一八八三～一九六七) 洋画家・色彩研究家。兵庫県生まれ。東京美術学校卒。日本標準色協会を創立した。作品『南風』など。

**わたし【渡し】** ①人に物を渡すこと。delivery ②川などで、対岸に人や物を渡すこと。また、その場所。徒渉・渡し船・綱渡し・籠渡しなど。ferry ③船から陸地や他船へ渡るための板。あゆみいた。gangboard ④「渡し金」①の略。

**わたし【▽私】**(代)《「わたくし」の、くだけたい方》自分をさす、もっともふつうのいい方。男女ともに用いる。対義 あなた。用例 ——はいやだわ。

**私とした事が**(わたしとしたことが)《失敗など、自分の行為の思わぬ結果に対して言うことば》自分ともあろうものが。

**わたし-がね【渡し金】** ①銅またはしんちゅうの、細長い板。耳盥の上に渡して、お歯黒の道具をのせたもの。渡し。②魚や肉などをあぶるのに用いた、鉄製の網。鉄灸。③升の上部に斜めにかけ渡した鉄線。

**わたし-ちん【渡し賃】** 渡し舟の代金。ferriage

**わたし-ぶね【渡し舟】** 人などを対岸に渡す舟。ferry

**わたし-もり【渡し守】** 渡し舟の船頭。ferryman

**わた・す【渡す】**(五他) ①こちらから向こうへ移す。用例 対岸へ——。②かける。lay across 用例 橋を——。③引き渡す。hand 用例 家を人手に——。④さずける。give 用例 金を——。⑤《動詞の連用形に付いて》ずうっと…する。用例 見——。

**わた-すげ【綿▼菅】** 高山の湿原に群生するカ

▼常用漢字表外。 ▽常用漢字表の音訓外。

ヤツリグサ科の多年草。高さ三〇～五〇cm。葉は針金状の三角形。小穂のはじめは卵状楕円形で、のち、綿毛に包まれた球状となる。本州中部以北に分布。

**わたせ-しょうざぶろう【渡瀬▼庄▽三郎】**(一八六二～一九二九) 動物学者。東大卒。業績は動物学の各方面にわたるが、動物の地理的分布を調査し、屋久島・種子島と奄美諸島との間に動物分布境界線(渡瀬線)を設定したのは有名。

**わたせ-せん【渡瀬線】** 屋久島および種子島と奄美大島のあいだを通る動物や植物の地理分布上の重要な境界線。東アジアにおける東洋区と旧北区の境界線を代表するもの。

**わだ-そう【和田草】** ナデシコ科の多年草。高さ約二〇cm。長野県和田峠に多い。卵状披針形の葉が上部に輪生。春、白色五弁花が上向きに咲く。

**わ-だち【▼轍】** 車の通った輪の跡。

**わだち-きよお【和▽達清▽夫】**(一九〇二～一九九五) 気象学者・地球物理学者。愛知県生まれ。東大卒。中央気象台長・初代気象庁長官・日本学術会議会長・埼玉大学学長などを歴任。地震・津波・霧などの研究で知られる。昭和六〇年(一九八五)文化勲章受章。

**わだち-べニオフ-めん【和▽達-べニオフ面】** 深発地震の震源が分布する仮想的な面。海溝底からはじまり、大陸側に三〇度から四〇度で傾斜する面。震源面。Wadati-Benioff zone 比較 サブダクション。

**わた-つ-み【▽海▽神・綿津見】**《「つ」は「の」の意の格助詞》①海洋を司る神。わたがみ。わだつみ。②海神のいる所。海。

**わだ-とうげ【和田峠】** 長野県中部、霧ケ峰の北西にある峠。中山道(国道一四二号)最高所の峠で、標高一五三一m。ビーナスラインが通る。

**わた-どの【渡殿】** 渡り廊下。細殿。

**わたなべ-かざん【渡▽辺▼崋山】**(一七九三～一八四一) 江戸後期の洋学者・南画家。三河国田原藩家老。高野長英らと尚歯会を結成。幕府の海防政策を批判した『慎機論』を著し、蛮社の獄に連座。国もとに蟄居中自殺。↓写

● 渡辺崋山

**わたなべ-かずお【渡▽辺一▽夫】**(一九〇一～一九七五) 仏文学者。東京生まれ。東大教授。フランス一六世紀文学の翻訳・研究に業績をあげる。著書『フランス-ユマニスムの成立』、翻訳『ガルガンチュワとパンタグリュエル』など。

**わたなべ-かてい【渡▽辺▼霞亭】**(一八六四～一九二六) 小説家。本名、勝。名古屋生まれ。新聞小説を多数書いた。江戸文学の収集家として著名。作品『渦巻』など。

**わたなべ-じゅんいち【渡▽辺▼淳一】**(一九三三～) 小説家。北海道生まれ。札幌医大卒。作品『光と影』『花埋み』『遠き落日』など。

**わたなべ-すいは【渡▽辺水▼巴】**(一八八二～一九四六) 俳人。本名、義。東京生まれ。内藤鳴雪・高浜虚子に師事。『曲水』創刊・主宰。作品『水巴句帖』など。

**わたなべ-の-つな【渡▽辺綱】**(九五三～一〇二五) 平安中期の武将。摂津国渡辺の人。源頼光の四天王の一人。大江山の酒顚童子、羅生門の鬼退治などの伝説で有名。

**わたなべ-まさのすけ【渡▽辺▽政▼之▼輔】**(一八九九～一九二八) 社会運動家。千葉県生まれ。日本共産党中央委員。モスクワで「二七年テーゼ」の起草に参画し、帰国後党委員長。三・一五事件後国外に脱出、台湾で警官に囲まれ自殺。

**わたなべ-よしお【渡▽辺▽義雄】**(一九〇七～) 報道写真家。新潟県生まれ。建築写真の第一人者。作品集『伊勢』『迎賓館』など。

**わた-ぬき【綿抜き】** 綿入れの綿を抜いたあわせ。

**わた-の-き【綿の木】** インドワタノキの別名。

**わた-の-そこ【▽海の底】**［枕ことば］《海のきわまるところの意から》「沖」にかかる。用例 —沖つ深江の海上の子負の原にみ手づから置かし給ひて(万葉・五・八一三)。

**わた-の-はら【▽海の原】** 古語 うなばら。わだのはら。用例 —やそしまかけてこぎいでぬと(古今・羇旅)。

**わたふき-かいがらむし【綿吹貝殻虫】** ワタフキカイガラムシ科の昆虫。ミカン類の大害虫。体長約五mm。綿状のろう物質を分泌。天敵はベダリアテントウ。本州・四国・九州に分布。cottony-cushion scale 参照 リンゴワタムシ。↓カイガラムシ図

**わた-ぼうし【綿帽子】** 真綿を広げて作ったかぶりもの。防寒用。のちに花嫁が婚礼に用いるかぶりもの。

**わた-ぼこり【綿▼埃】** 綿の繊維が飛び散ったほこり。また、綿状のほこり。ball of dust

**わた-むし【綿虫】** アブラムシ科の微小昆虫のうち、体から白色の綿状分泌物を出すものの総称。体長二mm内外。東北・北海道で、晩秋に綿か雪が舞うように飛ぶ。リンゴの害虫リンゴワタムシなど。ユキムシ。

**わだやま【和田山】**〈町〉 兵庫県北東部、円山川上流域の町。但馬南部の中心地で、県の出先官庁が多い。中世の竹田城跡が知られる。人口一万六九五二(一九八八)。

**わた-ゆき【綿雪】** 綿をちぎったような大きな雪片となって降る雪。冬の初めや春先の風の弱い日に多い。ぼたん雪。

**わた-ゆみ【綿弓】** ↓わたうち(綿打ち)②

**わだ-よしもり【和田▽義盛】**(一一四七～一二一三) 鎌倉初期の武将。相模の豪族で、源頼朝の挙兵以来の功臣。鎌倉幕府の初代侍所別当。北条氏の挑発で挙兵し、一族とともに敗死。

**わたらい【渡らい】** 古語 生活のための仕事や職業。なりわい。生計。用例 年ごろ—なども いとわろくなりて(大和・一四八)。

**わたらい【▽度▽会】**〈町〉 三重県南東部、伊勢市の南西に接する町。農・林業の町で、茶・野菜などを産出。人口九二二二(一九八八)。

**わたらい-しんとう【▽度▽会神道】** 伊勢神道の別称。

**わたらい-そのめ【渡▽会園女】** ↓しばそのめ(斯波園女)

**わたらせ-がわ【渡▽良瀬川】** 栃木・群馬県境の皇海山に発し、赤城山東麓を東へ流れ、埼玉県栗橋町で利根川に合流する川。長さ九四km。かつて足尾銅山の排水汚染で知られたが、現在は農業・発電・上水道などに利用される。

**わたらせ-ゆうすいち【渡▽良瀬遊水池】** 栃木県南端、渡良瀬川下流の水害防止用遊水池の通称。面積三三km²。釣り場やカモの猟場として知られ、自生するヨシは葭簀の原料となる。赤麻沼。

**わたり【▽辺り】** あたり。ほとり。付近。

**わたり【渡り】** ①渡ること。transit ②渡し舟の発着所。渡し場。ferry ③渡来。舶来。introduction 用例 南蛮—。④「渡り者」の略。⑤交渉。話し合い。negotiation 用例 —をつける。⑥動物の季節による移動の一種。とくに鳥類や蝶類などが、繁殖地と生息地の間を定期的に往復移動すること。migration

**渡りに船**(わたりにふね) 困っているときに、都合のよい条件が現れること。timely help

**わたり【▼亘理】**〈町〉 宮城県南部、阿武隈川下流域の町。旧城下町で、稲作や野菜・果樹栽培などが主。仙台市への通勤者も多い。人口三万四(一九八八)。

**わたり-あ・う【渡り合う】**(五自) ①相手になって戦う。刀で切り合う。fight against ②論争する。argue

**わたり-ある・く【渡り歩く】**(五自) ①方々を歩き回る。wander about ②転々と職を変える。change jobs

**わたり-いた【渡り板】** 渡るためにかけわたす板。歩み板。gangplank

**わたり-がに【渡▼蟹】** 櫂状になった後脚で泳ぎ、遠くまで移動するワタリガニ科のカニの総称。また、暖海に種類が多く、食用にされるものもある。代表種ガザミのみをさす場合も多い。ガザミは甲の長さ約七cm、幅約一五cm。暗緑色、菱形で、左右の両端が突出する。美味。青森以南に分布。

**わたり-がらす【渡▼鳥】** カラス科のなかで最大のカラス。全長約六〇cm。全身黒色。おもに海岸に群生し、雑食性。カポン、カポンと鳴く。南アメリカ・オーストラリアを除く世界に広く分布。日本へは北海道に冬鳥として渡来。raven

**わたり-ぜりふ【渡り▽台▽詞】** 歌舞伎で、一続きの台詞を数人で分担し順番に言うこと。また、その台詞。

**わたり-ぞめ【渡り初め】** ①橋・道などが完成したときに、初めて渡って祝うこと。また、その式典。②生後三日目または七日目に、赤子を抱いて初めて橋を渡り、成長を願う儀礼。

**わたり-どり【渡り鳥】** ①繁殖地と遠く離れた非繁殖地との間を、毎年定期的に往復する鳥。たとえば日本で、春から夏に繁殖するツバメ・カッコウなどを夏鳥、越冬するガン・カモ類を冬鳥、ただ通過するシギ類を旅鳥という。migratory bird 対義 留鳥。②外国から船来した鳥。クジャク・オウム・インコなど。③渡り歩いて稼ぐ人。wandering laborer ↓図

**わたりどり-じょうやく【渡り鳥条約】** 渡り鳥の保護のために、該当する国同士で締結する二国間条約・協定。

**わたり-ぼうこう【渡り奉公】** 主人を変えて、あちこちに奉公すること。

**わたり-もの【渡り者】** ①職業を持たず、あちこちを旅して歩く人。vagabond ②生活の場や職業・職場を転々と変えて暮らす人。migrant worker ③よその土地から来た人。よそ者。他国者。stranger

**わたり-ろうか【渡り廊下】** 建物と建物との間をつなぐ廊下。わたどの。

**わた・る【▼亘る・▼互る】**(五自) ①ひきつづく。last 用例 五日間に—大会。②ある範囲におよぶ。extend 用例 詳細に—。私事に—。余談に—。

**わた・る【渡る・▽渉る】** 一(五自) ①こえて向こうへいく。cross 用例 川を—。道を—。中国へ—。②生きていく。get along 用例 世を—。③人手に移る。pass into 用例 所有権が人手に—。④すみずみにまで達する。ゆきわたる。spread 用例 資料が全員に—。⑤《動詞の連用形に付いて》すっかり、一面に、の意。用例 晴れ—。知れ—。二 古語(四自)《「あり・居り」の尊敬語》用例 あなあさまし。あれは女院にて—・らせ給ふぞ(平家・一一・能登殿最期)。

**渡る世間に鬼は無い**(わたるせけんにおにはない) 世間は無情の人ばかりでなく、人情の深い人がどこにもいる。There is kindness to be found everywhere.

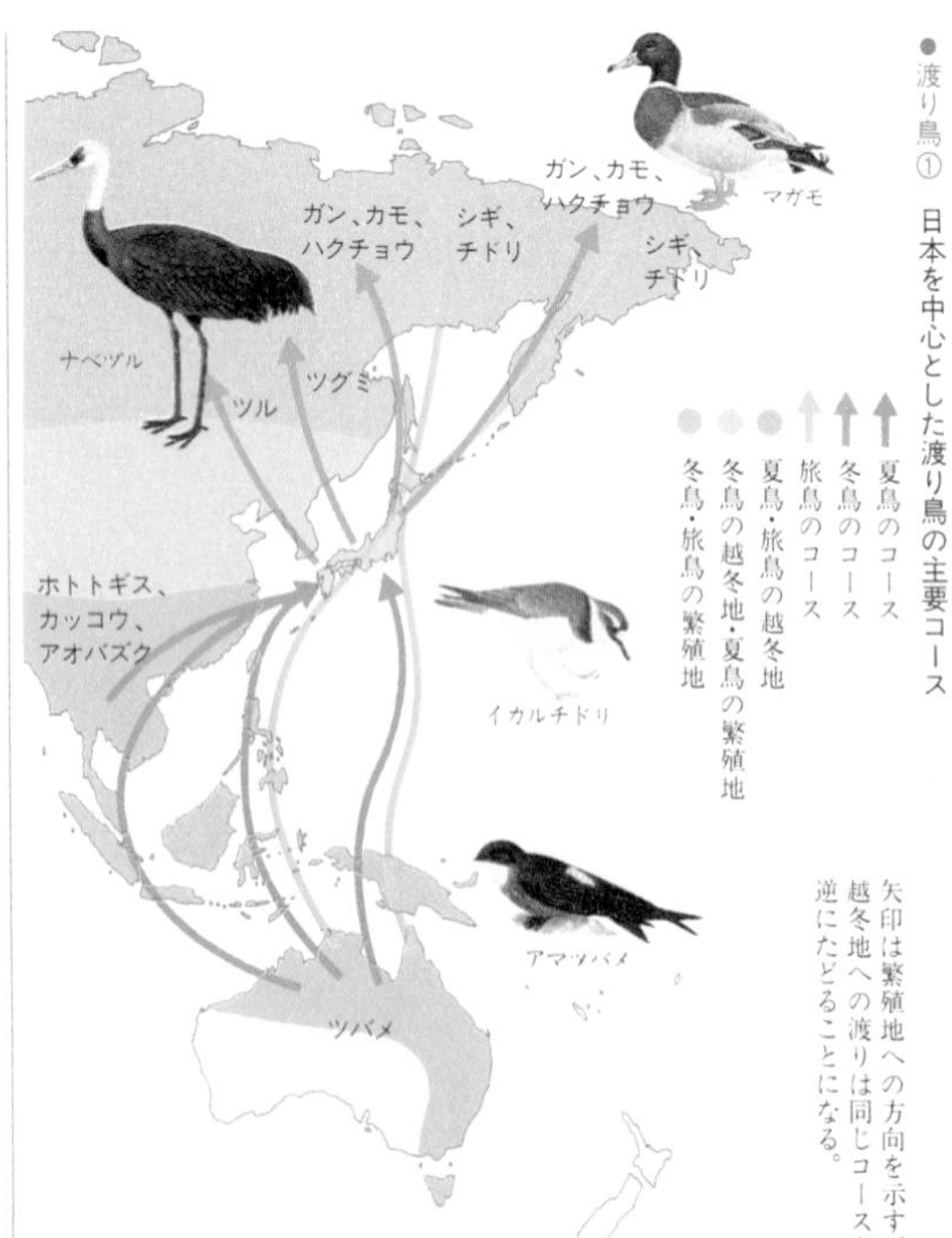


● 渡り鳥① 日本を中心とした渡り鳥の主要コース

矢印は繁殖地への方向を示す。越冬地への渡りは同じコースを逆にたどることになる。

●ワダン

**わだん** 暖地の海岸にはえるキク科の多年草。高さ約三〇cm。根出葉は倒卵状楕円形で厚い。秋、枝先に黄色い頭花がかたまって多数咲く。茎葉を傷つけると、苦い乳液がでる。↓写

**わ-だん【和談】** 仲直りの相談。和議。

**わ-だんす【和▼簞▼笥】** 和風の簞笥。キリを主材とし、おもに和服を収納する。

**わち【和知】**〈町〉京都府中部、丹波高地の由良川流域の町。町域の大部分が山林で、丹波グリのほか黒大豆・アユなどを産出。和知ダムがある。人口四八五四(一九八八)。

**わちがい-そう【輪違草】** ナデシコ科の多年草。山地の林内にはえる。高さ約一〇cm。葉はへら形。春、茎頂や、その近くの葉腋に、白色五弁花が咲く。

**わちき【▽私】**(代)《遊里語。江戸時代、芸妓・遊女などが用いた自称》わたし。

**わちゅう-きょうどう【和衷協同】** 心を同じにして、ともに力を合わせること。和協。

**わっ**(感) ①驚いたときに思わず口をついてでる語。わあ。②人を驚かすための掛け声。

**わづか【和▽束】**〈町〉京都府南東部、木津川の支流和束川に沿う町。古代、聖武天皇の紫香楽宮への通路だったところで、宇治とともに煎茶の産地で知られる。人口六三二〇(一九八八)。

**わっかない【▽稚内】**〈市〉北海道北端、宗谷海峡に臨む市。北洋漁業の根拠地で、水産加工業もさかん。稚内港は不凍港で、かつては樺太との連絡の要地。利尻・礼文島への定期航路がある。人口四万九九七八(一九八八)。

**ワックス【wax】** ①木ろう、および外観・性状がこれに類似した物質の総称。木ろうのほか、みつろう・パラフィンのワックスなどがある。②床のつや出し剤やスキーのうらにぬって滑りをよくする油脂製品などの総称。

**ワックス-しょり【ワックス処理】** 果実の表面にワックスを塗って艶出しする方法。水分の発散を防ぐためでもある。柑橘類などに行う。waxing

**ワッゲルル【Karl Heinrich Waggerl】**(一八九七～一九七三) オーストリアの小説家。作品『パン』『主の年』など。

**ワッケンローダー【Wilhelm Heinrich Wackenroder】**(一七七三～一七九八) ドイツ初期ロマン派の小説家。ティーク編『芸術を愛する一修道僧の心情の吐露』、遺稿『芸術幻想』。

**ワッサーマン【Jakob Wassermann】**(一八七三～一九三四) ドイツのユダヤ系小説家。危機的な時代の人間の苦悩を描いた。作品『若きレナーテの生活』など。

**わっさむ【和寒】**〈町〉北海道中央部、名寄・上川両盆地の中間にある町。稲作・畑作が主で、製材工業も行う。塩狩温泉がある。人口六〇七一(一九八八)。

**わつじ-てつろう【和▼辻哲郎】**(一八八九～一九六〇) 哲学者・倫理学者。兵庫県生まれ。京大・東大教授。「和辻倫理学」といわれる独自の倫理学体系を樹立。文化・精神史の研究にも業績をあげた。著書『古寺巡礼』『倫理学』など。

**わっしょい**(感) ①大勢で重いものをかつぐときの掛け声。②みこしをかつぐ人々の掛け声。

**ワッセルマン【August von Wassermann】**(一八六六～一九二五) ドイツの細菌学者。梅毒診断の一つのワッセルマン反応の発見者。コレラ予防接種法などでも業績をあげた。

**ワッセルマン-はんのう【ワッセルマン反応】** 梅毒診断法の一つ。補体結合反応を応用した梅毒の血清反応のこと。Wasserman test

**わっち【▽私】**(代) わたし。わっし。おもに身分の低い男女が使った語。

**ワッツ【George Frederic Watts】**(一八一七～一九〇四) イギリスの画家・彫刻家。貴族の肖像画、騎馬像などの彫刻をつくる。作品『愛と死』など。

**わっ-と**(副) ①大声をあげるさま。loudly 用例 ― おどかす。②声を出して泣くさま。burst into tears 用例 ― 泣き出す。

**ワット【watt】** 仕事率および電力の国際単位。一秒間に、一ジュールの割合で仕事をする場合の仕事率。また、一アンペアの電流で一秒間に消費される電力。記号W。

**ワット【James Watt】**(一七三六～一八一九) イギリスの技術者・発明家。スコットランド生まれ。一七六九年に本格的な蒸気機関を発明。産業革命期の代表的技術者。

**ワット-タイラー-の-らん【ワット＝タイラーの乱】** 一三八一年、イギリスに起きた、ワット＝タイラーを指導者とする農民一揆。一時はロンドンを占領、国王に農奴制廃止などの要求を認めさせたが、タイラーが殺され、一揆は瓦解し鎮圧された。Wat Tyler's Rebellion

**ワットマン-し【ワットマン紙】**《はじめて抄造したイギリス人のジェームス＝ワットマンに由来》麻を主原料とした高級の図画用紙。

**わっぱ【▽童】** ①《「わらわ」の転》子どもを悪くいう語。②子どもがわがままをいうこと。③乱暴者を悪くいう語。④戦国時代の間者。すっぱ。

**わっ-ぱ【輪っぱ】** ①《俗語》輪。車輪など、輪の形をしたもの。ring; wheel ②曲げ物の、食物を入れる容器。曲げわっぱ。

**ワッハーブ-は【ワッハーブ派】** イスラム教スンナ派の復古主義の一派。一八世紀中ごろ、ワッハーブがイスラム改革運動として創始し、多くの民族主義運動と結びついた。サウジアラビアの国教。Wahhabism

**わっぱ-めし【輪っぱ飯】** スギなどで作った円筒形の容器(＝わっぱ)にご飯と、山菜などの具を入れ、蒸したもの。新潟県の郷土料理。

**わっ-ぷ【割符】** ↓わりふ(割り符)

**わっ-ぷ【割賦】** 何回にも分けてはらうこと。月賦など。割賦。

**ワッフル【waffle】** 格子模様の鉄板でふんわり焼いた小麦粉の皮に、ジャム・クリームなどをはさんだ洋菓子。

**ワッペン【Wappenドイツ】**《紋・紋章、の意》①楯形などの布に刺繡・アップリケなどで図柄を描き、上着などの胸飾りにするもの。②また、①を模して物にはり付けるようにした絵・マークなど。

**わて【▽私】**(代)《方言》関西などで、わたし。あて。

**ワディ【wadi】** ↓ワジ

**わ-てつ【和鉄】** たたら吹きによる日本古来の和銑・和鋼からつくられた錬鉄。製品の形状から「包丁鉄」といい、日用金物や刃物に用いられた。

●ワトー 『シテール島への船出』(部分)。一七一七年ごろ、ルーブル美術館(フランス)。

**わ-とう【話頭】** ①話の糸口。②話の内容。話題。

**話頭を転ずる**(わとうをてんずる) 話題を変える。

**わどう【和銅】** 奈良時代の年号。慶雲から改元。元年(七〇八)一月一一日～八年(七一五)九月二日。次に、霊亀に改元。

**わどうかいちん【和同開▼珎】** 日本で鋳造した最古の銭。和銅元年(七〇八)銀・銅の二種を鋳造したが、銀銭は翌年廃止。銅銭は全国的に普及。皇朝十二銭の一つ。わどうかいほう。

**わどう-かいほう【和同開▼珎・和同開宝】**《「開珎」の「珎」を「寳」の略字と解することによる読み方》↓わどうかいちん(和同開珎)

**わとうない【和▼藤内】** 近松門左衛門作の浄瑠璃『国性爺合戦』の主人公。

**ワトー【Jean-Antoine Watteau】**(一六八四～一七二一) フランスの画家。フランス貴族社交界の風俗を優雅な彩色でみやびやかに描写。ロココ美術の代表的雅宴画家。作品『シテール島への船出』など。↓写 ↓ロココ美術写

**わ-どく【和読】**(名・サ変他) 漢文を和訳して読むこと。

**わ-どく【和独】** ①日本語とドイツ語。Japanese and German ②「和独辞典」の略。Japanese-German dictionary 対義 独和。

**わどく-じてん【和独辞典】** 日本語から、相当するドイツ語を見つけ出すための辞典。Japanese-German dictionary

**わ-どけい【和時計】** 日本の不定時法の時刻制度に合わせて江戸時代に製作された機械時計。櫓時計・枕時計・尺時計・万年自鳴鐘など。↓写

●和時計 江戸初期の櫓時計(右)。江戸末期の台時計(左)。

**わ-とじ【和▼綴(じ)】** 本などの日本風の綴じ方。その本。対義 洋綴じ。

**ワトソニア【Watsonia】** アヤメ科の球根草。春、剣状の葉の間に、グラジオラスに似た花が咲く。花色は桃・紅・白。切り花・花壇用。南アフリカ原産。ヒオウギズイセン。↓写

●ワトソニア

**ワトソン【James Dewey Watson】**(一九二八～) アメリカの分子生物学者。英国のクリックと共同して、ウィルキンズの協力のもとにDNAの二重らせん構造説を提唱。クリック・ウィルキンズとともに、一九六二年ノーベル生理学医学賞受賞。

**ワトソン【John Broadus Watson】**(一八七八～一九五八) アメリカの心理学者。従来の意識心理学を否定し、行動主義を提唱。著書『行動主義』など。

**ワトソン【Thomas John Watson】**(一八七四～一九五六) アメリカの企業家。IBM社を創立し、電子計算機の開発により世界一の事務機器メーカーに育てた。

**ワトソン-クリック-の-モデル**《分子生物学者のワトソンとクリックの名から》一九五三年に発表されたデオキシリボ核酸の分子構造の模型。反時計まわりにねじれたらせん状構造をしている。Watson-Crick model

**わ-どの【和殿・▼吾殿】** 古語(代) 対等の身分の者、また、目下の者に親しんで言った語。あなた。君。わとの。用例 から言ふ ― はたそ(平家・七・実盛)。

**わどまり【和泊】**〈町〉鹿児島県奄美諸島、沖永良部島北東部の町。サトウキビやユリの栽培がさかんで、台風と旱魃の多いところとして知られる。人口八五一六(一九八八)。

**わ-どめ【輪留め】** 坂などで、とめてある車が走り出さないように車輪にあてがうもの。

**わな【▼罠・▼羂・▼絹】** ①縄を輪にして、その中に餌を置いて鳥獣を誘いこみ捕らえる仕掛け。snare ②鳥獣を捕らえるための装置の総称。③人をおとしいれる策略。おとし穴。trap

**罠に掛かる**(わなにかかる) ＝罠に落ちる。罠に嵌まる。①罠の中に入る。be caught in a trap ②まんまとだまされる。fall into a trap

**罠に掛ける**(わなにかける) ①仕掛けたわなで、鳥獣などを捕らえる。set a trap ②計略で、人を陥れる。まんまとだます。trap a person

**罠を仕掛ける**(わなをしかける) ①鳥獣などをつかまえるために、わなをかける。set a trap ②人をお

としいれるために、計略をめぐらす。devise a scheme

**わな【輪▼奈】** ひも・糸などを輪にしたもの。わさ。loop

**わ-なげ【輪投げ】** 遊戯の一つ。直立した棒に一定の距離から輪を投げかけて、棒にかかった数などを争う。古代ギリシアではスポーツとして行われ、日本には明治時代に伝来した。quoits

**わなな・か・す【▽戦▼慄かす】**(五他) ふるわす。tremble; shake 用例声を—。

**わなな・く【▽戦▼慄く】**(五自) わなわなとふるえる。恐れ・寒さ・発熱などで体がふるえる。おののく。shiver

**わ-なり【輪▽形】** 輪の形。輪状。円形。

**わな-わな**(副・サ変自) 寒さ・恐れなどで、ふるえるさま。ぶるぶる。tremble all over

**わに【▼鰐】** ①ワニ目に属する爬虫類の総称。全長一〜七m。大半は淡水域に生息。水中生活に適応した体で、頭部が大きく、長い尾は強大。口は多数の鋭い歯をもつ。全身は堅いうろこでおおわれ、前肢に五本、後肢に四本の指がある。クロコダイル・アリゲーターなど二三種が亜熱帯・熱帯に分布。crocodile; alligator ②ワニザメ。↓図

**わに【▽王仁】**(生没年未詳) 古代の渡来人。西文氏の祖で、漢の高祖の子孫といわれる。応神朝に百済から来朝、『論語』や『千字文』を伝えたという。

●ワニ①

**わに-あし【▼鰐足】** 両足先が外側、または内側に向いた歩き方。外鰐と内鰐。

**わに-がわ【▼鰐皮】** ワニの皮。表面に長亀甲形があり、茶ないし黒褐色で光沢をもつ。鞄・がまぐち・ベルト・ハンドバッグなどに利用。crocodile skin; alligator skin

**わに-ぐち【▼鰐口】** ①大きい口の形容。②平たい、円形で中空の鈴。社殿・仏殿の正面につるし、参拝者が綱をふって鳴らす。

**わに-ざめ【▼鰐▼鮫】** サメの古称。

**ワニス【varnish】** 樹脂を溶剤に溶かした透明塗料の総称。溶剤に乾性油やボイル油を用いた油性ワニス、アルコールやトルエンを用いたスピリットワニスがある。木材の透明塗装などに使用。ニス。

**わに-ちどり【▼鰐千鳥】** チドリに似たアフリカ産のツバメチドリ科の鳥。全長約二〇cm。背面は灰色、下面は淡黄褐色で、頭部や背、胸に黒条が走る。ナイル川などでワニの背中の上を動き回っているが、ワニの歯の間の食物のかすをとって食べるというのは疑わしい。ワニドリ。ナイルチドリ。crocodile bird

**わにつか-さんち【▼鰐塚山地】** 宮崎市南部、都城盆地と日南海岸の間を南北に連なる山地。最高峰鰐塚山(一一一九m)。

**わに-なし【▼鰐▼梨】** アボカドの和名。

**ワニラ【vanilla】** →バニラ

**わ-ぬけ【輪抜け】** 高い所につるした輪を、跳んでくぐり抜ける曲芸。

**わ-ぬし【▼吾主・和主】** 古語(代) 同輩以下の者に対して言った語。おまえ。きみ。用例—の問はれんほどのこと(徒然・一三五)。

**わのうち【輪▼之内】**〈町〉 岐阜県南西部、長良・揖斐川にはさまれた町。輪中を形成し、稲作などの農業が主。人口八四七六(一八)。

**わ-の-ごおう【▼倭の五王】** 『宋書』など中国の史書にみえる五人の倭王。讃・珍(弥)・済・興・武で、南朝の宋に朝貢したと記されている。讃は応神または仁徳、あるいは履中天皇、珍は仁徳または反正天皇、済は允恭、興は安康、武は雄略の各天皇にあてる説もある。

**わのなのこくおう-の-いん【▼倭▽奴国王印】** 天明四年(一七八四)博多湾入り口の志賀島から発見された金印。印面に「漢委奴国王」と刻されている。『後漢書』「東夷伝」の記事との対応を推測する説もある。↓写

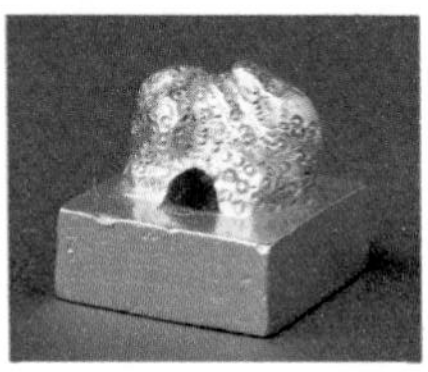
●倭奴国王印 福岡市美術館。

**わ-のり【輪乗り】** 輪の形を描いて馬を乗り回すこと。

**わ-ばり【和針】** 和裁用の針。洋針に比べて針穴が丸く、針先はしだいに細くなっている。木綿針・絹針などの縫い針から待ち針・くけ針・刺繍針などの種類がある。

**わばん-こうしゅ【和▼蕃公主】** 中国、前漢や唐代に異民族懐柔のため政略結婚させられた帝室または王族の婦人。前漢の王昭君は有名。

**わび【▼侘び】** ①思いわずらうこと。わびしいこと。②静かな境地を楽しむこと。③茶道や蕉風俳諧の理念。物質的な享楽を捨て、簡素・静寂のうちに精神の清純さを求める境地。落ち着いたさびしい感じ。閑寂な風趣。比較さび。

**わび【▼詫び】** 謝ること。謝罪。apology

**わび-い・る【▼詫び入る】**(五自) ひたすらわびる。apologize sincerely

**わび-ごと【▼詫び言】** おわびのことば。apology

**わび・し【▼侘びし】** 古語(形シク) ①つらく苦しい。用例またかかる—・しき目見ず(竹取)。②閉口する。迷惑だ。用例前栽の草木まで心のままならず作りなせるは、見る目もくるしく、いと—(徒然・一〇)。③つまらない。ものたりない。用例童の名は例のやうなるは—とて(堤中納言・虫めづる姫君)。④→わびしい(侘しい)

**わびし・い【▼侘びしい】**(形) ①心細い。lonely ②もの寂しい。もの静かだ。dreary; tranquil ③貧しい。みすぼらしい。shabby 派生わびしげ(形動) わびしさ(名)

**わびし・む【▼侘びしむ】** 古語(下二他) わびしく思わせる。用例寝覚めする人の心を—・めて(山家集)。

**わび-じょう【▼詫び状】** おわびの手紙。letter of apology

**わびしら-に【▼侘びしらに】**(副) わびしそうに。

**わび-すけ【▼侘助】** ツバキ科の常緑低木。葉は楕円形で厚く、鋸歯がある。花は一重で淡紅色に白斑がある。花弁は五枚。庭木・茶花用などに栽培。

**わび-ずまい【▼侘び住(ま)い】** ①わびしく住むこと・家。live a lonely life ②閑居。solitary life

**ワピチ【wapiti】** 北米にすむ大形のシカ。ヨーロッパのアカシカに近い。体高約一・五m。角は雄だけにある。

**わび-ちゃ【▼侘(び)茶】** 茶の湯の一つ。書院式の茶道に対して、茶室の造りや道具など華美なものを避け、草庵風の侘びた美を求めるもの。室町時代末期の村田珠光に始まり、千利休が完成した。

**わび-ね【▼侘び寝】** 寂しく寝ること。

**わび-びと【▼侘び人】** ①わびしい身の上の人。寂しく暮らす人。②世に用いられない人。③おちぶれた人。みすぼらしい人。

**わ・びる【▼侘びる】**(上一自) ①心さびしく思う。用例独り暮らしを—。②見すぼらしく見える。look humble 用例—・びた住まい。③《動詞の連用形に付いて》㋐その事をしきれないでいる意を表す。用例待ち—。㋑その事をしながら、満足できないでいる意を表す。用例恋い—。

**わ・びる【▼詫びる】**(上一他) 許しを願う。謝る。謝罪する。apologize

**わ・ぶ【▼侘ぶ】** 古語(上二自) →わびる(侘びる)

**わ・ぶ【▼詫ぶ】** 古語(上二自) →わびる(詫びる)

**わ-ふう【和風】** ①日本風なこと。Japanese style 対義洋風。②のどかな風。とくに、春の風。gentle wind ③風速の程度を目測ではかる風力階級で、四の風(毎秒五・五〜七・九m)。砂ぼこりが立ち、小枝が動く程度を言う。moderate breeze

**わふう-じゅうたく【和風住宅】** 和風小屋組みの住宅。一般に畳・障子・床の間・瓦屋根・土壁など書院造りや民家風の伝統を残すもの。和洋折衷型の多い今日、厳密に区分することはむずかしい。Japanese-style house 対義洋風住宅。↓図

**わ-ふく【和服】** 日本で古くから用いられている、伝統的な衣服。着物。対義洋服。

**ワフタンゴフ【Yevgeny Vakhtangov】**(一八八三〜一九二二) ソ連の演出家。革命後独自の演出体系を創造。演出作『トゥランドット姫』など。

**わ-ふつ【和▽仏】** ①日本語とフランス語。Japanese and French ②「和仏辞典」の略。Japanese-French dictionary 対義仏和。

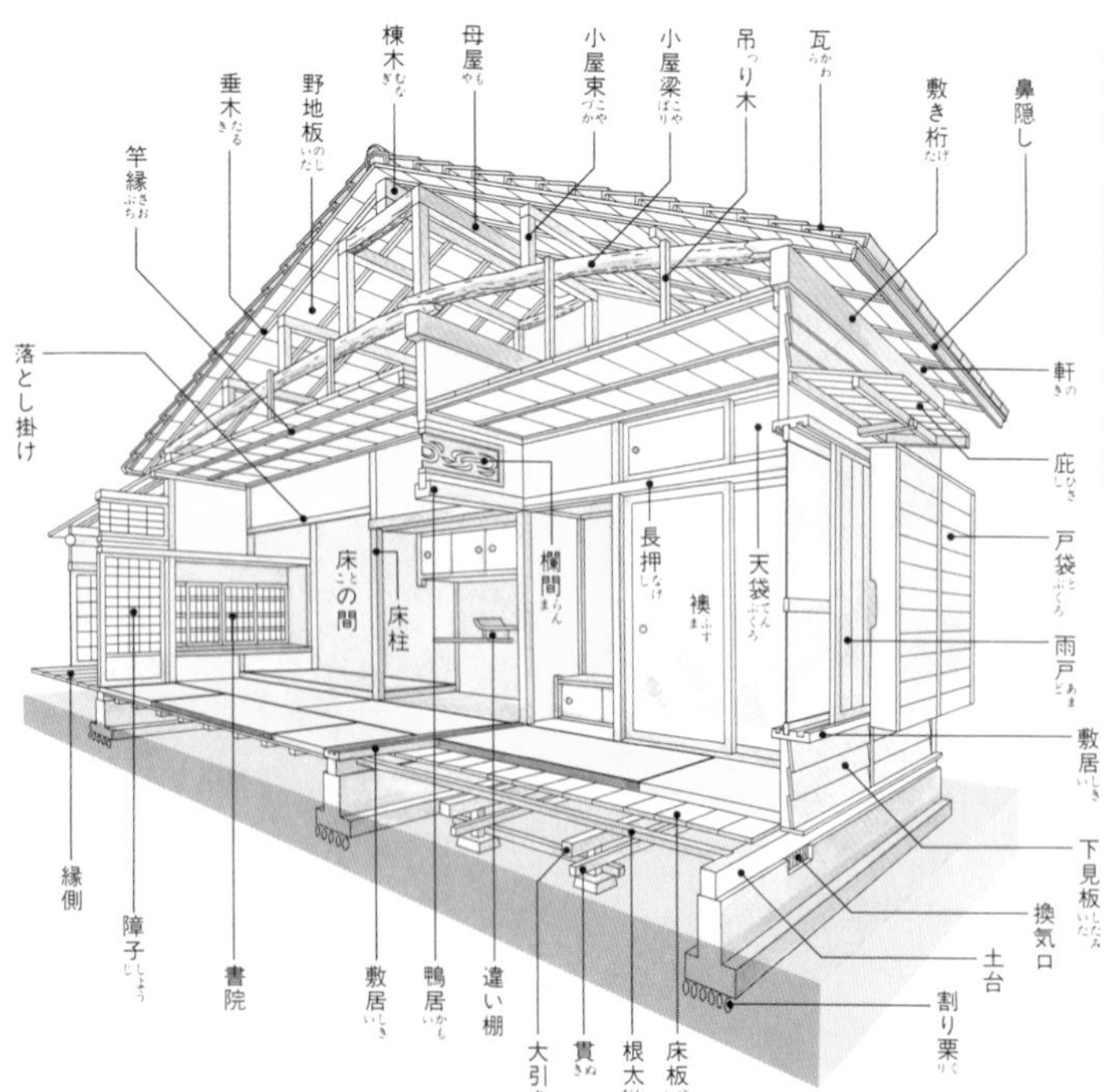

●和風住宅 木造真壁造りの各部名称

**わふつ-じてん【和▽仏辞典】** 日本語から、相当するフランス語を知るための辞典。和仏。Japanese-French dictionary

**わ-ぶん【和文】** ①日本語で書いた文章。②平安時代の仮名文。比較 擬古文・雅文。

**わぶん-たい【和文体】** 平安時代の仮名文の文体。

**わ-へい【和平】** 争っていた国などが和睦して平和になること。peace 用例 ―会談。

**わ-へい【話柄】** 話す事柄。話題。

**わ-ほう【話法】** ①話のしかた。way of speaking ②《narrationの訳》話し手の叙述の中に、他の人の叙述を引用する形式。直接話法と間接話法とがある。

**わ-ぼく【和▼睦】**(名・サ変自) 仲直りをすること。和解。講和。reconcilation

**わ-ほん【和本】** 和紙を和とじにした、日本風の本。和書。対義 洋本。

**わ-まわし【輪回し】** 鉄や竹の輪を、先端がかぎになった棒で倒れないように支えて走り、転がす遊び。江戸時代は桶のたがを使用、明治時代に鉄製のものが出現。フープリン。hoop trundling

**わ-みょう【和名・▼倭名】** 日本でのよび名。日本名。わめい。比較 学名。

**わみょうしょう【和名抄・▼倭名抄】** 『倭名類聚抄』の略称。

**わみょうるいじゅしょう【▼倭名類▼聚抄】** 《「和名類聚抄」とも》百科事典的な、日本初の分類別漢和辞書。源順編。一〇巻本、二〇巻本の二種があり、二〇巻本では意義により漢語を三二部に分類し、その出典・字音・和名を万葉仮名で記す。醍醐天皇の皇女勤子内親王の命により撰進、承平四年(九三四)ごろ成立。和名抄。

**わ-むし【輪虫】** 輪形動物門に属する動物の総称。頭部に繊毛環をもつ。顕微鏡的な微小生物で、主として淡水中に浮遊。雌雄異体。rotifer 参照 輪形類。

**わ-めい【和名】** ①動植物につけた学名と対応させた日本名。一般には仮名で書く。②↓わみょう(和名)

**わめ・く【▽喚く】**(五自) ①どなる。叫ぶ。yell; cry; shout ②騒ぐ。fuss ③ののしる。abuse; curse

**わや**(名・形動)《関西方言》＝わやく。①無理なこと・さま。無茶。②駄目なこと・さま。無駄なこと・さま。③子どもがいたずらをすること・さま。わんぱく。

**わやく**(名・形動)《「おうわく(枉惑)」の転か》↓わや

**わ-やく【和訳】**(名・サ変他) 外国語を日本語に訳すこと。日本語訳。

**わ-よ【和与】**《中世の法律用語》①子孫妻妾に対する無償贈与。②①以外の他人に対する無償贈与(他人和与)。③裁判上の和解。

**わ-よう【和洋】** 日本と西洋。

**わ-よう【和様】** ①日本式。日本風。和風。Japanese style ②書で、唐様に対する日本風な書の様式。和風。世尊寺流など。③「和様建築」の略。

**わよう-けんちく【和様建築】** 建築で、平安時代から行われてきた伝統的な様式。鎌倉時代に中国から伝来した禅宗様(＝唐様)・大仏様などと区別していう。蓮華王院本堂など。

**わよう-せっちゅう【和洋折衷】** 日本式と西洋式とを取り合わせること。また、それを取り合わせたもの。

**わよ-じょう【和与状】** 鎌倉時代、訴訟当事者の間で和解の条件を書いた書面。奉行所の許可を得てから効力を発揮。

**わら【▼藁】** ①稲・麦などの茎を干したもの。用途は多様で、稲藁は、家畜の飼料・縄など。麦藁からも麦藁帽子・ストローなどを作る。straw 用例 おぼれる者は―をもつかむ。②《藁を産褥に用いたことから》産褥。赤ん坊。

**藁が出る** 隠していた欠点がばれる。襤褸が出る。

**藁で束ねても男は男** 外見がどんなに粗末であったとしても、男たる者にはその価値がある。

**藁にも縋る** 困難に直面したときの、頼りにならないものにまで、救いを求めようとするさまをいう。grasp a straw 比較 溺れる者は藁をも摑む。用例 ―思い。

**藁の上から育てる** 生まれたときから育てる。bring up a child from the cradle

**藁を焚く** ①さかんに持ち上げる。たきつける。②根も葉もないことを告げ口する。中傷する。③古道具などを買うとき、けちをつけて値切る。

**わら【和▽良】**〈村〉 岐阜県中央部、飛騨高地の村。天然記念物のオオサンショウウオが生息。人口二六五七(一九八八)。

**わらい【笑い】** ①笑うこと。laugh; smile 用例 ―に紛らす。②あざけること。derision 用例 人の―を買う。③笑うべきこと。ばかばかしいこと。用例 とんだお―さ。

**笑いが洩れる** ①笑い声が聞こえてくる。hear the laughter 用例 隣室から―。②人の顔に、笑いが浮かぶ。急に緊張感が薄れたときなどに言う。smile 用例 会場に、思わず笑いがもれた。

**笑いを噛み殺す** 笑いたいのをぐっとがまんする。suppress a smile

**笑いを洩らす** 思わず笑ってしまう。laugh in spite of oneself

**わらい-え【笑い絵】** ①こっけいな絵。②春画。

**わらい-がお【笑い顔】** 笑った顔。えがお。smiling face

**わらい-かわせみ【笑、▼翡▼翠・笑川▼蟬】** カワセミ科の鳥。鳴き声が人の笑い声に似ている。全長は約四五cm。背面が黒褐色、腹面が淡褐色。森林にすみ昆虫・ヘビなどを食べる。オーストラリアに分布。great kingfisher; laughing jackass ↓写

●ワライカワセミ

**わらい-ぐさ【笑い▽種・笑い草】** 笑いを起こさせる話。物笑いの種。laughingstock

**わらい-ごえ【笑い声】** 笑う声。しょうせい。laughter

**わらい-こ・ける【笑いこける】**(下一自) 転げるようにからだを動かして笑う。ひどく笑う。go into fits of laughter

**わらい-ごと【笑い事】** 笑って済ませるようなこと。laughing matter 用例 ―ではない。

**わらい-さざめ・く【笑いさざめく】**(五自) にぎやかに笑う。大勢で笑ってあたりがにぎやかになる。laugh merrily

**わらい-じょうご【笑い上戸】** 酒に酔うと、よく笑う癖のある人。いつもよく笑う人。merry drinker; good laugher 対義 泣き上戸・怒り上戸。

**わらい-たけ【笑、▼茸・笑▼蕈】** ヒトヨタケ科のキノコ。かさは灰褐色、直径は二〜六cmの鐘状。食べると異常に興奮し、狂ったように笑い踊ったり、幻覚症状を示したりする。夏から秋に、馬糞などに生じる。

**わらい-とば・す【笑い飛ばす】**(五他) 笑ってとりあわない。笑って過ごす。laugh at

**わらい-の-おうこく【笑いの王国】** 昭和八年(一九三三)、古川緑波・徳川夢声・大辻司郎らによって、浅草常盤座で旗あげされた軽演劇の劇団。一〇年間公演活動をつづけた。

**わらい-ばなし【笑い話】** ①笑いをまじえて話すような軽い内容の話。funny story ②話の分類の一つ。柳田国男は、誇張を主眼にした大話、まねそこない話、愚か者のしくじり話に分けている。近世の落語のもと。

**わらい-ぼとけ【笑い仏】** 微笑の相で表された仏像。経蔵の前に安置される傅大士の像など。

**わらい-もの【笑い者】** 人にばかにされる人。laughingstock 用例 ―になる。

**わら・う【笑う】**(五自他) ①(自)㋐喜び・おかしさを顔に表したり、声を立てたりする。laugh; smile 対義 泣く。用例 全身で―。にこにこ―。㋑《「咲う」とも》つぼみなどがほころびる。咲く。bloom; blossom 用例 花―。②(他)《「嗤う」とも》あざわらう。あざける。sneer 用例 人に―・われる。

**笑う門には福来る** 明るい家庭には、しあわせが来るものだ。Laugh and grow fat.

**わら-うち【▼藁打ち】** わらで物を作るときに、わらをやわらかくするために、槌などでたたくこと。

**わら・える【笑える】**(下一自) ①笑って済ます。laugh at 用例 それこそ―・えない問題だ。②自然に笑うようになる。cannot help laughing

**わら-がみ【▼藁紙】** わらを原料とした、粗末な日本紙。

**ワラキア【Walachia】** ルーマニア南部、ドナウ川流域平野の地方名。一四世紀ワラキア侯国が成立。農業のほか石油を産出する。

**わ-らく【和楽】**(名・サ変自) 仲良くして、楽しむこと。peace and harmony

**わら-ぐつ【▼藁▼沓・▼藁▽履】** ①藁でつくった草履。わらじ。わろうず。straw sandals ②東北・北陸地方で積雪期に使用した藁製の履物の総称。雪沓。straw boots ↓写

●藁沓②

**わらさ【▽稚▼鰤】** 全長六〇cm前後のブリの東京でのよび名。ブリは成長にともなって名前の変わる出世魚で、東京では九〇cm以上のものをブリという。ちなみに、二〇cmまでのものはワカシ、四〇cm前後のものはイナダ。

**わら-ざ【▼藁座】** ①藁を縄にない、渦巻き状の円形に編んだ平たい敷物。円座。②開き戸の軸を受けるために地覆・貫などにとりつける木材または金具。③鳥居の柱などで、地面に接する部分に木・石・金属などを巻き付けたもの。↓鳥居図

**わらじ【▽草▼鞋】** 《「わらぐつ・わらうづ・わらんづ・わらんぢ」の転》藁で作った履物。稲藁や布などを足裏形に編み、つま先に緒をつけ、足に結びつけてはく。わらんじ。↓写

●草鞋

**草鞋を脱ぐ** ①旅を終える。②渡り歩いていたばくち打ちが、ある土地のばくち打ちのところに、一時身を落ち着ける。

**草鞋を履く** ①旅に出る。②ばくち打ちなどが、すみかを離れて旅に出る。

**わらじ-がけ【▽草▼鞋掛(け)】** わらじを履いていること。わらじ履き。

**わらじ-せん【▽草▼鞋銭】** わらじを買うぐらいのわずかなお金・旅費。また、旅立つ人におくる金銭。

**わらじ-だいおう【▽草▼鞋大王】** 仁王門の仁王。その前に草鞋をさげる風習からの呼称。

**わら-しべ【▼藁▼稭】** イネのわらの芯。わらすべ。

**わらしべ-ちょうじゃ【▼藁▼稭長者】** 昔話の一つ。観音のお告げにより、一本の藁稭を次々に高価なものに取り替えて長者になるという話。

**わらじ-むし【▽草▼鞋虫・▼鼠▼姑】** ワラジムシ科の甲殻類。体長約一cmで扁平。枯れ葉や朽ち木、床下など湿った所にすむ。ダンゴムシのように体を丸めない。世界各地に分布。sow bug ↓写

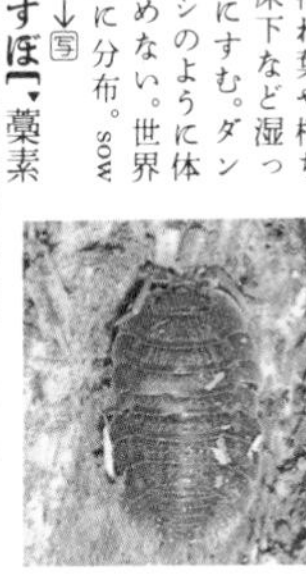

●ワラジムシ

**わら-すぼ【▼藁素▽坊】** ハゼ科の海水魚。体がウナギのように長い。体長約三〇cm。暗緑色。目は退化して皮下に埋まる。水底の泥中に管状の巣をつくってすむ。食用。有明海に分布。

**わら-づと【▼藁▼苞】** ①わらでつくった、つと。また、それでつつんだ物・贈り物。用例 納豆の―。②《転じて》賄賂。

**藁苞に国傾く** 賄賂がまかりとおるような状態になると、きっとその国は滅亡する。

**藁苞に黄金** 《藁苞のような粗末なものに、黄金のようなりっぱなものが入っていることから》物事のほんとうの価値は、外見では決められない、また、外見によって、中身の価値が変化するものではないということ。

**ワラッハ【Otto Wallach】**(一八四七〜一九三一) ドイツの有機化学者。テルペンおよび精油の研究に従事し、精油工業の飛躍的発展をもたらした。典型的な教育者でもあり、生涯を後進の指導にささげた。一九一〇年ノーベル化学賞受賞。

**わら-でっぽう【▼藁鉄砲】** 陰暦の一〇月一〇日の十日夜や亥の子の行事に、子どもたちが地面を打ちまわるための棒状にした藁筒。

**わら-ばい【▼藁灰】** わらを焼いてつくった

灰。

**わら-ばんし【藁半紙】** わらを主原料に少量のコウゾかミツマタの繊維を混ぜてすいた粗末な半紙。ざらがみ。

**わらび【蕨】** イノモトソウ科の多年生シダ。山野にはえる。地をはう長い根茎から、早春、拳状に巻いた若芽を出す。葉は三回羽状複葉で卵状三角形、長さ一m以上に達する。若葉は食用。根茎はでんぷん原料。↓写

●ワラビ　葉(右)と芽(左)。

**わら-び【藁火】** わらを燃やした火。

**わらび【蕨】**〈市〉 埼玉県南東部の市。中山道の旧宿場町で、織物(双子縞)で知られた。首都圏への通勤者が急増し宅地化が進む。人口七万一三〇六(一九八八)。

**ワラビー【wallaby】** カンガルー科ワラビー属の有袋類の総称。小形で、体長四五～一〇五cm。草原・やぶに小群で生息。オーストラリア・タスマニア・ニューギニアに約一〇種が分布。↓写

**わらび-て【蕨手】** ①早春、拳状に巻いて出るワラビの新葉のこと。②曲線の先端が巻き上がったもの。神輿の屋根の軒先など。

**わらび-なわ【蕨縄】** ワラビの根茎からでんぷんを採った後に残った繊維でつくった縄。水に強い。

**わらび-もち【蕨餅】** ワラビの根のでんぷんでつくるもち。小さな角形に切り、きな粉をつける。京都・奈良の名物で、室町時代からのもの。

**わら-ぶき【藁葺き】** わらで屋根をふくこと。その屋根。その屋根の家。straw-thatched roof 比較 かやぶき・かわらぶき。

**わら-ぶとん【藁布団】** わらを詰めた布団。straw mattress

**わらべ【童】**《「わらはべ」の変化した「わらんべ」の「ん」の無表記》＝わらんべ。①子ども。kid ②召し使いとした子ども。

**わらべ-うた【童歌】** 子どもの生活の中でうたわれる歌。遊びと結びついたものが多い。

**わら-や【藁屋】** わらぶきの家。

**ワラルー【wallaroo】** カンガルー科の有袋類。最大のアカカンガルー(体長一・五m余)よりはやや小さい。後肢は比較的短く、草食。オーストラリア南東部の沿岸地帯の荒地にすむ。

**わらわ【童】** わらべ。わらんべ。

**わらわ【妾】**(代) 武家の女が、自分をけんそんしていう語。

**わらわ-す【笑わす】**(五他) ↓わらわせる(笑わせる)

**わらわ-せる【笑わせる】**(下一他) ＝笑わす。①笑うようにする。make laugh ②《人をばかにして》とんでもないことである。non-sense 用例 それで学者だなんて、まったく──よ。

**わらわ-め【童女】** 女の子。少女。めのわらわ。

**わらわ-やみ【瘧】** マラリアに似た熱病。おこり。おこりやみ。

**わらわれ-もの【笑われ者】** 世間の人々からばかにされ、あざけられる者。笑い者。laughingstock

●ワラビー

**ワラント【warrant】** 新株引受権証書。他に優先して新株の割り当てを受ける権利を表示した証書。株主割り当てと第三者割り当ての別がある。

**ワラント-さい【ワラント債】** 社債をもっている人に、起債会社の新株を引き受ける権利(＝ワラント)を付与した社債。新株引受権付き社債。ワラント付き社債。bonds with warrants

**わらん-べ【童】** ↓わらべ(童)

**わらんべぐさ【わらんべ草】** 狂言の伝書。大蔵流一三代宗家虎明の筆。父虎清の教えから、故実・伝承など能楽一般を子孫のために記述した貴重な文献。『昔語抄』。

**わり【割(り)】** ①割ること。division 用例 ──ばし。②損得の割合。ratio 用例 ──に合わない。③割り当て。配分。allotment 用例 部屋──。時間──。④相撲で、取組表。program 用例 あすの──を見る。⑤めいめいが同額を支払うこと。割り勘。Dutch treat 用例 ──でいこう。⑥薄めること。dilute 用例 水──。⑦《「…のわりに」の形で》…に応じた程度よりは。…に相応しないで。considering; for 用例 年の──に若く見える。

**割りが合う**(わりがあう) 「割りに合う」と同意。

**割りが利く**(わりがきく) 労力や投資などの量にひき比べて、得られる効用や利益が大きい。

**割りが良い**(わりがよい) 他と比べて利益が大きい。profitable

**割りに合う**(わりにあう) 引き合う。割りが合う。pay

**割りを入れる**(わりをいれる) ①仲裁者を立てる。②衣服や帯などの布と布の間に他の布を裁ち入れて、幅広く仕立てる。

**割りを食う**(わりをくう) 割りのあわない目にあう。損をする。do not pay

**わり【割】** 歩合・比率の単位。元高の一〇分の一。用例 一──引き。

**わり-あい【割合】** ㊀(名) ①物と物の量的関係。歩合。比率。割。ratio; rate ②全体を分割してあてがう、個々の負担分。割り当て。割り前。割り勘。share ㊁(副) 案外に。思ったより。比較的。わりと。わりに。comparatively 用例 ──広い。──元気。

**わりあい-に【割合に】**(副) 比較的に。思いのほかに。わりあいと。comparatively 用例 ──簡単だった。

**わり-あて【割(り)当て・割当】** 割り当てること。割り前。allotment

**わりあて-がく【割当額】** 割りあてられた金額や物の量。allocation

**わり-あ・てる【割(り)当てる】**(下一他) 分けて、それぞれにあてがう。分配する。配当する。allot

**わり-いし【割(り)石】** 建築の基礎用などのために、適当な大きさに割った石。

**ワリー-しょとう【ワリー諸島】**(Îles Wallis) ↓ウォリスしょとう(ウォリス諸島)

**わり-いん【割(り)印】** ①相互の関連性を確認するため、分離した複数の書類にまたがって一つの印章を押すこと。書類が数枚からなるとき、そのつづり目に押すものは契印という。割り判。tally impression ②契印。joint seal

**わり-がき【割(り)書き・割書】**(名・サ変自) ①本文の中で、注を二行に割って書き入れること。また、その注。割り注。②角の書き。

**わり-かし【割りかし】**(副)《俗語》わりあい。わりかた。

**わり-かた【割(り)方】** ㊀(名) 割る方法。㊁(副)《俗語》わりあい。わりに。

**わり-かん【割(り)勘】**《俗語。「割り前勘定」の略》めいめいで平均した金額を出して、代金を払うこと。split the bill; go Dutch

**わり-き・る【割(り)切る】**(五他) ①余りが出ないように割る。divide ②迷わずに断定を下す。take a resolute attitude ③あっさりとかたをつける。businesslike

**わり-き・れる【割(り)切れる】**(下一自) ①割り算で、きっちり割れる。divisible ②よく納得・了解できる。satisfied 用例 ──・れない気持ち。

**わり-く【割(り)句】** ある単語を二つに割って、俳句形式の短詩の最初と最後に入れる遊び。また、その句。

**わり-ぐり【割(り)栗】**《「割りぐり石」の略》割り砕いた石。道路・建築物などの土台用。↓和風住宅図

**わり-げすい【割(り)下水】** 地面を掘り割りとした下水道。

**わり-ご【破(り)子・破(り)籠・樏】** 中に仕切りのある弁当箱の一種。ヒノキで折り箱のように作り、かぶせ蓋をする。また、その中に入れた携行用の食物。弁当。のちには曲げ物や行李のこともいった。

**わり-こう【割興】**《「割引興業債券」の略》日本興業銀行が発行する割引金融債。

**わり-ごえ【割(り)声】** そろばんで、割り算のときに唱える九九の声。「二一天作の五」など。

**わり-こみ【割(り)込み】** ①人を押し分けて入り込むこと。cut in ②昔、劇場で、一仕切りの中で連れでない人といっしょに見物すること。

**わり-こ・む【割(り)込む】**(五他) ①人を押し分けて、列の中などに入り込む。cut in ②人の対話に口を出す。break into

**わり-ざん【割(り)算】** ある数が他の数の何倍になっているかを、求める計算。除法。division 対義 掛け算。

**わり-した【割(り)下】**《「割り下地」の略》だし汁やスープに、しょうゆ・みりん・砂糖などで調味した、なべ料理用の煮汁。すき焼きや鶏なべなどに用いる。

**わり-じょうゆ【割(り)醤油】** しょうゆをだし汁や酢・かんきつ類などで割ったもの。しょうゆ味をやわらげる。

**わり-す【割(り)酢】** 酢を半量程度の水で割り、甘味が感じられる程度に砂糖を加え、みりんを少量加えたもの。すしだねの下味に用いる。

**わり-ぜりふ【割(り)台詞】** 歌舞伎で、一つの台詞を何人かで分けて言うこと。その台詞。

**わり-だか【割高】**(名・形動) 品質・分量などのわりに、値が高いこと・さま。comparatively dear 対義 割安。

**わりだけがた-せっかん【割(り)竹形石棺】** 古墳時代の石棺の一形式。身と蓋から なり、その外観が一節の竹を半裁した形状を示す。舟形石棺の祖源となるもの。

**わりだし-だい【割(り)出し台】** フライス盤などのテーブル上に取り付け、円周を等分割するための付属装置。index head

**わり-だ・す【割(り)出す】**(五他) ①割り算をして答えを出す。算出する。calculate ②ある根拠に基づいて結論を出す。考え出す。figure out

**わり-ちゅう【割(り)注・割(り)註】** 割り書きにした注。

**わり-つけ【割(り)付け】**(名・サ変他) ①わりあてること。allotment ②書籍・雑誌・パンフレット・ポスターなどの印刷用原稿を作製するとき、絵画・写真・文字などをスペース内に配置する作業。また、配置されたもの。レイアウト。layout

**わり-つ・ける【割(り)付ける】**(下一他) ①割り付けをする。lay out ②割りふる。allot

**わり-と【割と】**(副) 案外に。比較的。わりあい。comparatively

**わり-な・い【理無い】**(形) どうしようもない。やむを得ない。用例 ──仲。

**わり-な・し** 古語(形ク)《「理無し」の意》①道理に合わない。分別がない。用例 心をぞ──・きものと思ひぬる(古今・恋四)。②つらい。苦しい。用例 一昨日より腹を病みて、いと──・ければ(源氏・空蟬)。③しかたがない。やむをえない。用例 いみじう酔ひて、──・く夜ふけてとまりたりとも(枕・宮仕人のもとに)。④はなはだしい。用例 猶──・く恋しうのみおぼえければ(伊勢・六五)。⑤するすべがない。どうしようもない。用例 御文なども通はむことのいと──・きを思すに、いと胸いたし(源氏・帚木)。

**わり-に【割に】**(副) 比較的に。わりあい。わりかた。comparatively

**ワリニャーノ【Valignano】** ↓バリニャーノ

**わり-ぬい【割(り)縫い】** 裁縫の技法の一つ。印どおりに縫ったあと、縫い代を縫い目から両側に折り返す(割る)始末。割り接ぎ。

**わり-ばし【割(り)箸】** 使い捨ての白木製の箸。下方から中ほどまで割り目が入れられている。使用するとき二つにさいて一膳として使う。chopsticks

**わり-はん【割(り)判】** 割り印。

**わり-びき【割引】** ㊀(名・サ変他) 何割か安くすること。discount 比較 割り戻し。対義 割り増し。㊁(名)「手形割引」の略。

**わりびき-さい【割引債】** 額面から利息分を差し引いた値段で発行され、償還時に額面で返済される債券。期間一年の金融債と期間五年の中期国債がある。discount bond 対義 利付き債。

**わりびき-しじょう【割引市場】** 商業手形・銀行引受手形などの売買を行う公開の金融市場。ロンドン割引市場・ニューヨーク割引市場など。discount market

**わりびき-せいさく【割引政策】** 中央銀行が市中銀行の割引手形を再割り引きするさいに、金利などを操作して、市中銀行の貸し出し策を調整すること。discount policy

**わりびき-てがた【割引手形】** 買い取り日から支払い期日までの利息を額面金額から差し引いて、金融機関に裏書き譲渡された手形。商業手形・荷為替手形・銀行引受手形の三種類。bill discounted

**わりびき-はっこう【割引発行】** 債券をその券面額未満の価格で発行すること。多くの債券で行われるが、額面価格の株式については商法で禁止。discount issue 対義 額面発行。

**わり-び・く【割(り)引く】**(五他) ①値段から何割か引く。割引をする。discount ②少なく見積もる。内輪に評価する。discount ③手形割引をする。discount

**わり-ひざ【割(り)▼膝】** ひざを少し開いた座り方。

**わり-ピン【割りピン】** 半円状の線材をU字状に折り曲げた形のピン。穴に差し込んだのち先端を開く。ボルト・ナットのもどり止めなどに用いる。cotter pin

**わり-ふ【割(り)符】** 証印をおした木片などを割ったもの。一片ずつ所持し、後日合わせて証拠とする。割り札。割符(わっぷ)。

**わり-ふだ【割(り)札】** ↓わりふ(割り符)

**わり-ふり【割(り)振り】** 割り当て。配分。assignment; allocation

**わり-ふ・る【割(り)振る】**(五他) 割り当てる。assign; allocate

**わり-ほぐ・す【割(り)▽解す】**(五他) 卵などを割って中身をかきまぜる。whip

**わり-まえ(へ)【割(り)前】** 割り当てる額・量。分配額。分け前。allotment; share

**わり-まし【割(り)増し・割増】**(名・サ変他) 一定の額に、その何割かの額を加えること。また、加えた額。プレミアム。extra; premium 対義 割引。

**わりまし-ちんぎん【割増賃金】** 通常の賃金に、一定比率で加算される賃金。残業・休日勤務・危険作業などについて支給される。extra pay

**わり-むぎ【割(り)麦】** あらくひいた大麦。ひき割り麦。ground barley 対義 丸麦。

**わり-もどし【割(り)戻し】**(名・サ変他) 割り戻すこと・金。リベート。rebate 比較 割引。

**わり-もど・す【割(り)戻す】**(五他) 受け取った金額の中から、その何割かを返す。rebate

**わり-やす【割安】**(名・形動) 品質・分量のわりに、値段が安いこと・さま。cheap 比較 格安。対義 割高。

**わり-やま【割(り)山】** 林野の利用形態。所有は共同のまま利用を個別にした入り会い方式。割り山植林地が個別所有地となる傾向もあった。比較 共有林。

**わ-りんご【和林▼檎】** バラ科リンゴの近縁種。古くから日本にあり高さ約三m。葉は楕円(だえん)形で、白花を房状につけ、リンゴより小形の果実をつける。中国原産。

**わる【悪】** ㊀(名) ①悪いこと。不正。bad things 用例 また—をした。②悪い人。悪人。bad lot 用例 近所の—。㊁(接頭) ①悪い。用例 —達者。②度が過ぎる。用例 —ふざけ。㊂(接尾) 悪い。用例 意地—。

**わ・る【割る・▽破る】**(五他) ①分け離す。小さい部分に分ける。split; divide 用例 竹を—。仲を—。四つに—。②割り算をする。divide 対義 掛ける。用例 一〇を五で—。③壊す。砕く。break 用例 卵を—。④他の液体で薄める。dilute 用例 酒を水で—。⑤隠さずいう。talk frankly 用例 腹を—・って話す。⑥秘密を漏らす。reveal 用例 口を—。⑦外へ出る。step over; cross 用例 土俵を—。⑧おし分ける。用例 けんかに—・って入る。⑨数量や相場が、ある一定の値以下になる。fall bellow 用例 二〇〇〇円台を—。定員を—。

**割って入る(わってはいる)** 押し分けて入る。むりやりに中へ入る。force one's way through

**わる-あがき【悪▽足▼掻き】**(名・サ変自) ①度を過ぎてあせること。useless struggle ②悪ふざけすること。practical joke

**わる-あそび【悪遊び】**(名・サ変自) ①よくない遊び。trick ②女遊び。whoring ③ばくち。gamble

**わる・い【悪い】**(形) 対義 良い。①人として良くない。正しくない。bad 用例 —行い。②好ましくない。めぐりあわせが良くない。bad 用例 縁起が—。つごうが—。—相手。③接した感じが良くない。unpleasant 用例 感じが—。④病気である。故障がある。sick米; ill英 用例 家内が—・かったので、あの日は行けなくて失礼。⑤品質が良くない。bad 用例 —ミルク。⑥劣っている。slow 用例 頭が—。⑦まちがっている。wrong 用例 その答えは—。発音が—。⑧気の毒である。すまない。sorry 用例 待たせては—。派生 わるが・る(五自) わるげ(形動) わるさ(名)

**悪い事は言わない(わるいことはいわない)** 《ためらう相手を説得するときなどに言う》自分は、けっして結果の悪くなるようなことをすすめているのではない。言われたとおりにしなさい。

**悪い事は出来ぬもの(わるいことはできぬもの)** 悪事は隠していても、いつかは露見する。Murder will out.

**悪い酒(わるいさけ)** けんかをしたり、乱暴したりするきっかけとなる飲酒。酒癖の悪いこと。

**悪い奴程良く眠る(わるいやつほどよくねむる)** 悪人ほど良心がないので、罪を気にせず安眠するものである。

**悪くすると(わるくすると)** ①なりゆきが悪くなった場合には。if things do not go well ②ひょっとすると。if the worst comes to the worst

**わる-がしこ・い【悪賢い】**(形) 悪いことにかけて賢い。ずる賢い。cunning

**わる-ぎ【悪気】** 悪い心。悪意。malice 用例 —があってしたわけではない。

**悪気を回す(わるぎをまわす)** 邪推する。

**ワルキューレ[Walküreドイツ]** ①↓ワルキュリエ。②ワーグナーの楽劇『ニーベルングの指輪』第一夜の題名。

**ワルキュリエ[Valkyrja]** 《戦死者となるべき者を選ぶ女たち、の意》北欧神話の戦いの乙女たち。オーディンにつかえる娘たちで、多くは白鳥の姿で戦場に駆けつけ、戦死者をきめ、倒れた勇士を天上のワルハラに運ぶ役をする。

**わる-くち【悪口】** 人をあしざまに言うこと・ことば。あっこう。slander

**わる-さ【悪さ】** ①悪いこと・程度。bad 対義 善さ。用例 そのときの間の—といったらなかった。②いたずら。mischief

**ワルザー[Martin Walser]**(一九二七〜) 西ドイツの小説家。西独文学界の代表的存在で、現代社会批判の作品を描く。作品『フィリプスブルクの結婚』『ハーフタイム』など。

**ワルザー[Robert Walser]**(一八七八〜一九五六) スイスの小説家・詩人。日常生活を優美なひびきの文章でつづった。小説『店員』『タンナーの兄妹』など。

**わる-さわぎ【悪騒ぎ】** まわりの迷惑も考えないで、さわぐこと。

**わる・し【悪し】** 古語 (形ク) ↓わろし(悪し)

**ワルシャワ[Warszawa]** ポーランドの首都。同国中部、ビスワ川中流にまたがる。政治・文化・工業都市で、水陸交通の要地。行政上はワルシャワ首都県特別市を構成。第一次・第二次大戦でドイツ軍に破壊され、再建を繰り返した。人口一六四・九万(一九八五)。ワルソー。

**ワルシャワ-じょうやく【ワルシャワ条約】**(Warsaw Treaty) 北大西洋条約に対抗して、一九五五年にソ連・ポーランド・東ドイツ・ハンガリー・ルーマニア・ブルガリア・アルバニア・チェコスロバキアの間で結ばれた友好協力相互援助条約。アルバニアは六八年に脱退。

**ワルシャワじょうやく-きこう【ワルシャワ条約機構】**(Warsaw Treaty Organization) 北大西洋条約機構(NATOナトー)に対抗するソ連・東欧八か国間の集団安全保障機構。ワルシャワ条約に基づく。一九六八年アルバニアは脱退。WTO。

**わる-ずれ【悪擦れ・悪▼摺れ】**(名・サ変自) 世慣れて、人がずるくなること。用例 —していないところが気に入った。

**ワルソー[Warsaw]** ワルシャワの英語名。

**ワルター[Bruno Walter]**(一八七六〜一九六二) アメリカの指揮者。ドイツ生まれ。二〇世紀前半を代表する名指揮者の一人。モーツァルト・マーラー作品を得意とした。著書『主題と変奏』など。

**ワルター-フォン-デル-フォーゲルワイデ[Walther von der Vogelweide]**(一一七〇ごろ〜一二三〇ごろ) ドイツ中世最大のミンネザンガー(叙情詩人)。伝統的恋愛歌(ミンネザング)の枠を超えて、多彩な主題に率直な感情を吐露し、近代詩への道を開いた。

**わる-だくみ【悪巧み】** 悪いたくらみ。悪計。trick

**わる-だっしゃ【悪達者】**(名・形動) 芸など、巧みであるが、品のないこと・さま。悪巧者。

**ワルタリ[Mika Waltari]**(一九〇八〜一九七九) フィンランドの小説家。大部な歴史小説『エジプト人』で一躍世界的に有名になる。作品『不死のトゥルムス』など。

**わる-ぢえ【悪知恵】** 悪事にかけての、才能。cunning 用例 —にたけている。

**ワルツ[waltz]** 男女が向かい合って組み、旋回しつつ円を描いて踊るダンスおよびダンス曲。オーストリアやバイエルンに生まれ、一八世紀末以来広く流布。音楽は四分の三拍子。円舞曲。

**ワルデン-はんてん【ワルデン反転】** 光学活性体が置換反応を起こした場合に、光学活性ではあるが、立体配置が逆向きの生成物を生じることをいう。ワルデン転位。Walden inversion

**ワルトトイフェル[Emil Waldteufel]**(一八三七〜一九一五) フランスの作曲家。多くの円舞曲を残す。円舞曲『女学生』『スケーターズ-ワルツ』など。

**ワルトハイム[Kurt Waldheim]**(一九一八〜) オーストリアの外交官・政治家。ウィーン大卒。一九七一年第四代国連事務総長に就任し、八一年まで在職。八六年からオーストリア大統領。

**わる-どめ【悪止め・悪留め】**(名・サ変他) しつこく引き留めること。

**わる-なすび【悪▼茄▽子】** 《茎葉に鋭い刺(とげ)がはえて始末に悪いことから》ナス科の多年草。北アメリカ原産の帰化植物。道ばたに見られ、高さ約七〇cm。卵形中裂の葉の両面に毛が密生。夏〜秋、ナスに似た淡紫色花が咲く。

**わる-のり【悪乗り】**(名・サ変自) 調子に乗って、ことばや行動が度を越すこと。overdo

**わる-ば【悪場】** 登山で岩壁や滝など、通行困難で危険なところ。dangerous spot

**ワルハラ[Valhöll]** 《北欧神話で、戦死者の館、の意》北欧戦士の赴く天国。オーディンは戦場で倒れた勇士をここに迎え、ラグナレク(魔軍との決戦)に備える。勇士は昼は試合をして鍛え、夜は盛大な供宴をする。

**ワルヒャ[Helmut Walcha]**(一九〇七〜) ドイツの盲目のオルガン奏者・チェンバロ奏者。教会オルガン奏者として活躍。バッハ演奏家として有名。

**わる-び・れる【悪▼怯れる】**(下一自) 責められて、気後れする。未練そうに、もじもじする。be abashed

**わる-ふざけ【悪ふざけ】**(名・サ変自) ひどくふざけること。度の過ぎたふざけ方。nasty trick

**わる-もの【悪者】** 悪事をする者。悪人。悪漢。bad person

**わる-よい(ひ)【悪酔い】**(名・サ変自) 酔って頭痛・吐き気などを起こすこと。また、そうした酔い方。drunken sickness

**ワルラス[Marie-Esprit-Léon Walras]**(一八三四〜一九一〇) フランスの経済学者。ローザンヌ学派の創始者。経済学に数学を導入し、限界効用理論と一般均衡理論を提示することによりミクロ経済学の基礎を築いた。主著『純粋経済学要論』。

**われ【割れ・▽破れ】** ①割れること。割れた物。broken piece 用例 片—。②割れ目。破片。broken piece ③相場で、ある数・桁(けた)より下がること。drop 用例 一万円の台—。

**われ【我・▼吾】** ㊀(名) ①自我。自己。自身。oneself ②自分のほう。味方。自国。㊁(代) ①一人称の代名詞。わたくし。I 用例 —関せず。②《俗語》目下の者に対して用いる二人称の代名詞。おまえ。

**我劣らじと(われおとらじと)** 自分は、他人に負けまいと。我勝ちに。

**我思う、故に我在り(われおもう、ゆえにわれあり)**(cogito ergo sumラテン) すべてを虚偽だと考えることはできても、そう考えている自己の存在は疑うことができない。デカルトが方法的懐疑の結果、到達した根本原理。

**我かの気色(われかのけしき)** 取り乱して、自分のことか人のことか、わからないようなさま。

我か人か(われかひとか) 自分なのか他人なのかの区別もつかず、はっきりしない状態。自分を失っているさま。
我関せず(われかんせず) 自分の知ったことでないと、知らん顔で過ごす。be unconcerned
我関せず焉(われかんせずえん) 自分には関係がない、その事には関心がない、と超然としているさま。物事に拘束されない態度に言う。
我こそはと思う(われこそはとおもう) 自分になら可能である、と自信をもつ。自分にしかできない、と思いあがる。be confident of oneself
我と思う(われとおもう) 自信がある。我こそはと思う。self-confident
我とは無しに(われとはなしに) 自分と同じ身の上というわけではないけれども。
我と我が身を(われとわがみを) 自分で自分のことを。自分自身を。自分みずからを。myself
我に復る(われにかえる) 正気を取り戻す。ふと気づく。come to oneself
我にも非ず(われにもあらず) ①自分であるという気がしないで。上の空で。absentmindedly ②自分の本心からではなく。in spite of oneself
我にも無く(われにもなく) ①自分で自分の気がせず。われ知らず。ついうっかり。in spite of oneself ②われ知人ごこちもなく。in spite of oneself ③不本意ながら。我にも非ず。reluctantly
我も我もと(われもわれもと) 先を争って。我勝ちに。try to be first
我を忘れる(われをわすれる) 何かに気をとられて、茫然となる。beside oneself
我を我と思う(われをわれとおもう) 自分こそ大切だと思う。自分こそはと思う。
われ-かえ・る【割れ返る】(五自) すっかり割れる。多く、喝采などがはなはだ大きいことなどを表すのに用いる。make a loud sound 用例 ―ような拍手。
われかしこ-に【我賢に】(連語) 自分ほど賢い者はいない、と言わんばかりの顔で。利口ぶって。
われがち-に【我勝ちに】(副) 先を争うさま。われ先に。every man for himself
われ-がね【破れ鐘・割れ鐘】 ①ひびの入った鐘。cracked bell ②濁った大声・だみ声のたとえ。用例 ―のようなどなり声。
われ-から【割殻】 甲殻類ワレカラ科の総称。海中の泥中や沿岸の海藻の間に付着している下等なエビの一群。体長五~二〇㎜内外。褐色。幼魚類のえさとして重要。
われ-から【我から】(副) ①自分から。進んで。voluntarily ②われながら。
ワレサ【Lech Wałęsa】(一九四三) ポーランドの労働運動指導者。自主労組「連帯」の委員長として政府に対抗。一九八一年の戒厳体制で逮捕・拘禁されていたが八二年釈放。八三年ノーベル平和賞受賞。

われさき-に【我先に】(副) われ勝ちに。every man for himself
われ-しらず【我知らず】(副) 思わず知らず。無意識に。unconsciously
われ-と【我と】(副) ①自分から。自分で。②自然に。ひとりで。
われ-ながら【我▼乍(ら)】(副) 自分のことはいいながら。用例 ―よくやったものだ。
われ-なべ【▽破れ▼鍋・割れ▼鍋】 ①ひびの入った鍋。②太くて、濁った声のたとえ。
破れ鍋に綴じ蓋(われなべにとじぶた) ①どんな劣った人にも、それにふさわしい連れ合いがあるものだ。Every Jack has his Jill. ②連れ合いは相応の相手がよい。
われ-ひと【我人】 自分と他人。自分も他人も。自他。both oneself and others 用例 ―ともに許す。
われ-め【割れ目・▽破れ目】 割れているところ。裂け目。ひび。すきま。crack
われ-もこう【▼吾▽木香・我▽毛香・▼吾▼亦紅】 バラ科の多年草。山野の日当たりのよい場所にはえる。高さ約一m。葉は羽状複葉。夏~秋に暗紅色の花びらのない小花を枝先に穂状につける。根は地楡といい、漢方薬。↓写

●ワレモコウ

われ-もの【割れ物・▽破れ物】 ①割れた物。broken article ②割れやすい物。ガラス・陶器など。fragile article 用例 ―注意。
われ-ら【我▽等】(代) ①自分たち。われわれ。we ②わたくし。I ③《俗語》目下の者たちに対していう語。おまえたち。用例 ―ごときに負けるか。
わ・れる【割れる・▽破れる】(下一自) ①壊れる。砕ける。break 用例 皿が―。②分裂する。はなれる。split 用例 クラスが二つに―。票が―。③仲が悪くなる。不和になる。split 用例 二人の仲が―。④裂ける。ひびがはいる。crack 用例 日照りで地面が―。⑤隠していたことが、明るみに出る。be revealed 用例 底が―。身元が―。⑥割り算で、余りが出ない。割り切れる。be divisible 用例 一〇〇は五で―。
尻が割れる(しりがわれる) ↓しり(尻)

割れる様(われるよう) ①大勢が大騒ぎするさま。また、拍手や歓声などが大きいさま。万雷。割れんばかり。a thunder of ②不自然に、大きな声を出すさま。どなるよう。
われ-われ【我我】(代) ①「われ」の複数。自分たち。私達。われら。we ②わたくしのようなもの。話し手自身やそれと同じような立場にある者を指す語。用例 ―庶民の知らないこと。
ワレンシュタイン【Albrecht von Wallenstein】(一五八三~一六三四) 三十年戦争におけるドイツ皇帝軍の武将。デンマーク・スウェーデン軍を撃退するなど功をたてたが、皇帝の疑惑を招き暗殺された。シラーの戯曲『ワレンシュタイン』は有名。
われん-ばかり【割れん▽許り】(連語) 歓声・拍手などの大きいようすにいう。万雷。割れるよう。thunderous
わ-ろ【和▽郎】《当て字》 ①男の子。②目下の男や召使などをよぶ語。③人をののしる語。やつ。やろう。
わ-ろ【和露】 ①日本語とロシア語。Japanese and Russian ②「和露辞典」の略。Japanese-Russian dictionary 対義 露和。
わろ・し【▽悪し】 古語(形ク)《「わるし」の古形。「あし」より程度がよい》対義 よろし。①よくない。感心しない。用例 友とするに―・き者七つあり(徒然・一一七)。②正しくない。用例 いと―・き朝臣なりけり。かくな臆せられそ(宇津保・蔵開中)。③美しくない。調和しない。用例 火桶の火もしろき灰がちになりて、―(枕・春はあけぼの)。④まずい。へただ。用例 手の―・き人の、はばからず文書きちらすは(徒然・三五)。⑤まずしい。用例 年ごろわたらひなども、いと―・くなりて(大和・一四八)。
わろ-じてん【和露辞典】 日本語から、相応するロシア語を見つけ出すための辞典。Japanese-Russian dictionary
わわ・し 古語(形シク) ①落ち着きがない。軽々しい。用例 このごろの人はよろづ―・しきやうにのみ連歌の道もなりゆくなり(筑波問答)。②↓わわしい
わわし・い(形) 口やかましい。うるさい。
わわしい女は夫を食う(わわしいおんなはおっとをくう) 口うるさい妻は、夫の身を滅ぼすものだ。
ワン 10画【▼盌】 部首[皿] 音ワン
ワン 13画【▼碗】 部首[石] 異体字 JIS 4750
はち。こばち。まるい陶磁器の食器。「茶碗」
ワン 11画【▼惋】 部首[忄] 音ワン・エン

うらむ。なげく。がっかりする。
ワン 11画【▼捥】 部首[扌] 音ワン
①うで。かいな。②ねじる。ねじれる。
ワン 12画【腕】 部首[月] 常用 JIS 4751
音ワン 訓うで
①うで。かいな。「鉄腕」「腕章・腕力」 ②はたらき。うでまえ。「怪腕・手腕・敏腕」
ワン 12画【▼椀】 部首[木] JIS 4748
音ワン
①はち。こばち。木をまるくえぐってつくった食器。「椀器」 ②漆をぬった木製の食器。数え方 一客・一口・一組み。③こばちにもってだす料理。④こばちにもった飲食物を数えるのに用いる。比較 杯。用例 (助数)飯三―。
ワン 12画【湾】 部首[氵] 常用 JIS 4749
ワン 25画【▼灣】 旧字 JIS 6352
音ワン
①いりえ。いりうみ。陸地にはいりこみ、外海にひらいている海域。「港湾」「湾頭・湾内」用例 (名)―の広さ。(接尾)東京―。伊勢―。②《彎とも》まがる。ゆみなり。ひいた弓の形。「湾曲・湾入」
ワン 14画【▼綰】 部首[糸] JIS 6939
音ワン
①わがねる。輪のようにまげて、まるくする。②たくる。かきあげる。まくる。
ワン 22画【▼彎】 部首[弓] JIS 5530
ワン 9画【▼弯】 異体字 JIS 5531
音ワン
①ひく。はる。矢を弓につがえて、弦をひく。②まがる。ゆみなり。ひいた弓の形。「彎曲」
ワン【one】 一。一つ。一点。

わんかし-でんせつ【▼椀貸(し)伝説】 川や淵・池・井戸・沼などに頼むと、椀や膳を貸してくれるという伝説の総称。一つでも返さなければ、その後貸してくれないといわれる。

わん-がん【湾岸】 湾の沿岸。coast 用例 ―道路。

わんがん-きょうりょくかいぎ【湾岸協力会議】(Gulf Cooperation Council) ペルシア湾岸産油国の地域協力機構。サウジアラビア・クウェート・アラブ首長国連邦・カタール・オマーン・バーレーンの六か国により一九八一年に設立。GCC。

わん-きゅう【▼椀久】 江戸前期、大坂の豪商椀屋久右衛門の通称。遊興に溺れた末、延宝五年(一六七七)狂死したという。人形浄瑠璃・長唄・清元などに作られたことで知られる。

わん-きょく【湾曲・▼彎曲】(名・サ変自) 弓形に曲がること。curve 用例 背骨が―している。

ワン-クッション《和製語》衝撃をやわらげるため、間に一段階置くこと。用例 ―おいて折衝する。

ワンゲル 「ワンダーフォーゲル」の略。

わん-こう【湾口】 湾の入り口。mouth of a bay
わんこ-そば【▼椀子▼蕎▽麦】 岩手県盛岡地方の名物料理。小さい椀に一口分のそばを入れたもの。断るまで何杯もおかわりが出される食べ方で有名。

ワンサイド-ゲーム《one-sided gameから》一方的な試合。

わんさ-ガール《俗語。わんさといる、という意から》映画・歌劇などの下級女優。大部屋の女優。

わんさ(と)(副)《俗語》①大勢おしかけるさま。in swarms ②たくさんあるさま。

ワンシエン【万県】(Wànxiàn) ↓ばんけん(万県)

わんし-ぜんじ【▼宏▼智禅師】 天童正覚の諡号。

わん-しょう【腕章】 洋服の腕に巻くしるし。役目を明示するために用いる記章。または、飾り章。armband
ワンショウ-シャン【万寿山】(Wànshòu Shān) ↓まんじゅざん(万寿山)

ワン-ズ【万子中】(wàn-zi) 麻雀牌のうち、表面に「一萬」から「九萬」までの数字が彫られた数牌。まんず。

ワン-ステップ【one-step】 ①一段階。②四分の二拍子の曲で踊る社交ダンス。一拍に一歩ずつ進退する。

ワンストップ-ショッピング《和製語》必要な品物を、一つの店で一度に買いそろえること。また、それができるようになっている販売体制。

ワンス-モア【once more】(感) もう一度。

わんそく-るい【腕足類】 触手動物門の一綱。背と腹に一枚ずつ角質または石灰質の貝殻をもつ海生動物。古生代に多産。シャミセンガイなど約二五〇種が現存。brachiopod
ワンダー【Stevie Wonder】(一九五〇) アメリカの盲目の黒人歌手・作曲家。現代ポピュラー界のスーパースター。ヒット曲『トーキング・ブック』など。

ワンダーフォーゲル【Wandervogel ドイツ】《渡り鳥、の意》自然の山野を徒歩旅行する野外活動。一九世紀末ドイツで発生。わが国では第二次大戦後普及。ワンゲル。

ワン-タッチ《和製語》①一度、手で触れるこ


↓ 行き先項目、図版・写真参照印。 JIS 日本工業規格情報交換用漢字符号コード(区点コード)。

と。single touch ②一度、手で触れるだけで作動する、操作が簡単な装置。用例 ―の傘。③バレーボールなどの球技で、相手の打ったボールにわずかでも触れること。
**わん-だね【▼椀種】** 吸い物や椀盛りなどの中身に使う材料。何種類か入れる場合は主になるもの。
**ワンダフル【wonderful】**（感・形動） すばらしい。すてき。ふしぎ。
**ワンタン【雲呑・餛飩中】**（hún-tún） 中国料理の点心の一つ。小麦粉で作った薄皮で、豚ひき肉・ネギ・エビなどを混ぜて調味したあんを包む。ゆでてスープに入れる。
**ワン-ダン** 《和製語。「ダン」はdown（アウト）から》野球で、一死。ワンダウン。ワンアウト。one out; one down
**ワン-ツー** ①《かけ声などで》いち、に。②《one two punchから》ボクシングで、左パンチ・右パンチと続けて打つこと。
**ワンデルング【Wanderungドイ】** 野山を気ままに歩くこと。ハイキング。
**わん-とう【湾頭】** 湾のほとり。shore of a bay
**わん-ない【湾内】** 湾のうち。湾中。
**わん-にゅう【湾入・▼彎入】**（名・サ変自） 海が弓なりに曲がって陸地に入りこんでいること。curve inward
**ワン-パイ【王牌中】**（wáng pái） 麻雀で、原則的にゲームには使わない牌。卓上に積んだ牌の列の、ゲームを始めたところから右回りにみて最後の一四枚をいう。
**わん-ぱく【腕白】**（名・形動） 子どもがわがままで、いたずらをすること・さま。また、その子ども。mischief; naughtiness; little devil
**ワン-パターン**（名・形動）《和製語》一つの型にはまっていて変化のないこと・さま。
**ワン-ピース【one-piece】** 上下一つづきの衣服の総称。水着・下着にもいうが、狭義にはドレスをさす。
**ワン-ポイント【one point】** ①一点。用例 ―先取。②㋐一か所。要点。用例 ―学習。㋑とくに服飾で、一か所だけに模様・飾りを付けること。また、その模様・飾り。用例 ―アクセサリー。
**ワンポイント-リリーフ** 《one point relief pitcherから》野球で、一人の打者を抑えるためだけに登板する救援投手。
**わん-ぽう【腕法】** 書道で、筆をとるときの腕の構え方。大字に向く懸腕法、中字・細字に向く提腕法、細字に向く枕腕法などがある。
**ワンボックス-カー【one box car】** 箱型自動車。客席をたたむと荷物室と一体になり、車内の床面積が広くなる。貨物兼用車。
**ワン-マン【one-man】** ①ひとりで行うこと。用例 ―バス。②《和製語》自分の思うままにふるまうこと。また、その人。独裁者。用例 ―社長。
**ワンマン-カー【one-man car】** 運転者だけで車掌のいないバス・電車など。
**ワンマン-コントロール【one-man control】** 一人制御。自動化された工場などで、一か所に集められた制御装置により一人の人間が全部の機械を操作すること。
**ワンマン-ショー【one-man show】** ①タレントなど一人が中心になってすすめていく、テレビ番組やショーの形式。ひとり舞台。②一人だけが中心となって会議やスポーツ競技などを動かすこと。
**わん-もり【▼椀盛（り）】** 大ぶりの椀に実を多く盛った汁物。懐石料理では煮物椀という。魚・鳥・野菜などを取り合わせ、すまし汁を張り、ユズ、木の芽などの吸い口を添える。
**ワン-ラ【完了中】**（wánle） おしまい。終わり。
**わん-りゅう【湾流】** 「メキシコ湾流」の略。
**わん-りょく【腕力】** ①うでの力。physical strength ②暴力。violence 用例 ―に訴える。
**わんりょく-ざた【腕力▼沙▼汰】** 腕力で決着をつけること。なぐりあい。blows; fight
**ワンルーム-けいしき【ワンルーム形式】** 一室で、居間・台所・寝室などを兼ねる造りの住まい。one-room system
**ワンルーム-マンション** 《和製語》台所・トイレ・浴室付きの一室からなる小スペースのマンション。単身者の住居や事務所などに利用される。studio flat; studio apartment

# ゐ ヰ

**ゐ【ゐ・ヰ】** 五十音図わ行第二の仮名。平仮名「ゐ」は「為」の草体。片仮名「ヰ」は「井」の変。
**ゐ【▼亥】** ↓い（亥）
**ゐ-ど【井戸】** ↓いど（井戸）
**ゐ-なか【田舎】** ↓いなか（田舎）
**ゐる【居る】**（上一自） ↓いる（居る）
**ゐる【▽率る】** 古語（上一他） ↓いる（率る）

# ゑ ヱ

**ゑ【ゑ・ヱ】** 五十音図わ行第四の仮名。平仮名「ゑ」は「恵」の草体。片仮名「ヱ」は「慧」の略。
**ゑ【▼餌】** ↓え（餌）
**ゑ-む【笑む】** 古語（四自） ↓えむ（笑む）

# を ヲ

**を【を・ヲ】** 五十音図わ行第五の仮名。平仮名「を」は「遠」の草体。片仮名「ヲ」は「乎」の略。
**を【尾】** ↓お（尾）
**を【▽男・▽夫】** ↓お（男）
**を【雄・▼牡】** ↓お（雄）
**を【緒】** ↓お（緒）
**を** ㊀（格助）《体言、それに準ずる語に付く》①動作・作用の対象を示す。用例 音楽―聞く。②経過する場所・時間を示す。用例 大平原―行く。一週間―無駄に過ごす。③起点を示す。用例 空港―出発する。④方向を示す。用例 ゴール―目指す。㊁古語（接助）《連体形に付く》①既定の逆接条件を示す。…が。…けれども。…のに。用例 この比都にはなき―、東のかたには、なほする事にてありしこそ（徒然・一九）。②既定の順接条件を示す。…ので。…から。用例 君により言の繁き―古郷の（万葉・四・六二六）。㊂古語（間助）感動を表す。用例 昔も今もしらずと―いはむ（古今・恋三）。
**を【小】**（接頭） ↓お（小）
**をうな【▽女】** 古語 ↓おうな（女）
**をか【丘・▼岡】** ↓おか（丘）
**をか・し** 古語（形シク） ↓おかし
**をこ【▼烏▼滸】** 古語（名・形動ナリ） ↓おこ（烏滸）
**をこ-がま・し【▼烏▼滸がまし・尾▼籠がまし・▽痴がまし】** 古語（形シク） ↓おこがましい（烏滸がましい）
**をこと-てん【▼乎古止点・▼乎己止点】** 漢文訓読のさいに読み添える動詞活用語尾や助動詞、助詞を符号で示したもの。漢字の四隅や上下の所定の位置に点や線をつけたもので、平安初期から室町時代ごろまで使われた。博士家点図の右上の「ヲ」と右中の「コト」による呼称。↓図
**を・す【▽食す】** 古語（四他） ①「食ふ・飲む・着る」などの尊敬語。用例 うまらに聞こしもち―・せまろが父（古事記・中）。②「治む」の尊敬語。用例 天皇の―国なれば（万葉・一七・四〇〇六）。
**を-ぢ【小▽父】** ↓おじ（小父）
**を-ぢ【伯父】** ↓おじ（伯父）
**を-ぢ【叔父】** ↓おじ（叔父）
**をっと【夫・▽良▽人】** ↓おっと（夫）
**をとこ【男】** ↓おとこ（男）

●乎古止点 点図(博士家点)の例と読み方

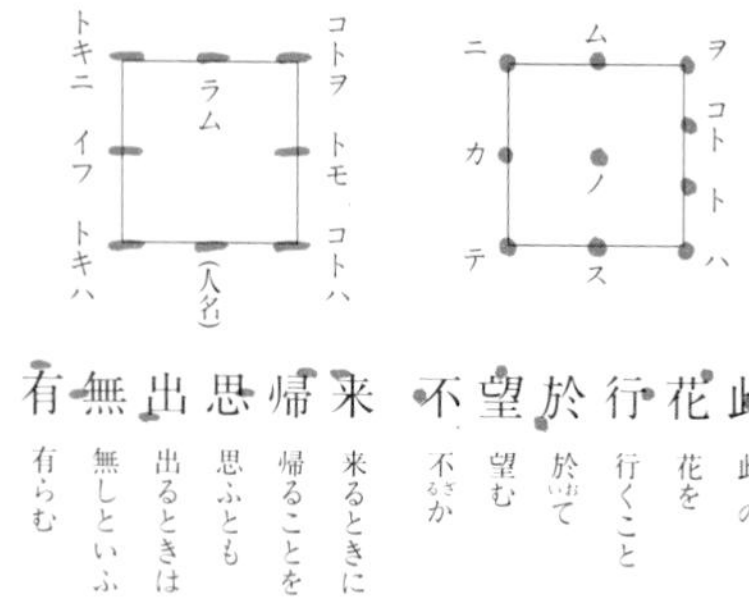


**をど・す【˅縅す】**(五他) ↓おどす(縅す)

**をと-め【乙女・˅少女】** ↓おとめ(乙女)

**を-の-こ【˅男】** ↓おのこ(男)

**を-ば【小˅母】** ↓おば(小母)

**を-ば【伯母】** ↓おば(伯母)

**を-ば【叔母】** ↓おば(叔母)

**を-ば** 文語的(連語)《格助詞「を」に係助詞「は」の付いたもの》「を」の付いた語をとくに強調するのに用いる。用例 書— 読む。失礼— いたします。

**をみな【˅女】** ↓おみな(女)

**を-や** 文語的(連語)《間投助詞「を」に間投助詞「や」の付いたもの》まして…についてはなおさらである。用例 いわんや汝(なんじ)においてー。

**を・る【折る】**(五他) ↓おる(折る)

**を・る【˅居る】**(五自) ↓おる(居る)

**をんな【女】** ↓おんな(女)

# ん ン

**ん【ん・ン】** 仮名の一つ。本来五十音図には含まれていないが、図表の最後に付記される。平仮名「ん」は「无」の草体。片仮名「ン」は「爾」の略。

**ん** ㊀(助動) ①《推量・意志の助動詞「む」の転》…だろう。…しよう。用例 あら— 限りの力。②《打ち消しの助動詞「ず」の連体形・終止形「ぬ」の転》ない。用例 しませ—。㊁(格助)格助詞「の」の話しことばでのくだけた言い方。用例 わたし— 所。㊂(感) 相手の意向を承諾したことを表す語。うん。用例 —、よくわかった。

**ンジャメナ【N'Djamena】** アフリカ中部、チャドの首都。かつての隊商の中継地。畜産物・ナツメヤシ・岩塩の集散地。人口二二一・五万(一九八三)。旧称フォールラミ。

**んす** 古語(助動 サ変型) ①《助動詞「しゃんす」の転。四段・ナ変の未然形に付く》尊敬の意を表す。…なさる。お…になる。用例 わしにはなぜに言はんせぬ(浄瑠璃・曾根崎心中)。②《助動詞「ます」の転。動詞・助動詞の連用形に付く》丁寧の意を表す。近世、遊女が使った語。用例 金のことは存じやせぬ、遣手(やり)にお問ひなさりんせ(浄瑠璃・女殺油地獄)。

**んず** 古語(助動 サ変型) ↓むず

**ん-だ** ㊀(連語)《格助詞「の」の転の「ん」に断定の助動詞「だ」の付いたもの》断定あるいは命令の意を表す。のだ。用例 さっさとかたづける—。㊁(感)《方言》そうだ。用例 —、—、その通り。

# 特集

目次

# 「特集」の活用法

「特集」では、語の性格上、集合させたり一覧にしたりすることにより意味・内容が理解しやすくなるという種類のものを選び、それらをテーマ別に収録しました。以下に、目的別に、この「特集」の活用法を示しました。

## 言葉のきまりを知るために

言葉は、そのきまりに従って、正しく用いられなければなりません。『言葉のきまり』では、「送り仮名の付け方」「活用表」などのテーマ別に、言葉のきまりや基準を示しました。文章作成上、また学習上、大いに役立つものです。とくに、「活用表」では、口語と文語に大別した上で、例語をできるだけ多くあげ、また、同型語も多数紹介しました。

## 言葉の正しい使い方を身につけるために

日常会話の上で、また、手紙を書いたりするときなどのために参考となる、正しい言葉の使い方を、『言葉の使い方』でテーマ別に紹介しました。

とくに、「手紙の書き方」では、手紙の最初に書く頭語の例をあげ、また、前文・末文などの書式について細かく説明した上で、用途別に各種の文例をあげました。いずれも、具体例に即してあるため、手紙を実際に書くときの参考として、とても役立ちます。

## まとまった語群としての資料を得るために

「数え方と助数詞」では、「すずり一面」「たんす一棹(さお)」などのような、特定の数え方をするものを紹介し、他方、助数詞ごとに、その数え方に該当する事物を示しました。

「日本文学史年表」では、日本の上代から現代に至るまでの、おもだった文学事象とその流れを紹介しました。学習に、また文学資料として役立てることができます。

「季語一覧」では、およそ二六〇〇の季語を選び出し、それらを季節ごとに、さらにその中を項目別に分類して収載しました。また、とくに難解と思われる季語には解説を加えてあります。俳句の実作のさいの資料として、また、手紙文中の時候のあいさつ語の参考として役立てることができます。

## 形や色を表す言葉の正しい理解のために

言葉には、文字による解説だけでその意味・内容が理解できるものと、図や写真を添えるなどして解説しないとわかりにくいものとがあります。文様や色を表す言葉などは、後者の代表的なものです。

「日本の伝統文様」では、解説に、その文様を示す写真や図を添えて、ビジュアルな構成としました。

「色名辞典」では、三五〇色にのぼる色の名を取り上げ、それぞれ、解説に添えて、すべての項目に色図版を示しました。その名の示す色が一目でわかる、本辞典ならではのページです。

## アルファベット略語がわかるために

新聞・テレビ等でよく見聞きするアルファベット略語は、今後ますます増える傾向にあります。三六〇〇余の略語からなる『略語集』は、この流れにそったものであり、すばやくひけるよう、ＡＢＣ順に配列してあります。

# 現代仮名遣い

昭和六十一年七月一日内閣告示第一号

## 前書き

一　この仮名遣いは、語を現代語の音韻に従って書き表すことを原則とし、一方、表記の慣習を尊重して一定の特例を設けるものである。

二　この仮名遣いは、法令、公用文書、新聞、雑誌、放送など、一般の社会生活において、現代の国語を書き表すための仮名遣いのよりどころを示すものである。

三　この仮名遣いは、科学、技術、芸術その他の各種専門分野や個々人の表記にまで及ぼそうとするものではない。

四　この仮名遣いは、主として現代文のうち口語体のものに適用する。原文の仮名遣いによる必要のあるもの、固有名詞などでこれによりがたいものは除く。

五　この仮名遣いは、擬声・擬態的描写や嘆声、特殊な方言音、外来語・外来音などの書き表し方を対象とするものではない。

六　この仮名遣いは、「ホオ・ホホ（頰）」「テキカク・テッカク（的確）」のような発音にゆれのある語について、その発音をどちらかに決めようとするものではない。

七　この仮名遣いは、点字、ローマ字などを用いて国語を書き表す場合のきまりとは必ずしも対応するものではない。

八　歴史的仮名遣いは、明治以降、「現代かなづかい」（昭和二一年内閣告示第三三号）の行われる以前には、社会一般の基準として行われていたものであり、今日においても、歴史的仮名遣いで書かれた文献などを読む機会は多い。歴史的仮名遣いが、我が国の歴史や文化に深いかかわりをもつものとして、尊重されるべきことは言うまでもない。また、この仮名遣いにも歴史的仮名遣いを受け継いでいるところがあり、この仮名遣いの理解を深める上で、歴史的仮名遣いを知ることは有用である。付表において、この仮名遣いと歴史的仮名遣いとの対照を示すのはそのためである。

## 本文

凡例

一　原則に基づくきまりを第一に示し、表記の慣習による特例を第二に示した。

二　例は、おおむね平仮名書きとし、適宜、括弧内に漢字を示した。常用漢字表に掲げられていない漢字及び音訓には、それぞれ＊印及び△印をつけた。

第一　語を書き表すのに、現代語の音韻に従って、次の仮名を用いる。ただし、傍線を施した仮名は、第二に示す場合にだけ用いるものである。

一　直音

あ　い　う　え　お
か　き　く　け　こ　　が　ぎ　ぐ　げ　ご
さ　し　す　せ　そ　　ざ　じ　ず　ぜ　ぞ
た　ち　つ　て　と　　だ　ぢ　づ　で　ど
な　に　ぬ　ね　の
は　ひ　ふ　へ　ほ　　ば　び　ぶ　べ　ぼ
ま　み　む　め　も　　ぱ　ぴ　ぷ　ぺ　ぽ
や　　　ゆ　　　よ
ら　り　る　れ　ろ
わ　　　　　　　を

例　あさひ（朝日）　きく（菊）　さくら（桜）　ついやす（費）
にわ（庭）　ふで（筆）　もみじ（紅葉）　ゆずる（譲）
れきし（歴史）　わかば（若葉）
えきか（液化）　せいがくか（声楽家）　さんぽ（散歩）

二　拗音

きゃ　きゅ　きょ　　ぎゃ　ぎゅ　ぎょ
しゃ　しゅ　しょ　　じゃ　じゅ　じょ
ちゃ　ちゅ　ちょ　　ぢゃ　ぢゅ　ぢょ
にゃ　にゅ　にょ
ひゃ　ひゅ　ひょ　　びゃ　びゅ　びょ
　　　　　　　　　　ぴゃ　ぴゅ　ぴょ
みゃ　みゅ　みょ
りゃ　りゅ　りょ

例　しゃかい（社会）　しゅくじ（祝辞）　かいじょ（解除）
りゃくが（略画）

〔注意〕拗音に用いる「や、ゆ、よ」は、なるべく小書きにする。

三　撥音　ん

例　まなんで（学）　みなさん　しんねん（新年）
しゅんぶん（春分）

四　促音　っ

例　はしって（走）　かっき（活気）　がっこう（学校）
せっけん（石鹼＊）

〔注意〕促音に用いる「つ」は、なるべく小書きにする。

五　長音

(1)ア列の長音　ア列の仮名に「あ」を添える。
例　おかあさん　おばあさん

(2)イ列の長音　イ列の仮名に「い」を添える。
例　にいさん　おじいさん

(3)ウ列の長音　ウ列の仮名に「う」を添える。
例　おさむうございます（寒）　くうき（空気）　ふうふ（夫婦）
うれしゅう存じます　きゅうり　ぼくじゅう（墨汁）
ちゅうもん（注文）

(4)エ列の長音　エ列の仮名に「え」を添える。
例　ねえさん　ええ（応答の語）

(5)オ列の長音　オ列の仮名に「う」を添える。
例　おとうさん　とうだい（灯台）
わこうど（若人）　おうむ
かおう（買）　あそぼう（遊）　おはよう（早）
おうぎ（扇）　ほうる（抛＊）　とう（塔）
よいでしょう　はっぴょう（発表）
きょう（今日）　ちょうちょう（蝶＊々）

第二　特定の語については、表記の慣習を尊重して、次のように書く。

一　助詞の「を」は、「を」と書く。
例　本を読む　岩をも通す　失礼をばいたしました
やむをえない　いわんや…をや　よせばよいものを
てにをは

二　助詞の「は」は、「は」と書く。
例　今日は日曜です　山では雪が降りました
あるいは　または　もしくは
いずれは　さては　ついては　ではさようなら　とはいえ
惜しむらくは　恐らくは　願わくは
これはこれは　こんにちは　こんばんは
悪天候もものかは

〔注意〕次のようなものは、この例にあたらないものとする。
いまわの際　すわ一大事
雨も降るわ風も吹くわ　来るわ来るわ　きれいだわ

三　助詞の「へ」は、「へ」と書く。
例　故郷へ帰る　…さんへ　母への便り　駅へは数分

四　動詞の「いう（言）」は、「いう」と書く。
例　ものをいう（言）　いうまでもない　昔々あったという
どういうふうに　人というもの　こういうわけ

五　次のような語は、「ぢ」「づ」を用いて書く。
(1)同音の連呼によって生じた「ぢ」「づ」
例　ちぢみ（縮）　ちぢむ　ちぢれる　ちぢこまる

つづみ(鼓)　つづら　つづく(続)　つづめる(約△)
つづる(綴*)
〔注意〕「いちじく」「いちじるしい」は、この例にあたらない。

(2)二語の連合によって生じた「ぢ」「づ」
例　はなぢ(鼻血)　そえぢ(添乳)　もらいぢち
そこぢから(底力)　ひぢりめん
いれぢえ(入知恵)　ちゃのみぢゃわん
まぢか(間近)　こぢんまり
ちかぢか(近々)　ちりぢり
みかづき(三日月)　たけづつ(竹筒)　たづな(手綱)
ともづな　にいづま(新妻)　けづめ　ひづめ　ひげづら
おこづかい(小遣)　あいそづかし　わしづかみ
こころづくし(心尽)　てづくり(手作)　こづつみ(小包)
ことづて　はこづめ(箱詰)　はたらきづめ
みちづれ(道連)
かたづく　こづく(小突)　どくづく　もとづく
うらづける　ゆきづまる　ねばりづよい
つねづね(常々)　つくづく　つれづれ

なお、次のような語については、現代語の意識では一般に二語に分解しにくいもの等として、それぞれ「じ」「ず」を用いて書くことを本則とし、「せかいぢゅう」「いなづま」のように「ぢ」「づ」を用いて書くこともできるものとする。
例　せかいじゅう(世界中)
いなずま(稲妻)　かたず(固唾*)　きずな(絆*)
さかずき(杯)　ときわず　ほおずき　みみずく
うなずく　おとずれる(訪)　かしずく　つまずく
ぬかずく　ひざまずく
あせみずく　くんずほぐれつ　さしずめ　でずっぱり
なかんずく
うでずく　くろずくめ　ひとりずつ
ゆうずう(融通)

〔注意〕次のような語の中の「じ」「ず」は、漢字の音読みでもともと濁っているものであって、右記(1)、(2)のいずれにもあたらず、「じ」「ず」を用いて書く。
例　じめん(地面)　ぬのじ(布地)
ずが(図画)　りゃくず(略図)

六　次のような語は、オ列の仮名に「お」を添えて書く。
例　おおかみ　おおせ(仰)　おおやけ(公)　こおり(氷・郡△)
こおろぎ　ほお(頰*・朴△)　ほおずき　ほのお(炎)
とお(十)
いきどおる(憤)　おおう(覆)　こおる(凍)　しおおせる
とおる(通)　とどこおる(滞)　もよおす(催)
いとおしい　おおい(多)　おおきい(大)　とおい(遠)
おおむね　おおよそ

これらは、歴史的仮名遣いでオ列の仮名に「ほ」又は「を」が続くものであって、オ列の長音として発音されるか、オ・オ、コ・オのように発音されるかにかかわらず、オ列の仮名に「お」を添えて書くものである。

付記
次のような語は、エ列の長音として発音されるか、エイ、ケイなどのように発音されるかにかかわらず、エ列の仮名に「い」を添えて書く。
例　かれい　せい(背)
かせいで(稼)　まねいて(招)　春めいて
へい(塀)　めい(銘)　れい(例)
えいが(映画)　とけい(時計)　ていねい(丁寧)

# 付表

凡例
一　現代語の音韻を目印として、この仮名遣いと歴史的仮名遣いとの主要な仮名の使い方を対照させ、例を示した。
二　音韻を表すのには、片仮名及び長音符号「ー」を用いた。
三　例は、おおむね漢字書きとし、仮名の部分は歴史的仮名遣いによった。常用漢字表に掲げられていない漢字及び音訓には、それぞれ*印及び△印をつけ、括弧内に仮名を示した。
四　ジの音韻の項には、便宜、拗音の例を併せ挙げた。

| 現代語の音韻 | この仮名遣いで用いる仮名 | 歴史的仮名遣いで用いる仮名 | 例 |
|---|---|---|---|
| イ | い | い | 石　報いる　赤い　意図　愛 |
| | | ゐ | 井戸　居る　参る　胃　権威 |
| | | ひ | 貝　合図　費やす　思ひ出　恋しさ |
| ウ | う | う | 歌　馬　浮かぶ　雷雨　機運 |
| | | ふ | 買ふ　吸ふ　争ふ　危ふい |
| エ | え | え | 柄　枝　心得　見える　栄誉 |
| | | ゑ | 声　植ゑる　絵　円　知恵 |
| | | へ | 家　前　考へる　帰る　救へ |
| | へ | へ | 西へ進む |
| オ | お | お | 奥　大人　起きる　お話　雑音 |
| | | を | 男　十日　踊る　青い　悪寒 |
| | | ほ | 顔　氷　滞る　直す　大きい |
| | | ふ | 仰ぐ　倒れる |
| | を | を | 花を見る |
| カ | か | か | 蚊　紙　静か　家庭　休暇 |
| | | くわ | 火事　歓迎　結果　生活　愉快 |
| ガ | が | が | 石垣　学問　岩石　生涯　発芽 |
| | | ぐわ | 画家　外国　丸薬　正月　念願 |
| ジ | じ | じ | 初め　こじあける　字　自慢　術語 |
| | | ぢ | 味　恥ぢる　地面　女性　正直 |
| ズ | ず | ず | 鈴　物好き　知らずに　人数　洪水 |
| | | づ | 水　珍しい　一つづつ　図画　大豆 |
| | づ | づ | 鼓　続く　三日月　塩漬け　常々 |
| ワ | わ | わ | 輪　泡　声色　弱い　和紙 |

| | | | |
|---|---|---|---|
| | | は | 川 回る 思はず 柔らか 琵*琶* (びは) |
| | は | は | 我は海の子 又は |
| ユー | ゆう | ゆう | 勇気 英雄 金融 |
| | | ゆふ | 夕方 |
| | | いう | 遊戯 郵便 勧誘 所有 |
| | | いふ | 都邑* (といふ) |
| | いう | いふ | 言ふ |
| オー | おう | おう | 負うて 応答 欧米 |
| | | あう | 桜花 奥義 中央 |
| | | あふ | 扇 押収 凹凸 |
| | | わう | 弱う 王子 往来 卵黄 |
| | | はう | 買はう 舞はう 怖うございます |
| コー | こう | こう | 功績 拘束 公平 気候 振興 |
| | | こふ | 劫* (こふ) |
| | | かう | 咲かう 赤う かうして 講義 健康 |
| | | かふ | 甲乙 太閤* (たいかふ) |
| | | くわう | 光線 広大 恐慌 破天荒 |
| ゴー | ごう | ごう | 皇后 |
| | | ごふ | 業 永劫* (えいごふ) |
| | | がう | 急がう 長う 強引 豪傑 番号 |
| | | がふ | 合同 |
| | | ぐわう | 轟* 音 (ぐわうおん) |
| ソー | そう | そう | 僧 総員 競走 吹奏 放送 |
| | | さう | 話さう 浅う さうして 草案 体操 |
| | | さふ | 挿話 |
| ゾー | ぞう | ぞう | 増加 憎悪 贈与 |
| | | ざう | 象 蔵書 製造 内臓 仏像 |
| | | ざふ | 雑煮 |
| トー | とう | とう | 弟 統一 冬至 暴投 北東 |
| | | たう | 峠 勝たう 痛う 刀剣 砂糖 |
| | | たふ | 塔 答弁 出納 |
| ドー | どう | どう | どうして 銅 童話 運動 空洞 |
| | | だう | 堂 道路 葡*萄* (ぶだう) |
| | | だふ | 問答 |
| ノー | のう | のう | 能 農家 濃紺 |
| | | のふ | 昨日 |
| | | なう | 死なう 危なうございます 脳 苦悩 |
| | | なふ | 納入 |
| ホー | ほう | ほう | 奉祝 俸給 豊年 霊峰 |
| | | ほふ | 法会 |
| | | はう | 葬る 包囲 芳香 解放 |
| | | はふ | はふり投げる はふはふの体 法律 |
| ボー | ぼう | ぼう | 某 貿易 解剖 無謀 |
| | | ぼふ | 正法 |
| | | ばう | 遊ばう 飛ばう 紡績 希望 堤防 |
| | | ばふ | 貧乏 |
| ポー | ぽう | ぽう | 本俸 連峰 |
| | | ぽふ | 説法 |
| | | ぱう | 鉄砲 奔放 立方 |
| | | ぱふ | 立法 |
| モー | もう | もう | もう一つ 啓蒙* (けいもう) |
| | | まう | 申す 休まう 甘う 猛獣 本望 |
| ヨー | よう | よう | 見よう ようございます 用 容易 中庸 |
| | | やう | 八日 早う 様子 洋々 太陽 |
| | | えう | 幼年 要領 童謡 日曜 |
| | | えふ | 紅葉 |
| ロー | ろう | ろう | 楼 漏電 披露 |
| | | ろふ | かげろふ ふくろふ |
| | | らう | 祈らう 暗う 廊下 労働 明朗 |
| | | らふ | 候文 蠟*燭* (らふそく) |
| キュー | きゅう | きゆう | 弓術 宮殿 貧窮 |
| | | きう | 休養 丘陵 永久 要求 |
| | | きふ | 及第 急務 給与 階級 |
| ギュー | ぎゅう | ぎう | 牛乳 |
| シュー | しゅう | しゆう | 宗教 衆知 終了 |
| | | しう | よろしう 周囲 収入 晩秋 |
| | | しふ | 執着 習得 襲名 全集 |
| ジュー | じゅう | じゆう | 充実 従順 臨終 猟銃 |
| | | じう | 柔軟 野獣 |
| | | じふ | 十月 渋滞 墨汁 |
| | | ぢゆう | 住居 重役 世界中 |
| チュー | ちゅう | ちゆう | 中学 衷心 注文 昆虫 |
| | | ちう | 抽出 鋳造 宇宙 白昼 |
| ニュー | にゅう | にゆう | 乳酸 |
| | | にう | 柔和 |
| | | にふ | 埴*生△ (はにふ) 入学 |
| ヒュー | ひゅう | ひう | 日△向△ (ひうが) |
| ビュー | びゅう | びう | 誤謬* (ごびう) |
| リュー | りゅう | りゆう | 竜 隆盛 |
| | | りう | 留意 流行 川柳 |
| | | りふ | 粒子 建立 |
| キョー | きょう | きよう | 共通 恐怖 興味 吉凶 |
| | | きやう | 兄弟 鏡台 経文 故郷 熱狂 |
| | | けう | 教育 矯正 絶叫 鉄橋 |
| | | けふ | 今日 脅威 協会 海峡 |

| | | | |
|---|---|---|---|
| ギョー | ぎょう | ぎよう | 凝集 |
| | | ぎやう | 仰天　修行　人形 |
| | | げう | 今暁 |
| | | げふ | 業務 |
| ショー | しょう | しよう | 昇格　承諾　勝利　自称　訴訟 |
| | | しやう | 詳細　正直　商売　負傷　文章 |
| | | せう | 見せう　小説　消息　少年 |
| | | | 微笑 |
| | | せふ | 交渉 |
| ジョー | じょう | じよう | 冗談　乗馬　過剰 |
| | | じやう | 成就　上手　状態　感情　古城 |
| | | ぜう | 饒*舌（ぜうぜつ） |
| | | ぢやう | 定石　丈夫　市場　令嬢 |
| | | でう | 箇条 |
| | | でふ | 一帖*（いちでふ）　六畳 |
| | ぢょう | ぢやう | 盆△提△灯（ぼんぢやうちん） |
| | | でう | 一本調子 |
| チョー | ちょう | ちよう | 徴収　清澄　尊重 |
| | | ちやう | 腸　町会　聴取　長短　手帳 |
| | | てう | 調子　朝食　弔電　前兆　野鳥 |
| | | てふ | 蝶*（てふ） |
| ニョー | にょう | によう | 女房 |
| | | ねう | 尿 |
| ヒョー | ひょう | ひよう | 氷山 |
| | | ひやう | 拍子　評判　兵糧 |
| | | へう | 表裏　土俵　投票 |
| ビョー | びょう | びやう | 病気　平等 |
| | | べう | 秒読み　描写 |
| ピョー | ぴょう | ぴよう | 結氷　信憑*性（しんぴようせい） |
| | | ぴやう | 論評 |
| | | ぺう | 一票　本表 |
| ミョー | みょう | みやう | 名代　明日　寿命 |
| | | めう | 妙技 |
| リョー | りょう | りよう | 丘陵 |
| | | りやう | 領土　両方　善良　納涼　分量 |
| | | れう | 寮　料理　官僚　終了 |
| | | れふ | 漁　猟 |

告示の原文は横書きであるが、ここでは便宜上縦書きにし、若干、形式の変更をした。（講談社）

# 歴史的仮名遣い

歴史的仮名遣いは、過去の文献に見られる仮名の用法を示すもので、字訓（和語）・字音（漢語）とも、おもに平安時代の用法が基準になっている。たとえば、現代仮名遣いでいずれも「おう」となるものが、歴史的仮名遣いでは漢字によって、字訓では「おふ(追ふ)」「おふ(負ふ)」、字音では「あう（央）」「あふ（凹）」「おう（応）」「わう（王）」であった。

ここでは、この歴史的仮名遣いのうちの、本文の各項目中では触れていない字音のものを、現代仮名遣いと対照させて一覧にし、参考の便に供した。

| 現代仮名遣い | 歴史的仮名遣い | 漢字例 |
|---|---|---|
| イ | ヰ | 位・囲・委・為・胃・畏・韋・唯・尉・帷・惟・偉・萎・彙・葦・違・維・慰・遺・蝟・緯・謂 |
| イキ | ヰキ | 域・閾 |
| イン | ヰン | 尹・員・院・隕・殞・韻 |
| エ | ヱ | 会・回・廻・恵・絵・慧・衛・穢 |
| エイ | ヱイ | 衛 |
| エツ | ヱツ | 曰・越 |
| エン | ヱン | 円・宛・苑・垣・怨・冤・婉・淵・媛・援・園・猿・遠・蜿・豌・鴛・轅 |
| オ | ヲ | 汚・悪・嗚 |
| オウ | アウ | 央・快・泱・桜・盎・秧・奥・媼・鞅・墺・懊・鴦・襖・罌・鶯・鸚 |
| | アフ | 凹・圧・押・鴨 |
| | ワウ | 王・汪・往・旺・枉・皇・凰・堭・椀・黄・横・ |
| | ヲウ | 翁・甕 |
| オク | ヲク | 屋 |
| オン | ヲン | 怨・苑・温・園・遠・穏・榲・縕 |
| カ | クワ | 化・戈・火・瓜・禾・囮・花・卦・果・和・科・華・菓・訛・貨・堝・渦・過・禍・窠・靴・夥・寡・窩・蜾・裹・嘩・蝸・蝌・課・踝・樺・鍋・顆 |
| ガ | グヮ | 瓦・画・臥 |
| カイ | クヮイ | 会・灰・回・快・乖・怪・廻・徊・恢・悔・洄・晦・傀・喙・絵・蛔・塊・槐・瑰・誨・魁・潰・壊・懐・獪・膾 |

| | | |
|---|---|---|
| ガイ | グワイ | 外 |
| カク | クワク | 払・画・郭・劃・廓・獲・霍・馘・穫・蠖・攫 |
| カツ | クワツ | 刮・括・活・蛞・滑・猾・豁・闊 |
| ガツ | グワツ | 月 |
| カン | クワン | 完・缶・侃・官・冠・巻・宦・浣・桓・莞・患・貫・喚・換・渙・棺・款・勧・寛・煥・慣・管・関・歓・緩・寰・盥・還・館・環・観・灌・鐶・罐・鑵・鸛 |
| ガン | グワン | 丸・元・玩・頑・翫・願 |
| キュウ | キウ | 九・久・仇・丘・旧・休・朽・臼・求・灸・究・糺・咎・疚・邱・柩・糾・赳・救・毬・球・廏・嗅・舅・裘・鳩・鬮 |
| | キフ | 及・吸・扱・汲・泣・急・級・笈・給・翕 |
| ギュウ | ギウ | 牛 |
| キョウ | キヤウ | 兄・匡・亨・況・香・框・強・郷・竟・経・卿・敬・筺・軽・境・誑・慶・襁・薑・嚮・疆・警・鏡・競・響・饗・驚 |
| | ケウ | 交・叫・孝・校・教・梟・喬・僑・嬌・橋・矯・竅・驕 |
| | ケフ | 夾・協・怯・俠・峡・挟・狭・莢・脅・脇・鋏・頰 |
| ギョウ | ギヤウ | 仰・刑・行・形 |
| | ゲウ | 尭・暁・楽・僥・澆・翹・蟯・驍 |
| | ゲフ | 業 |
| コウ | カウ | 亢・爻・巧・交・仰・向・好・江・行・亨・告・坑・孝・抗・更・肛・効・岡・幸・庚・昂・杭・肴・咬・巷・狡・香・倖・哮・桁・校・浩・耕・耗・航・高・崗・康・梗・淆・港・皓・硬・絞・腔・蛟・項・粳・慷・敲・槓・槁・睾・綱・膏・酵・稿・膠・衡・鋼・嚆・糠・講・鮫・鎬・羹・攪 |
| | カフ | 甲・合・匣・呷・岬・狎・恰・胛・蛤・閘・閤 |
| | クワウ | 広・光・宏・肓・恍・皇・荒・晃・紘・黄・徨・惶・慌・絖・煌・遑・鉱・篁・蝗・曠・礦・黌 |
| | コフ | 劫 |
| ゴウ | ガウ | 号・拷・剛・強・毫・郷・傲・嗷・豪・熬・壕・濠・囂・轟（轟は一説にグワウとも） |
| | ガフ | 合・盒 |
| | ゴフ | 劫・業 |
| ジ | ヂ | 地・怩・治・峙・持・除・痔 |
| ジキ | ヂキ | 直 |
| ジク | ヂク | 忸・竺・衄・舳・軸 |
| ジツ | ヂツ | 昵 |
| シュウ | シウ | 収・囚・州・舟・秀・周・洲・秋・臭・酋・修・袖・羞・脩・週・啾・就・愁・酬・甃・蒐・皺・醜・鍬・繡・鞦・蹴・讐・驟 |
| | シフ | 拾・執・習・集・楫・葺・褶・輯・襲 |
| ジュウ | ジウ | 柔・揉・蹂・鞣・獣 |
| | ジフ | 入・十・什・汁・拾・渋 |
| | ヂユウ | 中・住・重 |
| ジョ | ヂヨ | 女・除 |
| ショウ | シヤウ | 上・井・正・生・匠・庄・声・姓・尚・昌・牀・青・政・星・相・省・荘・将・症・祥・商・唱・娼・清・猖・章・笙・廂・掌・晶・湘・猩・粧・翔・菖・装・象・傷・奨・聖・詳・鉦・嘗・彰・精・裳・障・廠・樟・漿・請・賞・餉・瘴・償・檣・牆・觴・醤 |
| | セウ | 小・少・召・抄・肖・招・沼・咲・昭・哨・宵・峭・悄・消・笑・梢・紹・逍・椒・焦・焼・硝・稍・詔・鈔・照・嘯・憔・銷・樵・燋・蕉・蕭・鞘・礁・簫・瀟 |
| | セフ | 妾・捷・接・渉・摂・睫・慴・摺・囁・顳 |
| ジョウ | ジヤウ | 上・成・状・城・浄・常・情・盛・誠・静・請・壌・穣・攘・譲 |
| | ゼウ | 擾・繞・饒 |
| | ヂヤウ | 丈・仗・杖・定・貞・娘・掟・場・靛・嬢・錠・醸 |
| | デウ | 条・嫋 |
| | デフ | 帖・畳 |
| ジョク | ヂヨク | 濁 |
| ジン | ヂン | 沈・陣・塵 |
| ズ | ヅ | 図・豆・徒・途・逗・厨・頭 |
| ソウ | サウ | 双・爪・壮・早・争・相・草・荘・倉・捜・桑・蚤・爽・掃・曹・巣・窓・創・喪・棗・装・葬・勦・想・愴・掻・滄・蒼・槍・漕・箏・遭・槽・瘡・箱・諍・噪・操・艙・艘・燥・糟・蹌・霜・騒・藻・躁・竈 |
| | サフ | 挿 |
| ゾウ | ザウ | 造・象・像・蔵・臓・贓 |
| | ザフ | 雑 |
| チュウ | チウ | 丑・肘・宙・抽・冑・昼・紂・紐・酎・偸・紬・鈕・稠・鋳・鍮・疇・籀・躊 |
| チョウ | チヤウ | 丁・庁・打・町・疔・長・挺・停・帳・張・梃・頂・脹・腸・暢・漲・聴 |
| | テウ | 弔・兆・吊・佻・挑・凋・彫・掉・眺・窕・釣・鳥・朝・超・誂・跳・肇・鯛・趙・銚・嘲・潮・調 |
| | テフ | 帖・喋・貼・牒・蝶・諜 |
| トウ | タウ | 刀・当・宕・到・逃・倒・党・唐・套・島・桃・討・悼・掉・掏・盗・淘・陶・棹・湯・道・塘・搗・滔・稲・蕩・糖・濤・盪・櫂・禱・蟷・韜 |
| | タフ | 沓・納・塔・搭・答・踏 |

| | | |
|---|---|---|
| ドウ | ダウ | 堂・道・導・幢・撓・瞠・獰 |
| ニュウ | ニウ | 柔 |
| | ニフ | 入 |
| ニョウ | ネウ | 尿・繞・鐃 |
| ノウ | ナウ | 悩・脳・嚢・嚢 |
| | ナフ | 衲・納 |
| ビュウ | ビウ | 謬 |
| ヒョウ | ヒヤウ | 平・兵・拍・苹・枰・評 |
| | ヘウ | 表・俵・豹・票・剽・漂・標・瓢・瘭・縹・飄 |
| ビョウ | ビヤウ | 平・病・屛・瓶・鋲 |
| | ベウ | 苗・眇・秒・描・猫・渺・廟・錨 |
| ホウ | ハウ | 方・包・呆・彷・邦・芳・咆・庖・抱・抛・放・泡・苞・炮・胞・倣・疱・砲・舫・袍・迸・萌・烹・訪・傍・棚・焙・硼・飽・髣・澎・魴・繃 |
| | ハフ | 法・琺 |
| | ホフ | 法 |
| ボウ | バウ | 亡・卯・妄・忙・芒・坊・妨・尨・忘・防・房・氓・肪・茅・厖・昴・茫・旁・紡・惘・望・傍・滂・榜・膀・貌・甍・膨・謗 |
| | ボフ | 乏 |
| ミョウ | ミヤウ | 名・命・明・茗・冥・鳴 |
| | メウ | 妙・苗・猫 |
| モウ | マウ | 亡・妄・孟・盲・罔・望・猛・莽・網・魍 |
| ユウ | イウ | 友・尤・右・由・有・佑・酉・油・囿・宥・幽・疣・祐・悠・郵・游・猶・遊・釉・猷・誘・憂・優・鼬 |
| | イフ | 邑・揖 |
| ヨウ | エウ | 夭・幼・妖・拗・杳・要・窈・揺・遥・徭・瑶・腰・窯・謡・邀・曜・耀 |
| | エフ | 葉・厭・靨 |
| | ヤウ | 永・羊・洋・恙・痒・揚・陽・楊・様・瘍・影・養・瓔 |
| リュウ | リウ | 柳・流・琉・留・旒・硫・溜・榴・瘤・瀏 |
| | リフ | 立・笠・粒 |
| リョウ | リヤウ | 令・両・良・亮・倆・梁・涼・喨・量・粱・裲・領・諒・輛・霊・糧 |
| | レウ | 了・料・僚・寥・寮・撩・遼・療・瞭・繚 |
| | レフ | 猟・漁 |
| ロウ | ラウ | 老・労・牢・郎・朗・浪・狼・廊・粮・踉・撈・癆・蘢・糧 |
| | ラフ | 臘・蠟 |

# 送り仮名の付け方

昭和四十八年六月十八日内閣告示第二号
昭和五十六年十月一日内閣告示第三号

## 前書き

一　この「送り仮名の付け方」は、法令・公用文書・新聞・雑誌・放送など、一般の社会生活において、「常用漢字表」の音訓によって現代の国語を書き表す場合の送り仮名の付け方のよりどころを示すものである。〔昭56閣告3：一部改正〕

二　この「送り仮名の付け方」は、科学・技術・芸術その他の各種専門分野や個々人の表記にまで及ぼそうとするものではない。

三　この「送り仮名の付け方」は、漢字を記号的に用いたり、表に記入したりする場合や、固有名詞を書き表す場合を対象としていない。

## 「本文」の見方及び使い方

一　この「送り仮名の付け方」の本文の構成は、次のとおりである。

単独の語

1　活用のある語

【通則1】（活用語尾を送る語に関するもの）

【通則2】（派生・対応の関係を考慮して、活用語尾の前の部分から送る語に関するもの）

2　活用のない語

【通則3】（名詞であって、送り仮名を付けない語に関するもの）

【通則4】（活用のある語から転じた名詞であって、もとの語の送り仮名の付け方によって送る語に関するもの）

【通則5】（副詞・連体詞・接続詞に関するもの）

複合の語

【通則6】（単独の語の送り仮名の付け方による語に関するもの）

【通則7】（慣用に従って送り仮名を付けない語に関するもの）

付表の語

1　（送り仮名を付ける語に関するもの）

2　（送り仮名を付けない語に関するもの）

二　通則とは、単独の語及び複合の語の別、活用のある語及び活用のない語の別等に応じて考えた送り仮名の付け方に関する基本的な法則をいい、必要に応じ、例外的な事項又は許容的な事項を加えてある。

したがって、各通則には、本則のほか、必要に応じて例外及び許容を設けた。ただし、通則7は、通則6の例外に当たるものであるが、該当する語が多数に上るので、別の通則として立てたものである。

三　この「送り仮名の付け方」で用いた用語の意義は、次のとおりである。

単独の語……漢字の音又は訓を単独に用いて、漢字一字で書き表す語をいう。

複合の語……漢字の訓と訓、音と訓などを複合させ、漢字二字以上を用いて書き表す語をいう。

付表の語……「常用漢字表」の付表に掲げてある語のうち、送り仮名の付け方が問題となる語をいう。

活用のある語……動詞・形容詞・形容動詞をいう。

活用のない語……名詞・副詞・連体詞・接続詞をいう。
本　則……送り仮名の付け方の基本的な法則と考えられるものをいう。
例　外……本則には合わないが、慣用として行われていると認められるものであって、本則によらず、これによるものをいう。
許　容……本則による形とともに、慣用として行われていると認められるものであって、本則以外に、これによってよいものをいう。

〔昭56閣告3：一部改正〕

四　単独の語及び複合の語を通じて、字音を含む語は、その字音の部分には送り仮名を要しないのであるから、必要のない限り触れていない。

五　各通則において、送り仮名の付け方が許容によることのできる語については、本則又は許容のいずれに従ってもよいが、個々の語に適用するに当たって、許容に従ってよいかどうか判断し難い場合には、本則によるものとする。

# 本文

## 単独の語

### 1　活用のある語

【通則1】

本則　活用のある語（通則2を適用する語を除く。）は、活用語尾を送る。

〔例〕憤る　承る　書く　実る　催す
　生きる　陥れる　考える　助ける
　荒い　潔い　賢い　濃い
　主だ

例外　(1)語幹が「し」で終わる形容詞は、「し」から送る。
〔例〕著しい　惜しい　悔しい　恋しい　珍しい
(2)活用語尾の前に「か」、「やか」、「らか」を含む形容動詞は、その音節から送る。
〔例〕暖かだ　細かだ　静かだ
　穏やかだ　健やかだ　和やかだ
　明らかだ　平らかだ　滑らかだ　柔らかだ
(3)次の語は、次に示すように送る。
　明らむ　味わう　哀れむ　慈しむ　教わる
　脅かす（おどかす）　脅かす（おびやかす）　食らう
　異なる　逆らう　捕まる　群がる　和らぐ　揺する
　明るい　危ない　危うい　大きい　少ない　小さい　冷たい
　平たい　新ただ　同じだ　盛んだ　平らだ　懇ろだ　惨めだ
　哀れだ　幸いだ　幸せだ　巧みだ

許容　次の語は、（　）の中に示すように、活用語尾の前の音節から送ることができる。
　表す（表わす）　著す（著わす）　現れる（現われる）
　行う（行なう）　断る（断わる）　賜る（賜わる）

（注意）語幹と活用語尾との区別がつかない動詞は、例えば、「着る」、「寝る」、「来る」などのように送る。

【通則2】

本則　活用語尾以外の部分に他の語を含む語は、含まれている語の送り仮名の付け方によって送る。（含まれている語を〔　〕の中に示す。）

〔例〕(1)動詞の活用形又はそれに準ずるものを含むもの。
　動かす〔動く〕　照らす〔照る〕
　語らう〔語る〕　計らう〔計る〕　向かう〔向く〕
　浮かぶ〔浮く〕
　生まれる〔生む〕　押さえる〔押す〕　捕らえる〔捕る〕
　勇ましい〔勇む〕　輝かしい〔輝く〕　喜ばしい〔喜ぶ〕
　晴れやかだ〔晴れる〕
　及ぼす〔及ぶ〕　積もる〔積む〕　聞こえる〔聞く〕
　頼もしい〔頼む〕
　起こる〔起きる〕　落とす〔落ちる〕
　暮らす〔暮れる〕　冷やす〔冷える〕
　当たる〔当てる〕　終わる〔終える〕　変わる〔変える〕
　集まる〔集める〕　定まる〔定める〕　連なる〔連ねる〕
　交わる〔交える〕
　混ざる・混じる〔混ぜる〕
　恐ろしい〔恐れる〕
(2)形容詞・形容動詞の語幹を含むもの。
　重んずる〔重い〕　若やぐ〔若い〕
　怪しむ〔怪しい〕　悲しむ〔悲しい〕　苦しがる〔苦しい〕
　確かめる〔確かだ〕
　重たい〔重い〕　憎らしい〔憎い〕　古めかしい〔古い〕
　細かい〔細かだ〕　柔らかい〔柔らかだ〕
　清らかだ〔清い〕　高らかだ〔高い〕　寂しげだ〔寂しい〕
(3)名詞を含むもの。
　汗ばむ〔汗〕　先んずる〔先〕　春めく〔春〕
　男らしい〔男〕　後ろめたい〔後ろ〕

許容　読み間違えるおそれのない場合は、活用語尾以外の部分について、次の（　）の中に示すように、送り仮名を省くことができる。
〔例〕浮かぶ（浮ぶ）　生まれる（生れる）　押さえる（押える）
　捕らえる（捕える）
　晴れやかだ（晴やかだ）
　積もる（積る）　聞こえる（聞える）
　起こる（起る）　落とす（落す）　暮らす（暮す）
　当たる（当る）　終わる（終る）　変わる（変る）

（注意）次の語は、それぞれ〔　〕の中に示す語を含むものとは考えず、通則1によるものとする。
　明るい〔明ける〕　荒い〔荒れる〕　悔しい〔悔いる〕
　恋しい〔恋う〕

### 2　活用のない語

【通則3】

本則　名詞（通則4を適用する語を除く。）は、送り仮名を付けない。
〔例〕月　鳥　花　山
　男　女
　彼　何

例外　(1)次の語は、最後の音節を送る。
　辺り　哀れ　勢い　幾ら　後ろ　傍ら　幸い　幸せ　互い
　便り　半ば　情け　斜め　独り　誉れ　自ら　災い
(2)数をかぞえる「つ」を含む名詞は、その「つ」を送る。
〔例〕一つ　二つ　三つ　幾つ

【通則4】

本則　活用のある語から転じた名詞及び活用のある語に「さ」、「み」、「げ」などの接尾語が付いて名詞になったものは、もとの語の送り仮名の付け方によって送る。

〔例〕(1)活用のある語から転じたもの。
　動き　仰せ　恐れ　薫り　曇り　調べ　届け　願い　晴れ
　当たり　代わり　向かい
　狩り　答え　問い　祭り　群れ
　憩い　愁い　憂い　香り　極み　初め
　近く　遠く
(2)「さ」、「み」、「げ」などの接尾語が付いたもの。
　暑さ　大きさ　正しさ　確かさ
　明るみ　重み　憎しみ
　惜しげ

例外　次の語は、送り仮名を付けない。
　謡　虞　趣　氷　印　頂　帯　畳
　卸　煙　恋　志　次　隣　富　恥　話　光　舞
　折　係　掛（かかり）　組　肥　並（なみ）　巻　割

（注意）ここに掲げた「組」は、「花の組」、「赤の組」などのように使った場合の「くみ」であり、例えば、「活字の組みがゆるむ。」などとして使う場合の「くみ」を意味するものではない。「光」、「折」、「係」

なども、同様に動詞の意識が残っているような使い方の場合は、この例外に該当しない。したがって、本則を適用して送り仮名を付ける。

許容　読み間違えるおそれのない場合は、次の（　）の中に示すように、送り仮名を省くことができる。

〔例〕曇り（曇）　届け（届）　願い（願）　晴れ（晴）
当たり（当り）　代わり（代り）　向かい（向い）
狩り（狩）　答え（答）　問い（問）　祭り（祭）
群れ（群）　憩い（憩）

【通則5】

本則　副詞・連体詞・接続詞は、最後の音節を送る。

〔例〕必ず　更に　少し　既に　再び　全く　最も
来る　去る
及び　且つ　但し

例外　(1)次の語は、次に示すように送る。
明くる　大いに　直ちに　並びに　若しくは

(2)次の語は、送り仮名を付けない。
又

(3)次のように、他の語を含む語は、含まれている語の送り仮名の付け方によって送る。（含まれている語を〔　〕の中に示す。）

〔例〕併せて〔併せる〕　至って〔至る〕　恐らく〔恐れる〕
従って〔従う〕　絶えず〔絶える〕　例えば〔例える〕
努めて〔努める〕
辛うじて〔辛い〕　少なくとも〔少ない〕
互いに〔互い〕
必ずしも〔必ず〕

複合の語

【通則6】

本則　複合の語（通則7を適用する語を除く。）の送り仮名は、その複合の語を書き表す漢字の、それぞれの音訓を用いた単独の語の送り仮名の付け方による。

〔例〕(1)活用のある語
書き抜く　流れ込む　申し込む　打ち合わせる
向かい合わせる　長引く　若返る　裏切る　旅立つ
聞き苦しい　薄暗い　草深い　心細い　待ち遠しい
軽々しい　若々しい　女々しい
気軽だ　望み薄だ

(2)活用のない語
石橋　竹馬　山津波　後ろ姿　斜め左　花便り　独り言
卸商　水煙　目印
田植え　封切り　物知り　落書き　雨上がり　墓参り
日当たり　夜明かし　先駆け　巣立ち　手渡し
入り江　飛び火　教え子　合わせ鏡　生き物　落ち葉
預かり金
寒空　深情け
愚か者
行き帰り　伸び縮み　乗り降り　抜け駆け　作り笑い
暮らし向き　売り上げ　取り扱い　乗り換え　引き換え
歩み寄り　申し込み　移り変わり
長生き　早起き　苦し紛れ　大写し
粘り強さ　有り難み　待ち遠しさ
乳飲み子　無理強い　立ち居振る舞い　呼び出し電話
次々　常々
近々　深々
休み休み　行く行く

許容　読み間違えるおそれのない場合は、次の（　）の中に示すように、送り仮名を省くことができる。

〔例〕書き抜く（書抜く）　申し込む（申込む）
打ち合わせる（打ち合せる・打合せる）
向かい合わせる（向い合せる）　聞き苦しい（聞苦しい）
待ち遠しい（待遠しい）
田植え（田植）　封切り（封切）　落書き（落書）
雨上がり（雨上り）　日当たり（日当り）
夜明かし（夜明し）
入り江（入江）　飛び火（飛火）　合わせ鏡（合せ鏡）
預かり金（預り金）
抜け駆け（抜駆け）　暮らし向き（暮し向き）
売り上げ（売上げ・売上）　取り扱い（取扱い・取扱）
乗り換え（乗換え・乗換）　引き換え（引換え・引換）
申し込み（申込み・申込）　移り変わり（移り変り）
有り難み（有難み）　待ち遠しさ（待遠しさ）
立ち居振る舞い（立ち居振舞い・立ち居振舞・立居振舞）
呼び出し電話（呼出し電話・呼出電話）

（注意）「こけら落とし（こけら落し）」、「さび止め」、「洗いざらし」、「打ちひも」のように、前又は後ろの部分を仮名で書く場合は、他の部分については、単独の語の送り仮名の付け方による。

【通則7】

複合の語のうち、次のような名詞は、慣用に従って、送り仮名を付けない。

〔例〕(1)特定の領域の語で、慣用が固定していると認められるもの。

ア　地位・身分・役職等の名。
関取　頭取　取締役　事務取扱

イ　工芸品の名に用いられた「織」、「染」、「塗」等。
《博多》織　《型絵》染　《春慶》塗　《鎌倉》彫
《備前》焼

ウ　その他。
書留　気付　切手　消印　小包　振替　切符　踏切
請負　売値　買値　仲買　歩合　両替　割引　組合　手当
倉敷料　作付面積
売上《高》　貸付《金》　借入《金》　繰越《金》
小売《商》　積立《金》　取扱《所》　取扱《注意》
取次《店》　取引《所》　乗換《駅》　乗組《員》
引受《人》　引受《時刻》　引換《券》　《代金》引換
振出《人》　待合《室》　見積《書》　申込《書》

(2)一般に、慣用が固定していると認められるもの。
奥書　木立　子守　献立　座敷　試合　字引　場合　羽織
葉巻　番組　番付　日付　水引　物置　物語　役割　屋敷
夕立　割合
合図　合間　植木　置物　織物　貸家　敷石　敷地　敷物
立場　建物　並木　巻紙
受付　受取
浮世絵　絵巻物　仕立屋

（注意）(1)「《博多》織」、「売上《高》」などのようにして掲げたものは、《　》の中を他の漢字で置き換えた場合にも、この通則を適用する。
(2)通則7を適用する語は、例として挙げたものだけで尽くしてはいない。したがって、慣用が固定していると認められる限り、類推して同類の語にも及ぼすものである。通則7を適用してよいかどうか判断し難い場合には、通則6を適用する。

付表の語　〔昭56閣告3：一部改正〕

「常用漢字表」の「付表」に掲げてある語のうち、送り仮名の付け方が問題となる次の語は、次のようにする。

1　次の語は、次に示すように送る。
浮つく　お巡りさん　差し支える　五月晴れ　立ち退く
手伝う　最寄り

なお、次の語は、（　）の中に示すように、送り仮名を省くことができる。
差し支える（差支える）　五月晴れ（五月晴）
立ち退く（立退く）

2　次の語は、送り仮名を付けない。
息吹　桟敷　時雨　築山　名残　雪崩　吹雪　迷子　行方

告示の原文のうち「本文」は横書きであるが、ここでは便宜上縦書きにし、若干、形式の変更をした。（講談社）

# ローマ字のつづり方

昭和二十九年十二月九日内閣告示第一号

まえがき

一　一般に国語を書き表わす場合は、第一表に掲げたつづり方によるものとする。

二　国際的関係その他従来の慣例をにわかに改めがたい事情にある場合に限り、第二表に掲げたつづり方によってもさしつかえない。

三　前二項のいずれの場合においても、おおむねそえがきを適用する。

**第1表**　(　)は重出を示す。

| | | | | | | | |
|---|---|---|---|---|---|---|---|
| a ア | i イ | u ウ | e エ | o オ | | | |
| ka カ | ki キ | ku ク | ke ケ | ko コ | kya キャ | kyu キュ | kyo キョ |
| sa サ | si シ | su ス | se セ | so ソ | sya シャ | syu シュ | syo ショ |
| ta タ | ti チ | tu ツ | te テ | to ト | tya チャ | tyu チュ | tyo チョ |
| na ナ | ni ニ | nu ヌ | ne ネ | no ノ | nya ニャ | nyu ニュ | nyo ニョ |
| ha ハ | hi ヒ | hu フ | he ヘ | ho ホ | hya ヒャ | hyu ヒュ | hyo ヒョ |
| ma マ | mi ミ | mu ム | me メ | mo モ | mya ミャ | myu ミュ | myo ミョ |
| ya ヤ | (i) イ | yu ユ | (e) エ | yo ヨ | | | |
| ra ラ | ri リ | ru ル | re レ | ro ロ | rya リャ | ryu リュ | ryo リョ |
| wa ワ | (i) イ | (u) ウ | (e) エ | (o) オ | | | |
| ga ガ | gi ギ | gu グ | ge ゲ | go ゴ | gya ギャ | gyu ギュ | gyo ギョ |
| za ザ | zi ジ | zu ズ | ze ゼ | zo ゾ | zya ジャ | zyu ジュ | zyo ジョ |
| da ダ | (zi) ジ | (zu) ズ | de デ | do ド | (zya) ジャ | (zyu) ジュ | (zyo) ジョ |
| ba バ | bi ビ | bu ブ | be ベ | bo ボ | bya ビャ | byu ビュ | byo ビョ |
| pa パ | pi ピ | pu プ | pe ペ | po ポ | pya ピャ | pyu ピュ | pyo ピョ |

**第2表**

| | | | | |
|---|---|---|---|---|
| sha シャ | shi シ | shu シュ | sho ショ | |
| | | tsu ツ | | |
| cha チャ | chi チ | chu チュ | cho チョ | |
| | | fu フ | | |
| ja ジャ | ji ジ | ju ジュ | jo ジョ | |
| di ヂ | du ヅ | dya ヂャ | dyu ヂュ | dyo ヂョ |
| kwa クヮ | | | | |
| gwa グヮ | | | | |
| | | | wo ヲ | |

第一、第二表のカタカナ書きは、講談社編集部による。

そえがき

前表に定めたもののほか、おおむね次の各項による。

一　はねる音「ン」はすべてnと書く。

二　はねる音を表わすnと次にくる母音字またはyとを切り離す必要がある場合には、nの次に'を入れる。

三　つまる音は、最初の子音字を重ねて表わす。

四　長音は母音字の上に^をつけて表わす。なお、大文字の場合は母音字を並べてもよい。

五　特殊音の書き表わし方は自由とする。

六　文の書きはじめ、および固有名詞は語頭を大文字で書く。なお、固有名詞以外の名詞の語頭を大文字で書いてもよい。

# 品詞分類表

- 単語
  - 自立語
    - 活用のあるもの（単独で述語となるもの）〈用言〉
      - 動作・存在を表すもの — 終止形の語尾が「ウ」段で終わるもの — **動詞**……笑う　動く　動かす　帰る　行く　飛ぶ　眠る　〔文語　為す　思ふ　受く　あり　得う〕
      - 性質・状態を表すもの
        - 終止形の語尾が口語は「イ」〔文語は「シ」〕で終わるもの — **形容詞**……深い　悔しい　薄い　白い　惜しい　かいがいしい　近い　〔文語　明かし　遠し　おもしろし　高し〕
        - 終止形の語尾が口語は「ダ」〔文語は「タリ」「ナリ」〕で終わるもの — **形容動詞**……きれいだ　気の毒だ　こんなだ　たいへんだ　静かだ　〔文語　静かなり　堂々たり　穏やかなり〕
    - 活用のないもの
      - 主語となるもの〈体言〉 — **名詞**……ニュートン　北海道　兄弟　森林　誠意　これ　それ　あれ　どれ　われわれ　わたし　一つ　三つ　五人　千頭　数年前
      - 主語とならないもの
        - 修飾接続するもの〈副用言〉
          - 修飾するもの
            - 用言を修飾するもの — **副詞**……ふたたび　すでに　まったく　すこしも　いっそう　実に　はっきり　とても　さほど　けっして　あたかも
            - 体言を修飾するもの — **連体詞**……ある(とき)　あらゆる(人)　さる(三月)　きたる(四日)　たいした(できごと)　この　その　あの　どの
          - 接続するもの — **接続詞**……また　および　または　あるいは　そして　そこで　それから　だから　しかし　けれども
        - 修飾接続しないもの — **感動詞**……さあ　こら　あ　もしもし　はい　いいえ　まあ　あら
  - 付属語
    - 活用のあるもの — **助動詞**……(呼ば)れる　(知ら)ない　(考え)られる　(見え)ます　(来る)らしい　〔文語　(かくの)ごとし　(する)べし　(読む)まじ〕
    - 活用のないもの — **助詞**……(わたし)は　(あなた)さえ　(町)へ　(町)から　(人)が　(車)を　(行け)ば　(行く)と　(行く)か　(行く)よ

# 活用表

## 口語動詞

| 活用型 | 行 | 基本形（語幹-活用語尾） | 未然形（ナイ・レル・ラレル） | 未然形（ウまたはヨウ） | 連用形（マス・タイ） | 連用形（タ） | 終止形 | 連体形（コト・トキ） | 仮定形（バ） | 命令形 | 同型語 | |
|---|---|---|---|---|---|---|---|---|---|---|---|---|
| 五段 | カ | 書-く | -か | -こ | -き | -い | -く | -く | -け | -け | 咲-く 聞-く 歩-く 着-く | |
| | ガ | 泳-ぐ | -が | -ご | -ぎ | -い(ダ) | -ぐ | -ぐ | -げ | -げ | 急-ぐ 継-ぐ 研-ぐ 脱-ぐ | |
| | サ | 話-す | -さ | -そ | -し | -し | -す | -す | -せ | -せ | 押-す 訳-す 越-す 移-す | |
| | タ | 持-つ | -た | -と | -ち | -っ | -つ | -つ | -て | -て | 立-つ 打-つ 放-つ 保-つ | |
| | ナ | 死-ぬ | -な | -の | -に | -ん(ダ) | -ぬ | -ぬ | -ね | -ね | | *1 |
| | バ | 飛-ぶ | -ば | -ぼ | -び | -ん(ダ) | -ぶ | -ぶ | -べ | -べ | 学-ぶ 喜-ぶ 運-ぶ 結-ぶ | |
| | マ | 読-む | -ま | -も | -み | -ん(ダ) | -む | -む | -め | -め | 産-む 飲-む 望-む 進-む | |
| | ラ | 乗-る | -ら | -ろ | -り | -っ | -る | -る | -れ | -れ | 取-る 走-る 売-る 語-る | |
| | ラ | 有-る | -(ら) | -ろ | -り | -っ | -る | -る | -れ | -れ | 居(お)-る | *2 |
| | ラ | 蹴(け)-る | -ら | -ろ | -り | -っ | -る | -る | -れ | -れ | | *3 |
| | ワ | 買-う | -わ | -お | -い | -っ | -う | -う | -え | -え | 思-う 言-う | |
| 下一段 | ア | 得る | え | | え | | える | える | えれ | えよ・えろ | 心-得る 与-える | |
| | ア | 越-える | -え | | -え | | -える | -える | -えれ | -えよ・-えろ | 覚-える 消-える 燃-える | |
| | ア | 植-える | -え | | -え | | -える | -える | -えれ | -えよ・-えろ | 据-える 飢-える | |
| | カ | 受-ける | -け | | -け | | -ける | -ける | -けれ | -けよ・-けろ | 分-ける 駆-ける | *4 |
| | ガ | 投-げる | -げ | | -げ | | -げる | -げる | -げれ | -げよ・-げろ | 上-げる 下-げる 曲-げる | |
| | サ | 見-せる | -せ | | -せ | | -せる | -せる | -せれ | -せよ・-せろ | 乗-せる 寄-せる 任-せる | |
| | ザ | 混(ま)-ぜる | -ぜ | | -ぜ | | -ぜる | -ぜる | -ぜれ | -ぜよ・-ぜろ | 爆(は)-ぜる | |
| | タ | 育-てる | -て | | -て | | -てる | -てる | -てれ | -てよ・-てろ | 捨-てる 当-てる 立-てる | |
| | ダ | 出る | で | | で | | でる | でる | でれ | でよ・でろ | 撫(な)-でる 秀-でる 愛(め)-でる | |
| | ナ | 尋-ねる | -ね | | -ね | | -ねる | -ねる | -ねれ | -ねよ・-ねろ | 重-ねる 連-ねる 損-ねる | |
| | ハ | 経る | へ | | へ | | へる | へる | へれ | へよ・へろ | 綜(へ)-る | |
| | バ | 調-べる | -べ | | -べ | | -べる | -べる | -べれ | -べよ・-べろ | 述-べる 食-べる 比-べる | |
| | マ | 決-める | -め | | -め | | -める | -める | -めれ | -めよ・-めろ | 求-める 進-める 集-める | |
| | ラ | 晴-れる | -れ | | -れ | | -れる | -れる | -れれ | -れよ・-れろ | 暮-れる 隠-れる | |

## 文語動詞

| 活用型 | 行 | 基本形（語幹-活用語尾） | 未然形（ズ・ム・バ） | 連用形（タリ・キ・ケリ） | 終止形 | 連体形（コト・トキ） | 已然形（ドモ・バ） | 命令形 | 同型語 | |
|---|---|---|---|---|---|---|---|---|---|---|
| 四段 | カ | 書-く | -か | -き | -く | -く | -け | -け | 咲-く 聞-く 歩-く 着-く | *1 |
| | ガ | 泳-ぐ | -が | -ぎ | -ぐ | -ぐ | -げ | -げ | 急-ぐ 継-ぐ 研-ぐ 脱-ぐ | *1 |
| | サ | 話-す | -さ | -し | -す | -す | -せ | -せ | 押-す 訳-す 越-す 移-す | *2 |
| | タ | 持-つ | -た | -ち | -つ | -つ | -て | -て | 立-つ 打-つ 放-つ 保-つ | *3 |
| | ハ | 買-ふ | -は | -ひ | -ふ | -ふ | -へ | -へ | 思-ふ 言-ふ | *4 |
| | バ | 飛-ぶ | -ば | -び | -ぶ | -ぶ | -べ | -べ | 学-ぶ 喜-ぶ 運-ぶ 結-ぶ | *5 |
| | マ | 読-む | -ま | -み | -む | -む | -め | -め | 産-む 飲-む 望-む 進-む | |
| | ラ | 乗-る | -ら | -り | -る | -る | -れ | -れ | 取-る 走-る 売-る 語-る | |
| ナ行変格 | ナ | 死-ぬ | -な | -に | -ぬ | -ぬる | -ぬれ | -ね | 往(い)-ぬ | *6 |
| ラ行変格 | ラ | 有-り | -ら | -り | -り | -る | -れ | -れ | 居(お)-り 侍(はべ)-り いまそが-り | *7 |
| 下一段 | ラ | 蹴(け)る | け | け | ける | ける | けれ | けよ | | *8 |
| 下二段 | ア | 得(う) | え | え | う | うる | うれ | えよ | 心-得(う) | *9 |
| | カ | 受-く | -け | -け | -く | -くる | -くれ | -けよ | 分-く 駆-く 続-く | |
| | ガ | 投-ぐ | -げ | -げ | -ぐ | -ぐる | -ぐれ | -げよ | 上-ぐ 下-ぐ 曲-ぐ | |
| | サ | 見-す | -せ | -せ | -す | -する | -すれ | -せよ | 乗-す 寄-す 任-す | |
| | ザ | 混(ま)-ず | -ぜ | -ぜ | -ず | -ずる | -ずれ | -ぜよ | 爆(は)-ず | |
| | タ | 育-つ | -て | -て | -つ | -つる | -つれ | -てよ | 捨-つ 当(あ)-つ 立-つ | |
| | ダ | 出(い)-づ | -で | -で | -づ | -づる | -づれ | -でよ | 撫(な)-づ 愛(め)-づ | |
| | ナ | 尋-ぬ | -ね | -ね | -ぬ | -ぬる | -ぬれ | -ねよ | 重-ぬ 連-ぬ 損(そこ)-ぬ | |
| | ハ | 経(ふ) | へ | へ | ふ | ふる | ふれ | へよ | 教-ふ 与-ふ 数-ふ | |
| | バ | 調-ぶ | -べ | -べ | -ぶ | -ぶる | -ぶれ | -べよ | 述-ぶ 食(た)-ぶ 比-ぶ | |
| | マ | 決-む | -め | -め | -む | -むる | -むれ | -めよ | 求-む 進-む 集-む | |
| | ヤ | 越-ゆ | -え | -え | -ゆ | -ゆる | -ゆれ | -えよ | 覚-ゆ 消-ゆ 燃-ゆ | |
| | ラ | 晴-る | -れ | -れ | -る | -るる | -るれ | -れよ | 暮-る 隠-る | |
| | ワ | 植-う | -ゑ | -ゑ | -う | -うる | -うれ | -ゑよ | 据-う 飢(う)-う | *10 |

「-」は、語幹と語尾の境を示す。

| | | | | | | | | | |
|---|---|---|---|---|---|---|---|---|---|
| 上一段 | ア | 射る | い | い | いる | いる | いれ | いよ いろ | 鋳(い)る |
| | ア | 居る | い | い | いる | いる | いれ | いよ いろ | 率-いる |
| | ア | 強-いる | -い | -い | -いる | -いる | -いれ | -いよ -いろ | 用-いる *5 |
| | ア | 老-いる | -い | -い | -いる | -いる | -いれ | -いよ -いろ | 悔-いる 報-いる |
| | カ | 起-きる | -き | -き | -きる | -きる | -きれ | -きよ -きろ | 生-きる 尽-きる |
| | ガ | 過-ぎる | -ぎ | -ぎ | -ぎる | -ぎる | -ぎれ | -ぎよ -ぎろ | |
| | ザ | 閉-じる | -じ | -じ | -じる | -じる | -じれ | -じよ -じろ | 綴(と)-じる 通-じる 恥-じる |
| | タ | 落-ちる | -ち | -ち | -ちる | -ちる | -ちれ | -ちよ -ちろ | 朽-ちる 満-ちる |
| | ナ | 似る | に | に | にる | にる | にれ | によ にろ | 煮る |
| | ハ | 干る | ひ | ひ | ひる | ひる | ひれ | ひよ ひろ | |
| | バ | 伸-びる | -び | -び | -びる | -びる | -びれ | -びよ -びろ | 帯-びる 滅-びる |
| | マ | 見る | み | み | みる | みる | みれ | みよ みろ | 鑑(かんが)-みる |
| | マ | 染(し)-みる | -み | -み | -みる | -みる | -みれ | -みよ -みろ | 試-みる |
| | ラ | 足-りる | -り | -り | -りる | -りる | -りれ | -りよ -りろ | 懲-りる 借-りる |
| カ行変格 | カ | 来る | こ | き | くる | くる | くれ | こい | *6 |
| サ行変格 | サ | する | し さ せ | し | する | する | すれ | しろ せよ | 察-する 接-する 熱-する *7 |
| | ザ | 論-ずる | -じ -ぜ | -じ | -ずる | -ずる | -ずれ | -じろ -ぜよ | 奉-ずる *8 |

備考　＊1ナ行の五段活用は、「死ぬ」の一語のみ。＊2文語では、ラ変活用。未然形1の〈-ナイ〉には続かない。命令形「有れ」は文語的表現。＊3文語では下一段活用。＊4「呉(く)れる」だけは、命令形が「呉れ」になる。＊5口語「用-いる」は、平安時代、上一段活用「用ゐる」と上二段活用「用ふ」、中世以降、上二段活用「用う」と「用ゆ」のそれぞれ二種ある。＊6カ行変格活用は、「来る」の一語のみ。＊7「愛-する」「解-する」「適-する」などは、五段活用もする。未然形1の「せ」は「せぬ」の形にだけ用いる。＊8五段・上一段活用化するときもある。

## 口語形容詞

| 活用型 | 基本形（語幹 活用語尾） | 未然形（ウ） | 連用形（タ ナイ（ナル）） | 終止形 | 連体形（コト トキ） | 仮定形（バ） | 命令形 | 同型語 |
|---|---|---|---|---|---|---|---|---|
| | 強-い | -かろ | -かっ -く | -い | -い | -けれ | ○ | 白-い 遠-い |
| | 楽-しい | | | | | | | 美-しい うれ-しい |

備考　「ございます」などに継続するとき、連用形は「う」（音便形）になる。また「強う」「楽しゅう」など、語幹の一部が変わるものもある。

| | | | | | | | | | |
|---|---|---|---|---|---|---|---|---|---|
| 上一段 | ア | 射る | い | い | いる | いる | いれ | いよ | 鋳(い)る |
| | ナ | 似る | に | に | にる | にる | にれ | によ | 煮る |
| | ハ | 干る | ひ | ひ | ひる | ひる | ひれ | ひよ | 簸(ひ)る |
| | マ | 見る | み | み | みる | みる | みれ | みよ | 試-みる 鑑(かんが)-みる *11 |
| | ワ | 居る | ゐ | ゐ | ゐる | ゐる | ゐれ | ゐよ | 率-ゐる 用-ゐる |
| 上二段 | カ | 起-く | -き | -き | -く | -くる | -くれ | -きよ | 生-く 尽-く |
| | ガ | 過-ぐ | -ぎ | -ぎ | -ぐ | -ぐる | -ぐれ | -ぎよ | |
| | タ | 落-つ | -ち | -ち | -つ | -つる | -つれ | -ちよ | 満-つ 朽-つ |
| | ダ | 閉-づ | -ぢ | -ぢ | -づ | -づる | -づれ | -ぢよ | 恥-づ 綴(と)-づ |
| | ハ | 強(し)-ふ | -ひ | -ひ | -ふ | -ふる | -ふれ | -ひよ | 用-ふ 恋-ふ |
| | バ | 伸-ぶ | -び | -び | -ぶ | -ぶる | -ぶれ | -びよ | 滅-ぶ 帯-ぶ |
| | マ | 染(し)-む | -み | -み | -む | -むる | -むれ | -みよ | 試-む 恨-む |
| | ヤ | 老-ゆ | -い | -い | -ゆ | -ゆる | -ゆれ | -いよ | 報-ゆ 悔-ゆ |
| | ラ | 懲(こ)-る | -り | -り | -る | -るる | -るれ | -りよ | 下(お)-る |
| カ行変格 | カ | 来 | こ | き | く | くる | くれ | こ こよ | *12 |
| サ行変格 | サ | す | せ | し | す | する | すれ | せよ | 察-す 接-す 熱-す 達-す |
| | ザ | 論-ず | -ぜ | -じ | -ず | -ずる | -ずれ | -ぜよ | |

備考　＊1連用形では、イ音便変化をおこすこともある。(例)「書-いて」「脱-いで」　＊2連用形では、イ音便変化をおこすこともある。(例)「差-いて」　＊3連用形では、促音便変化をおこすこともある。(例)「持-って」「立-って」　＊4連用形では、促音便変化やウ音便変化をおこすこともある。(例)「買-って」「思-って」、「買-うて」「思-うて」　＊5連用形では、撥音便(はつおんびん)変化をおこすこともある。(例)「飛-んで」「学-んで」　＊6ナ変動詞は、上記の二語のみ。＊7ラ変動詞は上記の四語のみ。＊8下一段活用は、「蹴る」の一語のみ。＊9ア行下二段活用は、上記の二語のみ。＊10ワ行下二段活用は、上記の三語のみ。＊11のち、「試む」「鑑む」などの上二段活用にもなる。＊12カ行変格活用は、「来る」の一語のみ。

## 文語形容詞

| 活用型 | 基本形（語幹 活用語尾） | 未然形（ズ ム） | 連用形（キ ケリ テ ナル シテ） | 終止形 | 連体形（コト トキ） | 已然形（ドモ バ） | 命令形 | 同型語 |
|---|---|---|---|---|---|---|---|---|
| ク | 強-し | -から | -かり -く | -し | -かる -き | -けれ | -かれ | 白-し 遠-し 多-し 早-し |
| シク | 楽-し | -しから | -しかり -しく | -し | -しかる -しき | -しけれ | -しかれ | 美-し 正-し 嬉(うれ)-し |

備考　「ござる」などに継続するとき、連用形は「う」（音便形）になる。また「強う」「楽しゅう」など、語幹の一部が変わるものもある。

## 口語形容動詞

| 活用型 | 基本形（語幹-活用語尾） | 未然形（ウ） | 連用形（タ・ナイ・ナル） | 終止形 | 連体形（コト・トキ） | 仮定形（バ） | 命令形 | 同型語 | |
|---|---|---|---|---|---|---|---|---|---|
| ダ | 静か-だ | -だろ | -だっ<br>-で<br>-に | -だ | -な | -なら | ○ | 清らか-だ<br>穏やか-だ | * |
| ト・タル | 堂々-たる | ○ | -と | ○ | -たる | ○ | ○ | 洋々-たる | |

備考　*語幹だけで、述語になることがある。

## 口語助動詞

| 種類 | 前に接続する動詞の活用例 | 基本型 | 未然形（ナイ ヨウまたはウ） | 連用形（タ マス） | 終止形 | 連体形（コト トキ） | 仮定形（バ） | 命令形 | 接続 | |
|---|---|---|---|---|---|---|---|---|---|---|
| 尊敬<br>自発<br>可能<br>受身 | 聞か | れる | れ | れ | れる | れる | れれ | れろ<br>れよ | 五段・サ変動詞の未然形 | *1 |
| | 見 | られる | られ | られ | られる | られる | られれ | られろ<br>られよ | 右以外の動詞の未然形 | *1 |
| 使役 | 聞か | せる | せ | せ | せる | せる | せれ | せろ<br>せよ | 五段・サ変動詞の未然形 | |
| | 見 | させる | させ | させ | させる | させる | させれ | させろ<br>させよ | 右以外の動詞の未然形 | |
| | 聞か | (しめる) | しめ | しめ | しめる | しめる | しめれ | しめろ<br>しめよ | 動詞の未然形 | |
| 過去および完了 | 聞い | た | たろ | ○ | た | た | たら | ○ | 動詞・形容詞・形容動詞の連用形 | *2 |
| 推量 | 聞こ | う | ○ | ○ | う | (う) | ○ | ○ | 五段動詞・形容詞・形容動詞の未然形 | *3 |
| | 見 | よう | ○ | ○ | よう | (よう) | ○ | ○ | 五段以外の動詞の未然形 | *3 |
| | 聞く<br>見る | らしい | ○ | らしかっ<br>らしく<br>らしゅう | らしい | らしい | らしけれ | ○ | 体言、動詞・形容詞の終止形、形容動詞の語幹 | |

## 文語形容動詞

| 活用型 | 基本形（語幹-活用語尾） | 未然形（ム・ズ） | 連用形（キ・ケリ・ナル・シテ） | 終止形 | 連体形（コト・トキ） | 已然形（ドモ・バ） | 命令形 | 同型語 |
|---|---|---|---|---|---|---|---|---|
| ナリ | 静か-なり | -なら | -なり<br>-に | -なり | -なる | -なれ | -なれ | 清らか-なり<br>穏やか-なり |
| タリ | 堂々-たり | -たら | -たり<br>-と | -たり | -たる | -たれ | -たれ | 洋々-たり |

## 文語助動詞

| 種類 | 前に接続する動詞の活用例 | 基本型 | 未然形（バ ム） | 連用形（テ タリ） | 終止形 | 連体形（コト トキ） | 已然形（バ） | 命令形 | 接続 | |
|---|---|---|---|---|---|---|---|---|---|---|
| 可能<br>受身<br>尊敬<br>自発 | 聞か | る | れ | れ | る | るる | るれ | (れよ) | 四段・ナ変・ラ変の未然形 | *1 |
| | 見 | らる | られ | られ | らる | らるる | らるれ | (られよ) | 右以外の動詞の未然形 | *1 |
| | 聞か | ゆ | え | え | ゆ | ゆる | ゆれ | ○ | 四段・ナ変・ラ変の未然形 | *2 |
| | 寝 | らゆ | らえ | (らえ) | (らゆ) | (らゆる) | (らゆれ) | ○ | 右以外の動詞の未然形 | *2 |
| 尊敬 | 聞か | す | さ | し | す | す | せ | せ | 四段の未然形 | |
| 使役<br>尊敬 | 聞か | す | せ | せ | す | する | すれ | せよ | 四段・ナ変・ラ変の未然形 | *3 |
| | 見 | さす | させ | させ | さす | さする | さすれ | させよ | 右以外の未然形 | *3 |
| | 聞か | しむ | しめ | しめ | しむ | しむる | しむれ | しめよ | 未然形 | |
| 過去および完了 | 聞き | き | せ | ○ | き | し | しか | ○ | 連用形 | *4 |
| | 聞き | けり | (けら) | ○ | けり | ける | けれ | ○ | 連用形 | *5 |
| | 聞き | つ | て | て | つ | つる | つれ | てよ | 連用形 | *6 |
| | 咲き | ぬ | な | に | ぬ | ぬる | ぬれ | ね | 連用形 | *7 |
| | 聞き | たり | たら | たり | たり | たる | たれ | たれ | 連用形 | *8 |
| | 聞け<br>せ | り | (ら) | り | り | る | れ | (れ) | 四段の命令形<br>サ変の未然形 | *9 |
| 推量 | 聞か | む<br>(ん) | (ま) | ○ | む<br>(ん) | む<br>(ん) | め | ○ | 未然形 | *10 |
| | 聞か | むず<br>(んず) | ○ | ○ | むず<br>(んず) | むずる<br>(んずる) | むずれ<br>(んずれ) | ○ | 未然形 | *11 |
| | 聞き | けむ<br>(けん) | ○ | ○ | けむ<br>(けん) | けむ<br>(けん) | けめ | ○ | 連用形 | *12 |
| | 聞く | らむ<br>(らん) | ○ | ○ | らむ<br>(らん) | らむ<br>(らん) | らめ | ○ | 終止形、ラ変型には連体形 | *13 |
| | 聞く | めり | ○ | めり | めり | める | めれ | ○ | 終止形、ラ変型には連体形 | |
| | 聞く | らし | ○ | ○ | らし | らし<br>(らしき) | らし | ○ | 終止形、ラ変型には連体形 | |

| | | | | | | | | | | |
|---|---|---|---|---|---|---|---|---|---|---|
| 打消の推量 | 聞く<br>見 | まい | ○ | ○ | まい | (まい) | ○ | ○ | 五段動詞の終止形<br>五段以外の動詞の未然形 | *4 |
| 打消 | 聞か<br>見 | ない | なかろ | なかっ<br>なく | ない | ない | なけれ | ○ | 動詞・助動詞の未然形 | |
| | 聞か<br>見 | ぬ(ん) | ○ | ず | ぬ(ん) | ぬ(ん) | ね | ○ | | |
| 希望 | 聞き<br>見 | たい | たかろ | たかっ<br>たく<br>とう | たい | たい | たけれ | ○ | 動詞の連用形 | |
| 断定 | 聞くの | です | でしょ | でし | です | (です) | ○ | ○ | 体言、助詞の「の」、形容動詞の語幹 | *5 |
| | 若者 | だ | だろ | だっ<br>で | だ | (な) | なら | ○ | 体言、助詞の「の」など | *6 |
| 比況 | 若者の<br>ある | ようだ | ようだろ | ようだっ<br>ようで<br>ように | ようだ | ような | ようなら | ○ | 動詞・形容詞・形容動詞の連体形、助詞の「の」、連体詞 | |
| 丁寧 | 聞き<br>見 | ます | ませ<br>ましょ | まし | ます | ます<br>(まする) | ますれ | まし<br>ませ | 動詞の連用形 | *7 |
| 様態 | あり | そうだ | そうだろ | そうだっ<br>そうで<br>そうに | そうだ | そうな | そうなら | ○ | 動詞の連用形、形容詞・形容動詞の語幹 | *8 |
| 伝聞 | 行く | そうだ | ○ | そうで | そうだ | ○ | ○ | ○ | 動詞・形容詞・形容動詞の終止形 | |

備考　*1 自発・可能では、命令形がない。 *2 撥音便およびガ行五段動詞のイ音便のあとにくる「た」は「だ」となる。 *3 *4 意志を含む。 *5 丁寧。 *6 連体形「(な)」は、「なの」「なので」「なものか」の形でのみ用いられる。 *7 命令形は、「いらっしゃる」「おっしゃる」などの敬語につく。 *8「よい」「ない」などには、〈語幹＋さ〉の形になってつく。

| | | | | | | | | | | |
|---|---|---|---|---|---|---|---|---|---|---|
| | 聞か | まし | (ませ)<br>ましか | ○ | まし | まし | ましか | ○ | 未然形 | *14 |
| | 聞く | べし | べから | べく<br>べかり | べし | べき<br>べかる | べけれ | ○ | 終止形、ラ変型には連体形 | *15 |
| | 聞く | べらなり | ○ | (べらに) | べらなり | べらなる | べらなれ | ○ | 終止形 | |
| 打消の推量 | 聞か | じ | ○ | ○ | じ | じ | じ | ○ | 未然形 | |
| | 聞く | まじ | まじから | まじく<br>まじかり | まじ | まじき<br>まじかる | まじけれ | ○ | 終止形、ラ変型には連体形 | *16 |
| | 聞く | ましじ | ○ | ○ | ましじ | ましじき | ○ | ○ | 終止形、ラ変型には連体形 | |
| 打消 | 聞か | ず | (な)<br>ざら | ず(に)<br>ざり | ず<br>(ざり) | ぬ<br>ざる | ね<br>ざれ | ○<br>ざれ | 未然形 | |
| 希望 | 聞き | たし | たから | たく<br>たかり | たし | たき<br>たかる | たけれ | ○ | 動詞の連用形 | |
| | 聞か | まほし | まほしから | まほしく<br>まほしかり | まほし | まほしき<br>まほしかる | まほしけれ | ○ | 動詞の未然形 | |
| 断定 | 若者 | なり | なら | なり<br>に | なり | なる | なれ | なれ | 体言、連体形 | |
| | 若者 | たり | たら | たり<br>と | たり | たる | たれ | たれ | 体言 | |
| 比況 | 若者の<br>聞く | ごとし | ○ | ごとく | ごとし | ごとき | ○ | ○ | 連体形、助詞の「の」「が」 | *17 |
| 伝聞推定 | 聞く | なり | ○ | なり | なり | なる | なれ | ○ | 終止形、ラ変型には連体形 | |
| 敬語 | 聞き | **給ふ** | は<br>へ | ひ<br>へ | ふ<br>ふ | ふ<br>ふる | へ<br>ふれ | へ<br>へよ | 尊敬<br>謙譲 | |
| | 聞き | **はべり** | ら | り | り | る | れ | れ | 丁寧 | |
| | 聞き | **さぶらふ** | は | ひ | ふ | ふ | へ | へ | 丁寧 | |

備考　*1 自発・可能では、命令形がない。 *2「ゆ」「らゆ」には尊敬の意味がない。 *3「せ給ふ」「させ給ふ」「しめ給ふ」の形のときは、尊敬の意味であることが多い。 *4 過去。 *5 過去・詠嘆。 *6 *7 完了・強意。 *8 *9 完了・存続。 *10 *11 推量・意志。 *12 過去推量。上代では未然形「けま」がある。「けまく」という形で用いる。 *13 現在推量。 *14 事実に反することを仮想する(反実仮想)。 *15 推量・可能・意志・当為。 *16 打消の推量・意志。 *17 例示、不確かな断定。

# 手紙の書き方

近年、手紙を書く機会が少なくなってきているが、冠婚葬祭のあらたまった事柄をはじめとして、ていねいなお礼や込み入った話など、電話では事足りない部分を確実に伝えるには、やはり手紙が必要である。

よりよい手紙を書くには、手紙の形式やあいさつなどについての知識も身につけておくようにしたい。

**●手紙を書く目的を考える**

手紙には必ず目的がある。慶弔の場合もあるし、病気や火事の見舞い、お知らせ、招待、依頼、断り、催促、相談、忠告など、多様な目的で書かれる。目的が違えば書式や文体も違ってくる。それぞれの目的にふさわしい手紙にすべきである。

**●相手によって言葉遣いを考える**

親しい友への手紙は、ざっくばらんに書いてもかまわないが、目上の人にはていねいな言葉を用いる。先輩や上司に出す場合は、とくに敬語や敬称に気配りをする。ただしあまりていねいすぎる言いまわしは、かえって失礼になるので注意する。

**●文字にも心を配る**

乱雑な文字で書くと相手の心証を害し、せっかくの手紙がだいなしになるので気をつける。

祝い事の場合は、大きな字ではっきり書いてもよいが、悲しみ事のときは、少し小さな字で書くなどの心遣いが必要。

書体は、読み手のことを考えてあまり崩し字は使わないで、楷書ではっきり書くようにする。

**●用具や書き方について**

手紙に用いる筆記用具としては、万年筆がいちばんよい。色は黒かブルーである。ボールペンやサインペンはなるべく避ける。鉛筆書きは失礼になるのでやめる。

便せんの上下左右は適当に空けて、文全体がバランスよく収まるように書くことがたいせつ。

## 手紙の書式

①頭語…冒頭の語で、ふつう「拝啓」「謹啓」などを用いる。頭語だけ別行にするか、別行にせず次の文章と一字空けてもよい。

②前文…時候のあいさつ、先方の安否、こちらの近況、ぶさたのおわびなどを入れる。

③本文…書き出しは一字下げて、「さて」「ところで」「早速ですが」などの起こし言葉で始める。

④末文…結びの言葉を書く。書き出しは改行しない場合もある。

⑤結語…頭語に相対する語で、「拝啓」に対しては「敬具」とする。結語も頭語と同じで、別行にしてもよいし、最後の行の下のほうに書くこともある。本文の下のラインよりも一字上げたあたりで収めるようにする。

⑥後付…日付、差出人の名、あて名、わき付けを指す。わき付けは下の例文の場合、硯北がそれに当たる。日付は、結語のすぐ後に書き、位置は本文よりも三、四字下げて記すほうがよい。差出人の名前は、最後の文字が本文の下のラインよりも二、三字上に来るようにする。あて名は、日付よりも上の位置で、本文よりも二、三字下げて書く。わき付けは、へりくだった気持ちを表す言葉である。位置はあて名の左下に小さく書く。

⑦追って書き…書き残したことや本文と関係ないことを書く。別行にし、本文より少し下げて「付白」「追伸」「二伸」などの文字を書き、一字ほど空けて用件などを書き出す。

拝啓（①頭語）　四月初旬の記録的な雪には驚きましたが、

②前文

やはり自然の摂理に偽りはございません。雪の重みで折れたわが家の庭の桜も花を付けています。

本格的な春が訪れますが、先生をはじめ御一統様、つつがなくおすごしのことと拝察申し上げます。

下りましてわが家もみんな元気に過ごしておりますので、なにとぞ御放念ください。

③本文

さて、本日手紙をしたためましたのはほかでもございません。御存じのように私には三歳年下の弟がおりまして、来春S大の文学部を卒業いたします。……（省略）……

初夏を迎えますと就職活動を始める学生が多いと聞いております。たいへん厚かましいお願いではございますが、一度弟を御引見くださってK社の編集長に御紹介いただけないでしょうか。もし先生のお許しがいただけるようでしたら、早速、弟を参上いたさせます。御多忙中恐縮でございますが、幸便が舞い込みますよう念じております。

④末文

末筆ながら奥様はじめ皆様によろしくお伝えください。御自愛をお祈り申し上げます。　敬具（⑤結語）

⑥後付

平成××年×月×日

坂本　忠行

池野栄三郎先生

硯北

⑦追って書き

付白　近くの海でとれました魚の一夜干しを別便でお送りいたしました。お口に合えば幸いです。御賞味ください。

### 頭語と結語

頭語や結語は、手紙の内容により以下のような使い分けをする。（青文字どうしは、代表的な組み合わせ）

| 内容 | 頭語 | 結語 |
|---|---|---|
| ●往信 | | |
| ていねい | 謹啓・恭啓・謹呈・謹んで申し上げます | 頓首・謹白・敬白・謹言 |
| 一般 | 拝啓・拝呈・啓上・一筆啓上・ひと筆申し上げます | 敬具・敬白・不一・不備・以上・（かしこ・かしく） |
| 急用 | 急白・急啓・火急・取り急ぎ申し上げます | 草々・敬具・不一・（かしこ） |
| 前文省略 | 前略・冠省・略啓・前略ごめんください・前略お許しくださいませ | 草々・匆々・不一・不備・（あらあらかしこ・かしこ） |
| ●再信 | | |
| 一般 | 再呈・再啓・追啓・重ねて申し上げます | 敬具・敬白・拝具・（かしこ・かしく） |
| ●返信 | | |
| ていねい | 拝披・御書面拝読・復啓・拝復・敬復・お手紙謹んで拝見いたしました | 貴酬・謹酬・敬答・拝答・敬具・敬白・（かしこ） |
| 一般 | 拝復・復啓・お手紙ありがとうございました・御返事さしあげます | 敬具・敬白・草々・不一・御返事まで・（かしこ） |

（　）は女性が多く使うもの。

## 前文

### ●時候のあいさつ

時候のあいさつは、身近なことにちょっと触れるなかで、季節を感じさせるような気のきいたものにする。

〔一月〕 寒に入ってから、ひとしお寒さが厳しくなりました。

あっという間に松の内も過ぎて、家の狭い庭で門松を焼きました。

新春とは申しながら厳しい寒さです。

明日は成人の日です。あれからもう八年もたったのでしょうか。私も三十路近くになります。

新しい年を迎えたと思っていましたら、もう二十日正月です。

〔二月〕 立春とは名ばかりで、相変わらず寒い日が続いております。

今朝起きてみますと、庭の池に薄氷が張っていました。春はまだ遠いのでしょうか。

梅のつぼみもちらほら膨らみかけて、なんとなく春めいてまいりました。

今朝、庭の枯れむぐらの下のほうが少し緑がかっていました。俳句の歳時記では「下萌え」というのだそうです。

〔三月〕 桃の花咲く春になりました。

一雨ごとに暖かくなってまいりました。

庭の日当たりのよい土をぼんやり眺めていましたら、アリが何匹も出てまいりました。もう啓蟄ですね。

つい先日はひな祭り。日の輝きが明るく春めいてまいりました。

日長とはよく言ったものです。お彼岸の中日に祖父母の墓へ参りましたら、なんとなく日暮れが遅いような気がいたしました。

〔四月〕 桜もようやく散り過ぎました。

近くの公園の桜の花は満開ですが、昨日は一日じゅう肌寒さを感じました。「花冷え」とはこんな日のことをいうのでしょうか。

散策の途中に花をたくさん植えてある家があります。海棠の紅色がかった花房が揺れていて、春たけなわという感じがします。

花曇りの日が続きます。

春眠暁を覚えずといわれるころになりました。

〔五月〕 青葉の風薫るころとなりました。

端午の節句が近づいてまいりました。わが家でも五歳になる長男のために、庭の片隅にこいのぼりを立てました。

わが家の裏木戸の外にある柿の木の若葉がもえぎに色づきまして、なんとも表現しがたい風情を醸し出しています。

〔六月〕 長雨のうっとうしいころとなりました。

あじさいの花が、雨に咲くぼんぼりのように鮮やかな灯をともしているように見えます。

数日前、実家に帰りましたら、裏山のくりの木が花を付けていました。細い道の上に毛虫が群がっているのかと思って近づきますと、くりの雄花の房が落ちていたのです。

渓流に若鮎が躍る季節となりました。

〔七月〕 今年の七夕は天の川がはっきり見えるほど空が澄んでいました。

梅雨があけたとたんにさすがに厳しい暑さが続いております。

夕涼みを兼ねて都心にある旧華族の庭園へ蛍狩りに行ってきました。二万匹も放たれるとなかなか壮観です。

〔八月〕 立秋とはいっても、厳しい暑さが続いております。

ひぐらしの声にも夏の終わりが感じられます。

とうとう八月も下旬に入りました。朝夕ひんやりとした日があります。俳句の世界ではこんな日の夜を「夜の秋」というそうです。

今年の夏は例年になく暑い日が続きました。

〔九月〕 日中の暑さはまだまだ厳しいですが、一雨ごとに秋の気配が忍び寄ってきます。

月の色もすっかり秋らしくなりました。

今朝、ベランダに出てひさしぶりに空を仰ぎましたら、はけではいたような雲が浮かんでいてびっくりしました。いつの間にか秋が忍び寄っていたのですね。

秋祭りの笛や太鼓のおはやしが家並みを越えて聞こえる季節となりました。

〔十月〕 菊薫る季節になりました。

朝夕めっきり寒くなってまいりました。

虫の音もいちだんと澄み渡り、読書に親しむ秋となりました。

紅葉がひときわ鮮やかになってまいりました。

街路樹のいちょうが葉を落とし始めました。秋が深まっていきます。

店先に松茸の香が漂い始めるころになりました。

〔十一月〕 そろそろストーブの恋しい季節になりました。

出勤途中で道端の草の葉を見ていましたら、先のほうが少し茶色がかって枯れ始めていました。末枯というのでしょうか。冬が近いようです。

柿の実が風ですっかり落ちてしまいました。

小春日和の良い天気が続いております。

〔十二月〕 木枯らしが身に染むころとなりました。

年の瀬もいよいよ押し詰まってまいりました。

今年も後数日を残すだけになりました。

師走に入って、寒さも一段と厳しくなり、なんとなく気ぜわしくなってきたようです。

### ●安否のあいさつ

まず相手方の安否を尋ねた後、自分側の安否を手短に書くのが礼儀である。

〔相手方〕 その後いかがお過ごしでしょうか。

皆々様お変わりありませんか。

御様子いかがでしょうか、御案じ申し上げています。

ますます御健勝のことと拝察申し上げます。

〔自分側〕 私どもは相変わらずでございます。

おかげさまで元気に働いておりますので、ご安心ください。

## 本文

本文で大事なのは、できるかぎり具体的に書くことである。抽象的な言葉を並べると、あいまいな表現になりがちで、真意が伝わらないことが多い。修飾語や接続詞の多用は避けるようにする。

## 末文

末文は相手の健康や一家の繁栄、今後の活躍などを祈るような文を手短にまとめるのがこつである。

〔一般的〕 まずは右（お願い）まで。

右、とりあえずお礼（お知らせ）まで。

取り急ぎ御連絡（御返事）申し上げます。

〔幸福を祈る〕 切に御自愛を祈ります。

ご健康（ご繁栄）をお祈りいたします。

〔伝言を頼む〕 皆様がたにどうぞよろしくお伝えください。

父からくれぐれもよろしくとのことでございます。

〔返事を求める〕 折り返し御返事のほどを。

御多用のところ恐れ入りますが、至急御回答賜りたく、お願い申し上げます。

〔陳謝〕 乱文乱筆御海容くださいませ。

御迷惑なお願い幾重にもおわび申し上げます。

〔愛顧を願う〕 今後ともよろしく御指導のほど、お願い申し上げます。

## 後付

### ●日付

月日だけでもよいが、年号や時刻を入れる場合もある。「三月二十日午後十時」「平成○年○月○日夜」などと書いてもよい。

### ●差出人とあて名

ふつうは姓と名を書く。会合への招待状などで複数の差出人が複数の相手に出すような場合には、差出人の名は地位の低い者から先に書き、高い者は後にする。あて名は逆で、地位の高い人から低い人へ並べていく。

### ●あて名の敬称

〔一般〕—様

〔公用・商用〕—殿

〔友人・同輩〕—君

〔先輩〕—大兄

〔教師・医師・弁護士・議員〕—先生

〔会社・官庁・学校・団体〕—御中

〔多人数〕—各位

### わき付け

わき付けは、最近、省くことも多くなっているが、それぞれの意味と使い方を知っておくとよい。

目上…侍史・台下・尊下・玉案下・硯北
同輩…机下・机右・座右・座下・案下
両親…御前・膝下
女性…みもとに・みまえに

侍史というのは「直接お渡しするのは失礼だと思いますので、あなたの書記を通じてお届けします」の意味を持つ。

机右は机の右のことである。昔は、左右のうちでは左のほうが位が高かったところから、机右にはへりくだった気持ちがこめられている。

硯北は「すずりの北」の意で、昔、身分の高い人は南面して読み書きをした。すずりの北というのは背中のほうを指す。つまり「お読みになりましたら、後ろのほうへおっぽり出してください」というへりくだった意味である。

これらのわき付けは便せんと封筒のものを同じにする。また、業務用や弔問の手紙には用いない。

一方、封筒にだけ使う外わき付けには、
他見をはばかる場合…親展・直披・親披
急ぐ場合…至急・急用
返事を要する場合…拝答・待貴答・請返答
などがある。

### 追って書き

追って書きは、あて名の後に別行仕立てにして書き、追伸、二伸、追記、再伸、追白、付白などの文字を当てる。

内容は短めにして、用件以外のことを書かないのが礼儀である。

また、弔問の手紙には書かないほうがよい。

### 封字

封字は、郵送の途中で開封されないために、封筒の裏面の封じ目にまたがるように書く文字である。現在は、ほとんど儀礼的なものになっている。

〆…「締め」の意を表す。「締」「封」の字を用いることもある。
緘…「口をとじる」の意を表す。
寿・賀…祝儀の際に用いる。
蕾・莟…女性の場合に用いる。

### 人と物の呼び方

相手方や相手に属することには尊敬表現を使い、自分側には謙譲表現を用いる。

| 人・物 | 自分側の呼び方 | 相手側の呼び方 |
|---|---|---|
| 両親 | 両親・父母 | 御両親様 |
| 父 | 父・老父 | 御尊父様・お父上様 |
| 母 | 母・老母 | 御母堂様・お母上様 |
| 家族 | 家族一同 | 御家族の皆々様 |
| 夫 | 夫・主人 | 御主人様・旦那様 |
| 妻 | 妻・家内 | 奥様・御令室様 |
| 子・孫 | 子供・孫 | お子様・お孫様 |
| 息子 | 息子・愚息・せがれ | 御子息様・御令息様・お坊ちゃま |
| 娘 | 娘 | 御息女様・御令嬢様・お嬢様 |
| 兄(姉) | 兄(姉)・舎兄 | 御令兄(御令姉)様・兄(姉)上様 |
| 弟(妹) | 弟(妹)・舎弟 | 御令弟(御令妹)様・弟(妹)様 |
| 祖父(母) | 祖父(母) | 御祖父(御祖母)様 |
| 親戚 | 親戚一同 | 御親戚・御親族 |
| 夫の父(母) | 父(母)・義父(義母)・しゅうと(しゅうとめ) | お父(お母)上様・おしゅうと(おしゅうとめ)様 |
| 妻の父(母) | 外父(外母)・岳父(岳母) | 御外父(御外母)様・御岳父(御岳母)様 |
| 先生 | 先生・師匠 | 先生・お師匠様 |
| 弟子 | 弟子・教え子 | 御門弟・御高弟 |
| 物品 | 粗品・粗菓・寸志(目下) | 佳品・美菓・御厚志 |
| 意見 | 私見・私考・私案 | 御意見・御所感・御高説 |
| 住居 | 小宅・拙宅・私宅・当方 | お宅・貴宅・尊宅・貴邸 |
| 会社 | 当社・小社・弊社 | 貴社・御社 |
| 学校 | 当校・当学・本校・本学 | 貴校・御校・貴学 |

### 忌み言葉一覧

お祝いや病気見舞いなどの手紙には、不吉だと忌み嫌われる言葉は使わないように注意する。

- 結婚　去る・別れる・切れる・終わる・戻る・破れる・割れる・壊れる・薄い・短い・重ね重ね・再び・いとま・離す　など別離や再婚につながる言葉を避ける。
- 出産　流れる・落ちる・失う・消える・逝く・破れる・滅びる・四・死・弱い　など不吉な感じを与える言葉は控える。
- 病気、事故、災害、弔事　重ねて・再び・繰り返し・かえすがえす・再三　など病気が長引いたり、事故などが再び起こるような意味の言葉はなるべく使わない。
- 新築、開店　焼ける・燃える・倒れる・傾く・壊れる・落ちる・つぶれる・敗れる・失う・火・煙　など。
- 入社、入学　落ちる・終わる・やめる　など。

## 封筒の書き方

### 和封筒

#### 表書き

- 必ず郵便番号を入れる。
- 住所は、あて名より小さめに書き、寄宿先があれば別行にし、必ず「様方」とする。
- あて名は、封筒の中央に住所よりやや下げて、大きめの字で書く。
- わき付けは、あて名の左下に小さめに書く。

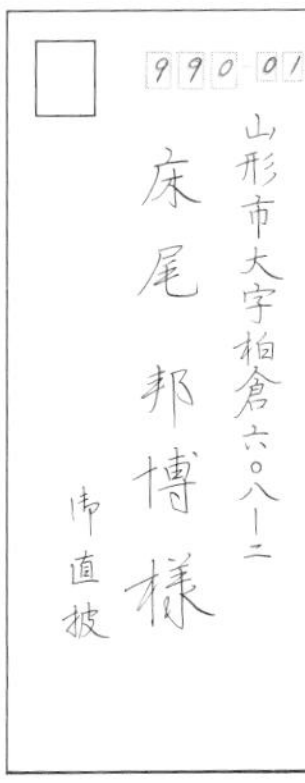

990 01
山形市大字柏倉六〇八ー二
床尾 邦博 様
帅直披


#### 裏書き

- 住所は、ふつう封筒の継ぎ目の右側に書くが、郵便番号欄が左側にある封筒では、住所も左側に書く。
- 差出人の名は、継ぎ目より左側に住所よりも大きめの字で書く。
- 日付は、ふつう左上の余白に書くが、郵便番号欄が左側にある場合は、右上の余白に書く。

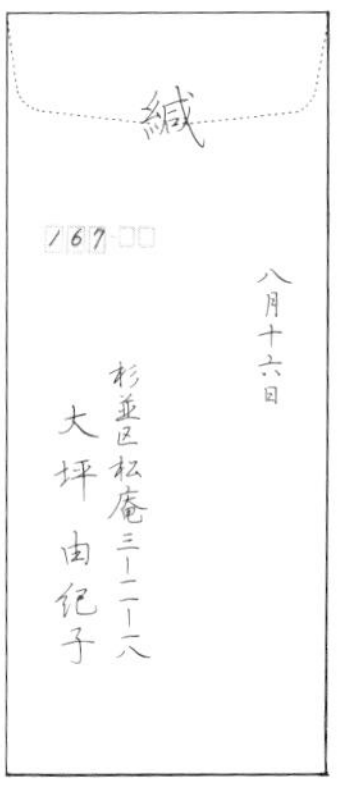


### 角封筒

#### 縦書き

(表) ● 住所が二行にわたるときは、一まとまりの地名や地番が分かれないようにする。
● 連名の場合は、それぞれに「様」を付ける。

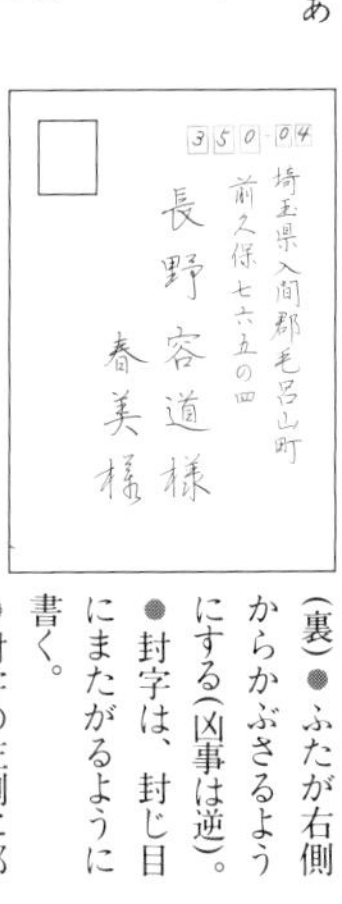


(裏) ● ふたが右側からかぶさるようにする(凶事は逆)。
● 封字は、封じ目にまたがるように書く。
● 封字の左側に郵便番号、住所、氏名を入れる。差出人の寄宿先には「様」は付けない。
● 日付は、ふつう右上に入れる。

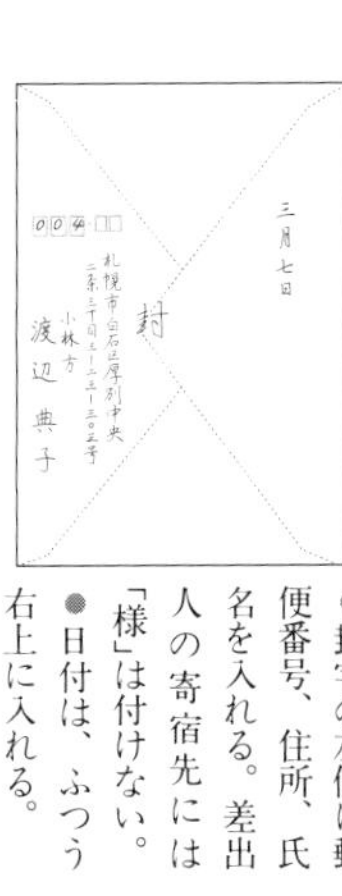


#### 横書き

(表) ● 住所は、封字の下、左右のほぼ中央に書く。
(裏) ● 差出人の名は住所の下、右寄りに大きめに書く。
● 日付は、ふつう住所の左上に書く。

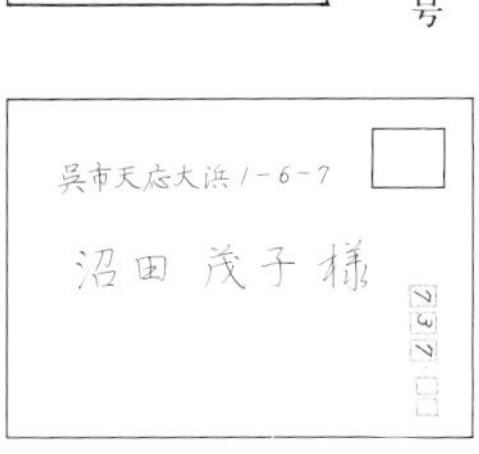

# 外国郵便の書き方

国際化時代の到来で、外国郵便を出す機会が増えつつあるが、外国へ出す手紙にも決まった書式がある。

また、封筒の書き方や切手をはる位置なども、国内便とは大きく異なっているので、正しい知識を身につけておきたい。

## 英文手紙の書き方

英文手紙の正式な書式は右図のようになるが、差出人や受取人の住所・氏名を省略した略式の手紙を書く場合もある。

● 日付の書き方には、アメリカ式の January 15, 1989 とイギリス式の15th January, 1989 がある。

●敬辞はふつう Dear Mr. 姓, や Dear Miss 姓, と書くが、親しい相手の場合は Dear 名, や My dear 名, とする。Dear の次に姓と名の両方は書かない。

●結辞は、Yours sincerely, Sincerely yours, Cordially yours, Yours truly, などとし、親しい場合は Best wishes, や Your true friend, などを使う。

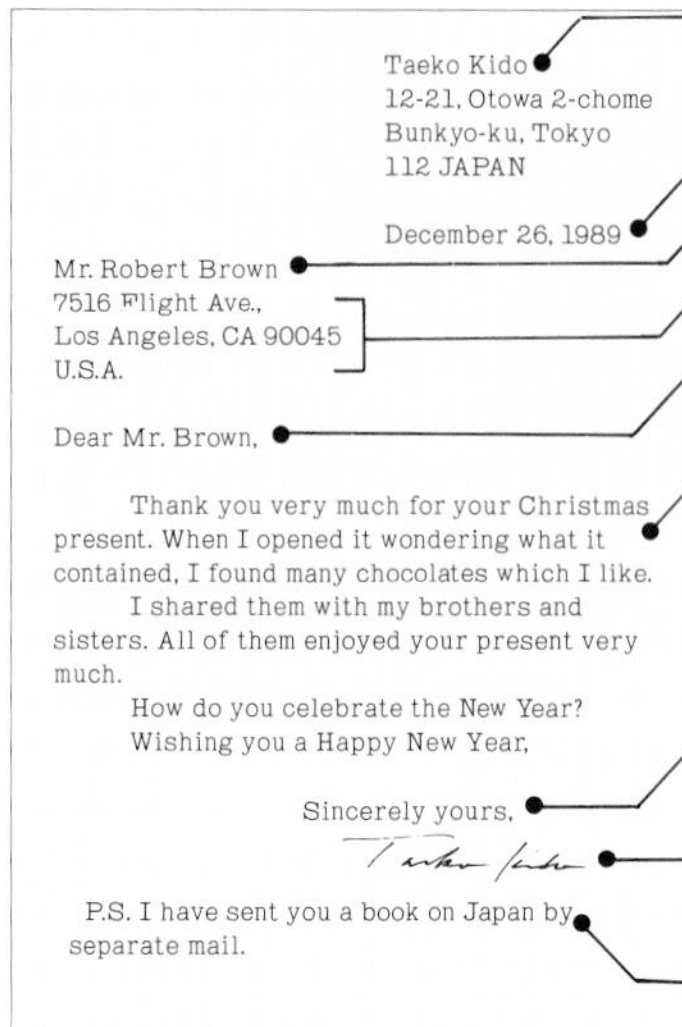

Taeko Kido
12-21, Otowa 2-chome
Bunkyo-ku, Tokyo
112 JAPAN

December 26, 1989

Mr. Robert Brown
7516 Flight Ave.,
Los Angeles, CA 90045
U.S.A.

Dear Mr. Brown,

Thank you very much for your Christmas present. When I opened it wondering what it contained, I found many chocolates which I like.
I shared them with my brothers and sisters. All of them enjoyed your present very much.
How do you celebrate the New Year?
Wishing you a Happy New Year.

Sincerely yours,

P.S. I have sent you a book on Japan by separate mail.

●差出人の氏名と住所

●発信の日付

●受取人の氏名

●受取人の住所

●敬辞(初めのあいさつ)　受取人の住所の下を1～2行ほど空け左端をそろえて書き、最後にコンマ(, )かコロン(：)を付ける。

●本文　敬辞(Dear～,)から1行空けて書く。書き出しと改行のときは、1～1.5cmぐらい(タイプなら5文字)右へずらして書き始めてもよい。

●結辞(Sincerely, などの終わりのあいさつ)　本文より下の中央から少し右寄りの所から書き、最後にコンマを付ける。

●署名　結辞の下へ必ず本人が手書きする。タイプで打った手紙でも署名だけは自筆で書くこと。

●追伸　署名の下を1～2行空け、本文の左端より少し右にP.S. と書いて始める。

## 封筒の書き方

### 日本から外国に出す場合

●差出人の氏名・住所　封筒の上端の左寄りの位置に小さめの字で書く。氏名は1行に書き、その下に住所を書く。日本の場合とは反対に、番地、町名、区名(市名)、都道府県名、郵便番号、国名の順で書く。

●切手　必ず右上にはる。

●取り扱い指定　航空便で郵送したい場合、普通は封筒に VIA AIR MAIL などと印刷されているが、そうでないときは左下に書き込む。

その他、速達 (Express)・書留 (Registered)・転送依頼 (Please forward)・親展 (Personal) などの指示も、同じように左下に書く。

●あて名　封筒のほぼ中央から大きめの字で書く。Mr.(男性)・Mrs.(既婚女性)・Miss(未婚女性)・Ms.(未婚・既婚の区別をしない)などの敬称を付け、名前、姓の順で1行に書く。

●あて先　1行めには番地・街路名、2行めには市名・州名・郵便番号、3行めには国名を書く。通例、国名の下にはアンダーラインを引く。下宿などをしていて「～方」とする場合は「℅ Mr. David Smith」(デビッド=スミス様方)とし、あて先の前に持ってくる。

### 外国から日本国内に出す場合

●差出人の氏名・住所　上と同様の書式で書く。

●日本国内のあて名　漢字で書いてもかまわない。この場合、市名と国名はローマ字で書く。郵便番号を必ず書くようにする。

## はがきの書き方

はがきの表書きは、封筒と全く同じ要領で書く。

裏面の通信文は略式とし、差出人や受取人の氏名・住所は書かないで日付を右上に書いて、Dear～, で始める。

### 絵はがきの書き方

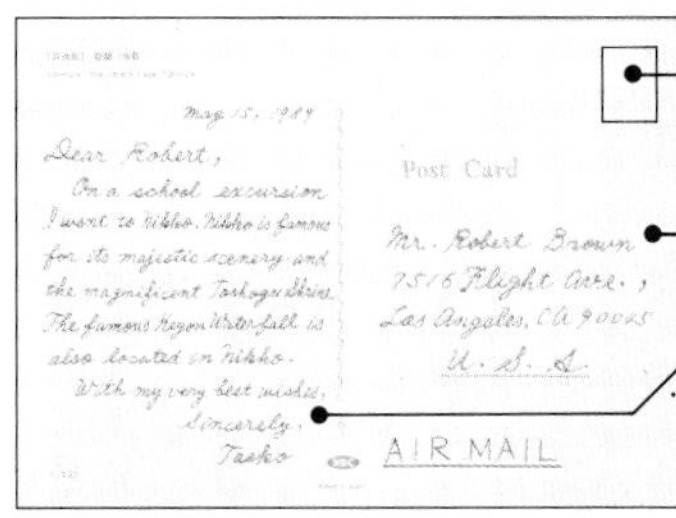


●切手　右上にはる。

●あて名・あて先　右半分に書く。

●通信文　左半分に書く。日付・敬辞・本文・結辞を書き、署名する。自分の住所はふつう省略する。

## 航空書簡の書き方

航空書簡は、封筒と便せんを兼ねた便利なもので、切手が既に印刷されているものもあり、世界じゅうどこへでも、同一料金で郵送できる。

書き終わったら指定どおりに折り畳み、のり付けしてポストに投かんすればよい。ただし、中に他の物を封入したり、写真などをはりつけたりすることはできない。

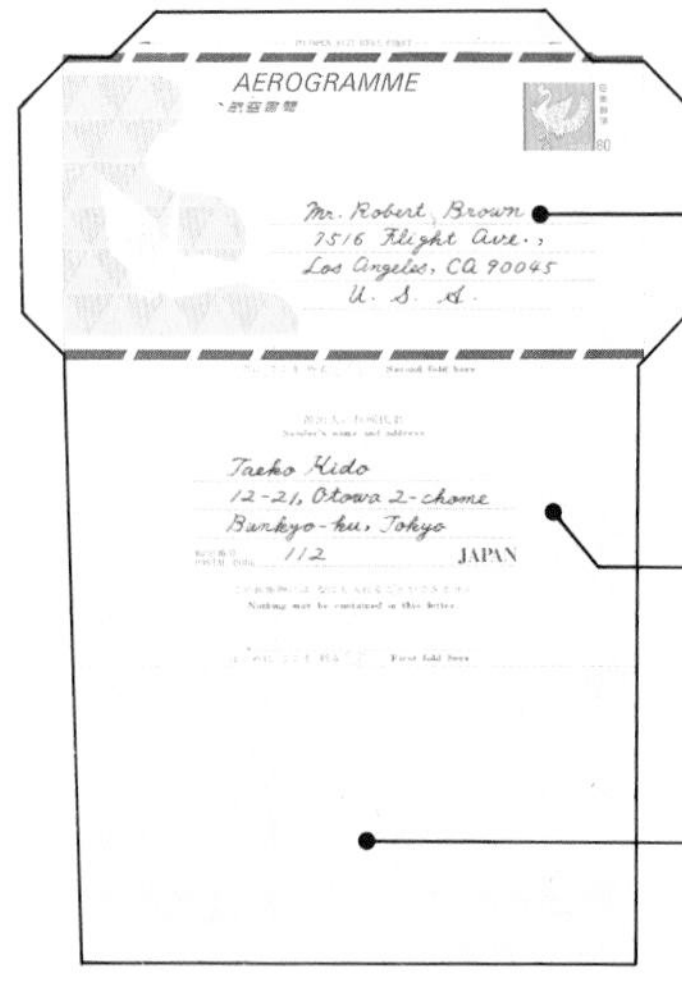


●あて名・あて先　切手が印刷されている面の下線上に書く。書式は封筒の表書きと同じ。

●差出人の氏名・住所　折り畳むと封筒の裏面になる部分の下線上に書く。

●通信文　折り畳んだときに内側になる部分に書くようにする。

# お祝いの手紙

**結婚祝い**（友人へ）

御結婚おめでとうございます。

とうとう独身生活にピリオドを打ちましたね。「僕は一生結婚しない。仕事に打ち込む」というのが貴兄の口癖でしたが、ついに落城したとのうわさを耳にしたときはわがことのように大喜びしました。

聞くところによりますと、新婦は○○音大ピアノ科出身とのこと。お二人そろって芸術の分野で活躍されそうなので慶祝至極です。

披露宴には万障繰り合わせて出席いたしますのでなにとぞよろしくお願い申し上げます。喜色満面の貴兄と、美しい新婦を拝見できることを楽しみにしております。

三十歳は中国の故事によりますと「而立」の年です。御両家の皆様もさぞかし喜んでおられることでしょう。しがないサラリーマンのわが家の女房は貴兄らのカップルをうらやましがりながらよろしくお伝えくださいと申しています。

**出産祝い**（同僚へ）

今度は男のお子様だそうで、あらためてお祝いの言葉を述べさせていただきます。二歳年上の幸恵さんも弟君の御誕生なので目を細めていらっしゃるのではないでしょうか。うれしがっておられる姿が目に浮かぶようです。

世に言い古されている「一姫二太郎」の例えを実践された貴兄御夫妻に敬意を表します。翻ってわが家の家族を見回しますと、老母とわたしたち夫婦、それに娘二人でしょう。家の中の男はわたし一人だけですので気をそがれます。男の子が女の子よりも大事な宝だと言うつもりはありませんが、女の子は将来嫁に出さなければいけないので一抹の寂しさを覚えます。

漏れ承るところによりますと、奥様もお子様も元気な御様子なのでたいへんうれしく思っております。

お名前はなんとお付けになりますか。

母子とも御健在であることを祈りながらペンをおきます。

**入学祝い**（知人へ）

御次男様の××大学への合格をお喜び申し上げます。昨春二浪を覚悟なさったときの御両親様の心労を思い浮かべますと、今年は満開の桜の大木を見上げられるようなお気持ちではないでしょうか。本人の精進もさることながら御家族皆様の協力があったればこそです。御苦労様でした。

漏れ承るところによりますと、御次男様は考古学の研究者を目指しておられるとのこと、いろいろ教えられるものがあります。今の若者たちはともすれば眼前の出来事に気を奪われがちですが、何千年、何万年も前に残した先人たちの明け暮れを研究されるのはたいへん意義のあることです。じみな学問ですが、考古学はロマンに満ち満ちております。大成をお祈り申し上げます。

御次男様の新しい門出に当たって、お名前を刻した万年筆とシャープペンシルを送らせていただきました。気に入ってくだされば幸いに存じます。少しお暇が出来ましたら御次男様同道、拙宅へおいでになりませんか。家族一同で大歓迎いたします。末筆ながら皆様によろしく。

**誕生祝い**（知人へ）

四十歳の誕生日を迎えられての感懐はいかがですか。昔は四十歳のことを「四十にして惑わず」とかいって「不惑」などと名付けていましたが、高齢化社会の到来で今は「わくわくの年」と申す人が多くなりました。長い人生のなかで四十代は最も脂の乗り切った年です。がんばってください。

翻って私はと申しますと、もうすぐ四十六歳になります。四捨五入すれば五十代というところです。世間では熟年などという呼び方をしていますが、自分ではまだまだ熟していなくて青くさいと思っております。

御長男は私立の中学へ進まれた由、昨今は中、高一貫教育の学校が有名大学へたくさん進むといわれています。きっとよい成績で貴兄の跡継ぎになられるのではないでしょうか。

いまさらお誕生日の祝いでもないと愚考いたしますが、昨年訪欧の帰途に求めてまいりましたドイツワインをお送りいたします。御家族で賞味くだされば幸いに存じます。

**昇進祝い**（教え子へ）

今回の株主総会で取締役になられたとのこと。お喜びを申し上げるとともに今後の御健闘を祈念いたします。

四十代後半という若い年齢で同期入社のトップを切っての御昇進、御家族の笑顔が目に見えるようです。

顧みますと二十年ほど前、あなたが大学院のわたしの教室に入られたときから今日の姿を思い浮かべていました。わたしとしてはあなたにずっと研究室にいてほしかったのですが、父君を亡くされるというアクシデントに遭われてしかたなく企業へ就職されました。修士論文のみごとさにわたしは目をみはり、いつかは教授への道を上り詰められるのではないかとひそかに期待を抱いたものです。

いずれの道がよかったかはまだ解答が出ていませんが、地位が上がると責任も重くなります。今後ともよい仕事を達成されるよう陰ながら祈っております。近々拙宅へお運びになりませんか。旧交を温めましょう。

**就職祝い**（教え子へ）

長い間の努力、研鑽が実を結び、エレクトロニクス界のトップメーカーへ就職したとのこと、わたしは貴兄のような秀才を高校で教えたのを誇りにしている。あらためてお祝いの言葉を贈りたい。

わたしは二十数年の長きにわたって教員生活をしているが、貴兄らのクラスのように優秀な生徒が雲集するのを担当したのは初めての体験だった。四十四人中、半数近い二十一人が国立大や一流私大へ現役で合格し、うち十数名が理科系へ進むという快挙はその後一度もない。うれしいかぎりである。

エレクトロニクスは無限の可能性を秘めているので、貴兄らの今後を楽しみにしている。あのころの学友もそれぞれの道を歩み始めたと思うし、一度連れだってわが家を訪ねてくれないか。大したもてなしはできないが、春の一夜にみんなで語り合うのも一興である。陋屋へ足を運ばれる日を知らせてくれれば幸いこのうえもない。くれぐれも健康に気をつけて。

# 文学者の手紙

言葉遣いのプロともいうべき文人たちは、私的な手紙文の表現においても、味わい深く、また、私たちが手本とすべきものを残している。以下に、各人の人柄をしのばせる数編を紹介する。

## 谷崎潤一郎の手紙

**●萩原朔太郎へ**——大正一一年（一九二二）

大へん御無沙汰いたしました、御著「新しき欲情」お送り下された由、まだ本は届きませんが御手紙を今朝たしかに拝見しました、あなたの詩は、近頃眼に触れる度に注意して拝読してゐます、と云ふのは、僕は此の頃非常に詩が好きになつたからです。

しかし目下のところ、どちらかと云ふと矢張り日本の詩よりは英詩の方が気に入つてゐます。それは日本の詩人の罪と云ふよりも日本語の罪に違ひありません。日本語のやうに弾力のない、金属音の少ない言葉で詩を作られる人々に多大の同情を禁じ得ません。そこへ行くと英語は美しい、（仏蘭西語なら尚美しいのでせうが、）近頃僕の読むものと云つては殆んど詩ばかりです。イエーツ、アーサー・シモンズ、ウオルター・ド・ラ・メエア等の詩集、それからパルグレーヴのゴールデン・トレヂヤリーなど、座右から放したことはありません。旅行するにも持つて歩きます。しかし日本の詩人は彼等に比べて、決して頭が劣つてゐるとは思はれません、われわれは大いに日本語を開拓して、もつと美しい言葉にしようではありませんか。さうすればきつといい詩が出来ます。——とは云ふものの日本の詩も大分進歩したやうですね。

いづれ送つて下すつた本を拝見した上で、感想があれば又書きませう。今年は久し振りで伊香保へ行かうかと思つてゐますが、前橋へも行つて見るかも知れません。あな

### 開店祝い（知人へ）

すばらしいペンションが出来上がり、先月末にオープンされましたそうでひと言お祝いを述べさせていただきます。

サラリーマンの定年を五年も残してペンション経営に転進されるとのお話を承ったときは、果たしてうまくいくだろうかと危惧（きぐ）の念を抱いていました。女房はあなたがた御夫妻の人の良さを気にして、本気で心配していたほどです。

お送りいただきましたパンフレット、拝見しました。八室、収容人員二十四名とありますが、手ごろな広さですね。背景の八ケ岳の遠望が旅心をそそります。JR小海線沿いは空気も清らかで、高原の夏はきっとすばらしい環境でしょう。

東京でお勤めだった二人のお嬢様も仕事を辞めて協力なさるとのこと、うらやましいかぎりです。夏には休暇を取って夫婦で参上したいと思っています。ますますの御発展をお祈りしております。末筆ながら御令室様によろしくお伝えください。なお、お祝いのしるしに有田焼の花瓶を別送させていただきました。

### 全快祝い（知人へ）

大変でしたね。入院されたと聞いたときはびっくりしましたが、療養のかいがあって全快されたとの報に接したときはわがことのようにうれしくなりました。私の友人にも胆石の除去手術を受けた者が三、四人いまして体験談を耳にしたことがあります。

手術を終えられた後、奥様から私の妻に電話がありました。直径二・五センチくらいの石が一個、一センチほどのものが四個も出てきてそのほかにも小さなのがごろごろしていたというではありませんか。本来は薄い袋の胆のうが石が入っているために厚くなり、ゴムみたいになっていたそうですね。痛かったことでしょう。

予後を大事になさってください。体力が元に戻るまでは無理をしないことです。お祝いの意をこめて瀬戸内の真鯛とわかめを冷凍宅配便でお送りいたしました。

そのうち、上京した折にお伺いいたします。お元気で。

## 招待・案内の手紙

### 結婚式への招待状（友人へ）

吹き抜ける風も涼しく、秋が少しずつ深まってまいります。皆様お元気のことと思います。

この度、友人の池田司郎君が沢山喜美子さんと華燭（かしょく）の典を挙げることになりました。二人は三年越しの恋を実らせて新家庭を持つわけですが、ともにはでなことが嫌いなたちなのでわれわれ友人一同が中心になりまして、人前結婚式というのを思いつきました。神式でも仏式でもキリスト教式でもございません。親しい人たちを前にして誓いの言葉を述べるだけの簡素な式にいたしました。

引き続き披露宴というよりもパーティを開きます。二人へのお祝いの品は会費の一部で購入させていただきます。当日は新郎新婦にまつわるエピソードをたくさん用意してきてください。二人をさかなにして大いに飲みましょう。

記

〔日時〕十月八日（土）午後五時半

〔場所〕港区南麻布「××」（電話〇三―×××―××××）

〔会費〕お一人様につき〇〇〇〇円

幹事　菅藤　昭良

種田真知子

### 同期会の案内

皆様御存じの山本栄一先生がこの春、定年退職されました。

高校二、三年時代、先生にはわれわれの担任としていろいろめんどうをおかけした思い出があります。第一線を退かれました後は〇〇予備校の講師の席が待っているとのことです。

世界史の授業で朗々と響く先生のお声がまだ耳底に残っています。つきましては春宵のひととき、先生をお招きして同期会を開こうと思い立ちました。長年の御苦労と新しい御出発を祝って酒杯を傾けましょう。案内漏れがあるかと思いますので、諸兄姉が知っておられる同期生にも声をかけていただけませんか。

（ひと言）「結婚式への招待状」同様に、日時、場所なども明記すること。

### 送別会の案内

皆様には御清祥のことと思います。日ごろはぶさたばかりしていて、おわびの言葉もございません。

この度、弊社の取締役技術部長荻原義晴が四国松山の工場長として転出することになりました。飲んべえの荻原は私どもの知らない所で皆様に御迷惑をおかけしたのではないでしょうか。学生たちの追い出しコンパになぞらえまして、荻原の追い出し送別会を開きます。

本人は少し照れていますが、瀬戸大橋が開通して四国と東京は地続きになったんでいつでも帰ってこられると豪語するありさまです。松山では三年の任期を予定されていますが、その間にぜひ瀬戸大橋を通って遊びにおいでになるよう申しております。おいしい地酒と瀬戸内の新しい魚介類をごちそうすると張り切っています。

御多忙中たいへん恐縮ですが、荻原の今後の活躍を念じて励ますとともに皆様方への贖罪（しょくざい）を兼ねての送別会ですので、ぜひ御出席くださるよう伏してお願いいたします。

（ひと言）日時、場所などを最後にはっきり書いておくことを忘れずに。

### 忘年会の案内

一年がたつのは早いものです。ついこの間秋風の訪れを知ったかと思っていましたら、もう歳末です。

あなたにとってのこの一年はどんな年でしたか。充実した期間だったと言明されるかたもおられるでしょうし、いま一つ納得がいかなかったと感じられたかたもおいでになると思います。

今年一年のすす払いの意を含めて忘年会を開きます。JR新橋駅近くに全国の焼酎を集めて飲ませる店があります。なかでも九州の筑後地方で初めて作られた〝ごま焼酎〟は逸品です。下関直送のふぐ刺しとちりなべも食べられます。グルメのあなたを御案内するしだいです。万障繰り合わせて御出席ください。

幹事一同、お待ちしております。

（ひと言）日時、場所などをはっきり書いておくことを忘れないように。

たはズットお宅においでですか。もし御上京の際は一度お遊びに入らっしゃい。横浜も悪くない所です。

ではいづれ又、先は御返事まで

五月一日　　谷崎潤一郎

萩原朔太郎様

当時、横浜に住んでいた潤一郎が、群馬県前橋の朔太郎からきた手紙に対して、書き送ったもの。二人の手紙のやりとりは、大正六年（一九一七）ごろから始まっていた。文中で「新しき欲情」とある著書は、朔太郎によると、「叙情詩的な潤いのある、特別なスタイルの表現形式」であり、「情調哲学」と名づけられた。

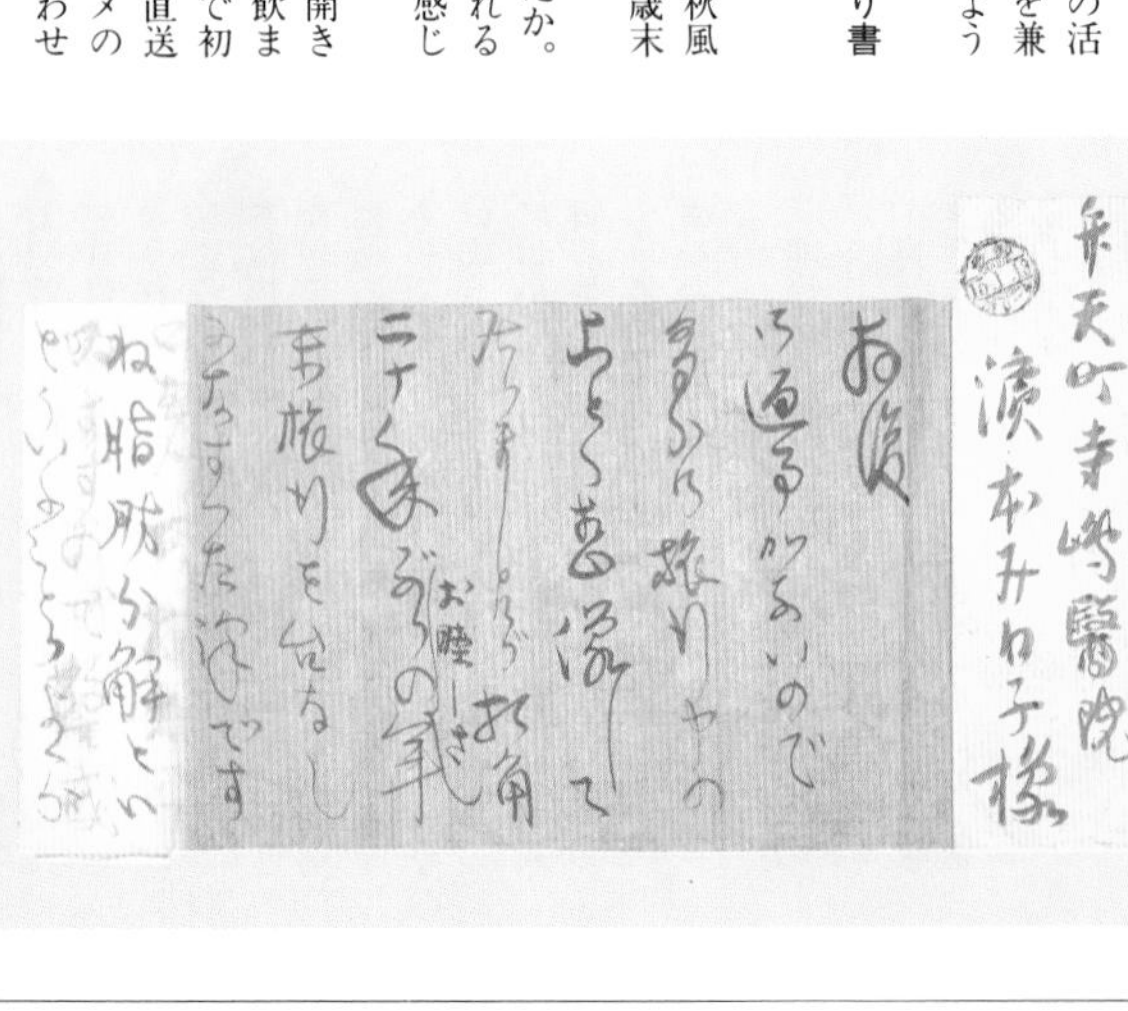

浜本みね子（作家、浜本浩（はまもとひろし）夫人）あてに書いた、書簡と封筒。

# 贈り物に添える手紙

**母の日のプレゼントに添えて**（主婦→夫の母へ）

母上様には御健勝の御様子なので、家族一同喜んでいます。先日は庭の竹林に出たたけのこをたくさん送っていただき、ありがとうございました。御教示のとおり、たけのこ御飯を炊いたり、若竹汁を作ったりしておいしく頂きました。更には薄切りのバターいためにもしました。誠一さんが酒のつまみに最高じゃないかと申しますので、お母様に教えていただいた料理法ですと答えました。誠一さんは、なるほどおふくろは酒飲みだったおやじに鍛えられたからねと感心しています。

母の日のプレゼントに羽根布団をお送りいたしました。ふんわりとして軽いものなのでしばらく使っていただけるのではないかと思います。真夏は別といたしまして、秋口からまたお役に立ててください。

来年はいよいよ喜寿を迎えられますね。特別のお祝いなのでみんなで盛大なパーティを開こうと誠一さんとも話し合っています。お元気で。

**お歳暮に添えて**（主婦→夫の上司夫人へ）

いつの間にか木枯らしの冷たさが身に染みる候になりました。先日、ひさしぶりに渋谷へ出ましたら街なかではもう『ジングルベル』の曲が流れておりました。

日ごろの御厚情に対し、本日心ばかりのお歳暮の品を送らせていただきます。あれこれ考えましたが、つまるところ、いつものようにスコッチウイスキーになってしまいました。なんとも芸のないことでございますが、お笑いにならないでください。御主人様もうちの連れ合いもアルコール類には目がないようで、主人などはよくごちそうになって帰宅いたします。これまでに頂いた分のお返しではございませんが、御笑納いただければ幸いに存じます。

ますます寒さが募ります。風邪などをお召しになりませんよう体をおいといください。

（ひと言）会社の上司などへ贈り物をするときは本人の名前にするよりも妻の名にするほうが形式張らないでよい。

**お中元に添えて**（主婦→知人へ）

厳しい暑さが続いています。皆様、お元気でしょうか。この夏は特に暑いようです。日ごろはぶさたばかりいたしまして、おわびの言葉もございません。

御主人様にはいつもお世話になりまして、夫ともども厚くお礼申し上げます。そんなに珍しいものではございませんが、私の実家の近くで作っております佐賀の「神埼手延ばしそうめん」をお届けいたします。

神埼そうめんはその昔、香川県小豆島の坊さんが諸国行脚の際に伝えたといわれています。糸のように細いので、私の母などは「糸そうめん」など申しているようでございます。

さっとゆでてすぐ冷水に浸してお召し上がりくだされば、少し涼を得られるのではないでしょうか。今後ともよろしく願い上げます。

松下栄一　内

（ひと言）食料品などを送るときは主人の名前の下に「内」という字を付けるとよい感じを誘う。「内」とは、家内の意味である。

**プレゼントに添えて**（知人の子供へ）

もうすぐクリスマスですね。美帆ちゃんは楽しみに待っておられることと思います。先月末にお会いしましたとき、ファミコンにたいへん凝っていらっしゃると伺いました。今の子どもはみんな同じようなものです。わが家の娘と息子も食事の時間さえ惜しむようにして遊び興じております。

昨日、子どもたちにせがまれて秋葉原まで出かけました際、みんなで話し合って美帆ちゃんへのクリスマスプレゼントを選びました。売り出されたばかりの品が手に入りましたのでお送りいたします。

帰宅して主人に話しましたら「日本人の生活もすっかりアメリカナイズされたね。クリスチャンでもない者がクリスマスプレゼントをするようになった。商売人の商魂に乗せられちまって」などと申しますが、年に一度の子どもたちの楽しみですので馬耳東風とばかりに聞き流しました。

年が明けましたら皆様おそろいでお出かけください。

# お礼の手紙

**借用品についてのお礼**（知人へ）

大事なカメラを快く貸していただき、たいへん感謝しています。初めて手にする機種ですので、御教示のとおり二十四枚撮りフィルムで三本ほど試し撮りをしてみました。社内報にも使うとのことでカラーのポジフィルムを用いなければなりませんが、未熟な私でもびっくりするような画面を得ることができました。カメラのおかげです。

いよいよ明日、長崎空港から上海へ飛びます。以後、南京を経て北京へ出、天津まで足を延ばす予定です。中国では金色や赤のほか原色に塗られた建物が多いので、オートフォーカスによる撮影が楽しみです。大事に使わせていただきます。

十日間の旅程を終えましたら早速お返しに参上いたします。拙作の御批評をお聞かせ願えれば幸いです。御厚情に深謝している気持ちをこめて一筆したためました。

（ひと言）大事な物を借りたときは丁寧に扱う気持ちを出すこと。返済日にも触れておく。

**プレゼントのお礼**（叔父へ）

叔父様、本日は私の入学祝いに名前入りの万年筆とボールペンを送っていただき、ありがとうございました。苦節二年、やっと浪人生活から抜け出すことができて両親の顔にも少し笑みが浮かんでいます。

プレゼントに刻んである金色の私の名前を見て、姉などは悪筆のあんたにはもったいないと悪態をつきます。自分も欲しいのではないでしょうか。

まだ先の話ですが、教養課程を終えましたら、叔父様と同じように社会学を専攻してマスコミ界を目指します。文学部ではレポート提出が多いと・聞いていますので、叔父様から頂いた高価な万年筆に位負けしないような小論文を書き上げようと今から張り切っています。

夏休みには気持ちが落ち着くと思いますので、神戸まで出かけて叔父様の豊富な新聞記者体験談をお伺いするのを楽しみにしています。両親からもよろしく伝えておくよう申しつけられました。御自愛のうえ、がんばってください。

## 高村光太郎の手紙

**●北原白秋へ**――大正二年（一九一三。推定）

大変御無沙汰いたして居ります
先日は「桐の花」を御贈り下さつてほんとにうれしく存じました
私達の命は日に日に歩んでゆきます
其故周囲に対する心も日に日に移り変つてゆきますがあなたの芸術に接すると不思議に私の心は如何なる時にも動揺を感じます
そしてあなたも（恐らくは）自覚なさらない或る大きな力が私の命に手をかけます
私はいつでもあなたの芸術の尊敬者であり得る事を喜んで居ます
もう春が来ました
あなたの御健康を心から祈ります

三月二十三日　高村光太郎

北原白秋様
机下

白秋から歌集を贈られたことへの礼状で、巻き紙に墨書されてある。文中で『桐の花』とあるのは、大正二年（一九一三）に出され、当時の歌壇に新風を吹きこんだ、白秋の歌集。

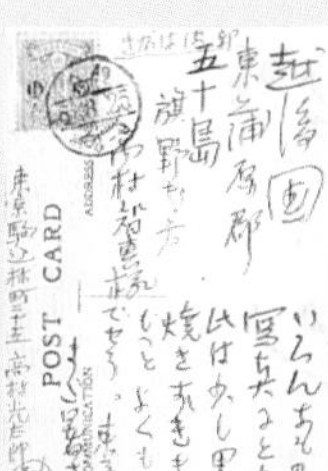

妻の智恵子にあてたはがき。裏面は「智恵子の首」（石膏・彩色）。

### 病気見舞いのお礼（知人へ）

先日は入院中の妻をお見舞いいただき、ありがとうございました。小田原によい医師がいると友人が紹介してくれましたので、わざわざ川崎から連れていったような次第です。

少し遠くて皆様に御迷惑をおかけしてはいけないと愚考し、だれにも知らせませんでした。それでもどこからか漏れるものです。お忙しいなかを遠くまでお運びいただき、恐縮しております。

手術後一週間たちました。昨今は四十代、五十代の女性に子宮筋腫が多く見られるそうです。悪性ではなかったとの医師の言葉を耳にしましたときは真実ほっとしました。後二週間もすれば退院できるとのことです。気候も春から夏へ向かいますので病人には好都合です。ほんとうにありがとうございました。御主人様によろしく。

（ひと言）あまりくどくど書かないで、病人のその後の様子にちょっと触れておけばよい。

### 旅先でお世話になったお礼

予定どおり二十一日の夕刻、無事に帰京いたしました。この度の山陰旅行ではたいへんお世話になり、厚くお礼を申し上げます。鳥取から松江へ向かう途中で初めてお会いしましたのに松江市内はもとより一畑不動尊、出雲大社まで案内していただき、恐縮しております。東京の女子大生は厚かましいと思われたのではないでしょうか。

地元の大学を出られて地元の中学にお勤めになっていると伺い、ついつい三人とも甘えてしまいました。ラフカディオ＝ハーンや茶道を奨励した松平不昧公の逸話をお聞きして、いっぱしの山陰通になったような気がいたします。

あれから後、津和野、山口県の萩市に各一泊しました。帰りは山陽新幹線の小郡からの乗車です。春休みにはぜひ東京へおいでください。今度は私たちが案内役を務めます。三人で話し合ってお礼のしるしに手焼きの草加せんべいを送らせていただきました。お口に合えば幸いです。

（ひと言）旅先で親切な人に出会うのは楽しいものである。お礼の手紙はすぐ書くよう習慣づけること。日をおいてからの礼状は相手方の喜びを半減させる。

### お中元のお礼（知人へ）

雨が欲しくなります。毎日暑さが続くうえにお湿りがないのでなおさらです。

本日は貴地名物の和菓子をたくさん送っていただき、家族一同大喜びしております。ほんとうにありがとうございました。茶道の盛んな所にはおいしい和菓子があるといわれますが、松江のものは一段と美味に思われます。旧藩主松平家の遺産でしょうか。

御存じのようにわが家は甘党ぞろいで、老父母はお茶を入れながら毎日いただこうと顔を合わせて目を細めています。子どもたちも学校から帰るとすぐ手を出すに決まっています。

そちらの夏はいかがですか。日本海に面し、宍道湖が広がっていますので、きっと過ごしやすいのではないかとみんなで話し合っています。江戸の香りというわけではありませんが、実家の近くで作っている手作りの佃煮を少々送らせていただきました。御賞味ください。

（ひと言）贈り物をもらったときは、その日のうちにお礼の便りを出すよう習慣づけておく。

### 招かれたお礼（知人へ）

昨日はぼたんの花の観賞会にお招きいただき、ありがとうございました。都心のコンクリートジャングルに住んでいますと、ついつい自然の恵みなど忘れる明け暮れになります。その点、お宅様の周囲には緑が広がり、且つまた庭があっていろいろな草花を植えておられますので、うらやましいかぎりです。

花の世話はお姑様のお仕事とか。いつまでもお元気で頼もしいですね。それに引きかえ、わが家の老夫婦はやれお芝居見物だ、やれ老人会の一泊旅行だと月のうち半分くらいは外へ出ていきます。マンション住まいなので庭がなく、いたしかたないとあきらめるほかありません。

ぼたんは文字どおり花の女王ですね。あでやかな色を誇っているだけでなく、花容にも気品が備わっていますので見飽きしませんでした。お父様によろしくお伝えくださいと母が申しています。

（ひと言）礼状を出すタイミングを失してはいけない。早ければ早いほどよい。

### 送別会のお礼（同僚へ）

楽しい一夜でした。やはり仕事仲間はいいですね。旅行では何度か回ったことがありますが、四国での勤務は初めてです。お話しいただいたとおり新居浜は化学工業の街で、いろいろなメーカーの工場がひしめき合っています。それらの建物を見ていますと、新たなファイトがわいてきます。今後ともがんばりますので、よろしく御指導御鞭撻のほどお願いいたします。

送別会など開いてもらえるとは思っていませんでしたので、いっしょに呼ばれました私の妻はあの夜すっかり興奮していました。こちらへ着任いたしましてからもたびたび皆様の御好意を口にしているほどです。

瀬戸大橋の開通で、四国はたいへん近くなりました。最初は松山経由の飛行機で行くつもりにしていたのですが、御教示のとおりＪＲの瀬戸内線に乗ってよかったと家族一同で話し合っています。近々ぜひおいでください。魚料理が待ってます。

（ひと言）新しい任地へ着いたらなるべく早い機会に礼状を出すようにする。

### 就職でお世話になったお礼（恩師へ）

本日、会社の大会議室で新入社員の入社式が行われました。内需拡大策の影響でしょうか、今年は男女合わせて昨年より五割も多い五十四名が会社の門をくぐりました。私もエンジニアの卵として末席に連なることができました。これもひとえに先生のお力添えによるものと深く感謝申し上げております。

緊張していましたのか、小一時間にわたる社長のお話もうつろに響くだけでした。それでもメーカーの責任について説かれたことはちゃんと耳底に残っております。「社会との関連において仕事をしてもらいたい」のひと言は忘れません。

明日からはいよいよ群馬の工場その他で月余の研修が始まります。どんなことを教えていただくのか、今のところは皆目わかりませんが、先生のお名前を汚さないよう努力いたします。配属部門が決まりましたらすぐ連絡させていただきます。

（ひと言）就職が決まったときに出すのは当然だが、入社式を終えたらあらためて礼状を書く。

## 旅先からの手紙

### 新婚旅行先から仲人へ

われわれの挙式に際しましてはたいへんお骨折りいただき、お礼の言葉もございません。奥様ともどもお疲れになられたことでしょう。御自愛をヨーロッパの空からお祈りしています。

今朝八時過ぎ、二人とも元気でパリのドゴール空港に着きました。ホテルのロビーに荷物を預けるのもそこそこに市内見物に出かけてみました。初めてのヨーロッパですが、二人ともいずれ劣らぬ強心臓の持ち主ですので、地下鉄の駅を見つけるとすぐ乗り込むというありさまです。

こんなことを申し上げると笑われるかもしれませんが、パリの地下鉄は少し変わっていますね。八系統が縦横に走っているのに駅には隣の駅名が出ていません。終点の駅名しか書いてありません。それでもモンマルトルの丘まで行ってきました。パリには二泊して明後日はロンドンになります。

（ひと言）まず感謝の言葉を並べてから訪問地での出来事を書くようにしたほうがよい。

### 海外旅行先から国内の友へ

成田をたってから十七時間近く飛行機に揺られて、スペインの首都マドリードに着いた。午前六時すぎ、暗やみのなかに街の灯が星のように瞬くのを見たときは、ほんとうにヨーロッパへ来たとの感懐を深くした。

ターミナルビルは既に始動していた。旅券のチェックを受ける列にはいろいろな国の人間がいるので、異国情緒を味わうことができる。市内見物は後に回して、午前九時発の郊外観光バスに乗り込んだ。行き先はトレドで、中世に建てられた古城と教会を見るためである。丘の上に街があって遠い所からでも眺められる。途中に奇岩巨石が迫ってくる道があって肝を冷やす一幕もあった。

丘の周辺には川の深い切れ込みがあって、要害の山上都市の趣を漂わせている。バスを降りて写真を撮ったが、日ざしが強いのに風はひんやりしていた。明後日は古都バルセロナへ向かう。

（ひと言）独りよがりなことは書かない。相手が知りたがっていることを記すようにする。

## 推薦・紹介の手紙

### 医師を紹介する（友人へ）

御母堂様の体調があまりよくないとのこと、案じています。内科ではらちがあかないようなので外科医を紹介してほしいとのお申し出、あれこれ考えました末に友愛医療センターの田村一郎博士に相談してみました。患者を直接診たわけではないので断言はできないが……と前置きして、田村博士は一種のリューマチではないかとおっしゃっています。

軽い症状なら投薬で治るケースが多いとのことです。病状が進んでいるときは手術が必要で、それも早いほうがよいとアドバイスしてくれ、いつでもおいでくださいとのことでした。

田村博士はわたしの次弟の高校同級生で、一年前にわたしも左ひざの水を取ってもらいに通ったことがあります。たいへん優秀な外科医なので、御母堂様の快復について力になってくれると考えています。電話で連絡をとってからお出かけください。取り急ぎ一筆申し上げておきます。

### 就職希望者を紹介する（友人へ）

ここのところ証券業界はずっと動きが活発で、好況が続いているようですね。さぞかしお忙しいことでしょう。今春の人事異動で貴兄が人事担当の役員になられたことを知って、わたしはわがことのように喜んでいました。

さて、本日はわたしの友人の教え子、秋庭宏君を紹介するため一筆記しました。秋庭君は○○大学理学部の学生ですが、証券業界に職を得たいと念じています。部活動では囲碁部に属し、昨秋の関東学生選手権大会で準優勝した強豪です。

友人教授の話によりますと、中学、高校時代にはサッカー部に入っていたとかで体力もあり、なかなか明朗な青年です。父親は大手化粧品メーカーの部長職で、妹は○○女子大の国文学科に在学中とのことです。

近々わたしの紹介状を持って貴兄を訪ねさせようと思っています。きっと新戦力になってくれると信じています。御都合のよろしい日時をお知らせ願えれば幸いです。お元気で。

### 交際相手を紹介する（後輩へ）

君もマスコミ界へ入って七年目、仕事がおもしろくなってきたのではないか。先日、ある会合で君のお兄さんに会った。御両親はそろそろ君に身を固めてほしいと念じておられるようだが、お兄さんの話によると「隆司のやつ、おれは仕事が恋人だなどとうそぶいて結婚しようという気配が全くない」とのことだった。

君もそろそろ而立の齢に手が届こうとしている。ぼつぼつ一家を構える気持ちになってもおかしくはない。

結婚するしないは別として、わたしの友人の娘さんで君にふさわしい女性がいる。もうすぐ二十五歳になるが、女子大の英文学科を出て現在は私立女子高の先生をしている。性格が明るくて、どちらかといえば学究肌というのだろうか。わたしはその娘さんを幼いときからよく知っているので、人柄は保証する。一度会ってみる気はないか。君に将来を誓った女性がいればしかたないが、気持ちを動かしてみるつもりならいつでも紹介してあげよう。幸便を待っている。

### 旅行する人を紹介する（友人へ）

錦江湾を隔てて眺める景色にも春の息吹が感じられるのではないか。貴兄が鹿児島支店へ赴任してからいつの間にか二年過ぎた。元気でがんばっていることだろう。

今回はわたしの親友の弟、鷹橋渉君が春休みを利用して南九州を旅するというので紹介の筆を執った。一人旅なので引き回してくれないか。鷹橋君は大学の芸術学部で舞台装置を学んでいて、南国にあこがれていると話していた。

鷹橋君は川崎港からフェリーで宮崎県の日向市へ上陸して九州の東海岸を南下し、鹿児島県に入るコースをとる。途中で宇宙ロケットの発射基地、内ノ浦を見るらしい。申し訳ないが、鹿児島市内はもちろんのこと、桜島や東市来町美山の苗代川焼などを案内してほしい。ただし、貴兄にそれだけの暇があればの話だ。都合がつかなければアドバイスだけでもかまわない。よろしく。

（ひと言）コースや旅行者の人柄、発信人との関係をはっきり記しておけば受信人も安心する。

## お見舞いの手紙

### 病気見舞い（友人へ）

胃潰瘍の手術で入院されたと聞いて驚いている。暴飲がたたったのか、それとも神経性なのか。ともかく大事にしてほしい。

弘前城の桜が満開で、みちのくにも遅い春が巡ってきた。昨年の今ごろは貴兄らを引き連れて六本木、渋谷、新宿界隈を飲み回っていたのを思い出す。貴兄の病気の原因はわたしが作ったのではないかと案じている。建設業界は好況だが、仕事があまりにも忙しすぎる。生き馬の目を抜くような大都会で走り回っていると、多かれ少なかれ神経的に参ってしまう。飲み歩きが体によいわけはない。

入院は神様が与えてくれた休暇だと考えて、じっくり療養してほしい。こちらの営業所は比較的のんびりしているが、地方都市には地方都市としての悩みもある。退院したら体力回復のため、しばらく当地へ来て休養しないか。そのときは酒抜きだが、ゆっくり東京の話でもしよう。いずれ。

### 交通事故の見舞い（後輩へ）

トラックと乗用車の間に挟まれたんだって。よく助かったものだとびっくりしている。母上様からの電話連絡によると左足骨折で右足はだいじょうぶらしいが、大腿部の筋肉が裂断しているとのこと。上半身にけががなかったのは不幸中の幸いと思わなければいけないよ。

今は整形外科の手術が大進歩しているので、あまり心配する必要はない。念のため、わたしのいとこの外科医に尋ねてみたら若い人の骨折はほとんど全快すると話していた。

ここのところ仕事が繁忙ですぐには見舞いに参上できないが、君の手術後の機嫌がよいときに一度訪ねるつもりでいる。別便で本を一冊送ったので、暇なときに読んでほしい。おもしろおかしい話がいっぱい載っているので……。末筆ながら母上様によろしく。

（ひと言）事故に遭ったのを責めてはいけない。全快までにはかなりの日数がかかるので、内容の明るい本を送ってやるのも一法である。

### 火事見舞い（知人へ）

とんだ災難でしたね。隣家から火が出たとはいえ、類焼で全焼とは考えてもみませんでした。けが人がなかったと聞いて、安堵の胸をなでおろしました。

御両親はじめ皆さんどうしておられますか。近ければすぐ見舞いに飛んでいくところなのですが。階下にぎっしり並べてあった商品のアルコール類は無事運び出されたでしょうか。酒類販売業というのは大変ですね。たぶん仮店舗で営業を再開されると思いますが、さぞご不便なことでしょう。皆さんの力でがんばってください。

電話を受けたわが家の母などは、ただただおろおろするばかりでした。わたしが正ちゃん一家はみんなファイト満々の人ばかりだから、またすぐ笑顔を取り戻すよと励ましたらやっと安心したようです。

ともかくわが家全員の気持ちを少額のお金に託しましたので、何かの足しにしてください。皆様によろしく。

（ひと言）最後は励ましの言葉にすること。

### 台風見舞い（知人へ）

この度の台風は気紛れだったようですね。最初は西のほうへ進路を取っていたので、だいたい東シナ海を北上して中国大陸辺りで消滅するとばかり思っていたのに、いつの間にか迷走台風になって四国を縦断したでしょう。

テレビのニュースを見ていましたら猛スピードで四国を駆け抜け、広島、岡山の県境を直撃したというのですからびっくりしました。新聞で市内の被害状況を知りました。

全半壊家屋が五百戸以上も出たそうですが、いかがでしたか。お見舞い申し上げます。主人ともども心配していますので、被害状況をお知らせください。何か不足している物がございましたら遠慮なくお申しつけください。なんとか工面してお送りいたします。元気を出してがんばられるよう祈っています。

（ひと言）ニュースで知ったらすぐ出すこと。向こうから言ってくるまで待っているようでは、手紙上手とはいえない。

# お知らせの手紙

就職のお知らせ（知人へ）

この春、無事大学を卒業して四月一日から北九州市立美術館に就職しました。大学では文学部の美術及び美術史学科に籍を置きましたが、ろくに勉強しませんでしたので苦労すると思います。なにとぞお引き回しくださるようお願い申し上げます。

職種と申しますか、ポストは学芸部員見習いということになっています。そうそうたる先輩が顔をそろえておられますので、最初の五、六年間は先輩たちの手足となって資料集めや展示品の運搬、会場作りなどで走り回ることになりそうです。

金持ち国日本はこのところ何千億円にも上る金を使って、世界の美術品を買い集めていますが、ときにはとんでもない偽物をつかまされることもあるようです。わたしが目利きになるのは何十年も先になると思いますが、とにかく楽しそうな職場のようです。近くへおいでになりましたらお立ち寄りください。

（ひと言）念願の仕事に就いたからといって、職場や経歴などをひけらかすと、かえってひんしゅくを買うので、気配りをして書く。

出産のお知らせ（知人へ）

お元気でしょうか。わたしもどうやら一児の父親になりました。一月二十三日の朝、妻典子が男の子を出産したからです。結婚後六年たっても子宝に恵まれませんでしたので、二人とも半ばあきらめていました。昨年の初夏に妻から妊娠の事実を告げられましたときは、真実、わが耳を疑ったほどです。

予定より二週間ほど早く世に出てきましたせいか、子どもの体重は二千八百グラムを少し下回りましたが、産後の肥立ちがよく、二月初旬には退院して妻の実家に戻っています。

名前は、初めての内孫を得た祖父、つまりわたしの父が付けてくれました。数馬と申します。

典子と数馬は四月初めにわたしのもとへ帰ってまいります。そのころになったらぜひお出かけください。まずは男児出産のお知らせまで。

入院のお知らせ（知人へ）

少しずつ秋が深まっていきます。皆様、おそろいで御健勝のことと存じ上げます。

十月末に母が市民病院に入院しました。月の半ばごろから風邪を引いて家で寝ていたのですが、熱がなかなか下がらないものですから掛かりつけの医師に診てもらいました。肺炎の兆候みたいなものが認められましたので、急遽（きゅうきょ）入院手続きをとったような次第です。血液その他各種検査の結果を見ないと診断を下せないとのことです。

母も七十歳の坂を越えましたので、万一のことがあったら大変だと思って大事をとりました。今のところは熱も下がり、元気にしております。あまり心配は要らないようですが、一筆もってお知らせいたします。

（ひと言）病気入院の知らせはおおげさな表現を避ける。周りの人を慌てさせないためである。

結婚のお知らせ（友人へ）

お元気ですか。高校時代の恩師の仲人で今月五日に結婚式を挙げました。十日ほど前に東南アジア一周の新婚旅行から帰り、やっと新居に落ち着いたところです。新居とはいっても2DKの安アパートで、机代わりのちゃぶ台でこの手紙を書いています。

北陸の秋はいかがですか。空気が澄んでいて心地よいでしょう。わたしたちもまだ緑がたくさん残っている埼玉県所沢市の郊外に住んでいます。通勤電車の混雑にはいささか辟易（へきえき）していますが、休日には近くの所沢球場へ出かけてプロ野球の西武ライオンズを応援することもできます。

家を出て都心の職場までは一時間十分くらいかかりますが、大都会の暮らしではだいたい平均的な距離ではないかと自らを慰めています。

貴兄は年に二回くらい仕事で上京されるとのこと。もしわれわれ夫婦のことを思い出されたら、遠慮しないで訪ねてきてください。西武池袋線の西所沢駅からお電話くだされば十分少々でお迎えに参上いたします。この辺りの名産といわれる狭山茶を少し送りました。御笑納ください。

（ひと言）新居案内を兼ねたお知らせの手紙には簡単な地図を入れておくと更に親切になる。

転居通知（知人へ）

地価高騰の折ですが、やっと念願の家を手に入れることができました。建て売りの一戸建てで小さな庭も付いております。北区滝野川のアパートにいましたときは、たいへんお世話になりました。通勤には申し分のない所でしたが、なにせ六畳、三畳の二間しかなくて皆様には欠礼のしどおしで申し訳ありませんでした。

新居はちゃちな木造ですが、いちおう3DKということになっております。敷地がそれほど広くもない所へ百平方メートルの建坪の家を建てたわけですから必然的に二階家になりました。二階は六畳と四畳半です。階下は玄関、台所、ふろ場と六畳一間になっています。

まだ草花をいじる年齢ではありませんが、女房のたっての希望でほんのちょっぴり球根を土の中に埋めました。近くへおいでの節はお立ち寄りください。東武東上線の川越駅下車がいちばん便利です。今後ともよろしくお願いいたします。

（ひと言）新しい家を買っての転居は、ありのままを知らせる。少しへり下って書く。

退職のお知らせ（知人へ）

長い間の御交誼、厚くお礼申し上げます。あなたと知り合いになれたおかげで、私はサラリーマン生活をたいへん楽しく送ることができました。この三月末をもって三十七年の勤めを無事終え、今はまだぽかんとした明け暮れをしております。女房も肩の荷が下りたようですと話しています。

後のことはまだ考えておりませんが、思い起こしますと北は北海道から南は九州まで九回も住所を変えました。それぞれに懐かしく、女房などは官費旅行のようで言うことなどありませんねと申しております。

私は還暦の齢を迎えたばかりです。まだまだ健康には自信がありますので、老後は少しでも世の中のためになる仕事をしようと考えております。もし私にできることがございましたら御紹介ください。来月中旬には末娘が結婚いたします。このほうもよろしくお引き回しください。

（ひと言）肩の力を抜きながら感謝の微意を伝えるようさらっと書いたほうがよい。

## 石川啄木（いしかわたくぼく）の手紙

●土岐善麿（ときぜんまろ）へ――明治四四年（一九一一）

前略、考へたところが発表前にまだ御相談せねばならぬ事が三つも四つもあります、僕はやるからにはホントにやりたいと思ひます、ホントの雑誌を出してそしてそれを永続させたいと思ひます、明日先（サキ）に社に行つた方が電話をかけることにして、時間を打合して会はうぢやありませんか、そしても少し研究しようぢやありませんか、創作やスバルが千部うれる以上僕らの雑誌だつてさう馬鹿にしたものでもない、今夜僕は四百刷つて三百五十売る計画を立てたが、何とかなりさうですよ――金の事も、

十四日夜　啄木

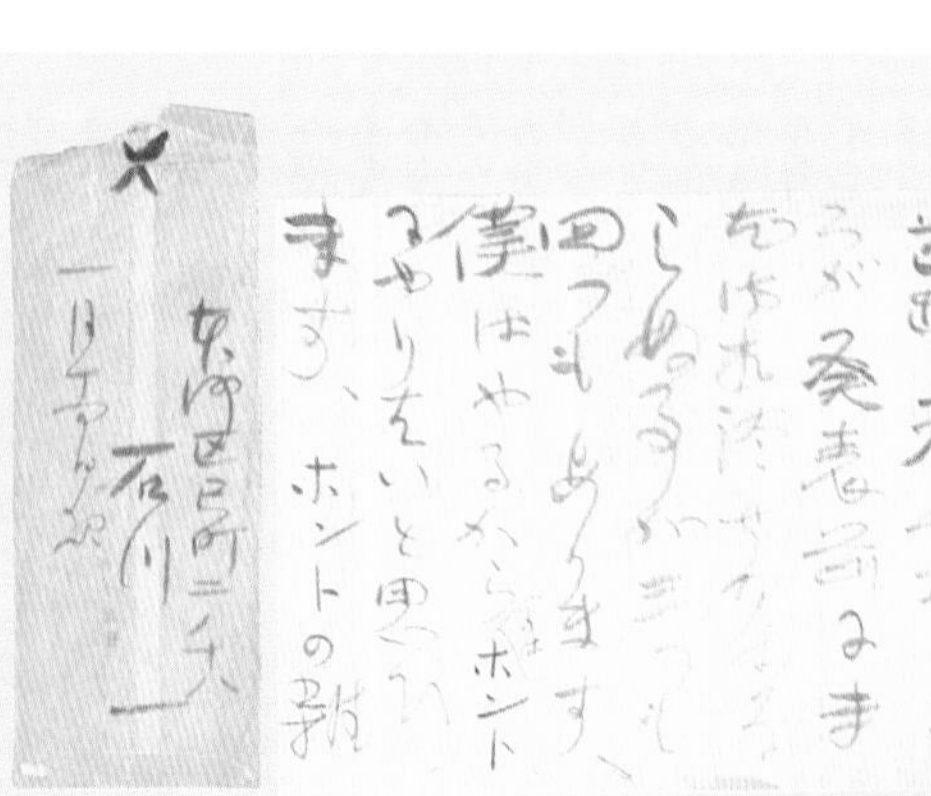

手紙の日付は、一月一四日。この前日の一三日に二人は運命的出会いをし、社会主義運動啓発の雑誌を出す計画で意気投合していた。

啄木の本名、一（はじめ）の筆跡が見られる、封筒と書簡。

## お願いの手紙

### 保証人をお願いする（知人へ）

寒さもひとしお身に染みるころとなりました。その後、皆様がたにはお変わりなく、お過ごしでしょうか。

さて、勝手なときばかりのお便りでまことに恐縮ですが、実は折り入ってお願いがございます。

このほど、私もようやく○○商事株式会社に就職が決まりました。入社に先立ちまして会社の人事課に呼ばれ、いろいろと説明を受けましたところ、入社手続きの際、東京都内にお住まいで独立の生計をいとなんでいるかたに保証人をお願いしなければならないとのことでした。

いつもお世話ばかりおかけしているうえにまたお願いを申し上げるのはまことに心苦しいのですが、ぜひ保証人になっていただけませんでしょうか。入社しましたからには全力を尽くして勤務に励み、決して御迷惑をおかけするようなことはいたしません。

御承諾いただけましたら、早速、書類を持参いたしまして御署名と押印をいただきたいと思っております。

本来ならば参上してお許しをいただくべきところですが、御多忙中と思い、まずはお手紙にてお知らせ、お願い申し上げる次第です。

なにとぞよろしくお願い申し上げます。

### 縁談をお願いする（知人へ）

皆様御清祥のことと思います。先日は御令息の所に初孫が誕生されたそうで、大慶至極に存じます。お嬢様も嫁がれて少し寂しくなられたのではありませんか。若い人たちは次々に巣立ってそれぞれの道を進むのが世の習いです。いたしかたありません。わが家も大学を出たばかりの息子がどうやらM商事に入社できましたので、いささかほっとしているところでございます。

本日、この手紙を書きましたのはほかでもございません。御存じのように短大を出てS百貨店に勤務している娘の縁談についてでございます。百貨店勤めも五年目に入りました。もともと性格が内向的なうえに女性の多い職場ですので、意中の人などいないようでございます。本人も少しずつ結婚について考え始めたらしくて、私がお宅様に良縁を探していただこうと申しましたら首を縦に振りました。

御主人様は各界にお知り合いのかたがおられると漏れ承っております。わが家の娘に見合うような若い男性がおられましたら、よろしくお願いいたします。

御主人様によろしくお伝えください。

### 就職の依頼（恩師へ）

先生、ごぶさた続きで失礼いたしております。皆様、御壮健のことと拝察申し上げます。

本日拙文をしたためましたのはいささか厚かましいお願いですが、私の就職についてでございます。私は大学に入るとき一年浪人しましたが、来春ようやく修士課程を終えられるめどがつきました。専攻は電気工学のなかの重電です。今はエレクトロニクスの花盛りで弱電関係なら引く手あまたですが、重電の場合は就職先がかなり限定されます。

山歩きが大好きだった私は、ダムや発電所建設を夢見て重電関係のコースを選びました。日本ではほとんど開発し尽くされていますが、東南アジアや南半球の発展途上国ではまだまだ需要が多いように漏れ承っております。

高校時代、先生のお兄様がK電機の取締役技術部長の要職に就いておられる話をお聞きしたのを覚えています。用事があるときだけ手紙を書く常識のない生徒だとお思いになるかもしれませんが、両親も先生にお願いしてみてはどうかと申しますので非礼を省みずに筆を執りました。御多用中申し訳ありませんが、お兄様への紹介状を頂けないでしょうか。

念のため大学院の主任教授の推薦状を同封しておきますので、よろしくお願い申し上げます。

もうすぐ夏休みです。七月中旬過ぎまでに御返事を頂ければ幸甚です。御自愛ください。

**（ひと言）自分のことをひけらかさないこと。あくまで謙虚に且つ具体的に要望を記したほうがよい。**

## 断りの手紙

### 出席を断る（幹事へ）

ひさしぶりの山岳部OB会なのでぜひ出席しようと思いましたが、急に仕事の予定が入って身動きがとれません。十八日に成田をたってバンコク、シンガポール、インドネシアと回り、帰国は月末ぎりぎりになります。OB会当日はたぶんまだバンコクにとどまっていると思います。

聞くところによりますと、今夏は数人のOBが中国奥地の山へ出かけるそうですね。中国側の好意で日中合同の登山隊になることも耳にしています。快挙が成功するよう祈っています。山岳部顧問の池山教授をはじめ皆様によろしく。二年ぶりに顔を合わせるのを楽しみにしていましたのに残念でなりません。

**（ひと言）会合に出席できないときは、なぜ行けないかの事情を明記したほうがよい。往復はがきの返信のときでも「欠席」とか、「不参加」とかの上に「残念ながら」の五文字を入れるようにし、下に「します」などと付け加える。理由をはっきり書けば相手の心証をよくする。**

### 縁談を断る（仲人へ）

先日はたいへんお世話になりました。お見合いの席から戻りまして親子三人で突っ込んだ話し合いをしましたが、けっきょくお断りすることになりましたのでお知らせいたします。

娘が申しますには、あのとき二人だけで芝居を見に行きましたが、相手のSさんは終始言葉が少なくてそんなにうれしそうではなかったとのことです。おとなしい性格のかたなのでしょう。御存じのようにわが家の娘も内向的で、あまりしゃべりません。しんは強いと思いますが、他人と話をするのをおっくうがるようなところがあります。

Sさんはきまじめなかたで、哲学の話や旅について、ぽつりぽつり話をされたらしいです。研究所勤めのエンジニアなので、自然にそうなるのかもしれません。昨今の娘たちは活発でかっこよい体型や服装の男性により関心を持つようですね。娘もその例に漏れません。ミーハーというのでしょうか。私ども夫婦の目には好ましい男性に映り

## 岡本（おかもと）かの子の手紙

**●息子、太郎へ——昭和五年(一九三〇。推定)**

好い手紙をもらった。

まるっきりこの手紙をもらう為にお前を育てたと思われるほど好い手紙だ。

これは子が母へ対しての、そして人間が人間へ対しての最も好い好意と同情と愛情のこもった手紙です。

静ですよ、私の世界は今、そしてこの静けさの底にシンと落付いて居る力がある——もちろん磐石のような形のものではない、むしろそんな毒々しい形をとらないきちんとしたつつましい白金のような力強い繊維の束です。

「この不幸を幸福なものにして下さい」とあなたは云う。然り私から過剰な熱情を駆逐して呉れたようなものでしょう、この病気は。

今朝はレイスイマサツをしました。座禅もずっと前よりたしかに行います。もしかすると却って長生きが出来るかもしれない。新鮮なしっかりした女性になって長生きをしよう、そしてお前の生きて行くいろいろな経路も見られる——。

パパは適度な勤勉（私に世話をやかせるのは私の体に毒だと思う点から発生した）から流露する新鮮な精力のためにすっかり達者になりみずみずしくなった。

来月はいよいよパリへ——ですよ、太郎さん。

お前の知人で私の知っている人達によろしく。

でも来月うつる時分にあまり人にまわりに来て貰い度くないの、今だってほとんど面会謝絶だもの、好いアパルトマンでも借りて落ちついてから皆さんとおだやかに遇おうよ。パリへ行くおみやげにスキヤキの鍋もって行きます。こっちに仏和ジテンありませんでしたから、日本の丸善へあつらえ

ましたが、娘はフィーリングが合いそうにないのでお断りしてほしいと申します。

　結婚するのは娘本人ですから無理強いをするのもどうかと思いまして、この手紙をしたためることにした次第です。ほんとうに申し訳ございません。今後ともよろしくお願いいたします。

　（ひと言）きっぱり断るのが後々のためにもよいと思われるが、相手が傷つかないように言葉を選ぶのは大事である。間に入った人がこの手紙を当事者のS青年や両親に見せることもありうるので、丁寧に書くように心がける。

**借金を断る**（親友へ）

　人間は生身なので、いつ、どんなことが起こるかわからないものだね。家屋の改築を始めたばかりというのに今度は母上様の交通事故による入院とは。改築のときにお兄様から三百万円ほど借金したとのこと、大変だったと思う。

　母上様の入院料や手術費の大部分は保険で賄えると考えるが、病院生活では目に見えない出費がかさむものだ。百万円ほど貸してほしいとのことだが、わが家も今年は出費が多くて女房ともども四苦八苦している。御存じかもしれないが、長男が私立の歯科大へ通うようになるし、娘は私立の高校への進学が決まったし、借金するのに夫婦で東奔西走してやっと入学金や年間授業料を納入したばかりである。

　入学金が高いのは医学部ばかりだろうと思っていたが、とんだ見当違いだった。歯科大でも八百万円近く納めなければならない。娘の私立高入学にも百数十万円かかるので、一千万円近く集めるのに骨を折った。手持ちの金は底をついたし、そのうえ三百万円ほど借金した。

　右のような事情なので、今回はどうしても申し出を引き受けることはできない。ほかならぬ親友の貴兄なので希望をかなえてやりたいと念じたが、ない袖は振れないのたとえどおりお許し願いたい。奥様によろしく。母上様の全快が一日も早くなるよう祈っている。

　（ひと言）借金を断る場合は、相手が目下の者や後輩であっても丁寧な筆の運びにすること。こちらの事情を説明しておくのも大事である。

## 問い合わせの手紙

**送った品物の着否**（知人へ）

　暑かった夏もようやく終わり、朝夕涼しくなってきました。お元気のことと思います。

　八月末に当地特産のかぼすを一箱お送りいたしましたが、無事着いたでしょうか。かぼすの出荷はこれから始まりますが、少し時期が早いと思いながらお届けしました。

　かぼすは青い皮のときにもいだのがいちばん風味があるといわれています。私どもはそのころに取ったものを絞って瓶に入れて保存し、晩秋から冬の間のなべ物に使います。瓶を密閉しておきますと酸味や香りが抜けません。皮が黄に色づいたころの物はどうしても品質が落ちます。

　お手もとに届いておればけっこうですが、もし何かの事情で着いていないようでしたら折り返しお知らせください。早急に手配いたします。時候の変わり目です。皆さん御身おいといくださいますように。

　（ひと言）荷物の着否については詰問調にならないこと。着いていなければまた送りますといったぐあいにやんわり尋ねるのがポイントになる。

**出欠の問い合わせ**
　春の作品合評会の出欠の返事がまだ来ませんが、いかがなさったのですか。年度末でお忙しいとは思いますが、三か月に一回の会合なので、おいでになるのをお待ちしています。

　出欠はがきの締切日はいちおう十八日になっておりますが、二十四日じゅうに確定人員を会場の責任者に知らせればよいことになっていますので、電話ででも至急御返事を頂ければまだ間に合います。過去十数回の合評会に皆勤してこられたあなたの顔が見られないと、みんながっかりするのではないでしょうか。

　今回はかなりの秀作ぞろいなので、あなたの厳しい批評をぜひお聞きしたいものです。取り急ぎ連絡しておきます。

　（ひと言）返事が来ないからといって出席を無理強いするのはよくない。どうしても出てもらいたいときには、やんわりと相手を持ち上げる。


**購入した機器の問い合わせ**（メーカーへ）

　貴社発売のステレオ・カセットテープデッキを愛用している者です。型番はTR-4000型で昨年十一月に購入しました。

　実は、使用説明書にあります「タイマー録音」の操作の方法について、よくわからないところがありお尋ねします。

　この「タイマー録音」のセッティングは、テープを入れていないとできないのでしょうか。説明書では、テープのはいっている、いないにかかわりなくできるように読みとれるのですが。

　また、「タイマー録音」をセットした後に、リモートコントロールによりスイッチがはいってしまうのですが、これは故障ではないでしょうか。

　右、よろしくご教示お願いいたします。

　（ひと言）どの機種か先方によく伝わるように型番・購入時期などを明示するとよい。

**忘れ物の問い合わせ**
　わたしは昨八日夜、営団成増駅から光が丘団地経由、豊島園行きの最終バスに乗った者で途中の旭町南地区×××前の停留所で下車しました。ひどく疲れておりまして、ひざの上に置いていた茶色の小さなふろしきが前の座席の下に滑り落ちたのに気づかなかったようです。
　ぼんやりしていたのでしょうか、家に帰ってからやっと気がつきました。電話帳で貴社の練馬営業所の番号を調べて掛けましたが、皆さんお帰りになった後のようで応答がありませんでした。
　ふろしきは縦十五センチ、横二十五センチくらいで、厚みは三センチほどでしょうか。絹製の濃い無地です。中身は『大宅壮一全集』第十三巻で布製の茶表紙の左下に「壮一」の金文字が入っています。この本は同夜、先輩から借りてきた物ですが、全集のなかの一巻で既に絶版になっていまして、たいへん困っております。
　たいへんぶしつけなお願いですが、もしどこかで見つかりました場合、左記へ御一報くだされば すぐ受け取りに参上いたします。御多忙中お手を煩わしますが、よろしく願い上げます。
〔住所〕〒一七六　練馬区光が丘5－×－×－×
〔氏名〕若林達朗　〔電話〕九七六－〇〇〇〇

て上げました。
さらばお前の新鮮な自由な生活のなかで幸福におくらしなさい。
九月九日
太郎さん　　　　かの子

昭和5年（1930）夏。ロンドンの寓居のサロンにて。写真中央が岡本かの子、左が息子の太郎、右が夫の一平。

## 森 鷗外の手紙

**●こどもたちへ**――大正七年（一九一八）
コドモハドウシテヰマス。パパハマリダノアンヌコダノボンチコダノガミタクナツテコマリマス。モウスコシスレバウチヘカヘラレマス。○ナラノヒトハサムガリデオトナモコドモモセナカヘマワタヲキテオトナハモウコタツニハイツテヰマス。ソレニアサネバウデス。パパモハヤクオキルトヒバチガアリマセンカラ七ジハンマデネテヰマス。ナンダカダンダンネバウニナリサウデス。○ケフハテンキガヨクテオソクマデオヤクシヨニヰタカラドコヘモイキマセン。
十一月二十四日
森林太郎　コドモ御中

息子、於菟に出した鷗外のはがき。「高湛」とあるのは、鷗外のペンネーム。

## 催促の手紙

### 紹介依頼の催促（先輩へ）

先夜は遅くまでごちそうになり、厚くお礼申し上げます。いつに変わらぬ先輩の優しさには心打たれました。あのときお話しいたしました転職準備で、このところ慌ただしく過ごしています。

酒席での約束事は当てにならないという人もいますが、先輩にかぎってそんなことはないと信じましてこの手紙をしたためました。

これまで勤めていました金融関係の職場は毎日の仕事がマンネリで、どうしても私の肌に合いません。小さな信用金庫なので顧客も町の商店やサラリーマンが多く、勧誘などでもたいへん骨を折りました。私はまだ二十代の半ばを過ぎたばかりですから転職するには今が絶好のチャンスだと考えたわけです。

月初めから各種学校の夜間部に設けられている「編集総合講座」を受けています。同時に「マスコミ基本文章教室」にも通っています。途中入社ですのでぜいたくは申しません。これまでの勉強を精一杯生かして、先輩がいわれました社員数名の編集プロダクションで、力いっぱいがんばってみようと念じています。

お忙しいことと思いますが、ぜひ御紹介の労をとっていただけませんでしょうか。入社いたしましたら先輩の名を汚さないよう即戦力として役に立つ覚悟を固めています。催促がましくて申し訳ありませんが、よろしくお願いいたします。

（ひと言）催促の手紙だからといって性急に事を急いではいけない。やんわりとした表現のなかで、相手がそれならやってやろうという気持ちになるようほのめかすことが肝心である。

### 貸した金品の催促（知人へ）

一別以来、お元気ですか。過日お貸しいたしました三十万円の返済期限が過ぎました。私のほうに余裕があってお貸ししたわけではございませんので、よろしくお願いいたします。あのときの話では夏のボーナスが出たらすぐ返してくださるとのことでしたので、両親に無理を言って用立てた次第です。

あれこれ出費が重なる時期ですが、衷情御明察のうえよろしくお願いいたします。利息などは要りませんので気を遣わないでください。末筆ながら奥様はじめ皆様によろしく。

（ひと言）お金を貸したほうは強気に出てもかまわないわけだが、相手を怒らせては取れるものも取れなくなるので下手に出たほうがよい。

### 注文した品物の催促

貴社発売の「マッサージチェア」を注文いたしまして半月過ぎました。一週間以内には必ず届けると広告に出ていましたが、どうなっているのでしょうか。老夫婦へのプレゼントなので一日も早く送ってください。

後一週間は我慢して待ちますが、それ以上遅れるようでしたらほかにも同じような品物を売っている会社がありますので購入いたします。右のような事情をお含みのうえ、早急にお手配願えれば幸いに存じます。

（ひと言）このくらい丁寧に書いておけば、どんなルーズな会社でもきっと動いてくれる。いくらユーザーだからといってけんか腰はよくない。

### 縁談進行の催促

先日は娘の縁談について御高配をいただきお礼の言葉もございません。

その後、話はいかがなりましたでしょうか。あれからもう三か月余たちましたので進行ぐあいをお伺いいたします。

御厚情が身に染みていて、決して催促するわけではございませんが、年が明けますと娘も二十五歳になります。

ぼつぼつ勤めも辞めさせて花嫁修業に入らせようかと妻とも話し合っています。先様にもいろいろ御都合があるとは思いますが、よろしくお引き回しください。

妻は近々娘を連れて参上したいと申しております。お手すきの日時がございましたらお知らせください。

奥様や先様によろしくお伝えください。

（ひと言）急いては事をし損じるということわざがある。結婚は人生の一大事である。じゅうぶん配慮して書くようにする。

## 抗議の手紙

### 買った品物が破損していたことへの抗議

先日配送していただきましたビデオデッキの件についてお伺い申し上げます。

実は荷をほどいてみますと、ボディの一部にひびが入っておりました。破損箇所は、スイッチ類のある前面ではなく、側面の隅のほうです。操作には差し障りがないようですし、画面はきれいで、順調に動いているように見えます。

このままでもかまわないかと思いましたが、やはり、新品なのにきずがあるというのは気持ちのよいものではありません。あるいは内部に影響があるのかもしれないと心配しております。

できましたら、新しいものと取り替えていただきたいと思いまして、一筆したためました。

一度、拙宅のほうへ品物を見に来ていただいたうえで、しかるべき措置をとっていただくようお願いしたいと思います。

（ひと言）居丈高の抗議は話をもつれさせるので、やんわりした筆の運びにしたほうがよい。

### 約束不履行に対する抗議（友人へ）

貴兄がこんなことをされるとは思ってもみなかった。日ごろの貴兄の言動を知っているだけにわたしの心が受けた傷にはかなり深いものがある。

夏のボーナス時に三十万円だけは必ず返すといわれたので、わたしは安心して借用証のなかに明記しなかった。今になって考えると、他人を信用してはいけなかったのかと後悔している。

もうすぐ新秋を迎える季節になった。貴兄の会社のボーナス支給日は七月上旬だと聞いていたので、もう一か月以上も過ぎている。そちらにもいろいろな事情があるだろうが、わたしは有り余っている金を用立てたわけではない。

貴兄の窮状を見かねたし、女房も助けてあげなさいと声を添えたのでお貸ししたわけである。人間はお金をめぐって人柄を知られるといわれている。半分の十五万円でもかまわないから、誠意のあるところを示してくれないか。妄言多謝。

（ひと言）詰問調になってはいけないが、相手を甘やかすような言辞を連ねるのもよくない。

## 林芙美子（はやしふみこ）の手紙

●川端康成（かわばたやすなり）へ——昭和二〇年（一九四五）

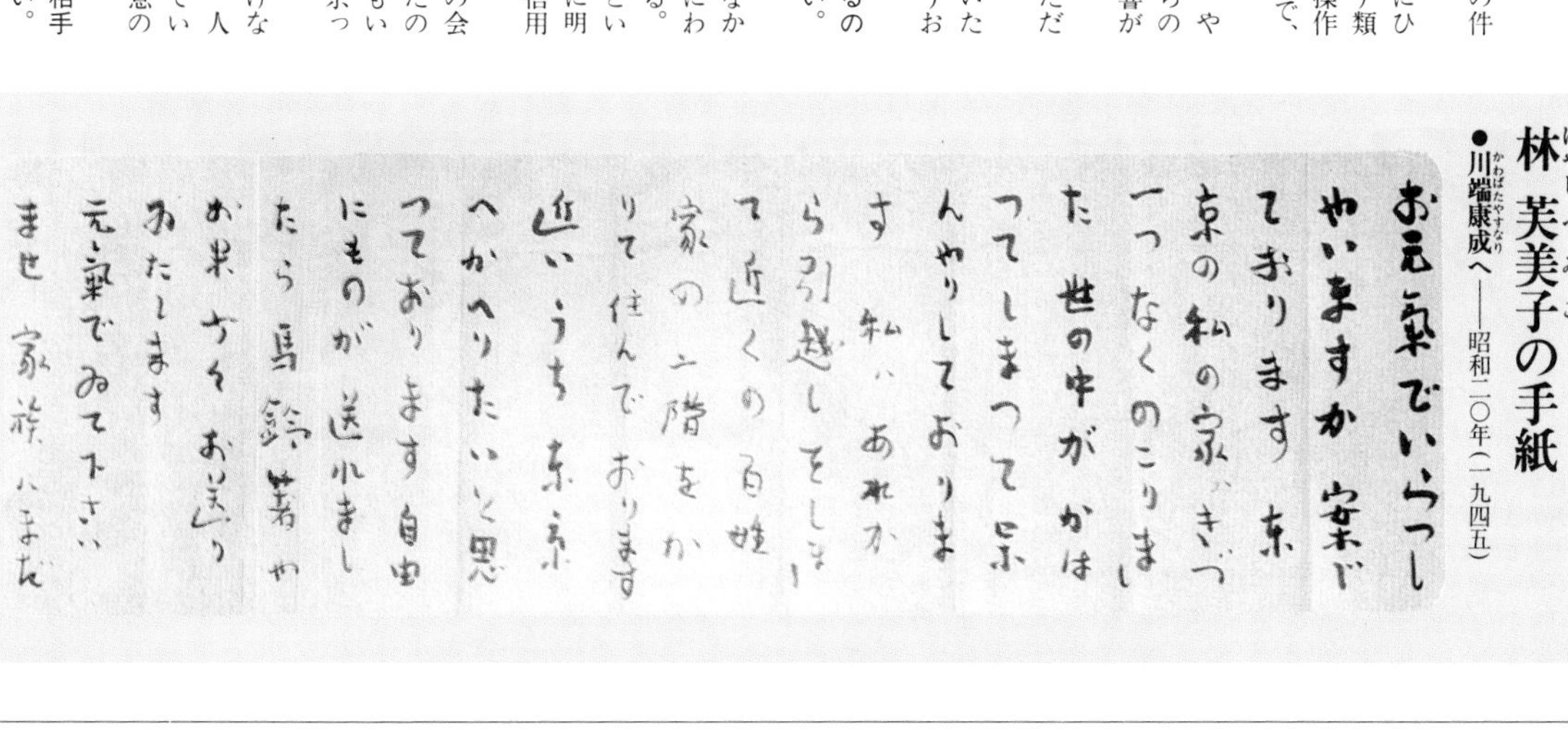
お元氣でいらっしゃいますか 案じております 東京の私の家はきづ一つなくのこりました 世の中がかはつてしまつて呆んやりしております 私はあれから引越しをしまして近くの百姓家の二階をかりて住んでおります 近いうち東京へかへりたいと思つております 自由にものが送れましたら馬鈴薯やお米など お送りいたします 元氣でゐて下さいませ 家族はみな

無断紹介への抗議（知人へ）

昨日、あなたの教え子だと称する青年が拙宅へ訪ねてきた。あなたの紹介状を携えてきたが、小一時間話をしているうちにだんだん誠意が感じられなくなった。一方的に手まえみそを並べるだけなので、わたしは努めてくちばしを入れないようにして聞き役に回っていた。

短編の作品を見せてもらったが、誤字や当て字が多くてあれではどこの出版社も使ってくれないのではないか。あなたにたいへん褒められたと語っていたが、ほんとうだろうか。

書き出しも陳腐だし、結びも決まっていない。だいいち、余計な語句が多すぎる。あなたの指導がよくないと責めるつもりはないが、もっと簡潔で歯切れのよい文章を書くよう教えてほしい。

このところ、わたしは多忙を極めている。無断で紹介状を乱発しないようにしてくれないか。後進を世に出すのにやぶさかではないが、少し相手を選ぶようにしてもらいたい。

（ひと言）怒りをぶつけるような書き方をしては身もふたもなくなる。

注文したものと違う品が来たことへの抗議

要件だけ申し上げます。以前に回転いすを送っていただいたときはたいへん重宝しましたが、今回の「ぶら下がり器」には失望しております。約束の品物と違うからです。高さを自由に調節できる点はカタログどおりですが、材質がおそまつです。わたしは体重が九十キロ近くて、長い間、腰痛に悩まされてきました。そこで貴社の「ぶら下がり器」を使って少しでも痛さを軽減しようと考えたわけです。

ここ二、三日試してみましたが、上段の横棒がしなって折れそうな感じがしてなりません。効能書きには「大相撲の力士も愛用しています」と記してありましたが、誇大広告のような気がしてなりません。

不要の場合は一週間以内に返品すればよいとのことですので、お返しいたします。もちろん、代金はお支払いいたしません。

（ひと言）品物を返すわけだから、あまりきつく書くには及ばない。

## おわびの手紙

約束を破ったことについてのわび状（友人へ）

たいへん申し訳ないことをいたしました。御立腹のことと思いますが、当方の事情を御明察くださってお許しいただけませんか。

あの日は午前十一時ころ家を出てJR新宿駅へ行くつもりで、女房ともども準備していました。家から新宿駅まではゆっくり行っても四十分とかかりません。十二時発の中央線下り特急「あずさ十五号」には間に合うと計算していたのです。

午前十一時少し前、電話のベルが鳴りました。実家の母が急に倒れたとの知らせです。話し終わって時計を見ましたら十一時を十分過ぎていました。すぐお宅へ電話しましたが、もう出かけられた後だったらしく、なんの応答もありません。

そういうわけで私どもは急遽（きゅうきょ）福島へ行かなければならなくなったのです。列車の切符代と旅館のキャンセル料を同封しましたので、御査収ください。事情があったとはいえ、約束をたがえましたこと深くおわびいたします。

長い間のぶさたのわび状（友人へ）

すっかりごぶさたいたしております。この夏、お便りを頂きましたときは老父の入院騒ぎなどで取り込んでいました。すぐ返事を差し上げなければいけないと思いながら、父の死や葬儀で取り紛れてしまいました。深くおわびいたします。

今年もあと幾日かしか残っていません。皆様、お元気でしょうか。よろしくお伝えください。

秋のヨーロッパの旅はいかがでしたか。夏のバカンスで日焼けして戻ってきた人たちでいっぱいだったことでしょう。夏の北ヨーロッパは閑散としていますが、秋風が吹き始めると活気がみなぎってきます。二年前のことを思い出しました。

来年のことを申しますと鬼が笑うといわれていますが、年が明けた春先にオーストラリア、ニュージーランドへごいっしょなさいませんか。そのころ、南半球は秋です。ごぶさたのおわびにお誘い申し上げます。年賀の儀は差し控えます。

（ひと言）長い間無音に過ごした相手への手紙は出しにくいものだが、ふだん着の文章でよい。

借用品を紛失したことのおわび（知人へ）

先日拝借いたしましたワープロを盗まれ、弱っております。昨日の昼、女房がうっかりしてかぎを掛けないまま外出したらしいのです。近所のスーパーへ買い物に出かけたわけですが、帰ってみましたら家の中に空き巣が入ってだいぶかき回されていたとのことです。

金目の物がなくなっていて、息子のカメラなども姿を消していました。そのとき、お借りしたワープロも持っていかれたのではないかと思います。いくら探しても見つかりません。

大事な物を盗まれておわびのしようもございません。つきましては早急に同型のものを買い求めてお返しするつもりでいます。メーカーはたしかF通信機だったと記憶しています。明日、会社の帰りに電機店へ行って購入し、送らせていただきます。

ほんとうに申し訳ございません。ご不便をおかけいたしました。深くおわびいたします。

（ひと言）相手方のたいせつな物をなくしたわけだから、意を尽くしてわびなければいけない。

失言についてのおわび（教え子へ）

お手紙拝見いたしました。わたしの失言で深く傷ついたとのこと、深くおわびいたします。

中学時代にあなたの教師だったことも手伝って、つい気やすいことをしゃべって申し訳ありません。わたしは教師として失格者の烙印（らくいん）を押されてもしかたがないと反省しています。

今度のことは、ついうっかりでは済まされません。あの日は学校の行事が早く終わったので、同僚といっしょに厚木市へ出てあなたが働いている店とは知らないで立ち寄ったわけです。わたしが口にした「こんな所で働いてたの」は確かに失言でした。

申し開きをしても後の祭りですが、わたしとしては「ここで働いてるの」と言うつもりでした。聞くところによると、まじめに定時制高校へ通ってるそうですね。がんばってください。今度ゆっくり拙宅へ遊びに来ませんか。お元気で。

（ひと言）若い人はちょっとしたことで心が傷つく。失言はちゃんとわびなければいけない。

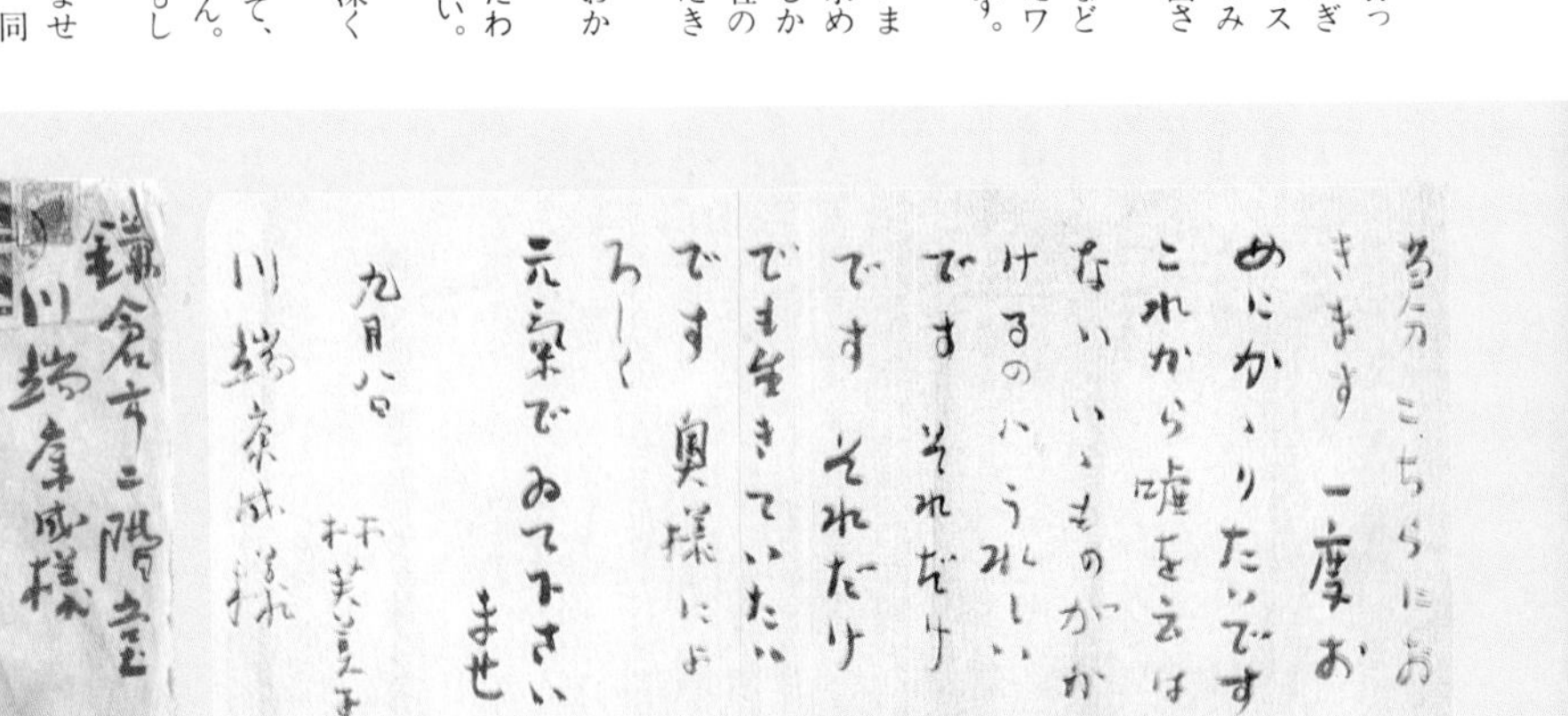
こちらにお
きます　一度お
めにかゝりたいです
これから嘘を云は
です　それだけ
です　それだけ
でも生きていたい
です　奥様によ
ろしく
元気でゐて下さい
ませ
九月八日
林芙美子
川端康成様
鎌倉市二階堂
川端康成様

疎開先の長野県、角間（かくま）温泉から出したもの。

（注）「文学者の手紙」の出典は、以下のとおりである。ただし、文中の旧漢字は新漢字に変えた。谷崎潤一郎の手紙＝中央公論社刊『谷崎潤一郎全集』、高村光太郎の手紙＝筑摩（ちくま）書房刊『高村光太郎全集』、石川啄木（いしかわたくぼく）の手紙＝岩波書店刊『啄木全集』、岡本（おかもと）かの子の手紙＝講談社刊『岡本太郎著作集』、森鷗外（もりおうがい）の手紙＝岩波書店刊『鷗外全集』

# お悔やみの手紙

### 父親を失った知人へのお悔やみ

御尊父様の突然の訃報に接しまして、わが家一同信じられないくらい驚いています。昨秋、私が北陸路を旅しましたときに寄せていただきましたときは、あんなにお元気でしたのに……。人の世のはかなさを教えられました。

日本人の寿命が大幅に延びました現在、男性は七十代の半ば過ぎまで生きるのが平均的ですし、女性は八十歳を超えているでしょう。五十八歳で亡くなられたと聞いて、どうお慰めしたらよいものか、言葉がございません。

三年前、取締役兼魚津工場長として赴任されましたときは、いずれ東京本社の枢要な地位に就かれて戻られるとばかり思っていました。

皆さん、元気を出してください。心ばかりの香典をお送りしました。両親からもよろしく申しております。いずれまたお便りいたします。

（ひと言）取り込みの最中なので、ごたごた書かないほうがよい。

### 日がたってからのお悔やみ（知人へ）

月日のたつのは速いものですね。御尊父様が鬼籍に入られてからもう四十九日忌が終わりましたとか。これまでは人の出入りがございまして皆様方も気を紛らわせられておられたことと拝察いたしますが、今後は日に日に悲しみが深くなっていかれるのではないでしょうか。

お子様がたが二人とも成人なさったとはいえ、いずれ御令嬢の結婚、御令息の就職という人の世の大きな行事が待っております。亡くなられたお父様にはさぞかし心残りがあったのではないでしょうか。

わが家の長男も来春はいよいよ社会人として巣立ちます。何を考えているのやら、まだのんびりと構えています。

いずれそちらの家を引き払って東京へお戻りになることでしょうが、そのときはゆっくり伺わせていただきます。皆様によろしく。

（ひと言）手紙では書き尽くせないことが多いので、この程度にしておくほうがよい。

### 子どもを失った友へのお悔やみ

お子様が亡くなられたとか。どう考えましてもほんとうの出来事とは思えません。中学二年生と申しますと、これから人生の花が開き始めようとする年齢でしょう。つぼみのまま散らせるとは神様も非情すぎます。

お坊ちゃまの場合、事故だったと漏れ承りましたのでなおさらです。体を鍛えるための運動の最中の事故だとか……。信じられません。小学校に入ってまもないころからサッカーを始められ、中学の部活動では中心的な存在だったとか。あまりにもひどすぎます。

新聞記事によりますとサッカー部の成績不振を嘆いての自殺ではないかとのことですが、日ごろの快活なお坊ちゃまの姿を知っていますので、信じたくありません。

そのうちに参上して、お線香を上げさせていただきます。元気をお出しになるよう祈っております。合掌。

（ひと言）相手の立場や心境を考えて、言葉を選びながら書くのが肝心である。

### 上役の死を悼む（遺族へ）

故部長のお葬式のときはなんの役にも立てなくて、申し訳なく思っています。悲しみのなかの葬儀が盛大に行われましたのが残されたわれわれ部下にとりまして、せめてもの慰めになりました。部長のお人柄のりっぱさがたくさんの会葬者を呼んだものと信じております。

私が部長とお仕事をごいっしょさせていただくようになりましてから三年余、その間、甘えてばかりいました。職場での部長は仕事一筋のかたで私のようなそこつ者は、しかられてばかりでした。それでも私が歯を食いしばってついていきましたのは、部長の温かい思いやりのおかげです。

酒杯を傾けながらの談論風発は生涯忘れることができません。出社しますと、今でも部長が席におられるような気がいたしまして緊張が解けません。近々また参上して部長の思い出話をしたいと思っております。皆様、お元気で。

（ひと言）具体的なエピソードを入れておくと遺族は心を慰められる。

# 慰めと励ましの手紙

### 入試の失敗を慰める（受験生へ）

大学入試がだめだったとか。そんなにめいる必要はない。君たちの年齢ではまだ人生経験が浅いので一時はがっかりしたかもしれないが、世の中には山や谷間がたくさんある。晴れの日が続いているかと思ったら急に雨や風にさらされることもある。なにも気にすることはない。

わが家の二男が現役受験で落ちたとき、わたしはこう言ってやった。

「不合格だったか。それはよかったね。おまえのようにバスケットボールの練習に熱中していたのが現役で合格したんじゃ、勉強ばかりしてきた連中に申し訳ないだろ。もしおまえが合格していたら、世の中は自分の思うとおりなるとうぬぼれの強い人間になったかもしれないよ」と。

一浪の後に入学したのは君も知っているとおりだ。気持ちが落ち着いたら一度遊びにおいで。

（ひと言）相手がリラックスするような言葉を入れるのがよい。

### 失恋した友へ

君も男だろ。一度や二度の失恋で気を落とすことはあるまい。僕を見てみろ。ちょっと仲よくなりかけては振られてばかりだよ。人間の半分は女性なんだから、そんなに深刻になることはない。

十日ほど前、半年くらいつきあっていた女性から「さよなら」と言われた。君も知っている得意先の女性だよ。伊豆方面へドライブに出かける予定を立てていたんだが、直前になって出張命令が出てパーになった。彼女、怒るまいことか。「あなたはいつも最後になってすっぽかすから嫌い」って言うんだな。自分の都合しか考えない女なんて魅力がないよ。潔く別れて今はさばさばしている。

近いうちにまたいっしょに飲もうじゃないか。振られた男どうしの慰め会だ。どうだ、やってくるか。恋人なんてすぐ出来るよ。しばらくは酒を恋人にしたっていいじゃないか。いずれ。

（ひと言）あまり深刻なことは書かないほうがよい。人生はなるようにしかならない。

### 長期療養を続けている同僚へ

まだ入院しているとのこと。神様が君に与えてくれた休暇なんだから、じっくり充電したほうが将来のためにプラスをもたらすのではないか。

胆石の手術をしたら今度は糖尿病の疑いが出てきたんだって？　人間の体は詳しく調べれば、どこかに病気が潜んでいるものだよ。おれだって深酒すると腰の辺りに鈍痛が走るからね。女房は一度お医者様に診てもらったほうがよいと勧めるが、さしあたって支障があるわけではないんで耳を傾けないでいる。

丘の上にある病院からは海が眺められるそうじゃないか。おれなんか、うらやましくてしかたがないよ。君がいなくなってから仕事は少し忙しくなったが、君の信頼している後任の若手ががんばってくれるので心配することはない。

月末の日曜日にそちらへ見舞いに行こうと思っているが、もし欲しいものがあったら持っていくので、折り返し知らせてくれないか。

（ひと言）入院患者は気持ちが焦っているので努めて明るい内容にすること。

### 離婚した友へ

とうとう離婚に踏み切られたそうですね。あなたの気持ちを察しますと、今のところは何も申し上げることはございません。いずれ落ち着かれましたらお会いして、いろいろお話しいたしましょう。

結婚生活を営まれました十五年の歳月は長く感じられたかもしれませんが、考えようによっては短かったともいえるのではないでしょうか。あなたはまだ三十代ですもの。今の女性は四十代、五十代が盛りだといわれています。そのうちにまた良縁を得られると確信しております。

お子様はあなたがお引き取りになるそうで、そのほうがよいと思います。中学一年と小学校五年の娘さんですから感じやすい年ごろです。母親がそばにいるのが最良の方法ではないでしょうか。今後は実家に戻って再出発されるとか。御両親様によろしくお伝えください。

（ひと言）昨今では離婚の件数が増えている。じめじめした手紙にならないよう気をつける。

# 相談の手紙

**転職を相談する**（恩師へ）

日ごろはごぶさた続きで申し訳ございません。先生のお元気なようすはゼミでいっしょだった連中から漏れ承っております。

本日はぶしつけながら転職について先生の御高説を伺いたいと思って、ペンを執りました。現在勤めている証券会社での生活も四年を過ぎようとしています。就職した当初は将来、証券アナリストを目指して張り切っておりましたが、営業で外を回ってばかりの明け暮れでは心身ともに消耗が激しくて、このままの状態が続いてよいものかどうか疑問を抱くようになりました。

先日、ビジネス関係の本を数多く出版している会社から編集者兼ライターとして入社しないかとの誘いを受けました。編集長と雑談しておりましたところ、先生のお名前が出ましてびっくりしました。先生の忌憚のない御意見をお聞きできれば幸いに存じます。まだ二十代後半の若さを持っていますので、よろしくお引き回しください。

**姑との不和を相談する**（叔父へ）

叔父様御夫妻には御健勝のことと拝察いたします。私が嫁ぎましてから六年の歳月が過ぎようとしています。長男の隆一はこの春から三年保育の幼稚園へ通い始めました。

本日は私と婚家の母との仲について相談したくて一筆したためました。十年前に連れ合いを亡くしました義母は隆一が成長するにつれて、しつけのことでうるさくなりました。二言めには「隆一はわが家の跡取りだから……」と申し、私の意見など無視するありさまです。

一昨日はとうとう口げんかをしました。義母はそんなに私がじゃまなら家を出て、独りで生活するといきまいています。叔父様たちは三人のお子様をりっぱに育て上げられましたので、私のために何か忠告がありましたら、よろしくお願いいたします。

叔父様たちの適切なアドバイスをいただけますなら、何とか事態をきりぬけられるような気がいたします。

**再婚について相談する**（先輩へ）

お元気ですか。本日は一身上のことで御意見を賜りたくて筆を執りました。

私の再婚についてです。女房が癌でこの世を去ってから三年有余の歳月が流れました。当時は長男が高校二年、長女が中学三年、次男が小学校六年に在学しており、ともに感じやすい年ごろでした。

今では長男が大学二年になり、娘も来春は大学受験というところまでこぎつけました。次男ももうすぐ高校の門をくぐります。この間、私は子どもたちと力を合わせてがむしゃらに生きてまいりました。勤務の傍ら家事をすることもしばしばでしたが、つい最近、再婚の話が持ち上がりました。

相手は初婚で四十二歳、先輩もご存じの総務課のS子です。子どもたちも賛成していますが、いかがなものでしょう。かつてS子の上司だった先輩の意見をぜひお聞かせいただけませんか。よろしくお願いします。

（ひと言）こんな相談については家庭の現況を具体的に書いて、頼むようにしたほうがよい。

**娘の将来を相談する**（娘の恩師へ）

先生をはじめ皆様がたお元気でしょうか。すっかりごぶさたしております。今日は娘の将来について先生の御助言を頂きたいと思い、厚かましくも一筆したためました。御多忙中たいへん恐縮ですが、御教導くださいますよう伏してお願い申し上げます。

娘が在学中はゼミでお世話になりましたが、この秋には二十五歳の誕生日を迎えます。昨年あたりからぼつぼつ縁談が持ち込まれていますが、いっこうに首を縦に振る気配がございません。

先生のお骨折りで入社いたしましたカメラ会社の専務秘書の仕事もこの春に辞め、今はあるボランティアの団体に入っています。ボランティアもたいへんよいこととは思いますが、親としては早く結婚を願っております。娘は先生の御意見なら耳を傾けると申しておりますので、近々御引見いただきたく、よろしくお願いいたします。

（ひと言）なにげなく深刻さを漂わせるような筆の運びにすることがたいせつである。

# 忠告・助言の手紙

**不摂生を戒める**（知人の息子へ）

一昨日、御母堂様からの手紙が届いた。夜ごとに酒杯を傾け、土、日の休日には足しげく競馬場や競艇場に通っているとのこと。はでにやるのはいっこうにかまわないが、父上が亡くなられた後の御母堂様の気持ちも少しはそんたくしてあげる心の余裕も持ち合わせてほしい。高校生の妹さんに与える影響も大きいのではないか。

わたしも学生時代から飲酒を始めたが、父は口癖のように「寂しいとき、悲しいとき、悔しいときには酒を飲むな。気持ちが明るいとき、うれしいときには大いに飲め。そうすれば酒のうえで失敗をしでかすことはない」と言っていた。わたしは至言だとして受け止めてきた。

次はギャンブルだ。ギャンブルは人生の調味料であると喝破した社会評論家がいる。主食のようにいつも食べていたら身の破滅。心せよ。

（ひと言）どなりつけるような口調ではかえって火に油を注ぐ事態になりかねない。

**離婚しようとしている人への助言**

貴信拝受した。離婚したいという気持ちはわからないでもないが、もう少し冷却期間を置いたらいかがなものだろう。物事には時が解決してくれることがたくさんある。

ともかく愚見を記しておく。十年以上も前の仲秋、わたしは貴兄らの結婚披露宴に招かれた。高校生時代から互いに愛を温めてきたという話を耳にしてうらやましかったのを覚えている。

人間、甘えが募るとすべての面でぞんざいになる。わたしの妻など二十年を超える夫婦生活の上にどっかとあぐらをかき、わたしが少し遅く帰宅するとぐっすり寝込んでいる。ときには幻滅も感じるが安心しているのだと思い直し、独りで酒のつまみを作ったりしている。

二人のお子さんはどうするんだ。結論を急ぐことはない。ともかく暇を見て二人で拙宅へ出てこないか。何かヒントを与えられるような気がする。

（ひと言）人生の先輩として経験談を話してやることが肝心ではないだろうか。

**転職を考えている人への助言**

日ごろから君が今の仕事に情熱が持てなくなったと漏らしていることは、周囲にいる人々の口から聞いている。サラリーマン生活は確かに平板かもしれないが、君はそれを承知で銀行へ就職したのではなかったのか。

歌の文句にもあったようにサラリーマンは気楽な稼業かもしれないが、そのためには忍耐の二文字が裏付けになっていなければならないんだ。

聞くところによるとテレビドラマの演出家を目指すとか。友人の息子があるテレビ局にいてときどき話をするが、大変らしいね。もう三十歳を超えているのに若いタレントの送り迎えなどきつい仕事ばかりさせられている。今後、君に十数年もそんな下働きができるかどうか。

先週の日曜日に鎌倉の瑞泉寺の辺りを歩いてきた。狭い境内に「どこも苦」地蔵尊がまつってあった。人生、どこへ行っても苦しいことを教えている。君も一度、足を運んでみたらどうだ。

（ひと言）いかにも忠告するといった文章では相手を納得させることはできない。

**不良化しそうな学生への忠告**（知人の息子へ）

近ごろの大学のキャンパスは何色に染まっているかな。来年は君もいよいよ学部へ進むんだね。月日の過ぎ去るのは速い。わが家でも来春は長男の高校入試が待っている。

先日、母上様からの手紙が舞い込んだ。車に凝っていて外車を乗り回しているとのこと。深夜に高速道路を猛スピードで飛ばすときの快感はわからないでもないが、大きな事故でも起こしたらどうするのだ。母上をはじめまわりの人に、どれほど迷惑と心配をかけることになるか、よく考えてみなさい。君ももうそれくらいの分別があってもいい年齢だと思う。

わたしは車社会の到来に背を向けているわけではないが、物事には程度というものがある。休日に郊外へ出てドライブを楽しむくらいならかまわない。もう成人式も終えたことだし、ここらで暴走族と決別する気持ちを持ってほしい。

（ひと言）車を愛するのは若者の熱病の一種である。頭から否定してかかると悪い結果を招く。

# はがきの書き方

はがきは、「端書」とも書き、元来は略式の手紙である。お礼や通知など簡単な用件を伝えるために用いることが多いので、なるべく簡潔に要領よく書くよう心がける。

封書と違って、文面がだれの目に触れるかわからないので、書き方には注意が必要である。

### 一般的な表書き

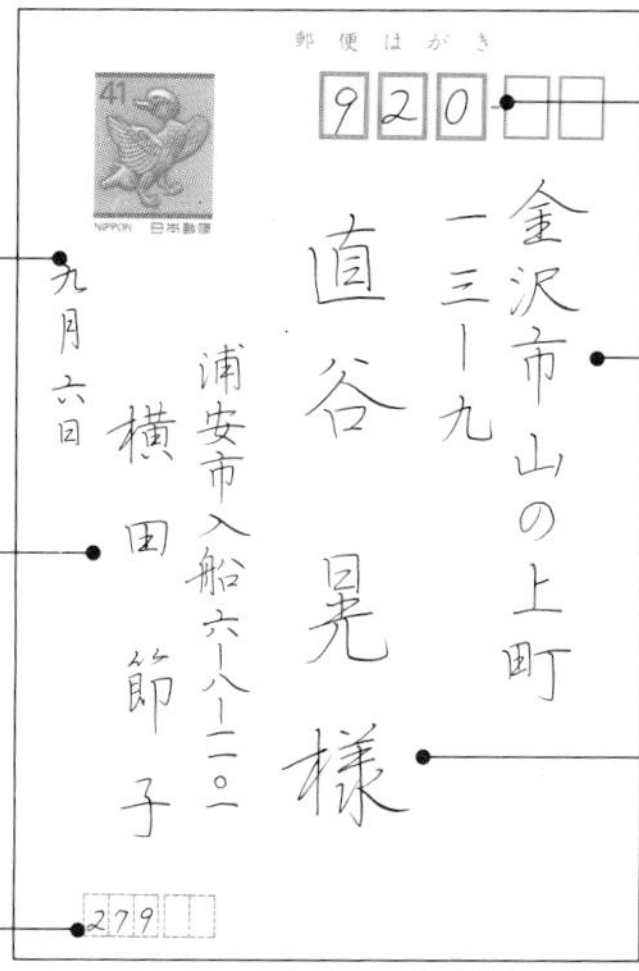


郵便番号を入れる。

住所が二行にわたるときは、一まとまりの地名や番地が分かれないように改行する。

あて名は中央に、住所よりも大きめの文字で書く。

日付は、差出人の氏名の上に小さく書く。

郵便番号を入れる。

差出人の住所、氏名は、切手の下に小さめに書く。裏面の通信文が少ないときは、裏面の左の余白に書いてもよい。

### 一般的な裏書き

●スペースがないときは、書き出しや改行は必ずしも一字下げなくてよい。
●結語も改行せず、一字分くらいの余白を残して書く。
●通信文は、小さな字でぎっしり書くと読みにくくなるので、八行から一〇行にまとめる。前文や末文は省略してもよい。

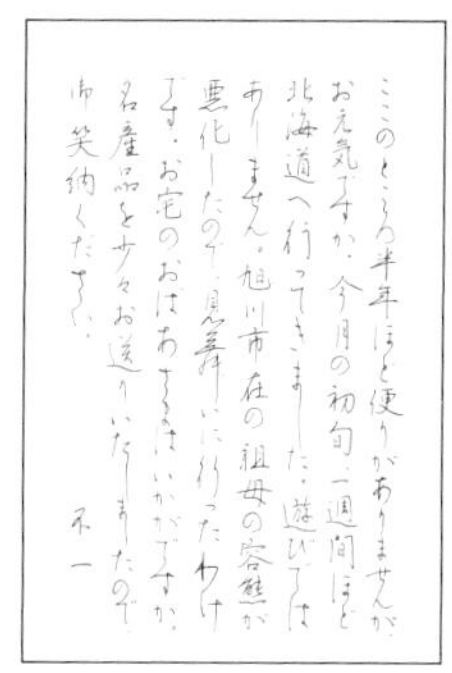

### 通信文が多いときの表書き

●あて名がはっきり記されていれば、二分の一以上通信文に使ってよい。
●あて名などとの境界に、線を一本入れる。

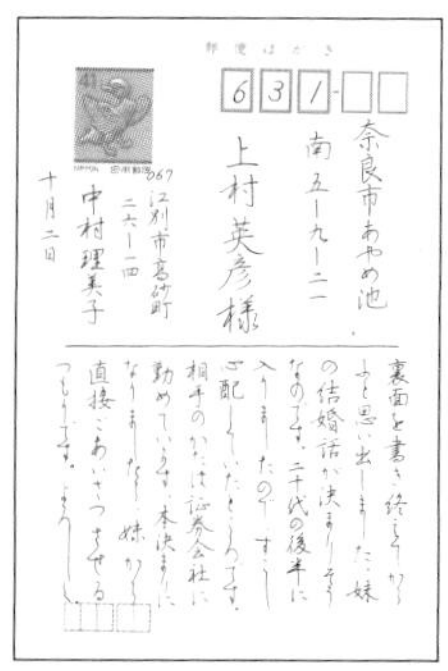

### 絵はがきの書き方

●表面の半分程度しか使えないので、文章は簡潔にし、やや小さめの字で書く。
●旅先などからの場合、日付と発信地は必ず入れるようにする。発信地は「……にて」ぐらいでもかまわない。

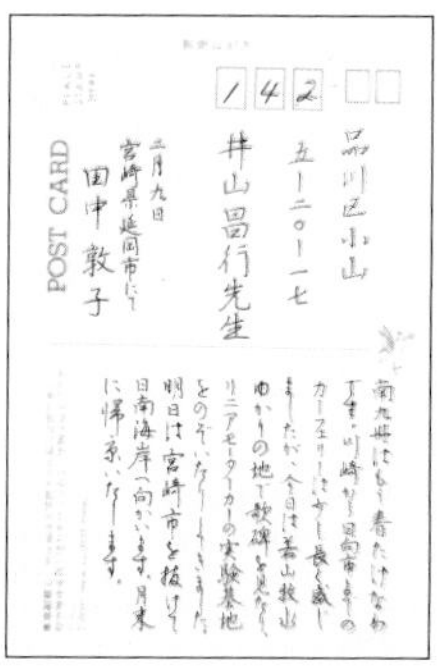

### 往復はがきの書き方

●差出人は返信用はがきに自分の住所・氏名を書き、敬称は入れず、名の下を「行」とする。
●返信側は「行」を消し、左側に「様」と書き改める。

返信用（表）　往信用（裏）

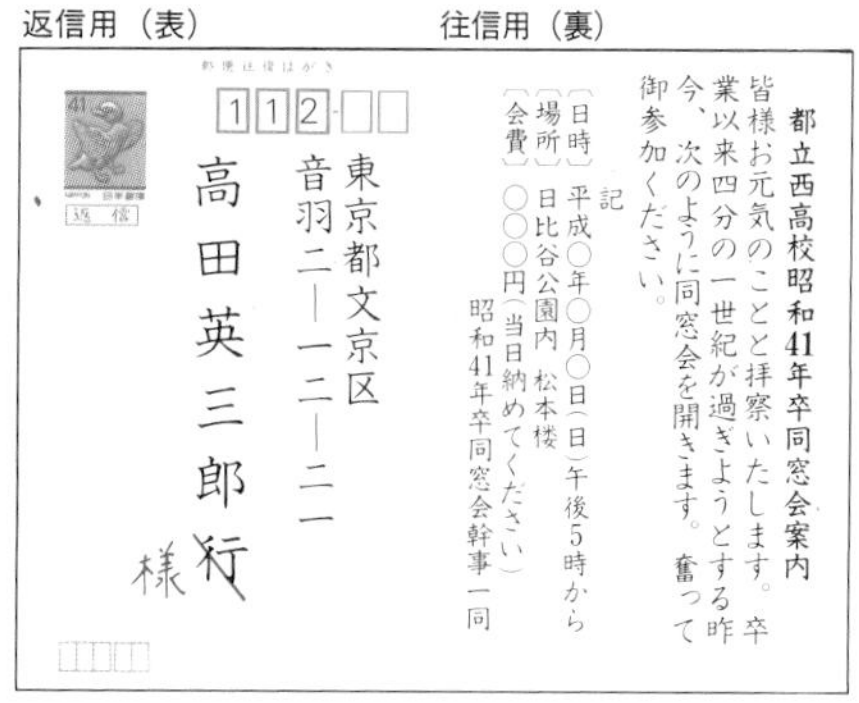

112
東京都文京区
音羽二ー一二ー二一
高田英三郎行
様
都立西高校昭和41年卒同窓会案内
皆様お元気のことと拝察いたします。卒業以来四分の一世紀が過ぎようとする昨今、次のように同窓会を開きます。奮って御参加ください。
記
日時　平成○年○月○日(日)午後5時から
場所　日比谷公園内　松本楼
会費　○○○円(当日納めてください)
昭和41年卒同窓会幹事一同


往信用（表）　返信用（裏）

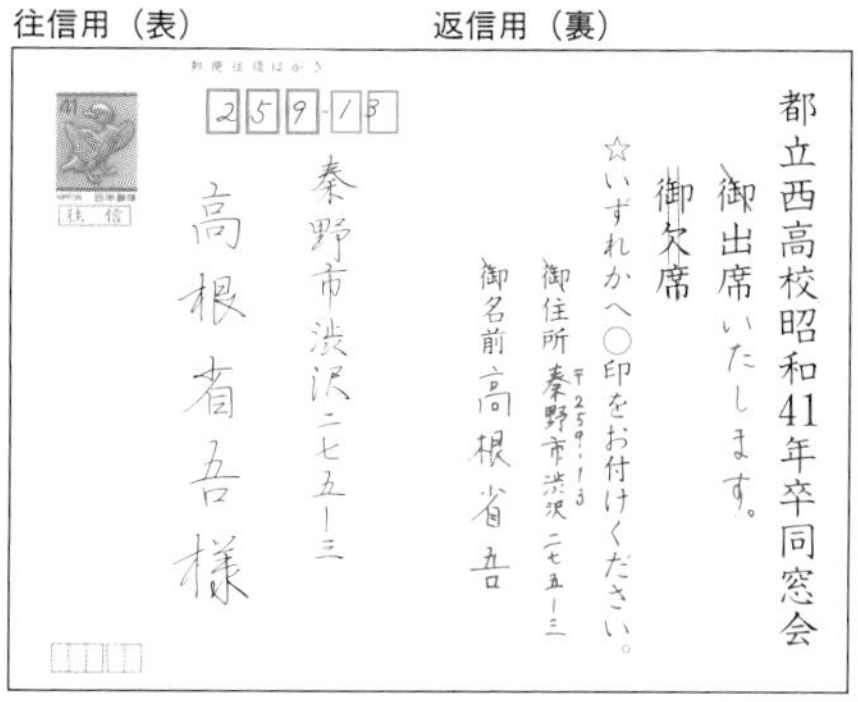

259-18
秦野市渋沢二七五ー三
高根省吾様
都立西高校昭和41年卒同窓会
御出席いたします。
御欠席
☆いずれかへ○印をお付けください。
御住所　〒259-13　秦野市渋沢二七五ー三
御名前　高根省吾


●出欠を伝えるときは、「御」「芳」などの字は消し、出席・欠席のどちらか一方を消す。
●出席の場合は上のほうに「喜んで」と書き加え（場合によりけり）、下には「いたします」と添える。欠席のときは上に「残念ながら」、下に「させていただきます」と書く。

## 年賀状

年賀状によく使われる祝詞

賀正／賀春／迎春／頌春／麗春／献春／献寿／吉祥／御慶／謹賀新年／恭賀新年／あけましておめでとうございます／新年おめでとうございます／謹んで新春のお喜びを申し上げます／謹んで新年のごあいさつを申し上げます／謹んで年頭の御祝詞を申し上げます

一般的な年賀状

あけましておめでとうございます
本年もよろしくお願い申し上げます　皆様のますますの御繁栄を心からお祈り申し上げます
平成○年　元旦

（ひと言）短い文の場合は句読点を打たないで、そのかわりに一字分空けておくとよい。

謹賀新年
御一同様の御多幸をお祈り申し上げます
今後とも御交誼のほどよろしくお願いいたします
平成○年一月一日

（ひと言）右のように行が少ない場合はとくに文の頭をそろえて書くほうが体裁がよい。

上司への年賀状

謹んで年頭の御祝詞を申し上げます
昨年中はひとかたならぬ御厚情を賜り　厚く御礼申し上げます
本年も相変わりませずお引き立てのほどお願い申し上げます
平成○年　元旦

仲人への年賀状

謹んで新春のお喜びを申し上げます
皆様おそろいで新しい年を迎えられたことと拝察いたします
私どもの結婚生活も七年目に入ります。上のやんちゃ坊主は、この春、二年保育の幼稚園へ入ることが決まりました。下の娘も独り歩きができるようになっています。末長く御指導くださいますよう、改めてお願いいたします。
平成○年　元旦

（ひと言）仲人にとってうれしいのは夫婦の近況である。忘れないように。

### 遅れて出す年賀状

謹んで新年のごあいさつを申し上げます
早々に賀状を頂き、恐縮しております。怠けたわけではありませんが、なんとなくおそれ多くてつい年賀状を出しそびれました。深く反省しております。
遅ればせながら一筆したためました。今後ともよろしくお願い申し上げます。

（ひと言）先を越されたと思っても返事は必ず出すようにする。もともと年賀状は、年が明けてから書くものである。松の内に出せば礼を失することにはならない。

### 年賀の欠礼

去る十月十九日、母○○が八十七歳の天寿を全ういたしましたので、喪中につき年賀の儀は失礼させていただきます。来る年が皆様にとってよい年でありますようお祈り申し上げます。

（ひと言）喪中で年賀状を出さないときのあいさつは、十二月十日ごろまでに出すようにしたい。


本年の夏の終わりに、妻が胃がんで不帰の客になりました。服喪中でございますので、年頭のごあいさつは御遠慮申し上げます。悪しからず御了承ください。

寒さの折、御自愛のほどお祈りいたします。

### 喪中にもらった年賀状の返事

早々と年頭のお祝詞、ありがとうございました。実は昨夏、父が交通事故で亡くなりましたので、年賀の儀は控えさせていただきます。喪中欠礼のごあいさつを差し上げず、まことに失礼いたしました。あしからず御寛恕のほどを。

（ひと言）喪中を知らせていなかったのは、こちらの落ち度なので、丁寧におわびしておくようにしたい。

### 喪中と知らずに年賀状を出したおわび

御服喪中とも知らないで賀状を差し上げ、まことに失礼いたしました。

お父上様を亡くされ、さぞかしお力落としのことと存じますが、皆様、力を合わせてがんばられるよう祈っております。


（ひと言）向こうに因があっても辞を低くしておわびすること。

## 暑中見舞い・残暑見舞い

### 暑中見舞い・残暑見舞いによく使われる前文

暑中お見舞い申し上げます／暑中お伺い申し上げます／残暑お見舞い申し上げます／うだるような日が続いております／厳しい暑さが続きますが、いかがお過ごしでしょうか

### 一般的な暑中見舞い

暑中お見舞い申し上げます
今年は例年になく暑い日が続いております。空梅雨のせいでしょうか。その後も皆様おそろいで御壮健のことと思います。
わが家ではみんなうんざりしていますが、息子だけは北海道へ二週間の旅に出かけ、のうのうと過ごしているようです。夏風邪などお召しにならないようお見舞い申し上げる次第です。秋になりましたらお会いしましょう。お元気で。

（ひと言）暑中見舞いは、ふつう梅雨あけ（七月中旬）から立秋（八月八日ごろ）までに出すもので、立秋を過ぎたら残暑見舞いにする。

### 一般的な残暑見舞い

残暑お見舞い申し上げます
立秋とは名ばかりで、暑さはいっこうに衰えそうにありません。皆様お変わりございませんか。夏の疲れが出ませんよう、御自愛のほどお祈り申し上げます。

## 寒中見舞い

### 寒中見舞いによく使われる前文

寒中お見舞い申し上げます／寒さ厳しい折ですがいかがお過ごしでしょうか

### 一般的な寒中見舞い

寒中お見舞い申し上げます
松の内が過ぎましたら、一段と寒気が募ってまいりました。皆様、お元気でしょうか。私どもも元気に過ごしておりますので、御放念ください。
二月の末になりましたら少し暖かい日が出てきそうです。まだまだ寒さが続きますが、お体をおいといください。

（ひと言）寒中見舞いは寒の入り（一月六日ごろ）から立春（二月四日ごろ）までに出すのが礼儀。

## 招待状・案内状

### 結婚披露宴の招待状（両家連名）

謹啓　早春の候、御尊家ますます御清祥のこととお喜び申し上げます。
このたび、高橋光雄様御夫妻の御媒酌により、
楢岡新治　次男　直樹
戸辺隊一郎　長女　順子
両名の婚儀相整い、来る五月六日に結婚式を挙げることと相成りました。
つきましては末長く御交誼を賜りたく、披露を兼ね粗酒一献差し上げたいと存じますので、御多忙中まことに恐縮でございますが、なにとぞ御来駕くださいますよう謹んで御案内申し上げます。
謹言

記

日時　五月六日（日曜日）午後三時（開宴）
場所　○○ホテル　○○の間

平成×年×月吉日
楢岡新治
戸辺隊一郎

○○○○様

### 結婚披露宴の招待状（本人連名）

拝啓　新緑の候、皆様ますます御清勝のこととお喜び申し上げます。

さて、この度私ども両名は、伊藤雄之助様御夫妻の御媒酌により、結婚式を挙げることになりました。

つきましては、披露かたがた、御歓談のひとときを過ごしていただきたく存じますので、御多用中恐れ入りますが、御来臨の栄を賜りますよう御案内申し上げます。

敬具

記

日時　六月十日（土曜日）午後一時（開宴）
場所　○○会館

平成×年×月吉日
長谷川益久
川口美穂子

### 同期会の通知

拝啓　初秋の候、皆様にはお変わりなくお過ごしのこととお喜び申し上げます。

共に学窓を巣立って以来、皆様はそれぞれの道を歩まれておられることと存じます。ひさしぶりに顔を合わせ、楽しいひとときを過ごしたいという声で、会を開くことになりました。

お忙しい折ではございましょうが、ぜひ御出席いただきたく、御案内申し上げます。

敬具

記

日時　九月二十五日（土）午後四時～六時
会場　○○会館××の間（JR××駅下車徒歩三分）
会費　○○○円（当日受付でいただきます）

なお、準備の都合上、九月二十日までにご返事をお願いいたします。

### 送別会の通知

拝啓　時下ますます御清勝のことと存じます。

さて、このたび丸林正則君がパリへ転任することになりました。日本語学校開設が目的とのことです。同君は来る二十三日に東京を出発する予定です。急なことで御都合もあろうかと思いますが、万障お繰り合わせのうえ、同君の送別会に御参会くださるようお願いいたします。

敬具

記

日時　三月七日（土）午後六時
場所　○○飯店
会費　×××円

なお、御出欠のほどを返信用はがきで二日までに御一報願います。

### 転勤・転居通知

拝啓　陽春の候、皆様にはいよいよ御健勝のこととお喜び申し上げます。

さて、私儀、四月一日付をもちまして京都支店勤務を命ぜられ、このほど無事着任いたしました。仙台支店在任中は家族ともどもお世話になり、感謝いたしております。

なお新住所は左記のとおりです。こちらへお出かけの節には、ぜひお立ち寄りください。　敬具

平成×年×月
京都市○○区××町××（〒616）
○○銀行京都支店
（電話　○七五－○○○－××××）

佐藤光太郎

# 実用文書の書き方

日常生活の場で、あるいは会社で、わたしたちはある目的をもった実用文書を書いて、公の場に提出しなければならないような場面に出合うことがある。こうしたとき、それぞれの目的にかなった、明解で正確な文書が書けるよう、文書の基本や用例、法的な意味を知っておく必要がある。

## 始末書

始末書には、何らかの過失について、おわびをする、二度とくり返さない、その処理を示す、などを文書にして記録を残すことと、それを書かせることによって再発防止の自覚を強めさせることとの、意味がある。

その構成は、①過失の実態、②相手に与えた迷惑や損害、③迷惑や損害に対するおわび、④過失についての反省、⑤再発させないという決意と誓約、⑥過失の事後処置、となる。

文例では、⑥に関する不良品の処置については記していない。ビジネスの場ではこの点は書面に明記しないで、省略することも多い。

文章表現は、当方の過失を相手におわびする気持ちを表すために、「です・ます」調で、ていねいな感じのものにする。

具体的な過失の実態やその処置などを報告せず、反省とおわびを示す簡単な内容にすることもある。

始 末 書

平成○年○月○日

業務部長 鈴 木 優 一 殿

業務第３課

佐 藤 太 郎 ㊞

平成○年○月○日下旬に、名古屋地区の特約店25社に向けて出荷したライター250ダースのうち、約10ダースに不良品が混入したため、同地区の購買者ならびに販売店からクレームを受け、会社の信用にかかわる不始末をいたしました。まことに申し訳なく深くお詫び申し上げます。

これは、製造元での過失であることが調査の結果判明いたしましたが、私の製造元に対する指導・監督に行き届かぬ点があったためと反省しております。

今後は、このような失態を二度と繰り返さぬよう、十分に注意することをお誓いいたします。

稟 議 書

平成○年２月６日

総 務 部 長 殿

厚生課長

小 川 久 司 ㊞

借上社宅の賃借について

当社双葉町社員住宅の改装・増築工事期間中、臨時に下記物件を借り上げることとし、賃借契約を締結したいので、お伺いします。

記

1．賃借物件　東京都板橋区氷川町×－×－× 所在 木造モルタル瓦葺２階建住宅１棟　延64.35平方メートル　（建築後約13年）

2．賃借料　月額20万円 敷金100万円 礼金40万円

3．賃借期間　平成○年３月１日より平成○年２月28日まで（１か年間）

4．物件所有者（契約締結先）　東京都板橋区本町×－×－×　中村　修

5．斡旋業者　東京都中央区銀座４－×　並木建物㈱　代表者　大沢裕之

6．賃貸借契約書（案）　別紙１．

参考事項(イ)当該物件は双葉町住宅に近く、賃料も比較的安い。

(ロ)斡旋手数料40万円

添付書類１．賃貸借契約書（案）［別紙１］　１通

２．物件所在地の地図　［別紙２］　１通

３．物件間取図　［別紙３］　１通

以上

## 稟議書

稟議(りんぎ)書は、会社で、担当業務の実施に関係する案件が自分の権限では決められないときに、決裁権限のある人や関連部署の担当者の承認・決裁を受けるための文書である。多くの場合、一定のフォームを印刷した用紙に必要事項を記入すればよい。

その記入事項には、決裁を受けようとする案件の内容の、必要なことが漏れなく記述されることが重要である。

そのためには、案件の内容を項目に分けて箇条書きにすると、書き落としが防げて、読んでもわかりやすい。箇条書きの部分は、文体は「だ・である」調とか、名詞だけで叙述を省略したとかの簡略な表現とする。

くわしい具体的な内容については、別紙などの添付書類にして扱い、そのことを明記しておく。

提出前に、関係部署にあらかじめ根回しをしたり、提出後の質問や補足説明の準備をしたりしておけば万全である。

出 張 報 告 書

平成○年○月○日

業 務 部 長 殿

技 術 部 長 殿

営業第１課長

佐 藤 豊 三

○○の納入価格改訂交渉について

出 張 先：□□電気㈱岡崎工場

出張期間：平成○年○月○日～○日

同 行 者：技術課　野村信一

結論：標題の件を、先方の福島営業部長・西辺技術課長ほかと協議の結果、部品の仕様の一部変更によるコスト引き下げにより、値上げ幅を0.7%にとどめることを検討することで合意し、その回答を○月○日までに行うことにしました。なお、その他の要点は、下記のとおりです。

記

1．変更の部品と従来の部品の、仕様上の相違点

（略）

2．部品の仕様変更に関する、野村技術課員の見解

（略）

3．□□電気側の部品値上げに対する考え方

（略）

添付書類：□□電気提示の新部品仕様書　１部

同じく変更部分に関する図面　１部

以上

## 報告書

各種の報告を文書にするさいの基本的な要領は、つぎのとおりである。

①期限に遅れないこと。提出期限が定められていなくても、できるだけ早いほうがよい。

②結論をさきに書く。そこに至った状況や経過の記述はあとから書くこと。

③小見出しや箇条書きで読みやすくする。小見出しには、結論／特徴／分析／見通し、とか、目的／結論／理由(原因)／概況などがある。そのあとに、意見／反省／感想／提案などを加える場合もある。

④事実と意見や推測は区別する。報告書の記述では、この両者を明確に区別しないと、内容の的確な把握が困難になる。

⑤報告書を読む人の知りたいことを書く。報告を受ける上司の求めるものに合わせた内容が書ければ、最高である。

上司の立場になって考えることができれば、万全の報告書が書ける。

## 転勤あいさつ状

例示は個人的な立場のものであるが、会社関係の相手に用いることもある。

記載する内容は、①異動の月日、②いままでに受けた好意や恩義へのお礼、③新しい職場や仕事のうえでの決意や抱負、④今後の指導や支援のお願い、⑤あいさつを書状にしたことのおわび、⑥しめくくりの、あいさつの言葉。

最後に自宅の住所と氏名・電話番号を明記する。会社を主とした書き方の場合は、勤務先の会社名・所在地・電話番号、そして氏名を書き、その横に自宅の住所・電話番号を添え書きの形とする。

いずれの場合でも、文面の末尾の余白などに、特別にお世話になった人や親しい人にあてる場合には、「いろいろお世話になりました」とか「気候不順の折、お体大切に」などと、それぞれの相手に合わせて自筆で一言を書き添えると、あいさつ状が生き生きとしたものになる。

拝啓

春もたけなわとなりました。皆様にはますますお健やかにお過ごしのことと、お喜び申し上げます。

さて、私こと、四月一日付をもちまして名古屋本店勤務を命ぜられ、このほど無事着任いたしました。

東京支店在勤中は、公私にわたり格別のお世話をいただき、まことにありがとうございました。心からお礼申し上げます。これからは新しい任地で、微力ではございますが全力をつくす心づもりでおります。どうぞこれからもよろしくご指導とご支援を賜りますようお願い申し上げます。

本来ならばお目にかかりましてごあいさつ申し上げなくてはならないのでございますが、急にこちらへ参ることになりましたので、心ならずも失礼をいたしました。

まずは略儀ながら、お礼とあわせて転勤のごあいさつを申し上げます。

敬具

平成○年○月○日

〒461 名古屋市北区清水×—×—×
××マンション A—四号
丸 井 玉 男
電話○五二—×××—××××
(勤務先 中京興産株式会社)

### パートタイマー労働契約書

上松電器株式会社（以下甲という）と月野照子（以下乙という）は、つぎの労働条件により労働契約を締結します。甲と乙とは互いに本契約およびパートタイマー就業規則を厳守して誠実に履行するものとします。

1．雇用期間　平成○年３月１日より同年５月31日まで。
2．勤務の場所　上松電器株式会社。
3．勤務の内容　部品検査。ただし会社の都合により変更することがある。
4．勤務時間　午前10時より午後４時まで。ただし業務の都合により所定労働時間を超えて労働させることがある。
5．休憩時間　正午より１時間。
6．休　　日　毎週日曜日および国民の祝日。
7．賃　　金　実労働１時間につき基準賃金750円。
交通費は実費を別途支給する。
8．乙の就業について、本契約に定めのない事項については、パートタイマー就業規則の定めるところによる。

平成○年２月20日

甲　　大阪市淀川区野中北×丁目×番×号
上松電器株式会社
代表取締役社長 上 松 福 吉 ㊞
乙　　大阪市淀川区木川西×丁目×番×号
月 野 照 子 ㊞

## パートタイマー労働契約書

パートタイマーは一般社員とくらべて、その労働条件で違う点が多いため、雇用者は労働条件を明らかにした書面をパートタイマーに交付するように、労働省の指導がなされている。

この契約書の第一項から第七項までによって、労働条件が具体的に示されるのである。また、この項目以外の点については、「パートタイマー就業規則」の規定による、としてある。

一般社員の就業規則はほとんどの会社にあるが、労働条件の違うパートタイマーに対しても、専用の就業規則を作成するほうがよいとされている。しかし一〇人未満の労働者を雇用する事業所では、就業規則の作成義務はない。就業規則のない場合は、例文に示した労働条件に加えて、休暇、諸手当、所定外労働に対する賃金の割り増し率、賃金締切日と支払日、賃金支払時に控除する費目、昇給などの表示があるとよい。

### 理 由 書

平成○年○月○日

□□工 場
工 務 部 長 殿

工務部製造課長
田 中 太 郎

平成○年○月○日14時ごろ、当社□□工場において塗装用ロボット２号機に故障を生じ、約３時間運転を停止しました。その理由は、調査の結果、下記のとおりと判明しました。

記

1．故障を起こした２号機の受持担当岩崎茂男は、前日の午後、機械に異状を発見していたが、翌日の始動開始前に調整・修理する予定で、当日はその件を作業日誌にも書かずにいた。

2．臨月の岩崎の妻が、事故発生の当日早朝、急に産院に入院することとなり、岩崎は会社への欠勤連絡のさい、機械の異状を報告するのを忘れた。

3．岩崎に代わって、事故当日２号機を臨時に担当し始動した石橋勉は、機械の操作に未熟な点があったため、運転中の異状に気づかず、ついに運転停止の事故を生じた。

4．職長の大山一夫は、当日２号機を臨時に担当した石橋勉の当該機の取り扱いに関し、現場で指導する必要があると考えていたが、当日の朝の職長会が予想外に時間がかかったため、その間に事故が発生した。

5．今回の事故は、以上の偶発的な事態の発生が重なったためであるが、各人の対処方法に十分でない点があった。

以　上

## 理由書

理由書は、事故や過失発生の事実と原因の、因果関係の説明をする文書である。書き方の要領を示す。

①過失や事故の実態を詳述……発生した日時・場所・状況や関係者、その結果や影響などを、的確に、もれなく書く。

②原因や理由を説明……この部分が理由書の中心である。一次原因からさらに二次原因と掘り下げることも必要となる。ただし、事実と推測や不確実な点は、はっきり区別すること。

③記述は箇条書きを活用……原因や理由の記述は箇条書きにして、順序よく項目ごとに分けて書く。文体は「である・だ」調で簡潔に。

④客観的に正確に記述……人為的な過失の場合でも、故意に軽くしたり不利な点を隠したりしてはならない。発覚すればマイナスはいっそう大きくなる。事実はありのままを、過小でも過大でもなく、正確に記述すること。

### 退職届

期間を定めていない雇用の場合には、退職希望日の一四日前に届け出ればよい(民法六二七条)が、会社の側では早めの届け出を希望する。

必ず記載しなければならない事項は、①提出年月日、②あて名、③届け出者の所属・氏名・印、④退職の理由、⑤退職する年月日である。退職後の連絡先や社内での連絡者を付記して、会社側との連絡に備える場合もある。

### 誓約保証書

例示は、入社時の誓約書と身元保証書を一枚の用紙にまとめたもので、提出者側は、本人の住所、氏名、生年月日、身元保証人の、本人との関係の項に記入して押印する。

例示のように期間を明記しない保証書は、法律によってふつうは三年間、商工業見習者の場合は五年間効力をもつとされる。期限の延長も手続きによって可能であるが、実際上はほとんど行われない。

---

誓約保証書

株式会社　アパレル

取締役社長　川下一郎殿

東京都狛江市泉本町×－×－×

山本久美

昭和○年○月○日生

私がこのたび貴社の従業員として採用されましたうえは貴社の従業員就業規則その他の諸規定を厳守し、誠実に職務を遂行することを誓います。

平成○年3月27日

山本久美 (山本)

株式会社　アパレル

取締役社長　川下一郎殿

このたび、上記の者が従業員として採用されるにあたり、私たちが身元保証人となります。ついては、本人が誓約書にそむき、故意または過失により貴社に損害をおかけしたときは、本人と連帯してその損害を賠償する責任を負います。

平成○年3月27日

東京都狛江市泉本町×－×－×

身元保証人　山本茂雄 (山本)

本人との関係　父

東京都町田市鶴川×－×－×

身元保証人　金田正夫 (金田)

本人との関係　伯父

---

退職届

平成○年10月15日

株式会社 頑鉄製作所

社長 馬田頑鉄殿

販売第1課

小山清 (印)

私は、一身上のつごうにより、きたる10月31日付をもって退職いたしたく、お届けいたします。

なお、後日の連絡のため、下記のとおりお知らせいたします。

記

1．退職後の連絡先

〒814　福岡市中央区渡辺通×－×－×

電話　092-851-××××

2．退職後の社内連絡者

総務課　大川一郎

以上

---

委任状

私は、××市北上区東5条西4丁目3番2号一級建築士家入建三を代理人と定め、下記の建築物について建築基準法に関する法令または条例の規定による確認申請の手続きを委任します。

記

1．敷地の地名・地番　××市南区西16条北8丁目25番地の1

2．建物の用途　専用住宅

3．申請の種類　新築

平成○年5月15日

××市××町×－×－×

陽光マンション203室

瀬戸大助 (印)

---

金銭借用証書

富田蔵太殿

収入印紙 (印)

借用金　金壱百万円也

上記の金額を私狩田金男は本日たしかに次の約定により借り受け、受領しました。

1．上記の借用金の返済期日を平成○年6月30日とします。

2．利息は年15％とします。

3．借用金およびその利息とも上記の借用金の返済期日までに貸主の住所に持参して支払います。

4．万一当方が本約定に違反した場合は、貸主からの通知催告がなくても当然に期限の利益を失い、ただちに元利金を支払います。

後日のため本証書を差し入れます。

平成○年12月30日

岡崎市××町×××番地

借主

狩田金男 (印)

---

### 借用証

金銭の借用時に、お金と引きかえに貸主に渡し、借金を完済したときに貸主から返してもらうのが、金銭の貸借の証拠となる「借用証」である。借用証にはつぎのことを書く。

①標題＝借用証。②借用金額。③金銭を受領したこと。④返済の期日。借用のメモなどでは返済期日を書かないが、この表示がなければ返済の請求は貸主の自由となる。⑤利息の取り決め。無利息ならばそのことを書く。まったく記載がないと無利息とみなされる。⑥返済方法。貸主の住所に持参してとか、指定の場所に持参してとか、振り込み、郵送などと書く。記載がないときは貸主の住所に持参する扱いとなる。⑦金銭を受領した日。これは「借用証」の日付と同じとなる。⑧借主の住所・氏名と押印。連帯保証人を立てるときは、その住所・氏名と押印。⑨貸主の氏名(あて名)。こちらには住所はなくてもよい。なお、収入印紙をはって消印する。

### 委任状

例示は、住宅新築の場合に、その確認申請の手続きを「委任」するための書式で、専用のものである。

委任状は、例文のように、だれにどのような事項を委任するかを明記するものである。

一般的な書式を示せば、まず「委任状」と標題を書き、「私は○○○○(代理人の住所・氏名)を代理人と定め下記(縦書きの場合は左記)の権限を委任します。」として、「記」を一行に書いてから、委任する事項を「1、□□□□(委任者)の印鑑証明書の交付を申請し受領する件」などと書く。つぎに、「委任状作成の年月日」と「委任者の住所・氏名」を書いて押印する。

印鑑は認印でもよいが、登記所や公証人に提出する委任状では、実印を押して印鑑証明書を添付するのがふつうである。

委任事項は具体的に明確に書くこと。また、平成元年四月より、収入印紙をはる必要はなくなった。

## 示談書

　示談の成立によって紛争を解決したときに、当事者間で作成する。用紙や書式は自由。横書きでも縦書きでもよいが、交通事故の場合には、つぎの事項は必ず書いておく。

　①当事者の住所・氏名。②事故の日時・場所。③加害車両の登録番号。④事故発生の状況・被害状況。⑤示談の内容。⑥示談金の受領の有無。また、その支払方法。⑦示談書の作成年月日。

　なお、業務上の事故の場合は加害者の雇用者の住所・氏名等を、連帯保証人・立会人を立てる場合はその住所・氏名・押印を加える。

　示談成立のときに、意外に重い後遺症の発生が予想できない場合があるので、例文の「示談の内容」第二項のような条項を入れることが判例の趣旨に合っている。

---

示　談　書

被害者（甲）　東京都港区青山×丁目×番×号　小林森三

加害者（乙）　東京都豊島区×町×丁目×番地　大山高男

一　事故の概要

一、事故の日時　平成○年一○月九日午後三時二分ごろ

一、事故の場所　東京都港区青山×丁目交差点

一、加害車両登録番号　練馬五九―さ××××

一、被害車両登録番号　品川五五―し××××

一、事故発生状況　甲が右記の場所で信号待ち車両の後方に停車したとき、乙の運転する車両がこれに追突し、甲の頭部に全治一週間の打撲を負わせた。

二　示談の内容

一、前記の交通事故につき、乙は甲に対し損害賠償金として金壱拾八万円の支払義務のあることを認め、平成○年一一月五日までに甲宅に持参して支払う。ただし右期限後は右損害賠償金額に年二割の遅延利息金を付加して支払う。

二、本件事故による傷害が原因となって将来甲に後遺症が発生したときは、乙は本賠償金とは別途に、甲に生じた損害の一切を賠償する。

三、本示談書に記載した事項以外に、甲乙間には何らの債権・債務のないことを確認する。

右のとおり示談にする。

平成○年一○月二三日

東京都港区青山×丁目×番×号　小林森三（小林）

東京都豊島区×町×丁目×番地　大山高男（大山）

---

念　書

平成○年6月5日

千代田不動産株式会社殿

東京都千代田区
岩本町×丁目×番×号
緑　川　梅　松（印）

　私が貴社から賃借していた東京都千代田区神田須田町×丁目×番×号の家屋（家屋番号33番）についての賃貸借契約は、本日貴社との合意によって解除しましたので、平成○年6月末日までに必ず立ち退き、貴社に明け渡します。同日までに立ち退かなかった場合は、強制執行を受けても異議はありません。

---

念　書

平成○年12月10日

田　中　太　郎　殿

東京都文京区
音羽×丁目×番×号
山　内　一　夫（印）

　平成○年9月15日締結の金銭消費貸借契約にもとづき、貴殿から同日借用した金壱百八拾万円の元利金を、平成○年11月15日に完済する約定を履行せず今日に至りましたことを、深くおわびいたします。

　上記元金および未払利息金参万六千円、合計金壱百八拾参万六千円は、きたる平成○年1月15日までに必ずご返済いたします。

　後日の証として本念書を差し入れます。

---

誓　約　書

平成○年○月○○日

山　中　良　雄　様

山川町川上2－1
玉　谷　健　一（印）

　私が責任者としてコーチを担当しております山川町少年サッカーチーム「レッドソックス」に所属する児童が、貴宅に隣接する○○会社駐車場にてサッカーボールをけり、貴宅の塀を汚したり窓ガラスを破損するなど、大変にご迷惑をおかけいたしておりますことは、まことに申し訳なくおわび申し上げます。

　ことに、ご自宅において終日ご執筆をなさっていらっしゃる山中様には、格別のことと重ねて深くおわびします。

　私といたしましても、よそのお宅にご迷惑をおかけすることはスポーツマンシップに反する行為であることをつねづね申し聞かせておりますが、近所の広い場所ということで、ついつい○○会社駐車場でボールをけった様子でございます。

　監督不行き届きと指導の不徹底の点を反省いたし、今後は必ず定められた山川町川上小学校の校庭で、ボールけりならびにチーム練習を行うようチーム全員に徹底し実行いたさせます。

　以上を誓約申し上げ、後日のため本誓約書を差し入れます。

---

## 誓約書

　相手に不利益を生じさせないために、あらかじめ約束したり、すでに定めてあった取り決めを履行しなかったりしたときに、これからは必ずこのようにしますという誓いの言葉を述べるのが、誓約書である。

　入社・入学・入寮・入居などのさいに会社や学校などにあてる誓約書は、書式が印刷された用紙に記入して押印するだけですむ。

　特別の個別的な内容に関する誓約書の場合には、それぞれのケースに合わせた記述が必要となる。

　例文は、始末書的な内容をもつ誓約書といえる。

　その構成は、相手に与えた迷惑の実態を述べ、さらに相手の特殊な事情により、迷惑の度合いがより大きかったことへのおわびとする。そして、当方の事情にも一応触れてから、今後の処置をはっきり説明したうえで、そのことを必ず実行するという誓いの言葉で全文をしめくくるのである。

## 念書

　後日の証拠に、念のために書き記す書面が念書である。その内容は、紛争の解決や売買、賃貸借などに関することなどで、一方の当事者から他方の当事者に差し入れる形式をとる。

　差し入れる側だけが一方的に義務を負うことを相手に確約する、一種の誓約書ともいえる。

　必ず記載しなければならない事項は、①標題＝念書、②差し入れる側の住所・氏名と押印、③作成年月日、④受け取る側の氏名（住所は不要、会社の場合は社名だけでもよい）などである。

　文章表現は、要件を簡単・明瞭に書くこと。だれが、何を、いつ、どこで、どうするか、をチェックポイントにして、該当する事項をもれなく記載する。

　なお、念のために書く文書には「覚書」もあるが、これは両方の当事者の間での合意事項を書いて、相手と当方の両方が記名と押印をする点が違う。

## 遺言書

遺言書を、法令用語では「いごんしょ」と発音する。遺言の形式は七種類あるが、本人が生きているときに自筆で書いた「自筆証書遺言」が、費用がかからず簡便である。

しかし、民法第九六八条の規定に少しでも反すると、無効になる欠点もある。

例示は自筆証書遺言で、自分の遺産の配分についての例である。

法律で定められた自筆証書の書き方と注意事項をつぎに示す。

①全文・日付・氏名を完全に自分で書くこと。周囲の人が手を添えることも許されない。

②日付は平成○年○月○日と月日まで明記する。

③文章を間違えた場合は、訂正せずに、全部書き直す。訂正の仕方のミスで無効になる場合もある。

④必ず押印する。拇印でも三文判でもよい。

なお、この遺言書は本人の死後、家庭裁判所の検認手続きを要する。

### 遺言書

遺言者山田太郎は、つぎのとおり遺言する。

一、相続人山田花子は、左記の土地建物を相続する。

(一)土地　所在　東京都××市××町壱丁目×番地弐。
宅地　弐参八・七六平方メートル。

(二)建物　所在　右同所同番地。家屋番号　壱番。
構造　木造瓦葺弐階建居宅壱棟。
床面積　壱階八参平方メートル　弐階参四・六五平方メートル。

二、相続人山田一夫は、新日本産業株式会社の株券七千株を相続する。

三、相続人川井澄江は、五井物産株式会社の株券参千株を相続する。

四、富士川銀行の定期預金、昭和信託銀行の金銭信託預金のなかから、それぞれ参百万円ずつを、相続人山田一夫、同川井澄江が相続する。

五、以上を除く残余の遺産については、その弐分の壱を相続人山田花子が相続し、残りの弐分の壱を相続人山田一夫、同川井澄江が平等の割合で相続する。

六、遺言者は、遺言執行者として、東京都千代田区千代田×丁目×番×号、弁護士中立正一を指定する。

右遺言を明確にするため、遺言者はこの遺言全文を筆記し、日付および氏名を自署して押印する。

平成○年○月○○日

東京都××市××町壱丁目八番参号
遺言者　山田太郎㊞

## 履歴書

本人の人間像が浮かび上がり、相手の関心をひくような、生き生きとした文面を作るのがポイントである。

それには、①卒業論文のテーマ・ゼミ・研究会のこと、②特技・趣味の具体的内容、③本人希望欄では、志望の動機や挑戦したい仕事への意欲、④職歴では社内の配属部署・担当業務の内容などが簡潔に表現できれば申し分ない。

書き損じたときは、修正液を使わず、新しい用紙に書き直すこと。

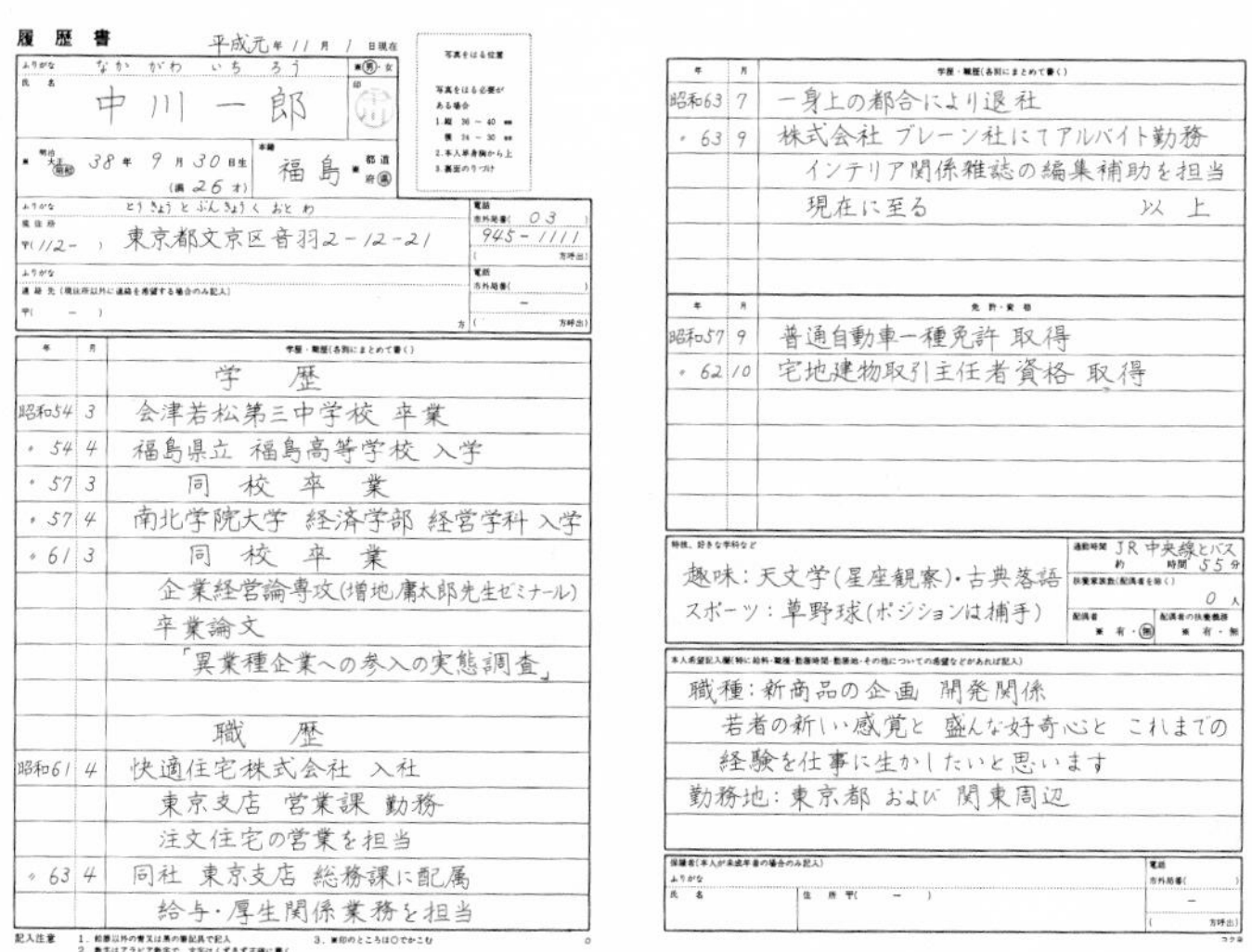

履歴書　平成元年11月1日現在

ふりがな　なかがわ　いちろう
氏名　中川一郎　男

昭和38年9月30日生（満26才）　本籍　福島県

ふりがな　とうきょうと ぶんきょうく おとわ
現住所　〒112-　東京都文京区音羽2-12-21　電話　03 945-1111

| 年 | 月 | 学歴・職歴 |
|---|---|---|
| | | 学歴 |
| 昭和54 | 3 | 会津若松第三中学校 卒業 |
| 〃54 | 4 | 福島県立 福島高等学校 入学 |
| 〃57 | 3 | 同校卒業 |
| 〃57 | 4 | 南北学院大学 経済学部 経営学科 入学 |
| 〃61 | 3 | 同校卒業 |
| | | 企業経営論専攻(増地庸太郎先生ゼミナール) |
| | | 卒業論文 |
| | | 「異業種企業への参入の実態調査」 |
| | | 職歴 |
| 昭和61 | 4 | 快適住宅株式会社 入社 |
| | | 東京支店 営業課 勤務 |
| | | 注文住宅の営業を担当 |
| 〃63 | 4 | 同社 東京支店 総務課に配属 |
| | | 給与・厚生関係業務を担当 |
| 昭和63 | 7 | 一身上の都合により退社 |
| 〃63 | 9 | 株式会社 ブレーン社にてアルバイト勤務 |
| | | インテリア関係雑誌の編集補助を担当 |
| | | 現在に至る　以上 |

| 年 | 月 | 免許・資格 |
|---|---|---|
| 昭和57 | 9 | 普通自動車一種免許 取得 |
| 〃62 | 10 | 宅地建物取引主任者資格 取得 |

趣味：天文学(星座観察)・古典落語
スポーツ：草野球(ポジションは捕手)

通勤時間　JR中央線とバス　約55分
扶養家族数　0人

職種：新商品の企画 開発関係
若者の新しい感覚と 盛んな好奇心と これまでの経験を仕事に生かしたいと思います
勤務地：東京都 および 関東周辺

## 家族書

例示は縁談依頼の際に使うもので、別紙に本人の経歴書が記載されている場合である。

家族の状況を年齢順・近親順に書く。祖父母は同居の場合に記し、両親、兄・姉とその配偶者と子女、弟・妹とその配偶者と子女、の順となる。

各人と本人との続き柄・氏名・年齢・最終学歴・職業を書く。

なお、必要により、現在退職中の人の最終職歴を書く場合もある。

### 家族書　（平成○年○月現在）

祖母　石井しげ　八三歳　静岡県立高嶺高等女学校卒業

父　石井岩一　五七歳　富士山大学法学部卒業　五菱商事株式会社取締役

母　石井和子　五三歳　津田川女子大学文学部卒業

兄　石井巌　二九歳　南西学院大学経済学部卒業　丸白物産株式会社バグダッド支店勤務

兄の妻　石井久美　二七歳　東都女子大学服飾デザイン学部卒業　株式会社東京百貨店勤務

妹　海野広子　二五歳　相模野経済大学国際ビジネス学部卒業　横浜市港北区綱島台×—×—×　一男あり

妹の夫　海野英雄　二七歳　北東国際大学経済学部卒業　大昭和信託銀行桜木町駅前支店勤務

## 身上書

例文は、就職・応募などのさいに履歴書に添付するもので、市販の用紙に書式が記入されてある。

身上書・履歴書は、黒色の筆記用具を使う。希望の動機・趣味・スポーツ欄の記入の仕方も履歴書の場合と同じで、なるべく具体的に。たとえば「読書」ならその分野までを書くなどであるが、面接時の質問にも応じられる準備を前提とする。

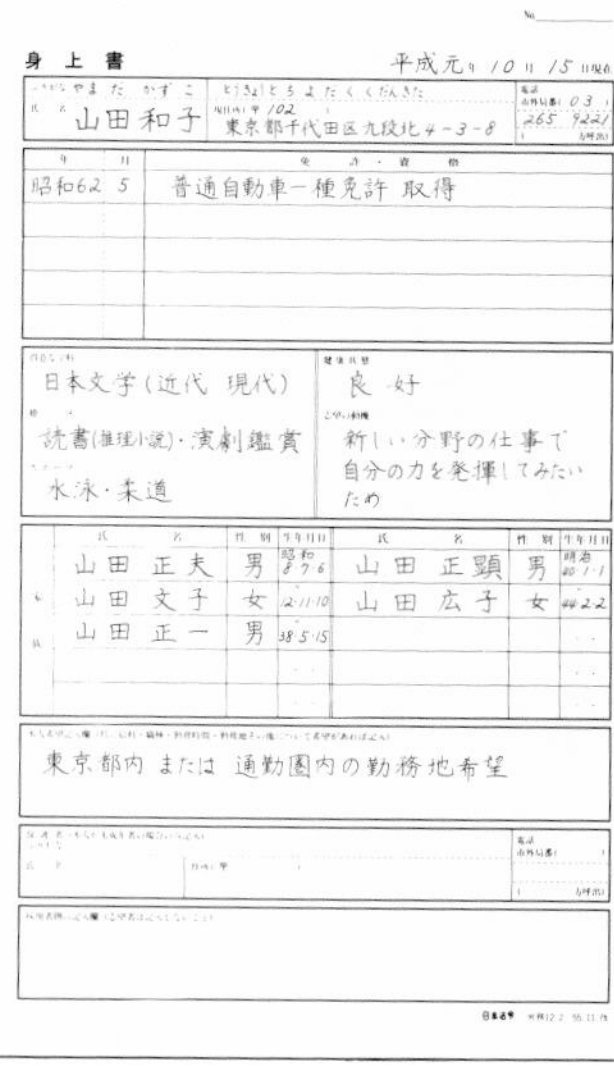

身上書　平成元年10月15日現在

ふりがな　やまだ かずこ
氏名　山田和子
とうきょうとちよだくくだんきた
〒102　東京都千代田区九段北4-3-8　電話　03 265 9221

| 年 | 月 | 免許・資格 |
|---|---|---|
| 昭和62 | 5 | 普通自動車一種免許 取得 |

日本文学(近代 現代)
読書(推理小説)・演劇鑑賞
水泳・柔道

健康状態　良好
新しい分野の仕事で自分の力を発揮してみたいため

| 氏名 | 性別 | 生年月日 | 氏名 | 性別 | 生年月日 |
|---|---|---|---|---|---|
| 山田正夫 | 男 | 昭和8.7.6 | 山田正顕 | 男 | 明治40.1.1 |
| 山田文子 | 女 | 12.11.10 | 山田広子 | 女 | 44.2.2 |
| 山田正一 | 男 | 38.5.15 | | | |

東京都内 または 通勤圏内の勤務地希望

## 実用文書の添削例

右の例文は、依頼文の例であるが、ビジネス文書の基本様式に合っていない。実用文書、特にビジネス文書の場合、件名・前文・主文・別記・追って書き・添付書類という基本的な順序に従って、要領よくまとめることがたいせつである。

①文書番号の位置は、右端を本文の右端とそろえる。
②文書日付の位置も同じ。
③受信者名は発信者名より大きいスペースをとり、会社名の左端は本文の左端とそろえ、人名は社名より1字分、右へ寄せる。
④会社名や職名は略さない。㈱ではなく、「株式会社」と書く。
⑤発信者の氏名の右端は、本文の右端より2字くらい左に寄せる。そのスペースに押印することもある。
⑥件名は1行で書き、中央に入れる。文書の内容を的確に表すように「新製品『オチール』の販売促進のお願い」とする。
⑦拝敬は誤り。「拝啓」とする。
⑧いつもながらは、慣用的表現では「毎々格別の」となる。
⑨主文の最初は、「さて、」と書いて、「当社では」と続ける。
⑩説明会開催を知らせる部分は、内容のテーマが別なので、最後の「追って書き」の部分で書く。
⑪「この商品」よりも、新製品「オチール」と商品名を明記する。
⑫伝達したい事項は、項目を分けて箇条書きにする。その場合は、末文のつぎの行の中央に「記」として別記にする。

①文書番号
営発第52号 ⟶

平成○○年5月15日 ⟶
②文書日付

③受信者名
⟵ 株式会社 千歳
⟵ 販売部長 是 出 売 三 殿

④発信者の会社名
(株) バイオ洗剤 ⟶
営業部長 越 知 実 ⟶
⑤発信者氏名

⑥件名
新製品の販売について（御依頼）⟶

⑦前文
拝敬　時下ますますご繁栄のこととお喜び申し上げます。⑧いつもながらお引き立てをいただき、ありがとうございます。

⑨主文
当社ではバイオ技術による新洗剤「オチール」を発売することになり、⑩きたる6月5日（火）午後1時から、市内古井町主婦会館講堂において、特約販売店の皆様に向けての説明会を開催させていただくことにいたしました。

⑪この商品はバイオ技術により新しい酵素を使った商品で、くわしい⑫特長は別紙をご覧ください。また、内容の収容量と価格表を同封してあります。サンプルは別便でお送りしました。店頭で実物見本としてお客様に配布してくださるようお願いいたします。

なお、この商品は、⑬きたる7月1日から発売する予定です。なにとぞ絶大なご協力を賜りたく、よろしくお願い申し上げます。

⑭末文
まずは、とりあえずお知らせとお願いまで　⑮以上

⑬発売予定日と販売促進・拡販への協力依頼の部分は主文として、前文のつぎに書く。
⑭末文のあとに、右端を1字空けて、結語の「敬具」を入れる。
⑮「以上」は、別記・追って書き・同封書類などの文面の末尾に書く。

●主文を書き直した例
「さて、当社ではきたる7月1日から、バイオ技術による新洗剤『オチール』を発売することになりました。これは当社が絶対の自信をもって開発した、文字どおり洗剤革命をもたらす画期的製品であります。下記によりその優秀性をご高承のうえ、販売促進に格別のご協力のほどを切にお願い申し上げます。」

●⑫の内容を別記にすると次のようになる。
1. 新製品「オチール」の画期的な特長は、別紙のとおり。
2. 標準小売価格は、同封の価格表に記載。
3. 店頭配布用実物見本200個は、別便で配送。

●新製品の説明会については、別記の後に、追って書きにする。
「なお、きたる6月5日(火)午後1時～3時、市内古井町、主婦会館講堂において、『オチール』の説明会を開きます。多数のご来場をお待ち申し上げます。」

●書状に同封する書類については、文面の最後に「同封書類」と書いて、この例では「1. 新製品『オチール』商品説明書1通、2. 同、価格表1通」と同封書類の名称と通数を明記しておく。

## 届出文書早わかり表

| 書式名 | 届出先 | 届出人 | 届出期限 | 備考 |
|---|---|---|---|---|
| 婚姻届 | 新しい本籍をつくろうとする場所の市区町村役場 | 夫と妻 | 届け出て受理されなければ、法的には結婚は成立しない。 | 両人の戸籍抄本（または謄本）が必要。夫または妻の本籍地へ出すときは2通、その他へは3通。 |
| 妊娠届出書 | 居住地の役場・出張所・保健所 | 妊娠した人 | 妊娠がわかったとき。 | 母子健康手帳・健康診査・保健指導が受けられる。 |
| 出生届 | 子の出生地・本籍地、届出人の所在地の市区町村役場 | 父または母ほか | 出生日を含めて14日以内。 | 届出期限を過ぎると過料を課せられる。 |
| 離婚届 | 夫婦の本籍地・住所地の市区町村役場 | 夫と妻 | 裁判による場合は、調停成立・審判・判決確定日から数えて10日以内。 | 協議離婚の場合は、夫婦の合意と、届書に成人の証人2名の署名・押印が必要。 |
| 死亡届 | 死亡者の本籍地か住所地、または届出人の所在地の役場 | 親族のほか家主・管理人等 | 死亡を知った日から数えて7日以内。 | 医師による死亡診断書または死体検案書（生前に診察を受けていなかった場合）が必要。 |
| 転出届・転入届 | 住所地の市区町村役場 | 本人、世帯主 | 転入届は転入後14日以内。 | 住所を他の市区町村に移すときは「転出届」、他から移したときは「転入届」で、「転出証明書」を添付。 |
| 遺失届 | 警察署または交番 | 本人 | できるだけ早く。 | 届け出を受けた警察官は「遺失物口頭届書」を作る。 |
| 被害届 | 被害発生地の所轄警察署 | 被害者ほか | できるだけ早く。 | 盗難や横領・詐欺・暴行を受けたとき提出する。 |
| 不動産罹災申告書 | 被災物件の所在地の消防署 | 所有(管理)者 | 被害を受けてから7日以内。 | 建物や土地が災害に遭ったとき提出。 |
| 印鑑登録申請書 | 住所地の役場・出張所 | 本人、代理人 | （特になし） | 申請者の本人確認を経て、印鑑登録証が交付される。登録は1人1個。三文判は避ける。 |
| 遺産分割調停申立書 | 相手方の住所地または当事者が合意で定める家庭裁判所 | 相続人のいずれかの人 | 調停が調わないうちは、各相続人の権利が確定しない。なるべく早く。 | 遺産の分割で、遺言書がなく、協議が調わないときに、他の相続人を相手にして提出。 |
| 交通事故証明書交付申請書 | 自動車安全運転センター | 交通事故の当事者 | （特になし） | 交通事故証明書は、保険金や損害賠償の請求に必要。警察官が立ちあわなかった事故には発行不能。 |
| 供託書(地代・家賃) | 法務局・地方法務局とその支局、法務大臣指定の出張所 | 借地人、借家人 | 地主・家主が賃借料の受け取りを拒否した後に届け出る。 | 地主・家主からの地代・家賃の値上げ要求に応じられないとき、賃借料を供託する際に提出。 |
| 飼い犬の登録申請書 | 市区町村役場または出張所 | 犬の所有者 | 生後91日以上たったら届け出る。 | 鑑札が交付される。狂犬病予防注射を受けさせ、保健所の注射済証とともに首輪につける。 |

「住所地」は、届出人の住所・居所よりも広い意味をもつ。旅行で宿泊しているときはその宿泊所、病気で入院しているときはその病院、など。

# 原稿の書き方

原稿はよい内容であるのはもちろんのこと、わかりやすく整理されていることが必要である。ここでは、くぎり符号のほか、数字の書き方などについても解説したが、それらは表記上の厳密な決まりがあるわけではないので、一般的な例を紹介した。

## よい原稿を書くには

**●テーマを絞る**

よい原稿を書くための第一歩は、テーマを絞ることである。書く前に何を表現したいのか、はっきりつかんでおく必要がある。書きたい内容を整理し、よくわからないことやテーマから外れたことは書かないようにすることがたいせつである。

**●文章の組み立てを考える**

テーマを読み手にわかりやすく伝えるためには、文章の構成をしっかり決めること。

何をどう書き始め、どう展開させて、どう結ぶか、という組み立てをあらかじめ考えておく。そのためには、起（前文）・承（主文の一）・転（主文の二）・結（末文）の各部分に何を入れるか、メモを作っておくとよい。

**●同じ言葉を何度も使わない**

同じ言葉が近くに出てくる文章は、悪文の一例である。同じ「言う」でも「話す」「語る」「漏らす」「ささやく」「声を大にする」「声を潜める」など、いろいろな表現のしかたを工夫するとよい。

**●文体を統一する**

「です・ます」調と「である」調の二つの文体が基本だが、どちらかに統一するのを忘れてはならない。

「です・ます」調は敬体ともいわれ、相手に尊敬の意を表した丁寧な表現法である。

「である」調は、「です・ます」調より簡潔な文体で、事実の伝達が求められるような文章（論文や公用文など）に使われる。

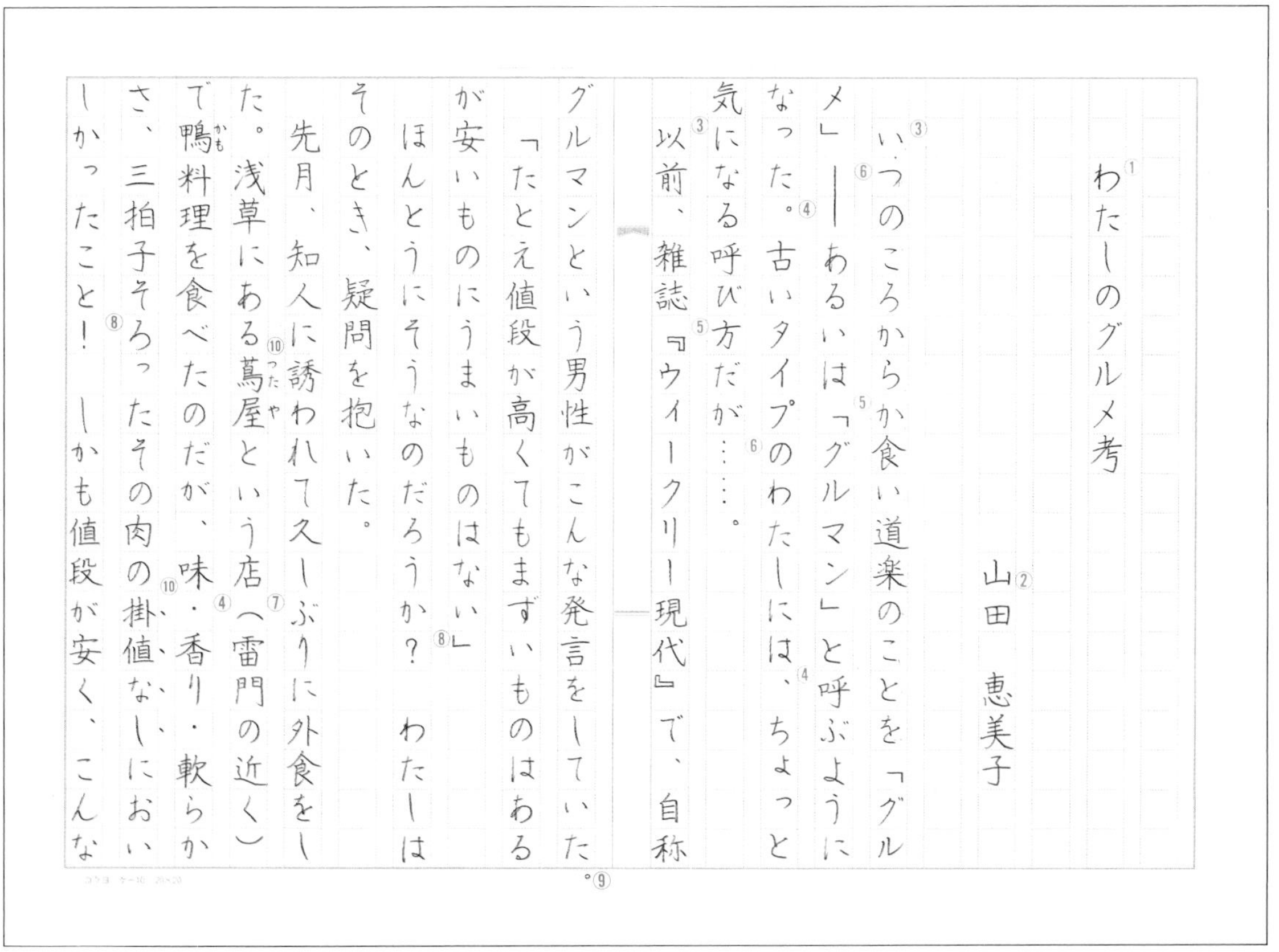

わたしのグルメ考 ①

山田　恵美子 ②

いつのころからか食い道楽のことを「グルメ」――あるいは「グルマン」と呼ぶようになった。古いタイプのわたしには、ちょっと気になる呼び方だが……。

以前、雑誌『ウィークリー現代』で、自称グルマンという男性がこんな発言をしていた。

「たとえ値段が高くてもまずいものはあるが安いものにうまいものはない」

ほんとうにそうなのだろうか？　わたしはそのとき、疑問を抱いた。

先月、知人に誘われて久しぶりに外食をした。浅草にある蔦屋（つたや）という店（雷門の近く）で鴨（かも）料理を食べたのだが、味・香り・軟らかさ、三拍子そろったその肉の掛値なしにおいしかったこと！　しかも値段が安く、こんな

## 原稿を書くための基礎知識

**①タイトル**

タイトルは作品の顔のようなものである。読む人の心をつかむような題名にする。位置は、ふつう二行めで、上を二ますぐらい空けて書く。

**②筆者名**

筆者の氏名は四行めあたりに書き、下のほうを二ますほど空けるようにする。姓と名の間は一字空きにしたほうが読みやすくなる。

**③書き出しと改行**

書き出しは一ます下げて、普通は六、七行め辺りから始める。つまり、本文に入る前に五、六行分を取るのが一般的である。その理由は、見た目がよいことのほかに印刷する場合に活字の大きさや書体、割り付け位置などについての赤字指定を余白に書き込むからである。

改行するときも書き出しと同じように一ます下げて始める。ただし、「や（などが行頭にくる場合は必ずしも下げなくてもよい。

**④句点・読点・中黒**

句点（。）、読点（、）も一字扱いにし、縦書きではます内の右上に、横書きでは左下に書く。

句点は、一つの文が終わった後に打つ。

読点は、文の中の語句の切れ、続きを明らかにし、読みやすい文にするために用いる。多すぎても少なすぎてもよくない。文のリズムを考えて打つことがたいせつである。

中黒とは、語と語の間に入れる「・」をいう。ふつう対等のものを並べるとき「水星・金星・地球」のように使われるが、外国の地名・人名のくぎりなどに用いられることもある。

**⑤かぎかっこ**

かぎかっこには一重「　」と二重『　』とがある。

一重のものは、会話の部分や引用した文・語句の部分をくくるのに使う。また、その語を読者に強く印象づけたい場合にも用いる。

二重かぎは、書名や雑誌名、音楽の曲名、絵画の作品名などに使う。

ただし、「　」や『　』を濫用すると見た目に汚くなるので、注意したい。符号の少ない文章はすっきりして、たいへん読みやすいものである。

⑥二倍ダッシュ・二倍リーダー

二倍ダッシュというのは「――」のことで、二倍リーダーは「……」を指す。いずれも活字二字分。

二倍ダッシュは、ある語を説明するときや言いかえをするときなどに用いる。また、文末につけて余韻を残すときにも使う。用例としては「傀儡（かいらい）――操り人形のこと」とか、「それでよいのだろうか――。」というふうに使う。

二倍リーダーは、会話などが完全に終わらない場合に用いる。例えば「いっそうの努力をしなければ……。」というふうに用いる。

⑦かっこ

かっことは、（ ）のことである。語句に対する解説や補足説明などのときに用いる。例えば、接待（湯茶などをふるまって客をもてなすこと。「接対」と書き誤ることが多いので注意）

東北六県（青森・秋田・岩手・宮城・山形・福島県）

⑧疑問符と感嘆符

疑問符は人が首をかしげている形で、感嘆符は跳び上がっている形からきたものである。どちらも欧米から伝わってきた。「どうしていっしょに行かないの？」「やったあ！　大学入試に合格した」というふうに用いる。

ただし、文中で使うときには、次の語との間を一ます空けるようにする。

⑨句読点や符号が次行の初めに来るとき

句点（。）や読点（、）などが次の行の最初のますに来るとき、その句点や読点の位置はそれに続く文章に応じて処理する。

ふつう、次の文が改行になるときは、前行の下の欄外にぶら下げ、改行でないときは、次行の最初のますにもっていく。

⑩ルビと傍点

ルビとは漢字の振りがなのことである。縦書きの場合は右側に、横書きの場合は上に付ける。

このように漢字のわきに付けるルビをわきルビというが、これに対して、漢字の下にかっこを付けるなどして読みを示すものを割りルビという。

傍点には（、）（・）などがあり、その語を強調するときに用いる。

片かな書きのルール

外来語や外国の国名・地名・人名などは、原則として、片かなで書く。（中国・朝鮮は除く）

原音でファ・フィ・フェ・フォ・ヴァ・ヴィ・ヴ・ヴェ・ヴォの音は、なるべく、ハ・ヒ・ヘ・ホ・バ・ビ・ブ・ベ・ボと書くようにする。例としては「プラットホーム」「バイオリン」「ベランダ」「ビタミン」などである。ただし原音の意識が残っているものは「ファインプレー」「フェミニスト」のように表記してもよい。

同じように、原音のティ・ディは、なるべくチ・ジと書く。「チーム」「ラジオ」「ジレンマ」などがあげられる。ただし、「ティー」「ビルディング」などでは、「ティ」「ディ」と書いてもよい。

また、原音でテュ・デュの音はチュ・ジュと書く。「スチュワーデス」「チューブ」など。

母音がイ列やエ列の音の次にくるアの音は、ふつうヤと書かないでアと書く。「ピアノ」「ヘアピン」などである。ただし、例外として、「タイヤ」「ダイヤ」などがある。

外来語のなかでも、古くから日本で使われてきていて、原語意識が薄れ、国民一般が外来語として感じないものは、平がな書きにしてもよい。例えば、「たばこ」「かっぱ」「きせる」などである。

また、擬音語は片かな書きにする。「雨戸がガタガタ鳴っている」「木枯らしがヒューヒュー音をたてて吹きすさぶ」などである。

また、学術用語として用いられる動・植物名は、ふつう、片かな書きにすることが多い。

ふつう、平がな書きにする言葉

どの語句を平がな書きにすべきかというルールについては、文の性質や目的によっても違うが、一般的には、常用漢字以外はかな書きにするというものが普通である。また、常用漢字であっても特殊な読み方をするもの（常用外音訓など）や当て字などでも、かな書きにすることが多い。

また副詞・接続詞・感動詞・助動詞・助詞・連体詞・形式名詞・補助動詞・代名詞・接頭語・接尾語、また、あいさつの言葉などはなるべくかな書きにする。

●副詞　是非→ぜひ　何卒→なにとぞ　敢えて→あえて　可成り→かなり　直ぐ→すぐ　兎に角→とにかく　余程→よほど　屹度→きっと

●接続詞　或いは→あるいは　即ち→すなわち　及び→および　但し→ただし　然し→しかし　所が→ところが

●感動詞　嗚呼→ああ

●助動詞　様だ→ようだ　…度い→たい　相だ→そうだ　…無い→ない

●助詞　位→くらい　乍ら→ながら　等→など　程→ほど　丈→だけ

●連体詞　此の→この　其の→その　或る→ある　如何なる→いかなる　所謂→いわゆる

●形式名詞　内→うち（一年のうちに）　事→こと（聞いたことがない）　時→とき（会うときには）　所→ところ（今のところ）　通り→とおり（見たとおり）

●補助動詞　…て行く→ていく（歩いていく）　…て来る→てくる（やせてくる）　…て見る→てみる（持ってみる）　…て居る→ている（考えている）

●代名詞　此れ→これ　何れ→いずれ・どれ　僕→ぼく　俺→おれ　貴方・貴女→あなた

●接頭語　御→お（お願い）

●接尾語　等→ら（子供ら）　達→たち（少年たち）　目→め（大きめ）　気→げ（楽しげ）

●あいさつ　御目出度う→おめでとう　お早う→おはよう　今日は→こんにちは　左様なら→さようなら　有り難う→ありがとう　宜しく→よろしく　御機嫌よう→ごきげんよう

●当て字　相応しい→ふさわしい　素面→しらふ　微笑む→ほほえむ　三十日・晦日→みそか

縦書き数字の書き方

縦書き数字には漢数字を用い、単位語（十・百・千・万・億・兆）を入れて書くのが普通だが、慣用されているものはそれに従う。

西暦年や小数などの場合は、ふつう単位語を入れない。

不確定数の場合は「数十人」「百何年」などと表記し、「数一〇人」「一〇〇何年」とは書かない。

ことわざ・成句・固有名詞も「三十三間堂」「十二支」などと、単位語を省略しないで書く。

住所は、単位語を入れても入れなくてもよく、算用数字でもよい。

「～」の記号を使う場合は、「二～三百」とは書かない。「二百～三百」「二〇〇～三〇〇」と書く。

| ●一般的な表記 | ●さし支えない表記 |
| --- | --- |
| 平成元年五月十日 | 平成元年五月一〇日 |
| 一九八八年十二月六日 | 一九八八年一二月六日 |
| 十一時三十五分 | 一一時三五分 |
| 二十五万八千六百キロ | 二五万八六〇〇キロ |
| 四千二百七十八万個 | 四二七八万個 |
| 五十三億八千三百万円 | 五三億八三〇〇万円 |
| 三百五十ページ | 三五〇ページ |
| 零下三十度　零度三分 | 零下三〇度　〇度三分 |
| 一二・五七 | 十二・五七 |
| 百分の一 | 一〇〇分の一 |

横書きの数字の書き方

横書きのときは算用数字を用い、万以上の数字には、単位語（万・億・兆）を入れて書く。ただし、表組みなどの場合は単位語を省き、三けたごとの区切り「，」を入れた表記でもよい。

横書きで漢数字を使う場合は、不確定数・成句・固有名詞や慣用的な語（一般的・一部分・五十歩百歩）、副詞（第一に・一斉に）のときなどである。

●表記のしかた

平成元年５月10日
1988年12月６日
11時35分
25万8600キロ
（258,600キロ）
4278万個
（42,780,000個）
53億8300万円
（5,383,000,000円）
零下30度　０度３分
12.57　100分の１
数十人　百何年
五十歩百歩　七五三

# 敬語の使い方

日常の言葉遣いの中でもっとも難しいのが、敬語の使い方だといわれる。言い回しを一つ誤ると、礼を欠いたり、失笑を買ったりすることも少なくない。だれについて、だれに向かって話しているのかを念頭に置きながら、相手を敬った言い方をすべきなのか、あるいは、自分がへりくだった言い方をすべきなのかなどを、時と場合に応じて使い分けなければならない。ここでは、具体的な実例をまじえて、敬語の種類と使い方を解説する。

## 敬語表現の種類と実際例

尊敬表現

●相手に敬意をはらう。

(例) これを見てください。(ふつうの表現)
これをご覧ください。(敬語表現)

●相手側に属する人・ものごとに敬意をはらう。

(例) 奥さんは元気ですか。
奥様はお元気でいらっしゃいますか。

●話題になっている人に敬意をはらう。

(例) 渡辺さんは栄転した。
渡辺さんは御栄転なさいました。

●話題になっている人の側に属する人・ものごとに敬意をはらう。

(例) 伊藤さんといえば、最近娘が結婚したそうだよ。
伊藤さんといえば、最近お嬢さんが御結婚なさったそうですよ。

謙譲表現

●自分の動作や自分に関する事柄についてへりくだる。

(例) ぼくが報告します。

敬語表現一覧

### 尊敬

**お……になる** (例) おいでになる
**お……なさる** (例) お考えなさる
**御……になる** (例) 御到着になる
**御……なさる** (例) 御心配なさる
**御高……** (例) 御高見
**御尊……** (例) 御尊父
**御……** (例) 御社
**御芳……** (例) 御芳名
**おみ……** (例) おみ足
**御令……** (例) 御令嬢
**玉……** (例) 玉座
**……れる** (例) 行かれる
**〈御〉……あそばす** (例) 御安心あそばす
**……られる** (例) みえられる
**(……て)いらっしゃる** (例) 書いていらっしゃる
**……なさる** (例) 遠慮なさる
**……様** (例) 中村様
**……上** (例) 母上
**……殿** (例) 市長殿
**……君** (例) 父君
**……方** (例) 皆様方
**……先生** (例) 高橋先生
**……てくださる** (例) 一緒に行ってくださる
**おっしゃる**
**くださる**
**おいでになる**
**召し上がる**
**お召しになる**
**亡くなる**
**おでまし**
**いらっしゃる**
**なさる**

### 尊敬・ていねい

**お……** (例) おからだ(尊敬)・お金(ていねい)
**御……** (例) 御承知(尊敬) 御苦労さま(ていねい)
**……さん** (例) 山田さん(尊敬・ていねい)
**あなた**
**どなた**
**あちら**
**こちら**
**そちら**

### 謙譲・ていねい

**御……する** (例) 御紹介する(謙譲)・御あいさつする(ていねい)
**お……する** (例) お教えする(謙譲)・おてつだいする(ていねい)

### 謙譲

**小……** (例) 小生
**弊……** (例) 弊社
**粗……** (例) 粗品
**愚……** (例) 愚息
**薄……** (例) 薄謝
**寸……** (例) 寸志
**拙……** (例) 拙宅
**拝……** (例) 拝読
**……ども** (例) わたくしども
**……め** (例) せがれめ
**(……て)いただく** (例) 来ていただく
**(……て)さしあげる** (例) 持ってさしあげる
**(……)いたす** (現在はいい切りの形では用いない) (例) 考慮いたすつもりです
**(……)いたします** (例) 失礼いたします
**(……)申しあげる** (例) お届け申しあげる
**(……)申す** (現在はいい切りの形では用いない) (例) おたずね申したところ
**参る**
**うかがう**
**うけたまわる**
**御……いたします** (例) 御通知いたします
**御……申し上げる** (例) 御案内申し上げる
**お……いたします** (例) おじゃまいたします
**お……申しあげる** (例) お通し申しあげる
**御……にいれる** (例) 御覧にいれる
**御……に供する** (例) 御試用に供する

### ていねい

**わたし**
**わたくし**
**ぼく**
**……君** (例) 佐藤君
**……です** (例) 辞書です
**……ます** (例) 行きます
**(……て)います** (例) 知っています
**……(で)ございます** (例) 結構でございます
**……であります** (例) 山田一佐であります
**……なさい** (例) すわりなさい
**……てごらん** (例) 食べてごらん

わたくしが御報告申し上げます。

●自分の側に属する人・物についてへりくだる。

(例) 息子があいさつしたいと言っています。
愚息がごあいさついたしたいと申しております。

●話題になっている人からの、話を聞いている相手に対する動作について、へりくだった表現を用い、相手への敬意を示す。

(例) 大沢君が会いたいと言って待っています。
大沢君がおめにかかりたいと言ってお待ち申し上げております。

●話し手・聞き手の双方にとって目下にあたる人(たとえば、共通の部下)について、へりくだった表現を用いる。

(例) 明日、青木さんが渡米する予定です。
明日、青木が渡米いたす予定です。

### ていねい表現

●相手に対する配慮や軽い敬意を示す。

(例1) 外には雨が降っている。
外には雨が降っています。

(例2) 今映っているのが、その時の風景だ。
今映っておりますのが、その時の風景でございます。

## 敬語表現のさまざまな段階

対話の相手により、また、その場の状況により、敬語表現にも、さまざまな使い分けが必要となる。尊敬・謙譲・ていねいの三つで、目下に対する表現も織りまぜて、その状況にふさわしい表現を選ぶバランス感覚を養っていくことがたいせつである。

(例1) A、おまえが読め。(目下の者、あるいは、ごく親しい者に対する言い方)
B、君が読みたまえ。(目下の者、あるいは、同等の者に対する固い言い方)
C、君が読みなさい。(目下の者に対する、多少やわらかい印象を与える言い方)
D、あなたが読んでください。(軽い敬意を含んだ、ふつうの言い方)
E、あなた様にお読みいただきたく存じます。(相手にたいへん強い敬意を示す、あらたまった言い方)

A~Eの例には、〈一〉相手をどういう語で呼ぶか、〈二〉「読む」という相手の動作をどう表現するかの二点に、さまざまな段階のあることが示されている。

〈一〉については、現在では「あなた」が、もっともふつうに用いられる敬意のこもった(あるいは、ていねいな)表現で、ことにあらたまった場合に、「あなた様」「貴殿」などが用いられる。

「君」は、男性の友人間で、あるいは、目下の者に対して用いられるのがふつうである。(男性が、親しい女性に対して用いることもある。)

〈二〉については、相手の動作に「お(御)……になる」「……なさる」「お(御)……なさる」「……される」「お(御)……される」「……れる(られる)」を用いるのが敬意を示す言い方となる。相手に何らかの動作を要求する場合は、命令調は避け、依頼の言い方にすることによって、敬意を示すこともできる。

「お(御)……(て)ください」がふつうであるが、「……(て)いただきたいと存じます」「お(御)……(て)いただきたいと存じます」という言い方が、もっとも敬意をはらった言い方である。

(例2) A、おれが運転する。(目下の者、あるいは、親しい者に対するくだけた言い方)
B、ぼくが運転します。(若い男性の、ふつうの言い方)
C、わたしが運転します。(ていねいな言い方)
D、わたくしが運転いたします。(へりくだった、ていねいな言い方)
E、わたくしが運転させていただきます。(へりくだった、たいへんていねいな言い方)

A~Eの例には、〈一〉自分をどういう語で呼ぶか、〈二〉「運転する」という自分の動作をどう表現するかの二点に、さまざまな段階のあることが示されている。

〈一〉については、現在では「わたし」が、もっともふつうに用いられるていねいな表現で、あらたまった場合や、ことにへりくだった場合に「わたくし」が用いられる。(公務によって行動していることを明示する場合には、「本官・本職」などが用いられることもある。)

〈二〉については、自分の動作に、「いたします」「お(御)……申し上げます」をつけるのがへりくだった言い方となるが、さらに、「させていただきます」という言い方が「相手の許しによって」というニュアンスをもつため、もっともへりくだった言い方となる。

(例3) A、帰ったら、兄さんに、わたしがよろしくと言っていたと伝えてください。(目下の者、あるいは、親しい者に対する言い方)
B、帰られましたら、お兄様に、わたしがよろしくと申していたとお伝えください。(相手および相手の関係者に敬意をはらい、自分はへりくだった言い方)
C、お帰りになりましたら、兄上様に、わたくしがよろしくと申し上げていたとお伝えください。(相手および相手の関係者に敬意をはらい、自分はへりくだった、ていねいな言い方)

Aに比べて、Bは、相手の動作に尊敬の「れる」を用い、相手の関係者に対しても「お……様」を用いている。また、Bに比べてCは、相手の動作に「お……になる」「お……ください」という、敬意を示す表現をしており、自分に関しては、「申し上げる」という、謙譲表現を用いている。また、B、Cともに「ます」調を用いて、全体にていねいな感じを与えている。そしてCの敬語表現のほうが、Bよりわずかではあるが強くなっている。

## 敬語表現の現状と用い方の注意

**イ、敬語表現は、もともと、社会的地位の差や長幼の序を明らかにする役割をもっている。したがって、敬語表現を正確に用いることは、「配慮が行き届いている」「きちんと整っている」という印象を与える。**

(例) 初対面のあいさつとして、「どうも。おれ、木村。今後よろしく」という言い方と、「初めてお目にかかります。わたくしは木村と申します。今後よろしくお願いします」という言い方とを比べると、後者の方が、正式な、礼儀をわきまえたあいさつと受け取られるのがふつうであろう。

「まともなあいさつもできない」という非難の言葉は、敬語表現を適切に用いることのたいせつさを表している。

(ただし、後のニの場合も考慮に入れる必要はある)

**ロ、敬語表現は、話し相手を含めた他者への尊敬の念の上に成り立っているものであり、それゆえに「社会の潤滑油」としての機能をもっている。したがって、心のこもらない丁重な敬語表現や、過度の尊敬表現・謙譲表現は、かえって逆効果を生むことさえある。**

(例)「慇懃(いんぎん)無礼」という言葉があるように、整ってはいるが、まったく心のこもっていない感じの敬語表現を使われると、聞き手は、「冷たい」「機械的」という印象を受け、はなはだしい場合には「馬鹿にされた」と感じることさえあるものである。

**ハ、自分や、自分の側に属する人・ものごとについて、ひくめた表現をするのも、広い意味での謙譲表現となるが、これも適度に用いないとプラスの効果はもたらさない。近年、こうした表現はしだいに避けられる傾向にある。**

(例1)「不肖の息子で、まったくの未熟者ですが……」という紹介には、とりたてて「謙譲語」は用いられていないが、自分の肉親の状態をひくめること自体がへりくだり(謙譲表現)となっている。しかし、「豚児」「愚妻」といった、軽蔑的ともとれる表現は、しだいに用いられなくなっている。

(例2) 進物をさし出す際、「本当につまらない品で、かえってお口汚しではございますが……」という類のあいさつも、自分の持参した品をひくめている点でへりくだりの表現となっている。こうした表現は丁重で礼

にかなったものであるが、一方で、相手にさし上げる品をけなすということに不自然さを感じる傾向も見られるようになっている。

**ニ、敬語表現を効果的に用いるには、その「場」との調和に配慮する必要がある。**

（例）「おれ、おまえの仲」という言葉が示すように、敬語表現を取りはらってしまうことが、親密さの現れ、あるいは、仲間うちであることの現れということもある。周囲がくつろいで話し合っているときに、正式な敬語表現を用いたりすると、かえって、まわりにとけこんでいないという印象を与えてしまう。

場合に応じて、適度に敬語表現をくずすことも、潤滑油の働きをするものである。

## 誤りやすい敬語表現の例

**イ、過度の敬語表現**

（例1）お椅子にすわってください。

「お車」「お大根」の類と同じく、過度のていねい表現である。

「椅子にすわってください」が適当。

（例2）どんなにお喜びなさいましたことでございましょう。

一つの文に「お……なさいます」という、かなり強い尊敬表現と、「ございます」という、ていねい表現とが重なって用いられているため、全体として大げさな敬語表現となっている。

特別な人に対する場合を除き、「どんなにお喜びになられたことでしょう」「どんなにお喜びになったことでしょう」というぐらいが適当。

（例3）息子めには、すぐに参上いたさせますでございます。

「……め」は、語法としては残っているが、もはや古めかしい、過度な卑下となっていて、謙譲表現として実際に用いるには、違和感がともなう。また、「参上」自体が謙譲語であるから、それに「いたす」を加えるのは、強い謙譲表現で、それに「ございます」を続けてしまうと、やはり全体として過度な敬語表現となってしまう。

「息子には、すぐに参上させます」というぐらいが適当。

**ロ、尊敬表現と謙譲表現との混同**

（例1）すみませんが、バスからお降りしてください。

「お……する」は、謙譲表現なのに、相手の動作に用いてしまっている。

「バスからお降りになってください」というべきところである。

（例2）苦情がございましたら、どうぞ申し出てください。

「申す」は、もともと威儀を正すための言葉だったが、今は謙譲語として使われているから、相手の動作に用いるのは失礼で、この場合は、「どうぞおっしゃってください」というのが望ましい。

しかし、「申し出る」「申し込む」「申請する」という言い方は、謙譲語という意識をともなわずに、相手の動作に用いることも一般的になっている。

**ハ、対人関係から見て、不適当な敬語表現**

（例1）娘にもよくお伝えしておきます。

「お……する」は、謙譲表現であるから、うっかりすると聞き手に対して話し手がへりくだっていて誤りでないように見える。しかし「伝える」のは、話し手が「娘に」なのであり、そこに謙譲表現を用いることは、結果的に、聞き手ではなく「娘」を高める表現となってしまい、不適当である。

「娘にもよく伝えておきます」が適当。

（例2）わたしの夫の一郎さんは優しい人です。

自分の身内を人に語る場合に敬称を用いるのはおかしい。

「夫の一郎は」と呼び捨てにするのが正しい。

しかし、こうした言い方は、年齢の若い人々の間では珍しくなくなってきている。原理的には、子どもにありがちな「僕のお父さんは……」という類の表現と同じもので、「親や夫に敬意をはらいたい」という気持ちと、「自分の属する集団（ここでは家族）の一員について他者に語る場合には謙譲表現を用いる」という言語ルールとの衝突によっておこるものである。

（例3）（自分の上司を訪ねてきた、取引先の社員に対する言葉として）

申し訳ありませんが、山本部長は、ただ今、外出していらっしゃいます。

話し手にとっては上司でも、他社の人に対しては、身内として扱うべきで、尊敬表現を用いるべきではない。また、部長の長という語は役職を示すと同時に、敬称でもある。この場合は、「（部長の）山本は、ただ今外出しております」というのが正しい。

**ニ、主語と、敬語表現の部分との呼応のずれ**

（例1）新井さんは、永年にわたり、当社のためによく尽力していただきまして、

この場合、「新井さん」が主語となっているので、それを受ける述語に、謙譲表現の「……ていただく」を用いるのは誤りである。

「新井さんは……よく尽力してくださいまして」というか、あるいは、「いただく」をいかして、「新井さんには……よく尽力していただきまして」というのが正しい。

しかし、この誤りの例は、近年頻繁に用いられるようになっており、一般には誤りと気づかれないことが多い。

**ホ、その場の対人関係、あるいは、その話題における対人関係が複雑であるための、敬語表現の誤り**

（例1）おたくの社長もゴルフが好きですか。うちの社長も、たいへんゴルフに凝っておられましてね。

たとえ話し手にとっては最高の上司にあたる社長であっても、他社の人に対しては、身内として扱うのが正しく、尊敬表現を用いるべきではない。

逆に、相手の会社の社長に対しては尊敬表現を用いるべきで、それは同時に、現に話している相手に対する間接的な敬意ともなるのである。この場合は、「おたくの社長さんもゴルフがお好きですか。うちの社長もたいへんゴルフに凝っておりましてね」というのが適当である。

さらに、それほど親しくない会社、あるいは、業務上、こちらより上位にあたる会社の社員を相手に話している場合であれば、

「御社（おん）の社長さんもゴルフがお好きでいらっしゃいますか。わたくしどもの社長もたいへんゴルフに凝っておりましてね」

という表現をとるのが望ましい。

（例2）（取引先の鈴木社長と、自社の社長とが同室にいるという場合、自社の社長に話しかける社員の言葉として）

「社長、緊急の連絡が入っているので、別室の電話に出てください。鈴木社長には、恐縮ですが、しばらくの間お待ち願います」

（例1）で述べたように、他社の人に対して自社の人間のことを言う場合は、尊敬表現を用いるべきではないが、この例の場合は、自社の社長に直接話しかけているのだから、他社の社長の前ではあっても、自社の社長に対して尊敬表現を用いて、「別室の電話にお出になってください」と言うのが適当である。（あわせて、ていねい表現も用い「緊急の連絡が入っておりますので」とすることによって自社の社長に対する敬意の度合を無理なく増すことができる）

ただし、こうした場合でも、他社の社長に対して用いている尊敬表現を上回ってしまうのでは、相手に対する礼を失することになるので、「別室の電話にお出になってくださいますよう、お願い申し上げます」などという、あまりに丁重な表現は好ましくない。

できるだけ、他社の社長に対して用いているよりもやや軽めの尊敬表現を心がけることが望ましい。

そうしたつり合い上、他社の社長に対しては、調和を失わない限り、できるだけ丁重な表現を用いることを心がけたほうがよいわけで、（例2）は全体として、次のように改めるべきであろう。

「社長、緊急の連絡が入っておりますので、別室の電話にお出になっていただきたいのですが……。鈴木社長様には、まことに恐縮でございますが、しばらくの間お待ちください」

# 結婚披露宴のスピーチ

　披露宴に招かれてスピーチをと言われたときに、まず考えたいことは、自分はどういう立場で招かれているのかということである。学生時代の友人としてなら、出席者が知らないそのころのエピソードを、また、会社の同僚としてなら、社内での活躍ぶりなどをできるだけ披露したい。そこで、立場ごとのスピーチの例をあげてみる。もちろん、この例の通りに話す必要はないし、いろいろ組み合わせて話してもよい。

　また、「スピーチのいろは」では、話すときの注意と手順をまとめ、さらに忌み言葉としての禁句を載せた。

## 媒酌人のあいさつ

　披露宴が始まり、司会者のあいさつがすむと、媒酌人があいさつをすることになる。

　媒酌人のあいさつは、次のような決まったことを報告することから始まる。

　第一、その結婚式が神式・キリスト教式・仏式のいずれであるか、あるいは宗教に関係なく行われたかを報告する。

　第二、両家ならびに新郎・新婦を紹介する。

　第三、両家に代わって、来賓にお礼とあいさつをする旨を述べる。

（媒酌人のあいさつの間、両親は会場の末席で列立している。）

　次のあいさつは神式結婚の場合の実例である。

●ただいまご紹介にあずかりました、山本五郎でございます。新郎、太郎君の大学での担当教授であり、上田家とはその昔、お父様にご教授願って以来のお付き合いでございます。その縁がありまして、私ども夫婦が本日、この重責を賜ったわけでございます。
　上田家長男、太郎君と、小林家長女、花子さんの結婚式は、本日午後二時、当ホテルにございます出雲大社の神前において、厳粛・荘厳のうちに滞りなく行われましたことを、まずご報告申し上げます。この結婚の媒酌の栄を賜りました私どもはもとよりでございますが、ご両家の皆様のお喜びはいかばかりかと、心よりお祝い申し上げます。

　さて、本日お集まりのご来賓の皆様は、ご両家ならびに新郎新婦とはお親しい方々と存じますが、吉例でございますので、ご両家ならびにご本人の紹介をさせていただきます。

　新郎、太郎君は上田一郎氏と奥様の春子様との間にご長男として、昭和三八年五月六日にお生まれになりました。弟の二郎君と妹の夏子さんがいらっしゃいます。

　お父様の一郎様は東京のご出身で、つい先頃まで西都大学の学長、ただ今は名誉教授として、ご承知の通り新聞やテレビに論説をしばしば発表され、活躍されています。日本の経済学の代表的先駆者であられます。令夫人の春子様はやはり東京のご出身で大和女子大学卒業の才媛であります。

　このお二人の間に生まれた新郎、太郎君は立明大学を優秀な成績で卒業され、現在は関東銀行ご勤務の前途有望なる銀行マンであります。スポーツは学生時代からゴルフをなさっていて、シングルの腕前と伺っております。たいへん親孝行の息子さんで、銀行に入って初めてのボーナスでお母様にワニ皮のハンドバッグを買ってこられたとか、お母様の春子様が目に涙をためて私に話してくださったことがあります。

　新婦、花子さんは小林次郎氏と奥様の秋子様との間にご長女として、昭和四一年九月五日にお生まれになりました。兄の忠夫さんがおられます。

　お父様の次郎様は京都のご出身で、小林家は代々京都で織物会社を経営なさっておられます。本日の花嫁のお着物は、皆様ご覧の通り素晴らしいもので、これは今日の日のためにお父様のところで作りあげたものでございます。お母様の秋子様も京都生まれの典型的京美人、華道・茶道では現在、京都でも指折りの先生と伺っております。

　新婦、花子さんは清和大学卒業、華道・茶道はお母様ゆずり、学生時代からボランティア活動に熱心で、今もこの活動の中心的存在でいらっしゃるとのことでございます。

　昔から東男と京女というカップルが理想と言われておりますが、ご両家・ご両人まことによくバランスのとれたご縁と存じます。皆様と心からご両人の前途多幸とご両家のいやさかをお祈りいたしましょう。

　さて、本日は両名のため、御多忙中をかくも多数ご来臨賜りまして、まことにありがとうございます。お席の順など至らぬ点もございましょうが、両家になり代わりましてお許しを得たく、どうぞ、両名の前途を祝し、粗酒粗肴でございますが、お時間の許すかぎり二人のためにご歓談をお願いいたします。

　なお、数々のお祝い品を両名に賜りました由、この席から厚くお礼申し上げます。

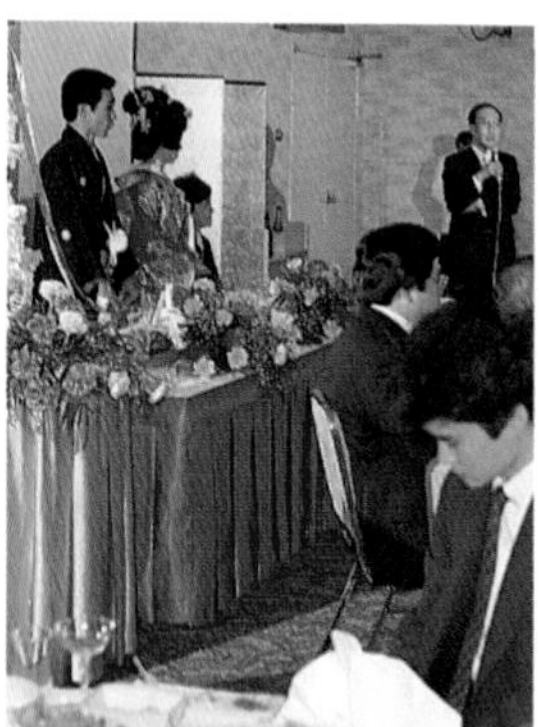

## 主賓のスピーチ

●本日はおめでとうございます。今が人生の門出、順風満帆のご両人に向かって、なにも御託を並べることもないのでありますが、年を食っているのが取り柄、少し先のほうを歩いているというだけの意味で、いささか存じよりを申し述べてみましょう。
　その昔、私が今日の新郎の立場におかれましたとき、来賓の先輩は、聖徳太子の十七条の憲法を引いて、「和」ということを教えてくださいました。「和をもって貴しとなす」というのは当時の私も知っておりましたが、この句の本当の意味は、このごろになってやっと分かってきたように思います。夫婦の間だけでなく、上司・同僚・友人また隣人との間でも、「和」ほど大事なことはなく、平常心を失わずに、いつでも和やかであるということほど幸福なことはありません。

　それからもう一つ、お二人ともどうかくれぐれもユーモアをお忘れなく。ユーモアとは冗談ばかり言うというような意味ではなく、しみじみとした人間性、その温かみから生まれ出るもの。そういうものをたいせつに育てていこうということです。これがお二人の日常をどんなにか潤いのあるものにしてくれることでしょうか。

　世の中で本当に力になり得るのは夫婦であり、お互い以外ないと思わなければなりません。二〇年、三〇年の間にはお二人の間に対立が起こることもありましょう。ひょっとすると新婚旅行先で起こるかもしれません。いきなり、やかんが飛んできた、コップが飛んできたのでは困りますが、少々の夫婦げんかはおおいにおやりなさい。平静さを失わず、ころ合いにやるのなら、また楽しいものであります。江戸時代に流行した小唄の歌詞に「面白の春雨や花の散らぬほど」というのがありますが、たまの夫婦げんかも同じようなものでしょう。

　本日のメニューを拝見すると大変なご馳走でございます。のちほどゆっくり味わわせていただきますが、しかし、このご馳走も二度三度続けていたら多分飽きてしまい、きっとお茶漬けがほしくなるでしょう。夫婦とはお茶漬けの味であります。どうか、お二人は今日を出発点として、何者も侵すことのできない「お茶漬けの味」を作り出してください。それが夫婦というものでしょう。

　本日はおめでとうございます。

（元宮内庁侍従長、入江相政氏のスピーチより）

●本日はご両家のおめでたに、私どものような者までもお加えいただきまして、まことにありがとうございます。その上、何かお祝いの言葉をというご指名をいただきましたことは、この上なく私の光栄とするところであります。

ただいまご媒酌の方から、新郎新婦のお似合いの夫婦であることは逐一承りましたので、若いお二人がこれから先、いっそうご幸福になられるであろうことは疑いのないことでありますが、承れば新郎は慶応義塾のご卒業とのことなので、私も同じ三田の出身でありますので、同窓の先輩として一言申し上げたいと思います。

ただ私は、人生の箴言とか諺とかはあまり信じない性格で、例えば、のろまの人に「石橋たたいて渡れ」と申しても仕方がないし、けちな人に、若いときから「マネービル」などと申しても釈迦に説法です。処方箋はその人その人によって異なるのが当然で、それを一括するのは誤りが起こるというふうに考えます。

そう思っているので、旅先などで色紙などを頼まれると、何も書くことがないので「人生多彩」という文字をあしらって、お茶を濁しています。濁そうとして濁しているわけではなく、人生とは一度しかないものでありますから、同じ生きるならば狭い貝がらの中のような生活より、広く伸び伸びといろいろなものを吸収して、いろいろの事柄に興味を持ち、いろいろの体験を重ねていく、つまり、間口を区切らないで、貪婪なくらいに世の中のものをちょうだいする……、「人生多彩」とはそういう意味であります。

したがって、理屈を申し上げれば、そういう生き方を生きようとしたら不断の勉強が必要となるわけです。怠けていては、鑑賞力も鈍くなるし、批判のメスもさびる。私はそう考えます。

人生は楽しいこともたくさんありますが、いっぽう苦しいことも多く、ときに退屈な長い旅もあります。しかし、その退屈にあくびをしてはなりません。無論、少しぐらいのあくびは仕方ありませんが、すべてに退屈しきってはいけないと私は思います。勉強していると映画も舞台も小説もみんなそれぞれの味を与えてくれるし、交友も仕事も酒もすべて楽しさで一杯になります。そういう日常こそ、人生の豊かさと言えるものでしょう。

繰り返しますが、どうか人生は多彩に、そして、その多彩さを展開するために若いお二人は不断に勉強していただきたい。勉強というと平凡な言葉になりますが、決して、根をつめてお勉強をという意味ではなく、遊ぶということも勉強だと解釈してほしいと思います。

やがて二一世紀。これからの時代は日本も大きく変わり、世界も大きく変わるでしょう。そういうスピーディーな変貌をこの目で見て、お互いに培った鑑賞力でさまざまに味わう、このくらい楽しいことはありません。どうぞ若いお二人がそういう前途をお持ちになることを心から願って、私の祝辞を終わります。

(元紀伊国屋書店社長、田辺茂一氏のスピーチより)

●ただいまご紹介にあずかりました沼田敦子です。本日はおめでとうございます。私は新婦の学校の先輩にあたる者です。私も二人の娘を嫁に出し、孫がもう三人おります。おかげさまで、二人の娘は幸せな家庭生活を送っております。その娘たちに、私は子供のときから教え込んだことがございます。

それは、「ごめんなさい」という言葉です。

とかく女性は、私も女性ですからわかりますが、自己中心的なところがありますので、夫婦げんかのときに絶対に「ごめんなさい」を言わないものでございます。

私の知人のサラリーマンに伺ったことでございますが、この方の奥様のエピソードに素晴らしいことがございましたので、今日は、このことを花嫁にお話ししてお祝いの言葉としたいと存じます。

そのご主人のお話によると、新婚まもなくささいなことでけんかをし、ご主人は大きな声でどなりつけ、そのまま会社に行かれたそうですが、どうもむしゃくしゃして仕事もスムーズに運ばなかったとのこと。お昼ごろ、会社に配達された自分あての電報を開いてみたところ、奥さんからの「ゴメンナサイ」とのものだったのです。

ご主人は、このときほど妻をいとおしく感じたことはなかったと、のろけも含んで述懐されました。

伺っていて、何とかわいい素直ないい奥さんかと感心いたしました。今もご夫婦円満で、幸福な家庭をお築きでいらっしゃいます。

きょうの新婦もおやさしいお人柄であることは、先輩として十分承知しておりますが、長い年月、けんかもありましょう。そんなときに、私の電報の話を思い出していただきたいと思います。もちろん、新郎のほうから電報をお打ちになることもお勧めいたします。

娘たちにも励行させている、「ごめんなさい」の言葉を新婦にお贈りして祝辞といたします。

## 先生のスピーチ

●新郎新婦、おめでとうございます。本日の新郎新婦は、ともども私の教え子でございますので、本当に我が子の結婚という気持ちで、うれしい限りでございます。ご両家の皆々様方、本当におめでとうございます。

いささか学校の先生めいた話になりますが、人類は太古の昔、一夫多妻・一妻多夫でありました。しかし、それではけんかが絶えない。そこで、人類の英知が、太郎と花子はきょうから一夫一妻と神の前に報告するとともに、人々を集めて、ほかの人はこの人に手を出すなと宣言する制度をつくりだしました。それが、今日の披露宴の原型であります。

本来、夫婦は他人同士であります。星の数ほどもある男女の中で他人同士が結ばれる、まことに縁とは素晴らしいものです。しかし、きょうからは他人同士ではないと思うと、ついついお互いに遠慮がなくなります。「あなたってだめね」とか「おまえなんか」などという言葉が出てくることもあるのです。

でも、「親しき中にも礼儀あり」です。礼儀をもって、お互いお世辞を言い合って暮らしてください。「あなたって偉いのねえ。とてもかなわないわ」「おまえ、きょうみたいに礼装するときれいだねえ」と、お世辞を言いあって暮らすのです。これが、夫婦がいつまでも明るく楽しく暮らせるこつです。

そのうちに、これら他人を結ぶかすがいとなる、他人でない、愛の結晶が生まれてくるでしょう。

夫婦生活はまた、いつも対話がなくてはなりません。お互いに話をしなくなり、テレビばかり見て、むっつりとしている夫婦が多くなっている昨今、テレビが悪いのか本人たちが悪いのかわかりませんが、とにかく、朝から朗らかに「おはよう」を言い続けられるように努めてください。

平凡な言葉なのですが、この平凡が言い続けられる人こそ非凡な人なのです。そして、一生、夫婦円満に暮らせる人なのです。先生として、お二人にこれを最後の講義として贈ります。

本日は、本当におめでとう。

●新郎新婦、おめでとうございます。ご両親様はじめ、ご両家の皆様、おめでとうございます。

私は、新婦、春子さんの高校の担任教師で、三年間ご一緒に勉強した仲でございます。高校時代からまじめで勉強家で、しかも朗らかで、クラスの人気者であった春子さんが大学に進学して就職して、人生の伴侶を得たのです。新郎と手に手をとりあって、これからもますます社会人として完成されていくことと思います。こうした教え子の姿を見るということは、教師として、こんなにうれしいことはありません。

春子さんは学校時代、英語が好きで、クラスの中では語学は一番の成績でした。新郎は商事会社にお勤めとのこと、いずれは海外にいかれることも多いと思いますが、海外勤務となりますと、新婦の語学能力がどんなにかご主人のお仕事に対する内助の功を発揮されることとなるかはかりしれません。また、華道やお茶を学生時代に熱心にやっていらっしゃいましたね。どうぞ海外では得意の語学で、あちらのご婦人にお花やお茶を教えてあげてください。そして、ご夫君とともに国際的に生きていってください。

お二人の前途のご多幸を祈ります。心からおめでとうを申し上げます。

●本日はおめでとうございます。私は本日の新郎、太郎さんの幼稚園のときの受け持ちでございます。それゆえ、お許しをいただいて太郎ちゃんと呼ばせていただきます。

数えてみますと、あれから二〇年もたちました。私の家と太郎ちゃんの家がすぐ近くにあったので、太郎ちゃんが小学・中学・高校・大学生、そして社会人として成長されていく姿を、ご両親とともに見守ってきたわけでございます。

お母さんと幼稚園の門をくぐったとき、太郎ちゃんはお母さんと別れるのがいやで泣いたんです。私が引っ張って教室にいれるのに苦労したこと、ついきのうのことのように思い出しますよ。でも、太郎ちゃんはやさしい人柄で、わんぱくな子が女の子をいじめると、いつも勇敢に闘って女の子を助けだしたものです。先生は太郎ちゃんのそうした人柄・男らしさが大好きでした。

中学生・高校生・大学生となっても、道で会うと、いつも「先生、おはようございます」と、元気なあいさつを忘れませんでした。ご両親のしつけのたまものと存じますが、その太郎ちゃんが、こんなに美しいお嫁さんと結ばれました。ご両親のお喜びはいかばかりか、私も涙ばかり出て、うれし涙とはこのことかとハンカチをぬらしています。

太郎ちゃんは気はやさしくて力持ち、桃太郎さんみたいな人柄です。新婦、花子さんにお願いします。社会、いわゆる浮き世は、ある意味では鬼が島みたいなところです。桃太郎さんが、心おきなく鬼が島に行って戦ってこられるように、家を守ってください。

さて、お二人で早く赤ちゃんをつくられ、先生の幼稚園に連れてきてください。

本当に、太郎ちゃん、そしてご両家の皆様、おめでとうございます。

## 学友のスピーチ

●新郎新婦、おめでとうございます。私は新郎、一郎君とは大学の同級生で、下宿も四年間一緒であり、兄弟以上の仲で学生時代を送り、卒業後は彼は会社員、私は公務員の道を選んで現在に至っております。

結婚は私のほうが一年先輩で、会うたびに、まだ見つからないのかと先輩ぶって言っておりましたが、彼はそのたびごとに、「どうも理想の女性に会えないのでね」と言っておりました。どんな女性が理想なのかを聞いてみたところ、「妻をめとらば才たけて、みめうるわしく情けあり」と鉄幹の詩の一節を彼は口ずさむわけであります。私は「ぜいたく言うなよ」と、友達の遠慮のなさで彼をひやかしたものでした。

彼のお母さんからも、「だれかいい人いないかしら。探してやってくださいよ」と頼まれたこともありました。

昨年のクリスマスのパーティーで、新婦の夏子さんを紹介されたときはびっくりしました。まさに、鉄幹の詩の一節にぴったりの女性でありました。私は彼に、「おいおい実力以上のひとを探したねえ」とお祝いを言い、本当に喜んだのです。

一郎君、おめでとう。これからは家庭同士の交際を願います。夏子さん、私たち夫婦でいずれ新家庭をお訪ねします。そのときはお料理の腕前を発揮してください。これから夫婦ともども一生、よき友情でお互いを温め合うことをお願いします。

本当におめでとうございます。

●本日はおめでとうございます。私は、新婦、秋子さんと高校時代からの友人でございます。高校時代と言えば、ちょっとおおげさですが、人生の中でいろいろな意味でいちばん成長するときです。その中でもたいせつなことは、生活の知恵を身に付けることでしょう。秋子さんは、その知恵を身に付けることが抜群にお上手でした。

ある日、いつもは時間ぎりぎりに飛び込んでくる秋子さんが、珍しく始業時間一五分前に現れたのです。「まあ、早いわねえ。どうしたの？」と尋ねると、けろっとして言ったのです。「どうってことないわ。目覚まし時計を一五分進めただけよ」

確かに、どうってことではありませんが、普通はベルを鳴らすのを早めるものです。時計そのものを進めるなんて……。でも、それ以来、私も同じことをしたのです。おかげで遅刻がぐっと減ったことを覚えております。

結婚生活の中でも、きっといろいろ知恵を働かせて、ご主人様の目を白黒させることがありそうです。そんなときは、手抜きをしているなんて思わず、どうぞほめてあげてください。張り切って、もっともっといろいろ工夫をすると思います。

どうぞ、お幸せに。本日は本当におめでとうございました。

## 同僚のスピーチ

●ご指名を賜りました、新郎と同じ会社で同じ課に属して働いております石井でございます。同僚の山本君が結婚すると聞いて、今日の日を心待ちしておりました。

山本君は明邦大学、私は北都大学で、社では毎日、よきライバルとして明北戦をやっている仲であります。

この明北戦は、結婚に関しては明邦大学が先取得点を獲得したことはくやしい限りでありますが、その得点が、きょうの花嫁を拝見すると単なる一点ではなくて、山本選手の満塁ホームランで四点取られた感じであります。美しく、やさしく、先程ご媒酌人のご紹介にありましたように、学生時代からコーラス部の一員として海外まで行かれた由、また、お料理がお好きで上手とのこと、新家庭では朝はクロワッサン・スクランブルエッグとフランス風の朝食をとり、二人で朗らかに出勤されることでしょう。うらやましい限りです。

私も負けずにきょうから新婦のような方を探して、明北戦で逆転したい思いであります。

社では山本君が提出した新企画がいよいよ実行されます。みんなの信頼を得ている山本君のことです。プロジェクトチームの一員として、これから忙しい日々を送るようになると思いますが、奥様の心のこもったお料理で、きっと元気いっぱい、その荒波を乗り切っていくことでしょう。

山本君、春子さん、ご両親様、本当におめでとうございます。

## 趣味のサークル仲間のスピーチ

●新郎新婦、おめでとうございます。私は、新婦、花子さんと編み物のサークルで長年ご交際を賜っています高坂冬子でございます。花子さんは、明るくて、だれにでも親切で、私たち編み物を勉強する仲間の人気者です。

編み物教室の帰りには、いつも駅前の喫茶店でコーヒーを飲んでおしゃべりをするのが私たちの楽しみのひとつでございました。どんな人と結婚したいかなども、よく話題になりました。

そのとき、花子さんがこう言われたのを覚えております。「顔や形は問題ではないわ。理解があり、誠実で、清潔な人ならOKよ」と言われたのです。

本日初めて新郎を拝見したのですが、まず、顔や形は問題ではないとおっしゃっていらしたのに、新郎の若々しい容姿を拝見してびっくりしました。大変なハンサムボーイですもの。なんとまあ恵まれた花子さん。

ご媒酌人のご紹介では、新郎は、やさしい、誠実な方。花子さんが先日来編んでいらした緑のセーターがきっとよくお似合いになるだろうお姿を想像して、心から花子さんに「おめでとう、がんばって」と申し上げます。

●新郎新婦、おめでとうございます。私は、新郎、一郎君とは長いつきあいの釣り仲間というわけで、本日の栄えある日におよばれしました。

一郎君とは、今まで海に川に日曜日にはよく一緒に出かけていましたが、今後もこれが続くことと思います。

一郎君の釣りはちょっと変わったところがありまして、小さな魚がかかると、海や川に放してやるのです。大ものでないと持って帰らないくせがあり、仲間から「大ものねらいの一ちゃん」と呼ばれています。

彼は船の中で、釣りをしないで一日ぐうぐう眠っていることもありました。会社では猛烈社員で疲れるのでしょうか、せっかく道具を持ってきたのに船の中で高いびきです。

一度こんなことがありました。海で大きな船がやってきて、横波を受けて近くの小さな釣り船がひっくり返ったのです。横浜の沖でした。一行の中に小学生が一人いました。このとき、ぐうぐう寝ていた一郎君が、突然人が変わったように猛烈な泳ぎっぷりで小学生を救ったのです。

長いおつきあいのなかで、私は一郎君の人柄を見ていて、彼は将来大物になると信じている一人です。その一郎君のお嫁さんになる人は、きょうは楽しみに伺ったのです。美しくて、やさしさに満ちた新婦を拝見して、まさに、大ものねらいの一ちゃんでした。「やった!」と、私は心の中でさけびました。

奥さん、あなたの夫は大物ですよ。どうぞ仲良く、そして世の大物として一郎君が出世されるように内助の功を発揮してください。近く房州のほうに鯛を釣りに行きます。目の下三尺ぐらいの大ものを新家庭にお届けしますよ。

## 親戚のスピーチ

●私は、本日の新婦、秋子の伯父にあたります井上でございます。本日は新郎新婦のためにご多忙中をわざわざご来臨賜りまして、ありがとうございます。本来、親戚である者が祝辞を述べるのは失礼かと存じますが、姪のためにあえて一言述べたく立ち上がったことをお許し願います。

新婦、秋子は私の弟の末娘で、隣同士で住んでおります。兄と弟の家ですから、塀にくぐり戸をつけて両家は互いに行ききしております。私は子供は男ばかりなので、秋子を、多分両親よりも溺愛しておりました。秋子も「伯父さん、伯父さん」と慕ってくれました。

まだ、幼稚園に通っていたころ、フランス人形を抱え、くぐり戸をあけてちょこちょこと入ってきて、「伯父様、かわいいでしょ。パパのおみやげ」と見せにきたことを昨日のことのように思い出します。

小さいときから、洗濯が好き、片付けが好きで、本当にいい子でした。きょうは、私は朝からまったく機嫌が悪いのです。これは、私の弟も同じでしょうが、こんなかわいい娘がさらわれていくような気持ちだからです。これは、花嫁を送り出す世の父親の共通の気持ちかと思います。

新郎にお願いします。こんなかわいい秋子です。どうぞ泣かさないように、一生大事に預かっていただきたいと思います。そして、できるだけ早く、秋子のようなかわいい子が授かるようにと祈っています。

本当におめでとう。二人の幸せを心から祈ります。ご来賓の皆様、どうぞこの二人を末長く見守ってやってくださいませ。

祝辞というよりも、何かお願いの辞となってしまいました。どうぞよろしくお願いいたします。

## 父母の知り合いのスピーチ

●私は、本日の新郎のお父様とは竹馬の友である中林信夫でございます。新郎のお父様の名前は春雄さんですが、今日は春ちゃんと呼ばせていただきます。春ちゃんの長男の秋雄君が結婚することになり、本日の招待状をいただいたとき、何十年来の春ちゃんとの思い出が、走馬灯のごとく頭のなかをぐるぐると回ったのです。

春ちゃんは、小学校時代は茶目で、人がよくて、皆のために犠牲になって働くというところがありました。試験の前日、お菓子を自転車に積んで、クラスの友達のところに「勉強がんばれよ」と届けるのです。そのために、自分の勉強する時間がなくなり、成績が落ちて、今は亡きお母様が学校に呼ばれて、先生に注意されておられたことを子供心に覚えております。

しかし、そのときのお母様は立派でした。皆のためにつくしてあげて自分の成績を落とすことはいいことですよ、男の子はそのくらいの気持ちを持つべきですよと言っておられました。

春ちゃんは友情厚き、私の生涯の友であります。今や大会社の経営者として、世のため人のため相変わらず活躍されております。その春ちゃんの長男として生まれた秋雄君。小さいころから親爺に似て、義侠心の強い好青年です。

こんなことがありました。新郎が、中学に通っていたころです。ほかの学校のいじめっ子が、秋雄君と同じ学校の一年生を登校途中でいじめたとき、相手が一〇人もいたのに、秋雄君一人で助けに入り、大立ち回りの末パトカーが来るという騒ぎ。そのときの額の傷はまだ残っています。春ちゃんの奥さんのそのときの言葉も忘れていません。

「かえるの子はやっぱりかえるだわね」

まことにさわやかな親子であります。

その秋雄君がかわいいお嫁さんをもらいました。さぞ春ちゃんも奥さんもうれしいことでしょう。

ご両家ならびにご来賓の皆様、新郎新婦が世のため人のためになる新家庭を築くことに手を貸してあげてください。

そう言えば春ちゃん、前から、早く孫の顔が見たいなんて言ってたね。その夢がようやくかなうことになって、本当によかった。新郎新婦のお顔を拝見していると、どちらに似てもきっとかわいいお孫さんが生まれて、おじいさん・おばあさんを喜ばせてくれるでしょう。本当におめでとうございました。

### スピーチのいろは

結婚披露のパーティーを楽しくするのは、来賓のスピーチである。スピーチなしのパーティーであったら、お互いにおじぎをして、「おめでとう」「旅行はどちらに」くらいの会話で終わってしまうはずである。やはり、来賓の祝辞がパーティーを盛り上げるのである。そのためには、祝辞を指名された人は、皆に共感をもたせるように話さなくてはならない。そこで、次のようなことに注意してほしい。

①祝辞はだらだらさせずに、三分か四分間ぐらいがよい。（原稿用紙にして二、三枚程度）下手の長談義は人が聞かないばかりか、お互いにおしゃべりを始めてしまうこともある。

②短く、心のこもった話を準備すべきであるが、つい長話になってしまうことが多い。来賓の一員として聞く立場になったときの実感を思い出して話すようにしたい。

③最近はマイクがあるので、大声で叫ぶ必要はない。相手に語りかけるような、柔らかい話しぶりがたいせつである。

④来賓が五〇人程度であれば、「本日はおめでとうございます」とつめて話してもよいが、一〇〇人、二〇〇人と多くて、会場が広い場合、一語一語の語尾はやや伸ばすようにして話すとよい。

⑤話す順序の要領は、次のとおり。

＊指名を司会者から受ける。

＊立ち上がってマイクを持つ。

＊新郎新婦、場内の来賓、新郎新婦の両親にむかって一礼し、「本日はおめでとうございます」の一言を、まず言う。

＊自己紹介を簡単にして、新郎新婦との関係を披露する。

＊祝辞は、場内の上席に向かって話す。

＊最後は、新郎新婦に向かって「これをもって祝辞といたします」と言って終わる。

忌み言葉

今の時代、忌み言葉なるものがあることも知らなかったり、知っていても気にしないで使っていたりすることも多い。

次に禁句となる言葉を書いておくが、これを全部禁句としてしまうと、うっかり話せなくなってしまうので、ほどほどに心得ておくとよい。また、つい使ってしまったら、それを補正する意味で、めでたいほうに論旨をもっていくよう心掛けるとよい。なお、どうしても使いたいときは、「こうした席では使ってはいけない言葉ということになっておりますが」と断って使用し、めでたく結ぶようにする。

〈禁句〉

別れる　去る　帰る　破れる　こわれる　出る　もどる　流れる　切れる　冷える　死ぬ　病む　枯れる　滅びる　逝く　など。

さらに、最大級の形容詞は使わない。「三国一の花嫁」「こんなきれいな花嫁さんを拝見するのは、戦後初めて」など。ほめ言葉は、八分めのほうが真実味がある。

# 葬式のあいさつ

葬式のあいさつは、祝辞と異なり、弔辞以外は出席者全員に聞かせるわけではないので、基本的には一人一人が心をこめて遺族にお悔やみを言うようにする。しかし、通夜から葬式までのその場所では、故人との関係も様々なので大体決まった言葉を述べる。声を低くして話し、また、病状などを根ほり葉ほり聞くことは避ける。弔辞は話す人数に応じて時間を制限することが多いので、前もって確かめ、原稿を作り、それを読み上げるようにする。

## 遺族のあいさつ

●本日はお忙しい中を亡父○○一夫の葬儀にご参列くださいまして誠にありがとうございました。私は故人一夫の長男、太郎でございます。

父が生前、この地をこよなく愛し、東京から引っ越して参りまして二十余年、朝に夕にご近所の皆様にたいへん親しくお付き合いを賜りました。

昨年来病床に伏してから数々のお励まし、お見舞いまでもいただき、本当にありがたいことと私ども心より感謝いたしております。

今日はまた、皆様わざわざお見送りまでいただき、彼岸の父もさぞかしご芳情に感謝いたしておりましょう。

今日から父のいなくなった○○家でございますが、未亡人になりました母を始め遺族一同、父同様に今後とも親しくご交際賜りますようお願い致します。

それでは最後のお別れをいたします。本日は、本当にありがとうございました。

## 夫を亡くした妻からの法要のあいさつ

●夫、二郎が永眠しました際にはご丁重なご配慮を賜りまして、厚くお礼申し上げます。あれから四九日の日がたちましたが、私にとりましてはまだ昨日のことのように思われてなりません。

本日は、○○院××居士の四十九日法要を営みました次第でございます。

生前のご交誼をいただきました皆様にお集まり願いまして、故人を偲んでいただきたいと、粗酒粗肴ではございますが、お食事を用意いたしました。供養のしるしとしてお召しあがりになりながら、私の知らなかった思い出話などを伺わせていただければうれしゅうございます。どうぞごゆっくりおくつろぎくださいますようお願いいたします。

## 妻を亡くした人への追悼のあいさつ

●○○三郎君、あんなに相思相愛で結ばれ、幸せな家庭を築かれていた君に、なんと突然の不幸が襲ってきたのか本当にお気持ちをお察しします。

我々や君を取り巻く友人たちにも親切で明るくて、お宅を訪ねたときは、思わず僕たちまで、その明るさに引き込まれて楽しくなったものです。あの奥さんのお人柄を偲んで、君が今、どんなにさびしい思いをしているか、全くなんと申し上げたらよいか言葉も出ません。

加賀の千代女の句に、夏の夜、夫を亡くした彼女が「起きて見つ寝て見つ蚊帳の広さかな」と詠んだのがありますが、君もこの気持ちと同じでしょう。早く忘れてなどと月並みのことは言いません。毎日、毎日、奥さんを偲び続けてください。

今日はあなたの奥さんのファンであったものばかりが集まっての追悼会、大いに思い出を語り合いましょう。きっと、天国で奥さんはこの集いをニコニコ、例の黒い瞳をパッチリあけて、喜んでおられると思います。ご冥福をお祈りいたします。

## 通夜、葬式の際のあいさつ

### 弔問客から遺族に

●このたびはまことに突然のことで、ご愁傷様でございます。

●まことに突然のことで残念でございます。心からお悔やみを申し上げます。

●まことに残念でございます。生前にはひとかたならぬお世話になり、ご恩返しもできぬままにこんなことになりまして、何とも口惜しゅうございます。心からご冥福をお祈りいたします。

### 遺族からの返事の言葉

●生前はいろいろお世話になりました。今日はまた、お忙しいところをわざわざご弔問を賜りましてありがとうございます。

### 忌み言葉

不幸なことは重なってはいけないという意味から、葬儀の際には次のような「重ねる言葉」「繰り返し言葉」は使用しないようにする。

〈禁句〉　またまた　重ね重ね　二度　再度

〈つい、使用してしまう言い方〉　まことに重ね重ね残念でございます。

## 弔辞

●○○太郎さん、あなたの上に訪れた死はあまりにも唐突すぎました。前日までお元気に出社しておられたあなたを一夜のうちに拉し去った死というものの厳しさをかみしめながら、お別れの言葉を申し述べさせていただきます。

しかし、私はここにあなたの遺影を前にしている今なお、彼岸の人と相まみえるという実感をどうしても持つことができないのであります。

あなたが昭和○年の◎◎株式会社の設立を前に英国から急遽帰朝され、文字通りの生みの苦しみを味わわれたことは人のよく知るところであります。「技術の××、営業の○○」と並び称されて、車の両輪にも比すべきチームワークのもとに、今日の◎◎株式会社を築き上げたご功績は霊峰富士にも似て、毅然としてそびえ立っているのであります。

あなたが最も重んじたのは品質の向上と信用の確保という商売の王道でありました。これはあなたが本来持っておられた美しい資質の上に、七年にもおよぶ英国における生活を通じて磨かれた信念から発しているものと推察されます。

終戦後品薄となった製品が異常な闇値で世に迎えられたときでも定価販売を貫き通されたこと、いささかでも欠陥のある商品については莫大な損失をこうむることを覚悟の上で全品廃棄を命ぜられたことなどあなたの面目躍如たるものがありました。

今や世界経済に対する日本の貢献が強く要請される反面、経済大国としての日本の在り方について批判もたかまってまいりました。このときに当たって、あなたのような国際感覚に恵まれかつ経済の常道、正道を志し続けた方を失った損失ははかり知れないものがあります。

次に私はご生前に賜った数々のご厚誼に思いをいたしながら、私人としてのあなたの横顔について触れてみたいと存じます。

あなたは職業生活に対する真剣な取り組みを自らに課し、他に教えるとともに、一方、生活をエンジョイすることにも十分心を砕いておられました。ゴルフに対する打ちこみようもその一つでありましたが、晩年足を痛められてプレーから遠ざかることを余儀なくされていても変わらぬ関心を寄せておられました。

あなたは◎◎株式会社、△△社、＊＊銀行の三社の間で催していたゴルフコンペをこよなく愛しておられました。おみ足を痛めてからもプレー後のパーティーにはクラブで一人でお待ちになっていて出席してくださいました。私たちはそれが忘れることのできないうれしさでありました。

ご家族につきましても、賢夫人をはじめ御子息の一郎氏を中心に何等後顧の憂いないことであります。あなたご自身まことに幸せな大往生を遂げられたことと申せましょう。

ここに私はつらいことながら幽明境を異にした事実をあえて確認し、改めてご生前のご厚誼に対し深い感謝の念を捧げ、あなたのご冥福を心からお祈り申し上げます。

それでは○○さん、安らかにお眠りください。

# 包みの表書き

冠婚葬祭の包みの表書きにはいろいろなしきたりがある。地域によったり、贈ったり贈られたりする人の年代によっても使い分けの違いはあるが、たいせつなことは基本をはずさないようにすることである。ここでは、祝儀・不祝儀に分け、具体的な用例に合わせて祝儀袋・不祝儀袋の基本的な表書きを示した。表書きの言葉一覧では、使用度の多い日常の祝いごと、お悔やみごと、贈答などのための言葉を取りあげた。

六曜表は古くから暦の吉凶判断に用いられているが、今では特に祝いごとの贈答等の日の吉凶を知るのに使われている。

## 表書きの基本（祝儀）

上段に表書きの言葉を書き、下段には姓と名を上段の文字よりやや小さめに書く。

文字はなるべく大きめに書くようにする。遠慮がちに書くと、ちまちまとした印象を与えてしまう。また、最近はサインペンなどで書いてあるものをみかけるが、毛筆で書くのが礼儀。できるだけ、毛筆を使用し、墨は濃くして書くようにする。（ただし、関西地方には、不祝儀には薄墨を使用するところもある。）

水引きの結び方は、写真のもの（あわび結び）のほか、結び切り、蝶結び、飾り結びなどいろいろあるが、文字の位置は基本的には結び目の中央に合わせる。

住所を書くときは右側に小さく

包みによっては中に住所を書く場所があるものもあるが、表に書くときは、名前の右に小さめに書くようにする。

代表者の名前だけを書くときは

一人の名前を書き、その左に「外一同」と書く。全員の名前は、別紙にまとめ同封したり、中包みに書いてもかまわない。

あて名を書くときは左上に

何人かの人に贈る場合（特に子供あて）は、間違えないようにあて名を書く必要がある。その場合は左上に小さめに書く。

会社名を書くときは右側に

その他、所属するグループや会の名称、肩書きなども名前の右側に、名前よりもやや小さめに書く。

連名のときは目上の人を中央に

目上の人を左右の中央に書き、以下順に左に書く。ただし、連名も三名までで、それ以上は代表者の名前を書くようにする。

豪華な飾り付きのときは

水引きやのしが豪華な飾りになっているときは、短冊に書く。市販の豪華な包みには、短冊が付いていることが多い。

連名で、かつあて名を書くときは

あて名の真下がいちばん目上の人で、以下右へ順に目下の人の名前を書く。（あて名がないときとは逆になるわけである。）

名刺を貼るときは

名刺を貼るのはあくまでも略式。できるだけきちんと書いたほうがよいのだが、急のときは中央より少しずらして貼るようにする。

# 表書きの基本(不祝儀)

## 仏式の場合

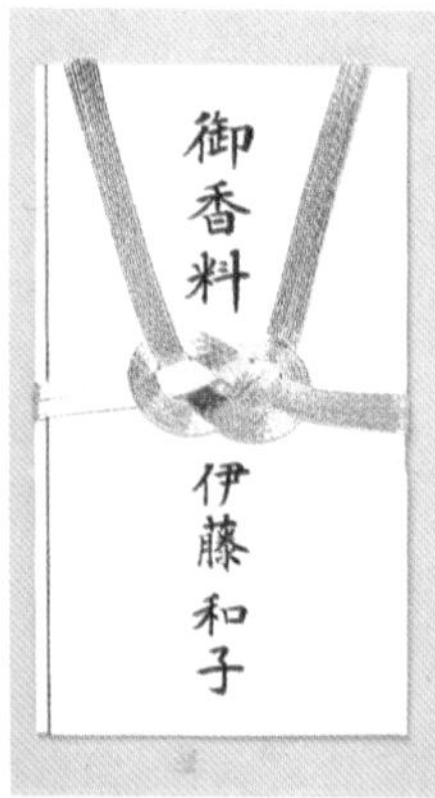


「御霊前」は仏式に限らず、神式・キリスト教式にも使える。名前の書き方は、祝儀の場合と同じである。

「御香典」「御香料」は香の代わりという意味なので、仏式だけに使用する。

水引きは、黒白・黒銀・双銀・黒銀白・黄白などで、不幸は一度だけにしたいという意味から結び切りにする。

## 神式の場合

神式では、仏式の焼香の代わりに玉串(たまぐし)を捧げるので、「御香典」は使わず、「玉串料」「御神前」と書く。「御霊前」は使えるが、蓮(はす)の花の模様入りの不祝儀袋は使わないようにする。

水引きは、双銀または黒白のもので、結び切りにして使用する。

## キリスト教式の場合

キリスト教式の場合は、花を捧げるので、「お花料」とする。これはプロテスタント・カトリック共通。「御ミサ料」はカトリックのみに使用する。

やはり「御霊前」は使えるが、蓮の花の模様入りの不祝儀袋は使わない。白封筒か、専用の百合と十字架の模様入りのものを使う。

## 表書きの言葉一覧

### 祝儀

●結婚のお祝い

**結婚祝いの贈り物** 御祝・祝御結婚・寿・御慶・御歓
**結婚祝いのお返し** 内祝
**結婚式の引き出物** 寿
**仲人へのお礼** 御礼
**手伝いの人や運転手・美容師への心付け** 御膳料・御祝儀・寿
**神社へのお礼** 初穂料
**お寺へのお礼** 寿
**教会へのお礼** 献金

●出産等のお祝い

**着帯のお祝い** 御帯祝・帯掛御祝・寿
**帯祝いのお返し** 帯掛内祝
**出産祝いの贈り物** 御祝・御出産祝・祝御安産
**出産祝いのお返し** 内祝
**医師や看護婦へのお礼** 御礼・薄謝
**お宮参りのときの神社へのお礼** 初穂料・玉串料
**七五三や十三参りのときの神社へのお礼** 玉串料・御祈禱料
**入園・入学のお祝い** 御祝・御入園(御入学)祝・御入園(御入学)おめでとう
**その他** 祝御七夜・祝御宮参・祝御食初・御初節句

●いろいろなお祝い

**上棟式** 祝御上棟・祝上棟式
**新築** 祝御新築・御祝・祝御新居・完成御祝(ビル等は、祝御落成・落成御祝・祝御竣工・御竣工祝)
**工事関係者や従業員などへの心付け** 御祝儀・寸志

●お見舞いや励まし

**病気やけがのお見舞い** 御見舞・祈御全快・御伺
**お見舞いのお礼** 快気祝・内祝・謝御見舞
**発表会などの招待お礼** 御祝・楽屋御見舞
**受賞のお祝い** 御受賞御祝・御祝・祝御入選・入賞御祝・祝優勝・祝栄冠・祝勝利
**転勤、転居・旅立つ人などへの贈り物** 御餞別・おはなむけ

### 不祝儀

●仏式の告別式

**金包み** 御霊前・御香典・御香料
**供物を持参** 御供
**お寺や僧侶へのお礼** 御布施・御経料・御回向料
**手伝いの人への心付け** 志・御礼

●神式の告別式

**金包み** 御神前・玉串料・御榊料・御霊前・御神饌料
**供物を持参** 御供
**神官へのお礼** 御礼・御祈禱料・御祭祀料

●キリスト教式の告別式

**金包み** お花料・御花料・御霊前・御ミサ料(カトリックのみ)
**神父、牧師へのお礼** 御礼・お礼
**教会へのお礼** 献金・記念献金

●法要

**仏式** 御仏前・御供
**塔婆供養** 御塔婆料・御塔婆供養料・卒塔婆料
**神式** 御神前・玉串料・御神饌料
**キリスト教** お花料・御花料・御ミサ料(カトリックの場合)・ミサ御礼(カトリックの場合)

### 季節の贈答

**新年** 御年賀・御年始・賀正・お年玉
**中元など** 御中元・暑中御見舞・残暑御見舞
**歳暮** お歳暮・御歳暮
**その他** 御挨拶・寸志(年長者には使わない)・薄謝(年長者には使わない)・粗品・贈呈・謹呈・進呈・金一封・寄贈・奉納・御寄進

## 六曜表

◐先勝(せんしょう) 「先勝日(せんしょうにち)」の略。急用や訴訟などにはよい日、ただし午後は凶。「せんがち」とも言う。

㊀友引(ともびき) 「友引日(ともびきにち)」の略。友を引くと言って、この日の葬儀は忌む。朝晩は相引きで勝負なしの吉、昼は凶。

◑先負(せんぶ) 「先負日(せんぶにち)」の略。この日はひかえめ、静観して吉。ただし、午後は大吉。「せんまけ」とも言う。

●仏滅(ぶつめつ) 「仏滅日(ぶつめつにち)」の略。この日は、何事をするのも忌むべき日。万事に凶。

○大安(たいあん) 「大安日(たいあんにち)」の略。この日は、何事をするのも良し。万事に進んで吉。「だいあん」とも言う。

◐赤口(しゃっく) 「赤口日(しゃっくにち)」の略。この日は、何事をするのも忌むべき日。大凶の日。ただし、正午のみ吉。「しゃっこう」とも言う。

# 電話・電報

遠距離であっても、居ながらにして話ができる電話は、日常生活に欠かせない便利な道具である。身内や友人たちとふだん着のままで話せるような気軽さがある。しかし、話す相手がいつも親しい人物だけとは限らない。上司や先生を相手に改まった内容を話さなければならないこともある。そういうときに、いざ受話器を握ってみると、言葉に窮したり不適切な使い方をしたことは、だれしも一度は味わった経験があるだろう。ここでは、電話をかけるとき、受けるときの言葉遣いを中心に応答例をあげてみた。

一方、電話の普及により、電報の利用度は以前ほど多くはなくなったが、冠婚葬祭には欠かせないものである。T・P・Oに応じた電報例もいくつか取りあげた。

## 電話

電話では、相手に顔や姿が見えないが、気持ちは、声の調子や雰囲気などから相手に伝わるものである。T・P・Oに応じて話すようにしたい。

### 自宅で電話を受ける場合

1「はい、山田で（ございま）す」
まず、受けた側は姓を名乗る。

2「村山様（さん）でいらっしゃいますか。いつもお世話になっております」
相手が名のったら、確認の意味で名前を繰り返す。

3「父ですか。申し訳あり（ござい）ませんが、あいにく外出しております」

家族のことを相手に話すときは、「おとうさん」「おかあさん」ではなく、「父」「母」という。

当人が在宅する場合は、「少々お待ちください」と伝え、速やかに当人に代わる。受話器は、いつの場合でも相手方にガチャンという聞き苦しい音が聞こえないように、静かに置く。


4「九時ごろ帰宅する予定です。それからでもよろしければ、帰りしだい、こちらからお電話差し上げます。もし、御都合が悪ければ、明朝にいたしますが」

当人が不在の場合、相手に不都合がない限り、受け手の側から電話をかけ直すのがエチケット。

常識的には、午後九時以降は電話をかけないのが礼儀である。

5「それでは、お電話番号をお願いします。はい、265-92××ですね。はい、そのように申し伝えます。ごめんください」
番号を聞き違えないように復唱する。また、メモと鉛筆を用意しておくと便利。

●明快、明朗、一音一音はっきりと。

### 自宅から電話をかける場合

1「もしもし、山田さんのお宅ですか」
かけ間違いのないように、相手が出たら、正しい相手先かどうかを、必ず確認する。

2「夜分遅く、たいへん失礼します」
夜九時以降または、早朝八時以前に電話するときは、ひとことわびておくのがエチケット。

3「私は、村山と申します。先生は御在宅でしょうか」
先方の名前を聞いておいて、自分が名のらないのは失礼。聞かれる前に名のる習慣をつけたい。

4「先生でいらっしゃいますか。私、五年三組の村山わたるの母親でございます。いつも息子がお世話になっております」
当人が出たら、もう一度自分の名前を告げ、相手に電話のかけ手がだれであるかを、はっきり知らせる。

5「じつは、息子が急に発熱しまして、風邪のようなので、明日の遠足はお休みさせていただきたいのですが。夜分御自宅に失礼かとは思いましたがお電話差し上げました。どうか、よろしくお願いいたします」
用件、事情は手短に伝える。あらかじめ、メモしておくとよい。

●話が長びきそうな場合は、相手が話せる状態かどうかを確かめる。
●手が放せないときは、自分の方からかけ直す。

電話のメリットは、手紙やはがきよりもより早く相手に用件を伝達できることである。しかし、相手が見えないために、ややもすると自分本位になりかねない。かけ手には緊急の用件であっても、受け手は取り込み中や就寝中のこともある。忙しいために無遠慮ない方で、相手に不快感を与えることのないよう、状況を確認してから用件に入る思いやりをもつようにしたい。

### オフィスで電話を受ける場合

1「はい、こちら○○社でございます」
長い間待たせたときは、ひとこと「お待たせしました」といっておくと、相手にも不愉快な思いをさせなくてすむ。また、担当部課への直通電話の場合は、○○社○○部（課）のセクション名までいう。

2「いつもお世話になっております」
得意先に対しては、このように続けるのが慣習となっている。

3「はい、部長ですか。失礼ですがどちら様でしょうか。少々お待ちください」
自分の上司でも、社外に対しては、部長さんとか、○○さんなどと「さん付け」にせず、呼び捨てにする。ただし、社内の人間や当人の家族に対しては、ていねいに「さん」を付ける。当人に受け渡すときは、必ず相手の所属、名前を聞いておく。また、相手を待たせるときは、受話器をふさぐなどして、こちらの音声が相手に聞こえないようにしておく。しばらく待たせるようなときには、状況を説明して「もうしばらくお待ちください」などといって、相手をいらいらさせないような心配りが必要である。待つ身になって応対すると、トラブルも少ない。

4「たいへんお待たせいたしました。申し訳ございません。あいにく部長は来客中です。もしよろしければ、後ほど、こちらからおかけ直しいたしますが」
受け手の都合で電話が取り次げない場合は、受け手の側から電話をかけ直す心配りも、ときによっては必要。

5「はい、かしこまりました。そのように申し伝えます。では、お電話番号をどうぞ。はい、復唱いたします。265の92××番ですね。承知いたしました。では、失礼いたします」

ベルが鳴ったら、メモと鉛筆を用意して受話器をとること。長距離電話の場合も考えて、相手を待たせないように心がける。電話番号を聞いたら、必ず復唱して、誤りのないように気をつける。

また、相手が受話器を置いてから自分の方も置くようにするのが礼儀。

●ていねいな言葉遣いで、手際よく処理する。
●会社の代表としての心配りを忘れない。
オフィスでは、同時に何本も電話が入ってくることが多い。自宅で受けるときよりもさらに、要領よく処理するよう心がける。また慇懃(いんぎん)無礼にならない程度のていねいさが必要。

ときには苦情電話が入ることもある。たとえ自分が直接かかわっていない用件でも、「私の担当ではありませんので……」などと責任を回避するのは好ましくない。会社の一代表として謝罪するくらいの、心配りも、電話応対を円滑にするポイントである。

### T・P・Oに応じた、電話のかけ方・受け方

**在席しているとき**
（他の者が出たとき）

「はい、高橋ですか。代わりますので少々お待ちください」

「はい、おります。失礼ですが、どちら様でしょうか」

（本人が出たとき）

「お待たせいたしました。高橋です」

「はい、高橋です」

**間違ってかかってきたとき**
「いいえ、こちらは販売部ですが。（ただ今、そちらへおつなぎしますので、少々お待ちください）」

**会議中のとき**
「あいにく会議に入っておりますが。どちら様ですか」

「ただ今、会議中ですが、どのような御用件でしょうか」

「会議中ですが、三時ごろまでには終わると思います」

「申し訳ありません。今、会議中です。終わりしだいこちらからお電話差し上げます」

**出張のとき**
「きのうから出張しておりますが、あさってには出社する予定です」

**席にいないとき**
「あいにく、席におりませんが」

「ただ今、席をはずしております」

「社内におりますので、すぐ戻ってくると思います」

「申し訳ございません。ただ今外出しております」

「ただ今、外出しております。四時帰社の予定になっております」

**先方から伝言を頼まれたとき**
「はい、少々お待ちください。……どうぞおっしゃってください」
「では、田崎が戻りましたら、そのように申し伝えます。受けました私は、鈴木と申します」

**伝言を頼むとき**　「もし三時までにお戻りのようでしたら、○○社の田崎までお電話くださるように、お伝えください」

「至急ご連絡したいことがありますので、お帰りになりましたら、お伝え願いたいのですが」

「お帰りになりましたら、三号会議室で会議をやっておりますから、至急おいでくださるようにお伝えください」

「恐れ入ります。下村課長に、佐藤部長まで企画案を持っておいでくださるよう、お伝えください」


**相手を電話口に呼びだすとき**　（上司の代理としてかける場合）

「○○社の鈴木からですが、田中さんはいらっしゃいますか」

「○○社の鈴木ですが、宣伝部の田中さんをお願いします」

「○○社の鈴木ですが、田中さんがおいでになりましたら、恐れ入りますが電話口まで、お願いいたします」

相手が電話口に出る前に、本人とかわっておく。

「部長、田中さんがお出になります」

（相手がいない場合）

「いつごろお帰りになりますか」

「お帰りになりましたら、御連絡いただけませんでしょうか」


**訪問時間の都合をたずねるとき**　「こちらは△△社の広報課です。じつは、午後二時ごろ、課長の山本がお訪ねしたいのですが、上田課長の御都合はいかがでしょうか」

「そうですか、三時ならよろしいのですね。しばらくお待ちください」

「はい、では三時ごろお伺いいたしますので、そのようにお伝えください」

**テレホンサービスのいろいろ**

- 100＝市外通話の申し込み
- 104＝番号案内
- 106＝コレクトコール、クレジット通話の申し込み
- 107＝新幹線列車通話の申し込み
- 110＝警察への急報
- 113＝電話の故障の問い合わせ
- 115＝電報申し込み
- 116＝電話の移転
- 117＝時報
- 119＝消防署への急報（火事・救急車）
- 177＝天気予報
- 001＝KDD国際ダイヤル通話の申し込み
- 0051＝KDD国際電話の申し込み（オペレーター）
- 0057＝KDD国際電話に関する問い合わせ
- 0120-000104＝フリーダイヤル番号案内

## 電報

電報は、字数によって料金が決まる。できるだけ少ない字数で、自分の伝えたい内容を要領よくまとめなければならない。

電文を考えなければいけない煩わしさはあるが、申し込むのは簡単である。局番なしの一一五番をダイヤルすればよい。

配達日指定のお祝い電報は一〇日前から受け付け、三日前までに申し込むと割引きサービスがある。夜間配達は、午後七時から翌日の午前八時まで。

作られた文例もあるが、他人と同じものではなく自分の言葉で相手の胸をうつ、心のこもった電文を送りたいものである。

次に場合によるいくつかの参考例をあげる。

### 慶事

**結婚祝い（友人へ）**
●きょうからせいがかわるのね、きゅうせいわすれてがんばって
●ひとりよりふたりがくらしやすいよ、ちえが二ばい、パワーも二ばい
●あんまりめじりをさげるな、じんせい、へいじょうしんがかんじんだ
●とうとうさきをこされた、うさぎとかめのたとえあり、おれはかめでいく
●かしてはおっとにしたがえはふるい、だんなさんをひっぱりまわしてね
●はなよめごりょうはなぜわらうの、うれしいからにきまってる
●きみもとうとうとらわれのみになったか、おめでとう、ごしゅうしょうさま

**（上司から部下へ）**
●よろこびは二ばい、かなしみは二ぶんの一、二にん三きゃくでがんばれ
●よかった、よかった、やっといちにんまえになれたな
●ごぜんさまにならぬようみをつつしむべし、けんこうがしあわせのもと
●やっとちこくしないですむな、つまはめざましどけいではないぞ
●おめでとう、こんどはこづくりにはげめよ

**（後輩から先輩へ）**
●あたらしいかどで、じゅんぷうまんぱんのじんせいをいのる
●どくしんれんめいをだったいしたひととは、もうあそんであげない
●ぼくもおよめさんがほしいです、ゆびをくわえています
●ともはみな、かたづいてゆきわれひとり、のこされてなおあわきゆめおう、おめでとう
●あああ、やんなっちゃうな、だれもかれもけっこんしていく
●せんぱいのきびにふして、ことしはよめさがしにぜんりょくをかたむけます
●まてばかいろのひよりありです、いつまでもせいてんがつづきますように

**出産祝い**
●よつぎのみこのたんじょう、めでたしめでたし
●おやじになったかんそうはいかが、おめでとう
●おんなのこはちちおやにになる、おたくはどっちかな

**入学祝い**
●からだよりランドセルのほうがおおきいぞ、一ねんせいおめでとう
●もうちゅうがくせいか、おじさんはとしをとるだけ
●こうこうじだいはじんせいのはな、がんばれ
●だいがくせいはもうおとな、あまえぐせをすてること
●だいがくはともだちをつくるところ、せいしゅんをおうかせよ

**誕生日祝い**
●とうとうおとなになったか、じんせいにせきにんをもて
●三〇にしてたつ、すべてのめんでどくりつどっぽ
●四〇にしてまどわずはむかしのこと、いまはわくわくのとし
●五〇だいはおとこざかり、いよいよせきにんがおもくなったな
●かんれきの六〇はわかすぎる、七〇になったらいわおう

**就職祝い**
●こきこきといわれてもはらをたてるな、じんせいこれからだ
●しゅうしょくおめでとう、なつのボーナスあてにしてるぞ
●サラリーマンせかいはきびしい、がくせいことばをすてろ
●いよいよしゃかいじんか、ちかいうちに一ぱいのもう
●じんせいすべてしょうぶ、まけるな、あせるな

**母の日の祝い**
●おかあさん、ながいきしてね、いつもあまえてすみません

**敬老の日の祝い**
●おばあちゃんいればのぐあいはどう、よくかんでね

**スポーツの優勝祝い**
●うった、まもった、かった、なみだがでた
●トライ、トライ、なみだでテレビのがめんがくもった

### 弔事

**父親を亡くした人へ**
●だいこくばしらがたおれたかなしみ、よくわかる、きみのせきにんがおもくなったね

**母親を亡くした人へ**
●ははのぬくもりいつまでもわすれずに、ごめいふくをいのる

**祖父母を亡くした人へ**
●じんせいのたつじんがなくなった、おしい

**子どもを亡くした人へ**
●こどもがさきだつことほどつらきものはなし、かなしみをこらえてがんばれ
●こどもはいまどこをあるいているのか、なぐさめのことばもない。ざんねんにおしい

**兄弟を亡くした人へ**
●ああしゅうさい、いまはなし、ほんとうにおしい
●かわいかったかおをおもいだす、じんせい、これ、くうくうばくばく
●たよれるひといまはなし、あにのぶんまでがんばれ
●みもこころもうつくしいひとだった、おねえさんのめいふくをいのるのみ

実際の電報文は、通例、横書きである。

# 中国の故事名言

古典から生まれた名言は、それぞれ格調高く表現された、由緒ある語句であり、また、昔から多くの人々に感銘を与えてきた言葉である。これら名言の出典は、とくに、中国の古典にもとめられるものが少なくない。ここでは、冠婚葬祭時の祝辞やあいさつ、研修会・講演会などでのスピーチ、その他、人とのつきあいの中で使われ、豊かに、また力強く生きるための励ましや戒めとなる、中国古来の故事名言を選んだ。それぞれに使われるおもなケースを付記したが、使い方によって、励ましの言葉がいましめの言葉となったりもするので、その場に応じた使い分けをするよう心がけたい。

## 励ましに

### 大丈夫、当に雄飛すべし

男子たる者、大いに志を立て、天下に向かって大事業をうち出すべきである。決して埋れた境遇に甘んずるべきではない、という後漢の趙温の心意気。「大丈夫」とは、志操のしっかりした立派な男子の称。

社会に一歩を踏み出した若人に贈りたい言葉。

出典『後漢書』趙典伝

### 臥薪嘗胆

固い薪の上に寝て、苦い胆を嘗めること。目的を果たすために、あらゆる苦難に耐え、自らを励ますこと。また、仇を討つために苦労して頑張り抜くことのたとえ。

受験生や競技に出場するために頑張っている人などへの言葉。

出典『十八史略』巻一、『史記』越世家

### 鶏口と為るも牛後と為る勿れ

大きなものに付き従うよりは、たとえ小さくても頭になれ。例えば、小さくとも社長のほうが、大会社の平社員よりましだ、というときに使う言葉。

大きな組織から抜け出して、自らがトップに立とうとしている人、また、そのようになりたいと願っている人への励ましの言葉。

出典『史記』蘇秦列伝

### 疾風に勁草を知る

激しい疾風が吹くと、弱い草はなぎ倒されてしまうので、初めて強い草の存在がわかる。転じて、困難や非常の時に出会って初めて、節操の堅い人物がわかるという、後漢の祖光武帝が部下の王覇に言った言葉。「勁」は、強い意。「勁草」は、くきが強くて丈夫な草。そこから、志操のかたい人物をたとえる。

これと同じ意味の言葉で有名なのが「盤根錯節に遇いて利器を知る」である。わだかまった根や混み入った節に当たらなければ、その道具がよく切れるかどうかわからない。

転じて、「無事平穏」なときには、その人の良し悪しは知りにくいが、困難な事態に遇うと、その能力がわかるという意。

あっちにふらふら、こっちにふらふらと進路が決まらないでいる若者に、いましめも含めて贈りたい言葉。

出典『後漢書』王覇伝

### 君、臣を択ぶのみに非ず、臣も亦君を択ぶ

君臣の関係も結局は一種の雇用契約で成り立っている。君主は雇う立場だから臣下を選んで採用する。同様に、仕える側の臣下も、立派な君主を選ぶことができるということ。新卒者が就職先を選ぶとき、会社が君主に相当する。そこの社長の人格までは考えていない。が、転職するとなると、とくに相手が中堅企業以下の規模の場合、トップの人格が問題となる。組織より社長個人の力量才覚に負う所が大きいからだ。

組織の中での上下関係に悩んでいる人に贈りたいひと言。

出典『後漢書』馬援伝

### 捲土重来

一度敗れた者が、再び勢力を盛り返し、巻き返しを図ること。

受験に失敗した人に贈り、励ましたい言葉。「重」を「ジュウ」と読んでも間違いではない。

出典 杜牧「題烏江亭詩」

### 老いては益 壮んなる可し

老年になったからといって、生気をなくしてはいけない。ますます意気を高くして、青年のように張り切って生きなければいけないという、後漢の大将軍馬援の言葉。

定年や還暦を迎えた人に贈りたい。ただし、「年寄りの冷や水」にならないように注意。

出典『後漢書』馬援伝

### 騎虎の勢い、下るを得ず

いったん虎の背にまたがって走り出したら、虎が疲れて止まるまで下りるわけにはいかない。途中で下りたら大ケガをするし、虎に食い殺されてしまうからだ。事を始めたら、あくまでやり通せ、ということ。

転じて、物事の勢いに乗じてやりだした事は、途中でやめることができなくて、勢いの赴くままにまかせる。また、物事のゆきがかり上、中止しにくいことのたとえ。

受験や、何か大きなことをやりとげようとしている人に贈りたい。世間に認められないからと挫折しそうな時には励ましとなる言葉である。

出典『隋書』独孤皇后伝

### 読書百遍 義自ら見る

書物は、繰り返し繰り返し熟読することによって、意味内容が自然に理解できるようになる。魏の在野の学者董遇は、若い頃から大変な勉強家で、拾い集めた自生の稲を背負って歩きながら、つねに経書を手から離さず、暇さえあれば読んでいた。この董遇に弟子入りを申し込んだ者があったが、彼は「わたしに学ぶより、君自身、まず一冊の本を百遍読みなさい。その言わんとするところは、人に聞かなくてもわかってくるものです」と断った。「いや、手っ取り早く知りたいのです。とてもそんな暇はありません」「暇はできます。冬と夜、それに雨の日です」董遇は後に、その学識をかわれ、朝廷に召されて、顧問官から大蔵大臣にまでなった。

読書嫌いな若人や手ぬきをして事を進めたがる人にいましめを含めた励ましとして使いたい言葉である。

出典『三国志』魏志十三・注

### 五斗米の為に腰を屈せず

わずかな給料のために、くだらない上役にぺこぺこ諂うことはできない、ということのたとえ。爾来千五百年、いまもってこの〝五斗米の為に〟という故事が生き続けているのは、これがサラリーマンにとって、生涯に何度となく味わう屈辱の思いを、痛切に言い得ているからであろう。

〝すまじきものは宮仕え〟と、自分の意見が通らずにしょげている人へのなぐさめと励ましのひと言。

出典『晋書』陶潜伝

### 棺を蓋いて事定まる

生前の毀誉褒貶―ほめたりけなしたりすること―は当てにならない。人間の真の評価は死後はじめて決まるものだ、ということ。「人間、生きているうちに、その人の価値は決まらない。棺桶に蓋をされて後、はじめて真価がわかるのだ。君はまだ若い。これからだ。疲れ切って山奥に暮らしているなどと、自分の不遇を嘆いていてはいけないのだ」と、杜甫が『晋書』劉毅伝にある「大丈夫、棺を蓋いて方に定まる」を引用して、不遇を嘆いている友人の子、蘇徯に贈った詩の一節。

受験に失敗したり、長年の研究が先を越されて発表されてしまったりして、人生に挫折した人へのなぐさめと励ましの言葉。

出典 杜甫「君不見簡蘇徯」

### 豹は死して皮を留め、人は死して名を留む

豹は獣でありながら死後、美しい毛皮を残す、ましてや万物の霊長である人間は、死んでもなお生前の名声を残すべきである。人間は、名誉を重んじなければならない、ということ。

受験、事業等の失敗でなげやりになっている人に与えて、励ましたい。

出典『五代史』王彦章伝

**人間万事、塞翁が馬**

人の世の禍福吉凶は定まりがなく、幸不幸も変転しやすい。だから、いたずらに一喜一憂しても、はじまらないというたとえ。塞翁は、国境付近の要塞の周辺に住んでいる老人。あるとき、この老人の馬が逃げたが、しばらくすると良馬を連れて帰ってきた。隣人が祝うと「いずれ災いを招くかも知れない」と答えた。案の定、老人の子が良馬から落ちて足にけがをした。しかし、そのおかげで子は徴兵をまぬがれたという。

事業などに失敗した人に贈りたい言葉。

出典『淮南子』人間訓

**随処に主と作れば、立つ処皆真なり**

どこであろうと、つねに自分の本心を忘れず、主体性をもって事に当たれば、立っている所がすべて真実の道に通じる、という臨済宗の始祖、臨済義玄の言葉。「随」は、従う、なるにまかせる、の意。随処は随所で、与えられた所、選んだ道に従うということ。どんな仕事を与えられても、その仕事に適応しつつ、主体的に取り組んで、主人公になった意気込みで励むならば、おのずから道が開け、自分にとっても真実の道、すなわち自己実現につながっていく、という意味。人間、どんな立場に遭遇しようと、またどんな仕事につこうとも、逃げ腰になってはいけない。自分自身が選んだことでなくとも、それも仏縁と思って受け入れ、全身全霊を傾けて努力すれば、そこが幸せの道になるということ。

希望した会社に入れなかったり、希望しない転勤が決定してしょげている人へのなぐさめと励ましの言葉。

出典『臨済録』示衆

## 生き抜くために

**泰山は土壌を譲らず**

「故に能く其の大を成す」と続く。泰山は、どんな土くれでも選り好みせず、すべてを受け入れているから、あんな高い大きな山になったのだ。転じて、大人物は度量が広く、多くのものを吸収することによって大成する。度量の広い人は、どんな人の意見も聞き入れて、大事業を成し遂げるというたとえ。泰山は、山東省にある中国一の名山。「太山」とも書く。「譲」は、分け与えるという意ではなく、遠慮して辞退する、拒む、退ける、の意。

大きな事業を始めようとしている人や、組織のトップをめざして励んでいる人に与えたい言葉。

出典『史記』李斯列伝

**遠く交わりて近く攻めんには如かず**

戦国時代、魏の策士范雎がとなえた有名な「遠交近攻」の対外戦略。遠国と同盟関係を結んでおいて、近隣諸国を攻める策である。また政党内の派閥抗争、企業間の業務提携にも、よく活用される基本戦略となっている。

経営者への助言はもちろん、親類、地域社会などの対人関係に悩んでいる人への助言。

出典『戦国策』秦策

**天の時は地の利に如かず**

「地の利は人の和に如かず」と続く、あまりにも有名な孟子の戦略論。「勝敗は時の運」とは言うが、むろんそれには双方の条件がほぼ同じであってのこと。運で決まる前に、必勝の立場をとるには、まず第一に天の時、第二に地の利、第三に人の和を考え、この三条件を整えることがかぎ、と考えられていた。しかし孟子は、この三条件を同等とはせず、順位をつけて、人の和こそ一番大事としたのである。どのような組織でも、人の和が無ければチームワークが乱れ、統制のとれた行動はとれないということ。

経営を始める人、研究などのプロジェクトを組む人への助言となる言葉。

出典『孟子』公孫丑・下

**先んずれば人を制す**

機先を制すれば、人に対して優位に立てる。何事も後手に回ってはいけない。戦争はもちろん勝負事全般に通じる作戦だが、例えば野球の場合、先制攻撃をかけ先取得点をあげれば、試合運びが断然有利になる。先手を取ることが大事という、項羽の挙兵にまつわる故事。

企画や宣伝など、流行を常に先取りしていなければならない人に贈りたい言葉。

出典『史記』項羽本紀

**彼を知り己を知れば、百戦して殆うからず**

敵のことはもとより味方のことも、つまり彼我双方の実力をよく知って比較検討し、それから戦いに臨めば、「百戦百勝」もまず疑いない、という孫子の名言。

この情報重視の考えは軍事面だけでなく、経済、ビジネスはもちろん、人生一般に通ずる上策といえる。

社内研修会、社長訓示などで社内の結束を図ったり、志気を高めたりするときに使いたいひと言。

出典『孫子』謀攻

**将を射んとすれば、先ず馬を射よ**

相手を倒し、あるいは屈服させるには、相手の頼みとするものを倒し、あるいは屈服させるのが早道だし、成功へつながる、というたとえ。転じて、ビジネスの営業での得意先確保や、また恋愛において、当の相手を直接、口説くのではなく、周りから攻略していく戦法をいう。

現代の家庭では、夫と妻が、他から見ればどちらが将で、どちらが馬か、よくわからない場合が多い。もし子供がいれば、そちらが馬と考えたほうが早い。

相手の親の反対で結婚できずにいる人や、契約をとれずにいるセールスマンに贈りたい言葉。

出典　杜甫「前出塞詩」

**創業は易く、守成は難し**

新しい事業を始めるのはたやすいが、それを盛り立てて維持することは難しい。

有頂天になって、気をゆるめているように見える若者に贈りたいひと言。

出典『貞観政要』第一巻「君道」

**三顧の礼を尽くす**

優秀な人材を獲得するには、それ相応の礼儀と処遇が必要だ、というたとえ。「事業は人なり」で、事業経営も人材こそ要。とくに新規事業に進出する場合などは、社外に人を求める必要も出てくる。この人物こそ、というときは、社長自身が相手方へ出向いて説得するくらいの誠意がなければいけないということ。

人材不足で悩んでいる経営者に贈りたい言葉。

出典『三国志』蜀志・諸葛亮伝

**運用の妙は一心に存す**

規則とか戦術とかいうものは、ひとつの原則的なやり方を示すものであって、それだけに依存してやっていても、効果を上げることは、おぼつかない。それを臨機応変に活用しうるか否かは、それを用いる人の心構え一つにかかっている。

発想が固定化していて四角四面、融通のきかない人に与えたい言葉。また、あまりにもめまぐるしく変化する人には逆の意味で使いたい苦言。

出典『宋史』岳飛伝

**士は己を知る者の為に死す**

男子たる者、自分の値打ち、志を知って待遇してくれる人のためには、命を捨てることも惜しまない。

部下の中に、こうした気概を持って誠心誠意尽くしてくれる者がいたら、その一事をもって、その上司は、良き上司といえる。

なかなか行動を起こさない部下や自分勝手な身内に言いたい苦言であるが、うっかり言いすぎると逆効果。また、反対に上司に自分をアピールする言葉としても使える。

出典『史記』刺客列伝

**虎穴に入らずんば虎子を得ず**

安全確実なだけでは成功はおぼつかない。大きな手柄を立てるには、危険を承知で冒険しなければ実現しない、という後漢の武将班超（三二〜一〇二年）の言葉。これに似たことわざに、「危ない所に登らねば熟柿は食えぬ」「危ない橋も一度は渡れ」がある。

新しいことを始める人、特にやや消極的な人への助言。

出典『後漢書』班超伝

**断じて行えば鬼神も之を避く**

決断してためらわずに事に当たれば、どんな困難な事でも実行できる。決死の覚悟で、思い切ってやったら、どんな障害も避けられる。

大学受験、入社試験に挑戦する人、新事業を始めようとする人への助言。

出典『史記』李斯列伝

**糟糠の妻は堂より下さず**

貧乏時代、苦労をともにしてきた妻は、大切にして決して見棄てない。

挫折しそうな夫婦の間でのなぐさめと励ましの言葉。また、金婚式などのお祝いの席での言葉としても使える。

出典『後漢書』宋弘伝

# いましめに

### 事は密なるを以て成る

物事は、秘密のうちに実行して、初めて成功するものだ。

どんなに優れた作戦計画も、敵に知られたら終わりだ。経営でも同じ。人事・営業・商品開発・技術研究など、どれも秘密が守られてこそ成就する。コンピューター社会のいま、情報管理の重要性は、ますます高まっている。価値ある情報こそ、秘密が大事である。漏れたら価値はなくなる、と心得なければいけない。

この故事は、もとは、「そもそも物事は、秘密を守ることによって成功し、相談事は、漏れることによって失敗する。しかし、必ずしも自分が、相手の秘密を知ろうという気がなくても、話をしているうちにふと相手の隠そうとしている事柄に触れると、自分の立場が危険になる」という説得する難しさ「説難」を説いている。

新企画などの研究に従事している人々に贈り、自分自身でも心にとめたい言葉。

出典　『韓非子』説難

### 敗軍の将は兵を語らず

戦いに負けた将軍は、武勇や兵法について、かれこれ言う資格がない。失敗した者は、その事について発言する資格がない。

勝負に負け、言いわけをしている人に言いたい言葉。スポーツ、ゲーム等の勝負事はもちろん、事業・学業等の敗北者にもさらりと伝えたい。

出典　『史記』淮陰侯列伝

### 匹夫罪なし、璧を懐いて罪有り

罪のない善良な凡人も、身分不相応な財宝を持つと、かえって災いを招くことになる。現代に当てはめると、土地がまさしく璧。親の家が、坪何千万円となると、「遺産を懐いて罪有り」となりかねない。「匹夫」は、小人、平凡な男、の意。「璧」は、外径が内径の三倍くらいある、環状の平たい宝玉。古代中国では最高の宝石の一つとされた。

巨額な財産を譲りうけたり、大もうけしたりして有項天になっている人へのいましめの言葉。

出典　『左伝』桓公十年

### 後生、畏る可し

後輩を侮ってはいけない、将来に無限の可能性を秘めているという、孔子の言葉。「後生」は「先生」の対語。つまり自分より先に生まれて自分より優れている者が先生であり、自分より後に生まれた者が後生。だが、その後生は、未知数とはいえ、学問に励めばその進歩は畏るべきものがある、ということ。

「畏る」は、恐怖のおそる、こわいとは違って、畏怖、畏敬、つまり好い意味で注目し尊敬すべきことをいう。

目下や未熟な者に「若僧のくせに……」と口ぐせのように言っている人へのいましめとしての助言。

出典　『論語』子罕

### 水清ければ魚棲まず

水があまり清く澄み切っていると、隠れる所がなく、餌も少ないので、かえって魚が棲みつかない。転じて、人もあまり厳格清廉すぎると、人が寄りつかず、孤立してしまうことのたとえ。

会社内でも、結婚生活でも使えそうないましめの言葉。

出典　『後漢書』班超伝

### 九仞の功、一簣に虧く

いま一歩、というところまで来ていながら、手を抜いたがために、事が失敗に帰することのたとえ。「九仞」は「九尋」と同じ、「一仞」は周の制度では八尺。従って九仞は、非常な高さ、または深さをいう。「簣」は、土を運ぶ籠、もっこのこと。

中途半端なことばかりしている、特に今どきの若者にすすめたいいましめ。

出典　『書経』旅獒、『孟子』尽心

### 瓜田に履を納れず、李下に冠を整さず

人から疑いをかけられるような行為はするな、といういましめの言葉。「瓜田」も「李下」も、嫌疑を受けやすい場所のたとえ。瓜畑で身をかがめて靴を直そうとすれば、瓜を盗んでいるのではないかと疑われる。李の木の下で、冠の曲がっているのを直したりすると、李を隠したのではないかと疑われるという、の意。

無防備に、また、先のことを考えずに行動を起こしがちの人に与えたい言葉。

出典　『古詩源』君子行

### 過ちて改めざる、是を過ちと謂う

人間だから誰しも過失を犯すことは、やむを得ない。が、問題は、過失を犯したと知ったときに、すぐ改めるかどうか、である。それを、人のせいにしたり、つくろったりして、自分の非を認めないのが、本当の過失だということ。

言いわけばかりを言う人への助言。

出典　『論語』衛霊公

### 故きを温ねて新しきを知る

「以て師と為る可し」と続く、孔子の言葉。古い昔の事蹟や、先人のあげた学問上の業績などを繰り返し研究し、その中に含まれる価値や新しい意義などを見つけ出し、それに現代的な評価を加えて、実際に生かすことができてはじめて、人の師としての資格があるということ。単に古典や伝統を学習するだけでなく、新しい見方、意味を知ることも肝心。

勉強をすることへの疑問を訴える若者や、古い習慣にとらわれたくないと言って自分勝手なことをしがちの人に与えたい言葉。

出典　『論語』為政

### 衣食足りて礼節を知る

生活にゆとりができれば、おのずと公徳心が高まり、人々の礼儀、節操もよくなるという。しかし、衣食足りてなお暖衣飽食―ぬくぬくと着て、腹いっぱい食べる満ち足りた暮らしの現代、生活が豊かになればなるほど、礼節が廃れがち。

事業の成功、発展を祝う会等で、その人となりをたたえ、ほめる時に使いたい言葉。また、逆に、その成功に有項天になっている人に与えたい苦言。

出典　『管子』牧民

### 株を守りて兎を待つ

いたずらに旧習を守って、状況変化に対応しないこと。融通のきかないことのたとえ。宋の国の農夫が畑を耕していたとき、一匹の兎が走ってきて、木の切り株に頭をぶつけて死んだ。農夫はそれ以後、仕事をやめ、その株を見守って、兎がぶつかるのを待ち続けた。が、兎は二度と得られず、国中の笑い者になった、というお話。柳の下にいつもどじょうはいないということ。北原白秋が、これを童謡にしているのが『待ちぼうけ』。

偶然の幸運が何度もまいこむと信じて、何の努力もしないでいる人や、古い習慣にこだわっている人に与えたい言葉。

出典　『韓非子』

### 百里を行く者は九十を半ばとす

百里の遠路を行くときには、九十里に達してはじめて、半分来たのだと考えるのが至当である。何事も終わりのほうが難しいから、最後まで心して努力せよ、といういましめの言葉。

受験、研究などの長丁場のことに取り組んでいる人が、気を抜いているように見えた時に言って、忠告したい言葉。登山やマラソン等でゴールがなかなか見えず、挫折しそうな時の自分への励ましの言葉ともなる。

出典　『戦国策』秦策

### 歓楽極まりて哀情多し

すべての歓び、楽しみを極め、幸福の絶頂に立つと、かえって人生の無常を感じ、悲哀の情が生じてくる、という漢の武帝（在位・前一四一～前八七年）の吟詠。

この後に「少壮幾時ぞ、老いを奈何にせん」と続き、若いと思っていても、その若さはいつまでも続くわけではない、やがては年をとってくるのだと説いている。こうした心の寂しさは自分自身で克服していくものであるが、この寂しさを上手に乗りこえるようにすすめたい。

出典　『文選』漢武帝「秋風辞」

### 他山の石、以て玉を攻む可し

他の山から出る粗悪な石でも、自分の玉を磨く砥石として使うことができる。転じて、自分よりも劣っている人の言行は、わが身を修め学問をみがくことの参考になるというたとえ。他人の失敗や悪行も、それを他山の石として自分の人徳をみがくきっかけになる。いうならば「人のふり見て、我がふり直せ」ということ。「私のつまらぬ経験談、失敗談も、皆様方にとって他山の石ともなりますれば、まことに幸甚と存じ上げる次第であります。ご清聴、誠にありがとうございました」といった具合に用いる。

人の失敗を中傷してばかりいる人、また、自分のことを自慢たらしく話し、他人の忠告を聞かない人に与えたい言葉。

出典　『詩経』小雅「鶴鳴」

# 干支・二十四節気

十干・十二支とそれを組み合わせた干支（六十干支）は古くから東アジアに行われた独特の記号である。これらは時刻や暦法・方位等に応用され、今日に至っている。

## 干支

中国古代殷時代（紀元前?〜前一一世紀）に、一か月を一〇日ずつの三つの旬に分け、旬の第一日を甲、第二日を乙と名づけたのが十干の起こりである。

その後、一から一〇までの事物を分類するさいの記号として用いられるようになった。

十二支は同じく殷時代から一年一二か月の名称として用いられたのが起源で、後に一から一二までの事物を分類するさいに用いられるようになった。

方位や時刻は一二等分されたので、その呼称として十二支を使用することが便利であった。

十干と十二支を組み合わせた干支は、甲と子、乙と丑のように奇数番同士、偶数番同士が組み合わされるので、合計六〇の組み合わせとなり、六十干支ともよばれる。

干支は一から六〇までの事物を分類するさいの記号として用いられた。特に、年を数える紀年法として東洋諸国において広く用いられ、今日に至っている。

中国戦国時代（紀元前五〜三世紀）に鄒衍によって発展された五行説は、万物を木・火・土・金・水の五行（五気）に分類し、その相互の働き（相生・相剋）によって、生成発展すると説明する。十干も十二支も五行に分類され、さらに陰陽に分けられる。五行は、さまざまな暦註に利用され、吉凶禍福を説く根拠とされている。

| 十干 | 五行 | 陰陽 | 訓読 |
|---|---|---|---|
| 甲（コウ） | 木 | 陽（兄） | きのえ |
| 乙（オツ） | 〃 | 陰（弟） | きのと |
| 丙（ヘイ） | 火 | 陽（兄） | ひのえ |
| 丁（テイ） | 〃 | 陰（弟） | ひのと |
| 戊（ボ） | 土 | 陽（兄） | つちのえ |
| 己（キ） | 〃 | 陰（弟） | つちのと |
| 庚（コウ） | 金 | 陽（兄） | かのえ |
| 辛（シン） | 〃 | 陰（弟） | かのと |
| 壬（ジン） | 水 | 陽（兄） | みずのえ |
| 癸（キ） | 〃 | 陰（弟） | みずのと |

日本では陽を兄、陰を弟にたとえた。

| 十二支 | 訓読 | 音読 | 動物神 |
|---|---|---|---|
| 子 | ね | シ | 鼠 |
| 丑 | うし | チュウ | 牛 |
| 寅 | とら | イン | 虎 |
| 卯 | う | ボウ | 兎 |
| 辰 | たつ | シン | 竜 |
| 巳 | み | シ | 蛇 |
| 午 | うま | ゴ | 馬 |
| 未 | ひつじ | ビ | 羊 |
| 申 | さる | シン | 猿 |
| 酉 | とり | ユウ | 鳥、鶏 |
| 戌 | いぬ | ジュツ | 犬 |
| 亥 | い | ガイ | 猪 |

| 五行 | 十干十二支 | | | | | |
|---|---|---|---|---|---|---|
| 木の兄 | 甲子 きのえね | 甲戌 きのえいぬ | 甲申 きのえさる | 甲午 きのえうま | 甲辰 きのえたつ | 甲寅 きのえとら |
| 弟 | 乙丑 きのとうし | 乙亥 きのとい | 乙酉 きのととり | 乙未 きのとひつじ | 乙巳 きのとみ | 乙卯 きのとう |
| 火の兄 | 丙寅 ひのえとら | 丙子 ひのえね | 丙戌 ひのえいぬ | 丙申 ひのえさる | 丙午 ひのえうま | 丙辰 ひのえたつ |
| 弟 | 丁卯 ひのとう | 丁丑 ひのとうし | 丁亥 ひのとい | 丁酉 ひのととり | 丁未 ひのとひつじ | 丁巳 ひのとみ |
| 土の兄 | 戊辰 つちのえたつ | 戊寅 つちのえとら | 戊子 つちのえね | 戊戌 つちのえいぬ | 戊申 つちのえさる | 戊午 つちのえうま |
| 弟 | 己巳 つちのとみ | 己卯 つちのとう | 己丑 つちのとうし | 己亥 つちのとい | 己酉 つちのととり | 己未 つちのとひつじ |
| 金の兄 | 庚午 かのえうま | 庚辰 かのえたつ | 庚寅 かのえとら | 庚子 かのえね | 庚戌 かのえいぬ | 庚申 かのえさる |
| 弟 | 辛未 かのとひつじ | 辛巳 かのとみ | 辛卯 かのとう | 辛丑 かのとうし | 辛亥 かのとい | 辛酉 かのととり |
| 水の兄 | 壬申 みずのえさる | 壬午 みずのえうま | 壬辰 みずのえたつ | 壬寅 みずのえとら | 壬子 みずのえね | 壬戌 みずのえいぬ |
| 弟 | 癸酉 みずのととり | 癸未 みずのとひつじ | 癸巳 みずのとみ | 癸卯 みずのとう | 癸丑 みずのとうし | 癸亥 みずのとい |

## 二十四節気

月の朔望（満ち欠け）によって日を数える太陰暦では、一年の長さが約三五四日となり、本当の一年（太陽年・周期年）に比べて約一一日短いため、年々季節と日付の上のずれが生じる。

そのため、天球上の太陽の位置を計って実際の季節を知り、また閏月を挿入すべき時期を知らせた。

インド以西では太陽の位置を黄道上の星座によって計ったのに対し、中国暦では冬至を起点として、一五度ずつ、計二四の節気によって実際の季節を知った。節気は奇数番目を節、偶数番目を中気とよんだ。

ただし、中国では漢以来、立春の前後に新年が来るように定めたため、二十四節気は立春から数えられている。

古くは一太陽年を二四に等分して節気の長さとしたが（平気）、後に実際の太陽の動きに応じて分割するようになった（定気）。節から節までの長さは、前者では三〇・四四日だが、後者では二九・四日から三一・五日までとなり、一定していない。

二十四節気は実際の季節を知るためにも重視されたが、節は各種暦註の配当の上で（節切り）利用され、また中気はこれを含まない月を閏月とする規則上重要であった。

二十四節気を三分した七十二候は、さらに詳細に季候の変化を記して、農耕や日常生活の目標とされたものである。

| 月 | 二十四節気 | 雑節・年中行事（一部） |
|---|---|---|
| 1月 | 小寒 しょうかん（六日ごろ）<br>大寒 だいかん（二〇日ごろ） | ・元日<br>・奈良 若草山の山焼き（一五日）<br>・土用（一七日ごろ） |
| 2月 | 立春 りっしゅん（四日ごろ）<br>雨水 うすい（一九日ごろ） | ・節分（三日ごろ）<br>・横手 かまくら（一五〜一六日） |
| 3月 | 啓蟄 けいちつ（五日ごろ）<br>春分 しゅんぶん（二一日ごろ） | ・ひな祭り（三日）<br>・彼岸の入り（一八日ごろ）<br>・社日（春社）（春分に近い戊の日） |
| 4月 | 清明 せいめい（五日ごろ）<br>穀雨 こくう（二〇日ごろ） | ・花祭り（八日）<br>・土用（一七日ごろ） |
| 5月 | 立夏 りっか（五日ごろ）<br>小満 しょうまん（二一日ごろ） | ・八十八夜（二日ごろ）<br>・端午（五日） |
| 6月 | 芒種 ぼうしゅ（六日ごろ）<br>夏至 げし（二一日ごろ） | ・入梅（一一日ごろ） |
| 7月 | 小暑 しょうしょ（七日ごろ）<br>大暑 たいしょ（二三日ごろ） | ・半夏生（二日ごろ）<br>・京都 祇園祭り（一七〜二四日）<br>・土用（二〇日ごろ） |
| 8月 | 立秋 りっしゅう（七日ごろ）<br>処暑 しょしょ（二三日ごろ） | ・仙台 七夕祭り（六〜八日）<br>・徳島 阿波おどり（一五〜一八日） |
| 9月 | 白露 はくろ（八日ごろ）<br>秋分 しゅうぶん（二三日ごろ） | ・二百十日（一日ごろ）<br>・彼岸の入り（二〇日ごろ）<br>・社日（秋社）（秋分に近い戊の日）<br>・十五夜（旧暦八月一五日） |
| 10月 | 寒露 かんろ（八日ごろ）<br>霜降 そうこう（二三日ごろ） | ・土用（二〇日ごろ）<br>・十三夜（旧暦九月一三日） |
| 11月 | 立冬 りっとう（七日ごろ）<br>小雪 しょうせつ（二二日ごろ） | ・酉の市（一一月の酉の日）<br>・七五三（一五日） |
| 12月 | 大雪 たいせつ（七日ごろ）<br>冬至 とうじ（二二日ごろ） | ・秩父神社夜祭り（二〜三日） |

青文字は雑節。

### 月の異名

**一月**
睦月・霞初月・暮新月・太郎月・年端月（年初月）・子日月・初春月・初空月・早緑月

**二月**
如月・初花月・梅月・梅見月・雪消月・小草生月

**三月**
弥生・晩春・桜月・早花咲月・染色月・花見月・春惜月・雛月・夢見月

**四月**
卯月・卯花月・得鳥羽月・夏初月・花残月

**五月**
皐月（五月・早月）・菖蒲月・五色月・狭雲月・早苗月・田草月・橘月・雨月

**六月**
水無月・弥涼暮月・風待月・涼暮月・蟬羽月・常夏月・鳴神月・松風月

**七月**
文月・秋初月・七夕月・初秋・親月・文披月・書披月・愛合月・女郎花月

**八月**
葉月（初月）・秋風月・草津月・木染月・月見月・萩月・紅染月

**九月**
長月（玄月）・色どり月・菊開月・菊月・晩秋・寝覚月・紅葉月

**十月**
神無月・神去月・小春・時雨月・初霜月・神有月（出雲地方のみ）

**十一月**
霜月・神楽月・神帰月・霜降月・露ごもりの葉月・子月・雪待月

**十二月**
師走（除月）・弟月・親子月・限月・暮来月・年積月・春待月・梅初月

# 数え方と助数詞

日本語では、ものを数えるのに、それぞれ特定の接尾語（助数詞）を使う。たとえば、たんす一棹、いす一脚、大きな動物なら一頭、小さな動物なら一匹といった具合である。

最近は、物品については何でも一つとか一個と数える傾向があるが、決まった助数詞を用いるのが正式である。

## ものの数え方

### あ行

**油揚げ**……一枚・一丁
**アワビ**……一杯・一個
**家**……一軒・一戸・一棟
**イカ**……一杯・一本
**生け花**……一瓶(池坊)・一杯(草月流)・一鉢
**遺骨**……一体・一柱
**いす**……一脚
**板**……一枚
**遺体**……一体
**糸**……一本・一筋、一巻き・一桛(巻いた糸)、一把(束ねた糸)
**犬**……一匹・一頭
**位牌**……一柱
**衣類**……一点・一着・一枚・一揃い・一重ね
**印判**……一本・一顆
**植木**……一株(土植え)・一鉢(鉢植え)
**魚**……一尾・一匹
**ウサギ**……一羽・一匹
**牛**……一頭・一蹄
**臼**……一基
**宴**……一席
**団扇**……一本
**うどん**……一玉(めんの丸いかたまり)、一把(めんの束)、一杯・一丁(椀にもった食品・料理)
**馬**……一頭・一蹄、一騎(馬に乗った人)
**映画**……一本(作品)、一巻(フィルム)、一齣
**枝**……一枝
**烏帽子**……一頭
**絵巻物**……一巻・一軸
**演芸**……一席・一番
**エレベーター**……一基・一台
**オートバイ**……一台
**桶**……一個・一荷
**斧**……一挺〈丁〉
**帯**……一本・一筋・一条
**折詰**……一折
**折り箱**……一折り
**織物**……一反・一疋

### か行

**カーテン**……一枚・一張り・一張
**絵画**……一点・一枚・一幅
**会合**……一回・一会・一席・一場
**階段**……一段
**鏡**……一面
**額**……一面・一架
**掛け軸**……一幅・一軸、一対(二軸で)
**駕籠**……一挺〈丁〉
**笠**……一蓋・一枚
**傘**……一本・一張り
**菓子**……一個・一袋・一箱・一折り
**貨車**……一両・一車
**刀**……一刀・一剣・一振り・一腰
**かつお節**……一連・一節・一折り・一台・一本
**鐘**……一口
**株券**……一株・一枚
**兜**……一頭
**花弁**……一枚〈片〉
**釜**……一口
**鎌**……一挺〈丁〉
**紙**……一枚・一葉、一束(半紙二〇〇枚)、一帖(半紙二〇枚、美濃紙四八枚)、一締め(和紙二〇〇〇枚)、一連(洋紙一〇〇〇枚)
**かみそり**……一挺〈丁〉・一口
**カメラ**……一台
**蚊帳**……一張り・一張
**川・河**……一条・一筋
**皮・革**……一枚・一張り・一坪
**かんな**……一挺〈丁〉
**議案**……一件
**器械・機械**……一台・一基(据え置くもの)
**気球**……一機
**几帳**……一基
**脇息**……一脚
**球根**……一球・一個
**鏡台**……一台
**錐**……一本
**草木**……一本、一株(根付き)、一枝(枝)
**鎖**……一本・一筋・一連
**クジラ**……一頭
**薬**……一服・一回(服用する場合)、一包み(散薬)・一粒(丸薬)・一錠(錠剤)
**果物**……一個・一顆、一盛り・一山(かごなどにもってある場合)・一皿(皿盛り)、一箱
**靴・靴下**……一足
**轡**……一口
**供物**……一盛り
**倉**……一棟・一戸前
**鞍**……一具・一口
**グラウンド**……一面
**鍬**……一挺〈丁〉・一口
**袈裟**……一具・一領・一帖
**下駄**……一足
**煙**……一筋・一条
**弦**……一張り・一張・一掛け
**原子炉**……一基
**碁**……一局・一番・一戦(勝負)、一面(盤)、一目(目数・指し手)、一手(指し手)
**硬貨**……一枚・一個
**香合**……一合
**口座**……一口
**行李**……一合
**香炉**……一基
**小刀**……一挺〈丁〉・一本
**琴**……一面・一張り・一揃い
**木の葉**……一葉・一枚
**古墳**……一基
**こんにゃく**……一枚・一丁

### さ行

**竿**……一本
**酒**……一本(瓶・とっくり)、一樽(樽)、一杯・一献(酒杯)、一席(酒席)
**刺身**……一皿・一人前、一さく(刺身用に作った魚肉のブロック)
**ざる(もり)そば**……一枚
**試合**……一勝負・一戦・一試合・一本・一節・一回
**寺院**……一寺・一宇・一堂
**事故・事件**……一件
**敷物**……一枚
**しずく**……一滴
**自動(自転)車**……一台
**芝居**……一回・一本・一ステージ
**詩文**……一篇・一連
**写真**……一葉・一枚
**三味線**……一挺〈丁〉・一竿〈棹〉
**銃**……一挺〈丁〉
**重箱**……一重ね・一組み
**数珠**……一具・一連
**樹木**……一本・一株・一樹
**順番**……一番・一着・一等・一位・首位・一級・一席
**将棋**……一局・一番・一戦(勝負)、一面(盤)、一手(指し手)
**証文**……一札・一通
**食事**……一膳・一杯(わんなどにもった食物)、一口(口に運ぶ食物量)、一食・一回(食事の回数)
**書籍**……一冊・一巻・一部・一本・一編〈篇〉、一帙(和本)
**書類**……一通・一札・一籍・一綴り・一括り
**神社**……一社・一宇・一座
**神体**……一柱・一体・一座
**神霊**……一柱・一位
**鋤**……一挺〈丁〉
**頭巾**……一頭・一枚
**スーツ**……一組み・一揃い・一点・一着
**すし**……一個・一皿・一人前、一折り(折り箱・折詰)
**すずり**……一面・一個
**すだれ**……一張り・一垂れ・一連
**すべり台**……一基・一台
**墨**……一挺〈丁〉・一本
**相撲**……一番(勝負)
**背広**……一着・一揃い
**扇子**……一本
**川柳**……一句
**そろばん**……一丁・一面

### た行

**田**……一面・一枚
**太鼓**……一張・一張り
**大砲**……一門・一挺〈丁〉
**タイヤ**……一本
**タコ**……一杯・一匹
**畳**……一枚・一畳
**太刀**……一振り・一口
**建具**……一本・一枚・一面
**タバコ**……一本、一箱(箱で数える場合)、一服(喫煙する場合)
**足袋**……一足
**卵**……一個・一粒、一束(一〇〇個)
**弾丸**……一発・一弾
**団子**……一個、一串・一本(串)
**短冊**……一葉・一枚
**たんす**……一棹〈竿〉・一本
**反物**……一反・一疋
**茶**……一袋(袋入りの場合)、一缶(缶入りの場合)、一服・一杯(飲む場合)、一口(口に運ぶ回数)
**茶器**……一揃い・一組み
**茶わん**……一組み・一人前・一口
**銚子**……一本・一提げ
**提灯**……一張り・一張
**ちり紙**……一枚、一締め(二〇〇〇枚)
**机**……一脚・一台
**つづら**……一合
**綱**……一本・一筋・一条
**壺**……一口・一個
**手紙**……一通・一封・一本・一札
**鉄砲**……一挺〈丁〉
**手ぬぐい**……一枚・一本・一筋・一条
**手袋**……一足・一双・一組み・一筋
**テレビ**……一台
**電車**……一台・一両
**テント**……一張り・一張
**電灯**……一灯
**店舗**……一軒・一店
**電話**……一台(機械)、一度・一回・一本・一通話(通話)
**砥石**……一個・一挺〈丁〉
**塔**……一基・一層
**豆腐**……一丁
**動物**……一匹(小さいもの)、一頭(大きいもの)
**灯籠**……一基
**土器**……一口
**鳥**……一羽、一番(雌雄で)
**鳥居**……一基

### な行

**苗**……一株・一本
**長持**……一棹〈竿〉、一枚(二棹で)
**なぎなた**……一柄・一振り・一枝
**縄**……一筋・一把・一本
**荷物**……一個・一箱・一包み、一駄(馬につけた場合)、一荷(車につんだ場合)
**ネクタイ**……一本・一掛け
**猫**……一匹
**能**……一番、一手・一差し(舞)
**能面**……一面
**のこぎり**……一挺〈丁〉
**のぼり**……一本・一流

れ・一旒
**海苔**……一枚、一帖（一〇枚）、一缶（缶入り）

●は行

**バイオリン**……一挺〈丁〉
**俳句**……一句
**羽織**……一重ね〈襲〉
**墓**……一基
**はがき**……一葉・一枚、一通
**袴**……一腰・一具・一下げ
**履物**……一足
**はさみ**……一挺〈丁〉
**箸**……一膳・一組み・一揃い
**橋**……一本・一橋
**旗**……一棹〈竿〉・一流れ・一旒・一本
**花**……一輪・一本
**花火**……一本、一発（打ち上げ花火）
**花輪**……一基
**半紙**……一枚・一葉、一折り（折り重ねた場合）、一締め・一束（束の場合）、一帖（二〇枚）
**ピアノ**……一台
**飛行機**……一機
**人**……一人・一名
**火箸**……一対・一具・一揃い
**紐**……一本・一筋・一条
**干物**……一枚
**屛風**……一架・一帖、一双（二架で）
**琵琶**……一面
**フィルム**……一巻・一本・一齣・一枚・一葉
**笛**……一管・一本
**ふすま**……一領・一本
**仏像**……一座・一体・一軀・一頭
**筆**……一本・一管・一茎
**ブドウ**……一房、一粒（粒で）
**布団**……一枚、一重ね・一組み・一揃い
**船**……一隻（艦船などの大型船）、一艘・一杯（小型船）
**舞踊**……一差し・一手、一曲（音楽つきのとき）
**ベッド**……一台・一床
**法帖**……一帖
**宝石**……一点・一顆
**包丁**……一挺〈丁〉・一柄・一本
**本箱**……一個

●ま行

**薪**……一本、一束・一把（束ねた場合）、一荷・一車（荷とする場合）
**巻物**……一巻・一軸
**幕**……一枚・一張り・一張・一帖
**枕**……一基・一個
**松飾り**……一揃い・一門
**まな板**……一挺〈丁〉
**豆**……一粒
**みこし**……一挺〈丁〉
**虫**……一匹
**名刺**……一枚・一葉
**面**……一面・一頭
**モーター**……一基
**餅**……一個・一枚・一臼、一重ね・一据わり（重ね餅）

●や行

**矢**……一本・一筋・一条、一手（二本で）
**野球**……一戦（試合）
**山**……一山・一座
**槍**……一本・一筋・一条
**弓**……一張り・一張
**ようかん**……一本・一棹〈竿〉、一箱（箱入りの場合）、一切れ・一片（切った場合）
**浴槽**……一桶・一据え
**鎧**……一領
**鎧兜**……一具

●ら行

**ラジオ**……一台
**櫓**……一挺〈丁〉
**ろうそく**……一本、一束（一〇〇本）
**論文**……一篇

●わ行

**和歌**……一首
**椀**……一客・一口、一組み

# 助数詞一覧

**位** ①順序・順位。②英霊など死者の霊。
**宇** 神社・仏閣・仏堂。
**重** 重なったもの。
**折り** ①折り箱。②半紙・印刷物などの、折り重ねたもの。
**荷** 薪・桶・樽など、肩にかつぐ荷物。
**架** 額・屛風など、壁にかけたり立てかけたりするもの。
**顆** 果物・宝石など、小さな丸いもの。
**回** 繰り返しの度数。
**階** 建物の層。
**画** 漢字の字画数。
**重ね・襲** 羽織・紋つきなど、重ねた衣服。
**頭** 仏像。
**株** ①根付き植物。②株券。
**巻** ①書物・巻物の数や、書物の区分。②フィルム・テープ。
**管** 筆・笛など、細長く中が空洞のもの。
**基** 塔・墓石・灯籠など、据え置くもの。
**機** 飛行機。
**騎** 馬に乗った人や、その馬。
**客** もてなしに使う器。
**脚** 机・いすなど、あしのある道具。
**局** 碁・将棋の勝負数。
**句** 俳句・川柳。
**具** 装束など、一揃いのもの。
**口** 割り前・種類など、いくつかに分けたうちの一つ。
**組み** 布団・茶器・スーツ・手袋など、組んで一そろいとなるもの。
**景** ①景色。②芝居などで、幕より小さい一場面。
**軒** 家。
**戸** 家。
**個** 物。
**合** ①山の頂上までの一〇分の一。②刀での切り合いの数。
**号** 絵画・活字の大きさや編み針の太さなどの順序。
**座** ①祭神・仏像（座像）、山・林。②劇団・劇場。
**竿・棹** たんす・長持・旗・三味線・ようかんなど。
**冊** 書籍・雑誌。
**次** 回数・度数。
**敷き** 部屋の広さ。
**軸** 巻物。
**締め** ①束ねたもの。②ちり紙・半紙で、二〇〇〇枚（一〇〇束・一〇〇帖）。
**首** 漢詩・和歌。
**重** 重なったもの。
**床** 病院のベッド数。
**条** 帯・矢・小枝など、細長いもの。
**帖** ①畳。②紙・海苔などの一定枚数をひとまとめにしたもの。美濃紙四八枚、半紙二〇枚、海苔一〇枚で一帖。③幕の二張り。④屛風、盾。
**畳** たたみを数えて部屋の広さを表す。
**錠** 錠剤。
**筋** 川・帯・綱・紐・手ぬぐいなど細長いもの。
**隻** 大型船。
**膳** ①食器にもった飯や汁。②箸（二本で）。
**双** 屛風などで、一対のもの。
**層** 重なり。
**艘** 小型船。
**束** ①薪・ネギなど細長いものや紙幣などの平たいものを紐や紙で束ねたもの。②稲一〇把。③半紙二〇〇枚。④矢の長さで、指四本の幅。
**足** 靴などのはきもの。
**揃い** 道具・衣類など、一組みになるもの。
**体** 仏像・神体、遺体。
**袋** ふくろ入りのもの。
**台** ①車・機械。②印刷・製本で一六ページ分などのまとまり。
**題** 解答を要求する問いや研究事項。
**立て** ①舟の櫓。②車につける牛馬。③映画などで、一回の興行での上演作品数。
**束** 薪など細長いものや、紙など平たいものをたばねたもの。
**度** 度数・回数。
**玉** うどん・そばの、一かたまり。
**着** ①衣類。②到着の順序。
**丁** ①本の、表裏二ページ分。②和とじ本で、紙の枚数。③豆腐。④料理の品数。
**挺（丁）** ①銃・鋤・鍬・櫓など、細長いもの。②駕籠・人力車。
**張** ①琴・弓など弦を張ったもの。②幕・蚊帳など、吊るすもの。
**対** 二つそろって一組のもの。
**通** 手紙・文書。
**番** 動物の雌と雄の一組み。
**粒** 種・豆・米・丸薬など、粒状のもの。
**滴** 水などのしずくの数。
**点** ①成績などの評価。②物品。
**度** ①角度。②温度。③緯度・経度。④めがねの強さ。⑤回数・たび。
**棟** 長いむねの建物。
**等** 順序・等級。
**頭** 牛・馬・ゾウなど大きな動物。
**杯** ①器にもったもの。②イカ・タコ。③船。
**柱** 神体、遺骨。
**発** 弾丸・銃声、花火。
**張り** 弓、幕・蚊帳、提灯。
**番** ①順序・等級。②試合や勝負。
**尾** 魚。
**匹** ①獣・鳥・魚・虫など、小さな動物。②布二反。
**部** ①書物のそろい。②本・新聞・書類。
**服** ①薬の、包みの数。②タバコ・茶などをのむ回数。
**幅** かけ軸など、かけ物。
**房** 房状のもの。
**振り** 刀剣。
**遍** 回数・度数。
**篇（編）** 詩文。
**本** ①樹木・鉛筆・ズボンなど細長いもの。②飲料など、瓶に入ったもの。③武道などでの勝負数。
**枚** ①皿・板・紙・もりそば・田地など、平たいもの。②昔の貨幣。
**前** 人数に相当する食物などの量や数。
**幕** 芝居の段落。
**棟** 家屋・土蔵・倉庫などの建物。
**面** 鏡・琴・碁盤・額・能面・テニスコートなど、表面を使うもの。
**門** 大砲。
**葉** 写真・はがき。
**流** ①社会的な地位・等級。②（「旒」とも）旗・吹き流し。
**粒** 種・豆・米・丸薬など、つぶ状のもの。
**両** 車両。
**領** 袈裟や、一そろいの鎧兜。
**輪** 花。
**連** ①数珠。②干物・コンブなどで、一続きに連ねたもの。③詩文のくぎり。④洋紙一〇〇〇枚。
**羽** ウサギ・鳥。
**把** 薪・ホウレンソウなどの束ねたもの。
**椀・碗** わんにもった飲食物。木製のもののときは「椀」、陶磁器では「碗」。

# 旧国名地図と近世交通路

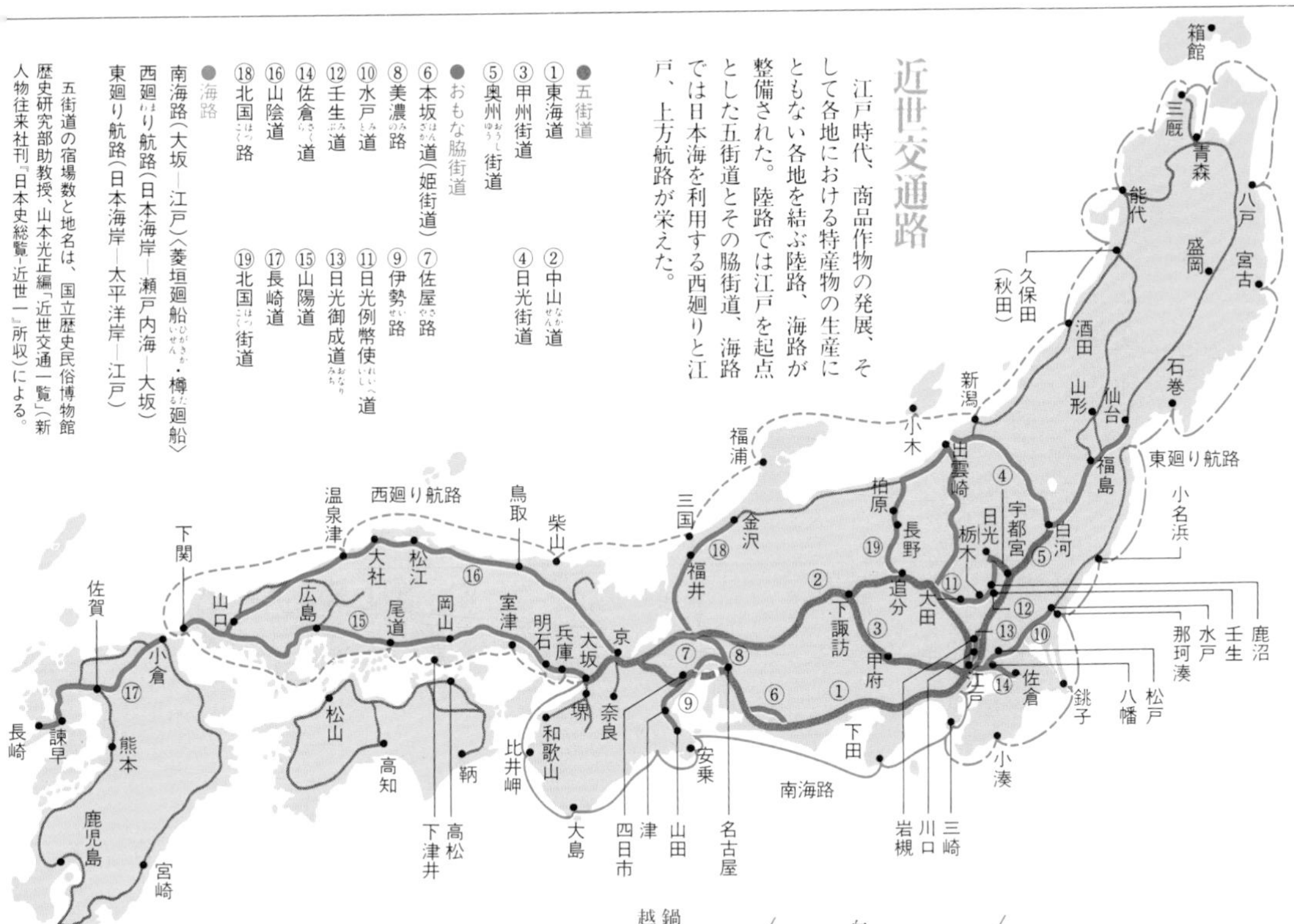


## 近世交通路

江戸時代、商品作物の発展、そして各地における特産物の生産にともない各地を結ぶ陸路、海路が整備された。陸路では江戸を起点とした五街道とその脇街道、海路では日本海を利用する西廻りと江戸、上方航路が栄えた。

●五街道
①東海道 ②中山道
③甲州街道 ④日光街道
⑤奥州街道

●おもな脇街道
⑥本坂道(姫街道) ⑦佐屋路
⑧美濃路 ⑨伊勢路
⑩水戸道 ⑪日光例幣使道
⑫壬生道 ⑬日光御成道
⑭佐倉道 ⑮山陽道
⑯山陰道 ⑰長崎道
⑱北国路 ⑲北国街道

●海路
南海路(大坂—江戸)〈菱垣廻船・樽廻船〉
西廻り航路(日本海岸—瀬戸内海—大坂)
東廻り航路(日本海岸—太平洋岸—江戸)

五街道の宿場数と地名は、国立歴史民俗博物館歴史研究部助教授、山本光正編「近世交通一覧」(新人物往来社刊『日本史総覧』近世一」所収)による。

## 五街道宿場

近世に入り、江戸を中心に陸上交通では五街道とその脇街道が整備された。東海道は五三宿、中山道は六七宿、甲州街道は四五宿、日光街道は二三宿、奥州街道は一〇宿である。それぞれの街道の‡はおもな関所を示し、峠の数値は現在の標高である。なお、宿場名の中には、ここに示した読み方以外のものもあるが、ここでは代表的なものをあげた。

●大田南畝(蜀山人)の道中記『改元紀行』に見る東海道、江戸から大坂までの宿泊場所(左図の①～⑫、⑬は道中泊)と日数

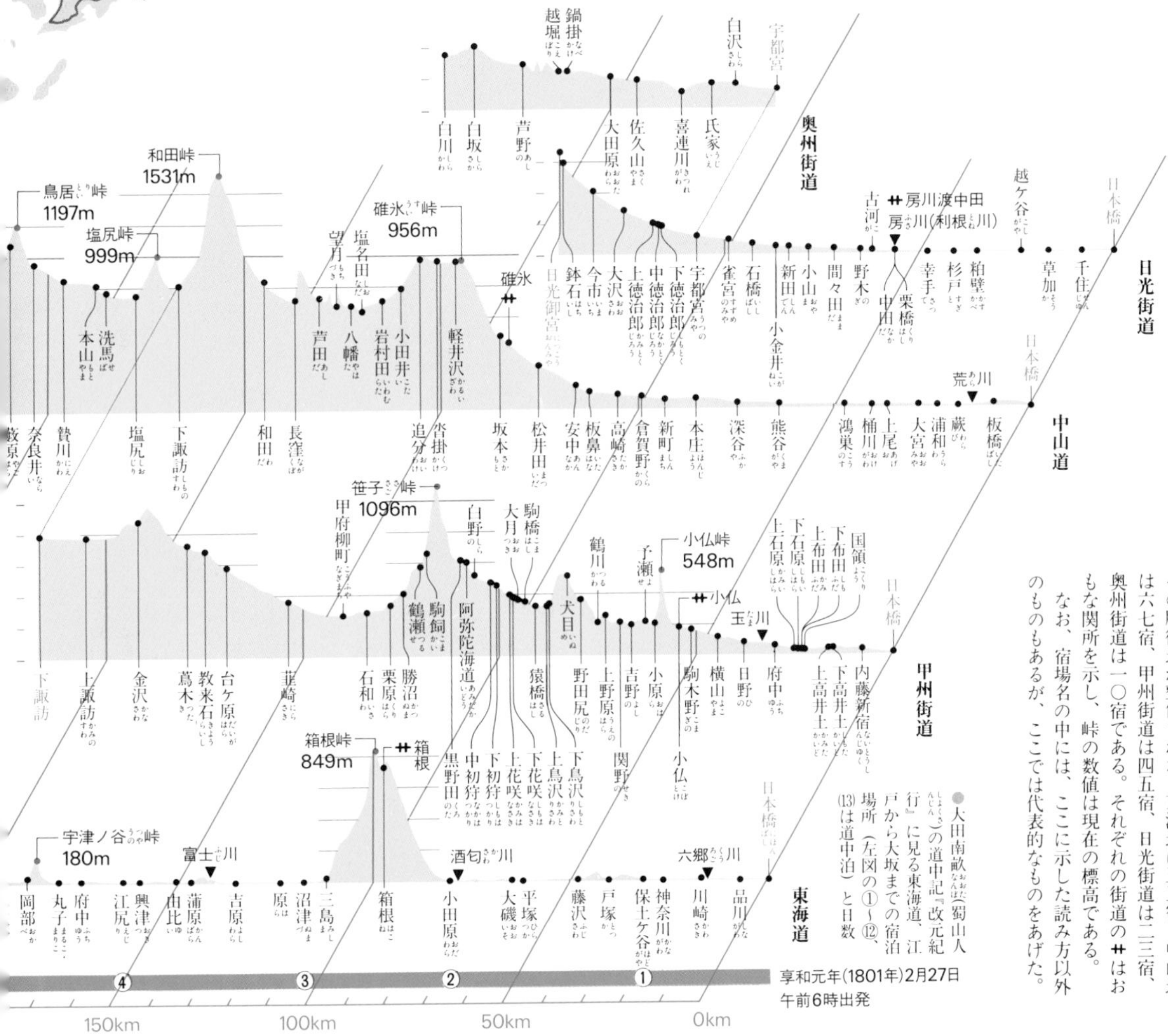

# 旧国名地図（九世紀半ば）

畿内を除く諸国を七つに分けたのが七道で、西海道以外は畿内に隣り合わされ、政府の支配が全国に浸透するように組織されていた。旧国名には難読のものがあるが、そのまま現在使われているものも多い。

現都道府県名との対照は明治四年（一八七一）の廃藩置県以降のものである。

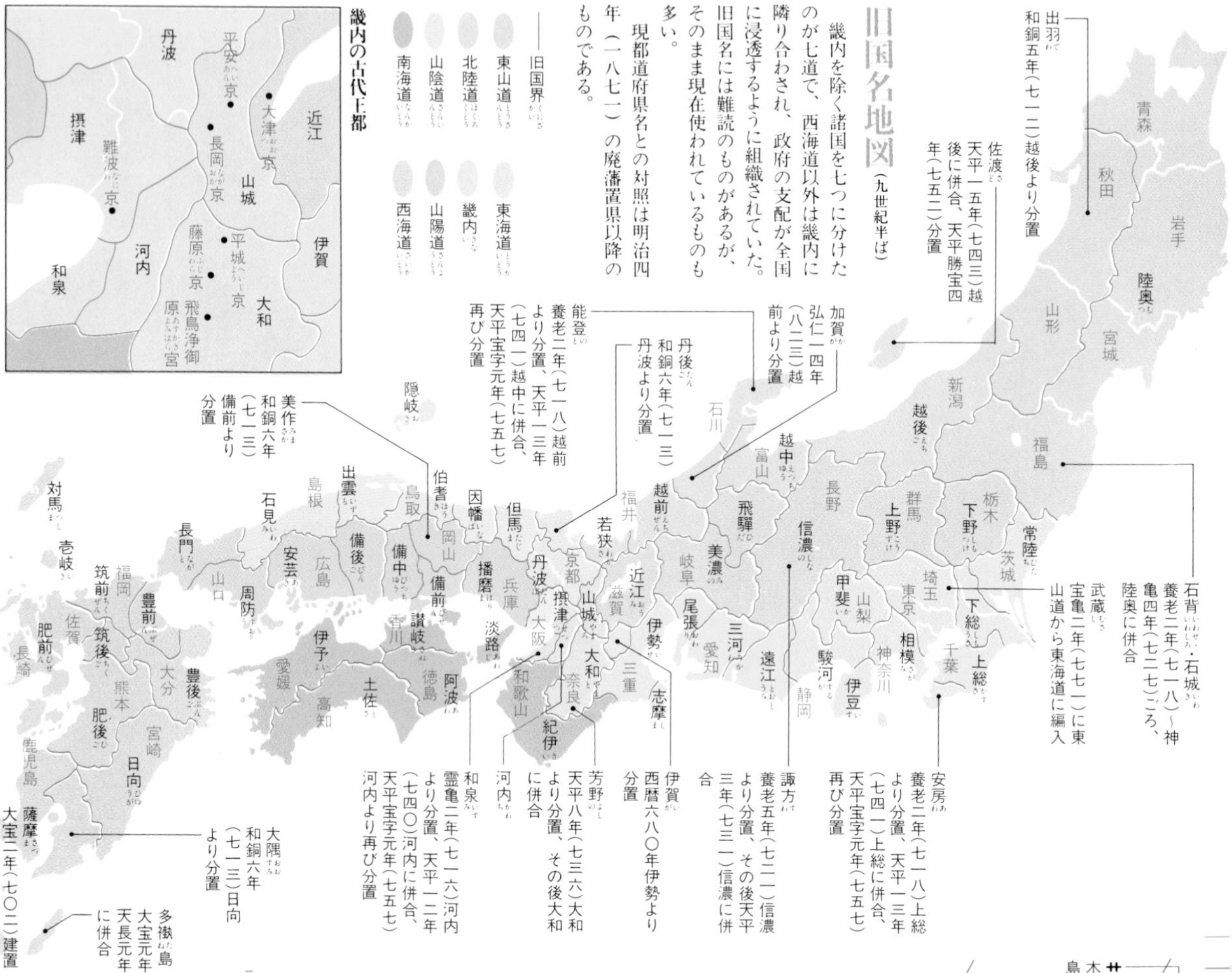


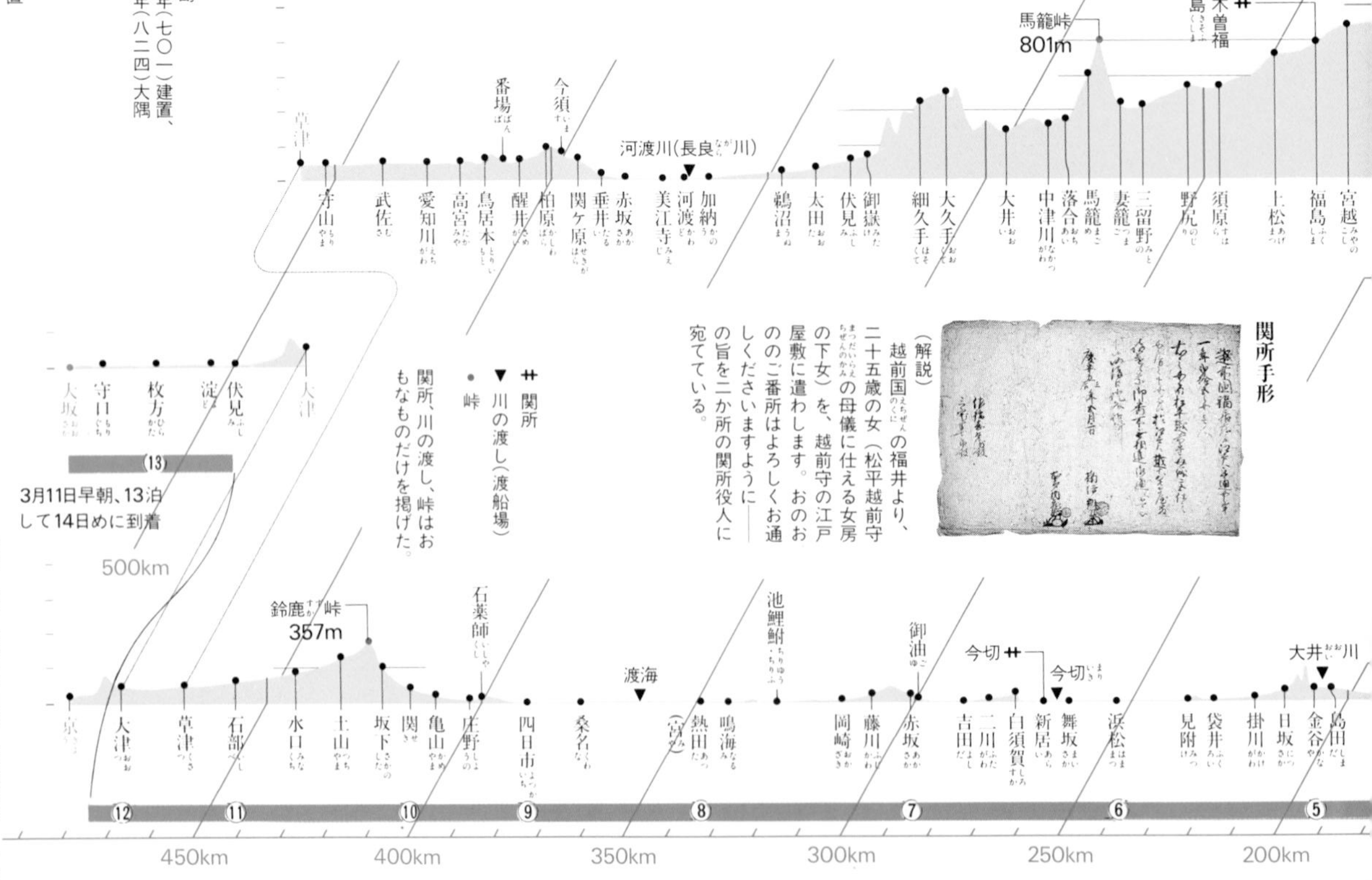


標高を示す赤線の一目盛りは二〇〇メートル。

## 関所手形

（解説）越前国の福井より、二十五歳の女（松平越前守の母儀に仕える女房の下女）を、越前守の江戸屋敷に遣わします。おのおののご番所はよろしくお通しくださいますように——の旨を二か所の関所役人に宛てている。

# 日本文学史年表

作品名・著者・成立年代などは、次のように示した。●〇五 新古今和歌集（藤原定家ら）
なお、年代は主として刊行の年を示し、＊印の作品は、大体このころということ、※印は初発表年を示す。
著者名は、原則として見開きごとに初出のみフルネームを使用。

古代

| 西暦 | 和暦 |
| --- | --- |
| 七一二 | 和銅五 |
| 一五 | 霊亀一 |
| 一八 | 養老二 |
| 二〇 | 養老四 |
| 三三 | 天平五 |
| 五一 | 天平勝宝三 |
| 五九 | 天平宝字三 |
| 七二 | 宝亀三 |
| 九七 | 延暦一六 |
| 八一四 | 弘仁五 |
| 一八 | 弘仁九 |
| 一九 | 弘仁一〇 |
| 二三 | 弘仁一四 |
| 二七 | 天長四 |
| 三五 | 承和二 |
| 四〇 | 承和七 |
| 九〇〇 | 昌泰三 |
| 〇五 | 延喜五 |
| 二七 | 延長五 |
| 三五 | 承平五 |
| 四〇 | 天慶三 |
| 五一 | 天暦五 |
| 七四 | 天延二 |
| 八四 | 永観二 |
| 八五 | 寛和一 |

## 詩歌・歌謡

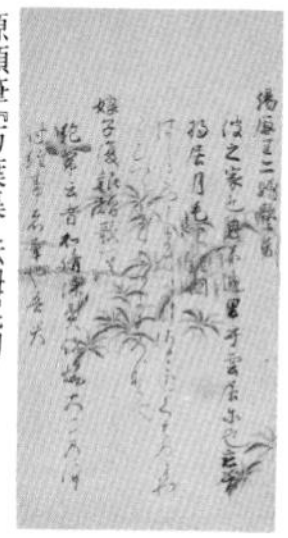
源順筆『万葉集』伝栂尾切

●五一 懐風藻
●五九以後 万葉集（大伴家持ら）
●一四 凌雲集（小野岑守ら）
●一八 文華秀麗集（藤原冬嗣ら）
●二七 経国集（良岑安世ら）
●三五 性霊集（空海）
●〇〇 菅家文草（菅原道真）
●〇五 古今和歌集（紀貫之ら）撰進の詔
●五一 後撰和歌集（源順ら）撰進の詔
●八七ごろ 古今和歌六帖

## 物語・小説・戯曲・随筆・評論

●一二 古事記（太安万侶）
●一五以前 播磨国風土記
●一八以前 常陸国風土記
●二〇 日本書紀（舎人親王ら）
●三三 出雲国風土記
●七二 歌経標式（藤原浜成）
●九七 続日本紀（菅野真道ら） 三教指帰（空海）
●一九ごろ 文鏡秘府論（空海）
●二三 日本霊異記（景戒）
●四〇 日本後紀（藤原冬嗣ら）
●＊竹取物語
●＊伊勢物語
●＊宇津保物語
●〇五ごろ 古今和歌序（紀貫之ら）
●二七 延喜式（藤原時平）
●三五 土佐日記（貫之）
●四〇以後 将門記
●五一ごろ 大和物語
●＊平中物語
●七四以後 蜻蛉日記（藤原道綱母）
●八四 三宝絵詞（源為憲）
●八五 往生要集（源信）
●＊落窪物語

俵屋宗達筆『伊勢物語』業平東下り図

## 文化・社会

●六〇四 憲法十七条を制定
●六〇七 法隆寺創建
●六三〇 遣唐使始まる
●六四六 大化の改新の詔を宣す
●六七二 壬申の乱
●〇一 大宝律令成る
●一〇 平城京に遷都
●三〇 施薬院設立
●四四 難波に遷都
●五二 東大寺大仏開眼供養
●五六 正倉院建立
●九四 平安京に遷都
●一六 空海、高野山金剛峰寺創建
●七七 醍醐寺創建
●八〇 藤原基経、関白に任ぜられる
●三五 平将門の乱おこる
●三九 藤原純友の乱おこる
●六七 延喜式施行
●六七 良源、延暦寺根本中堂造営

鎌倉時代　平安時代　奈良時代　飛鳥時代

赤で示した時代の出来事が見開きページごとに示してあります。

中世

## 1000

一〇〇七 寛弘四
〇八 寛弘五
一〇 寛弘七
一三 長和二
五三 天喜一
六〇 康平三
六二 康平五
七〇 延久二
七三 延久五
八六 応徳三

●〇七ごろ 拾遺和歌集（花山院）
●一三ごろ 和漢朗詠集（藤原公任）
●六二ごろ 本朝文粋（藤原明衡）
●八六 後拾遺和歌集（藤原通俊）

●＊枕草子（清少納言）
●＊源氏物語（紫式部）
●〇八ごろ 和泉式部日記
●一〇ごろ 紫式部日記
●三〇ごろ 栄花物語正編
〈続編寛治六年（一〇九二）ごろ〉
●＊堤中納言物語
●＊夜半の寝覚
●五三ごろ 浜松中納言物語（菅原孝標女）
●六〇ごろ 更級日記（孝標女）
●七三以後 成尋阿闍梨母集
●七六ごろ 狭衣物語

●〇六 興福寺衆徒の強訴
●一六 藤原道長、摂政となる
●五一～六二 前九年の役
●五三 平等院鳳凰堂落成
●八三～八七 後三年の役
●八六 白河上皇、院政始まる

## 1100

一一〇七 嘉承二
一二 天永三
二五 天治二
五一 仁平一
六四 長寛二
六九 嘉応一
七〇 嘉応二
七八 治承二
八〇 治承四
八七 文治三
九三 建久四
九五 建久六

●二五 金葉和歌集〈二度本〉（源俊頼）
●五一 詞花和歌集（藤原顕輔）
●六九ごろ 梁塵秘抄（後白河院）
●七八 長秋詠藻（藤原俊成）
●八七 千載和歌集（俊成）
●＊山家集（西行）
●九三 ※六百番歌合

●〇七 江談抄（大江匡房）
●一二 讃岐典侍日記
●＊今昔物語集
●＊大鏡
●＊袋草紙（藤原清輔）
●六四以後 玉葉（九条兼実）
●七〇 今鏡
●＊とりかへばや物語
●八〇以後 吾妻鏡
●＊宝物集（平康頼）
●九五ごろ 水鏡

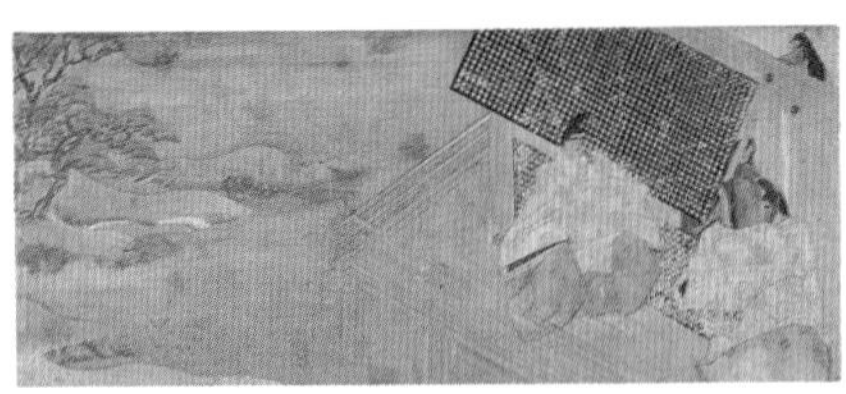
『紫式部日記絵詞』五島本 第一段

●〇二 延暦寺・興福寺・東大寺衆徒の強訴
●二六 平泉中尊寺金色堂成る
●五六 保元の乱
●五九 平治の乱
●六七 平清盛、太政大臣となる
●七五 法然、浄土宗を開く
●八五 平氏滅亡
●九二 源頼朝、鎌倉幕府を開く

## 1200

一二〇二 建仁二
〇五 元久二
〇九 承元三
一一 建暦一
一二 建暦二
一三 建保一
一五 建保三
一六 建保四
一八 建保六
二〇 承久二
二四 元仁一
三二 貞永一
三五 嘉禎一

●〇二 ※千五百番歌合
●〇五 新古今和歌集（藤原定家ら）
●一三 金槐集（源実朝）
●一六 拾遺愚草（定家）
●三五ごろ 小倉百人一首（定家）

●〇二ごろ 無名草子（藤原俊成女）
●〇九 近代秀歌（藤原定家）
●一一ごろ 無名抄（鴨長明）
●一二 方丈記（長明）
●一五ごろ 発心集（長明撰）
●＊宇治拾遺物語
●＊保元物語 ＊平治物語
●一八ごろ 平家物語
●二〇 愚管抄（慈円）
●二四 教行信証（親鸞）
●三二ごろ 建礼門院右京大夫集
●三五 明月記（定家）

延慶本『平家物語』

●〇七 幕府、法然を土佐に、親鸞を越後に流す
●二一 承久の乱
●二四 親鸞、浄土真宗を開く
●二七 道元、曹洞宗を伝える

南北朝時代 室町時代 安土桃山時代 江戸時代 明治時代 大正時代 昭和時代 平成時代

| 西暦 | 和暦 |
| --- | --- |
| 四二 | 仁治三 |
| 五二 | 建長四 |
| 五三 | 建長五 |
| 五四 | 建長六 |
| 六〇 | 文応一 |
| 六五 | 文永二 |
| 七一 | 文永八 |
| 七八 | 弘安一 |
| 八〇 | 弘安三 |
| 九二 | 正応五 |
| 1300 | |
| 一三〇五 | 嘉元三 |
| 〇六 | 嘉元四 |
| 一二 | 正和一 |
| 三〇 | 元徳二 |
| 三九 | 延元四(暦応二) |
| 四六 | 正平一(貞和二) |
| 四九 | 正平四(貞和五) |
| 五六 | 正平一一(延文一) |
| 六九 | 正平二四(応安二) |
| 七二 | 建徳三(応安五) |
| 七六 | 天授二(永和二) |
| 八一 | 弘和一(永徳一) |
| 1400 | |
| 一四〇〇 | 応永七 |
| 二四 | 応永三一 |
| 三九 | 永享一一 |
| 四八 | 文安五 |
| 五九 | 長禄三 |
| 六三 | 寛正四 |
| 七〇 | 文明二 |
| 八八 | 長享二 |
| 九五 | 明応四 |

## 詩歌・歌謡

- ●六五 続古今和歌集(藤原為家ら)
- ●七一 風葉和歌集
- ●七八 続拾遺和歌集
- ●一二 玉葉和歌集(京極為兼)
- ●四六 風雅和歌集(光厳院)
- ●五六 ※菟玖波集(二条良基ら)
- ●八一 新葉和歌集(宗良親王)
- ●三九 新続古今和歌集(飛鳥井雅世)
- ●五九 草根集(正徹)
- ●八八 水無瀬三吟百韻(宗祇ら)
- ●九五 新撰菟玖波集(宗祇ら)

## 物語・小説・戯曲・随筆・評論

- ●四二ごろ 東関紀行
- ●五二 十訓抄(六波羅二臈左衛門)
- ●五三 正法眼蔵(道元)
- ●五四 古今著聞集(橘成季)
- ●*源平盛衰記
- ●六〇 立正安国論(日蓮)
- ●八〇ごろ 沙石集(無住) 十六夜日記(阿仏尼)
- ●九二ごろ 歎異抄(唯円編)
- ●〇五 雑談集(無住)
- ●〇六以降 とはずがたり(後深草院二条)
- ●三〇以後 徒然草(吉田兼好)
- ●三九 神皇正統記(北畠親房)
- ●四九 連理秘抄(二条良基)
- ●六九 ※筑波問答(良基)
- ●七二ごろ 太平記 連歌新式(良基)
- ●七六ごろ 増鏡
- ●*曽我物語
- ●*義経記
- ●〇〇ごろ ※風姿花伝(世阿弥)
- ●二四 花鏡(世阿弥)
- ●四八ごろ 正徹物語(正徹)
- ●*隅田川(観世元雅)
- ●*老松・高砂(世阿弥)
- ●六三ごろ ささめごと(心敬)
- ●七〇ごろ 吾妻問答(宗祇)

御伽草子 奈良絵本『酒呑童子』

- ●*御伽草子―鉢かつぎ、酒呑童子、一寸法師、文正草子など

## 文化・社会

- ●四四 道元、永平寺を建立
- ●五三 日蓮、法華宗を伝える
- ●七一 日蓮、佐渡に流される
- ●七四 文永の役
- ●八一 弘安の役(蒙古来襲)
- ●二四 正中の変
- ●三一 元弘の変
- ●三三 鎌倉幕府滅亡
- ●三四〜三六 建武の中興
- ●三八 足利尊氏、室町幕府を開く
- ●九二 南北朝合一
- ●〇四 明との貿易盛んとなる
- ●六七 応仁の乱始まる
- ●八七 加賀に一向一揆おこる
- ●九七 蓮如、石山に本願寺創建

飛鳥時代 奈良時代 平安時代 鎌倉時代

近世

1500

一五一八 永正一五
四〇 天文九
五四 天文二三
九二 文禄一
九三 文禄二

●一八 閑吟集
●四〇 守武千句(荒木田守武)
●五四ごろ 新撰犬筑波集(山崎宗鑑)

●九二 天草版平家物語(ローマ字口語訳)
●九三 天草版伊曽保物語

●四三 ポルトガル船、種子島に漂着 鉄砲伝来
●四九 ザビエル来日、キリスト教を伝える
●七三 室町幕府滅亡
●八二 本能寺の変
●九〇 豊臣秀吉、天下統一

1600

一六二三 元和九
三三 寛永一〇
四二 寛永一九
四九 慶安二
五二 承応一
六六 寛文六
七五 延宝三
八〇 延宝八
八二 天和二
八三 天和三
八四 貞享一
八五 貞享二
八六 貞享三
八八 元禄一
八九 元禄二
九〇 元禄三
九一 元禄四
九二 元禄五
九三 元禄六
九四 元禄七
九六 元禄九

●三三 犬子集(松江重頼)
●四九 挙白集(木下長嘯子)
●六六 古今夷曲集(生白堂行風)
●七五 談林十百韻(西山宗因ら)
●八〇 大矢数(井原西鶴)
●八三 虚栗(榎本其角)
●八四 冬の日(山本荷兮ら)
●八五 野ざらし紀行(松尾芭蕉)
●八六 春の日(荷兮)
●八九 曠野(荷兮)
●九〇 ひさご(浜田珍碩ら)
●九一 猿蓑(向井去来ら)
●九四 炭俵(志太野坡ら)

●二三 醒睡笑(安楽庵策伝)
●四二 可笑記(如儡子)
●五二 因果物語(鈴木正三)
●六六 伽婢子(浅井了意)

絵入り『好色一代男』巻一

●八二 好色一代男(井原西鶴)
●八三 世継曽我(近松門左衛門)
●八五 西鶴諸国咄(西鶴) 出世景清(近松)
●八六 好色一代女・好色五人女(西鶴)
●八八 日本永代蔵(西鶴)
●九〇 幻住庵記(松尾芭蕉) 万葉代匠記(契沖)
●九二 世間胸算用(西鶴) 狗張子(了意)
●九三 西鶴置土産(西鶴)
●九六 万の文反古(西鶴)

●〇〇 関ケ原の戦い
●〇三 徳川家康、江戸幕府を開く
●一五 大坂夏の陣、豊臣氏滅亡
●三七 島原の乱
●三九 諸大名にキリスト教を厳禁し、鎖国
●五一 由井正雪の乱
●五七 江戸大火(明暦の大火)
●八七 将軍綱吉、生類憐みの令

1700

一七〇二 元禄一五
〇三 元禄一六
〇六 宝永三
〇九 宝永六
一一 正徳一
一五 正徳五
一六 享保一
二〇 享保五
三二 享保一七
四六 延享三
四七 延享四

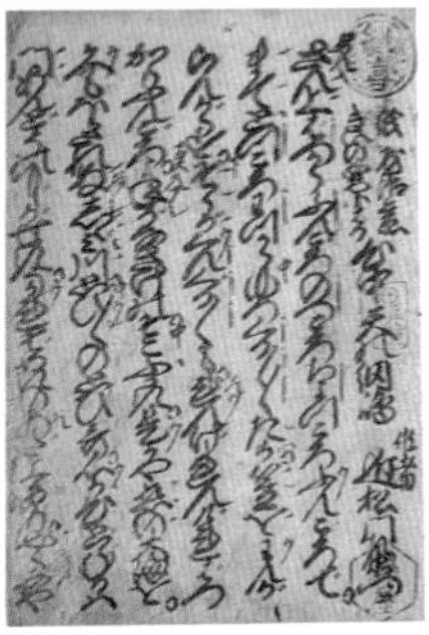
浄瑠璃『心中天網島』

●〇二 奥の細道(芭蕉) ※去来抄(向井去来)
●〇三 曽根崎心中(近松)
●〇六 本朝文選のち風俗文選と改題(森川許六)
●〇九 笈の小文(芭蕉)
●一一 冥途の飛脚(近松)
●一五 世間子息気質(江島其碩)
●一六 折たく柴の記(新井白石)
●二〇 心中天網島(近松)
●三二 駿台雑話(室鳩巣)
●四六 菅原伝授手習鑑(初代竹田出雲ら)
●四七 義経千本桜(二代竹田出雲ら)

●〇二 赤穂浪士の討ち入り
●〇七 富士山噴火
●一六 享保の改革
●四〇 青木昆陽ら、オランダ語を学ぶ

平成時代 昭和時代 大正時代 明治時代 江戸時代 安土桃山時代 室町時代 南北朝時代

| 西暦 | 和暦 |
|---|---|
| 四八 | 寛延一 |
| 六〇 | 宝暦一〇 |
| 六三 | 宝暦一三 |
| 六五 | 明和二 |
| 七一 | 明和八 |
| 七五 | 安永四 |
| 七六 | 安永五 |
| 八〇 | 安永九 |
| 八三 | 天明三 |
| 八五 | 天明五 |
| 八七 | 天明七 |
| 九〇 | 寛政二 |
| 九五 | 寛政七 |
| 九七 | 寛政九 |
| 1800 | |
| 一八〇二 | 享和二 |
| 〇七 | 文化四 |
| 〇八 | 文化五 |
| 〇九 | 文化六 |
| 一〇 | 文化七 |
| 一一 | 文化八 |
| 一三 | 文化一〇 |
| 一四 | 文化一一 |
| 一五 | 文化一二 |
| 一九 | 文政二 |
| 二五 | 文政八 |
| 二六 | 文政九 |
| 二九 | 文政一二 |
| 三〇 | 文政一三 |
| 三二 | 天保三 |
| 六〇 | 万延一 |
| 七〇 | 明治三 |
| 七一 | 明治四 |
| 七二 | 明治五 |
| 七四 | 明治七 |
| 七五 | 明治八 |
| 七八 | 明治一一 |
| 八一 | 明治一四 |
| 八二 | 明治一五 |

## 詩歌・歌謡

● 六五　誹風柳多留初篇(柄井川柳ら)
● 七一　天降言(田安宗武)
● 八三　万載狂歌集(四方赤良)
● 九七　新花摘(与謝蕪村)
● 〇二　うけらが花(加藤千蔭)
● 〇九　蕪村七部集
● 一〇　琴後集(村田春海)
● 一一　六帖詠草(小沢蘆庵)
● 一九　おらが春(小林一茶)
● 三〇　桂園一枝(香川景樹)
● 七四　日本語版讃美歌
● 八一　小学唱歌初編(文部省編)
● 八二　新体詩抄(外山正一ら)

## 物語・小説・戯曲・随筆・評論

● 四八　仮名手本忠臣蔵(二代竹田出雲ら)
● 六〇　万葉考(賀茂真淵)
● 六三　風流志道軒伝(風来山人)
● 七一　妹背山婦女庭訓
● 七五　金々先生栄花夢(恋川春町)
● 七六　雨月物語(上田秋成)
● 八〇　新版歌祭文(近松半二)
● 八五　江戸生艶気樺焼(山東京伝)
● 八七　※鶉衣(横井也有)
● 九〇　※古事記伝(本居宣長)
● 九五　※玉勝間(宣長)

黄表紙『金々先生栄花夢』

● 〇二　※東海道中膝栗毛(十返舎一九)
● 〇七　※椿説弓張月(滝沢馬琴)
● 〇八ごろ　春雨物語(秋成)
● 〇九　※浮世風呂(式亭三馬)
● 一三　※浮世床(三馬)
● 一四　※南総里見八犬伝(馬琴)
● 一五　蘭学事始(杉田玄白)
● 二五　東海道四谷怪談(鶴屋南北)
● 二六ごろ　日本外史(頼山陽)
● 二九　※修紫田舎源氏(柳亭種彦)
● 三二　※春色梅児誉美(為永春水)

『春色梅児誉美』

● 六〇　三人吉三廓初買(河竹黙阿弥)
● 七〇　※西国立志編(中村正直訳)
● 七一　安愚楽鍋(仮名垣魯文)　自由之理(正直訳)
● 七二　学問のすゝめ(福沢諭吉)
● 七四　柳橋新誌(成島柳北)
● 七五　文明論之概略(諭吉)　百一新論(西周)
● 七八　花柳春話(リットン・織田純一郎訳)
● 八一　天衣紛上野初花(黙阿弥)
● 八二　民約訳解(ルソー・中江兆民訳)

## 文化・社会

● 五八　宝暦事件
● 六七　田沼意次登用(側用人となる)
● 七八　ロシア船来航、通商要求
● 八二～八七　天明の大飢饉
● 八三　浅間山大噴火
● 八七　松平定信、老中に任ぜられる
● 八九　寛政の改革
● 〇〇　伊能忠敬、蝦夷地を測量
● 〇四　ロシア使節レザノフ、長崎に来航
● 〇八　間宮林蔵、間宮海峡を発見
● 二五　外国船打払令を発す
● 二八　シーボルト事件
● 三七　大塩平八郎の乱
● 四二　天保の改革
● 五三　アメリカ使節ペリー、浦賀に来航
● 五八　安政の大獄
● 六七　大政奉還
● 六八　明治維新、五箇条の誓文
● 七一　廃藩置県
● 七二　『東京日日(現在の「毎日」)新聞』創刊
● 七四　『読売新聞』創刊
● 七七　西南戦争
● 七八　自由民権論おこる
● 七九　『大阪朝日(現在の「朝日」)新聞』創刊
● 八一　板垣退助、自由党結成

1900

| 年 | 和暦 | 詩歌 | 小説・評論 | 事項 |
|---|---|---|---|---|
| 八三 | 明治一六 | | ※経国美談(矢野竜渓) | |
| 八五 | 明治一八 | | 当世書生気質・小説神髄(坪内逍遥) | |
| 八六 | 明治一九 | 新体詞選(山田美妙ら) | 雪中梅(末広鉄腸)　将来之日本(徳富蘇峰) | |
| 八七 | 明治二〇 | | ※浮雲(二葉亭四迷) | 鹿鳴館で仮装舞踏会開催 |
| 八八 | 明治二一 | 孝女白菊の歌(落合直文ら) | あひゞき(四迷訳)　夏木立(山田美妙) | |
| 八九 | 明治二二 | 楚囚之詩(北村透谷)　於母影(森鷗外ら) | 風流仏(幸田露伴)　風流京人形(尾崎紅葉) | 大日本帝国憲法発布 |
| 九〇 | 明治二三 | | 舞姫(森鷗外)　伽羅枕(紅葉) | 教育勅語発布 |
| 九一 | 明治二四 | 蓬萊曲(透谷) | 油地獄(斎藤緑雨)　五重塔(露伴) | 大津事件　足尾銅山鉱毒事件 |
| 九二 | 明治二五 | | ※即興詩人(アンデルセン・鷗外訳)　三人妻(紅葉) | |
| 九三 | 明治二六 | 湖処子詩集(宮崎湖処子) | 風流微塵蔵(露伴)　内部生命論(北村透谷) | |
| 九四 | 明治二七 | | 滝口入道(高山樗牛)　日本風景論(志賀重昂) | 日清戦争 |
| 九五 | 明治二八 | | たけくらべ・にごりえ(樋口一葉) | 日清講和条約調印・三国干渉 |
| 九六 | 明治二九 | 東西南北(与謝野鉄幹) | 多情多恨(紅葉)　照葉狂言(泉鏡花) | |
| 九七 | 明治三〇 | 若菜集(島崎藤村) | 源叔父(国木田独歩)　※金色夜叉(紅葉) | 『ホトトギス』創刊 |
| 九八 | 明治三一 | 黄菊白菊(大町桂月) | 武蔵野(独歩)　※不如帰(徳富蘆花) | 日本美術院創立 |
| 九九 | 明治三二 | 天地有情(土井晩翠) | 湯島詣(鏡花)　己が罪(菊池幽芳) | 『中央公論』(「反省会雑誌」改題)創刊 |
| 一九〇〇 | 明治三三 | 寸紅集・寒玉集(高浜虚子) | 高野聖(鏡花)　自然と人生(蘆花) | 『明星』創刊　北清事変 |
| 〇一 | 明治三四 | みだれ髪(与謝野晶子) | 牛肉と馬鈴薯(独歩)　墨汁一滴(正岡子規) | |
| 〇三 | | | | 『馬酔木』創刊 |
| 〇四 | 明治三七 | 藤村詩集(藤村) | 火の柱・※良人の自白(木下尚江) | 日露戦争　『新潮』創刊 |
| 〇五 | 明治三八 | 海潮音(上田敏訳) | ※吾輩は猫である(夏目漱石) | 日本海海戦・日露講和条約調印 |
| 〇六 | 明治三九 | 白羊宮(薄田泣菫) | 破戒(島崎藤村)　坊ちゃん・草枕(漱石) | 文芸協会結成　日本社会党結成 |
| 〇七 | 明治四〇 | 塵溜のち塵塚(川路柳虹) | 蒲団(田山花袋)　※婦系図(鏡花) | 『新思潮(第一次)』創刊 |
| 〇八 | 明治四一 | 海の声(若山牧水) | 何処へ(正宗白鳥)　新世帯(徳田秋声) | 『アララギ』創刊 |
| 〇九 | 明治四二 | 邪宗門(北原白秋) | ふらんす物語(永井荷風)　田舎教師(花袋) | 『スバル』創刊 |
| 一〇 | 明治四三 | 一握の砂(石川啄木) | 家(藤村)　刺青(谷崎潤一郎)　門(漱石) | 大逆事件　韓国併合　『白樺』創刊 |
| 一一 | 明治四四 | 思ひ出(白秋) | お目出たき人(武者小路実篤)　雁(鷗外) | 『青鞜』創刊 |
| 一二 | 明治四五 | 悲しき玩具(啄木) | 哀しき父(葛西善蔵)　大津順吉(志賀直哉) | |
| 一三 | 大正二 | 赤光(斎藤茂吉)　珊瑚集(永井荷風) | ※大菩薩峠(中里介山)　銀の匙(中勘助) | |
| 一四 | 大正三 | 道程(高村光太郎) | こころ(漱石)　牛乳屋の兄弟(久米正雄) | 第一次世界大戦始まる　『新思潮(第三次)』創刊 |
| 一五 | 大正四 | 聖三稜玻璃(山村暮鳥) | 羅生門(芥川竜之介)　あらくれ(秋声) | |
| 一六 | 大正五 | 林泉集(中村憲吉) | 出家とその弟子(倉田百三)　明暗(漱石) | 『新思潮(第四次)』創刊 |
| 一七 | 大正六 | 月に吠える(萩原朔太郎) | 城の崎にて(直哉)　父帰る(菊池寛)　田園の憂鬱(佐藤春夫) | |
| 一八 | 大正七 | 愛の詩集(室生犀星)　自分は見た(千家元麿) | 地獄変(竜之介)　小さき者へ(有島武郎) | シベリア出兵　『赤い鳥』創刊 |
| 一九 | 大正八 | 食後の唄(木下杢太郎) | 或る女(武郎)　蔵の中(宇野浩二) | 普通選挙獲得運動広まる |
| 二〇 | 大正九 | 氷魚(島木赤彦)　牧羊神(上田敏) | 死線を越えて(賀川豊彦)　真珠夫人(菊池寛) | 国際連盟成立 |
| 二一 | 大正一〇 | 殉情詩集(佐藤春夫) | ※暗夜行路(志賀直哉)　冥途(内田百閒) | 原敬首相暗殺される |

『若菜集』

平成時代　昭和時代　大正時代　明治時代　江戸時代　安土桃山時代　室町時代　南北朝時代

| 西暦 | 和暦 | 詩歌・歌謡 | 物語・小説・戯曲・随筆・評論 | 文化・社会 |
|---|---|---|---|---|
| 一九二二 | 大正一一 | ●二二 蠟人形(西条八十) | ●二二 ※多情仏心(里見弴) 海神丸(野上弥生子) | |
| 二三 | 大正一二 | ●二三 青猫(萩原朔太郎) | ●二三 山椒魚(井伏鱒二) 同志の人々(山本有三) | ●二三 関東大震災 『文藝春秋』創刊 |
| 二四 | 大正一三 | ●二四 春と修羅(宮沢賢治) 一路(木下利玄) 南京新唱(会津八一) | ●二四 ※伸子(宮本百合子) ※竹沢先生と云ふ人(長与善郎) チロルの秋(岸田国士) | |
| 二五 | 大正一四 | ●二五 月下の一群(堀口大学) | ●二五 檸檬(梶井基次郎) 淫売婦(葉山嘉樹) | ●二五 ラジオ放送開始 普通選挙法公布 治安維持法公布 |
| 二六 | 大正一五 | ●二六 検温器と花(北川冬彦) | ●二六 伊豆の踊子(川端康成) 安土の春(正宗白鳥) | |
| 二七 | 昭和二 | ●二七 冬菜(太田水穂) | ●二七 河童・歯車(芥川竜之介) 赤穂浪士(大仏次郎) | ●二七 金融恐慌 |
| 二八 | 昭和三 | ●二八 第百階級(草野心平) | ●二八 上海(横光利一) 放浪記(林芙美子) | ●二八 特別高等警察課設置 |
| 二九 | 昭和四 | ●二九 軍艦茉莉(安西冬衛) | ●二九 蟹工船(小林多喜二) ※夜明け前(島崎藤村) | |
| 三〇 | 昭和五 | ●三〇 測量船(三好達治) 葛飾(水原秋桜子) | ●三〇 聖家族(堀辰雄) 機械(横光利一) 南国太平記(直木三十五) | |
| 三一 | 昭和六 | ●三一 ナップ七人集(中野重治編) | ●三一 つゆのあとさき(永井荷風) 水晶幻想(川端康成) | ●三一 満州事変起こる |
| 三二 | 昭和七 | ●三二 凍港(山口誓子) | ●三二 鮎(丹羽文雄) 日本三文オペラ(武田麟太郎) | ●三二 上海事変、五・一五事件起こる |
| 三三 | 昭和八 | ●三三 Ambarvalia(西脇順三郎) | ●三三 ※人生劇場(尾崎士郎) 春琴抄(谷崎潤一郎) | ●三三 『文学界(第一次)』創刊 『四季(第一次)』創刊 |
| 三四 | 昭和九 | ●三四 山羊の歌(中原中也) | ●三四 あにいもうと(室生犀星) ダイヴィング(舟橋聖一) | |
| 三五 | 昭和一〇 | ●三五 わがひとに与ふる哀歌(伊東静雄) | ●三五 ※雪国(川端康成) 仮装人物(徳田秋声) | ●三五 芥川賞・直木賞創設 |
| 三六 | 昭和一一 | ●三六 長子(中村草田男) | ●三六 風立ちぬ(堀辰雄) 晩年(太宰治) | ●三六 二・二六事件起こる |
| 三七 | 昭和一二 | ●三七 萱草に寄す(立原道造) | ●三七 濹東綺譚(永井荷風) ※旅愁(横光利一) | ●三七 日中戦争起こる(盧溝橋事件) |
| 三八 | 昭和一三 | ●三八 在りし日の歌(中原中也) | ●三八 厚物咲(中山義秀) 麦と兵隊(火野葦平) | |
| 三九 | 昭和一四 | ●三九 体操詩集(村野四郎) | ●三九 歌のわかれ(中野重治) 河明り(岡本かの子) | ●三九 第二次世界大戦始まる |
| 四一 | 昭和一六 | ●四一 智恵子抄(高村光太郎) | ●四一 縮図(徳田秋声) 連環記(幸田露伴) | ●四〇 大政翼賛会結成 |
| 四二 | 昭和一七 | ●四二 高志(木俣修) | ●四二 山月記(中島敦) ※無常といふ事(小林秀雄) | ●四一 太平洋戦争始まる |
| 四三 | 昭和一八 | ●四三 富士山(草野心平) | ●四三 ※細雪(谷崎潤一郎) 李陵(中島敦) | ●四五 第二次世界大戦終結 『新潮』『文芸』復刊 |
| 四五 | 昭和二〇 | | ●四五 お伽草紙(太宰治) 女の一生(森本薫) | |
| 四六 | 昭和二一 | ●四六 北国(丸山薫) 近代悲傷集(釈迢空) 故郷の花(三好達治) | ●四六 暗い絵(野間宏) 桜島(梅崎春生) 白痴・堕落論(坂口安吾) 焼跡のイエス(石川淳) | ●四六 当用漢字・現代かなづかい告示 極東軍事裁判 『群像』創刊 |
| 四七 | 昭和二二 | ●四七 古代感愛集(釈迢空) 旅人かへらず(西脇順三郎) | ●四七 深夜の酒宴(椎名麟三) 二つの庭(宮本百合子) 斜陽(太宰治) 蝮のする(武田泰淳) | ●四七 日本国憲法施行 六三制教育始まる 『文学界(第三次)』創刊 |
| 四八 | 昭和二三 | ●四八 落下傘(金子光晴) マチネ・ポエティク詩集(福永武彦ら) | ●四八 ※俘虜記(大岡昇平) 虫のいろいろ(尾崎一雄) 単独旅行者(島尾敏雄) | |
| 四九 | 昭和二四 | ●四九 囚人(三好豊一郎) 白き山(斎藤茂吉) | ●四九 仮面の告白(三島由紀夫) 本日休診(井伏鱒二) 夕鶴(木下順二) 女坂(円地文子) | ●四九 下山・三鷹・松川事件起こる |
| 五〇 | 昭和二五 | ●五〇 典型(高村光太郎) | ●五〇 鳴海仙吉(伊藤整) 絵本(田宮虎彦) | ●五〇 朝鮮動乱勃発 金閣寺全焼 |
| 五一 | 昭和二六 | ●五一 荒地詩集(鮎川信夫ら) | ●五一 壁(安部公房) 炎の人(三好十郎) | ●五一 サンフランシスコ講和条約調印 |
| 五二 | 昭和二七 | ●五二 駱駝の瘤にまたがって(三好達治) | ●五二 鶴(長谷川四郎) 竜を撫でた男(福田恆存) | ●五二 メーデー流血事件 |
| 五三 | 昭和二八 | ●五三 定本大阪(小野十三郎) | ●五三 悪い仲間(安岡章太郎) 鷹(石川淳) | ●五三 テレビ放送開始 |
| 五四 | 昭和二九 | ●五四 百戸の谿(飯田竜太) | ●五四 驟雨(吉行淳之介) 遠来の客たち(曽野綾子) | ●五四 ビキニ水爆実験で第五福竜丸被爆 |

| | | | | |
|---|---|---|---|---|
| 五五 | 昭和三〇 | ●五五 愛について(谷川俊太郎) | ●五五 太陽の季節(石原慎太郎) 雲の墓標(阿川弘之) | ●五五 保守合同(自由民主党結成) |
| 五六 | 昭和三一 | ●五六 記憶と現在(大岡信) | ●五六 金閣寺(三島由紀夫) 氷壁(井上靖) 楢山節考(深沢七郎) | ●五六 日本、国際連合に加盟 |
| 五七 | 昭和三二 | ●五七 われに五月を(寺山修司) | ●五七 アポロンの島(小川国夫) 裸の王様(開高健) | ●五七 ソビエト人工衛星打ち上げ |
| 五八 | 昭和三三 | ●五八 僧侶(吉岡実) | ●五八 飼育(大江健三郎) ゼロの焦点(松本清張) | ●五八 東京でアジア競技大会 |
| 五九 | 昭和三四 | ●五九 亡羊記(村野四郎) | ●五九 敦煌(井上靖) 五弁の椿(山本周五郎) | ●五九 伊勢湾台風 |
| 六〇 | 昭和三五 | ●六〇 ゴリラ(山本太郎) | ●六〇 静物(庄野潤三) 夜と霧の隅で(北杜夫) | ●六〇 日米新安全保障条約調印 |
| 六一 | 昭和三六 | ●六一 水銀伝記(塚本邦雄) | ●六一 雁の寺(水上勉) パリ燃ゆ(大仏次郎) | |
| 六二 | 昭和三七 | ●六二 言葉のない世界(田村隆一) | ●六二 砂の女(安部公房) 悲の器(高橋和巳) | |
| 六三 | 昭和三八 | | ●六三 地の群れ(井上光晴) 空中庭園(中村真一郎) | |
| 六四 | 昭和三九 | ●六四 死の淵より(高見順) | ●六四 されどわれらが日々――(柴田翔) | ●六四 東海道新幹線開業 東京国際オリンピック大会開く |
| 六五 | 昭和四〇 | ●六五 音楽(那珂太郎) 雪華(大野林火) | ●六五 抱擁家族(小島信夫) 黒い雨(井伏鱒二) | |
| 六六 | 昭和四一 | | ●六六 沈黙(遠藤周作) 笹まくら(丸谷才一) | ●六六 国立劇場開場 |
| 六七 | 昭和四二 | ●六七 青南集(土屋文明) | ●六七 箱庭(三浦朱門) 火垂るの墓(野坂昭如) | |
| 六八 | 昭和四三 | ●六八 表札など(石垣りん) | ●六八 坂の上の雲(司馬遼太郎) 安土往還記(辻邦生) | ●六八 川端康成ノーベル文学賞受賞 |
| 六九 | 昭和四四 | ●六九 異邦者(近藤芳美) | ●六九 スミヤキストQの冒険(倉橋由美子) | ●六九 アポロ11号月着陸 |
| 七〇 | 昭和四五 | ●七〇 黄金詩集(吉増剛造) | ●七〇 杳子(古井由吉) 回転扉(河野多恵子) | ●七〇 日本万国博覧会開催 『すばる』創刊 |
| 七一 | 昭和四六 | ●七一 感傷旅行(吉野弘) | ●七一 砧をうつ女(李恢成) 栂の夢(大庭みな子) | ●七一 新著作権法施行 |
| 七二 | 昭和四七 | ●七二 オンディーヌ(吉原幸子) | ●七二 恍惚の人(有吉佐和子) 森(野上弥生子) | ●七二 沖縄復帰 連合赤軍事件 |
| 七三 | 昭和四八 | ●七三 白の断片(北園克衛) | ●七三 挟み打ち(後藤明生) 日本沈没(小松左京) | ●七三 石油危機 |
| 七四 | 昭和四九 | ●七四 礼節(石原吉郎) | ●七四 落日燃ゆ(城山三郎) あの夕陽(日野啓三) | |
| 七五 | 昭和五〇 | ●七五 固い芽(清岡卓行) | ●七五 時に佇つ(佐多稲子) 宣告(加賀乙彦) | ●七五 ベトナム戦争終結 |
| 七六 | 昭和五一 | ●七六 眠りの祈り(北村太郎) | ●七六 限りなく透明に近いブルー(村上龍) 海嘯(のち火山島)(金石範) 枯木灘(中上健次) | ●七六 ロッキード疑獄事件広まる |
| 七七 | 昭和五二 | ●七七 遺言(会田綱雄) | ●七七 僕って何(三田誠広) 管絃祭(竹西寛子) | |
| 七八 | 昭和五三 | ●七八 縄文紀(前登志夫) | ●七八 一絃の琴(宮尾登美子) 寵児(津島佑子) | ●七八 日中平和友好条約調印 |
| 七九 | 昭和五四 | ●七九 火を運ぶ(佐佐木幸綱) | ●七九 血族(山口瞳) 同時代ゲーム(大江健三郎) | ●七九 東京サミット開かれる |
| 八〇 | 昭和五五 | ●八〇 水の中の歳月(安藤元雄) | ●八〇 蒲田行進曲(つかこうへい) 遠雷(立松和平) | ●八〇 日米貿易摩擦始まる |
| 八一 | 昭和五六 | | ●八一 白夜を旅する人々(三浦哲郎) 吉里吉里人(井上ひさし) | ●八一 常用漢字表施行 |
| 八二 | 昭和五七 | ●八二 遊行(上田三四二) | ●八二 破獄(吉村昭) 羊をめぐる冒険(村上春樹) | ●八二 東北・上越新幹線開通 『海燕』創刊 |
| 八三 | 昭和五八 | ●八三 陽気な世紀末(田村隆一) | ●八三 優しいサヨクのための嬉遊曲(島田雅彦) | ●八三 日本海中部地震 |
| 八四 | 昭和五九 | ●八四 「地獄」にて(天沢退二郎) | ●八四 ゆっくり東京女子マラソン(干刈あがた) | ●八四 臨教審設置 |
| 八五 | 昭和六〇 | | ●八五 ベッドタイムアイズ(山田詠美) | ●八五 つくば科学万博開催 |
| 八六 | 昭和六一 | ●八六 緩慢な時(渋沢孝輔) | ●八六 シングルセル(増田みず子) | ●八六 ソ連チェルノブイリで原発大事故 |
| 八七 | 昭和六二 | ●八七 サラダ記念日(俵万智) | ●八七 ノルウェイの森(村上春樹) | ●八七 日米貿易摩擦激化 |
| 八八 | 昭和六三 | | ●八八 狂人日記(色川武大) | |

平成時代 昭和時代 大正時代 明治時代 江戸時代 安土桃山時代 室町時代 南北朝時代

# 百人一首

古くから正月のかるた遊びとして広く親しまれてきた百人一首――。この百人一首は、藤原定家が天智天皇から順徳院までの歌人一〇〇人の秀歌を一人一首ずつ集めたもので、のちに定家の子為家が、各歌の配列を年代順に整え、作者名とその官位を添えるなどの補訂を加えて、室町中期に現在の形になったと考えられている。ここではその配列順に、一〇〇首の歌とその作者および歌集名を網羅した。

『百人一首』の成立は、藤原定家が為家の岳父にあたる宇都宮頼綱に嵯峨中院山荘の障子の色紙染筆を請われたことに始まる。この依頼を受けて定家自ら筆を染めた一〇〇首一〇〇枚の色紙を『小倉山荘色紙和歌』と称し、これらがのちに冊子として書写され、『百人一首』の原形となった。『小倉山荘色紙和歌』は『小倉色紙』ともよばれ、何枚かは現存している。『百人一首』が『小倉百人一首』または『小倉首』とよばれるのは、このためである。

作者は、天皇八人・僧一五人のほか、貴族・女官など各層にわたる。内容は、春の歌六、夏四、秋一六、冬六、恋四三、別離一、旅四、雑二〇首で、恋の歌がもっとも多く、また、四季で秋が半数を占めるのは、当時の趣向や定家の好みを反映している。歌風は古今・新古今調が中心で、響きのよい言葉を連ねた優美・華麗・繊細な情調の歌が多い。

室町以降、『百人一首』は二条派の歌人の宝典として尊ばれ、宗祇をはじめ多くの学者による注釈書が著された。近世以降は、頭注本や絵入り本としても出版され、古典和歌の入門書や書道の手本となり、さらにはかるたとして遊戯に取り入れられるなど、庶民の間にも広く親しまれるようになった。「百人一首かるた」には、二組に分かれ、取った枚数を競う「源平合戦」などの遊戯法がある。

秋の田のかりほの庵の苫をあらみわが衣手は露にぬれつつ　天智天皇《後撰集》
春すぎて夏きにけらし白妙の衣ほすてふ天のかぐ山　持統天皇《新古今集》
あし引きの山鳥の尾のしだり尾のながながし夜をひとりかもねむ　柿本人麻呂《拾遺集》
田子の浦にうち出でて見れば白妙の富士の高嶺に雪はふりつつ　山部赤人《新古今集》
奥山に紅葉ふみわけ鳴く鹿の声きく時ぞ秋はかなしき　猿丸大夫《古今集》
かささぎのわたせる橋に置く霜の白きを見れば夜ぞ更けにける　中納言(大伴)家持《新古今集》
天の原ふりさけ見れば春日なる三笠の山に出でし月かも　安倍仲麻呂《古今集》
わが庵は都の辰巳しかぞすむ世をうぢ山と人はいふなり　喜撰法師《古今集》
花の色はうつりにけりないたづらに我が身世にふるながめせしまに　小野小町《古今集》
これやこのゆくも帰るも別れては知るもしらぬも逢坂の関　蟬丸《後撰集》
わたの原八十島かけて漕ぎ出でぬと人には告げよ海人の釣舟　参議(小野)篁《古今集》
天つ風雲のかよひぢ吹きとぢよをとめの姿しばしとどめむ　僧正遍昭《古今集》
筑波嶺の峰より落つるみなの川恋ぞつもりて淵となりぬる　陽成院《後撰集》

陸奥のしのぶもぢずり誰ゆゑに乱れそめにし我ならなくに　河原左大臣(源融)《古今集》
君がため春の野に出でて若菜つむ我が衣手に雪はふりつつ　光孝天皇《古今集》
立ち別れいなばの山の峰に生ふるまつとしきかば今かへり来む　中納言(在原)行平《古今集》
ちはやぶる神代もきかず竜田川から紅に水くくるとは　在原業平朝臣《古今集》
住の江の岸による波よるさへや夢のかよひぢ人めよくらむ　藤原敏行朝臣《古今集》
難波潟短かき蘆のふしの間も逢はでこの世を過ぐしてよとや　伊勢《新古今集》
わびぬれば今はたおなじ難波なるみをつくしても逢はむとぞ思ふ　元良親王《後撰集》
今来むといひしばかりに長月の有明の月を待ち出でつるかな　素性法師《古今集》
吹くからに秋の草木のしをるればむべ山風をあらしといふらむ　文屋康秀《古今集》
月見れば千々に物こそかなしけれわが身ひとつの秋にはあらねど　大江千里《古今集》
このたびはぬさもとりあへず手向山もみぢの錦神のまにまに　菅家(菅原道真)《古今集》
名にしおはば逢坂山のさねかづら人にしられでくるよしもがな　三条右大臣(藤原定方)《後撰集》
小倉山峰のもみぢ葉心あらば今一度のみゆきまたなむ　貞信公(藤原忠平)《拾遺集》
みかの原わきて流るるいづみ川いつ見きとてか恋しかるらむ　中納言(藤原)兼輔《新古今集》
山里は冬ぞさびしさまさりける人めも草もかれぬとおもへば　源宗于朝臣《古今集》
心あてに折らばや折らむ初霜の置きまどはせる白菊の花　凡河内躬恒《古今集》
有明のつれなく見えし別れより暁ばかりうきものはなし　壬生忠岑《古今集》
朝ぼらけ有明の月と見るまでに吉野の里にふれる白雪　坂上是則《古今集》
山川に風のかけたるしがらみは流れもあへぬ紅葉なりけり　春道列樹《古今集》
久かたの光のどけき春の日にしづ心なく花の散るらむ　紀友則《古今集》
誰をかも知る人にせむ高砂の松も昔の友ならなくに　藤原興風《古今集》
人はいさ心も知らずふるさとは花ぞ昔の香に匂ひける　紀貫之《古今集》
夏の夜はまだ宵ながら明けぬるを雲のいづこに月宿るらむ　清原深養父《古今集》
白露に風の吹きしく秋の野はつらぬきとめぬ玉ぞ散りける　文屋朝康《後撰集》
わすらるる身をば思はず誓ひてし人の命の惜しくもあるかな　右近《拾遺集》
浅茅生の小野の篠原しのぶれどあまりてなどか人の恋しき　参議(源)等《後撰集》
忍ぶれど色に出でにけりわが恋は物や思ふと人のとふまで　平兼盛《拾遺集》
恋すてふわが名はまだき立ちにけり人知れずこそ思ひそめしか　壬生忠見《拾遺集》
契りきなかたみに袖をしぼりつつ末の松山波こさじとは　清原元輔《後拾遺集》

あひみての後の心にくらぶれば昔は物を思はざりけり　権中納言(藤原)敦忠〈拾遺集〉
あふ事の絶えてしなくばなかなかに人をも身をも恨みざらまし　中納言(藤原)朝忠〈拾遺集〉
あはれともいふべき人はおもほえで身のいたづらになりぬべきかな　謙徳公(一条摂政。藤原伊尹)〈拾遺集〉
由良のとをわたる舟人かぢをたえゆくへもしらぬ恋の道かな　曾禰好忠〈新古今集〉
八重むぐらしげれる宿のさびしきに人こそ見えね秋は来にけり　恵慶法師〈拾遺集〉
風をいたみ岩うつ浪のおのれのみくだけて物を思ふころかな　源重之〈詞花集〉
みかき守衛士の焚く火の夜はもえ昼は消えつつ物をこそ思へ　大中臣能宣朝臣〈詞花集〉
君がため惜しからざりし命さへ長くもがなと思ひけるかな　藤原義孝〈後拾遺集〉
かくとだにえやはいぶきのさしも草さしも知らじな燃ゆる思ひを　藤原実方朝臣〈後拾遺集〉
明けぬればくるるものとは知りながらなほ恨めしき朝ぼらけかな　藤原道信朝臣〈後拾遺集〉
嘆きつつ独りぬる夜の明くる間はいかに久しきものとかはしる　右大将道綱母〈拾遺集〉
わすれじの行末まではかたければ今日を限りの命ともがな　儀同三司母〈新古今集〉
滝の音は絶えて久しくなりぬれど名こそ流れてなほ聞えけれ　大納言(藤原)公任〈拾遺集〉
あらざらむこの世のほかの思ひ出に今ひとたびのあふこともがな　和泉式部〈後拾遺集〉
めぐりあひて見しやそれともわかぬ間に雲がくれにし夜半の月かな　紫式部〈新古今集〉
有馬山猪名の笹原風ふけばいでそよ人を忘れやはする　大弐三位〈後拾遺集〉
やすらはで寝なましものを小夜更けて傾くまでの月を見しかな　赤染衛門〈後拾遺集〉
大江山いく野の道の遠ければまだふみも見ず天の橋立　小式部内侍〈金葉集〉
いにしへの奈良の都の八重桜けふ九重に匂ひぬるかな　伊勢大輔〈詞花集〉
夜をこめて鳥のそらねははかるともよに逢坂の関はゆるさじ　清少納言〈後拾遺集〉
今はただ思ひ絶えなむとばかりを人づてならでいふよしもがな　左京大夫(藤原)道雅〈後拾遺集〉
朝ぼらけ宇治の川霧たえだえにあらはれわたる瀬々の網代木　権中納言(藤原)定頼〈千載集〉
恨みわびほさぬ袖だにあるものを恋に朽ちなむ名こそをしけれ　相模〈後拾遺集〉
もろともにあはれと思へ山桜花よりほかに知る人もなし　前大僧正行尊〈金葉集〉
春の夜の夢ばかりなる手枕にかひなく立たむ名こそ惜しけれ　周防内侍〈千載集〉
心にもあらでうき世にながらへば恋しかるべき夜半の月かな　三条院〈後拾遺集〉
嵐ふく三室の山のもみぢ葉は竜田の川の錦なりけり　能因法師〈後拾遺集〉
寂しさに宿を立ち出でてながむればいづくも同じ秋の夕暮　良暹法師〈後拾遺集〉
夕されば門田の稲葉おとづれて蘆の丸屋に秋風ぞふく　大納言(源)経信〈金葉集〉

音にきく高師の浜のあだ浪はかけじや袖の濡れもこそすれ　祐子内親王家紀伊〈金葉集〉
高砂の尾上の桜咲きにけり外山の霞たたずもあらなむ　権中納言(大江)匡房〈後拾遺集〉
うかりける人を初瀬の山おろしはげしかれとは祈らぬものを　源俊頼朝臣〈千載集〉
契りおきしさせもが露を命にてあはれ今年の秋もいぬめり　藤原基俊〈千載集〉
わたの原こぎ出でて見れば久方の雲井にまがふ沖つ白波　法性寺入道前関白太政大臣(藤原忠通)〈詞花集〉
瀬を早み岩にせかるる滝川のわれても末にあはむとぞ思ふ　崇徳院〈詞花集〉
淡路島かよふ千鳥の鳴く声に幾夜ねざめぬ須磨の関守　源兼昌〈金葉集〉
秋風にたなびく雲の絶え間よりもれ出づる月の影のさやけさ　左京大夫(藤原)顕輔〈新古今集〉
ながからむ心もしらず黒髪の乱れて今朝は物をこそ思へ　待賢門院堀河〈千載集〉
ほととぎす鳴きつる方をながむればただ有明の月ぞのこれる　後徳大寺左大臣(藤原実定)〈千載集〉
おもひ佗びさても命はあるものを憂きにたへぬは涙なりけり　道因法師〈千載集〉
世の中よ道こそなけれ思ひ入る山の奥にも鹿ぞなくなる　皇太后宮大夫(藤原)俊成〈千載集〉
ながらへばまたこのごろやしのばれむ憂しと見し世ぞ今は恋しき　藤原清輔朝臣〈新古今集〉
夜もすがらもの思ふころは明けやらで閨の隙さへつれなかりけり　俊恵法師〈千載集〉
なげけとて月やは物を思はするかこち顔なるわが涙かな　西行法師〈千載集〉
村雨の露もまだ干ぬ真木の葉に霧立ちのぼる秋の夕ぐれ　寂蓮法師〈新古今集〉
難波江の蘆のかりねのひとよゆゑみをつくしてや恋ひわたるべき　皇嘉門院別当〈千載集〉
玉の緒よ絶えなばたえねながらへば忍ぶることの弱りもぞする　式子内親王〈新古今集〉
見せばやな雄島のあまの袖だにも濡れにぞぬれし色はかはらず　殷富門院大輔〈千載集〉
きりぎりす鳴くや霜夜のさむしろに衣かたしきひとりかもねむ　後京極摂政前太政大臣(藤原良経)〈新古今集〉
わが袖は潮干に見えぬ沖の石の人こそ知らねかわく間もなし　二条院讃岐〈千載集〉
世の中は常にもがもな渚こぐあまの小舟の綱手かなしも　鎌倉右大臣(源実朝)〈新勅撰集〉
み吉野の山の秋風夜ふけてふる里寒く衣うつなり　参議(藤原)雅経〈新古今集〉
おほけなくうき世の民におほふかな我がたつ杣に墨染の袖　前大僧正慈円〈千載集〉
花さそふ嵐の庭の雪ならでふりゆくものは我が身なりけり　入道前太政大臣(西園寺公経)〈新勅撰集〉
来ぬ人をまつほの浦の夕なぎにやくや藻塩の身もこがれつつ　権中納言(藤原)定家〈新勅撰集〉
風そよぐならの小川の夕ぐれはみそぎぞ夏のしるしなりける　従二位(藤原)家隆〈新勅撰集〉
人もをし人も恨めしあぢきなく世を思ふゆゑにもの思ふ身は　後鳥羽院〈続後撰集〉
百敷や古き軒端のしのぶにもなほあまりある昔なりけり　順徳院〈続後撰集〉

『光琳かるた』より

# 季語一覧

ここでは、俳句の実作や日常生活に役立つ季語を、できるだけ多く収録した。

それらの季語は、春夏秋冬および新年の順に分類し、さらに時候・天文・地理・生活・行事・動物・植物の部類別とした。各部における季語の配列順序はなるべく同一系統の内容のものでまとめた。

また、それぞれの季語のうち、難解と思われるものを選び出し、各ページの下の欄に解説した。

＊は下に解説のある難解季語を示す。

## 春

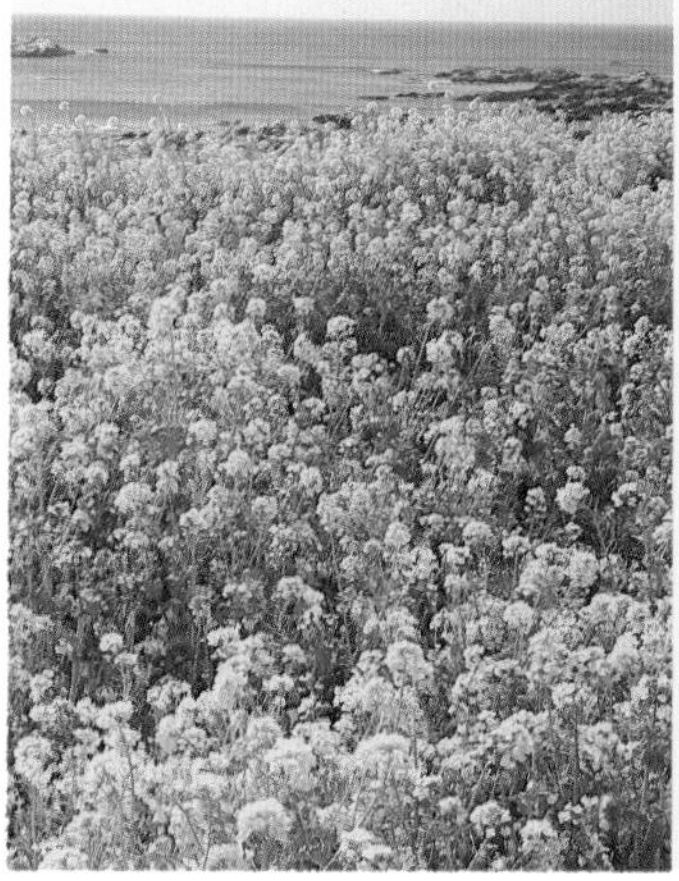

菜の花や月は東に日は西に　与謝蕪村

### 時候

春　初春　二月　睦月　旧正月　寒明　立春　早春　春浅し　冴返る　余寒　春寒　遅春　春めく　雨水　二月尽＊　仲春　三月　如月　啓蟄　春分　彼岸　三月尽　晩春　四月　弥生　春の日　春暁　春の朝　春昼　春の夕　春の暮　春の宵　春の夜　朧月夜　暖か　麗か　長閑　日永　遅日　花冷え　木の芽時　蛙の目借時＊　穀雨　春深し　八十八夜　行く春　春惜しむ　夏近し　弥生尽　四月尽

### 天文

春日和　春光　春の空　春の雲　春の月　朧月　朧　春の星　春の闇　春風　東風　貝寄風＊　涅槃西風＊　彼岸西風　春一番　風光る　春疾風　春北風　黒北風　春塵　霾＊　春雨　春時雨　春霖　菜種梅雨　花の雨　春驟雨　春の雪　淡雪　斑雪　雪の果　春の霙　春の霰　春の雹　春の霜　忘れ霜　春の露　春の虹　春雷　佐保姫＊　霞　陽炎　春陰　花曇　鳥曇　鰊曇　蜃気楼　フェーン

### 地理

春の山　山笑う　春の野　焼野　春の水　水温む　春の川　春の海　春潮　彼岸潮　潮干潟　春田　苗代　春の土　春泥　逃水　残雪　雪間　雪崩　雪解け　雪しろ＊　春出水　凍解　薄氷　流氷

### 生活

花衣＊　外套脱ぐ　春袷　春服　春外套　春ショール　春セーター　春手袋　春日傘　山葵漬　花菜漬　桜漬　蕗味噌　木の芽和　木の芽味噌　田楽　若布和　独活和　青饅　蜆汁　蒸鰈　干鰈　白子干　目刺　壺焼　鶯餅　蕨餅　草餅　桜餅　椿餅　菱餅　雛あられ　白酒　菜飯　治聾酒　春燈　春障子　春の炉　春炬燵　春暖炉　春火鉢　炬燵塞ぐ　炉塞　廏出し　北窓開く　目貼剝ぐ　雪割り　雪囲とる　霜除とる　風除解く　松の緑摘む　野焼き　山焼き　畑焼く　麦踏み　農具市　耕し　田打ち　畑打ち　畦塗り　種選び　種浸し　種蒔き　物種蒔く　種案山子＊　苗床　苗札　苗木市　植木市　芋植う　木の実植う　苗木植う　剪定　接木　挿木　根分け　若布刈る　海苔掻き　牧開き　桑解く　桑摘み　蚕飼　茶摘み　製茶　魞挿す＊　上り簗＊　磯開　磯菜摘み　海女　磯遊び　潮干狩　遠足　観潮　踏青　野遊び　摘草　蕨狩　梅見　花見　花筵＊　夜桜　花篝＊　花守　花疲れ＊　春スキー　猟期終る　凧　風船　風車　石鹼玉　鶯笛　ぶらんこ　春の風邪　朝寝　春眠　春の夢　春興　春愁　入学試験　落第　卒業　春休　進級　入学　新社員　春闘

### 行事

建国記念の日　春分の日　曲水　憲法記念日　初午　針供養　桃の節句　雛市　雛祭　雛納め　雛流し　鶏合せ＊　義士祭　河豚供養　四月馬鹿　緑の週間　メーデー　どんたく　黄金週間　春場所　都踊　春祭　若狭のお水送り　大和神幸祭　涅槃会　修二会　お水取　彼岸会　遍路　仏生会　花祭　甘茶　花御堂　御忌　壬生念仏　バレンタインの日　謝肉祭　復活祭　良寛忌　義仲忌　実朝忌　西行忌　利休忌　多喜二忌　茂吉忌　放哉忌　虚子忌　啄木忌　梅若忌

### 動物

熊穴を出づ　若駒　春の鹿　孕み鹿　落し角　猫の恋　猫の子　亀鳴く　蛇穴を出づ　お玉杓子　蛙　春の鳥　呼子鳥　百千鳥　鶯　菊戴　雉　山鳥　小綬鶏　雲雀　鷽　頰白　燕　春の雁　帰雁　引鴨　残る鴨　鳥帰る　鳥雲に入る　囀り　鳥交る　雀の子　鳥の巣　巣箱　古巣　燕の巣　雀の巣　巣立鳥　桜鯛

## 難解季語解説

### 春

**二月尽**　二月が終わること。十二か月のうちもっとも短い月であると同時に、日いちにちと春らしくなってゆくころなので、またたく間に月日のすぎるような思いにかられる。

**蛙の目借時**　春も深まり、眠気をもよおしがちのころをいう。カエルが人の目を借りるから眠いとする俗説による。単に「目借時」とも。

**貝寄風**　大阪四天王寺では聖霊会(陰暦二月二二日)の舞台に立てる造花を難波の浦に吹き寄せられた貝殻でつくったところから、そのころの風をいう。

**涅槃西風**　涅槃会(陰暦二月一五日)前後に吹く西風。のどかな春風ではなく、強く吹き続けて冷たいほどの風である。春の彼岸の時期にあたるため「彼岸西風」とも。

**霾**　中国北方の黄土地帯から大量の砂塵が日本へはこばれてくる、いわゆる黄砂現象。西日本で多くみられ、太陽もかすむほど空をおおう。そのような空を「霾天」という。

**佐保姫**　春をつかさどる女神。秋の「竜田姫」に対し、春の野山の色をおりなすとされる。古く、春は東の方位とされ、奈良の東には佐保山、佐保川の名がいまものこる。

**雪しろ**　山の雪が春の暖気で急にとけ、川や田へ一気にあふれだした水をいう。「雪汁」もおなじ。雪しろのために海や川が濁ることを「雪濁り」という。

**花衣**　花見に着てゆく女性の衣装のことをいう。はなやかさの連想をともなう語。

**種案山子**　「苗代」にまいた種籾をついばみにくるスズメなどの鳥を追い払うもの。

**魞挿す**　魞は遠浅の海や河川・湖沼で使われる定置漁具。杭を立てて竹簀や網を張って魚を誘いこむ。初春に魚の動きが活発になるころ、これを設ける。

**上り簗**　簗は川魚をとるために川瀬に設ける仕掛け。春に遡上してくるアユなどを捕らえる

眼張 鰊 鰆 鱵 春鰯 鮎並 子持鯊 鮭五郎 白魚 鱒 諸子 公魚 桜鯎 柳鮠 乗込鮒 若鮎 菜種河豚* 蛍烏賊 花烏賊 飯蛸 栄螺 蛤 浅蜊 貽貝 月日貝 赤貝 馬珂貝 潮吹 桜貝 蜆 蜷 田螺 烏貝 桜蝦 望潮 寄居虫 磯巾着 雲丹 地虫穴を出づ 初蝶

蝶 蜂 蜂の巣 虻 春の蚊 春の蠅 蠅生る 蚕 春蟬

### 植物

梅 紅梅 椿 初花 彼岸桜 枝垂桜 桜 花 山桜 八重桜 遅桜 落花 残花 桜蘂降る 牡丹の芽 薔薇の芽 辛夷 花水木 ミモザ 三椏の花 沈丁花 連翹 海棠 ライラック 長春花 馬酔木の花 満天星の花

躑躅 山楂子の花 小粉団の花 雪柳 木蓮 藤 山吹 桃の花 李の花 梨の花 杏の花 林檎の花 榠樝の花 伊予柑 ネーブル 八朔柑 木の芽 春林 蘖 若緑 柳の芽 山椒の芽 楤の芽 枸杞 桑 柳 金縷梅 木瓜の花 松の花 杉の花 楓の花 赤楊の花 白樺の花 猫柳 柳絮 枸橘の花 一位の花

鈴懸の花 花筏 山帰来の花 竹の秋* 春落葉 三色菫 黄水仙 諸葛菜 華鬘草 雛菊 東菊 金盞花 勿忘草 アネモネ フリージア チューリップ クロッカス シクラメン ヒヤシンス 君子蘭 芝桜 霞草 都忘れ スイートピー 菜の花 大根の花 豆の花 豌豆の花 苺の花 葱坊主 茎立 春菜 菠薐草 鶯菜

如月菜 水菜 壬生菜 芥菜 三月菜 春大根 独活 アスパラガス 春菊 韮 蒜 胡葱 防風 山葵 茗荷竹 慈姑 青麦 種芋 春の草 下萌え 草の芽 ものの芽 末黒の薄 若草 双葉 古草 若芝 草の若葉 菫 紫雲英 苜蓿 薺の花 蒲公英 土筆 杉菜 蘩蔞 桜草 洲浜草 翁草 一輪草

二輪草 虎杖 酸葉 蕨 薇 芹 野蒜 犬ふぐり 山吹草 錨草 十二単 春蘭 化偸草 熊谷草 蝮蛇草 金鳳花 一人静 二人静 母子草 父子草 蕗の薹 春の蕗 蓬 嫁菜 明日葉 茅花 片栗の花 燈台草 水草生う 蓴生う 蘆の角* 若菰 薊 座禅草 松露 和布 荒布 鹿尾菜 海雲 海松 海苔

## 夏

閑かさや岩にしみ入る蟬の声　松尾芭蕉

### 時候

夏 初夏 五月 卯月 立夏 夏浅し 夏めく 薄暑 麦の秋 五月尽 仲夏 六月 皐月 芒種 田植時 入梅 梅雨寒 夏至 半夏生* 晩夏 七月 水無月 小暑

梅雨明 冷夏 夏の日 夏の暁 夏の朝 炎昼 夏の夕 夏の宵 夏の夜 短夜 土用 盛夏 三伏 暑し 暑き日 大暑 極暑 溽暑* 炎暑 炎ゆる 灼くる 涼し 夏深し 夏の果 秋近し

秋を待つ 夜の秋 水無月尽

### 天文

夏の空 梅雨空 夏の雲 雲の峰 夏の月 梅雨の月 夏の星 梅雨の星 旱星* 夏の風 南風 やませ 黒南風 白南風* 筍流し* 土用東風 青嵐 薫風 熱風 涼風

朝凪 夕凪 土用凪 夏の雨 走り梅雨 梅雨 青梅雨* 空梅雨 五月雨 夕立 驟雨 喜雨 雹 雲海 御来迎 虹 雷 卯月曇 梅雨曇 五月闇 梅雨晴 五月晴 朝曇 朝焼け 夕焼け

日盛り 西日 炎天 油照 片蔭* 旱

### 地理

夏の山 夏富士 五月富士 赤富士 雪渓 お花畠 夏野 夏の庭 夏の水 夏の川 五月川 出水 夏の湖 夏の海 夏の浜 夏の波 卯波*

皐月波 土用波 青葉潮* 赤潮 熱砂 代田 植田 青田 田水沸く 泉 清水 滴り 滝

### 生活

更衣 夏服 袷 ネル セル 単衣 羅 縮布 上布 夏羽織

夏袴 甚平 すててこ 浴衣 白服 白絣 レース 夏シャツ 開襟シャツ アロハシャツ サマードレス 海水着 サングラス 夏帯 日傘 夏帽子 夏手袋 夏足袋 白靴 茄子漬 茄子の鴫焼 梅干 生節 船料理 鮎膾 土用鰻 夏料理 冷奴 豆飯 筍飯 冷索麺 冷麦 葛餅 葛饅頭 白玉 ゼリー

蜜豆 水羊羹 粽 柏餅 麨 心天 冷し瓜 アイスコーヒー 葛水 清涼飲料水 氷水 氷菓 かちわり 麦湯 ビール 梅酒 焼酎 菖蒲酒 冷酒 甘酒 新茶 古茶 夏館 夏座敷 噴水 夏蒲団 夏座蒲団 花茣蓙 寝茣蓙 簟* 陶枕 網戸 日除 青簾 夏暖簾 葭簀 葭戸* 籐椅子 ハンモック

---

ためのものを「上り簗」という。秋に川を下る魚を捕らえるためのものは「下り簗」。

**花筵**　野外に花見の席を設けるときの敷物をいう。荒筵であったり緋毛氈であったりする。

**花篝**　夜桜見物のために花のもとに焚く篝火のこと。京都円山公園の花篝はとくに名高い。

**花疲れ**　花見にでかけての疲れをいう。人出に酔うだけでなく、美しいものを見たあとの、心理的な倦怠もともなう。

**鶏合せ**　二羽の雄鶏をたたかわせる遊び。奈良時代に唐より伝来。貴族社会で流行し、鎌倉時代以降「三月節句」の行事となった。今は地方にシャモをつかう「闘鶏」として残る。

**菜種河豚**　菜の花の咲くころのフグをいう。産卵期にあたり、毒がもっとも強くなり、中毒を起こしやすい。

**竹の秋**　四月ごろ、タケは古い葉が黄ばんでくる。他の草木の葉が秋に紅や黄に色づくのに似ているところから秋の語を用いた。

**蘆の角**　アシの芽のことであるが、泥の中からもたげた青い芽の鋭くとがったようすをツノと見た。「葦牙」とも。

### 夏

**半夏生**　夏至から一一日めの七月二日ごろにあたる日。この日の天候によって稲作を占い、地方によっていろいろの風習や物忌みがある。「半夏」ともいい、この日の雨を「半夏雨」とよぶ。

**溽暑**　湿度の高い夏の日の耐え難い暑さをいう。梅雨末期の蒸し暑さ、土用のころのどんより曇った日の汗の湧き出るような暑さなど。

**旱星**　盛夏に日照りが続くと、乾ききった夜空の星は赤みを帯びて暑苦しく感じられる。

**白南風**　梅雨明け後の南風。この風が吹くころは空も明るくなり本格的な夏の訪れを感じさせる。梅雨どきの「黒南風」に対する呼称。

**筍流し**　「流し」とは雨気をふくむ南風のことで、タケノコのころに吹く湿った風をいう。

**青梅雨**　梅雨といっても重苦しさは感じさせず、青々と茂った樹木の美しさを引きたてる

水盤　蠅帳　蠅叩　蠅取器　蚊帳　蚊遣火　香水　暑気払　天瓜粉　冷房　花氷　冷蔵庫　扇　団扇　扇風機　風鈴　釣忍*　走馬灯　虫干し　日向水　打水　撒水車　如露　行水　シャワー　夜濯　麦刈り　麦扱き　麦打ち　新麦　麦藁　牛馬冷す　溝浚え　代掻き　苗取り　田植え　早乙女　早苗饗*　田草取り　除草機　草取り　草刈り　干草　豆植う　昆布刈り　天草取り　袋掛　虫篝*　誘蛾灯　虫送り　上蔟*　繭　鵜飼　夜釣　箱眼鏡　水中眼鏡　魚簗　鱚釣　烏賊釣　避暑　納涼　船遊　ボート　ヨット　水上スキー　サーフィン　夏スキー　登山　キャンプ　サマーハウス　バンガロー　泳ぎ　プール　ダイビング　海水浴　砂日傘　釣堀　夜店　金魚売　西瓜割り　作り雨　花火　線香花火　野外演奏　夏枯れ　ナイター　水遊び　水鉄砲　浮人形　水中花　水玉　箱庭　蛍狩　蛍籠　昆虫採集　草笛　麦笛　裸　跣足　端居*　髪洗う　汗　日焼け　昼寝　寝冷え　夏の風邪　暑気中り　水中り　夏痩せ　日射病　汗疹　暑中見舞　夏休　帰省　夏期講習会　林間学校

## 行事

子供の日　母の日　愛鳥週間　時の記念日　父の日　原爆の日　端午　鯉幟　武者人形　菖蒲葺く　菖蒲湯　薬玉　夏芝居　夏場所　ダービー　黒船祭　山開き　パリ祭　川開き　海開き　七月場所　朝顔市　鬼燈市　祭　葵祭　神田祭　祇園会　天満祭　夏越　四万六千日　桜桃忌　河童忌

## 動物

鹿の子　蝙蝠　亀の子　雨蛙　蟇　河鹿　山椒魚　蠑螈　守宮　蛇　蛇衣を脱ぐ　羽抜鳥*　時鳥　郭公　筒鳥　十一　仏法僧　青葉木菟　老鶯*　雷鳥　燕の子　鴉の子　葭切　翡翠　夏の鴛鴦　夏の鴨　通し鴨　鴨の子　鳧　鵜　水鶏　白鷺　大瑠璃　小瑠璃　三光鳥　黄鶲　野鶲　瑠璃鶲　夏燕　駒鳥　虎鶫　赤腹　鵤　眼白　四十雀　五十雀　山雀　日雀　小雀　雪加　岩鷚　海猫　緋鯉　濁り鮒　鯰　鮎　岩魚　山女　金魚　熱帯魚　目高　黒鯛　初鰹　鯖　鯵　鱚　飛魚　虎魚　川鱒　鱧　穴子　鰻　章魚　鮑　帆立貝　蝲蛄　蝦蛄　蟹　船虫　水母　海鞘　夏の蝶　蛾　夏蚕　蚕蛾　天蚕　毛虫　尺蠖　夜盗虫　蛍　兜虫　鍬形虫　天牛　玉虫　金亀虫　瓢虫　穀象　斑猫　落し文　源五郎　鼓虫　水馬　田亀　蟬　空蟬　初蜩　蜻蛉生る　糸蜻蛉　川蜻蛉　蠅　蚊　孑孑　ががんぼ　蚋　蠛蠓　草蜉蝣　優曇華*　蟻地獄　油虫　紙魚　蟻　羽蟻　白蟻　蜘蛛　蚰蜒　蛞蝓　蝸牛　蚯蚓　夜光虫

## 植物

余花*　葉桜　桜の実　薔薇　利休梅　牡丹　紫陽花　花橘　石南花　百日紅　梔子の花　杜鵑花　未央柳　繡毬花　金雀枝　泰山木の花　額の花　夾竹桃　凌霄の花　仏桑花　野牡丹　茉莉花　蜜柑の花　柚の花　栗の花　柿の花　青梅　青胡桃　青無花果　青葡萄　青林檎　木苺　早桃　楊梅　桜桃の実　山桜桃　李　巴旦杏　杏子　枇杷　夏蜜柑　バナナ　夏木立　新樹　若葉　青葉　新緑　茂　万緑　木下闇　緑蔭　柿若葉　若楓　病葉　常磐木落葉*　卯の花　忍冬の花　茨の花　桐の花　栃の花　マロニエの花　水木の花　山法師の花　アカシアの花　合歓の花　沙羅の花　玫瑰　桑の実　夏茱萸　夏桑　梧桐　竹落葉　竹の皮脱ぐ　若竹　篠の子　杜若　あやめ　菖蒲　著莪の花　芍薬　ダリア　向日葵　葵　ゼラニューム　夏水仙　罌粟の花　雛罌粟　罌粟坊主　夏菊　矢車草　除虫菊　撫子　石竹　カーネーション　マーガレット　ガーベラ　月下美人　睡蓮　百合　含羞草　金魚草　花魁草　松葉牡丹　仙人掌　サルビア　アマリリス　百日草　青鬼灯　小判草　甘草　鉄線花　岩韮　紅の花　玉巻く芭蕉　苺　瓜苗　瓜の花　夕顔　茄子の花　馬鈴薯の花　山葵の花　豌豆　蚕豆　夏豆

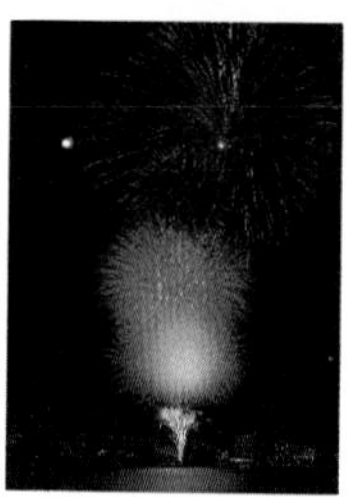

筍　蕗　瓜　甜瓜　胡瓜　メロン　茄子　トマト　甘藍　夏菜　高菜　蔓菜　夏蕪　夏大根　新藷　新馬鈴薯　若牛蒡　夏葱　玉葱　辣韮　パセリ　蓼　紫蘇　新生姜　青山椒　蓮　麦　烏麦　早苗　帚木　麻　夏草　草茂る　草いきれ　青芝　青蔦　青薄　青蘆　夏蓬　夏萩　葎　石菖　竹煮草　紫蘭　胡蝶蘭　鈴蘭　昼顔　月見草　真菰　水芭蕉　沢瀉　河骨　水葵　菱の花　藺の花　藺　太藺　蒲　浜木綿の花　夏薊　灸花　岩煙草　現の証拠　十薬　姫女苑　都草　捩花　敦盛草　破れ傘　鷺草　蛍袋　一つ葉　浦島草　蛇苺　夏蕨　芹の花　鴨足草　浜菅　夕菅　岩桔梗　岩蔘　風知草　黒百合　ちんぐるま　岩梨　白根葵　高嶺草　岩鏡　苔の花　苔茂る　萍　青みどろ　金魚藻　蓴菜　木耳　黴　天草　恵古苔　海蘿　昆布

ような雨。梅雨もまだ初期の、静かに降る雨の雰囲気をつたえる。

**片陰**　炎暑の日陰であるが、とくに塀や木立などの片側にできる日陰をいう。道行く人は、これをえらんで歩く。「片かげり」とも。

**卯波**　卯月（陰暦四月）の海や川の波のこと。「卯月波」も同じ。

**青葉潮**　青葉のころ沖合いに差しこんでくる暖流をいう。寒流とのあいだに潮目を生じる。この潮が北上するとカツオがとれるというので「鰹潮」ともよぶ。

**簟**　夏季の座敷の敷物。竹を細く割って筵のように編んだもので、冷たい肌ざわりが快い。同様のものに、トウで編んだ籐筵やイグサで作る花茣蓙などもある。

**葭戸**　ヨシを編んでつくった簀をはめた戸。夏季、風通しをよくするために、障子やふすまのかわりに入れる。「葭障子」とも。

**釣忍**　ウラボシ科のシダ植物であるシノブグサをたばねてつるしたもの。風鈴をつけたものなどがあり、軒下につり、水をやって涼しさを楽しむ。「軒しのぶ」ともいう。

**早苗饗**　田植えのあと田の神を送る祭りで、仕事を休み祝宴を催す。農家の年中行事の一つ。

**虫篝**　昆虫の走光性を利用して、害虫を退治するために焚く篝火のこと。あぜ道などで焚かれ、農村の夏の夜の風物詩であった。

**上蔟**　カイコは四回の休眠と脱皮ののち体が半透明となり、繭を作る。これを「上蔟」あるいは「蚕の上蔟」という。この状態のカイコを「蚕簿」に入れて繭を作らせ、このときに「上蔟団子」を作って祝う。

**端居**　縁側や窓辺で涼をとり、くつろぐこと。扇風機もクーラーもなかった時代の庶民の夏の楽しみであった。

**羽抜鳥**　羽の抜けかわるころの鳥のこと。飼い鳥にもみられるが、カリやカモの類は風切り羽まで脱落して飛べなくなる。俳句ではニワトリが詠まれることが多く、「羽抜鶏」という。

**老鶯**　夏のウグイスのこと。夏になるとウグイスは平地から山地へ移動するが、声がおとろ

# 秋

啄木鳥や落葉をいそぐ牧の木々　水原秋桜子

## 時候

秋　初秋　八月　文月　立秋　残暑　秋めく　新涼　処暑　二百十日　八月尽　仲秋　九月　葉月　秋分　秋彼岸　晩秋　十月　長月　秋の日　秋の朝　秋の昼　秋の暮

秋の宵　秋の夜　夜長　秋麗　秋澄む　秋気　爽か　冷やか　身に入む　秋寒　そぞろ寒　漸寒　うそ寒　肌寒　朝寒　夜寒　霜降　冷まじ　秋寂ぶ　秋深し　暮の秋　行く秋　秋惜む　冬隣　九月尽

## 天文

秋色　菊日和　秋晴　秋旱　秋の声　秋の空　秋高し　秋の雲　鰯雲　鯖雲　月　盆の月　初月　三日月　弓張月　夕月夜　待宵　名月　良夜　無月　雨月　十六夜　立待月

居待月　臥待月　更待月*　宵闇　有明月　後の月　秋の星　星月夜　天の川　流星　秋の初風　秋風　色無き風*　爽籟　初嵐　野分　颱風　盆東風　高西風　大西風　黍嵐　雁渡し　青北風　秋曇　秋湿り

秋の雨　秋時雨　富士の初雪　秋雪　秋の雷　稲妻　秋の虹　霧　露　露時雨　露寒　露霜　秋の霜　秋の夕焼け　釣瓶落し　竜田姫*

## 地理

秋の山　山粧う　秋の野　秋園　花園

花野　秋の田　刈田　穭田*　落し水　秋の水　水澄む　秋の川　秋出水　秋の湖　秋の海　秋の潮　初潮　盆波　秋の浜

## 生活

秋袷　菊膾　浅漬大根　鯔子　氷頭膾　うるか　衣被　とろろ汁

柚餅子　柚味噌　新蕎麦　新豆腐　新米　新麹　夜食　枝豆　零余子飯　栗飯　松茸飯　きりたんぽ　橡餅　干柿　新酒　古酒　濁り酒　葡萄酒醸す　温め酒　秋の燈　燈火親しむ　秋の宿　秋扇　秋簾　燈籠　障子洗う　障子貼る　火恋し　冬仕度　松手入　添水*　秋耕　案山子　鳴子　鳥威し　稲刈　稲干す　稲架

稲扱き　籾　豊年　凶作　新藁　藁塚　夜なべ　新渋*　綿取り　新絹　種採り　大根蒔く　草花秋蒔く　豆引く　大豆干す　蘆刈り　蘆火　桑括る　牧閉す　秋繭　初猟　鳩吹く*　下り簗　網代打　鮭打ち　鯊釣　鰯引く　烏賊干す　月見　菊花展　菊人形　虫売り　虫籠　茸狩　紅葉狩　芋煮会　秋意　秋思　秋興　秋渇き

運動会

## 行事

重陽　終戦記念日　震災記念日　敬老の日　秋分の日　赤い羽根　体育の日　国民体育大会　文化の日　美術展覧会　七夕　牽牛　織女　盆用意　盆路　盆花　盆　生御魂　迎火　精霊火　施餓鬼　茄子の馬*　墓参　送り盆　送り火　大文字　燈籠流

精霊舟　風の盆　盆休　中元　高きに登る*　鹿の角切　秋場所　地芝居　秋祭　金刀比羅祭　鞍馬の火祭　時代祭　秋遍路　六斎念仏　六道参　菊供養　宗祇忌　鬼貫忌　世阿弥忌　定家忌　去来忌　子規忌　蛇笏忌

## 動物

鹿　猪　馬肥ゆる　蛇穴に入る

秋の蛙　鷹渡る　渡り鳥　坂鳥　色鳥　小鳥　燕帰る　稲雀　鵙　鵙の贄*　懸巣　鵯　鶫　鶸　連雀　獦子鳥　鶲　鶺鴒　田雲雀　椋鳥　鵲　鶉　啄木鳥　鴫　鴇　雁　初鴨　落鮎　紅葉鮒　木の葉山女　落鯛　江鮭　鰍

鯔　鱸　鯊　秋鰹　秋鯖　秋鯵　鰯　ひいらぎ　太刀魚　秋刀魚　鮭　秋の蛍　秋の蚊　秋の蠅　秋の蜂　秋の蝶　秋の蟬　ちっち蟬　蜩　つくつく法師　蜻蛉　赤蜻蛉　蜉蝣　虫　残る虫　竈馬*　蟋蟀　鈴虫　松虫　邯鄲　草雲雀　鉦叩　螽蟖　馬追　轡虫　螇蚸　蝗　浮塵子　横這　蟷螂

蚯蚓鳴く*　地虫鳴く　蓑虫　茶立虫　放屁虫　栗虫　刺虫　芋虫　菜虫　蜂の仔　秋蚕

## 植物

木犀　木槿　芙蓉　秋薔薇　木瓜の実　椿の実　枳殻の実　梔子の実　秋果　桃の実　青蜜柑　柿　熟柿　林檎　葡萄　栗　無花果　石榴　棗の実　胡桃　柚子　柑子　金柑　檸檬　榲桲　紅葉　初紅葉　薄紅葉

黄葉　照葉　紅葉かつ散る　黄落　雑木紅葉　楓　柏黄葉　漆紅葉　銀杏黄葉　錦木　桜紅葉　柿紅葉　ななかまど　桐一葉　銀杏散る　名の木散る　秋の芽　色変えぬ松　新松子　五倍子　木の実　杉の実　橡の実　団栗　樫の実　椎の実　榧の実　黐の実　菩提子　無患子　衝羽根　橘　枳椇　銀杏　桐の実　紫式部　枸杞の実

---

えるということはない。漢詩から出た語で、「老鶯」とも。

**優曇華**　クサカゲロウの卵で、天井や壁、電灯の笠などに苔の花のような形に生みつける。吉兆とも凶兆ともいわれる。

**余花**　夏に入っても、寒冷地や山地ではサクラが咲いていることがある。なお、「残花」といえば春。

**常磐木落葉**　スギ・カシ・シイ・クス・マツ・ヒイラギなどの常緑樹が、初夏のころ新葉がととのうにつれて古い葉を落としてゆくこと。

**秋**

**更待月**　陰暦八月二〇日の月。月の出が遅いので夜が更けるまで待って見る月。「二十日月」ともいう。

**色無き風**　晩秋の風。紀友則の歌「吹き来れば身にもしみける秋風を色なきものと思ひけるかな」に基づき、中国の「素風」の和語としての表現で、寂寥感がただよう季語。

**竜田姫**　秋の山野の美しさを統べる女神である。とくに紅葉をつかさどる神とされ、大和の紅葉の名所には、その名を冠した竜田川がある。

**穭田**　刈り終えたあとの稲株から新しくのびてきた芽が穭であり、その穭の出ている田を穭田という。

**添水**　田畑を荒らす鳥獣をおどす仕掛け。シーソーのように取りつけた竹筒の先端に落ち水を受け、水がたまるとバランスがくずれて一端が石を打って音を立てる。風流の道具として庭園にも作る。

**新渋**　渋柿の汁は、昔から防湿や腐蝕防止に使用されてきた。その年にとれたばかりの実からしぼったものを新渋という。

**鳩吹く**　ハトをとるとき、手を組んで吹き、鳴き声をまねること。あるいは、鹿狩りなどで狩人が獲物を発見したことを知らせるための合図。

**茄子の馬**　盆に魂棚に供えるため、ナスに苧殻の脚をつけて馬の形にしたもの。霊を送り迎

山椒の実　木天蓼　梅擬　山梨　秋茱萸　秋桑　山葡萄　野葡萄　通草　蔦　竹の春　芭蕉　破芭蕉＊　カンナ　サフランの花　蘭　朝顔　朝顔の実　鶏頭　葉鶏頭　コスモス　白粉花　鳳仙花　鬼灯　秋海棠　菊　残菊　晩菊　紫苑　木賊　弁慶草　風船葛　西瓜　南瓜　冬瓜　糸瓜　夕顔の実　青瓢　茘枝

オクラ　秋茄子　種茄子　馬鈴薯　甘藷　芋　芋茎　自然薯　薯蕷　仏掌薯　零余子　貝割菜　間引菜　茗荷の花　紫蘇の実　辣韮の花　唐辛子　生姜　稲　稲の花　陸稲　早稲　中稲　晩稲　落穂　稗　鳩麦　玉蜀黍　黍　高黍　甘蔗　粟　蕎麦の花　新大豆　新小豆　畦豆　隠元豆　豇豆　刀豆　緑豆

落花生　麻の実　ホップ　胡麻　煙草の花　棉　秋の蓮　蓮の実　敗荷＊　秋草　草の花　草の穂　草の実　草紅葉　秋の七草　末枯　萩　薄　萱　刈萱　白茅　泡立草　蘆の花　荻　荻の声　数珠玉　葛　葛の花　郁子　美男葛　鉄道草　藪からし　野菊　磯菊　浜菊　貴船菊　旋覆花　田村草　めはじき　狗尾草　牛膝

藤袴　藪虱　秋薊　曼珠沙華　桔梗　千屈菜　女郎花　男郎花　吾亦紅　水引の花　苔桃　龍胆　大文字草　相撲草　杜鵑草　草牡丹　松虫草　露草　千振　車前子　鳥兜　思草　忍草　蓼の花　赤のまんま　溝蕎麦　茜草　烏瓜　菱の実　茸　松茸　湿地茸　椎茸　舞茸　毒茸　天狗茸　月夜茸　紅茸　猿の腰掛　茯苓

# 冬

これがまあ終の栖か雪五尺　小林一茶

## 時候

冬　初冬　十一月　神無月　立冬　冬ざれ　小雪　小春　冬浅し　冬めく　冬暖か　仲冬　十二月　霜月　大雪　冬至　師走　年の暮　数え日　年の内　行く年　小晦日　大晦日

年惜しむ　年越　年の夜　晩冬　一月　寒の入　小寒　大寒　寒の内　寒土用＊　冬の日　冬の朝　冬の暮　短日　冬の夜　霜夜　冷たし　寒し　冴ゆる　冱つる＊　三寒四温　厳寒　しばれる　冬深し　日脚伸ぶ

春待つ　春近し　冬尽く　節分

## 天文

冬晴　冬旱　冬の空　冬の雲　冬の月　冬の星　冬北斗　オリオン　寒昴　天狼　冬凪　御講凪　冬の風　凩　寒波　北風　空風　北颪　北しぶき

神渡し　虎落笛　初時雨　時雨　冬の雨　寒の雨　霰　霙　霧氷　樹氷　雨氷　初霜　霜　露凝る　雪催い　初雪　雪　雪晴　風花　吹雪　雪しまき＊　雪時雨　雪女　しずり　冬の雷

雪起し　鰤起し　冬霞　冬の霧　冬の靄　スモッグ　冬の虹　冬夕焼け

## 地理

冬の山　山眠る　冬野　枯野　冬田　枯園　冬景色　水涸る　冬の水　冬の泉　冬の川　冬の海　冬の波　寒潮　冬の浜

霜柱　凍渡り　初氷　氷　氷柱　冬滝　氷壁　氷湖　御神渡り　氷橋　氷海　狐火

## 生活

冬服　冬着　冬シャツ　セーター　ジャケツ　外套　コート　冬羽織　綿　綿入　縕袍

夜着　蒲団　衾　毛布　角巻　膝掛　ちゃんちゃんこ　ねんねこ　重ね着　着ぶくれ　毛皮　股引　もんぺ　雪合羽　アノラック　綿帽子　冬帽子　防寒帽　頬被り　耳袋　マスク　襟巻　ショール　手袋　足袋　雪沓　樏　雪下駄　毛糸編む　春着縫う　茎漬　酢茎　千枚漬　沢庵漬　納豆　塩鮭　海鼠腸　酢海鼠　新海苔

雑炊　蕪鮓　藷粥　焼藷　今川焼　鯛焼　寒餅　餅搗　霰餅　水餅　寒造　熱燗　鰭酒　玉子酒　生姜酒　松葉酒　寝酒　ホットドリンクス　葛湯　生姜湯　蕎麦湯　蕎麦掻　鍋焼　釜揚饂飩　河豚汁　納豆汁　三平汁　濃餅汁　薩摩汁　葱汁　粕汁　巻繊汁　闇汁　塩汁鍋　鋤焼　桜鍋　牡丹鍋　鼈鍋　寄鍋

ちり鍋　鮟鱇鍋　石狩鍋　薬喰　おでん　蕪蒸　風呂吹　湯豆腐　凍豆腐造る　煮凝　寒卵　寒天造る　冬構え　冬籠り　冬館　北窓塞ぐ　目貼　隙間風　霜除　風除　雪囲　雁木　墓囲う　藪巻き　雪吊り　雪掻　雪下し　雪踏　寒燈　冬座敷　障子　襖　屏風　絨緞　暖炉　ペチカ　暖房　ストーブ　寒厨　炭

埋火　石炭　煉炭　炬燵　炉　火鉢　手焙　足温め　行火　湯婆　懐炉　炉開き　口切　吸入器　干菜湯　橇　雪上車　スノーチェーン　冬耕　蕎麦刈　大根引き　大根干す　切干　干菜　蒟蒻掘る　蓮根掘る　麦蒔き　寒肥　フレーム　狩　狐罠　鷹狩　網代　柴漬　竹瓮＊　牡蠣剝く　砕氷船　炭焼き　牡丹焚火＊

えする乗物とされる。キュウリで作ったものを「ウリの馬」「ウリの牛」という。

**高きに登る**　昔、中国で陰暦九月九日重陽の節句に行われた「登高」という行事。グミを入れた袋をもって高い丘などに登り、のちにその実を浮かべた酒を飲んで災厄を払い、不老長寿を願った。

**鵙の贄**　肉食性のモズは、捕らえた獲物を木の枝や棘などに突きさしておき、後日引きちぎって食べる。

**竈馬**　秋の虫の一種で、翅がなく長い触角と脚をもっている。台所や暗いところにいるので「かまどこおろぎ」ともいう。竈馬の馬はよく跳ねることからきている。鳴かない虫。

**蚯蚓鳴く**　秋の夜、とぎれることなくジーッと鳴くものの声が聞こえるが、古人はこれをミミズが鳴くとした。しかし、ミミズが鳴くことはなく、実際はケラの鳴き声である。

**破芭蕉**　バショウの葉は風雨に傷んで平行した葉脈に沿って裂けてくる。この姿が風情あるものとされてきた。

**敗荷**　葉の破れたハスのこと。青々と風にひるがえっていた大きな葉が、日に日に傷み破れてゆくさまは、寂莫とした光景である。

## 冬

**寒土用**　土用は本来年に四回あり、立春・立夏・立秋・立冬の前それぞれ一八日間をいう。現今、土用といえば夏の土用をさし、冬は寒土用という。時期はほぼ大寒と重なる。

**冱つる**　寒気にあってものが凝結すること。凍ると同意。凍土・凍道といったり、凍光・月凍つる・鐘凍つるなどと比喩的に表現するほか、凍てつく・凍晴・凍曇なども用いる。

**雪しまき**　風と雪が吹き荒れることであるが、雪のまじった強風という感じがつよい。北海道や東北でおもにつかわれる言葉。

**竹瓮**　漁具の一種。竹を円筒形や紡錘形に編み、一方を閉じて他の一方を漏斗状に折り返し、えさを入れて水中に沈めておく。一度入った魚は出られない仕組み。

年木樵* 注連作り 紙漉き 寒紅 焚火 火の番 火事 消防車 避寒 寒見舞 雪見 雪見舞 探梅 牡蠣船 寒釣 綾取 縄飛 竹馬 押しくら饅頭 雪丸げ 雪投げ 雪兎 雪達磨 雪像 スキー スケート アイスホッケー ラグビー 寒稽古 寒復習 寒弾き 寒中水泳

湯冷め 風邪 咳 嚔 水洟 息白し 悴む 懐手 手足荒る 胼 皸 霜焼け 凍死 雪焼け 雪眼 雪眼鏡 木の葉髪 日向ぼこ 年末闘争 年末賞与 年用意 節料物 煤払い 社会鍋 歳暮祝 賀状書く 日記買う 古日記 古暦 門松立つ 注連飾る 御用納め 年忘れ 冬休み

**行事**

新嘗祭 雪山 勤労感謝の日 九州場所 顔見世 七五三 針供養 年の市 羽子板市 冬至粥 柚子湯 熊祭 掃納 年の宿 年の湯 晦日蕎麦 年取 豆撒き 厄落し 神の旅* 神迎え 酉の市 神楽 花祭 札納め 除夜詣 黒川能 十夜 除夜の鐘 寒参 寒念仏

クリスマス 芭蕉忌 白秋忌 波郷忌 一葉忌 貞徳忌 一茶忌 近松忌 漱石忌 石鼎忌 横光忌 蕪村忌 久女忌

**動物**

冬眠 熊 羚羊 狐 狸 鼬 鼯鼠 狼 兎 かじけ猫* 鷹 隼 鷲 寒禽* 寒雁 冬の鵙 冬の鶯 笹鳴き 冬雲雀 寒雀 寒鴉 梟 木菟 通し燕 鷦鷯

水鳥 鴨 鴛鴦 千鳥 田鳧 鳰 都鳥 冬鷗 鶴 凍鶴 白鳥 雷魚 鮪 旗魚 鱈 鰤 寒鰤 鯥 寒鯛 甘鯛 金目鯛 鮟鱇 氷下魚 鮃 河豚 柳葉魚 寒鯉 寒鮒 鱈場蟹 ずわい蟹 海鼠 寒蜆 牡蠣 冬の蝶 冬の蜂 冬の蠅 冬の虻 蟷螂枯る 綿虫 ざざ虫 冬の虫

冬の蚊

**植物**

早梅 冬至梅 寒梅 臘梅 帰り花* 室咲 冬薔薇 冬牡丹 寒椿 侘助 山茶花 八手の花 柊の花 茶の花 寒木瓜 ポインセチア 仙蓼 万両 南天の実 蜜柑 九年母 仏手柑 椪柑 橙 朱欒 木守り* 冬林檎 枇杷の花 冬紅葉 木の葉 枯葉 落葉 冬木立 枯木 冬枯 冬芽 雪折れ

冬苺 寒菊 水仙 葉牡丹 カトレア 枯菊 枯蓮 冬菜 白菜 芽キャベツ 葱 大根 人参 蕪 セロリ ブロッコリ 海老芋 山牛蒡 麦の芽 冬草 草枯 枯蘆 枯尾花 枯芝 枯葎 藪柑子 石蕗の花 冬菫 冬蕨 寒芹 寒葵 寒蘭 寒薄 寒菅 竜の玉 冬萌 榎茸 滑子 寒茸

# 新年

大空に羽子の白妙とどまれり　高浜虚子

**時候**

新年 正月 初春 今年 去年 元日 元朝 二日 三日 三が日 四日 五日 六日 七日 松の内 松過 小正月 女正月*

**天文**

初茜 初東雲 初明り 初日 初空 初晴 初霞 初風 初東風 初松籟 初凪 御降* 淑気*

**地理**

初景色 初富士 初筑波 初比叡 初浅間

**生活**

春着 喰積 草石蚕 数の子 結昆布 ごまめ

熨斗 切山椒 芋頭 屠蘇 年酒 福沸し 初竈 年の餅 雑煮 俎始 太箸 門松 注連飾 蓬莱 鏡餅 飾海老 松竹梅飾る 橙飾る 福藁 松納 鳥総松* 鏡開き 餅花 繭玉

年木 掃初め 初座敷 初暦 初湯 初電話 笑初め 泣初め 梳初め 初髪 初鏡 初夢 宝船 初寝覚 寝正月 年始 女礼者 年玉 初便り 初刷 初写真 書初め 読初め 日記始め 初旅

乗初め 稽古始め 弾初め 舞初め 謡初め 能始め 生初め 初釜 初扇 掛柳 新年会 初句会 仕事始め 織初め 縫初め 鍬始め 初山 初漁 御用始め 初市 初商 初荷 買初め 蔵開き 歌留多

双六 福笑い 羽子板 手毬 独楽 破魔弓 福引 万歳 獅子舞 猿廻し

**行事**

四方拝 若水 歌会始 鞠始 講書始 松囃子 弓始 成人の日 年男 姫始め* 出初 初芝居 初場所

七種 若菜摘 七種爪 達磨市 奈良の山焼き 小豆粥 なまはげ かまくら 左義長 初詣 鷽替え 二十日戎 恵方詣 十日戎 初天神 初薬師 初閻魔 初観音 初大師 初不動 初弥撒

**動物**

初雀 初鴉 初鶏 初声 初鶯 初鳩 伊勢海老 嫁が君*

**植物**

歯朶 楪 穂俵 福寿草 薺 御行 仏の座

**牡丹焚火**　年を経たボタンは、老化した枝が自然に枯れてくる。これを集め、供養の意味で焚く。福島県須賀川の牡丹園の行事が有名。

**年木樵**　新年用の薪のことを「年木」といい、これを年内にきりとって用意することを「年木樵」という。「年木積む」は、これを家の軒下などに積み上げておくこと。

**神の旅**　陰暦一〇月には日本全国の神が出雲大社へ参集し、談合するとされる。各地の神が出雲へ旅立つというところから神の旅という。

**かじけ猫**　かじけるとは悴むの意。寒さの嫌いなネコは冬になると動きがにぶくなり、うずくまっていたりする。「かまど猫」とも。

**寒禽**　寒中にみかける小鳥の意。渡り鳥も留鳥も含み、種類も限定されない。スズメ・ホオジロ・モズ・セキレイなどがよくみられる。

**帰り花**　小春日和がつづくと、草木が時期はずれの花をつけることがある。「返り花」とも書き、サクラ・ウメ・ナシ・ツツジ・カキツバタ・ヤマブキなどに多くみられる。「狂い花」とも。

**木守り**　カキやユズなどの収穫時に次の年もたくさん実をつけるためのまじないとして、高い枝に実を一つだけ残しておく。「木まぶり」「木もり」「木守柿」「木守柚子」などともいう。

**新年**

**女正月**　正月一五日の行事。女は松の内は多忙なので、昔は一五日から年始回りをはじめた。「女正月」とも。

**御降**　元日に降る雨や雪のこと。三が日の間に降る雨や雪にも用いる。めでたさをこめた言葉。

**淑気**　新年を迎え、あらたまった気分の、四方に漂う感じをいう。

**鳥総松**　門松をとり払ったあとの穴に、門松に用いたマツの秀を一枝折りとって挿しておくもの。これが根づくと縁起がよいとされる。

**姫始め**　諸説があるが、多くは新年はじめて男女が交合することをいう。

**嫁が君**　正月には多くの忌み言葉があり、この名でネズミのことをいうのが、その一例。

# 天気と言葉

天気に関する言葉は、日常生活のなかで広く使われている。ここでは、天気予報などで使われている言葉や、テレビ・新聞の気象情報のなかで利用されている一般的な天気図や天気記号をとりあげ解説した。

## 天気図と記号

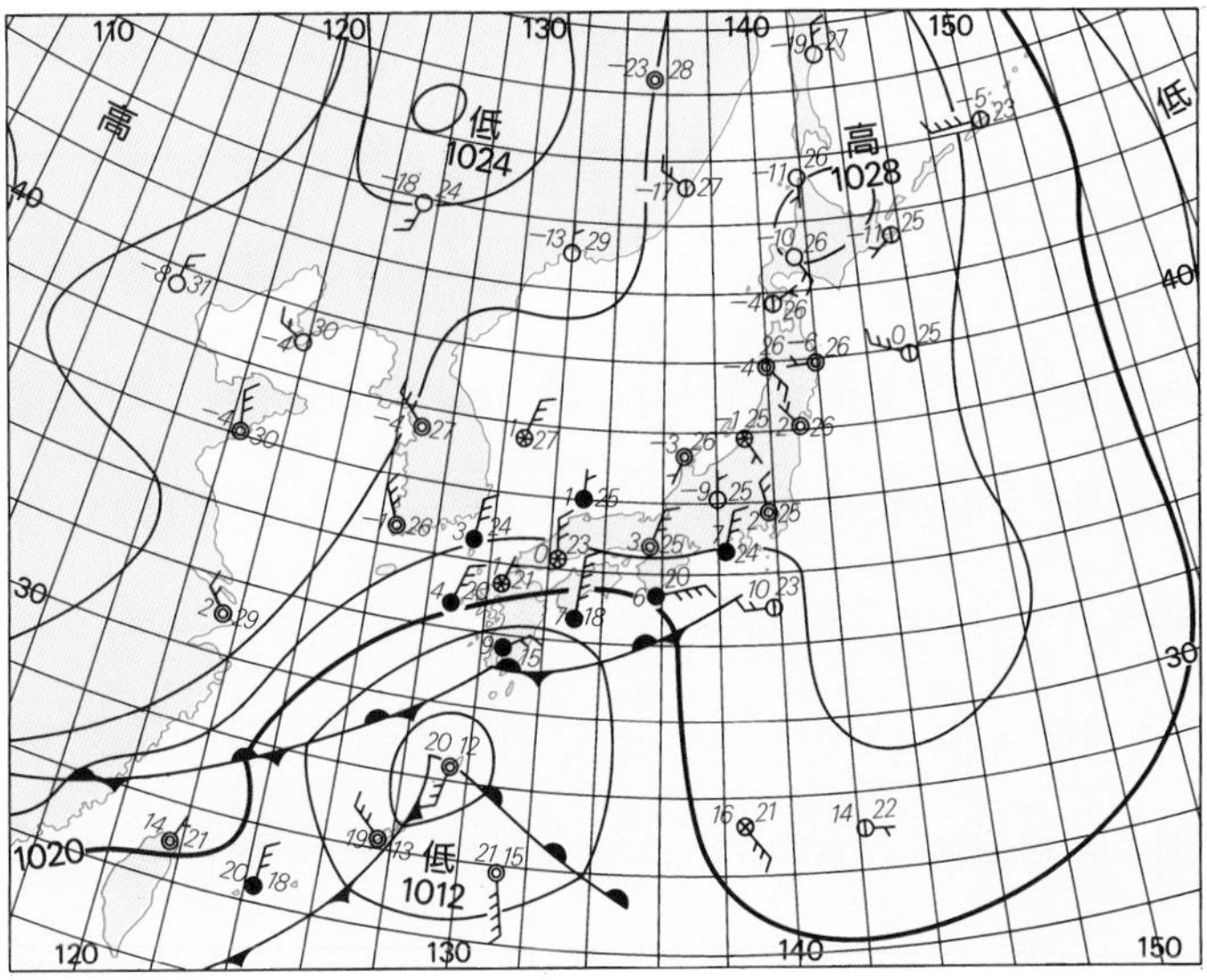

●天気図

広い地域にわたって、特定の時刻に一斉に観測された気象の状態を一枚の地図に記入したものを天気図という。気圧の等しいところを連ねて等圧線をかき、台風や高気圧、低気圧の位置をはっきりさせ、また低気圧に前線が伴っているかどうかなどを判断してかきこむ。一定時間ごとに天気図を作っていると、高・低気圧などの移動状態、天候の推移などが一目瞭然(りょうぜん)に分かる。そのため天気図は将来の気象状況を予想する有力な手段として、天気予報の中心的役割を果たしてきた。最近は大型コンピューターを駆使した数値予報やアメダス(地域気象観測システム)を利用した現況速報的短時間予報が主流となってきたが、やはり天気図は現状を把握するうえでいちばん便利な方法である。

●天気記号

かかれた天気図を誰が見ても分かるようにするため、記入の仕方や使用する記号は統一されている。現在では国際式と日本式の二通りがある。国際式は気象庁や大学など専門家のために国際気象機関(WMO)が制定しているもので、天気も一〇〇種に分類されていて精巧なのだが、一般にはむしろ煩雑なために簡略化した日本式が定められ、ラジオの気象通報を聞いて天気図を作るさいなどに活用されている。

●天気図のかき方

まず観測地点に○をかき(専用の白地図には観測地に○が印刷してある)そこから風が吹いてくるほうに線を引き、適当数の矢羽根を添えて風力を表す。次に、○印の左上に気温を、右上に気圧の最後の二桁(けた)(一〇二五ミリバールなら25)のみ記入し、○の中に天気記号をかきこむ。天気概況を聞いて高・低気圧、前線などの位置をかき、二または四ミリバール間隔で等圧線を引けば、一応はできあがる。

### 日本の特徴的な天気図

**梅雨末期型**

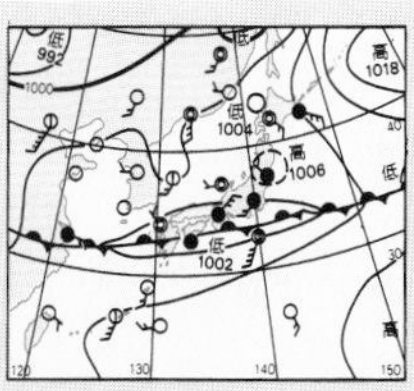

冷たいオホーツク高気圧と暖かい太平洋高気圧の間にできた梅雨前線が本州南岸まで北上し、九州・四国は集中豪雨の警戒期。前線の南側は真夏。

**盛夏型(南高北低型)**

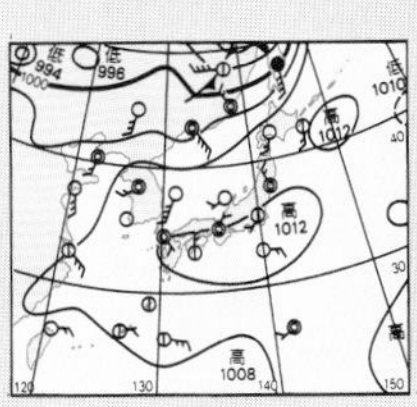

暖かい太平洋高気圧の中心部が日本付近に居すわり、それをとりまく高圧帯が台湾(たいわん)付近まで伸びている。日中は猛暑、夜間は寝苦しい。

**秋型(移動性高低気圧型)**

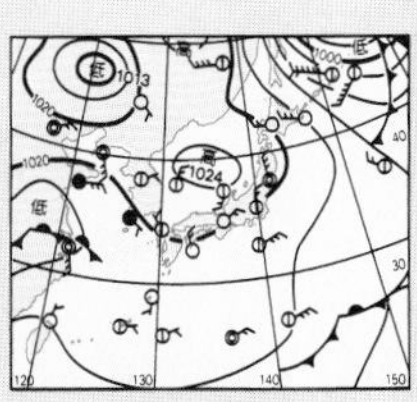

移動性高気圧が本州を覆い、全国的に小春日和の穏やかな日であるが、上海(シャンハイ)付近の次の低気圧が近づきつつあるので、天気は西からくずれ始める。

**冬型(西高東低型)**

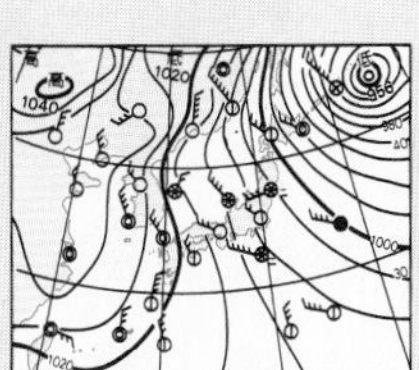

千島には発達した低気圧が停滞し、大陸から優勢な高気圧が張り出した西高東低の気圧配置で、日本海側では雪の日が、太平洋側では快晴が続く。

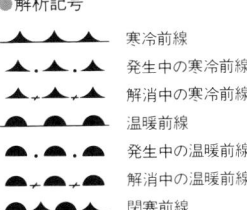

### 日本式の天気記号

●記入様式

北北東の風
風力 4
天気 快晴
気圧 1020mb
気温 16℃

●方位

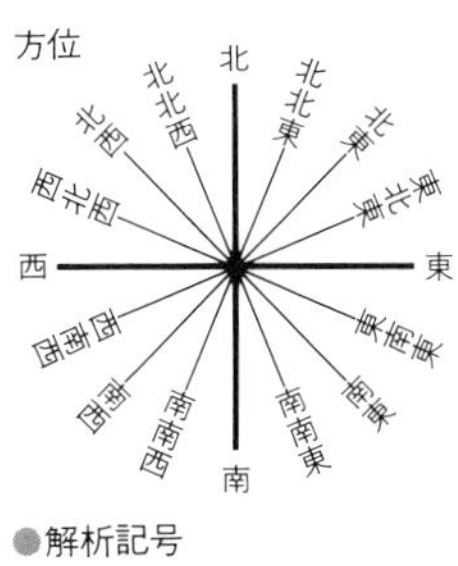


●風力階級

| 風力 | 記号 | 地上10mの風速(メートル毎秒) |
|---|---|---|
| 0 | | 0.0～0.3未満 |
| 1 | | 0.3～1.6 〃 |
| 2 | | 1.6～3.4 〃 |
| 3 | | 3.4～5.5 〃 |
| 4 | | 5.5～8.0 〃 |
| 5 | | 8.0～10.8 〃 |
| 6 | | 10.8～13.9 〃 |
| 7 | | 13.9～17.2 〃 |
| 8 | | 17.2～20.8 〃 |
| 9 | | 20.8～24.5 〃 |
| 10 | | 24.5～28.5 〃 |
| 11 | | 28.5～32.7 〃 |
| 12 | | 32.7以上 |

●天気記号

- 快晴
- 晴
- 曇り
- 煙霧
- 砂じんあらし
- 地ふぶき
- 霧
- 霧雨
- 雨
- 雨強し
- にわか雨
- みぞれ
- 雪
- 雪強し
- にわか雪
- あられ
- ひょう
- 雷
- 雷強し
- 天気不明

●解析記号

- 寒冷前線
- 発生中の寒冷前線
- 解消中の寒冷前線
- 温暖前線
- 発生中の温暖前線
- 解消中の温暖前線
- 閉塞前線
- 停滞前線
- 発生中の停滞前線
- 解消中の停滞前線
- 不安定線
- シャー線(風の不連続的要素)
- 熱帯収束帯(両半球の貿易風会合地帯)
- 熱帯不連続
- 気圧の谷の軸
- 気圧の尾根の軸

# 天気予報の言葉

●天気予報の種類

**一か月予報** 一〇日と月末にでる向こう一か月間の天候のおおよその推移の予想。

**気象警報** 大きな災害の予想されるときに出され、暴風雨警報・大雨警報・津波警報・洪水警報などがある。警報がでると市町村や警察・消防などでは警戒態勢をとり、必要に応じて通行禁止や避難勧告などの処置をとる。

**気象注意報** 災害が予想されるときに出され、風雨注意報・濃霧注意報・異常乾燥注意報などがある。

**降水確率予報** 一定の地域で一定の期間に一mm以上の量の雨(または雪)の降る確率。降雨の強さには関係なく、たとえば三〇%とは、三〇%と予報された回数が一〇回あれば、そのうち三回は雨が降ることを示す。

**三か月予報** 毎月二〇日にでる向こう三か月間の天候の概略の予想。

**週間予報** 向こう一週間の毎日の天気の予報で、毎日一回でる。

**短期予報** 予報発表の時刻から四二〜七二時間先までの、天気・風・気温などの予報。いわゆるふつうの天気予報で、一日五回でる。

**長期予報** 一か月以上の長い期間が対象で、正式には季節予報という。一か月予報・三か月予報・晩春から初秋までを対象として三月一〇日にでる暖候期予報、晩秋から春先までを対象として一〇月二〇日にでる寒候期予報などがある。

●時に関する言葉

**明け方** 日の出の前後一時間。

**朝** 夜明けから数時間の間。

**あさって** 予報をだした日の翌翌日の0時から二四時まで。

**朝のうち** 日の出から一般の朝食時の前ごろまで。

**あす** 予報をだした日の翌日の0時から二四時まで。

**あすの夜** 予報をだした日の翌日の日没から翌々日の日の出まで。

**一時** 予報期間の四分の一の期間、連続して起きる場合。

**今夜** 今日の日没から明日の日の出まで。

**時々** とぎれとぎれに起こり、起こった期間の合計が予報期間の半分に満たない場合。

**日中** 九時ごろから日没の一時間ぐらい前まで。

**のち** 予報期間のおおよそ後半。

**日の出・日の入り** 太陽が見え始めた瞬間が日の出、全体が地平線に隠れて見えなくなった瞬間が日の入り(日没)。

**昼ごろ** 正午の前後各一時間。

**夜半** 0時の前後各三〇分。

**夜半すぎ** 0時から二時ごろまで。

**夜半前** 二二時から0時まで。

**夕方** 日の入り前後各一時間。

**夜明け** 空が薄明るくなるころ。

**夜明け前** 日の出前の二時間。

**宵のうち** 日没後二〜三時間。

●地域に関する言葉

**沿岸** 海岸線の両側の地域。

**沿岸の海域** 海岸線からおおよそ三七km以内の水域。

**北日本** 北海道と東北地方。

**山間部** 山と山との間の地域。

**ところどころ** 予報地域のあちこちに分散していて、その面積の合計が全体の半分以下の地域。

**ところにより** 予報地域内のあちらこちらで起こり、その場所を明示できない場合。

**西日本** 近畿・中国・四国および九州地方。

**東日本** 関東地方と中部地方。日本を東西に二分する場合は東北地方も含める。

**平野部** 起伏の少ない地域。

**山沿い** 平野の、山へ移る部分。

●天気の状態に関する言葉

**雨** 空気中の水蒸気が、直径〇・五mm以上の水滴となったもの。

**あられ** 直径五mm以下の氷塊。

**煙霧** 微細なほこりで視程が一〇km未満になった状態。

**快晴** 雲量が一以下。

**霧** 空中の微小水滴により視程が一km未満になった状態。

**霧雨** 球径〇・五mm未満の雨。

**曇り** 雲量が九以上の状態。

**晴れ** 雲量八以下。または、雲量がさらに多くても事物の影が地表にできる場合。

**ひょう** 直径五mm以上の氷塊。

**みぞれ** とけかけて降る雪。

**雷雨** 雷を伴って降る雨。

●雨・雪の強さに関する言葉

**大雨** 大雨注意報発令基準(地域により異なる)以上の雨量の雨。

**大雪** 大雪注意報発令基準以上の雪。

**豪雨** 大雨警報発令基準以上の雨。

**小雨** 傘なしで歩ける程度の雨。

**小雪** 視程が一km以上の雪。

**集中豪雨** 狭い範囲で、短い時間に異常に強く降る雨。

**強い雨** 雨の音で話し声が聞きとりづらいほどの雨。

**にわか雨** 晴天から降る雨。

**にわか雪** 晴天から降る雪。

**やや強い雨** 雨の音がよく聞こえるほどの雨。

**弱い雨** 地面が一面にぬれる程度の雨。

●その他

**秋りん** 秋(九月ごろ)の長雨。

**洗濯指数** 日照・風速・湿度および降水確率などから算出した、洗濯日和に対する目安。

**暖冬** 冬季の平均気温が平年値よりある程度高い冬。

**熱帯夜** 夜間の最低気温が二五℃以上のときの夜。

**春一番** 立春以後春分までの間に広い範囲で初めて吹く南よりの暖かく強い風。

**フェーン現象** 湿った空気が山を越えて前よりも低湿・高温になる現象。

**不快指数** 高温多湿に対する不快感の目安として、気温と湿度から算出した指標。

**平年並** 三〇年平均値からのずれが標準偏差の四〇%以内。

**真夏日** 日最高気温が三〇℃以上の日。

**真冬日** 日最高気温が零℃以下の日。

**冷夏** 盛夏の平均気温が平年値よりある程度低い夏。

アメダス全国降水量分布

アメダスから送られてきた観測値は、コンピューターで処理され、天気予報などにも利用されている。雨量のほか気温などのデータもある。

観天望気

**朝雷に川渡りすな** 朝のうちの雷は前線に伴うものが多く、集中豪雨のおそれもある。帰路の増水に注意。

**朝霧朝露は晴れ/日照りの朝曇り** 夏の朝の薄曇りや朝霧・朝露は夜間の放射冷却によるもので、高気圧の真ん中にいる証拠。

**朝焼けは雨、夕焼けは晴れ** 低気圧が接近中で高気圧が東にあれば朝焼け、高気圧が西から接近中なら夕焼けともいえるが過信禁物。

**蟻が穴を塞ぐと雨** 動物は環境の変化に敏感。低気圧が近づき、湿度があがると穴を塞ぎ、雨に備える。

**いわし雲がでると雨/うろこ雲は雨/ひつじ雲は雨** いずれも低気圧の周辺にできる雲。

**音が近くに聞こえると雨** 晴れた日には上方へ、雨模様で日射のない日には水平に音がよく伝わる。

**雷三日** 夕方の雷は夏の高気圧の中心にいる証拠。二、三日続くかもしれないということ。

**太陽や月が暈をかぶると雨** 暈は、低気圧の一番前面にできる巻層雲の氷の結晶で屈折されて起こる。

**暖冬冷夏/寒冬暑夏** 冬の天候から夏の天候を占う諺。夏と冬が逆の状態になると信じられていて、同じ意味の諺は多い。

**入道雲が出ると天気が続く** 高気圧のまっただ中にいる証拠。日照り続きだが、雷雨には注意。

**冬西風に春東、秋北風に夏南** 太平洋側の晴天時の四季の気圧配置による風向きをいい表している。

**星がきらめけば翌日は風** 下層大気の安定で地上風が弱く、かつ上層風が強い夜は星がきらめく。翌日、太陽が照って下層大気の安定がくずれれば地上も強風。

**山に笠雲がかかると雨** 低気圧が接近して湿度が高くなると、山の頂の風下側に雲が現れる。

**山に鉢巻雲がかかれば晴れ** 鉢巻雲は笠雲の低い場合をいい、笠雲がかかるときよりも湿度が低いので、晴れることが多い。

山にかかった笠雲

# 星座

天球上に不規則に分布した恒星を古代の人々が神・人物・動物・器などを想像して線でつなぎ、絵に描いたのが星座の始まりで、およそ五〇〇〇年前、メソポタミア地方の羊飼いたちから起こったといわれている。現在八八個の星座が公認され、星座の境界線もはっきり決められている。

## 星の明るさと等級

星の見かけの明るさの違いは、星を見分けるのに都合がよい。星に初めて等級をつけたのは、紀元前一五〇年ごろのギリシアの天文学者ヒッパルコスであるといわれている。彼は、明るく見える星を一等星、肉眼でかろうじて見える星を六等星として、星の明るさを六階級に分けた。

その等級の分け方は、よくできていたこともあり、長い間にわたり使われてきたが、一九世紀になって、イギリスのジョン＝ハーシェル（一七九二～一八七一年）が、一等星の明るさの平均と六等星の明るさの平均の光量を詳しく測定した。その結果、一等星は六等星のおよそ一〇〇倍明るいことがわかった。そこで現在は、この光量の差をちょうど一〇〇として、これを基準にして等級がつけられることになった。

一等級違う星の光量の比は、$\sqrt[5]{100}=2.5118865$となるので、約二・五倍違うことになる。すなわち、六等星は七等星より約二・五倍明るく、五等星より約二・五倍暗いことになる。六等星の明るさを一とすると、一一等星は一〇〇分の一、一六等星は一万分の一しかない。

一方、一等星より、約二・五倍明るい星は〇等星、〇等星より約二・五倍明るい星はマイナス一等星、以下マイナス二等星、マイナス三等星とよぶ。全天でもっとも明るい恒星は、おおいぬ座のシリウスで、光度はマイナス一・五等である。

また、恒星ではないが、宵の明星・明けの明星としておなじみの金星はマイナス四等級の明るさで、一等星の約一〇〇倍の明るさである。

## 場所で変わる星座

星空はどこで見ても同じというわけではない。見上げる土地の緯度の変化によって異なる。

例えば東京では、北極星は真北の地平線から約三五度の高さに見えるが、札幌（さっぽろ）では約四三度と少し高くなる。同じように那覇（なは）では約二六度と低くなる。このことからわかるように、北極星の高さはその土地の緯度と関係がある。したがって、北へ行くほど北極星の高度が上がる代わりに、南天の星座は見にくくなる。南天の星座が見たいときには、南へ行くほど条件がよくなる。

極端なことをいえば、北緯九〇度の北極では北極星は天頂に輝くため、一年中北半球の星空しか見ることができない。一方、緯度が〇度の赤道直下では北極星は地平線すれすれに見え隠れすることになり、全天の星座が見られる。

## 季節で移り変わる星空

夏はさそり座、冬はオリオン座がそれぞれ南の空に見えるように、星空は季節の移り変わりでも変化する。一日は二四時間なのに、地球は約二三時間五六分で自転を繰り返している。そのため、毎日少しずつずれが生じる。そのずれにより、太陽が星空の中を一日に全周三六〇度の三六五分の一ずつ、すなわち角度で約一度ずつ星空の中を西から東へ位置を変えるように見える。いいかえれば、毎日同じ時刻に東の地平線にのぼる星は一度（時間にして四分）ずつ移り変わり、一年で天球をひと回りする。季節によって星座が移り変わるのは、そのためである。

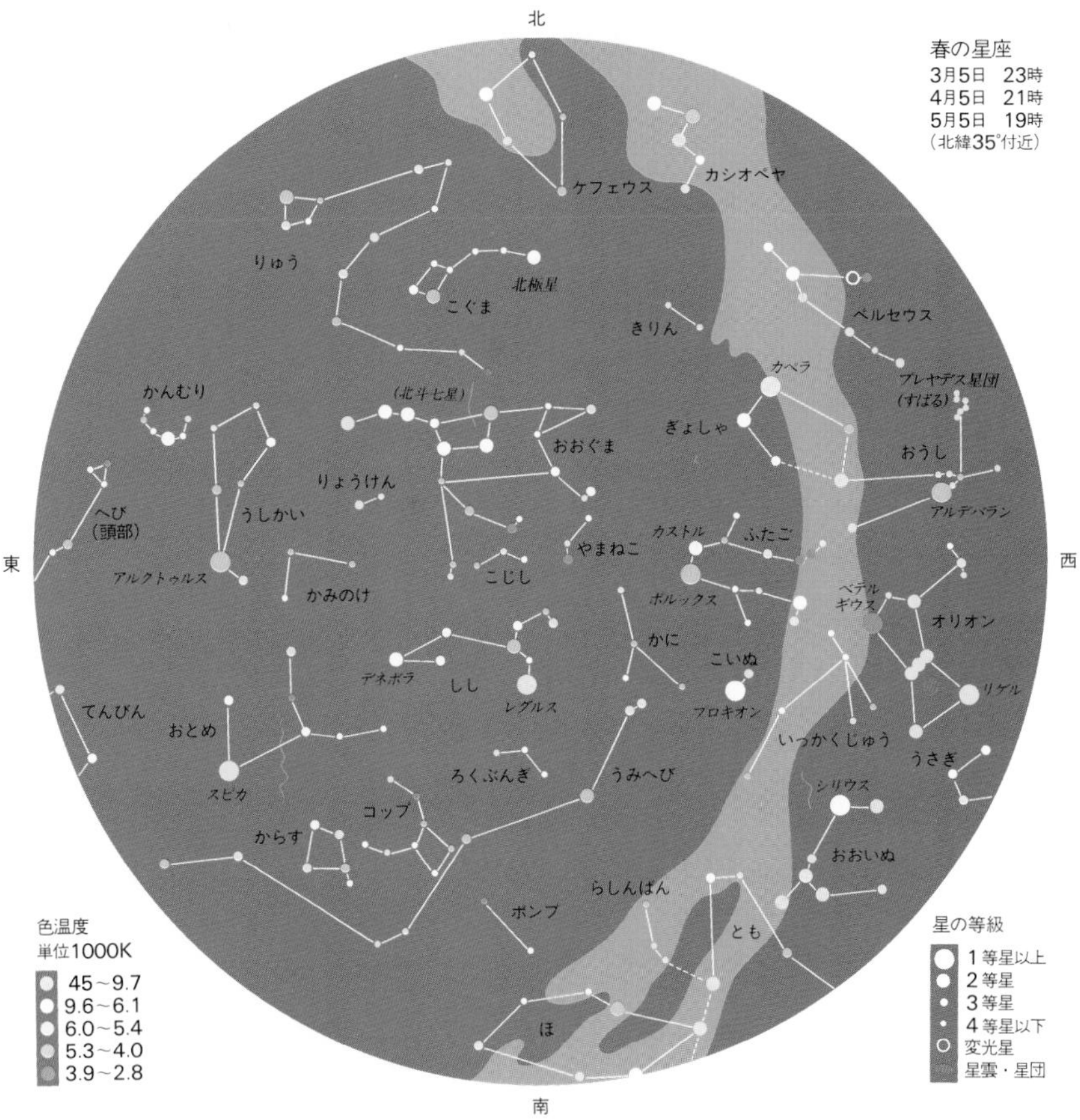


## 春の星座

春霞（はるがすみ）のせいか、星の光はやわらかい。南の空高く、かに座に続いて、しし座も南中し、一等星レグルスを含む「ししの大鎌（おおがま）」が春の到来をつげている。長々と続くうみへび座も姿を現した。

うみへびの背中に、ちょこんと乗ったように見えるのが、からす座とコップ座である。大型帆船のスパンカー（帆の一種）の形に似たからす座のいびつな四角形の上辺の二星の延長から、おとめ座の一等星スピカを見つけることができる。おとめ座とうしかい座もしし座に引っ張られるように、東の空にのぼってくる。

北の空では、北斗七星でおなじみのおおぐま座が高く舞い上がり、W字形をしたカシオペヤ座が北の地平線低くまたたいている。北斗七星のひしゃくの柄のカーブから、うしかい座のアルクトゥルスと、おとめ座のスピカをみつけることができる。この二星と、しし座のデネボラでつくる三角形を「春の大三角」とよぶ。

## 夏の星座

夏の星座は、天の川とともにのぼってくる。天頂付近には半円形をしたかんむり座とヘルクレス座が並び、その南には大きなへビをかかえた、へびつかい座が立ちはだかっている。

南の空低く、天の川の一段と濃いところに位置しているのが、いて座とさそり座である。S字のカーブをしたさそり座の心臓のところに、一等星のアンタレスが不気味に赤く輝いている。

天の川をたどりながら、ふたたび目を上に移すと、七夕でおなじみの織女(こと座のベガ)と牽牛(けんぎゅう)(わし座のアルタイル)が、天の川の両岸でひときわ明るく輝いている。さらにその北側には、五つの明るい星が十字形をつくっている。これが「北十字」ともよばれているはくちょう座である。はくちょう座の一等星デネブに、七夕の二星を加えると「夏の大三角」ができる。

北の空では、北斗七星が北西の空に傾き、こぐま座が一年を通じて、もっともみごろになる。

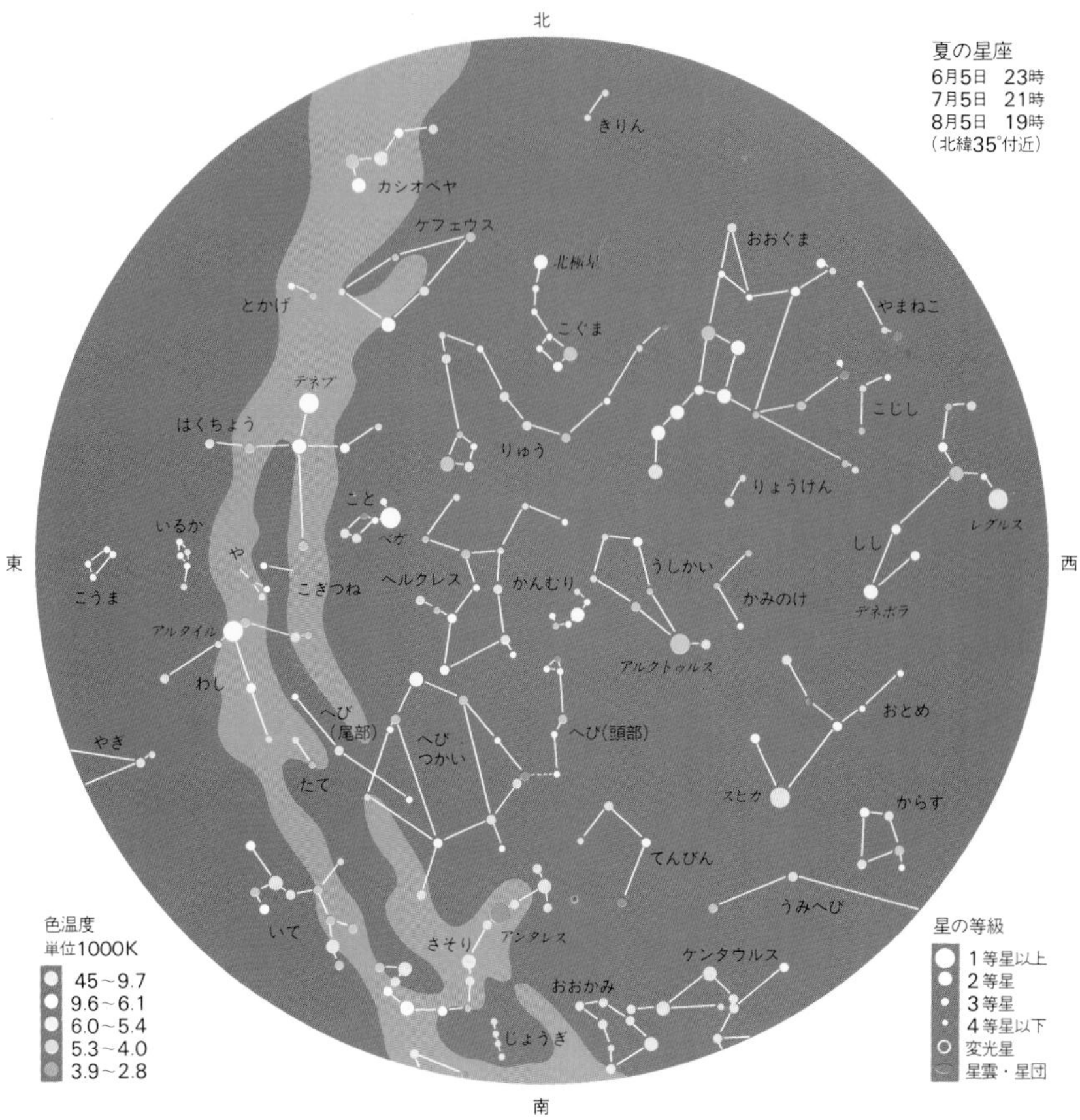


## 秋の星座

秋の星座には明るい星があまりない。そのなかにあって、天頂付近のペガススの四辺形(秋の四辺形とも)は、比較的目につく。この四辺形の西(右)側の二星を結び、北へ延長すると北極星にとどく。同じように、東(左)側の二星を結んで北へ延ばしても北極星にとどく。四辺形が台形になっているからである。

ペガスス座の南には、うお座、みずがめ座、みなみのうお座など、水に関連した星座が並んでいる。かつて、これらの星座付近に太陽が輝く季節は地中海沿岸地方が雨期にあたっていたため、このような星座ができたのだといわれている。一二月中旬に南中するくじら座は、東の空に姿を現したばかりである。

北の空では、北斗七星は低くなり、代わってカシオペヤ座が北天高くなり、北の目印となる。五角形のケフェウス座が北極星の上で逆立ちをしている。ペルセウス座が北東の空に姿を現した。

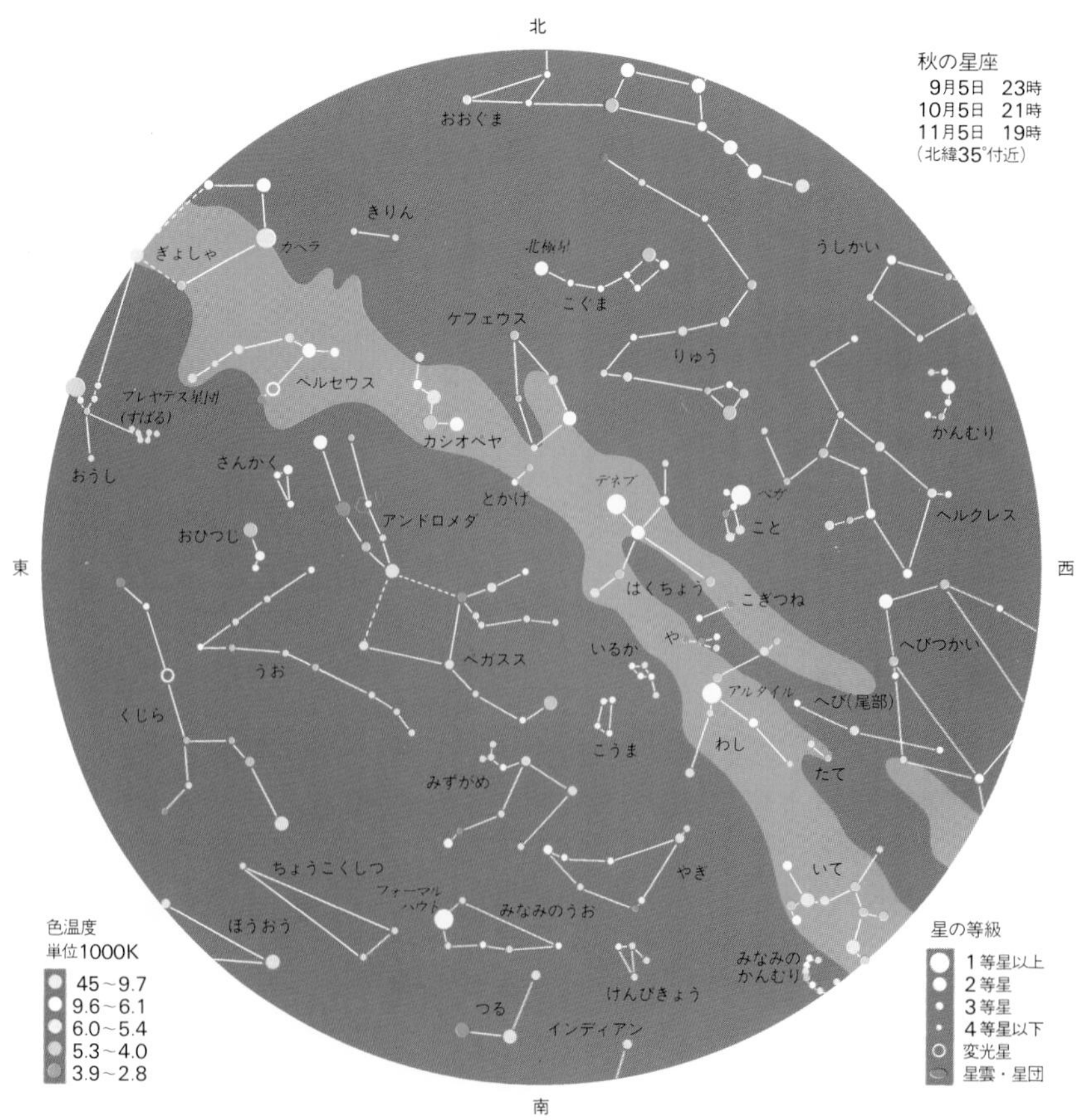

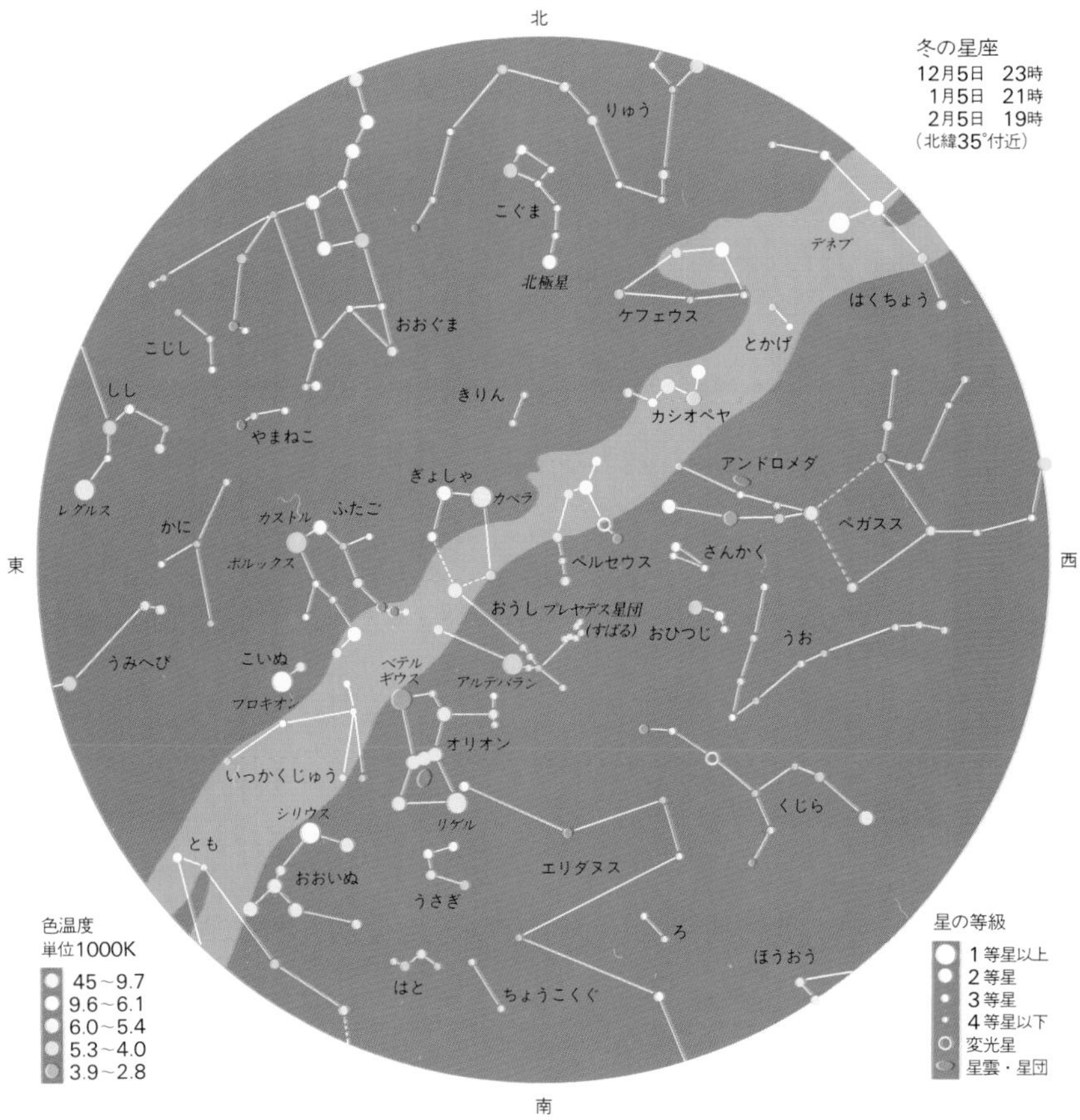


# 冬の星座

冬は一年中でもっとも星の美しい季節である。南の空には、冬空の王者オリオンがひときわ明るい光輝を放っている。ベテルギウスとリゲルの二つの一等星の真ん中の斜め一文字に並んだ三つ星が、全天一の輝星シリウスを導いている。

オリオン座の北西には、プレヤデス（すばる）とヒヤデスの二つの散開星団をかかえた、おうし座がまたたき、天頂付近では五角形をしたぎょしゃ座が淡い冬の天の川にひたっている。その東(左)側には、ふたご座のカストルとポルックスの二星が仲よく並んでいる。

オリオン座のベテルギウス、おおいぬ座のシリウス、それにこいぬ座のプロキオンで描く三角形を「冬の大三角」とよんでいる。また冬空の一等星が、ベテルギウスを中心に六角形を描いている。

北の空では、ペルセウス座が高く舞い上がり、カシオペヤ座は北西の空に傾きかけ、北斗七星がのぼりはじめようとしている。

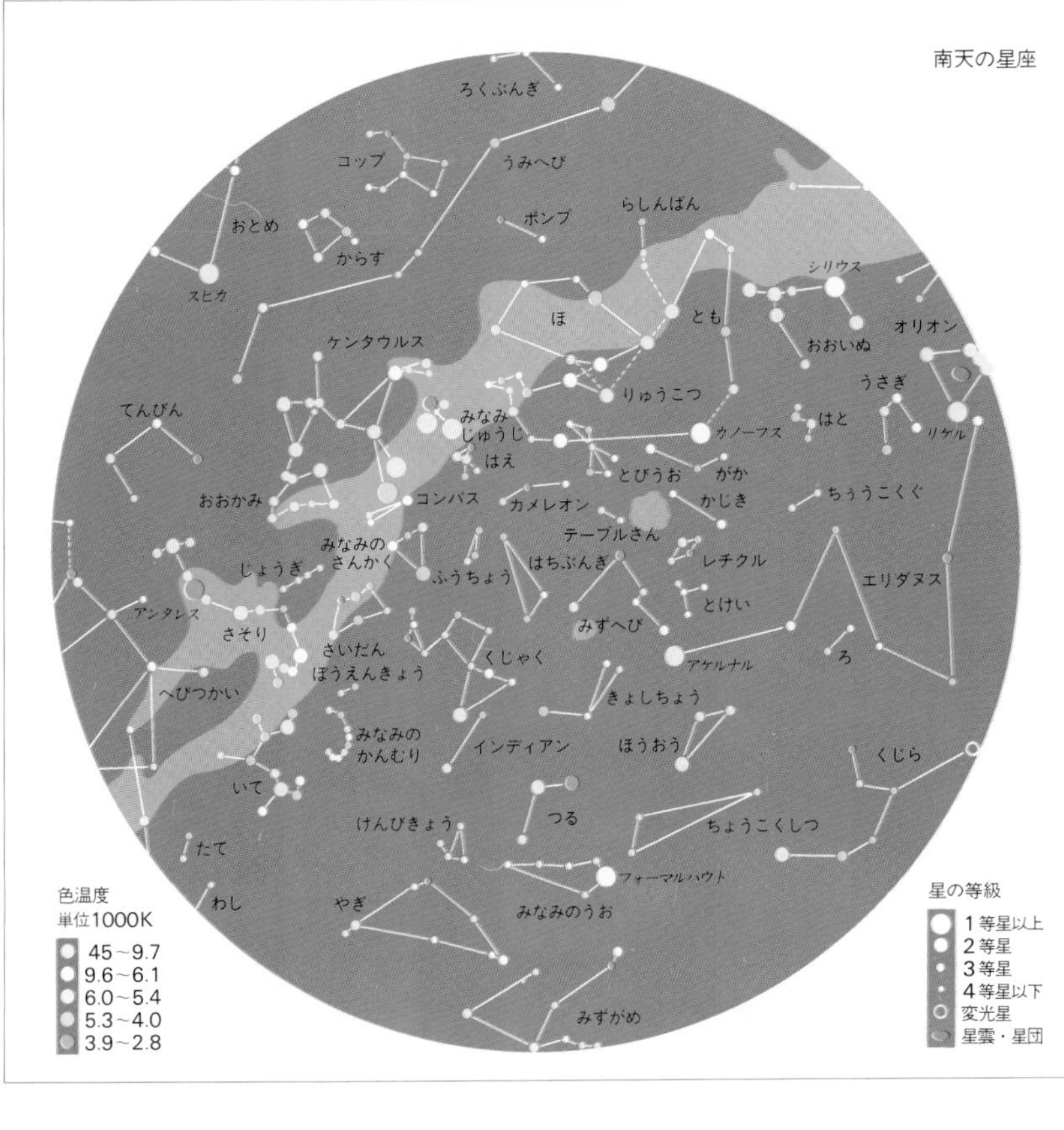


# 南天の星座

この図は、天の南極を中心に描いたもの、すなわち南天の星座を表している。

日本の最南端まで南下しても、まったく見ることのできない星座は、八八星座のうちテーブルさん座・カメレオン座・ふうちょう座・はちぶんぎ座の四星座である。

しかし、本州から見える星座は約六〇星座余りのため、残りの二〇星座ほどを、いわゆる南天星座とよんでいる。

有名なみなみじゅうじ座（いわゆる南十字星）の十字架の縦棒にあたる二星を結び、その長さを五倍南に延長すると天の南極にとどく。その南十字星は、からす座のはるか南に位置している。九州からは、縦棒の上の星がかろうじて見えるが、全景を見るには沖縄まで南下しなければならない。

# 月の満ち欠け・時刻・方位

## 月の満ち欠け

月の満ち欠けの平均の周期は二九日一二時間四四分で、これを朔望月とよんでいる。月と太陽の視黄経が等しくなるときを朔といい、中国や日本の太陰太陽暦では朔を含む日を毎月の月始め（朔日）とする。

また、月齢は朔を0として、ある日の正午までの日数を表している。そのため、月齢に一日を加えたものが、太陰太陽暦でのおおよその日付となる。

**朔** 月と太陽の視黄経（地球から見た方位）が等しくなるとき。月は見えない。新月。

**三日月** 朔（新月）から三日目の月。通常は三日月から見えはじめる。

**六日の月** 日没後、南西の空にかかる月。

**上弦の月** 日没後、南の空に見える。七日目か八日目の月。上の弓張り。

**十日の月** やや太った月。南東の空にかかる。

**十三夜** かなり丸くなった月。日没前一時間半くらいに東の空に出る。

**十五夜** 満月。月と太陽の視黄経の差が一八〇度。このとき月食がおきる。

**十六夜** 日没後しばらくして月が出る。

**十九日の月・二十日月** 寝待月、更待月と、夜がふけてから月が出るようになる。

**二十三夜** 夜半になって出る月。下の弓張り。さんや。

**二十七日の月** 夜明け前、東の空に見える細い月。

## 時刻と方位

飛鳥時代から平安時代までは、一日を子から亥までの一二辰刻に等分する定時法が用いられたが、鎌倉時代以降は不定時法が一般的になった。また、暦では一日を一〇〇刻に分けて、昼夜の長さを示した。不定時法では、夜明け（日の出前約三六分）の卯の辰刻から、日暮れ（日没後約三六分）の酉の辰刻までを六等分したものを昼の一辰刻とし、その逆を夜の一辰刻とした。

したがって、不定時法では季節により、また昼夜によって一辰刻の長さが違っていた。しかし、時計が普及していない時代には、かえって不定時法のほうが便利であったと思われる。

時報は飛鳥時代から太鼓や鐘によって行われた。その数は、子・午は九つ、丑・未は八つ、と順次減少した。江戸時代に時鐘制度が普及し、一辰刻の途中で撞かれる鐘の数によって、六つとか八つとよぶようになった。

中国や日本では、方位は一二等分され、各方位は十二支をもってよばれた。子午線（南北線・経線）という呼称はそのなごりである。

各方位の中間は丑寅（艮・東北）、辰巳（巽・東南）のように、前後の方位を重ねて示した。また、運勢判断等には十干のうち戊と己を除いた八干を加えることがある。

定時法・方位

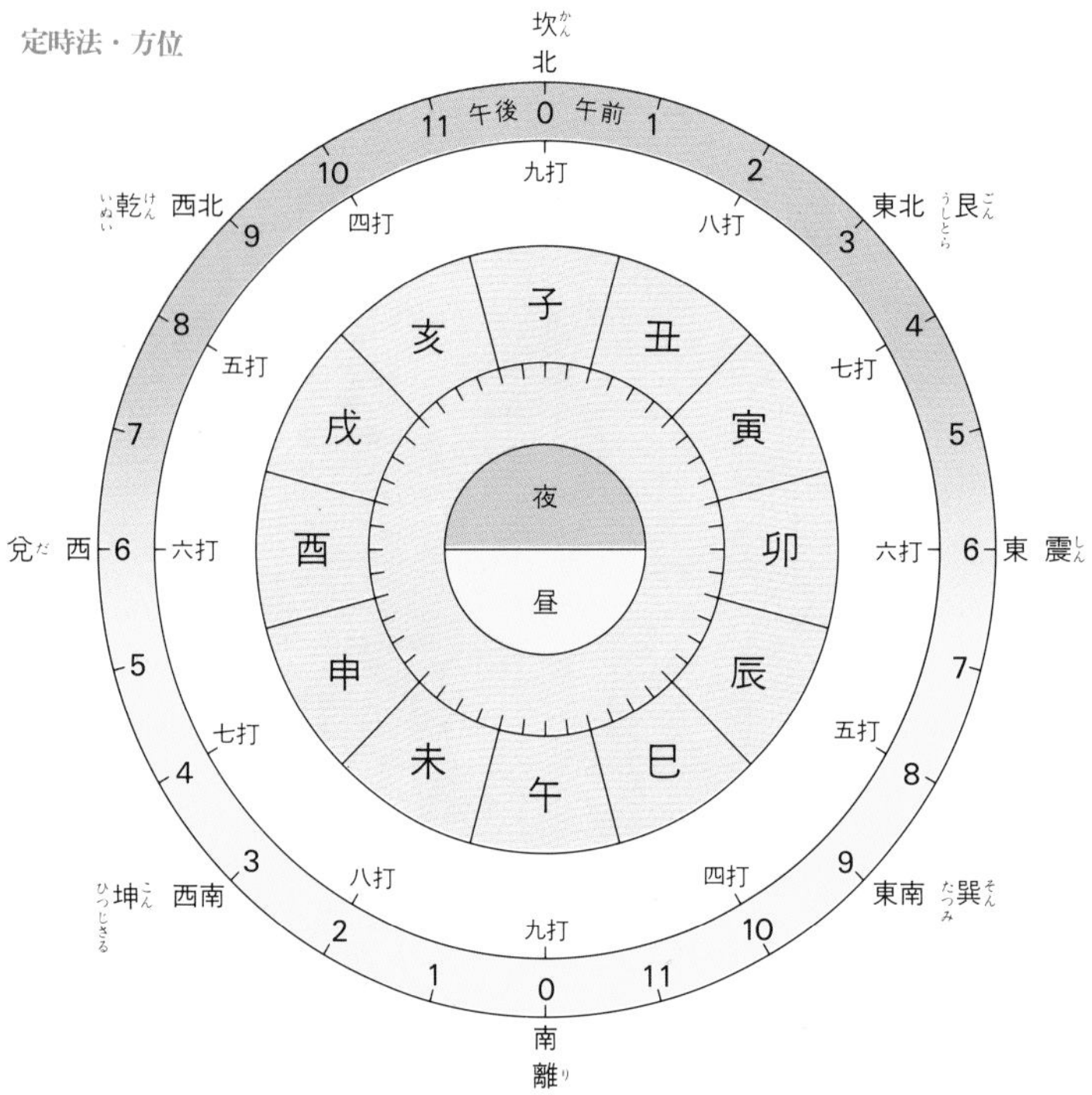


不定時法

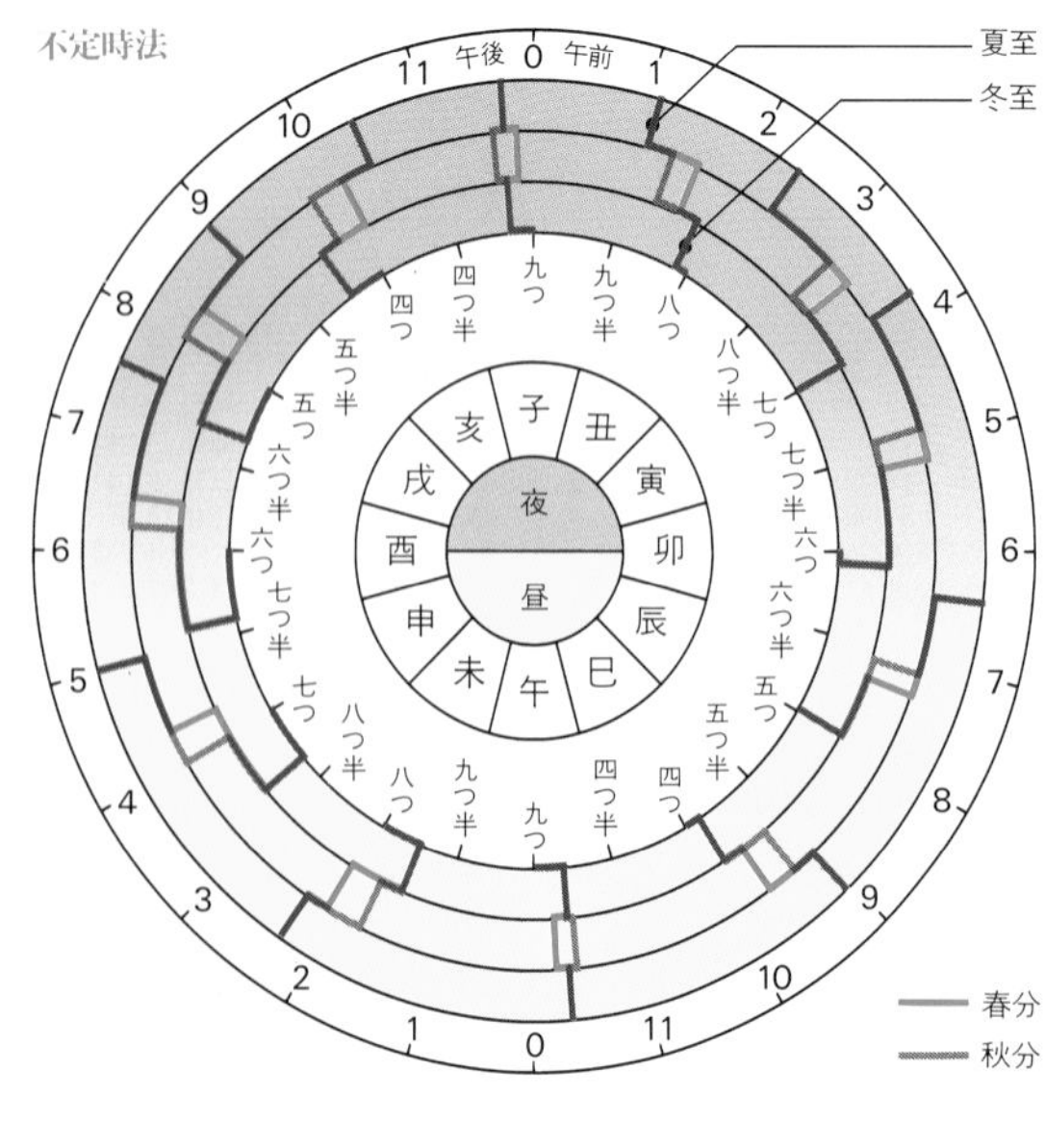


不定時法による時刻と現代時刻（東京における中央標準時）との対照表

| | 冬至 | 立春 | 春分 | 立夏 | 夏至 | 立秋 | 秋分 | 立冬 |
|---|---|---|---|---|---|---|---|---|
| 明け六つ | 6:11 | 6:03 | 5:09 | 4:09 | 3:49 | 4:17 | 4:54 | 5:32 |
| 朝五つ | 8:01 | 8:00 | 7:22 | 6:39 | 6:27 | 6:47 | 7:07 | 7:30 |
| 朝四つ | 9:50 | 9:57 | 9:36 | 9:09 | 9:05 | 9:17 | 9:20 | 9:27 |
| 昼九つ | 11:40 | 11:55 | 11:49 | 11:38 | 11:42 | 11:46 | 11:34 | 11:25 |
| 昼八つ | 1:29 | 1:52 | 2:03 | 2:08 | 2:20 | 2:16 | 1:47 | 1:22 |
| 夕七つ | 3:19 | 3:49 | 4:16 | 4:38 | 4:58 | 4:46 | 4:00 | 3:20 |
| 暮れ六つ | 5:08 | 5:47 | 6:29 | 7:07 | 7:36 | 7:15 | 6:13 | 5:17 |
| 夜五つ | 7:19 | 7:50 | 8:16 | 8:37 | 8:58 | 8:45 | 8:00 | 7:20 |
| 夜四つ | 9:29 | 9:53 | 10:03 | 10:08 | 10:20 | 10:16 | 9:47 | 9:22 |
| 暁九つ | 11:40 | 11:55 | 11:49 | 11:38 | 11:43 | 11:46 | 11:33 | 11:25 |
| 暁八つ | 1:50 | 1:58 | 1:36 | 1:09 | 1:05 | 1:17 | 1:20 | 1:27 |
| 暁七つ | 4:01 | 4:01 | 3:23 | 2:39 | 2:27 | 2:47 | 3:07 | 3:30 |

| 量と単位の名称 | 記号 | 定義・大きさ・その他 |
|---|---|---|
| ●磁界(磁場)の強さ | | |
| アンペア毎メートル | A/m | 磁界の方向に沿って1m離れた2点間の起磁力が1Aである一様な磁界の強さ |
| アンペア回数毎メートル | AT/m | 1A/m |
| エルステッド | Oe | $10^3/4\pi$ A/m |
| ●電子エネルギー | | |
| 電子ボルト | eV | 真空中で電子が電位差1Vを通過することにより得るエネルギー 約$1.60219\times10^{-19}$J |
| ●温度 | | |
| ケルビン | K | 水の三重点の熱力学温度の1/273.16 |
| セルシウス度 | ℃ | $t$℃ = ($t$+273.15)K, 例 20℃ = 293.15K |
| ●物質量 | | |
| モル | mol | 0.012kgの炭素12の中に存在する原子の数と等しい構成要素を含む系の物質量 |
| ●濃度 | | |
| キログラム毎立方メートル | $kg/m^3$ | 体積$1m^3$中に成分1kgを含む溶液あるいは混合物の質量濃度 |
| モル濃度 | $mol/m^3$ | 体積$1m^3$中に成分1molを含む溶液あるいは混合物のモル濃度 |
| 質量百分率 | 質量%, wt%, mass% | 含有成分と全体の質量比の100倍 |
| 質量千分率 | 質量‰, wt‰, mass‰ | 含有成分と全体の質量比の1000倍 |
| 質量百万分率 | 質量ppm, wtppm, massppm | 含有成分と全体の質量比の$10^6$倍 |
| 質量十億分率 | 質量ppb, wtppb, massppb | 含有成分と全体の質量比の$10^9$倍 |
| 体積百分率 | 体積%, vol% | 含有成分と全体の体積比の100倍 |
| 体積千分率 | 体積‰, vol‰ | 含有成分と全体の体積比の1000倍 |
| 体積百万分率 | 体積ppm, volppm, ppm | 含有成分と全体の体積比の$10^6$倍 |
| 体積十億分率 | 体積ppb, volppb, ppb | 含有成分と全体の体積比の$10^9$倍 |
| 規定 | Nor, N | ($10^3mol/m^3$)/Z (Zはイオンの電荷数) |
| ピーエッチ | pH | 水素イオンの濃度を規定で表した数値の逆数の常用対数で表される濃度 |
| ●熱量 | | |
| ジュール | J | 1Jの仕事に相当する熱量 |
| カロリー | cal | 4.18605J (温度を指定しないとき) |
| $t$度カロリー | $cal_t$ | 圧力101325Paの下で$10^{-3}$kgの水の温度を($t$−0.5)℃から($t$+0.5)℃まで上げる熱量 |
| 15度カロリー | $cal_{15}$ | 4.1855J |
| I.T.カロリー | $cal_{IT}$ | 4.1868J |
| 熱化学カロリー | $cal_{th}$ | 4.184J |
| ●比熱 | | |
| ジュール毎キログラム毎ケルビン | J/(kg·K) | 質量1kgの物体の熱容量が1J/Kになるときの比熱 |
| ジュール毎キログラム毎度 | J/(kg·℃) | 1J/(kg·K) |
| カロリー毎キログラム毎度 | cal/(kg·℃) | 4.18605J/(kg·℃) |
| ●エントロピー | | |
| ジュール毎ケルビン | J/K | 温度1Kの系に1Jの熱量を可逆的に与えたとき, その系のエントロピーの増加分に等しいエントロピー |
| ●熱伝導率 | | |
| ワット毎メートル毎ケルビン | W/(m·K) | 断面の垂直方向に1K/mの温度こう配がある断面$1m^2$を通過して毎秒1Jの熱量が伝導されるときのその媒質の熱伝導率 |
| ワット毎メートル毎度 | W/(m·℃) | 1W/(m·K) |
| カロリー毎秒毎メートル毎度 | cal/(s·m·℃) | 4.18605W/(m·℃) |
| ●光度 | | |
| カンデラ | cd | 周波数$540\times10^{12}$の単色放射(すなわち, 波長555nmの緑色の光) を放出する光源の放射強度が1/683W/srである方向の光度 |

| 量と単位の名称 | 記号 | 定義・大きさ・その他 |
|---|---|---|
| ●光束 | | |
| ルーメン | lm | すべての方向に放射される光の光度が一様に1cdである点光源から1srの立体角内に放射される光束 1cd·sr |
| ●輝度 | | |
| カンデラ毎平方メートル | $cd/m^2$ | 面積$1m^2$の平面光源がその平面と垂直な方向に一様な輝度であり, 光度が1cdであるときにその方向の輝度 |
| ●照度 | | |
| ルクス | lx | 1lmの光束で$1m^2$の面を一様に照らすときの照度 $1lm/m^2$ |
| ●放射強度 | | |
| ワット毎ステラジアン | W/sr | すべての方向に一様な放射強度をもつ点光源から1srの立体角内に毎秒1Jのエネルギーを放射するときの放射強度 |
| ●放射束 | | |
| ワット | W | 放射源から放射される放射エネルギーが毎秒1Jであるときの放射束 1J/s |
| ●放射能 | | |
| ベクレル | Bq | 原子核の壊変が毎秒1壊変であるときの放射能 $1s^{-1}$ |
| キュリー | Ci | $3.7\times10^{10}$Bq およそラジウム1gの放射能 |
| ●照射線量 | | |
| クーロン毎キログラム | C/kg | X線, $\gamma$線の照射により1kgの空気中に正負それぞれ1Cの電気量を生じる照射線量 |
| レントゲン | R | $2.58\times10^{-4}$C/kg 1Rは0℃で1気圧の空気1$l$の中に正負それぞれ1e.s.u.の電気量を生じる照射線量に相当 |
| ●吸収線量 | | |
| グレイ | Gy | 電離性放射線の照射を受け物質が1kgにつき1Jのエネルギーを吸収したときの吸収線量 1J/kg |
| ラド | rad | $10^{-2}$Gy |
| ●線量当量 | | |
| シーベルト | Sv | グレイで表した吸収線量に放射線の違いによる影響を考慮して放射線の種類ごとに定められた修正係数を乗じたもの 1J/kg |
| レム | rem | $10^{-2}$Sv |
| ●騒音レベル | | |
| ホン | dB | $20\log_{10}(p/p_0)$ : $p_0$は標準とする1kHzの正弦波の平面進行波の音圧実効値で20$\mu$Paとし, $p$は騒音の音圧実効値を人間の耳に似た周波数特性をもたせる聴覚補正をした値である。0ホンは正常な聴覚の人がききうる最小音に相当し $p/p_0=1$ である。$p/p_0=10$ であれば20ホン, $p/p_0=10^4$であれば80ホンになる |
| デシベル | dB | ホンに同じ |
| ●振動レベル | | |
| デシベル | dB | $20\log_{10}(a/a_0)$ : $a_0$は標準とする5Hzの正弦波の鉛直振動の加速度実効値 (加速度の瞬時値の2乗を1周期で平均したものの平方根) で$10^{-5}m/s^2$とし, $a$は測定したい振動の振動数による振動感覚補正を行った加速度実効値である。たとえば$a$が$10^{-2}m/s^2$であれば60dBであり, 地震でいえば微震程度である |
| ●眼鏡の屈折度 | | |
| ディオプトリー | Dptr, D | 眼鏡のレンズの焦点距離の逆数 $1m^{-1}$ 近視用の凹レンズに−, 遠視用の凸レンズに+の記号をつける |
| ●湿度 | | |
| 湿度百分率 | %, %(RH) | 存在する水蒸気の圧力とそれと同じ温度の飽和水蒸気圧の比の100倍 相対湿度 |

## 単位換算表

●長さ

| メートル | 尺 | 間 | 里 | インチ | フィート | ヤード | マイル |
|---|---|---|---|---|---|---|---|
| 1 | 3.300000 | 0.550000 | 0.000255 | 39.37008 | 3.280840 | 1.093613 | 0.000621 |
| 0.303030 | 1 | 0.166667 | 0.000077 | 11.93033 | 0.994194 | 0.331398 | 0.000188 |
| 1.818181 | 6.000000 | 1 | 0.000463 | 71.58196 | 5.965161 | 1.988386 | 0.001130 |
| 3927.273 | 12960.00 | 2160.000 | 1 | 154617.0 | 12884.75 | 4294.917 | 2.440294 |
| 0.025400 | 0.083820 | 0.013970 | 0.000006 | 1 | 0.083333 | 0.027778 | 0.000016 |
| 0.304800 | 1.005840 | 0.167640 | 0.000078 | 12.00000 | 1 | 0.333333 | 0.000189 |
| 0.914400 | 3.017520 | 0.502920 | 0.000233 | 36.00000 | 3.000000 | 1 | 0.000568 |
| 1609.344 | 5310.835 | 885.1392 | 0.409787 | 63360.00 | 5280.000 | 1760.000 | 1 |

●面積

| 平方メートル | アール | ヘクタール | 坪 | 反 | 平方ヤード | エーカー | 平方マイル |
|---|---|---|---|---|---|---|---|
| 1 | 0.010000 | 0.000100 | 0.302500 | 0.001008 | 1.195990 | 0.000247 | $3.861\times10^{-7}$ |
| 100.0000 | 1 | 0.010000 | 30.25000 | 0.100833 | 119.5990 | 0.024711 | 0.000039 |
| 10000.00 | 100.0000 | 1 | 3025.000 | 10.08334 | 11959.90 | 2.471054 | 0.003861 |
| 3.305785 | 0.033058 | 0.000331 | 1 | 0.003333 | 3.953686 | 0.000817 | 0.000001 |
| 991.7355 | 9.917355 | 0.099174 | 300.0000 | 1 | 1186.106 | 0.245063 | 0.000383 |
| 0.836127 | 0.008361 | 0.000084 | 0.252928 | 0.000843 | 1 | 0.000207 | $3.228\times10^{-7}$ |
| 4046.856 | 40.46856 | 0.404686 | 1224.174 | 4.080580 | 4840.000 | 1 | 0.001563 |
| 2589988 | 25899.88 | 258.999 | 783471.4 | 2611.571 | 3097600 | 640.0000 | 1 |

●体積 ＊石油類

| 立方メートル | リットル | 合 | 升 | 斗 | (容積)トン | 米バレル＊ | 米ガロン |
|---|---|---|---|---|---|---|---|
| 1 | 1000.000 | 5543.523 | 554.3523 | 55.43523 | 0.353000 | 6.289814 | 264.1722 |
| 0.001000 | 1 | 5.543523 | 0.554352 | 0.055435 | 0.000353 | 0.006290 | 0.264172 |
| 0.000180 | 0.180391 | 1 | 0.100000 | 0.010000 | 0.000064 | 0.001135 | 0.047654 |
| 0.001804 | 1.803907 | 10.00000 | 1 | 0.100000 | 0.000637 | 0.011346 | 0.476542 |
| 0.018039 | 18.03907 | 100.0000 | 10.00000 | 1 | 0.006368 | 0.113462 | 4.765420 |
| 2.832861 | 2832.861 | 15704.03 | 1570.403 | 157.0403 | 1 | 17.81817 | 748.3631 |
| 0.158988 | 158.9872 | 881.3536 | 88.13536 | 8.813536 | 0.056123 | 1 | 42.00000 |
| 0.003785 | 3.785410 | 20.98462 | 2.098462 | 0.209846 | 0.001336 | 0.023810 | 1 |

●質量

| キログラム | グラム | トン | 貫 | 斤 | カラット | オンス | ポンド |
|---|---|---|---|---|---|---|---|
| 1 | 1000.000 | 0.001000 | 0.266667 | 1.666667 | 5000.000 | 35.27396 | 2.204623 |
| 0.001000 | 1 | 0.000001 | 0.000267 | 0.001667 | 5.000000 | 0.035274 | 0.002205 |
| 1000.000 | 1000000 | 1 | 266.6667 | 1666.667 | 5000000 | 35273.96 | 2204.623 |
| 3.750000 | 3750.000 | 0.003750 | 1 | 6.250000 | 18750.00 | 132.2773 | 8.267336 |
| 0.600000 | 600.0000 | 0.000600 | 0.160000 | 1 | 3000.000 | 21.16438 | 1.322774 |
| 0.000200 | 0.200000 | $2\times10^{-7}$ | 0.000053 | 0.000333 | 1 | 0.007055 | 0.000441 |
| 0.028350 | 28.34952 | 0.000028 | 0.007560 | 0.047249 | 141.7476 | 1 | 0.062500 |
| 0.453592 | 453.5924 | 0.000453 | 0.120958 | 0.755987 | 2267.962 | 16.00000 | 1 |

# 単位

長さ・質量などの各種の量には、それぞれ固有の単位がある。この固有の単位の集まりが単位系である。科学・商工業の分野にわたる単位系として国際的な統一がはかられたのが国際単位系（SI）で、７つの基本単位、２つの補助単位、多くの組立単位から構成されている。原則として１つの量に１つの単位がある。

## 単位

SIの基本単位　補助単位　組立単位

| 量と単位の名称 | 記号 | 定義・大きさ・その他 |
|---|---|---|
| ●長さ | | |
| メートル | m | 光が真空中を1/299792458秒間に進む距離に等しい長さ |
| ミクロン | μ | $10^{-6}$m　代わりに1μmを用いる |
| オングストローム | Å | $10^{-10}$m　光学および結晶学用 |
| 海里 | n mile | 1852m　航海および航空用 |
| インチ | in | 25.4mm |
| フィート | ft | 12in＝0.3048m　フートの複数形 |
| ヤード | yd | 3ft＝0.9144m |
| マイル | mile | 5280ft≒1.609km |
| 尺 | | 10/33m≒30.30cm　曲尺（かねじゃく） |
| 寸 | | $10^{-1}$尺＝1/33m≒3.030cm |
| 間 | | 6尺＝60/33m≒1.818m |
| 町 | | 360尺＝60間＝1200/11m≒109.09m |
| 里 | | 12960尺＝36町＝43200/11m≒3927m≒4km |
| 鯨尺 | | 25/66m≒0.3788m |
| ●質量 | | |
| キログラム | kg | 国際キログラム原器の質量 |
| グラム | g | $10^{-3}$kg |
| トン | t | $10^{3}$kg　英トン・米トンはわずかに違う |
| ポンド | lb | 0.45359237kg≒453.6g |
| オンス | oz | 1/16lb≒28.35g |
| 貫 | | 3.75kg |
| 斤 | | 0.16貫＝600g |
| カラット | ct, car | 200mg　宝石用 |
| ●時間 | | |
| 秒 | s | セシウム133原子の基底状態の２つの超微細準位間の遷移に対応する放射の9192631770周期の継続時間 |
| 分 | min | 60s |
| 時 | h | 60min＝3600s |
| 日 | d | 24h＝86400s |
| ●面積 | | |
| 平方メートル | $m^2$ | |
| アール | a | 100$m^2$ |
| ヘクタール | ha | 100a＝$10^4m^2$ |
| エーカー | ac | 4840$yd^2$≒4047$m^2$ |
| 坪 | | $(60/33)^2m^2$≒3.306$m^2$ |
| 歩 | | 坪に同じ |
| 反 | | 300歩≒991.7$m^2$ |
| ●体積 | | |
| 立方メートル | $m^3$ | |
| リットル | l, L, ℓ | 1$dm^3$＝$10^{-3}m^3$　記号 $l$ は日本国内で通用 |
| (容積)トン | T | $(10^3/353)m^3$≒2.8329$m^3$　船舶の貨物積載量 |
| 米ガロン | gal(US) | 3.78541$l$　計量法の１ガロン＝3.78543$l$ |
| 米バレル | barrel(US) | 42gal(US)≒159.0$l$(石油類)　31.5gal(US)もある |
| 合 | | 約180.39m$l$＝1.8039×$10^{-4}m^3$ |
| 升 | | 10合≒1.8039$l$＝1.8039×$10^{-3}m^3$ |
| 斗 | | 10升≒18.039$l$＝1.8039×$10^{-2}m^3$ |
| 石 | | 10斗≒180.39$l$＝1.8039×$10^{-1}m^3$ |
| ●密度 | | |
| キログラム毎立方メートル | kg/$m^3$ | |
| ●速さ | | |
| メートル毎秒 | m/s | |
| キロメートル毎時 | km/h | (1000/3600)m/s≒0.2778m/s |
| ノット | kn, kt | 1n mile/h＝1852m/h≒0.5144m/s |
| ●加速度の大きさ | | |
| メートル毎秒毎秒 | m/$s^2$ | |
| ガル | Gal | 1cm/$s^2$＝0.01m/$s^2$ |
| ●力の大きさ | | |
| ニュートン | N | 1kgの質量の物体に1m/$s^2$の加速度を与える力の大きさ　1m・kg・$s^{-2}$ |
| ダイン | dyn | $10^{-5}$N |
| 重量キログラム | kgw, kgf | 9.80665N　約1kgの物体の地球上の重さ |
| 重量グラム | gw, gf | 9.80665×$10^{-3}$N |
| ●圧力 | | |
| パスカル | Pa | 1$m^2$に1Nの力が作用する圧力　1N/$m^2$ |
| バール | b, bar | $10^5$Pa |
| 重量キログラム毎平方センチメートル | kgw/$cm^2$, kgf/$m^2$ | 98066.5Pa≒98.07kPa |
| 水銀柱ミリメートル | mmHg | 101325/760Pa≒133.3Pa |
| トル | Torr | 1mmHg≒133.3Pa |
| 気圧 | atm | 101325Pa　標準大気圧という |

| 量と単位の名称 | 記号 | 定義・大きさ・その他 |
|---|---|---|
| ●仕事，エネルギー | | |
| ジュール | J | 1Nの大きさの力で力の向きに1m動かすときにその力のする仕事　1N・m |
| エルグ | erg | $10^{-7}$J |
| ワット時 | W・h | 3600J |
| 重量キログラムメートル | kgw・m, kgf・m | 9.80665J |
| ●工率 | | |
| ワット | W | 毎秒1Jの仕事をする割合　1J/s |
| 重量キログラムメートル毎秒 | kgw・m/s, kgf・m/s | 9.80665W |
| ●角度 | | |
| ラジアン | rad | 円周上で半径に等しい長さの弧を切り取る２本の半径のあいだの平面角 |
| 度 | ° | π/180rad≒17.45mrad |
| 分 | ′ | (1/60)°＝π/10800rad≒0.2909mrad |
| 秒 | ″ | (1/60)′＝π/648000rad≒4.848μrad |
| ●角速度 | | |
| ラジアン毎秒 | rad/s | |
| ●立体角 | | |
| ステラジアン | sr | 球の表面上で半径を１辺とする正方形の面積を球の中心を頂点として切り取る立体角 |
| ●粘度 | | |
| パスカル秒 | Pa・s | 流体内の速度こう配が1mにつき1m/sのときに1N/$m^2$のずり応力を生じる粘度の大きさ　1N・s/$m^2$ |
| ポアズ | P | 1dyn・s/$cm^2$＝0.1Pa・s |
| ●周波数 | | |
| ヘルツ | Hz | １秒間に１回繰り返される周波数　$1s^{-1}$ |
| サイクル毎秒 | c/s | 1Hz |
| サイクル | c | |
| 回毎分 | rpm, r.p.m. | $(1/60)^{-1}$≒0.01667$s^{-1}$ |
| ●波数 | | |
| 毎メートル | $m^{-1}$ | |
| ●電流 | | |
| アンペア | A | 真空中に1mの間隔で平行に置かれた無限に細く無限に長い２本の導線のそれぞれを流れ，長さ1mにつき2×$10^{-7}$Nの力を及ぼしあう不変の電流 |
| ●電気量 | | |
| クーロン | C | 電流1Aが１秒間に運ぶ電気量　1A・s |
| ●電圧，起電力 | | |
| ボルト | V | 電流1Aが流れる導体の２点間での消費電力が1Wのときの２点間の電圧　1W/A |
| ●電力 | | |
| ワット | W | 1Wの工率に相当する電力 |
| ●電力量 | | |
| ジュール | J | 電力1Wが１秒間継続した電力量　1W・s |
| キロワット時 | kW・h | 3.6×$10^6$J |
| ●電界(電場)の強さ | | |
| ボルト毎メートル | V/m | 1m・kg・$s^{-3}$・$A^{-1}$＝1N/C |
| ●電気抵抗 | | |
| オーム | Ω | 電流1Aが流れる導体の２点間の電圧が1Vのときの２点間の電気抵抗　1V/A |
| ●コンダクタンス | | |
| ジーメンス | S | $1Ω^{-1}$＝1A/V |
| ●静電容量 | | |
| ファラド | F | 電気量1Cを充電したときに1Vの電圧を生じる２導体間の静電容量　1C/V |
| ●磁束 | | |
| ウェーバ | Wb | １回巻きの閉回路で磁束が一様に減少したために回路に1Vの起電力が生じたときの１秒間に変化した磁束　1V・s |
| マクスウェル | Mx | $10^{-8}$Wb |
| ●磁束密度 | | |
| テスラ | T | 磁束の方向に垂直な面1$m^2$につき1Wbの磁束密度　1Wb/$m^2$ |
| ガウス | G | $10^{-4}$T |
| ●インダクタンス | | |
| ヘンリー | H | 毎秒1Aの割合で変化する電流が流れるときに1Vの起電力を生じる閉回路のインダクタンス　1V・s/A＝1Wb/A |
| ●起磁力 | | |
| アンペア | A | １回巻きの閉回路に電流1Aが流れるときに生じる起磁力 |
| アンペア回数 | AT | 1A |

## 単位の10の整数乗倍を表す接頭語

| 大きさ | $10^{18}$ | $10^{15}$ | $10^{12}$ | $10^{9}$ | $10^{6}$ | $10^{3}$ | $10^{2}$ | $10^{1}$ | $10^{-1}$ | $10^{-2}$ | $10^{-3}$ | $10^{-6}$ | $10^{-9}$ | $10^{-12}$ | $10^{-15}$ | $10^{-18}$ |
|---|---|---|---|---|---|---|---|---|---|---|---|---|---|---|---|---|
| 接頭語 | エクサ | ペタ | テラ | ギガ | メガ | キロ | ヘクト | デカ | デシ | センチ | ミリ | マイクロ | ナノ | ピコ | フェムト | アト |
| 記号 | E | P | T | G | M | k | h | da | d | c | m | μ | n | p | f | a |

国際単位系では実用上の便宜をはかるため10の整数乗倍を表す記号がある。たとえば40000000mは40Mmと表す。

# 国旗

世界の国々は、それぞれ独自の国旗をもつ。国旗はいわば国の顔であり、配された色や柄には、各国の歴史や理想が込められている。国旗の寸法は国によって差異があるが、ここでは縦横比率を国連で使用している二対三にし、国名は外務省編集の「世界の国一覧表」によった。

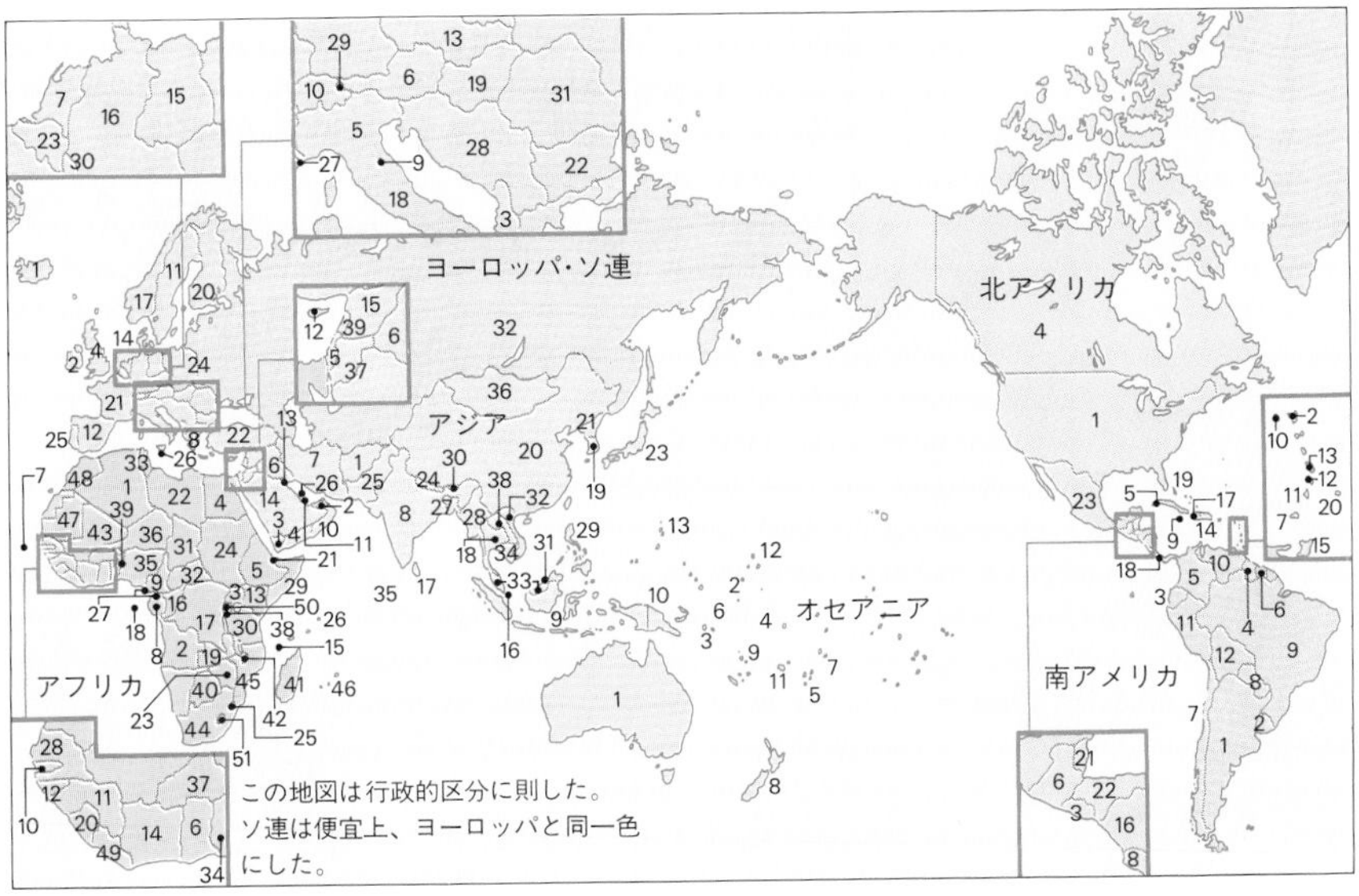


## アジア

**1 アフガニスタン共和国** 図柄のムギは農業、本は『コーラン』の教え、赤い星は共産主義を表す。

**2 アラブ首長国連邦** 赤・緑・白・黒は、アラブ圏のシンボルカラー。七つの首長国で構成される国家。

**3 イエメン・アラブ共和国** 赤は革命、白は未来、緑の星は独立を表す。イスラム教国。

**4 イエメン民主人民共和国** 青い三角形は人民、赤い星は民族解放戦線を象徴したもの。

**5 イスラエル国** 中央の六角星は、建国前から用いられている、ユダヤ人のシンボル「ダビデの星」。

**6 イラク共和国** 赤は勇気、白は寛大、黒はイスラムの勝利を表す。星の緑はイスラムの色。

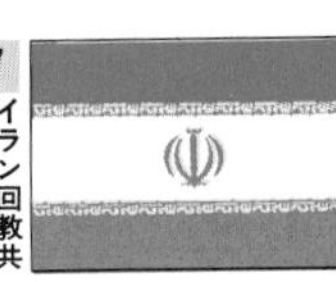
**7 イラン回教共和国** 緑はイスラム、白は純粋、赤は血を象徴。国名は「アーリア人の国」の意味。

**8 インド** 図柄は仏教のシンボル、法輪。二四本の線は一日を表す。ただし、国民の大半はヒンズー。

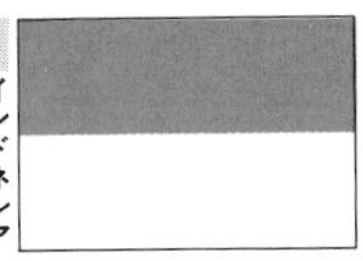
**9 インドネシア共和国** 赤は勇気、白は聖なる心と真実を表す。国民の九五％がイスラム教徒。

**10 オマーン国** 赤は同国のシンボルカラーで、白い剣は国章。白は平和、緑は農作物を表す。

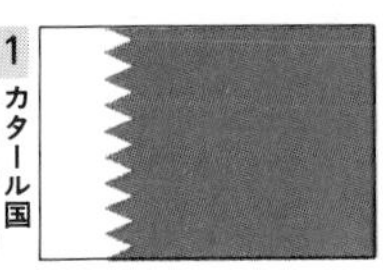
**11 カタール国** 茶色は、当初赤い色。強い日光に当たり、赤い部分が染料の関係で現在の色に変色。

**12 キプロス共和国** 黄は産出する銅を、形はキプロス島を表す。オリーブの葉は平和を象徴。

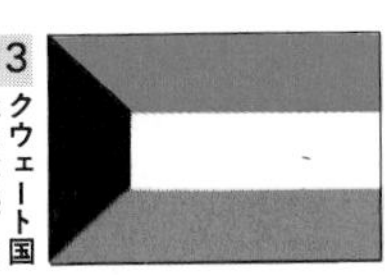
**13 クウェート国** 緑は大地、白は国家の偉業、赤は戦士の血、黒は戦場で騎馬隊のけちらす砂を表す。

**14 サウジアラビア王国** 緑はイスラムの象徴。アラーのほかに神なくマホメットは神の使者、と記す。

**15 シリア・アラブ共和国** 赤は剣、白は善、黒は戦い、緑は大地を象徴。九〇％がイスラム教徒。

**16 シンガポール共和国** 赤は隣人愛、白は純粋を、三日月は民主主義、星は国の理想を象徴する。

**17 スリランカ民主社会主義共和国** 緑とオレンジ色は回教とヒンズー教、四枚の葉は仏教を表す。

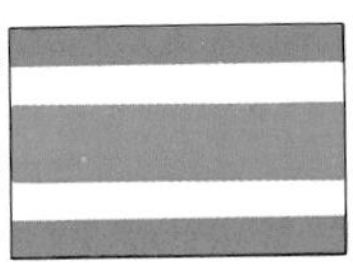
**18 タイ王国** 青は国のシンボルカラー。白は国民の純粋性、赤は犠牲を表す。仏教国。

**19 大韓民国（韓国）** 中央の図柄は宇宙、外側の卦(け)は調和を、白は平和・純粋を表す。別名、太極旗。

**20 中華人民共和国** 赤は共産主義を、大きな星は共産党、小さな星は人民を表す。別名、五星紅旗。

**21 朝鮮民主主義人民共和国（北朝鮮）** 青は平和、赤と星は共産主義、白は純粋性を象徴する。

**22 トルコ共和国** 赤はイスラム教の色。星は明けの明星を表し、新月と星とで、進歩を象徴する。

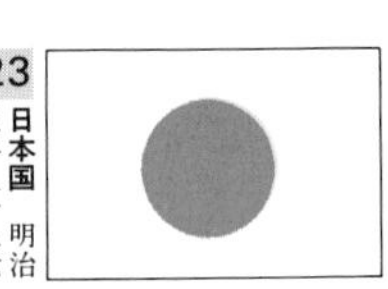
**23 日本国** 明治三年（一八七〇）制定。赤い円は太陽を象徴。別名、日の丸・日章旗。

**24 ネパール王国** 世界でただ一つ、三角形を二つ重ねた国旗。図柄は、国の永遠性を象徴する月と太陽。

**25 パキスタン回教共和国** 白は平和と繁栄を意味し、月と星と緑はイスラム教のシンボル。

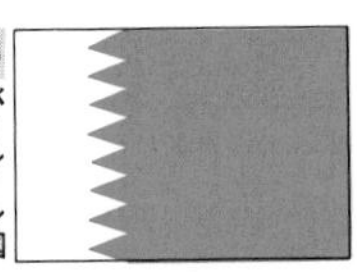
**26 バーレーン国** 赤は純血と自由、白は純粋と気品を表す。もとは、海賊船と区別するために使われた。

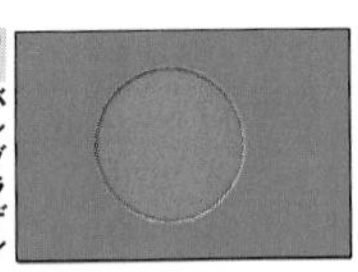
**27 バングラデシュ人民共和国** 緑はイスラム教のシンボルカラー。赤は独立で戦士が流した血を表す。

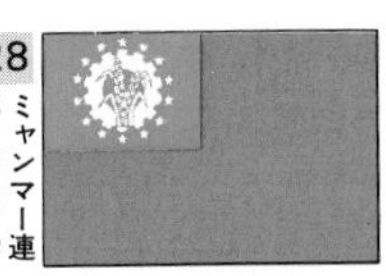
**28 ミャンマー連邦** 赤は勇気、青は進歩と純粋を、歯車は労働者、イネは農民、星の数は州と地方を表す。

**29 フィリピン共和国** 三つの星はルソン・ミンダナオ・ビサヤ諸島、太陽の光は独立時の八州を表す。

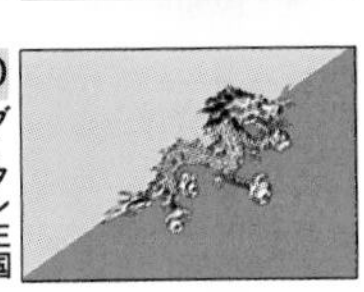
**30 ブータン王国** 濃い黄は国王の権威、赤は仏教（ラマ教）を、中央の竜は国の守護神で、力を象徴する。

**31 ブルネイ・ダルサラーム国** ボルネオ島北西部の小国。中央の紋章は三日月で、イスラムのシンボル。

ミャンマー連邦の旧国名は、ビルマ連邦。

32 **ベトナム社会主義共和国** 赤は革命と血を、中央の星は民衆の団結を象徴。もとは北ベトナムの旗。

33 **マレーシア** 紅白のしまと星の稜(りょう)は、独立時の一四州を表す。月と星はイスラム教のシンボル。

34 **民主カンボジア** 赤は勇気と決断を表す。黄は文化・文明・進歩を象徴するアンコールワット。

35 **モルジブ共和国** 赤は革命時の流血、緑は平和への願いを、三日月は国教イスラム教を象徴する。

36 **モンゴル人民共和国** 赤は共産主義、青は空を表す。左の図柄は、モンゴル古来の国のシンボル。

37 **ヨルダンハシミテ王国** 七本の稜(りょう)をもつ白い星は、イスラム聖典『コーラン』の七節を表す。

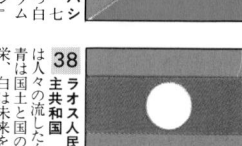

38 **ラオス人民民主共和国** 赤は人々の流した血、青は国土と国の繁栄、白は未来を表す。

39 **レバノン共和国** 赤は勇気、白は平和を表す。図柄は国樹のレバノンスギで、力・高潔・永遠を象徴。

## ヨーロッパ・ソ連

1 **アイスランド共和国** 青は空、白は氷河、赤は火山を表す。十字は国教であるキリスト教を象徴。

2 **アイルランド** 緑は国土とカトリック、オレンジ色はプロテスタント、白はその両者の友愛を表す。

3 **アルバニア人民社会主義共和国** 図柄は英雄スカンデルベグの双頭のワシ、星は人民共和国を表す。

4 **イギリス*** イングランド・スコットランド・アイルランドの、神の十字架を組み合わせたもの。

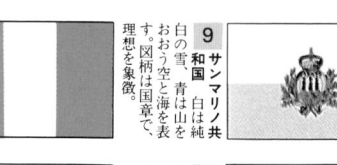

5 **イタリア共和国** 緑は自由、白は平等、赤は友愛を表す。フランスの三色旗に影響を受ける。

6 **オーストリア共和国** 王レオポルド五世が純白の軍服に敵の血を浴び、ベルトをはずした形に由来。

7 **オランダ王国** 赤は勇気、白は永遠の信仰、青は祖国への忠誠を表す。赤はもとオレンジ色だった。

8 **ギリシア共和国** 青は空と海、白は清純を、十字はキリスト教を表す。海軍の旗を正式採用。

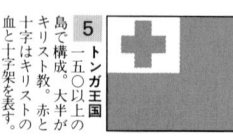

9 **サンマリノ共和国** 白は純白の雪、青は山をおおう空と海を表す。図柄は国章で、理想を象徴。

10 **スイス連邦** 一三世紀ごろの兵士が使用していた盾の標識に由来する。十字はキリスト教を表す。

11 **スウェーデン王国** 一二世紀、国王の見た、青空を横切る金色の十字架に由来。王冠にも使われる。

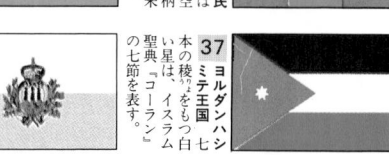

12 **スペイン** 赤は情熱・血・愛、黄は黄金の盾を表す。図柄は、統一前の諸王国の紋章。

13 **チェコスロバキア社会主義共和国** 赤はボヘミア、白はモラビア、青はスロバキアの民族を表す。

14 **デンマーク王国** 一三世紀の戦いで、天から降ってきて勝利に導いたと伝えられる旗に由来する。

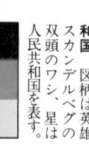

15 **ドイツ民主共和国**(東ドイツ) 図柄のムギは農業、ハンマーは工業、コンパスは科学を表す。

16 **ドイツ連邦共和国**(西ドイツ) 黒は抑圧された人権、赤は自由への願い、黄は真理を象徴する。

17 **ノルウェー王国** かつての支配国デンマークの国旗に、青い十字架を加えたもの。青は自由を表す。

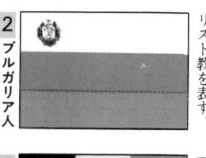

18 **バチカン市国** 図柄は法王冠と「ペテロの鍵(かぎ)」で、国のシンボル。黄と白は衛兵の帽子に由来する。

19 **ハンガリー共和国** 赤は血、白は純潔、緑は希望を表す。フランスの三色旗の影響を受ける。

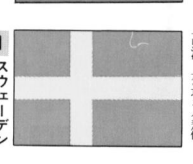

20 **フィンランド共和国** 白は雪、青は数多い湖沼と空を表す。十字はスカンジナビア諸国に共通。

21 **フランス共和国** 自由・平等・友愛を表すトリコロール(三色旗)。フランス革命以来使用。

22 **ブルガリア人民共和国** 白は平和、緑は農業、赤は勇気を表す。図柄は国章で、農工業を象徴する。

23 **ベルギー王国** 三色はブラバント公家の紋章の色に由来。フランスの三色旗の影響を受ける。

24 **ポーランド共和国** 白は歓喜、赤は独立を表す。白は国章の白ワシを象徴するとも伝えられる。

25 **ポルトガル共和国** 緑は希望、赤は新大陸発見期に自由獲得のために捧げられた流血を表す。

26 **マルタ共和国** 白は純潔と平和、赤は殉教を表す。図柄は、イギリスから贈られた十字勲章。

27 **モナコ公国** 赤と白は、国を統治するグリマルディ家ゆかりの色。インドネシアの国旗と同一。

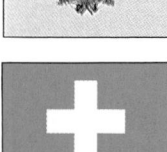

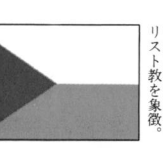

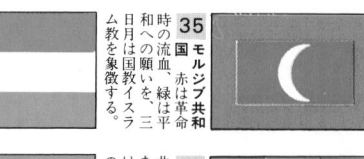

28 **ユーゴスラビア社会主義連邦共和国** 青は明るい空、白は光、赤は民族の血を、星は五民族を表す。

29 **リヒテンシュタイン公国** 青は空、赤は暖炉の火の象徴。図柄の冠は、王と国民の一体性を表す。

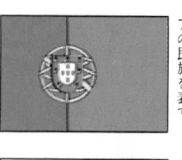

30 **ルクセンブルク大公国** 赤・白・青は同国大公家の紋章の色にちなむ。オランダの国旗に似る。

31 **ルーマニア** 一九八九年の革命で共産主義の象徴であった国章が取り除かれて、旧国旗に戻った。

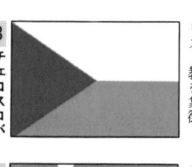

32 **ソビエト社会主義共和国連邦** 赤は自由への革命を、鎌(かま)とハンマーは農民と労働者の団結を象徴。

## 大洋州(オセアニア)

1 **オーストラリア** 大きな星の七稜(りょう)は州の数を表す。右の五つの星は南十字星。英連邦の一国。

2 **キリバス共和国** 青と白は、海と波を表す。国名は発見者ギルバートの現地なまりに由来する。

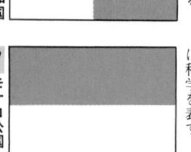

3 **ソロモン諸島** 青は島をとり囲む南太平洋と空、緑は国土を、星は五つの地方と南十字星を表す。

4 **ツバル** 青は南太平洋を、九つの星は島々を表す。英連邦の一国で、国名は「島の集まり」の意味。

5 **トンガ王国** 一五〇以上の島で構成。大半がキリスト教。赤と十字はキリストの血と十字架を表す。

6 **ナウル共和国** 青は海、黄は赤道を、星は国を象徴。また星の一二の稜(りょう)は、民族の数を表す。

*イギリスの正式名称は、グレートブリテンおよび北部アイルランド連合王国。

**7 西サモア** 赤は勇気、青は自由、白は純粋を、星は南十字星を表す。ポリネシア最初の独立国。

**8 ニュージーランド** 四つの星は南十字星を表す。南太平洋中部の酪農国で、英連邦の一国。

**9 バヌアツ共和国** 横Y字形は国を構成する諸島の形を表す。図柄は珍重されるブタのきばとシダ。

**10 パプアニューギニア** 赤と黒で二地域を表す。鳥はゴクラクチョウ、星は南十字星。英連邦の一国。

**11 フィジー共和国** 図柄は国章で、ライオン、ココヤシ、ハト、バナナが描かれる。英連邦の一国。

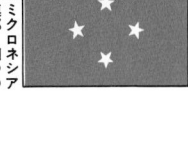

**12 マーシャル諸島共和国** 帯の濃い黄は勇気、白は平和を表す。太陽の光の数は自治体数を意味する。

**13 ミクロネシア連邦** 四つの白い星は国を構成する四島、南十字星、キリストの十字架を表す。

## 北アメリカ

**1 アメリカ合衆国** 一三本の紅白のしまは建国時の州の数、五〇個の星は現在の州の数を表す。

**2 アンチグアバーブーダ** 赤は力、青は希望、黒は国民、黄は日の出で、自由のあけぼのを表す。

**3 エルサルバドル共和国** 青い二本の帯は太平洋とカリブ海を表す。ニカラグアの国旗に似る。

**4 カナダ** 赤と白は国の伝統色。図柄は国樹のカエデの葉。国旗は一九六五年に制定されたもの。

**5 キューバ共和国** 白は純粋、青は革命と独立時の州の数を、赤い三角形は自由・平等・同胞愛を表す。

**6 グアテマラ共和国** 白は清純、青は空を表す。図柄は国章で、鳥は自由を象徴するケッツァール。

**7 グレナダ** 赤は勇気、緑は農業、黄は太陽を、七つの星は区域を表す。図柄は農産物ナツメグの実。

**8 コスタリカ共和国** 青は空、白は平和、赤は自由のために流された血を表す。中央アメリカの一国。

**9 ジャマイカ** 緑は農業資源と希望、黒は過去と将来の困難の克服、黄は自然の恵みと日の光を表す。

**10 セントクリストファー＝ネイビス** 星は同国の二つの島を、黒は住民の大半を占める黒人を表す。

**11 セントビンセントおよびグレナディーン諸島** 青は海と空、緑は植物資源、黄は太陽と慈悲を表す。

**12 セントルシア** 青は国を囲む海、黄は黄金の海岸、黒は火山島を表す。住民の大部分が黒人系。

**13 ドミニカ国** 緑は深い熱帯林を表す。図柄は国鳥のオウム。カリブ海小アンティル諸島にある島。

**14 ドミニカ共和国** 青は平和、白は純粋、赤は戦士を表す。図柄は国章で、不滅の栄光を表す。

**15 トリニダード・トバゴ共和国** 赤は国民の力と太陽、白は二つの島と平等、黒は国民の団結を表す。

**16 ニカラグア共和国** 青は空と海、白は正義を表す。図柄は解放された奴隷がもつ「自由の帽子」。

**17 ハイチ共和国** 赤と青は二つの人種を表す。図柄のヤシは、自由を象徴する国のシンボル。

**18 パナマ共和国** 赤は自由党、青は保守党、白は平和を、青い星は清潔、赤い星は政府の権威を象徴。

**19 バハマ国** 青は海、黄はバハマ諸島の海岸を表す。黒い三角形は種族の団結を象徴する。

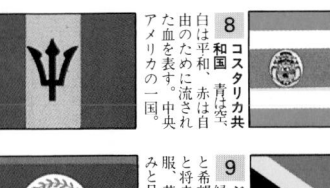

**20 バルバドス** 青はカリブ海と大西洋、黄は黄金の海岸を表す。図柄は海神ネプチューンの持つ矛先。

**21 ベリーズ** 図柄は国の経済を支える染料であるロックウッドの作業風景と国章を表す。

**22 ホンジュラス共和国** 中央アメリカ連邦の一国で、星は加盟五か国を表す。青は海、白は自由の意。

**23 メキシコ合衆国** 緑は独立、白は宗教、赤は統一を表す。図柄は建国伝説に由来のワシ。

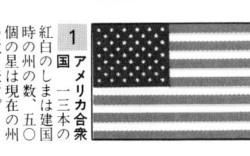

## 南アメリカ

**1 アルゼンチン共和国** 青と白はイギリス軍の侵入を防いだ際の軍服の色。紋章は独立の象徴。

**2 ウルグアイ東方共和国** 青と白のしまは独立時の州の数を表す。図柄は独立の象徴「五月の太陽」。

**3 エクアドル共和国** 黄は太陽と天然資源、青は空と海、赤は独立時の流血を表す。図柄は国章。

**4 ガイアナ協同共和国** 緑は農地と森林、白は川、黄は鉱物資源、黒は忍耐、赤は活力を象徴。

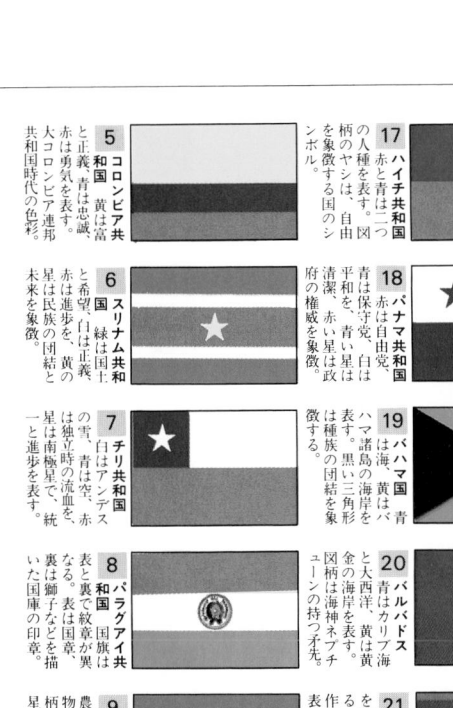

**5 コロンビア共和国** 黄は富と正義、青は忠誠、赤は勇気を表す。大コロンビア連邦共和国時代の色彩。

**6 スリナム共和国** 緑は国土と希望、白は正義、赤は進歩を、黄の星は民族の団結と未来を象徴。

**7 チリ共和国** 白はアンデスの雪、青は空、赤は独立時の流血を、星は南極星で、統一と進歩を表す。

**8 パラグアイ共和国** 国旗は表と裏で紋章が異なる。表は国章、裏は獅子などを描いた国庫の印章。

**9 ブラジル連邦共和国** 緑は農林資源、黄は鉱物資源を表す。図柄は首都を象徴し、星は州の数を表す。

**10 ベネズエラ共和国** 大コロンビア連邦共和国の旗に由来。七星は独立宣言に署名した七地方を表す。

**11 ペルー共和国** 国旗の赤と白は、胸が白く翼が赤いベニヅルの伝説「白と赤は自由の象徴」に由来。

**12 ボリビア共和国** 赤は勇気、黄は鉱物資源、緑は農業を表す。図柄のコンドルは希望を象徴する。

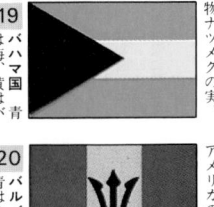

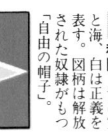

## アフリカ

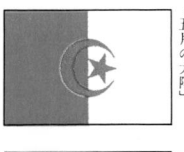

**1 アルジェリア民主人民共和国** 白は純粋性を表し、緑と三日月・星はイスラム教のシンボル。

**2 アンゴラ人民共和国** 赤は独立への戦い、黒はアフリカを、図柄のなたと歯車は農業と工業を表す。

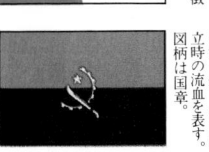

**3 ウガンダ共和国** 黒はアフリカ人、黄は太陽、赤は同胞愛を表す。図柄の鳥は民族の象徴カンムリヅル。

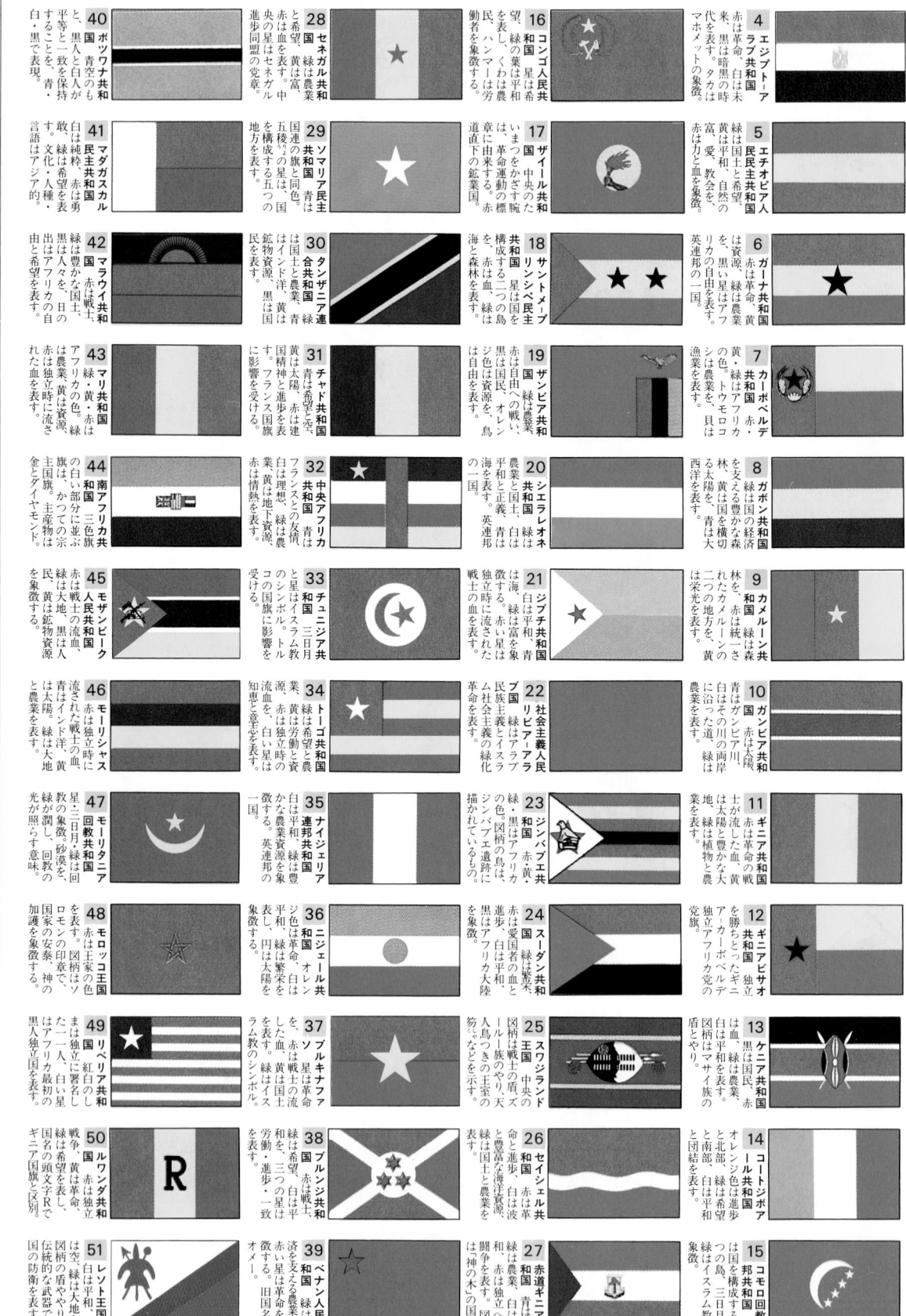

**4 エジプト・アラブ共和国** 赤は革命、白は未来、黒は暗黒の時代を表す。タカはマホメットの象徴。

**5 エチオピア人民民主共和国** 緑は国土と希望、黄は平和、自然の富、愛、教会を、赤は力と血を象徴。

**6 ガーナ共和国** 赤は革命、黄は資源、緑は農業を、黒い星はアフリカの自由を表す。英連邦の一国。

**7 カーボベルデ共和国** 赤・黄・緑はアフリカの色。トウモロコシは農業を、貝は漁業を表す。

**8 ガボン共和国** 緑は国の経済を支える豊かな森林、黄は国を横切る太陽を、青は大西洋を表す。

**9 カメルーン共和国** 緑は森林を、赤は統一されたカメルーンの二つの地方を、黄は栄光を表す。

**10 ガンビア共和国** 赤は太陽、青はガンビア川、白はその川の両岸に沿った道、緑は農業を表す。

**11 ギニア共和国** 赤は革命の戦士が流した血、黄は太陽と豊かな大地、緑は植物と農業を表す。

**12 ギニアビサオ共和国** 独立を勝ちとったギニア・カーボベルデ独立アフリカ党の党旗。

**13 ケニア共和国** 黒は国民、赤は血、緑は農業、白は平和を表す。図柄はマサイ族の盾とやり。

**14 コートジボアール共和国** オレンジ色は進歩と北部、緑は希望と南部、白は平和と団結を表す。

**15 コモロ回教連邦共和国** 星は国を構成する四つの島、三日月と緑はイスラム教を象徴。

**16 コンゴ人民共和国** 星は希望、緑の葉は平和を表し、くわは農民、ハンマーは労働者を象徴する。

**17 ザイール共和国** 中央のたいまつをかざす腕は、革命運動の標章に由来する。赤道直下の鉱業国。

**18 サントメ・プリンシペ民主共和国** 星は国を構成する二つの島を、赤は血、緑は海と森林を表す。

**19 ザンビア共和国** 緑は農業、赤は自由への戦い、黒は国民、オレンジ色は資源を、鳥は自由を表す。

**20 シエラレオネ共和国** 緑は農業と国土、白は平和と正義、青は海を表す。英連邦の一国。

**21 ジブチ共和国** 白は平和、青は海、緑は富を象徴する。赤い星は独立時に流された戦士の血を表す。

**22 社会主義人民リビア・アラブ国** 緑はアラブ民族主義とイスラム社会主義の緑化革命を表す。

**23 ジンバブエ共和国** 赤・黄・緑・黒はアフリカの色。図柄の鳥はジンバブエ遺跡に描かれているもの。

**24 スーダン共和国** 緑は繁栄、赤は愛国者の血と進歩、白は平和、黒はアフリカ大陸を象徴。

**25 スワジランド王国** 中央の図柄は戦士の盾、ズールー族のやり、天人鳥つきの王室の笏などを示す。

**26 セイシェル共和国** 赤は革命と進歩、白は波と豊富な海洋資源、緑は国土と農業を表す。

**27 赤道ギニア共和国** 青は海、緑は農業、白は平和、赤は独立への闘争を表す。図柄は「神の木」の国章。

**28 セネガル共和国** 緑は農業と希望、黄は富、赤は血を表す。中央の星はセネガル進歩同盟の党章。

**29 ソマリア民主共和国** 青は国連の旗と同色。五稜の星は、国を構成する五つの地方を表す。

**30 タンザニア連合共和国** 緑は国土と農業、青はインド洋、黄は鉱物資源、黒は国民を表す。

**31 チャド共和国** 青は希望と空、黄は太陽、赤は建国精神と進歩を表す。フランス国旗に影響を受ける。

**32 中央アフリカ共和国** 青はフランスとの友情、白は理想、緑は農業、黄は地下資源、赤は情熱を表す。

**33 チュニジア共和国** 三日月と星はイスラム教のシンボル。トルコの国旗に影響を受ける。

**34 トーゴ共和国** 緑は希望と農業、黄は労働と資源、赤は独立時の流血を、白い星は知恵と良心を表す。

**35 ナイジェリア連邦共和国** 白は平和、緑は豊かな農業資源を象徴する。英連邦の一国。

**36 ニジェール共和国** オレンジ色は革命、白は平和、緑は繁栄を表し、円は太陽を象徴する。

**37 ブルキナファソ** 星は革命を、赤は戦士の流した血、黄は国土を表す。緑はイスラム教のシンボル。

**38 ブルンジ共和国** 赤は戦士、緑は希望、白は平和を、三つの星は労働・進歩・一致を表す。

**39 ベナン人民共和国** 緑は経済を支える農業を象徴する。赤い星は革命を象徴する。旧国名ダオメー。

**40 ボツワナ共和国** 青空のもと、黒人と白人が平等と一致を保持することを、青・白・黒で表現。

**41 マダガスカル民主共和国** 白は純粋、赤は勇敢、緑は希望を表す。文化・人種・言語はアジア的。

**42 マラウイ共和国** 赤は戦士、緑は豊かな国土、黒は人々を、日の出はアフリカの自由と希望を表す。

**43 マリ共和国** 緑・黄・赤はアフリカの色。緑は農業、黄は資源、赤は独立時に流された血を表す。

**44 南アフリカ共和国** 三色旗の白い部分に並ぶ旗は、かつての宗主国旗。主産物は金とダイヤモンド。

**45 モザンビーク人民共和国** 赤は戦士の流血、緑は大地、黒は人民、黄は鉱物資源を象徴する。

**46 モーリシャス** 赤は独立時に流された戦士の血、青はインド洋、黄は太陽。緑は大地と農業を表す。

**47 モーリタニア回教共和国** 星・三日月・緑は回教の象徴。砂漠を緑が潤し、回教の光が照らす意味。

**48 モロッコ王国** 赤は王家の色を表す。図柄はソロモンの印章で、国家の安泰、神の加護を象徴する。

**49 リベリア共和国** 紅白のしまは独立に署名した十一人、白い星はアフリカ最初の黒人独立国を表す。

**50 ルワンダ共和国** 赤は独立戦争、黄は革命、緑は希望を表し、国名の頭文字Rでギニア国旗と区別。

**51 レソト王国** 白は平和、青は空、緑は大地を、図柄の盾とやりは伝統的な武器で、国の防衛を表す。

ここに掲げた国旗は1989年7月現在のものである。

# 道路標識

車社会の道しるべが道路標識。交通を円滑にし、安全をはかるために、瞬間的に理解できるよう、工夫、統一されている。

## 規制標識

通行止め・追越し禁止・最高速度などの通行上の規制を示すもの。違反者は法的処罰の対象となる。管轄は警察庁。

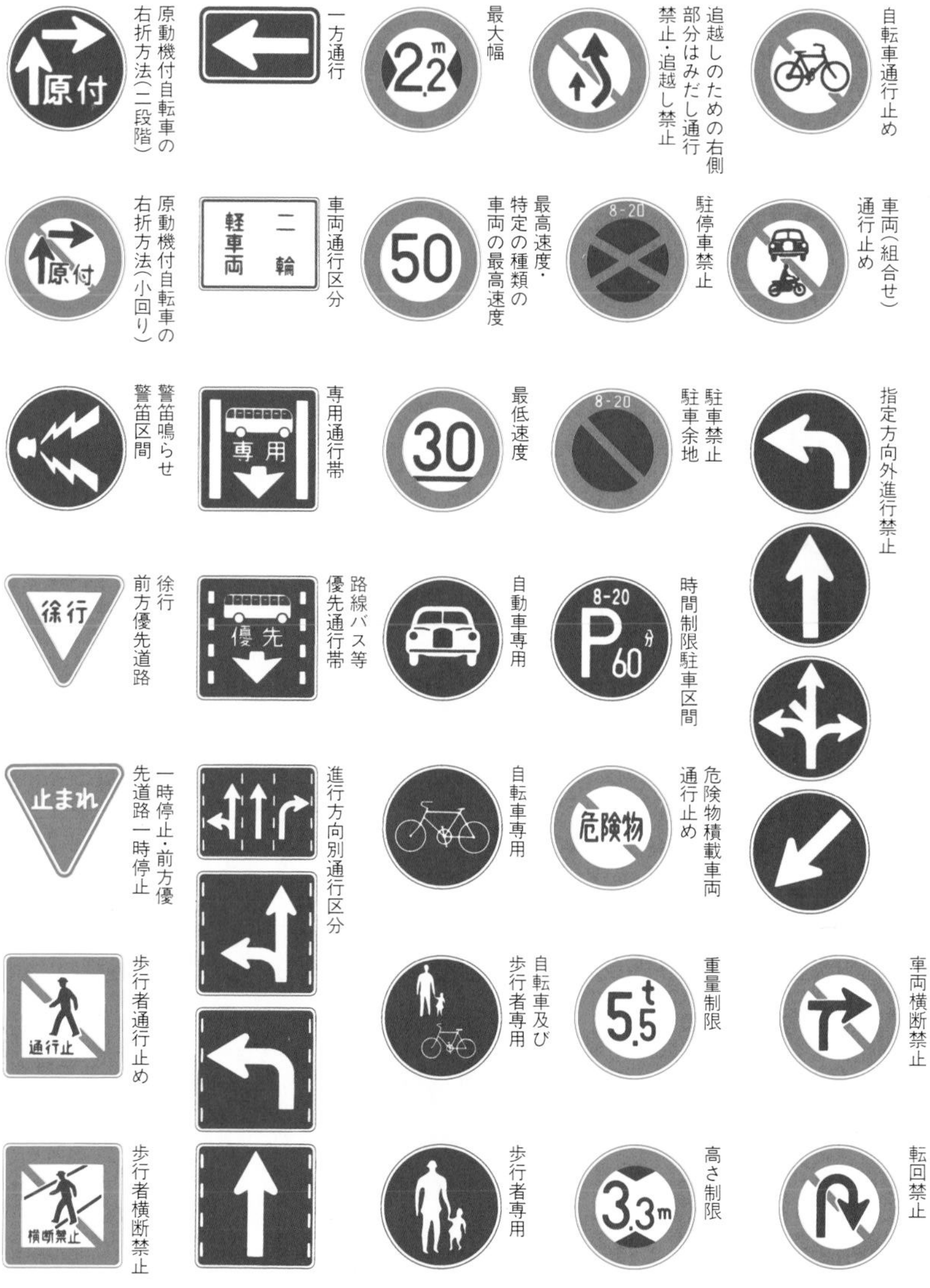

## 警戒標識

道路状態に関する指示をし、注意を促すもの。黄色地に黒で描かれ、ダイヤモンド形標識。管轄は建設省。

## 指示標識

安全地帯・並進可など、交通上の決められた場所や特定の通行法などを指示するもの。違反者は法的処罰の対象となる。管轄は警察庁。

並進可　駐車可　優先道路　停止線　横断歩道　安全地帯　軌道敷内通行可　停車可　中央線　横断歩道　自転車横断帯

規制予告　標示板に表示されている交通規制が前方で行われていることの予告。

## 案内標識

都道府県・市町村名、国・都道府県道番号、方面方向および距離などを案内するもの。一般道路は青と白、高速道路は緑と白で表示される。管轄は建設省。

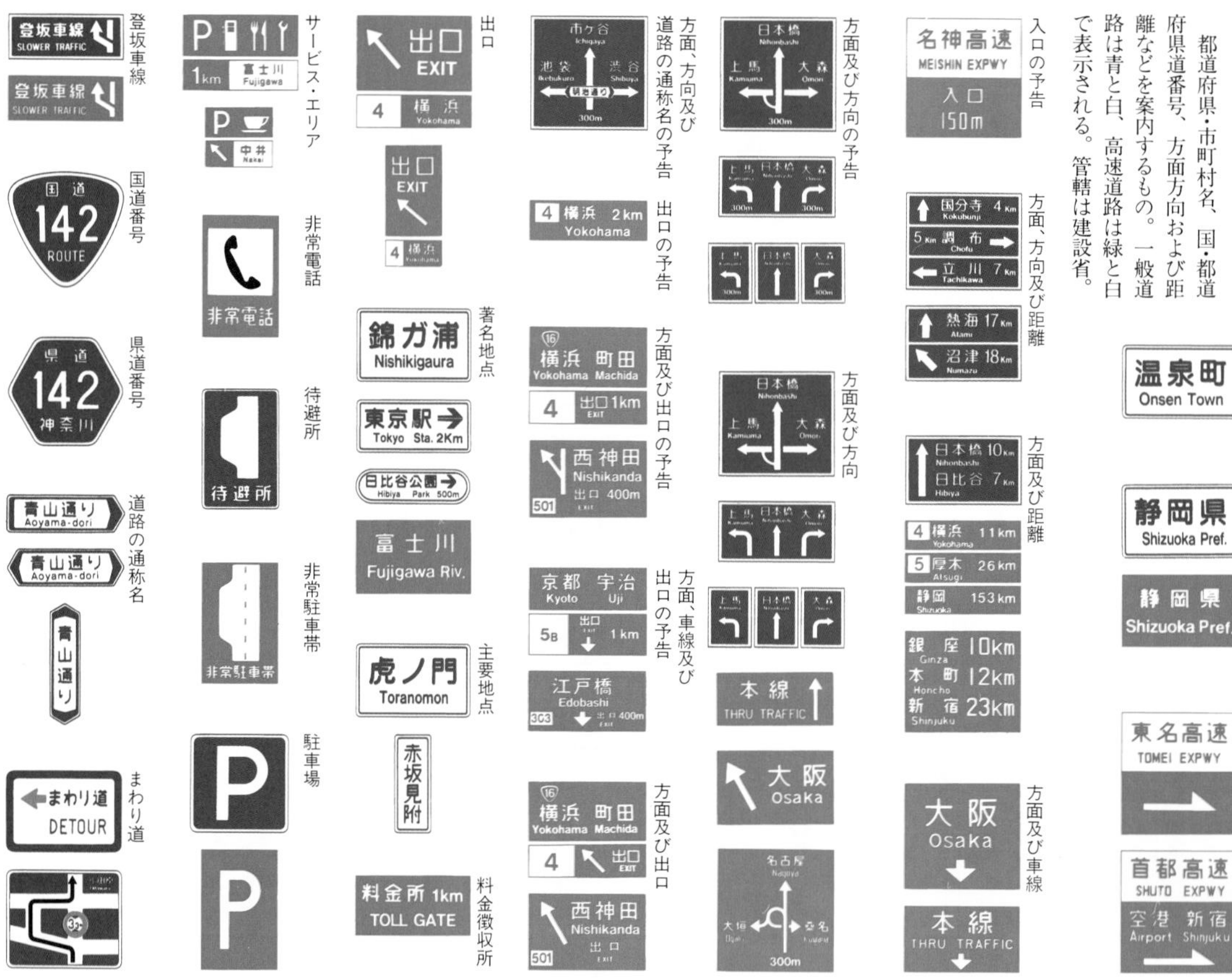


入口の予告　方面及び方向の予告　方面、方向及び道路の通称名の予告　出口　サービス・エリア　登坂車線　国道番号　非常電話　出口の予告　方面、方向及び距離　市町村　方面及び距離　方面及び出口の予告　方面及び方向　著名地点　待避所　県道番号　都府県　道路の通称名　非常駐車帯　方面、車線及び出口の予告　主要地点　入口の方向　駐車場　まわり道　方面及び車線　方面及び出口　料金徴収所

## 補助標識

時間・距離・区域・車種などを示し、本標識の意味を補足するもの。規制標識などと組み合わせて用いられることが多い。管轄は警察庁。

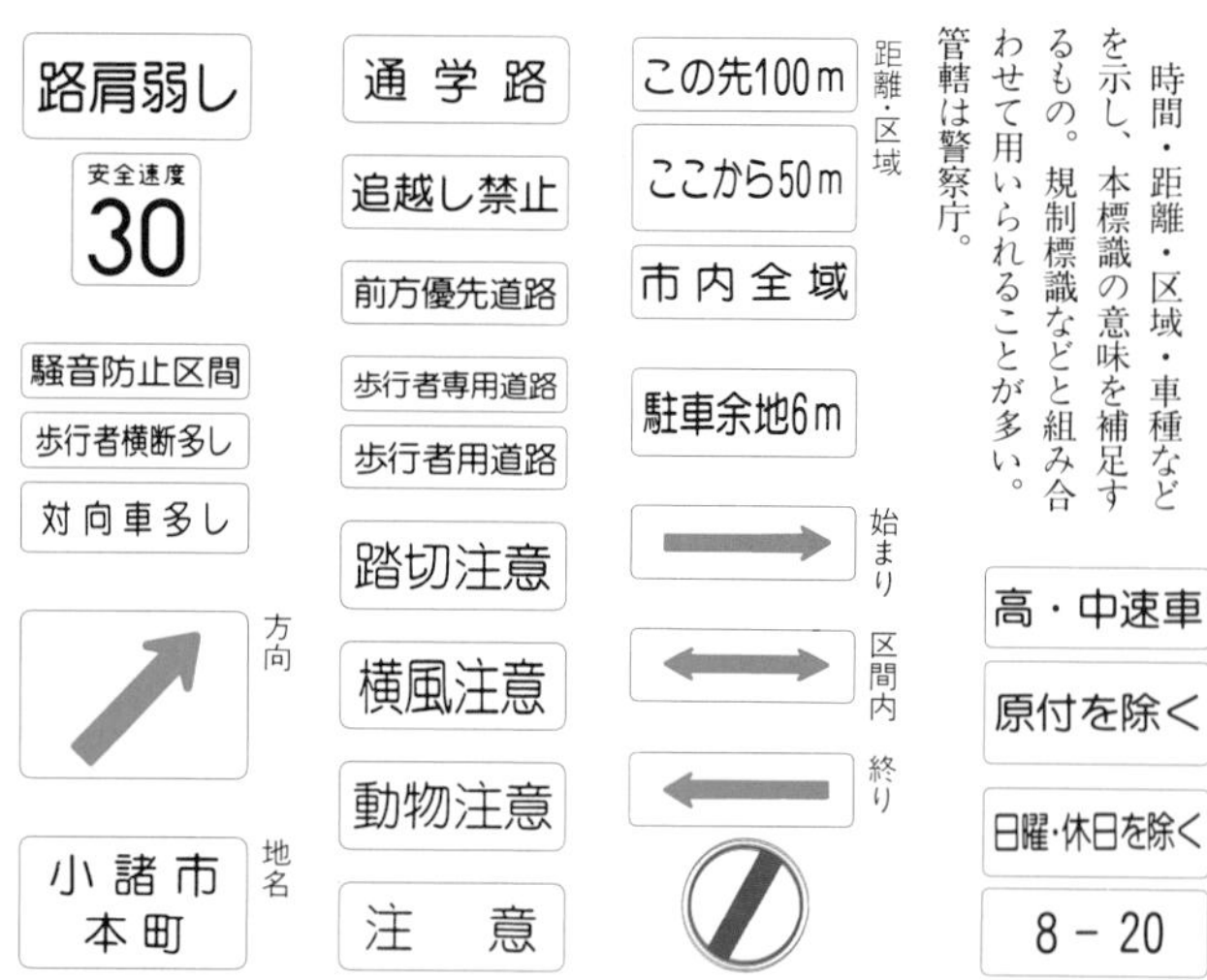


車両の種類　日・時間　距離・区域　始まり　区間内　終り　方向　地名

## 国際標識と日本の標識

諸外国では、多くが境を接している。国境を越えて旅をすることも少なくない。とくに欧米では、隣国まで車で買い物に出かけることが普通である。そのため国境を越えて旅をする人々に不便がないよう、図案を統一した国際標識が見られる。日本人の活動範囲が世界に拡大するにつれ、国際標識に慣れることも必要となってくる。

基本的には日本の標識は国際標識に類似するものがあるが、細かい表現方法には図に見られるように、いくつか差異がある。

**まぎらわしい標識**　追越し禁止　車両進入禁止　この先交差点あり　危険注意

**日本にない標識**　この道・こちら側に優先権あり　警笛鳴らすな

この図版および図中ネームは、社団法人日本道路協会作製のものに準じた。

# 地図記号

我々がふだんなにげなく見ている地図の中には、多くの記号が記されている。文字の代わりにたった一個の地図記号を置くだけで、そこがどんな場所で、どんな建築物が存在するかなどを伝えることができる。記号は簡潔で便利な伝達手段の一つである。

地図記号は、縮尺率や目的によって多少のちがいがある。ここではもっとも一般的に使われている国土地理院の二万五〇〇〇分の一地形図の地図記号を取りあげた。また、都市部を中心とした地域で利用度の高い、一万分の一地形図の地図記号もあわせて紹介する。

## 2万5000分の1地形図の地図記号（昭和61年2万5000分の1地形図図式）

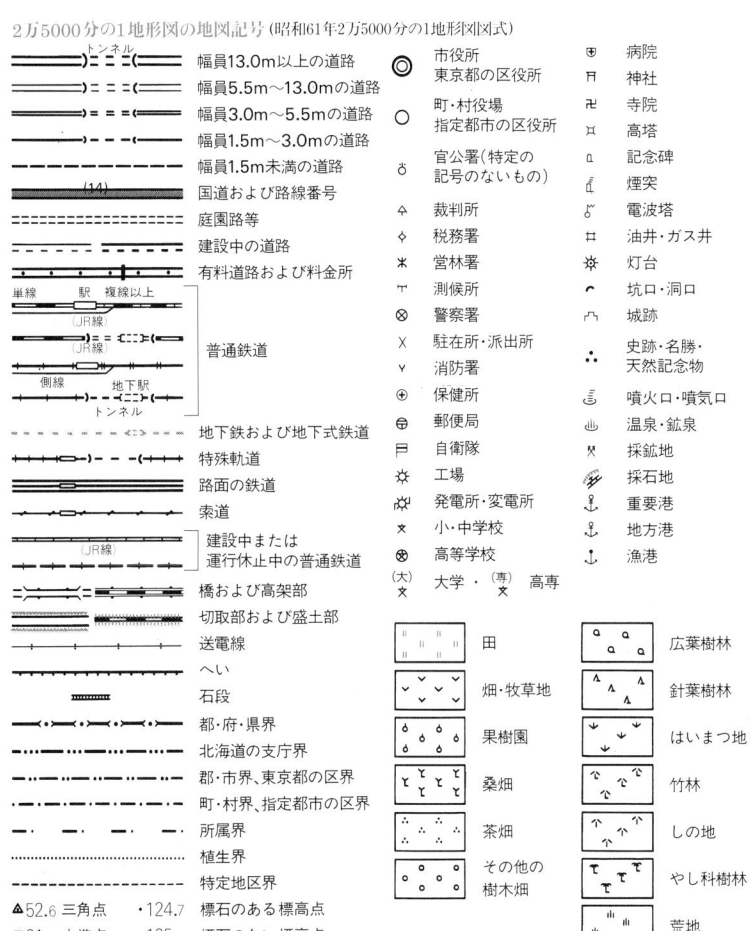

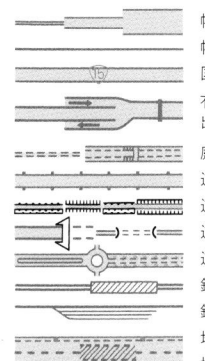

- トンネル
- 幅員13.0m以上の道路
- 幅員5.5m～13.0mの道路
- 幅員3.0m～5.5mの道路
- 幅員1.5m～3.0mの道路
- 幅員1.5m未満の道路
- (14) 国道および路線番号
- 庭園路等
- 建設中の道路
- 有料道路および料金所
- 普通鉄道（単線　駅　複線以上　(JR線)　(JR線)　側線　地下駅　トンネル）
- 地下鉄および地下式鉄道
- 特殊軌道
- 路面の鉄道
- 索道
- 建設中または運行休止中の普通鉄道（(JR線)）
- 橋および高架部
- 切取部および盛土部
- 送電線
- へい
- 石段
- 都・府・県界
- 北海道の支庁界
- 郡・市界、東京都の区界
- 町・村界、指定都市の区界
- 所属界
- 植生界
- 特定地区界
- △52.6 三角点　・124.7 標石のある標高点
- ⊡21.7 水準点　・125 標石のない標高点

- 市役所　東京都の区役所
- 町・村役場　指定都市の区役所
- 官公署（特定の記号のないもの）
- 裁判所
- 税務署
- 営林署
- 測候所
- 警察署
- 駐在所・派出所
- 消防署
- 保健所
- 郵便局
- 自衛隊
- 工場
- 発電所・変電所
- 小・中学校
- 高等学校
- (大) 大学・(専) 高専

- 病院
- 神社
- 寺院
- 高塔
- 記念碑
- 煙突
- 電波塔
- 油井・ガス井
- 灯台
- 坑口・洞口
- 城跡
- 史跡・名勝・天然記念物
- 噴火口・噴気口
- 温泉・鉱泉
- 採鉱地
- 採石地
- 重要港
- 地方港
- 漁港

- 田
- 畑・牧草地
- 果樹園
- 桑畑
- 茶畑
- その他の樹木畑
- 広葉樹林
- 針葉樹林
- はいまつ地
- 竹林
- しの地
- やし科樹林
- 荒地

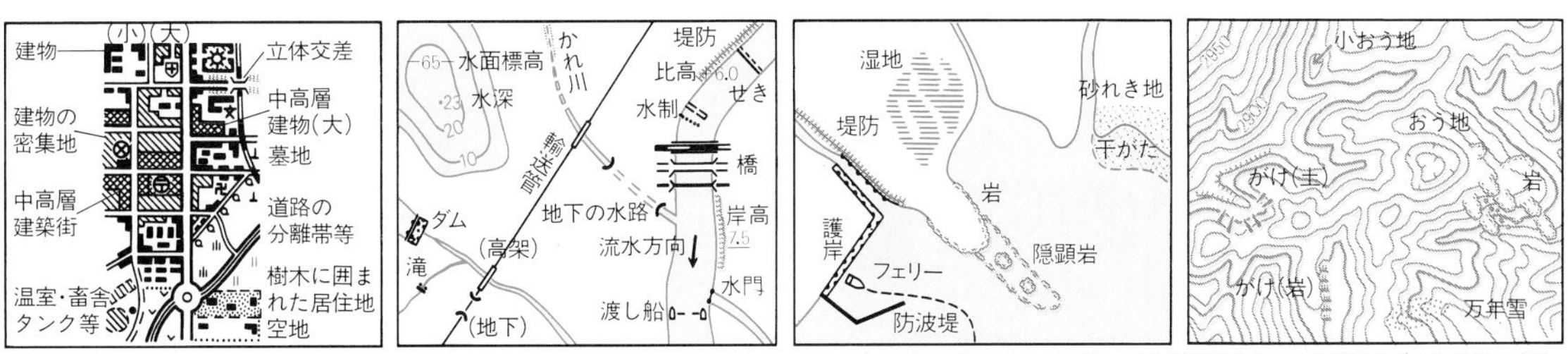


昭和62年改測、昭和63年８月30日、国土地理院発行、２万5000分の１地形図による。

## 1万分の1地形図の地図記号（1万分の1地形図図式 昭和60年加除訂正）

次にあげる地図記号は、1万分の1地形図のものである。この地図は2万5000分の1地形図よりも詳しく描かれているが、作成地域は三大都市圏および県庁所在地等地方中核都市部である。なお、ここでは、主として2万5000分の1地形図にない記号をとりあげた。

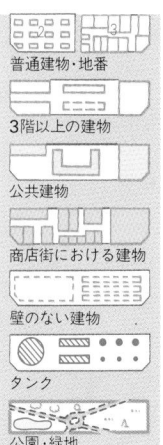

- 幅員3.0m以上の道路
- 幅員1.5m～3.0mの道路
- (15) 国道・国道路線番号
- 有料道路　出入口・料金徴収所
- 庭園路・歩道・歩道橋
- 道路の高架部
- 道路の盛土部・切土部
- 道路のトンネル（大・小）
- 道路の分離帯・並木
- 鉄道・駅
- 鉄道の側線
- 地下の鉄道・駅
- 地下の鉄道・地下道入口

- ロープウエイ等・駅
- 建設中・休止中の鉄道
- 鉄道の高架部
- 鉄道の盛土部・切土部
- 鉄道のトンネル（大・小）
- 土堤・擁壁（大・小）
- 輸送管（地上・空間）
- 町（丁）・大字界
- 丁目・字界
- 土地利用景の界
- △12.34 三角点（国土地理院）　▽12.34 三角点（公共）
- ⊡45.67 水準点（国土地理院）　⊠45.67 水準点（公共）
- ・78.9 標石のある標高点
- ・78 標石のない標高点

- 幼稚園・保育園
- 図書館
- 公会堂・公民館
- 倉庫
- キリスト教会
- 立像
- 墓碑
- 銀行
- デパート　スーパーマーケット
- ホテル・旅館
- 起重機
- 発電所・変電所
- 鳥居
- 墓地
- 芝地
- 庭木

- 普通建物・地番
- 3階以上の建物
- 公共建物
- 商店街における建物
- 壁のない建物
- タンク
- 公園・緑地

昭和63年８月30日、国土地理院発行、１万分の１地形図による。

# 点字の基礎知識

駅の券売機などで見かける点字は、視覚障害者のための文字である。視覚障害者と視覚晴眼者とのコミュニケーションは、音とこの点字によって結ばれる。簡単な点の集まりのように見える点字には、決められた法則がある。このページでは、その点字の法則に基づいて作られた文字や記号、応用例についての基礎的な知識を紹介する。

点字の基本パターンは、縦三点、横二点の六点を一つの単位とし、その点の組み合わせによって表す表音文字である。表記は横書きで、六点で表現しきれないものは、前に点（前置点）を加えて表す。

五十音（清音）↓母音と子音との組み合わせで構成されている。

濁音↓五十音に、前置点⑤の点を加える。

拗音↓親文字の行と小文字の段の組み合わせに相当する文字に、前置点④を加える。

半濁音↓五十音に、前置点⑥を加える。

拗濁音↓拗音に、前置点⑤を加える。

拗半濁音↓拗音に、前置点⑥を加える。

英文字　前置点⑤、⑥を加えたもの。（外字符）

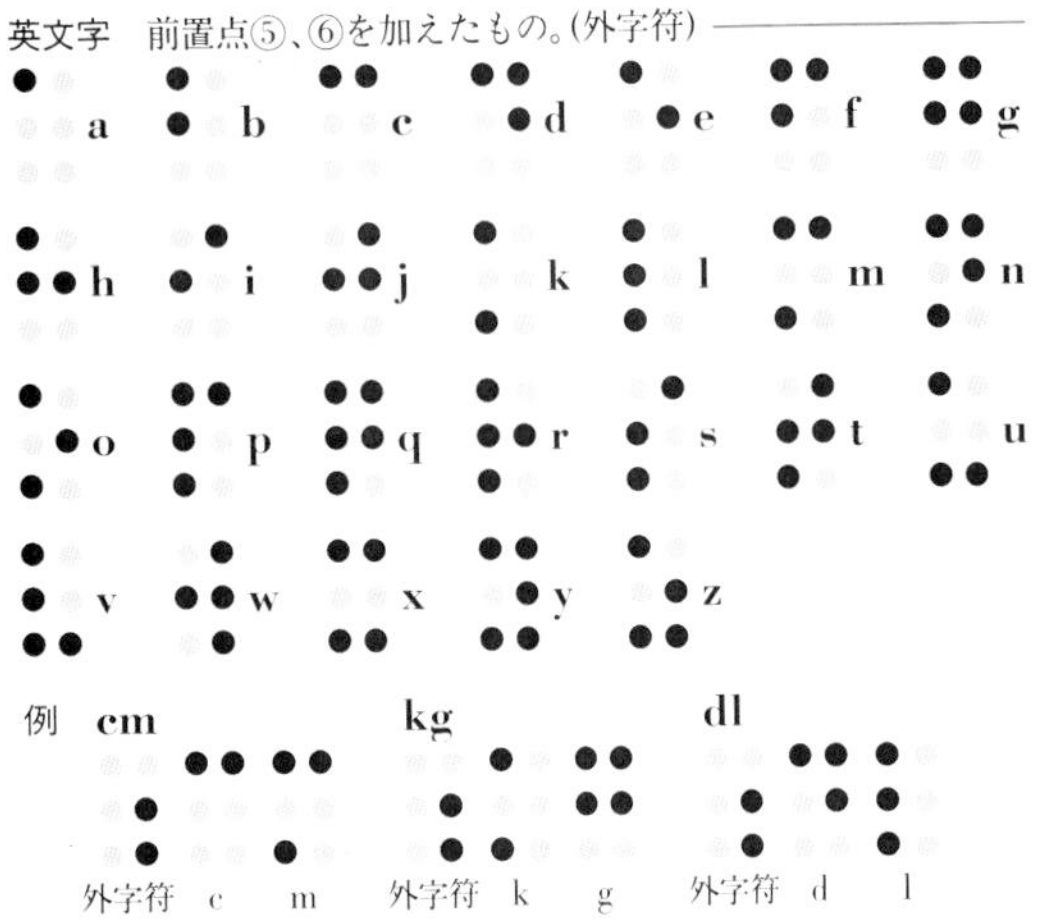


数字　前置点③、④、⑤、⑥を加えたもの。（数符）

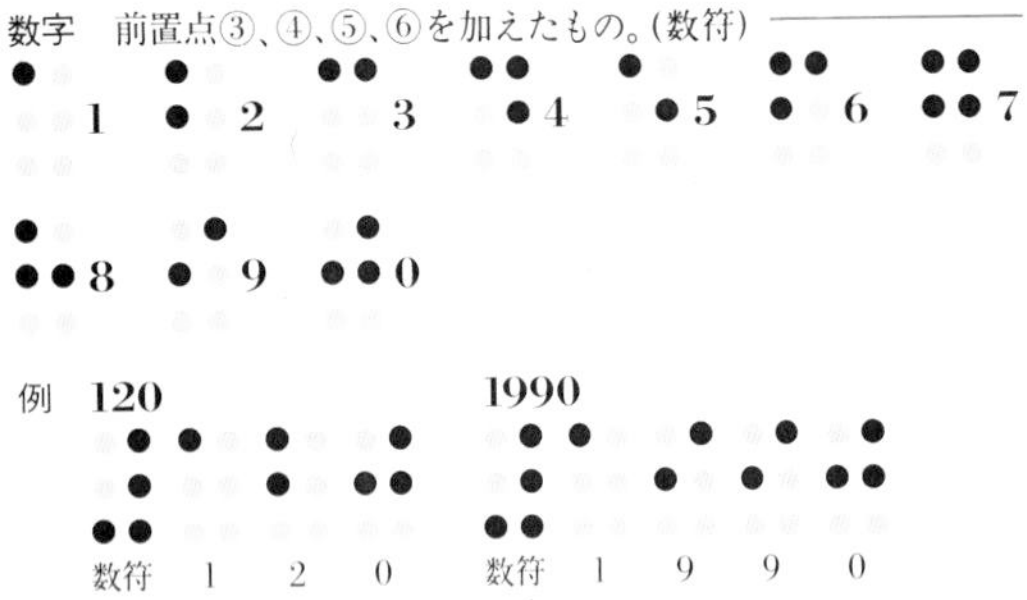


五十音

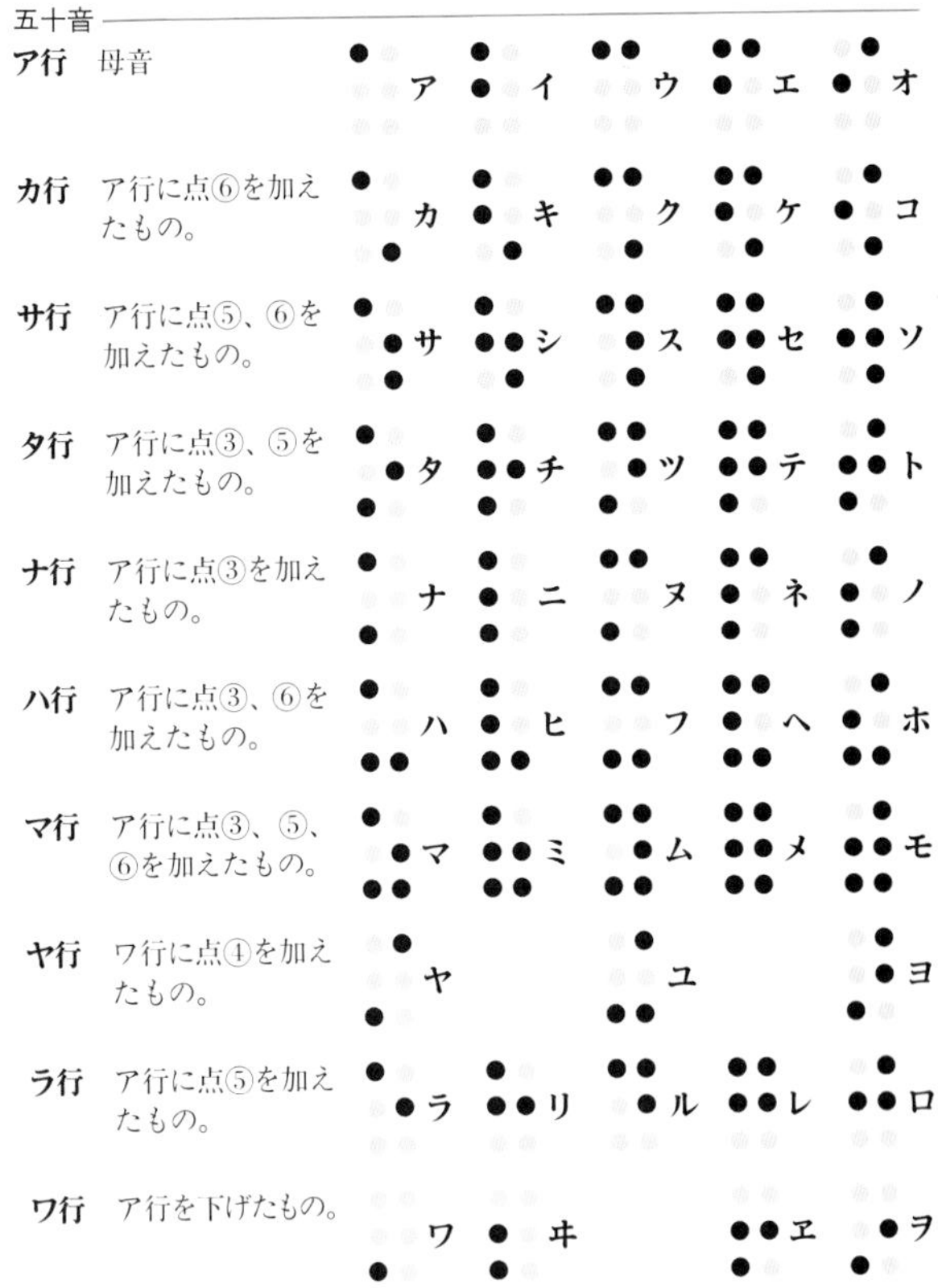

ア行　母音
ア　イ　ウ　エ　オ
カ行　ア行に点⑥を加えたもの。
カ　キ　ク　ケ　コ
サ行　ア行に点⑤、⑥を加えたもの。
サ　シ　ス　セ　ソ
タ行　ア行に点③、⑤を加えたもの。
タ　チ　ツ　テ　ト
ナ行　ア行に点③を加えたもの。
ナ　ニ　ヌ　ネ　ノ
ハ行　ア行に点③、⑥を加えたもの。
ハ　ヒ　フ　ヘ　ホ
マ行　ア行に点③、⑤、⑥を加えたもの。
マ　ミ　ム　メ　モ
ヤ行　ワ行に点④を加えたもの。
ヤ　ユ　ヨ
ラ行　ア行に点⑤を加えたもの。
ラ　リ　ル　レ　ロ
ワ行　ア行を下げたもの。
ワ　ヰ　ヱ　ヲ


記号・その他

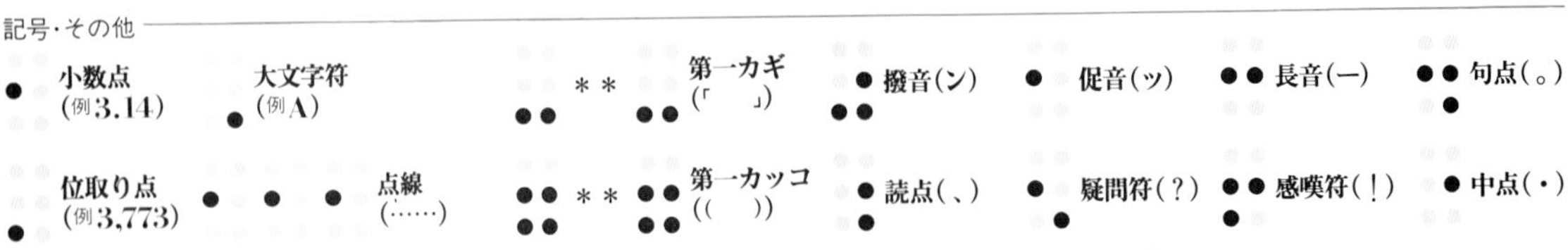


文章例

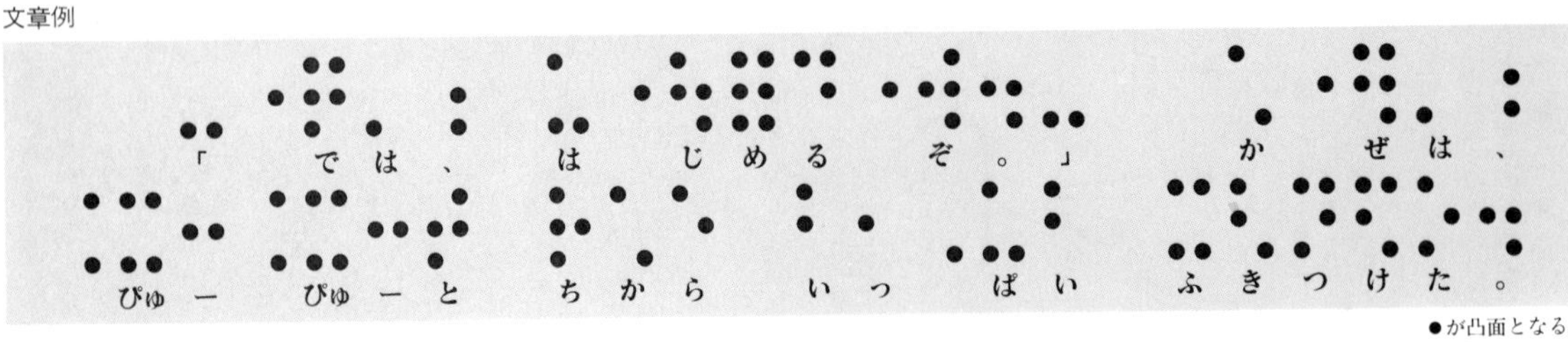


●が凸面となる。

# 手話の基礎知識

聴覚障害者のコミュニケーション手段の一つとして用いられる手話は、一七六〇年にフランスのド＝レペーによって体系化された。日本では京都盲唖院初代院長の古河太四郎などにより「手勢教育」が始められた。

手話の表現は、ものの形や動きの特徴・事象の状態・概念の内容などをとらえたものが多く、表意性に富んでいるので、手話の知識のない人にも理解できる表現もある。

また、手の形、動き、位置を同時に組み合わせて表現できるため、複数の情報を同時に表現することが可能である。

しかし、現在、語彙としてとらえられている数が五〇〇〇語程度なので、言葉の中でもとくに表現しにくい固有名詞や外来語など特殊なものは、指文字を使って補われている。

手話は、指文字や手の動きだけの表現ではなく、それに付随する顔の表情、身振りや動作を加えるなど、身体を総合的に用いて表現されるものである。

次に、指文字、基本的な数詞、手話の成り立ちの構成、簡単な例文をあげる。

なお、ここにあげた図や写真は相手側から見たときの形を表したものである。

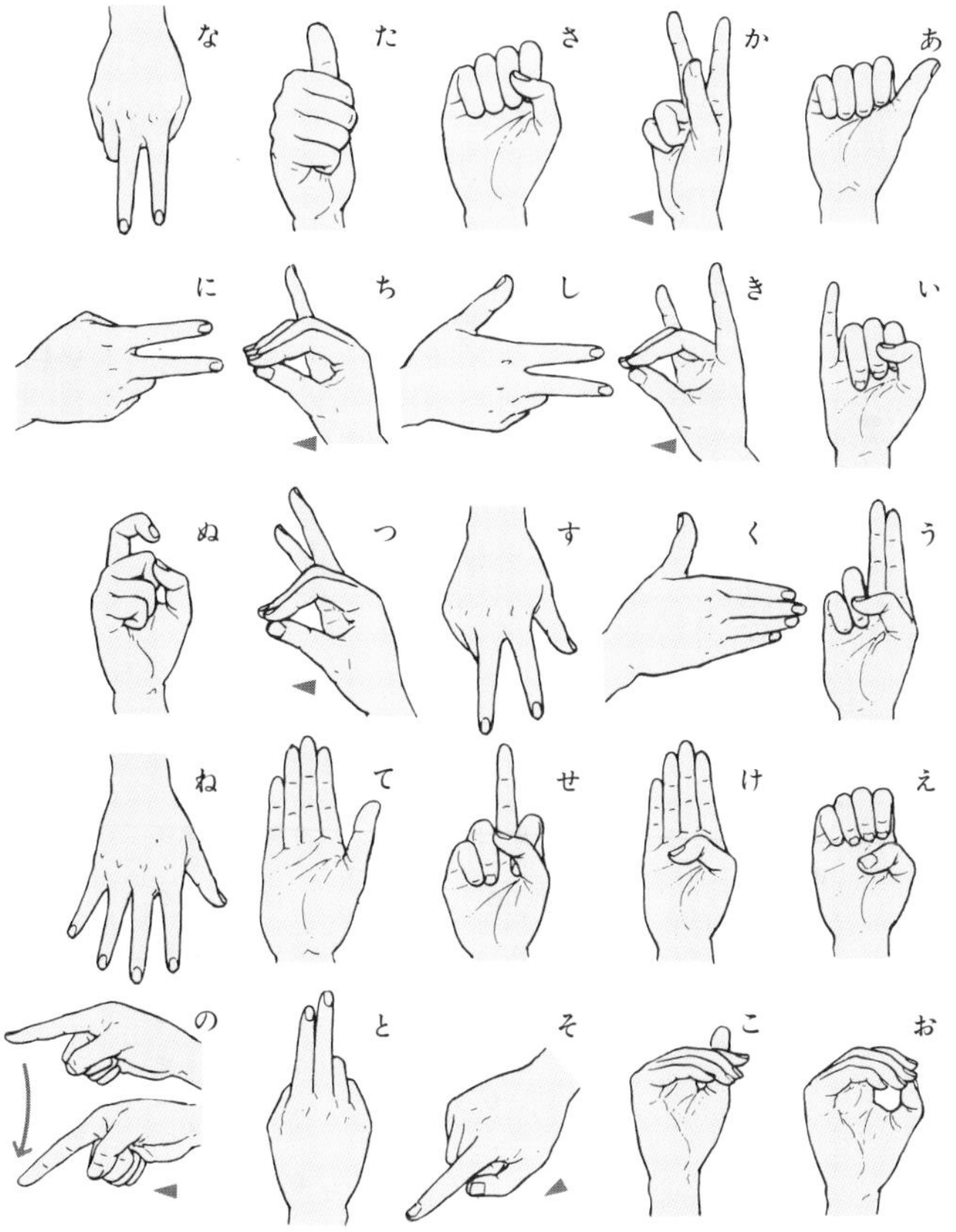


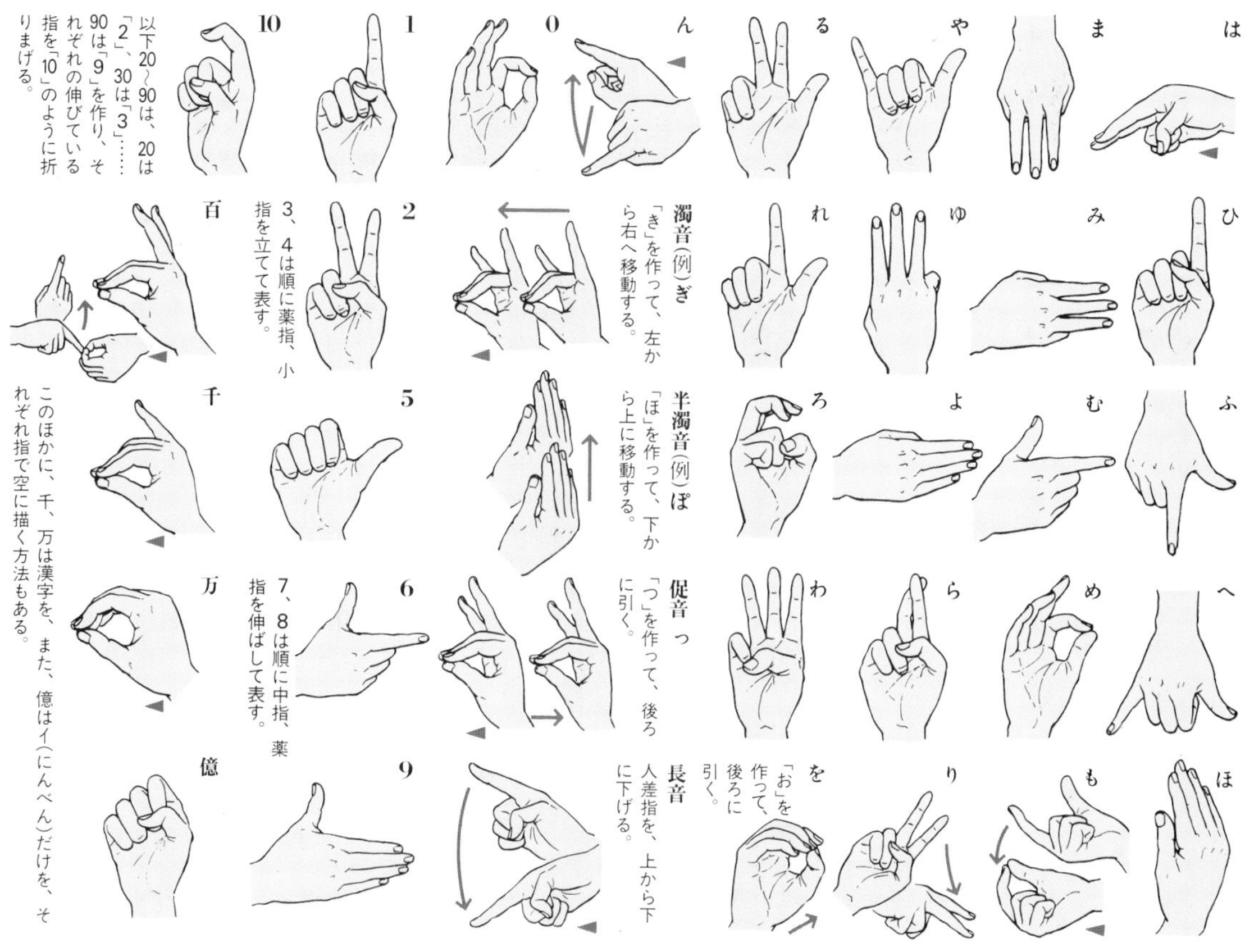


◀は、矢印の方向が前方を示す。

# 手話の構成

## 指示的手話

手話の成り立ちから分類すると、つぎのような構成要素がある。①指示的手話、②ものの形をもとにした手話、③ものの動き、身振り動作をもとにした手話、④習慣的な身振り、動作を模写した手話、⑤象徴的手話、⑥漢字を表す手話など。

指示的手話とは、実際のものを指し示して表現するもの。

(例)**私**→人差し指で胸を示す。**あなた**→人差し指で相手を示す。**これ**→指し示したいものを人差し指で示す。

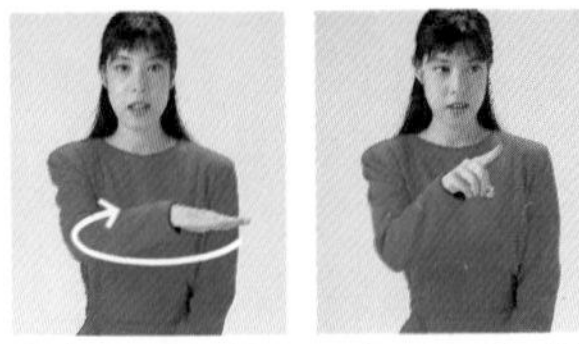

(右)あれ　手の届かないところのものを人差し指で示す。　(左)皆さん　右のてのひらを下に向けて、胸のあたりで地面と水平に円をえがく。

## ものの形をもとに表現した手話

実際の形を空間にえがき出すように表現するもの。形に特徴をもつものが多い。

(例)**山**→右のてのひらを開いて山の形をえがく。**道**→両手のてのひらを向かい合わせて、道をえがく。**橋**→両手の人差し指と中指をのばして、手前から上の方へ弧をえがいて引き寄せる。**チョウ**→両手の親指を交差させて、残りの四本の指を開いて上下させる。**イヌ**→両手の親指を左右のこめかみにつけ、残りの指を前に垂らす。

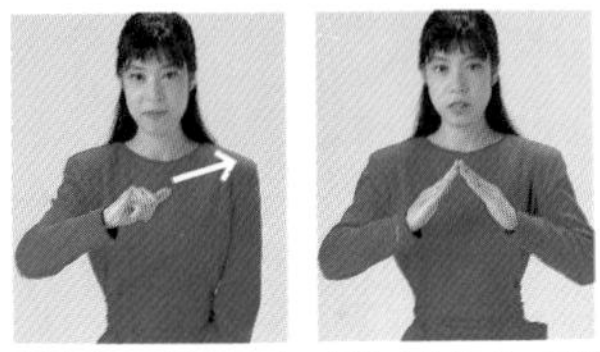

(右)家　両手の4本の指先を合わせ、屋根の形を作る。　(左)飛行機　右手の親指と小指をのばして、右から左ななめ上に動かしていく。

## 動きや動作をもとにした手話

ものが動いている状態を表現したものと、日常行っている身振りや、動作を模写したものがある。

(例)**自転車**→両手の拳(こぶし)でペダルを踏む動作をする。**飲む**→コップを持って飲む動作をする。**寝る**→右手の拳をこめかみにあてて首をかしげる。**歩く**→右手の人差し指と中指を交互に前後に動かし、歩く状態を表す。**野球**→両手でバットを振る動作をする。**相撲**→両手の拳で交互に横腹をたたく。

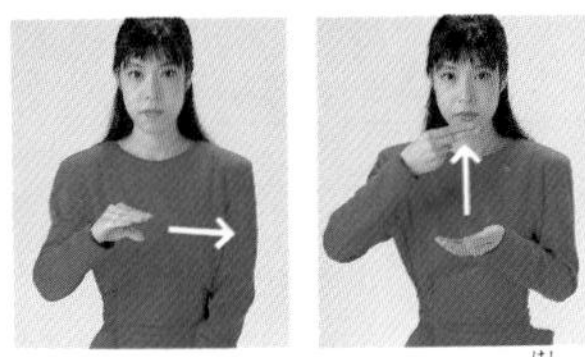

(右)食べる　右手の人差し指と中指を箸(はし)に、左手を器にみたてて、食べるしぐさをする。
(左)自動車　右手の親指と4本の指で「コ」の字形を作って、前方へおし出す。

## 身振りや動作を模写した手話

日本人がふだん使っているあいさつや、慣習化したしぐさなどを表現したもの。

(例)**さようなら**→右のてのひらを開いて相手に向け、左右に振る。**女**→右手小指を立てる。**神**→両手を二回打ち合わせる。**やかましい**→両手の人差し指を耳にあててねじるように動かす。**しゃべる**→口のあたりで、右手の指を閉じたり開いたりして、しゃべるようすを表す。**聞く**→右手を耳のそばにあて、聞くしぐさをする。

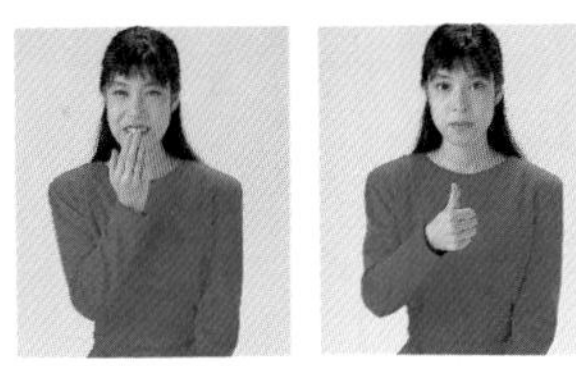

(右)男　右手の親指だけを立てる。日ごろよく使われるしぐさの一つ。　(左)おかしい　右手の指全部で半円を作り、口もとに2回つけたりはなしたりする。

## 象徴的手話

感情や抽象的な事象、国や地域などがもつそれぞれの特徴を引き出して、伝えたい動作や形を表現するもの。

(例)**悲しい**→親指と人差し指をつけて、目の高さからおろして涙を表す。**悔しい**→両手の指を折り曲げて、胸をかきむしるようにまわす。**奈良**→右手の親指と人差し指で輪を作り、左のてのひらを上向きにして、大仏の姿を表す。**赤**→人差し指を唇にそって右に動かし、口紅が塗ってある唇の赤さを表す。

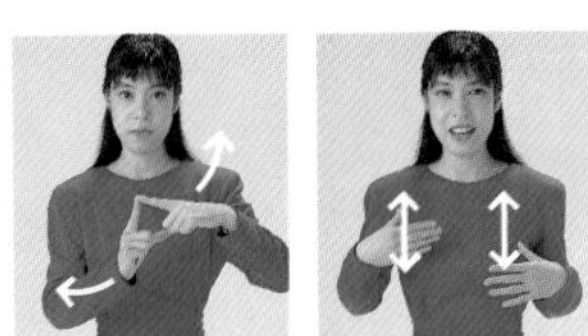

(右)楽しい　両手を開いて胸にあて、交互に上下させてわくわくするようすを表す。
(左)日本　両手の人差し指と親指でひし形を作り、左右の手を引き離して指を閉じる。

## 漢字の形からとった手話

特徴のある形の漢字そのものを表現するもの。

(例)**小**→左手の人差し指を立てて、右手の人差し指と中指ではさんで小の字を作る。**井**→両手の人差し指と中指を開いて重ね、井の字を作る。**田**→両手の人差し指、中指、薬指を開いて重ね、田の字を作る。**川**→右手の人差し指、中指、薬指を上からおろし、川の字をえがく。**非**→両手の人差し指を平行におろし、次に両手の人差し指、中指、薬指を左右にひく。

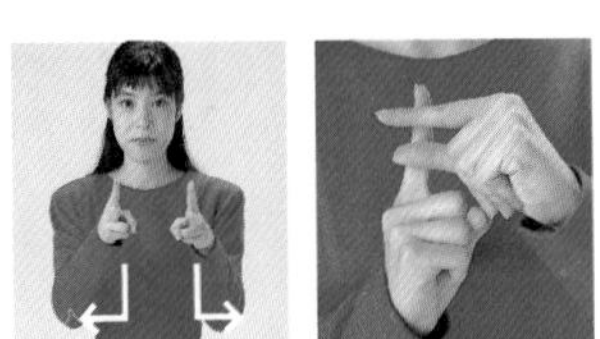

(右)中　左手の親指と人差し指で「コ」の字形を作り、右手の人差し指を中央にあてる。
(左)北　両手の人差し指と中指を開いて矢印のように動かす。

## 短文例

はじめて　お目にかかります。

わたしの　名前は　吉　田と　いいます。

お姉さんは　お元気　ですか。

姉は　結婚　しました。

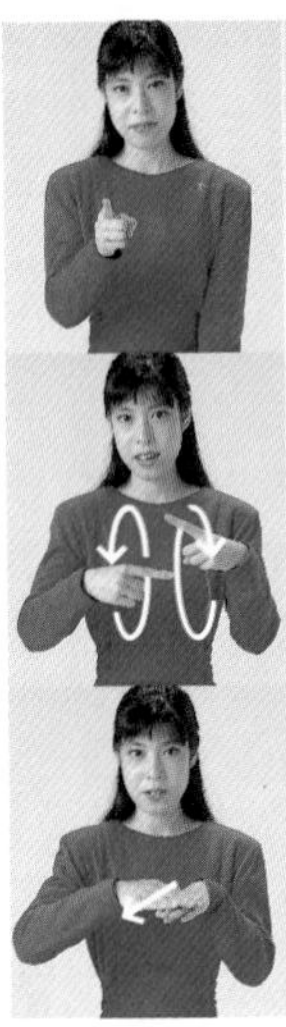

あなたは　手話が　上手ですね。

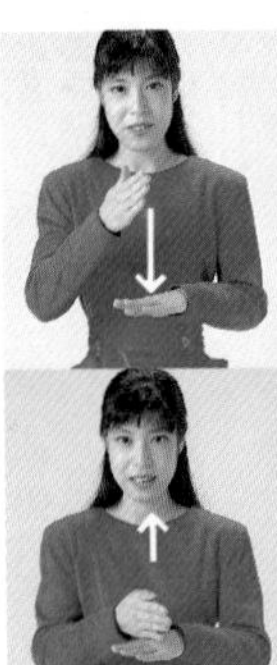

どうもありがとう。

文脈によっては、ある動作が動詞として使われたり名詞として使われたりすることがある。

# 日本の伝統文様

文様は、古くから日本人の暮らしの中に広く取り入れられ、衣装・調度・飲食器などの装飾意匠として、また、さまざまな情報伝達のしるしとして用いられてきた。しかし、歴史的経過をたどって創作された伝統文様は、多種多様にわたり、象徴的なものや抽象的なものもあるために、その形状や名称の意味が一般には十分に理解されていない現状にある。ここでは、日常生活の中で比較的よく用いられ、また、意匠としても基本である代表的な文様を採録し、それぞれの解説に写真を付加して、視覚的にも理解できる資料とした。

●文様は、具象文様と抽象文様とに大別できるが、具象文様のうち、われわれに身近な動植物や生活用具などに取材した文様では、冠された名称からも比較的容易にその図柄を類推できるものが多い。したがって、ここではその種のものは省略し、抽象文様を重点的に採録した。なお、ここで取り上げた文様には特に細かな分類を行わず、幾何学的な形のもの、動植物、縞、格子の別にほぼまとめ、並べた。

●文様名は、ふつう「文」や「文様」を付けてよばれることが多いが、ここでは便宜上、見出し・解説文ともそれらを省いて示すことを原則とした。

●文様名の示す図柄の理解に主眼をおいたため、写真は、文様が施されたものの全容ではなく、多くは、その一部分を使用した。

## 文様名索引



（五十音順）
数字は文様名の番号

### 1 縄目 なわめ

土器などの表面に施された文様で、縄文ともいい、わが国では縄文時代から行われた。文様には羽状・縄目・蓆目などをはじめ、渦巻状のものもあり、かなりの年月にわたり用いられている。

縄文土器　大井町教育委員会

### 2 直弧文 ちょっこもん

直線と曲線を組み合わせて構成した文様。古墳時代に好んで用いられた文様で、銅鏡をはじめとして、石棺・石刀・埴輪・装身具などの随所に、そのレリーフが見られる。

素文縁直弧文鏡　宮内庁

### 3 鋸歯文 きょしもん

鋸の歯のように連続した三角形が並んだ文様のため、この名がある。もっとも原始的な直線文の一種。弥生時代の袈裟襷文銅鐸をはじめ、古墳時代の銅鏡に顕著である。

三角縁神獣鏡　加古川市教育委員会

### 4 霰 あられ

霰が道に降り敷いたような感じであることからの呼称といわれる。平安時代以降、公卿などの礼装や公式装束の文様である有職文様として、広く用いられた。

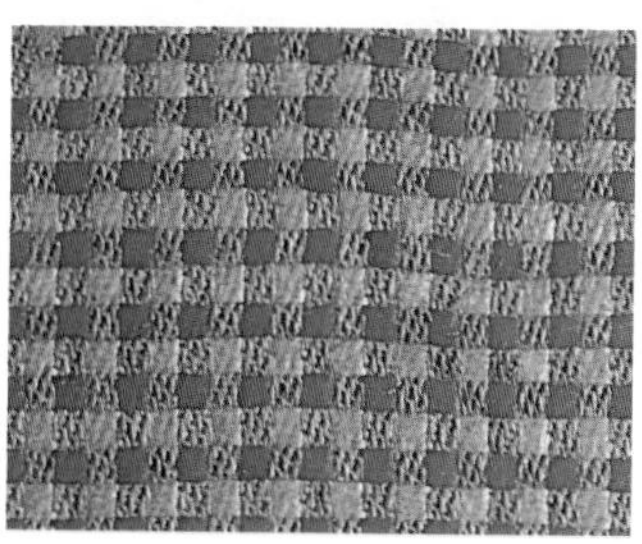
霰地花文錦幡頭　東大寺

**5 石畳** いしだたみ

正方形の板石を敷きつめた状態を文様化したものを石畳文という。また、江戸時代の歌舞伎役者、佐野川市松がこの文様の衣装を好んで用いたので、俗称として市松ともいう。

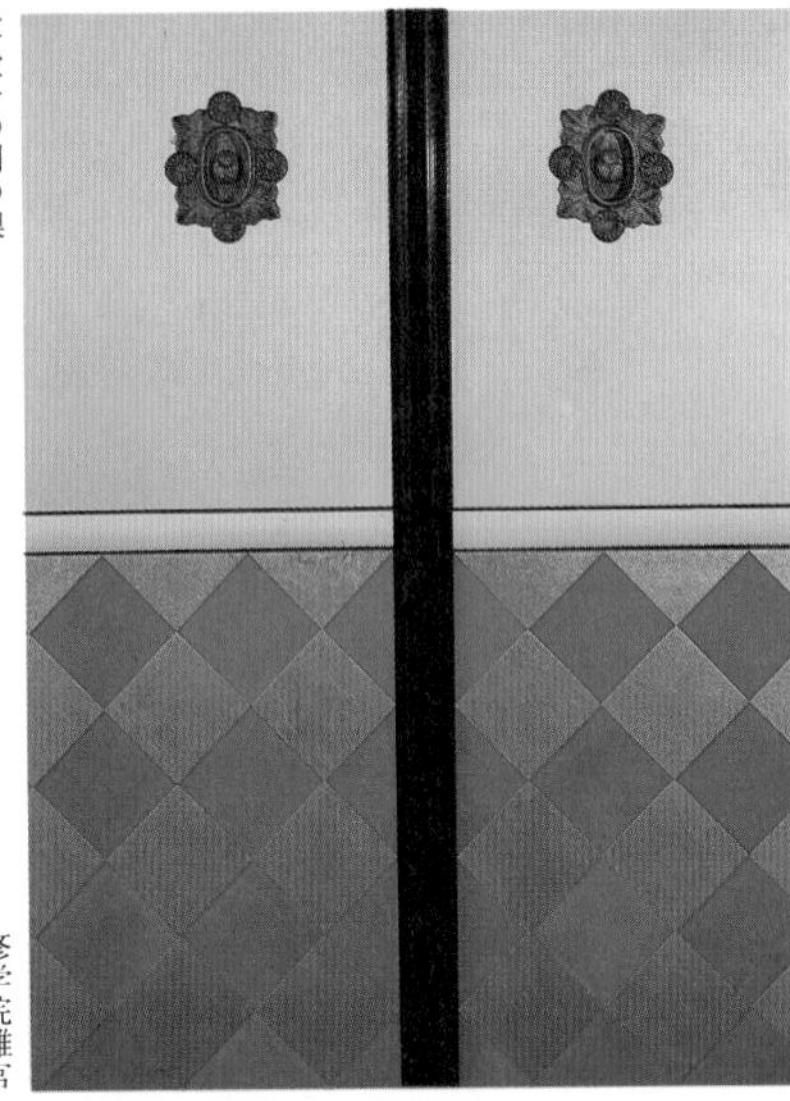

客殿一の間の襖 修学院離宮

**6 亀甲** きっこう

六角形をなし、カメの甲羅に似た形であるところからこの名がある。カメは中国では瑞兆とされ、わが国でも近世以降、この文様が吉祥文とされ、小袖・能装束などに多く用いられた。

高田装束研究所

**7 鱗** うろこ

同一の三角形が交互に入れかわって構成された文様で、三角形の組み合わせ方によって、三つ鱗とか北条鱗などとよばれる。江戸時代には能装束などの地文様としても使われた。

紅地金鱗文摺箔 大峯本宮天河大辨財天社

**8 七宝** しっぽう

両端のとがった同じ大きさの長円形を四つつなぎ合わせて円形状にしたもの、またはその連続文様(七宝繋)。正倉院裂をはじめ、舞楽装束、近世の七宝焼や陶磁器にも用いられた。

七宝繋文欄間

**9 輪違い** わちがい

輪を二つ以上組み合わせたものをいうが、平安時代には車や直垂などに、江戸時代には家紋や商標として用いられたほか、市標としても採用されるなど、よく使われた文様の一つ。

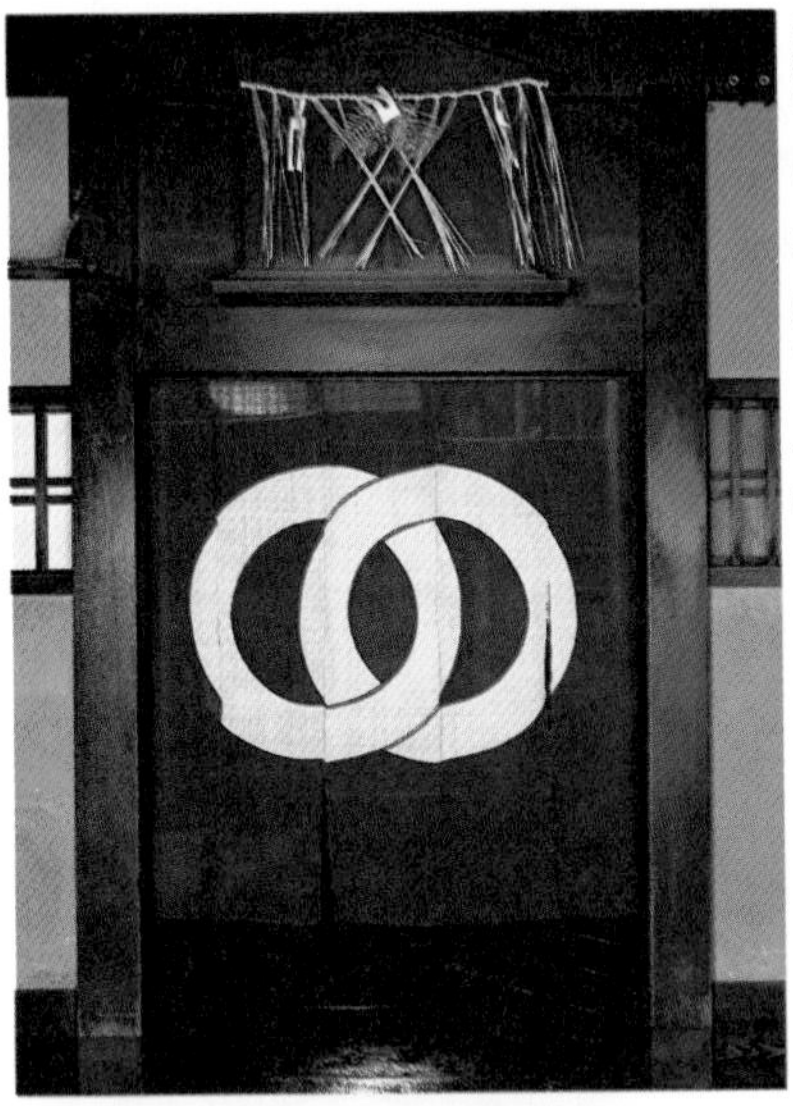

島原の料亭の暖簾

**10 蜀江** しょっこう

八角形の四方に正方形を連ねた繋ぎの文様。中国より舶載された蜀江錦の中に多く用いられているところからその名がある。染織品はもちろん、調度品や建築装飾にも多く見られる。

萌葱地蜀江文様翁狩衣 彦根城博物館

**11 籠目** かごめ

三方向の直線が籠の編み目のように組み合わさった文様。江戸時代に魔除けの意味で用いられたこともあるが、小袖や能装束などにもさかんに図案化されている。

**12 網代** あじろ

染織文様の一種。元来は、網の代用、の意で、ヒノキやタケを縦横または斜めに編んだものをいうが、この編み目を文様化したもの。網代織ともいい、算木文はこの一種。

糸屋風通 東京国立博物館

**13 檜垣** ひがき

檜垣はヒノキの薄板を組んで作った垣根で、その編み目の形を模した文様。方形を斜めにして前後左右に並べたもので、能装束の地文などにしばしば見られる。

緑白段檜垣梶葉模様厚板唐織 東京国立博物館

**14 網目** あみめ

漁労用の網の目を意匠化したもので、連続する曲線のリズム感が好まれ、近世以降、染織品や陶磁器に見られる。同じく漁網をモチーフとする網干文は網を干した風景を意匠化したもの。

網目文懐石道具一式の内　東京国立博物館

**15 麻の葉** あさのは

正六角形を基本とした幾何学的な連続文様。形がアサの葉に似ているところからこの名がある。江戸時代、特に婦人の長襦袢や子供の産着などに好んで用いられた。

螺鈿麻葉繋文盤

**16 紗綾形** さやがた

卍形をつないで構成される文様。紗綾(平地に綾で文様を表した絹布で、ポルトガル語の saia が語源という) の地文にしばしば見られたためこの名があるという。

白綸子地紗綾形梅桜牡丹菊花束模様打掛　東京国立博物館

**17 立涌** たてわき

相対する縦の波状の曲線文様。ふくれた部分に雲・フジ・キクなどの文様を配することが多い。もともと有職文様の一種であるが、織りや染めの文様に広く用いられる。

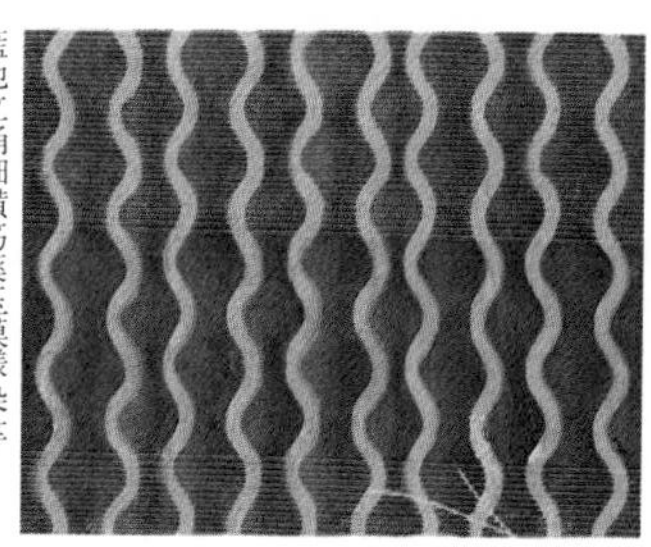
藍地立涌細横筋薬玉模様染韋　東京国立博物館

**18 雲立涌** くもたてわき

有職文様の一種。相対する二つの蛇行曲線が中央では膨れ、両端ではすぼまる形の中に吉祥を表す雲文を収め連続する文様。親王、摂関の束帯、女子の袿などの文様に用いられた。

高田装束研究所

**19 朽木形** くちきがた

朽ちた木の表皮の腐食した状態を文様化したもの。平安時代には几帳や壁代の冬の文様として白地に蘇芳染で表された。現在では訪問着や帯などの地文に用いられる。

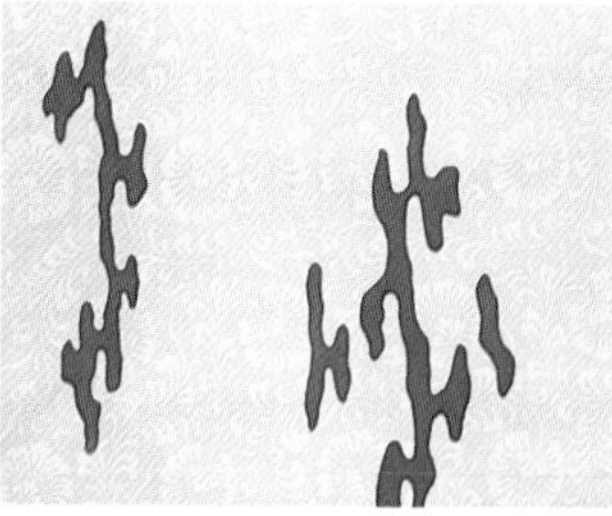
高田装束研究所

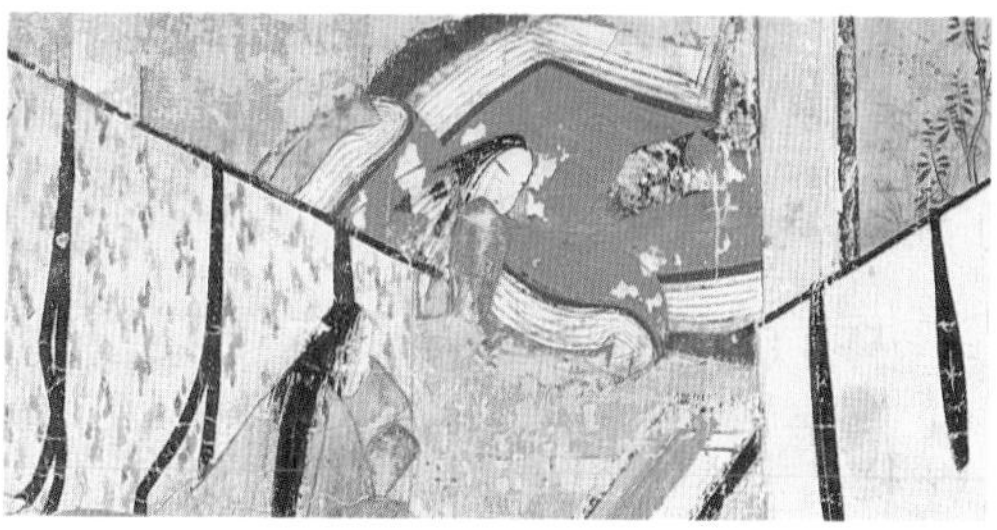
源氏物語絵巻　早蕨　徳川美術館

**20 巴** ともえ

弓具の鞆の形に似た渦巻状のものをいうが、その起源については定かではない。わが国では古墳時代の装身具に巴形が認められ、特に鎌倉時代以降の軒瓦に盛んに用いられた。

巴文型染素襖　林原美術館

**21 宝珠** ほうじゅ

丸文の上端を尖らせ、火焰を付した文様。仏教では宝石の総称で、また仏舎利の変じたものともいう。仏教関係の工芸品や宝尽くしの一つとして、染織品や陶磁器の装飾に用いられる。

宝珠羯磨文錦横被　仁和寺

**22 羯磨** かつま

密教法具の一つである羯磨を文様化したもの。二本の三鈷杵を十字に組んだ形で、仏教では仏の智恵の象徴とされ、煩悩を打ち砕く力を持つという。仏教関係の調度や染織品に用いられる。

大神宮御止体厨子戸帳　西大寺(奈良)

**23 輪宝** りんぽう

密教法具の一種である輪宝を文様化したもの。車輪の周囲に鋒をつけた形が基本で、回転して煩悩を打ち砕くと考えられた。仏教関係の調度や染織品のほか、能装束などにも用いられる。

金銅宝塔　基台

**24 蛮絵** ばんえ

盤絵とも書く。鳥獣や草花などを円形に表した文様。平安時代から近衛の随身の袍や舞楽の袍には獅子や熊の蛮絵が使われた。また蛮絵は厨子、硯箱などの調度類にも用いられた。

高田装束研究所

**25 熨斗** のし

熨斗鮑を文様化したもの。アワビを薄く長くはいで引き伸ばし、儀式用や贈答に用いたが、このめでたい形を振袖や能・狂言などの衣装に図案化したり、家紋などにも用いた。

紋縮緬地熨斗文友禅染振袖　友禅史会

**26 宝尽くし** たからづくし

名のとおり福徳を招来する縁起のよい文様として室町時代に起こったといわれる。如意宝珠や打ち出の小槌、隠れ蓑、丁字、輪違いなどを組み合わせて構成される。庶民の間で流行した。

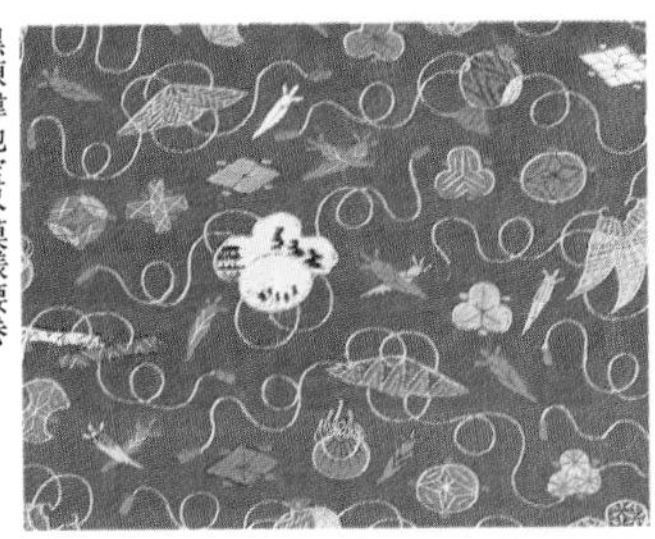

黒練緯地宝尽模様腰巻　東京国立博物館

**27 雁木** がんぎ

ガンが行列をなして飛ぶときの形を意匠化したぎざぎざの形をした文様。江戸初期寛永ごろに伊達文様として流行したらしい。八個の角のある雁木角文もこの文様の一種。

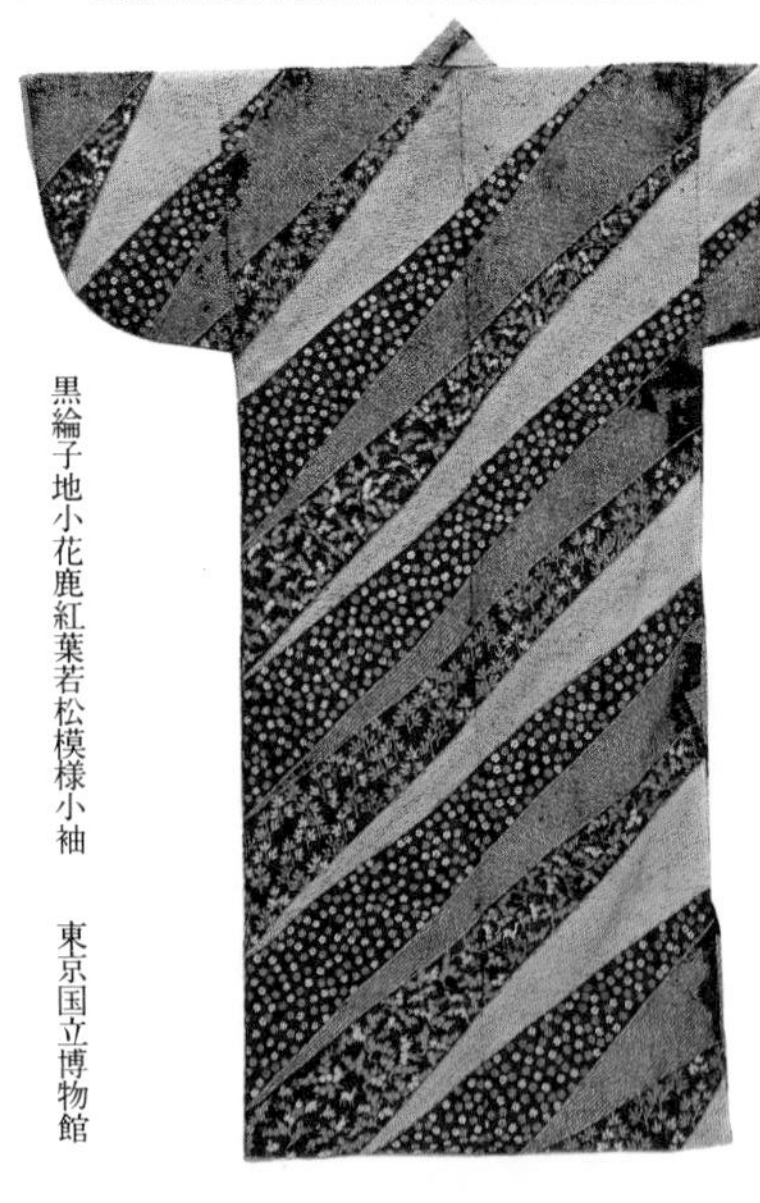

黒綸子地小花鹿紅葉若松模様小袖　東京国立博物館

**28 山道** やまみち

上から下へ向かう等幅のジグザグ線を二本以上並列したもの。桃山時代以降、胴服や小袖、能装束にしばしば見られる文様で、これを地文とし、キリやキクなどを配したものが多い。

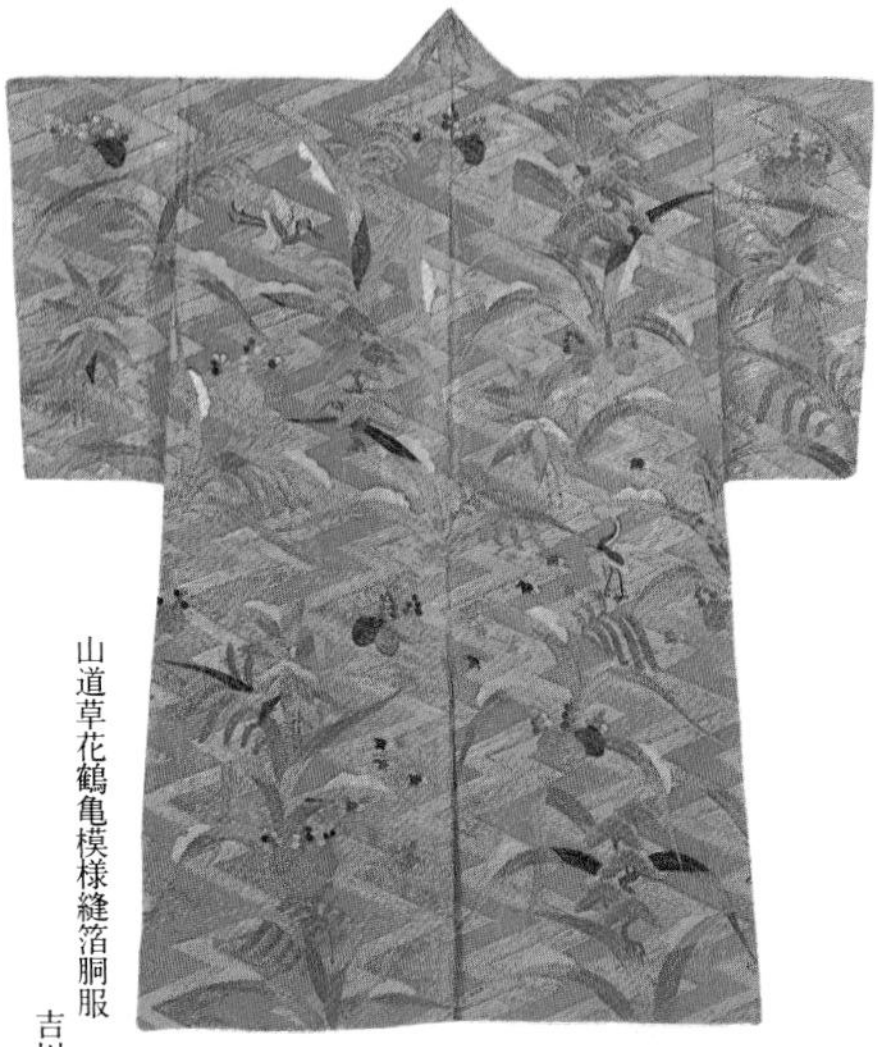

山道草花鶴亀模様縫箔胴服　吉川重喜

**29 矢羽根** やばね

矢に付けられた羽を文様化したもの。代表的なものには、絣で矢羽根を連続して表した矢絣がある。また、矢羽根を立てて横一列に並べた文様もあり、矢襖という。

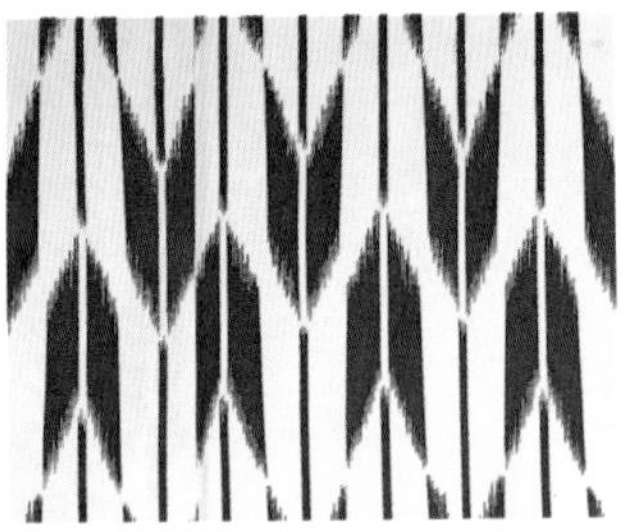

**30 井筒** いづつ

方形の井筒を文様化し、「井」の字のように表したもの。絣の柄によく用いられる。類似の文様に井桁を図案化して斜めの菱に表した井桁文があるが、現在では両者は混用されている。

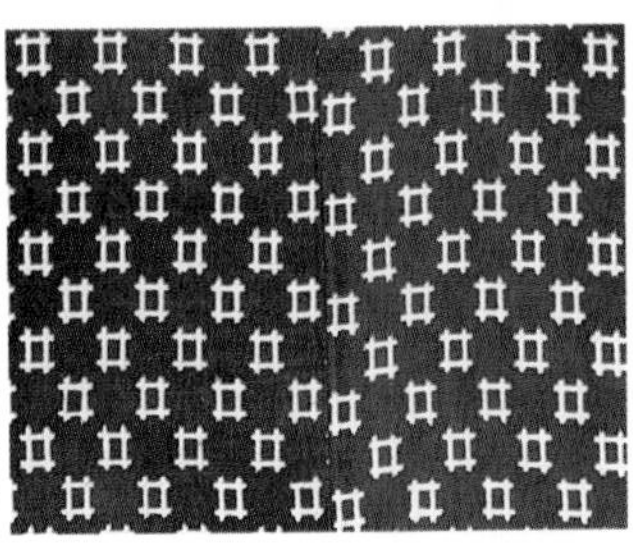

縞に肩入れ着付(勘平　七世沢村宗十郎所用)　早稲田大学演劇博物館

**31 目交** もっこう

麻・木綿・絹などをつまんで糸でくくり、浸染してから糸を解くと、くくり目が四角く白く残る。この文様を目交というが、くくり染の古称でもある。目結・纐纈ともいう。

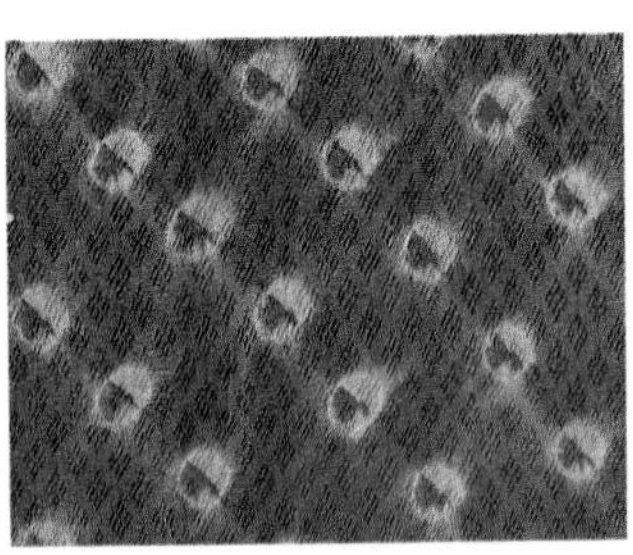

紺地目交文纐纈綾　正倉院宝物

**32 鹿の子** かのこ

くくり染による細かな斑点文様。近世の小袖に流行し、くくり染ばかりでなく、型紙を用いて摺染したものもある。くくり目が斜め四五度に一面に並んだものを匹田という。

## 小紋

小形の文様の総称。いわゆる江戸小紋は近世以降に裃や着物に行われた型染による単色の細かな文様で、地を引染し、柄を白揚げにして、遠目には無地と見まがうばかりの微細な柄を染めたもの。

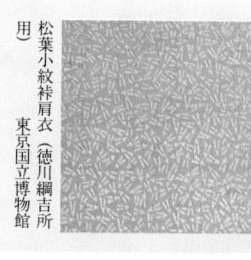

松葉小紋裃肩衣（徳川綱吉所用）　東京国立博物館

### 33 鮫小紋　さめこもん

小紋の一種。細かな点を密に敷き詰めた柄が、サメの肌のように見える。柄を不規則に並べたものを乱れ鮫、斜め四五度の方向に規則正しく並べたものを行儀鮫という。

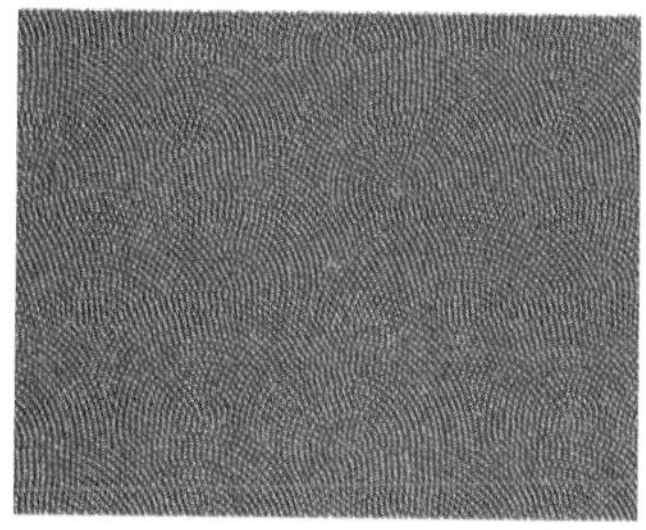

### 34 含綬鳥　がんじゅちょう

綬（リボン）や瓔珞をくわえた鳥文の総称。ササン朝ペルシアやビザンチン美術で流行した咋鳥文（花枝などをくわえた鳥文様）に源流がある。正倉院の工芸品装飾に多くの例を見る。

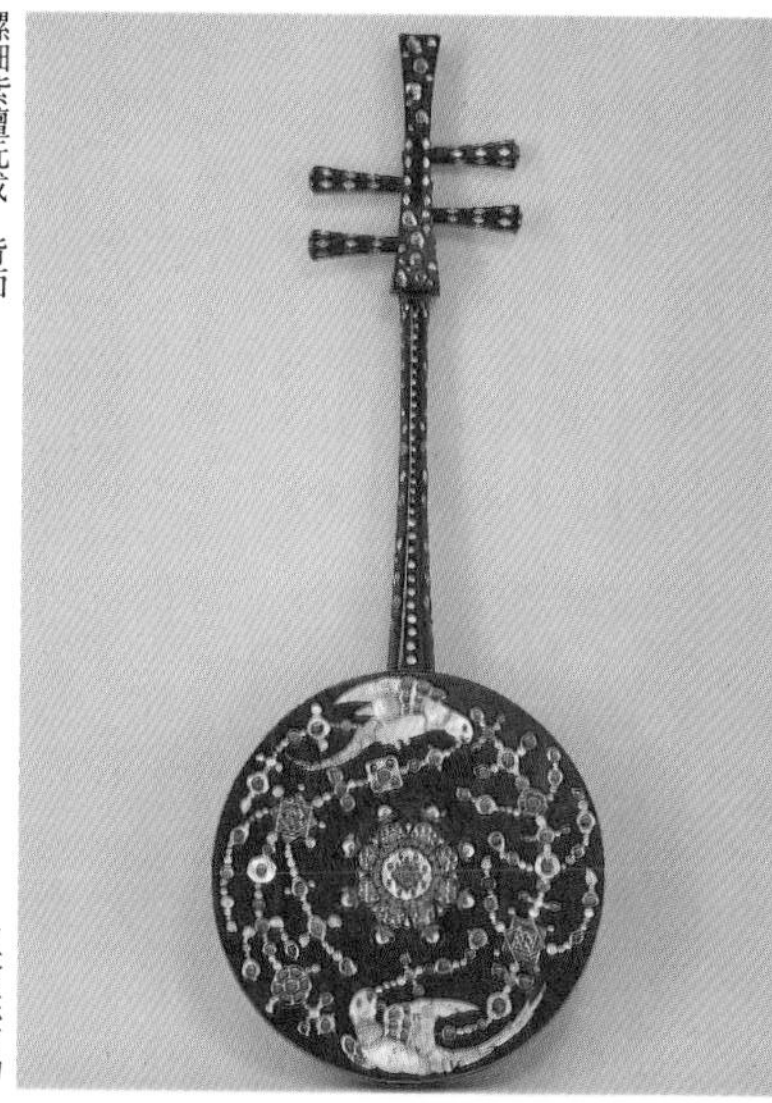

螺鈿紫檀阮咸　背面　正倉院宝物

### 35 花喰鳥　はなくいどり

花枝をくわえた咋鳥文の総称。含綬鳥文とともに西方に起源を有し、中国・日本へと伝わった。奈良時代に流行し、のち松喰鶴文など和様化した文様を生んだ。

金堂鎮壇具のうち金鈿荘大刀　東大寺

### 36 松喰鶴　まつくいづる

マツの小枝をくわえたツルの文様。外国に源流のある花喰鳥文や含綬鳥文が和様化したもので、吉祥の意味がある。漆工品や染織品をはじめ、鏡の背面の意匠にも多用された。

松喰鶴小唐櫃　厳島神社

### 37 雁金　かりがね

雁文ともいう。ガンの姿を簡略化して意匠化したもの。形状により飛び雁金、結び雁金、奴雁金など、また、組み合わせ方により向かい雁金、糸巻き雁金、頭合わせ雁金などがある。

紅茶段麻葉藤色紙短冊模様唐織　東京国立博物館

### 38 脹雀　ふくらすずめ

寒さに耐えて羽毛をふくらませているスズメ、またはふっくらと肥えた子スズメを意匠化した文様。頭と胴を丸く、羽を扇形に表す。「福良」に通じるため縁起のよい文様とされる。

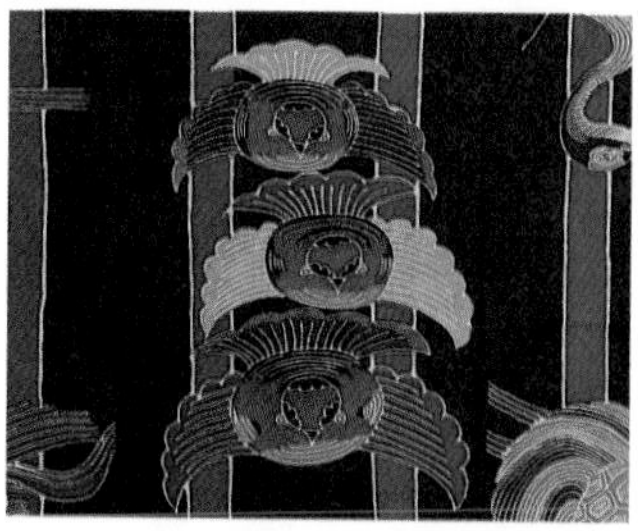

### 39 光琳菊　こうりんぎく

江戸時代中期の画家、尾形光琳の絵画・工芸意匠に見られる独特な形状表現によるキクの文様。キクのかわりにウメを配したものは光琳梅といわれ、モチーフの簡略な表現が特徴である。

染分練緯地秋草千鳥模様友禅染小袖　国立歴史民俗博物館

### 40 梅鉢　うめばち

ウメの花弁を丸形にして上から見た形の文様。紋所とする場合は、太鼓のばち形の芯がつき、この芯の形によって剣梅鉢・加賀梅鉢・大聖寺梅鉢などの別がある。

紅地梅鉢唐草模様半切　東京国立博物館

### 41 捻梅　ねじうめ

正面から見たウメの花の形を、花芯を中心にわずかにねじった文様。近世になってから、このウメの花だけでなくサクラの花など、花の形を変形させた文様が多く見られるようになった。

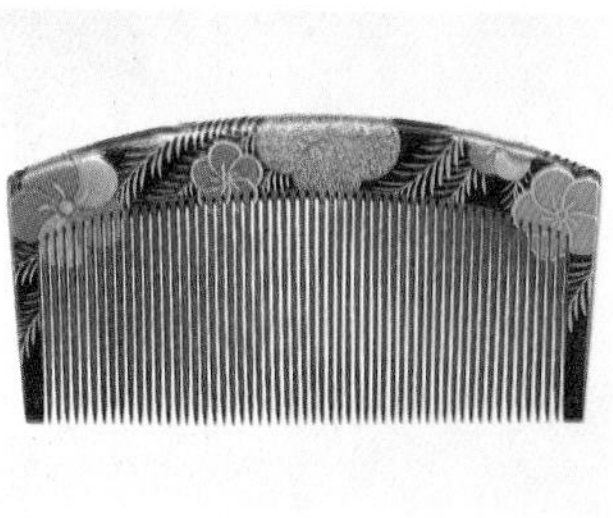

木台梅文散らし蒔絵櫛　サントリー美術館

### 42 対葉花　たいようか

葉や蔓を左右相称的に配して、ハート形あるいは花弁形に表し、内部に小花文を配したもの。通常この基本形にさまざまな変化がつけられる。奈良時代に盛行した。

黄金瑠璃鈿背十二稜鏡　正倉院宝物

## 唐草

茎や蔓、葉が絡み合った植物文の総称。建築や工芸品の装飾文様として古くから世界各地で用いられた。主文によって葡萄唐草、宝相華唐草、牡丹唐草など多種。

唐草風呂敷

**43 忍冬唐草** にんどうからくさ
西方起源の植物文パルメットと波状線を組み合わせた唐草文。仏教美術のなかで融合し、中国・日本へと伝わった。日本では上代に流行し、飛鳥時代の玉虫厨子の装飾文は著名。

金銅杏葉　宗像大社

**44 葡萄唐草** ぶどうからくさ
ブドウの蔓に葉と実を配し連続させた文様。古くはギリシアの陶器に施され、東伝して各地で流行した。日本には七世紀後半に伝来し、仏教関係の工芸品や染織品の装飾に用いられた。

葡萄唐草文染韋　東大寺

**45 宝相華唐草** ほうそうげからくさ
宝相華を加えた唐草文。宝相華はインドに発した架空の花の文様で、西域から中国に入るにつれ想像性豊かに展開した。わが国では奈良時代より平安時代にかけて盛行。

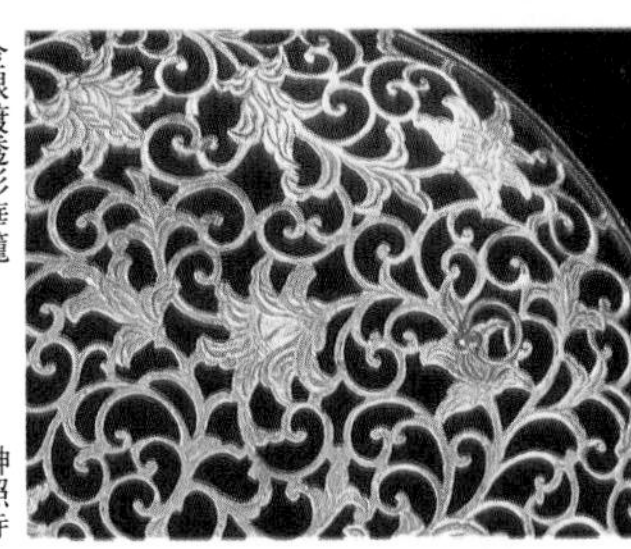
金銀鍍透彫華籠　神照寺

**46 牡丹唐草** ぼたんからくさ
中国で富貴の象徴であったボタンが唐草文と結びついたもの。唐時代に工芸品などの文様として現れ、宋時代に流行した。わが国ではこの影響を受けた鎌倉時代以降の遺品に多く見られる。

紺地一重蔓中牡丹唐草文金襴　東京国立博物館

**47 菊唐草** きくからくさ
キクの花や葉を図柄の主題とした唐草文の一種。朝鮮の李朝時代における螺鈿文様や、室町時代以降のわが国の漆工品、陶磁器などの装飾にしばしば見られる。

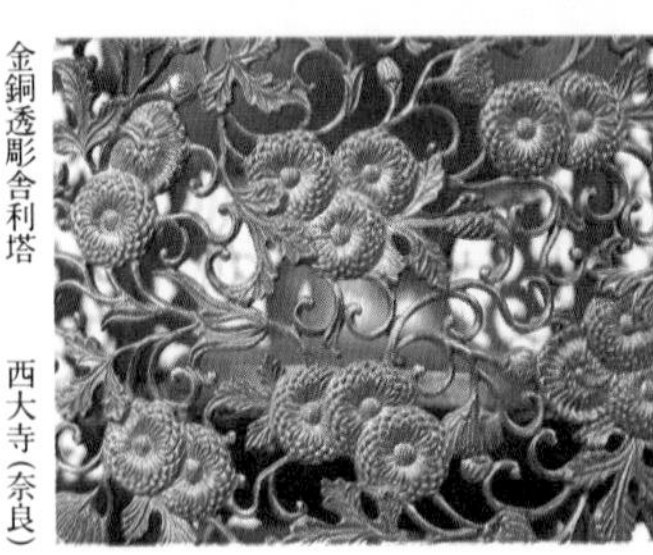
金銅透彫舎利塔　西大寺（奈良）

**48 蛸唐草** たこからくさ
周囲に小突起がある蔓がタコの足のように巻いているところからこの名がある。きわめて図案化された唐草文様。わが国では近世以降、染付の飲食器の装飾に多用されている。

伊万里飯碗

**49 轡唐草** くつわからくさ
唐花唐草を立涌ふうに構成した文様。その形象が馬具の轡のように見えるところから名付けられたもの。有職文様の一種で、平安時代より袍の文様に用いられた。

高田装束研究所

**50 輪無唐草** わなしからくさ
有職文様の一種。公卿、殿上人の束帯や衣冠の袍に用いられた。「輪無」とは輪郭のないという意で、丸文や窠文を伴わない唐草文。上代の葡萄唐草の変化したものと思われる。

高田装束研究所

**51 小葵** こあおい
有職文様の一種。ボタンのような花文を中心に、葉を襷がけに配置した反復文様。公家に好まれたもので、白地小葵文の織物は天皇・皇太子・中宮などが用いるものとされた。

高田装束研究所

**52 浮線綾** ふせんりょう
有職文様の一種。「浮線」とは、糸を浮かせる意で、本来は「浮織の綾」という。一般に唐花を四方に配した丸文が多いが、唐花を蝶文にかえたものは「浮線蝶」「臥蝶の丸」ともよんだ。

萌黄小葵浮線綾丸文二重織袙　熊野速玉大社

**53 窠文** かもん
有職文様の一種。円弧を四つ、五つ、または六つで構成したものに、花菱そのほかを収めた文様。ウリ（瓜）を輪切りにした形に似ているところから木瓜ともよばれる。

高田装束研究所

**54 窠に霰** かにあられ

有職文様の一種。霰文を地とし、窠文を一定の間隔をおいて配置したもの。高位の者の表袴や裳の腰の部分に使われ、綾・浮織物・二重織物などに表された。

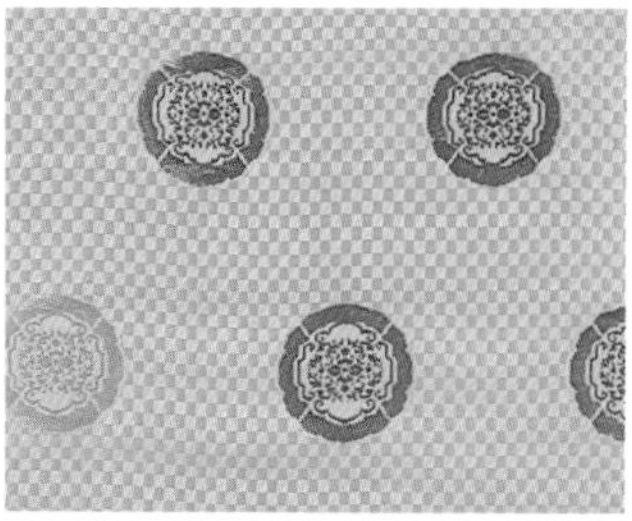

高田装束研究所

**55 入子菱** いれこびし

有職文様の一種。一面に埋めた菱文の中に菱を二重、三重に収めた文様。この入子菱を織物の一面に埋めたものや、これを地文として丸文や菱文を一定の間隔に配置して表したものもある。

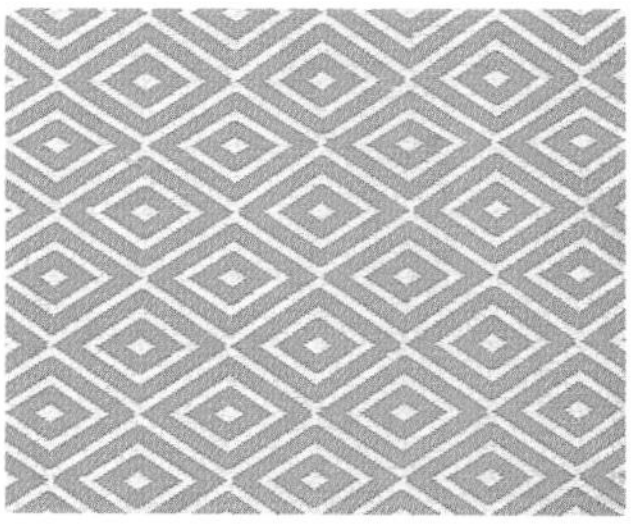

高田装束研究所

**56 幸菱** さいわいびし

有職文様の一種。大小の花菱を組み合わせた四つ菱の先端に小型の花菱を配したもの。そこで先間菱ともいわれ、またそれを音読し、千剣菱と書かれた。女子装束の単に多く使われた。

高田装束研究所

**57 繁菱** しげびし

有職文様の一種。同形の菱を四個組み合わせた四つ菱を上下左右に密に並べ埋めたもの。この文様の綾は公家の衣服の裏地や単地に、縠（薄物の一つ）は夏の下襲に用いられた。

高田装束研究所

**58 遠菱** とおびし

四つ菱を一定の間隔をおいて、さいころの五の目の配列のように並べた文様。綾・羅・縠（薄物の一つ）など、公家の織物に好んで表され、単地、袿・下襲などの裏地に用いられた。

高田装束研究所

**59 花菱** はなびし

菱形を花弁によって表した文様。中心よりおしべを表す棒状のものを四本、花弁の間に配置した文様を剣花菱や蔓花菱と名付けた。平安時代以降、非常に好まれたものの一つ。

高田装束研究所

**60 松皮菱** まつかわびし

菱の上下に小さい菱を加えて、子持ちになったもの。また、それを上下左右に連続した反復文様。マツの樹皮を連想してこのようにいわれる。染織のほか木工・金工などに用いられる。

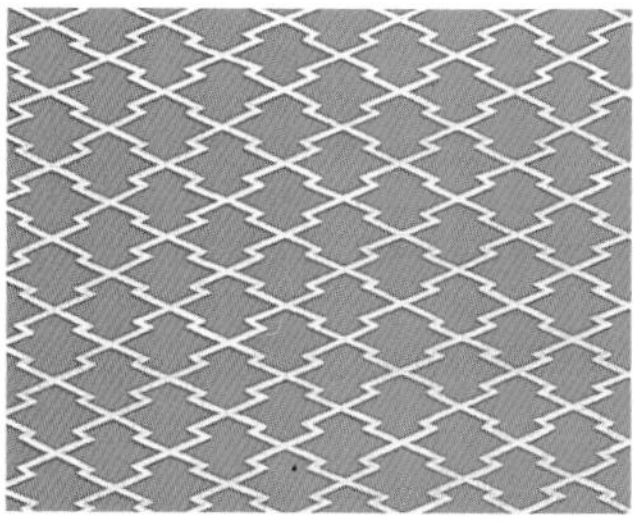

高田装束研究所

**61 襷** たすき

線などが斜めに交差した文様。斜線だけで構成されるもの、斜線内の区画に唐花や菱などを入れたもの、花や鳥を連続させて襷にしたものなど、さまざまな種類がある。

向かい鳥丸文様表袴　鐘紡

**62 三重襷** みえだすき

有職文様の一種。斜線を交差させた中に菱を入れ、さらに四つ菱か花菱を収めた反復文様。羅文ともいい、羅を用いることが理想であった夏の直衣や女房装束の裳などによく使われた。

高田装束研究所

**63 鳥襷** とりだすき

鳥を唐花の四方に対称的に配して円形とし、これを輪違いふうに並べた文様。鳥が斜めに連続して襷文のように見える。公家の指貫の代表的な文様で、浮織物に表された。

鳥襷文浮織物指貫　東京国立博物館

**64 雲気** うんき

わき上がるような雲を図案化して、空中に満ちた「気」を表した中国古来の文様。これがやがてデザイン化されて、C字形やS字形を単位として連続させたものも見られるようになった。

黒柿蘇芳染金銀山水絵箱　正倉院宝物

**65 雲鶴** うんかく

雲に飛びかうツルを表した文様で、瑞祥文の一つである。わが国では中世以来、親王の装束の文様として用いられるほか、名物裂の中にも多く使われている。

高田装束研究所

**66 霊芝雲** れいしうん
霊芝の形に似せた雲文。霊芝はマンネンタケという菌類で、枯渇しても形を失わないところから吉祥的な意味がある。工芸品の装飾に用いられ、名物裂の富田金襴の文様は著名。

富田金襴　東京国立博物館

**67 源氏雲** げんじぐも
金箔押しや刺繡などで州浜状にたなびく雲を表した文様。源氏物語絵に多く見られるところからいう。この文様は絵の中で画面の区切りや遠近の表現に用いられることが多い。

後醍醐天皇玉座の間の障壁画　吉水神社

**68 霞** かすみ
霞のたなびくようすを文様化したもの。「工」の字を横長にして、二重、三重に結合したような形状のものが多く、中に他の文様を入れることもある。四重に結合したものは特に春霞文とよぶ。

黒綾地霞松熨斗鶴模様打掛　東京国立博物館

**69 雷文** らいもん
中国の伝統的な意匠で、周時代から青銅器などの装飾に用いられている。直線をかぎ状に曲折させた文様で、これを連続的に示すものが多い。現代でも中国料理の食器によく施されている。

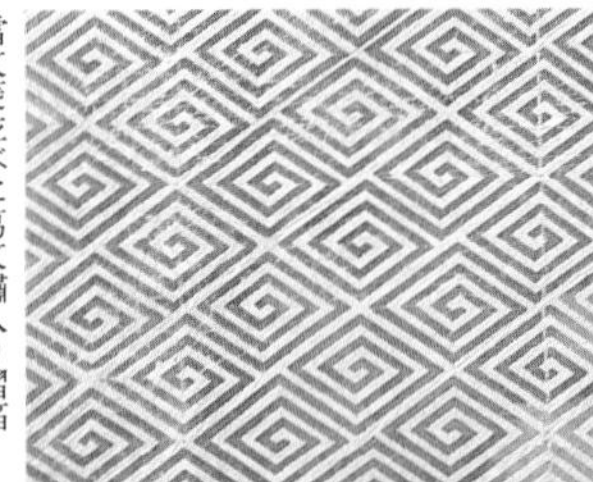
雷文菱並べに葛文繡入り摺箔　林原美術館

**70 雪輪** ゆきわ
六角形の雪の結晶をまるくかたどって文様化したもの。桃山時代から江戸時代にかけて好んで用いられ、これに鳥や草花、自然の景色などを配して各種の工芸品などに使われた。

白綸子地雪輪に春草模様帯　仙台市博物館

**71 渦巻** うずまき
水の渦巻状のものからこのように名付けられたのであろうが、古くから世界各地で用いられ、日本でも縄文土器をはじめ、各時代を通じて装飾工芸に用いられた。

縄文土器　大井町教育委員会

**72 水玉** みずたま
水玉を連想させるような円形を散点状に配した文様。配列も規則的なものと自由なもの、大きさも同じものと大小の差をつけて構成されたものなど多種多様である。

紫羅背板地五色水玉模様陣羽織（伊達政宗所用）　仙台市博物館

**73 墨流し** すみながし
水面に墨汁を流して自然にできた文様を和紙や布の面に写しとったもの。平安時代から色紙などの料紙に好んで用いられた。近世には墨ばかりでなく、藍や紅でも染められた。

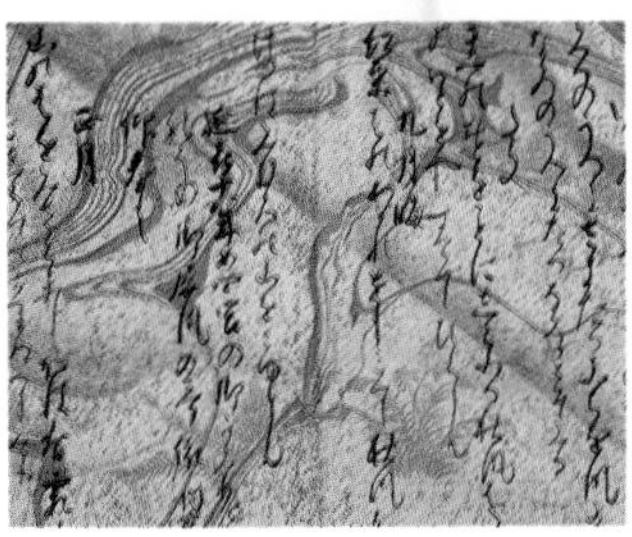
三十六人家集　貫之集上　本願寺

**74 流水** りゅうすい
水がゆっくりと曲がりくねって流れるようすを意匠化したもの。古くは銅鐸にも見られる幾何学的な文様だが、平安時代になってからは、やや絵画的、具象的文様になった。

白綸子地染分流水萩模様染繡小袖　国立歴史民俗博物館

**75 観世水** かんぜみず
渦巻く流水をモチーフとする文様。能楽の観世流の定式文様とされているためこの名がある。整然とした形だが、渦巻の中心を一つずつずらし、曲線に変化を与えているため単調さはない。

紅地観世水桐模様摺箔　東京国立博物館

**76 片輪車** かたわぐるま

御所車の車輪は木造であるため、乾燥を防ぐためにときどき流水に浸された。この文様はその情景を意匠化したもので、流水に車輪の半ばを沈めた姿に表される。

片輪車蒔絵螺鈿手箱　東京国立博物館

**77 菊水** きくすい

キクの花に流水を添えた文様。キクは半ば隠れるように表される場合が多い。中国南陽県の谷川の水はキクの露を含んで不老不死の霊水であるという説話に基づくといわれる。

段に菊水文唐織　林原美術館

**78 竜田川** たつたがわ

流水に紅葉を組み合わせた文様。奈良県北西部を流れる竜田川は、昔から紅葉の名所として知られ、水に紅葉の流れるその美しい情景は、しばしば歌や絵の題材ともなった。

紅地立波紅葉模様大口　東京国立博物館

**79 桜川** さくらがわ

サクラの花が散って川に流れていくさまを意匠化したもの。美しく咲いたサクラが散って川面を流れていく風情に、寂しさと優雅さを感じる日本人の心が反映した文様とされる。

朧染縮緬地花筏模様友禅染繍入振袖　国立歴史民俗博物館

**80 花筏** はないかだ

流水に花（おもにサクラ）と筏を組み合わせた文様。川面に散った花が固まって流れるさまを筏に見立て花筏とよんだが、この文様はこれを意匠化したもの。折り枝を添えたものもある。

紅地花筏模様舞衣　東京国立博物館

**81 立波** たつなみ

盛り上がった波頭をデザイン化した文様。動きに満ちた大文様が好まれた江戸期寛文年間ごろ、特に染織意匠として好まれた。波頭は漁網やタケノコなどに見立てられることもあった。

紅綸子地流水片輪車模様絞繡小袖　国立歴史民俗博物館

**82 青海波** せいがいは

波文様の一種。舞楽の曲に青海波があり、これに用いる袍に、波に千鳥の文様をつけるのがきまりになっていたのでこの名がある。近世、能装束や小袖の地文様に好まれた。

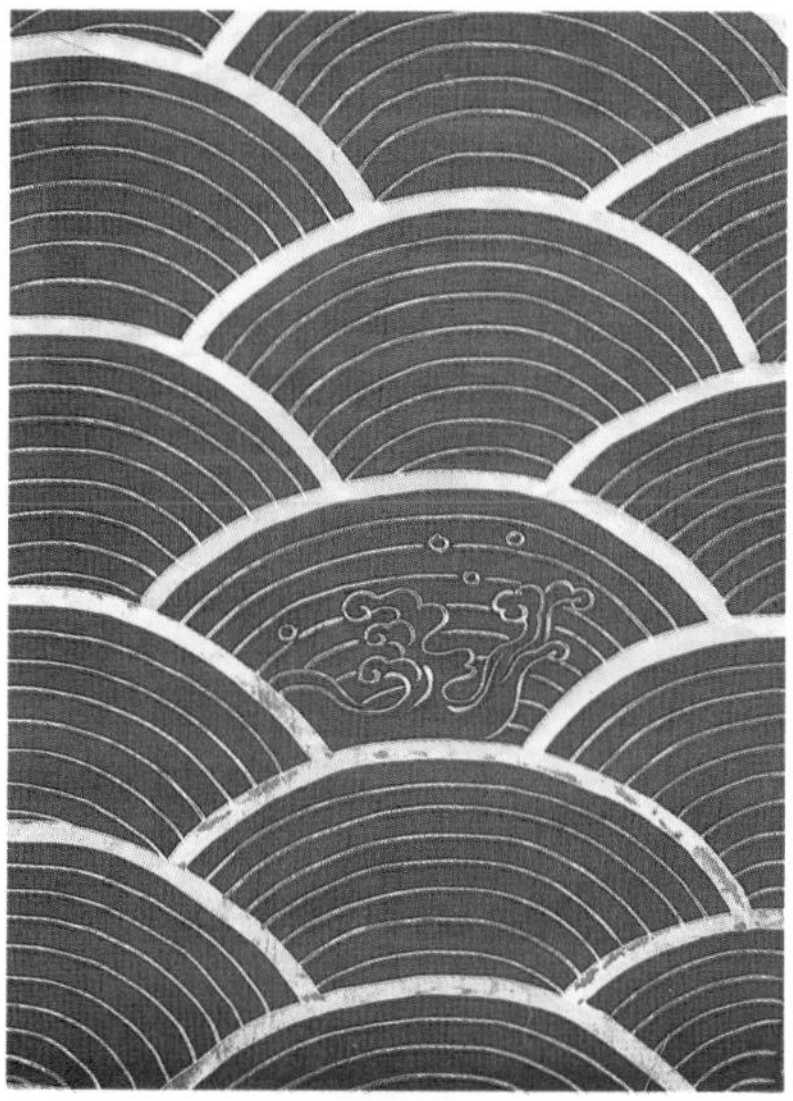

采女装束纁地青海波文様単衣　奈良県立美術館

**83 州浜** すはま

州のある浜辺の海中に出入りしたところを州浜といい、その形を図案化したものをいう。鎌倉時代、鏡をはじめ調度類に多く用いられ、江戸時代にまで伝統的に用いられた。

州浜鶴螺鈿硯箱

**84 海賦** かいぶ

海辺の風景を文様化したもの。波に州浜、磯馴松、水鳥などを配するほか、瑞獣（縁起のよい獣）を加えることもある。もともと大海に浮かぶ蓬萊山を和様化した文様である。

海賦裳　白小葵文固綾　熊野速玉大社

**85 葦手** あしで

かなや漢字の歌文字などを、水辺のアシが生い乱れているように書いたものを葦手といい、それを流水・アシ・岩などの風景の中に表した文様。平安から鎌倉時代に流行した。

扇面塩山蒔絵手箱　東京国立博物館

**縞** しま

二種以上の色糸を用いて、複数の直線を平行に配した文様の総称。これを垂直に表すものを縦縞、水平に表すものを横縞といい、また斜めに表すものを斜め縞という。「しま」の語源は、南洋から渡ってきたもの、すなわち「島物」にあるといわれる。

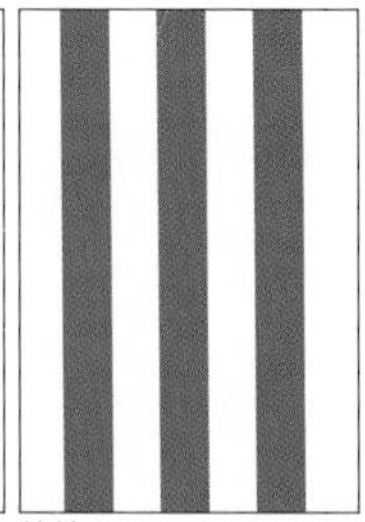

棒縞

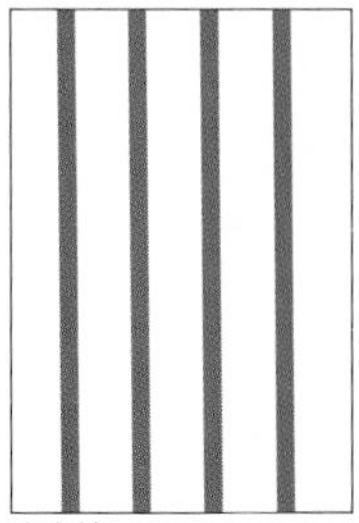

大名縞

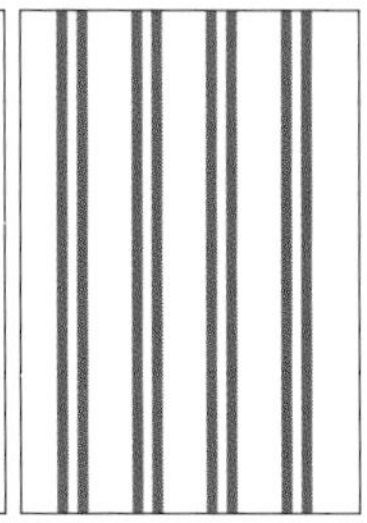

金通

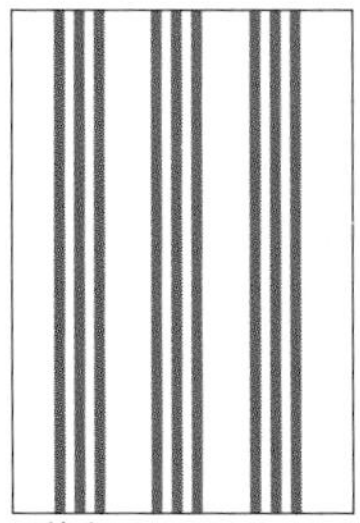

三筋立て

**86 棒縞** ぼうじま

並べたゴボウに見立て牛蒡縞ともよばれる太い縞文様。人情本『恋の若竹』には「又同じ山繭にて藤色の棒縞は、おん下着として」とあるが、棒縞は小袖の文様としてもしばしば用いられる。

**87 大名縞** だいみょうじま

縞糸の経糸二本、地糸の経糸六本の配列割合を基本として織られる均一な縦縞のこと。「大明縞」とも書く。

**88 金通** きんつう

縦縞二本ずつが一組みとなって、これが等間隔に配された文様。名称の由来は不明。

**89 三筋立て** みすじだて

縞三本を一組みとして、これを等間隔に配したもの。

**90 千筋** せんすじ

経糸二本で表した縦筋を経糸四本おきに並べた縦縞が千筋。経糸二本ごとに色を変えた縦縞を万筋とよび、縞の中では最も細かい。千筋よりも細かい縞という意味で万筋とよばれる。

紅毛裂「文政九年戌紅毛持渡反物切本帳」より　東京国立博物館

**91 子持縞** こもちじま

太い縞の片側に細い縦筋を添えたものを片子持縞、両側に添えたものを両子持縞という。「子持…」という名称から、婚礼時の祝いの装束などに用いられることがある。

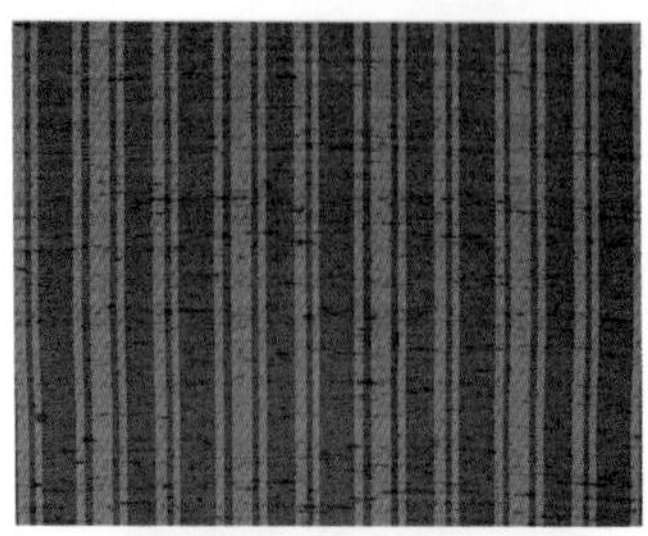

**92 滝縞** たきじま

太さの異なる縦縞を太いほうから細いほうへ順に並べた縞文様。片方向へのみ太さの変化するものを片滝縞、両方向へ変化するものを両滝縞という。落下する滝に見立ててこの名がある。

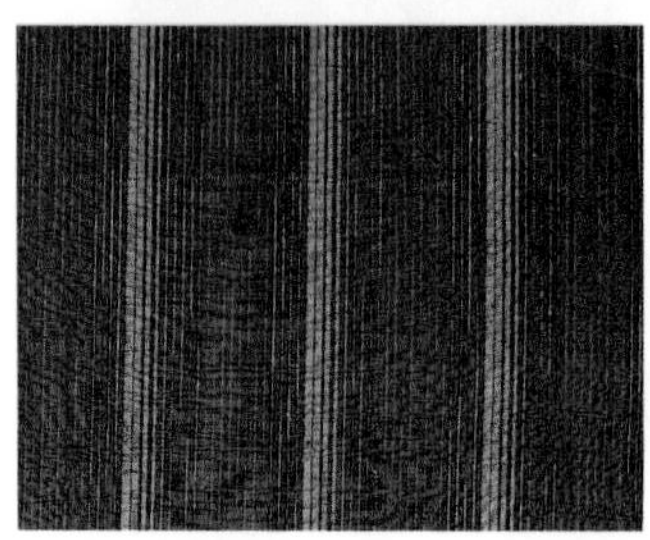

**93 蹌踉縞** よろけじま

波うつように褶曲した縞。蹌踉織という筬の位置を操作する特殊な織り方によって織り表される縞を特別によぶ場合もある。名物裂の日野間道の文様は著名。

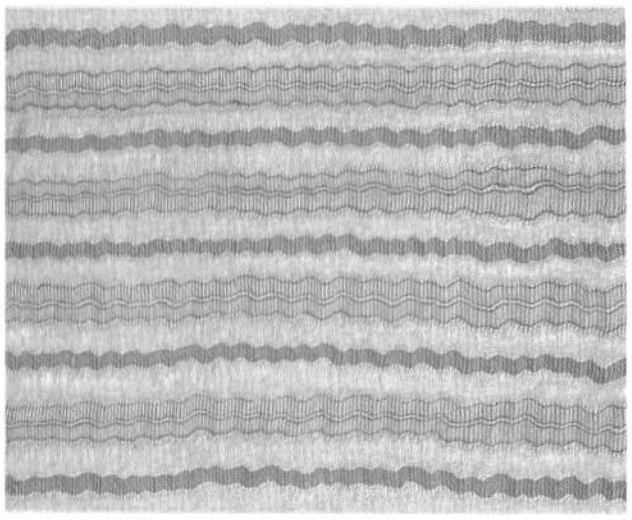

日野間道　東京国立博物館

**94 矢鱈縞** やたらじま

縞の太さや配列・配色に規則性のない縦縞文様。江戸時代の天保年間に江戸で大流行し、もっぱら女性に用いられたという。小袖類では縮緬や木綿物に多く見られる。

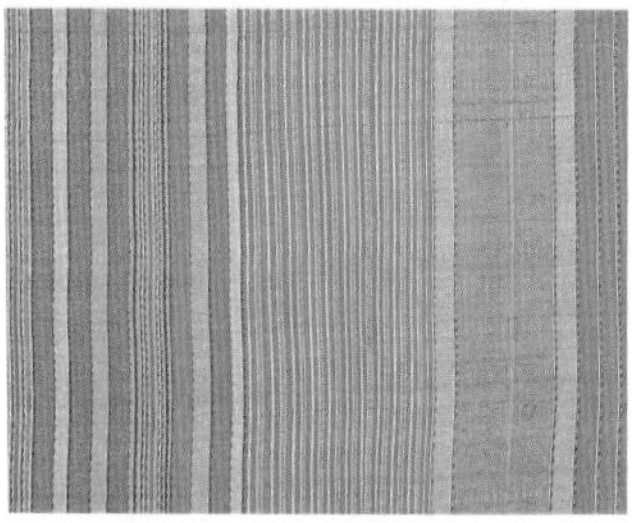

東京国立博物館

**95 奥縞** おくじま

赤糸入りの縦縞をいう。享保一七年(一七三二)に刊行された『万金産業袋』によれば、御本手縞ともよばれるが、名前の由来ははっきりしていない。

唐桟留見本裂　東京国立博物館

**96 芝翫縞** しかんじま

四筋の縦縞と鐶繋ぎ文(金輪をつないだ文様)を交互に配したもの。歌舞伎役者三世中村歌右衛門(俳名、芝翫)が文化一一年(一八一四)に演じた役柄の衣装に用いたのに始まる。

国明画「初春の賑ひ」　たばこと塩の博物館

**97 璃寛縞** りかんじま

紺と濃淡の茶、白で表された太い縦縞。江戸時代の文化文政期に芝翫(歌舞伎役者三世中村歌右衛門)と京阪の人気を二分した璃寛(嵐吉三郎)の好みから流行した文様。

紺木綿地璃寛縞模様小袖　東京国立博物館

## 格子

二本以上の垂線（縦縞）と水平線（横縞）を交差させた文様の総称。構成要素である縦横の縞の太さや間隔・配列の違いによって無数の種類がある。縦横の縞が太く間隔のあいたものを大格子、細く間隔のせまいものを小格子という。

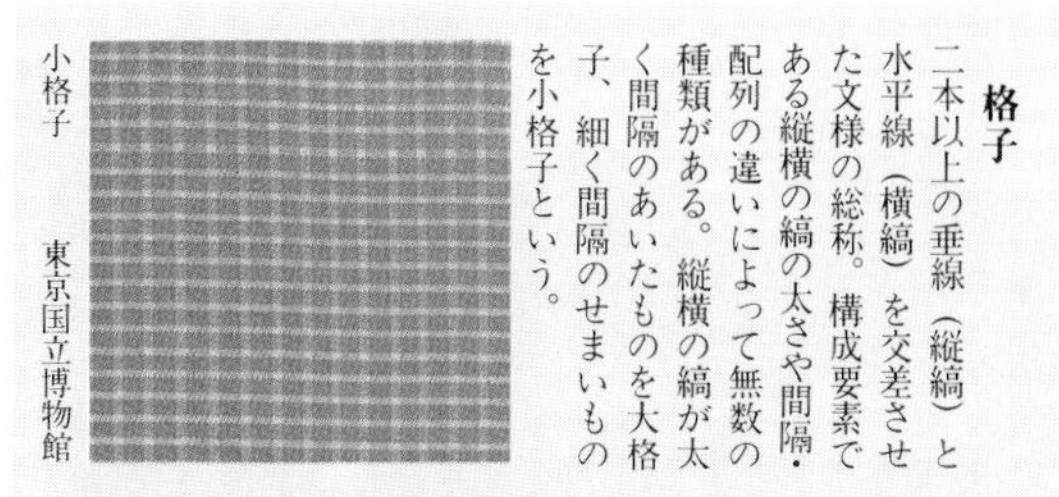

小格子　東京国立博物館

**98 弁慶縞** べんけいじま

経糸、緯糸ともに同じ二色を用いて太い縞を表し、これを組み合わせた碁盤目状の大柄な格子。紺と茶の格子を茶弁慶、紺と浅葱の格子を藍弁慶という。

大弁慶模様衣　東京国立博物館

**99 翁格子** おきなごうし

太い格子の間にさらに細い格子を入れたもの。名称の由来もこれに関係あるとされ、多くの子孫をもつ老人（翁）のように、たくさんの格子を持つからといわれる。

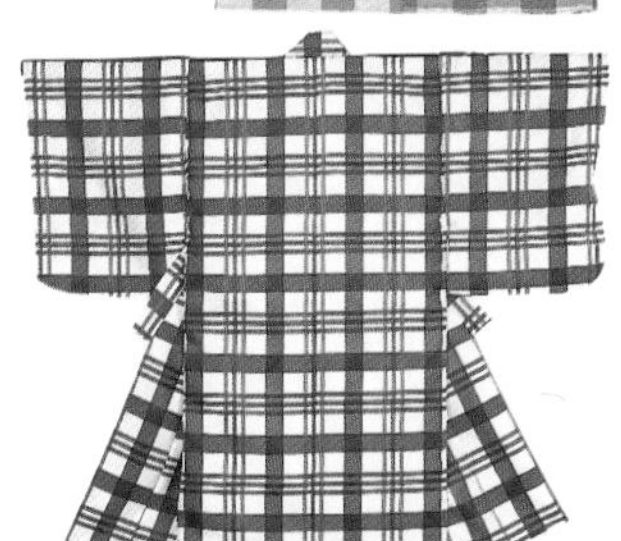

「勧進帳」武蔵坊弁慶の衣装　松竹衣裳

**100 童子格子** どうじごうし

太い子持縞を縦横に組み合わせた格子文様。文献によれば、襦袢やどてらによく用いられたという。酒呑童子の着衣の文様とされるが詳細は不明である。

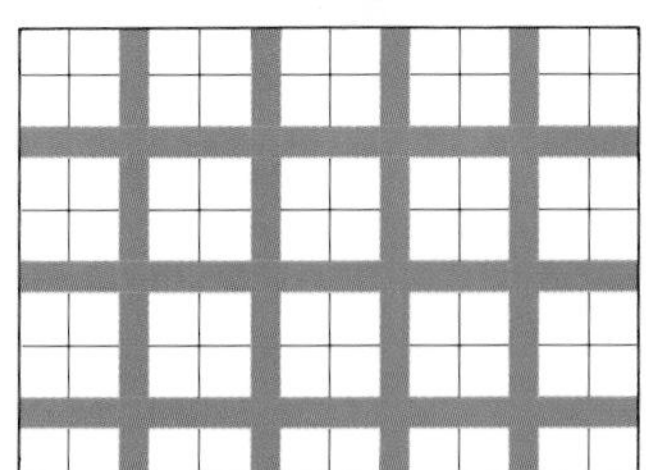

**101 味噌漉し縞** みそこしじま

太い大柄な格子の中に細かい細格子を配したもので、味噌漉しの底の網目に見立ててこの名がある。小弁慶ともいわれるように、細かい格子は均一な方形をなす。

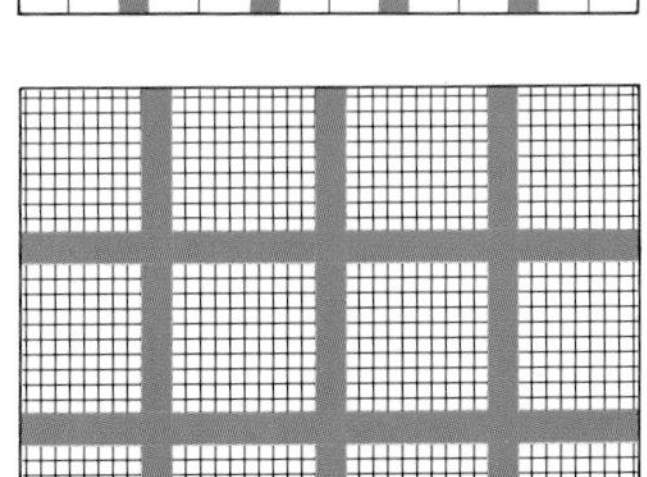

**102 三筋格子** みすじごうし

縦横各三本ずつの縞を直交させてできる格子。歌舞伎役者七世市川団十郎（一七九一～一八五九）が用い、文化文政期に流行した文様。団十郎縞ともよばれる。

豊国画「菅原伝授手習鑑」梅王丸　国立劇場

**103 菊五郎縞** きくごろうじま

歌舞伎役者三世尾上菊五郎（一七八四～一八四九）に因んだ判じ文様。五本の縞と四本の縞からなる格子に「キ」「呂」を交互に配し、「キ九（五＋四）五呂」と読ませる。

国安画「花曇艶街下駄傘」　たばこと塩の博物館

**104 六弥太格子** ろくやたごうし

三升文（三重の升目模様）を上下左右につないだ文様。嘉永二年（一八四九）、江戸河原崎座の狂言で、八世市川団十郎が岡部六弥太の裃に用いた文様。

国貞画「役者の新年」　国立劇場

# 色名辞典

「色名辞典」は、「色名一覧」と「色名解説」とから構成されている。「色名一覧」に示した番号は、「色名解説」の中にある番号で、その番号のところにその色名についての解説等があることを示す。

## 色名一覧

### あ行



### か行



### さ行

# 色名解説

色の区別を表すために考案された色の名称を色名という。色は本来、人間の主観的感覚にすぎないが、その色の感覚に名前がつけられると、もはや個人の感覚的経験ではなく、多くの人たちの共通認識となる。

地球上のすべての民族は、たいてい色を分類するための基本的な用語を持っている。その基本色彩語の数と種類は、それぞれの文化によって異なっている。以下のページで、大きな見出し語として用いられている分類名は、現在一般に用いられている基本色彩語である。

赤という基本色彩語で表される色の中にも、実はいろいろな赤色がある。日本人も、その他諸外国の民族も、その微妙な色の違いを表す固有の色名を、数多く創作してきた。これらの色名は、それぞれの民族の着色材料や表現技術、色に対する多様な感性、価値観などを物語る、色彩文化の索引のようなものである。ここに紹介するのは、日本の伝統的な色名と、外来語の代表的な色名の一部であり、これらの色名にも何らかの由来や歴史的意味が秘められている。

人類の色の使用は、すでに旧石器時代に始まっている。土や鉱石から顔料を作り、植物や動物から色素を抽出して染料として用いるすべを、大昔から人々はよく知っていた。美しい色に着色できる天然の顔料・染料は、古代の世界において重要な交易物資になっており、多くの民族に広く使用されていた。日本の伝統色名の中にも、西洋の古い色名にも、その色の原料が遠い異国から渡来したものであることを物語るものがいくつもある。

ある色に着色できる顔料・染料の原料、その原産地の名前は、色名として古くから用いられてきたが、そのほかに、その色から連想される自然物・人工物その他の事象から命名された色名も少なくない。空色・草色・水色などは多くの民族に共通に用いられる色名といえるが、それぞれの風土や文化の特性を表す色名も多い。しかし、これらの古来の色名が表していた色がどんな色であったのかを、現代人が確定することはむずかしい。文献や考古学的資料などのかすかな手がかりから、推察するほかはないからである。

一八世紀から一九世紀にかけて、人工的に作りだされた色鮮やかな新しい顔料がつぎつぎに出現し、美術・装飾などにおける色の表現領域はにわかに拡大されることになった。一九世紀後半には、化学的に合成された人造染料も登場し、人類に使用できる色の種類は飛躍的に増大した。それに応じて新しい色名がつぎからつぎへと創作され、色と色名との対応関係も変わってきた。新しい化学染料で着色された色が、古来の伝統的色名を借用する例も珍しくなかったために、その色名が本来表していた色はますますわかりにくくなってしまった。このような歴史的事情だけでなく、元来一つの色名が表す色の範囲はかなり広い。したがって、ある色名の表す色を特定することはきわめてむずかしく、ここではそれぞれの色名が表す色合いの一例を標準的な四色の印刷で示した。

## ピンク系

**1 桜色**
さくらいろ　ヤマザクラの花のような淡紅色を表す伝統色名。平安後期以降、文人・歌人が愛好してきた日本の春の代表色。

**2 退紅**
あらぞめ　たいこうともいう。「退」は褪（たい）と同義で、色あせた紅染を意味する。薄い紅染のピンクを表す古い伝統色名。

**3 一斤染**
いっこんぞめ　ベニバナ一斤で絹一疋（ぴき）を染めたときの淡い色。高価な紅染が禁色だった時代でも、淡い一斤染は許された。

**4 ベビーピンク**
西洋で乳幼児服の標準色として習慣的に用いられてきた、ごく薄いピンク。女の子の服に使われることが多い。

**5 シェルピンク**
海産の貝殻の内側に見られる淡いピンクからとられた色名。このピンクは、光の干渉現象によって見える色である。

**6 曙色**
あけぼのいろ　夜明けの空の色を思わせる染色の色名。早暁の空に浮かぶ雲の色を表す。東雲（しののめ）色の別名もある。これらの染色の色名は、江戸時代前期の一七世紀後半から使われはじめたものだが、ほとんど同時期に、西洋にもオーロラという色名が登場した。オーロラはローマ神話に出てくる女神の名で、夜明けの空を染めるピンク色を表す。これと似た色にドーンピンクという色名があるが、こちらはオーロラよりもやや紫みのピンクになる。

**7 パステルピンク**
顔料を白亜で固めた描画材パステルの色調は、明るく柔らかい感じがする。これはパステル調のピンクを表す色名。

**8 薄紅**
うすくれない　後世では「うすべに」。淡く紅色を帯びた色の形容として一般に用いられるようになった。ローズピンク。

**9 桃色**
ももいろ　桃花染・桃染などとよばれた染色の色。モモの花のような淡紅色を表す一般的な色名。

**10 紅梅色**
こうばいいろ　平安朝から貴族階級が愛好した紅梅の花のような明るい紅染の色で、やや紫みのあるピンクを表す。

**11 撫子色**
なでしこいろ　平安朝の襲の色目にもあった伝統色名。ナデシコの花のような紫みのある薄紅色。石竹色。

**12 鴇色**
ときいろ　国際保護鳥となっているトキの翼の内側や風切り羽・尾羽などの淡紅色からつけられた近世の染色の色名。

**13 オペラ**
今世紀の初めに出現した赤紫色の流行色名。歌劇・歌劇場という意味で、ピンクや赤紫の絵の具の名前によく使われる。

**14 カメリア**
東洋から渡ってきたツバキの花のようなピンクを表す西洋の流行色名。一九世紀中ごろから広く知られるようになった。

**15 珊瑚色**
さんごいろ　装身具や装飾に用いられる赤珊瑚のような色を表す色名。珊瑚珠色。英名コーラルピンク。

**16 シュリンプピンク**
ゆでた食用エビの色に似たピンクを表す色名。フランス語で同じ意味のクルヴェットも同じ色を表している。

**17 梅鼠**
うめねず　この色名の梅は赤みを表す形容で、赤みのある薄い鼠色のことをいう。江戸後期から鼠のつく色名が多くなる。

**18 オールドローズ**
古い・昔の、という意味の「オールド」は、くすんだ灰みの色の形容に使われる。くすんだ薔薇色を表す一九世紀の流行色名。

**19 鮭色**
さけいろ　英名サーモンピンクの訳語。サケの肉色に似た色を表す色名。英語の色名は一八世紀から用いられていた。

**20 洗朱**
あらいしゅ　朱色を洗って、色が薄くなったことの形容だが、初めから薄い黄赤に染めた染色の色のことである。

## 赤系

**21 牡丹色**
ぼたんいろ　紫みのある紅染の華やかな赤紫を表す伝統色名。中国で「花王」とされるボタンの花の色から名づけられた。

**22 マゼンタ**
染料・印刷インクなどの着色材の三原色の一つ。イタリアの古戦場（マゼンタ）の名前に由来するアニリン染料の色名。

**23 躑躅色**
つつじいろ　赤ツツジの花のような紫み赤の伝統色名。襲の色目にも躑躅襲がある。英名アゼイリア。

**24 苺色**
いちごいろ　イチゴの果実のような濃い紫み赤の色名。英名ストロベリー・仏名フレーズなどの訳語。

**25 チェリーレッド**
サクランボのような赤色を表す一五世紀以来の古い色名。この色はフランス語のスリーズの名称でも知られている。

**26 薔薇色**
ばらいろ　西洋最古の園芸植物で、花の女王とされていたローズの赤を表す色名。「バラ」はイバラに同じ。しょうびいろ。

**27 ローズマダー**
マダーはセイヨウアカネから採れる赤い染料。一八六八年にその成分アリザリンが合成され、その色の絵の具の色名になった。

**28 深紅**
こきくれない・しんく　ベニバナで染めた濃い紅色の伝統色名。混じりけのない真の紅染ということを表すために「真紅」とも書く。「紅」は呉の国から渡来した染料の意で「くれない」というが、海外渡来の紅染であることと、色の美しさの強調を兼ねて、中国・朝鮮の地から伝えられた紅染という意味で、唐紅・韓紅という字があてられることがある。どちらも「からくれない」と読む。「から」の音は、実は赤の強調「あから」の略ともいわれるが、定説とはなっていない。

**29 紅**
くれない　呉藍の意を表す。ベニバナの花びらから紅色素を抽出し、染色や化粧用に用いた。近世では「紅色」とも書く。

**30 カーマイン**
カイガラムシの雌を原料とする有機染料の赤色を表す色名。西洋では古代から染色や絵の具などに用いられた。洋紅。

**31 茜色**
あかねいろ　アカネは、その根から赤の染料を採る。人類最古の植物染料の一つである。その赤色の染色を表す色。

**32 ターキーレッド**
インド渡来の茜染の赤い染色は、古来、トルコ赤として広く知られていた。オリエントレッド。

**33 臙脂色**
えんじいろ　濃い赤色を表す色名。ベニバナから作られた臙脂の他にカイガラムシから作られた生臙脂もあった。

**34 緋色**
ひいろ　さえた黄みのある赤の色名。古代の緋色は本来は茜染の鮮やかな赤であった。昔、「真緋」と記した色名もある。

**35 スカーレット**
西洋の緋色とされるスカーレットは、カイガラムシで染められた色だが、緋色に類似。高位・高官の色とされた。

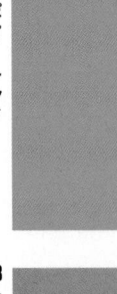

**36 カーディナル**
ローマ教皇庁の枢機卿の帽子、衣服の色から名づけられた色名だが、スカーレットより暗い深紅色を表すことが多い。

**37 猩猩緋**
しょうじょうひ　「猩猩」は古代の中国でサルに似た空想上の動物で、その血で染めたといわれる伝説的な緋色の色名が猩猩緋である。実際は南蛮渡来のエンジムシから作られた染料、洋紅で染めた色が、いつのまにかこの名でよばれて愛用されたといわれている。西洋では、赤い色はしばしば血の色に結びつけられる。血の赤を意味するブラッドレッドは、ローマ神話のヴィーナスの血のような美しい赤を表す色名で、もっとも赤らしい赤とされていた。

**38 シグナルレッド**
信号の赤を表す色名。色は小さな点になるとわからなくなるものだが、赤だけは見えるので、信号の色には優先的に選ばれた。

**39 ポピーレッド**
ケシの花のような鮮やかな赤を表す色名である。フランス語のコクリコやポンソーもヒナゲシの赤い花の色を表す。

**40 ルビーレッド**
宝石の紅玉のような深みのある赤を表す色名。柘榴石とよばれるガーネットも、同系統の色の色名に用いられる。ルビー。

**41 クリムソン**
カーマインと同じ原料でつくられた色だが、こちらのほうが暗く濃い赤のことになる。西洋の臙脂色ということができる。

**42 真朱**
まそほ・しんしゅ　天然の硫化水銀原鉱から作られた顔料の色のこと。中国湖南省の辰州産の朱が有名で辰砂ともいわれた。

**43 朱色**
しゅいろ　硫黄と水銀から作られた人造の朱色は、銀朱ともいう。西洋のバーミリオンもこの朱色を表す色名である。

**44 丹色**
にいろ　丹は赤土のことだが、一般に酸化鉛の鉛丹の色を指す。鉛丹は現在も防錆塗料に使われるが、最古の顔料の一つ。

**45 ポンペイアンレッド**
ポンペイ遺跡から発掘された壁画に使われていた朱色の色名。朱色か鉛丹の赤色に近い色と考えられる。

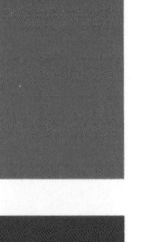

**46 オクサイドレッド**
色名は酸化した赤、の意。石器時代人にも知られていた人類最古の赤色顔料は、酸化第二鉄を主成分とする赤土であった。同じ赤土はいたるところにあって、同じ成分の酸化鉄を含む赤鉄鉱も諸方から産出する。鉄分を含む黄土を焼製して、同じ顔料を得ることもできる。古くからとくに有名だったのがインド赤で、インディアンレッドはこの色の代表的色名である。西洋ではベニス赤として有名で、ベニシアンレッドの名で知られていた。

**47 カッパーレッド**
よく磨いた銅の表面の色から名づけられた黄み赤の色名。同じ意の、赤銅色はもっと暗い赤褐色を表す。

**48 アラビアンレッド**
酸化第二鉄を含む粘土質の風解した岩石の色。古代アラビアで顔料に用いられていた。スパニッシュレッド。

**49 オックスブラッドレッド**
雄牛の血を意味する暗い赤の色名。牧畜民が家畜の血を門口に塗って呪いにしていた名残を示す。色名は近世の創作である。

**50 煉瓦色**
れんがいろ　粘土を焼き固めた煉瓦の赤褐色を表す色名。英名ブリックレッド。粘土を焼いた屋根瓦の色はタイルレッド。

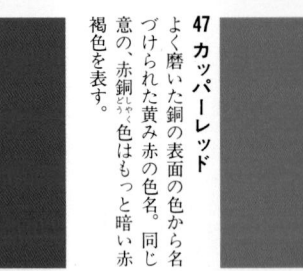

**51 蘇芳色**
すおういろ　南方アジア原産のマメ科の木の木材を染料として染めた暗い紫み赤を表す伝統色名。後世に紫染の代用になった。

**52 葡萄色**
えびいろ　「葡萄」はブドウの古名。ヤマブドウの熟した果実のような色。葡萄染。またイセエビの色「海老色」とも書く。

**53 ワインレッド**
赤ワインのような深い紫みのある赤を表す。フランスのボルドー産赤ワインの明るい色を表す英名はクラレット。

**54 バーガンディ**
フランスのブルゴーニュ産赤ワインの色を表す色名。ワインカラーのもっとも深い色になる。仏名ブルゴーニュ。

**55 栗梅**
くりうめ　江戸前期からの染色の色を表す色名。栗色を帯びた赤茶色。当初は染料にウメの木の皮を用いていた。

**56 海老茶**
えびちゃ　古代の葡萄色が近世になってイセエビの殻に似た色のことになり、海老茶という色名が生まれた。

**57 檜皮色**
ひわだいろ・ひはだいろ　ヒノキの樹皮のような暗い赤褐色を表す古い伝統色名。染色の色名として後世にも用いられている。

**58 小豆色**
あずきいろ　赤小豆のような暗いくすんだ赤色を表す色名。小豆は昔から知られていたが、色名になったのは江戸時代から。

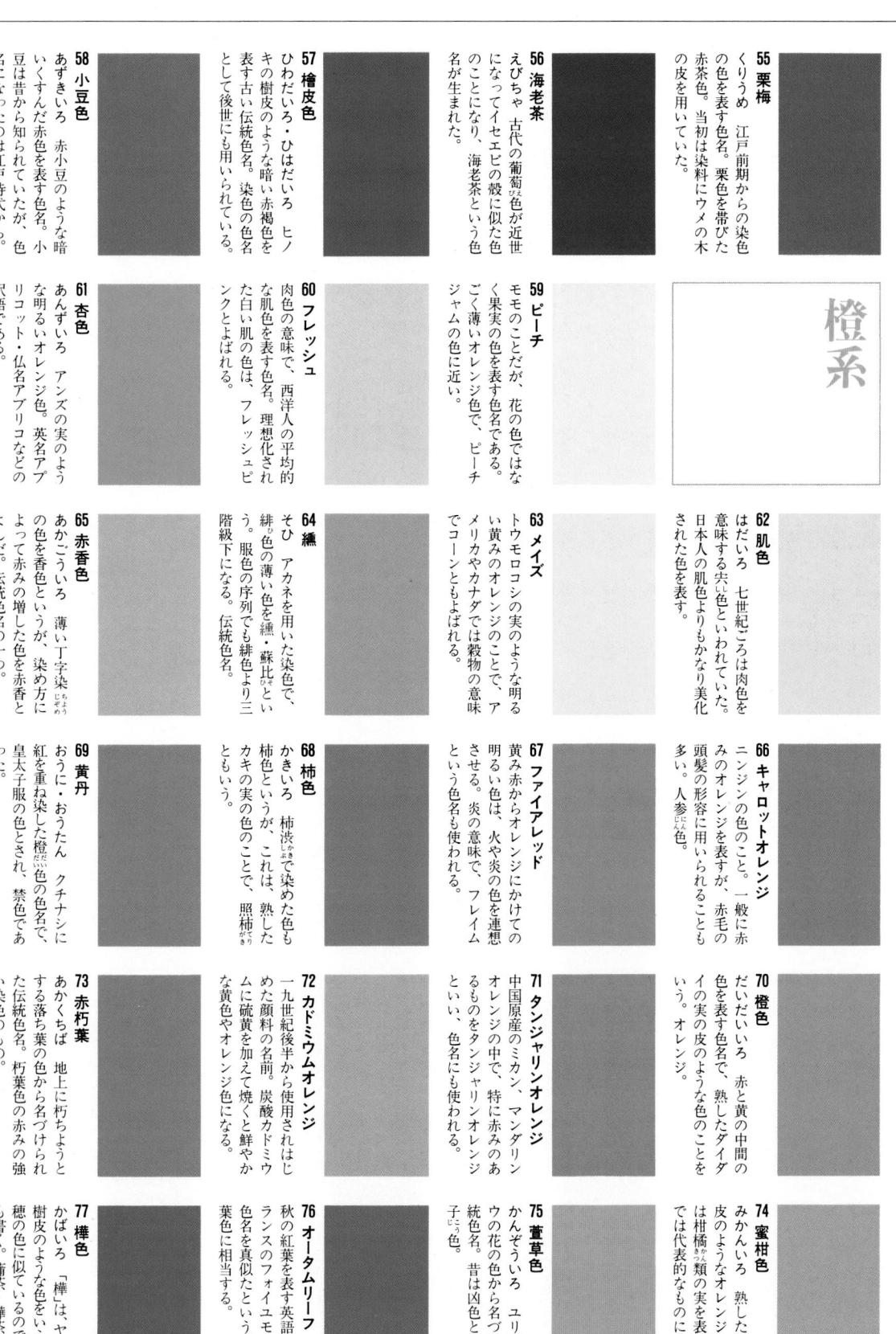

## 橙系

**59 ピーチ**
モモのことだが、花の色ではなく果実の色を表す色名である。ごく薄いオレンジ色で、ピーチジャムの色に近い。

**60 フレッシュ**
肉色の意味で、西洋人の平均的な肌色を表す色名。理想化された白い肌の色は、フレッシュピンクとよばれる。

**61 杏色**
あんずいろ　アンズの実のような明るいオレンジ色。英名アプリコット・仏名アブリコなどの訳語である。

**62 肌色**
はだいろ　七世紀ごろは肉色を意味する宍色といわれていた。日本人の肌色よりもかなり美化された色を表す。

**63 メイズ**
トウモロコシの実のような明るい黄みのオレンジのことで、アメリカやカナダでは穀物の意味でコーンともよばれる。

**64 纁**
そひ　アカネを用いた染色で、緋色の薄い色を纁・蘇比といい、服色の序列でも緋色より三階級下になる。伝統色名。

**65 赤香色**
あかごういろ　薄い丁字染の色を香色というが、染め方によって赤みの増した色を赤香とよんだ。伝統色名の一つ。

**66 キャロットオレンジ**
ニンジンの色のこと。一般に赤みのオレンジを表すが、赤毛の頭髪の形容に用いられることも多い。人参色。

**67 ファイアレッド**
黄み赤からオレンジにかけての明るい色は、火や炎の色を連想させる。炎の意味で、フレイムという色名も使われる。

**68 柿色**
かきいろ　柿渋で染めた色も柿色というが、これは、熟したカキの実の色のことで、照柿ともいう。

**69 黄丹**
おうに・おうたん　クチナシに紅を重ね染した橙色の色名で、皇太子服の色とされ、禁色であった。

**70 橙色**
だいだいいろ　赤と黄の中間の色を表す色名で、熟したダイダイの実の皮のような色のことをいう。オレンジ。

**71 タンジャリンオレンジ**
中国原産のミカン、マンダリンオレンジの中で、特に赤みのあるものをタンジャリンオレンジといい、色名にも使われる。

**72 カドミウムオレンジ**
一九世紀後半から使用されはじめた顔料の名前。炭酸カドミウムに硫黄を加えて焼くと鮮やかな黄色やオレンジ色になる。

**73 赤朽葉**
あかくちば　地上に朽ちようとする落ち葉の色から名づけられた伝統色名。朽葉色の赤みの強い染色のもの。

**74 蜜柑色**
みかんいろ　熟したミカンの果皮のようなオレンジ色。最近では柑橘類の実を表す色名の中では代表的なものになった。

**75 萱草色**
かんぞういろ　ユリ科のカンゾウの花の色から名づけられた伝統色名。昔は凶色とされた。柑子色。

**76 オータムリーフ**
秋の紅葉を表す英語の色名。フランスのフォイユモルトという色名を真似たという。西洋の朽葉色に相当する。

**77 樺色**
かばいろ　「樺」は、ヤマザクラの樹皮のような色をいうが、ガマの穂の色に似ているので「蒲色」とも書く。蒲茶・樺茶。

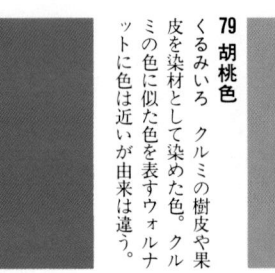

## 茶系

**78 狐色**
きつねいろ　キツネの毛皮の色に似た色を表す。昔から食物をこんがり焼きあげた色の形容によく使われる。英名フォックス。

**79 胡桃色**
くるみいろ　クルミの樹皮や果皮を染材として染めた色。クルミの色に似た色を表すウォルナットに色は近いが由来は違う。

**80 朽葉色**
くちばいろ　秋の落ち葉の色を表す王朝風の優雅な伝統色名。この色よりやや黄みをおびたものに黄朽葉がある。

**81 小麦色**
こむぎいろ　コムギの穀粒のような色を表す色名。くすんだ赤みの黄。日焼けした健康な肌色の形容に使われる。

**82 砥の粉色**
とのこいろ　砥石を切り出す時にできる粉末が「砥の粉」で、柱を磨いたり木目の目止めにした。その粉に似た淡褐色の色名。

**83 薄香**
うすこう　香料のチョウジを染料に用いて、淡い黄褐色に色づけた染色の色名。平安朝以来の伝統色名である。

**84 ベージュ**
フランス語の色名で、初めは灰色を表していたが、染色用語になって、未加工・未漂白の羊毛の色を表すようになった。

**85 ウォルナット**
クルミの殻のような明るい茶色を表す色名で、一七世紀初めからイギリスで広く通用していた。木材の色のことではない。

**86 トパーズ**
透明・半透明の黄玉といわれる宝石がトパーズで、明るい黄褐色を表す色名として、一六世紀からすでに用いられていた。

**87 赤白橡**
あかしろつるばみ　ハゼの下染の上に茜を薄くかけた淡褐色の染色の名前で、昔、上皇の着用する色とされていた。

**88 バフ**
バッファロー（野牛）から派生した黄褐色の色名で、ウシやスイギュウの揉み皮の色を表すのに用いられ、普及した。

**89 亜麻色**
あまいろ　リンネルの材料のアマのような淡い黄褐色を表す色名。英名フラックスなどの訳語で西洋人の毛髪の色を形容。

**90 ヘイズル**
ハシバミの実のような明るい茶色の色名。フランス語のヌワゼットも同じ意味で、瞳の色の形容などによく用いられている。

**91 ヘンナ**
ヘンナという熱帯植物の葉から作る染料の名前。近東の婦人はこれで指先を染め、西洋の婦人は金髪を染めるという。

**92 肉桂色**
にっけいいろ　香料や調味料に使うシナモンのような茶色を表す色名。英語シナモンの訳語である。

**93 飴色**
あめいろ　砂糖を煮つめた粘質の飴のような茶褐色を表す通俗的な色名。英名キャラメルもこれに似た色を指す。

**94 香色**
こういろ　香料に用いられるチョウジを染料として染めた薄茶色の伝統色名。仏教に関係の深い色であったとされている。

**95 タン**
黄褐色を表す一般的な色名。タンニン酸を含む樹皮をつぶしたもので、なめした皮の色のことをいう。レザー。

**96 丁字色**
ちょうじいろ　モルッカ諸島原産のチョウジの蕾が平安貴族の染色に用いられ、丁字染とよばれた。香色より濃い黄褐色。

**97 白茶**
しらちゃ　茶色の薄い染色を江戸時代には白茶とよぶようになった。元禄の中期ごろまで流行した色名。

**98 駱駝色**
らくだいろ　ラクダの毛皮のような明るい茶系の色を表す。外来色名キャメルの訳語として、近世に一般的な色名になった。

**99 フォーン**
子ジカの毛皮のような色を表す茶色の色名。子鹿色という訳語の色名も使われる。西洋では一八世紀末以来の色名。

**100 コーク**
コルクガシから作られるコルクのような茶褐色の色名。日本でもコルク色の名で一般によく知られるようになった。

### 101 黄櫨染
こうろぜん　ハゼの若芽の煎汁(せんじる)に蘇芳(すおう)を重ね染した微妙な色調の染色の名前。天皇が儀式に着用する最高の禁色であった。

### 102 アガット
宝石のめのうの色からとられた濃い赤褐色の色名。一六世紀にはすでに色名として用いられていた。

### 103 モロッコ
最初はフランス語でモロッコ革の赤褐色のことであった。今世紀の初めごろから国際的に通用する色名になった。

### 104 弁柄色
べんがらいろ　インドのベンガルから伝えられた色を表す当て字の色名で、酸化鉄顔料の赤茶色を表す。鉄丹(てつたん)ともいった。

### 105 バーントシェンナ
イタリアのシェーナの土は昔から顔料の原料として有名で、シエーナ土を焼いて赤褐色にした絵の具にこの名がついている。

### 106 マルーン
イタリアで大粒のクリを表すマローネから生じた色名。そのクリの表皮のような赤みの暗褐色を表す。

### 107 代赭色
たいしゃいろ　赤土から作られる天然の酸化鉄顔料の色。昔、中国代州産の赤土が有名だったので代赭が顔料の名前になった。

### 108 トバコーブラウン
煙草(タバコ)色のことをいう。タバコの葉のような茶褐色の色名として、一八世紀以来、広く通用するようになった。

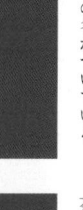

### 109 ラセットブラウン
ラセットは、少し赤みがある色の形容に用いられる英語特有の言葉で、赤みを帯びた落ち葉の茶色を表すのによく用いられる。

### 110 茶色
ちゃいろ　日本人の間に茶を飲む習慣が広まって以来、英語のブラウンに相当する色名になった。茶染の色。褐色。

### 111 栗色
くりいろ　栗皮色・落栗の古名があるように、クリの実の皮の色のこと。英語も小粒のクリの色はチェスナッツブラウン。

### 112 コーヒーブラウン
コーヒー豆をひいた粉のような色を表す。カカオの実から作られたココアのような色がココアブラウン。

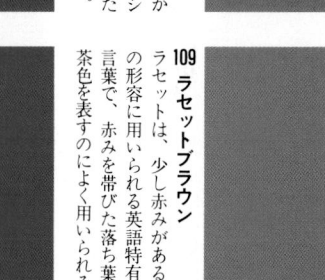

### 113 雀色
すずめいろ　スズメの頭のような赤黒い茶色、雀頭(じゃくとう)色を表す近世になっての色名。雀茶(すずめちゃ)・赤褐色。

### 114 ココナッツブラウン
ココヤシの実のような茶色の色名。西洋でこの色名が普及したのは二〇世紀初めで、室内装飾によく用いられた色という。

### 115 ローアンバー
イタリアのウンブリア地方産の土に由来する土色顔料の色名。マンガンと鉄を含む土を精製して作られ、絵の具に用いられる。

### 116 ローシェンナ
イタリアのシェーナ産の土から作られた顔料の名前。トスカナ地方とサルジニア島産出の黄土もすべてシェーナ土とよばれた。

### 117 芝翫茶
しかんちゃ　江戸時代の歌舞伎役者、三世中村歌右衛門が好んで用いた茶色で、彼の俳名芝翫の名をつけてよばれた。

### 118 団十郎茶
だんじゅうろうちゃ　歌舞伎役者、市川団十郎が代々用いた成田屋の茶色。弁柄と柿渋(かきしぶ)によって染めた柿渋色のこと。

### 119 梅幸茶
ばいこうちゃ　初代尾上梅幸の名からとられた江戸時代の役者色の一つ。一八世紀後半の流行色として普及した。

### 120 路考茶
ろこうちゃ　江戸歌舞伎最高の女形、二代目瀬川菊之丞の俳名(路考)にちなんでつけられた色名。くすんだ渋みのある茶。

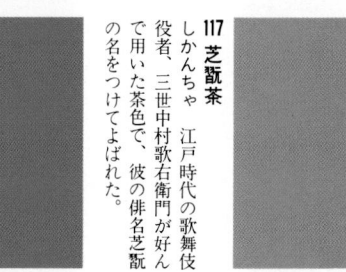

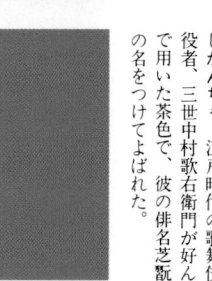

### 121 煤竹色
すすたけいろ　すすけたタケのような色を表す染色の色名。江戸前期からくすんだ中間色調の色が粋(いき)な色とされていた。

### 122 ヘアーブラウン
西洋人の毛髪の色に多い、くすんだ茶褐色の色名である。ブルネットとよばれる毛髪はもっと濃い色のことをいう。

### 123 空五倍子色
うつぶしいろ　ヌルデの葉にヌルデノミミフシという虫が寄生してできたこぶを「五倍子(ふし)」といい、それで染めた暗褐色の色。

### 124 ビスター
煤(すす)を柔らかく溶かしたものがビスターで、画家はビスター絵の具で下絵やペン画などを描いた。その色を表す色名である。

**125 ドラブ**
語源は不明確だが、泥のような暗いさえない褐色を表すのによく用いられる。色を美化する色名が多い中で、例外的な色名。

**126 バンダイクブラウン**
一七世紀以来、腐植土質の褐炭から絵の具が作られ、同時代のフランドルの肖像画家バンダイクの名がその色名に選ばれた。

**127 バーントアンバー**
ローアンバーを焼製した顔料の名前。焼くと粒子が大きくなり、色調も赤みを増して、被覆力も増してくる。

**128 鳶色**
とびいろ　トビの羽のような暗い茶色を表す色名。江戸期の代表的な茶色の染色で、檜皮色をくすませたような色。

**129 焦茶**
こげちゃ　一般に暗い色の形容には「濃」「深」「暗」の字が当てられるが、茶色の暗色は焼け焦げた茶と表現される。

**130 セピア**
イカの内臓分泌腺の中で作られる黒褐色の分泌物を乾燥させて、それからセピア顔料が作られた。暗褐色絵の具の色名。

**131 チョコレート色**
ミルクを加えないブラックチョコレートの色からとられた暗褐色の色名。フランス語でショコラ。

**132 涅色**
くりいろ　川底の泥のような黒土の色のこと。その泥で布を染めることも行われた。平安期の墨染では「皂色」と記された。

## 黄系

**133 クリーム**
乳脂の色を表す淡黄色の代表的な色名で、クリームホワイトまたはクリームイエローという。西洋では古い色名の一つ。

**134 エクリュ**
未漂白・未加工の繊維の色を表すフランス語の色名。本来は染色業界の用語だったが、流行色名として広く通用しはじめた。

**135 練色**
ねりいろ　生糸をねりあげた糸を生糸に対して練糸といった。漂白する前の絹糸の色が練色である。伝統色名の一つ。

**136 鳥の子色**
とりのこいろ　鳥の卵の殻の色に似た淡黄色の伝統色名。英語では卵殻の意味そのままの色名エッグシェルという。

**137 ストロー**
わらの色のような明るい黄色の色名。西洋では麦わらや干し草の色のことだが、日本の稲わらの色もほとんど同じである。

**138 象牙色**
ぞうげいろ　象牙だけでなく動物の牙や骨の色に似た灰色に近い淡黄色を表す。英名アイボリー・仏名イボワールの訳語。

**139 卵色**
たまごいろ　卵の黄身のような明るい黄色を表す染色の色名。江戸前期から用いられるようになった。「玉子色」とも書く。

**140 梔子色**
くちなしいろ　クチナシの実で染めた黄色い色の伝統色名で、平安時代には黄支子とよばれた。「支子色」と書くことも多い。

**141 ネープルスイエロー**
ナポリの黄として中世から知られていた鉛とアンチモン化合物の顔料の色名。一九世紀以前の代表的な黄色絵の具の一つ。

**142 密陀僧**
みつだそう　古代から壁画などに用いられた一酸化鉛の黄色顔料の東洋における色名。西洋ではマシコットの名で知られる。

**143 雄黄**
ゆうおう　天然の硫化砒素化合物の名前。西洋ではオーピメント。有毒のため使われなくなり色名が残った。石黄。

**144 雌黄**
しおう　東南アジア産高木からとれる水溶性ゴム状樹脂から作られる黄色顔料の名前。西洋ではガンボージ。藤黄。

**145 サンイエロー**
太陽光の色を表す色名。太陽光は国際的に黄色で表現されるが、日本のように赤で表すのは少数派。サンシャインイエロー。

**146 サフランイエロー**
サフランの花の柱頭を乾燥させて作られた黄色染料の色名。古くから香料・染料・食品の着色などに広く用いられてきた。

**147 山吹色**
やまぶきいろ　黄色を表す伝統色名の代表的なもの。ツワブキを表す款冬も「やまぶき」と読んで黄色を表現した。

**148 マリーゴールド**
キンセンカ・センジュギクの花の色からとられた赤みの黄色の色名。一七世紀から知られている色名で、山吹色に似る。

**149 サンフラワー**
ヒマワリの花のような、鮮やかな黄色を表す色名。一九世紀の末から通用しはじめた一般的な色名である。

**150 クロムイエロー**
一八〇九年に初めて製造されたクロム酸鉛の黄色顔料名。同じ黄色の絵の具として、カドミウムイエローが、その後出現した。

**151 蒲公英色**
たんぽぽいろ　タンポポの花のような黄色の色名。この花は世界全域に分布し、誰でも知っている。英名ダンディライアン。

**152 ジャスミンイエロー**
インド原産の常緑灌木ジャスミンの花の黄色から名づけられた色名。この色名が普及したのは今世紀になってからである。

**153 カナリア色**
カナリア諸島原産の黄色い小鳥が愛玩用に飼育されるようになって、その鳥の羽の色からとられて広く通用するようになった色名。英語のカナリーは、一八世紀の終わりごろから使われはじめている。この鳥と色名が初めて日本でも知られるようになったころは「金糸雀色」と書かれて紹介されたが、やがてカナリア色として知られるようになった。なお黄色の果物としてバナナがあるが、今世紀になってバナナも黄色の色名に広く用いられている。

**154 ミモザイエロー**
ネムリグサ科の植物ミモザの花のような黄色を表す色名。黄色の色名になったのは今世紀の初めから。

**155 刈安色**
かりやすいろ　ススキに似たイネ科の多年草から採取される黄色の染料の代表的なもの。「カリヤス」は草の名前。

**156 黄蘗色**
きはだいろ　刈安色と並んで黄色の染色の代表的な伝統色名。ミカン科の落葉高木キハダの内皮を染料として染めた色。

**157 レモンイエロー**
レモンの果皮のような冷たい黄色の色名。カドミウムイエローの冷たい黄色絵の具の色名として用いられている。

**158 ライムイエロー**
柑橘類のライムの果実のような黄色を表す色名。黄と黄緑の中間の色を表すのに用いられることが多い。

**159 鬱金色**
うこんいろ　ショウガ科の多年草ウコンの黄色い根で染めた染色の色名。たくあん漬けやカレーの着色にも用いられる。

**160 シャルトルーズイエロー**
緑に近い黄色を表す色名。フランスのグルノーブルの修道院で作られたリキュールの色に由来する。

**161 ハニースイート**
蜜のような黄色系の色名としてよく用いられ、ハニーイエローともいう。蜜色と訳されていることが多い。

**162 黄金色**
こがねいろ　黄色光沢をもつ貴金属の代表が「黄金」で、仏教関係では金色ということが多い。英名ゴールド。

**163 黄土色**
おうどいろ　人類最古の顔料の黄土の色を表す色名。英名イエローオーカー、仏名オークルジョーヌ。

**164 シャモワ**
ヨーロッパの高山に棲むカモシカの一種がシャモワ。その毛皮のような黄褐色を表すフランス語の色名である。

**165 櫨色**
はじいろ　ヤマハゼの黄色い煎汁で染めた色の色名。灰汁媒染でこのような色になる。櫨染。

**166 枯色**
かれいろ　冬枯れの草のようなくすんだ黄系統を表す伝統色名。襲の色目では枯野、通俗的な名称として枯草色。

**167 桑染**
くわぞめ　クワの木の煎汁で染めた染色名で、黄褐色のくすんだ色。衣服令では、ただの黄染より上位。江戸時代は桑茶。

**168 黄橡**
きつるばみ　くすんだ、にぶい古色の輝きをもつ黄金色を表す。「橡」というのはクヌギの古名であるが、その実のどんぐりを煎じた汁を昔から染色に用いてきた。媒染によって色が異なり、このうち灰汁を用いて染めた黄褐色が黄橡といわれる。赤白橡と同様に青白橡も橡を用いない染色だが、名称には橡の字がある。どちらも高貴な色とされるが、黄橡も服色の位は決して低くはない。木蘭色ともよばれたという。英名はオールドゴールド。

**169 芥子色**
からしいろ　からしの色を表す一般的色名。同じカラシナの種から作るマスタードは英語の色名である。辛子色とも書く。

**170 カーキ色**
砂塵(さじん)や土ぼこりを表す中東系の言葉に由来し、近代陸軍の軍服の色になった。戦時中の日本では国防色とよんでいた。

**171 生壁色**
なまかべいろ　塗りたての乾かない土壁のような色を表す色名。江戸時代の染色で、くすんだ黄褐色を表すのに用いた。

**172 琥珀色**
こはくいろ　古代の樹脂類が石化した琥珀は、古くからよく知られていた。英名アンバーも一五世紀以来の古い色名。

**173 オリーブ色**
オリーブの果実のような暗い黄褐色の色名。「オリーブ」の語源は油に関係があるが、日本にも油色の色名がある。

**174 ブロンド**
古代ゲルマン語では単に明るい黄色を表す色名だったが、最近では主に金髪の形容に用いられる特殊な色名になった。

**175 利休色**
りきゅういろ　大茶人千利休が好んだといわれる緑みの茶。利休は緑みの形容になることが多い。利休茶。

**176 蒸栗色**
むしぐりいろ　蒸したクリの実の果肉のような、柔らかな色調の黄色を表す染色の色名。少し黄みが増すと利休白茶となる。

**177 モスグレー**
黄褐色と緑の中間の色をコケの色、モスという色名でよぶ。コケの年代により色も異なる。灰色に近い苔色がモスグレー。

# 緑系

**178 アスパラガスグリーン**
食用にするユリ科植物の一種、アスパラガスの若芽のようなごく薄い黄緑色の色名。一九世紀初めにできた色名。

**179 若苗色**
わかなえいろ　平安以来の伝統色名の一つ。イネの若苗のような色のことで、襲(かさね)の色目では初夏に用いられる色とされた。

**180 鶸色**
ひわいろ　スズメ目アトリ科の小鳥ヒワの羽の色からとられた色名で、ほとんど黄に近い黄緑色を表すのに用いられる。

**181 若葉色**
わかばいろ　春の草木の若葉のような明るい黄緑色の色名。サラダ菜のレタスの色を表すレタスグリーンも似た色になる。

**182 ライムグリーン**
ボダイジュ類の落葉高木を古い英名ではライムの樹といった。その羽つき種子の色からとられた色名。別名リンデングリーン。

**183 ピスタシオ**
南欧や小アジア産の小木ピスタシオの実の色を表す色名。ピスタシオの実は、菓子などに用いられる食用果実。

**184 若草色**
わかくさいろ　新鮮な春の若草の緑色を表す一般的な色名。英語では春の緑を表すスプリンググリーンとよんでいる。

**185 萌黄色**
もえぎいろ　黄緑色を表す代表的な伝統色名である。木綿染の萌黄は実用性のため色がもっと濃い。「萌葱色」「萌木色」とも書く。

**186 草色**
くさいろ　若草が色濃くなると草色になる。英語のグラスグリーンも草色のことで、最古の色名の一つと考えられている。

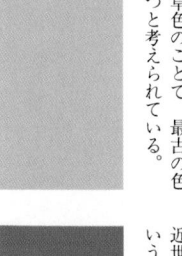

**187 アップルグリーン**
未熟な青リンゴのような明るい緑色の色名。一七世紀以来、英語ではリンゴは赤ではなく、緑色の色名に用いられていた。

**188 ピーグリーン**
エンドウの豆のような緑色を表す一般的な色名で、一八世紀の中ごろから広く通用するようになった。

**189 苗色**
なえいろ　イネの苗のような萌黄(もえぎ)色の伝統色名。夏の色とされた。英名では葉の緑色を表すリーフグリーンになる。

**190 苔色**
こけいろ　コケの色に似た柔らかな色調の黄緑を表す伝統色名。近世には英語のモスグリーンという色名もよく用いられる。

**191 鶯色**
うぐいすいろ　ウグイスの羽のような暗い萌黄色の色名。江戸時代から染色の色としてよく用いられた。同類の色名に鶯茶。

**192 リンカーングリーン**
イギリスのリンカーンで織られるラシャ織りの緑色の色名。藍(あい)と黄の染料で染められた一六世紀以来の伝統的な緑を表す。

**193 ミスルトー**
クリスマスの装飾に用いられるヤドリギの緑色を表す色名。セージの葉のような灰緑色を表すセージグリーンも類似の色。

**194 抹茶色**
まっちゃいろ　抹茶のような白みの多い黄緑色の色名。英名ティーグリーンは中国産緑茶の色を表している。

**195 青白橡**
あおしろつるばみ　「橡」の字が使われているが、どんぐりを用いた染色ではなく、カリヤスと紫根による緑みの灰色に近い染色の名称である。麹のかびのような色なので中国風に麹塵という名でもよばれる。ヤマバトの背のような色でもあって、山鳩色とよばれることもあった。これらのことからどの色名も同じ染色の色の異称とされている。黄と紫という補色に近い色同士の交染による珍しい染色で、天皇の平常の袍の色とされ、禁色であった。

**196 裏葉色**
うらはいろ　木の葉の裏側は表の色より薄い緑色なので、それを表現した染色の色名。ヤナギの裏葉を表す裏柳の別名もある。

**197 柳葉色**
やなぎはいろ　ヤナギの葉のような柔らかな色調の黄緑を表す伝統色名。染色の色名としては、柳色・柳染などともよばれた。

**198 ウィローグリーン**
日本の柳色は葉の色が表されているが、英語のウィローグリーンは、ヤナギの若芽の色を象徴する色名といわれる。

**199 オリーブグリーン**
イギリスでは黄緑色の暗色をオリーブグリーンとよぶ。オリーブとオリーブグリーンの使用上の区別は明確ではない。

**200 青丹**
あおに　緑みのある土の色を表す色名。染色や織物の色の色名として用いられた。絵の具の色名テールベルトは緑土の顔料名。

**201 シダーグリーン**
「シダー」はセイヨウスギのことで、その茂った葉の色の暗い黄緑色を表す色名として、一五世紀から用いられていた。

**202 松葉色**
まつばいろ　日本の常緑樹を代表するマツの葉のような暗い黄緑色。西洋の常緑樹を表す色名としてはエバーグリーンがある。

**203 セラドン**
東洋産青磁のような緑色を表す色名。フランスの田園小説『アストレ』のセンチメンタルな主人公の名、セラドンにちなむ。

**204 フォリッジグリーン**
晴天の風景の中の通常の木立の緑色、茂った木の葉を表す色名としてよく用いられるが、植物の種類や季節は明確ではない。

**205 海松色**
みるいろ　磯の岩に生える海藻の色からつけられた暗い黄緑色を表す平安以来の伝統色名。近世まで愛好された染色の色。

**206 アイビーグリーン**
イギリスに自生するツタの葉の自然な状態からとられた色名で、暗い緑を表す。今世紀初めにつけられた比較的新しい色名。

**207 ハンターグリーン**
イギリスの狩猟服の色に用いられた暗い緑色の色名で、一八世紀ごろから用いられていた。同種の色名にタータングリーン。

**208 ジェードグリーン**
硬玉の緑色を表す色名。石英の一種で、碧玉の緑色からつけられた色名にジャスパーグリーンがある。

**209 白緑**
びゃくろく　緑青の顔料を細かい粉末に砕くと、表面の拡散反射によって白っぽく見える。その色を白緑と名づけた。

**210 浅緑**
あさみどり　染色の薄い色を表す「浅」の字は「うす」と読むことも多いが、緑の薄い色は「あさみどり」とよぶのが通例。

**211 若竹色**
わかたけいろ　タケの幹の色を表した色名は幾つかあるが、いちばん明るい竹の幹の色を若竹色と表現した。

**212 ナイルグリーン**
エジプトの母なる大河ナイル川の水の色を表す象徴的な色名。ナイルブルーとともに一九世紀末の色名である。

**213 パロットグリーン**
別色パラキートグリーンで、どちらもオウムの羽の緑色から名づけられた。同種の別名は他にも幾つかある。

**214 エメラルドグリーン**
エメラルドのように明るいさわやかな感じの緑色。緑玉・緑柱石とよばれる鉱物エメラルドは五月の誕生石で、昔から鮮やかな緑色の形容に用いられた。一九世紀に発見された花緑青や、水酸化クロムの顔料や絵の具の色名にも、エメラルドグリーンが用いられるようになった。また一六世紀のベネチアの画家パオロ＝ベロネーゼの名をとったポールベロニーズグリーンもエメラルドグリーンの別名である。有毒のためポイズングリーンともいう。

**215 クロムグリーン**
クロムイエローに青色顔料を加えて作られた絵の具の色名。青い顔料の改善によって、だんだん青みの緑になっている。

**216 ミントグリーン**
ハッカ属植物の葉の色からつけられた色名。ミドリハッカのスペアミントは色みが強く、ペパーミントはもっと薄い緑色。

**217 木賊色**
とくさいろ　茎の固い多年草、トクサの色からつけられた鎌倉期以前からの伝統色名。砥草色とも書く。

**218 マラカイトグリーン**
マラカイトからつくられる緑色の顔料の色名。「マラカイト」は英名で、天然に産する孔雀（くじゃく）石・岩緑青のこと。

**219 ビリジャン**
一八五九年にフランスで発見された透明な水酸化クロムの顔料で、ラテン語で緑の成長を意味する言葉からこの色名がついた。

**220 ビリヤードグリーン**
ビリヤード台に貼られた濃緑色のフェルトの色からとられた色名。緑色は精神を平静にする効果があると信じられていた。

**221 ボトルグリーン**
ワインのガラスびんなどに用いられた暗い緑色ガラスの色を表す色名で、一九世紀からドレスの色の色名にも適用されている。

**222 スプルースグリーン**
「スプルース」はモミの木の一種の常緑樹で、その針葉の緑色を表す色名がスプルースグリーンである。

**223 青竹色**
あおたけいろ　成長したタケの幹の色からとられた青みの緑色を表す染色の色名。若竹色より色が濃く、老竹色より鮮明。

**224 深緑**
ふかみどり　「浅緑」の対語で、濃い緑色を表す色名。染色の色名でもあり、茂った常緑樹の暗緑色の形容にもよく用いられる。

**225 緑青色**
ろくしょういろ　緑青のようなくすんだ青緑色を表す色名。「緑青」は銅や銅合金に生じる青緑色のさびから作る顔料のこと。

**226 ベルディグリ**
灰色がかった緑色。フランス語で「ギリシアの緑」を意味するベール・ド・グレックが変化して英名のベルディグリになった。

**227 青磁色**
せいじいろ　中国で古代から作られていた青磁の色に似た色。昔、日本の宮廷では秘色（ひそく）とよばれて珍重された。

**228 コバルトグリーン**
酸化亜鉛に硫酸コバルトを加えて熱し緑色顔料が作られた。その色の絵の具の色名がコバルトグリーンとして広まった。

**229 アイスグリーン**
カワセミの羽の緑色をドイツ語でアイスフォゲルというが、アイスの音が英語に移されて、氷の緑を表す色名になった。

**230 ナイルブルー**
ナイル川上流の支流、ブルーナイルの水の色を象徴する色名。緑みの青。この色名は一九世紀末に創作された。

**231 ケンブリッジブルー**
イギリスのケンブリッジ大学のスクールカラー。もとは同校のボート部のクルーが用いるシンボルカラーであった。

**232 ターコイズグリーン**
トルコ石のような青緑色。「ターコイズ」は青と緑の中間の色なので、緑みに寄っていればターコイズグリーンという。

**233 水浅葱**
みずあさぎ　水色に近い浅葱色のこと。藍（あい）の染料を水増しして薄めて染めた浅葱色でもある。両方の印象を含めた色名。

**234 浅葱**
あさぎ　薄いネギの葉の色という意味だが、緑みのある藍染（あいぞめ）の色の代表的伝統色名。緑と青の中間の青緑色を表す。

**235 ターコイズ**
宝石のトルコ石の色に由来する青の色名。一六世紀後半から、明るい青緑色を表す色名として広く知られている。

**236 ピーコックグリーン**
クジャクの羽の色の緑色を表す色名。ターコイズと同じく一六世紀から色の形容に用いられた。ピーコックブルーは青の色名。

**237 老緑**
おいみどり　新鮮な明るい緑の美称として若緑という表現があるが、その対語として、成熟してくすんだ緑を老緑という。

**238 老竹色**
おいたけいろ　若竹という表現に対する老竹で、青竹色が年老いてくすんだような色を表す染色の色名として用いられる。

**239 真鴨色**
まがもいろ　マガモの首や羽などの先に見られるような濃い青緑色のこと。英名ティールグリーン。

**240 鉄色**
てついろ　暗い緑みの灰色を表す色名。鉄の色は和洋ともに緑みに感じられるらしい。英名アイアングレー。

## 青系

**241 白藍**
しらあい　中古の染色の名として白藍色がある。ごく薄い藍染めの色をいう。類似の顔料名に藍白もある。

**242 瓶覗**
かめのぞき　藍染の淡い青色を表す伝統色名。布地を藍瓶の液にちょっと浸したことを形容している。覗色。

**243 ベビーブルー**
西洋の乳幼児服の標準色としてベビーピンクとともに用いられる。フランスの母親は女児にもブルーを着せるという。

**244 水色**
みずいろ　水の色のような藍染めの明るい色調を表す。万葉集で水縹と歌われているが、やがて水色となる。英名アクア。

**245 ホライズンブルー**
地平線に近い空の色は、水蒸気などの浮遊粒子が多いために、青が薄められ緑みの明るい青に見える。その色を表す色名。

**246 空色**
そらいろ　青空のような明るい青の色名。西洋ではスカイブルーの他に、神います聖なる空を表す色名が幾つもある。

**247 白群**
びゃくぐん　岩絵の具の群青を細かい粉末に砕いてできる白っぽい顔料の色名。一般に粒子を細かくするほど白っぽくなる。

**248 新橋色**
しんばしいろ　明治の末から大正にかけて東京・新橋の芸者の間で流行した冷たい青の染色の色名。

**249 ターコイズブルー**
「ターコイズ」はトルコ石のこと。トルコ石の色の青みの強い色。緑みの強い色をターコイズグリーンという。

**250 アイブルー**
西洋人の瞳（虹彩）の色に見られるような、薄い青色の色名。瞳の色の区別を表す色名は欧米社会に特有のもの。

**251 セレストブルー**
至上の天空の色のこと。空色はスペイン、イタリアなどロマンス語系でセレストという。ゼニスブルー。

**252 シアン**
印刷などで使う三原色の一つとして、青の意で使われる語。古代ギリシアでは暗い青のことだったが、今は緑み青の一般色名。

**253 セルリアンブルー**
空色を意味するラテン語が英語化した色名だが、後に硫酸コバルトなどから作られた鮮やかな青色顔料の色名になった。

**254 アザーブルー**
中東系言語の青の意味ラズリから変化して、西洋諸言語で明るく澄んだ青色を表すのに用いられるようになった英語の色名。

**255 エジプシアンブルー**
古代から地中海世界で壁画などに用いられてきたカルシウム珪酸銅の顔料の色を表す色名。現在もエジプト青として有名。

**256 ウェッジウッドブルー**
イギリス美術陶器を代表するウェッジウッド陶器の青。明暗二種類があるが、明るい青色のほうに特色がある。

**257 ジェイブルー**
カケス・カシドリなどの羽の色に似た、やや灰色がかった青色を表す。今世紀初めに作られた流行色名。

**258 パウダーブルー**
コバルトガラスの粉末の色を表す、柔らかなくすんだ青色の色名。現在では同種の色一般を表すのに広く用いられている。

**259 オールドブルー**
このオールドも灰色みの色調を表す形容で、くすんだ青の色名。元来は同じ意味のフランス語、ブルーパッセの訳語であった。

**260 勿忘草色**
わすれなぐさいろ　ドイツの伝説に由来する明るい青の色名で、この名の花の色を表す。フォゲットミーノットブルー。

**261 サルビアブルー**
ヒゴロモソウともよばれるサルビアの青い花からつけられた色名。紫み青の花の色からとられた新しい色名は、他にも多い。

**262 露草色**
つゆくさいろ　藍花・青花ともいわれる草花の青色を表す伝統色名。昔この花の汁で布を染めた。月草色をはじめ異称も多い。

**263 サックスブルー**
サクソン（ヨーロッパの地名）の青の意味で、西洋の藍染(あいぞめ)の青を表す色名から明るい青色の一般的な色名になった。

**264 千草色**
ちぐさいろ　藍染(あいぞめ)の薄い色を表す色名。丁稚(でっち)などの股引(ももひ)きの色によく用いられたという。千種(ちぐさ)色。

**265 縹色**
はなだいろ　純粋な藍染(あいぞめ)による青色を表す伝統色名。青をツユクサの汁で染めた由来を伝えて花色・花田色とよばれる。

**266 藍色**
あいいろ　「延喜式」では藍と黄蘗(きはだ)を用いた染色が藍色で緑みの青の色名だった。その後濃い藍染(あいぞめ)の色を表すようになった。

**267 納戸色**
なんどいろ　藍染(あいぞめ)のにぶい青の伝統色名。納戸の暗がりの色に由来するといわれるが、諸説があり、はっきりしていない。

**268 サファイアブルー**
青玉といわれる宝石サファイアは、深い湖のような色をしたものを最上とする。そのサファイアの濃い青からつけられた色名。

**269 エナメルブルー**
透明感と光沢をもつ深い青色の色名。もとはコバルト鉱を石英などとともに融解させたコバルトガラスを表す色名だった。

**270 錆納戸**
さびなんど　錆は本来の色あいを灰色でくすませた色の形容で、もとの納戸色よりさらに灰色に寄った色を表す。江戸期の色名。

**271 デルフトブルー**
近世初期オランダで東洋陶磁器をまねた焼き物が作られた。その都市デルフトで作られた陶器の青色からとられた色名。

**272 コバルトブルー**
一九世紀半ばから生産されたコバルト顔料の青色の色名。フランスの化学者テナールが初めてこの色の析出に成功した。

**273 スマルト**
エジプトやミケーネで古代から用いられていたコバルトガラスを粉末にした顔料の色名。日本で花紺青(はなこんじょう)とよばれた。

**274 群青色**
ぐんじょういろ　青色顔料の代表的な色名で、群青のような鮮やかな藍(らん)青色を表す。古代から天藍(てんらん)石として知られていた天然の群青の原石はきわめて貴重なものだったので、東洋でも西洋でも至上の存在を描くのに用いられた。たとえば聖母マリアの衣服の色とされたので、マドンナブルーともいう。また西洋ではこの色が海外から渡来した色であったので、ウルトラマリンの色名が生まれた。ウルトラマリンは一九世紀から人工的に製造されるようになった。

**275 瑠璃色**
るりいろ　仏教で七宝(しっぽう)の一つとされた天然の原鉱が瑠璃で、その色にちなんだ色名。西洋ではラピスラズリの色名で通る。

**276 ロイヤルブルー**
ローマ帝政期から、紫とともに高貴な地位の象徴とされた紫みの青の色名。イギリスではキングズブルーともいわれている。

**277 マリンブルー**
西洋で海の男の制服には昔から藍染(あいぞめ)が用いられていたので、海洋に関する青の色名として、一般に用いられるようになった。

**278 ガーターブルー**
イギリスのエドワード三世が制定したナイト爵位の最高位を表すガーター勲章のリボンの色を表す色名。シュプリーム。

**279 プルシアンブルー**
フェロシアン化鉄を成分とする顔料の名前で、色名でもある。一七〇四年にこの顔料がドイツとフランスで同時に発見されているので、ベルリンブルー・パリスブルーの別名もある。フランスの発見者の名をつけてミロリブルーともいう。また成分の鉄を表すアイアンブルーとよばれることもある。これらを含めた中で結局プロイセンの青を意味するプルシアンブルーが絵具の名前をはじめ広く用いられるようになった。白を混ぜると緑みの青になる。

**280 コペンハーゲンブルー**
一九世紀末、デンマークのコペンハーゲン製造陶磁器に用いられた青色を表す色名。陶器の青、ポースリンブルーの一種。

**281 スレートブルー**
西洋で屋根をふくのに用いる粘板岩の色を表す色名。フランス名アルドワーズも同じ意味の色名だが、もっと青みが強い。

**282 鉄紺**
てつこん　紺色に鉄色が混じったような色合いを表す色名で、緑みのある暗い紺色。一般に鉄は緑みの形容に使われる。

**283 紺**
こん　深い藍染(あいぞめ)の色。中国古来の染色名で、やや紫みを含む濃い青色を表す。イギリス海軍の色、ネービーブルー。

**284 濃紺**
のうこん　藍染(あいぞめ)の暗い紺色の色名。インドアイから抽出される色素インディゴの名も濃紺の色名としてよく用いられる。

**285 ミッドナイトブルー**
真夜中の青といわれる黒に近い青色の色名。中国明代の磁器からとられたミンブルーに由来するともいわれる。

## 紫系

**286 ラベンダー色**
夏に淡紫色の唇形(しんけい)花をつけるラベンダーの花の色からとられた薄紫色の色名。ラベンダーの花は香料の原料になる。

**287 藤色**
ふじいろ　フジの花からつけられた伝統色名。平安朝から近世にかけて特に婦人の着物に愛用された。英名ウィステアリア。

**288 藤紫**
ふじむらさき　藤色よりやや紫みの強い染色の色名。古来の藤色に新味を加え、一種の復古的気分を表す色だったといわれる。

**289 薄色**
うすいろ　薄い紫色。平安時代、紫は色の王者だったので、薄色は最高位の深紫(こきむらさき)に次ぐ序列の色。浅紫(うすむらさき)

**290 紫苑色**
しおんいろ　シオンの花にちなんでつけられた伝統色名。紫賛美の時代には紫系の花の名が数多く色名に選ばれた。

**291 半色**
はしたいろ　どの色名でもよべない中途半端な色のことだが、とくに紫の中間色がこの色名を代表する。「端色」とも書く。

**292 楝色**
おうちいろ　おうちはセンダンの古名で初夏に淡紫色の花が咲く。紫が至上であった時代に創作された色名。「樗色」とも書く。

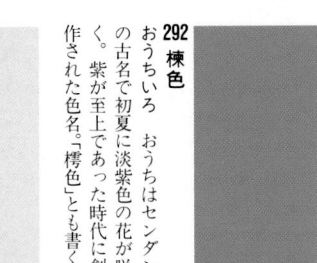

**293 ライラック色**
ラベンダーよりやや赤みの淡紫色の色名。やはりその名の花の色からとられている。英語以外ではリラの名が多く使われる。

**294 ヘリオトロープ**
もともと向日性という意味をもつペルー原産の観賞用の花の名だが、やがてその花の薄紫色を表す色名にもなった。

**295 若紫**
わかむらさき　明るい紫色の美称として用いられた伝統色名。『伊勢物語』『源氏物語』にこの名が出てくる。

**296 モーブ**
英語でアオイを表すマローも色名に用いるが、世界最初の合成染料の色に与えられた同じ植物のフランス語名、モーブが有名。

**297 桔梗色**
ききょういろ　秋の七草の一つであるキキョウの花のような青紫の伝統色名。秋に着用する服飾の色とされた。

**298 竜胆色**
りんどういろ　青紫系の伝統色名として、リンドウの花の色からつけられている。英名はジェンシアンブルー。

**299 菫色**
すみれいろ　昔から知られていたスミレの花の色を表す伝統色名。スミレは早春、紅紫色の花をつける。英名バイオレット。

**300 菖蒲色**
しょうぶいろ・あやめいろ　アヤメやハナショウブの花の色を表す青紫色の伝統色名。英名アイリス。

**301 本紫**
ほんむらさき　ムラサキグサの根で染めた古来の染法による紫色を本紫という。似紫(にせむらさき)が出現したためにできた区別である。

**302 似紫**
にせむらさき　スオウやアカネを用いて染めたくすんだ紫色の色名。本紫が庶民には高価すぎたために用いられたという。

**303 古代紫**
こだいむらさき　近世の江戸紫や京紫と区別して、日本古来のくすんだ色の紫を一般にこのようにいった。

**304 京紫**
きょうむらさき　新興都市の江戸の紫に対する伝統的な京の紫を区別する色名。京紫は古代紫の系統と考えられる。

**305 江戸紫**
えどむらさき　武蔵野の象徴とされるムラサキグサにちなんで江戸で染めた紫色の色名。古代紫に対して今紫ともいわれた。

**306 杜若色**
かきつばたいろ　カキツバタの花に似た紫色を表す伝統色名。サンシキスミレを表すパンジーの色も、この系統の紫に近い。

**307 ロイヤルパープル**
古代ローマ帝政の時代から、高貴と権威の象徴として帝衣などに用いられた、深紫色を表す色名。

**308 チリアンパープル**
古代フェニキアの港チルの名をとった紫色を表す色名。地中海産ホネガイのパープル腺から出る粘液で染めたといわれる。

**309 二藍**
ふたあい　アイの青とベニバナの赤の二種類の藍(染料の意)の交染による紫色であることを表した伝統色名。ベルフラワー。

**310 滅紫**
けしむらさき・めっし　高温による紫根染によってできる暗い灰色みの紫色。滅は色みを減じたことを表す。減色。

**311 深紫**
こきむらさき　臣下の最高位を象徴した暗い紫色の伝統色名。「黒紫」とも書かれ、濃色といえば深紫を意味していた。

**312 桑の実色**
くわのみいろ　クワの実のような暗い赤紫色の色名。英語にも同じ色名があり、マーリー、またはマルベリーという。

**313 ピアニーパープル**
シャクヤクの花のような紫みを帯びた深紅色を表す色名。赤に近い色でも英名ではパープルとよばれることが多い。

**314 アマランスパープル**
アマランスはしぼむことのない伝説上の花の名前。後に観賞植物の名になり、さらに酸性アゾ染料の色名にも使われた。

**315 茄子紺**
なすこん　暗い紫色には、西洋でもナスの名がついている。英名エッグプラント・仏名オーベルジーヌ。近似の色は紫紺。

**316 レイズン**
レイズンは干しブドウのことで、くすんだ赤紫の色名に用いられている。西洋スモモの色プラムはいくらか赤みが強い。

## 白系

**317 純白**
じゅんぱく　混じりけのない白のこと。雪のような真っ白という意味の雪白や、英語のスノーホワイトと同じ。

**318 卯の花色**
うのはないろ　平安時代から白さを表現するのに用いられた色名。卯の花は当時から雪のように白い花と形容されていた。

**319 シルバーホワイト**
よく磨かれた光沢のある銀のような色の色名。このシルバーホワイトのように金属名のつく白の色名は、他は顔料名で、最古の白色顔料は鉛白。中世から知られていた亜鉛華の白は、ジンクホワイトまたはチャイニーズホワイトとよばれる。最近は、金属チタンの酸化物である酸化チタンの白色顔料がよく用いられ、チタニウムホワイトといい、現在のところ、いろいろな金属顔料のなかでは最も白いとされていて、白い顔料の代表になっている。

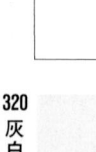

**320 灰白色**
かいはくしょく　わずかに灰色を含む白色の色名。白に見えながらやや白からずれている色。オフホワイト。

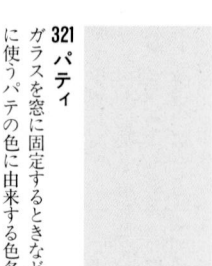

**321 パティ**
ガラスを窓に固定するときなどに使うパテの色に由来する色名で、ややくすんだ黄みをおびた白色。

**322 銀色**
ぎんいろ　白に近い輝きのある灰色。江戸時代、白鼠ともよばれた。白銀色は銀色の美称で、白い輝きを強調している。

**323 乳白色**
にゅうはくしょく　わずかに黄みのある乳のような白色の色名。英名ミルクホワイトは、日本でもミルク色・乳色とよばれる。

**324 生成り色**
きなりいろ　生糸や綿など、加工していない素材のままの繊維の色に由来する色名で、黄みがかった白色。

## 灰色系

**325 銀鼠**
ぎんねず　江戸時代に広く用いられた鼠色の中で、白鼠に次ぐ明るい灰色。古くは錫色。英名シルバーグレー。

**326 オイスター**
生ガキの身のようなやや黄みを帯びた明るい灰色の色名。一九世紀末、グレーとホワイトの両方の形容に用いられた。

**327 パールグレー**
真珠の粒の色。一七世紀末から、白や白に近い色の色名にパールが用いられてきたが、青みの淡い灰色の色名に落ちついた。

**328 灰色**
はいいろ　英名グレーに相当する白と黒の中間の色の色名。古くは墨を薄めた色、薄墨色であった。

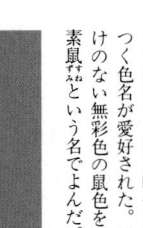

**329 鼠色**
ねずみいろ　江戸時代には鼠のつく色名が愛好された。混じりけのない無彩色の鼠色を、特に素鼠という名でよんだ。

**330 シメント**
セメント色のこと。同じ灰色を表す古い色名として、霜で覆われた大地のような色を表すフロストグレーもある。

**331 砂色**
すないろ　黄みを含んだ灰色を表す。砂岩の色を表すサンドストーンなど類似の色や色名も多い。英名サンドの訳語。

**332 柴色**
ふしいろ　柴木の煎汁で染めた灰色みのくすんだ黄褐色を表す伝統色名。昔は低い身分を表す色とされた。柴染。

**333 アッシュグレー**
意味は日本語の灰色に相当するが、木や藁を燃やした灰の色を表す色名で、やや黄みか緑みの灰色になる。

**334 灰汁色**
あくいろ　透明になる前の濁った灰汁のような黄みの灰色を表す色名。「灰汁」とは、焼いた黒灰を水や湯で溶いてこした汁。

**335 利休鼠**
りきゅうねずみ　緑みの鼠色を表す色名。北原白秋の『城ケ島の雨』の歌詞に使われて、現在まで多くの人に知られている。

**336 鉛色**
なまりいろ　金属の鉛の表面の肌のような青みの灰色の色名。暗い曇り空の雲の色を鉛色と形容する。

**337 石板色**
せきばんいろ　西洋で屋根をふくのに用いる粘板岩の薄板の色をスレートグレーとよぶが、その訳語の色名である。

**338 鈍色**
にびいろ　薄墨に藍をさして染めた染色を表す伝統色名。喪服の色に用いられた。天皇の喪服の色は特に錫紵という。

**339 消炭色**
けしずみいろ　木炭の色に似た暗い灰色の色名。英語にもよく似た意味の色名、チャコールグレーがある。

**340 ガンメタル**
昔、大砲の砲身に用いられた銅と錫の合金（ガンメタル）の色に由来する色名で、紫がかった暗灰色。

**341 アスファルト**
天然の炭酸水素化合物アスファルトからつくられる瀝青・ピチューミンなどの顔料の色につけられた色名。暗い灰みの褐色。

**342 トープ**
フランス語でモグラのことだが、英語の色名としてトープは黒に近い暗褐色の色名になった。英語でモグラはモール。

**343 青鈍**
あおにび　緑みの暗い灰色を表す伝統色名。墨染にツユクサの汁や藍をさして染めるので、緑みがかった鈍色といえる。

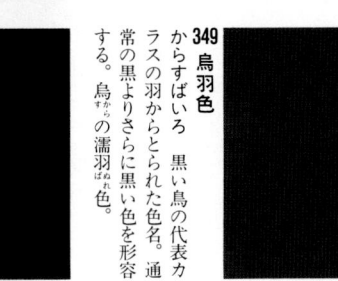

**344 黒橡**
くろつるばみ　どんぐりの煎汁を鉄媒染で染めた青みの黒色を表す伝統色名。昔、貴人の喪服に用いられた。

**345 憲房色**
けんぼういろ　江戸初期の兵法家吉岡憲房が創始し同家に伝えられた黒茶染の染色の名称。憲法色・兼法染ともいう。

## 黒系

**346 フリント**
「フリント」は堅く、暗灰色をした火打石のこと。それからつけられた色名。これよりやや明るい色はフリントグレー。

**347 墨色**
すみいろ　マツなどの木材を燃やした煤の黒色。大昔から黒色顔料に用いた。英名ランプブラック・カーボンブラック。

**348 漆黒**
しっこく　黒漆塗りの漆器のような純粋な黒色の表現。純黒ともいう。動物の牙や骨を焼いた黒はアイボリーブラック。

**349 烏羽色**
からすばいろ　黒い鳥の代表カラスの羽からとられた色名。通常の黒よりさらに黒い色を形容する。烏の濡羽色。

**350 レイブン**
ワタリガラスを意味する英語レイブンからとられた色名。紫みの黒をクロウというのに対し、この色は真っ黒な表現に用いる。